LE GUIDE PÉNAL
LE GUIDE DES INFRACTIONS

GUIDES DALLOZ

LE GUIDE PÉNAL

PROCÉDURE PÉNALE
ENQUÊTE PÉNALE ET INSTRUCTION JUDICIAIRE
DÉTENTION PROVISOIRE ET CONTRÔLE JUDICIAIRE
POLICE TECHNIQUE • MÉDECINE ET PSYCHOLOGIE LÉGALES
POURSUITES ET ALTERNATIVES PÉNALES
PROCÈS PÉNAL • NULLITÉS • APPEL ET CASSATION
PEINE ET PARCOURS D'EXÉCUTION DE LA PEINE
DROITS DES VICTIMES

LE GUIDE DES INFRACTIONS

DROIT PÉNAL SPÉCIAL • ÉLÉMENTS CONSTITUTIFS
CRIMES • DÉLITS • CONTRAVENTIONS
PEINES PRINCIPALES ET COMPLÉMENTAIRES
INFRACTIONS ADMINISTRATIVES

VINGT-CINQUIÈME ÉDITION
2024

JEAN-CHRISTOPHE CROCQ
MAGISTRAT
jean-christophe.crocq@wanadoo.fr

Lefebvre Dalloz

DALLOZ

ISBN 978-2-247-22477-7

Tour Lefebvre Dalloz
CS 90358
10 place des Vosges
92072 Paris La Défense Cedex

SERVICE CLIENTÈLE
+33 (0)1 83 10 10 10
src-dalloz@lefebvre-dalloz.fr

www.editions-DALLOZ.fr

@Dalloz_Action

À Christine, son soutien,
son inspiration et sa lumière.

Sommaire

Objectifs de lecture

• Dans sa première partie intitulée « **Le guide pénal** », cet ouvrage décrit sous forme de **fiches**, en les abordant d'un point de vue pratique, les règles principales de droit pénal et de procédure pénale, depuis l'enquête judiciaire jusqu'au choix de la peine et la procédure d'appel ou le pourvoi en cassation, complétées d'éléments de synthèse sur la police technique, la médecine légale et les droits de la victime.

• Dans sa deuxième partie intitulée « **Le guide des infractions** », l'ouvrage aborde le droit pénal spécial, par infraction ou famille d'infractions, sous forme de fiches immédiatement accessibles et de construction uniforme, révélant les peines applicables (rubrique ■ PEINES) et les composantes matérielles de l'infraction (rubrique ■ ÉLÉMENTS CONSTITUTIFS – QUALIFICATION), complétées d'éléments de mise en perspective et de connaissance du régime de l'infraction concernée (rubrique ■ ORIENTEUR).

• L'ouvrage est conçu comme l'aide-mémoire des **magistrats et** des **auxiliaires de justice**, des **officiers et agents de police judiciaire**, des **administrations**, au stade de la recherche ou de la verbalisation des infractions, comme de leur poursuite. Il favorise la maîtrise de l'enquête judiciaire et de la politique pénale, l'action ou la défense devant la juridiction répressive, ou la mise en œuvre des sanctions ou des mesures provisoires administratives.

• Les **avocats** y trouvent un instrument maniable pour l'assistance du prévenu ou de la partie civile, notamment dans les situations réclamant une approche immédiate et structurée de l'enquête, de l'infraction reprochée, du procès pénal et des voies de recours, ainsi qu'un cadre utile à l'élaboration d'une citation directe, d'une demande de dommages-intérêts ou d'une plainte avec constitution de partie civile.

• Aux **magistrats du siège** chargés des fonctions pénales, présidents de chambre correctionnelle ou de cour d'assises, juges des libertés et de la détention, juges, juges d'instruction, juges des enfants et juges du tribunal de police, il fournit également, à l'audience comme en cabinet, un mémento accessible d'une large partie du contentieux pénal. Mettant en évidence les peines principales et complémentaires, les qualifications alternatives, les règles directrices de l'enquête et du procès, renvoyant systématiquement aux sources législatives et réglementaires ainsi qu'à l'éclairage de la jurisprudence, il leur apporte tout l'appui juridique voulu.

• Pour les **fonctionnaires des greffes**, notamment grâce à l'index et aux codes informatiques des infractions systématiquement recensés et accessibles par une table, il constitue une référence commode dans le processus d'enregistrement des procédures, de poursuite, d'élaboration du jugement et d'exécution de la peine.

• Enfin, au **citoyen** curieux de la loi pénale, au **justiciable** comme au professionnel, juriste ou non, aux **travailleurs sociaux et collaborateurs de justice** des sphères judiciaires ou pénitentiaires, éducateurs, enquêteurs de personnalité, délégués du procureur, médiateurs, comme à l'**étudiant**, il fournit une approche pratique et étendue du droit pénal général ou spécial et du droit de l'enquête et du procès pénal, et de solides repères pour la **connaissance du champ pénal**.

• La partie de l'ouvrage intitulée « **Le guide pénal** » est consacrée aux notions de droit pénal général et de procédure pénale spécialement appliquées à la **mise en œuvre des poursuites pénales** : l'infraction, **le droit de l'enquête et de l'instruction judiciaire**, la convocation par officier et agent de police judiciaire, la citation directe par le parquet ou la partie civile, la poursuite des personnes morales, les procédures alternatives ou simplifiées comme le plaider coupable, l'ouverture et le règlement des dossiers d'instruction, la plainte avec constitution de partie civile, les poursuites contre les mineurs ou les majeurs protégés...

Un chapitre est consacré aux **mesures de sûreté sur la personne** avant jugement et au contentieux de ces mesures, qu'il s'agisse de la garde à vue, de la détention provisoire, de la surveillance électronique ou du contrôle judiciaire.

Sont également abordés des **éléments de police technique**, qui, sans prétendre à l'exhaustivité, touchent aux techniques d'investigation de masse : génotypage, empreintes digitales, mesure de l'alcoolémie, fichiers de documentation criminelle et de rapprochement judiciaire (TAJ, Faed, Fnaeg, Fijais).

• Avec la même ambition de donner ou de rappeler au praticien du droit pénal des repères simples mais essentiels, **la médecine légale** est abordée par quelques points clé et à l'aune des bonnes pratiques recommandées par l'Union européenne.

• Les **droits de la victime**, inscrits en préambule de notre code de procédure pénale, la demande de dommages-intérêts devant le juge répressif, la commission d'indemnisation des victimes ou la saisine du service d'aide au recouvrement des victimes, sont précisément traités pour orienter l'enquêteur, les services d'aide aux victimes ou la victime.

• Le temps du **procès pénal** est ensuite abordé, nourri d'exemples techniques à l'usage des parties et du juge, de l'ouverture des débats au **choix de la sanction ainsi qu'à son parcours d'exécution**, sans omettre la **procédure d'appel** et le **pourvoi en cassation**.

• La partie de l'ouvrage intitulée « **Le guide des infractions** » recense, dans les domaines les plus divers, les **éléments constitutifs de près de 7 500 infractions**, assorties de repères indispensables à leur compréhension, à leur matérialisation ou à leur poursuite, comme à l'élaboration d'une défense pertinente. Les références à la table de codification informatique dite « Natinf » des infractions facilitent son emploi.

Ouvrage écrit avec la collaboration de
Marion CROCQ, rédactrice de la partie
« le pourvoi en cassation »
et de **Nicolas CROCQ**,
avocats au Barreau de Paris.

Chaque édition
s'enrichit de vos suggestions

Vos propositions et remarques par courriel :
jean-christophe.crocq@wanadoo.fr

Modes de consultation

• Ce guide est principalement accessible par **l'index thématique alphabétique**, qui renvoie aux numéros des fiches. La **table des matières** détaillée en permet également une exploitation exhaustive. Dans la partie « **Le guide des infractions** », chaque infraction ou groupe d'infractions est isolé dans une **fiche numérotée** délimitée par des **filets noirs épais,** divisée selon les rubriques suivantes.

■ INTITULÉ DE L'INFRACTION

■ PEINES

• Peines principales « **PP** » et Peines complémentaires « **PC** », distinguées selon que la personne est une

PERSONNE PHYSIQUE

ou une

PERSONNE MORALE

• À la rubrique « **PP** » sont énoncées les peines principales, le cas échéant distinguées selon les circonstances aggravantes ou l'infraction retenue, complétées des modalités de calcul de la période de sûreté.

• La partie « **PC** » détaille chacune des peines complémentaires encourues. Les articles prévoyant telle peine complémentaire pour l'infraction concernée sont toujours spécifiés en premier lieu, puis suivis de l'article du code pénal définissant, le cas échéant, le régime général de cette peine.

EXEMPLE : « Détournement de gage », la peine d'affichage est prévue par l'article 314-11 du code pénal, l'article 131-35 définissant le régime général de cette peine.

• D'une fiche à l'autre, les peines principales ou complémentaires peuvent être identiques, il est alors simplement renvoyé à la rubrique « **PC** » de la fiche source.

EXEMPLE : « **PC**. *Idem* n° 24.7 ».

■ ORIENTEUR

• Cette rubrique rassemble les données caractéristiques de chaque infraction, structurées selon des axes homogènes : autre qualification, élément légal, texte de référence, élément matériel et intentionnel, régime procédural, politique publique, mesure administrative, mesure civile, régime des peines, mesures provisoires.

• Lorsque des développements importants sont nécessaires, notamment sur des points de droit plus éloignés du champ pénal (ex. : abandon de famille, propriété intellectuelle, travail dissimulé, droit de la pharmacie) mais indispensables à la compréhension de l'infraction, ils sont isolés dans une autre catégorie de fiches, signalées par un **filet gris épais**.

■ ÉLÉMENTS CONSTITUTIFS – QUALIFICATION

• L'articulation des éléments constitutifs de l'infraction comme son énoncé s'inscrivent à la suite entre les deux symboles « ✧ » et « ✧ ». S'y trouvent précisés, tant pour les personnes physiques que morales, les articles d'incrimination et de répression ainsi que la codification informatique de l'infraction dans la nomenclature dite « Natinf » établie par le ministère de la Justice, symbolisée par le caractère *N.* En fonction des éléments constitutifs de l'infraction, cette partie, annoncée par le signe ⇨ signifiant « sélectionner », est divisée et subdivisée de manière alphanumérique (A, B, C..., 1, 2, 3..., A1, A2...). Les paragraphes s'y organisent en arborescence de plusieurs niveaux permettant de déterminer l'énoncé complet de l'infraction, ses articles spécifiques d'incrimination et de répression, et enfin son code Natinf.

L'article principal définissant l'infraction et fixant les peines principales est toujours indiqué en caractères gras de couleur rouge.

EXEMPLE : tiré du n° 22.69. Destruction par incendie ayant entraîné une incapacité supérieure à huit jours, faits reprochés à une personne physique (sélection des **cas** 1 puis C).

✧ Pour avoir à .... [¤ lieu], le .... [¤ date], volontairement détruit .... [¤ énumération des biens détériorés] au préjudice de .... [¤ nom de la victime], par l'effet d'une substance explosive, d'un incendie ou de tout autre moyen de nature à créer un danger pour les personnes, avec cette circonstance que les faits ont entraîné une incapacité totale de travail supérieure à huit jours sur la personne de .... [¤ nom de la victime].

Faits prévus et réprimés par les articles 322-6, **322-8 2°**, 322-15, 322-16 et 322-18 du code pénal (*N* ***11587.cr***). ✧

• Le cas **C** ayant été sélectionné, la rubrique « **PP** » met en évidence les peines principales applicables et la période de sûreté, outre les peines complémentaires visées à la rubrique « **PC** ».

• **Droit transitoire.** Pour faciliter l'application du droit transitoire et mettre en évidence les abrogations ou modifications des textes répressifs, les dispositions ou fiches anciennes continuent autant que nécessaire à apparaître en texte barré. EXEMPLE : ~~documents~~ « informations » (L. n° 2014-1353, 13 nov. 2014), avec les références de la loi ou du règlement concerné.

Ces éléments sont le cas échéant complétés par les rubriques explicatives de l'orienteur.

Table des matières

1. Le guide pénal

10. L'infraction : les éléments constitutifs

10.1 La définition de l'infraction

A. La définition générale

Le code pénal classe d'emblée les infractions pénales selon leur gravité en crimes, délits ou contraventions, sans préalablement définir la notion d'infraction (C. pén., art. 111-1). Au sens large, peut être qualifié d'infraction tout comportement d'action ou d'omission imputable à un sujet de droit, personne physique ou morale, de droit public ou privé, consistant à enfreindre une norme préétablie. Dans le cas où la norme violée est exclusivement civile ou administrative, on pourra parler d'infraction civile ou administrative. Dans le cas où la loi ou le règlement fixe d'une part le comportement incriminé, d'autre part les peines applicables selon la nomenclature des sanctions auxquelles le législateur a confié un statut pénal, on parlera d'infraction pénale, ou plus simplement d'infraction. Par défaut, cette notion est en effet généralement entendue au sens pénal, tant dans la langue du droit interne ou des conventions européennes que dans le langage courant.

B. Les composantes de l'infraction poursuivable : un texte préalable, un fait et une intention, l'élément légal, matériel et moral

Un fait ne saurait recevoir une qualification pénale que s'il entre dans les prévisions préalables d'un texte qui l'incrimine (qui en donne la définition) et qui le réprime (qui prévoit les peines applicables). C'est ici le premier élément de l'infraction, dit élément légal, dont le fondement est le principe de légalité, et les outils, le principe d'interprétation stricte et celui de non-rétroactivité de la loi pénale (v. n^os^ **10.3** et **10.4**), règles fondamentales du droit pénal.

Un texte ne saurait par ailleurs recevoir sanction qu'autant qu'un fait matériel s'est concrétisé dans des circonstances de temps et de lieu déterminées et que ses contours répondent aux exigences posées par la loi. C'est ici le deuxième élément de l'infraction, dit élément matériel, où se trouvent abordées des questions telles que celle du commencement de l'infraction (la tentative), de sa fin (l'infraction consommée), de ses modalités (l'intervention directe ou la complicité) (v. n^o^ **10.9**).

Un fait poursuivable ne saurait être enfin puni qu'autant qu'il est imputable à un sujet responsable au sens pénal, et animé d'une intention au regard des faits reprochés. C'est le troisième élément constitutif de l'infraction, celui de l'élément moral, qui fait appel aux notions d'infraction intentionnelle ou non intentionnelle, d'erreur, d'état de nécessité, de légitime défense, de discernement, de cause psychique altérant la conscience (v. n^os^ **10.12** à **E**).

10.2 Le principe de légalité : pas d'infraction sans texte

A. Les sources internationales du principe

Les conventions internationales ont, en application de l'article 55 de la Constitution du 4 octobre 1958, une autorité supérieure aux normes internes qui leur seraient contraires : « *Les traités ou accords régulièrement ratifiés ou approuvés ont, dès leur publication, une autorité supérieure à celle des lois.* »

Les conventions internationales régulièrement ratifiées ou approuvées n'ont toutefois pas valeur contraignante tant qu'elles ne sont pas publiées. Seule la publication de la convention au *Journal officiel*, qui s'opère par décret, lui donne en effet force obligatoire.

La Convention européenne de sauvegarde des droits de l'Homme et des libertés fondamentales (Conv. EDH) et la jurisprudence dégagée par la Cour européenne des droits de l'Homme (CEDH), revêtent dès lors une importance considérable dans la définition des principes généraux du droit pénal et de la procédure pénale. Les normes ainsi dégagées s'intègrent au droit positif où elles sont directement applicables, le juge pouvant écarter l'application d'une loi interne contraire. Elles influencent et modifient en profondeur les jurisprudences internes, et ont inspiré des remaniements législatifs d'ampleur en procédure pénale.

1. La Convention européenne de sauvegarde des droits de l'Homme et des libertés fondamentales, 4 nov. 1950, art. 7

« *Pas de peine sans loi. 1. Nul ne peut être condamné pour une action ou une omission qui [...] ne constituait pas une infraction d'après le droit national ou international.* »

La CEDH est « *d'avis que recourir à la technique de "législation par référence" pour incriminer des actions ou omissions n'est pas en soi incompatible avec les exigences de l'article 7 de la Convention. Lues conjointement, la norme référente et la norme référée doivent permettre à la personne concernée de déterminer, en s'entourant au besoin de conseils éclairés, quel comportement est propre à engager sa responsabilité pénale. Cette exigence vaut également lorsque la norme référée a dans l'ordre juridique concerné un rang hiérarchique ou un niveau d'abstraction plus élevés que la norme référente. La manière la plus efficace de garantir la clarté et la prévisibilité d'une incrimination conçue sur ce modèle est de faire en sorte que la référence soit explicite et que la norme référente définisse les éléments constitutifs de l'infraction. En outre, les normes référées ne doivent pas étendre la portée de l'incrimination telle qu'elle est définie par la norme référente. En tout état de cause, il appartient à la juridiction nationale appliquant à la fois la norme référente et la norme référée d'apprécier si l'engagement d'une responsabilité pénale était prévisible dans les circonstances de l'espèce* » (§ 74) CEDH 29 mai 2020 (Gr. Ch.), avis consultatif n° P16-2019-001).

Pour déterminer en quoi l'ingérence de l'autorité publique dans l'exercice de la liberté d'expression peut être, sous la forme d'une incrimination (en l'espèce celle de *contempt of court*), considérée comme « *prévue par la loi* » au sens de Conv. EDH, art. 10, la CEDH juge que : « *Il faut d'abord que la "loi" soit suffisamment accessible: le citoyen doit pouvoir disposer de renseignements suffisants, dans les circonstances de la cause, sur les normes juridiques applicables à un cas donné. En second lieu, on ne peut considérer comme une "loi" qu'une norme énoncée avec assez de précision pour permettre au citoyen de régler sa conduite; en s'entourant au besoin de conseils éclairés, il doit être à même de prévoir, à un degré raisonnable dans les circonstances de la cause, les conséquences de nature à dériver d'un acte déterminé. Elles n'ont pas besoin d'être prévisibles avec une certitude absolue: l'expérience la révèle hors d'atteinte. En outre la certitude, bien que hautement souhaitable, s'accompagne parfois d'une rigidité excessive; or le droit doit savoir s'adapter aux changements de situation. Aussi beaucoup de lois se servent-elles, par la force des choses, de formules plus ou moins vagues dont l'interprétation et l'application dépendent de la pratique* » (CEDH, plénière, 26 avr. 1979, n° 6538/74, *Sunday Times c/ Royaume-Uni*).

2. Le pacte international relatif aux droits civils et politiques, 19 déc. 1966, art. 15-1

« *Nul ne sera condamné pour des actions ou omissions qui ne constituaient pas un acte délictueux d'après le droit national ou international.* »

B. Les sources internes du principe

1. La Déclaration des droits de l'Homme et du citoyen, 26 août 1789 et la jurisprudence du Conseil constitutionnel

Ce texte, auquel renvoie le préambule de la Constitution du 4 octobre 1958, fait partie intégrante du droit positif français.

« *Tout ce qui n'est pas défendu par la loi ne peut être empêché.* » (art. 5).

« *Nul homme ne peut être accusé, arrêté ni détenu que dans les cas déterminés par la loi, et selon les formes qu'elle a prescrites.* » (art. 7).

« *La Loi ne doit établir que des peines strictement et évidemment nécessaires, et nul ne peut être puni qu'en vertu d'une Loi établie et promulguée antérieurement au délit, et légalement appliquée* » (art. 8).

C'est au visa de ce dernier article, dont « *résulte la nécessité pour le législateur de définir les infractions en termes suffisamment clairs et précis pour exclure l'arbitraire* » (§ 7) (Cons. const. 20 janv. 1981, n° 80-127 DC) que le Conseil constitutionnel (Cons. const.) censure les incriminations dont l'imprécision n'est pas compatible avec le principe de légalité des délits et des peines.

À titre d'exemple, il a déclaré inconstitutionnelle l'incrimination prévue par l'ancien article 222-33 du code pénal consistant à « *harceler autrui dans le but d'obtenir des faveurs sexuelles* » (infraction de harcèlement sexuel, v. n° **20.87**). Les faits étaient punissables « *sans que les éléments constitutifs de l'infraction soient suffisamment définis* » (§ 5). En effet le « *législateur tient de l'article 34 de la Constitution, ainsi que du principe de légalité des délits et des peines qui résulte de l'article 8 de la Déclaration des droits de l'Homme et du citoyen de 1789, l'obligation de fixer lui-même le champ d'application de la loi pénale et de définir les crimes et délits en termes suffisamment clairs et précis* » (§ 3) (Cons. const, 4 mai 2012, n° 2012-240 QPC) ; ou « *de fixer lui-même le champ d'application de la loi pénale, de définir les crimes et délits en termes suffisamment clairs et précis pour permettre la détermination des auteurs d'infractions et d'exclure l'arbitraire dans le prononcé des peines, et de fixer dans les mêmes conditions le champ d'application des immunités qu'il instaure* » (§ 7) (Cons. const. 5 mai 1998, n° 98-399 DC), ou encore, en s'en remettant « *au pouvoir règlementaire pour déterminer la portée du délit* », le législateur « *n'a pas fixé lui-même le champ d'application de la loi pénale* » et a « *méconnu les exigences découlant du principe de légalité des délits et des peines* » (§ 6) (Cons. const. 24 janv. 2017, n° 2016-608 QPC). Il valide en revanche les incriminations « *définies dans des conditions qui permettent au juge, auquel le principe de légalité impose d'interpréter strictement la loi pénale, de se prononcer sans que son appréciation puisse encourir la critique d'arbitraire* » (§ 11) (Cons. const. 16 juill. 1996, n° 96-377 DC).

Le renvoi par le législateur à la définition par l'autorité règ##lementaire du **champ procédural d'une infraction** constitue également une violation du principe de légalité et de l'article 34 de la Constitution. Il a ainsi censuré le dispositif de transaction pénale par OPJ prévu par C. pr. pén., art. 41-1-1, qui renvoyait dans sa rédaction initiale à l'autorité règlementaire le soin de fixer le seuil permettant de recourir à la transaction par OPJ, au motif qu'en « *renvoyant ainsi au pouvoir réglementaire le soin de délimiter le champ d'application d'une procédure ayant pour objet l'extinction de l'action publique, le législateur a méconnu sa compétence dans des conditions affectant l'égalité devant la procédure pénale* » (§ 17) (Cons. const. 23 sept. 2016, n° 2016-569 QPC) (v. n° **15.43**).

À cet égard, la motivation constante du Cons. const. est désormais la suivante : « *Selon l'article 8 de la Déclaration de 1789 : « La loi ne doit établir que des peines strictement et évidemment nécessaires, et nul ne peut être puni qu'en vertu d'une loi établie et promulguée antérieurement au délit, et légalement appliquée ». Aux termes de l'article 34 de la Constitution : « La loi fixe les règles concernant... la détermination des crimes et délits ainsi que les peines qui leur sont applicables ». Le législateur tient de l'article 34 de la Constitution, ainsi que du principe de légalité des délits et des peines qui résulte de l'article 8 de la Déclaration de 1789, l'obligation de fixer lui-même le champ d'application de la loi pénale et de définir les crimes et délits en termes suffisamment clairs et précis pour exclure l'arbitraire* ».

De surcroît, et au-delà de la matière pénale, les dispositions constitutionnelles, telles qu'interprétées par le Cons. const., prohibent les dispositions législatives inintelligibles ou équivoques. En effet « *L'objectif de valeur constitutionnelle d'accessibilité et d'intelligibilité de la loi, qui découle des articles 4, 5, 6 et 16 de la Déclaration de 1789, impose au législateur d'adopter des dispositions* <u>*suffisamment précises et des formules non équivoques*</u>*. Il doit en effet prémunir les sujets de droit contre une interprétation contraire à la Constitution ou contre le risque d'arbitraire, sans reporter sur des autorités administratives ou juridictionnelles le soin de fixer des règles dont la détermination n'a été confiée par la Constitution qu'à la loi* » (ex. Cons. const. 26 janv. 2017, n° 2016-745 DC, § 119 ; 30 juill. 2021, n° 2021-822 DC, § 26 et 29 relevant l'inintelligibilité d'une disposition nouvelle en contradiction avec une disposition en vigueur). Relevons toutefois que le grief de non-conformité à un objectif de valeur constitutionnelle, catégorie dont relève le principe, d'accessibilité et d'intelligibilité de la loi, ne peut être soulevée à l'occasion d'une QPC (sur la notion « *d'objectif de valeur constitutionnelle* » (OVC), v. n° **17.25A3**).

Enfin, « *Selon l'article 6 de la Déclaration de 1789 : "La loi est l'expression de la volonté générale...". Il résulte de cet article comme de l'ensemble des autres normes de valeur constitutionnelle relatives à l'objet de la loi que, sous réserve de dispositions particulières prévues par la Constitution, la loi a pour vocation d'énoncer des règles et doit par suite être revêtue d'une portée normative* ». Sont ainsi censurées les dispositions non normatives (ex. Cons. const. 8 déc. 2016, n° 2016-741 DC, § 98 et 99 ; Cons. const. 26 janv. 2017, n° 2016-745 DC, § 167). Les lois non normatives admises par la Constitution (art. 34, al. 20) sont notamment les « *lois de programmation qui déterminent les objectifs de l'action de l'État* » (Cons. const. 26 janv. 2017, n° 2016-745 DC, § 143).

2. Le code pénal (art. 111-3) et la jurisprudence

« *Nul ne peut être puni pour un crime ou pour un délit dont les éléments ne sont pas définis par la loi, ou pour une contravention dont les éléments ne sont pas définis par le règlement.* » (C. pén., art. 111-3).

Au regard des principes généraux du droit comme de la jurisprudence de la CEDH, la définition de l'infraction doit présenter un degré suffisant de précision, de sorte que le justiciable soit en mesure d'identifier précisément le comportement prohibé. Selon la jurisprudence de la CEDH, une précision suffisante de l'infraction peut être atteinte par le concours de la loi et des interprétations jurisprudentielles qui la complètent, à condition toutefois que la jurisprudence revête à son tour un degré suffisant de précision et de prévisibilité.

Traditionnellement, en droit français, le degré de sécurité juridique ajouté par la jurisprudence à la définition d'une infraction peut être discuté dans son principe. En effet, « *Il est défendu aux juges de prononcer par voie de disposition générale et réglementaire sur les causes qui leur sont soumises* » (C. civ., art. 5). Dans cette première conception désormais largement nuancée, la jurisprudence ne lie donc pas les juridictions, et la Cour de cassation (C. cass.) censure ainsi tout arrêt appuyant exclusivement sa motivation sur une précédente décision, même énonçant une jurisprudence constante (Crim. 18 juill. 1991, n° 90-82.208, P n° 301). La référence à un précédent arrêt, en l'absence de motifs propres à justifier la décision, caractérise en effet l'absence ou l'insuffisance des motifs que doit contenir tout jugement (même décision).

La place prise par la jurisprudence des juridictions européennes, Cour européenne des droits de l'homme (CEDH) et Cour de justice de l'Union européenne (CJUE), celle du Conseil constitutionnel (Cons. const.) avec notamment l'avènement de la question prioritaire de constitionnalité (QPC) le 1er mars 2010 (sur la QPC, v. n° **17.24**), a depuis nourri une conception beaucoup plus affirmée de la place de la jurisprudence dans la hiérarchie des normes, y compris en matière pénale. En particulier, les normes internationales, dont l'autorité transcende les normes internes par l'effet de Const., art. 55, permettent au juge national d'écarter la loi interne, voire la jurisprudence du juge constitutionnel.

Ainsi, pour ce qui concerne la Conv. EDH, « *les États adhérents à cette Convention sont tenus de respecter les décisions de la Cour européenne des droits de l'homme, sans attendre d'être attaqués devant elle ni d'avoir modifié leur législation* » (Ass. plén., 15 avr. 2011, nos 10-17.049, 10-30.313, et 10-30.316, P nos 1, 3 et 4). Dans cette décision, tirant les conséquences des arrêts CEDH, *Salduz c/ Turquie* et *Dayanan c/ Turquie* rendus les 27 nov. 2008 et 13 oct. 2009, étaient ainsi censurées trois mesures de garde à vue prises en janvier et en mars 2010 dans lesquelles, selon le droit interne alors applicable, l'avocat et la notification du droit au silence n'avaient pu par hypothèse intervenir. Ce faisant, la C. cass., sans attendre l'application de la loi n° 2011-392, 14 avr. 2011, qui réformait précisément le régime français de la garde à vue, écartait l'application de la décision du Cons. const. 30 juill. 2010, n° 2010-14/22 QPC (§ 28), qui déclarait le droit interne non-conforme à la Constitution tout en laissant au législateur, afin de ménager les objectifs de prévention des atteintes à l'ordre public et de recherche des auteurs d'infraction, jusqu'au 1er juill. 2011 pour remédier à cette inconstitutionnalité, en précisant que les mesures prises avant cette date en application des dispositions déclarées contraires à la Constitution ne pouvaient être contestées sur le fondement de cette inconstitutionnalité (§ 30).

De même, pour ce qui concerne le droit de l'Union européenne (droit primaire et droit dérivé), en application du principe de primauté du droit communautaire affirmé par l'arrêt CJCE, 15 juill. 1964, n° 6/64, *Costa c/. Enel*, « *le juge national chargé d'appliquer, dans le cadre de sa compétence, les dispositions du droit communautaire, a l'obligation d'assurer le plein effet de ces normes en laissant au besoin inappliquée, de sa propre autorité, toute disposition contraire de la législation nationale, même postérieure, sans qu'il ait à demander ou à attendre l'élimination préalable de celle-ci par voie législative ou par tout autre procédé constitutionnel* » (CJCE 9 mars 1978, n° 106/77, *Simmenthal*).

Par ailleurs, le Cons. const. se réfère explicitement à la jurisprudence de la C. cass. pour apprécier la conformité d'un texte à la Constitution. Ainsi a-t-il énoncé que puisque le contenu de « *la notion juridique de déséquilibre significatif entre les droits et obligations des parties* » « *est déjà précisé par la jurisprudence, l'infraction est définie dans des conditions qui permettent au juge de se prononcer sans que son interprétation puisse encourir la critique d'arbitraire* » (Cons. const. 13 janv. 2011, n° 2010-85 QPC ; dans le même sens et à titre d'example : Cons. const. 2 mars 2018, n° 2017-694 QPC ; 31 janv. 2014 QPC, § 8). En outre, par ses réserves d'interprétation, le juge constitutionnel définit des lignes directrices qui vont orienter la jurisprudence.

Pour sa part, la Ch. crim. développe une conception affirmée de la jurisprudence comme source de légalité criminelle. En effet, elle :

– veille à coordonner explicitement sa jurisprudence de principe avec celle du Conseil d'État (ex. Crim. 26 mars 2019, n° 18-84.900, P n° 6 ; v. toutefois pour un exemple contraire, mais limité à l'appréciation factuelle de la fraude dans une même affaire d'urbanisme : CE, 19 juin 2020, n° 424967 et Crim. 8 déc. 2020, n° 19-84.245), du Cons. const. (ex. Crim. 30 mai 2018, n° 16-85.777) ou des juridictions européennes (ex. Crim. 16 janv. 2019, n° 15-82.333, P n° 19) ;

– fait prévaloir la jurisprudence de la CEDH sur le droit interne et la jurisprudence du Cons. const. (décision précitée Ass. plén., 15 avr. 2011, nos 10-17.049, 10-30.313, et 10-30.316, P nos 1, 3 et 4) ;

– se réfère à sa « *jurisprudence constante* » (Crim. 11 sept. 2019, n° 19-80.694, D) ;

– détermine si nécessaire la date d'effet dans le temps de ses revirements de jurisprudence (ex. Crim. 30 mai 2018, n° 16-85.777 ; 10 avr. 2019, n° 18-83.709, P ; Crim. 25 nov. 2020, n° 18-86.955, P), faisant ici application de la jurisprudence de la CEDH (CEDH, 10 oct. 2007, n° 40403/02, *Pessino c/France*), après avoir résisté à sa prise en compte en énonçant que « *le principe de non-rétroactivité ne s'applique pas à une simple interprétation jurisprudentielle* » (Crim. 2 févr. 2016, n° 15-84.356, D) ;

– rappelle, pour rejeter une QPC, son interprétation constante du texte en question et la portée de sa jurisprudence (Crim. 6 févr. 2018, n° 17-82.826, D ; Crim. 4 déc. 2019, n° 19-82.929, D ; Crim. 18 déc. 2019, n° 19-81.425, D) ;

– détermine en quoi sa jurisprudence est conforme aux droits garantis par la Constitution (Crim. 16 févr. 2022, n° 21-90.043, D) ;

– fixe des règles nouvelles d'interprétation d'un texte qui aurait, en l'absence de ces dernières, certainement subi la censure du Cons. const. (Crim. 11 juill. 2018, n° 18-90.017, P), ce que la doctrine nomme l'« *interprétation neutralisante* » ;

– détermine, pour l'espèce tranchée et au-delà de l'espèce, les conditions d'application par le juge judiciaire de réserves d'interprétation du Cons. const. (ex. : Crim. 11 sept 2019, n° 18-81.980, P, § 17 ou Crim. 11 sept. 2019, n° 18-81.067. P, § 36) ;

– écarte la légalité criminelle lorsqu'elle considère que l'infraction est justifiée par l'exercice d'un droit ou d'une liberté fondamentale (sur ce point, v. n° **10.13E**).

La jurisprudence est reconnue par la CEDH comme un source de légalité à part entière en matière pénale.

En effet, « *en raison même du caractère général des lois, le libellé de celles-ci ne peut pas présenter une précision absolue. L'une des techniques-types de règlementation consiste à recourir à des catégories générales plutôt qu'à des listes exhaustives […]. Dès lors, dans quelque système juridique que ce soit, aussi clair que le libellé d'une disposition légale puisse être, y compris une disposition de droit pénal, il existe inévitablement un élément d'interprétation judiciaire. Il faudra toujours élucider les points douteux et s'adapter aux changements de situation. En outre, la certitude, bien que hautement souhaitable, s'accompagne parfois d'une rigidité excessive ; or, le droit doit savoir s'adapter aux changements de situation* » (§ 92) ; « *d'ailleurs, il est solidement établi dans la tradition juridique des États parties à la Convention que la jurisprudence, en tant que source du droit, contribue nécessairement à l'évolution progressive du droit pénal* » (§ 93) (CEDH, 21 oct. 2013, n° 42750/09, *Del Rio Prada c/ Espagne* ; dans le même sens : CEDH, 29 oct. 2013, n° 17475/09, *Varvara c/ Italie* (§ 55) ; CEDH, 22 nov. 1995, n° 20166/92, *S. W. c/ Royaume-Uni* (§ 36)).

Si les évolutions de jurisprudence sont donc admises, même dans la matière pénale qui doit laisser peu de place à l'incertitude, c'est à la condition que restent préservés le droit à un procès équitable et le principe de légalité des délits et des peines.

S'agissant du droit à un **procès équitable** garanti par Conv. EDH, art. 6, certes « *les exigences de sécurité juridique et de protection de la confiance légitime des justiciables ne consacrent pas un droit acquis à une jurisprudence constante. Ainsi, une évolution de la jurisprudence n'est pas, en elle-même, contraire à la bonne administration de la justice, dès lors que l'absence d'une approche dynamique et évolutive risquerait de faire obstacle à toute réforme ou amélioration* » (§ 52), « *les divergences de jurisprudence constituent, par nature, la conséquence inhérente à tout système judiciaire qui repose sur un ensemble de juridictions de fond ayant autorité sur leur ressort territorial. De telles divergences peuvent également apparaître au sein d'une même juridiction, sans que cela, en soi, ne porte atteinte à la Convention* » ; néanmoins, « *Les critères qui guident la Cour dans son appréciation des conditions dans lesquelles des décisions contradictoires de différentes juridictions internes statuant en dernier ressort emportent violation du droit à un procès équitable, consistent à déterminer s'il existe dans la jurisprudence des juridictions internes "des divergences profondes et persistantes", si le droit interne prévoit des mécanismes visant à la suppression de ces incohérences, si ces mécanismes ont été appliqués et quels ont été, le cas échéant, les effets de leur application* » (§ 53) (CEDH 12 juill. 2018, n° 22008/12, *Allègre c/ France*).

S'agissant du **principe de légalité** garanti par Conv. EDH, art. 7, « *on ne saurait interpréter Conc. EDH, art. 7, comme proscrivant la clarification graduelle des règles de la responsabilité pénale par l'interprétation judiciaire d'une affaire à l'autre, à condition que le résultat soit cohérent avec la substance de l'infraction et raisonnablement prévisible* » (§ 93) (CEDH, 21 oct. 2013, n° 42750/09, *Del Rio Prada c/ Espagne*). Comme la loi, la jurisprudence est en effet soumise à des « *conditions qualitatives, entre autres celles de l'accessibilité et de la prévisibilité* » (§ 29), de sorte que « *faute au minimum d'une interprétation jurisprudentielle accessible et raisonnablement prévisible, les exigences de l'article 7 ne sauraient être regardées comme respectées à l'égard d'un accusé* » (§ 35), ce qui est le donc cas lorsque « *il était difficile, voire impossible pour le requérant de prévoir le revirement de jurisprudence de la Cour de cassation et donc de savoir qu'au moment où il les a commis, ses actes pouvaient entraîner une sanction pénale* » (§ 36) (CEDH, 10 oct. 2007, n° 40403/02, *Pessino c/ France*).

10.3 L'interprétation stricte de la loi pénale, condition d'effectivité du principe de légalité

« *La garantie que consacre l'article 7 de la Convention est un élément essentiel de la prééminence du droit. Il ne se borne donc pas à prohiber l'application rétroactive du droit pénal au désavantage de l'accusé : il consacre aussi, de manière plus générale, le principe de la légalité des délits et des peines (nullum crimen, nulla poena sine lege) et celui qui commande de ne pas appliquer la loi pénale de manière extensive au désavantage de l'accusé, notamment par analogie. Il en résulte qu'une infraction doit être clairement définie par la loi. Cette condition se trouve remplie lorsque le justiciable peut savoir, à partir du libellé de la disposition pertinente et au besoin à l'aide de l'interprétation qui en est donnée par les tribunaux, quels actes et omissions engagent sa responsabilité pénale* » (§ 100) (CEDH, 12 juill. 2007, *Jorgic c/ Allemagne*, n° 74613/01).

« *La loi pénale est d'interprétation stricte.* » (C. pén., art. 111-4). L'expression « *loi pénale* » désigne ici aussi bien la loi que les règlements, et par extension toute disposition normative fondant la définition d'une infraction.

L'infraction pénale peut en effet être définie par renvois successifs de textes législatifs à des textes réglementaires. Il en est ainsi pour les articles L. 4741-1 et L. 4741-9 du code du travail qui répriment d'une amende délictuelle les infractions aux règlements pris pour l'application de l'article L. 4111-6 du même code, le contenu de ces règlements pouvant à son tour être précisé par des arrêtés ministériels (v. n° **32.50**). C'est la technique de la « *législation par référence* », dont la validité est admise par CEDH 29 mai 2020 (Gr. Ch.), avis consult n° P16-2019-001 (§ 74), exposé au n° **10.2A1**.

Le principe d'interprétation stricte s'attachera donc dans un tel cas à l'appréciation des normes, arrêté, décret et loi, dont la succession hiérarchique contribue à la définition des éléments matériels de l'infraction. Étant précisé que le juge judiciaire est ici compétent pour **interpréter** les actes administratifs, réglementaires ou individuels, puisque la solution du procès pénal en dépend (C. pén., art. 111-5) (sur l'exception préjudicielle d'illégalité des actes administratifs devant le juge répressif, v. n° **17.26A**).

Le principe d'interprétation stricte n'interdit pas le recours aux outils traditionnels de raisonnement *a contrario, a pari,* ou *a fortiori,* à l'exclusion de l'analogie (méthode *a pari*) *in malam partem* (en défaveur du mis en cause). Des principes tout aussi classiques de l'analyse juridique sont aussi utilisables : *specialia generalibus derogant* (la loi spéciale déroge à la loi générale), recherche de la *ratio legis* (la raison de la loi ou l'intention du législateur). En effet, « *Aussi clair que le libellé d'une disposition légale puisse être, dans quelque système juridique que ce soit, y compris dans le domaine du droit pénal, il existe immanquablement un élément d'interprétation judiciaire. Il faudra toujours élucider les points douteux et s'adapter aux changements de situation. D'ailleurs il est solidement établi dans la tradition des États parties à la Convention que la jurisprudence, en tant que source du droit, contribue nécessairement à l'évolution progressive du droit pénal. On ne saurait interpréter l'article 7 de la Convention comme proscrivant la clarification graduelle des règles de la responsabilité pénale par l'interprétation judiciaire d'une affaire à l'autre, à condition que le résultat soit cohérent avec la substance de l'infraction et raisonnablement prévisible* » (§ 101) ; en outre « *une interprétation de la portée d'une infraction qui se trouve être [...] cohérente avec la substance de cette infraction doit, en principe, être considérée comme prévisible* » (§ 109) (CEDH 12 juill. 2007, *Jorgic c/ Allemagne*, n° 74613/01).

Ainsi est-il jugé que « *si la loi pénale est d'interprétation stricte, l'interprétation d'un terme peut résulter de la mise en cohérence de plusieurs textes* » (§ 9) (Crim. 8 mars 2022, n° 21-84.723, P).

Cependant, l'ensemble de ces règles ne saurait pallier les faiblesses d'un texte d'incrimination d'insuffisante qualité : on ne peut en effet interpréter strictement qu'un texte strictement rédigé. À défaut, au regard du principe de légalité défini par la Convention européenne des droits de l'Homme tel que précisé par la jurisprudence de la Cour européenne des droits de l'Homme, et du principe de supériorité de la norme européenne sur la loi interne, les juridictions pénales se reconnaissent la faculté d'écarter l'application d'une norme pénale imprécise.

S'ils regardent en dernier ressort le juge, dans sa mission de dire le droit, le principe d'interprétation stricte, et plus largement les règles d'interprétation de la loi pénale, concernent au premier chef, dans la chronologie d'une procédure pénale, la victime et son conseil, puis l'autorité policière et le représentant du parquet qui la contrôle. La mise en évidence d'une infraction procède en effet de la connaissance préalable des éléments de droit qui la composent, nommés « éléments constitutifs » de l'infraction. En outre, l'orientation appropriée de la procédure (ex. : obligation ou non de recevoir la plainte, existence d'un délit flagrant ou d'une contravention, possibilité d'une garde à vue, régime de cette garde à vue) résulte nécessairement d'une première opération de qualification légale opérée par les services d'enquête sous le contrôle de l'autorité judiciaire.

10.4 La non-rétroactivité de la loi pénale, corollaire du principe de légalité

A. Les sources internationales du principe

1. La Convention européenne de sauvegarde des droits de l'Homme et des libertés fondamentales, 4 nov. 1950, art. 7

« *Nul ne peut être condamné pour une action ou une omission qui, au moment où elle a été commise, ne constituait pas une infraction.* »

2. Le pacte international relatif aux droits civils et politiques, 19 déc. 1966, art. 15-1

« *Nul ne sera condamné pour des actions ou omissions qui ne constituaient pas un acte délictueux [...] au moment où elles ont été commises.* »

B. Les sources internes du principe

1. La Déclaration des droits de l'Homme et du citoyen, 26 août 1789, art. 8

« *Nul ne peut être puni qu'en vertu d'une loi établie et promulguée antérieurement au délit, et légalement appliquée.* »

« *La loi ne doit établir que des peines strictement et évidemment nécessaires* ». Selon le Cons. const., « *le fait de ne pas appliquer aux infractions commises sous l'empire de la loi ancienne la loi pénale nouvelle, plus douce, revient à permettre au juge de prononcer les peines prévues par la loi ancienne et qui, selon l'appréciation même du législateur, ne sont plus nécessaires* », que dès lors « *le principe de nécessité des peines implique que la loi pénale plus douce soit rendue immédiatement applicable aux infractions commises avant son entrée en vigueur et n'ayant pas donné lieu à des condamnations passées en force de chose jugée* ». À titre d'exemple, v. Cons. const. 3 déc. 2010, n° 2010-74 QPC, § 3, JO 4 déc., p. 21117 ; *Rec.* p. 361.

2. Le code pénal (art. 112-1)

« *Sont seuls punissables les faits constitutifs d'une infraction à la date à laquelle ils ont été commis* », sans préjudice de l'extinction de l'action publique par « *abrogation de la loi pénale* » (C. pr. pén., art. 6) lorsque la loi supprime l'incrimination (de façon probablement accidentelle dans les exemples qui suivent) après la commission des faits, même pour la faire ultérieurement renaître.

Ainsi, « *aucune peine ne saurait être prononcée lorsque les faits poursuivis, bien qu'entrant dans les prévisions de deux textes répressifs successifs, applicables respectivement à la date de leur commission et à celle de leur jugement, ont échappé à toute incrimination entre l'abrogation du premier de ces textes et l'entrée en vigueur du second* » (Crim. 2 mars 1994, n° 93-82.921, P n° 86). De même « *en cas de conflit entre plusieurs lois pénales de fond successives, lorsqu'une infraction a été commise sous l'empire d'une première loi, dont des dispositions ont ensuite été abrogées, ce qui a eu pour effet de la rendre inapplicable aux faits, cette deuxième loi étant elle-même remplacée par une troisième réprimant les faits objet de la poursuite, le principe de non-rétroactivité de la loi pénale implique que les faits ne puissent plus être poursuivis* » (Crim. 23 mai 2012, n° 11-83.901, n° 134).

Les observations qui précèdent ne s'appliquent qu'aux peines et non aux mesures de sûreté. Ainsi celles prévues, en cas de déclaration d'irresponsabilité pénale pour cause de trouble mental, par C. pr. pén., art. 706-135 et 706-136 issus L. n° 2008-174, 25 févr. 2008, ont été immédiatement appliquées aux faits antérieurs à l'entrée en vigueur de cette loi (Crim. 16 déc. 2009, n° 09-85.153, P n° 216, opérant un revirement sur Crim. 21 janv. 2009, n° 08-83.492, P n° 24) (sur l'irresponsabilité pénale pour trouble mental et les mesures de sûreté créées par L. n° 2008-174, 25 févr. 2008, v. n° **14.28A2**).

Précisons que « *l'abrogation d'une loi à la suite de sa codification à droit constant ne modifie ni la teneur ni la portée des dispositions transférées* » (Crim. 13 janv. 2015, n° 13-88.183, P n° 17).

C. La portée du principe, la détermination de la loi applicable

1. Le texte de référence entre en vigueur le lendemain de sa publication au Journal officiel (C. civ., art. 1er)

Les lois et, lorsqu'ils sont publiés au *Journal officiel* de la République française, les actes administratifs, (décrets et arrêtés ministériels) entrent en vigueur à la date qu'ils fixent ou, à défaut, le lendemain de leur publication. Toutefois, l'entrée en vigueur de celles de leurs dispositions dont l'exécution nécessite des mesures d'application est reportée à la date d'entrée en vigueur de ces mesures (C. civ., art. 1er).

La publication des textes est assurée, le même jour, dans des conditions de nature à garantir leur authenticité, sur papier et sous forme électronique. Le *Journal officiel* de la République française est mis à la disposition du public sous forme électronique de manière permanente et gratuite (Ord. n° 2004-164, 20 févr. 2004).

2. La loi pénale plus douce promulguée après les faits se substitue à la loi initiale (C. pén., art. 112-1)

En vertu du principe de non-rétroactivité des lois pénales, une loi répressive nouvelle ne peut donc s'appliquer aux faits commis avant son entrée en vigueur. Toutefois, « *les dispositions nouvelles s'appliquent aux infractions commises avant leur entrée en vigueur et n'ayant pas donné lieu à condamnation passée en force de chose jugée lorsqu'elles sont moins sévères que les dispositions anciennes* » (C. pén., art. 112-1). C'est le principe de **la rétroactivité dite *in mitius*,** ou ***in favorem***, c'est-à-dire en faveur du mis en cause.

Dans l'hypothèse d'une succession de textes, ainsi lorsqu'un premier texte d'origine est remplacé par une deuxième loi d'incrimination moins sévère abrogée par une troisième plus sévère, il est fait application de la loi la plus favorable (deuxième texte) (deux décisions Crim. 14 juin 2017, n° 16-81.926, NP et n° 16-81.927, NP).

Notons que « *doivent être considérées comme moins sévères les dispositions législatives faisant encourir à titre alternatif et non plus cumulatif des peines complémentaires* » (Crim. 15 oct. 2019, n° 17-86.838, D).

3. L'application distributive de la loi ancienne et de la loi nouvelle

Une loi nouvelle peut se trouver complexe, plus douce dans ses pénalités, mais plus sévère pour l'incrimination, en élargissant par exemple la définition du fait répréhensible, en ajoutant la répression de la tentative, ou en créant une présomption légale. Dans ce cas, les dispositions les plus douces de chacune des lois en concours s'appliquent, principe dit de l'application distributive : en effet « *il résulte d'une jurisprudence constante qu'une loi déterminant autrement que la loi précédente les éléments constitutifs d'une infraction est applicable aux faits commis avant son entrée en vigueur si ceux-ci entrent dans les prévisions de l'ancienne et de la nouvelle loi (Crim. 4 sept. 1990, n° 89-85.962, P n° 309)* » (Crim. 13 juin 2019, n° 19-90.013, P n° 113). De même, « *le principe de la légalité des délits et des peines ne met pas obstacle à ce qu'une loi nouvelle, en ses dispositions équivalentes ou favorables, s'applique à des faits déjà incriminés par la loi ancienne sous l'empire de laquelle ils ont été commis* » (Crim. 12 juin 1989, 3 arrêts, n° 88-87.389, n° 88-83.448, n° 87-85.197, P n° 251 ; dans les mêmes termes : Crim. 6 oct. 2004, n° 04-80.057, 01-80.171, D) ou, autrement dit, « *ne fait pas obstacle à ce qu'une loi nouvelle, se substituant à la loi ancienne par des dispositions équivalentes, s'applique à des faits déjà incriminés par la loi ancienne sous l'empire de laquelle ils ont été commis* » (Crim. 30 mars 2021, n° 20-81.030 (§ 16), D, ou Crim. 1er déc. 2020, n° 19-84.476 (§ 16), D).

4. La survie de textes plus sévères inhérents à la situation de fait incriminée par la législation antérieure

Le Cons. const. admet que le législateur puisse prévoir, par dérogation au principe de la rétroactivité *in mitius*, la survie d'une incrimination plus sévère lorsqu'elle « *est inhérente aux règles auxquelles la loi nouvelle s'est substituée* ». Il a ainsi validé des dispositions tendant, pour l'incrimination de vente à perte, à abaisser le seuil de revente à perte, mais prévoyant la survie des dispositions antérieures pour les faits commis avant leur entrée en vigueur, parce que « *la précédente définition de ce seuil était inhérente à la législation économique antérieure* » (Cons. const. 3 déc. 2010, n° 2010-74 QPC, § 3 et 4, *JO* 4 déc., p. 21117 ; *Rec.* p. 361).

Par ailleurs, lorsque les éléments constitutifs de l'infraction ne sont pas modifiés mais que seule est modifiée la « *situation de fait* » sur laquelle elle s'appuie, l'infraction demeure punissable. Ainsi, après avoir jugé que l'infraction d'emploi irrégulier de personnes de nationalité roumaine n'était plus punissable en raison de la levée des restrictions d'accès au marché du travail des ressortissants roumains (Crim. 3 nov. 2015, n° 14-84.459, NP, Crim. 30 mars 2016, n° 14-88.519, NP) la Ch. crim. s'est rangée aux motifs de la CJUE qui considère que « *cette acquisition de la citoyenneté de l'Union constitue une situation de fait qui n'est pas de nature à modifier les éléments constitutifs du délit d'aide à l'immigration illégale (§ 33)* » et que « *l'adhésion d'un État de l'Union ne fait pas obstacle à ce qu'un autre État membre puisse infliger une sanction pénale à des personnes ayant commis, avant cette adhésion, le délit d'assistance à l'immigration illégale en faveur de ressortissants du premier État* » (§ 42) (CJUE, 6 oct. 2016, *Gianpaolo Paoletti*, aff. C-218-15). Ainsi, « *le principe de l'application rétroactive de la peine plus légère [ne] fait [pas] obstacle à ce que soient poursuivis et sanctionnés les délits susvisés commis à l'égard de ressortissants roumains et dont tous les éléments constitutifs ont été réunis antérieurement au 1er janvier 2014, date de la levée de la totalité des restrictions à l'accès au marché du travail pour les ressortissants de la Roumanie, laquelle constitue une situation de fait, étrangère auxdits éléments constitutifs de ces infractions* » (Crim. 7 juin 2017, n° 15-87.214, P n° 158) (pour une application identique pour les ressortissants bulgares, Crim. 12 déc. 2017, n° 16-87.230, P).

Il en est de même en **matière économique, fiscale ou douanière**, lorsque l'incrimination reste constante, seule la règlementation économique et technique qui lui servait de support ayant été modifiée, selon les exemples suivants :

– lors de poursuites engagées sous la qualification de fraude douanière (C. douanes, art. 426, 4° et 414) pour des déclarations présentant faussement comme des quartiers de bœufs arrière des quartiers de bœuf avant qui ne bénéficiaient pas, au contraire des premiers, de subventions (restitutions), l'extension ultérieure de ces mêmes restitutions aux quartiers avant ne fait pas disparaître l'incrimination de fraude douanière et le principe de rétroactivité *in mitius* ne s'oppose pas à la condamnation des prévenus car « *le choix du législateur européen de modifier les critères d'éligibilité aux restitutions de marchandises s'est fondé sur une appréciation économique de la situation du marché de la viande et ne visait pas à remettre en question la qualification pénale ou l'appréciation, par les autorités nationales, de la peine à appliquer à des comportements ayant pour effet d'obtenir indûment des restitutions particulières à l'exportation* » (Crim. 16 janv. 2019, n° 15-82.333, P n° 19, conforme à l'arrêt préjudiciel de la CJUE, 7 août 2018, n° C-115/17, *Clergeau et a.*). Il est ainsi énoncé qu'« *il résulte des articles 112-1 du C. pén.]et 49 de la Charte des droits fondamentaux de l'Union européenne [CDFU], tel qu'interprété par la CJUE dans son arrêt du 7 août 2018 (Clergeau e.a.,* ***n°*** *C-115/17), que le principe de l'application immédiate de la loi pénale plus douce ne trouve pas à s'appliquer en cas d'abrogation des dispositions communautaires méconnues par les prévenus, lorsque les poursuites ont été engagées à raison d'un comportement qui reste incriminé et que les sanctions encourues n'ont pas été modifiées dans un sens moins sévère* » (§ 54) (Crim. 9 nov. 2022, n° 21-85.747, P) ;

– l'abrogation de textes réglementaires qui qualifient l'or de marchandise prohibée au sens douanier n'a « *aucun effet rétroactif* », dès lors que les dispositions législatives qui constituent le support légal de l'incrimination (C. douanes„ art. 38 et 414) sont inchangées (Crim. 30 janv. 1989, nº 86-96.060, P nº 33) ;

– l'application rétroactive de dispositions nouvelles allégeant le code des marchés publics est rejetée en ce que « *les dispositions réglementaires nouvelles du Code des marchés publics modifiant les conditions de passation desdits marchés ne s'appliquent pas aux infractions commises avant leur entrée en vigueur, dès lors que le texte législatif, support légal de l'incrimination* [de favoritisme], *n'a pas été modifié* » Crim. 7 avr. 2004, nº 03-84.191, P nº 93 ; dans le même sens : Crim. 28 janv. 2004, nº 02-86.597, P nº 23.

– en matière fiscale, « *le principe de l'application immédiate de la loi pénale plus douce ne trouve pas à s'appliquer lorsque les poursuites ont été engagées à raison d'un comportement qui reste incriminé et que les sanctions encourues n'ont pas été modifiées dans un sens moins sévère* » (§ 18), en effet, « *la C. cass. considère de manière constante que la disparation de l'impôt après la commission des faits est sans effet sur la constitution de l'infraction, en rappelant que CGI, art. 1741 n'a cessé de réprimer tout fait de soustraction frauduleuse à l'établissement ou au paiement de l'impôt commis antérieurement à l'abrogation de la règlementation fiscale concernée* » (§ 21) (Crim. 1er déc. 2021, nº 20-83.235, D ; dans le même sens : Crim. 19 janv. 1981, nº 80-90.252, P nº 25). Ainsi, « *un nouveau régime fiscal ne comportant plus d'imposition des revenus* » institué dans une collectivité d'outre-mer « *ne saurait avoir un effet rétroactif sur le constitution du délit* » de fraude fiscale (Crim. 1er juill. 2009, nº 08-86.520, P nº 142).

5. L'APPLICATION IMMÉDIATE DE LA LOI ABROGEANT L'INFRACTION À LA PEINE EN COURS D'EXÉCUTION (C. PÉN., ART. 112-4)

La peine cesse de recevoir exécution quand elle a été prononcée pour un fait qui, en vertu d'une loi postérieure au jugement, n'a plus le caractère d'une infraction pénale (C. pén., art. 112-4).

« *les décisions du Cons. const. s'imposant aux pouvoirs publics et à toutes les autorités administratives et juridictionnelles en vertu de l'article 62 de la Constitution, les déclarations de non-conformité ou les réserves d'interprétation qu'elles contiennent et qui ont pour effet qu'une infraction cesse, dans les délais, conditions et limites qu'elles fixent, d'être incriminée doivent être regardées comme des lois pour l'application de C. pén., art. 112-4, al. 2* » (§ 14), est donc approuvée la décision du juge qui, saisi d'un incident d'exécution de peine en application de C. pr. pén., art. 710, met fin à l'exécution d'une peine prononcée pour une infraction entre-temps abrogée par décision du Cons. const. (Crim. 9 nov. 2021, nº 20-87.078, P).

6. L'APPLICATION IMMÉDIATE DES LOIS DE PROCÉDURE (C. PÉN., ART. 112-2)

Sont applicables immédiatement, même aux faits commis avant leur entrée en vigueur, les lois de compétence et d'organisation judiciaire (ainsi une loi confiant au juge unique correctionnel la faculté de juger telle infraction, ou transformant un crime en délit) ; les lois fixant les modalités des poursuites et les formes de la procédure (une loi autorisant par exemple la procédure de comparution immédiate pour une infraction ou une catégorie d'infraction qui n'en relevait auparavant pas) ; les lois relatives au régime d'exécution et d'application des peines, sauf si elles ont pour résultat de rendre plus sévère la peine ; les lois relatives à la prescription, qui ne peuvent cependant remettre en cause les prescriptions acquises, ni avoir pour effet d'aggraver la situation des intéressés.

L'application immédiate de la loi nouvelle est toutefois sans effet sur la validité des actes accomplis conformément à la loi ancienne (C. pén., art. 112-4).

10.5 Le périmètre territorial d'application de la loi pénale française

A. L'application de la loi française aux faits commis sur le territoire

1. Le principe (C. pén., art. 113-2)

La loi pénale est applicable aux infractions commises sur le territoire de la République (C. pén., art. 113-2). L'infraction y est réputée commise dès lors qu'un de ses éléments constitutifs y a eu lieu (C. pén., art. 113-2).

Toutes les infractions commises ou réputées commises sur le territoire relèvent donc de la loi pénale française et de ses juridictions, quelle que soit la nationalité des personnes concernées et la législation étrangère le cas échéant applicable à la partie des faits commis à l'étranger, dès lors qu'au moins l'un des éléments constitutifs a eu lieu sur le territoire national. Il faut également entendre comme élément constitutif la condition préalable de l'infraction : ainsi, à titre d'exemple, le détournement de bien confisqué, qui suppose l'existence d'une décision de confiscation ; est ainsi réputé commis en France le détournement à l'étranger d'un bien situé à l'étranger mais confisqué par une juridiction française (Crim. 15 sept. 2021, n° 20-85.840, P ; v. n° **25.74**).

Il en est de même pour les complices d'un fait principal commis en France, quels que soient la nationalité du complice et le lieu où les actes de complicité ont été accomplis (Crim. 29 nov. 2016, n° 15-86.712, P n° 316).

Relèvent également de la loi pénale française les personnes complices en France d'un crime ou d'un délit principal commis à l'étranger, à condition que le fait soit puni à la fois par la loi française et par la loi étrangère, et s'il a été constaté par une décision définitive de la loi étrangère (C. pén., art. 113-5).

Depuis L. n° 2020-936, 30 juill. 2020, la loi pénale française est également applicable aux actes de **complicité par instigation**, commis sur le territoire, d'un **crime contre les personnes** commis à l'étranger, sans qu'il soit nécessaire dans ce cas de remplir les conditions de réciprocité d'incrimination et de condamnation définitive de l'auteur principal à l'étranger. Ces modifications visent notamment à « *permettre la pénalisation d'une pratique ayant cours sur le "darknet" qui consiste pour des français demeurant sur le territoire national, à obtenir des vidéos de crimes et notamment d'abus sexuel commis dans un pays étranger, notamment sur des mineurs* » (Circ. Crim. 2020-17-H2, 3 août 2020, NOR : JUSD2020619C, n° 2.1).

2. Le principe pour les infractions commises par voie électronique (C. pén., art. 113-2-1, L. n° 2016-731, 3 juin 2016)

« *Tout crime ou tout délit réalisé au moyen d'un réseau de communication électronique, lorsqu'il est tenté ou commis au préjudice d'une personne physique résidant sur le territoire de la République ou d'une personne morale dont le siège se situe sur le territoire de la République, est réputé commis sur le territoire de la République.* » (C. pén., art. 113-2-1, réd. L. n° 2016-731, 3 juin 2016). À ce principe de compétence de la loi pénale français font écho les autres dispositions issues de L. n° 2016-731, 3 juin 2016 donnant compétence territoriale au procureur de la République (C. pr. pén., art. 43), au juge d'instruction (C. pr. pén., art. 52) ou au tribunal correctionnel (C. pr. pén., art. 382) du **lieu de résidence ou du siège** des personnes physiques ou morales victimes d'un crime ou d'un délit réalisé par voie électronique, ou celles attribuant une compétence concurrente à la juridiction de Paris (C. pr. pén., art. 706-72-1, L. n° 2016-731, 3 juin 2016) pour les atteintes à un système de traitement automatisé de données (C. pr. pén., art. 706-72-1, v. n^os^ **35.70** s.). Mentionnons que la Ch. crim. approuve un juge d'instruction de Paris qui, saisi sur plainte avec constitution de partie civile de faits pour lesquels il n'était pas compétent au titre des dispositions de droit commun de C. pr. pén., art. 43, 52 et 382, se déclare incompétent au motif que « *la saisine fondée sur la compétence nationale concurrente du tribunal de grande instance de Paris pour les infractions relatives au système de traitement automatisé de données relève de la seule prérogative du procureur de la République, de sorte qu'elle ne peut être le fait de la partie civile* » (Crim. 20 août 2018, n° 18-84.728, P n° 139).

3. L'OBSTACLE ABSOLU À LA MISE EN ŒUVRE DE LA LOI FRANÇAISE, L'IMMUNITÉ DIPLOMATIQUE

a. L'inviolabilité et l'immunité des personnes. « L'agent diplomatique », à savoir le chef de la mission diplomatique ou les membres du personnel diplomatique de la mission, « *est inviolable. Il ne peut être soumis à aucune forme d'arrestation ou de détention, l'État accréditaire (l'État d'accueil) le traite avec le respect qui lui est dû, et prend toutes mesures appropriées pour empêcher toute atteinte à sa personne, sa liberté et sa dignité* » (Conv. Vienne, 18 avr. 1961, art. 1 et 29). L'agent diplomatique jouit de l'immunité de la juridiction pénale de l'État accréditaire, il n'est pas obligé de donner son témoignage, aucune mesure d'exécution ne peut être prise à son encontre (Conv. Vienne, 18 avr. 1961, art. 31). Sauf s'ils sont français, les membres de la famille de l'agent diplomatique qui font partie de son ménage jouissent de l'inviolabilité et de l'immunité (Conv. Vienne, 18 avr. 1961, art. 37, 1°). Sauf s'ils sont français, ou s'ils ont en France leur résidence permanente, les membres du personnel administratif et technique de la mission, ainsi que les membres de leur famille faisant partie de leur ménage, en jouissent également (Conv. Vienne, 18 avr. 1961, art. 37, 2°). Sauf s'ils sont ressortissants français, les membres du personnel de service bénéficient aussi de l'immunité pénale, mais pour les seuls actes accomplis dans l'exercice de leurs fonctions (Conv. Vienne, 18 avr. 1961, art. 37, 3°).

Sauf immunité supplémentaire accordée par l'État français, l'agent diplomatique qui, représentant un État étranger, a la nationalité française ou sa résidence permanente en France, ne jouit de l'immunité et de l'inviolabilité que pour les actes officiels accomplis dans l'exercice de ses fonctions (Conv. Vienne, 18 avr. 1961, art. 38).

L'État étranger notifie au ministère des Affaires étrangères la nomination des membres de la mission diplomatique (chef de la mission, personnel diplomatique, personnel administratif et technique et personnel de service), leur arrivée et leur départ définitif, ainsi que l'arrivée et le départ des personnes appartenant à leur famille (Conv. Vienne, 18 avr. 1961, art. 10).

L'État étranger peut renoncer, de manière expresse, à l'immunité de juridiction dont jouit son personnel (Conv. Vienne, 18 avr. 1961, art. 32).

b. L'inviolabilité des biens et documents. Les **locaux** de la mission, qui comprennent la résidence du chef de mission, sont inviolables. Il n'est pas permis aux agents de l'État accréditaire d'y pénétrer, sauf avec le consentement du chef de mission. Leur ameublement et les autres objets qui s'y trouvent, ainsi que les **moyens de transport** de la mission, ne peuvent faire l'objet d'aucune perquisition, réquisition, saisie ou mesure d'exécution (Conv. Vienne, 18 avr. 1961, art. 1 et 22). Les **archives et documents** de la mission sont inviolables à tout moment et en quelque lieu qu'ils se trouvent (Conv. Vienne, 18 avr. 1961, art. 24). La **correspondance officielle** de la mission est inviolable (Conv. Vienne, 18 avr. 1963, art. 27). La **valise diplomatique** ne doit être ni ouverte ni retenue (les colis constituant la valise diplomatique doivent porter des marques extérieures visibles de leur caractère et ne peuvent contenir que des documents diplomatiques ou des objets à caractère officiel). Le **courrier diplomatique**, à savoir la personne nommée par l'État accréditant (l'État étranger) et chargée d'acheminer la valise diplomatique, doit porter un document officiel attestant sa qualité et précisant le nombre de colis constituant la valise diplomatique. Il jouit aussi de l'inviolabilité de sa personne et ne peut être soumis à aucune forme d'arrestation ou de détention (Conv. Vienne, 18 avr. 1961, art. 27). Le commandant de bord auquel peut être confiée une valise diplomatique n'est pas considéré comme un courrier diplomatique (Conv. Vienne, 18 avr. 1961, art. 27).

4. L'OBSTACLE RELATIF À LA MISE EN ŒUVRE DE LA LOI FRANÇAISE, L'IMMUNITÉ CONSULAIRE

a. L'inviolabilité et l'immunité des personnes. « *Le fonctionnaire consulaire* », à savoir le chef de poste consulaire ou toute personne chargée de fonctions consulaires peut être mis en état d'arrestation ou de détention préventive en cas de crime grave et à la suite d'une décision de l'autorité judiciaire compétente (Conv. Vienne, 14 avr. 1963, art. 41). En dehors de ce cas, il ne peut être incarcéré ni soumis à aucune forme de limitation de sa liberté personnelle, sauf en exécution d'une décision judiciaire définitive (Conv. Vienne, 14 avr. 1963, art. 41). Le fonctionnaire consulaire ci-dessus défini, ainsi que l'employé consulaire, savoir toute personne employée dans les services administratifs ou techniques d'un poste consulaire, ne sont pas justiciables des autorités judiciaires pour les actes accomplis dans l'exercice des fonctions consulaires (Conv. Vienne, 14 avr. 1963, art. 43). Les employés consulaires ci-dessus définis et les membres du personnel de service (toute personne affectée au service domestique d'un poste consulaire) sont tenus de témoigner, sauf sur des faits ayant trait à l'exercice de leurs fonctions (Conv. Vienne, 14 avr. 1963, art. 44). Le fonctionnaire consulaire ci-dessus défini peut être appelé à témoigner, mais dans tous les cas aucune mesure coercitive ne peut être prise à son encontre en cas de refus (Conv. Vienne, 14 avr. 1963, art. 41).

L'État étranger (dit État d'envoi) peut renoncer, de manière expresse et par communication écrite à l'État d'accueil, aux immunités ou privilèges ci-dessus à l'égard d'un membre du poste consulaire (Conv. Vienne, 14 avr. 1963, art. 45).

Il n'y a pas d'extension des immunités ou privilèges consulaires aux personnes appartenant à la famille du fonctionnaire ou employé consulaire.

b. L'inviolabilité des biens et documents. La partie des **locaux** utilisée exclusivement pour les besoins du travail du poste consulaire est inviolable. Sauf incendie ou sinistre exigeant des mesures de protection immédiate, où le consentement du chef de poste peut être présumé, les autorités de l'État d'accueil ne pourront y pénétrer qu'avec son consentement (Conv. Vienne, 14 avr. 1963, art. 31). Les **archives et documents** consulaires sont inviolables à tout moment et en quelque lieu qu'ils se trouvent (Conv. Vienne, 14 avr. 1963, art. 33). La **correspondance officielle** du poste consulaire est inviolable (Conv. Vienne, 14 avr. 1963, art. 35). La **valise consulaire** ne doit être ni ouverte ni retenue (les colis constituant la valise consulaire doivent porter des marques extérieures visibles de leur caractère et ne peuvent contenir que des documents ou des objets à caractère officiel). Si les autorités ont de sérieux motifs de croire que la valise contient d'autres objets ou documents, elles peuvent en réclamer l'ouverture en présence d'un représentant de l'État étranger. En cas de refus, la valise est renvoyée à son lieu d'origine (Conv. Vienne, 14 avr. 1963, art. 35).

Le **courrier consulaire**, à savoir la personne nommée par l'État d'envoi (l'État étranger) et chargée d'acheminer la valise consulaire, doit porter un document officiel attestant sa qualité et précisant le nombre de colis constituant la valise consulaire. Il jouit de l'inviolabilité de sa personne et ne peut être soumis à aucune forme d'arrestation ou de détention (Conv. Vienne, 14 avr. 1963, art. 35). Le commandant de bord auquel peut être confiée une valise consulaire n'est pas considéré comme un courrier consulaire (Conv. Vienne, 14 avr. 1963, art. 35).

B. L'application aux faits commis hors du territoire

1. Les faits commis par un auteur français à l'étranger (C. pén., art. 113-6)

Crime. La loi française est applicable à tout crime commis par un Français hors du territoire de la République.

Délit. Elle est aussi applicable au délit commis par un Français hors du territoire de la République si le fait (à l'exception des infractions sexuelles commises sur mineur, v. B4 ci-dessous) est aussi bien puni par la France que par la législation du pays où il a été commis (réciprocité d'incrimination).

Par exception à ce principe, la loi française est dans tous les cas applicable à l'auteur français ou résidant habituellement sur le territoire national pour les faits de proxénétisme si la victime est mineure (C. pén., art. 225-7, v. n° **20.107**) (C. pén., art. **225-11-2** [L. n° 2006-399, 4 avr. 2006, art. 16]).

2. Les faits commis à l'étranger sur une victime française ou sur une victime spécialement protégée (C. pén., art. 113-7)

La loi pénale française est applicable à tout crime, ainsi qu'à tout délit puni d'emprisonnement, commis par toute personne à l'étranger sur une victime de nationalité française au moment de l'infraction. Il faut entendre par victime la victime directe de l'infraction, et non ses ayants droit, victimes indirectes. Ainsi, les juridictions françaises ne sont pas compétentes pour juger d'un crime commis à l'étranger sur un étranger même si sa femme et ses enfants jouissent de la nationalité française (Crim. 31 janv. 2001, n° 00-82.984, P n° 31).

Par exception à ce principe qui suppose que la victime jouisse de la nationalité française, la loi française est applicable à l'auteur si la victime est mineure et réside sur le territoire français pour les infractions suivantes : crimes de coups mortels aggravés (C. pén., art. 222-8, v. n° **20.16**), de violences aggravées ayant entraîné une mutilation ou une infirmité permanente (C. pén., art. 222-10, v. n° **20.19**), délits de violences aggravées ayant entraîné une incapacité > 8 jours (C. pén., art. 222-10, v. n° **20.25**) (C. pén., art. **222-16-2** [L. n° 2006-399, 4 avr. 2006, art. 14]). La loi française est également applicable en cas de meurtre (v. n° **20.3**), de tortures ou d'actes de barbarie (v. n° **20.10**), de coups mortels (v. n° **20.16**), de violences ayant entraîné une infirmité permanente (v. n° **20.19**), de violences aggravées avec ITT > 8 jours (v. n° **20.25**) ou ⩽ 8 jours (v. n° **20.29**), commis à l'étranger, contre une personne résidant habituellement sur le territoire français, en raison de son refus de contracter mariage ou de conclure une union (C. pén., art. **221-5-4**, **222-6-3**, **222-16-3**, L. n° 2010-769, 9 juill. 2010).

3. Les conditions particulières de poursuite des délits (C. pén., art. 113-8)

La poursuite des délits commis à l'étranger énumérés aux C. pén., art. 113-6 et 113-7 ci-dessus ne peut être exercée que par le procureur de la République, sur plainte préalable de la victime ou de ses ayants droit ou sur dénonciation officielle du pays où le fait a été commis, sauf dans le cas des infractions sexuelles commises sur mineur (v. **B4** ci-après).

La constitution de partie civile par voie d'intervention devant le juge d'instruction dans une information déjà ouverte par le parquet, suivie de réquisitions supplétives étendant la saisine du juge d'instruction aux nouveaux faits, est toutefois admise (il s'agissait en l'espèce d'un accident aérien dans laquelle la victime concernée n'avait pas été visée par le réquisitoire introductif) (Crim. 11 juin 2003, n° 02-83.576, P n° 119 ; dans le même sens : Cons. const. 27 sept. 2019, n° 2019-803 QPC ; § 10 et 18 nov. 2022, n° 2022-1023 QPC, § 12, cités ci-après).

Ces dispositions, « *qui confèrent au ministère public le monopole de la poursuite de ces délits, font obstacle à la mise en mouvement de l'action publique par la partie lésée* » (§ 6) mais ne méconnaissent pas le « *droit à un recours juridictionnel effectif* » (§ 8) car « *même en l'absence d'engagement de poursuites par le ministère public, ni les dispositions contestées ni aucune autre disposition législative ne privent la partie lésée de la possibilité d'obtenir réparation du dommage que lui ont personnellement causé les faits délictueux devant le juge civil* » (§ 7) ; elle ne méconnaissent pas davantage le principe d'égalité devant la loi (§ 9) car « *en confiant au procureur de la République le monopole des poursuites à l'égard de certains délits commis à l'étranger, le législateur a entendu, en raison de la difficulté de mener des investigations à l'étranger, laisser à cette autorité le soin d'apprécier l'opportunité de poursuivre des infractions de cette gravité* » (§ 10) ; de plus les victimes « *peuvent également, dans le cas où l'action publique a été mise en mouvement par le procureur de la République, se constituer partie civile au cours de l'instruction ou devant la juridiction de jugement. Leur sont ainsi assurées des garanties équivalentes pour la protection de leurs intérêts* » (§ 12). (Cons. const. 18 nov. 2022, n° 2022-1023 QPC). Le Cons. const. statue dans le même sens s'agissant de la compétence exclusive du procureur de la République qui lui est attribuée par C. pr. pén., art. 698-2 pour engager l'action publique pour des faits commis par un militaire dans le cadre d'une opération extérieure (Cons. const. 27 sept. 2019, n° 2019-803 QPC).

L'extension de la saisine à des faits n'ayant pas donné lieu à plainte ou dénonciation est admise lorsqu'ils sont **indivisibles** de ceux dont la justice française « *est légalement saisie par suite de la plainte préalable* » de la victime (Crim. 22 août 2018, n° 18-80.848, P n° 140). Toutefois « *le lien de connexité existant entre plusieurs infractions ne peut avoir pour effet de rendre la loi pénale française applicable à celles commises à l'étranger par une personne de nationalité étrangère sur une victime étrangère* » (Crim. 31 mai 2016, n° 15-85.920, P n° 165).

Soulignons que la plainte ou la dénonciation « *ne sont pas nécessaires lorsque la poursuite est exercée devant une juridiction pénale disposant, en application des dispositions du code de procédure pénale, d'une compétence territoriale concurrente et spécialisée s'étendant sur le ressort de plusieurs tribunaux judiciaires ou sur l'ensemble du territoire* » (C. pén., art. 113-8-1 issu L. n° 2020-1672, 24 déc. 2020) (sur les juridictions spécialisées dont la compétence nationale ou interrégionale est concurrente de celle des juridictions de droit commun, v. n° **17.16**).

4. Le cas des infractions sexuelles commises à l'étranger sur des mineurs, la poursuite du tourisme sexuel (C. pén., art. 222-22)

Lorsque des agressions sexuelles sont commises à l'étranger contre un mineur par un Français ou par une personne résidant habituellement sur le territoire français, la loi pénale française est applicable, même si le fait n'est pas réprimé par la législation du pays du lieu de commission. En outre, la plainte préalable de la victime ou la dénonciation du pays de commission n'est dans ce cas pas exigée.

5. Le principe de l'immunité pénale appliquée aux actes commis à l'étranger relevant de l'exercice de la souveraineté de l'État

Statuant sur l'arrêt de non-lieu rendu par la CHINS dans une affaire dans lesquels les plaignants de nationalité française dénonçaient notamment des faits d'atteinte à la liberté individuelle, d'abstention de mettre fin à une privation illégale de liberté, de séquestration, de tortures et d'actes de barbarie commis à Guantanamo Bay, base militaire américaine située à Cuba, dans le cadre des opérations déclenchées par les États-unis à l'encontre du régime taliban et du réseau Al Qaïda, la Ch. crim. juge que « *Les faits incriminés, reprochés à un ancien président des États-Unis et à différents membres du gouvernement, fonctionnaires ou membres de l'armée américaine, ne peuvent être assimilés à de simples actes de gestion mais constituent des actes relevant de l'exercice de la souveraineté de l'État* » (§ 24), que « *la coutume internationale s'oppose à ce que les agents d'un État, en l'absence de dispositions internationales contraires s'imposant aux parties concernées, puissent faire l'objet de poursuites, pour des actes entrant dans cette catégorie, devant les juridictions pénales d'un État étranger* » (§ 25), qu'« *en l'état du droit international, les crimes dénoncés, quelle qu'en soit la gravité, ne relèvent pas des exceptions au principe de l'immunité de juridiction* » (§ 27), enfin, que le droit d'accès à un tribunal garanti par Conv. EDH, art. 6 « *n'est pas absolu et ne s'oppose pas à une limitation à ce droit, découlant de l'immunité des États étrangers et de leurs représentants, dès lors que cette limitation est consacrée par le droit international et ne va pas au-delà des règles généralement reconnues en matière d'immunité des États* » (§ 28) (Crim. 13 janv. 2021, n° 20-80.511, P) (sur un autre aspect du traitement judiciaire des personnes détenues à Guantanamo, v. CEDH 25 nov. 2021, n° 10917/15 et 10941/15, *Sassi et Benchellali c/ France*).

Dans le même sens, s'agissant de la plainte déposée contre un chef d'État Lybien dont l'implication dans un attentat aérien ayant causé la mort de 170 personnes, dont plusieurs de nationalité française, était dénoncée, il est jugé que « *la coutume internationale s'oppose à ce que les chefs d'État en exercice puissent, en l'absence de dispositions internationales contraires s'imposant aux parties concernées, faire l'objet de poursuites devant les juridictions pénales d'un État étranger* », qu'« *en l'état du droit international, le crime dénoncé, quelle qu'en soit la gravité, ne relève pas des exceptions au principe de l'immunité de juridiction des chefs d'État étrangers en exercice* » (Crim. 13 mars 2001, n° 00-87.215, P n° 64).

« *Si le juge d'instruction a généralement l'obligation d'informer sur tous les faits résultant de la plainte, sous toutes les qualifications possibles, et si cette obligation n'est pas contraire en son principe à l'immunité de juridiction des États étrangers et de leurs représentants, celle-ci trouve son fondement dans la seule nécessité pour le juge de ne pas retenir une immunité pénale avant d'avoir vérifié les conditions de son application dans le dossier dont il est saisi* » (§ 21) ; l'obligation d'instruire cesse donc lorsque la plainte « *est claire et précise dans ses imputations des faits dénoncés à la seule personne visée, à savoir le chef de l'État, de sorte qu'aucun acte d'information n'est nécessaire pour dire que le principe d'immunité pénale, reconnue par la coutume internationale au bénéfice des États et des chefs d'État en exercice, doit être retenu* » (§ 5) (Crim. 2 sept. 2020, n° 18-84.682, P). Dans le même sens, mais sanctionnant un refus d'instruire en rappelant que « *le juge d'instruction a l'obligation d'informer sur tous les faits résultant de la plainte, sous toutes les qualifications possibles, et que cette obligation n'est pas contraire en son principe à l'immunité de juridiction des États étrangers et de leurs représentants* » (Crim. 19 mars 2013, n° 12-81.676, P n° 65).

« *la coutume internationale qui s'oppose à la poursuite des États devant les juridictions pénales d'un État étranger s'étend aux organes et entités qui constituent l'émanation de l'État ainsi qu'à leurs agents en raison d'actes qui, comme en l'espèce, relèvent de la souveraineté de l'État concerné* », bénéficient donc d'une telle immunité les représentants de l'autorité maritime Maltaise qui a délivré des certificats d'immatriculation et de navigabilité du navire Erika, mis en examen des chefs de mise en danger de la vie d'autrui et complicité de pollution à la suite de son naufrage, survenu le 12 déc. 1999 (Crim. 23 nov. 2004, n° 04-84.265, P n° 292). Au même motif, est approuvée la CHINS qui retient, pour annuler les mandats d'arrêt délivrés contre le Premier ministre et le ministre des forces armées du Sénégal à la suite du naufrage du navire Joola, qui avait causé 1863 victimes dont plusieurs ressortissants français, que « *le navire avait été mis en service pour permettre à la région de Casamance de sortir de son enclavement et que l'État du Sénégal assurait ainsi une mission de service public non commercial ; [...] que le ministère des forces armées avait confié à la marine nationale la gestion de ce navire, lequel était exposé à des attaques, était armé par un équipage militaire et avait le statut de navire militaire* » (Crim. 19 janv. 2010, n° 09-84.818, P, n° 9).

Notons que l'immunité pénale le cas échéant applicable à l'auteur de l'infraction principale ne fait pas disparaître, en raison de son autonomie, le délit de blanchiment de l'objet ou du produit de cette infraction (Crim. 7 sept. 2022, n° 21-86.002, § 15, D ; sur le blanchiment, v. n° **22.49**).

C. L'application aux faits commis par voie électronique hors du territoire au préjudice d'une victime résidant ou ayant son siège en France (C. pén., art. 113-2-1, L. n° 2016-731, 3 juin 2016)

Tout crime ou tout délit réalisé au moyen d'un réseau de communication électronique est réputé commis sur le territoire de la République lorsqu'il est tenté ou commis au préjudice d'une personne physique ou morale qui y réside ou y a son siège (C. pén., art. 113-2-1, réd. L. n° 2016-731, 3 juin 2016). Les tribunaux compétents sont alors ceux de la résidence ou du siège social de la victime (C. pr. pén., art. 43, 52, 382) (v. **A2** ci-dessus).

D. L'application aux faits commis hors du territoire par un étranger non extradé par la France (C. pén., art. 113-8-2)

La loi pénale française est applicable à tout crime ou tout délit puni d'au moins cinq ans d'emprisonnement commis hors du territoire par un étranger dont l'extradition a été refusée par les autorités françaises aux motifs, soit que le fait est puni d'une peine contraire à l'ordre public français, soit que la personne aurait été jugée par l'État requérant par un tribunal n'assurant pas les garanties fondamentales de procédure, soit que le fait revêt le caractère d'infraction politique (sur l'infraction politique, v. n° **10.7A**). La poursuite ne peut être exercée qu'à la requête du ministère public et doit être précédée d'une dénonciation officielle de l'autorité de l'État requérant où le fait a été commis (C. pén., art. 113-8-1 ; L. n° 2004-204, 9 mars 2004, art. 19, devenu L. 113-8-2, L. n° 2020-1672, 24 déc. 2020).

E. L'application aux faits commis hors du territoire dans les aéronefs ou les locaux diplomatiques

1. Les aéronefs français (C. pén., art. 113-4)

La loi pénale française est applicable aux infractions commises à bord d'un aéronef civil immatriculé en France ou d'un aéronef militaire français, ou à l'encontre de tels aéronefs, en quelque lieu qu'ils se trouvent.

2. Les aéronefs étrangers (C. pén., art. 113-10)

La loi pénale française est applicable aux infractions commises à bord ou à l'encontre des aéronefs non immatriculés en France lorsque l'auteur ou la victime est de nationalité française, ou lorsque l'appareil atterrit en France après le crime ou le délit, ou lorsque l'aéronef a été donné en location sans équipage à une personne qui a le siège principal de son exploitation ou, à défaut, sa résidence permanente sur le territoire de la République.

3. Les locaux diplomatiques (C. pén., art. 113-10)

Elle est aussi applicable à tout crime ou délit contre les agents ou les locaux diplomatiques ou consulaires français, commis hors du territoire de la République.

F. L'application aux faits portant atteinte aux intérêts financiers de l'Union européenne (C. pén., art. 113-14, Ord. n° 2019-963, 18 sept. 2019)

Transposant la directive (UE) 2017/1371 du Parlement européen et du Conseil du 5 juill. 2017 relative à la lutte contre la fraude portant atteinte aux intérêts financiers de l'Union au moyen du droit pénal, dite « directive PIF », l'Ord. n° 2019-963, 18 sept. 2019, ratifiée par L. n° 2020-1672, 24 déc. 2020, institue en la matière des règles dérogeant aux principes d'application de la loi pénale française.

Par dérogation au principe de réciprocité d'incrimination (C. pén., art. 113-6, al. 2), à la nécessité de la plainte préalable de la victime ou de la dénonciation officielle de l'État dans lequel les faits ont été commis (C. pén., art. 113-8), ou à l'exigence, en cas de complicité en France d'une infraction commise à l'étranger, de réciprocité d'incrimination et de condamnation définitive du fait principal par la juridiction étrangère (C. pén., art. 113-5) « *la loi pénale française est applicable en toutes circonstances* » à certaines infractions « *commises à l'étranger par un Français ou par une personne résidant habituellement ou exerçant tout ou partie de son activité économique sur le territoire français, lorsqu'elles portent atteinte aux recettes perçues, aux dépenses exposées ou aux avoirs qui relèvent du budget de l'Union européenne, des budgets des institutions, organes et organismes de l'Union européenne ou des budgets gérés ou contrôlés directement par eux* » (C. pén., art. 113-14, issu Ord. n° 2019-963, 18 sept. 2019, ratifiée par L. n° 2020-1672, 24 déc. 2020).

Les infractions concernées, énumérées au C. pén., art. 113-14, sont les suivantes :

– **escroquerie** simple (C. pén., art. 313-1, v. n° **22.18**) et aggravée (C. pén., art. 313-2, v. n° **22.22**) et leur tentative (C. pén., art. 313-3) ;

– **abus de confiance** simple (C. pén., art. 314-1, v. n° **22.37**) à 314-4) et aggravé (C. pén., art. 314-2, v. n° **22.39**, 314-3, v. n° **22.40** et 314-4-1 (nouveau cas d'aggravation créé par Ord. n° 2019-963, 18 sept. 2019, ratifiée par L. n° 2020-1672, 24 déc. 2020, v. n° **22.38**) ;

– **soustraction, détournement ou destruction de biens publics** commis par une personne chargée d'une fonction publique (C. pén., art. 432-15, v. n° **23.55**) ou par un particulier (C. pén., art. 433-4, v. n° **23.56**) ;

– **corruption**, faits incriminés par C. pén., art. 432-11 (corruption ou trafic d'influence passif par un agent public, v. n° **23.37**) et 433-1 (corruption ou trafic d'influence actifs par un particulier sur une personne chargée d'une fonction publique, v. n° **23.41**), 435-1 et 435-3 (infractions de corruption ou de trafic d'influence concernant des États étrangers ou des organisations internationales publiques) ;

– **contrebande** incriminée au C. douanes, art. 414-2 (nouveau délit de fraude douanière intentionnelle à l'exportation ou l'importation créé par Ord. nº 2019-963, 18 sept. 2019, v. nº 33.37) ;

– **blanchiment** des délits qui précèdent et sa tentative, incriminés par C. pén., art. 324-1 à 324-6 (v. nº 22.49).

G. La règle *non bis in idem* en cas de compétences concurrentes des États pour connaître de l'infraction

Aucune poursuite ne peut être exercée contre une personne justifiant qu'elle a été jugée définitivement à l'étranger pour les mêmes faits et, en cas de condamnation, que la peine a été subie ou prescrite (C. pr. pén., art. 692 ; C. pén., art. 113-9).

Une « *personne qui a été définitivement jugée par une partie contractante ne peut, pour les mêmes faits, être poursuivie par une autre partie contractante, à condition qu'en cas de condamnation, la sanction ait été subie ou soit actuellement en cours d'exécution ou ne puisse plus être exécutée selon les lois de la partie contractante de condamnation* » (Convention d'application de l'accord de Schengen du 14 juin 1985 (« CAAS »), art. 54).

« *Nul ne peut être poursuivi ou puni pénalement en raison d'une infraction pour laquelle il a déjà été acquitté ou condamné dans l'Union par un jugement pénal définitif conformément à la loi* » (CDFU, art. 50, « *Droit à ne pas être jugé ou puni pénalement deux fois pour une même infraction* »).

« *Nul ne peut être poursuivi ou puni en raison d'une infraction pour laquelle il a déjà été acquitté ou condamné par un jugement définitif conformément à la loi et à la procédure pénale de chaque pays.* » (Pacte international relatif aux droits civils et politiques adopté par les Nations unies, art. 14 § 7).

Soulignons que ces dispositions, déclinaisons du principe général « *non bis in idem* », s'appliquent non seulement entre les juridictions de plusieurs États, mais aussi à l'intérieur de la juridiction d'un même État. À cet égard, le « *droit à ne pas être jugé ou puni deux fois* » est plus particulièrement exprimé par Conv. EDH, protocole nº 7, art. 4 « *Nul ne peut être poursuivi ou puni pénalement par les juridictions du même État en raison d'une infraction pour laquelle il a déjà été acquitté ou condamné par un jugement définitif conformément à la loi et à la procédure pénale de cet État* ». C. pr. pén., art. 6 selon lequel l'action publique est éteinte par la chose jugée est une expression en droit interne du principe *non bis in idem*.

Précisons qu'une décision de classement sans suite d'un parquet n'a pas valeur de jugement définitif au sens des dispositions précitées (Crim. 2 avr. 2014, nº 13-80.474, P nº 101). Elle ne tranche pas sur le fond et ne met pas un terme à l'action publique (CJUE 22 déc. 2008, *Turansky*, aff. C-491/07). Il en est autrement lorsque cette décision de classement fait suite à une mesure alternative aux poursuites dont les conditions sont respectées par l'auteur des faits, et qu'il est ainsi mis un terme définitif aux poursuites (CJUE 11 févr. 2013, *Gözütok* et *Brügge*, aff. C-187/01 et C-385/01).

10.6 La classification des infractions selon leur gravité

« *Les infractions pénales sont classées, suivant leur gravité, en crime, délits et contraventions.* » (C. pén., art. 111-1).

Cette classification tripartite est au cœur de l'activité des praticiens et détermine dans chaque cas un régime spécifique de prescription, d'enquête, de poursuite, de jugement et de sanction.

A. L'infraction criminelle

1. La définition du crime

Sont des crimes les infractions que la loi punit de peines criminelles, savoir la réclusion ou la détention criminelle à perpétuité ou à temps. La durée de la réclusion criminelle ou de la détention criminelle à temps ne peut être inférieure à dix ans (C. pén., art. 131-1).

La réclusion est une peine criminelle de droit commun, la détention criminelle une peine politique prévue pour quelques crimes d'atteinte aux intérêts fondamentaux de la Nation. Elles sont toutes les deux des peines d'enfermement dont le régime d'exécution n'offre que quelques différences de détail (C. pr. pén., art. D. 490 s.).

L'amende, prévue pour certains crimes, ne constitue pas une peine criminelle, au sens de l'article 131-1 du code pénal, et n'est donc pas à elle seule indicative d'une infraction criminelle.

Seule l'existence d'une peine de réclusion ou de détention criminelle permet de qualifier crime une infraction.

EXEMPLE

« *Le fait de donner volontairement la mort à autrui constitue un meurtre. Il est puni de trente ans de réclusion criminelle.* » (C. pén., art. 221-1). En application de l'article 131-1 du code pénal, il s'en déduit que le meurtre est un crime.

2. Les particularités pratiques

• **La prescription de l'action publique.** Depuis L. n° 2017-242, 27 févr. 2017 portant réforme de la prescription, sous les précisions apportées aux n^os^ **17.18** s. « *L'action publique des crimes se prescrit par vingt années révolues à compter du jour où l'infraction a été commise* ». (C. pr. pén., art. 7). Le délai de prescription criminelle de droit commun était auparavant de dix années.

• **La prescription de la peine.** Les peines prononcées pour un crime se prescrivent par vingt années révolues à compter de la date à laquelle la décision de condamnation est devenue définitive (C. pén., art. 133-2). Cette prescription est de trente ans pour les délits de guerre, de terrorisme, de trafic de stupéfiants, de prolifération d'armes de destruction massive (C. pén., art. 133-2, réd. issue L. n° 2017-242, 27 févr. 2017) (sur la prescription de la peine, v. n° **18.5D2**).

• **La complicité et la tentative.** La complicité et la tentative de crime sont toujours punissables (C. pén., art. 121-4, 121-6 et 121-7).

• **L'enquête.** La notion de crime ne présente pas d'intérêt propre par rapport à celle de délit passible d'emprisonnement, l'un et l'autre relevant des mêmes catégories (enquête de flagrance, enquête préliminaire). Sauf à préciser que la garde à vue (retenue) (12 h + 12 h) d'un mineur de moins de 13 ans est toujours possible en cas de crime, tandis qu'en cas de délit, celui-ci doit être passible d'au moins cinq ans d'emprisonnement (Ord. n° 45-174, 2 févr. 1945, art. 4, devenu CJPM, art. L. 413-1).

L'instruction, la détention provisoire. L'information (instruction préparatoire) est obligatoire en matière de crime (C. pr. pén., art. 79). La qualification criminelle détermine la durée possible de la détention provisoire (C. pr. pén., art. 145-2, Ord. n° 45-174, 2 févr. 1945, art. 11 devenu CJPM, art. L. 334-4, L. 334-5, L. 433-4 et L. 433-5), elle n'impose pas, avant la décision de placement en détention, la réalisation d'une enquête de personnalité pour les jeunes majeurs (C. pr. pén., art. 81) ou pour le parent exerçant seul l'autorité parentale sur un mineur de moins de 17 ans résidant avec lui (C. pr. pén., art. 145-5). La détention provisoire est possible dès l'âge de 13 ans en matière criminelle (Ord. n° 45-174, 2 févr. 1945, art. 11 devenu CJPM, art. L. 334-4 et L. 334-5).

• **La compétence.** Les crimes commis par les majeurs sont jugés par la cour d'assises, ceux commis par les mineurs âgés de 16 ans au moins par la cour d'assises des mineurs (Ord. n° 45-174, 2 févr. 1945, art. 20 devenu CJPM, art. L. 231-9), les mineurs de moins de 16 ans sont jugés pour crime par le tribunal pour enfants (Ord. n° 45-174, 2 févr. 1945, art. 13 et 20 devenu CJPM, art. L. 231-3) (sur la compétence de la cour d'assises et des juridictions pour mineurs en matière criminelle, v. n^os^ **17.15A** et **E**).

B. L'infraction correctionnelle, le délit

1. La définition du délit

Sont des délits les infractions que la loi punit d'une peine d'emprisonnement ou d'une peine d'amende ⩾ 3 750 € (C. pr. pén., art. 381), lesquelles sont des peines correctionnelles (C. pén., art. 131-3).

Dans l'échelle des peines, l'emprisonnement ne peut être supérieur à 10 ans (C. pén., art. 131-4).

L'infraction passible d'une seule amende ⩾ 3 750 € est toujours correctionnelle, quel que soit le montant encouru ; la loi n'ayant pas prévu de maximum à l'amende délictuelle.

EXEMPLE

« *Les violences ayant entraîné une mutilation ou une infirmité permanente sont punies de dix ans d'emprisonnement et de 150 000 €.* » (C. pén., art. 222-9).

« *Le témoin qui ne comparaît pas ou qui refuse, soit de prêter serment, soit de faire sa déposition, peut être, sur réquisitions du ministère public, condamné par le tribunal à une amende de 3 750 €.* » (C. pr. pén., art. 438). En application des articles 381 du code de procédure pénale et 131-1 du code pénal, il se déduit que ces infractions sont des délits.

2. Les particularités pratiques

La prescription de l'action publique. Depuis L. n° 2017-242, 27 févr. 2017 portant réforme de la prescription, sous les précisions apportées aux n^os^ **17.18** s., « *L'action publique des délits se prescrit par six années révolues à compter du jour où l'infraction a été commise* » (C. pr. pén., art. 8). Le délai de prescription délictuelle de droit commun était auparavant de trois années.

La prescription de la peine. Les peines prononcées pour un délit se prescrivent depuis L. n° 2017-242, 27 févr. 2017 par six années révolues, au lieu de cinq, à compter de la date à laquelle la décision de condamnation est devenue définitive (C. pén., art. 133-3). Cette prescription est de vingt ans pour les délits de guerre, de terrorisme, de trafic de stupéfiants, de prolifération d'armes de destruction massive (lorsqu'ils sont punis de dix ans d'emprisonnement pour ces derniers) (C. pén., art. 133-3, réd. issue L. n° 2017-242, 27 févr. 2017) (sur la prescription de la peine, v. n° **18.5D2**).

La complicité et la tentative. La complicité de délit est toujours punissable (C. pén., art. 121-6 et 121-7). La tentative de délit n'est punissable que dans les cas prévus par la loi (C. pén., art. 121-4).

L'enquête. Le délit passible d'emprisonnement et le crime relèvent sans distinctions des deux catégories cardinales d'enquêtes : enquête de flagrance ou enquête préliminaire.

Un tri fondamental s'opère selon que le délit est passible d'emprisonnement ou non. Les mesures diligentées sous contrainte en flagrance, arrestation, garde à vue, perquisition et saisie sans assentiment, voire l'arrestation par un simple citoyen, ne pourront en effet être réalisées (C. pr. pén., art. 67 et 73) que si le délit est passible d'emprisonnement.

La garde à vue d'un mineur de moins de 13 ans (alors appelée retenue) n'est possible (12 h + 12 h), et ne peut être prolongée pour un mineur de 13 à 16 ans (24 h + 24 h), que pour un délit passible d'au moins 5 ans d'emprisonnement (Ord. n° 45-174, 2 févr. 1945, art. 4 devenu CJPM, art. L. 413-1 et L. 413-10).

L'instruction, la détention provisoire. L'instruction préparatoire est facultative en matière de délit (C. pr. pén., art. 79). L'existence et le *quantum* de l'emprisonnement encouru déterminent la possibilité d'un placement en détention provisoire et la durée maximale de la détention (C. pr. pén., art. 143-1 et 145-1 ; Ord. n° 45-174, 2 févr. 1945, art. 11 devenu CJPM, art. L. 334-1 s et L. 433-1 s.). Le contrôle judiciaire ne peut être ordonné que pour un délit passible d'emprisonnement (C. pr. pén., art. 138).

La compétence. Le tribunal correctionnel connaît des délits (C. pr. pén., art. 381). Les mineurs relèvent du tribunal pour enfants ou du juge des enfants (Ord. nº 45-174, 2 févr. 1945, art. 1er, devenu CJPM, art. L. 231-2 et L. 231-3) (sur la compétence du tribunal correctionnel et des juridictions pour mineurs en matière délictuelle, v. nº **17.15C** et **E**).

L'existence et le *quantum* de l'emprisonnement régissent également le régime des poursuites : faculté de recourir à la comparution immédiate (C. pr. pén., art. 394), durée de la détention en cas de renvoi après comparution immédiate (C. pr. pén., art. 397-1), compétence de principe du juge unique correctionnel pour les délits où l'emprisonnement n'est pas encouru (C. pr. pén., art. 398-1 8°).

C. La contravention

1. La définition de la contravention

« *Sont des contraventions les infractions que la loi punit d'une peine d'amende n'excédant pas 3 000 €.* » (C. pén., art. 131-13 (anct C. pr. pén., art. 521)).

Les contraventions sont divisées en cinq classes, selon l'importance de l'amende encourue (C. pén., art. 131-13) :

1re classe ⩽ 38 €
2e classe ⩽ 150 €
3e classe ⩽ 450 €
4e classe ⩽ 750 €
5e classe ⩽ 1 500 €, 3 000 € en cas de récidive lorsque le règlement le prévoit.

Les contraventions punies d'une amende dont le taux est proportionnel au montant ou à la valeur exprimée en numéraire du préjudice, des réparations ou de l'objet de l'infraction, constituent des contraventions de la 5e classe dont la peine d'amende ne peut excéder 1 500 € ou 3 000 € en cas de récidive (C. pr. pén., art. R. 610-4).

2. Les particularités pratiques

La prescription de l'action publique. « *En matière de contravention, la prescription de l'action publique est d'une année révolue.* » (C. pr. pén., art. 9). Le régime de la prescription contraventionnelle n'a pas été modifié par L. nº 2017-242, 27 févr. 2017 portant réforme de la prescription (sur la prescription, v. nos **17.18** s). Les modalités d'interruption de la prescription sont identiques à celles prévues pour les crimes ou délits (C. pr. pén., art. 7 et 8) (v. nº **17.23**).

La prescription de la peine. Les peines prononcées pour une contravention se prescrivent par trois années révolues à compter de la date à laquelle la décision de condamnation est devenue définitive (C. pén., art. 133-4).

La complicité et la tentative. La complicité d'une contravention par provocation ou par fourniture d'instruction, par don, promesse, menace, ordre, abus d'autorité ou de pouvoir, est toujours punissable (C. pén., art. R. 610-2). La complicité par aide ou assistance n'est passible de poursuite que dans les cas prévus par le règlement d'incrimination. La tentative de commettre une contravention n'est pas punissable (C. pén., art. 121-4). Des dispositions peuvent toutefois déroger à ces principes. Il en est ainsi pour le code de l'environnement, qui incrimine, dans toute ses modalités, la complicité des contraventions dudit code (C. envir., art. R. 173-5, issu D. nº 2016-1792, 20 déc. 2016).

La procédure. La force probante du procès-verbal constatant une contravention ne peut être combattue que par la preuve contraire (C. pr. pén., art. 430, *a contrario*). La garde à vue n'est pas applicable aux contraventions, car elles ne sont pas passibles d'emprisonnement (v. nº **12.1A**).

Les poursuites. Outre les poursuites par citation directe ou par convocation par OPJ ou APJ (C. pr. pén., art. 531 à 533), les contraventions peuvent faire l'objet de la procédure simplifiée de **l'ordonnance pénale** (C. pr. pén., art. 524 s.), mise en œuvre par le parquet du procureur de la République, ou par l'officier du ministère public (OMP) pour les contraventions des quatre premières classes (sur la procédure d'ordonnance pénale contraventionnelle, v. n° **15.52**) ; ou de la procédure de **l'amende forfaitaire**, qui peut être mise en œuvre dès la constatation de l'infraction (C. pr. pén., art. 529 s.) (sur la procédure d'amende forfaitaire contraventionnelle, v. n° **15.46**). Notons toutefois que ces procédures simplifiées ne sont plus l'apanage exclusif des contraventions puisque certains délits peuvent aussi relever de l'ordonnance pénale (sur la procédure d'ordonnance pénale délictuelle, v. n° **15.48** s.) ou de l'amende forfaitaire (sur la procédure d'amende forfaitaire délictuelle, v. n° **15.47**).

Les contraventions ne peuvent faire l'objet d'une plainte avec constitution de partie civile devant le juge d'instruction (C. pr. pén., art. 85), mais la victime peut cependant se constituer partie civile par voie d'intervention devant le juge d'instruction dans une information ouverte par le procureur de la République (C. pr. pén., art. 44 et 79, v. n° **16.10**).

La compétence. Les contraventions relèvent de la compétence du tribunal de police (C. pr. pén., art. 521, L. n° 2005-47, 26 janv. 2005), qui est rattaché au tribunal judiciaire [avant le 1er janv. 2020 : tribunal de grande instance] depuis L. n° 2016-1547, 18 nov. 2016, à effet au 1er juill. 2017 (COJ, art. L. 211-9-1). Le juge de proximité, qui était compétent pour toutes les contraventions des quatre premières classes, à l'exception de celles expressément dévolues au tribunal de police par décret en Conseil d'État (C. pr. pén., art. 523, mod. par L. n° 2011-1862, 13 déc. 2011 puis L. n° 2021-1729, 22 déc. 2021, C. pr. pén., art. R. 41-11, mod. par D. n° 2022-889, 14 juin 2022), a été supprimé, avec la juridiction de proximité, par la L. n° 2016-1547, 18 nov. 2016, la loi organique n° 2016-1090 du 8 août 2016 ayant pour sa part substitué aux fonctions de juge de proximité celle de magistrat à titre temporaire. Les contraventions de 5e classe commises par des mineurs sont jugées par le tribunal pour enfants ou le juge des enfants (Ord. n° 45-174, 2 févr. 1945, art. 1er, devenu CJPM, L. 231-2 et L. 231-3) (sur la compétence du tribunal de police en matière contraventionnelle, v. n° **17.15F**).

10.7 La classification des infractions selon l'intérêt social lésé et leur finalité

A. L'infraction politique

1. L'absence de définition de l'infraction politique

L'infraction politique n'est pas définie par le code pénal ou le code de procédure pénale. La nature politique de certains crimes résulterait du fait qu'ils sont passibles de la peine de « *détention criminelle* », peine traditionnellement considérée comme applicable aux seules infractions politiques (ex : intelligence avec une puissance étrangère, C. pén., art. 411-4). Les spécificités du régime de la « *détention criminelle* » au regard de la « *réclusion criminelle* » ne sont pour autant pas définies par la loi, tout au plus certaines infractions de presse et les atteintes aux intérêts fondamentaux de la Nation font-elles l'objet d'un « *régime spécial* » de détention défini par décret (C. pr. pén., art. D. 490 s.). Il est donc incertain d'en déduire que la peine de détention criminelle est un critère assuré de l'infraction criminelle politique. Pour ce qui concerne les délits, la nature de l'intérêt protégé par l'infraction, critère objectif, et le mobile de l'acte, critère subjectif, sont susceptibles de constituer les déterminants de l'appréciation du caractère politique de l'infraction délictuelle. Le **critère objectif** semble prévaloir dans la jurisprudence de la Ch. crim. Le **critère subjectif**, celui de la manifestation d'opinion de la personne concernée, semble en revanche prévaloir dans les instruments de la coopération répressive internationale ci-dessous détaillés.

Ainsi est-il jugé que « *l'inscription, constitutive du délit de dégradation de monument d'utilité publique relevée par l'arrêt attaqué est, par son libellé, objectivement politique ; que ce délit doit dès lors être assimilé, en ce qui concerne la contrainte par corps, à une infraction politique* » (Crim. 28 sept. 1970, n° 70-92.162, P n° 252) ; que dans l'hypothèse d'une manifestation pour l'annulation d'un projet de barrage et la restauration écologique du site, constitue notamment un délit politique le fait « *d'avoir continué, volontairement, à participer, sans arme, à un attroupement après sommation de se disperser* » prévu par C. pén., art. 431-4, al. 1 (Crim. 28 mars 2017, n° 15-84.940, P n° 82 ; Crim. 23 févr. 1954, P n° 85) (v. n° **23.12**) ; que le délit de divulgation de secret de la défense nationale, « *quels que soient les mobiles ayant animé son auteur .../... constitue une infraction politique* » au sens de la convention européenne d'extradition (Crim. 3 nov. 1999, n° 99-80.329, NP) ; que « *les délits prévus et réprimés par le code électoral* » sont des infractions politiques (Crim. 2 oct. 2001, n° 01-80.334, P n° 197).

2. Le régime répressif de l'infraction politique

En dépit des incertitudes de définition du champ de l'infraction politique, de nombreuses dispositions, qu'elles visent explicitement l'infraction politique ou, par opposition à cette dernière, l'infraction de droit commun, différencient le régime répressif des infractions politiques et celui des infractions de droit commun. Ces particularités touchent aux modalités de poursuite, au régime des peines, ou aux conditions de mise en œuvre de l'entraide répressive internationale :

• **Modalités de poursuite**

– prohibition de la composition pénale (C. pr. pén., art. 41-2) (sur le domaine de la composition pénale, v. n° **15.44A**) ;

– prohibition de la CRPC (C. pr. pén., art. 495-16) (sur le domaine de la CRPC, v. n° **15.53A**) ;

– prohibition des procédures rapides de convocation par procès-verbal, de comparution immédiate et de comparution différée (C. pr. pén., art. 397-6) (sur le domaine de ces procédures, v. n° **15.13B**) ;

Par dérogation aux restrictions apportées aux modalités de poursuite d'infractions susceptibles de recevoir la qualification d'infraction politique, la L. n° 2019-290, 10 avr. 2019, permet expressément de recourir à ces procédures dans différents cas de participation délictuelle à un attroupement (C. pén., art. 431-8-1, v. n° **23.12**).

• **Régime des peines**

– une précédente condamnation pour une infraction politique est sans effet sur la durée maximale de la détention provisoire, laquelle dépend du passé pénal de la personne (C. pr. pén., art. 145-1) ;

– une précédente condamnation pour une infraction politique ne fait pas obstacle au prononcé du sursis simple (C. pén., art. 132-20 et 132-33) (sur les conditions du sursis simple, v. n° **18.19A**) ;

– le sursis avec mise à l'épreuve n'est applicable qu'aux infractions « *de droit commun* », en sont donc exclues les infractions politiques (C. pén., art. 132-40) (sur les conditions du SME, v. n° **18.24A**). Il en est de même pour le sursis assorti de l'obligation d'accomplir un travail d'intérêt général (C. pén., art. 132-54) (sur les conditions du sursis TIG, v. n° **18.26A**). En revanche le TIG n'est pas exclu pour une infraction politique s'il est prononcé en alternative à l'emprisonnement ou à titre principal (sur le TIG alternatif à l'emprisonnement ou peine complémentaire prononcée à titre principal, v. n° **18.28**). Soulignons aussi que la contrainte pénale n'est pas réservée aux infractions de droit commun et peut donc être appliquée aux infractions politiques (sur le domaine de la contrainte pénale, v. n° **18.22A**) ;

– une condamnation pour une infraction politique ne peut donner lieu à un mandat de dépôt à l'audience (C. pr. pén., art. 465) (sur l'incarcération à l'audience, v. n° **18.11B**) ;

– une condamnation pour une infraction politique est sans effet sur l'acquisition du caractère non avenu d'une précédente condamnation avec sursis simple et ne peut donner lieu à la révocation de cette dernière (C. pén., art. 132-35 et 132-37) (sur les effets du sursis simple, v. nº **18.21**) ;

– une condamnation pour infraction politique ne peut entraîner la révocation d'un sursis probatoire en cours (C. pén., art. 132-48) (sur la révocation du sursis probatoire par le tribunal, v. nº **18.27B**), ni celle d'une contrainte pénale (C. pr. pén., art. 713-48) (sur la révocation de la contrainte pénale, v. nº **18.23B**) ;

– une peine d'emprisonnement ⩽ 6 mois pour infraction politique ne peut être convertie en TIG par le JAP (C. pén., art. 132-57) (sur la conversion de la peine ferme en TIG, v. nº **18.26C1** et **18.29**).

• **Entraide répressive internationale**

– prohibition de la mise à exécution d'un mandat d'arrêt européen si la mesure a été prise dans le but de poursuivre ou de condamner la personne en raison de ses opinions politiques (C. pr. pén., art. 695-22) ;

– prohibition de la remise d'une personne à des autorités étrangères en vertu d'une convention conclue par l'Union européenne avec un État tiers, si l'infraction à raison de laquelle elle est demandée a un caractère politique (C. pr. pén., art. 695-57 et 695-58) ;

– prohibition de l'extradition lorsque le crime ou le délit a un caractère politique ou lorsqu'il résulte des circonstances que l'extradition est demandée dans un but politique (C. pr. pén., art. 696-4) ;

– prohibition de la mise à exécution sur le territoire français d'une condamnation prononcée par une juridiction d'un État membre de l'Union européenne si la condamnation a été prononcée contre la personne en raison de ses opinions politiques (C. pr. pén., art. 728-32) ;

– prohibition de la mise à exécution sur le territoire français d'une décision étrangère de gel des avoirs si la mesure a été prise en raison des opinions politiques de la personne (C. pr. pén., art. 695-9-17) ;

– prohibition de la mise à exécution sur le territoire français d'une décision de confiscation prononcée par une juridiction d'un État membre de l'Union européenne ou d'un État tiers si la décision de confiscation a été émise dans le but de poursuivre ou de condamner une personne en raison de ses opinions politiques (C. pr. pén., art. 713-20 et 713-37) ;

– prohibition de la mise à exécution sur le territoire français d'une sanction pécuniaire prononcée par une autorité étrangère si elle a été prise dans le but de condamner une personne en raison de ses opinions politiques (C. pr. pén., art. D. 48-23).

B. L'infraction à finalité terroriste

L'infraction terroriste recouvre deux catégories. D'une part, celle des infractions terroristes par nature (C. pén., art. 421-2 à 421-6) (sur les infractions spécifiques de terrorisme, v. nº **23.25** à **23.27**), d'autre part, celle d'une liste limitative d'infractions de droit commun qui deviennent des infractions terroristes lorsque leur finalité est terroriste (C. pr. pén., art. 421-1) (sur les infractions terroristes par finalité, v. nº **23.23B**).

Dans l'un et l'autre cas, ces infractions relèvent d'un régime répressif particulier (sur le régime procédural et le régime des peines des infractions terroristes, v. nº **23.23C** et **G**). Les infractions de droit commun à finalité terroriste font en outre l'objet de peines aggravées (C. pén., art. 421-3) (sur l'échelle des peines des infractions de droit commun à finalité terroriste, v. nº **18.9E**).

C. L'infraction à finalité raciste ou sexiste

Depuis L. nº 2017-86, 27 janv. 2017, sauf exceptions prévues par la loi, tout crime ou délit de droit commun dont la finalité est raciste relève de pénalités aggravées (C. pén., art. 132-76) (sur cette cause générale d'aggravation, v. nº **18.9B** et **E**).

Un dispositif identique s'impose, également depuis L. n° 2017-86, 27 janv. 2017, pour tout crime ou délit commis à raison du sexe, de l'orientation sexuelle ou de l'identité de genre de la victime (C. pén., art. 132-76) (sur cette cause générale d'aggravation, v. n° 18.9C et E).

10.8 La matérialité de l'infraction, les classifications d'intérêt procédural

A. Les infractions instantanées et continues

1. L'infraction instantanée

L'infraction instantanée est celle qui se réalise dans un trait de temps d'une durée variable qui s'achève dès que la situation ou le résultat envisagé par la loi est atteint (ou en état d'être atteint dans le cas de la tentative). Sont instantanées la plupart des infractions qui se caractérisent par la réalisation de la situation de fait incriminée par la loi, ainsi le meurtre, le viol, l'homicide involontaire, la mise en danger de la vie d'autrui, la conduite en état alcoolique, la diffamation.

Sont aussi instantanées les infractions dites permanentes, dont les résultats se poursuivent sans pour autant nécessiter de la part de l'auteur un comportement ou une intention quelconque. Ainsi la construction sans permis, qui est consommée dès l'édification ou plus précisément dès la fin des travaux, mais qui ne se réitère pas du seul fait de la permanence de la construction. La loi n'incrimine en effet que la construction sans permis et non le maintien d'une telle construction. De même la bigamie, autre exemple classique.

2. L'infraction continue

C'est celle qui, tant qu'elle se poursuit, concrétise à chaque instant tant l'élément matériel que moral de l'infraction. Ainsi l'enlèvement, la séquestration, la détention de stupéfiant, le recel de chose ou de malfaiteur, la détention de faux administratif, le proxénétisme, la détention sans autorisation d'arme soumise à autorisation, le maintien frauduleux dans un système informatique.

La clef de distinction entre infraction instantanée et infraction continue est dans de nombreux cas aisée car elle est en premier lieu fournie par le texte même d'incrimination. Dès lors qu'il réprime un comportement durant dans le temps, ainsi la « *détention de...* » « *le recel de...* », « *le maintien dans...* », l'infraction est continue.

Le Cons. const., se référant à la jurisprudence constante de la C. cass., définit les infractions continues comme celles « *dont l'élément matériel se prolonge dans le temps par la réitération constante de la volonté coupable de l'auteur* » (Cons. const. 24 mai 2019, n° 2019-785 QPC, § 5).

3. L'intérêt de la distinction

Dans le cas de l'infraction instantanée, sous les précisions apportées aux n°s 17.18 s. relatives à la prescription, la prescription de l'action publique court dès la réalisation du fait initial, ainsi le deuxième mariage en cas de bigamie, la mort en cas d'homicide involontaire. Dans le cas de l'infraction continue, dès l'instant où la situation illicite a pris fin. Ainsi, en cas de recel, le délai de prescription commence lorsque la personne n'est plus en possession de l'objet recélé.

La loi applicable est déterminée selon le même principe.

Le Cons. const., se référant à la jurisprudence constante de la C. cass., rappelle que la prescription des infractions continues « *ne court qu'à partir du jour où elles ont pris fin dans leurs éléments constitutifs et dans leurs effets* » (Cons. const. 24 mai 2019, n° 2019-785 QPC, § 5).

B. Les infractions simples et complexes

Par opposition aux infractions simples, les infractions complexes supposent la réalisation, qui peut être diluée dans le temps, de plusieurs faits matériels sans lesquels l'infraction est imparfaitement caractérisée. L'escroquerie, qui exige par exemple des manœuvres frauduleuses puis la remise de fonds ou valeurs, est une infraction complexe. De même l'homicide involontaire, infraction dite de résultat, qui suppose d'une part la commission d'une faute d'imprudence puis le décès consécutif de la victime, qui pourra intervenir plusieurs années plus tard. L'intérêt de la distinction est aussi d'ordre procédural, chaque élément séparé de l'infraction pouvant déterminer à lui seul la prescription de l'action publique, sous les précisions apportées aux n^os^ **17.18** s. relatives à la prescription, la compétence du tribunal, ainsi que la loi applicable dans l'espace comme dans le temps, sous réserve dans ce dernier cas de l'éventuelle application de la loi pénale plus douce pour les actions ou omissions réalisées sous l'empire d'une loi depuis modifiée (ex. : une imprudence commise au moment *x* alors que le décès est survenu au moment *y* devra s'apprécier en fonction de la loi la plus compréhensive des temps *x* ou *y*).

C. Les infractions d'habitude

À la différence de l'infraction instantanée, consommée dès la réalisation du comportement incriminé, l'infraction d'habitude exige la répétition d'un fait matériel qui restera non répréhensible ou contraventionnel s'il reste isolé.

Ainsi, toutes les infractions dans lesquelles l'habitude est exigée : la plupart des exercices illégaux de professions réglementées (ex. : comptable, infirmier, banquier, agent immobilier), la filouterie d'habitude de transport public, de péage routier, l'entremise pour l'introduction d'étranger en France, la célébration de mariage religieux sans mariage civil préalable par un ministre du culte.

Dans certains cas, la loi précise par avance en quoi consiste l'habitude, ainsi l'abandon de famille suppose le défaut de paiement de la pension alimentaire pendant au moins deux mois.

Dans d'autres, l'infraction isolée constitue une contravention, mais l'habitude, caractérisée par la réitération d'un nombre minimal de cette contravention dans un laps de temps déterminé, constitue un délit. Il en est ainsi de la filouterie d'habitude de transport public ou de péage routier, et de la violation des prescriptions sanitaires en cas d'urgence sanitaire.

La prescription de l'action publique commencera à courir dès la réalisation du dernier acte caractérisant l'habitude, sous les précisions apportées aux n^os^ **17.18** s. relatives à la prescription.

10.9 La matérialité de l'infraction, la tentative et la complicité

A. La tentative (C. pén., art. 121-5)

1. La définition de la tentative : le commencement d'exécution

« *La tentative est constituée dès lors que, manifestée par un commencement d'exécution, elle n'a été suspendue ou n'a manqué son effet qu'en raison de circonstances indépendantes de la volonté de son auteur* » (C. pén., art. 121-5).

Selon une jurisprudence constante, le **commencement d'exécution** est caractérisé par *les actes tendant directement et immédiatement à la consommation de l'infraction.* Des actes préparatoires commis par un tiers, faute d'infraction principale tentée ou menée à son terme, ne peuvent caractériser qu'une « *tentative de complicité non punissable en droit* » (Crim. 23 mars 1978, n° 77-92.792, P n° 116).

Il faut donc à la tentative une matérialité et que cette dernière tende non de manière simplement préparatoire au projet (ex. : achat d'un matériel spécialisé de perçage de coffre-fort ou de neutralisation de système d'alarme), mais de façon directe et immédiate.

Ainsi, à titre d'exemple, des cambrioleurs équipés stationnés la nuit tombée au pied d'un immeuble en attente du départ de son occupant ne seront en état de tentative qu'au moment où ils auront débuté l'escalade ou l'effraction ou investi les parties communes en bloquant la porte d'entrée. Mentionnons toutefois que les éléments préparatoires sont en tant que tels susceptibles de caractériser l'infraction d'association de malfaiteurs (v. n° 23.58).

2. La distinction entre la tentative, le désistement volontaire et le repentir actif

La tentative n'est pas punissable lorsque, au stade du commencement d'exécution (et non au-delà car l'infraction est dans ce cas consommée), l'intéressé se désiste de son propre chef de son action, action nommée « **désistement volontaire** ». La tentative reste punissable si l'auteur s'interrompt en raison de circonstances indépendantes de sa volonté, ainsi l'intervention d'un tiers, de la police, ou l'impossibilité de mener à bien une effraction ou une escalade, la résistance de la victime, la découverte de la supercherie par la victime d'une escroquerie (C. pén., art. 121-5).

Lorsque l'auteur s'interrompt spontanément alors que l'infraction a déjà été consommée dans ses éléments constitutifs, par exemple pour alerter les secours ou pour remédier personnellement aux conséquences de l'infraction par une action de sauvetage, il ne s'agit que d'un « **repentir actif** » sans effet sur la caractérisation matérielle et intentionnelle de l'infraction ou de sa tentative.

Ainsi, « *d'une part, le fait de projeter à plusieurs reprises un produit inflammable sur le corps de la victime et d'y mettre le feu délibérément est de nature à caractériser une intention homicide, d'autre part, la circonstance que la personne mise en examen ait aidé la victime à enlever son vêtement en flamme relève davantage du repentir actif que du désistement volontaire* » (Crim. 27 mars 2019, n° 18-82.484, D). De même, qualifie exactement les faits « *de repentir actif, et non de désistement volontaire* » la cour d'assises qui énonce dans sa feuille de motivation « *que l'accusé a aspergé d'essence les deux victimes, a délibérément embrasé leurs corps en craquant une allumette, puis s'est employé à éteindre les flammes sur le corps de son épouse, mais que cette action n'a pas eu pour effet de faire disparaître les tentatives* [d'assassinat] *déjà consommées* » (Crim. 21 juin 2017, n° 16-82.607, D). Est également approuvée la décision de renvoi pour tentative d'homicide du mis en examen qui a d'abord porté de multiples coups de couteau sur la victime et qui s'est ensuite interrompu pour appeler les secours (Crim. 14 mai 2008, n° 08-81.860, D).

3. La répression de la tentative

La tentative est systématiquement punissable en matière criminelle (C. pén., art. 121-4). Pour les délits, elle n'est punissable que dans les cas déterminés par la loi (C. pén., art. 121-4).

Elle ne peut être prévue par le règlement prévoyant une contravention (C. pén., art. 121-4 *a contrario*).

L'auteur d'une tentative est assimilé à l'auteur d'une infraction consommée et se trouve donc soumis aux mêmes peines (C. pén., art. 121-4).

B. La complicité (C. pén., art. 121-7)

1. La complicité par fourniture de moyens et la complicité par instigation

- **La complicité par fourniture de moyen**

Est complice la personne qui sciemment, par aide ou assistance, a facilité la préparation ou la consommation d'un **crime ou d'un délit** (C. pén., art. 121-7). Il s'agit là de la **complicité par fourniture de moyen** ou par **aide et assistance**. Ce cas de complicité ne s'applique pas aux contraventions.

L'intervention du complice peut être ici matérielle : prêt d'une arme, d'un véhicule destiné au transport de marchandises volées, fourniture d'une photographie destinée à la fabrication de faux papiers ; ou seulement intellectuelle : fourniture d'un plan, de renseignements relatifs à la sécurité d'un site, d'un code d'accès, d'une technique de fabrication d'explosif...

La complicité de complicité est incriminée, en effet « *l'aide ou l'assistance apportée, en connaissance de cause, à l'auteur du délit, même par l'intermédiaire d'un autre complice, constitue la complicité* » (Crim. 5 juin 2019, nº 18-80.783).

L'élément intentionnel de la complicité par aide et assistance se distingue de l'élément intentionnel de l'auteur principal. Il est ainsi jugé, pour qualifier des faits de complicité de crime contre l'humanité, que « *le versement en connaissance de cause d'une somme de plusieurs millions de dollars à une organisation dont l'objet n'est que criminel suffit à caractériser la complicité par aide et assistance* » (§ 81) et qu'il importe peu « *que le complice agisse en vue de la poursuite d'une activité commerciale, circonstance ressortissant au mobile et non à l'élément intentionnel* » (§ 82) (Crim. 7 sept. 2021, nº 19-87.367, P), de même, il n'est pas exigé « *que le complice de crimes contre l'humanité ait adhéré à la politique d'hégémonie idéologique des auteurs principaux, ni qu'il ait appartenu à une des organisations déclarées criminelles par le tribunal de Nuremberg* » (Crim. 23 janv. 1997, nº 96-84.822, P nº 32).

• **La complicité par instigation**

Est également complice la personne qui par don, promesse, menace, ordre, abus d'autorité ou de pouvoir, aura provoqué à une **infraction** ou donné des instructions pour la commettre (C. pén., art. 121-7). Il s'agit là de la **complicité par instigation**, l'auteur joue le rôle d'exécutant tandis que le complice assure la maîtrise de l'action.

Dans ce cas de figure, la complicité d'une contravention peut être incriminée (C. pén., art. 121-7, al. 2 et R. 610-2, al. 2).

• **La complicité d'une infraction non intentionnelle**

La complicité d'infraction non intentionnelle ou d'infraction obstacle est admise par la jurisprudence : ainsi en matière d'homicide involontaire dans le cadre de l'hygiène et de la sécurité du travail (Crim. 27 nov. 2018, nº 17-82.773, D) ; de blessures involontaires pour un médecin qui a délégué à une assistante, sans surveillance ni intervention alors qu'il avait le devoir de le faire, un acte relevant de sa profession (épilation au laser) (Crim. 13 sept. 2016, nº 15-85.046, P nº 38) ; de mise en danger délibéré de la vie d'autrui, pour des instructions de conduite données par un passager au conducteur d'un véhicule (Crim. 6 juin 2000, nº 99-85.937, P nº 213).

• **La distinction entre complice et auteur principal**

L'acte de complicité doit présenter dans tous les cas une juste distance à l'égard de l'action elle-même. À se joindre de trop près à la consommation de l'infraction, de simple assistant, le complice devient coauteur : ainsi en faisant le guet, ou en attendant, dans un véhicule au moteur tournant, l'auteur d'un cambriolage en action, ou encore en donnant, pour un chef d'entreprise, des instructions précises conduisant ses commerciaux à commettre des infractions au démarchage. C'est ce qu'exprime la jurisprudence en précisant : « *celui qui assiste l'auteur dans les faits de consommation coopère nécessairement à la perpétration de l'infraction en qualité de coauteur* » (Crim. 24 août 1827, P nº 224), ou s'agissant du guetteur, « *celui qui fait le guet pendant qu'une autre personne commet une infraction est coauteur de celle-ci* » (Crim. 3 mars 2021, nº 19-86.847, D).

• **Les peines applicables au complice**

Dans tous les cas, le complice de l'infraction est passible des mêmes peines que l'auteur (C. pén., art. 121-6).

2. La théorie de la complicité corespective et de la scène unique de violence

Une analyse utile au praticien et désormais classique, est celle de la **scène unique de violence** d'origine jurisprudentielle ou de la **complicité corespective**, d'origine doctrinale. Ces deux théories, qui permettent d'appréhender pénalement les violences collectives, s'approchent en réalité autant de la coaction que de la complicité. Dans une action collective, par exemple des violences ou une tentative d'homicide en réunion, elle consiste à considérer, s'il est établi qu'une personne a participé à la scène de violence, qu'elle s'est rendue complice de tous les faits commis par chacun des membres du groupe, sans qu'il soit nécessaire de rapporter la preuve des faits précis commis par chacun d'eux. Est ainsi incriminé celui qui a « *volontairement pris part au fait unique que constituait une seule et même scène de violences* » (Crim. 13 juin 1972, nº 71-92.246, P nº 195, Crim. 10 avr. 1975, nº 74-92.978, P nº 090), « *sans qu'il y ait eu nécessairement préméditation ou concertation, chacun pouvant avoir participé spontanément à la rixe et porté des coups volontairement sans avoir été sollicité par les autres acteurs de la scène de violences* » (Crim. 25 févr. 1975, nº 73-90.330, P nº 065). À condition que « *chaque membre du groupe ait pris une part active et personnelle à l'action commise.../...le fait étant unique, la circonstance aggravante résultant des conséquences matérielles de ce fait s'applique nécessairement à tous les coauteurs* » (Crim. 12 oct. 1961, P nº 399). La théorie de la scène unique de violence a été clairement réaffirmée à l'occasion de violences collectives, qualifiées de tentative de meurtre sur personne dépositaire de l'autorité publique, au cours desquelles certains particicipants avaient lancé une douzaine de cocktails molotov à l'intérieur de l'habitacle d'un véhicule de police qui s'était embrasé : ainsi, « *lorsque des violences ont été exercées volontairement et simultanément, dans une intention homicide, par plusieurs accusés, au cours d'une scène unique, l'infraction peut être appréciée dans son ensemble, sans qu'il soit nécessaire pour les juges du fond de préciser la nature des violences exercées par chacun des accusés sur chacune des victimes* » (§ 24) (Crim. 23 mars 2022, nº 21-82.958, P).

La Ch. crim. rejette la QPC critiquant les fondements législatifs de la théorie de la « *scène unique de violence* » au motif que « *cette jurisprudence, implique la constatation, par les juges du fond, sous le contrôle de la C. cass., qu'il [le prévenu] a pris une part personnelle aux violences indivisibles causées par plusieurs auteurs. Cette appréciation d'un comportement individuel n'apporte, dès lors, aucune atteinte à la présomption d'innocence, et n'implique ni inversion de la charge de la preuve, ni méconnaissance du principe de l'individualisation dans l'application de la loi pénale. Cette jurisprudence n'a pas non plus pour résultat d'autoriser la condamnation d'une personne pour des violences commises par autrui, mais a pour effet de permettre une condamnation pour des violences commises de manière indivisible par plusieurs auteurs, sans qu'il en résulte une méconnaissance du principe d'interprétation stricte de la loi pénale. Elle ne porte pas davantage d'atteinte au principe de la légalité des délits et des peines, les violences ainsi commises, pour être sanctionnées par le juge, devant être prévues et réprimées par la loi, et son application n'est pas imprévisible, cette jurisprudence étant constante depuis 1972* » (§ 7) ; « *Enfin, cette jurisprudence permet de réprimer des violences sans qu'un de leurs auteurs s'abrite derrière la participation des autres pour s'exonérer des conséquences de la sienne propre. Elle participe donc de la réalisation de l'objectif de valeur constitutionnelle de répression des infractions pénales* » (§ 8) (Crim. 16 févr. 2022, nº 21-90.043, D).

3. L'absence d'incrimination de la complicité de tentative et les cas voisins

En toute hypothèse, la responsabilité du complice ne peut être recherchée que si l'infraction elle-même a été effectivement consommée ou, dans les cas où la loi admet la répression de la tentative, tentée. En l'absence d'une infraction consommée ou tentée, les actes de complicité ne sont pas punissables (à moins qu'ils ne caractérisent en eux-mêmes une infraction, par exemple, détention d'arme, association de malfaiteurs). S'il peut y avoir complicité de tentative, la tentative de complicité n'est pas incriminée par la loi (Crim. 23 mars 1978, nº 77-92.792, P nº 116, Crim. 25 oct. 1962, *Schieb et Benamar*, P nº 292, GA). En l'absence de commencement d'exécution de l'infraction principale, la tentative de complicité relève donc des actes préparatoires non punissables et plus généralement, en l'absence de fait principal punissable, le complice ne peut faire l'objet de poursuite (Crim. 17 févr. 1981, nº 79-95.028, P nº 63, GA).

De même faut-il souligner que « *la complicité n'est caractérisée qu'autant qu'il y a un fait principal punissable dont l'existence est établie en tous ses éléments constitutifs* » (§ 10) (Crim. 7 sept.

2022, n° 21-86.015, D). Cependant, « *dès lors que l'existence d'un fait principal punissable, [...] a été souverainement constatée [...], la relaxe en faveur [d'un auteur] n'exclut pas la culpabilité d'un complice* » (Crim. 8 janv. 2003, n° 01-88.065, P n° 5).

4. Les cas de complicité par assimilation de la loi

Pour tenir compte des difficultés de qualifier pénalement certains comportements comme le « happy slapping » qui, sans matérialiser la complicité ou la coaction, manifestent toutefois une forme de participation ou d'adhésion à l'infraction, le législateur assimile certains faits matériels à des actes de complicité.

Il en est ainsi de l'enregistrement d'images de certaines atteintes volontaires à la personne (C. pén., art. 222-33-3, L. n° 2007-297, 5 mars 2007, v. n° **35.33**) et de l'enregistrement d'images de sévices, de mauvais traitements ou d'atteintes sexuelles sur un animal à d'autres fins que l'information du public ou la preuve en justice (C. pén., art. 521-1-2, issu L. n° 2021-1539, 30 nov. 2021, v. n° **31.10**).

10.10 La matérialité de l'infraction commise par une personne morale

A. Le principe de la responsabilité pénale des personnes morales (C. pén., art. 121-2)

Depuis l'entrée en vigueur du nouveau code pénal le 1er mars 1994, d'abord dans les seuls cas prévus par la loi ou le règlement, puis en toute hypothèse depuis le 31 déc. 2005 (L. n° 2004-204, 9 mars 2004), les personnes morales, à l'exclusion de l'État, peuvent être pénalement poursuivies pour les infractions « *commises, pour leur compte, par leurs organes ou représentants* », qu'ils soient auteurs principaux ou complices, qu'il s'agisse d'une infraction consommée ou d'une tentative, dans les cas où celle-ci est réprimée (C. pén., art. 121-2) (sur les modalités de poursuite contre les personnes morales, v. n° **15.10**).

La QPC soulevant l'absence de définition des notions de « *représentant* » et « *d'infraction commise pour le compte* » est rejetée au motif que « *ces notions, même si elles peuvent recouvrir des situations différentes en fonction de la structure en cause, sont rédigées en des termes suffisamment clairs pour que leur interprétation, qui relève de l'office du juge pénal, puisse se faire sans risque d'arbitraire* » (§ 6) et que « *selon la jurisprudence de la chambre criminelle, il revient aux juges du fond, dans le cadre de leur pouvoir souverain d'appréciation, d'identifier la personne physique, représentant de droit ou de fait de la personne morale qui, comme tel, se trouve investie de la compétence, de l'autorité et des moyens nécessaires à l'accomplissement de sa mission, par laquelle l'infraction reprochée a été commise* » (§ 7) (Crim. 9 juin 2022, n° 22-90.006, D).

Par dérogation au principe de la responsabilité pénale des personnes morales posé par C. pén., art. 121-2, en matière d'infractions de presse, les personnes morales ne sont pas pénalement responsables s'il y a lieu à mise en œuvre des articles 42 ou 43, L. 29 juill. 1881, art. 43-1 (infractions par voie de presse écrite) (Crim. 10 sept. 2013, n° 12-83.672, P n° 178 ; Crim. 11 juill. 2017, n° 16-84.859, P n° 207). Elles ne sont également pas pénalement responsables lorsque l'infraction est commise « *par un moyen de communication au public par voie électronique* » (L. n° 82-652, 29 juill. 1982, sur la communication audiovisuelle, art. 93-3 et 93-4).

La matérialité d'une infraction imputée à une personne morale ne présente pas en principe de singularité. Elle n'est autre qu'une infraction commise par une personne physique, puis endossée par une personne morale s'il est démontré, d'une part, que l'auteur était un organe ou un représentant de la personne morale, d'autre part, que l'infraction a été commise pour le compte de cette dernière. Sont ainsi censurées les décisions de condamnation prononcées « *sans identifier l'organe ou le représentant [de la personne morale poursuivie] et sans rechercher si les manquements relevés résultaient de l'abstention de l'un de ses organes ou représentants et s'ils avaient été commis pour le compte de cette société* » (ex. Crim. 28 oct. 2020, n° 19-85.037, D ; dans le même sens : Crim. 22 mars 2016, n° 15-81.484,

P nº 100). Il y a également contradiction, d'une part, à condamner une personne morale au motif que « *la personne morale a commis une faute en ne prenant pas toutes les précautions requises* » (§ 9) et que des « *manquements ou négligences ont été commis dans l'intérêt de la personne morale et par son représentant agissant pour son compte* » (§ 10), d'autre part, à relaxer son représentant légal, alors que la personne morale et la personne physique sont poursuivis pour les mêmes faits (Crim. 7 mars 2023, nº 22-82.921, D).

Précisons toutefois que la personne physique engageant par ses agissements la personne morale à l'occasion de l'infraction ne saurait être confondue avec le représentant légal de la personne morale qualifié pour la représenter au cours de la procédure et au temps des poursuites au sens de C. pr. pén., art. 706-43, v. nº **15.10B1**) (Crim. 17 oct. 2017, nº16-87.249).

B. L'infraction doit avoir été commise par un organe ou par un représentant de la personne morale

L'enquêteur, la partie poursuivante et le juge, doivent s'attacher à mettre en évidence l'existence matérielle d'un fait qualifiable pénalement commis par une personne physique, puis à préciser sa qualité et ses pouvoirs au sein de la personne morale, en réunissant les éléments portant « *sur l'existence effective d'une délégation de pouvoirs [...] le statut et les attributions des agents mis en cause, propres à en faire des représentants de la personne morale* » (Crim. 11 oct. 2011, nº 10-87.212, P nº 202), « *quelle qu'en fût la forme* » (Crim. 17 oct. 2017, nº 16-87.249, P nº 230).

1. La délégation de pouvoir confère le statut de représentant de la personne morale

En effet « *ont seules la qualité de représentant, au sens de l'article 121-2 du code pénal, les personnes pourvues de la compétence, de l'autorité et des moyens nécessaires, ayant reçu une délégation de pouvoirs, de droit ou de fait, de la part des organes de la personne morale* » (Crim. 17 oct. 2017, nº 16-80.821, NP), prérogatives qui, réunies en la personne du **dirigeant de fait**, lui permettent également d'engager la responsabilité pénale de la personne morale (Crim. 10 avr. 2013, nº 12-82.088 ; Crim. 13 avr. 2010, nº 09-86.429). Le rôle de la délégation de pouvoir s'apprécie en fonction du champ concerné. Ainsi, « *le salarié d'une société titulaire d'une délégation de pouvoirs en matière d'hygiène et de sécurité, et comme tel investi dans ce domaine de la compétence, de l'autorité et des moyens nécessaires à l'exercice de sa mission, est un représentant de la personne morale au sens de C. pén., art. 121-2, et engage la responsabilité de celle-ci en cas d'atteinte involontaire à la vie ou à l'intégrité physique trouvant sa cause dans un manquement aux règles qu'il était tenu de faire respecter en vertu de sa délégation* » (Crim. 25 mars 2014, nº 13-80.376, P nº 94).

2. Un statut ou des attributions de fait confèrent le statut de représentant de la personne morale

Hors le cas de délégation de pouvoir, les personnes suivantes disposent « *d'un statut ou d'attributions propres à en faire le représentant de la personne morale* » (Crim. 29 juin 2021, nº 20-86.562 (§ 14), D ; Crim. 13 oct. 2020, nº 19-84.737, D ; Crim. 11 oct. 2011, nº 10-87.212, P nº 202) :

- le salarié **chef de service** qui agit pour le compte de la société qui l'emploie en ayant pouvoir et compétence pour effectuer les missions de contrôle technique qui lui sont confiées (Crim. 21 nov. 2017, nº 16-86.667, NP) ;
- le **capitaine d'un navire**, salarié de l'armateur, en vertu de C. transp., art. L. 5412-2 à L. 5412-15 (Crim. 2 mai 2018, nº 17-82.971) ;
- le **conducteur de travaux**, désigné « *responsable de la sécurité sur le site* » dans un plan particulier de sécurité et de protection (PPSP) (Crim. 11 déc. 2012, nº 11-87.421, nº 274) ;
- la **directrice d'un magasin**, « *investie des pouvoirs correspondants et des moyens de leur mise en œuvre, ce dont il se déduit une délégation de pouvoirs de fait* » (Crim. 27 févr. 2018, nº 17-81.457, D) ;

• le **directeur salarié d'une usine**, qui « *seul représentant de la société [...] sur le site, à défaut d'en être un organe* », « *disposait d'une délégation de fait de la société de sorte qu'il en était son représentant* » (Crim. 7 janv. 2020, n° 18-87.027, D) ; mais si les jurisprudences qui précèdent élargissent la preuve de la délégation à la délégation de pouvoirs implicite, la juridiction ne peut néanmoins s'abstenir de « *s'expliquer sur l'existence effective d'une délégation de pouvoirs ni sur le statut et les attributions [...] propres à en faire un représentant de la personne morale* » (§ 11) (Crim. 13 oct. 2020, n° 19-84.737, D) ;

• le **salarié signataire d'un contrat engageant sa société**, portant sur la mise à disposition de salariés intérimaires par une société tierce, ce dont il se déduit qu'il disposait du pouvoir de procéder à l'embauche de ces salariés qui s'avéraient dissimulés et qu'il avait en conséquence la qualité de représentant de la société qui l'employait (§ 66) (Crim. 12 janv. 2021, n° 17-82.553, P) ;

• les **salariés des filiales de la société mère**, « *représentants de fait de cette dernière en raison de l'existence de l'organisation transversale propre au groupe et des missions qui leur étaient confiées, peu important l'absence de lien juridique et de délégation de pouvoirs à leur profit* » et d'un **comité d'évaluation des risques**, organe de la société mère composé de dirigeants du groupe dont la mission l'amenait à valider les opérations pour le compte de ce groupe (§ 14) (Crim. 16 juin 2021, n° 20-83.098, P) ;

• le **comité exécutif** d'une société, organe résultant de ses statuts, au sein duquel siégeaient notamment les représentants de sociétés filiales impliquées dans un processus de corruption (Crim. 14 mars 2018, n° 16-82.117, P n° 45) ;

• la **commission d'attribution** de logements d'une société d'HLM, composée selon le C. constr., art. L. 441-2 d'administrateurs ou de membres du conseil de surveillance, organe de la société même si des personnalités extérieures y siègent (Crim. 11 juill. 2017, n° 16-82.426, P n° 211).

Sont en revanche censurées les décisions qui, sans s'expliquer sur l'existence d'une délégation de pouvoirs ou sur les attributions propres à lui faire représenter son employeur, accordent le statut de représentant de la personne morale à son salarié « *chargé de superviser et coordonner les travaux effectués dans l'entreprise utilisatrice et signataire du plan de prévention* » « *et dont on n'ignore s'il est titulaire d'une délégation de pouvoirs* » (Crim. 13 oct. 2020, n° 19-84.737, D), à un chauffeur d'autobus pour un accident lié à l'entretien du véhicule (Crim. 6 nov. 2018, n° 17-86.417, D), à un salarié « *chargé d'effectuer le contrôle [de sécurité d'un manège] pour lequel la société a été rémunérée* » (Crim. 13 oct. 2015, n° 14-84.760, D).

Est également approuvée la décision de non-lieu contre la personne morale employeur d'un **pilote** d'hélicoptère à l'origine d'un accident mortel, qui constate qu'« *aucune faute dans l'organisation et la supervision du vol, l'information et la formation de l'équipage ou le balisage de l'obstacle n'a contribué à la réalisation de l'accident* » (§ 36) et relève que le pilote « *ne disposait d'aucune prérogative d'autorité ou de direction au sein de la société [qui l'employait], qu'il n'agissait en aucun cas en tant qu'organe ou représentant de celle-ci et qu'il disposait, en application de C. transports, art. L. 6522-2, d'une totale autonomie dans la conduite de l'appareil* » (§ 34), car « *les fautes commises par le pilote ne sont pas de nature à engager la responsabilité pénale de son employeur* » (§ 36) (Crim. 6 déc. 2022, n° 21-87.526, D).

C. L'organe ou le représentant auteur de l'infraction doit être identifié

En cas de poursuite contre une personne morale, la nécessité d'identifier la personne physique ayant commis l'infraction pour le compte de cette personne morale s'impose et cette question ne peut rester indéterminée. Ainsi, une juridiction ne peut se borner à énoncer que « *la personne morale a créé la situation ayant permis la réalisation du dommage ou n'a pas pris les mesures permettant de l'éviter* » sans rechercher « *si les manquements relevés résultaient de l'abstention d'un des organes ou représentants de la société [...] et s'ils avaient été commis pour le compte de cette société* » (Crim. 11 avr. 2012, n° 10-86.974, P n° 94). De même, s'agissant de dégradations volontaires commises à l'occasion d'une manifestation organisée par une personne morale, les juges ne peuvent se borner à constater, pour la condamner pénalement, « *que cette personne morale était l'organisatrice de l'opération, dont elle avait fourni la logistique et les moyens importants* », sans préciser en quoi « *les dégradations ou détériorations ont été commises, pour le compte de la personne morale prévenue, par ses représentants* » (Crim. 16 nov. 2016, n° 14-86.980, P n° 301).

Il appartient en effet aux juges « *lorsqu'ils constatent la matérialité d'une infraction non intentionnelle susceptible d'être imputée à une personne morale, [...] d'identifier, au besoin en ordonnant un supplément d'information, celui des organes ou représentants de cette personne dont la faute [...] est à l'origine du dommage* » (Crim. 31 oct. 2017, n° 16-83.683 ; dans le même sens : Crim. 17 oct. 2017, n° 16-87.249, P ; Crim. 10 déc. 2019, n° 18-84.737, D), ou « *après avoir constaté la matérialité des manquements, [...] de rechercher, au besoin en ordonnant un supplément d'information, si lesdits manquements résultaient de l'abstention de l'un des organes ou représentants de la société prévenue et s'ils avaient été commis pour le compte de celle-ci* » (Crim. 27 sept. 2016, n° 15-85.248, P n° 251 ; dans le même sens : Crim. 21 janv. 2020, n° 18-86.961, D).

L'identification des représentants de la personne morale peut se limiter à la désignation des organes dirigeants « *en ce qu'ils ont permis à leurs sociétés d'utiliser un équipement ne préservant pas la sécurité des travailleurs* » (§ 14) ; dans cette affaire dans laquelle un matériel non conforme, appartenant à une société en non collectif dont le capital était détenu par deux autres, qui le prenaient en location pour l'utiliser dans un chantier qu'elles exécutaient en co-traitance, la condamnation de la société est justifiée au motif que la seule désignation des personnes physiques en leur qualité de président du conseil d'administration et de directeur général, agissant pour le compte de leur société et de la SNC qu'ils co-dirigeaient, « *identifient suffisamment les représentants des personnes morales pour le compte desquelles l'infraction a été commise, et en l'absence de toute allégation de délégation de pouvoir* » (§ 15) (Crim. 24 mai 2022, n° 21-85.722, D).

Précisons que dans le cas où l'organe identifié comme ayant commis l'infraction est une personne morale, dirigeante de la personne morale pour le compte de laquelle l'infraction a été commise, il n'est toutefois pas nécessaire d'identifier la personne physique ayant agi pour le compte de la personne morale dirigeante (Crim. 21 juin 2022, n° 20-86.857, P).

D. L'infraction doit avoir été commise « pour le compte » de la personne morale

La circonstance que les agissements des dirigeants ont permis à la personne morale « *d'augmenter significativement son patrimoine* » permet d'établir « *que l'infraction a été commise pour le compte de la société* » (Crim. 14 oct. 2015, n° 14-84.456, D). De même, « *en favorisant la marque de la société* [...], *les infractions commises par le président directeur général de la société* [...] *ont nécessairement été commises pour le compte de celle-ci* » (Crim. 5 avr. 2018, n° 15-86.574, D). Le fait que le représentant de la personne morale « *ait agi dans son propre intérêt* [n'est] *pas de nature à exclure qu'elle l'ait fait également pour le compte des personnes morales* » (Crim. 29 janv. 2020, n° 17-83.577, P).

Pour autant, le sort de la personne morale est distinct de celui de la personne physique. Chacune peut être poursuivie sans l'autre (C. pén., art. 121-2) ou elles peuvent être poursuivies conjointement (v. n° **15.10E**). Ainsi la relaxe définitive de la personne morale ne fait pas obstacle à ce que la responsabilité pénale du représentant légal soit retenue par les juges du second degré saisis du seul appel, par le ministère public, du jugement ayant relaxé celui-ci (Crim. 26 oct. 2004, n° 03-86.970, P n° 254). De même, la relaxe rendue au bénéfice du directeur « *n'entraînait nullement celle de la société dont il avait engagé la responsabilité pénale par sa propre faute* » (Crim. 24 sept. 2019, n° 18-85.348, P). « *Le non-lieu définitif dont ont bénéficié ces dirigeants faute qu'ait pu être retenue à leur encontre, en tant que personnes physiques, une faute qualifiée au sens de C. pén., art. 121-3, al. 3, ne fait pas obstacle à ce que soit imputée à la personne morale, à raison de leur abstention, une faute d'imprudence ou de négligence au sens du deuxième alinéa dudit article* » (Crim. 14 janv. 2020, n° 19-81.162, D). Enfin, « *le procureur de* *la République, qui a le libre exercice de l'action publique peut, jusqu'à l'expiration du délai de prescription, revenir sur son appréciation première consistant à ne poursuivre que la personne morale et faire le choix par la suite d'exercer des poursuites contre toute personne physique co-auteur ou complice des mêmes faits, sans avoir à s'en expliquer et sans avoir à justifier de la survenance de faits nouveaux* » (Crim. 19 avr. 2017, nº 16-80.149, D).

Il s'ensuit qu'une cause affectant l'action publique à l'égard de la personne physique (décès, cause de non-imputabilité) ne fait pas obstacle aux poursuites contre la personne morale. Il peut aussi advenir que l'auteur d'une infraction ne soit pas identifié, ou fasse l'objet d'une relaxe ou d'un non-lieu, mais la personne morale poursuivie et condamnée, si les circonstances démontrent qu'une infraction a bien été commise pour son compte, et qu'elle l'a nécessairement été par un de ses organes ou représentants. De plus, pour les infractions d'imprudence créant un dommage (blessures ou homicide involontaires) imputables à une personne physique n'ayant pas directement contribué au dommage (ex. : dirigeant d'entreprise de chemins de fer en cas de déraillement, maire en cas de chute d'un équipement municipal), il n'est pas nécessaire d'établir une faute grave à l'encontre de la personne morale, à l'inverse de ce qui est exigé contre la personne physique (C. pén., art. 121-2 et 121-3) (v. nº **10.12**).

On trouve là l'idée que la personne morale est responsable du fait présentant le caractère matériel d'une l'infraction, considéré comme élément objectif indépendamment de la personne de son auteur.

10.11 La matérialité de l'infraction commise par le dirigeant d'une organisation

A. Les principes directeurs de la responsabilité du dirigeant d'organisation

Le code pénal n'a pas institué de régime spécifique de responsabilité pénale du dirigeant d'organisation, à raison des infractions commises dans le cadre du fonctionnement de celle-ci.

Mais le régime de responsabilité pénale des personnes morales déjà examiné (v. nº **10.10**), celui des infractions d'imprudence ayant causé un dommage, les règles particulières dégagées par la jurisprudence dans les matières où la « *responsabilité pénale remonte essentiellement aux chefs d'entreprise* », ainsi que celles relatives à la délégation de pouvoirs, construisent de fait un statut de la responsabilité pénale du dirigeant, qui s'analyse à certains égards comme une responsabilité pénale du fait d'autrui, ou plus exactement du fait du préposé.

Selon les termes d'une jurisprudence ancienne et constante, il est en effet énoncé que, « *si en principe, nul n'est passible de peines qu'à raison de son fait personnel, la responsabilité pénale peut cependant naître du fait d'autrui dans les cas exceptionnels où certaines obligations légales imposent le devoir d'exercer une action directe sur les faits d'un auxiliaire ou d'un subordonné ; que, notamment, dans les industries soumises à des règlements édictés dans un intérêt de salubrité ou de sûreté publiques, la responsabilité pénale remonte essentiellement aux chefs d'entreprise, à qui sont personnellement imposés les conditions et le mode d'exploitation de leur industrie* » (Crim. 28 févr. 1956, P nº 205, GA).

« *les dispositions édictées par le Code du travail ou les règlements pris pour leur exécution à l'effet d'assurer la sécurité des travailleurs sont d'application stricte, et qu'il appartient au chef d'entreprise, ou à celui auquel il a délégué ses pouvoirs dans ce domaine, de veiller personnellement à leur constante observation* » (Crim. 12 juill. 1988, nº 87-91.774, P nº 302).

« *le chef d'entreprise ne peut être exonéré de toute responsabilité pénale que si les juges du fond constatent expressément au préalable, soit que celui-ci avait délégué la direction du chantier à un préposé investi par lui et pourvu de la compétence et de l'autorité nécessaires pour veiller efficacement à l'observation de la loi, soit qu'en raison de la participation de plusieurs entreprises, le travail aurait été placé sous une direction unique, autre que la sienne* » (Crim. 17 nov. 1987, nº 86-92.514, P nº 416).

La responsabilité pénale de principe que cette jurisprudence dégage s'accompagne d'une obligation civile de sécurité à l'égard du préposé, et de la garantie civile de ce dernier contre les fautes qui se rattachent à l'exercice de sa mission. « *l'employeur est tenu, à l'égard de son personnel, d'une obligation de sécurité de résultat qui lui impose de prendre les mesures nécessaires pour assurer la sécurité et protéger la santé des travailleurs ; qu'il lui est interdit, dans l'exercice de son pouvoir de direction, de prendre des mesures qui auraient pour objet ou pour effet de compromettre la santé et la sécurité des salariés* » (Soc., 5 mars 2008, nº 06-45.888, P nº 46). « *n'engage pas sa responsabilité à l'égard des tiers le préposé qui agit sans excéder les limites de la mission qui lui a été impartie par son commettant* » (Ass. plén., 25 févr. 2000, nº 97-17.378, 97-20.152, P nº 2), tout au moins pour les infractions non intentionnelles (Ass. plén., 14 déc. 2001, nº 00-82.066, P nº 17). De même, l'agent public est civilement garanti par son employeur selon les précisions apportées au nº **16.12E**.

B. Le cas des infractions d'imprudence ayant causé un dommage

1. La suffisance d'une imprudence pour le responsable direct

La loi a réservé le cas des infractions d'imprudence, en prévoyant que l'intention pouvait là se réduire à une faute d'imprudence, de négligence ou de manquement à une obligation de sécurité prévue par la loi ou le règlement (C. pén., art. 121-3). L'imprudence n'est en principe réprimée que si elle a causé un dommage (mort ou blessures), lequel consomme matériellement l'infraction, c'est tout le champ des infractions de blessures ou d'homicide involontaires. Ces infractions peuvent être aggravées par la commission d'une faute lourde, la loi ou le règlement érigeant en effet systématiquement en circonstance aggravante la « *violation manifestement délibérée d'une obligation particulière de prudence ou de sécurité imposée par la loi ou le règlement* ».

L'imprudence n'ayant pas engendré de dommage n'est pas réprimée, sauf si elle constitue en soi une infraction (exemple : excès de vitesse) ou, et elle constitue dans ce cas un délit, lorsqu'elle a consisté en la « *violation manifestement délibérée d'une obligation particulière de prudence ou de sécurité imposée par la loi ou le règlement* », à condition toutefois qu'il en soit résulté pour autrui un risque immédiat de mort, de mutilation ou d'infirmité permanente : c'est l'infraction de mise en danger ou de risque causé à autrui (C. pén., art. 223-1, v. nº **20.59**).

Dans tous les cas, si les faits ont été accomplis dans le cadre d'une mission ou de fonctions (il s'agit des infractions résultant de l'activité de structures : entreprise, collectivité publique...), il est en outre nécessaire d'établir « *que l'auteur n'a pas accompli les diligences normales compte tenu, le cas échéant, de la nature de ses missions ou de ses fonctions, de ses compétences ainsi que du pouvoir et des moyens dont il disposait* » (C. pén., art. 121-3, réd. issue de L. nº 2000-647, 10 juill. 2000, dite loi Fauchon). Pour tenir compte des circonstances particulières inhérentes à l'état de catastrophe sanitaire, ces dispositions ont été complétées, par L. nº 2020-546, 11 mai 2020, créant CSP, art. L. 3136-2 prévoyant que C. pén., art. 121-3 s'applique « *en tenant compte des compétences, du pouvoir et des moyens dont disposait l'auteur des faits dans la situation de crise ayant justifié l'état d'urgence sanitaire, ainsi que de la nature de ses missions ou de ses fonctions, notamment en tant qu'autorité locale ou employeur* ».

Enfin, dans chacun de ces cas d'atteinte à la personne, homicide ou blessures, ou de mise en danger, lorsque la faute s'est matérialisée par la violation d'un règlement également assorti de sanctions pénales (ex. : limitation de vitesse, contrôle des engins de levage, règles de sécurité pour les travaux sur les toitures), les poursuites pourront être engagées aussi bien du chef de l'atteinte à la personne que de l'infraction connexe matérialisant la faute.

2. La nécessité d'une faute qualifiée ou caractérisée pour le responsable indirect

Pour les infractions d'imprudence créant un dommage (blessures ou homicide involontaires), la responsabilité pénale de la personne physique qui n'a pas directement contribué au dommage, mais seulement créé ou contribué à créer la situation ayant permis la réalisation du dommage (ex. : maire, dirigeant d'entreprise, proviseur), ne pourra être engagée que pour faute grave, à savoir si elle a « *soit violé de façon manifestement délibérée une obligation particulière de prudence ou de sécurité prévue par la loi ou le règlement, soit commis une faute caractérisée et qui exposait autrui à un risque d'une particulière gravité qu'elle ne pouvait ignorer* » (C. pén., art. 121-3, réd. issue de L. n° 2000-647, 10 juill. 2000, dite loi Fauchon). Précisons que ces deux types de fautes constituent les variables de la même faute qualifiée ou caractérisée. En effet, en cas de poursuites pour violation délibérée d'une obligation particulière de sécurité, les juges peuvent substituer aux manquements qu'ils constatent la qualification de faute caractérisée incriminée par C. pén., art. 121-3 (Crim. 8 févr. 2022, n° 21-83.708, P ; dans le même sens, Crim. 15 oct. 2002, n° 01-83.351, P n° 186).

Soulignons que si l'exigence de faute qualifiée du responsable indirect trouve particulièrement à s'appliquer en matière de responsabilité pénale du dirigeant d'entité, elle est de portée générale et s'applique au-delà du cercle des organisations proprement dites.

Illustration de la causalité indirecte, dans une affaire dans laquelle il était reproché à un médecin psychiatre, sous la qualification d'homicide involontaire, des fautes ayant permis à un patient de commettre un passage à l'acte violent, il est ainsi retenu que le médecin « *a commis une faute caractérisée consistant à s'être abstenu, avant toute décision relative à la mise en place ou au maintien d'une autorisation de sortie non surveillée [...] dans le parc non clos de l'établissement, d'approfondir le parcours du patient, de prendre connaissance de ses antécédents psychiatriques et de procéder à un ou plusieurs examens approfondis, ladite faute exposant autrui à un risque d'une particulière gravité, en l'espèce celui résultant des conséquences d'un nouveau passage à l'acte violent [...] lors d'une sortie sans surveillance* » (Crim. 22 oct. 2019, n° 18-84.001, D).

Est approuvé l'arrêt qui, « *après avoir constaté que le moteur encrassé de la moissonneuse-batteuse avait provoqué [...] la projection des particules incandescentes à l'origine de l'incendie, retient que le prévenu, qui n'avait pas fait contrôler la machine agricole par un concessionnaire de la marque, comme le prévoyait la notice technique en sa possession, et qui avait fait moissonner, en période de sécheresse et par vent fort, un champ bordant la forêt, a contribué à créer la situation ayant permis la réalisation du dommage ; que les juges en concluent que [le prévenu] a commis deux fautes caractérisées exposant autrui à un risque d'une particulière gravité qu'en sa qualité d'exploitant agricole de la région il ne pouvait ignorer* » (Crim. 5 oct. 2004, n° 04-80.658, P n° 235). Est également approuvé l'arrêt qui « *relève qu'en méconnaissance des consignes diffusées par l'office national de la chasse, la traque a été sonnée sans matérialisation des postes, sans placement préalable et avertissement donné à chaque tireur, sans rappel de l'obligation de procéder à un tir fichant au sol et sans détermination des angles de tir autorisés et prohibés ; que les juges ajoutent que [le prévenu], qui connaissait l'existence de ces consignes et qui était chargé de diriger la battue en agissant pour le compte de l'association [de chasse], a admis qu'il n'avait rappelé aucun de ces impératifs aux participants ; que les juges en déduisent que l'intéressé ne pouvait pas ignorer que, s'agissant d'une chasse aux chevreuils pour laquelle les munitions sont constituées par des balles à fort pouvoir de pénétration, sa carence exposait les participants à un risque d'une particulière gravité* », ce dont il résulte qu'il « *a contribué à créer la situation ayant permis la réalisation du dommage et n'a pas pris les mesures permettant de l'éviter* » (Crim. 8 mars 2005, n° 04-86.208, P n° 80). De même pour l'arrêt qui retient qu'en « *laissant circuler un camion équipé à l'avant, sur le même essieu, de pneus rechapés de types différents, dont les rainures présentaient des différences de profondeur supérieures à cinq millimètres, au mépris [des dispositions applicables], en omettant de procéder au contrôle sérieux des disques du chronotachygraphe qui leur aurait permis de déceler les excès de vitesse du véhicule rendus possibles par la neutralisation, dans des circonstances indéterminées, du régulateur de vitesse, et en ne délivrant pas personnellement à chacun des chauffeurs de l'entreprise la consigne de pratiquer systématiquement la vidange des deux cuves du véhicule après l'exécution des chantiers, les prévenus, qui disposaient des pouvoirs et des moyens nécessaires à l'exercice des diligences normales qui leur incombaient, ont contribué à créer la situation qui a permis la réalisation des dommages et accumulé de graves négligences constituant une faute caractérisée dont ils ne pouvaient ignorer les conséquences* » (Crim. 27 mai 2008, P n° 07-83.233, D).

Cette exigence d'une faute grave ou qualifiée n'est cependant pas nécessaire lorsqu'il s'agit d'imputer l'infraction à une personne morale (v. n° **10.10**). Est ainsi approuvée la condamnation pour homicide involontaire d'une personne morale dont l'exercice fautif de son pouvoir de sanction sur son salarié est souverainement retenu par les juges du fond comme « *le facteur déclenchant de son passage à l'acte suicidaire* »,« *même à supposer, [...], que la victime ait pu être fragilisée par des éléments privés, extérieurs à son activité professionnelle* », (§ 13), circonstances qui établissent que son employeur « *a commis une faute d'imprudence, en lien indirect mais certain avec le décès* » (§ 14) (Crim. 31 janv. 2023, n° 22-80.482, D).

Au regard du principe d'égalité devant la loi garantie par DDHC de 1789, art. 6 et 16, la « *différence de situation entre les personnes physiques et les personnes morales justifie la différence de traitement induite par l'article 121-3, alinéa 4, du code pénal, laquelle est en rapport avec l'objet de la loi qui l'établit* » (Crim. 21 mars 2017, n°s 17-90.003, P).

De même, au regard des principes constitutionnels de nécessité et de légalité des délits et des peines, de la présomption d'innocence et de la garantie des droits, « *en subordonnant la responsabilité pénale de la personne physique qui n'a pas directement causé le dommage à la commission d'une faute caractérisée et qui exposait autrui à un risque d'une particulière gravité que celle-ci ne pouvait ignorer, le législateur, se fondant sur des critères qui ne sont pas, de manière manifeste, inappropriés à l'objet poursuivi, a entendu placer cette personne dans une situation plus favorable que l'auteur direct du dommage dont la responsabilité pénale peut être engagée pour une simple maladresse, imprudence, inattention ou négligence ; que la disposition critiquée, qui laisse au juge le soin de qualifier des comportements que le législateur ne peut énumérer a priori de façon exhaustive, est rédigée en des termes suffisamment clairs et précis pour permettre que son interprétation se fasse sans risque d'arbitraire et dans des conditions garantissant tant le respect de la présomption d'innocence que l'intégralité des droits de la défense* » (Crim. 24 sept. 2013, n°s 12-87.059, P n° 180).

Le CGCT, art. L. 2123-34, L. 3123-28, L. 4135-28 et L. 5211-15, rappelle les restrictions ci-dessus, dans des termes comparables, pour les fonctions de maire, de président du conseil général ou régional, de président d'un établissement public de coopération intercommunale, ou de leurs délégataires.

10.12 L'élément moral de l'infraction, l'intention

A. Le principe, pas d'infraction grave sans intention, sauf erreur invincible de droit

Que les mentions « *intentionnellement* », « *sciemment* » ou « *volontairement* » figurent ou non dans le texte d'incrimination, « *il n'y a point de crime ou de délit sans intention de le commettre* » (C. pén., art. 121-3). C'est là un principe général, cependant réservé aux infractions graves (les crimes ou délits). La culpabilité ne peut donc procéder de la seule imputation matérielle d'un fait pénalement sanctionné.

Il faut entendre par intention la volonté de commettre les faits (dans le cas des infractions volontaires), ou la volonté de créer la situation ayant causé le dommage (dans le cas des infractions d'imprudence).

Qu'importe, dans une certaine mesure, si l'auteur a ignoré l'existence ou la portée de la règlementation applicable. Il est présumé avoir eu connaissance de celle-ci (*nemo censetur ignorare legem*, nul n'est censé ignorer la loi), à moins qu'il ne démontre, et la charge de la preuve lui incombe ici (ex. Crim. 3 mai 2018, n° 17-82.746, P n° 80), « *avoir cru, par une erreur sur le droit [qu'il] n'était pas en mesure d'éviter, pouvoir légitimement accomplir l'acte* » (C. pén., art. 122-3). Preuve difficile, d'ailleurs « *seules deux hypothèses ont [...] été envisagées au cours des débats parlementaires : celle "d'une information erronée fournie par l'autorité administrative interrogée préalablement à l'acte" et celle "du défaut de publication du texte normatif"* » (Circ. Crim. 93-9/F1, 14 mai 1993, n° 34). Ainsi, « *une divergence d'interprétation existant* » entre la chambre sociale et la chambre criminelle de la C. cass. n'est pas opérante (Crim. 19 juin 2018, nº 17-84.930, P nº 113) ; non plus que la consultation d'un expert-comptable et l'absence de remarque de l'administration fiscale consultée (Crim. 3 mai 2018, nº 17-82.746, P nº 80) ; de même « *qu'une tolérance des autorités administratives, contraire à des textes en vigueur instituant des infractions à la police de la chasse, ne saurait faire disparaître ces dernières* » (chasse aux ortalans) (Crim. 16 oct 2018, nº 17-86.802, P nº 167), autrement dit, « *ni une quelconque tolérance administrative, ni la fréquence des violations d'une règle, ne permettent d'écarter l'application de celle-ci, dès lors que la procédure qui a permis son adoption n'a pas été respectée en vue de l'abroger* » (§ 16) (Crim. 5 nov. 2019, nº 18-86.464, D) ; enfin, la « *bonne foi* », relevée par le juge du fond, d'une personne « *âgée de 75 ans et affaiblie* », durant une période de confinement sanitaire, sur la portée d'une attestation de déplacement dérogatoire qu'elle pensait commune à elle et son mari, ne suffit pas « *à caractériser l'existence d'une erreur de droit inévitable* » (Crim. 18 mai 2021, nº 21-80.042, D).

Est toutefois retenue comme inévitable l'erreur de droit commise par une personne poursuivie pour conduite malgré invalidation de son permis alors qu'elle était munie d'une attestation délivrée par un APJ sur instructions du procureur de la République l'autorisant par erreur à conduire (Crim. 11 mai 2006, nº 05-87.099, P nº 128).

Les **renseignements tarifaires contraignants** dits « RTC », actes par lesquels l'administration douanière renseigne un opérateur sur le code tarifaire d'un produit dans la nomenclature douanière et qui sont opposables aux autorités douanières des États membres de l'UE ne peuvent fonder, à l'occasion d'une poursuite pour infraction douanière, « *une erreur invincible du droit de nature à exonérer les prévenus de leur responsabilité pénale* » (§ 12) que s'ils concernent « *des faits postérieurs à leur délivrance* » (§ 14), en revanche, « *ils peuvent être invoqués à titre de preuve par une personne autre que leur titulaire* » (§ 14) (Crim. 9 déc. 2020, nº 19-81.875, D). Notons en outre qu'en application du D. nº 2018-944, 31 oct. 2018, relatif aux **prises de position formelles de l'administration** concernant les contributions indirectes ainsi que d'autres taxes recouvrées selon les dispositions du C. douanes (position formelle communément appelée « **rescrit fiscal** ou « **rescrit douanier** »), le redevable peut opposer à l'administration une position formelle qu'elle a prise, sur l'appréciation d'une situation de fait au regard d'un texte fiscal.

Soulignons qu'est irrecevable le moyen tiré d'une erreur sur le droit qui n'est soulevé pour la première fois que devant la C. cass. (Crim. 17 déc. 2019, nº 18-86.358, P) (sur l'irrecevabilité des moyens nouveaux devant la C. cass, v. nº **19.25B3**).

Notons que le tribunal correctionnel ne peut relaxer le prévenu sur le fondement de C. pén., art. 122-3 « *qu'après avoir constaté que celui-ci avait commis les faits reprochés* » (C. pr. pén., art. 470-2).

B. Le cas des délits matériels

1. La définition et le domaine

De longue date, la jurisprudence et la doctrine ont considéré certains délits, à l'image des contraventions, comme des infractions matérielles (on parlait même de délits contraventionnels), dont l'élément moral se déduisait de la matérialité même du fait constaté (d'où l'expression de délits matériels). L'intention n'est pas absente de ces infractions, mais sa démonstration procède d'une analyse particulière : lorsque l'auteur a l'obligation de vérifier la conformité préalable de son action aux règles régissant sa profession, ou son activité ou son acte, et de prendre les précautions et les mesures de contrôle permettant de garantir le respect constant de cette conformité, alors la matérialité même de l'infraction caractérise l'imprudence ou le défaut de précaution, révélateurs de l'intention pénale. De telles obligations pèsent plus spécialement sur les professionnels, mais également sur tout particulier dans l'exercice d'une activité supposant des précautions spéciales (acte de chasse, acte de construire).

2. Quelques exemples de délits matériels

On citera les exemples emblématiques suivants :

Tromperie ou falsification de marchandises. Le fabricant ou l'importateur est tenu de vérifier la conformité du produit aux prescriptions en vigueur, la preuve de l'intention dans l'infraction de tromperie ou de falsification résultera du défaut de précautions prises pour vérifier la composition du produit (Crim. 17 oct. 1991, n° 90-83.933, P n° 356 – Crim. 10 avr. 1997, n° 96-82.183, P n° 138). Ce contrôle de la conformité des produits, effectué en application tant des normes européennes que de l'article L. 213-1 du code de la consommation, « *en vue d'assurer la loyauté des transactions commerciales, s'exerce à tous les stades de commercialisation de ces produits* » (Crim. 7 déc. 1999, n° 99-81.968, NP). Le prévenu ne pourra donc même pas s'exonérer en arguant que le produit a fait, ou aurait dû faire, déjà l'objet d'un contrôle de conformité par l'opérateur responsable de sa première mise sur le marché en un point quelconque du territoire communautaire.

Publicité mensongère. L'intention peut résulter du défaut de vérification préalable de la sincérité et de la véracité du message, obligation incombant à l'annonceur (Crim. 14 déc. 1994, n° 92-85.557, P n° 415).

Sécurité du travail. « *Il appartient au chef d'entreprise de veiller personnellement et à tout moment à la constante application des règles relatives à la sécurité des travailleurs* » et le « *défaut de contrôle du respect de ces dispositions caractérise, à sa charge, une faute personnelle* » (Crim. 1er oct. 1991, n° 90-85.024, NP).

C. L'intention présumée pour les infractions de faible gravité, les contraventions

En matière de contraventions, le législateur n'impose pas la démonstration d'une quelconque intention (C. pén., art. 121-3 *a contrario*). La culpabilité résulte de la seule démonstration de l'imputabilité matérielle du fait pénalement sanctionné.

Cependant, « *Il n'y a point de contravention en cas de force majeure* » (C. pén., art. 121-3). Si l'auteur démontre que les faits résultent d'une cause imprévisible, irrésistible et qui lui est extérieure (trois éléments cumulatifs caractérisant la force majeure), la contravention n'est donc pas punissable.

10.13 Les causes d'irresponsabilité ou d'atténuation de la responsabilité

A. Les troubles psychiques ou neuropsychiques et l'abolition ou l'altération du discernement (C. pén., art. 122-1) – Renvoi : v. chapitre 14 Psychologie légale

« *Le trouble psychique ou neuropsychique* », selon qu'il a « *aboli* » (C. pén., art. 122-1, al. 1) ou seulement « *altéré* » (C. pén., art. 122-1, al. 2) le discernement, donne lieu à une « *déclaration d'irresponsabilité pénale* » dans le premier cas, ou à une diminution de peine dans le second.

Puisque ces causes d'irresponsabilité ou d'atténuation de la responsabilité trouvent leur source dans les troubles mentaux de l'auteur, elles sont examinées dans le chapitre 14 portant, avec la médecine légale, sur la psychologie légale (v. nos 14.28 et 14.29), avec les modalités de traitement judiciaire de l'auteur des faits.

B. L'absence de discernement du mineur (CJPM, art. L. 11-1) et l'atténuation de la responsabilité du mineur capable de discernement – Renvoi : v. chapitre 14 Psychologie légale

Distincte mais voisine de la question du discernement abordée par C. pén., art. 122-1, celle du discernement du mineur (CJPM, art. L. 11-1), qui est également une condition de sa responsabilité pénale, est aussi traitée dans le chapitre 14 portant, avec la médecine légale, sur la psychologie légale (v. n° 14.30).

C. Les causes externes à l'auteur

1. La contrainte (C. pén., art. 122-2)

« *N'est pas pénalement responsable la personne qui [...] a agi sous l'empire d'une force ou d'une contrainte à laquelle elle n'a pu résister* » (C. pén., art. 122-2).

Le tribunal correctionnel ne peut relaxer le prévenu sur le fondement de C. pén., art. 122-2 « *qu'après avoir constaté que celui-ci avait commis les faits reprochés* » (C. pr. pén., art. 470-2).

2. Le commandement ou l'autorisation de la loi ou du règlement (C. pén., art. 122-4)

« *N'est pas pénalement responsable la personne qui [...] accomplit un acte prescrit ou autorisé par des dispositions législatives ou réglementaires* » (C. pén., art. 122-4).

Sur les différentes hypothèses de commandement ou d'autorisation de la loi, v. notamment :

– les conditions d'emploi de leur **arme par les forces de sécurité**, v. n° **10.14E** ;

– la mise en œuvre d'un **protocole de fin de vie** : les faits d'atteinte à la personne dénoncés par la partie civile ne relèvent d'aucune qualification pénale en ce qu'ils ont été commis « *dans le cadre de la procédure collégiale prévue par les articles L. 1110-5, L. 111-4 et R. 4127-37 du code de la santé publique, applicables au moment des faits* », relatifs au protocole d'arrêt de soins en fin de vie « *même si ce protocole a été réalisé de manière imparfaite [...] ce qui exclut toute intention de porter atteinte à la personne* » (Crim. 5 mars 2019, n° 18-80.712) ;

– l'exercice du droit de rétention par le dépositaire d'une chose (C. civ., art. 1948) légitime, dans les limites de ce droit, les faits de non représentation de l'objet du dépôt, qualifiables d'abus de confiance (C. pén., art. 314-1, v. n° **22.37**) ;

– l'absence de mise en œuvre par la commune de son obligation d'accueil des gens du voyage en application du schéma départemental relatif à l'accueil et à l'habitat des gens du voyage (L. n° 2000-614, 5 juill. 2000) retire leur caractère pénal aux faits d'installation sans titre en réunion sur le terrain d'autrui en vue de l'habitation (C. pén., art. 322-4-1, v. n° **22.58**) ;

– la contravention de dissimulation de visage dans une manifestation n'est pas applicable en cas de manifestation conforme aux usages locaux (ex. carnaval) ou lorsque la dissimulation du visage est justifiée par un motif légitime (C. pén., art. R. 645-14, v. n° **23.14**) ;

– la contravention de dissimulation du visage dans un espace public n'est pas applicable si la tenue est prescrite ou autorisée par les dispositions législatives ou réglementaires, si elle est justifiée par des raisons de santé ou des motifs professionnels, ou si elle s'inscrit dans le cadre de pratiques sportives, de fêtes ou de manifestations artistiques traditionnelles (L. n° 2010-1192, 11 oct. 2010, art. 2 II, v. n° **23.15**) ;

– l'infraction de consultation habituelle de sites faisant l'apologie du terrorisme (infraction désormais abrogée) n'était pas punissable lorsque la consultation était effectuée pour un motif légitime, notamment, l'exercice normal d'une profession ayant pour objet d'informer le public, dans le cadre de recherches scientifiques, afin de servir de preuve en justice, si elle s'accompagnait d'un signalement du contenu du service de communication en ligne aux autorités publique compétentes (C. pén., art. 421-2-5-2, v. n° **23.27**) ;

– les personnes astreintes au secret professionnel ne sont pas tenues de témoigner en faveur d'un innocent (C. pén., art. 434-11, v. n° **25.43**) ;

– le professionnel intervenant à l'intérieur d'une salle de consommation de stupéfiants à moindre risque et qui agit conformément à sa mission de supervision ne peut être poursuivi pour complicité d'usage illicite de stupéfiants et pour facilitation de l'usage illicite de stupéfiants (L. n° 2016-41, 26 janv. 2016, art. 43) (v. n° **28.11** et **28.12**) ;

– l'infraction d'acte de cruauté envers un animal n'est pas applicable aux courses de taureaux et combats de coqs lorsqu'une tradition locale ininterrompue peut être invoquée (C. pén., art. 521-1, v. n° **31.8**). Il en est de même pour le délit (C. pén., art. 522-1 issu

L. n° 2021-1539, 30 nov. 2021, v. n° **31.11**) et la contravention de destruction sans nécessité d'un animal (C. pén., art. R. 655-1, v. n° **31.12**) ou pour celle de mauvais traitement à un animal (C. pén., art. R. 654-1, v. n° **31.14**) ;

– l'infraction d'exercice illégal de la profession de banquier (CMF, art. L. 571-3) n'est pas reprochable pour certaines opérations, notamment les opérations de trésorerie entre sociétés du même groupe (CMF, art. L. 511-7, v. n° **33.4**) ;

– pour l'infraction de violation du secret professionnel, le lanceur d'alerte agissant dans le cadre prévu par la loi n'est pas punissable (v. **D** ci-dessous et n° **16.2D**). Il en est de même pour le fonctionnaire qui révèle des faits délictueux dont il a connaissance au procureur de la République en application de C. pr. pén., art. 40 (sur la violation du secret professionnel, C. pén., art. 226-13, v. n° **35.10**) (sur C. pr. pén., art. 40, v. n° **35.9B1**) ;

– la contravention de port d'uniformes, insignes ou emblèmes d'une organisation ou d'une personne criminelle contre l'humanité n'est pas reprochable en cas de port ou d'exhibition pour les besoins d'un film, d'un spectacle ou d'une exposition comportant une évocation historique (C. pén., art. R. 645-1, v. n° **35.29**) ;

– l'infraction de discrédit porté sur une décision juridictionnelle n'est pas reprochable en de commentaires techniques ou d'actes, paroles, écrits ou images de toute nature tendant à la réformation, cassation ou révision d'une décision (C. pén., art. 434-25, v. n° **35.38**).

Le tribunal correctionnel ne peut relaxer le prévenu sur le fondement de C. pén., art. 122-4 « *qu'après avoir constaté que celui-ci avait commis les faits reprochés* » (C. pr. pén., art. 470-2).

L'irresponsabilité pénale du lanceur d'alerte, dont le régime est spécifique (C. pén., art. 122-9, v. **D** ci-dessous), est également une expression du commandement ou de l'autorisation de la loi.

3. La question du consentement de la victime

Par hypothèse, le consentement de la victime est susceptible de retirer à certains faits le caractère d'une infraction. Ainsi, le vol ne peut être retenu lorsque la personne a volontairement abandonné la propriété du bien à l'auteur d'une prétendue soustraction, de même, les interactions sexuelles librement consenties ne peuvent rececevoir la qualification d'atteintes sexuelles.

Il en est autrement lorsque le consentement de la victime s'efface devant la nature de l'intérêt protégé, tel est le cas en matière d'atteintes aux personnes. Ainsi, le législateur prohibe les relations consenties entre un mineur de moins de 15 ans et une personne majeure (C. pén., art. 227-25, v. n° **21.35** et 222-29-2, v. n° **20.82**). En la réprimant de peines identiques à celles de l'homicide involontaire, la loi interdit la provocation au suicide, qu'elle ne réprime que lorsqu'elle aura été suivie d'effet, la victime fût elle l'auteur conscient et volontaire de l'acte de suicide ou de sa tentative (C. pén., art. 223-13, v. n° **20.71**).

Au-delà de ces infractions particulières, la jurisprudence décide que « *sauf lorsqu'elles sont commandées par les nécessité de la légitime défense et l'ordre de la loi, les violences commises volontairement constituent une infraction, quand bien même la victime y aurait consenti* » (Crim. 25 juin 2019, n° 18-84.200, D). On peut, à titre d'exemple, entendre comme ordre de la loi la faculté pour un médecin de procéder à des opérations de chirurgie dans un but thérapeutique à la demande de son patient. Citons l'exemple contraire, probablement dépassé, de condamnation d'un médecin ayant procédé à l'ablation du sexe d'un homme qui voulait « *mettre son corps en harmonie avec le sentiment d'appartenir au sexe féminin* », le motif thérapeutique n'ayant pas été retenu en l'espèce (Crim. 30 mai 1991, n° 90-84.420, P n° 232).

Notons que le droit au respect de la vie privée garanti par la CEDH est de nature à soumettre au contrôle de proportionnalité les législations qui prohibent l'assistance au suicide (v. n° **20.71**, CEDH, 29 juill. 2002, *Pretty*, n° 2346/02) ou qui permettant de poursuivre du chef de violences volontaires des pratiques sadomasochistes (v. n° **20.79**, CEDH, 17 févr. 2005, n°s 42758/98 et 45558/99, *K.A. et A.D. c/ Belgique* ; CEDH, 19 févr. 1997, n° 21627/93, *Laskey et autres c/ Royaume-Uni*).

4. Le commandement de l'autorité légitime (C. pén., art. 122-4)

« *N'est pas pénalement responsable la personne qui [...] accomplit un acte commandé par l'autorité légitime, sauf si cet acte est manifestement illégal* » (C. pén., art. 122-4) (v. également n° **10.14E** sur les conditions d'emploi de leur arme par les forces de sécurité).

Là encore, le tribunal correctionnel ne peut relaxer le prévenu sur le fondement de C. pén., art. 122-4 « *qu'après avoir constaté que celui-ci avait commis les faits reprochés* » (C. pr. pén., art. 470-2).

5. L'état de nécessité (C. pén., art. 122-7)

« *N'est pas pénalement responsable la personne qui [...] face à un danger actuel ou imminent qui menace elle-même, autrui ou un bien, accomplit un acte nécessaire à la sauvegarde de la personne ou du bien, sauf s'il y a disproportion entre les moyens employés et la gravité de la menace* » (C. pén., art. 122-7).

Dans la continuité de l'arrêt *Lesage* (Crim. 28 juin 1958, GA) qui écarte le « *prétendu état de nécessité* » résultant d'un comportement préalable fautif, « *le prévenu ne saurait prétendre avoir agi en état de nécessité, dès lors qu'il lui appartenait, pour ne pas commettre les infractions qui lui sont reprochées* », de se mettre en situation de « *remplir légalement ses obligations* » (Crim. 22 sept. 1999, n° 98-84.520, P n° 193) ; de même, est approuvée la condamnation du chasseur d'une espèce protégée au motif que son « *comportement fautif antérieur au coup de feu ne lui permet pas d'invoquer l'état de nécessité pour justifier son acte* », car « *une faute d'imprudence suffit à caractériser l'élément moral du délit d'atteinte à la conservation d'espèces animales non domestiques protégées* » (Crim. 1er juin 2010, n° 09-87.159, P n° 96).

Les militants d'une association, qui soutiennent s'être irrégulièrement introduits dans une enceinte nucléaire afin de mener une action nécessaire pour sauvegarder soi-même ou autrui du danger résultant de la carence des mesures de sécurité, ne peuvent revendiquer l'état de nécessité car, d'une part, « *un danger futur qu'aucune mesure actuelle ne permettrait de prévenir ne peut être assimilé à un danger actuel ou imminent au sens de C. pén., art. 122-7* » (§ 15), d'autre part, « *l'infraction poursuivie n'était pas, par elle-même, de nature à remédier au danger dénoncé* » (§ 16) (Crim. 15 juin 2021, n° 20-83.749, P).

Il en est de même, pour le prévenu poursuivi pour non dépôt des comptes annuels qui revendique avoir ainsi fait face au danger de servir de cible à des malfaiteurs, car « *un danger simplement éventuel ne saurait justifier la commission de l'infraction* » (Crim. 1er juin 2005, n° 05-80.351, P n° 168).

Le pourvoi contre une décision rejetant l'état de nécessité revendiqué par des militants ayant fauché des plantations d'OGM est rejeté au motif approuvé que « *les actes commis par les prévenus n'étaient nullement nécessaires à la sauvegarde d'une personne ou d'un bien, sauf à admettre que la simple existence d'un risque, ou la sauvegarde d'un intérêt jugé supérieur ou socialement utile par celui qui le revendique, puisse fonder le droit à commettre des faits pénalement qualifiés* » (Crim. 31 mai 2007, n° 06-86.628, D ; dans le même sens, ajoutant que « *la Charte de l'Environnement ne saurait être invoquée, en l'espèce, pour fonder l'existence d'un état de nécessité* » : Crim. 7 févr. 2007, n° 06-80.108, D) ; ou soulignant qu'« *aucune des conditions de l'état de nécessité n'est remplie en l'espèce* » et que les dispositions de Conv. EDH, art. 8 (droit au respect de la vie privée et familiale) « *ne peuvent être utilement invoquées pour justifier le délit reproché* » (Crim. 19 nov. 2002, n° 02-80.788, D ; Crim. 18 févr. 2004, n° 03-82.951), ou retenant que « *les actes reprochés ne sont pas justifiés par un danger actuel ou imminent* » (Crim. 3 mai 2011, n° 10-81.529, D ; dans le même sens : Crim. 25 mai 2016, n° 14-86.170, D). La destruction de stocks de bidons de pesticide (glyphosate) n'est pas plus justifiée par l'état de nécessité car il n'est pas démontré que cette « *infraction était le seul moyen d'éviter un péril actuel ou imminent* » (§ 9) (Crim. 29 mars 2023, n° 22-83.911, P).

Des faits de décrochage et de vol du portait du Président de la République ne peuvent être justifiés par l'état de nécessité (Crim. 22 sept. 2021, P n° 20-80.895, D), en revanche ils peuvent l'être au regard du droit à la liberté d'expression, selon les précisions apportées en **E1** ci-dessous.

Aux prévenus qui soutenaient que « *l'entrave à l'interruption volontaire de grossesse était justifiée pour sauvegarder l'enfant à naître d'une atteinte à sa vie* », il est répondu que « *l'état de nécessité, au sens de C. pén., art. 122-7, ne saurait être invoqué pour justifier le délit d'entrave à l'interruption volontaire de grossesse, dès lors que celle-ci est autorisée, sous certaines conditions, par la loi* » (Crim. 31 janv. 1996, n° 95-81.319, P n° 57 ; dans le même sens : Crim. 27 nov. 1996, n° 96-80.318, D, Crim. 5 mai 1997, n° 96-81.462, P n° 168).

Peuvent être considérées comme fondées sur l'état de nécessité les décisions qui exonèrent le justiciable du chef de certaines infractions lorsqu'il se procure ou produit, pour les nécessités de sa défense, des preuves obtenues de manière illicite (v. **E3** ci-dessous).

Soulignons que le tribunal correctionnel ne peut relaxer le prévenu sur le fondement de C. pén., art. 122-7 « *qu'après avoir constaté que celui-ci avait commis les faits reprochés* » (C. pr. pén., art. 470-2).

En dehors du cadre strict de l'état de nécessité prévu par le droit interne, lorsque l'infraction s'inscrit dans le cadre d'une action militante, les dispositions de la CEDH garantissant la vie privée (art. 8), la liberté de pensée, de conscience et de religion (art. 9), d'expression et de communication (art. 10), ou de réunion ou d'association (art. 11), offrent à circonstances identiques un cadre plus souple pour affranchir l'auteur de sa responsabilité pénale ou l'atténuer, selon les précisions apportées au **E** ci-dessous. En effet, sans être alors tenu par la double exigence prévue par C. pén., art. 122-7 d'un « *danger actuel ou imminent* » et d'un « *acte nécessaire à la sauvegarde de la personne ou du bien* », le juge national est compétent pour exercer un contrôle de proportionnalité entre, d'une part, l'ingérence de l'autorité publique que constitue la répression pénale et, d'autre part, l'exercice par le prévenu de ses droits fondamentaux garantis par la CEDH.

D. L'irresponsabilité pénale du lanceur d'alerte (C. pén., art. 122-9, L. n° 2016-1691, 9 déc. 2016)

Dans le prolongement de la L. n° 2013-117, 6 déc. 2013 relative à la lutte contre la fraude fiscale et la grande délinquance économique et financière, et de la L. n° 2013-907, 11 oct. 2013 relative à la transparence de la vie publique, qui ont contribué à construire le statut du lanceur d'alerte, la L. n° 2016-1691, 9 déc. 2016, modifiant ou remplaçant ces précédentes dispositions, a introduit dans le code pénal (C. pén., art. 122-9) une cause d'irresponsabilité au profit du lanceur d'alerte, dont le champ était tout d'abord limité à la responsabilité pénale encourue au titre de l'atteinte à un secret prévu par la loi (v. n° **35.10** et **35.11**) (à l'exclusion du secret-défense, du secret médical, du secret judiciaire ou du secret des relations entre un avocat et son client). Ce fait justificatif ne couvrait pas les faits susceptibles d'accompagner la révélation de faits répréhensibles, tels la soustraction ou le recel de données ou de documents, supports des informations révélées, mais la protection a été étendue à ces actes par L. n° 2022-401, 21 mars 2022, visant à améliorer la protection des lanceurs d'alerte.

Ce fait justificatif est une expression, encadrée par la L. n° 2016-1691, 9 déc. 2016, du commandement ou de l'autorisation de la loi prévue par C. pén., art. L. 122-4 (v. **C2** ci-dessus), son dispositif est détaillé au n° **16.2D** relatif au dispositif de protection des témoins ou lanceurs d'alerte contre les représailles et discriminations.

Au statut du lanceur d'alerte, peut être rapproché le dispositif de signalement à l'employeur d'un danger grave ou imminent (C. trav., art. L. 4131-1), dont l'usage est susceptible d'exonérer la personne d'éventuelles poursuites du chef de diffamation. En effet « *La personne poursuivie du chef de diffamation après avoir révélé des faits de harcèlement sexuel ou moral dont elle s'estime victime peut s'exonérer de sa responsabilité pénale, en application de C. pén., art. 122-4, lorsqu'elle a dénoncé ces agissements, dans les conditions prévues au C. trav., art. L. 1152-2, L. 1153-3* [devenu C. trav., art. L. 1153-2, L. n° 2022-401, 21 mars 2022] et *L. 4131-1, al. 1er, auprès de son employeur ou des organes chargés de veiller à l'application des dispositions dudit code* » (§ 18) ; « *Toutefois, pour bénéficier de cette cause d'irresponsabilité pénale, la personne poursuivie de ce chef doit avoir réservé la relation de tels agissements à son employeur ou à des organes chargés de veiller à l'application des dispositions du code du travail et non, comme en l'espèce, l'avoir aussi adressée à des personnes ne disposant pas de l'une de ces qualités* » (§ 19) (Crim. 26 nov. 2019, n° 19-80.360, P).

E. L'infraction justifiée par l'exercice d'un droit ou d'une liberté fondamentale

1. L'ingérence disproportionnée dans l'exercice de la liberté d'expression ou de réunion

Dans la continuité du statut particulier accordé par la loi au lanceur d'alerte (v. D ci-dessus), au visa de Conv. EDH, art. 10 (liberté d'expression) et art. 11 (liberté de réunion), des arrêts approuvent des décisions de relaxe ou censurent des décisions de condamnation lorsque l'infraction poursuivie s'est inscrite dans le cadre d'un **débat d'intérêt général** et que la condamnation pénale de son auteur, voire la condamnation civile qui en est l'accessoire, constitue une ingérence disproportionnée de l'autorité publique dans l'exercice de sa liberté d'expression. Selon l'attendu de principe de la Ch. crim., « *l'incrimination d'un comportement constitutif d'une infraction pénale peut, dans certaines circonstances, constituer une ingérence disproportionnée dans l'exercice de la liberté d'expression, compte tenu de la nature et du contexte de l'agissement en cause* » (§ 14) (Crim. 22 sept. 2021, n° 20-85.434, P). La finalité poursuivie est donc susceptible d'affranchir la personne de sa responsabilité pénale, comme un fait justificatif, ou de l'atténuer, comme une excuse légale, selon les résultats du contrôle de proportionnalité opéré par le juge.

Si la notion de débat d'intérêt général dépend des circonstances de chaque affaire, citons néanmoins que, « *ont trait à un intérêt public les questions qui touchent le public dans une mesure telle qu'il peut légitimement s'y intéresser, qui éveillent son attention ou le préoccupent sensiblement, notamment parce qu'elles concernent le bien-être des citoyens ou la vie de la collectivité. Tel est le cas également des questions qui sont susceptibles de créer une forte controverse, qui portent sur un thème social important, ou qui ont trait à un problème dont le public aurait intérêt à être informé. L'intérêt public ne saurait être réduit aux attentes d'un public friand de détails quant à la vie privée d'autrui, ni au goût des lecteurs pour le sensationnel voire, parfois, pour le voyeurisme* » (§ 162) (CEDH, 8 nov. 2016, n° 18030/11, Gde ch., *Magyar Helsinki Bizottsag c/ Hongrie*). Notons que la marge d'appréciation des autorités est d'autant plus restreinte que la question en débat, comme la protection de l'environnement et de la santé publique, est importante (ex. CEDH, 7 févr. 2007, n° 12697/03, *Mamère c/ France*, § 20 et 30).

En l'état de la jurisprudence, les infractions commises dans les circonstances suivantes ont été soumises au contrôle de proportionnalité du juge :

– **appel au boycott** de produits en provenance d'un pays, poursuivi sous la qualification de provocation publique à la discrimination (CEDH 11 juin 2020, n° 15271/16, *Baldassi et a. c/ France*, v. n° **35.26**) ;

– **violation du secret professionnel** par un avocat ayant diffusé un rapport d'expertise (CEDH 5 déc. 2011, n° 28198/09, *Mor c/ France*) (v. les motifs de cette décision au n° **16.2D**) ;

– **dénonciation calomnieuse** par un avocat signalant des faits de diffusion de fausses informations au président de l'AMF (CEDH 26 mars 2020, n° 59636/16, *Tête c/ France* ; contra : Crim. 12 avr. 2016, n° 14-87.124, D) (v. les motifs de ces décisions au n° **25.29**) ;

– condamnation civile accessoire à une condamnation pénale pour **diffamation** portant une atteinte disproportionnée à l'exercice de la liberté d'expression (Crim. 8 janv.

2019, n° 17-85.110, D, dans le même sens : Crim. 18 juin 2019, n° 18-84.209, D ; v. n° **35.13**) ;

– **injure publique** envers un particulier caractérisée mais justifiée par les limites admissibles de la liberté d'expression (Cass., ass. plén., 25 oct. 2019, n° 17-86.605, P ; v. n° **35.15**) ; il en est de même pour la **diffamation** (Crim. 7 janv. 2020, n° 19-80.374, D ; dans le même sens, pour la jurisprudence civile : 1re Civ., 11 mai 2022, n° 21-16.156) ;

– contravention de **tapage injurieux** lors d'une manifestation publique, justifiée par les limites admissibles de la liberté d'expression et de réunion (Crim. 3 nov. 2020, n° 19-87.418, D, v. n° **20.48**) ;

– **harcèlement moral** : au visa de Conv. EDH, art. 10 et de C. pr. pén., art. 593 (sur le contrôle par la Ch. crim. de la qualité des motifs de la décision, v. n° **19.32B**), il revient à la cour d'appel saisie d'une affaire dans laquelle le prévenu poursuivi pour harcèlement moral avait procédé à une diffusion massive et répétée de tracts et d'affiches ainsi qu'à des démarches diverses auprès de la population et notamment des commerçants de la ville, visant à présenter un huissier [devenu commissaire de justice] comme un auxiliaire de justice véreux, de répondre aux conclusions du prévenu qui soutient que l'infraction était justifiée par l'exercice légitime de sa liberté d'expression (Crim. 13 oct. 2020, n° 19-85.632, D, v. n° **20.92**) ;

– **exhibition sexuelle** commise par une militante féministe (Crim. 26 févr. 2020, n° 19-81.827, P ; CEDH, 13 oct. 2022, n°22636/19, *Bouton c/ France*, v. n° **20.86**) ; est en revanche approuvée la condamnation à des peines d'emprisonnement avec sursis de militantes féministes ayant exhibé leur poitrine sur les Champs-Elysées à Paris à l'approche d'une délégation de chefs d'État venus commémorer le centenaire de l'armistice de la première guerre mondiale au motif approuvé « *de leur irruption au cours d'une cérémonie patriotique devant se dérouler dans le calme et la dignité* » (§ 21) et que « *si ce trouble n'a duré que peu de temps, c'est uniquement en raison de l'intervention rapide des forces de l'ordre, alors que les prévenues s'étaient concertées pour échapper à cette intervention* » (§ 22) (Crim. 15 juin 2022, n° 21-82.392, D) ;

– **vol**, s'agissant de vols de portraits du président de la République s'inscrivant dans une démarche militante (Crim. 22 sept. 2021, n° 20-85.434, P ; dans le même sens, trois arrêts du même jour : Crim. 18 mai 2022, n° 21-86.685, P ; n° 20-87.272 et 21-86.647 ; v. n° **22.1** ; en sens contraire : Crim. 22 sept. 2021, n° 20-80.489, P, écartant pour le même type de faits l'argument tiré de l'état de nécessité climatique, sur l'état de nécessité, v. **C5** ci-dessus) ;

– **escroquerie** commise par un journaliste faisant usage de fausses qualités afin d'obtenir d'un parti politique de la documentation et des informations (Crim. 26 oct. 2016, n° 15-83.774, P n° 278, v. n° **22.18**) ;

– **dégradations** : la juridiction est tenue de rechercher, « *ainsi qu'il lui était demandé, si l'incrimination pénale du comportement poursuivi ne constituait pas, en l'espèce, une atteinte disproportionnée à la liberté d'expression du prévenu* », qui soutenait avoir dégradé des panneaux publicitaires au titre de son militantisme anti-publicité » (Crim. 1er juin 2022, n° 21-82.113, D) ; pour un rejet de ce fait justificatif pour de nombreux graffitis qualifiés de dégradation délictuelles apposés sur des wagons du métropolitain que le prévenu considérait justifiés en raison de son droit à la liberté d'expression (Crim. 11 juill. 2017, nos 16-83.588, 10-80.810, 08-84.989, P n° 202) ;

– **introduction sans autorisation dans un lieu historique ou culturel** (contravention prévue par C. pén., art. R. 645-13, v. n° **31.62**, Crim. 12 oct. 2022, n° 21-87.005, D, écartant l'ingérence disproportionnée dans l'exercice de la liberté d'expression pour la condamnation à des peines contraventionnelles de militants de Greenpeace introduits sur le chantier de Notre-Dame de Paris) ;

– **révélation de l'identité d'une victime d'infraction sexuelle** (L. 29 juill. 1881, art. 39 *quinquies*) : une balance entre le droit à la liberté d'expression de l'auteur et le droit au respect de la vie privée de la victime peut être opérée, mais une telle infraction paraît difficilement pouvoir s'inscrire dans un débat d'intérêt général (v. Crim. 7 févr. 2023, n° 22-81.057, P, décision exposée au n° **35.34**) ;

– **publication et commentaire de sondage d'opinion** entre les deux tours d'une consulation électorale (élections législatives) (Crim. 4 sept. 2001, n° 00-85.329, P n° 170).

De façon plus générale, le contrôle de la C. cass. sur les décisions des juridictions du fond se prononçant sur la culpabilité ou sur la peine s'attache à ce qu'il ne soit pas porté une atteinte disproportionnée aux droits que la Conv. EDH garantit (Sur ce contrôle de proportionnalité, v. n° **19.32E**), contrôle qui peut donc aller, selon les exemples précités, de la modération de la sanction jusqu'à l'exonération de la responsabilité pénale. « *Lorsque le prévenu invoque une atteinte disproportionnée à sa liberté d'expression, il appartient au juge, après s'être assuré, dans l'affaire qui lui est soumise, du lien direct entre le comportement incriminé et la liberté d'expression sur un sujet d'intérêt général, de vérifier le caractère proportionné de la condamnation. Ce contrôle de proportionnalité requiert un examen d'ensemble, qui doit prendre en compte, concrètement, entre autres éléments, les circonstances des faits, la gravité du dommage ou du trouble éventuellement causé* » (Crim. 18 mai 2022, n° 21-86.685, P). Cette décision souligne que le moyen de défense tiré de la violation de Conv. EDH, art. 10 doit être soulevé par le prévenu et qu'il ne semble donc pas pouvoir être soulevé d'office par la juridiction. De plus, ce grief doit être présenté devant la juridiction du fond pour pouvoir être invoqué devant la C. cass. (§ 12) (Crim. 22 sept. 2021, n° 20-80.489, P).

Le contrôle de proportionnalité peut également se traduire par une approbation du *quantum* de la condamnation prononcée lorsque, à titre d'exemple, « *la C. cass. est en mesure de s'assurer que, bien que l'action menée par les prévenus se soit inscrite dans le cadre d'une démarche militante et puisse être considérée comme une expression* [au sens de Conv. EDH, art. 10], *la condamnation prononcée* [400 € avec sursis] *n'est pas disproportionnée au regard de la valeur symbolique du portrait du Président de la République et du refus de le restituer tant que leurs revendications ne seraient pas satisfaites, ainsi que de la circonstance que le vol a été commis en réunion* » (§ 20) (Crim. 18 mai 2022, n° 21-86.685, P ; dans le même sens, énonçant qu'une déclaration de culpabilité assortie d'une dispense de peine n'est pas disproportionnée : Crim. 30 nov. 2022, n° 22-80.959, D). Pour les mêmes faits, le contrôle de proportionnalité a pu être revendiqué sous la forme de l'état de nécessité, prévu par C. pén., art. 122-7 (sur l'état de nécessité, v. **C5**), ce qui suppose de démontrer, sous l'appréciation souveraine du juge, « *que la commission d'une infraction était le seul moyen d'éviter un péril actuel ou imminent* » (§ 12) (Crim. 22 sept. 2021, P n° 20-80.895, D).

2. L'INGÉRENCE DISPROPORTIONNÉE DANS LE DROIT AU RESPECT DE LA VIE PRIVÉE OU DE MANIFESTER SA RELIGION

Le droit au respect de la vie privée peut également faire obstacle à l'application de la loi pénale.

La CEDH a ainsi estimé qu'en raison de la durée d'inscription au Fnaeg et de l'absence de possibilité d'effacement (sur ce point, dans le droit antérieur à L. n° 2019-222, 23 mars 2019, v. n° **13.27B1**), la condamnation d'une personne pour refus de prélèvement de matériau biologique (sur l'infraction de refus de prélèvement, C. pr. pén., art. 706-56, v. n° **25.35**) peut, dans certaines circonstances, constituer une atteinte disproportionnée de l'autorité publique à son droit au respect de sa vie privée (CEDH 22 juin 2017, *Aycaguer c/ France*, req. n° 8806/12).

Dans la continuité de cette jurisprudence, la C. cass. approuve une cour d'appel qui, pour relaxer les prévenus du chef de refus de prélèvement sur le fondement de C. pr. pén., art. 706-56 (sur cette infraction, v. n° **25.35**), constate « *une disproportion entre, d'une part,* *la faible gravité objective et relative du délit* [décrochage et vol du portrait du président de la République] *dont les intéressés étaient soupçonnés au moment de leur refus de se soumettre au prélèvement litigieux et, d'autre part, l'atteinte au respect de la vie privée consécutive à l'enregistrement au Fnaeg, [...], des résultats des analyses des échantillons biologiques prélevés* » (Crim. 22 sept. 2021, n° 20-80.489, P). Le même contrôle de proportionnalité est appliqué aux faits de refus de se soumettre au prélèvement biologique ou aux relevés signalétiques incriminés par C. pr. pén., art. 55-1 (sur cette infraction, v. n° **25.35**) (Crim. 29 mars 2023, n° 22-83.458, P). Il est également jugé que « *la faculté dont bénéficie une personne soupçonnée, en cas d'enregistrement de son empreinte génétique au fichier national automatisé des empreintes génétiques, d'en demander l'effacement, n'interdit pas au juge du fond de procéder au contrôle de proportionnalité d'une telle mesure* » (§ 6) (Crim. 12 oct. 2021, n° 21-81.728, D).

Selon les précisions par ailleurs apportées, notons qu'ont également été discutées comme contraires au droit au respect de la vie privée des législations prohibant l'assistance au suicide (v. n° **20.71**, CEDH, 29 juill. 2002, *Pretty*, n° 2346/02) ou permettant de poursuivre du chef de violences volontaires des pratiques sadomasochistes (v. n° **20.79**, CEDH, 17 févr. 2005, n°s 42758/98 et 45558/99, *K.A. et A.D. c/ Belgique* ; CEDH, 19 févr. 1997, n° 21627/93, *Laskey et autres c/ Royaume-Uni*).

Notons au chapitre de la liberté de pensée, de conscience et de religion (Conv. EDH, art. 9), que « *la liberté de manifester sa religion par le culte et l'accomplissement des rites* » ne justifie pas les sacrifices rituels d'animaux matérialisant des actes de cruauté car « *nul ne peut se prévaloir de ses croyances religieuses pour s'affranchir des règles communes édictées par la loi pénale* » (Crim. 5 nov. 2019, n° 18-84.554, D).

3. L'exercice des droits de la défense

Une jurisprudence classique exonère pénalement le salarié qui, pour les besoins de sa défense dans le cadre d'un litige prud'homal l'opposant à son employeur, a produit des documents provenant de ce dernier, dans des conditions pouvant notamment recevoir la qualification de vol, d'abus de confiance, de violation du secret professionnel ou de violation de correspondance, ou de recel de ces infractions.

Admise par la chambre sociale, cette cause d'exonération a d'abord été rejetée par la Ch. crim. au motif que le vol est constitué « *quels que soient le mobile qui a inspiré son auteur et l'utilisation du bien appréhendé* » (Crim. 8 déc. 1998, n° 97-83.318, n° 336). Elle a ensuite admis la relaxe pour des faits de vol de documents, car ces derniers « *appréhendés ou reproduits sans l'autorisation de son employeur étaient strictement nécessaires à l'exercice des droits de sa défense dans le litige l'opposant à ce dernier* » (Crim. 11 mai 2004, n° 03-85.521, P n° 117 ; dans le même sens : Crim. 25 nov. 2014, n° 13-84.414, ou censurant le juge qui n'a pas examiné « *si les documents dont s'agit étaient strictement nécessaires à l'exercice des droits de la défense* » (Crim. 11 mai 2004, n° 03-80.254, P n° 113), ou qui, ayant retenu que le mobile de l'appréhension frauduleuse (vol) de documents était indifférent, n'avait pas recherché si les documents photocopiés n'étaient strictement nécessaires à l'exercice de la défense du prévenu « *dans le litige l'opposant à son employeur* » (Crim. 4 janv. 2005, n° 04-82.337, P n° 5), idem pour des fichiers transférés sur son ordinateur personnel par le salarié qui « *avisé du projet de son employeur de rompre son contrat de travail, a appréhendé des documents dont il avait eu connaissance à l'occasion de l'exercice de ses fonctions et dont la production était strictement nécessaire à l'exercice de sa défense dans la procédure prud'homale* » (Crim. 16 juin 2011, n° 10-85.079, P n° 134), de même pour l'infraction d'accès ou de maintien frauduleux dans un STAD» (§ 15) (Crim. 5 avr. 2022, n° 21-83.590, D ; sol. implicite, § 16).

En dehors du cadre prud'homal, cette jurisprudence attribuant aux nécessités de la défense les effets d'un fait justificatif était déjà appliquée aux situations dans lesquelles une personne produit, pour les besoins de sa défense, des informations dont l'emploi ou l'origine est illicite.

Ainsi, « *l'obligation au secret professionnel d'un avocat ne saurait lui interdire, pour se justifier de l'accusation dont il est l'objet et résultait de la divulgation par un client d'une correspondance échangée entre eux, de produire d'autres pièces de cette même correspondance utiles à ses intérêts* » (Crim. 29 mai 1989, n° 87-82.073, P n° 218). « *A supposer même que l'avocat soit amené, pour exercer ses droits de la défense, à révéler des informations couvertes par le secret professionnel pour contester la saisie d'une somme versée sur son compte, il peut le faire sous la condition que ces révélations lui soient imposées par les strictes exigences de sa propre défense devant une juridiction* » (§ 10) (Crim. 5 janv. 2023, n° 21-85.796, D). Cette jurisprudence est consacrée par le Cons. const. qui retient en effet à l'occasion d'une QPC que, « *à supposer même que l'avocat soit amené, pour exercer ses droits de la défense, à révéler des informations couvertes par le secret professionnel [...], il peut le faire sous la condition que ces révélations lui soient imposées par les strictes exigences de sa propre défense devant une juridiction* » (§ 10) (Cons. const. 8 juill. 2022, n° 2022-1002 QPC) (sur la violation du secret professionnel ou du secret de l'enquête ou de l'instruction par l'avocat, v. n^{os} **35.4A1**, **35.10** et **35.12**).

Est censuré l'arrêt qui condamne un journaliste pour recel de pièces couvertes par le secret de l'instruction « *sans rechercher si, en l'espèce, la production en justice des pièces litigieuses, objet des poursuites exercées contre l'intéressé, n'avait pas été rendue nécessaire par l'exercice des droits de la défense* » dans les poursuites initialement engagées contre lui pour diffamation (Crim. 11 juin 2002, n° 01-85.237, n° 132).

L'argument de l'exercice des droits des droits de la défense a une portée générale et ne se réduit pas aux cas du salarié, de l'avocat ou du journaliste qui précèdent. Est ainsi censuré l'arrêt qui écarte ce « *fait justificatif* » sur des poursuites pour violation du secret des correspondance et recel d'abus de confiance consécutives à la production de courriers électronique et de documents confidentiels dans un litige opposant un fabricant et un importateur pour des faits de contrefaçon, car « *dès lors que n'est pas punissable l'infraction commise pour les strictes nécessités de la défense de son auteur, le bénéfice de ce fait justificatif ne saurait être restreint à la défense exercée dans un cadre prud'homal* » (§ 13) (Crim. 8 mars 2023, n° 22-81.040, D).

Notons que dans tous les cas, et sous réserve d'une motivation satisfaisante, les juges du fond apprécient souverainement si l'infraction « *est rendue nécessaire par l'exercice des droits de la défense* » (Crim. 16 mai 2000, n° 99-85.304, P n° 192 (s'agissant en l'espèce du secret professionnel de l'avocat) ; dans le même sens, pour un vol de fichier dont l'ampleur était sans lien de nécessité avec un litige avec l'employeur, resté éventuel, consécutif à la démission du salarié : Crim. 7 nov. 2018, n° 17-82.459, D).

Soulignons enfin « *qu'aucune disposition légale ne permet aux juges répressifs d'écarter les moyens de preuve produits par les parties au seul motif qu'ils auraient été obtenus de façon illicite ou déloyale ; qu'il leur appartient seulement, en application de C. pr. pén., art. 427, d'en apprécier la valeur probante* » (Crim. 15 juin 1993, n° 92-82.509, P n° 210, sur ce point, v. n° **11.6C**). Sont donc recevables les preuves d'une infraction, nécessaires à l'exercice d'une demande en justice, issues de la commission d'une infraction par une partie privée. Il en est ainsi de la production de preuves matérialisant une atteinte à l'intimité de la vie privée (ex. enregistrement de son et d'image d'une personne se trouvant dans un lieu privé) (Crim. 6 avr. 1994, n° 93-82.717, P n° 136). Ainsi, « *l'enregistrement de la conversation téléphonique privée, réalisé par [la victime de faits de fausse attestation], était justifié par la nécessité de rapporter la preuve des faits dont il était victime et de répondre, pour les besoins de sa défense, aux accusations de violences qui lui étaient imputées* » par son épouse et constituait donc une preuve recevable (Crim. 31 janv. 2007, n° 06-82.383, P n° 27).

10.14 La légitime défense

A. La légitime défense des personnes

N'est pas pénalement responsable la personne qui, devant une atteinte injustifiée envers elle-même ou autrui, accomplit, dans le même temps, un acte commandé par la nécessité de la légitime défense d'elle-même ou d'autrui, sauf s'il y a disproportion entre les moyens de la défense employés et la gravité de l'atteinte (C. pén., art. 122-5).

B. La légitime défense des biens

N'est pas pénalement responsable la personne qui, pour interrompre l'exécution d'un crime ou d'un délit contre un bien, accomplit un acte de défense, autre qu'un homicide volontaire, lorsque cet acte est strictement nécessaire au but poursuivi dès lors que les moyens employés sont proportionnés à la gravité de l'infraction (C. pén., art. 122-5).

Il apparaît donc que la légitime défense des biens ne peut jamais justifier un homicide volontaire. Toutefois, l'entrée de nuit, par effraction, violence ou ruse dans un lieu habité, relève des atteintes aux personnes, la loi ayant d'ailleurs dans ce cas établi une présomption de légitimité de la défense (v. **D** ci-dessous).

C. Les règles communes : simultanéité et proportionnalité

Pour être légitime, dans l'atteinte aux biens comme dans l'atteinte aux personnes, l'acte de défense doit être simultané à l'attaque : réalisé « *devant une atteinte* » et « *dans le même temps* » (atteinte aux personnes), ou pour « *interrompre* » un crime ou délit (atteinte aux biens) (C. pén., art. 122-5).

La défense doit être également proportionnelle à la gravité de l'atteinte, avec cette nuance que dans le cas d'une atteinte aux personnes il n'est exigé qu'une défense proportionnelle, et, dans le cas d'une atteinte aux biens, une défense strictement proportionnelle (C. pén., art. 122-5).

D. La preuve du caractère légitime de la défense

Faire la preuve du caractère légitime de la défense, c'est démontrer l'atteinte préalable à la personne ou aux biens, puis la simultanéité et la proportionnalité de la riposte.

Certains interprètes décèlent dans l'expression « *sauf s'il y a disproportion* », qui figure à l'article 122-5 du code pénal, l'existence d'une présomption de proportionnalité en faveur du prévenu en cas d'atteinte aux personnes. Une virgule plus tôt, ce texte exige pourtant « *un acte commandé par la nécessité de la légitime défense* », ce qui revient à dire, puisqu'une défense légitime n'est qu'une défense proportionnée, que le prévenu doit faire la preuve du caractère proportionné de la défense.

Il ne semble alors pas appartenir à la partie poursuivante (parquet ou partie civile) d'établir, en présence d'un acte matériel entrant dans les prévisions de la loi pénale (blessures, dégradations), qu'il n'a pas été accompli en état de légitime défense (preuve négative pour le moins difficile à établir), mais à la partie poursuivie d'opposer par voie d'exception le moyen tiré de la légitime défense.

La loi pose cependant au bénéfice du prévenu une présomption de légitimité de la défense lorsqu'il démontre au préalable avoir agi pour (C. pén., art. 122-6) :

– repousser, de **nuit**, l'entrée par effraction, violence ou ruse dans un lieu habité. Si cette disposition (C. pén., art. 329 devenu 122-6) « *vise tout bâtiment ou toute dépendance, quels qu'en soient l'usage et la nature, c'est à la condition toutefois que le bâtiment soit habité ou que la dépendance soit celle d'une maison habitée* » (Crim. 15 oct. 1980, n° 78-92.653, P n° 61 ; la présomption de légitime défense est ainsi écartée dans cette espèce où la personne s'était introduite de nuit dans une bergerie séparée par une route de la maison habitée) ;

– se défendre contre les auteurs de vols ou de pillage exécutés avec violence.

Il s'agit cependant d'une présomption simple, susceptible d'être combattue par le ministère public, et soumise, notamment quant aux exigences de simultanéité et de proportionnalité de la défense, à la libre appréciation du juge.

En effet « *il s'agit là d'une présomption légale qui, loin de présenter un caractère absolu et irréfutable, est susceptible de céder devant la preuve contraire ; que le texte dont s'agit ne saurait justifier des actes de violence lorsqu'il est démontré qu'ils ont été commis en dehors d'un cas de nécessité actuelle et en l'absence d'un danger grave et imminent dont le propriétaire ou les habitants de la maison aient pu se croire menacés dans leurs personnes ou dans leurs biens* » (Crim. 19 févr. 1959, n° 98-58., P n° 121 ; arrêt *Réminiac*, GA).

Le tribunal correctionnel ne peut relaxer le prévenu sur le fondement de C. pén., art. 122-5 « *qu'après avoir constaté que celui-ci avait commis les faits reprochés* » (C. pr. pén., art. 470-2).

E. Le cas particulier de l'usage des armes et moyens d'immobilisation des véhicules par les forces de sécurité

Les diverses hypothèses d'usage des armes ou de la contrainte exposées ci-dessous sont susceptibles de relever, selon les cas, tant de la situation de légitime défense de soi-même ou d'autrui (C. pén., art. 122-5) que du commandement ou de l'autorisation de la loi ou du commandement de l'autorité légitime (C. pén., art. 122-4) (v. n° **10.13C**).

1. La doctrine de la CEDH au regard de Conv. EDH, art. 2

La mort n'est pas considérée comme infligée en violation de Conv. EDH, art. 2-1 garantissant le droit de toute personne à la vie « *dans les cas où elle résulterait d'un recours à la force rendu absolument nécessaire :*

a). pour assurer la défense de toute personne contre la violence illégale ;

b). pour effectuer une arrestation régulière ou pour empêcher l'évasion d'une personne régulièrement détenue ;

c) pour réprimer, conformément à la loi, une émeute ou une insurrection » (Conv. EDH, art. 2-2).

Tout en soulignant que sa compétence se borne à déterminer la responsabilité de l'État au titre de la Convention et qu'il n'est pas dans ses attributions de rendre des décisions au titre de la responsabilité pénale individuelle dont l'appréciation relève des juridictions internes (§ 39), la CEDH rappelle que « *Eu égard à l'article 2 § 2 b)* [droit à la vie] *de la Convention, le but légitime d'effectuer une arrestation régulière ne peut justifier de mettre en danger des vies humaines qu'en cas de nécessité absolue. [...] il ne peut y avoir pareille nécessité lorsque l'on sait que la personne qui doit être arrêtée ne représente aucune menace pour la vie ou l'intégrité physique de quiconque et n'est pas soupçonnée d'avoir commis une infraction à caractère violent, même s'il peut en résulter une impossibilité d'arrêter le fugitif* » (§ 36). Si « *La Cour ne minimise pas le fait qu'en effectuant des manœuvres pour se dégager du barrage de la gendarmerie et prendre la fuite, le conducteur n'a pas hésité, à deux reprises, à rouler à vive allure en direction du gendarme [...], au mépris de la vie et de l'intégrité physique de ce dernier. Cette action révèle effectivement la dangerosité et la détermination du conducteur. Cependant, on ne saurait nécessairement assimiler les passagers du véhicule avec le conducteur, seul responsable de ces manœuvres dangereuses. En outre, la Cour observe qu'au moment où le gendarme a réussi à ouvrir le feu, sa vie ou celle de ses collègues n'était plus menacée et le véhicule était déjà en fuite. Il n'est pas allégué par ailleurs que la conduite du véhicule mettait alors directement en danger d'autres usagers de la route dans les circonstances de l'espèce* » (§ 47). « *la Cour ne considère pas que le niveau de la menace exigeait que le véhicule soit immédiatement arrêté par des coups de feu potentiellement mortels. Elle ne peut considérer, au moment du tir mortel, que le gendarme agissait avec la conviction honnête que sa propre vie et son intégrité physique, de même que la vie de ses collègues ou d'une autre personne, se trouvaient en péril* » (§ 48). La cour « *retient également que le risque pour la vie des passagers résultant de l'usage d'une arme à feu doit être considéré, en l'espèce, à la lumière tant de l'absence d'un danger immédiat posé par le conducteur que de l'absence d'urgence à arrêter la voiture* » et conclu que la mort d'un passager du véhicule consécutive aux tirs « *résulte d'un recours à la force qui n'était pas, en l'espèce, absolument nécessaire pour procéder à une arrestation régulière au sens de l'article 2 § 2 b) de la Convention* » (§ 50) (CEDH 7 juin 2018, *Toubache c/ France*, n° 19510/15).

En revanche la CEDH « *estime que le recours à la force par des agents de l'État pour atteindre l'un des objectifs énoncés au paragraphe 2 de l'article 2 (art. 2-2) de la Convention peut se justifier au regard de cette disposition (art. 2-2) lorsqu'il se fonde sur une conviction honnête considérée, pour de bonnes raisons, comme valable à l'époque des événements mais qui se révèle ensuite erronée. Affirmer le contraire imposerait à l'État et à ses agents chargés de l'application des lois une charge irréaliste qui risquerait de s'exercer aux dépens de leur vie et de celle d'autrui* » (§ 200) (CEDH, 27 sept. 1995, 18984/91, *McCann c/ Royaume-Uni*, § 200 ; dans le même sens : 9 oct. 1997, n° 25052/94, *Andronicou et Constantinou c/ Chypre*, § 192 ; 7 oct. 2019, n° 542/13, *Chebab c/ France*, § 83). En outre « *Eu égard à la difficulté de la mission de la police dans les sociétés contemporaines, à l'imprévisibilité du comportement humain et à l'inévitabilité de choix opérationnels en termes de priorités et de ressources, il y a lieu d'interpréter l'étendue de l'obligation positive pesant sur les autorités internes de manière à ne pas imposer à celles-ci un fardeau insupportable* » (§ 69) (CEDH, 20 déc. 2004, n° 50385/99, *Makaratzis c/ Grèce*) ; pour une application concluant à l'irrecevabilité de la requête pour absence manifeste de fondement : v. CEDH, 13 mai 2023, *Decoire c/ France*, n° 17949/22).

Enfin et au-delà de l'usage des armes, la CEDH rappelle que Conv. EDH, art. 3 qui prohibe les traitements inhumains et dégradants, exige que le recours à la force par les agents de la force publique soit « *proportionné et absolument nécessaire au vu des circonstances de l'espèce* » (§ 53), la Cour s'assurant « *qu'un juste équilibre entre les exigences de l'intérêt général de la société et la sauvegarde des intérêts fondamentaux de l'individu ont été respectés dans les circonstances de l'affaire* » (§ 57) (CEDH 30 avr. 2020, *Castellani c/ France*, n° 43207/16).

2. L'usage des armes (CSI, art. L. 435-1, L. n° 2017-248, 28 févr. 2017)

« *Dans l'exercice de leurs fonctions et revêtus de leur uniforme ou des insignes extérieurs et apparents de leur qualité, les agents de la police nationale et les militaires de la gendarmerie nationale peuvent, outre les cas mentionnés à l'article L. 211-9* [usage de la force, notamment armée, pour dissiper les attroupements après sommations], *faire usage de leurs armes en cas d'absolue nécessité et de manière strictement proportionnée :*

1° Lorsque des atteintes à la vie ou à l'intégrité physique sont portées contre eux ou contre autrui ou lorsque des personnes armées menacent leur vie ou leur intégrité physique ou celles d'autrui ;

2° Lorsque, après deux sommations faites à haute voix, ils ne peuvent défendre autrement les lieux qu'ils occupent ou les personnes qui leur sont confiées ;

3° Lorsque, immédiatement après deux sommations adressées à haute voix, ils ne peuvent contraindre à s'arrêter, autrement que par l'usage des armes, des personnes qui cherchent à échapper à leur garde ou à leurs investigations et qui sont susceptibles de perpétrer, dans leur fuite, des atteintes à leur vie ou à leur intégrité physique ou à celles d'autrui ;

4° Lorsqu'ils ne peuvent immobiliser, autrement que par l'usage des armes, des véhicules, embarcations ou autres moyens de transport, dont les conducteurs n'obtempèrent pas à l'ordre d'arrêt et dont les occupants sont susceptibles de perpétrer, dans leur fuite, des atteintes à leur vie ou à leur intégrité physique ou à celles d'autrui ;

5° Dans le but exclusif d'empêcher la réitération, dans un temps rapproché, d'un ou de plusieurs meurtres ou tentatives de meurtre venant d'être commis, lorsqu'ils ont des raisons réelles et objectives d'estimer que cette réitération est probable au regard des informations dont ils disposent au moment où ils font usage de leurs armes. » (hypothèse du « périple meurtrier », v. plus bas) CSI, art. L. 435-1, issu L. n° 2017-248, 28 févr. 2017.

Ces dispositions, qui définissent plus largement le cadre d'emploi de leur arme par les **forces de la police et de la gendarmerie nationale** (v. aussi C. défense, art. L. 2338-3), complètent et se substituent à celles intégrées au C. pén., art. 122-4-1, désormais abrogé, issu de L. n° 2016-731, 3 juin 2016. La QPC portant sur CSI, art. L. 435-1, est rejetée car cette diposition, « *en tant qu'elle prévoit une autorisation de la loi affectant la responsabilité pénale des agents de la police nationale et des militaires de la gendarmerie nationale résultant de l'usage de leurs armes dans l'exercice de leurs fonctions, énumère limitativement les circonstances dans lesquelles, aux conditions strictement circonscrites qu'elle fixe, cette cause d'irresponsabilité peut être retenue, et le fait en des termes* *suffisamment clairs et précis pour que son interprétation, qui entre dans l'office du juge pénal, puisse se faire sans risque d'arbitraire* » (Crim. 19 oct. 2021, n° 21-84.806, D).

« *Bien que le texte ne le précise pas expressément, il résulte, d'une part, de la forme grammaticale adoptée, soit le présent de l'indicatif, d'autre part, des travaux parlementaires, que, pour être justifié, l'usage de l'arme doit être réalisé dans le même temps que sont portées des atteintes ou proférées des menaces à la vie ou à l'intégrité physique des agents ou d'autrui* » (§ 16), une CHINS est donc fondée à considérer qu'un fonctionnaire de police, d'une part, « *ne pouvait invoquer le commandement de l'autorité légitime pour avoir fait usage de son arme contre une personne qui prenait la fuite, aucun élément ne permettant de conclure à l'implication de la victime dans les infractions commises dans les minutes qui précédaient, cette action dépassant dès lors la consigne d'interpeller les personnes troublant l'ordre public* » (§ 24), d'autre part, que son action « *n'entrait pas dans le cadre d'application de CSI, art. L. 435-1, les faits ayant été commis, alors que la personne visée prenait la fuite, en méconnaissance des principes de proportionnalité et d'absolue nécessité* » (§ 25) (Crim. 6 oct. 2021, n° 21-84.295, P).

En revanche, « *le policier, en présence d'un passager déterminé, comme le conducteur initial du véhicule, à échapper au contrôle, s'installant au poste de conduite et réalisant un démarrage en force au mépris de la sécurité de celui-ci placé devant le véhicule, n'avait d'autre choix, d'une part, que de procéder à l'interpellation pour faire cesser un périple routier qui mettait en danger la vie ou l'intégrité physique de lui-même et des usagers de la voie publique, d'autre part, que de recourir à l'usage de son arme de service dont l'exhibition n'avait eu jusqu'alors aucun effet dissuasif* » (Crim. 19 oct. 2021, n° 21-84.806, D).

Ces dispositions sont également applicables aux **agents des douanes**, lesquels « *peuvent faire usage de leurs armes dans les conditions prévues à l'article L. 435-1 du code de la sécurité intérieure.* » (C. douanes, art. 56 ; réd. L. n° 2017-248, 28 févr. 2017).

Dans **l'hypothèse du périple meurtrier**, (CSI, art. L. 435-1 5°) à la différence de la légitime défense qui exige la simultanéité de l'attaque et de la défense, c'est la probabilité de la réitération rapprochée d'un meurtre, matérialisée par les circonstances d'un meurtre ou d'une tentative qui vient d'être commis, qui légitime l'usage de son arme par un fonctionnaire des forces de sécurité pour empêcher son renouvellement.

La légitimité de son intervention s'apprécie au regard des informations dont il dispose au temps de l'action, quand bien même des circonstances découvertes postérieurement montrent que l'auteur n'avait pas l'intention ou n'était matériellement pas en mesure de réitérer son action.

Ce fait justificatif est réservé aux forces de l'ordre limitativement énumérées dans cet article, tout autre fonctionnaire, agent de service public ou particulier agissant dans les mêmes circonstances et aux mêmes fins ne pouvant être exonéré qu'au regard des conditions posées par les articles 122-5 et 122-7 du code pénal relatifs à la légitime défense et à l'état de nécessité.

Les **agents de police municipale** autorisés à porter une arme ne sont pour leur part autorisés à faire usage de leurs armes que « *Dans l'exercice de leurs fonctions et revêtus de leur uniforme ou des insignes extérieurs et apparents de leur qualité .../... en cas d'absolue nécessité et de manière strictement proportionnée, 1° lorsque des atteintes à la vie ou à l'intégrité physique sont portées contre eux ou contre autrui ou lorsque des personnes armées menacent leur vie ou leur intégrité physique ou celles d'autrui* » (CSI, art. L. 511-5-1, L. n° 2017-248, 28 févr. 2017, renvoyant partiellement aux dispositions de CSI, art. L. 435-1).

Les **militaires déployés sur réquisition légale sur le territoire national** (au titre de C. défense, art. L. 1321-1) pour les besoins de la défense et de la sécurité civiles peuvent faire usage de leurs armes dans les mêmes conditions que les agents de la police nationale et les militaires de la gendarmerie nationale (C. défense, art. L. 2338-3, réd. issue L. n° 2017-248, 28 févr. 2017 et L. n° 2021-646, 25 mai 2021, renvoyant au CSI, art. L. 435-1). Mentionnons que s'agissant des **opérations extérieures** « *N'est pas pénalement responsable le militaire qui, dans le respect des règles du droit international et dans le cadre d'une opération* *mobilisant des capacités militaires, se déroulant à l'extérieur du territoire français ou des eaux territoriales françaises, quels que soient son objet, sa durée ou son ampleur, y compris les actions numériques, la libération d'otages, l'évacuation de ressortissants ou la police en haute mer, exerce des mesures de coercition ou fait usage de la force armée, ou en donne l'ordre, lorsque cela est nécessaire à l'exercice de sa mission »* (C. défense, art. L. 4123-12).

Les **militaires chargés de la protection des installations militaires** peuvent faire usage de leurs armes dans les conditions prévues par CSI, art. L. 435-1, à l'exception du cas relatif à l'interruption du périple meurtrier (CSI, art. L. 435-1 5°, v. ci-dessus) (C. défense, art. L. 2338-3, réd. L. n° 2017-248, 28 févr. 2017). Dans le cas d'installation militaire « **hautement sensible** », « *outre les cas de légitime défense, n'est pas pénalement responsable le militaire qui déploie, après sommations, la force armée absolument nécessaire pour empêcher ou interrompre toute intrusion* [...] et *procéder à l'arrestation de l'auteur* » (C. défense, art. L. 4123-12, R. 2363-5 et R. 2363-6 pour les sommations).

Les **personnels de surveillance de l'administration pénitentiaire**, qui constituent l'une des forces de sécurité de l'État, peuvent faire usage d'une arme à feu en cas d'absolue nécessité et de manière strictement proportionnée, en cas de légitime défense, de tentative d'évasion ou de résistance par la violence ou par inertie physique aux ordres donnés ainsi que dans les cas prévus aux 1° et 2° de CSI, art. L. 435-1 (v. ci-dessus) (C. pénit., art. L. 227-1, anc[t] L. n° 2009-1436, 24 nov. 2009, art. 12).

3. L'usage du matériel d'immobilisation des moyens de transport (CSI, art. L. 214-2)

« *Les personnels de la police nationale et les militaires de la gendarmerie nationale revêtus de leurs uniformes ou des insignes extérieurs et apparents de leur qualité sont autorisés à faire usage de matériels appropriés pour immobiliser les moyens de transport dans les cas suivants :*

1° Lorsque le conducteur ne s'arrête pas à leurs sommations ;

— 2° Lorsque le comportement du conducteur ou de ses passagers est de nature à mettre délibérément en danger la vie d'autrui ou d'eux-mêmes ;

— 3° En cas de crime ou délit flagrant, lorsque l'immobilisation du véhicule apparaît nécessaire en raison du comportement du conducteur ou des conditions de fuite ». (CSI, art. L. 214-2, L. n° 2017-248, 28 févr. 2017).

Le matériel concerné (herses, hérissons, câbles) doit être conforme à des normes techniques définies par arrêté du ministre de l'Intérieur.

Jouissent des mêmes prérogatives les agents des douanes (C. douanes, art. 61, réd. L. n° 2017-248, 28 févr. 2017), les militaires déployés sur réquisition légale sur le territoire national au titre de C. défense, art. L. 1321-1 ou chargés de la protection des installations militaires (C. défense, art. L. 2338-3, réd. issue L. n° 2017-248, 28 févr. 2017 et L. n° 2021-646, 25 mai 2021), ainsi que les agents de police municipale, revêtus de leurs uniformes (CSI, art. L. 511-4-1, issu L. n° 2021-646, 25 mai 2021).

4. Le concours de qualification entre les atteintes volontaires et involontaires

Une CHINS qui exclut la prévention d'homicide volontaire au motif que les exigences légales de C. pén., art. 122-4 étaient réunies (commandement de la loi ou de l'autorité légitime) et justifiaient le jet intentionnel par un gendarme d'une grenade destinée à disperser des manifestants, même si ce militaire n'avait pas l'intention d'atteindre ces derniers, est fondée à écarter la qualification alternative « *d'homicide involontaire, le tir de grenade destinée impressionner les manifestants étant volontaire, quel que soit le mobile et quand bien même le mis en cause n'aurait pas voulu les conséquences qui en sont résultées* » (§ 25) (Crim. 23 mars 2021, n° 20-82.416, D).

11. L'enquête judiciaire et l'instruction préparatoire : la recherche des preuves de l'infraction

11.1 L'enquête judiciaire, l'enquête de police et l'information judiciaire

La loi n° 2004-204 du 9 mars 2004 a fondamentalement étendu, sous le contrôle du JLD et du tribunal, les prérogatives d'enquête du procureur de la République et celles, sous le contrôle et la direction de ce dernier, de la police judiciaire.

Pour assurer « la mise en état » des affaires pénales, le parquet dispose d'un ensemble abouti de prérogatives et d'actes, que l'on désignera ici sous l'appellation « d'enquête judiciaire » ou « d'enquête de police judiciaire », expressions employées au détour de quelques articles du code de procédure pénale (C. pr. pén., art. 55, 230-28 et 495). Ces expressions sont préférées à celle « *d'enquête de police* », qui est par nature et dans chacune de ses étapes principales réalisées sous le contrôle et les directives de l'autorité judiciaire (v. n° **11.8**).

Ces facultés récentes du procureur de la République, jointes aux pouvoirs traditionnels qui lui sont conférés en matière de direction de la police judiciaire, d'exercice des poursuites et de soutien de l'accusation, ont été des facteurs d'évolution des champs respectifs de « *l'enquête judiciaire* », conduite par le ministère public, et de « *l'information judiciaire* » ou « *instruction préparatoire* » menée par le juge d'instruction. Cette dernière branche du droit de la preuve en matière pénale poursuit le même objet, et partage désormais et pour une large part les principes et outils de l'enquête judiciaire. L'un et l'autre de ces cadres procéduraux, enquête judiciaire et instruction préparatoire, sont donc ici conjointement abordés à l'occasion de l'examen de chacun des actes contribuant à l'établissement de la preuve (ex. audition du témoin ou du suspect, réquisition à personne qualifiée et expertise, écoute téléphonique, géolocalisation, perquisition et saisie, commission rogatoire).

Les mesures de contrainte sur la personne avant jugement, garde à vue, mandats, contrôle judiciaire, détention provisoire et assignation à résidence sous surveillance électronique, qui partagent nombre d'aspects communs à l'enquête judiciaire, à l'instruction et aux autres modes d'engagement de l'action publique (ex. comparution immédiate, convocation par procès-verbal), font l'objet d'une approche également unitaire au chapitre **12**.

L'ouverture de l'information et son règlement, actes d'engagement de l'action publique et de saisine de la juridiction, sont pour leur part étudiés au chapitre **15** consacré aux modes de poursuite, à l'exception de la plainte avec constitution de partie civile devant le doyen des juges d'instruction examinée, avec la citation directe par la partie civile, au chapitre **16** consacré aux droits de la victime.

11.2 Le principe de formalisme de l'enquête judiciaire

A. Le principe de formalisme est inhérent aux finalités et aux nécessités du contrôle de l'enquête judiciaire

Hors les cas où la loi en dispose autrement, les infractions peuvent être établies par tout mode preuve (C. pr. pén., art. 427, v. n° **17.28**).

Pour autant, la « *police judiciaire* », expression qui désigne les autorités chargées « *de constater les infractions à la loi pénale, d'en rassembler les preuves et d'en rechercher les auteurs* » (C. pr.

pén., art. 14), ne peut librement recueillir la preuve des infractions. Elle doit en effet formaliser les actes d'investigation qui constitueront le dossier d'enquête. La formalisation des investigations par procès-verbal conditionne en outre l'interruption de la prescription de l'action publique (C. pénal, 9-2 2°, issu L. n° 2017-242, 27 févr. 2017, v. n° **17.23A2**).

L'enquête judiciaire est ainsi la somme des actes de procédure, accomplis par l'autorité compétente, tendant dans les formes légales à rassembler les preuves de l'infraction et à rechercher les auteurs.

Certains actes sont décrits ou évoqués dans le code de procédure pénale : contrôle d'identité, perquisition, saisie, garde à vue, écoute téléphonique, surveillance, géolocalisation en temps réel, réquisition judiciaire, examen technique, procès-verbal. D'autres ne sont que la déclinaison des **pouvoirs généraux d'enquête** confiés au personnel de police judiciaire qui est chargé « *de constater les infractions à la loi pénale, d'en rassembler les preuves et d'en rechercher les auteurs* » (C. pr. pén., art. 14), au procureur de la République qui, dirigeant à cette fin l'activité des OPJ ou APJ, « *procède ou fait procéder à tous les actes nécessaires à la recherche et à la poursuite des infractions à la loi pénale* » (C. pr. pén., art. 41), ou au juge d'instruction qui « *procède, conformément à la loi, à tous les actes d'information qu'il juge utiles à la manifestation de la vérité* » (C. pr. pén., art. 81). À titre d'exemple, la reconstitution, la confrontation et la présentation à suspect ne sont pas explicitement énoncés ou organisés par la loi ou ne sont traités que de manière incidente. Ainsi, la reconstitution et la « *séance d'identification des suspects* » (parade d'identification dite également « tapissage »), dont la pratique est aussi ancienne que courante, sont désormais nommées de manière incidente par C. pr. pén., art. 61-3 (réd. issue de L. n° 2016-731, 3 juin 2016) qui prévoit que l'avocat du suspect peut y assister (v. n° **12.26B**).

Progressivement, le code de procédure pénale étend, en particulier sous l'influence de l'évolution des techniques de surveillance secrète et de la jurisprudence européenne ou nationale, le nombre d'actes d'enquête relevant de conditions de fond et de forme précises : il en est ainsi des écoutes téléphoniques (v. n° **11.36**), de la géolocalisation (v. n° **11.46**) ou de la technique de l'*IMSI-Catcher* (v. n° **11.38**), qui font désormais l'objet de dispositions spéciales alors qu'elles n'étaient auparavant qu'une expression du pouvoir général d'investigation ou de réquisition confié à l'OPJ, au procureur de la République ou au juge d'instruction.

En toute hypothèse, le respect du formalisme de l'enquête judiciaire est sanctionné selon les règles des nullités de procédure décrites au n° **17.27**. En effet, le principe de formalisme est la condition *sine qua non* du contrôle des conditions de fond et de forme qu'il appartient à l'autorité judiciaire – composée des magistrats du siège et du ministère public – d'exercer sur la régularité des actes d'investigations au regard tant des attributions de sauvegarde des libertés individuelles qui lui sont confiées par l'article 66 de la Constitution, des principes généraux de la procédure pénale rappelés à l'article préliminaire du code de procédure pénale, ou notamment du C. pr. pén., art. 39-3 (L. n° 2016-731, 3 juin 2016) qui confie au parquet une mission de contrôle de la légalité et de la proportionnalité des actes d'investigations qu'il dirige ou de C. pr. pén., art. 81 qui impose au juge d'instruction de « *vérifier les éléments d'information* » recueillis sur commission rogatoire.

Il convient de souligner que ce principe de formalisme des actes d'investigation, comme condition de leur contrôle, est commun aux autorités de police judiciaire et aux autorités judiciaires, puisque ces dernières, qu'il s'agisse notamment du parquet, du JLD et du juge d'instruction, sont elles-mêmes soumises au contrôle de régularité de leurs actes, lequel est exercé par la juridiction de jugement, la chambre des appels correctionnels ou la chambre de l'instruction (CHINS), sous le contrôle de la C. cass.

B. Le principe de formalisme ne s'applique qu'aux autorités d'enquête

Au sens organique la police judiciaire comprend les officiers de police judiciaire (OPJ), les agents de police judiciaire (APJ) et les agents de police judiciaire adjoints, qui les secondent (sur les OPJ et APJ, v. n° **11.9** à **11.14**), ainsi que les fonctionnaires et agents auxquels la loi attribue certaines fonctions de police judiciaire (C. pr. pén., art. 15).

Sauf dérogation expresse, les OPJ et APJ disposent d'une **compétence générale** pour relever les infractions à la loi pénale, y compris celles relevant d'administrations spécialisées, au contraire de ces dernières, dont la compétence est strictement réduite aux infractions limitativement visées par le texte qui leur confie des prérogatives d'enquête (C. pr. pén., art. 15 et 28).

Pour leur mission de police judiciaire, ces autorités, et elles seules, jouissent de prérogatives de contrainte ou d'investigation qu'elles ne peuvent mettre en œuvre que dans les conditions prévues par la loi. Certains actes relèvent de la compétence des officiers de police judiciaire, d'autres peuvent aussi être accomplis par les agents de police judiciaire, les plus importants sont du ressort exclusif de l'autorité judiciaire, sous forme d'autorisations ou de décisions émanant du parquet, du JLD ou du juge d'instruction.

La règle du formalisme de l'enquête judiciaire ne concerne que les autorités susvisées. En effet, « *aucune disposition légale ne permet aux juges répressifs d'écarter les moyens de preuve produits par les parties au seul motif qu'ils auraient été obtenus de façon illicite ou déloyale ; qu'il leur appartient seulement, en application de C. pr. pén., art. 427, d'en apprécier la valeur probante* » (Crim. 15 juin 1993, n° 92-82.509, P n° 210) « *après les avoir soumis à la discussion contradictoire* » (Crim. 11 juin 2002, n° 01-85.559, P n° 482 – Crim. 6 avr. 1994, n° 93-82.717, P n° 136) (sur ce point, v. n° **10.6C**).

11.3 La formalisation des actes d'investigation : le procès-verbal

A. L'exigence de formalisation par procès-verbal et les principes communs

1. Les règles directrices du procès-verbal

Les textes applicables à chaque catégorie d'acte d'enquête (placement en garde à vue, perquisition, géolocalisation, etc.) énoncent souvent la nécessité d'établir un procès-verbal ainsi que les mentions qui doivent y figurer.

Dans tous les cas, lorsque les textes subordonnent la réalisation d'un acte à l'existence d'une condition de fond précise (ex. condition horaire pour une perquisition domiciliaire, indices apparents d'un comportement délictueux pour un contrôle d'identité), les renseignements relatifs à cette condition devront être explicitement rapportés par le procès-verbal ou s'induire sans ambiguïté de sa rédaction. Ces mentions constitueront le matériau du contrôle de régularité effectué par l'autorité judiciaire.

Au-delà des prescriptions particulières, implicites ou explicites, inhérentes à chaque catégorie d'acte d'enquête, des dispositions générales s'appliquent : « *Tout procès-verbal ou rapport n'a de valeur probante que s'il est régulier en la forme, si son auteur a agi dans l'exercice de ses fonctions et a rapporté sur une matière de sa compétence ce qu'il a vu, entendu ou constaté personnellement.* » (C. pr. pén., art. 429) (sur la force probante des procès-verbaux, v. n^{os} **17.28C** et **17.28D**).

Même si cette exigence ne figure pas dans une disposition de portée générale, la signature de l'auteur du procès-verbal est une condition de l'appréciation de sa conformité aux dispositions ci-dessus ou de sa force probante. Il est ainsi prévu qu'en matière d'enquête de flagrance, les procès-verbaux dressés par l'OPJ relatant les investigations principales sont « *signés par lui sur chaque feuillet du procès-verbal* » (C. pr. pén., art. 66).

Il est aussi indiqué que dans tous les actes mentionnés au code de procédure pénale, notamment les « *actes d'enquête* » **la signature** peut revêtir un format numérique ou électronique (C. pr. pén., art. 801-1, R. 249-9 s., A. 53-2 s., sur le procès-verbal électronique pour les contraventions et les délits forfaitisés, v. n° **11.5C**).

De même, « *les procès-verbaux doivent énoncer la qualité d'officier de police judiciaire de leur rédacteur* » (C. pr. pén., art. 19) et les OPJ « *doivent énoncer leur nom et leur qualité dans tous les procès-verbaux qu'ils établissent en matière de police judiciaire* » (C. pr. pén., art. D. 9). Dans le cadre de l'exécution d'une commission rogatoire « *chaque procès-verbal doit mentionner le nom et la qualité de l'OPJ qui a opéré personnellement, à l'exclusion de tout autre.* » (C. pr. pén., art. D. 10).

Les dispositions concernant les APJ ne renvoient pas à ces mêmes conditions (C. pr. pén., art. D. 13 s.). Mais ces derniers, qu'ils agissent d'office ou qu'ils secondent un OPJ, ne sont pas affranchis des exigences générales de C. pr. pén., art. 429 qui impose en effet que l'on puisse déterminer quel agent a établi le procès-verbal et dans l'exercice de quelle fonction ou compétence il a agi.

Il est jugé que « *la mention sur le procès-verbal d'audition de ce que les agents de contrôle auteurs de ce procès-verbal sont agréés et assermentés ne faisant pas foi jusqu'à preuve contraire, il appartient à la cour d'appel, lorsque cela lui est demandé, de rechercher si les agents avaient été régulièrement agréés et assermentés* » (§ 11) (Crim. 17 mai 2023, n° 22-85.462, P).

2. La préservation de l'anonymat de l'enquêteur

Par dérogation aux dispositions précitées qui imposent au rédacteur du procès-verbal de s'identifier, et en complément des dispositions autorisant les enquêteurs spécialisés à conserver l'**anonymat** en matière de terrorisme (v. n° **23.23C8**, C. pr. pén., art. 706-24) ou à utiliser une **identité d'emprunt** en matière d'infiltration (v. n° **11.33C2**, C. pr. pén., art. 706-84, C. douanes, art. 67 *bis* V), il est à souligner que dans l'exercice de ses fonctions, tout agent de la police nationale, de la gendarmerie nationale ou des douanes (C. douanes, art. 55 *bis*), peut être autorisé par décision motivée prise par un responsable hiérarchique d'un niveau suffisant, selon des modalités fixées par décret en Conseil d'État (D. n° 2018-218 et D. n° 2018-219, 30 mars 2018, C. pr. pén., art. R. 2.18 s. et D. 8-3 s.), à être identifié « *par un numéro d'immatriculation administrative, sa qualité et son service ou unité d'affectation* » dans les actes de procédure « *qu'il établit* » ou « *dans lesquels il intervient* » (L. n° 2019-222, 23 mars 2019), « *lorsque la révélation de son identité est susceptible, compte tenu des conditions d'exercice de sa mission ou de la nature des faits qu'il est habituellement amené à constater, de mettre en danger sa vie ou son intégrité physique ou celles de ses proches* » (C. pr. pén., art. 15-4, issu L. n° 2017-258, 28 févr. 2017).

Le Cons. const., saisi de la constitutionnalité de la modification marginale apportée au C. pr. pén., art. 15-4, par L. n° 2019-222, 23 mars 2019, a analysé et validé le dispositif dans son ensemble (Cons. const. 21 mars 2019, n° 2019-778 DC, § 129 à 132).

Lorsqu'il est fait usage de ces dispositions, il a tout d'abord été jugé qu'aucun texte ne prévoit que la juridiction, saisie en l'espèce de conclusions de nullité du procès-verbal, « *soit tenue de vérifier si le recours à la procédure prévue à l'article 15-4 précité se justifie ni de faire état de l'autorisation délivrée à l'agent* » (Crim. 7 janv. 2020, n° 19-84.246, P). Dans une affaire où des agents des douanes victimes de faits de rébellion avaient été entendus sous couvert de leurs matricules et se constituaient parties civiles, il est désormais énoncé que « *l'octroi, à un agent, par l'autorité hiérarchique dont il relève, de la protection de l'anonymat dans les actes de procédure auxquels il contribue, revêt un caractère exceptionnel et obéit à des conditions limitativement énumérées par C. pr. pén., art. 15-4* » (§ 13) et qu'« *il appartient au juge pénal, lorsqu'il est saisi d'une contestation portant sur la régularité de cette procédure, de vérifier si les conditions de sa mise en œuvre étaient réunies* » (§ 12) (Crim. 22 juin 2021, n° 20-84.513, D).

La révélation de tout élément permettant l'identification de l'agent est incriminé par C. pr. pén., art. 15-4 (v. n° **35.31**).

Par ailleurs, les OPJ et APJ qui reçoivent une plainte par procès-verbal « *peuvent s'identifier dans ce procès-verbal par leur numéro d'immatriculation administrative* » (C. pr. pén., art. 15-3, mod. par L. n° 2019-222, 23 mars 2019). « *Cette possibilité, qui est laissée à la seule appréciation de l'enquêteur, est ainsi distincte de celle prévue par l'article 15-4 de ce code, qui exige une autorisation préalable – valable pour certaines procédures – d'un responsable hiérarchique. Même si la loi ne le précise pas, elle s'applique également si nécessaire aux récépissés de plainte remis à la victime* » (Circ. Crim. 2019-8/H3, 5 avr. 2019, JUSD1910288C, n° 2.1) (sur le dépôt de plainte, v. n° **16.1B**).

3. Le délai d'établissement du procès-verbal et sa transmission

En matière de flagrance, les procès-verbaux dressés par l'OPJ sont « *rédigés sur le champ* » ou, selon la modification apportée par L. n° 2019-222, 23 mars 2019 « *dès que possible* » (C. pr. pén., art. 66), « *ce qui consacre les pratiques existantes* » car « *la C. cass. considère que ces prescriptions ne sont pas édictées à peine de nullité* » (Circ. Crim. 2019-8/H3, 5 avr. 2019, JUSD1910288C, n° 2.3).

Les procès-verbaux sont transmis en original et en copie au procureur de la République (C. pr. pén., art. 19). La L. n° 2016-731, 3 juin 2016, a **supprimé l'exigence de certification conforme** de la copie. Le procureur de la République peut aussi autoriser que les procès-verbaux, actes et documents lui soient transmis **sous forme électronique** (C. pr. pén., art. 19, réd. L. n° 2016-731, 3 juin 2016).

Mentionnons qu'en cas de **perte des procès-verbaux de l'enquête**, au-delà des indications contenues dans C. pr. pén., art. 648 et suivants dont la portée pratique est limitée aux disparitions de minutes de décisions, la Ch. crim. admet qu'aucune nullité ne résulte du fait que des « *procès-verbaux d'enquête [...] disparus ont été rétablis au dossier de la procédure par la production de leurs copies certifiées conformes* » (Crim. 5 sept. 2018, n° 16-87.180, P n° 148).

B. Le formalisme et les modalités des interrogatoires et auditions

S'agissant de l'audition des personnes, « *L'officier de police judiciaire dresse un procès-verbal de leurs déclarations. Les personnes entendues procèdent elles-mêmes à sa lecture, peuvent y faire consigner leurs observations et y apposent leur signature. Si elles déclarent ne savoir lire, lecture leur en est faite par l'officier de police judiciaire préalablement à la signature. Au cas de refus de signer le procès-verbal, mention en est faite sur celui-ci* » (C. pr. pén., art. 61).

Il est également exigé, qu'il s'agisse de l'enquête préliminaire ou de flagrance ou de l'exécution d'une commission rogatoire, que « *Tout procès-verbal d'interrogatoire ou d'audition doit comporter les questions auxquelles il est répondu* » (C. pr. pén., art. 429). « *La rédaction des procès-verbaux d'interrogatoire et de confrontation doit notamment respecter les dispositions de l'alinéa 2 de l'article 429 du code de procédure pénale selon lesquelles "tout procès-verbal d'interrogatoire ou d'audition doit comporter les questions auxquelles il est répondu", même si la chambre criminelle de la C. cass. a considéré que ces dispositions ne sont pas prescrites à peine de nullité (Crim. 21 sept. 2005 ; 27 mai 2008).* » (Circ. Crim. 2011-13/E6, 23 mai 2011, NOR : JUSD1113979C, n° III. 4).

Des dispositions relatives à l'audition des témoins par le juge d'instruction apportent aussi plusieurs repères relatifs à la qualité de la tenue d'un procès-verbal d'audition : « *Chaque page des procès-verbaux est signée du juge, du greffier et du témoin. Ce dernier est alors invité à relire sa déposition telle qu'elle vient d'être transcrite, puis à la signer s'il déclare y persister. Si le témoin ne sait pas lire, lecture lui en est faite par le greffier. Si le témoin ne veut ou ne peut signer, mention en est portée sur le procès-verbal. Chaque page est également signée par l'interprète s'il y a lieu* » (C. pr. pén., art. 106).

« *Les procès-verbaux ne peuvent comporter aucun interligne. Les ratures et les renvois sont approuvés par le juge d'instruction, le greffier et le témoin et, s'il y a lieu, par l'interprète. À défaut d'approbation, ces ratures et ces renvois sont non avenus. Il en est de même du procès-verbal qui n'est pas régulièrement signé* ». (C. pr. pén., art. 106).

Selon C. pr. pén., art. 706-71, lorsque les nécessités de l'enquête ou de l'instruction le justifient, l'audition ou l'interrogatoire d'une personne ainsi que la confrontation entre plusieurs personnes peuvent être effectués entre plusieurs points du territoire se trouvant reliés par des moyens de télécommunications garantissant la confidentialité de la transmission (téléphone, visioconférence, etc.). L'opération est décidée par le procureur de la République (C. pr. pén., art. R. 53-34) ou par le juge d'instruction après avis du parquet (C. pr. pén., art. R. 53-35). Le procureur de la République compétent sur l'un des points où s'opère l'opération est préalablement informé (C. pr. pén., art. R. 53-36).

Il est alors dressé, dans chacun des lieux (lieu d'émission et de réception), un procès-verbal des opérations qui y sont effectuées (C. pr. pén., art. R. 53-37). Tout incident technique ayant perturbé la transmission doit être mentionné dans les procès-verbaux (C. pr. pén., art. R. 53-38). S'il apparaît des différences dans les retranscriptions des déclarations d'une même personne, seul fait foi le procès-verbal signé par l'intéressé (c'est-à-dire celui établi au point où il se trouve physiquement) (C. pr. pén., art. R. 53-37).

Ces auditions ou interrogatoires peuvent faire l'objet d'un enregistrement audiovisuel ou sonore selon les modalités déterminées par C. pr. pén., art. 706-52 (réquisition à personne qualifiée pour procéder à cet enregistrement, placement sous scellé fermé de l'original de l'enregistrement et versement d'une copie au dossier pour faciliter sa consultation).

C. La plainte dématérialisée

1. La plainte en ligne (C. pr. pén., art. 15-3-1) et la pré-plainte en ligne (D. n° 2018-388, 24 mai 2018)

• **La plainte en ligne.** Les dispositions qui précèdent sont complétées par celles, issues de L. n° 2019-222, 23 mars 2019, relatives à la « *plainte par voie électronique* » sur la plateforme THESEE, dont l'option, qui n'est pas obligatoire pour la victime, lui est offerte pour les infractions dont la liste est fixée par arrêté du ministre de la justice (C. pr. pén., art. 15-3-1 et D. 8-2-1).

Cette liste d'infractions, fixée au C. pr. pén., art. A1er (issu Arr. 26 juin 2020, NOR : INTC2005545A), se limite en l'état aux escroqueries, au chantage, et à l'extorsion connexe à une infraction d'entrave ou d'accès frauduleux à un STAD, que l'auteur de l'infraction soit connu ou non. Ces infractions relèvent de la compétence du tribunal judiciaire de Paris (C pr. pén., art. D. 8-2-10, v. n° **17.16G**).

La plainte en ligne donne lieu à l'établissement d'un « *procès-verbal de réception de plainte* » établi « *sous format numérique* » selon les modalités fixées par C. pr. pén., art. 801-1, sans préjudice d'une audition par les enquêteurs si la nature ou la gravité des faits le justifie. Comme l'acte d'enquête établi sur support papier, le procès-verbal de réception de plainte sous format numérique interrompt la prescription de l'action publique, selon les précisions apportées au n° **17.23A2**.

Les écrans d'accueil informent la victime de ses droits énumérés au C. pr. pén., art. 10-2 (C. pr. pén., art. D. 8-2-3) (sur les droits notifiés à la victime, v. n° **16.1B2**).

Conformément aux exigences de C. pr. pén., art. 15-3 (v. n° **16.1B1**), le procès-verbal de réception de plainte, ainsi que le récépissé de dépôt de plainte, sont mis à disposition de la victime sous un format imprimable (C. pr. pén., art. D. 8-2-7 et D. 8-2-9).

Mentionnons qu'à la condition d'avoir fait l'objet d'une **plainte en ligne** et d'avoir été **commis en ligne**, les faits de **harcèlement et de chantage sexuel** prévus par C. pén., art. 222-33 (v. n° **20.87**), et de **harcèlement moral** prévus par C. pén., art. 222-33-2-2 (v. n° **20.92**), lorsqu'ils sont aggravés par une dimension raciste ou sexiste, relèvent de la compétence concurrente du TJ de Paris (C. pr. pén., art. 15-3-3 et D. 8-2-10), selon les précisions apportées au n° **17.16G**. Ces dispositions seront effectives lorsque les infractions concernées seront comprises dans la liste des infractions pour lesquelles la plainte en ligne est autorisée, fixée par C. pr. pén., art. A 1er.

• **La pré-plainte en ligne.** La plainte en ligne, dont les conditions et le domaine sont fixés par le C. pr. pén., est distincte du téléservice offert par le ministère de l'intérieur de « *pré-plainte en ligne* », organisé par le D. n° 2018-388, 24 mai 2018 (se substituant au précédent dispositif organisé par le D. n° 2008-1109, 29 oct. 2008), qui permet à la victime d'effectuer une déclaration en ligne **contre un auteur inconnu** en matière d'atteintes aux biens, de contenus haineux ou de discrimination, en vue d'un dépôt de plainte qui sera matériellement reçu par une unité de police ou de gendarmerie dans les formes courantes.

2. La plainte par un moyen de communication audiovisuelle (C. pr. pén., art. 15-3-1-1, issu L. n° 2023-22, 24 janv. 2023)

Sauf si elle refuse ce mode qui ne peut lui être imposé, « *toute victime d'une infraction pénale peut déposer plainte et voir recueillir sa déposition par les services ou unités de police judiciaire par un moyen de télécommunication audiovisuelle garantissant la confidentialité de la transmission* » (C. pr. pén., art. 15-3-1-1, issu L. n° 2023-22, 24 janv. 2023). La victime est avisée des droits énumérés au C. pr. pén., art. 10-2 (sur les droits notifiés à la victime, v. n° **16.1B2**).

La plainte audiovisuelle, dont le domaine d'application est précisé par décret, ne dispense pas les enquêteurs de procéder à une nouvelle audition sans recourir à un moyen de télécommunication si la nature et la gravité des faits le justifient.

Le procès-verbal de réception de plainte ainsi que le récépissé de plainte sont remis à la victime selon les modalités prévues pour la plainte en ligne (v. **C1** ci-desssus, C. pr. pén., art. 15-3, D. 8-2-7 et D. 8-2-9).

D. La procédure pénale numérique (PPN)

1. Les dispositions antérieures à L. n° 2019-222, 23 mars 2019 : la signature électronique ou numérique des procès-verbaux

Avant la L. n° 2019-222, 23 mars 2019 modifiant C. pr. pén., art. 801-1 et créant le dossier de procédure numérique, tous les actes prévus par le C. pr. pén., qu'il s'agisse d'actes d'enquête ou d'instruction ou de décisions juridictionnelles, pouvaient être revêtus d'une signature numérique ou électronique par les personnes concourant à la procédure et les avocats (C. pr. pén., art. 801-1 et R. 249-9), selon des modalités précisées aux articles R. 249-10 à R. 249-12, abrogés par le D. n° 2020-128, 18 févr. 2020. La **signature numérique**, qui est une signature manuscrite réalisée sur un écran tactile et conservée sur une forme numérique dans un procès-verbal électronique, est plus spécialement destinée aux non professionnels (témoin, suspect, etc.). Elle est à distinguer de la **signature électronique** dont peuvent disposer les personnes concourant à la procédure comme les enquêteurs, magistrats, greffiers ou avocats, authentifiée par un dispositif technique comme celui du « tiers digne de confiance » ou de la « *blockchain* ».

2. Le dossier pénal numérique issu L. n° 2019-222, 23 mars 2019 (C. pr. pén., art. 801-1, R. 249-9 s., D. 589 s)

Tous les actes mentionnés au C. pr. pén., actes d'enquête ou d'instruction, décisions juridictionnelles ou toute autre pièce de la procédure, peuvent désormais être établis ou convertis sous format numérique et le dossier de la procédure peut être intégralement conservé sous format numérique, dans des conditions sécurisées, sans nécessité d'un support papier.

Les actes numériques soumis à l'obligation de signature font l'objet, quel qu'en soit le nombre de pages et pour chaque signataire, d'une signature unique sous forme numérique, selon des modalités techniques qui garantissent que l'acte ne peut plus ensuite être modifié. Ces actes n'ont pas à être revêtus d'un sceau.

Le dossier pénal numérique supprime la distinction entre pièce originale et copie ainsi que la certification conforme. Les documents, contenus multimédia ou données peuvent être versés au dossier numérique et échappent alors aux règles du placement sous scellés.

C. pr. pén., art. D. 589 s. (issus D. n° 2019-507, 24 mai 2019), C. pr. pén., art. A. 53-2 s. (issus A. 6 sept. 2019 (*JO*, 12 sept. 2019) précisent les modalités d'application de C. pr. pén., art. 801-1. C. pr. pén., art. R. 249-9 s. (issus D n° 2020-767, 23 juin 2020, pris après avis de la CNIL) encadrent le traitement automatisé de données à caractère personnel dénommé « *dossier pénal numérique* » que la mise en œuvre de la procédure pénale numérique nécessite.

Des dispositions comparables, empruntant au cadre posé par C. pr. pén., art. 801-1, sont instituées pour l'enquête douanière (C. douanes art. 322, issu L. n° 2023-610, 18 juill. 2023).

11.4 L'enregistrement audiovisuel conditionne la régularité et la force probante de certains procès-verbaux d'audition

A. L'obligation d'enregistrement de l'audition du gardé à vue ou du mis en examen pour crime (C. pr. pén., art. 64-1 et 116-1)

« *Les auditions des personnes placées en garde à vue pour crime réalisées dans les locaux d'un service ou d'une unité de police ou de gendarmerie exerçant une mission de police judiciaire font l'objet d'un enregistrement audiovisuel* » (C. pr. pén., art. 64-1).

Dans la continuité de ces dispositions « *En matière criminelle, les interrogatoires des personnes mises en examen réalisées dans le cabinet du juge d'instruction, y compris l'interrogatoire de première comparution et les confrontations, font l'objet d'un enregistrement audiovisuel* » (C. pr. pén., art. 116-1).

« *aucune exigence constitutionnelle n'impose l'enregistrement des auditions ou des interrogatoires des personnes suspectées d'avoir commis un crime ; que, toutefois, en permettant de tels enregistrements, le législateur a entendu rendre possible, par la consultation de ces derniers, la vérification des propos retranscrits dans les procès-verbaux d'audition ou d'interrogatoire des personnes suspectées d'avoir commis un crime* » (§ 9) (Cons. const. 6 avr. 2012, n° 2012-228/229 QPC).

À la lettre des textes, ces exigences d'enregistrement ne s'appliquent pas lorsque l'interrogatoire est effectué en dehors des locaux de police ou de gendarmerie ou du cabinet du juge d'instruction, notamment à l'occasion d'une reconstitution, d'un transport sur les lieux, ou d'un interrogatoire en milieu hospitalier (Crim. 1er avr. 2009, n° 08-88.549, P n° 64). En revanche, l'enregistrement s'impose lorsque l'acte (en l'espèce confrontation) est effectué dans une salle d'audience du palais de justice (Crim. 13 mai 2015, n° 14-87.534, P n° 110).

Ces dispositions ne s'appliquent pas à la personne qui n'est pas mise en examen pour crime, même dans une procédure concernant des faits criminels (Crim. 13 oct. 2020, n° 20-81.199, P), solution transposable à la garde à vue. Elles ne sont pas non plus applicables au témoin assisté (lecture combinée de C. pr. pén., art. 113-3, 113-4 et 116-1, sur le témoin assisté, v. n° 11.77).

Lorsque le nombre de personnes gardées à vue ou de personnes mises en examen devant être interrogées, au cours de la même procédure ou de procédures distinctes, fait obstacle à l'enregistrement de toutes les auditions, le procureur de la République, par « *décision écrite versée au dossier* » (C. pr. pén., art. 64-1), ou le juge d'instruction (C. pr. pén., art. 116-1), décide au regard des nécessités des investigations, quelles auditions ne seront pas enregistrées.

« *Lorsque l'enregistrement ne peut être effectué en raison d'une impossibilité technique, il en est fait mention dans le procès-verbal* » d'audition ou d'interrogatoire « *qui précise la nature de cette impossibilité* » (C. pr. pén., art. 64-1 et 116-1). Dans le cadre de l'enquête préliminaire ou de flagrance, le procureur de la République, ou le juge d'instruction dans le cadre de l'information judiciaire (hypothèse d'une commission rogatoire), est immédiatement avisé de cette impossibilité (C. pr. pén., art. 64-1). Précisons que « *ne caractérisent pas l'impossibilité technique* » les motifs tirés de l'absence de dispositif d'enregistrement dans la salle d'audience pour une confrontation qui n'a pu se tenir dans le cabinet du juge d'instruction en raison du trop grand nombre de personnes entendues (Crim. 4 oct. 2016, n° 16-81.867, D).

Hors les dérogations ci-dessus prévues, l'omission de la formalité d'enregistrement entraîne la nullité du procès-verbal d'audition en ce qu'elle « *porte nécessairement atteinte aux intérêts de la personne concernée, que celle-ci ait déclaré vouloir faire des déclarations, répondre aux questions posées ou de se taire ; que l'absence d'enregistrement affecte nécessairement la régularité de l'intégralité de l'acte, même en ce qu'il porte pour partie sur des faits de nature délictuelle* » (Crim. 21 mars 2017, n° 16-84.877, NP ; dans le même sens : Crim. 22 juin 2016, n° 15-87.752, P n° 196 et Crim. 3 mars 2010, n° 09-87.924, P n° 47). Cette jurisprudence est susceptible d'évoluer, notamment lorsque l'audition a lieu en présence de l'avocat, à la lumière des dispositions interprétatives de l'Ord. n° 45-174, 2 févr. 1945, art. 4 VI (devenu CJPM, art. L. 413-12) mod. par L. n° 2019-222, 23 mars 2019, relatives à l'enregistrement de l'audition du mineur gardé à vue (v. **B** ci-après).

Lorsque la mention de l'enregistrement fait défaut sur le procès-verbal d'audition, la CHINS ne peut se borner, pour écarter le grief de nullité, à constater qu'un autre procès-verbal mentionne le placement sous scellé des auditions de l'intéressé ; il lui appartient en effet de s'assurer, au besoin par un supplément d'information, que l'audition concernée a fait l'objet d'un enregistrement audiovisuel (§ 27) (Crim. 25 oct. 2022, n° 22-81.466, P).

Mentionnons qu'en matière criminelle, les débats devant la cour d'assises font également l'objet d'un enregistrement, facultatif en première instance, obligatoire au stade de l'appel (C. pr. pén., art. 308, v. n° **17.13A4**).

L'enregistrement ne peut être consulté au cours de l'instruction ou devant la juridiction de jugement, qu'en cas de « *contestation du contenu du procès-verbal* » (C. pr. pén., art. 64-1) ou de « *contestation de la portée des déclarations recueillies* » (C. pr. pén., art. 116-1), « *à la demande du ministère public ou d'une des parties* » « *sur décision du juge d'instruction ou de la juridiction de jugement* » (C. pr. pén., art. 64-1 et 116-1).

« *Le caractère partiel, voire erroné, de la retranscription par procès-verbal des déclarations d'une personne gardée à vue dont les auditions ont été enregistrées en application de C. pr. pén., art. 64-1 n'est pas, en lui seul, une cause de nullité de ce procès-verbal, la personne mise en examen disposant, en application de ce même texte, de la faculté de solliciter une retranscription intégrale de ses déclarations dans un cadre contradictoire, en présence de son avocat le cas échéant, sous le contrôle du juge d'instruction et du greffier* » (Crim. 8 mars 2022, n° 21-84.524, P).

Soulignons que les dispositions de C. pr. pén., art. 64-1, al 2, « *ne prévoient pas que le juge d'instruction puisse donner mission à un expert de consulter les enregistrements audiovisuels effectués en application de ce texte, lesquels ont pour seul objet de garantir l'authenticité des déclarations qui ont été retranscrites au procès-verbal d'audition* » (§ 15), « *une telle consultation porte atteinte aux intérêts de la personne concernée lorsque les conclusions de l'expert s'appuient sur ces enregistrements* » (§ 16), la nullité n'est toutefois pas encourue, l'intéressé ayant renoncé à s'en prévaloir faute d'observations de sa part lors de la notification de l'ordonnance de commission d'expert (sur la notification de l'ordonnance d'expertise, C. pr. pén., art. 161-1, v. n° **11.50C2**) (Crim. 6 juin 2023, n° 22-86.466, P). Il peut sembler paradoxal au regard de C. pr. pén., art. 171 et 802 de considérer que la consultation de l'enregistrement d'une audition puisse en tant que telle porter atteinte aux intérêts de la personne entendue dès lors que l'opération d'enregistrement vise à garantir l'authenticité des déclarations et la fidélité de la transcription qui en est faite par procès-verbal. C'est aussi faire moindre cas du droit de la victime et du ministère public de tirer les conséquences des éléments de preuve recueillis dans l'enquête.

B. L'obligation d'enregistrement de l'audition du mineur placé en garde à vue ou en retenue (CJPM, art. L. 413-12)

Dans des termes comparables, l'enregistrement audiovisuel s'impose pour « *les interrogatoires des mineurs placés en garde à vue* », donc par hypothèse, et au-delà des seuls crimes, pour toute infraction passible d'emprisonnement (la garde à vue n'est possible que pour une infraction punie d'emprisonnement) (Ord. nº 45-174, 2 févr. 1945, art. 4 VI, devenu CJPM, art. L. 413-12). Depuis L. nº 2019-222, 23 mars 2019, en vigueur depuis le 1er juin 2019, l'obligation d'enregistrement s'applique également pour le mineur de 10 à moins de 13 ans placé en retenue (Ord. nº 45-174, 2 févr. 1945, art. 4 I, devenu CJPM, art. L. 413-12 ; sur les conditions de fond du placement en garde à vue ou en retenue du mineur suspect, v. nº **12.1A2**). Ces prescriptions figurent désormais au CJPM, art. L. 413-12.

La L. nº 2019-222, 23 mars 2019, en vigueur depuis le 1er juin 2019, limite désormais la portée du défaut d'enregistrement de l'audition du mineur en prévoyant « *qu'en l'absence d'enregistrement, que cette absence ait fait ou non l'objet d'une mention dans le procès-verbal et d'un avis au magistrat compétent, aucune condamnation ne peut être prononcée sur le seul fondement des déclarations du mineur si celles-ci sont contestées* », ce dont il faut conclure, en soulignant toutefois que le mineur gardé à vue ou retenu est obligatoirement assisté par un avocat (v. nº **12.21B3**), que le défaut d'enregistrement n'entraîne pas la nullité du procès-verbal d'audition du mineur mais limite seulement sa force probante (Ord. nº 45-174, 2 févr. 1945, art. 4 VI modifié, devenu CJPM, art. L. 413-12).

Les dispositions relatives à l'enregistrement audiovisuel obligatoire sont également applicables en cas de placement en retenue du mineur pour l'exécution d'un mandat d'amener ou d'arrêt (CJPM, art. L. 332-1, v. nº **12.7B2**).

C. L'enregistrement de l'audition du mineur victime d'infraction sexuelle ou de harcèlement (C. pr. pén., art. 706-52) (renvoi, v. nº 16.8C)

L'audition du mineur victime d'une infraction sexuelle fait obligatoirement l'objet d'un enregistrement (C. pr. pén., art. 706-52).

Depuis L. nº 2022-299, 2 mars 2022, visant à combattre le harcèlement scolaire, l'audition d'un mineur victime de faits de harcèlement moral (C. pén., art. 222-33-2-2, v. nº **20.92**) ou de harcèlement scolaire (C. pén., art. 222-33-2-3, infraction issue L. nº 2022-299, 2 mars 2022, v. nº **20.93**) « *peut faire l'objet d'un enregistrement audiovisuel* » « *dans les mêmes conditions* » (C. pr. pén., art. 706-52, mod. par L. nº 2022-299, 2 mars 2022).

Il est ici renvoyé aux développements du nº **16.8C**.

D. La gestion des enregistrements et la protection contre leur divulgation

Qu'il s'agisse de l'enregistrement effectué par les OPJ ou APJ d'une personne placée en garde à vue pour crime (C. pr. pén., art. 64-1), ou de l'interrogatoire d'une personne mise en examen pour crime effectué dans le cabinet du juge d'instruction (C. pr. pén., art. 116-1), *il est établi un enregistrement original placé sous scellé fermé. Une copie de cet enregistrement est versé au dossier. Cette copie peut être commune à l'ensemble des enregistrements effectués au cours de l'enquête ou d'instruction* (C. pr. pén., art. D. 15-6 et D. 32-2-2).

Ces dispositions sont également applicables à l'interrogatoire du mineur placé « *en retenue* » (réd. issue D. nº 2020-91, 6 févr. 2020) ou en garde à vue (C. pr. pén., art. D. 15-6), prescriptions désormais recodifiées pour les mineurs au CJPM, art. D. 413-4. Des dispositions comparables sont prévues pour l'audition du mineur victime d'infraction sexuelle (C. pr. pén., art. 706-52).

« *à l'expiration d'un délai de 5 ans à compter de l'extinction de l'action publique, l'enregistrement est détruit dans le délai d'un mois* » (C. pr. pén., art. 64-1, 116-1, Ord. nº 45-174, 2 févr. 1945, art. 4 VI, devenu CJPM, art. L. 413-15, C. pr. pén., art. 706-52), sur instruction du procureur de la République ou du procureur général (C. pr. pén., art. D. 15-6 et D. 32-2-2).

Par ailleurs, s'agissant de l'enregistrement effectué par les OPJ ou APJ d'une personne placée en garde à vue pour crime ou d'un mineur « *une copie.../... peut être conservée par le service ou l'unité de police judiciaire en charge de la procédure, qui peut la consulter pour les nécessités de ses investigations. Cette copie est détruite au plus tard ans un délai de 5 ans après le dernier acte de la procédure dressé par les enquêteurs* » (C. pr. pén., art. D. 15-6).

Dans tous les cas, le fait de diffuser l'enregistrement est puni d'un emprisonnement d'un an et de 15 000 € (v. n° **35.36**), outre les peines prévues en matière de violation du secret professionnel (v. n° **35.10**) ou de recel de cette infraction (v. n° **22.45**).

11.5 Les procès-verbaux simplifiés

A. Le procès-verbal simplifié pour les délits et contraventions et le constat simplifié des contraventions non forfaitisées

« *Lorsqu'ils agissent dans le cadre de l'enquête de flagrance [réd. issue de D. n° 2016-1202, 7 sept. 2016] ou l'enquête préliminaire, les OPJ peuvent relater dans un seul procès-verbal les opérations effectuées au cours de la même enquête. Si plusieurs OPJ concourent à une enquête, le nom de celui qui a personnellement accompli chacune des opérations doit être précisé* » (C. pr. pén., art. D. 11).

Ces dispositions relatives à la **procédure simplifiée** sont aussi applicables aux agents de police judiciaire énumérés à l'article 20 (C. pr. pén., art. D. 11).

« *La notion de procédure simplifiée désigne la pratique procédurale consistant à présenter, au sein d'un procès-verbal unique et prédéfini, l'ensemble des investigations (contrôle/interpellation, constatations, audition, signalisation) relatives à la commission d'une infraction et à mentionner éventuellement la réponse pénale qui y est apportée (rappel à la loi* [devenu « *avertissement pénal probatoire* », L. n° 2021-1729, 22 déc. 2021, v. n° **15.39B**], *destruction de l'objet ou de la substance illicite, etc.). Ce formalisme procédural allégé contribue à simplifier la tâche des enquêteurs en leur permettant de s'affranchir de l'exigence de rédaction d'autant de procès-verbaux distincts que d'actes de procédure réalisés* » (Circ. Crim-2016/19/E, 08.09.2016, JUS D 1625322 C, n° 1.1.a) présentation du D. n° 2016-1202, 7 sept. 2016). Les infractions susceptibles de se prêter à la rédaction d'une procédure simplifiée sont notamment le vol à l'étalage, la vente à la sauvette, le port, la détention et le transport d'arme de catégorie D, l'usage de produits stupéfiants (Circ. Crim-2016/19/E, 08.09.2016, JUS D 1625322 C, n° 1.1.b)).

« *Toutefois, le procureur de la République peut, par instructions particulières, demander aux OPJ d'établir des procès-verbaux séparés pour chacun des actes qu'ils sont appelés à faire* » (C. pr. pén., art. D. 11). « *Cela sera particulièrement pertinent dans le cadre des enquêtes criminelles ainsi que dans le cadre d'enquêtes délictuelles supposant des investigations techniquement complexes ou multiples afin d'assurer la lisibilité de la procédure (atteintes aux personnes, affaires économiques et financières, pluralité d'auteurs notamment)* ». (Circ. Crim-2016/19/E, 08.09.2016, JUS D 1625322 C, n° 1.1.b)).

La procédure simplifiée n'est pas applicable pour l'exécution d'une commission rogatoire. Dans ce cadre, « *les OPJ établissent des procès-verbaux séparés pour chacun des actes qu'ils sont appelés à faire* » (C. pr. pén., art. D. 11).

Les contraventions non forfaitisées (v. ci-dessous la procédure de constat de l'infraction forfaitisée), lorsqu'elles ont donné lieu à l'interpellation du contrevenant ou ont été relevées en sa présence, peuvent être constatées au moyen des formulaires simplifiées employés pour l'amende forfaitaire. Le procès-verbal de contravention comporte alors les déclarations du contrevenant indiquant s'il reconnaît ou ne reconnaît pas l'infraction, sa signature et celle de l'enquêteur. L'avis de contravention lui indique qu'il fera l'objet de poursuites ultérieures à l'initiative du ministère public (C. pr. pén., art. A. 37-29).

B. Le procès-verbal écrit de contravention forfaitisée

Les contraventions visées dans une liste fixée par décret en Conseil d'État peuvent faire l'objet d'une procédure d'amende forfaitaire dont le paiement éteint l'action publique (C. pr. pén., art. 529, sur l'amende forfaitaire contraventionnelle, v. n° **15.46**). S'agissant des contraventions des 4 premières classes, cette liste est établie par C. pr. pén., art. R. 48-1.

La contravention **est constatée** au moyen d'un formulaire simplifié normalisé (C. pr. pén., R. 49-1), dont le modèle est fixé par arrêté (C. pr. pén., art. A. 37 s.), avec une version adaptée pour le traitement des contraventions entraînant la perte de points du permis de conduire (C. pr. pén., art. A. 37-7).

Le formulaire simplifié est composé de trois parties : la première constitue le **« procès-verbal de contravention »** (C. pr. pén., art. A. 37-5) proprement dit, qui constitue la pièce de procédure par laquelle l'agent constate l'infraction ; la seconde, qui duplique les mentions essentielles de la première, est remise au contrevenant et constitue **« l'avis de contravention »** (C. pr. pén., art. A. 37-4) ; le troisième, qui lui est également remis, est la **« carte de paiement »** qui vaut titre de perception de l'amende (C. pr. pén., art. A. 37-3).

Le procès-verbal de constatation de l'infraction se résume « *aux mentions relatives au service verbalisateur, à la nature, au lieu et à la date de la contravention ainsi que les références des textes réprimant ladite contravention et, le cas échéant, sont précisés les éléments d'identification du véhicule et l'obligation de procéder à l'échange du permis de conduire* ». Il est complété de la signature et des « *déclarations du contrevenant indiquant s'il reconnaît ou ne reconnaît pas l'infraction* » (C. pr. pén., art. A. 37-4 et A. 37-5).

C. Les procès-verbaux électroniques pour les contraventions et délits forfaitisées

1. Le dispositif du procès-verbal électronique applicable aux contraventions et délits forfaitisées

Le procès-verbal de contravention ou de délit, pour les cas relevant de l'amende forfaitaire (sur l'amende forfaitaire contraventionnelle, v. n° **15.46**, délictuelle, v. n° **15.47**), peut également être dressé au moyen d'un appareil permettant l'établissement d'un **procès-verbal électronique**, qui est donc une modalité dématérialisée de la procédure d'amende forfaitaire dont il épouse le mécanisme et le domaine (C. pr. pén., art. R. 49-1 II, D. 45-3).

L'appareil électronique permet de dresser le procès-verbal de constatation de l'infraction en ayant recours à une signature électronique ou à une signature manuscrite de l'agent verbalisateur conservée sous forme numérique. Il peut être offert au contrevenant de **signer le procès-verbal avec un stylet** sur l'écran de l'appareil, qui lui présente un « *résumé non modifiable des informations concernant la contravention relevée à son encontre, informations dont il reconnaît ainsi avoir eu connaissance* ». **L'absence de signature ne constitue toutefois pas une cause de nullité** de la procédure (C. pr. pén., art. A. 37-19).

Aucun document n'est remis à ce stade au contrevenant et l'avis de contravention et la carte de paiement lui sont envoyés par le centre de traitement auquel le procès-verbal est télétransmis. (C. pr. pén., art. R. 49-1 et A. 37-19). Ce n'est qu'en cas de réclamation portée devant la juridiction compétente que le procès-verbal électronique est édité. L'édition reproduit alors la signature manuscrite de l'agent verbalisateur et, le cas échéant, du contrevenant, telles qu'elles ont été saisies et numérisées lors de la verbalisation (C. pr. pén., art. A. 37-20).

Lorsque le contrevenant accepte de payer sur le champ l'amende due, le procès-verbal affiche à l'écran les mentions nécessaires, notamment le fait qu'il ne conteste pas le procès-verbal et qu'il est informé du retrait de point consécutif au paiement (C. pr. pén., art. A. 37-27-2).

Pour l'application des dispositions relatives à l'amende forfaitaire délictuelle (v. n° **15.48**) ou contraventionnelle (v. n° **15.47**), le lieu du traitement automatisé des informations nominatives concernant les infractions constatées par un procès-verbal « *établi sous format numérique* » ~~revêtu d'une signature numérique ou électronique~~ (L. n° 2019-222, 23 mars 2019) est « *considéré comme le lieu de constatation de l'infraction* » (C. pr. pén., art. 495-22 et 530-6, L. n° 2016-1547, 18 nov. 2016, réd. issue L. n° 2019-222, 23 mars 2019).

2. Le procès-verbal électronique de l'infraction routière forfaitisée relevée par contrôle automatisé

Certaines infractions au code de la route peuvent être « *constatées sans interception du véhicule et à l'aide d'un système de contrôle automatisé enregistrant les données en numérique* » (dispositif dit du « *contrôle automatique* » (CA)) (C. route, art. **L. 130-9**, L. 322-1-1 (L n° 2016-1547, 18 nov. 2016), **R. 130-11**, C. pr. pén., art. 529-10 et **A. 37-13**). Toutes ces infractions appartiennent également à la liste de celles dont le titulaire de l'immatriculation est redevable pécuniairement (C. route, art. **L. 121-3** et **R. 121-6**) (voir la liste des infractions relevant du contrôle automatisé et de la redevablilité pécuniaire au n° **36.3A**).

Pour la mise en œuvre de ces dispositions, les services de police ou de gendarmerie peuvent mettre en place des dispositifs fixes ou mobiles de contrôle automatisé des données signalétiques des véhicules prenant la photographie de leurs occupants, en tous points appropriés du territoire (CSI, art. L. 233-1-1, L. n° 2016-1547, 18 nov. 2016). Les traitements mis en œuvre comportent la consultation du fichier des immatriculations et du fichier relatif à l'assurance des véhicules (CSI, art. L. 233-2, L. n° 2016-1547, 18 nov. 2016).

Les constatations effectuées par des appareils homologués, qui « *peuvent faire l'objet d'un procès-verbal revêtu d'une signature manuelle numérisée* », font foi jusqu'à preuve contraire (C. route, art. L. 130-9 et R. 130-11). Elles sont télétransmises au centre de traitement automatisé des infractions, qui est « *considéré comme le lieu de constatation de l'infraction* » pour l'application des dispositions relatives à l'amende forfaitaire (C. route, art. L. 130-9). Il en est de même pour les infractions constatées « *sous format numérique* » donnant lieu à la procédure d'amende forfaitaire délictuelle (C. pr. pén., art. 495-22, réd. issue L. n° 2019-222, 23 mars 2019).

Le procès-verbal ou le rapport de l'OPJ ou de l'APJ ou de l'agent verbalisateur faisant état du résultat du contrôle automatisé n'est dressé qu'en cas de réclamation du contrevenant. Il peut-être revêtu d'une signature manuelle numérisée (C. pr. pén., art. 529-11).

Le procès-verbal est dans ce cas matérialisé par les effectifs de police et de gendarmerie affectés au « *Centre de traitement automatisé de constatation des infractions routières* » (CACIR), service à compétence nationale implanté à Rennes (Ile-et-Vilaine), créé par le D. n° 2004-1086, 14 oct. 2004. Le procureur de la République de Rennes a seul qualité pour diriger l'activité de police judiciaire des OPJ et APJ de ce service et exercer l'action publique, directement ou par l'intermédiaire de l'OMP public agissant sous son autorité, notamment pour l'appréciation de la recevabilité des requêtes et des réclamations (Arr. 13 oct. 2004, NOR INTD0400770A, art. 2). Lorsqu'il est saisi d'une requête ou d'une réclamation d'un contrevenant à l'encontre d'une amende forfaitaire (sur ce point, v. n° **15.46C**), l'OMP du CACIR assure la transmission du dossier « *aux tribunaux et autorités judiciaires compétents* » (Arr. 13 oct. 2004, NOR INTD0400770A, art. 1 7°). Cette transmission interrompt la prescription de l'action publique (Crim. 10 janv. 2023, n° 22-84.007, D°).

3. Le rôle logistique de l'Agence nationale de traitement automatisé des infractions (ANTAI)

Pour les contraventions relevées par voie électronique (PVE) ou par le dispositif de contrôle automatisé (CA) des contraventions routières, ainsi que pour les amendes forfaitaires délictuelles établies par voie électronique ou dans le cadre du traitement automatisé des infractions (réd. issue D. n° 2017-1136, 5 juill. 2017 et D. n° 2019-725, 9 juill. 2019), l'Agence nationale de traitement automatisé des infractions (ANTAI), créée par D. n° 2011-348, 29 mars 2011, agit en qualité de prestataire de services de l'État, de collectivités territoriales ou de tout organisme public ou privé chargé d'une mission de service public, pour la maintenance et le développement des appareils de constatation et des applicatifs, le traitement automatisé des constatations qui lui sont télétransmises, l'expédition des avis d'amende forfaitaire ou le traitement du courrier des contrevenants ainsi que l'information de ces derniers. Sa mission exclusivement logistique, dont l'exécution repose notamment sur la conclusion de marchés publics auprès de sociétés de services informatiques, exclut la constatation des infractions, l'appréciation du bien-fondé de la réclamation, le recouvrement des amendes et l'exercice de l'action publique.

11.6 Le principe de loyauté et d'équité de l'enquête judiciaire

A. Les sources du principe de loyauté dans la recherche des preuves ou les actes de la procédure

Le principe de loyauté dans la recherche des preuves n'est pas explicitement énoncé dans la loi mais paraît trouver sa source dans le **principe d'équité de la procédure pénale** inscrit au C. pr. pén., art. préliminaire I. Sans être alors explicitement désigné, il trouve en tout cas sa source dans la jurisprudence de la Ch. crim. qui a jugé nulle l'opération ayant « *eu pour but et pour résultat d'éluder les dispositions légales et les règles générales de procédure que le juge d'instruction ou son délégué ne sauraient méconnaître sans compromettre les droits de la défense* » (Crim. 12 juin 1952, P n° 153, *Imbert*, GA), en censurant le procès-verbal par lequel l'OPJ délégataire d'une commission rogatoire transcrivait une conversation téléphonique entre un témoin, sollicité en vue de ce stratagème, et une personne suspectée de corruption, à l'insu de cette dernière et afin d'établir sa culpabilité.

Le Cons. const. s'est expressément rapporté au « *principe de loyauté dans l'administration de la preuve* », au respect duquel est chargée de veiller l'autorité judiciaire, pour valider la constitutionnalité de l'économie globale du dispositif d'assistance par un avocat de la personne placée en garde à vue (Cons. const. 18 nov. 2011, n° 2011-191 QPC, § 30, *JO* 19 nov., p. 19480 ; *Rec.* 544) (v. n° **12.19D**).

La C. cass se réfère expressément au « *principe de la loyauté des preuves* » (Crim. 27 févr. 1996, n° 95-81.366, P n° 93, Crim. 7 févr. 2007, n° 06-87.753, P n° 37), qu'elle rattache à Conv. EDH, art. 6, et à C. pr. pén., art. préliminaire (Crim. 7 janv. 2014, n° 13-85.246, *P n° 1*).

La CEDH l'énonce en ces termes : « *Si la recevabilité des preuves relève au premier chef des règles du droit interne, l'exigence générale d'équité des procédures pénales consacrée par l'article 6 (de la Convention européenne des droits de l'Homme) implique que l'intérêt public à lutter contre la criminalité ne peut justifier l'utilisation d'éléments recueillis à la suite d'une provocation policière* » (CEDH 22 juill. 2003, *Edwards et Lewis c/ Royaume-Uni*, § 49).

Enfin, « *Le ministère public exerce l'action publique.../...dans le respect du principe d'impartialité auquel il est tenu* » (C. pr. pén., art. 31, mod. par L. n° 2013-699, 25 juill. 2013). Cette obligation d'impartialité qui lui impose de veiller à la loyauté de l'enquête judiciaire dont il assure la direction est ainsi complétée : « *Dans le cadre de ses attributions de direction de la police judiciaire, le procureur de la République .../...veille à ce que les investigations tendent à la manifestation de la vérité et qu'elles soient accomplies à charge et à décharge, dans le respect des droits de la victime, du plaignant et de la personne suspectée* ». (C. pr. pén., art. 39-3 ; issu L. n° 2016-731, 3 juin 2016).

B. Les conséquences du principe de loyauté pour les actes de l'enquête judiciaire

1. La provocation à commettre l'infraction est prohibée pour l'enquêteur

La provocation policière est définie comme l'action par laquelle les enquêteurs « *ne se limitent pas à examiner d'une manière purement passive l'activité délictueuse, mais exercent sur la personne qui en fait l'objet une influence de nature à l'inciter à commettre une infraction qu'autrement elle n'aurait pas commise, pour en rendre possible la constatation* » (CEDH 5 févr. 1998, *Ramanauskas c/ Lituanie*, § 55, CEDH 9 juin 1998, *Teixeira de Castro c/ Portugal*, § 38, *Rec.* 1998-IV).

Pour dire qu'une opération d'infiltration menée sans fondement législatif n'avait pas porté atteinte aux droits de la défense, la CEDH relève qu'il « *était établi avec certitude que l'intention d'importer des stupéfiants préexistait à l'entrée en jeu de l'informateur et de l'agent infiltré. [...] que ces derniers n'avaient pas exercé de pressions indues allant au-delà de la création de la possibilité matérielle d'organiser le transport des stupéfiants, lequel aurait d'ailleurs pu être effectué sans l'intervention des services de police* » (§ 57), que la juridiction, pour entrer en voie de condamnation, « *s'est effectivement fondée sur les déclarations du requérant et celles, estimées concordantes, des autres prévenus et des témoins directement impliqués dans les faits et sans lien avec les autorités policières* » (§ 67), qu'ainsi, « *les refus des juridictions de jugement d'interroger l'informateur et l'agent infiltré reposaient* [...] *sur des motifs sérieux se basant sur des éléments objectifs et concrets* » (§ 69) en ce que « *l'audition de l'informateur ou de l'agent infiltré était parfaitement inutile pour la manifestation de la vérité* » (§ 69) et que « *la défense a bénéficié de garanties procédurales suffisantes pour que l'équité globale de la procédure dirigée contre le requérant soit assurée* » (§ 70) (CEDH, 23 oct. 2018, *Guerni c/ Belgique*, nº 19291/07).

Le recueil des preuves par l'infiltration n'est donc pas prohibé et, selon les règles de droit interne, peut être réalisé sans autorisation judiciaire dans le cas où l'opération se borne à une simple surveillance à l'insu de la personne (v. nº **11.31**).

L'infiltration requiert cependant une autorisation judiciaire *et/ou* une habilitation spéciale, et reste réservée à la grande criminalité (criminalité organisée, v. nº **11.33**, trafic de stupéfiants, v. nº **11.34**, cyber criminalité, v. nº **11.35**) si elle consiste pour l'agent à se faire passer pour un coauteur, un complice ou un receleur.

Ces opérations ne doivent en aucun cas déterminer la commission de l'infraction mais seulement permettre sa révélation. La nullité est ainsi encourue lorsque les fonctionnaires de police prêtent, de manière active, leur assistance à une provocation, organisée par le plaignant, ayant pour objet, non pas de constater un délit sur le point de se commettre, mais d'inciter un délinquant en puissance mais inactif, à commettre les faits (Crim. 27 févr. 1996, nº 95-81.366, P nº 93).

« *porte atteinte au droit à un procès équitable et au principe de loyauté des preuves le stratagème qui en vicie la recherche par un agent de la force publique* », ont ainsi été déclarées nulles, dans un premier temps, les opérations, qui ont conduit à l'interpellation des auteurs supposés d'un chantage à la « sextape », par lesquelles un OPJ, sur instruction du procureur de la République, a entretenu sous pseudonyme, quelquefois à son initiative, des conversations téléphoniques, dont certaines ont été interceptées, avec les suspects et s'est présenté auprès d'eux comme représentant la victime (Crim. 11 juill. 2017, nº 17-80.313, P nº 208). L'assemblée plénière s'est départie de cette première analyse en jugeant que « *les laps de temps plus ou moins longs qui se sont écoulés entre ces différents épisodes ne sauraient être assimilés à des désistements de la part des mis en cause, dès lors qu'il ressort clairement de la procédure que ces derniers avaient un plan très abouti pour parvenir à la remise des fonds. Il en déduit que le policier qui a tenu un rôle d'intermédiaire s'est inséré dans un processus infractionnel indivisible caractérisant une entreprise de chantage et n'a en aucune manière provoqué à la commission de l'infraction.* » (§ 29) ; « *Le stratagème employé par un agent de l'autorité publique pour la constatation d'une infraction ou l'identification de ses auteurs ne constitue pas en soi une atteinte au principe de loyauté de la preuve.* » (§ 34) ; « *Seul est proscrit le stratagème qui, par un contournement ou un détournement d'une règle de procédure, a pour objet ou pour effet de vicier la recherche de la preuve en portant atteinte à l'un des droits essentiels ou à l'une des garanties fondamentales de la personne suspectée ou poursuivie.* » (§ 35) (Cass., ass. plén., 9 déc. 2019, nº 18-86.767, P).

Sous couvert du même attendu de principe, est ainsi confirmée la CHINS qui conclue que « *l'action des services enquêteurs n'ayant consisté qu'à se greffer au plan élaboré par [la victime de faits de violences], l'opération de surveillance et le recueil des preuves qui s'en sont suivis ne sont nullement entachés de déloyauté* » (§ 14) (Crim. 25 févr. 2020, nº 19-84.529, D). Est ainsi affirmée la validité du stratagème policier lorsqu'il s'inscrit dans une démarche de recherche des preuves d'une infraction préexistante, sous les réserves énoncées notamment en **B3** (transcription des déclarations du suspect hors procès-verbal d'audition) et **B4** (détournement de procédure) ci-dessous. Ainsi « *ne porte pas atteinte, notamment, au principe de la loyauté des preuves et au droit à un procès équitable, le fait, pour un OPJ, compétent pour ce faire, préalablement informé, de façon spontanée, par un tiers, de la possible commission d'infractions, de contacter, à l'aide d'un numéro de téléphone diffusée par elle sur internet, la société mettant en vente un véhicule susceptible d'avoir été acquis en leasing à l'aide d'un dossier contenant des pièces falsifiées, et de se rendre au rendez-vous fixé par le commercial qui l'a rappelé à cette fin, sans prendre aucun engagement ni faire une quelconque autre demande* » (Crim. 12 sept. 2018, n° 17-87.498, D).

La prohibition de la provocation à l'infraction par un agent public a été rappelée dans une affaire où, sur dénonciation des autorités américaines, il était reproché à un internaute de s'être connecté, depuis la France, à un site de pédo pornographie créé et exploité par l'unité de criminalité informatique de New-York pour piéger (*entrapment*) les délinquants : « *porte atteinte au principe de loyauté des preuves et au droit à un procès équitable, la provocation à la commission d'une infraction par un agent public, fût-elle réalisée à l'étranger par un agent public étranger ou par son intermédiaire ; que la déloyauté d'un tel procédé rend irrecevables en justice les éléments de preuve ainsi obtenus* » (Crim. 7 févr. 2007, n° 06-87.753, P n° 37). La portée de cette jurisprudence est certes importante en ce qu'elle permet au juge national d'apprécier, au regard du principe général de loyauté des preuves, la validité d'actes d'enquête régulièrement accomplis à l'étranger. Mais s'agissant des actes de cyberinfiltration, son importance paraît relativisée par la loi n° 2007-297 du 5 mars 2007, qui a tout d'abord encadré cette pratique et limité cette dernière à certaines infractions (C. pr. pén., art. 706-35-1 et 706-47-3), puis par L. n° 2019-222, 23 mars 2019, applicable depuis le 1er juin 2019, qui l'a étendu à tous crimes ou délits punis d'une peine d'emprisonnement « *commis par la voie des communications électroniques* » (C. pr. pén., art. 230-46, L. n° 2019-222, 23 mars 2019, applicable depuis le 1er juin 2019) (v. n° **11.35**).

La Ch. crim. a admis la validité d'une enquête dont les premiers éléments de preuve (ayant conduit à la réalisation de perquisitions probantes en France) résultaient d'échanges de messages électroniques au sein d'un forum de discussion hébergé sur un site créé et administré par une autorité publique étrangère (en l'espèce le FBI), dédié aux échanges sur les techniques de fraude en matière de carte bancaire et permettant l'identification des adresses IP (*internet protocol*) des usagers. Pour valider ce dispositif de **forum d'infiltration**, la cour estime « *que le site de surveillance et d'enregistrement des messages échangés a seulement permis de rassembler les preuves de la commission de fraudes à la carte bancaire et d'en identifier les auteurs, aucun élément ne démontrant qu'il ait eu pour objet d'inciter les personnes qui l'ont consulté à passer à l'acte* » (Crim. 30 avr. 2014, n° 13-88.162, P n° 119).

2. La participation simulée de l'enquêteur à l'infraction

Il est considéré que la participation simulée d'un fonctionnaire de police à une action illicite ne vicie pas la procédure lorsqu'elle ne détermine pas la personne intéressée à commettre le délit, c'est ce qui différencie la **« provocation à la preuve »**, qui est admise (Crim. 23 nov. 1999, n° 99-82.658, P n° 269, v. également la jurisprudence citée ci-avant), de la « **provocation à l'infraction** », qui est prohibée (ex. Crim. 9 août 2006, n° 06-83.219, P n° 202).

Cette jurisprudence doit néanmoins être étudiée à la lumière des articles 706-81, 706-35-1 (devenu 230-46) et 706-47-3 (devenu 230-46) du C. pr. pén. depuis édictés, qui soumettent aux conditions et au formalisme de l'infiltration tout fait de surveillance consistant pour l'agent à se faire passer pour un coauteur, complice ou receleur, et qui semblent, de fait, réserver ces procédés aux seules infractions relevant de la criminalité organisée (v. n° **11.33**), du trafic de stupéfiants (livraison contrôlée, v. n° **11.34**), ou de la cybercriminalité (cyberinfiltration, v. n° **11.35**).

Il convient en tout cas de distinguer cette hypothèse de participation simulée de l'enquêteur à l'infraction de celle où il ne fait que surveiller la réalisation d'une infraction qui lui a été dénoncée par une personne privée qui s'offre de feindre d'y participer. Cette surveillance, qui pourra se dénouer par une interpellation en flagrant délit, ne déroge pas au principe de loyauté dès lors que le dénonciateur n'a en rien déterminé les faits délictueux et qu'il a seulement permis de les constater (Crim. 1er oct. 2003, n° 03-84.142, P n° 176 – Crim. 5 mars 2003, n° 02-85.710, NP).

Relevons que le recueil des preuves de l'infraction par un agent public jouant le rôle d'un « **client mystère** » est admis en matière de droit de consommation ou de contrôle des prix et de la concurrence. Ainsi, « *lorsque l'établissement de la preuve de l'infraction ou du manquement en dépend et qu'elle ne peut être établie autrement, les agents [de contrôle] peuvent différer le moment où ils déclinent leur qualité au plus tard jusqu'à la notification à la personne contrôlée de la constatation de l'infraction ou du manquement* » (C. com., art. L. 450-3-2 I, dispositions auxquelles renvoie également C. consom., art. L. 141-1). De même, « *pour le contrôle de la vente de biens et de la fourniture de services sur internet, les agents habilités peuvent faire usage d'une identité d'emprunt* » (C. consom., art. L. 512-16), il en est de même pour la vente de biens et services et les pratiques anticoncurrentielles (C. com., art. L. 450-3-2 II). La technique du « **client mystère** » est régulière quand elle est mise en œuvre « *sans provoquer l'infraction et sans contournement ni détournement de procédure ayant pour objet ou pour effet de vicier la recherche de la preuve en portant atteinte à l'un des droits essentiels ou à l'une des garanties fondamentales* » (§ 11) (Crim. 27 juin 2023, n° 22-83.338, P).

3. L'interdiction de transcrire hors procès-verbal d'audition les déclarations de la personne suspecte

Est nulle la transcription effectuée, contre le gré de l'intéressé, par un OPJ, des propos qui lui sont tenus officieusement, par une personne suspecte, car elle élude les règles de procédure et compromet les droits de la défense (Crim. 3 avr. 2007, n° 07-80.807, P n° 102) ; de même « *l'enregistrement effectué de manière clandestine, par un policier agissant dans l'exercice de ses fonctions, des propos qui lui sont tenus, fût-ce spontanément, par une personne suspecte, élude les règles de procédure et compromet les droits de la défense* » (Crim. 16 déc. 1997, n° 96-85.589, P n° 427). Position réaffirmé dans un cas où les enquêteurs avaient transcrits sur un procès-verbal de renseignement les confidences d'une personne mise en examen (qui ne pouvait dès lors plus être interrogée que par le juge d'instruction, son avocat présent ou dûment appelé) dont ils assuraient le transfèrement. Le procédé est contraire au droit à un procès équitable et aux droits de la défense car « *le recueil, dans ces conditions, des propos par lesquels le mis en examen s'incriminait lui-même, avait pour effet d'éluder les droits de la défense et que les OPJ auraient dû se borner, constatant la volonté du mis en examen de s'exprimer plus amplement sur les faits, à en faire rapport au juge d'instruction, seul habilité à procéder à un interrogatoire dans les formes légales* » (Crim. 5 mars 2013, n° 12-87.087, P n° 56). De même, est annulé le procès-verbal dressé par les enquêteurs relatant les déclarations spontanées, effectuées lors de son transfert après perquisition, par une personne qui avait demandé à être assistée par son avocat lors de ses auditions, « *dès lors qu'aucune raison impérieuse tenant aux circonstances de l'espèce n'autorisait les enquêteurs à recueillir les déclarations spontanées faites par la personne gardée à vue sur les faits, sans procéder à une audition dans le respect des règles légales l'autorisant à garder le silence et à être assistée par un avocat* » (Crim. 25 avr. 2017, n° 16-87.518, P n° 117).

« *au cours d'une mesure de garde à vue, le placement, durant les périodes de repos séparant les auditions, de deux personnes retenues dans des cellules contiguës préalablement sonorisées, de manière à susciter des échanges verbaux qui seraient enregistrés à leur insu pour être utilisés comme preuve, constitue un procédé déloyal d'enquête mettant en échec le droit de se taire et celui de ne pas s'incriminer soi-même et portant atteinte au droit à un procès équitable* » (Ass. plén., 6 mars 2015, n° 14-84.339, P n° 2 ; arrêt faisant suite à Crim. 7 janv. 2014, n° 13-85.246, P n° 1).

On retient de ces décisions que lorsque la personne se trouve sous la responsabilité des services d'enquête agissant dans le cadre d'une enquête judiciaire (audition d'un témoin, retenu ou non, audition libre ou garde à vue du suspect), le recueil de ses déclarations, en particulier des déclarations auto-incriminantes, ne peut prudemment s'opérer que dans le cadre strict de l'audition et des garanties qui entourent sa mise en œuvre. Hors de ce cadre, la preuve par les paroles auto-incriminantes reste admissible, à condition que ces dernières proviennent d'une mesure de surveillance secrète obéissant aux règles définies par la loi (interceptions téléphoniques, infiltrations ou infiltration électronique, sonorisation, etc.), ou d'un élément de preuve apporté par une personne privée. La jurisprudence valide également, sous certaines conditions, des preuves issues de sonorisations effectuées dans un parloir d'établissement pénitentiaire (v. n° **11.42C**).

Toutefois, dans une affaire où les gendarmes se sont rapprochés explicitement, sans artifice ni stratagème, d'une personne afin de recueillir des renseignements sur une infraction, la validité de la consignation de cet échange sur un procès-verbal non signé de l'intéressé, aux termes duquel ce dernier expliquait avoir été complice des faits et désignait les auteurs, est admise car « *ne constitue pas un stratagème, le fait pour des gendarmes de consigner dans un tel procès-verbal des propos qui n'ont pas été recueillis contre le gré de l'intéressé ou à son insu* » (Crim. 7 janv. 2020, n° 19-84.246, P). De même, il est jugé que l'échange « *informel et spontané* » entre le suspect et un autre OPJ chargé de sa suveillance, au cours duquel il reconnaissait des faits préalablement contestés, ne constitue pas un « *procédé déloyal, tendant à éluder les règles de procédure ou à compromettre les droits de la défense, [...] mis en oeuvre dans le but d'obtenir de la personne gardée à vue qu'elle s'incrimine* » (Crim. 31 mars 2015, n° 14-86.913, D).

4. La prohibition du détournement de procédure

Selon une jurisprudence ancienne, une opération d'enquête « *doit être considérée comme nulle* » lorsqu'elle « *a eu pour but et pour résultat d'éluder les dispositions légales et les règles générales de procédure* » que les acteurs de la procédure « *ne sauraient méconnaître sans compromettre les droits de la défense* » (Crim. 12 juin 1952, P n° 153).

La loi institue différents régimes d'enquête en fonction de la nature de l'infraction dont la preuve est recherchée, prévoyant ainsi des investigations dérogatoires au droit commun pour les infractions les plus graves comme celles relevant de la criminalité organisée (sur le régime d'enquête de la criminalité organisée, v. n° **11.20** s.). Des dispositions particulières prévoient également la mise en œuvre de contrôles d'office sans exiger la preuve d'un indice préalable d'infraction. Il en est ainsi des prérogatives des douanes en matière de visite des moyens de transport, des personnes ou des locaux professionnels, ou des prérogatives des agents compétents en matière de contrôle d'office des véhicules et conducteurs.

Au chapitre du principe de loyauté peut donc être rattachée la question du recours détourné à des techniques d'enquêtes dérogatoires pour faire la preuve d'infractions qui ne relèvent pas de ce régime, ou celle consistant à cibler une opération de contrôle d'office sur la base de renseignements issus d'une enquête ou d'une source informelle.

La Ch. crim. définit la notion de détournement de procédure en jugeant, dans une espèce où ce grief de nullité était soulevé comme résultant de la mise en œuvre d'une mesure de sonorisation pour des faits de trafic de fausse monnaie ayant révélé une infraction distincte de trafic de stupéfiants commise par d'autres personnes, que « *l'existence d'un tel détournement s'entend en pareil cas du fait, pour des agents publics, de se placer* <u>*faussement et à dessein*</u> *dans le champ d'application* [d'un régime spécial d'enquête], <u>*à seule fin*</u> *de mettre en œuvre les pouvoirs conférés par* [ce régime], *dont ils n'auraient pu disposer autrement* » (Crim. 18 juin 2019, n° 19-80.015, P).

De même est-il énoncé en principe « *que les pouvoirs d'investigation conférés aux OPJ et APJ ou à certains fonctionnaires par des lois spéciales ne peuvent être exercés que dans les conditions et dans les limites fixées par les textes qui les prévoient, sans qu'il leur soit permis de mettre en oeuvre, par un détournement de procédure, des pouvoirs que la loi ne leur a pas reconnus* », est ainsi censurée la procédure dans laquelle, à la suite d'une contravention d'excès de vitesse relevée par les agents d'une compagnie républicaine de sécurité, les agents des douanes sont intervenus en application de C. douanes, art. 60 et 61 (sur le droit de visite douanier des moyens de transport, v. n° **11.59**) pour procéder à la visite du véhicule et saisir un détecteur de radar car « *les agents de l'administration des Douanes ne sont intervenus que pour permettre la visite d'un véhicule que les policiers ne pouvaient eux-mêmes opérer, s'agissant d'une simple contravention au Code de la route* » (Crim. 18 déc. 1989, n° 89-81.659, P n° 485).

En revanche, dans une affaire où des agents de douanes avaient procédé au contrôle douanier d'un véhicule (sur la visite douanière des moyens de transport, des marchandises et des personnes prévue au C. douanes, art. 60 s, v. n° **11.59** ; celle des locaux professionnels, C. douanes, art. 63 *ter*, v. n° **11.60A**), conduit par une personne faisant l'objet d'une enquête judiciaire pour des faits de trafic de stupéfiants, dans des conditions laissant supposer l'existence d'une concertation ou d'un partage d'informations entre l'administration des douanes et la police judiciaire, est censurée la CHINS saisie d'une requête en nullité qui concluait que « *les agents des douanes et les enquêteurs de la police judiciaire se sont placés faussement dans des champs légaux, contrôle inopiné administratif douanier et enquête de flagrance, à la seule fin de mettre en œuvre des pouvoirs dont ils n'auraient pas disposé s'ils s'étaient conformés à la loi et étaient restés dans le cadre de l'enquête préliminaire* » (§ 19), en effet « *Le détournement de procédure consiste notamment pour des agents de l'autorité publique à utiliser leurs prérogatives à d'autres fins que celles pour lesquelles elles ont été accordées par la loi ou à chercher à éluder les limites légales de leurs compétences* » (§ 16), dès lors « *les circonstances ainsi retenues ne caractérisent pas un détournement de procédure établissant que les membres de l'administration des douanes et de la police judiciaire auraient utilisé leurs prérogatives à d'autres fins que celles pour lesquelles elles ont été accordées par la loi ni cherché à éluder les limites légales de leurs compétences respectives* » (§ 21), car la mise en œuvre de C. douanes, art. 60, par les agents des douanes, « *qui autorise, en vue de la recherche de la fraude, toute visite des marchandises, des moyens de transport et des personnes, ne suppose ni l'existence d'indices laissant présumer la commission d'une infraction ni l'absence d'exploitation de renseignements non encore avérés, fussent-ils transmis par des OPJ enquêtant en préliminaire sur des mouvements suspects de personnes et de véhicules* » (§ 22) (Crim. 9 déc. 2020, n°s 20-81.483, 18-83.667, D).

Dans le même sens, est également validé un « *contrôle conjoint programmé* » entre le service des douanes et une brigade anti-criminalité (BAC), au cours duquel cette dernière signalait la présence d'une personne connue de leur service dont le véhicule, alors fouillé par les douanes au titre de leurs pouvoirs de visite d'office, révélait la présence de stupéfiants (Crim. 5 avr. 2018, n° 17-80.285, D).

Est également jugé régulier le contrôle routier, révélant des faits de recel flagrant, exercé d'office au visa de C. route, art. L. 233-2 et R. 233-1 (sur le contrôle routier sans indice préalable d'infraction, v. n° **11.27**) sur la base de renseignements issus d'écoutes téléphoniques transmis aux agents du contrôle routier par des gendarmes en charge d'une commission rogatoire (Crim. 6 déc. 2016, n° 16-84.451, P n° 322).

5. L'exigence d'impartialité de l'enquêteur

En lien avec le principe de loyauté et d'équité de l'enquête, mentionnons que « *le policier et le gendarme accomplissent leurs missions en toute impartialité* » (CSI, art. R. 434-11).

Toutefois, « *si le défaut d'impartialité d'un enquêteur peut constituer une cause de nullité de la procédure, c'est à la condition que ce grief ait eu pour effet de porter atteinte au caractère équitable et contradictoire de la procédure ou de compromettre l'équilibre des droits des parties* », l'impartialité ne pouvant en l'espèce se déduire du seul fait que l'enquête « *a été menée par des gendarmes dont le commandant victime était le supérieur hiérarchique* » (Crim. 14 mai 2008, n° 08-80.483,

P n° 115), ni des prétendues conséquences négatives, tirées par les enquêteurs auquel « *il incombe d'enquêter à décharge mais également à charge* », de l'exercice par la personne de son droit au silence (Crim. 20 déc 2017, n° 17-82.574, D). Sous le même attendu de principe, le grief d'impartialité résultant de l'intéressement des agents des douanes dans la répartition du produit des amendes et confiscations en application de l'article 391 du code des douanes et de l'arrêté du 18 avril 1957 est écarté (Crim. 17 janv. 2018, n° 16-83.612, P n° 17), étant précisé que « *dès lors que l'administration des douanes est partie poursuivante, le moyen pris de sa partialité supposée est inopérant* » (§ 36) (Crim. 17 févr. 2021, n° 19-83.707, P).

C. Les conséquences du principe de loyauté pour les parties privées

À la différence de « *l'autorité publique, sur qui seule pèse une obligation de légalité et de loyauté dans le recueil des preuves* » (§ 9) (Crim. 1er déc. 2020, n° 20-82.078, P), les parties privées se sont pas soumises au principe de loyauté des preuves.

« *aucune disposition légale ne permet aux juges répressifs d'écarter les moyens de preuve produits par les parties au seul motif qu'ils auraient été obtenus de façon illicite ou déloyale ; qu'il leur appartient seulement, en application de C. pr. pén., art. 427, d'en apprécier la valeur probante* » (Crim. 15 juin 1993, n° 92-82.509, P n° 210) « *après les avoir soumis à la discussion contradictoire* » (Crim. 27 janv. 2010, n° 09-83.395, P n° 10 ; Crim. 11 juin 2002, n° 01-85.559, P n° 482 ; Crim. 6 avr. 1994, n° 93-82.717, P n° 136).

« *le juge d'instruction ne peut refuser d'annexer à la procédure des documents produits par les parties à l'appui de leur défense, auraient-ils été obtenus par des procédés déloyaux ; que la transcription, ordonnée en l'espèce par le juge .../... ne constitue qu'un indice de preuve pouvant être contradictoirement discuté par les parties* » (Crim. 11 févr. 1992, nos 91-86.067, P n° 66).

Il en est ainsi pour les exemples suivants : enregistrement vidéo réalisé à l'insu d'un salarié par son employeur (Crim. 6 avr. 1994, n° 93-82.717, P n° 136) ; enregistrement clandestin d'une conversation, par un fonctionnaire de police, hors du cadre de ses pouvoirs de police judiciaire, pour se constituer la preuve de faits de corruption dont il est personnellement victime, ne constitue pas un acte de procédure susceptible d'annulation mais seulement un moyen de preuve soumis à la discussion des parties (Crim. 19 janv. 1999, n° 98-83.787, P n° 9) ; enregistrements de conversation privées réalisées par un particulier à l'insu des personnes, lesquels « *ne sont pas en eux-mêmes des actes ou pièces de l'information.../..., et comme tels, susceptibles d'être annulés, mais des moyens de preuve qui peuvent être discutés contradictoirement* » (Crim. 31 janv. 2012, n° 11-85.464, P n° 27) ; enregistrement d'une conversation téléphonique par un particulier (Crim. 28 avr. 1987, n° 86-96.621, P n° 173) ; pièces comptables, rapportant la preuve d'abus de biens sociaux commis par un employeur, soustraites à ce dernier par un salarié (Crim. 27 janv. 2010, n° 09-83.395, P n° 10) ; enregistrements sonores remis aux enquêteurs par un journaliste qui a invoqué le secret des sources pour refuser d'en dévoiler l'origine, dont le versement au dossier « *ne saurait être déclaré irrégulier au seul motif que les conditions de leur recueil sont restées incertaines* » (§ 11) (Crim. 1er déc. 2020, n° 20-82.078, P).

Il en est de même lorsque des éléments de preuve, détenus de manière illicite par des parties privées, sont recueillis par les enquêteurs lors de leurs investigations. Il en est ainsi des fichiers informatiques détournés ou volés par le salarié d'une banque et faisant la preuve d'abus de biens sociaux ou de fraude fiscale commis par les clients de cette banque, quand bien même ces fichiers n'étaient pas volontairement **remis** par leur détenteur aux enquêteurs, mais découverts lors d'une perquisition effectuée à son domicile (affaire dite des fichiers HSBC) (Crim. 27 nov. 2013, n° 13-85.042, P n° 238, dans le même sens, pour d'autres affaires issues de l'exploitation des mêmes fichiers : Crim. 6 nov. 2019, n° 17-86.902, D ; Crim. 29 janv. 2020, n° 17-83.577, P). De même, à la supposer avérée, « *en ce qu'elle ne constitue pas la violation d'une règle de procédure pénale* », l'irrégularité alléguée de l'installation de vidéoprotection au regard des règles administratives qui encadrent son installation ou son emploi (v. nº **35.53**), est sans effet sur la validité des preuves tirées de ce dispositif par les enquêteurs (Crim. 6 févr. 2018, nº 17-84.380, P nº 30).

Il a été jugé que « *porte atteinte aux principes du procès équitable et de la loyauté des preuves la participation de l'autorité publique à l'administration d'une preuve obtenue de façon déloyale ou illicite par une partie privée* » et qu'est donc nulle l'opération consistant pour une partie privée à procéder, à deux reprises, à l'enregistrement clandestin de conversations en des lieux placés sous la surveillance des enquêteurs, qui ont retranscrit sur procès-verbal les enregistrements qui leur étaient immédiatement remis et qui ont procédé à l'interpellation concomitante des auteurs d'un chantage qui venaient de recevoir une somme d'argent (Crim. 20 sept. 2016, nº 16-80.820, P nº 244). Cette analyse a été contredite par l'assemblée plénière de la C. cass statuant sur la même affaire, qui a validé cette opération en ce que le rôle des enquêteurs, qui « *n'a été que passif, ne peut suffire à caractériser un acte constitutif d'une véritable implication* », en « *l'absence de participation directe ou indirecte de l'autorité publique à l'obtention des enregistrements litigieux* » (Cass., ass. plén., 10 nov. 2017, nº 17-82.028, P nº 2).

Le principe de loyauté ne paraît pas prohiber l'accueil des preuves d'une infraction qui aura été déterminée par le dénonciateur particulier. En effet et à titre d'exemple, notre droit n'exonère pas, sauf exception légale, l'auteur d'une infraction commise avec le consentement de la victime, ni ne rejette, au travers du mécanisme du repenti (v. nº **18.8D**), la valeur des preuves apportées par un coauteur, fût-il l'instigateur ou le promoteur du fait pénal.

Mais dès lors que le fait incriminé est commis sous la surveillance des enquêteurs en concertation avec le dénonciateur, le principe de loyauté interdit toute action de leur part déterminant l'infraction (C. pr. pén., art. 706-81 – Crim. 1er oct. 2003, nº 03-84.142, P nº 176 – Crim. 5 mars 2003, nº 02-85.710, préc.). De même, doivent être écartés les moyens de preuve obtenus de manière illicite ou déloyale, dès lors que « *l'autorité publique [est] intervenue dans la confection ou l'obtention des pièces litigieuses* » (lecture *a contrario* de Crim. 27 nov. 2013, nº 13-85.042, P nº 238).

La remise à l'autorité publique, par une personne privée, au prix de la commission d'infractions (enlèvement, séquestration, franchissement de la frontière avec la personne enlevée), d'une personne faisant l'objet d'un mandat d'arrêt et d'une demande d'extradition, est sans effet sur la légalité de la mise à exécution du mandat d'arrêt, dès lors que « *les conditions dans lesquelles cette personne est enlevée, transportée sur le territoire national et livrée à la justice n'apparaissent pas imputables, directement ou indirectement, aux autorités françaises* », le mis en cause ayant par ailleurs pu exercer ses droits à chaque étape de la procédure (Crim. 2 avr. 2014, nº 13-80.474, P nº 101)) (v. aussi arrestation, nº **12.1**).

Mérite enfin d'être relevée la position de la CEDH, saisie sur le fondement de Conv. EDH, art. 8 protégeant le droit à la vie privée, par des salariés dont le licenciement avait été validé par les juridictions sociales espagnoles sur la base d'une vidéo surveillance secrète mise en place par l'employeur : si la Cour « *ne saurait accepter que, de manière générale, le moindre soupçon que des détournements ou d'autres irrégularités aient été commis par des employés puisse justifier la mise en place d'une vidéosurveillance secrète par l'employeur, l'existence de soupçons raisonnables que des irrégularités graves avaient été commises et l'ampleur des manques constatés en l'espèce peuvent apparaître comme des justifications sérieuses* » (§ 134) (CEDH 17 oct. 2019 (Gr. Ch.), *López ribalda et a. c/ Espagne*, nos 1874/13 et 8567/13 ; dans le même sens CEDH, 5 sept. 2017, nº 61496/08, *Barbulescu*). Cette décision s'inscrit toutefois dans le domaine de la preuve civile, où tant la jurisprudence de la CEDH que celle des chambres civiles de la C. cass., en particulier de la chambre sociale, procèdent à un examen de proportionnalité entre l'atteinte au droit au respect de la vie privée et le droit à la preuve.

11.7 Le droit à l'interprétation et à la traduction dans le cadre des procédures pénales

A. Les principes du droit à l'interprétation et à la traduction en matière pénale

1. Le droit de la personne suspectée ou poursuivie

En application du principe du contradictoire et du principe d'équité et de loyauté de la procédure pénale, la **personne suspectée ou poursuivie** « *si elle ne comprend pas la langue française, [...] a droit, dans une langue qu'elle comprend et jusqu'au terme de la procédure, à l'assistance d'un interprète, y compris pour les entretiens avec son avocat ayant un lien direct avec tout interrogatoire ou toute audience, et, sauf renonciation expresse et éclairée de sa part, à la traduction des pièces essentielles à l'exercice de sa défense et à la garantie du caractère équitable du procès qui doivent, à ce titre, lui être remises ou notifiées en application du présent code* » (C. pr. pén., art. préliminaire, III, L. n° 2013-711, 5 août 2013 et C. pr. pén., art. D. 594-1 à D. 594-10 issus de D. n° 2013-958, 25 oct. 2013). Dans le cadre de la procédure d'instruction, le suspect, qui relève alors du statut de la personne **mise en examen** (sur le statut du mis en examen, v. n° 11.78) ou de celui du **témoin assisté** (C. pr. pén., art. 113-3, sur le témoin assisté, v. n° 11.77), jouit également du droit à l'interprétation et à la traduction des pièces essentielles du dossier.

« *S'il existe un doute sur la capacité de la personne suspectée ou poursuivie à comprendre la langue française, l'autorité qui procède à son audition ou devant laquelle cette personne comparaît vérifie que la personne parle et comprend cette langue. À titre exceptionnel, il peut être effectué une traduction orale ou un résumé oral des pièces essentielles qui doivent lui être remises ou notifiées.../...* » (C. pr. pén., art. 803-5, L. n° 2013-711, 5 août 2013). « *S'il apparaît que la personne ne parle pas ou ne comprend pas la langue française, l'assistance de l'interprète doit intervenir sans délai* » (C. pr. pén., art. D. 594-1).

« *les entretiens avec l'avocat ayant un lien direct avec tout interrogatoire ou toute audience, et pour lesquels la personne peut demander à être assistée par un interprète, sont les entretiens intervenant, dans les locaux des services d'enquête, des juridictions et des établissements pénitentiaires, dans des conditions garantissant la confidentialité de l'entretien :*

1° *Au cours de la garde à vue ou de toute mesure privative de liberté dont le régime est* [défini par renvoi aux dispositions] *sur la garde à vue ;*

2° *Préalablement à l'audition par un magistrat ou à la comparution devant une juridiction ;*

3° *Préalablement au dépôt éventuel d'un recours contre une décision juridictionnelle ;*

4° *Préalablement au dépôt éventuel d'une demande de mise en liberté* » (C. pr. pén., art. D. 594-3).

Ces dispositions déclinent la directive 2010/64/UE (directive A), 20 oct. 2010, qui pose le principe du droit, pour la personne suspectée et poursuivie, à l'interprétation et à la traduction dans le cadre des procédures pénales. Ce principe est rappelé par la directive 2012/13/UE (directive B), 22 mai 2012, art. 3.1 qui prévoit que les suspects ou les personnes poursuivies reçoivent rapidement des informations concernant « *le droit à l'interprétation et à la traduction* ».

Ces droits doivent être notifiés à la personne à tous les stades de la procédure : audition libre (C. pr. pén., art. 61-1, n° 11.73C3), garde à vue (C. pr. pén., art. 63-1, n° 12.16), témoin assisté (C. pr. pén., art. 113-3, v. n° 11.77), mise en examen, (C. pr. pén., art. 116, v. n° 11.78, procès pénal, v. n° 17.4), arrestation et retenue de la personne pour violation d'une obligation ou interdiction judiciaire en matière pénale ou pour la mise à exécution d'une peine (v. n° 12.2).

Le droit à interprète des personnes suspectées ou poursuivies s'applique également aux personnes présentant des troubles de la parole ou de l'audition. Elles sont alors assistées par un interprète en langue des signes ou par toute personne qualifiée maîtrisant un langage, une méthode ou un dispositif permettant de communiquer avec elles (C. pr. pén., art. D. 594-5).

Notons que le droit à l'interprète et à la traduction s'exerce également au stade de l'application des peines, notamment pour les pièces qui doivent être notifiées à la personne (Crim. 23 mars 2022, nº 21-83.064, P).

Soulignons enfin que les directives 2010/64/UE et 2012/13/UE (directives A et B), les articles 47 (procès équitable) et 48 de la CDFU ainsi que le principe d'effectivité du droit de l'Union s'opposent à une législation nationale prévoyant que le délai pour soulever la nullité d'un acte accompli hors présence d'un interprète « *commence à courir avant même que la personne concernée ait été informée, dans une langue qu'elle parle ou comprend, d'une part, de l'existence et de la portée de son droit à l'interprétation et à la traduction et, d'autre part, de l'existence et du contenu du document essentiel en cause ainsi que des effets attachés à celui-ci* » (§ 89) (CJUE, 1er août 2022, nº C-242/22 PPU, *TL c/ Ministério Publico*).

2. Le droit de la victime et de la partie civile à l'interprétation et à la traduction (C. pr. pén., art. 10-2 et 10-3, D. 594-11 s.), renvoi, v. nº 16.1F

B. La mise en œuvre du droit à un interprète : les listes d'interprètes

Précisons que la mission de l'interprète traducteur, qui ne consiste pas à apporter une conclusion à une question technique, ne s'assimile pas à celle de l'expert et n'obéit donc pas au régime spécifique de l'expertise (sur l'expertise, v. nºs 11.50 s.).

Lorsqu'en application des dispositions du C. pr. pén., un interprète ou un traducteur est requis ou désigné par l'autorité judiciaire compétente, celui-ci est choisi (C. pr. pén., art. D. 594-16) :

1° Sur la liste nationale des experts judiciaires dressée par la C. cass. ou sur la liste des experts judiciaires dressée par chaque cour d'appel ;

2° À défaut, sur la liste des interprètes traducteurs prévue par Ceseda, art. R. 141-1 (anc[t] art. R. 111-1), pris en application de **L. 141-4** (anc[t] art. L. 111-9). Cette liste est dressée chaque année par le procureur de la République dans chaque TJ. Elle comporte en annexe les listes établies dans les autres TJ du ressort de la cour d'appel. La liste et ses annexes sont tenues à la disposition du public au greffe du tribunal judiciaire [avant le 1er janv. 2020 : tribunal de grande instance] ;

3° En cas de nécessité, il peut être désigné une personne majeure ne figurant sur aucune de ces listes, dès lors que l'interprète ou le traducteur n'est pas choisi parmi les enquêteurs, les magistrats ou les greffiers chargés du dossier, les parties ou les témoins.

Les interprètes ou les traducteurs ne figurant sur aucune des listes mentionnées ci-dessus (liste des experts interprètes ou traducteurs établies par la C. cass., les cours d'appel ou les listes établies par TJ en application du Ceseda) prêtent, « *chaque fois qu'ils sont commis, le serment d'apporter leur concours à la justice en leur honneur et leur conscience* ». Leur serment est alors consigné par procès-verbal (C. pr. pén., art. D. 594-16). Aucune disposition n'impose de motiver spécialement le choix d'un interprète en dehors des listes précitées (§ 8) (Crim. 12 janv. 2021, nº 20-83.643, P). Lorsque le même interprète est requis par les enquêteurs sur commission rogatoire dans la même procédure, il n'a pas « *réitérer le serment initialement prêté* » (§ 11) (Crim. 12 janv. 2021, nº 20-83.643, P). De même, un interprète traducteur inscrit dans une langue n'a pas à prêter serment s'il intervient dans une autre, ainsi pour un interprète-traducteur inscrit en langue anglaise, désigné pour traduire en français des conversations en créole (Crim. 21 oct. 2015, nº 15-83.395, P nº 228).

Le principe du recours à l'interprète inscrit ou assermenté ayant prêté serment ne s'applique pas avec la même rigueur au stade des premières investigations effectuées par des agents de contrôle. Ainsi, « *dès lors qu'il n'a pas été procédé à des auditions sur procès-verbal des salariés présents sur les chantiers, ainsi que le prévoit C. trav., art. L. 8271-6-1, mais à un simple recueil sommaire de leurs déclarations, le recours à un interprète assermenté prévu par C. trav., art. L. 8271-3 pour l'audition des personnes ne parlant pas le français pour le contrôle de la règlementation sur la main d'œuvre étrangère constituait une faculté laissée à l'appréciation des agents de contrôle* » (§ 17), et il est

De nombreux agents des administrations et services publics sont investis de certains pouvoirs de police judiciaire (C. pr. pén., art. 28), notamment dans le domaine du travail, de la consommation et de la concurrence, de l'environnement, de l'urbanisme, des activités sportives, récréatives et culturelles, etc. Lorsqu'ils contribuent à une enquête judiciaire, ils sont également sous la direction du procureur de la République. Ce dernier peut également les co-saisir d'une même enquête menée avec les OPJ ou APJ (C. pr. pén., art. 28, mod. par L. n° 2019-222, 23 mars 2019). En effet, selon l'article 230 du code de procédure pénale, les dispositions de ce code relatives au contrôle de l'activité des officiers et agents de police judiciaire s'appliquent également « *aux fonctionnaires et agents chargés de certaines fonctions de police judiciaire* ».

Dans l'exercice de ses attributions de direction de la police judiciaire le procureur de la République veille à la prévention des infractions à la loi pénale (C. pr. pén., art. 39-1, L. n° 2007-297, 5 mars 2007, art. 7).

« *Le ministère public exerce l'action publique.../...dans le respect du principe d'impartialité auquel il est tenu* » (C. pr. pén., art. 31, mod. par L. n° 2013-699, 25 juill. 2013). Cette obligation d'impartialité rejoint celle d'assurer la loyauté de l'enquête qu'il dirige (v. n° **11.6A**).

« *Le magistrat du parquet, dans l'ensemble de son activité professionnelle, et notamment dans la direction et le contrôle des enquêtes et le contrôle de l'activité des officiers et agents de police judiciaire, s'attache à respecter et faire respecter les principes de la procédure pénale et à rechercher, de manière objective, les éléments de preuve nécessaires à l'établissement de la vérité* » (CSM, *Recueil des obligations déontologiques des magistrats,* La documentation française, déc. 2019, art. IV.10, anc^{t} c.41 du recueil 2010, éd. Dalloz). « *Le magistrat doit exercer lui-même l'ensemble des compétences qu'il tient de la loi, notamment à l'égard des services d'enquête* » (*ibid.*, IV.5, anc^{t} art. d.12).

La loi lui confie en outre des prérogatives exclusives en sa qualité de représentant de l'autorité judiciaire (ex. : extension de la durée de l'enquête de flagrance v. n° **11.15**, prolongation et contrôle de la garde à vue v. n° **12.10**, mandat de recherche, v. n° **12.3**, autorisation de requérir un technicien dans le cadre de l'enquête préliminaire, v. n° **11.49**, autorisation de la géolocalisation, v. n° **11.48A**). Son arrivée sur les lieux dessaisit d'office l'OPJ (C. pr. pén., art. 68).

Il jouit enfin en propre de tous les pouvoirs et prérogatives attachés à la qualité d'OPJ (C. pr. pén., art. 41) et « *il ne résulte des principes du droit au procès équitable et d'impartialité découlant de DDHC, art. 16* » et « *de la jurisprudence du Conseil constitutionnel, aucune exigence de séparation des autorités d'enquête et de poursuite* » (Crim. 13 juin 2019, n° 19-90.015, § 10, D).

Il convient ainsi de souligner la possibilité, que lui confère cet article, de procéder lui-même à des auditions, celle de requérir toutes personnes qualifiées pour procéder à des constatations ou des examens techniques ou scientifiques (C. pr. pén., art. 77-1, sur la réquisition à technicien, v. n° **11.49**), ou de saisir la juridiction de réquisitions écrites (C. pr. pén., art. 458, v. n° **17.13**) articulant, à l'instar des motifs d'une ordonnance de renvoi ou d'un réquisitoire définitif, les charges retenues. Cette somme de prérogatives lui permet de soumettre à la juridiction des dossiers complexes ou de parfaire les premières investigations de police sans nécessairement recourir à la procédure de l'instruction préparatoire.

B. L'obligation pour l'enquêteur de rendre compte à l'autorité judiciaire

Les fonctionnaires ou militaires, dans leurs prérogatives de police judiciaire, sont soumis au contrôle de l'autorité judiciaire.

Les mesures de contrainte dont une personne suspectée peut faire l'objet doivent être prises « *sur décision ou sous le contrôle effectif de l'autorité judiciaire* » (C. pr. pén., art. préliminaire).

« *Les OPJ, à l'occasion d'une enquête ou de l'exécution d'une commission rogatoire, ne peuvent solliciter ou recevoir des ordres ou instructions que de l'autorité judiciaire dont ils dépendent* » (C. pr. pén., art.

R. 2-16). « *Le procureur de la République et ses substituts ont seuls qualité pour diriger l'activité des OPJ et APJ, par la voie, s'il y a lieu, de leurs supérieurs hiérarchiques* » (C. pr. pén., art. D. 2).

Dans le cadre de l'information judiciaire, la direction et le contrôle des investigations confiées à l'OPJ sur commission rogatoire est assurée par le juge d'instruction au lieu du procureur de la République, lequel est dessaisi par son réquisitoire introductif (sur ce point, v. n° **11.17A2**).

Le magistrat compétent apprécie souverainement, en fonction des circonstances de l'affaire, de dessaisir l'OPJ qui a commencé l'enquête ou de lui laisser poursuivre les investigations (C. pr. pén., art. D. 3).

L'autorité judiciaire n'est toutefois en mesure d'exercer son contrôle que si elle a été informée par les enquêteurs.

À cet effet, les OPJ sont tenus d'informer sans délai le procureur de la République des crimes, délits et contraventions dont ils ont connaissance et de lui faire parvenir, dès la clôture des opérations, les procès-verbaux qu'ils ont dressés (C. pén., art. 19). Ils doivent rendre compte de leurs diverses opérations à l'autorité judiciaire dont ils dépendent sans attendre la fin de leur mission (C. pr. pén., art. R. 2-17). Le défaut d'information du procureur de la République est toutefois sans effet sur la validité des actes d'enquête préliminaire accomplis par l'OPJ (Crim. 1er déc. 2004, n° 04-80.536, P n° 302). Dans le même sens, le défaut d'information préalable du parquet par les agents chargés du contrôle des transports terrestres, exigé par C. transp., art. L. 3241-4, n'est pas une cause de nullité « *dès lors que les requérants n'établissent ni même n'allèguent l'existence d'un grief* », l'entreprise ayant en effet été en mesure de se préparer au contrôle dont elle avait été préalablement avisée par l'agent de contrôle (Crim. 19 mai 2020, nos 19-83.339, 18-82.844, P ; sur cette même question mais autrement abordée, v. également Crim. 13 oct 2020, n° 20-82.160, D).

« *L'OPJ chargé de l'exécution d'une commission rogatoire tient le magistrat commettant informé de son activité. Il lui réfère sans délai des difficultés qui viendraient à se présenter et solliciter ses instructions* » (C. pr. pén., art. D. 34 ; sur ce point, v. n° **11.17A2**).

En cas de crime flagrant, l'OPJ qui en est avisé informe immédiatement le procureur de la République (C. pr. pén., art. 54 et D. 3). L'OPJ qui mène une enquête préliminaire de sa propre initiative rend compte au procureur de la République de son état d'avancement lorsqu'elle est commencée depuis plus de six mois (C. pr. pén., art. 75-1), il avise le procureur de la République dès qu'une personne à l'encontre de laquelle existent des indices faisant présumer qu'elle a commis ou tenté de commettre un crime ou un délit est identifiée (C. pr. pén., art. 75-2). Notons que « *la validité de la perquisition, à l'issue seulement de laquelle sont apparus des indices faisant présumer que le demandeur avait commis une infraction, ne saurait être affectée par* » l'absence préalable d'avis au parquet (Crim. 11 janv. 2005, n° 04-84.468).

Les APJ font parvenir leurs procès-verbaux au procureur de la République par l'intermédiaire de leurs chefs hiérarchiques, qui les transmettent sans délai (C. pr. pén., art. 19 et D. 14).

Le maire est tenu de signaler sans délai au procureur de la République les crimes et délits dont il acquiert la connaissance dans l'exercice de ses fonctions (CSI, art. L. 132-2, C. pr. pén., art. 40, sur la révélation art. 40, v. n° **35.9A**).

Les agents de police municipale rendent compte immédiatement à tout OPJ de la police nationale ou de la gendarmerie nationale de tous crimes, délits ou contraventions dont ils ont connaissance, ils adressent sans délai leurs rapports ou procès-verbaux simultanément au maire et, par l'intermédiaire des OPJ, au procureur de la République (C. pr. pén., art. 21-2).

Les gardes champêtres adressent leurs rapports ou procès-verbaux simultanément au maire et, par l'intermédiaire des OPJ, au procureur de la République, dans les cinq jours au plus tard (C. pr. pén., art. 21-2).

Les gardes particuliers assermentés remettent ou envoient par recommandé directement au procureur de la République leurs procès-verbaux, dans les trois jours au plus tard (C. pr. pén., art. 29).

C. La surveillance générale de l'activité de police judiciaire par l'autorité judiciaire : notation et discipline

La police judiciaire est placée sous la surveillance du procureur général et sous le contrôle de la CHINS (C. pr. pén., art. 13). Les OPJ et APJ sont placés sous la surveillance du procureur général (C. pr. pén., art. 38). Il est tenu en permanence au parquet général de chaque cour d'appel un dossier individuel concernant l'activité, en tant qu'OPJ, des fonctionnaires habilités du ressort (C. pr. pén., art. 226 et D. 44) (sur l'habilitation de l'OPJ par le procureur général, v. n° **11.9B2**). Les OPJ font l'objet par le procureur général, sur proposition du procureur de la République, d'une notation tous les deux ans (C. pr. pén., art. D. 44 et D. 45 mod. par D. n° 2007-1817, 24 déc. 2007). Cette notation est prise en compte pour toute décision d'avancement (C. pr. pén., art. 19-1).

La CHINS exerce un contrôle sur l'activité des officiers et agents de police judiciaire, des agents de police judiciaire adjoints, des assistants d'enquête (L. n° 2023-22n 24 janv. 2023), des fonctionnaires et agents chargés de certaines fonctions de police judiciaire, pris en cette qualité (C. pr. pén., art. 224 et 230). La CHINS, qui peut se saisir d'office à l'occasion de l'examen d'une procédure, ou être saisie par son président ou par le procureur général, peut suspendre les prérogatives de police judiciaire de l'agent en cause (C. pr. pén., art. 225, 227 et 230).

« *En cas de manquement professionnel grave ou d'atteinte grave à l'honneur ou à la probité…/… ayant une incidence sur la capacité d'exercice des missions de police judiciaire* », le président de la CHINS, saisie par le procureur général (cette saisine vaut également saisine de la CHINS aux fins ci-dessus), peut suspendre immédiatement les fonctions d'APJ ou d'OPJ, pour une durée d'un mois, sans préjudice des sanctions administratives (C. pr. pén., art. 229-1, issu L. n° 2016-731, 3 juin 2016). Cette procédure d'urgence, « *sans délai et sans procédure contradictoire…/…pourra se cumuler avec, le cas échéant, une procédure judiciaire relevant du procureur de la République et/ou une procédure disciplinaire relevant de l'autorité hiérarchique, et permettra à l'autorité judiciaire de sanctionner à titre conservatoire…/…sans attendre l'issue de la procédure judiciaire ou disciplinaire* » (Circ. Crim. 2016-03/H, 17 juin 2016, JUSD1616979C n° 1.2).

Les enquêtes administratives relatives au comportement d'un OPJ ou APJ dans l'exercice d'une mission de police judiciaire peuvent associer, sur ordre du ministre de la Justice et sur la direction d'un magistrat, l'Inspection générale de la justice (IGJ, anc[t] Inspection générale des services judiciaires, IGSJ), qui est le service d'inspection du ministère de la Justice, et le service d'inspection de l'agent concerné, ainsi l'Inspection générale de la police nationale (IGPN) pour les membres de la police nationale, ou l'Inspection générale de la gendarmerie nationale (IGGN) pour les militaires de gendarmerie (C. pr. pén., art. 15-2). Mentionnons que tant l'IGPN que l'IGGN peuvent également procéder à des enquêtes judiciaires en cas d'infraction commise par un membre de la police nationale ou un militaire de gendarmerie.

11.9 L'officier de police judiciaire (OPJ) (C. pr. pén., art. 16)

A. Les titulaires de la qualité d'OPJ

1. L'OPJ est une garantie de la direction et du contrôle de l'enquête par l'autorité judiciaire

« *L'exigence résultant de l'article 66 de la Constitution, selon laquelle la police judiciaire doit être placée sous la direction et le contrôle de l'autorité judiciaire, ne serait pas respectée si des pouvoirs généraux d'enquête criminelle ou délictuelle étaient confiés à des agents qui ne sont pas mis à la disposition d'officiers de police judiciaire* » (§ 85) (Cons. const. 19 janv. 2023, n° 2022-846 DC).

2. Les fonctionnaires de la police nationale et de la gendarmerie nationale

• **S'agissant de la police nationale**, sont OPJ :

– le directeur ou sous-directeur de la police judiciaire, les inspecteurs généraux, sous-directeurs de police active, contrôleurs généraux, commissaires de police (commissaire divisionnaire et commissaire), qui relèvent du **corps de conception et de direction** de la police nationale ;

– les officiers de police du **corps de commandement** de la police nationale (commandant, commandant de police à l'échelon fonctionnel, capitaine, lieutenant) ;

– les policiers du **corps d'encadrement et d'application** de la police nationale (major de police, brigadier-chef de police, brigadier de police et gardien de la paix) ayant au moins « *trois ans d'ancienneté* » « *trente mois de service à compter du début de leur formation initiale, dont au moins six mois effectués dans un emploi comportant l'exercice des attributions attachées à la qualité d'APJ* » (L. n° 2023-22, 24 janv. 2023), nominativement désignés par arrêté (C. pr. pén., art. 16, R. 3 à R. 7).

• **S'agissant de la police nationale**, sont OPJ le directeur ou sous-directeur de la gendarmerie nationale, les officiers : sous lieutenant, lieutenant, capitaine, commandant, lieutenant-colonel, colonel, général ; et les gradés (sous-officiers) : maréchal des logis-chef, adjudant, adjudant-chef, major, ainsi que les gendarmes ayant au moins « ~~*trois ans d'ancienneté*~~ » « *trente mois de service à compter du début de leur formation initiale, dont au moins six mois effectués dans un emploi comportant l'exercice des attributions attachées à la qualité d'APJ* » (L. n° 2023-22, 24 janv. 2023), nominativement désignés par arrêté ministériel (C. pr. pén., art. 16, R. 3 à R. 7).

« *Poursuivant l'objectif de renforcer la filière investigation et de former tous les nouveaux policiers et gendarmes aux fonctions d'OPJ dès la formation initiale* » (Circ. CRIM-2023-02/H2, 3 févr. 2023, n° 1.2.3, NOR : JUSD2303546C), la L. n° 2023-22, 24 janv. 2023, d'orientation et de programmation du ministère de l'intérieur a supprimé la condition d'ancienneté de 3 ans des fonctionnaires de police et de gendarmerie pour accéder aux fonctions d'OPJ, au profit d'une ancienneté de 30 mois à compter du début de leur formation initiale, dont 6 mois au moins dans des fonctions comportant l'exercice des attributions de l'APJ (C. pr. pén., art. 16, v. n° **11.9A**). Ainsi, « *la formation des OPJ est désormais intégrée à la formation initiale de 24 mois des gardiens de la paix stagiaires et des élèves sous-officiers de gendarmerie, lesquels pourront se présenter à l'examen d'OPJ à l'issue de cette formation. En cas de réussite, ils devront ensuite exercer, pendant six mois au moins, un emploi comportant l'exercice des attributions attachées à leur qualité d'APJ avant de pouvoir prétendre à l'habilitation OPJ* » (Circ. CRIM-2023-02/H2, 3 févr. 2023, n° 1.2.3, NOR : JUSD2303546C).

Ces dispositions ont été jugées conformes à la Constitution (Cons. const. 19 janv. 2023, n° 2022-846 DC, § 82).

3. Les anciens OPJ membres de la réserve opérationnelle (C. pr. pén., art. 16-1 A, L. n° 2022-52, 24 janv. 2022)

Sous réserve d'une habilitation par le procureur général et d'une actualisation de leurs connaissances, les fonctionnaires de la police nationale et les militaires de la gendarmerie nationale, lorsqu'ils ont eu la qualité d'OPJ durant leur activité, peuvent conserver cette qualité durant 5 ans à compter de leur départ à la retraite lorsqu'ils servent dans la réserve opérationnelle.

4. Le maire et ses adjoints

Ils sont de plein droit OPJ, sans nécessité de l'habilitation décrite ci-dessous.

B. L'habilitation de l'OPJ, condition d'exercice des fonctions

1. L'habilitation administrative : la condition de capacité professionnelle

Les gendarmes non gradés, les gardiens de la paix ou les brigadiers de police, ainsi que les lieutenants de police, doivent faire l'objet d'un arrêté ministériel nominatif constatant leur aptitude à exercer les fonctions d'OPJ, pris avec avis conforme d'une commission et après examen technique (C. pr. pén., art., 16, R. 3, R. 8, A. 1, A. 13, A. 22). Pour les lieutenants de police, cet examen est intégré dans leur scolarité suivie auprès de l'École nationale supérieure des officiers de police.

Pour les autres grades, l'arrêté administratif nominatif n'est pas nécessaire.

2. L'habilitation judiciaire : l'arrêté du procureur général

À l'exception des fonctions de directeur ou de sous-directeur de la police judiciaire (ministère de l'Intérieur), ou de directeur ou de sous-directeur de la gendarmerie, tous les fonctionnaires ci-dessus ne peuvent effectuer d'actes réservés aux OPJ que « *s'ils sont affectés à un emploi comportant cet exercice* » et s'ils sont bénéficiaires d'une habilitation nominative délivrée par le procureur général (C. pr. pén., art. 16).

Depuis L. n° 2019-222, 23 mars 2019, modifiant C. pr. pén., art. 16, « *l'habilitation est délivrée par le procureur général près la cour d'appel dans le ressort de laquelle intervient la première affectation du fonctionnaire. Elle est valable pour toute la durée de ses fonctions, y compris en cas de changement d'affectation* ». L'habilitation n'est donc plus renouvelée à chaque nouvelle affectation, comme l'imposaient auparavant les dispositions d'application de C. pr. pén., art. 16 (C. pr. pén., art. R. 13 à R. 15-1 et R. 15-3 à R. 15-5 anciens). Afin d'assurer la tenue de son **dossier individuel** (v. n° 11.8C), les autorités de police ou de gendarmerie sont toutefois tenues d'informer le procureur général des changements d'affectation de l'OPJ ou de l'interruption de ses fonctions (C. pr. pén., art. D. 44-1 mod. par D. 2019-507, 24 mai 2019).

Ces dispositions valent pour les habilitations délivrées à compter du 25 mars 2019, date de leur entrée en vigueur. « *Les habilitations délivrées avant cette date devront en revanche être renouvelées en cas d'affectation dans une nouvelle cour d'appel dès lors que les arrêtés déjà intervenus indiquent que l'habilitation n'est accordée que pour le temps d'exercice des fonctions qu'ils précisent* » (Circ. Crim. 2019-8/H3, 5 avr. 2019, JUSD1910288C, n° 1.4.1).

Elles ont été déclarées conformes à l'article 66 de la Constitution disposant que « *L'autorité judiciaire, gardienne de la liberté individuelle, assure le respect de ce principe dans les conditions prévues par la loi* » en ce que le législateur « *a maintenu la possibilité pour l'autorité judiciaire de retirer ou de suspendre cette habilitation* » (Cons. const. 21 mars 2019, n° 2019-778 DC, § 171) (sur la notation et la discipline de l'OPJ, v. n° 11.8C).

C. Les compétences générales de l'OPJ

L'OPJ a compétence générale pour constater les infractions à la loi pénale, rassembler les preuves et rechercher les auteurs (C. pr. pén., art. 14 et 17).

Il peut procéder d'office ou sur instructions du procureur de la République à des enquêtes préliminaires (C. pr. pén., art. 75). Il contrôle les enquêtes réalisées par les APJ (C. pr. pén., art. 75).

Il a notamment compétence exclusive pour placer une personne en garde à vue (C. pr. pén., art. 63 et 77), faire procéder à des contrôles d'identité d'un suspect (C. pr. pén., art. 78-2), faire procéder d'office à des contrôles dits « administratifs » d'identité pour prévenir une atteinte à l'ordre public ainsi que dans les zones frontalières, ports, aéroports ou gares ouverts au trafic international (C. pr. pén., art. 78-2).

D. Les OPJ et APJ « circulation routière » (C. route, art. L. 130-1, L. 130-3)

Les fonctionnaires du corps de commandement et d'encadrement de la police nationale – il s'agit des commandants et officiers de paix et des gradés gardiens de la paix de la police nationale ou des compagnies républicaines de sécurité – peuvent avoir, sur désignation nominative par arrêté ministériel rendu après passage d'un examen et avis d'une commission, puis habilitation du procureur général, la qualité d'OPJ, pour rechercher et constater les infractions au code de la route et les atteintes involontaires à l'intégrité des personnes commises lors d'accidents routiers (C. route, art. L. 130-1), sans cependant pouvoir décider de mesures de garde à vue ni procéder à la visite (v. n° **11.28**) de véhicules (C. route, art. L. 130-2).

Les fonctionnaires de la police nationale mentionnés ci-dessus, mais qui n'ont pas obtenu la qualité d'OPJ, peuvent exercer les attributions attachées à la qualité d'APJ pour les mêmes infractions (C. route, art. L. 130-3).

11.10 L'agent de police judiciaire (APJ) (C. pr. pén., art. 20)

A. Les titulaires de la qualité d'agent de police judiciaire

Sont agents de police judiciaire (APJ) : les militaires de la gendarmerie nationale autres que les volontaires, n'ayant pas la qualité d'OPJ, les fonctionnaires des services actifs de la police nationale, titulaires et stagiaires, n'ayant pas la qualité d'OPJ. Ces fonctionnaires sont de plein droit APJ du fait de leur statut, à condition toutefois qu'ils soient affectés à un emploi comportant l'exercice d'attributions d'APJ (C. pr. pén., art. 20).

Sauf s'ils sont OPJ au titre de C. pr. pén., art. 16-1 A (v. n° **11.9A3**), sont également APJ les fonctionnaires de la police nationale et les militaires de la gendarmerie nationale à la retraite ayant eu durant leur activité la qualité d'OPJ ou d'APJ, lorsqu'ils sont appelés au titre de la réserve « ~~civile~~ » « *opérationnelle* » (L. n° 2022-52, 24 janv. 2022) de la police nationale ou de la réserve opérationnelle de la gendarmerie nationale (C. pr. pén., art. 20-1).

B. Les compétences de l'agent de police judiciaire

1. Les compétences générales

Sans pouvoir recevoir délégation des pouvoirs propres de l'OPJ chargé de l'enquête – perquisition, saisie, garde à vue, exécution d'une commission rogatoire – (C. pén., art. D. 13), les APJ ont pour mission générale de seconder les OPJ dans l'exercice de leur mission (C. pr. pén., art. 20 et D. 13), en se limitant strictement aux opérations qui leur sont prescrites (C. pr. pén., art. D. 13). Ils peuvent, sous le contrôle de l'OPJ, notifier ses droits à la personne placée en garde à vue (C. pr. pén., art. 63-1).

Ils ont une compétence propre pour « *constater tous crimes, délits ou contraventions et pour en dresser procès-verbal* » (C. pr. pén., art. D. 14 et art. 20) ; pour recevoir par procès-verbal les déclarations qui leur sont faites par toutes personnes susceptibles de leur fournir des indices, preuves et renseignements sur les auteurs et complices d'infractions (C. pr. pén., art. 20). Est ainsi censuré le juge qui, pour annuler un procès-verbal dressé par un APJ, énonce qu'il n'est pas établi que cet agent ait agi sous le contrôle d'un OPJ car « *un APJ dispose du pouvoir propre de constater les infractions et d'en dresser procès-verbal* » (Crim. 16 nov. 2016, n° 16-81.767, D ; dans le même sens, pour l'APJ adjoint : Crim. 27 mai 2015, n° 14-82.126, P n° 123).

Les APJ peuvent « *effectuer des enquêtes préliminaires soit d'office, soit sur instructions du procureur de la République ou de leurs chefs hiérarchiques* » (C. pr. pén., art. 75 et D. 14), mais sous le contrôle des OPJ (C. pr. pén., art. 75).

Ils font parvenir leurs procès-verbaux au procureur de la République par l'intermédiaire de leurs chefs hiérarchiques (C. pr. pén., art. D. 14), mais « *la régularité et la force probante des procès-verbaux et rapports ne dépendent pas de leur mode de transmission hiérarchique* » (Crim. 27 mai 2015, n° 14-82.126, P n° 123).

2. L'extension des compétences des APJ par L. no 2019-222, 23 mars 2019

Depuis L. n° 2019-222, 23 mars 2019, de programmation 2018-2022 et de réforme pour la justice, les APJ peuvent, sous le contrôle d'un OPJ au cours de l'enquête de flagrance, ou avec l'autorisation préalable du procureur de la République au cours de l'enquête préliminaire :

– requérir toute personne qualifiée aux fins de procéder à des constatations ou des examens techniques ou scientifiques (C. pr. pén., art. 60 et 77-1, v. n° **11.49**) ;

– requérir de toute personne privée ou publique la communication d'informations intéressant l'enquête (C. pr. pén., art. 60-1 et 77-1-1, v. nº **11.54**) ;

– requérir d'un organisme public ou de certaines personnes morales de droit privé la mise à disposition de données contenues dans les bases informatiques qu'ils administrent (C. pr. pén., art. 60-2, al. 1 et 77-1-2, al. 1, v. nº **11.55A**) ;

– sur réquisition du procureur de la République préalablement autorisé par le JLD, requérir d'un opérateur de télécommunications ou d'un fournissseur d'accès la préservation de données (C. pr. pén., art. 60-2, al. 2 et 77-1-2, al. 2, v. nº **11.55A**) ;

– requérir toute personne qualifiée afin de procéder à l'ouverture de scellés pour réaliser une copie de données informatiques (C. pr. pén., art. 60-3 et 77-1-3, v. nº **11.55D**) ;

– procéder sous le contrôle de l'OPJ à des opérations de prélèvements « externes » de comparaison sur la personne suspectée ou susceptible de fournir des renseignements sur les faits en cause, ou aux opérations de relevés signalétiques et notamment de prises d'empreintes digitales, palmaires ou de photographies nécessaires à l'alimentation et à la consultation des fichiers de police (modifications issues L. nº 2023-22, 24 janv. 2023) (C. pr. pén., art. 76-2, v. nº **13.28B**).

Le Cons. const. a jugé ces dispositions de L. nº 2018-222, 23 mars 2019 qui étendent les pouvoirs des APJ conformes à la Constitution en ce qu'elles « *ne remettent pas en cause la direction et le contrôle de la police judiciaire par l'autorité judiciaire* » résultant de l'article 66 de la Constitution (Cons. const. 21 mars 2019, nº 2019-778 DC, § 173).

La L. nº 2018-222, 23 mars 2019 permet également aux APJ de procéder d'initiative au dépistage préventif de l'imprégnation alcoolique (C. route, art. L. 234-9, v. nº **13.3A2**) ou de l'usage de stupéfiants (C. route, art. L. 235-2, v. nº **13.9A4**) par le conducteur d'un véhicule.

3. L'extension des compétences des APJ par L. n 2022-22, 24 janv. 2023

La L. n 2022-22, 24 janv. 2023, d'orientation et de programmation du ministère de l'intérieur, a élargi les compétences de l'APJ pour lui permettre, sous le contrôle d'un OPJ, d'effectuer les actes suivants :

– requérir toute personne susceptible d'avoir connaissance des mesures appliquées pour protéger les données contenues dans un système informatique auquel il est permis d'accéder dans le cadre d'une perquisition (C. pr. pén., art. 57-1 et 76-3, v. nº **11.19F1**) et **11.55E1**) ;

– diligenter des enquêtes aux fins de recherche des causes de la mort ou de blessures graves (C. pr. pén., art. 74, v. nº **14.4**) et des enquêtes aux fins de recherche de personnes disparues (C. pr. pén., art. 74-1) ;

– notifier leurs droits aux personnes placées en vérification d'identité (C. pr. pén., art. 78-3, v. nº **11.25B**) ;

– procéder, dans le cadre d'une commission rogatoire, aux opérations de perquisition informatique prévues par C. pr. pén., art. 57-1 (C. pr. pén., art. 97-1, v. nº **11.19F1**) et **11.55E1**) ;

– procéder aux réquisitions aux fins d'installation d'un dispositif d'interception des communications électroniques (C. pr. pén., art. 100-3 (v. nº **11.36D** et 100-4, v. nº **11.36E**).

11.11 L'agent de police judiciaire adjoint (C. pr. pén., art. 21)

A. Les titulaires de la qualité d'agent de police judiciaire adjoint

Sont APJ adjoints les personnels suivants :

– fonctionnaires de la police nationale non APJ ;

– les volontaires servant en qualité de militaire de la gendarmerie (gendarmes auxiliaires) et les militaires de la réserve opérationnelle de la gendarmerie nationale qui n'étaient ni APJ ni OPJ lors de leur service actif ;

– les membres de la réserve « ~~civile~~ » « *opérationnelle* » (L. n° 2022-52, 24 janv. 2022) de la police nationale qui n'étaient ni APJ ni OPJ lors de leur service actif (L. n° 2011-267, 14 mars 2011) ;

– les policiers adjoints (anc^{t} adjoints de sécurité, ainsi désignés depuis L. n° 2021-646, 25 mai 2021) ;

– les membres de la réserve « ~~civile~~ » « *opérationnelle* » (L. n° 2022-52, 24 janv. 2022) de la police nationale ne remplissant pas les conditions prévues au C. pr., pén., art. 20-1 (L. n° 2017-258, 28 févr. 2017) ;

– les agents de surveillance de Paris, pour les infractions qu'ils sont habilités à constater (CSI, art. L. 532-1 (anc^{t} CGCT, art. L. 2216-1) et R. 2212-15-12, C. pr. pén., art. R. 15-33-29-3, C. route, art. R. 130-1-2) ;

– les agents de police municipale, pour les infractions qu'ils sont habilités à constater (CSI, art. L. 511-1 (anc^{t} CGCT, art. L. 2212-5) et CGCT, art. R. 2212-15, C. pr. pén., art. R. 15-33-29-3, C. route art. R. 130-2) (V. n° **11.11**) ;

– les gardes champêtres, pour les infractions qu'ils sont habilités à constater (CGCT, art. L. 2213-18 et R. 2213-60, C. pr. pén., art. R. 15-33-29-3, C. route, art. R. 130-3).

B. Les missions de l'agent de police judiciaire adjoint

Comme les agents de police judiciaire, ils secondent les OPJ en se limitant strictement aux opérations prescrites et sans pouvoir recevoir délégation des pouvoirs propres de ce dernier (C. pr. pén., art. 21 et D. 13). Ils ont pour mission de :

– seconder les OPJ ;

– rendre compte à leurs chefs hiérarchiques OPJ des infractions dont ils ont connaissance, sous forme de rapports que ces derniers doivent transmettre au procureur de la République (C. pr. pén., art. 21 et D. 15) ;

– constater, en se conformant aux ordres de leurs chefs, les infractions à la loi pénale et recueillir tous renseignements en vue de découvrir les auteurs ;

– constater par procès-verbal les contraventions au code de la route dont la liste est fixée par décret en Conseil d'État, ainsi que la contravention d'outrage sexiste prévue par C. pén., art. 621-1 (v. n° **20.89**) ;

– recueillir les éventuelles observations du contrevenant pour les infractions qu'ils constatent par procès-verbal.

11.12 L'agent de police municipale est agent de police judiciaire adjoint

A. Les compétences générales de l'agent de police municipale

1. Les compétences générales : arrêtés municipaux et contraventions routières (CSI, art. L. 511-1 (anc^{t} CGCT, art. L. 2212-5))

L'agent de police municipale est APJ adjoint (C. pr. pén., art. 21), il exerce donc les missions décrites au n° **11.11**.

Pour constater les contraventions par procès-verbal, sa compétence est cependant réduite à deux domaines principaux : d'une part les contraventions aux **arrêtés de police du maire** (CSI, art. L. 511-1 (anc^{t} CGCT, art. L. 2212-2 et L. 2212-5)), qui sont des contraventions de 2e classe depuis D. n° 2022-185, 5 févr. 2022 (auparavant contrav. 1re cl.) (C. pén., art. R. 610-5, v. n° **23.22**), d'autre part les **contraventions au code de la route** (CSI, art. L. 511-1 (anc^{t} CGCT, art. L. 2212-5)) et au **code pénal**, mais sous les restrictions ci-dessous.

2. Les restrictions aux compétences générales en matière de contravention routière (C. route, art. R. 130-2)

En matière de circulation routière, l'agent de police municipale est incompétent pour relever par procès-verbal les contraventions suivantes (C. route, art. R. 130-2) :

– contraventions commises par l'employeur ou donneur d'ordre dans les transports de marchandises ou de personnes (C. route, art. R. 121-1 à R. 121-5, v. n^os^ **37.17**, **37.18** et **37.19**) ;

– défaut d'échange de permis de conduire étranger (C. route, art. R. 222-2 et R. 222-3, v. n° **36.40**) ;

– conduite en état alcoolique contraventionnelle (C. route, art. R. 234-1, v. n° **36.8**) ;

– mise en vente de pneumatique détérioré (C. route, art. R. 314-2) ;

– commercialisation de dispositif augmentant la puissance moteur des cyclomoteurs (C. route, art. R. 317-29),

– commercialisation ou mise en circulation de véhicule ou équipement non réceptionné ou homologué (à l'exception de l'usage d'un dispositif non homologué, C. route, art. R. 321-4) ;

– règlementation des courses de véhicules à moteur (C. route, art. R. 411-32) ;

– filouterie de péage routier (C. route, art. R. 412-17, v. n° **22.32**) ;

– troubles à la circulation (C. route, art. R. 412-51, v. n° **36.23**) ;

– distribution de tracts ou objets aux véhicules (C. route, art. R. 412-52) ;

– commercialisation de détecteur radar (à l'exclusion de la détention et de l'utilisation, C. route, art. R. 413-15, v. n° **36.84**).

B. Les compétences pour certaines contraventions du code pénal (C. pr. pén., art. R. 15-33-29-3)

Comme les gardes champêtres, les agents de surveillance de Paris ainsi que les agents de la ville de Paris chargés d'un service de police, les agents de la police municipale peuvent **constater par procès-verbal** les contraventions suivantes prévues par le code pénal, lorsqu'elles sont commises sur le territoire communal ou sur le territoire pour lesquels ils sont assermentés et qu'elles ne nécessitent pas de leur part d'actes d'enquête :

– divagation d'animaux dangereux (C. pén., art. R. 622-2, v. n° **31.25**) ;

– bruits ou tapages injurieux ou nocturnes (R. 623-2, v. n° **20.48**) ;

– excitation d'animaux dangereux (R. 623-3, v. n° **31.25**) ;

– menaces de destruction (R. 631-1, v. n° **20.57** et R. 634-1 ; v. n° **20.58**), lorsqu'elles concernent des biens appartenant à la commune ;

– abandon d'ordures, déchets, matériaux et autres objets (R. 632-1, v. n° **31.27** et R. 635-8, v. n° **31.28**) ;

– destructions, dégradations et détériorations légères (R. 635-1, v. n° **22.64**), lorsqu'elles concernent des biens appartenant à la commune ;

– atteintes volontaires ou involontaires à animal et mauvais traitements à animal (R. 653-1, v. n° **31.16**, R. 654-1, v. n° **31.14** et R. 655-1, v. n° **31.12**) ;

– contraventions de non-respect des arrêtés de police (R. 610-5, v. n° **23.22**).

C. Les autres compétences spéciales

Ils peuvent constater par « **rapport** » l'infraction de menace, voie de fait, entrave à l'accès des immeubles collectifs (CGCT, art. L. 2212-5, CCH, art. L. 126-1, v. n° **20.54**).

Ils peuvent constater par « **procès-verbal** » les faits suivants :

– entrave à la libre circulation sur la voie publique (C. route, art. R. 130-2, C. pén., art. R. 644-2, v. n° **36.22**) ;

– atteinte involontaire à l'intégrité d'un animal (C. route, art. R. 130-2, C. pén., art. R. 653-1, v. n° **31.16**) ;

– infractions sur la pêche (C. envir., art. L. 437-1, v. n° **31.43**) ;

– infractions sur la protection de la faune et de la flore (C. envir., art. L. 415-1) ;

– infractions sur les réserves naturelles (C. envir., art. L. 332-20) ;

– infractions sur les déchets (C. envir., art. L. 541-44, v. n° **31.26**) ;

– infractions sur les publicités, enseignes et préenseignes (C. envir., art. L. 581-40, v. n° **31.56**) ;

– infractions sur la conservation du domaine public routier (C. voirie rout., art. L. 116-2, v. n° **31.58**) ;

– infractions à la règlementation relative aux chiens dangereux (C. rur., art. L. 215-3-1, v. n° **31.24**) ;

– contraventions relatives à l'interdiction de fumer dans les lieux affectés à un usage collectif (CSP, art. R. 3512-1 et R. 3512-2, v. n° **29.51**) ;

– infractions à la police du transport ferroviaire ou guidé ainsi que les contraventions prévues par les règlements relatifs à la police ou à la sûreté du transport et à la sécurité de l'exploitation des systèmes de transport ferroviaire ou guidé, commises sur le territoire de la commune ou celui des communes formant un seul tenant, s'ils sont affectés par le maire à des missions de maintien du bon ordre au sein des transports publics de voyageurs (C. transp., art. L. 2241-1, CSI, art., L. 511-1, mod. L. n° 2016-339, 22 mars 2016, v. n^os^ **11.23J**, **22.33** et **22.34**).

D. La relation avec les autorités judiciaires

L'agent de police municipale, qui est placé sous la hiérarchie du maire (ou du préfet de police à Paris) qu'il tient informé, est aussi tenu de rendre compte auprès de tout OPJ territorialement compétent de la police ou de la gendarmerie. Il doit ainsi immédiatement aviser ce dernier des infractions dont il a connaissance et, par son intermédiaire, transmettre sans délai ses rapports et procès-verbaux au procureur de la République (C. pr. pén., art. 21-2, R. 15-33-29-4).

11.13 L'assistant d'enquête (C. pr. pén., art. 21-3, L. n° 2023-22, 24 janv. 2023)

La L. n° 2023-22, 24 janv. 2023, d'orientation et de programmation du ministère de l'intérieur, a complété C. pr. pén., art. 15 en créant une nouvelle catégorie d'agents destinés à exercer des missions de police judiciaire : les **assistants d'enquête**.

Ces agents sont « *recrutés parmi les militaires du corps de soutien technique et administratif de la gendarmerie nationale, les personnels administratifs de catégorie B de la police nationale et de la gendarmerie nationale et les APJ adjoints de la police nationale et de la gendarmerie nationale ayant satisfait à une formation sanctionnée par un examen certifiant leur aptitude à assurer les missions que la loi leur confie* » (C. pr. pén., art. 21-3).

Selon le rapport annexé à la loi (n° 3.1.2) « *afin de recentrer les OPJ sur leur cœur de métier* », « *ces assistants d'enquête (qui ne seront pas un corps nouveau mais des agents de catégorie B habilités devant l'autorité judiciaire) assureront les tâches administratives liées aux investigations : ils pourront consulter les fichiers de police, réaliser les « avis » (avis avocat, avis famille, avis consulat, etc.), effectuer des convocations, rédiger certains actes comme des réquisitions auprès des opérateurs téléphoniques, sous le contrôle des OPJ et APJ* ».

Dans les conditions qui sont à préciser par décret, « *Les assistants d'enquête ont pour mission de seconder, dans l'exercice de leurs fonctions, les OPJ et APJ de police judiciaire de la police nationale et de la gendarmerie nationale, aux seules fins d'effectuer, à la demande expresse et sous le contrôle de l'OPJ ou, lorsqu'il est compétent, de l'APJ, les actes suivants et d'en établir les procès-verbaux :*

1° Procéder à la convocation de toute personne devant être entendue par un OPJ ou un APJ et contacter, le cas échéant, l'interprète nécessaire à cette audition ;

2° Procéder à la notification de leurs droits aux victimes, en application de l'article 10-2 [v. n° **16.1B2**] ;

3° Procéder, avec l'autorisation préalable du procureur de la République ou du JLD lorsque celle-ci est prévue, aux réquisitions prévues aux articles 60 [réquisition à personne qualifiée en flagrance, v. n° **11.49B1**], *60-3* [extraction de données informatiques contenues dans un scellé, v. n° **11.55D**], *77-1* [réquisition à personne qualifiée en préliminaire, v. n° **11.49B2**] *et 99-5* [extraction de données informatiques contenues dans un scellé dans le cadre de l'instruction, v. n° **11.55D**] *ainsi qu'à celles prévues aux articles 60-1 et 77-1-1* [demande d'informations probantes auprès des tiers, v. n° **11.54A**] *lorsqu'elles concernent des enregistrements issus de système de vidéoprotection ;*

4° Informer de la garde à vue, par téléphone, les personnes mentionnées à l'article 63-2 [avis aux proches, employeur, consulat, v. n° **12.17A1**] ;

5° Procéder aux diligences prévues à l'article 63-3 [mise en œuvre de l'examen médical du gardé à vue, v. n° **12.18E1**] ;

6° Informer l'avocat désigné ou commis d'office de la nature et de la date présumée de l'infraction sur laquelle porte l'enquête, en application de l'article 63-3-1 [information de l'avocat lors de la garde à vue, v. n° **12.24B**] ;

7° Procéder aux convocations prévues à l'article 390-1 [convocation par procès-verbal devant la juridiction de jugement, v. n° **15.5A1**] ;

8° Procéder aux transcriptions des enregistrements prévus à l'article 100-5 [transcription des interceptions de communications électroniques, v. n° **11.36E1**] *et au troisième alinéa de l'article 706-95-18* [transcription des données enregistrées issues de techniques spéciales d'enquête : IMSI Catcher, sonorisation et captation de données, v. n° **11.36E1**] *préalablement identifiés comme nécessaires à la manifestation de la vérité par les OPJ* ».

Le décret n° 2023-747, 9 août 2023, codifié au C. pr. pén., art. R. 15-17-2 s., précise les modalités encadrant leur affectation, celles relatives à la prestation de serment ainsi que celles relatives aux modalités de transcription d'enregistrements issus d'interception de correspondances émises par la voie de télécommunications et de données recueillies dans le cadre de la mise en œuvre de techniques spéciales d'enquête.

11.14 La compétence territoriale de l'OPJ et de l'APJ et ses extensions

A. La compétence territoriale de l'OPJ (C. pr. pén., art. 18, D. 12)

1. La compétence territoriale ordinaire de l'OPJ

Les OPJ ont compétence dans les limites territoriales où ils exercent leurs fonctions habituelles (C. pr. pén., art. 18). La création et la compétence territoriale des services actifs de la police nationale et des unités de la gendarmerie nationale dans lesquels les OPJ exercent leurs fonctions habituelles sont déterminées par l'autorité réglementaire (C. pr. pén., art. R. 15-21 et R. 15-26). La compétence de tout OPJ s'étend au moins à l'ensemble du ressort du TJ puisqu'en effet l'OPJ attaché à une circonscription de sécurité publique (commissariat) ou à une brigade territoriale (brigade de gendarmerie) a compétence ordinaire sur l'ensemble du ressort du TJ où son service a son siège (C. pr. pén., art. R. 15-20° et R. 15-24°).

Depuis L. n° 2018-222, 23 mars 2019, applicable au 25 mars 2019, « *Les OPJ peuvent se transporter sur toute l'étendue du territoire national, à l'effet d'y poursuivre leurs investigations et de procéder à des auditions, perquisitions et saisies, après en avoir informé le procureur de la République saisi de l'enquête ou le juge d'instruction. Ils sont tenus d'être assistés d'un OPJ territorialement compétent si ce magistrat le décide. Le procureur de la République du TJ dans le ressort duquel les investigations sont réalisées est également informé par l'OPJ de ce transport.* » (C. pr. pén., art. 18, al. 3 modifié).

« *cette information [du procureur ou du juge d'instruction] devra donc être mentionnée par procès-verbal. Elle pourra se faire par tout moyen* » (Cir. Crim. 2019-9/H3, 5 avr. 2019, n° 1.1). L'enquêteur « *mentionne dans sa procédure les avis donnés* » (C. pr. pén., art. D. 12).

Les dispositions qui précèdent s'appliquent donc en termes identiques à l'OPJ exécutant une commission rogatoire (sur l'enquête sur commission rogatoire, v. n° **11.17** s.).

Dans le droit antérieur, les OPJ pouvaient, sans autorisation du magistrat en charge de l'enquête, si le crime ou le délit était constaté dans leur circonscription habituelle, se transporter dans le ressort des **TJ limitrophes** du tribunal ou des tribunaux auxquels ils étaient rattachés, pour « *y poursuivre leurs investigations* » et « *procéder à des auditions, perquisitions et saisies* » qui « *se rattachent directement à l'infraction et qui s'imposent à l'OPJ dans le temps de l'enquête* » (C. pén., art. 18, al. 3 mod. par L. n° 2011-392, 14 avr. 2011, et D. 12 ancien). À cet égard, les ressorts des TJ d'un même département étaient considérés comme un même ressort, de même les ressorts des TJ de Paris, Nanterre, Bobigny et Créteil (C. pr. pén., art. 18 anc.). L'OPJ ne pouvait procéder sur toute l'étendue du **territoire national** que sur l'instruction « *expresse* » ou la « *prescription formelle* » (C. pr. pén., art. 18, al. 4 anc. et D. 12 anc.) du juge d'instruction ou du procureur.

Si l'OPJ peut désormais se transporter sur toute l'étendue du territoire national sans autorisation d'un magistrat, il doit néanmoins l'informer de son transport. Selon les précisions apportées par D. n° 2019-507, 24 mai 2019, l'information du magistrat chargé de l'enquête est toutefois facultative en cas de transport dans un ressort limitrophe et les TJ de Paris, Nanterre, Bobigny et Créteil sont à cet égard assimilés à un même ressort (C. pr. pén., art. D. 12 mod. par D. n° 2019-507, 24 mai 2019), précision désormais intégrée au C. pr. pén., art. 18, depuis L. n° 2020-1672, 24 déc. 2020).

L'OPJ doit également informer le procureur de la République du lieu du transport. Depuis L. n° 2020-1672, 24 déc. 2020, modifiant C. pr. pén., art. 18, l'information par l'enquêteur du procureur de la République n'est toutefois plus imposée en cas de transport dans un ressort limitrophe. Les TJ de Paris, Nanterre, Bobigny et Créteil sont à cet égard assimilés à un même ressort (C. pr. pén., art. 18, mod. par L. n° 2020-1672, 24 déc. 2020).

En toute hypothèse, l'OPJ informe « *l'OPJ en charge de la sécurité publique* » du lieu de transport (C. pr. pén., art. D. 12 mod. par D. n° 2019-507, 24 mai 2019).

Mentionnons que la police judiciaire est tenue de recevoir les **plaintes** déposées par les victimes d'infractions, **quel que soit le lieu de commission des faits** (C. pr. pén., art. 15-3, v. n° **16.1B**). En outre, C. pr. pén., art. 18 (comme C. pr. pén., art. D. 12) « *n'exige pas que l'infraction portée à la connaissance de l'officier de police judiciaire ait été commise dans la circonscription où il exerce ses fonctions habituelles* » (Crim. 26 févr. 1991, n° 90-87.360, P n° 96). D'où l'on peut déduire qu'en recevant plainte pour un crime ou un délit flagrant commis sur un autre ressort, sur lequel il n'exerce donc pas ses fonctions habituelles, l'OPJ peut néanmoins procéder aux « *premières constatations et investigations utiles* » (*ibid.*). Dans cette affaire, l'OPJ avait ainsi pu valablement recevoir la plainte de la victime d'un viol qui venait d'être commis sur le ressort d'un TJ limitrophe, requérir un médecin pour procéder à son examen, entendre la victime, convoquer et placer en garde à vue l'auteur, confronter les intéressés, et se transporter sur les lieux, avant que de présenter le mis en cause au procureur du lieu de l'infraction.

2. L'extension nationale et internationale de compétence sur mandat judiciaire

S'agissant des opérations de surveillance ou d'infiltration en matière de criminalité organisée, des règles particulières de compétence territoriale s'appliquent (v. n^{os} **11.31** et **11.33**).

L'OPJ peut enfin, sur commission rogatoire expresse du juge d'instruction ou sur réquisitions du procureur de la République, procéder à des auditions sur le territoire d'un État étranger, avec l'accord des autorités compétentes de ce dernier (C. pr. pén., art. 18, al. 4 ; L. n° 2004-204, 9 mars 2004, art. 78).

3. Les équipes communes d'enquête (C. pr. pén., art. 695-2)

En application de la Convention européenne d'entraide judiciaire du 29 mai 2000 et de la décision-cadre du 13 juin 2002, l'article 695-2 C. pr. pén., prévoit qu'avec l'accord du ministre de la justice et le consentement du ou des États membres concernés, le procureur de la République ou le juge d'instruction peut créer une « *équipe commune d'enquête* » lorsqu'il y a lieu d'effectuer, dans le cadre d'une procédure française, une enquête complexe impliquant la mobilisation d'importants moyens et qui concernent d'autres États membres. Des agents étrangers sont détachés par un autre État membre auprès de l'équipe commune, aux fins d'effectuer des actes d'enquête, sans cependant qu'aucun des pouvoirs propres de l'OPJ français ne puissent leur être délégués (ex. contrainte à comparaître, placement en garde à vue, perquisition, saisie, réquisition) (Circ. Crim. 09-03/G1, 23 mars 2009, NOR : JUSD0906870C).

Dans les mêmes conditions, des agents français peuvent être détachés sur le territoire d'autres États pour participer à une équipe commune d'enquête.

B. La compétence territoriale de l'APJ ou APJ adjoint

1. Les fonctionnaires de police ou de gendarmerie

Les APJ et APJ adjoints ont compétence dans les limites territoriales où ils exercent leurs fonctions habituelles ainsi que dans celles où l'OPJ responsable du service de la police nationale ou de l'unité de gendarmerie auprès duquel ils ont été nominativement mis à disposition temporaire exerce ses fonctions. Lorsqu'ils secondent un OPJ (sur l'appui de l'APJ à l'OPJ chargé d'une commission rogatoire, v. n° 11.17B3), ils ont compétence dans les limites territoriales où ce dernier exerce ses attributions. (C. pr. pén., art. 21-1). Contrairement à l'OPJ, l'APJ ou APJ adjoint ne dispose pas en propre de prérogatives d'extension de compétence territoriale en cas de flagrance et ne peut davantage en bénéficier sur mandat d'un magistrat.

Mais comme pour l'OPJ, la compétence de base de l'APJ s'étend au moins à l'ensemble du ressort du TJ (v. n° 11.14, C. pr. pén., art. R. 15-20 2° et R. 15-25 2°).

2. Les agents de police municipale et gardes champêtres

Les agents de police municipale, formés selon les dispositions prévues par CSI, art. L. 511-6, exercent leurs fonctions sur le territoire communal (CGCT, art. L. 2212-5 et R. 2212-15). Ils ne peuvent constater par procès-verbal que les contraventions commises sur le territoire communal, et, s'agissant de la circulation routière, sur les voies autres que les autoroutes (C. route, art. R. 130-2).

Les dispositions sont comparables pour les gardes champêtres (CGCT, art. L. 2213-18 et R. 2213-60 ; C. route, art. 130-3 ; C. pén., art. R. 15-33-29-3).

Mentionnons qu'à Paris, les fonctions d'agent de police municipale ne peuvent être exercées que par des fonctionnaires de la ville de Paris recrutés et formés selon des dispositions particulières fixées par CSI, art. L. 533-1 s. (issus L. n° 2021-646, 25 mai 2021). Ces agents « *peuvent constater par procès-verbal les contraventions aux arrêtés de police du préfet de police relatifs au bon ordre, à la salubrité, à la sécurité et la tranquillité publiques* », à l'exception des« *interdictions de manifestation sur la voie publique* » (CSI, art. L. 533-4, issu L. n° 2021-646, 25 mai 2021).

C. La saisine directe de l'OPJ ou de l'APJ d'un service d'enquête situé hors ressort (C. pr. pén., art. 41 et D. 15-4)

Le procureur de la République peut « *requérir tout OPJ, sur l'ensemble du territoire national, de procéder aux actes d'enquête qu'il estime nécessaires dans les lieux où chacun d'eux est territorialement compétent* » (C. pr. pén., art. 41, L. n° 2016-731, 3 juin 2016).

Cette disposition « *étend la possibilité qui était offerte par le premier alinéa de l'article D. 15-4 du code de procédure pénale, de saisir, en cas d'urgence, un service d'enquête "extérieur". La condition d'urgence prévue par ce texte est supprimée.../...Les dispositions de l'article D. 15-4.../...sont désormais caduques à l'exception du deuxième alinéa* [devenu D. 15-4, al. 1 depuis D. n° 2016-1455, 28 oct. 2016] *prévoyant un retour direct des actes d'enquête réalisés au parquet mandat* » (Circ. Crim. 2016-03/H, 17 juin 2016, JUSD1616979C n° 1.3).

« *La loi ne fait pas obstacle à ce que la saisine d'un service d'enquête extérieur se fasse directement par le service d'enquête initialement saisi, qui y aurait été préalablement autorisé par le parquet.../...par téléphone ou par courriel, à condition que mention en soit portée sur procès-verbal et que la traçabilité de la procédure soit assurée par le service d'enquête initialement saisi.* » (Circ. Crim-PJ n° 05-28-H8, 5 août 2016, n° 1). En accord avec les directions générales de la police et de la gendarmerie nationales, la chancellerie recommande aux procureurs de saisir la force compétente pour les missions de sécurité et de paix publiques sur la zone considérée, « *indépendamment de la force (police ou gendarmerie) à l'origine de la* procédure » (Circ. Crim-PJ n° 05-28-H8, 5 août 2016, n° 1) (la répartition des compétences territoriales entre ces deux forces de sécurité résultent de CGCT, art. L. 2214-1 et R. 2214-1 et de CSI, art. R. 431-2).

« *Si les procureurs de la République demeurent autorisés à faire transiter les procédures dont ils entendent saisir les services d'enquête situés en dehors de leur ressort par le parquet territorialement compétent, cette pratique doit désormais demeurer exceptionnelle au regard des charges inutiles qu'elle induit.* » (Circ. Crim. 2016-03/H, 17 juin 2016, JUSD1616979C n° 1.3).

D. La compétence territoriale de l'OPJ ou APJ dans les transports collectifs

Les agents de police judiciaire de la police nationale ou de la gendarmerie nationale exerçant leur mission dans les véhicules affectés au transport collectif de voyageurs sont compétents dès lors que ces véhicules ou le réseau sur lequel ils circulent traversent tout ou partie de leur circonscription d'affectation (C. pr. pén., art. 18, R. 15-28).

Les OPJ et APJ affectés au service de police intervenant sur les réseaux de transport en commun de voyageurs par voie ferrée de la région d'Ile-de-France sont compétents sur toute l'étendue de cette région (C. pr. pén., art. R. 15-30).

Les OPJ et APJ affectés aux directions régionales de la police judiciaire de Paris et de Versailles sont compétents pour exercer leur mission sur l'ensemble des lignes, stations, gares, arrêts et couloirs des transports en commun de la région Ile-de-France (C. pr. pén., art. R. 15-31).

Les OPJ et APJ appartenant à un service de sûreté départementale, circonscription de sécurité publique, brigade ou équipe de recherche, brigade territoriale organisée ou non en communauté de brigade, peloton de surveillance et d'intervention de la gendarmerie départementale) sont compétents pour opérer sur l'ensemble des lignes, stations, gares, arrêts et couloirs affectés aux transports collectifs de voyageurs de leur département d'affectation et dans les départements limitrophes (C. pr. pén., art. R. 15-30 et R. 15-33).

11.15 La distinction entre l'enquête de flagrance et l'enquête préliminaire et sa portée

A. L'enquête de flagrance (C. pr. pén., art. 53 s.)

1. Le crime ou le délit actuel ou qui vient de se commettre est flagrant

Les modalités de révélation de l'infraction – selon qu'elle est flagrante ou non – déterminent l'étendue des pouvoirs d'investigation dont dispose l'enquêteur.

« *Est qualifié crime ou délit flagrant le crime ou le délit qui se commet actuellement, ou qui vient de se commettre* » (C. pr. pén., art. 53). Il y a également flagrance « *lorsque, dans un temps très voisin de l'action, la personne soupçonnée est poursuivie par la clameur publique, ou est trouvée en possession d'objets, ou présente des traces ou indices, laissant penser qu'elle a participé au crime ou au délit* » (C. pr. pén., art. 53).

La situation de flagrance est caractérisée selon la jurisprudence par l'existence d'un « *indice apparent d'un comportement délictueux* », lorsqu'un tel comportement consiste en un crime ou un délit passible d'emprisonnement. L'indice peut consister dans la dénonciation non anonyme de l'infraction par la victime ou un témoin. Dans tous les cas, quelles que soient les modalités de révélation des indices de l'infraction, la flagrance n'est caractérisée que lorsque l'infraction en cause vient de se commettre ou a été commise dans un temps très voisin de sa révélation.

Les indices de la flagrance doivent être constatés préalablement à la réalisation des perquisitions révélant la preuve des infractions (Crim. 15 oct. 2014, nº 14-83.702, D). « *pour pouvoir agir en enquête de flagrance, les officiers de police judiciaire doivent avoir eu connaissance, au préalable, d'indices apparents d'un comportement révélant l'existence d'une infraction en train de se commettre ou qui vient d'être commise* » (Crim. 11 juill. 2007, nº 07-83.427, P nº 183).

La qualification de la flagrance doit résulter des constatations *a priori* des enquêteurs et « *Les juges ne peuvent, pour justifier la mise en œuvre des pouvoirs prévus* [...] *en cas de crime ou de délit fragrant, substituer leurs propres déductions aux constatations initiales des OPJ ou APJ* » (Crim. 7 janv. 2020, nº 19-83.774, P ; dans le même sens : Crim. 22 févr. 1996, nº 95-85.861, P nº 87).

« *l'état de flagrance doit s'apprécier au moment de l'intervention de l'agent de police judiciaire dans le cadre d'une procédure visant un délit passible d'emprisonnement* », « *peu important que, par la suite, les faits aient reçu une qualification contraventionnelle* » (Crim. 3 sept. 2002, nº 01-86.950, D).

Les éléments suivants constituent notamment des indices apparents d'un comportement délictueux :

– Constaté par les fonctionnaires de police présents sur les lieux, « *le seul marquage du chien spécialisé* [pour la recherche de produits stupéfiants] *devant la porte de l'appartement constituait l'indice objectif et apparent d'un comportement suspect, caractérisant la flagrance* » (Crim. 11 déc. 2019, nº 19-82.457) ;

– « *la forte odeur de cannabis* [...], *personnellement constatée par les gendarmes, après un marquage du chien dressé à la recherche de stupéfiants* » (Crim. 27 juin 2017, nº 17-80.859, D) ;

– Lorsqu'à l'occasion d'un contrôle routier, « *les policiers ont constaté que se dégageait de l'intérieur* [du véhicule], *une forte odeur de résine de cannabis* » (Crim. 4 nov. 1999, nº 99-85.397, P nº 247) ; ou, lorsqu'à l'occasion d'un contrôle pour excès de vitesse les policiers aperçoivent à l'intérieur du véhicule un sac d'où « *dépassait une grosse liasse de billets de banque* » dont la découverte suscite des réactions de peur et des explications contradictoires (Crim. 26 mai 2004, nº 04-82.053, D) ;

– La vue, par des policiers alertés par des voisins « *d'un sac en plastique laissant apparaître des blocs de haschich* » dans une maison vide de tout occupant dont la porte était restée ouverte tout l'après midi (Crim. 12 mai 1992, nº 91-85.236, P nº 187) ;

– La vue, à l'occasion d'un accident routier d'une « *arme, visible dans la boîte à gants disloquée* » (Crim. 2 mars 1993, nº 91-81.033, P. nº 93) ; ou la vue d'une arme lors de « *l'ouverture du bagage [...] justifiée par l'identification du blessé et de ses proches, et dès lors que l'existence d'un indice apparent d'un comportement délictueux, en train de se commettre, a été révélée à l'occasion des vérifications régulièrement opérées à cette fin* » (Crim. 5 janv. 2005, nº 04-81.714, P nº 6), ;

– La fuite à pied du passager d'un scooter alors que le conducteur faisait l'objet d'un contrôle routier (Crim. 14 avr. 2015, nº 14-83.462, P nº 80) ;

– Le lavage et le déchargement, sur une station de lavage, de plusieurs motocyclettes non immatriculées, ces éléments étant « *de nature à constituer [...] un indice de commission de l'infraction de recel de vol du fait de l'absence d'immatriculation des véhicules et de leur nombre* » (§ 5) (Crim. 25 oct. 2022, nº 22-81.466, P).

– Un renseignement anonyme selon lequel une personne désignée devait effectuer une transaction portant sur des stupéfiants dans un lieu où une surveillance policière permettait de constater la remise de manière « fugitive » d'un paquet que l'auteur allait dissimuler à l'intérieur de son véhicule (Crim. 24 oct. 2012, nº 11-84.709, D). En l'absence d'autre indice apparent, est en revanche insuffisant le renseignement anonyme désignant un véhicule susceptible de contenir des stupéfiants appartenant à une personne connue pour des faits de trafic et en relation avec des personnes aussi connues pour de tels faits (Crim. 11 juill. 2007, n° 07-83.427, P n° 183), ou désignant un véhicule dans lequel des personnes consommeraient des stupéfiants (Crim. 2 févr. 1988, n° 87-81.147, P n° 52), ou le « *renseignement confidentiel* » désignant une personne, même déjà impliquée par le passé dans une affaire de même nature, comme se livrant au trafic de stupéfiants (Crim. 30 mai 1980, n° 80-90.075, P n° 165).

– Des renseignements non anonymes dénonçant l'exécution de travaux par des travailleurs dissimulés, suivis de surveillances révélant des entrées et sorties de camions chargés de matériaux, la présence d'engins de chantier et de personnes en train de travailler (Crim. 25 juin 2014, n° 14-81.647, P n° 164) ;

– Un renseignement non anonyme dénonçant des faits de pédopornographie commis par un internaute, accompagné de remise de photographies aux enquêteurs et suivi de surveillances corroborant l'existence d'un rendez-vous où le suspect se rendait et répondait au numéro de téléphone désigné par le dénonciateur (Crim. 1er oct. 2003, n° 03-84.142, P n° 176) ;

– Des « *déclarations non anonymes d'un co-auteur recueillies par procès-verbal faisant état d'une infraction à la législation sur les stupéfiants qui se commettait ou venait de se commettre* » matérialisent l'état de flagrance (Crim. 23 mars 1992, n° 90-85.217, P n° 123) ;

– Dans une affaire où la victime, élue, s'était vue proposer une offre de corruption qui devait se dénouer lors d'un rendez-vous pris pour le lendemain « *la révélation faite par la victime d'une infraction qui est sur le point de se commettre a caractérisé* » la flagrance (Crim. 22 avr. 1992, n° 90-85.125, P n° 169).

2. La flagrance attribue d'office des pouvoirs de contrainte et d'investigation accrus à l'enquêteur

L'enquête de flagrance, parce qu'elle confère à l'enquêteur des pouvoirs de contrainte ou d'investigation accrus, ne peut être menée qu'à la suite de la constatation d'un **crime** ou d'un **délit** flagrant (C. pén., art. 53, al. 2). Son régime n'est donc ouvert qu'aux infractions graves, les crimes et les délits, et non aux contraventions. Ainsi, la commission d'une contravention routière sur la voie publique ne peut conduire à la réalisation du contrôle du véhicule et du conducteur dans un lieu privé, en l'espèce les parties communes (parking souterrain) d'un immeuble dans lesquels les enquêteurs ne disposaient pas d'une autorisation permanente d'accès prévue par CCH, art. L. 126-1 (Crim. 7 janv. 2020, n° 19-83.774, P).

La flagrance ne mérite en outre d'être caractérisée que pour les délits passibles d'emprisonnement, puisqu'à défaut l'OPJ ne dispose pas de pouvoirs de contrainte – perquisition sans assentiment, arrestation, garde à vue – (C. pr. pén., art. 67).

Notons également que seuls les crimes ou délits passibles d'emprisonnement, commis en flagrance, autorisent l'appréhension de l'auteur par toute personne et sa conduite devant l'OPJ le plus proche (C. pr. pén., art. 73).

En enquête de flagrance, l'OPJ peut, sans l'autorisation préalable du procureur de la République, recourir à une personne qualifiée pour procéder à des constatations ou à des examens techniques ou scientifiques (C. pr. pén., art. 60) (sur la réquisition à technicien, v. n° **11.49**).

L'état de flagrance et la nature de l'infraction relevée s'apprécient au temps de l'intervention et en fonction des éléments connus à ce stade, et il importe donc peu que les faits aient ensuite reçu une qualification ne conférant pas de pouvoirs de contrainte (contravention, délit non passible d'emprisonnement). En effet, la flagrance « *doit s'apprécier au moment de l'intervention de l'officier de police judiciaire agissant dans le cadre d'une procédure visant un délit passible d'emprisonnement et qu'il n'importe que, par la suite, les faits aient reçu une qualification contraventionnelle* » (Crim. 11 mars 1992, n° 91-84.175, P n° 110 ; dans le même sens : Crim. 9 janv. 1990, n° 89-84.238, P n° 16) ;

3. L'enquête de flagrance est continue et limitée dans le temps (8 + 8 jours)

L'enquête de flagrance menée à la suite de la constatation d'un crime ou d'un délit flagrant ne peut se poursuivre pendant plus de huit jours (C. pr. pén., art. 53). Dans la nouvelle rédaction issue de la loi n° 2004-204 du 9 mars 2004 (art. 77), il est précisé que l'enquête, « *menée sous le contrôle du procureur de la République* », « *peut se poursuivre sans discontinuer pendant une durée de huit jours* ».

Cependant, si « *des investigations nécessaires à la manifestation de la vérité pour un crime ou un délit puni d'une peine* $\geqslant$ *5 ans ne peuvent être différées, le procureur de la République peut décider [...] la prolongation de l'enquête pour une durée maximale de huit jours* » (C. pr. pén., art. 53).

Le délai de flagrance ne s'interrompt pas nécessairement par le déferement d'un des auteurs. Il est ainsi jugé, dans une affaire de trafic de stupéfiants dans lequel un premier auteur interpellé en flagrance avait fait l'objet d'un déferement en vue d'une injonction thérapeutique, qu'un second auteur a valablement pu être interpellé au cours du même délai de flagrance, dont le terme n'était pas expiré, par les enquêteurs qui avaient reçu pour instruction de continuer leurs investigations (Crim. 12 mai 2009, n° 09-81.434, P n° 90).

B. L'articulation de l'enquête de flagrance et préliminaire à l'occasion de faits connexes

1. L'extension de la flagrance aux faits connexes non flagrants

La coexistence de plusieurs faits, les uns relevant de la flagrance et d'autres antérieurs relevant de l'enquête préliminaire, peut conduire à unifier les investigations sous le régime de la flagrance, à condition qu'une relation de connexité existe entre les infractions (sur la définition de la connexité, C. pr. pén., art. 203 et la jurisprudence qui l'interprète, v. n° **17.234**).

Il est ainsi jugé qu'une enquête ouverte en flagrance pour des faits de détention d'image pornographique de mineur est valablement étendue aux faits connexes non flagrants de viols ou d'agression sexuelle commis par le même auteur (Crim. 20 sept. 2006, n° 06-84.343, NP).

Plus récemment, la Ch. crim. a considéré, qu'« *à la suite de la constatation d'un crime ou d'un délit flagrant, l'enquête de flagrance peut être étendue à l'ensemble des infractions connexes à celui-ci* » mais « *c'est à la condition qu'il existe entre les faits objet des investigations des rapports étroits, analogues à ceux que la loi a spécialement prévus* » (Crim. 31 oct. 2017, n° 17-81.842, P). Cette condition est en effet celle de la connexité, définie au C. pr. pén., art. 203, élargie par une jurisprudence constante aux cas « *dans lesquels il existe entre les faits des rapports étroits, analogues à ceux que la loi a spécialement prévus* ».

Sur le plan pratique, les faits connexes découverts postérieurement aux faits flagrants qui ont motivé l'interpellation et la garde à vue ne doivent pas manquer d'être notifiés à la personne gardée à vue par application de C. pr. pén., art. 63-1 (v. n° **12.13**), dès lors que l'audition du suspect porte sur ces faits nouveaux.

Notons toutefois qu'il est admis que les investigations effectuées dans le cadre d'une enquête de flagrance sur des faits non flagrants et non connexes, comme « *le recueil des plaintes et l'audition consécutive des plaignants relativement aux faits non flagrants* », ne sont pas nulles dès lors que ces actes « *ne présentaient aucun caractère coercitif de nature à porter atteinte aux intérêts du demandeur et auraient pu être accomplis en enquête préliminaire* » (arrêt précité Crim. 31 oct. 2017, n° 17-81.842, P).

2. La transformation d'une enquête préliminaire en enquête de flagrance

Une autre question est celle de la **transformation d'une enquête préliminaire en enquête de flagrance** lorsque de nouveaux faits délictueux sont révélés. Ainsi, dans l'hypothèse d'un trafic de stupéfiants, les faits se matérialisent bien souvent par plusieurs transactions échelonnées dans le temps, commises selon le même projet criminel par le même auteur ou par plusieurs agissant de concert. La Ch. crim. valide une perquisition effectuée en flagrance au domicile de l'auteur d'un trafic qui faisait l'objet d'une surveillance policière en préliminaire, laquelle avait abouti à l'interpellation en flagrance d'un usager venant d'acquérir des stupéfiants et à sa présentation le jour même au parquet en vue d'une injonction thérapeutique, au motif que « *les enquêteurs étaient fondés, après avoir poursuivi une enquête préliminaire pendant plusieurs mois et dès lors qu'un nouveau délit flagrant avait été régulièrement constaté, à continuer leurs investigations en enquête de flagrance pour procéder à tous les actes d'enquête* » (Crim. 12 mai 2009, n° 09-81.434, P n° 90 ; dans le même sens : Crim. 5 sept. 2018, n° 16-87.180, n° 148, validant l'extension de la flagrance à l'ensemble des protagonistes, y compris ceux déjà visés dans l'enquête préliminaire). Si ces décisions ne font pas explicitement référence à la notion de connexité ou d'indivisibilité, les circonstances factuelles montrent qu'elles répondaient aux exigences de C. pr. pén., art. 203 et de la jurisprudence qui l'interprète.

De même, la circonstance que « *l'intéressé ou d'autres personnes mises en cause aient pu faire l'objet d'une* <u>*surveillance policière*</u> » est indifférente pour l'exécution d'une enquête en flagrance dès lors que « *l'existence d'indices apparents d'un comportement délictueux révélant l'existence d'une infraction répondant à la définition* » de la flagrance a été relevée (Crim. 18 déc. 2012, n° 12-85.735, P n° 281).

3. L'incidence de nouveaux faits flagrants commis au cours d'une enquête de flagrance

Une autre question est enfin celle de **l'effet de nouveaux faits connexes flagrants dans une enquête déjà menée en flagrance**. Puisque l'enquête de flagrance est strictement limitée dans le temps, sa durée ne saurait être prolongé au-delà du terme légal, pour une même procédure, à l'occasion de la survenance de nouveaux faits flagrants connexes aux premiers.

La Ch. crim. estime ainsi que le délai de flagrance et sa prorogation sont cantonnés aux faits initiaux et ne peuvent être prolongés de fait par de nouvelles infractions, mêmes connexes ou indivisibles, commises en flagrance dans le cours de l'enquête initiale (ex. nouveaux vols et maquillages de véhicules par une bande organisée ; Crim. 18 déc. 2013, n° 13-85.375, P n° 264). Chaque fait flagrant est donc autonome au regard des délais de flagrance et de flagrance prolongée dont il détermine le point de départ. L'ouverture d'une procédure distincte par fait flagrant facilite et clarifie en conséquence la gestion de ces délais. En tout état de cause, qu'une procédure unique ou des procédures distinctes soit poursuivies, des actes d'enquête propres à la flagrance (ex. réquisition à technicien sans autorisation préalable du procureur, C. pr. pén., art. 60, perquisition sans assentiment) ne peuvent être réalisés pour rapporter la preuve de faits pour lesquels le délai de flagrance est épuisé.

C. L'enquête préliminaire (C. pr. pén., art. 75 s.)

1. L'enquête préliminaire est l'enquête de droit commun

L'enquête préliminaire constitue l'enquête de droit commun : est ainsi menée l'enquête qui n'est pas précédée de la constatation d'un crime ou d'un délit flagrant, ou l'enquête concernant un délit non passible d'emprisonnement ou une contravention. L'enquête de flagrance, dont le régime peut d'ailleurs être écarté par l'enquêteur, se poursuit en la forme préliminaire à l'expiration du délai de flagrance ou si les investigations n'ont pu être conduites sans discontinuité.

2. Les modalités de contrôle de la durée de l'enquête préliminaire par le procureur de la République (C. pr. pén., art. 75-1)

À l'instar du juge d'instruction qui est tenu de fixer un délai pour l'exécution de la commission rogatoire qu'il délivre (C. pr. pén., art. 151, v. n° **11.17D**), lorsqu'il donne instruction aux OPJ de procéder à une enquête préliminaire, « *le procureur de la République fixe le délai dans lequel cette enquête doit être effectuée* » (C. pr. pén., art. 75-1, issu L. n° 2000-516, 15 juin 2000). « *le non-respect du délai fixé par le procureur de la République ne constituera évidemment pas une cause de nullité de l'enquête* » (Circ. DACG Crim 00-2 F1, 31 mai 2000, n° 1.1.1). En effet, la jurisprudence constante qui juge que le dépassement du délai de la commission rogatoire ne constitue pas une cause de nullité (v. n° **11.17D**) semble transposable au dépassement du délai fixé par le procureur de la République pour l'enquête préliminaire.

Lorsque l'enquête préliminaire est menée d'office par l'OPJ, ce dernier doit rendre au parquet « *de son état d'avancement lorsqu'elle est commencée depuis plus de six mois* » (C. pr. pén., art. 75-1, issu L. n° 2000-516, 15 juin 2000). « *L'absence de signalement de l'existence d'une enquête préliminaire d'initiative n'entraînera pas non plus la nullité des investigations* » (Circ. DACG Crim 00-2 F1, 31 mai 2000, n° 1.1.2).

Le contrôle de la durée de l'enquête préliminaire par le JLD, qui pouvait être saisi par le suspect à l'issue d'un délai de 6 mois suivant sa garde à vue, institué par L. n° 2000-516, 15 juin 2000, art. 73 (C. pr. pén., art. 77-2), a été supprimé par la L. n° 2002-1138, 9 sept. 2002.

3. La durée de l'enquête préliminaire est désormais limitée à 2+1 ans ou 3+2 ans à peine de nullité des actes postérieurs (C. pr. pén., art. 75-3, issu L. n° 2021-1729, 22 déc. 2021)

Jusqu'à L. n° 2021-1729, 22 déc. 2021, pour la confiance dans l'institution judiciaire, l'enquête préliminaire pouvait se poursuivre de manière discontinue, sans limitation de durée, autre que celle imposé par les règles de la prescription de l'action publique (sur la prescription, v. nos **17.18** s). Cependant, à l'issue d'une certaine durée, s'ouvrait une phase contradictoire durant laquelle le suspect et la victime pouvaient sous certaines conditions accéder au dossier avant que le procureur de la République ne prenne sa décision sur l'action publique (C. pr. pén., art. 77-2, issu de L. n° 2016-731, 3 juin 2016, puis de L. n° 2021-1729, 22 déc. 2021, v. nos **15.2** et **15.3** et 706-5, v. n° **12.25**).

Depuis L. n° 2021-1729, 22 déc. 2021, applicable « *aux enquêtes commencées à compter de la publication de la loi* », intervenue le 23 déc. 2021 (L. n° 2021-1729, 22 déc. 2021, art. 59 I), soit à partir du 24 déc. 2021, date de son entrée en vigueur (cf. D. n° 2022-546, 13 avr. 2022, art. 3 III). « *la durée d'une enquête préliminaire ne peut excéder 2 ans à compter du premier acte de l'enquête, y compris si celui-ci est intervenu dans le cadre d'une enquête de flagrance. L'enquête préliminaire peut toutefois être prolongée une fois pour une durée maximale d'un an [...], sur autorisation écrite et motivée du procureur de la République, qui est versée au dossier de la procédure* » (C. pr. pén., art. 75-3, issu L. n° 2021-1729, 22 déc. 2021). Ces délais butoirs concernent toutes les infractions, crimes, délits punis ou non d'emprisonnement, ou contraventions.

Notons que cette même loi a également renforcé le **caractère contradictoire de l'enquête** préliminaire en modifiant C. pr. pén., art. 77-2 précité : d'une part, le suspect peut solliciter la communication du dossier de l'enquête portant sur une infraction punie d'emprisonnement après l'écoulement d'un délai d'un an après une audition libre ou une garde à vue ou une perquisition ou à tout moment en cas d'atteinte publique à la présomption d'innocence (C. pr. pén., art. 77-2 II, issu L. n° 2021-1729, 22 déc. 2021, v. n° **15.3C1**) ; d'autre part, le procureur de la République est désormais tenu, à peine de suspension de l'enquête, de proposer au suspect la communication de la procédure, y compris lorsqu'elle porte sur une infraction non punie d'emprisonnement, lorsque 2 ans se sont écoulés depuis son audition libre ou en garde à vue ou depuis une perquisition (C. pr. pén., art. 77-2 V, issu L. n° 2021-1729, 22 déc. 2021, v. n° **15.3B2**) ; enfin, dans les deux cas, le suspect ou le plaignant peut saisir le procureur d'une demande d'acte après avoir consulté le dossier (C. pr. pén., art. 77-2, issu L. n° 2021-1729, 22 déc. 2021, v. n° **15.3D**). En conséquence, le moment de la prolongation de l'enquête ne coincide pas nécessairement avec le moment où le suspect ou la victime peuvent accéder au dossier.

Ces délais butoirs de l'enquête de 2 +1 ans pour les infractions de droit commun sont portés à 3 + 2 ans en matière de criminalité organisée (C. pr. pén., art. 706-73 et 706-73-1, v. la liste de ces crimes et délits respectivement aux nos **11.21A** et **11.21C1**) ainsi que pour les infractions « *relevant de la compétence du procureur de la République antiterroriste* » (soit : infractions terroristes par finalité ou par nature (C. pr. pén., art. 706-17, v. n° **23.23**), prolifération des armes de destruction massive (C. pr. pén., art. 706-168), crimes contre l'humanité et crimes de guerre (C. pr. pén., art. 628-1), tortures commises par les autorités étatiques et disparitions forcées (C. pr. pén., art. 628-10)) (C. pr. pén., art. 75-3).

Aux fins de prolongation du délai ou de décision sur l'action publique, les enquêteurs « *clôturent leurs opérations et transmettent les éléments de la procédure au procureur de la République* » avant l'expiration des délais (C. pr. pén., art. 75-3).

« *Tout acte d'enquête intervenant après l'expiration de ces délais est nul, sauf s'il concerne une personne qui a été mise en cause au cours de la procédure [...] depuis moins de 2 ans ou, en cas de prolongation, de 3 ans* » (C. pr. pén., art. 75-3). La nullité ne s'étend donc pas à la procédure dans son entier mais reste limitée aux actes postérieurs au délai, et le dépassement de ce dernier n'a qu'une incidence relative qui dépend de la date à laquelle la personne que l'acte « *concerne* » « *a été mise en cause dans la procédure* ». Au sens de ces dispositions, la personne « *mise en cause* » est le suspect, c'est-à-dire celle à l'encontre de laquelle il existe « *des indices faisant présumer qu'elle a commis ou tenté de commettre l'infraction* » (C. pr. pén., art. 75-3 renvoyant à art. 75-2). Il appartiendra à la Ch. crim. d'apprécier, en application de C. pr. pén., art. 802, si cette nullité est limitée aux cas où l'acte « *a eu pour effet de porter atteinte aux intérêts de la partie qu'elle concerne* ».

Lorsqu'il est procédé au regroupement de plusieurs procédures, le point de départ du délai est « *la date de commencement de l'enquête la plus ancienne* », le « *commencement* » d'une procédure au sens C. pr. pén., art. 75-3 étant la date du « *premier acte de l'enquête* ».

Pour le calcul du délai, il n'est pas tenu compte des périodes de temps suivantes :

– temps séparant la décision du procureur de la République de classement sans suite de celle de reprise de l'enquête, en revanche le délai de l'enquête initiale compte dans l'écoulement du délai ;

– temps séparant la demande d'entraide judiciaire internationale par le parquet émetteur et la réception par ce même parquet des pièces d'exécution.

Dans le cas où le délai de l'enquête préliminaire est expiré, le procureur de la République décide « *soit la mise en mouvement de l'action publique, le cas échéant par l'ouverture d'une information judiciaire, soit la mise en œuvre d'une procédure alternative aux poursuites, soit le classement sans suite de la procédure* » (C. pr. pén., art. 75-3). S'il souhaite voir poursuivre les investigations, le procureur est donc désormais tenu d'ouvrir une information (sur l'ouverture d'information, v. nº **15.29**).

Mentionnons que le procureur européen délégué, qui peut conduire les investigations selon les règles de l'enquête de flagrance ou de l'enquête préliminaire (C. pr. pén., art. 696-113), ou « *conformément aux dispositions applicables à l'instruction* » (C. pr. pén., art. 696-114), est tenu par les mêmes délais. À leur échéance, il ne peut poursuivre les investigations que dans le cadre des règles de l'information (C. pr. pén., art. 696-114, mod. par L. nº 2021-1729, 22 déc. 2021).

4. L'enquête préliminaire peut s'accompagner de pouvoirs de contrainte sur mandat d'un magistrat ou avec l'assentiment de la personne concernée

L'enquête préliminaire ne confère pas à l'enquêteur de pouvoirs d'arrestation. La contrainte n'est cependant pas exclue de cette forme d'enquête. Dans certaines conditions, assentiment du mis en cause, autorisation du procureur de la République ou du JLD, présentation spontanée à une convocation de l'enquêteur, mandat de recherche du procureur de la République, des actes de contrainte pourront en effet être mis en œuvre : perquisition (v. nº **11.57C**), arrestation (v. nºs **12.1** et **12.2**), garde à vue (v. nºs **12.1** s.).

Dans l'enquête préliminaire, l'OPJ ne peut recourir à une personne qualifiée pour procéder à des constatations ou à des examens techniques ou scientifiques qu'avec l'autorisation préalable du parquet (C. pr. pén., art. 77-1) (sur la réquisition à personne qualifiée, v. nº **11.49**).

11.16 Le pouvoir du procureur de la République et de l'OPJ d'ordonner ou de procéder d'office à une enquête préliminaire

A. Le pouvoir du procureur de la République d'ordonner une enquête préliminaire sur les faits dont il a connaissance (C. pr. pén., art. 40 et 41).

« *Le procureur de la République reçoit les plaintes et dénonciation et apprécie la suite à leur donner* » (C. pr. pén., art. 40). « *Le procureur de la République procède ou fait procéder à tous les actes nécessaires à la recherche et à la poursuite des infractions pénales* » (C. pr. pén., art. 41).

En conséquence, « *le procureur de la République tient de C. pr. pén., art. 40 et 41, [...], le pouvoir d'ordonner une enquête sur les faits dont il a connaissance* » et il n'est pas nécessaire qu'il soit directement et personnellement informé de ces faits par une plainte ou une dénonciation d'un tiers, ainsi en est-il d'une ouverture d'enquête sur la base d'une lettre de dénonciation transmise par un autre parquet, même si le soit-transmis accompagnant cette pièce a été annulé dans la procédure d'où elle provenait, les actes annulés n'étaient pas le support exclusif de l'enquête et de l'information ouvertes par le parquet destinataire de la lettre de dénonciation (Crim. 30 juin 1999, n° 99-81.426, P n° 176). Plus généralement « *le procureur de la République tient de C. pr. pén., art. 40 et 41, dont les dispositions ne comportent aucune restriction, le pouvoir d'ordonner une enquête préliminaire sur les faits dont il a connaissance* », est ainsi valide une enquête ouverte sur instructions téléphoniques données à l'OPJ par le parquet, lui-même destinataire de renseignements provenant d'autorités judiciaires étrangères l'informant de la découverte du corps d'un ressortissant français à l'étranger (Crim. 12 mars 2014, n° 13-87.254, P n° 80). De même, « *le procureur de la République tient de C. pr. pén., art. 40 et 41 le droit d'ordonner une enquête préliminaire au vu de tous renseignements dont il est destinataire* », est donc régulière une enquête ouverte sur la base de renseignements communiqués par le Conseil de la concurrence au titre de C. pr. pén., art. 40, quand bien même la sanction administrative prononcée pour ces faits par cette autorité fut annulée (Crim. 17 juin 2009, n° 08-84.482, P n° 125). « *le procureur de la République tient de C. pr. pén., art. 40 et 41, dont les dispositions ne comportent aucune restriction, le pouvoir d'ordonner une enquête sur tout fait dont il acquiert la connaissance, pouvant laisser présumer l'existence d'une infraction* », est donc valable l'enquête ouverte à la demande du procureur de la République en raison des inquiétudes de ce magistrat sur son greffier qui faisait régulièrement l'objet, au siège du tribunal, d'appels téléphoniques de créanciers auxquels il semblait devoir des sommes importantes (Crim. 25 oct. 2006, n° 05-81.243, D). Il en est de même d'une enquête ouverte sur la base d'un procès-verbal de renseignement de la gendarmerie (Crim. 25 janv. 2006, n°s 05-83.559, 00-83.749, D), de renseignements transmis aux services de police au titre de la coopération judiciaire internationale (Crim. 8 déc. 2004, n° 04-85.979, D), du courrier d'un détenu (Crim. 25 juin 2002, n° 02-82.642, D).

Notons que « *les renseignements fournis au procureur de la République, faisant présumer l'existence d'une infraction, ne sont astreints à aucune condition de forme* » lorsqu'ils sont joints au réquisitoire introductif par lequel le parquet ouvre une information (sur le réquisitoire introductif, v. n° 15.29 s.) (Crim. 28 janv. 1992, n° 90-84.940, P n° 34 ; dans le même sens : Crim. 21 févr. 1995, n° 94-83.336, P n° 75). Cette jurisprudence est transposable aux pièces qui accompagnent le « *soit-transmis* », acte par lequel le procureur de la République ordonne une enquête et formalise ses instructions aux OPJ ou APJ chargés de l'affaire (dans le même sens, pour une information ouverte à partir d'un message de « *télex* », Crim. 1er sept. 1987, n° 85-92.518, P n° 308).

B. Le pouvoir de l'OPJ de procéder d'office à une enquête préliminaire (C. pr. pén., art. 75)

« *Les OPJ [...] procèdent à des enquêtes préliminaires soit sur les instructions du procureur de la République soit d'office* » (C. pr. pén., art. 75).

Il résulte donc de C. pr. pén., art. 75 que « *les OPJ peuvent procéder à des enquêtes préliminaires soit sur les instructions du procureur de la République, soit d'office* » (Crim. 1er déc.

2004, n° 04-80.536, P n° 302) et que « *tout OPJ, […], tient de C. pr. pén., art. 75 le droit de procéder d'office à des enquêtes préliminaires* » (Crim. 19 mars 2008, n° 07-88.684, P n° 72).

Il est en conséquence loisible à l'OPJ, lorsqu'il a été saisi par soit-transmis du procureur de la République, d'étendre d'office l'enquête à des infractions non comprises dans les instructions initiales du parquet, à condition que ces infractions entrent dans sa compétence territoriale ou soient en lien de connexité ou d'indivisibilité avec l'infraction pour laquelle il est territorialement compétent (sur la connexité et l'indivisibilité, v. n° **17.23B4**).

Il en est autrement lorsque l'OPJ enquête sur commission rogatoire, cadre dans lequel il est en effet strictement tenu par la saisine *in rem* du juge d'instruction, sans préjudice de sa faculté d'ouvrir d'office une enquête incidente, flagrante ou préliminaire, en fonction des indices d'infractions nouvelles recueillis lors de l'exécution de la commission rogatoire, sous réserve dans ce cas des limites inhérentes à sa compétence territoriale (sur ce point, v. n° **11.18C2**).

11.17 L'enquête sur commission rogatoire : le statut de la commission rogatoire et ses conditions de délivrance

A. Le statut de la commission rogatoire

1. La commission rogatoire est une délégation des pouvoirs d'instruction d'une juridiction d'instruction ou de jugement

Si le juge d'instruction, qui peut procéder « *conformément à la loi, à tous les actes d'information qu'il juge utiles à la manifestation de la vérité* », « *est dans l'impossibilité de procéder lui-même à tous les actes d'instruction, il peut donner commission rogatoire aux OPJ afin de leur faire exécuter tous les actes d'information nécessaires* » (C. pr. pén., art. 81).

Cette délégation judiciaire s'inscrit donc le cadre procédural de « *l'instruction préparatoire* » ou « *information* » judiciaire, procédure dont est saisi le juge d'instruction par réquisitoire introductif du procureur de la République, selon les modalités décrites aux n^os^ **15.29** s. (C. pr. pén., art. 80).

La CHINS, juridiction d'instruction du second degré, peut ordonner « *tout acte d'information qu'elle juge utile* » (C. pr. pén., art. 201) dont elle délègue l'exécution soit à l'un de ses membres soit à un juge d'instruction, selon les dispositions applicables à « *l'instruction préalable* » (C. pr. pén., art. 205). Une commission rogatoire peut donc également être délivrée dans ce cadre.

La commission rogatoire, qui est un acte d'instruction, ainsi que les actes accomplis par les OPJ délégués par le juge d'instruction, sont interruptifs de prescription (C. pr. pén., art. 9-2, sur les actes interruptifs de prescription, v. n° **17.23**).

Comme en matière d'enquête préliminaire ou de flagrance, les pouvoirs de l'OPJ agissant sur commission rogatoire sont encadrés par la loi qui réserve notamment au magistrat en charge de la procédure des prérogatives propres, outre la direction et le contrôle des investigations, le juge d'instruction se substituant à cet égard au procureur de la République alors dessaisi de telles prérogatives à compter de la saisine du juge d'instruction.

En dehors du cadre de l'information, une commission rogatoire peut aussi émaner du tribunal saisi des poursuites, lorsqu'il ordonne un supplément d'information et commet à cet effet un OPJ ou un juge d'instruction, ce dernier pouvant à son tour subdéléguer un OPJ par commission rogatoire, selon les précisions apportées au (C. pr. pén., art. 388-5, 394, 397-2 et 463 ; sur ce point, v. n° **17.31B2**). Une telle commission rogatoire est exécutée selon les règles applicables aux commissions rogatoire du juge d'instruction ici exposées.

Mentionnons qu'un supplément d'information peut également être ordonné par le président de la cour d'assises saisie et donner lieu à la délivrance d'une commission rogatoire (C. pr. pén., art. 283 et 310 ; sur ce point, v. n° **17.31A**).

2. La juridiction d'instruction assure la direction et le contrôle de l'exécution de la commission rogatoire

Dans le cadre de l'information judiciaire, le procureur de la République est dessaisi de ses pouvoirs de direction de l'enquête par l'effet de la saisine du juge d'instruction et l'OPJ chargé de l'exécution de la commission rogatoire est dès lors placé sous la direction et le contrôle du juge d'instruction (plus généralement, sur la direction et le contrôle de la police judiciaire par l'autorité judiciaire, v. n° **11.8**).

Cette direction et ce contrôle se concrétisent, conformément à la loi, à l'occasion des actes dont l'OPJ doit impérativement aviser le magistrat instructeur (ex. avis de placement en garde à vue) ou pour lesquels ce dernier dispose d'un pouvoir exclusif d'autorisation ou de décision (ex. prolongation de garde à vue ; sur le régime particulier des actes d'enquête qui réclament l'autorisation spécifique du juge d'instruction, v. n° **11.19**). De plus, « *le juge d'instruction peut se transporter, sans être assisté de son greffier ni devoir en dresser procès-verbal, pour diriger et contrôler l'exécution de la commission rogatoire, dès lors qu'il ne procède pas lui-même à des actes de l'instruction. À l'occasion de ce transport, il peut ordonner la prolongation des gardes à vues prononcées dans le cadre de la commission rogatoire. Dans tous les cas, mention de ce transport est faite sur les pièces d'exécution de la commission rogatoire* » (C. pr. pén., art. 152).

En outre, « *le juge d'instruction doit vérifier les éléments d'information ainsi recueillis* » sur commission rogatoire par l'OPJ (C. pr. pén., art. 81).

La direction des investigations par le magistrat mandant peut également s'illustrer par la transmission d'informations à l'OPJ, ainsi « *aucune prescription de la loi n'interdit au juge d'instruction, qui tient de C. pr. pén., art. 81 le pouvoir de procéder à tous les actes d'information qu'il juge utiles à la manifestation de la vérité, de communiquer, en cours d'exécution d'une commission rogatoire délivrée par lui à un OPJ, des renseignements ultérieurement recueillis à l'occasion d'autres investigations* » (Crim. 10 janv. 1989, n° 88-86.129, P n° 8).

« *L'OPJ chargé de l'exécution d'une commission rogatoire par son chef hiérarchique doit [...] en rendre compte immédiatement au magistrat mandant si celui-ci a prescrit cette diligence* » (C. pr. pén., art. D. 33). « *L'OPJ chargé de l'exécution d'une commission rogatoire tient le magistrat commettant informé de son activité. Il lui réfère sans délai des difficultés qui viendraient à se présenter et solliciter ses instructions* » (C. pr. pén., art. D. 34), il l'avise préalablement de ses transports en dehors des limites territoriales où il exerce ses fonctions habituelles (C. pr. pén., art. D. 12).

« *Les OPJ, à l'occasion [...] de l'exécution d'une commission rogatoire, ne peuvent solliciter ou recevoir des ordres ou instructions que de l'autorité judiciaire dont ils dépendent* » (C. pr. pén., art. R. 2-16). « *Les OPJ doivent rendre compte de leurs diverses opérations à l'autorité judiciaire dont ils dépendent sans attendre la fin de leur mission* » (C. pr. pén., art. R. 2-16).

Si C. pr. pén., art. 151 prévoit que l'OPJ saisi d'une commission rogatoire en avise le procureur de la République, ces dispositions, qui n'investissent le parquet d'aucun pouvoir de direction et de contrôle de l'exécution de la délégation, « *concernent les seuls rapports entre cet OPJ et le procureur de la République, [...] ; qu'il s'ensuit que leur inobservation, à la supposer établie, ne porte pas atteinte aux intérêts des parties et ne saurait entraîner la nullité des actes accomplis* » (Crim. 10 janv. 1989, n° 88-86.129, P n° 8).

Notons qu'à « *l'occasion de l'examen de la procédure qui lui est soumise* », la CHINS, peut exercer d'office son contrôle sur l'activité des OPJ, APJ et APJ adjoints (C. pr. pén., art. 224, 225 et 230) et, après enquête, prononcer des sanctions portant sur leur habilitation à exercer leurs fonctions de police judiciaire (C. pr. pén., art. 227), le cas échéant après suspension provisoire ordonnée par le président de la CHINS (C. pr. pén., art. 229-1) (sur le contrôle de la CHINS sur l'activité de police judiciaire, v. n° **11.8C**).

3. Les parties ne peuvent accéder à la commission rogatoire tant qu'elle est en cours d'exécution

Si, après leur première comparution ou première audition, les avocats des parties ou les parties qui n'ont pas d'avocat, ainsi que le témoin assisté, peuvent se faire délivrer copie du dossier d'instruction (C. pr. pén., art. 113-3 et 114, al. 4) ou si les avocats peuvent accéder au dossier avant chaque interrogatoire ou audition ou à tout moment (C. pr. pén., art. 114, al. 3) (sur l'accès des parties et du témoin assisté au dossier dans le cours de l'instruction préparatoire, v. nº **15.2**), « *aucune disposition légale n'exige que figure au dossier de la procédure d'information la copie d'une commission rogatoire et de soit-transmis délivrés par le juge d'instruction tant que ces délégations sont en cours d'exécution* » (Crim. 19 janv. 2016, nº 15-81.041, P nº 14 ; dans le même sens : Crim. 30 juin 1999, nº 99-81.426, P nº 176 ; Crim. 4 août 1998, nº 98-82.622, P nº 222 ; Crim. 12 mars 1991, nº 90-87.733, P nº 122, pour l'accès au dossier devant la CHINS en application de C. pr. pén., art. 197, v. nº **12.64A3**). Il en est de même pour une pièce (courrier anonyme) adressée au juge d'instruction puis transmise sur commission rogatoire aux enquêteurs afin d'en vérifier les allégations, car « *ce document n'avait pas à être versé à la procédure avant le retour de la commission rogatoire à laquelle il avait été joint* » (Crim. 30 mai 1996, nº 95-85.954, P nº 226). Si « *une commission rogatoire doit être versée au dossier lorsque les procès-verbaux établis pour son exécution ont été reçus par le juge d'instruction* », « *aucune prescription légale n'exige d'en tenir, avant cette réception, une copie à la disposition des parties ; qu'eu égard aux nécessités propres à la recherche de la vérité au cours de l'instruction préparatoire, il ne saurait résulter de cette situation une atteinte aux règles édictées par Conv. EDH, art. 6* » (Crim. 3 février 1999, nº 98-81.912, D). Ces restrictions jurisprudentielles au droit d'accès au dossier, ainsi justifiées par « *les nécessités propres à la recherche de la vérité au cours de l'instruction préparatoire* », permettent de préserver l'issue des investigations en cours que les parties pourraient en effet déjouer si elles en avaient connaissance.

Notons enfin « *qu'aucune disposition de la loi n'exige que le juge d'instruction notifie à l'inculpé le rapport de police, établi à la suite de l'exécution d'une commission rogatoire* » (Crim. 10 janv. 1989, nº 88-86.129, P nº 8).

B. Les conditions de délivrance de la commission rogatoire tenant à la qualité du délégataire et à sa compétence territoriale

1. La saisine d'un OPJ ou d'un OPJ chef de service (C. pr. pén., art. 151)

« *le juge d'instruction peut requérir par commission rogatoire [...] tout OPJ [...] de procéder aux actes d'information qu'il estime nécessaires dans les lieux où chacun d'eux est territorialement compétent* » (C. pr. pén., art. 151).

Comme le procureur de la République pour les enquêtes préliminaires ou de flagrance, le juge d'instruction a « *le libre choix des formations auxquelles appartiennent les OPJ territorialement compétents qui seront chargés de l'exécution* » de la commission rogatoire » (C. pr. pén., art. D. 2).

« *Lorsqu'un juge d'instruction adresse une commission rogatoire à un OPJ chef d'un service de police ou d'une unité de gendarmerie, celui-ci peut en faire assurer l'exécution par un OPJ placé sous son autorité, à condition que ce dernier agisse dans les limites de sa compétence territoriale* » (C. pr. pén., art. D. 33).

Ainsi, la délivrance de la commission rogatoire « *au "commissaire divisionnaire du SRPJ et du GIR"* » suffit à établir « *que le juge d'instruction a requis un OPJ de procéder aux actes d'information qu'il estimait nécessaires* » (Crim. 6 août 2003, nº 03-82.898, P nº 145). Il en est de même pour une commission rogatoire délivrée à une « *section de recherche* », la délégation ayant été exécutée « *par des OPJ dépendant de ce service et compétents pour recevoir une telle délégation* » : Crim. 9 avr. 2015, nº 14-87.660, P nº 76).

2. La compétence territoriale de l'OPJ délégataire (C. pr. pén., art. 18)

Comme ils le peuvent lorsqu'ils agissent d'office ou sur instructions (soit-transmis) du parquet dans l'enquête préliminaire ou de flagrance (v. nº **11.14**), les OPJ agissant sur commission rogatoire « *peuvent se transporter sur toute l'étendue du territoire national, à* *l'effet d'y poursuivre leurs investigations et de procéder à des auditions, perquisitions et saisies, après en avoir informé [...] le juge d'instruction* », ceci sans « *autorisation expresse* » de ce dernier depuis L. nº 2019-222, 23 mars 2019 (C. pr. pén., art. 18, al. 3 et D. 12).

Si le juge d'instruction « *prescrit des opérations simultanées en divers points du territoire* », il peut diffuser sa commission rogatoire « *par tout moyen* » aux OPJ chargés de son exécution (C. pr. pén., art. D. 35) (sur les pouvoirs comparables confiés au parquet par C. pr. pén., ar. 41, **11.14C**).

Les OPJ ne peuvent en revanche « *procéder à des auditions sur le territoire d'un État étranger* » que sur « *commission rogatoire expresse du juge d'instruction* », « *avec l'accord des autorités compétentes de l'État concerné* » (C. pr. pén., art. 18, al. 4). Précisons toutefois que « *s'appliquent à toutes enquêtes judiciaires, y compris celles effectuées sur commission rogatoire d'un juge d'instruction, les dispositions de l'article 40, alinéa 1er, de la Convention signée à Schengen le 19 juin 1990, autorisant les agents d'une des parties contractantes qui, dans le cadre d'une enquête judiciaire, observent dans leur pays une personne présumée avoir participé à un fait punissable pouvant donner lieu à extradition, à continuer leur observation sur le territoire d'une autre partie contractante, dans les conditions définies par ce texte ; Que lorsque ces officiers et APJ agissent sur commission rogatoire, aucune disposition légale ou conventionnelle ne subordonne à une autorisation du juge mandant l'exercice du droit d'observation qu'ils tiennent de l'article 40 de La Convention précitée* » (Crim. 14 juin 2000, nº 00-81.386, P nº 224) (sur la poursuite de la surveillance sur un autre État de l'espace Schengen, v. nº **11.31B3**).

Notons enfin au titre de la compétence territoriale que les OPJ agissant sur commission rogatoire du juge d'instruction ou sur autorisation du JLD « *ne peuvent faire procéder par des opérateurs de téléphonie français à l'interception de communications émises à partir de téléphones mobiles étrangers ou situés à l'étranger sans violer les règles de compétence territoriale et de souveraineté des États que si lesdites interceptions ne nécessitent pas l'assistance technique d'un autre État* » (Crim. 20 juin 2018, nº 17-86.657, P nº 116 ; dans le même sens : Crim. 28 mars 2017, nº 16-84.853, D).

3. L'OPJ délégataire peut être secondé par un APJ (C. pr. pén., art. 20)

Si la commission rogatoire ne peut être confiée qu'à un OPJ responsable de son exécution (C. pr. pén., art. 151), aucune disposition n'interdit dans ce cadre procédural l'application des dispositions générales prévoyant que les « *APJ ont pour mission : de seconder dans l'exercice de leurs fonctions, les OPJ* » (C. pr. pén., art. 20, al. 4, v. nº **11.10**) ni celles, rédigées dans les mêmes termes, concernant les APJ adjoints (C. pr. pén., art. 21, v. nº **11.11**), dès lors que ces agents se limitent strictement aux opérations prescrites et qu'ils ne reçoivent pas délégation des pouvoirs propres de l'OPJ (C. pr. pén., art. D. 13). Ainsi, en application de C. pr. pén., art. 20, al. 4, « *un APJ placé sous l'autorité d'un OPJ chargé de l'exécution d'une commission rogatoire peut, s'il est requis par celui-ci, procéder à l'interpellation d'une personne* », dès lors que « *la décision de placement en garde à vue a été prise par le seul OPJ, qui n'a fait que donner instruction à l'APJ interpellateur [...], d'informer sans délai [l'intéressé] du titre fondant la contrainte, dans l'attente de la notification, par l'OPJ, de la décision de placement en garde à vue et des droits y afférents* » (Crim. 3 mars 2015, nº 14-86.717, D).

Est au même titre validée l'assistance donnée aux OPJ, au cours d'une perquisition effectuée sur commission rogatoire, par des APJ du service d'enquête sur les fraudes aux technologies de l'information (SEFTI), qui « *n'avaient pas à prêter le serment de C. pr. pén., art. 60, al. 2* [serment prêté par les personnes qualifiées non inscrites sur la liste des experts, v. nº **11.49C1**], *dès lors qu'ils intervenaient pour seconder dans l'exercice de leurs fonctions, les OPJ, conformément aux dispositions de l'article 20 dudit Code* » (Crim. 27 juin 2001, nº 01-81.865, P nº 163).

Soulignons que le **mandat de recherche** (v. nº **12.3**), le **mandat d'amener** (v. nº **12.5**) et le **mandat d'arrêt** (v. nº **12.6**) sont exécutoires sur toute l'étendue du territoire national

(C. pr. pén., art. 124) et qu'il peut être procédé à l'arrestation de la personne concernée par tout agent de la force publique, même non investi d'une commission rogatoire, sans préjudice des règles particulières applicables à la garde à vue (mandat de recherche, la garde à vue ne pouvant être prise que par un OPJ saisi d'une commission rogatoire si le mandat a été délivré par un juge d'instruction) ou à la rétention (mandat d'amener et mandat d'arrêt, qui excluent l'audition par l'OPJ même investi d'une commission rogatoire) consécutive à l'arrestation. En effet, « *une interpellation ne constitue pas un acte d'instruction et [...] en application de C. pr. pén., art. 78-2* [arrestation consécutive à un contrôle d'identité], *tout OPJ et, sous sa responsabilité, tout agent ou tout APJ adjoint peuvent y procéder, lorsqu'une personne fait l'objet de recherches ordonnées par une autorité judiciaire* » (Crim. 11 mai 2000, n° 00-80.917, D). Notons que les APJ sont explicitement compétents pour assurer l'exécution des diverses mesures de contrainte prises dans le cadre de l'instruction : contrainte contre le témoin défaillant, mandat d'amener ou d'arrêt (C. pr. pén., art. D. 13). Enfin, le **mandat de comparution** est également exécutoire sur toute l'étendue du territoire national (C. pr. pén., art. 124) et peut être notifié par tout agent de la force publique (v. n° 12.4).

4. La compétence de certaines administrations pour exécuter une commission rogatoire (C. pr. pén., art. 28 à 28-3)

Le juge d'instruction peut également confier l'exécution d'une commission rogatoire aux fonctionnaires et agents des administrations et services publics habilités par des lois spéciales à exercer certains pouvoirs de police judiciaire et à exécuter des commissions rogatoires (C. pr. pén., art. 28), aux agents des douanes (C. pr. pén., art. 28-1) ou des services fiscaux (C. pr. pén., art. 28-2, officiers fiscaux judiciaires), aux inspecteurs de l'environnement affectés à l'office de la biodiversité (C. pr. pén., art. 28-3) spécialement désignés par arrêté, mais seulement pour les infractions prévues par ces articles.

Est ainsi nulle la commission rogatoire confiée à des agents de la DGCCRF pour des infractions pour lesquelles ils ne sont pas habilités à recevoir une telle délégation, la Ch. crim. ajoutant toutefois qu'en l'espèce « *le juge d'instruction ne pouvait avoir recours aux agents de la DGCCRF qu'en leur qualité de personnes qualifiées et après leur avoir fait prêter le serment* » prévu au C. pr. pén., art. 60 » (Crim. 5 mai 1999, n° 98-85.589, P n° 88). Une telle solution, qui ménage en outre le secret de l'instruction, s'offre donc au juge d'instruction ou à l'OPJ délégataire lorsque l'administration concernée n'est pas compétente pour recevoir une délégation judiciaire mais est susceptible d'apporter son appui technique durant les investigations (sur la réquisition à personne qualifiée dans le cadre de l'information, v. n° 11.50B).

C. Les conditions de forme de la commission rogatoire (C. pr. pén., art. 151)

« *La commission rogatoire [...] est datée et signée par le magistrat qui la délivre et revêtue de son sceau* » (C. pr. pén., art. 151).

Est nulle la commission rogatoire qui ne comporte pas de date, cette prescription étant substantielle (Crim. 10 nov. 1970, n° 70-91.436, P n° 294). Est toutefois approuvé l'arrêt qui déduit des éléments du dossier que la commission rogatoire est postérieure au réquisitoire introductif et qui supplée son absence de date au vu des mentions de son enregistrement au sein du service délégataire (Crim. 18 avr. 2000, n° 00-80.402, P n° 148). La commission rogatoire est en revanche nulle lorsque tant sa date que celle du réquisitoire introductif restent incertaines (Crim. 26 oct. 1993, n° 93-83.566, D).

Une commission rogatoire, dont la forme n'est pas définie par la loi, peut se matérialiser par un « soit-transmis » du juge d'instruction. Ainsi, « *le soit-transmis par lequel le juge d'instruction informe les OPJ des nouvelles infractions pour lesquelles ils reçoivent délégation, en vertu d'un réquisitoire supplétif, s'analyse en une extension de la commission rogatoire précédemment délivrée* » (Crim. 19 janv. 2016, n° 15-81.041, P n° 14) ; dans le même sens, pour un soit-transmis s'analysant en une « *nouvelle commission rogatoire* » : Crim. 30 juin 1999, n° 99-81.426, P n° 176.

D. La fixation du délai d'exécution de la commission rogatoire (C. pr. pén., art. 151)

« *Le juge d'instruction fixe le délai dans lequel la commission rogatoire doit lui être retournée avec les procès-verbaux dressés pour son exécution par l'OPJ. À défaut d'une telle fixation, la commission rogatoire et les procès-verbaux doivent lui être transmis dans les huit jours de la fin des opérations exécutées en vertu de celle-ci* » (C. pr. pén., art. 151). Il est constamment jugé que « *l'éventuel dépassement du délai imparti par le juge d'instruction pour l'exécution d'une commission rogatoire ne saurait, en l'absence de retrait de cette délégation, avoir d'incidence sur la validité des actes accomplis dans le cadre de celle-ci* » (Crim. 15 févr. 2006, n° 05-87.002, P n° 44 ; dans le même sens : Crim. 9 avr. 2015, n° 14-87.660, P n° 76 ; Crim. 10 déc. 2003, n° 03-85.986, D ; Crim. 18 oct. 2000, n° 00-81.373, D ; Crim. 4 mai 1999, n° 98-86.798, D).

Notons qu'à l'instar du juge d'instruction, le procureur de la République est aussi tenu de fixer un délai pour l'exécution de l'enquête préliminaire qu'il confie aux OPJ (C. pr. pén., art. 75-1, v. n° 11.15C2).

11.18 L'enquête sur commission rogatoire : les conditions d'exécution de la délégation tenant au périmètre de la saisine du juge d'instruction

A. Les conditions tenant au contenu de la commission rogatoire (C. pr. pén., art. 151)

Si la commission rogatoire n'est pas une décision juridictionnelle susceptible de recours devant la CHINS, elle reste un acte d'instruction susceptible de nullité partielle ou totale lorsqu'elle est par elle-même entachée d'irrégularité, indépendamment de ses conditions d'exécution par l'OPJ. Est ainsi nulle comme contraire au caractère équitable de la procédure et à l'équilibre des droits des parties la commission rogatoire délivrée « *aux fins "d'établir un procès-verbal d'investigations récapitulatif précisant les éléments à charge pour chaque infraction, et pour chacun des deux mis en cause, en indiquant à chaque fois les pièces de procédure visées"* » (Crim. 26 avr. 2017, n° 16-86.840, P n° 128). Notons que cette décision s'attache, pour l'annuler, à la seule maladresse de plume de l'acte, sans rechercher si l'équité globale de la procédure n'était pas assurée par d'autres éléments à décharge recueillis par le juge d'instruction, alors que l'établissement d'un tableau de synthèse recensant les éléments de preuve recueillis relève de la pratique usuelle de l'enquête et de l'instruction.

« *La commission rogatoire indique la nature de l'infraction, objet des poursuites* » (C. pr. pén., art. 151). Cette exigence de forme énonce ainsi les limites de la saisine du juge d'instruction qui, saisi *in rem*, ne peut en effet instruire sur des faits non compris dans sa saisine (sur le périmètre de la saisine du juge d'instruction, v. n° 15.31), et détermine en conséquence le périmètre des investigations confiées à l'OPJ.

Cette prescription est dans la pratique satisfaite par l'énoncé, dans le corps de la commission rogatoire, des infractions visées dans le réquisitoire introductif (sur le réquisitoire introductif, v. n°s 15.29 s) ou dans la mise en examen.

Il peut aussi être indirectement répondu à cette exigence. En effet, la commission rogatoire qui « *vise le réquisitoire introductif, lequel vise lui-même des procès-verbaux précisant l'existence d'un trafic de stupéfiants, les lieux d'importation, d'achat, de livraison de la drogue, le nom des participants et leur rôle dans l'organisation du réseau* » « *détermine clairement le cadre de la saisine du service délégataire* » (Crim. 9 juin 1998, n° 98-80.418, P n° 187).

La commission rogatoire « *ne peut prescrire que des actes d'instruction se rattachant directement à la répression de l'infraction visée aux poursuites* » (C. pr. pén., art. 151). Une commission rogatoire portant délégation générale des pouvoirs du juge est prohibée si elle vise des infractions indéterminées, si elle traduit un abandon des compétences revenant en propre au juge d'instruction ou si les investigations confiées sont sans rapport avec l'infraction concernée.

Ainsi, « *s'il est exact que le juge d'instruction a le pouvoir de procéder par voie de commission rogatoire, en vue de déterminer les circonstances dans lesquelles une infraction a été commise, il importe de remarquer que la délégation litigieuse, laissant à l'OPJ le soin de rechercher toute catégorie d'infractions dont le juge n'était pas saisi, de procéder à des perquisitions chez des tiers à l'occasion d'infractions non déterminées et, en outre, de transmettre directement à l'expert commis, sans contrôle du magistrat mandant et à charge de réciprocité, le résultat de ces recherches, constituait en l'espèce un abandon de pouvoirs* » (Crim. 16 avr. 1970, nº 69-92.089, P nº 134). Il est en effet de principe que « *les pouvoirs accordés au juge d'instruction par C. pr. pén., art. 81 et qui lui permettent de procéder, conformément à la loi, à tous les actes d'information qu'il juge utiles à la manifestation de la vérité, sont limités aux seuls faits dont il est régulièrement saisi* ». Est ainsi approuvée l'annulation pour « *excès de pouvoir* » d'une commission rogatoire au motif qu'elle prescrivait « *des investigations totalement étrangères à l'instruction du délit* » dont le juge était saisi (Crim. 28 sept. 2005, nº 05-84.495, nº 246). Sous le même motif de principe, est également censuré l'arrêt qui juge régulière la commission rogatoire du magistrat instructeur qui, saisi de faits de blessures involontaires et d'infraction en matière d'équipement de travail et de moyens de protection, a « *procédé à des actes d'instruction à l'égard de faits dont il n'était pas saisi* » en prescrivant à l'OPJ d'enquêter sur les conditions d'emploi de tout le personnel temporaire de l'entreprise durant l'année qui précédait l'accident, dont le résultat, hors champ des infractions initiales, devait en effet donner lieu à des réquisitions supplétives pour marchandage de main d'œuvre (Crim. 24 nov. 1998, nº 98-83.247, P nº 315).

En revanche, dès lors que le cadre de la saisine est clairement défini, reste valable la commission rogatoire qui charge l'OPJ, selon la formule générale usuellement employée par les praticiens, de « *procéder à toutes auditions, perquisitions, saisies, réquisitions, interpellations, et toutes investigations utiles à la manifestation de la vérité* ».

Ainsi, « *ne saurait être considérée comme une délégation générale des pouvoirs du juge* » la commission rogatoire qui « *indique la nature de l'infraction, objet des poursuites* » et prescrit au commissaire chef du SRPJ « *de "procéder à une enquête complète, à l'audition de tous témoins susceptibles de fournir des renseignements, à toutes confrontations nécessaires, à toutes visites et perquisitions régulières partout où besoin sera, à toutes saisies et en général à tous actes qui paraîtront utiles à la manifestation de la vérité"* », « *actes d'instruction se rattachant directement à la répression* » de l'infraction (Crim. 9 nov. 1976, nº 76-91.320, P nº 320). De même, ne constitue pas « *une délégation générale de pouvoir prohibée* » la commission rogatoire qui prescrit de procéder « *"à toutes auditions, réquisitions, perquisitions et saisies utiles à la manifestation de la vérité"* », car elle « *visait des infractions déterminées, précisait le nom des inculpés et indiquait la nature des opérations que les enquêteurs pouvaient accomplir, parmi lesquelles les perquisitions et saisies* » (Crim. 12 mars 1991, nº 90-84.126, D).

S'il est vrai que certains actes, selon les précisions apportées au nº **11.19F** et **11.19G**, réclament l'autorisation expresse du juge d'instruction, cette autorisation ne prend pas nécessairement corps dans la commission rogatoire et peut être donnée dans certains cas par tout moyen et simplement actée en procédure par l'OPJ au cours de l'exécution de sa mission.

B. Les investigations compatibles avec le cadre de la saisine

1. La recherche des circonstances aggravantes, des co-auteurs ou des complices

Rappelons que l'OPJ, tenu par les limites de la saisine du juge d'instruction, ne peut accomplir au cours de l'exécution de sa commission rogatoire que les actes « *se rattachant directement à la répression de l'infraction visée aux poursuites* » (C. pr. pén., art. 151).

Toutefois, selon les précisions apportées aux nº **15.31C**, le juge d'instruction reste maître de la qualification à donner aux faits visés dans le réquisitoire introductif et il peut par conséquent instruire sur les **circonstances aggravantes** de l'infraction dont il est saisi, quand bien même ne sont-elles pas visées au réquisitoire introductif. De plus, saisi *in rem*, le juge d'instruction est tenu d'instruire contre tous **auteurs et complices** de l'infraction.

Il en résulte que les investigations aux mêmes fins de l'OPJ saisi d'une commission rogatoire sont régulières.

2. La recherche des circonstances de la commission des faits et du produit direct ou indirect de l'infraction

De même, sont approuvés les actes ou investigations qui « *avaient pour finalité d'éclairer les circonstances de la commission des faits, objet de l'information, ou avaient pour objectif de retrouver les fonds et garantir la conservation des biens de toute nature pouvant constituer le produit direct ou indirect des infractions susceptible de confiscation* », « *dès lors que, dans une information suivie pour abus de pouvoirs, détournement de fonds publics, recel et escroquerie en bande organisée [...], les juges d'instruction se trouvent saisis de l'ensemble des conséquences financières de l'opération* » (Crim. 19 janv. 2016, n° 15-81.041, P n° 14).

3. La recherche des infractions en lien indivisible avec la saisine du juge d'instruction

Enfin, il est admis que les investigations sur commission rogatoire fassent la preuve de manière coercitive de faits postérieurs à la saisine du juge d'instruction, dès lors que ce dernier était saisi de faits de trafic de stupéfiants « *qui avaient été commis et qui se commettaient* » (Crim. 4 août 1998, n° 98-82.622, P n° 222), ou de faits d'association de malfaiteurs et de trafic de stupéfiants, pour « *établir les infractions dont le juge d'instruction était saisi et dont ils constituaient le prolongement* » (Crim. 6 déc. 2016, n° 16-84.631, D ; dans le même sens : Crim. 14 janv. 2014, n° 13-84.909, P n° 8 ; Crim. 6 mai 2014, n° 13-88.597, D), ou de faits de trafic de scooters volés, alors que les faits nouveaux découverts en « *étaient le prolongement, s'agissant d'un mode opératoire identique qui se traduisait par des infractions successives, étroitement liées aux précédentes* » (Crim. 24 juin 2015, n° 14-86.817, D).

En outre, il est également admis que les investigations portent valablement sur des faits en « *lien indivisible* » avec ceux dont le juge est à l'origine saisi (Crim. 13 oct. 2020, n° 20-81.199, P ; Crim. 29 nov. 1983, n° 83-90.349, P n° 321), la notion d'indivisibilité expliquant probablement aussi les jurisprudences qui précèdent.

C. Les pouvoirs de l'OPJ découvrant des faits non compris dans la saisine du juge d'instruction

1. La faculté pour l'OPJ de procéder à des vérifications sommaires et non coercitives des infractions nouvelles

« *lorsque des faits, non visés au réquisitoire, sont portés à la connaissance du juge d'instruction, celui-ci doit immédiatement communiquer au procureur de la République* <u>*les plaintes ou les procès-verbaux qui les constatent*</u> » (C. pr. pén., art. 80). Il résulte de ces dispositions et de la jurisprudence qui l'interprète qu'elles autorisent le juge d'instruction ou l'OPJ enquêtant sur commission rogatoire, non seulement à constater les faits non compris dans la saisine, mais aussi à effectuer de premières vérifications sommaires de ces faits pour en apprécier la vraisemblance.

En effet, si « *les pouvoirs accordés au juge d'instruction par C. pr. pén., art. 81, et qui lui permettent de procéder, conformément à la loi, à tous les actes d'information qu'il juge utiles à la manifestation de la vérité, sont limités aux seuls faits dont il est régulièrement saisi en application des articles 80 et 86 de ce Code* » (Crim. 6 févr. 1996, n° 95-84.041, P n° 60), il n'est toutefois « *pas interdit au juge d'instruction, ou à l'OPJ commis par lui, lorsqu'il acquiert la connaissance de faits nouveaux, d'en consigner la substance dans un procès-verbal* » (Crim. 30 juin 1999, n° 99-81.426, P n° 176), ce que prévoit d'ailleurs C. pr. pén., art. 80 précité. Au surplus les OPJ agissant sur commission rogatoire « *peuvent, avant toute communication au juge d'instruction des procès-verbaux qui les constatent, effectuer d'urgence les vérifications sommaires qui s'imposent pour en apprécier la vraisemblance, pourvu que, comme en l'espèce, elles ne présentent pas un caractère coercitif exigeant la mise en mouvement préalable de l'action publique* » (Crim. 1er févr. 2011, n° 10-83.523, P n° 15 ; Crim. 11 mai 2000, n° 99-85.100, P n° 186 ; Crim. 30 juin 1999, n° 99-81.426,

P n° 176 ; Crim. 6 févr. 1996, n° 95-84.041, P n° 60). Est ainsi jugée régulière l'opération de surveillance d'une durée de 6 jours d'un véhicule volé non compris dans la saisine du juge d'instruction, en ce que cette vérification sommaire ne présentait pas un caractère coercitif (Crim. 15 avr. 2015, n° 14-87.616, P n° 90). De même, dans une information ouverte pour vol dans le cadre de laquelle l'écoute téléphonique de la victime durant 4 mois révélait sa participation à un trafic de stupéfiants, « *ne saurait constituer un acte coercitif irrégulier ni la poursuite des écoutes téléphoniques légalement ordonnées dans l'information initiale ni la transcription des conversations interceptées, même si elles révèlent la commission d'infractions dont le juge d'instruction n'a pas été antérieurement saisi* » (Crim. 2 févr. 2022, n° 20-84.921, D). Est en revanche nulle la perquisition, acte coercitif, portant sur des lithographies dont le suspect révélait le vol lors de son audition sur commission rogatoire, alors que le juge d'instruction n'avait été saisi que d'un vol de gouaches (Crim. 13 déc. 2000, n° 00-84.189, P n° 377).

2. La faculté pour l'OPJ d'établir une procédure incidente

Tout OPJ peut procéder d'office à une enquête préliminaire (C. pr. pén., art. 75, sur le pouvoir de l'OPJ d'ouvrir une enquête préliminaire, v. n° **11.16B**), et tout OPJ peut procéder à une enquête de flagrance lorsqu'il constate l'indice apparent d'un crime ou d'un délit en train de se commettre ou qui vient de se commettre (C. pr. pén., art. 53, sur l'enquête de flagrance v. n° **11.15A**). Il en résulte que l'OPJ, sous réserve des règles de compétence territoriale, peut procéder à une enquête préliminaire ou de flagrance incidente à partir des éléments, non compris dans la saisine du juge d'instruction, recueillis lors de l'exécution d'une commission rogatoire.

« *l'OPJ qui découvre, au cours de l'exécution d'une commission rogatoire, des faits étrangers à la saisine du juge d'instruction, est tenu d'en aviser ce dernier et peut également en informer dans le même temps le procureur de la République, compétent pour apprécier la suite à leur donner et prescrire, par des instructions orales, une enquête en la forme préliminaire* » (Crim. 1er févr. 2011, n° 10-83.523, P n° 15).

« *aucune obligation légale ne pèse sur les OPJ, agissant en exécution d'une commission rogatoire, d'aviser le juge d'instruction de la découverte d'infractions non comprises dans leur saisine s'ils sollicitent immédiatement les instructions du procureur de la République, comme le prescrit C. pr. pén., art. 40* » (Crim. 30 oct. 2012, n° 11-87.244, P n° 228). Précisons toutefois que « *les OPJ peuvent procéder d'office à des enquêtes préliminaires et que le défaut d'information du procureur de la République est sans effet sur la validité des actes accomplis par ces derniers* » (Crim. 1er déc. 2004, n° 04-80.536, P n° 302 ; dans le même sens : Crim. 19 mars 2008, n° 07-88.684, P n° 72 ; sur l'information du procureur de la République durant l'enquête, v. n° **11.8B**).

En conséquence, « *si des OPJ, commis pour l'exécution d'une commission rogatoire, ne peuvent instrumenter au-delà des faits dont les a saisi le juge d'instruction, il ne leur est pas interdit, lorsqu'ils découvrent des faits nouveaux, de mettre en œuvre l'ensemble des pouvoirs qu'ils tiennent des règles prévues pour l'enquête préliminaire* », dans cette espèce, est ainsi validée une audition incidente effectuée par l'OPJ sans avoir rendu compte au magistrat mandant (Crim. 7 mai 2002, n° 01-80.317, D) ; de même, est validée l'ouverture d'office par l'OPJ d'enquêtes préliminaires incidentes, malgré, selon les critiques du pourvoi, l'absence d'information du juge mandant ou d'instructions du procureur de la République, car « *lorsque des OPJ découvrent au cours de l'exécution d'une commission rogatoire des faits délictueux étrangers à la saisine du juge d'instruction, il ne leur est pas interdit de procéder à des investigations sur ces faits en mettant en œuvre les pouvoirs qu'ils tiennent des règles prévues par C. pr. pén., art. 53 à 78 pour l'enquête préliminaire ou de flagrance* » (Ass. plén., 22 nov. 2002, n° 92-82.460, P n° 2).

« *effectuant régulièrement une perquisition sur le fondement d'une commission rogatoire, les OPJ qui découvrent des faits délictueux étrangers à la saisine du juge d'instruction mandant peuvent valablement mettre en œuvre les pouvoirs propres de police judiciaire qu'ils tiennent des articles 53 et suivants du C. pr. pén. et accomplir, comme en l'espèce [saisie d'une arme], une saisie coercitive des indices de la commission d'une infraction flagrante légalement constatée* » (Crim. 23 juin 2015, nº 15-81.071, P nº 157). « *des policiers, découvrant [...] des indices apparents révélant l'existence d'agissements délictueux en cours et étrangers à la saisine du juge d'instruction, sont en droit de procéder à des investigations en application des règles prévues pour l'enquête de flagrance* », dans cette espèce sont ainsi validées des investigations improprement effectuées par l'OPJ dans le cadre de la commission rogatoire, car les juges, qui peuvent « *restituer leur véritable nature aux investigations policières* », ont à bon droit considéré qu'elles avaient été effectuées au titre de la flagrance (Crim. 19 janv. 1999, nº 98-83.787, P nº 9).

Mentionnons qu'est jugée régulière l'opération par laquelle des gendarmes, saisis d'une commission rogatoire, transmettent à un autre service des renseignements tirés de leurs écoutes téléphoniques, portant sur des faits de recel distincts de ceux de vol dont ils étaient saisis, l'information donnant lieu à un contrôle routier, révélant des faits flagrants de recel, exercé d'office au visa de C. route, art. L. 233-2 et R. 233-1 (sur le contrôle routier sans indice préalable d'infraction, v. nº 11.27) (Crim. 6 déc. 2016, nº 16-84.451, P nº 322) (sur la question du détournement de procédure, grief qui n'était pas soutenu dans cette espèce, v. nº 11.6B4).

11.19 L'enquête sur commission rogatoire : le régime particulier des actes d'enquête de l'OPJ délégataire

Les « *OPJ commis pour l'exécution exercent, dans les limites de la commission rogatoire, tous les pouvoirs du juge d'instruction* » (C. pr. pén., art. 152), les pouvoirs de ce dernier consistant à procéder « *conformément à la loi, à tous les actes d'information qu'il juge utiles à la manifestation de la vérité* » (C. pr. pén., art. 81).

A. L'audition du témoin sous serment (C. pr. pén., art. 103 et 153)

Dans le cadre de l'instruction, le témoin entendu par le juge d'instruction ou par l'OPJ sur commission rogatoire est entendu sous serment (v. nº 11.71B).

B. L'audition de la partie civile et du témoin assisté (C. pr. pén., art. 152 et 113-2)

L'OPJ agissant sur commission rogatoire ne peut entendre la partie civile ou le témoin assité qu'à leur demande (v. nº 11.72).

C. L'audition et la garde à vue du suspect (C. pr. pén., art. 154)

V. nº 11.73A5 et nº 11.71B,

Dans le cadre de l'exécution d'une commission rogatoire, les régimes de l'audition libre et de l'audition en garde à vue du suspect prévus pour l'enquête de flagrance et l'enquête préliminaire s'appliquent dans les mêmes termes, le juge d'instruction exerçant alors les compétences dévolues au procureur de la République par ces dispositions (C. pr. pén., art. 154). Il est donc renvoyé aux développements consacrés à l'audition libre (v. nº 11.73 s.) et à la garde à vue (v. nº 12.9 s.) du suspect.

Soulignons toutefois que la personne qui fait l'objet d'un **mandat d'arrêt** (v. nº 12.6D), de **comparution** ou **d'amener** (v. nº 12.4) délivré par le juge d'instruction ne peut être entendue libre (v. nº 11.73A5) ni placée en garde à vue (v. nº 12.9A3) par l'OPJ délégataire (C. pr. pén., art. 122), il en est de même pour la personne mise en examen (C. pr. pén., art. 152). En revanche la personne interpellée à la suite d'un **mandat de recherche** (v. nº 12.3) peut être entendue sous le régime de la garde à vue par l'OPJ saisi (v. nº 12.9A3).

D. Les perquisitions (C. pr. pén., art. 94)

1. La perquisition de droit commun (renvois)

Dans le cadre de l'instruction, la perquisition obéit en grande partie à des règles communes à l'enquête préliminaire et de flagrance exposées au nº 11.57B. Elle obéit au surplus à des règles propres exposées au nº 11.57E. Retenons ici qu'elle n'est pas subordonnée à l'existence d'une infraction passible d'emprisonnement.

2. Les perquisitions spéciales (renvois)

Dans le cadre de l'information, les perquisitions spéciales auprès des professions protégées, avocat ou locaux du barreau (C. pr. pén., art. 56-1, v. n° **11.65A**), entreprise de presse (C. pr. pén., art. 56-2, v. n° **11.65B**), cabinet d'un médecin, notaire ou commissaire de justice [huissier] (C. pr. 56-3, v. n° **11.65C**), juridiction ou domicile d'un juge (C. pr. pén., art. 56-4, v. n° **11.65D**), ne peuvent être effectuées que par le juge d'instruction, selon les précisions apportées aux numéros précités, ainsi qu'au n° **11.66** s'agissant des saisies consécutives à ces perquisitions.

De même, les perquisitions de nuit (après 21h00 et avant 6h00) sont autorisées par le juge d'instruction selon les précisions apportées au n° **11.58A** (C. pr. pén., art. 706-91 et 706-92), ou effectuées selon les règles particulières applicables aux établissements où l'on consomme des stupéfiants en société (C. pr. pén., art. 706-28) ou aux établissements prostitutionnels (C. pr. pén., art. 706-35), exposées au n° **11.58B**.

E. Les saisies (C. pr. pén., art. 97) (renvois)

Les saisies pénales de droit commun sont effectuées par l'OPJ délégataire selon les mêmes finalités et formalités qu'en matière d'enquête préliminaire ou de flagrance, qu'il s'agisse d'appréhender des pièces à conviction ou des objets susceptibles de confiscation, le juge d'instruction se substituant au procureur de la République pour déterminer si l'OPJ maintien ou non la saisie (C. pr. pén, art. 97). Il est donc renvoyé aux règles de la saisie exposées au n° **11.61**, à celles régissant les demandes de restitution d'objets saisis (C. pr. pén., art. 99) exposées au n° **11.62**, ainsi qu'au n° **18.35B** relatif aux biens susceptibles de confiscation.

Il en est de même pour les saisies pénales spéciales : saisie de biens sans justification d'origine ou de patrimoine (C. pr.pén., art. 706-48), d'immeuble (C. pr.pén., art. 706-150), de droits mobiliers incorporels (C. pr.pén., art. 706-153 s.), ou saisie pénale sans dépossession (C. pr.pén., art. 706-158) ; les attributions confiées au JLD en matière d'enquête préliminaire ou de flagrance sont alors dévolues au juge d'instruction, selon les précisions apportées au n° **11.63** et **11.64**.

Notons que le formalisme des saisies pénales spéciales précitées n'est pas applicable aux saisies de bien meubles corporels (arme, document, objet, numéraire, substance, etc., instrument, objet ou produit de l'infraction). Est donc nulle la saisie d'un objet par ordonnance du juge d'instruction, une telle saisie ne pouvant se réaliser qu'au moyen d'un procès-verbal de saisie du juge d'instruction ou de l'OPJ agissant sur commission rogatoire, en application de C. pr. pén., art. 97 (Crim. 7 août 2019, n° 18-87.174, P ; dans le même sens : Crim. 23 févr. 2022, n° 21-82.588, § 23, P).

Les saisies de documents ou données consécutives à une perquisition effectuée chez un professionnel protégé sont décrites au n° **11.66**.

F. Le régime de certaines investigations courantes de l'OPJ

1. Les investigations courantes expressément dispensées d'autorisation du juge d'instruction

« *Pour les nécessités de l'exécution de la commission rogatoire* », l'OPJ peut accomplir les actes suivants par le seul effet de la loi, c'est-à-dire **sans autorisation expresse du juge d'instruction** et sans que la commission rogatoire ne contienne par conséquent la mission de procéder, selon la formule générale en pratique employée, « *à toutes réquisitions utiles* ». Il peut ainsi :

- « *faire procéder aux opérations de prélèvements « ~~externes~~* » (L. n° 2023-22, 24 janv. 2023) *prévues par C. pr. pén., art. 55-1* » nécessaires à la réalisation d'examens techniques et scientifiques de comparaison avec les traces et indices prélevés dans l'enquête (C. pr. pén., art. 154-1) (v. n° **13.28B**). Précisons que « *Les opérations prévues par les articles 55-1 et 706-56* [prélèvement de matériel biologique afin de déterminer les caractéristiques génétiques de la personne] *peuvent être effectuées, sur instruction d'un OPJ, par un APJ, ou par un agent spécialisé,* *technicien ou ingénieur de police technique et scientifique* » (C. pr. pén., art. D. 34, renvoyant à C. pr. pén., art. D. 15-5-1 devenu D. 15-5-1-1 depuis D. nº 2019-507, 24 mai 2019), l'analyse génétique proprement dite relevant de l'expertise et par conséquent des pouvoirs propres du juge d'instruction (C. pr. pén., art. 706-65, al. 2) ;

• procéder ou faire procéder sous son contrôle aux « *relevés signalétiques et notamment de prise d'empreintes digitales, palmaires ou de photographies nécessaires à l'alimentation et à la consultation des fichiers de police* » (C. pr. pén., art. 154-1, al. 2 renvoyant à 55-1, al. 2). Depuis L. nº 2023-22, 24 janv. 2023, « *l'OPJ peut également procéder, ou faire procéder sous son contrôle, aux opérations permettant l'enregistrement, la comparaison et l'identification des traces et des indices ainsi que des résultats des opérations de relevés signalétiques dans les fichiers [de police], selon les règles propres à chacun de ces fichiers* » (C. pr. pén., art. 154-1, al. 2 renvoyant à 55-1, al. 3) (sur l'identification par empreinte digitale et le fichier FAED, v. nºs **13.29**, **13.30** et **13.31**) ;

• requérir les organismes limitativement énumérés au C. pr. pén., art. 60-2, al. 1, afin d'accéder aux données informatiques qu'ils détiennent (C. pr. pén., art. 99-4, al. 1 ; sur ce point, v. nº **11.55A**). Les enquêteurs agissant sur la base d'une commission rogatoire les autorisant à « *délivrer toutes réquisitions utiles à la manifestation de la vérité* » peuvent ainsi consulter le fichier LAPI (ainsi que les fichiers d'accès aux dossiers de contraventions (ADOC) ou mettre sous surveillance le véhicule dans le fichier des objets et véhicules volés (FOVES)) sans autorisation spécifique et préalable du juge d'instruction (Crim. 13 déc. 2022, nº 22-81.851, P) ;

• requérir de tout établissement ou organisme privé ou public ou de toute administration publique la remise de documents intéressant l'instruction, y compris ceux issus d'un système informatique ou d'un traitement de données nominatives (C. pr. pén., art. 99-3, sur ce point, v. nº **11.54A**) ;

• exécuter, ou faire exécuter sous son contrôle par un APJ (L. nº 2023-22, 24 janv. 2023) une perquisition informatique selon les modalités prévues par C. pr. pén., art. 57-1 (C. pr. pén., art. 97-1 ; sur la perquisition informatique, v. nº **11.55C**).

2. Les investigations courantes expressément soumises à une autorisation du juge d'instruction

Sans que **le législateur** n'en restreigne la forme qui paraît donc pouvoir, à l'instar d'autres autorisations, être donnée par tout moyen et actée en procédure, **l'autorisation expresse du juge d'instruction** est en revanche requise pour l'accomplissement des actes suivants par l'OPJ, une telle autorisation expresse ne paraissant pas pouvoir découler de la mission générale de « *procéder à toutes réquisitions utiles* » en pratique employée :

• **Géolocalisation en temps réel** : sauf mise en place provisoire par l'OPJ en cas d'urgence (C. pr. pén., art. 230-35, v. nº **11.48**), autorisation par décision écrite et motivée du juge d'instruction, complétée le cas échéant par une autorisation écrite du juge d'instruction de s'introduire dans un local pour installer ou retirer le dispositif de géolocalisation, voire du JLD s'il s'agit de s'introduire de nuit dans un local d'habitation (C. pr. pén., art. 230-34, v. nº **11.48**). Ces autorisations sont complétées d'une commission rogatoire « technique » délivrée à l'OPJ pour la mise en place et le retrait du dispositif par réquisition à une unité spécialisée (C. pr. pén., art. 230-36) ;

• requérir, lui ou un APJ sous son contrôle (L. nº 2023-22, 24 janv. 2023), des opérateurs de télécommunications la préservation des données qu'ils détiennent, en application de C. pr. pén., art. 60-2, al. 2 (C. pr. pén., art. 99-4, al. 2 ; sur ce point, v. nº **11.55B**) ;

• faire procéder par une personne qualifiée à la copie de données informatiques contenues dans du matériel placé sous scellé, en application de C. pr. pén., art. 60-3 (C. pr. pén., art. 99-5 ; sur ce point, v. nº **11.55D**).

Par ailleurs, **la jurisprudence** a posé des exigences propres à certaines opérations en raison des atteintes susceptibles d'être portées à la vie privée.

• **Vidéosurveillance de la voie publique** : si le juge d'instruction tire de C. pr. pén., art. 81 le pouvoir de faire procéder à une vidéosurveillance sur la voie publique aux fins de rechercher la preuve des infractions dont il est saisi, « *il doit résulter des pièces de l'information que la mesure a été mise en place sous le contrôle effectif de ce magistrat et selon les modalités qu'il a autorisées* », tel n'est pas le cas lorsque la mesure est exécutée sur le fondement d'une « *commission rogatoire rédigée en des termes généraux* » sans qu'il n'en ait « *fixé la durée et le périmètre* » (Crim. 11 déc. 2018, n° 18-82.365, P n° 211) (sur la vidéosurveillance judiciaire, v. n° **11.31C**). La Ch. crim. s'écarte ainsi de la position antérieurement adoptée, avant que cette technique ne fut encadrée par L. n° 2014-372, 28 mars 2014, lorsqu'elle validait la géolocalisation en temps réel réalisée sous le seul couvert d'une commission rogatoire générale au motif que « *le contrôle effectif du juge d'instruction* [est] *inhérent à la délivrance de toute commission rogatoire* » (Crim. 6 janv. 2015, n° 14-85.528, P n° 8) ;

• **Réquisitions aux opérateurs de télécommunications** : désormais, transposant ici sa jurisprudence précitée relative aux dispositifs de vidéosurveillance de la voie publique, les OPJ ne peuvent procéder aux réquisitions adressées aux opérateurs de télécommunications sur la base d'une « *commission rogatoire rédigée en des termes généraux* », le juge d'instruction doit en effet spécialement les y autoriser et fixer « *la durée et le périmètre* » de ces mesures (Crim. 25 oct. 2022, n° 21-87.397, P, § 26) (sur la prise en compte de la jurisprudence de la CJUE par la Ch. crim., v. n° **11.45**).

G. Le régime d'autorisation du juge d'instruction pour les techniques spéciales d'enquête

Si la surveillance n'est soumise à aucune autorisation particulière du juge d'instruction lorsqu'elle se limite à une surveillance visuelle simple des enquêteurs sur la voie publique (filature), elle est à des degrés divers et en fonction du niveau d'intrusion dans la vie privée que les méthodes ou moyens techniques employés permettent, soumise par la loi ou la jurisprudence à une autorisation donnée par tout moyen et actée en procédure ou subordonnée à une décision écrite et motivée.

• **Neutralisation des opérations de contrôle effectués d'office par des agents publics** (contrôle douanier, contrôle routier, contrôle d'identité, contrôle aux frontières, etc.) afin de ne pas compromettre la poursuite d'une opération de surveillance en matière de criminalité organisée : autorisation par tout moyen du juge d'instruction mentionnée ou versée au dossier de la procédure (C. pr. pén., art. 706-80-1, v. n° **11.31E**) ;

• **Substitution des enquêteurs aux prestataires postaux ou de fret** au cours d'une opération de surveillance de l'acheminement de biens en matière de criminalité organisée : autorisation écrite et motivée du juge d'instruction (C. pr. pén., art. 706-80-2, v. n° **11.31F**) ;

• **Infiltration** en matière de criminalité organisée : autorisation écrite et motivée du juge d'instruction (C. pr. pén., art. 706-81, v. n° **11.33**) ;

• **Coup d'achat en matière de stupéfiants** : autorisation par tout moyen du juge d'instruction mentionnée ou versée au dossier de la procédure (C. pr. pén., art. 706-32, v. n° **11.34**) ;

• **Coup d'achat en matière d'armes** : autorisation par tout moyen du juge d'instruction mentionnée ou versée au dossier de la procédure (C. pr. pén., art. 706-106, v. n° **11.34**) ;

• **Infiltration électronique (ou « cyber infiltration »)** pour tous crimes ou délits punis d'emprisonnement commis par la voie des communications électroniques : sous le contrôle du juge d'instruction mais sans son autorisation préalable ; avec son autorisation préalable donnée par tout moyen, mentionnée ou versée au dossier, en cas d'achat ou de transmission d'un contenu illicite (C. pr. pén., art. 230-46, v. n° **11.35**) ;

• **Interception de communications électroniques** : décision motivée du juge d'instruction complétée d'une commission rogatoire « technique » délivrée à l'OPJ aux fins de mise en œuvre de l'interception par réquisitions auprès des opérateurs (C. pr. pén., art. 100-1 et 100-3, v. n° **11.36**) ;

• **Accès aux correspondances électroniques stockées** en matière de crime ou de criminalité organisée : autorisation par ordonnance motivée du juge d'instruction complétée d'une commission rogatoire « technique » délivrée à l'OPJ pour la mise en œuvre du dispositif par réquisitions auprès des opérateurs (C. pr. pén., art. 706-95-2 et 706-95-3, v. n° **11.41**) ;

• **Recueil des données techniques de connexion (IMSI Catcher)** en matière de criminalité organisée : autorisation par ordonnance écrite et motivée du juge d'instruction complétée d'une commission rogatoire « technique » délivrée à l'OPJ pour la mise en place du dispositif (C. pr. pén., art. 706-95-13 et 706-95-17, v. n° **11.37** et **11.38**) ;

• **Sonorisation ou fixation d'images dans les lieux privés** en matière de criminalité organisée : autorisation par ordonnance écrite et motivée du juge d'instruction complétée d'une commission rogatoire « technique » délivrée à l'OPJ pour la mise en place du dispositif (C. pr. pén., art. 706-95-13 et 706-95-17, v. n° **11.39**). Le juge d'instruction qui décide de faire procéder, en application de C. pr. pén., art. 706-96-1 et 706-97 (anc[t] 706-96), « *à la mise en place d'un dispositif technique aux fins de captation, fixation, transmission et enregistrement, sans le consentement des intéressés, de paroles prononcées par une ou plusieurs personnes à titre privé ou confidentiel ou de l'usage d'une ou plusieurs personnes se trouvant dans un lieu privé, est tenu, d'une part, d'autoriser par ordonnance motivée les OPJ à mettre en place le dispositif technique destiné à cette opération, d'autre part de leur délivrer une commission rogatoire spéciale en vue de l'exécution de ladite ordonnance* » (Crim. 13 févr. 2008, n° 07-87.458, P n° 40) ;

• **Captation de données informatiques** en matière de criminalité organisée : autorisation par ordonnance écrite et motivée du juge d'instruction complétée d'une commission rogatoire « technique » délivrée à l'OPJ pour la mise en place du dispositif (C. pr. pén., art. 706-95-13 et 706-95-17, v. n° **11.40**) ;

11.20 La distinction entre la criminalité de droit commun et la criminalité organisée dite du « titre 25 » (C. pr. pén., art. 706-73)

A. Les infractions de la criminalité organisée sont limitativement énumérées par la loi

La criminalité organisée – dite du « titre 25 » du livre quatrième du code de procédure pénale où elle s'inscrit –, obéit à un régime procédural particulier. Elle ne fait pas l'objet d'une définition générale : s'y trouvent rassemblées, d'une part, les infractions limitativement énumérées à l'article 706-73 du code de procédure pénale, qui relèvent du régime complet de la criminalité organisée, d'autre part, celles visées à l'article 706-74, qui n'en relèvent que partiellement.

B. La notion de bande organisée

La notion de **bande organisée** n'est pas le dénominateur exclusif des infractions de la criminalité organisée (ex. : stupéfiants) mais elle est cependant commune à la majorité d'entre elles. Elle est définie comme « *tout groupement formé ou toute entente établie en vue de la préparation, caractérisée par un ou plusieurs faits matériels, d'une ou plusieurs infractions* » (C. pén., art. 132-71).

Ces éléments sont identiques à ceux caractérisant l'infraction d'association de malfaiteurs définie à l'article 450-1 du code pénal (v. n° **23.58**). Toutefois, « *la bande organisée suppose la préméditation des infractions et, à la différence de l'association de malfaiteurs, une organisation structurée entre ses membres* » (Crim. 8 juill. 2015, n° 14-88.329, P n° 172), dans le même sens, « *la bande organisée, circonstance aggravante réelle [...] suppose la démonstration de l'existence d'une organisation structurée, concertée et durable entre ses membres dans le but de commettre les infractions projetées* » (Crim. 20 juin 2018, n° 17-84.740, D). « *la bande organisée est une circonstance aggravante réelle, qui a trait aux conditions dans lesquelles l'infraction a été commise ou préparée et n'implique pas que l'auteur de l'infraction aggravée y ait lui-même participé (Crim. 15 sept. 2004, n° 04-84.143, P n° 213)* » (§ 15) (Crim. 9 juin 2022, n° 21-80.237, P).

Le Cons. const., pour considérer que la notion de bande organisée était assez claire et précise et se distinguait des notions de réunion et de coaction, s'est référé, d'une part, aux précisions apportées par la jurisprudence pénale qui exige « *la préméditation des infractions et une organisation structurée de leurs auteurs* » ou, plus récemment « *la circonstance aggravante de bande organisée est établie par l'existence d'une entente, qui suppose la préméditation, et d'une organisation structurée entre ses membres* » (Crim. 10 avr. 2019, n° 18-83.053, P n° 74) ; d'autre part, à la Convention des Nations unies contre la criminalité transnationale organisée (ratifiée par L. n° 2002-1040, 6 août 2002, publiée par D. n° 2003-875, 8 août 2003), qui définit la criminalité organisée comme « *tout groupe structuré de trois personnes ou plus existant depuis un certain temps et agissant de concert dans le but de commettre une ou plusieurs infractions graves* ». (Cons. const. 2 mars 2004, n° 2004-492 DC, § 13 et 14).

Selon les précisions apportées à l'orienteur du n° **23.58**, après avoir jugé le contraire en application de sa jurisprudence récente relative à l'application de la règle *non bis in idem* en cas de concours d'infraction (Crim. 26 oct. 2016, n° 15-84.552, P n° 276) (v. n° **17.32B2**), il est désormais jugé (en cohérence avec le revirement de jurisprudence Crim. 15 déc. 2021, n° 21-81.864, P, exposé au même n°) que le principe *non bis in idem* « *ne s'oppose pas à ce qu'une même personne soit déclarée concomitamment coupable des chefs d'association de malfaiteurs et d'une infraction commise en bande organisée, y compris lorsque des faits identiques sont retenus pour caractériser l'association de malfaiteurs et la bande organisée et peu important que l'association de malfaiteurs ait visé la préparation de la seule infraction poursuivie en bande organisée* » (§ 18) (Crim. 9 juin 2022, n° 21-80.237, P).

C. Le régime procédural dérogatoire de la criminalité organisée

La procédure applicable à la délinquance organisée obéit au droit commun de l'enquête judiciaire, sous réserve des dispositions spéciales énumérées aux n[os] **11.21** et **11.22** qui étendent les pouvoirs d'investigation, en dérogeant par exemple aux règles relatives à la durée de la garde à vue, au report de l'intervention de l'avocat au cours de la garde à vue, à la confidentialité des correspondances ou à l'intimité de la vie privée.

Le Cons. const. a estimé que « *si le législateur peut prévoir des mesures d'investigations spéciales en vue de constater des crimes et délits d'une gravité et d'une complexité particulières, d'en rassembler les preuves et d'en rechercher les auteurs, c'est sous réserve que ces mesures soient conduites dans le respect des prérogatives de l'autorité judiciaire, gardienne de la liberté individuelle, et que les restrictions qu'elles apportent aux droits constitutionnellement garantis soient nécessaires à la manifestation de la vérité, proportionnées à la gravité et à la complexité des infractions commises et n'introduisent pas de discriminations injustifiées ; qu'il appartient à l'autorité judiciaire de veiller au respect de ces principes, rappelés à l'article préliminaire du code de procédure pénale* » (Cons. const. 2 mars 2004, n° 2004-492 DC, § 6).

11.21 Le régime complet de la criminalité organisée

A. Les infractions relevant du régime complet de la criminalité organisée y compris la garde à vue de 96 h 00 (C. pr. pén., art. 706-73)

1°. **Meurtre en bande organisée** (C. pén., art. 221-4 8°, v. n° **20.3**) ;

1° *bis*. **Meurtre commis en concours**, depuis L. n° 2023-22, 24 janv. 2023 (C. pén., art. 221-1, v. n° **20.1**). Cette extension est jugée conforme à la constitution (Cons. const. 19 janv. 2023, n° 2022-846 DC, § 75). Précisons qu'à la différence du viol, la commission en concours n'est pas une circonstance aggravante du meurtre prévue au C. pén., art. 221-4, énumérant les cas d'aggravation du meurtre (v. n° **20.3**). Le caractère sériel du meurtre est également un critère de compétence du tribunal judiciaire de Nanterre institué par C. pr. pén., art. 706-106-1, issu L. n° 2021-1729, 22 déc. 2021, v. n° **17.16B**) ;

2°. **Tortures et actes de barbarie commis en bande organisée** (C. pén., art. 222-4, v. n° **20.11**) ;

2° *bis*. **Viol commis en concours**, depuis L. n° 2023-22, 24 janv. 2023 (C. pén., art. 222-24, v. n° **20.74**). Cette extension est jugée conforme à la constitution (Cons. const. 19 janv. 2023, n° 2022-846 DC, § 75). La commission en concours est une circonstance aggravante du viol prévue par C. pén., art. 222-24 (v. n° **20.74**, **cas J**). Le caractère sériel du viol est également un critère de compétence du tribunal judiciaire de Nanterre institué par C. pr. pén., art. 706-106-1, issu L. n° 2021-1729, 22 déc. 2021, v. n° **17.16B**) ;

3°. Crimes et délits de **trafic de stupéfiants** :

– direction de groupement ayant pour activité le trafic (C. pén., art. 222-34, v. n° **28.1**) ;

– production, fabrication (C. pén., art. 222-35, v. n° **28.2**) ;

– importation, exportation (C. pén., art. 222-36, v. n° **28.3**) ;

– transport, détention, offre, cession, acquisition, emploi (C. pén., art. 222-37, v. n° **28.4**) ;

– facilitation de l'usage (C. pén., art. 222-37, v. n° **28.5**) ;

– obtention ou délivrance par ordonnance fictive (C. pén., art. 222-37, v. n° **28.6**) ;

– blanchiment de stupéfiants (C. pén., art. 222-38 ; v. n°s **28.7** et **28.8**) ;

– cession pour usage personnel (C. pén., art. 222-39 ; v. n° **28.10**) ;

– non-justification de ressources par une personne en relation habituelle avec des auteurs d'infractions à la législation des stupéfiants (C. pén., art. 222-39-1 ; v. n° **22.48**) ;

4°. Crimes et délits d'**enlèvement** et de **séquestration** commis en bande organisée (C. pén., art. 224-5-2 ; v. n°s **20.96**, **20.99**, **20.100**, **20.101** et **20.103**) ;

5°. Crimes et délits aggravés de **traite des êtres humains** (C. pén., art. 225-4-2 à 225-4-7 ; v. n° **20.116**) ;

6°. Crimes et délits aggravés de **proxénétisme** (C. pén., art. 225-7 à 225-12, v. n°s **20.107**, **20.108**, **20.109**, **20.110**) ;

7°. Crime de **vol commis en bande organisée** (C. pén., art. 311-9 ; v. n° **22.12**) ;

8°. Crimes aggravés d'**extorsion** prévus par les articles 312-6 et 312-7 du code pénal (v. n° **22.15**) ;

8° *bis*. (abrogé et transposé dans C. pr. pén., art. 706-73-1, L. n° 2015-993, 17 août 2015) (v. **C** ci-dessous) ;

9°. Crime de **destruction**, dégradation et détérioration en bande organisée (C. pén., art. 322-8, v. n° **22.69**) ;

10°. Crimes en matière de **fausse monnaie** (C. pén., art. 442-1 et 442-2, v. n°s **24.15** et **24.16**) ;

11°. Crimes et délits constituant des actes de **terrorisme** : il s'agit incriminations prévues par C. pén., art. 421-1 (infractions de terrorisme par finalité, v. tableau de ces infractions au n° **23.23B**) et par les articles 421-2 à 421-6 (v. n° **23.25** à **23.27**) ;

11° *bis*. Crimes portant atteinte aux intérêts fondamentaux de la Nation prévus au titre Ier du livre IV du code pénal (L. n° 2017-1510, 30 oct. 2017) ;

12°. Délits en matière d'**armes et d'explosifs commis en bande organisée** :

– poudres et explosifs, C. défense, art. 2353-4 et 2353-5, v. n° **26.36** ;

– fabrication ou commerce illicite d'armes de catégorie A et B, C. défense, art. 2339-2, 2339-10, v. n° **26.7** ;

– dépôt illicite d'armes ou de munitions, A, B et D, CSI, art. L. 317-7, v. n° **26.23** ;

– cession, acquisition ou détention illicite d'armes de catégorie A et B, CSI, art. L. 317-4, v. n° **26.24** ;

– fabrication, détention vente d'armes biologiques, C. défense, art. 2341-4 ;

13°. Délits **d'aide à l'entrée, à la circulation et au séjour irrégulier d'étranger**, commis en bande organisée (Cesada, art. L. 622-1 (anc^{t}, Ord. n° 45-2658, 2 nov. 1945, art. 21, v. n° **27.2**)) ;

14°. Délits suivants :

– **blanchiment** (pour le blanchiment de stupéfiants, v. **3°**), du produit, du revenu ou de chose provenant d'une des infractions **1°** à **13°** (C. pén., art. 324-1 et 324-2, v. n° **22.49**) ;

– **recel** du produit, du revenu ou de chose provenant d'une des infractions **1°** à **13°** (C. pén., art. 321-1 et 321-2, v. n^{os} **22.46**) ;

15°. Délit d'**association de malfaiteurs**, lorsqu'il a pour objet la préparation d'une des infractions 1° à **14°** et **17°** (C. pén., art. 459-1, v. n° **23.58**) ;

16°. Délit de **non-justification de ressources** correspondant au train de vie, lorsqu'il est en relation avec une des infractions mentionnées au 1° à 15° et 17° (C. pén., art. 321-6-1, v. n° **22.48**) ;

17°. Crime de **détournement de moyen de transport en bande organisée** (C. pén., art. 224-6-1) ;

18°. Crimes et délits punis de 10 d'emprisonnement, contribuant à la prolifération des **armes de destruction massive** et de leurs vecteurs entrant dans le champ d'application de C. pr. pén., art. 706-167 ;

19°. **Exploitation en bande organisée d'une mine** sans autorisation d'exploitation avec atteinte à l'environnement (C. minier, art. L. 512-2), si l'infraction est connexe avec une des infractions mentionnées au 1 à 17° (L. n° 2013-1029, 15 nov. 2013) ;

20°. **Abus frauduleux de l'état d'ignorance ou de faiblesse commis en bande organisée** par les membres d'un **groupement sectaire**, depuis L. n° 2023-22, 24 janv. 2023 (C. pén., art. 223-15-2, dernier al., issu L. n° 2023-22, 24 janv. 2023, v. n° **22.30**, cas **E**). Cette extension est jugée conforme à la constitution (Cons. const. 19 janv. 2023, n° 2022-846 DC, § 75).

B. Les dispositions dérogatoires propres au régime complet de la criminalité organisée

Ce régime se caractérise par les dispositions dérogatoires suivantes :

1. La compétence concurrente de la JIRS (C. pr. pén., art. 706-75)

La **JIRS** (*juridiction interrégionale spécialisée*) dispose d'une compétence concurrente pour la criminalité organisée (C. pr. pén., art. 706-75), pour les affaires d'une grande complexité, à l'exception de celles de terrorisme pour lesquelles Paris est compétent (C. pr. pén., art. 706-17) (sur la JIRS criminalité organisée dite CRIMORG, v. n° **17.16D**).

2. La durée de la garde à vue jusqu'à 96 h 00 (C. pr. pén., art. 706-88)

Selon les modalités de mise en œuvre précisées au n° **12.29**, la garde à vue peut atteindre 96 H 00 soit **4 jours** en matière de criminalité organisée.

À la suite des décisions Cons. const. 4 déc. 2013, n° 2013-679 DC et 9 oct. 2014, n° 2014-420/421 QPC (v. n° **12.29C2**) qui a estimé que la garde à vue de 96 H 00 ne pouvait s'appliquer aux **infractions ne portant pas atteinte aux personnes**, les infractions concernées ont été transférées dans un nouvel article 706-73-1 qui énonce la liste des infractions bénéficiant du régime d'enquête de la criminalité organisée, à l'exception de la garde à vue de 96 H 00 (v. **C** ci-dessous). Par ailleurs, par dérogation à 706-88, la garde à vue ne peut excéder 48 H 00 pour certaines infractions (visées au C. pr. pén., art. 706-24-1) relevant du terrorisme (v. **C** ci-dessous). Pour mémoire, les infractions de terrorisme relevant de la garde à vue de 96 H 00 peuvent faire l'objet d'une prolongation jusqu'à 144 H 00 (6 jours) (C. pr. pén., art. 706-88-1) (v. n° **23.23C6**).

3. L'intervention de l'avocat au cours de la garde à vue peut être différée (C. pr. pén., art. 706-88)

Selon les modalités précisées au n° **12.28**, l'intervention de l'avocat (entretien confidentiel, accès aux pièces du dossier communicables à l'avocat et assistance aux auditions et confrontations) peut être différée jusqu'à 48 h, ou jusqu'à 72 h dans les cas 3 et 11 du C. pr. pén., art. 706-73 (trafic de stupéfiants et terrorisme) (C. pr. pén., art. 706-88) ou pour des infractions de contrebande portant sur des marchandises dangereuses ou commises en bande organisée, ou pour tout délit douanier connexe à une infraction relevant de la criminalité organisée (C. douanes, art. 323-5) (v. n° **12.33**).

4. La perquisition domiciliaire de nuit (C. pr. pén., art. 706-89 s)

Elle peut être autorisée par le JLD sur requête du procureur de la République (enquête judiciaire) ou autorisée par le juge d'instruction (information judiciaire) (C. pr. pén., art. 706-89 s., v. n° **11.58**).

5. La perquisition en l'absence du suspect (C. pr. pén., art. 706-94)

Par dérogation au C. pr. pén., art. 57, selon lequel la perquisition a lieu en présence de la personne au domicile de laquelle elle est opérée, il peut être procédé à une perquisition en l'absence du suspect détenu ou gardé à vue sur autorisation motivée du procureur de la République (enquête judiciaire) ou du juge d'instruction (information judiciaire) (C. pr. pén., art. 706-94, v. n° **11.57B5**).

6. L'interception de correspondances électroniques (écoutes) (C. pr. pén., art. 706-95)

Il peut être procédé à l'interception de correspondances électroniques (écoutes) ordonnées par le JLD sur requête du parquet (enquête judiciaire) pour un délai d'un mois renouvelable une fois (C. pr. pén., art. 706-95, v. n° **11.36**).

Les interceptions ordonnées par le **juge d'instruction**, dont le domaine dépasse la seule criminalité organisée, sont renouvelables en cette matière jusqu'à deux ans au lieu du délai maximal d'un an institué par L. n° 2016-731, 3 juin 2016 (C. pr. pén., art. 100-2, mod. L. n° 2016-731, 3 juin 2016, v. n° **11.36B**).

7. L'accès aux correspondances électroniques stockées accessibles par un identifiant informatique (C. pr. pén., art. 706-95-1)

Il peut y être procédé, selon les modalités précisées au n° **11.41**, sur autorisation du JLD dans le cadre de l'enquête (C. pr. pén., art. 706-95-1, L. n° 2016-731, 3 juin 2016) ou sur autorisation du juge d'instruction (C. pr. pén., art. 706-95-2, L. n° 2016-731, 3 juin 2016).

8. La détection des données de connexion d'un terminal et l'interception de ses correspondances (C. pr. pén., art. 706-95-4 devenu 706-95-20)

Sur autorisation du JLD dans le cadre de l'enquête ou sur autorisation du juge d'instruction il peut être recouru à des procédés techniques permettant **d'intercepter les données de connexion d'un terminal** (technique de l'*IMSI-Catcher*) ainsi que **l'interception des correspondances de ce terminal**. Ce dispositif, inscrit au C. pr. pén., art. 706-95-4 par L. n° 2016-731, 3 juin 2016 a été transféré au C. pr. pén., art. 706-95-20 par L. n° 2019-222, 23 mars 2019, à effet au 1er juin 2019). Son régime est détaillé au n° **11.38**.

9. La surveillance sur l'étendue du territoire national (C. pr. pén., art. 706-80)

Il peut être procédé à la **surveillance** des personnes soupçonnées ou à la surveillance de l'acheminement ou du transport des objets, biens ou produits tirés de la commission de l'infraction ou servant à les commettre sur l'étendue du territoire national, sans autorisation préalable du parquet (C. pr. pén., art. 706-80, v. n° **11.31**).

10. L'AUTORISATION DE NE PAS CONTRÔLER LES PERSONNES OU LES BIENS POUR NE PAS COMPROMETTRE LES OPÉRATIONS DE SURVEILLANCE (C. PR. PÉN., ART. 706-80-1)

Afin de ne pas compromettre les opérations de surveillance, les enquêteurs peuvent demander aux fonctionnaires ou agents publics, avec l'autorisation préalable du procureur de la République ou du juge d'instruction, de ne pas procéder au contrôle des personnes ou des biens dont ces agents ont la charge (C. pr. pén., art. 706-80-1, issu L. n° 2019-222, 23 mars 2019, v. n° **11.31E**). Des dispositions comparables sont applicables en matière douanière, mais étendues à tout délit douanier puni d'une peine ⩾ 2 ans (C. douanes, art. 67 bis-3, issu L. n° L. n° 2019-222, 23 mars 2019).

11. LA SUBSTITUTION DES ENQUÊTEURS AUX PRESTATAIRES DE LIVRAISON POUR LA SURVEILLANCE DE L'ACHEMINEMENT DES BIENS (C. PR. PÉN., ART. 706-80-2)

Les enquêteurs en charge d'une opération de surveillance de l'acheminement ou du transport de biens tirés des infractions relevant de la criminalité organisée ou servant à les commettre peuvent, avec l'autorisation préalable du parquet ou du juge d'instruction, livrer ou délivrer ces biens à la place des prestataires des services postaux et des opérateurs de fret (C. pr. pén., art. 706-80-2 issu L. n° 2019-222, 23 mars 2019, v. n° **11.31F**).

12. LA SONORISATION OU FIXATION D'IMAGES DANS CERTAINS LIEUX OU VÉHICULES (C. PR. PÉN., ART. 706-96 S.)

La **sonorisation ou fixation d'images** de certains lieux ou véhicules, autorisation qui était réservée au juge d'instruction dans le cadre d'une information judiciaire (C. pr. pén., art. 706-96 transféré au 706-96-1 par L. n° 2016-731, 3 juin 2016, v. n° **11.39**) peut, depuis L. n° 2016-731, 3 juin 2016, être mise en œuvre sur autorisation du JLD saisi par le parquet dans le cadre de l'enquête (C. pr. pén., art. 706-96 s., sur la sonorisation, v. n° **11.39**). Pour la mise en place du dispositif technique ou pour le désinstaller, le JLD (dans tous les cas s'il s'agit d'un domicile la nuit) ou le juge d'instruction peut autoriser **l'introduction secrète dans un lieu privé ou un véhicule** (v. n° **11.37C**).

13. LA CAPTATION DE DONNÉES INFORMATIQUES (C. PR. PÉN., ART. 706-102-1)

La **captation de données informatiques** consiste à mettre en place un dispositif technique permettant, « *sans le consentement des intéressés, d'accéder, en tous lieux, à des données informatiques, de les enregistrer, les conserver et les transmettre, telles qu'elles s'affichent sur un écran par l'utilisateur d'un STAD, telles qu'il les y introduit par saisie de caractères ou telles qu'elles sont reçues et émises par des périphériques audiovisuels* » (C. pr. pén., art. 706-102-1 s., v. n° **11.40**, L. n° 2011-267, 14 mars 2011, mod. par L. n° 2014-1353, 13 nov. 2014). Cette opération, autrefois réservée au juge d'instruction, peut depuis la L. n° 2016-731, 3 juin 2016, être réalisée dans le cadre de l'enquête sur autorisation du JLD saisi par le parquet. Pour la mise en place du dispositif technique ou pour le désinstaller, le JLD (dans tous les cas s'il s'agit d'un domicile la nuit) ou le juge d'instruction peuvent autoriser **l'introduction secrète dans un lieu privé ou un véhicule** (v. n° **11.37C1**).

14. L'INFILTRATION (C. PR. PÉN., ART. 706-81 S.)

Cette opération qui consiste pour les enquêteurs à « *surveiller des personnes suspectées de commettre un crime ou un délit en se faisant passer auprès d'elles comme un de leurs coauteurs, complices ou receleurs* » peut être autorisée par le parquet (enquête judiciaire) ou le juge d'instruction (information judiciaire) (C. pr. pén., art. 706-81 s., v. n° **11.33**).

15. L'INFILTRATION ÉLECTRONIQUE (C. PR. PÉN., ART. 706-87-1)

L'**infiltration électronique** ou cyber infiltration, cyber patrouille ou enquête sous pseudonyme électronique, peut être réalisée par des enquêteurs spécialement habilités affectés dans des services spécialisés, sans autorisation d'un magistrat (C. pr. pén., art. 706-87-1, v. n° **11.35**). La L. n° 2014-1353, 13 nov. 2014, a généralisé la technique de la cyber infiltration aux infractions relevant du régime complet de la délinquance organisée.

16. Les mesures conservatoires sur les biens du mis en examen (C. pr. pén., art. 706-103)

Sans préjudice des saisies spéciales décrites au n° **11.63**, des **mesures conservatoires** sur les biens meubles ou immeubles du mis en examen peuvent être ordonnées par le JLD sur requête du parquet dans le cadre d'une information judiciaire pour garantir le paiement des amendes ainsi que l'indemnisation des victimes (C. pr. pén., art. 706-103, v. n° **11.68**).

17. La durée maximale de 3+2 ans de l'enquête préliminaire (C. pr. pén., art. 75-3 issu L. n° 2021-1729, 22 déc. 2021)

Par dérogation aux dispositions de C. pr. pén., art. 75-3 issues de L. n° 2021-1729, 22 déc. 2021, pour la confiance dans l'institution judiciaire, limitant à 2+1 ans la durée des enquêtes préliminaires (sur la durée limitée de l'enquête préliminaire, v. n° **11.15C3**), celles portant sur des crimes ou délits relevant de la criminalité organisée, qu'il s'agisse des infractions pour laquelle la garde à vue de 96H00 est autorisée (C. pr. pén., art. 706-73, v. **A** ci-dessus) ou de celles pour laquelle elle reste limitée à 48H00 (C. pr. pén., art. 706-73-1, v. **C1** ci-dessous), sont soumises à un délai de 3 ans, renouvelable pour 2 ans par décision écrite et motivée du procureur de la République (C. pr. pén., art. 75-3). Ces dispositions nouvelles issues de L. n° 2021-1729, 22 déc. 2021 s'appliquent « *aux enquêtes commencées à compter de la publication de la loi* », intervenue le 23 déc. 2021 (L. n° 2021-1729, 22 déc. 2021, art. 59 I).

18. Le délai d'audiencement au stade de l'appel (C. pr. pén., art. 509-1)

Pour les infractions prévues par C. pr. pén., art. 706-73 (v. **A** ci-dessus) et 706-73-1 (v. **C1** ci-dessous), le délai de comparution du prévenu détenu au **stade de l'appel** est de **6 mois** renouvelable pour **18 mois au maximum**, au lieu du délai de droit commun de 4 mois renouvelable jusqu'à un an (C. pr. pén., art. 509-1, sur les délais d'audiencement du prévenu détenu devant la cour d'appel, v. n° **12.46E1**).

19. L'application de certaines techniques spéciales d'enquête aux personnes en fuite pour une infraction relevant de la criminalité organisée (C. pr. pén., art. 74-2, mod. par L. n° 2023-22, 24 janv. 2023)

Depuis L. n° 2023-22, 24 janv. 2023, d'orientation et de programmation du ministère de l'intérieur, modifiant C. pr. pén., art. 74-2, « *si les nécessités de l'enquête pour rechercher la personne en fuite l'exigent* », les dispositions relatives aux techniques spéciales d'enquête suivantes sont applicables lorsque la personne fait l'objet, pour une infraction relevant de la criminalité organisée mentionnée au C. pr. pén, art. 706-73 et 706-73-1, d'un mandat d'arrêt, d'une condamnation à une peine sans sursis ⩾ 1 an, ou d'une mesure de révocation d'un aménagement de peine portant sur un reliquat de peine ferme ⩾ 1 an :

– surveillance sur l'étendue du territoire national (C. pr. pén., art. 706-80, v. **B9** ci-dessus et n° **11.31B**) ;

– sonorisation ou fixation d'images dans certains lieux ou véhicules (C. pr. pén., art. 706-96, v. **B12** ci-dessus et n° **11.39**).

– infiltration (C. pr. pén., art. 706-81 s., v. **B14** ci-dessus et n° **11.33**) ;

– perquisition domicilaire de nuit (C. pr. pén., art. 706-89 s., v. **B4** ci-dessus et n° **11.58**) ;

– perquisition en l'absence du suspect (C. pr. pén., art. 706-94 s., v. **B5** ci-dessus et n° **11.57B5**) ;

– accès à distance aux correspondances électroniques stockées et accessibles par un identifiant informatique (C. pr. pén., art. 706-102-1, v. **B13** ci-dessus et n° **11.41**) ;

– captation de données informatiques (C. pr. pén., art. 706-95-1 s., v. **B7** ci-dessus et n° **11.40**) ;

– détection à distance des données de connexion d'un terminal (IMSI-Catcher) (C. pr. pén., art. 706-95-20, v. **B8** ci-dessus et n° **11.38**).

C. Les infractions relevant du régime complet à l'exception de la garde à vue de 96 h 00

1. Les infractions de droit commun (C. pr. pén., art. 706-73-1)

Tirant les conséquences des décisions du Cons. const. 4 déc. 2013, nº 2013-679 DC et 9 oct. 2014, nº 2014-420/421 QPC, qui proscrivaient le régime dérogatoire de garde à vue de 96 h 00 pour un délit qui n'était pas « *pas susceptible de porter atteinte en lui-même à la sécurité, à la dignité ou à la vie des personnes* » (§ nºs 13 et 16) (v. nº 12.29C2). La L. nº 2015-993, 17 août 2015 a retiré de l'article 706-73 les infractions d'atteintes aux biens pour les intégrer dans un nouvel article 706-73-1. Ces infractions continuent de relever du régime dérogatoire de la criminalité organisée, à l'exception de la garde à vue de 96 h 00. Il s'agit des infractions suivantes :

– **escroquerie en bande organisée** (C. pén., art. 313-2, v. nº 22.22, infraction rétablie dans le régime complet de la criminalité organisée depuis L. nº 2011-525, 17 mai 2011) ;

– **atteintes à un système de traitement** automatisé de données à caractère personnel mis en œuvre par l'État commis en bande organisée (v. nº 35.70 et 35.71, L. nº 2016-731, 3 juin 2016) ;

– **évasion en bande organisée** (v. nº 25.59, L. nº 2016-731, 3 juin 2016) ;

– **travail dissimulé en bande organisée** : dissimulation d'activité (v. nº 32.11) ou de salarié, (v. nº 32.13) (L. nº 2014-790, 10 juill. 2014) ;

– **recours en bande organisée au travail dissimulé**, v. nº 32.15 (L. nº 2014-790, 10 juill. 2014) ;

– **marchandage en bande organisée de main-d'œuvre**, v. nº 32.33 (L. nº 2014-790, 10 juill. 2014) ;

– **prêt illicite de main-d'œuvre en bande organisée**, v. nº 32.33 (L. nº 2014-790, 10 juill. 2014) ;

– **emploi d'étranger sans autorisation de travail en bande organisée**, v. nº 32.28 (L. nº 2014-790, 10 juill. 2014) ;

– **blanchiment** du produit, du revenu ou de chose provenant d'une des infractions ci-dessus (C. pén., art. 324-1, v. nº 22.49) ;

– **recel** du produit, du revenu ou de chose provenant d'une des infractions ci-dessus (C. pén., art. 321-1 et 321-2, v. nºs 22.45 et 22.46) ;

– **blanchiment**, à titre **habituel** ou facilité par l'exercice d'une profession, ou en **bande organisée**, du produit, du revenu ou de la chose provenant d'une infraction (C. pén., art. 324-2, v. nº 22.49), sauf s'il s'agit d'un blanchiment relevant du régime complet de la criminalité organisée au titre de C. pr. pén., art. 706-73 v. A) (réd. C. pr. pén., art. 706-73-1 issue L. nº 2016-731, 3 juin 2016) ;

– **association de malfaiteurs**, lorsqu'elle a pour objet la préparation d'une des infractions ci-dessus (C. pén., art. 459-1, v. nº 23.58) ;

– **non-justification de ressources** correspondant au train de vie, lorsqu'il est en relation avec une des infractions ci-dessus (C. pén., art. 321-6-1, v. nº 22.48) ;

– transaction ou opération portant sur un **bien culturel** provenant d'un territoire **théâtre d'opérations** de groupements terroristes (C. pén., art. 322-3-2 issu L. nº 2016-731, 3 juin 2016) ;

– **tenue d'une maison de jeux de hasard en bande organisée** (CSI, art. L. 324-1, v. nº 23.60) et importation, fabrication, détention, mise à disposition de tiers, installation et d'exploitation d'**appareil de jeux de hasard ou d'adresse en bande organisée** (CSI, art. L. 324-2, v. nº 23.64) (depuis L. nº 2017-257, 28 févr. 2017) ;

– **Délits portant atteinte aux intérêts fondamentaux de la Nation** prévus aux articles 411-5, 411-7 et 411-8, aux deux premiers alinéas de l'article 412-2, à l'article 413-1 et au troisième alinéa de l'article 413-13 du code pénal (L. nº 2017-1510, 30 oct. 2017) ;

– **Délit d'administration de plateforme en ligne pour permettre des transactions portant sur des produits, contenus ou services manifestement illicites et délit d'intermédiation ou de séquestre** pour faciliter ces opérations, prévus par C. pén., art. 323-3-2 (issu L. nº 2023-22, 24 janv. 2023, v. nº **35.74**).

– Délit de **contrebande douanière de marchandise prohibée commis en bande organisée** (C. douanes, art. 414, dernier al., v. nº **33.36**) (C. pr. pén., art. 706-73 21° et 796-88 dernier al, depuis L. nº 2023-610, 18 juill. 2023).

2. LES INFRACTIONS DE TERRORISME EXCLUES DE LA GARDE À VUE DE 96 H 00 (C. PR. PÉN., ART. 706-24-1)

Par principe, les infractions qualifiées de terroristes sont susceptibles de donner lieu à une garde à vue jusqu'à 96 H 00.

Toutefois, la garde à vue est limitée à 48 H 00 pour les délits de provocation ou d'apologie du terrorisme (C. pén., art. 421-2-5, v. nº **35.24**), d'entrave aux mesures de blocage d'un site faisant cette apologie (C. pén., art. 421-2-5-1, v. nº **35.25**), de consultation habituelle de site provoquant au terrorisme ou en faisant l'apologie (C. pén., art. 421-2-5-2, v. nº **23.27**) (C. pr. pén., art. 706-24-1).

11.22 Le régime partiel et le régime intermédiaire de la criminalité organisée

A. Les infractions relevant du régime partiel de la criminalité organisée (C. pr. pén., art. 706-74)

Il s'agit de **toutes les infractions commises en bande organisée** et de l'infraction d'association de malfaiteurs (C. pr. pén., art. 706-74), à l'exception de celles déjà énumérées au nº **11.21**, qui relèvent du régime complet de la criminalité organisée.

Ce régime se caractérise par les seules dispositions dérogatoires suivantes :

– **compétence** possible de la *juridiction interrégionale spécialisée* (dite JIRS), pour les affaires d'une grande complexité (C. pr. pén., art. 706-75) (sur la JIRS criminalité organisée dite CRIMORG, v. nº **17.16D**) ;

– **surveillance** sur l'étendue du territoire national sans autorisation préalable du parquet (enquête judiciaire) (C. pr. pén., art. 706-80, v. nº **11.31**) ;

– **possibilité de ne pas contrôler les personnes ou les biens** afin de ne pas compromettre les opérations de **surveillance**, sur autorisation du parquet ou du juge d'instruction saisi (C. pr. pén., art. 706-80-1, issu L. nº 2019-222, 23 mars 2019, v. nº **11.31E**) ;

– **possibilité des enquêteurs de se substituer aux prestataires de livraison** pour la surveillance de l'acheminement des biens, sur autorisation du parquet ou du juge d'instruction saisi (C. pr. pén., art. 706-80-2, issu L. nº 2019-222, 23 mars 2019, v. nº **11.31F**).

– **mesures conservatoires** sur les biens du mis en examen ordonnées par le JLD sur requête du parquet dans le cadre d'une information judiciaire (C. pr. pén., art. 706-103, v. nº **11.68**).

B. Les infractions du régime intermédiaire et les techniques spéciales d'enquête associées

Entre le régime partiel de la criminalité organisée et son régime complet, le législateur a introduit des dispositions diverses (C. pr. pén., art. 706 s. 706-72) permettant d'emprunter, de manière modulée et graduée selon les infractions, des éléments du dispositif procédural complet de la criminalité organisée. Ces infractions ne sont pas systématiquement assorties de la circonstance de bande organisée (ex. fraude fiscale ou abus de biens sociaux aggravés).

Les infractions et les techniques spéciales d'enquête qui leur sont associées sont les suivants :

1. – Infractions du code de la propriété intellectuelle (contrefaçons) commises en bande organisée (C. pr. pén., art. 706-1-2, déplacé au **706-1** par L. nº 2013-1117, 6 déc. 2013, L. nº 2007-1544, 29 oct. 2007). Le régime partiel est dans ces cas complété par la **surveillance** (C. pr. pén., art. 706-80, v. nº **11.31**) et l'**infiltration** (C. pr. pén., art. 706-81 à 706-87, v. nº **11.33**) ;

2. – Certaines atteintes à la probité (corruption, concussion) ou les faits de contrebande douanière portant sur les marchandises dangereuses (depuis L. nº 2023-610, 18 juill. 2023, les faits de contrebande commis en bande organisée relèvent du régime complet, à l'exception de la garde à vue de 96h00), ou de fraude fiscale les plus graves (C. pr. pén., art. 706-1-3, déplacé au **706-1-1** par L. nº 2013-1117, 6 déc. 2013, L. nº 2007-1598, 13 nov. 2007). Le régime partiel est dans ces cas complété par la **surveillance** (C. pr. pén., art. 706-80, v. nº **11.31**) ; **l'infiltration** (C. pr. pén., art. 706-81 à 706-87, v. nº **11.33**) ; **l'interception de communications électroniques** (C. pr. pén., art. 706-95, v. nº **11.36**) ; **l'accès aux correspondances électroniques stockées accessibles par un identifiant informatique** (C. pr. pén., art. 706-95-1 et 706-95-2, L. nº 2016-731, 3 juin 2016) (v. nº **11.41**) ; la **détection des données de connexion d'un terminal** et **l'interception de ses correspondances** (technique de l'*IMSI-Catcher*) (C. pr. pén., art. 706-95-4, L. nº 2016-731, 3 juin 2016, devenu 706-95-20) (v. nº **11.38**) ; la **sonorisation ou fixation d'image** (C. pr. pén., art. 706-96 à 106-102, v. nº **11.39**) ; la **captation de données informatiques** (C. pr. pén., art. 706-102 à 706-102-9, v. nº **11.40**) ; les **mesures conservatoires** sur les biens du mis en examen (C. pr. pén., art. 706-103, v. nº **11.68**) ;

3. – Abus de biens sociaux aggravés des SA ou SARL (C. pr. pén., art. **706-1-2**, L. nº 2013-1117, 6 déc. 2013). Ces infractions bénéficient des mêmes extensions que les délits énoncés ci-dessus au nº 2 ;

4. – Délits aggravés en matière de produits de santé. Cette extension, applicable depuis le 1er juin 2019, issue de L. nº 2019-222, 23 mars 2019 modifiant C. pr. pén., art. **706-2-2** concerne les délits suivants du CSP lorsqu'ils sont passibles d'un emprisonnement ⩾ **5 ans** : substances vénéneuses (CSP, art. L. 5432-1, L. 5432-2, et L. 5432-3), médicaments à usage humain falsifiés (CSP, art. L. 5421-13, v. nº **29.25**), matières premières pharmaceutiques falsifiées (CSP, art. L. 5438-4 et L. 5438-6), médicaments à usage humain sans AMM (CSP, art. L. 5421-2, v. nº **29.24**), dispositifs médicaux non certifiés (CSP, art. L. 5461-3), dispositifs médicaux de diagnostic *in vitro* non certifiés (CSP, art. L. 5462-3), micro organismes et toxines (CSP, art. L. 5439-1 et L. 5439-2), substances susceptibles d'entrer dans la fabrication de médicaments vétérinaires (CSP, art. L. 5442-10), médicaments vétérinaires falsifiés (CSP, art. L. 5442-14, v. nº **29.28**), préparations de thérapie génique ou xénogénique (CSP, art. L. 5426-1), et le **blanchiment** de ces infractions. Ces infractions bénéficient des mêmes techniques d'enquête que les délits visés au nº **2**, à l'exception dans un premier temps de l'interception des communications électroniques, puis incluant cette technique d'investigation depuis L. nº 2020-1672, 24 déc. 2020 ;

5. – Délits de tromperies et falsifications alimentaires aggravées. Cette extension, applicable depuis le 1er juin 2019, issue de L. nº 2019-222, 23 mars 2019 modifiant C. pr. pén., art. **706-2-2** concerne les délits visés au C. consom., art. L. 451-2 (V. nº **30.13**) et L. 454-3 (V. nº **30.10**), ainsi que le **blanchiment** de ces infractions. Ces infractions bénéficient des mêmes techniques d'enquête que les délits visés au nº **2**, à l'exception dans un premier temps de l'interception des communications électroniques, puis incluant cette technique d'investigation depuis L. nº 2020-1672, 24 déc. 2020 ;

6. – Atteintes en bande organisée à un système de traitement automatisé de données ~~personnelles mis en œuvre par l'État~~ (restriction supprimée par L. nº 2023-22, 24 janv. 2023), **blanchiment** et **association de malfaiteurs** ayant pour objet ces atteintes (C. pr. pén., art. **706-72**, C. pén., art. **323-4-1**, L. nº 2014-1353, 13 nov. 2014, v. nos **35.70**,

35.71). Ces infractions sont appréhendées par deux articles de procédure en concurrence : C. pr. pén., art. 706-72 et 706-73-1. Elles bénéficient de l'ensemble du régime d'enquête dérogatoire, à l'exception de la garde à vue de 96 h 00 et, pour le blanchiment et l'association de malfaiteurs, du régime dérogatoire de perquisition (C. pr. pén., art. **706-72**, L. n° 2014-1353, 13 nov. 2014, mod. par L. n° 2016-731, 3 juin 2016, et **706-73-1** mod. par même loi).

11.23 Le régime procédural des infractions de nature sexuelle ou de grande violence (C. pr. pén., art. 706-47)

A. Le champ d'application des infractions de nature sexuelle ou de grande violence

Les infractions de nature sexuelle suivantes, limitativement énumérées à l'article 706-47 du code de procédure pénale, sont soumises à un régime procédural particulier, depuis l'enquête jusqu'aux modalités de suivi après la condamnation. Le législateur a ajouté à cette liste certaines infractions violentes, telles l'homicide en récidive légale ou les tortures ou actes de barbarie, qui caractérisent des troubles du comportement propres à la catégorie criminologique de « grands criminels » et qui sont susceptibles de faire l'objet d'un suivi, alors même que la dimension sexuelle de l'acte n'apparaît pas dans sa qualification juridique.

Cette liste, figurant dans le tableau ci-dessous, recoupe en grande partie celle des infractions passibles d'un suivi socio-judiciaire (v. n° **18.31A**).

Par ailleurs, les rubriques « Régime procédural » de l'orienteur de la partie « Le guide des infractions » sont systématiquement renseignées dans le cas où le régime des infractions sexuelles est applicable.

Tableau 1 : Infractions relevant du régime des infractions sexuelles ou de grande violence (C. pr. pén., art. 706-47)

• 1°. Crimes de meurtre ou d'assassinat	• Lorsque les faits sont commis sur un mineur ~~(et précédés ou accompagnés d'un viol, de tortures ou d'actes de barbarie~~, condition supprimée par L. n° 2018-703, 3 août 2018), ou commis en état de récidive légale (C. pén., art. 221-1 à 221-4, v. n^{os} **20**, **20.2**, **20.3** et **20.4**)
• 2°. Crimes de tortures ou d'actes de barbarie	• C. pén., art. 222-1 à 222-6, v. n^{os} **20.7** à **20.13**
• 3°. Crime de violences sur un mineur de 15 ans ayant entraîné une mutilation ou une infirmité permanence (depuis L. n° 2018-703, 3 août 2018)	• C. pén., art. 222-10, v. n° **20.19**
• 4°. Crimes de viol	• Viol simple (C. pén., art. 222-23, v. n° **20.72**) • Viol aggravé (C. pén., art. 222-24, v. n° **20.74**) • Viol ayant entraîné la mort (C. pén., art. 222-25, v. n° **20.76**), • Viol accompagné de tortures ou d'actes de barbarie (C. pén., art. 222-26, v. n° **20.77**), • Mandat non suivi d'effet de commettre un viol (depuis L. n° 2020-1672, 24 déc. 2020, C. pén., art. 222-26-1, v. n° **20.73**).

• 5°. Délits d'agression sexuelle	• Agression sexuelle simple (C. pén., art. 222-27, v. n° **20.79**) ; • Agression sexuelle aggravée (C. pén., art. 222-28, v. n° **20.81**) ; • Agression sexuelle sur un mineur de moins de 15 ans ou une personne vulnérable (C. pén., art. 222-29-1, 222-30, v. n° **20.83** et **20.84**) ; • Administration de substance altérant le discernement en vue d'une agression sexuelle (incrimination créée par L. n° 2018-703, 3 août 2018) (C. pén., art. 222-30-1, v. n° **20.85**) : • Exhibition sexuelle (depuis L. n° 2021-478, 21 avr. 2021) (C. pén., art. 222-32, v. n° **20.86**) ; • Harcèlement sexuel (depuis L. n° 2021-478, 21 avr. 2021) (C. pén., art. 222-33, v. n° **20.87**).
• 6°. Délits et crimes de traite des êtres humains à l'égard d'un mineur	• C. pén., art. 225-4-1 à 225-4-4, v. n° **20.117**
• 7°. Délits et crimes de proxénétisme à l'égard d'un mineur	• C. pén., art. 225-7 1°et 225-7-1, v. nos **20.107** et **20.108**
• 8°. Délits de recours à la prostitution d'un mineur	• C. pén., art. 225-12-1 et 225-12-2, v. n° **20.111**
• 9°. Délit de corruption de mineur	• C. pén., art. 227-22, v. n° **21.30**
• 10°. Délit de proposition sexuelle faite par un majeur à un mineur de 15 ans ou à une personne se présentant comme telle en utilisant un moyen de communication électronique	• C. pén., art. 227-22-1, v. n° **21.31**
• 11°. Délit d'enregistrement, diffusion ou détention d'image pornographique d'un mineur Pédopornographie	• C. pén., art. 227-23, v. n° **21.32**
• 12°. Délit de fabrication, diffusion de message violent ou pornographique perceptible par un mineur	• C. pén., art. 227-24, v. n° **21.33**
• 13°. Délit d'incitation, non suivie d'effet, à la mutilation sexuelle d'un mineur	• C. pén., art. 227-24-1, v. n° **21.34**
• 14°. Délits d'atteinte sexuelle sans violence et (depuis L. n° 2021-478, 21 avr. 2021) de tentative de ces délits	• Simple et aggravée – Sur un mineur de moins de 15 ans (C. pén., art. 227-25 et 227-26, v. n° **21.35**) • Sur un mineur de plus de 15 ans (C. pén., art. 227-27, v. n° **21.36**)
• 15°. Délit d'incitation à commettre un crime ou un délit sexuel à l'encontre d'un mineur (depuis L. n° 2021-478, 21 avr. 2021)	• C. pén., art. 227-28-3, v. n° **21.37**
• 16°. Délit d'atteinte sexuelle sur un animal (depuis L. n° 2021-1539, 30 nov. 2021)	• C. pén., art. 521-1-1 (incrimination créée par L. n° 2021-1539, 30 nov. 2021, continuant celle de sévice sexuel sur animal auparavant prévue par C. pén., art. 521-1), v. n° **31.9**.

Soulignons que les infractions d'exhibition sexuelle (v. n° **20.86**), infraction qui donnait toutefois lieu à prélèvement et enregistrement des empreintes génétiques et pouvait être sanctionnée d'un suivi socio judiciaire (C. pr. pén., art. 706-55 1°, v. nos **13.23**, **13.25** et **20.86**), et de harcèlement sexuel (v. n° **20.87**) ne relèvent du régime des infractions sexuelles que depuis L. n° 2021-478, 21 avr. 2021. Le délit de voyeurisme (délit créé par L. n° 2018-703, 3 août 2018, v. n° **35.47**), ne relève quant à lui pas de ce régime.

B. Les particularités du régime procédural des infractions sexuelles ou de grande violence : la prescription de l'action publique

1. La prescription des crimes

Les **crimes** relevant du C. pr. pén., art. 706-47 commis sur des **mineurs** sont soumis à une prescription de 30 ans à compter de la majorité de la victime depuis L. n° 2018-703, 3 août 2018 (C. pr. pén., art. 7).

Auparavant, ce délai était de 20 ans à compter de la majorité, momentanément aligné, s'agissant des mineurs, sur le délai de droit commun par L. n° 2017-242, 27 févr. 2017 portant de 10 à 20 ans la prescription en matière criminelle (sur la prescription de droit commun des crimes, v. n° **17.18** s.).

Il convient de noter que pour le crime de violences aggravées ayant entraîné une mutilation ou une infirmité permanente commis sur un mineur de 15 ans (C. pén., art. 222-10, n° **20.19**), la prescription qui était de 20 ans à compter de la majorité depuis L. n° 2006-399, 4 avr. 2006 (C. pr. pén., art. 7 puis 9-1) a été portée à 30 ans par L. n° 2018-703, 3 août 2018 qui a inscrit cette infraction au C. pr. pén., art. 706-47 et porté de 20 à 30 ans la prescription de ces crimes (C. pr. pén., art. 7).

S'agissant des **victimes majeures** au moment des faits, la prescription des crimes relevant du C. pr. pén., art. 706-47 obéit au délai de droit commun : 10 ans jusqu'à L. n° 2017-242, 27 févr. 2017, 20 ans depuis.

2. La prescription des délits

Les **délits** relevant du C. pr. pén., art. 706-47 commis sur des **mineurs** sont soumis, au lieu du délai de droit commun de 3 ans porté à 6 ans par L. n° 2017-242, 27 févr. 2017, à une prescription de 10 ans à compter de la majorité de la victime (C. pr. pén., art. 7, 8 et 9-1 créé par L. n° 2017-242, 27 févr. 2017 et mod. par L. n° 2018-703, 3 août 2018) (sur les délais et points de départ de ces prescriptions, inchangés par L. n° 2017-242, 27 févr. 2017 et L. n° 2018-703, 3 août 2018, v. n° **17.19**).

Le délai est toutefois porté à 20 ans pour le délit d'agression sexuelle sur un mineur de moins de 15 ans (C. pén., art. 222-29-1) (v. n° **20.83**) et pour l'atteinte sexuelle sans violence sur un mineur de moins de 15 ans avec circonstance aggravante (C. pén., art. 227-26, v. n° **21.35**) (C. pr. pén., art. 8 et 706-47, L. n° 2004-204, 9 mars 2004, inchangés par L. n° 2017-242, 27 févr. 2017 et L. n° 2018-703, 3 août 2018).

Il convient de noter que les faits de violences volontaires avec incapacité > huit jours (C. pén., art. 222-12, v. n° **20.25**) commis sur un mineur, bien que ne relevant pas des infractions prévues par C. pr. pén., art. 706-47, sont soumis à la prescription de 20 ans à compter de la majorité de la victime depuis L. n° 2006-399, 4 avr. 2006, art. 14, inchangé par L. n° 2017-242, 27 févr. 2017 ou L. n° 2018-703, 3 août 2018 (C. pr. pén., art. 8).

S'agissant des **victimes majeures** au moment des faits, la prescription des délits relevant du C. pr. pén., art. 706-47 obéit au délai de droit commun : 3 ans jusqu'à L. n° 2017-242, 27 févr. 2017, 6 ans depuis.

C. Les autres particularités du régime procédural des infractions sexuelles ou de grande violence

1. L'expertise médicale du prévenu (C. pr. pén., art. 706-47-1)

L'auteur doit être soumis avant jugement, y compris dès l'enquête sur réquisition du parquet, à **expertise médicale** sur l'opportunité d'une injonction de soins (C. pr. pén., art. 706-47-1). Cette expertise est communiquée à l'administration pénitentiaire en cas de condamnation à une peine privative de liberté (*ibid.*).

Sauf fuite du prévenu, il se déduit de ce texte que toute condamnation prononcée sans cette expertise est irrégulière (Crim. 15 mai 2018, n° 17-82.866, P). Il en est également ainsi lorsque la juridiction requalifie une infraction qui n'exige pas de l'expertise obligatoire, comme celle de harcèlement sexuel, (v. n° **20.87**), en celle d'agression sexuelle (v. n° **20.79** s.), qui relève du régime des infractions sexuelles (Crim. 23 sept. 2015, n° 14-84.842, P n° 207 Crim. 15 mai 2018, n° 17-82.866, P n° 92).

Mentionnons que C. pr. pén., art. 77-1, mod. par L. n° 2020-1672, 24 déc. 2020, permet au procureur de la République d'autoriser par voie d'instructions générales les OPJ et APJ à requérir, dans le cadre de l'enquête préliminaire, toute personne qualifiée pour procéder à l'expertise médicale imposée par C. pr. pén., art. 706-47-1 (sur le principe de l'autorisation préalable du procureur de la République pour la réquisition à personne qualifiée dans le cadre de l'enquête préliminaire, C. pr. pén., art. 77-1, v. n° **11.49B**).

2. L'expertise médicale de la victime mineure (C. pr. pén., art. 706-48)

Le **mineur victime** peut être soumis à **expertise médico-psychologique**, y compris dès l'enquête sur réquisition du parquet (C. pr. pén., art. 706-48).

3. L'information du juge des enfants (C. pr. pén., art. 706-49)

Si le mineur victime fait l'objet d'une assistance éducative, le parquet ou le juge d'instruction informe sans délai le juge des enfants de la procédure et lui en communique les pièces (C. pr. pén., art. 706-49).

4. L'enregistrement audiovisuel de l'audition de la victime mineure (C. pr. pén., art. 706-52)

Selon les précisions apportées aux n^{os} **11.4C**, l'audition du mineur victime fait obligatoirement (depuis L. n° 2007-291, 5 mars 2007, tendant à renforcer l'équilibre de la procédure pénale) l'objet d'un **enregistrement audiovisuel** (C. pr. pén., art. 706-52). L'audition devant le juge d'instruction est obligatoirement faite en présence d'un avocat choisi ou désigné d'office (C. pr. pén., art. 706-51-1 [L. n° 2007-291, 5 mars 2007], v. n° **16.8C**).

Ces dispositions sont également applicables en cas d'incertitude sur l'âge de la victime, s'il existe des raisons de croire qu'elle est mineure (C. pr. pén., art. D. 47-11-1, D. n° 2016-214, 26 févr. 2016).

5. L'assistance de la victime mineure lors de son audition (C. pr. pén., art. 706-53)

Sur décision du parquet ou du juge d'instruction, l'**audition ou la confrontation du mineur victime**, le cas échéant à sa demande ou celle de son représentant légal, est réalisée **en présence** de l'une des personnes suivantes : psychologue, médecin spécialiste de l'enfance, membre de sa famille, administrateur *ad hoc,* personne chargée d'un mandat du juge des enfants (C. pr. pén., art. 706-53, v. n° **16.8**).

Il en est de même en cas d'incertitude sur l'âge de la victime, s'il existe des raisons de croire qu'elle est mineure (C. pr. pén., art. D. 47-11-1, D. n° 2016-214, 26 févr. 2016).

6. Le prélèvement des empreintes génétiques (C. pr. pén., art. 706-55 1°)

Les empreintes génétiques de la personne suspectée ou condamnée sont prélevées aux fins d'enregistrement au Fnaeg (C. pr. pén., art. 706-54 et 706-55 1°, v. n^{os} **13.23** et **13.25**). **Sanction** du refus de prélèvement, v. n° **25.35**.

7. Le dépistage possible des MST sur la personne soupçonnée (C. pr. pén., art. 706-47-2)

Ce dépistage n'est cependant pas prévu pour les infractions 6 à 13 inclus du tableau figurant en **A** ci-dessus (v. C. pr. pén., art. 706-47-2). Sur les modalités du prélèvement et les sanctions encourues en cas de refus, v. n^{os} **13.28** et **25.35**.

8. L'impossibilité d'exclure la condamnation du B2 (C. pr. pén., art. 775-1)

La condamnation ne peut être exclue du **bulletin n° 2** du casier judiciaire (C. pr. pén., art. 706-47 et 775-1).

9. L'INSCRIPTION DE PLEIN DROIT OU FACULTATIVE DE L'AUTEUR AU FICHIER DES AUTEURS D'INFRACTIONS SEXUELLES OU VIOLENTES (FIJAIS) (C. PR. PÉN., ART. 706-53-2 S.) (V. N° 13.32).

10. L'INFORMATION OBLIGATOIRE PAR LE MINISTÈRE PUBLIC DE L'AUTORITÉ PUBLIQUE EMPLOYANT OU CONTRÔLANT LA PERSONNE EXERÇANT UNE ACTIVITÉ EN CONTACT HABITUEL AVEC DES MINEURS (C. PR. PÉN., ART. 706-47-4)

Cette information obligatoire, dont le régime est décrit ci-dessous en D ci-dessous, dépasse le champ des seules infractions sexuelles et s'étend à plusieurs autres infractions intéressant la protection de la jeunesse. La mention « régime des infractions sexuelles applicable », si elle figure dans la rubrique « Régime procédural » de l'orienteur, signifie que les modalités de traitement ci-dessus sont applicables.

D. L'INFORMATION OBLIGATOIRE PAR LE MINISTÈRE PUBLIC DE L'AUTORITÉ PUBLIQUE EMPLOYANT OU CONTRÔLANT LA PERSONNE EXERÇANT UNE ACTIVITÉ EN CONTACT HABITUEL AVEC DES MINEURS (C. PR. PÉN., ART. 706-47-4, L. N° 2016-457, 14 AVR. 2016)

1. LE PRINCIPE DE L'OBLIGATION D'INFORMATION

Dans un objectif de protection des mineurs, en complément du dispositif d'information facultative de l'autorité publique par le parquet prévu pour l'ensemble des infractions passibles d'emprisonnement (C. pr. pén., art. 11-2, issu L. n° 2016-457, 14 avr. 2016, v. n° 35.2B2), le **ministère public a l'obligation** d'informer « *par écrit l'administration d'une condamnation, même non définitive.../...prononcée à l'encontre d'une personne dont il est établi au cours de l'enquête ou de l'instruction qu'elle exerce une activité professionnelle ou sociale impliquant un contact habituel avec des mineurs et dont l'exercice est contrôlé, directement ou indirectement, par l'administration* » (C. pr. pén., art. 706-47-4, L. n° 2016-457, 14 avr. 2016).

Il en est de même pour une décision de placement sous contrôle judiciaire comportant « *l'obligation de ne pas exercer une activité impliquant un contact habituel avec des mineurs* » prévue par C. pr. pén., art. 138 12° *bis* (issu de L. n° 2016-457, 14 avr. 2016). À cette fin, si une telle mesure est ordonnée, « *le juge d'instruction en avise immédiatement le procureur de la République* » (C. pr. pén., art. D. 47-9-1 III) (sur cette obligation du contrôle judiciaire, v. n° 12.48E2).

Rappelons qu'il appartient aussi au juge d'instruction, en cas de mesure de contrôle judiciaire imposant une interdiction d'exercer certaines activités qui peut être prononcée « *lorsque l'infraction a été commise dans l'exercice ou à l'occasion de l'exercice de ces activités et lorsqu'il est à redouter qu'une nouvelle infraction soit commise* » (C. pr. pén., art. 138, 12° ; sur cette obligation du contrôle judiciaire, v. n° 12.48E1), d'en donner avis à l'employeur ou à l'autorité hiérarchique, à l'ordre professionnel dont relève la personne, ou à l'autorité à l'agrément de laquelle est soumis l'exercice de la profession (C. pr. pén., art. R. 18).

2. LES INFRACTIONS RELEVANT DE L'OBLIGATION D'INFORMATION

Si cette obligation d'information concerne tous les crimes ou délits prévus par C. pr. pén., art. 706-47, son domaine est toutefois élargi à d'autres infractions intéressant la protection de la jeunesse, limitativement énumérées au C. pr. pén., art. 706-47-4 II et détaillées dans le tableau ci-dessous.

Tableau 2 : Infractions relevant de l'obligation d'information de l'administration en vue de la protection des mineurs

• Infractions relevant du régime des infractions sexuelles ou de grande violence	• C. pr. pén., art. 706-47 (v. tableau ci-dessus en A)
• Homicide volontaire	• C. pén., art. 221-1 à 221-4, v. n°s 20.1 à 20.4
• Empoisonnement	• C. pén., art. 221-5, v. n° 20.37
• Coups mortels	• C. pén., art. 222-7 et 222-8, v. n°s 20.15 à 20.17
• Violences aggravées ayant entraîné mutilation ou infirmité	• C. pén., art. 222-10, v. n°s 20.19 et 20.20

• Violences habituelles sur personne vulnérable ayant entraîné la mort, mutilation ou infirmité	• C. pén., art. 222-14, v. n° **20.31**
• Violences habituelles sur mineur de 15 ans avec ITT > ou < 8 jours	• C. pén., art. 222-14, v. n° **20.32**
• Harcèlement sexuel ou chantage sexuel	• C. pén., art. 222-33, v. n° **20.87**
• Violences ITT > 8 jours commises sur un mineur de 15 ans	• C. pén., art. 222-11 et 222-12, v. n^os^ **20.25** et **20.26**
• Cession de stupéfiants pour usage personnel à mineur ou dans un établissement d'enseignement	• C. pén., art. 222-39, v. n° **28.10**
• Provocation de mineur à l'usage ou au trafic de stupéfiants, à la consommation alcoolique, à la commission de crimes ou de délits	• C. pén., art. 227-18 à 227-21, v. n^os^ **21.25** à **21.29**
• Incitation, non suivie d'effet, à la commission d'infractions sexuelles contre un mineur	• C. pén., art. 227-28-3, v. n° **21.37**
• Crimes ou délits relevant des actes de terrorisme	• C. pén., art. 421-1 à 421-6, v. n^os^ **23.23** à **23.27**

Il n'est pas nécessaire que l'infraction ait été commise dans l'exercice ou à l'occasion de l'exercice des activités concernées par l'obligation d'information.

3. Les activités relevant de l'obligation d'information

Les professions ou activités professionnelles ou sociales impliquant un contact habituel avec des mineurs concernées sont déterminées par décret (C. pr. pén., art. 706-47-4 III 2°).

Elles sont limitativement énumérées dans le tableau figurant au C. pr. pén., art. D. 47-9-1, ainsi présenté par la circulaire CRIM 2016-14/H2 du 4 août 2016, n° 2-1-1 1) :

« *Il s'agit principalement des personnes exerçant, à titre professionnel ou bénévole :*

– des activités dans des établissements d'enseignement, public ou privé, du premier ou du second degré, général ou spécialisé, ou encore dans des établissements d'enseignement supérieur public ou privé ;

– des activités dans des lieux accueillant des mineurs relevant du code de l'action sociale et des familles ;

– un encadrement d'activités physiques ou sportives ou socio-culturelles concernant des mineurs. »

Il convient de souligner que sont également concernées les personnes :

– exerçant l'activité **d'assistant maternel** ou **d'assistant familial** ainsi que les **personnes majeures vivant à leurs domicile**. L'assistant maternel est la personne qui, moyennant rémunération, accueille habituellement et de façon non permanente des mineurs à son domicile. L'assistant familial (famille d'accueil) est la personne qui, moyennant rémunération, accueille habituellement et de façon permanente des mineurs et des jeunes majeurs de moins de vingt et un ans à son domicile. Ils sont agréés à cet effet par le Conseil départemental (CASF, art. L. 421-1 et L. 421-2) ;

– exerçant une activité dans des **établissements d'accueil collectif d'enfants** de moins de 6 ans (crèches collectives, halte-garderies, crèches parentales, jardins d'enfants, micro-crèches ; CSP, art. R. 2324-17) ;

– employées par une personne morale ou une entreprise de service à la personne exerçant une **activité de garde d'enfant** (C. trav., art. L. 7232-1 1°) ;

– exerçant une activité dans les **établissements et services de santé** ;

– exerçant une **profession de santé** relevant de la quatrième partie du CSP. Il s'agit des professions suivantes : **professions médicales** (médecin, chirurgien-dentiste, sage femme), **professions de la pharmacie** (pharmacien, préparateur en pharmacie, préparateur en pharmacie hospitalière), **professions d'auxiliaire médical** (infirmier, masseur-kinésithérapeute, pédicure-podologue, ergothérapeute, psychomotricien, orthophoniste et orthoptiste, manipulateur d'électroradiologie médicale et technicien de laboratoire médical, audioprothésiste, opticien lunetier, prothésiste, et orthésiste, diététicien, aides-soignants, auxiliaires de puériculture, ambulanciers et assistants dentaires) ;

– faisant usage du titre d'ostéopathe, chiropracteur, psychothérapeute.

« *Il convient de noter que, lorsque le critère est le lieu d'activité, sont concernées les personnes exerçant leurs activités dans ce lieu, quelle que soit la nature de ces activités. S'agissant par exemple des établissements scolaires, sont concernés non seulement le personnel enseignant, mais également les personnes chargées de l'entretien ou de la restauration.../...*[Les personnes] *qui ne figurent pas dans le tableau de l'article D. 47-9-1 ne relèvent pas du régime d'information obligatoire. Dans ces hypothèses, il peut cependant y avoir lieu à information au titre de l'article 11-2* ». (Circ. CRIM 2016-14/H2, 4 août 2016, nº 2-1-1 1)).

4. Les modalités de mise en œuvre de l'obligation d'information

Les parquets sont invités à veiller à la réalisation systématique, par les services d'enquête, d'investigations permettant de déterminer les activités professionnelles ou extraprofessionnelles conduisant le mis en cause à être en contact habituel avec des mineurs (Circ. CRIM 2016-14/H2, 4 août 2016, nº 2-1-1 2)).

Ces recherches peuvent dépasser la seule question de la profession exercée par l'intéressé et concerner l'activité des proches (ex. cas de l'auteur vivant au domicile d'une assistante maternelle ou d'une famille d'accueil).

L'autorité destinataire est celle visée dans le tableau figurant au C. pr. pén., art. D. 47-9-1. La personne est également informée de la communication effectuée à l'autorité dont elle dépend (C. pr. pén., art. 706-47-4 I renvoyant à art. 11-2 II).

L'information de l'autorité est écrite (C. pr. pén., art. 706-47-4) et son contenu fixé par C. pr. pén., art. D. 1-13 auquel renvoie D 47-9-1.

« *Les éléments portés sur ce document écrit ont pour objectif de renseigner l'administration des agissements de leur employé qui fait l'objet d'une procédure pénale. Ils peuvent servir de fondement à une procédure disciplinaire ultérieure et donc être l'objet d'un débat devant la commission de discipline. Ils doivent donc être renseignés le plus précisément possible notamment dans la description même sommaire des faits que la qualification juridique, même détaillée, des faits ne suffit pas à décrire* » (Circ. CRIM 2016-14/H2 du 4 août 2016, nº 3.2).

L'information obligatoire peut être complétée par des pièces de fond du dossier pénal : « *le cas échéant, en cas de condamnation, même non définitive, de saisine d'une juridiction ou de mise en examen peut également être adressée, d'office ou à la demande de l'administration ou de l'autorité compétente, copie de tout ou partie des pièces de la procédure utiles pour permettre à cette autorité de prendre les décisions relevant de sa compétence* » (C. pr. pén., art. D. 1-13 II auquel renvoie D 47-9-1).

La délivrance de copie est « *une faculté laissée à l'appréciation du ministère public, tant sur le principe de la transmission des pièces que sur le choix de celles-ci, sauf s'il s'agit d'une décision de condamnation dont la transmission est de droit à la demande de l'administration ou de l'autorité compétente. En autorisant expressément la communication des pièces de procédures, les nouvelles dispositions consacrent évidemment la possibilité, déjà reconnue par la jurisprudence, de les produire devant les instances disciplinaires et, en cas de contentieux, devant les juridictions administratives.* » (Circ. CRIM 2016-14/H2 du 4 août 2016, nº 3.3.2).

11.24 Le contrôle d'identité

A. L'interdiction des contrôles d'identité discrétionnaires

Selon le Cons. const., « *la pratique des contrôles d'identité généralisés et discrétionnaires [est] incompatible avec le respect de la liberté individuelle* » (Cons. const. 5 août 1993, nº 93-323 DC).

Le contrôle d'identité ne peut donc être réalisé que dans les cas prévus par la loi, décrits ci-dessous, et « *il incombe aux tribunaux compétents de censurer [...] les illégalités qui seraient commises* » (même décision).

De même, les mesures prises en application d'un contrôle régulier – rétention, prises d'empreintes ou de photographies – sont encadrées par la loi et soumises au contrôle de l'autorité judiciaire (v. n° **11.25**).

B. Le cadre déontologique des agents de contrôle

« *Lorsque la loi l'autorise à procéder à un contrôle d'identité, le policier ou le gendarme ne se fonde sur aucune caractéristique physique ou aucun signe distinctif pour déterminer les personnes à contrôler, sauf s'il dispose d'un signalement précis motivant le contrôle. Le contrôle d'identité se déroule sans qu'il soit porté atteinte à la dignité de la personne qui en fait l'objet* » (CSI, art. R. 434-16).

Un contrôle d'identité « *doit s'opérer en se fondant exclusivement sur des critères excluant toute discrimination* » (Cons. const. 24 janv. 2017, n° 2016-606/607 QPC, § 34).

Même si le contrôle d'identité est effectué en exécution d'une réquisition du procureur de la République, qui n'appelle pas l'appréciation d'indices extérieurs, la mention du contrôle « *d'un individu de type nord africain* » est « *de nature à faire présumer que le contrôle d'identité a été motivé par l'appartenance ethnique, réelle ou supposée, de la personne contrôlée, en méconnaissance de Conv. EDH, art. 14* » et entache l'acte de nullité (Crim. 3 nov. 2016, n° 15-85.548, P n° 284).

« *la faute lourde [...] traduisant l'inaptitude du service public de la justice à remplir la mission dont il est investi [...] doit être regardée comme constituée lorsqu'il est établi qu'un contrôle d'identité présente un caractère discriminatoire ; que tel est le cas, notamment, d'un contrôle d'identité réalisé selon des critères tirés de caractéristiques physiques associées à une origine, réelle ou supposée, sans aucune justification objective préalable* », est ainsi fondée à retenir la responsabilité de l'État la cour d'appel qui « *se fondant sur un témoignage, [...] retient que les opérations de contrôle ont visé, durant une heure trente, de façon systématique et exclusive, un type de population en raison de sa couleur de peau ou de son origine* » (Civ. 1re, 9 nov. 2016, n° 15-25.873, P n° 212).

Notons qu'il « *appartient à celui qui s'en prétend victime d'apporter des éléments de fait de nature à traduire une différence de traitement et laissant présumer l'existence d'une discrimination, et, le cas échéant, à l'administration de démontrer, soit l'absence de différence de traitement, soit que celle-ci est justifiée par des éléments objectifs étrangers à toute discrimination* », et sont donc approuvés les contrôles qui reposaient sur des circonstances objectives étrangères à toute considération raciale (Civ. 1re, 9 nov. 2016, n° 15-24.212, P n° 211 ; dans le même sens et du même jour : Civ. 1re, 15-24.210, P n° 210).

C. L'obligation de se soumettre au contrôle d'identité régulier

1. L'obligation de se soumettre au contrôle

Toute personne se trouvant sur le territoire national doit accepter de se prêter à un contrôle d'identité effectué dans les conditions et par les autorités de police visées ci-dessous (C. pr. pén., art. 78-1).

Notons que l'illégalité du contrôle d'identité « *accompli par les agents dans l'exercice de leurs fonctions, à la supposer établie, [est] sans incidence sur la régularité de la procédure dirigée contre le prévenu des chefs de rébellion et d'outrage* » (Crim. 1er sept. 2004, n° 04-80.362, P n° 190).

2. Les autorités de police compétentes

Ces contrôles ne peuvent être exécutés que par les OPJ, et sous leur ordre et responsabilité, par les APJ et certains APJ adjoints. S'il existe des variantes entre les articles 78-2, 78-2-1, 78-2-2, 78-2-3, 78-2-4 et 78-2-5 (issu L. n° 2019-290, 10 avr. 2019) du C. pr. pén. sur les catégories d'APJ adjoints compétents, les textes excluent en toute hypothèse le concours des agents de surveillance de Paris, des agents de police municipale ou des gardes champêtres.

D. Le contrôle d'identité en cas d'infraction ou de recherche judiciaire (C. pr. pén., art. 78-2, al. 1)

1. Les conditions légales

Les OPJ, et sous leur ordre et responsabilité, les APJ et les APJ adjoints compétents (v. ci-dessus), peuvent inviter à justifier, par tout moyen, de son identité, toute personne à l'égard de laquelle existe « *une ou plusieurs raisons plausibles de soupçonner :*

– *qu'elle a commis ou tenté de commettre une infraction ;*

– *ou qu'elle se prépare à commettre un crime ou un délit ;*

– *ou qu'elle est susceptible de fournir des renseignements utiles à l'enquête en cas de crime ou de délit* » ;

– « *ou qu'elle a violé les obligations ou interdictions auxquelles elle est soumise dans le cadre d'un contrôle judiciaire, d'une mesure d'assignation à résidence avec surveillance électronique, d'une peine ou d'une mesure suivie par le juge d'application des peines* » (L. n° 2016-731, 3 juin 2016) (sur le placement en retenue pour violation du contrôle judiciaire ou d'une peine, v. n° 12.2) ;

– « *ou qu'elle fait l'objet de recherches ordonnées par l'autorité judiciaire* » (C. pr. pén., art. 78-2, al. 1).

Ce contrôle ne peut donc être réalisé qu'autant qu'il se rattache à la commission d'une infraction ou à une prescription ou une recherche émanant de l'autorité judiciaire.

À l'occasion de ce contrôle, les personnes de nationalité étrangère peuvent également être tenues de présenter les pièces et documents sous le couvert desquelles elles sont autorisées à circuler ou séjourner en France (Ceseda, L. 812-1 et L. 812-2, 2°, anc[t] art. L. 611-1, I al. 2, v. G ci-dessous).

Si les pièces de la procédure doivent établir les circonstances du contrôle afin de permettre au juge d'en apprécier la régularité, « *aucune disposition n'impos[e], à peine de nullité du contrôle, que le texte qui l'autorise soit visé à la procédure* » (§ 11) (Crim. 25 janv. 2023, n° 21-86.839, P).

L'exécution d'un contrôle au visa formel d'une autre disposition, en l'espèce une réquisition de contrôle du procureur de la République sur le fondement de C. pr. pén., art. 78-6, ne fait pas obstacle à ce que les juges apprécient sa régularité au regard de C. pr. pén., art. 78-2 et des éléments de fait figurant au procès-verbal (Crim. 21 juin 2017, n° 16-81.743, D).

2. Illustrations des « raisons plausibles de soupçonner » une infraction

« *l'existence de soupçons antérieurs* » au contrôle n'est pas de nature à y faire obstacle, dès lors que le fonctionnaire de police « *relevait un indice permettant à lui seul le contrôle d'identité effectué* », en l'espèce le fait d'avoir « *tenté de dissimuler à la vue des occupants du véhicule administratif le sac qu'elle portait* » (Crim. 1er févr. 1994, n° 93-82.933, P n° 44). Sont de plus fondés à procéder à un contrôle d'identité les APJ qui, sachant qu'il « *faisait l'objet d'une fiche de recherches* », « *connaissaient l'intéressé et pouvaient présumer qu'il commettait une infraction à la législation relative aux étrangers* » (Crim. 16 juill. 1996, n° 96-81.139, P n° 298).

« *au vu des manquements caractérisés à la règlementation sur la sécurité des travailleurs qu'ils avaient constatés, les policiers étaient en droit de procéder à un contrôle d'identité* » (Crim. 2 mai 2007, n° 07-81.517, P n° 112). Le fait de communiquer par gestes avec un détenu lors d'une audience matérialise le délit de communication avec un détenu, ce qui justifie le contrôle de la personne et la fouille de son sac en flagrance (Crim. 21 juin 2017, n° 16-81.743, D).

Les policiers ont la faculté de demander au conducteur d'un véhicule qui vient de commettre une contravention à justifier de son identité (Crim. 9 déc. 2015, n° 14-84.852, D), sans préjudice des pouvoirs de contrôle d'initiative du véhicule et du conducteur dont ils disposent, sans indice préalable d'une infraction, en application de C. route, art. L. 233-2 (v. n° 11.27).

Est aussi justifié le contrôle tant du conducteur du véhicule en circulation que « *d'un homme couché derrière le siège du conducteur, dissimulé par le dossier de la banquette arrière, replié sur lui* » (§ 9), ce dont les juges ont à bon droit « *déduit que les policiers ont ainsi pu estimer possible que les deux hommes à l'intérieur du véhicule avaient commis ou tenté de commettre une infraction, ce qui justifie la légalité du contrôle* » (§ 10) (Crim. 25 janv. 2023, n° 21-86.839, P).

Est régulier le contrôle « *de trois individus qui, à la nuit tombante, stationnent sans raison apparente à proximité d'un parking où sont garés des véhicules automobiles, et cela pendant plus d'une demi-heure, l'un d'entre eux s'approchant même des voitures en stationnement* » (Crim. 13 janv. 1986, n° 84-90.041, n° 19) ; d'un individu qui « *est entré, après avoir sifflé, dans l'immeuble où demeurent [deux personnes anonymement dénoncées comme trafiquant des stupéfiants], pour en ressortir quelques instants plus tard* » (Crim. 26 oct. 2010, n° 10-82.814, D). « *La présence, moins de vingt minutes après les faits, dans un véhicule, de cinq individus qui modifient leur comportement à la vue des policiers, et qui se trouvent près du lieu du vol et de celui où brûle une voiture semblable à celle qui a permis la fuite des auteurs de l'infraction, constitue une raison plausible de soupçonner que ces personnes ont commis ou tenté de commettre une infraction, ou qu'elles sont susceptibles de fournir des renseignements utiles à l'enquête* » (Crim. 28 sept. 2010, n° 10-83.756, D).

Est censurée la décision qui, « *sans mieux rechercher si les circonstances particulières de l'espèce ne constituaient pas une ou plusieurs raisons plausibles de soupçonner objectivement un comportement délictueux* », estime non fondé le contrôle de « *deux personnes "ayant le visage dissimulé par leur capuche" et qui, aux termes du rapport de police "scrutaient les alentours aux fins évidentes de détecter toute présence policière"* » (Crim. 27 févr. 2013, n° 12-82.016, D ; dans le même sens, est censurée la décision d'annulation du contrôle d'une personne poussant sans casque un cyclomoteur sur le trottoir au milieu de la nuit : Crim. 8 janv. 2013, n° 12-81.126, D).

La fuite d'un individu lors d'un contrôle d'identité effectué sur réquisition du parquet constitue un indice justifiant le contrôle puis, sur le fondement de C. pr. pén., art. 53, la poursuite consécutive de l'intéressé en flagrant délit dans le local où il s'était réfugié (Crim. 14 avr. 2015, n° 14-83.462, P n° 80) (sur la flagrance, v. n° **11.15A**). De même, est régulier le contrôle consécutif au fait que « *deux véhicules de marque BMW circulaient à vive allure sur l'autoroute en direction d'un campement de gens du voyage et qu'alors que ces véhicules allaient pénétrer dans celui-ci, ils avaient effectué un demi-tour après s'être enquis de la présence de policiers en surveillance, avant de repartir à vive allure lorsque les véhicules de police avaient actionné leurs signaux sonores et lumineux* » (Crim. 2 nov. 2016, n° 16-81.716, P n° 281). En revanche, faute d'éléments plus circonstanciés, « *un demi-tour effectué dans une gare à la vue des policiers* » ne constitue pas un indice suffisant (Civ. 2e, 26 avr. 2001, n° 00-50.013, D).

L'existence d'un indice justifiant le contrôle est indifférent lorsque ce dernier est ordonné sur réquisition du procureur de la République (Civ. 1re, 7 nov. 2018, n° 17-27.210, D) (sur la réquisition de contrôle d'identité, v. **E** ci-après).

E. Les contrôles d'identité sur la voie publique ou dans les établissements professionnels sur réquisition écrite du procureur de la République (C. pr. pén., art. 78-2, al. 7 et 78-2-1)

Dans l'exercice de ses attributions en matière de contrôle d'identité, le procureur de la République veille à la prévention des infractions à la loi pénale (C. pr. pén., art. 39-1).

Sur réquisitions écrites du procureur de la République, pour la recherche et la poursuite d'infractions qu'il précise, l'identité de toute personne peut être contrôlée dans les lieux et pour une période de temps déterminés par ce magistrat. Le fait que le contrôle d'identité révèle des infractions autres que celles visées dans ses réquisitions ne constitue pas une cause de nullité des procédures incidentes (C. pr. pén., art. 78-2, al. 7). Ces contrôles d'identité peuvent être associés à des visites de véhicule et à des contrôles de bagages autorisés par le procureur de la République pour la recherche de certaines infractions (C. pr. pén., art. 78-2-2, v. n° **11.28A**).

Le Cons. const. considère que C. pr. pén., art. 78-2, al. 7 ne méconnaît pas le principe de la liberté d'aller et de venir (§ 24), composante de la liberté personnelle garantie par les articles 2 et 4 de la DDHC de 1789 (§ 19), en ce que le législateur en a confié l'autorisation « *au procureur de la République, magistrat de l'ordre judiciaire* » (§ 22) aux fins de poursuivre « *l'objectif de valeur constitutionnelle de recherche des auteurs d'infraction* » (§ 20). Toutefois, il en a réservé l'interprétation en ce que « *Ces dispositions ne sauraient, sans méconnaître la liberté d'aller et de venir, autoriser le procureur de la République à retenir des lieux et périodes sans lien avec la recherche des infractions visées dans ses réquisitions* » et « *ne sauraient non plus autoriser, en particulier par un cumul de réquisitions portant sur des lieux ou des périodes différents, la pratique de contrôles d'identité généralisés dans le temps ou dans l'espace* » (§ 23) (Cons. const, 24 janv. 2017, n° 2016-606/607 QPC). Au visa de cette réserve d'interprétation, il est ainsi jugé, dans le contentieux civil des mesures de rétention d'étranger, que « *la succession ininterrompue de réquisitions de contrôles d'identité dans les mêmes lieux* [qui] *conduisait à un contrôle unique de trente-six heures, généralisé dans le temps et dans l'espace* » est irrégulière (Civ. 1re, 14 mars 2018, n° 17-14.424, P n° 47).

La même décision QPC souligne qu'un contrôle d'identité réalisé en application de C. pr. pén., art. 78-2, al 6 (devenu 7) et 78-2-2 « *doit s'opérer en se fondant exclusivement sur des critères excluant toute discrimination* » (§ 34), et que ces dispositions « *ne sauraient autoriser le recours à des contrôles d'identité.../...aux seules fins de contrôler la régularité du séjour des personnes concernées* » (Cons. const. 24 janv. 2017, n° 2016-606/607 QPC, § 34) (v. G ci-dessous).

Le procureur de la République du lieu de départ d'un train peut prescrire des contrôles d'identité pour toute l'étendue de son trajet en France. Dans le cas où le train provient de l'étranger, ces réquisitions sont prises par le procureur du lieu de la gare d'arrivée, ou par le procureur du lieu du premier arrêt en France si l'arrivée du train se situe hors du territoire national. Les procureurs des autres lieux où le train marque un arrêt en sont informés (C. pr. pén., art. 78-7, L. n° 20016-339, 22 mars 2016). La compétence territoriale des OPJ et APJ chargés de procéder au contrôle est à cette fin étendue sur l'ensemble du trajet du train lorsque la réquisition du procureur le prévoit expressément (C. pr. pén., art. 18, L. n° 20016-339, 22 mars 2016).

L'identité des personnes occupées dans des locaux à usage professionnel peut également être contrôlée sur réquisitions du procureur de la République prises en application de l'article 78-2-1 du code de procédure pénale, pour la répression du travail dissimulé (v. n° **32.10**).

Il en est de même, par application de CSP, art. L. 3421-5, pour la recherche de l'infraction d'usage de stupéfiants commise par le personnel de transport terrestre, maritime ou aérien, prévue par le code de la santé publique, art. L. 3421-1 (v. n° **13.10**) (L. n° 2007-297, 5 mars 2007).

À l'occasion des contrôles intervenus sur les fondements de C. pr. pén., art. 78-2 et 78-2-1, les personnes de nationalité étrangère peuvent également être tenues de présenter les pièces et documents sous le couvert desquelles elles sont autorisées à circuler ou séjourner en France (Ceseda, art. L. 812-1 et L. 812-2, 2°, anct art. L. 611-1, I, al. 2, v. G ci-dessous).

F. Le contrôle d'identité dit « administratif » pour prévenir une atteinte à l'ordre public (C. pr. pén., art. 78-2, al. 8)

« *L'identité de toute personne, quel que soit son comportement, peut également être contrôlée* [...] *pour prévenir une atteinte à l'ordre public, notamment à la sécurité des personnes ou des biens* » (C. pr. pén., art. 78-2, al. 8). « *L'autorité concernée doit justifier, dans tous les cas, des circonstances particulières établissant le risque d'atteinte à l'ordre public qui a motivé le contrôle* [...]. *Il revient à l'autorité judiciaire gardienne de la liberté individuelle de contrôler en particulier les conditions* [...] *ayant motivé les opérations de contrôle* » (Cons. const. 5 août 1993, n° 93-323 DC).

À l'occasion de ces contrôles, les personnes de nationalité étrangère peuvent également être tenues de présenter les pièces et documents sous le couvert desquelles elles sont autorisées à circuler ou séjourner en France (Ceseda, art. L. 812-1 et L. 812-2, 2°, anct L. 611-1, I al. 2, v. G ci-dessous).

Un soin particulier doit donc être apporté dans le procès-verbal à la rédaction des motifs du contrôle, si ce dernier est le support de la révélation d'une infraction.

Le contrôle d'identité peut le cas échéant accompagner la visite de véhicule autorisée par le procureur de la République en application de l'article 78-2-4 du code de procédure pénale (v. nº **11.28**).

G. Le contrôle administratif des titres de séjour des étrangers (Ceseda, art. L. 812-1)

« *Tout étranger doit être en mesure de présenter les pièces ou documents sous le couvert desquels il est autorisé à circuler ou à séjourner en France à toute réquisition d'un officier de police judiciaire de la police nationale ou de la gendarmerie nationale et, sur l'ordre et sous la responsabilité de celui-ci, des agents de police judiciaire et agents de police judiciaire adjoints mentionnés à l'article 20 et au 1° de l'article 21 du code de procédure pénale* (...) » (Ceseda, art. L. 812-1, anc[t] art. L. 611-1, I, al. 1).

Selon la jurisprudence (Crim. 25 avr. 1985, nº 84-92.916, P nº 159), ce contrôle d'office n'était cependant permis que si des éléments objectifs extérieurs à la personne même de l'intéressé sont de nature à faire apparaître sa qualité d'étranger, ainsi l'apposition d'affiches en langue étrangère, la présence dans une voiture immatriculée à l'étranger, l'entrée ou la sortie d'une ambassade ou d'un consulat étranger (jurisprudences citées par la circulaire du 11 déc. 1995). L'apparence physique, la langue employée, non extérieures à la personne, n'autorisent donc pas à elles seules cette forme de contrôle. Ces restrictions ont été intégrées par L. nº 2012-1560, 31 déc. 2012, à l'article L. 611-1 Ceseda, puis reprises par Ceseda, art. L. 812-2, 2° : les contrôles des titres de séjour (sauf ceux secondaires aux contrôles d'identité effectués au visa du C. pr. pén., lesquels, par hypothèse, révèlent la qualité d'étranger de la personne contrôlée), ne peuvent être effectués que « *si des éléments objectifs déduits des circonstances extérieures à la personne même de l'intéressé sont de nature à faire apparaître sa qualité d'étranger* ».

Par arrêt du 22 juin 2010 (*Melki et Abdeli*, aff. C-188/10 et C-189/10), saisie à titre préjudiciel par la C. cass., la CJUE souligne l'irrégularité d'une législation nationale conférant aux autorités de police d'un État membre, la compétence de contrôler, uniquement dans une zone définie, l'identité de toute personne, indépendamment de son comportement et des risques d'atteinte à l'ordre public, en vue de vérifier ses titres de séjour, sans prévoir l'encadrement nécessaire de cette compétence garantissant que son exercice pratique ne puisse revêtir un effet équivalent à celui des vérifications aux frontières. Au visa de cette décision, la C. cass (Civ. 1re, 6 juin 2012, nº 10-25.233, P I, nº 1) considérait qu'un contrôle opéré en application de Ceseda, art. L. 611-1, al. 1 était irrégulier en ce que cette disposition ne répond pas aux exigences posées par l'arrêt de la CJUE. La L. nº 2012-1560, 31 déc. 2012, a mis en accord Ceseda, art. L. 611-1 II (devenu **L. 812-2, 1°**), en prévoyant que ces contrôles « *ne peuvent être pratiqués que pour une durée n'excédant pas six heures consécutives dans un même lieu et ne peuvent consister en un contrôle systématique des personnes présentes ou circulant dans ce lieu* ».

Il convient toutefois de préciser qu'à la suite d'un contrôle d'identité relevant du régime **D**, **E**, **F** ou **H1** ci-dessous, les personnes de nationalité étrangère peuvent être également tenues de présenter leur titre de séjour (Ceseda, art. L. 812-2, 2°, anc[t] L. 611-1, al. 2). Cette modalité de contrôle, en ce qu'elle est entourée de restrictions conformes à la jurisprudence de la CJUE, n'encourt pour sa part pas de critique.

S'agissant du contrôle de titre de séjour consécutif à un contrôle d'identité effectué sur réquisition du procureur de la République en application de C. pr. pén., art. 78-2, al. 7 (v. **E** ci-dessous), le Cons. const. juge que « *dans le cadre d'un régime administratif d'autorisation préalable, la loi peut exiger des étrangers la détention, le port et la production des documents attestant la régularité de leur séjour en France. Dès lors, la circonstance que le déroulement des opérations de contrôle d'identité conduites en application du sixième alinéa de l'article 78-2 [devenu al. 7] ou de l'article 78-2-2 du code de procédure pénale conduise les autorités de police judiciaire à constater que la personne contrôlée est de nationalité étrangère ne saurait, eu égard à l'objectif de valeur constitutionnelle de sauvegarde de* *l'ordre public, priver ces autorités des pouvoirs qu'elles tiennent de façon générale des dispositions du code de l'entrée et du séjour des étrangers et du droit d'asile.* » (§ 33). Toutefois, il rappelle qu'un contrôle d'identité réalisé en application de C. pr. pén., art. 78-2, al 6 (devenu 7) et 78-2-2 « *doit s'opérer en se fondant exclusivement sur des critères excluant toute discrimination* » (§ 34), que « *le contrôle qui s'ensuit des documents relatifs à la régularité du séjour ne peut être effectué que si des éléments objectifs déduits de circonstances extérieures à la personne même de l'intéressé sont de nature à faire apparaître sa qualité d'étranger* » (§ 35) et en conclut que ces dispositions « *ne sauraient autoriser le recours à des contrôles d'identité.../...aux seules fins de contrôler la régularité du séjour des personnes concernées* » (§ 36) (Cons. const. 24 janv. 2017, nº 2016-606/607 QPC).

L'opération de contrôle peut être suivie d'une mesure de retenue administrative si l'étranger n'est pas en mesure de justifier de son droit de séjour (V. nº **12.34**).

H. Le contrôle des flux transfrontaliers en zone dite Schengen

1. Le contrôle par les OPJ et APJ (C. pr. pén., art. 78-2, al. 9)

Dans une zone comprise entre la frontière terrestre de la France avec les États parties à la convention de Schengen et une ligne tracée 20 km en deçà, ou dans les zones accessibles au public des ports, aéroports et gares ferroviaires ou routières ouvertes au trafic international et désignés par arrêté « et *aux abords de ces gares* » (L. nº 2017-1510, 30 oct. 2017), l'identité de toute personne peut être contrôlée, en vue de vérifier le respect des obligations de détention, de port ou de présentation des titres et documents prévus par la loi ; le fait que le contrôle d'identité révèle des infractions autres que celles visées dans ses réquisitions ne constitue pas une cause de nullité des procédures incidentes (C. pr. pén., art. 78-2, al. 9).

Dans ces zones « Schengen », le contrôle d'identité peut ainsi être mis en œuvre d'office par le service de police ou de gendarmerie dans les conditions requises pour les contrôles décrits en **C** à **F** ci-dessus (infractions, mandat judiciaire, atteinte à l'ordre public, élément d'extranéité extérieur à la personne).

À l'occasion de ce contrôle, les personnes de nationalité étrangère peuvent être également tenues de présenter leur titre de séjour (Ceseda, art. L. 812-2, 2°, anc[t] L. 611-1, al. 2, v. **G** ci-dessus).

Toutefois, afin de se conformer à la jurisprudence de la CJUE qui censure les législations autorisant des contrôles ayant un effet équivalent à celui des vérifications aux frontières interdites par Règl. CE nº 562-2006, 15 mars 2006, art. 21, le contrôle « *ne peut être pratiqué que pour une durée n'excédant pas six heures consécutives dans un même lieu et ne peut consister en un contrôle systématique des personnes présentes ou circulant* » (C. pr., pén., art. 78-2, *in fine*, issu L. nº 2011-267, 14 mars 2011).

2. Le contrôle par les agents des douanes (C. douanes, art. 67 quater)

Dans les zones « Schengen » précitées, « les agents des douanes investis des fonctions de chef de poste ou les fonctionnaires désignés par eux titulaires du grade de contrôleur ou d'un grade supérieur » peuvent « ***vérifier le respect, par les personnes dont la nationalité étrangère peut être déduite d'éléments objectifs extérieurs à la personne même de l'intéressé, des obligations de détention, de port et de présentation des pièces ou documents prévue à l'article L. 611-1 du code de l'entrée et du séjour des étrangers et du droit d'asile.*** »

La L. nº 2012-1560, 31 déc. 2012, a mis fin à la retenue provisoire de 3 h dont les services des douanes disposaient pour procéder aux vérifications nécessaires. Les personnes sont désormais remises à une OPJ aux fins de vérification d'identité (C. douanes, art. 67-1). Le C. douanes, art. 67 *quater* n'évoque pas, sans toutefois l'exclure, la possibilité pour l'agent des douanes de remettre l'étranger à un OPJ aux fins de retenue-vérification du droit de séjour (Cesada, art. L. 611-1-1, v. nº **12.34**).

Dans l'exercice de leurs missions de recherche de la fraude prévue par le code des douanes, les agents des douanes accèdent librement aux trains en circulation sur le territoire français (C. transp., art. L. 2241-1-1, L. nº 2016-339, 22 mars 2016).

Rappelons enfin que « *les agents des douanes peuvent* ***relever l'identité des personnes afin de rédiger les procès-verbaux prévus par le [code des douanes]*** » (C. douanes, art. 67, réd. issue L. n° 2012-1560, 31 déc. 2012).

I. Le « relevé d'identité » par les agents de police judiciaire adjoints (C. pr. pén., art. 78-6)

Les gendarmes auxiliaires, les militaires servant au titre de la réserve opérationnelle de la gendarmerie, les policiers adjoints (anc[t] adjoints de sécurité, ainsi désignés depuis L. n° 2021-646, 25 mai 2021), les membres de la réserve « ~~civile~~ » « *opérationnelle* » (L. n° 2022-52, 24 janv. 2022) de la police nationale, les agents de surveillance de Paris et les agents de police municipale, qui sont **agents de police judiciaire adjoints** (C. pr. pén., art. 21), ne sont pas habilités à procéder à des contrôles d'identité sous l'ordre et la responsabilité des OPJ. Néanmoins, ils sont habilités à *relever l'identité* des contrevenants lorsqu'ils sont amenés à dresser procès-verbal concernant les infractions aux arrêtés de police du maire, les infractions au code de la route que la loi ou les règlements les autorisent à *verbaliser* ou les contraventions qu'ils peuvent *constater* en vertu d'une disposition législative expresse.

Si le contrevenant refuse ou se trouve dans l'impossibilité de justifier de son identité, l'APJ adjoint en rend compte immédiatement à tout OPJ de la police nationale ou de la gendarmerie territorialement compétent, qui peut alors lui donner l'ordre « *sans délai de lui présenter sur-le-champ* » le contrevenant ou de « *retenir celui-ci pendant le temps nécessaire à son arrivée ou à celle d'un agent de police judiciaire agissant sous son contrôle* » (L. n° 2017-258, 28 févr. 2017). « *pendant le temps nécessaire à l'information et à la décision de l'officier de police judiciaire, le contrevenant est tenu de demeurer à disposition* » de l'APJ et « *la violation de cette obligation est punie de deux mois d'emprisonnement et de 7 500€ d'amende* » (L. n° 2017-258, 28 févr. 2017, v. n° **25.58**). À cet égard, il est à souligner qu'en « *cas de crime flagrant ou de délit flagrant puni d'une peine d'emprisonnement, toute personne a qualité pour en appréhender l'auteur et le conduire devant l'officier de police judiciaire le plus proche* » (C. pr. pén., art. 73) (v. n° **12.1**).

Si l'OPJ décide de procéder à une vérification d'identité dans les conditions prévues au n° **11.25**, le délai de rétention court à compter du relevé d'identité.

À défaut d'ordre de présentation donné par l'OPJ, l'APJ adjoint ne peut retenir le contrevenant.

J. Le relevé d'identité par les agents d'un service public de transport terrestre (C. transp., art. L. 2241-2)

Les agents de l'exploitant d'un service public de transport ferroviaire et des services de transport public de personnes, s'ils sont agréés par le procureur de la République et assermentés, sont habilités à recueillir et à relever l'identité et l'adresse du contrevenant pour les infractions à la police du transport ferroviaire ou guidé ainsi que les contraventions prévues par les règlements relatifs à la police ou à la sûreté du transport et à la sécurité de l'exploitation des systèmes de transport ferroviaire ou guidé (C. pr. pén., art. 78-6 et 529-4 (II), C. transp., art. L. 2241-1 et L. 2241-2 [anc[t] L. 15 juill. 1845, art. 23]).

Les passagers des transports ferroviaires ou guidés doivent être en mesure de justifier de leur identité lorsqu'ils ne disposent pas d'un titre de transport valable ou lorsqu'ils ne régularisent pas immédiatement leur situation (C. transp., art. L. 2241-10, L. n° 2016-339, 22 mars 2016) ou lorsque l'entreprise de transport subordonne le voyage à la détention d'un titre de transport nominatif (C. transp., art. L. 2241-11, L. n° 2016-339, 22 mars 2016).

Si le contrevenant refuse ou se déclare dans l'impossibilité de justifier de son identité, les agents de l'exploitant en avisent sans délai et par tout moyen un OPJ territorialement compétent. Pendant le temps nécessaire à l'information et à la décision de ce dernier, le contrevenant est **tenu de demeurer à disposition** de l'agent de l'exploitant. Le non-respect de cette obligation est passible de 2 mois d'emprisonnement et de 7 500 € (C. transp., art. **L. 2241-2**, L. n° 2016-339, 22 mars 2016, v. n° **25.58**). Il y a lieu de noter que dans le cas de délit flagrant passible d'emprisonnement, toute personne a qualité pour en appréhender l'auteur et le conduire devant l'OPJ le plus proche (C. pr. pén., art. 73, v. n° 12.1A).

Sur l'ordre de l'OPJ, les agents peuvent conduire l'auteur de l'infraction devant lui ou bien le retenir le temps nécessaire à son arrivée ou à celle d'un *APJ agissant sous son contrôle* (C. transp., art. L. 2241-2, mod. par L. n° 2011-267, 14 mars 2011 [anc[t] L. 15 juill. 1845, art. 23]). Ces dispositions, qui impliquent que l'intervention, par l'agent de l'exploitant, de l'OPJ et la décision de ce dernier interviennent dans le plus bref délai possible, ont été jugées conformes à la Constitution (Cons. const. 10 mars 2011, n° 2011-625 DC, § 45 et 47). Le refus d'obtempérer à la conduite devant l'OPJ ou à la retenue dans l'attente de ce dernier est passible de 2 mois d'emprisonnement et de 7 500 €, C. transp., art. L. 2241-2, mod. par L. n° 2019-1428, 24 déc. 2019, v. n° 25.58).

Si l'OPJ décide de procéder à une vérification d'identité, le délai de rétention court à compter du relevé d'identité (C. pr. pén., art. 78-6 et 529-4, v. n° 11.25A3).

Il est immédiatement mis fin à la retenue aux fins de vérification d'identité si le contrevenant procède au versement de l'indemnité forfaitaire prévue pour les contraventions des 4 premières classes à la police des transports (C. pr. pén., art. 529-4).

Pour fiabiliser les données d'identité recueillies lors du constat d'une infraction donnant lieu à une transaction forfaitaire et en vue du recouvrement des sommes dues (v. n° 22.33 et 22.34), les agents de l'exploitant peuvent obtenir, par l'intermédiaire d'une personne morale unique commune à tous les exploitants, des renseignements limités à l'état civil de la personne, hors filiation, et à son adresse, auprès des administrations publiques et des organismes de sécurité sociale, sans que puisse leur être opposé le secret professionnel (C. transp., art. L. 2241-2-1, L. n° 2016-339, 22 mars 2016).

11.25 La rétention pour vérification d'identité

A. Les motifs et le régime de la rétention aux fins de vérification d'identité (C. pr. pén., art. 78-3)

1. Le placement en rétention est subordonné au défaut de justification d'identité

Si l'intéressé refuse ou ne peut justifier de son identité, il peut être *retenu* sur place ou être conduit au local de police aux fins de *vérification* de son identité. Il est dans tous les cas présenté à un OPJ qui le met en mesure de fournir tous moyens permettant de l'identifier et qui procède s'il y a lieu aux vérifications nécessaires.

S'agissant des étrangers non communautaires, le défaut de présentation de tout titre (titre d'identité et titre de séjour), ou d'un titre d'identité (passeport) mais sans titre de séjour (visa ou carte de séjour) peut caractériser l'infraction de séjour irrégulier (v. n° 27.1) et dès lors motiver un placement en garde à vue. Si la nationalité française ou communautaire est avérée, mais qu'aucun titre justificatif d'identité n'est produit, une mesure de rétention pour vérification d'identité pourra être prise.

2. Les mesures de vérification : prise d'empreintes ou de photographies

Si la personne refuse de justifier de son identité ou fournit des éléments manifestement inexacts, ses empreintes digitales ou sa photographie pourront être prises, après autorisation du procureur de la République, si elles constituent l'unique moyen d'établir son identité (C. pr. pén., art. 78-3). Le refus de la prise d'empreintes ou des photographies constitue un délit (v. n° 25.34).

À la différence des relevés signalétiques effectués à l'encontre du suspect, dont le régime est fixé par C. pr. pén., art. 55-1 (sur ce régime, v. n° 13.29), les relevés opérés dans le cadre de la procédure de vérification d'identité n'alimentent pas le fichier automatisé des empreintes digitales (sur le FAED, v. n° 13.31).

3. La durée de la rétention

La **rétention** ne peut excéder le temps strictement nécessaire à la vérification et au plus **quatre heures**, durée qui s'imputera le cas échéant sur la garde à vue si celle-ci est ensuite ordonnée (C. pr. pén., art. 78-4), notamment pour refus d'empreintes ou de photographies (v. nº **25.34**).

Le délai de rétention court à compter du relevé d'identité le cas échéant mis en œuvre par les APJ adjoints ou les agents verbalisateurs d'un exploitant d'un service public de transport terrestre (C. pr. pén., art. 78-6, 529-4, C. transp., art. L. 2241-2) (v. nº **11.23J**).

La durée de la rétention s'impute sur le délai de retenue pour vérification du droit au séjour si cette mesure lui est consécutive (Ceseda, art. L. 813-3, al. 2, anc[t] L. 611-1-1 II, v. nº **12.33B**).

B. Les droits de la personne retenue pour vérification d'identité et le contrôle de la mesure par le procureur de la République (C. pr. pén., art. 78-3)

L'intéressé peut aviser sa famille, toute personne de son choix, ainsi que le procureur de la République, de la mesure de rétention prise à son encontre. Il est informé de ses droits et mis en mesure de les exercer par l'OPJ ou, « *sous le contrôle de celui-ci, par un APJ* » (L. nº 2023-22, 24 janv. 2023).

À peine de nullité, ces opérations sont consignées dans un procès-verbal qui, soumis à la signature de l'intéressé, précise les motifs du contrôle et de la vérification, les modalités d'information des droits de la personne retenue et de leur mise en œuvre, le jour et l'heure du contrôle, le jour et l'heure de la fin de la rétention et sa durée.

Le procureur de la République est obligatoirement informé dès le début de la rétention d'un mineur. Il peut mettre fin à tout moment à toute rétention, et est destinataire du procès-verbal de vérification d'identité.

C. La rétention aux fins de consultation des fichiers en cas de suspicion de lien avec des activités terroristes (C. pr. pén., art. 78-3-1, L. nº 2016-731, 3 juin 2016)

Toute personne faisant l'objet d'un contrôle ou d'une vérification d'identité peut, lorsque « *qu'il existe des raisons sérieuses de penser que son comportement peut être lié à des activités à caractère terroriste* », faire l'objet d'une retenue sur place ou dans le local de police où elle est conduite pour une vérification de sa situation par un OPJ afin de consulter les fichiers de traitement automatisés et d'interroger le cas échéant les services à l'origine du signalement de l'intéressé ainsi que les organismes de coopération internationale en matière de police judiciaire ou les services de police étrangers.

Par hypothèse, la mise en œuvre de cette mesure répond au cas où la personne a été en mesure de justifier de son identité lors d'un contrôle, mais où il est nécessaire de procéder à la consultation des fichiers et des services spécialisés.

Le parquet est informé dès le début de la retenue, qu'il doit préalablement autoriser s'il s'agit d'un mineur, et à laquelle il peut mettre fin à tout moment.

Le déroulement et la formalisation de cette mesure, qui ne peut durer plus de 4 H 00, sont comparables à celles prévues pour la vérification d'identité (v. ci-dessus). Il est toutefois notifié à la personne que la rétention ne peut donner lieu à audition et qu'elle a droit au silence. Enfin, sur autorisation du parquet, l'OPJ peut, « en raison des nécessités liées à la retenue », ne pas faire droit à la demande de faire prévenir toute personne de son choix ou son employeur.

11.26 Les fouilles et investigations corporelles

A. Les fouilles et investigations corporelles dans l'enquête judiciaire

1. La fouille à corps et la palpation de sécurité

Solution ancienne introduite par l'arrêt de principe *Isnard* (Crim. 22 janv. 1953, D 1953, p. 533, P nº 24), « *la fouille à corps, assimilable à une perquisition, est nulle [...] si elle a été pratiquée [...] alors qu'aucune information n'était ouverte et que l'existence d'un délit imputable à la personne fouillée n'était révélé par aucun indice apparent* » (Crim. 21 juill. 1982, n° 82-91.034, P n° 196 ; dans le même sens : Crim. 11 juin 1985, n° 84-95.053, P n° 226 ; Crim. 5 janv. 2010, n° 08-87.337, D). Une fouille à corps ne peut donc être réalisée qu'en cas de crime ou délit flagrant (sur la flagrance, v. n° **11.15A**), ou avec l'assentiment exprès et écrit de l'intéressé, ou sur commission rogatoire.

La jurisprudence agrée cependant la « *palpation de sécurité* », non assimilable à une fouille, effectuée par les services de police sans signe apparent de comportement délictueux. Elle a ainsi admis la régularité d'une saisie de stupéfiants, remis spontanément à l'issue d'une palpation de sécurité sur une poche protubérante dont la personne a été invitée à montrer le contenu (Crim. 5 avr. 1993, n° 92-81.161, D).

« *Lorsqu'il est indispensable pour les nécessités de l'enquête de procéder à une fouille intégrale d'une personne gardée à vue, celle-ci doit être décidée par un officier de police judiciaire et réalisée dans un espace fermé par une personne de même sexe que la personne faisant l'objet de la fouille. La fouille intégrale n'est possible que si la fouille par palpation ou l'utilisation des moyens de détection électronique ne peuvent être réalisées.* » (C. pr. pén., art. 63-7).

Une telle fouille intégrale ne saurait donc être justifiée que pour les nécessités de l'enquête. La **fouille administrative dite de « sécurité »** d'une personne en garde à vue ne peut donc consister, conformément à C. pr. pén., art. 63-6, en une fouille intégrale.

« *La palpation de sécurité est exclusivement une mesure de sûreté. Elle ne revêt pas un caractère systématique. Elle est réservée aux cas dans lesquels elle apparaît nécessaire à la garantie de la sécurité du policier ou du gendarme qui l'accomplit ou de celle d'autrui. Elle a pour finalité de vérifier que la personne contrôlée n'est pas porteuse d'un objet dangereux pour elle-même ou pour autrui. Chaque fois que les circonstances le permettent, la palpation de sécurité est pratiquée à l'abri du regard du public* » (CSI, art. R. 434-16). Sont ainsi régulières les palpations de sécurité qui « *avaient pour finalité de vérifier que la personne contrôlée n'était porteuse d'aucun objet dangereux pour elle-même ou pour autrui* » (Crim. 11 déc. 2019, n° 19-82.454, P).

« *la palpation de sécurité opérée sur une personne faisant l'objet d'un contrôle d'identité n'autorise pas l'OPJ à procéder, sans l'assentiment de l'intéressé, à la fouille de sa sacoche, dès lors que cette palpation n'a pas préalablement révélé l'existence d'un indice de la commission d'une infraction flagrante* » (Crim. 23 mars 2016, n° 14-87.370, P n° 102).

« *la fouille du portefeuille* » « *constitue [...] une perquisition* » qui doit procéder « *soit d'une infraction flagrante soit d'un assentiment recueilli dans les conditions prescrites par C. pr. pén., art. 76 ou [...] d'une commission rogatoire régulièrement délivrée par un magistrat instructeur* » (Crim. 15 oct. 1984, n° 83-93.689, P n° 298).

Les conditions d'inspection visuelle et de fouille des bagages, en dehors du cas de la flagrance ou de l'assentiment de la personne, sont décrites au n° **11.28** (C. pr. pén., art. 78-2-2 II et 78-2-4).

L'inspection des effets personnels de l'étranger dans le cadre de la retenue pour vérification du droit au séjour est décrite au n° **12.34C** (Ceseda, art. L. 813-9, anc[t] L. 611-1-1, mod. par L. n° 2018-778, 10 sept. 2018).

2. Les investigations corporelles internes sur la personne gardée à vue

Lorsqu'il est indispensable pour les nécessités de l'enquête de procéder à des investigations corporelles internes sur une personne gardée à vue, celles-ci ne peuvent être réalisées que par un médecin requis à cet effet (C. pr. pén., art. 63-7).

« *Il convient de préciser que les dispositions de l'article 63-5 [transférées au 63-7 par L. n° 2011-392, 14 avr. 2011] ne concernent que les investigations corporelles internes et non les simples prélèvements buccaux, qui peuvent être alors réalisés par un enquêteur, avec l'accord de la personne, aux fins d'une expertise d'identification par empreintes génétiques [...] l'article 63-5 n'envisage que l'hypothèse selon laquelle ces investigations sont réalisées sur une personne gardée à vue [...] Il ne saurait toutefois en résulter que seules les personnes gardées à vue peuvent faire l'objet de ces investigations, qui, en cas d'urgence, peuvent être réalisées sur une personne qui vient d'être arrêtée et qui n'a pas encore été placée en garde à vue* » (Circ. Crim. 00-13 F1, 4 déc. 2000, NOR : JUS-D-00-30205C).

B. Les fouilles et investigations corporelles dans la procédure douanière (C. douanes, art. 60 s.) - Renvoi, v. n° 11.59

La visite douanière des personnes obéit au régime décrit au n° 11.59, prévu par C. douanes, art. 60 s. et plus particulièrement par C. douanes, art. 60-6 (v. n° 11.59D1), dont les dispositions sont issues de L. n° 2023-610, 18 juill. 2023, visant à donner à la douane les moyens de faire face aux nouvelles menace.

Les investigations *in corpore* en cas de suspicion de transport de stupéfiants dans l'organisme obéissent au régime fixé par C. douanes, art. 60 *bis*, décrit au n° 11.59D11.59D2).

11.27 Le contrôle des véhicules et des conducteurs

A. L'obligation de se soumettre aux contrôles routiers

Tout conducteur doit obtempérer aux sommations de s'arrêter émanant d'un fonctionnaire ou agent chargé de constater les infractions et munis des insignes extérieurs et apparents de sa qualité (C. route, art. L. 233-1).

Tout conducteur doit en outre se soumettre à toutes vérifications prescrites concernant son véhicule et sa personne (C. route, art. L. 233-2).

Ces contrôles peuvent être effectués d'office par les autorités compétentes, sans qu'il y ait lieu de qualifier les conditions propres aux contrôles d'identité (v. n° 11.23) ou aux visites de véhicules (v. n° 11.28) ni l'indice apparent d'un comportement délictueux.

Est régulière la procédure de flagrant délit de recel résultant d'un contrôle routier effectué au visa de C. route, art. L. 233-2 et R. 233-1 sur la base de renseignements tirés d'écoutes téléphoniques transmis par des enquêteurs chargés d'une commission rogatoire à d'autres policiers (Crim. 6 déc. 2016, n° 16-84.451, P n° 322 ; dans le même sens : Crim. 9 janv. 2002, n° 01-86.964, P n° 2).

Le refus d'obtempérer ou de se soumettre aux vérifications caractérise les infractions décrites au n° 36.14.

Par ailleurs, le conducteur est soumis au contrôle de son taux d'alcoolémie dans les cas prévus par la loi (v. n° 13.3A).

B. Le contrôle des données d'identification et de conformité des véhicules (C. route, art. L. 311-2, L. n° 2016-1547, 18 nov. 2016)

À l'occasion des contrôles des véhicules et de leurs conducteurs effectués dans les conditions prévues au code de procédure pénale (voir les différents cas de visite de véhicule au n° 11.28) ou du code de la route (V. A ci-dessus), les OPJ et APJ ainsi que les agents de l'État chargés du contrôle des transports terrestres détenteurs d'un dispositif technique permettant la lecture de ces informations et données (C. route, art. D. 311-4, issu D. n° 2017-589, 20 avr. 2017), **sont autorisés à procéder aux opérations leur permettant d'accéder aux informations et aux données physiques et numériques embarquées** relatives à l'identification et à la conformité du véhicule et de ses composants, afin de vérifier le respect des prescriptions fixées au livre III du code de la route relatif aux conditions d'équipement des véhicules, et de vérifier si ce véhicule ou tout ou partie de ses équipements n'ont pas été volés ou recelés.

Les informations et données embarquées du véhicule autres que celles mentionnées ci-dessus ne peuvent être utilisées comme preuve de la commission d'autres infractions du code de la route. *A contrario*, elles permettent de faire la preuve d'infractions non prévues par le code de la route.

C. Les documents que doit présenter le conducteur (C. route, art. R. 233-1 et R. 233-3)

Tout conducteur d'un véhicule à moteur est tenu de présenter à toute réquisition des agents de l'autorité compétente, lorsqu'ils sont exigés par le code de la route :
– tout titre justifiant de l'autorisation de conduire ;
– la carte grise du véhicule ou, dans les cas et conditions fixés par arrêté ministériel, sa copie ;
– le procès-verbal de contrôle technique périodique.

Le fait de ne pas présenter immédiatement ces pièces constitue une contravention de 1re classe, de ne pas les présenter dans les 5 jours, une contravention de 4e classe (C. route, art. R. 233-1, v. no **36.15**).

Le conducteur doit en outre présenter un document justifiant de l'assurance du véhicule. Le fait de ne pas présenter immédiatement de justificatif d'assurance constitue une contravention de 2e classe, de ne pas le présenter dans les 5 jours, une contravention de 4e classe (C. route, art. R. 233-3 renvoyant à C. assur, art. R. 211-14, v. no **36.43**).

D. Les équipements de sécurité que doit présenter le conducteur : triangle et gilet (C. route, art. R. 233-1)

Le conducteur doit immédiatement présenter aux agents de contrôle :
– un triangle de présignalisation (C. route, art. R. 233-1 I 8° et R. 416-19) (contravention de 1re classe, *N* ***26986.c1***) ;
– un gilet de haute visibilité (C. route, art. R. 233-1 I 9° et R. 416-19) (contravention de 1re classe, *N* ***26987.c1***).

E. Le contrôle de l'alcoolémie du conducteur (v. no 13.3A)

11.28 La visite de véhicule et la fouille de bagages

A. La visite des véhicules et des bagages sur réquisition du procureur de la République pour certaines infractions graves (C. pr. pén., art. 78-2-2 II)

Sur *réquisitions écrites du procureur de la République* prise aux fins de recherche et de poursuite d'infractions de terrorisme (v. nos **23.23B** et **23.25** à **23.27**) de prolifération des armes de destruction massive et de leurs vecteurs, de fabrication ou détention d'engin incendiaire ou explosif (v. no **26.36**), de port ou transport d'armes de A à D (v. nos **26.29** et **26.30**), de dépôt d'armes de catégorie A, B, ou D (v. no **26.23**), de vol simple ou aggravé (v. nos **22.1** à **22.13**), de recel simple ou aggravé (v. nos **22.45** à **22.46**), de trafic de stupéfiants (v. nos **28.1** à **28.4**), de blanchiment de stupéfiants (v. no **28.8**), il peut être procédé, dans les lieux et pour une période de temps qui ne peut excéder 24 h, fixés par le magistrat, renouvelables sur décision expresse et motivée prise dans les mêmes formes, outre aux contrôles d'identité visés au no **11.23E**, **à la visite des véhicules**. L'infraction de participation armée à une manifestation sur la voie publique (v. no **23.13**, cas **E**) ne figure pas dans la liste prévue par C. pr. pén., art. 78-2-2, elle est l'objet de réquisitions distinctes prises sur le fondement de C. pr. pén., art. 78-2-5 issu de la L. no 2019-290, 10 avr. 2019 (v. **B** ci-dessous).

« *l'article 78-2-2 du code de procédure pénale n'autorise pas le procureur de la République à organiser, par une réquisition unique, des contrôles d'identité répartis sur plusieurs jours, mais seulement sur une période maximum de 24 heures consécutives* » (Crim. 13 sept. 2017, no 17-83.986, P no 220).

Dans les mêmes conditions et pour les mêmes infractions, le procureur de la République peut requérir **l'inspection visuelle des bagages et leur fouille**. Le cantonnement du périmètre de contrôle aux bagages se trouvant dans les « *véhicules et emprises immobilières des transports publics de voyageurs* » issu de L. no 2016-339, 22 mars 2016, a été supprimé par L. no 2016-731, 3 juin 2016.

Le procureur de la République du **lieu de départ d'un train** peut prescrire l'inspection visuelle et la fouille des bagages pour toute l'étendue de son trajet en France. Dans le cas où le train provient de l'étranger, ces réquisitions sont prises par le procureur du lieu de la gare d'arrivée, ou par le procureur du lieu du premier arrêt en France si l'arrivée du train se situe hors du territoire national. Les procureurs des autres lieux où le train marque un arrêt en sont informés (C. pr. pén., art. 78-7, L. n° 20016-339, 22 mars 2016). La compétence territoriale des OPJ et APJ chargés de procéder au contrôle est à cette fin étendue sur l'ensemble du trajet du train lorsque la réquisition du procureur le prévoit expressément (C. pr. pén., art. 18, L. n° 20016-339, 22 mars 2016).

Le propriétaire du bagage ne peut être retenu que le temps strictement nécessaire au déroulement de l'inspection visuelle ou de la fouille des bagages, qui doit avoir lieu en présence du propriétaire (C. pr. pén., art. 78-2-2 III).

Le fait que ces opérations révèlent des infractions autres que celles visées dans les réquisitions du procureur de la République ne constitue pas une cause de nullité des procédures incidentes (C. pr. pén., art. 78-2-2 IV).

À l'occasion des contrôles intervenus sur le fondement de C. pr. pén., art. 78-2-2, les personnes de nationalité étrangère peuvent également être tenues de présenter les pièces et documents sous le couvert desquelles elles sont autorisées à circuler ou séjourner en France (Ceseda, art. L. 812-2, 2°, anc[t] L. 611-1, I al. 2, mod. par L. n° 2012-1560, 31 déc. 2012).

B. La visite des véhicules et des bagages sur réquisition du procureur de la République pour les manifestations sur la voie publique (C. pr. pén., art. 78-2-5, L. n° 2019-290, 10 avr. 2019)

Aux fins de recherche et de poursuite de l'infraction de participation à une manifestation en étant porteur d'une arme, prévue par C. pén., art. 431-10 (v. n° 23.13, cas E), le procureur de la République peut autoriser par réquisitions écrites les OPJ et, sous leur contrôle, les APJ et certains APJ adjoints, à procéder « *sur les lieux d'une manifestation sur la voie publique et à ses abords immédiats* » « *à l'inspection visuelle des bagages et leur fouille* », et à « *la visite des véhicules circulant, arrêtés ou stationnant sur la voie publique ou dans des lieux accessibles au public* ». Le fait que les opérations « *révèlent d'autres infractions ne constitue pas une cause de nullité des procédures incidentes* » (C. pr. pén., art. 78-2-5 issu L. n° 2019-290, 10 avr. 2019). « *Ces dispositions ne permettent en revanche pas de procéder à des contrôles d'identité* » (Circ. Crim. 2019-9/H2, 12 avr. 2019, n° 2.1). Elles ont été déclarées conformes à la Constitution (Cons. const. 4 avr. 2019, n° 2019-780 DC, § 17).

« *Ces opérations sont placées sous le contrôle d'un magistrat de l'ordre judiciaire* [le procureur de la République] *qui en précise, dans sa réquisition, le lieu et la durée en fonction de ceux de la manifestation attendue. Ainsi ces opérations ne peuvent viser que des lieux déterminés et des périodes de temps limitées* » (Cons. const. 4 avr. 2019, n° 2019-780 DC, § 14). Ces prescriptions sont soulignées par Circ. Crim. 2019-9/H2, 12 avr. 2019, n° 2.1.

Comme le rappelle Circ. Crim. 2019-9/H2, 12 avr. 2019, n° 2.1, il ressort de C. pr. pén., art. 78-2-2 II et III, auxquels renvoie C. pr. pén., art. 78-2-5, que « *tant les opérations d'inspection et de fouille des bagages que celles de visite de véhicules ne peuvent conduire à une immobilisation de l'intéressé que le temps strictement nécessaire à leur réalisation. Elles n'ont donc pas, par elles-mêmes, pour effet de restreindre l'accès à une manifestation ni d'en empêcher le déroulement* » (Cons. const. 4 avr. 2019, n° 2019-780 DC, § 15).

À la différence des opérations prévues par C. pr. pén., art. 78-2-2 (v. A ci-dessus), les opérations de C. pr. pén., art. 78-2-5 « *peuvent être réalisées par des APJ et certains APJ adjoints, mais hors leur présence effective* » (Circ. Crim. 2019-9/H2, 12 avr. 2019, n° 2.1).

C. La visite de véhicule en cas de soupçon d'infraction flagrante (C. pr. pén., art. 78-2-3)

Sans préjudice de la faculté de contrôle d'office de tout véhicule automobile et de son conducteur, sur le fondement de C. route, art. L. 233-1 et L. 233-2 (sur ce point, v. n° 11.27), s'il existe à l'égard « *du conducteur ou d'un passager* » d'un véhicule **circulant ou arrêté sur la voie publique ou dans les lieux accessibles au public** « *une ou plusieurs raisons plausibles de soupçonner qu'il a commis, comme auteur ou complice, un crime ou un délit flagrant* », consommé ou tenté, il peut être procédé à la visite du véhicule, que l'infraction concernée soit routière ou non (ex. consommation ou vente de stupéfiants dans un véhicule en stationnement). Ces dispositions renvoient donc à la notion de crime ou de délit flagrant prévue par C. pr. pén., art. 53, ainsi qu'aux « *indices apparents d'un comportement délictueux* » exigés par la jurisprudence qui l'interprète (sur la notion de flagrance, v. n° 11.15A).

Par renvoi au C. pr. pén., art. 78-2-2 II, le véhicule ne peut être immobilisé « *que le temps strictement nécessaire au déroulement de la visite qui doit avoir lieu en présence du conducteur* ». Lorsqu'elle porte « *sur un véhicule à l'arrêt ou en stationnement, la visite doit avoir lieu en présence du conducteur ou du propriétaire du véhicule ou, à défaut, d'une personne requise à cet effet par l'OPJ ou l'APJ et qui ne relève pas de son autorité administrative. La présence d'une personne extérieure n'est toutefois pas requise si la visite comporte des risques graves pour la sécurité des personnes et des biens* » (C. pr. pén., art. 78-2-2 II).

Toutefois, si le véhicule est spécialement aménagé pour l'habitation et qu'il est effectivement utilisé comme résidence, la visite « *ne peut être faite que conformément aux dispositions relatives aux perquisitions et visites domiciliaires* » (C. pr. pén., art. 78-2-3 et 78-2-2 II) (sur la perquisition domiciliaire, v. n° 11.57 et 11.58).

La visite ne peut être réalisée que par un OPJ, le cas échéant assisté d'un APJ ou d'un APJ adjoint (C. pr. pén., art. 78-2-3). Est ainsi nulle la visite réalisée « *alors qu'il ne résulte pas du procès-verbal ni d'une autre pièce de la procédure que l'OPJ ait personnellement procédé à la visite du véhicule, l'APJ se bornant à lui prêter assistance, ni même qu'il ait été présent sur les lieux* » (Crim. 28 sept. 2010, n° 10-82.699, P n° 142). Mentionnons que l'OPJ « circulation routière » ou « OPJ route » (v. n° 11.9D), n'a pas qualité pour procéder à une visite de véhicule (C. route, art. L. 130-2).

Il résulte de la combinaison des textes qui précèdent que la visite d'un véhicule non aménagé et utilisé comme résidence, opérée sur le fondement de C. pr. pén., art. 78-2-3, échappe aux exigences horaires de la perquisition ou visite domiciliaire qui ne peut être commencée avant 6 h 00 et après 21 h 00 (C. pr. pén., art. 59 et 76, sur les heures légales de la perquisition domiciliaire, v. n° 11.57B4).

La perquisition ou visite effectuée dans un véhicule qui n'est pas sur la voie publique ou dans un lieu accessible au public obéit pour sa part au régime de droit commun de la perquisition (v. n° 11.57 et 11.58).

En cas de découverte d'une infraction ou si la visite est effectuée hors présence du conducteur ou du propriétaire ou si ces derniers le demandent, il est établi un procès-verbal mentionnant le lieu et les dates et heures de début et de fin de l'opération. Un exemplaire est remis sans délai à l'intéressé et au procureur de la République (C. pr. pén., art. 78-2-3 et 78-2-2 II).

Mentionnons que dans le cadre de la règlementation routière, les agents de contrôle sont autorisés, à l'occasion des contrôles opérés sur le fondement du code de la route ou du code de procédure pénale, à accéder aux données physiques et numériques du véhicule afin notamment de « *vérifier si ce véhicule ou tout ou partie de ses équipements n'ont pas été volés ou recelés* » (C. route, art. L. 311-2, v. n° 11.27B).

D. La visite administrative des véhicules et bagages pour prévenir une atteinte grave à la sécurité (C. pr. pén., art. 78-2-4)

Pour « *prévenir une atteinte grave à la sécurité des personnes et des biens* », il peut être procédé, outre à un contrôle d'identité, (v. n° 11.23F) à la visite des véhicules circulant ou arrêtés sur la voie publique ou dans les lieux accessibles au public ou à l'inspection visuelle ou à la fouille des bagages, avec l'accord du conducteur ou du propriétaire du bagage ou, à défaut, sur instructions du procureur de la République communiquées par tous moyens.

Le cantonnement du périmètre de contrôle des bagages à ceux se trouvant dans les « *véhicules et emprises immobilières des transports publics de voyageurs* » issu de L. n° 2016-339, 22 mars 2016, a été supprimé par L. n° 2016-731, 3 juin 2016.

Dans l'attente des instructions du procureur de la République, le véhicule peut être immobilisé pour une durée qui ne peut excéder 30 minutes (C. pr. pén., art. 78-2-4 II).

Le propriétaire du bagage peut être retenu pour une durée qui ne peut excéder 30 minutes dans l'attente des instructions du procureur de la République (C. pr. pén., art. 78-2-4 III).

E. La mise en œuvre de la visite de véhicule ou de la fouille des bagages (C. pr. pén., art. 78-2-2 à 78-2-5)

1. Les agents compétents

La visite ne peut être effectuée que par les OPJ, assistés le cas échéant d'APJ ou APJ adjoints de la police nationale, de gendarmes auxiliaires ou de policiers adjoints (anc[t] adjoints de sécurité, ainsi désignés depuis L. nº 2021-646, 25 mai 2021), agissant sur leur ordre et responsabilité, ce qui impose donc la présence effective de l'OPJ (Crim. avis du 12 janv. 2016). Dans le cas C ci-dessus, est toutefois procédé par l'OPJ, ou, sur son ordre et sa responsabilité, par les mêmes auxiliaires (C. pr. pén., art. 78-2-4).

Les OPJ dits « circulation routière », dont la compétence est limitée aux infractions au code de la route et aux atteintes involontaires à l'intégrité physique commises à l'occasion d'accidents routiers (v. nº **11.9**), ne sont pas compétents pour procéder à la visite des véhicules (C. route, art. L. 130-2).

2. Les circonstances de lieu et de temps

La visite ne peut être effectuée que sur les véhicules circulant, arrêtés ou stationnant sur la voie publique ou dans les lieux accessibles au public (C. pr. pén., art. 78-2-2, 78-2-3 et 78-2-4). Contrairement aux perquisitions domiciliaires (v. nº **11.57C**), la visite peut être réalisée à toute heure. S'agissant des bagages, le texte n'apporte pas de restrictions de temps et de lieux.

3. L'exclusion des véhicules aménagés comme résidence

Sont concernés tous les véhicules, à l'exception de ceux spécialement aménagés à usage d'habitation et effectivement utilisés comme résidence, lesquels ne peuvent être visités que conformément aux dispositions relatives aux perquisitions et visites domiciliaires (C. pr. pén., art. 78-2-2) (v. nº **11.57C**).

4. La présence du conducteur ou propriétaire du bagage

Les véhicules en circulation ne peuvent être immobilisés que le temps strictement nécessaire au déroulement de la visite qui doit avoir lieu en présence du conducteur. Les véhicules à l'arrêt ou en stationnement ne peuvent être visités qu'en présence du conducteur ou du propriétaire, ou à défaut de toute personne, requise à cet effet par l'OPJ, mais ne relevant pas de son autorité administrative (C. pr. pén., art. 78-2-2).

La présence d'une tierce personne n'est toutefois pas requise si la visite comporte des risques graves pour la sécurité des personnes et des biens (C. pr. pén., art. 78-2-2).

L'inspection visuelle ou la fouille des bagages doit avoir lieu en présence du propriétaire (C. pr. pén., art. 78-2-4 III renvoyant à 78-2-2 III).

5. Le procès-verbal de visite

En cas de découverte d'infraction ou si le conducteur ou le propriétaire du véhicule ou du bagage le demande ainsi que dans le cas où la visite du véhicule se déroule en son absence, il est établi un procès-verbal mentionnant le lieu et les dates et heures du début et de la fin des opérations. Un exemplaire en est remis à l'intéressé et un autre transmis sans délai au procureur de la République (C. pr. pén., art. 78-2-2 II et III).

F. Les inspections visuelles et fouilles des bagages à main dans les missions de sécurisation

Les agents de police municipale (CSI, art. L. 511-1) et les agents de la ville de Paris chargés d'un service de police (CSI, art. L. 531-1) lorsqu'ils sont affectés sur décision du maire à la sécurité d'une manifestation sportive, récréative ou culturelle, peuvent procéder à l'inspection visuelle des bagages ~~à main~~ (L. n° 2016-332, 22 mars 2016) et, avec le consentement de leur propriétaire, à leur fouille.

Les personnes physiques exerçant une activité de sécurité privée peuvent procéder à l'inspection visuelle des bagages ~~à main~~ (L. n° 2016-332, 22 mars 2016) et, avec le consentement de leur propriétaire, à leur fouille (CSI, art. L. 613-2 et L. 613-3).

Avec leur consentement exprès, ces personnes peuvent également être inspectées par ces mêmes agents « *au moyen d'un dispositif d'imagerie utilisant des ondes millimétriques* » (scanner corporel), sous le bénéfice de garanties que le juge constitutionnel a jugé conformes au droit au respect de la vie privée (CSI, art. L. 613-3 II, issu L. n° 2023-380, 19 mai 2023 ; Cons. const. 17 mai 2023, n° 2023-850 DC, § 681).

G. La visite sommaire des véhicules utilitaires en zone frontalière dite Schengen (Ceseda, art. L. 812-3, 1° et L. 812-4, ancT L. 611-8)

Dans une zone comprise entre la frontière terrestre de la France avec les États parties à la convention de Schengen et une ligne tracée 20 km en deçà, les OPJ, assistés des APJ ou APJ adjoints, peuvent procéder, avec l'accord du conducteur ou, à défaut, sur instructions du procureur de la République, à la « *visite sommaire* » des véhicules circulant sur la voie publique, « *à l'exclusion des voitures particulières* », en vue de vérifier le respect des obligations de détention, de port et de présentation des documents ou titres autorisant le séjour des étrangers en France ou de rechercher et constater les infractions relatives à l'entrée et au séjour des étrangers.

H. La visite douanière des moyens de transport et des marchandises (C. douanes, art. 60 s.) – Renvoi, v. n° 11.59

Réformé par la L. n° 2023-610, 18 juill. 2023, visant à donner à la douane les moyens de faire face aux nouvelles menace, le régime de la visite douanière des moyens de transport et des marchandises, notamment les bagages, dont les conditions sont partagées avec le contrôle douanier des personnes (C. douanes, art. 60 s.), est exposé au n° **11.59**.

11.29 La visite de navire

A. La fouille de sûreté des navires (C. transp., art. L. 5211-3-1)

Pour prévenir une atteinte grave à la sécurité des personnes et des biens et aux fins de rechercher des matériels, armes ou explosifs mentionnés aux articles L. 317-7 (dépôt illicite d'armes ou de munitions, A, B, C et D, CSI, art. L. 317-7 devenu notamment C. pén., art. 222-53, v. n° **26.23**) et L. 317-8 (port ou transport illicite d'armes de la catégorie C et D (hors armes de faible dangerosité), CSI, art. L. 317-8, v. n° **26.29** et **26.30**) du code de la sécurité intérieure et à l'article L. 2353-4 du code de la défense (fabrication, détention d'engin incendiaire ou explosif, C. défense, art. L. 2353-4, v. n° **26.36**), les OPJ et, sur leur ordre et responsabilité, les APJ peuvent, à toute heure, accéder à bord et procéder à une **fouille de sûreté de tout navire ou de tout autre engin flottant**, à l'exception des navires de guerre étrangers et des autres navires d'État étrangers utilisés à des fins non commerciales, se trouvant soit dans les eaux intérieures, soit dans la mer territoriale et se dirigeant ou ayant déclaré son intention de se diriger vers un port ou vers les eaux intérieures.

Cette fouille de sûreté est opérée avec l'accord du capitaine, ou de son représentant, ou, à défaut, sur **instructions du procureur de la République communiquées par tous moyens**. Dans l'attente des instructions du procureur de la République, le navire ou l'engin flottant peut être immobilisé pour une durée ⩽ 1h.

La fouille se déroule en présence du capitaine du navire ou de son représentant. Elle comprend l'inspection des extérieurs ainsi que des cales, des soutes et des locaux.

Le navire ou l'engin flottant ne peut être immobilisé que le temps strictement nécessaire au déroulement de la fouille.

L'OPJ responsable de la fouille rend compte de son déroulement au procureur de la République et au représentant de l'État en mer ainsi qu'au préfet de département du port de destination. Il informe sans délai le procureur de la République de toute infraction constatée.

Lorsque les locaux sont affectés à **un usage privé ou d'habitation** et que le navire ou l'engin flottant est dans la mer territoriale, dans les eaux intérieures ou, depuis moins de 72h, dans un port, dans une rade ou à quai, la fouille est effectuée en présence de l'occupant des lieux ou, à défaut, du capitaine ou de son représentant. Lorsqu'elle intervient alors que le navire ou l'engin flottant est dans un port, dans une rade ou à quai depuis 72h au moins, elle ne peut être effectuée, en cas de refus de l'occupant des lieux, qu'après autorisation du JLD du TJ dans le ressort duquel se trouve le navire.

L'ordonnance du JLD, exécutoire sur minute, susceptible d'appel devant le premier président de la cour d'appel, est notifiée verbalement et sur place au moment de la fouille à l'occupant des lieux ou, en son absence, au capitaine ou à son représentant. La fouille s'effectue sous l'autorité et le contrôle du JLD, lequel peut se rendre dans les locaux et décider à tout moment de son arrêt ou de sa suspension.

Un procès-verbal de fouille de sûreté est établi et contresigné par le capitaine ou son représentant, à qui une copie est immédiatement remise, ainsi que, le cas échéant, à l'occupant des locaux affectés à un usage privé ou d'habitation, avec mention des voies et délais de recours. Il est adressé au procureur de la République, au représentant de l'État en mer ainsi qu'au préfet de département du port de destination.

B. La visite de navire sur réquisition du procureur de la République (C. pr. pén., art. 78-2-2 III bis, L. n° 2019-222, 23 mars 2019)

Depuis L. n° 2019-222, 23 mars 2019, pour les mêmes infractions que celles visées au n° 11.28A, sur réquisitions écrites du procureur de la République, dans les lieux et pour la période de temps que ce magistrat détermine et qui ne peut excéder 24h, renouvelables sur décision expresse et motivée selon la même procédure, les OPJ, assistés le cas échéant d'APJ ou APJ adjoints de la police nationale, de gendarmes auxiliaires ou de policiers adjoints (anc[t] adjoints de sécurité, ainsi désignés depuis L. n° 2021-646, 25 mai 2021), agissant sur leur ordre et responsabilité, peuvent accéder à bord et procéder à une visite des navires présents en mer territoriale, se dirigeant ou ayant déclaré leur intention de se diriger vers un port ou vers les eaux intérieures, ou présents en amont de la limite transversale de la mer, ainsi que des bateaux, engins flottants, établissements flottants et matériels flottants se trouvant dans la mer territoriale ou en amont de la limite transversale de la mer, ainsi que sur les lacs et plans d'eau.

La visite se déroule en présence du capitaine ou de son représentant.

Elle comprend l'inspection des extérieurs ainsi que des cales, des soutes et des locaux.

La visite des locaux spécialement aménagés à un usage d'habitation et effectivement utilisés comme résidence ne peut être faite que conformément aux dispositions relatives aux perquisitions et visites domiciliaires (sur la perquisition, v. n°s 11.57 s.).

Le navire, le bateau, l'engin flottant, l'établissement flottant ou le matériel flottant ne peut être immobilisé que le temps strictement nécessaire au déroulement de la visite, dans la limite de 12h.

L'OPJ rend compte du déroulement des opérations au procureur de la République et l'informe sans délai de toute infraction constatée.

C. La visite douanière de navire (C. douanes, art. 62 et 63)

Le Cons. const. a admis le principe de la visite douanière des navires sans autorisation d'un juge. En effet « *la lutte contre la fraude en matière douanière justifie que les agents des douanes soient habilités à visiter les navires y compris dans leurs parties affectées à un usage privé ou de domicile ; qu'en permettant que de telles visites puissent avoir lieu sans avoir été préalablement autorisées par un juge, les dispositions contestées [C. douanes, art. 62 et 63] prennent en compte, pour la poursuite de cet objectif, la mobilité des navires et les difficultés de procéder au contrôle des navires en mer* » (§ 7) (Cons. const. 29 nov. 2013, n° 2013-357 QPC). Le Cons. const. a toutefois censuré ces dispositions au motif qu'elles permettaient « *en toutes circonstances, la visite par les agents des douanes de tout navire qu'il se trouve en mer, dans un port ou en rade ou le long des rivières et canaux ; que ces visites sont permises y compris la nuit* » (§ 8) et que leur mise en œuvre n'étaient pas contrôlées par des voies de recours appropriées. Tirant les conséquences de cette décision, la L. n° 2014-742, 1er juill. 2014, relative aux activités privées de protection des navires, a entouré de garanties la visite douanière de ces derniers, ceci au profit de l'occupant de locaux privés du navire qui dispose, par voie d'action, d'un recours contre le déroulement des opérations de visite, à la différence du propriétaire du navire ou des biens qui s'y trouvent, qui ne bénéficie pas d'un tel droit.

Le Cons. const. juge que l'absence de voie de recours contre le déroulement des opérations de visite accordé au propriétaire du navire ou des biens ne méconnaît pas son droit à un recours juridictionnel effectif car il « *dispose, s'il fait l'objet de poursuites pénales, de la faculté de faire valoir, par voie d'exception, la nullité de ces opérations, sur le fondement de C. pr. pén., art. 173 ou 385* » (§ 9), en outre, il peut « *invoquer l'irrégularité de ces opérations à l'appui d'une demande tendant à engager la responsabilité de l'État du fait de la saisie* » (§ 9) ; de plus, cette différence de traitement ne méconnaît pas le principe d'égalité devant la loi car « *les occupants des locaux d'un navire, affectés à un usage privé ou d'habitation, sont, au regard des opérations de visite, dans une situation différente de celle des autres personnes qui n'occupent pas ces locaux, y compris lorsqu'il s'agit du propriétaire du navire* » (§ 14) (Cons. const. 18 mai 2016, n° 2016-541 QPC).

1. La visite des navires en mer ou circulant sur les voies navigables ou à quai depuis moins de 72h00 (C. douanes, art. 62)

Pour l'application du C. douanes et « *en vue de la recherche de la fraude, les agents des douanes peuvent, à toute heure, accéder à bord et visiter tout navire se trouvant dans la zone maritime du rayon des douanes, ou dans la zone définie à l'article 44 bis [zone contiguë, adjacente à la limite de la mer territoriale et s'étendant dans la limite de 24 milles marin] dans les conditions prévues à ce même article, ou circulant sur les voies navigables* », « *la visite se déroule en présence du capitaine du navire ou de son représentant* », ou en « *présence de l'occupant des lieux* » ou à défaut du capitaine lorsqu'elle concerne « *des locaux affectés à un usage privé ou d'habitation* » (C. douanes, art. 62, I et II).

Dans ce cas de figure, la visite douanière peut donc être réalisée par les agents des douanes, y compris de nuit, sans qu'il y ait lieu de caractériser les indices d'un comportement délictueux et sans l'assentiment du capitaine ou de l'occupant pour ce qui est des locaux privés du navire.

« *Chaque visite fait l'objet d'un procès-verbal relatant le déroulement des opérations de contrôle, dont une copie est immédiatement remise au capitaine du navire ou à son représentant et à l'occupant des locaux affectés à un usage privé ou d'habitation visités* » (C. douanes, art. 62, IV).

« *L'occupant des locaux à usage privé ou d'habitation visités dispose d'un recours contre le déroulement des opérations de visite* » ; ce recours non suspensif, exercé dans le délai de 15 jours devant le premier président de la cour d'appel, est soumis aux règles de la procédure civile (C. douanes, art. 62, V à VIII).

Les dispositions de C. douanes, art. 62 sont également applicables aux navires qui se trouvent dans un port, une rade ou un quai depuis moins de 72h00 (v. ci-après C. douanes, art. 63).

Le fait que les opérations de visite révèlent des infractions autres que les infractions douanières recherchées « *ne constitue pas une cause de nullité des procédures incidentes* » (C. douanes, art. 62 X, issu L. n° 2023-610, 18 juill. 2023).

2. La visite des navires à quai depuis plus de 72h00 (C. douanes, art. 63)

Pour l'application du C. douanes et « *en vue de la recherche de la fraude, les agents des douanes peuvent accéder à bord et visiter tout navire qui se trouve dans un port, dans une rade ou à quai* » depuis 72h00 au moins ; la visite « *se déroule en présence du capitaine du navire ou de son représentant* » (C. douanes, art. 63 I et III A).

Là encore, la visite douanière peut donc être réalisée sans indices préalables d'un comportement délictueux et sans l'assentiment du capitaine. Notons qu'à la différence du cas prévu par C. douanes, art. 62, le législateur ne prévoit pas que les opérations puissent être menées « *à toute heure* ».

En revanche, la visite des locaux privés du navire nécessite soit l'autorisation du JLD soit l'assentiment de l'occupant, ce qui paraît aussi induire qu'une telle visite ne peut être effectuée en son absence sans autorisation du JLD. En effet, lorsque la « *visite concerne des locaux affectés à un usage privé ou d'habitation, elle ne peut être effectuée, en cas de refus de l'occupant des lieux, qu'après autorisation du JLD du tribunal judiciaire du lieu de la direction des douanes dont dépend le service chargé de la procédure* » (C. douanes, art. 63 III B). Lorsqu'elle est autorisée par le JLD, la visite est effectuée sous son contrôle ; le juge peut y assister, la suspendre ou l'arrêter. L'ordonnance d'autorisation du JLD, exécutoire au seul vu de sa minute, est notifiée sur place au moment de la visite, elle peut faire l'objet d'un appel dans le délai de 15 jours devant le premier président de la cour d'appel.

« *Chaque visite fait l'objet d'un procès-verbal relatant le déroulement des opérations de contrôle, dont une copie est immédiatement remise au capitaine du navire, à son représentant et à l'occupant des locaux affectés à un usage privé ou d'habitation visités* » (C. douanes, art. 63 IV). Outre le recours contre l'ordonnance d'autorisation du JLD, l'occupant des locaux à usage privé ou d'habitation visités dispose, dans le délai de 15 jours, d'un recours non suspensif contre le déroulement des opérations de visite devant le premier président de la cour d'appel. Ce recours est soumis aux règles de la procédure civile (C. douanes, art. 63, VIII).

Le fait que les opérations de visite révèlent des infractions autres que les infractions douanières recherchées « *ne constitue pas une cause de nullité des procédures incidentes* » (C. douanes, art. 63 X, issu L. n° 2023-610, 18 juill. 2023).

3. Les garanties communes à celles prévues pour la visite des personnes, moyens de transport et marchandises

Sont applicables aux visites qui précèdent les régles issues de L. n° 2023-610, 18 juill. 2023, relatives à la fouille des personnes (C. douanes, art. 60-6, v. 11.59D), à la limitation de la durée de l'immobilisation des moyens de transport et des marchandises et de celle du maintien des personnes à disposition (C. douanes, art. 60-7, v. 11.59C2), ainsi qu'au recueil des déclarations (C. douanes, art. 60-9, v. 11.59C4) (C. douanes, art. 62 IX et 63 IX, issus L. n° 2023-610, 18 juill. 2023).

11.30 Les contrôles administratifs de sécurité au sein des périmètres de protection institués par le préfet – Lutte contre le terrorisme (CSI, L. 226-1, L. n° 2017-1510, 30 oct. 2017)

Afin « *d'assurer la sécurité d'un lieu ou d'un événement exposé à un risque d'actes de terrorisme à raison de sa nature et de l'ampleur de sa fréquentation* », le préfet peut instituer par arrêté motivé, transmis au procureur de la République et au maire de la commune concernée, pour une durée d'un mois renouvelable (une fois depuis L. n° 2021-998, 30 juill. 2021), un « *périmètre de protection* » au sein duquel l'accès et la circulation des personnes sont réglementés.

L'étendue et la durée du périmètre sont adaptées et proportionnées aux circonstances. L'arrêté prévoit les règles d'accès et de circulation des personnes dans le périmètre, en les adaptant aux impératifs de leur vie privée, professionnelle et familiale, ainsi que les vérifications autorisées – exclusivement palpations de sécurité, inspection visuelle et fouille des bagages, et visite des véhicules – auxquelles les personnes peuvent être soumises pour y accéder ou y circuler, et les catégories d'agents habilités à procéder à ces vérifications.

L'arrêté peut autoriser les OPJ, ainsi que, sous leur responsabilité et leur « *contrôle effectif* » (mod. issue L. nº 2021-998, 30 juill. 2021), les APJ adjoints de la police et de la gendarmerie nationale, assistés le cas échéant par des agents privés de surveillance et de gardiennage « *placés sous l'autorité et le contrôle effectif et continu d'un OPJ* » (mod. issue L. nº 2021-998, 30 juill. 2021) (v. CSI, art. L. 613-1 et L. 613-2 modifiés), et, avec l'accord du maire, des agents de police municipale, à procéder, au sein du périmètre de protection, à des palpations de sécurité par une personne du même sexe, à l'inspection visuelle et à la fouille des bagages, ainsi qu'à la visite des véhicules.

Les contrôles sont effectués **avec le consentement des personnes** concernées. À défaut de s'y soumettre, elles se voient « *interdire l'accès ou sont reconduites d'office à l'extérieur du périmètre* » de protection.

Ces vérifications opérées à l'initiative et sous le contrôle de l'autorité administrative s'opèrent sans préjudice des procédures de droit commun de contrôle de l'identité des personnes (v. nos **11.23** et **11.25**), des véhicules et des conducteurs (v. nº **11.26**), de la visite des véhicules et de la fouille des bagages (v. nº **11.28**), selon les règles qui leur sont propres.

11.31 La surveillance ou l'observation des personnes et des biens

A. La surveillance est une investigation non intrusive

La surveillance (ou l'observation) est une investigation judiciaire (ex. : filature) qui consiste pour les enquêteurs à rechercher à l'insu des intéressés des indices revêtant une valeur probante et à les rapporter sous la forme d'un procès-verbal de constat ou d'un rapport. Par hypothèse, elle est secrète pour assurer l'aboutissement de l'enquête.

Elle ne fait pas l'objet d'une définition légale mais relève de la mission générale de procéder aux actes nécessaires à la recherche et à la poursuite des infractions confiée au procureur de la République (C. pr. pén., art. 41), à la police judiciaire (C. pr. pén., art. 14), ou au juge d'instruction (C. pr. pén., art. 81). Il est ainsi jugé que « *la commission du vol […] autorisait la police judiciaire à agir en état de flagrance pour en rechercher les auteurs et à surveiller tous ceux qu'elle avait des motifs de suspecter* » (Crim. 11 mai 1993, nº 93-80.932, D). La surveillance ordinaire peut être définie comme l'ensemble des constatations visuelles ou sonores effectuées par les enquêteurs à l'insu des intéressés, de manière non intrusive, sur les personnes ou les biens (véhicules, marchandises, lieux, etc.), pour faire la preuve des infractions et interpeller leurs auteurs.

Dès lors que ces opérations de surveillance procèdent d'une intrusion dans la sphère privée (habitation, liberté de circulation, vie privée, correspondance, etc.), soit par l'intervention physique de l'agent, soit par la mise en place ou l'exploitation de dispositifs techniques, elles sont soumises aux régimes particuliers du contrôle d'identité, de la perquisition, de la visite de véhicule, de l'interception de télécommunications, de la sonorisation, de la géolocalisation, ou de la consultation de fichiers comme le fichier de lecture automatisée des plaques d'immatriculation dit LAPI, etc.

Toutefois, il est admis que relèvent encore de la surveillance simple (ne relevant donc pas des techniques spéciales d'enquête propres à la criminalité organisée et en particulier du dispositif de captation d'images dans un lieu privé prévu au C. pr. pén., art. 706-96, v. nº **11.39**) les **constatations visuelles** effectuées dans un parking privé avec l'autorisation du syndic de l'immeuble (Crim. 23 janv. 2013, nº 12-85.059, P nº 29), ou dans le parking souterrain d'un immeuble avec l'accord, en connaissance de cause, d'une personne titulaire d'un droit d'accès à cette partie commune et en sa présence, après vaine recherche de l'identité du syndic (Crim. 23 oct. 2013, n° 13-82.762, P n° 203). La prudence s'impose toutefois puisque, comme le souligne la Ch. crim. dans la première espèce le demandeur à la nullité ne pouvait se prévaloir d'une atteinte à ses droits car il n'était pas domicilié dans l'immeuble concerné. Il est en revanche clair que, « *les parties communes d'une copropriété constituant un lieu privé* », si un dispositif de captation et de fixation d'images y est mis en œuvre au lieu d'une simple surveillance visuelle, l'opération doit alors répondre aux conditions fixées par C. pr. pén. art., 706-96 (Crim. 27 mai 2009, n° 09-82.115, n° 108) (sur la sonorisation ou fixation d'images dans les lieux ou situations privés, v. n° **11.39**).

Si la surveillance consiste pour l'enquêteur à se faire passer, auprès des personnes suspectées, comme un coauteur, complice ou receleur, elle obéit au régime de l'infiltration (C. pr. pén., art. 706-81, v. n° **11.33**).

B. La compétence territoriale en matière de surveillance

1. Le principe de la compétence territoriale ordinaire

Les actes de surveillance relèvent du droit commun et ne peuvent donc être réalisés en dehors de la zone de compétence territoriale de l'OPJ ou de l'APJ qu'après information donnée par l'enquêteur au procureur de la République ou au juge d'instruction (C. pr. pén., art. 18, mod. par L. n° 2019-222, 23 mars 2019, v. n° **11.14**).

2. L'extension de compétence de plein droit pour la criminalité organisée (C. pr. pén., art. 706-80)

Pour les infractions relevant du régime complet ou partiel de la criminalité organisée (v. n^{os} **11.21** et **11.22**), les OPJ et, sous leur autorité, les agents de police judiciaire, peuvent, après en avoir informé le procureur de la République déjà saisi et sauf opposition de ce dernier, étendre leurs opérations de surveillance à l'ensemble du territoire national. Des dispositions identiques s'appliquent pour les agents des douanes (C. douanes, art. 67 *bis*).

L'information est également donnée, par tout moyen, au procureur de la République dans le ressort duquel les opérations sont susceptibles de débuter (~~ou du procureur de la République de la juridiction interrégionale spécialisée s'il est saisi~~, abrogé par L. n° 2019-222, 23 mars 2019).

Les modalités imposées par C. pr. pén., art. 18, mod. par L. n° 2019-222, 23 mars 2019 (information préalable du procureur de la République ou du juge d'instruction, assistance éventuelle d'un OPJ territorialement compétent si le magistrat le décide et information du procureur de la République local) ne sont donc pas applicables en l'espèce, si toutefois les opérations ne dépassent pas la simple surveillance.

Selon les précisions apportées au n° **11.21B19**, ces dispositions dérogatoires s'appliquent également dans le cadre de l'enquête pour **recherche d'une personne en fuite** pour une infraction relevant de la criminalité organisée (C. pr. pén., art. 74-2, mod. par L. n° 2023-22, 24 janv. 2023).

Depuis L. n° 2019-222, 23 mars 2019, le procureur de la République peut autoriser par **décision écrite et motivée** les OPJ et APJ **à poursuivre leurs opérations de surveillance pendant au plus 48 H 00** à compter de la délivrance d'un **réquisitoire introductif** (C. pr. pén., art. 80-5, dispositif auparavant réservé aux infractions de terrorisme par C. pr. pén., art. 706-24-2, L. n° 2016-731, 3 juin 2016, v. n° **15.29A3**).

3. La surveillance en dehors des frontières

Le droit commun s'applique ici pour les infractions courantes (v. n° **11.14**).

Pour la criminalité organisée (infractions du régime complet ou partiel, v. n^{os} **11.21** et **11.22**), la surveillance est autorisée, dans les conditions prévues par les conventions internationales, par le procureur de la République chargé de l'enquête (C. pr. pén., art. 694-6).

En cas de particulière urgence et pour des infractions graves, les enquêteurs peuvent poursuivre leur surveillance (observation) sur le territoire d'un autre État de l'espace « Schengen » sans obtenir au préalable l'autorisation de l'État d'accueil (conv. Schengen, 19 juin 1990, art. 40).

C. Le recours aux dispositifs terrestres de vidéosurveillance d'un lieu public

Sous réserve des précisions qui suivent, dans le cadre du pouvoir général d'investigation et de constatation confié aux enquêteurs dans le cadre de l'enquête initiale (C. pr. pén., art. 41) et dans le cadre d'une commission rogatoire générale (C. pr. pén., art. 81, sur le contenu de la commission rogatoire, v. n° **11.18A**), des dispositifs techniques peuvent être employés sans autorisation préalable d'un magistrat s'il ne s'agit que de capter, fixer, transmettre ou enregistrer des paroles ni confidentielles ni privées prononcées dans un **lieu public**, ou l'image d'une personne se trouvant dans un lieu public.

Ainsi, les prises de vue réalisées sur la voie publique à l'occasion des surveillances visuelles des enquêteurs sont admises car ces actes, soit « *la prise de clichés photographiques, ne pouvant être assimilés à la mise en place d'un dispositif de captation et d'enregistrement continu d'images de personnes se trouvant dans un lieu privé, qui requiert l'autorisation préalable et le contrôle d'un juge* » (§ 14) (Crim. 6 avr. 2022, n° 21-84.092, P ; dans le même sens Crim. 28 mars 2023, n° 22-83.874, P).

C'est en effet la lecture *a contrario* de C. pr. pén., art. 706-96 qui réserve à la criminalité organisée et impose l'autorisation préalable d'un juge (JLD pour l'enquête préliminaire ou de flagrance, juge d'instruction pour l'information judiciaire) pour la **technique spéciale d'enquête** consistant à mettre en place un dispositif de captation, de fixation, de transmission et d'enregistrement de paroles prononcées à titre privé ou confidentiel dans des lieux ou véhicules privés ou publics, ou de l'image d'une personne se trouvant dans un **lieu privé** (V. sur ce point le n° **11.39**).

Précisons toutefois que la captation d'images dans des lieux publics par des **moyens aéroportés** est quant à elle, depuis L. n° 2022-52, 24 janv. 2022, relative à la responsabilité pénale et à la sécurité intérieure, désormais spécialement encadrée par C. pr. pén., art. 230-47 s., selon les précisions apportées en D ci-dessous.

La surveillance à l'aide de jumelles d'une personne se trouvant en un lieu privé, si les constatations sont effectuées depuis l'extérieur et portent sur des éléments visibles depuis la voie publique, a été jugée régulière et probante dans le cadre d'une enquête préliminaire (Crim. 23 août 1994, n° 93-84.739, P n° 291). Cette pratique ne paraît pas prohibée selon la lecture *a contrario* de l'article 706-96, puisqu'une paire de jumelles ne nécessite pas en effet, au sens de ce texte, de « *mise en place* », ni ne permet de « *capter* » une image. L'utilisation de jumelles ou de téléobjectif ne pourra cependant donner lieu, dans un tel cas, qu'à un procès-verbal de constatation, sans prise de photographies, puisque la fixation, l'enregistrement ou la transmission, sans son consentement, de l'image d'une personne se trouvant dans un lieu privé, est une technique spéciale d'enquête soumises aux conditions de C. pr. pén., art. 706-96 précité, mais constitue l'infraction d'atteinte à l'intimité de la vie privée décrite au n° **35.46**. Il est ainsi jugé que « *la prise de photographies, même ponctuelle, sans son consentement, d'une personne se trouvant dans un lieu privé, était nécessairement subordonnée à l'autorisation, dans le cadre de l'enquête, du JLD, peu important qu'il s'agisse d'un lieu extérieur et pour partie visible depuis la voie publique* » (§ 16) (Crim. 11 oct. 2022, n° 22-81.383, D).

Il a en effet été jugé que « *constitue une ingérence dans l'exercice du droit au respect de la vie privée et du domicile le fait, pour des enquêteurs, de photographier clandestinement, au moyen d'un téléobjectif, les plaques d'immatriculation des véhicules se trouvant à l'intérieur d'une propriété privée non visible de la voie publique, aux fins d'identification des titulaires des cartes grises et alors que cette immixtion, opérée en enquête préliminaire, n'est prévue par aucune disposition de procédure pénale* » (Crim. 21 mars 2007, n° 06-89.444, P n° 89).

Il est cependant admis qu'il n'y a pas lieu à nullité pour des **photographies**, portant sur du matériel, prises par les ouvertures supérieures d'un garage sur lequel le mis en cause ne disposait d'aucun titre d'occupation (Crim. 12 mars 2008, n° 07-88.604, NP).

Il a également été jugé que l'utilisation d'un **endoscope** pour visualiser le contenu, non visible de l'extérieur, d'un box fermé, constituait une opération de captation de l'image (contrairement à l'appréciation la CHINS qui avait considéré qu'il s'agissait d'un simple moyen de constatation d'image mais non de captation), mais que les demandeurs à la nullité, qui ne revendiquaient aucun droit sur le box et le véhicule qui y stationnait, ne sauraient « *se prévaloir d'une prétendue atteinte au droit au respect du domicile ou de la vie privée* » (Crim. 23 janv. 2013, n° 12-85.059, P n° 29).

La Ch. crim. a également validé la mise en place d'un dispositif, par les enquêteurs agissant sur commission rogatoire, mais en dehors du cadre exprès de C. pr. pén., art. 706-96, « *permettant de photographier, d'une part, les véhicules entrant dans un parking d'un immeuble d'habitation ou en sortant, d'autre part, ceux, visibles de l'extérieur, accédant, stationnant dans la propriété privée de M. X ou la quittant* », en relevant toutefois que le demandeur à la nullité ne jouissait d'aucun droit sur les parties privées ainsi filmées (Crim. 15 avr. 2015, n° 14-87.616, P n° 90 et n° 14-87.620, P n° 91, dans le même sens, Crim. 9 avr. 2015, n° 14-87.660, P n° 76).

Si dans les trois situations décrites ci-dessus, l'absence d'intérêt à agir du demandeur à la nullité, dépourvu de droit privatif sur les lieux, a permis d'échapper au grief de nullité (application du principe de l'effet relatif des nullités, v. n° **17.27C4**), il est toutefois clairement suggéré que ces procédés sont de nature à porter atteinte au respect du domicile et de la vie privée.

Dans la continuité de ces interrogations, la Ch. crim. a affermi ses exigences au visa du droit au respect de la vie privée contre les ingérences de l'autorité publique, garanti par Conv. EDH, art. 8, en censurant un dispositif, mis en place par les enquêteurs, sur le fondement d'une « *commission rogatoire rédigée en des termes généraux* » (sur le contenu de la commission rogatoire, v. n° **11.18A**), de **vidéosurveillance de la voie publique** permettant d'enregistrer en permanence les allées et venues vers un lieu susceptible de stocker des stupéfiants, au motif qu'une « *telle ingérence dans la vie privée présentant, par sa nature même, un caractère limité et étant proportionné au regard de l'objectif poursuivi, il doit résulter des pièces de l'information que la mesure a été mise en place sous le contrôle effectif de ce magistrat et selon les modalités qu'il a autorisées* » (Crim. 11 déc. 2018, n° 18-82.365, P n° 211). L'opération est en revanche validée lorsque la mesure, explicitement ordonnée, « *a été mise en place sous le contrôle effectif du juge d'instruction et selon les modalités qu'il a autorisées* » (Crim. 18 juin 2019, n° 18-86.421, P n° 122).

Il en résulte qu'un dispositif de vidéosurveillance de la voie publique mis en place par les enquêteurs peut constituer une ingérence dans la vie privée qui doit être, non seulement proportionnée aux faits dont la preuve est recherchée, mais aussi spécialement décidée par un magistrat qui doit en fixer « *la durée et le périmètre* ».

Ces exigences s'étendent aux mesures de vidéosurveillance sollicitées par le **parquet** dans le cadre de l'enquête préliminaire ou de flagrance, qui ont été ainsi validées et encadrées : « *Le procureur de la République tient des articles 39-3 et 41 du code de procédure pénale le pouvoir de faire procéder, sous son contrôle effectif et selon les modalités qu'il autorise s'agissant de sa durée et de son périmètre, à une vidéosurveillance sur la voie publique, aux fins de rechercher la preuve des infractions à la loi pénale* » (§ 9) (Crim. 8 déc. 2020, n° 20-83.885, P ; dans le même sens : Crim. 18 mai 2021, n° 20-86.266 (§ 13), P). Dans ce même cadre procédural, « *la mise en œuvre d'un dispositif de captation d'images ne nécessite pas l'autorisation du JLD lorsque, placé dans un lieu privé, il ne vise qu'à capter, fixer, transmettre ou enregistrer l'image d'une ou de plusieurs personnes se situant sur la voie publique* » (§ 14), sous réserve de « *l'accord du propriétaire du lieu dans lequel se* *trouve le dispositif* », dont l'existence doit être constatée dans la procédure (§ 15) (Crim. 18 mai 2021, n° 20-86.266, P).

En revanche, « *la prise de clichés photographiques, qui n'ont pas été recueillis de manière permanente ou systématique, ne peut être assimilée à la mise en place d'un dispositif de captation et d'enregistrement continu d'images de personnes se trouvant dans un lieu public nécessitant une autorisation* » (§ 16) (Crim. 28 mars 2023, n° 22-83.874, P). De même « *l'enregistrement, à l'aide d'un camescope, pour les besoins de leur enquête, d'une scène observée par les policiers, n'est pas assimilable à la mise en oeuvre d'un dispositif de vidéosurveillance et, ne présentant pas de caractère permanent ou systématique dans le recueil et la mémorisation des faits et gestes de la personne concernée lorsqu'elle se trouve dans un lieu public, ne saurait caractériser une telle ingérence* » (§ 9) (Crim. 10 mai 2023, n° 22-86.186, P). Sont ainsi mis en œuvre les critères dégagés par la CEDH selon lesquels «*le fait de surveiller les actes d'un individu dans un lieu public en utilisant un système de prise de vues sans enregistrer de données visuelles n'entraîne pas en soi une ingérence dans la vie privée de l'individu. Par contre, l'enregistrement des données et le caractère systématique ou permanent de celui-ci peuvent donner lieu à de telles considérations* » (§ 59) (CEDH, 28 janv. 2003, n° 44647/98).

Notons que, selon les précisions apportées en **D2** ci-dessous, si la captation et l'enregistrement d'images des personnes circulant dans des lieux publics constituent un traitement de données personnelles au regard de la directive (UE) 2016/680 du parlement européen et du conseil, 27 avr. 2016, de la jurisprudence administrative (CE 10e et 9e ch. réunies, 22 déc. 2020, n° 446155) et de la CJUE (CJUE, 11 déc. 2014, aff. C-212/13, *Rynes*), la légalité de l'opération au regard des dispositions du C. pr. pén. et de la jurisprudence de la Ch. crim. garantit leur régularité en application du principe d'autonomie du droit pénal.

Soulignons que la mise en place d'un équipement de vidéosurveillance par un propriétaire dans les parties communes d'un immeuble (en l'espèce un parking), échappe pour sa part aux contraintes légales qui ne pèsent que sur les enquêteurs. C. pr. pén., art. 60-1 et 77-1-1 (sur ces réquisitions, v. n° **11.54**) autorisent donc ces derniers à obtenir les enregistrements issus des caméras de surveillance (Crim. 6 mars 2013, n° 12-87.810, P n° 62 ; Crim. 12 févr. 2014, n° 13-86.674).

Enfin, l'installation non autorisée d'un système de vidéoprotection filmant la voie publique par un particulier ne constitue pas « *la violation d'une règle de procédure pénale* » susceptible d'entacher de nullité les preuves extraites de ce dispositif par les enquêteurs (Crim. 6 févr. 2018, n° 17-84.380, P n° 30) (sur l'encadrement administratif de la vidéosurveillance et l'obtention des preuves par consultation ou réquisition, v. orienteur n° **35.53**).

Notons que la consultation du fichier de lecture automatisé des plaques d'immatriculation, dit LAPI (fondé sur CSI, art. L. 233-1, L. 233-2), permet de surveiller ou de connaître le cheminement d'un véhicule automobile. Cette consultation, dont la finalité rejoint celle de la surveillance visuelle ou de la géolocalisation (sur la géolocalisation, v. n° **11.46** s.), n'exonère pas les enquêteurs de la formalisation, dans les conditions de droit commun fixées par C. pr. pén., art. 60-1 et 77-1-1 (v. n° **11.54**) d'une réquisition à une personne habilitée à consulter le fichier, à peine de nullité des éléments de preuve résultant de cette consultation (Crim. 19 févr. 2019, n° 18-84.671, P n° 38). Même si l'OPJ a eu recours aux agents habilités pour recueillir des informations de leur part, il n'en reste pas moins que « *les procès-verbaux auraient dû mentionner l'identité des agents habilités à accéder aux données, desquels il détenait les renseignements souhaités* » (§ 11) (Crim. 5 avr. 2022, n° 21-84.078, D ; dans le même sens : Crim. 27 juill. 2022, n° 22-80.363, D). Les enquêteurs agissant sur la base d'une commission rogatoire les autorisant à « *délivrer toutes réquisitions utiles à la manifestation de la vérité* » peuvent toutefois consulter le fichier LAPI (ainsi que les fichiers d'accès aux dossiers de contraventions (ADOC) ou mettre sous surveillance le véhicule dans le fichier des objets et véhicules volés (FOVES)) sans autorisation spécifique et préalable du juge d'instruction (Crim. 13 déc. 2022, n° 22-81.851, P ; dans le même sens, pour le soit-transmis du parquet autorisant « *toutes réquisitions utiles à l'enquête* » : Crim. 10 déc. 2019, n° 19-84.141, P).

D. Le recours aux caméras de vidéosurveillance aéroportées (C. pr. pén., art. 230-47 s., issus L. n° 2022-52, 24 janv. 2022)

1. La définition de la mesure de vidéosurveillance judiciaire aéroportée

La mesure judiciaire de surveillance par caméra aéroportée, auparavant prétorienne et mise en œuvre au visa des dispositions générales de C. pr. pén., art. 41 (pour l'enquête initiale) et 81 (pour l'instruction) autorisant respectivement « *tous les actes nécessaires à la recherche et à la poursuite des infractions* » ou « *utiles à la manifestation de la vérité* » a été encadrée par L. n° 2022-52, 24 janv. 2022, relative à la responsabilité pénale et à la sécurité intérieure. Ces nouvelles dispositions ont été jugées conformes à la Constitution (Cons. const. 20 janv. 2022, n° 2021-834 DC, § 47).

Cette mesure s'entend de la mise en œuvre, dans le cadre d'investigations judiciaires, « *d'un dispositif technique ayant pour objet* », au moyen de « *caméras aéroportées* », « *la captation, la fixation, la transmission et l'enregistrement sans leur consentement de l'image d'une ou de plusieurs personnes se trouvant dans un lieu public* » (C. pr. pén., art. 230-47, issu L. n° 2022-52, 24 févr. 2022).

La vidéosurveillance judiciaire aéroportée répond donc à la définition de la mesure de surveillance secrète décrite en A ci-dessus. Elle est limitée à la captation d'image et exclut donc la captation du son, opération qui est quant à elle explicitement exclue en matière de vidéosurveillance administrative par aéronef (CSI, art. L. 242-4, issu L. n° 2022-52, 24 janv. 2022, v. n° 11.32G). Elle est également limitée à l'image des personnes se trouvant dans un lieu public et ne peut donc porter sur un lieu privé. La loi ne distinguant pas, la caméra peut être aéroportée par un aéronef pourvu ou non (drone) d'un pilote à bord.

Rappelons que les dispositifs de sonorisation ou de captation des **paroles prononcées à titre privé ou confidentiel** dans des lieux publics ou privés, ainsi que la **captation de l'image des personnes dans un lieu privé**, ne sont possibles que pour les infractions relevant de la criminalité organisée, selon les conditions imposées par C. pr. pén., art. 706-96 et 706-95-11 s. (v. n°s 11.37 et 11.39), ces dispositions ne prohibant d'ailleurs pas l'exécution de telles investigations au moyen de caméras aéroportées (sur ce point, v. Crim. 15 nov. 2022, n° 22-80.097, P, exposé au n° 11.39).

L'exploitation d'une « *séquence relative à la vie privée* » des personnes filmées par voie aérienne dans un lieu public est autorisée, à condition qu'elle ne soit pas « *étrangère à l'objet pour lequel les opérations ont été autorisées* » (lecture *a contrario* de C. pr. pén., art. 230-52, v. D5 ci-dessous).

2. La mesure est susceptible de constituer un traitement de données personnelles

La mesure de vidéosurveillance aéroportée, comme toute mesure de vidéosurveillance, est susceptible de constituer un traitement de données personnelles au regard de la directive (UE) 2016/680 du parlement européen et du conseil, 27 avr. 2016, relative au traitement des données à caractère personnel par les autorités compétentes à des fins de prévention et de détection des infractions pénales (directive dite police-justice), et du titre III de L. n° 78-17, 6 janv. 1978, relative à l'informatique, aux fichiers et aux libertés qui assure en droit interne la transposition de cette directive. Ainsi, quand « *le traitement est mis en œuvre pour le compte de l'État* » aux fins de « *prévention et de détection des infractions pénales, d'enquêtes et de poursuites en la matière ou d'exécution des sanctions pénales* », « *il est prévu par une disposition législative ou réglementaire prise* » après avis de la Cnil, le cas échéant après étude d'impact lorsque « *le traitement est susceptible d'engendrer un risque élevé pour les droits et libertés des personnes physiques* » (L. n° 78-17, 6 janv. 1978, art. 89).

À cet égard, « *l'image d'une personne enregistrée par une caméra constitue une donnée à caractère personnel [...] dans la mesure où elle permet d'identifier la personne concernée* » (§ 22) et « *une surveillance effectuée par un enregistrement vidéo des personnes, [...], stocké dans un dispositif d'enregistrement continu, à savoir le disque dur, constitue, [...], un traitement de données à caractère personnel* » (§ 25) (CJUE, 11 déc. 2014, aff. C-212/13, *Rynes*).

Saisi de la légalité d'opérations de police administrative consistant à effectuer la vidéosurveillance de manifestations publiques au moyen de drones, le Conseil d'État a en ainsi considéré, au visa de la directive (UE) 2016/680, art. 3 1., et de L. n° 78-17, 6 janv. 1978, que l'opération « *qui consiste à collecter des données, grâce à la captation d'images par drone, afin de les transmettre [...] au centre de commandement de la préfecture de police pour un visionnage en temps réel, constitue un traitement* » (§ 6) de données personnelles, nonobstant l'occultation des images par floutage avant leur transmission au poste de commandement, « *dès lors que les images collectées par les appareils sont susceptibles de comporter des données identifiantes [...] [et] doivent être regardées comme des données à caractère personnel* » (§ 7) (CE 10e et 9e ch. réunies, 22 déc. 2020, n° 446155).

La Cnil, examinant la légalité d'opérations de vidéosurveillance menées au moyen de drones par le ministère de l'intérieur pour des missions de police administrative et de police judiciaire, considère que « *toute opération – notamment la captation, la transmission, la modification ou la consultation – portant sur l'image de personnes pouvant être reconnues constitue un traitement de données à caractère personnel* » (§ 17) (Cnil, délib. 12 janv. 2021, n° SAN-2021-003).

Au regard de L. n° 78-17, 6 janv. 1978, art. 87 et 89, ces traitements doivent donc être prévus par une disposition législative ou règlementaire. Tel est le cas pour la vidéosurveillance aéroportée à des fins de police administrative, dont les conditions sont encadrées depuis L. n° 2021-646, 25 mai 2021 et L. n° 2022-52, 24 janv. 2022 par CSI, art. L. 242-1 s., et pour la vidéosurveillance aéroportée à des fins de police judiciaire, dont le régime est encadré depuis L. n° 2022-52, 24 janv. 2022 par les dispositions ici décrites. De même, CSI, art. L. 251-1, a été réécrit afin de consacrer le fait que les « *systèmes de vidéoprotection [...] sont des traitements de données à caractère personnel* » régis par le RGPD et par la L. n° 78-17, 6 janv. 1978, relative à l'informatique, aux fichiers et aux libertés (CSI, art. L. 251-1, réd. issue L. n° 2023-380, 19 mai 2023) (sur le régime de la vidéoprotection, v. n° **35.53**).

Au demeurant, la surveillance secrète dans des lieux publics par un moyen de vidéosurveillance – aéroporté ou non – dans le cadre d'une enquête judiciaire trouve aussi son fondement dans C. pr. pén., art. 41 et 81 précités (v. **D1** ci-dessus), qui en garantissent la régularité en application du principe d'autonomie du droit pénal. S'il est vrai que la vidéosurveillance des lieux publics par drone pour des missions de police administrative était auparavant dépourvue de fondement légal, tel n'est pas le cas des mesures de vidéosurveillances accomplies sous l'autorité et le contrôle de l'autorité judiciaire dans le cadre des enquêtes et instructions judiciaires.

3. Le domaine de la mesure

Cette mesure ne peut être mise en œuvre que si elle « *est exigée par les nécessités* » des procédures suivantes (C. pr. pén., art. 230-47), conditions identiques à celles posées par C. pr. pén., art. 230-32 pour la mesure de géolocalisation en temps réel (v. n° **11.47B**) :

• enquête ou instruction portant sur un crime, ou sur un délit puni d'une peine ⩾ 3 ans d'emprisonnement ;

• procédure de recherche des causes de la mort (C. pr. pén., art. 74 ou 80-4, sur cette procédure, v. n° **14.4**) ;

• procédure de recherche de personne disparue (C. pr. pén., art. 74-1 ou 80-4) ;

• procédure de recherche des personnes en fuite (C. pr. pén., art. 74-2) (procédure applicable aux personnes faisant l'objet d'un mandat d'arrêt ou d'une condamnation exécutoire à au moins un an d'emprisonnement sans sursis ou résultant d'un sursis ou d'un sursis probatoire révoqué (ces deux derniers cas ajoutés par L. nº 2016-731, 3 juin 2016 puis L. nº 2020-16-72, 24 déc. 2020)) ;

• procédure de recherche des personnes inscrites au fichier national automatisé des auteurs d'infractions terroristes (Fijait) (v. nº **13.40**) ayant manqué à leurs obligations (justification initiale puis périodique d'adresse, déclaration de déplacement en dehors du territoire national ou vers ce territoire) (C. pr. pén., art. 74-2 et 706-25-7, L. nº 2015-912, 24 juill. 2015) ;

• procédure de recherche des personnes inscrites au Fijais ayant manqué à leurs obligations (v. nº **13.37**) (C. pr. pén., art. 74-2 et 706-53-5, L. nº 2015-912, 24 juill. 2015).

4. Les conditions d'autorisation de la mesure

Le recours au dispositif de vidéosurveillance aéroportée est autorisé par le procureur de la République dans le cadre de l'enquête préliminaire ou de flagrance, de l'enquête pour recherche des causes de la mort ou de la disparition, ou de recherche de personne en fuite.

Dans ces cadres l'autorisation est d'une durée d'un mois renouvelable une fois, soit 2 mois au maximum (C. pr. pén., art. 230-48).

Dans le cadre de l'instruction, l'autorisation est délivrée par le juge d'instruction pour une durée de quatre mois renouvelable jusqu'à une durée maximale de 2 ans (C. pr. pén., art. 230-48).

Dans tous les cas, l'autorisation peut être « *donnée par tout moyen* », elle « *est mentionnée ou versée au dossier de la procédure* », n'a pas de caractère juridictionnel et ne peut faire l'objet d'aucun recours (ce qui n'exclut pas la requête en nullité ou l'exception de nullité selon les modalités de droit commun) (C. pr. pén., art. 230-49). L'autorisation peut donc prendre la forme d'une commission rogatoire spéciale ou figurer dans une commission rogatoire générale (sur la commission rogatoire, v. nºs **11.17** s.). Si elle n'obéit donc pas à un formalisme exigeant, la décision comporte toutefois, à l'exemple des conditions imposées par la Ch. crim. en matière de dispositif de vidéosurveillance de la voie publique (v. la jurisprudence analysée en **C** ci-dessus), « *les éléments permettant d'identifier les lieux concernés et précise sa durée* » (C. pr. pén., art. 230-49). L'autorisation ne peut donc trouver son fondement dans les directives générales d'enquête émanant du parquet ou du juge d'instruction consistant à accomplir « *tous actes utiles à la manifestation de la vérité* ».

5. Les modalités de mise en œuvre de la mesure et d'exploitation des enregistrements

« *Le dispositif technique est mis en place* » par l'OPJ requis par le procureur de la République ou commis par le juge d'instruction, ou par un APJ agissant sous la responsabilité de cet OPJ (C. pr. pén., art. 230-51).

Les opérations « *se déroulent sous l'autorité et le contrôle du magistrat qui les a autorisées* », lequel peut les interrompre à tout moment (C. pr. pén., art. 230-50).

L'OPJ ou l'APJ agissant sous sa responsabilité « *dresse procès-verbal des opérations de fixation et d'enregistrement* » et mentionne « *la date, l'heure du début et de la fin des opérations* » (C. pr. pén., art. 230-52). Il décrit « *les données enregistrées qui sont utiles à la manifestation de la vérité* » dans un procès-verbal versé au dossier (C. pr. pén., art. 230-52). Sauf si elle n'est pas étrangère à l'objet de l'enquête, aucune séquence relative à la vie privée ne peut être conservée dans le dossier de la procédure (C. pr. pén., art. 230-52).

Pour leur part, « *les enregistrements sont placés sous scellés fermés* » (C. pr. pén., art. 230-52) et détruits à la diligence du parquet à l'expiration du délai de prescription de l'action publique (C. pr. pén., art. 230-53).

E. La conciliation des nécessités de la surveillance secrète et du contrôle concurrent des personnes et des biens en matière de criminalité organisée (C. pr. pén., art. 706-80-1)

Les opérations de surveillance secrète menées par les enquêteurs peuvent être compromises par les opérations de contrôle des personnes et des biens concurremment conduites par d'autres fonctionnaires ou agents publics dans l'exercice de leurs missions (ex. contrôle des personnes aux frontières, contrôle douanier des marchandises ou moyens de transport, contrôle routier).

Afin de concilier « *les nécessités de l'enquête ou de l'instruction* » et les obligations de contrôle pesant sur ces agents, la L. n° 2019-222, 23 mars 2019, a prévu pour les infractions relevant du régime complet ou partiel de la criminalité organisée (C. pr. pén., art. 706-73, 706-73-1 et 706-74, v. n°s 11.21 et 11.22) un dispositif permettant aux enquêteurs en charge de la surveillance de demander « *à tout fonctionnaire ou agent public* », « *afin de ne pas compromettre la poursuite des investigations* », « *de ne pas procéder au contrôle et à l'interpellation* » des personnes surveillées, ou « *de ne pas procéder au contrôle et à la saisie* » des objets, biens ou produits tirés de ces infractions ou servant à les commettre dont l'acheminement et le transport sont surveillés (C. pr. pén., art. 706-80-1).

Cette opération est subordonnée à « *l'autorisation du procureur de la République chargé de l'enquête ou du juge d'instruction saisi, qui en avise préalablement le parquet* », laquelle est « *donnée par tout moyen* » et « *mentionnée ou versée au dossier de la procédure* » (C. pr. pén., art. 706-80-1).

Des dispositions comparables sont applicables en matière douanière, mais étendues à tout délit douanier puni d'une peine ⩾ 2 ans (C. douanes, art. 67 bis-3, issu L. n° L. n° 2019-222, 23 mars 2019).

F. La substitution des enquêteurs aux prestataires de livraison pour la surveillance de l'acheminement des biens en matière de criminalité organisée (C. pr. pén., art. 706-80-2)

Depuis L. n° 2019-222, 23 mars 2019, les enquêteurs en charge d'une opération de surveillance de l'acheminement ou du transport d'objets, biens ou produits tirés des infractions relevant de la criminalité organisée (C. pr. pén., art. 706-73, 706-73-1 et 706-74, v. n°s 11.21 et 11.22) ou servant à les commettre peuvent, « *sans être pénalement responsables* », « *livrer ou délivrer à la place des prestataires des services postaux et des opérateurs de fret ces objets, biens ou produits* » (C. pr. pén., art. 706-80-2).

Cette opération est subordonnée à « *l'autorisation du procureur de la République chargé de l'enquête ou du juge d'instruction saisi des faits, qui en avise préalablement le parquet* », laquelle doit être « *écrite et motivée* » et « *versée au dossier de la procédure* » (C. pr. pén., art. 706-80-2). « *les actes autorisés ne peuvent constituer une incitation à commettre une infraction* » (C. pr. pén., art. 706-80-2).

Cette opération est distincte de l'infiltration (C. pr. pén., art. 706-81 et C. douanes, art. 67 *bis*, v. n° 11.33), par laquelle des enquêteurs spécialement habilités se font passer auprès des auteurs comme leurs coauteurs, complices ou receleurs, ou de la livraison contrôlée dont le champ est limité aux stupéfiants et aux armes (C. pr. pén., art. 706-32, 706-106 et C. douanes, art. 67 *bis*-1, v. n° 11.34).

Des dispositions comparables sont applicables en matière douanière, mais étendues à tout délit douanier puni d'une peine ⩾ 2 ans (C. douanes, art. 67 bis-4, issu L. n° L. n° 2019-222, 23 mars 2019).

11.32 L'enregistrement par caméra lors des interventions des forces de sécurité intérieure ou des agents de sécurité de la SNCF ou de la RATP

A. Le traitement d'image faciale constitue un traitement de données personnelles biométriques au sens de la directive police-justice de 2016

L'emploi de caméras individuelles ou embarquées sur un véhicule terrestre ou sur un aéronef ici examiné s'inscrit dans le cadre des opérations de police administrative ou de secours. Ces dernières visent à assurer la prévention des atteintes à la sécurité des personnes et des biens et ne constituent pas des opérations de police judiciaire. Mais cet emploi répond également ou au moins accessoirement à une finalité de police judiciaire puisque les enregistrements pourront être utilisés dans le cadre d'une procédure judiciaire pour assurer la preuve d'infractions ou permettre l'interpellation de leurs auteurs. Notons d'ailleurs qu'une caméra individuelle peut être utilisée par un agent lors de l'exécution d'une mission de police judiciaire (ex. interpellation d'une personne faisant l'objet d'un mandant de justice) (v. **B** ci-dessous).

Selon les précisions apportées au n° **11.31D2**, la jurisprudence de la CJUE (CJUE, 11 déc. 2014, aff. C-212/13, *Rynes*), du Conseil d'État (CE 10e et 9e ch. réunies, 22 déc. 2020, n° 446155) et l'avis de la Cnil (Cnil, délib. 12 janv. 2021, n° SAN-2021-003), l'image d'une personne enregistrée par une caméra constitue une donnée à caractère personnel au regard de la directive (UE) 2016/680 du parlement européen et du conseil, 27 avr. 2016, relative au traitement des données à caractère personnel par les autorités compétentes à des fins de prévention et de détection des infractions pénales (directive dite police-justice), et du titre 3 de L. n° 78-17, 6 janv. 1978, relative à l'informatique, aux fichiers et aux libertés qui assure en droit interne la transposition de cette directive. En effet, les « *images faciales* » entrent dans la catégorie des « *données biométriques* », et donc des données « *sensibles* » au sens de la directive police-justice, (UE) 2016/680, 27 avr. 2016, art. 3 (§ 13), et le traitement « *de données biométriques aux fins d'identifier une personne physique de manière unique* » est « *autorisé uniquement en cas de nécessité absolue* » « *et uniquement* » lorsqu'il est autorisé « *par le droit de l'Union ou le droit d'un État membre* » (art. 10). Les dispositions de la directive sont transposées à la L. n° 78-17, 6 janv. 1978, art. 6 et 31, 88 et 89, lesquelles prévoient que les traitements de données biométriques mis en œuvre pour le compte de l'État sont autorisés par décret en Conseil d'État après avis motivé et publié de la CNIL. Lorsque ces traitements sont « *mis en œuvre à des fins de prévention et de détection des infractions pénales, d'enquêtes et de poursuites en la matière ou d'exécution de sanctions pénales* », ils doivent l'être par l'autorité compétente et « *ils ne sont licites que si et dans la mesure où ils sont nécessaires à l'exécution d'une mission effectuée [...] par une autorité compétente* » (L. n° 78-17, 6 janv. 1978, art. 87) « *uniquement en cas de nécessité absolue, sous réserve de garanties appropriées pour les droits et libertés de la personne concernée, et soit s'il [le traitement] est autorisé par une disposition législative ou réglementaire, soit s'il vise à protéger les intérêts vitaux d'une personne physique, soit s'il porte sur des données manifestement rendues publiques par la personne concernée* » (L. n° 78-17, 6 janv. 1978, art. 87).

Sous ces aspects, peut ainsi être enregistrée dans le fichier TAJ (sur ce fichier, v. n° **13.12**), pour les suspects et pour les personnes disparues et les corps non identifiés, « *la photographie comportant des caractéristiques techniques permettant de recourir à un dispositif de reconnaissance faciale (photographie du visage de face)* » (C. pr. pén., art. R. 40-26, issu des décrets pris en Conseil d'état D. n° 2012-652, 4 mai 2012 (avis de la CNIL du 7 juill. et 6 oct. 2011) et D. n° 2017-1217, 2 août 2017 (avis de la CNIL du 15 juin 2017).

« *une telle identification à partir du visage d'une personne et le rapprochement avec les données enregistrées dans le TAJ peuvent s'avérer absolument nécessaires à la recherche des auteurs d'infractions et à la prévention des atteintes à l'ordre public, toutes deux nécessaires à la sauvegarde de droits et de principes de valeur constitutionnelle. Par suite, l'enregistrement des données litigieuses dans ce traitement répond à la condition de nécessité absolue posée par* » L. n° 78-17, 6 janv. 1978, art. 87 (CE, 26 avr. 2022, n° 442364, inédit, (§ 5)).

B. L'emploi de caméras individuelles par les agents de police ou de gendarmerie en intervention (CSI, art. L. 241-1, L. n° 2016-731, 3 juin 2016)

« *Dans l'exercice de leurs missions de prévention des atteintes à l'ordre public et de protection de la sécurité des personnes et des biens ainsi que de leurs missions de police judiciaire* » les agents de la police nationale et les militaires de la gendarmerie nationale peuvent procéder en tous lieux, au moyen de **caméras individuelles**, à un enregistrement audiovisuel de leurs interventions lorsque se produit ou est susceptible de se produire un incident, eu égard aux circonstances de l'intervention ou au comportement des personnes concernées.

L'enregistrement n'est pas permanent et a pour finalités la prévention des incidents au cours des interventions des agents de la police nationale et des militaires de la gendarmerie nationale, « *le constat des infractions et la poursuite de leurs auteurs par la collecte de preuves* » ainsi que la formation et la pédagogie des agents.

Les caméras sont portées de façon apparente. Un signal visuel indique si la caméra enregistre et son déclenchement fait l'objet d'une information des personnes filmées, sauf si les circonstances l'interdisent. Une information générale du public sur l'emploi de ces caméras est organisée par le ministre de l'intérieur.

Depuis L. n° 2021-646, 25 mai 2021, les images « *peuvent être transmises en temps réel au poste de commandement du service concerné et aux personnels impliqués dans la conduite et l'exécution de l'intervention* » « *lorsque la sécurité des agents [...] ou la sécurité des biens et des personnes est menacée* » (CSI, art. L. 241-1 mod. par L. n° 2021-646, 25 mai 2021).

Alors que les agents ne pouvaient initialement avoir accès directement aux enregistrements auxquels ils procédaient, cette consultation est désormais possible lorsqu'elle « *est nécessaire pour faciliter la recherche d'auteurs d'infractions, la prévention d'atteintes imminentes à l'ordre public, le secours aux personnes ou l'établissement fidèle des faits lors des comptes rendus d'interventions* » ; toutefois « *les caméras sont équipées de dispositifs techniques permettant de garantir l'intégrité des enregistrements "jusqu'à leur effacement"* (mod. issue L. n° 2022-52, 24 janv. 2022) et *la traçabilité des consultations lorsqu'il y est procédé dans le cadre de l'intervention* » (CSI, art. L. 241-1 mod. par L. n° 2021-646, 25 mai 2021).

Les enregistrements, hors le cas où ils sont utilisés dans le cadre d'une procédure judiciaire, administrative ou disciplinaire, sont effacés au bout de « ~~six~~ » « *un* » mois (mod. issue L. n° 2022-52, 24 janv. 2022).

Les modalités d'application de ces dispositions sont précisées par décret en Conseil d'État, pris après avis de la Cnil (CSI, art. R. 241-1 à R. 241-7, D. n° 2016-1860, 23 déc. 2016).

À titre expérimental, ces dispositions ont été mises en œuvre lors de chaque contrôle d'identité opéré sur le fondement de C. pr. pén., art. 78-2 (sur le contrôle d'identité, v. n° 11.24), pour une durée d'un an (L. n° 2017-86, 27 janv. 2017, art. 211) sur les zones de sécurité prioritaires (ZSP) et selon les modalités fixées par D. n° 2017-636, 25 avr. 2017. Ce dernier précisait (art. 3) que l'impossibilité matérielle de procéder à l'enregistrement, en raison d'un dysfonctionnement de la caméra ou d'une capacité insuffisante d'enregistrement, ne fait pas obstacle à la réalisation des contrôles d'identité et n'affecte pas leur régularité.

C. L'emploi de caméras individuelles par les agents de police municipale (CSI, art. L. 241-2, L. n° 2018-687, 3 août 2018) et les gardes champêtres en intervention (L. n° 2021-646, 25 mai 2021)

Dans l'exercice de leurs missions de prévention des atteintes à l'ordre public et de protection de la sécurité des personnes et des biens ainsi que de leurs missions de police judiciaire, les agents de police municipale peuvent être **autorisés, par le préfet**, à procéder en tous lieux, au moyen de caméras individuelles, à un enregistrement audiovisuel de leurs interventions lorsque se produit ou est susceptible de se produire un incident, eu égard aux circonstances de l'intervention ou au comportement des personnes concernées.

Les finalités et conditions d'emploi sont identiques à celles prévues pour la police et la gendarmerie nationale, y compris les modifications apportées par L. n° 2021-646, 25 mai 2021 relatives à la transmission en temps réel au poste de commandement et aux modalités de consultation des enregistrements par les personnels au cours d'une procédure judiciaire ou d'une intervention, ainsi que par L. n° 2022-52, 24 janv. 2022 réduisant de six à un mois le délai de conservation des enregistrements (CSI., art. L. 241-2).

Ce dispositif, mis en place à titre expérimental par L. n° 2016-731, 3 juin 2016, art. 114, et D. n° 2016-1861, 23 déc. 2016, a été pérennisé au CSI, art. L. 241-2 par L. n° 2018-687, 3 août 2018. Les dispositions d'application sont décrites au CSI, art. R. 241-8 s., issu D. n° 2019-140, 27 févr. 2019, modifiées par D. n° 2022-1395, 2 nov. 2022).

Il a été étendu aux **gardes champêtres** « *dans l'exercice de leurs missions de police des campagnes* » par L. n° 2021-646, 25 mai 2021, art. 46, pour une durée de 3 ans, aux conditions fixées par cet article.

D. L'emploi de caméras individuelles par les agents de sécurité de la SNCF et de la RATP en intervention (C. transp., L. 2251-4-1, L. n° 2016-339, 23 mars 2016)

C. transp., L. 2251-4-1, L. n° 2016-339, 23 mars 2016, mod. par L. n° 2016-731, 3 juin 2016, prévoit un dispositif comparable pour l'exercice des missions de prévention des atteintes à l'ordre public et de protection de la sécurité des personnes et des biens accomplies par **les agents des services internes de sécurité de la SNCF et de la RATP**. Ces derniers peuvent procéder, exclusivement dans les **emprises immobilières** nécessaires à l'exploitation des services de transport ou des **véhicules de transport public** de personnes, à un enregistrement par caméras individuelles de leurs interventions lorsque se produit ou est susceptible de se produire un incident, eu égard aux circonstances de l'intervention ou au comportement des personnes concernées.

L'enregistrement audiovisuel, dont les modalités de mise en œuvre et d'emploi sont identiques à celles prévues ci-dessus, a également pour finalités la prévention des incidents au cours des interventions de ces agents, le **constat des infractions et la poursuite de leurs auteurs par la collecte de preuves** ainsi que la formation et la pédagogie des agents.

L'enregistrement ne peut avoir lieu hors des emprises immobilières nécessaires à l'exploitation des services de transport ou des véhicules de transport public de personnes qui y sont affectés, et ne peut avoir lieu sur la voie publique.

Les agents ne peuvent avoir accès directement aux enregistrements auxquels ils procèdent. Sauf procédure judiciaire, administrative ou disciplinaire, les enregistrements sont effacés au bout de ~~six mois~~ 30 jours (L. n° 2021-646, 25 mai 2021).

Ces enregistrements sont soumis à la loi n° 78-17 du 6 janvier 1978 relative à l'informatique, aux fichiers et aux libertés, notamment en ce qui concerne le contrôle de la Cnil et le droit d'accès aux enregistrements.

Ces dispositions tout d'abord entrées en vigueur le 1er janvier 2017 pour une durée expérimentale de 3 ans et leurs modalités d'application sont précisées par décret en Conseil d'État, pris après avis de la Cnil (D. n° 2016-1862, 23 déc. 2016).

Le dispositif a été étendu à titre expérimental aux agents assermentés des exploitants de services de transport et des entreprises de transport agissant pour le compte de l'exploitant par L. n° 2019-1428, 24 déc. 2019, art. 113, mod. par L. n° 2021-646, 25 mai 2021.

E. L'emploi de caméras individuelles par les sapeurs pompiers et les personnels de l'administration pénitentiaire en intervention (L. n° 2018-697, 3 août 2018)

À titre expérimental et pour une durée de 3 ans à compter des décrets d'application, les **sapeurs-pompiers** professionnels ou volontaires et les militaires de la brigade des sapeurs-pompiers de Paris et du bataillon des marins-pompiers de Marseille, « *dans l'exercice de leurs missions de prévention, de protection et de lutte contre les risques de sécurité civile, de protection des personnes et des biens et de secours d'urgence* », sous réserve de ne pas porter atteinte au secret médical, dans le but d'assurer « *la prévention des incidents au cours des interventions.../...le constat des infractions et la poursuite de leurs auteurs par la collecte de preuves ainsi que la formation et la pédagogie des agents* » (L. n° 2018-697, 3 août 2018, art. 1), ainsi que les personnels de surveillance de **l'administration pénitentiaire** « individuellement désignés », « *pour* *les missions présentant, à raison de leur nature ou du niveau de dangerosité des personnes détenues concernées, un risque particulier d'incident ou d'évasion* », dans le but d'assurer, sauf à l'occasion des opérations de fouille corporelle, « *la prévention des incidents et des évasions, le constat des infractions et la poursuite de leurs auteurs par une collecte de preuves ainsi que la formation et la pédagogie des agents* », peuvent faire usage de telles caméras, selon des finalités et conditions d'emploi comparables (L. n° 2018-697, 3 août 2018, art. 2).

Ces dispositions ont été pérennisées, s'agissant des sapeurs-pompiers, au CSI, art. L. 241-3, issu L. n° 2021-1520, 25 nov. 2021, visant à consolider notre modèle de sécurité civile et valoriser le volontariat des sapeurs-pompiers et les sapeurs-pompiers professionnels.

F. L'emploi de caméras embarquées dans les véhicules des forces de sécurité intérieure ou civile en intervention (CSI, art. L. 243-1, issu L. n° 2022-52, 24 janv. 2022)

« *les agents de la police nationale, les agents des douanes, les militaires de la gendarmerie nationale, les sapeurs-pompiers professionnels et volontaires des services d'incendie et de secours ainsi que les personnels des services de l'État et les militaires des unités investis à titre permanent de missions de sécurité civile peuvent procéder, au moyen de caméras embarquées dans leurs véhicules, embarcations et autres moyens de transport fournis par le service, à un enregistrement de leurs interventions dans des lieux publics lorsque se produit ou est susceptible de se produire un incident, eu égard aux circonstances ou au comportement des personnes concernées* » (CSI, art. L. 243-1, issu L. n° 2022-52, 24 janv. 2022, relative à la responsabilité pénale et à la sécurité intérieure). Ces dispositions font suite à celles de L. n° 2021-646, 25 mai 2021, pour une sécurité globale préservant les libertés censurées par Cons. const. 20 mai 2021, n° 2021-817 DC, § 129 à 148. Elles ont été jugées conformes à la Constitution (Cons. const. 20 janv. 2022, n° 2021-834 DC, § 64).

Les caméras embarquées ne peuvent comporter de dispositif automatisé de reconnaissance faciale ou de rapprochement avec d'autres traitements de données personnelles (CSI, art. L. 243-3). « *Toutefois, ces dispositions ne sauraient, sans méconnaître le droit au respect de la vie privée, être interprétées comme autorisant les services compétents à procéder à l'analyse des images au moyen d'autres systèmes automatisés de reconnaissance faciale qui ne seraient pas installés sur les caméras* » (Cons. const. 20 janv. 2022, n° 2021-834 DC, § 54).

« *Lorsque la sécurité des agents est menacée, les images captées et enregistrées au moyen de caméras embarquées peuvent être transmises en temps réel au poste de commandement du service concerné et aux personnels impliqués dans la conduite et l'exécution de l'intervention.* » (CSI, art. L. 243-3).

Les personnels participant à l'intervention peuvent avoir accès aux enregistrements pour faciliter l'établissement de leurs comptes rendus d'interventions ; des dispositifs techniques garantissent toutefois l'intégrité des enregistrements et la traçabilité des consultations (CSI, art. L. 243-3). « *Toutefois, ces dispositions ne sauraient s'interpréter, sauf à méconnaître les droits de la défense et le droit à un procès équitable, que comme impliquant que soient garanties, jusqu'à leur effacement, l'intégrité des enregistrements réalisés ainsi que la traçabilité de toutes leurs consultations* » (Cons. const. 20 janv. 2022, n° 2021-834 DC, § 62). Sauf pour les besoins d'un signalement à l'autorité judiciaire par l'autorité hiérarchique, nul ne peut accéder aux enregistrements (CSI, art. L. 243-4).

Les enregistrements sont conservés pour une durée maximale de 7 jours, **sauf** s'ils « *sont utilisés dans le cadre d'une procédure judiciaire, administrative ou disciplinaire* » (CSI, art. L. 243-4).

G. Les caméras aéroportées mises en œuvre par les forces de sécurité intérieure (CSI, art. L. 242-1 s)

Ces dispositions issues de L. n° 2022-52, 24 janv. 2022, relative à la responsabilité pénale et à la sécurité intérieure, font suite à celles de L. n° 2021-646, 25 mai 2021, pour une sécurité globale préservant les libertés, censurées par Cons. const. 20 mai 2021, n° 2021-817 DC, § 129 à 148. Elles ont été jugées conformes à la Constitution (Cons. const. 20 janv. 2022, n° 2021-834 DC, § 32).

Elles s'appliquent aux « *traitements d'images aux moyens de dispositifs de captation installés sur des aéronefs* » réalisés par les services de la police nationale et de la gendarmerie nationale, les militaires déployés au titre de C. défense, art. L. 1321-1, ainsi que les sapeurs-pompiers et personnels de l'État ou d'associations agréées investis à titre permanent de missions de sécurité civile (CSI, art. L. 242-1). Ce régime concerne aussi bien les aéronefs disposant d'un pilote à bord que les drones (aéronefs sans pilote à bord).

1. Le régime propre aux missions de la police et de la gendarmerie nationale et des douanes (CSI, art. L. 242-5)

Les opérations relatives « *à la captation, à l'enregistrement et à la transmission d'images aux moyens de caméras installées sur des aéronefs* » peuvent être menées par les services de la police nationale et de la gendarmerie nationale, les militaires déployés au titre de C. défense, art. L. 1321-1, pour « *leurs missions de prévention des atteintes à l'ordre public et de protection de la sécurité des personnes et des biens* », aux fins d'assurer, si ce moyen « *est proportionné au regard de la finalité poursuivie* », « *la prévention des atteintes à la sécurité des personnes et des biens dans des lieux particulièrement exposés* », « *la sécurité des rassemblements de personnes sur la voie publique ou dans des lieux ouverts au public ainsi que l'appui des personnels au sol* » (pour la durée du rassemblement), « *la prévention d'actes de terrorisme* », « *la régulation des flux de transport* », « *la surveillance des frontières* », « *le secours aux personnes* » (CSI, art. L. 242-5 I).

Les agents des douanes peuvent également être autorisés à procéder « *à la captation, à l'enregistrement et à la transmission d'images aux moyens de caméras installées sur des aéronefs* » pour « *l'exercice de leurs missions de prévention des mouvements transfrontaliers de marchandises prohibées* » (CSI, art. L. 242-5 II) (sur la notion de marchandise prohibée au sens douanier, C. douanes, art. 38, v. orienteur n° **33.36**).

Dans tous les cas, l'autorisation d'employer des caméras est délivrée par décision écrite et motivée du préfet ou du préfet de police à Paris, au vu d'une demande répondant aux prescriptions fixées par CSI, art. L. 242-5 IV. L'autorisation est délivrée pour un périmètre géographique déterminé et pour une durée maximale de 3 mois renouvelable, sauf celle portant sur la sécurité d'un rassemblement de personnes, qui n'est délivrée que pour la durée du rassemblement concerné (CSI, art. L. 242-5 IV). Le préfet peut mettre fin à tout moment à l'autorisation qu'il a délivrée, s'il constate que ses conditions ne sont plus réunies (CSI, art. L. 242-5 IV).

Le dispositif aéroporté ne peut recueillir les images de l'intérieur des domiciles ou de leurs entrées ; si de telles images sont captées, l'enregistrement est interrompu ou les images supprimées dans un délai de 48 H 00 (CSI, art. L. 242-5 III).

2. Le régime propre aux missions des services de sécurité civile (CSI, art. L. 242-6)

Pour « *leurs missions de prévention, de protection et de lutte contre les risques de sécurité civile, de protection des personnes et des biens et de secours d'urgence, les sapeurs-pompiers et les marins-pompiers, les personnels des services de l'État et les militaires des unités investis à titre permanent de missions de sécurité civile ou les membres des associations agréées de sécurité civile* » « *peuvent procéder en tous lieux, au moyen de caméras installées sur des aéronefs, à la captation, à l'enregistrement et à la transmission d'images aux fins d'assurer : 1° La prévention des risques naturels ou technologiques ; 2° Le secours aux personnes et la lutte contre l'incendie* » (CSI, art. L. 242-6, issu L. n° 2021-646, 25 mai 2021, mod. par L. n° 2022-52, 24 janv. 2022).

Dans ce cadre, l'emploi de caméras aéroportées n'est pas subordonné à une décision du préfet et est autorisé « *en tous lieux, y compris dans des lieux privés lorsque cela est strictement nécessaire à la poursuite des finalités* » précitées (CSI, art. R. 242-1, issu D. n° 2022-712, 27 avr. 2022).

3. Les dispositions communes aux missions de sécurité intérieure et de sécurité civile

« *Le public est informé par tout moyen approprié de l'emploi de dispositifs aéroportés de captation d'image et de l'autorité responsable de leur mise en œuvre* » (CSI, art. L. 242-3).

L'opération doit être nécessaire et adaptée et ne peut être permanente (CSI, art. L. 242-4), et le dispositif ne peut « *procéder à la captation du son, ni comporter de traitements automatisés de reconnaissance faciale* » ni « *à aucun rapprochement, interconnexion ou mise en relation automatisé avec d'autres traitements de données à caractère personnel* » (CSI, art. L. 242-4). Toutefois, « *ces dispositions ne sauraient, sans méconnaître le droit au respect de la vie privée, être interprétées comme autorisant les services compétents à procéder à l'analyse des images au moyen d'autres systèmes automatisés de reconnaissance faciale qui ne seraient pas placés sur ces dispositifs aéroportés* » (Cons. const. 20 janv. 2022, n° 2021-834 DC, § 30).

Les images peuvent être « *transmises au poste de commandement du service concerné et aux personnels impliqués dans la conduite et l'exécution de l'intervention, qui peuvent les visionner en temps réel ou différé pendant la durée strictement nécessaire à l'intervention* » (CSI, art. L. 242-2).

En dehors de ces cas, et sauf pour les besoins d'un signalement à l'autorité judiciaire par l'autorité hiérarchique, nul ne peut accéder aux enregistrements (CSI, art. L. 242-4). Des dispositifs techniques garantissent « *l'intégrité des enregistrements jusqu'à leur effacement et la traçabilité des consultations lorsqu'il y est procédé dans le cadre de l'intervention* » (CSI, art. L. 242-2).

Les enregistrements sont conservés sous la responsabilité du chef de service pour une durée maximale de 7 jours à compter de la fin du déploiement du dispositif, **sauf** s'ils « *sont utilisés dans le cadre d'une procédure judiciaire, administrative ou disciplinaire* » (CSI, art. L. 242-4).

L'autorité responsable tient un registre des traitements mis en œuvre (CSI, art. L. 242-4), lequel est communiqué chaque semaine au préfet s'agissant des opérations conduites par la police ou la gendarmerie nationale ou les douanes (CSI, art. L. 242-5 VI).

Selon les précisions apportées à l'orienteur du n° 35.53, à titre expérimental et jusqu'au 31 mars 2025, les images collectées au moyen des systèmes de vidéoprotection ou de caméras embarquées sur des aéronefs par les forces de sécurité intérieure, peuvent faire l'objet de traitements algorithmiques, autorisés par décret pris après avis de la CNIL, à l'exclusion de traitements biométriques (L. n° 2023-380, 19 mai 2023, relative aux jeux Olypiques et Paralympiques de 2024 et portant diverses autres dispositions, art. 10).

11.33 L'infiltration en matière de criminalité organisée ou pour les délits douaniers les plus graves (C. pr. pén., art. 706-81, C. douanes art. 67 bis)

A. Un dispositif dérogeant aux principes généraux de l'enquête et réservé à la grande criminalité

L'infiltration consiste pour les enquêteurs à « *surveiller des personnes suspectées de commettre un crime ou un délit en se faisant passer auprès d'elles comme un de leurs coauteurs, complices ou receleurs* » (C. pr. pén., art. 706-81).

Parce que l'infiltration déroge au principe de loyauté de l'enquête (v. n° 11.6), elle est entourée de prescriptions particulières et est toujours limitée à des infractions particulièrement graves.

L'infiltration ici décrite est réservée aux infractions relevant du régime complet de la criminalité organisée (v. n° 11.21). Selon les précisions apportées au n° 11.21B19, elle s'applique également à l'enquête pour **recherche d'une personne en fuite** pour une infraction relevant de la criminalité organisée (C. pr. pén., art. 74-2, mod. par L. n° 2023-22, 24 janv. 2023).

Lorsqu'elle se réduit à la livraison contrôlée de stupéfiants, un régime simplifié d'infiltration est applicable (v. n° 11.34). Pour certaines infractions commises par la voie de communications électroniques, un dispositif de cyber infiltration est également défini (v. n° 11.35). Elle diffère également de l'opération par laquelle les enquêteurs se substituent à un prestataire postal ou de fret dans le cadre d'une opération de surveillance de l'acheminement d'objets, biens ou produits relevant de la criminalité organisée (C. pr. pén., art. 706-80-1 issu L. nº 2019-222, 23 mars 2019, v. nº **11.31F**).

Dans tous les cas, l'infiltration ne peut conduire qu'à révéler l'infraction, et ne doit pas, à peine de nullité, constituer une incitation à la commettre (C. pr. pén., art. 706-81).

Pour donner crédit à leur intervention, les enquêteurs peuvent, *sur l'ensemble du territoire national,* acquérir, détenir, transporter, livrer ou délivrer des substances, biens, produits, documents ou informations tirés de la commission des infractions ou servant à la commission de ces infractions ; utiliser ou mettre à disposition des personnes se livrant à ces infractions des moyens de caractère juridique ou financier ainsi que des moyens de transport, de dépôt, d'hébergement, de conservation et de télécommunication (C. pr. pén., art. 706-82).

L'infiltration ne peut être confiée qu'à des enquêteurs spécialement habilités (C. pr. pén., art. 706-81, D. 15-1-2, D. 15-1-3). Des agents de police étrangers, s'ils sont affectés dans leur pays à un service spécialisé et exercent des missions de police judiciaire similaires à celles des agents français habilités (C. pr. pén., art. 694-7, al. 2), peuvent, avec l'accord des autorités judiciaires étrangères, participer sous la direction d'OPJ français à des opérations d'infiltration conduites sur le territoire de la République dans le cadre d'une procédure judiciaire nationale (C. pr. pén., art. 694-8).

L'infiltration est également prévue pour les délits douaniers les plus graves (contrebande de stupéfiants, de tabac, d'alcool, de contrefaçons (depuis L. nº 2014-315, 11 mars 2014), d'armes ou de leurs éléments, de munitions ou d'explosifs (depuis L. nº 2016-731, 3 juin 2016), le blanchiment de délit douanier ou de stupéfiants) ; Confiée à des agents des douanes spécialement habilités, elle obéit à un mécanisme identique (C. douanes, art. 67 *bis*, C. pr. pén., art. D. 15-1-2).

B. L'infiltration est soumise à l'autorisation et au contrôle de l'autorité judiciaire

L'infiltration doit être préalablement autorisée par le procureur de la République ou, dans le cadre d'une information, par le juge d'instruction après avis du procureur de la République (C. pr. pén., art. 706-81).

À peine de nullité, l'autorisation doit être donnée par écrit et être spécialement motivée. Elle mentionne la ou les infractions concernées et l'identité de l'OPJ sous la responsabilité duquel se déroule l'opération. Elle fixe la durée de l'opération, qui ne peut excéder quatre mois, mais peut être renouvelée dans les mêmes conditions de forme et de durée (C. pr. pén., art. 706-83).

Il est procédé à l'opération sous le contrôle du procureur de la République (ou du juge d'instruction) (C. pr. pén., art. 706-81) qui peut à tout moment ordonner son interruption (C. pr. pén., art. 706-83).

Depuis L. nº 2019-222, 23 mars 2019, le procureur de la République peut autoriser par **décision écrite et motivée** les OPJ et APJ à **poursuivre leurs opérations d'infiltration pendant au plus 48 H 00** à compter de la délivrance d'un **réquisitoire introductif** (C. pr. pén., art. 80-5, dispositif auparavant réservé aux infractions de terrorisme par C. pr. pén., art. 706-24-2, L. nº 2016-731, 3 juin 2016, v. nº **15.29A3**).

En matière de délits douaniers recherchés par les agents des douanes conformément aux dispositions du code des douanes (**douane administrative**), l'autorisation est donnée par le procureur de la République (C. douanes, art. 67 *bis*). Le juge d'instruction n'a pas vocation à délivrer une autorisation, ces services ne pouvant enquêter sur commission rogatoire. Il en est autrement pour la **douane judiciaire** (C. pr. pén., art. 28-1), dont les officiers agissent quant à eux, pour la recherche des infractions relevant de leur compétence, sur le fondement du code de procédure pénale, sur réquisition du parquet ou commission rogatoire du juge d'instruction.

C. L'opération garantit la sûreté des enquêteurs

1. Le secret de l'opération

L'autorisation d'infiltration n'est versée au dossier qu'après son achèvement (C. pr. pén., art. 706-83).

L'infiltration est menée par un OPJ qui coordonne l'opération (C. pr. pén., art. 706-81), responsable spécialement désigné par le magistrat (C. pr. pén., art. 706-83). Elle fait l'objet d'un rapport rédigé par le seul OPJ coordonnateur, qui comprend les éléments strictement nécessaires à la constatation des infractions (C. pr. pén., art. 706-81). Sous les réserves ci-dessous, l'OPJ coordonnateur peut seul être entendu en qualité de témoin de l'infiltration (C. pr. pén., art. 706-86).

2. L'anonymat des enquêteurs

Les OPJ ou APJ (ou les agents des douanes) sont autorisés à faire usage d'une identité d'emprunt (C. pr. pén., art. 706-81). Leur identité ne peut apparaître à aucun stade de la procédure et ne peut être révélée (C. pr. pén., art. 706-84, C. douanes, art. 67 *bis* V, sanctions pénales : v. n° **35.31**), le rapport d'infiltration ne doit pas contenir d'éléments mettant leur sécurité en danger (C. pr. pén., art. 706-81).

S'il ressort du rapport d'infiltration que les constatations d'un agent infiltré mettent directement en cause la personne poursuivie, une confrontation pourra avoir lieu à la demande de cette dernière par l'intermédiaire d'un dispositif technique empêchant l'identification de l'enquêteur (C. pr. pén., art. 706-86 et 706-61). Les questions ne peuvent avoir pour objet ou pour effet de dévoiler l'identité de l'agent (C. pr. pén., art. 706-86).

Ceci sans préjudice des règles plus générales, prévues par C. pr. pén., art. 15-4 (v. n° **11.3A**), permettant sous certaines conditions aux enquêteurs de s'identifier sous leur numéro d'immatriculation administrative dans les actes de procédure.

3. L'immunité pénale des enquêteurs

L'enquêteur et les personnes requises par lui ne sont pas pénalement responsables pour les faits qualifiés de coaction, de complicité ou de recel des infractions décrites au **A** ci-dessus (C. pr. pén., art. 706-82, C. douanes, art. 67 *bis*).

Si l'enquêteur ne peut interrompre sa mission au terme fixé par le magistrat sans compromettre sa sécurité, il peut, le temps strictement nécessaire mais au plus durant quatre mois, poursuivre sans encourir de sanctions pénales les actes de coaction, de complicité ou de recel des infractions recherchées, en informant le juge dans les meilleurs délais. Ce dernier pourra, à l'issue de cette première période de quatre mois, l'autoriser à poursuivre les opérations aux mêmes fins durant quatre mois supplémentaires (C. pr. pén., art. 706-85, C. douanes, art. 67 *bis*).

11.34 La livraison contrôlée en matière de stupéfiants et d'armes et de contrebande de ces biens (coup d'achat)

A. Un domaine limité aux stupéfiants et aux armes

1. Le coup d'achat en matière d'acquisition, d'offre ou de cession de stupéfiants (C. pr. pén., art. 706-32)

Sans préjudice du dispositif d'infiltration prévu par les articles 706-81 à 706-87 en matière de criminalité organisée (v. n° **11.33**), ou du dispositif par lequel les enquêteurs se substituent à un prestataire postal ou de fret dans le cadre d'une opération de surveillance de l'acheminement d'objets, biens ou produits relevant de la criminalité organisée (C. pr. pén., art. 706-80-1 issu L. n° 2019-222, 23 mars 2019, v. n° **11.31F**), les OPJ et les APJ placés sous leur autorité, peuvent, sans être pénalement responsables de ces actes, avec l'autorisation du procureur de la République ou du juge d'instruction saisi des faits qui en avise préalablement le parquet :

1º Acquérir des produits stupéfiants ;

2º En vue de l'acquisition de produits stupéfiants, mettre à la disposition des personnes se livrant à ces infractions des moyens de caractère juridique ou financier ainsi que des moyens de transport, de dépôt, d'hébergement, de conservation et de télécommunication.

Ces opérations, dites également « coups d'achat », ne peuvent être réalisées qu'aux seules fins de constater les infractions d'acquisition, d'offre ou de cession de produits stupéfiants visées aux articles 222-37 (v. nº **28.4**) et 222-39 (v. nº **28.10**) du code pénal, d'en identifier les auteurs et complices et d'effectuer les saisies.

Les infractions les plus graves en matière de stupéfiants sont ainsi exclues de ce champ :

– direction de groupement ayant pour objet le trafic de stupéfiants (v. nº **28.1**) ;

– production et fabrication (v. nº **28.2**) ;

– importation et exportation (v. nº **28.3**).

2. Le coup d'achat en matière d'armes (C. pr. pén., art. 706-106, L. nº 2016-731, 3 juin 2016)

Dans des conditions identiques, sans préjudice des dispositions relatives à l'infiltration en matière de criminalité organisée (v. nº **11.33**), le procureur de la République, ou le juge d'instruction saisi des faits qui en avise préalablement le parquet, peut autoriser les OPJ et les APJ placés sous leur autorité, sans qu'ils puissent être pénalement responsables de tels actes, à :

1º Acquérir des armes et leurs éléments, des munitions ou des explosifs ;

2º En vue de l'acquisition d'armes ou de leurs éléments, de munitions ou d'explosifs, mettre à la disposition des personnes se livrant à ces infractions des moyens de caractère juridique ou financier ainsi que des moyens de transport, de dépôt, d'hébergement, de conservation et de télécommunication.

Cette autorisation ne peut être donnée que pour les infractions visées au 12º de l'article 706-73 énumérant les infractions relevant du régime de la délinquance organisée (v. nº **11.21A**), à savoir les délits suivants en matière d'**armes et d'explosifs commis en bande organisée** :

– poudres et explosifs, C. défense, art. 2353-4 et 2353-5, v. nº **26.36** ;

– fabrication ou commerce illicite d'armes de catégorie A et B, C. défense, art. 2339-2, 2339-10, v. nº **26.7** ;

– dépôt illicite d'armes ou de munitions, A, B et D, CSI, art. L. 317-7, v. nº **26.23** ;

– cession, acquisition ou détention illicite d'armes de catégorie A et B, CSI, art. L. 317-4, v. nº **26.24** ;

– fabrication, détention vente d'armes biologiques, C. défense, art. 2341-4 ;

B. Des prérogatives plus limitées mais un formalisme allégé (C. pr. pén., art. 706-32 et 706-106)

Ces actes qui ont la nature d'opérations d'infiltration sont comparables à ceux prévus en matière de criminalité organisée, mais les pouvoirs de l'OPJ sont plus limités.

S'agissant des stupéfiants et des armes, il ne peut procéder qu'à leur acquisition, et non à leur détention ou transport, ni à leur livraison ou à la délivrance des substances, biens, produits, documents ou informations tirés de la commission des infractions ou servant à la commission de ces infractions (Lecture comparée de C. pr. pén., art. 706-32 et 706-106 et 706-82).

À la différence des opérations d'infiltration en matière de criminalité organisée (C. pr. pén., art. 706-81, v. nº **11.33**), ou de la cyberinfiltration pour les infractions commises par voie électronique (C. pr. pén., art. 230-46, v. nº **11.35**), qui ne peuvent être réalisées que par des enquêteurs spécialement habilités, la livraison contrôlée peut être effectuées par tout OPJ.

À peine de nullité, l'autorisation du procureur de la République ou du juge d'instruction, qui peut être donnée par tout moyen, est mentionnée ou versée au dossier de la procédure. À la différence de l'infiltration décrite au nº 11.33, l'autorisation du magistrat n'a pas à être spécialement motivée. L'infiltration ne donne pas lieu à désignation d'un coordonnateur, et sa durée n'a pas à être fixée.

À peine de nullité, les actes autorisés ne peuvent constituer une incitation à commettre une infraction.

C. Un dispositif comparable en matière douanière (C. douanes, art. 67 bis-1)

Un dispositif comparable, également allégé, est prévu en matière douanière.

Il était auparavant réservé aux faits d'importation, d'exportation ou de détention de produits stupéfiants, de contrebande de tabac manufacturé et de marchandises contrefaisantes. Son domaine a été étendu par L. nº 2016-731, 3 juin 2016 aux faits de contrebande portant sur les armes ou leurs éléments, les munitions et les explosifs, puis généralisé par L. nº 2023-610, 18 juill. 2023, à tout fait de contrebande de marchandises prohibées (C. douanes, art. 414, v. nº 33.36), de contrebande intentionnelle de marchandise non prohibée (C. douanes, art. 414-2, v. nº 33.37), et d'infraction à la législation des relations financières avec l'étranger (C. douanes, art. 459).

Cette opération ne peut toutefois être mise en œuvre que par des agents des douanes spécialement habilités dans les conditions prévues par le D. nº 2011-751, 27 juin 2011.

Lorsque l'infraction est commise au moyen de communications électroniques, ces agents peuvent faire usage d'une identité d'emprunt, échanger électroniquement et acquérir des stupéfiants sous couvert d'un pseudonyme, dispositions recoupant celles relatives à la cyber infiltration pour les infractions douanières de contrebande ou de blanchiment douanier (v. nº 11.35C).

11.35 L'infiltration électronique (cyber infiltration) ou enquête sous pseudonyme

A. Le domaine : les infractions passibles d'emprisonnement commises par voie électronique (C. pr. pén., art. 230-46, L. nº 2019-222, 23 mars 2019)

La L. nº 2019-222, 23 mars 2019 a unifié au sein de C. pr. pén., art. 230-46 la technique de cyberinfiltration ou d'enquête sous pseudonyme en étendant son domaine à la constatation de tous crimes ou délits punis d'une peine d'emprisonnement « *commis par la voie des communications électroniques* » (C. pr. pén., art. 230-46 applicable depuis le 1er juin 2019).

L'extension du domaine de l'enquête sous pseudonyme et son régime ont été jugés conformes à la Constitution en ce que le législateur « *n'a pas opéré une conciliation déséquilibrée entre l'objectif de recherche des auteurs d'infractions et le droit au respect de la vie privée* » (Cons. const. 21 mars 2019, nº 2019-778 DC, § 155 à 157).

Ces dispositions se substituent à celles, désormais abrogées, qui limitaient auparavant la cyber infiltration aux infractions énumérées dans le tableau ci-dessous :

Tableau 3 : Infractions relevant de la cyberinfiltration ou de l'enquête sous pseudonyme avant L. nº 2019-222, 23 mars 2019

Infractions visées	Dispositions concernées avant L. nº 2019-222, 23 mars 2019
• Traite des êtres humains	• C. pr. pén., art. 706-35-1, C. pén., art. 225-4-1 à 225-4-9, v. nº 20.117
• Proxénétisme et infractions assimilées	• C. pr. pén., art. 706-35-1, C. pén., art. 225-5, 225-6, v. nos 20.105 à 20.109

• Recours à la prostitution d'un mineur ou d'une personne vulnérable	• C. pr. pén., art. 706-35-1, C. pén., art. **225-12-1** à **225-12-4**, v. n° **20.111**
• Provocation de mineur à l'usage ou au trafic de stupéfiants, à la consommation alcoolique, à la commission de crimes ou de délits	• C. pr. pén., art. 706-47-3, C. pén., art. **227-18** à **227-21**, v. n^{os} **21.25** à **21.29**
• Corruption de mineur	• C. pr. pén., art. 706-47-3, C. pén., art. **227-22**, v. n° **21.30**
• Enregistrement, diffusion ou détention d'image pornographique d'un mineur – Pédophilie	• C. pr. pén., art. 706-47-3, C. pén., art. **227-23**, v. n° **21.32**
• Fabrication, diffusion de message violent ou pornographique perceptible par un mineur	• C. pr. pén., art. 706-47-3, C. pén., art. **227-24**, v. n° **21.33**
• Jeux d'argent en ligne	• L. n° 2010-476, 12 mai 2010, art. **56**, **57** et 59, v. n° **23.62**
• Infractions relatives aux produits de santé	• Infractions du CSP et C. consom. visées à C. pr. pén., art. 706-2-2 (Ord. n° 2013-1183, 19 déc. 2013), v. n^{os} **29.24** et **30.13**.
• Destruction ou commerce d'espèces animales et végétales protégées ou tromperie portant sur ces espèces	C. envir., art. **L. 415-3** (v. n° **31.17**) et C. consom., art. **L. 441-1** (v. n° **30.10**) (C. pr. pén., art. 706-2-3, L. n° 2016-1087, 8 août 2016)
• Infractions relevant du régime de la délinquance organisée	• C. pr. pén., art. 706-87-1 (L. n° 2014-1353, 13 nov. 2014), infractions visées au C. pr. pén., art. 706-73
• Atteintes en bande organisée à un système de traitement automatisé de données à caractère personnel mis en œuvre par l'État	• C. pr. pén., art. 706-87-1 et 706-72, C. pén., art. **323-4-1**, v. n^{OS} **35.70**, **35.71** (L. n° 2014-1353, 13 nov. 2014)

B. Le contenu de l'infiltration électronique et ses conditions de mise en œuvre

1. Le contenu de l'infiltration électronique (C. pr. pén., art. 230-46)

Malgré sa désignation d'« *enquête sous pseudonyme* », cette modalité d'enquête régie par C. pr. pén., art. 230-46, issu L. n° 2019-222, 23 mars 2019, vouée à la constatation et à la preuve des infractions commises par un moyen de communication électronique, s'opère par voie électronique et s'analyse mieux comme une infiltration électronique, une cyberinfiltration, ou une enquête sous pseudonyme électronique.

« *les officiers ou agents de police judiciaire agissant au cours de l'enquête ou sur commission rogatoire peuvent.../...procéder sous pseudonyme aux actes suivants sans en être pénalement responsables :*

1º Participer à des échanges électroniques, y compris avec les personnes susceptibles d'être les auteurs de ces infractions ;

2° Extraire ou conserver par ce moyen les données sur les personnes susceptibles d'être les auteurs de ces infractions et tous éléments de preuve ;

3° .../...acquérir tout contenu, produit, substance, prélèvement ou service~~, y compris illicite,~~ ou transmettre « tout contenu » en réponse à une demande expresse ~~des contenus illicites~~ » (mod. issue L. n° 2023-22, 24 janv. 2023 et décision Cons. const. 19 janv. 2023, n° 2022-846 DC, § 45) ;

4° .../...en vue de l'acquisition, de la transmission ou de la vente par les personnes susceptibles d'être les auteurs de ces infractions de tout contenu, produit, substance, prélèvement ou service, y compris illicite, mettre à la disposition de ces personnes des moyens juridiques ou financiers ainsi que des moyens de transport, de dépôt, d'hébergement, de conservation et de télécommunication » (disposition issue L. n° 2023-22, 24 janv. 2023, jugée conforme à la Constitution : Cons. const. 19 janv. 2023, n° 2022-846 DC, § 44).

2. Les conditions de mise en œuvre de l'infiltration électronique (C. pr. pén., art. 230-46)

Les actes ci-dessus ne peuvent être accomplis que « *lorsque les nécessités de l'enquête ou de l'instruction le justifient* » et, précision apportée par L. n° 2019-222, 23 mars 2019, « *s'effectuent sous le contrôle du procureur de la République ou du juge d'instruction* » mais sans leur autorisation préalable, à la différence des opérations d'infiltration en matière de criminalité organisée (C. pr. pén., art. 706-81, v. n° **11.33**) ou de livraisons (« coûts d'achat ») de stupéfiants ou d'armes (C. pr. pén., art. 706-32 et 706-106, v. n° **11.34**).

Toutefois, à peine de nullité, les actes d'enquête consistant à « *acquérir tout contenu, produit, substance, prélèvement ou service~~, y compris illicite,~~ ou transmettre « tout contenu » en réponse à une demande expresse ~~des contenus illicites~~* » ne peuvent être accomplis qu'après autorisation donnée par « *le procureur de la République ou par le juge d'instruction saisi des faits* », condition ajoutée par L. n° 2019-222, 23 mars 2019 applicable depuis le 1er juin 2019. Cette nouvelle rédaction de C. pr. pén., art. 230-46 3° issue L. n° 2023-22, 24 janv. 2023 est celle qui subsiste après censure par le Cons. const. des dispositions qui prévoyaient que l'autorisation du procureur de la République ou du juge d'instruction n'était pas nécessaire pour l'acquisition dont l'objet est licite (Cons. const. 19 janv. 2023, n° 2022-846 DC, § 45).

De même, la mise à disposition de moyens juridiques, financiers ou matériel, doit être autorisée par le procureur de la République ou le juge d'instruction (C. pr. pén., art. 230-46 3°).

L'autorisation de l'autorité judiciaire, « *qui peut-être donnée par tout moyen, est mentionnée ou versée au dossier de la procédure* » et « *les actes autorisés ne peuvent constituer une incitation à commettre ces infractions* » (C. pr. pén., art. 230-46 issu L. n° 2019-222, 23 mars 2019).

Rejetant une QPC soutenant que la cyberinfiltration viole le principe d'égalité devant la loi, le droit au respect de la vie privée et les droits de la défense, « *en ne prévoyant aucune autorisation judiciaire préalable, aucune motivation spécifique, aucun rapport de synthèse versé au dossier de la procédure, ni aucune durée maximale* », la Ch. crim. a jugé que C. pr. pén., art. 706-87-1 ancien « *qui autorise un enquêteur habilité à rassembler des preuves et rechercher les auteurs de certaines infractions délimitées par le texte, sans pouvoir inciter à leur commission, en participant avec eux à des échanges de messages électroniques sous pseudonyme, n'entraîne aucune violation des droits de la défense ni aucune intrusion dans la vie privée de la personne qui demeure libre de répondre aux dits messages en appréciant librement le contenu de sa réponse* » (Crim. 7 févr. 2018, n° 17-90.026, NP).

L'enquête sous pseudonyme ne peut être réalisée que par des OPJ ou APJ « *affectés dans un service spécialisé et spécialement habilités à cette fin par arrêté du ministre de la Justice et du ministre de l'Intérieur* » (C. pr. pén., art. 230-46 issu L. n° 2019-222, 23 mars 2019) (V. Arr. 21 oct. 2015, NOR : INTC1513051A, *JO* 29 oct. 2015 p. 20121).

Outre certains offices centraux, les directions régionales et interrégionales de la police judiciaire, les sûretés départementales et les circonscriptions de sécurité publique, le service central de renseignement criminel de la gendarmerie nationale (SCRC, ex. STRJD), les sections et brigades de recherche de la gendarmerie nationale, sont autorisés à procéder à l'infiltration électronique.

Le Centre national d'analyse des images de pédopornographie, composé de militaires de la gendarmerie nationale et de fonctionnaires de la police nationale, est rattaché au SCRC. Il est chargé de centraliser les contenus illicites qui lui sont transmis, à l'expiration d'un délai de conservation maximal de trois mois, par les OPJ ou APJ (C. pr. pén., art. D. 47-8), de communiquer, ou d'exploiter par analyse ou rapprochement, ces contenus à la demande de magistrats ou d'OPJ ou APJ pour les besoins de leurs investigations.

C. La cyber infiltration en matière douanière (C. douanes, art. 67 bis-1 A, L. n° 2016-731, 3 juin 2016)

Afin de constater les délits mentionnés aux articles **414** (contrebande de marchandise prohibée ou tabac, v. n° **33.36** et **33.38**, fausses déclarations, v. n° **33.40**), **414-2** issu

Ord. n° 2019-963, 19 sept. 2019, ratifiée par L. n° 2020-1672, 24 déc. 2020 (contrebande intentionnelle, v. n° **33.37**), **415** (blanchiment douanier, v. n° **28.9**) et **459** (infraction cambiaire, qui ne peut être poursuivie que sur plainte du ministre du budget, art. 458) du C. douanes et, lorsque ceux-ci sont commis par un moyen de communication électronique, d'en rassembler les preuves et d'en rechercher les auteurs, les complices ainsi que ceux qui y ont participé comme intéressés au sens de l'article 399, les agents des douanes peuvent, après information du procureur de la République et sauf opposition de ce magistrat, sans être pénalement responsables :

1° Participer sous un pseudonyme aux échanges électroniques ;

2° Être en contact sous pseudonyme avec les personnes susceptibles d'être les auteurs, les complices ou les intéressés à la fraude de ces infractions ;

3° Extraire, acquérir ou conserver par ce moyen les éléments de preuve et les données sur ces personnes.

Pour les nécessités de l'enquête, les agents habilités peuvent faire usage d'une identité d'emprunt. La révélation de l'identité de ces agents constitue une infraction (C. douanes, art. 67 *bis* V).

À peine de nullité, ces actes ne peuvent constituer une incitation à commettre ces infractions.

11.36 Les interceptions judiciaires de communications électroniques – Écoutes et surveillances secrètes

A. Le cadre des droits fondamentaux

L'arrêt *Kruslin c/ France* (CEDH 24 avr. 1990, req. n° 11801/85) a contraint la France à encadrer par la loi la pratique des écoutes téléphoniques judiciaires jusqu'alors réalisées de manière prétorienne. Les interceptions ou écoutes téléphoniques, ou plus généralement les interceptions de télécommunications ou les **surveillances acoustiques secrètes** (pratiquées à l'insu de la personne surveillée) par les autorités publiques, constituent une ingérence dans la vie privée, dont la protection est garantie par Conv. EDH, art. 8. La CEDH estime que parmi les différents modes de surveillance secrète (surveillance visuelle, vidéo surveillance depuis la voie publique, géolocalisation, etc.), l'écoute téléphonique est de la catégorie des techniques qui « *révèlent plus d'information sur la conduite, les opinions ou les sentiments de la personne qui en fait l'objet* ». Elle constitue donc une ingérence importante justifiant des garanties adéquates.

D'après les critères dégagés par la CEDH, pour répondre aux exigences posées par Conv. EDH, art. 8, « *la loi doit définir la nature des infractions susceptibles de donner lieu à un mandat d'interception, les catégories de personnes susceptibles d'être mises sur écoute, la durée maximale de l'exécution de la mesure, la procédure à suivre pour l'examen, l'utilisation et la conservation des données recueillies, les précautions à prendre pour la communication des données à d'autres parties, et les circonstances dans lesquelles peut ou doit s'opérer l'effacement ou la destruction des enregistrements* » (CEDH 29 juin 2006, *Weber et Saravia c/ Allemagne*, req. n° 54934/00, § 95, cité par CEDH 2 sept. 2010, *Uzun c/ Allemagne*, req. n° 35623/05, § 65).

Si la CEDH estime que le dispositif législatif français des interceptions judiciaires obéit désormais aux exigences de « *qualité de la loi* » posées par Conv. EDH, art. 8 relatif à la protection du droit à la vie privée contre l'ingérence de l'autorité publique « *elle observe cependant que ces dispositions ne couvrent pas la situation des personnes dont les propos ont été interceptés à l'occasion de la mise sous écoute de la ligne téléphonique d'une autre personne. En particulier, elles ne prévoient pas la possibilité d'utiliser les propos interceptés contre leur auteur dans le cadre d'une autre procédure que celle dans le contexte de laquelle la mise sous écoute a été ordonnée.../...et, constatant qu'« il n'apparaissait pas que la situation des personnes écoutées dans le cadre d'une procédure à laquelle elles sont étrangères soit couvertes par ces dispositions* », la Cour a souligné qu'elle « *pourrait être amenée à se poser la question de savoir si l'ingérence litigieuse était ou non « prévue par la loi »* » (CEDH 16 juin 2016, *Versini-Campinchi et Crasnianski c/ France*, req. n° 49176/11, § 54).

La L. n° 2019-222, 23 mars 2019 a introduit au C. pr. pén., art. préliminaire un nouvel alinéa, en vigueur depuis le 1er juin 2019, prévoyant qu'« *Au cours de la procédure pénale, les mesures portant atteinte à la vie privée d'une personne ne peuvent être prises, sur décision ou sous le contrôle effectif de l'autorité judiciaire, que si elles sont, au regard des circonstances de l'espèce, nécessaires à la manifestation de la vérité et proportionnées à la gravité de l'infraction* ». Ce cadre est de nature à déterminer la motivation en droit et en fait de la décision de placement sous écoute (v. C1 ci-dessous).

B. Le domaine des interceptions téléphoniques

1. Une opération réservée aux infractions graves

Pour les infractions relevant du régime complet de la criminalité organisée (v. n° 11.21), si les nécessités de l'enquête de flagrance ou préliminaire l'exigent, le JLD peut, sur **requête du procureur de la République**, autoriser pour une durée limitée (v. C ci-dessous) d'intercepter enregistrer et transcrire des correspondances émises par la voie des communications électroniques (L. n° 2016-731, 3 juin 2016) (C. pr. pén., art. 706-95).

La procédure de **recherche de personne en fuite**, réservée aux mandats d'arrêts, aux condamnations d'au moins un an, ou aux violations des obligations résultant d'une inscription au Fijait (v. n° 13.40) ou au Fijais (v. n° 13.37) permet également au procureur de solliciter des interceptions téléphoniques auprès du JLD (C. pr. pén., art. 74-2). Il en est de même pour le procureur général pour les recherches des personnes visées par un MAE ou une mesure d'extradition (C. pr. pén., art. 695-26 et 696-9-1).

Sauf pour le placement sous écoute d'un avocat, qui relève de la compétence exclusive du JLD depuis L. n° 2022-1729, 22 déc. 2021, pour la confiance dans l'institution judiciaire (v. B3 ci-dessous), le **juge d'instruction** dispose d'une compétence comparable à celle du JLD, mais étendue à tout crime ou à tout délit passible d'une peine ⩾ **3 ans** d'emprisonnement (C. pr. pén., art. 100, mod. par L. n° 2019-222, 23 mars 2019, applicable au 1er juin 2019, auparavant ce seuil était de 2 ans). Ce seuil minimal de 3 ans n'est toutefois pas exigé si l'écoute est ordonnée par le juge d'instruction sur la ligne et à la demande de la victime « *d'un délit puni d'une peine d'emprisonnement commis par la voie des communications électroniques sur la ligne de la victime* » (C. pr. pén., art. 100, mod. par L. n° 2019-222, 23 mars 2019, applicable au 1er juin 2019), hypothèse qui recouvre à titre d'exemple le délit d'appels téléphoniques malveillants (C. pén., art. 222-16, v. n° 20.47).

Le **JAP**, pour établir la preuve de la violation par une personne condamnée, de l'interdiction qui lui est faite d'entrer en relation avec certaines personnes ou de paraître en certains lieux, peut fait procéder à des interceptions de correspondances émises par la voie des télécommunications si l'infraction pour laquelle la personne a été condamnée constitue un crime ou un délit passible d'une peine ⩾ 2 ans (C. pr. pén., art. 709-1-3, L. n° 2014-896, 15 août 2014).

2. Les interceptions concernées

Les correspondances émises par la voie des télécommunications désignent tout mode de transmission du son, de l'image ou du texte, sous forme numérique ou analogique, par la voie hertzienne, filaire ou optique. « *Entrent donc dans le champ d'application de ce texte, les interceptions de correspondances émises ou reçues sur des équipements terminaux tels que téléphone, télécopieur, minitel, récepteurs de services de radio messagerie unilatérale, télex* » (Circ. 26 sept. 1991).

Mentionnons que les OPJ agissant sur commission rogatoire du juge d'instruction ou sur autorisation du JLD « *ne peuvent faire procéder par des opérateurs de téléphonie français à l'interception de communications émises à partir de téléphones mobiles étrangers ou situés à l'étranger sans violer les règles de compétence territoriale et de souveraineté des États que si lesdites interceptions ne nécessitent pas l'assistance technique d'un autre État* » (Crim. 20 juin 2018, n° 17-86.657, P n° 116 ; dans le même sens : Crim. 28 mars 2017, n° 16-84.853).

S'agissant des correspondances électroniques stockées accessibles par un identifiant informatique (ex messagerie internet), C. pr. pén., art. 796-95-1 prévoit, en matière de crime et de criminalité organisée, un dispositif particulier d'accès à distance et à l'insu de la personne, décrit au n° **11.41**.

3. Les personnes concernées et les professions protégées

• Le principe : l'écoute peut concerner une personne non soupçonnée

Si l'écoute doit être exigée par les nécessités de l'enquête, le texte n'impose cependant pas de qualifier, à l'égard de la personne concernée, des indices de participation à l'infraction.

• L'exception : l'avocat ne peut être placé sous écoute que s'il est soupçonné

Toutefois, depuis L. n° 2022-1729, 22 déc. 2021, pour la confiance dans l'institution judiciaire, « *le principe est [...] désormais l'interdiction de l'interception de la ligne dépendant du cabinet d'un avocat ou de son domicile* » et que « *la ligne d'un avocat ne peut [...] faire l'objet d'une interception que dans le cas où l'avocat lui-même est soupçonné* » (Circ. DACG, 28 févr. 2022, NOR : JUSD2206745C, n° 4). En effet, « *Aucune interception ne peut porter sur une ligne dépendant du cabinet d'un avocat ou de son domicile, sauf s'il existe des raisons plausibles de le soupçonner d'avoir commis ou tenté de commettre, en tant qu'auteur ou complice, l'infraction qui fait l'objet de la procédure ou une infraction connexe au sens de l'article 203 et à la condition que la mesure soit proportionnée au regard de la nature et de la gravité des faits.* » (C. pr. pén., art. 100, mod. par L. n° 2022-1729, 22 déc. 2022). En outre, la décision ne peut plus être prise par le juge d'instruction, mais « *par ordonnance motivée du JLD, saisi à cette fin par ordonnance motivée du juge d'instruction, prise après avis du procureur de la République.* » (C. pr. pén., art. 100, mod. par L. n° 2022-1729, 22 déc. 2022).

Les restrictions qui précèdent s'appliquent également aux interceptions de la ligne dépendant du cabinet d'un avocat ou de son domicile effectuées sur autorisation du JLD prise sur requête du parquet dans le cadre de l'enquête préliminaire ou de flagrance en matière de délinquance organisée (C. pr. pén., art. 706-95, mod. par L. n° 2022-1729, 22 déc. 2022).

Les règles particulières relatives aux interceptions sur la ligne d'un cabinet d'avocat ou de son domicile sont un aspect de celles qui entourent la protection du « *secret professionnel de la défense et du conseil* » à l'occasion des investigations judiciaires dont il est l'objet (sur les autres garanties, v. n° **35.4A1**).

• L'avis aux autorités concernées pour certains élus ou professions : député, sénateur, magistrat, avocat

Par ailleurs, aucune interception ne peut avoir lieu sans information, selon le cadre procédural, par le procureur de la République ou le juge d'instruction, pour la ligne d'un député ou d'un sénateur : du président de l'assemblée à laquelle il appartient ; pour celle dépendant du cabinet d'un avocat ou de son domicile : du bâtonnier ; et pour celle dépendant du cabinet d'un magistrat ou de son domicile : du premier président ou du procureur général de la juridiction où il réside (C. pr. pén., art. 100-7 et 706-95).

C. La formalisation et la durée de l'interception

1. La formalisation de la décision d'interception

La décision d'interception prise par le JLD ou par le juge d'instruction « *est écrite. Elle n'a pas de caractère juridictionnel et n'est susceptible d'aucun recours* » (C. pr. pén., art. 100 et 706-95). Il en est de même pour la décision prise par le JAP (C. pr. pén., art. 100 à 100-7, 709-1-3).

Selon les précisions apportées par L. n° 2019-222, 23 mars 2019, la décision « *est motivée par référence aux éléments de fait et de droit justifiant que ces opérations sont nécessaires* » (C. pr. pén., art. 100-1 et 706-95). Les dispositions relatives à la vie privée de C. pr. pén., art.

préliminaire complété par L. n° 2019-222, 23 mars 2019, constituent notamment le cadre de cette motivation (v. A ci-dessus). Notons que le droit de l'Union « *ne s'oppose pas à une pratique nationale en vertu de laquelle les décisions judiciaires autorisant le recours à des techniques spéciales de renseignement à la suite d'une demande motivée et circonstanciée des autorités pénales sont rédigées au moyen d'un texte préétabli et dépourvu de motifs individualisés [...], à condition que les raisons précises pour lesquelles le juge compétent a considéré que les exigences légales étaient respectées au regard des éléments factuels et juridiques caractérisant le cas d'espèce puissent être inférées aisément et sans ambiguïté d'une lecture croisée de la décision et de la demande d'autorisation* » (§ 65), (CJUE, 16 févr. 2023, aff. C-349/21, *Hya c/ Spetsializirana prokuratura*).

La décision doit comporter « *tous les éléments d'identification de la liaison à intercepter, l'infraction qui motive le recours à l'interception ainsi que la durée de celle-ci* » (C. pr. pén., art. 100-1 et 706-95).

La liaison à intercepter est désignée par le numéro de téléphone (n° IMSI, s'agissant des cartes SIM des téléphones portables), mais peut aussi être valablement désignée par le numéro du boîtier téléphonique (n° IMEI du terminal téléphonique) en possession de la personne, susceptible de recevoir simultanément ou successivement plusieurs cartes SIM (Crim. 28 nov. 2017, n° 17-81.736, P).

« *la mention, dans la décision, de la durée pour laquelle la mesure est autorisée constitue une garantie essentielle contre le risque d'une atteinte disproportionnée au droit au respect de la vie privée des personnes concernées, aux intérêts desquelles son absence porte nécessairement atteinte* » (Crim. 9 janv. 2018, n° 17-82.946, P n° 4).

2. La durée de la mesure d'interception

La mesure d'interception autorisée par le JLD sur requête du parquet est prise que pour une durée de 1 mois (depuis L. n° 2011-267, 14 mars 2011, art. 35, auparavant 15 jours), renouvelable une fois dans les mêmes conditions de forme et de durée (C. pr. pén., art. 706-95).

Depuis L. n° 2019-222, 23 mars 2019, le procureur de la République peut autoriser par **décision écrite et motivée** les OPJ et APJ à **poursuivre leurs opérations d'interception pendant au plus 48 H 00** à compter de la délivrance d'un **réquisitoire introductif** (C. pr. pén., art. 80-5, dispositif auparavant réservé aux infractions de terrorisme par C. pr. pén., art. 706-24-2, L. n° 2016-731, 3 juin 2016, v. n° **15.29A3**).

L'autorisation du juge d'instruction est quant à elle prise pour une période de 4 mois renouvelable (C. pr. pén., art. 100 et 100-2).

Depuis L. n° 2016-731, 3 juin 2016, les interceptions du juge d'instruction ne peuvent plus être renouvelées au-delà d'un an, sauf pour les infractions relevant de la délinquance organisée prévues au C. pr. pén., art. 706-73 et 706-73-1 (v. n° **11.21**) où elles peuvent atteindre 2 ans.

Les écoutes autorisées par le JAP sont effectuées selon les mêmes modalités que celles du juge d'instruction (C. pr. pén., art. 100 à 100-7, 709-1-3).

D. La mise en œuvre technique de l'interception : la plate-forme nationale des interceptions judiciaires (PNIJ)

Le juge d'instruction, le procureur de la République, ou l'OPJ saisi par eux, ou l'APJ agissant sous le contrôle de ce dernier (L. n° 2023-22, 24 janv. 2023) peut requérir tout agent qualifié d'un service ou organisme placé sous l'autorité ou la tutelle du ministre des communications électroniques (L. n° 2016-731, 3 juin 2016) ou tout agent qualifié d'un exploitant de réseau ou fournisseur de services de communications électroniques (L. n° 2016-731, 3 juin 2016) autorisé, en vue de procéder à l'installation d'un dispositif d'interception (C. pr. pén., art. 100-3 et 706-95).

« *En pratique, les réquisitions devront être adressées au président de l'exploitant du réseau de télécommunications ou du fournisseur de service de télécommunications autorisé. Les agents requis, astreints au respect du secret [de l'enquête] prévu par l'article 11 du code de procédure pénale et au respect des correspondances prévu par l'article L. 32-3 du code des postes et [communications électroniques] ne peuvent ni révéler l'existence des interceptions ni prendre connaissance des correspondances interceptées ni en révéler le contenu* » (Circ. Gén. C. 100-3).

Le décret 2007-1145, 30 juill. 2007, créant un « *Système de transmission d'interceptions judiciaires* », dit **Stij**, permettait de mettre à disposition des magistrats, OPJ et agents des douanes habilités à effectuer des enquêtes judiciaires, effectuant des interceptions de correspondances émises par la voie de communications électroniques, les données relatives au trafic et au contenu des minimessages (SMS) émis ou reçus par un numéro de téléphone dont la ligne est interceptée et transmis par les opérateurs de communications électroniques. Le Stij se présentait comme un serveur recueillant des opérateurs les contenus des SMS et leurs données de trafic et décodant ceux-ci avant leur transmission par des liens sécurisés aux magistrats et enquêteurs ; il ne traitait pas les interceptions de voix, ou les données techniques de ces dernières, envoyées directement par les opérateurs sur les matériels d'enregistrement des enquêteurs.

La « *plate-forme nationale des interceptions judiciaires* » (PNIJ), a succédé à ce dispositif, dans des conditions prévues par C. pr. pén., art. 230-45 (L. n° 2016-731, 3 juin 2016) et organisées par le D. n° 2014-1162, 9 oct. 2014, puis par le D. n° 2021-1469, 9 nov. 2021, codifiés au C. pr. pén., art. R. 40-42 s., et). Cet outil centralisé a pour finalité l'enregistrement et la mise à disposition des magistrats et services d'enquête du contenu des communications électroniques interceptées et des données et informations communiquées par les opérateurs de communications électroniques et les prestataires techniques en réponse aux réquisitions. Sauf impossibilité technique, les réquisitions et demandes adressées en application de C. pr. pén., art. 60-2, 74-2, 77-1-2,80-4, 99-4, 100 à 100-7, 230-32 à 230-44, 706-95 et 709-1-3 ou C. douanes, art. 67 *bis*-2 sont transmises par l'intermédiaire de la PNIJ qui organise la centralisation de leur exécution (C. pr. pén., art. 230-45).

Pour les procédures dont ils sont saisis, les magistrats et enquêteurs accèdent à l'ensemble des données, information et contenus de communications enregistrées dans le traitement de la PNIJ, il en est de même, pour l'exercice de leurs attributions, ou l'exécution des tâches ou missions qui leurs sont confiées, pour les greffiers individuellement désignés par le directeur de greffe, les assistants spécialisés et les interprètes-traducteurs, ainsi que, pour les procédures dont ils sont saisis, les agents des douanes et des services fiscaux spécialement habilités et individuellement désignés par leur supérieur hiérarchique (C. pr. pén., art. R. 40-47). « *C. pr. pén., art. R. 40-47 doit être interprété comme n'exigeant d'habilitation spéciale et de désignation individuelle par le supérieur hiérarchique que pour les agents des douanes et agents des services fiscaux, les OPJ et APJ disposant, conformément à l'article 14 du même code, d'une compétence générale les habilitant à accéder, aux fins de rechercher les preuves d'une infraction déterminée à la loi pénale, à la PNIJ* » (Crim. 23 mai 2023, n° 22-83.462, P). L'accès aux données, les conditions de leur rectification ou de leur effacement « *sont régies par les dispositions relatives à l'accès au dossier de la procédure pénale figurant dans le code de procédure pénale* » (C. pr. pén., art. R. 40-55 ; sur l'accès au dossier pénal, v. n^{os} **15.2** et **15.3** pour l'enquête préliminaire, n° **15.4** pour l'information judiciaire, n° **17.3** pour le stade des poursuites et du jugement). À l'issue des investigations, les données et informations sont « *placées sous scellés et conservées au sein du traitement* » jusqu'à la prescription de l'action publique (C. pr. pén., art. R. 40-49). Les dispositions relatives au placement des enregistrements sous scellé fermé et à l'établissement d'un procès-verbal de destruction ne sont pas applicables aux données conservées par la PNIJ (C. pr. pén., art. 230-45).

La PNIJ est mise en œuvre par « *l'Agence nationale des techniques d'enquêtes numériques judiciaires* » (ANTENJ) (créée par D. n° 2017-614, 24 avr. 2017), service à compétence nationale relevant du garde des Sceaux, qui s'est substitué à la délégation aux interceptions judiciaires (C. pr. pén., art. R. 40-51).

E. La transcription des conversations interceptées

1. Les règles générales

Le juge d'instruction, le procureur de la République, ou l'OPJ saisi par eux, dresse procès-verbal de chacune des opérations d'interception et d'enregistrement ; depuis L. n° 2023-22, 24 janv. 2023, ces opérations peuvent également être effectuées par l'APJ agissant sous le contrôle de l'OPJ (C. pr. pén., art. 100-4 et 100-5). De même, « *à la demande expresse et sous le contrôle de l'OPJ ou [...] de l'APJ* », les **assistants d'enquête** peuvent « *procéder aux transcriptions* » des correspondances « *préalablement identifiées comme nécessaires à la manifestation de la vérité par les OPJ* » (C. pr. pén., art. 21-3, issu L. n° 2023-22, 24 janv. 2023, et C. pr. pén., art. 100-5, mod. par la même loi).

Le procès-verbal mentionne la date et l'heure auxquelles l'opération a commencé et celles auxquelles elle s'est terminée (C. pr. pén., art. 100-4 et 706-95). « *La loyauté de l'enquête et le respect du principe du contradictoire commandent que toute correspondance enregistrée soit conservée dans son intégralité* » (Circ. Gén. C. 100-4).

La correspondance utile à la manifestation de la vérité est transcrite sous forme de procès-verbal. Cette transcription est versée au dossier, la correspondance en langue étrangère est transcrite en français avec l'assistance d'un interprète requis à cette fin (C. pr. pén., art. 100-5 et 706-95).

Mentionnons qu'il ne peut être procédé à « *l'appréhension, l'enregistrement et la transcription de correspondances émises ou reçues par la voie des télécommunications antérieurement à la date de la décision écrite d'interception* », est ainsi irrégulière l'exploitation de messages stockés sur la boîte aux lettres électronique antérieurs à la délivrance de la commission rogatoire technique, car cette opération éludait « *les dispositions légales relatives aux perquisitions* » (Crim. 8 juill. 2015, n° 14-88.457, P n° 176) (sur la captation de données informatiques, v. n° **11.40**, l'accès aux correspondances électroniques stockées, v. n° **11.41**, la perquisition informatique, v. n° **11.55C**).

2. La transcription des conversations de l'avocat

« *À peine de nullité, ne peuvent toutefois être transcrites les correspondances avec un avocat relevant de l'exercice des droits de la défense* » (C. pr. pén., art. 100-5, L. n° 2005-1549, 12 déc. 2005, art. 38) et, selon les modifications apportées par L. n° 2022-1729, 22 déc. 2021, pour la confiance dans l'institution judiciaire « *couvertes par le secret professionnel de la défense et du conseil* » défini par L. n° 71-1130, 31 déc. 1971, art. 66-5 (sur la portée de cette définition, v. n° **11.66A1**), sauf dans les cas de fraude fiscale et de corruption prévus par C. pr. pén., art. 56-1-2 (sur la portée de cette exception, v. n° **11.66A1**).

« *L'interdiction de transcription des correspondances avec un avocat relevant de l'exercice des droits de la défense de son client s'étend à celles échangées à ce sujet entre l'avocat et les proches de celui-ci* » (§ 8) (§ 9) (Crim. 13 sept. 2022, n° 21-87.452, P).

« *Il n'en va autrement que s'il apparaît que le contenu et la nature des échanges sont propres à faire présumer la participation de cet avocat à une infraction* » (§ 9), ce dont s'assure la C. cass. par l'examen des procès-verbaux de transcription, dont elle a le contrôle (§ 13) (Crim. 13 déc. 2022, n° 21-87.435, P). Cette analyse est validée par la jurisprudence européenne en ce que « *le secret professionnel des avocats, qui trouve son fondement dans le respect des droits de la défense du client, ne fait pas obstacle à la transcription d'un échange entre un avocat et son client dans le cadre de l'interception régulière de la ligne du second lorsque le contenu de cet échange est de nature à faire présumer la participation de l'avocat lui-même à une infraction, et dans la mesure où cette transcription n'affecte pas les droits de la défense du client* » (§ 79) (CEDH 16 juin 2016, *Versini-Campinchi et Crasnianski c/ France*, n° 49176/11).

La communication irrégulière par l'avocat d'informations couvertes par le secret de l'enquête est l'indice d'une infraction de violation du secret professionnel. La commission d'une infraction par l'avocat permet que soit écarté le droit à la protection du secret professionnel dont il jouit lui-même. Ainsi, dans une affaire où un avocat avait communiqué par téléphone au dirigeant, placé sous écoute, d'une entreprise qu'il conseillait habituellement, le contenu d'auditions de salariés de cette entreprise qu'il venait d'assister au cours de leur garde à vue, la Ch. crim., faits caractérisant une violation du secret de l'enquête ou de l'instruction, a validé la transcription de ces écoutes au motif que « *le principe de la confidentialité des conversations échangées entre une personne mise en examen et son avocat, ne saurait s'opposer à la transcription de certaines d'entre elles, dès lors qu'il est établi, comme en l'espèce, que leur contenu est de nature à faire présumer la participation de cet avocat à des faits constitutifs d'une infraction, fussent-ils étrangers à la saisine du juge d'instruction* » (Crim. 1er oct. 2003, n° 03-82.909, P n° 177, dans le même sens : Crim. 1 janv. 1997, n° 96-83.753, P n° 14) (v. Le cadre déontologique de l'intervention de l'avocat, n° **12.23**). De même, « *aucune disposition légale ou conventionnelle ne fait obstacle à la captation, à l'enregistrement et à la transcription des propos d'un avocat intervenant sur la ligne téléphonique d'un tiers régulièrement placée sous écoute, dès lors que, comme en l'espèce, en premier lieu, cet avocat n'assure pas la défense de la personne placée sous surveillance, qui n'est ni mise en examen ou témoin assisté ni même n'a été placée en garde à vue dans la procédure en cause, et, en second lieu, ses propos, seraient-ils échangés avec un client habituel, dont le contenu est étranger à tout exercice des droits de la défense dans ladite procédure ou dans toute autre, révèlent des indices de sa participation à des faits susceptibles de qualification pénale* » (Crim. 22 mars 2016, n° 15-83.205, P n° 93 ; n° 15-83.206, P n° 88 ; n° 15-83.207, P n° 92).

Cette dernière jurisprudence (dite « *Bismuth* ») semblait remise en cause, selon les termes de la Circ. DACG, 28 févr. 2022, NOR : JUSD2206745C, n° 2.2b), par les dispositions de L. n° 2022-1729, 22 déc. 2022 modifiant C. pr. pén., art. préliminaire, qui garantissent désormais tant « *la protection du secret professionnel de la défense* » que celle « *du conseil* » et qui « *permettent ainsi un renforcement significatif de la protection du secret professionnel des avocats au cours de la procédure pénale par rapport à la jurisprudence la plus récente de la C. cass.* » ici citée (sur distinction entre défense et conseil, v. principalement n° **11.66A1** relatif à la contestation devant le JLD des saisies de documents ou d'objets effectuées dans un cabinet d'avocat ou à son domicile). Notons en effet que, selon les travaux préparatoires (Rapport AN n° 4146, p. 70) cités par la circulaire, « « *celui qui prend conseil parce qu'il s'attend à être prochainement poursuivi ou parce qu'il sait avoir commis une infraction pénale prépare en réalité déjà sa défense » doit voir protégés ses échanges avec son avocat* ».

La Ch. crim. a toutefois réaffirmé sa position en approuvant la transcription d'une conversation entre l'avocat et la compagne du suspect au motif que l'intéressée « *n'avait pas encore été placée en garde à vue dans le dossier au moment où s'est tenu l'échange téléphonique litigieux et n'était pas partie à la procédure, [...], de sorte que cette conversation avec l'avocat ne pouvait relever de l'exercice des droits de la défense* » (§ 9) (Crim. 13 sept. 2022, n° 21-87.452, P). De même retient-elle que ne sont pas protégées par les dispositions de C pr. pén., art. 100-5 les conversations entre le secrétariat de l'avocat et son client (Crim. 13 déc. 2022, n° 21-87.435 (§ 7 et 8), P ; v. en sens plutôt contraire, pour un courriel entre certes la secrétaire d'un avocat mais avec un avocat : Com., 16 nov. 2022, n° 21-17.338 (§ 11), D).

En revanche « *même si elle est surprise à l'occasion d'une mesure d'instruction régulière, la conversation téléphonique dans laquelle un avocat placé sous écoute réfère de sa mise en cause dans une procédure pénale à son bâtonnier ne peut être transcrite et versée au dossier de la procédure, à moins qu'elle ne révèle un indice de participation personnelle de ce dernier à une infraction pénale* » (même arrêt, Crim. 22 mars 2016, n° 15-83.205, P n° 93).

En toute hypothèse, « *même si elle est surprise à l'occasion d'une mesure d'instruction régulière, la conversation entre un avocat et son client ne peut être transcrite et versée au dossier de la procédure que s'il apparaît que son contenu est de nature à faire présumer la participation de cet avocat à une infraction* », le soupçon de participation à l'infraction retirant alors tout intérêt à la distinction entre activité de défense et de conseil (Crim. 8 nov. 2000, n° 00-83.570, P n° 335 ; Crim.

18 janv. 2006, nº 05-86.447, P nº 22 ; Crim. 15 juin 2016, nº 15-86.043, P nº 186 ; Crim. 13 déc. 2022, nº 21-87.435 (§ 13), P).

3. La transcription des conversations du journaliste

Ne peuvent être également transcrites les transcriptions de correspondances avec un **journaliste** permettant d'identifier les sources en violation de l'article 2, L. 29 juill. 1881 (L. nº 2010-1, 4 janv. 2010). Cette disposition prévoit toutefois – en lecture *a contrario* – qu'il peut être porté atteinte au secret des sources des journalistes dans le cas où un impératif prépondérant le justifie et si les mesures envisagées sont strictement nécessaires et proportionnées (v. nº 35.3).

F. Le contrôle de l'interception par l'autorité judiciaire

Le JLD qui a autorisé l'interception est informé sans délai par le procureur de la République des réquisitions faites aux exploitants de télécommunications, des opérations d'interception et d'enregistrement et des transcriptions qui en sont faites, notamment des procès-verbaux dressés en exécution de son autorisation (C. pr. pén., art. 100-5 et 706-95 mod. par L. nº 2011-267, 14 mars 2011). « *Afin de satisfaire ces nouvelles prescriptions légales, le procureur de la République ne peut donc tirer qu'avantage à transmettre les procès-verbaux .../... au JLD à la fin des opérations et au plus tard à l'arrivée de la procédure au parquet, et avant son orientation, pour prise de connaissance et visa, afin qu'une trace de l'effectivité du contrôle du magistrat apparaisse en procédure* » (Circ. Crim. 2011-22-G1, 4 août 2011, NOR : JUSD1121937C, nº I-1-3).

Les enregistrements sont détruits, à la diligence du procureur de la République ou du procureur général, à l'expiration du délai de prescription de l'action publique (sur la prescription, v. nºs 17.18 s). Il est dressé procès-verbal de l'opération de destruction (C. pr. pén., art. 100-6 et 706-95). « *Le point de départ de ce délai, de 3 ans* [devenu 6] *en matière correctionnelle et de 10 ans* [devenu 20] *en matière criminelle, court à compter de la décision définitive sur les poursuites, qu'il s'agisse d'une décision de non-lieu, de relaxe, d'acquittement ou de condamnation* » (Circ. Gén. C. 100-6).

11.37 Le régime commun à certaines techniques spéciales d'enquête (C. pr. pén., art. 706-95-11 s., L. nº 2019-222, 23 mars 2019)

A. Le domaine du régime commun : IMSI Catcher, sonorisation et captation de données (C pr. pén., art. 706-95-11)

Soucieuse d'harmoniser le régime de certaines techniques spéciales d'enquête, la L. nº 2019-222, 23 mars 2019, a institué au C pr. pén., art. 706-95-11 à 706-95-19 des dispositions communes au recueil des **données technique de connexion** (IMSI Catcher, C. pr. pén., art. 706-95-4 renuméroté au 706-95-20, v. nº 11.38), aux **sonorisations et fixations d'image** dans les lieux ou véhicules (C. pr. pén., art. 706-96, v. nº 11.39) ainsi qu'à la **captation de données informatiques** (C. pr. pén., art. 706-102-1 s., v. nº 11.40).

Ces trois techniques d'enquête ne peuvent être mises en œuvre que si les nécessités de l'enquête ou de l'information judiciaire relatives à l'une des infractions relevant de la criminalité organisée décrites au C. pr. pén., art. 706-73 (infractions relevant de ce régime y compris la GAV de 96 H 00, v. nº 11.21A) et 706-73-1 (infractions relevant de ce régime à l'exception de la GAV de 96 H 00, v. nº 11.21C) l'exigent (C. pr. pén., art. 706-95-11). Les dispositions de L. nº 2019-222, 23 mars 2019, étendant les techniques spéciales d'enquête à **tout crime** ont été censurées par le Cons. const., en ce qu'elles ne prévoyaient pas, « *pour des infractions ne présentant pas nécessairement un caractère de particulière complexité* », de « *garanties permettant un contrôle suffisant par le juge du maintien du caractère nécessaire et proportionné de ces mesures durant leur déroulé* » (Cons. const. 21 mars 2019, nº 2019-778 DC, § 164 et 165).

B. L'autorisation est accordée pour une durée limitée par décision motivée du JLD ou du juge d'instruction

Les techniques spéciales d'enquête précitées sont autorisées par le **JLD** saisi par requête du procureur de la République au cours de l'enquête préliminaire ou de flagrance, ou par le **juge d'instruction** après avis du procureur de la République dans le cadre de l'information judiciaire (C. pr. pén., art. 706-95-12). L'avis du procureur de la République n'a pas à être motivé, seul l'ordonnance du juge d'instruction devant l'être (Crim. 20 mars 2019, nº 17-86.319 et 18-87.250, P).

« *en cas de risque imminent de dépérissement des preuves ou d'atteinte grave aux personnes ou aux biens* » le juge d'instruction peut toutefois autoriser de telles investigations sans l'avis préalable du parquet (C. pr. pén., art. 706-95-13, réd. issue L. nº 2020-1672, 24 déc. 2020, anc[t] C. pr. pén., art. 706-95-15). Les dispositions qui prévoyaient que le parquet pouvait délivrer cette autorisation dans les mêmes conditions sous réserve de confirmation du JLD dans les 24 H 00 ont été censurées par le Cons. const. (Cons. const. 21 mars 2019, nº 2019-778 DC, § 166).

L'autorisation fait l'objet d'une **ordonnance écrite et motivée** par référence aux éléments de droit et de fait justifiant que ces opérations sont nécessaires (C. pr. pén., art. 706-95-13). C'est ordonnance « *n'a pas de caractère juridictionnel et n'est pas susceptible de recours* » (C. pr. pén., art. 706-95-13).

La seule référence abstraite aux « *nécessités de l'information* », qui interdit tout contrôle réel et effectif de la mesure, ne répond pas aux exigences de la loi (Crim. 6 janv. 2015, nº 14-85.448, P nº 5). Un raisonnement comparable s'impose pour la référence non motivée aux « *nécessités de l'enquête* ».

L'autorisation délivrée en urgence par le juge d'instruction sans avis préalable du procureur de la République comporte au surplus l'énoncé des circonstances de fait établissant l'existence d'un risque imminent (C. pr. pén., art. 706-95-13).

L'autorisation du JLD est délivrée pour une durée maximale **d'un mois**, renouvelable une fois, soit au total 2 mois. Celle du juge d'instruction a une durée maximale de **4 mois**, renouvelable pour la même durée dans la limite de 2 ans (C. pr. pén., art. 706-95-16). « *Un même domicile peut faire l'objet de plusieurs mesures de sonorisation à l'occasion d'une même procédure, dès lors que la durée totale des opérations n'excède pas deux ans* » (§ 32) (Crim. 29 nov. 2022, nº 22-81.393, P). « *aucune captation, fixation, transmission et enregistrement de paroles ou images ne saurait avoir lieu après expiration de ce délai, indépendamment de la date du retrait du dispositif de sonorisation, qui n'en constitue qu'une modalité d'exécution* » (§ 23) (Crim. 29 nov. 2022, nº 22-81.393, P). « *le renouvellement d'une autorisation de mise en place d'un dispositif technique [de sonorisation] doit intervenir avant l'expiration de la mesure précédente* », est ainsi nul le renouvellement intervenu le 5 juillet alors que la mesure avait pris fin le 23 juin (Crim. 13 nov. 2008, nº 08-85.456, P nº 230).

« *il ne résulte d'aucun texte qu'un même domicile ne puisse faire l'objet de plusieurs mesures de sonorisations à l'occasion de procédures distinctes, sauf à ce que le recours à un stratagème soit établi* », chacune des mesures obéissant alors à ses propres conditions procédurales (§ 18) (Crim. 29 nov. 2022, nº 22-81.393, P).

Depuis L. nº 2019-222, 23 mars 2019, selon les conditions et modalités précisées au nº 15.29A3, le procureur de la République peut autoriser par **décision écrite et motivée** les OPJ et APJ à **poursuivre ces opérations pendant au plus 48 H 00** à compter de la délivrance d'un **réquisitoire introductif** (C. pr. pén., art. 80-5, dispositif auparavant réservé aux infractions de terrorisme par C. pr. pén., art. 706-24-2, L. nº 2016-731, 3 juin 2016).

C. La mise en œuvre de l'autorisation par les enquêteurs

1. La mise en place et le retrait du dispositif technique (C. pr. pén., art. 706-95-17)

Les mesures d'investigation « *sont mises en place par l'OPJ commis par le juge d'instruction ou requis par le procureur de la République ou, sous sa responsabilité, par l'APJ* » (C. pr. pén., art. 706-95-17).

« *En vue de procéder à l'installation, à l'utilisation et au retrait des dispositifs techniques.../...le procureur de la République, le juge d'instruction ou l'OPJ peut requérir tout agent qualifié d'un service, d'une unité ou d'un organisme placé sous l'autorité ou la tutelle du ministère de l'Intérieur ou du ministre de la Défense dont la liste est fixée* » (C. pr. pén., art. 706-95-7) par C. pr. pén., art. D. 15-1-5 (pour la sonorisation et la fixation d'images dans les lieux et véhicules, C. pr. pén., art. 706-96), D.15-1-5-1 (pour l'IMSI-Catcher, C. pr. pén., art. 706-95-4 devenu 706-95-20) et D. 15-1-6 (pour la captation de données informatiques, C. pr. pén., art. 706-102-1). Précisons qu'« *aucune disposition de la loi n'impose une désignation nominative, par le juge d'instruction ou par le procureur de la République, de l'OPJ ou de l'APJ chargé de la mise en place des dispositifs techniques prévus au C.pr. pén., art. 706-96, dont l'utilisation a été autorisée par le JLD* » (§ 19) (Crim. 6 avr. 2022, n° 21-84.092, P). De plus, « *le magistrat compétent peut désigner tout OPJ aux fins de mettre en place une mesure de sonorisation ou de géolocalisation. La mise en place de la mesure inclut les opérations techniques d'installation, d'utilisation et de retrait du dispositif* » (§ 5), « *cet OPJ peut confier l'exécution de sa mission à des officiers ou agents de police judiciaire placés sous son autorité* » (§ 6), « *le magistrat compétent ou l'OPJ requis ou commis par lui tiennent encore de C. pr. pén., art. 706-95-17, alinéa 2, et 230-36, la faculté de requérir tout agent qualifié d'un des services, unités ou organismes limitativement énumérés à l'article D. 15-1-5 dudit code, pour procéder aux opérations techniques précitées* » (§ 7) (Crim. 23 mai 2023, n° 22-84.474, P).

« *l'introduction dans un véhicule ou un lieu privé* », « *à l'insu ou sans le consentement du propriétaire ou du possesseur du véhicule ou de l'occupant des lieux ou de toute personne titulaire d'un droit sur ceux-ci* », en vue **d'installer** ou de **désinstaller** le dispositif technique de sonorisation ou de fixation d'images (C. pr. pén., art. 706-96-1, v. n° **11.39**) ou de captation de données informatiques (C. pr. pén., art. 706-102-5, v. n° **11.40**), peut être spécialement autorisée par le JLD ou le juge d'instruction selon le cadre d'enquête, ou par le seul JLD saisi par le parquet ou le juge d'instruction si l'introduction est réalisée entre 21 H 00 et 6 H 00 dans un « *lieu d'habitation* ».

« *ni les espaces de circulation, ni les emplacements de stationnement, ni les boxes fermés du parking souterrain d'un immeuble collectif d'habitation ne constituent des lieux d'habitation* » au sens de C. pr. pén., art. 230-34 et 706-96-1 (Crim. 18 juin 2019, n° 18-86.421, P n° 122). Il en résulte que la mise en place d'un dispositif de captation d'image dans de tels lieux ne requiert pas d'autorisation distincte de celle prévoyant le recours à cette technique spéciale d'enquête.

« *Le demandeur ne saurait se prévaloir d'une atteinte effective à sa vie privée consécutive au seul maintien dans les lieux du dispositif technique prévu au C. pr. pén., art. 706-96, dont l'accès était devenu impossible, dès lors [qu'il résulte de la procédure] que le dispositif de captation a été désactivé et le matériel de réception des conversations retiré dès la fin des opérations autorisées par le juge d'instruction, ce dispositif devenant dès lors inutilisable par les enquêteurs* » (§ 25) (Crim. 29 nov. 2022, n° 22-81.393, P).

2. La formalisation des opérations (C. pr. pén., art. 706-95-18)

L'OPJ ou l'APJ agissant sous sa responsabilité « *dresse procès-verbal de la mise en place des dispositifs techniques et des opérations effectuées* », lequel « *mentionne la date et l'heure auxquelles l'opération a commencé et celles auxquelles elle s'est terminée* » (C. pr. pén., art. 706-95-18). « *En toute hypothèse, il doit apparaître dans les pièces de la procédure la mention du service auquel appartient l'agent ayant procédé auxdites opérations* » (§ 8) (Crim. 23 mai 2023, n° 22-84.474, P).

« *Les enregistrements sont placés sous scellés fermés* » (C. pr. pén., art. 706-95-18).

L'OPJ ou l'APJ « *transcrit, dans un procès-verbal qui est versé au dossier, les données enregistrées qui sont utiles à la manifestation de la vérité* », à l'exclusion de toute « *séquence relative à la vie privée étrangère aux infractions visées* », laquelle « *ne peut être conservée au dossier de la procédure* » (C. pr.

pén., art. 706-95-18). « *A la demande expresse et sous le contrôle de l'OPJ ou [...] de l'APJ* », les **assistants d'enquête** peuvent également « *procéder aux transcriptions* » des correspondances « *préalablement identifiées comme nécessaires à la manifestation de la vérité par les OPJ* » (C. pr. pén., art. 21-3, issu L. n° 2023-22, 24 janv. 2023, et C. pr. pén., art. 706-95-18, mod. par la même loi).

« *Les conversations et données en langue étrangère sont transcrites en français avec l'assistance d'un interprète requis à cette fin* » (C. pr. pén., art. 706-95-18).

D. Le contrôle des opérations par l'autorité judiciaire

Les techniques spéciales d'enquête « *se déroulent sous l'autorité et le contrôle du magistrat qui les a autorisées* » lequel « *peut ordonner à tout moment leur interruption* » (C. pr. pén., art. 706-95-14).

Dans le cadre de l'enquête préliminaire ou de flagrance, « *le JLD est informé sans délai par le procureur de la République des actes accomplis* » et « *les procès-verbaux dressés en exécution* » de sa décision « *lui sont communiqués* » (C. pr. pén., art. 706-95-14).

« *Si le JLD estime que les opérations n'ont pas été réalisées conformément à son autorisation ou que les dispositions applicables .../...n'ont pas été respectées, il ordonne la destruction des procès-verbaux et des enregistrements effectués* ». Il statue par ordonnance motivée notifiée au parquet, qui peut former appel dans les dix jours de la notification devant le président de la CHINS (C. pr. pén., art. 706-95-14). Ce dispositif juridictionnel d'appréciation de la validité des opérations par le JLD ne figurait pas dans le droit antérieur à la L. n° 2019-222, 23 mars 2019.

En tant que telle, l'ordonnance du JLD ou du juge d'instruction « *n'a pas de caractère juridictionnel et n'est pas susceptible de recours* » (C. pr. pén., art. 706-95-13). Le contrôle du JLD s'effectue toutefois sans préjudice des causes de nullité qui pourront être soulevées devant le tribunal correctionnel ou la CHINS si une information est ouverte.

Dans le cadre de l'information judiciaire, s'il appartient au juge d'instruction de contrôler le déroulement de la mesure (C. pr. pén., art. 706-95-14), c'est à la CHINS, saisie par le juge d'instruction, les parties ou le ministère public, d'en apprécier la régularité si elle est entachée d'une cause de nullité, conformément au droit commun des nullités de l'information (C. pr. pén., art. 170).

Le procureur de la République ou le procureur général a la charge, « *à l'expiration du délai de prescription de l'action publique* », de procéder à la destruction des « *enregistrements et données recueillies lors des opérations* » et de faire dresser « *procès-verbal de l'opération de destruction* » (C. pr. pén., art. 706-95-19).

11.38 La détection des données de connexion d'un terminal (IMSI-Catcher) et l'interception de ses correspondances pour la criminalité organisée (L. n° 2016-731, 3 juin 2016)

Ces dispositions issues de la L. n° 2016-731, 3 juin 2016, auparavant contenues au C. pr. pén., art. 706-95-4, ont été déplacées à compter du 1er juin 2019 au C. pr. pén., art. 706-95-20 par L. n° 2019-222, 23 mars 2019, art. 109.

A. L'autorisation de détecter les données de connexion d'un terminal en matière de criminalité organisée (C. pr. pén., art. 706-95-20 I)

Si les nécessités de l'enquête portant sur une infraction relevant de la criminalité organisée prévue au C. pr. pén., art. 706-73 et 706-73-1 (v. la liste de ces infractions au n° 11.21A et 11.21C) l'exigent « *il peut être recouru à la mise en place et à l'utilisation d'un appareil ou d'un dispositif technique...afin de recueillir les données techniques de connexion permettant l'identification d'un équipement terminal ou du numéro d'abonnement de son utilisateur, ainsi que les données relatives à la localisation d'un équipement terminal utilisé* » (C. pr. pén., art. 706-95-20).

Cette technique d'enquête est aussi applicable à diverses infractions relevant partiellement du régime d'enquête de la criminalité organisée (C. pr. pén., art. 706-1-1, 706-1-2, 706-2-2 et 706-72) (V. les infractions concernées au n° **11.22B**).

Selon les précisions apportées au n° **11.21B19**, elle est également applicable à l'enquête pour **recherche d'une personne en fuite** pour une infraction relevant de la criminalité organisée (C. pr. pén., art. 74-2, mod. par L. n° 2023-22, 24 janv. 2023).

Depuis L. n° 2019-222, 29 mars 2019, applicable au 1er juin 2019, l'autorisation obéit désormais au régime commun à certaines techniques spéciales d'enquête propres à la criminalité organisée décrit au n° **11.37** (C. pr. pén., art. 706-95-11 s.).

Ces dispositions permettent notamment de mettre en œuvre les équipements dits *IMSI-Catcher* (*International Mobile Subscriber Identity*), qui permettent d'intercepter le trafic de téléphonie mobile (contenu et données de connexion) sur une zone correspondant au rayon d'action et à la sensibilité du matériel mis en œuvre (sur la mise en œuvre de cet équipement dans le cadre du renseignement administratif, v. n° **35.55B**), et plus généralement, par renvoi aux dispositifs décrits au C. pr. pén., art. 226-3 1°, aux appareils permettant d'intercepter des correspondances émises, transmises ou reçues par la voie électronique, ou conçus pour la détection à distance des conversations ou permettant de capter des données informatiques.

À la différence des dispositifs de sonorisation et de fixation d'image (C. pr. pén., art. 706-96 – V. **C** ci-dessous) ou de captation des données informatiques (C. pr. pén., art. 706-102-1 V. n° **11.40**), il ne peut être délivré d'autorisation d'introduction dans un véhicule ou dans un lieu privé pour l'installation ou la désinstallation des dispositifs visés par C. pr. pén., art. 706-95-20 (V. n° **11.37C1**).

La L. n° 2019-222, 23 mars 2019, transposant dans le nouvel article 706-95-15 1° les dispositions antérieures de C. pr. pén., art. 706-95-4 III qui permettaient au parquet, « *En cas d'urgence résultant d'un risque imminent de dépérissement des preuves ou d'atteinte grave aux personnes ou aux biens* », d'autoriser provisoirement la mesure sous réserve de confirmation par le JLD dans les 24 H 00, a été sur ce point censurée par le Cons. const. (Cons. const. 21 mars 2019, n° 2019-778 DC, § 166). Il en résulte que le parquet ne peut plus délivrer d'autorisation provisoire depuis le 1er juin 2019, date d'entrée en vigueur des dispositions nouvelles.

B. L'autorisation d'intercepter les correspondances émises ou reçues par un équipement terminal pendant 48 H 00 (C. pr. pén., art. 706-95-20 II)

Dans les mêmes conditions, il peut être recouru à la mise en place ou à l'utilisation du dispositif décrit au **A** ci-dessus « *afin d'intercepter des correspondances émises ou reçues par un équipement terminal* » (C. pr. pén., art. 706-95-20 II).

« *Les correspondances interceptées.../...ne peuvent concerner que la personne ou la liaison visée par l'autorisation d'interception* » (C. pr. pén., art. 706-95-20 II).

Cette autorisation est délivrée par le JLD ou par le juge d'instruction pour une durée maximale de **48 H 00 renouvelable une fois.**

À la suite de la décision du Cons. const. du 21 mars 2019, n° 2019-778 DC, décrite au **A** ci-dessus, le parquet ne peut plus, depuis le 1er juin 2019, délivrer d'autorisation provisoire pour **24 H 00** « *En cas d'urgence résultant d'un risque imminent de dépérissement des preuves ou d'atteinte grave aux personnes ou aux biens* ».

C. Les interceptions de données de connexion et des correspondances électroniques dans les établissement pénitentiaires (renvoi, v. n° 11.42C)

11.39 La sonorisation ou fixation d'image sur autorisation d'un juge dans les lieux ou situations privés en matière de criminalité organisée (C. pr. pén., art. 706-96)

Dans les limites examinées au n° 11.31, le pouvoir général d'investigation des enquêteurs, du procureur de la République (C. pr. pén., art. 41) ou du juge d'instruction (C. pr. pén., art. 81) leur permet en principe de réaliser une surveillance en recourant à des dispositifs techniques permettant de capter, fixer, transmettre ou enregistrer des **paroles non privées** ou des **images prises dans des lieux publics.**

Mais il ne peut être « *recouru à la mise en place d'un dispositif technique ayant pour objet, sans le consentement des intéressés, la captation, la fixation, la transmission et l'enregistrement de paroles prononcées par une ou plusieurs personnes à titre privé ou confidentiel, dans des lieux ou véhicules privés ou publics, ou de l'image d'une ou de plusieurs personnes se trouvant dans un lieu privé* » (C. pr. pén., art. 706-96) que pour les infractions soumises au régime de la criminalité organisée et sur autorisation du JLD ou du juge d'instruction selon les conditions et modalités désormais communes à certaines techniques spéciales d'enquête décrites au n° 11.37 (C. pr. pén., art. 706-95-11 s., issu L. n° 2019-222, 23 mars 2019.

Selon les précisions apportées au n° 11.21B19, cette technique spéciale d'enquête s'appliquent également à l'enquête pour **recherche d'une personne en fuite** pour une infraction relevant de la criminalité organisée (C. pr. pén., art. 74-2, mod. par L. n° 2023-22, 24 janv. 2023).

Elle est également applicable, selon les conditions et modalités de l'enquête judiciaire, en matière douanière pour la contrebande de marchandises dangereuses pour la santé, la moralité ou la sécurité publique en bande organisée (C. douanes, art. 414 dern. al, v. n°s 33.36 et 34.6), la contrebande intentionnelle en bande organisée (C. douanes, art. 414-2 al. 3, v. n° 33.37) ainsi que pour le blanchiment douanier (C. douanes, art. 414-2 al. 3, v. n° 28.9) (C. pr. pén., art. 706-1-1 3° et C douanes, art. 67 *bis*-5, mod. ou issu L. n° 2023-610, 18 juill. 2023, visant à donner à la douane les moyens de faire face aux nouvelles menaces).

« *les parties communes d'une copropriété constituant un lieu privé, les opérations de captation et de fixation d'images effectuées* » doivent alors répondre aux conditions fixées par C. pr. pén., art. 706-96 (Crim. 27 mai 2009, n° 09-82.115, n° 108).

Cette opération initialement réservée à l'information judiciaire a été étendue aux enquêtes préliminaires ou de flagrance par L. n° 2016-731, 3 juin 2016, en vigueur le 1er oct. 2016.

Un dispositif comparable est prévu pour l'installation, dans les locaux ou véhicules, à l'insu de leur occupant ou possesseur, de dispositifs permettant la **captation de données informatiques** (C. pr. pén., art. 706-102-1, L. n° 2011-267, 14 mars 2011) (v. n° 11.40).

Comme pour ce dispositif, le juge peut autoriser l'introduction dans un véhicule ou dans un lieu privé pour l'installation ou la désinstallation des dispositifs de sonorisation ou de captation d'images (C. pr. pén., art. 706-102-5, V. n° 11.37C1).

L'expertise technique de « *l'Agence nationale des techniques d'enquêtes numériques judiciaires* » (ANTENJ), service à compétence nationale relevant du garde des Sceaux, peut être sollicitée pour l'emploi de cette technique (D. n° 2017-614, 24 avr. 2017, art. 2). Les enquêteurs chargés de procéder à ces opérations sont autorisés à détenir les appareils conçus pour intercepter les communications électroniques ou conversations, dont la commercialisation irrégulière est incriminée par C. pén., art. 226-3, et dont les conditions de détention sont régies par C pén., art. R. 226-1 s. (v. n° 35.52) (C. pr. pén., art. 706-98, anc^t^ 706-99).

Mentionnons qu'*« aucune disposition conventionnelle ou légale n'interdit au juge d'instruction, agissant en application de C. pr. pén., art. 81, d'exploiter dans le cadre d'une procédure pénale une mesure de sonorisation ordonnée dans le cadre d'une autre procédure »* (§ 56) (Crim. 11 mai 2021, n°s 20-86.182, 20-82.415, P).

La loi n'opère pas de distinction selon les caractéristiques du dispositif technique mis en œuvre, en particulier, « *selon que le dispositif est fixe ou mobile* » (§ 11) ; est ainsi valable la captation d'images d'une maison entourée d'un jardin clos et de ses abords immédiats « *par une caméra aéroportée* » (§ 15), « *dès lors [...] que les enquêteurs ont agi sur délégation expresse du magistrat qui a ordonné la mesure* » (§ 21), et que le juge d'instruction a justifié la nécessité et la proportionnalité de cette dernière en relevant dans son ordonnance qu'elle visait la recherche d'un trafic transfrontalier de stupéfiants ciblé par les premières investigations des enquêteurs (§ 18) et que la configuration des « *lieux rendait toute surveillance difficile* » (§ 19) (Crim. 15 nov. 2022, n° 22-80.097, P). Précisons que la surveillance aéroportée des « *personnes se trouvant dans un lieu public* » n'entre pas dans la catégorie des « *techniques spéciales d'enquête* » régies par C. pr. pén., art. 706-96, réservées à la criminalité organisée et aux lieux privés, mais constitue un acte d'enquête de droit commun, régi depuis L. n° 2022-52, 24 janv. 2022, par C. pr. pén., art. 230-47 s. (v. n° **11.31D**).

11.40 La captation des données informatiques en matière de criminalité organisée (C. pr. pén., art. 706-102-1)

A. Le domaine et le contenu du dispositif

Cette technique spéciale d'enquête est réservée aux infractions relevant de la criminalité organisée. Autrefois limitée à l'information judiciaire, elle a été étendue depuis L. n° 2016-731, 3 juin 2016, à l'enquête préliminaire ou de flagrance (C. pr. pén., art. 706-102-1, mod. L. n° 2016-731, 3 juin 2016).

Depuis le 1er juin 2019, l'autorisation du magistrat obéit au régime commun à certaines techniques spéciales d'enquête propres à la criminalité organisée institué par la L. n° 2019-222, 23 mars 2019, décrit au n° **11.37** (C. pr. pén., art. 706-95-11 s.).

L'opération consiste « *à la mise en place d'un dispositif technique ayant pour objet, sans le consentement des intéressés, d'accéder, en tous lieux, à des données informatiques, de les enregistrer, de les conserver et de les transmettre, telles qu'elles sont stockées dans un système informatique, telles qu'elles s'affichent sur un écran pour l'utilisateur d'un système de traitement automatisé de données ou telles qu'elles sont reçues et émises par des périphériques* » (C. pr. pén., art. 706-102-1). S'il s'agit d'accéder à des correspondances électroniques au moyen d'un identifiant déjà connu des enquêteurs, le dispositif prévu par C. pr. pén., art. 706-95-1 et décrit au n° **11.41** est applicable.

Selon les précisions apportées au n° **11.21B19**, cette technique spéciale d'enquête est également applicable à l'enquête pour **recherche d'une personne en fuite** pour une infraction relevant de la criminalité organisée (C. pr. pén., art. 74-2, mod. par L. n° 2023-22, 24 janv. 2023).

La L. n° 2019-222, 23 mars 2019 a supprimé la restriction de l'opération aux périphériques « *audiovisuels* » auparavant prévue par C. pr. pén., art. 706-102-1 « *afin de couvrir la captation de données informatiques émises ou reçues par tout type de périphérique (clé USB, imprimante, disque dur externe)* » (Circ. Crim. 2019-12/H2, 27 mai 2019, NOR : JUSD1915381C, n° 1.5.1.2 3)).

Selon les précisions apportées au n° **11.21B19**, cette technique spéciale d'enquête est également applicable à l'enquête pour **recherche d'une personne en fuite** pour une infraction relevant de la criminalité organisée (C. pr. pén., art. 74-2, mod. par L. n° 2023-22, 24 janv. 2023).

À la différence du dispositif d'infiltration électronique ou d'enquête sous pseudonyme, unifié au C. pr. pén., art. 230-46 et étendu à la constatation de tous crimes ou délits punis d'une peine d'emprisonnement « *commis par la voie des communications électroniques* » depuis le 1er juin 2019 par L. nº 2019-222, 23 mars 2019 (v. nº 11.35), qui est réservé à des services spécialisés opérant sans autorisation préalable d'un magistrat sur des systèmes informatiques ouverts (internet), la captation informatique est réservée à la criminalité organisée et suppose l'autorisation préalable d'un juge d'instruction ou d'un JLD.

B. Les conditions particulières de mise en œuvre ou de régularité

Comme pour le dispositif de sonorisation et de fixation d'image (C. pr. pén., art. 706-96 V. nº 11.39) le juge peut autoriser l'introduction dans un véhicule ou dans un lieu privé pour l'installation ou la désinstallation des dispositifs de captation de données informatiques (C. pr. pén., art. 706-102-5, V. nº 11.37C1).

Le juge peut également autoriser la transmission, par un réseau de communication électronique, des données captées (C. pr. pén., art. 706-102-5, L. nº 2011-267, 14 mars 2011, mod. L. nº 2016-731, 3 juin 2016).

À peine de nullité, l'autorisation précise « *la localisation exacte ou la description détaillée des systèmes de traitement automatisé de données ainsi que la durée des opérations* » (C. pr. pén., art. 706-102-2).

Dans une affaire dans laquelle les serveurs de la messagerie cryptée « *Encrochat* », utilisée avaient fait l'objet d'une opération d'interception et de captation, il est jugé que C. pr. pén., art. 706-102-1 autorise non seulement la captation des données électroniques stockées mais également celle des données en cours de transmission, et que « *les opérations de blocage et de redirection des flux* » convergeant vers le nom de domaine et les sous domaines concernés « *n'ont constitué que des opérations techniques préalables à la mise en oeuvre de la captation des données informatiques* » (§ 13) car « *l'opération de captation suppose que les administrateurs de la solution de chiffrement en cause ne soient pas mis en mesure de neutraliser l'opération des enquêteurs, notamment en redirigeant les accès vers un autre serveur* » (§ 16) (Crim. 25 oct. 2022, nº 21-85.763, P).

La mise en place du dispositif technique ne peut concerner les systèmes de traitement automatisé se trouvant dans un cabinet d'avocat ou son domicile (C. pr. pén., art. 56-1), dans une entreprise de presse ou dans ses véhicules professionnels, ou dans le domicile d'un journaliste lorsque les investigations sont liées à son activité professionnelle (C. pr. pén., art. 56-2), dans le cabinet d'un médecin, d'un notaire ou d'un commissaire de justice [anct huissier] (C. pr. pén., art. 56-3), dans une juridiction ou au domicile d'une personne exerçant des fonctions juridictionnelles (C. pr. pén., art. 56-3), ni être réalisé dans le véhicule, le bureau ou le domicile d'un député, d'un sénateur, d'un avocat, ou d'un magistrat (C. pr. pén., art. 100-7) (C. pr. pén., art. 706-102-5, mod. L. nº 2016-731, 3 juin 2016).

L'expertise technique de l'ANTENJ peut également être sollicitée pour l'emploi de cette technique (D. nº 2017-614, 24 avr. 2017, art. 2).

11.41 L'accès aux correspondances électroniques stockées en matière de crime et de criminalité organisée (C. pr. pén., art. 706-95-1, L. nº 2016-731, 3 juin 2016)

Si les nécessités de l'enquête relative à « *un crime* » (extension apportée par L. nº 2019-222, 23 mars 2019, applicable depuis le 1er juin 2019) ou à une infraction relevant du régime complet de la criminalité organisée (v. liste au nº 11.21A) ou du régime complet hors garde à vue de 96 H 00 (v. liste au nº 11.21C) l'exige, le JLD, à la requête du parquet, peut autoriser par ordonnance motivée « *l'accès, à distance et à l'insu de la personne visée, aux correspondances stockées par la voie des communications électroniques accessibles au moyen d'un identifiant informatique* » (C. pr. pén., art. 706-95-1).

Pour les mêmes infractions, le juge d'instruction peut également autoriser un tel accès par ordonnance motivée (C. pr. pén., art. 706-95-2, créé par L. n° 2016-731, 3 juin 2016).

Selon les précisions apportées au n° **11.21B19**, ces dispositions sont également applicables à l'enquête pour **recherche d'une personne en fuite** pour une infraction relevant de la criminalité organisée (C. pr. pén., art. 74-2, mod. par L. n° 2023-22, 24 janv. 2023).

Cette technique « *s'avère particulièrement utile pour exploiter la messagerie électronique des suspects lorsque des réquisitions ou des éléments de l'enquête ont permis d'obtenir des identifiants de connexion* » (Circ. Crim. 2019-12/H2, 27 mai 2019, NOR : JUSD1915381C, n° 1.5.2), lesquels peuvent notamment résulter du recours au dispositif prévu par C. pr. pén., art. 706-102-1 décrit au n° **11.40**.

Les données peuvent être saisies et enregistrées sur tout support (C. pr. pén., art. 706-95-1, créé par L. n° 2016-731, 3 juin 2016). Le magistrat ou l'OPJ saisi par lui peut requérir tout service qualifié en vue de procéder à ces opérations (C. pr. pén., art. 706-95-3).

Ces opérations sont effectuées sous l'autorité et le contrôle du magistrat qui les a autorisées et ne peuvent, à peine de nullité, avoir un autre objet que la recherche et la constatation des infractions visées dans la décision du magistrat mais la découverte d'autres infractions ne constitue pas une cause de nullité des procédures incidentes (C. pr. pén., art. 706-95-3).

À la différence de l'interception « *de correspondances émises par la voie des communications électroniques* » (écoutes téléphoniques, C. pr. pén., art. 706-95, v. n° **11.36**), opération de surveillance secrète des correspondances dont la nature est proche de « *l'accès, à distance et à l'insu de la personne visée, aux correspondances stockées par la voie des communications électroniques* », le texte ne limite pas la durée de l'opération ni n'exige du JLD ou du juge d'instruction qu'il la fixe. Il s'en déduit que l'accès aux correspondances « *stockées* » s'entend d'un accès unique qui ne couvre pas le flux de données ultérieurement parvenues sur le support de stockage, cas dans lequel le régime de l'interception des correspondances par voie de communications électroniques est en effet seul applicable, cette dernière mesure ne permettant pas en effet d'accéder aux correspondances électroniques stockées (Crim. 8 juill. 2015, n° 14-88.457, P n° 176).

Lorsque l'identifiant informatique est associé au compte d'un avocat, d'un magistrat, d'un sénateur ou d'un député, les dispositions de protection concernant ces qualités ou fonctions sont applicables (C. pr. pén, art. 706-95-3 et 100-7, v. n° **11.36B3**).

Depuis L. n° 2019-222, 23 mars 2019, le procureur de la République peut autoriser par **décision écrite et motivée** les OPJ et APJ à **poursuivre leurs opérations d'accès aux correspondances électroniques stockées pendant au plus 48 H 00** à compter de la délivrance d'un **réquisitoire introductif** (C. pr. pén., art. 80-5, dispositif auparavant réservé aux infractions de terrorisme par C. pr. pén., art. 706-24-2, L. n° 2016-731, 3 juin 2016, v. n° **15.29A3**).

L'expertise technique de « *l'Agence nationale des techniques d'enquêtes numériques judiciaires* » (ANTENJ), service à compétence nationale relevant du garde des Sceaux, peut être sollicitée pour l'emploi de cette technique (D. n° 2017-614, 24 avr. 2017, art. 2).

11.42 Les opérations non soumises au régime de l'interception de correspondances

A. L'identification d'appels malveillants

Puisqu'il « *ne permet pas d'intercepter les télécommunications, le procédé technique dit "identificateur d'appels malveillants", généralement utilisé à la demande et avec le consentement de la victime afin d'identifier le numéro de téléphone de l'auteur des appels, demeure hors du champ d'application du texte* » régissant les interceptions de correspondances (Circ. 26 sept. 1991 ; Crim. 2 avr. 1997, n°s 97-80.269, 97-80.270, P n° 131).

B. L'interception ou l'enregistrement de conversations téléphoniques par les personnes privées

Les règles relatives aux écoutes téléphoniques ne s'appliquent, à peine de nullité, qu'aux personnes investies d'une mission de police judiciaire. Les éléments de preuve constitués par l'interception, l'enregistrement et la transcription, sans autorisation judiciaire (opérations pouvant caractériser l'infraction définie aux n^{os} **35.54** ou **35.56**), par une personne privée, de correspondances émises par la voie des télécommunications, restent soumis au débat contradictoire et à l'appréciation souveraine des juges (Crim. 12 sept. 2000, n° 99-84.648, P n° 265).

Par ailleurs, ne constitue pas une interception de correspondance « *le simple compte rendu de propos entendus par des policiers au cours d'une conversation téléphonique qui s'est déroulée en leur présence, sans artifice ni stratagème* » (Crim. 2 avr. 1997, n°s 97-80.269, 97-80.270, P n° 131).

C. L'écoute et l'enregistrement des conversations téléphoniques ou au parloir en établissement pénitentiaire

L'écoute et l'enregistrement par les enquêteurs des conversations tenues par la personne détenue au parloir de la maison d'arrêt, lesquelles sont soumises de droit (C. pr. pén., art. D. 406) à la surveillance du personnel pénitentiaire, ne constituent pas, au sens de l'article 8 de la Convention européenne des droits de l'Homme, une ingérence dans l'exercice du droit au respect de la vie privée, du domicile et de la correspondance et peuvent être prescrites par le juge d'instruction, en application des articles 81, alinéa 1er, 151 et 152 du code de procédure pénale, pourvu qu'elles aient lieu sous son contrôle et dans des conditions ne portant pas atteinte aux droits de la défense (Crim. 12 déc. 2000, n° 00-83.852, P n° 369).

Deux arrêts (Crim. 1er mars 2006, n° 05-87.251, P n° 59 – Crim. 9 juill. 2008, n° 08-82.091, P n° 170), postérieurs à la loi n° 2004-204, 9 mars 2004, valident encore la sonorisation de parloir, cette dernière décision réservant toutefois cette opération aux procédures de délinquance organisée, au visa de C. pr. pén., art. 706-73 et 706-96 (sonorisation). Ces décisions sont à rapprocher des décisions relatives à la loyauté de la preuve (v. n° **11.6B3**).

Selon des modalités définies par C. pénit., art. R. 223-1 s. (anc^{t} C. pr. pén., art. R. 57-8-24 et s.) et exposées au n° **35.55C**, sous le contrôle du procureur de la République et aux fins de prévenir les évasions et d'assurer la sécurité et le bon ordre des établissements pénitentiaires ou des établissements de santé destinés à recevoir des personnes détenues, des agents individuellement désignés et habilités de l'administration pénitentiaire peuvent recueillir au moyen d'un dispositif technique les données techniques de connexion des terminaux électroniques, intercepter, enregistrer, transcrire ou interrompre les correspondances (C. pénit., art. L. 223-1 s., anc^{t} C. pr. pén., art. 727-1, issu L. n° 2016-731, 3 juin 2016).

Bien qu'effectuées sous le contrôle du procureur de la République, ces écoutes ne relèvent pas de l'enquête judiciaire et constituent des écoutes administratives. Toutefois, si l'administration pénitentiaire acquiert au cours de cette surveillance administrative la connaissance d'un crime ou d'un délit, elle transmet les enregistrements au procureur de la République en application de C. pr. pén., art. 40.

11.43 La conservation des données de connexion par les opérateurs de communications électroniques et son intérêt pour la conduite des enquêtes

La conservation des données de communications électroniques par les opérateurs constitue le préalable nécessaire à leur exploitation ultérieure pour les besoins des enquêtes ; si la question de la conservation des données et celle des modalités d'accès à ces données sont indissociables, elles obéissent néanmoins à des dispositions et considérations distinctes exposées dans la présente fiche pour la première, et au n° 11.44 pour la seconde.

A. L'intérêt probatoire des données de connexion et de trafic conservées par les opérateurs de communications électroniques

En transposant la directive 2002/58/CE, art. 6 § 1, du Parlement européen et du Conseil, 12 juill. 2002, concernant le traitement des données à caractère personnel et la protection de la vie privée dans le secteur des communications électroniques (directive dite vie privée et communications électroniques ou ePrivacy), la loi française prévoit que « *Les opérateurs de communications électroniques, et notamment les personnes dont l'activité est d'offrir un accès à des services de communication au public en ligne, effacent ou rendent anonyme [...] les données relatives aux communications électroniques* » (CPCE, art. L. 34-1 II, réd. issue L. n° 2021-998, 30 juill. 2021).

Par dérogation à ce principe, « *les États membres peuvent, entre autres, adopter des mesures législatives prévoyant la conservation de données pendant une durée limitée lorsque cela est justifié* » « *pour sauvegarder la sécurité nationale – c'est-à-dire la sûreté de l'État –, la défense et la sécurité publique, ou assurer la prévention, la recherche, la détection et la poursuite d'infractions pénales ou d'utilisations non autorisées du système de communications électroniques* » (directive 2002/58/CE, précitée, art. 15 § 1).

La directive 2006/24/CE 15 mars 2006, qui modifiait la directive précitée 2002/58/CE 12 juill. 2002, imposait et harmonisait l'obligation de conservation des données par les opérateurs, en considérant que, « *Eu égard à l'importance des données relatives au trafic et des données de localisation pour la recherche, la détection et la poursuite d'infractions pénales, il est nécessaire, comme les travaux de recherche et l'expérience pratique de plusieurs États membres le démontrent, de garantir au niveau européen la conservation pendant un certain délai [...], des données traitées par les fournisseurs de communications électroniques* » (consid. 11).

Cette directive a toutefois été invalidée au visa de la CDFU par la décision CJUE, 8 avr. 2014, *Digital Rights Ireland Ltd*, aff. C-293/12 et C-594/12, exposée en B1 ci-dessous. La directive 2002/58/CE 12 juill. 2002, et notamment son art. 15 § 1, constitue donc le cadre retenu par la CJUE pour apprécier sur ce point la régularité des dispositions de droit interne au regard du droit de l'Union.

En droit interne, les opérateurs de communications électroniques sont tenus de conserver en application du CPCE, art. L. 34-1, et selon les précisions apportées au B ci-dessous, des données juridiques des utilisateurs et des données techniques de leurs communications, pour les besoins de la lutte contre la criminalité et la délinquance, la prévention des menaces contre la sécurité publique et la sauvegarde de la sécurité nationale.

Les fournisseurs d'accès à internet et hébergeurs de contenu sont soumis à des obligations comparables, sur le fondement de L. n° 2004-575, 21 juin 2004, art. 6 II (loi dite LCEN), renvoyant au CPCE, art. L. 34-1 et à ce titre ces personnes « *détiennent et conservent les données de nature à permettre l'identification de quiconque a contribué à la création du contenu ou de l'un des contenus des services dont elles sont prestataires* ».

À partir des données techniques ainsi conservées, les opérateurs de communications électroniques sont en capacité d'identifier *a posteriori* les numéros des appels entrants et sortants de l'utilisateur d'un terminal (données de trafic), ses données de localisation (bornage), ou d'identifier un terminal ayant contribué à la création d'un contenu mis en ligne, et de transmettre ces données (résumées sur des listings dits « fadet » ou « fadette » pour « facture détaillée ») à l'autorité judiciaire lorsqu'elle les sollicite pour les besoins d'une enquête ou d'une information.

Auparavant transmises sur la base de réquisitions de transmission de données au visa des dispositions générales de C. pr. pén., art. 60-1 pour l'enquête de flagrance, 77-1-1 pour l'enquête préliminaire, 99-3 pour l'instruction (sur ces réquisitions, v. n° **11.54**), ces données font depuis L. n° 2022-299, 2 mars 2022, l'objet de dispositions spéciales (C. pr. pén., art. 60-1-2) tirant les conséquences de la jurisprudence de la CJUE et du Cons. const. examinées au n° **11.44**.

La géolocalisation en temps réel, qui repose techniquement sur l'exploitation en temps réel des données de connexion traitées par les opérateurs de communications électroniques, était d'abord fondée sur les réquisitions effectuées au visa des dispositions générales précitées, avant qu'elle ne fasse l'objet d'un régime spécifique défini par L. n° 2014-372, 28 mars 2014 (C. pr. pén., art. 230-32 s., v. n° **11.46A**).

Précisons que les données conservées et traitées par les opérateurs de communications électroniques « *portent exclusivement sur l'identification des personnes utilisatrices des services fournis par les opérateurs, sur les caractéristiques techniques des communications assurées par ces derniers et sur la localisation des équipements terminaux* » (aussi appelées métadonnées) mais qu'« *elles ne peuvent en aucun cas porter sur le contenu des correspondances échangées ou des informations consultées, sous quelque forme que ce soit, dans le cadre de ces communications* » (CPCE, art. L. 34-1 VI, R. 10-13). L'accès en temps réel au contenu des correspondances relève en effet du régime particulier de l'interception de correspondance électronique (écoute téléphonique) prévu par C. pr. pén., art. 100 et 706-95 (v. n° **11.36**), et l'accès en temps différé aux correspondances électroniques stockées par un opérateur de communications électroniques du régime spécifique prévu par C. pr. pén., art. 706-95-1 (v. n° **11.41**). Enfin, en application de C. pr. pén., art. 60-2, al. 2 et 77-1-2, al. 2, l'OPJ ou l'APJ, sur réquisition du procureur de la République préalablement autorisé par le JLD, peut requérir des opérateurs de télécommunications, pour une durée ⩽ 1 an, la préservation « *du contenu des informations consultées par les personnes utilisatrices des services fournis par les opérateurs* » (sur ces réquisitions, v. n° **11.55B**).

B. La jurisprudence de la CJUE et du Conseil constitutionnel prohibant la conservation généralisée et indifférenciée des données de connexion par les opérateurs de communications électroniques

1. La jurisprudence de la CJUE

Les données de connexion traitées par les opérateurs de communications électroniques constituent des données personnelles. En effet, « *une règlementation nationale imposant aux fournisseurs de services de communications électroniques de conserver des données relatives au trafic et des données de localisation aux fins de la protection de la sécurité nationale et de la lutte contre la criminalité, […], relève du champ d'application de la directive 2002/58* », concernant le traitement des données à caractère personnel et la protection de la vie privée dans le secteur des communications électroniques (directive vie privée et communications électroniques) (§ 104) (CJUE, Gr. Ch., 6 oct. 2020, trois décisions, *La quadrature du Net*, aff. C-511/18 ; *French Data Network*, aff. C-512/18 et *Ordre des barreaux francophones et germanophones*, aff. C-520/18).

Au visa des articles 7 (respect de la vie privée et familiale) et 8 (protection des données de caractère personnel) de la CDFU, la CJUE a invalidé dans sa décision *Digital Rights Ireland Ltd* (CJUE, 8 avr. 2014, aff. C-293/12 et C-594/12) la directive 2006/24/CE du Parlement européen et du Conseil, du 15 mars 2006, sur la conservation de données générées ou traitées dans le cadre de la fourniture de services de communications électroniques accessibles au public ou de réseaux publics de communications, et modifiant la directive 2002/58/CE, qui prévoyait l'obligation de conservation des données de connexion pour une durée de 6 mois à 2 ans (§ 64 et 65), au motif qu'une ingérence d'une telle ampleur n'était pas précisément encadrée par des dispositions la réduisant au strict nécessaire (§ 65) et que la conservation d'une quantité aussi vaste de données n'était pas entourée de mesures de protection contre les risques d'accès illicite (§ 66), de garanties de destruction au terme de la durée de conservation (§ 67) ni d'obligation de conservation des données sur le territoire de l'Union (§ 68).

Dans la continuité de ses arrêts *Digital Rights Ireland Ltd* (CJUE, Gr. Ch., 8 avr. 2014, aff. C-293/12 et C-594/12) et *Tele2 Sverige AB et Watson* (CJUE, Gr. Ch., 21 déc. 2016, aff. C-203/15 et C-698/15 (§ 107), la CJUE juge qu'« *une règlementation nationale prévoyant la conservation généralisée et indifférenciée des données relatives au trafic et des données de localisation, en vue de lutter contre la criminalité grave, excède les limites du strict nécessaire et ne saurait être considérée comme étant justifiée dans une société démocratique* [...] » (§ 141) ; « *En effet, compte tenu du caractère sensible des informations que peuvent fournir les données relatives au trafic et les données de localisation, la confidentialité de ces dernières est essentielle pour le droit au respect de la vie privée* [...] » (§ 142) ; « *En revanche,* [...] *les objectifs de lutte contre la criminalité grave, de prévention d'atteintes graves à la sécurité publique et, a fortiori, de sauvegarde de la sécurité nationale sont susceptibles de justifier* [...] *l'ingérence particulièrement grave que comporte une conservation ciblée des données relatives au trafic et des données de localisation* » (§ 146), conservation ciblée imposant « *une règlementation fondée sur des éléments objectifs, permettant de viser les personnes dont les données relatives au trafic et les données de localisation sont susceptibles de révéler un lien, au moins indirect, avec des actes de criminalité grave, de contribuer d'une manière ou d'une autre à la lutte contre la criminalité grave ou de prévenir un risque grave pour la sécurité publique ou encore un risque pour la sécurité nationale* » (§ 148), ou une règlementation « *fondée sur un critère géographique lorsque les autorités nationales compétentes considèrent, sur la base d'éléments objectifs et non discriminatoires, qu'il existe, dans une ou plusieurs zones géographiques, une situation caractérisée par un risque élevé de préparation ou de commission d'actes de criminalité grave* » (§ 150) ; de même, la directive 2002/58/CE précitée, art. 15 § 1, « *ne s'oppose pas à des mesures législatives –permettant, aux fins de la sauvegarde de la sécurité nationale, le recours à une injonction faite aux fournisseurs de services de communications électroniques de procéder à une conservation généralisée et indifférenciée des données relatives au trafic et des données de localisation, dans des situations où l'État membre concerné fait face à une menace grave pour la sécurité nationale qui s'avère réelle et actuelle ou prévisible, la décision prévoyant cette injonction pouvant faire l'objet d'un contrôle effectif soit par une juridiction, soit par une entité administrative indépendante, dont la décision est dotée d'un effet contraignant, visant à vérifier l'existence d'une de ces situations ainsi que le respect des conditions et des garanties devant être prévues, et ladite injonction ne pouvant être émise que pour une période temporellement limitée au strict nécessaire, mais renouvelable en cas de persistance de cette menace* » (§ 168) ; enfin, que cette même directive, « *ne s'oppose pas à des mesures législatives –permettant, aux fins de la lutte contre la criminalité grave et, a fortiori, de la sauvegarde de la sécurité nationale, le recours à une injonction faite aux fournisseurs de services de communications électroniques, au moyen d'une décision de l'autorité compétente soumise à un contrôle juridictionnel effectif, de procéder, pour une durée déterminée, à la conservation rapide des données relatives au trafic et des données de localisation dont disposent ces fournisseurs de services* » (§ 168) (CJUE, Gr. Ch., 6 oct. 2020, trois décisions, *La quadrature du Net*, C-511/18 ; *French Data Network*, C-512/18 et *Ordre des barreaux francophones et germanophones*, C-520/18). La directive 2002/58/CE précitée, art. 15 § 1, « *ne s'oppose pas à ce que les autorités nationales compétentes ordonnent une mesure de conservation rapide dès le premier stade de l'enquête portant sur une menace grave pour la sécurité publique ou sur un éventuel acte de criminalité grave, à savoir à partir du moment auquel ces autorités peuvent, selon les dispositions pertinentes du droit national, ouvrir une telle enquête* » (§ 91) (CJUE, Gr. Ch., 5 avr. 2022, *Commissioner of An Garda Síochána*, aff. C-140/20).

Précisons que selon la CJUE, « *la criminalité, même particulièrement grave, ne peut être assimilée à une menace pour la sécurité nationale* » (§ 63) et que la circonstance que « *les données relatives au trafic et les données de localisation ont légalement fait l'objet d'une conservation aux fins de la sauvegarde de la sécurité nationale est sans incidence sur la licéité de leur conservation aux fins de la lutte contre la criminalité grave* » (§ 64), ainsi « *lorsque ces données ont exceptionnellement été conservées de manière généralisée et indifférenciée à des fins de sauvegarde de la sécurité nationale contre une menace qui s'avère réelle et actuelle ou prévisible, [...], les autorités nationales compétentes en matière d'enquêtes pénales ne sauraient accéder auxdites données dans le cadre de poursuites pénales, sous peine de priver de tout effet utile l'interdiction de procéder à une telle conservation aux fins de la lutte contre la criminalité grave* » (§ 100) (CJUE, Gr. Ch., 5 avr. 2022, *Commissioner of An Garda Síochána*, aff. C-140/20).

Les exigences de l'arrêt *La quadrature du Net*, ont été réaffirmées par la décision CJUE, 2 mars 2021, *Prokuratuur*, aff. C-746/18, ainsi que par les arrêts CJUE, Gr. Ch., 5 avr. 2022, *Commissioner of An Garda Síochána*, aff. C-140/20, et CJUE, 20 sept. 2022, *Bundesrepublik Deutschland c/ SpaceNet AG*, aff. C-793/19) et *Telekom Deutschland GmbH*, aff. C-794/19.

Précisons que la conservation généralisée et indifférenciée des seules **adresses IP** (internet protocol) attribuées à la source d'une connexion est quant à elle compatible avec l'article 15 § 1 de la directive 2002/58/CE précitée, pour l'identification des auteurs d'infractions commises en ligne (CJUE, Gr. Ch., 6 oct. 2020, *La quadrature du Net*, § 153 à 156).

2. La jurisprudence du Conseil constitutionnel

Saisi de la constitutionnalité de CPCE, art. L. 34-1, dans sa version antérieure à L. n° 2021-998, 30 juill. 2021, examinée ci-après, le Cons. const. juge que « *les données de connexion [...] portent non seulement sur l'identification des utilisateurs des services de communications électroniques, mais aussi sur la localisation de leurs équipements terminaux de communication, les caractéristiques techniques, la date, l'horaire et la durée des communications ainsi que les données d'identification de leurs destinataires. Compte tenu de leur nature, de leur diversité et des traitements dont elles peuvent faire l'objet, ces données fournissent sur ces utilisateurs ainsi que, le cas échéant, sur des tiers, des informations nombreuses et précises, particulièrement attentatoires à leur vie privée* » (§ 11) et « *qu'en autorisant la conservation générale et indifférenciée des données de connexion, les dispositions contestées portent une atteinte disproportionnée au droit au respect de la vie privée* » (§ 13) ; l'application de la décision d'inconstitutionnalité aux mesures prises sous l'empire de la législation antérieure entretemps abrogée depuis L. n° 2021-998, 30 juill. 2021, est toutefois écartée au motif qu'elle aurait des conséquences manifestement excessives (§ 17) (Cons. const. 25 févr. 2022, n° 2021-976/977 QPC).

C. Les adaptations apportées par L. n° 2021-998, 30 juill. 2021 relative à la prévention d'actes de terrorisme et au renseignement

Tirant les conséquences de la jurisprudence européenne précitée et de l'arrêt du Conseil d'État CE 21 avr. 2021, n° 393099, dit *French Data Network*, qui statuait pour sa part sur la légalité de la disposition réglementaire CPCE, art. R. 10-13, qui fixait la durée de conservation des données, la L. n° 2021-998, 30 juill. 2021, relative à la prévention d'actes de terrorisme et au renseignement, modifiant CPCE, art. L. 34-1, a restreint les finalités de l'obligation de conservation des données de connexion en prévoyant que « *Les opérateurs de communications électroniques sont tenus de conserver : 3° Pour les besoins de la lutte contre la criminalité et la délinquance grave, de la prévention des menaces graves contre la sécurité publique et de la sauvegarde de la sécurité nationale, les données techniques permettant d'identifier la source de la connexion ou celles relatives aux équipements terminaux utilisés, jusqu'à l'expiration d'un délai d'un an à compter de la connexion ou de l'utilisation des équipements terminaux* » (CPCE, art. L. 34-1 II *bis* 3°).

Notons que le législateur, probablement arrêté par les obstacles méthodologiques et pratiques et les risques d'arbitraire inhérents à de telles mesures, n'a pas tenté d'instituer le dispositif de « *conservation ciblée des données* » sur des « *catégories de personnes* » ou sur des « *zones géographiques* », proposé de manière alternative par la CJUE dans son arrêt 6 oct. 2020 (Gr. Ch.), *La quadrature du Net* (§ 146 à 150) (v. **B1** ci-dessus) afin de pallier les conséquences, en matière de recherche des auteurs d'infractions, du principe de prohibition de la conservation généralisée et indifférenciée des données de connexion édicté dans la même décision.

Sans préjudice de l'incidence concrète de l'irrégularité si elle est soulevée par la personne titulaire de la ligne, les nouvelles dispositions de CPCE, art. L. 34-1 II *bis* 3°, ne sont pas conformes au droit de l'Union, tel qu'interprété par la CJUE, en ce qu'elles permettent la conservation indifférenciée de données de connexion pour la criminalité même grave, ainsi que le juge la Ch. crim. (Crim, 12 juill. 2022, n° 21-83.710 (§ 24), P, v. n° **11.45**).

Par ailleurs, « *pour des motifs tenant à la sauvegarde de la sécurité nationale, lorsqu'est constatée une menace grave, actuelle ou prévisible, contre cette dernière, le Premier ministre peut enjoindre par décret aux opérateurs de communications électroniques de conserver, pour une durée d'un an, certaines catégories de données de trafic* » (CPCE, art. L. 34-1 III, issu L. n° 2021-998, 30 juill. 2021). C'est au visa de cette disposition, qui paraît trouver son fondement dans le § 168 de la décision CJUE, 6 oct. 2020 (Gr. Ch.), *La quadrature du Net*, que le D. n° 2022-1327, 17 oct. 2022, du Premier ministre, précédé du D. n° 2021-1363, 20 oct. 2021, porte ainsi injonction aux opérateurs de communications électroniques, aux fournisseurs d'accès internet et aux hébergeurs de contenus en ligne, « *vu la menace grave et actuelle contre la sécurité nationale* », de conserver pour une durée de un an les données qu'il précise. Une telle injonction de conservation des données « *peut être renouvelée si les conditions prévues pour son édiction continuent d'être réunies. Son expiration est sans incidence sur la durée de conservation des données* » (CPCE, art. L. 34-1 III, issu L. n° 2021-998, 30 juill. 2021).

11.44 L'accès pour les besoins des enquêtes aux données de connexion conservées par les opérateurs de communications électroniques

A. La jurisprudence de la CJUE, de la CEDH et du Conseil constitutionnel relative aux modalités d'accès aux données de connexion et de trafic

1. La jurisprudence de la CJUE

Ajoutant aux évolutions qui précèdent et les réaffirmant, la décision précitée CJUE, Gr. Ch., 2 mars 2021, aff. C-746/18, *Prokuratuur*, prévoit que l'article 15 §1 de la directive 2002/5 précitée (directive vie privée et communications électroniques), « *doit être interprété en ce sens qu'il s'oppose à une règlementation nationale permettant l'accès d'autorités publiques à un ensemble de données relatives au trafic ou de données de localisation, susceptibles de fournir des informations sur les communications effectuées par un utilisateur d'un moyen de communication électronique ou sur la localisation des équipements terminaux qu'il utilise et de permettre de tirer des conclusions précises sur sa vie privée, à des fins de prévention, de recherche, de détection et de poursuite d'infractions pénales, sans que cet accès soit circonscrit à des procédures visant à la lutte contre la criminalité grave ou à la prévention de menaces graves contre la sécurité publique, ce indépendamment de la durée de la période pour laquelle l'accès auxdites données est sollicité et de la quantité ou de la nature des données disponibles pour une telle période* » (§ 60 1)).

En outre, cet article « *doit être interprété en ce sens qu'il s'oppose à une règlementation nationale donnant compétence au ministère public, dont la mission est de diriger la procédure d'instruction pénale et d'exercer, le cas échéant, l'action publique lors d'une procédure ultérieure, pour autoriser l'accès d'une autorité publique aux données relatives au trafic et aux données de localisation aux fins d'une instruction pénale* » (dispositif, § 60 2)), en jugeant qu'« *il est essentiel que l'accès des autorités nationales compétentes aux données conservées soit subordonné à un contrôle préalable effectué soit par une juridiction soit par une entité administrative indépendante et que la décision de cette juridiction ou de cette entité intervienne à la suite d'une demande motivée de ces autorités présentée, notamment, dans le cadre de procédures de prévention, de détection ou de poursuites pénales* » (§ 51). Elle souligne également, tout en rappelant qu'« *il appartient, en principe, au seul droit national de déterminer les règles relatives à l'admissibilité et à l'appréciation, dans le cadre d'une procédure pénale ouverte à l'encontre de personnes soupçonnées d'actes de criminalité, d'informations et d'éléments de preuve qui ont été obtenus par une conservation généralisée et indifférenciée de ces données, contraire au droit de l'Union* » (§ 41) ; que « *le principe d'effectivité impose au juge pénal national d'écarter des informations et des éléments de preuve qui ont été obtenus au moyen d'une conservation généralisée et indifférenciée des données relatives au trafic et des données de localisation incompatible avec le droit de l'Union ou encore au moyen d'un accès de l'autorité compétente à ces données en violation de ce droit, dans le cadre d'une procédure pénale ouverte à l'encontre de personnes soupçonnées d'actes de criminalité, si ces personnes ne sont pas en mesure de commenter efficacement ces informations et ces éléments de preuve, provenant d'un domaine échappant à la connaissance des juges et qui sont susceptibles d'influencer de manière prépondérante l'appréciation des faits* » (§ 44) (CJUE, 2 mars 2021, aff. C-746/18, *Prokuratuur*), ce qui laisse entendre que ces moyens de preuve peuvent être admis s'ils sont soumis à la discussion contradictoire.

Enfin, la CJUE paraît limiter l'accès à ces données, pour la lutte contre la criminalité, aux personnes suspectées. En effet « *un accès ne saurait, en principe, être accordé, en relation avec l'objectif de lutte contre la criminalité, qu'aux données de personnes soupçonnées de projeter, de commettre ou d'avoir commis une infraction grave ou encore d'être impliquées d'une manière ou d'une autre dans une telle infraction* » (CJUE, Gr. Ch., 21 déc. 2016, *Tele2 Sverige AB et Watson*, aff. C-203/15 et C-698/15, § 119).

2. La jurisprudence de la CEDH

La CEDH juge que les réquisitions de données de connexion constituent une ingérence dans la vie privée, ainsi qu'elle résume sa jurisprudence dans l'arrêt CEDH 8 mai 2018, n° 31446/12, *Ben Faiza c/ France*, § 66 : « *l'exploitation d'informations concernant la date et la durée des appels téléphoniques, mais aussi les numéros composés, peut poser problème au regard de* [Conv. EDH, art. 8, garantissant le droit au respect de la vie privée], *ces éléments faisant "partie intégrante des communications téléphoniques" (Malone c/ Royaume-Uni, 2 août 1984, § 84, série A n° 82), même si elle se distingue par nature de l'interception des communications (P.G. et J.H. c/ Royaume-Uni, n° 44787/98, § 42, CEDH 2001-IX). En tout état de cause, la collecte et la conservation, à l'insu de l'intéressé, de données à caractère personnel se rapportant à l'usage du téléphone, constituent une ingérence dans l'exercice du droit de l'intéressé au respect de sa vie privée et de sa correspondance, au sens de l'article 8 (Copland c/ Royaume-Uni, n° 62617/00, § 44, CEDH 2007-I), à l'instar de l'utilisation dans un procès pénal d'une liste d'appels téléphoniques passés par l'accusé (Heglas c/ République tchèque, n° 5935/02, § 61, 1er mars 2007, et Previti c/ Italie, n° 45291/06, § 303, 8 déc. 2009)* ».

Pour autant, elle juge que cette ingérence est prévue par la loi interne française, y compris pour les réquisitions effectuées dans le cadre de l'enquête préliminaire. En effet, « *D'une part, dans le cadre d'une enquête préliminaire, les réquisitions prises par un officier de police judiciaire sur le fondement de C. pr. pén., art. 77-1-1 sont soumises à l'autorisation préalable d'un magistrat du parquet. La Cour note d'ailleurs qu'il ne peut être dérogé à cette obligation sous peine de nullité de l'acte [...]. D'autre part, de telles réquisitions judiciaires sont susceptibles d'un contrôle juridictionnel. [...] les juridictions pénales peuvent contrôler la légalité d'une telle mesure et, si celle-ci est jugée illégale, elles ont la faculté d'exclure du procès les éléments ainsi obtenus* » (CEDH 8 mai 2018, n° 31446/12, *Ben Faiza c/ France*, § 73).

La CEDH juge enfin que cette ingérence est légitime et nécessaire dans une société démocratique lorsque, comme en l'espèce, elle visait à « *démanteler un trafic de stupéfiants de grande ampleur, mettant en cause de nombreux individus, agissant de manière cachée et illicite, et en lien avec des réseaux étrangers* » (CEDH, 8 mai 2018, n° 31446/12, *Ben Faiza c/ France*, § 77 et 79).

Notons que la CEDH ne s'est pas prononcée sur la condition technique préalable et nécessaire pour que l'accès aux données de connexion puisse utilement prospérer, qui est celle de la conservation de ces données pendant une durée suffisante par les opérateurs de communications électroniques.

3. La jurisprudence du Conseil constitutionnel

Le Cons. const. juge que la réquisition de données de connexion par un OPJ agissant sur commission rogatoire au visa de C. pr. pén., art. 99-3 et 99-4 est conforme à la Constitution en ce que ces réquisitions sont « *mises en œuvre sous la direction et le contrôle du juge d'instruction* » (§ 15) (Cons. const. 17 juin 2022, n° 2022-1000 QPC).

Il juge aussi que C. pr. pén., art. 60-1 et 60-2 sur le fondement desquelles sont prises les réquisitions de données de connexion dans le cadre de l'enquête de flagrance sont conformes à la Constitution car ce cadre d'enquête porte « *sur un crime flagrant ou un délit flagrant puni d'une peine d'emprisonnement* » (§ 12), que « *la durée de cette enquête est limitée à huit jours* » renouvelable une fois (§ 12), et que ces réquisitions « *sont mises en œuvre sous le contrôle d'un magistrat de l'ordre judiciaire* », en l'espèce le procureur de la République, « *auquel il revient, en application de C. pr. pén., art. 39-3, de contrôler la proportionnalité des actes d'investigation au regard de la nature et de la gravité des faits* » (§ 13) (Cons. const. 20 mai 2022, n° 2022-993 QPC).

Dans le cadre de l'enquête préliminaire, la Ch. crim. (Crim. 22 oct. 2013, n° 13-81.949, P n° 193) avait jugé que la réquisition aux fins de se faire communiquer les renseignements relatifs à un abonné et la liste des appels entrants et sortants entrait dans les attributions des enquêteurs et du procureur de la République et ne méconnaissait pas Conv. EDH, art. 6 (droit au procès équitable) et art. 8 (droit au respect de la vie privée et familiale).

Le Cons. const. a considéré en revanche, en reportant les effets de sa décision au 31 déc. 2022, que C. pr. pén., art. 77-1-1 sur le fondement duquel sont prises les réquisitions de données de connexion dans le cadre « *d'une enquête préliminaire qui peut porter sur tout type d'infraction et qui n'est pas justifiée par l'urgence ni limitée dans le temps* » (§ 12) n'était pas conforme à la Constitution en ce que « *le législateur n'a assorti le recours aux réquisitions de données de connexion d'aucune autre garantie* » que celles de l'autorisation et du contrôle du procureur de la République (§ 13) (Cons. const. 3 déc. 2021, n° 2021-952 QPC).

B. Les adaptations législatives issues de L. n° 2020-1729, 22 déc. 2021 et L. n° 2022-299, 2 mars 2022

1. L'accès aux données de connexion est désormais limité à la lutte contre la criminalité grave (C pr. pén., art. L. 60-1-2, issu L. n° 2022-299, 2 mars 2022)

L. n° 2022-299, 2 mars 2022, visant à combattre le harcèlement scolaire, tirant les conséquences de la jurisprudence de la CJUE limitant l'exploitation des données de connexion à la « *lutte contre la criminalité grave* » et de la déclaration d'inconstitutionnalité précitée, a restreint l'accès aux données de connexion conservées par les opérateurs.

Les réquisitions de données de connexion de communications électroniques font désormais l'objet de dispositions spéciales auxquelles renvoient les dispositions générales concernant les réquisitions de données applicables dans l'enquête de flagrance (C. pr. pén., art. 60-1), l'enquête préliminaire (C. pr. pén., art. 77-1-1) et l'instruction (C. pr. pén., art. 99-3) ou relatives aux données de connexion d'un avocat (C. pr. pén., art. 60-1-1, issu L. n° 2020-1729, 22 déc. 2021, v. **B2** ci-dessous).

Précisons que ces dispositions de droit commun, à la différence des dispositions particulières applicables aux « *données de connexion émises par un avocat* », lesquelles exigent que ce dernier soit suspect (C. pr. pén., art. 60-1-1, issu L. n° 2020-1729, 22 déc. 2021, v. **B2** ci-dessous), peuvent viser toute personne, suspecte ou non, « *si les nécessités de la procédure l'exigent* » (C pr. pén., art. L. 60-1-2, issu L. n° 2022-299, 2 mars 2022).

Désormais, « *À peine de nullité, les réquisitions portant sur les données techniques permettant d'identifier la source de la connexion ou celles relatives aux équipements terminaux utilisés* [informations visées par CPCE, art. L. 34-1, II *bis* 3°, v. **C** ci-dessous] *ou sur les données de trafic et de localisation* [informations visées par CPCE, art. L. 34-1, III, v. **C** ci-dessous] *ne sont possibles*

[...], *que dans les cas suivants* » (C pr. pén., art. L. 60-1-2, issu L. n° 2022-299, 2 mars 2022) :

• procédure portant sur un crime, ou sur un délit puni d'une peine ⩾ 3 ans d'emprisonnement ;

• procédure portant sur un délit puni d'une peine ⩾ 1 an d'emprisonnement « *commis par l'utilisation d'un réseau de communications électroniques* » si la réquisition a « *pour seul objet d'identifier l'auteur de l'infraction* ». « *L'usage d'un réseau de communications électroniques peut constituer un élément constitutif de l'infraction (par exemple pour le délit d'appels téléphoniques malveillants* [puni d'un an, C. pén., art. 222-16, v. n° **20.47**] *ou pour le délit de proposition sexuelle par un majeur à un mineur de 15 ans par voie électronique* [puni de 2 ans, C. pén., art. 227-22-1, v. n° **21.31**]). *Il peut constituer une circonstance aggravante de celle-ci (par exemple pour le délit de harcèlement moral aggravé par l'utilisation d'internet* [puni de 2 ans, C. pén., art. 222-33-2-2, v. n° **20.92**]). *Il peut enfin constituer un élément de fait de l'infraction même lorsque la loi ne le prévoit pas comme élément constitutif ou circonstance aggravante (par exemple, lorsqu'ils sont commis en ligne, les délits de provocation, diffamations ou injures discriminatoires* [puni d'un an, L. 29 juill. 1881, art. 24 (v. n° **35.26**), 32 (v. n° **35.14**) et 33(v. n° **35.16**)]) » (Circ. Crim. 2021-00103, 25 févr. 2022, n° II 2°) ;

• la réquisition concerne les équipements terminaux de la victime et intervient à la demande de celle-ci en cas de délit puni d'une peine d'emprisonnement. Ainsi « *tous types de réquisitions portant sur les équipements terminaux (ordinateurs, téléphones) de la victime seront possibles à condition que cette dernière en fasse la demande. Cette demande devra être actée en procédure* » (Circ. Crim. 2021-00103, 25 févr. 2022, n° II 3°) ;

• procédure de recherche de personne disparue (C. pr. pén., art. 74-1 ou 80-4). « *les réquisitions de données de connexion ne seront en revanche pas possibles dans le cadre de la procédure de recherche des causes de la mort ou de blessures graves prévues par C. pr. pén., art. 74* » (sur cette procédure, v. n° **14.4**), sauf à changer de cadre procédural en poursuivant l'enquête du chef d'homicide ou de violences volontaires ou involontaires (Circ. Crim. 2021-00103, 25 févr. 2022, n° II 4°) ;

• procédure de recherche du parcours criminel d'un criminel sériel (C. pr. pén., art. 706-106-4, issu L. n° 2021-1729, 22 déc. 2021, sur ce type d'enquête ou d'instruction, v. n° **17.16B**).

Soulignons que le texte ne prévoit pas expressément, à la différence de ceux relatifs à la géolocalisation en temps réel (C. pr. pén., art. 230-32, v. n° **11.47B1**) ou à la vidéosurveillance aéroportée (C. pr. pén., art. 230-47, v. n° **11.31D3**), que ces réquisitions puissent porter sur des procédures de recherche des personnes en fuite (C. pr. pén., art. 74-2), au nombre desquelles figure notamment la procédure de recherche des personnes ayant manqué à leurs obligations lorsqu'elles sont inscrites au fichier national automatisé des auteurs d'infractions terroristes (Fijait) (C. pr. pén., art. 74-2 et 706-25-7, v. n° **13.40**) ou au fichier des auteurs d'infractions sexuelles (Fijais) (C. pr. pén., art. 74-2 et 706-53-5, v. n° **13.37**). Néanmoins, C pr. pén., art. L. 60-1-2, vise toute « *procédure* » et non « *l'enquête et l'instruction* », il en résulte que les réquisitions de données de connexion s'appliquent aux procédures de recherche des personnes en fuite prévues par C. pr. pén., art. 74-2, dès lors que le seuil de gravité de l'infraction concernée est atteint, ce que prévoit en effet la circ. Crim. 2021-00103, 25 févr. 2022 : « *De telles réquisitions, qui, en pratique, pourront notamment concerner les proches de la personne en fuite, seront donc possibles lorsque cette personne est poursuivie ou a été condamnée pour un crime ou un délit puni d'au moins trois ans d'emprisonnement* » (n° II 1°).

En outre, les nouvelles dispositions de C. pr. pén., art. 60-1-2 n'affectent pas les compétences du JAP qui peut toujours, en application de C. pr. pén., art. 712-16, dans l'exercice de ses attributions, procéder ou faire procéder à toutes réquisitions. « *Ces réquisitions sont en effet délivrées par un juge pour permettre l'exécution d'une peine qui a été prononcée contre une personne définitivement condamnée, et elles ne concernent pas la recherche d'une infraction reprochée à une personne présumée innocente pour laquelle le Cons. const. a estimé dans sa décision du 3 déc. 2021, que des garanties légales étaient insuffisantes* » (Sur cette décision Cons. const. 3 déc. 2021, n° 2021-952 QPC, v. **A** ci-dessus).

Sans préjudice de l'incidence concrète de l'irrégularité si elle est soulevée par la personne titulaire de la ligne, les dispositions qui précèdent ne sont pas conformes au droit de l'Union, tel qu'interprété par la CJUE, en ce qu'elles permettent au ministère public d'accéder aux données de connexion sans l'autorisation d'un juge ou d'une autorité indépendante, ainsi que le juge la Ch. crim. (Crim, 12 juill. 2022, n° 21-83.710 (§ 42), P, v. n° **11.45**).

Précisons enfin que d'autres données (données administratives) sont conservées par les opérateurs de communications électroniques « *pour les besoins des procédures pénales* », sans exigence d'un seuil de gravité de l'infraction concernée, en l'espèce « *les informations relatives à l'identité civile de l'utilisateur* » et les « *informations fournies par l'utilisateur lors de la souscription d'un contrat ou de la création d'un compte ainsi que les informations relatives au paiement* », lesquelles sont conservées, à compter de la fin du contrat, pour une durée de 5 ans pour les premières, et d'un an pour les secondes (CPCE, art. L. 34-1, II *bis* 1°et 2°).

Si les dispositions de C. pr. pén., art. 60-1-2 « *restreignent les moyens probatoires permettant l'identification de l'auteur présumé d'un délit puni d'une peine d'amende* » (§ 9) (en l'espèce des faits de diffamation), elles restent néanmoins conformes à la Constitution car, d'une part, elles ne font « *pas obstacle à ce que le juge d'instruction ou l'OPJ par lui commis requière des opérateurs de communications électroniques, fournisseurs d'accès à internet et hébergeurs, la remise des données relatives à l'identité civile de l'utilisateur ou de celles fournies par celui-ci au moment de la création du compte* » (§ 8), d'autre part, « *le législateur a entendu limiter les ingérences dans le droit au respect de la vie privée, eu égard au caractère particulièrement attentatoire de ces réquisitions, en fonction de la gravité des infractions poursuivies, sans instaurer de discrimination injustifiée entre les victimes* » (§ 10) (Crim. 14 mars 2023, n° 22-90.018, D).

2. L'accès aux données de connexion des avocats ne peut être autorisé que par le JLD (C. pr. pén., art. 60-1-1, 77-1-1 et 99-3, L. n° 2020-1729, 22 déc. 2021)

Les règles particulières relatives aux réquisitions de données de connexion d'un avocat sont un aspect de celles qui entourent la protection de son secret professionnel à l'occasion des investigations judiciaires dont il est l'objet (sur les autres garanties, v. n° **35.4A1**). Elles complètent les exigences par ailleurs imposées par C pr. pén., art. L. 60-1-2, issu L. n° 2022-299, 2 mars 2022, en matière d'accès aux données de connexion, ci-dessus exposées.

Depuis L. n° 2020-1729, 22 déc. 2021, pour la confiance dans l'institution judiciaire, lorsque les réquisitions prévues au C. pr. pén., art. 60-1 « *portent sur des données de connexion émises par un avocat et liées à l'utilisation d'un réseau ou d'un service de communications électroniques, qu'il s'agisse de données de trafic ou de données de localisation, elles ne peuvent être faites que sur ordonnance motivée du JLD, saisi à cette fin par le procureur de la République* » (C. pr. pén., art. 60-1-1, issu L. n° 2020-1729, 22 déc. 2021).

Ces dispositions sont également applicables dans le cadre de l'enquête préliminaire (C. pr. pén., art. 77-1-1 mod. par L. n° 2020-1729, 22 déc. 2021, renvoyant à 60-1-1).

Le JLD est également seul compétent pour autoriser cette mesure dans le cadre de l'instruction, il est alors « *saisi à cette fin par le juge d'instruction* » (C. pr. pén., art. 99-3, issu L. n° 2020-1729, 22 déc. 2021).

Sous l'aspect des règles régissant l'accès aux données de connexion des opérateurs de communications électroniques, ces dispositions sont conformes au droit de l'Union tel qu'interprété par la CJUE, en ce qu'elles nécessitent, dans le cadre de l'enquête de flagrance ou préliminaire, l'autorisation d'un juge distinct de celui dirigeant les investigations (v. arrêt *Prokuratuur*, C-746/18).

L'ordonnance du JLD « *fait état des raisons plausibles de soupçonner que l'avocat a commis ou tenté de commettre, en tant qu'auteur ou complice, l'infraction qui fait l'objet de la procédure ou une infraction connexe au sens de C. pr. pén., art. 203 ainsi que de la proportionnalité de la mesure au regard de la nature et de la gravité des faits* » (C. pr. pén., art. 60-1-1 et 99-3, issus L. n° 2020-1729, 22 déc. 2021). Il en résulte que pour faire l'objet d'une réquisition d'exploitation de ses données de connexion, l'avocat doit être suspect, condition qui n'est pas exigée dans le droit commun régi par C pr. pén., art. L. 60-1-2, issu L. n° 2022-299, 2 mars 2022.

« *Le bâtonnier de l'ordre des avocats en est avisé* » (C. pr. pén., art. 60-1-1 et 99-3, issus L. n° 2020-1729, 22 déc. 2021).

« *Les formalités prévues au présent article sont prescrites à peine de nullité* » (C. pr. pén., art. 60-1-1 et 99-3, issus L. n° 2020-1729, 22 déc. 2021).

Soulignons que L. n° 2020-1729, 22 déc. 2021 n'a pas modifié le régime de la géolocalisation en temps réel (C. pr. pén., art. 230-32 s., v. n° **11.47** s.), qui repose techniquement sur l'exploitation des données de localisation auprès d'un opérateur, lorsqu'elle porte sur un avocat. En revanche, la géolocalisation *a posteriori* (sur cette notion v. n° **11.46A**), qui repose sur l'exploitation différée des données de localisation requises auprès de l'opérateur (fadettes) sur le fondement de C. pr. pén., art. L. 60-1-2, obéit bien au régime défini par C. pr. pén., art. 60-1-1 lorsqu'elle concerne les données de connexion émises par un avocat.

Notons que le législateur n'a pas institué de régime particulier de protection des données de connexions émises par un journaliste (sur la protection du secret des sources du journaliste, v. n° **35.3B**).

C. Les données concernées par la réquisition

1. Les données techniques et de localisation conservées par les opérateurs de communications électroniques

• Les données techniques permettant d'identifier la source de la connexion

Les données techniques permettant d'identifier la source de la connexion ou celles relatives aux équipements terminaux utilisés, mentionnées au CPCE, art. L. 34-1 II *bis* 3°, que les opérateurs de communications électroniques sont tenus de conserver, sont (CPCE, art. R. 10-13 IV, mod. par D. n° 2021-1361, 20 oct. 2021, art. 3) :

« *1° L'adresse IP attribuée à la source de la connexion et le port associé ;*

2° Le numéro d'identifiant de l'utilisateur ;

3° Le numéro d'identification du terminal ;

4° Le numéro de téléphone à l'origine de la communication ».

• Les données de trafic et de localisation

« *On entend par données relatives au trafic toutes les données traitées en vue de l'acheminement d'une communication par un réseau de communications électroniques ou en vue de sa facturation* » (CPCE, art. L. 32 18°). « *On entend par les informations relatives à la localisation de l'appelant, les données traitées qui proviennent de l'infrastructure de réseau ou de l'appareil mobile et qui indiquent la position géographique de l'équipement terminal mobile d'un utilisateur final et, dans un réseau fixe public, les données relatives à l'adresse physique du point de terminaison du réseau* » (CPCE, art. L. 32 29°).

Les données de trafic et de localisation mentionnées au CPCE, art. L. 34-1 III, que les opérateurs de communications électroniques sont tenus de conserver sont (CPCE, art. R. 10-13 V, mod. par D. n° 2021-1361, 20 oct. 2021, art. 3) :

« *1° Les caractéristiques techniques ainsi que la date, l'horaire et la durée de chaque communication ;*

2° Les données relatives aux services complémentaires demandés ou utilisés et leurs fournisseurs ;

3° Les données techniques permettant d'identifier le ou les destinataires de la communication ;

4° Pour les opérations effectuées à l'aide de téléphones mobiles, les données permettant d'identifier la localisation de la communication ».

2. Les données techniques et de localisation conservées par les fournisseurs d'accès à internet et les hébergeurs de contenus en ligne

• **Définitions**

– Les **fournisseurs d'accès à internet** sont « *les personnes dont l'activité est d'offrir un accès à des services de communication au public en ligne* » (L. n° 2004-575, 21 juin 2004 (dite LCEN), art. 6 I.-1).

– Les **hébergeurs de contenus en ligne** sont « *les personnes physiques ou morales qui assurent, même à titre gratuit, pour mise à disposition du public par des services de communication au public en ligne, le stockage de signaux, d'écrits, d'images, de sons ou de messages de toute nature fournis par des destinataires de ces services* » (L. n° 2004-575, 21 juin 2004 (dite LCEN), art. 6 I.-2).

• **Les données techniques permettant d'identifier la source de la connexion**

Les données techniques permettant d'identifier la source de la connexion ou celles relatives aux équipements terminaux utilisés, mentionnées au CPCE, art. L. 34-1 II *bis* 3°, que les opérateurs sont tenus de conserver, sont :

– pour les **fournisseurs d'accès à internet** et pour chaque connexion de leur abonné (D. n° 2021-1362, 20 oct. 2021, art. 5 1°) :

« *a) L'identifiant de la connexion ;*

b) L'identifiant attribué par ces personnes à l'abonné ;

c) L'adresse IP attribuée à la source de la connexion et le port associé » ;

– pour les **hébergeurs de contenu en ligne** et pour chaque opération de création de contenu (D. n° 2021-1362, 20 oct. 2021, art. 5 2°) :

« *a) L'identifiant de la connexion à l'origine de la communication ;*

b) Les types de protocoles utilisés pour la connexion au service et pour le transfert des contenus ».

• **Les données de trafic et de localisation**

Les données de trafic et de localisation mentionnées au CPCE, art. L. 34-1 III, que les opérateurs sont tenus de conserver, sont :

– pour les **fournisseurs d'accès à internet** et pour chaque connexion de leur abonné (D. n° 2021-1362, 20 oct. 2021, art. 6 1°) :

« *a) Les dates et heure de début et de fin de la connexion ;*

b) Les caractéristiques de la ligne de l'abonné » ;

– pour les **hébergeurs de contenu en ligne** et pour chaque opération de création de contenu (D. n° 2021-1362, 20 oct. 2021, art. 6 2°) :

« *a) L'identifiant attribué par le système d'information au contenu, objet de l'opération ;*

b) La nature de l'opération ;

c) Les date et heure de l'opération ;

d) L'identifiant utilisé par l'auteur de l'opération lorsque celui-ci l'a fourni ».

11.45 La conciliation de la jurisprudence de la CJUE et du droit interne par la Chambre criminelle (Arrêts du 12 juill. 2022)

Par quatre arrêts du 12 juill. 2022, la Ch. crim. a précisé dans quelles conditions les actes d'investigation accomplis sous l'empire du droit interne pouvaient être tenus pour réguliers au regard de la jurisprudence de la CJUE relative à la conservation et à l'accès aux données de connexion des opérateurs de télécommunications, depuis réaffirmée par l'arrêt CJUE, 20 sept. 2022, *Bundesrepublik Deutschland c/ SpaceNet AG* (C-793/19) et *Telekom Deutschland GmbH* (C-794/19).

L'arrêt Crim. 12 juill. 2022, n° 21-83.710, P, est ici principalement exposé, les autres décisions du même jour, en l'espèce n° 21-83.820 (§ 7), n° 21-84.096 (§ 13) et n° 20-86.652 (§ 17) procédant par renvoi à ses attendus de principe.

La Ch. crim. rappelle tout d'abord le principe de primauté du droit de l'Union affirmé dans l'arrêt CJCE 9 mars 1978, n° 106/77, *Simmenthal*, selon lequel « *le juge national a l'obligation d'assurer le plein effet des dispositions du droit de l'Union en laissant au besoin inappliquée, de sa propre autorité, toute disposition contraire de la législation nationale* » (§ 11).

Elle constate en premier lieu que le droit de l'Union ne prohibe pas, pour les besoins de la lutte contre la criminalité grave, une injonction de conservation rapide, pour une durée déterminée, des données régulièrement détenues par les opérateurs de télécommunications aux fins de sauvegarde de la sécurité nationale ou détenues pour leurs besoins propres (ex. données conservées pour les besoins de la facturation et du paiement) (§ 14 et 18).

Elle énonce en second lieu que la conservation généralisée et indifférenciée des données de connexion pour les besoins de la lutte contre la criminalité grave est contraire au droit de l'Union et écarte en conséquence les textes contraires de droit interne (§ 24). Elle considère toutefois qu'au regard du droit de l'Union ces mêmes données de connexion étaient valablement conservées par les opérateurs (§ 30), non pour la lutte contre la criminalité grave, mais aux fins de sauvegarde de la sécurité nationale, notamment pour la recherche, la constatation et la poursuite des atteintes aux intérêts fondamentaux de la Nation et des actes de terrorisme (§ 25), en raison de la menace terroriste effective pesant sur la France depuis 1994 (§ 29) (la portée de cette appréciation de principe fixée par la Ch. crim. est à souligner pour toutes les affaires où cette même question pourrait être posée).

Elle en conclut que les réquisitions faites aux opérateurs au visa de C. pr. pén., art. 60-1 et 60-2, 77-1-1 et 77-1-2, 99-3 et 99-4, lesquelles peuvent être contestées, conformément aux exigences du droit de l'Union, devant la CHINS ou la juridiction de jugement, sous le contrôle de la C. cass. (§ 33) valent « *injonction de conservation rapide* » et sont donc régulières (§ 34), sous réserve de concerner la lutte contre la criminalité grave et d'être proportionnées (§ 37).

Pour autant, cette injonction de conservation rapide n'est pas nécessairement valable pour permettre l'accès aux données. En effet, dans les cas où elle émane de l'OPJ ou du procureur de la République dans le cadre de l'enquête préliminaire ou de flagrance, cet accès n'est pas entouré du contrôle préalable d'une juridiction ou d'une autorité administrative indépendante et n'est pas conforme au droit de l'Union (§42). En revanche, l'accès aux données est conforme au droit de l'Union lorsque la réquisition est effectuée ou exploitée dans le cadre de l'instruction (§ 43), qui offre la possibilité de contester la pertinence des preuves résultant de l'exploitation des données de connexion (§ 47), sous réserve que cet accès ait été limité à ce qui était strictement justifié pour les nécessités de l'enquête (§ 58).

Enfin, les exigences européennes en matière de conservation et d'accès aux données ont pour objet la protection du droit au respect de la vie privée de sorte que l'absence de contrôle préalable d'une juridiction ou d'une autorité administrative indépendante pour accéder aux données, ce qui est le cas lorsque la réquisition est prise dans le cadre de l'enquête préliminaire ou de flagrance, n'affecte qu'un intérêt privé (§ 50). En conséquence, la personne poursuivie ou mise en examen n'est recevable à invoquer la violation de ces exigences que si elle prétend être titulaire ou utilisatrice de l'une des lignes identifiées ou si elle établit qu'il aurait été porté atteinte à sa vie privée, à l'occasion d'investigations portant sur d'autres lignes (§ 52) (Crim. 12 juill. 2012, n° 21-83.710, P). De même, le moyen tiré de la violation des exigences européennes en matière de conservation et d'accès aux données des opérateurs de communications électroniques n'est pas un moyen d'ordre public mais d'ordre privé et doit donc avoir été soulevé devant les juges du fond pour être recevable devant la C. cass. (Crim. 12 juill. 2022, n° 20-86.652 (§ 18 et 19), P). Le demandeur doit en outre « *indiquer précisément [...] chacun des actes dont il sollicite l'annulation* » (Crim. 22 nov. 2022, n° 22-83.221, P).

Continuant à tirer les conséquences du droit de l'Union européenne, la Ch. crim. précise désormais, sous réserve des restrictions qui précèdent relatives à l'impact effectif d'une telle irrégularité sur la procédure, que les OPJ ne peuvent procéder aux réquisitions adressées aux opérateurs de télécommunications sur la base d'une « *commission rogatoire rédigée en des termes généraux* », mais que le juge d'instruction doit spécialement les y autoriser et fixer « *la durée et le périmètre* » de ces mesures (§ 26) (Crim. 25 oct. 2022, n° 21-87.397, P) (sur le régime de certaines investigations courantes effectuées par l'OPJ sur commission rogatoire, v. n° **11.19F**). La Ch. crim. transpose ici sa jurisprudence relative aux conditions de régularité des dispositifs de vidéosurveillance de la voie publique, applicable tant à la procédure d'instruction qu'à l'enquête préliminaire, exposée au n° **11.31C**. Par analogie, les exigences qui précèdent semblent donc transposables aux réquisitions aux opérateurs réalisées non seulement dans le cadre de l'enquête préliminaire mais également dans celui de la flagrance, quoique ces actes soient en toute hypothèse, au regard de la décision Crim. 12 juill. 2022, n° 21-83.710, P, non conformes à la jurisprudence de la CJUE, puisque privés de l'autorisation et du contrôle d'un juge ou d'une autorité administrative indépendante.

11.46 La géolocalisation judiciaire : technique et cadre général

L'évolution des techniques de téléphonie et de localisation par satellite, ainsi que les capacités de réponse instantanée des opérateurs de télécommunications, ont donné naissance à de nouveaux types de réquisitions techniques, d'abord formulées au visa de C. pr. pén., art., 77-1-1 ou 77-1-2, dans le cadre de l'enquête préliminaire, ou de C. pr. pén., art. 60-1 ou 60-2 pour l'enquête de flagrance, puis encadrées par la loi n° 2014-372 du 28 mars 2014, permettant de géolocaliser en temps réel les personnes ou les biens.

Les **géolocalisations administratives**, mises en œuvre pour les besoins de la sécurité nationale par le Premier ministre sous le contrôle de la Commission nationale de contrôle des techniques de renseignement, sont décrites au n° **35.55B**.

A. Les techniques de géolocalisation

La géolocalisation, en temps réel ou différé, mobilise plusieurs techniques, combinées ou non.

La première technique repose sur la couverture du globe terrestre par un réseau de satellites dédiés à la géolocalisation (GPS, Glogal Positioning System, ou le réseau européen Galiléo). Le croisement des signaux émis par au moins quatre satellites, et leur analyse par un terminal pourvu d'une puce GPS, comme le sont les téléphones de génération récente (smartphones), ou les appareils de navigation routière, permet de préciser en longitude et en latitude, voire altitude, la position du terminal.

Ces données de localisation collectées par le terminal peuvent, si ce dernier est communicant, être transmises en temps réel et via un réseau de télécommunications exploité par un opérateur (réseau GSM, *Global System for Mobile Communication*, et ses extensions à haut débit pour le transfert de données : GPRS, *General Packet Radio Services*, EDGE, *Enhanced Data rates for GSM Evolution* ; ou réseau UMTS). L'analyse des données transmises par le terminal à l'opérateur permet de géolocaliser l'utilisateur du terminal.

À défaut de puce GPS ou d'activation de cette dernière, la géolocalisation peut reposer sur d'autres méthodes. La plus répandue (méthode *Cell ID*) consiste à identifier les cellules (antennes) de l'opérateur de télécommunication activées par le terminal. Cette méthode, qui ne permet pas d'atteindre la finesse, de l'ordre de 15 mètres, du positionnement par GPS, est encore plus imprécise en milieu rural en raison de l'éloignement des antennes.

La mobilisation de ces différentes techniques permet, soit de rechercher la **géolocalisation *a posteriori*** (ou géolocalisation en temps différé) de l'utilisateur d'un terminal portable, en sollicitant par réquisition les opérateurs qui sont tenus de conserver en mémoire, pour une durée limitée (v. n° **11.43**) les données d'activation de bornes relais ou antennes, soit de rechercher la **géolocalisation en temps réel** du possesseur du terminal, en interrogeant en direct les prestataires de télécommunication et en exploitant en temps réel les données de connexion qui transitent par leur réseau. Une variante de la géolocalisation en temps réel peut aussi consister à mettre en place, dans un lieu ou un véhicule, un « *moyen technique* » (ex. balise) à l'insu de la personne afin de suivre ses déplacements (sur l'introduction dans les lieux ou véhicules pour installer ou retirer un dispositif de géolocalisation, C. pr. pén., art. 230-34, v. n° **11.48B**).

Dans le premier cas, géolocalisation *a posteriori,* l'investigation était tout d'abord opérée au visa des dispositions générales relatives aux demandes d'information, y compris sous forme numérique (C. pr. pén., art. 60-1 et 77-1-1, v. n° **11.54**), ou de données (C. pr. pén., art. 60-2 et 77-1-2, v. n° **11.55**). Les trois arrêts CJUE, Gr. Ch., 6 oct. 2020, *La quadrature du Net,* aff. C-511/18 ; *French Data Network,* aff. C-512/18 et *Ordre des barreaux francophones et germanophones,* aff. C-520/18, développés au n° **11.43B**, ont conduit à faire évoluer le dispositif d'accès par réquisition aux données de connexion conservées par les opérateurs de communications électroniques, lesquelles constituent la base des informations exploitées dans la géolocalisation *a posteriori.* Désormais l'accès à de telles données obéit à un régime spécifique (créant C. pr. pén., art. 60-1-2) institué par L. n° 2022-299, 2 mars 2022 (sur ce point v. n° **11.44B**).

Dans le second cas, géolocalisation en temps réel, l'investigation obéit à un régime procédural spécifique décrit aux n^os^ **11.47** s., fixé par C. pr. pén., art. 230-32 s, compte tenu de l'ingérence plus accentuée qu'elle implique de la part de l'autorité publique dans la sphère privée de l'individu. Là encore, l'arrêt CJUE, 2 mars 2021, *Prokuratuur,* C-746/18, exposé au n° **11.44A1**, en ce qu'il « *s'oppose à une règlementation nationale donnant compétence au ministère public [...], pour autoriser l'accès d'une autorité publique aux données relatives au trafic et aux données de localisation* » (dispositif, § 60), est de nature à faire évoluer le régime de la géolocalisation en temps réel (sur l'autorisation de géolocalisation donnée par le parquet dans le cadre de l'enquête préliminaire ou de flagrance, C. pr. pén., art. 230-33, v. n° **11.48A2**). Notons en effet que la régularité d'une mesure de géolocalisation en temps réel ordonnée en urgence par le parquet à la suite d'une suspicion d'enlèvement dans un contexte de trafic de stupéfiants a été discutée au regard des exigences européennes en matière d'accès aux données de connexion, le moyen n'ayant été écarté que parce qu'il n'avait pas été préalablement soumis aux juges du fond (Crim. 12 juill. 2022, n° 20-86.652, P).

Relevons que depuis L. n° 2020-936, 30 juill. 2020, la mise en œuvre par une personne privée d'une technique de géolocalisation « *en temps réel ou en différé d'une personne sans le consentement de celle-ci* » (logiciel espion) constitue une atteinte à l'intimité de la vie privée spécialement incriminée par C. pén., art. **226-1** (v. n° **35.46**).

Notons enfin que la consultation du fichier de lecture automatisé des plaques d'immatriculation dit LAPI (issu L. n° 2006-64, 23 janv. 2006 ; modifiant L. n° 2003-239, 18 mars 2003, art. 26, ; devenu CSI, art. L. 233-1 à L. 233-2, dispositions jugés conformes à la Constitution, Cons. const. 19 janv. 2006, n° 2005-532 DC, § 14 à 22), permet également de reconstituer ou de surveiller la géolocalisation d'un véhicule automobile. Cette consultation n'exonère pas les enquêteurs de la formalisation d'une réquisition permettant notamment d'apprécier si elle a été effectuée par une personne habilitée (exigence prévue par AM, 18 mai 2009, NOR : IOCC0904953A, art. 5), à peine de nullité des éléments de preuve ainsi recueillis (Crim. 19 févr. 2019, n° 18-84.671, P n° 38 ; dans le même sens : Crim. 26 juin 2018, n° 18-80.596, D, et pour la consultation du fichier TAJ : Crim. 25 oct. 2022, n° 22-81.466, P). Toutefois, « *le visa apposé sur les résultats de la consultation du système LAPI par un agent habilité implique nécessairement que cet agent a lui-même consulté le fichier pour en extraire les renseignements remis à l'auteur de la réquisition* » (Crim. 12 avr. 2023, n° 22-85.944, P).

Dans le cadre de l'information judiciaire, les enquêteurs agissant sur la base d'une commission rogatoire les autorisant à « *délivrer toutes réquisitions utiles à la manifestation de la vérité* » peuvent consulter le fichier LAPI (ainsi que les fichiers d'accès aux dossiers de contraventions (ADOC) ou mettre sous surveillance le véhicule dans le fichier des objets et véhicules volés (FOVES)) sans autorisation spécifique et préalable du juge d'instruction (Crim. 13 déc. 2022, n° 22-81.851, P ; dans le même sens, pour le soit-transmis du parquet autorisant « *toutes réquisitions utiles à l'enquête* » : Crim. 10 déc. 2019, n° 19-84.141, P).

B. La géolocalisation judiciaire et le cadre des droits fondamentaux

La géolocalisation entre dans la catégorie des mesures de « *surveillance secrète* » (ex. écoutes téléphonique, surveillance visuelle, etc.), selon l'expression employée par la CEDH, dont le niveau d'encadrement par la loi et le contrôle par le juge doivent être proportionnés au degré d'ingérence dans la vie privée, dont la protection est garantie par Conv. EDH, art. 8, que le moyen employé atteint.

De l'avis de la CEDH, « *il y a lieu de distinguer, de par sa nature même, la surveillance par GPS d'autres méthodes de surveillance par des moyens visuels ou acoustiques qui, en règle générale, sont davantage susceptibles de porter atteinte au droit d'une personne au respect de sa vie privée car elles révèlent plus d'information sur la conduite, les opinions ou les sentiments de la personne qui en fait l'objet* » (CEDH 2 sept. 2010, *Uzun c/ Allemagne*, req. n° 35623/05, § 52). Elle estime ainsi que les critères stricts établis pour la surveillance des télécommunications (écoutes téléphoniques) (v. *Kruslin c/ France*, n° **11.36A**), ne sont pas applicables à une « *mesure de surveillance par GPS de déplacements en public et donc à une mesure qui, par rapport à l'interception de conversations téléphoniques, doit passer pour constituer une ingérence moins importante dans la vie privée de la personne concernée* » (*ibid. Uzun c/ Allemagne*, § 66). Ainsi, pour apprécier si le droit interne offre, s'agissant de la géolocalisation, une protection suffisante contre les ingérences illégitimes de l'autorité publique dans la vie privée, la CEDH apprécie « *l'ensemble des circonstances de la cause, par exemple la nature, l'étendue et la durée des mesures éventuelles, les raisons requises pour les ordonner, les autorités compétentes pour les permettre, exécuter et contrôler, le type de recours fourni par le droit interne* » (*ibid. Uzun c/ Allemagne*, § 66 renvoyant à § 63). La cour valide ainsi un dispositif dans lequel l'autorité de poursuite (le parquet) peut ordonner la surveillance d'un suspect par GPS durant un mois, délai au-delà duquel la mesure doit être poursuivie par un juge, tout en semblant admettre, de manière plus large, un dispositif ne prévoyant pas de recours *a priori* au juge, dans le cas où « *les juridictions pénales [peuvent] contrôler la légalité d'une telle mesure de surveillance et, si celle-ci [est] jugée illégale, elles [ont] la faculté d'exclure les éléments ainsi obtenus du procès* » (*ibid. Uzun c/ Allemagne*, § 71).

Dans la continuité de sa jurisprudence antérieure (Crim. 22 nov. 2011, n° 11-84.308, P n° 234), par deux décisions du 22 octobre 2013 (Crim. 22 oct. 2013, n° 13-81.949, P n° 197 – Crim. 22 oct. 2013, n° 13-81.945, P n° 196), la Ch. crim. a estimé, au visa de Conv. EDH, art. 8, protégeant le droit au respect de la vie privée et familiale, du domicile et de la correspondance, « *qu'il se déduit de ce texte que la technique dite de "géolocalisation" constitue une ingérence dans la vie privée dont la gravité nécessite qu'elle soit exécutée sous le contrôle d'un juge* ». Elle a ainsi censuré la pratique de la géolocalisation consistant, sans accord d'un juge, à requérir, dans le cadre de l'enquête de flagrance ou préliminaire, un opérateur de télécommunications au visa de C. pr. pén., art. 60-1 et 77-1-1 (sur ces réquisitions, v. n° **11.54**), afin d'obtenir des données issues de son système informatique permettant de géolocaliser en temps réel le titulaire d'une ligne téléphonique.

Les conséquences de cette jurisprudence ont été tirées par la loi n° 2014-372 du 28 mars 2014, relative à la géolocalisation, décrite aux n^os^ **11.47** et **11.48**. Le Cons. const. a rappelé, en analysant la proportionnalité entre, d'une part, l'objectif de prévention des atteintes à l'ordre public et la recherche des infractions, d'autre part, les restrictions apportées par la géolocalisation en temps réel à la liberté d'aller et venir, au droit à la vie privée, et à l'inviolabilité des correspondances (§ 10), « *que la mise en œuvre de ce procédé n'implique pas d'acte de contrainte sur la personne visée ni d'atteinte à son intégrité corporelle, de saisie, d'interception de correspondance ou d'enregistrement d'image ou de son ; que l'atteinte à la vie privée qui résulte de la mise en œuvre de ce dispositif consiste dans la surveillance par localisation continue et en temps réel d'une personne, le suivi de ses déplacements dans tous lieux publics ou privés ainsi que dans l'enregistrement et le traitement des données ainsi obtenues* » (§ 13) (Cons. const. 25 mars 2014, n° 2014-693 DC).

11.47 La géolocalisation judiciaire en temps réel : définition juridique et domaine

A. La définition juridique de la géolocalisation en temps réel

La géolocalisation judiciaire en temps réel est définie par Cons. const. 25 mars 2014, n° 2014-693 DC, § n° 13, comme « *une mesure de police judiciaire consistant à surveiller une personne au moyen de procédés techniques en suivant, en temps réel, la position géographique d'un véhicule que cette personne est supposée utiliser ou de tout autre objet, notamment un téléphone, qu'elle est supposée détenir* ».

C. pr. pén., art. 230-32 (L. n° 2014-372, 28 mars 2014) la définit comme « *tout moyen technique destiné à la localisation en temps réel, sur l'ensemble du territoire national, d'une personne, à l'insu de celle-ci, d'un véhicule ou de tout autre objet, sans le consentement de son propriétaire ou de son possesseur* ».

B. Le champ d'application de la procédure de géolocalisation en temps réel

1. Les procédures de droit commun (C. pr. pén., art. 230-32)

La procédure peut être mise en œuvre, dans le cadre de l'enquête préliminaire ou de flagrance ou de l'information judiciaire. Elle n'est pas subordonnée à des conditions d'urgence, mais doit être « *exigée par les nécessités* » de l'enquête (C. pr. pén., art. 230-32).

Comme la surveillance par caméra aéroportée (C. pr. pén., art. 230-47, v. n° **11.31D3**), la géolocalisation en temps réel n'est applicable qu'aux infractions ou procédures suivantes :

• Depuis L. n° 2019-222, 23 mars 2019, à l'enquête et à l'instruction « *portant sur un crime ou sur un délit puni d'au moins trois ans d'emprisonnement* » (C. pr. pén., art. 230-32 1° modifié). Cette extension, applicable à compter du 1er juin 2019 (L. n° 2019-222, 23 mars 2019, art. 44 et 109 XIII), a été jugée conforme à la Constitution (Cons. const. 21 mars 2019, n° 2019-778 DC, § 150). La géolocalisation était auparavant réservée aux délits prévus par le livre II du code pénal (atteintes aux personnes) punis d'au moins 3 ans d'emprisonnement, aux délits de recel de criminel ou d'évasion (C. pén., art. 434-6 et 434-27, v. nos **25.41**, **25.59** et **25.60**) et aux autres crimes ou délits punis d'au moins 5 ans d'emprisonnement. À titre d'exemple, étaient donc exclus de cette mesure d'enquête les délits de vol simple ou d'abus de confiance qui en relèvent désormais. Notons que « *lorsque l'enquête est diligentée pour des faits punis d'au moins trois ans d'emprisonnement, [...], les mesures prévues par ces dispositions peuvent être mises en oeuvre, quelles que soient les qualifications retenues à l'issue de l'enquête à l'égard de chacune des personnes impliquées* » (Crim. 12 juill. 2022, n° 21-83.805, P) ;

• Procédure de recherche des causes de la mort (C. pr. pén., art. 74 ou 80-4) ;

• Procédure de recherche de personne disparue (C. pr. pén., art. 74-1 ou 80-4) ;

• Procédure de recherche des personnes en fuite (C. pr. pén., art. 74-2). Procédure applicable aux personnes faisant l'objet d'un mandat d'arrêt ou d'une condamnation exécutoire à au moins un an d'emprisonnement sans sursis ou résultant d'un sursis ou d'un sursis probatoire révoqué (ces deux derniers cas ajoutés par L. n° 2016-731, 3 juin 2016 puis L. n° 2020-16-72, 24 déc. 2020) ;

• Procédure de recherche des personnes inscrites au fichier national automatisé des auteurs d'infractions terroristes (Fijait) (v. n° 13.40) ayant manqué à leurs obligations (justification initiale puis périodique d'adresse, déclaration de déplacement en dehors du territoire national ou vers ce territoire) (C. pr. pén., art. 74-2 et 706-25-7, L. n° 2015-912, 24 juill. 2015) ;

• Procédure de recherche des personnes inscrites au Fijais ayant manqué à leurs obligations (v. n° 13.37) (C. pr. pén., art. 74-2 et 706-53-5, L. n° 2015-912, 24 juill. 2015).

2. Les recherches par le juge d'application des peines (C. pr. pén., art. 709-1-3, L. n° 2014-896, 15 août 2014)

Le JAP, « *lorsqu'il existe une ou plusieurs raisons plausibles de soupçonner* » qu'une personne, « *à l'issue de son incarcération [...] n'a pas respecté l'interdiction qui lui est faite, en application de sa condamnation* », d'entrer en relation avec certaines personnes ou de paraître en certains lieux, peut, « *si ces mesures sont indispensables pour rapporter la preuve de la violation des interdictions* » faire procéder à « *la localisation en temps réel d'une personne, à l'insu de celle-ci, d'un véhicule ou de tout autre objet, sans le consentement de son propriétaire ou de son possesseur* », selon les modalités décrites plus bas, si l'infraction pour laquelle la personne a été condamnée relève des catégories suivantes :

• délits prévus par le livre II du code pénal (délits contre les personnes, la numérotation des articles du livre II commence nécessairement par un chiffre deux), passibles d'une peine ⩾ 3 ans d'emprisonnement ;

• délits de recel de criminel ou d'évasion (C. pén., art. 434-6 et 434-27) ;

• crimes, ou délits autres que ceux prévus ci-dessus (autres livres du C. pén. ou infractions non codifiées au C. pén) passibles d'une peine ⩾ 5 ans d'emprisonnement (sont donc exclues, à titre d'exemple, les hypothèses de vol simple ou d'abus de confiance).

3. Les recherches par le parquet général : mandat d'arrêt européen et extradition (C. pr. pén., art. 695-26 et 696-9-1)

Depuis L. n° 2019-222, 23 mars 2019, le procureur général, compétent pour l'exécution du MAE et la procédure d'extradition (sur ces mesures, v. n° 12.8), peut recourir à la géolocalisation pour la recherche d'une personne faisant l'objet d'un MAE ou d'une demande d'extradition ou d'arrestation provisoire aux fins d'extradition (C. pr. pén., art. 695-26 et 696-9-1).

4. Les procédures douanières (C. douanes, art. 67 bis-2)

Dans le cas des délits douaniers puni d'une peine d'emprisonnement ⩾ 3 ans (5 ans avant L. n° 2019-222, 23 mars 2019, art. 44 et 109 XIII, applicable à compter du 1er juin 2019), tout moyen technique de géolocalisation en temps réel peut également être mis place ou prescrit par des agents des douanes habilités, sur autorisation du procureur ou du JLD saisi par lui.

Cette procédure, dont le régime est fixé par simple renvoi aux dispositions du chapitre du C. pr. pén. applicables à la géolocalisation en temps réel, est limitée aux enquêtes de la douane dite administrative. Les prérogatives et conditions d'action des agents des douanes empruntent celles décrites ci-après pour les OPJ ou APJ.

Les investigations menées par les agents de la douane judiciaire sur réquisitions du parquet ou commission rogatoire (C. pr. pén., art. 28-1) relèvent quant à elles du code de procédure pénale.

5. Les limites territoriales de la géolocalisation en temps réel

Qu'il s'agisse des enquêtes judiciaires ou des enquêtes douanières, la géolocalisation est définie comme un moyen technique destiné à la localisation « *sur l'ensemble du territoire national* » (C. pr. pén., art. 230-32, C. douanes, art. 67 *bis*-2).

Sous réserve de l'interprétation des juridictions, il apparaît donc que la surveillance par géolocalisation doit être suspendue dès lors que la personne ou l'objet se déplace en dehors du territoire national, sauf à ce que l'opération soit relayée par une mesure d'entraide pénale internationale, comme le recommande la circulaire Crim. 2014-7/G, 1er avr. 2014, NOR : JUSD1407842 C, au point II E, au visa notamment des dispositions de l'article 40 de l'accord de Schengen du 14 juin 1985 concernant l'observation transfrontalière, ou des demandes d'entraide par des circuits rapides, prévues par l'article 6 § 4 de la Convention d'entraide judiciaire en matière pénale entre États membres de l'Union européenne du 29 mai 2000 ou l'article 4 du deuxième protocole additionnel à la Convention européenne d'entraide judiciaire du 8 nov. 2001, sans préjudice des dispositifs propres à la coopération en matière douanière lorsque la géolocalisation est ordonnée dans le cadre d'une enquête douanière.

Précisons toutefois que « *les données issues d'une géolocalisation mise en œuvre sur le territoire national mentionnant des heures de franchissement aller-retour des frontières [...], par un véhicule, observées depuis la France, ne constituent pas, en l'absence de toute indication sur son itinéraire dans ce pays, une localisation en temps réel sur son territoire* » (§ 23), en outre, la seule mention d'un déplacement à l'étranger, « *ne constitue pas, en l'absence de toute indication sur son itinéraire dans ce pays, une localisation en temps réel sur son territoire* (§ 25) » (Crim. 2 mars 2021, no 20-84.004, P ; dans le même sens : Crim. 11 janv. 2017, no 16-86.394).

C. Les cas exclus de la procédure spécifique de géolocalisation en temps réel

1. Les cas de géolocalisation en temps réel relevant du droit commun des réquisitions (C. pr. pén., art. 230-44)

La procédure propre à la géolocalisation en temps réel « *n'est pas applicable lorsque les opérations de géolocalisation en temps réel ont pour objet la localisation d'un équipement terminal de communication électronique, d'un véhicule ou de tout autre objet dont le propriétaire ou possesseur légitime est la victime de l'infraction sur laquelle porte l'enquête ou l'instruction ou la personne disparue au sens des articles 74-1 ou 80-4 [du code de procédure pénale], dès lors que ces opérations ont pour objet de retrouver la victime, l'objet qui lui est dérobé ou la personne disparue* » (C. pr. pén., art. 230-44).

En outre, par hypothèse, la géolocalisation *a posteriori*, qui repose sur l'exploitation des données techniques de communication (fadettes) que les opérateurs de télécommunications ont l'obligation de conserver durant un an (v. no **11.43C**), ne relève pas de la procédure de géolocalisation en temps réel.

Dans les deux cas de figure qui précèdent, la géolocalisation procèdera en effet d'une réquisition opérée sur le fondement désormais spécifique de C. pr. pén., art. 60-1-2, issu de L. no 2022-299, 2 mars 2022, disposition qui tire les conséquences de la jurisprudence de la CJUE et du Cons. const., limitant la conservation des données des opérateurs de communications électroniques et l'accès de l'autorité publique à ces données (sur la conservation et l'accès aux données de connexion, de trafic et de localisation, v. nos **11.43** à **11.45**).

Il en résulte, à titre d'exemple, que dans le cadre d'une enquête pour **vol d'un téléphone portable**, la procédure de géolocalisation en temps réel sera mise en œuvre pour le téléphone du suspect dans les conditions précises décrites au no **11.48**, tandis que le téléphone de la victime pourra être géolocalisé sur le fondement d'une réquisition fondée sur C. pr. pén., art. 60-1-2 (v. no **11.44B1**).

De même, s'agissant d'une procédure de **disparition inquiétante**, le téléphone de toute personne susceptible d'apporter des éléments utiles à l'enquête ou à la localisation de la personne (ex. ami ou proche de la personne disparue), devra faire l'objet d'une procédure de géolocalisation en temps réel, tandis que le téléphone de la personne disparue sera géolocalisé sur simple réquisition.

Toutefois, selon les restrictions apportées par le texte, l'opération ne peut avoir pour objet que de « *retrouver la victime, l'objet dérobé ou la personne disparue* », elle doit donc « *être limitée à la localisation de l'objet et ne peut être utilisée indirectement pour surveiller un individu* » (Circ. Crim. 2014-7/G, 1er avr. 2014, NOR : JUSD1407842 C). Ainsi, la géolocalisation en temps réel du téléphone volé par un délinquant d'habitude ne peut dépasser le seul objectif de récupération de l'objet et ne permet donc pas d'observer les allées et venues du suspect dans le but d'assurer la preuve d'autres infractions ou l'interpellation d'un co-auteur ou complice. De tels objectifs ne peuvent être poursuivis qu'au moyen d'une géolocalisation fondée sur C. pr. pén., art. 230-32.

2. Les moyens de géolocalisation en temps réel mis en œuvre par les personnes privées

La procédure pénale de géolocalisation en temps réel est distincte des moyens de géolocalisation dynamique des véhicules ou objets librement mis en œuvre par leur propriétaire (ex. traceur ou application permettant de géolocaliser un terminal téléphonique), le cas échéant en recourant aux prestations contractuelles d'un opérateur, pour garantir la récupération de son bien en cas de soustraction. Ces moyens de géolocalisation en temps réel relèvent en effet discrétionnairement des parties privées et de leur droit d'usage sur le bien protégé. Les données de géolocalisation provenant d'un tel dispositif peuvent être mis à disposition des enquêteurs ou du juge selon les règles régissant la contribution des parties privées à la preuve en matière pénale (v. nos **11.2B**, **11.6C** et **17.28C**).

S'agissant de la géolocalisation des personnes, depuis L. n° 2020-936, 30 juill. 2020, la mise en œuvre par une personne privée d'une technique de géolocalisation « *en temps réel ou en différé d'une personne sans le consentement de celle-ci* » (logiciel espion) constitue une atteinte à l'intimité de la vie privée incriminée par C. pén., art. 226-1 (v. n° **35.46**). Ce dispositif peut néanmoins, avec le consentement des deux titulaires de l'autorité parentale, concerner la personne d'un mineur (C. pén., art. 226-1).

Notons enfin que le fait de détourner les dispositifs ou procédés de sécurité ou de marquage de véhicules pour localiser à distance un véhicule **non volé** est incriminé par L. n° 95-73, 21 janv. 1995, art. **15** et art. 10 devenu CSI, art. **L. 254-1** (sur cet article, v. n° **35.53**).

11.48 La mise en œuvre de la géolocalisation en temps réel

A. Une opération temporaire autorisée, contrôlée et renouvelée par l'autorité judiciaire (C. pr. pén., art. 230-33)

1. La formalisation de la décision de géolocalisation

La géolocalisation est mise en place avec l'autorisation préalable de l'autorité judiciaire, selon les distinctions précisées en **A2** ci-dessous.

La décision du procureur de la République, du JLD ou du juge d'instruction « *est écrite. Elle n'a pas de caractère juridictionnel et n'est susceptible d'aucun recours* ». L'impossibilité du recours n'empêche pas la discussion de la validité de l'acte au regard des règles de régularité, de nécessité ou de proportionnalité (v. décis. *Uzun*, CEDH, § 66, citée aux nos **11.46B**, **11.47**). à cet égard, soulignons « *qu'en dehors du recours, par les autorités publiques, à un procédé déloyal [...], un mis en examen est irrecevable à contester la régularité de la géolocalisation en temps réel d'un véhicule volé et faussement immatriculé sur lequel il ne peut se prévaloir d'aucun droit* » (Crim. 2 nov. 2016, n° 16-81.716, P n° 281).

La L. n° 2019-222, 23 mars 2019 impose désormais à la décision d'être, depuis le 1er juin 2019 (art. 44 et 109 XIII), « *motivée par référence aux éléments de fait et de droit justifiant que ces opérations sont nécessaires* ». Les dispositions relatives à la proportionnalité des atteintes à la vie privée prévues par C. pr. pén., art. préliminaire (v. n° **11.36A**), dans sa rédaction issue de L. n° 2019-222, 23 mars 2019, déterminent notamment le cadre de cette motivation. S'il n'appartient pas à la juridiction saisie de l'irrégularité de la mesure de substituer ses motifs à ceux du magistrat qui a autorisé la géolocalisation, elle peut cependant en préciser le contexte (Crim. 12 juill. 2022, n° 20-86.652, P (§ 23)).

L'opération de géolocalisation est conduite sous le contrôle du magistrat qui l'a autorisée ou renouvelée (C. pr. pén., art. 230-37).

Dans le cas des mesures de géolocalisation requises par le parquet général au titre du MAE ou de la procédure d'extradition (v. n° **11.47B3**), les attributions du procureur et du JLD prévues par C. pr. pén., art. 230-33 sont respectivement exercées par le procureur général et le président de la CHINS ou le conseiller délégué par lui (C. pr. pén., art. 696-26 et 696-9-1).

2. LE MAGISTRAT COMPÉTENT POUR AUTORISER L'OPÉRATION DE GÉOLOCALISATION ET SA DURÉE

Dans le cadre de l'enquête judiciaire (préliminaire ou de flagrance), l'autorisation est prise par le procureur de la République, pour une durée maximale de **15 jours consécutifs** pour les infractions relevant du régime complet (C. pr. pén., art. 706-73, v. n° **11.21A**) ou partiel (C. pr. pén., art. 706-73, v. n° **11.21C**) de la criminalité organisée, ainsi que dans le cas de procédure de recherche des causes de la mort (C. pr. pén., art. 74, sur cette procédure, v. n° **14.4**), de personne disparue (C. pr. pén., art. 74-1) ou de personne en fuite (C. pr. pén., art. 74-2).

Cette durée maximale est de **8 jours consécutifs** dans les autres cas. Avant L. n° 2019-222, 23 mars 2019 (en vigueur ce point à compter du 1er juin 2019, art. 44 et 109 XIII), ce délai était en toute hypothèse de 15 jours.

Ces durées peuvent être prolongées par le JLD, sur requête du procureur de la République, pour une période de **un mois**, renouvelable jusqu'à **1 an**, ou **2 ans** en matière de criminalité organisée. La limitation de la durée de ces renouvellements résulte de L. n° 2019-222, 23 mars 2019 (en vigueur ce point à compter du 1er juin 2019, art. 44 et 109 XIII).

Saisi d'une QPC contestant le pouvoir dévolu au procureur de la République d'autoriser une mesure de géolocalisation sans le contrôle préalable d'une juridiction indépendante, le Cons. const., après avoir rappelé, conformément à sa jurisprudence antérieure (Cons. const. 25 mars 2014, n° 2014-693 DC, § 13), que la mesure de géolocalisation porte une atteinte limitée à la vie privée (§ 13) et n'implique ni contrainte sur la personne ni interception de correspondance ou d'image (§ 14), juge que, en premier lieu, « *le procureur de la République est un magistrat de l'ordre judiciaire auquel C. pr. pén., art. 39-3 confie la mission notamment de contrôler la légalité des moyens mis en œuvre par les enquêteurs et la proportionnalité des actes d'investigation au regard de la nature et de la gravité des faits. D'autre part, il ne peut autoriser une mesure de géolocalisation [...], que lorsque l'exigent les nécessités d'une enquête* » portant sur l'un des cas prévus par le législateur (§ 15) ; en second lieu, que les mesures de géolocalisation autorisées par le parquet sont limitées dans le temps (§ 16) ; qu'en conséquence, « *le législateur a entouré la mise en œuvre des mesures de géolocalisation de garanties de nature à assurer, dans le respect des prérogatives de l'autorité judiciaire, une conciliation équilibrée entre l'objectif de valeur constitutionnelle de recherche des auteurs d'infractions et le droit au respect de la vie privée* » (§ 17) (Cons. const. 23 sept. 2021, n° 2021-930 QPC). Il convient toutefois de souligner ici la portée de l'arrêt CJUE, 2 mars 2021, *Prokuratuur*, aff. C-746/18, exposé au n° **11.4311.44A**, lequel « *s'oppose à une règlementation nationale donnant compétence au ministère public [...], pour autoriser l'accès d'une autorité publique aux données relatives au trafic et aux données de localisation* » (dispositif, § 60), les exigences européennes en matière de conservation et d'accès aux données de connexion sont ainsi de nature à affecter la régularité d'une mesure de géolocalisation ordonnée par le parquet en application du droit national (ex. Crim. 12 juill. 2022, n° 20-86.652, P).

Dans le cadre de l'information judiciaire, l'autorisation émane du juge d'instruction, pour une durée de **4 mois**, renouvelable selon les mêmes limites apportées par L. n° 2019-222, 23 mars 2019. Si la Ch. crim. a estimé, au visa des textes antérieurs à L. n° 2014-372,

28 mars 2014, qu'était valable une opération de géolocalisation effectuée dans le cadre d'une commission rogatoire, sans délégation expresse du magistrat instructeur mais avec l'instruction, au visa de C. pr. pén., art. 81, « *de procéder à tous actes utiles à la manifestation de la vérité* » (Crim. 6 janv. 2015, n° 14-85.528, P n° 8), elle doit désormais faire l'objet d'une autorisation expresse au visa des dispositions de C. pr. pén., art. 230-32 et 230-33.

« *Conformément aux règles de computation des délais définis par la jurisprudence en matière d'interceptions téléphoniques, les délais de 15 jours et de 4 mois.../...s'écoulent à compter de la mise en place effective de la géolocalisation* » (Circ. Crim. 2014-7/G, 1er avr. 2014, II A, NOR : JUSD1407842 C, citant Crim. 10 mai 2012, n° 11-87.328, P n° 116, validant l'analyse selon laquelle « *le point de départ de ces mesures devait être fixé au jour de leur mise en place effective qui a eu lieu le lendemain de l'ordonnance du magistrat les autorisant* »).

Depuis L. n° 2019-222, 23 mars 2019, le procureur de la République peut autoriser par **décision écrite et motivée** les OPJ et APJ à **poursuivre leurs opérations de géolocalisation pendant au plus 48 H 00** à compter de la délivrance d'un **réquisitoire introductif** (C. pr. pén., art. 80-5, dispositif auparavant réservé aux infractions de terrorisme par C. pr. pén., art. 706-24-2, mod. par L. n° 2017-1510, 30 oct. 2017, v. n° **15.29A3**).

B. L'autorisation d'introduction dans les lieux privés pour installer ou retirer un dispositif de géolocalisation (C. pr. pén., art. 230-34)

Dans l'hypothèse ici étudiée, la géolocalisation ne repose pas sur le fonctionnement d'un terminal portable dont la personne est l'utilisatrice mais sur le suivi d'un « *moyen technique* » (ex. balise, traceur ou tracker GPS) mis en place à son insu par les enquêteurs lors d'une introduction, autorisée par le magistrat, dans des lieux privés ou dans un véhicule.

1. Un régime d'autorisation différencié selon les lieux et procédures concernés

Selon les distinctions décrites au tableau ci-dessous, le procureur de la République, le juge d'instruction ou le JLD interviennent pour autoriser, « *par décision écrite* », « *l'introduction* » dans certains lieux privés « *aux seules fins de mettre en place ou de retirer le moyen technique* » destiné à la localisation en temps réel, « *à l'insu ou sans le consentement du propriétaire ou de l'occupant des lieux ou du véhicule ou de toute personne titulaire d'un droit sur ceux-ci* » (C. pr. pén., art. 230-34).

« *Ces opérations doivent être réalisées "aux seules fins de mettre en place le moyen technique", excluant ainsi la réalisation concomitante de toute saisie ou perquisition* » (Circ. Crim. 2014-7/G, 1er avr. 2014, NOR : JUSD1407842 C, II B). Toutefois, « *le fait que ces opérations révèlent des infractions autres que celles visées dans la décision [du magistrat] ne constitue par une cause de nullité des procédures incidentes* » (C. pr. pén., art. 230-34).

Le régime de l'autorisation est différencié selon la catégorie des lieux et des infractions ou procédures concernés.

2. Les catégories et les définitions des lieux concernés

Les catégories suivantes sont limitativement énumérées par C. pr. pén., art. 230-34.

• **Les lieux d'entreposage.** Il s'agit des « *lieux privés destinés ou utilisés à l'entrepôt de véhicules, fonds, valeurs, marchandises ou matériel* » : « *cette catégorie désigne notamment les parkings dans lesquels des véhicules peuvent être garés, ainsi que les conteneurs ou les hangars dans lequel diverses marchandises sont entreposées* » (Circ. Crim. 2014-7/G, 1er avr. 2014, II B, 1).

• **Les lieux professionnels.** Les lieux privés autres que ces derniers mais ne constituant pas une habitation : cette catégorie recouvre « *les locaux professionnels, ainsi que tous les lieux qui ne seraient pas des lieux d'entrepôt ou des locaux d'habitation. Ce sont, par exemple, les locaux d'une administration, d'une banque, ou de toute entreprise* » (Circ. Crim. 2014-7/G, 1er avr. 2014, II B, 1).

• **Les lieux d'habitation** : « *cette catégorie de lieux privés concerne notamment les maisons et les appartements, ainsi que leurs annexes ou dépendances, comme un garage ou un jardin clos situé dans la dépendance étroite et immédiate de l'habitation* » (Circ. Crim. 2014-7/G, 1er avr. 2014, II B, 1).

• **Les lieux occupés par les professionnels protégés** : ces lieux, dans lesquels l'introduction pour l'installation d'un dispositif de géolocalisation est prohibée, sont limitativement énumérés dans le tableau ci-dessous. « *Il convient néanmoins de souligner que si l'article 230-34, alinéa 5 interdit l'intrusion dans ces lieux privés pour procéder à l'installation ou au retrait d'une balise, il ne prohibe absolument pas l'installation d'une balise sur un véhicule stationné sur la voie publique ou dans un autre lieu privé ainsi que la géolocalisation du téléphone d'une personne mentionnée aux articles 56-1 à 56-3 et 100-7 du C. pr. pén.* » (Circ. Crim. 2014-7/G, 1er avr. 2014, II B, 2).

• **Les véhicules** : ceux-ci ne sont expressément appréhendés par C. pr. pén., art. 230-3 qu'au regard de leur emplacement sur la voie publique ou sur un parking privé. Dans le silence du texte, l'introduction dans un véhicule stationnant sur une annexe ou dépendance étroitement et immédiatement liée à l'habitation paraît relever du régime prévu pour l'introduction dans l'habitation. Le véhicule professionnel de l'entreprise de presse ou de communication, en quelque lieu qu'il se trouve, ne paraît pas pouvoir faire l'objet d'une introduction pour géolocalisation (C. pr. pén., art. 230-34 et 56-2).

3. Tableau récapitulatif du régime d'autorisation selon les lieux et la procédure concernés

Tableau 4 : Récapitulatif du régime d'autorisation pour l'installation ou le retrait du dispositif de géolocalisation selon les lieux et la procédure concernés (C. pr. pén., art. 230-34)

Catégorie de lieu	Infractions ou procédures concernées	Magistrat compétent et cadre juridique
1. Lieu privé destiné ou utilisé à l'entrepôt de véhicules, fonds, valeurs, marchandises ou matériel	– **Crimes ou délits punis d'une peine ⩾ 3 ans** ; – **Recherche des causes de la mort** (C. pr. pén., art. 74 ou 80-4) ;	**Procureur de la République** en cas d'enquête dirigée par le parquet ou d'enquête de la douane administrative
	– **Recherche de personne disparue** (C. pr. pén., art. 74-1 ou 80-4) ;	**Juge d'instruction** en cas d'information judiciaire
	– **Recherche de personne en fuite** (C. pr. pén., art. 74-2) (compétence exclusive parquet) ;	
	– **Délits douaniers punis d'une peine ⩾ 5 ans** (enquête douanière conduite par des agents des douanes, compétence exclusive du parquet).	**Heures légales** : le procureur de la République ou le juge d'instruction peut autoriser l'introduction entre 21 h 00 et 6 h 00
	– **Délits douaniers punis d'une peine ⩾ 5 ans** (enquête douanière conduite par des agents des douanes, compétence exclusive du parquet).	

2. Véhicule situé sur la voie publique ou dans un lieu privé destiné ou utilisé à l'entrepôt de véhicules, fonds, valeurs, marchandises ou matériel	*Idem* ci-dessus	*Idem* ci-dessus
3. Lieux autres que ceux destinés à l'entrepôt de biens ou à l'habitation (locaux professionnels)	– **Crimes ou délits punis d'une peine ⩾ 5 ans** ; – **Recherche des causes de la mort** (C. pr. pén., art. 74 ou 80-4) ; – **Recherche de personne disparue** (C. pr. pén., art. 74-1 ou 80-4) ; – **Recherche de personne en fuite** (C. pr. pén., art. 74-2) (compétence exclusive du parquet) ; – **Délits douaniers punis d'une peine ⩾ 5 ans** (enquête douanière conduite par des agents des douanes, compétence exclusive du parquet)	*Idem* ci-dessus
4. Lieu d'habitation	– **Crimes ou délits punis d'une peine ⩾ 5 ans.**	**JLD**, saisi par le procureur de la République en cas d'enquête dirigée par le parquet ou d'enquête de la douane administrative
	– **Recherche des causes de la mort** (C. pr. pén., art. 74 ou 80-4) – **Recherche de personne disparue** (C. pr. pén., art. 74-1 ou 80-4).	**Juge d'instruction** en cas d'information judiciaire
	– **Recherche de personne en fuite** (C. pr. pén., art. 74-2) (compétence exclusive parquet, pas d'ouverture d'information possible) – **Délits douaniers punis d'une peine ⩾ 5 ans** (enquête douanière conduite par des agents des douanes, compétence exclusive du parquet)	**Heures légales** : le JLD, saisi par le juge d'instruction, peut autoriser l'intervention entre 21 h 00 et 6 h 00
5. Lieux exclus (professions protégées)	Sont exclus de la mise en place d'une géolocalisation les lieux suivants (C. pr. pén., art. 230-34) : – Cabinet ou domicile d'un avocat (C. pr. pén., art. 56-1) ; – Locaux d'une entreprise de presse, de communication audiovisuelle, de communication au public en ligne, d'une agence de presse, ainsi que les véhicules professionnels de ces entreprises ou agences (C. pr. pén., art. 56-2) ;	

– Cabinet d'un médecin, notaire ou commissaire de justice [anc[t] huissier] (C. pr. pén., art. 56-3) ;

– Lieu précisément identifié, établi de façon limitative par arrêté du 1er ministre, abritant des éléments couverts par le secret de la défense nationale (C. pr. pén., art. 56-4) ;

– Bureau ou domicile d'un député ou sénateur, d'un avocat ou d'un magistrat (C. pr. pén., art. 100-7).

C. Une opération mise en œuvre et formalisée par l'OPJ

Après autorisation, la géolocalisation est mise en place par l'OPJ, ou sous sa responsabilité, par l'APJ, ou prescrite sur réquisitions de l'OPJ (C. pr. pén., art. 230-32).

L'OPJ, commis par le juge d'instruction ou autorisé par le procureur de la République, peut requérir tout agent qualifié d'un service, d'une unité ou d'un organisme dont la liste est fixée par décret, « *en vue de procéder à l'installation ou au retrait de l'installation technique* » de géolocalisation (C. pr. pén., art. 230-36). Cette liste est fixée à C. pr. pén., art. D. 15-1-5, auquel renvoie D. 15-1-7 (D. nº 2014-827, 21 juill. 2014).

L'OPJ ou l'APJ agissant sous sa responsabilité dresse procès-verbal de chacune « *des opérations de mise en place du moyen technique* » de géolocalisation et « *d'enregistrement des données de localisation* ». Ce procès-verbal mentionne la date et l'heure auxquelles l'opération a commencé et celles auxquelles elle s'est terminée. Les enregistrements sont placés sous scellés fermés (C. pr. pén., art. 230-38) (ils devront être détruits à la diligence du procureur de la République ou du procureur général à l'expiration du délai de prescription de l'action publique, C. pr. pén., art. 230-43, sur la prescription, v. nos **17.18** s).

« *le demandeur ne saurait se faire un grief que ne figure en procédure ni l'heure de l'installation effective du dispositif mais seule celle à laquelle l'OPJ en a été informé, ni celle de début d'enregistrement* » (§ 45) car « *les opérations de mise en place du dispositif de géolocalisation n'ont eu lieu ni en urgence, en application de C. pr. pén., art. 230-35 et ne nécessitaient dès lors pas une décision écrite du magistrat dans un délai de vingt-quatre heures pour la poursuite des opérations, ni dans un lieu privé, au sens de C. pr. pén., art. 230-34 dudit code, imposant une autorisation écrite du juge d'instruction ou du JLD, selon l'heure de pose* » (§ 46) (Crim. 11 mai 2021, nos 20-86.182, 20-82.415, P).

Les données « *utiles à la manifestation de la vérité* » sont décrites ou transcrites par l'OPJ ou l'APJ dans un procès-verbal versé au dossier (C. pr. pén., art. 230-39).

D. Une opération pouvant être mise en place provisoirement par l'OPJ en cas d'urgence (C. pr. pén., art. 230-35)

« *En cas d'urgence résultant d'un risque imminent de dépérissement des preuves ou d'atteinte grave aux personnes ou aux biens* » la géolocalisation peut être mise en place ou prescrite par un OPJ. Si l'OPJ, dans un tel cas, n'a pas besoin de l'autorisation préalable du procureur de la République ou du juge d'instruction, il doit néanmoins l'aviser « *immédiatement, par tout moyen* ».

Cette information « *doit intervenir dès la mise en place effective de la mesure de géolocalisation* » (§ 10) et l'information donnée à 9 h 30 de la pose d'un dispositif effectuée à 3 h 20 (§ 8) ne satisfait pas aux exigences légales, sauf à justifier de circonstances insurmontables (§ 10) (Crim. 29 sept. 2020, nº 20-80.915, P).

Le magistrat ainsi avisé peut ordonner la mainlevée de la géolocalisation ou ordonner la poursuite des opérations, par décision écrite comportant, à peine de nullité de l'opération l'« *énoncé des circonstances de fait établissant l'existence d'un risque imminent de dépérissement des preuves ou d'atteinte grave aux personnes ou aux biens* », la seule mention de la « *nécessité d'exercer de manière efficace une surveillance physique* » de l'intéressé et « *de pouvoir suivre techniquement les déplacements de la voiture qu'il pourrait être amené à utiliser pour ses trajets* » étant insuffisante (Crim. 9 mai 2018, nº 17-86.638, P nº 89). À défaut d'autorisation délivrée par le magistrat dans le délai de 24 h 00, « *il est mis fin à la géolocalisation* ».

« *qu'il y ait nécessité ou pas de prolonger l'opération de géolocalisation au-delà de 24 heures, une décision écrite doit être prise dans ce délai, les opérations de géolocalisation déjà réalisées doivent être considérées comme inexistantes et ne peuvent faire l'objet de retranscription et d'utilisation dans le cadre de la procédure* » à défaut de décision (Circ. Crim. 2014-7/G, 1er avr. 2014, III B).

L'absence de mention en procédure de « *l'heure de l'installation effective du dispositif* » fait grief, dès lors que l'opération en urgence doit être autorisée dans les 24 heures par le magistrat (§ 45 et 46 *a contrario*) (Crim. 11 mai 2021, nos 20-86.182, 20-82.415, P).

Si la mise en place de la géolocalisation nécessite l'introduction dans un « *lieu d'habitation* », l'OPJ doit obtenir l'autorisation préalable du magistrat compétent, « *donnée par tout moyen* », et selon les distinctions précisées dans le tableau figurant en **B3**. *A contrario*, sous la condition d'urgence précisée ci-dessus, et sous réserve de la validation dans les 24 h 00 de l'opération par un magistrat, l'introduction dans un lieu autre qu'un lieu d'habitation ou dans un véhicule (à moins qu'il ne soit stationné dans une annexe en dépendance étroite de l'habitation) peut donc être mise en œuvre par l'OPJ sans autorisation préalable. L'absence de mention en procédure de « *l'heure de l'installation effective du dispositif* » fait grief, dès lors que l'introduction en urgence dans un lieu privé doit être préalablement autorisée par le magistrat (§ 45 et 46 *a contrario*) (Crim. 11 mai 2021, nos 20-86.182, 20-82.415, P).

E. La protection des personnes susceptibles de représailles en matière de criminalité organisée (C. pr. pén., art. 230-40)

La « *directive B* » admet que des restrictions puissent être apportées au droit d'accès à la preuve matérielle (v. no **17.28A**) ou au dossier (v. no **17.3**), « *lorsque cet accès peut constituer une menace grave pour la vie ou les droits fondamentaux d'un tiers* » (Dir. 2012/13/UE (directive B), 22 mai 2012, art. 7-4 et § interprétatif no 32).

Lorsque la connaissance de la date, de l'heure, du lieu d'installation ou de retrait du moyen technique de géolocalisation, des données de localisation et d'éléments permettant d'identifier une personne ayant concouru à l'installation ou au retrait du moyen technique, est susceptible de mettre gravement en danger la vie ou l'intégrité physique d'une personne, des membres de sa famille ou de ses proches, ces informations pourront être écartées du dossier de la procédure, si elles ne sont « *ni utile[s] à la manifestation de la vérité, ni indispensable[s] à l'exercice des droits de la défense* ».

Ce dispositif, qui vise à « *garantir l'anonymat des personnes ayant aidé un service enquêteur à installer un dispositif de géolocalisation* » (Circ. Crim. 2014-7/G, 1er avr. 2014, IV), est réservé aux infractions de criminalité organisée énumérées au C. pr. pén., art. 706-73 (sur la liste de ces infractions v. no **11.21A**).

De plus, la mise à l'écart des données ne peut être autorisée que dans le cadre d'une information judiciaire, par une décision motivée du JLD, jointe au dossier, saisi par requête motivée du juge d'instruction.

Les données écartées du dossier sont inscrites dans un procès-verbal versé, avec la requête du juge d'instruction, dans un dossier distinct inaccessible aux parties. Ces informations sont inscrites sur un registre coté et paraphé ouvert à cet effet au tribunal judiciaire [avant le 1er janv. 2020 : tribunal de grande instance].

La personne mise en examen ou le témoin assisté (sur les droits particuliers du témoin assisté, v. no **11.77D**) peut, dans les dix jours où il lui a été donné connaissance des opérations de géolocalisation, contester devant le président de la CHINS le recours à la procédure de retrait des informations sensibles (C. pr. pén., art. 230-41). Le président peut annuler la géolocalisation s'il estime que l'opération était irrégulière, que les conditions n'en étaient pas remplies ou que les informations retirées du dossier sont essentielles à l'exercice des droits de la défense. S'il estime qu'il n'existe plus de danger pour les personnes susceptibles de représailles, il peut toutefois ordonner le retour au dossier des données écartées. Sauf dans ce dernier cas, aucune condamnation ne peut être prononcée sur le fondement de données rendues inaccessibles.

Le Cons. const. a entouré ces dispositions de deux réserves d'interprétation permettant d'en renforcer le contrôle juridictionnel. D'une part, le délai de dix jours devant le président de la CHINS ne commence à courir qu'à compter du moment où la décision du JLD est « *formellement portée à la connaissance de la personne mise en examen ou du témoin assisté* ». D'autre part, la CHINS saisie d'une requête en nullité d'un acte de la procédure d'instruction peut « *également exercer le contrôle et prendre les décisions prévus par l'article 230-41* » C. pr. pén. (Cons. const. 25 mars 2014, n° 2014-693 DC, § 23).

11.49 La réquisition judiciaire à personne qualifiée (C. pr. pén., art. 60 et 77-1)

A. Les finalités et le coût de l'intervention de la personne qualifiée

Au cours de l'enquête judiciaire, des réquisitions sont faites à « *toutes personnes qualifiées* » « *pour procéder à des constatations ou à des examens techniques ou scientifiques* » (C. pr. pén., art. 60 et 77-1).

Ces prestations techniques ou scientifiques peuvent être de toute nature : réquisitions à un médecin légiste pour une autopsie (sur l'autopsie judiciaire, v. n° 14.7), à un laboratoire pour une analyse génétique ou la détermination du dosage d'une substance chimique, à un pychologue pour un examen psychologique, etc. Il peut également s'agir de « *travaux techniques* » réalisés au cours d'une enquête : réquisitions à un serrurier pour l'ouverture d'une porte, à une entreprise de dépannage pour le convoyage d'un camion saisi, etc. En conclusion, il s'agit de toute opération de nature technique en lien avec la recherche ou la gestion des preuves ou des saisies.

Ces investigations sont de « *même nature que celles qui peuvent être confiées aux experts par le juge d'instruction* » (Crim. 14 sept. 2005, n° 05-84.021, P n° 226). Quoique les réquisitions à personne qualifiée soient textuellement réservées à l'enquête initiale, selon les précisions apportées au n° 11.50B, la jurisprudence admet ponctuellement leur emploi dans le cadre de la procédure d'instruction, en veillant à ce que ces opérations ne conduisent le juge d'instruction ou l'OPJ chargé de l'exécution d'une commission rogatoire à s'affranchir des exigences propres à l'expertise de l'instruction préparatoire.

Ces examens techniques ou l'interprétation des opérations de police technique et scientifique peuvent, selon le type d'enquête que l'OPJ conduit, être confiés à des personnes qualifiées appartenant aux organismes spécialisés de la police nationale ou de la gendarmerie nationale. Ces services mettent en commun les moyens dont ils disposent lorsque leurs propres capacités se révèlent insuffisantes (C. pr. pén., art. D. 7).

Exécutées par des personnes privées ou des établissements publics, ces prestations sont rémunérées au titre des **frais de justice** criminelle, correctionnelle ou de police (C. pr. pén., art. R. 92).

Ces opérations peuvent être soit tarifées soit taxées. Elles sont dites **tarifées** lorsque leur montant est alors forfaitairement fixé par le code de procédure pénale. Le prestataire est mis en paiement après simple « *certification du service fait* » (le constat, au vu des pièces, que la prestation a bien été réalisée) (C. pr. pén., art. R. 224-1 s.). Les prestations sont dites **taxées** lorsque leur coût n'est pas préétabli par le code de procédure pénale. Dans ce cas, pour être mise en paiement, la prestation doit au préalable être « *taxée* » (fixée) par un magistrat taxateur après réquisitions du parquet (C. pr. pén., art. R. 226 s.).

Dans tous les cas, que l'intervention de la personne requise constitue une opération intellectuelle assimilable à une expertise ou une prestation seulement matérielle n'impliquant ni la rédaction d'un rapport ni la formulation d'une opinion (ex. nettoyage d'une scène de crime en application de C. pr. pén., art. D. 15-3-3, D. 32-2-4 et R. 92 6°), la formalisation d'une réquisition à personne qualifiée sur le fondement de C. pr. pén., art. 60 ou 77-1 justifie en procédure l'accès d'un tiers aux éléments d'une enquête couverte par le secret (sur le secret de l'enquête et de l'instruction, v. n° **35.2**).

L'établissement d'une réquisition n'est toutefois plus imposé depuis L. n° 2023-22, 24 janv. 2023, pour les laboratoires de police scientifique de la police ou de la gendarmerie. En effet, « *lorsqu'ils sont sollicités à cet effet par l'OPJ ou, sous le contrôle de ce dernier, par l'APJ, les services ou organismes de police technique et scientifique de la police nationale et de la gendarmerie nationale peuvent directement procéder à des constatations et à des examens techniques ou scientifiques relevant de leur compétence, sans qu'il soit nécessaire d'établir une réquisition à cette fin* » (C. pr. pén., art. 60 et 77-1, réd. issue L. n° 2023-22, 24 janv. 2023) ; ces dispositions, « *qui se bornent à préciser certaines modalités de saisine entre différents services de police et de gendarmerie* » (§ 97), sont jugées conformes à la Constitution (Cons. const. 19 janv. 2023, n° 2022-846 DC). Il en est de même pour l'analyse de l'empreinte génétique par ces mêmes laboratoires, quoique cette précision ne paraissent pas utile compte tenu de la généralité des dispositions qui précèdent (C. pr. pén., art. 706-56, al. 2, réd. issue L. n° 2023-22, 24 janv. 2023).

B. Les modalités procédurales de la réquisition à personne qualifiée

1. L'absence d'autorisation du parquet dans l'enquête de flagrance (C. pr. pén., art. 60)

Dans l'**enquête de flagrance**, l'OPJ peut requérir d'initiative ces personnes qualifiées pour procéder à des examens techniques ou scientifiques et l'autorisation préalable du procureur n'est pas nécessaire (C. pr. pén., art. 60 s.). L'APJ agissant sous le contrôle de l'OPJ peut également y procéder depuis L. n° 2019-222, 23 mars 2019 (v. n° **11.10B**).

Soulignons que, « *à la demande expresse et sous le contrôle de l'OPJ ou, lorsqu'il est compétent, de l'APJ* », les **assistants d'enquête** peuvent procéder à ces réquisitions et en établir procès-verbal (C. pr. pén., art. 21-3, issu L. n° 2023-22, 24 janv. 2023, art. 60 mod. par la même loi).

2. L'exigence d'une autorisation du parquet dans l'enquête préliminaire, ses exceptions et son formalisme (C. pr. pén., art. 77-1)

• **Le principe et la portée de l'autorisation du procureur de la République**

Dans le cadre de l'**enquête préliminaire**, le recours à ces personnes qualifiées ne peut en revanche être effectué que par le procureur de la République ou, sur son autorisation préalable, par l'OPJ ou par l'APJ (depuis L. n° 2019-222, 23 mars 2019 pour ce dernier, v. n° **11.10B**) (C. pr. pén., art. 77-1 s.) (sur la distinction entre enquête de flagrance et enquête préliminaire, v. n° **11.15**). « *A la demande expresse et sous le contrôle de l'OPJ ou, lorsqu'il est compétent, de l'APJ* », les **assistants d'enquête** peuvent également procéder à ces réquisitions et en établir procès-verbal (C. pr. pén., art. 21-3, issu L. n° 2023-22, 24 janv. 2023, art. 77-1 mod. par la même loi).).

Les dispositions du C. pr. pén., art. 77-1, relatives à l'autorisation du parquet « *sont édictées dans l'intérêt d'une bonne administration de la justice et [...] leur méconnaissance est constitutive d'une nullité* » sans qu'il soit nécessaire de rechercher si l'irrégularité a fait grief au requérant (Crim. 14 oct. 2003, n° 03-84.539, P n° 187 ; dans le même sens : Crim. 1er sept. 2005, n° 05-84.061, P n° 211). Les dispositions de C. pr. pén., art. 77-1, qui permettent « *de confier des constatations ou des examens techniques et scientifiques à des personnes qualifiées, sont édictées en vue de garantir la fiabilité de la recherche et de l'administration de la preuve* », « *l'absence d'une telle autorisation peut être invoquée par toute partie y ayant intérêt* », même en l'absence d'un droit sur les biens objet de l'examen, s'agissant en l'espèce d'un emballage de stupéfiants trouvé dans le sous-sol de l'immeuble où le demandeur à la nullité résidait, sur lequel ses empreintes papillaires furent révélées en exécution de l'examen technique (Crim. 18 juin 2019, n° 19-80.105, P n° 121).

Notons que dans certains cas particuliers, l'autorisation du parquet n'est pas nécessaire, ainsi l'enquêteur tire de C. route, art. L. 235-2 « *le pouvoir de faire procéder à des vérifications consistant en des analyses ou examens médicaux, cliniques et biologiques, en vue d'établir si l'intéressé conduisait en ayant fait usage de substances ou plantes classées comme stupéfiants* » (Crim. 21 juin 2016, n° 15-86.449, P n° 189, v. n° 13.9).

• **Le formalisme de l'autorisation du procureur de la République**

La chancellerie souligne que la jurisprudence de la Ch. crim. relative au formalisme de l'autorisation préalable est souple et que les mentions suivantes suffisent à établir l'existence de cette autorisation : « *sur autorisation du procureur de la République* » (Crim. 23 mai 2006, n° 06-83.241, P n° 139) ; « *en accord avec le parquet* » (Crim. 9 janv. 2007, n° 06-87.698, D) ; « *conformément aux instructions de M. le procureur de la République* » (Crim. 8 juin 2010, n ° 09-84.085, 09-82.732, P n° 101 ; Crim. 1er févr. 2011, n° 10-83.523, P n° 15) ; l'autorisation de procéder « *à toutes réquisitions utiles à la manifestation de la vérité* » au visa « *des articles 75 et suivants* », peu important que cette autorisation ne soit pas visée par les réquisitions successives (Crim. 20 juill. 2011, n° 11-81.823, D). Dans un arrêt Crim. 27 nov. 2012, n° 12-85.645, D), la Ch. crim. a en outre validé le raisonnement d'une CHINS aux termes duquel « *l'article 77-1-1 du code de procédure pénale ne soumet l'autorisation du procureur de la République à aucune forme particulière et n'exige pas, notamment, que figure à la procédure la formalisation écrite et préalable d'une demande d'autorisation ou de cette autorisation elle-même ni l'indication de la forme sous laquelle cette autorisation a été donnée* » (Circ. Crim-2016/19/E, 08.09.2016, JUS D 1625322 C, n° 1.2). Est également confirmée la CHINS qui énonce que « *la réquisition portant mention d'une autorisation du procureur de la République est régulière, quand bien même aucune autre pièce du dossier n'aurait été établie pour constater qu'un magistrat du parquet a donné une autorisation verbale ou écrite* », sont ainsi régulières les réquisitions qui comportent la mention « *sur autorisation du procureur de la République près le ...* » « *sur autorisation du procureur de la République près le...* » ou « *suite à l'autorisation préalable de Monsieur le procureur de la République près le...* » (Crim. 28 sept. 2022, n° 20-86.054, 22-84.210, P).

• **Les exceptions à l'exigence d'autorisation : les comparaisons d'empreintes génétiques et dactyloscopiques**

Depuis L. n° 2020-1672, 24 déc. 2020, par dérogation à ces dispositions, « *aucune autorisation n'est nécessaire lorsque l'OPJ a recours à une personne qualifiée* » pour les actes de **comparaison d'empreintes génétiques et dactyloscopiques** qui suivent (C. pr. pén., art. 77-1, mod. par L. n° 2020-1672, 24 déc. 2020) :

– « *procéder à la comparaison entre une empreinte génétique issue de trace biologique et l'empreinte génétique d'une personne à l'encontre de laquelle il existe une ou plusieurs raisons plausibles de soupçonner qu'elle a commis l'une des infractions* » donnant lieu à centralisation des empreintes génétiques au fichier Fnaeg (C. pr. pén., art. 706-55, v. la liste de ces infractions au n° 13.25) « *ou à la comparaison entre plusieurs traces biologiques* » ;

– « *procéder à la comparaison entre une trace digitale ou palmaire et l'empreinte digitale ou palmaire d'une personne à l'encontre de laquelle il existe une ou plusieurs raisons plausibles de soupçonner qu'elle a commis un crime ou un délit, ou à la comparaison entre plusieurs traces digitales ou palmaires* » (sur l'identification par empreinte digitale et le fichier FAED., v. n° 13.30 et 13.31).

3. La pratique désormais limitée des autorisations permanentes du parquet

Au regard de la souplesse des exigences de formalisation de l'autorisation du parquet, la chancellerie a invité les parquets à délivrer des autorisations permanentes pour certaines catégories de réquisitions, notamment celles qui ne sont pas payantes.

Furent ainsi préconisées des autorisations permanentes pour les réquisitions suivantes (NB : la liste suivante concerne non seulement la réquisition à technicien fondée sur C. pr. pén., art. 60 et 77-1, mais aussi la réquisition de transmission d'informations fondée sur C. pr. pén., art. 60-1 et 77-1-1 (v. n° 11.54) et la réquisition d'accès aux données issues de systèmes informatiques fondée sur C. pr. pén., art. 60-2 et 77-1-2, al. 1 (v. n° 11.55A), toutes soumises au régime de l'autorisation préalable du parquet dans le cadre de l'enquête préliminaire) :

– réquisition à un médecin pour la détermination de l'incapacité totale de travail [il est à cet égard rappelé « *la nécessité, sauf exception, de requérir l'unité médico-judiciaire pour les parquets dont le ressort s'en trouve doté, en application de la circulaire interministérielle du 25 avril 2012 relative à la mise en œuvre de la réforme de la médecine légale.* » (sur le schéma directeur de médecine légale, v. n° 14.7B, sur la notion d'ITT, v. n° 14.2C) ;

– « *réquisition pour l'obtention d'images extraites d'un système de vidéoprotection (RATP, SNCF, banque, etc.) ;*

– réquisition à un opérateur téléphonique pour l'identification d'un numéro de téléphone ou la recherche d'un abonné, sous réserve de définir précisément les contentieux par infraction et par importance de préjudice ;

– réquisition aux administrations (préfectures, mairies, etc.) aux fins de fourniture de données relatives à l'état civil, aux documents d'identité (passeport, carte nationale d'identité, etc.), au permis de conduire ainsi qu'aux documents d'organisation interne, rapports, marchés publics ;

– réquisition aux organismes sociaux et fiscaux (CAF, sécurité sociale, pôle emploi, CARSAT, URSSAF, conservations des hypothèques pour les références cadastrales et relevés de propriétés, base GIE carte bancaire, ARGOS, EDF-GDF) ;

– réquisition aux fins d'obtention de données issues du traitement LAPI (lecture automatisée des plaques d'immatriculation) [CSI, art. L. 233-1 et L. 233-2] ;

– réquisitions aux établissements privés ou publics en vue d'obtenir des listes de personnels ou de clients (embarquements aériens, clients de sites internet, émetteurs de mandats cash...), sous réserve de préciser un seuil de coût au-delà duquel une autorisation individuelle est nécessaire. » (Circ. Crim-2016/19/E, 08.09.2016, JUS D 1625322 C, n° 1.2).

Ces pratiques ont été remises en cause par la jurisprudence ci-dessous analysée.

4. Le fondement de la prohibition des autorisations permanentes : le principe de direction et de contrôle effectif de l'enquête par l'autorité judiciaire

La pratique de l'autorisation permanente a toutefois été censurée en ce qu'il résulte de C. pr. pén., art. 77-1 « *que l'autorisation donnée par le procureur de la République aux OPJ de faire procéder à des examens techniques ou scientifiques doit être donnée dans le cadre de la procédure d'enquête préliminaire en cours et non par voie d'autorisation générale et permanente préalable ; que cette interprétation est commandée par la nécessité de garantir la direction effective des enquêtes préliminaires par le procureur de la République* » (Crim. 17 déc. 2019, n° 19-83.574, P).

Soulignons en effet que l'autorisation donnée par le parquet résulte de « *l'exigence de direction et de contrôle de l'autorité judiciaire sur la police judiciaire résultant de l'article 66 de la Constitution* » et qu'ont donc été censurées des dispositions législatives prévoyant de permettre à un OPJ ou un APJ, dans l'enquête préliminaire, de « *requérir, sans autorisation du procureur de la République, tout organisme public de lui remettre des informations intéressant l'enquête* » (Cons. const. 21 mars 2019, n° 2019-778 DC, § 174 et 175).

5. L'encadrement des autorisations permanentes par C. pr. pén., art. 77-1 mod. par L. n° 2020-1672, 24 déc. 2020

Tirant les conséquences de la jurisprudence qui précède, la L. n° 2020-1672, 24 déc. 2020 a autorisé les autorisations permanentes tout en réduisant leur champ à certains examens médicaux.

« *Le procureur de la République peut, par la voie d'instructions générales [...], autoriser les OPJ ou APJ à requérir toutes personnes qualifiées afin de procéder à des examens médicaux ou psychologiques de la victime ou de procéder à des examens médicaux de la personne suspectée d'avoir commis une des infractions mentionnées à l'article 706-47* [infractions relevant du régime des infractions sexuelles, v. cette liste au n° 11.23A], sur l'expertise médicale imposée par C. pr. pén., art. 706-47-1, v. n° 11.23C1] *ou exigés en application de l'article 706-115* [expertise médicale du majeur protégé avant poursuites, C. pr. pén., art. 706-115 et D. 47-21, v. n° 15.11B]. *Le procureur est avisé sans délai de ces réquisitions. Ces instructions générales ont une durée qui ne peut excéder six mois. Elles peuvent être renouvelées* » (C. pr. pén., art. 77-1, mod. par L. n° 2020-1672, 24 déc. 2020).

Pour mémoire, selon les précisions apportées au n° **11.54A**, les réquisitions de transmission de données sur le fondement de C. pr pén., art. 77-1-1, opérations qui ne s'apparentent pas à des réquisitions à personnes qualifiées, ont également fait l'objet de dispositions permettant et encadrant les autorisations permanentes du parquet.

C. Le choix et les diligences de la personne qualifiée et la communication de son rapport

1. Le choix de la personne qualifiée et la prestation de serment de la personne non inscrite sur une liste d'expert

À moins que le technicien requis ne soit inscrit sur la liste des experts judiciaires de la C. cass. ou des cours d'appel, ou qu'il n'appartienne aux « *services ou organismes de police technique et scientifique de la police nationale et de la gendarmerie nationale* » (mod. issue L. n° 2023-22, 24 janv. 2023), il doit prêter serment « *par écrit d'apporter son concours à la justice en son honneur et sa conscience* » (C. pr. pén., art. 60 et 77-1).

Il est jugé que, dans le cas où des opérations de police technique sont effectuées par des fonctionnaires de police du SRPJ qui assistent l'OPJ du même service en charge de l'enquête, « *dès lors que les fonctionnaires de police ayant assisté l'OPJ appartenaient au service de police judiciaire, que le procureur de la République avait chargé d'effectuer les actes* », ils « *pouvaient donc procéder à des constatations et examens même techniques sans intervenir comme personnes qualifiées* » et sans avoir en conséquence à prêter le serment prévu au C. pr. pén., art. 60 (Crim. 4 nov. 2010, n° 10-84.389, P n° 175).

À la différence de la désignation d'un expert dans le cadre de la procédure d'instruction (C. pr. pén., art. 157, v. n° **11.51A3**), le choix d'une personne non inscrite sur une liste d'expert n'impose pas de décision motivée ni de circonstances exceptionnelles. La personne qualifiée est en revanche tenue, par le même serment que celui de l'expert, à un devoir d'impartialité (sur l'impartialité de l'expert et de la personne qualifiée, v. n° **11.51B**).

Comme dans le cadre de l'information judiciaire, l'absence de prestation de serment ou d'inscription sur la liste des experts est indifférente pour les opérations n'impliquant pas l'interprétation d'un résultat ou dans le cas d'un simple concours technique ou matériel (v. jurisprudence citée au n° **11.50B**).

2. Les modalités de réalisation de la mission

La personne requise est tenue, sauf motif légitime, de répondre à la réquisition. À défaut, elle encourt une amende de 2e classe (v. n° **25.48**) ou, s'il s'agit d'un médecin, une amende délictuelle de 3 750 € pour le fait « *de ne pas déférer à une réquisition de l'autorité publique* » (CSP, art. **L. 4163-7**) (v. n° **25.49**).

Notons qu'à la différence de l'expertise (C. pr. pén., art. 161, v. n° **11.51C2**), l'autorité requérante n'est pas tenue de fixer un délai pour l'exécution de la mission.

Les personnes qualifiées peuvent procéder hors présence du suspect à l'ouverture des scellés dont elles dressent l'inventaire dans leur rapport. Depuis L. n° 2019-222, 23 mars 2019, elles « *peuvent également, en le mentionnant dans leur rapport, replacer sous scellés les objets examinés, et placer sous scellés les objets résultant de leur examen ; en particulier, les médecins requis pour pratiquer une autopsie ou un examen médical peuvent placer sous scellés les prélèvements effectués* » (C. pr. pén., art. 60) (sur le cadre légal et règlementaire : de l'autopsie judiciaire, v. n° **14.7A**, des prélèvements effectués à cette occasion, v. n° **14.12A**). Ces prérogatives sont similaires à celles dont dispose l'expert dans le cadre de l'information judiciaire (C. pr. pén., art. 163, v. n° **11.53AB**). « *Afin de prévenir tout conflit négatif pouvant résulter de la compétence désormais concurrente des OPJ et des personnes qualifiées pour procéder à des placements sous scellés, il apparaît opportun d'intégrer expressément à la mission fixée par la réquisition judiciaire, le placement sous scellés des objets issus de l'examen, lorsque l'autorité requérante l'estime utile* » (Circ. Crim. 2019-8/H3, 5 avr. 2019, JUSD1910288C, n° 2.5).

Quelle que soit la nature de la mission confiée, « *y compris pour recueillir des renseignements sur sa personnalité* », « *toute personne ou tout service mandaté par l'autorité judiciaire* », il s'agit donc notamment des personnes qualifiées, doit désormais notifier « *avant tout recueil de ses observations* », à « *toute personne suspectée* » « *en matière de crime ou de délit* », « *le droit de se taire sur les faits qui lui sont reprochés* » ; « *aucune condamnation ne peut être prononcée sur le seul fondement de déclarations faites sans que ledit droit ait été notifié* » (C. pr. pén., art. préliminaire, III, modifié par L. nº 2021-1729, 22 déc. 2021). Ces dispositions concernent en pratique les examens médicaux, psychiatriques et psychologiques du suspect établis durant l'enquête préliminaire ou de flagrance, lesquels sont par nature fondés sur les observations, doléances ou éléments d'anamnèse recueillis par l'homme de l'art auprès de l'intéressé. Ces modifications ont anticipé la censure du C. pr. pén., art. 77-1, ultérieurement prononcée par le Cons. const., au motif qu'« *en ne prévoyant pas que la personne soupçonnée d'avoir commis une infraction doit être informée de son droit de se taire lors d'un examen au cours duquel elle peut être interrogée sur les faits qui lui sont reprochés* » (§ 12), ces dispositions méconnaissent « *le principe selon lequel nul n'est tenu de s'accuser, dont découle le droit de se taire* » (§ 7) (Cons. const. 25 févr. nº 2021-975 QPC).

3. L'établissement du rapport et la communication de ses résultats au suspect et à la victime

Le rapport doit contenir la description des opérations du technicien ainsi que ses conclusions. Il est signé par lui et doit mentionner le nom des personnes qui l'ont assisté, sous son contrôle et sa responsabilité, pour la réalisation des opérations jugées nécessaires à l'exécution de la mission qui lui a été confiée (C. pr. pén., art. 60 et 77-1 renvoyant à 163 et 166 relatifs aux rapports d'expertise, sur ce point, v. nº **11.53A**).

À l'initiative du parquet, les résultats des travaux du technicien peuvent être portés à la connaissance de certaines parties au cours de l'enquête : « *Sur instructions du procureur de la République, l'OPJ ou, "sous le contrôle de ce dernier, l'APJ"* (L. nº 2019-222, 23 mars 2019) *donne connaissance des résultats des examens techniques et scientifiques aux personnes à l'encontre desquelles il existe des indices faisant présumer qu'elles ont commis ou tenté de commettre une infraction, ainsi qu'aux victimes* » (C. pr. pén., art. 60 et 77-1).

Soulignons que lorsque cette information n'est pas délivrée dans le cours de l'enquête initiale, le **juge d'instruction** éventuellement saisi sera **tenu**, comme en matière d'expertise, de notifier aux parties (personne mise en examen et partie civile) les conclusions des personnes qualifiées requises dans l'enquête initiale et de leur fixer un délai pour présenter des observations ou formuler une demande (C. pr. pén., art. 167, v. nº **11.53C1**).

En toute hypothèse, que l'enquête initiale soit suivie ou non d'une ouverture d'information, le rapport de la personne qualifiée sera soumis à la contradiction dans le cadre des dispositions régissant le droit d'accès au dossier et la délivrance de copie de pièces pénales (v. nº **17.3**).

Notons que lorsqu'il comparaît devant la juridiction pour exposer le résultat de ses opérations, le technicien requis au titre de C. pr. pén., art. 60-1 et 77-1 dépose sous serment en qualité d'expert (v. nº **17.30C**).

11.50 L'expertise dans le cadre de l'instruction préparatoire : définition et régime de la décision d'expertise (C. pr. pén., art. 156)

A. La mission d'expertise dans l'instruction préparatoire

1. La définition de l'expertise

L'expertise est à l'instruction préparatoire ce que la réquisition à personne qualifiée (v. nº **11.49**) est à l'enquête préliminaire ou de flagrance.

Le C. pr. pén. ne donne pas une définition précise de l'expertise, ce qui peut soulever des questions de frontière avec la réquisition à personne qualifiée, à laquelle, selon la jurisprudence, peut également recourir le juge d'instruction ou l'OPJ chargé de l'exécution d'une commission rogatoire, mais selon les limites précisées en B ci-dessous, l'une et l'autre de ces mesures n'obéissant en effet pas au même régime.

On peut au demeurant retenir que la mission de l'expert, « *qui ne peut avoir pour objet que l'examen de questions d'ordre technique* » (C. pr. pén., art. 158), consiste à apporter des « *conclusions* » (C. pr. pén., art. 166) « *dans le cas où se pose une question d'ordre technique* » (C. pr. pén., art. 156).

2. L'expertise ne peut être ordonnée avant jugement que par la juridiction d'instruction (C. pr. pén., art. 156 et 201)

Avant saisine de la juridiction de jugement (sur l'expertise ordonnée par la juridiction de jugement, C. pr. pén., art. 156, v. n° **17.31**), le recours à un expert est une prérogative exclusive du juge d'instruction (C. pr. pén., art. 156) ou de la CHINS (C. pr. pén., art. 201).

En effet les juridictions d'instruction « *ne tiennent [...] d'aucun texte la faculté de déléguer leurs pouvoirs en matière de désignation d'experts ; qu'en particulier, il n'entre pas dans les pouvoirs d'un OPJ, agissant sur commission rogatoire du juge d'instruction, d'ordonner une mesure d'expertise et de désigner des experts* » (Crim. 2 sept. 1986, n° 86-93.266, P n° 251). Est également irrégulière la commission rogatoire délivrée au chef du SRPJ à l'effet de « *faire examiner par le service de l'identité judiciaire* » une lettre afin de déterminer son scripteur car cette mission constituait « *non pas une simple mission de vérification mais une mission d'expertise et comportait l'examen de questions portant sur le fond de l'affaire* » (Crim. 20 déc. 1972, n° 72-92.625, P n° 395). De même, il n'appartient pas à l'expert désigné par le juge d'instruction de s'adjoindre sans l'autorisation de ce dernier une personne qualifiée sur une question échappant à sa spécialité (C. pr. pén., art. 162 ; Crim. 6 mai 2002, n° 02-81.041, D ; Crim. 6 sept. 1988, n° 88-83.731, P n° 317 ; sur la désignation d'un expert adjoint, v. n° **11.512** ci-dessous).

3. L'initiative du recours à l'expertise : le juge d'instruction et les demandes des parties et du ministère public (C. pr. pén., art. 156)

Le juge d'instruction peut ordonner d'office une expertise et il est tenu de répondre par ordonnance à une demande régulièrement faite en ce sens (demande d'acte) par les parties (personne mise en examen et partie civile) ou le ministère public (C. pr. pén., art. 156).

Le témoin assisté ne dispose pas de la faculté générale de demander un acte au juge d'instruction, et en particulier une expertise, il peut uniquement demander une confrontation avec la personne qui le met en cause (C. pr. pén., art. 113-3). En revanche, selon les précisions apportées au n° **11.53C**, le témoin assisté peut solliciter un complément d'expertise ou une contre-expertise lorsque le juge d'instruction décide de lui notifier une expertise qui le concerne (C. pr. pén., art. 167).

La demande d'expertise faite par les parties obéit au droit commun du formalisme des demandes d'actes au cours de l'instruction. Elle doit ainsi prendre la forme d'une « *demande écrite et motivée* » (C. pr. pén., art. 82-1), étant précisé que « *le ministère public ou la partie qui demande une expertise peut préciser dans sa demande les questions qu'il voudrait voir poser à l'expert* » (C. pr. pén., art. 156). À peine de nullité, la demande d'expertise « *doit faire l'objet d'une déclaration au greffier du juge d'instruction saisi du dossier* » ou être faite par LRAR ou par déclaration au chef d'établissement pénitentiaire lorsque la personne est détenue (C. pr. pén., art. 82-1 renvoyant à art. 81, al. 10), ou par un moyen de communication électronique « *à l'adresse électronique de la juridiction ou du service de la juridiction compétente* » (C. pr. pén., art. D. 591 5°et 14°). La demande doit « *porter sur des actes déterminés* » (C. pr. pén., art. 82-1).

Mentionnons que lorsque la partie civile est à l'origine de l'ouverture de l'instruction (plainte avec constitution de partie civile devant le doyen des juges d'instruction, C. pr. pén., art. 85, v. n° **16.10B**), le juge peut, par décision motivée susceptible d'appel devant la CHINS, « *ordonner à la partie civile qui demande la réalisation d'une expertise de verser préalablement un complément de la consignation [...] afin de garantir le paiement des frais susceptibles d'être mis à sa charge* » en application de C. pr. pén., art. 800-1 lorsque la constitution est jugée abusive ou dilatoire (C. pr. pén., art. 88-2) (sur la sanction de la constitution de partie civile abusive ou dilatoire, v. nº **16.10B6**).

« *Lorsque le juge d'instruction estime ne pas devoir faire droit à une demande d'expertise, il doit rendre une ordonnance motivée au plus tard dans un délai d'un mois à compter de la réception de la demande* » (C. pr. pén., art. 156). Le ministère public (C. pr. pén., art. 185) et les parties (C. pr. pén., art. 186-1) peuvent interjeter appel de cette ordonnance de refus dans le délai de 10 jours « *qui suivent la notification de la décision* », par déclaration au greffe du tribunal, selon les modalités précisées au nº **19.6** (C. pr. pén., art. 186 renvoyant à C. pr. pén., art. 502 et 503). Lorsque la CHINS fait droit à une demande de la partie civile rejetée par le juge d'instruction, elle peut lui ordonner de verser un complément de consignation lorsqu'elle s'est constituée partie civile par voie d'action devant le juge d'instruction (C. pr. pén., art. 88-2).

« *Faute par le juge d'instruction d'avoir statué dans le délai d'un mois, la partie peut saisir le président de la CHINS qui procède* » comme en matière d'appel des ordonnances du juge d'instruction (C. pr. pén., art. 156 renvoyant à art. 81 dernier al.). « *la personne mise en examen qui n'a pas usé de cette faculté ne saurait être admise à interjeter appel de l'ordonnance la renvoyant devant le tribunal correctionnel pour contester le rejet implicite de sa demande d'expertise* » (Crim. 25 avr. 2006, nº 05-86.248, nº 109).

B. La question des domaines respectifs de la réquisition à personne qualifiée et de l'expertise dans l'instruction préparatoire

1. La réquisition à personne qualifiée ne peut empiéter sur le domaine réservé à l'expertise

L'expertise est à l'instruction préparatoire ce que les réquisitions à personne qualifiée sont à l'enquête initiale, préliminaire ou de flagrance (sur les réquisitions à personne qualifiée, v. nº **11.49**). En effet, ces dernières missions sont « *de même nature que celles qui peuvent être confiées aux experts par le juge d'instruction en application de C. pr. pén., art. 156* » (Crim. 19 mars 2014, nºs 13-88.616, 10-88.725, P nº 88 ; dans le même sens : Crim. 14 sept. 2005, nº 05-84.021, P nº 226).

Le régime propre à l'expertise de l'instruction préparatoire, en particulier les exigences de discussion contradictoire et de notification, ainsi que les recours offerts aux parties, paraissent par hypothèse exclure la réalisation d'examens techniques ou scientifiques sur simple réquisition du magistrat instructeur ou de l'OPJ en charge d'une commission rogatoire, même avec l'autorisation expresse du juge d'instruction, modalité qui n'est d'ailleurs pas prévue par C. pr. pén., art. 60 et 77-1, ni par aucune autre disposition de l'instruction préparatoire y renvoyant. En effet, si les « *OPJ commis pour l'exécution exercent, dans les limites de la commission rogatoire, tous les pouvoirs du juge d'instruction* » (C. pr. pén., art. 152), les juridictions d'instruction ne peuvent « *déléguer leurs pouvoirs en matière de désignation d'experts* » à un OPJ (Crim. 2 sept. 1986, nº 86-93.266, P nº 251, préc. en **A2** ci-dessus).

Dans certaines limites tenant à la préservation du domaine et du régime de l'expertise défini en **A1** ci-dessus, la jurisprudence admet toutefois de telles réquisitions dans le cadre de l'instruction, selon les illustrations exposées plus bas.

La distinction entre un acte relevant de l'expertise (C. pr. pén., art. 156 s.), de la réquisition à personne qualifiée, laquelle exige aussi la prestation de serment ou l'inscription sur une liste d'expert (C. pr. pén., art. 60 et 77-1), ou des autres « *actes utiles à la manifestation de la vérité* » (C. pr. pén., art. 81), reste d'un maniement complexe et appelle une particulière prudence du juge d'instruction et de l'OPJ chargé d'une commission rogatoire.

2. L'ASSISTANCE AUX INVESTIGATIONS PAR UNE PERSONNE QUALIFIÉE

Soulignons que le cadre légal de la réquisition à personne qualifiée permet au juge d'instruction ou à l'enquêteur de communiquer au sachant des éléments du dossier ou d'une perquisition utiles à l'exercice de sa mission et de prémunir la procédure du grief d'atteinte au secret de l'instruction ou de l'enquête (C. pr. pén., art. 11), en particulier pour les infractions pour lesquelles le législateur ne prévoit pas de partage de plein droit d'information entre l'autorité judiciaire et l'administration ou l'organisme concerné (sur la protection du secret de l'enquête et de l'instruction et en particulier sur la nullité encourue en cas de violation de ce secret concomitante à une perquisition, v. nº **35.2**).

• au visa de C. pr. pén., art. 60, 77-1 et 81, la jurisprudence admet, dans une affaire où l'OPJ avait effectué une perquisition et des saisies dans les locaux d'une société avec l'assistance de deux fonctionnaires des impôts, que « *si le juge d'instruction ou l'OPJ commis par ce magistrat peuvent, pour procéder à des perquisitions et des saisies, avoir recours à des personnes qualifiées, celles-ci doivent prêter, par écrit, le serment d'apporter leur concours à la justice en leur honneur et en leur conscience* » (Crim. 21 juin 2006, nº 06-82.774, P nº 193 ; dans le même sens, exigeant que les « *personnes qualifiées* » dont le juge d'instruction peut s'entourer pour procéder à des perquisitions et saisies (en l'espèce des agents de la DRCCRF), prêtent serment lorsqu'elles ne sont pas inscrites sur une liste d'experts : Crim. 3 déc. 1998, nº 98-83.443, P nº 333). Précisons d'ailleurs qu'en matière de saisie pénale spéciale, l'OPJ délégataire peut, avec l'autorisation du juge d'instruction, « *requérir le concours de toute personne qualifiée pour accomplir les actes nécessaires à la saisie des biens [...] et à leur conservation* » (C. pr. pén., art. 706-142) (sur la mise en œuvre de la saisie pénale spéciale, v. nº **11.64**) ;

• si la commission rogatoire confiée à des agents de la DGCCRF pour des infractions pour lesquelles ils ne sont pas habilités à recevoir une telle délégation est effectivement nulle, il est néanmoins relevé par la Ch. crim. que « *le juge d'instruction ne pouvait avoir recours aux agents de la DGCCRF qu'en leur qualité de personnes qualifiées et après leur avoir fait prêter le serment prévu au C. pr. pén., art. 60* » (Crim. 5 mai 1999, nº 98-85.589, P nº 88). En revanche, la prestation de serment n'est pas nécessaire lorsque les personnes qualifiées, en l'espèce des agents de la répression des fraudes dont s'étaient adjoints les OPJ avec l'autorisation du juge d'instruction, « *sont intervenus dans un domaine où la loi leur confie des pouvoirs de police judiciaire* » (Crim. 6 mai 2002, nº 02-81.130, D) ;

• aucun grief ne résulte de ce que les agents de l'URSSAF, de l'inspection du Travail et des Impôts, ayant assisté sur sa réquisition l'OPJ effectuant une perquisition sur commission rogatoire, « *n'ont pas prêté le serment exigé par C. pr. pén., art. 60, dès lors [...] qu'il ne résulte d'aucune pièce de la procédure, que ces agents ont procédé à des constatations ou à des examens techniques ou scientifiques* » (Crim. 18 avr. 2000, nº 00-80.402, P nº 148) ; en revanche « *les personnes qualifiées, requises pour assister les enquêteurs lors d'une perquisition, doivent prêter, par écrit, le serment d'apporter leur concours à la justice en leur honneur et en leur conscience, [dès lors] que la mission qui leur a été confiée impliquait en l'espèce, pour désigner les documents nécessaires à la manifestation de la vérité, d'en prendre connaissance et d'en analyser le contenu* » (Crim. 27 mars 2019, nº 18-83.493, D) ;

• est validée la réquisition faite par l'OPJ au service de la répression des fraudes pour l'assister lors d'une opération de prélèvements de produits au motif que « *rien n'empêche le juge d'instruction, ou la personne par lui rogatoirement commis, de se faire assister d'un technicien de son choix lorsque l'opération procède d'une technique particulière* » (Crim. 17 déc. 1990, nº 89-86.049, D) ; est également approuvée l'autorisation donnée par le magistrat instructeur aux OPJ enquêtant sur des contrefaçons de phonogrammes, de « *se faire assister, lors des investigations, de tous "sachants" membres d'une société de gestion collective, des droits des producteurs* » (Crim. 4 déc. 2001, nº 01-80.981, D) ;

• dans le cas où des opérations de police technique sont effectuées par des fonctionnaires de police assistant l'OPJ en charge de l'enquête, « *dès lors que les fonctionnaires de police ayant assisté l'OPJ appartenaient au service de police judiciaire, que le procureur de la République avait chargé d'effectuer les actes* », ils « *pouvaient donc procéder à des constatations et examens même techniques sans intervenir comme personnes qualifiées* » et sans avoir en conséquence à prêter le serment prévu au C. pr. pén., art. 60 (Crim. 4 nov. 2010, n° 10-84.389, P n° 175), solution qui paraît transposable au cadre de la commission rogatoire.

3. Les simples constatations ou vérifications n'impliquant pas d'interprétation des résultats

• la recherche de taux d'alcoolémie : « *les missions confiées, limitées à la recherche du taux d'alcoolémie des victimes, aucune interprétation des résultats n'étant demandée, entraient dans le cadre de simples constatations* » (s'agissant de missions confiées à un expert unique par le juge d'instruction, les règles alors applicables (C. pr. pén., art. 156 dans sa rédaction antérieure à L. n° 85-1407, 30 déc. 1985) imposant deux experts lorsque la mission touchait « *au fond de l'affaire* ») (Crim. 2 sept. 1986, n° 86-93.266, P n° 251 ; dans le même sens : Crim. 6 oct. 1986, n° 86-93.988, P n° 270) ;

• « *le seul prélèvement de sang effectué* » par un praticien « *préalablement à l'analyse aux fins de recherche et de dosage des stupéfiants, ne constitue qu'une simple opération technique n'impliquant aucune appréciation personnelle de sa part* » et sa validité n'est donc pas subordonnée à la prestation de serment de l'intervenant requis au titre de C. pr. pén., art. 60 par un OPJ dans le cadre de l'enquête de flagrance (Crim. 23 juin 2015, n° 14-84.464, P n° 156 ; dans le même sens : Crim. 13 févr. 1996, n° 95-85.676, P n° 73). En revanche, l'exécution d'une analyse toxicologique d'urines ne peut être effectuée que par une personne ayant prêté serment (Crim. 31 mai 2007, n° 07-80.928, P 2007, n° 146 : nullité encourue de l'analyse effectuée par la pharmacienne de l'établissement hospitalier, alors que le directeur des urgences médico-judiciaires, service distinct du même hôpital, avait été requis par l'OPJ).

• la lecture de disques de chronotachygraphes par des techniciens non désignés comme experts par le juge d'instruction ni approuvés comme sapiteurs, effectuée « *sans interprétation des résultats, entre dans le cadre de simples constatations* » (Crim. 25 sept. 2001, n° 00-83.775, D) ; dans le même sens, pour l'analyse par le responsable d'un laboratoire non désigné comme expert ni approuvé comme sapiteur, d'échantillons prélevés sur les lieux d'un incendie : Crim. 20 mars 2001, n° 00-88.009, D ;

• la pesée d'un projectile par un pharmacien requis par l'OPJ chargé d'une commission rogatoire constitue « *une simple vérification qui ne pouvait être assimilée à une expertise* » (Crim. 20 janv. 1972, n° 71-92.932, P n° 30).

4. Le simple concours matériel

• le « *concours matériel* » apporté par un OPJ pour la reconstitution de scellés examinés par des experts « *ne saurait constituer une participation à l'expertise pour laquelle il n'avait pas à être désigné* » (Crim. 24 nov. 1987, n° 87-84.993, P n° 426) ; dans le même sens, pour le « *concours matériel* » consistant à rédiger pour l'expert des demandes de renseignement adressées à divers fabricants de produits soumis à expertise (Crim. 8 juin 1999, n°s 99-81.291, 99-81.807, P n° 124), ou pour le simple « *rôle d'assistance technique* » joué par un préposé de la partie civile pour l'analyse chromatographique en phase gazeuse de parfums, le juge d'instruction ayant autorisé l'expert à entendre tout sachant de l'entreprise et à utiliser le matériel des parties (Crim. 20 sept. 2011, n° 11-84.554, P n° 182).

• ne constitue pas une subdélégation irrégulière de ses pouvoirs de surveillance (sur la surveillance, v. n° **11.31**) la réquisition faite par l'OPJ délégataire à une division aéroterrestre des douanes, laquelle « *n'a pas elle-même effectué des actes de police judiciaire, mais a été régulièrement requise pour limiter son concours à une intervention purement technique, à l'aide du matériel spécifique dont elle disposait pour filmer, par voie aérienne et de nuit, des entrepôts* », étant souligné que les procès-verbaux d'exploitation de ces enregistrements ont été établis par le seul OPJ délégataire, et que « *le service requis n'a enregistré que des mouvements de camions, véhicules légers et piétons, sans aucune identification* » (Crim. 9 avr. 2015, n° 14-87.660, P n° 76).

• ne constituent pas des missions d'expertise les opérations, effectuées sur réquisitions de l'OPJ saisi d'une commission rogatoire, consistant, d'une part, à faire mettre au clair des données par la société à l'origine de leur cryptage (opération ne relevant pas de la procédure prévue par C. pr. pén., art. 230-1, qui consiste à charger un tiers expert d'une mission de décryptage, v. n° **11.55E**), d'autre part, à convertir dans une forme lisible les données brutes ainsi décryptées (Crim. 16 déc. 2015, n° 15-82.642, P n° 309).

5. Les autres opérations admises

• l'avis du commissaire du gouvernement près la chambre régionale des comptes (sollicité par le parquet en application du code des juridictions financières à la demande du juge d'instruction) sur la conformité d'une opération à la règlementation des marchés publics « *ne constitue pas une expertise* » (Crim. 20 févr. 2008, n° 07-87.871, D) ;

• l'enquête de personnalité, laquelle peut d'ailleurs être confiée à un OPJ par le juge d'instruction (C. pr. pén., art. 81), « *n'a pas pour objet l'examen de questions techniques et ne constitue pas une expertise* » (Crim. 22 mai 1974, n° 73-93.567, P n° 194 ; dans le même sens : Crim. 17 janv. 1990, n° 89-83.876, P n° 31), à la différence de l'examen médico-psychologique (Crim. 28 janv. 1969, n° 68-92.493, P n° 50) ;

• est validée la commission rogatoire confiant au SRPJ la mission « *d'analyser les comptes bancaires* » et de « *vérifier la comptabilité* » au motif que ces investigations « *ne s'analysent pas, compte tenu de leur nature et de leur objet, en une expertise comptable déguisée mais en une enquête conforme aux usages en matière financière* » (Crim. 5 avr. 1993, n° 92-83.243, D).

C. L'ordonnance d'expertise ne peut faire l'objet d'un appel mais est préalablement soumise à la discussion des parties et du ministère public (C. pr. pén., art. 161-1)

1. La décision d'expertise prend la forme d'une ordonnance non susceptible d'appel

Le juge d'instruction « *ordonne* » (C. pr. pén., art. 156) une expertise et sa « *décision ordonnant une expertise* » (C. pr. pén., art. 161-1) prend donc la forme d'une ordonnance de commission d'expert.

Aucune disposition n'impose la motivation de cette décision, hormis celle concernant la désignation d'un expert non inscrit sur une liste d'experts (C. pr. pén., art. 157, v. n° **11.51A3** ci-dessous), ou celle justifiant l'absence de communication aux parties de la décision d'expertise (C. pr. pén., art. 161-1, v. **C2** ci-dessous).

« *la signature du juge d'instruction, condition de l'authenticité des actes de ce magistrat, en constitue une formalité substantielle, à défaut de laquelle ils doivent être tenus pour inexistants* » (Crim. 6 oct. 1986, n° 86-93.988, n° 270).

« *l'opportunité d'ordonner une expertise est une question de pur fait qui échappe au contrôle de la C. cass.* » (Crim. 9 juill. 2003, n° 03-82.134, D). Il en est de même pour l'opportunité d'ordonner une contre-expertise (Crim. 3 déc. 2003, n° 02-83.628, D ; Crim. 19 mai 2004, n° 03-84.125, D) ou un supplément d'information (Crim. 27 oct. 2004, n° 04-85.182, P n° 260).

En revanche, l'expertise n'est pas soumise au pouvoir d'opportunité du juge lorsqu'elle est obligatoire. Tel est le cas de l'expertise médicale du mis en cause en matière d'infraction sexuelle, laquelle doit être ordonnée par la juridiction de jugement si elle n'a pas été préalablement ordonnée par le procureur de la République ou le juge d'instruction (C. pr. pén., art. 706-47-1, v. n° **11.23C1**).

L'ordonnance de désignation d'expert n'entre pas dans la catégorie des actes dont la personne mise en examen (C. pr. pén., art. 186) ou la partie civile (C. pr. pén., art. 186-1) peut faire appel. En effet, « *les ordonnances qui désignent un expert et les rapports d'expertise ne sont pas, en application des articles 161-1, 186 et 186-1 du code de procédure pénale, des actes susceptibles d'appel* » (Crim. 13 janv. 2021, n° 20-84.060, D). En revanche, l'ordonnance de refus d'une demande d'expertise, de contre-expertise ou de contre expertise (C. pr. pén., art. 167), est susceptible d'appel devant la CHINS (v. nº **11.53D2**).

Il en est autrement pour le ministère public qui peut interjeter appel de toute ordonnance du juge d'instruction (C. pr. pén., art. 185).

En revanche, l'ordonnance de commission d'expert ainsi que le rapport d'expertise peuvent faire l'objet d'une requête en nullité devant le juge d'instruction conformément au C. pr. pén., art. 173.

En outre, l'ordonnance est communiquée et soumise à la discussion des parties avant le début des opérations d'expertise, selon les précisions apportées ci-après.

2. L'ordonnance est toutefois soumise aux parties avant le commencement des opérations d'expertise

Afin de permettre aux parties et au ministère public de faire valoir leurs observations sur l'ordonnance de commission d'expert, « *copie de la décision ordonnant une expertise est adressée sans délai au procureur de la République et aux ~~avocats des~~* [dispositions abrogées par Cons. const. 23 nov. 2012, nº 2012-284 QPC] *parties, qui disposent d'un délai de 10 jours pour demander au juge d'instruction [...] de modifier ou de compléter les questions posées à l'expert ou d'adjoindre à l'expert ou aux experts déjà désignés un expert de leur choix* » figurant sur les listes d'experts (C. pr. pén., art. 161-1). Ces demandes peuvent être faites par un moyen de communication électronique « *à l'adresse électronique de la juridiction ou du service de la juridiction compétente* » (C. pr. pén., art. D. 591 15).

Cette disposition issue de la L. nº 2007-291, 5 mars 2007, tendant à renforcer l'équilibre de la procédure pénale, « *a pour objectif de permettre une discussion contradictoire au stade de l'instruction quant à la possibilité d'adjoindre un expert aux experts désignés et au contenu de leur mission* » (§ 10) (Crim. 9 nov. 2021, nº 21-82.533, P).

Précisons que « *les témoins assistés ne peuvent se prévaloir des dispositions de [C. pr. pén., art. 161-1], réservées aux parties à la procédure* », en effet seules visées par cette disposition (Crim. 14 déc. 2011, nº 11-85.753, P nº 257). Notons toutefois que, dans sa rédaction issue de L. nº 2019-222, 23 mars 2019, C. pr. pén., art. 84-1 prévoit que le témoin assisté peut être avisé par le juge d'instruction, lors de sa première audition, de sa capacité à renoncer au bénéfice de C. pr. pén., art. 161-1, ce qui conduit à considérer qu'il jouit, comme les parties, des droits conférés par cette disposition (sur les droits limités du témoin assisté, v. nº **11.77D**).

Lors de cette communication, le ministère public et les parties peuvent à ce stade réclamer que l'expert établisse un rapport provisoire, lequel sera soumis à la contradiction avant l'établissement du rapport définitif, selon les précisions apportées au nº **11.52C1** (C. pr. pén., art. 167-2).

Le juge n'est pas tenu de communiquer l'ordonnance dans le cas où les opérations d'expertise « *ne peuvent être différées pendant le délai de dix jours* » (C. pr. pén., art. 161-1), il s'en déduit que sauf urgence, les opérations d'expertise sont différées durant ce délai de 10 jours laissé aux parties et au ministère public.

Comme les demandes d'acte, cette demande « *doit faire l'objet d'une déclaration au greffier du juge d'instruction saisi du dossier* » ou être faite par LRAR ou par déclaration au chef d'établissement pénitentiaire lorsque la personne est détenue (C. pr. pén., art. 161-1 et D. 40 renvoyant à art. 81, al. 10).

Le juge d'instruction, s'il ne fait pas droit aux demandes, rend une ordonnance motivée de rejet dans les 10 jours de leur réception (C. pr. pén., art. 161-1). L'ordonnance de rejet ou l'absence d'ordonnance peut être contestée dans un délai de 10 jours devant le président de la CHINS, lequel statue par décision motivée non susceptible de recours (C. pr. pén., art. 161-1).

Soulignons que faute d'avoir sollicité de modification de la mission, la personne mise en examen est réputée avoir renoncé à se prévaloir d'une nullité entachant la mission (Crim. 6 juin 2023, nº 22-86.466, P, s'agissant d'une mission autorisant l'expert à consulter les enregistrements audiovisuels d'audition, qui « *ont pour seul objet de garantir l'authenticité des déclarations qui ont été retranscrites au procès-verbal d'audition* » (§ 15)) (sur l'enregistrement audiovisuel de l'audition, v. nº **11.4**).

3. Le juge peut ne pas communiquer l'ordonnance d'expertise pour les nécessités de l'instruction

A peine de nullité, le juge ne peut déroger à l'obligation de communiquer son ordonnance que dans les trois cas qui suivent, lesquels répondent aux nécessités de l'instruction ou d'une bonne administration de la justice (C. pr. pén., art. 161-1) :

• « *lorsque les opérations d'expertise et le dépôt des conclusions par l'expert doivent intervenir en urgence et ne peuvent être différées durant le délai de 10 jours* ». La seule mention de l'urgence visée par le juge d'instruction ne suffit pas à justifier « *l'impossibilité de différer, pendant le délai de dix jours, les opérations d'expertise et le dépôt des conclusions des experts* » (Crim. 13 oct. 2009, nº 09-83.669, nº 167). De même la seule situation de détention du mis en examen ne suffit pas à justifier l'urgence et l'impossibilité de différer de 10 jours les opérations d'expertise (en l'espèce des missions d'expertise psychologique) (Crim. 22 nov. 2011, nº 11-84.314, P nº 235). « *il importe peu que le rapport d'expertise ait été déposé après le délai de dix jours prévu [au C. pr. pén., art. 161-1], dès lors que [...] les pièces de la procédure suffisent à établir que les opérations d'expertise devaient intervenir en urgence et ne pouvaient être différées pendant ledit délai* » (Crim. 12 janv. 2021, nº 20-83.643, P) ;

• « *lorsque la communication de l'ordonnance [...] risque d'entraver l'accomplissement des investigations* ». L'absence de communication, malgré la dimension globale des investigations en cours, le stade et la nature du dossier, doit être justifiée pour chacune des ordonnances en cause. Ainsi, dans une affaire de trafic de stupéfiants d'ampleur internationale portant notamment sur l'importation de cocaïne par torpille soudée sur la coque d'un navire, où « *plusieurs expertises aux fins, d'une part, d'analyses biologiques sur certains biens matériels placés sous scellés, d'autre part, d'analyses toxicologiques sur les stupéfiants saisis* » ont été ordonnées, les motifs du juge d'instruction consistant à préciser « *"vu l'urgence, et eu égard aux besoins des investigations en cours, aux dispositions de l'article 161-1 du code de procédure pénale, la présente ordonnance n'a pas été communiquée aux parties"* », ainsi que ceux de la CHINS qui portaient sur l'ampleur et le mode opératoire du trafic et la nécessité d'assurer la confidentialité des investigations en cours ont été jugées insuffisants « *pour établir, pour chacune des décisions ordonnant des expertises, que leur communication, aux parties au moment où elles ont été rendues, présentait un risque d'entrave à l'accomplissement des investigations* » (Crim. 15 juin 2016, nº 16-80.347, P nº 185). Dans le même sens, jugeant encore insuffisante « *pour chacune des décisions ordonnant des expertises* » la motivation de la CHINS qui relevait, pour justifier l'absence de communication d'une série d'ordonnances en matière d'analyses génétiques et biologiques, balistique, décadactylaires et palmaires et en matière de stupéfiants dans une affaire concernant la découverte de 60 000 cachets d'ecstasy, que « *la communication des décisions aux parties présentant un risque réel et sérieux non seulement d'entrave à l'accomplissement des diligences requises, mais de collusion entre les organisateurs de ce trafic international de stupéfiants que seule la confidentialité des expertises en cause permettaient d'éviter, celles-ci étant déterminantes pour l'orientation des investigations qu'il convenait de préserver afin d'empêcher toute entrave à leur bon déroulement que la personnalité de "trafiquants chevronnés" des mis en examen laissait redouter* » (Crim. 20 juin 2018, nº 17-86.657, P nº 116 ; dans le même sens pour le même dossier : Crim. 20 juin 2018, nº 17-86.651, P nº 117). Les exigences qui précèdent semblent désormais atténuées par la charge pesant sur le demandeur à la nullité, depuis affirmée par Crim. 9 nov. 2021, nº 21-82.533, P, d'établir l'existence d'un grief résultant de l'absence de communication de l'ordonnance (v. **C4** ci-dessous) ;

• pour les « *catégories d'expertise dont les conclusions n'ont pas d'incidence sur la culpabilité de la personne [...] et dont la liste est fixée par décret* ». Tel est le cas « *des expertises médicales dont l'objet est d'apprécier l'importance du dommage subi par la victime* » (C. pr. pén., art. D. 37). L'expertise psychologique a « *une incidence sur la détermination de la culpabilité* » et l'impossibilité de la différer pendant 10 jours doit par conséquent être justifiée par l'urgence (Crim. 11 mars 2014, P nº 13-86.965, P nº 71).

4. La nullité du rapport d'expertise pour absence de communication préalable de l'ordonnance est subordonnée à la démonstration d'un grief

La nullité du rapport d'expertise fondée sur la violation de C. pr. pén., art. 161-1 est subordonnée à la démonstration d'un grief, conformément au droit commun des nullités (C. pr. pén., art. 171 et 802).

Il a tout d'abord été jugé que l'absence de grief ne pouvait se déduire de l'absence d'observations ou de demande de contre-expertise au stade de la notification du rapport d'expertise (sur le fondement de C. pr. pén., art. 167), ce qui revenait à considérer que le grief était présumé (Crim. 13 oct. 2009, nº 09-83.669, nº 167), puis que l'exécution de l'expertise avant l'expiration du délai de 10 jours ne faisait pas grief « *dès lors que l'expertise a été réalisée en présence du mis en examen et de son avocat, sans qu'aucune observation n'ait été faite sur le non-respect du délai* » (Crim. 18 mars 2014, nº 13-87.758, P nº 83). Il est désormais clairement jugé que « *lorsque l'urgence ou le risque d'entrave aux investigations ne sont pas suffisamment explicités pour justifier l'absence de transmission aux parties d'une ordonnance de commission d'expert, l'annulation de cette ordonnance et des opérations subséquentes est subordonnée au fait que la partie requérante justifie que l'impossibilité de solliciter l'adjonction d'un expert ou que l'énoncé de la mission de l'expert désigné ont porté atteinte à ses intérêts* » (§ 8) (Crim. 9 nov. 2021, nº 21-82.533, P).

11.51 L'expertise dans le cadre de l'instruction préparatoire : le choix de l'expert et la détermination de sa mission

A. Les conditions du choix de l'expert

1. La désignation d'un ou plusieurs experts inscrits sur une liste d'experts judiciaires

« *Le juge d'instruction désigne l'expert chargé de procéder à l'expertise. Si les circonstances le justifient il désigne plusieurs experts* » (C. pr. pén., art. 159).

Rappelons que les parties et le ministère public, à l'occasion de la communication de l'ordonnance de commission d'expert, peuvent « *demander au juge d'instruction [...] d'adjoindre à l'expert ou aux experts déjà désignés un expert de leur choix* » figurant sur les **listes d'experts** (C. pr. pén., art. 161-1, v. nº **11.50C** ci-dessus).

Comme en matière de réquisition à personne qualifiée (C. pr. pén., art. 60 et 77-1, v. nº **11.49**), « *Les experts sont choisis parmi les personnes physiques ou morales qui figurent sur la liste nationale dressée par la C. cass. ou sur une des listes dressées par les cours d'appel* » (C. pr. pén., art. 157). Cette liste est dressée selon une nomenclature de spécialités fixée par AM, 22 août 2022, NOR : JUSC2214169A, pris en application du D. nº 2004-1463, 23 déc. 2004, art. 1.

La désignation d'un expert dans une rubrique (spécialité) autre que celle sous laquelle il est inscrit sur une liste n'a pas à être motivée (Crim. 10 nov. 2015, nº 15-83.605, P nº 245).

Sous les conditions prévues par D. nº 2004-1463, 23 déc 2004, art. 3, une **personne morale** peut être inscrite sur une liste d'experts. Lorsque le juge d'instruction désigne une personne morale à titre d'expert, « *son représentant légal soumet à l'agrément de la juridiction* [en l'espèce le juge d'instruction, qui est une juridiction d'instruction] *le nom de la ou des personnes physiques qui, au sein de celle-ci et en son nom, effectueront l'expertise* » (C. pr. pén., art. 157-1). Cet agrément « *n'est soumis à aucune condition de forme et ne constitue pas une formalité substantielle* » et la personne désignée n'a pas à prêter serment car « *lorsqu'une personne morale est inscrite sur la liste des experts judiciaires d'une cour d'appel ou sur la liste nationale, le serment est prêté par son représentant légal* » (Crim. 13 nov. 1990, nº 90-85.438, P nº 378).

L'expertise peut également être confiée à des **services ou organismes de police technique et scientifique de la police nationale et de la gendarmerie nationale** dont la liste est fixée par arrêté (C. pr. pén., art. 157-2). Il s'agit du Service national de police scientifique (SNPS), relevant de la direction générale de la police nationale, et de l'Institut de recherche criminelle de la gendarmerie nationale (IRCGN), relevant de la direction générale de la gendarmerie nationale (Arr. 8 janv. 2021, NOR : INTC2036991A). Dans ce cas, « *le responsable du service ou de l'organisme désigné soumet à l'agrément de la juridiction le nom des personnes qui effectueront l'expertise* » (C. pr. pén., art. 157-2). Ce régime *sui generis* ne semblait imposer ni l'inscription sur une liste d'experts ni la prestation de serment des personnes non inscrites, ce que semble avoir confirmé la L. n° 2023-22, 24 janv. 2023, modifiant C. pr. pén., art. 60 et, pour les empreintes génétiques, C. pr. pén., art. 706-56. Rappelons que ces services ou organismes peuvent être saisis dans le cadre de l'enquête de flagrance ou préliminaire par l'OPJ ou par un APJ sous son contrôle « *sans qu'il soit nécessaire d'établir une réquisition à cette fin* » et sans prestation de serment (C. pr. pén., art. 60 et 77-1, ainsi que 706-56 pour l'analyse des empreintes génétiques, réd. issue L. n° 2023-22, 24 janv. 2023).

2. La désignation d'un expert adjoint (C. pr. pén., art. 162)

« *Si les experts demandent à être éclairés sur une question échappant à leur spécialité, le juge peut les autoriser à s'adjoindre des personnes nommément désignées, spécialement qualifiées par leur compétence* » (C. pr. pén., art. 162).

Ces personnes prêtent serment si elles ne sont inscrites sur aucune liste et leur rapport est annexé à celui de l'expert principal (C. pr. pén., art. 162).

« *seul le juge peut autoriser l'expert, s'il demande à être éclairé sur une question échappant à sa spécialité, à s'adjoindre des personnes spécialement qualifiées* », est donc nulle la décision qui autorise « *l'expert commis à demander, s'il y a lieu, l'avis de tout spécialiste de son choix* » (Crim. 6 mai 2002, n° 02-81.041, D) ou de « *tout expert de son choix* » (Crim. 6 sept. 1988, n° 88-83.731, P n° 317). Est également nul le rapport d'examen psychologique, mentionné dans leur rapport par les experts chargés d'une expertise psychiatrique et joint en annexe, alors que le psychologue n'a pas été adjoint aux experts psychiatre par le juge ni prêté serment en cette qualité (Crim. 20 avr. 1972, n° 71-93.497, P n° 136 ; dans le même sens, s'agissant d'une expertise médicale dans laquelle l'expert saisi s'est entouré sans l'autorisation du juge de l'avis et du rapport d'un autre médecin, qui étaient « *loin de se borner à de simples constatations matérielles complétant les travaux de l'expert* » : Crim. 5 mai 1970, n° 69-90.956, P n° 152).

3. La nécessité de motiver le choix d'un expert non inscrit

« *à titre exceptionnel* », le juge d'instruction peut, « *par décision motivée, choisir des experts ne figurant sur aucune* » des listes d'expert près la C. cass. ou les cours d'appel (C. pr. pén., art. 157). Par extension, quoique le texte soit muet sur ce point, cette exigence de motivation paraît applicable aux experts adjoints « *spécialement qualifiés par leur compétence* » dont la désignation est demandée au juge par l'expert principal (C. pr. pén., art. 162, sur l'expert adjoint, v. A2 ci-dessus).

« *le juge d'instruction qui désigne un expert ne figurant pas sur la liste nationale établie par le bureau de la C. cass. ou sur une des listes dressées par les cours d'appel doit motiver sa décision ;* [...] *cette disposition d'ordre public étant édictée dans l'intérêt d'une bonne administration de la justice, son inobservation entache de nullité l'ordonnance et les actes subséquents* » (Crim. 8 juill. 2004, n°s 04-82.601, 04-80.145, P n° 180 ; dans le même sens : Crim. 26 févr. 1991, P n° 98, précisant toutefois que « *l'irrégularité de l'expertise ne saurait vicier l'ensemble de la procédure dont cet acte n'est qu'un élément* » ; Crim. 13 févr. 1990, n° 89-86.588, D). Cette exigence s'impose également pour la désignation d'un expert honoraire (Crim. 13 nov. 2008, n° 08-81.446, P n° 231). Le choix des experts non inscrits « *en raison de leurs compétences offrant toutes les garanties pour l'exécution de la présente* », motifs jugés pertinents par la CHINS à l'examen circonstancié de leurs titres et de leur expérience, est une motivation jugée suffisante (Crim. 27 oct. 2004, nº 04-85.182, P nº 260).

4. La prestation de serment de l'expert non inscrit

L'expert inscrit n'a pas à prêter serment pour l'exécution de sa mission, y compris s'il est inscrit dans une nouvelle spécialité (Crim. 3 nov. 1994, nºs 94-83.226, 94-84.171, P nº 347) (expert d'abord inscrit en médecine légale puis en balistique, spécialité au titre de laquelle il était désigné ; dans le même sens, pour un interprète-traducteur inscrit en langue anglaise mais désigné pour traduire en français des conversations en créole : Crim. 21 oct. 2015, nº 15-83.395, P nº 228).

En revanche, l'expert non inscrit sur une liste prête le serment d'expert devant le magistrat instructeur, ce dont il est pris acte par procès-verbal signé par le juge d'instruction, l'expert et le greffier (C. pr. pén., art. 160). Il n'y a toutefois pas lieu à prestation de serment en cas de demande d'analyse génétique confiée par le juge d'instruction à des services ou organismes de police technique et scientifique de la police nationale et de la gendarmerie nationale (C. pr. pén., art. 706-56).

« *En cas d'empêchement dont les motifs doivent être précisés, le serment peut être reçu par écrit et la lettre de serment est annexée au dossier de la procédure* » (C. pr. pén., art. 160).

C. pr. pén., art. 160 est également applicable aux experts adjoints (C. pr. pén., art. 162, sur l'expert adjoint, v. nº **11.512** ci-dessus).

Les irrégularités résultant de l'absence de mention d'un « *empêchement motivé justifiant la réception par écrit du serment des experts [...] ne sont pas de nature à porter atteinte aux intérêts de l'inculpé dès lors qu'elles ne mettent en cause, ni la réalité du serment prêté, ni sa spécificité* » (Crim. 14 nov. 1991, nº 91-84.910, P nº 410).

La formule du serment des experts et experts adjoints est de jurer « *d'accomplir leur mission, de faire leur rapport et de donner leur avis en leur honneur et conscience* » (L. nº 71-498, 29 juin 1971, art. 6). Elle n'est toutefois pas sacramentelle et peut être suppléée par une formule qui n'en dénature ni n'en restreint le sens comme celle de « *remplir leur mission en leur honneur et conscience* » (Crim. 10 avr. 1975, nº 74-92.978, P nº 90).

« *édictées dans l'intérêt d'une bonne administration de la justice, ces dispositions sont d'ordre public* », l'expertise est ainsi nulle lorsque la lettre de prestation de serment a été jointe au dossier, sans date certaine, six mois après le dépôt du rapport (Crim. 10 mai 2016, nº 16-80.312, D), ou lorsque le procès-verbal de réception du serment est établi au nom d'un magistrat, mais signé par un autre (Crim. 30 mars 1989, nº 89-80.209, D), ou lorsque ce procès-verbal n'est pas signé par le magistrat (Crim. 6 juin 1990, nº 90-81.675, D). En revanche, C. pr. pén., art. 160 « *n'impose pas que la prestation de serment précède le commencement des opérations d'expertise* » (Crim. 14 nov. 1991, nº 91-84.910, P nº 410 ; dans le même sens : Crim. 17 juin 1976, nº 76-91.425, P nº 220) et satisfont aux prescriptions les prestations de serment par écrit « *antérieures au dépôt du rapport d'expertise* » (Crim. 27 oct. 2004, nº 04-85.182, P nº 260). Est également régulière une prestation de serment, intervenue à l'occasion de l'inscription de l'expert sur une liste d'experts, un mois après sa désignation par le juge d'instruction, soit durant l'accomplissement de la mission mais plusieurs mois avant le dépôt du rapport (Crim. 7 juin 1977, nº 76-90.860, P nº 206).

L'**expert honoraire** est retiré des listes d'experts (L. nº 71-498, 29 juin 1971, art. 5), il est donc tenu de prêter serment lorsqu'il est désigné (Crim. 25 juill. 1979, nº 79-91.258, P nº 253). En revanche, aucune irrégularité ne résulte de ce que l'expert, qui était inscrit sur une liste lors de sa désignation, a été admis à l'honorariat au cours de sa mission et avant le dépôt de son rapport sans avoir alors de nouveau prêté serment et sans que le juge d'instruction n'ait spécialement motivé son choix de recourir à un expert désormais non inscrit (Crim. 10 juin 1986, n° 86-91.622, P n° 200).

Un raisonnement identique peut être tenu lorsque l'expert a atteint durant l'exécution de sa mission la **limite d'âge**, fixée à 70 ans par D. n° 2004-1463, 23 déc 2004, art. 2, et n'a pas été réinscrit sur la liste. De même, aucune irrégularité ne résulte de ce que l'expert inscrit a atteint la limite d'âge, mais a néanmoins été réinscrit sur la liste « *par une décision de l'assemblée générale de la cour d'appel qui s'imposait* » ainsi à la juridiction d'instruction (Crim. 10 nov. 2015, n° 15-83.605, P n° 245).

Notons qu'en toute hypothèse, l'expert doit prêter serment lorsqu'il dépose devant la juridiction de jugement, qu'il soit inscrit ou non inscrit sur une liste ou qu'il dépende d'une personne morale inscrite sur une liste d'experts ou d'un service ou organisme de police technique (C. pr. pén., art. 168, sur la déposition de l'expert à l'audience, v. n° **17.30B**).

B. La question de l'impartialité de l'expert choisi : le cadre légal et jurisprudentiel

1. Le principe d'impartialité de l'expert consacré par le cadre légal et règlementaire

Si les parties et le ministère public peuvent, au stade de la communication de l'ordonnance de désignation d'un expert, émettre des observations sur le choix de l'expert (C. pr. pén., art. 161-1, v. n° **11.50C** ci-dessus), il n'est pas prévu de procédure de récusation de l'expert en matière pénale.

L'impartialité de l'expert est toutefois la condition d'un procès équitable. L'expert est ainsi spécialement protégé contre les faits de corruption active (C. pén., art. **434-9**, v. n° **23.38**) ou de trafic d'influence (C. pén., art. **434-9-1**, v. n° **23.38**), l'expression frauduleuse de sa partialité pouvant relever des incriminations de falsification des conclusions de son expertise incriminés par C. pén., art. **434-20** (v. n° **25.54**) ou de corruption passive (C. pén., art. **434-9**, v. n° **23.38**).

Tenu dans tous les cas par son serment d'exécuter sa mission en « *honneur et conscience* », ce qui lui impose donc de refuser la mission s'il suppose en sa personne un conflit d'intérêts ou une cause d'impartialité, l'expert n'est pas soumis, par une disposition générale du C. pr. pén., ou de la L. n° 71-498, 29 juin 1971, relative aux experts judiciaires, à l'obligation de procéder à une déclaration d'intérêt avant d'entreprendre ses opérations.

Les considérations relatives au devoir d'impartialité de l'expert sont également applicables à la **personne qualifiée** requise lors de l'enquête initiale, tenue en termes identiques d'exécuter sa mission « *en son honneur et sa conscience* », c'est pourquoi la jurisprudence recensée plus loin concerne indifféremment l'une ou l'autre de ces qualités.

Des dispositions règlementaires ponctuelles régissent en outre le devoir d'impartialité de l'expert. Ainsi, lorsque l'expert « *appartient à une association* » se proposant par ses statuts de lutter contre les infractions prévues par C. pr. pén., art. 2-1 à 2-21 (liste désormais non exhaustive puisque s'y sont ajoutés C. pr. pén., art. 2-21-1 à 2-24) et d'assister leurs victimes, « *et que l'information porte sur des faits pour lesquels cette association peut se constituer partie civile, il est tenu de déclarer cette appartenance au juge d'instruction dès réception de l'ordonnance de désignation. Si le juge maintient la désignation de l'expert, la déclaration d'appartenance est mentionnée dans le rapport d'expertise* » (C. pr. pén., art. D. 38).

S'agissant plus particulièrement des obligations déontologiques des professions médicales, « *Nul ne peut être à la fois médecin expert et médecin traitant d'un même malade. Un médecin ne doit pas accepter une mission d'expertise dans laquelle sont en jeu ses propres intérêts, ceux d'un de ses patients, d'un de ses proches, d'un de ses amis ou d'un groupement qui fait habituellement appel à ses services* » (CSP, art. R. 4127-105 ; pour une application : Crim. 28 nov. 2001, n° 01-86.326 et 01-86.330, D, censurant la CHINS qui ne s'est pas expliquée sur ce grief soulevé devant elle). Des dispositions identiques s'appliquent à la sage-femme (CSP, art. R. 4127-352), au masseur kinésithérapeute (CSP, art. R. 4321-138), au chirurgien-dentiste (CSP, art. R. 4127-256) et à l'infirmier (CSP, art. R. 4312-57).

2. Les relations de dépendance ou de concurrence entre l'expert et une partie

« *la désignation d'un expert dépendant de l'une des parties ne permet pas de garantir les conditions du procès équitable* », est donc nulle l'expertise réalisée par un salarié de la partie civile ainsi que les perquisitions et saisies réalisées en sa présence, en exécution d'une commission rogatoire prévoyant son assistance (Crim. 25 sept. 2012, n° 12-82.770, P n° 197). Mais « *l'appartenance du technicien requis à une société de travaux publics routiers dont l'activité n'est que très partiellement concurrente de celle objet des poursuites ne saurait priver les constatations de celui-ci de leur caractère d'avis technique soumis à la contradiction et à l'appréciation ultérieure des juges* » (§ 8) (Crim. 8 févr. 2022, n° 21-84.623, D). De même « *n'étaient pas de nature à compromettre son indépendance* » les « *fonctions et qualités* » d'une personne d'abord entendue comme témoin puis requise comme personne qualifiée alors qu'elle était directeur technique d'une société chargée de la maintenance d'un aéronef dont l'exploitant a été poursuivi pour maintien en circulation d'un aéronef dont le document de navigabilité n'était plus valable à la suite d'une avarie (Crim. 25 janv. 2022, n° 21-82.761, D).

3. Les prises de position de l'expert dans le dossier et en dehors de son cadre

Manque d'impartialité l'expert psychologue dont « *les conclusions du rapport d'examen psychologique [...] affirmaient explicitement la culpabilité* » du mis en cause qui contestait en l'espèce les faits reprochés (Crim. 23 janv. 2018, n° 16-82.523, D). En revanche, « *il ne résulte d'aucun texte que l'accomplissement d'une mesure d'expertise psychiatrique interdise aux experts d'examiner les faits et d'envisager la culpabilité de la personne mise en examen, ainsi que son accessibilité à une sanction pénale* » (Crim. 24 janv. 2006, n° 05-86.416, D).

Aux parties (témoins assistés) qui soutenaient que l'impartialité de l'expert « *pouvait, au vu de certaines de ses prises de position, être mise en cause et qu'elles avaient, par ailleurs, obtenu sa récusation dans plusieurs procédures civiles* » (publication d'un article jugé polémique, collaboration rémunérée avec une société concurrente, participation à une conférence le mettant en présence des parties civiles, réalisation d'expertises privées à l'encontre des demandeurs, tierce opposition à des décisions civiles faisant droit à sa récusation), il est répondu que « *si le défaut d'impartialité d'un expert peut constituer une cause de nullité, les reproches adressés par les requérantes à l'expert concerné ne suffisent pas, en l'espèce, à priver les rapports de cet expert dont la désignation est contestée du caractère d'avis techniques soumis à la contradiction et à l'appréciation ultérieure des juges* » (Crim. 8 juin 2006, n° 06-81.359, P n° 172, dossier dit de « l'hépatite B »).

4. Les interventions successives de l'expert sous différents aspects du dossier

Alors qu'il était soutenu que l'expert chargé successivement de l'expertise psychologique de la victime puis du mis en examen ne pouvait être impartial « *en émettant une opinion, même implicite, sur la culpabilité de l'un et une appréciation de la crédibilité de l'autre* », cette circonstance « *ne suffit pas, en l'espèce, à priver ses rapports du caractère d'avis technique soumis à la contradiction et à l'appréciation ultérieure des juges* », dès lors que « *ses conclusions n'impliquent aucune affirmation de culpabilité, même implicite* », (Crim. 26 sept. 2007, n° 07-84.888, P n° 226 ; dans le même sens : Crim. 26 sept. 2007, n° 07-84.641, P n° 226).

L'établissement d'un certificat médical, qui a servi de base au placement d'une personne sous curatelle, ne saurait priver les constatations, ultérieurement établies par le même expert, dans une information ouverte pour des faits d'abus de confiance sur personne vulnérable commis au préjudice de cette même personne, « *de leur caractère d'avis technique soumis à la contradiction et à l'appréciation ultérieure des juges* » (Crim. 15 nov. 2017, n° 17-83.525, D).

N'est pas irrégulière la désignation des mêmes experts dont les précédents rapports ont été annulés, dès lors qu'ils l'ont été « *pour des motifs étrangers à la qualité de leurs auteurs ou à la conduite des travaux d'expertise et que cette nouvelle désignation ne saurait être analysée, de manière abstraite ou en l'absence de tout autre élément, comme un procédé ou un artifice de nature à reconstituer des actes annulés* » (Crim. 29 mai 2002, n° 01-88.823, P n° 121).

La participation antérieure de l'expert, appartenant à la direction générale des douanes et des droits indirects, à une opération coordonnée de surveillance aérienne des rejets en mer méditerranée (opération Oscar-Med) qui allait conduire à l'ouverture d'une enquête pour pollution dans laquelle il était requis à titre de personne qualifiée « *ne saurait priver ses constatations de leur caractère d'avis technique soumis à la contradiction et à l'appréciation ultérieure des juges* » (Crim. 19 avr. 2017, n° 16-82.111, D). De même, la participation des experts aux constatations initiales de l'enquête de police en qualité d'enquêteurs du service de l'identité judiciaire, « *n'implique pas qu'ils se soient montrés partiaux dans l'accomplissement de leur mission* » d'expertise ultérieurement attribuée par le juge d'instruction (Crim. 27 oct. 2004, n° 04-85.182, P n° 260).

5. L'appartenance des experts au même environnement professionnel

« *la circonstance qu'un expert travaille pour le même institut ou laboratoire qu'un confrère, dont l'avis constitue la base de l'acte d'accusation, n'autorise pas en soi à le croire incapable d'agir avec la neutralité voulue* » (CEDH 28 août 1991, *Brandstetter c/ Autriche*, req. n°s 11170/84, 12876/87, 13468/87, § 44). Le fait que deux experts successivement commis soient les dirigeants d'une même association professionnelle ne suffit pas pour mettre en doute l'impartialité du second expert (Crim. 23 févr. 2010, n° 09-85.828, D). De même, « *l'appartenance d'un expert à un réseau professionnel* » est « *insuffisante à établir la partialité de l'expert* » quant à son analyse portant « *sur les travaux effectués par les membres de son réseau professionnel* » (Crim. 12 juill. 2016, n° 15-87.348, D).

6. La communication de pièces du dossier à l'expert préalablement à sa désignation

S'il « *est de pratique courante que, dans la phase préalable à l'ordonnance, le juge s'assure que l'expert pressenti aura la capacité d'assurer la mission qu'il lui destine ; que corrélativement, ce dernier doit connaître avec précision ce qui est attendu de lui pour l'accepter ou la refuser* », « *en raison du statut particulier de l'expert, la communication* [préalable] *des pièces de la procédure qui lui a été faite ne saurait constituer une violation du secret de l'instruction ou remettre en cause son impartialité* » (Crim. 15 juin 2005, n° 04-87.200, D).

C. La détermination de la mission d'expertise et de son délai d'exécution

1. La détermination de la mission d'expertise (C. pr. pén., art. 158)

« *La mission des experts qui ne peut avoir pour objet que l'examen de questions d'ordre technique est précisée dans la décision qui ordonne l'expertise* » (C. pr. pén., art. 158).

Précisons que lorsque des **scellés** sont soumis à l'examen de l'expert, le juge ou la juridiction doit les inventorier par procès-verbal, selon les précisions apportées au n° **11.53B** (C. pr. pén., art. 163).

La mission d'expertise technique ne peut avoir pour objet de déléguer à l'expert une responsabilité relevant de l'office du juge d'instruction qui est notamment de dire le droit, ou pour effet d'autoriser le recours à des moyens de preuve irréguliers ou à des techniques imprécises ou non définies.

Si le juge confie à tort à l'expert la mission « *de dire si les textes applicables aux faits dont elle était saisie étaient publics à la date du contrôle et si ces textes présentaient alors des difficultés d'interprétation* », opération relevant de l'office du juge, « *sa décision n'encourt cependant pas la censure, dès lors que l'expert était également chargé d'examiner des questions d'ordre technique et que ses appréciations restent soumises à la discussion des parties et à l'appréciation des juges du fond* » (Crim. 4 sept. 2002, n°s 01-81.481, 01-81.482, 01-81.483, D). Sont à la fois approuvés, dans l'affaire dite du naufrage de l'*Erika*, d'une part, le refus d'annulation d'une « *mission d'expertise, qui consistait à décrire les fonctions de chaque intervenant, avait pour but de permettre au juge de mieux apprécier la nature et l'étendue des responsabilités encourues* », d'autre part, « *la cancellation des passages du rapport d'expertise pouvant s'apparenter à une analyse des responsabilités excédant l'étendue de la mission de l'expert* » (Crim. 9 juill. 2003, n° 03-81.944, P n° 137). De même, « *n'excède pas les limites fixées par la loi la mission d'expertise qui, [...], après avoir précisé les questions techniques sur lesquelles devaient porter les vérifications des experts, indique que leur avis doit permettre au juge d'instruction de mieux apprécier les responsabilités encourues* » (Crim. 13 avr. 2005, n° 05-80.668, P n° 132).

« *le procédé consistant à faire entendre sur commission rogatoire, délivrée à des OPJ, une personne suspectée, placée en garde à vue, et à la faire, dans ces conditions, interroger par un psychologue conseil, sous couvert d'une mission d'expertise, viole les dispositions légales relatives au mode d'administration des preuves et compromet l'exercice des droits de la défense* » (Crim. 28 nov. 2001, n° 01-86.467, P n° 248 ; affaire dans laquelle l'audition sous hypnose du suspect par un expert désigné par le juge d'instruction avait été annulée) ; dans le même sens, pour un juge d'instruction qui « *a fait procéder, sur commission rogatoire, à l'audition, par les gendarmes, d'un témoin qui a été placé, avec son consentement, sous hypnose par un expert désigné par ce magistrat* » (Crim. 12 déc. 2000, n° 00-83.852, P n° 369).

Est confirmée la CHINS qui estime que « *la mission d'expertise confiée par le juge d'instruction, par son imprécision et par l'absence de définition de l'analyse psychocriminologique sollicitée, laquelle ne s'apparente pas à une expertise psychologique, a constitué une délégation générale des pouvoirs du juge d'instruction, l'empêchant, par ailleurs, d'exercer tout contrôle sur les opérations effectuées* » et qui considère que l'expert, en désignant une personne « *comme le seul suspect ayant un profil psychologique totalement compatible avec un passage à l'acte meurtrier, a tranché une question de la compétence exclusive du juge* » (Crim. 29 janv. 2003, n° 02-86.774, P n° 22).

2. Le délai d'exécution de la mission d'expertise (C. pr. pén., art. 161)

« *Toute décision commettant des experts doit leur impartir un délai pour remplir leur mission. Si des raisons particulières l'exigent, ce délai peut être prorogé sur requête des experts et par décision motivée rendue par le magistrat ou la juridiction qui les a désignés* » (C. pr. pén., art. 161).

« *Les experts qui ne déposent pas leur rapport dans le délai qui leur a été imparti peuvent être immédiatement remplacés et doivent rendre compte des investigations auxquelles ils ont déjà procédé. Ils doivent aussi restituer dans les quarante-huit heures les objets, pièces et documents qui leur auraient été confiés en vue de l'accomplissement de leur mission. Ils peuvent être, en outre, l'objet de mesures disciplinaires allant jusqu'à la radiation de l'une ou de l'autre des listes* » d'experts (C. pr. pén., art. 161).

L'absence de dépôt du rapport dans les délais n'est pas à elle seule « *une cause de nullité, cette obligation n'étant pas prescrite à peine de nullité* », dès lors qu'il « *n'est pas établi que ce retard ait porté atteinte aux droits de la défense* », les intéressés n'ayant en effet formulé aucune observation lors de la notification du rapport (Crim. 16 oct. 1979, n° 79-92.327, P n° 281).

Précisons que le juge d'instruction peut demander à l'expert, d'une part, le dépôt d'un **rapport d'étape** lorsque le délai fixé est $\geqslant$ 1 an (C. pr. pén., art. 161-2, sur le rapport d'étape, v. n° **11.52C2**), d'autre part, quel que soit le délai imparti à l'expert, un **rapport provisoire** (C. pr. pén., art. 167-2, sur le rapport provisoire, v. n° **11.52C1**).

11.52 L'expertise dans le cadre de l'instruction préparatoire : les modalités de la discussion contradictoire au cours des opérations d'expertise

A. Le lien permanent entre l'expert et le juge d'instruction

Rappelons tout d'abord que les échanges préparatoires entre le juge d'instruction et l'expert préalablement à sa désignation ne constituent ni une violation du secret de l'instruction ni une cause d'impartialité (v. Crim. 15 juin 2005, n° 04-87.200, D, décision exposée au n° **11.51B6**).

« *Les experts doivent remplir leur mission en liaison avec le juge d'instruction ou le magistrat délégué ; ils doivent le tenir au courant du développement de leurs opérations et le mettre à même de prendre à tout moment toutes mesures utiles* » (C. pr. pén., art. 161).

« *Le juge d'instruction, au cours de ses opérations, peut toujours, s'il l'estime utile, se faire assister des experts* » (C. pr. pén., art. 161 ; ex : reconstitution).

Enfin, « *aucun texte n'interdit au juge d'instruction de demander un avis technique aux experts précédemment commis par lui sur le mérite d'une expertise privée* » (Crim. 19 janv. 2000, n° 99-86.090, P n° 33).

B. L'audition de personnes au cours des opérations d'expertise

1. L'audition de toute personne et des parties avec l'autorisation du juge (C. pr. pén., art. 164)

« *Les experts peuvent recevoir, à titre de renseignement et pour le seul accomplissement de leur mission, les déclarations de toute personne autre que la personne mise en examen, le témoin assisté ou la partie civile* » (C. pr. pén., art. 164).

Avec l'autorisation du juge d'instruction et « *avec l'accord des intéressés* », ils peuvent « *recevoir [...] les déclarations de la personne mise en examen, du témoin assisté ou de la partie civile nécessaires à l'exécution de leur mission. Ces déclarations sont recueillies en présence de leur avocat ou celui-ci dûment convoqué dans les conditions prévues par C. pr. pén., art. 114, sauf renonciation écrite remise aux experts. Ces déclarations peuvent être également recueillies à l'occasion d'un interrogatoire ou d'une déposition devant le juge d'instruction en présence de l'expert* » (C. pr. pén., art. 164, sur les droits particuliers du témoin assisté, v. n° 11.77D).

Par exception aux règles qui précèdent, « *les médecins ou psychologues experts chargés d'examiner la personne mise en examen, le témoin assisté ou la partie civile peuvent dans tous les cas leur poser des questions pour l'accomplissement de leur mission hors la présence du juge et des avocats* » (C. pr. pén., art. 164) « *y compris sur les faits objet de l'information* » (Crim. 30 avr. 1996, n° 96-80.829, P n° 183), dès lors, d'une part, qu'il n'est « *pas soutenu que l'expert aurait manqué au devoir d'impartialité ou au respect de la présomption d'innocence* », d'autre part, que « *les déclarations faites à l'expert psychiatre par la personne mise en examen seront le cas échéant soumises au débat contradictoire devant la juridiction de jugement dans le respect des droits de la défense, ces déclarations ne pouvant, en application du dernier alinéa de l'article préliminaire du C. pr. pén., servir d'unique fondement à une déclaration de culpabilité* » (Crim. 11 juill. 2017, n° 16-87.660, P n° 200).

Mentionnons que, quelle que soit la nature de la mission confiée, « *toute personne ou tout service mandaté par l'autorité judiciaire* », il s'agit donc notamment des experts, doit désormais notifier « *avant tout recueil de ses observations* », à « *toute personne suspectée* » « *en matière de crime ou de délit* », « *le droit de se taire sur les faits qui lui sont reprochés* » et qu'« *aucune condamnation ne peut être prononcée sur le seul fondement de déclarations faites sans que ledit droit ait été notifié* » (C. pr. pén., art. préliminaire, III, modifié par L. n° 2021-1729, 22 déc. 2021).

Alors que le juge avait prescrit dans sa mission « *qu'aucune audition ne pourrait avoir lieu sans autorisation préalable de sa part* », « *l'expert, en procédant à des auditions qui n'avaient pas été autorisées par le juge, a outrepassé les limites de sa mission et, ainsi, méconnu une règle touchant à l'organisation judiciaire* », la personne mise en examen est donc fondée, sans avoir à établir de grief au sens de C. pr. pén., art. 802, à se prévaloir de l'audition par l'expert « *des représentants de la partie civile et de l'expert-comptable de la société* » (Crim. 17 janv. 2006, n° 05-86.326, P n° 19 ; *contra*, estimant qu'il n'y a pas lieu à nullité lorsque l'audition sans autorisation du juge ne porte pas atteinte aux intérêts du requérant : Crim. 13 avr. 2005, n° 05-80.668, P n° 132).

S'agissant des auditions autres que celle du mis en examen, du témoin assisté ou de la partie civile accomplies par l'expert, « *aucune disposition légale n'impose que ces auditions soient retranscrites dans un procès-verbal ni qu'elles soient effectuées contradictoirement, les parties ayant la possibilité de discuter l'avis des experts et de solliciter du juge d'instruction des compléments d'expertise ou des contre-expertises* » (Crim. 10 nov. 2015, n° 15-83.605, P n° 245). « *le principe de l'égalité des armes n'exige pas que les experts dressent procès-verbal de l'ensemble des déclarations recueillies dans le cadre de l'exécution de leur mission et qu'ils entendent en présence de leurs avocats les personnes qui ne sont pas parties à la procédure* » (Crim. 13 avr. 2005, n° 05-80.668, P n° 132). Il en est de même pour l'interrogatoire de l'inculpé (mis en examen) car « *les experts régulièrement délégués pour accomplir un tel acte n'ont [...] à rendre compte de l'exécution de leur mission que dans le rapport qu'ils sont tenus de rédiger* » (Crim. 18 mai 1983, n° 82-93.410, P n° 148). Un raisonnement identique s'impose pour l'interrogatoire du témoin assisté et de la partie civile par l'expert.

Mentionnons que les règles définies par C. pr. pén., art. 164 ne s'appliquent pas à l'expertise sur intérêts civils ordonnée par la juridiction de jugement, qui obéit aux règles de la procédure civile (C. pr. pén., art. 10 et C. pr. civ., art. 263 s.) (Crim. 3 mai 1988, n° 86-90.372, P n° 190 ; Crim. 13 déc. 1990, n° 87-83.532, P n° 436) (sur l'expertise en matière d'intérêts civils, v. n° **16.13B1**).

2. L'audition de tout technicien à la demande des parties (C. pr. pén., art. 165)

« *Au cours de l'expertise, les parties peuvent demander à la juridiction qui l'a ordonnée qu'il soit prescrit aux experts d'effectuer certaines recherches ou d'entendre toute personne nommément désignée qui serait susceptible de leur fournir des renseignements d'ordre technique* » (C. pr. pén., art. 165).

Une telle demande, qui doit être adressée au juge et non à l'expert, n'est pas ouverte au témoin assisté et ne couvre que les aspects techniques de la mission d'expertise. Elle n'est pas subordonnée au formalisme des demandes d'actes prévue au C. pr. pén., art. 81 et le juge n'est pas tenu de rendre une ordonnance motivée, il lui revient simplement de « prescrire » ou non à l'expert de procéder à la recherche ou à l'audition réclamée (sur le formalisme et le traitement des demandes d'actes, v. n° **11.50A3**). En effet, « *le magistrat instructeur, qui apprécie souverainement la suite à donner aux demandes de cette nature, [n'est] donc pas tenu de répondre à la requête [...] par une ordonnance motivée* » (Crim. 16 janv. 1976, n° 75-91.928, P n° 17). La mise en examen postérieure au dépôt du rapport d'expertise, qui prive ainsi la personne de la faculté de saisir le juge d'une telle requête au cours de l'expertise, ne porte pas atteinte aux droits de la défense dès lors que la demande peut être faite après la notification du rapport d'expertise et que les experts sollicités par le juge ont répondu aux observations formulées (Crim. 11 avr. 1970, n° 68-92.463, P n° 118).

C. La communication des travaux d'expertises avant la transmission du rapport définitif

1. Le dépôt d'un rapport provisoire à la demande du juge d'instruction ou des parties et sa discussion (C. pr. pén., art. 167-2)

« *le juge d'instruction peut demander à l'expert de déposer un rapport provisoire avant son rapport définitif* » (C. pr. pén., art. 167-2).

« *Le dépôt d'un rapport provisoire est obligatoire si le ministère public le requiert ou si une partie en fait la demande* » selon les formes imposées en matière de demande d'actes (C. pr. pén., art. 81 ; sur le formalisme et le traitement des demandes d'actes, v. n° **11.50A3**), au moment où l'ordonnance de commission d'expert est notifiée préalablement aux opérations d'expertise (C. pr. pén., art. 161-1 ; sur ce point, v. n° **11.50C**).

Lors du dépôt du rapport provisoire, le juge d'instruction fixe un délai au ministère public et aux parties « *pour adresser en même temps à l'expert et au juge les observations écrites qu'appelle de leur part ce rapport provisoire* », délai qui ne peut être inférieur à 15 jours, ou un mois s'il s'agit d'une expertise comptable ou financière (C. pr. pén., art. 167-2). Les observations peuvent être faites par un moyen de communication électronique « *à l'adresse électronique de la juridiction ou du service de la juridiction compétente* » (C. pr. pén., art. D. 591 18°).

2. Le dépôt d'un rapport d'étape et sa discussion lorsque le délai d'expertise excède un an (C. pr. pén., art. 161-2)

Si le délai de dépôt du rapport d'expertise prévu est $\geqslant$ 1 an, « *le juge d'instruction peut demander que soit auparavant déposé un rapport d'étape qui est notifié aux parties selon les modalités prévues* » pour le rapport final (sur la notification des conclusions du rapport d'expertise, v. n° **11.53C**).

« *Les parties peuvent alors adresser en même temps à l'expert et au juge leurs observations en vue du rapport définitif* ». Ces observations peuvent être faites par un moyen de communication électronique « *à l'adresse électronique de la juridiction ou du service de la juridiction compétente* » (C. pr. pén., art. D. 591 16°).

3. La communication directe de ses conclusions par l'expert aux enquêteurs, aux parties et au ministère public (C. pr. pén., art. 166)

« *Avec l'accord du juge d'instruction, les experts peuvent, directement ou par tout moyen, communiquer les conclusions de leur rapport aux OPJ chargés de l'exécution d'une commission rogatoire, au procureur de la République ou aux avocats des parties* » (C. pr. pén., art. 166). Cette communication, qui ne prévoit pas de notification d'un délai pour formuler des observations ou une demande de complément d'expertise ou de contre-expertise, ne se substitue donc pas à la notification des conclusions du rapport qui incombe au juge d'instruction en application de C. pr. pén., art. 167 (v. n° 11.53C).

11.53 L'expertise dans le cadre de l'instruction préparatoire : le rapport définitif et sa notification aux parties

A. La rédaction et le dépôt du rapport d'expertise par l'expert (C. pr. pén., art. 166)

1. Le contenu et la forme du rapport

« *Lorsque les opérations d'expertise sont terminées, les experts rédigent un rapport qui doit contenir la description desdites opérations ainsi que leurs conclusions* » (C. pr. pén., art. 167). Il en résulte que le rapport doit contenir au moins deux parties, la première relatant les opérations d'expertise proprement dite, portant sur les « *questions d'ordre technique* » soumises à l'expert (C. pr. pén., art. 158), la seconde récapitulant les conclusions tirées de ces opérations, lesquelles seront notifiées aux parties par le juge d'instruction selon les précisions apportées au C ci-dessous.

« *Lorsque plusieurs experts ont été désignés et s'ils sont d'avis différents ou s'ils ont des réserves à formuler sur des conclusions communes, chacun d'eux indique son opinion ou ses réserves en les motivant* » (C. pr. pén., art. 167).

L'expert adjoint établit un rapport qui est « *annexé intégralement* » au rapport de l'expert principal (C. pr. pén., art. 162, sur l'expert adjoint, v. n° 11.512 ci-dessus).

« *Les experts signent leur rapport* » (C. pr. pén., art. 166). Ces dispositions sont « *édictées en vue d'une bonne administration de la justice* » ; est donc nul le rapport qui n'est pas signé par l'expert, ou qui n'est signé que par un seul des deux experts désignés (Crim. 17 mars 1987, n° 86-96.682, NP). Cette signature suffit en revanche, puisque la L. n° 2003-239, 18 mars 2003, a supprimé l'obligation qui était de surcroît faite aux experts d'« *attester avoir personnellement accompli les opérations qui leur ont été confiées* », laquelle ne revêtait d'ailleurs pas une forme sacramentelle (Crim. 20 févr. 1990, n° 89-86.659, P n° 85 ; dans le même sens : Crim. 7 juin 1988, n° 88-81.828, P n° 258).

« *si elle peut affecter la force probante des conclusions de l'expert, l'exécution irrégulière de l'expertise par un seul expert n'entraîne pas sa nullité* » (Crim. 1er févr. 2000, n° 99-87.081, P n° 49).

« *Les experts [...] mentionnent les noms et qualités des personnes qui les ont assistés, sous leur contrôle et leur responsabilité, pour la réalisation des opérations jugées par eux nécessaires à l'exécution de la mission qui leur a été confiée* » (C. pr. pén., art. 166). Cette obligation se substitue à celle, abrogée par L. n° 2003-239, 18 mars 2003, qui lui imposait « *d'accomplir personnellement* » les opérations d'expertise. Ces nouvelles dispositions permettent ainsi clairement à l'expert de se faire assister dans ses opérations, sous son contrôle et sa responsabilité, sans que les personnes qui contribuent ainsi à ses travaux soient désignées co-experts ou experts adjoints, prêtent serment ou signent le rapport d'expertise. Elles relativisent en conséquence les décisions antérieures qui admettaient, dès lors qu'il ne comportait « *aucune appréciation à formuler* », « *le concours matériel apporté* » par une personne à l'expert, qui « *ne saurait constituer une participation à l'expertise pour laquelle elle n'avait pas été désignée* » (Crim. 8 juin 1999, nos 99-81.291, 99-81.807, P n° 124) ou celles estimant à l'inverse que « *l'appartenance de l'expert désigné à un service de l'État ne l'autorisait pas à faire exécuter par l'un de ses subordonnés la mission qui lui avait été personnellement confiée* » (dans cette espèce, l'expert, chef de la division métrologie de la DRIRE, signait le rapport de vérification technique de compteurs établi par sa collaboratrice et apposait la mention « vu et transmis avec avis conforme, pour le directeur régional de l'industrie et de la recherche ») (Crim. 30 mars 1999, n° 97-83.464, P n° 59).

En revanche, l'assistance à l'expert ne paraît pouvoir s'étendre aux opérations « *échappant à sa spécialité* », dont il ne peut par hypothèse assurer le contrôle et la responsabilité, opérations qui ne pourront donc être menées que par un co-expert ou par un expert adjoint au sens de C. pr. pén., art. 162 (sur l'expert adjoint, v. n° **11.51A2**).

2. Le dépôt du rapport et le procès-verbal de dépôt

« *Le rapport [est] déposé[s] entre les mains du greffier de la juridiction qui a ordonné l'expertise ; ce dépôt est constaté par procès-verbal* » (C. pr. pén., art. 167).

Les formalités du procès-verbal de dépôt « *ne sont pas prescrites à peine de nullité* » et leur absence ne porte pas atteinte aux droits de la défense dès lors que la première page du rapport comporte la mention « *rapport déposé le ...* » suivie de la signature du greffier, que les conclusions de l'expert ont été portées à la connaissance des intéressés et qu'ils ont été informés du délai imparti pour y répondre (Crim. 23 avr. 1981, P n° 79-90.346, P n° 116).

B. La transmission, l'exploitation et le retour des scellés soumis à l'expert (C. pr. pén., art. 163 et 166)

Les scellés transmis par le juge ou la juridiction à l'expert pour les besoins de ses opérations doivent préalablement faire l'objet d'un inventaire, lequel prend la forme d'un procès-verbal énumérant ces scellés (C. pr. pén., art. 163). Le juge n'est toutefois pas tenu de faire inventaire « *si celui-ci a déjà eu lieu* » (Crim. 14 mai 2002, n° 02-80.721, P n° 111). L'obligation d'inventaire n'est toutefois pas applicable à une mesure d'expertise ordonnée par une juridiction pénale statuant sur les intérêts civils, « *s'agissant d'une mesure d'expertise soumise aux règles de la procédure civile* » en application de C. pr. pén., art. 10 (Crim. 20 oct. 2010, n° 09-87.125, P n° 168).

« *Pour l'application de leur mission, les experts sont habilités à procéder à l'ouverture ou à la réouverture des scellés, et à reconfectionner de nouveaux scellés après avoir, le cas échéant, procédé au reconditionnement des objets qu'ils étaient chargés d'examiner ; dans ce cas, ils en font mention dans leur rapport, après avoir, s'il y a lieu, dressé inventaire des scellés* » (C. pr. pén., art. 163).

Les prescriptions de C. pr. pén., art. 97 (al. 6) imposant, lors de l'ouverture de scellés, la présence ou la convocation de la personne mise en examen et de son avocat, ne sont pas applicables aux opérations d'expertise (C. pr. pén., art. 163), l'expert procède en conséquence à l'ouverture et la reconfection des scellés hors leur présence et sans les convoquer.

À l'issue de la mission de l'expert, « *les scellés, ou leurs résidus, sont déposés entre les mains de la juridiction qui a ordonné l'expertise ; ce dépôt est constaté par procès-verbal* » (C. pr. pén., art. 166).

C. La notification des conclusions du rapport d'expertise aux parties par le juge d'instruction (C. pr. pén., art. 167)

1. L'étendue de l'obligation de notification : les rapports des personnes qualifiées et des experts

Sauf si le procureur de la République, lors de l'enquête préliminaire ou de flagrance, a déjà pris l'initiative de faire notifier au suspect et à la victime « *le résultat des examens techniques ou scientifiques* » effectués par les « *personnes qualifiées* » requises par ses soins ou l'OPJ en application de C. pr. pén., art. 60 et 77-1 (sur ces examens, assimilables aux expertises, v. n° **11.49**), le juge d'instruction est tenu de procéder à la notification aux parties des conclusions de leur rapport, selon les mêmes modalités que pour les expertises diligentées durant l'instruction, ci-après détaillées.

Précisons que les notes déposées et jointes au dossier, établies à la demande du juge d'instruction par les experts précédemment commis par lui, sur le mérite d'une expertise privée, « *n'ont pas la nature d'expertises* » et ne sont donc pas soumises aux règles de notification de l'expertise, elles sont « *consultées et discutées librement par la défense* » (Crim. 19 janv. 2000, n° 99-86.090, P n° 33).

2. Les modalités de notification des conclusions du rapport et l'incidence d'un défaut de notification

• **Les modalités de notification des conclusions du rapport**

« *Le juge d'instruction donne connaissance des conclusions des experts aux parties et à leurs avocats* » selon trois modalités alternatives (C. pr. pén., art. 167) :

– dans son cabinet après les avoir convoqués. Ne répond pas aux exigences du texte la prise de connaissance du rapport d'expertise par la partie civile au moyen d'un procès-verbal dressé par un OPJ sur commission rogatoire, sans que le conseil n'ait été appelé (Crim. 15 mai 1973, n° 72-90.462, P n° 221) ;

– par LRAR ;

– par la voie électronique aux avocats qui ont fait connaître au juge d'instruction leur adresse électronique, envoi électronique dont il est conservé une trace écrite (C. pr. pén., art. 803-1 I et D. 590-1) ;

– lorsque la personne est détenue, par les soins du chef de l'établissement pénitentiaire qui adresse, sans délai, au juge d'instruction l'original ou la copie du récépissé signé par l'intéressé.

La communication des conclusions de l'expertise aux parties s'entend de la seule notification à la **personne mise en examen** et à la **partie civile**. Toutefois, le juge d'instruction « *peut également notifier au témoin assisté* », selon les mêmes modalités, « *les conclusions des expertises qui le concernent* » (sur les droits particuliers du témoin assisté, v. n° **11.77D**).

La notification d'un rapport d'expertise interrompt la prescription de l'action publique (Crim. 5 mai 2004, n° 04-81.269, P n° 111), solution désormais consacrée par C. pr. pén., art. 9-2 3° issu L. n° 2017-242, 27 févr. 2017 (sur la prescription de l'action publique, v. n° **17.23A4**).

• **L'incidence de l'absence de notification du rapport**

L'absence de notification du rapport d'expertise ne fait pas grief « *dès lors que la notification de l'avis de fin d'information prévue par C. pr. pén., art. 175 ouvre aux parties, [...], le droit de formuler toute demande d'expertise, de contre-expertise ou d'expertise complémentaire qu'elles jugeraient utiles à la manifestation de la vérité* » (Crim. 15 févr. 2006, n° 05-86.773, P n° 46). Cette jurisprudence, antérieure aux modifications de C. pr. pén., art. 175 par L. n° 2019-222, 23 mars 2019, n'a pas perdu de sa portée dès lors que les parties restent recevables à formuler une demande d'acte sur le fondement de C. pr. pén., art. 82-1, et plus spécialement une demande d'expertise sur le fondement de C. pr. pén., art. 156, à condition d'avoir fait connaître au juge d'instruction, dans les 15 jours de l'avis de fin d'information, leur intention de formuler des demandes ou de présenter des requêtes (C. pr. pén., art. 175).

De même, dans une espèce où la chambre d'accusation saisie du règlement de la procédure avait ordonné une expertise médicale avant de statuer, son absence de notification ne fait pas grief dès lors que les avocats, « *avisés de la date de l'audience de la chambre d'accusation, ont eu pendant le délai de cinq jours la possibilité de consulter le dossier au greffe de la cour d'appel et la faculté de solliciter une nouvelle expertise médicale ; qu'ainsi les droits de la défense que C. pr. pén., art. 167 a pour objet de protéger n'ont subi aucune atteinte* » (Crim. 10 déc. 1985, n° 85-95.006, P n° 393 ; dans le même sens, les débats devant la chambre de l'accusation saisie du règlement de la procédure couvrent l'absence de notification, par le juge d'instruction, d'un rapport d'expertise : Crim. 23 mai 1970, P n° 166 ; Crim. 22 févr. 1966, n° 65-93.652, P n° 60).

3. La communication du rapport intégral à la demande des parties ou de leurs avocats

Selon les modalités exposées en C2 ci-dessus, une copie de l'intégralité du rapport est en outre remise, à **leur demande**, aux avocats des parties. Elle n'est également communiquée aux parties qu'à leur demande et si elles n'ont pas d'avocat. Précisons que parmi les pièces du dossier d'instruction, seul le rapport d'expertise peut être communiqué « *à des tiers pour les besoins de la défense* » (C. pr. pén., art. 114, sur ce point, v. n° **15.4E1**).

Notons toutefois que « *s'il s'agit d'une expertise psychiatrique, la copie de l'intégralité du rapport est remise ou adressée aux avocats des parties ou aux parties si celles-ci ne sont pas assistées d'un avocat, même en l'absence de demande de leur part* » (C. pr. pén., art. 167, mod. issue L. n° 2022-52, 24 janv. 2022, relative à la responsabilité pénale et à la sécurité intérieure). « *Compte tenu de l'importance de ces expertises, il a paru nécessaire que les parties puissent systématiquement avoir connaissance de l'intégralité du rapport, et pas seulement de ses conclusions* » (Circ. Crim. 2022-13/H2, 12 mai 2022, NOR : JUSD2214206C, n° 2.2.1).

La lettre du texte ne prévoit pas que le témoin assisté, dans le cas où juge d'instruction aura décidé de lui notifier les conclusions qui le concernent, puisse solliciter l'intégralité du rapport.

D. La notification aux parties d'un délai pour présenter des observations ou formuler une demande et leur traitement par le juge d'instruction (C. pr. pén., art. 167)

1. La notification concomitante aux parties d'un délai pour présenter des observations ou demandes

« *dans tous les cas, le juge d'instruction fixe un délai aux parties pour présenter des observations ou formuler une demande, notamment aux fins de complément d'expertise ou de contre-expertise* ». Ce délai, durant lequel « *le dossier de la procédure est mis à la disposition des conseils des parties* », « *tient compte de la complexité de l'expertise* » et « *ne saurait être inférieur à 15 jours, ou s'il s'agit d'une expertise comptable ou financière, à un mois* ».

Le juge d'instruction fixe également un délai au **témoin assisté** s'il décide de lui notifier les conclusions d'une expertise qui le concerne (sur les droits particuliers du témoin assisté, v. n° **11.77D**).

Notons que les observations ou demandes de contre-expertise peuvent être faites par un moyen de communication électronique « *à l'adresse électronique de la juridiction ou du service de la juridiction compétente* » (C. pr. pén., art. D. 591 17°).

2. L'ordonnance de rejet de la demande émanant du juge d'instruction et l'appel contre son ordonnance

« *Lorsqu'il rejette une demande, le juge d'instruction rend une décision motivée qui doit intervenir dans un délai d'un mois à compter de la réception de la demande. Il en est de même s'il commet un seul expert alors que la partie a demandé qu'il en soit désigné plusieurs. Faute pour le juge d'instruction d'avoir statué dans le délai d'un mois, la partie peut saisir directement la CHINS* ».

L'ordonnance du juge d'instruction peut faire l'objet d'un appel de la personne mise en examen, ou de la partie civile si elle fait grief à ses intérêts civils (C. pr. pén., art. 186). Notons toutefois que le juge d'instruction n'est pas tenu de rendre une ordonnance motivée s'il estime que la demande du témoin assisté n'est pas justifiée, sauf si ce dernier demande à être mis en examen.

En application de C. pr. pén., art. 167, « *toute contestation relative à une mesure de contre-expertise ou de complément d'expertise est portée devant la CHINS et non devant son seul président* » (Crim. 18 avr. 2023, n° 22-85.450 ; dans le même sens : Crim. 22 mars 2016, n° 15-86.470, P n° 89). L'appel contre une ordonnance de refus d'ordonner une expertise échappe en effet depuis L. n° 2007-291, 5 mars 2007, au pouvoir de filtrage du président de la CHINS prévu au C. pr. pén., art. 186-1.

3. L'incidence de l'écoulement du délai imparti pour faire une demande

Passé le délai imparti par le juge d'instruction, « *il ne peut plus être formulé de demande de contre-expertise, de complément d'expertise ou de nouvelle expertise portant sur le même objet [...], sous réserve de la survenance d'un élément nouveau* », y compris sous couvert d'une demande d'acte, laquelle peut être formulée durant tout le cours de l'instruction (C. pr. pén., art. 82-1). L'obligation de rendre une ordonnance de rejet motivée ne s'applique qu'aux demandes formées dans le délai imparti (Crim. 10 mai 1966, n° 65-91.447, P n° 140).

Néanmoins, la décision du juge d'instruction de faire droit à une demande d'expertise formée hors délai est sans incidence sur la validité du rapport dès lors que ce magistrat tient de C. pr. pén., art. 81, le pouvoir « *d'ordonner, de sa seule initiative, tout acte d'information, tel qu'une contre-expertise médicale, dès lors qu'il l'estimait utile à la manifestation de la vérité* » (Crim. 9 oct. 2002, n° 01-83.947, D). En outre, la décision citée en **C2** ci-dessus (Crim. 15 févr. 2006, n° 05-86.773, P n° 46) ainsi que la lettre de C. pr. pén., art. 175, laissent encore aux parties la possibilité de présenter une demande d'expertise ou de contre-expertise au stade de l'avis de fin d'information. Enfin, la tardiveté d'une demande de contre-expertise formée devant le juge d'instruction est sans incidence devant la CHINS saisie d'un recours contre l'ordonnance de règlement de la procédure car, en application de C. pr. pén., art. 201, « *les parties sont recevables à demander à la CHINS, saisie du règlement de la procédure, un complément d'expertise ou une contre-expertise, sans que puisse leur être opposée l'expiration du délai prévu par C. pr. pén., art. 167* » (Crim. 2 oct. 2001, n°s 00-85.724, 00-85.725, P n° 194).

11.54 La demande d'informations probantes auprès des tiers par réquisition (C. pr. pén., art. 60-1, 77-1-1 et 99-3)

A. Le devoir de réponse aux réquisitions judiciaires et l'inopposabilité du secret professionnel sans motif légitime

L'OPJ, « *ou sous le contrôle de ce dernier, l'APJ* » depuis L. n° 2019-222, 23 mars 2019, sans autorisation du procureur de la République dans l'enquête de flagrance (C. pr. pén., art. 60-1), ou avec son autorisation préalable dans l'enquête préliminaire (C. pr. pén., art. 77-1-1, sur la portée de l'autorisation préalable du procureur de la République dans le cadre de l'enquête préliminaire, v. les développements du n° **11.49**), le procureur de la République dans tous les cas, peuvent, « *par tout moyen* » (L. n° 2007-297, 5 mars 2007), requérir de toute personne, de tout établissement ou organisme privé ou public ou de toute administration publique qui sont susceptibles de détenir des ~~documents~~ « *informations* » (L. n° 2014-1353, 13 nov. 2014) intéressant l'enquête, y compris celles issues d'un système informatique ou de traitement de données nominatives, de leur remettre ces ~~documents~~ « *informations* » (L. n° 2014-1353, 13 nov. 2014), « *notamment sous forme numérique* » (L. n° 2007-297, 5 mars 2007), « *le cas échéant selon des normes fixées par voie règlementaire* » (L. n° 2019-222, 23 mars 2019), sans que puisse leur être opposé, « *sans motif légitime* », le secret professionnel (sur le secret professionnel, v. n° **35.1**).

Depuis L. n° 2019-222, 23 mars 2019, l'APJ peut procéder aux mêmes réquisitions, avec l'autorisation du procureur de la République dans le cadre de l'enquête préliminaire (v. n° **11.10B**).

« *A la demande expresse et sous le contrôle de l'OPJ ou, lorsqu'il est compétent, de l'APJ* », les **assistants d'enquête** peuvent également procéder à ces réquisitions et en établir procès-verbal « *lorsqu'elles concernent des enregistrements issus de système de vidéoprotection* » (C. pr. pén., art. 21-3, issu L. n° 2023-22, 24 janv. 2023, art. 60-1 et 77-1-1 mod. par la même loi).

Un régime identique s'applique pour le juge d'instruction et l'OPJ chargé par lui d'une commission rogatoire (C. pr. pén., art. 99-3).

« *Ces dispositions [issues de la loi n° 2004-204 du 9 mars 2004] donnent désormais clairement aux enquêteurs le droit de procéder à des réquisitions, même en préliminaire, auprès des organismes sociaux, fiscaux ou bancaires, qui ne pourront pas opposer le secret professionnel pour refuser de remettre les documents requis* » (Circ. Crim. 04-16-E8, 14 mai 2004, NOR : JUSD0430092C, n° 2-3-1).

Les réquisitions n'obéissent à aucun formalisme particulier et peuvent ainsi être faites oralement, avec mention au procès-verbal, ou par voie informatique (D. 15-5). La chancellerie recommande néanmoins une réquisition écrite, informant notamment l'intéressé des sanctions encourues (*ibid.*).

Le défaut de réponse dans les meilleurs délais à la réquisition, ou le fait de ne pas répondre selon les normes le cas échéant fixées par voie règlementaire, constitue le délit incriminé par C. pr. pén., art. 60-1 (V. n° **25.47**) ou, s'il s'agit d'une réquisition aux fins de remise d'une clé de déchiffrement connue de la personne requise lorsqu'un moyen de cryptologie est susceptible d'avoir été employé pour la commission d'un crime ou d'un délit, l'infraction spécifique prévue au C. pén., art. 434-15-2 (V. n° **25.46**).

« *C'est à l'occasion de poursuites pénales engagées sur le fondement [de cette incrimination] que la jurisprudence pourra être amenée à se prononcer sur la réserve du motif légitime susceptible de justifier un refus de réponse par une personne arguant de son obligation au secret professionnel, une telle exception [...] devant très certainement être entendue de façon extrêmement restrictive* » (Circ. Crim. 04-16-E8, 14 mai 2004, n° 2-3-1 note 7).

C. pr. pén., art. 77-1-1 ne soumet l'autorisation du procureur de la République, qui s'impose dans le cadre de l'enquête préliminaire, « *à aucune forme particulière* » (Crim. 23 mai 2006, n° 06-83.241, P n° 139) et la mention « *agissant conformément aux instructions de M. le procureur de la République* » suffit (Crim. 1 févr. 2011, n° 10-83.523, P n° 15).

C'est en considération des faibles exigences de formalisation de ces opérations (autorisation du parquet, d'une part, réquisition, d'autre part), que la chancellerie a recommandé aux parquets, pour certaines réquisitions dont le coût est maîtrisé, de délivrer des autorisations permanentes dispensant l'OPJ et le magistrat du parquet d'une autorisation au cas par cas dans le cadre de l'enquête préliminaire, (Circ. Crim-2016/19/E, 08.09.2016, JUS D 1625322 C, n° 1.2, v. les exemples au n° **11.49B**). Cette pratique des autorisations permanentes délivrées sur le fondement de C. pr. pén., art. 77-1 a toutefois été censurée par la jurisprudence (Crim. 17 déc. 2019, n° 19-83.574, P, citée n° **11.49B**). Tirant les conséquences de ces décisions, la L. n° 2020-1672, 24 déc. 2020, a tout d'abord encadré et limité de telles autorisations aux informations issues de dispositifs de vidéoprotection. La L. n° 2023-22, 24 janv. 2023, a dans un second temps étendu le domaine de ces autorisations permanentes. Désormais, sans préjudice d'autorisation particulières, les réquisitions prévues au C. pr. pén., art. 77-1-1 peuvent être autorisées par instructions générales du procureur de la République, valable six mois, « *concernant des crimes ou délits punis d'une peine d'emprisonnement, limitativement énumérés par ce magistrat* », lorsqu'elles ont pour objet :

– la remise d'enregistrement de vidéoprotection (sur le régime de la vidéoprotection ou vidéo surveillance défini par CSI, art. L. 223-1 s., v. orienteur n° **35.53**) ;

– la recherche de comptes bancaires du suspect ;

– la liste des salariés et prestataires, lorsque l'enquête porte sur les délits de travail dissimulé prévus au C. trav. art. L. 8224-1 et L. 8224-2 ;

– les données d'état civil, documents d'identité et titres de séjour du suspect ;

– les données de lecture automatisée des plaques d'immatriculation du véhicule (fichier dit LAPI, v. n° **11.46A**), lorsque l'infraction a été commise en utilisant un véhicule et que ces données permettent de localiser le suspect.

Soulignons que dans le cas où une réquisition est prise sur le fondement d'une autorisation permanente du parquet, ce dernier « *est immédiatement avisé de la délivrance des réquisitions réalisées en application de ses instructions générales. Cet avis précise les infractions pour lesquelles la réquisition a été établie. Le procureur de la République peut ordonner que cette réquisition soit rapportée* » (C. pr. pén., art. 77-1-1, issu L. n° 2023-22, 24 janv. 2023).

Ces dispositions, « *au regard notamment de la nature des informations pouvant faire l'objet des réquisitions, [...] ne remettent pas en cause la direction et le contrôle de la police judiciaire par l'autorité judiciaire et ne privent pas de garanties légales le droit au respect de la vie privée* » (§ 129) (Cons. const. 19 janv. 2023, n° 2022-846 DC).

Soulignons qu'en toute hypothèse, la formalité de la réquisition et, dans le cadre préliminaire, l'autorisation préalable du procureur de la République, ne sont pas nécessaires si les documents ou informations sont remis spontanément à l'enquêteur (Crim. 12 mars 2008, n° 07-88.604, NP) ou consultés sur place avec l'autorisation du détenteur (ex. images de vidéosurveillance, Crim. 9 févr. 2016, n° 13-85.068, NP).

Contrairement aux dispositions régissant la réquisition aux fins d'examen technique et scientifique (C. pr. pén., art. 60 et 77-1, v. n° **11.49**) la personne requise n'a pas à être qualifiée, ne prête pas serment et n'est pas tenue de faire un rapport de ces opérations. Ces dernières ne peuvent donner lieu à une notification. La personne requise est seulement tenue de transmettre les informations qu'elle détient.

C'est sur le fondement de C. pr. pén., art. 60-1 (enquête de flagrance), 77-1-1 (enquête préliminaire) et 99-3 (information judiciaire) qu'étaient initialement prises les réquisitions auprès d'un opérateur de télécommunications électroniques pour obtenir l'identification de numéros de téléphone et leur facturation détaillée (dite « fadet » ou « fadette ») ou les données de géolocalisation en temps différé (données de connexion), jusqu'à ce qu'intervienne la L. n° 2022-299, 2 mars 2022 qui, tenant compte des restrictions apportées par la jurisprudence de la CJUE et du Cons. const., encadre désormais ses réquisitions au C. pr. pén., art. 60-1-2 (sur ce régime, v. n° **11.44B**). Notons que le Cons. const., saisi de la constitutionnalité de CMF, art. L. 621-10, qui autorisait les agents de contrôle de l'AMF à se faire communiquer les données de connexion conservées et traitées par les opérateurs de télécommunications, a jugé que cette disposition était inconstitutionnelle car la procédure n'était entourée d'aucune garantie (Cons. const. 21 juill. 2017, n° 2017-646/647, § 9), ce à quoi le législateur a remédié en instaurant la délivrance d'une autorisation préalable par une autre autorité administrative indépendante appelée « *contrôleur des demandes d'accès* » (CMF, art. L. 621-10-2, issu L. n° 2018-898, 23 oct. 2018). Dans le même sens il a jugé inconstitutionnelles des dispositions prévoyant de dispenser de l'autorisation du parquet les réquisitions prises dans le cadre de l'enquête sur le fondement de C. pr. pén., art. 77-1-1 (Cons. const. 21 mars 2019, n° 2019-778 DC, § 174 et 175, précitée au n° **11.49B**).

C'est encore sur le fondement de C. pr. pén., art. 60-1, 77-1-1 et 99-3 que les réquisitions sont prises auprès de l'exploitant d'un dispositif de vidéoprotection pour en extraire des images (v. n° **11.31C** et orienteur n° **35.53**), ou encore les réquisitions aux fins de remise d'une clé de cryptologie connue de la personne requise (sur le défaut de réponse à ce type de réquisition, v. l'incrimination spécifique prévue au C. pén., art. 434-15-2, n° **25.46**).

B. Le cas des professionnels protégés requis ou visés par la réquisition

S'agissant des avocats, entreprises de presse et de communication audiovisuelle, médecins, notaires ou commissaires de justice [huissiers], la remise de documents ne peut intervenir qu'avec leur accord lorsqu'ils sont requis. La loi ne leur impose pas de justifier leur éventuel refus par un « motif légitime ».

« *les enquêteurs peuvent requérir de ces personnes la communication de documents, et [...] ces dernières ne commettraient pas l'infraction de violation du secret professionnel [...] en acceptant de remettre les documents demandés. Ces personnes ont donc le choix, qui est laissé à leur seule conscience, d'accepter ou de refuser de répondre à la réquisition, et en cas de refus, il pourra être procédé à une perquisition selon les règles prévues [...] L'intérêt pour ces personnes [...] est d'ailleurs d'éviter de subir une perquisition [...] L'intérêt pour les enquêteurs est d'éviter le formalisme d'une perquisition...* » (Circ. Crim. 04-16-E8, 14 mai 2004, n° 2-3-1). Rappelons que des règles particulières encadrent les perquisitions auprès des professionnels dont le secret est protégé (sur ces perquisitions, v. n^{os} **11.65** et **11.66**).

À peine de nullité, ne peuvent être versés au dossier les éléments obtenu par une réquisition prise en violation de l'article 2 de la loi du 29 juillet 1881 sur la liberté de la presse (C. pr. pén., art. 60-1, 77-1-1 et 99-3, L. nº 2010-1, 4 janv. 2010). Cette disposition prévoit qu'il ne peut être porté atteinte au secret des sources des journalistes que si un impératif prépondérant le justifie et si les mesures envisagées sont strictement nécessaires et proportionnées (v. nº **35.3**).

Les réquisitions à des tiers, en l'espèce des opérateurs de téléphonie, prises sur le fondement de C. pr. pén., art. 77-1-1 (ces réquisitions de données de connexion sont désormais régies par C. pr. pén., art. 60-1-2 depuis L. nº 2022-299, 2 mars 2022, v. nº **11.44B**), sont susceptibles d'être annulées lorsqu'il s'agit d'obtenir, sans impératif prépondérant d'intérêt public, la facturation détaillée permettant d'identifier les correspondants de journalistes dont le **secret des sources** est protégé (v. nº **35.3B**) (Crim. 6 déc. 2011, nº 11-83.970, P nº 248). Il est toutefois clair que l'accord du professionnel protégé n'est pas nécessaire lorsque la réquisition est faite à un tiers, et qu'il appartient à la juridiction prononçant la nullité de l'acte de caractériser « *l'absence d'un impératif prépondérant d'intérêt public* » justifiant cette investigation et le « *défaut de nécessité et de proportionnalité des mesures portant atteinte au secret des sources des journalistes au regard du but légitime poursuivi* » (Crim. 14 mai 2013, nº 11-86.626, P nº 106).

S'agissant de **l'avocat**, la réquisition faite à sa banque afin d'obtenir, sans son autorisation, la copie de ses comptes professionnels, la fourniture de ses relevés et la copie des chèques ayant crédité ces comptes, afin d'identifier les émetteurs et de les entendre dans le cadre d'une information ouverte pour escroquerie en bande organisée et association de malfaiteurs, a été jugée régulière. Comme pour le journaliste, les règles protectrices (C. pr. pén., art. 77-1-1 ou 99-3) imposant l'accord du professionnel protégé pour les réquisitions de remise de document qui lui sont faites, ne valent en effet « *que pour la remise de documents détenus par cette personne même* » (Crim. 17 déc. 2013, nº 13-85.717, P nº 259).

Toutefois, de telles investigations sont entourées de garanties renforcées depuis L. nº 2020-1729, 22 déc. 2021, pour la confiance dans l'institution judiciaire, lorsqu'elles portent sur les **données de connexion d'un avocat**, qu'il s'agisse de données de trafic ou de données de localisation. En effet, selon les précisions apportées au nº **11.44B2**), une telle réquisition prise sur le fondement de C. pr. pén., art. 60-1 et 77-1-1 (ces réquisitions de données de connexion sont désormais régies par C. pr. pén., art. 60-1-2 depuis L. nº 2022-299, 2 mars 2022, v. nº **11.44B**) suppose désormais une ordonnance motivée du JLD saisi par le procureur (C. pr. pén., art. 60-1-1) ou par le juge d'instruction (C. pr. pén., art. 99-3), ainsi que l'information du bâtonnier, à peine de nullité. De plus, de telles réquisitions ne peuvent être prises à l'encontre de l'avocat que si ce dernier est suspect, condition qui n'est pas exigée pour les autres professionnels dont le secret est protégé.

11.55 L'accès aux fichiers informatiques – réquisition, préservation et saisie de données – perquisition informatique

A. La réquisition d'accès aux données issues de systèmes informatiques (C. pr. pén., art. 60-2, al. 1, 77-1-2, al. 1 et 99-4 al. 1)

Les organismes publics ou certaines personnes morales de droit privé (à l'exception des Églises ou groupements à caractère politique, philosophique, religieux ou syndical, tenant registre informatique de leurs membres) sont tenus de mettre à disposition de l'OPJ, « *intervenant par voie télématique ou informatique* », sans autorisation du procureur de la République dans l'enquête de flagrance (C. pr. pén., art. 60-2), avec son autorisation dans l'enquête préliminaire (C. pr. pén., art. 77-1-2), « *pour les nécessité de l'exécution de la commission rogatoire* » dans le cadre de l'instruction (C. pr. pén., art. 99-4 al. 1), les informations utiles à la manifestation de la vérité (à l'exception de celles protégées par un secret prévu par la loi) contenues dans le ou les systèmes informatiques ou traitements de données nominatives qu'ils administrent.

Depuis L. n° 2019-222, 23 mars 2019, l'**APJ** intervenant sous le contrôle de l'OPJ dans le cadre de la flagrance, ou avec l'autorisation du procureur de la République dans le cadre de l'enquête préliminaire, peut procéder aux mêmes réquisitions (v. n° **11.10B**).

Les organismes concernés, dont les catégories sont **limitativement énumérées**, sont les opérateurs téléphoniques et fournisseurs d'accès, les établissements bancaires, financiers ou d'assurance, les organismes sociaux, les administrations publiques gestionnaires de fichiers administratifs, notamment fiscaux et bancaires, les entreprises de transport collectif de voyageurs, les opérateurs de distribution d'énergie (C. pr. pén., art. R. 15-33-68).

Seuls les OPJ spécialement habilités à cette fin et affectés à un service ayant des missions de police judiciaire peuvent (C. pr. pén., art. R. 15-33-70), par procès-verbal, émettre des réquisitions (C. pr. pén., art. R. 15-33-71) et constater la réception des informations (C. pr. pén., art. R. 15-33-74), étant précisé que « *l'édition de la réquisition informatique vaut le procès-verbal exigé* » par C. pr. pén., art. R. 15-33-71 (Crim. 30 mars 2021, n° 20-85.556 (§ 11), P). L'OPJ procède soit à l'impression des informations, soit à leur sauvegarde sur un support numérique conforme aux standards techniques en vigueur, dont copie est placée sous scellé (C. pr. pén., art. R. 15-33-74).

Des protocoles (transmis à la Cnil, C. pr. pén., art. R. 15-33-73) avec les organismes concernés, passés par le ministre de la justice et, selon les cas, le ministre de l'intérieur, le ministre de la défense, ou le ministre chargé du budget, définissent les modalités techniques auxquelles sont soumises les demandes d'interrogation, notamment les modalités de sécurisation des consultations et des transmissions (C. pr. pén., art. R. 15-33-69 et 15-33-72). Ces modalités peuvent notamment consister en un « *accès temporaire et limité* », conféré à l'OPJ, à la base de données de la personne requise (C. pr. pén., art. R. 15-33-69).

Si la réquisition est formulée par voie informatique (courriel, etc.) mais tend à la transmission d'informations sur un support papier ou numérique sans accès de l'OPJ à la base de données par la voie télématique ou informatique, elle obéit au régime de la réquisition d'informations décrit au n° **11.54**.

Comme pour les réquisitions à technicien fondées sur C. pr. pén., art. 77-1 (v. n° **11.49**) ou celles demandant la communication d'informations (v. n° **11.54**), la chancellerie recommande aux parquets, pour certaines réquisitions dont le coût est maîtrisé, de délivrer des autorisations permanentes dispensant l'OPJ et le magistrat du parquet d'une autorisation au cas par cas dans le cadre de l'enquête préliminaire (Circ. Crim-2016/19/E, 08.09.2016, JUS D 1625322 C, n° 1.2, v. les exemples au n° **11.49**).

Soulignons que les enquêteurs agissant sur la base d'une commission rogatoire les autorisant à « *délivrer toutes réquisitions utiles à la manifestation de la vérité* » peuvent, sur le fondement de C. pr. pén., art. 99-4 al. 1, consulter le fichier LAPI (ainsi que les fichiers d'accès aux dossiers de contraventions (ADOC) ou mettre sous surveillance le véhicule dans le fichier des objets et véhicules volés (FOVES)) sans autorisation spécifique et préalable du juge d'instruction (Crim. 13 déc. 2022, n° 22-81.851, P ; dans le même sens, pour le soit-transmis du parquet autorisant « *toutes réquisitions utiles à l'enquête* » : Crim. 10 déc. 2019, n° 19-84.141, P).

Les réserves apportées en matière d'autorisation générale et permanente du parquet par la décision Crim. 17 déc. 2019, n° 19-83.574, P, commentée au n° **11.49B4**, sont ici à prendre en considération. Dans le cadre de C. pr. pén., art. 77-1-2, il est toutefois « *permis au procureur de la République d'autoriser de façon générale sur le fondement de l'article 39-3 du code de procédure pénale, dans le cadre de l'enquête préliminaire qu'il avait ordonnée, les enquêteurs* *à procéder à des réquisitions auprès de la PNIJ* » (en l'espèce des réquisitions de facturation détaillée dite « fadet » ou « fadette ») (Crim. 30 mars 2021, n° 20-85.556 (§ 10), P).

Contrairement aux dispositions régissant la réquisition aux fins d'examen technique et scientifique (C. pr. pén., art. 60 et 77-1, v. n° 11.49) la personne requise n'a pas à être qualifiée, ne prête pas serment et n'est pas tenue de faire un rapport de ces opérations. Ces dernières ne peuvent donner lieu à une notification. La personne requise est seulement tenue de mettre à disposition de l'autorité judiciaire les informations qu'elle détient.

B. La préservation de données des opérateurs de télécommunication et des fournisseurs d'accès (C. pr. pén., art. 60-2, al. 2, 77-1-2, al. 2 et 99-4 al. 1)

L'OPJ, « *ou sous le contrôle de ce dernier, l'APJ* » depuis L. n° 2019-222, 23 mars 2019, sur réquisition du procureur de la République préalablement autorisé par ordonnance du JLD, peut requérir des opérateurs de télécommunications, et notamment des fournisseurs d'accès, « *de prendre, sans délai, toutes mesures propres à assurer la préservation, pour une durée ne pouvant excéder un an, du contenu des informations consultées par les personnes utilisatrices des services fournis par les opérateurs* ».

Depuis L. n° 2019-222, 23 mars 2019, l'APJ peut procéder aux mêmes réquisitions avec l'autorisation du procureur de la République dans le cadre de l'enquête préliminaire, toujours sur le fondement d'une ordonnance du JLD (v. n° 11.10B).

Ces réquisitions permettent de pallier les limites de l'obligation de conservation durant un an des données qui s'impose aux opérateurs (sur cette question, v. n° 11.43), conservation qui ne peut en « *aucun cas porter sur le contenu des correspondances échangées ou des informations consultées* » (CPCE, art. L. 34-1).

Dans le cadre de l'instruction, l'OPJ agissant sur commission rogatoire ne peut procéder à ces réquisitions qu' « *avec l'autorisation expresse du juge d'instruction* » (C. pr. pén., art. 99-4 al. 2).

C. La saisie de données informatiques en perquisition et la perquisition informatique (C. pr. pén., art. 56 et 57-1)

Les OPJ, ou, sous leur responsabilité, les APJ, peuvent, au cours d'une perquisition, accéder « *par un système informatique implanté sur les lieux* », à des données intéressant l'enquête, stockées dans le système ou dans un autre système accessible à partir du premier. Si les données sont stockées dans un autre système informatique situé en dehors du territoire national, elles sont recueillies par l'OPJ sous réserve des engagements internationaux en vigueur.

Dans le cadre de l'enquête préliminaire, ces opérations sont accomplies dans les conditions prévues au C. pr. pén., art. 76 (v. n° 11.57D), c'est-à-dire avec l'assentiment exprès de l'intéressé ou à défaut avec l'autorisation du JLD (C. pr. pén., art. 76-3).

Les données auxquelles il aura été permis d'accéder peuvent être copiées sur tout support. Les supports de stockage informatique peuvent être saisis et placés sous scellés dans les conditions décrites au n° 11.61. De la même manière, dans l'enquête douanière, il est procédé à la saisie des données informatiques « *soit en procédant à la saisie du support informatique de ces données, soit en réalisant une copie en présence de la personne retenue* » (C. douanes, art. 323-11 I, issu L. n° 2023-610, 18 juill. 2023). (

Si le support des données se trouve sur les lieux de la perquisition, il peut être procédé à leur saisie en plaçant sous main de justice soit leur support physique (ex. : unité centrale ou disque dur), soit une copie réalisée en présence des personnes qui assistent à la perquisition (C. pr. pén., art. 56 et 76). Si une copie est réalisée, il peut être procédé, sur instruction du procureur de la République, à l'effacement définitif, sur le support qui n'a pas été placé sous main de justice, des données dont la détention ou l'usage est illégal ou dangereux pour la sécurité des personnes et des biens (C. pr. pén., art. 56 et 76).

Depuis L. n° 2014-1353, 13 nov. 2014, l'OPJ peut également « *accéder par un système informatique implanté dans les locaux d'un service ou d'une unité de police ou de gendarmerie à des données intéressant l'enquête en cours et stockées dans un autre système informatique, si ces données sont accessibles à partir du système initial* » (perquisition informatique à distance). « *Cette disposition ne modifie pas les garanties dont bénéficie la personne au titre des articles 57 et 76 C. pr. pén. Ainsi, dans le cadre de l'enquête préliminaire, les dispositions des articles 76 du C. pr. pén. (consentement de la personne chez laquelle la perquisition a lieu sauf autorisation du JLD) s'appliquent à la perquisition informatique à distance.../...Les dispositions de l'article 57 sont applicables aux perquisitions à distance. Elles interdisent à l'enquêteur de consulter et saisir des données en dehors de la présence de l'intéressé, d'un tiers désigné ou de deux témoins* » (Circ. Crim. 2014-23/G1, 5 déc. 2014, NOR : JUSD1429083C, Chap. 3, section 3).

« *La perquisition informatique à distance .../...doit être distinguée de la captation de données informatiques.../...acte d'enquête réservé à la délinquance organisée se situant à mi-chemin entre perquisition et interception* » (Circ. Crim. 2014-23/G1, 5 déc. 2014, Chap. 3, sect. 3) (sur la captation de données informatiques, C. pr. pén., art. 706-102-1 s., v. nº **11.40**). La captation des données informatiques relève en effet des opérations de surveillance secrète (interceptions téléphoniques, infiltrations, géolocalisations) dont le niveau d'encadrement par la loi et le juge doit être, selon la jurisprudence de la CEDH, proportionnel aux atteintes aux libertés qu'elles engendrent.

Il est jugé, s'agissant d'une opération de visite de locaux et de saisie autorisée par le JLD en application de C. consom., art. L. 512-52, qu'« *aucune disposition légale n'autorise la partie faisant l'objet d'une visite à se faire communiquer le mode opératoire et notamment les mots-clés utilisés pour la sélection des documents devant être saisis* » (§ 26), en l'espèce des documents, mails et fichiers informatiques (Crim. 10 janv. 2023, nº 21-85.526, D). Sont également validées les saisies de données informatiques effectuées sur des personnes occasionnellement présentes dans des locaux d'une entreprise, dont il n'étaient pas salariés (salariés d'entreprises extérieurs ou consultants), lors d'une opération de visite et de saisie autorisée par le JLD sur le fondement de CMF, art. L. 621-12 pour les enquêteurs de l'AMF, ou de C. com., art. L. 450-4, pour les agents de l'Autorité de la concurrence : ainsi, « *sont saisissables les documents et supports d'information qui sont en lien avec l'objet de l'enquête et se trouvent dans les lieux que le juge a désignés ou sont accessibles depuis ceux-ci, sans qu'il soit nécessaire que ces documents et supports appartiennent ou soient à la disposition de l'occupant des lieux* » (§ 5) (Ass. plén., 16 déc. 2022, nº 21-23.685 et 21-23.719, P (enquête de l'AMF)), il en est de même lorsque « *les documents et supports saisis se trouvaient dans les lieux que le juge a désignés ou étaient accessibles depuis ceux-ci et dès lors qu'il n'est pas allégué qu'ils étaient sans lien avec l'objet de l'enquête* » (§ 19) (Crim. 21 févr. 2023, nº 21-85.572, P (enquête de l'Autorité de la concurrence)). Cette jurisprudence paraît transposable aux perquisitions autorisées par le JLD dans le cadre de l'enquête préliminaire sur le fondement de C. pr. pén., art. 76 (v. nº **11.57D2**).

D. L'extraction de données informatiques stockées sur un support placé sous scellé (C. pr. pén., art. 60-3 et 77-1-3, L. nº 2016-731, 3 juin 2016)

« *Lorsqu'ont été placés sous scellés des objets qui sont le support de données informatiques, le procureur de la République ou l'OPJ "ou, sous le contrôle de ce dernier, l'APJ"* [L. nº 2019-222, 23 mars 2019] « *ou l'assistant d'enquête* » [mod. issue L. nº 2023-22, 24 janv. 2023] *peut, par tout moyen, requérir toute personne qualifiée* » inscrite sur une liste d'experts judiciaires ou ayant prêté serment par écrit « *de procéder à l'ouverture des scellés pour réaliser une ou plusieurs copies de ces données « ou de procéder aux opérations techniques nécessaires à leur mise à disposition de l'OPJ* » [mod. issue L. nº 2023-22, 24 janv. 2023], *afin de permettre leur exploitation sans porter atteinte à leur intégrité* ». La personne requise fait mention des opérations effectuées dans un rapport établi conformément aux dispositions relatives aux rapports d'expertise (C. pr. pén., art. 60-3, L. nº 2016-731, 3 juin 2016) [L. nº 2019-222, 23 mars 2019].

Ces opérations peuvent être réalisées par les services ou organismes de police technique et scientifique de la police nationale et de la gendarmerie, sans qu'il soit alors nécessaire d'établir une réquisition (v. nº **11.49A**) et sans que la personne en charge des opérations ne prête serment (v. n° **11.51A1**) (C. pr. pén., art. 60-3 renvoyant à art. 60, et art. 77-1-3 renvoyant à art. 60-3, réd. issue L. n° 2023-22, 24 janv. 2023).

Précisons qu'en matière douanière, les opérations « *techniques nécessaires à la mise à disposition des données informatiques sont uniquement effectuées par des agents des douanes habilités [...] ou par une personne qualifiée requise au titre de C douanes, art. 67 quinquies A* » (C. douanes, art. 323-11 I, issu L. n° 2023-610, 18 juill. 2023).

Dans le cadre de l'enquête préliminaire, l'autorisation du parquet est nécessaire (C. pr. pén., art. 77-1-3, L. n° 2016-731, 3 juin 2016). Depuis L. n° 2019-222, 23 mars 2019, cette autorisation peut aussi être donnée à un APJ (v. n° **11.10B**). « *A la demande expresse et sous le contrôle de l'OPJ ou, lorsqu'il est compétent, de l'APJ* », les **assistants d'enquête** peuvent également procéder à ces réquisitions et en établir procès-verbal (C. pr. pén., art. 21-3, issu L. n° 2023-22, 24 janv. 2023, art. 60-3 et 95-2 mod. par la même loi).

Ces modalités obéissent dans leur économie au droit commun de la réquisition à technicien ou personne qualifiée (v. n° **11.49**). Elles sont également applicables dans l'instruction préparatoire avec l'autorisation expresse du juge d'instruction (C. pr. pén., art. 99-5, L. n° 2016-731, 3 juin 2016).

« *Ce dispositif, prévu par le nouvel article 60-3 du code de procédure pénale, permet d'éviter soit de devoir ouvrir les scellés en présence de la personne, soit de recourir à un examen technique ou une expertise, lorsqu'il est simplement besoin d'extraire les données. Il permet également d'éviter de devoir extraire les données en présence de la personne, spécialement lorsque cette extraction peut prendre un temps relativement long, du fait de l'augmentation considérable de la capacité de stockage des supports informatiques, et spécialement des téléphones portables* » (Circ. Crim. 2016-03/H, 17 juin 2016, JUSD1616979C n° 2.6-1).

E. Les modalités techniques d'accès aux données

1. L'accès aux données protégées (C. pr. pén., art. 57-1 et 76-3)

Les OPJ « *ou, sous leur contrôle, les APJ* » (L. n° 2023-22, 24 janv. 2023) peuvent par tout moyen requérir toute personne susceptible d'avoir connaissance des mesures appliquées pour protéger les données auxquelles il est permis d'accéder dans le cadre de la perquisition, et toute personne susceptible de leur remettre les informations permettant d'accéder aux données (L. n° 2014-1353, 13 nov. 2014), ceci aussi bien en flagrance (C. pr. pén., art. 57-1) que dans le cadre de l'enquête préliminaire (C. pr. pén., art. 76-3). Le défaut de réponse à la réquisition est passible de 3 750 € d'amende, sauf pour les professionnels protégés (avocat, entreprise de presse, médecin, notaire, commissaire de justice [anc^t huissier]), v. n° **11.65**).

2. Le déchiffrement des données cryptées (C. pr. pén., art. 230-1)

Si des données saisies ou obtenues au cours de l'enquête ou de l'instruction ont été cryptées ou si elles « *sont protégées par un mécanisme d'authentification* » (L. n° 2014-1353, 13 nov. 2014), le procureur de la République, la juridiction d'instruction, « *l'OPJ sur autorisation du procureur de la République ou du juge d'instruction* » (L. n° 2014-1353, 13 nov. 2014), ou la juridiction de jugement saisie de l'affaire peut désigner toute personne physique ou morale qualifiée, en vue d'effectuer les opérations techniques permettant d'y accéder, d'obtenir leur version en clair ou de les déchiffrer.

Le représentant de la personne morale désignée doit soumettre à l'agrément du procureur de la République de l'OPJ ou de la juridiction saisie le nom de la personne qui effectuera le déchiffrage, laquelle devra prêter serment si elle n'est inscrite sur la liste des experts judiciaires.

Le fait, par une personne ayant connaissance de la clé de cryptage (NB : le texte ne limite pas l'incrimination aux données informatiques et s'applique également à l'auteur de l'infraction lorsqu'il connaît la clé de cryptage), de refuser de remettre ou de mettre en œuvre, sur réquisition des autorités judiciaires, « *la convention secrète de déchiffrement d'un moyen de cryptologie* » susceptible d'avoir été utilisé pour préparer, faciliter ou commettre un crime ou un délit constitue l'infraction prévue par C. pén., art. 434-15-2 (v. n° **25.46**). Sur la définition du moyen de cryptologie par la L. n° 2004-575, 21 juin 2004, dite LCEN, v. orienteur/texte de référence du n° **25.46**.

Si la peine encourue est égale ou supérieure à deux ans d'emprisonnement et que les nécessités de l'enquête ou de l'instruction l'exigent, le procureur de la République, la juridiction d'instruction, l'OPJ sur autorisation du parquet ou du juge d'instruction, ou la juridiction de jugement saisie de l'affaire peut prescrire le recours aux moyens de l'État soumis au secret de la défense nationale selon les modalités précisées aux articles 230-1 à 230-5 du code de procédure pénale.

Dans ce cas, la réquisition est transmise au Centre technique d'assistance (CTA), service créé par D. n° 2002-1073, 7 août 2002, placé sous l'autorité du directeur général de la sécurité intérieure.

Aux fins de procéder aux opérations de mise au clair, le CTA est habilité à procéder à l'ouverture des scellés et à leur reconditionnement (C. pr. pén., art. 230-2, mod. L. n° 2016-731, 3 juin 2016).

L'expertise de « *l'Agence nationale des techniques d'enquêtes numériques judiciaires* » (ANTENJ), service à compétence nationale relevant du garde des Sceaux, peut être sollicitée pour l'emploi des techniques de déchiffrement (D. n° 2017-614, art. 2).

Les dispositions relatives au recours aux moyens de l'État soumis au secret de la défense nationale ont été jugées conformes à la Constitution dans le cadre de l'affaire dite « *Encrochat* », moyen privé de téléphonie cryptée dont la mise au clair avait permis la révélation d'un nombre massif d'activités criminelles organisées se déroulant en Europe. Des personnes mises en examen en France pour association de malfaiteurs et trafic de stupéfiants à la suite de ces révélations soutenaient qu'il était porté atteinte au principe du contradictoire en ce que les méthodes de mise en clair employées par les services de l'État étaient couvertes par le secret-défense. Ces dispositions « *ont ainsi pour effet de soustraire au débat contradictoire les informations relatives à ces moyens* » de mise au clair des données » (§ 14) car « *le législateur a entendu permettre aux autorités en charge des investigations de bénéficier de moyens efficaces de captation et de mise au clair des données, sans pour autant fragiliser l'action des services de renseignement en divulguant les techniques qu'ils utilisent* » (§ 15) ; « *si les dispositions contestées sont susceptibles de soustraire au contradictoire certaines informations techniques soumises au secret de la défense nationale* » (§ 17), les conditions qui entourent leur mise en œuvre procèdent à une conciliation équilibrée entre, d'une part, « *les droits de la défense et le principe du contradictoire qui en est le corollaire* », d'autre part, « *l'objectif de valeur constitutionnelle de recherche des auteurs d'infractions et les exigences constitutionnelles inhérentes à la sauvegarde des intérêts fondamentaux de la Nation, dont participe le secret de la défense nationale* » (Cons. const. 8 avr. 2022, n° 2022-987 QPC). Soulignons que cette décision n'a pas jugé inconstitutionnelle la faculté, critiquée par la QPC, donnée au procureur de la République de recourir à ce moyen de preuve.

Notons enfin que l'emploi de moyens de cryptologie constitue pour tout crime ou délit une **circonstance aggravante** élevant la peine applicable (C. pén., art. 132-79) (sur cette circonstance aggravante générale, v. n° **18.9D**). Toutefois, « *en principe, le simple fait de télécharger ou d'utiliser un moyen de communication crypté ou bien le recours à toute autre forme de protection de la nature privée des messages échangés ne peuvent en soi constituer un élément à même de convaincre un observateur objectif qu'il s'agit d'une activité illégale ou criminelle. En effet, [...] ce n'est que lorsque l'utilisation d'un moyen de communication crypté est appuyée par d'autres éléments relatifs à son usage, tels que le contenu des messages échangés ou le contexte dans lequel ceux-ci ont été échangés, ou bien par d'autres types d'éléments y relatifs, qu'on peut parler de preuves propres à convaincre un observateur objectif de l'existence d'une raison plausible de soupçonner son utilisateur d'être membre d'une organisation criminelle* » (§ 106) (CEDH, 31 mai 2022, n° 208/18, *Taner Kiliç c/ Turquie*, citant le précédent CEDH, 20 juill. 2021, n° 19699/18, *Akgün c/ Turquie*, §§ 167-181).

11.56 Le transport sur la scène d'infraction, les constatations et la conservation des preuves en cas de crime ou délit flagrant (C. pr. pén., art. 54, 67 et D. 7)

A. Le transport sur la scène d'infraction et sa préservation

En cas de crime ou de délit flagrant passible d'emprisonnement, l'OPJ qui en est avisé en informe immédiatement le procureur de la République et se transporte sans délai sur les lieux et procède à toutes constatations utiles (C. pr. pén., art. 54).

Jusqu'à ce qu'il soit procédé aux opérations de police technique et scientifique, il veille à la préservation de l'état des lieux et à la conservation des indices susceptibles de disparaître et de tout ce qui peut servir à la manifestation de la vérité (C. pr. pén., art. 54 et D. 7).

L'OPJ saisit à cet égard les armes et instruments qui ont servi à commettre l'infraction ou qui étaient destinés à la commettre, ainsi que tout ce qui paraît avoir été le produit de l'infraction. Il présente les objets saisis, pour reconnaissance, aux personnes présentes qui paraissent avoir participé à l'infraction (C. pr. pén., art. 54).

L'OPJ peut défendre à toute personne de s'éloigner du lieu de l'infraction jusqu'à clôture de ses opérations (C. pr. pén., art. 61).

Sauf exigences de la sécurité ou des soins à donner aux victimes, la modification de l'état des lieux, la réalisation de prélèvements, par une personne non habilitée, ou la destruction des preuves, constituent des infractions (v. n°s 25.37 [et] 25.39).

L'arrivée du procureur de la République (qui dispose des prérogatives attachées à la qualité d'OPJ, C. pr. pén., art. 41) sur les lieux dessaisit l'OPJ (C. pr. pén., art. 68). Il lui appartient donc s'il y a lieu de prescrire à l'OPJ de poursuivre ses opérations, et à ce dernier d'en prendre acte dans la procédure.

Le transport sur les lieux en cas de procédure de recherche des causes de la mort est décrit au n° 14.4.

B. Les opérations de police technique

Sauf désignation par le magistrat d'un service de police technique et scientifique particulier, les opérations de police technique sont effectuées par les spécialistes auxquels font habituellement appel les premiers intervenants (C. pr. pén., art. D. 7).

Lorsqu'il y a lieu de procéder à des examens techniques ou scientifiques qui ne peuvent être différés (v. réquisition à technicien, C. pr. pén., art. 60 et 77-1, n° 11.49), les OPJ peuvent, selon le type d'enquête qu'ils conduisent, faire appel aux personnes qualifiées appartenant aux organismes spécialisés de la police nationale ou de la gendarmerie nationale (C. pr. pén., art. D. 15-5-1).

Les agents spécialisés, techniciens ou ingénieurs de police technique et scientifique procèdent, conformément aux instructions d'un OPJ, aux prélèvements et au placement sous scellés des échantillons biologiques, des objets et des traces et indices utiles à la manifestation de la vérité, aux fins d'examens techniques et scientifiques, ils en dressent inventaire et en font mention dans leur rapport (C. pr. pén., art. D. 15-5-1). Ces dispositions, issues du D. n° 2016-1202, 7 sept. 2016, permettent à ces agents « *dépourvus de compétences judiciaires, d'appréhender et placer sous scellés les échantillons biologiques, objets, traces et indices, prélevés sur les lieux où ils interviennent* » « *sur instruction d'un OPJ mais en dehors de sa présence effective* » « *afin de décharger les OPJ de leur présence sur les lieux, lorsque celle-ci n'apparaît pas indispensable au déroulement des investigations. En pratique, ces dispositions ont vocation à être mises en œuvre dans le cadre du traitement des infractions relevant de la délinquance de masse* » Circ. Crim-2016/19/E, 08.09.2016, JUS D 1625322 C, n° 2.1). Ces dispositions sont aussi applicables dans cadre d'une commission rogatoire du juge d'instruction (C. pr. pén., art. D. 36-1).

L'interprétation des résultats des opérations de police technique et scientifique peut être indifféremment confiée aux organismes spécialisés de la police nationale ou de la gendarmerie nationale. Ceux-ci mettent en commun les moyens dont ils disposent lorsque leurs propres capacités se révèlent insuffisantes (C. pr. pén., art. D. 15-5-1).

Notons que lorsqu'un crime d'homicide volontaire (C. pén., art. 221-1 à 221-4), de tortures ou d'actes de barbarie (C. pén., art. 222-1 s.), ou de violences ayant entraîné la mort ou une mutilation ou infirmité permanente (C. pén., art. 222-7 à 222-10), a été commis sur le territoire national dans un **local privé d'habitation**, le procureur de la République (C. pr. pén., art. D. 15-3-3) ou le juge d'instruction (C. pr. pén., art. D. 32-2-4), dès lors qu'il n'est plus nécessaire de laisser les lieux en état pour les besoins de la procédure, notamment après qu'il a été procédé à une reconstitution, peuvent requérir une entreprise pour nettoyer les lieux, prestation qui sera dans ce cas payée par l'État au titre des frais de justice en application de C. pr. pén., art. R. 92 6° (dispositions issues D. n° 2022-656, 25 avr. 2022).

C. La recherche des preuves sur la scène d'infraction : le principe de Locard

La scène d'infraction s'entend non seulement du lieu où l'infraction a été commise mais également du ou des lieux ou véhicules dans lesquels l'auteur et la victime ont été transportés ou ont séjourné. La victime et l'auteur, leurs corps et leurs vêtements, sont également des sous-ensemble de cette scène de crime.

L'examen de la scène de crime permet de réunir les éléments permettant de reconstituer ou de confirmer le déroulement des faits.

Il permet également de mettre en relation l'auteur de l'infraction et les lieux ou la victime, selon le principe défini par Edmond Locard : « *nul ne peut agir avec l'intensité que suppose l'action criminelle sans laisser des marques multiples de son passage.../...tantôt le malfaiteur a laissé sur les lieux les marques de son passage, tantôt, par une action inverse, il a emporté sur son corps ou sur ses vêtements les indices de son séjour ou de son geste* » (E. Locard, *L'enquête criminelle et les méthodes scientifiques*, Flammarion, Paris, 1920, v. chap. 4 « Traces et taches », p. 139).

Qu'il s'agisse de traces non biologiques ou de traces biologiques (sur l'identification génétique, v. n° **13.19**), d'empreintes palmaires ou digitales (sur les empreintes digitales, v. n° **13.31**) ou de tout autre indice, ils devront être contextualisés par l'enquête pour en expliquer la provenance. En effet, aucun de ces indices – y compris l'indice génétique – ne peut à lui seul constituer une preuve suffisante s'il n'est corroboré par d'autres éléments contextuels relatifs au mobile de l'infraction, à la cohérence chronologique de son enchaînement, à la cohérence matérielle des divers éléments de la scène d'infraction, et par l'exclusion des hypothèses concurrentes.

11.57 La perquisition domiciliaire et les constatations dans les autres lieux clos et privés

A. La définition jurisprudentielle et les principaux régimes de la perquisition

« *Toute perquisition implique la recherche, à l'intérieur d'un lieu normalement clos, notamment au domicile d'un particulier, d'indices permettant d'établir l'existence d'une infraction ou d'en déterminer l'auteur* », échappe donc aux exigences de la perquisition ainsi définie par la jurisprudence les photographies, prises de l'extérieur, de véhicules stationnés dans des garages, puisque « *les enquêteurs n'avaient effectué aucune recherche à l'intérieur des garages, dans lesquels ils n'étaient pas entrés* » (Crim. 29 mars 1994, n° 93-84.995, P n° 118 ; dans le même sens : Crim. 23 mai 2023, n° 22-86.413 (§ 9), P).

C'est ainsi que la remise de documents à la demande d'un OPJ n'obéit pas aux règles de la perquisition puisque ce dernier ne s'est, au sens de cette jurisprudence, livré à aucune recherche dans un lieu (Crim. 20 sept. 1995, n°s 95-81.140, 95-81.140, P nº 276, v. nº **11.65E**).

De même « *ne constitue pas une perquisition au sens de C. pr. pén., art. 56 et 57 l'inventaire sommaire réalisé par un APJ, en application de l'article 20 dudit code, du contenu d'un sac jeté dans une rivière, afin d'assurer la préservation des éléments de preuve qui risquent d'être altérés et avant remise à un OPJ aux fins de saisie des objets s'y trouvant* » (§ 12) (Crim. 23 mai 2023, nº 22-86.413, P).

Sont en revanche assimilés à une perquisition :

– la **fouille à corps**, selon l'arrêt de principe *Isnard* (Crim. 22 janv. 1953, D 1953, p. 533, P nº 24 et autres décisions notamment Crim. 21 juill. 1982, nº 82-91.034, P nº 196 ; v. nº **11.26A1**) ;

– la **fouille d'une sacoche**, à la différence de la palpation de sécurité (Crim. 23 mars 2016, nº 14-87.370, P nº 102 ; sur la palpation de sécurité, v. nº **11.26A1**), **d'un portefeuille** (Crim. 15 oct. 1984, nº 83-93.689, P nº 298), ou **d'une valise** (Crim. 5 oct. 2011, nº 11-81.125, P nº 195) ;

– **l'exploitation des données d'un téléphone portable** (Crim. 12 janv. 2021, nº 20-84.045 (§ 10), P) ; pour sa part, la « *perquisition informatique* » désigne dans la pratique la recherche d'indices contenus dans des données informatiques accessibles à partir des locaux perquisitionnés ou à partir du local du service d'enquête (C. pr. pén., art. 57-1, v. nº **11.55C**).

La perquisition obéit, quel que soit le cadre légal, à des règles directrices communes (v. **B** ci-dessous), complétées par des règles propres à trois principaux régimes :

– celui de **l'enquête de flagrance**, qui n'est pas subordonnée à l'assentiment de la personne, à condition que l'infraction flagrante soit passible d'emprisonnement (C pr. pén., art. 56 et 67, v. **C** ci-dessous) ;

– celui de **l'enquête préliminaire**, qui suppose l'assentiment de la personne, ou à défaut une décision du JLD, à condition dans ce dernier cas que l'infraction soit passible d'une peine ⩾ 3 ans (C pr. pén., art. 76, v. **D** ci-dessous) ;

– celui de **l'instruction préparatoire**, effectuée sans assentiment, sans restriction tenant au quantum de peine applicable, ni décision motivée du juge d'instruction, lequel peut procéder lui-même à la perquisition (C. pr. pén., art. 92), ou déléguer son exécution par commission rogatoire confiée à un OPJ (C. pr. pén., art. 94 s., v. **E**) ci-dessous).

B. La perquisition domiciliaire aux fins de saisie probatoire ou patrimoniale : les dispositions communes à l'enquête de flagrance ou préliminaire et à l'instruction

1. Les finalités de la perquisition : la recherche des preuves et des biens confiscables

Si la preuve d'un crime ou d'un délit peut « *être acquise par la saisie des papiers, documents, données informatiques ou autres objets en la possession des personnes qui paraissent avoir participé* » à l'infraction, l'OPJ se transporte à leur domicile pour y procéder à une perquisition (C. pr. pén., art. 56 et 76). Ce pouvoir de perquisition s'étend au domicile des personnes qui paraissent détenir des « *pièces, informations ou objets relatifs aux faits incriminés* » (C. pr. pén., art. 56 et 76).

Au-delà de ces finalités probatoires, la perquisition peut également poursuivre la recherche et la saisie pénale d'avoirs susceptibles de confiscation (C. pr. pén., art. 56 et 76 mod. par L. nº 2010-768, 9 juill. 2010). Il est donc renvoyé sur ce point aux précisions apportées aux n^os^ **11.61** (finalités de la saisie pénale) et **18.35** (biens susceptibles de confiscation).

Les deux finalités qui précèdent sont identiques en matière d'instruction (C. pr. pén., art. 94 mod. par L. nº 2010-768, 9 juill. 2010).

Mentionnons que depuis L. nº 2020-936, 30 juill. 2020, « *lorsque l'enquête porte sur des infractions de violences* » l'OPJ peut enfin, d'office ou sur instructions du parquet, « *procéder à la saisie des armes qui sont détenues par la personne suspectée ou dont celle-ci a la libre disposition, quel que soit le lieu où se trouvent ces armes* » (C. pr. pén., art. 56). Il n'est pas nécessaire qu'elles aient été l'instrument de l'infraction, l'objectif d'une telle saisie étant de prévenir le renouvellement ou l'escalade des violences : « *le ministère public veillera à ce que la saisie des armes détenues par la personne suspectée soit systématiquement réalisée, en donnant des instructions aux forces de l'ordre en ce sens, avec une particulière attention et célérité pour les enquêtes portant sur des faits de violences conjugales* » (Circ. Crim. 2020-17-H2, 3 août 2020, NOR : JUSD2020619C, n° 1.2). Ces dispositions, applicables par renvoi à l'enquête préliminaire ou sur commission rogatoire, confirment en définitive le droit positif, puisque par application combinée de C. pr. pén., art. 56, et C. pén., art. 131-21 et 222-44 6°, l'enquêteur peut saisir les armes dont la personne est propriétaire ou dont il a la libre disposition, lesquelles sont en effet confiscables pour les délits de violences, qu'elles soient ou non l'instrument de l'infraction (sur la notion de « *libre disposition* » d'un bien, v. n° **18.35B7**).

2. La protection particulière du domicile et sa définition

La protection spéciale contre les introductions illicites par des personnes privées (v. n° **22.54**) ou l'autorité publique (v. n° **22.56**), ou le formalisme de la perquisition domiciliaire, est réservée aux locaux présentant une telle destination ou aux lieux assimilés, sans préjudice des restrictions susceptibles de s'imposer au titre de la protection de la vie privée (v. n° **35.46**) dont l'inviolabilité du domicile est l'une des composantes : « *Le respect de la vie privée, dans toutes ses composantes, notamment .../... l'inviolabilité du domicile, est garanti par la loi. L'autorité publique ne peut y porter atteinte que dans les seuls cas de nécessité d'intérêt public prévu par la loi, dans les limites fixées par celle-ci et dans le respect du principe de proportionnalité* » (CSI, art. L. 801-1, L. n° 2015-912, 24 juill. 2015).

Depuis l'arrêt de principe Crim. 4 janv. 1977, n° 76-91.105, P n° 6 (particulier pénétrant dans l'appartement inoccupé par la plaignante), « *le mot domicile ne signifie pas seulement le lieu où une personne a son principal établissement mais encore le lieu où, qu'elle y habite ou non, elle a le droit de se dire chez elle, quels que soient le titre juridique de son occupation et l'affectation donnée aux locaux* » (en l'espèce le bureau affecté à l'activité du président de la chambre des métiers) (Crim. 24 juin 1987, n° 87-82.333, P n° 267) ; dans le même sens : Crim. 13 oct. 1982, n° 81-92.708, P n° 218 (propriétaire pénétrant dans le logement de son locataire pour déménager ses meubles). Il en est ainsi d'un local d'habitation normalement clos, même précaire, d'un bureau, d'un hôtel (Crim. 18 mars 2008, n° 07-83.342, P n° 66), d'un véhicule aménagé comme habitation et effectivement utilisé comme résidence, ou d'un chalet servant de lieu de loisir et de « *villégiature, même non permanente* » (Crim. 25 janv. 2022, n° 20-84.185, D).

Ne constituent pas un domicile :

– des locaux « *dépourvus d'équipements nécessaires à une habitation effective* » et dans lesquels il n'est pas exercé d'« *activité permanente* » (Crim. 17 oct. 1995, n° 95-81.847, P n° 310) ;

– un local destiné à la vente de poisson « *dont il n'est ni allégué ni établi qu'il ait constitué un domicile* » (Crim. 4 mai 1994, n° 93-80.920, D) ;

– un « *appartement, partiellement détruit et devenu inhabitable,* [qui] *avait perdu toute affectation de domicile* » (Crim. 31 mai 1994, n° 94-81.199, P n° 213) ;

– « *ne constituent pas un domicile, non plus que l'accès de celui-ci, une simple hutte de chasse et le terrain attenant, non entouré d'une clôture constante, lorsque ladite hutte n'est qu'un poste d'observation pour le chasseur, dépouvu des équipements les plus élémentaires propres à caractériser le domicile* » (Crim. 9 janv. 1992, n° 90-87.381, P n° 6 ; dans le même sens, pour une hutte de chasse ni raccordée au réseau électrique ni desservie en eau courante : Crim. 6 mai 2002, n° 01-85.565, D) ;

– un gabion « *quand bien même ce lieu comporte des aménagements de confort nécessaires pour les besoins d'une nuit, cette hutte de chasse, qui est avant tout un poste d'observation et de tir, ne comporte pas les équipements élémentaires lui permettant de recevoir la dénomination de domicile* », tels que raccordement à l'eau et à l'électricité, qui ne dispose pas d'un compteur électrique, n'est pas assujetti à la taxe foncière ni à la taxe d'habitation et ne comporte pas de point de réception du courrier postal (§ 5) (Crim. 20 oct. 2020, n° 19-87.656, D) ;

– notons que si « *le bloc opératoire d'un établissement de santé ne saurait constituer pour celui-ci un domicile au sens de C. pén., art. 226-4* » relatif au délit de violation de domicile, cette solution ne saurait être transposée à la notion de domicile au sens de la perquisition domiciliaire (Crim. 27 nov. 1996, n° 95-85.118, P n° 431).

Mentionnons que dans une affaire où les enquêteurs en surveillance avaient repéré qu'une personne suspectée avait déposé un sac dans un conteneur d'ordures contenant une carte téléphonique qu'ils exploitèrent, il fut jugé que « *la saisie, par les enquêteurs, dans le but de rechercher les auteurs d'une infraction, d'un objet découvert abandonné sur la voie publique ou dans un conteneur collectif d'ordures ménagères ne constitue pas une atteinte à la vie privée, au sens de Conv. EDH, art 8, nécessitant une autorisation judiciaire préalable à l'exploitation de son contenu* » (§ 8) (Crim. 6 avr. 2022, n° 21-84.092, P).

3. La compétence pour effectuer ou contrôler la perquisition

L'OPJ est seul compétent pour effectuer une perquisition dans le cadre de l'enquête de flagrance (art. 56) ou sur commission rogatoire (C. pr. pén., art. 94 s).

Il se déduit de C. pr. pén., art. 75 et 76 « *que les APJ peuvent, en enquête préliminaire, et au contraire de l'enquête de flagrance, procéder à une perquisition dès lors qu'ils agissent sous le contrôle de l'OPJ* » (§ 9), « *l'exercice de ce contrôle est une condition de la régularité de la recherche de la preuve* » (§ 11), son existence « *est établie par une mention expresse au procès-verbal de perquisition ou peut résulter, à défaut, d'une mention spécifique dans les pièces de procédure* » (§ 10) mais ne peut être « *déduit[e] du seul visa du commissaire de police, chef de service, apposé sur le soit-transmis de clôture de la procédure au procureur de la République* » (§ 12) (Crim. 7 déc. 2021, n° 20-82.733, P).

4. Les heures légales de la perquisition domiciliaire : 6h00 à 21h00 (C. pr. pén., art. 59)

Quel que soit le cadre d'enquête, « *sauf réclamation faite de l'intérieur de la maison* » ou exceptions prévues par la loi en matière de criminalité organisée ou de prostitution des mineurs (v. n° **11.58**), « *les perquisitions et les visites domiciliaires ne peuvent être commencées avant 6 h 00 et après 21 h 00* » (C. pr. pén., art. 59, 76, 95 et 96).

Notons que « *toute introduction au domicile d'une personne en vue d'y constater une infraction constitue une visite domiciliaire* », est donc irrégulier le dépistage d'alcoolémie effectué par les gendarmes vers minuit, soit en dehors d'heures légales, au domicile d'un conducteur qui venait de causer un accident, même s'il ne s'est pas opposé à l'entrée des gendarmes à l'intérieur de son domicile et a accepté de son plein gré le dépistage (Crim. 3 juin 1991, n° 90-81.435, D). En revanche, le consentement de la personne exclut l'incrimination de violation de domicile par une personne exerçant une fonction publique, laquelle suppose que l'introduction au domicile s'est effectuée contre le gré de la personne (C. pén., art. 432-8, v. n° **22.56**).

Les perquisitions de nuit, possibles en matière de criminalité organisée, font l'objet, dans le cadre de l'enquête préliminaire ou de flagrance, d'une autorisation du JLD ou, dans le cadre de l'instruction, du juge d'instruction, prenant la forme d'une ordonnance, selon les précisions apportées au n° **11.58A** (C. pr. pén., art. 706-91 et 706-92).

Mentionnons toutefois que pour les infractions de trafic de stupéfiants (C. pr. pén., art. 706-28), de proxénétisme ou de recours à la prostitution de mineurs ou de personnes vulnérables, ou d'association de malfaiteurs ayant pour objet ces dernières infractions (C. pr. pén., art. 706-35), la perquisition de nuit est possible en flagrance dans certains lieux sans autorisation d'un magistrat, selon les précisions apportées au n° **11.58B**.

5. Le caractère contradictoire de la perquisition : la présence de la personne au domicile de laquelle la perquisition a lieu ou de tiers garants

Les opérations « *sont faites en présence de la personne au domicile de laquelle la perquisition a lieu* », qu'il s'agisse ou non du suspect. « *en cas d'impossibilité* », l'OPJ, seul compétent pour effectuer la perquisition, doit « *l'inviter à désigner un représentant de son choix* » ; à défaut, il doit choisir « *deux témoins requis à cet effet par lui, en dehors des personnes relevant de son autorité administrative* » (C. pr. pén., art. 57). Lorsque la personne présente à la perquisition est celle qui paraît avoir participé à l'infraction, les objets saisis lui sont représentés « *pour reconnaissance* », selon les précisions apportées en **F** ci-dessous (C. pr. pén., art. 54).

Notons « *que ces dispositions excluent qu'un OPJ requière des agents de police municipale agissant dans l'exercice de leurs fonctions, dès lors qu'il résulte de C. pr. pén., art. 21 que de tels agents sont APJ adjoints et ont pour mission de seconder les OPJ* » (§ 12), la nullité n'est toutefois encourue que si le requérant allègue et justifie d'un grief (§ 14) (Crim. 13 sept. 2022, nº 22-80.515, P).

Les dispositions qui précèdent « *ont pour objet d'authentifier la présence effective sur les lieux des objets découverts et saisis au cours de la perquisition* » (§ 30) (Crim. 7 sept. 2021, nº 20-87.191, P ; dans le même sens, pour la visite douanière de véhicule, Crim. 23 févr. 2022, nº 21-85.050, P, v. nº **11.59**) ou « *pour finalité de garantir le caractère contradictoire du déroulement des opérations de saisie ainsi que d'authentifier la présence effective sur les lieux des objets découverts et saisis* » (§ 10) (Crim. 13 sept. 2022, nº 22-80.515, P).

Si C. pr. pén., art. 57 n'impose pas formellement à l'OPJ de motiver les causes rendant impossible la présence de la personne ou justifiant qu'elle n'ait pas été invitée à désigner un représentant, il est dans l'intérêt de la procédure d'acter et de circonstancier ces raisons afin qu'elles puissent clairement apparaître à la CHINS ou à la juridiction de jugement saisies de la régularité de la perquisition.

En effet, la détention de la personne ne constitue pas en tant que telle une impossibilité d'assister à la perquisition (Crim. 27 sept. 1984, nº 84-93.474, P nº 275). Le demandeur à la nullité doit certes justifier d'un « *grief consécutif à la perquisition effectuée en son absence* » alors qu'il se trouvait en garde à vue (Crim. 15 juin 2000, nº 00-81.334, P nº 229), lorsque la perquisition a entraîné la mise en examen du mis en cause pour des faits qu'il conteste, fait alors grief la perquisition effectuée même en présence de deux témoins alors que l'intéressé détenu n'a pas été invité à désigner un représentant de son choix (Crim. 3 avr. 2007, nº 07-80.807, P nº 102). En revanche, l'irrégularité ne fait pas grief lorsque la personne « *n'a pas contesté la présence, à son domicile, des objets qui y ont été saisis au cours de la mesure litigieuse* » (§ 31) (Crim. 7 sept. 2021, nº 20-87.191, P ; dans le même sens, sur un autre grief : Crim. 7 déc. 2021, nº 20-82.733, P). Si l'urgence attachée à la perquisition, les risques de déperdition des preuves et les nécessités de procéder à l'interpellation d'autres auteurs peuvent justifier l'impossibilité d'effectuer la perquisition en présence de l'intéressé, ces motifs ne dispensent pas de justifier les raisons qui empêchent d'inviter la personne à désigner un représentant de son choix (Crim. 5 févr. 2020, nº 19-85.188, D).

Par renvoi, ces règles de principe prévues en matière de flagrance sont également applicables à l'enquête préliminaire (C. pr. pén., art. 76 renvoyant à 56 et 57 renvoyant à 56).

Elles sont également applicables dans le cadre de l'instruction mais avec une distinction tenant au statut de la personne mise en examen, au demeurant en cohérence avec les dispositions de C. pr. pén., art. 57. En effet, la perquisition effectuée « *au domicile de la personne mise en examen* » doit avoir lieu, comme en matière préliminaire et de flagrance, « *en présence de la personne au domicile de laquelle la perquisition a lieu* », ou en cas d'impossibilité de tout représentant choisi par elle ou à défaut de deux témoins requis par l'OPJ et ne relevant pas de son autorité administrative (C. pr. pén., art. 95 renvoyant à 57). Lorsque « *la perquisition a lieu dans un domicile autre que celui de la personne mise en examen* » (suspect ou témoin), « *la personne chez laquelle elle doit s'effectuer est invitée à y assister* », en cas d'absence ou de refus, il est procédé « *en présence de deux de ses parents ou alliés présents sur les lieux ou, à défaut, en présence de deux témoins* » ne relevant pas de l'autorité administrative de l'OPJ (C. pr. pén., art. 96 renvoyant partiellement à 57).

Le droit de la personne à assister à la perquisition n'est toutefois pas applicable lorsque le lieu ne constitue pas son domicile. Des OPJ ont donc à bon droit recours à deux témoins pour perquisitionner, en l'absence de l'inculpé qui ne pouvait être considéré comme y ayant son domicile, le coffre qu'il détenait dans une banque (Crim. 14 oct. 1969, P n° 69-90.775, P n° 248). Est également valable la perquisition effectuée hors présence de l'inculpé dans les locaux de l'association dont il était le président, car il n'y avait pas son domicile (Crim. 27 sept. 1984, P n° 84-93.474, P n° 275).

L'absence d'identification de l'occupant des lieux (en l'espèce un box) est de nature à justifier l'impossibilité de s'assurer en temps utile de sa présence lors de la perquisition qui ne pouvait être différée en ce qu'elle portait sur des faits graves en cours de commission (trafic de stupéfiants et d'objets volés) (Crim. 6 mars 2013, n° 12-87.810, P n° 62). En revanche, lorsque la perquisition dans un box est motivée par la découverte d'un bail et de clés sur la personne interpellée, cette dernière doit être présente ou invitée à désigner un représentant sauf à relever l'existence d'éléments établissant qu'elle ne pouvait être l'utilisatrice du box (Crim. 8 juin 2017, n° 16-87.122, D).

Pour les infractions soumises au régime complet de la criminalité organisée (v. n° **11.21**), avec l'accord du procureur de la République en flagrance, du JLD en préliminaire, ou du juge d'instruction en cas d'information, la perquisition peut également être menée, lorsque la personne est gardée à vue ou détenue, en présence de deux témoins requis ou d'un représentant désigné par elle, si son transport sur place paraît devoir être évité en raison de risques graves de troubles à l'ordre public ou d'évasion ou de disparition de preuves pendant le transport (C. pr. pén., art. 706-94). « *Il se déduit de ces dispositions, qui dérogent au principe énoncé par C. pr. pén., art. 57, selon lequel la perquisition a lieu en présence de la personne au domicile de laquelle elle est opérée, que l'accord du magistrat doit faire l'objet d'un écrit motivé, ou bien de son accord à une demande d'un enquêteur, mentionné dans un procès-verbal, indiquant les circonstances de nature à justifier le recours à ces modalités dérogatoires* » (§ 10), et la CHINS ne peut « *substituer sa propre appréciation à celle du procureur de la République* » en justifiant *a posteriori* la mesure au vu des éléments du dossier (§ 14) (Crim. 7 juin 2023, n° 22-84.442, P).

Selon les précisions apportées au n° **11.21B19**, ces dispositions sont également applicables à l'enquête pour **recherche d'une personne en fuite** pour une infraction relevant de la criminalité organisée (C. pr. pén., art. 74-2, mod. par L. n° 2023-22, 24 janv. 2023).

Le procès-verbal des opérations de perquisition est signé par la personne au domicile de laquelle la perquisition a lieu, par le représentant qu'elle a désigné, ou par les deux témoins requis par l'OPJ (C. pr. pén., art. 57). « *en l'absence de signature des témoins requis, [le] titulaire de droits sur le local, n'a pas été en mesure de s'assurer de la régularité des opérations* », ce qui lui fait donc grief (Crim. 14 oct. 2015, n° 15-81.765, P n° 223). Ces personnes ont le droit de prendre connaissance des papiers, documents ou données informatiques avant leur saisie (C. pr. pén., art. 56).

6. LA PERQUISITION EST UN ACTE SOUMIS AU SECRET DE L'ENQUÊTE ET DE L'INSTRUCTION

L'OPJ a seul, avec les personnes éventuellement requises par lui pour procéder à des examens techniques ou scientifiques, le droit de prendre connaissance des papiers et documents. Il a l'obligation de provoquer toutes mesures utiles pour que soit assuré le secret professionnel et les droits de la défense (C. pr. pén., art. 56 et 76).

Précisons que, selon les précisions apportées au n° **11.65**, la protection du secret professionnel des personnes perquisitionnées justifie des procédures particulières renforçant le contrôle des perquisitions par l'autorité judiciaire et, le cas échéant, par l'ordre professionnel dont dépend l'intéressé.

Le secret de l'enquête judiciaire ou de l'instruction (C. pr. pén., art. 11, v. n° **35.2**) prohibe, à peine de nullité et sous les peines d'abord prévues par C. pén., art. **226-13** (sur la violation du secret professionnel, v. n° **35.10**), puis sous celles désormais plus sévères prévues par C. pén., art. **434-7-2** (sur cette incrimination spéciale créée par L. n° 2021-1729, 22 déc. 2021, v. n° **35.12**), la présence d'un tiers extérieur à l'enquête, en l'espèce d'un journaliste, car « *constitue une violation du secret de l'enquête ou de l'instruction concomitante à l'accomplissement d'une perquisition, portant nécessairement atteinte aux intérêts de la personne qu'elle concerne, l'exécution d'un tel acte par un juge d'instruction ou un OPJ en présence d'un tiers qui, ayant obtenu d'une autorité publique une autorisation à cette fin, en capte le déroulement par le son ou l'image* » (Crim. 10 janv. 2017, n° 16-84.740, P n° 11), fût-ce, dans le cas d'une perquisition effectuée en présence de journalistes mais sans captation du son ou de l'image « *pour en relater le déroulement dans le but d'une information du public* » (Crim. 9 janv. 2019, n° 17-84.026, P n° 8). Précisons que cette jurisprudence a été étendue aux opérations de contrôle d'un local (restaurant) effectuées par des agents de l'administration disposant de pouvoirs de police judiciaire (agents de la direction départementale de la protection des populations) (Crim. 9 mars 2021, n° 20-83.304, P).

Si la L. n° 2021-1729, 22 déc. 2021, pour la confiance dans l'institution judiciaire, a introduit la possibilité, aux conditions prévues par L. 29 juill. 1881, art. 38 *quater* III et par dérogation au C. pr. pén., art. 11, d'enregistrer et de diffuser « *des audiences intervenant au cours d'une enquête ou d'une instruction ainsi que des auditions, interrogatoires et confrontations réalisées par le juge d'instruction* », cette faculté n'est pas étendue aux perquisitions.

L'assistance de **l'avocat** du suspect lors de la perquisition n'est pas prévue par les textes et le secret des investigations s'oppose en effet à sa présence (sur cette question, v. **F** ci-dessous).

7. La perquisition au domicile d'un majeur protégé ou d'un mineur

Rappelons que *lorsque les éléments recueillis au cours d'une procédure concernant un crime ou un délit puni d'une peine d'emprisonnement font apparaître qu'une personne devant être entendue librement fait l'objet d'une mesure de protection juridique, l'OPJ ou l'APJ en avise par tout moyen le curateur ou le tuteur* (C. pr. pén., art. 706-112-2, issu L. n° 2019-222, 23 mars 2019, en vigueur le 1er juin 2019, v. n° **11.74A**). Il en est de même pour la personne placée en garde à vue (C. pr. pén., art. 706-112-1, issu L. n° 2019-222, 23 mars 2019, en vigueur le 1er juin 2019 ; sur ce point, v. n° **12.17E**).

Notons enfin qu'« *En cas de placement en garde à vue d'une personne majeure, l'officier ou agent de police judiciaire lui demande si elle fait l'objet d'une mesure de protection juridique* » (C. pr. pén., art. D. 15-5-7, D. n° 2019-507, 24 mai 2019 ; sur ce point, v. n° **12.13A**).

S'agissant de la perquisition, C. pr. pén., art. 706-113, relatif aux poursuites contre un majeur protégé (sur ces dispositions, v. n° **15.11**) a été déclaré inconstitutionnel au motif que cette disposition et aucune autre (telles C. pr. pén., art. 56, 76 et 94 relatifs aux perquisitions), ne prévoyaient « *que l'OPJ ou l'autorité judiciaire sous le contrôle de laquelle est réalisée la perquisition soit, en principe, tenu d'avertir le représentant d'un majeur protégé lorsque les éléments recueillis au cours de l'enquête préliminaire font apparaître que la personne fait l'objet d'une mesure de protection juridique révélant qu'elle n'est pas en mesure d'exercer seule son droit de s'opposer à la réalisation de cette opération* » (§ 9) (Cons. const. 15 janv. 2021, n° 2020-873 QPC).

Avaient certes été jugées valables des perquisitions effectuées dans le casier professionnel, le domicile et le véhicule d'une personne placée sous curatelle renforcée sans que son curateur n'ait été informé, mais parce qu'« *aucun interrogatoire n'a eu lieu lors de ces mesures, de sorte que les droits de la défense ont été respectés* » (§ 32), que l'intéressé « *n'a pas contesté l'authenticité des biens saisis* » (§ 33) et que « *les enquêteurs qui ignoraient la mesure de protection dont [l'intéressé] faisait l'objet, aucun élément recueilli au cours de l'enquête, avant les perquisitions, n'étant de nature à faire naître un doute sur l'existence de celle-ci, n'ont pas agi de façon déloyale* » (§ 34) (Crim. 11 mai 2021, n° 20-82.267, P).

La L. n° 2021-1729, 22 déc. 2021 prévoit désormais que « *lorsque les éléments recueillis au cours d'une enquête préliminaire font apparaître qu'une personne chez laquelle il doit être procédé à une perquisition fait l'objet d'une mesure de protection juridique révélant qu'elle n'est pas en mesure d'exercer seule son droit de s'opposer à la réalisation de cette opération, l'OPJ en avise par tout moyen son curateur ou son tuteur, afin que l'assentiment éventuel de la personne prévu* [au C. pr. pén., art. 76, sur l'assentiment à perquisition dans le cadre de l'enquête préliminaire, v. **D1** ci-dessous] *ne soit donné qu'après qu'elle a pu s'entretenir avec lui. À défaut, la perquisition doit être autorisée par le JLD en application de* [C. pr. pén., art. 76, sur l'autorisation de perquisition du JLD dans le cadre de l'enquête préliminaire, v. **D2** ci-dessous] » (C. pr. pén., art. 706-112-3, issu L. n° 2021-1729, 22 déc. 2021).

Ces nouvelles dispositions ne sont donc pas applicables dans le cadre de l'enquête de flagrance ou de l'instruction. Elles laissent entière, quel que soit le cadre d'enquête, la question de savoir si un majeur protégé est en mesure d'exercer seul son droit à être présent lors d'une perquisition effectuée à son domicile (sur ce point, v. **B5** ci-dessus).

Le CJPM et le C. pr. pén. ne prévoient pas de dispositions particulières relatives à la perquisition effectuée chez un mineur suspect ou mis en examen.

8. La retenue des personnes présentes sur place pour les besoins de la perquisition

Les personnes présentes lors de la perquisition, si elles sont susceptibles de fournir des renseignements sur les objets, documents et données informatiques saisis, « *peuvent être retenues sur place par l'OPJ le temps strictement nécessaire à l'accomplissement de ces opérations* » (C. pr. pén., art. 56 et 76).

Contrairement à la retenue maximale de 4h00 prévue en matière de contrôle d'identité (C. pr. pén., art. 78-3) ou pour le témoin (C. pr. pén., art. 62 et 78, v. n° **11.71A**), la durée de cette retenue n'est pas plafonnée. Elle n'ouvre pas droit à avis à famille, à avis au parquet, examen médical, ou à entretien avec un avocat. Cette retenue ne consiste pas à « *appréhender* » au sens de C. pr. pén., art. 63 et elle ne détermine donc pas le point de départ de la garde à vue si celle-ci est ultérieurement ordonnée (v. n° **12.31C**).

Si la retenue sur place des personnes présentes n'est pas prévue en matière d'instruction, faute de renvoi aux dispositions de C. pr. pén., art. 56, elles peuvent néanmoins être retenues en qualité de témoin en application de C. pr. pén., art. 153 (sur la retenue du témoin dans la procédure d'instruction, v. n° **11.71B**).

9. Les mesures de police administrative non assimilables à une perquisition

Une distinction doit être opérée entre la perquisition proprement dite et la sécurisation des lieux effectuée au titre de la police administrative. L'hypothèse correspond à celle où des objets illicites (armes, stupéfiants) ou de provenance illicite ou tout autre indice d'une infraction en cours de commission (recel) ou d'une mort ou de blessures suspectes sont découverts à l'occasion d'une entrée dans des lieux effectuée au titre d'une mission judiciaire (ex. commission rogatoire, recherche d'une personne en fuite) ou administrative (incendie, inondation, secours aux personnes). L'absence de l'occupant, l'intervention en dehors d'heures autorisées pour la perquisition domiciliaire, peuvent faire obstacle à la réalisation immédiate d'une perquisition dans les formes légales. La jurisprudence admet donc que, dans l'attente de l'exécution de la perquisition, des « *mesures nécessaires à assurer la protection des personnes* » peuvent être prises (ex. en l'absence de l'occupant, rassembler dans une pièce unique, pour les sécuriser, des armes visibles en différents points du logement) (Crim. 26 févr. 2014, n° 13-87.065, P n° 61).

10. La perquisition est un acte de procédure soumis au régime de droit commun des nullités

Les dispositions relatives aux perquisitions ne s'appliquent qu'aux services d'enquête (principes de formalisme et de loyauté de l'enquête pénale, v. n^os **11.2** et **11.6**) et non aux personnes privées dont les actes n'obéissent pas au régime des nullités de procédure

(v. nº **17.27C3**). Les éléments probatoires recueillis par leurs soins peuvent donc être admis au titre du principe de liberté de la preuve (v. nº **17.28C**). Ainsi, « *ne constitue pas une perquisition soumise aux règles édictées par le texte précité [C. pr. pén., art. 56], la recherche en vue d'une remise aux services de police, par le propriétaire d'un local ou son représentant, d'objets introduits sans droit ni titre par un tiers n'y ayant pas son domicile* » (Crim. 12 févr. 2008, nº 07-87.862, P nº 133).

Il est de principe que « *les formalités prévues par le code de procédure pénale, en matière de perquisition, de saisie et de placement sous scellés, n'étant pas exclues du champ d'application de l'article 802 du même code, leur inobservation ne saurait donner lieu à annulation en l'absence d'atteinte portée aux intérêts de la personne mise en examen* » (Crim. 18 nov. 2015, nº 15-83.400, P nº 260).

Les règles de protection du domicile ne s'appliquent qu'à la partie qu'elles concernent. Ainsi « *la méconnaissance des formalités substantielles régissant les perquisitions et les saisies ne peut être invoquée .../...que par la partie titulaire d'un droit sur le local dans lequel elles ont été effectuées* ». Est donc rejetée la demande de nullité soulevée par la personne soupçonnée d'utiliser un box perquisitionné dès lors qu'elle affirmait au cours de ses auditions ne pas en posséder, louer ou utiliser et que son propriétaire n'a pas mentionné l'existence d'un contrat de location portant sur ce local (Crim. 6 févr. 2018, nº 17-84.380, P nº 30). De même, les moyens de « *nullité de la perquisition et des saisies effectuées au domicile [...], aux motifs, d'une part, de l'absence de signature du procès-verbal de perquisition par les témoins requis, d'autre part, de l'irrégularité de l'inventaire de l'argent saisi, sont irrecevables en ce qu'ils visent des opérations effectuées dans un local sur lequel les demandeurs ne peuvent se prévaloir d'aucun droit* » (Crim. 14 oct. 2015, nº 15-81.765, P nº 223).

Ces solutions semblent évoluer. En effet, « *il se déduit des articles 6 de la Conv. EDH, tel qu'interprété par la CEDH (CEDH 10 mars 2009, Bykov c/ Russie, nº 4378/02), et préliminaire du code de procédure pénale que tout requérant doit se voir offrir la possibilité de remettre en question l'authenticité des éléments de preuve et de s'opposer à leur utilisation* » (§ 21) ; ainsi « *la signature par l'occupant des lieux ou l'un de ses représentants ou, à défaut, par deux témoins, du procès-verbal de perquisition et de saisie, prévue par C. pr. pén., art. 57, al. 3* » (§ 22), est une « *formalité substantielle dont l'objet est de garantir le caractère contradictoire du déroulement des opérations de perquisition ainsi que la présence effective sur les lieux des objets découverts et saisis* » (§ 22), « *il s'ensuit que toute partie a qualité pour invoquer la méconnaissance de la formalité prise de l'absence de signature du procès-verbal de perquisition et saisie* » (§ 23) (Crim. 7 sept. 2021, nº 21-80.642, P). Dans le même temps, est toutefois jugée irrecevable la demande de nullité fondée sur l'absence d'assentiment de l'occupant des lieux à la perquisition, en ce que le demandeur « *invoque la violation des prescriptions de ce texte pour des opérations effectuées dans un local sur lequel il ne peut se prévaloir d'aucun droit* » (§ 22) (Crim. 9 nov. 2021, nº 21-83.095, P), discussion il est vrai distincte de celle qui précède.

Par ailleurs, les dispositions de C. pr. pén., art. 802 s'appliquent en ce sens que l'irrégularité d'une perquisition n'entraîne la nullité de l'acte que si elle fait grief à la personne concernée. Il en est ainsi lorsqu'aucun élément probant issu de cette perquisition ne fonde les poursuites à son encontre (ex. Crim. 30 janv. 2019, nº 17-85.304, P nº 29). Il a ainsi été considéré qu'il n'y avait pas lieu à annulation d'une perquisition alors que l'intéressé n'avait pas signé le procès-verbal de perquisition et que les objets n'avaient pas fait l'objet de scellés provisoires, dès lors qu'il « *a assisté à l'inventaire et à la mise sous scellés définitifs des documents saisis, sans en contester ni l'identité, ni l'origine* » (Crim. 17 sept. 1996, nº 96-82.105, P nº 316), ni à l'annulation d'une perquisition effectuée en l'absence de la personne alors gardée à vue en ce qu'elle « *n'a émis aucune contestation sur l'origine des objets lorsqu'ils lui ont été représentés durant sa garde à vue* » (15 juin 2000, nº 00-81.334, P nº 229), ou lorsque la personne « *n'a pas contesté la présence, à son domicile, des objets qui y ont été saisis au cours* » d'une perquisition effectuée sans désignation d'un représentant (§ 31) (Crim. 7 sept. 2021, nº 20-87.191, P), ou effectuée par un APJ sans le contrôle effectif d'un OPJ (Crim. 7 déc. 2021, nº 20-82.733, P), ou en présence de tiers, en l'espèce des agents de police municipale, soumis à l'autorité administrative de l'OPJ, sans que le requérant n'allègue ni ne justifie d'un grief (Crim. 13 sept. 2022, n° 22-80.515, P).

Est nulle la procédure incidente « *fondée sur les constatations et saisies opérées* » lors d'une perquisition effectuée dans une procédure antérieure distincte ayant fait l'objet d'une annulation au profit de la même personne, en effet « *il est interdit de tirer d'actes ou de pièces annulés dans une procédure antérieure aucun renseignement contre les parties ayant bénéficié de cette annulation* » (Crim. 16 mai 2007, n° 06-81.815, P n° 130). De même, la nullité « *interdit que des actes ou des pièces annulés puissent constituer le fondement des poursuites d'une procédure distincte, lesdites pièces auraient-elles même été antérieurement à leur annulation régulièrement communiquées à l'administration des douanes* » à l'origine de ces nouvelles poursuites engagées contre la même personne (Crim. 16 mai 2012, n° 11-83.602, P n° 126).

Dans le cas où la personne n'a pas fait l'objet de poursuites, C. pr. pén., art. 802-2 issu de L. n° 2019-222, 23 mars 2019, lui offre le droit, après l'écoulement d'un délai de 6 mois, de solliciter devant le JLD l'annulation de la perquisition effectuée dans le cadre de l'enquête préliminaire ou de flagrance (v. n° **11.67**).

C. Le régime de la perquisition domiciliaire en enquête de flagrance (C. pr. pén., art. 56)

En cas de crime ou de délit passible d'emprisonnement flagrants (sur la flagrance, C. pr. pén., art. 53 et 67, v. n° **11.15**), si **la preuve de l'infraction** peut être acquise par la saisie de documents, données ou objets, l'OPJ se transporte sans désemparer au domicile de la personne soupçonnée ou de la personne qui détient de telles pièces à conviction ou en tous lieux dans lesquels sont susceptibles de se trouver des biens susceptibles de confiscation (C. pr. pén., art. 56).

Cette opération n'est subordonnée ni à l'assentiment de la personne au domicile de laquelle elle a lieu, ni à une autorisation préalable de l'autorité judiciaire.

La perquisition en flagrance d'un véhicule non aménagé comme habitation ni utilisé comme telle, circulant ou stationnant sur la voie publique, relève quant à elle de la procédure de visite de véhicule prévue par C. pr. pén., art. 78-2-3, décrite au n° **11.28C**.

Si une perquisition en flagrance constitue une ingérence de l'autorité publique au sens de Conv. EDH, art. 8, garantissant le droit au respect de la vie privée et notamment du domicile, elle est regardée comme « *prévue par la loi* », en l'espèce par C. pr. pén., art. 53 à 74-2, qui « *définissent le régime juridique de l'enquête de flagrance et les prérogatives dont sont dotés les agents et OPJ pour intervenir dans ce cadre afin de procéder à toutes constatations utiles ainsi que, le cas échéant, faire cesser les faits constitutifs d'un crime ou d'un délit flagrant, y compris, si nécessaire, au moyen d'une intrusion domiciliaire* ». (CEDH, 9 déc. 2021, n° 56138/16, *Jarrand c/ France*, § 79).

D. Le régime de la perquisition domiciliaire en enquête préliminaire (C. pr. pén., art. 76)

1. La nécessité de l'assentiment préalable de l'intéressé

Dans le cadre de l'enquête préliminaire, les perquisitions et visites domiciliaires ne peuvent être effectuées sans l'assentiment exprès de la personne chez laquelle l'opération a lieu (C. pr. pén., art. 76). Cet assentiment doit faire l'objet d'une déclaration écrite de la main de l'intéressé ou, si celui-ci ne sait pas écrire, il en est fait mention au procès-verbal ainsi que de son assentiment. La formule consacrée par la pratique est la suivante : « *Sachant que je puis m'opposer à la visite de mon domicile, je consens expressément à ce que vous y opériez les perquisitions et saisies que vous jugerez utiles à l'enquête en cours* ».

Ces dispositions « *en ce qu'elles exigent l'assentiment de l'occupant des lieux à la perquisition, ont pour objet la protection de la vie et du domicile privés* » (§ 21) (Crim. 9 nov. 2021, n° 21-83.095, P).

Mentionnons que la jurisprudence accorde une protection particulière au bureau du dirigeant social d'une personne morale, ainsi, lorsque la perquisition a été autorisée par une personne physique « *se comportant comme son représentant qualifié* » autre que le dirigeant social, la perquisition dans le bureau de ce dernier doit quant à elle être effectuée avec son assentiment et en sa présence (Crim. 24 juin 1987, n° 87-82.333, P n° 267 ; Crim. 25 nov. 2003, n° 03-85.076, P n° 221 ; Crim. 10 mars 2004, n° 03-87.441, P n° 65).

Précisons que lorsque la personne fait l'objet d'une mesure de protection juridique, elle doit être mise en mesure de s'entretenir avec son curateur ou son tuteur avant de donner son assentiment, selon les précisions apportées en **B7** ci-dessus, à défaut l'autorisation du JLD est nécessaire et elle est donnée selon les formes prévues ci-après (C. pr. pén., art. 706-112-3 issu L. n° 2021-1729, 22 déc. 2021).

2. La perquisition sans assentiment sur autorisation du JLD

Si les nécessités de l'enquête relative à un délit passible d'une peine d'emprisonnement ⩾ **3 ans** (depuis L. n° 2019-222, 23 mars 2019, auparavant ⩾ 5 ans) l'exigent, le JLD peut décider, par une décision écrite et motivée rendue à la requête du procureur de la République, que la perquisition sera effectuée sans l'assentiment de la personne chez qui elle a lieu (C. pr. pén., art. 76). L'abaissement de 5 à 3 ans par L. n° 2019-222, 23 mars 2019, du seuil d'emprisonnement exigé pour l'autorisation de perquisition a été jugé conforme à la Constitution (Cons. const. 21 mars 2019, n° 2019-778 DC, § 193).

La décision du JLD est motivée par référence aux éléments de fait et de droit de l'affaire et précise, à peine de nullité, la qualification de l'infraction dont la preuve est recherchée ainsi que l'adresse des lieux dans lesquels l'opération doit être effectuée. L'ordonnance du JLD « *qui se borne à se référer à la requête présentée par le procureur de la République aux fins de perquisition* [...], *n'est pas conforme aux exigences* » de motivation imposées par C. pr. pén., art. 76). En revanche, peut importe que les motifs de cette « *décision, analysant les éléments de fait et de droit rendant nécessaire la mesure, soient exactement repris des termes de la requête du procureur de la République* » (Crim. 21 janv. 2020, n° 18-84.899, P).

Les opérations ne peuvent, à peine de nullité, avoir un autre objet que la recherche et la constatation des infractions visées par le JLD, toutefois, la révélation d'autres infractions ne constitue pas une cause de nullité des procédures incidentes.

Il faut noter que le Cons. const., (4 avr. 2014, n° 2014-387 QPC) a constaté l'inconstitutionnalité d'un dispositif comparable au motif qu'aucune voie de recours, autre qu'incidente, n'était ouverte pour contester la validité de la décision en cas d'absence de poursuites (abrogation de C. trav., art. L. 8271-13, v. n° **32.10B**). Il avait toutefois explicitement validé le mécanisme d'autorisation de perquisition du C. pr. pén., art. 76 lors de sa promulgation par L. n° 2004-204, 9 mars 2004, estimant qu'il ne portait pas une atteinte excessive au droit de propriété (§ 48 et 52). Selon les motifs de sa décision, il appartient dès lors à l'autorité judiciaire de veiller ici à l'application des principes figurant au C. pr. pén., art. préliminaire, pour que telles investigations « *soient nécessaires à la manifestation de la vérité, proportionnées à la gravité et à la complexité des infractions commises et n'introduisent pas de discriminations injustifiées* » (Cons. const. 2 mars 2004, n° 2004-492 DC, § 6). En toute hypothèse, la L. n° 2019-222, 23 mars 2019 a introduit un dispositif de contrôle de la validité des perquisitions lorsque l'affaire n'a pas donné lieu à poursuites dans un délai de 6 mois (C. pr. pén., art. 802-2, v. n° **11.67**), comblant ainsi l'éventuelle lacune mise en lumière par la décision précitée n° 2014-387 QPC, 4 avr. 2014.

Notons que la Ch. crim. a rejeté la QPC relevant l'absence d'obligation faite au JLD, par C. pr. pén., art. 76, de fixer un délai pour l'exécution de la perquisition, au motif que les opérations doivent être motivées, nécessaires et proportionnées, sont effectuées sous le contrôle du JLD qui peut en fixer le délai, et sont susceptibles de nullité s'il est démontré qu'elles n'étaient plus nécessaires à la recherche et à la constatation des infractions lors de leur exécution (Crim. 9 avr. 2019, n° 19-90.010, P n° 72).

Relevons que lorsque la personne fait l'objet d'une mesure de protection juridique et qu'elle n'a pu être mise en mesure de s'entretenir avec son curateur ou son tuteur avant de donner son assentiment, la perquisition est obligatoirement effectuée sous le présent régime de l'autorisation du JLD, selon les précisions apportées en B7 ci-dessus (C. pr. pén., art. 706-112-3 issu L. n° 2021-1729, 22 déc. 2021).

E. Le régime de la perquisition dans l'instruction préparatoire (C. pr. pén., art. 94 s.)

Le pouvoir de perquisition, que le juge d'instruction peut exercer lui-même assisté de son greffier (C. pr. pén., art. 92), peut être délégué aux OPJ agissant sur commission rogatoire, conformément au C. pr. pén., art. 151 et 152 (sur le commission rogatoire, v. n° 11.17 s.). Sa mise en œuvre, tant par le juge d'instruction que par l'OPJ délégataire, est subordonnée au respect du périmètre de la saisine du juge d'instruction, selon les précisions apportées au n° 11.18.

Comme en matière de flagrance ou d'enquête préliminaire, elle s'effectue en tous lieux où peuvent se trouver des objets ou des données utiles à la manifestation de vérité ou des biens susceptibles de confiscation (C. pr. pén., art. 94).

Dans le cadre de l'instruction, la perquisition de droit commun n'est pas limitée à la poursuite d'une infraction passible d'emprisonnement ou à une condition de *quantum* de la peine encourue, ni à être motivée par l'existence d'indices apparents d'un comportement délictueux, ni subordonnée à une ordonnance préalable écrite et motivée du juge d'instruction. De même « *l'assentiment exprès d'une personne chez laquelle une perquisition est effectuée au cours de l'exécution d'une commission rogatoire n'est pas requis* » (Crim. 18 avr. 2000, n° 00-80.402, P n° 148).

La commission rogatoire, lorsqu'elle comporte notamment la mission d'effectuer « *toutes perquisitions utiles à la manifestation de la vérité* », est en effet le support nécessaire et suffisant de la perquisition dès lors que cette mesure est en cohérence avec la saisine du juge d'instruction. Rappelons que la perquisition sans assentiment est limitée dans l'enquête de flagrance aux crimes ou aux délits passibles d'emprisonnement (C. pr. pén., art. 56 et 67, v. n° 11.57C), et qu'elle est non seulement subordonnée dans l'enquête préliminaire à une décision écrite et motivée du JLD mais limitée aux infractions passibles d'une peine $\geqslant$ 3 ans (C. pr. pén., art. 76, v. n° 11.57D2).

F. La question de l'assistance de l'avocat lors des perquisitions ou des saisies

L'OPJ « *représente les objets saisis, pour reconnaissance, aux personnes qui paraissent avoir participé* [à l'infraction], *si elles sont présentes* » (C. pr. pén., art. 54) (sur le formalisme de la saisie pénale, v. n° 11.61C). Peut être soulevée la question de savoir si la déclaration du suspect actée au procès-verbal de perquisition, portant sur la reconnaissance des objets saisis, entre dans la catégorie des auditions ouvrant droit à l'assistance de l'avocat. Une discussion comparable peut s'élever au sujet de l'assentiment à perquisition donné dans l'enquête préliminaire par une personne placée en garde à vue (C. pr. pén., art. 76).

Si la L. n° 2016-731, 3 juin 2016 a institué le droit du suspect à bénéficier de l'assistance d'un avocat lors d'une reconstitution ou lors d'une séance d'identification de suspect (C. pr. pén., art. 61-3, L. n° 2016-731, 3 juin 2016, en vigueur depuis le 1er nov. 2016, v. n° 12.26B), elle n'a toutefois pas institué de droit à l'assistance d'un avocat lors d'une perquisition. Au surplus, si C. pr. pén., art. 63-4-3-1 (issu L. n° 2016-731, 3 juin 2016, mod. par L. n° 2019-222, 23 mars 2019), prévoit que l'avocat de la personne gardée à vue est informé sans délai lorsqu'elle « *est transportée sur un autre lieu* » où elle doit être entendue, participer à une opération de reconstitution ou à une séance d'identification de suspect (tapissage) (v. n° 12.26D), cet avis ne s'étend pas au cas du transport sur les lieux d'une perquisition effectuée en présence du suspect.

Mentionnons qu'« *aucune disposition légale ne prévoit la présence de l'avocat lors de l'exploitation d'un téléphone portable, assimilable à une perquisition* » (§ 10) (Crim. 12 janv. 2021, n° 20-84.045, P) (sur la communication du code de déverrouillage d'un téléphone portable, v. n° 25.46).

Ces dispositions sont conformes à la directive 2013/48/UE du 22 octobre 2013 du parlement européen et du conseil relative au droit d'accès à un avocat dans le cadre des procédures pénales. En effet, outre le droit à la présence de l'avocat et à sa participation effective lors de l'interrogatoire (art. 3, 3, b), v. n° **12.26A**), cette directive ne prévoit de droit à la présence de l'avocat que pour les mesures d'enquête ou de collecte de preuves suivantes : séance d'identification des suspects, confrontation (qui est une modalité de l'interrogatoire) et reconstitution de la scène d'un crime (v. n° **12.26B**) (art. 3, 3, c), à l'exclusion donc des perquisitions.

La représentation des objets saisis, prévue par le dernier alinéa de l'article 54 du code de procédure pénale (non modifié par la loi du 14 avril 2011), par hypothèse effectuée en l'absence de l'avocat, est entourée des limites inhérentes au droit d'être assisté lors des interrogatoires. D'une part, la représentation d'objets saisis doit se comprendre comme une interpellation relative à un objet qui ne doit appeler que des explications succinctes. D'autre part, le droit de garder le silence a été notifié au suspect qui reste donc libre de se taire pendant la perquisition. Enfin, le dernier alinéa de l'article préliminaire du C. pr. pén. dispose qu'en « *matière criminelle et correctionnelle, aucune condamnation ne peut être prononcée contre une personne sur le seul fondement de déclarations qu'elle a faites sans avoir pu s'entretenir avec un avocat et être assistée par lui* ». Il en résulte que les déclarations faites par la personne gardée à vue lors de la représentation d'objets lors d'une perquisition ne sauraient suffire à asseoir à elles seules l'accusation, et devront être corroborées par d'autres éléments de preuve. Il importe de rappeler que l'OPJ ou APJ de retour au service peut entendre, le cas échéant en présence de l'avocat, la personne gardée à vue pour lui demander de confirmer les déclarations succinctes faites au cours de la perquisition.

La prudence s'impose en conséquence lors du recueil des observations de la personne portant sur la reconnaissance des objets saisis. En l'état de la jurisprudence, ces observations doivent succinctement se limiter à la reconnaissance des objets saisis sans pouvoir porter sur les faits reprochés ni prendre le caractère d'une audition. La Ch. crim. censure en effet une CHINS qui ne s'est pas expliquée « *sur la teneur des propos consignés dans le procès-verbal de perquisition susceptibles de constituer une audition, prévue par l'article 63-4-2 du code de procédure pénale, nécessitant la présence d'un avocat* » (Crim. 10 mars 2015, n° 14-86.950, NP). Elle approuve en revanche la décision qui retient que le suspect « *avait été informé du droit de se taire.../..., que les objets saisis ne lui ont été présentés qu'en vue d'une reconnaissance et que les réponses qu'il a faites ne peuvent être considérées comme auto-incriminantes* » et en déduit que de telles déclarations « *n'avaient pas le caractère d'une audition au sens de l'article 63-4-2 du code de procédure pénale, mais répondaient aux prescriptions de l'article 54, dernier alinéa, du même code* » (Crim. 6 févr. 2018, n° 17-84.380, P n° 30 ; dans le même sens : Crim. 22 oct. 2013, n° 13-81.945, P). Dans le cadre de l'instruction, est régulière la perquisition effectuée par le juge d'instruction au domicile et en présence de la personne mise en examen, en l'absence de l'avocat qui n'a pas été avisé de ce transport, dès lors que la personne mise en examen n'a « *été soumise à aucun interrogatoire, confrontation ou reconstitution qui eut impliqué l'information de son avocat, préalablement au transport décidé par le magistrat* » (Crim. 20 févr. 2002, n° 01-88.335, P n° 41).

Un raisonnement identique s'impose en matière de visite douanière des marchandises, des moyens de transport et des personnes (C. douanes, art. 60-9, issu L. n° 18 juill. 2023, v. n° **11.59C4**).

G. Les cas particuliers de la perquisition en cas de violation de contrôle judiciaire ou de peine ou pour l'exécution d'une peine ferme

Une perquisition domiciliaire sans assentiment peut être autorisée, par le juge d'instruction si l'information est toujours en cours (C. pr. pén., art. 141-5), par le procureur de la République lorsque la personne est renvoyée devant la juridiction de jugement (C. pr. pén., art. 141-2, réd. L. n° 2016-731, 3 juin 2016 ; Circ. Crim.

2016-03/H, 17 juin 2016, JUSD1616979C n° 4.6), en vue de rechercher les armes qu'une personne placée sous contrôle judiciaire est suspectée, en raison d'indices graves et concordants, de détenir malgré ses obligations (C. pr. pén., art. 141-5). Une perquisition domiciliaire sans assentiment peut également être autorisée par le procureur de la République ou le Jap, en raison d'indices graves et concordants de détention d'une arme malgré une peine d'interdiction de détention (C. pr. pén., art. 709-1-2).

Ces perquisitions ne peuvent être commencées avant 6 H 00 ni après 21 H 00 (C. pr. pén., art. 56 auquel renvoient C. pr. pén., art. 141-5, 141-2 et 709-1-2).

Enfin, l'autorisation de pénétrer au domicile d'une personne condamnée à une peine ferme peut être donnée par le procureur de la République ou le procureur général afin que les agents de la force publique puissent se saisir de celle-ci. Les agents ne peuvent s'introduire au domicile de la personne avant 6 H 00 et après 21 H 00 (C. pr. pén., art. 716-5) (v. n° **12.2C**).

H. Les constatations dans les autres lieux clos ou privés : parkings et parties communes d'immeubles d'habitation

« *ni les espaces de circulation, ni les emplacements de stationnement, ni les boxes fermés du parking souterrain d'un immeuble collectif d'habitation ne constituent des lieux d'habitation* » au sens des dispositions particulières qui imposent dans ce cas l'autorisation spéciale du JLD pour la mise en place d'un dispositif de sonorisation ou de captation d'images (C. pr. pén., art. 706-96 s., v. n° **11.39** et **11.37C**) ou d'un dispositif de géolocalisation (C. pr. pén., art. 230-32 s., v. n° **11.48B**) (Crim. 18 juin 2019, n° 18-86.421, P n° 122). De même « *le parking souterrain d'un immeuble d'habitation constitue un lieu privé et non un lieu d'habitation* », au sens de C. pr. pén., art. 706-96 précité (Crim. 22 nov. 2011, n° 11-84.308, P n° 234).

S'agissant des **constatations visuelles**, « *aucune irrégularité ne saurait résulter de l'introduction, en enquête préliminaire, de policiers dans le parking souterrain d'un immeuble avec l'accord, en connaissance de cause, d'une personne titulaire d'un droit d'accès à cette partie commune et en sa présence, après vaine recherche de l'identité du syndic, afin d'y procéder à de simples constatations visuelles sur les véhicules en stationnement, lesquelles n'entrent pas dans les prévisions de* [C pr. pén., art. 706-96], *ne sont pas assimilables à une perquisition et n'ont pas été de nature à porter atteinte à l'intimité de la vie privée* » (Crim. 23 oct. 2013, n° 13-82.762, P n° 203).

De même, alors que les policiers, « *agissant en enquête préliminaire, ont été spécialement autorisés, en connaissance de cause, par le syndic de copropriété à pénétrer dans les parties communes d'une résidence* », ils ont valablement « *procédé, sur* [le] *véhicule volé en stationnement dans le parking, qu'à de simples constatations visuelles, lesquelles, n'entrant pas dans les prévisions de l'article 76 du code de procédure pénale, ne sont pas assimilables à une perquisition* » (Crim. 5 oct. 2016, n° 16-81.843, P n° 260).

L'autorisation du syndic de l'immeuble n'est toutefois pas nécessaire lorsque « *les parties communes étaient librement accessibles* » (Crim. 2 oct. 2013, n° 12-87.976, P n° 186), tel est le cas d'un « *immeuble dont l'accès, selon le procès-verbal, n'était pas clos* » (Crim. 14 avr. 2015, n° 14-83.462, P n° 80 ; dans le même sens : Crim. 9 déc. 2015, n° 14-88.243, D).

Dans sa rédaction issue de L. n° 2021-1520, 25 nov. 2021, CSI, art. L. 272-1, prévoit que « *Les propriétaires ou les exploitants d'immeubles à usage d'habitation ou leurs représentants s'assurent que les services de police et de gendarmerie nationales ainsi que les services d'incendie et de secours sont en mesure d'accéder aux parties communes de ces immeubles aux fins d'intervention. Ils peuvent accorder à la police municipale une autorisation permanente de pénétrer dans ces mêmes parties communes* ». Dans sa rédaction antérieure, cette dispositions prévoyait que « *Les propriétaires ou exploitants d'immeubles à usage d'habitation ou leurs représentants peuvent accorder à la police et à la gendarmerie nationales ainsi, le cas échéant, qu'à la police municipale une autorisation permanente de pénétrer dans les parties communes de ces immeubles* » (CCH, art. 126-1 devenu CSI, art. L. 272-1) (sur l'occupation illicite et par voie de fait des parties communes d'un immeuble, CCH, art. L. 126-3 devenu CSI, art. L. 272-4, v. n° **20.54**). A la faculté d'autoriser de façon permanente les services de police et de gendarmerie à accéder aux parties communes de l'immeuble d'habitation, s'est donc substitué un droit d'accès permanent de ces services, qui découle de l'obligation désormais impartie aux propriétaires et exploitants de leur assurer cet accès, à l'exception de la police municipale, laissée dans le dispositif antérieur de l'autorisation permanente facultative. A cet égard, il était jugé que ce texte « *n'affecte pas la liberté individuelle au sens de l'article 66 de la Constitution et porte à la vie privée une atteinte proportionnée justifiée par la nécessité de sauvegarder l'ordre public* » (Crim. 20 févr. 2013, n° 12-85.116, D).

Le formalisme de l'autorisation donnée était souple : « *la visite du parking de l'immeuble non accessible au public a préalablement été autorisée par le propriétaire ou l'exploitant de l'immeuble par la remise du "pass" et* [CCH, art. L. 126-1] *n'exige pas que l'autorisation d'accès aux parties communes soit donnée par écrit ni que l'exploitant de l'immeuble, qui a autorisé cet accès, soit présent* » lors des constatations visuelles opérées par les enquêteurs (Crim. 8 août 2018, n° 18-80.061, D). Dans le même sens, pour un contrôle des parties communes en compagnie d'un chien dressé pour détecter les stupéfiants (Crim. 27 juin 2017, n° 17-80.859, D).

« *l'introduction des policiers dans les parties communes de l'immeuble* [ayant] *été autorisée par l'exploitant de l'immeuble* [...] *dès lors, ils étaient habilités, en enquête préliminaire, à ouvrir les placards techniques de l'immeuble qui constituent des parties communes de celui-ci et à y saisir des objets* » (Crim. 26 juin 2013, n° 12-85.116).

« *la méconnaissance prétendue des formalités substantielles de pénétration dans le parking de l'immeuble ne peut être invoquée, à l'appui d'une demande d'annulation d'actes ou de pièces de procédure, que par la partie titulaire d'un droit sur les parties communes de l'immeuble* » (Crim. 5 oct. 2016, n° 16-81.842, D ; dans le même sens : Crim. 5 oct. 2016, n°s 16-81.844, 16-81.845, 16-81.846, D).

11.58 La perquisition domiciliaire de nuit pour la criminalité organisée et la lutte contre les stupéfiants, le proxénétisme et la prostitution des mineurs

A. L'autorisation de perquisition de nuit pour la criminalité organisée

1. Le domaine et les conditions de fond de la perquisition de nuit

• **Dans le cadre de l'enquête préliminaire ou de flagrance** portant sur les infractions soumises au régime complet de la criminalité organisée (v. n° 11.21), si les « *nécessités de l'enquête [...] l'exigent* », le JLD peut, à la requête du procureur de la République, décider que les perquisitions, visites domiciliaires et saisies de pièces à conviction pourront être effectuées en dehors des heures légales, soit entre 21 h 00 et 6 h 00 (C. pr. pén., art. 706-89 et 706-90).

Toutefois, pour les **locaux d'habitation**, ces perquisitions ne pourront être autorisées par le JLD que dans le cadre de l'enquête de flagrance (C. pr. pén., art. 706-90), le juge d'instruction étant seul compétent en dehors de ce cadre, selon les précisions apportées plus loin. Par exception, l'autorisation de perquisitionner de nuit un local d'habitation peut être donnée par le JLD sur requête du parquet dans le cadre de l'enquête préliminaire pour les infractions de terrorisme, lorsque l'opération « *est nécessaire afin de prévenir un risque d'atteinte à la vie ou à l'intégrité physique* » (C. pr. pén., art. 706-90, L. n° 2016-731, 3 juin 2016).

• **Dans le cadre de l'instruction** et pour ces mêmes infractions relevant du régime complet de la criminalité organisée (v. n° 11.21), le juge d'instruction est compétent pour autoriser les OPJ à effectuer des perquisitions de nuit dans des lieux autres que des locaux d'habitation. Pour les **locaux d'habitation**, il peut autoriser une perquisition de nuit « *en cas d'urgence* », à condition qu'il y ait crime ou délit flagrant, ou qu'il existe un « *risque immédiat de disparition des preuves ou indices matériels* », ou une ou plusieurs raisons plausibles de soupçonner que les infractions précitées sont en train d'y être commises, ou, pour les infractions de terrorisme, lorsque l'opération « *est nécessaire afin de prévenir un risque d'atteinte à la vie ou à l'intégrité physique* » (C. pr. pén., art. 706-91, L. n° 2016-731, 3 juin 2016).

« *la notion de « risque immédiat de disparition de preuves ou d'indices matériels » doit s'entendre comme ne permettant au juge d'instruction d'autoriser une perquisition de nuit que si celle-ci ne peut être réalisée dans d'autres circonstances de temps* » (§ 56) (Cons. const. 2 mars 2004, n° 2004-492 DC).

• Selon les précisions apportées au n° **11.21B19**, la perquisition de nuit est également applicable à l'enquête pour **recherche d'une personne en fuite** pour une infraction relevant de la criminalité organisée (C. pr. pén., art. 74-2, mod. par L. n° 2023-22, 24 janv. 2023).

2. Les conditions de forme : ordonnance écrite et motivée du juge (C. pr. pén., art. 706-92)

À peine de nullité, l'autorisation de perquisition de nuit est donnée pour des perquisitions déterminées et fait l'objet d'une ordonnance écrite, du JLD ou de juge d'instruction, insusceptible d'appel, précisant la qualification de l'infraction dont la preuve est recherchée et motivée par référence aux éléments de fait et de droit justifiant que ces opérations sont nécessaires et *qu'elles ne peuvent être réalisées pendant les heures légales* (C. pr. pén., art. 706-92, mod. L. n° 2016-731, 3 juin 2016). L'ordonnance précise l'adresse des lieux dans lesquels les visites, perquisitions et saisies peuvent être faites.

Il résulte de C. pr. pén., art. 706-91 et 706-92 et Conv. EDH, art. 8, que « *l'ordonnance autorisant des perquisitions dans des locaux d'habitation en dehors des heures [légales] doit être spécialement motivée, en droit et en fait, au vu de l'urgence et au regard des conditions prévues aux 1° à 3° de C. pr. pén. art. 706-91 ; que l'absence d'une telle motivation de cette atteinte à la vie privée, qui interdit tout contrôle réel et effectif de la mesure, fait nécessairement grief aux intérêts de la personne concernée* » (Crim. 8 juill. 2015, n° 15-81.731, P n° 174).

« *l'autorisation donnée par le juge d'instruction aux OPJ de procéder à une perquisition dans un lieu d'habitation en dehors des heures légales doit comporter les motifs propres à justifier cette atteinte à la vie privée dans une ordonnance écrite et motivée formalisée sans délai, faute desquels aucun contrôle réel et effectif de la mesure ne peut avoir lieu, ce qui cause nécessairement un grief à la personne concernée. Il en découle qu'est nulle l'autorisation verbale donnée par ce magistrat, même suivie, après la réalisation de l'acte, de la formalisation d'une ordonnance écrite et motivée* » (§ 12) (Crim. 13 sept. 2022, n° 21-87.452, P).

3. Les conditions d'exécution de la perquisition de nuit (C. pr. pén., art. 706-92 et 706-93)

La perquisition de nuit ne peut à peine de nullité avoir un autre objet que la recherche et la constatation des infractions visées dans l'ordonnance. Mais le fait que ces opérations révèlent d'autres infractions ne constitue pas une cause de nullité des procédures incidentes. Les opérations sont menées sous le contrôle du magistrat qui les a autorisées (JLD ou juge d'instruction), il peut se déplacer sur les lieux pour veiller au respect des prescriptions légales et il « *est informé dans les meilleurs délais par le procureur de la République ou l'OPJ des actes accomplis* » (C. pr. pén., art. 706-92, mod. L. n° 2016-731, 3 juin 2016).

« *L'urgence s'apprécie au moment où la perquisition est réalisée* » et le juge d'instruction doit exercer un « *contrôle effectif sur la mesure* » (§ 16) ; la CHINS ayant refusé d'annuler une perquisition de nuit effectuée deux mois après l'autorisation du juge est ainsi censurée car « *si le juge d'instruction peut, par une ordonnance motivée [...], autoriser de telles perquisitions en considération de la situation d'urgence inhérente à des interpellations dont la date n'est pas encore fixée et du risque de dépérissement des preuves qui en résultera, encore doit-il, pour garantir l'effectivité de son contrôle, s'assurer de la persistance de cette urgence au regard des éléments de fait et de droit énoncés dans ladite ordonnance, avant que ces perquisitions ne soient réalisées* » (§ 10) ; par conséquent, « *lorsque l'ordonnance a été ainsi délivrée antérieurement aux actes qu'elle vise, il appartient aux enquêteurs de recueillir l'avis préalable, serait-il même oral, du juge d'instruction, et de justifier de l'accomplissement de cette formalité en procédure* » (§ 11) (Crim. 15 nov. 2022, n° 21-87.295, P).

B. La perquisition de nuit en flagrance dans certains lieux sans autorisation du juge pour trafic de stupéfiants, proxénétisme ou prostitution de mineurs

Les infractions de trafic de stupéfiants et de proxénétisme sont soumises au régime des perquisitions de nuit décrit au A ci-dessus.

Mais en cas d'infraction flagrante, la perquisition de nuit est possible sans autorisation du JLD ou du magistrat instructeur « *à l'intérieur des locaux où l'on use en société de stupéfiants ou dans lesquels sont fabriqués, transformés ou entreposés illicitement des stupéfiants* », sauf s'il s'agit de locaux d'habitation (v. A ci-dessus) (C. pr. pén., art. 706-28).

De même, pour la recherche et la constatation d'infractions flagrantes de proxénétisme (v. nº 20.105 à 20.110), et de recours à la prostitution de mineurs ou de personnes vulnérables (v. nº 20.111), (NB : ces dernières infractions ne sont pas soumises au régime de la criminalité organisée), ou pour le délit d'association de malfaiteurs lorsqu'il a pour objet de préparer l'une de ces infractions (v. nº 23.58) ; les visites, perquisitions et saisies « *peuvent être opérées à toute heure du jour et de la nuit, à l'intérieur de tout hôtel, maison meublée, pension, débit de boissons, club, cercle, dancing, lieu de spectacle et leurs annexes et en tout autre lieu ouvert au public ou utilisé par le public lorsqu'il est constaté que des personnes se livrant à la prostitution y sont reçues habituellement* » (C. pr. pén., art. 706-35).

Ces perquisitions de nuit ne peuvent, à peine de nullité, avoir un autre objet que la recherche et la constatation des infractions pour lesquelles elles sont autorisées par la loi (C. pr. pén., art. 706-28 et 706-35).

11.59 La visite douanière des personnes, des moyens de transport et des marchandises (C. douanes, art. 60 s., issus L. nº 2023-610, 18 juill. 2023)

A. L'inconstitutionnalité des anciennes dispositions relatives à la visite douanière des personnes, des moyens de transport et des marchandises (C. douanes, art. 60)

Avant son invalidation par le Cons. const., C. douanes, art. 60, conférait aux agents des douanes, « *en vue de la recherche de la fraude* », la faculté de procéder d'office à la « *visite des marchandises et des moyens de transport et à celle des personnes* », ce qui permettait « *en toutes circonstances, à tout agent des douanes de procéder à ces opérations pour la recherche de toute infraction douanière, sur l'ensemble du territoire douanier et à l'encontre de toute personne se trouvant sur la voie publique* » (§ 8) (Cons. const. 22 sept. 2022, nº 2022-1010 QPC).

Ces dispositions conféraient aux agents des douanes la faculté de procéder d'office à la fouille de véhicules et des passagers « *sans relever l'existence préalable d'un indice faisant présumer la commission d'une infraction* » (Crim. 9 déc. 2020, nºs 20-81.483, 18-83.667 ; Crim. 5 avr. 2018, nº 17-80.285, D ; Crim. 16 janv. 1995, nº 94-81.722, D). Ils pouvaient ainsi procéder sur l'ensemble du territoire douanier, aux frontières, sur la voie publique ou dans les ports, à la visite des moyens de transport, et la découverte d'une infraction douanière (ex. stupéfiants) les autorisait à procéder comme en flagrance (Crim. 19 févr. 1998, nº 96-82.435 NP), un tel flagrant délit douanier pouvant les conduire, en application de C. douanes, art. 64, à opérer une visite dans des lieux privés sans l'assentiment de son occupant, selon les précisions apportées au nº 11.60C.

Les QPC portant sur ces dispositions avaient tout d'abord été rejetées, au motif que « *les droits de visite et de vérification exercés par les agents des douanes, sous le contrôle d'un juge, répondent, sans disproportion, aux objectifs de valeur constitutionnelle de lutte contre les fraudes transfrontalières et les atteintes aux intérêts financiers de l'Union européenne* » (Crim. 5 oct. 2011, nº 11-90.089, D), ou qu'elles « *répondent sans disproportion à la nécessité de lutter contre les fraudes et de protéger les intérêts financiers de l'Union, et qui, sous le contrôle du juge, n'autorisent aucune mesure coercitive, ne méconnaissent à l'évidence aucun des droits ou libertés que la Constitution garantit* » (Crim. 25 janv. 2012, nº 11-84.876, D ; dans le même sens : Crim. 13 juin 2012, nº 12-90.025, D).

Dans la décision précitée Cons. const. 22 sept. 2022, n° 2022-1010 QPC, prenant effet au 1er sept. 2023, C. douanes, art. 60, a été déclaré inconstitutionnel au motif qu'en « *ne précisant pas suffisamment le cadre applicable à la conduite de ces opérations, tenant compte par exemple des lieux où elles sont réalisées ou de l'existence de raisons plausibles de soupçonner la commission d'une infraction, le législateur n'a pas assuré une conciliation équilibrée entre, d'une part, la recherche des auteurs d'infractions et, d'autre part, la liberté d'aller et de venir et le droit au respect de la vie privée* » (§ 9).

Tirant les conséquences de cette décision, la L. n° 2023-610, 18 juill. 2023, visant à donner à la douane les moyens de faire face à de nouvelles menaces, a réformé le dispositif du droit de visite douanier des marchandises, des moyens de transport et des personnes, selon les précisions apportées ci-après.

B. Les nouvelles conditions de mise en œuvre du droit de visite des personnes, des moyens de transport et des marchandises en matière douanière (L. n° 2023-610, 18 juill. 2023)

Les précisions qui suivent sont applicables au droit de visite général de la douane, qu'il s'agisse du contrôle des personnes, des moyens de transport et des marchandises.

Le droit de visite des locaux professionnels (C. douanes, art. 63 *ter*) ou privés (C. douanes, art. 64), qui était déjà soumis à des conditions particulières, n'a pour sa part pas subi de modifications (sur la visite douanières des locaux, v. n° **11.60**).

A la différence de la visite douanière des locaux, la visite des personnes, moyens de transport et marchandises s'exercent principalement sur les espaces dans lesquels les personnes, les véhicules et les marchandises circulent.

1. Les finalités du droit de visite douanier des personnes, des moyens de transport et des marchandises (C. douanes, art. 60, issu L. n° 2023-610, 18 juill. 2023)

La L. n° 2023-610, 18 juill. 2023, détermine les finalités du droit de visite douanière des marchandises, des moyens de transport et des personnes en précisant que ces prérogatives sont applicables pour la recherche de la fraude aux dispositions du C. douanes ou du code des douanes de l'Union, pour le contrôle de l'argent liquide entrant dans l'Union ou sortant de l'Union (règlt (UE) 2018/1672) ainsi que pour le contrôle des obligations déclaratives dans les relations financières avec l'étranger (CMF, art. L. 152-4, pris en application notamment du règlement précité, v. n° **33.41**).

Si ces finalités peuvent seules justifier l'exercice du droit de visite, il n'en reste pas moins que « *le fait que les opérations révèlent des infractions autres* » que les infractions douanières recherchées « *ne constitue pas une cause de nullité des procédures incidentes* » (C. douanes, art. 60-10, issu L. n° 2023-610, 18 juill. 2023).

Notons qu'en pratique, la découverte d'une infraction douanière (ex. stupéfiants) au cours d'une opération de visite autorise les agents des douanes à procéder comme en flagrance (Crim. 19 févr. 1998, n° 96-82.435, NP), régime pouvant les conduire à procéder au placement de la personne en retenue douanière si l'infraction est passible d'emprisonnement (sur la retenue douanière, C. douanes, art. 323-1 s., v. n° **12.33**), et à opérer une visite dans des lieux privés sans l'assentiment de son occupant (C. douanes, art. 64, v. n° **11.60C**).

Lorsque la visite douanière conduit à la découverte d'une infraction non douanière passible d'emprisonnement, les agents des douanes peuvent interpeller l'auteur présumé et le maintenir à leur disposition le temps strictement nécessaire à la rédaction du procès-verbal et à la réalisation de mesures conservatoires sur les indices recueillis (C. douanes, art. 67-0 *quater*, issu L. n° 2023-610, 18 juill. 2023, v. n° **12.1A1**).

Comme l'indique le texte (C. douanes, art. 60), les pouvoirs de visite des agents des douanes s'exercent « *en vue de la recherche de la fraude* ». Il est donc admis, selon les précisions apportées au n° **11.6B4**, que des opérations de visite douanière effectuées, non sur un public indifférencié, mais sur la base d'informations transmises par les services de police judiciaire, voire dans le cadre d'un « *contrôle conjoint programmé* », ne constituent pas en tant que telles un détournement de procédure lorsqu'elles conduisent à la révélation d'infractions comme celle de trafic de stupéfiants (Crim. 9 déc. 2020, n° 18-83.667 et 20-81.483, D ; Crim. 5 avr. 2018, n° 17-80.285, D).

2. La visite d'office dans le rayon des douanes et les lieux de circulation internationale (C. douanes, art. 60-1, issu L. n° 2023-610, 18 juill. 2023)

D'office, sans avoir à relever l'existence préalable d'un indice laissant présumer la commission d'une infraction, « *Les agents des douanes peuvent procéder, à toute heure, à la visite des marchandises, des moyens de transport et des personnes se trouvant dans les lieux suivants :* »

– la **zone terrestre du rayon des douanes**, définie comme la zone comprise « *entre la frontière terrestre et une ligne tracée à 40 km en deçà* » (C. douanes, art. 44, mod. par L. n° 2023-610, 18 juill. 2023) ;

– les **bureaux des douanes**, lieux fixés par arrêté du ministre de l'économie et des finances, dans lesquels sont accomplies les formalités douanières (C. douanes, art. 46 et 47, Arr. 9 févr. 1994 fixant la liste et les compétences des bureaux des douanes et droits indirects, NOR : BUDD9430002A, *JO* 3 mars 1994, et ses modificatifs) ;

– les « *ports, les aéroports et les gares ferroviaires ou routières ouverts au trafic international désignés par arrêté du ministre chargé des douanes ainsi que les abords de ces lieux* » (Arr. 18 juill. 2023, établissant la liste des ports, aéroports, gares ferroviaires et gares routières ouverts au trafic international, NOR : ECOD2318433A) ;

– les **sections autoroutières** commençant dans la zone terrestre du rayon des douanes et jusqu'au premier péage après sa limite, ainsi que les **aires de stationnement** attenantes ;

– les **trains effectuant une liaison internationale**, jusqu'au premier arrêt après la fin du rayon douanier terrestre, ou jusqu'à 50 km au-delà pour les dessertes particulières désignées par arrêté ministériel (Arr. 18 juill. 2023, portant application de l'article 60-1, 5° du code des douanes, NOR : ECOD2318434A).

3. La visite en dehors des zones douanières en cas d'indice de commission d'une infraction douanière (C. douanes, art. 60-2, issu L. n° 2023-610, 18 juill. 2023)

« *Les agents des douanes peuvent également procéder, à toute heure, à la visite des marchandises, des moyens de transport et des personnes se trouvant ou circulant sur la voie publique, dans les lieux attenants directement accessibles au public ainsi que dans les ports, les aéroports, les gares ferroviaires ou routières et les trains autres* » que ceux autorisant la visite d'office exposée ci-dessus, « *en cas de raisons plausibles de soupçonner la commission ou la tentative de commission* » d'une :

– contravention ou d'un délit douanier prévu par C. douanes, art. 410 à 429 (notamment contrebande de marchandise prohibée, C. douanes, art. 414, v. n°s 33.36 et 34.6 ; blanchiment douanier, C. douanes, art. 415, v. n° 28.9 ; contrebande intentionnelle, C. douanes, art. 414-2, v. n° 33.37 ; contrebande de tabac manufacturé, C. douanes, art. 414, v. n° 33.38 ;

– infraction à la législation des relations financières avec l'étranger prévue par C. douanes, art. 459 ;

– infraction aux obligations déclaratives en matière d'argent liquide (CMF, art. L. 152-4, v. n° 33.41).

« *Rédigé en des termes similaires au contrôle d'identité de police judiciaire prévu par C. pr. pén., art. 78-2, la mise en oeuvre de ce nouveau droit de visite de police judiciaire dans le code des douanes repose sur les mêmes exigences de constatation d'un indice apparent ou d'un signe objectif rendant vraisemblable aux yeux de tous la commission d'une infraction douanière ou sa tentative* » (Circ. Crim. 2023-14/H3, 26 juill. 2023, n° I 2), NOR : JUSD2321216C) (sur la notion d'indice apparent d'une infraction justifiant le contrôle d'identité, C. pr. pén., art. 78-2 al. 1, v. n° 11.24D).

Par hypothèse, ces contrôles qui sont motivés par des indices de commission d'une infraction doivent avoir pour cible les personnes, moyens de transport et marchandises concernés par ces indices et ne peuvent donc être généralisés et indifférenciés.

constatations faites et renseignements recueillis, ainsi que, le cas échéant, les saisies et la rédaction du procès-verbal afférent », « *à l'issue du droit de visite, hors le cas où sont réunies les conditions permettant une retenue douanière, et sauf dispositions spécifiques, les agents des douanes ne sont pas autorisés à continuer à retenir la personne contrôlée contre son gré* » (Crim. 13 juin 2019, n° 18-83.297, P n° 111). Dans le même sens, approuvant le juge qui énonce que C. douanes, art. 60, permet aux agents des douanes de contraindre la personne contrôlée à les suivre dans les locaux de l'administration et à y rester le temps que soit dressé le procès-verbal de constatation ou de saisie, mais que celle-ci, dès lors qu'elle est maintenue contre son gré, ne peut être entendue sur d'autres faits que ceux révélés par le contrôle, sans être placée en retenue douanière : Crim. 10 avr. 2013, n° 11-88.589, P n° 84. Est jugé valable le maintien à disposition de la personne pour une visite qui a duré 6 H 15 avant de se dénouer par la découverte de sachets suspects et le placement, 45mn après la fin de ces opérations, en retenue douanière (Crim. 18 déc. 2019, n° 19-81.643, D).

Pour autant, « *le maintien d'une personne à la disposition des agents des douanes dans le cadre de l'exercice du droit de visite des marchandises, des moyens de transport et des personnes prévu au C. douanes, art. 60 au-delà de ce qui est strictement nécessaire à l'accomplissement de cette mesure et à l'établissement du procès-verbal qui la constate n'entraîne l'annulation de la procédure de contrôle douanier qu'à compter du moment où la mesure de contrainte cesse d'être justifiée* » (§ 15), « *En conséquence, ne doivent être annulés ou cancellés que les procès-verbaux ou les mentions de procès-verbaux dressés par l'administration des douanes postérieurement à ce moment* » (§ 16), en outre, « *le maintien irrégulier sous contrainte dans le cadre des opérations de contrôle effectuées sur le fondement de C. douanes, art. 60 ne suffit pas à lui seul à entraîner la nullité de la procédure judiciaire qui lui fait suite* » (§ 17), en effet, celle-ci peut être justifiée par les éléments subsistants de la procédure douanière (§ 18) (Crim. 16 juin 2021, n° 21-80.614, P) (sur la doctrine du « *support nécessaire* » en matière de nullités de procédure, v. n° **17.27C4**).

3. Le caractère contradictoire des opérations de visite (C. douanes, art. 60-8 issu L. n° 2023-610, 18 juill. 2023)

Il était jugé sous le régime des textes antérieurs que, « *en l'absence de toute garantie posée par la loi visant à s'assurer de l'authentification des recherches et découvertes effectuées, ces dispositions ne sauraient être interprétées comme autorisant les agents des douanes à procéder à la visite d'un véhicule stationné sur la voie publique ou dans un lieu accessible au public libre de tout occupant* » (§ 7), est par voie de conséquence nulle la fouille d'un véhicule effectuée sans la présence de son utilisateur (Crim. 23 févr. 2022, n° 21-85.050, P ; sur la présence de la personne au domicile de laquelle la perquisition a lieu, C. pr. pén., art. 57 et 76, v. n° **11.57B5**).

Consacrant cette jurisprudence, la loi pose en principe que « *chaque intervention dans des locaux ou des lieux* [dans lesquels se déroulent l'opération de visite] *se déroule en présence de la personne concernée ou de son représentant ou, à défaut, d'une personne requise à cet effet par les agents des douanes et qui ne relève pas de leur autorité administrative* » (pour comparaison, sur le caractère contradictoire de la perquisition, v. n° **11.57B5**).

Par hypothèse la visite de la personne se déroule en sa présence et le texte ne prévoit pas de modalités particulières à cet égard.

« *La visite des moyens de transport a lieu en présence de leur conducteur, de leur propriétaire ou, à défaut, d'une personne requise à cet effet par les agents des douanes et qui ne relève pas de leur autorité administrative. La présence d'une personne extérieure n'est toutefois pas requise si la visite comporte un risque grave pour la sécurité des personnes et des biens. Lorsque la visite des moyens de transport a lieu en l'absence de leur conducteur ou de leur propriétaire, un procès-verbal relatant le déroulement de la visite est établi et signé, le cas échéant, par la personne requise* ».

« *La visite des moyens de transport spécialement aménagés à usage d'habitation et effectivement utilisés comme résidence au moment du contrôle ne peut être faite que dans les conditions prévues* » pour les visites douanières domiciliaires par C. douanes, art. 64 (sur ce point, v. n° **11.60C**).

« *La visite des bagages a lieu en présence de leurs détenteurs ou, à défaut, d'une personne requise à cet effet par les agents des douanes et qui ne relève pas de leur autorité administrative* ».

Précisons qu'en application de C. pr. pén., art. 171 et 802, l'irrégularité tenant à l'absence de respect du contradictoire ne peut être soulevée que par les personnes qui justifient « *bénéficier des droits du propriétaire ou du locataire sur les véhicules dans lesquels ont été pratiquées les saisies douanières litigieuses* » (Crim. 9 sept. 2020, n° 19-85.128, P).

Soulignons qu'en matière de contrôle douanier des envois par la poste, chaque intervention se déroule en présence de l'opérateur contrôlé ou de son représentant et fait l'objet d'un procès-verbal relatant les opérations (C. douanes, art. 66).

4. L'encadrement du recueil des déclarations de la personne contrôlée (C. douanes, art. 60-9 issu L. n° 2023-610, 18 juill. 2023)

Si, à l'occasion de l'exercice du droit de visite douanière, « *les agents des douanes peuvent recueillir des déclarations en vue de la reconnaissance des objets découverts* », « *ils ne disposent pas d'un pouvoir général d'audition de la personne contrôlée* » et ne peuvent donc procéder à « *une audition formelle sur sa situation personnelle, notamment financière, et sur l'origine des fonds transportés* », sauf à lui notifier préalablement les droits du suspect entendu librement (C. douanes, art. 67 F, v. n° **11.73**) ou sous le régime de la retenue douanière (C. douanes, art. 323-1 s. v. n° **12.33**) (Crim. 18 mars 2020, n° 19-84.372, P). De même, « *si, dans ce cadre, les agents de douanes peuvent recueillir des déclarations en vue de la reconnaissance des objets découverts, ils ne disposent pas d'un pouvoir général d'audition de la personne contrôlée* » (Crim. 13 juin 2019, n° 18-83.297, P n° 111).

Notons qu'une solution identique s'impose aux agents des douanes pour l'exercice du droit de communication prévu par C. douanes, art. 65, car ces dispositions, qui « *ne leur interdisent pas de recueillir des déclarations spontanées relatives aux éléments communiqués, ne leur confèrent pas un pouvoir général d'audition* » (Crim. 9 nov. 2022, n° 21-85.747, P), ou aux agents compétents en matière de contributions indirectes, pour l'exercice du droit de contrôle prévu par LPF, art. L. 34 (Crim. 29 mai 2019, n° 18-86.343, D).

Consacrant les décisions qui précédent, la loi prévoit désormais qu'au cours des opérations de visite, « *les agents des douanes ne peuvent recueillir des déclarations qu'en vue de la reconnaissance des objets découverts lors de la visite* » (C. douanes, art. 60-9). Soulignons en effet qu'au cours de ces opérations de visite, la personne n'a pas le statut de suspect et n'a pas reçu notification des droits du suspect, notamment du droit au silence ou à l'assistance d'un avocat. Cette prescription vise donc à empêcher que ces droits ne soient éludées durant l'opération de visite par le recueil d'une déclaration présentant « *le caractère d'une audition* » au sens de la jurisprudence qui interprète C. pr. pén., art. 54, relatif à la perquisition dans l'enquête judiciaire (v. n° **11.57F**).

Le texte prévoit également que « *Lorsqu'une personne concernée par la visite et suspectée d'avoir commis une infraction douanière fait l'objet d'une mesure de contrainte sur sa personne, elle ne peut être entendue selon les modalités prévues à l'article 67 F* ». Cette précision, qui aurait pu aussi trouver sa place au C. douanes, art. 67 F, montre que l'exercice du droit de visite et ses modalités ne doivent pas conduire à éluder les règles applicables à la retenue douanière (C. douanes, art. 323-1 s., sur la retenue douanière, v. n° **12.33**) ou à l'audition libre du suspect (C. douanes, art. 67 F, sur l'audition libre du suspect, v. n° **11.73**), et que l'opération de visite ne peut en particulier conduire à exercer une contrainte implicite assimilable à une retenue douanière sur la personne (sur la contrainte implicite éludant le régime de la garde à vue ou de la retenue douanière, v. n° **12.12B**).

D. Les règles particulières applicables à la visite douanière des personnes

1. L'encadrement du droit de visite des personnes par les agents des douanes (C. douanes, art. 60-6 issu L. n° 2023-610, 18 juill. 2023)

En plus des règles communes aux différents cas de contrôle douanier, la visite des personnes obéit au surplus aux conditions suivantes : « *La visite des personnes peut consister en la palpation ou en la fouille de leurs vêtements, de leurs bagages et de tous autres effets personnels, à l'exclusion de toute fouille intégrale. Elle peut également consister, sur consentement écrit de la personne, en la réalisation d'examens de dépistage de substances ou de plantes classées comme stupéfiants. Ces opérations s'exécutent dans des conditions garantissant le respect de la dignité de la personne. Elles sont pratiquées à l'abri du regard du public, sauf impossibilité liée aux circonstances* » (C. douanes, art. 60-6).

Il était jugé sous l'empire du texte antérieur, non modifié sur ce point, que « *la visite des personnes à laquelle les agents des douanes peuvent procéder en application [de C. douanes, art. 60], qui peut consister en la palpation ou la fouille de leurs vêtements et de leurs bagages, ne saurait inclure une fouille à corps, impliquant le retrait des vêtements, qui ne peut être mise en œuvre, aux termes [de C. douanes, art. 323-7], qu'en cas de retenue douanière* » (§ 18) (Crim. 26 janv. 2022, n° 21-84.228, P).

Précisons que « *la visite des bagages a lieu en présence de leurs détenteurs ou, à défaut, d'une personne requise à cet effet par les agents des douanes et qui ne relève pas de leur autorité administrative* » (C. douanes, art. 60-8) (sur le caractère contradictoire de la visite douanière, v. n° **11.59C3**).

2. Les investigations *in corpore* en cas d'indices de stupéfiants (C. douanes, art. 60 bis)

Soulignons que « *lorsque des indices sérieux laissent présumer qu'une personne transporte des produits stupéfiants dissimulés dans son organisme* », les agents des douanes peuvent la soumettre à des examens médicaux de dépistage après avoir obtenu son consentement exprès. En cas de refus, le JLD peut autoriser les agents des douanes, sur leur demande qui peut être transmise par tout moyen, à faire procéder aux examens médicaux. Le juge désigne alors le médecin chargé de les pratiquer dans les meilleurs délais.

Les résultats de l'examen, les observations de la personne et le déroulement de la procédure doivent être consignés dans un procès-verbal transmis au magistrat.

Le refus de se soumettre aux examens prescrits par le magistrat constitue l'infraction visée à l'article 60 *bis* du code des douanes (v. n° **25.36**).

Par hypothèse, les opérations ici décrites, qui ne sont pas issues de L. n° 2023-610, 18 juill. 2023, ne se rattachent pas à l'exercice du droit de visite douanier des personnes, mais aux investigations conduites dans le cadre d'une enquête douanière ouverte lors de la constatation d'indices d'une infraction, le cas échéant consécutive à une visite douanière.

E. Les règles particulières applicables à la visite douanière des moyens de transport

Le droit de visite des moyens de transport a pour corollaire la faculté d'immobiliser les véhicules en circulation. En effet, tout conducteur de moyen de transport doit se soumettre aux injonctions des agents des douanes, lesquels peuvent faire usage de tous engins appropriés pour immobiliser les moyens de transport quand le conducteur ne s'arrête pas à leurs injonctions (C. douanes, art. 61).

Précisons que dans l'exercice de leurs missions de recherche de la fraude prévue par le code des douanes, les agents des douanes accèdent librement aux trains en circulation sur le territoire français (C. transp., art. L. 2241-1-1, L. n° 2016-339, 22 mars 2016), en tenue d'uniforme ou en tenue civile, selon les précisions apportées par D. n° 2016-903, 1er juill. 2016).

F. Les règles propres à d'autres contrôles douaniers

Les régimes de contrôle douanier qui suivent sont autonomes. Même s'ils poursuivent la même finalité, ils ne constituent pas la déclinaison des règles prévues par C. douanes, art. 60 à 60-10, propres aux contrôles des personnes, des moyens de transport et des marchandises, même si certaines règles peuvent leur être ponctuellement empruntées.

1. La visite douanière de navire (C. douanes, art. 62 et 63) (renvoi, v. n° 11.29C)

La visite douanière de navire obéit à un régime particulier fixé au C. des douanes, art. 62 et 63, exposé au n° **11.29C**, sans que les agents des douanes n'aient à justifier d'indices préalables d'une infraction douanière.

Sont applicables à ces opérations les règles relatives à la fouille des personnes (C. douanes, art. 60-6, v. D ci-dessus), à la limitation de la durée de l'immobilisation des moyens de transport et des marchandises et de celle du maintien des personnes à disposition (C. douanes, art. 60-7, v. C2 ci-dessus), ainsi qu'au recueil des déclarations (C. douanes, art. 60-9, v. C4 ci-dessus) (C. douanes, art. 62 IX et 63 IX, issus L. nº 2023-610, 18 juill. 2023).

2. La visite douanière des lieux professionnels et privés (C. douanes, art. 60-4, 63 ter et 64) (renvoi, v. nº 11.60).

Ces visites obéissent au régime particulier fixé au C. des douanes, art. 63 *ter* et 64, exposé au nº 11.60, avec celui qui porte sur les lieux où sont susceptibles d'être détenues des marchandises sous surveillance douanière (C. douanes, art. 60-4, issu L. nº 2023-610, 18 juill. 2023). Elles n'ont pas à être justifiées par des indices préalables d'une infraction douanière.

3. Le contrôle douanier des envois par la poste (C. douanes, art. 66)

Par dérogations aux dispositions ici exposées, les agents des douanes peuvent contrôler les envois postaux au sein des locaux des prestataires de services postaux et des entreprises de fret express, le cas échéant en les ouvrant (C. douanes, art. 66 §1), sans avoir à justifier d'indices préalables d'une infraction douanière (Crim. 26 janv. 2022, nº 21-81.170, P).

11.60 La visite douanière des lieux professionnels et privés (C. douanes, art. 63 ter et 64)

A. Le droit de visite douanière des locaux professionnels (C. douanes, art. 63 ter)

Afin de procéder aux investigations nécessaires à la recherche et à la constatation des infractions prévues au C. douanes, les agents des douanes de catégorie A ou B et les agents de catégorie C qui accompagnent ces derniers, « *ont accès aux locaux et lieux à usage professionnel, ainsi qu'aux terrains et aux entrepôts où les marchandises et documents se rapportant à ces infractions sont susceptibles d'être détenus quel qu'en soit le support. Aux mêmes fins, ils ont accès aux moyens de transport à usage professionnel et à leur chargement* ».

« *Cet accès a lieu entre 8 H 00 et 20 H 00 ou, en dehors de ces heures, lorsque l'accès au public est autorisé, ou lorsque sont en cours des activités de production, de fabrication, de conditionnement, de transport, de manutention, d'entreposage ou de commercialisation* ».

A la différence des visites douanières des personnes, des moyens de transport et des marchandises effectuées en dehors des zones douanières, selon le régime institué au C. douanes, art. 60-2 par L. nº 2023-610, 18 juill. 2023 (v. nº 11.59B3), la visite des locaux professionnels par les services de douanes n'est pas subordonnée à l'existence d'indices préalables de fraude ou d'infraction douanière. À plus forte raison, l'exécution d'une visite douanière sur la base de renseignements transmis par des OPJ enquêtant en préliminaire sur des mouvements suspects de personnes ou de véhicules est valable et ne saurait constituer un détournement de procédure, selon les précisions apportées au nº 11.6B4 (Crim. 9 déc. 2020, nºs 20-81.483, 18-83.667, D).

Mentionnons que lorsque la visite des locaux professionnels porte sur des marchandises placées sous surveillance douanière en application du règlᵗ (UE) nº 952/2013 du Parlement européen et du Conseil, 9 oct. 2013, établissant le code des douanes de l'Union, elle obéit au régime prévu par C. douanes, art. 60-4, exposé au nº 11.59BB.

« *Le procureur de la République est préalablement informé des opérations [...] et peut s'y opposer* ». C. douanes, art. 63 *ter* « *ne soumet pas cette obligation à un formalisme particulier* » (§ 12) ; en application de C. douanes, art. 336, « *les mentions dans les procès-verbaux établis par les agents des douanes relatives à l'accomplissement par ceux-ci des formalités qu'ils ont l'obligation d'accomplir font foi jusqu'à preuve contraire* » (§ 13), faute d'éléments de nature à mettre en cause leur exactitude, « *les énonciations du procès-verbal de visite [...] relatives à l'accomplissement, par les agents des douanes, de la formalité d'information préalable du procureur de la République concernant les opérations de contrôle* » sont dès lors suffisantes (§ 24) (Crim. 18 mars 2020, n° 19-81.001, P).

« *La partie affectée à usage privatif des locaux et lieux* » professionnels peut également être visitée, à l'instar de la perquisition durant l'enquête préliminaire mais sans nécessité d'indice d'infraction, « *lorsque leur occupant ou son représentant en donne l'assentiment exprès. Cet assentiment fait l'objet d'une déclaration signée par l'intéressé et recueillie sur place, annexée au procès-verbal* » (sur l'assentiment exprès à perquisition dans le cadre de l'enquête préliminaire, C. pr. pén., art. 76, v. n° **11.57D1**).

« *Au cours de leurs investigations, les agents des douanes [...] peuvent procéder à la retenue de documents pour les besoins de l'enquête ou en prendre copie quel qu'en soit le support* ».

Un procès-verbal de constat relatant le déroulement des opérations de contrôle, auquel est le cas échéant annexé l'assentiment exprès relatif à la visite des lieux à usage privatif, est transmis au procureur de la République dans les 5 jours suivant son établissement. Une copie en est transmise à l'intéressé dans le même délai.

B. La visite des lieux ou sont détenues des marchandises placées sous surveillance douanière lors de leur introduction sur le territoire douanier de l'Union (C. douanes, art. 60-4, issu L. n° 2023-610, 18 juill. 2023)

« *Aux fins de procéder à la visite des marchandises placées sous surveillance douanière en application de l'article 134 du règlement (UE) n° 952/2013 du Parlement européen et du Conseil du 9 octobre 2013 établissant le code des douanes de l'Union, les agents des douanes ont accès aux locaux et aux lieux où elles sont susceptibles d'être détenues entre 8 heures et 20 heures ou, en dehors de ces heures, lorsque l'accès au public est autorisé ou lorsque sont en cours des activités de production, de fabrication, de conditionnement, de transport, de manutention, d'entreposage ou de commercialisation. Cet accès ne s'applique pas à la partie des locaux affectée à un usage privé ou d'habitation* » (C. douanes, art. 60-4, issu L. n° 2023-610, 18 juill. 2023 visant à donner à la douane les moyens de faire face aux nouvelles menaces).

Selon l'article 134 du code des douanes de l'Union précité, sont placées sous le régime de la « *surveillance douanière* » « *les marchandises qui sont introduites sur le territoire douanier de l'Union* » et elles « *restent sous cette surveillance aussi longtemps qu'il est nécessaire pour déterminer leur statut douanier* ».

Les dispositions du C. douanes, art. 60-4, dérogent aux régles de droit commun prévues par C. douanes, art. 63 *ter* pour la visite des locaux professionnels, exposées au A di-dessus. Si aucune de ces deux mesures ne doit être justifiée par des indices préalables d'infraction, celle prévue par C. douanes, art. 60-4 n'exige pas l'information préalable du procureur de la République, à la différence de celle prévue par C. douanes, art. 63 *ter*.

« *Le fait que les opérations révèlent des infractions autres* » que celles concernant des marchandises placées sous surveillance douanière « *ne constitue pas une cause de nullité des procédures incidentes* » (C. douanes, art. 60-10, issu L. n° 2023-610, 18 juill. 2023).

C. Le droit de visite douanière en tous lieux mêmes privés (C. douanes, art. 64)

1. Les conditions propres à la visite en flagrance et communes à la visite sur autorisation du JLD

Pour la seule recherche et la constatation des délits douaniers de 1re classe (C. douanes, art. 414 à 414-2), de 2e classe (C. douanes, art. 415 et 415-1) et de 3e classe (C. douanes, art. 416 à 416 *bis*), de contrebande (C. douanes, art. 417 à 422), d'importation et d'exportation sans déclaration (C. douanes, art. 423 à 429) et des infractions à la législation et à la règlementation des relations financières avec l'étranger (C. douanes, art. 459), « *les agents des douanes habilités à cet effet par le ministre chargé des douanes peuvent procéder à des visites en tous lieux, même privés, où les marchandises et documents se rapportant à ces délits ainsi que les biens et avoirs en provenant directement ou indirectement sont susceptibles d'être détenus ou d'être accessibles ou disponibles* ».

Dans tous les cas, cette visite douanière est subordonnée soit à l'existence d'un flagrant délit douanier, ce qui suppose l'existence préalable d'indices d'une infraction douanière en train de se commettre, soit, en l'absence de flagrance, « *d'éléments de fait et de droit [...] qui laissent présumer [...] l'existence des agissements frauduleux dont la preuve est recherchée* », lesquels conditionnent l'autorisation de procéder accordée par le JLD. Cette voie procédurale n'offre donc d'intérêt que pour la visite des lieux privés, les lieux professionnels pouvant être visités d'office sans indice d'un comportement délictueux et pour toute infraction du C. douanes (v. A ci-dessus).

Les agents de douanes doivent dans les deux cas être accompagnés d'un OPJ, lequel est désigné par le JLD hors flagrance. Cet OPJ « *veille au respect du secret professionnel et des droits de la défense* » conformément au C. pr. pén., art. 56, al. 3. S'il y a refus d'ouverture des portes, les agents des douanes ne peuvent les faire ouvrir qu'en présence de l'OPJ.

En flagrance, les agents des douanes « *peuvent procéder, à l'occasion de la visite, à la saisie des marchandises et des documents, quel qu'en soit le support, se rapportant aux délits précités* », sans autorisation d'un magistrat.

Les agents des douanes, les personnes qualifiées auxquelles ils ont éventuellement recours en application de C. douanes, art. 67 *quinquies* A pour effectuer des expertises techniques, l'occupant des lieux ou son représentant et l'OPJ peuvent seuls prendre connaissance des pièces et documents avant leur saisie.

Le texte n'impose ni l'information préalable du procureur de la République en cas de flagrance ni l'avis du ministère public en cas d'ordonnance du JLD, lequel est directement saisi par un fonctionnaire de l'administration des douanes.

2. L'ordonnance du JLD autorisant la visite hors flagrance

« *Hormis le cas de flagrant délit, chaque visite doit être autorisée par une ordonnance du JLD* ».

« *Le juge motive sa décision par l'indication des éléments de fait et de droit qu'il retient et qui laissent présumer, en l'espèce, l'existence des agissements frauduleux dont la preuve est recherchée* » ; il « *doit vérifier de manière concrète que la demande d'autorisation qui lui est soumise est bien fondée ; cette demande doit comporter tous les éléments d'information en possession de l'administration de nature à justifier la visite* ».

Cette ordonnance désigne notamment l'adresse des lieux à visiter ainsi que le fonctionnaire demandeur et bénéficiaire de l'autorisation.

« *L'ordonnance est notifiée verbalement et sur place au moment de la visite à l'occupant des lieux ou à son représentant qui en reçoit copie intégrale* ». En leur absence, elle est notifiée « *après la visite* » par LRAR ou à défaut de réception par commissaire de justice [anc[t] huissier].

« *L'ordonnance est exécutoire au seul vu de la minute* », ce qui signifie que l'écoulement du délai d'appel de 15 jours ou l'exercice d'un appel devant le premier président ne suspend pas les opérations. De même, si l'ordonnance est tenue de mentionner la faculté pour l'occupant ou son représentant ou l'auteur présumé des infractions « *de faire appel à un conseil de son choix* », l'exercice de ce droit ne suspend pas les opérations de visite et de saisie.

La visite « *ne peut être commencée* » avant 6 H 00 ni après 21 H 00, ce qui signifie qu'elle peut se poursuivre au-delà de 21 H 00 si elle a débuté avant. Il n'est pas prévu d'extension en dehors de ces heures dans les lieux où sont en cours des activités professionnelles, puisque C. douanes, art. 64, vise par hypothèse les lieux privés.

La visite s'effectue sous le contrôle du JLD et l'OPJ qu'il désigne dans son ordonnance est chargé de le tenir informé. Le juge peut se rendre dans les locaux, décider la suspension ou l'arrêt de la visite. Par tout moyen, il peut autoriser la visite d'un coffre détenu par un établissement de crédit s'il est découvert que l'occupant des lieux visités en est titulaire, et autoriser la visite d'autres lieux s'il est révélé que s'y trouvent des biens ou avoirs se rapportant aux infractions recherchées.

Le JLD doit, dans son ordonnance, se prononcer « *par une mention expresse sur la saisie de biens et avoirs pouvant provenir directement ou indirectement des délits dont la preuve est recherchée* » et les douaniers ne peuvent saisir les « *biens et avoirs provenant directement ou indirectement* » des

2. Le domaine de la saisie pénale : ce qui peut être confisqué peut être saisi

L'appréhension du produit des activités criminelles et du patrimoine des délinquants, tant en phase d'enquête (saisies) qu'au stade du jugement (confiscations) constitue une priorité en matière de lutte contre l'économie souterraine, les fraudes et la corruption (Circ. Crim. 2010-28-G, 22 déc. 2010, NOR : JUSD1033251C). Ainsi, la perquisition n'est pas exclusivement destinée à la recherche de pièces à conviction en lien avec l'infraction (finalité probatoire) mais peut aussi avoir pour unique objet la recherche et la saisie d'avoirs susceptibles de confiscation (finalité patrimoniale) (C. pr. pén., art. 56 et 76 mod. par L. n° 2010-768, 9 juill. 2010, sur la perquisition, v. n° **11.57B1**).

De C. pén., art. 131-21, découle le principe « *que ce qui peut être confisqué peut être saisi* » (Crim. 7 août 2019, n° 18-87.174, P). Avec l'accord du procureur de la République, ou du juge d'instruction s'il est saisi, l'OPJ ne maintient donc sous le régime de la saisie que les éléments « *utiles à la manifestation de la vérité* » ou « *les biens dont la confiscation est prévue* » à titre de peine (C. pr. pén., art. 56, 67 et 76 pour l'enquête, 94 et 97 pour l'information), solution qui s'impose également pour les éléments susceptibles d'être restitués à la victime.

L'orientation des investigations et la décision de saisie ou de restitution au cours de l'enquête et de l'instruction supposent en conséquence une connaissance précise des peines complémentaires de confiscation susceptibles d'être prononcées au stade du jugement par application, d'une part, des textes de répression de l'infraction visée par l'enquête, d'autre part, des dispositions générales relatives à la confiscation prévues par C. pén., art. 131-21. Il est donc ici renvoyé aux conditions de la peine complémentaire de confiscation, dont les règles sont transposables aux mesures de saisie qui en constituent le préalable (v. n° **18.35**), ainsi qu'aux diverses dispositions qui régissent la restitution même en l'absence de confiscation (sur la demande de restitution des biens saisis : C. pr. pén., art. 41-4 et 99 en dehors de l'audience, v. n° **11.62B** ; C. pr. pén., art. 373, 479 et 481 au stade de l'audience, v. n° **18.35C**, C. pr. pén., art. 710 après l'audience lorsque le bien a été définitivement confisqué au préjudice d'un propriétaire de bonne foi, v. n° **18.35C**).

En outre, la possibilité prévue par C. pén., art. 131-21 d'une **confiscation en valeur** (sur cette notion, v. n° **18.35D2**) de tous biens appartenant au condamné ou dont il a la **libre disposition** (sur cette notion, v. n° **18.35B7**) permet au stade de l'enquête ou de l'instruction d'élargir la saisie à tout bien qui n'est ni l'instrument de l'infraction, ni son produit direct ou indirect, mais dont la valeur estimée correspond à la valeur, également estimée, du bien ayant servi à l'infraction (instrument de l'infraction, Crim. 6 nov. 2019, n° 19-82.683, P), ou à la valeur du produit direct ou indirect de l'infraction.

Soulignons que la **procédure de sauvegarde**, procédure collective qui interdit toute procédure d'exécution (ex. saisie non pénale) sur le patrimoine du débiteur, ne fait pas obstacle à la saisie pénale de ses biens dès lors que cette mesure « *est d'une nature propre et ne s'analyse pas en une procédure d'exécution au sens* » (§ 9) de C. com., art. L. 622-21 II (Crim. 24 juin 2020, n° 19-85.874, P ; dans le même sens : Civ. 2e, 5 déc. 2019, n° 17-23.576). Cette solution est transposable à la procédure de **redressement judiciaire** qui obéit sur ce point aux mêmes règles (C. com., art. L. 631-14). De même, la mise en **liquidation judiciaire** de la personne poursuivie, « *ne s'oppose pas à son éventuelle condamnation à une peine de confiscation et à une mesure préalable de saisie destinée à garantir l'exécution de celle-ci* » (Crim. 23 oct. 2019, n° 18-85.820, P).

Les saisies de biens meubles corporels obéissent au régime de droit commun de la saisie non spéciale ci-après exposé, tandis que les saisies pénales spéciales, que sont la saisie de patrimoine, d'immeuble, de droits immobiliers incorporels (ex. compte bancaire, contrat d'assurance vie) ou la saisie sans dépossession, lesquelles ont une finalité exclusivement patrimoniale, obéissent à un régime particulier examiné au n° **11.63**.

Notons que le formalisme des saisies pénales spéciales précitées n'est pas applicable aux saisies de bien meubles corporels (arme, document, objet, numéraire, substance, etc., instrument, objet ou produit de l'infraction). Est donc nulle la saisie d'un objet par ordonnance du juge d'instruction, une telle saisie ne pouvant se réaliser qu'au moyen d'un procès-verbal de saisie du juge d'instruction ou de l'OPJ agissant sur commission rogatoire, en application de C. pr. pén., art. 97 (Crim. 7 août 2019, nº 18-87.174, P ; dans le même sens : Crim. 23 févr. 2022, nº 21-82.588, § 23, P).

B. Les modalités de la saisie pénale non spéciale

Les saisies sont souvent associées à une perquisition domiciliaire qui les précède (Sur la perquisition domiciliaire, v. nº **11.57C**). Mais elles peuvent aussi bien être la conséquence d'une visite de véhicule, d'une découverte sur la voie publique ou dans un local non affecté à l'habitation, ou d'une remise spontanée d'un objet ou d'un document par un suspect ou un témoin.

En cas de flagrance, l'OPJ « *saisit les armes et instruments qui ont servi à commettre le crime* [ou délit passible d'emprisonnement] *ou qui étaient destinés à la commettre, ainsi que tout ce qui paraît avoir été le produit "direct ou indirect" (L. nº 2010-768, 9 juill. 2010) de ce crime* » (C. pr. pén., art. 54 et 67).

L'objet et les modalités de la saisie ont été élargis par L. nº 2010-768, 9 juill. 2010 modifiant C. pr. pén., art. 56 et 97. L'OPJ peut désormais se transporter en tous lieux où sont susceptibles de se trouver des biens dont la confiscation est prévue à titre de peine complémentaire (sur les saisies dites spéciales à vocation patrimoniale, v. nº **11.63**) pour y procéder à une saisie de ce bien – En dehors des cas prévus par la loi, rappelons que la confiscation est encourue pour tout crime et pour tout délit passible d'un emprisonnement > 1 an, sauf délits de presse (C. pén., art. 131-21, v. les différents cas de confiscation nº **18.35**) – Il doit procéder avec l'autorisation préalable du procureur de la République s'il s'agit d'une confiscation de biens sans justification d'origine appartenant à l'auteur d'une infraction passible d'au moins 5 ans lui ayant procuré un profit direct ou indirect, ou d'une saisie de tout ou partie des biens (saisie de patrimoine) (C. pr. pén., art. 56, mod. par L. nº 2010-768, 9 juill. 2010).

« *Les perquisitions réalisées aux fins de recherche et de saisie des biens susceptibles de confiscation répondent en principe au même régime juridique que celles réalisées aux fins de recherche d'éléments de preuve (assentiment, heure...)* » (Circ. Crim. 10-28-G3, 22 déc. 2010, NOR : JUSD1033289C, nº I.1.2).

Dans l'enquête préliminaire, la saisie de pièces à conviction doit faire l'objet de l'assentiment exprès de la personne « *chez laquelle* » l'opération a eu lieu (C. pr. pén., art. 76). La formule d'assentiment usuelle couvre aussi bien la perquisition que les saisies subséquentes (v. nº **11.57C**).

Par ailleurs, la protection du secret professionnel réclame l'organisation de procédures particulières renforçant le contrôle des saisies par l'autorité judiciaire et, le cas échéant, l'ordre professionnel dont dépend la personne (v. nº **11.65**).

C. Le formalisme de la saisie pénale non spéciale

Dans le cas de la saisie de biens meubles corporels, la saisie est opérée par l'OPJ de police judiciaire sur le fondement de C. pr. pén., art. 54 et 67 dans le cadre de l'enquête, et 94 et 97 dans le cadre de l'instruction et d'une commission rogatoire. Il en est de même lorsque cette saisie de biens meubles corporels est une saisie en valeur (Crim. 7 août 2019, nº 18-87.174, P).

Dans ces cas, le procès-verbal de saisie se suffit à lui-même, sans ordonnance de saisie du JLD ou du juge d'instruction, ce formalisme étant réservé aux saisies spéciales énumérées au C. pr. pén., art. 706-141, dont le régime particulier est examiné au nº **11.63**.

• **L'aliénation anticipée des biens saisis**

Le procureur de la République peut également autoriser la remise à l'AGRASC, en vue de leur **aliénation**, des biens meubles dont la conservation en nature n'est plus nécessaire à la manifestation de la vérité et dont la confiscation est prévue par la loi, lorsque le maintien de la saisie serait de nature à diminuer la valeur du bien. S'il est procédé à la vente du bien, le produit de celle-ci est consigné à la Caisse des dépôts et consignations, il en est porté mention dans un registre spécial tenu par le greffe du TJ. En cas de classement sans suite, de non-lieu ou de relaxe, ou lorsque la peine de confiscation n'est pas prononcée, ce produit est restitué au propriétaire des objets s'il en fait la demande, augmenté le cas échéant des intérêts échus (C. pr. pén., art. 41-5, al. 2). Ces dispositions sont applicables en termes identiques au juge d'instruction (C. pr. pén., art. 99-2). Lorsque le bien remis à l'AGRASC constitue le logement familial des personnes mises en cause (en l'espèce un bateau), la CHINS saisie d'un recours contre la décision doit contrôler « *la proportionnalité de l'atteinte portée à leur droit à une vie privée et familiale et au domicile par la décision de remise [...] à l'AGRASC en vue de son aliénation, en considération des éléments relatifs à la gravité concrète des faits et à la situation personnelle des personnes mises en examen* » (§ 16) (Crim. 1er juin 2023, n° 22-86.463, P).

• **L'affectation du bien aux services effectuant des missions de police judiciaire**

Lorsque le maintien de la saisie serait de nature à diminuer la valeur du bien, le procureur de la République peut également ordonner, sous réserve des droits des tiers, de remettre ~~au service des domaines~~ à l'Agrasc (L. n° 2020-1721, 29 déc. 2020), en vue de leur **affectation à titre gratuit** par l'autorité administrative et après **estimation** de la valeur (L. n° 2016-731, 3 juin 2016, a remplacé le mot « *expertisée* » par « *estimée* »), à des services de police, de gendarmerie, à l'OFB (L. n° 2019-773, 24 juill. 2019) ou ~~des douanes~~ « *placés sous l'autorité du ministre chargé du budget* » (L. n° 2018-898, 23 oct. 2018) qui effectuent des missions de police judiciaire, des biens meubles saisis dont la conservation n'est plus nécessaire à la manifestation de la vérité et dont la confiscation est prévue par la loi.

Les dispositions qui précèdent sont applicables en termes identiques au juge d'instruction (C. pr. pén., art. 99-2).

En cas de classement sans suite, de non-lieu, de relaxe ou d'acquittement, ou lorsque la peine de confiscation n'est pas prononcée, le propriétaire qui en fait la demande obtient la restitution du bien, assortie s'il y a lieu d'une indemnité compensant la perte de valeur qui a pu résulter de l'usage du bien (C. pr. pén., art. 41-5, al. 3). Précisons qu'en cas de contestation devant la CHINS d'une décision du juge d'instruction de remise à l'Agrasc aux fins d'affectation, la CHINS ne peut, en application de la règle de l'unique objet de l'appel, ordonner la restitution du bien (Crim. 11 mai 2022, n° 21-85.420, P) (sur la règle de l'unique objet, v. nos **11.63F4** et **12.70B**).

À l'effet d'identifier les biens susceptibles d'affectation, le directeur départemental de la sécurité publique ou le commandant de groupement de gendarmerie peut se faire communiquer par les OPJ, dans des conditions préservant le secret de l'enquête, la liste des biens saisis dans le cadre d'enquêtes pénales. Il peut solliciter le procureur de la République aux fins de mise en œuvre de la procédure d'affectation à titre gratuit (L. n° 2011-267, 14 mars 2011, art. 99). Le décret n° 2012-594 du 27 avril 2012 fixe à la somme de 10 000 € la valeur unitaire minimale des biens destinés à figurer sur cette liste.

Mentionnons qu'« *en l'absence de disposition prévoyant l'attribution du bien confisqué, il ne relève pas de l'office du juge qui prononce une mesure de confiscation de décider de l'attribution dudit bien* » (Crim. 1erjuin 2023, n° 22-81.075, P).

Les services des douanes jouissent d'un dispositif comparable (C. douanes, art. 389).

2. Le recours contre la décision du procureur de la République et du juge d'instruction

Les décisions du parquet ci-dessus sont motivées et notifiées par tout moyen aux personnes mises en cause et, si elles sont connues, aux personnes ayant des droits sur le bien.

« *la décision de destruction prise par le procureur de la République peut être écrite ou orale, à condition que le procès-verbal d'enquête rende compte de cette décision et de ses motifs* » (§ 16), est ainsi validée la procédure dans laquelle « *la décision du procureur de la République ressortait du procès-verbal de notification de celle-ci et que ce procès-verbal en énonçait les motifs* » (§ 18) (Crim. 15 févr. 2023, nº 22-83.956, P).

Les personnes précitées peuvent déférer cette décision à la CHINS par déclaration au greffe du tribunal dans les cinq jours de la notification. En cas de notification orale d'une décision de destruction de produits stupéfiants, le délai est de 24 h 00. Le recours est suspensif (C. pr. pén., art. 41-5).

Des règles identiques sont applicables à l'ordonnance du juge d'instruction (C. pr. pén., art. 99-2).

Précisons que la CHINS est compétente pour examiner l'appel d'une décision de destruction et que son président ne peut statuer seul (Crim. 15 déc. 2021, nº 21-80.411, P ; Crim. 15 févr. 2023, nº 22-83.956, P). En effet, C. pr. pén., art. D. 43-5, qui permet au président de statuer seul dans le contentieux de la restitution n'est pas applicable au contentieux de la destruction.

La contestation « *a la nature et les effets de l'appel* », de sorte que la CHINS peut « *substituer ses motifs à ceux du procureur de la République* » (§ 9) (Crim. 23 nov. 2022, nº 22-80.950, P).

Notons enfin qu'« *est inopérant le moyen qui critique le fondement de la saisie dans le cadre de l'appel contre une mesure de destruction de biens saisis, cette question relevant du contentieux de la saisie proprement dite* » (§ 6) (Crim. 23 nov. 2022, nº 22-80.950, P).

B. La demande de restitution des biens saisis non confisqués (C. pr. pén., art. 41-4 et 99)

Lorsque l'enquête est toujours en cours, qu'aucune juridiction n'a été saisie ou lorsque la juridiction saisie a épuisé sa compétence sans avoir prononcé de confiscation ni statué sur la restitution de biens placés sous main de justice, le procureur de la République ou le procureur général est compétent pour décider du sort des biens saisis (C. pr. pén., art. 41-4).

Ces prérogatives appartiennent au juge d'instruction lorsqu'il est saisi (C. pr. pén., art. 99).

Notons que la décision de restitution ou de non restitution peut être prise « *d'office* » par le procureur de la République (C. pr. pén., art. 41-4) ou par le juge d'instruction (C. pr. pén., art. 99).

Au stade de l'audience de jugement, C. pr. pén., art. 373 et 479 permettent au tiers de bonne foi de solliciter la restitution d'un bien confiscable dont il justifie de la propriété, selon les précisions apportées au nº **18.35C**.

Par ailleurs, selon les précisions apportées au nº **11.63F**, les saisies pénales spéciales sont régies par des règles propres qui garantissent les droits à restitution de la personne mise en cause et des tiers, sans préjudice de l'application en concours des règles de droit commun, lorsque ces dernières ne dérogent pas aux premières.

Précisons qu'en matière de saisie douanière, c'est aux agents des douanes qu'il appartient de statuer sur la restitution du bien, dans un délai de trente jours de la demande en restitution, ou d'office dans un délai de deux mois de la saisie (C. douanes, art. 323-11, issu L. nº 2023-610, 18 juill. 2023).

1. Le sort des biens dangereux ou de l'instrument ou du produit de l'infraction ou du bien confiscable

« *Il n'y a pas lieu à restitution lorsque celle-ci est de nature à créer un danger pour les personnes ou les biens [...] ou lorsqu'une disposition particulière prévoit la destruction des objets placés sous main de justice* » (C. pr. pén., art. 41-4).

Il en est de même, depuis L. n° 2016-731, 3 juin 2016, lorsque « *le bien saisi est l'instrument ou le produit direct ou indirect de l'infraction* ». « *Ces dispositions, prises dans le cadre de la transposition de la directive 2014/42/UE du 3 avril 2014, permettent la privation d'un bien sans même qu'il ne soit nécessaire que le propriétaire ou le détenteur ait été condamné pour une infraction* » (Circ. Crim. 2016-03/H, 17 juin 2016, JUSD1616979C n° 8.1). « *En permettant au ministère public de refuser la restitution d'un tel bien, les dispositions contestées ont pour objet d'empêcher qu'il ne serve à la commission d'autres infractions ou qu'il ne soit la source d'un enrichissement illicite. Ainsi, le refus de restitution pour ce motif ne constitue ni une peine ni une sanction ayant le caractère d'une punition* » (§ 9) (Cons. const. 3 déc. 2021 ; n° 2021-951 QPC). Il est toutefois jugé, à l'occasion d'une demande de restitution d'une somme de 58 600 euros saisie dans une procédure incidente, classée sans suite, au domicile d'une personne condamnée pour blanchiment de trafic de stupéfiants, que « *lorsque la requête est présentée alors qu'aucune juridiction n'a été saisie en raison du classement sans suite de la procédure au cours de laquelle le bien objet de la requête en restitution a été saisi, la restitution ne peut être refusée au motif que le bien est le produit ou l'instrument de l'infraction, dès lors qu'en l'état dudit classement, aucune juridiction de jugement n'est susceptible de constater l'existence de cette infraction* » (§ 11) 'Crim. 1er févr. 2023, n° 22-80.461.

Dans le cadre de l'information judiciaire, le juge d'instruction dispose de prérogatives identiques, entourées d'un mécanisme de notification et de recours garantissant les droits de la personne concernée (C. pr. pén., art. 99 et 99-2).

Il y a lieu de préciser que le tribunal correctionnel (C. pr. pén., art. 481) et la cour d'assises (C. pr. pén., art. 373), saisis de demande de restitution, peuvent également refuser d'y faire droit lorsqu'elle présente un danger pour les personnes ou les biens ou si « *le bien saisi est l'instrument ou le produit direct ou indirect de l'infraction* » (L. n° 2016-731, 3 juin 2016).

En plus des motifs de refus de restitution qui précèdent, explicitement prévus par C. pr. pén., art. 41-4, la restitution peut aussi être refusée pour deux motifs dégagés par la jurisprudence :

– lorsque « *la confiscation desdits biens est prévue par loi* » ;

– ou « *lorsque la restitution est de nature à faire obstacle à la manifestation de la vérité* » (Crim. 6 nov. 2019, n° 18-86.921, P), solutions transposées du C. pr. pén., art. 99 applicable aux demandes de restitution formées devant le juge d'instruction.

Le refus de restitution obéit aux exigences de motivation comparables à celles qui s'imposent au juge lors du prononcé d'une peine de confiscation (sur les modalités de cette motivation, v. n° **18.35B**), ainsi « *hormis le cas où le bien saisi constitue, dans sa totalité, l'objet ou le produit de l'infraction ou la valeur de ceux-ci, le juge qui en refuse la restitution, doit apprécier le caractère proportionné de l'atteinte ainsi portée au droit de propriété de l'intéressé, au regard de la situation personnelle de ce dernier et de la gravité concrète des faits, lorsqu'une telle garantie est invoquée ou procéder à cet examen d'office lorsqu'il s'agit d'une saisie de patrimoine* » (Crim. 18 mars 2020, n° 19-82.978, P).

Il est toutefois désormais considéré, au visa de C. pr. pén., art. 131-21, qui n'impose pas la confiscation obligatoire de l'instrument de l'infraction (§ 11), et des dispositions de la directive 2014/42/UE, 3 avr. 2014, art. 4 §2, transposées au C. pr. pén., art. 41-4, al. 2, qui n'interdisent pas sa restitution (§ 14), que « *la non-restitution de l'instrument de l'infraction ne saurait présenter un caractère obligatoire* » (§ 13) et qu'il appartient en conséquence au juge « *d'apprécier, sans porter atteinte aux droits du propriétaire de bonne foi, s'il y a lieu ou non de restituer le bien au regard des circonstances de l'infraction, de la personnalité de son auteur et de sa situation personnelle* » (§ 15) (Crim. 20 janv. 2021, n° 20-81.118, P). Au surplus, à la lumière de la directive 2014/42/UE, 3 avr. 2014, art. 6 § 2, « *dont il résulte que les droits du tiers de bonne foi doivent être réservés, que le bien soit l'instrument ou le produit direct ou indirect de l'infraction* » (§ 9), est censuré l'arrêt « *qui a refusé de restituer un bien constituant l'instrument de l'infraction sans constater que le demandeur ne faisait valoir sur celui-ci aucun titre de détention régulier, ni rechercher s'il était de bonne foi* » (§ 12) (Crim. 19 avr. 2023, n° 22-85.243, P), ce dont il faut déduire que l'instrument ou le produit de l'infraction doit être restitué au tiers qui en est propriétaire de bonne foi.

C. pr. pén., art. 41-4, ne prévoit pas que la notification de la décision de refus de restitution d'un objet placé sous main de justice doit faire mention des voies et délais de recours, mais ce dispositif ne porte pas atteinte au droit à un recours juridictionnel effectif car « *la personne est mise à même d'exercer un recours contre la décision de refus de restitution* » (§ 10) (Cons. const. 18 févr. 2022, n° 2021-970 QPC).

Précisons qu'en matière douanière, « *il n'y a pas lieu à restitution lorsque celle-ci est de nature à créer un danger pour les personnes ou les biens, lorsque le bien est l'instrument ou le produit direct ou indirect de l'infraction ou lorsqu'une disposition particulière prévoit la destruction ou la confiscation des objets saisis* » (C. douanes, art. 323-11 IV, issu L. n° 2023-610, 18 juill. 2023).

2. Le sort des biens susceptibles de restitution

Le parquet ou le juge d'instruction peut décider, d'office ou sur requête, de la restitution des objets dont la propriété n'est pas contestée (C. pr. pén., art. 41-4 et 99).

Mentionnons que « *la victime d'escroquerie et d'abus de confiance ne peut être considérée comme propriétaire des fonds qui en sont le produit [...] lorsque ceux-ci ont été déposés sur un compte bancaire ou versés à titre de primes d'un contrat d'assurance-vie ouvert au nom de la personne mise en examen ou de membres de sa famille* » (Crim. 23 oct. 2019, n° 18-85.820, P).

Le placement en **liquidation judiciaire** de la personne poursuivie peut constituer un obstacle à la restitution. « *La sauvegarde des droits des parties* » (C. pr. pén., art. 99), et dans ce cas particulier le principe d'interdiction du paiement direct des créanciers de la liquidation instauré par C. com., art. L. 622-21, prohibe en effet la restitution au créancier (Crim. 23 oct. 2019, n° 18-85.820, P).

Si la restitution n'a pas été demandée ou décidée dans un délai de 6 mois à compter de la décision de classement ou de la décision par laquelle la dernière juridiction saisie a épuisé sa compétence, les objets non restitués deviennent propriété de l'État, sous réserve des droits des tiers (C. pr. pén., art. 41-4, al. 3).

Il en est de même lorsque le propriétaire ou la personne à laquelle la restitution a été accordée ne réclame pas l'objet dans un délai de 2 mois à compter d'une mise en demeure adressée à son domicile.

Le Cons. const,. tout en déclarant le texte conforme à la Constitution, a émis en réserve d'interprétation aux termes de laquelle « *les dispositions contestées porteraient une atteinte disproportionnée au droit [des propriétaires] de former une [...] réclamation si le délai de six mois [...] pouvait commencer à courir sans que la décision de classement ou la décision par laquelle la dernière juridiction saisie a épuisé sa compétence ait été portée à leur connaissance* » (Cons. const. 9 juill. 2014, n° 2014-406 QPC). Il en résulte que l'État ne peut devenir propriétaire des biens non-confisqués sans information préalable de leur propriétaire.

S'agissant du **point de départ du délai** de 6 mois précité, il commence « *à courir au jour où le prévenu a eu connaissance de la décision sur l'action publique par laquelle le tribunal a épuisé sa compétence* » (Crim. 9 déc. 2014, n° 13-86.775, P n° 263).

S'agissant du **terme de ce délai**, « *la date à prendre en considération pour déterminer le terme du délai pendant lequel une demande de restitution peut être présentée par courrier est celle à laquelle la demande parvient à l'autorité compétente pour y donner suite* » (§ 10) (Crim. 26 févr. 2020, n° 19-82.425, P).

Sur la restitution d'un **animal** saisi sur le fondement de C. pr. pén., art. 99-1, v. n° **11.61H**.

3. Les modalités de recours contre les décisions de non-restitution

La décision de non-restitution, prise même d'office, est notifiée à l'intéressé qui peut former dans le mois un recours devant la CHINS, ou devant « *le président de la CHINS* » (L. n° 2019-222, 23 mars 2019), par déclaration au greffe du tribunal ou de la cour ou par LRAR. Ce recours est suspensif (C. pr. pén., art. 41-4, al. 2 et 99).

Ces dernières dispositions résultent de L. n° 2015-177, 16 févr. 2015, qui a tiré les conséquences de la censure, par le Cons. const., de la précédente écriture du texte qui prévoyait que la destruction du bien pouvait être décidée sans que « *leur propriétaire ou les tiers ayant des droits sur ces biens et les personnes mises en cause dans la procédure en aient été préalablement avisés et qu'ils aient été mis à même de contester cette décision devant une juridiction* » (Cons. const. 11 avr. 2014, n° 2014-390 QPC).

Le défaut de réponse dans le délai de deux mois à une demande de restitution effectuée par LRAR ou déclaration au greffe équivaut à une décision implicite de rejet contre laquelle un recours peut être exercé devant la CHINS (combinaison C. pr. pén., art. 41-4 et 802-1 issu de L. n° 2016-731, 3 juin 2016 ; Circ. Crim. 2016-03/H, 17 juin 2016, JUSD1616979C n° 10). Dans le cadre de l'information, ce délai est d'un mois (C. pr. pén., art. 99).

Tirant les conséquences de la décision précitée (Cons. const. 9 juill. 2014, n° 2014-406 QPC, v. **B2** ci-dessus), la CHINS saisie d'un recours contre une décision explicite ou implicite de refus de restitution, ne peut la rejeter en opposant l'écoulement du délai de 6 mois « *qu'après avoir constaté, d'une part, que la preuve de la notification de la décision, ainsi que de la date de celle-ci, est rapportée par le ministère public, d'autre part, qu'il s'est écoulé plus de six mois entre la date de la notification et celle de la demande de restitution.* » (Crim. 24 juin 2020, n° 19-84.961, P).

« *il appartient en principe au président de la CHINS ou à la CHINS à qui est déférée la décision de non-restitution rendue par le procureur de la République ou le procureur général sur la requête présentée par la personne entre les mains de laquelle le bien a été saisi, non pas de rechercher si le demandeur justifie d'un droit lui permettant de détenir légitimement celui-ci, mais seulement de rechercher si la propriété est contestée ou susceptible de l'être* » (§ 7), « *lorsqu'aucune juridiction n'a été saisie au terme de l'enquête ou lorsque la juridiction saisie a épuisé sa compétence sans avoir statué sur la restitution des objets placés sous main de justice, le président de la CHINS ou la CHINS est tenu de trancher la contestation relative à la propriété des objets réclamés si la décision sur la restitution en dépend* » (§ 8) (Crim. 6 janv. 2021, n° 20-80.128, P).

« *la CHINS saisie de l'appel interjeté contre l'ordonnance du juge d'instruction rejetant une demande de restitution peut refuser la restitution lorsque la confiscation de l'objet est prévue par la loi, peu important le fondement de la saisie* » (§ 6) (Crim. 17 nov. 2021, n° 21-82.084, P).

Mentionnons que la société dont les parts sociales ont été saisies en valeur entre les mains de la personne mise en examen n'est pas une partie intéressée au sens de C. pr. pén., art. 99, car la saisie est « *sans emport sur les droits et obligations* » de la société ; son pourvoi contre la décision de refus opposée à la demande de restitution formée par le mis en examen est donc irrecevable (Crim. 26 janv. 2022, n° 21-83.389, P).

Notons que « *le tiers peut, au même titre que les parties, être entendu par le président de la CHINS ou la CHINS en ses observations, mais il ne peut prétendre à la mise en disposition de la procédure* » (C. pr. pén., art. 99, dernier al.). Ces dispositions, destinées à préserver le secret de l'enquête et de l'instruction (§ 8), ont été jugées conformes à la Constitution en ce que le tiers à la procédure qui prétend avoir un droit sur un objet saisi peut notamment, en cas de non-lieu ou de renvoi devant la juridiction, solliciter la restitution et accéder à ce stade aux procès-verbaux relatifs à la saisie en application de C. pr. pén., art. 373 et 479 (§ 9)

(Cons. const. 28 oct. 2022, n° 2022-1020 QPC) (sur ce point, v. n° 18.35C). Si le tiers ne peut prétendre à la communication de toute la procédure, il se déduit toutefois du droit au respect de ses biens, garanti par art. 1er du protocole additionnel à la CEDH, « *que la CHINS [...] est tenue de s'assurer, si la saisie a été opérée entre ses mains ou s'il justifie être titulaire de droits sur le bien dont la restitution est sollicitée, que lui ont été communiqués en temps utile, outre les procès-verbaux de saisie ou, en cas de saisie spéciale, les réquisitions aux fins de saisie et l'ordonnance de saisie, les pièces précisément identifiées de la procédure sur lesquelles elle se fonde dans ses motifs décisoires* » (§ 8) (Crim. 5 avr. 2023, n° 22-80.770, P ; dans le même sens : Crim. 8 mars 2023, n° 22-80.896, P).

Une recours comparable devant le président de la CHINS est instauré en matière douanière contre la décision de refus de restitution prise par les agents de douanes (C. douanes, art. 323-11 IV, issu L. n° 2023-610, 18 juill. 2023).

C. Le cas particulier des scellés en matière criminelle (C. pr. pén., art. 41-6, L. n° 2014-640, 20 juin 2014)

Par dérogation aux articles 41-4 et 41-5 C. pr. pén., dans le but de préserver les éléments de preuve indispensables à l'instruction des demandes de révision, lorsqu'une procédure s'est achevée par une condamnation définitive prononcée par une cour d'assises, le procureur de la République ou le procureur général qui envisage de détruire des scellés ou de remettre à l'Agrasc les avoirs saisis et confisqués, en avertit au préalable par écrit le condamné, lequel peut s'y opposer dans les deux mois. Sauf s'il renonce à la remise ou à la destruction, le parquet saisit la CHINS ou « *le président de la CHINS* » (L. n° 2019-222, 23 mars 2019), qui statue dans le mois. Le parquet réexamine dans les mêmes formes tous les cinq ans l'opportunité de remettre ou détruire les scellés.

« *Il résulte clairement des débats parlementaires que ces dispositions s'appliquent uniquement dans les affaires criminelles et non dans les affaires correctionnelles. Elles concernent donc les scellés conservés à la suite de la condamnation d'une personne par la cour d'assises (y compris par la cour d'assises des mineurs (y compris en cas de condamnation d'un mineur de 16 ans pour crime par le tribunal pour enfants)), pour des faits criminels. Elles ne s'appliquent pas en cas de condamnation, par le tribunal correctionnel ou la cour d'assises, pour des faits de nature délictuelle* » (Circ. Crim. 2014-15/E8, 24 sept. 2014, NOR : JUSD 1422669C, n° 2.1).

D. La prise en charge par l'Agrasc des biens dont la gestion s'avère complexe

L'Agrasc peut être chargée d'assurer la gestion de tous les biens, quelles que soient leur nature, saisis ou confisqué ou faisant l'objet d'une mesure conservatoire au cours d'une procédure pénale (mesure de nature civile, v. n° 11.68) qui lui sont confiés et qui nécessitent, pour leur conservation ou leur valorisation, des actes d'administration (C. pr. pén., art. 706-160 1°).

Ces dispositions concernent aussi bien les saisies pénales non spéciales que les autres, pour lesquelles des modalités d'intervention de l'Agrasc peuvent aussi être spécialement prévues par les textes (ex. formalités de publicité foncière effectuée par l'Agrasc en cas de saisie d'immeuble, C. pr. pén., art. 706-151).

« *le choix de confier un bien saisi ou confisqué à l'Agence appartient aux juridictions, et n'est donc jamais obligatoire.../...l'Agence n'aura évidemment pas pour mission de gérer l'ensemble des scellés des juridictions : il conviendra de ne la saisir que de biens dont la gestion, parce qu'elle s'avère complexe, nécessite son intervention* » (Circ. Crim. 10-28/G3, 22 déc. 2010, NOR : JUSD1033289C, n° II.2.1.a.).

Mentionnons que depuis L. n° 2021-401, 8 avr. 2021, l'AGRASC peut « *mettre à disposition, le cas échéant à titre gratuit, un bien immobilier dont la gestion lui a été confiée [...] au bénéfice d'associations* » d'intérêt général ayant un caractère philanthropique, éducatif, scientifique, social, humanitaire, sportif, familial, culturel, ou concourant à la mise en valeur du patrimoine artistique, ou d'associations, fondations ou organismes agréés concourant à la politique d'aide au logement, dans les conditions définies par décret (C. pr. pén., art. 706-160, mod. issue L. n° 2021-401, 8 avr. 2021 ; D. n° 2021-1429, 2 nov. 2021).

E. L'abondement du fonds de concours « stupéfiants »

« *Le produit des recettes provenant de la confiscation des biens mobiliers ou immobiliers des personnes reconnues coupables d'infractions en matière de trafic de stupéfiants* » est recueilli sur un **fonds de concours**, dispositif qui permet de déroger au principe d'universalité du budget de l'État en affectant des recettes spécifiques à des dépenses particulières (D. n° 95-322, 17 mars 1995, art. 1).

L'argent recueilli sur ce fonds de concours est ainsi affecté aux ministères éligibles, pour l'amélioration des moyens en équipement et fonctionnement, selon une clé de répartition : ministères de l'intérieur et du budget (douanes), 30 % chacun ; ministère de la défense (gendarmerie), 20 % ; ministère de la justice et des affaires sociales (10 % chacun) (Circ. Crim. 2002-04/G, 15 févr. 2002, NOR : JUSD0230042C, I.3).

La notion de trafic de stupéfiants, qui détermine l'imputation de la recette au fonds de concours, n'est pas définie par les textes.

La circulaire Crim. 09-F-110-D2, 28 nov. 2011, complétant la circulaire précitée, précise que les infractions reprises dans le tableau ci-après donnent lieu à abondement du fonds de concours.

Tableau 5 : Infractions dont les confiscations permettent d'abonder le fonds de concours « stupéfiants »

Infractions prévues aux articles 222-34 à 222-40 du code pénal	
• Trafic de stupéfiants, facilitation de l'usage, obtention ou délivrance par ordonnance fictive, blanchiment de stupéfiants, cession pour usage personnel, non-justification de ressources liées aux stupéfiants	• C. pr. pén., art. 706-26 à 706-33 ; C. pén., art. 222-34, 222-35, 222-36, 222-37, 222-38, 222-39, 222-39-1 à 222-40, v. n^{os} **28.1** à **28.8**, **28.10** et **22.48**.
Autres infractions en relation avec le trafic de stupéfiants	
• Association de malfaiteurs en vue de commettre des infractions constitutives d'un trafic de stupéfiants	• C. pr. pén., art. 706-73-15 et 706-26 ; C. pén., art. 222-34 à 222-40 ; C. pén., art. 450-1, v. n° **23.58**
• Non-justification de ressources en relation avec une personne se livrant habituellement au trafic de stupéfiants	• C. pén., art. 321-6-1, v. n° **22.48**

11.63 Les saisies pénales spéciales ou à but confiscatoire : patrimoine – bien immobilier – droits incorporels – saisie sans dépossession

A. La constitutionnalité des dispositions relatives aux saisies spéciales

A été rejetée la QPC portant sur les articles 706-143, 706-146, 706-148, 706-153 et 706-155 du code de procédure pénale, au motif que les décisions prises en vertu de ces dispositions, destinées à garantir l'exécution d'une peine de confiscation susceptible d'être prononcée dans des cas limitativement prévus par la loi, sont autorisées ou ordonnées par un juge, sous le contrôle des parties qui peuvent les déférer à la CHINS, les textes instituant par ailleurs des procédures de restitution des biens, elles-mêmes assorties de voies de recours (Crim. 24 avr. 2013, n° 12-87.473, NP).

B. La saisie pénale des biens sans justification d'origine et du patrimoine (C. pr. pén., art. 706-148)

Si l'enquête porte sur une infraction passible d'une peine ⩾ 5 ans, le **JLD** peut, sur requête du procureur de la République, autoriser par ordonnance motivée la saisie, aux frais avancés du Trésor, des biens suivants :

• **1.** Les **biens sans justification d'origine (art. 131-21, al. 5)** : lorsque l'infraction lui a procuré un profit direct ou indirect, biens meubles ou immeubles, quelle qu'en soit la nature, appartenant à la personne, ainsi que ceux dont il a la libre disposition (sur la notion de « *libre disposition* » d'un bien, v. n° **18.35B7**), lorsque ni la personne, ni le propriétaire, mis en mesure de s'expliquer, n'ont pu en justifier l'origine. Cette modalité ne semble pas devoir présenter d'intérêt pratique pour les biens mobiliers corporels lorsque les conditions de la saisie en valeur, opérée selon les conditions de droit commun par procès-verbal de saisie de l'OPJ, sont réunies (v. n° **11.61B**), ou pour la saisie, également en valeur, d'immeuble, effectuée selon les modalités décrites au n° **C** ci-dessous ;

• **2.** Dans les cas prévus par les textes **(art. 131-21, al. 6)** : **tout ou partie des biens** appartenant au condamné (saisie de tout ou partie du patrimoine) ou dont il a la libre disposition (sur la notion de « *libre disposition* » d'un bien, v. n° **18.35B7**), sous réserve des droits du propriétaire de bonne foi, sans condition de relation directe ou indirecte de ces biens avec l'infraction.

Le **juge d'instruction** peut, sur requête du procureur de la République ou d'office après avis du ministère public, ordonner cette saisie dans les mêmes conditions.

Chacun des biens du patrimoine saisi obéit par ailleurs au formalisme des saisies spéciales définies à C. pr. pén., art. 706-41 (C. pr. pén., art. 706-49). À titre d'exemple, une fois la décision de saisie du patrimoine décidée, les immeubles qui le composent notamment devront être soumis aux publicités propres à la saisie immobilière.

D'une manière générale, les dispositions relatives à la saisie partielle ou totale de patrimoine n'ont vocation « *à s'appliquer que pour des éléments qui ne sont pas susceptibles d'être saisis et confisqués sur un autre fondement. Dans le cas contraire, le régime juridique spécifiquement applicable selon la nature du bien concerné paraît devoir être préféré* » (Circ. Crim. 10-28/G3, 22 déc. 2010, n° I.2.2.).

C. La saisie pénale immobilière (C. pr. pén., art. 706-150)

Au cours de l'enquête judiciaire, le JLD, saisi par requête du procureur de la République, peut autoriser par « ~~*ordonnance*~~ » « *décision* » (réd. issue L. n° 2019-222, 23 mars 2019) motivée la saisie, aux frais avancés du Trésor, des immeubles dont la confiscation est prévue par C. pén., art. 131-21 (v. les biens confiscables n° **18.35**). La compétence du JLD prend fin dès lors que l'enquête est terminée par la délivrance d'une convocation devant le tribunal, « *peu important qu'il ait été saisi [...] pendant l'enquête* » (Crim. 8 avr. 2021, n° 20-85.474, P). Le juge d'instruction est compétent pour ordonner cette saisie dans le cadre de l'information.

Un immeuble servant de cadre à la vente de biens mobiliers faussement présentés comme anciens constitue **l'instrument de l'infraction** de tromperie au sens de C. pén., art. 131-21 (Crim. 24 juin 2020, n° 19-85.874, P). De même, est approuvée la saisie d'un appartement dans lequel l'auteur procédait à des viols, car « *il avait permis la commission des infractions poursuivies, peu important que son usage n'ait pas été déterminant de leur commission* » (Crim. 24 oct. 2018, n° 18-82.370, P n° 177).

La saisie pénale d'un immeuble est opposable aux tiers à compter de l'exécution des formalités de publicité foncière (bureau d'hypothèques ou livre foncier en Alsace-Moselle), lesquelles sont accomplies par l'Agrasc pour le compte du procureur de la République ou du juge d'instruction (C. pr. pén., art. 706-151).

« *Il est donc exclu que les magistrats qui ordonnent la saisie pénale immobilière procèdent eux-mêmes à cette publication, sauf à encourir le risque de voir remise en cause la validité de la publication et, par voie de conséquence, l'opposabilité de la saisie pénale* » (Circ. Crim. 10-28/G3, 22 déc. 2010, n° I.2.3.).

La vente du bien est inopposable à l'État lorsque sa publication foncière intervient après celle de la saisie pénale, sauf mainlevée ordonnée par le magistrat si la vente n'apparaît pas frauduleuse. Le magistrat peut dans ce cas reporter la saisie pénale sur le

L'appréhension effective des sommes correspondantes est reportée à la date de réalisation de la condition et d'exigibilité du contrat » (Circ. Crim. 10-28/G3, 22 déc. 2010, n° I.2.4).

« *dans les hypothèses permettant d'établir que le montant des primes et cotisations investies en assurance vie constituent le produit direct ou indirect de l'infraction, la saisie peut porter sur les sommes elles-mêmes plutôt que sur la créance résultant du contrat d'assurance vie, et être pratiquée directement entre les mains de l'assureur ou de l'organisme gestionnaire, sans qu'il soit nécessaire d'attendre le déroulement du contrat* » (Circ. Crim. 10-28/G3, 22 déc. 2010, n° I.2.4).

« *La décision définitive de confiscation d'une somme ou d'une créance figurant sur un contrat d'assurance sur la vie, prononcée par une juridiction pénale, entraîne de plein droit la résolution judiciaire du contrat et le transfert des fonds confisqués à l'État* » (C. assur., art. L. 160-9 ; C. mutualité, art. L. 223-29, C. sécu. soc., L. 932-23-2 ; L. n° 2013-1117, 6 déc. 2013).

En cas de décès du souscripteur, la saisie de « *la créance que détient le bénéficiaire d'un contrat d'assurance sur la vie à l'encontre de l'assureur* » relève de la saisie des droits incorporels prévue par C. pr. pén., art. 706-153 (Crim. 15 déc. 2021, n° 21-82.015, P).

4. La saisie de parts sociales et autres valeurs mobilières incorporelles (C. pr. pén., art. 706-156)

La saisie de parts sociales, valeurs mobilières, instruments financiers ou autres biens ou droits incorporels est notifiée à la personne émettrice et le cas échéant à l'intermédiaire financier.

5. La saisie de fonds de commerce (C. pr. pén., art. 706-156)

La saisie d'un fonds de commerce est opposable aux tiers à compter de son inscription, aux frais avancés du Trésor, sur le registre des nantissements tenu au tribunal de commerce du lieu de situation du fonds.

E. La saisie pénale sans dépossession (C. pr. pén., art. 706-158)

Au cours de l'enquête judiciaire, le JLD, saisi par requête du procureur de la République, peut autoriser par « ~~*ordonnance*~~ » « *décision* » (réd. issue L. n° 2019-222, 23 mars 2019) motivée la saisie, aux frais avancés du Trésor, des biens dont la confiscation est prévue par C. pén., art. 131-21 (v. les biens confiscables n° **18.35**) sans en dessaisir le propriétaire ou le détenteur. Le juge d'instruction est compétent pour ordonner cette saisie dans le cadre de l'information.

« *cette procédure spécifique vise à donner un cadre juridique à la pratique consistant à saisir des biens au cours d'une perquisition, sans que les enquêteurs ne jugent opportun ou ne puissent matériellement les appréhender et les emporter au service. Ces dispositions spécifiques n'ont en revanche pas vocation à s'appliquer aux saisies pénales immobilières ni aux saisies de biens incorporels, qui constituent par nature des saisies sans dépossession* » (Circ. Crim. 10-28/G3, 22 déc. 2010, n° I.2.5).

Le magistrat qui autorise la saisie sans dépossession désigne la personne à laquelle la garde du bien est confiée et qui doit en assurer l'entretien et la conservation, aux frais le cas échéant du propriétaire ou du détenteur du bien qui en est redevable conformément à C. pr. pén., art. 706-143. « *Le choix du gardien [...] relève du pouvoir discrétionnaire du juge et échappe en conséquence au contrôle de la C. cass.* » (Crim. 15 janv. 2020, n° 18-86.714, P).

En dehors des actes d'entretien et de conservation, le gardien du bien saisi ne peut en user que si la décision de saisie le prévoit expressément.

Le détournement d'un bien saisi sans dépossession relève des dispositions incriminant le détournement de bien placé sous scellé ou sous main de justice (C. pén., art. 434-22, v. n° **25.40**).

F. Les règles communes aux saisies spéciales : la décision du JLD, sa notification et le recours devant la CHINS

En concours avec les dispositions de droit commun relatives aux demandes de restitution de biens saisis avant jugement (C. pr. pén., art. 41-4 et 99, v. n° **11.62B**), lors du jugement (C. pr. pén., art. 479, n° **18.35C**) ou après le jugement (C. pr. pén., art. 41-4, v. n° **11.62B**), les saisies pénales spéciales sont régies par des règles propres qui garantissent les éventuels droits à contestation ou restitution de la personne mise en cause et des tiers.

Soulignons que le formalisme des saisies pénales spéciales n'est pas applicable aux saisies de bien meubles corporels (arme, document, objet, numéraire, substance, etc., instrument, objet ou produit de l'infraction). Est donc nulle la saisie d'un objet par ordonnance du juge d'instruction, une telle saisie ne pouvant se réaliser qu'au moyen d'un procès-verbal de saisie du juge d'instruction ou de l'OPJ agissant sur commission rogatoire, en application de C. pr. pén., art. 97 (Crim. 7 août 2019, n° 18-87.174, P ; dans le même sens : Crim. 23 févr. 2022, n° 21-82.588, § 23, P).

1. La constitutionnalité du processus juridictionnel de saisie spéciale

Pour rejeter les griefs d'inconstitutionnalité du dispositif juridictionnel de saisie spéciale (QPC portant sur C. pr. pén., art. 706-153 relatif à la saisie de biens ou droits incorporels mais transposables aux autres saisies spéciales), le Cons. const. relève que, si la mesure de saisie rend indisponible le bien, elle est prise par un magistrat du siège et ne peut porter que sur des biens confiscables (§ 7) ; que toute personne revendiquant un droit sur le bien peut en solliciter la restitution au procureur de la République, au procureur général ou au juge d'instruction (§ 8) ; que la décision du juge est notifiée au propriétaire et aux tiers connus qui peuvent la contester devant la CHINS (§ 9) ; qu'en ne prévoyant pas de débat contradictoire préalable à la saisie, et en ne conférant pas d'effet suspensif à leur appel devant la CHINS, le législateur a entendu éviter qu'il ne soit fait échec à la mesure (§ 10) ; que l'absence de délai imparti par la CHINS pour statuer ne prive pas d'un recours juridictionnel effectif puisque le juge est toujours tenu de statuer dans un délai raisonnable (§ 11) (Cons. const. 14 oct. 2016, n° 2016-583/584/585/586 QPC).

2. La décision de saisie du JLD ou du juge d'instruction

Quelle que soit la saisie spéciale considérée, la décision de saisie pénale du JLD (ou du juge d'instruction dans le cadre de l'information judiciaire), ou la décision de maintien ou de mainlevée en cas de saisie de compte bancaire, doit être motivée. Dans le cadre de l'enquête, la décision du JLD est prise sur requête du parquet.

Il résulte de la jurisprudence de la C. cass. que dès lors que le JLD ordonne ou autorise un acte qui porte atteinte à un droit fondamental (en l'espèce le droit de propriété), l'ordonnance qu'il rend ne peut se limiter à renvoyer aux motifs de la requête qui le saisit et doit contenir une motivation justifiant, en droit et en fait, de la nécessité de la mesure (Crim. 8 juill. 2015, n° 15-81.731, P n° 174 ; Crim. 23 nov. 2016, n° 15-83.649, P n° 307).

Toutefois, « *en reproduisant les motifs énoncés dans la requête du ministère public qui analysent les éléments de fait et de droit rendant nécessaire la saisie, le JLD a justifié de la nécessité de la mesure et s'est conformé à l'exigence de motivation* » (Crim. 6 nov. 2019, n° 18-86.918, D).

Précisons « *qu'une ordonnance de saisie pénale cesse irrévocablement de produire ses effets uniquement lorsque la décision ordonnant la mainlevée de la mesure ou la confiscation du bien saisi est devenue définitive* » (§ 5), est donc censurée la CHINS qui, saisie d'un recours contre une ordonnance de saisie, la déclare sans objet au motif que la confiscation a été entretemps prononcée et que la chambre correctionnelle de la cour d'appel est désormais saisie de l'appel de la condamnation (Crim. 9 nov. 2022, n° 21-86.996, P).

3. La notification de la décision de saisie et le recours devant la CHINS

La décision de saisie du JLD ou du juge d'instruction est notifiée au ministère public, au propriétaire du bien (C. pr. pén., art. 706-148, 706-150, 706-158), du droit ou du compte saisi (C. pr. pén., art. 706-153, 706-154, 706-158) et, s'ils sont connus, aux tiers ayant des droits sur ce bien, ce droit ou ce compte.

« *La notification de ces ordonnances ne conditionne en principe ni la validité ni l'opposabilité de la saisie, mais détermine seulement le point de départ du délai de recours* » (Circ. Crim. 10-28/G3, 22 déc. 2010, nº I.2.1.a). Est en effet approuvée la décision qui énonce que la notification « *dont le seul objet est de faire courir le délai de recours, n'est pas prescrite à peine de nullité et ne constitue ni une formalité substantielle, ni une règle d'ordre public* » (Crim. 3 févr. 2016, nº 15-83.513, D).

« *Les titulaires d'une créance hypothécaire inscrits au fichier immobilier doivent être considérés comme des tiers ayant des droits sur le bien, et doivent en conséquence se voir notifier la décision de saisie pénale prise par le magistrat ordonnant la saisie* » (Circ. Crim. 10-28/G3, 22 déc. 2010, nº I.2.3).

Les destinataires de la notification peuvent, dans les 10 jours de celle-ci, déférer l'ordonnance à la CHINS. Mentionnons qu'en application de C. pr. pén., art. 185, le parquet peut faire appel de l'ordonnance du JLD rejetant sa requête aux fins de saisie (§ 7) (Crim. 17 févr. 2021, nº 20-81.397, P).

Précisons que l'expiration du délai d'appel n'empêche pas une demande de restitution, en effet « *la saisie autorisée constitue une mesure provisoire et [...] C. pr. pén., art. 41-4, 99, 479 et 543 instituent des procédures de restitution des biens placés sous main de justice qui sont assorties de voies de recours* » (Crim. 20 mars 2019, nº 18-85.581) (sur ces demandes de restitution avant ou après jugement, v. nº **11.62** (C. pr. pén., art. 41-4 et 99) ; pendant le jugement, v. nº **18.35C**) (C. pr. pén., art. 479 et 543).

« *Lorsque l'ordonnance de saisie est fondée sur la circonstance que le bien concerné est à la libre disposition de la personne mise en cause ou mise en examen, cette dernière, qui peut être assimilée au propriétaire du bien saisi ou à un tiers ayant des droits sur ce bien, est recevable à interjeter appel de l'ordonnance de saisie* » (§ 14) (Crim. 9 juin 2022, nº 21-86.360, P ; sur la notion de bien « *à la libre disposition* » de la personne, v. **18.35B7**). En revanche, ne sont pas considérés comme « *des tiers ayant des droits sur ce bien ou ce droit* » au sens de C. pr. pén., art. 706-153, et sont donc irrecevables à contester la saisie :

• **l'occupant non propriétaire** de l'immeuble « *objet d'une saisie pénale, est sans intérêt à exercer un recours en son nom personnel contre* [la décision de saisie] *dès lors que la saisie du bien est sans incidence sur son statut et qu'il n'est pas démontré, ni même allégué, que cette mesure serait la cause d'un trouble de jouissance* » (Crim. 15 janv. 2020, nº 19-80.891, P) ;

• le **propriétaire de marques** de produits parapharmaceutiques commercialisés au sein d'un réseau de distribution sélective, faute de qualité à agir dès lors que la remise à l'AGRASC de ces produits « *ne porte pas, par elle-même, atteinte aux droits résultant des contrats de distribution sélective dont font l'objet ces produits, non plus qu'à ceux du titulaire de la marque* » (Crim. 31 janv. 2018, nº 17-81.408, P nº 28) ;

• la personne qui ne dispose **pas de droits sur un immeuble** (Crim. 3 févr. 2016, nº 14-87.754, D) ;

• **les associés et titulaires de parts de la SCI propriétaire** du bien immobilier saisi (Crim. 3 mai 2018, nº 16-87.534, P nº 82 ; Crim. 16 janv. 2019, nº 17-83.006, P nº 20) ;

• les **parties civiles** dans l'information au cours de laquelle le JLD a autorisé la **saisie en valeur de la créance** du contrat d'assurance vie dont est titulaire un des mis en examen (Crim. 21 nov. 2018, nº 16-82.315, P nº 196) ;

• la société débitrice d'une créance de dividende détenue par la personne mise en examen et saisie en valeur (Crim. 26 janv. 2022, nº 21-83.388, P).

L'appel n'est pas suspensif et « *l'appelant ne peut prétendre dans ce cadre qu'à la mise à disposition des seules pièces de la procédure se rapportant à la saisie qu'il conteste* » (C. pr. pén., art. 706-148, 706-150, 706-153, 706-154 et 706-158, L. nº 2013-1117, 6 déc. 2013), au rang desquelles figurent les requêtes du procureur de la République « *aux fins d'autorisation de saisie* » (Crim. 31 mai 2017, nº 16-83.238, NP) et « *aux fins d'autorisation de maintien des saisies* » (Crim. 24 oct. 2018, nº 17-86.199, P nº 176). « *constituent les seules pièces de la procédure se rapportant à la saisie [...], la requête du ministère public, l'ordonnance attaquée et la décision de saisie précisant les éléments sur lesquels se fonde la mesure* » (Crim. 13 juin 2018, n° 17-83.238, D et Crim. 13 juin 2018, n° 17-83.242, D).

La restriction apportée à la mise à disposition des pièces du dossier ne méconnaît pas Conv. EDH, art. 6, en ce qu'elle « *garantit un juste équilibre entre les droits de la personne concernée par la saisie et la nécessité de protéger le secret de l'enquête et de l'instruction* » (Crim. 5 févr. 2015, n° 14-86.447, P n° 36).

Encourt toutefois la cassation la décision qui se fonde, pour confirmer la saisie, sur une pièce, en l'espèce la plainte de l'administration fiscale, sans s'assurer qu'elle ait été communiquée au requérant (Crim. 13 juin 2018, n° 17-83.893, P, n° 110 et Crim. 13 juin 2018, n° 17-83.894, D). De même, si aucune disposition n'interdit aux juges d'avoir communication de pièces postérieures à l'ordonnance de saisie et de fonder leur décision sur elles, c'est à la condition de les identifier précisément et de les mettre à disposition de l'appelant (Crim. 26 juin 2019, n° 18-85.209, P). Plus généralement « *la CHINS saisie d'un recours formé contre une ordonnance de saisie spéciale [...], qui, pour justifier d'une telle mesure, s'appuie sur une ou des pièces précisément identifiées de la procédure, est tenue de s'assurer que celles-ci ont été communiquées à la partie appelante* » (Crim. 30 janv. 2019, n° 18-82.644, P n° 31 ; dans le même sens : Crim. 23 oct 2019, n° 18-87.097, P). Au surplus, « *les mentions de l'arrêt doivent [...] énoncer que le tiers appelant a eu accès aux pièces de la procédure se rapportant à la saisie qu'il conteste et, le cas échéant, aux pièces précisément identifiées sur lesquelles la CHINS se fonde pour justifier la mesure dans ses motifs décisoires, ainsi qu'identifier, directement ou par renvoi à un inventaire éventuellement dressé par le procureur général, auquel C. pr. pén., art. 194, al. 1er, confie la mise en état de l'affaire, chacune des pièces mises à la disposition de l'avocat du tiers appelant* » (Crim. 8 mars 2023, n° 22-80.896, P ; dans le même sens : Crim. 5 avr. 2023, n° 22-80.770, P). Enfin, la CHINS ne peut se borner à déplorer, pour ordonner la mainlevée d'une saisie, qu'elle ne dispose pas de pièces suffisantes et que la partie saisie est en situation de rupture d'égalité avec la partie poursuivante car elle « *est tenue, lorsqu'elle constate qu'elle n'est pas en mesure de se prononcer en l'état des pièces dont elle dispose, de préciser, avant dire droit, les pièces qui lui paraissent nécessaires pour en demander la production par le ministère public, qui ne peut opposer un refus. A défaut de cette production, la CHINS statue au vu des seuls éléments dont elle dispose* » (§ 9) (Crim. 23 nov. 2022, n° 22-80.659, P).

S'ils ne sont pas appelants, le propriétaire du bien, du droit ou du compte et les tiers ayant des droits sur celui-ci peuvent être entendus par la CHINS. Ils ne peuvent toutefois pas prétendre à la mise à disposition de la procédure (C. pr. pén., art. 706-148, 706-150, 706-153, 706-154 et 706-158, L. n° 2013-1117, 6 déc. 2013).

S'il est appelant, « *le propriétaire d'un bien saisi qui n'a pas la qualité de personne mise en examen ou de témoin assisté, ne saurait, à ce stade de la procédure, être assimilé à ceux-ci* », par conséquent il « *ne saurait se faire un grief de ce que son avocat n'a pas eu la parole en dernier à l'issue des débats devant la CHINS* » (Crim. 13 juin 2018, n° 17-83.893, P n° 110).

4. L'ÉTENDUE DU CONTRÔLE DE LA CHINS

Mentionnons que, sauf demande de l'auteur du recours ou décision du président de la CHINS, ce dernier est compétent pour statuer seul sur les recours relatifs à la saisie de biens ou droits incorporels ordonnée sur le fondement de C. pr. pén., art. 706-153 (C. pr. pén., art. D. 43-5), mais tel n'est pas le cas pour les recours formés contre les décisions fondées sur C. pr. pén., art. 706-154 (ordonnance prononçant le maintien ou la mainlevée d'une mesure de saisie de sommes sur un compte bancaire, sur la saisie de compte bancaire, v. **D1** ci-dessus) (Crim. 2 juin 2021, n° 20-81.100, P).

De façon générale, « *il appartient à la CHINS saisie d'un appel formé à l'encontre d'une ordonnance emportant saisie spéciale de biens rendue au cours d'une enquête ayant, à la date où elle statue, fait l'objet de poursuites, de s'assurer du caractère confiscable des biens saisis au regard des seules infractions poursuivies* » (Crim. 20 nov. 2019, n° 18-86.781, P).

En outre, « *il appartient à la CHINS, saisie d'un recours formé contre une ordonnance de maintien de saisie [...], en vertu de l'effet dévolutif de l'appel, de statuer sur la légalité et le bien-fondé de cette mesure, au besoin en substituant aux motifs insuffisants, voire erronés, du premier juge des motifs répondant aux exigences légales* » (Crim. 23 nov. 2022, nº 22-80.659, P).

Méconnaît C. pr. pén., art. 706-153 et C. pén., art. 131-21 la CHINS qui, pour réformer l'ordonnance autorisant la saisie, se détermine « *par des motifs inopérants relatifs à la durée de la procédure judiciaire en cours et à l'absence de risque de dissipation des fonds [...], alors qu'il lui appartenait seulement de contrôler que le JLD avait régulièrement autorisé le procureur de la République à procéder à la saisie de la valeur du* produit des infractions *représentée en partie par une somme figurant au compte bancaire de la personne morale mise en cause, après s'être assurée de son caractère confiscable en application des conditions légales et avoir précisé le fondement de la mesure* » (Crim. 5 déc. 2018, nº 18-80.059, P nº 205), ou qui retient, outre le motif inopérant d'absence de risque de dissipation de l'immeuble, « *la violation du principe de proportionnalité par une mesure de saisie pénale, en nature ou en valeur, lorsque la mesure porte sur l'objet ou le produit direct ou indirect supposé de l'infraction* » (Crim. 26 juin 2019, nº 19-80.235, P ; dans le même sens : 15 mai 2019, nº 18-84.494, P).

En revanche, la juridiction saisie d'une demande de mainlevée doit s'expliquer, « *si les biens saisis ne constituent pas en totalité, en nature ou en valeur, le produit de l'infraction, sur l'atteinte disproportionnée alléguée au droit au respect des biens* » (Crim. 19 déc. 2018, nº 18-85.712, P nº 218).

La Ch. crim. rappelle régulièrement qu'« *il résulte de* [C. pr. pén., art. 706-141-1] *que le montant d'une saisie pénale en valeur ne doit pas excéder la valeur du bien susceptible de confiscation* » (Crim. 12 nov. 2015, nº 15-83.114, P nº 250, Crim. 24 oct 2018, nº 18-80.834, P nº 178), ou, autrement formulé, qu'il est nécessaire que « *la valeur de l'ensemble des biens saisis n'excède pas le montant estimé du produit des infractions* » (Crim. 30 sept. 2015, nº 15-81.744, P nº 213).

À l'occasion de son contrôle, la CHINS ne peut « *remettre en cause l'existence des indices graves et concordants de commission de délits poursuivis justifiant la mise en examen des intéressés* », opération qui relève en effet d'une autre voie de recours prévue par C. pr. pén., art. 80-1-1, 173-1 et 174-1 (application de la règle dite de l'unique objet, sur cette règle, v. nº **12.70B**) (Crim. 26 juin 2019, nº 19-80.235, P nº 137 ; dans le même sens, pour une critique irrecevable du fondement de la saisie à l'occasion du recours contre une décision de remise à l'Agrasc : Crim. 13 juin 2018, nº 17-82.278). De même, l'appelant « *ne saurait, à l'occasion de son appel contre l'ordonnance de saisie, invoquer des exceptions ou formuler des demandes étrangères à l'unique objet de l'appel* » (§ 12) (telle l'exception de violation du principe *ne bis in idem*) (Crim. 23 oct. 2019, nº 18-85.636, D). Ou encore, en cas de contestation devant la CHINS d'une décision du juge d'instruction de remise à l'Agrasc aux fins d'affectation rendue sur la fondement de C. pr. pén., art. 99-2, la CHINS ne peut, en application de cette même règle de l'unique objet, ordonner la restitution du bien (Crim. 11 mai 2022, nº 21-85.420, P. Précisons qu'il en va autrement, compte tenu de la lettre du texte, pour la contestation d'une décision du même ordre rendue par le parquet au visa de C. pr. pén., art. 41-5 (Crim. 18 déc. 2019, nº 19-82.612).

Mais la CHINS ne peut opposer la règle de l'unique objet pour refuser de faire droit à une demande de mainlevée de la saisie lorsque la procédure a fait l'objet d'un classement sans suite (Crim. 13 juin 2019, nº 18-83.411, P). Atténuant les contraintes de la règle de l'unique objet, il est jugé que dans le cas où la CHINS a annulé par arrêt distinct la mise en examen de la personne concernée, que « *si la saisie de biens ou droits incorporels n'est pas subordonnée à la mise en examen de leur propriétaire ou titulaire (Crim. 7 déc. 2016, nº 16-81.280, D), la CHINS saisie de l'appel d'une ordonnance de saisie pénale spéciale doit apprécier l'existence d'indices de commission d'une infraction de nature à justifier la mesure de saisie pénale* » (Crim. 4 mars 2020, nº 19-81.371, P). De même décide-t-elle que la CHINS est tenue « *de s'assurer, par des motifs propres, de l'existence d'indices laissant présumer la commission des infractions sur la base desquelles la saisie [...] a été ordonnée, à la date où elle se prononce sur le maintien de celle-ci* » (Crim. 24 juin 2020, n° 19-84.631, P). Enfin, « *la CHINS, saisie de l'appel formé contre une ordonnance de saisie spéciale [...], est tenue, nonobstant la règle de l'unique objet, d'examiner les éléments soumis par l'intéressé qui invoque l'immunité pénale liée aux fonctions qu'il occupait à la date des faits et à la nature des actes qui lui sont reprochés* » (§ 7) (Crim. 1er févr. 2023, n° 22-82.235, P).

S'agissant des conséquences de la décision, « *le juge qui constate l'annulation d'une saisie et, partant, l'inexistence de tout titre permettant de conserver le bien concerné sous main de justice, est tenu au préalable de restituer celui-ci avant de procéder, le cas échéant, à une nouvelle saisie* » (§ 15) (Crim. 23 févr. 2022, n° 21-82.588, P).

L'arrêt de la CHINS est susceptible de pourvoi dans les conditions de droit commun. La QPC, qui soutient que C. pr. pén., art. 706-150 est contraire à la Constitution en ce qu'il ne prévoit pas la possibilité pour les parties civile de former un pourvoi contre l'arrêt de la CHINS, est rejetée au motif que « *la confiscation, dont la saisie garantit l'exécution, constitue une peine complémentaire se rattachant à l'action publique qui est exercée, non par la partie civile qui n'est pas admise à intervenir dans la détermination de la peine, mais par le ministère public ou les fonctionnaires auxquels elle est confiée par la loi, et dont le prononcé est indifférent au droit de la partie civile d'obtenir la condamnation de l'auteur de l'infraction à réparer le préjudice en résultant* » (§ 6) (Crim. 22 juin 2022, n° 21-87.334, D).

11.64 La mise en œuvre de la saisie pénale spéciale et la charge de l'entretien et de la conservation du bien

A. La mise en œuvre de la saisie

Le procureur de la République, le juge d'instruction ou, avec leur autorisation, l'OPJ peuvent requérir le concours de toute **personne qualifiée** pour accomplir les actes nécessaires à la saisie et à la conservation des biens faisant l'objet d'une saisie pénale spéciale (C. pr. pén., art. 706-142).

Si la saisie est autorisée par le JLD, c'est au procureur de la République de l'ordonner, « *il doit ensuite prendre une décision de saisie pénale, qui constitue le titre juridique emportant saisie des biens, le JLD n'ayant que le pouvoir de l'autoriser et non de l'ordonner* » (Circ. Crim. 10-28/G3, 22 déc. 2010, NOR : JUSD1033289C, n° I.2.1.a).

La décision ne répond à aucun formalisme obligatoire, mais « *elle doit viser explicitement le fondement juridique prévoyant la saisie, l'ordonnance du JLD l'ayant autorisé et permettre l'identification précise du bien sur lequel porte la saisie ainsi que, le cas échéant, l'identification de l'ensemble de co-indivisaires le détenant, afin d'en assurer l'opposabilité et de permettre l'exercice des voies de recours* » (Circ. Crim. 10-28/G3, 22 déc. 2010, n° I.2.1.a).

« *Les parquets devront veiller à la mise en œuvre rapide des mesures de saisies autorisées par le JLD afin d'éviter tout décalage dans le temps entre la notification de l'ordonnance de ce juge et la décision de saisie prise sur son fondement par le procureur, qui serait susceptible d'en remettre en cause l'efficacité* » (Circ. Crim. 10-28/G3, 22 déc. 2010, n° I.2.1.a).

B. La charge de l'entretien et de la conservation du bien

Jusqu'à la mainlevée de la saisie ou la confiscation du bien saisi, le propriétaire ou, à défaut, le détenteur du bien est responsable de son entretien et de sa conservation. Il en supporte la charge, à l'exception des frais qui peuvent être à la charge de l'État (C. pr. pén., art. 706-143).

« *En pratique, il conviendra de veiller à donner connaissance de cette obligation à la personne entre les mains de laquelle le bien est saisi, le cas échéant par un rappel dans le corps de la décision elle-même, cette décision lui étant notifié* » (Circ. Crim. 10-28/G3, 22 déc. 2010, n° I.2.1.e).

En cas de défaillance ou d'indisponibilité du propriétaire ou du détenteur du bien, et sous réserve des droits des tiers de bonne foi, le procureur de la République ou le juge d'instruction peuvent autoriser la remise à l'Agrasc du bien saisi dont la vente par anticipation n'est pas envisagée afin que cette agence réalise les actes juridiques et matériels nécessaires à la conservation, l'entretien et la valorisation de ce bien (C. pr. pén., art. 706-143).

C. Le sort des procédures civiles d'exécution (C. pr. pén., art. 706-145 et 706-146)

La saisie pénale suspend ou interdit toute procédure civile d'exécution sur le bien saisi (C. pr. pén., art. 706-145). Dans les conditions prévues par C. pr. pén., art. 706-144, un créancier muni d'un titre exécutoire peut toutefois être autorisé à engager ou poursuivre sa procédure d'exécution si la saisie du bien en la forme n'est pas nécessaire (C. pr. pén., art. 706-146). Dans un tel cas, la saisie pénale sera reportée sur le solde du prix de cession du bien laissé après désintéressement des créanciers titulaires d'une sûreté ayant pris rang avant la saisie (C. pr. pén., art. 706-146).

« *Les créanciers ayant diligenté une procédure civile d'exécution antérieurement à la saisie pénale sont de plein droit considérés comme étant titulaire d'une sûreté prenant rang avant la saisie pénale, de telle sorte qu'aucun privilège ne soit conféré à la saisie pénale en cas de vente des actifs. La prééminence procédurale de la saisie pénale sur les voies civiles d'exécution pendant la durée de la procédure pénale ne modifie donc pas l'ordre des créanciers ni ne confère de privilège à l'État* » (Circ. Crim. 10-28/G3, 22 déc. 2010, n° I.2.1.c).

« *toute partie intéressée peut déférer devant la CHINS toute décision autorisant le propriétaire du bien ou du droit saisi ou son représentant, à aliéner ledit bien ou droit* » (§ 22), « *par partie intéressée, il faut entendre toute personne ayant un intérêt à s'opposer à une telle décision* » (§ 23), il en est ainsi de la personne qui est propriétaire de 99 % des parts de la société propriétaire du bien, fut-elle en liquidation judiciaire (Crim. 15 sept. 2021, n° 20-84.674, P).

D. Le paiement des dommages-intérêts sur les biens confisqués (C. pr. pén., art. 706-164)

La partie civile titulaire d'une décision définitive qui n'a pas obtenu réparation par un autre dispositif (Civi, Sarvi) peut demander à l'Agrasc à être payée sur les biens confisqués (v. n° **16.20B**). L'État est subrogé à due concurrence pour récupérer la valeur des biens confisqués dont il s'est départi en faveur de la victime.

Rappelons par ailleurs que la peine de confiscation ne peut porter sur « *des biens susceptibles de restitution à la victime* » (C. pén., art. 131-21).

S'agissant de bien fongibles, comme une somme d'argent frauduleusement obtenue de la victime et versée sur un compte bancaire ou au titre d'un contrat d'assurance vie, ils ne sont pas susceptibles de restitution et ne peuvent donner lieu qu'à une condamnation de l'auteur à des dommages-intérêts, sans préjudice de la confiscation du solde créditeur du compte ou de la créance, s'agissant du produit direct ou indirect de l'infraction. Ainsi « *même si les primes d'assurance sont issues de sommes que la victime a été conduite à remettre à l'auteur […], le droit de créance dont, seul, bénéficie ce dernier en exécution du contrat, n'est pas susceptible de restitution à la victime, d'autre part, les dommages-intérêts alloués à la partie civile ne constituent pas une peine et peuvent par conséquent se cumuler avec une mesure de confiscation d'un contrat d'assurance-vie, la partie civile pouvant le cas échéant demander, en application de l'article 706-164 du code de procédure pénale, que la somme qui lui a été allouée à titre de dommages-intérêts soit prélevée sur les fonds ainsi confisqués* » (Crim. 19 avr. 2017, n° 16-80.718, P n° 108 ; dans le même sens : Crim. 23 oct. 2019, n° 18-85.820, P).

11.65 La perquisition auprès des professionnels protégés : avocat, entreprise de presse, médecin, notaire, commissaire de justice, juridiction ou juge

L'OPJ « *a l'obligation de provoquer toutes mesures utiles pour que soit assuré le respect du secret professionnel...* » (C. pr. pén., art. 56 et 76).

Les prescriptions ci-dessous, qui visent à protéger le secret professionnel ou la liberté d'expression et de communication, sont applicables aux perquisitions opérées en enquête préliminaire, de flagrance ou sur commission rogatoire. Elles complètent les prescriptions relatives aux perquisitions examinées au n° **11.57** et **11.58**.

La régularité des **saisies** consécutives aux perquisitions auprès d'un professionnel protégé peut faire l'objet d'une contestation relevant de la compétence du JLD, selon les modalités exposées au n° **11.66**.

A. La perquisition chez un avocat ou dans les locaux du barreau (C. pr. pén., art. 56-1)

Les règles particulières relatives aux perquisitions dans le cabinet d'un avocat ou à son domicile sont un aspect de celles qui entourent la protection de son secret professionnel à l'occasion des investigations judiciaires dont il est l'objet (sur les autres garanties, v. n° **35.4A1**).

Les perquisitions dans le cabinet d'un avocat ou à son domicile, ou dans les locaux de l'ordre des avocats ou des caisses de règlement pécuniaire des avocats, ne peuvent être effectuées que par un magistrat (procureur de la République dans le cadre de l'enquête initiale ou juge d'instruction dans le cadre de l'information) et en présence du bâtonnier ou de son délégué, à la suite d'une décision écrite et motivée prise par ~~le magistrat~~ « *le JLD saisi* » (L. n° 2021-1729, 22 déc. 2021) par ce magistrat, qui indique la nature de l'infraction ou des infractions sur lesquelles portent les investigations, les raisons justifiant la perquisition, l'objet de celle-ci « et *sa proportionnalité au regard de la nature et de la gravité des faits* » (L. n° 2021-1729, 22 déc. 2021). Depuis L. n° 2021-1729, 22 déc. 2021, les perquisitions sont autorisées par le seul JLD, « *le législateur ayant estimé nécessaire que ces actes fassent systématiquement l'objet d'un regard extérieur et ne puissent être directement décidés par les autorités en charge des investigations, qu'il s'agisse du procureur de la République, du juge d'instruction, ou des OPJ* » (Circ. DACG, 28 févr. 2022, NOR : JUSD2206745C, introduction). Les saisines du JLD par le procureur ou le juge d'instruction « *devront être motivées pour permettre au JLD de prendre sa décision et de la motiver* » (Circ. DACG, 28 févr. 2022, NOR : JUSD2206745C, n° 2.1a).

Notons « *qu'il n'entre pas dans l'office du [JLD] d'examiner la régularité de la saisine du juge d'instruction* » (§ 7) (Crim. 18 janv. 2022, n° 21-83.751, P).

Dès le début de la perquisition, le contenu de cette décision est porté à la connaissance du bâtonnier ou de son représentant par le magistrat effectuant celle-ci. Ce dernier (procureur de la République ou juge d'instruction) et le bâtonnier ont seuls le droit de prendre connaissance, préalablement à leur éventuelle saisie (sur la saisie consécutive à une perquisition dans le cabinet d'un avocat ou à son domicile, v. n° **11.66A**), des documents découverts lors de la perquisition. Aucune saisie ne peut concerner des documents relatifs à d'autres infractions que celles mentionnées dans la décision.

« *Lorsque la perquisition est justifiée par la mise en cause de l'avocat, elle ne peut être autorisée que s'il existe des raisons plausibles de le soupçonner d'avoir commis ou tenté de commettre, en tant qu'auteur ou complice, l'infraction qui fait l'objet de la procédure ou une infraction connexe au sens de C. pr. pén., art. 203* » (L. n° 2021-1729, 22 déc. 2021) (sur la connexité, v. n° **17.23B4**). « *Cette condition ne s'appliquera donc pas si l'avocat n'est pas mis en cause (par exemple si la perquisition est nécessaire en raison de la commission, dans le cabinet de l'avocat, d'une infraction par un de ses employés ou de la commission, dans le cabinet de l'avocat, d'une infraction par un de ses employés ou de la commission, au domicile de l'avocat, d'une infraction commise par un membre de sa famille)* » (Circ. DACG, 28 févr. 2022, NOR : JUSD2206745C, n° 2.1).

Le magistrat qui effectue la perquisition veille à ce que les investigations conduites ne portent pas atteinte au libre exercice de la profession d'avocat.

« *L'absence, dans la décision prise par le magistrat, des motifs justifiant la perquisition et décrivant l'objet de celle-ci, qui prive le bâtonnier, chargé de la protection des droits de la défense, de l'information qui lui est réservée et qui interdit ensuite le contrôle réel et effectif de cette mesure par le JLD éventuellement saisi, porte nécessairement atteinte aux intérêts de l'avocat concerné (Crim. 9 févr. 2016, n° 15-85.063, P n° 34)* » (§ 13) et l'imprécision de l'ordonnance de perquisition porte atteinte aux droits de la défense (§ 14) (Crim. 8 juill. 2020, n° 19-85.491, P). Il en est ainsi pour l'ordonnance qui ne décrivait pas son objet « *ni ne mentionnait le lieu où devaient être effectuées les investigations* » (Crim. 9 févr. 2016, nº 15-85.063, P nº 34).

Lorsque la perquisition est effectuée dans les locaux de l'ordre des avocats ou des caisses de règlement pécuniaire des avocats, ou dans le cabinet ou le domicile du bâtonnier, le président du TJ doit préalablement être avisé de la perquisition.

Ces prescriptions sont édictées à peine de nullité.

Elles s'appliquent également, depuis L. nº 2019-222, 23 mars 2019 modifiant C. pr. pén., art. 56-1 « *aux perquisitions ou visites domiciliaires effectuées, sur le fondement d'autres codes ou de lois spéciales, dans le cabinet d'un avocat ou à son domicile* » ou « *dans les locaux de l'ordre des avocats ou des caisses de règlement pécuniaire des avocats* ».

« *Il en sera donc notamment ainsi pour les perquisitions en matière fiscale ou douanière prévues par les articles L. 16 B et L. 38 du livre des procédures fiscales et 64 du code de douanes ou, pour les perquisitions réalisées par des autorités administratives indépendantes, comme l'Autorité de la concurrence lors des visites prévues par l'article L. 450-4 du code de commerce* » (Circ. Crim. 2019-8/H3, 5 avr. 2019, JUSD1910288C, nº 1.3.2), sans préjudice des dispositions prévoyant déjà l'application de ces règles comme celles relatives aux visites des lieux par les enquêteurs de l'AMF (CMF, art. L. 621-12). Soulignons toutefois que les dispositions qui précèdent prévoient, outre la présence du bâtonnier, la faculté pour « *le contribuable* » (LPF, art. L. 16 B, II d)), pour « *l'auteur présumé des infractions* » (LPF, art. L. 38, C. douanes, art. 64) ou « *pour l'occupant des lieux ou son représentant* » (C. com., art. L. 450-4, CMF, art. L. 621-12, C. consom., art. L. 512-58), « *de faire appel à un conseil de son choix* », ce que n'autorise pas C. pr. pén., art. 56-1.

« *Dans ces hypothèses, si les perquisitions ou visites domiciliaires ont été autorisées par le JLD, c'est ce magistrat qui devra lui-même réaliser les opérations, avec l'assistance des agents compétents.../...Dans le cas où l'opération n'exige pas l'autorisation d'un JLD, la décision pourra être prise par le procureur de la République, qui conduira lui-même les opérations* » (Circ. Crim. 2019-8/H3, 5 avr. 2019, JUSD1910288C, nº 1.3.2).

Mentionnons que le bâtonnier de l'ordre des avocats n'est pas, au sens de C. pr. pén., art. R. 49-21 relatif à la QPC, « *une partie lorsqu'il exerce les prérogatives qui lui sont données par C. pr. pén., art. 56-1 à l'occasion d'une perquisition dans un cabinet d'avocat, dès lors qu'il agit dans le cadre d'une mission d'auxiliaire de justice chargée de la protection des droits de la défense* » et qu'il ne peut « *donc soulever un moyen d'inconstitutionnalité du texte appliqué* » (Crim. 8 janv. 2013, nº 12-90.063, D).

B. Les perquisitions dans une entreprise de presse (C. pr. pén., art. 56-2)

Les perquisitions dans les locaux d'une entreprise de presse ou de communication audiovisuelle, d'une entreprise de communication au public en ligne, d'une agence de presse, dans les véhicules professionnels de ces entreprises ou agences ou au domicile d'un journaliste, lorsque les investigations sont liées à son activité professionnelle, ne peuvent être effectuées que par un magistrat (procureur de la République ou juge d'instruction) qui veille à ce que les investigations conduites ne portent pas atteinte au libre exercice de la profession de journaliste et ne constituent pas un obstacle ou n'entraînent pas un retard injustifié à la diffusion de l'information (sur la saisie, v. nº **11.66B**).

La perquisition est réalisée sur **décision écrite et motivée du magistrat** qui indique la nature de l'infraction ou des infractions sur lesquelles portent les investigations, ainsi que les raisons justifiant la perquisition et l'objet de celle-ci. Le contenu de cette décision est porté dès le début de la perquisition à la connaissance de la personne présente en application de l'article 57.

Le magistrat et la personne présente en application de l'article 57 ont seuls le droit de prendre connaissance des documents ou des objets découverts lors de la perquisition préalablement à leur éventuelle saisie. Aucune saisie ne peut concerner des documents ou des objets relatifs à d'autres infractions que celles mentionnées dans cette décision. Ces dispositions sont édictées à peine de nullité.

Le magistrat veille à ce que les investigations conduites respectent le libre exercice de la profession de journaliste, ne portent **pas atteinte au secret des sources** en violation de l'article 2 de la loi du 29 juillet 1881 sur la liberté de la presse (C. pr. pén., art. 56-2, L. nº 2010-1, 4 janv. 2010). Cette disposition prévoit qu'il ne peut être porté atteinte au secret des sources des journalistes que si un impératif prépondérant le justifie et si les mesures envisagées sont strictement nécessaires et proportionnées (v. nº **35.3**).

Les perquisitions spéciales ou visites autorisées par le JLD sur le fondement d'autres dispositions que celle du C. pr. pén. (ex. Autorité de la concurrence sur le fondement de C. com, art. L. 450-4, administration fiscale au titre de LPF, art. L. 16 B) ne sont pas soumises à des restrictions particulières pour les entreprises de presse et n'ont pas à être effectuées par un magistrat (Crim. 11 janv. 2012, nº 10-85.446, P nº 8), lorsqu'il « *n'est pas allégué que cette visite a été utilisée pour rechercher les sources d'un journaliste ni qu'elle ait permis de découvrir de telles sources* » (Com. 11 mai 2017, nº 15-28.988, P).

C. Les perquisitions chez un médecin, notaire ou commissaire de justice (C. pr. pén., art. 56-3)

Les perquisitions dans le cabinet d'un médecin, d'un notaire ou d'un commissaire de justice [huissier] sont effectuées par un magistrat et en présence de la personne responsable de l'ordre ou de l'organisation professionnelle à laquelle appartient l'intéressé ou son représentant. (sur la saisie, v. nº **11.66C**).

D. La perquisition dans une juridiction ou au domicile d'un juge (C. pr. pén., art. 56-4, L. nº 2016-731, 3 juin 2016)

Afin de préserver le secret des délibérations juridictionnelles (sur le secret du délibéré, v. nº **35.2F**), « *les perquisitions dans les locaux d'une juridiction ou au domicile d'une personne exerçant des fonctions juridictionnelles et qui tendent à la saisie de documents susceptibles d'être couverts par le secret du délibéré ne peuvent être effectuées que par un magistrat, sur décision écrite et motivée de celui-ci, en présence du premier président de la cour d'appel ou du premier président de la C. cass. ou de son délégué* » (C. pr. pén., art. 56-4).

« *Sont ainsi visés les domiciles des magistrats judiciaires et administratifs, mais également des juges de proximité, des juges consulaires, des conseillers prud'hommes, des assesseurs au tribunal pour enfants, au tribunal des affaires de la sécurité sociale et à la commission d'indemnisation des victimes d'infraction ainsi que, pendant la durée de la session, des jurés d'assises .../...La perquisition doit avoir pour objet la saisie de documents susceptibles d'être couverts par le secret du délibéré. L'article 56-5 ne s'applique donc pas à l'ensemble des perquisitions concernant un magistrat* ». (Circ. Crim 2016-12/H2-26, 26 juill. 2016, JUSD1621338C, nº 3).

« *Préalablement à la perquisition, le magistrat doit, à peine de nullité, rendre une décision* » (Circ. Crim 2016-12/H2-26, 26 juill. 2016, JUSD1621338C, nº 3).

« *Cette décision indique la nature de l'infraction sur laquelle portent les investigations, les raisons justifiant la perquisition et l'objet de celle-ci. Le contenu de la décision est porté dès le début de la perquisition à la connaissance du premier président ou de son délégué par le magistrat. Celui-ci, le premier président ou son délégué ont seuls le droit de consulter ou de prendre connaissance des documents ou des objets se trouvant sur les lieux préalablement à leur éventuelle saisie* (sur la saisie, v. nº **11.66D**) .../... « *Le magistrat qui effectue la perquisition veille à ce que les investigations conduites ne portent pas atteinte à l'indépendance de la justice* ».

E. La remise de documents n'est pas assimilable à une perquisition

L'opération par laquelle un OPJ se fait remettre des documents ne constitue pas une perquisition dès lors que « *l'OPJ ne s'était livré à aucune recherche pour entrer en possession du dossier, lequel lui avait été remis sur sa demande* » ; est ainsi valable l'acte d'enquête par lequel un OPJ « *s'est présenté à l'hôpital et, en présence du directeur de l'établissement et du représentant du conseil de l'ordre des médecins, s'est fait remettre le dossier et l'a placé sous scellés* » (Crim. 20 sept. 1995, nºs 95-81.140, 95-81.140, P nº 276).

« *... la remise par un médecin requis à cet effet, d'un dossier médical à un officier de police judiciaire, agissant sous l'autorité du procureur de la République ou du juge d'instruction suivant les cas, ne saurait être assimilée à une perquisition [...] il convient cependant de veiller, dans ce cadre, au strict respect des dispositions prévues au 3e alinéa de l'article 56 du code de procédure pénale, qui prévoient, au sujet de la saisie, que l'OPJ "a l'obligation de provoquer préalablement toutes mesures utiles pour que soit assuré le respect du secret professionnel et des droits de la défense". À cet égard, il n'y aurait que des avantages à ce que la remise d'un dossier médical, hors du cadre d'une perquisition et en quelque lieu qu'il se trouve, soit systématiquement effectuée en présence du représentant ou d'un membre de l'ordre des médecins* » (Circ. Crim. 97-13 E1, 24 nov. 1997).

Ces considérations, énoncées pour les médecins, peuvent être étendues aux autres professions protégées, étant au surplus précisé que par application C. pr. pén., art. 60-1 et 77-1-1, l'OPJ peut requérir toute personne de lui remettre des documents intéressant l'enquête, nonobstant le secret professionnel, sous réserve toutefois des dispositions particulières relatives au secret des sources des journalistes résultant de la loi n° 2010-1 du 4 janvier 2010 (v. n° **11.54**).

L'hypothèse d'une réquisition à des tiers détenant des informations susceptibles de se rapporter à des activités protégées par le secret professionnel est examinée au n° **11.54**.

11.66 La contestation de la saisie pénale de document ou de valeurs auprès des professionnels protégés

A. L'avocat ou les locaux du barreau et la correspondance d'avocat (C. pr. pén., art. 56-1)

1. La protection du secret professionnel de l'avocat : le secret de la défense et du conseil

Mentionnons qu'« *aucune disposition constitutionnelle ne consacre spécifiquement un droit au secret des échanges et correspondances des avocats* » (§ 16) (Cons. const. 24 juill. 2015, n° 2015-478 QPC). Les règles particulières relatives aux saisies de documents émanant d'un avocat sont un aspect de celles qui entourent la protection de ce secret à l'occasion des investigations judiciaires dont il est l'objet (sur les autres garanties, v. n° **35.4A1**).

• **La définition du secret professionnel de la défense et du conseil protégé**

« *En toutes matières, que ce soit dans le domaine du conseil ou dans celui de la défense, les consultations adressées par un avocat à son client ou destinées à celui-ci, les correspondances échangées entre le client et son avocat, entre l'avocat et ses confrères à l'exception pour ces dernières de celles portant la mention "officielle", les notes d'entretien et, plus généralement, toutes les pièces du dossier sont couvertes par le secret professionnel* » (L. n° 71-1130, 31 déc. 1971, art. 66-5). Ainsi défini, « *Le respect du secret professionnel de la défense et du conseil [...] est garanti au cours de la procédure pénale dans les conditions prévues par le présent code* » (C. pr. pén., art. préliminaire, mod.par L. n° 2022-1729, 22 déc. 2022). « *ce faisant, le législateur a entendu rappeler que le secret professionnel de l'avocat [...] comprend aussi bien le secret de la défense que le secret de l'activité de conseil* » (Circ. DACG, 28 févr. 2022, NOR : JUSD2206745C, n° 1).

Le magistrat qui effectue la perquisition dans le cabinet d'un avocat ou à son domicile ou dans les locaux du barreau (sur la perquisition v. n° **11.65A**) veille ainsi « *à ce qu'aucun document relevant de l'exercice des droits de la défense et couvert par le secret professionnel de la défense et du conseil,* [tel que prévu par L. n° 71-1130, 31 déc. 1971, art. 66-5 précité], *ne soit saisi et placé sous scellé* » (mod. issue L. n° 2022-1729, 22 déc. 2022).

• **La portée de la protection du secret de la défense**

« *Est donc totale l'interdiction de saisie de documents relevant de l'exercice des droits de la défense et couverts par le secret professionnel de la défense, à savoir, lorsqu'il s'agit d'un avocat qui a été désigné par une personne mise en cause dans une procédure pénale (lors d'une audition libre ou d'une garde à vue, ou après une mise en examen ou une audition comme témoin assisté, ou après saisine de la juridiction de jugement), les consultations adressées par l'avocat à son client ou destinées à celui-ci, les correspondances échangées entre le client et son avocat, entre l'avocat et ses confrères (à l'exception pour ces dernières de celles portant la mention "officielle"), les notes d'entretien et, plus généralement, toutes les pièces du dossier qui sont couvertes par le secret professionnel* » (Circ. DACG, 28 févr. 2022, NOR : JUSD2206745C, nº 2.2a).

« *La seule exception à l'interdiction de la saisie de documents relevant de l'exercice des droits de la défense et couverts par le secret de la défense, que le législateur n'a pas estimé opportun de rappeler dans la loi, est l'hypothèse, retenue depuis toujours par la jurisprudence, dans laquelle l'avocat est auteur ou complice d'une infraction, la saisie de pièces pouvant établir sa participation à une infraction étant toujours possible. En réalité, dans une telle hypothèse, il n'existe plus de secret de la défense devant être protégé dans la mesure où l'avocat est sorti de son rôle de défenseur* » (Circ. DACG, 28 févr. 2022, NOR : JUSD2206745C, nº 2.2a).

La CEDH rappelle en effet que « *...si le secret professionnel des avocats a une grande importance tant pour l'avocat et son client que pour le bon fonctionnement de la justice, et s'il s'agit de l'un des principes fondamentaux sur lesquels repose l'organisation de la justice dans une société démocratique, il n'est pas pour autant intangible.../...il se décline avant tout en obligations à la charge des avocats et .../...c'est dans la mission de défense dont ils sont chargés qu'il trouve son fondement* » (CEDH 16 juin 2016, *Versini-Campinchi et Crasnianski c/ France*, req. nº 49176/11 § 77, citant les § 123, 119, 118 et 128 de l'arrêt de principe CEDH 6 déc. 2012, *Michaud c/ France*, req. nº 12323/11).

C'est dire que les indices de participation de l'avocat à l'infraction comme auteur ou complice rendent inopérants tant le secret de la défense que celui du conseil, ces secrets n'ayant pas en effet les caractères d'une immunité pénale (Crim. 8 nov. 2000, nº 00-83.570, P nº 335 ; Crim. 18 janv. 2006, nº 05-86.447, P nº 22 ; Crim. 15 juin 2016, nº 15-86.043, P nº 186 ; Crim. 13 déc. 2022, nº 21-87.435 (§ 13), P).

• La portée de la protection du secret du conseil

« *Il découle des nouvelles dispositions que le secret du conseil est désormais protégé, mais à la condition qu'il se rapporte à l'exercice des droits de la défense* » ; « *Le législateur a en effet estimé que "celui qui prend conseil parce qu'il s'attend à être prochainement poursuivi ou parce qu'il sait avoir commis une infraction pénale prépare en réalité déjà sa défense" doit voir protégés ses échanges avec son avocat, même si aucune procédure pénale n'est déjà engagée* » ; « *Sous réserve de la jurisprudence à venir de la C. cass., il apparaît ainsi que cette protection s'appliquera lorsqu'une personne a commis ou pense avoir commis une infraction, mais non lorsque des conseils sont demandés à un avocat avant toute commission d'une infraction, et qu'il s'agit donc de conseils qui auraient pu être sollicités auprès de toutes autres personnes exerçant des missions de conseil juridique, comme par exemple des notaires* » ; « *Par ailleurs, l'interdiction de saisir des documents relevant de l'exercice des droits de la défense et couverts par le secret du conseil s'appliquera y compris si la personne qui a sollicité des conseils juridiques après avoir commis une infraction poursuit la commission de celle-ci, ou renouvelle cette infraction, tout en continuant d'être conseillé par l'avocat (sauf, bien évidemment, si l'avocat est devenu co-auteur ou complice de ces faits)* » (Circ. DACG, 28 févr. 2022, NOR : JUSD2206745C, nº 2.2b).

Selon la jurisprudence de la CJUE, la protection du secret du conseil paraît inhérente à la fonction de défense, en effet « *La protection spécifique que l'article 7 de la Charte et l'article 8, paragraphe 1, de la Conv. EDH accordent au secret professionnel des avocats [...] se justifie par le fait que les avocats se voient confier une mission fondamentale dans une société démocratique, à savoir <u>la défense des justiciables</u> (CEDH, 6 déc. 2012, Michaud c/ France, nº 12323/11, §§ 118 et 119). Cette mission fondamentale comporte, d'une part, l'exigence, dont l'importance est reconnue dans tous les États membres, que tout justiciable doit avoir la possibilité de s'adresser en toute liberté à son avocat, dont <u>la profession même englobe, par essence, la tâche de donner, de façon indépendante, des avis juridiques</u> à tous ceux qui en ont besoin et, d'autre part, celle, corrélative, de loyauté de l'avocat envers son client* » (§ 28) (CJUE, 8 déc. 2022, nº C-694/20, *Orde van Vlaamse Balies et autres*).

La prise en compte de la protection due au secret du conseil par la jurisprudence de la Ch. crim. est exposée au nº **11.36E2**, relatif aux transcriptions de conversation téléphoniques (v. Crim. 22 mars 2016, nº 15-83.205, P nº 93 ; nº 15-83.206, P nº 88 ;

n° 15-83.207, P n° 92 ; Crim. 13 sept. 2022, n° 21-87.452, P ; Crim. 13 déc. 2022, n° 21-87.435 (§ 7 et 8)).

• **La portée de l'inopposabilité du secret du conseil pour certaines infractions financières**

Toutefois, qu'il s'agisse d'un document saisi dans un cabinet d'avocat, à son domicile ou dans un local du barreau, ou saisi entre les mains d'un tiers (v. **A3** ci-dessous) « *le secret professionnel du conseil n'est pas opposable aux mesures d'enquête ou d'instruction lorsque celles-ci sont relatives aux infractions* [de fraude fiscale (CGI, art. 1741 et 1743, v. n[os] **33.34** et **33.35**), de financement de terrorisme (C. pén., art. 421-2-2, v. n° **23.25**, cas **D**), de corruption active nationale (C. pén., art. 433-1, v. n° **23.41**), de trafic d'influence actif et passif national (C. pén., art. 433-2, v. n° **23.42**), de corruption ou de trafic d'influence concernant des agents publics étrangers, des organisations internationales publiques ou des fonctions juridictionnelles étrangères ou une cour internationale (C. pén., art. 435-1 à 435-10)] *ainsi qu'au blanchiment de ces délits, sous réserve que les consultations, correspondances ou pièces détenues ou transmises par l'avocat ou son client établissent la preuve de leur utilisation aux fins de commettre ou de faciliter la commission desdites infractions* » (C. pr. pén., art. 56-1-2, issu L. n° 2022-1729, 22 déc. 2022).

C. pr. pén., art. 56-1-2, « *ne paraît pas remettre en cause la protection instituée par la nouvelle rédaction de l'article 56-1 qui interdit expressément la saisie des documents qui relèvent de l'exercice des droits de la défense et qui sont couverts par le secret du conseil, protection qui s'applique à toutes les infractions* » ; « *La personne qui, par exemple, a commis un délit de fraude fiscale, et qui va demander des conseils juridiques à un avocat afin de commencer à préparer sa défense pour le cas où elle serait poursuivie, même si aucune procédure pénale n'est encore engagée contre elle et qu'elle n'a donc pas pu désigner, dans le cadre de cette procédure, cet avocat comme défenseur, sera assurée que les échanges qu'elle aura avec cet avocat seront protégés, et ne pourront faire l'objet d'une saisie, car ces échanges relèvent déjà de l'exercice des droits de la défense* » (Circ. DACG, 28 févr. 2022, NOR : JUSD2206745C, n° 2.2b). Il ressort de cette analyse que C. pr. pén., art. 56-1-2 ne peut être opposé par les magistrats effectuant la perquisition ou par le JLD tranchant la contestation que si les documents se rapportent exclusivement à l'activité de conseil de l'avocat. « *En revanche, il découle de l'article 56-1-2 que si cette même personne utilise les conseils et documents fournis par l'avocat, sous couvert de la préparation de sa défense, pour poursuivre la commission de cette fraude fiscale, et que donc les consultations, correspondances ou pièces, détenues ou transmises par l'avocat ou son client établissent alors la preuve de leur utilisation aux fins de commettre ou de faciliter la commission de cette infraction, la saisie sera possible* » (Circ. DACG, 28 févr. 2022, NOR : JUSD2206745C, n° 2.2b).

2. La contestation de la saisie devant le JLD

Le bâtonnier ou son délégué, s'il estime que la saisie, effectuée dans le cabinet ou au domicile d'un avocat est irrégulière, peut s'opposer à la saisie d'un document ou d'un objet à laquelle le magistrat a l'intention de procéder dans le cabinet d'un avocat ou à son domicile.

Ces opérations font l'objet d'un procès-verbal distinct mentionnant les objections du représentant de l'ordre tandis que le document ou objet est placé sous scellé fermé distinct, l'un et l'autre étant transmis sans délai au JLD qui statue dans les 5 jours sur la contestation, dans les conditions précisées au C. pr. pén., art. 56-1, sans préjudice d'une demande ultérieure de nullité de la saisie devant la CHINS dans le cadre de l'information judiciaire, ou devant la juridiction de jugement en l'absence d'information (notons toutefois qu'il est jugé que la validité d'une visite domiciliaire opérée sur le fondement de LPF, art. L. 16 B ne peut plus être contestée devant la CHINS au motif que cette contestation relevait du premier président qui n'a pas été saisi par le demandeur : Crim. 5 nov. 2014, n° 13-86.202, P n° 228).

Dans le cas où la perquisition a été effectuée dans les locaux de l'ordre des avocats ou de la caisse de règlement pécuniaire des avocats ou dans le cabinet ou le domicile du bâtonnier, les attributions du JLD sont exercées par le président du tribunal judiciaire [avant le 1er janv. 2020 : tribunal de grande instance].

Ces dispositions relatives aux saisies s'appliquent également, depuis L. n° 2019-222, 23 mars 2019 modifiant C. pr. pén., art. 56-1 « *aux perquisitions ou visites domiciliaires effectuées, sur le fondement d'autres codes ou de lois spéciales* » (v. n° **11.65A**).

« *la confidentialité des documents susceptibles d'être saisis lors d'une perquisition au cabinet ou au domicile d'un avocat est assurée par la circonstance que leur consultation est réservée au magistrat instructeur et au bâtonnier ou à son délégué et que ce dernier peut s'opposer à la mesure envisagée, toute contestation étant soumise au JLD* », sont dès lors irrégulières les photographies de documents et d'objets réalisées par les gendarmes au domicile et au cabinet de l'avocat sur les directives du juge d'instruction, lorsque ces pièces ont « *été versées au dossier de la procédure sans qu'aient été mises en œuvre les garanties prévues par la loi* » (Crim. 8 juill. 2015, n° 15-81.179, D).

Saisi d'une contestation de la saisie, le JLD excède ses pouvoirs « *en ordonnant le versement, au dossier [...], de documents saisis au cours d'une perquisition irrégulière* » (§ 16) comme résultant d'une décision dépourvue de motifs et de précisions suffisantes sur l'objet de la perquisition, ce qui prive « *le bâtonnier, chargé de la protection des droits de la défense, de l'information qui lui est réservée et qui interdit ensuite le contrôle réel et effectif de cette mesure par le JLD éventuellement saisi* » (§ 13) (Crim. 8 juill. 2020, n° 19-85.491, P).

Auparavant non susceptible de recours, « *La décision du JLD* [statuant sur la contestation de la saisie] *peut faire l'objet d'un recours suspensif dans un délai de 24 H00, formé par le procureur de la République, l'avocat ou le bâtonnier ou son délégué devant le président de la CHINS. Celui-ci statue dans les cinq jours suivant sa saisine [...]. Ce recours peut également être exercé par l'administration ou l'autorité administrative compétente* » (C. pr. pén., art. 56-1, mod. issue L. n° 2022-1729, 22 déc. 2022).

Rappelons que lorsque la perquisition a été autorisée en matière fiscale ou douanière sur le fondement de LPF, art. L. 16 B et L. 38, ou C. douanes, art. 64, ou dans le cadre de procédures menées par l'Autorité de la concurrence (C. com., art. L. 450-4) ou par l'AMF (CMF, art. L. 621-12), c'est, selon l'interprétation donnée au C. pr. pén., art. 56-1, un JLD qui réalise lui-même les opérations avec l'assistance des agents compétents (v. n° **11.65A**). « *Le principe d'impartialité ne s'oppose pas à ce que le JLD qui a autorisé une perquisition statue sur la contestation d'une saisie effectuée à cette occasion par un autre JLD. En revanche, les dispositions contestées* [en l'espèce, LPF, art. L. 16 B], *ne sauraient, sans méconnaître ce principe, être interprétées comme permettant qu'un même JLD effectue une saisie et statue sur sa contestation* » (Cons. const. 19 janv. 2023, n° 2022-1031 QPC).

Il résulte de C. pr. pén., art. 56-1 que « *la décision prise par le JLD à la suite de la saisie, à laquelle s'est opposé le bâtonnier, d'un document ou d'un objet dans le cabinet d'un avocat ou à son domicile, est, soit dans le sens de la restitution immédiate du scellé, soit dans le sens de son versement à la procédure* » (§ 13), il s'en déduit « *que le recours, prévu par C. pr. pén., art. 56-1, devant le président de la CHINS, n'est ouvert que contre les décisions qui tranchent cette contestation en prononçant l'une ou l'autre de ces mesures* » (§ 14) (Crim. 14 mars 2023, n° 22-83.757, P).

3. La contestation de la saisie des correspondances d'un avocat entre les mains d'un tiers

C. pr. pén., art. 56-1 s. n'organisait pas de façon spécifique la contestation des saisies, effectuées en dehors d'un cabinet d'avocat, des correspondances émanant d'un avocat. Dans le cadre de l'enquête, la contestation de la saisie de telles pièces à conviction (qui ne constituent pas des saisies spéciales relevant d'un régime propre de contestation organisé par C. pr. pén., art. 606-50, 706-48, 706-153, 706-154 et 706-158, v. n° **11.63F**) se concrétisait alors par une demande de restitution prévue dans les conditions de droit commun par C. pr. pén., art. 41-4 (v. n° **11.62B**), ou par une requête en nullité de la perquisition dans les conditions limitatives prévues par C. pr. pén., art. 802-2 (v. nº **11.67**). Dans le cadre de l'instruction, la contestation s'exprimait soit par une demande de restitution sur le fondement de C. pr. pén., art. 99 (v. également nº **11.62B**), soit par une requête en nullité de la saisie sur le fondement de C. pr. pén., art. 170.

Mentionnons que dans le cas de correspondances émanant d'un avocat saisies en dehors de son cabinet dans le cadre d'une visite des agents de l'Autorité de la concurrence au visa de C. com., art. L. 450-4, il est jugé que « *le pouvoir, reconnu aux agents de l'Autorité de la concurrence par C. com., art. L. 450-4, de saisir des documents et supports informatiques, trouve sa limite dans le principe de la libre défense qui commande de respecter la confidentialité des correspondances échangées entre un avocat et son client et liées à l'exercice des droits de la défense* » (Crim, 24 avr. 2013, nº 12-80.335, D ; dans le même sens : Crim. 24 avr. 2013, nºs 12-80.332, 12-80.336 et 12-80.346, D) ; que l'insaisissabilité « *s'étend à l'ensemble des correspondances échangées entre un avocat et son client et liées à l'exercice des droits de la défense* », qu'il s'agisse des faits concernés par la perquisition ou d'autres faits (§ 31), à condition pour le requérant de « *désigner précisément les documents qu'elle estimait protégés à ce titre, pour qu'ils ne soient pas saisis* » (§ 32) (Crim. 20 janv. 2021, nº 19-84.292, D). Dans des termes comparables, « *les correspondances échangées entre le client et son avocat sont, en toutes matières, couvertes par le secret professionnel, il demeure qu'elles peuvent notamment être saisies dans le cadre des opérations de visite prévues par [C. com., art. L. 450-4] dès lors qu'elles ne concernent pas l'exercice des droits de la défense* » (§ 6), toutefois il appartient au demandeur à la restitution, non seulement « *d'identifier les courriers concernés* », mais aussi d'apporter tout « *élément de nature à établir que ces courriers étaient en lien avec l'exercice des droits de la défense* » (§ 11) (Crim. 25 nov. 2020, nº 19-84.304, P). Notons qu'est approuvée la décision qui annule partiellement la saisie de documents qui ne provenaient pourtant pas d'un avocat et qui ne lui étaient pas adressés au motif que « *les données confidentielles couvertes par le secret des correspondances échangées avec un avocat, et contenues dans les documents saisis, en constituaient l'objet essentiel* » (Crim. 26 janv. 2022, nº 17-87.359, D).

La L. nº 2022-1729, 22 déc. 2022, prévoit désormais que lorsque, à l'occasion d'une perquisition dans un lieu autre que le cabinet d'un avocat, son domicile ou les locaux du barreau, il est découvert un document couvert par le secret professionnel au sens de L. nº 71-1130, 31 déc. 1971, art. 66-5, et dans les limites apportées par C. pr. pén., art. 56-1-2 (v. **A1** ci-dessus) « *la personne chez qui il est procédé à ces opérations peut s'opposer à la saisie de ce document. Le document doit alors être placé sous scellé fermé et faire l'objet d'un procès-verbal distinct* [...]. *Ce procès-verbal ainsi que le document placé sous scellé fermé sont transmis sans délai au JLD, avec l'original ou une copie du dossier de la procédure* » (C. pr. pén., art. 56-1-1). Le JLD statue alors sur la contestation selon la procédure décrite en **A1** ci-dessus. « *Ces dispositions viennent ainsi combler une lacune de notre procédure pénale, qui ne prévoyait aucune garantie permettant d'éviter la saisie d'une correspondance entre un avocat et son client qui aurait été découverte chez ce dernier, et non dans le cabinet de l'avocat* » (Circ. DACG, 28 févr. 2022, NOR : JUSD2206745C, nº 2.1b). Les modalités de contestation paraissent réservées aux contestations effectuées sur le champ par la personne perquisitionnée en ce que la saisie doit donner lieu à un procès-verbal et à un scellé distincts. Il appartiendra à la jurisprudence de préciser si la contestation différée de la saisie relève aussi de la compétence du JLD ou d'une demande de restitution de scellé effectuées dans les conditions de droit commun précitées.

4. La contestation de la saisie de sommes d'argent sur le compte bancaire d'un avocat

Dans une affaire dans laquelle des fonds issus du travail dissimulés transitaient vers l'étranger depuis un compte CARPA (compte géré par la Caisse autonome des réglements pécuniaires des avocats, sur lequel les avocats sont tenus de déposer les sommes remises pour le compte de leur client), la question du respect de la vie privée et des droits de la défense des clients de l'avocat dont le compte a fait l'objet d'une mesure de saisie a été posée, « *dès lors que, dans le cadre de la procédure de recours ouverte par les dispositions contestées, l'avocat mis en cause est susceptible de fournir des informations relatives à l'origine des fonds figurant sur le compte objet de la saisie qui pourraient concerner l'identité de ses clients, la nature des prestations qu'il fournit à ces derniers, ainsi que les conventions d'honoraires qu'il passe avec eux et les facturations y afférentes* » (Crim. 11 mai 2022, n° 21-85.796, D). Pour considérer que C. pr. pén., art. 706-154, organisant le recours contre la mesure de saisie (sur ce point, v. n° **11.63F**), était conforme à la Constitution, le Cons. const. énonce, d'une part, que « *dans le cas où la saisie porte sur les sommes versées sur le compte professionnel d'un avocat, ce dernier peut la contester sans être tenu de révéler des informations portant sur ses clients ou les prestations à l'origine des sommes saisies* » (§ 9), d'autre part que, « *à supposer même que l'avocat soit amené, pour exercer ses droits de la défense, à révéler des informations couvertes par le secret professionnel pour contester la saisie d'une somme versée sur son compte, il peut le faire sous la condition que ces révélations lui soient imposées par les strictes exigences de sa propre défense devant une juridiction* » (§ 10) (Cons. const. 8 juill. 2022, n° 2022-1002).

B. L'entreprise de presse (C. pr. pén., art. 56-2)

Si « *aucune disposition constitutionnelle ne consacre spécifiquement [...] un droit au secret des sources des journalistes* » (§ 16) (Cons. const. 24 juill. 2015, n° 2015-478 QPC), cette protection est néanmoins assurée lors de la perquisition (sur le secret des sources des journalistes, v. n° **35.3**).

Ainsi, la personne présente lors de la perquisition en application de l'article 56-2 C. pr. pén. (mod. par L. n° 2010-1, 4 janv. 2010) (sur la perquisition, v. n° **11.65B**) peut s'opposer à la saisie d'un document ou de tout objet si elle estime que cette saisie serait irrégulière au regard de L. 29 juill. 1881, art. 2, protégeant les sources des journalistes.

Le document ou l'objet doit alors être placé sous scellé fermé. Ces opérations font l'objet d'un procès-verbal mentionnant les objections de la personne, qui n'est pas joint au dossier de la procédure. Si d'autres documents ou objets ont été saisis au cours de la perquisition sans soulever de contestation, ce procès-verbal est distinct de celui portant sur les autres documents ou objets. Ce procès-verbal, ainsi que le document ou l'objet placé sous scellé fermé, sont transmis sans délai au JLD, avec l'original ou une copie du dossier.

Dans les 5 jours de leur réception, le JLD statue sur la contestation par ordonnance motivée non susceptible de recours.

À cette fin, il entend le magistrat qui a procédé à la perquisition et, le cas échéant, le procureur de la République, ainsi que la personne en présence de qui la perquisition a été effectuée. Il peut ouvrir le scellé en présence de ces personnes. Si le journaliste au domicile duquel la perquisition a été réalisée n'était pas présent lorsque celle-ci a été effectuée, le journaliste peut être entendu par le JLD et assister, si elle a lieu, à l'ouverture du scellé.

S'il estime qu'il n'y a pas lieu à saisir le document ou l'objet, le JLD ordonne sa restitution immédiate, ainsi que la destruction du procès-verbal des opérations et, le cas échéant, la cancellation de toute référence à ce document, à son contenu ou à cet objet qui figurerait dans le dossier de la procédure.

Dans le cas contraire, il ordonne le versement du scellé et du procès-verbal au dossier de la procédure. Cette décision n'exclut pas la possibilité ultérieure pour les parties de demander la nullité de la saisie devant la juridiction de jugement ou, si une information a été ouverte, devant la CHINS.

L'interdiction, pour le magistrat effectuant une perquisition dans une entreprise de presse (v. n° **11.65B**), de porter atteinte au libre exercice de la profession de journaliste, de faire obstacle ou de retarder de manière injustifiée la diffusion de l'information, doit « *conduire à éviter que la saisie de documents [...] soit effectuée sans qu'un double soit remis à l'entreprise de communication audiovisuelle. En outre, ce double doit être établi avec diligence afin d'éviter tout retard injustifié dans la diffusion de l'information* » (Circ. Crim. 1er mars 1993).

C. Le médecin, notaire ou commissaire de justice (C. pr. pén., art. 56-3)

La saisie (sur la perquisition, v. n° 11.65C) n'obéit pas dans ces cas à un formalisme particulier. L'article 56 du code de procédure pénale aux termes duquel l'OPJ a l'obligation de provoquer préalablement toutes mesures utiles pour que soit assuré le respect du secret professionnel trouve donc seul à s'appliquer.

D. La juridiction ou le juge (C. pr. pén., art. 56-4, L. n° 2016-731, 3 juin 2016)

À peine de nullité, aucune saisie ne peut concerner des documents ou des objets relatifs à d'autres infractions que celles mentionnées dans la décision de perquisition (sur la perquisition, v. n° 11.65D) prise par le magistrat du parquet ou le juge d'instruction. Le premier président ou son délégué peut s'opposer à la saisie d'un document ou d'un objet s'il estime cette saisie irrégulière. Le document ou l'objet est alors placé sous scellé fermé. Ces opérations font l'objet d'un procès-verbal distinct, qui n'est pas joint au dossier de la procédure, mentionnant les objections du premier président ou de son délégué. Ce procès-verbal ainsi que le document ou l'objet placé sous scellé fermé sont transmis sans délai au JLD, avec l'original ou une copie du dossier de la procédure.

Dans un délai de cinq jours à compter de la réception de ces pièces, le JLD statue sur l'opposition par ordonnance motivée non susceptible de recours. À cette fin, il entend le magistrat qui a procédé à la perquisition et, le cas échéant, le procureur de la République, ainsi que le premier président ou son délégué. Il ouvre le scellé en présence de ces personnes. S'il estime qu'il n'y a pas lieu à saisir le document ou l'objet, le JLD ordonne sa restitution immédiate, ainsi que la destruction du procès-verbal, le cas échéant, la cancellation de toute référence à ce document ou à son contenu ou à cet objet figurant dans le dossier de la procédure. Dans le cas contraire, il ordonne le versement du scellé et du procès-verbal au dossier de la procédure. Cette décision n'exclut pas la possibilité ultérieure pour les parties de demander la nullité de la saisie.

11.67 La demande d'annulation de la perquisition en l'absence de poursuites (C. pr. pén., art. 802-2, L. n° 2019-222, 23 mars 2019)

A. Le domaine de l'action en nullité

Lorsque le juge d'instruction est saisi de la procédure, la demande de nullité de la perquisition relève du droit commun des nullités de l'information, contentieux attribué à la CHINS et organisé par C. pr. pén., art. 170 s. L'ordonnance de règlement du juge d'instruction ou l'arrêt de renvoi de la CHINS purge définitivement la procédure de ses vices éventuels (C. pr. pén., art. 179 et 595, v. n° 17.27B2).

Dans le cas où les poursuites sont directement engagées devant le tribunal sans information préalable, ce dernier est compétent pour statuer sur les nullités de la procédure (C. pr. pén., art. 385, v. n° 17.27B4).

La L. n° 2019-222, 23 mars 2019 a institué, au bénéfice de « *toute personne ayant fait l'objet d'une perquisition ou d'une visite domiciliaire en application des dispositions du* » code de procédure pénale « et *qui n'a pas été poursuivie devant une juridiction d'instruction ou de jugement au plus tôt six mois après l'accomplissement de cet acte* [la possibilité de] *saisir le JLD d'une demande tendant à son annulation* » (C. pr. pén, art. 802-2).

« *Cette nouvelle possibilité de recours comble ainsi une lacune de notre législation, puisque seules les personnes poursuivies pouvaient demander la nullité d'une perquisition* » (Circ. Crim. 2019-8/H3, 5 avr. 2019, JUSD1910288C, n° 1.3.1). Elle introduit aussi une modalité de contrôle juridictionnel, réduit aux perquisitions, des enquêtes préliminaires longues dans lesquelles la décision de poursuite peut en effet intervenir au terme d'un délai supérieur à six mois, dispositif à rapprocher du droit d'accès au dossier ouvert au suspect ou à son avocat dans les procédures d'une certaine durée (C. pr. pén., art. 77-2 I, v. n° 12.25D, et 706-105, v. n° 12.25F).

Le recours ne s'applique qu'aux perquisitions réalisées à compter du 25 mars 2019, lendemain de la publication de la loi (L. nº 2019-222, 23 mars 2019, art. 109 XII). Il « *n'a aucun effet suspensif sur l'enquête ou l'instruction en cours* » (C. pr. pén, art. 802-2).

Tant le dispositif de recours instauré que son application aux seules perquisitions opérées à compter du 25 mars 2019 ont été jugés conformes à la Constitution (Cons. const. 21 mars 2019, nº 2019-778 DC, § 199 et 200).

Ce recours ne s'applique qu'aux perquisitions, et non aux éventuelles saisies consécutives (toutefois susceptibles d'annulation par voie de conséquence), qui obéissent pour leur part aux différents régimes de contestation ou de restitution décrits au nº **11.62B** pour les demandes de restitution de biens saisis non-confisqués (C. pr. pén., art. 41-4 et 41-5) ; nº **11.63F** pour les saisies pénales spéciales (C. pr. pén., art. 706-48, 606-50, 706-153, 706-154 et 706-158) ; nº **11.66** pour les saisies opérées auprès de professionnels protégés (C. pr. pén., art. 56-1, 56-2, 56-3, 56-4).

Si le texte vise la « *visite domiciliaire* », il ne limite pas le recours à la perquisition « domiciliaire ». Semblent donc également relever de C. pr. pén., art. 802-2 des perquisitions spéciales comme la perquisition informatique (C. pr. pén., art. 57-1, v. nº **11.55C**) et, sous réserve de la jurisprudence, la perquisition de véhicule opérée sur le fondement de C. pr. pén., art. 78-2-3 (v. nº **11.28C**).

B. La mise en œuvre de la requête en annulation

« *La requête est formée par déclaration au greffe de la juridiction où la procédure a été menée ou, à défaut, de la juridiction dans le ressort de laquelle la mesure a été réalisée* ». Dans ce dernier cas, « *elle est transmise sans délai à la juridiction ayant suivi la procédure* ».

Sa recevabilité est soumise à une double condition de délai. Elle doit être formée « *au plus tôt six mois après l'accomplissement* » de la perquisition, et au plus tard « *dans un délai d'un an à compter de la date à laquelle* [la personne] *a eu connaissance de cette mesure* ».

Le JLD saisi « *statue, dans le mois suivant la réception de la requête, après avoir reçu les observations écrites du procureur de la République, du requérant et, le cas échéant, de son avocat* ». Le procureur de la République peut toutefois, par réquisitions écrites, demander au JLD de se prononcer dans un délai de 8 jours.

Selon la réserve d'interprétation apportée par le Cons. const., lorsque la perquisition contestée « *a été ordonnée par un JLD, ce dernier ne saurait, sans méconnaître le principe d'impartialité, statuer sur la demande tendant à l'annulation de sa décision* » (Cons. const. 21 mars 2019, nº 2019-778 DC, § 198). « *Dans une telle hypothèse, le recours devra donc être examiné soit par un autre JLD de la juridiction, soit par un juge désigné par le président du tribunal de grande instance* [devenu tribunal judiciaire à compter du 1er janv. 2020], *en application de l'article 137-1-1 du code de procédure pénale* » (Circ. Crim. 2019-8/H3, 5 avr. 2019, JUSD1910288C, nº 1.3.1) (sur l'impartialité et les fonctions de JLD, v. nº **17.37B**).

Au terme de cette procédure écrite, « *le juge statue par une ordonnance motivée susceptible d'appel, dans un délai de dix jours à compter de sa notification, devant le président de la CHINS* ».

Si des personnes sont poursuivies dans la procédure à l'occasion de laquelle la perquisition a été effectuée, la requête est transmise par le JLD, soit au président de la CHINS si une instruction est en cours, soit au président de la juridiction de jugement lorsque cette dernière est saisie.

Dans tous les cas, à l'instar des dispositions qui régissent le recours contre les saisies spéciales (C. pr. pén., art. 706-48, 606-50, 706-153, 706-154 et 706-158, v. nº **11.63F**), « *le requérant ne peut prétendre qu'à la mise à disposition des seules pièces de la procédure se rapportant à la perquisition qu'il conteste* ».

11.68 Les mesures conservatoires civiles sur les biens ou les valeurs du mis en examen

A. Les mesures conservatoires civiles en matière de criminalité organisée et d'atteintes aux biens (C. pr. pén., art. 706-103 et 706-166)

Pour les infractions relevant du régime complet (v. n° 11.21) ou partiel (v. n° 11.22) de la criminalité organisée et afin de « *garantir le paiement des amendes encourues* » (sur les modalités de garantie du paiement des amendes, v. n° 18.16E) « *ainsi que, le cas échéant, l'indemnisation des victimes* » ~~« et l'exécution de la confiscation »~~ (abrogé par L. n° 2010-768, 9 juill. 2010), le JLD, sur requête du procureur de la République prise dans le cadre d'une information, peut ordonner, sur l'ensemble du territoire national, aux frais avancés du Trésor et selon les modalités prévues par les procédures civiles d'exécution, des mesures conservatoires sur les biens, meubles ou immeubles, divis ou indivis, appartenant à la personne mise en examen (C. pr. pén., art. 706-103). Des dispositions comparables s'appliquent, toujours dans le cadre de l'information judiciaire, pour les infractions de vol, d'extorsion ou chantage, d'escroquerie, d'abus de confiance, de détournement de gage ou d'organisation frauduleuse d'insolvabilité, lorsqu'elles sont passibles d'au moins 3 ans d'emprisonnement (C. pr. pén., art. 706-166 issu L. n° 2010-768, 9 juill. 2010).

La condamnation vaut validation des saisies conservatoires et permet l'inscription définitive des sûretés.

La décision de non-lieu, de relaxe ou d'acquittement emporte de plein droit, aux frais du Trésor, mainlevée des mesures ordonnées. Il en est de même en cas d'extinction de l'action publique et de l'action civile.

Ces dispositions ne conservent qu'un intérêt limité à la garantie des droits de la victime ou au paiement de l'amende dans les affaires ayant donné lieu à l'ouverture d'une d'information, puisque les mesures conservatoires destinées à garantir l'exécution de la confiscation relèvent désormais du droit commun depuis L. n° 2010-768, 9 juill. 2010, qui a étendu le champ des saisies au produit direct ou indirect de l'infraction, aux biens susceptibles de confiscation, et, pour les infractions passibles d'une peine ⩾ 5 ans, aux biens sans justification d'origine (C. pén., art. 131-21) (v. n°s 11.61 et 18.35). Le droit commun des saisies pénales et les saisies pénales spéciales offrent ainsi des garanties comparables au profit de la partie civile qui peut se faire indemniser par l'État par préférence sur le produit des biens confisqués (C. pr. pén., art. 706-164, v. n° 16.20B).

B. La fermeture d'établissement en matière de stupéfiants et de proxénétisme

1. La fermeture d'établissement en matière de stupéfiants

a. Judiciaire. C. pr. pén., art. 706-33 autorise la fermeture ⩽ 6 mois (renouvelable par 3 mois) par le juge d'instruction des lieux ouverts au public ou utilisés par le public où l'infraction de trafic ou d'usage (CSP, art. L. 629-1) a été commise par l'exploitant ou avec sa complicité. Le bref délai de 24 h prévu pour le recours contre l'ordonnance de fermeture du juge d'instruction, au regard du droit à un recours juridictionnel effectif prévu par Conv. EDH, art. 6, « *ne peut être interprété, lorsque la notification a lieu par la voie postale, que comme faisant courir le délai à compter de la date de présentation de la lettre à l'adresse du destinataire* » (Crim. 11 déc. 2018, n° 18-83.383, P n° 212).

b. Administrative. CSP, art. L. 629-2 autorise la fermeture ⩽ 3 mois par le préfet, ou ⩽ 1 an par le ministre de l'Intérieur dans les mêmes lieux, où l'infraction (de trafic ou d'usage) « *a été commise* ».

2. La fermeture d'établissement en matière de proxénétisme (C. pr. pén., art. 706-36)

Le juge d'instruction peut ordonner, par périodes de 3 mois renouvelables, la fermeture totale ou partielle des établissements suivants :

– établissement de prostitution (C. pr. pén., art. 706-36 ; C. pén., art. 225-10, 1°) ;

– établissement quelconque ouvert au public ou utilisé par le public acceptant ou tolérant habituellement qu'une ou plusieurs personnes s'y livrent, ou dans ses annexes, à la prostitution, ou y recherchent des clients (C. pr. pén., art. 706-36 ; C. pén., art. 225-10, 2°) ;

– hôtel, maison meublée, pension, débits de boissons, restaurant, club, cercle, dancing, lieu de spectacle ou leurs annexes, lieu quelconque ouvert au public ou utilisé par le public, dans lequel une personne poursuivie aura trouvé au cours des poursuites, auprès de la direction ou du personnel, un concours sciemment donné pour détruire des preuves, exercer des pressions sur des témoins ou favoriser la continuation de son activité délictueuse.

11.69 Les mesures conservatoires sur le véhicule en cas d'infraction routière

A. La saisie probatoire ou à des fins de confiscation du véhicule

Le véhicule impliqué dans une infraction routière peut faire l'objet d'une saisie à des fins probatoires (ex. expertise) sur le fondement des dispositions de droit commun de l'enquête judiciaire (C. pr. pén., art. 54 et 56) (v. n° 11.61) ou de l'information judiciaire (C. pr. pén., art. 76 et 97). Cette même saisie peut s'opérer dans le but de garantir l'exécution future d'une peine de confiscation (sur les biens susceptibles d'être concernés par la peine complémentaire de confiscation, v. n° 18.35). Parmi les saisies pénales spéciales, la saisie sans dépossession, qui fait reposer sur le gardien la charge de l'entretien et de la conservation du bien avant confiscation, est applicable aux véhicules automobiles (sur la saisie sans dépossession, v. n° 11.63E).

B. L'immobilisation administrative et la mise en fourrière du véhicule à la demande et sous la responsabilité du maire ou de l'OPJ (C. route, art. L. 325-1)

Les véhicules dont la circulation ou le stationnement, en infraction au code de la route, à l'obligation d'assurance, à la règlementation des matières dangereuses, compromettent la sécurité ou le droit à réparation des usagers, la tranquillité ou l'hygiène publique, l'esthétique des sites et des paysages classés, la conservation ou l'utilisation normale des voies, ou les véhicules privés d'éléments indispensables à leur utilisation normale et insusceptibles de réparations immédiates à la suite de dégradations ou de vols, peuvent, dans les cas (précisés au fil de l'ouvrage) et conditions prévus par décret, être immobilisés, mis en fourrière, retirés de la circulation à la demande et sous la responsabilité du maire ou de l'OPJ (sur le délit d'obstacle à l'immobilisation v. n° 36.14).

L'immobilisation ne peut être maintenue après que la circonstance qui l'a motivée a cessé (C. route, art. R. 325-11).

C. L'immobilisation administrative et la mise en fourrière du véhicule par l'OPJ ou l'APJ avec l'autorisation préalable du préfet (C. route, art. L. 325-1-2)

1. Le domaine de l'immobilisation administrative du véhicule

D'abord limitée au « *véhicule dont l'auteur s'est servi pour commettre* » une des infractions passibles de la confiscation obligatoire du véhicule (L. n° 2011-267, 14 mars 2011) puis de grand excès de vitesse (L. n° 2016-1547, 18 nov. 2016), cette mesure est élargie depuis L. n° 2019-1428, 24 déc. 2019 aux infractions suivantes (v. la rubrique « mesure administrative » de l'orienteur des fiches concernées) :

- 1. Infraction pour laquelle une peine de confiscation obligatoire du véhicule est encourue (v. tableau ci-après) ;

Tableau 6 : Infractions donnant lieu à la confiscation obligatoire du véhicule

Infractions routières donnant lieu à confiscation obligatoire du véhicule (C. route, art. L. 325-1-2) NB. *Les délits de conduite sans permis, de conduite en état alcoolique ou d'ivresse, de conduite sous l'emprise des stupéfiants, de grand excès de vitesse et (depuis L. n° 2022-52, 24 janv. 2022) de refus d'obtempérer, sont considérés comme une même infraction au regard de la récidive (C. pén., art. 132-16-2).*	**Dispositions applicables et renvois**
~~Conduite sans permis de conduire (sans récidive)~~ Confiscation obligatoire supprimée par L. n° 2016-1547, 18 nov. 2016	~~C. route, art. L. 221-2, II, 1 (v. n° **36.37**)~~
Conduite en état alcoolique délictuelle ou d'ivresse, en récidive	C. route, art. L. 234-12 I (v. n° **36.7**)
Conduite après usage de stupéfiants en récidive	C. route, art. L. 235-4 (v. n° **36.9**)
Refus d'obtempérer simple en récidive (depuis L. n° 2022-52, 24 janv. 2022)	C. route, art. L. 233-1 et L. 233-1-2 I (v. n° **36.14**)
Refus d'obtempérer aggravé (depuis L. n° 2022-52, 24 janv. 2022)	C. route, art. L. 233-1-1 (v. n^{os} **36.14** et **36.16**)
Refus de se soumettre aux vérifications de l'état alcoolique en récidive	C. route, art. L. 234-12 I (v. n° **36.17**)
Refus de se soumettre aux analyses aux fins de recherche de stupéfiants en récidive	C. route, art. L. 235-4 (v. n° **36.19**)
Grand excès de vitesse en récidive et, depuis L. n° 2016-1547, 18 nov. 2016, sans récidive, mais la confiscation n'est que facultative pour cette infraction	C. route, art. L. 413-1 (v. n° **36.77**) C. route, art. L. 413-14-1 (v. n° **36.76**)
Conduite malgré suspension, annulation ou interdiction judiciaire du permis de conduire (sans récidive)	C. route, art. L. 224-16 (v. n° **36.28**)
Conduite, malgré interdiction judiciaire, d'un véhicule dépourvu de dispositif d'anti-démarrage par éthylotest, en récidive	C. route, art. L. 234-16 III (v. n° **36.33**)
1. Homicide involontaire ou **2.** Blessures involontaires ITT > 3 mois par conducteur de véhicule automobile Sous les conditions suivantes : – **sans récidive,** en cas d'absence de permis de conduire ou de concours d'au moins deux circonstances aggravantes ; – **en cas de récidive** de l'état d'ivresse ou alcoolique, de l'influence de stupéfiant, du refus de se soumettre au contrôle de l'état alcoolique ou des stupéfiants, ou de grand excès de vitesse	Homicide involontaire C. pén., art. 221-8, 10° (v. n° **36.10**) Blessures involontaires ITT > 3 mois C. pén, art. 222-44, 12° (v. n° **36.11**)

• **2.** Conduite d'un véhicule « *sans être titulaire du permis de conduire correspondant à la catégorie du véhicule considéré* » (C. route, art. L. 212-2 et L. 221-2-1, v. n°s 36.37 et 36.38) ;

• **3.** Conduite délictuelle ou contraventionnelle d'un véhicule en état d'ivresse manifeste ou en état alcoolique établi au moyen d'un appareil homologué (C. route, art. L. 234-1 (délit), v. n° 36.7 ; C. route, art. R. 234-1 (contravention), v. n° 36.8) ;

• **4.** Conduite après usage de stupéfiants si les épreuves de dépistage sont positives (C. route, art. L. 235-1, v. n° 36.9). Toutefois, si les examens ultérieurs ne permettent pas d'établir que la personne conduisait en ayant fait usage de stupéfiants (sur la preuve par **analyse sanguine** ou **salivaire** de l'usage de stupéfiants, v. n° 13.9), la mesure d'immobilisation et la mise en fourrière sont immédiatement levées ;

• **5.** Refus de se soumettre aux épreuves de dépistage ou de vérification de l'état alcoolique (C. route, art. L. 234-8, v. n° 36.17) ou de l'usage de stupéfiants (C. route, art. L. 235-3, v. n° 36.19) ;

• **6.** Vitesse ⩾ 50 km/h au maximum autorisé (C. route, art. R. 413-14-1 (contravention), v. n° 36.76 et L. 413-1 (délit en cas de récidive), v. n° 36.77) ;

• **7.** Utilisation du véhicule pour :

a) irrégulièrement déposer, abandonner, jeter ou déverser, une épave de véhicule, des ordures, déchets, déjections, matériaux, liquides insalubres ou tout autre objet (C. pén., art. R. 635-8, v. n° 31.28, cas B à D) ;

b) déposer ou laisser sans nécessité sur la voie publique des matériaux ou objets qui entravent ou diminuent la liberté ou la sûreté de passage (entraves ou trouble à la circulation, C. route, art. L. 412-1 (délit), v. n° 36.21 ; C. route, art. R. 644-2 (contravention), v. n° 36.23 ; C. pén., art. R. 644-2 (contravention), v. n° 36.22) ;

• **8.** Refus d'obtempérer simple (depuis L. n° 2022-52, 24 janv. 2022, C. route, art. L. 233-1, v. n° 36.14) (nb : le refus d'obtempérer aggravé relève de la confiscation obligatoire du véhicule, v. tableau ci-avant).

2. La mise en œuvre de l'immobilisation administrative du véhicule

La mesure d'immobilisation et de mise en fourrière est prise « *à titre provisoire* » par l'OPJ ou APJ, avec « *l'autorisation préalable du préfet donnée par tout moyen* »,.

L'OPJ ou l'APJ en informe par tout moyen le procureur de la République, « *sauf s'il a été recouru à la procédure de l'amende forfaitaire* » (L. n° 2019-222, 23 mars 2019).

L'immobilisation ne peut être contestée qu'auprès du préfet (C. route, art. R. 325-27, réd. issue D. n° 2012-3, 3 janv. 2012).

Lorsque le propriétaire du véhicule réside dans le département du préfet qui a pris la mesure, l'immobilisation peut consister en une garde du véhicule par son propre propriétaire, le certificat d'immatriculation étant immédiatement retiré (C. route, art. R. 325-22 III, réd. issue D. n° 2012-3, 3 janv. 2012).

Lorsque l'immobilisation ou la mise en fourrière n'est pas autorisée par le procureur de la République par application de C. route, art. L. 325-1-1 (v. D ci-dessous) dans un délai de 7 jours suivant l'autorisation du préfet, le véhicule est restitué à son propriétaire.

La durée maximale de 7 jours est également applicable lorsque l'auteur de l'infraction « *n'est pas le propriétaire du véhicule* ». Toutefois, si le véhicule est volé ou loué à titre onéreux à un tiers, la mesure est levée dès qu'un conducteur qualifié proposé par le titulaire du certificat d'immatriculation peut en assurer la conduite (L. n° 2019-1428, 24 déc. 2019).

Les frais d'enlèvement et de garde pour le délai de 7 jours ne constituent pas des frais de justice, ils sont à la charge du propriétaire.

Le recours à la procédure **d'amende forfaitaire** et l'extinction de l'action publique résultant de son paiement (sur l'amende forfaitaire contraventionnelle et délictuelle, v. n° 15.46 et 15.47) ne font pas obstacle à la mise en œuvre et à l'exécution de la mesure administrative d'immobilisation et de mise en fourrière autorisée par la préfet (C. route, art. L. 121-5, mod. par L. n° 2019-222, 23 mars 2019). Dans un tel cas, le préfet n'a pas l'obligation d'informer le procureur de la République de cette mesure. En effet, ce dernier n'a pas vocation à la prolonger en vue d'une peine d'immobilisation ou de confiscation puisque le tribunal ne sera pas saisi (C. route, art. L. 325-1-2, mod. par L. n° 2019-222, 23 mars 2019 ; Circ. Crim. 2019-222, 5 avr. 2019, n° 1.7.1).

D. L'immobilisation du véhicule à la demande du procureur de la République et la charge des frais de fourrière (C. route, art. L. 325-1-1)

1. La décision d'immobilisation judiciaire

En cas de constatation d'un délit prévu par le code de la route ou le code pénal pour lequel la peine de confiscation du véhicule est encourue, l'OPJ ou l'APJ peut, avec l'autorisation préalable du procureur de la République donnée par tout moyen, faire procéder à l'immobilisation et à la mise en fourrière du véhicule (sur le délit d'obstacle à l'immobilisation v. n° **36.14**).

« *il convient.../...de souligner que la mesure d'immobilisation ne constitue nullement un préalable juridique au prononcé de la peine de confiscation, même si elle est de nature à en optimiser l'effectivité. Les magistrats du ministère public devront ainsi s'attacher à ne procéder aux mesures d'immobilisation que dans les dossiers où ils envisagent effectivement de requérir une peine d'immobilisation ou de confiscation. Il pourra être porté une attention toute particulière sur l'opportunité de procéder à l'immobilisation et/ou la confiscation de certains véhicules compte tenu des règles de répartition des frais de fourrière en développant une approche multicritères (valeur du véhicule, durée du placement en fourrière...). Un audiencement le plus rapide possible des dossiers dans lesquels des véhicules sont immobilisés sera à privilégier afin de limiter les frais de fourrière* » (Circ. Crim. 2012-3/E1, 9 janv. 2012, n° II).

2. La charge des frais de garde

Les frais d'enlèvement et de garde ne constituent des frais de justice que si la mise en fourrière est intervenue à titre judiciaire, soit sur décision du procureur, soit lors d'une saisie opérée lors d'une procédure pénale. « *Dans tous les autres cas de mise en fourrière, le paiement des frais incombe aux préfectures* » (Circ. Crim. 2011-18/-E8, 6 juill. 2011, NOR : JUSD1118695C, annexe). Les articles R. 147 et R. 147-1, C. pr. pén., déterminent les tarifs applicables en matière d'immobilisation d'un véhicule.

En l'**absence de peine de confiscation ou d'immobilisation** prononcée par la juridiction, le véhicule immobilisé est restitué au propriétaire, à charge pour ce dernier de payer les frais d'enlèvement et de garde en fourrière (C. route, art. L. 325-9, R. 325-12 et R. 325-29). S'il ne récupère pas son véhicule, les frais de garde à partir de l'immobilisation judiciaire sont payables par les services judiciaires au titre des **frais de justice** (C. route, art. L. 325-1-1). En l'absence d'immobilisation judiciaire les frais de garde résultant d'une immobilisation administrative sont pris en charge par le ministère de l'intérieur (C. route, art. L. 325-1-2).

En **cas de confiscation**, le véhicule immobilisé est remis au service des domaines pour être détruit ou aliéné. Les frais d'enlèvement et de fourrière sont à la charge de l'acquéreur et le produit de la vente est tenu, le cas échéant, à la disposition du créancier gagiste pendant un délai de deux ans à l'expiration duquel il est acquis à l'État. Lorsque le véhicule confisqué n'a pas été préalablement saisi ou mis en fourrière au cours de la procédure, le condamné doit, sur l'injonction qui lui en est faite par le ministère public, remettre ce véhicule au service ou à l'organisme chargé de sa destruction ou de son aliénation (C. pén., art. 131-21). En l'absence de vente ou en cas de destruction du véhicule non cessible, les frais de garde seront à la charge de l'État (services judiciaires ou ministère de l'intérieur) selon les distinctions ci-dessus).

Si la juridiction prononce la **peine d'immobilisation** du véhicule, ce dernier n'est restitué qu'à l'issue de la durée de l'immobilisation contre paiement, à la charge du condamné, des frais d'enlèvement et de fourrière. La durée de l'immobilisation effectuée en application de C. route, art. L. 325-1-1 s'impute sur la durée de la peine d'immobilisation (v. nº 18.32) prononcée par le tribunal (C. route, art. R. 131-10-1 ; D. nº 2005-320, 30 mars 2005). Si le propriétaire ne récupère pas son véhicule, les frais de garde seront à la charge de l'État (services judiciaires ou ministère de l'Intérieur) selon les distinctions rappelées ci-dessus).

En **cas de relaxe**, le propriétaire du véhicule mis en fourrière sur autorisation du procureur de la République peut demander à l'État le remboursement, au titre des frais de justice, des frais d'enlèvement et de garde en fourrière qu'il a dû acquitter pour récupérer son véhicule (C. route, art. L. 325-1-1).

E. La retenue du véhicule pour garantir la consignation de l'amende (C. route, art. L. 121-4 ; Arr. 19 déc. 2001)

Sauf cas de versement immédiat d'une amende forfaitaire ou d'une amende forfaitaire minorée dans l'hypothèse d'une contravention, lorsque l'auteur d'une infraction se trouve hors d'état de justifier d'un domicile ou d'un emploi sur le territoire français ou d'une caution agréée par l'administration garantissant le paiement éventuel des condamnations pécuniaires encourues, le véhicule ayant servi à commettre l'infraction pourra être retenu jusqu'à ce qu'ait été versée une consignation à un comptable du Trésor ou à un agent habilité, porteur d'un carnet de quittances à souches. La décision d'imposer une consignation est prise par le procureur de la République, tenu de statuer dans le délai maximum de 24 h après la constatation de l'infraction. Le véhicule pourra être mis en fourrière si aucune de ces garanties n'est fournie par l'auteur de l'infraction et les frais mis à sa charge.

Tableau 7 : Montant des consignations pour la garantie du paiement de l'amende en matière routière (C. route, art. L. 121-4 ; Arr. 19 déc. 2001, art. 1)

Infraction	Montant
• Contrav. 1re classe	• 11 €
• 2e classe	• 35 €
• 3e classe	• 68 €
• 4e classe	• 135 €
• 5e classe	• 750 €
• Délit dont l'amende est ⩽ 15 000 €	• 1 125 à 2 250 €
• Délit dont l'amende est > 15 000 €	• 2 250 à 4 500 €

En cas de concours réel d'infractions, doivent être versées autant de consignations qu'il y a de contraventions constatées, pour le montant applicable à chaque contravention, et une seule consignation pour les délits, pour le montant prévu pour l'infraction dont l'amende encourue est la plus élevée (Arr. 19 déc. 2001, NOR : JUSD0130166A, *JO* 22 déc., p. 20409, art. 2).

F. La retenue du véhicule intercepté pour lequel le titulaire sans domicile en France a fait l'objet d'une amende forfaitaire majorée (C. route, art. L. 121-4-1 ; L. nº 2007-297, 5 mars 2007)

Lorsqu'un avis d'amende forfaitaire majorée concernant une infraction dont le titulaire du certificat d'immatriculation est redevable pécuniairement (infractions visées au C. route, art. L. 121-3 et R. 121-6, voir la liste de ces infractions au nº 36.3A) a été adressé par lettre recommandée au titulaire du certificat d'immatriculation ne pouvant justifier d'un domicile sur le territoire français et qu'il n'a pas été procédé, dans le délai de quatre mois à compter de sa date d'envoi, au paiement de l'amende ou à la réclamation devant l'OMP prévue à l'article 530 du code de procédure pénale, le véhicule ayant servi à commettre l'infraction peut, en cas d'interception du véhicule conduit par ce titulaire, être retenu jusqu'à ce qu'ait été versée une consignation à un comptable du Trésor ou à un agent habilité, porteur d'un carnet de quittances à souches.

Il en est de même si le véhicule est conduit par un préposé du titulaire du certificat d'immatriculation ou par le représentant de ce titulaire s'il s'agit d'une personne morale.

Le véhicule peut être mis en fourrière si le versement n'est pas fait et ces frais sont mis à la charge de l'intéressé.

Il est informé de son droit de faire aviser le procureur de la République du lieu de l'interception.

Est considérée comme le titulaire du certificat d'immatriculation la personne dont l'identité figure sur un document équivalent délivré par les autorités étrangères compétentes.

11.70 Les mesures conservatoires sur la capacité de conduire en cas d'infraction routière

A. La rétention administrative du permis de conduire aux fins de suspension administrative (C. route, art. L. 224-1 s.)

1. Le domaine de la rétention du permis de conduire

Dans les cas suivants, élargis par L. nº 2019-1428, 24 déc. 2019 et L. nº 2022-2022-52, 22 janv. 2022, les OPJ et APJ retiennent à titre conservatoire le permis de conduire du conducteur ou de l'accompagnateur de l'élève conducteur :

– présomption de conduite en état alcoolique (C. route, art. L. 234-1, v. nº 36.7) résultant des épreuves de dépistage de l'imprégnation alcoolique (v. nº 13.4) et du comportement du conducteur (v. nº 13.6) ;

– conduite en état alcoolique établi au moyen d'un éthylomètre (C. route, art. L. 234-1, v. nos 36.7, 13.5) ;

– conduite en état d'ivresse manifeste (C. route, art. L. 234-1, v. nº 36.7) ;

– refus de se soumettre aux épreuves et mesures de l'état alcoolique (C. route, art. L. 234-8, v. nº 36.17) ;

– lorsqu'il existe une ou plusieurs raisons plausibles de soupçonner que le conducteur a fait usage de stupéfiants (C. route, art. L. 235-1, v. nº 36.9) ;

– refus de se soumettre aux épreuves de vérifications (C. route, art. L. 235-2, v. nos 13.9, 36.19) destinées à établir si la personne conduisait en ayant fait usage de stupéfiants ;

– excès de vitesse d'au moins 40 km/h au-delà de la vitesse autorisée (C. route, art. R. 413-14, R. 413-14-1 et L. 413-1, v. nos 36.75, 36.76, 36.77), si cet excès est établi à l'aide d'un appareil homologué et que le conducteur est intercepté (la rétention n'est pas applicable à l'accompagnateur de l'élève conducteur). Dans ce cas, les agents de police judiciaire adjoints sont habilités à retenir à titre conservatoire le permis de conduire du conducteur (L. nº 2011-267, 14 mars 2011) ;

– accident mortel ou corporel de la circulation routière (v. nº 36.10), à l'égard du conducteur contre lequel il existe une ou plusieurs raisons plausibles de le soupçonner d'avoir commis une infraction en matière d'usage du téléphone en main, de respect des vitesses maximales ou des règles de croisement, de dépassement, d'intersection ou de priorités de passage (L. nº 2011-267, 14 mars 2011) ;

– usage du téléphone tenu en main (v. nº 36.51), lorsque le conducteur est intercepté et que l'infraction est établie simultanément avec une des infractions en matière de respect des règles de conduite des véhicules, de vitesse, de croisement, de dépassement, d'intersection et de priorités de passage dont la liste est fixée par C. route, art. R. 224-19-1 (issu D. nº 2020-605, 18 mai 2020) (sur les infractions concernées, v. orienteur du nº 36.51) ;

– depuis L. n° 2022-52, 24 janv. 2022, refus d'obtempérer simple (C. route, art. L. 233-1, v. n° **36.14**) et refus d'obtempérer aggravé (L. 233-1-1, v. n° **36.16**).

2. La mise en œuvre de la rétention du permis de conduire et de la suspension administrative consécutive (C. route, art. L. 224-2)

Le permis est retiré à titre conservatoire pendant une durée maximale de **72 h**.

Ce délai est porté à **120 h** pour les infractions pour lesquelles les vérifications biologiques destinées à établir la preuve de l'état alcoolique ou de l'usage de stupéfiants ont été effectuées (C. route, art. L. 224-2, réd. issue L. n° 2019-1428, 24 déc. 2019).

La conduite de véhicule malgré la rétention conservatoire du permis caractérise le délit incriminé par C. route, art. **L. 224-16**, v. n° **36.28**).

Le préfet doit prononcer la suspension administrative du permis de conduire dans le délai, selon les cas, de 72 h ou de 120 h, ou remettre le permis à disposition de l'intéressé. La mesure de suspension administrative est notifiée à l'intéressé soit directement s'il se présente au service indiqué dans l'avis de rétention, soit par LRAR (C. route, art. R. 224-5).

Cette durée de suspension administrative ne peut excéder **6 mois**, ou **un an** (depuis L. n° 2019-1428, 24 déc. 2019) en cas d'accident de la circulation ayant entraîné la mort ou un dommage corporel, ou en cas de conduite en état alcoolique, de conduite après usage de stupéfiants ou de refus de se soumettre aux vérifications de l'état alcoolique ou des stupéfiants, ou de refus d'obtempérer aggravé (depuis L. n° 2022-52, 24 janv. 2022).

Dans les conditions prévues par C. route, art. R. 221-13 et R. 221-14, le conducteur qui fait l'objet d'une suspension administrative du permis de conduire peut être soumis par le préfet au contrôle médical de l'aptitude à la conduite, la suspension est maintenue si le titulaire ne se soumet pas au contrôle médical avant l'issue de la suspension (C. route, art. R. 221-14-1).

La conduite de véhicule malgré la suspension administrative du permis caractérise le délit incriminé par C. route, art. **L. 224-16**, v. n° **36.28**).

Pendant la durée de la rétention du permis de conduire, ainsi que dans le cas où le conducteur n'est pas titulaire de ce titre, il peut être procédé d'office à l'immobilisation du véhicule jusqu'à ce qu'un conducteur qualifié, proposé par le conducteur ou le propriétaire du véhicule, en assure la conduite (C. route, art. L. 224-4).

Quelle que soit sa durée, la suspension administrative prend fin dès qu'une décision judiciaire exécutoire prononce une restriction du droit de conduire. Elle est non avenue en cas de non-lieu, de relaxe, ou de décision ne prononçant pas de restriction du droit de conduire (C. route, art. L. 224-9). La durée de la suspension administrative s'impute sur la durée de la mesure du même ordre prononcée par le tribunal (C. route, art. L. 224-9), que cette suspension administrative « *corresponde à la suspension décidée par le préfet, ou au maintien de cette mesure* », en application de C. route, art. R. 221-14-1, qui prévoit que la suspension administrative est maintenue lorsque le conducteur ne se soumet pas au contrôle médical de l'aptitude à la conduite imposé au titre de C. route, art. R. 221-13 et R. 221-14 (Crim. 14 avr. 2021, n° 20-83.607, P). En revanche, « *les mesures de suspension du permis de conduire et de restriction du droit de conduire étant de nature différente, la durée de l'une ne peut s'imputer sur celle de l'autre* » (§ 13), il en résulte que la durée d'une mesure administrative de restriction du droit de conduire aux seuls véhicules équipés d'éthylotest anti-démarrage ne peut s'imputer sur la durée de la suspension de permis de conduire prononcée par le tribunal (Crim. 11 mai 2023, n° 22-85.301, P).

B. La suspension administrative du permis de conduire non consécutive à une rétention (C. route, art. L. 224-7)

Hors les cas de rétention préalable du permis de conduire par les agents verbalisateurs, le préfet, saisi d'un procès-verbal constatant une infraction punie par le code de la route d'une peine complémentaire de suspension, peut prononcer la suspension administrative du permis de conduire ou l'interdiction de sa délivrance lorsque le conducteur n'en est pas titulaire (C. route, art. L. 224-7). Cette durée ne peut excéder **6 mois**, ou **un an** en cas d'homicide involontaire ou d'ITT, de conduite en état alcoolique ou d'ivresse manifeste ou après usage de stupéfiants, de refus de se soumettre aux vérifications de l'état alcoolique ou de l'usage de stupéfiants, ou de délit de fuite, ou de refus d'obtempérer aggravé (depuis L. n° 2022-52, 24 janv. 2022) (C. route, art. L. 224-8).

Cette suspension administrative prend fin dans les mêmes conditions que celles consécutives à une rétention (C. route, art. L. 224-9, v. **A2** ci-dessus).

C. L'interdiction administrative de conduire un véhicule non équipé d'un éthylotest anti-démarrage (C. route, art. R. 224-6, D. n° 2018-795, 17 sept. 2018)

Qu'il y ait ou non rétention préalable du permis de conduire (V. **A** et **B** ci-dessus), en cas de conduite délictuelle en état alcoolique ou en état d'ivresse (C. route, art. L. 234-1, v. n° **36.7**) ou de conduite contraventionnelle en état alcoolique (C. route, art. L. 234-8, v. n° **36.8**), de refus de mesure de l'état alcoolique (C. route, art. L. 234-8, v. n° **36.17**), le préfet peut, par arrêté notifié à l'intéressé, conserver son permis de conduire et restreindre pour une durée ⩽ **1 an** (depuis D. n° 2020-605, 18 mai 2020, auparavant ⩽ 6 mois) son droit de conduire aux seuls véhicules équipés d'un dispositif homologué d'anti-démarrage par éthylotest électronique, installé par un professionnel agréé ou par construction (C. route, art. R. 224-6 I, issu D. n° 2018-795, 17 sept. 2018). L'arrêté du préfet vaut permis de conduire et titre justifiant de l'autorisation de conduire au sens de C. route, art. R. 233-1 (V. n° **36.15**).

Le non-respect des conditions d'emploi de l'éthylotest anti-démarrage constitue une contravention de 5e classe (C. route, art. R. 224-6 II, issu D. n° 2018-795, 17 sept. 2018, v. n° **36.34**).

Comme il est précisé en **A2** ci-dessus, la durée d'une mesure administrative de restriction du droit de conduire aux seuls véhicules équipés d'éthylotest anti-démarrage ne s'impute pas sur la durée de la suspension de permis de conduire prononcée par le tribunal (Crim. 11 mai 2023, n° 22-85.301, P).

11.71 L'audition du témoin

A. Le témoin est entendu libre ou peut faire l'objet d'une retenue d'une durée maximale de quatre heures (C. pr. pén., art. 62 et 78)

Les simples témoins, c'est-à-dire « *les personnes à l'encontre desquelles il n'existe aucune raison de soupçonner qu'elles ont commis ou tenté de commettre une infraction* », sont entendus librement, c'est-à-dire sans usage de la contrainte de la force publique à leur égard (C. pr. pén., art. 62 et 78) (sur la définition comparable du témoin dans le cadre de l'instruction, formulée *a contrario* dans d'autres termes par C. pr. pén., art. 105, v. n° **11.19A**).

Comme le suspect, le témoin défaillant peut toutefois faire l'objet d'une contrainte à comparaître par la force publique, avec l'autorisation préalable du procureur de la République dans le cadre de l'enquête préliminaire (C. pr. pén., art. 78, sur la contrainte à comparaître, v. n° **12.1B**).

« *Si les éléments de l'enquête le justifient* », les témoins « *peuvent être retenus sous la contrainte le temps strictement nécessaire à leur audition, sans que cette durée ne puisse excéder quatre heures* » (C. pr. pén., art. 62 et 78, à cet égard v. n° **12.1A1**). Mentionnons que les dispositions relatives à l'audition du témoin sur commission rogatoire n'évoquent pas de maximum de 4 h (C. pr. pén., art. 153, sur l'audition du témoin sur commission rogatoire, v. n° **11.19A**).

L'art. 62 (enquête de flagrance) a été déclaré conforme à la Constitution par Cons. const. 18 nov. 2011, n° 2011-191 QPC, § 16. L'art. 78 (enquête préliminaire) l'a également été dans sa version antérieure à L. n° 2011-392 qui ne prévoyait pas de limitation de 4 h à la retenue du témoin (Cons. const. 18 juin 2012, n° 2012-257 QPC, § 6 et 7).

« *Cette durée d'audition doit être bien évidemment considérée comme un temps continu. Ainsi, plusieurs auditions d'une même personne, chacune d'une durée maximale de 4 heures, peuvent être réalisées si les nécessités de l'enquête l'exigent et si la personne a quitté librement les locaux de police ou de gendarmerie au terme de son audition, après avoir été convoquée pour une audition ultérieure* » (Circ. Crim. 2011-13/E6, 23 mai 2011, NOR : JUSD1113979C, n° I.1).

Enfin, dès lors qu'elle n'est pas retenue sous contrainte, « *la personne à l'encontre de laquelle il n'existe aucune raison plausible de la soupçonner peut être entendue plus de 4 h, dès lors qu'elle confirme comparaître librement et qu'elle a été informée par l'OPJ ou l'APJ qu'elle peut à tout moment quitter les locaux de police ou de gendarmerie* » (Circ. Crim. 2011-13/E6, 23 mai 2011, n° I.1).

Précisons qu'à la différence de l'enquête préliminaire ou de flagrance, le témoin entendu dans le cadre de l'instruction, par le juge d'instruction ou l'OPJ exécutant une commission rogatoire, dépose sous serment (C. pr. pén., art. 103 et 153, v. **B** ci-après). Si le mensonge du témoin déposant sans serment ne constitue pas un faux témoignage (C. pén., art. 434-13, v. n° **25.50**), il est susceptible de relever des incriminations de dénonciation d'une crime ou d'un délit imaginaire (C. pén., art. 434-26, v. n° **25.30**) ou de dénonciation calomnieuse (C. pén., art. 226-10, v. n° **25.29**).

B. L'AUDITION DU TÉMOIN SOUS SERMENT DANS LE CADRE DE L'INSTRUCTION (C. PR. PÉN., ART. 103 ET 153)

Les dispositions relatives à l'instruction ne définissent pas le témoin mais cette définition se déduit, *a contrario* de celle du suspect, comme étant la personne contre laquelle il n'existe pas d'« *indices graves et concordants d'avoir participé aux faits dont le juge d'instruction est saisi* » (C. pr. pén., art. 105) (définition comparable à celle formulée dans d'autres termes pour l'enquête de flagrance ou préliminaire par C. pr. pén., art. 62 et 78, v. **A** ci-dessus). Dans le cas contraire, la personne est considérée comme un « *suspect* » et doit bénéficier des garanties propres à cette qualité (v. **D** ci-dessous).

« *Tout témoin cité pour être entendu au cours de l'exécution d'une commission rogatoire est tenu de comparaître, de prêter serment et de déposer* », à défaut de comparution, « *avis en est donné au magistrat qui peut le contraindre à comparaître par la force publique* » (C. pr. pén., art. 153) (Sur la contrainte à comparaître du témoin dans le cadre de l'instruction, v. n° **12.1C**). « *le témoin qui ne comparaît pas encourt l'amende prévue par C. pén., art. 434-15-1* » (C. pr. pén., art. 153, v. n° **25.45**).

Notons que le refus du témoin convoqué de prêter serment ou de faire sa déposition devant l'OPJ agissant sur commission rogatoire n'est pas incriminé (C. pr. pén., art. 153, v. n° **25.45**), ces mêmes faits sont en revanche punissables lorsque le témoin comparaît devant le juge d'instruction (C. pr. pén., art. 109, v. n° **25.45**).

« *le témoin ne peut être retenu que le temps strictement nécessaire à son audition* » (C. pr. pén., art. 153). Sans cependant exclure cette règle applicable à l'enquête préliminaire ou de flagrance que la prudence commande de mettre en œuvre, ces dispositions ne prévoient pas que la retenue sous contrainte du témoin ne peut excéder quatre heures (C. pr. pén., art. 62 et 78, sur ce point, v. **A** ci-dessus).

Sans qu'un motif déterminant n'explique cette différence de régime, le témoin est entendu **sans serment** dans l'enquête préliminaire ou de flagrance (v. **A** ci-dessus) mais **sous serment** dans le cadre de l'instruction, y compris lorsqu'il est entendu par l'OPJ sur commission rogatoire, à l'exception des « *enfants au-dessous de l'âge de seize ans [qui] sont entendus sans prestation de serment* » (C. pr. pén., art. 108). Il en résulte que le mensonge du témoin ayant déposé sous serment constitue un faux témoignage (C. pén., art. 434-13, v. n° **25.50**).

Ainsi, « *les témoins prêtent serment de dire toute la vérité, rien que la vérité. Le juge leur demande leurs nom, prénoms, âge, état, profession, demeure, s'ils sont parents ou alliés des parties, à quel degré, ou s'ils sont à leur service. Il est fait mention de la demande et de la réponse* » (C.pr. pén., art. 103). Néanmoins, si les proches des parties (personnes mise en examen et partie civile) sont dispensés du serment lorsqu'ils déposent devant la cour d'assises (C. pr. pén., art. 335, v. n° 17.29B2) et devant le tribunal correctionnel (C. pr.pén., art. 448, v. n° 17.29C2), cette dispense ne s'applique pas au stade de l'instruction (sur la portée de la dispense de serment, protection instituée par le législateur contre le dilemme moral d'avoir à témoigner contre un proche, v. Cons. const. 28 févr. 2020, n° 2019-828/829 QPC, § 11, décision analysée au n° 17.29B2). Ainsi le fils et l'épouse du mis en examen entendus par le juge d'instruction sont tenus de déposer sous serment (Crim. 22 mars 1983, n° 83-90.217, P n° 87), de même que son père, sa mère et sa sœur entendus par l'OPJ dans le cadre d'une enquête de *curriculum vitae* (Crim. 31 mars 1981, n° 80-94.773, P n° 110).

Conformément au droit commun des nullités (C. pr. pén., art. 802), il est toutefois jugé dans ces espèces que « *la formalité du serment prévue par C. pr. pén., art. 103 [...] n'est pas prescrite à peine de nullité dès lors que son inobservation n'est sanctionnée par aucun texte et qu'il n'est pas établi ni même allégué que les omissions critiquées aient eu pour effet de porter atteinte aux droits de la défense* ». Il en est de même dans une affaire où les témoins n'avaient prêté serment qu'en fin d'audition et réitéré leurs dépositions après l'exécution de cette formalité car « *la formalité du serment prévue par C. pr. pén., art. 103 n'est pas prescrite à peine de nullité* » (Crim. 2 oct. 1990, n° 90-84.412, P n° 327). La nullité est en revanche encourue dans un cas où les déclarations de témoins policiers, recueillies sans serment par le juge d'instruction lors d'une confrontation où le mis en examen était pourtant assisté de son avocat, « *ont été déterminantes dans la mise en cause du mis en examen et, en conséquence, ont eu pour effet de porter atteinte à ses intérêts* » (Crim. 10 mai 2016, n° 15-87.713, P n° 139).

Précisons qu'à sa demande, le **témoin assisté** peut être entendu par l'OPJ agissant sur commission rogatoire (C. pr. pén., art. 152, sur le témoin assisté, v. n° 11.77). Il ne peut toutefois être entendu sous serment (C. pr. pén., art. 113-7). Si le simple témoin ne peut être entendu comme tel lorsqu'il existe à son encontre « *des indices graves et concordants d'avoir participé aux faits* » (C. pr. pén., art. 105), il en est autrement du témoin assisté, auquel ces restrictions ne sont pas applicables (C. pr. pén., art. 113-6).

Notons enfin qu'au stade du procès le témoin prête nécessairement serment lorsqu'il dépose devant la juridiction, qu'il ait été ou non entendu sous serment durant l'instruction ou l'enquête initiale, sauf cas de dispense et selon les précisions apportées au n° 17.29.

C. Sauf s'il est victime, le témoin ne reçoit pas de notification particulière de droits

Quel que soit le cadre procédural, les textes ne prévoient pas que le témoin reçoive notification, en ouverture de son audition, de droits particuliers, y compris lorsqu'il a fait l'objet d'une mesure de contrainte à comparaître (v. n° 12.1B) ou d'une retenue : droit de se taire, droit à l'interprétation ou à la traduction, droit de mettre un terme à l'audition en quittant les locaux, droit de connaître la durée maximale de la retenue dont il fait l'objet, etc.

La directive 2012/13/UE (directive B) du parlement européen et du conseil du 22 mai 2012 « *fixe les normes minimales communes à appliquer en matière d'information des personnes soupçonnées d'une infraction pénale ou poursuivies à ce titre* » (exposé des motifs, n° 14, et art. 1er). Les droits à l'information qu'elle détaille ne sont donc pas applicables au témoin.

De même, la directive 2010/64/UE (directive A) du parlement européen et du conseil du 20 octobre 2010, qui « *entend garantir le droit des suspects ou des personnes poursuivies à bénéficier de services d'interprétation et de traduction dans le cadre des procédures pénales afin de garantir leur droit à un procès équitable* » (exposé des motifs, n° 14 et art. 1er), ne s'applique pas au témoin.

Le témoin n'a pas droit à l'assistance d'un avocat et aucune notification ne doit davantage lui être faite à ce titre. Un témoin, plus tard mis en examen en raison des charges réunies, est donc « *infondé à invoquer une absence de notification de droits qui ne lui étaient pas applicables en raison de l'absence de raison plausible de soupçonner qu'il avait commis ou tenté de commettre une infraction* » (Crim. 10 oct. 2017, n° 16-86.874, D).

La victime, tant qu'elle n'est pas constituée partie civile dans le cadre d'une procédure d'instruction, jouit aussi du statut de témoin dans le cadre de l'enquête ou d'une commission rogatoire. En revanche, selon les précisions apportées au n° **16.6A**, elle dispose du droit à l'assistance d'un avocat « *à tous les stades de la procédure* » et ce droit doit lui être notifié par l'enquêteur (C. pr. pén., art. 10-2 8°) ; les modalités d'exercice de ce droit sont plus particulièrement définies pour les confrontations (C. pr. pén., art. 63-4-5 et 61-2) et les présentations à suspect (C. pr. pén., art. 61-3). Diverses informations doivent lui être notifiées au stade de l'enquête (C. pr. pén., art. 10-2, v. n° **16.1B**), et elle jouit en particulier du droit à l'interprétation (C. pr. pén., art. D. 594-11, v. n° **16.1F**).

D. L'audition libre ou la garde à vue du témoin devenu suspect

1. Les règles applicables au témoin devenu suspect dans l'enquête préliminaire ou de flagrance (C. pr. pén., art. 62 et 78)

« *Si, au cours de l'audition d'une personne entendue librement [comme témoin], il apparaît qu'il existe des raisons plausibles de soupçonner qu'elle a commis ou tenté de commettre une infraction* », elle doit bénéficier du régime de l'audition libre du suspect (v. n° **11.73**) et des notifications de droits correspondants, ou de ceux du placement en garde à vue si cette mesure est nécessaire (C. pr. pén., art. 62 et 78, rédaction issue L. n° 2014-535, 27 mai 2014).

Dans le cas où la personne entendue comme témoin fait l'objet d'une mesure de retenue, et « *qu'il apparaît qu'il existe des raisons plausibles de soupçonner qu'elle a commis ou tenté de commettre un crime ou un délit puni d'une peine d'emprisonnement, elle ne peut être maintenue sous contrainte à la disposition des enquêteurs que sous le régime de la garde à vue* » (C. pr. pén., art. 62 et 78, rédaction issue L. n° 2014-535, 27 mai 2014). Son placement en garde à vue lui est alors notifié selon les formalités décrites au n° **12.13**. Elle peut également être laissée libre et reconvoquée pour une audition en qualité de suspect libre, dans laquelle elle devra recevoir les notifications appropriées (v. n° **12.12**).

Compte tenu du formalisme et des garanties entourant désormais l'audition libre du suspect (v. n^os^ **11.73** et **11.76**), l'appréciation « *des raisons plausibles* » imposant le passage du statut de témoin à celui de suspect constitue un enjeu de régularité de la procédure, comme l'est la question de la contrainte exercée explicitement ou implicitement sur une personne en audition libre (v. n^os^ **12.12B** et **12.13**).

2. Les règles applicables au témoin devenu suspect lors de l'exécution d'une commission rogatoire (C. pr. pén., art. 105 et 153)

Les dispositions propres à l'audition du témoin dans le cadre de l'information, en l'occurrence l'obligation de déposer et de prêter serment (v. **B** ci-dessus), sont inconciliables avec le droit au silence et celui de ne pas contribuer à sa propre incrimination et sont donc exclues pour l'audition du suspect. Ainsi, « *Les personnes à l'encontre desquelles il existe des indices graves et concordants d'avoir participé aux faits dont le juge d'instruction est saisi ne peuvent être entendues comme témoins* » (C. pr. pén., art. 105) et « *L'obligation de prêter serment et de déposer n'est pas applicable aux personnes gardées à vue* » (C. pr. pén., art. 153).

Comme dans l'enquête préliminaire ou de flagrance, le témoin devenu suspect lors de l'exécution d'une commission rogatoire doit bénéficier des droits attachés à la qualité de suspect, qu'il soit entendu libre (v. n° **11.73**) ou en garde à vue (v. n° **12.9**). En effet, « *Les dispositions des articles 61-1 et 61-2 relatives à l'audition d'une personne soupçonnée [...] ainsi que les articles 61-3 et 62-2 à 64-1 sont applicables lors de l'exécution des commissions rogatoires. Les attributions conférées au procureur de la République par ces articles sont alors exercées par le juge d'instruction* » (C. pr. pén., art. 154).

E. La consignation de déclarations spontanées d'un témoin dans un rapport ou procès-verbal de renseignement judiciaire

Le recueil de renseignements utiles à l'enquête peut prendre la forme du rapport ou du procès-verbal dit de « *renseignement judiciaire* » recueillant notamment les déclarations d'un témoin. Il en est ainsi du « *procès-verbal dressé par un officier de police, avant tout acte d'enquête, qui se borne, comme en l'espèce, à consigner des déclarations spontanées d'une personne sans l'interroger* », que la Ch. crim. considère comme valable car il s'analyse « *non pas en une audition de témoin.../...mais en un recueil de renseignements destinés à guider d'éventuelles investigations, dépourvu de valeur probante* » (Crim. 28 mai 2014, nº 13-83.197, P nº 142) ou « *destinés à permettre des investigations ultérieures ou à en faciliter l'exécution en cours* » (Crim. 6 oct. 2015, nº 15-82.247, P nº 217) ou comme « *un procès-verbal de renseignements destiné à guider d'éventuelles investigations sans pouvoir être retenu lui-même comme un moyen de preuve* » (Crim. 9 juill. 2003, nº 03-82.119, P nº 138). La Ch. crim. a dans cette hypothèse validé le recueil de renseignements par un témoin anonyme, sans censurer l'absence de mise en œuvre des formes prévues par C. pr. pén., art. 706-57 relatif à l'audition du témoin sous X (sur l'audition du témoin voulant garder son anonymat, v. nº **16.2B**). Il en est autrement dès lors que la personne est suspecte ou mise en examen : la transcription de confidences faites hors audition menée selon les règles procédurales applicables est de nature à vicier la procédure (v. nº **11.6B3**).

Enfin, « *aucune disposition législative non plus que réglementaire ne fait obstacle à ce que, en application de l'article 54 du code de procédure pénale, l'OPJ présent sur les lieux d'une infraction flagrante recueille les déclarations sommaires qui lui sont spontanément faites par les personnes qui se présentent à lui, préalablement à leur audition ultérieure* » (Crim. 31 oct. 2017, nº 17-81.842, P).

F. La représentation du suspect à témoin, tapissage et parade d'identification

L'acte d'enquête consistant à présenter une ou plusieurs personnes à un témoin ou plus particulièrement une victime, ou à un co-auteur, afin d'identifier un ou plusieurs suspects, n'est pas défini ni organisé par le code de procédure pénale. En effet, « *la représentation à témoin n'est régie par aucune disposition spécifique du code de procédure pénale* » (Crim. 6 févr. 2018, nº 17-84.380, P nº 30). Cette modalité de recherche des preuves est désignée dans la pratique par les termes de « tapissage », de « parade d'identification », de « représentation à témoin » ou encore de « *séance d'identification des suspects* », selon les termes de C. pr. pén., art. 61-3 (réd. issue L. nº 2016-731, 3 juin 2016), qui prévoit dans un tel cas le droit du suspect et de la victime à l'assistance de l'avocat (v. nº **12.26B**).

Cette opération n'est qu'une illustration des pouvoirs généraux d'enquête confiés aux OPJ et APJ ou au procureur de la République et au juge d'instruction par C. pr. pén., art. 14, 18, 20, 41 et 81. Il est ainsi explicitement admis que C. pr. pén., art. 20 permet « *aux APJ de présenter aux témoins, aux fins de reconnaissance, les personnes à l'égard desquelles existent des indices apparents d'une participation aux infractions motivant l'enquête* » (Crim. 10 mars 1993, nº 92-83.663, P nº 110).

Elle vise notamment, soit à identifier un suspect au sein d'un groupe de figurants présentant des caractéristiques comparables (sexe, taille, âge, etc.), soit à permettre de désigner les auteurs, dans un groupe composé exclusivement de suspects, selon leurs participations respectives ou les points de vue des différents témoins, soit à représenter pour reconnaissance un suspect unique devant un témoin, notamment après identification sur tapissage photographique.

La parade peut aussi avoir pour objectif la reconnaissance de la voix du suspect lorsqu'il est demandé à chacun des membres du groupe d'énoncer une phrase devant le témoin, étant précisé que la « *présentation [de l'inculpé] aux témoins et l'audition de sa voix par ces derniers n'ont constitué ni un interrogatoire, ni une confrontation* » (Crim. 30 mars 1993, nº 93-80.141, P nº 134).

La méthodologie de mise en œuvre de cet acte d'investigation est forgée par la pratique de l'enquête judiciaire. Elle peut consister en une présentation d'une planche photographique (tapissage photographique) ou de personnes placées derrière une glace sans tain. Les personnes sont identifiées par un numéro et la planche du tapissage photographique ou la photographie du groupe constitué, ainsi que le procès-verbal relatant les opérations, sont joints à la procédure afin de permettre ultérieurement à la juridiction d'en apprécier la force probante ou la régularité sous l'angle notamment de l'équité et de la loyauté de la procédure. Les modalités de constitution du groupe et d'organisation de la présentation ne doivent pas, en effet, induire de biais dans la désignation spontanée de l'individu en cause.

Sont ainsi approuvées les décisions relevant que toutes les précautions avaient été prises afin que le témoin et le suspect « *ne se croisent pas avant la parade d'identification* », « *organisée par le service enquêteur dans les conditions habituelles et sans aucune manœuvre destinée à influencer* » le témoin, et soulignant que « *l'absence de concordance entre l'apparence physique des figurants et la description initiale de l'agresseur relève d'une appréciation subjective* » (Crim. 28 mars 2018, n° 18-80.064, NP), ou relevant, s'agissant d'un groupe constitué exclusivement de personnes placées en garde à vue dans la même affaire, que « *le groupe ainsi composé était homogène* » et « *que les modalités d'organisation de cette représentation à témoins n'ont pas porté atteinte au droit à un procès équitable* » (Crim. 6 févr. 2018, n° 17-84.380, P n° 30). Est en revanche censurée, au visa d'une atteinte au principe de loyauté et du droit à l'assistance d'un avocat lors d'une séance d'identification, la présentation à la victime de la seule personne du suspect, en l'absence de l'avocat de ce dernier qui venait de partir, à la suite d'une première présentation à plusieurs personnes, le suspect alors assisté de son avocat, au cours de laquelle la victime avait hésité à le désigner (Crim. 28 sept. 2022, n° 20-86.054, 22-84.210, P).

11.72 L'audition de la partie civile et du témoin assisté sur commission rogatoire dans le cadre de l'instruction (C. pr. pén., art. 152)

A. L'audition de la partie civile

La victime de l'infraction qui ne s'est pas encore constituée partie civile dans le cadre de l'information est entendue comme témoin conformément aux précisions apportées au n° 11.71.

En revanche, lorsqu'elle s'est constituée partie civile par voie d'action (v. n° 16.10B) ou d'intervention (v. n° 16.10C) devant le juge d'instruction, l'OPJ exécutant une commission rogatoire ne peut procéder à son audition qu'à la demande de celle-ci (C. pr. pén., art. 152).

Entendue comme partie civile, elle n'est alors pas tenue de prêter serment comme le témoin.

Le juge d'instruction, lorsqu'il reçoit la plainte avec constitution de partie civile, propose à la victime et à l'auteur, lorsque cette mesure paraît envisageable, de la possibilité de participer à une mesure de justice restaurative (C. pr. pén., art. D. 1-1-1, issu D. n° 2020-1640, 21 déc. 2020).

Le statut de partie civile n'interdit pas le placement en garde à vue si la personne est suspectée. En effet, « *ne constituent pas une cause de nullité le placement en garde à vue et l'audition par les policiers, sur commission rogatoire, d'une personne, dès lors qu'il existe à son encontre des indices faisant présumer qu'elle a commis l'infraction, objet de l'information, ou qu'elle y a participé, quand bien même se serait-elle constituée partie civile dans cette procédure* » (Crim. 28 avr. 2004, n°s 01-84.554, 04-80.789, P n° 103).

Mentionnons que si la constitution de partie civile par une personne susceptible d'avoir commis l'infraction lui permet d'accéder au dossier et d'adapter sa position en fonction des éléments de preuve déjà réunis, ce droit d'accès au dossier n'est toutefois ouvert qu'après sa première audition par le juge d'instruction (C. pr. pén., art. 114, al. 4 ; sur l'accès au dossier d'instruction, v. n° 15.2).

Notons qu'en cas de confrontation du suspect entendu libre ou gardé à vue avec la victime, que cette dernière soit ou non constituée partie civile, le droit de la victime à l'assistance par un avocat prévu par C. pr. pén., art. 61-2 et 63-4-5 (sur ce droit,

v. nº 16.6A) est également applicable lors de l'exécution d'une commission rogatoire (C. pr. pén., art. 154).

B. L'audition du témoin assisté ou de la personne nommément visée par le réquisitoire introductif ou la plainte avec constitution de partie civile

Le statut de témoin assisté est obligatoirement ou facultativement attribué par le juge d'instruction au cours de la procédure d'instruction selon les précisions apportées au nº 11.77B.

La qualité de témoin assisté est formellement conférée par la première audition en cette qualité par le juge d'instruction, selon les modalités exposées au nº 11.77C. Lorsque la personne a déjà acquis le statut de témoin assisté, elle ne peut être entendue qu'à sa **demande** par l'OPJ agissant sur commission rogatoire (C. pr. pén., art. 152).

« *Toute personne nommément visée par un réquisitoire introductif ou par un réquisitoire supplétif et qui n'est pas mise en examen ne peut être entendue que comme témoin assisté* » (C. pr. pén., art. 113-2), il en résulte que sa première audition en qualité de témoin assisté ne peut être effectuée par un OPJ agissant sur commission rogatoire, cet acte relevant de la compétence exclusive du juge d'instruction.

En revanche, lorsqu'une personne « *est nommément visée par une plainte avec constitution de partie civile* », mais n'est pas nommément visée par le réquisitoire introductif ou supplétif, elle n'est obligatoirement entendue par le juge d'instruction en qualité de témoin assisté que « *si elle en fait la demande* », elle « *est avisée de ce droit lorsqu'elle comparaît devant le juge d'instruction* » (C. pr. pén., art. 113-2). Par conséquent, si « *toute personne, qui est nommément visée par une plainte avec constitution de partie civile et qui n'a pas acquis la qualité de témoin assisté, peut être entendue par un OPJ agissant sur commission rogatoire, c'est à la condition qu'elle y ait consenti après avoir été avisée de son droit d'être entendue comme témoin assisté par le juge d'instruction* » (Crim. 6 août 2008, nº 08-82.924, P nº 171). Il n'est pas exigé que cette notification soit délivrée exclusivement par le juge d'instruction, est ainsi censurée la décision d'annulation d'une audition par l'OPJ de personnes nommément visées par une plainte avec constitution de partie civile, alors que cette audition avait été effectuée « *après y avoir consenti, connaissance leur ayant été préalablement donnée des articles 113-2 et 152 du C. pr. pén.* » par l'OPJ (Crim. 23 mars 2004, nº 03-87.854, P nº 76).

11.73 L'audition libre du suspect (C. pr. pén., art. 61-1)

A. Le champ d'application des dispositions relatives à l'audition libre du suspect

1. La portée de la distinction entre l'audition libre et l'audition sous contrainte

L'audition libre du suspect s'entend de l'audition d'un suspect sans mise en œuvre à son encontre d'une mesure de contrainte comme la garde à vue ou la retenue douanière.

Dès lors qu'un suspect fait l'objet d'une mesure de contrainte, il jouit, au-delà des droits du suspect ici exposés, de droits supplémentaires inhérents à la mesure d'arrestation dont il fait l'objet (ex. droit de prévenir les proches, droit à un examen médical), décrits aux nºs 12.13 s. (v. également tableau comparatif de l'audition libre du suspect et en garde à vue au nº 11.76).

Lorsque le suspect fait l'objet d'une mesure de contrainte implicite sans avoir été placé en garde à vue ou en retenue douanière, il est susceptible d'être privé des droits inhérents à ces mesures (sur la contrainte implicite, v. nº 12.12B).

Le régime de l'audition libre du suspect, tout d'abord peu encadré par la loi, a été précisé par le Cons. const., puis par L. nº 2014-535, 27 mai 2014 portant transposition de la directive 2012/13/UE, dite directive B. Il est applicable à tous les cadres procéduraux, qu'il s'agisse de l'enquête préliminaire ou de flagrance ou de l'instruction préparatoire.

Notons que le suspect entendu librement « *doit être regardé comme accusé au sens de l'article 6 de la Convention* » (CEDH 28 avr. 2022, n° 83700/17, *Wang c/ France*, § 43, et CEDH 28 avr. 2022, n° 52833/19, *Dubois c/ France*, § 46).

2. Le recueil sur les lieux de déclarations sommaires dans la phase antérieure à la notification des droits

La jurisprudence valide dans une mesure étroite le recueil de déclarations sommaires sur les lieux, c'est-à-dire en dehors des locaux de police, aux premiers stades de l'enquête ou du contrôle, à un moment où les droits du suspect ne sont pas encore notifiés et encore moins mis en oeuvre.

Il en est ainsi dans les cas suivants :

– l'auteur d'une contravention d'excès de vitesse « *ayant été interpellé sur la voie publique à la suite d'un contrôle routier, puis entendu sur les lieux dudit contrôle, et non dans des locaux de police ou de gendarmerie, le prévenu ne saurait invoquer le fait que ne lui a pas été notifié le droit de garder le silence* » (Crim. 22 janv. 2019, n° 18-82.026, D ; dans le même sens : Crim. 23 janv. 2018, n° 17-81.035). Il en est de même pour l'auteur d'une contravention d'excès de vitesse d'au moins 50 km/h (les investigations montrèrent ultérieurement qu'il s'agissait d'un délit puisque les faits étaient commis en récidive), entendu sur les lieux de constatation de ce dépassement, qui « *informé de la nature et de la date de l'infraction, ne se trouvant pas dans des locaux de police ou de gendarmerie, mais sur la voie publique, lieu du contrôle routier, n'avait pas à être informé des droits prévus aux articles 62 et 78, alinéa 1, précités, en particulier son droit de quitter les lieux* » (Crim. 1er mars 2016, n° 14-87.368, P) (soulignons que dans cette affaire, l'absence de notification du droit au silence n'a pas été revendiquée) ;

– un chauffeur routier contrôlé au volant d'un véhicule dont l'appareil chronotachygraphe était neutralisé, dès lors que « *les agents habilités [...] se sont bornés à recueillir les déclarations sommaires de l'intéressé contrôlé sur la voie publique aux fins de vérification de ses conditions de travail* » (§ 13) (Crim. 6 juin 2023, n° 22-86.685, P) ;

– les services des douanes qui, à l'occasion d'un contrôle d'office des personnes, des bagages ou des moyens de transports, s'ils « *ne disposent pas d'un pouvoir général d'audition de la personne contrôlée* », peuvent néanmoins « *recueillir des déclarations en vue de la reconnaissance des objets découverts* » (§ 8) (Crim. 18 mars 2020, n° 19-84.372, P) ;

– les inspecteurs et contrôleurs du travail qui sont admis à procéder sur un chantier, non à des auditions sur procès-verbal des salariés étrangers, « *mais à un simple recueil sommaire de leurs déclarations* » sans le concours d'un interprète (Crim. 17 mai 2022, n° 21-85.246, P) ; dans le même sens, soulignant que les auditions critiquées sont celles des ouvriers du chantier, « *et non celle d'un responsable de la société en cause* » et rappelant que l'obligation « *de notifier le droit de refuser de répondre aux questions posées ne s'impose que s'il existe à l'égard de la personne entendue des raisons plausibles de soupçonner qu'elle a commis ou tenté de commettre une infraction* » (Crim. 8 janv. 2019, n° 17-87.246, D) ;

– « *aucune disposition législative non plus que règlementaire ne fait obstacle à ce que, en application de l'article 54 du code de procédure pénale, l'OPJ présent sur les lieux d'une infraction flagrante recueille les déclarations sommaires qui lui sont spontanément faites par les personnes qui se présentent à lui, préalablement à leur audition ultérieure* » (Crim. 31 oct. 2017, n° 17-81.842, P))

– consignation de renseignements, « *susceptibles de l'impliquer dans les faits* » de vol avec arme (§ 3), fournis spontanément par un informateur à des gendarmes, dans un procès-verbal « *ne contenant aucune audition ni interrogation* » (§ 19), dès lors « *que ne constitue pas un stratagème, le fait pour des gendarmes de consigner dans un tel procès-verbal des propos qui n'ont pas été recueillis contre le gré de l'intéressé ou à son insu* » (§ 20) (Crim. 7 janv. 2020, n° 19-84.246, P).

3. Les droits du suspect entendu librement fixés par la jurisprudence du Conseil constitutionnel

Avant la « *directive B* » et sa loi de transposition, le Cons. const. a validé l'audition libre du suspect (Cons. const. 18 nov. 2011, n° 2011-191 QPC, § 19).

Il a néanmoins encadré ce régime par une **importante réserve d'interprétation** imposant que la personne « *ne puisse être entendue ou continuer à être entendue librement par les enquêteurs que si elle a été informée de la nature et de la date de l'infraction qu'on la soupçonne d'avoir commise et de son droit de quitter à tout moment les locaux de police ou de gendarmerie* » (Cons. const. 18 nov. 2011, n° 2011-191 QPC, § 20).

Le Cons. const. a confirmé cette exigence pour les auditions libres consécutives à une interpellation sous contrainte à comparaître délivrée par le procureur de la République dans le cadre de l'enquête préliminaire, et plus généralement, pour toutes les auditions sur convocation dans le cadre de l'enquête préliminaire, y compris pour les contraventions (C. pr. pén., art. 78) (Cons. const. 18 juin 2012, n° 2012-257 QPC, § 8 et 9).

Il résulte de cette jurisprudence constitutionnelle que le droit d'être informé de la nature et de la date de l'infraction et le droit de quitter à tout moment les locaux « *sont ouverts aux personnes à l'encontre [desquelles] il existe des raisons plausibles de soupçonner qu'elles ont commis ou tenté de commettre une infraction, entendues hors garde à vue dans le cadre de l'enquête préliminaire, y compris donc en matière contraventionnelle* » (Circ. Crim. AP n° 11-51 H 11, 29 juin 2012).

Sous cet aspect, la loi n° 2014-535 du 27 mai 2014 prévoyant « *la notification des faits reprochés et du droit de quitter les locaux ne modifie pas le droit existant, puisque ces informations étaient déjà nécessaires depuis les décisions QPC du Conseil constitutionnel du 18 nov. 2011 et du 18 juin 2012* » (Circ. Crim. 2014-12/E8, 23 mai 2014, NOR : JUSD1412016C, n° 1.1).

4. Les apports de la directive européenne du 22 mai 2012 relative au droit à l'information dans le cadre des procédures

Cette directive, dont le terme de transposition était le 2 juin 2014, tend à l'harmonisation, au sein des pays de l'Union, des droits garantis aux suspects. Sans opérer de distinction selon que le suspect se trouve, ou non, sous contrainte, « *elle définit des règles concernant le droit des suspects ou des personnes poursuivies d'être informés de leurs droits dans le cadre des procédures pénales et de l'accusation portée contre eux* » (art. premier). Si la transposition de cette directive dans notre droit par la loi n° 2014-535 du 27 mai 2014 n'a complété qu'à la marge les droits du suspect retenu sous contrainte, elle a en revanche étendu au suspect entendu libre plusieurs des droits jusqu'alors réservés au gardé à vue.

Ces dispositions de transposition définissent désormais le statut du suspect (C. pr. pén., art. 61-1).

Toutefois, « *la notification de ses droits à un suspect entendu librement ne doit intervenir que si celui-ci fait l'objet d'une audition formelle, donnant lieu à un procès-verbal d'audition signé par la personne. Les dispositions de l'article 61-1 ne sont donc pas applicables en cas de simple recueil des éventuelles déclarations d'une personne, par exemple lors d'une perquisition, lors de la constatation d'une contravention par un agent de police judiciaire adjoint, et notamment un agent de police municipale, en application du dernier alinéa de l'article 21 du code de procédure pénale, ou lors d'un contrôle de véhicule prévu par l'article 78-2-2 de ce même code* » (Circ. Crim. 2014-12/E8, 23 mai 2014, n° 1.1).

C. pr. pén., art. 61-1 ne distinguant pas selon la nature des infractions, il apparaît que les dispositions relatives à l'audition libre du suspect sont également applicables aux auditions en matière de **contraventions**. Une telle lecture est en cohérence avec la jurisprudence précitée du Cons. const. (Cons. const. 18 juin 2012, n° 2012-257 QPC, § 8 et 9 et Circ. Crim. AP 11-51 H 11, 29 juin 2012).

Toutefois la « *directive B* » écarte de son champ les infractions mineures dont la sanction relève d'une autorité autre qu'une juridiction pénale (ex : amende forfaitaire), à condition que cette sanction puisse être contestée devant une telle juridiction. Dans ce cas, les droits ouverts par la directive s'appliquent lors de la procédure de recours (Dir. 2012/13/UE (directive B), 22 mai 2012, art. 2, § 2).

5. La définition du suspect et l'application du régime de l'audition libre du suspect à tous les cadres procéduraux

Le suspect est « *la personne à l'égard de laquelle il existe des raisons plausibles de soupçonner qu'elle a commis ou tenté de commettre une infraction* » (C. pr. pén., art. 61-1). Cette définition est identique à celle du suspect entendu sous le régime de la garde à vue (C. pr. pén., art. 62-2, v. n° **12.9A1**).

Le régime de l'audition libre du suspect majeur entendu librement s'applique à l'enquête de flagrance (C. pr. pén., art. 61-1), à l'enquête préliminaire (C. pr. pén., art. 77 renvoyant à 61-1) et à l'enquête douanière (C. douanes, art. 67 F). Il s'applique également au majeur protégé et au mineur, sous réserve des garanties particulières exposées au n° **11.74**. Comme il est précisé au n° **B**, ce régime a été étendu à toutes les procédures dans lesquelles les fonctionnaires et agents investis de certains pouvoirs de police judiciaire peuvent procéder à des auditions (C. pr. pén., art. 28, réd. issue L. n° 2016-731, 3 juin 2016).

Ce régime est également applicable à l'instruction préparatoire (C. pr. pén., art. 154), le suspect y étant toutefois défini comme la personne contre laquelle « *il existe des indices graves et concordants d'avoir participé aux faits dont le juge d'instruction est saisi* », raison pour laquelle cette dernière ne peut être entendue comme simple témoin mais seulement comme suspect tant par le juge d'instruction que par l'OPJ agissant sur commission rogatoire (C. pr. pén., art. 105).

Précisons que l'audition de la personne mise en examen est de la compétence exclusive du juge d'instruction et ne peut être déléguée à l'OPJ par commission rogatoire ; en effet, « *Les OPJ ne peuvent pas procéder aux interrogatoires et confrontations des personnes mises en examen* » (C. pr. pén., art. 152, sur la mise en examen, v. n° **11.78**). En revanche, les OPJ peuvent, « *à sa demande* », entendre le témoin assisté, lequel jouit d'une partie des droits du mis en examen (C. pr. pén., art. 152, sur le témoin assisté, v. n° **11.77**). À cette prohibition doit être ajoutée celle de l'audition de la personne arrêtée en exécution d'un **mandat d'arrêt** du juge d'instruction, titre qui ne peut être décerné que contre une personne mise en examen ou susceptible d'être mise en examen. En effet, l'OPJ ne peut procéder à son audition pour les faits concernés, cette prérogative appartenant au seul juge d'instruction qui est tenu de la mettre en examen ou au moins de l'entendre sous le régime du témoin assisté (sur l'exécution du mandat d'arrêt, v. n° **12.6D**). Il en est de même pour la personne faisant l'objet d'un **mandat de comparution** (v. n° **12.4**) ou d'un **mandat d'amener** (v. n° **12.4**) (C. pr. pén., art. 122).

En revanche, le suspect, c'est-à-dire la personne qui n'a pas encore été mise en examen ou entendue comme témoin assisté par le juge d'instruction, peut être entendu par l'OPJ sur commission rogatoire, sous le bénéfice des règles générales applicables au suspect (C. pr. pén., art. 154). Comme il est précisé au n° **11.71B**, les dispositions propres à l'audition du témoin dans le cadre de l'information, en l'occurrence l'obligation de déposer et de prêter serment, sont inconciliables avec le droit au silence et celui de ne pas contribuer à sa propre incrimination et sont donc exclues pour l'audition du suspect, qui ne peut en effet être entendu comme simple témoin (C. pr. pén., art. 105), pas plus que la personne gardée à vue, qui ne peut être tenue de prêter serment et de déposer (C. pr. pén., art. 153).

B. Le principe de la notification de ses droits au suspect (C. pr. pén., art. 61-1 issu L. n° 2014-535, 27 mai 2014) et son application à tous les contentieux répressifs

Plusieurs droits doivent être notifiés au suspect majeur ou mineur par l'enquêteur, préalablement à son audition libre sur les faits reprochés (L. n° 2014-535, 27 mai 2014). Le mineur suspect jouit en outre de droits particuliers donnant lieu à notification complémentaire (sur les notifications complémentaires en faveur du mineur entendu librement, v. n° **11.74B2**).

Lorsque le suspect est entendu sur commission rogatoire, il lui est au surplus précisé que cette audition « *intervient dans le cadre d'une commission rogatoire* » (C. pr. pén., art. 154, sur l'audition du suspect sur commission rogatoire, v. n° **11.19C**).

L'obligation de procéder à cette notification des droits a été étendue de façon générale aux procédures conduites par des fonctionnaires et agents investis de certains pouvoirs de police judiciaire : « *lorsque ces fonctionnaires et agents sont autorisés à procéder à des auditions, l'article 61-1 est applicable dès lors qu'il existe à l'égard de la personne entendue des raisons plausibles de soupçonner qu'elle a commis ou tenté de commettre une infraction* » (C. pr. pén., art. 28, réd. issue L. n° 2016-731, 3 juin 2016).

Cette obligation est également inscrite en termes identiques dans le code des douanes pour les agents des douanes (C. douanes, art. 67-F), le livre des procédures fiscales pour les infractions en matière de contributions indirectes (LPF, art. L. 39), le code du travail pour les agents de l'inspection du travail (C. trav., art. L. 8271-6-1), le code de l'environnement pour les inspecteurs de l'environnement (C. envir., art. L. 172-8), le code de commerce pour les agents de la direction générale de la concurrence, de la consommation et de la répression des fraudes (C. com., art. L. 450-4), le code de la consommation (C. consom., art. L. 512-60), le code de la propriété intellectuelle pour les agents de l'Hadopi (CPI, art. L. 331-21-1), le code de la route (C. route, art. L. 234-18 et L. 235-5). Cette notification suppose donc une action positive de l'administration ou du service public jouissant de prérogatives de police judiciaire lorsqu'il est procédé à l'audition du suspect (ex. notification de la qualification de l'infraction, assistance d'un avocat lorsque l'infraction est passible d'emprisonnement, interprétariat).

L'obligation prévue par ces différentes dispositions de procéder à la « *notification des informations prévues* » au C. pr. pén., art. 61-1 induit, même si cela n'est pas explicitement énoncé, que la personne jouit des droits énumérés dans cette disposition.

Notons que la QPC soutenant, dans une affaire de droit pénal du travail, que C. pr. pén., art. 28, dans sa rédaction antérieure à L. n° 2016-731, 3 juin 2016, était inconstitutionnel comme ne prévoyant pas de notification du droit de se taire, a été jugée non sérieuse au motif que le C. trav. prévoyait que la personne ne pouvait être entendue « *qu'avec son consentement* », dans un « *cadre de procédure non contraignant* » (§ 4) (Crim. 30 nov. 2021, n° 21-83.414, D).

C. Le contenu des droits notifiés au suspect entendu librement et leur mise en œuvre (C. pr. pén., art. 61-1 issu L. n° 2014-535, 27 mai 2014)

1. Le droit d'être informé de l'accusation portée contre soi (C. pr. pén., art. 61-1 1°)

La personne suspectée doit être informée de « *La qualification, de la date et du lieu présumés de l'infraction qu'elle est soupçonnée d'avoir commise ou tenté de commettre* » (sur l'information sur la nature, la date et le lieu de l'infraction, v. n° **12.13**).

Les États membres de l'UE « *veillent à ce que les suspects.../...soient informés de l'acte pénalement sanctionné qu'ils sont soupçonnés .../... d'avoir commis. Ces informations sont communiquées rapidement et de manière suffisamment détaillée pour garantir le caractère équitable de la procédure et permettre l'exercice effectif des droits de la défense* » (Dir. 2012/13/UE (directive B), 22 mai 2012, art. 6-1).

« *L'information sur la nature de l'infraction implique d'aviser le suspect entendu hors garde à vue de la qualification juridique des faits, telle qu'elle peut être appréciée à ce stade de l'enquête, mais n'impose pas d'indiquer à la personne le détail des faits qu'elle est soupçonnée d'avoir commis ou tenté de commettre.../...De même, l'information sur la date et le lieu présumés de l'infraction impose seulement de faire référence à une date ou à une période de temps et à un lieu géographique (commune notamment) tels qu'ils peuvent être appréciés à ce stade de l'enquête : une date ou un lieu imprécis à ce stade de la procédure ne sauraient faire grief à la personne, dès lors que ceux-ci résultaient des éléments tirés de la procédure au moment où l'audition est réalisée* » (Circ. Crim. 2014-12/E8, 23 mai 2014, n° 1.1).

2. Le droit de quitter les locaux (C. pr. pén., art. 61-1 2°)

La personne suspectée doit être informée « *du droit de quitter à tout moment les locaux où elle est entendue* ».

La directive précitée, qui ne distingue pas le régime de l'audition du suspect en garde à vue de celui de son audition libre, ne contient pas de prescriptions particulières relatives au droit du suspect entendu libre de quitter les locaux ou à la notification de cette faculté.

Soulignons que « *l'intéressé, qui a été informé de la nature et de la date de l'infraction, ne se trouvant pas dans des locaux de police ou de gendarmerie, mais sur la voie publique, lieu du contrôle routier, n'avait pas à être informé des droits prévus aux articles 62 et 78, alinéa 1, précités, en particulier son droit de quitter les lieux* » (Crim. 1er mars 2016, n° 14-87.368, P).

3. Le droit d'être assisté par un interprète (C. pr. pén., art. 61-1 3°)

La personne suspectée doit être informée « *le cas échéant, du droit d'être assistée par un interprète* ».

Les États membres de l'UE « *veillent à ce que les suspects.../...reçoivent rapidement des informations concernant.../... d) le droit à l'interprétation et à la traduction* » (Dir. 2012/13/UE (directive B), 22 mai 2012, art. 3, 1 d).

Il est sur ce point référé aux développements du n° **12.16**.

4. Le droit de garder le silence (C. pr. pén., art. 61-1 4°)

La personne suspectée doit être informée « *du droit de faire des déclarations, de répondre aux questions qui lui sont posées ou de se taire* » (C. pr. pén., art. 61-1 4°).

Les États membres de l'UE « *veillent à ce que les suspects.../...reçoivent rapidement des informations concernant.../... e) le droit de garder le silence* » (Dir. 2012/13/UE (directive B), 22 mai 2012, art. 3, 1 e).

Il est ici renvoyé aux développements du n° **12.19** relatifs aux fondements du droit au silence.

« *le droit de se taire sur les faits qui lui sont reprochés* » et sa notification sont désormais appréhendés de manière générale par C. pr. pén., art. préliminaire, III, modifié par L. n° 2021-1729, 22 déc. 2021. Cette disposition impose cette notification « *avant tout recueil de ses observations et avant tout interrogatoire* », à « *toute personne suspectée* » « *en matière de crime ou de délit* », « *lors de sa première présentation devant un service d'enquête* » et prévoit qu'« *aucune condamnation ne peut être prononcée sur le seul fondement de déclarations faites sans que ledit droit ait été notifié* ».

L'absence de notification du droit de se taire, même lorsqu'elle a conduit le suspect à s'auto-incriminer lors de son audition libre, ne conduit pas *ipso facto* à un constat de la violation du droit à un procès équitable garanti par Conv. EDH, art. 6. En effet, la CEDH juge qu'il faut « *statuer sur l'existence ou non d'une violation du droit à un procès équitable en tenant compte de la procédure dans son ensemble* » (CEDH 13 sept. 2016, n° 50541/08, *Ibrahim et autres c/ Royaume Uni*, § 262). « *L'équité de la procédure dans son ensemble* » (principe dit d'équité globale) est ainsi constatée lorsque la condamnation n'a pas reposé de façon déterminante « *sur les déclarations recueillies lors de l'audition libre* » (§ 88) mais « *sur des éléments à forte valeur probante n'ayant aucun lien avec l'audition libre* » (§ 90) (CEDH 28 avr. 2022, n° 52833/19, *Dubois c/ France*). Tel n'est pas le cas en revanche lorsque les propos auto-incriminants tenus par une personne d'origine étrangère entendue sans interprète et dont le niveau en français était faible, ont pris une part déterminante dans l'issue de la procédure (§ 89) (CEDH 28 avr. 2022, n° 83700/17, *Wang c/ France*), dans le même sens, renvoyant aux critères dégagés par les arrêts précités *Dubois c/ France* et *Wang c/ France* : CEDH, 20 sept. 2022, n° 38288/15, *Merahi et Delahaye c/ France*.

5. Le droit d'être assisté par un avocat lors des auditions ou confrontations pour les infractions passibles d'emprisonnement (C. pr. pén., art. 61-1 5°, applicable depuis le 1er janv. 2015)

« *Si l'infraction pour laquelle elle est entendue est un crime ou un délit puni d'une peine d'emprisonnement* », la personne suspectée est informée « *du droit d'être assistée au cours de son audition ou de sa confrontation.../...par un avocat choisi par elle ou, à sa demande, désigné d'office par le bâtonnier de l'ordre des avocats* ». Elle est également informée des conditions d'octroi de l'aide juridictionnelle.

Ces dispositions, entrées en vigueur au 1er janvier 2015, « *constituent une transposition par anticipation de la directive 2013/48/UE du 22 octobre 2013 relative au droit d'accès à un avocat dans le cadre des procédures pénales, dite directive C, directive devant être transposée avant le 26 nov. 2016* » (Circ. Crim. 2014-12/E8, 23 mai 2014, introduction).

La « *directive B* » prévoit quant à elle que le suspect reçoit rapidement les informations concernant « *le droit à l'assistance d'un avocat* », tel qu'il s'applique dans le droit national. (Dir. 2012/13/UE (directive B), 22 mai 2012, art. 3, 1 a).

Le procès-verbal de notification des droits indique que « *la personne a été avisée de son droit de demander l'assistance d'un avocat dès le début de l'audition ou à tout moment au cours de son déroulement* » (C. pr. pén., art. D. 15-5-4, D. n° 2016-1455, 28 oct. 2016).

Mentionnons que le curateur ou le tuteur avisé « *peut désigner un avocat ou demander qu'un avocat soit désigné par le bâtonnier pour assister la personne lors de son audition* » (C. pr. pén., art. 706-112-2 issu L. n° 2019-222, 23 mars 2019, v. n° **11.74A**).

Notons que le Cons. const., saisi de la constitutionnalité de C. pr. pén., art. 61-1 5° en ce qu'il prive « *du droit à l'assistance d'un avocat une personne entendue librement lorsque l'infraction qu'elle est soupçonnée d'avoir commise ou tenté de commettre n'est pas un crime ou un délit puni d'une peine d'emprisonnement* » (§ 3) a conclu au non-lieu à statuer (§ 9) (Cons. const. 4 déc. 2020, n° 2020-870 QPC) au motif qu'il avait déjà déclaré l'intégralité de cet article inconstitutionnel dans sa décision Cons. const. 8 févr. 2019, n° 2018-762 QPC. Le grief d'inconstitutionnalité soulevé différait cependant de celui qui avait justifié la censure de cet article, lequel, dans sa nouvelle rédaction issue de L. n° 2019-222, 23 mars 2019, réserve toujours l'assistance de l'avocat aux infractions passibles d'emprisonnement.

Pour le **mineur**, depuis L. n° 2019-222, 23 mars 2019, en vigueur depuis le 1er juin 2019, l'assistance par un avocat est obligatoire en cas d'infraction punie d'emprisonnement (sur le régime particulier de l'audition libre du mineur, v. n° **11.74B**).

À l'issue de chaque audition ou confrontation, l'avocat peut poser des questions. Il peut aussi présenter des observations écrites jointes à la procédure (C. pr. pén., art. 61-1 6° renvoyant à art. 63-4-3). Il est ici renvoyé aux développements du n° **12.26A**.

L'avocat ne peut toutefois pas accéder aux **pièces de la procédure** et en particulier au procès-verbal constatant la notification de ses droits au suspect ni aux procès-verbaux d'audition du suspect qu'il assiste, en effet C. pr. pén., art. 61-1 5° ne renvoie pas à l'art. 63-4-1. L'accès au dossier de la procédure n'est en effet ouvert, selon les précisions apportées au n° **17.3**, qu'au stade des poursuites, ou lors de l'instruction si une information est ouverte.

6. L'assistance de l'avocat lors des reconstitutions ou présentations de suspects (C. pr. pén., art. 61-3, L. n° 2016-731, 3 juin 2016)

Depuis le 1er nov. 2016, date d'entrée en vigueur de ces dispositions, toute personne suspectée d'un crime ou d'un délit puni d'emprisonnement peut demander à ce qu'un avocat de son choix ou commis d'office l'assiste lors des opérations de reconstitution de l'infraction ou des séances d'identification des suspects, « *La personne est informée de ce droit avant qu'il soit procédé à ces opérations* » (C. pr. pén., art. 61-3, L. n° 2016-731, 3 juin 2016) (v. n° **12.26B**).

En l'absence de précisions contraires, ces dispositions s'appliquent également lorsque le suspect n'est pas placé en garde à vue.

Pour le **mineur**, cette assistance par un avocat est désormais obligatoire depuis L. n° 2019-222, 23 mars 2019, en vigueur depuis le 1er juin 2019 (sur le régime particulier de l'audition libre du mineur, v. n° **11.74B**).

7. Le droit de bénéficier d'une assistance juridique (C. pr. pén., art. 61-1 6°)

La personne suspectée doit être informée « *de la possibilité de bénéficier, le cas échéant gratuitement, de conseils juridiques dans une structure d'accès au droit* ».

Les États membres de l'UE « *veillent à ce que les suspects.../...reçoivent rapidement des informations concernant.../... b) le droit de bénéficier de conseils juridiques gratuits et les conditions d'obtention de tels conseils* » (Dir. 2012/13/UE (directive B), 22 mai 2012, art. 3, 1 b).

D. Les modalités d'information du suspect et de notification des droits

1. L'envoi d'une convocation écrite précisant l'infraction reprochée (applicable depuis le 1er janv. 2015)

« *Si le déroulement de l'enquête le permet, lorsqu'une convocation écrite est adressée à la personne en vue de son audition, cette convocation indique l'infraction dont elle est soupçonnée, son droit d'être assistée par un avocat ainsi que les conditions d'accès à l'aide juridictionnelle, les modalités de désignation d'un avocat d'office et les lieux où elle peut obtenir des conseils juridiques avant cette audition* » (C. pr. pén., art. 61-1, avant dernier alinéa).

Ces dispositions sont applicables depuis le 1er janvier 2015 (L. n° 2014-535, 27 mai 2014, art. 15), toutefois rien n'interdisait aux enquêteurs d'adresser une telle convocation avant cette date (Circ. Crim. 2014-12/E8, 23 mai 2014, n° 1.2.1).

« *Cette nouvelle forme de convocation constitue une faculté laissée à la seule appréciation des enquêteurs en fonction des nécessités de l'enquête, et sous réserve des éventuelles instructions pouvant leur être données par le procureur de la République ou le juge d'instruction.../...si les enquêteurs estiment que l'envoi d'une convocation à une personne l'informant du fait qu'elle est suspectée d'une infraction risquerait de l'inciter à prendre la fuite, à faire pression sur les témoins ou les victimes ou à détruire des preuves, ils peuvent la convoquer sans lui donner aucune indication sur les raisons de cette convocation* » (Circ. Crim. 2014-12/E8, 23 mai 2014, n° 1.2.1).

La convocation indique, le cas échéant, que la personne peut désigner un avocat immédiatement ou à tout moment au cours de son audition (C. pr. pén., art. D. 15-5-4, D. n° 2016-1455, 28 oct. 2016).

La « *directive B* » n'impose quant à elle pas d'information particulière au stade de la convocation du suspect (Dir. 2012/13/UE (directive B), 22 mai 2012).

2. Le moment et les formes de la notification des droits

La personne « *ne peut être entendue librement sur ces faits qu'après* » avoir été informée des droits qui lui sont offerts (C. pr. pén., art. 61-1).

Les recommandations relatives au régime de l'audition libre du suspect, tel qu'issu de la jurisprudence du Cons. const. (Cons. const. 18 nov. 2011, n° 2011-191 QPC), restent pertinentes après l'entrée en vigueur de L. n° 2014-535, 27 mai 2014 : « *Ces droits doivent être .../... notifiés à la personne concernée, après qu'elle a décliné son identité, dès le début de l'audition hors garde à vue : mention de cette notification pourra être simplement faite au début du procès-verbal d'audition, émargé par la personne. La notification de ces droits pourra, le cas échéant, intervenir pendant l'audition de la personne lorsque les raisons plausibles de soupçonner qu'elle a commis ou tenté de commettre une infraction apparaîtront au cours de celle-ci : dans ce cas, mention de cette notification pourra être faite dans le procès-verbal d'audition, émargé par la personne. Il ne semble, en effet, pas utile d'interrompre l'audition pour en commencer une nouvelle* » (Circ. Crim. 11-51 H11, 18 nov. 2011, n° 2.1).

« *La notification de ces informations doit être mentionnée au procès-verbal. Il peut s'agir d'un procès-verbal spécifique, ou du procès-verbal d'audition. Dans ce dernier cas, les droits doivent être expressément notifiés à la personne concernée, après qu'elle a décliné son identité, dès le début de l'audition*

~~*et la gravité des délits concernés – par exemple les vols simples portant sur des valeurs inférieures à un certain montant – et la personnalité de l'auteur – notamment au regard de l'absence d'antécédents ou de l'existence d'antécédents très limités] leur permettant, en l'absence de demande de désignation d'avocat .../..., de ne pas solliciter un avocat commis d'office* » (Circ. Crim. 2019-14/H2, 27 mai 2019, JUSD 1915418C, n° 1.2 et note bdp n° 6).~~

~~« *La loi n'exige pas de décision écrite ni de motivation particulière. Ainsi, la décision du magistrat, pourra être donnée par tout moyen, notamment au téléphone ou par courriel dans le cadre de la permanence, et devra être mentionnée au procès-verbal* » (Circ. Crim. 2019-14/H2, 27 mai 2019, JUSD 1915418C, n° 1.2).~~

Il convient de souligner que lorsque les faits sont punis d'une peine d'emprisonnement, il est « *impossible de s'opposer à une demande de désignation faite par le mineur ou ses représentants .../... La dérogation ne porte que sur le principe d'une désignation obligatoire en l'absence d'une telle demande* » (Circ. Crim. 2019-14/H2, 27 mai 2019, JUSD 1915418C, n° 1.2, note bdp n° 4). Notons toutefois que « *l'adulte approprié* », désigné au lieu des titulaires de l'autorité parentale dans les cas prévus par Ord. n° 45-174, 2 févr. 1945, art. 6-2, devenu CJPM, art. L. 311-3, pour accompagner le mineur au cours des auditions ou interrogatoires, ne peut demander que le mineur soit assisté par un avocat (sur le droit à l'accompagnement du mineur au cours de son audition institué par L. n° 2019-222, 23 mars 2019, v. n° **11.75**).

Selon l'interprétation de la chancellerie, les différences rédactionnelles de Ord. n° 45-174, 2 févr. 1945, art. 3-1 [audition libre du mineur] et 4 IV [audition du mineur gardé à vue] permettent de considérer « *que ces dispositions imposent seulement .../...d'informer par tout moyen et sans délai le bâtonnier afin qu'il commette un avocat d'office* » mais qu'à la différence de la garde à vue, il n'est pas imposé que « *dès le début de l'audition libre, le mineur doit être assisté par un avocat. Aucune nullité ne pourrait dès lors résulter du fait que l'avocat commis d'office ne se présente pas pour assister à l'audition* » (Circ. Crim. 2019-14/H2, 27 mai 2019, JUSD 1915418C, n° 1.2).

2. Les notifications complémentaires (CJPM, art. R. 412-1 et D. 311-1)

En complément des droits notifiés sur le fondement de C. pr. pén., art. 61-1, communs aux majeurs et aux mineurs (v. n° **11.73C**), selon les modalités précisées au n° **11.73D**), C. pr. pén., art. D. 594-18 I, issu D. n° 2019-507, 24 mai 2019, pris en application de Ord. n° 45-174, 2 févr. 1945, art. 6-2 V issu de L. n° 2019-222, 23 mars 2019, devenu CJPM, art. **R. 412-1**, prévoit qu'à l'occasion de la notification de ses droits, le mineur entendu librement est également informé, « *dans des termes simples et accessibles* », des droits suivants :

– droit à ce que le titulaire de l'autorité parentale soit informé, sauf circonstances particulières (sur les circonstances justifiant l'absence d'information du titulaire de l'autorité parentale, v. n° **11.75**) ;

– droit d'être accompagné par le titulaire de l'autorité parentale lors de ses auditions ou interrogatoires sauf circonstances particulières (sur le droit à l'accompagnement du mineur lors de son audition, v. n° **11.75**) ;

– droit à la protection de sa vie privée garanti par l'interdiction de diffuser l'enregistrement de ses auditions (ici rappelé pour mémoire car, par hypothèse, l'audition libre du mineur n'est pas soumise à enregistrement audiovisuel, v. n° **11.4B**), la tenue des audiences à huis clos (sur la publicité restreinte pour le jugement des mineurs, v. n° **17.11D**) et l'interdiction de publier le compte rendu des débats d'audience ou de tout élément permettant son identification (prohibition incriminée par Ord. n° 45-174, 2 févr. 1945, art. 14, devenu CJPM, art. **L. 513-4**).

« *les titulaires de l'autorité parentale* [« *responsables légaux* » selon rédaction CJPM] *reçoivent les mêmes informations que celles qui doivent être communiquées au mineur au cours de la procédure* » (Ord. n° 45-174, 2 févr. 1945, art. 6-2 1° (devenu CJPM, art. L. 12-5) et C. pr. pén., art. D. 594-18 VII devenu CJPM, art. D. 311-1). Cette information est « *donnée par tout moyen et dans les meilleurs délais aux représentants légaux ou à l'adulte approprié* » approprié (C. pr. pén., art. D. 594-18 VII, D. nº 2019-507, 24 mai 2019, devenu CJPM, art. D. 311-1 ; sur l'adulte approprié, v. nº 11.75C).

Ces nouveaux droits dont la notification est exigée par la directive (UE) 2016/800 du 11 mai 2016 correspondent « *à des garanties de procédure pénale qui doivent s'appliquer en tout état de cause, indépendamment de toute demande. C'est du reste pour cela qu'ils ont été prévus par voie règlementaire et, sous réserve de la jurisprudence à venir de la C. cass., il ne semble donc pas que l'absence de notification de ceux-ci puisse constituer une cause de nullité* » (Circ. Crim. 2019-14/H2, 27 mai 2019, JUSD 1915418C, nº 3.1).

11.75 Le droit du mineur suspect à l'accompagnement lors de son audition (Ord. nº 45-174, 2 févr. 1945, art. 6-2, L. nº 2019-222, 23 mars 2019, devenu CJPM, art. L. 311-1)

A. Le droit du mineur à l'accompagnement par les titulaires de l'autorité parentale lors de son audition et sa notification

1. Le domaine du droit à l'accompagnement

Transposant la directive (UE) 2016/800 du Parlement et du Conseil du 11 mai 2016 « *relative à la mise en place de garanties procédurales en faveur des enfants qui sont des suspects ou des personnes poursuivies dans le cadre des procédures pénales* », la L. nº 2019-222, 23 mars 2019, a inséré dans Ord. nº 45-174, 2 févr. 1945 un nouvel article 6-2, en vigueur depuis le 1er juin 2019, instituant le droit du « *mineur suspecté ou poursuivi.../... d'être accompagné par les titulaires de l'autorité parentale.../... lors de ses auditions ou interrogatoires* », ou par un « *adulte approprié* » (devenu CJPM, art. L. 311-1).

Ce droit, également ouvert pour « *chaque audience au cours de la procédure* » (v. nº 17.10E), s'applique à toute audition ou interrogatoire du mineur suspect ou poursuivi quel qu'en soit le cadre juridique : audition libre (v. nº 11.74B), y compris dans l'enquête douanière (C. douanes, art. 67 F, réd. issue L. nº 2021-1729, 22 déc. 2021), ou sous le régime de la garde à vue ou de la retenue (v. nº 12.13A), interrogatoire du juge d'instruction ou du juge des enfants, comparution du mineur devant le procureur de la République (v. nº 15.28B) ou interrogatoire du président de la cour d'assises préalable à l'audience (C. pr. pén., art. 272).

2. La notification du droit au mineur et aux titulaires de l'autorité parentale

Au moment de la notification des droits au titre de la mesure dont il fait l'objet, audition libre (C. pr. pén., art. 61-1), garde à vue (C. pr. pén., art. 63-1) ou interrogatoire de première comparution (C. pr. pén., art. 116), le mineur est également informé du « *droit d'être accompagné* » par le titulaire de l'autorité parentale ou par l'adulte approprié « *lors de ses auditions ou interrogatoires* » (C. pr. pén., art. D. 594-18 I 1º, devenu CJPM, art. R. 412-1 et R. 413-1).

Cette information est « *également donnée par tout moyen et dans les meilleurs délais aux titulaires de l'autorité parentale ou à l'adulte* » approprié (C. pr. pén., art. D. 594-18 VII, devenu CJPM, art. D. 311-1), car le mineur a également le droit « *que les responsables légaux reçoivent les mêmes informations que celles qui doivent être communiquées au mineur au cours de la procédure* » (Ord. nº 45-174, 2 févr. 1945, art. 6-2 I 1º, devenu CJPM, art. L. 12-5). Cette information des titulaires de l'autorité parentale pourra « *en pratique se faire par la remise d'un formulaire, et il n'est évidemment pas exigé qu'elle intervienne en même temps que l'information du mineur* » (Circ. Crim. 2019-14/H2, 27 mai 2019, JUSD 1915418C, nº 3.1.2).

Lorsqu'un « *adulte approprié* » est désigné pour accompagner le mineur au lieu des titulaires de l'autorité parentale (v. C ci-dessous), il est également informé des droits notifiés au mineur (C. pr. pén., art. D. 594-18 VII, issu D. n° 2019-507, 24 mai 2019 devenu CJPM, art. D. 311-1).

3. Les exceptions à l'information des titulaires de l'autorité parentale

L'information des titulaires de l'autorité parentale n'est toutefois pas délivrée lorsque cette information ou l'accompagnement « *serait contraire à l'intérêt supérieur du mineur* » ou « *pourrait, sur la base d'éléments objectifs et factuels, compromettre de manière significative la procédure pénale* » (Ord. n° 45-174, 2 févr. 1945, art. 6-2 II 1°et 3° devenu CJPM, art. L. 311-2), hypothèses rejoignant celles où l'enquêteur décide, comme il en a la faculté dans le cadre de l'enquête, de ne pas mettre en œuvre le droit du mineur à l'accompagnement (v. B ci-dessous). « *Le risque de compromission de la procédure pourra notamment exister lorsque les titulaires de l'autorité parentale sont également impliqués dans la commission de l'infraction reprochée au mineur ou .../... s'il y a lieu de craindre qu'ils ne fassent disparaître des éléments de preuves incriminant leur enfant* » (Circ. Crim. 2019-14/H2, 27 mai 2019, JUSD 1915418C, n° 3.3).

Cette information et l'accompagnement ne sont également pas mis en œuvre lorsqu'« *après que des efforts raisonnables ont été déployés, aucun des titulaires de l'autorité parentale ne peut être joint ou que leur identité est inconnue* » (Ord. n° 45-174, 2 févr. 1945, art. 6-2 II 2°, devenu CJPM, art. L. 311-2), ce qui « *exigera de justifier des démarches réalisées en vain à cette fin, qui, notamment au cours de l'enquête, devront être mentionnées par procès-verbal* » (Circ. Crim. 2019-14/H2, 27 mai 2019, JUSD 1915418C, n° 3.3).

La décision de déroger à l'information des titulaires de l'autorité parentale relative au droit à l'accompagnement ou de déroger au droit à l'accompagnement « *n'est soumise à aucun formalisme particulier : elle n'exige notamment pas de prendre une décision spéciale et motivée. Au cours de l'enquête, cette décision relève de la compétence de l'OPJ ou de l'APJ, sous réserve des éventuelles instructions du procureur de la République* » (Circ. Crim. 2019-14/H2, 27 mai 2019, JUSD 1915418C, n° 3.3).

B. La mise en œuvre du droit à l'accompagnement

1. Le droit à l'accompagnement est facultativement mis en œuvre au stade de l'enquête

À la différence du droit à l'accompagnement du mineur aux audiences (v. n° 17.10E), dont l'exercice n'est pas laissé à l'appréciation de la juridiction, le droit à l'accompagnement pour les auditions « *constitue une faculté laissée à la seule appréciation de l'autorité qui procède à l'audition ou l'interrogatoire, à savoir l'enquêteur ou le magistrat.* » « *Il n'est du reste nullement exigé que l'enquêteur ou le magistrat doive demander au mineur s'il souhaite être accompagné par ses parents, même si, bien évidemment, cet accompagnement pourra résulter d'une demande de celui-ci* » (Circ. Crim. 2019-14/H2, 27 mai 2019, JUSD 1915418C, n° 3.2.2).

En effet, ce droit n'est mis en œuvre pour l'audition ou l'interrogatoire du mineur que « *si l'autorité qui procède à cet acte estime qu'il est dans l'intérêt supérieur de l'enfant d'être accompagné et que la présence de ces personnes ne porte pas préjudice à la procédure* » (Ord. n° 45-174, 2 févr. 1945, art. 6-2 I 2° b devenu CJPM, art. L. 311-3).

L'enquêteur « *n'a pas l'obligation d'en référer au magistrat. Toutefois, au regard de son rôle de direction de la police judiciaire, ce dernier peut évidemment interroger l'enquêteur pour savoir s'il envisage ou non l'accompagnement du mineur, et, s'il y a lieu, lui donner instruction de permettre que le mineur soit accompagné* » (Circ. Crim. 2019-14/H2, 27 mai 2019, JUSD 1915418C, n° 3.2.2).

« *Au cours de l'enquête* », s'il est décidé que le mineur sera accompagné, « *l'audition ou l'interrogatoire peut débuter en l'absence de ces personnes à l'issue d'un délai de deux heures à compter du moment où celles-ci ont été avisées* » (Ord. n° 45-174, 2 févr. 1945, art. 6-2 I 2° b devenu CJPM, art. L. 311-1 et L. 311-3).

Tel n'est pas le cas lorsque l'audition est effectuée par le juge d'instruction ou le juge des enfants, cet acte « *étant en effet nécessairement prévu plus de deux heures avant son déroulé, et permet donc de convoquer les parents plus de deux heures avant qu'il ne débute* » (Circ. Crim. 2019-14/H2, 27 mai 2019, JUSD 1915418C, n° 3.2.2, note bdp n° 13).

2. L'EXERCICE DE L'ACCOMPAGNEMENT PAR LES TITULAIRES DE L'AUTORITÉ PARENTALE

L'exercice du droit à l'accompagnement se traduit par la présence des titulaires de l'autorité parentale aux côtés du mineur lors de ses auditions ou interrogatoires (Ord. nº 45-174, 2 févr. 1945, art. 6-2 I devenu CJPM, art. L. 311-1).

« *la loi ne prévoit pas qu'ils bénéficient du droit de poser des questions ou de formuler des observations. Rien n'interdit cependant à l'enquêteur ou au magistrat, s'il l'estime utile, de l'inviter à présenter des observations sur l'audition du mineur. Le procès-verbal d'audition du mineur doit faire état de leur présence, mais il n'est pas exigé qu'il soit signé par eux (sauf s'ils ont été interrogés au cours de l'audition ou de l'interrogatoire). S'il apparaît, au cours de l'audition ou de l'interrogatoire, qu'en raison de son comportement, cette personne gêne le déroulement de la procédure, il est évidemment possible de mettre immédiatement fin à l'accompagnement du mineur, en le mentionnant dans le procès-verbal* » (Circ. Crim. 2019-14/H2, 27 mai 2019, JUSD 1915418C, nº 3.2.2).

C. LE RECOURS À UN ADULTE APPROPRIÉ AU LIEU DES REPRÉSENTANTS LÉGAUX DU MINEUR

1. LES CONDITIONS DE DÉSIGNATION DE L'ADULTE APPROPRIÉ

Dans les cas où l'accompagnement du mineur par les titulaires de l'autorité parentale serait contraire à son intérêt supérieur, ou pourrait compromettre la procédure pénale, ou n'est pas possible car ils n'ont pu être joints ou identifiés en dépit des efforts raisonnables déployés, « *le mineur peut désigner un adulte approprié .../...pour recevoir ces informations et pour l'accompagner au cours de la procédure* » (Ord. nº 45-174, 2 févr. 1945, art. 6-2 III devenu CJPM, art. L. 311-2).

« *c'est essentiellement pour le droit à l'accompagnement du mineur aux audiences qu'il pourra être fait application des dispositions .../... prévoyant la désignation d'un adulte approprié, puisque, pour les auditions et les interrogatoires, cet accompagnement est laissé à l'appréciation des enquêteurs ou du magistrat* » (Circ. Crim. 2019-14/H2, 27 mai 2019, JUSD 1915418C, nº 3.3.2).

Dans tous les cas, « *lorsque la désignation d'un adulte autre que le représentant légal apparaît nécessaire pour recevoir des informations ou accompagner le mineur .../...l'OPJ, le procureur de la République, le juge des enfants ou le juge d'instruction sollicite du mineur qu'il désigne cet adulte* » (C. pr. pén., art. D. 594-19, devenu CJPM, art. D. 311-2).

Cet adulte approprié « *doit être accepté en tant que tel par l'autorité compétente* » (Ord. nº 45-174, 2 févr. 1945, art. 6-2 III devenu CJPM, art. L. 311-2). « *Il peut en pratique s'agir de n'importe quelle personne majeure, qu'il s'agisse ou non d'un membre de la famille du mineur, dès lors que cette personne, étant désignée par le mineur, aura nécessairement sa confiance* » (Circ. Crim. 2019-14/H2, 27 mai 2019, JUSD 1915418C, nº 3.3.3 1).

« *En pratique, le refus de la personne désignée, même s'il n'a pas à être motivé, ne devrait être justifié que parce que l'intervention de cette personne semble contraire aux intérêts du mineur ou risque de compromettre le déroulement de la procédure. En cas de doute, l'OPJ pourra en référer au procureur de la République.* » (Circ. Crim. 2019-14/H2, 27 mai 2019, JUSD 1915418C, nº 3.3.3 1).

« *Si le mineur ne désigne aucun adulte ou que l'adulte qu'il a désigné n'apparaît pas approprié, le procureur de la République, le juge des enfants ou le juge d'instruction, informé le cas échéant par l'OPJ, procède à cette désignation* » (C. pr. pén., art. D. 594-19, devenu CJPM, art. D. 311-2), « *en tenant compte de l'intérêt supérieur de l'enfant* » (Ord. nº 45-174, 2 févr. 1945, art. 6-2 III) devenu CJPM, art. L. 311-2).

« *l'adulte approprié est choisi en priorité parmi les proches du mineur. Si aucun adulte ne peut être trouvé, le procureur de la République, le juge des enfants ou le juge d'instruction désigne un administrateur ad hoc* » (C. pr. pén., art. D. 594-19, devenu CJPM, art. D. 311-2) sur la liste des administrateurs *ad hoc* en charge de la protection des intérêts des mineurs victimes, établie dans le ressort de chaque cour d'appel par application de C. pr. pén., art. 706-51 et R. 53 ou parmi les personnes qui remplissent les conditions d'inscription sur cette liste (C. pr. pén., art. R. 53-6).

2. L'exercice de l'accompagnement par l'adulte approprié

« *Chaque fois qu'une information est donnée au mineur.../... elle est également donnée par tout moyen et dans les meilleurs délais* » à l'adulte approprié (C. pr. pén., art. D. 594-18 VII, issu D. n° 2019-507, 24 mai 2019, devenu CJPM, art. **D. 311-1**).

« *L'adulte approprié désigné par le mineur ou par le magistrat, y compris lorsqu'il s'agit d'un administrateur ad hoc, ne dispose pas de l'ensemble des droits reconnus aux titulaires de l'autorité parentale. Il ne peut notamment pas demander que le mineur soit assisté, en audition libre ou lors de la garde à vue, ou alors que des poursuites sont engagées, par tel ou tel avocat. S'il assiste à des auditions ou interrogatoires, il ne peut donc intervenir pendant leur déroulement* » (Circ. Crim. 2019-14/H2, 27 mai 2019, JUSD 1915418C, n° 3.3.4).

En revanche l'adulte approprié « *peut demander un examen médical du mineur gardé à vue* » et l'examen médical du mineur est obligatoire s'il « *n'a pas pu être joint dès le début de la garde à vue* », dispositions ne concernant en fait que les mineurs de 16 à < 18 ans, puisque ceux âgés < 16 ans sont obligatoirement soumis à un examen médical (v. n° **12.18C**) (Ord. n° 45-174, 2 févr. 1945, art. 6-2 III devenu CJPM, art. L. 311-3).

Lorsque les conditions justifiant le recours à l'adulte approprié ne sont plus réunies, les titulaires de l'autorité parentale sont rétablis dans leur droit à l'information et à l'accompagnement pour la suite de la procédure (Ord. n° 45-174, 2 févr. 1945, art. 6-2 IV devenu CJPM, art. L. 311-4).

11.76 Le régime comparé de l'audition du suspect libre et en garde à vue – majeur, majeur protégé et mineur (tableau)

Tableau 8 : Régime comparé de l'audition du suspect libre et en garde à vue – majeur, majeur protégé et mineur

A. Moment de la notification des droits

Suspect entendu librement	Suspect placé en garde à vue
Avant l'audition (C. pr. pén., art. 61-1)	Immédiate au moment du placement en garde à vue, y compris remise de la déclaration de droits écrite (C. pr. pén., art. 63-1) (v. n° **12.13A**).
Notifications complémentaires au **mineur**, lors de ses auditions, et aux titulaires de l'autorité parentale, dans les meilleurs délais, notamment du droit à l'accompagnement du mineur (CJPM, art. L. 311-1, C. pr. pén., art. 594-18, v. n^os **11.74B2** et **11.75A**)	Notifications complémentaires au **mineur**, lors de ses auditions, et aux titulaires de l'autorité parentale, dans les meilleurs délais, notamment du droit à l'accompagnement du mineur (CJPM, art. L. 311-1, C. pr. pén., art. 594-18, v. n^os **12.13D** et **11.75A**)

B. Forme de la notification des droits

Suspect entendu librement	Suspect placé en garde à vue
1. mention au procès-verbal (C. pr. pén., art. 61-1, 6°).	1. mention au procès-verbal de déroulement de la garde à vue, émargée par le suspect (C. pr. pén., art. 63-1, avant dernier al.) (v. n° **12.15A**).
2. absence de remise d'une déclaration de droits écrite.	2. remise et conservation d'une déclaration de droits écrite de la personne privée de liberté (C. pr. pén., art. 63-1, dernier alinéa et 803-6) (v. n° **12.15B**).

3. notification au **mineur**, lors de ses auditions, et aux titulaires de l'autorité parentale, par tout moyen, des droits complémentaires du mineur (CJPM, art. L. 311-1, C. pr. pén., art. 594-18, v. nos **11.74B2** et **11.75A**)	3. notification au **mineur**, lors de ses auditions, et aux titulaires de l'autorité parentale, par tout moyen, des droits complémentaires du mineur (CJPM, art. L. 311-1, C. pr. pén., art. 594-18, v. nos **12.13D** et **11.75A**).

C. Droit à interprète

Suspect entendu librement	Suspect placé en garde à vue
Droit, le cas échéant, d'être assisté d'un interprète (C. pr. pén., art. 61-1, 3°) (v. nº **11.73C3**)	Droit, s'il y a lieu, d'être assisté d'un interprète (C. pr. pén., art. 63-1, 3°) (v. nº **12.16**)

D. Avis au magistrat compétent et contrôle de la mesure

Suspect entendu librement	Suspect placé en garde à vue
Absence d'avis spécifique au parquet ni de contrôle de la qualification retenue. Les OPJ sont toutefois tenus d'informer sans délai le parquet des infractions dont ils ont connaissance (C. pr. pén., art. 19 et R. 2-17), et de l'aviser dès qu'un suspect est identifié (C. pr. pén., art. 75-2), hypothèses correspondant à l'audition libre du suspect.	L'OPJ informe le procureur de la République de la garde à vue « *dès le début de la mesure.../...par tout moyen* » et lui donne connaissance de la qualification retenue et des motifs de la mesure (C. pr. pén., art. 63 et 77, v. nº **12.10B1**).
Néanmoins le défaut d'information du parquet est sans effet sur la validité des actes (v. nº **11.8B**)	Le magistrat « *peut ordonner à tout moment que la personne gardée à vue soit présentée devant lui ou remise en liberté* » (C. pr. pén., art. 62-3 et 77, v. nº **12.10B2**) et peut modifier la qualification donnée aux faits par l'OPJ (C. pr. pén., art. 63 et 77, v. nº **12.10B1**)
S'agissant du **mineur**, le magistrat en charge de la procédure est appelé à intervenir pour déroger à l'assistance obligatoire par un avocat pour les infractions passibles d'emprisonnement (Ord. nº 45-174, 2 févr. 1945, art. 3-1 mod. par L. nº 2018-222, 23 mars 2019, v. nº **11.73B**)	

E. Notification de la mesure de contrainte et de sa durée

Suspect entendu librement	Suspect placé en garde à vue
Sans objet	Notification du placement en garde à vue, de la durée de la mesure et des prolongations possibles (C. pr. pén., art. 63-1, 1°) (v. nº **12.13**)

F. Notification des faits reprochés

Suspect entendu librement	Suspect placé en garde à vue
Avant l'audition, faculté pour l'enquêteur d'indiquer l'infraction soupçonnée dans la convocation du suspect (C. pr. pén., art. 61-1 ; v. nº **11.73D1**)	Notification immédiate de la qualification, de la date et du lieu présumés de l'infraction (C. pr. pén., art. 63-1, 2°, v. nº **12.13A** et **12.13B**)

Avant l'audition, notification de la qualification, de la date et du lieu présumés de l'infraction (C. pr. pén., art. 61-1, 1°, v. n° **11.73C1**)	

G. Droit de quitter les lieux

Suspect entendu librement	Suspect placé en garde à vue
Droit de quitter à tout moment les locaux où il est entendu (C. pr. pén., art. 61-1, 2°) (v. n° **11.73C2**)	Sans objet (la mesure de garde à vue est une mesure de contrainte par laquelle la personne est maintenue à la disposition des enquêteurs, C. pr. pén., art. 62-2 et 77)

H. Notification des motifs de la mesure de contrainte

Suspect entendu librement	Suspect placé en garde à vue
Sans objet	Notification des motifs justifiant le placement en garde à vue (C. pr. pén., art. 63-1, 2°) (v. n° **12.13C**)

I. Droit au silence

Suspect entendu librement	Suspect placé en garde à vue
Droit de faire des déclarations, de répondre aux questions posées ou de se taire (C. pr. pén., art. 61-1, 4°) (v. n° **11.73C4**)	Droit, lors des auditions, après avoir décliné son identité, de faire des déclarations, de répondre aux questions posées ou de se taire (C. pr. pén., art. 63-1, 3°) (v. n° **12.19**)

J. Avis à la famille et à l'employeur

Suspect entendu librement	Suspect placé en garde à vue
Sans objet pour le majeur (l'intéressé peut quitter à tout moment les locaux où il est entendu)	Droit de faire prévenir un proche et l'employeur (C. pr. pén., art. 63-1, 3°) (v. n° **12.17**)
Pour le **mineur** : avis aux parents, au tuteur, ou à la personne ou au service auquel il est confié, y compris en cas de reconstitution et de séance d'identification de suspect (CJPM, art. L. 413-8, v. n° **11.73B**), ou à défaut à l'adulte approprié (CJPM, art. L. 311-3, v. n° **11.75C**).	Pour le **mineur** : après avis au procureur de la République ou au juge chargé de l'information, avis aux parents, au tuteur, ou à la personne ou au service auquel il est confié (CJPM, art. L. 413-3 et L. 413-7) (v. n° **12.17D**), ou à défaut à l'adulte approprié (CJPM, art. L. 311-3, v. n° **11.75C**).

K. Avis à l'autorité consulaire

Suspect entendu librement	Suspect placé en garde à vue
Sans objet (l'intéressé peut quitter à tout moment les locaux où il est entendu)	Droit de faire prévenir les autorités consulaires de l'État dont le suspect est ressortissant (C. pr. pén., art. 63-1, 3°) (v. n° **12.17**)

L. Avis aux organes de protection du majeur protégé

Suspect entendu librement	Suspect placé en garde à vue
En cas d'audition pour une infraction punie d'emprisonnement, avis au curateur ou tuteur qui peut désigner un avocat (C. pr. pén., art. 706-112-2) (v. n° **11.74A**)	Obligation pour l'OPJ ou l'APJ de demander au majeur placé en garde à vue s'il fait l'objet d'une mesure de protection (C. pr. pén., art. D. 15-5-7).

	Avis au curateur, tuteur ou mandataire spécial dans les 6 h de la découverte de la mesure de protection (C. pr. pén., art. 706-112-1).
	L'organe de protection doit être informé de ses droits et peut être autorisé à communiquer avec la personne (C. pr. pén., art. D. 47-14). Il peut désigner un avocat et demander un examen médical (C. pr. pén., art. 706-112-1) (v. n° **12.17E**)

M. Examen médical

Suspect entendu librement	Suspect placé en garde à vue
Sans objet (l'intéressé peut quitter à tout moment les locaux où il est entendu)	Droit d'être examiné par un médecin (C. pr. pén., art. 63-1, 3°) (v. n° **12.18**)
	Le **mineur < 16 ans** placé en garde à vue ou en retenue (mineur > 10 et < 13 ans) est obligatoirement examiné par un médecin (CJPM, art. L. 413-8) (v. n° **12.18C**).
	Le mineur **mineur ⩾ 16 ans** peut solliciter un examen médical dans les conditions de droit commun.
	Le titulaire de l'autorité parentale (CJPM, art. L. 413-8), l'adulte approprié (CJPM, art. L. 413-8, ainsi que l'avocat (CJPM, art. L. 413-8), peuvent demander que le **mineur ⩾ 16 ans** soit examiné par un médecin (v. n° **12.18C**).
	L'organe de protection du **majeur protégé** peut demander un examen médical (C. pr. pén., art. 706-112-1) (v. n° **12.17E**)

N. Entretien préalable avec un avocat

Suspect entendu librement	Suspect placé en garde à vue
Non prévu	Droit à un entretien préalable de 30 mn avec un avocat choisi ou commis d'office (C. pr. pén., art. 63-3-1 et 63-4) (v. n° **12.24**)

O. Assistance d'un avocat lors des auditions ou confrontations

Suspect entendu librement	Suspect placé en garde à vue
Droit d'être assisté par un avocat choisi ou commis d'office lors des auditions ou confrontations si l'infraction est passible d'emprisonnement (C. pr. pén., art. 61-1, 5°) (applicable depuis le 1er janv. 2015)	Droit d'être assisté par un avocat choisi ou commis d'office lors des auditions ou confrontations (C. pr. pén., art. 63-4-3)
Dans ce même cas, l'assistance est obligatoire pour le **mineur**, sauf dispense par le magistrat compétent pour les faits de faible gravité (Ord. n° 45-174, 2 févr. 1945, art. 3-1 mod. par L. n° 2019-222, 23 mars 2019, v. n° **11.73B**)	Le **mineur** placé en garde à vue ou en retenue est obligatoirement assisté par un avocat. À défaut de désignation par le mineur ou les titulaires de l'autorité parentale, l'avocat est commis d'office par le bâtonnier saisi par le magistrat compétent (CJPM, art. L. 413-9) (v. n° **12.21B3**).

À défaut de désignation par le mineur ou les titulaires de l'autorité parentale, l'avocat est commis d'office par le bâtonnier saisi par le magistrat compétent (CJPM, art. L. 413-9) (v. n° **11.73B**).	
L'adulte approprié ne peut désigner l'avocat du mineur (CJPM, art. L. 413-3 et L. 412-9) (v. n° **11.75C2**).	L'adulte approprié ne peut désigner l'avocat du mineur (CJPM, art. L. 413-3 et L. 413-9) (v. n° **11.75C2**).
En cas d'audition pour une infraction punie d'emprisonnement, l'organe de protection avisé peut désigner un avocat pour assister le **majeur protégé** (C. pr. pén., art. 706-112-2) (v. n° **11.74A**).	L'organe de protection avisé peut désigner un avocat pour assister le **majeur protégé** (C. pr. pén., art. 706-112-1) (v. n° **12.17E**).

P. Droit du mineur à l'accompagnement lors des auditions

Suspect entendu librement	Suspect placé en garde à vue
Le **mineur** entendu librement a le droit d'être accompagné lors de ses auditions par ses **parents**, son tuteur, ou par la personne ou le service auquel il est confié, si l'enquêteur estime qu'il en est de l'intérêt supérieur de l'enfant et que cela ne porte pas préjudice à l'enquête (CJPM, art. L. 311-3, v. n° **11.75B**).	Le **mineur** en garde à vue a le droit d'être accompagné lors de ses auditions par ses parents, son tuteur, ou par la personne ou le service auquel il est confié, si l'enquêteur estime qu'il en est de l'intérêt supérieur de l'enfant et que cela ne porte pas préjudice à l'enquête (CJPM, art. L. 311-3, v. n° **11.75B**).
À défaut et si cette désignation apparaît nécessaire, l'accompagnement est exercé par un **adulte approprié** désigné par le mineur et accepté par l'OPJ ou le magistrat (CJPM, art. L. 311-2, v. n° **11.75C**).	À défaut et si cette désignation apparaît nécessaire, l'accompagnement est exercé par un **adulte approprié** désigné par le mineur et accepté par l'OPJ ou le magistrat (CJPM, art. L. 311-2, v. n° **11.75C**).

Q. Assistance d'un avocat lors des reconstitutions et présentations à suspects

Suspect entendu librement	Suspect placé en garde à vue
Droit d'être assisté par un avocat choisi ou commis d'office lors des reconstitutions ou séances d'identification des suspects dont il fait partie, si l'infraction est passible d'emprisonnement (C. pr. pén., art. 61-3 et 76-1, L. n° 2016-731, 3 juin 2016, applicable depuis le 1er nov. 2016) (v. n° **11.73C6**)	Droit d'être assisté par un avocat choisi ou commis d'office lors des reconstitutions ou séances d'identification des suspects dont il fait partie, si l'infraction est passible d'emprisonnement (par hypothèse cette condition est remplie en cas de garde à vue) (C. pr. pén., art. 61-3 et 76-1, L. n° 2016-731, 3 juin 2016, applicable depuis le 1er nov. 2016) (v. n° **12.26B**)
Pour ce même cas, l'assistance est obligatoire pour le **mineur** (CJPM, art. L. 412-2, v. n° **11.74B**)	Dans ces hypothèses, le **mineur** placé en garde à vue ou en retenue est obligatoirement assisté par un avocat (CJPM, art. L. 413-7 et L. 413-9) (v. n° **12.21B3**).

R. Avis à l'avocat en cas de transport de la personne en un autre lieu

Suspect entendu librement	Suspect placé en garde à vue
Sans objet (l'intéressé peut quitter à tout moment les locaux où il est entendu)	Si la personne gardée à vue est transportée dans une autre lieu « *où elle doit être entendue ou faire l'objet d'un des actes prévus à l'article 61-3* » (séance d'identification de suspect (tapissage) ou reconstitution), son avocat en est informé sans délai (C. pr. pén., art. 63-4-3-1, issu L. n° 2016-731, 3 juin 2016, mod. par L. n° 2019-222, 23 mars 2019) (v. n° **12.26D**).

S. Conseils juridiques

Suspect entendu librement	Suspect placé en garde à vue
Information sur le droit de bénéficier, le cas échéant gratuitement, de conseils juridiques dans une structure d'accès au droit (C. pr. pén., art. 61-1, 6°) (v. n° **11.73C7**)	Information non prévue pour le suspect en garde à vue.

T. Accès à certaines pièces du dossier

Suspect entendu librement	Suspect placé en garde à vue
L'avocat ne peut accéder aux pièces de la procédure et en particulier au procès-verbal de notification des droits ou d'audition du suspect, en effet C. pr. pén., art. 61-1 5° ne renvoie pas à art. 63-4-1 (v. n° **11.73C5**).	Droit pour l'avocat (v. n° **12.25B**) et le suspect gardé à vue (v. n° **12.25C**) de consulter dans les meilleurs délais et avant l'éventuelle prolongation de garde à vue, en original (ou en copie pour le suspect), le procès-verbal de notification des droits, le certificat médical, les procès-verbaux de sa propre audition (C. pr. pén., art. 63-4-1) (v. n° **12.25B**).
Aucune disposition ne prévoit la communication de pièces de la procédure au suspect tant que l'enquête n'est pas terminée.	Droit pour l'avocat de consulter la procédure après 6 mois en cas de criminalité organisée (C. pr. pén., art. 706-105) (v. n° **12.25**).
L'accès au dossier et le droit de formuler des observations sont ouverts sous certaines conditions lorsque l'enquête est terminée et que l'audition remonte à au moins un an (C. pr. pén., art. 77-2, v. n° **15.2** et **15.3**) ainsi qu'au stade des poursuites (v. accès au dossier, n° **17.3**).	Comme pour le suspect libre, l'accès au dossier et le droit de formuler des observations sont ouverts sous certaines conditions lorsque l'enquête est terminée et que l'audition remonte à au moins un an (C. pr. pén., art. 77-2, v. n° **15.2** et **15.3**) ainsi qu'au stade des poursuites (v. accès au dossier, n° **17.3**).

U. Observations de l'avocat ou du suspect au cours de la mesure

Suspect entendu librement	Suspect placé en garde à vue
À l'issue de chaque audition ou confrontation à laquelle il assiste, **l'avocat** peut poser des questions.	**L'avocat** peut **poser des questions** à l'issue de chaque audition ou confrontation à laquelle il assiste. À l'issue de chaque audition ou confrontation ou entretien avec la personne gardée à vue.
Il peut aussi présenter des **observations écrites** jointes à la procédure (C. pr. pén., art. 61-1 6° renvoyant à art. 63-4-3) (v. n° **11.73C5**)	Il peut aussi présenter des **observations écrites** qui sont jointes à la procédure.

	L'avocat peut adresser ses observations au procureur de la République pendant la garde à vue (C. pr. pén., art. 63-4-3) (v. n° **12.26A**). Le **suspect** peut présenter des observations au procureur de la République et le cas échéant au JLD ou au juge d'instruction en cas de prolongation de la garde à vue (C. pr. pén., art. 63-1, 3°) (v. n° **12.29B**)

V. Enregistrement audiovisuel des auditions

Suspect entendu librement	Suspect placé en garde à vue
Aucune disposition n'impose l'enregistrement audiovisuel de l'audition du suspect entendu librement, qu'il s'agisse d'un majeur entendu pour crime ou d'un mineur, même entendu pour une infraction passible d'emprisonnement.	Pour le **majeur**, enregistrement obligatoire de l'audition du suspect placé en garde à vue entendu pour crime (C. pr. pén., art. 64-1) (v. n° **11.4A**). Pour le **mineur** gardé à vue (par hypothèse pour une infraction passible d'emprisonnement) : enregistrement audiovisuel de l'audition (CJPM, art. L. 413-12). Obligation étendue au mineur ⩾ 10 et ⩽ 13 ans placé en retenue (CJPM, art. L. 413-12) (v. n° **11.4B**).

W. Durée de la mesure

Suspect entendu librement	Suspect placé en garde à vue
L'audition libre n'est soumise à aucune condition de durée. Toutefois l'audition pendant une durée excessive est susceptible de caractériser une situation de contrainte implicite (v. à cet égard n° **12.12B**) privant la personne des droits propres à la garde à vue (ex. : premier entretien avec un avocat, examen médical).	**Infraction < 1 an** : **24 h** (un jour) (C. pr. pén., art. 63, v. n° **12.29A**) **Infraction ⩾ 1 an** : 24 h + 24 h = **48 h** (deux jours) (C. pr. pén., art. 63, v. n° **12.29B**) **Criminalité organisée** : 24 h + 24 h + 48 h (ou 24 h + 24 h) = **96 h** (4 jours) (C. pr. pén., art. 706-88, v. n° **12.29C**) **Terrorisme** : jusqu'à **144 h** (6 jours) en cas d'imminence d'une action terroriste (C. pr. pén., art. 706-88, v. n^{os} **12.29D** et **23.23C6**). **Mineur** : **⩾ 10 et < 13 ans** : retenue de 12 h + 12 h = **24 h** si infraction ⩾ 5 ans (CJPM, art. L. 413-1 et L. 413-2, v. n° **12.29E2**) **⩾ 13 et < 16 ans** : 24 h ou jusqu'à 48 h si infraction ⩾ 5 ans (CJPM, art. L. 413-6 et L. 413-10, v. n° **12.29E3**). Durée dérogatoire de 96 h de la criminalité organisée inapplicable (CJPM, art. L. 413-10) **⩾ 16 et < 18 ans** : durée de droit commun, durée dérogatoire de 96 h de la criminalité organisée applicable si participation d'au moins un majeur à l'infraction (CJPM, art. L. 413-11, v. n° **12.29E3**).

11.77 Le statut du suspect durant l'instruction préparatoire : le témoin assisté

A. La nature hybride du statut de témoin assisté

Le statut de témoin assisté, créé par L. n° 2000-516, 15 juin 2000, renforçant la protection de la présomption d'innocence et les droits des victimes, est un statut intermédiaire réservé à l'instruction préparatoire, ouvrant certains droits, dont ne dispose pas le simple témoin, à la **personne qui est mise en cause ou suspectée** mais dont les indices de participation à l'infraction, s'ils sont « *vraisemblables* », ne sont pas jugés « *graves ou concordants* » par le juge d'instruction, au sens de C. pr. pén., art. 80-1, pour justifier sa mise en examen (sur la mise en examen, v. n° **11.78**).

Le statut de témoin assisté confère au suspect certains des droits dont jouit la personne mise en examen pour assurer sa défense (droit à un avocat, accès au dossier, sur les droits particuliers du témoin assisté, v. D ci-dessous) tout en la prémunissant des mesures privatives de liberté (contrôle judiciaire, ARSE, détention provisoire, C. pr. pén., art. 113-5), lesquelles restent réservées à la personne mise en examen. Il ne peut également faire l'objet d'une ordonnance de renvoi ou de mise en accusation (C. pr. pén., art. 113-5) sans avoir été préalablement mis en examen selon les modalités particulières prévues par C. pr. pén., art. 113-8 (sur ces modalités, v. n° **11.78C2**).

Le témoin assisté ou la personne susceptible d'être témoin assisté peut toutefois faire l'objet d'un mandat de comparution (v. n° **12.4**), d'amener (v. n° **12.5**) ou d'arrêt (v. n° **12.6**) délivré par le juge d'instruction et ce dernier « *est tenu d'entendre comme témoins assistés les personnes contre lesquelles il a été décerné un mandat de comparution, d'amener ou d'arrêt, sauf à les mettre en examen* », il ne peut en conséquence les entendre en qualité de simple témoin (C. pr. pén., art. 122). En revanche, le témoin assisté ne peut, comme la personne mise en examen, faire l'objet d'un mandat de recherche, qui est un ordre de recherche et de placement en garde à vue (v. n° **12.3**), puisqu'il ne peut en effet être placé en garde à vue et entendu sous ce régime par un OPJ chargé de l'exécution d'une commission rogatoire (C. pr. pén., art. 122).

« *Le juge d'instruction ne peut procéder à la mise en examen de la personne que s'il estime ne pas pouvoir recourir à la procédure de témoin assisté* » (C. pr. pén., art. 80-1). C'est dire que les positions du témoin assisté et du mis en examen sont contiguës, la première étant l'antichambre ou la voie de sortie de la seconde, et l'évolution des charges au cours de la procédure peut déterminer le passage ou le retour d'un statut à un autre (sur ce point, v. n° **11.77C**, C. pr.pén., art. 80-1-1, 113-6 et 174-1).

Ainsi, dans une affaire où le juge ministère public avait fait appel d'une ordonnance de refus de placement sous contrôle judiciaire d'une personne que le juge d'instruction n'avait pas mise en examen mais placé sous le statut de témoin assisté, situation incompatible avec une mesure de sûreté (C. pr. pén., art. 113-5), il appartenait à la CHINS, sans pouvoir opposer la règle de l'unique objet de l'appel, « *de statuer sur toutes les questions qui lui étaient dévolues par l'appel du ministère public, parmi lesquelles la mise en examen de [l'intéressé], préalable indispensable à son placement sous contrôle judiciaire* » (Crim. 11 avr. 2018, n° 18-80.710, D).

B. Les conditions d'octroi obligatoire ou facultatif du statut de témoin assisté

Le statut de témoin assisté est accordé obligatoirement ou facultativement par le juge d'instruction dans les cas suivants.

1. La personne nommément visée par un réquisitoire introductif ou supplétif est obligatoirement témoin assisté si elle n'est pas mise en examen (C. pr. pén., art. 113-2)

« *Toute personne nommément visée par un réquisitoire introductif ou par un réquisitoire supplétif et qui n'est pas mise en examen ne peut être entendue que comme témoin assisté* » (C. pr. pén., art. 113-2). Notons qu'avant la L. n° 2000-516, 15 juin 2000, créant le statut de témoin assisté, la personne ainsi visée ne pouvait être entendue en qualité de simple témoin et devait par conséquent être inculpée (mise en examen) (Crim. 14 févr. 1984, n° 83-94.762, P n° 58). Soulignons que la personne qui fait l'objet d'un réquisitoire nominatif ne peut faire l'objet d'un mandat de recherche, titre qui ne peut en effet être décerné contre le témoin assisté (C. pr. pén., art. 122).

Dans un tel cas, le juge d'instruction n'a pas à apprécier le caractère « *vraisemblable* » des indices de participation à l'infraction pesant sur le témoin assisté, il est tenu de l'entendre en cette qualité même si la personne n'en fait pas la demande, sans préjudice de sa faculté de la « *mettre en examen* » si les « *indices* » de participation à l'infraction sont « *graves et concordants* » au sens de (C. pr. pén., art. 80-1, sur les conditions de fond de la mise en examen, v. n° **11.78A**).

2. La personne nommément mise en cause par la victime est obligatoirement témoin assisté si elle en fait la demande (C. pr. pén., art. 113-2)

La personne « *nommément visée par une plainte ou mise en cause par la victime* » est « *obligatoirement entendue* » en qualité de témoin assisté « *si elle en fait la demande* ». Au surplus, lorsque la personne « *est nommément visée par une plainte avec constitution de partie civile* », le juge d'instruction est dans ce cas tenu de l'aviser de son droit d'être entendue comme témoin assisté « *lorsqu'elle comparaît* » devant lui (C. pr. pén., art. 113-2) (sur l'audition sur commission rogatoire de la personne nommément visée par une plainte avec constitution de partie civile et qui n'a pas été entendue comme témoin assisté par le juge d'instruction, v. n° **11.72B**).

Dans ces hypothèses où la personne est nommément mise en cause par la victime constituée ou non partie civile mais n'est pas nommément visée par le réquisitoire introductif ou supplétif du parquet (dans un tel cas la personne est obligatoirement entendue comme témoin assisté, v. **B1** ci-dessus), le juge d'instruction n'a pas davantage à apprécier le caractère « *vraisemblable* » des indices de participation à l'infraction pesant sur elle, il est tenu de l'entendre en qualité de témoin assisté si elle en fait la demande, sans préjudice de la faculté du juge de la « *mettre en examen* » si les « *indices* » de sa participation à l'infraction sont « *graves et concordants* » au sens de C. pr. pén., art. 80-1.

3. La personne mise en cause par un témoin ou suspectée peut être entendue comme témoin assisté (C. pr. pén., art. 113-2)

Le juge d'instruction « *peut* » entendre comme témoin assisté « *toute personne mise en cause par un témoin* ». Là encore, le juge d'instruction n'a pas à apprécier la suffisance des autres indices pesant sur la personne, la mise en cause par un témoin constituant à elle seule un indice suffisant.

En dehors des cas qui précèdent, notamment lorsque l'instruction est ouverte contre personne non dénommée, le juge d'instruction « *peut* » aussi entendre comme témoin assisté « *toute personne [...] contre laquelle il existe des indices rendant vraisemblable qu'elle ait pu participer, comme auteur ou complice, à la commission des infractions* ». Rappelons qu'il s'agit d'indices simples, comparables à ceux qui, dans l'enquête initiale, définissent le suspect comme « *la personne à l'égard de laquelle il existe des raisons plausibles de soupçonner qu'elle a commis ou tenté de commettre une infraction* » (C. pr. pén., art. 61-1 et 62-2, v. n^os^ **11.73A5** et **12.9A1**), et non des indices « *graves ou concordants* » nécessaires pour justifier la mise en examen (C. pr. pén., art. 80-1).

4. La personne dont la mise en examen a été annulée jouit obligatoirement du statut de témoin assisté (C. pr. pén., art. 174-1)

Lorsque la CHINS « *annule une mise en examen* » en cas d'absence d'« *indices graves ou concordants rendant vraisemblable [que la personne ait] pu participer, comme auteur ou complice, à la commission des infractions* » reprochées, conditions de la mise en examen imposées par C. pr. pén., art. 80-1, « *la personne est considérée comme témoin assisté à compter de son interrogatoire de première comparution et pour l'ensemble de ses interrogatoires ultérieurs, jusqu'à l'issue de l'information* », sauf si la personne réclame de nouveau sa mise en examen (C. pr. pén., art. 113-6) ou si des charges nouvelles apparaissent au cours de l'instruction (C. pr. pén., art. 113-8) (C. pr. pén., art. 174-1) (sur la nullité de la mise en examen faute d'indices graves ou concordants, v. n° **11.78D1**).

5. Le suspect dont l'interrogatoire de première comparution ne s'est pas conclu par une mise en examen est obligatoirement témoin assisté (C. pr. pén., art. 116)

Selon les précisions apportées au n° **11.78B2**, lorsque le juge d'instruction procède à l'interrogatoire de première comparution (IPC) d'un suspect qu'il envisage de mettre en examen, la personne « *bénéficie des droits du témoin assisté* » lorsque le juge ne procède finalement pas à sa mise en examen au terme de l'interrogatoire (C. pr. pén., art. 116).

C. Les formalités d'octroi du statut de témoin assisté

1. La première comparution en qualité de témoin assisté (C. pr. pén., art. 113-4)

Le statut de témoin assisté résulte de la « *première audition* » en cette qualité, au terme de laquelle le « *juge d'instruction constate son identité, lui donne connaissance du réquisitoire introductif, de la plainte ou de la dénonciation* » et l'informe de son droit au silence et des droits conférés au témoin assisté par C. pr. pén., art. 113-3 (droit à un avocat, droit d'accès au dossier, droit à l'interprétation et à la traduction, droit de demander à être confronté avec la personne qui le met en cause, droit de formuler des requêtes en annulation, sur ces droits, v. **D** ci-dessous) (C. pr. pén., art. 113-4). Ces notifications sont mentionnées au procès-verbal d'audition (C. pr. pén., art. 113-4).

Le juge d'instruction peut également, par LRAR, convoquer la personne en lui faisant « *connaître qu'elle sera entendue en qualité de témoin assisté* » et en l'informant des droits précités (C. pr. pén., art. 113-4). Précisons que lorsque la personne majeure protégée « *est entendue comme témoin assisté* », « *le juge d'instruction en avise le curateur ou le tuteur ainsi que le juge des tutelles* » (C. pr. pén., art. 706-113). Un avis postérieur au placement sous le statut de témoin assisté ne couvre pas l'irrégularité (Crim. 3 mai 2012, n° 11-88.725, P n° 105).

Lors de sa première comparution en qualité de témoin assisté, la personne doit procéder, comme la personne mise en examen, à la formalité de la **déclaration d'adresse** (C. pr. pén., art. 113-4 et 116). Elle est informée de son obligation de signaler au juge d'instruction, par déclaration ou greffe ou par LRAR, tout changement de l'adresse déclarée (C. pr. pén., art. 113-4 et 116).

2. L'octroi du statut de témoin assisté à la demande du mis en examen (C. pr. pén., art. 80-1-1)

À l'issue d'un délai de 6 mois après sa mise en examen et tous les 6 mois suivants, ou dans les 10 jours de la notification d'une expertise ou d'un interrogatoire portant sur le résultat d'une commission rogatoire, sur l'audition d'un témoin ou d'une partie civile ou sur l'interrogatoire d'un autre mise en examen, la personne mise en examen peut « *demander au juge d'instruction de revenir sur sa décision* [de mise en examen] et *de lui octroyer le statut de témoin assisté* » si la condition tenant à l'existence d'indices graves ou concordants n'est plus remplie (C. pr. pén., art. 80-1 et 80-1-1).

Le juge d'instruction statue sur cette demande après avoir sollicité les réquisitions du ministère public (C. pr. pén., art. 80-1-1). Si « *la décision du juge d'instruction de revenir sur la mise en examen et d'octroyer à la personne mise en examen le statut de témoin assisté est insusceptible d'appel* », le procès-verbal d'interrogatoire par lequel le juge d'instruction notifie au mis en examen qu'il le place sous statut de témoin assisté peut faire l'objet d'une requête en nullité, notamment lorsque le juge d'instruction n'a pas, conformément au C. pr.pén., art. 81 et 80-1-1, recueilli préalablement les réquisitions du ministère public (Crim. 19 sept. 2017, n° 17-82.190, D).

« *Si le juge d'instruction fait droit à la demande, il informe la personne qu'elle bénéficie du statut de témoin assisté* » et ordonne d'office sa mise en liberté si elle est détenue (C. pr. pén., art. 80-1-1).

D. Les droits particuliers du témoin assisté

1. Le témoin assisté n'est pas une partie à la procédure

Le témoin assisté n'est pas une « *partie à la procédure* » au sens des dispositions du C. pr. pén. régissant les droits des parties et du ministère public dans le cours de l'instruction préparatoire (ex : Crim. 14 déc. 2011, n° 11-85.753, P n° 257 ; Crim. 31 oct. 2017, n° 16-86.897, P n° 237).

Ainsi, il est de principe que « *n'étant pas partie à la procédure, le témoin assisté n'a pas qualité pour exercer les voies de recours* » (Crim. 21 juin 2005, n° 05-81.694, P n° 181 ; Crim. 1er déc. 2015, n° 14-85.059, D) ; que « *le témoin assisté, à qui la loi ne reconnaît ni la qualité de partie ni la faculté de contester une constitution de partie civile, est irrecevable à se pourvoir contre un arrêt de la CHINS déclarant recevable l'appel de cette partie civile* » (Crim. 15 mai 2019, nos 18-80.121, 19-81.531, P n° 94) ; qu'il « *ne tire d'aucune disposition légale la faculté de se pourvoir en cassation contre l'arrêt de la CHINS qui ordonne un supplément d'information aux fins de procéder à sa mise en examen* » (Crim. 20 oct. 2015, n° 14-84.827). En application combinée de C. pr. pén., art. 82-3 et 186-1, il n'a pas davantage « *la faculté de saisir le juge d'instruction d'une demande tendant à constater la prescription [...], [il] est irrecevable à se pourvoir contre un arrêt de la CHINS infirmant, sur l'appel de la partie civile, l'ordonnance ayant constaté la prescription de l'action publique* » (Crim. 25 juill. 2018, n° 18-80.252, D) ; dans le même sens : Crim. 28 mars 2006, n° 05-86.661, P n° 87. En effet, le législateur peut, « *sans méconnaître le principe d'égalité devant la justice, prévoir des règles de procédure différentes pour la personne mise en examen et le témoin assisté aux fins de constater la prescription de l'action publique* » (§ 8) (Cons. const. 17 juin 2022, n° 2022-999 QPC).

Enfin, « *le témoin assisté, qui n'est pas une partie à la procédure au sens [de C. pr. pén., art. 87] et dont les droits sont limitativement énumérés par [de C. pr. pén., art. 113-3], n'a pas qualité pour contester la recevabilité d'une constitution de partie civile* » (Crim. 14 févr. 2012, n° 10-83.808, P n° 45).

2. Le témoin assisté jouit de droits limitativement énumérés

Le témoin assisté ne jouit que des droits suivants, qui lui sont limitativement attribués par la loi ou la jurisprudence.

• droit d'être **informé** par le juge d'instruction, lors de sa première audition, « *du réquisitoire introductif, de la plainte et de la dénonciation* » (C. pr. pén., art. 113-4). Il résulte de C. pr. pén., art. 113-8 et 116 et de Conv. EDH, art. 6 « *que dans le cas où le juge d'instruction envisage de mettre en examen un témoin assisté pour des faits ou des qualifications qui ne lui ont pas été notifiés lors de l'interrogatoire de première comparution, il lui appartient, avant de prononcer la mise en examen, de recueillir les observations de la personne et de son avocat sur lesdits faits et qualifications, préalablement notifiés* » (Crim. 1er sept. 2020, P n° 19-87.591, D).

• **droit au silence** et notification de ce droit lors de sa première audition par le juge d'instruction (C. pr. pén., art. 113-4). La notification du droit de se taire faite au témoin assisté n'a pas à être renouvelée lorsque ce dernier est mis en examen (Crim. 4 nov. 2020, n° 20-84.046, D) ;

• droit à **l'interprétation et à la traduction** des pièces essentielles du dossier (C. pr. pén., art. 113-3, sur ce droit, v. n° **11.7**) et notification de ce droit lors de sa première audition par le juge d'instruction (C. pr. pén., art. 113-4) ;

• droit d'être entendu **sans prestation de serment du témoin** (C. pr. pén., art. 113-7, sur l'obligation de prêter serment du témoin entendu dans le cadre de l'information, C. pr. pén., art. 103 et 153, v. n° **11.71B**). Mentionnons qu'à sa demande, le témoin assisté peut être entendu par l'OPJ agissant sur commission rogatoire (C. pr. pén., art. 152) ;

• droit à **l'assistance d'un avocat** choisi ou désigné d'office (C. pr. pén., art. 113-3) et notification de ce droit lors de sa première audition par le juge d'instruction (C. pr. pén., art. 113-4) (sur le droit à l'aide juridictionnelle du témoin assisté, v. n° **17.9**). Cette assistance comprend notamment le droit de l'avocat d'être avisé préalablement aux auditions du témoin assisté (C. pr. pén., art. 113-3), d'y poser des questions ou de présenter de brèves observations (C. pr. pén., art. 120), de demander acte, en déposant des conclusions versées au dossier, d'un désaccord avec le juge d'instruction sur le contenu du procès-verbal (C. pr. pén., art. 120) ;

• droit d'**accès au dossier** par l'avocat, selon les modalités identiques à celles prévues par C. pr. pén., art. 114 et 114-1 pour les parties (partie civile et personne mise en examen) et notification de ce droit lors de sa première audition par le juge d'instruction (C. pr. pén., art. 113-4) (sur le droit d'accès au dossier et à la délivrance de copie du dossier d'instruction, v. nº **15.2**) ;

• droit de demander au juge d'instruction, selon les modalités prévues par C. pr. pén., art. 82-1 pour les **demandes d'acte** formulées par la partie civile ou la personne mise en examen, « *à être confronté avec la ou les personnes qui le mettent en cause* », au besoin par confrontation individuelle plutôt que collective (C. pr. pén., art. 120-1), à l'exclusion de toute autre demande d'acte (C. pr. pén., art. 113-3) et notification de ce droit lors de sa première audition par le juge d'instruction (C. pr. pén., art. 113-4) ;

• droit, comme la personne mise en examen et la partie civile, de saisir la CHINS d'une **requête motivée en annulation** d'un acte ou d'une pièce de la procédure (C. pr. pén., art. 113-3, 170 et 173) et notification de ce droit lors de sa première audition par le juge d'instruction (C. pr. pén., art. 113-4). Ce droit « *de saisir la CHINS d'une requête aux fins d'annulation d'actes de la procédure implique que, bien que n'étant pas partie à la procédure, celui-ci soit recevable à se pourvoir contre l'arrêt statuant sur une demande d'annulation* » (Crim. 21 juin 2005, nº 05-81.491, P nº 181) ;

• droit, prévu au bénéfice des parties par C. pr. pén., art. 161-1, à la **notification de l'ordonnance d'expertise** et de demander la modification de la mission et l'adjonction d'un expert inscrit de son choix, selon la lecture *a contrario* de C. pr. pén., art. 84-1 dans sa rédaction issue de L. nº 2019-222, 23 mars 2019 (en sens contraire mais antérieur à cette modification législative : Crim. 14 déc. 2011, nº 11-85.753, P nº 257) (sur la notification de l'ordonnance d'expertise aux parties avant le début des opérations, C. pr. pén., art. 161-1, v. nº **11.50C2**) ;

• droit, avec son accord et celui du juge, d'être **entendu par l'expert** et en présence de son avocat (C. pr. pén., art. 164, sur les auditions des parties et du témoin assisté par l'expert, v. nº **11.52B1**) ;

• droit de solliciter une demande de **complément d'expertise** ou de contre-expertise lorsque le juge d'instruction estime devoir notifier au témoin assisté une expertise qui le concerne (C. pr. pén., art. 167, sur la notification facultative de l'expertise au témoin assisté, v. nº **11.53D** et **11.53D**) ;

• droit de contester une décision du JLD, prise en matière de criminalité organisée, de retrait des informations permettant d'identifier les personnes ayant contribué à l'installation d'un dispositif de **géolocalisation** (C. pr. pén., art. 230-41, v. nº **11.48E**) ;

• droit, au stade du **règlement** de la procédure, de faire connaître son intention de formuler des **observations**, puis de formuler ces dernières (C. pr. pén., art. 175 VIII) ;

• « *devant la CHINS, toutes les personnes ayant le statut de mis en examen et de témoin assisté, ainsi que leurs avocats, bénéficient, de manière identique et sans ordre de priorité entre eux, du droit de prendre la parole en dernier* » (Crim. 11 avr. 2018, nº 17-86.711, P nº 73 ; dans le même sens : Crim. 19 janv. 2016, nº 15-81.041, P nº 14 ; nº 15-81.038 et nº 15-81.039, D) ;

• **droit au pourvoi en cas de grief** : s'il est de principe que le témoin assisté n'a pas qualité pour exercer les voies de recours (v. **D1** ci-dessus), il peut toutefois « *déposer un mémoire devant la C. cass. saisie d'un pourvoi contre l'arrêt de la CHINS ayant confirmé l'ordonnance de non-lieu rendue par le juge d'instruction, la décision à intervenir étant susceptible de lui faire grief* » (Crim. 16 juin 2011, nº 10-85.079, P nº 134) (sur la faculté du témoin assisté de déposer un mémoire devant la C. cass, v. nº **19.24A**). De même, il est « *recevable à se pourvoir en cassation contre l'arrêt d'une CHINS qui, excédant ses pouvoirs par la méconnaissance des règles de compétence des* *juridictions d'instruction, porte atteinte à ses intérêts* » (Crim. 31 oct. 2017, n° 16-86.897, P n° 237) (sur le pourvoi en cassation du témoin assisté, v. n° 19.19C). Dans cette affaire la CHINS avait infirmé l'ordonnance de non-lieu du juge d'instruction et, sans faire usage de son pouvoir d'évocation, renvoyé l'affaire au magistrat instructeur « *afin qu'il poursuive l'information et procède à la mise en examen* » du témoin assisté, alors qu'en application de C. pr. pén., art. 204, 205 et 207, la CHINS « *ne peut, sans excès de pouvoir, lui donner d'injonction quant à la conduite de cette information* ». Il est jugé dans le même sens pour une CHINS qui évoque l'affaire mais confie la mise en examen du témoin assisté à une autre CHINS, ce que les textes n'autorisent pas (Crim. 3 mai 2012, n° 11-89.173, P n° 104).

11.78 Le statut du suspect durant l'instruction préparatoire : la mise en examen

A. Les conditions de fond de la mise en examen : les indices graves ou concordants de participation à l'infraction (C. pr. pén., art. 80-1)

« *le juge d'instruction ne peut mettre en examen que les personnes à l'encontre desquelles il existe des indices graves ou concordants rendant vraisemblable qu'elles aient pu participer, comme auteur ou comme complice, à la commission des infractions dont il est saisi* » (C. pr. pén., art. 80-1).

« *Le juge d'instruction ne peut procéder à la mise en examen de la personne que s'il estime ne pas pouvoir recourir à la procédure de témoin assisté* » (C. pr. pén., art. 80-1) (sur le témoin assisté, v. n° 11.77).

En l'absence « *d'indices graves ou concordants* », et en dehors des cas où l'octroi du statut de témoin assisté est obligatoire à défaut de mise en examen (v. n° 11.77B), le juge peut en effet conférer le statut de témoin assisté à « *toute personne [...] contre laquelle il existe des indices rendant vraisemblable qu'elle ait pu participer, comme auteur ou complice, à la commission des infractions* » (C. pr. pén., art. 113-2).

« *le juge d'instruction demeur[e] maître du moment où il estim[e] opportun de notifier [la mise en examen ~~l'inculpation~~] après avoir le cas échéant procédé à toutes investigations utiles* » (Crim. 14 févr. 1984, n° 83-94.762, P n° 58 ; dans le même sens : Crim. 21 août 2002, n° 02-84.132, D ; Crim. 3 mars 1992, n° 90-82.207, D).

La délivrance d'un mandat de comparution (v. n° 12.4), d'amener (v. n° 12.5) ou d'arrêt (v. n° 12.6) par le juge d'instruction n'a pas nécessairement pour effet de conduire à la mise en examen de la personne qui en fait l'objet mais cette dernière ne pourra en toute hypothèse être entendue comme un simple témoin (sur l'audition du témoin dans le cadre de l'information, v. n° 11.71B). En effet, le juge d'instruction « *est tenu d'entendre comme témoins assistés les personnes contre lesquelles il a été décerné un mandat de comparution, d'amener ou d'arrêt, sauf à les mettre en examen* » (C. pr. pén., art. 122).

Si la personne déjà mise en examen peut faire l'objet d'un mandat de comparution (v. n° 12.4), d'amener (v. n° 12.5) ou d'arrêt (v. n° 12.6) délivré par le juge d'instruction, elle ne peut faire l'objet d'un mandat de recherche, qui est un ordre de recherche et de placement en garde à vue (v. n° 12.3), puisque cette personne ne peut en effet être placée en garde à vue et entendue sous ce régime par un OPJ chargé de l'exécution d'une commission rogatoire (C. pr. pén., art. 122).

B. Les modalités procédurales de la mise en examen

1. La convocation par LRAR ou par OPJ en vue d'une mise en examen (C. pr. pén., art. 80-2)

Le juge d'instruction peut informer une personne par LRAR, ou par une convocation constatée par un procès-verbal établi et délivré par un OPJ, qu'elle est convoquée, dans un délai $\geqslant$ 10 jours et $\leqslant$ 2 mois, pour qu'il soit procédé à sa première comparution en vue d'une mise en examen. La lettre, ou la convocation dont copie lui est remise, indique :

– la date et l'heure de la convocation ;

– donne connaissance de chacun des faits dont le juge est saisi et pour lesquels la mise en examen est envisagée, tout en précisant leur qualification juridique ;

– fait connaître à la personne qu'elle a le droit d'être assistée par un avocat choisi ou commis d'office et que ce choix ou cette demande doit être adressée au greffe ;

– précise que la mise en examen ne pourra intervenir qu'à l'issue de la première comparution de la personne devant le juge d'instruction.

L'avocat choisi ou désigné est convoqué au plus tard 5 jours ouvrables avant l'interrogatoire et le dossier est mis à sa disposition au plus tard 4 jours ouvrables avant (C. pr. pén., art. 80-2 renvoyant à 114).

2. L'INTERROGATOIRE DE PREMIÈRE COMPARUTION (IPC) DU MIS EN EXAMEN (C. PR. PÉN., ART. 116)

« *Lorsqu'il envisage de mettre en examen une personne* » qui n'est pas déjà témoin assisté, le juge d'instruction « *procède à sa première comparution* », nommée dans la pratique « **interrogatoire de première comparution** » (IPC), selon les modalités suivantes :

Après l'avoir informé s'il y a lieu de son **droit à interprète et à la traduction** des pièces essentielles (C. pr. pén., art. 116, sur ce droit, v. n° **11.7**), le juge d'instruction constate tout d'abord son identité et « *lui fait connaître expressément, en précisant leur qualification juridique, chacun des faits dont il est saisi et pour lesquels la mise en examen est envisagée* ».

Lorsque la personne a été préalablement convoquée aux fins de mise en examen selon les formes prévues par C. pr. pén., art. 80-2 (v. **B1** ci-dessus), et que la personne est assistée d'un avocat, le juge d'instruction, après lui avoir notifié son **droit au silence**, « *procède à son interrogatoire* » et « *l'avocat de la personne peut présenter ses observations au juge d'instruction* ». Précisons, s'agissant de la notification du droit au silence, « *qu'aucun texte ne fait obligation au magistrat instructeur de renouveler, à l'occasion de chaque acte, l'avertissement du droit de se taire (Crim. 4 nov. 2020, n° 20-84.046, P)* » (§ 35) (Ass. plén., 28 juill. 2023, n° 21-86.418 et autres, P).

Dans les autres cas, ainsi lorsque la personne est déférée, soit à la suite de l'exécution d'une commission rogatoire, soit lors de l'ouverture de l'information, le juge d'instruction avise la personne de son droit à **l'assistance d'un avocat** choisi ou commis d'office. L'avocat peut consulter sur le champ le **dossier** et **communiquer librement** avec la personne.

Précisons que l'interrogatoire d'identité n'est pas assimilable à l'interrogatoire de première comparution qui lui succède, ainsi « *il importe peu que l'avocat de l'intéressé n'ait pas été présent lors de la constatation de l'identité de ce dernier, C. pr. pén., art. 116 ne prévoyant la désignation d'un avocat par la personne déférée que lors d'une phase ultérieure de l'interrogatoire de première comparution* » (§ 13) (Crim. 21 févr. 2023, n° 22-83.695, P).

Le juge d'instruction notifie ensuite son **droit au silence à la personne**, et l'accord de cette dernière pour, sur le champ, « *faire des déclarations* » (déclarations spontanées) ou « *répondre aux questions qui lui sont posées* » (interrogatoire), « *ne peut être donné qu'en présence d'un avocat* ».

« *le juge d'instruction ne peut procéder à cette mise en examen qu'après avoir préalablement entendu les observations de la personne ou l'avoir mise en mesure de le faire, en étant assistée par son avocat* » (C. pr. pén., art. 80-1). Cette formalité du recueil préalable des observations n'a toutefois plus lieu d'être renouvelée lorsque l'intéressé, déjà mis en examen, l'est de nouveau par voie de requalification. En effet, Conv. EDH, art. 6, « *n'exige pas qu'au cours de l'information judiciaire, durant laquelle les qualifications sont provisoires, les observations de la personne mise en examen ou de son avocat soient recueillies préalablement à une requalification des faits par le juge d'instruction* » (§ 15), en conséquence, « *sauf si une qualification criminelle est substituée à une qualification correctionnelle* [hypothèse dans laquelle C. pr. pén., art. 118 prévoit par exception le recueil préalable des observations], *le juge d'instruction peut, lors d'un interrogatoire, requalifier les faits reprochés à la personne mise en examen sans recueillir préalablement ses observations ou celles de son avocat, y compris si le quantum de la peine encourue au titre de cette nouvelle qualification est plus sévère* » (§ 19), est ainsi régulière la mise en examen du chef d'assassinat se substituant à celle de meurtre (Crim. 22 juin 2021, n° 20-86.726, P).

C'est donc à l'issue de cette première phase de recueil de déclarations ou d'interrogatoire et de recueil des observations de l'avocat que le juge d'instruction notifie à la personne, soit qu'elle n'est pas mise en examen, dans ce cas elle bénéficie de plein droit du statut de témoin assisté (C. pr. pén., art. 116, sur ce point, v. n° **11.77B5**), soit qu'elle est mise en examen. Dans ce dernier cas, les faits ou les qualifications juridiques des faits reprochés lui sont de nouveau notifiés lorsqu'ils diffèrent de ceux qui lui ont déjà été notifiés.

Précisons que lorsqu'une personne majeure protégée « *fait l'objet de poursuites* », « *le juge d'instruction en avise le curateur ou le tuteur ainsi que le juge des tutelles* » (C. pr. pén., art. 706-113). Au sens de ces dispositions, la mise en examen constitue une poursuite, sauf à admettre que le mis en examen jouisse à cet égard d'une protection inférieure à celle du témoin assisté, dont les organes de protection doivent en effet être avisés dès lors qu'il est entendu en cette qualité (C. pr. pén., art. 706-113, sur l'audition en qualité de témoin assisté, v. n° **11.77C1**). C'est en effet dans ce sens que la jurisprudence statue : il se déduit de C. pr. pén., art. 706-113 et D. 47-14 (devenu D. 47-14-1) que « *le curateur d'une personne majeure protégée doit être avisé de la date de toute audience concernant la personne protégée, en ce compris l'interrogatoire de première comparution ; qu'en cas de doute sur l'existence d'une mesure de protection juridique, le procureur de la République ou le juge d'instruction doit faire procéder aux vérifications nécessaires préalablement à cet acte* » (Crim. 19 sept. 2017, n° 17-81.919, P n° 222)

Soulignons que faute d'assistance du tuteur ou du curateur, le délai de forclusion de 6 mois prévu par C. pr. pén., art. 173-1 pour solliciter la nullité d'un acte, notamment de la mise en examen, ne court pas (Crim. 22 juin 2021, n° 21-80.407 (§ 15), P).

À l'issue de sa première comparution, la personne mise en examen qui n'est pas placée en détention doit procéder, comme le témoin assisté (C. pr. pén., art. 113-4, sur ce point, v. n° **11.77C1**), à la formalité de la **déclaration d'adresse** (C. pr. pén., art. 116). Elle est informée de son obligation de signaler au juge d'instruction, par déclaration ou greffe ou par LRAR, tout changement de l'adresse déclarée (C. pr. pén., art. 116).

Rappelons qu'en matière criminelle, l'interrogatoire de première comparution fait l'objet d'un enregistrement audiovisuel, comme tout autre interrogatoire ou confrontation du mis en examen pour des faits qualifiés crime (C. pr. pén., art. 116-1, sur l'enregistrement audiovisuel, v. n° **11.4A**).

C. Les modalités particulières de mise en examen du témoin assisté

Par dérogation aux dispositions de C. pr. pén., art. 116 examinées en **B** ci-dessus, la personne qui bénéficie du statut de témoin assisté au terme de sa première audition en cette qualité (C. pr. pén., art. 113-4, v. n° **11.77C1**) est mise en examen selon un formalisme distinct de celui de l'interrogatoire de première comparution.

Notons que la notification du droit au silence, qui a déjà été faite au témoin assisté lors de sa première audition en cette qualité en application de C. pr. pén., art. 113-4 (v. n° **11.77C1**), n'a pas à être renouvelée lorsqu'il est mis en examen (Crim. 4 nov. 2020, n° 20-84.046, D).

1. La mise en examen de plein droit à la demande du témoin assisté (C. pr. pén., art. 113-6)

« *À tout moment de la procédure, le témoin assisté peut, à l'occasion de son audition ou par LRAR, demander au juge d'instruction à être mis en examen ; la personne est alors considérée comme mise en examen et elle bénéficie de l'ensemble des droits de la défense dès sa demande ou l'envoi de la LRAR* » (C. pr. pén., art. 113-6). Les textes ne confèrent pas au juge de faculté d'appréciation du bien-fondé de cette demande de mise en examen.

Dans cette hypothèse où le témoin assisté réclame le statut de mis en examen, ce dernier n'est donc pas conditionné par la formalité de l'interrogatoire de première comparution (sur l'IPC, v. **B2** ci-dessus).

2. La mise en examen du témoin assisté à l'initiative du juge d'instruction en cas d'indices graves ou concordants (C. pr. pén., art. 113-8)

« *S'il estime que sont apparus au cours de la procédure des indices graves ou concordants justifiant la mise en examen du témoin assisté, le juge d'instruction procède à cette mise en examen* » en portant à sa connaissance les faits et les qualifications juridiques des faits qui lui sont reprochés, en lui notifiant ses droits de formuler des demandes d'actes ou des requêtes en annulation et en lui donnant connaissance du délai prévisible d'achèvement de la procédure ou de son droit d'en solliciter sa clôture dans le délai d'un an en matière correctionnelle et de 18 mois en matière criminelle (C. pr. pén., art. 113-8 et 116, al. 8 et 9).

La mise en examen peut également résulter d'un envoi par LRAR au témoin assisté d'une lettre contenant ces mêmes informations (C. pr. pén., art. 113-8 et 116, al. 8 et 9). Cette lettre peut également être envoyée au stade de la clôture de l'information, en informant la personne de son droit de formuler des demandes d'actes ou des requêtes en annulation dans un délai de 3 mois, ou d'un mois si une personne est détenue dans le dossier (C. pr. pén., art. 113-8). Le témoin assisté mis en examen par LRAR est également informé de son droit d'être de nouveau entendu par le juge d'instruction (C. pr. pén., art. 113-8), ceci à peine de nullité (Crim. 28 mai 2015, nº 15-80.929, P nº 131).

Il résulte de C. pr. pén., art. 113-8 et 116 et de Conv. EDH, art. 6 « *que dans le cas où le juge d'instruction envisage de mettre en examen un témoin assisté pour des faits ou des qualifications qui ne lui ont pas été notifiés lors de l'interrogatoire de première comparution, il lui appartient, avant de prononcer la mise en examen, de recueillir les observations de la personne et de son avocat sur lesdits faits et qualifications, préalablement notifiés* » (Crim. 1er sept. 2020, P nº 19-87.591, D). En revanche, le juge d'instruction n'est pas tenu, dans la convocation délivrée au témoin assisté, de l'informer qu'il envisageait sa mise en examen, C. pr. pén., art. 80-2 ne lui étant pas applicable (Crim. 26 mai 2021, nº 21-81.320, P).

Notons que la mise en examen par LRAR est réservée au seul témoin assisté et ne s'applique pas à la personne qui ne bénéficie pas de ce statut.

D. Le contrôle de la décision de mise en examen (C. pr. pén., art. 80-1-1)

Le contrôle des « *indices graves ou concordants* » justifiant la mise en examen s'opère, en premier lieu, par une action en nullité ouverte dans les six mois (v. **D1** ci-dessous), en deuxième lieu, passé ce délai, par une demande de réexamen par le juge d'instruction de sa décision de mise en examen (v. **D2** ci-dessous), en troisième lieu, et à tout moment, par la discussion de la consistance des indices graves et concordants devant le juge chargé du contentieux des mesures privatives de liberté (v. **D3** ci-dessous).

1. La requête en nullité de la mise en examen (C. pr. pén., art. 80-1 et 173)

L'exigence des « *indices graves ou concordants* » de participation à l'infraction est imposée « *à peine de nullité* » de la mise en examen (C. pr. pén., art. 80-1).

L'acte de mise en examen, matérialisé par les formalités de l'interrogatoire de première comparution (C. pr. pén., art. 116, v. **B** ci-dessus), n'est pas un acte juridictionnel susceptible d'appel au sens de C. pr. pén., art. 185 et 186 régissant le droit d'appel contre les ordonnances du juge d'instruction.

La contestation de la mise en examen s'exerce donc au moyen d'une **requête en nullité** portée devant la CHINS selon les règles de droit commun des nullités de l'information fixées par C. pr. pén., art. 173. Sous peine d'irrecevabilité, la requête en nullité de la mise en examen doit être exercée « *dans un délai de 6 mois à compter de la notification de la mise en examen* » (C. pr. pén., art. 80-1-1 et 173-1). Soulignons que « *dès lors que le majeur protégé mis en examen ne bénéficie pas de l'assistance de son tuteur ou curateur, l'intéressé ne peut être regardé comme* *étant en mesure de connaître les éventuelles nullités affectant la procédure, de sorte que le délai [prévu par C. pr. pén., art. 173-1] ne court pas* » (§ 15) (Crim. 22 juin 2021, n° 21-80.407, P).

Il revient à la CHINS d'apprécier la consistance des indices graves et concordants de participation à l'infraction qui conditionnent la mise en examen. Elle ne peut s'exonérer de ce contrôle en se bornant à relever, sans répondre à l'argumentation soulevée par le demandeur à l'annulation, que le juge d'instruction a fait usage de ses prérogatives légales et que la mise en examen fait suite aux réquisitions du ministère public qui répondent aux conditions essentielles de leur existence légale (Crim. 7 nov. 2007, n° 07-84.081, D). Abstraction faite d'une telle insuffisance de motifs, « *la loi confie aux seules juridictions d'instruction l'appréciation souveraine tant des indices graves ou concordants pouvant justifier une mise en examen que le choix entre le statut de témoin assisté et celui de mis en examen ainsi que la détermination du moment de la mise en examen, le juge d'instruction ayant la faculté de n'y procéder qu'après s'être éclairé, notamment en faisant procéder à l'audition de la personne concernée dans le cadre d'une garde à vue, sur sa participation aux agissements incriminés dans des conditions susceptibles d'établir sa responsabilité pénale* » (Crim. 17 janv. 2018, n°s 16-86.364, 10-80.593, D ; dans le même sens : Crim. 28 juin 2016, n° 15-86.946, P n° 199).

La CHINS qui constate « *l'absence d'indices graves ou concordants justifiant une mise en examen pour homicide involontaire sur les personnes de X et Y, rien ne permettant, en l'état de l'information, de penser que leur maladie ait trouvé son origine dans la consommation de viande servie par les restaurants [d'une chaîne de restauration] plutôt que dans les autres sources alimentaires des victimes* », est tenue d'annuler cette mise en examen, peu important que d'autres chefs de mise en examen comme ceux de tromperie sur la qualité de viandes dangereuses pour la santé de l'homme et de mise en danger de la vie d'autrui, soient pour leur part fondés, ce qui permet de conclure qu'une personne peut être, dans la même procédure, mise en examen pour certains chefs, et témoin assisté pour d'autres (Crim. 1er oct. 2003, n° 03-82.909, P n° 177). Dans le même sens, « *en l'absence de négligence leur étant imputable* » et « *faute pour elles, d'avoir pu, dans le contexte des données scientifiques de l'époque, mesurer le risque d'une particulière gravité auquel elles auraient exposé les victimes* », est approuvée l'annulation de mises en examen du chef d'homicides et de blessures involontaires (Crim. 14 avr. 2015, n° 14-85.333, P n° 78). Le contrôle porte également sur l'existence des éléments constitutifs de l'infration, ainsi, « une *juridiction d'instruction ne peut procéder à une mise en examen du chef de mise en danger d'autrui sans avoir préalablement constaté l'existence de l'obligation particulière de prudence ou de sécurité imposée par la loi ou le règlement dont la violation manifestement délibérée est susceptible de permettre la caractérisation du délit* » (§ 38) (Ass. plén., 20 janv. 2023, n° 22-82.535, P) (sur la mise en examen, v. n° **11.78**).

Notons que la mise en examen est également nulle lorsqu'elle porte sur des faits non compris dans la saisine du juge d'instruction (sur le périmètre de la saisine du juge d'instruction, v. n° **15.31**). Sont ainsi nulles : la mise en examen d'une concubine pour abstention d'empêcher un crime ou un délit alors que le juge d'instruction n'était saisi que du chef de viol et d'agression sexuelle sur mineur commis par son concubin (Crim. 10 mai 2001, n° 01-81.959, D) ; la mise en examen pour une période de temps non couverte par le réquisitoire introductif (Crim. 10 nov. 2020, n° 20-81.601, D).

L'autorité de chose jugée qui s'attache à la décision de nullité n'est pas absolue et la personne peut donc être régulièrement mise en examen sur la base d'éléments postérieurs à la décision d'annulation. Est ainsi approuvée la décision qui retient que « *l'existence d'indices graves ou concordants [...] doit être appréciée à la lumière de l'ensemble des éléments du dossier de l'information, en particulier de ceux qui ont été rassemblés après l'arrêt ayant annulé sa mise en examen* » (Crim. 9 juin 2021, n°s 19-86.972, 14-82.945, P).

2. La demande de reconsidération de la décision de mise en examen (C. pr. pén., art. 80-1-1)

Selon les précisions apportées au n° **11.77C2**, à l'issue du délai de 6 mois limitant l'action en nullité de la mise en examen, et tous les six mois suivants, ou dans les 10 jours de certains actes (notification d'expertise, interrogatoire portant sur les résultats d'une commission rogatoire, les déclarations d'une partie civile, d'un témoin, d'un témoin assisté ou d'autres mis en examen), la personne peut également demander au juge d'instruction de « *revenir sur sa décision* » de mise en examen et « *de lui octroyer le statut de témoin assisté* » (C. pr. pén., art. 80-1-1).

Saisi d'une telle demande, le juge d'instruction ne peut la rejeter que par une ordonnance motivée après avoir sollicité les réquisitions du ministère public (C. pr. pén., art. 80-1-1).

Cette ordonnance est susceptible d'appel par le ministère public (C. pr. pén., art. 185) et la personne mise en examen (C. pr. pén., art. 186).

3. Le contrôle des indices graves ou concordants à l'occasion du contentieux des mesures privatives de liberté

La mise en examen est une condition préalable et nécessaire à toute mesure privative de liberté prise dans le cours de l'information (C. pr. pén., art. 137) (détention provisoire, contrôle judiciaire, ARSE ; sur ce point, v. n° **12.35**). Selon la jurisprudence exposée au n° **12.352**, le juge chargé du prononcé ou de la mainlevée d'une mesure privative de liberté, ainsi que la CHINS saisie en appel de la contestation d'une telle mesure, sont désormais tenus de s'assurer, parmi les conditions légales de la détention provisoire, de l'existence des indices graves ou concordants à tous les stades de la procédure.

Cependant, ce contrôle, qui doit être assuré « *même d'office* » (§ 15), reste « *propre à la matière des mesures de sûreté, est sans incidence sur la validité de la mise en examen, laquelle ne peut être critiquée que dans le cadre* » des dispositions prévues par C. pr. pén., art. 80-1-1 et 170 pour la nullité des actes de l'information exposées en **D1** ci-dessus (Crim. 27 janv. 2021, n° 20-85.990, § 16, P).

E. Les droits de la personne mise en examen

1. La personne mise en examen est une partie à la procédure

À la différence du témoin assisté, la personne mise en examen est, comme la partie civile, une « *partie à la procédure* » au sens des dispositions du C. pr. pén. régissant les droits des parties et du ministère public dans le cours de l'instruction préparatoire.

2. Les droits et informations notifiés par le juge d'instruction lors de la mise en examen (C. pr. pén., art. 116)

En complément des droits déjà notifiés par le juge d'instruction lors de l'interrogatoire de première comparution et préalablement à la mise en examen proprement dite (droit à l'interprète et à la traduction, droit au silence et à l'assistance d'un avocat), le juge d'instruction notifie en outre les droits et informations suivants à la personne qu'il vient de mettre en examen :

• droit de formuler des **demandes d'actes** (examen médical, psychologique ou toute autre mesure utile) (C. pr. pén., art. 81) et droit de demander à ce qu'il soit procédé à son interrogatoire, à l'audition d'un témoin, à une confrontation ou à un transport sur les lieux, qu'il soit ordonné la production d'une pièce, ou qu'il soit procédé à tous autres actes utiles à la manifestation de la vérité (C. pr. pén., art. 82-1) ;

• droit de demander que son avocat assiste à un transport sur les lieux, à une audition de témoin, d'une partie civile ou d'un autre mis en examen (C. pr. pén., art. 82-2) ;

• droit de demander une **expertise** (C. pr. pén., art. 156, sur le droit des parties à demander une expertise, v. n° **11.50A3**) ;

• droit de saisir la CHINS d'une **requête motivée en annulation** d'un acte ou d'une pièce de la procédure (C. pr. pén., art. 170 et 173) ;

• droit, au stade du **règlement** de la procédure, de faire connaître son intention de formuler des demandes d'actes ou des requêtes en annulation, puis de formuler ces demandes ou ces requêtes dans le délai de 3 mois, ou d'un mois en cas de détention provisoire en cours (C. pr. pén., art. 116 et 175) ;

• notification du **délai prévisible d'achèvement** de la procédure ou du droit d'en solliciter la clôture dans le délai d'un an en matière correctionnelle et de 18 mois en matière criminelle.

• lors de la mise en examen, le juge d'instruction propose à l'auteur, lorsque cette mesure paraît envisageable, de la possibilité de participer à une mesure de justice restaurative (C. pr. pén., art. D. 1-1-1, issu D. n° 2020-1640, 21 déc. 2020).

3. Les autres droits du mis en examen

La personne mise en examen jouit en outre notamment des droits suivants :

• droit à **l'assistance d'un avocat** choisi ou désigné d'office (C. pr. pén., art. 116) (sur le droit à l'aide juridictionnelle de la personne mis en examen, v. n° **17.9**). Cette assistance comprend notamment le droit de l'avocat d'être **convoqué** au plus tard 5 jours avant les interrogatoires (C. pr. pén., art. 114 ; ni le jour de la convocation ni le jour de l'interrogatoire ne doivent être pris en compte pour le calcul du délai de 5 jours : Crim. 28 févr. 2006, n° 05-87.740, P n° 56), d'y poser des questions ou de présenter de brèves observations (C. pr. pén., art. 120), de demander acte, en déposant des conclusions versées au dossier, d'un désaccord avec le juge d'instruction sur le contenu du procès-verbal (C. pr. pén., art. 120) ;

• droit d'**accès au dossier** par l'avocat, selon les modalités prévues par C. pr. pén., art. 114 et 114-1 pour les parties (partie civile et personne mise en examen) (sur le droit d'accès au dossier et à la délivrance de copie du dossier d'instruction, v. n° **15.2**) ;

• droit, prévu au bénéfice des parties par C. pr. pén., art. 161-1, à la **notification de l'ordonnance d'expertise** et de demander la modification de la mission et l'adjonction d'un expert inscrit de son choix (sur la notification de l'ordonnance d'expertise aux parties avant le début des opérations, C. pr. pén., art. 161-1, v. n° **11.50C2**) ;

• droit, avec son accord et celui du juge, d'être **entendu par l'expert** et en présence de son avocat (C. pr. pén., art. 164, sur les auditions des parties par l'expert, v. n° **11.52B1**) ;

• droit à la **notification des rapports d'expertise**, droit à un délai pour présenter une demande de complément d'expertise ou de contre-expertise et exercice de ce droit (C. pr. pén., art. 167, sur ces points, v. n° **11.53D** et **11.53D**) ;

• droit de demander par requête l'adjonction d'un ou plusieurs autres juges d'instruction (**cosaisine**) (C. pr. pén., art. 83-1, sur la cosaisine, v. n° **15.32C2**) ;

• droit de contester la **recevabilité d'une constitution de partie civile** (C. pr. pén., art. 87) (sur la plainte avec constitution de partie civile devant le doyen des juges d'instruction, C. pr. pén., art. 85, v. n° **16.10B** ; sur la constitution de partie civile par voie d'intervention devant le juge d'instruction, C. pr. pén., art. 87, v. n° **16.10C**) ;

• droit de contester une décision du JLD, prise en matière de criminalité organisée, de retrait des informations permettant d'identifier les personnes ayant contribué à l'installation d'un dispositif de **géolocalisation** (C. pr. pén., art. 230-41, v. n° **11.48E**) ;

• droit à la notification des décisions susceptibles de faire l'objet d'un recours par la personne mise en examen et droit à ce que ces mêmes décisions soient simultanément portées à la connaissance de son avocat (C. pr. pén., art. 183) ;

• droit, selon les mêmes modalités, à la notification de l'ordonnance de règlement du dossier (C. pr. pén., art. 183).

4. Les voies de recours ouvertes à la personne mise en examen

Dans la continuité du droit à la notification des décisions du juge d'instruction ci-avant exposé (C. pr. pén., art. 183), la personne mise en examen peut interjeter **appel** des ordonnances ou décisions suivantes (C. pr. pén., art. 186) :

• ordonnance de rejet d'une **demande de placement sous statut de témoin assisté** (C. pr. pén., art. 81-1-1 et 186, sur le régime de cette demande, v. **D2** ci-dessus) ;

• ordonnance statuant sur la contestation de la **recevabilité d'une constitution de partie civile** (C. pr. pén., art. 87 et 186) ;

• ordonnance de rejet d'une **demande d'expertise** (C. pr. pén., art. 156, al. 2 et 186-1 ; sur cette demande, v. nº **11.50A3**) ou d'une demande de **complément d'expertise** ou de contre-expertise (C. pr. pén., art. 167 et 186, sur ce point, v. nº **11.53D2**) ;

• ordonnance de rejet d'une demande de **restitution d'objets** placés sous main de justice (C. pr. pén., art. 99 et 186, sur ce point, v. nº **11.62B3**) ;

• ordonnances en matière de **mesures privatives de liberté** : placement sous contrôle judiciaire (C. pr. pén., art. 139 et 186) ou rejet d'une demande de mainlevée de cette mesure (C. pr. pén., art. 140 et 186), placement en détention provisoire, prolongation de cette mesure ou rejet d'une demande de mise en liberté (C. pr. pén., art. 137-3, 145-1, 145-2, 148 et 186), placement sous ARSE (C. pr. pén., art. 142-6 et 186) ou prolongation de cette mesure (C. pr. pén., art. 142-7), ordonnance de maintien d'une mesure privative de liberté prise lors du règlement d'une procédure correctionnelle (C. pr. pén., art. 179 et 186) ; sur l'appel contre les décisions ordonnant une mesure privative de liberté, v. nº **12.62A**) ;

• ordonnance de **rejet d'une demande d'acte** : examen médical, examen psychologique ou toute mesure utile (C. pr. pén., art. 81, al. 9 et 186-1) ; interrogatoire, audition d'un témoin, confrontation, transport sur les lieux, production de pièce par une partie ou tout autre acte utile à la manifestation de la vérité (C. pr. pén., art. 82-1 et 186-1) ;

• ordonnance de rejet d'une demande tendant à constater la **prescription de l'action publique** (C. pr. pén., art. 82-3 et 186-1 ; sur cette demande, v. nº **17.24B**) ;

• ordonnance de **mise en accusation** devant la cour d'assises ou la cour criminelle départementale (C. pr. pén., art. 181 et 186 mod. par L. nº 2021-1729, 22 déc. 2021). Ce droit d'appel appartient également à la personne renvoyée pour un délit connexe devant la cour d'assises ou la cour criminelle départementale (Crim. 7 juin 2023, nº 23-81.699 (§ 10), P). Notons que « *la personne mise en examen peut, à l'appui de son appel d'une ordonnance de mise en accusation, invoquer les dispositions de C. pén., art. 122-1* » relatives à l'irresponsabilité pénale (Crim. 14 oct. 2020, nº 20-84.517, P, sur l'irresponsabilité pénale, v. nºs **14.28** et **14.29**) ;

• ordonnance de **renvoi devant le tribunal correctionnel** (ORTC), mais dans le seul cas où la personne mise en examen estime « *que les faits renvoyés devant le tribunal correctionnel constituent un crime qui aurait dû faire l'objet d'une ordonnance de mise en accusation devant la cour d'assises ou devant la cour criminelle départementale* » (C. pr. pén., art. 179, al. 1 et 186-3 mod. par L. nº 2021-1729, 22 déc. 2, sur la correctionnalisation au stade de l'information, v. nº **15.35B1**). En dehors de ce cas, l'appel du mis en examen contre l'ORTC est irrecevable (C. pr. pén., art. 186-3) ;

• ordonnance de renvoi devant le tribunal correctionnel dans le cas où elle ne comporte pas la signature de tous les juges d'instruction cosaisis (C. pr. pén., art. 83-1, 179, al. 1 et 186-3, sur la cosaisine, v. nº **15.32C2**).

12. Les mesures privatives de liberté avant jugement : arrestation, garde à vue, détention provisoire, contrôle judiciaire et ARSE

12.1 L'arrestation et la contrainte à comparaître

A. L'arrestation de l'auteur de l'infraction et des personnes présentes sur les lieux en cas de flagrance

1. L'arrestation sur le territoire national

En cas de crime flagrant ou de délit flagrant passible d'emprisonnement, « *toute personne a qualité pour en appréhender l'auteur et le conduire devant l'officier de police judiciaire le plus proche* » (C. pr. pén., art. 73) (sur la flagrance, v. n° **11.15A**).

La loi n'introduisant aucune distinction, ce pouvoir général d'arrestation confié à toute personne est donc dévolu dans les mêmes termes aux autorités publiques chargées d'une mission de police judiciaire : OPJ, APJ ou APJ adjoints.

En outre, en cas de flagrance, l'OPJ, et lui seul, peut contraindre à comparaître par la force publique toute personne présente sur les lieux (C. pr. pén., art. 61 et 62), sans convocation préalable. La contrainte à comparaître par la force publique s'entend comme le pouvoir de faire conduire l'intéressé dans les locaux du service pour y être entendu, soit comme témoin, soit comme personne gardée à vue.

Les agents des douanes « *peuvent procéder à l'arrestation* » en cas de flagrant délit douanier puni d'emprisonnement (C. douanes, art. 323-1). En outre, lorsqu'ils constatent une infraction non douanière punie d'emprisonnement, les agents des douanes « *peuvent procéder à l'interpellation de son auteur présumé en vue de sa remise à un OPJ* » ou à un agent des douanes judiciaires, « *appréhender matériellement les indices recueillis* », et, sous le contrôle du procureur de la République, « *immobiliser les moyens de transport et les marchandises, maintenir contre son gré la personne interpellée le temps strictement nécessaire à la consignation des opérations de contrôle par procès-verbal et à leur remise à l'OPJ* » ou à l'agent des douanes judiciaire (C. douanes, art. 67-0 *quater*, issu L. n° 2023-610, 18 juill. 2023).

S'agissant des personnes privées, la mise en œuvre de l'article 73 C. pr. pén., dans les conditions qui l'encadrent (existence d'une infraction flagrante passible d'emprisonnement), constitue un fait justificatif empêchant la poursuite pour l'usage de la contrainte (violences, enlèvement ou séquestration, v° **20.97**), sous réserve de proportionnalité dans l'usage de la force. En toute hypothèse, l'illégalité de l'arrestation effectuée par une personne privée, si elle est susceptible d'entraîner sa responsabilité pénale pour arrestation illégale, enlèvement ou séquestration (v. n° **20.97**) ne vicie pas la procédure, dès lors que « *les conditions dans lesquelles cette personne est enlevée, transportée sur le territoire national et livrée à la justice n'apparaissent pas imputables, directement ou indirectement, aux autorités françaises* », le mis en cause ayant par ailleurs pu exercer ses droits à chaque étape de la procédure (Crim. 2 avr. 2014, n° 13-80.474, P n° 101) (sur la place des preuves obtenues ou des actes réalisés par les personnes privées dans la procédure pénale v. n° **11.6C**).

2. Le droit de poursuite et d'arrestation sur le territoire d'un autre État partie à la convention Schengen

Les OPJ et APJ peuvent, sur le territoire d'un autre État partie à la convention dite Schengen, et sans son autorisation préalable en cas d'urgence, poursuivre une personne évadée ou prise en flagrant délit de commission d'une infraction pouvant donner lieu à extradition ou d'une des infractions suivantes : assassinat, meurtre, viol, incendie volontaire, fausse monnaie, vol et recel aggravés, extorsion, enlèvement et prise d'otage, trafic d'être humains, trafic illicite de stupéfiants et substances psychotropes, infractions en matière d'armes et d'explosifs, destruction par explosifs, transport illicite de déchets toxiques et nuisibles, délit de fuite après accident mortel ou blessures graves (conv. Schengen, 19 juin 1990, art. 41).

Les agents poursuivants doivent, au plus tard lors du franchissement de la frontière, faire appel aux autorités locales compétentes. Ils peuvent procéder à l'arrestation de l'intéressé si ces dernières ne peuvent intervenir assez rapidement, sauf leur opposition, pour le conduire devant les autorités localement compétentes en vue d'une enquête (à laquelle les agents français pourront collaborer) conduite selon les règles de l'État d'accueil *et/ou* d'une demande d'arrestation provisoire aux fins d'extradition (conv. Schengen, 19 juin 1990, art. 41).

Les agents des douanes, pour le trafic de stupéfiants ou de psychotropes, le trafic d'armes et d'explosifs et le transport illicite de déchets toxiques et nuisibles, disposent dans les mêmes termes du droit de poursuite et d'arrestation (*ibid.*).

B. Le pouvoir de contraindre à comparaître toute personne pour les nécessités de l'enquête

1. Le pouvoir général de convocation de l'OPJ et le devoir de comparaître

« *L'OPJ peut appeler et entendre toutes les personnes susceptibles de fournir des renseignements sur les faits ou sur les objets et documents saisis* », dans l'enquête de flagrance (C. pr. pén., art. 62), ou toute personne « *pour les nécessités de l'enquête* » préliminaire (C. pr. pén., art. 78). Les personnes convoquées par lui sont tenues de comparaître (C. pr. pén., art. 62 et 78).

2. L'autorisation de contrainte à comparaître délivrée par le procureur de la République (C. pr. pén., art. 62 et 78)

Dans l'enquête préliminaire comme en flagrance, l'OPJ peut contraindre par la force publique, avec l'autorisation préalable du procureur de la République, les personnes qui n'ont pas répondu à une convocation à comparaître ou dont on peut craindre qu'elles ne répondent pas à une telle convocation (C. pr. pén., art. 61 et 78).

Cette contrainte à comparaître vise sans distinctions le suspect ou le témoin.

S'agissant du suspect, le procureur de la République peut également décerner à son encontre un mandat de recherche en vue d'un placement en garde à vue, selon les précisions apportées au n° **12.3** (C. pr. pén., art. 70 et 77-4).

S'agissant du témoin, il ne pourra être retenu sous contrainte pour les nécessités de l'enquête que pour une durée maximale de 4 h 00 (C. pr. pén., art. 62 et 78) (sur la retenue du témoin, v. n° **11.71A**, sur l'obligation du témoin ou de la victime d'apporter son concours à l'enquête, v. aussi **16.2A**).

Le texte donne ainsi au procureur de la République la possibilité « *de délivrer à l'avance aux enquêteurs une autorisation d'user de contrainte pour faire venir un témoin qui risque de ne pas accepter de comparaître volontairement, ce qui évite non seulement qu'un témoin ayant reçu une convocation écrite ou verbale ne prenne la fuite, mais également que les enquêteurs qui se sont déplacés pour convoquer un témoin qui refuse de les suivre ne soient obligés de revenir au service pour solliciter une autorisation du parquet [...] cette autorisation ne signifie nullement que les enquêteurs devront effectivement faire application de la force publique pour faire comparaître le témoin, celle-ci ne devant être utilisée que si ce dernier refuse de les suivre volontairement* » (Circ. Crim. 2004-04-E8, 14 mai 2004, NOR : JUSD0430092C, n° 2-3-2).

Les conditions de la contrainte à comparaître ont été élargies par L. n° 2016-731, 3 juin 2016, modifiant C. pr. pén., art. 61 et 78. Désormais, elle peut aussi être délivrée, même en l'absence de convocation préalable ou de risque de non-comparution, « *en cas de risque de modification des preuves ou indices matériels, de pressions sur les témoins ou les victimes ainsi que sur leur famille ou leurs proches, ou de concertation entre les coauteurs ou complices de l'infraction* ».

Le Cons. const. a jugé que C. pr. pén., art. 78 (dans sa rédaction antérieure à l'élargissement apporté par L. n° 2016-731, 3 juin 2016), qui est « *applicable aussi bien aux personnes à l'encontre desquelles il existe des raisons plausibles de soupçonner qu'elles ont commis ou tenté de commettre une infraction qu'aux simples témoins* » (§ 7) est conforme à la Constitution en ce qu'il assure une conciliation équilibrée entre, d'une part, la prévention des atteintes à l'ordre public et la recherche des infractions, d'autre part, l'exercice des libertés constitutionnellement garanties (§ 7) (Cons. const. 18 juin 2012, n° 2012-257 QPC).

Dans ce constat de constitutionnalité, le Cons. const. n'a pas circonscrit, comme il aurait pu le faire par une réserve d'interprétation, le domaine de C. pr. pén., art. 78 aux seules infractions autorisant un placement du suspect en garde à vue (infractions passibles d'emprisonnement), alors que la question lui était explicitement posée par le requérant (§ 2).

Il se confirme ainsi, comme le souligne Circ. Crim. AP, n° 11-51 H 11, 29 juin 2012 (n° 1.2) que la contrainte à comparaître de C. pr. pén., art. 78 est susceptible d'être délivrée pour les contraventions. Par application de C. pr. pén., art. préliminaire, il appartient toutefois à l'autorité judiciaire de veiller, lors de l'autorisation donnée à l'OPJ, à ce que cette mesure de contrainte soit exigée par les nécessités de la procédure et proportionnée à la gravité de l'infraction.

La Ch. crim. juge que « *l'article 78 du code de procédure pénale ne permet pas à l'OPJ, autorisé par le procureur de la République à contraindre une personne à comparaître par la force publique, de pénétrer de force dans un domicile, une telle atteinte à la vie privée ne pouvant résulter que de dispositions légales spécifiques confiant à un juge le soin d'en apprécier préalablement la nécessité* » (Crim. 22 févr. 2017, n° 16-82.412, P n° 50 ; dans le même sens : Crim. 18 sept. 2019, n° 18-84.885, P). Mentionnons que le Cons. const. a censuré les dispositions de L. n° 2019-222, 23 mars 2019 qui prévoyait d'autoriser la pénétration au domicile sur réquisitions du parquet (Cons. const. 21 mars 2019, n° 2019-778 DC, § 194 et 195). En revanche, le mandat de recherche contre le suspect, même délivré par le parquet, autorise une telle intrusion (sur le mandat de recherche, v. n° **12.3**).

3. Le formalisme de l'autorisation de contrainte à comparaître

« *Cette autorisation [peut] être donnée téléphoniquement par le magistrat – qui le notera au cahier de permanence – au vu des explications orales de l'enquêteur, qui mentionnera ensuite par procès-verbal l'existence de cette autorisation. L'autorisation doit toutefois concerner une personne particulière, dont les éléments d'identité doivent être donnés au magistrat du parquet, et elle ne peut évidemment viser de façon générale et anonyme toutes les personnes susceptibles d'être entendues lors d'une enquête, même portant sur des infractions déterminées* » (Circ. Crim. 2004-04-E8, 14 mai 2004, n° 2-3-2).

C. Les modalités de comparution forcée dans le cadre de l'information judiciaire

Dans le cadre de l'instruction, la mise en œuvre de la coercition pour forcer une personne à comparaître s'exerce sous diverses modalités (C. pr. pén., art. 122 s.) : celles du **mandat de recherche** à l'égard du suspect, lequel pourra être entendu sous le régime de la garde à vue par les services d'enquête sur commission rogatoire (v. n° **12.3**), celles du **mandat d'amener** (v. n° **12.5**) ou du **mandat d'arrêt** (v. n° **12.6**) contre la personne déjà mise en examen ou susceptible de mise en examen, laquelle ne pourra être entendue par les services d'enquête, mais uniquement placée en rétention en vue d'une présentation devant le magistrat.

Le **mandat de comparution**, également délivré contre la personne mise en examen ou susceptible de mise en examen, n'est quant à lui qu'une mise en demeure de comparaître devant le juge et n'autorise pas de coercition (v. n° **12.4**).

Enfin, le **témoin défaillant** pourra être contraint à comparaître par la force publique par le juge d'instruction, devant lequel il sera conduit directement et sans délai (C. pr. pén., art. 109 et 110, sur l'audition du témoin sur commission rogatoire, v. n° **11.19A**).

D. Les cas particuliers d'arrestation en cas de violation d'une mesure judiciaire – renvoi, v. n° 12.2

Des hypothèses particulières d'arrestation sont prévues en cas de violation de certaines obligations ou interdictions résultant d'un contrôle judiciaire ou de l'ARSE (C. pr. pén., art. 141-4) ou d'une peine (C. pr. pén., art. 709-1-2), ou pour la mise à exécution d'une peine d'emprisonnement ferme (C. pr. pén., art. 716-5), selon les précisions apportées au n° 12.2.

12.2 L'arrestation et la retenue en cas de violation du contrôle judiciaire ou de l'ARSE, des obligations ou interdictions d'une peine, pour l'exécution d'une peine ou pour les nécessités de la comparution judiciaire

A. L'arrestation et la retenue en cas de violation du contrôle judiciaire ou de l'ARSE d'une personne physique (C. pr. pén., art. 141-4, L. n° 2010-769, 9 juill. 2010)

Les services de police et les unités de gendarmerie peuvent, d'office ou sur instruction du juge d'instruction ou du parquet après la clôture de l'instruction, **appréhender** puis retenir (v. D ci-dessous) toute personne « *placée sous assignation à résidence avec surveillance électronique* » (L. n° 2014-896, 15 août 2014) (sur la violation de l'ARSE, v. n° 12.57C), ou toute personne sous contrôle judiciaire (sur la violation du contrôle judiciaire, v. n° 12.53D) à l'encontre de laquelle il existe une ou plusieurs raisons plausibles de soupçonner qu'elle a manqué aux obligations qui lui incombent au titre des dispositions suivantes de C. pr. pén., art. 138 (les cas de violation autorisant l'arrestation et la retenue ont été élargis par L. n° 2014-896, 15 août 2014) :

– **138 1°** Ne pas sortir des limites territoriales fixées (sur cette obligation, v. n° 12.48A) ;

– **138 2°** Ne pas s'absenter de son domicile ou de la résidence fixée (sur cette obligation, v. n° 12.48A) ;

– **138 3°** Ne pas se rendre en certains lieux ou ne se rendre qu'en certains lieux déterminés (sur cette obligation, v. n° 12.48A) ;

– **138 8°** S'abstenir de conduire tous les véhicules ou certains véhicules (sur cette obligation, v. n° 12.48E3) ;

– **138 9°** S'abstenir de rencontrer les personnes spécialement désignées par le juge (sur cette obligation, v. n° 12.48B) ;

– **138 14°** Ne pas détenir ou porter une arme (sur cette obligation, v. n° 12.48E4). En outre, les services d'enquête peuvent, selon les précisions apportées au n° 11.57G, avec l'accord du juge ou sur ces instructions, effectuer aux heures légales une **perquisition sans assentiment** lorsqu'il existe des indices graves ou concordants que des armes se trouvent actuellement au domicile de la personne placée sous contrôle judiciaire ; si des armes sont découvertes, elles sont saisies et placées sous scellés (C. pr. pén., art. 141-5, modalités procédurales issues de L. n° 2014-896, 15 août 2014) ;

– **138 17°** résider hors du domicile ou de la résidence du couple, s'abstenir d'y paraître, se soumettre à une prise en charge sanitaire, sociale ou psychologique de l'article 138 (C. pr. pén., art. 141-4, L. n° 2010-769, 9 juill. 2010) (sur cette obligation, v. n° 12.48BC).

Mentionnons que pour le contrôle du respect de la mesure de contrôle judiciaire, les obligations ou interdictions ci-dessus sont inscrites au FPR au titre des décisions judiciaires (C. pr. pén., art. 230-19 2°, v. n° 13.17B3).

Pour mémoire, la violation des obligations de contrôle judiciaire mises à la charge d'une personne morale constitue une infraction spécifique imputable aux personnes physiques (C. Pr. pén., art. 706-45 et C. pén., art. 434-43, v. n°s 12.51C et 25.79).

B. L'arrestation et la retenue en cas de violation des obligations résultant d'une peine (C. pr. pén., art. 709-1-1 ; L. nº 2014-896, 15 août 2014)

Les services de police et les unités de gendarmerie peuvent, d'office ou sur instruction du JAP, **appréhender** puis retenir (v. D ci-dessous) toute personne condamnée à l'encontre de laquelle il existe une ou plusieurs raisons plausibles de soupçonner qu'elle n'a pas respecté les obligations qui lui incombent en application de sa condamnation. Il s'agit des peines au titre desquelles la personne est « *placée sous le contrôle du JAP* » (C. pr. pén., art. 709-1-1), notamment au titre d'un ajournement de peine avec probation (v. nº **18.6B3**), d'une contrainte pénale (v. nº **18.22E**), d'un sursis probatoire (devenu sursis avec mise à l'épreuve depuis le 24 mars 2020, L. nº 2019-222, 23mars 2019) (v. nº **18.25**), d'un sursis assorti de l'obligation d'accomplir un travail d'intérêt général (abrogé depuis le 24 mars 2020, L. nº 2019-222, 23 mars 2019 v. nº **18.26**), d'un suivi socio-judiciaire (v. nº **18.31C**), d'une permission de sortir, d'une libération conditionnelle (v. nº **18.10H**), d'une semi-liberté, d'un placement à l'extérieur, d'un placement sous surveillance électronique (Devenu détention à domicile sous surveillance électronique – DDSE, v. nº **18.13C**), d'une suspension ou d'un fractionnement de peine privative de liberté (v. nº **18.13E**), d'un suivi post-libération (C. pr. pén., art. 721-2, v. nº **18.10G**), d'une surveillance judiciaire ou d'une surveillance de sûreté (v. nº **18.31A**).

Il en est de même pour les obligations ou interdictions résultant d'une peine alternative à l'emprisonnement (v. nº **18.32A3**) ou d'une peine complémentaire prononcée à titre principal (v. nº **18.34A1**) pour lesquelles la juridiction aura, par application de C. pén., art. 131-9 ou 131-11, fixé le maximum de l'emprisonnement ou de l'amende pouvant être mis à exécution par le JAP en cas d'incident. Notons que dans le cas où cette peine n'a pas été fixée par le tribunal, l'infraction visée à C. pén., art. 434-41 (v. nº **25.73**) ou C. route, art. L. 224-17 (v. nº **36.28**) est qualifiable et peut être le support d'une mesure de garde à vue. Ces dispositions, issues de la loi nº 2014-896 du 15 août 2014, succèdent à C. pr. pén., art. 712-16-3.

Pour le contrôle du respect de la sanction, les obligations ou interdictions ci-dessus sont inscrites au FPR au titre des décisions judiciaires (C. pr. pén., art. 230-19 8°, v. nº **13.17B5**).

Notons que dans des conditions identiques à celles prévues en cas de contrôle judiciaire (v. A ci-dessus et nº **11.57G**), sur instruction ou avec l'accord du procureur de la République ou du JAP, les services d'enquête peuvent effectuer une **perquisition sans assentiment** au domicile de la personne condamnée à une interdiction de détenir une arme, s'il existe des indices graves ou concordants que des armes se trouvent actuellement à son domicile. Si des armes sont découvertes, elles sont saisies et placées sous scellés (C. pr. pén., art. 709-1-2).

C. L'arrestation et la retenue pour la mise à exécution d'une peine d'emprisonnement ferme (C. pr. pén., art. 716-5)

Afin d'assurer l'exécution d'une peine d'emprisonnement ou de réclusion, le procureur de la République et le procureur général peuvent autoriser les agents de la force publique à **pénétrer au domicile** de la personne condamnée afin de se saisir de celle-ci, cependant, les agents ne peuvent s'introduire au domicile de la personne avant 6 h 00 et après 21 h 00 (L. nº 2009-1436, 24 nov. 2009).

Toute personne arrêtée en vertu d'un extrait de jugement ou d'arrêt portant condamnation à une peine d'emprisonnement ou de réclusion peut être retenue (v. D ci-dessous).

D. La mise en œuvre de la retenue

1. Les droits de la personne retenue

Dans les **trois cas** A, B et C précédents (C. pr. pén, art. 141-4, 709-1-1 et 716-5) la personne peut, sur décision d'un OPJ, être **retenue 24 h 00 au plus** dans un local de police ou de gendarmerie afin que soit vérifiée sa situation et qu'elle soit entendue sur la violation de ses obligations.

La personne est informée de l'obligation qu'elle est soupçonnée d'avoir violée (**cas A** ou **B** ci-dessus) et dans tous les cas des droits comparables à ceux du gardé à vue lui sont notifiés :

– avis à proche, employeur, autorité consulaire (v. C. pr. pén., art. 63-2, nº **12.17**) ;

– examen médical (v. C. pr. pén., art. 63-3, nº **12.18**) ;

– assistance par un avocat (v. C. pr. pén., art. 63-3-1 et 63-4, nº **12.21**) ; toutefois, pour le **cas C** ci-dessus, ce droit est limité à l'entretien de 30 mn avec l'avocat prévu à C. pr. pén., art. 63-4) ;

– assistance par un interprète s'il y a lieu ; (v. C. pr. pén., art. 63-1, nº **12.16**). Dans le cas de la retenue pour mise exécution d'une peine ferme (**cas C** ci-dessus), si le droit à interprète n'est pas visé par C. pr. pén., art. 716-5, il résulte cependant des dispositions générales de C. pr. pén., art. préliminaire III et 803-5 (v. nº **11.7**) ;

– droit, après avoir décliné son identité, de faire des déclarations, de répondre aux questions ou de se taire (v. C. pr. pén., art. 63-1-3, nº **12.20**). Ce droit au silence n'est pas ouvert dans le cas **C** ci-dessus, mais semble s'induire de la directive 2012/13/UE (directive B), 22 mai 2012, art. 3).

Le **mineur** retenu pour violation des obligations du contrôle judiciaire doit en outre se voir notifier les informations spécifiques exposées au nº **12.13D** (C. pr. pén., art. D. 594-18 V, issu D. nº 2019-507, 24 mai 2019, devenu CJPM, art. **R. 331-2**). Sur la révocation du contrôle judiciaire du mineur, v. nº **12.53E**.

« *La retenue s'exécute dans des conditions assurant le respect de la dignité de la personne* », et seules peuvent être imposées « *les mesures de sécurité strictement nécessaires* », prescriptions déjà énoncées par C. pr. pén., art. préliminaire III et 803 (v. nº **12.9C**).

La personne « *ne peut faire l'objet d'investigations corporelles internes* » par le service de police ou par l'unité de gendarmerie (sur les investigations corporelles internes dans le cours de la garde à vue, C. pr. pén., art. 63-7, v. nº **11.26A2**).

Il est à noter que C. pr. pén., art. 716-5 (retenue pour l'exécution d'une peine ferme, v. cas **C** ci-dessus), de rédaction plus ancienne, ne porte pas mention des deux restrictions qui précédent.

« *Conformément aux dispositions de l'article 64 du code de procédure pénale applicable à la garde à vue, la mesure de retenue donne lieu à l'établissement d'un procès-verbal récapitulatif et à mention de celle-ci dans le registre de garde à vue tenu dans les locaux de police et de gendarmerie* » (C. pr. pén., art. 713-46) (Circ. Crim. 2014-17/E8-26 sept. 2014, NOR : JUSD1431153C, nº 2.8.2).

2. Les suites de la retenue

• **Cas A de la violation du contrôle judiciaire ou de l'ARSE (C. pr. pén., art. 141-4).** Dès le début de la mesure, l'OPJ informe le juge d'instruction.

À l'issue de la retenue, la personne peut être présentée devant le juge d'instruction aux fins de saisine du JLD ou convoquée ultérieurement devant lui (C. pr. pén., art. 141-4, L. nº 2010-769, 9 juill. 2010) (sur la révocation du contrôle judiciaire, C. pr. pén., art. 141-2, v. nº **12.53** ; sur la révocation de l'ARSE, C. pr. pén., art. 142-8 renvoyant à 141-2, v. nº **12.57**).

Après l'ordonnance de renvoi, les attributions du juge d'instruction sont conférées au procureur de la République (C. pr. pén., art. 141-2, mod. par L. nº 2010-769, 9 juill. 2010). Le procureur de la République est également compétent en cas de violation du contrôle judiciaire ordonné dans le cadre d'une convocation par procès-verbal (C. pr. pén., art. 394, mod. par L. nº 2010-769, 9 juill. 2010) ou d'une comparution immédiate (C. pr. pén., art. 397-3). Sur la révocation du contrôle judiciaire ou de l'ARSE durant le délai d'audiencement du dossier, v. nº **12.61**.

• **Cas B de la violation des obligations résultant d'une peine (C. pr. pén., art. 709-1-1).**

Dès le début de la mesure, l'OPJ informe le procureur de la République ou le Jap. À l'issue de la rétention, la personne peut être présentée devant le juge de l'application des peines, sur ordre du procureur de la République ou du Jap, le cas échéant en vue d'une incarcération provisoire.

• **Cas C de la mise à exécution d'une peine (C. pr. pén., art. 716-5).**

Le procureur de la République est informé dès le début de la retenue. À l'issue de la mesure, s'il envisage de ramener la peine à exécution, il peut ordonner que la personne soit conduite devant lui. Après avoir recueilli ses observations éventuelles, le procureur de la République lui notifie s'il y a lieu le titre d'écrou.

Le procureur de la République peut également demander à un OPJ ou un APJ d'aviser la personne qu'elle est convoquée devant le juge de l'application des peines, ou ordonner qu'elle soit conduite devant ce magistrat, lorsque celui-ci doit être saisi pour décider des modalités d'exécution de la peine (sur l'aménagement de la peine ferme par le JAP, C. pr., pén., art. 723-15, v. n° 18.12D).

E. La retenue pour les besoins de la comparution judiciaire (C. pr. pén., art. 803-2 et 803-3) (renvoi).

Selon les précisions apportées au n° 15.12B, la personne qui fait l'objet d'un déferement, à l'issue de sa garde à vue ou de sa retenue prise sur l'un des fondements qui précèdent, doit comparaître le jour même devant le procureur de la République, le Jap, ou le juge d'instruction, selon les cas (C. pr. pén., art. 803-2). Le défèrement est une mesure de contrainte qui peut, dans les juridictions importantes équipées de locaux de retenue spécialement aménagés, se traduire par une retenue pouvant aller jusqu'à 20 H 00, dont le régime est entouré de garanties comparables à celui de la garde à vue ou des autres cas de retenue ici décrits (C. pr. pén., art. 803-3).

12.3 L'arrestation et la garde à vue en exécution d'un mandat de recherche délivré par le parquet ou le juge d'instruction (C. pr. pén., art. 70, 77-4 et 122)

A. Le mandat de recherche : ordre de recherche et de placement en garde à vue

Le mandat de recherche « *est l'ordre donné à la force publique de rechercher la personne à l'encontre de laquelle il est décerné et de la placer en garde à vue* » (C. pr. pén., art. 122).

Qu'il y ait ou non flagrance, si les nécessités de l'enquête portant sur un crime ou un délit puni d'une peine ⩾ 3 ans l'exigent, le **procureur de la République** peut décerner mandat de recherche contre toute personne « *à l'encontre de laquelle il existe une ou plusieurs raisons plausibles de soupçonner qu'elle a commis ou tenté de commettre l'infraction* », c'est-à-dire contre le suspect (C. pr. pén., art. 70 et 77-4) (sur le statut du suspect libre ou en garde à vue, v. n° 11.73 et 12.8A).

Le **juge d'instruction** est également compétent pour décerner un mandat de recherche contre le suspect, c'est-à-dire la personne « *à l'encontre de laquelle il existe une ou plusieurs raisons plausibles de soupçonner qu'elle a commis ou tenté de commettre une infraction* », même si le quantum de peine encourue est ⩽ 3 ans (C. pr. pén., art. 122), à condition que l'infraction soit passible d'emprisonnement, condition du placement en garde à vue qui est la finalité du mandat de recherche. Le juge d'instruction ne peut toutefois délivrer de mandat de recherche « *à l'égard d'une personne ayant fait l'objet d'un réquisitoire nominatif, d'un témoin assisté ou d'une personne mise en examen* » (C. pr. pén., art. 122). Précisons qu'une personne nommément visée par un réquisitoire introductif ou supplétif et qui n'est pas mise en examen est obligatoirement entendue comme témoin assisté (C. pr. pén., art. 113-2) et qu'en dehors de ce cas, le statut de témoin assisté est conféré par la première audition en tant que tel par le juge d'instruction (sur le statut du témoin assisté, v. n° **11.77** ; sur le statut du mis en examen, v. n° **11.78**).

La diffusion d'un mandat de recherche par le juge d'instruction ne devrait pouvoir être considérée comme valant mise en examen de la personne concernée puisque la délivrance d'un tel mandat n'est pas conditionnée par des « *indices graves ou concordants rendant vraisemblable qu'elle ait pu participer, comme auteur ou complice, à la commission d'une infraction* », seuls de nature à justifier la mise en examen (C. pr. pén., art. 80-1 et 122). Néanmoins, en application de C. pr. pén., art. 134 et 176, la personne visée par un mandat de recherche suivi d'un procès-verbal de perquisition et de recherches infructueuses, ainsi dûment appelée à la procédure (cf. Crim. 12 oct. 1972, n° 72-91.813, P n° 286), semble pouvoir être considérée, comme celle faisant l'objet d'un mandat d'amener ou d'arrêt, comme mise en examen en cas de renvoi devant la juridiction de jugement.

B. Le formalisme, la diffusion et la durée du mandat de recherche

Comme tout mandat, le mandat de recherche précise l'identité de la personne à l'encontre de laquelle il est décerné, il est daté et signé par le magistrat qui l'a décerné et il est revêtu de son sceau, mentionne en outre la nature des faits imputés à la personne, leur qualification juridique et les articles de loi applicables (C. pr. pén., art. 123).

Le mandat de recherche, qui est exécutoire sur toute l'étendue du territoire national (C. pr. pén., art. 124), est inscrit au FPR sur demande du procureur de la République ou du juge d'instruction (C. pr. pén., art. 135-3 et 230-19 1°, L. n° 2003-239, 18 mars 2003, art. 23, modifié) (v. n° **13.17B1**).

Le mandat de recherche décerné par le procureur de la République produit ses effets tant que l'enquête reste en cours (C. pr. pén., art. 70, al. dernier, *a contrario*). Le code de procédure pénale n'ayant pas édicté de modalités formelles de clôture de l'enquête, il peut être considéré que l'enquête est en cours tant que le procureur de la République n'a pas statué sur l'action publique (ex. : classement sans suite, citation directe, ouverture d'information). Le mandat continue à produire ses effets dans le cas où le procureur de la République ouvre une information, sauf s'il est rapporté par le juge d'instruction (C. pr. pén., art. 70).

Le mandat de recherche cesse de pouvoir recevoir exécution à compter de l'ordonnance de règlement (sur ce point, v. n° **15.37A3**), en matière correctionnelle comme en matière criminelle (C. pr. pén., art. 179 et 181) et aucun texte, à la différence du mandat d'arrêt (C. pr. pén., art. 135-2, v. n° **12.6E**) n'organise en effet sa mise à exécution après la clôture de l'instruction.

C. La mise à exécution du mandat de recherche : interpellation, notification et garde à vue

L'agent chargé de l'exécution du mandat de recherche « *peut s'introduire au domicile d'un citoyen* », mais pas avant 6 h 00 ni après 21 h 00 (C. pr. pén., art. 70, 77-4 et 134). Il peut se faire assister d'une force suffisante pour que la personne ne puisse se soustraire à la loi (C. pr. pén., art. 134).

Dans le cas où le mandat de recherche émane d'un juge d'instruction, l'agent qui procède à son exécution n'a pas à être chargé d'une commission rogatoire (sur ce point, v. n° **11.17B3**).

Malgré les dispositions de C. pr. pén., art. 76 encadrant la perquisition et à la visite domiciliaire durant l'enquête préliminaire (v. n° **11.57D**), il n'est à cet égard pas fait de distinction entre le mandat de recherche délivré par le parquet et celui décerné par le juge d'instruction et l'introduction au domicile de la personne n'est donc pas subordonnée à son assentiment.

La lecture combinée de C. pr. pén., art. 76 et de 70 et 77-4 renvoyant à 134 semble toutefois limiter les pouvoirs de l'agent à la seule introduction au domicile en cas d'exécution d'un mandat de recherche délivré par le parquet, à l'exclusion d'une perquisition domiciliaire ayant pour objet la recherche et la constatation de l'infraction et la saisie de pièces à conviction ou de biens dont la confiscation est prévue, sauf assentiment du suspect ou autorisation préalable du JLD sur le fondement de C. pr. pén., art. 76 (v. n° 11.57D).

Le mandat de recherche est notifié et exécuté par un OPJ ou par un APJ ou par un agent de la force publique, lequel en fait l'exhibition à la personne et lui en délivre copie (C. pr. pén., art. 123).

Le mandat peut, en cas d'urgence, être diffusé par tout moyen (ex. : télécopie). Dans ce cas, les mentions essentielles de l'original et spécialement l'identité de la personne visée, la nature des faits imputés et leur qualification juridique, le nom et la qualité du magistrat mandant doivent être précisés. L'original ou la copie du mandat est transmis à l'agent chargé d'en assurer l'exécution dans les délais les plus brefs (C. pr. pén., art. 123).

La personne arrêtée en vertu du mandat de recherche est nécessairement placée par l'OPJ du lieu de la découverte, non en rétention, à la différence de la personne interpellée sur mandat de comparution, d'amener ou d'arrêt, mais en garde à vue (C. pr. pén., art. 70 et 77-4). Elle bénéficie en conséquence de l'intégralité des droits associés à cette mesure (sur ces droits, v. n° 12.13).

D. Les modalités de poursuite des investigations

L'OPJ du lieu de découverte peut procéder à l'audition de la personne interpellée, sans préjudice d'un dessaisissement en faveur du procureur de la République du lieu d'arrestation, ou de la possibilité pour les enquêteurs déjà saisis de se transporter sur place afin d'y procéder eux-mêmes, sous le bénéfice le cas échéant de l'extension de compétence territoriale prévue par C. pr. pén., art. 18, al. 3 (v. n° 11.14). Le procureur de la République ayant délivré le mandat de recherche est informé dès le début de la mesure, il peut ordonner que, pendant la durée de la garde à vue, la personne soit conduite dans les locaux du service d'enquête saisi des faits (C. pr. pén., art. 43, 70 et 77-4). Il en est de même en cas de mandat de recherche délivré par le juge d'instruction (C. pr. pén., art. 135-1).

Dans le cadre de l'information, la délivrance d'un mandat de recherche est la seule modalité permettant aux enquêteurs de poursuivre les investigations en plaçant le suspect en garde à vue et en l'entendant dans le cadre d'une commission rogatoire dont l'OPJ est déjà saisi ou que le juge d'instruction délivre à l'OPJ du lieu d'interpellation (C. pr. pén., art. 135-1). À l'inverse en effet, les personnes contre lesquelles le juge d'instruction a décerné mandat de comparution, d'amener ou d'arrêt « *ne peuvent pas être mises en garde à vue pour les faits ayant donné lieu à la délivrance du mandat* » et le magistrat est tenu de les mettre en examen ou de les entendre comme témoin assisté (C. pr. pén., art. 122).

12.4 L'exécution d'un mandat de comparution délivré dans le cadre de l'instruction

A. La définition et les conditions du mandat de comparution : mise en demeure de se présenter devant le juge contre une personne mise en examen ou susceptible de mise en examen (C. pr. pén., art. 122)

« *Le mandat de comparution a pour objet de mettre en demeure la personne à l'encontre de laquelle il est décerné de se présenter devant le juge à la date et à l'heure indiquée par ce mandat* » (C. pr. pén., art. 122).

Comme le mandat d'arrêt ou d'amener, le mandat de comparution ne peut être décerné qu'« *à l'égard d'une personne à l'égard de laquelle il existe des indices graves ou concordants rendant vraisemblables qu'elle ait pu participer, comme auteur ou complice, à la commission de l'infraction* » (C. pr. pén., art. 122), soit contre une personne témoin assisté (sur le statut du témoin assisté, v. n° 11.77), mise en examen ou susceptible de mise examen (sur le statut de la personne mise en examen, v. n° 11.78).

À la différence du mandat d'arrêt (C. pr. pén., art. 131, v. n° **12.6B**), le mandat de comparution peut être délivré par le juge d'instruction sans avis préalable du procureur de la République et sans égard au *quantum* des peines encourues pour l'infraction reprochée.

Précisons que lorsque le **mineur** est placé sous contrôle judiciaire ou sous ARSE par le juge des enfants ou par la JLD en dehors du cadre de l'information judiciaire (CJPM, art. L. 423-9, v n^os^ **12.53E2** et **15.20**), le juge des enfants peut délivrer à son encontre un mandat de comparution en cas d'incident d'exécution de la mesure ; les règles de droit commun de l'instruction prévues au C. pr. pén., art. 123 à 134 en matière de délivrance et d'exécution de mandat de comparution, ici décrites, sont alors applicables (CJPM, art. L. 423-11, mod. issue L. n° 2021-1729, 22 déc. 2021).

B. Le formalisme et la force exécutoire du mandat de comparution

Comme tout mandat, le mandat de comparution précise l'identité de la personne à l'encontre de laquelle il est décerné, il est daté et signé par le magistrat qui l'a décerné et il est revêtu de son sceau (C. pr. pén., art. 123).

À la différence du mandat de recherche, d'amener ou d'arrêt, le texte n'impose pas que le mandat de comparution mentionne la nature des faits imputés à la personne, leur qualification juridique et les articles de loi applicables, précisions qui ne sauraient toutefois nuire aux droits de la personne concernée (C. pr. pén., art. 123). Si « *nul ne peut être jugé, ni mis en accusation, sans avoir été entendu ou dûment appelé* » (Crim. 12 oct. 1972, n° 72-91.813, P n° 286), dans une espèce ou deux mandats de comparution avaient été mis à exécution sans effet à ses derniers domiciles connus, il est en effet jugé qu'« *un inculpé peut être renvoyé devant la juridiction de jugement, sans avoir été préalablement entendu, dès lors qu'il a été régulièrement appelé par un mandat de justice décerné et notifié conformément aux prescriptions du code de procédure pénale* » (Crim. 25 juill. 1979, n° 79-91.843, P n° 252).

Le mandat de comparution est exécutoire sur toute l'étendue du territoire national (C. pr. pén., art. 124).

Si le mandat de comparution n'est pas inscrit au FPR sur demande du juge d'instruction sur le fondement de C. pr. pén., art. 135-3, il l'est sur celui de 230-19 1°, L. n° 2003-239, 18 mars 2003, art. 23, modifié) (v. n° **13.17B1**).

C. L'absence d'arrestation et de rétention pour la mise à exécution du mandat de comparution

Le mandat de comparution est signifié par commissaire de justice [huissier] à celui qui en est l'objet ou est notifié à celui-ci par un OPJ ou un APJ ou par un agent de la force publique, lequel lui en délivre copie (C. pr. pén., art. 123). Il n'est pas nécessaire que l'agent qui procède à sa notification soit chargé d'une commission rogatoire (sur ce point, v. n° **11.17B3**).

Le mandat de comparution, à la différence du mandat d'amener, d'arrêt ou de recherche ne confère pas à l'agent qui est chargé de son exécution le droit de s'introduire au domicile de la personne concernée (C. pr. pén., art. 134) ou de procéder à son arrestation et à sa rétention durant 24 h 00, une telle issue ne résultant en effet ni de l'objet du mandat de comparution, qui n'est qu'une mise en demeure d'avoir à se présenter, ni de la lecture combinée de C. pr. pén., art. 122, 125 et 126.

Le juge d'instruction « *interroge immédiatement la personne qui fait l'objet d'un mandat de comparution* » (C. pr. pén., art. 125), laquelle ne peut être placée en garde à vue pour les faits ayant donné lieu à la délivrance du mandat (C. pr. pén., art. 122).

Mentionnons que dans sa rédaction initiale, CJPM, art. L. 332-1, depuis modifié par L. n° 2021-1729, 22 déc. 2021, visait par erreur la « *retenue* » du mineur pour la notification des droits consécutive à l'exécution d'un mandat de comparution.

12.5 L'arrestation et la rétention pour l'exécution d'un mandat d'amener délivré dans le cadre de l'instruction

A. La définition et les conditions du mandat d'amener : ordre de conduite devant le juge d'une personne mise en examen ou susceptible de mise en examen (C. pr. pén., art. 122)

« *le mandat d'amener est l'ordre donné à la force publique de conduire immédiatement devant* [le juge d'instruction] *la personne à l'encontre de laquelle il est décerné* » (C. pr. pén., art. 122).

Comme le mandat de comparution ou d'arrêt, le mandat d'amener ne peut être décerné qu'« *à l'égard d'une personne à l'égard de laquelle il existe des indices graves ou concordants rendant vraisemblables qu'elle ait pu participer, comme auteur ou complice, à la commission de l'infraction* » (C. pr. pén., art. 122), soit contre une personne témoin assisté (sur le statut du témoin assisté, v. nº **11.77**), mise en examen ou susceptible de mise examen (sur le statut de la personne mise en examen, v. nº **11.78**).

À la différence des conditions imposées en matière de mandat d'arrêt, la délivrance d'un mandat d'amener n'est pas conditionnée par l'imputation d'une infraction punie d'une peine privative de liberté. Le Cons. const. juge néanmoins que la privation de liberté de 4 ou 6 jours, prévue au C. pr. pén., art. 130 en cas de mise à exécution d'un mandat d'amener (v. **C3** ci-dessous) contre une personne interpellée à plus de 200 km du siège du juge mandant, ne peut être regardée comme constitutionnelle si elle est mise en œuvre « *à l'encontre d'une personne qui n'encourt pas une peine d'emprisonnement correctionnelle ou une peine plus grave* » (Cons. const. 24 juin 2011, nº 2011-133 QPC, § 13 et 14).

Cette réserve d'interprétation ne porte toutefois pas sur le délai de rétention de 24 h 00 auquel la personne est soumise avant sa présentation au juge, prévu par C. pr. pén., art. 126, sur la validité duquel le Cons. const. n'a donc pas tranché pour l'hypothèse, qui n'est pas exclue par les textes, d'un mandat d'amener décerné pour une infraction non punie d'emprisonnement. Rappelons à cet égard que le Cons. const. a validé la contrainte à comparaître délivré par le procureur de la République sans limiter cette mesure de coercition aux infractions passibles d'emprisonnement (Cons. const. 18 juin 2012, nº 2012-257 QPC, v. nº **12.1B2**).

Prenant acte de la réserve qui précède, la Ch. crim juge qu'elle n'est pas applicable à un mineur qui, s'il ne peut être placé en détention provisoire du fait de son âge et de la qualification retenue, encourt néanmoins une peine d'emprisonnement ; à ce titre il peut en conséquence être retenu même au-delà de 24 h 00 pour les besoins de la mise à exécution du mandat d'amener et de son transfèrement (Crim. 14 oct. 2020, nº 20-83.011, P).

À la différence du mandat d'arrêt (C. pr. pén., art. 131, v. nº **12.6B**), le mandat d'amener peut être délivré par le juge d'instruction sans avis préalable du procureur de la République.

Précisons que lorsque le **mineur** est placé sous contrôle judiciaire ou sous ARSE par le juge des enfants ou par la JLD en dehors du cadre de l'information judiciaire (CJPM, art. L. 423-9, v nºs **12.53E2** et **15.20**), le juge des enfants peut délivrer à son encontre un mandat d'amener en cas d'inexécution de la mesure ; les règles de droit commun de l'instruction prévues au C. pr. pén., art. 123 à 134 en matière de délivrance et d'exécution de mandat d'amener, ici décrites, sont alors applicables (CJPM, art. L. 423-11, mod. issue L. nº 2021-1729, 22 déc. 2021).

B. Le formalisme et la force exécutoire du mandat d'amener

Comme tout mandat, le mandat d'amener précise l'identité de la personne à l'encontre de laquelle il est décerné, il est daté et signé par le magistrat qui l'a décerné et il est revêtu de son sceau, mentionne en outre la nature des faits imputés à la personne, leur qualification juridique et les articles de loi applicables (C. pr. pén., art. 123).

Le mandat d'amener est exécutoire sur toute l'étendue du territoire national (C. pr. pén., art. 124). Les solutions admettant par application de C. pén., art. 113-3 et 113-4 la mise à exécution du mandat d'arrêt (v. n° **12.6C**) à bord d'un aéronef français ou d'un navire battant un pavillon français, en quelque lieu qu'ils se trouvent, paraissent transposables au mandat d'amener.

Le mandat d'amener cesse de pouvoir recevoir exécution à compter de l'ordonnance de règlement (sur ce point, v. n° **15.37A3**), en matière correctionnelle comme en matière criminelle (C. pr. pén., art. 179 et 181) et aucun texte, à la différence du mandat d'arrêt (C. pr. pén., art. 135-2, v. n° **12.6E**) n'organise en effet sa mise à exécution après la clôture de l'instruction.

C. La mise à exécution du mandat d'amener

1. La recherche et l'arrestation de la personne

Si le mandat d'amener n'est pas inscrit au FPR sur demande du juge d'instruction sur le fondement de C. pr. pén., art. 135-3, il l'est sur celui de 230-19 1°, L. n° 2003-239, 18 mars 2003, art. 23, modifié) (v. n° **13.17B1**).

L'agent chargé de l'exécution d'un mandat d'amener peut « *s'introduire dans le domicile d'un citoyen* » aux heures légales, c'est-à-dire entre 6 h 00 et 21 h 00. « *Il peut se faire accompagner d'une force suffisante pour que la personne ne puisse se soustraire à la loi* » (C. pr. pén., art. 134). L'agent qui procède à son exécution n'a pas à être chargé d'une commission rogatoire (sur ce point, v. n° **11.17B3**).

Si « *la personne ne peut être saisie, un procès-verbal de perquisition et de recherches infructueuses est adressé au magistrat* » mandant, la personne est alors considérée comme mise examen pour les besoins de l'ordonnance de renvoi. La jurisprudence jugeant que le mandat d'arrêt vaut mise en examen malgré l'absence de cette formalité lorsque la personne a eu connaissance de sa mise en examen et des faits qui lui étaient reprochés semble transposable au mandat d'amener (C. pr. pén., art. 134 ; cf. Crim. 30 mars 2004, n°s 02-85.180, 03-83.598, P n° 80).

2. La notification du mandat et les droits de la personne placée en rétention – renvoi, v. n° 12.7

La personne visée par le mandat d'amener **ne peut pas être mise en garde à vue** « *pour les faits ayant donné lieu à la délivrance du mandat* » (C. pr. pén., art. 122). Elle ne peut en effet que faire l'objet d'une mesure de rétention (C. pr. pén., art. 133-1, sur le régime de cette mesure, v. n° **12.7**), pour les besoins de la présentation au magistrat dans le délai de 24 h 00 détaillé ci-dessous, aux fins de mise en examen ou d'octroi du statut de témoin assisté, si elle n'est déjà mise en examen ou témoin assisté (C. pr. pén., art. 122). Elle ne peut donc être entendue comme simple témoin par le juge d'instruction (Crim. 26 sept. 1986, n° 86-93.682, P n° 260).

3. La présentation au juge d'instruction dans les 24 h ou au JLD si la personne est interpellée à plus de 200 km

Si la personne saisie en vertu du mandat d'arrêt est interpellée à une distance $\leqslant$ 200 km du juge d'instruction, ou si elle peut lui être présentée dans le délai requis malgré une distance supérieure, elle doit lui être présentée dans le délai maximum de « *24 h 00 suivant son arrestation* », ou à défaut devant le président du tribunal ou le juge délégué par lui, « *qui procède immédiatement à son interrogatoire* » (C. pr. pén., art. 125). Cet interrogatoire peut se dénouer par une absence de mise en examen, l'octroi du statut de témoin assisté (sur la mise en examen et le témoin assisté, v. n° **12.3412.35**), ou par une mise en examen suivie ou non d'un placement en détention provisoire (v. n° **12.35** s.), sous contrôle judiciaire (v. n° **12.47** s.) ou ARSE (v. n° **12.54** s.). Il ne s'impose que si la personne n'est pas déjà mise en examen, ainsi « *la personne mise en examen qui a été arrêtée en exécution d'un mandat d'arrêt n'a pas à être entendue par le juge d'instruction avant que ce dernier saisisse le JLD aux fins de placement en détention provisoire* » (Crim. 10 juill. 2002, n° 02-83.182, P n° 151), solution transposable au mandat d'amener.

À défaut de présentation devant le magistrat dans les 24 h 00 suivant son arrestation, la personne est mise en liberté d'office ou considérée comme arbitrairement détenue (C. pr. pén., art. 126).

Si la personne est interpellée à une distance > **200 km** du juge d'instruction qui a délivré le mandat, et s'il n'est pas possible de la conduire dans un délai de 24 h 00 devant ce magistrat, « *elle est conduite devant le JLD du lieu de l'arrestation* » (C. pr. pén., art. 127). Ce dernier « *l'interroge sur son identité, reçoit ses déclarations, après l'avoir avertie qu'elle est libre de ne pas en faire* [mention de cet avertissement doit figurer dans le procès-verbal de la comparution], *l'interpelle afin de savoir si elle consent à être transférée ou si elle préfère prolonger les effets du mandat d'amener, en attendant, au lieu où elle se trouve, la décision du juge d'instruction saisi de l'affaire* » (C. pr. pén., art. 128).

« *Si la personne déclare s'opposer au transfèrement, elle est conduite dans la maison d'arrêt et avis immédiat est donné au juge d'instruction compétent* » (C. pr. pén., art. 128).

Le procès-verbal de comparution contenant un signalement complet et toutes les indications propres à faciliter la reconnaissance d'identité est transmis sans délai au magistrat instructeur (C. pr. pén., art. 128) qui décide, aussitôt après la réception de ces pièces, s'il y a lieu d'ordonner le transfèrement (C. pr. pén., art. 129).

Sous les réserves d'interprétation du Cons. const. prohibant la privation de liberté de 4 ou 6 jours lorsque la personne « *n'encourt pas une peine d'emprisonnement correctionnelle ou une peine plus grave* » (Cons. const. 24 juin 2011, n° 2011-133 QPC, § 13 et 14, précité au A ci-dessus), si le transfèrement est ordonné par le juge d'instruction, la personne doit être conduite devant le juge d'instruction « *dans les 4 jours de la notification du mandat* », ou les **6 jours** en cas de transfert vers ou depuis un département d'outre-mer (C. pr. pén., art. 130 renvoyant à 130).

Si la personne n'est pas présentée devant le magistrat instructeur dans ces délais de 24 h 00 ou de 4 ou 6 jours, elle est « *libérée sur ordre du juge d'instruction saisi de l'affaire* », « *à moins que sa conduite ait été retardée par des circonstances insurmontables* » (C. pr. pén., art. 130-1).

12.6 L'arrestation et la rétention pour l'exécution d'un mandat d'arrêt délivré dans le cadre de l'instruction

A. La définition du mandat d'arrêt : ordre de recherche, de conduite devant le juge ou d'incarcération d'une personne mise en examen ou susceptible de mise en examen (C. pr. pén., art. 122)

« *le mandat d'arrêt est l'ordre donné à la force publique de rechercher la personne à l'encontre de laquelle il est décerné et de la conduire devant* [le juge] *après l'avoir, le cas échéant, conduite à la maison d'arrêt indiquée sur le mandat, où elle sera reçue et détenue* » (C. pr. pén., art. 122).

Le mandat d'arrêt ne peut être délivré contre un simple suspect, lequel peut faire l'objet d'un mandat de recherche (v. n° 12.3), mais seulement « *à l'égard d'une personne à l'égard de laquelle il existe des indices graves ou concordants rendant vraisemblables qu'elle ait pu participer, comme auteur ou complice, à la commission de l'infraction* » (C. pr. pén., art. 122), soit contre une personne mise en examen ou susceptible de mise examen (sur le statut de la personne mise en examen, v. n° 11.78), laquelle est en effet subordonnée aux mêmes exigences de charges (C. pr. pén., art. 80-1, sur la mise en examen, condition du placement en détention dans le cadre de l'instruction, v. n° 12.3412.35). Le mandat d'arrêt peut également être délivré à l'encontre d'un témoin assisté (C. pr. pén., art. 122) (sur le statut du témoin assisté, v. n° 11.77).

Dans tous les cas, la personne visée par un mandat d'arrêt suivi d'un procès-verbal de perquisition et de recherches infructueuses est considérée comme mise en examen en cas de renvoi devant la juridiction de jugement (C. pr. pén., art. 134 et 176).

Précisons que lorsque le **mineur** est placé sous contrôle judiciaire ou sous ARSE par le juge des enfants ou par la JLD en dehors du cadre de l'information judiciaire (CJPM, art. L. 423-9, v n°s 12.53E2 et 15.20), le juge des enfants peut délivrer à son encontre un mandat d'arrêt s'il « *est en fuite ou réside à l'étranger* » ; les règles de droit commun de l'instruction prévues au C. pr. pén., art. 123 à 134 en matière de délivrance et d'exécution de mandat de comparution sont alors applicables (CJPM, art. L. 423-11, mod. issue L. n° 2021-1729, 22 déc. 2021).

B. Les conditions de fond du mandat d'arrêt (C. pr. pén., art. 131)

Le mandat d'arrêt ne peut être délivré qu'aux deux conditions de fond cumulatives suivantes :

• **En premier lieu**, si « *la personne est en fuite* » **ou** « *si elle réside hors du territoire de la République* » (C. pr. pén., art. 131).

Est notamment considérée comme en **fuite** la personne qui « *se soustrait volontairement aux obligations du contrôle judiciaire* » (C. pr. pén., art. 141-2, v. n° 12.53D) ou « *qui ne respecte pas les obligations résultant de l'ARSE* » (C. pr. pén., art. 141-8, v. n° 12.57C), cas dans lesquels un mandat d'arrêt peut en effet être délivré contre elle.

Si la **résidence à l'étranger** autorise à elle seule, selon la lettre du texte, la délivrance d'un mandat d'arrêt, il n'en reste pas moins qu'au regard de Conv. EDH, art. 6 et de C. pr. pén., art. préliminaire, cette circonstance n'est pas suffisante et que « *le caractère nécessaire et proportionné de cette mesure de contrainte* » doit être justifié « *en fonction des circonstances de l'espèce* » ; est ainsi censurée la décision qui refuse à la personne le droit d'invoquer, après l'ordonnance de renvoi, la nullité de la procédure « *sans constater que l'intéressé était en fuite, se savait recherché et voulait échapper aux poursuites* » (Crim. 11 janv. 2017, n° 16-80.619, P n° 16). Autrement dit, « *le juge d'instruction ne peut délivrer un mandat d'arrêt à l'encontre d'une personne résidant hors du territoire de la République, mais qui n'est pas en fuite, sans avoir effectué les démarches requises pour l'entendre et sans avoir apprécié le caractère nécessaire et proportionné de cette mesure de contrainte en fonction des circonstances de l'espèce* » (§ 15) (Crim. 16 déc. 2020, n° 20-85.289, P), ou, de façon plus ouverte, « *le juge d'instruction peut délivrer un mandat d'arrêt à l'encontre d'une personne résidant hors du territoire de la République, mais qui n'est pas en fuite, après avoir apprécié le caractère nécessaire et proportionné de cette mesure de contrainte en fonction des circonstances de l'espèce* » (§ 9) (Crim. 5 janv. 2022, n° 21-82.484, P), ou encore, au visa de C. pr. pén, art. préliminaire, III al. 4, il « *n'a d'autre obligation que de s'assurer, en fonction des circonstances de l'espèce, qu'elle est strictement limitée aux nécessités de la procédure et proportionnée à la gravité de l'infraction reprochée* » (§ 7), soulignant que la CHINS « *n'avait pas à rechercher si le juge d'instruction avait effectué des démarches pour entendre l'intéressé avant de décerner un mandat d'arrêt* » (§ 12) (Crim. 14 juin 2022, n° 21-86.635, P).

La Ch. crim. tire ainsi les conséquences de la décision Cons. const. 27 févr. 2015, n° 2014-452 QPC, qui juge que si le législateur « *a permis au juge d'instruction de décerner un mandat d'arrêt à l'encontre d'une personne résidant hors du territoire de la République même si elle n'est pas en fuite* » (§ 7), « *pour décerner un tel mandat, il appartient au juge d'instruction d'apprécier le caractère nécessaire et proportionné du recours à cette mesure de contrainte en fonction des circonstances de l'espèce ; que sa décision est placée sous le contrôle de la CHINS* » (§ 8).

Mentionnons qu'« *une personne détenue hors de France doit être considérée, au sens de C. pr. pén., art. 131, comme résidant à l'étranger* » (§ 19) et que la délivrance à son encontre d'un mandat d'arrêt est nécessaire est proportionnée en ce que son incarcération « *pouvait prendre fin à tout moment sans que le juge d'instruction français n'ait légalement à en être informé* », outre les considérations relatives « *à la personnalité et au comportement de la personne recherchée de nature à faire craindre qu'il ne prenne à nouveau la fuite, et enfin à la gravité des faits qui lui étaient reprochés* » (§ 20) (Crim. 11 mai 2021, n° 21-81.148, P).

• **En second lieu**, si le fait « *comporte une peine d'emprisonnement correctionnelle ou une peine plus grave* » (C. pr. pén., art. 131). Il n'est pas nécessaire que la peine d'emprisonnement prévue soit ⩾ 3 ans, condition requise pour le placement en détention provisoire (C. pr. pén., art. 143-1, v. n° 12.36D).

À peine de nullité du mandat d'arrêt, sa délivrance contre la personne est subordonnée à l'**avis préalable** du procureur de la République (C. pr. pén., art. 131), lequel peut notamment s'exprimer dans un réquisitoire introductif, à condition d'une « *réquisition nominative à son égard* » (Crim. 7 avr. 1987, n° 87-80.513, P n° 159), solution transposable au réquisitoire supplétif.

La formalité du « *procès-verbal de perquisition et de recherches infructueuses* », dressé par l'agent chargé de l'exécution du mandat d'arrêt conformément à C. pr. pén., art. 134, n'est pas une condition de la validité du titre, son absence prive seulement le mandat d'arrêt de son effet équivalent à la mise en examen de la personne au stade de l'ordonnance de renvoi (sur la mise en examen, v. n° **12.3412.35**).

C. Le formalisme et la force exécutoire du mandat d'arrêt

Comme tout mandat, le mandat d'arrêt précise l'identité de la personne à l'encontre de laquelle il est décerné, il est daté et signé par le magistrat qui l'a décerné et il est revêtu de son sceau, mentionne en outre la nature des faits imputés à la personne, leur qualification juridique et les articles de loi applicables (C. pr. pén., art. 123).

Le mandat d'arrêt est exécutoire sur toute l'étendue du territoire national (C. pr. pén., art. 124) ainsi, en application de C. pén., art. 113-4, qu'aux personnes se trouvant à bord d'un aéronef français en quelque lieu qu'il se trouve, y compris sur un aéroport étranger (Crim. 26 nov. 1996, n° 96-83.258, P n° 390), solution transposable aux personnes se trouvant à bord d'un navire battant un pavillon français, en quelque lieu qu'il se trouve, par application de C. pén., art. 113-3.

« *le mandat d'arrêt décerné par le juge d'instruction reste exécutoire, après la clôture de l'information, tant qu'il n'a pas été rapporté, remplacé ou anéanti par un acte exprès de l'autorité judiciaire* » (Crim. 29 sept. 1992, n° 92-82.584, n° 290, dans le même sens : Crim. 4 févr. 1976, n° 75-93.036). Cette jurisprudence a été consacrée en matière correctionnelle et criminelle au C. pr. pén., art. 179 et 181 par L. n° 2004-204, 9 mars 2004 : « *S'il a été décerné, le mandat d'arrêt conserve sa force exécutoire* » après l'ordonnance de règlement (sur ce point, v. n° **15.37A2**).

D. La mise à exécution du mandat d'arrêt avant la clôture de l'information

1. La recherche et l'arrestation de la personne

Le mandat d'arrêt est inscrit au FPR sur demande du juge d'instruction (C. pr. pén., art. 135-3 et 230-19 1°, L. n° 2003-239, 18 mars 2003, art. 23, modifié) (v. n° **13.17B1**).

Le juge d'instruction informe également le gestionnaire du fichier lorsque la personne a été renvoyée devant la juridiction du jugement, afin qu'il puisse être fait application de C. pr. pén., art. 135-2 (v. **12.6E**) régissant la mise à exécution du mandat d'arrêt après le règlement de l'information (C. pr. pén., art. 135-3).

L'agent chargé de l'exécution d'un mandat d'arrêt peut « *s'introduire dans le domicile d'un citoyen* » aux heures légales, c'est-à-dire entre 6 h 00 et 21 h 00. « *Il peut se faire accompagner d'une force suffisante pour que la personne ne puisse se soustraire à la loi* » (C. pr. pén., art. 134). L'agent qui procède à son exécution n'a pas à être chargé d'une commission rogatoire (sur ce point, v. n° **11.17B3**).

Si « *la personne ne peut être saisie, un procès-verbal de perquisition et de recherches infructueuses est adressé au magistrat* » mandant, la personne est alors considérée comme mise examen pour les besoins de l'ordonnance de renvoi et cette formalité est substantielle pour la validité de cette dernière, à moins que la personne n'ait eu connaissance de sa mise en examen et des faits qui lui étaient reprochés, la notification du mandat d'arrêt ne conditionnant pas dans ce cas la validité de l'ordonnance de renvoi (C. pr. pén., art. 134 ; Crim. 30 mars 2004, n°s 02-85.180, 03-83.598, P n° 80).

2. La notification du mandat et les droits de la personne placée en rétention – Renvoi, v. n° 12.7

La personne visée par le mandat d'arrêt ne peut pas être mise en garde à vue « *pour les faits ayant donné lieu à la délivrance du mandat* » (C. pr. pén., art. 122). Elle ne peut en effet que faire l'objet d'une mesure de rétention (C. pr. pén., art. 133-1, sur le régime de cette mesure, v. n° 12.7), pour les besoins de la présentation au magistrat dans les délais précisés au D3 ci-dessous, aux fins de mise en examen ou d'octroi du statut de témoin assisté (C. pr. pén., art. 122).

3. La présentation au juge d'instruction dans les 24 h ou au JLD si la personne est interpellée à plus de 200 km

Si la personne saisie en vertu du mandat d'arrêt est interpellée à une distance ⩽ **200 km** du juge d'instruction, ou si elle peut lui être présentée dans le délai requis malgré une distance supérieure, elle doit lui être présentée « *dans les 24 h 00 suivant son arrestation* », ou à défaut devant le président du tribunal ou le juge délégué par lui, afin qu'il soit procédé à son « *interrogatoire* » et le cas échéant à son placement en détention après débat contradictoire dans les conditions prévues par C. pr. pén., art. 145 (C. pr. pén., art. 133) (sur le débat contradictoire dans le cadre de l'information judiciaire, v. n° 12.39A). Cet interrogatoire peut se dénouer par une absence de mise en examen, l'octroi du statut de témoin assisté (sur la mise en examen et le témoin assisté, v. n° 12.35B), ou par une mise en examen suivie ou non d'un placement en détention provisoire (v. n° 12.35 s.), sous contrôle judiciaire (v. n° 12.47 s.) ou ARSE (v. n° 12.54 s.). Il ne s'impose que si la personne n'est pas déjà mise en examen, ainsi « *la personne mise en examen qui a été arrêtée en exécution d'un mandat d'arrêt n'a pas à être entendue par le juge d'instruction avant que ce dernier saisisse le JLD aux fins de placement en détention provisoire* » (Crim. 10 juill. 2002, n° 02-83.182, P n° 151).

À défaut de présentation devant le magistrat dans les 24 h 00, la personne est mise en liberté d'office ou considérée comme arbitrairement détenue (C. pr. pén., art. 133 et 126).

Si la personne est interpellée à une distance > **200 km** du juge d'instruction qui a délivré le mandat, et s'il n'est pas possible de la conduire dans un délai de 24 h 00 devant ce magistrat, elle est conduite « *dans les 24 h 00 suivant son arrestation* » devant le JLD du lieu de l'arrestation, qui « *reçoit ses déclarations* » par procès-verbal, après l'avoir avertie qu'elle est libre de ne pas en faire (C. pr. pén., art. 133). Le JLD informe sans délai le juge d'instruction mandant, ordonne le transfèrement et informe le juge si ce dernier « *ne peut être effectué immédiatement* » (C. pr. pén., art. 133). La personne doit être conduite à la maison d'arrêt indiquée sur le mandat dans les **4 jours** de la notification du mandat, ou les **6 jours** en cas de transfert vers ou depuis un département d'outre-mer (C. pr. pén., art. 133 renvoyant à 130). Dans ces mêmes délais, la personne doit être conduite pour interrogatoire devant le juge d'instruction qui a délivré le mandat (C. pr. pén., art. 133 renvoyant à 130 et 130-1).

Si la personne n'est pas présentée devant le magistrat instructeur dans ces délais de 24 h 00 ou de 4 ou 6 jours, elle est « *libérée sur ordre du juge d'instruction saisi de l'affaire* », « *à moins que sa conduite ait été retardée par des circonstances insurmontables* » (C. pr. pén., art. 133 renvoyant à 130 et 130-1).

E. La mise à exécution du mandat d'arrêt après la clôture de l'information (C. pr. pén., art. 135-2)

Lorsque la personne visée par un mandat d'arrêt est découverte après le règlement de l'information, le procureur de la République du lieu d'arrestation est avisé dès le début de sa rétention, d'une durée maximale de 24 h 00 et dont le régime obéit aux règles exposées au n° 12.7 (C. pr. pén., art. 135-2 renvoyant à 133-1).

Le mandat d'arrêt reste en effet exécutoire après la clôture de l'instruction (v. C ci-dessus) et le juge d'instruction informe le gestionnaire du FPR lorsque la personne a été renvoyée devant la juridiction du jugement (v. D1 ci-dessus), afin qu'il puisse être fait application de C. pr. pén., art. 135-2 (C. pr. pén., art. 135-3).

Si la personne est arrêtée à une distance ⩽ **200 km** du siège de la juridiction de jugement, ou si elle peut lui être présentée dans le délai requis malgré une distance supérieure, elle est conduite dans le délai de 24 h 00 devant le procureur de la République du siège de la juridiction de jugement saisie des faits, lequel lui notifie le mandat et la présente au JLD. Ce dernier peut, sur les réquisitions du parquet, soit placer la personne sous contrôle judiciaire (sur le contrôle judiciaire, v. nº **12.47** s.), soit, au terme d'un débat contradictoire (C. pr. pén., art. 145, sur le débat contradictoire, v. nº **12.39A**), la placer en détention provisoire jusqu'à sa comparution devant la juridiction de jugement par une ordonnance motivée conformément aux exigences de C. pr. pén., art. 144 (sur les critères de la détention provisoire, v. nº **12.37B**).

Si la personne est interpellée à une distance > **200 km** du siège de la juridiction de jugement, et s'il n'est pas possible de l'y conduire dans un délai de 24 h 00, elle est conduite devant le JLD du lieu d'arrestation qui vérifie son identité, notifie le mandat et reçoit ses éventuelles déclarations après l'avoir avertie qu'elle est libre de ne pas en faire, met le mandat à exécution en faisant conduire la personne à la maison d'arrêt, et avise le procureur du siège de la juridiction de jugement, lequel ordonne alors le transfèrement. La personne doit comparaître devant lui, puis devant le JLD saisi par le parquet, dans les **4 jours** de la notification du mandat, ou les **6 jours** en cas de transfert vers ou depuis un département d'outre-mer.

Dans ce cas, la comparution devant le procureur de la République ou le JLD peut toutefois s'opérer par **visioconférence** conformément aux dispositions de 706-71, sauf si la personne refuse ce mode de comparution, lequel peut toutefois lui être imposé si le transfèrement « *paraît devoir être évité en raison de risques graves de trouble à l'ordre public ou d'évasion* ».

Les **délais de comparution** devant la juridiction de jugement courent alors à compter de l'ordonnance de placement en détention du JLD (sur les délais de comparution de la personne détenue renvoyée devant la juridiction de jugement, C. pr. pén., art. 179 et 181, v. nº **12.46**).

La décision du JLD est **susceptible d'appel** dans un délai de 10 jours de sa notification, porté soit devant la chambre des appels correctionnels si la personne est renvoyée devant le tribunal correctionnel, soit devant la CHINS si elle est renvoyée devant la cour d'assises (sur la procédure d'appel devant la CHINS, v. nº **12.64** s.).

La décision de placement en détention prise par le JLD, l'information étant close, ne semble pas pouvoir relever de la procédure de référé-liberté prévue par C. pr. pén., art. 187-1, à tout le moins en matière correctionnelle puisque la chambre des appels correctionnels n'a pas compétence pour statuer selon cette voie (sur le référé-liberté, v. nº **12.67**).

Après le placement en détention de la personne, les **demandes de mise en liberté**, formées selon les conditions prévues par C. pr. pén., art. 148-6 et 148-7 exposées au nº **12.58**, relèvent soit du tribunal correctionnel si la personne est renvoyée devant le tribunal correctionnel, soit de la CHINS si elle est renvoyée devant la cour d'assises, selon les précisions apportées au nº **12.61**.

Les dispositions qui précèdent s'appliquent également aux mandats d'arrêt délivrés postérieurement à l'ordonnance de renvoi mais avant jugement. Il en est ainsi lorsque le mandat d'arrêt est délivré par le JLD saisi par le parquet en cas de violation du contrôle judiciaire ou de l'ARSE durant le délai d'audiencement de l'affaire (C. pr. pén., art. 141-2 et 141-8, sur la révocation du contrôle judiciaire ou de l'ARSE durant la phase d'audiencement, v. n° **12.61A2**). Mentionnons qu'au visa de Conv. EDH, art. 6 §1, le magistrat « *qui a prononcé une condamnation par défaut et décerné un mandat d'arrêt ne peut, en qualité de JLD, statuer sur les suites données au mandat d'arrêt sans qu'il soit porté atteinte à l'exigence d'impartialité* » (Crim. 30 mars 2011, n° 10-86.140, P n° 67).

Ces dispositions prévues par C. pr. pén., art. 135-2 ne s'appliquent toutefois pas au **mandat d'arrêt délivré par la juridiction de jugement** ou lorsque le mandat d'arrêt initial continue à produire ses effets après une condamnation à une peine privative de liberté (sur la délivrance d'un mandat d'arrêt par la juridiction, v. n° **18.11**). En cas d'arrestation, la personne est incarcérée **sans présentation au JLD**, elle est alors provisoirement détenue jusqu'à l'expiration des délais de recours et, si elle exerce un recours, jusqu'à son jugement et dans la limite de la peine prononcée (sur le délai de comparution du détenu devant la juridiction de jugement, v. n° **12.46**), sans préjudice de son droit de former des demandes de mise en liberté conformément au C. pr. pén., art. 148-1 (sur la demande de mise en liberté durant le délai d'audiencement, v. n° **12.61**).

12.7 Les règles communes à l'exécution du mandat d'amener ou d'arrêt : la notification du mandat et les droits de la personne placée en rétention

A. La notification du mandat (C. pr. pén., art. 123)

Le mandat d'amener ou d'arrêt est notifié et exécuté par un OPJ, par un APJ ou par un agent de la force publique, « *lequel en fait l'exhibition à la personne et lui en délivre copie* » (C. pr. pén., art. 123), l'agent qui procède à son exécution n'a pas à être chargé d'une commission rogatoire (sur ce point, v. n° **11.17B3**). Ces dispositions sont également applicables au mineur qui fait l'objet d'un mandat d'amener ou d'arrêt délivré par le juge des enfants (CJPM, art. L. 423-11, v. n° **12.53E2**).

Ces mandats peuvent, en cas d'urgence, être diffusés par tout moyen (ex. : télécopie). Dans ce cas, les mentions essentielles de l'original et spécialement l'identité de la personne visée, la nature des faits imputés et leur qualification juridique, le nom et la qualité du magistrat mandant doivent être précisés. L'original ou la copie du mandat est transmis à l'agent chargé d'en assurer l'exécution dans les délais les plus brefs (C. pr. pén., art. 123).

La date de notification du mandat constitue le point de départ du délai de 4 ou 6 jours pour procéder, après présentation de la personne au JLD dans les 24 h00 de son arrestation, au transfèrement devant le juge d'instruction saisi (C. pr. pén., art. 130, 133, v. n° **12.5C3**, **12.6D3**) ou devant le JLD du siège de la juridiction de jugement après l'ordonnance de renvoi (C. pr. pén., art. 135-2, v. n° **12.6E**).

B. Les droits de la personne placée en rétention

1. Les droits du majeur placé en rétention (C. pr. pén., art. 133-1 et 135-2)

« *Lorsque la personne est retenue par les services de police ou de gendarmerie* » en exécution du mandat d'amener ou d'arrêt, « *le procureur de la République est informé dès le début de cette rétention* » (C. pr. pén., art. 133-1).

La personne placée en rétention pour l'exécution du mandat d'amener ou d'arrêt jouit des droits suivants :

– « *droit de faire prévenir un proche* » dans les conditions prévues pour la garde à vue par C. pr. pén., art. 63-2 (C. pr. pén., art. 133-1, sur le droit de faire aviser un proche, v. n° **12.17**). C. pr. pén., art. 133-1 semble limiter ce droit à l'avis à un proche à l'exclusion de l'employeur et du consultant, à la différence de la formulation retenue pour la notification du mandat d'arrêt européen (C. pr. pén., art. 695-27, v. n° **12.8A3**) ;

– droit « *d'être examinée par un médecin* » dans les conditions prévues pour la garde à vue par C. pr. pén., art. 63-3 (C. pr. pén., art. 133-1, sur le droit d'être examiné par un médecin, v. n° **12.18**) ;

– droit « *d'être assistée d'un avocat* » dans les conditions prévues pour la garde à vue par C. pr. pén., art. 63-3-1 à 63-4-4 (C. pr. pén., art. 133-1, sur le droit à l'assistance d'un avocat, v. n°s 12.22 à 12.27). Le droit à l'assistance d'un conseil s'exerce dans les limites de la mise à exécution du mandat d'amener ou d'arrêt car la personne interpellée ne doit pas faire l'objet d'une audition sur les faits par les services d'interpellation, mais uniquement sur son identité, avant notification du titre de recherche (cf. Circ. Crim. 11-14/E8, 31 mai 2011, n° 5.2.1 et C. pr. pén., art. 695-27 relatifs à la portée du droit à l'assistance d'un avocat lors de la mise à exécution du mandat d'arrêt européen, n° 12.8A3).

Si le texte ouvre les droits ci-dessus à la personne, il ne prévoit ni n'impose les modalités de **notification de ces droits**, à la différence de la formulation retenue par C. pr. pén., art. 695-27 pour la mise en œuvre du mandat d'arrêt européen, qui renvoie à C. pr. pén., art. 63-1 régissant l'obligation de notification des droits du gardé à vue (n° 12.8A3). La personne ne pouvant faire un usage effectif de droits dont elle ignore l'existence, le principe d'équité de la procédure pénale (C. pr. pén., art. préliminaire) commande donc qu'une telle notification soit opérée dès le début de la mesure de rétention par emprunt des règles prévues au C. pr. pén., art. 63-1 (sur la notification des droits au gardé à vue, v. n° 12.13 s.).

Si C. pr. pén., art. 133-1 ne vise pas le droit à **interprète**, la notification et l'exercice de ce droit s'imposent au titre des dispositions générales prévues par C. pr. pén., art. préliminaire, III, 803-5 et D. 584-1 exposées au n° 11.7A.

C. pr. pén., art. 133-1 ne vise pas davantage la notification et l'exercice du **droit au silence**. Si le droit à l'assistance d'un avocat et sa présence effective sont de nature à prémunir la personne contre la portée de ses propres déclarations et si le procès-verbal de notification du mandat d'amener ou d'arrêt ne peut par hypothèse, comme il a été précisé ci-dessus, consister en une audition sur les faits visés par le mandat, la prudence commande toutefois de notifier préalablement le droit au silence en cas de recueil d'observations de la personne, comme en matière de notification d'un mandat d'arrêt européen (C. pr. pén., art. 695-27, v. n° 12.8A3).

2. Les droits du mineur placé en rétention (CJPM, art. L. 332-1 et R. 332-1)

« *L'OPJ doit dès le début de cette rétention, en informer ses représentants légaux, la personne ou le service auquel le mineur est confié ou* [dans les cas où l'information d'un autre adulte approprié s'impose, sur l'adulte approprié, CJPM, art. L. 311-2, v. n° 11.75C], *un autre adulte approprié* » (CJPM, art. L. 332-1).

Les dispositions relatives à l'assistance obligatoire par un avocat (CJPM, art. L. 413-9, v. n° 12.21B3), à l'examen médical (CJPM, art. L. 413-8, v. n° 12.18C) et à l'enregistrement audiovisuel obligatoire des auditions (CJPM, art. L. 413-12, v. n° 11.4B) sont applicables (CJPM, art. L. 332-1).

Le mineur qui fait l'objet d'un mandat d'amener ou d'arrêt doit en outre se voir notifier les informations spécifiques exposées au n° 12.13D (C. pr. pén., art. D. 594-18 V, issu D. n° 2019-507, 24 mai 2019, devenu CJPM, art. R. 332-1).

C. La durée maximale de 24 h 00 de la rétention

Dans le cas du mandat d'amener (C. pr. pén., art. 126 et 127) ou d'arrêt (C. pr. pén., art. 133), la durée de la rétention ne peut excéder le délai de 24 h 00 durant lequel la personne doit être présentée, soit devant le juge d'instruction si elle est interpellée à 200 km au maximum de son cabinet, soit devant le JLD du lieu de découverte si elle est interpellée à une distance supérieure, selon les précisions apportées aux n°s 12.5C3, 12.6D3 et 12.6E.

12.8 L'arrestation et la rétention de 48 H 00 pour l'exécution d'un mandat d'arrêt européen ou d'une demande d'extradition

A. La rétention pour l'exécution d'un mandat d'arrêt européen (MAE) (C. pr. pén., art. 695-27)

1. La définition et la portée du MAE

Le mandat d'arrêt européen (MAE) « *est une décision judiciaire émise par un État membre de l'Union européenne, appelé État membre d'émission, en vue de l'arrestation et de la remise par un autre État membre, appelé État membre d'exécution, d'une personne recherchée pour l'exercice de poursuites pénales ou pour l'exécution d'une peine ou d'une mesure privative de liberté* » (C. pr. pén., art. 695-11). L'autorité judiciaire est compétente pour adresser ou exécuter un MAE (C. pr. pén., art. 695-11).

Il est à noter que contrairement au droit de l'extradition, la procédure du mandat d'arrêt européen est purement judiciaire et qu'en application du principe de reconnaissance mutuelle entre États membres et de la décision-cadre 2002/584/JAI du Conseil, 13 juin 2002, relative au mandat d'arrêt européen et aux procédures de remise entre États membres, « *il n'est plus permis, pour une liste de 32 catégories d'infractions visées à l'article 695-23 du C. pr. pén., de contrôler la double incrimination des faits reprochés à la personne recherchée pour mettre à exécution un MAE* », que « *la nationalité française de la personne réclamée ne constitue pas un motif systématique de refus de la remise* » et que, « *la prescription en France n'est plus un motif de refus de la remise, sauf si la personne réclamée pouvait être poursuivie et jugée en France* » (Circ. Crim. 04-2, 11 mars 2004, nº 1.1.2). En dehors des cas prévus au C. pr. pén., art. 695-23, le principe de double incrimination s'applique mais, s'agissant d'une dérogation au principe de reconnaissance mutuelle, doit faire l'objet d'une interprétation stricte. La condition de double incrimination est ainsi remplie dans le cas où seuls certains des éléments constitutifs de l'infraction poursuivie par l'État d'émission du mandat d'arrêt sont incriminés par l'État d'exécution de ce mandat : « *la condition de la double incrimination du fait est satisfaite lorsque le MAE est émis pour l'exécution d'une peine privative de liberté, quand bien même cette peine a été infligée, dans l'État membre d'émission, pour la commission par la personne recherchée d'une infraction unique composée de plusieurs faits dont seule une partie constitue une infraction pénale dans l'État membre d'exécution* » (§ 63) (CJUE, 14 juill. 2022, nº C-168/21, *Vincenzo Vecchi*). ; dans un sens comparable : Ass. plén., 12 mai 2023, nº 22-80.057, P).

2. La diffusion du MAE

Le ministère public est compétent en France pour émettre un mandat d'arrêt interne sous la forme d'un MAE, d'office ou à la demande d'une juridiction d'instruction, de jugement ou d'application des peines (C. pr. pén., art. 695-16). Il peut également assurer, sous la forme d'un MAE, la diffusion nécessaire à l'exécution des peines privatives de liberté supérieures à 4 mois (C. pr. pén., art. 695-16). Toutefois, « *il est souhaitable de diffuser systématiquement sous forme de mandat d'arrêt européen les condamnations d'une certaine gravité (par exemple les condamnations à une peine supérieure à un an d'emprisonnement) et d'apprécier au cas par cas pour les autres décisions de condamnation* » (Circ. Crim. 04-2, 11 mars 2004, nº 1.2.1.1).

Saisie à titre préjudiciel par des juridictions luxembourgeoises et néerlandaises sur la question de savoir si les magistrats du parquet français relevaient de la notion « *d'autorité judiciaire d'émission* » au sens de la décision cadre 2002/584/JAI, la CJUE confirme la validité du dispositif français en jugeant que « *relèvent de la notion "d'autorité judiciaire d'émission"* [...] *les magistrats du parquet d'un État membre, chargés de l'action publique et placés sous la direction et le contrôle de leurs supérieurs hiérarchiques, dès lors que leur statut leur confère une garantie d'indépendance, notamment par rapport au pouvoir exécutif, dans le cadre de l'émission du mandat d'arrêt européen* » (CJUE, 12 déc. 2019, nºˢ C-566/19 PPU et C-626/19 PPU).

La diffusion internationale du MAE s'effectue par la voie du Système d'information Schengen (SIS) ou par le Réseau judiciaire européen (RJE), soit par la voie de l'Organisation internationale de police criminelle (Interpol) ou par tout autre moyen laissant une trace écrite dans des conditions permettant à l'autorité judiciaire d'exécution d'en vérifier l'authenticité (C. pr. pén., art. 695-15). Le titre de recherche est également intégré dans le fichier des personnes recherchées (FPR) en application de C. pr. pén., art. 230-19 1° et de Circ. Crim.04-2, 11 mars 2004, n° 1.2.2.1. Vaut MAE un signalement par le SIS, accompagné des informations relatives à l'identité de la personne, à la désignation et aux coordonnées de l'autorité judiciaire d'émission, au titre judiciaire de privation de liberté, à la nature, la date, le lieu et la qualification de l'infraction et aux circonstances de sa commission, à la peine prononcée ou encourue (C. pr. pén., art. 695-15).

3. L'arrestation et la rétention en application du MAE

Avertissement : la procédure ici décrite ne s'applique qu'en cas d'interpellation en France d'une personne visée par un mandat d'arrêt diffusé sous la forme de MAE émanant d'un autre État de l'Union européenne. En cas d'interpellation sur le territoire national d'une personne visée par mandat d'arrêt interne, c'est-à-dire émanant d'une juridiction française, même diffusé sous la forme d'un MAE, son exécution reste soumise aux modalités de droit commun prévues par C. pr. pén., art. 133 (v. n° 12.6).

Toute personne appréhendée en exécution d'un MAE doit être conduite dans les 48 h 00 devant le procureur général aux fins de notification de la mesure dont elle fait l'objet (C. pr. pén., art. 695-27).

Cette présentation s'effectue devant le procureur général territorialement compétent, qui est celui du lieu d'interpellation (C. pr. pén., art. 695-27). Le procureur général près la cour d'appel de Paris dispose toutefois d'une compétence concurrente à celle du procureur général du lieu d'arrestation pour les auteurs d'actes de terrorisme (C. pr. pén., art. 695-28-1).

Cette mesure de rétention est soumise à l'application de C. pr. pén., art. 63-1 à 63-7 relatifs à la garde à vue (C. pr. pén., art. 695-27).

En conséquence, sont applicables les dispositions suivantes :

– **notification des droits** de la personne gardée à vue et **des motifs de l'arrestation** (C. pr. pén., art. 63-1, v. n° 12.13). En l'espèce, les motifs de l'arrestation sont la rétention de la personne en vue de sa conduite devant le procureur général territorialement compétent aux fins de mise à exécution du MAE ;

– notification du droit à un **interprète** et à la **traduction** et mise en œuvre de ce droit (C. pr. pén., art. 63-1, v. n° 12.16) ;

– notification du droit de faire **aviser un proche**, son employeur et son consulat et d'entrer en communication avec eux et mise en œuvre de ces droits (C. pr. pén., art. 63-2, v. n° 12.17) ;

– notification du droit d'être examiné par un **médecin** et mise en œuvre de ce droit (C. pr. pén., art. 63-3, v. n° 12.18) ;

– notification du droit de garder le **silence** (C. pr. pén., art. 63-1 3°, v. n° 12.20) ;

– notification du droit d'être assisté par un **avocat** (C. pr. pén., art. 63-1 3°, v. n° 12.21) et mise en œuvre de ce droit (C. pr. pén., art. 63-3-1 à 63-4-3, v. n° 12.22 à 12.27) ; « *il convient toutefois de relever que son droit à l'assistance d'un conseil [...] n'aura pas vocation en pratique à s'appliquer dans le cas de la rétention, dans la mesure où la personne interpellée ne fait pas l'objet d'une audition au sens de l'article 63-4-2 du C. pr. pén., n'étant pas entendue sur les faits, mais uniquement sur son identité, avant notification du titre de recherche* » (Circ. Crim. 11-14/E8, 31 mai 2011, n° 5.2.1). Soulignons qu'en application de C. pr. pén., art. 695-27, al. 3, au stade de la notification du MAE par le magistrat du parquet général, lorsque la personne « *demande l'assistance d'un avocat dans l'État d'émission, cette demande doit être transmise aussitôt par l'autorité judiciaire de l'État d'exécution ; que l'omission de cette transmission porte nécessairement atteinte aux droits de la défense* » (Crim. 24 mai 2017, n° 17-82.655, P n° 141). Toutefois, « *le retard apporté à la transmission d'une demande de désignation d'avocat dans l'État d'émission du mandat* *d'arrêt* » (§ 12) n'est pas sanctionné de nullité et « *aucune atteinte aux droits de la défense ne saurait résulter du seul retard apporté à la communication de cette demande à l'autorité judiciaire émettrice du mandat d'arrêt, dès lors que le renvoi a été ordonné pour permettre l'exercice de ces droits* » (§ 13) (Crim. 26 févr. 2020, n° 20-80.813, P).

– encadrement des mesures de sécurité et de fouille et respect de la **dignité** de la personne (C. pr. pén., art. 63-5 à 63-7, v. n° **12.1C**).

En cas de rétention d'un **mineur** pour l'exécution d'un mandat d'arrêt européen, les droits prévus par CJPM, art. L. 332-1 en matière de mandat d'amener et de mandat d'arrêt, exposés au n° **12.7B2**, sont applicables en termes identiques. Les notifications particulières sont en outre prévues par CJPM, art. R. 332-2.

La « *notification tardive des droits que confèrent les articles 63-1 à 63-7 du code de procédure pénale et [l']omission de la notification de certains d'entre eux* » n'ont pas la même portée que pour une mesure de garde à vue car « *la validité de la procédure d'exécution d'un mandat d'arrêt européen ne peut être affectée par l'éventuelle annulation des procès-verbaux établis au cours de la rétention judiciaire de l'intéressé* » (Crim. 23 sept. 2014, n° 14-86.162, P n° 195).

Le point de départ du délai de 48 h 00 est celui de la mise en œuvre de la rétention qui prend fin lors de la conduite de la personne devant le procureur général. « *Durant cette période, il appartient au procureur général de veiller au bon déroulement de la mesure* » (Circ. Crim.04-2, 11 mars 2004, n° 1.3.2). Ce délai de 48 h 00 n'est pas soumis à prolongation par tranche de 24 h 00 (Crim. 1er mars 2006, n° 06-80.503, P n° 62) et ne peut donner lieu à prolongation.

La garde à vue et la rétention sont « *des mesures de nature distincte qui n'ont pas le même objet* ». Lorsqu'elles sont consécutives, aucune nullité de la rétention ne résulte donc de ce que la durée cumulée de ces deux mesures excède la durée maximale de la garde à vue (Crim. 13 avr. 2010, n° 10-81.810, P n° 68). Dans cette espèce, l'intéressé a ainsi été valablement placé en garde à vue le 7 février à 14 H 45, mesure prolongée jusqu'au 9 février à 11 H 15, puis placé en rétention le 9 février à 11 H 20 et présenté au procureur général le 10 février à 11 H 00.

Précisons qu'au regard de la jurisprudence de la CJUE, les personnes arrêtées aux fins de l'exécution d'un MAE ne sont pas considérées comme suspect au sens de la directive 2012/13/UE, dite directive B, et ne bénéficient des droits attachés à la qualité de personne poursuivie qu'à partir de leur remise à l'État demandeur (CJUE, 28 janv. 2021, aff. C-649/19).

B. La rétention pour l'exécution d'une demande d'extradition (C. pr. pén., art. 696-10)

Le régime de cette rétention est défini en termes comparables par C. pr. pén., art. 696-10 et, en cas de procédure simplifiée d'extradition entre États membres de l'Union européenne, par C. pr. pén., art. 696-25 renvoyant à 696-10. Il est donc renvoyé aux développements en **A** ci-dessus, sous la précision que le délai de 48 h 00 ne s'applique qu'aux demandes d'extradition et non aux demandes d'arrestation provisoire en vue de l'extradition demandées directement par l'État requérant, fondées sur C. pr. pén., art. 696-23.

Comme en matière de MAE, la compétence territoriale du parquet général est celle du lieu de l'interpellation (C. pr. pén., art. 696-9, 696-10 et 696-23), sauf compétence concurrente du parquet général près la cour d'appel de Paris pour les auteurs d'actes de terrorisme (C. pr. pén., art. 696-24-1).

12.9 La garde à vue, conditions de fond d'une mesure de contrainte décidée par un officier de police judiciaire

Avertissement : les parties qui suivent décrivent le droit positif issu de la loi n° 2011-392 du 14 avril 2011 et les décisions utiles de la CEDH, du Cons. const.

et de la C. cass. La jurisprudence construite sous l'empire de la législation ancienne est le cas échéant rappelée pour éclairer l'interprétation des textes actuels.

A. Les conditions du placement en garde à vue

1. Le placement en garde à vue des majeurs suspects : définition et conditions de fond (C. pr. pén., art. 62-2 et 77)

a. Définition. « *La garde à vue est une mesure de contrainte.../...par laquelle une personne.../...est maintenue à la disposition d'enquêteurs* ». Elle ne peut être prise que dans le cadre d'une enquête judiciaire et obéit à de strictes conditions de fond et de forme. Son régime est identique dans l'enquête de flagrance, dans l'enquête préliminaire et dans l'instruction préparatoire (C. pr. pén., art. 62-2 à 64-1, 77 et 194).

b. Condition de fond : suspicion de participation à une infraction passible de prison. La mesure de garde à vue ne peut être prise qu'à l'encontre d'un suspect, c'est-à-dire, comme pour le suspect entendu librement (C. pr. pén., art. 61-1, v. n° **11.73A5**), d'une « *personne à l'encontre de laquelle il existe une ou plusieurs raisons plausibles de soupçonner qu'elle a commis ou tenté de commettre un crime ou un délit* », à condition que le fait soit « *puni d'une peine d'emprisonnement* » (C. pr. pén., art. 62-2).

Manque dès lors de base légale et encourt la nullité la garde à vue prise pour une infraction ne prévoyant pas de peine d'emprisonnement. Une illustration de principe peut être trouvée dans l'infraction de séjour irrégulier. Deux arrêts de la 1re chambre civile de la C. cass. du 5 juillet 2012 rendus sur l'avis conforme de la Ch. crim. du 5 juin 2012, tirant les conséquences de la jurisprudence *El Dridi* et *Achughbabian* de la CJUE (v. nos **27.1** et **27.5**), précisent que la directive 2008/115/CE s'oppose à une règlementation nationale réprimant le séjour irrégulier d'une peine d'emprisonnement, qu'il s'ensuit que le ressortissant d'un pays tiers, en séjour irrégulier en France, qui n'encourt pas l'emprisonnement alors prévu par l'article L. 621-1 du Ceseda, désormais abrogé, ne peut être placé en garde à vue dans une enquête diligentée de ce seul chef.

c. Condition de nécessité et de proportionnalité. La garde à vue doit constituer « *l'unique moyen de parvenir à l'un au moins des objectifs suivants* » :

« *1° Permettre l'exécution des investigations impliquant la présence ou la participation de la personne ;*

2° Garantir la présentation de la personne devant le procureur de la République afin que ce magistrat puisse apprécier la suite à donner à l'enquête ;

3° Empêcher que la personne ne modifie les preuves ou indices matériels ;

4° Empêcher que la personne ne fasse pression sur les témoins ou les victimes ainsi que sur leur famille ou leurs proches ;

5° Empêcher que la personne ne se concerte avec d'autres personnes susceptibles d'être ses coauteurs ou complices ;

6° Garantir la mise en œuvre des mesures destinées à faire cesser le crime ou le délit. »

Ces conditions constituent le cadre du contrôle de nécessité et de proportionnalité de la garde à vue opérée par le parquet ou le juge d'instruction ou par la juridiction saisie d'une demande de nullité de la mesure de garde à vue (v. n° **12.10**).

2. La retenue et le placement en garde à vue des mineurs suspects

• **Les mineurs de moins de 13 ans**, lesquels « *sont présumés ne pas être capables de discernement* » (principe issu CJPM, art. L. 11-1 ; sur la présomption simple d'absence de discernement du mineur < 13 ans et la preuve contraire de son discernement, v. n° **14.30B**), ne peuvent être placés en garde à vue. Toutefois, « *à titre exceptionnel, le mineur de 10 à 13 ans contre lequel il existe ~~des indices graves et concordants laissant présumer~~* « *une ou plusieurs raisons plausibles de soupçonner* » (réd. issue CJPM, art. L. 413-1) *qu'il a commis ou tenté de commettre un crime ou un délit puni d'au moins cinq ans d'emprisonnement, peut, ~~pour l'un des motifs autorisant le placement en garde à vue prévus~~* « *si cette mesure est l'unique moyen de parvenir à l'un au moins des objectifs mentionnés* » (réd. issue CJPM, art. L. 413-1) *au C. pr. pén., art. 62-2, être retenu à la disposition d'un officier de police judiciaire avec l'accord préalable et sous le contrôle ~~d'un~~*

~~*magistrat du ministère public ou d'un juge d'instruction spécialisés dans la protection de l'enfance ou d'un juge des enfants*~~ « *du procureur de la République ou du juge d'instruction pour une durée que ce magistrat détermine* » (réd. issue CJPM, art. L. 413-1) (sur la durée maximale de la retenue et son renouvellement, v. nº **12.29E**) (Ord. nº 45-174, 2 févr. 1945, art. 4, devenu CJPM, art. L. 413-1). En revanche, « *La présomption d'absence de capacité de discernement des mineurs âgés de moins de treize ans [...] n'interdit pas leur audition au cours de l'enquête ou sur commission rogatoire dans le cadre d'une audition libre ou d'une retenue* » (CJPM, art. D. 411-1), étant précisé que la preuve de leur discernement, qui est autorisée (CJPM, art. R. 11-1, v. sur ce point nº **14.30B**), ne permet pas davantage de les placer en garde à vue.

• **Le mineur de plus de 13 ans** peut être placé en garde à vue sans autorisation préalable d'un magistrat, sous les conditions de fond de droit commun visées aux articles 62-2 et 77 du code de procédure pénale (sur la durée de la garde à vue des mineurs de 13 ans et les conditions de son renouvellement, v. nº **12.29E**) (Ord. nº 45-174, 2 févr. 1945, art. 4, devenu CJPM, art. L. 413-6).

Reste valable, ainsi que les actes subséquents accomplis dans le cadre d'une information, la garde à vue prise selon le régime des personnes majeures à l'encontre d'un suspect en réalité mineur qui « *interpellé au volant d'un véhicule, avait fourni une fausse identité et justifié celle-ci par la production d'un permis de conduire falsifié.../...de sorte que les autorités chargées de l'enquête et de l'instruction n'avaient pu mettre en œuvre que le régime juridique applicable aux majeurs* » (Crim. 19 déc. 2017, nº 17-86.113, P).

Pour l'application des dispositions qui précèdent, « *l'âge pris en compte est l'âge du mineur au jour de la mesure dont il fait l'objet* » (principe issu de CJPM, art. L. 411-1).

3. La prohibition du placement en garde à vue de la personne faisant l'objet d'un mandat d'arrêt, de comparution ou d'amener délivré par le juge d'instruction

En cas d'arrestation d'une personne faisant l'objet d'un **mandat d'arrêt** délivré par le juge d'instruction, titre qui ne peut être décerné que contre une personne mise en examen ou susceptible d'être mise en examen, l'OPJ ne peut la placer en garde à vue ni procéder à son audition pour les faits concernés, cette dernière prérogative relevant du seul juge d'instruction qui est tenu de la mettre en examen ou de l'entendre sous le bénéfice du statut de témoin assisté (C. pr. pén., art. 122) (sur l'exécution du mandat d'arrêt, v. nº **12.6D**). Il en est de même pour la personne faisant l'objet d'un **mandat de comparution** (v. nº **12.4**) ou d'un **mandat d'amener** (v. nº **12.4**) (C. pr. pén., art. 122).

Par hypothèse, la **personne mise en examen**, qui ne peut être entendue sur commission rogatoire par l'OPJ (C. pr. pén., art. 152), ne peut donc être placée en garde à vue pour les faits dont est saisi le juge d'instruction.

En revanche la personne interpellée à la suite d'un **mandat de recherche** délivré par un juge d'instruction, titre qui ne peut être délivré que contre un suspect, peut être placée en garde à vue par l'OPJ déjà saisi par commission rogatoire, sous le bénéfice éventuel de l'extension de compétence territoriale prévue par C. pr. pén., art. 18, al. 3 (v. nº **11.14**), ou par l'OPJ du lieu de découverte si le juge d'instruction lui délivre une commission rogatoire à cet effet (C. pr. pén., art. 135-1, sur l'exécution du mandat de recherche, v. nº **12.3D**).

B. Le placement en garde à vue relève de la compétence exclusive de l'OPJ

L'OPJ a compétence exclusive pour décider la mesure de garde à vue (C. pr. pén., art. 62-2 et 77) à l'exclusion de l'APJ et APJ adjoint et de l'OPJ « *circulation routière* » (C. route, art. 130-2 ; v. nº **11.9**). Il peut prendre cette décision d'office ou sur instruction du procureur de la République (C. pr. pén., art. 63) ou du juge d'instruction lors de l'exécution d'une commission rogatoire (C. pr. pén., art. 154 renvoyant à 63).

Il peut être considéré, par la combinaison des articles 17 et 41 du C. pr. pén., que le procureur de la République dispose également de la faculté de placer une personne en garde à vue. Il jouit en effet de tous les pouvoirs et prérogatives attachés à la qualité d'OPJ. De plus, les mesures de contrainte peuvent être prises contre une personne soit sous le contrôle de l'autorité judiciaire, soit directement par cette dernière (C. pr. pén., art. préliminaire), étant précisé que « *l'autorité judiciaire comprend à la fois les magistrats du siège et ceux du parquet* » (Cons. const. 22 avr. 1977, n° 97-389 DC ; Cons. const. 30 juill. 2010, n° 2010-14/22 QPC, § 26).

C. Le principe de la sauvegarde de la dignité de la personne

Le Cons. const., au visa du principe constitutionnel de sauvegarde de la dignité de la personne contre toute forme d'asservissement et de dégradation, tiré du Préambule de la Constitution de 1946, souligne « *qu'il appartient aux autorités judiciaires et aux autorités de police judiciaire compétentes de veiller à ce que la garde à vue soit, en toutes circonstances, mise en œuvre dans le respect de la dignité de la personne ; qu'il appartient, en outre, aux autorités judiciaires compétentes, dans le cadre des pouvoirs qui leur sont reconnus par le code de procédure pénale et, le cas échéant, sur le fondement des infractions pénales prévues à cette fin, de prévenir et de réprimer les agissements portant atteinte à la dignité de la personne gardée à vue et d'ordonner la réparation des préjudices subis* » (Cons. const. 30 juill. 2010, n° 2010-14/22 QPC, § 20).

« *Les mesures de contrainte [dont la personne suspectée ou poursuivie fait l'objet]…/…doivent être strictement limitées aux nécessités de la procédure, proportionnées à la gravité de l'infraction et ne pas porter atteinte à la dignité de la personne* » (C. pr. pén., art. préliminaire (III)).

Les conditions matérielles de la garde à vue (dans cette affaire une garde à vue de 26 personnes dans 4 cellules collectives réduisant leur espace personnel à 0,82 ou 0,92 m², comportant des WC non isolés les contraignant à se soulager les uns devant les autres) de nature à constituer « *une éventuelle violation des dispositions de l'article 3 de la Convention européenne des droits de l'homme, de l'article 10 du Pacte international relatif aux droits civils et politiques et de l'article préliminaire du code de procédure pénale, si elle est susceptible d'engager la responsabilité de la puissance publique en raison du mauvais fonctionnement du service public, ne saurait constituer une cause de nullité de procédure* » (Crim. 22 juin 2010, n° 09-86.658, D).

« *La garde à vue doit s'exécuter dans des conditions assurant le respect de la dignité de la personne. Seules peuvent être imposées à la personne gardée à vue les mesures de sécurité strictement nécessaires* » (C. pr. pén., art. 63-5). Les fouilles de sécurité, les fouilles intégrales et les investigations corporelles internes ne peuvent être effectuées sur la personne gardée à vue que dans les conditions précisées par C. pr. pén., art. 63-6 et 63-7 (v. n° **11.26**).

« *Nul ne peut être soumis au port des menottes ou des entraves que s'il est considéré soit comme dangereux pour autrui ou pour lui-même, soit comme susceptible de tenter de prendre la fuite…/…toutes mesures doivent être prises, dans les conditions compatibles avec les exigences de sécurité, pour éviter qu'une personne menottée ou entravée soit photographiée ou fasse l'objet d'un enregistrement audiovisuel* » (C. pr. pén., art. 803) (sur la diffusion de l'image d'une personne portant des menottes ou entraves, v. n° **35.30**). À cet égard, mentionnons que « *l'enregistrement de la parole ou de l'image d'une personne placée en garde à vue est susceptible de constituer une atteinte à l'intimité de sa vie privée* », incriminée par C. pén., art. 226-1 (v. n° **35.46**) (Crim. 21 avr. 2020, n° 19-81.507, P).

S'agissant du **mineur gardé à vue ou en retenue**, il doit être séparé des personnes majeures, sauf s'il est de l'intérêt supérieur de l'enfant de ne pas en être séparé ou, à titre exceptionnel, à condition que la manière dont le mineur est mis en présence de personnes majeures soit compatible avec l'intérêt supérieur de l'enfant (C. pr. pén., art. D. 15-6-1, mod. par D. n° 2010-508, 24 mai 2019, transposant directive (UE) 2016/800 du Parlement et du Conseil du 11 mai 2016, art. 12, devenu CJPM, art. **R. 413-3**).

D. Les règles de la garde à vue sont substantielles

De façon générale, les règles entourant la garde à vue sont substantielles, leur violation porte nécessairement atteinte à la partie qu'elle concerne et se traduit par la nullité. Cette nullité se limite cependant aux seuls actes irréguliers et ne s'étendent, conformément à la théorie générale de la nullité, qu'à ceux dont la garde à vue irrégulière est « *le support nécessaire* ».

De plus, sont validées des décisions ayant à tort écarté des annulations ou validé des auditions irrégulières, dès lors que la décision de culpabilité prononcée par la juridiction ne s'est fondée « *ni exclusivement ni même essentiellement* » sur ces auditions irrégulières (application de C. pr. pén., art. préliminaire prohibant la déclaration de culpabilité sur le seul fondement de déclarations faites sans entretien préalable ou assistance d'un avocat).

Enfin, est jugé valable le procédé consistant à ordonner la mainlevée d'une garde à vue irrégulière, suivie de manière non consécutive d'une nouvelle garde à vue régulière dont a été déduit, dans l'intérêt du mis en cause, le délai de garde à vue de la première mesure (Crim. 5 déc. 2012, n° 11-88.763, NP).

12.10 La garde à vue : mesure de contrainte contrôlée par l'autorité judiciaire

A. La surveillance générale des locaux de garde à vue par le procureur de la République et le droit de visite de certaines autorités

1. Le contrôle des locaux de garde à vue par le procureur de la République (C. pr. pén., art. 41)

Le procureur de la République contrôle les mesures de garde à vue. Il visite les locaux de garde à vue chaque fois qu'il l'estime nécessaire et au moins une fois par an, il tient à cet effet un registre répertoriant le nombre et la fréquence des contrôles effectués dans les différents locaux (C. pr. pén., art. 41). Il adresse au procureur général un rapport concernant les mesures de garde à vue et l'état de locaux de garde à vue de son ressort. Ce rapport est transmis au garde des Sceaux lequel rend compte de l'ensemble des informations ainsi recueillies dans un rapport public annuel (C. pr. pén., art. 41 [L. n° 2007-291, 5 mars 2007]).

« *Le contrôle des locaux de garde à vue par le procureur de la République, en vertu de l'article 41 du code de procédure pénale, participe pleinement de cette mission de contrôle du respect du principe de la dignité de la personne.../... il y aura lieu de porter une attention toute particulière à l'entretien des cellules, à la présence de sanitaires, d'un chauffage et d'une ventilation adéquate, de la mise à disposition d'un repas et de couvertures propres ainsi qu'aux dispositions prises pour assurer la sécurité de la personne gardée à vue* » (Circ. Crim. 2011-13/E6, 23 mai 2011, NOR : JUSD1113979C, n° III.7.1).Tout local de police ou de gendarmerie susceptible de recevoir une personne gardée à vue est astreint à la tenue d'un registre de garde à vue, le cas échéant sous forme dématérialisée, où sont mentionnés le jour et l'heure de début et de fin de garde à vue, la durée des auditions et des repos qui ont séparé ces auditions, les heures de repas, les fouilles intégrales et les investigations corporelles internes (C. pr. pén., art. 64). Ce registre est contrôlé à tout moment par le procureur de la République, dans le cadre du pouvoir de contrôle des gardes à vue que lui confère expressément l'article 41 du code de procédure pénale (Circ. gén. C. 65, 3°).

2. Le droit de visite des locaux de garde à vue par certaines autorités

« *Les députés, les sénateurs, les représentants au Parlement européen élus en France, "les bâtonniers sur leur ressort ou leur délégué spécialement désigné au sein du conseil de l'ordre"* (depuis L. n° 2021-1729, 22 déc. 2021) *sont autorisés à visiter à tout moment les locaux de garde à vue, les locaux des retenues douanières définies au C douanes., art. 323-1* » (C. pr. pén., art. 719), ils ne peuvent être accompagnés de journalistes.

Le Défenseur des droits, autorité administrative indépendant régie par la loi organique n° 2011-333, 29 mars 2011, chargée de défendre les droits et libertés dans le cadre des relations avec les administrations et de veiller au respect de la déontologie par les personnes exerçant des activités de sécurité (art. 4), peut, ainsi que ses délégués et agents spécialement habilités par le procureur général (art. 37), procéder à des vérifications sur place (art. 22).

Autre autorité administrative indépendante, « *le Contrôleur général des lieux de privation de liberté* [CGLPL] *peut visiter à tout moment, sur le territoire de la République, tout lieu où des personnes sont privées de leur liberté par décision d'une autorité publique* » (L. n° 2007-1545, 30 oct. 2007, art. 8), il « *peut procéder à des vérifications, éventuellement sur place* » (art. 6-1).

Notons que les pouvoirs de visite des autorités qui précèdent concernent également les établissements pénitentiaires, selon les précisions apportées au n° **12.42A1**.

B. Le contrôle de chaque mesure de garde à vue

1. Le contrôle dès le début de la garde à vue et le devoir d'information de l'OPJ

Les mesures de contrainte dont une personne suspectée peut faire l'objet sont prises « *sur décision ou sous le contrôle effectif de l'autorité judiciaire* » (C. pr. pén., art. préliminaire). « *La garde à vue est une mesure de contrainte décidée par un OPJ sous le contrôle de l'autorité judiciaire* » (C. pr. pén., art. 62-2).

Dans cette perspective, l'OPJ informe le procureur de la République (ou le juge d'instruction, C. pr. pén., art. 154) « *dès le début de la mesure.../...par tout moyen* » (C. pr. pén., art. 63 et 77). « *il importera que l'OPJ fasse apparaître clairement en procédure l'heure de transmission et le contenu de l'avis afin de satisfaire aux exigences légales et de mettre en mesure le procureur de la République d'exercer son contrôle* » (Circ. Crim. 2011-13/E6, 23 mai 2011, n° II.2.1.1).

Il lui donne également connaissance des motifs justifiant la mesure au titre de l'art. 62-2 ainsi que de la qualification retenue et notifiée à la personne placée en garde à vue (C. pr. pén., art. 63).

Le procureur de la République (ou le juge d'instruction, mais dans la limite de sa saisine, C. pr. pén., art. 154) peut modifier la qualification et la nouvelle qualification doit être notifiée à la personne (C. pr. pén., art. 63). Le texte tire ainsi les conséquences de la jurisprudence du Cons. const., selon laquelle « *Le législateur a nécessairement entendu que ce magistrat, dans l'exercice des pouvoirs qu'il tient de l'article 41 et des principes généraux du code de procédure pénale, contrôle aussitôt cette qualification* » (Cons. const. 2 mars 2004, n° 2004-492 DC, § 33).

Le procureur de la République « *pourra aussi, le cas échéant, considérer qu'un motif autre que celui ou ceux retenus par l'OPJ est pertinent en l'espèce et en faire part à celui-ci qui l'actera en procédure* » (Circ. Crim. 2011-13/E6, 23 mai 2011, n° II.2.1.1).

Le procureur de la République compétent pour « *être avisé des placements en garde à vue, en contrôler le déroulement, en ordonner la prolongation et décider de l'issue de la mesure est celui sous la direction duquel l'enquête est menée* ». Toutefois, le procureur de la République du lieu où se déroule la garde à vue dispose d'une compétence concurrente pour la contrôler et ordonner sa prolongation (C. pr. pén., art. 63-9). Notons que cette disposition n'est transposable au juge d'instruction que sous la condition qu'il saisisse par commission rogatoire son homologue territorialement compétent (C. pr. pén., art. 151).

Tout retard apporté dans la mise en œuvre de l'obligation d'information du procureur de la République, « *non justifié par des circonstances insurmontables, fait nécessairement grief aux intérêts de la personne concernée* » (Crim. 10 mai 2001, n° 01-81.441, P n° 119 (retard de 3h30 ; dans le même sens : Crim. 20 mars 2007, n° 06-89.050, P n° 85 (retard de 1h15)). « *L'existence de circonstances insurmontables justifiant le retard de l'information donnée au procureur de la République devra par conséquent être toujours actée en procédure par l'OPJ* » (Circ. Crim. 2011-13/E6, 23 mai 2011, n° II.2.1).

Mais il a aussi pu être jugé qu'une garde à vue était régulière alors que le parquet n'avait été avisé par télécopie qu'à 0 h 32 d'une garde à vue prise à 22 h 00, soit 2 h 30 plus tôt (Crim. 3 avr. 2001, n° 01-80.939, NP).

Il se déduit de la présence du procureur de la République sur les lieux de l'interpellation qu'il a été régulièrement informé du placement en garde à vue de la personne concernée (Crim. 4 nov. 1999, nº 99-85.512, NP).

L'annulation pour avis tardif peut être prononcée quelle que soit la qualification finalement retenue, c'est donc à tort que le juge du tribunal de police retient, pour rejeter l'exception de nullité, que la garde à vue ne peut être ordonnée en matière contraventionnelle (Crim. 16 nov. 2021, nº 21-81.613, P).

Sous réserve des règles relatives au périmètre de la saisine du juge d'instruction, qui ne peut en effet étendre ses investigations sans réquisitions supplétives et qui ne peut par conséquent modifier la qualification des faits que dans la limite de sa saisine, les dispositions qui précèdent sont applicables à l'instruction, les attributions du procureur de la République étant alors exercées par le juge d'instruction (C. pr. pén., art. 154). Rappelons que « *le juge d'instruction peut se transporter, sans être assisté de son greffier ni devoir en dresser procès-verbal, pour diriger et contrôler l'exécution de la commission rogatoire* » (C. pr. pén., art. 152, sur la direction et le contrôle du juge d'instruction, v. nº **11.17A2**).

2. Le contrôle du déroulement de la garde à vue

« *Le procureur de la République* [ou le juge d'instruction, C. pr. pén., art. 154] *apprécie si le maintien de la personne en garde à vue et, le cas échéant, la prolongation de cette mesure sont nécessaires à l'enquête et proportionnés à la gravité des faits que la personne est soupçonnée d'avoir commis ou tenté de commettre. Il assure la sauvegarde des droits reconnus par la loi à la personne gardée à vue. Il peut ordonner à tout moment que la personne gardée à vue soit présentée devant lui ou remise en liberté* » (C. pr. pén., art. 62-3 et 77).

« *L'exigence d'une appréciation continue de la nécessité et de la proportionnalité de la mesure de garde à vue impose que les OPJ rendent régulièrement compte au procureur de la République selon des modalités appropriées* » (Circ. Crim. 2011-13/E6, 23 mai 2011, nº II.3.1.2).

3. Le contrôle juridictionnel de la garde à vue

La nécessité de la garde à vue, qui doit être « *l'unique moyen* » de parvenir à l'un des objectifs limitativement autorisés par C. pr. pén., art. 62-2 (v. nºs **12.1A1**), et les éléments factuels qui justifient ces objectifs, constituent le cadre du contrôle de la mesure de garde à vue, non seulement au cours de son déroulement par l'autorité qui dirige l'enquête (magistrat du parquet ou juge d'instruction), mais également par la formation de jugement ou la CHINS saisie *a posteriori* d'une demande de nullité d'acte.

Le principe d'un contrôle juridictionnel de la garde à vue est posé en termes généraux par la Ch. crim. Il incombe en effet à la juridiction saisie d'une demande de nullité de cette mesure de contrainte, d'une part, « *de contrôler que la mesure de garde à vue remplit les exigences de l'article 62-2* », « *d'autre part, dans l'exercice de ce pouvoir de contrôle, elle a la faculté de relever un autre critère que celui ou ceux mentionnés par l'officier de police judiciaire* » (Crim. 28 mars 2017, nº 16-85.018, P nº 84). Dans son appréciation, la juridiction doit se situer « *lors du placement en garde à vue, seul moment à prendre en considération pour le contrôle de la légalité de la mesure.../... en l'état des éléments dont disposaient alors les OPJ* » (Crim. 7 juin 2017, nº 16-87.588, P nº 148).

Loin de se résumer à un contrôle de légalité formelle, le contrôle juridictionnel de la garde à vue est un contrôle de proportionnalité et de pleine juridiction de la mesure, indifférent au contrôle de premier niveau déjà effectué par le ministère public (C. pr. pén., art. 62-3) ou le juge d'instruction (C. pr. pén., art. 154) lors de son déroulement. Est ainsi justifiée l'annulation d'une mesure de garde à vue prise à seule fin de garantir le déferement devant le procureur de la République d'une personne dépourvue d'antécédents judiciaires, offrant des garanties de représentation, qui s'était préalablement présentée librement à deux reprises devant les enquêteurs (Crim. 7 juin 2017, nº 16-87.588, P nº 148). Il semble en résulter que la garde à vue destinée à « *garantir la présentation de la personne devant le procureur de la République afin que ce magistrat puisse apprécier la suite à donner à l'enquête* », pourtant fondée sur C. pr. pén., art. 62-2 2° et 77, n'est pas admise si la personne offre des garanties adaptées de représentation. Cette solution est de nature à limiter le recours à la comparution immédiate ou à la convocation par procès-verbal, voire à la présentation en vue d'une ouverture d'information, dont la condition préalable est en effet le défèrement, puisque cette mesure de contrainte est par hypothèse – selon la lettre des textes – consécutive à une mesure de garde à vue (sur la mesure de défèrement, v. n° 15.12).

C. La vidéosurveillance des lieux de garde à vue et de retenue douanière (CSI, art. L. 256-1 s., issus L. n° 2022-52, 24 janv. 2022)

La L. n° 2022-52, 24 janv. 2022, sur la responsabilité pénale et la sécurité intérieure, a institué la faculté de placer sous vidéosurveillance la personne en garde à vue ou en retenue douanière (sur la mesure de retenue douanière, v. n° 12.33B). Ce dispositif de nature administrative régi par le CSI est placé sous le contrôle de l'autorité judiciaire, il a été jugé conforme à la Constitution (Cons. const. 20 janv. 2022, n° 2021-834 DC, § 15).

1. Les conditions de mise en œuvre de la vidéosurveillance

« *Pour une durée strictement nécessaire au regard du comportement de la personne concernée, qui ne peut excéder 24 H 00* », « *le placement sous vidéosurveillance de la personne placée en garde à vue ou en retenue douanière* » peut être décidé par le chef du service responsable de la sécurité des lieux concernés ou son représentant, « *lorsqu'il existe des raisons sérieuses de penser que cette personne pourrait tenter de s'évader ou représenter une menace pour elle-même ou pour autrui* » (CSI, art. L. 256-2, issu L. n° 2022-52, 24 janv. 2022).

« *L'autorité judiciaire compétente sous le contrôle de laquelle s'exerce la garde à vue ou la retenue douanière est informée sans délai de la mesure. Elle peut y mettre fin à tout moment* » (CSI, art. L. 256-2, issu L. n° 2022-52, 24 janv. 2022).

Au-delà du premier délai de 24H00 de la vidéosurveillance, cette mesure ne peut être prolongée qu'avec l'autorisation de l'autorité judiciaire, pour des périodes de 24 H00, jusqu'à la levée de la garde à vue ou de la retenue douanière.

Si la personne est **mineure** ou si elle fait l'objet d'une mesure de **protection juridique**, son avocat ainsi que ses représentants légaux ou le tuteur ou curateur, sont informés sans délai de la mesure et de son renouvellement (CSI, art. L. 256-2) ainsi que du droit de demander la conservation des enregistrements dans les 48H00 de la fin de la mesure (CSI, art. L. 256-2). En outre le médecin chargé d'examiner le mineur au titre de la garde à vue, ou, s'agissant d'un majeur protégé, un médecin inscrit sur la liste de ceux chargés d'établir des certificats en vue de la protection juridique des majeurs (liste dressée par le procureur de la République en application de C. civ., art. 431), « *indique si le placement sous vidéosurveillance* » du mineur ou de la personne sous protection juridique « *est compatible avec son état de santé* » (CSI, art. L. 256-2).

2. Les modalités de mise en œuvre de la vidéosurveillance et la conservation des enregistrements

Le système de vidéosurveillance, dont les caméras sont visibles, permet un contrôle en temps réel de la personne ; un pare-vue garantit son intimité tout en permettant la restitution d'images opacifiées (CSI, art. L. 256-3). Aux seules fins de prévenir les risques d'évasion et les menaces sur la personne ou sur autrui, les images peuvent être consultées en temps réel par le chef de service ou son représentant habilité par lui (CSI, art. L. 256-4). L'autorité responsable tient un registre précisant l'identité des personnes placées sous vidéosurveillance, la durée des enregistrements ainsi que les personnes ayant visionné les images, y compris en temps réel (CSI, art. L. 256-4).

L'ensemble des séquences vidéo est enregistré. Aucun dispositif biométrique ou de captation du son n'est couplé avec le dispositif et aucun rapprochement automatisé avec d'autres traitements de données à caractère personnel ne peut être réalisé (CSI, art. L. 256-3).

Les enregistrements sont conservés 48 H 00 ; cette durée est portée à 7 jours à compter du lendemain de la mesure de garde à vue ou de retenue douanière lorsque la personne, dans un délai de 48 00 après la levée de la mesure, sollicite la conservation des enregistrements (CSI, art. L. 256-4).

Ces derniers sont détruits à l'issue des délais de 48 H 00 ou 7 jours précités, **sauf** s'ils « *sont utilisés dans le cadre d'une procédure judiciaire, administrative ou disciplinaire* » (CSI, art. L. 256-4).

D. L'indemnisation au titre d'une mesure de garde à vue non suivie d'une condamnation

Si la détention provisoire ou l'ARSE subie dans une procédure ayant donné lieu à une décision définitive de non-lieu, de relaxe ou d'acquittement ouvre droit à une indemnisation par l'État sans que la personne n'ait à démontrer l'existence d'une faute quelconque de l'autorité publique (C. pr. pén, art. 142-10, 149 à 150, sur ce point v. n° **12.41G3** et **17.38B**), la mesure de garde à vue non suivie d'une condamnation (par suite d'une décision de classement sans suite, de non-lieu, de relaxe ou d'acquittement) n'ouvre droit à indemnisation qu'au titre des dispositions de droit commun (COJ, art. L. 141-1) relatives à la responsabilité de l'État pour fonctionnement défectueux du service public de la justice, moins favorables pour la personne qui doit dans ce cas prouver l'existence d'une faute lourde de l'État (sur ce point, v. n° **17.38C**).

La QPC soutenant que les différences instituées par ces régimes d'indemnisation violent les principes de responsabilité, d'égalité devant la loi et les charges publiques est rejetée au motif que « *la personne qui estime avoir subi un préjudice en lien avec une mesure de garde à vue décidée à son encontre au cours d'une procédure finalement classée sans suite peut agir en responsabilité sur le fondement de COJ, art. L. 141-1 au titre d'un fonctionnement défectueux du service public de la justice. Elle n'est dès lors pas privée d'un accès au juge et l'exigence d'une faute lourde posée par ce texte répond à l'objectif d'intérêt général de protection de l'indépendance de l'activité de ce service sans créer d'atteinte disproportionnée aux droits de la personne concernée* » (§ 10) (Civ. 1re, 17 févr. 2022, n° 21-40.031, D).

12.11 La question de la compétence du procureur de la République pour contrôler la garde à vue

A. L'article 5 § 3 de la Conv. EDH et l'arrêt Medvedyev

Selon l'article 5 § 3 de la Convention européenne des droits de l'Homme, dans sa version rédigée en langue française, « *toute personne arrêtée...doit être* **aussitôt traduite devant un juge** *ou un autre magistrat habilité par la loi à exercer des fonctions judiciaires...* ».

La grande chambre de la Cour européenne des droits de l'Homme, dans l'arrêt *Medvedyev et a. c/ France* (CEDH 29 mars 2010, req. n° 3394/03), poursuivant le raisonnement déjà suivi dans l'affaire *Huber c/ Suisse* (CEDH 23 oct. 1990, req. n° 12794/87, § 42 et 43), indique qu'en raison même de sa qualité de partie poursuivante, le parquet ne présente pas la garantie d'indépendance voulue pour exercer le contrôle juridictionnel de la garde-à-vue requis par l'article 5 § 3. Il faut donc en déduire que le seul contrôle valable au regard de cet article est celui auquel sont amenés à procéder les magistrats du siège (tribunal correctionnel, juge d'instruction, JLD, etc.), lesquels ne sont pas parties prenantes dans le processus de poursuite.

Dans ce même arrêt, la cour souligne, comme elle l'avait déjà fait dans de précédentes décisions, que ce contrôle doit avoir lieu « *dans les premières heures après une arrestation* » (§ 119) pour « *protéger par un contrôle juridictionnel la personne arrêtée* » et lui apporter « *des garanties effectives contre le risque de mauvais traitements, qui est à son maximum durant cette phase initiale de détention* » (§ 120). Elle précise encore que cette « *stricte limite de temps imposée par cette exigence [de rapidité] ne laisse guère de souplesse dans l'interprétation* » (§ 121).

Pour autant, la jurisprudence de la cour montre qu'elle se livre à une appréciation nuancée de l'expression « *aussitôt traduite* ». Elle s'efforce en effet d'interpréter cette partie du texte français, qui, dit-elle, « *littéralement signifie immédiatement* » ou « *évoque avec force l'idée d'imminence* » en se référant à l'expression plus large et plus compréhensive de « *promptly* » qui figure dans le texte anglais. Il convient ici de rappeler que le français est, avec l'anglais, la langue de la convention, et que chacun des traités ne constitue pas la traduction de l'autre mais un document à part entière. Néanmoins, la cour s'efforce explicitement d'interpréter ces textes « *d'une manière qui les concile dans la mesure du possible et soit la plus propre à atteindre le but et réaliser l'objet du traité* » (CEDH 29 nov. 1988, série A, n° 145-B, *Brogan et a. c/ Royaume-Uni*, § 59).

Mérite ainsi d'être signalé l'arrêt *McKay c/ Royaume-Uni* (CEDH 3 oct. 2006, req. n° 543/03). Arrêté le 6 janvier à 22 h 00 pour des faits de vol qualifié commis dans une station-service, le dénommé McKay a été présenté le 8 janvier à 10 h 00 devant la « magistrates court », juridiction compétente pour examiner la régularité de l'arrestation et l'existence de raisons plausible de soupçonner l'auteur. 36 h séparent donc son interpellation de sa présentation devant un juge. La cour n'en relève pas moins, sans s'appesantir sur les particularités de la cause, que l'exigence de rapidité prévue à l'article 5 § 3 a été satisfaite (§ 48).

À l'inverse, elle a estimé dans l'affaire *Brogan et a. c/ Royaume-Uni* (CEDH 29 nov. 1988, série A, req. n° 145-B) que la durée de quatre jours et six heures sans présentation devant un juge, même pour une affaire de terrorisme, allait « *au-delà des strictes limites de temps permises* » par l'article 5 § 3.

B. La conformité du statut du procureur de la République aux missions de contrôle de la garde à vue

Dans sa décision n° 2010-14/22 QPC, 30 juill. 2010, le Cons. const. considère que le dispositif de contrôle de la garde à vue par les magistrats du parquet est conforme à l'article 66 de la Constitution selon lequel « *Nul ne peut être arbitrairement détenu. L'autorité judiciaire, gardienne de la liberté individuelle, assure le respect de ce principe dans les conditions prévues par la loi.* » Le Cons. const. souligne en effet (§ 26) que les magistrats du parquet appartiennent à l'autorité judiciaire. Il précise (*ibid.*) que « *le procureur de la République, est informé dès le début de la garde à vue ; qu'il peut ordonner à tout moment que la personne gardée à vue soit présentée devant lui ou remise en liberté ; qu'il lui appartient d'apprécier si le maintien de la personne en garde à vue et, le cas échéant, la prolongation de cette mesure sont nécessaires à l'enquête et proportionnés à la gravité des faits que la personne est suspectée d'avoir commis* ».

Mentionnons que, dans sa décision du 8 déc. 2017, n° 2017-680 QPC, le Cons. const. relève que « *la Constitution consacre l'indépendance des magistrats du parquet, dont découle le libre exercice de leur action devant les juridictions* » (§ 9) et que les dispositions portant statut et conditions d'exercice du parquet « *assurent une conciliation équilibrée entre le principe d'indépendance de l'autorité judiciaire et les prérogatives que le Gouvernement tient de l'article 20 de la Constitution. Elles ne méconnaissent pas non plus la séparation des pouvoirs* » (§ 14), ni « *le droit à un procès équitable ni les droits de la défense ni aucun autre droit ou liberté que la Constitution garantit* » (§ 15).

Il a également jugé « *qu'il découle de l'indépendance de l'autorité judiciaire, à laquelle appartiennent les magistrats du parquet, un principe selon lequel le ministère public exerce librement, en recherchant la protection des intérêts de la société, l'action publique devant les juridictions pénales* » (Cons. const. 22 juill. 2016, n° 2016-555 QPC, § 10).

12.12 La faculté ou l'obligation pour l'OPJ de placer en garde à vue

A. Le placement en garde à vue est en principe facultatif pour l'OPJ

« *Lorsque la personne est présentée devant l'OPJ, son placement en garde à vue, lorsque les conditions de cette mesure sont réunies, n'est pas obligatoire dès lors qu'elle n'est pas tenue sous la contrainte de demeurer à disposition des enquêteurs et qu'elle a été informée qu'elle peut à tout moment quitter les locaux de police et de gendarmerie. Le présent alinéa n'est toutefois pas applicable si la personne a été conduite ", sous contrainte," (L. n° 2014-535, 27 mai 2014) par la force publique devant l'officier de police judiciaire* » (C. pr. pén., art. 73).

La personne peut en effet se présenter sans contrainte devant le service enquêteur, ainsi à la suite d'une convocation, d'une présentation spontanée, ou si elle suit librement les enquêteurs venus la convoquer chez elle. Elle peut aussi avoir été interpellée puis conduite par la force au service en flagrance ou en exécution d'une contrainte à comparaître (v. n° **12.1B**) ou d'un mandat de recherche (v. n° **12.3**).

Le Cons. const. a précisé « *qu'il résulte nécessairement de ces dispositions [C. pr. pén., art. 62] qu'une personne à l'encontre de laquelle il apparaît qu'il existe des raisons plausibles de soupçonner qu'elle a commis ou tenté de commettre une infraction peut être entendue par les enquêteurs en dehors du régime de la garde à vue dès lors qu'elle n'est pas maintenue à leur disposition sous la contrainte* » (Cons. const. 18 nov. 2011, n° 2011-191 QPC, § 18).

Dans tous ces cas, l'OPJ a donc la faculté, non l'obligation, sous réserve des instructions particulières reçues du procureur de la République par application de C. pr. pén., art. 63, al. 1, ou du juge d'instruction saisi (C. pr. pén., art. 154), de placer en garde à vue (C. pr. pén., art. 62-2, 73 et 77). Cette mesure peut en effet ne pas s'avérer nécessaire à l'enquête ou proportionnée à la gravité de l'infraction (v. C. pr. pén., art. préliminaire), ou l'OPJ peut avoir à apprécier préalablement la consistance des « *raisons plausibles de soupçonner* » que la personne a commis l'infraction, qui conditionnent le placement en garde à vue. La décision de placer une personne en garde à vue relève d'une faculté que l'OPJ tient de la loi et qu'il exerce, dans les conditions qu'elle définit, sous le seul contrôle du procureur de la République ou le cas échéant du juge d'instruction (Crim. 4 janv. 2005, n° 04-84.876, P n° 3).

« *L'appréciation au cas par cas, par l'OPJ ou le procureur de la République, de la nécessité de la mesure .../...paraissent justifier.../...qu'il soit mis un terme aux instructions de placement systématique en garde à vue qui ont pu être diffusées aux services de police judiciaire sur certains ressorts, en considération de la seule qualification de l'infraction* » (Circ. Crim. 2011-13/E6, 23 mai 2011, NOR : JUSD1113979C, n° I.5).

Il faut toutefois noter que le placement en garde à vue par l'OPJ est obligatoire lors de l'exécution d'un mandat de recherche, puisqu'un tel mandat contient « *l'ordre [...] de rechercher la personne [...] et de la placer en garde à vue* » (C. pr. pén., art. 70, 77-4 et 122 ; L. n° 2004-204, 9 mars 2004, art. 86-I, 86-II, 96-I et 207-1) (sur le mandat de recherche délivré par le procureur de la République ou le juge d'instruction, v. n° **12.3A**).

B. Le placement en garde à vue est nécessaire si le suspect est explicitement ou implicitement contraint

1. La contrainte explicite : l'interpellation suivie d'un maintien à disposition impose le placement en garde à vue

Lorsqu'elle est mise sous la contrainte à disposition de l'OPJ pour les nécessités de l'enquête, la personne contre laquelle il existe une ou plusieurs raisons plausibles de soupçonner qu'elle a commis ou tenté de commettre une infraction doit être placée en garde à vue et recevoir notification de ses droits (Crim. 6 déc. 2000, n° 00-82.997, P n° 367 – Crim. 6 mai 2003, n° 02-87.567, P n° 93). Cette jurisprudence est donc consacrée dans C. pr. pén., art. 73 précité : aucune audition d'une personne sous contrainte ne peut avoir lieu sans placement préalable en garde à vue.

La conduite sous contrainte s'entend d'une coercition effectuée par l'autorité publique, tel n'est pas le cas de la présentation coercitive de ses enfants devant la police effectuée par une mère (Crim. 25 oct. 2000, n° 00-84.726, P n° 315), ou lorsque la personne a librement suivi les enquêteurs, ou lorsque l'intéressé a été conduit à l'OPJ, non par la force publique (C. pr. pén., art. 73, dernier al.) mais par une personne dépourvue de pouvoir de coercition (C. pr. pén., art. 73, al. 1, ex. un simple particulier, un agent de sécurité privée) ; le placement en garde à vue ne s'impose alors pas.

Cette interprétation jurisprudentielle a été consacré dans deux articles par L. n° 2014-535, 27 mai 2014 : C. pr. pén., art. 61-1 rappelle que le régime de l'audition libre du suspect ne s'applique pas « *si la personne a été conduite, sous contrainte, par la force publique devant l'OPJ* » ; C. pr. pén., art. 73 impose, en termes identiques, le placement en garde à vue « *si la personne a été conduite, sous contrainte, par la force publique devant l'OPJ* ». De même, dans l'enquête douanière, « *lorsqu'une personne concernée par la visite [douanière] et suspectée d'avoir commis une infraction douanière fait l'objet d'une mesure de contrainte sur sa personne, elle ne peut être entendue selon les modalités prévues* » par C. douanes, art. 67F relatives à l'audition libre douanière (C. douanes, art. 60-9, issu L. n° 2023-610, 18 juill. 2023) (sur la visite douanière, v. n° **11.59**).

À cet égard, « *une personne ne pourra être considérée comme ayant suivi volontairement les agents de la force publique si : – ceux-ci l'ont contrainte à monter dans leur véhicule ; – ou si elle a été menottée durant le trajet* » (Circ. Crim. 2011-13/E6, 23 mai 2011, NOR : JUSD1113979C, n° I.4.3 – Circ. Crim. 2014-12/E8, 23 mai 2014, NOR : JUSD1412016C, n° 1.2.2). Elle ne pourra donc être entendue immédiatement sans placement préalable en garde-à-vue.

L'OPJ peut en tout état de cause ne pas estimer nécessaire la garde à vue et laisser libre la personne en lui remettant une convocation en vue d'une audition ultérieure.

2. Les cas particuliers : dégrisement, dépistage de l'alcoolémie ou des stupéfiants

Dans les cas suivants, assimilables à une contrainte dans le sens où l'autorité publique soumet la personne à une mesure de rétention ou de contrôle imposant, dans la plupart des cas, une conduite dans les locaux du service du service d'enquête, le législateur a explicitement prévu que la mesure pouvait être suivie d'une audition libre de la personne.

La rétention en chambre de dégrisement en cas d'ivresse manifeste, par application de l'article L. 3813-47 du code de la santé publique, ne constitue pas la contrainte ouvrant les droits du gardé à vue (Crim. 9 sept. 1998, n° 98-80.662, P n° 229) ; dans cette affaire, une personne a ainsi valablement pu être placée en dégrisement après sa découverte sur la voie publique à 14 h 45, entendue dès qu'elle avait recouvré la raison le lendemain à 8 h 00 et remise en liberté à 8 h 30 sans être placée en garde à vue.

Cette jurisprudence est en partie consacrée par CSP, art. L. 3341-2 aux termes duquel « *lorsqu'il est mis fin à la rétention en chambre de sûreté de la personne, le placement en garde à vue, si les conditions de cette mesure prévues par le code de procédure pénale sont réunies, n'est pas obligatoire dès lors qu'elle n'est pas tenue sous la contrainte de demeurer à disposition des enquêteurs* ». Le législateur prévoyait toutefois que la personne devait dans ce cas être informée « *qu'elle peut à tout moment quitter les locaux de police ou de gendarmerie* ». Cette mention a été abrogée par L. n° 2016-731, 3 juin 2016, qui prévoit désormais que les droits du suspect entendu librement, définis au C. pr. pén., art. 61-1 (v. n° **11.73**), doivent lui être notifiés.

Des dispositions identiques s'appliquaient pour les **épreuves de dépistage et de mesure de l'imprégnation alcoolique** en application de C. route, art. L. 234-3 et L. 234-5 (C. route, art. L. 234-18) ou les épreuves de vérifications destinées à établir si la personne conduit après usage **de stupéfiants** en application de C. route, art. L. 235-2 (C. route, art. L. 235-5). Là encore, L. n° 2016-731, 3 juin 2016, prévoit désormais que les droits du suspect entendu librement définis au C. pr. pén., art. 61-1 (v. n° **11.73**) sont notifiés à la personne lorsqu'elle n'est pas tenue sous la contrainte de rester à la disposition des enquêteurs.

3. La contrainte implicite : le maintien durable à disposition

La garde à vue ouvre au suspect le bénéfice de plusieurs droits. L'obligation de les notifier et d'en permettre l'exercice doit donc, dans certaines circonstances, imposer le placement en garde à vue. Sont susceptibles de caractériser une contrainte implicite les situations où, sans pouvoir clairement vaquer à ses activités courantes (repas, repos, travail, etc.), le suspect aura été durablement entendu sans avoir été placé en garde à vue. Il pourrait en effet soulever le grief d'un détournement de procédure, celui d'avoir été indûment retenu sans jouir des droits attachés à la garde à vue : « *Il convient [...] de s'assurer que la personne ne fait effectivement l'objet d'aucune atteinte à sa liberté d'aller et venir, qu'elle a librement accepté de suivre les enquêteurs ou de répondre à leur convocation et d'être ensuite entendue par eux. Que l'audition d'un suspect commencée au cours de l'après-midi se poursuive ou reprenne à la nuit tombée paraît ainsi révéler que la personne est retenue par les enquêteurs qui doivent donc la placer en garde à vue* » (Circ. Crim. 00-13/F1, 4 déc. 2000, NOR : JUSD0030205C, n° 1.1.1).

Les deux décisions du Cons. const. fixant, par une réserve d'interprétation, le régime de l'audition libre (QPC n° 2011-191 et QPC n° 2012-257), ainsi que L. n° 2014-535, 27 mai 2014, ont construit le statut du suspect entendu librement (v. n° **11.73A3**).

Dans ce cadre, qui ouvre désormais une série de droits au suspect, la question de la contrainte implicite présente un intérêt plus marginal mais reste pertinente. En effet, nonobstant leurs nombreux points communs (v. notamment le tableau s[s] n° **11.76**), les notifications et droits de chacun de ces régimes restent différents (examen médical, entretien préalable avec un avocat, avis à famille et au consulat, etc.), et la durée de l'audition libre n'est pas cantonnée, ce qui ouvre un champ de discussion pour les auditions libres dont la durée est atypique. Enfin, le risque de détournement de procédure peut aussi s'illustrer par le recours au régime de l'audition de simple témoin, au lieu de l'audition libre du suspect qui ouvre désormais des garanties.

4. Le cas particulier de l'audition libre du mineur conduit devant l'OPJ par les services de police

« *.../...le mineur, conduit par les policiers auprès d'un officier de police pour être entendu sur une infraction qu'il était soupçonné d'avoir commise, se trouvait nécessairement dans une situation de contrainte et devait bénéficier des droits attachés au placement en garde à vue* » (Crim. 6 nov. 2013, n° 13-84.320, P n° 220). Cet arrêt semble induire qu'un mineur ne dispose pas du discernement suffisant pour s'estimer libre lorsqu'il a été conduit, même sans contrainte, par les forces de police devant l'OPJ. La portée de cette décision reste toutefois à confirmer car, dans cette espèce particulière, le mineur (âgé de plus de 13 ans) n'avait pas reçu notification du droit de quitter à tout moment le service.

C. L'audition libre durant le temps d'une garde à vue ou d'une contrainte résultant d'une autre cause

1. L'audition libre durant le temps d'une garde à vue pour autre cause

Si l'usage explicite ou implicite de la contrainte pour l'audition d'un suspect impose son placement en garde-à-vue, c'est à la condition que cette audition porte sur les **faits à l'origine de cette contrainte**.

Tel n'est pas le cas lorsqu'une personne, placée en garde à vue pour certains faits, est entendue durant le temps de la garde à vue pour une procédure distincte.

Des décisions, poursuivant le principe dégagé avant la réforme de la garde à vue (ex. Crim. 12 janv. 2005, n° 03-86.372, NP – Crim. 31 oct. 2006, n° 06-86.123, P n° 263) précisent : « *une personne gardée à vue peut être entendue, sans qu'il soit nécessaire de prendre une nouvelle mesure de garde à vue sur des faits autres que ceux à l'origine de cette mesure et qui sont sans incidence sur ses modalités* » (Crim. 30 oct. 2012, n° 11-87.244, P n° 228), ou encore « *aucune disposition légale ne fait obligation aux OPJ de placer en garde à vue la personne à l'audition de laquelle ils entendent procéder, lorsqu'ils n'ont pris, dans le cadre de l'enquête qui leur est confiée, aucune mesure coercitive à l'encontre de cette personne qui se trouvait déjà en garde à vue dans le cadre d'une autre procédure* » (Crim. 23 janv. 2013, n° 12-83.798, NP).

Ont ainsi été levées les interrogations qui pesaient sur la question des **gardes à vue dites « supplétives »**, posées dans le contexte de la réforme de la garde à vue.

C. pr. pén., art. 64 3°, précise à cet égard que le procès-verbal récapitulant le déroulement de la garde à vue mentionne « *le cas échéant les auditions de la personne gardée à vue effectuées dans une autre procédure pendant la durée de la garde à vue* ».

La loi n° 2014-535 du 27 mai 2014, a confirmé ces principes tout en entourant de garanties particulières ce type d'audition. Désormais, « *si, au cours de la garde à vue, la personne est entendue dans le cadre d'une procédure suivie du chef d'une autre infraction et qu'il existe des raisons plausibles de soupçonner qu'elle a commis ou tenté de commettre cette infraction, elle doit faire l'objet des informations prévues au* 1°[information sur les faits reprochés, v. n° **12.13**], *3°* [droit au silence, v. n° **12.20**], 4° [droit à l'interprète, v. n° **12.16**] *de l'article 61-1 et être avertie qu'elle a le droit d'être assistée par un avocat conformément aux articles 63-3-1* [premier entretien de 30 mn, v. n° **12.24**] et *63-4-3* [assistance aux auditions et confrontations, v. n° **12.26**] » (C. pr. pén., art. 65).

« *le droit à l'assistance d'un avocat s'exerce exactement comme en matière de garde à vue, y compris donc le délai de carence de 2 heures.../...Il est en revanche inutile de lui notifier le droit au médecin ou le droit de faire prévenir ses proches. L'information du procureur paraît nécessaire en opportunité même si elle n'est pas une condition de régularité de l'audition.../...si la garde à vue est levée dans le cadre de la procédure principale, il ne semble pas que l'audition sur de nouveaux faits faisant l'objet d'une procédure incidente puisse intervenir, dans la continuité immédiate de la garde à vue, dans le cadre d'une audition libre, puisque la personne aura fait préalablement l'objet d'une mesure de contrainte, compte tenu du dernier alinéa de l'article 61-1* » (Circ. Crim. 2014-12/E8, 23 mai 2014, n° 2.2.2).

2. L'AUDITION LIBRE DURANT LE TEMPS D'UNE HOSPITALISATION

Une approche prudente s'impose dans toute situation de fait dans laquelle la personne, bien qu'entendue hors régime de la garde à vue, ne dispose pas de sa liberté d'aller et venir.

Il en est ainsi en cas **d'hospitalisation**. Dans ce cadre, le placement en garde à vue paraît également devoir rester facultatif, si l'audition de la personne n'entraîne aucune contrainte autre que celle inhérente à l'hospitalisation. Toutefois, la prohibition des traitements inhumains et dégradants par l'article 3 de la Convention européenne des droits de l'Homme – « *nul ne peut être soumis à la torture ni à des peines ou traitements inhumains ou dégradants* » – impose une précaution particulière. Par hypothèse, aucun certificat médical n'est requis pour s'assurer de la compatibilité de l'audition avec l'état du patient puisque ce certificat de compatibilité ne s'impose qu'en cas de garde à vue (C. pr. pén., art. 63-3) (sur la garde à vue en milieu hospitalier, v. n° **12.18E4**). Il revient donc à l'enquêteur et au magistrat qui le contrôle de veiller, par une réquisition faite au titre des constatations ou examens techniques utiles à l'enquête prévus par C. pr. pén., art. 60 (flagrance) ou 77-1 (préliminaire), de faire délivrer par un **médecin un certificat constatant la compatibilité entre l'hospitalisation et l'audition**. Ce n'est en effet qu'à la condition qu'« *un médecin [ait] lui-même constaté que l'état de santé de [la] personne hospitalisée [est] compatible avec son audition et [que] celle-ci [peut] ainsi se dérouler dans des conditions respectant les exigences résultant de l'article 3 de la Convention européenne des droits de l'Homme* » que l'audition d'un suspect hospitalisé peut échapper à la nullité encourue (Crim. 25 oct. 2011, n° 11-82.780, P n° 216).

3. L'AUDITION LIBRE D'UNE PERSONNE DÉTENUE

Il a été considéré, dans une affaire où, hors garde à vue, une personne détenue avait été extraite de la maison d'arrêt puis conduite le matin sur les lieux d'un box pour assister à une perquisition, puis entendue le même jour de 11 h 20 à 12 h 40 puis de 15 h 30 à

19 h 15, que l'intéressé « *ne s'étant opposé ni à son extraction de la maison d'arrêt ni à l'exécution de la perquisition [sur commission rogatoire] et aux auditions qui ont suivi, les policiers, qui ne l'ont soumis à aucune contrainte autre que celle inhérente au mandat de dépôt dont il faisait l'objet, ont pu estimer qu'il n'y avait pas lieu de le placer en garde à vue* » (Crim. 6 févr. 2002, n° 01-87.991, P n° 26).

Cette jurisprudence conserve son actualité à la lumière des décisions plus récentes décrites ci-dessus en cas d'audition libre durant le temps d'une mesure de garde à vue.

4. Les limites de l'audition libre en cas de contrainte extérieure à la procédure concernée

Tout d'abord, les notifications propres à l'audition libre, telles que définies dans C. pr. pén., art. 61-1, s'imposent (v. n° **11.73**).

Ensuite, une décision de la CEDH mérite attention. Il s'agissait d'une affaire où un magistrat instructeur et un magistrat du parquet, français, s'étaient déplacés en Belgique pour assister à l'audition d'un détenu Belge, effectuée par des OPJ Belges conformément au droit Belge, c'est-à-dire sans entretien avec un avocat, sur commission rogatoire internationale délivrée par le juge d'instruction français, pour des faits de vols avec arme commis en France. La Cour, pour considérer qu'il y avait eu violation de Conv. EDH art. 6 § 3 c) (droit à l'assistance d'un avocat) et 6 § 1 (procédure équitable) a tenu le raisonnement suivant : « *§ 53. La Cour estime devoir prendre en considération la situation du requérant lors de son audition.../...En l'espèce, le requérant, même s'il ne faisait l'objet d'aucune mesure restrictive ou privative de liberté au titre de la procédure en cause, a été entendu alors qu'il avait été extrait de détention.../...§ 54. Dès lors, s'il apparaît que le requérant a délibérément consenti à faire des révélations aux services d'enquête, ce choix, alors même que ses déclarations ont contribué à sa propre incrimination, ne peut être considéré aux yeux de la cour comme totalement éclairé.../...outre qu'aucun droit à garder le silence ne lui a été expressément notifié, il a pris sa décision sans être assisté d'un conseil.../...Or la cour constate qu'il n'avait renoncé de manière non équivoque ni à son droit au silence, ni à l'assistance d'un avocat* » (CEDH 27 oct. 2011, *Stojkovic c/ France et Belgique*).

Au regard de cette jurisprudence de la CEDH les notifications, maintenant prévues par C. pr. pén., art. 61-1 (L. n° 2014-535, 27 mai 2014) au bénéfice du suspect entendu librement, permettent désormais de sécuriser juridiquement les auditions libres des personnes se trouvant dans une situation de contrainte étrangère à la procédure en cause (garde à vue, détention).

12.13 Le droit à l'information de la personne gardée à vue – La notification des droits et des motifs de l'arrestation (C. pr. pén., art. 63-1)

A. Le droit d'être informé des motifs de l'arrestation et des droits de la personne gardée à vue

« *Toute personne arrêtée doit être informée [...] des raisons de son interpellation et de toute accusation portée contre elle* » (Conv. EDH, art. 5 § 2).

Toute personne placée en garde à vue est informée, selon la rédaction issue de la loi n° 2014-535 27 mai 2014, « *de la qualification, de la date et du lieu [au lieu de "de la nature et de la date présumée"] présumés de l'infraction qu'elle est soupçonnée d'avoir commise ou tenté de commettre* ».

Elle est également informée, par procès-verbal ainsi que par la remise d'un formulaire de déclaration écrite des droits (v. n° **12.15**), des dispositions sur la durée de la garde à vue et des prolongations dont elle peut faire l'objet, des motifs de la décision de placement en garde à vue (v. n^{os} **12.1A** et **12.10**), des droits de la personne gardée à vue détaillés ci-dessous : droit de faire prévenir un proche et son employeur et ses autorités consulaires s'il est étranger (v. n° **12.17**), droit de consulter un médecin (v. n° **12.18**), droit d'être assisté par un avocat (v. n^{os} **12.19**, **12.21** s.), droit d'être assisté par un interprète (v. n° **12.16**), expression du principe général du droit à l'interprétation inscrit dans C. pr. pén., art. liminaire et la « *directive A* » (v. n° **11.7**), droit de consulter certaines pièces de la procédure (v. n°s 12.25C et 12.26), droit de présenter des observations sur la prolongation de la garde à vue (v. n°s 12.29B et 12.31), et droit de garder le silence (v. nº 12.20) (C. pr. pén., art. 63-1).

Il y a lieu de souligner que l'absence de remise du formulaire d'information (v. nº 12.15) n'entraîne pas nullité d'une notification par procès-verbal régulière (Crim. 2 nov. 2016, nº 16-81.540, NP ; Crim. 7 févr. 2017, nº 16-85.187, P nº 32).

Lorsque le suspect est entendu sur commission rogatoire, il lui est au surplus notifié que cette garde à vue « *intervient dans le cadre d'une commission rogatoire* » (C. pr. pén., art. 154, sur la garde à vue du suspect sur commission rogatoire, v. nº 11.19C).

Il convient d'ajouter à ces notifications qu'« *En cas de placement en garde à vue d'une personne majeure, l'officier ou agent de police judiciaire lui demande si elle fait l'objet d'une mesure de protection juridique* » (C. pr. pén., art. D. 15-5-7, D. nº 2019-507, 24 mai 2019), dispositions qui conduiront le cas échéant l'enquêteur à aviser le tuteur, curateur ou mandataire spécial par application de C. pr. pén., art. 706-112-1, issu L. nº 2019-222, 23 mars 2019 (sur ce point, v. nº 12.17E).

Précisons que « *si une mesure de garde à vue, notifiée par un service d'enquête, est poursuivie par un autre, la reprise de cette mesure n'a pas à donner lieu à un nouvel exercice des droits énoncés au C. pr. pén., art. 63-1 à 63-4, lesquels n'ont pas à être à nouveau notifiés* » (§ 20) (Crim. 13 avr. 2023, nº 22-85.907, P). De même, « *une personne gardée à vue peut être entendue, sans qu'il soit nécessaire de prendre une nouvelle mesure de garde à vue sur des faits autres que ceux à l'origine de cette mesure et qui sont sans incidence sur ses modalités* » (Crim. 30 oct. 2012, nº 11-87.244, P nº 228).

B. L'ÉTENDUE DU DROIT D'ÊTRE INFORMÉ SUR L'ACTE PÉNALEMENT SANCTIONNÉ REPROCHÉ

1. LA NOTIFICATION DE L'INFRACTION DONT LA PERSONNE EST SUSPECTÉE

« *Les suspects ou les personnes poursuivies devraient recevoir rapidement des informations sur l'acte pénalement sanctionné qu'ils sont soupçonnés ou accusés d'avoir commis, et au plus tard avant leur premier interrogatoire par la police ou une autre autorité compétente, et sans porter préjudice au déroulement des enquêtes en cours. Une description des faits, y compris, lorsqu'ils sont connus, l'heure et le lieu des faits, relatifs à l'acte pénalement sanctionné que les personnes sont soupçonnées ou accusées d'avoir commis, ainsi que la qualification juridique éventuelle de l'infraction présumée, devrait être donnée de manière suffisamment détaillée, en tenant compte du stade de la procédure pénale auquel une telle description intervient, pour préserver l'équité de la procédure et permettre un exercice effectif des droits de la défense* » (Dir. 2012/13/UE (directive B), 22 mai 2012, § nº 28).

Dir. 2012/13/UE (directive B), 22 mai 2012, art. 6 : « *1. Les États membres veillent à ce que les suspects ou les personnes poursuivies soient informées de l'acte pénalement sanctionné qu'ils sont soupçonnés ou accusés d'avoir commis. Ces informations sont communiquées rapidement et de manière suffisamment détaillée pour garantir le caractère équitable de la procédure et permettre l'exercice effectif des droits de la défense. 2. Les États membres veillent à ce que les suspects ou les personnes poursuivies qui sont arrêtés ou détenus soient informés des motifs de leur arrestation ou de leur détention, y compris de l'acte pénalement sanctionné qu'ils sont soupçonnés ou accusés d'avoir commis* ».

La précision de l'information s'apprécie en fonction de l'état de l'enquête car l'information détaillée n'est imposée qu'au stade de la saisine de la juridiction de jugement. La directive n'exige en effet que « *les informations détaillées sur l'accusation, y compris sur la nature et la qualification juridique de l'infraction pénale, ainsi que sur la nature de la participation de la personne poursuivie, soient communiquées au plus tard au moment où la juridiction est appelée à se prononcer sur le bien-fondé de l'accusation* » (Dir. 2012/13/UE (directive B), 22 mai 2012, art. 6.3).

« *L'information sur la nature de l'infraction n'impose pas d'indiquer à la personne gardée à vue le détail des faits qu'elle est soupçonnée avoir commis ou tenté de commettre mais de l'aviser de la qualification juridique de l'infraction, telle qu'elle peut être appréciée à ce stade de l'enquête. Lorsque la personne est soupçonnée d'avoir commis ou tenté de commettre plusieurs infractions, les différentes qualifications juridiques doivent être mentionnées. Cette information n'implique pas que soient précisés les articles définissant ou réprimant l'infraction ou les infractions et peut seulement faire référence à des catégories génériques d'infractions – telle que, par exemple "trafic de stupéfiants" sans distinguer entre les différents délits prévus par les articles 222-34 à 222-40 du code pénal – dès lors qu'elles sont suffisamment précises pour déterminer le régime applicable* » (Circ. Crim. 2011-13/E6, 23 mai 2011, NOR : JUSD1113979C, nº III.1.1).

« *L'information sur la date présumée de l'infraction .../...permet de faire référence à une date ou à une période de temps, telle qu'elle peut être appréciée à ce stade de l'enquête : bien évidemment, une date imprécise notifiée à ce stade de la procédure ne saurait faire grief à la personne, dès lors qu'elle résultait des éléments de la procédure au moment du placement en garde à vue* » (Circ. Crim. 2011-13/E6, 23 mai 2011, nº III.1.1).

La Ch. crim. juge ainsi que la directive 2012/13/UE (directive B), 22 mai 2012, art. 6, « *précise que les informations détaillées sur l'accusation notamment sur la nature de leur participation doivent être communiquées au plus tard au moment où la juridiction est appelée à se prononcer sur le bien-fondé de l'accusation et non pas dès le stade de l'arrestation* » (série d'arrêts Crim. 31 janv. 2017, nºs 16-84.613, 16-84.615, 16-84.623 à 16-84.626, NP).

L'avocat de la personne gardée à vue est également informé « *de la nature et de la date présumée de l'infraction sur laquelle porte l'enquête* » (C. pr. pén., art. 63-3-1, al. 4).

Si, en vertu de C. pr. pén., art. 63-1, la personne est immédiatement informée du **lieu présumé** de l'infraction qu'elle est soupçonnée d'avoir commise, « *l'omission de cette précision lors de la notification de la garde à vue ne peut entraîner le prononcé d'une nullité que si elle a pour effet de porter atteinte aux intérêts de la partie concernée* » (Crim. 27 mai 2015, nº 15-81.142, P nº 126). Il s'en déduit que « *l'absence de notification du lieu de commission de l'infraction, dont la personne est suspectée, ne peut, conformément aux dispositions des articles 171 et 802 C. pr. pén., constituer une cause de nullité de la mesure de garde à vue que si elle a causé un grief à la personne concernée* » (Circ. Crim. PJ nº 11-51-H11, 10 août 2015).

Une attention particulière doit être portée sur l'exhaustivité de la notification des faits reprochés, soit qu'il existe des raisons plausibles de les soupçonner dès le début de la garde à vue, soit qu'ils apparaissent en cours d'audition. L'audition sur des faits qui n'ont pas fait l'objet d'une notification (en l'espèce des faits d'agression sexuelle alors que seuls des faits de viols avaient été notifiés), y compris sur des faits spontanément révélés par la personne entendue, fait nécessairement grief – malgré la notification du droit au silence – et entraîne la nullité (Crim. 21 févr. 2017, nº 16-85.224, NP). Il en est de même pour une audition pour violences et menaces qui s'est poursuivie pour des faits de viol sans notification complémentaire (Crim. 16 juin 2015, nº 14-87.878, P).

En revanche « *l'omission, dans la notification à la personne gardée à vue [...], d'une partie des faits qu'elle est soupçonnée d'avoir commis ou tenté de commettre ne peut entraîner le prononcé d'une nullité que s'il en est résulté pour elle une atteinte effective à ses intérêts* », ce qui n'est pas le cas lorsque la personne, en répondant aux questions des enquêteurs, n'a tenu sur ces faits aucun propos par lequel elle s'est incriminée (Crim. 2 nov. 2016, nº 16-81.716, P nº 281 ; dans le même sens, pour la notification d'une nouvelle qualification : Crim. 15 oct. 2019, nº 19-82.380, P).

2. L'information complémentaire en cas de changement de qualification de l'acte pénalement sanctionné

« *Tout changement relatif aux éléments de l'accusation intervenant au cours de la procédure pénale qui affecte sensiblement la position du suspect ou de la personne poursuivie devrait leur être communiqué, si cela est nécessaire pour garantir l'équité de la procédure et en temps utile pour permettre un exercice effectif des droits de la défense* » (Dir. 2012/13/UE (directive B), 22 mai 2012, § nº 29).

Dir. 2012/13/UE (directive B), 22 mai 2012, art. 6 : « 4. *Les États membres veillent à ce que les suspects ou les personnes poursuivies soient rapidement informés de tout changement dans les informations fournies en vertu du présent article* [il s'agit « des motifs de leur arrestation ou de leur détention, y compris de l'acte pénalement sanctionné »], *lorsque cela est nécessaire pour garantir le caractère équitable de la procédure* ».

Le procureur de la République peut modifier la qualification des faits, dans ce cas, la nouvelle qualification est notifiée à la personne dans les mêmes conditions (C. pr. pén., art. 63). « *la notification à la personne gardée à vue d'une extension de la poursuite initiale, d'un autre chef, effectuée par application de C. pr. pén., art. 65* [lire en réalité 63], *n'a pas pour effet de générer une garde à vue distincte de celle en cours au moment de cette notification.* » (Crim. 14 nov. 2019, n° 19-83.285, P). Cette attribution de modifier la qualification appartient également au juge d'instruction saisi, mais dans les strictes limites de sa saisine *in rem* (C. pr. pén., art. 154, sur la saisine *in rem* du juge d'instruction et son pouvoir de requalification, v. n° **15.31C**).

« *Dans le silence de la loi, la personne [...] n'a pas à être informée d'une nouvelle circonstance aggravante découverte au cours de la garde à vue, à moins que celle-ci ait une incidence sur le régime de la garde à vue.../...La C. cass. considère ainsi que la circonstance de bande organisée participe de la nature de l'infraction et qu'elle doit être notifiée, lorsqu'elle est relevée au cours de la garde à vue, dès que le régime dérogatoire que cette nature autorise est mis en œuvre* » (Circ. Crim. 2011-13/E6, 23 mai 2011, n° III.1.1).

« *La qualification s'entend évidemment de celle retenue par les enquêteurs au début de l'enquête, au regard des éléments en leur possession, et n'interdit nullement une requalification ultérieure, en cours de garde à vue ou dans la suite de la procédure. Si cette requalification a une incidence sur le régime de la garde à vue, la personne devra bien sûr en être informée* » (Circ. Crim. 2014-12/E8, 23 mai 2014, n° 2.1.1, 1).

« *le défaut de notification à la personne gardée à vue de la modification de qualification d'une infraction qu'elle est soupçonnée d'avoir commise ou tenté de commettre, ordonné par le procureur de la République, ne peut entraîner le prononcé d'une nullité que s'il en est résulté pour elle une atteinte effective à ses intérêts* », tel n'est pas le cas lorsque la personne n'a tenu, en répondant aux questions des enquêteurs, aucun propos par lequel elle se serait incriminée sur la nouvelle qualification (Crim. 15 oct. 2019, n° 19-82.380, P ; dans le même sens, pour la notification initiale : Crim. 2 nov. 2016, n° 16-81.716, P n° 281).

L'extension de la qualification initiale fondant la garde à vue, décrite ci-dessus et prévue par C. pr. pén., art. 63, est à distinguer clairement d'une autre hypothèse prévue par **C. pr. pén., art. 65**, dans laquelle une personne en garde à vue pour certains faits est entendue en qualité de suspect dans le cadre d'une procédure distincte suivie pour une autre infraction. Dans ce cas, la personne est considérée comme entendue libre dans cette seconde procédure, se voit alors notifier les droits prévus par C. pr. pén., art. 61-1, sauf celui de quitter librement les locaux, mais a droit, même si l'infraction n'est pas passible d'emprisonnement, à l'assistance d'un avocat dans les mêmes conditions que s'il était en garde à vue, notamment l'entretien préalable de 30 mn avec l'avocat et l'accès de ce dernier à certaines pièces de la procédure, options non prévues en cas d'audition libre (pour le visa erroné de C. pr. pén., art. 65 pour une extension de la garde à vue à une nouvelle qualification (C. pr. pén., art. 63), v. Crim. 14 nov. 2019, n° 19-83.285 (§ 9), P).

C. L'information sur les motifs de la décision de placement en garde à vue

Depuis L. n° 2014-535, 27 mai 2014, la personne placée en garde à vue doit être « *immédiatement informée* » « *des motifs.../... justifiant son placement en garde à vue* » (C. pr. pén., art. 6-1, 2°), comme l'exige l'article 6 § 2 de la « *directive B* » « *les états membres veillent à ce que les suspects ou les personnes poursuivies qui sont arrêtés ou détenus soient informés des motifs de leur arrestation ou de leur détention* ». Il n'est toutefois « *pas exigé que l'enquêteur fasse état des éléments factuels du dossier qui justifient selon lui l'application de tel ou tel motif* » (Circ. Crim. 2014-12/E8, 23 mai 2014, n° 2-1-1, 2).

L'information ne porte pas ici sur l'acte pénalement sanctionné que la personne est soupçonnée d'avoir commis, dont les modalités de notification sont précisées plus haut (v. **A** et **B**), mais sur la ou les raisons qui justifient la mise œuvre de cette mesure de contrainte, au sens de C. pr. pén., art. 62-2 (v. n^{os} **12.1A** et **12.10**).

D. Les notifications complémentaires au mineur placé en garde à vue ou en retenue et au représentant légal (CJPM, art. R. 413-1 et D. 311-1)

En complément des droits énumérés au **A** ci-dessus notifiés sur le fondement de C. pr. pén., art. 63-1, communs aux majeurs et aux mineurs, selon les modalités précisées au n° **12.15**), C. pr. pén., art. D. 594-18 I et IV, issu D. n° 2019-507, 24 mai 2019, pris en application de Ord. n° 45-174, 2 févr. 1945, art. 6-2 V issu de L. n° 2019-222, 23 mars 2019, devenu CJPM, art. **R. 413-1**, prévoit qu'à l'occasion de la notification de ses droits, le mineur gardé à vue ou en retenue est également informé, « *dans des termes simples et accessibles* », des droits suivants :

– droit à ce que le titulaire de l'autorité parentale soit informé, sauf circonstances particulières (sur les circonstances justifiant l'absence d'information du titulaire de l'autorité parentale, v. n° **11.75**) ;

– droit d'être accompagné par le titulaire de l'autorité parentale lors de ses auditions ou interrogatoires sauf circonstances particulières (sur le droit à l'accompagnement du mineur lors de son audition, v. n° **11.75**) ;

– droit à la protection de sa vie privée garanti par l'interdiction de diffuser l'enregistrement de ses auditions (ici rappelé pour mémoire car, par hypothèse, l'audition libre du mineur n'est pas soumise à enregistrement audiovisuel, v. n° **11.4B**), la tenue des audiences à huis clos (sur la publicité restreinte pour le jugement des mineurs, v. n° **17.11D**) et l'interdiction de publier le compte rendu des débats d'audience ou de tout élément permettant son identification ;

– droit d'être détenu séparément des détenus majeurs (v. n° **12.1C**) ;

– droit à la préservation de sa santé, ainsi que le respect du droit à la liberté de religion et de conviction.

« *Ces droits doivent en pratique être mentionnés dans la déclaration des droits remise au mineur en application de C. pr. pén., art. 803-6* » (Circ. Crim. 2019-14/H2, 27 mai 2019, JUSD 1915418C, n° 3.1.1) (sur la déclaration des droits écrite, v. n° **12.15B**).

Les responsables légaux « *reçoivent les mêmes informations que celles qui doivent être communiquées au mineur au cours de la procédure* » (Ord. n° 45-174, 2 févr. 1945, art. 6-2 1°, devenu CJPM, art. L. 12-5). Cette information est « *donnée par tout moyen et dans les meilleurs délais aux représentants légaux ou à l'adulte approprié* » (C. pr. pén., art. D. 594-18 VII, D. n° 2019-507, 24 mai 2019 ; devenu CJPM, art. **D. 311-1**, sur l'adulte approprié, v. n° **11.75C**). Cette notification peut « *se faire en pratique par la remise de la déclaration des droits remise au mineur en application de C. pr. pén., art. 803-6* » (Circ. Crim. 2019-14/H2, 27 mai 2019, JUSD 1915418C, n° 3.1.2) (sur la remise de la déclaration des droits écrite, v. n° **12.15B**).

Comme pour les notifications complémentaires faites au mineur suspect entendu librement (v. n° **11.74B2**), ces nouveaux droits dont la notification est exigée par la directive (UE) 2016/800 du 11 mai 2016 correspondent « *à des garanties de procédure pénale qui doivent s'appliquer en tout état de cause, indépendamment de toute demande. C'est du reste pour cela qu'ils ont été prévus par voie règlementaire et, sous réserve de la jurisprudence à venir de la C. cass., il ne semble donc pas que l'absence de notification de ceux-ci puisse constituer une cause de nullité* » (Circ. Crim. 2019-14/H2, 27 mai 2019, JUSD 1915418C, n° 3.1).

Mentionnons que les droits ci-dessus sont également notifiés au mineur retenu pour l'exécution d'un mandat d'amener (v. n° **12.5** et **12.7**), d'arrêt (v. n° **12.6** et **12.7**), d'un mandat d'arrêt européen (v. n° **12.8A**), ou en raison de la violation des obligations d'un contrôle judiciaire (v. n° **12.2**) (C. pr. pén., art. D. 594-18 V, D. n° 2019-507,

24 mai 2019, mod. par D. n° 2020-91, 6 févr. 2020, devenu CJPM, art. **R. 332-1** (mandat d'amener ou d'arrêt), **R. 332-2** (mandat d'arrêt européen) et **R. 331-2** (violation du contrôle judiciaire)).

12.14 La notification des droits au gardé à vue doit être immédiate, sauf circonstance insurmontable

A. Le principe de la notification immédiate

La personne doit être informée « *dans le plus court délai* » des motifs de son interpellation (Conv. EDH, art. 5 § 2), et plus généralement « *immédiatement informée* » des causes de la garde à vue et de ses droits (C. pr. pén., art. 63-1).

« *Cette notification doit intervenir immédiatement, y compris sur les lieux d'une intervention (perquisition, transport, etc.), dès qu'a été prise la décision de placer une personne en garde à vue, tout retard non justifié par une circonstance insurmontable portant atteinte aux intérêts de l'intéressé et entraînant dès lors la nullité de la mesure de garde à vue* » (Circ. Crim. 00-13/F1, 4 déc. 2000, NOR : JUSD0030205C, n° 1.1.1, n° 2.1, qui reprend ici les termes d'une jurisprudence constante et qui demeure d'actualité).

En effet, « *l'OPJ ou, sous son contrôle, l'APJ, a le devoir de notifier les droits attachés au placement en garde à vue dès que la personne retenue se trouve en état d'en être informée ; que tout retard injustifié dans la mise en oeuvre de cette obligation porte nécessairement atteinte aux intérêts de la partie qu'elle concerne* » (Crim. 30 avr. 1996, n° 95-82.217, P n° 182).

Il est néanmoins satisfait aux prescriptions de l'article 63-1 du code de procédure pénale lorsque la notification des droits, après que la personne a été avisée sur la voie publique des motifs de son interpellation et de son placement en garde à vue, a été réalisée « *dans les minutes qui ont suivi l'interpellation* » (Crim. 23 mars 1999, n° 98-86.263, P n° 51) – dans cette espèce, l'interpellation a eu lieu à 20 h 30 et la notification des droits à 21 h 15, une fois effectuée la fouille à l'arrivée dans les locaux de gendarmerie. Cette jurisprudence, rendue à droit constant sur la notion de personne « *immédiatement informée* », paraît conserver son actualité.

B. La notification différée en cas de circonstance insurmontable : secours, ébriété ou recherche d'interprète

Compte tenu de la portée générale de la jurisprudence de la Ch. crim. sur la notion de « *circonstance insurmontable* » pouvant expliquer et justifier l'inexécution de formalités de procédure dans les délais prescrits, la jurisprudence dégagée sous l'empire du droit antérieur mérite d'être toujours citée.

Ont ainsi été retenues au titre de la « *circonstance insurmontable* » dans la notification des droits les hypothèses suivantes. Lorsque la personne n'est « *pas en état de comprendre la portée des droits attachés à son placement en garde à vue* », en raison notamment de sa situation de santé justifiant des soins d'urgence (Crim. 17 mai 2000, n° 00-81.149, NP) ou de son ébriété manifeste, si cet état est dûment constaté dans le procès-verbal, (Crim. 11 janv. 2001, n° 00-82.024, P n° 7). Si la notification ne doit pas être prématurée, elle ne peut non plus intervenir au-delà du temps nécessaire au dégrisement (Crim. 4 janv. 1996, n° 95-84.330, P n° 5). Ces vices sont susceptibles de compromettre la régularité de l'audition, sans toutefois affecter la validité du procès-verbal d'interpellation, antérieur à la garde à vue, ni la mesure du taux d'alcoolémie, ni les procès-verbaux d'audition de témoins, ni la saisine du tribunal (Crim. 29 févr. 2000, n° 99-82.092, P n° 91). L'OPJ prendra donc soin, si l'état d'ébriété a été constaté lors de l'arrestation, de ne notifier les droits qu'en constatant préalablement que la personne est en état de répondre à ses interpellations (Crim. 10 mai 2000, n° 00-80.865, P n° 181). La seule mention d'un taux d'alcoolémie (dans l'espèce, 0,22 mg/litre d'air expiré) n'est pas suffisante pour justifier que la personne n'est pas en état de comprendre la notification des droits, elle doit être complétée par le constat de l'état d'ébriété (Crim. 21 juin 2017, n° 16-83.599, D). Sont ainsi censurées les décisions qui valident sans autre motivation une notification au moment du constat du complet dégrisement : Crim. 5 juin 2019, n° 18-83.590, D (interpellation à 6H50, notification à 13H40) ; Crim. 16 févr. 2021, n° 20-83.233, D (interpellation à 23H10, notification à 9H30). Est également censurée la décision qui rejette l'exception de nullité en se bornant à constater que « *l'intéressé a été placé en garde à vue à 0h55, le dernier test d'alcoolémie positive est intervenu à 7h30, et que ce n'est qu'à 10h08 que l'officier de police judiciaire a constaté un taux d'alcoolémie nul, de sorte que la notification des droits afférents huit minutes après ce dernier test ne saurait être considérée comme tardive* » (§ 5), « *sans justifier en quoi [l'alcoolémie] ne lui permettait pas de comprendre le sens et la portée de la notification de ses droits et nécessitait d'attendre pour qu'il y soit procédé* » (§ 6) (1re Civ., 25 mai 2023, n° 22-15.926, D).

Si les droits ont été notifiés oralement mais de manière prématurée à la personne dont l'état alcoolique nécessite le placement en dégrisement plutôt qu'en garde à vue, l'OPJ peut valablement lui notifier de nouveau lorsqu'elle a recouvré ses esprits (Crim. 15 janv. 2003, n° 02-81.849, NP).

De façon générale, la circonstance insurmontable doit être dûment caractérisée dans le procès-verbal. À titre d'exemple, lorsque l'interprète requis n'a pu se trouver disponible pour assurer la notification immédiate des droits, les enquêteurs devront justifier de diligences démontrant qu'il était impossible de faire appel à un autre interprète (Crim. 3 déc. 1996, n° 96-84.503, P n° 443).

12.15 Les formes de la notification des droits et de l'information du gardé à vue

A. Les formes de la notification des droits

La notification est réalisée par OPJ, ou, sous son contrôle, par un APJ (C. pr. pén., art. 63-1). La notification des droits est portée au procès-verbal et émargée par la personne gardée à vue ; en cas de refus d'émargement, il en est fait mention. Ces informations doivent être communiquées à la personne gardée à vue, *le cas échéant au moyen de formulaires écrits* (C. pr. pén., art. 63-1).

L'hypothèse de la notification verbale continue de pouvoir être abordée à la lumière de la jurisprudence antérieure : « *[...] la C. cass. admet la validité d'une notification verbale [...] sur les lieux de l'exécution de l'acte, à une triple condition : – la notification verbale doit être dictée par les nécessités de l'enquête, en pratique lorsque la décision de placement en garde à vue est décidée en dehors d'un local de police [...] doit être effective, mentionnée dans le procès-verbal de placement en garde à vue [...] doit être suivie de la notification légalement exigée, par procès-verbal, dès qu'ont cessé les circonstances qui ont empêché la notification écrite immédiate, en pratique dès le retour de l'OPJ à son service. Cette notification verbale peut se faire par tout moyen.* » (Circ. Crim. 00-13 F1, 4 déc. 2000, NOR : JUSD0030205C, n° 2.1, qui reprend ici les termes de la jurisprudence : Crim. 21 mars 2000, n° 99-87.632, P n° 127).

B. La remise complémentaire d'une déclaration des droits écrite

Les « *États membres veillent à ce que les suspects ou les personnes poursuivies qui sont arrêtés ou détenus reçoivent rapidement une déclaration de droits écrite. Ils sont mis en mesure de lire la déclaration de droits et sont autorisés à la garder en leur possession pendant toute la durée où ils sont privés de liberté* » ; « *Cette déclaration de droits est rédigée dans un langage simple et accessible* » (Dir. 2012/13/UE (directive B), 22 mai 2012, art. 4).

Cette prescription est reprise, de façon générique, dans notre droit national par C. pr. pén., art. 803-6 qui prévoit la remise d'un formulaire de déclaration des droits à « *toute personne suspectée* » « *soumise à une mesure privative de liberté* », ceci « *lors de la notification de cette mesure* ».

Cette déclaration de droits écrite, remise au majeur ou mineur, s'ajoute à la notification des droits du gardé à vue, établie par procès-verbal, décrite au n° **12.13**. Elle recoupe les informations déjà données : « *en application de l'article 803-6, un document énonçant ces droits est remis à la personne lors de la notification de la garde à vue* » (C. pr. pén., art. 63-1, dern. al.). Ce formulaire n'a pas à être remis avant la notification des droits inhérents à la mesure de garde à vue (Crim. 28 oct. 2020, n° 19-85.812, P).

« *La personne est autorisée à conserver ce document pendant toute la durée de sa privation de liberté* » (C. pr. pén., art. 803-6).

S'agissant de la déclaration des droits écrite remise au mineur en garde à vue ou en retenue, elle comporte en outre les droits complémentaires qui lui sont notifiés en application de C. pr. pén., art. D. 595-18 issu D n° 2019-507, 24 mai 2019 (Circ. Crim. 2019-14/H2, 27 mai 2019, JUSD 1915418C, n° 3.1.1) (sur les droits complémentaires notifiés au mineur, v. n° **12.13D**).

« *Même si la loi ne l'exige pas, il est souhaitable que la remise de la déclaration des droits à la personne fasse l'objet d'une mention dans le procès-verbal de notification des droits. Si la personne gardée à vue refuse de prendre ce document, ce refus devra être expressément acté en procédure. Si postérieurement à son refus, elle souhaite finalement le détenir, il lui sera alors remis, cette remise étant également actée. Si des raisons impérieuses de sécurité – comportement particulièrement violent de la personne ou risque de suicide par exemple – interdisent de lui remettre ce document, il en sera également fait état dans le procès-verbal* » (Circ. Crim. 2014-12/E8, 23 mai 2014, NOR : JUSD1412016C, n° 2.1.2).

Il y a lieu de souligner que la remise de formulaire ne se substitue pas à la notification des droits par procès-verbal imposée par C. pr. pén., art. 63-1 (v. n° **12.13**) (Crim. 2 nov. 2016, n° 16-81.537, NP). À l'inverse, l'absence de remise du formulaire d'information n'entraîne pas nullité d'une notification par ailleurs régulière (Crim. 2 nov. 2016, n° 16-81.540, NP, Crim. 7 févr. 2017, n° 16-85.187, P n° 32).

12.16 Le droit du gardé à vue à l'interprète ou à la traduction : modalités de notification et de mise en œuvre (C. pr. pén., art. 63-1)

A. Le droit à l'interprétation et à la traduction et ses modalités de notification

La personne doit être informée « *dans une langue qu'elle comprend* » (Conv. EDH, art. 5 § 2 ; C. pr. pén., art. 63-1).

De façon générale, C. pr. pén., art. préliminaire, III, et 803-5 (issu L. n° 2013-711, 5 août 2013) posent, en application de Dir. 2010/64/UE (directive A), 20 oct. 2010, le principe du droit, pour la personne suspectée et poursuivie, à l'interprétation et à la traduction dans le cadre des procédures pénales (v. n° **11.7**).

Les suspects ou les personnes poursuivies reçoivent rapidement des informations concernant « *le droit à l'interprétation et à la traduction* » (Dir. 2012/13/UE (directive B), 22 mai 2012, art. 3.1).

Depuis L. n° 2014-535, 27 mai 2014, ce droit doit être notifié lors du placement en garde à vue (C. pr. pén., art. 63-1, v. n^os^ **11.71A**, **12.14**) et lors de l'audition libre du suspect (C. pr. pén., art. 61-1, v. n^os^ **11.73C3** et **11.76C**).

« *Si la personne ne comprend pas le français, ses droits doivent lui être notifiés par un interprète, le cas échéant après qu'un formulaire lui a été remis pour son information immédiate* » (C. pr. pén., art. 63-1). « *La remise du document d'information des droits, s'il ne vaut pas notification, n'est pas optionnelle mais doit être opérée, dès lors que l'interprète n'est pas disponible dans le meilleur délai* » (Civ. 1re, 21 nov. 2012, n° 11-30.458, NP).

Par ailleurs, « *lorsque la déclaration des droits n'est pas disponible dans la langue appropriée, les suspects ou les personnes poursuivies sont informées de leurs droits oralement dans une langue qu'ils comprennent. Une version de la déclaration des droits dans une langue qu'ils comprennent leur est alors transmise sans retard indu* » (Dir. 2012/13/UE (directive B), 22 mai 2012, art. 4). « *Si le document n'est pas disponible dans une langue comprise par la personne, celle-ci est informée oralement des droits prévus au présent article dans une langue qu'elle comprend. L'information donnée est mentionnée sur un procès-verbal. Une version du document dans une langue qu'elle comprend est ensuite remise à la personne sans retard.* » (C. pr. pén., art. 803-6, L. n° 2014-535, 27 mai 2014).

B. La mise en œuvre du droit à l'interprétation et à la traduction

« *S'il existe un doute sur la capacité de la personne suspectée ou poursuivie à comprendre la langue française, l'autorité qui procède à son audition ou devant laquelle cette personne comparaît vérifie que la personne parle et comprend cette langue* » (C. pr. pén., art. 803-5, L. n° 2013-711, 5 août 2013), elle s'en assure « *par tous moyens appropriés* » et « *s'il apparaît que la personne ne parle pas ou ne comprend pas la langue française, l'assistance de l'interprète doit intervenir sans délai* » (C. pr. pén., art. D. 594-1).

« *l'assistance par un interprète peut, le cas échéant, se faire par un moyen de télécommunication* » (C. pr. pén., art. D. 594-4), par renvoi à C. pr. pén., art. 706-71, dernier alinéa, qui précise « *en cas de nécessité, résultant de l'impossibilité pour un interprète de se déplacer, l'assistance de l'interprète au cours d'une audition, d'un interrogatoire ou d'une confrontation peut également se faire par l'intermédiaire d'un moyen de télécommunications* ». À la différence des auditions entre plusieurs acteurs (enquêteurs, suspect, témoin, juge d'instruction, etc.) situés en plusieurs points du territoire de la République, qui exigent qu'un procès-verbal retraçant les opérations soit effectué en chacun des lieux (v. n° **11.3B**), l'interprétariat par un moyen de télécommunications est dépourvu d'un formalisme particulier (C. pr. pén., art. 706-71, R. 53-33 s.).

L'expression « *dans une langue qu'elle comprend* » (Conv. EDH, art. 5 § 2 et C. pr. pén., art. 63-1) ne désigne pas la langue d'origine, mais toute langue « *parlée, comprise et acceptée par l'intéressé* » (Crim. 22 oct. 2002, n° 02-84.727, P n° 191). Le recours à un interprète dans une autre langue que la langue d'origine, pourvu qu'elle soit comprise, satisfait donc aux prescriptions légales (Civ. 2e, 11 janv. 2001, n° 99-50.096, P II, n° 3). La présence durant la procédure ultérieure d'un interprète dans la langue d'origine ne suffit pas à elle seule à établir que la personne ne comprenait pas la langue dans laquelle lui furent notifiés ses droits (Crim. 22 oct. 2002 préc.). Dans le même ordre, la notification de ses droits en langue française à une personne qui, résidant en France depuis plus de dix années, a préalablement déclaré comprendre la langue française et été entendue en français, est valable, quand bien même aurait-elle été par la suite assistée par un interprète, eu égard aux difficultés nées de ses réticences (Crim. 11 févr. 1998, n° 97-85.542, P n° 55).

L'article 102 du code de procédure pénale, qui interdit au juge d'instruction de faire appel à son greffier ou à des témoins à titre d'interprète, n'est pas applicable durant l'enquête préliminaire (la solution est transposable à l'enquête de flagrance) : la personne peut ainsi être entendue par le truchement d'un enquêteur parlant sa langue (Crim. 27 nov. 2001, n° 00-88.078, P n° 245).

La juridiction ne saurait annuler la procédure sans rechercher si la personne n'avait pas une connaissance suffisante de la langue française, ni analyser à cette fin les pièces du dossier, notamment les procès-verbaux mentionnant que l'intéressé, malgré des difficultés d'expression, comprenait la langue française et avait été à même de donner des détails aux policiers que ceux-ci ne pouvaient connaître que par lui (Civ. 2e, 10 oct. 2002, n° 01-50.060, P II, n° 215).

Le contact avec l'interprète pour la mise en œuvre de C. pr. pén., art. 63-1 **peut** être effectué, sur réquisition faite par tout moyen de l'OPJ ou de l'APJ responsable des modalités de déroulement de la garde à vue, par tout OPJ ou APJ appartenant à un service territorialement compétent autre que celui chargé de l'enquête (**plateforme de soutien logistique à la garde à vue**) (C. pr. pén., art. D. 15-5-2, D. n° 2016-1202, 7 sept. 2016, Circ. Crim-2016/19/E, 08.09.2016, JUS D 1625322 C, n° 1.3.b)).

D. Le cas particulier du mineur

1. Le principe de l'avis à la famille et le droit à l'accompagnement du mineur

La notification du droit d'informer la famille est sans objet pour un mineur. En effet l'avis à famille n'est pas laissé à la discrétion de ce dernier et « *l'OPJ doit informer de cette mesure les parents, le tuteur, la personne ou le service auquel est confié le mineur* » (Ord. n° 45-174, 2 févr. 1945, art. 4 II) (Crim. 20 déc. 2000, n° 00-86.499, P n° 386), ou « *ses représentants légaux et la personne ou le service auquel le mineur est confié* » selon réd. issue CJPM, art. **L. 413-7**. La présence au domicile, lors de la perquisition effectuée avec le mineur, d'une personne autre que celles limitativement visées (belle-mère), ne supplée pas l'information requise par la loi (Crim. 20 déc. 2000, n° 00-86.499, P n° 386). « *il n'appartient pas au mineur de désigner la personne responsable du foyer dans lequel il se trouve placé* » (§ 12) et l'information donnée à l'éducateur du mineur, victime des faits de violence pour lesquels ce mineur est placé en garde à vue « *ne garantit pas la conduite d'une procédure respectueuse des intérêts contraires en présence* » (§ 13), « *l'irrégularité de cette information fait nécessairement grief dès lors que la formalité prévue a pour finalité de permettre à la personne désignée d'assister le mineur dans ses choix de personne gardée à vue dans le seul intérêt de sa défense* » (Crim. 17 juin 2020, n° 20-80.065, P).

Lorsque l'OPJ informe du placement en retenue ou en garde à vue d'un mineur ses représentants légaux (parents, tuteur) ou la personne ou le service auquel il est confié, « *il leur donne connaissance de la qualification, de la date et du lieu présumés de l'infraction que le mineur est soupçonné avoir commis ou tenté de commettre ainsi que des motifs* » justifiant son placement en garde à vue ou en retenue (C. pr. pén., art. D. 15-6-1, D. n° 2016-1455, 28 oct. 2016, devenu CJPM, art. **R. 413-2**).

Ses représentants légaux sont également « *avisés de leur droit de demander un examen médical lorsqu'ils sont informés de la garde à vue* » (Ord. n° 45-174, 2 févr. 1945, art. 4 III devenu CJPM, art. L. 413-8) ainsi que de leur droit de demander l'assistance d'un **avocat** (art. 4 IV devenu CJPM, art. L. 413-9) (sur la mise en œuvre de cette notification et de ce droit à l'avocat, v. n° **12.21B3**).

Lorsqu'elle n'est pas faite aux représentants légaux, l'information peut être donnée à un adulte dont la désignation par le mineur est acceptée par l'OPJ s'il l'estime appropriée (adulte approprié) (C. pr. pén., art. D. 15-6-1, D. n° 2016-1455, 28 oct. 2016, devenu CJPM, art. **R. 413-2**).

Au surplus, depuis L. n° 2019-222, 23 mars 2019, « *les titulaires de l'autorité parentale reçoivent les mêmes informations que celles qui doivent être communiquées au mineur au cours de la procédure* » (Ord. n° 45-174, 2 févr. 1945, art. 6-2 devenu CJPM, art. L. 12-5). Des informations complémentaires sont en effet données au mineur retenu ou gardé à vue et également communiquées « *par tout moyen et dans les meilleurs délais* » au titulaire de l'autorité parentale, dans les conditions précisées par C. pr. pén., art. D 549-18 issu du D n° 2019-507, 24 mai 2019, devenu CJPM, art. D. 311-1 (sur les droits complémentaires notifiés au mineur gardé à vue ou retenu et à sa famille, v. n° **12.13D**). Ces informations sont également communiquées à « *l'adulte approprié* » désigné au lieu du titulaire de l'autorité parentale par le mineur ou le magistrat compétent (sur l'adulte approprié, v. n° **11.75C**).

« *Lorsque le titulaire de l'autorité parentale est avisé par téléphone par les enquêteurs du placement en retenue ou en garde à vue d'un mineur, s'il convient alors de lui indiquer qu'il peut demander la désignation d'un avocat ou d'un médecin, il n'y a pas lieu de lui notifier à ce moment-là tous les autres droits notifiés au mineur, cette notification pouvant intervenir ultérieurement et se faire en pratique par la remise de la déclaration des droits remise au mineur en application de C. pr. pén., art. 803-6* » (Circ. Crim. 2019-14/H2, 27 mai 2019, JUSD 1915418C, n° 3.1.2).

L'information au titulaire de l'autorité parentale ou à l'adulte approprié permet de mettre en œuvre le **droit du mineur à l'accompagnement** lors de ses auditions, institué par Ord. n° 45-174, 2 févr. 1945, art. 6-2 (devenu CJPM, art. L. 311-1), applicable depuis le 1er juin 2019, issu de L. n° 2019-222, 23 mars 2019 (sur le droit du mineur à l'accompagnement, v. n° **11.75**).

2. Le différé de l'avis à famille

Il ne peut être dérogé à l'obligation pour l'OPJ d'aviser les parents, le tuteur, la personne ou le service auquel est confié le mineur que sur décision du procureur de la République ou du juge d'instruction et pour la durée que le magistrat détermine et qui ne peut être > 24 h ou, lorsque la garde à vue ne peut faire l'objet d'une prolongation, > 12 h (Ord. n° 45-174, 2 févr. 1945, art. 4, devenu CJPM, art. L. 413-7). « *Cette décision ne peut être prise que pour permettre le recueil ou la conservation des preuves ou pour prévenir une atteinte grave à la vie, à la liberté ou à l'intégrité physique d'une personne, sur décision du procureur de la République ou du juge d'instruction prise au regard des circonstances de l'espèce* » (L. n° 2016-731, 3 juin 2016, en vigueur le 15 nov. 2016).

Lorsque le procureur de la République ou le juge d'instruction autorise l'OPJ à ne pas procéder à cette information pendant une durée de 24 h ou de 12 h, il en avise sans retard le juge des enfants territorialement compétent en matière d'assistance éducative (C. pr. pén., art. D. 15-6-1, D. n° 2016-1455, 28 oct. 2016, devenu CJPM, art. **R. 413-2**).

En outre, il peut être dérogé par l'enquêteur au **droit du mineur à l'accompagnement** par le titulaire de l'autorité parentale lors de ses auditions, dans les conditions précisées au n° **11.75**.

E. Le cas particulier du majeur protégé (C. pr. pén., art. 706-112-1, L. n° 2019-222, 23 mars 2019)

1. L'avis obligatoire au tuteur, curateur ou mandataire spécial

Tirant les conséquences de la décision Cons. const. 14 sept. 2018, n° 2018-730 QPC, qui déclarait inconstitutionnelles les dispositions ne prévoyant pas d'avis au tuteur ou au curateur d'un majeur protégé placé en garde à vue, la L. n° 2019-222, 23 mars 2019, entrée en vigueur sur ce point le 1er juin 2019, prévoit désormais que « *Lorsque les éléments recueillis au cours de la garde à vue d'une personne font apparaître que celle-ci fait l'objet d'une mesure de protection juridique, l'officier ou l'agent de police judiciaire en avise le curateur ou le tuteur. S'il est établi que la personne bénéficie d'une mesure de sauvegarde de justice, l'officier ou agent de police judiciaire avise s'il y a lieu le mandataire spécial désigné par le juge des tutelles* » (C. pr. pén., art. 706-112-1).

À cet effet, « *En cas de placement en garde à vue d'une personne majeure, l'officier ou agent de police judiciaire lui demande si elle fait l'objet d'une mesure de protection juridique* » (C. pr. pén., art. D. 15-5-7, D. n° 2019-507, 24 mai 2019).

Le non-respect de l'avis aux organes de protection au majeur protégé « *est susceptible de constituer une cause de nullité de la procédure* », « *en pratique si la personne gardée à vue a indiqué aux enquêteurs qu'elle fait l'objet d'une telle mesure de protection ou si cette information apparaît à un autre titre dans la procédure, par exemple du fait des déclarations d'un témoin ou de la victime ou d'un proche de la personne suspectée* » mais ces dispositions « *n'impliquent pas pour les enquêteurs l'obligation de vérifier, pour chaque garde à vue d'une personne majeure, si celle-ci fait l'objet ou non d'une mesure de protection* » (Circ. Crim. 2019-12/H2, 27 mai 2019, NOR : JUSD1915381C, n° 1.1.1).

Est approuvée la CHINS qui écarte le moyen de nullité pris de l'absence d'avis au curateur, « *dès lors qu'il ne ressort pas des pièces de la procédure que les éléments recueillis au cours de la garde à vue étaient suffisants pour faire apparaître que [l'intéressé] bénéficiait d'une mesure de protection juridique en cours* » (Crim. 11 déc. 2018, n° 18-80.872, P n° 210).

Sauf en cas de circonstance insurmontable mentionnée au procès-verbal l'avis aux organes de protection du majeur doit intervenir « *au plus tard dans un délai de six heures à compter du moment où est apparue l'existence d'une mesure de protection juridique* ».

Toutefois, « *à la demande de l'officier de police judiciaire* », le procureur de la République « *ou le juge d'instruction* » (depuis L. n° 2020-1672, 24 déc. 2020) peut différer ou exclure l'avis si « *cette décision est, au regard des circonstances, indispensable afin de permettre le recueil ou la conservation des preuves ou de prévenir une atteinte grave à la vie, à la liberté ou à l'intégrité physique d'une personne* » (C pr. pén., art. 706-112-1). « *Tel sera notamment le cas si le tuteur, le curateur ou le mandataire spécial est soupçonné d'être complice ou co-auteur des faits reprochés à la personne protégée* » (Circ. Crim. 2019-12/H2, 27 mai 2019, NOR : JUSD1915381C, nº 1.1.1).

2. Les prérogatives des organes de protection

Si la personne protégée n'est pas assistée d'un **avocat**, le tuteur, le curateur ou le mandataire spécial « *peuvent désigner un avocat ou demander qu'un avocat soit désigné par le bâtonnier* ». Ils peuvent également demander un **examen médical** de la personne si elle n'en a pas fait l'objet (C pr. pén., art. 706-112-1). Les organes de protection doivent être **informés de leurs facultés** par l'enquêteur au moment de l'avis qui leur est fait (C. pr. pén., art. D. 47-14, D. nº 2019-507, 24 mai 2019).

L'OPJ peut autoriser le gardé à vue à **communiquer** avec son tuteur, curateur ou mandataire spécial, par écrit, téléphone ou lors d'un entretien (C. pr. pén., art. D. 47-14, D. nº 2019-507, 24 mai 2019).

3. L'application de ces règles aux mesures de rétention

Les dispositions qui précèdent sont également applicables aux mesures de rétention prises en application de C. pr. pén., art. 133-1 (mise à exécution d'un mandat de comparution, d'arrêt ou d'amener du juge d'instruction), 141-4 (violation du contrôle judiciaire ou d'une ARSE, v. nº 12.2A), 709-1-1 (violation des obligations résultant d'une condamnation, v. nº 12.2B) et 716-5 (mise à exécution d'une peine, v. nº 12.2C) (C. pr. pén., art. D. 15-5-7 et D. 47-14, D. nº 2019-507, 24 mai 2019).

12.18 Le droit du gardé à vue d'être examiné par un médecin (C. pr. pén., art. 63-3 et 706-88)

A. L'examen médical demandé par le gardé à vue ou sa famille

Dans les conditions déjà examinées (v. nº 12.14), la personne gardée à vue est immédiatement informée « *du droit d'être examinée par un médecin, conformément à l'article 63-3* » (C. pr. pén., art. 63-1). Toute personne gardée à vue peut, à sa demande, être examinée par un médecin. Elle peut, en cas de prolongation de garde à vue, demander à être examinée une seconde fois (C. pr. pén., art. 63-1, al. 1).

« *Le médecin est désigné par le procureur de la République ou par l'OPJ* » (C. pr. pén., art. 63-1, al. 3), ou par le juge d'instruction saisi (C. pr. pén., art. 154).

« *L'intéressé peut faire valoir ce droit dans le cours du délai de 24 heures et renouveler la demande en cas de prolongation de la garde à vue. Il ne saurait cependant exiger plusieurs examens médicaux par période de 24 heures* » (Circ. gén. C. 63-3).

En l'absence de demande de la personne gardée à vue, du procureur de la République ou de l'OPJ, un examen médical est de droit si un membre de sa famille le demande, « *à l'exclusion de tout autre tiers.../...La loi n'impose toutefois pas que le membre de la famille – sauf le représentant légal d'un mineur de plus de 16 ans – soit, lors de l'avis qui lui est donné, informé de cette possibilité* » (Circ. Crim. 2011-13/E6, 23 mai 2011, NOR : JUSD1113979C, nº III.3.1).

S'il s'agit d'un majeur protégé, le curateur, le tuteur ou le mandataire spécial avisé, « *peut demander que la personne soit examinée par un médecin* » si elle n'a pas fait l'objet d'un examen médical (C. pr. pén., art. 706-112-1 issu L. nº 2019-222, 23 mars 2019, v. nº 12.17E).

« *Si la personne gardée à vue manifeste une opposition à ce qu'il soit procédé à cet examen, il en est fait mention dans la procédure. Il convient néanmoins de requérir le médecin, et de lui présenter la personne* » (Circ. gén. C. 63-3).

B. L'examen médical requis par le procureur de la République ou l'OPJ

« *à tout moment, le procureur de la République ou l'OPJ peut d'office, désigner un médecin pour examiner la personne gardée à vue* » (C. pr. pén., art. 63-1, al. 2). Il en est de même pour le juge d'instruction saisi (C. pr. pén., art. 154).

« *Il convient notamment de faire usage de cette disposition lorsque la personne fait état d'une souffrance physique ou d'un état de santé déficient, ou encore lorsqu'elle présente des troubles mentaux caractérisés. L'examen médical est également requis d'office dans le cas où la personne porte des blessures ou des traces de coups ou de violences. L'exercice [...] de cette faculté [...] doit [...] être considéré comme présentant un caractère subsidiaire. Aussi, quand bien même [...] il aurait déjà été procédé à cet examen, doit-il être fait droit aux demandes postérieures formées [par le gardé à vue ou la famille]* » (Circ. gén. C. 63-3).

Dans le cas où l'examen médical requis par l'OPJ n'a pas été réalisé, aucune atteinte n'a été portée aux droits de l'intéressé dès lors qu'il n'a pas souhaité un tel examen (Crim. 25 févr. 2003, nº 02-86.144, P nº 50).

C. L'examen médical pour le mineur

Le mineur < 13 ans retenu ou celui > 13 ans et < 16 ans gardé à vue est obligatoirement examiné par un médecin désigné dès le début de la mesure par le procureur de la République ou le juge d'instruction (CJPM, art. L. 413-8).

Le mineur âgé de plus de 16 ans est examiné par un médecin dans les conditions de droit commun, avec cette précision que ses représentants légaux doivent être, lors de l'avis à famille, avisés de leur droit de demander un examen médical (Ord. nº 45-174, 2 févr. 1945, art. 4, III devenu CJPM, art. L. 413-8).

Il en est de même pour « *l'adulte approprié* » désigné au lieu du titulaire de l'autorité parentale par le mineur ou le magistrat compétent : « *il peut demander un examen médical du mineur gardé à vue. Si cet adulte n'a pu être joint dès le début de la procédure, l'examen médical du mineur est obligatoire* » (Ord. nº 45-174, 2 févr. 1945, art. 6-2, issu L. nº 2019-222, 23 mars 2019, applicable depuis le 1er juin 2019, devenu CJPM, art. L. 311-3) (sur l'adulte approprié, v. nº **11.75C**). « *Il en résulte en pratique qu'à chaque placement en garde à vue d'un mineur de 16-18 ans, lorsque les parents de celui-ci n'auront pu être joints, il conviendra que le mineur soit examiné par un médecin dans la mesure où, même si un adulte approprié doit être désigné, cette désignation n'aura pu intervenir suffisamment tôt pour que cet adulte soit joint dès le début de la garde à vue* » (Circ. Crim. 2019-14/H2, 27 mai 2019, JUSD 1915418C, nº 3.3.4).

Depuis L. nº 2019-222, 23 mars 2019, applicable depuis le 1er juin 2019, « *l'avocat du mineur peut également demander que celui-ci fasse l'objet d'un examen médical* » (Ord. nº 45-174, 2 févr. 1945, art. 4, III devenu CJPM, art. L. 413-8).

Les dispositions relatives à l'examen médical du mineur sont également applicables en cas de placement en retenue du mineur pour l'exécution d'un mandat d'amener ou d'arrêt (CJPM, art. L. 332-1, v. nº **12.7B2**).

D. L'examen médical obligatoire au-delà de 48 h de garde à vue pour la criminalité organisée (C. pr. pén., art. 706-88)

Lorsque la garde à vue est prolongée au-delà de 48 h pour les infractions relevant du régime complet de la criminalité organisée (v. nº **11.21**), la personne doit être examinée par un médecin désigné par le procureur de la République, le juge d'instruction ou l'OPJ. La personne est en outre avisée par l'OPJ de son droit de demander un nouvel examen médical. Mention de cet avis est porté au procès-verbal.

E. La mise en œuvre de l'examen médical

1. Le délai de réalisation de l'examen médical et les diligences des enquêteurs

Par application de C. pr. pén., art. 63-3, al. 1, « *Sauf circonstance insurmontable, les diligences incombant aux enquêteurs pour que la personne placée en garde à vue bénéficie d'un examen médical doivent intervenir au plus tard dans un délai de trois heures à compter du moment où la personne a formulé sa demande* » (Circ. Crim. 2011-13/E6, 23 mai 2011, nº III.3.3.1).

« *Les enquêteurs ne sont tenus, dans le cadre de ces diligences, qu'à une obligation de moyen et il peut être dérogé au délai de trois heures en cas de circonstance insurmontable, laquelle doit être mentionnée au procès-verbal. Ainsi, en pratique, si la prise de contact avec le praticien ou la structure dont celui-ci dépend, ou toute autre circonstance liée au déroulement de l'enquête, peut laisser craindre un délai excédant les trois heures prévues par l'article 63-3, il est alors impératif que les diligences de l'officier de police judiciaire, la fixation de l'heure du rendez-vous pour l'examen médical par le praticien ou toutes autres circonstances, soient expressément consignées dans la procédure judiciaire* » (Circ. Crim. 2011-13/E6, 23 mai 2011, n° III.3.3.1).

Les diligences pour contacter le médecin devant examiner la personne **peuvent** être effectuées, sur réquisition faite par tout moyen de l'OPJ ou de l'APJ responsable des modalités de déroulement de la garde à vue, par tout OPJ ou APJ appartenant à un service territorialement compétent autre que celui chargé de l'enquête (**plateforme de soutien logistique à la garde à vue**) (C. pr. pén., art. D. 15-5-2, D. n° 2016-1202, 7 sept. 2016, Circ. Crim-2016/19/E, 08.09.2016, JUS D 1625322 C, n° 1.3.b)). Soulignons que, « *à la demande expresse et sous le contrôle de l'OPJ ou, s'il est compétent, de l'APJ* », les **assistants d'enquête** peuvent « *procéder aux diligences prévues à l'article 63-3* » (C. pr. pén., art. 21-3, issu L. n° 2023-22, 24 janv. 2023, art. 63-3 mod. par la même loi).).

2. Les modalités pratiques de l'examen médical

« *Le médecin examine sans délai la personne gardée à vue* » « *sauf décision contraire du médecin, l'examen médical doit être pratiqué à l'abri du regard et de toute écoute extérieurs afin de permettre le respect de la dignité et du secret professionnel* » (C. pr. pén., art. 63-3).

« *En pratique, l'examen médical d'une personne placée en garde à vue peut ainsi être réalisé dans des locaux situés au sein du service d'enquête, au sein d'un établissement hospitalier ou encore au sein d'une structure médicale. Toutefois, en application de la dépêche du garde des Sceaux du 5 avril 2011 relative à la mise en œuvre de la réforme de la médecine légale, il convient, dans la mesure du possible, que cet examen soit réalisé dans les locaux des services d'enquête. Par ailleurs, les dispositions précitées ne présentent pas de caractère contraignant, et un médecin pourra toujours, s'il le souhaite, pour des raisons tenant à sa sécurité personnelle, être accompagné lors de l'examen d'un officier ou d'un agent de police judiciaire* » (Circ. Crim. 2011-13/E6, 23 mai 2011, n° III.3.3.1).

Mentionnons qu'en Polynésie française, en l'absence d'un médecin sur l'île où se déroule la garde à vue, l'examen est effectué par un infirmier diplômé ou à défaut par un membre du corps des auxiliaires de santé publique (C. pr. pén., art. 812).

3. Le contenu de l'examen médical – Les obligations déontologiques du médecin

Le médecin établit un certificat médical, versé au dossier, dans lequel il doit se prononcer sur l'aptitude au maintien en garde à vue et procéder à toutes constatations utiles (C. pr. pén., art. 63-3 et, avec une moins grande précision, art. 706-88). « *La réquisition doit explicitement faire apparaître les deux aspects de cette mission* » (Circ. Crim. 2011-13/E6, 23 mai 2011, n° III.3.2).

« *L'aptitude au maintien en garde à vue est appréciée au regard de l'état de la personne et des conditions dans lesquelles elle est retenue : l'exécution de la mesure dans d'autres locaux, notamment hospitaliers, peut toujours être envisagée si le médecin l'a expressément mentionné dans le certificat médical* ».

« *Les constatations peuvent s'entendre comme celles sur l'état de santé de la personne placée en garde à vue, y compris la description d'éventuelles blessures. Dans une telle hypothèse, toutefois, l'examen médical n'a pas pour objet de déterminer une incapacité totale de travail : une nouvelle réquisition, fondée sur les articles 60 et 77-1, doit, en effet, être établie avec la précision de cette mission particulière* » (Crim. 18 déc. 2007, n° 07-86.955, NP) (Circ. Crim. 2011-13/E6, 23 mai 2011, n° III.3.2) (sur la réquisition à « personne qualifiée » prise sur le fondement du C. pr. pén., art. 60 et 77-1, v. n° **11.49B**, sur l'ITT, v. n° **14.2C**).

« *Un médecin amené à examiner une personne privée de liberté ou à lui donner des soins ne peut, directement ou indirectement, serait-ce par sa seule présence, favoriser ou cautionner une atteinte à l'intégrité physique ou mentale ou à sa dignité. S'il constate que cette personne a subi des sévices ou des mauvais traitements, il doit, sous réserve de l'accord de l'intéressé, en informer l'autorité judiciaire. Toutefois, s'il s'agit [d'un mineur ou d'une personne qui n'est pas en état de se protéger], l'accord des intéressés n'est pas nécessaire* » (CSP, art. R. 4127-10, code de déontologie médicale).

4. La prise en compte de l'état de santé de la personne en garde à vue dans la procédure d'enquête

L'état de santé incompatible avec la garde à vue. « *.../...la poursuite d'une mesure de garde à vue d'une personne dans des conditions qui sont, selon le certificat médical, incompatibles avec son état de santé porte nécessairement atteinte à ses intérêts* » (Crim. 27 oct. 2009, n° 09-82.505, P n° 176) : tout acte en cours doit donc être interrompu et l'OPJ doit immédiatement en rendre compte au procureur de la République. En revanche, le constat d'incompatibilité de l'état de santé de la personne gardée à vue n'entache pas de nullité la signature postérieure des actes en cours et immédiatement interrompus sur le fond (Crim. 18 déc. 2007, n° 07-86.955, NP) » (Circ. Crim. 2011-13/E6, 23 mai 2011, n° III.3.2).

La prise en charge médicale momentanée, à l'initiative et sous le contrôle des enquêteurs, d'une personne placée en garde à vue, n'a pas pour conséquence de suspendre de plein droit l'exécution de cette mesure, ni le cours de son délai (Crim. 27 mai 1997, n° 97-81.635, P n° 204), ni la nécessité de permettre l'entretien avec l'avocat.

• **La garde à vue en milieu hospitalier.** L'inaptitude médicale à la garde à vue dans les locaux de police n'implique pas nécessairement l'impossibilité de mettre cette mesure en œuvre en milieu hospitalier ou selon les conditions décrites par le certificat médical.

Si le transport du gardé à vue à l'hôpital ne doit pas faire l'objet d'un avis particulier à l'avocat au titre de C. pr. pén., art. 63-4-3-1 (sur le champ d'application de cette disposition, v. n° **12.26D**), il va de soi que ce dernier doit être mis en mesure d'assister le suspect entendu en milieu hospitalier.

Dans l'hypothèse d'un examen médical concluant à la compatibilité d'une mesure de garde à vue sous réserve de soins en milieu hospitalier, la poursuite de cette mesure en dehors de l'hôpital ou le déferement devant l'autorité judiciaire ne peuvent avoir lieu sans un nouvel examen médical concluant à la levée de l'hospitalisation, sauf à encourir le grief de traitements inhumains et dégradants (Conv. EDH art. 3) viciant les actes accomplis : « *porte nécessairement atteinte aux intérêts d'une personne mise en examen, le fait que le juge d'instruction procède à son interrogatoire de première comparution dans des conditions incompatibles avec son état de santé, peu important qu'elle n'ait, à cette occasion, pas fait de déclarations par lesquelles elle se serait incriminée* » (Crim. 7 juin 2017, n° 16-87.429, P n° 152).

Sur l'audition libre du suspect en milieu hospitalier, v. n° **12.12C2**.

• **Les consignes de suivi données par le médecin.** Le médecin commet une faute caractérisée exposant la personne gardée à vue à un risque d'une particulière gravité si, diagnostiquant une affection susceptible de dégénérer en crise sévère (ex. : asthme), il omet de laisser aux policiers des consignes relatives aux mesures à prendre en cas de survenance de crise et de procéder à un nouvel examen médical à l'occasion de son passage de nuit dans les locaux du commissariat (Crim. 4 févr. 2003, n° 02-81.720, NP).

• **La prise en charge des frais pharmaceutiques et infirmiers.** En application de l'article L. 251-1 du code de l'action sociale et des familles, les frais pharmaceutiques et de soins infirmiers nécessaires aux personnes placées en garde à vue qui ne sont pas en mesure d'en assurer elles-mêmes le paiement immédiat sont payés intégralement à l'établissement public de santé, à l'officine de pharmacie ou au professionnel infirmier libéral par la direction départementale des affaires sanitaires et sociales sur présentation, d'une part, de l'ordonnance du médecin désigné pour les examiner par le procureur de la République ou par l'OPJ en application de l'article 63-3 du code pénal et, d'autre part, de la justification de leur fourniture (D. n° 2009-1026, 25 août 2009, art. 1).

5. La tarification de l'examen médical

Ce tarif est fixé par les articles R. 117 1° a) et A. 43-6 C. pr. pén., par référence à la lettre C du tarif de la sécurité sociale, affecté d'un coefficient 2,5, soit 57,50 €.

Ce tarif forfaitaire exclut toute majoration au titre de la nuit, du week-end ou des frais de déplacement, ou de constatations particulières du médecin sortant de l'objet prévu par C. pr. pén., art. 65-3 (ex : détermination d'une ITT) (Circ. SJ-12-195-OFJ4, 13 juill. 2012).

12.19 Les fondements du droit du gardé à vue au silence et à l'assistance d'un avocat

A. Les fondements normatifs internationaux du droit au silence et à l'assistance d'un avocat

Le droit au silence, dont jouissent tant le suspect entendu librement (V. nº 11.73C4) que celui placé en garde à vue, est explicitement énoncé dans le Pacte international relatif aux droits civils et politiques, 19 déc. 1966, art. 14 : « *Toute personne accusée d'une infraction pénale a droit, en pleine égalité, au moins aux garanties suivantes : .../...g) à ne pas être forcée de témoigner contre elle-même ou de s'avouer coupable* ».

Par ailleurs, les États membres de l'UE « *veillent à ce que les suspects.../...reçoivent rapidement des informations concernant.../... e) le droit de garder le silence* » (Dir. 2012/13/UE (directive B), 22 mai 2012, art. 3, 1 e).

« *Les États membres veillent à ce que les suspects et les personnes poursuivies aient le droit de garder le silence en ce qui concerne l'infraction pénale qu'ils sont soupçonnés d'avoir commise ou au titre de laquelle ils sont poursuivis* » (art. 7, § 1) et « *aient le droit de ne pas s'incriminer eux-mêmes* » (art. 7, § 2) ; « *l'exercice [de ces droits] ne saurait être retenu contre eux, ni considéré comme une preuve qu'ils ont commis l'infraction pénale concernée* » (art. 7 § 5) ; en revanche « *les États membres peuvent autoriser leurs autorités judiciaires à tenir compte, lorsqu'elles rendent leur jugement, de l'attitude coopérative des suspects et des personnes poursuivies* » (art. 7 § 4) (dir. (UE) nº 2016/343, 9 mars 2016).

Dans la jurisprudence de la CEDH, le droit au silence et le droit à l'assistance de l'avocat sont intimement liés pour garantir le droit de la personne à ne pas « *s'auto-incriminer* ». Ces deux droits sont néanmoins autonomes : ils sont en effet distinctement notifiés et discrétionnairement exercés par le suspect.

Si le droit au silence n'est pas expressément énoncé dans la Conv. EDH, la CEDH juge néanmoins, au visa de son art. 6, § 1 et 3, que « *le droit de ne pas contribuer à sa propre incrimination et le droit de garder le silence sont des normes internationales généralement reconnues qui sont au cœur de la notion de procès équitable* » (CEDH 14 oct. 2010, *Brusco c/ France*, nº 1466/07, § 44).

S'agissant du droit à l'assistance d'un avocat, la cour souligne « *l'importance du stade de l'enquête pour la préparation du procès, dans la mesure où les preuves obtenues durant cette phase déterminent le cadre dans lequel l'infraction imputée sera examinée au procès.../...Parallèlement, un accusé se trouve souvent dans une situation particulièrement vulnérable à ce stade de la procédure.../...Dans la plupart des cas, cette vulnérabilité particulière ne peut être compensée de manière adéquate que par l'assistance d'un avocat, dont la tâche consiste notamment à faire en sorte que soit respecté le droit de tout accusé de ne pas s'incriminer lui-même.../...Un prompt accès à un avocat fait partie des garanties procédurales auxquelles la Cour prête une attention particulière lorsqu'elle examine la question de savoir si une procédure a ou non anéanti la substance même du droit de ne pas contribuer à sa propre incrimination* » (CEDH 27 nov. 2008, *Salduz c/ Turquie*, req. nº 36391/02, § 54).

La CEDH estime que l'exercice effectif du droit pour la personne de se faire assister par un avocat dès le moment de son placement en garde à vue « *requiert que l'accusé puisse obtenir toute la gamme d'interventions qui sont propres au conseil. À cet égard, la discussion de l'affaire, l'organisation de la défense, la recherche des preuves favorables à l'accusé, la préparation des interrogatoires, le soutien de l'accusé en détresse et le contrôle des conditions de détention sont des éléments fondamentaux de la défense que l'avocat doit librement exercer* », (CEDH 13 oct. 2009, *Dayanan c/ Turquie*, req. nº 7377/03, §§ 31 et 32).

Le principe et la justification de ce droit étant posés, la Cour souligne que la convention « *ne précise pas les conditions d'exercice du droit [qu'elle] consacre* » et « *laisse aux États contractants le choix des moyens propres à permettre à leur système judiciaire de le garantir, la tâche de la Cour consistant à rechercher si la voie qu'ils ont empruntée cadre avec les exigences d'un procès équitable* » (CEDH 27 nov. 2008, *Salduz c/ Turquie*, req. n° 36391/02, § 51).

Plus particulièrement, la Cour procède à l'analyse de chaque cas pour apprécier si les déclarations incriminantes faites par la personne sans l'assistance d'un avocat sont utilisées pour fonder la condamnation. Elle suggère ainsi d'asseoir la preuve des infractions sur d'autres éléments que les déclarations de la personne si elles ont été faites sans l'assistance d'un avocat.

En effet, dit-elle, le **droit à l'assistance d'un avocat**, « *non absolu* » (*ibid.* § 51), « *peut toutefois être soumis à des restrictions pour des raisons valables* ». « *Il s'agit, dans chaque cas, de savoir si la restriction litigieuse est justifiée et, dans l'affirmative, si considérée à la lumière de la procédure dans son ensemble, elle a privé l'accusé d'un procès équitable, car même une restriction justifiée peut avoir pareil effet dans certaines circonstances* » (*ibid.* § 52).

La Cour exige en particulier « *que le prévenu puisse bénéficier de l'assistance d'un avocat dès les premiers stades des interrogatoires de police* » dans le cas où une « *législation nationale peut attacher à l'attitude d'un prévenu à la phase initiale des interrogatoires de police des conséquences déterminantes* » (*ibid.* § 52).

Elle souligne que le droit de ne pas s'auto-incriminer, dont la présence de l'avocat constitue la garantie, « *présuppose que, dans une affaire pénale, l'accusation cherche à fonder son argumentation sans recourir à des éléments de preuve obtenus par la contrainte ou les pressions au mépris de la volonté de l'accusé* » (*ibid.* § 54).

Elle en conclut qu'« *il est en principe porté une atteinte irrémédiable aux droits de la défense lorsque des déclarations incriminantes faites lors d'un interrogatoire de police subi sans l'assistance possible d'un avocat sont utilisés pour fonder une condamnation* » (*ibid.* § 54).

La CEDH a toutefois précisé que la règle posée par l'arrêt *Salduz* ne s'appliquait pas dès lors que la personne a renoncé de son plein gré au droit d'être assisté par un avocat (CEDH 23 févr. 2010, *Yoldas c/ Turquie*, req. n° 27503/04, cité par Circ. Crim. 2011-13/E6, 23 mai 2011, NOR : JUSD1113979C, n° IV.1.2). Elle a également précisé que la règle n'était pas applicable en cas de défaillance du barreau ou de l'avocat non imputable aux autorités publiques (CEDH 7 oct. 2008, *Bogumil c/ Portugal*, req. n° 35228/03 ; CEDH 19 déc. 1989, *Kamasinski c/ Autriche*, req. n° 9783/82 ; CEDH 13 mai 1980, *Artico c/ Italie*, req. n° 6694/74, cités par Circ. Crim. 2011-13/E6, 23 mai 2011, n° IV.1.2).

Notons enfin que s'il est « *manifestement incompatible* » avec le droit de se taire et le droit de ne pas contribuer à sa propre incrimination « *de fonder une condamnation exclusivement ou essentiellement sur le silence du prévenu ou sur son refus de répondre à des questions ou de déposer* », « *il est tout aussi évident pour la Cour que ces interdictions ne peuvent et ne sauraient empêcher de prendre en compte le silence de l'intéressé, dans des situations qui appellent assurément une explication de sa part, pour apprécier la force de persuasion des éléments à charge* » (§ 47) (CEDH, Grde Ch., 8 févr. 1996, *Murray c/ Royaume-Uni*, n° 18731/91 ; dans le même sens, citant ce précédent : Crim. 26 oct. 2022, n° 21-84.618, P, § 11).

B. Les fondements constitutionnels et la jurisprudence du Conseil constitutionnel

Dans sa décision n° 2010-14/22 QPC, 30 juill. 2010 (§ 28), le Cons. const. relève, pour les déclarer non-conformes dans leur rédaction antérieure à la loi n° 2011-392 du 14 avril 2011 relative à la garde à vue, « *que les dispositions combinées des articles 62 et 63 du [code de procédure pénale] autorisent l'interrogatoire d'une personne gardée à vue ; que son article 63-4 ne permet pas à la personne ainsi interrogée, alors qu'elle est retenue contre sa volonté, de bénéficier de l'assistance effective d'un avocat ; qu'une telle restriction aux droits de la défense est imposée de façon générale sans considération des circonstances particulières susceptibles de la justifier pour rassembler ou conserver les preuves ou assurer la protection des personnes ; qu'au demeurant, la personne gardée à vue ne reçoit pas la notification de son droit de garder le silence* ».

Cette décision est à rapprocher des exigences posées par la CEDH en matière de droit, pour la personne entendue, de ne pas s'auto-incriminer, dont l'exercice effectif suppose l'assistance par un avocat (arrêt *Salduz c/ Turquie, Dayanan c/ Turquie,* analysés au **A** ci-dessus).

Dans une décision plus récente, la valeur constitutionnelle du droit au silence a été clairement distinguée du droit à l'assistance d'un avocat et affirmée par le Cons. const. : « *Selon l'article 9 de la DDHC de 1789 : "Tout homme étant présumé innocent jusqu'à ce qu'il ait été déclaré coupable, s'il est jugé indispensable de l'arrêter, toute rigueur qui ne serait pas nécessaire pour s'assurer de sa personne doit être sévèrement réprimée par la loi". Il en résulte le principe selon lequel nul n'est tenu de s'accuser, dont découle le droit de se taire* » (Cons. const. 4 nov. 2016, nº 2016-594 QPC, § 5).

Mentionnons que dans la continuité des décisions qui précèdent, le Cons. const. a prononcé l'inconstitutionnalité des dispositions de l'Ord. nº 45-174, 2 févr. 1945, dans leur rédaction résultant de L. nº 74-631, 5 juill. 1974, qui ne prévoyaient alors au bénéfice du **mineur** que le droit à un examen médical en cas de prolongation de la garde à vue (Cons. const. 16 nov. 2018, nº 2018-744 QPC), décision applicable aux affaires non définitivement jugées et donnant lieu par voie de conséquence à l'annulation de procès-verbaux d'audition établis en 1984 (Crim. 19 févr. 2019, nº 18-83.360, P nº 39).

C. L'interdiction de fonder une condamnation sur les seules déclarations auto-incriminantes faites sans avocat

« *En matière criminelle et correctionnelle, aucune condamnation ne peut être prononcée contre une personne sur le seul fondement de déclarations qu'elle a faites sans avoir pu s'entretenir avec un avocat et être assistée par lui.* » (C. pr. pén., art. préliminaire, dernier alinéa.).

Le Cons. const. a validé l'économie globale du dispositif d'assistance par un avocat de la personne placée en garde à vue, en soulignant qu'une des composantes de cet équilibre est le devoir d'appréciation par l'autorité judiciaire de la valeur probante des déclarations faites par une personne placée en garde à vue hors la présence de son avocat (Cons. const. 18 nov. 2011, nº 2011-191 QPC, § 30) (v. **D** ci-dessous).

« *Cette disposition traduit expressément dans notre droit les exigences résultant de la jurisprudence de la Cour européenne des droits de l'Homme issues notamment de son arrêt Salduz c/ Turquie.../...* » (arrêt analysé au **A** ci-dessus) (Circ. Crim. 2011-13/E6, 23 mai 2011, nº IV).

« *Ces dispositions sont donc sans aucun effet sur les déclarations d'une personne mettant en cause un tiers.* » (Circ. Crim. 2011-13/E6, 23 mai 2011, nº IV.1).

« *La limitation de la valeur probante des déclarations .../...ne s'applique qu'en cas de condamnation criminelle ou délictuelle : cette règle ne s'applique donc pas en matière contraventionnelle.* » (Circ. Crim. 2011-13/E6, 23 mai 2011, nº IV.1.1).

La loi limite « *uniquement la force probante des déclarations faites par une personne sans que celle-ci ait pu bénéficier de cette assistance. En conséquence, les nouvelles dispositions de l'article préliminaire ne sont pas applicables :*

– si la personne, alors qu'elle avait juridiquement la possibilité de s'entretenir avec un avocat et de bénéficier de son assistance durant l'audition, n'a pas souhaité utiliser ce droit ;

– aux déclarations faites, en présence ou non d'un avocat, au cours de l'instruction ou d'une audience de jugement par le mis en examen, le témoin assisté, le prévenu ou l'accusé, puisque cette personne avait la possibilité d'être assistée par un avocat ;

– aux déclarations faites par un mis en cause au cours d'une garde à vue qui, soit a pu s'entretenir avec un avocat et être assisté par celui-ci durant l'audition, soit a renoncé à bénéficier de ces droits. »

« *.../...Ces dispositions sont, en revanche, applicables aux déclarations suivantes qui ne pourront donc servir de seul fondement à une condamnation criminelle ou correctionnelle :*

– les déclarations faites par une personne mise en cause entendue hors garde à vue au cours d'une enquête ou, sur commission rogatoire, d'une instruction, puisque la loi ne lui permet pas d'être assistée par un avocat au cours de cette audition ;

– les déclarations faites par une personne placée en garde à vue au cours d'une enquête ou d'une information mais n'ayant pu s'entretenir avec un avocat ou être assistée lors de son audition parce qu'en application des dispositions des articles 63-4-2 et 706-88 du C. pr. pén., le procureur de la République ou le JLD a autorisé le début de l'audition sans la présence de l'avocat ou a différé l'intervention de celui-ci ». (Circ. Crim. 2011-13/E6, 23 mai 2011, n° IV.1.2).

« *Le dernier alinéa de l'article préliminaire n'a aucune incidence en matière de nullité de procédure car il ne concerne que la force probante des déclarations sans avocat et non leur régularité.*

Le fait que des déclarations ont été recueillies sans avocat ne peut, de manière générale, constituer une cause de nullité que dans le cas où auraient été violées les dispositions du code de procédure pénale prévoyant de façon expresse, notamment dans le cadre de la garde à vue ou de l'instruction, l'assistance d'un avocat. » (Circ. Crim. 2011-13/E6, 23 mai 2011, n° IV.1.2).

« *Le législateur permet [...] le prononcé d'une condamnation qui serait pour partie fondée sur de telles déclarations [faites sans avocat] si elle repose également sur d'autres éléments à charge qui corroborent les propos de la personne, quels que puissent être ces éléments (comme des déclarations d'un témoin, de la victime, d'un co-auteur ou complice, ou des indices matériels). Rien n'interdit non plus que ces autres éléments à charge proviennent précisément d'investigations qui ont été réalisées grâce aux déclarations faites sans l'assistance de l'avocat (par exemple à la suite d'une perquisition réalisée sur les lieux désignés par la personne). Il est même possible que ces autres éléments constituent les seuls autres éléments à charge figurant dans le dossier.* » (Circ. Crim. 2011-13/E6, 23 mai 2011, n° IV.1.2).

Est ainsi approuvée la condamnation dont « *la motivation [...], qui reprend les principaux éléments exposés au cours du délibéré qui ont convaincu la cour d'assises, tels qu'ils résultaient des débats, ne se fonde ni exclusivement, ni essentiellement sur les déclarations de l'accusé en garde à vue* » (Crim. 12 déc. 2012, n° 12-80.788, P n° 275). Sont en revanche censurés les « *motifs imprécis qui ne mettent pas la C. cass en mesure de s'assurer que la cour et les jurés ne se sont fondés ni exclusivement ni essentiellement sur des déclarations incriminantes recueillies au cours de la garde à vue sans l'assistance d'un avocat et sans la notification du droit de se taire* » (Crim. 16 déc. 2015, n° 15-81.160, P n° 307).

D. La validité constitutionnelle du dispositif d'intervention de l'avocat durant la garde à vue issu de L. n° 2011-392, 14 avr. 2011

Le Cons. const., dans sa décision n° 2011-191 QPC, 18 nov. 2011, a validé en ces termes l'équilibre global du dispositif d'assistance de l'avocat durant la garde à vue (premier entretien de 30 mn (v. n° **12.24A**) et assistance aux auditions (v. n° **12.26A**), contrôle par l'autorité judiciaire de la valeur probante des déclarations faites sans avocat (v. **C** ci-dessus), contrôle par l'autorité judiciaire du « *principe de loyauté dans l'administration de la preuve* » (v. n° **11.6A**)), tel qu'il résulte des apports de la loi n° 2011-392 du 14 avril 2011 : « *en prévoyant que la personne gardée à vue peut s'entretenir avec son avocat pendant trente minutes, qu'elle peut demander que l'avocat assiste à ses auditions et confrontations et que la première audition de la personne gardée à vue ne peut avoir lieu moins de deux heures après que l'avocat a été avisé, le deuxième alinéa de l'article 63-4 et l'article 63-4-2 instituent des garanties de nature à assurer que la personne gardée à vue bénéficie de l'assistance effective d'un avocat ; qu'il appartient en tout état de cause à l'autorité judiciaire de veiller au respect du principe de loyauté dans l'administration de la preuve et d'apprécier la valeur probante des déclarations faites, le cas échéant, par une personne gardée à vue hors la présence de son avocat* » (§ 30 et 32).

Les différentes modalités de mise en œuvre du droit à l'assistance d'un avocat ont aussi été validées par cette même décision :

– dispositions limitant l'accès de l'avocat qu'à certaines pièces de la procédure (C. pr. pén., art. 63-4-1, al. 3) (§ 27 à 29) (v. n° **12.25**) ;

– audition immédiate sans avocat avant l'écoulement du délai de 2 h après autorisation du procureur de la République (C. pr. pén., art. 63-4-2, al. 3) (§ 30 et 32) (v. n° **12.27B**) ;

– report pour une durée de 12 h ou plus de la présence de l'avocat lors des auditions ou confrontations ou pour la consultation des pièces de la procédure (C. pr. pén., art. 63-4-2, al. 4 et 5) (v. n° **12.28A**) (§ 31 et 32) ;

– modalités de conduite de l'audition par l'OPJ en présence de l'avocat (C. pr. pén., art. 63-4-3) (v. n° **12.26A**) (§ 33 à 35) ;

– soumission de l'avocat au secret de l'enquête sans préjudice de l'exercice des droits de la défense (C. pr. pén., art. 63-4-4) (v. n° **12.23A**) (§ 36).

12.20 La notification du droit de la personne gardée à vue de garder le silence (C. pr. pén., art. 63-1 3°)

En application du principe du droit au silence (v. n° **12.19A**), comme le suspect entendu librement (C. pr. pén., art. 61-1 4°, v. n° **11.73C4**), le suspect gardé à vue bénéficie du « *droit, lors des auditions, après avoir décliné son identité, de faire des déclarations, de répondre aux questions qui lui sont posées ou de se taire* » (C. pr. pén., art. 63-1 3°).

« *Ce libellé doit être repris in extenso sur le procès-verbal de notification des droits attachés à la garde à vue.* »

« *La notification du droit de garder le silence à la suite des autres droits précités n'implique nullement que l'intéressé indique immédiatement s'il entend ou non l'exercer. La personne gardée à vue peut, en effet, exercer à tout moment ce droit. Ainsi, si elle refuse de s'expliquer lors des premières heures de garde à vue sur les faits, elle peut accepter de le faire ultérieurement.* »

« *En toute hypothèse, il est toujours loisible à l'officier ou à l'agent de police judiciaire d'extraire cette dernière de sa cellule et de procéder à son interrogatoire, par exemple sur de nouveaux éléments recueillis au cours des investigations. Le droit au silence n'équivaut ni à un droit pour la personne gardée à vue de mettre fin à son interrogatoire et d'être reconduite dans sa cellule, ni à une obligation pour les enquêteurs de lever cette mesure.* »

« *La loi ne l'exigeant pas, il n'est pas nécessaire de renouveler cette notification au début du premier interrogatoire ni, a fortiori, au début des auditions suivantes ou lors d'une prolongation de la mesure.* » (Circ. Crim. 2011-13/E6, 23 mai 2011, NOR : JUSD1113979C, n° III. 4).

Une nouvelle notification du droit au silence lors la prolongation de la garde à vue n'est pas nécessaire (Crim. 23 nov. 2016, n° 16-81.904, P n° 306). Soulignons dans le même ordre d'idée « *qu'aucun texte ne fait obligation au magistrat instructeur de renouveler, à l'occasion de chaque acte, l'avertissement du droit de se taire (Crim. 4 nov. 2020, n° 20-84.046, P)* » (§ 35) (Ass. plén., 28 juill. 2023, n° 21-86.418 et autres, P).

« *le droit de se taire sur les faits qui lui sont reprochés* » et sa notification sont désormais appréhendés de manière générale par C. pr. pén., art. préliminaire, III, modifié par L. n° 2021-1729, 22 déc. 2021. Cette disposition impose cette notification « *avant tout recueil de ses observations et avant tout interrogatoire* », à « *toute personne suspectée* » « *en matière de crime ou de délit* », « *lors de sa première présentation devant un service d'enquête* » et prévoit qu'« *aucune condamnation ne peut être prononcée sur le seul fondement de déclarations faites sans que ledit droit ait été notifié* ».

Est irrecevable le moyen qui invoque pour la première fois devant la C. cass. le grief tiré du défaut de notification du droit de se taire (Crim. 23 mai 2012, n° 11-85.768, P n° 132).

12.21 La notification du droit à l'assistance d'un avocat et son exercice par la personne gardée à vue (C. pr. pén., art. 63-1 3°)

A. La notification du droit

Dans les conditions déjà exposées (v. n° **12.13** et **12.14**), la personne placée en garde à vue doit être immédiatement informée « *du droit d'être assistée par un avocat, conformément* *aux articles 63-3-1 à 63-4-3* » (C. pr. pén., art. 63-1 3°). Depuis L. n° 2011-392, 14 avr. 2011, ce droit s'applique également aux mesures de garde à vue prises pour une infraction relevant du régime complet de la criminalité organisée du C. pr. pén., art. 706-73. « *Les agents de police judiciaire doivent explicitement notifier et acter sur le procès-verbal de notification des droits le contenu de ce droit à l'assistance : il comprend le droit à s'entretenir avec un avocat, dans les conditions prévues à l'article 63-4 du code de procédure pénale et le droit de demander que l'avocat assiste aux auditions et confrontations. Il doit aussi être notifié que l'intervention de l'avocat peut être différée, pour des raisons impérieuses, sur décision du procureur de la République ou, le cas échéant, du juge d'instruction ou du JLD.* »

« *Les officiers de police judiciaire ou, sous le contrôle de ceux-ci, les agents de police judiciaire doivent aussi acter précisément en procédure si la personne souhaite exercer ou non ce droit à l'assistance : la renonciation éventuelle doit apparaître en procédure de façon non équivoque.* »

« *Le droit à l'assistance d'un avocat est, en cas de prolongation de la mesure de garde à vue, de nouveau notifié au début de chaque prolongation, y compris lorsque la garde à vue est diligentée pour des infractions relevant de la criminalité ou de la délinquance organisée, ou encore du terrorisme.* » (Circ. Crim. 2011-13/E6, 23 mai 2011, NOR : JUSD1113979C, n° III.5.1).

Mentionnons que dans le cas où le suspect (libre ou en garde à vue) doit participer à « *une opération de reconstitution de l'infraction* » ou « *à une séance d'identification des suspects* » dont il fait partie, il doit être informé du droit d'être assisté par un avocat « *avant qu'il soit procédé à ces opérations* ». (C. pr. pén., art. 61-3, L. n° 2016-731, 3 juin 2016, en vigueur depuis le 1er nov. 2016, v. n° **12.26B**).

B. L'exercice du droit

1. Le gardé à vue majeur

Si la personne n'est pas en mesure de désigner un avocat ou si l'avocat choisi ne peut être contacté, elle peut demander qu'il lui en soit commis un d'office par le bâtonnier (C. pr. pén., art. 63-3-1).

« *l'avocat peut également être désigné par la ou les personnes prévenues en application du premier alinéa de l'article 63-2* » (C. pr. pén., art. 63-3-1, al. 3). La décision du Cons. const. (Cons. const. 18 nov. 2011, n° 2011-191 QPC) précise que cette disposition ne méconnaît aucun droit ou liberté que la Constitution garantit (§ 26). « *les OPJ ou APJ font, avant toute démarche, confirmer cette désignation par la personne gardée à vue* » (Circ. Crim. 2011-13/E6, 23 mai 2011, n° III.5.2.1). Les tiers avisés du placement en garde à vue (sur l'avis aux tiers, v. n° **12.17A2**) peuvent désigner l'avocat du suspect, si ce dernier confirme cette désignation (C. pr. pén., art. 63-3-1). Il en résulte « *que seule la personne régulièrement avisée de la mesure de garde à vue en application de l'article 63-2 précité, à l'exclusion des autres qui y sont mentionnées, peut désigner un avocat pour assister la personne entendue dans ce cadre* » (§ 18), par conséquent, si la mère du suspect a été avisée, le père est irrecevable à désigner un avocat (§ 21) (Crim. 19 oct. 2021, n° 21-81.569, P).

2. Le gardé à vue majeur protégé

S'il s'agit d'un **majeur protégé**, le curateur, le tuteur ou le mandataire spécial avisé peut « *désigner un avocat ou demander qu'un avocat soit désigné par le bâtonnier* » si la personne n'est pas assistée par un avocat (C. pr. pén., art. 706-112-1 issu L. n° 2019-222, 23 mars 2019, v. n° **12.17E**). À défaut de demande, le magistrat en charge de la procédure ou l'OPJ n'est pas tenu de solliciter la désignation d'un avocat d'office par le bâtonnier.

3. Le gardé à vue mineur : l'assistance obligatoire par un avocat (CJPM, art. L. 413-9)

Le **mineur** placé en garde à vue ou en retenue doit être assisté par un avocat dès le début de la mesure (CJPM, art. L. 413-9), dans les conditions prévues au C. pr. pén., art. 63-3-1 à 63-4-3, et doit être immédiatement informé de ce droit. Lorsque le mineur n'a pas sollicité l'assistance d'un avocat, cette demande peut également être faite par ses **représentants légaux**, qui sont avisés de ce droit au moment où ils sont avisés de la garde à vue (Ord. n° 45-174, 2 févr. 1945, art. 4 I et IV devenu CJPM, art. L. 413-7) (v. avis à famille, n° **12.17D**). L'information des représentants légaux sur le droit du mineur à l'assistance d'un avocat « *vise à garantir l'assistance effective du mineur gardé à vue par un avocat, ainsi que le libre choix de l'avocat qui prodiguera cette assistance. Cette information est prévue dans l'intérêt du mineur placé en garde à vue et son absence entraîne la nullité du placement en garde à vue.* » (Crim. 16 oct. 2019, n° 19-81.084, P).

L'adulte approprié désigné par le mineur ou le magistrat compétent au lieu du titulaire de l'autorité parentale « *ne dispose pas de l'ensemble des droits reconnus aux titulaires de l'autorité parentale. Il ne peut notamment pas demander que le mineur soit assisté* » par un avocat (Circ. Crim. 2019-14/H2, 27 mai 2019, JUSD 1915418C, n° 3.3.4) (sur la désignation et le rôle de l'adulte approprié, v. n° **11.75C**).

Lorsque le mineur ou ses représentants légaux n'ont pas désigné d'avocat, le procureur de la République, le juge d'instruction ou l'OPJ doit, dès le début de la garde à vue, informer par tout moyen et sans délai le bâtonnier afin qu'il en commette un d'office (Ord. n° 45-174, 2 févr. 1945, art. 4 I et IV devenu CJPM, art. L. 413-9). Il en résulte que le mineur doit obligatoirement être assisté par un avocat lors de sa garde à vue ou de sa retenue. Il en est d'ailleurs de même, depuis L. n° 2018-222, 23 mars 2019 applicable au 1er juin 2019, lorsqu'il est entendu librement pour une infraction punie d'emprisonnement dont il est suspecté. Dans ce dernier cas, le magistrat compétent avait toutefois la faculté d'autoriser une dispense d'avocat pour les faits peu graves mais cette dérogation à l'obligation d'assistance d'un avocat du mineur en audition libre a été supprimée par L. n° 2021-218, 26 févr. 2021 (Ord. n° 45-174, 2 févr. 1945, art. 3-1, devenu CJPM, art. L. 412-2, v. n° **11.74B**).

Les dispositions relatives à l'assistance obligatoire de l'avocat sont également applicables en cas de placement en retenue du mineur pour l'exécution d'un mandat d'amener ou d'arrêt (CJPM, art. L. 332-1, v. n° **12.7B2**).

12.22 Les diligences de l'OPJ pour aviser l'avocat

A. Les diligences de l'OPJ pour aviser l'avocat

Le bâtonnier ou l'avocat de permanence commis d'office par le bâtonnier est informé de la demande par tous moyens et sans délai (C. pr. pén., art. 63-3-1).

« *Les OPJ ou APJ doivent faire toutes diligences utiles pour permettre une mise en œuvre effective de ce droit .../... : pèse toutefois [sur eux] une obligation de moyen, et non de résultat* » (Circ. Crim. 2011-13/E6, 23 mai 2011, NOR : JUSD1113979C, n° III.5.2).

Désignation d'un avocat choisi : « *les OPJ ou APJ le contactent ou procèdent, en fonction des éléments d'identification que la personne gardée à vue leur a communiqués, aux recherches nécessaires pour le contacter. S'ils ne parviennent pas à l'identifier, ou s'ils ne peuvent s'entretenir avec l'avocat au téléphone (parce que l'avocat ne répond pas ou parce qu'une information a pu seulement être transmise sur une messagerie), ils demandent à la personne gardée à vue si elle souhaite désigner un autre avocat, ou bien être assistée par un avocat commis d'office* » (Circ. Crim. 2011-13/E6, 23 mai 2011, n° III.5.2.1).

Désignation d'un avocat commis d'office : « *les OPJ ou APJ appellent le bâtonnier ou la permanence du barreau organisée à cette fin : le message laissé sur un répondeur leur permet de remplir leur obligation. Il en va de même dans le cas où personne ne répond à cet appel* » (Circ. Crim. 2011-13/E6, 23 mai 2011, n° III.5.2.1).

Les diligences pour contacter l'avocat choisi ou commis d'office pour assister la personne en garde à vue, l'informer des lieux et horaires des auditions, **peuvent** être effectuées, sur réquisition faite par tout moyen de l'OPJ ou de l'APJ responsable des modalités de déroulement de la garde à vue, par tout OPJ ou APJ appartenant à un service territorialement compétent autre que celui chargé de l'enquête (**plateforme de soutien**

logistique à la garde à vue) (C. pr. pén., art. D. 15-5-2, D. n° 2016-1202, 7 sept. 2016, Circ. Crim-2016/19/E, 08.09.2016, JUS D 1625322 C, n° 1.3.b)).

Jurisprudences. Si la personne demande à s'entretenir avec un avocat désigné d'office ou choisi, l'appel ou l'information par télécopie ou « *selon les modalités fixées par le barreau* » (Crim. 17 mai 2000, n° 00-81.149, NP), du service de garde des avocats et du numéro de l'Ordre des avocats ou de l'avocat choisi, bien qu'infructueux, sont suffisants, car si l'OPJ doit informer par tous moyens le bâtonnier de l'Ordre ou l'avocat désigné, il n'a cependant « *pas l'obligation de rendre effectif l'entretien* » (Crim. 4 mai 2000, n° 99-86.924, NP – Crim. 13 févr. 1996, n° 95-85.676, P n° 73).

S'agissant de la défaillance de l'avocat en raison d'un **mouvement de grève**, il est constant que la décision prise collectivement par le barreau de suspendre toute participation des avocats au service des commissions d'office constitue une circonstance insurmontable (Crim. 9 mai 1994, n° 94-80.802, P n° 174, Crim. 12 mars 1997, n° 96-86.596, P n° 99 ; en termes identiques : Crim. 17 oct. 2001, n° 01-85.043, NP).

Si les diligences ont été vaines, aucune disposition n'impose à l'OPJ de différer l'audition (Crim. 28 avr. 2004, n° 04-80.753, P n° 102).

Si la personne en garde à vue désigne plusieurs avocats, « *la seule diligence imposée.../...à l'OPJ est d'aviser l'avocat choisi par la personne gardée à vue pour recevoir cette information, à l'exclusion de toute démarche auprès d'autres avocats* » (Crim. 12 déc. 2017, n° 17-81.313, NP).

Mentionnons que lorsque la garde à vue se déroule en dehors de certaines communes de Nouvelle-Calédonie, ou sur une île de la Polynésie française où il n'y a pas d'avocat, et que le déplacement d'un avocat paraît matériellement impossible, les attributions dévolues à l'avocat peuvent être exercées par une personne choisie par la personne gardée à vue, si elle n'est pas mise en cause dans la procédure et ne porte pas de condamnation mentionnée au bulletin n° 1 de son casier judiciaire. À peine de sanctions pénales, le tiers choisi est soumis à un devoir de secret (C. pr. pén., art. 814). Dans les territoires des îles Wallis et Futuna, il peut être fait appel à une personne agréée par le président du tribunal de première instance (C. pr. pén., art. 814).

B. La constatation des diligences par procès-verbal

Par application combinée des articles 63-4 et 64 4° du code de procédure pénale, l'OPJ doit non seulement consigner dans le procès-verbal d'audition de la personne gardée à vue la demande d'entretien avec un avocat, mais aussi la suite qui lui a été donnée, à savoir les « *diligences accomplies* » pour contacter l'avocat choisi ou, en cas de demande d'avocat d'office, le bâtonnier ou le service de garde des avocats (Civ. 2e, 23 janv 2003, n° 01-50.066, P II, n° 13 — Crim. 8 mars 2000, n° 99-87.319, P n° 109). Sont ainsi suffisantes les énonciations qui établissent que l'OPJ a immédiatement informé par télécopie le bâtonnier de l'Ordre d'une demande de désignation d'avocat d'office (Crim. 17 mai 2000, n° 00-81.133, P n° 196).

« *Dans tous les cas, les officiers ou agents de police judiciaire doivent acter précisément en procédure toutes leurs diligences, y compris le nombre d'appels passés et les numéros de téléphone qu'ils ont composés* » (Circ. Crim. 2011-13/E6, 23 mai 2011, n° III.5.2.1).

C. La sanction du défaut de diligences

À peine de nullité, l'audition doit être interrompue lorsque le gardé à vue n'a pas été mis en mesure, faute par les policiers d'avoir accompli les diligences requises, de s'entretenir en temps voulu avec son avocat, (Crim. 10 mai 2001, n° 01-81.762, P n° 118 : dans cette affaire, l'intéressé devait s'entretenir avec son avocat à 11 h 15, ce qui ne fut pas fait faute de toute diligence, l'audition commencée à 9 h 55 et poursuivie jusqu'à 11 h 50 était donc nulle).

De même, lorsque la personne a d'abord renoncé à la faculté de s'entretenir avec un avocat puis se ravise au cours de la garde à vue, il importe que son avocat soit immédiatement averti pour qu'il puisse exercer son droit (Crim. 4 janv. 1994, n° 93-84.793, P n° 1).

Le non-accomplissement, par les officiers de police judiciaire, des diligences destinées à faire droit, au terme d'un délai de garde à vue (ex. : 24e heure), à la demande d'entretien avec un avocat, entraîne la nullité des actes de la procédure effectués à partir de l'écoulement de ce délai, à l'exclusion des actes, comme en l'espèce la mise en examen, dont la garde à vue n'est pas le préalable nécessaire et qui trouvent leur support dans d'autres pièces que celles entachées de nullité (Crim. 9 juill. 2003, n° 03-82.239, NP).

Est irrecevable le moyen qui invoque pour la première fois devant la C. cass. le grief tiré du défaut d'assistance de la personne gardée à vue par un avocat (Crim. 30 mai 2012, n° 11-84.992, P n° 137 ; dans le même sens : Crim. 23 mai 2012, n° 11-85.768, P n° 132).

12.23 Le cadre déontologique de l'intervention de l'avocat : secret de l'enquête et conflit d'intérêts

A. Le respect du secret de l'enquête et de l'instruction par l'avocat

« *.../...La procédure au cours de l'enquête et de l'instruction est secrète. Toute personne qui concourt à cette procédure est tenue au secret professionnel.../...* » (C. pr. pén., art. 11).

Sans préjudice de l'exercice des droits de la défense, l'avocat ne peut faire état de cet entretien auprès de quiconque pendant la garde à vue ni des entretiens avec la personne qu'il assiste, ni des informations qu'il a recueillies en consultant les procès-verbaux et en assistant aux auditions et aux confrontations (C. pr. pén., art. 63-4-4).

Le Cons. const. a validé la constitutionnalité de cette disposition en ces termes : « *l'article 63-4-4 soumet l'avocat au secret de l'enquête en lui interdisant de faire état auprès de quiconque pendant la durée de la garde à vue des entretiens avec la personne qu'il assiste et des informations qu'il a recueillies en consultant les procès-verbaux et en assistant aux auditions et aux confrontations ; qu'il ressort des termes mêmes de cet article que cette interdiction s'applique « sans préjudice de l'exercice des droits de la défense » ; qu'elle ne saurait, par suite, porter atteinte à ces droits ; que cet article n'est contraire à aucun autre droit ou liberté que la Constitution garantit* » (Cons. const. 18 nov. 2011, n° 2011-191 QPC, § 36) (v. n° **12.19D**).

L'avocat est tenu au secret professionnel (v. secret professionnel des professions juridiques ou comptables, n° **35.4**) et ne peut donc, sous les peines successivement prévues par C. pén., art. 226-13 (v. Violation du secret professionnel, n° **35.10**) puis C. pén., art. 434-7-2 depuis L. n° 2021-1729, 22 déc. 2021 (v. Violation simple et aggravée du secret de l'enquête et de l'instruction, n° **35.12**), révéler des informations à des tiers, en particulier lorsqu'ils sont susceptibles d'être impliqués.

Les garanties particulières entourant la protection du secret professionnel de l'avocat en matière de perquisition à son cabinet ou à son domicile (C. pr. pén., art. 56-1, v. n° **11.65A**), de saisies de documents émanant d'un avocat où qu'ils soient trouvés (C. pr. pén., art. 56-1-1, v. n° **11.66A**), d'écoutes téléphoniques de l'avocat ou d'une ligne de son cabinet (C. pr. pén., art. 100 et 706-95, v. n° **11.36B3**) et de transcription de ces écoutes (C. pr. pén., art. 100-5, v. n° **11.36E2**), de données de connexion (fadettes) d'un avocat (C. pr. pén., art. 60-1-1 et nouvel article 60-1-2 issu L. n° 2022-299, 2 mars 2022, v. n° **11.44B2**), renforcées par L. n° 2022-1729, 22 déc. 2021, pour la confiance dans l'institution judiciaire, trouvent leurs limites dans sa participation à une infraction, y compris celle de violation du secret professionnel.

« *Sous réserve des strictes exigences de sa propre défense devant toute juridiction et des cas de déclaration ou de révélation prévues ou autorisées par la loi, l'avocat ne commet, en toute matière, aucune divulgation contrevenant au secret professionnel* » (D. n° 2005-790, 12 juill. 2005, art. 4).

« *L'avocat respecte le secret de l'enquête et de l'instruction en matière pénale, en s'abstenant de communiquer, sauf pour l'exercice des droits de la défense, des renseignements extraits du dossier, ou de publier des documents, pièces ou lettres intéressant une enquête ou une information en cours. Il ne peut transmettre de copies de pièces ou actes du dossier de la procédure à son client ou à des tiers que dans les conditions prévues à l'article 114 du code de procédure pénale* » (D. n° 2005-790, 12 juill. 2005, art. 5).

« *L'avocat est le confident nécessaire du client. Le secret professionnel de l'avocat est d'ordre public. Il est général, absolu et illimité dans le temps. Sous réserve des strictes exigences de sa propre défense devant toute juridiction et des cas de déclaration ou de révélation prévues ou autorisées par la loi, l'avocat ne commet, en toute matière, aucune divulgation contrevenant au secret professionnel* » (Règlement intérieur national de la profession d'avocat – RIN, art. 2.1).

L'avocat « *ne peut demander ou réaliser aucune copie des pièces de la procédure qu'il a pu consulter en application de l'article 63-4-1.../...Il convient, d'autre part, de rappeler que l'OPJ ou APJ peut à tout moment, en cas de difficulté, mettre un terme à l'acte en cours et en aviser immédiatement le procureur de la République qui informe, s'il y a lieu, le bâtonnier aux fins de désignation d'un autre avocat.* » (Circ. Crim. 2011-13/E6, 23 mai 2011, NOR : JUSD1113979C, n° III.5.4).

B. La désignation d'un autre avocat en cas de conflit d'intérêts

« *S'il constate un conflit d'intérêts, l'avocat fait demander la désignation d'un autre avocat. En cas de divergence d'appréciation entre l'avocat et l'OPJ ou le procureur de la République sur l'existence d'un conflit d'intérêts, l'OPJ ou le procureur de la République saisit le bâtonnier qui peut désigner un autre défenseur. Le procureur de la République, d'office ou saisi par l'officier de police judiciaire ou l'agent de police judiciaire, peut également saisir le bâtonnier afin qu'il soit désigné plusieurs avocats lorsqu'il est nécessaire de procéder à l'audition simultanée de plusieurs personnes placées en garde à vue.* » (C. pr. pén., art. 63-3-1).

« *L'ensemble de ces diligences devra apparaître en procédure* » (Circ. Crim. 2011-13/E6, 23 mai 2011, n° III.5.2.2).

Les attributions du procureur de la République sont exercées par le juge d'instruction lors de l'exécution d'une commission rogatoire (C. pr. pén., art. 154).

Règles de déontologie de la profession d'avocat : « *L'avocat ne peut être ni le conseil ni le représentant ou le défenseur de plus d'un client dans une même affaire s'il y a conflit entre les intérêts de ses clients ou, sauf accord des parties, s'il existe un risque sérieux d'un tel conflit. Sauf accord écrit des parties, il s'abstient de s'occuper des affaires de tous les clients concernés lorsque surgit un conflit d'intérêts, lorsque le secret professionnel risque d'être violé ou lorsque son indépendance risque de ne plus être entière. Il ne peut accepter l'affaire d'un nouveau client si le secret des informations données par un ancien client risque d'être violé ou lorsque la connaissance par l'avocat des affaires de l'ancien client favoriserait le nouveau client.* » (D. n° 2005-790, 12 juill. 2005, art. 7). Dans la continuité de ces dispositions, le Règlement intérieur national (RIN) de la profession d'avocat, adopté par le Conseil national des barreaux (CNB), pris en application de L. n° 71-1130, 31 déc. 1971, art. 21-1, précise qu'il y a conflit d'intérêts « *dans la fonction de représentation et de défense, lorsque, au jour de sa saisine, l'assistance de plusieurs parties conduirait l'avocat à présenter une défense différente, notamment dans son développement, son argumentation et sa finalité, de celle qu'il aurait choisie si lui avaient été confiés les intérêts d'une seule partie* » (RIN, art. 4-2).

« *On ne saurait imputer à un État la responsabilité de toute défaillance d'un avocat d'office ou choisi par l'accusé. De l'indépendance du barreau par rapport à l'État, il découle que la conduite de la défense appartient pour l'essentiel à l'accusé et à son avocat, commis au titre de l'aide judiciaire ou rétribué par son client* » (CEDH 24 sept. 2002, *Cuscani c/ Royaume-Uni*, n° 32771/96, § 39). Toutefois, la garantie d'une défense exempte de conflit d'intérêts réclame une **action positive du juge**. En effet, « *Lorsque des problèmes relatifs à la représentation en justice sont portés à l'attention des autorités compétentes, l'État doit agir et ne pas demeurer passif* » (§ 73). Dans cette affaire où le requérant se plaignait de ce que « *ses deux coïnculpés et lui-même ont été représentés par le même avocat commis d'office* » (§ 68), la CEDH conclut qu'il y a violation du droit de l'accusé à être assisté d'un défenseur, garantit par Conv. EDH, art. 6 3 c), « *dans la mesure où la* *[juridiction] a fondé la condamnation du requérant sur les aveux de [deux autres co-inculpés], les intérêts des trois coïnculpés dans la procédure étaient contradictoires* » (§ 74) (CEDH 19 juin 2012, *Mihai Moldoveanu c/ Roumanie*, n° 4238/03).

12.24 Le droit de la personne gardée à vue de s'entretenir confidentiellement avec un avocat (C. pr. pén., art. 63-4)

A. L'entretien confidentiel d'une demi-heure avec l'avocat en début de garde à vue et lors de chaque prolongation (C. pr. pén., art. 63-4)

« *les États membres veillent à ce que les suspects ou les personnes poursuivies aient le droit de rencontrer en privé l'avocat qui les représente et de communiquer avec lui, y compris avant qu'ils ne soient interrogés par la police ou par une autre autorité répressive ou judiciaire* » (Dir. 2013/48/UE, 22 oct. 2013, Parlement et conseil, relative au droit d'accès à un avocat dans le cadre des procédures pénales, art. 3, 3, a)).

L'avocat désigné dans les conditions précisées aux n^{os} **12.21B** et **12.22** peut communiquer avec la personne gardée à vue dès le début de la garde à vue. « *La durée de l'entretien ne peut durer plus de 30 mn* » (C. pr. pén., art. 63-4).

Pour la même durée, la personne peut également s'entretenir avec un avocat dès le début de chaque prolongation soit à l'issue de la 24e heure, puis le cas échéant, de la 48e ou 72e heure (C. pr. pén., art. 63-4).

« *Ainsi, la personne gardée à vue ne peut s'entretenir avec son avocat qu'une seule fois par tranche de vingt-quatre heures* ». (Circ. Crim. 2011-13/E6, 23 mai 2011, NOR : JUSD1113979C, n° III.5.4.1). Il en est autrement lorsque la garde à vue initiale est étendue à d'autres faits : « *la personne gardée à vue qui est entendue dans le cadre d'une procédure suivie du chef d'une infraction autre que celle ayant justifié le placement en garde à vue et à l'encontre de laquelle il existe des raisons plausibles de soupçonner qu'elle a commis ou tenté de commettre cette infraction bénéficie, après avoir été avertie de son droit d'être assistée d'un avocat et si elle a déclaré vouloir l'exercer, du droit de communiquer avec celui-ci dans des conditions qui garantissent la confidentialité de l'entretien, pour une durée ne pouvant excéder trente minutes, avant toute audition sur les nouveaux faits* » (Crim. 2 mars 2021, n° 20-85.491, P).

L'exercice de ce droit peut être différé, pour les seules infractions de criminalité organisée, dans les conditions précisées au n° **12.28**.

Le Cons. const. a validé l'économie globale du dispositif d'assistance par un avocat de la personne placée en garde à vue, dont l'entretien préalable de trente minutes est une composante (Cons. const. 18 nov. 2011, n° 2011-191 QPC, § 30 et 32) (v. n° **12.19D**). Il a également souligné dans cette même décision que l'entretien de trente minutes échappe aux possibilités de différé d'intervention de l'avocat prévues à C. pr. pén., art. 63-4-2 (§ 31 et 32) (v. n° **12.28**).

B. Les modalités de l'entretien confidentiel et de l'intervention de l'avocat

L'avocat désigné est informé par l'OPJ ou, sous le contrôle de celui-ci, par un APJ, de la nature et de la date présumée de l'infraction sur laquelle porte l'enquête (C. pr. pén., art. 63-3-1). Soulignons que, « *à la demande expresse et sous le contrôle de l'OPJ ou [...] de l'APJ* », les **assistants d'enquête** peuvent « *informer l'avocat désigné ou commis d'office de la nature et de la date présumée de l'infraction sur laquelle porte l'enquête* » (C. pr. pén., art. 21-3, issu L. n° 2023-22, 24 janv. 2023, art. 63-3-1 mod. par la même loi).

Il peut communiquer avec la personne gardée à vue dans des conditions qui garantissent la confidentialité de l'examen (C. pr. pén., art. 63-4).

À l'issue de chaque entretien avec la personne gardée à vue, l'avocat peut présenter des observations écrites. Celles-ci sont jointes à la procédure (C. pr. pén., art. 63-4-3, al. 3).

12.25 L'accès au dossier : la consultation de certaines pièces par l'avocat et la personne gardée à vue

A. Le principe : le droit d'accès aux documents essentiels par la personne arrêtée ou son avocat

« *Lorsqu'une personne est arrêtée et détenue à n'importe quel stade de la procédure pénale, les États membres veillent à ce que les documents relatifs à l'affaire en question détenus par les autorités compétentes qui sont essentiels pour contester de manière effective conformément au droit national la légalité de l'arrestation ou de la détention soient mis à la disposition de la personne arrêtée ou de son avocat* » (Dir. 2012/13/UE (directive B), 22 mai 2012, art. 7, 1).

B. La consultation de certaines pièces par l'avocat (C. pr. pén., art. 63-4-1)

« *À sa demande, l'avocat peut consulter le procès-verbal établi en application du dernier alinéa de l'article 63-1 constatant la notification du placement en garde à vue et des droits y étant attachés, le certificat médical établi en application de l'article 63-3, ainsi que les procès-verbaux d'audition de la personne qu'il assiste. Il ne peut en demander ou en réaliser une copie. Il peut toutefois prendre des notes* » (C. pr. pén., art. 63-4-1).

Le Cons. const. 18 nov. 2011, n° 2011-191 QPC, a validé l'économie générale du dispositif d'intervention de l'avocat durant la garde à vue (v. n° 12.19D). S'agissant de C. pr. pén., art. 63-4-1 limitant l'accès de l'avocat à certaines pièces de la procédure, cette disposition ne méconnaît en particulier aucun droit ou liberté que la Constitution garantit (§ 29). Le Cons. const. souligne en effet que la consultation des pièces limitativement énumérées par C. pr. pén., art. 63-4-1 n'a « *pas pour objet de permettre la discussion de la légalité des actes d'enquête ou du bien-fondé des éléments de preuve rassemblés par les enquêteurs, qui n'ont pas donné lieu à une décision de poursuite de l'autorité judiciaire et qui ont vocation, le cas échéant, à être discutés devant les juridictions d'instruction ou de jugement ; qu'elles [les pièces] n'ont pas davantage pour objet de permettre la discussion du bien-fondé de la mesure de garde à vue enfermée par la loi dans un délai de vingt-quatre heures renouvelable une fois* » (§ 28) ; « *que compte tenu des délais dans lesquels la garde à vue est encadrée, les dispositions de l'article 63-4-1 qui limitent l'accès de l'avocat aux seules pièces relatives à la procédure de garde à vue et aux auditions antérieures de la personne gardée à vue assurent, entre le respect des droits de la défense et l'objectif de valeur constitutionnelle de recherche des auteurs d'infractions, une conciliation qui n'est pas déséquilibrée* » (§ 29).

Ainsi, « *limitée à un délai de 24 h renouvelable une fois, la garde à vue demeure une mesure de police judiciaire qui n'a pas pour objet de permettre un débat contradictoire sur sa légalité ou le bien-fondé des éléments de preuve : le respect des droits de la défense s'applique dès le début de la procédure pénale, mais aucune exigence constitutionnelle n'impose que cette phase soit conduite contradictoirement* » (Circ. Crim. 11-51 H11, 18 nov. 2011, n° 1.1).

L'avocat « *peut aussi, le cas échéant, prendre connaissance des procès-verbaux des auditions et confrontation de la personne établis antérieurement au placement en garde à vue, si elle a d'abord été entendue librement sur les faits, comme suspect ou comme témoin, ou si elle a fait l'objet d'une précédente garde à vue.../... Il appartient à l'avocat de décider s'il souhaite prendre connaissance de ces pièces avant ou après l'entretien de trente minutes avec le gardé à vue.* » (Circ. Crim. 2011-13/E6, 23 mai 2011, NOR : JUSD1113979C, n° III.5.4.2).

« *Il doit être rappelé, à cet égard et en l'état de la jurisprudence de la Cour européenne des droits de l'Homme, que le droit d'accès au dossier par l'avocat d'une personne gardée à vue n'est pas garanti par la Convention dès le stade de l'enquête de police. Ainsi, la Cour européenne ne s'oppose pas au fait que, pendant l'enquête ou l'instruction, ou une partie de celles-ci, le droit à l'accès au dossier de l'avocat, lorsqu'il est reconnu, soit temporairement limité pour des raisons légitimes tenant au bon déroulement des investigations, à la condition que l'avocat dispose des pièces qui revêtent une importance essentielle pour contester efficacement la légalité de la mesure privative de liberté* » (CEDH 9 mars 2006, *Svipsta c/ Lettonie*, req. n° 66820/01). *C'est cet équilibre entre l'amélioration indispensable des droits individuels de la personne gardée à vue et les nécessités de l'enquête que le législateur a recherché en énumérant la liste des pièces disponibles. Il justifie qu'une différence existe entre la phase d'enquête et la phase juridictionnelle :*

ainsi l'accès total aux pièces de la procédure pour l'avocat d'une personne entendue comme témoin assisté, mise en examen, prévenue ou accusée en vue de l'organisation de sa défense, dans une phase qui est considérée comme juridictionnelle, est logiquement plus large que l'accès partiel aux fins d'assistance au stade de la garde à vue. » (Circ. Crim. 2011-13/E6, 23 mai 2011, n° III.5.4.2).

Dans la continuité de cette doctrine, la C. cass. estime en effet que l'article 63-4-1 C. pr. pén. « *n'est pas incompatible avec Conv. EDH, art. 6 § 3, l'absence de communication de l'ensemble des pièces du dossier, à ce stade de la procédure, n'étant pas de nature à priver la personne d'un droit effectif et concret à un procès équitable, dès lors que l'accès à ces pièces est garanti devant les juridictions d'instruction et de jugement* » (Crim. 19 sept. 2012, n° 11-88.111, P n° 194). Elle souligne également que l'article 7 de la directive 2012/13/UE (directive B), 22 mai 2012, laisse « *la faculté aux États-membres de n'ouvrir l'accès à l'intégralité des pièces du dossier que lors de la phase juridictionnelle du procès pénal* » et en conclut « *que l'article 63-4-1 du code de procédure pénale constitue une transposition complète de l'article 7 de la directive* » (Crim. 4 oct. 2016, n° 16-82.309, P, et série d'arrêts Crim. 31 janv. 2017, n°s 16-84.613, 16-84.615, 16-84.623 à 16-84.626, NP).

Le Conseil d'État a également considéré, saisi d'un recours en excès de pouvoir contre la circulaire précitée présentant les nouvelles dispositions relatives à la garde à vue, que « *la consultation de ces pièces, limitativement énumérées, permet à l'avocat de la personne gardée à vue d'avoir connaissance des informations essentielles pour apprécier la légalité de la détention de son client ; que, par suite, elle n'est pas de nature à porter atteinte au principe d'égalité des armes, au rôle de défenseur de l'avocat ni à l'effectivité des droits de la défense garanti par les stipulations de l'article 6 de la Convention européenne de sauvegarde des droits de l'Homme et des libertés fondamentales* » (CE 11 juill. 2012, *Etrillard et a.*, req. n° 349752).

L'exercice de ce droit peut être différé, pour les infractions de droit commun et la criminalité organisée, dans les conditions précisées au n° **12.28**. Il est encadré, tant pour les enquêteurs tenus par le cadre strict de l'article 63-4-1 qui empêche la communication de toute autre pièce à l'avocat de la personne gardée à vue, que pour l'avocat, par les règles du secret de l'enquête (v. n° **35.2**) et du secret professionnel (v. n° **12.23**).

C. La consultation de certaines pièces par le gardé à vue (C. pr. pén., art. 63-4-1)

Depuis L. n° 2014-535, 27 mai 2014, « *la personne gardée à vue peut également consulter les documents* » consultables par l'avocat « *ou une copie de ceux-ci* » (C. pr. pén., art. 63-4-1).

« *comme c'est le cas pour l'avocat, la personne ne peut obtenir ou réaliser de copie de ces documents. L'article 63-4-1 précise que la personne peut consulter une simple copie de ces documents. Il appartient dès lors aux enquêteurs de décider si la personne consultera les documents originaux ou leurs copies.*

« *À la différence de l'avocat, il n'est pas indiqué que la personne a la possibilité de prendre des notes.*

« *.../...la personne placée en garde à vue ne dispose pas de la faculté de consulter ces pièces dès qu'elle le demande dans la mesure où une consultation, dans un temps permettant la lecture des documents, apparaît suffisante pour répondre aux exigences de la loi.*

« *La loi ne précise pas quel délai doit être donné à la personne pour consulter les pièces. Un délai de 30 mn, maximum, comme celui prévu pour l'entretien avec l'avocat, paraît justifié.*

« *Même si la loi ne le précise pas, il apparaît opportun qu'un procès-verbal puisse mentionner l'exercice de ce droit ou qu'il y soit fait expressément mention dans la procédure.../...la personne gardée à vue peut aussi.../...prendre connaissance des procès-verbaux (ou d'une copie) de ses auditions et confrontation établis antérieurement, si elle a d'abord été entendue librement sur les faits, comme suspect ou comme témoin, ou si elle a fait l'objet d'une précédente garde à vue* » (Circ. Crim. 2014-12/E8, 23 mai 2014, NOR : JUSD1412016C, n° 2.1.1 5).

D. Le droit d'accès et de faire des observations dans les enquêtes terminées d'une certaine durée (C. pr. pén., art. 77-2 I, L. n° 2016-731, 3 juin 2016)

Sous certaines conditions, le suspect peut, dans le délai d'un an après sa première audition (libre ou en garde à vue), solliciter la consultation du dossier d'une enquête préliminaire afin de faire des observations ou des demandes d'acte au procureur de la

République avant l'engagement des poursuites (C. pr. pén., art. 77-2, issu de L. n° 2016-731, 3 juin 2016, puis de L. n° 2021-1729, 22 déc. 2021, v. n°s 15.2 et 15.3).

E. L'accès au dossier à tout moment de la procédure à l'appréciation du procureur de la République (C. pr. pén., art. 77-2 II, L. n° 2016-731, 3 juin 2016)

À tout moment, le procureur de la République peut communiquer tout ou partie de la procédure d'enquête préliminaire à la personne mise en cause ou à la victime pour recueillir leurs éventuelles observations ou celles de leur avocat (C. pr. pén., art. 77-2 II) (v. n°s 15.2 et 15.3).

F. L'accès au dossier en cas de poursuite d'enquête pour criminalité organisée (C. pr. pén., art. 706-105)

En matière de criminalité organisée, s'il a été fait application du régime dérogatoire d'enquête prévu à C. pr. pén., art. 706-80 à 706-95, l'avocat d'une personne qui a été placée en garde à vue peut, après l'écoulement d'un délai de six mois après cette dernière, consulter le dossier de la procédure si le procureur de la République poursuit l'enquête et qu'une nouvelle audition de la personne est envisagée (C. pr. pén., art. 706-105).

12.26 Le droit pour la personne gardée à vue d'être assistée par un avocat lors des auditions, confrontations et certains actes d'enquête (C. pr. pén., art. 63-4-2 s.)

A. Le droit d'être assisté par un avocat lors des auditions ou confrontations (C. pr. pén., art. 63-4-2)

« *La personne gardée à vue peut demander que l'avocat assiste à ses auditions et confrontations.../...Au cours des auditions ou confrontations, l'avocat peut prendre des notes.* » (C. pr. pén., art. 63-4-2).

Le Cons. const. a validé l'économie globale du dispositif d'assistance par un avocat de la personne placée en garde à vue, dont le droit à l'assistance d'un avocat durant les auditions et confrontations est une des composantes (Cons. const. 18 nov. 2011, n° 2011-191 QPC, § 30 et 32) (v. n° 12.19D).

Ces dispositions sont conformes à la directive 2013/48/UE du 22 octobre 2013 du parlement européen et du conseil relative au droit d'accès à un avocat dans le cadre des procédures pénales qui ouvre pour les suspects le « *droit à la présence de leur avocat et à la participation effective de celui-ci à leur interrogatoire* » (art. 3, 3, b), et le droit « *à la présence de leur avocat* » lors des confrontations (art. 3, 3, c)).

La victime confrontée à une personne gardée à vue jouit également du droit d'être assistée par un avocat dans des conditions comparables et elle est préalablement informée de ce droit (C. pr. pén., art. 63-4-5, v. n° 16.6A).

« *L'audition ou la confrontation est menée sous la direction de l'officier ou de l'agent de police judiciaire qui peut à tout moment, en cas de difficulté, y mettre un terme et en aviser immédiatement le procureur de la République qui informe, s'il y a lieu, le bâtonnier aux fins de désignation d'un autre avocat. À l'issue de chaque audition ou confrontation à laquelle il assiste, l'avocat peut poser des questions. L'officier ou l'agent de police judiciaire ne peut s'opposer aux questions que si celles-ci sont de nature à nuire au bon déroulement de l'enquête. Mention de ce refus est portée au procès-verbal. À l'issue de chaque entretien avec la personne gardée à vue et de chaque audition ou confrontation à laquelle il a assisté, l'avocat peut présenter des observations écrites dans lesquelles il peut consigner les questions refusées .../... Celles-ci sont jointes à la procédure. L'avocat peut adresser ses observations, ou copie de celles-ci, au procureur de la République* » (C. pr. pén., art. 63-4-3).

Le Cons. const. a validé C. pr. pén., art. 63-4-3 encadrant les modalités d'intervention de l'avocat durant les auditions ou confrontations (Cons. const. 18 nov. 2011, n° 2011-191 QPC, § 33 à 35) (v. n° 12.19D).

« *Il convient de préciser qu'en toute hypothèse, l'audition sera toujours menée, comme actuellement, par le seul OPJ ou APJ qui conserve la direction exclusive de l'acte. Dans ce cadre, l'avocat pourra évidemment poser – et non faire poser – des questions à la personne gardée à vue, mais seulement à l'issue de chaque audition ou confrontation : l'OPJ ou APJ pourra s'opposer aux questions si celles-ci lui semblent de nature à nuire au bon déroulement de l'enquête. Mention de ce refus devra être portée au procès-verbal. L'avocat pourra également relire le procès-verbal d'audition que, toutefois, il ne signera pas. L'avocat pourra, enfin, à l'issue de chaque audition ou confrontation, présenter des observations écrites qui seront jointes à la procédure. Investi par l'article 63-4-3 de la direction de l'audition, l'OPJ ou APJ peut aussi exiger de l'avocat qu'il respecte la sérénité de cet acte par exemple en coupant la sonnerie de son téléphone et, à défaut, inviter l'avocat à quitter la pièce dans laquelle il se déroule : mention devra être faite en procédure de cet incident qui ne saurait en aucun cas constituer une difficulté au sens de l'article 63-4-3 entraînant l'interruption de l'acte en cours.* » (Circ. Crim. 2011-13/E6, 23 mai 2011, n° III.5.4.2).

Mentionnons que « *la communication à un OPJ, sur sa sollicitation, d'une information permettant l'accès à un espace privé préalablement identifié, qu'il soit ou non dématérialisé, pour les besoins d'une perquisition, ne constitue pas une audition au sens de C. pr. pén., art. 63-4-2* » (§ 11), il en résulte que la communication du code de déverrouillage d'un téléphone portable est valablement effectuée par une personne en garde à vue hors la présence de l'avocat (Crim. 12 janv. 2021, n° 20-84.045, P) (sur le refus de communication du code de déverrouillage, C. pén., art. **434-15-2**, v. n° **25.46**).

B. L'assistance de l'avocat lors des reconstitutions ou présentations de suspects (C. pr. pén., art. 61-3, L. n° 2016-731, 3 juin 2016)

Depuis le 1er nov. 2016, date d'entrée en vigueur de ces dispositions, toute personne suspectée d'un « *délit puni d'emprisonnement* » peut demander à ce qu'un avocat de son choix ou commis d'office :

« *1° l'assiste lorsqu'elle participe à une opération de reconstitution de l'infraction* » ; notons à cet égard que « *la réalisation d'une reconstitution dans le cadre d'une enquête de flagrance n'est prohibée par aucun texte* » (Crim. 26 févr. 2003, n° 02-88.074, P n° 56) ;

« *2° soit présent lors d'une séance d'identification des suspects dont elle fait partie.* [séance dite "parade d'identification" ou "tapissage", sur la méthodologie de cet acte d'enquête, v. n° **11.71F**] ».

« *La personne est informée de ce droit avant qu'il soit procédé à ces opérations.* »

« *L'avocat désigné peut, à l'issue des opérations, présenter des observations écrites qui seront jointes à la procédure. Il peut directement adresser ces observations ou copie de celles-ci au procureur de la République* » (C. pr. pén., art. 61-3, L. n° 2016-731, 3 juin 2016).

Ces dispositions sont conformes à la directive 2013/48/UE, 22 oct. 2013, du parlement européen et du conseil relative au droit d'accès à un avocat dans le cadre des procédures pénales qui ouvre pour les suspects le « *droit au minimum à la présence de leur avocat* » lors des « *séances d'identification des suspects* » et des « *reconstitutions de la scène d'un crime* » (Dir. 2013/48/UE, art. 3, 3, c)).

La victime ou le plaignant (à l'exclusion donc du simple témoin) qui participe à ces opérations jouit également du droit d'être assisté par un avocat (C. pr. pén., art. 61-3, L. n° 2016-731, 3 juin 2016, v. n° **16.6A**).

Ces dispositions sont aussi applicables à l'enquête préliminaire (C. pr. pén., art. 76-1, L. n° 2016-731, 3 juin 2016) ou à l'instruction (C. pr. pén., art. 154).

En l'absence de précisions contraires, ces dispositions s'appliquent également lorsque le suspect n'est pas placé en garde à vue (audition libre, v. n° **11.73C6**).

C. La question de l'assistance de l'avocat lors des perquisitions ou des saisies (renvoi, v. n° 11.57F)

D. L'information de l'avocat en cas de transport d'une personne gardée à vue (C. pr. pén., art. 63-4-3-1, L. n° 2016-731, 3 juin 2016)

1. Le principe et les finalités de l'information de l'avocat en cas de transport

Dans sa rédaction issue de L. n° 2016-731, 3 juin 2016, C. pr. pén., art. 63-4-3-1 prévoyait que « *Si la personne gardée à vue est transportée dans un autre lieu, son avocat en est informé sans délai* ». Ces dispositions ont été précisées par L. n° 2019-222, 23 mars 2019, validée par le Cons. const. (21 mars 2019, n° 2019-778 DC, § 182), qui limite désormais l'avis donné à l'avocat aux cas où la personne « *doit être entendue* » dans un autre lieu, ou y « *faire l'objet d'un des actes prévus à l'article 61-3* », à savoir une reconstitution ou une séance d'identification de suspect ou « tapissage » (sur cet acte d'enquête, v. nº 11.71F).

« *Cette modification met ainsi cet article en cohérence avec les autres dispositions du code de procédure pénale, qui prévoient qu'au cours de l'enquête une personne suspecte a le droit à l'assistance d'un avocat, soit .../... lorsqu'elle est entendue dans le cadre d'une audition libre ou d'une garde à vue, soit .../...lorsqu'elle participe à une opération de reconstitution de l'infraction ou qu'elle fait partie d'une séance d'identification des suspects* » (Circ. Crim. 2019-8/H3, 5 avr. 2019, JUSD1910288C, nº 1.2.2).

Il en résulte que, si la personne a sollicité l'assistance d'un avocat, elle ne peut être entendue en cet autre lieu si ce dernier n'a pas été avisé du déplacement (C. pr. pén., art. D. 15-5-6, D. nº 2016-1455, 28 oct. 2016) et que, « *dans les cas où cette obligation d'information n'est pas prévue, les enquêteurs ne peuvent, à l'occasion de ce transport, ni interroger le gardé à vue ni recueillir ses déclarations* » (Cons. const. 21 mars 2019, nº 2019-778 DC, § 182).

« *Il résulte des débats parlementaires que cette information ne doit évidemment intervenir qu'en cas de transports effectués pour les nécessités de l'enquête, mais qu'elle ne s'applique pas aux autres transports, comme ceux nécessités par une hospitalisation ou un examen médical, ou ceux nécessités pour les présentations devant un magistrat en vue d'une éventuelle prolongation de la garde à vue* » (Circ. Crim. 2016-03/H, 17 juin 2016, JUSD1616979C nº 2.3), interprétation consacrée par la L. nº 2019-222, 23 mars 2019, précitée.

« *Il résulte par ailleurs de la rédaction de l'article que cette information n'implique toutefois pas un droit pour l'avocat d'être présent sur le lieu de transport, du moins en l'absence d'audition de la personne. En effet, le Parlement a refusé d'adopter une version plus complète de l'amendement qui prévoyait non seulement l'information de l'avocat en cas de transport, mais précisait également que l'avocat pouvait, à la demande de la personne concernée, l'assister sur les lieux de son transport* ».../... « *Il apparaît donc, sous réserve de la jurisprudence de la C. cass., que, .../... cette information de l'avocat a actuellement pour objet de lui permettre d'assister son client en cas d'audition intervenant à l'occasion d'un transport hors du local de garde à vue. Il en résulte que le défaut d'information a donc pour seule conséquence l'interdiction, à peine de nullité, de procéder à l'audition de la personne sur le lieu de son transport.* » (Circ. Crim. 2016-03/H, 17 juin 2016, JUSD1616979C nº 2.3).

Dans le cas où le transport est effectué pour les besoins d'une reconstitution ou d'une séance d'identification de suspect, la mise en œuvre du droit du suspect (libre ou en garde à vue) à être assisté par un avocat dans ces cas particuliers (v. B ci-dessus) se conjugue de fait à l'information qui doit être donnée à ce dernier en cas de transport.

2. Les modalités de l'information de l'avocat

« *En pratique, l'information interviendra le plus souvent à l'occasion de l'audition de la personne en présence de son avocat, et sera mentionnée dans le procès-verbal d'audition. Si l'avocat n'est pas présent au moment où le transport est décidé, son information pourra se faire par tout moyen* ».../... « *bien que l'article 63-4-3-1 précise que l'information doit être faite sans délai, si elle est donnée un certain temps après le début du transport, mais avant l'audition de la personne, en donnant un temps raisonnable à l'avocat pour venir y assister, aucune nullité ne saurait vicier la procédure* » « *.../...l'article 63-4-3-1 n'implique évidemment aucune obligation pour les enquêteurs d'amener eux-mêmes l'avocat sur les lieux* » (Circ. Crim. 2016-03/H, 17 juin 2016, JUSD1616979C nº 2.3).

12.27 L'attente de l'avocat pour la première audition

A. Le principe de l'attente durant deux heures de l'arrivée de l'avocat pour la première audition (C. pr. pén., art. 63-4-2, al. 1)

Si la personne a demandé à ce que l'avocat assiste à ses auditions ou confrontations, « *la première audition, sauf si elle porte uniquement sur les éléments d'identité, ne peut débuter sans la présence de l'avocat choisi ou commis d'office avant l'expiration d'un délai de deux heures suivant l'avis*

S'agissant des mineurs, les conditions du report de l'assistance de l'avocat sont identiques pour la criminalité de droit commun (Ord. n° 45-174, 2 févr. 1945, art. 4, IV, devenu CJPM, art. L. 413-9, renvoyant à C. pr. pén., art. 63-4-2).

B. La criminalité organisée : le report de l'intervention de l'avocat (C. pr. pén., art. 706-88)

« *lorsque la personne est gardée à vue pour une infraction entrant dans le champ d'application de l'article 706-73, l'intervention de l'avocat peut être différée, en considération de raisons impérieuses tenant aux circonstances particulières de l'enquête ou de l'instruction, soit pour permettre le recueil ou la conservation des preuves, soit pour prévenir une atteinte ~~aux personnes~~ "grave à la vie, à la liberté ou à l'intégrité physique d'une personne" [L. n° 2016-731, 3 juin 2016] .../..., pendant une durée maximale de 48 h, s'il s'agit d'une infraction mentionnée aux 3° ou 11° du même article 706-73, pendant une durée maximale de 72 h* » (C. pr. pén., art. 706-88).

Le report « *ne pourra ainsi ni intervenir de façon systématique, ni être envisagé en considération de la seule qualification de l'infraction : il ne sera possible que lorsque l'extrême gravité et la particulière complexité des faits, impliquant la mise en cause de nombreux auteurs et coauteurs, le rendront absolument nécessaire.* » (Circ. Crim. 2011-13/E6, 23 mai 2011, n° III.5.3.1.1).

« *Ce n'est que pour les gardes à vue concernant des infractions de l'article 706-73 que l'entretien peut être également reporté : la demande de report suspend alors l'obligation d'aviser l'avocat de la demande d'assistance formulée par la personne gardée à vue. Bien évidemment, les OPJ ou APJ devront mettre en mesure l'avocat choisi ou commis d'office d'assister aux auditions qui ont lieu après le terme du report.* » (Circ. Crim. 2011-13/E6, 23 mai 2011, n° III.5.3.1.2).

Par sa généralité, l'expression « *l'intervention de l'avocat* » employée par C. pr. pén., art. 706-88 couvre à la fois l'entretien confidentiel, la consultation des pièces de la procédure auxquelles l'avocat peut accéder et l'assistance aux auditions et confrontations.

S'agissant des mineurs, les dispositions spéciales de C. pr. pén., art. 706-88 sont écartées. Le report prévu pour la criminalité de droit commun est donc seul applicable (Ord. n° 45-174, 2 févr. 1945, art. 4, VII, devenu CJPM, art. L. 413-11, écartant les 3 derniers alinéas de C. pr. pén., art. 706-88).

C. La mise en œuvre et la durée du report

1. Les infractions de droit commun

« *Le procureur de la République ne peut différer la présence de l'avocat que pendant une durée maximale de 12 h. Lorsque la personne est gardée à vue pour un crime ou un délit puni d'une peine d'emprisonnement ⩾ 5 ans, le JLD peut, sur requête du procureur de la République, autoriser à différer la présence de l'avocat, au-delà de la 12e H, jusqu'à la 24e H.* » (C. pr. pén., art. 63-4-2, al. 5).

Par application de C. pr. pén., art. 154, les attributions conférées au procureur de la république sont exercées par le juge d'instruction lorsque la garde à vue s'effectue dans le cadre d'une commission rogatoire, « *Dès lors, il convient de considérer que le juge d'instruction est compétent pour décider du report de l'intervention de l'avocat jusqu'à la 12e H. Pour différer l'intervention jusqu'à la 24e H, le juge d'instruction doit saisir le JLD.* » (Circ. Crim. 2011-13/E6, 23 mai 2011, n° III.5.3. 2).

2. La criminalité organisée

« *Le report de l'intervention de l'avocat jusqu'à la fin de la 24e H est décidé par le procureur de la République, d'office ou à la demande de l'OPJ. Le report de l'intervention de l'avocat au-delà de la 24e H est décidé .../...par le JLD statuant à la requête du procureur de la République. Lorsque la garde à vue intervient au cours d'une commission rogatoire, le report est décidé par le juge d'instruction.* » (C. pr. pén., art. 708-88).

3. La formalisation de la décision de report

« *Les autorisations du procureur de la République et du JLD sont écrites et motivées .../...au regard des éléments précis et circonstanciés résultant des faits de l'espèce.* » (C. pr. pén., art. 63-4-2, al. 5). « *Dans tous les cas, la décision du magistrat, écrite et motivée, précise la durée pour laquelle l'intervention de l'avocat est différée.* » (C. pr. pén., art. 708-88, al. 7).

« *en cas de besoin, les officiers ou agents de police judiciaire peuvent simplement acter cette autorisation, à charge pour le procureur de la République de joindre à la procédure sa décision écrite, dans les plus brefs délais. La personne gardée à vue doit, en toute hypothèse, être informée de la décision de report de l'intervention de l'avocat : cette information est actée.* » (Circ. Crim. 2011-13/E6, 23 mai 2011, n° III.5.3.1.2).

12.29 La durée maximale de la garde à vue

A. La durée maximale de 24 h pour les infractions passibles d'une peine d'emprisonnement < 1 an (C. pr. pén., art. 63)

« *La durée de la garde à vue ne peut excéder 24 heures* » (C. pr. pén., art. 63). Cette durée maximale de principe ne peut être prolongée pour les infractions passibles d'une peine < un an.

Les nouvelles dispositions tirent donc les conséquences de la décision du Cons. const. (Cons. const. 30 juill. 2010, n° 2010-14/22 QPC), aux termes de laquelle la prolongation de 24 h doit être réservée à des infractions présentant une certaine gravité (§ 27), sous l'aspect notamment de DDHC 1789, art. 9, qui prohibe toute rigueur non nécessaire pour s'assurer, avant qu'elle ne soit déclarée coupable, de la personne arrêtée.

À titre d'exemple, peuvent être cités les délits suivants, passibles d'un emprisonnement de 6 mois ou 3 mois, qui ne peuvent donc donner lieu qu'à une garde à vue de 24 h au plus :

– Menaces d'un crime ou d'un délit, v. n° **20.49** ;

– Entrave en réunion à l'accès ou au dispositif de sécurité dans les immeubles collectifs, v. n° **20.54** ;

– Menaces de destruction volontaire dangereuse pour les personnes, v. n° **20.55** ;

– Bizutage, v. n° **20.94** ;

– Violation de certaines dispositions d'une ordonnance de protection, v. n° **21.6** ;

– Défaut de notification de changement d'adresse par un débiteur de pension alimentaire, v. n° **21.7** ou par un gardien d'enfant mineur, v. n° **21.10** ;

– Non-respect de l'obligation scolaire, v. n° **21.23** ;

– Mendicité agressive, v. n° **22.16** ;

– Filouteries, v. n° **22.31** et filouterie d'habitude de transports, v. n° **22.35** ;

– Non tenue du registre de police des objets d'occasion, v. n° **22.51** ;

– Installation sans titre en réunion sur le terrain d'autrui en vue de l'habitation, v. n° **22.58** ;

– Destruction involontaire par incendie, bois, forêt, lande, v. n° **22.70** ;

– Manifestation illicite, v. n° **23.13** ;

– Jeux de hasard dans les lieux publics, v. n° **23.63** ;

– Outrages : à personne chargée de mission de service public, v. n° **25.6** ; à agent de transport public sans circonstance aggravante, v. n° **25.7** ; à dépositaire de l'autorité publique sans circonstance aggravante, v. n° **25.8** ; au drapeau tricolore, v. n° **25.9** ;

– Dénonciation d'un crime ou d'un délit imaginaire, v. n° **25.30** ;

– Modification illicite du nom, v. n° **25.56** ;

– La plupart des infractions d'exploitation illicite d'un débit de boissons, v. n° **28.15** et la vente boissons alcooliques en dehors des heures autorisées, v. n° **28.19** ;

– Vente à la sauvette sans circonstance aggravante, v. n° **30.35** ;

– Obstacles aux fonctions ou aux contrôles, v. n° **30.42**, **31.7**, **31.41**, **37.2** ;

– Destruction, commerce, d'espèce protégée, v. n° **31.17** ;

– Détention irrégulière de chien dangereux et infractions assimilées, v. n° **31.20** à **31.22** ;

– Défaut de convocation de l'assemblée et de soumission des comptes sociaux, SARL et SA, v. nº **33.18** et **33.22** ;
– Injure publique raciale, v. nº **35.16** ;
– Entrave ou trouble à la circulation ferroviaire ou guidée, v. nº **36.24** ;
– Trafic de points du permis de conduire, v. nº **36.32** ;
– Obstacle à l'immobilisation administrative du véhicule, refus d'obtempérer, refus de vérification du véhicule et du conducteur, v. nº **36.14** ;
– Grand excès de vitesse en récidive légale, v. nº **36.77**.

B. La durée maximale de 48 h (2 jours) en cas d'infraction passible d'une peine ⩾ 1 an d'emprisonnement (C. pr. pén., art. 63)

À l'expiration du premier délai, la durée de la garde à vue peut être prolongée pour un nouveau délai de 24 h au plus, sur autorisation du procureur de la République ou du juge d'instruction, si l'infraction que la personne est soupçonnée d'avoir commise ou tenté de commettre est un crime ou un délit puni d'une peine d'emprisonnement ⩾ 1 an (C. pr. pén., art. 63).

La prolongation ne peut être décidée que si l'un ou plusieurs des motifs visés au C. pr. pén., art. 62-2 conservent, à ce stade de l'enquête, leur pertinence (v. nº **12.1A**). Le magistrat doit aussi « *vérifier qu'il existe toujours, à l'encontre de la personne gardée à vue, une ou plusieurs raisons plausibles de soupçonner qu'elle a commis ou tenté de commettre un crime ou un délit puni d'une peine d'au moins un an d'emprisonnement* » (Circ. Crim. 2011-13/E6, 23 mai 2011, NOR : JUSD1113979C, nº II.3.2).

Depuis L. nº 2019-222, 23 mars 2019, cette prolongation et les éventuelles prolongations ultérieures peuvent également être autorisées afin « *de permettre, dans les cas où il n'existe pas dans le tribunal de locaux relevant de l'article 803-3, la présentation de la personne devant l'autorité judiciaire* » (C. pr. pén., art. 63 II mod. par L. nº 2019-222, 23 mars 2019). Ce motif de prolongation ne s'applique donc que dans les tribunaux dépourvus de « *"petits dépôts", comme il en existe à Paris, Bobigny et Créteil, qui permettent de maintenir détenue pendant la nuit la personne déférée, jusqu'à sa comparution le lendemain devant un magistrat* » (Circ. Crim. 2019-8/H3, 5 avr. 2019, JUSD1910288C, nº 1.2.1) (sur la retenue au « petit dépôt » pour les besoins de la comparution judiciaire, v. nº **12.2E**).

L'autorisation du procureur de la République ou du juge d'instruction doit être écrite et motivée. « *Il conviendra donc de préciser dans la décision le ou les motifs prévus à C. pr. pén., art. 62-2 et d'apporter, en tant que de besoin, toute précision en considération des éléments propres à l'espèce et rapportés par les enquêteurs* » (Circ. Crim. 2011-13/E6, 23 mai 2011, nº II.3.2).

Entre L. nº 2011-392, 14 avr. 2011 et L. nº 2019-222, 23 mars 2019, l'autorisation de prolongation ne pouvait être accordée, pour les majeurs, qu'après **présentation** de la personne au procureur de la République ou devant le juge d'instruction, sauf à titre exceptionnel. Depuis L. nº 2019-222, 23 mars 2019 modifiant C. pr. pén., art. 63, « *Le procureur de la République* [ou le juge d'instruction saisi (C. pr. pén., art. 154)] *peut subordonner son autorisation à la présentation de la personne devant lui* ». « *La présentation de la personne constitue désormais une faculté laissée à l'appréciation du magistrat.../...Il appartiendra donc aux magistrats d'apprécier, selon les circonstances de l'espèce, s'il convient ou non de solliciter la présentation préalable de la personne avant de décider d'une éventuelle prolongation, cette présentation pouvant toujours être réalisée par visioconférence, conformément aux dispositions de l'article 706-71. Cette décision n'a pas besoin d'être motivée* » (Circ. Crim. » 2019-8/H3, 5 avr. 2019, JUSD1910288C, nº 1.2.2).

Cette modification a été jugée conforme à la Constitution, notamment au motif que la mesure de garde à vue « *demeure placée sous le contrôle du procureur de la République* » auquel il « *incombe d'assurer la sauvegarde des droits reconnus par la loi à la personne gardée à vue* » (Cons. const. 21 mars 2019, nº 2019-DC, § 180 et 181).

S'agissant des mineurs, l'exigence de présentation devant le magistrat n'a pas été modifiée par L. nº 2019-222, 23 mars 2019 (v. **E** ci-dessous).

« *Lorsque la personne gardée à vue lui sera présentée en vue de la prolongation de la mesure de garde à vue, le procureur de la République l'entendra sur les conditions de déroulement de la mesure : si la personne souhaite faire des déclarations sur les faits, le procureur de la République pourra les recueillir, en appliquant le cas échéant les dispositions de l'article 63-4-2* » relatives à la présence de l'avocat aux auditions (Circ. Crim. 2011-13/E6, 23 mai 2011, n° II.3.2). Ces recommandations doivent être interprétées à la lumière de la décision du Cons. const. du 6 mai 2011 (Cons. const. 6 mai 2011, n° 2011-125 QPC, § 12 et 13), aux termes de laquelle le procureur de la République, lorsqu'il notifie les poursuites dans le cadre de la comparution immédiate ou de la convocation sur procès-verbal, ne saurait, sans méconnaître les droits de la défense, consigner les déclarations de la personne sur les faits qui font l'objet de la poursuite alors qu'à ce stade de la procédure elle n'était pas assistée par un avocat selon le droit alors applicable (v. n° **15.13C2**).

C. La durée maximale de 96 h (4 jours) en matière de criminalité organisée (C. pr. pén., art. 706-88)

1. Les dispositions générales

Pour les infractions relevant du régime complet de la criminalité organisée (v. n° **11.21**), si les « *nécessités de l'enquête ou de l'instruction* » « *l'exigent* », la garde à vue peut « *à titre exceptionnel* », après l'écoulement du délai de droit commun de 48 h faire l'objet de deux prolongations supplémentaires de 24 h chacune.

Les prolongations sont autorisées, après présentation au magistrat, par décision écrite et motivée rendue par le JLD sur requête du procureur de la République, ou sur décision rendue par le juge d'instruction si une information est ouverte (C. pr. pén., art. 154). La L. n° 2019-222, 23 mars 2019, qui a rendu facultative la présentation devant le magistrat à l'issue des premières 24 H 00 de garde à vue (v. **B** ci-dessus) n'a pas modifié l'obligation de présentation prévue par C. pr. pén., art. 706-88.

La prolongation de la 72e heure peut toutefois, « *à titre exceptionnel* », être autorisée sans présentation préalable de la personne « *en raison des nécessités des investigations en cours ou à effectuer* ».

Si à l'issue des premières 48 h « *la durée prévisible des investigations* » restant à réaliser le justifie, le JLD ou le juge d'instruction peut décider que la garde à vue fera l'objet d'une seule prolongation supplémentaire de 48 h.

Il est à noter que, dans sa décision n° 2010-14/22 QPC, 30 juill. 2010, le Cons const souligne que les dispositions combinées des articles 63-4, al. 7e et 706-73 C. pr. pén. relatives à la garde à vue en matière de criminalité organisée ont déjà été déclarées conformes à la Constitution et qu'aucun changement de circonstance, depuis la loi du 9 mars 2004, ne justifie le réexamen de ces dispositions (§ 13). Le Cons. const. a statué en termes identiques au sujet de l'art. 708-88, C. pr. pén. (Cons. const. 22 sept. 2010, n° 2010-31 QPC, § 4 et 5).

2. Le cas particulier des infractions ne portant pas atteinte aux personnes : la jurisprudence du Conseil constitutionnel

Par une première décision n° 2013-679 DC, 4 déc. 2013, laquelle examinait la constitutionnalité de L. 6 déc. 2013 relative à la lutte contre la fraude fiscale et la grande délinquance économique et financière, puis par une seconde n° 2014-420/421 QPC du 9 octobre 2014, le Cons. const. a précisé que le régime dérogatoire de garde à vue de 96 h 00 prévu au C. pr. pén., art. 706-88, pour les infractions énumérées au C. pr. pén., art. 706-93, ne pouvait être considéré comme compatible avec les dispositions constitutionnelles, notamment DDHC, art. 9, proscrivant toute « *rigueur qui ne serait pas nécessaire* » lors de la recherche des auteurs d'infractions (§ n° 7), pour un délit qui n'est « *pas susceptible de porter atteinte en lui-même à la sécurité, à la dignité ou à la vie des personnes* » (§ n° 13 et 16).

Il a ainsi considéré, tout en validant pour cette infraction le recours aux autres pouvoirs spéciaux d'enquête (§ n° 24), que le régime dérogatoire de la garde à vue de 96 h 00 ne pouvait s'appliquer au délit d'escroquerie commis en bande organisée visé au C. pr. pén., art. 706-73 8*bis*. Le Cons. const. a estimé dans cette même décision que n'étaient pas davantage constitutionnelles les modifications apportées par L. n° 2014-535, 27 mai 2014, modifiant C. pr. pén., art. 706-88 qui, tirant les conséquences de la décision du 4 déc. 2013 précitée, prévoyait que la garde à vue de 96 h 00 pour les faits d'escroquerie en bande organisée ne pouvait être employée qu'« *à titre exceptionnel* » et « *si les faits ont été commis dans des conditions portant atteinte à la sécurité, à la dignité ou à la vie des personnes ou aux intérêts fondamentaux de la Nation [...] ou si l'un des faits constitutifs de l'infraction a été commis hors du territoire national, dès lors que la poursuite et la réalisation des investigations nécessaires à la manifestation de la vérité rend indispensable, en raison de leur complexité, la prolongation de la garde à vue* » (§ n° 15). Sans se départir de sa jurisprudence initiale, le Cons. const. a relevé que ces éléments, susceptibles de justifier une garde à vue de 96 h 00, ne faisaient partie ni des éléments matériels ni des circonstances aggravantes de l'infraction d'escroquerie en bande organisée.

Par leur caractère général, les motifs du Cons. const. étaient susceptibles d'être transposés à tout délit relevant de la garde à vue de 96 h 00 dont « *ni les éléments constitutifs ni les circonstances aggravantes [...] ne font référence à des faits d'atteinte à la sécurité, à la dignité ou à la vie des personnes* » (§ n° 15).

La loi n° 2014-790 du 10 juillet 2014, qui a étendu la possibilité de recourir à tous les pouvoirs spéciaux d'enquête du titre 25 aux faits, commis en bande organisée, de travail dissimulé, de prêt ou de marchandage de main-d'œuvre et d'emploi d'étranger sans autorisation de travail (C. pr. pén., art. 706-73 20°), prohibait donc, pour ces infractions, le recours à la garde à vue de 96 h 00 (C. pr. pén., art. 706-88).

Afin de clarifier le dispositif, L. n° 2015-993, 17 août 2015 a retiré de l'article 706-73 les infractions d'atteintes aux biens pour les rassembler dans un nouvel article 706-73-1, lequel précise que ces infractions (v. liste n° **11.21C**) relèvent du régime d'enquête dérogatoire de la criminalité organisée, à l'exception de la garde à vue de 96 h 00.

D. La durée maximale de 144 H 00 (6 jours) pour les infractions de terrorisme (C. pr. pén., art. 706-88-1)

Les infractions de terrorisme relevant de la garde à vue de 96 H 00 peuvent faire l'objet d'une prolongation jusqu'à 144 H 00 (6 jours) (C. pr. pén., art. 706-88-1) (v. n° **23.23C6**).

Pour mémoire, toutes les infractions qualifiées de terroristes (v. domaine des infractions terroristes au n° **23.23**) peuvent donner lieu à une garde à vue jusqu'à 96 H 00. Par dérogation à ce principe, cette durée est toutefois limitée à 48 H 00 pour les délits de provocation ou d'apologie du terrorisme (C. pén., art. 421-2-5, v. n° **35.24**), d'entrave aux mesures de blocage d'un site faisant cette apologie (C. pén., art. 421-2-5-1, v. n° **35.25**), de consultation habituelle de site provoquant au terrorisme ou en faisant l'apologie (C. pén., art. 421-2-5-2, v. n° **23.27**) (C. pr. pén., art. 706-24-1).

E. La durée de la retenue et de la garde à vue des mineurs (Ord. n° 45-174, 2 févr. 1945, art. 4 devenu CJPM, art. L. 413-2 et 413-10)

1. L'appréciation juridique de la minorité

« *L'âge d'une personne est déterminé par le temps écoulé depuis sa naissance, calculé d'heure à heure* » (Crim. 3 sept. 1985, n° 85-93.591, P n° 285).

Différentes techniques médico-légales permettent d'apprécier la crédibilité de l'âge déclaré (v. chap. Éléments de médecine légale, n° **14.23**).

2. Le mineur de 10 à 13 ans

Sous les conditions précisées aux n° **12.1A2**, un mineur de cette tranche d'âge ne peut être retenu que 12 h, délai pouvant être renouvelé à titre exceptionnel et par décision d'un magistrat du ministère public ou d'un juge d'instruction spécialisés dans la protection de l'enfance ou d'un juge des enfants, après présentation devant lui du mineur, « *sauf si les circonstances rendent cette présentation impossible* ». La retenue doit en tout état de cause être « *strictement limitée au temps nécessaire à la déposition du mineur et à sa présentation devant le magistrat compétent ou à sa remise* » à ses représentants légaux ou au service auquel il est confié (Ord. n° 45-174, 2 févr. 1945, art. 4, devenu CJPM, art. L. 413-1 et L. 413-2).

3. Le mineur de plus de 13 ans

• **La garde à vue du mineur de 13 à 16 ans** ne peut être prolongée que pour les infractions punies d'une peine ⩾ 5 ans. Elle ne peut excéder 48 h car les dispositions relatives à la garde à vue pour la criminalité organisée ne lui sont pas applicables (Ord. n° 45-174, 2 févr. 1945, art. 4 VII, devenu CJPM, art. L. 413-10).

• **Le mineur de plus de 16 ans** ne peut être soumis au régime de la garde à vue de 96 h propre à la criminalité organisée que « *lorsqu'il existe une ou plusieurs raisons plausibles de soupçonner qu'une ou plusieurs personnes majeures ont participé, comme auteurs ou complices, à la commission de l'infraction* » (Ord. n° 45-174, 2 févr. 1945, art. 4 VII, devenu CJPM, art. L. 413-11).

Aucune prolongation ne peut avoir lieu sans présentation préalable du mineur au procureur de la République ou au juge d'instruction du lieu d'exécution de la mesure. La L. n° 2019-222, 23 mars 2019, qui a rendu cette présentation facultative pour les majeurs (v. B ci-dessus), n'a pas modifié cette exigence pour les mineurs.

12.30 Les modalités de la prolongation de la garde à vue par le procureur de la République ou le juge d'instruction

A. Les modalités pratiques de la prolongation

Lorsqu'elle est décidée par le magistrat (cas des majeurs) ou lorsqu'elle est imposée par le texte (cas des mineurs), la présentation devant le magistrat (procureur de la République dans le cadre de l'enquête préliminaire ou de flagrance ou juge d'instruction dans le cadre de l'instruction) aux fins de prolongation « *peut être réalisée par l'utilisation d'un moyen de communication audiovisuelle* » (C. pr. pén., art. 63 II et 77 pour les majeurs, Ord. n° 45-174, 2 févr. 1945, art. 4 V devenu CJPM, art. L. 413-10, pour les mineurs). « *la présentation aux fins de prolongation de la garde à vue ou de la retenue judiciaire peut être réalisée par l'utilisation de moyens de communication audiovisuelle. Il est alors dressé un procès-verbal des opérations qui y sont effectuées* » (C. pr. pén., art. 706-71). « *Pour la présentation aux fins de prolongation de la garde à vue ou de la retenue judiciaire, le recours à un moyen de télécommunication audiovisuelle est seul autorisé* » (**visioconférence**), ce qui exclu donc le téléphone (C. pr. pén., art. R. 53-33). Ce mode, équivalent aux yeux de la loi à la présentation physique, ne nécessite pas de décision spécifique du magistrat ni de circonstances particulières. « *Pour des raisons de sécurité des communications électroniques, seul le matériel de visioconférence homologué par le ministère de la justice et des libertés peut être utilisé pour présenter une personne gardée à vue au procureur de la République* » (Circ. Crim. 2011-13/E6, 23 mai 2011, n° II.3.2).

Notons que « *le juge d'instruction peut se transporter, sans être assisté de son greffier ni devoir en dresser procès-verbal, pour diriger et contrôler l'exécution de la commission rogatoire, dès lors qu'il ne procède pas lui-même à des actes de l'instruction. À l'occasion de ce transport, il peut ordonner la prolongation des gardes à vues prononcées dans le cadre de la commission rogatoire. Dans tous les cas, mention de ce transport est faite sur les pièces d'exécution de la commission rogatoire* » (C. pr. pén., art. 152).

Il n'est pas exigé que l'OPJ qui a reçu l'autorisation verbale du magistrat soit en possession de la prolongation au moment de sa notification, si cette pièce écrite et signée par le magistrat a bien été jointe à la procédure (Crim. 6 janv. 2000, n° 99-84.684, NP).

Les dispositions légales n'exigent pas la présentation de l'intéressé au magistrat « *à la dernière heure de la période initiale de garde à vue* ». Est ainsi valable la prolongation d'une garde à vue prescrite par écrit à 22 h 40 par le magistrat, après présentation devant lui du mis en cause, pour prendre effet à compter du lendemain 6 h 00 (Crim. 20 déc. 2000, n° 00-86.499, P n° 386).

Mentionnons qu'en Polynésie française, Wallis et Funtuna et Nouvelle-Calédonie, lorsque les conditions de transport ne permettent pas de conduire la personne devant le magistrat compétent, l'OPJ peut lui prescrire de se présenter à lui périodiquement et jusqu'à la première liaison aérienne ou maritime. La soustraction à cette obligation est passible d'emprisonnement et d'amende (C. pr. pén., art. 812).

B. Le droit du suspect de présenter des observations lors de la prolongation

Ce droit, issu de la loi n° 2014-535 du 27 mai 2014, décline la « *directive B* » prévoyant que le suspect reçoit, au moyen du formulaire de déclaration de droits écrite, « *l'information de base sur toute possibilité, prévue par le droit national, de contester la légalité de l'arrestation ; d'obtenir un réexamen de la détention, ; ou de demander une mise en liberté provisoire* » (Dir. 2012/13/UE (directive B), 22 mai 2012, art. 4, 3).

Désormais, la personne gardée à vue peut « *présenter des observations au procureur de la République* [ou au juge d'instruction dans le cadre de l'information, C. pr. pén., art. 154] *ou, le cas échéant, au JLD, lorsque ce magistrat se prononce sur l'éventuelle prolongation de la garde à vue, tendant à ce qu'il soit mis fin à cette mesure. Si la personne n'est pas présentée devant le magistrat, elle peut faire connaître oralement ses observations dans un procès-verbal d'audition, qui est communiqué à celui-ci avant qu'il ne statue sur la prolongation de la mesure* » (C. pr. pén., art. 63-1, 3°).

« *Les enquêteurs devront donc lui demander ses éventuelles observations à l'issue de la dernière audition avant que ne soit demandée une prolongation au procureur de la République ou au juge d'instruction. Le procès-verbal d'audition devra ainsi soit comporter une mention indiquant que la personne gardée à vue ne souhaite pas faire d'observation, soit au contraire contenir ses observations. En pratique, ces observations peuvent également figurer dans un PV spécifique, voire être intégrées à la demande de prolongation adressée au magistrat .../...dès lors qu'elles figurent dans un document écrit figurant dans la procédure et communiqué au magistrat devant se prononcer sur la prolongation* » (Circ. Crim. 2014-12/E, 23 mai 2014, n° 2.1.1 6).

12.31 Le point de départ du délai de garde à vue

A. Le principe (C. pr. pén., art. 63, III)

Les dispositions relatives au point de départ de la garde à vue ont été précisées par L. n° 2014-535, 27 mai 2014 : « *si, avant d'être placée en garde à vue, la personne a été appréhendée ou a fait l'objet de toute autre mesure de contrainte pour ces mêmes faits, l'heure de début de la garde à vue est fixée, pour le respect des durées .../...à l'heure à partir de laquelle la personne a été privée de liberté.* » (C. pr. pén., art. 63 III).

Des dispositions spéciales s'appliquent néanmoins au point de départ de la garde à vue faisant suite à une mesure de restriction et de privation de liberté (dites MRPL) prises à bord des navires au titre des pouvoirs de police de l'État en mer (C. défense, art. L. 1521-12) (v. n° 12.32F).

B. Le cas de la présentation sans contrainte et de l'audition préalable

Comme précisé au n° 12.12, le placement en garde à vue n'est qu'une faculté pour l'OPJ si, sans contrainte, la personne s'est présentée au service, ou a accepté de suivre les enquêteurs venus la convoquer. L'OPJ peut ainsi l'entendre pendant une certaine durée, puis, à raison des éléments qui la rendent suspecte et des nécessités de l'enquête, la placer en garde à vue et lui notifier alors ses droits. Aucune irrégularité n'affecte son audition, dès lors que la notification des droits intervient dès le placement effectif en garde à vue, et que la durée de cette mesure est calculée à compter de l'heure de son arrivée dans les locaux (Crim. 25 oct. 2000, n° 00-84.726, P n° 315).

Une jurisprudence comparable s'est imposée pour les agents des douanes et la retenue douanière (Crim. 25 avr. 2001, n° 01-81.180, NP).

Ces jurisprudences ont été intégrées dans C. pr. pén., par L. n° 2014-535, 27 mai 2014 : « *Si la personne n'a pas fait l'objet d'une mesure de contrainte préalable, mais que son placement en garde à vue est effectué dans le prolongement immédiat d'une audition, cette heure est fixée à celle du début de l'audition* » (C. pr. pén., art. 63 III).

C. Le cas de la perquisition

Un raisonnement identique s'impose en cas de perquisition. Le placement en garde à vue de la personne concernée n'est pas exigé et peut en effet n'intervenir qu'après découverte d'éléments à charge, voire au terme de l'audition ultérieurement effectuée dans le local de police où elle a accepté de suivre les enquêteurs sans contrainte, le délai de garde à vue étant dans ces cas calculé à compter du début de la perquisition (Crim. 16 févr. 2000, n° 99-86.307, P n° 72 – Crim. 14 oct. 1998, n° 98-81.370, P n° 260). Il a d'ailleurs été jugé que « *la régularité des perquisitions, qui n'exigent pas le placement en garde à vue des personnes concernées, ne se trouve pas affectée par les situations de garde à vue irrégulières dans lesquelles se trouvaient les intéressés, dès lors que ces mesures n'en étaient pas les préalables nécessaires* » (Crim. 13 déc. 2000, n° 00-84.306, NP).

Ces jurisprudences sont renforcées par les articles 56 et 76 du code de procédure pénale, dans leur rédaction issue de la loi n° 2004-204, 9 mars 2004, art. 79-I et 79-2, qui prévoient que dans le cadre de l'enquête préliminaire comme en flagrance les personnes présentes peuvent être « *retenues sur place par l'OPJ pendant le temps strictement nécessaire* » aux opérations de perquisition, « *retenue* » qui n'obéit pas aux règles de la garde à vue (sur la retenue des personnes présentes au cours de la perquisition, v. n° **11.57A**). « *Ce n'est en effet parfois qu'à l'issue de la perquisition que sont découverts des éléments rendant la personne suspecte, alors qu'au début de l'opération aucun élément de la procédure ne permet de la mettre en cause et donc de lui interdire de partir avant la fin des opérations en procédant à son placement en garde à vue* » (Circ. Crim. 04-16-E8, 14 mai 2004, NOR : JUSD0430092C, n° 2-3-2).

D. Le cas du placement préalable en dégrisement

Si la personne a été placée en dégrisement, puis entendue avant d'être placée en garde à vue, le délai de cette mesure sera calculé, dans son intérêt, à compter de l'heure où elle a été prise en charge par les services de police (Crim. 28 mars 2000, n° 00-80.586, n° 99-83.967, P n° 136).

Cette jurisprudence a désormais valeur législative puisque le Cons. const., examinant la constitutionnalité de la retenue administrative pour ivresse prévue à CSP, art. L. 3341-1 (v. n° **28.16**, orienteur/constitutionnalité) a considéré, par réserve d'interprétation, que « *lorsque la personne est placée en garde à vue après avoir fait l'objet d'une mesure de privation de liberté en application du premier alinéa de l'article L. 3341-1 du code de la santé publique, la protection constitutionnelle de la liberté individuelle par l'autorité judiciaire exige que la durée du placement en chambre de sûreté, qui doit être consignée dans tous les cas par les agents de la police ou de la gendarmerie nationales, soit prise en compte dans la durée de la garde à vue* » (Cons. const. 8 juin 2012, n° 2012-253 QPC, § 9).

12.32 Le calcul de la durée totale de garde à vue

A. La non-computation des auditions réalisées sans contrainte

S'agissant de la computation du délai de garde à vue, aucune disposition légale « *n'impose d'imputer, sur la durée d'une mesure de garde à vue en cours, celle d'une audition, portant sur les mêmes faits, effectuée sans contrainte* » (Crim. 31 oct. 2001, n° 01-85.341, P n° 226).

B. La computation de gardes à vue distinctes subies pour les mêmes faits

Même si les mesures ont été successivement ordonnées dans un cadre procédural distinct, d'abord en enquête préliminaire, puis sur commission rogatoire, la personne ne peut être retenue à l'occasion des mêmes faits pour une durée totale excédant 48 h (Crim. 13 févr. 1996, n° 95-85.538, P n° 74). Dans cette espèce, pour les mêmes faits de viol, la personne avait été tout d'abord placée en garde à vue 9H00 dans le cadre d'une enquête préliminaire classée sans suite, puis, près de 6 ans plus tard, durant 43H30 dans le cadre d'une commission rogatoire, soit au total 52H30 ; l'annulation est encourue, quand bien même les aveux de la personne furent passés dans le délai de 48H00 et les 3 dernières heures de garde à vue consacrées à son repos. Dans le même sens, validant des gardes à vue successives pour les mêmes faits, mais dont la durée cumulée n'excédait pas la durée maximale : Crim. 14 janv. 1998, n° 97-83.662, D.

Ce principe est désormais inscrit au C. pr. pén., art. 63, III issu L. n° 2011-392, 14 avr. 2011 : « *Si une personne a déjà été placée en garde à vue pour les mêmes faits, la durée des précédentes périodes de garde à vue s'impute sur la durée de la mesure* ».

C. La computation de gardes à vue successives pour des faits différents

« *Si une personne peut être soumise, à l'occasion de faits distincts, à des mesures de garde à vue immédiatement successives et indépendantes l'une de l'autre, elle ne peut toutefois être retenue de manière continue à la disposition des officiers de police judiciaire pendant une période totale excédant la durée maximale de garde à vue autorisée par la loi ; le dépassement de ce délai porte nécessairement atteinte aux intérêts de la personne concernée* » (Crim. 17 mars 2004, n° 03-87.739, P n° 69). « *aucune disposition légale ne fait obstacle à ce qu'un placement en garde à vue, décidé par un OPJ judiciaire en charge d'une commission rogatoire, succède immédiatement à une précédente mesure prise dans le cadre d'une enquête de flagrance et régulièrement levée sur instructions verbales du procureur de la République, dès lors que la durée totale de la mesure ne dépasse celle fixée par la loi* » (individu interpellé en flagrance pour détention de stupéfiants à la suite d'un contrôle douanier et qui faisait l'objet d'une commission rogatoire pour des faits identiques) (Crim. 11 juill. 2007, n° 07-83.007, D).

En revanche, dans le cas de mesures de garde à vue séparées dans le temps et dont le total excède la durée maximale, il n'y a pas lieu à annulation de la procédure si les gardes à vue concernent des faits distincts (Crim. 18 oct. 2017, n° 15-86.717, D ; Crim. 19 déc. 1999, n°s 99-86.233, 99-80.532, P n° 311).

Dans un tel cas, la seule existence d'un « *dénominateur commun* » constitué par l'identité des mis en cause ne peut permettre de retenir l'unicité de l'affaire (Crim. 2 sept. 2004, n° 04-84.010, P n° 196).

D. L'imputation de la retenue douanière

Lorsqu'une personne est placée en garde à vue au terme d'une retenue douanière (sur la retenue douanière, v. n° **12.33**), la durée de celle-ci s'impute sur la durée de la garde à vue (C. douanes, art. 323-9). Il en résulte que la durée cumulée des deux mesures ne peut au total excéder 48 h (ou 96 h pour les infractions soumises au régime complet de la criminalité organisée, v. n° **11.21**) et que l'intéressé ne peut être gardé à disposition durant plus de 24 h sans intervention d'un magistrat. Si l'intéressé est ainsi remis aux services de police au terme de 10 h de retenue douanière, puis placé en garde à vue, la prolongation devra intervenir à la 14e H de cette seconde mesure (Crim. 11 déc. 1997, n° 97-85.766, P n° 424).

E. L'imputation des retenues administratives

Les retenues administratives suivantes s'imputent sur la garde à vue lorsqu'elle est consécutive.

1. La retenue pour vérification d'identité

La durée de la rétention pour vérification d'identité (durée maximale de 4 h), lorsqu'une garde à vue lui est consécutive, s'impute sur le délai de la garde à vue (C. pr. pén., art. 78-4, v. n° **11.25A3**).

2. La retenue pour dégrisement

La durée de cette mesure administrative de sûreté prise en cas d'ivresse jusqu'à ce que la personne « *ait recouvré la raison* » (CSI, art. L. 3341-1) doit, selon la jurisprudence judiciaire et constitutionnelle, s'imputer sur la garde à vue consécutive (v. n° **12.31D**).

3. La retenue pour vérification du droit au séjour

La durée de la rétention pour vérification du droit au séjour, (durée maximale de 16 h), lorsqu'une garde à vue lui est consécutive, s'impute sur le délai de la garde à vue (Ceseda, art. L. 813-15, anc^t L. 611-1-1, III, v. n° **12.34B**).

4. La retenue pour vérification du titre de séjour par les agents des douanes

La loi n° 2012-1560, 31 déc. 2012, a mis fin à la retenue (⩽ 3 h) des étrangers sans titre contrôlés en zone « Schengen » par les agents des douanes et aux dispositions qui prévoyaient l'imputation de ce délai de retenue avec la garde à vue consécutive (C. douanes, art. 67 *quater*, v. n^os **11.23** et **12.34**). Désormais, les agents des douanes ne peuvent que « *relever* » l'identité et conduire l'intéressé devant les services de police aux fins de « *vérification* » selon les procédures définies par C. pr. pén., art. 78-3, ou Ceseda, art. L. 813-1, anc^t L. 611-1-1, I.

F. La non-computation des mesures de restriction et de privation de liberté prises en mer (C. défense, art. L. 1521-18, issu L. n° 2016-731, 3 juin 2016)

Si C. pr. pén., art. 63 III prévoit que lorsque « *la personne a été appréhendée ou a fait l'objet de toute autre mesure de contrainte pour ces mêmes faits, l'heure de début de la garde à vue est fixée, pour le respect des durées .../...à l'heure à partir de laquelle la personne a été privée de liberté.* ») (v. n° **12.21A**) des dispositions spéciales s'appliquent aux mesures de restriction et de privation de liberté (dites MRPL) qui sont prises à bord des navires au titre des pouvoirs de police de l'État en mer (C. défense, art. L. 1521-12).

Les arrestations en mer sont soumises au contrôle du procureur de la République et à des prolongations renouvelables ordonnées par le JLD, « *durant le temps nécessaire pour que les personnes en faisant l'objet soient remises à l'autorité compétente* » (C. défense, art. L. 1521-14). « *Dès leur arrivée sur le sol français, les personnes faisant l'objet des mesures de coercition sont mises à disposition de l'autorité judiciaire. Si ces personnes font l'objet d'une mesure de garde à vue à leur arrivée sur le sol français* », elles sont présentées au JLD ou au juge d'instruction « *qui peuvent ordonner leur remise en liberté. À défaut d'une telle décision, la garde à vue se poursuit* » (C. défense, art. L. 1521-18, issu L. n° 2016-731, 3 juin 2016).

La durée de la mesure de restriction de liberté en mer est donc indifférente pour le calcul de la durée de la mesure de garde à vue mise en œuvre à l'arrivée sur le sol français.

Ces dispositions adaptent le droit de la garde à vue à la jurisprudence de la CEDH constatant la violation de l'article 5 § 3 de la convention en raison de la non-présentation devant un juge, à leur arrivée sur le sol français, de personnes qui avaient subi une durée de privation de liberté de plusieurs jours en mer (CEDH 27 juin 2013, *Vassis et a. c/ France*, n° 62736/09, 4 déc. 2014 ; *Ali Samatar et a. c/ France*, n°s 17110/10 et 17301/10 *et Hassan et a. c/ France*, n°s 46695/10 et 54588/10).

Toutefois, « *Le texte ne vise pas à confier au JLD ou au juge d'instruction devant lequel la personne est présentée un nouveau rôle dans la décision de placement en garde-à-vue : celle-ci reste une prérogative des OPJ. Cependant, par le pouvoir d'ordonner une remise en liberté dont disposent ces juges dans ce cadre, ils ont vocation à contrôler, immédiatement après son commencement, la proportionnalité et nécessité d'une telle mesure.* » (Circ. Crim. 2016-03/H, 17 juin 2016, JUSD1616979C n° 2.4). Pour une application des dispositions de C. défense, art. L. 1521-18, v. Crim. 11 mars 2020, nº 18-84.307, P, s'agissant de personnes régulièrement privées de leur liberté en mer mais remises aux services de douanes puis placées en retenue douanière au lieu d'être immédiatement présentées au JLD à leur arrivée sur le territoire.

12.33 La retenue douanière, mesure de contrainte soumise à un régime identique à celui de la garde à vue

A. Le droit antérieur à la L. nº 2011-392, 14 avr. 2011

« *L'imputation de la durée de la retenue douanière sur la durée de la garde à vue a seulement pour objet de limiter la durée maximale de privation de liberté de la personne en cause* » mais « *est sans effet sur les régimes respectifs de ces mesures* » (Crim. 1er mars 1994, nº 94-80.571, P nº 80 ; Crim. 7 mars 1994, nº 93-85.698, P nº 89). Il résultait de cette jurisprudence judiciaire que les droits déclinés par le code de procédure pénale pour la personne placée en garde à vue – notification des motifs de l'arrestation, notification des droits, avis à famille, examen médical à la demande de la famille, entretien avec un avocat – n'étaient pas, en l'état du droit antérieur, transposables à la retenue douanière.

Le Cons. const. a considéré (Cons. const. 22 sept. 2010, nº 2010-32 QPC, § 7) que le droit de capture conféré aux agents des douanes sans considération de la gravité des infractions, l'absence d'assistance effective d'un avocat durant la phase d'interrogatoire, ainsi que l'absence de notification du droit de garder le silence, étaient contraires à la Constitution. Le conseil a en conséquence abrogé l'article 323, al. 3 du code des douanes, à effet du 1er juillet 2011, dans l'attente de nouvelles dispositions législatives qui ont été prises par L. nº 2011-392, 14 avril 2011.

B. Le régime de la retenue douanière est quasi similaire à celui de la garde à vue

La loi nº 2011-392 du 14 avril 2011 a aligné le régime de la retenue douanière sur celui de la garde à vue.

Deux différences notables sont toutefois à relever : la nécessité et la proportionnalité de la retenue douanière sont justifiées par la seule référence « *aux nécessités de l'enquête douanière* » (C. douanes, art. 323-1), sans renvoi aux six motifs figurant au C. pr. pén., art. 62-2 (v. nº **12.1A**), et le procureur de la République ne peut donner pour instruction à un agent des douanes de placer une personne en rétention (C. douanes ne renvoie pas au premier alinéa de C. pr. pén., art. 63).

Le placement en retenue douanière n'est possible qu'en cas de flagrant délit douanier (au sens de C. douanes, art. 53) puni d'une peine d'emprisonnement (C. douanes, art. 323-1).

Il convient de souligner qu'à l'exception du délit de transfert non déclaré de sommes ⩾ 10 000 € entre la France et l'étranger (délit dit de manquement à l'obligation déclarative, C. douanes, art. 464 et 465, CMF, art. L. 152-1, v. nº **33.41**), ou de refus de se soumettre aux examens *in corpore* (C. douanes, art. 60 *bis*, v. nº **25.36**), les délits douaniers sont punis d'une peine ⩾ 3 ans d'emprisonnement.

La retenue douanière est facultative, le procureur de la République en est immédiatement informé par tout moyen (C. douanes, art. 323-3), il contrôle, voire modifie la qualification (C. douanes, art. 323-3), peut se transporter sur les lieux de la rétention et se faire communiquer procès-verbaux et registres (C. douanes, art. 323-4), autorise la prolongation par décision écrite et motivée dans les conditions prévues en matière de garde à vue par C. pr. pén., art. 63 (v. nº **12.29B**) (C. douanes, art. 323-2), peut se faire présenter la personne à l'issue de la retenue, la faire remettre à un OPJ ou en liberté (C. douanes, art. 323-9).

La personne placée en rétention bénéficie, par référence aux articles 63-2 à 63-4-4 du C. pr. pén. (C. douanes, art. 323-5), des mêmes droits que la personne placée en garde vue, lesquels lui sont immédiatement notifiés lors de son placement en rétention (C. douanes, art. 323-6). Elle peut le cas échéant communiquer avec un proche, l'employeur ou l'autorité consulaire dont elle dépend (C. douanes, art. 323-5, L. n° 2016-731, 3 juin 2016, applicable au 15 nov. 2016).

Dans les conditions précisées au n° **12.10C**, la personne placée en retenue douanière peut faire l'objet d'une mesure de vidéosurveillance (CSI, art. 256-2, issu L. n° 2022-52, 24 janv. 2022, relative à la responsabilité pénale et à la sécurité intérieure).

Si le code des douanes ne renvoie pas aux dispositions de C. pr. pén., art. 62-3 prévoyant que le procureur de la République apprécie la nécessité du maintien en garde à vue et peut ordonner « *à tout moment* » la présentation devant lui ou la remise en liberté de la personne, C. douanes, art. 323-4 précise que « *la retenue douanière s'exécute sous le contrôle du procureur de la République qui assure la sauvegarde des droits reconnus par la loi à la personne retenue* » et C. douanes, art. 323-9 qu'à « *l'issue de la retenue douanière, le procureur de la République peut ordonner que la personne retenue soit présentée devant lui, un OPJ ou un agent des douanes habilité [du SNDJ], ou qu'elle soit remise en liberté* ».

Pour les délits douaniers les plus graves (contrebande portant sur des marchandises dangereuses ou commises en bande organisée) ou pour tout délit douanier connexe à une infraction relevant de la criminalité organisée, l'intervention de l'avocat peut être différée dans les conditions de C. pr. pén., art. 706-88 (v. n° **12.28B**) (C. douanes, art. 323-5).

Pour le mineur, la retenue douanière se déroule selon les conditions prévues à l'ord. n° 45-174, 2 févr. 1945, art. 4, devenu CJPM (C. douanes, art. 323-10).

Si la personne retenue est placée en garde à vue au terme de la retenue, la durée de cette dernière s'impute sur la durée de la garde à vue (C. douanes, art. 323-9).

Les agents mentionnent, par procès-verbal, la durée des interrogatoires et des repos qui les ont séparés, le jour et l'heure du début et de la fin de la retenue, toutes mentions qui doivent également figurer sur un registre spécial tenu dans les locaux de la douane et soumis au contrôle du procureur de la République (C. douanes, art. 323-8).

À l'instar des dispositions relatives à la garde à vue (Crim. 7 mars 2012, n° 11-88.118, P n° 64), les tiers n'ont pas qualité à invoquer la violation d'une formalité substantielle de la retenue douanière, qui tend à protéger « *des droits propres aux seules personnes retenues* » (Crim. 30 janv. 2019, n° 17-86.618, P n° 30).

Cette retenue pour délit douanier est distincte de la retenue par les agents des douanes des étrangers sans titre de séjour (C. douanes, art. 67 *quater* ; v. n° **11.23**) qui est réduite à 3 h aux fins de conduite ou de mise à disposition à l'OPJ compétent, mais qui s'impute aussi sur la durée de la garde à vue.

12.34 La retenue de l'étranger pour vérification du droit au séjour (Ceseda, art. L. 813-1 et s., anc[t] L. 611-1-1, L. n° 2012-1560, 31 déc. 2012)

A. La retenue-vérification et la rétention-éloignement

Tirant les conséquences de la **jurisprudence de la Cour de justice de l'Union européenne** (arrêts ***El Dridi*** et ***Achughbabian,*** v. n[os] **27.1** et **27.5**, orienteur) et de la jurisprudence de la C. cass. (v. n° **27.1**, orienteur) qui privait de ses effets l'infraction de séjour irrégulier, la loi n° 2012-1560, 31 déc. 2012 a abrogé cette incrimination en lui substituant de nouvelles infractions de maintien sur le territoire malgré une mesure d'éloignement (v. n° **27.5**). Le législateur (Ceseda, art. L. 813-1 et s., anc[t] L. 611-1-1) a d'autre part défini un nouveau régime de contrainte, **la retenue**, se substituant au régime de garde à vue antérieurement employé, en cas de séjour irrégulier, comme support juridique pour interpeller et s'assurer de la personne et permettre les vérifications préalables à la mise en œuvre d'une mesure administrative d'éloignement. Cette « **retenue-vérification** », d'une durée maximale de 16 h, doit être distinguée de la « **rétention-éloignement** » susceptible de lui succéder, d'une durée maximale de 2 + 28 + 30 + 15 + 15 = 90 jours (depuis le 1er mars 2019 au plus tard, au lieu de 2 + 28 + 15= 45 jours) décrite au n° **27.4C** (Ceseda, art. L. 741-1 et s., anct L. 551-1 et L. 742-4, anct L. 552-7 mod. par L. n° 2018-778, 10 sept. 2018). Cette rétention administrative garantit la mise en œuvre des décisions administratives d'éloignement contre l'étranger qui ne peut quitter immédiatement le territoire français en le retenant dans des locaux ne relevant pas de l'administration pénitentiaire. De nature administrative, l'une et l'autre de ces rétentions sont cependant soumises au contrôle de l'autorité judiciaire (v. **F** ci-dessous).

B. La retenue de l'étranger a pour objet la vérification du droit au séjour

Cette retenue de la personne, dont la nationalité étrangère a pu être révélée à l'occasion d'un contrôle d'identité (v. les différents types de contrôle prévus par le C. pr. pén., le Ceseda ou le C. douanes, n° **11.23**) est effectuée « *aux fins de vérification de son droit de circulation ou de séjour sur le territoire français* » (Ceseda, art. L. 813-1, anct L. 611-1-1, I). « *L'OPJ ou, sous le contrôle de celui-ci, un agent de police judiciaire procède aux auditions de l'étranger. Sous le contrôle de l'officier de police judiciaire, l'étranger est mis en mesure de fournir par tout moyen les pièces et documents requis. Il est procédé, s'il y a lieu, aux opérations de vérification nécessaires* » (Ceseda, art. L. 813-8, anct L. 611-1-1, I, réd. issue L. n° 2018-778, 10 sept. 2018, applicable au plus tard le 1er janv. 2019, art. 71 III).

D'une durée limitée à 24 h (auparavant 16 h, réd. issue de L. n° 2018-778, 10 sept. 2018, applicable au plus tard le 1er janv. 2019, art. 71 III), les mesures de contrainte exercées sur l'étranger retenu doivent être « *strictement proportionnées à la nécessité des opérations de vérification et de son maintien à la disposition de l'OPJ* » (Ceseda, art. L. 813-12, al. 1, anct L. 611-1-1, I, al. 11). Il « *ne peut être soumis au port des menottes ou des entraves que s'il est considéré, soit comme dangereux pour autrui ou pour lui-même, soit comme susceptible de prendre la fuite* » (Ceseda, art. L. 813-12, al. 2, anct L. 611-1-1, I, al. 11), et il « *ne peut être placé dans une pièce occupée simultanément par une plusieurs personnes gardées à vue* » (Ceseda, art. L. 813-11, anct L. 611-1-1, I, al. 12).

Si l'étranger ne fournit pas d'éléments permettant d'apprécier son droit de circulation et de séjour, les opérations de vérification peuvent donner lieu, après information du procureur de la République, à la prise **d'empreintes digitales ou de photographies** pour établir la situation de cette personne (Ceseda, art. L. 813-10, anct L. 611-1-1, I, al. 13 ; sur l'infraction de refus de prise d'empreinte et de photographie, Ceseda, art. L. 822-1, anct L. 611-3, al. 2, v. n° **25.34**). Ces empreintes digitales et photographies sont collectées en vue de l'établissement du droit de circuler ou de séjourner et peuvent faire l'objet d'un traitement automatisé s'il apparaît que l'étranger ne dispose pas d'un droit de circulation et de séjour (Ceseda, art. L. 142-1, anct L. 611-1-1, I, al. 13, réd. issue L. n° 2018-778, 10 sept. 2018, applicable au plus tard le 1er janv. 2019, art. 71 III).

Si la retenue se prolonge par une mesure de garde à vue, dans le cas, à titre d'exemple, où les vérifications révèlent l'existence de faux documents, ou d'un maintien sur le territoire malgré une mesure d'éloignement, la **durée de la retenue s'impute sur celle de la garde à vue**. La **rétention pour vérification d'identité** (limitée à 4 h, v. n **11.25A3**) s'impute quant à elle sur la rétention pour vérification du droit au séjour.

C. La fouille des effets personnels de l'étranger pour la vérification du droit de séjour (L. n° 2018-778, 10 sept. 2018)

« *Pour les seules nécessités de la vérification du droit de séjour et de circulation, il peut être procédé, sous le contrôle de l'officier de police judiciaire et en présence de l'étranger, avec l'accord de ce dernier ou, à défaut, après avoir informé par tout moyen le procureur de la République, à l'inspection des bagages et effets personnels de l'étranger et à leur fouille. En cas de découverte d'une infraction, il est établi un procès-verbal distinct .../..., qui mentionne le lieu et les dates et heures de début et de fin de ces opérations et dont un exemplaire est transmis sans délai au procureur de la République* » (Ceseda, art. L. 813-9, anct L. 611-1-1, I, al. 10, réd. issue L. n° 2018-778, 10 sept. 2018, applicable au plus tard le 1er janv. 2019, art. 71 III).

Ces opérations de fouille sont par ailleurs mentionnées au procès-verbal récapitulatif de la mesure de retenue décrit au **D7** ci-dessous.

D. Les droits de la personne retenue

1. La notification des motifs de la retenue et des droits de la personne retenue

L'étranger est « *aussitôt informé* » par l'OPJ ou, sous contrôle, par l'APJ (L. n° 2023-22, 24 janv. 2023), « *des motifs de son placement en retenue, de la durée maximale de la mesure* » ainsi que des droits suivants (Ceseda, art. L. 813-5, anc^t^ L. 611-1-1, I, al. 2) : droit à un interprète, à un avocat, à un examen par un médecin, droit de faire aviser sa famille et son consulat. Il n'existe pas de notification d'un droit au silence (v. régime de la garde à vue, n^os^ **12.19**, **12.20**). Les règles et la jurisprudence relatives au délai de notification des droits dans la mesure de garde sont à citer par parallélisme (v. n° **12.14**).

2. Le droit à l'assistance d'un interprète

L'étranger est informé par l'OPJ « *dans une langue qu'il comprend ou dont il est raisonnable de supposer qu'il la comprend* », (Ceseda, art. L. 813-5, al. 1, anc^t^ L. 611-1-1, I, 2). S'il « *ne parle pas le français, il est fait application de l'article L. 141-2* » du Ceseda (Ceseda, art. L. 813-5, al. 7). Cette disposition prévoit qu'il doit indiquer au début de la procédure la langue qu'il comprend et s'il sait lire. « *La langue que l'étranger a déclaré comprendre est utilisée jusqu'à la fin de la procédure. S'il refuse d'indiquer une langue qu'il comprend, la langue utilisée est le français* » (Ceseda, art. L. 141-2, al. 2 et 3, anc^t^ L. 111-7). La communication d'une information ou d'une décision à l'étranger doit se faire « *dans une langue qu'il comprend* », « *soit au moyen de formulaires écrits dans cette langue, soit par l'intermédiaire d'un interprète. L'assistance d'un interprète est obligatoire si l'étranger ne parle pas le français et qu'il ne sait pas lire. En cas de nécessité, l'assistance de l'interprète peut se faire par un moyen de télécommunication. Dans une telle hypothèse, il ne peut être fait appel qu'à un interprète inscrit sur* [la liste des interprètes traducteurs établie par le procureur de la République (Ceseda, art. L. 141-4, anc^t^ L. 111-9, et R. 141-1, anc^t^ R. 111-1 s.)] *ou à un organisme d'interprétariat et de traduction agréé par l'administration. Le nom et les coordonnées de l'interprète ainsi que le jour et la langue utilisée sont indiqués par écrit à l'étranger* » (Ceseda, art. L. 141-3, anc^t^, L. 111-8).

Le droit à l'interprétation et à la traduction dans le cadre des procédures pénales, dont le principe et les modalités sont définis dans le C. pr. pén., art. préliminaire et art. 803-5, ne s'applique qu'en matière pénale (v. n° **11.7**).

3. Le droit à l'assistance d'un avocat

« *L'étranger est avisé du droit d'être assisté par un avocat désigné par lui ou commis d'office par le bâtonnier.* »

L'avocat ou le bâtonnier sont alors avisés sans délai.

De la même manière que durant la garde à vue ou la retenue douanière, le droit à l'assistance d'un avocat se décompose, d'une part, dans le droit d'avoir à avec ce dernier un **entretien préalable de trente minutes**, d'autre part, dans le droit d'être **assisté par l'avocat durant les auditions**. À cet égard, il est renvoyé au régime de la garde à vue (v. n° **12.21**).

Si l'étranger fait usage du droit d'être assisté d'un avocat durant l'audition, l'entretien ne peut débuter, en cas d'absence de l'avocat, qu'à l'issue d'un délai d'une heure à compter de l'avis donné à ce dernier ou au bâtonnier.

Toutefois, il peut être procédé sans attendre à **l'interrogatoire d'identité** et aux **vérifications** ne nécessitant pas la présence (l'intervention) de l'étranger.

« *Au cours des auditions, l'avocat peut prendre des notes. À la fin de la retenue, il peut, à sa demande, consulter le procès-verbal établi* [au cours de la retenue] *ainsi que le certificat médical y étant, le cas échéant, annexé et formuler des observations écrites qui seront également annexées.* ».

4. LE DROIT À ÊTRE EXAMINÉ PAR UN MÉDECIN

Le médecin, désigné par l'OPJ, se prononce sur l'aptitude au maintien de la personne en retenue et procède à toutes constatations utiles. À cet égard, il est renvoyé au régime de la visite médicale durant la garde vue (v. n° **12.18E**).

5. LE DROIT DE PRÉVENIR À TOUT MOMENT SA FAMILLE ET TOUTE PERSONNE DE SON CHOIX

Au-delà du « *droit de prévenir à tout moment sa famille et toute personne de son choix* », la personne retenue « *peut prendre tout contact utile afin d'assurer l'information, et, le cas échéant, la prise en charge des enfants dont il assure normalement la garde, qu'ils l'aient ou non accompagné lors de son placement en retenue. Si des circonstances particulières l'exigent, l'OPJ prévient lui-même la famille et la personne choisie et, en tant que de besoin, il informe le procureur aux fins d'instruction dans l'intérêt des enfants* ».

Il n'existe pas de possibilité de différé, autorisé par le procureur de la République, pour l'exercice de ces droits (contra, régime de la garde à vue, v. n° **12.17B**).

6. LE DROIT D'AVERTIR OU DE FAIRE AVERTIR LES AUTORITÉS CONSULAIRES DE SON PAYS

Il est renvoyé sur ce point aux règles, comparables à cet égard, de la garde à vue (v. **12.17**).

7. LA FORMALISATION DE LA MESURE DE RÉTENTION DANS UN PROCÈS-VERBAL

« *L'OPJ ou, sous le contrôle de celui-ci, l'APJ, mentionne, dans un procès-verbal, les motifs qui ont justifié le contrôle, ainsi que la vérification du droit de circulation ou de séjour et les conditions dans lesquelles la personne a été présentée devant lui, informée de ses droits et mise en mesure de les exercer. Il précise le jour et l'heure du début et de la fin de la retenue et la durée de celle-ci et, le cas échéant, la prise d'empreintes digitales ou de photographies "ainsi que l'inspection visuelle ou la fouille des bagages et les dates et heures de début et de fin de ces opérations"* (réd. issue L. n° 2018-778, 10 sept. 2018, applicable au plus tard le 1er janv. 2019, art. 71 III). *Il y annexe le certificat médical établi à l'issue de l'examen éventuellement pratiqué* » (Ceseda, art. L. 813-13, al. 1, anct L. 611-1-1, I, al. 14).

E. LE CONTRÔLE DE LA RETENUE PAR LE PARQUET

La retenue est effectuée sous la responsabilité d'un OPJ et placée sous le contrôle du procureur de la République. « *La loi reconnaît à ce dernier un rôle essentiel tout au long de la procédure :*

– *il est informé dès le début de la retenue ;*

– *il peut y mettre fin à tout moment ;*

– *il est informé aux fins d'instruction des difficultés de prise en charge des enfants de la personne retenue ;*

– *il est informé préalablement en cas de prise d'empreintes digitales ou de photographies ;*

– *il est destinataire à la fin de la retenue du procès-verbal établi au cours de cette dernière ;*

– *il doit veiller à la destruction de l'ensemble des pièces relatives à la procédure de vérification si celle-ci n'a été suivie d'aucune autre procédure judiciaire ou administrative, dans un délai de 6 mois à compter de la fin de la retenue* » (Circ. DACG/DACS, 28/01/2013, C1301015C).

F. LE CONTRÔLE DE LA RÉGULARITÉ DE LA MESURE PAR LE JUGE

Les prescriptions ci-dessus énumérées « *sont imposées à peine de nullité* » (Ceseda, art. L. 813-16, anct L. 611-1-1, I, *in fine*).

Ces nullités pourront ainsi être soulevées devant le JLD, susceptible d'être ultérieurement saisi en prolongation d'une période de rétention éloignement par application de Ceseda, art. L. 742-1 et L. 742-4, anct L. 552-1 et L. 552-7 (v. **B** ci-dessus et n° **27.4C**). Toutefois, la mainlevée de la mesure de placement en rétention ne peut être prononcée par le juge qui constate l'existence d'une nullité ou l'inobservation d'une formalité substantielle, « *que si celle-ci a eu pour effet de porter atteinte aux droits de l'étranger* » (Ceseda, art. L. 742-12, anct L. 552-13) et « *à peine d'irrecevabilité, prononcée d'office, aucune irrégularité* *antérieure à l'audience à l'issue de laquelle le JLD a prolongé la mesure [de rétention] ne peut être soulevée lors d'une audience ultérieure* » (Ceseda, art. L. 743-11, anc[t] L. 552-8).

12.35 Les conditions préalables communes à la détention provisoire, au contrôle judiciaire et à l'ARSE : la mise en examen ou la notification des faits reprochés

A. Avertissement : entrée en vigueur du CJPM le 30 sept. 2021

Les développements consacrés à la détention provisoire, au contrôle judiciaire et à l'ARSE font référence, s'agissant des mineurs, au code de la justice pénale des mineurs (CJPM) dont l'entrée en vigueur initialement prévue le 1er oct. 2020 par l'Ord. n° 2019-950, 11 sept. 2019, art. 9, a été reportée au 31 mars 2021 par L. n° 2020-734, 17 juin 2020, art. 25, puis au 30 sept. 2021 par L. n° 2021-218, 26 févr. 2021, art. 2. Le lecteur aura en conséquence soin de se reporter autant que nécessaire, pour les procédures en cours jusqu'à cette date, aux dispositions utiles de l'Ord. n° 45-174 du 2 févr. 1945 relative à l'enfance délinquante.

B. La nécessité d'une mise en examen préalable dans le cadre de l'instruction et le contrôle des indices graves et concordants par le juge de la mesure de sûreté

1. Les indices graves et concordants, condition préalable à la mise en examen et au prononcé de la mesure de sûreté

Dans le cadre de l'instruction, la détention provisoire, l'ARSE et le contrôle judiciaire ne peuvent s'appliquer qu'à la personne « *mise en examen* » (C. pr. pén., art. 137) (sur le statut de la personne mise en examen, v. n° 11.78), à l'exclusion du « *témoin assisté* » (C. pr. pén., art. 113-5).

Cette condition résulte du principe selon lequel toute personne poursuivie ou suspectée « *doit être informée des charges retenues contre elle* » (C. pr. pén., art. préliminaire).

La mise en examen est l'opération par laquelle le juge d'instruction, après avoir successivement, « *fait connaître expressément* [à la personne], *en précisant leur qualification juridique, chacun des faits dont il est saisi* » (C. pr. pén., art. 116), puis procédé à son interrogatoire de première comparution, « *porte alors à la connaissance de la personne les faits ou la qualification juridique des faits qui lui sont reprochés* » (C. pr. pén., art. 116) s'il estime la mise en examen justifiée.

Cette mise en examen peut également être faite par lettre recommandée si la personne a déjà été entendue comme témoin assisté (C. pr. pén., art. 113-8).

Est également considéré comme mis en examen le témoin assisté qui, lors de son audition ou par lettre recommandée avec avis de réception, a demandé au juge d'instruction à être mis en examen (C. pr. pén., art. 113-6). Il en est de même, pour le règlement du dossier d'instruction, pour la personne qui a fait l'objet d'un mandat d'amener (v. n° 12.5) ou d'arrêt (v. n° 12.6) ayant donné lieu à un procès-verbal de perquisition et de recherches infructueuses (C. pr. pén., art. 134).

Selon les précisions apportées au n° 11.78, la validité de la mise en examen est subordonnée à des conditions de fond. « *À peine de nullité* », elle ne peut en effet intervenir que contre « *les personnes à l'encontre desquelles il existe des indices graves ou concordants rendant vraisemblable qu'elles aient pu participer, comme auteur ou comme complice, à la commission des infractions dont* [le juge d'instruction] *est saisi* » (C. pr. pén., art. 80-1). « *lorsque la CHINS annule une mise en examen pour violation des dispositions de l'article 80-1, la personne est considérée comme témoin assisté* » (C. pr. pén., art. 174-1) (sur le statut du témoin assisté, v. n° 11.77). Il en résulte que la mesure de sûreté le cas échéant ordonnée (détention provisoire, ARSE ou contrôle judiciaire), ainsi dépourvue de support, est non avenue. Cette solution est explicitement prévue par C. pr. pén., art. 80-1-1, qui impose au juge d'instruction d'ordonner la mise en liberté d'office du détenu quand il revient sur sa décision de mise en examen et octroie le statut de témoin assisté. Elle découle aussi de C. pr. pén., art. 177 et 212 qui conduisent aux mêmes effets lorsque le juge d'instruction ou la CHINS (CHINS) estime qu'il n'existe pas de charges suffisantes et prononce une décision de non-lieu.

2. Le contrôle des indices graves et concordants par le juge chargé du prononcé de la mesure de sûreté

Notons que si la mise en examen est une condition préalable et nécessaire de la mesure de contrainte, sa validité ne peut être discutée à l'occasion du contentieux de cette mesure, notamment au stade de l'appel en raison de la règle de « *l'unique objet de l'appel* », dans la limite des précisions apportées au n° **12.70B2**.

Toutefois, nonobstant la règle de l'unique objet de l'appel, il est désormais jugé que « *la CHINS, à chacun des stades de la procédure, doit s'assurer que les conditions légales de la détention provisoire sont réunies, et notamment de l'existence d'indices graves ou concordants rendant vraisemblable la participation de la personne mise en examen aux faits reprochés* », elle est donc tenue « *d'examiner, dans le cadre de l'appel du placement en détention provisoire et de la contestation par l'appelant d'une quelconque participation aux faits, l'existence d'indices graves ou concordants de sa participation, comme auteur ou complice, à la commission des infractions qui lui sont reprochées* » (Crim. 14 oct. 2020, n° 20-82.961, P ; décision initiant un revirement jurisprudentiel, v. en effet contra : Crim. 7 août 2019, n° 19-83.508, D ; dans le même sens :). « *la CHINS, à chacun des stades de la procédure, doit s'assurer, même d'office, que les conditions légales des mesures de sûreté sont réunies, en constatant expressément l'existence de tels indices* » (§ 13) (Crim. 18 janv. 2022, n° 21-86.165, P).

Ce contrôle a été étendu au JLD qui est désormais « *tenu par la même exigence de s'assurer, parmi les conditions légales de la détention provisoire, de l'existence de tels indices graves ou concordants à l'encontre de la personne déférée et ce, à tous les stades de la procédure* » (§ 10) (Crim. 11 mai 2021, n° 21-81.277, P).

Cependant, ce contrôle, qui doit être assuré « *même d'office* » (§ 15), reste « *propre à la matière des mesures de sûreté, est sans incidence sur la validité de la mise en examen, laquelle ne peut être critiquée que dans le cadre des procédures engagées sur le fondement* » de C. pr. pén., art. 80-1-1 et 170 (Crim. 27 janv. 2021, n° 20-85.990, § 16, P).

« *Ce contrôle fait obligation aux juges de vérifier, au regard des éléments précis et circonstanciés résultant de la procédure au moment où ils statuent, que les pièces du dossier établissent, d'une part, l'existence d'agissements susceptibles de caractériser les infractions pour lesquelles la personne est mise en examen, selon la qualification notifiée à ce stade, et, d'autre part, la vraisemblance de leur imputabilité à celle-ci* » (§ 7) ; toutefois les juges « *ne sont tenus, en cas de contestation, que d'exposer les éléments du dossier par lesquels ils se déterminent* » (§ 8), ni tenus de « *suivre la personne mise en examen dans le détail de son argumentation relative à la pertinence d'un indice particulier* » (§ 12) (Crim. 9 févr. 2021, n° 20-86.339, P). En outre, ce contrôle « *des indices graves et concordants cesse, sauf contestation sur ce point, en cas de placement en détention provisoire sanctionnant des manquements volontaires aux obligations du contrôle judiciaire* » (§ 17), qui « *ne doit être motivé qu'au regard des manquements de la personne à ses obligations* » (§ 18) (Crim. 27 janv. 2021, n° 20-85.990, P).

Précisons que « *la constatation de l'existence de raisons plausibles de soupçonner que la personne a commis les infractions reprochées ne permet pas de déduire l'existence d'indices graves ou concordants de sa participation à ces mêmes faits, cette dernière exigence étant plus stricte que la première* » (§ 12) (Crim. 16 mars 2021, n° 20-87.092, P).

Mentionnons qu'une CHINS, en se référant à son précédent arrêt de mise en accusation « *s'est assurée suffisamment de l'existence des conditions légales de la détention* » (Crim. 13 avr. 2021, n° 21-80.728, P). En outre, lorsque la CHINS est saisie sur le fondement de C. pr. pén., art. 148-1 et 148-2 d'une demande de mise en liberté par une personne en attente de jugement après avoir été condamnée en 1re instance par une cour d'assises, les décisions prises à son égard « *n'ont pas à être motivées par référence aux indices ou aux charges relevés contre elle, qui ont été appréciés par la cour d'assises* » (Crim. 14 avr. 2021, n° 21-80.865, P).

La nécessité pour le juge d'apprécier la suffisance des charges lorsqu'il statue sur une mesure de sûreté est à nuancer lorsque cette dernière n'est pas contestée dans son principe mais dans ses modalités, ainsi il n'y a pas de grief lorsque « *les juges ne se sont pas assurés de l'existence d'indices graves ou concordants [...], dès lors qu'ils n'étaient saisis que d'une demande de modification d'une des obligations du contrôle judiciaire ne remettant pas en cause le principe de celui-ci et n'étaient donc pas conduits à prononcer, prolonger ou maintenir une mesure de sûreté* » (§ 9) (Crim. 11 août 2021, n° 21-83.183, P).

Soulignons enfin que la CHINS « *saisie du contentieux de l'exécution d'un mandat d'arrêt européen aux fins de poursuites, n'a pas à s'assurer de l'existence d'indices graves ou concordants à l'encontre de la personne recherchée* » (Crim. 30 mars 2021, n° 21-81.554, P).

3. La notification du droit au silence, corollaire du contrôle des indices graves et concordants

Puisque la question de la suffisance des charges relève désormais du contrôle du juge chargé des mesures de sûreté et entre dans les débats, il en résulte le principe que le **droit au silence** doit être notifié à la personne mise en examen ou poursuivie dans tous les cas où un débat contradictoire porte sur une telle mesure, qu'il s'agisse, de la Ch. crim ou du Cons. const., de la CHINS (v. n° **12.69B**), du JLD saisi dans le cadre d'une procédure de comparution immédiate (v. n° **12.39C**) ou dans le cadre d'une procédure d'instruction (v. n° **12.39A**). Le principe de cette notification, d'abord dégagé par la jurisprudence, a été consacré par L. n° 2021-1729, 22 déc. 2021, modifiant C. pr. pén., art. préliminaire, III, lequel prévoit désormais que le « *droit de se taire sur les faits qui lui sont reprochés* » « *est notifié à toute personne suspectée ou poursuivie* » « *en matière de crime ou de délit* », « *avant tout recueil de ses observations et avant tout interrogatoire, y compris pour [...] prononcer une mesure de sûreté* ».

C. La nécessité d'une notification préalable des faits reprochés et de leur qualification juridique dans le cadre des procédures rapides et de la CRPC

Dans le cadre des poursuites rapides ou simplifiées, comparution immédiate (v. n° **15.15**), comparution différée (v. n° **15.16**), convocation par procès-verbal (v. n° **15.14**), CRPC (v. n° **15.55C**) au cours desquelles une mesure de sûreté avant jugement peut être ordonnée par le JLD ou le tribunal, il n'existe pas à proprement parler de mise en examen.

Mais, dans des conditions comparables, au regard de l'exigence du C. pr. pén., art. préliminaire précité, « *les charges retenues* » contre la personne font l'objet d'une notification et d'un interrogatoire réalisé lors du défèrement par le procureur de la République qui lui « *fait connaître les faits qui lui sont reprochés ainsi que leur qualification juridique* » (C. pr. pén., art. 393, v. n° **15.13C1**, ou C. pr. pén., art. 495-8 et 495-9 pour la CRPC).

Il en est de même s'agissant du mineur que le procureur de la République défère devant lui en vue de saisir le juge des enfants ou le tribunal pour enfants (CJPM, art. 423-6, v. n° **15.19**).

Si la mise en examen peut faire l'objet d'une requête en nullité devant la CHINS pour absence de charges suffisantes (v. **B** ci-dessus), l'acte de notification des faits reprochés par le parquet, qui découle de l'exercice de son pouvoir d'opportunité des poursuites (choix de la réponse pénale et choix de la qualification pénale) (C. pr. pén., art. 40 et 40-1, sur le principe d'opportunité des poursuites, v. n° **15.1**), n'est pas expressément conditionné par l'existence « *d'indices graves ou concordants* » et ne peut faire l'objet d'un recours distinct de l'examen du fond de l'affaire par le tribunal (à comparer : la notification des griefs par le collège de l'AMF, qui ouvre la phase contradictoire de la procédure de sanction, ne peut faire l'objet d'un recours autonome – Com. 16 déc. 2020, n° 19-21.091, P).

D. L'absence de mesure de sûreté sur la personne avant jugement en cas de citation directe ou de COPJ

Hors les cas d'ouverture d'information (v. n° **15.29**) ou des procédures rapides de comparution immédiate (v. n° **15.15**), comparution différée (v. n° **15.16**), convocation par procès-verbal (v. nº 15.14) ou CRPC (v. nº 15.53), lesquelles sont principalement précédées d'une clôture de l'enquête préliminaire ou de flagrance et d'une décision de défèrement prise par le procureur de la République, d'une phase de mise en examen ou de notification des faits reprochés, aucune mesure de détention provisoire ou de contrôle judiciaire avant jugement n'est applicable à la personne.

Ces mesures de sûreté ne sont en effet pas prévues dans le cadre de la procédure de citation directe (sur la citation directe, v. nº 15.7) ou de la convocation par OPJ (sur la COPJ, v. nº 15.5).

Tout au plus peut-on rappeler, quelle que soit la voie procédurale choisie par le parquet, que les mesures qui peuvent être dans certains cas prononcées par l'autorité administrative, sur la base du constat de l'infraction, sont susceptibles de produire avant jugement un effet équivalent à la mesure de contrôle judiciaire. Citons à titre d'exemple la suspension administrative du permis de conduire, dont la durée s'impute sur la suspension prononcée par le tribunal (C. route, art. L. 224-9, v. nº 11.70), ou celle de fermeture d'établissement en cas de travail dissimulé (C. trav., art. L. 8272-2, v., nº 32.11, orienteur/mesure administrative).

12.36 Les conditions générales de la détention provisoire

A. Le principe de la liberté avant jugement

« *Nul ne peut être privé de sa liberté, sauf* [...] et *selon les voies légales* : [...] *s'il a été arrêté et détenu en vue d'être conduit devant l'autorité judiciaire compétente lorsqu'il y a des motifs plausibles de soupçonner qu'il a commis une infraction ou qu'il y a des motifs raisonnables de croire à la nécessité de l'empêcher de commettre une infraction ou de s'enfuir après l'accomplissement de celle-ci* » (Conv. EDH, art. 5-1 c). Toute personne détenue « *a le droit d'être jugée dans un délai raisonnable, ou libérée durant la durée de la procédure. La mise en liberté peut être subordonnée à une garantie assurant la comparution de l'intéressé à l'audience* » (Conv. EDH, art. 5-3).

« *La détention de personnes qui attendent de passer en jugement ne doit pas être de règle, mais la mise en liberté peut être subordonnée à des garanties assurant la comparution de l'intéressé à l'audience, à tous les autres actes de la procédure et, le cas échéant, pour l'exécution du jugement.* » (Pacte international relatif aux droits civils et politiques, 19 déc. 1966, en vigueur le 4 févr. 1981, art. 9 3°).

Les mesures de contrainte dont la personne poursuivie peut faire l'objet « *doivent être strictement limitées aux nécessités de la procédure, proportionnées à la gravité de l'infraction reprochée et ne pas porter atteinte à la dignité de la personne* » (C. pr. pén., art. préliminaire) (sur la prise en compte des conditions de la détention lorsqu'elles portent effectivement atteinte à la dignité de la personne, v. C ci-dessous et nº 12.42).

« *Toute personne mise en examen, présumée innocente, demeure libre* » (C. pr. pén., art. 137).

B. Le caractère exceptionnel et subsidiaire de la détention provisoire (C. pr. pén., art. 137 et 144)

Conséquence du principe de la liberté avant jugement, la détention provisoire ne peut être ordonnée, maintenue ou prolongée qu'« *à titre exceptionnel* », « *si les obligations du contrôle judiciaire ou de l'assignation à résidence avec surveillance électronique ne permettent pas* » d'atteindre les objectifs de préservation « *des nécessités de l'instruction* » ou de la « *sûreté* » (C. pr. pén., art. 137) et si elle constitue « *l'unique moyen de parvenir à l'un ou plusieurs des objectifs* » limitativement énumérés au nº 12.37B (C. pr. pén., art. 144).

En raison du principe de subsidiarité de la détention provisoire, encourt donc la censure la décision qui omet de « *préciser expressément que les objectifs fixés ne pouvaient être atteints par un placement sous contrôle judiciaire* » (Crim. 26 févr. 2008, nº 07-88.336, P. nº 50, Crim. 18 juin 2008, nº 08-82.856, P. nº 157) ou de « *s'expliquer, par des considérations de droit et de fait, sur le caractère insuffisant de l'assignation à résidence avec surveillance électronique* » (Crim. 12 oct. 2010, nº 10-85.370, P. nº 155) ou de « *préciser expressément que les objectifs fixés ne pouvaient être atteints par un placement sous contrôle judiciaire ou par une assignation à résidence avec surveillance électronique* » (Crim. 13 oct. 2010, n° 10-85.552, P. n° 161).

Toutefois, si le juge est tenu de s'expliquer, lorsqu'il ordonne une mesure de détention provisoire, d'une part, sur l'insuffisance du contrôle judiciaire, d'autre part, sur celle de l'ARSE, « *il n'a pas à se prononcer par des motifs distincts* », les mêmes « *considérations de droit et de fait* » peuvent en effet satisfaire à l'obligation de motivation (Crim. 15 oct. 2019, n° 19-84.799, P).

Sont ainsi justifiées des décisions énonçant, au regard des risques dûment circonstanciés prévus par C. pr. pén., art. 144, que le contrôle judiciaire et l'ARSE ne comportent « *pas de contrainte suffisante pour prévenir efficacement les risques* » (Crim. 5 févr. 2019, n° 18-86.413, D), ne permettent « *que des contrôles discontinus, intervenant a posteriori* » (Crim. 26 juin 2019, n° 19-82.733, D), ou ne présentent pas, « *quelles qu'en soient les modalités, un degré de coercition suffisant* » (Crim. 18 juin 2019, n° 19-82.721, D).

C. Les conditions tenant à la dignité des conditions effectives de détention et à l'état de santé de la personne (renvoi)

Aux critères qui précèdent et qui suivent, s'ajoutent l'appréciation des conditions effectives de détention lorsqu'elles sont de nature à porter atteinte à la dignité de la personne, et celle de son état de santé (C. pr. pén., art. 147-1). Si la jurisprudence a tout d'abord dégagé le principe de la prise en compte de la dignité des conditions de la détention dans le cadre du contentieux de la détention provisoire, le législateur (C. pr. pén., art. 803-8, issu L. n° 2021-403, 8 avr. 2021) a désormais institué en la matière une procédure spécifique devant le JLD, qui devrait conduire à éloigner de ce champ de discussion le juge chargé du contentieux de la détention provisoire, lorsqu'il est saisi d'une demande de mise en liberté ou de prolongation de la détention ou d'un appel de cette mesure (sur ce point, v. n° **12.42**).

D. Les conditions de la détention provisoire tenant au quantum de la peine encourue pour le majeur

1. Les conditions de quantum de peine encourue dans le cadre de l'instruction

Dans le cadre de la procédure d'instruction, « *La détention provisoire ne peut être ordonnée ou prolongée* » que dans les cas suivants (C. pr. pén., art. 143-1) :

• **Peine criminelle** encourue (sur la durée de la détention provisoire en cas de peine criminelle encourue, v. n° **12.43D**) ;

• **Peine correctionnelle** ⩾ **3** ans encourue (sur la durée de la détention provisoire en cas de peine correctionnelle encourue, v. n° **12.43C**) ;

• **Révocation du contrôle judiciaire**, « *quelle que soit la peine d'emprisonnement encourue* » (C. pr. pén., art. 141-2, sur la révocation du contrôle judiciaire, v. n° **12.53D**). Soulignons que le contrôle judiciaire ne peut être ordonné que dans le cas où une peine d'emprisonnement est encourue, quel qu'en soit le quantum (C. pr. pén., art. 138, v. n° **12.46B**). Sur la durée de la détention provisoire en cas de révocation du contrôle judiciaire (C. pr. pén., art. 141-3, v. n° **12.53D**) ;

• **Révocation de l'ARSE**, « *quelle que soit la peine d'emprisonnement encourue* » (C. pr. pén., art. D. 32-10, sur la révocation de l'ARSE, v. n° **12.57C**). Soulignons que l'ARSE fixe ne peut être ordonnée que si l'emprisonnement encouru est ⩾ 2 ans (C. pr. pén., art. 142-5, v. n° **12.54A**), et pour l'ARSE mobile, ⩾ 5 ans ou > 7 ans selon les cas (C. pr. pén., art. 142-5, v. n° **12.54B**). Sur la durée de la détention provisoire en cas de révocation de l'ARSE (C. pr. pén., art. 141-3 et 142-8, v. n° **12.57C2**).

2. Les conditions de quantum de peine encourue dans le cadre de la comparution immédiate ou différée et de la CRPC

Les restrictions tenant au quantum de peine posées par C. pr. pén., art. 143-1 ne sont pas applicables en matière de comparution immédiate (Crim. 9 mai 2012, n° 10-87.331, P n° 109, Crim. 5 oct. 2011, n° 11-85.499). Il en résulte que la détention provisoire peut être ordonnée, par le JLD si le tribunal ne peut se réunir le jour même ou par le tribunal si l'affaire n'est pas en l'état d'être jugée, aux seules conditions de quantum d'emprisonnement imposées pour la **comparution immédiate : ⩾ 2 ans en enquête préliminaire**, ou **⩾ 6 mois en enquête de flagrance** (C. pr. pén., art. 395, v. n° **15.15**).

Dans le cadre de la **comparution différée**, le placement en détention provisoire ne peut être ordonné par le JLD, seul compétent pour ordonner cette mesure avant la première comparution devant le tribunal, que si la peine d'emprisonnement encourue est **⩾ 3 ans** (C. pr. pén., art. 397-1-1, v. n° **15.16C**).

Dans le cadre de la **CRPC**, si la personne reconnaît sa culpabilité mais réclame un délai de réflexion de 10 jours pour accepter ou refuser les peines proposées, la détention provisoire ne peut être ordonnée par le JLD que si la **peine proposée est ⩾ 2 mois** (C. pr. pén., art. 495-10, v. n° **15.55C**).

E. Les conditions tenant au quantum de la peine encourue pour le mineur âgé d'au moins 13 ans

Mentionnons que les règles applicables en matière de détention des mineurs « *ne sont pas applicables à la personne à laquelle sont imputées des infractions qualifiées crime ou délit, dont certaines ont été commises alors qu'elle était âgée de plus de dix-huit ans* » (Crim. 9 déc. 2003, n° 03-85.587, P n° 236).

1. Les conditions pour le mineur ⩾ 13 ans et < 16 ans (CJPM, art. L. 334-4).

Soulignons que « *Le mineur âgé de moins de 13 ans ne peut être placé en détention provisoire* » (CJPM, art. L. 334-1).

Le mineur ⩾ 13 ans et < 16 ans ne peut être placé en détention provisoire que dans les cas suivants (CJPM, art. L. 334-4) :

- **Peine criminelle** encourue ;
- **Peine correctionnelle** encourue, à condition que le mineur se soit volontairement soustrait à une mesure de « *placement dans un centre éducatif fermé prononcée dans le cadre d'un contrôle judiciaire* », si cette violation est « *répétée ou d'une particulière gravité* » **ou** si elle « *s'accompagne de la violation d'une autre obligation de contrôle judiciaire* », et « *lorsque le rappel ou l'aggravation de ces obligations n'est pas suffisant pour atteindre les objectifs* » limitativement prévus par C. pr. pén., art. 144 pour justifier le placement en détention provisoire (CJPM, art. L. 334-4).

Il s'en déduit qu'en matière correctionnelle la détention provisoire du mineur ⩾ 13 ans et < 16 ans ne peut être prononcée *ab initio*. Obligatoirement précédée d'une mesure de contrôle judiciaire comportant au moins le placement en centre éducatif fermé, et déterminée par la violation caractérisée de la mesure, elle n'intervient donc qu'à titre de mesure de **révocation du contrôle judiciaire**, lequel ne peut lui-même être ordonné que selon les conditions de quantum de peine, de nature d'infraction, ou d'antécédents judiciaires précisées au n° **12.50A** (CJPM, art. L. 331-1).

Par hypothèse, la détention du mineur < 16 ans ne peut intervenir pour une violation de l'ARSE car cette mesure ne peut être ordonnée à l'encontre d'un mineur de cet âge (CJPM, art. L. 333-1, v. n° **12.54A3**).

2. Les conditions pour le mineur ⩾ 16 ans (CJPM, art. L. 334-5).

Le mineur ⩾ 16 ans ne peut être placé en détention provisoire que dans les cas suivants (CJPM, art. L. 334-5) :

- **Peine criminelle** encourue ;
- **Peine d'emprisonnement ⩾ 3 ans** encourue ;
- **Révocation du contrôle judiciaire ou de l'ARSE,** « *en cas de violation répétée ou d'une particulière gravité des obligations de contrôle judiciaire ou de l'ARSE et lorsque le rappel ou l'aggravation de ces obligations ne peut suffire pour atteindre les objectifs* » limitativement prévus par C. pr. pén., art. 144 (sur les critères de la détention provisoire, v. n° **12.37B**) pour justifier

le placement en détention provisoire (CJPM, art. L. 334-5). Rappelons que le mineur ⩾ **16 ans** peut être placé sous contrôle judiciaire lorsqu'il encourt une peine criminelle ou, en matière correctionnelle, comme pour les majeurs, une peine d'emprisonnement sans condition de quantum (CJPM, art. L. 331-1 et C. pr. pén., art. 138, v. nº **12.50A**), et peut être placé sous ARSE s'il encourt une peine ⩾ 3 ans (CJPM, art. L. 333-1, v. nº **12.54A3**).

12.37 Les conditions particulières de motivation de la détention provisoire

A. L'obligation générale de motivation de la décision

La nécessité de la détention provisoire doit être démontrée « *au regard des éléments précis et circonstanciés résultant de la procédure* » (C. pr. pén., art. 144). À cet égard, la décision du juge doit « *comporter l'énoncé des considérations de droit et de fait sur le caractère insuffisant des obligations du contrôle judiciaire ou de l'assignation à résidence sous surveillance électronique et le motif de la détention par référence aux seules dispositions* » de C. pr. pén., art. 143-1 et 144 (C. pr. pén., art. 137-3) (sur le principe de subsidiarité de la détention provisoire et les contraintes de motivation qu'il entraîne, v. nº **12.36B**).

Ces exigences de motivation s'appliquent aussi bien à l'ordonnance du JLD ordonnant ou prolongeant la détention provisoire (outre les exigences supplémentaires de motivation propres à la décision de prolongation imposées par C. pr. pén., art. 145-3, exposées au nº **12.45C**) ou rejetant une demande de mise en liberté qu'au jugement du tribunal correctionnel plaçant ou maintenant le prévenu en détention provisoire dans le cadre de la procédure de comparution immédiate ou différée (C. pr. pén., art. 397-3 renvoyant à 137-3 et 144). Elles sont ainsi applicables tant que l'intéressé est en détention provisoire, par exemple lorsqu'il a été condamné en appel et a formé un pourvoi en cassation (Crim. 5 août 2020, nº 20-82.104, D) et devant toute formation prolongeant sa détention provisoire ou rejetant une demande de mise en liberté.

En outre, depuis L. nº 2022-1729, 22 déc. 2021, « *les décisions prolongeant la détention provisoire au-delà de 8 mois ou rejetant une demande de mise en liberté concernant une détention de plus de 8 mois doivent également comporter l'énoncé des considérations de fait sur le caractère insuffisant des obligations de l'ARSE mobile* [prévue au C. pr. pén., art. 142-5, al. 3 et 142-12-1, sur l'ARSE mobile, v. nº **12.54B**] *ou du dispositif électronique* [du bracelet anti-rapprochement (BAR) prévu au C. pr. pén., art. 138-3, sur ce dispositif, v. nº **12.48C2**], *lorsque cette mesure peut être ordonnée au regard de la nature des faits reprochés* » (C. pr. pén., art. 137-3 mod. par L. nº 2022-1729, 22 déc. 2021 pour la confiance dans l'institution judiciaire). Soulignons toutefois que ces prescriptions de motivation renforcé « *ne sont plus applicables lorsque le juge d'instruction a rendu son ordonnance de renvoi devant la juridiction de jugement* » (§ 12) (Crim. 6 déc. 2022, nº 22-85.686, P). Rappelons que, pour apprécier le quantum d'emprisonnement de 7 ans ou 5 ans encouru qui conditionne l'ARSE mobile, la circonstance de récidive ne peut être prise en compte (Crim. 19 avr. 2023, nº 23-80.817, P). L'évocation des « *lourds antécédents de la personne mise en examen, la violation d'un précédent contrôle judiciaire, l'insuffisance de ses garanties de représentation* » et de l'insuffisance du contrôle judiciaire ou de l'ARSE, « *qui ne comportent que des mesures de contrôle discontinues et exercées a posteriori* » (§ 24), ne sont pas considérées comme satisfaisantes pour justifier du « *caractère insuffisant des obligations de l'assignation à résidence avec surveillance électronique mobile* » à laquelle l'intéressé était éligible (§ 25) (Crim. 19 avr. 2023, nº 23-80.873, P).

Précisons que les exigences élevées de motivation de la détention provisoire restent néanmoins compatibles avec la présomption d'innocence en ce que « *si les juridictions d'instruction, lorsqu'elles se prononcent sur une demande de mise en liberté, sur la prolongation de la détention provisoire ou le maintien en détention d'une personne mise en examen, ne sauraient présenter la personne détenue comme étant coupable des faits qui lui sont reprochés, il leur appartient, pour motiver*

12.38 La compétence du JLD pour ordonner la détention provisoire et les modalités de sa saisine

A. La compétence du JLD pour ordonner la détention provisoire

1. La compétence du JLD

Instituée par L. n° 2000-516, 15 juin 2000, renforçant la protection de la présomption d'innocence et les droits des victimes, art. 48, la fonction de JLD est exercée par un magistrat du siège du premier grade ou hors hiérarchie nommé par décret, qui ne peut exercer plus de dix ans cette fonction au sein du même tribunal (Ord. n° 58-1270, 22 déc. 1958, art. 28-3). Le JLD peut être suppléé en cas de vacances d'emploi, d'absence ou d'empêchement, par un magistrat du siège du premier grade ou hors hiérarchie, ou du second grade en cas d'empêchement de ces magistrats, désigné par le président du tribunal judiciaire (C. pr. pén., art. 137-1-1). S'agissant des mineurs, le JLD compétent est celui qui est « *chargé spécialement des affaires concernant les mineurs* » (CJPM, art. L. 12-1, mod. issue L. n° 2021-218, 26 févr. 2021, et D. 231-1).

D'une part, « *aucun texte n'impose que l'ordonnance du JLD mentionne la décision* [ordonnance de roulement ou tableau de service établi par le président du TJ] *l'ayant désigné en cette qualité* » (§ 14), d'autre part, « *il se déduit du tableau de service de la semaine considérée que les autres magistrats du premier grade de plus haut rang que celui ayant statué étaient empêchés car absents ou requis par l'exercice de leurs autres missions dans la juridiction* » (Crim. 25 oct. 2022, n° 22-84.862, P).

Dans le cadre de **l'information judiciaire**, « *la détention provisoire est ordonnée ou prolongée par le JLD. Les demandes de mise en liberté lui sont également soumises* » (C. pr. pén., art. 137-1).

À la différence du juge d'instruction, le JLD a en effet compétence pour « *décerner mandat de dépôt* » (C. pr. pén., art. 122).

Si le **juge d'instruction** est incompétent pour ordonner le placement en détention ou pour prolonger cette mesure, il est toutefois seul compétent pour ordonner le **maintien en détention** à l'issue de l'information, lorsqu'il rend son ordonnance de renvoi devant le tribunal correctionnel (C. pr. pén., art. 179). En matière criminelle, le mandat de dépôt décerné par le JLD conserve sa force, exécutoire à ce stade, sans ordonnance de maintien du juge d'instruction (C. pr. pén., art. 181) (sur ces points, v. n° **12.4612.46D**).

En dehors du cadre de l'information judiciaire, le JLD est également seul compétent pour ordonner la détention provisoire dans le cadre de la procédure de **comparution immédiate**, lorsque la réunion du tribunal est impossible le jour même (C. pr. pén., art. 396, v. n° **15.15B1**), ou dans le cadre de la **comparution différée** (C. pr. pén., art. 397-1-1, v. n° **15.16C**).

2. Les incompatibilités du JLD

Comme le juge d'instruction (C. pr. pén., art. 49), le JLD « *ne peut, à peine de nullité, participer au jugement des affaires dont il a connu* » (C. pr. pén., art. 137-1), qu'il s'agisse de la décision de placement en détention ou de l'examen d'une demande de mise en liberté (Crim. 16 mai 2007, n° 06-85.347, P n° 128) (sur les règles expresses garantissant la neutralité de la juridiction de jugement, v. n° **17.37**). Au-delà de ces prescriptions particulières, le JLD reste soumis aux causes de récusation prévues par C. pr. pén., art. 668, (Crim. 25 sept. 2018, n° 18-84.067, P, n° 162) (sur la procédure de récusation, v. n° **17.35**).

Dans le cadre de la procédure de comparution immédiate, le JLD ayant ordonné une mesure de sûreté a « *nécessairement porté une appréciation sur les charges retenues* » et ce texte (C. pr. pén., art. 137-1), « *de portée générale* », lui interdit donc de participer au jugement de l'affaire (Crim. 8 déc. 2009, n° 09-85.623, P. n° 208 ; Crim. 23 sept. 2010, n° 10-81.245, P n° 140). Réciproquement, au visa de Conv. EDH, art. 6 §1, le magistrat « *qui a prononcé une condamnation par défaut et décerné un mandat d'arrêt ne peut, en qualité de JLD, statuer sur les suites données au mandat d'arrêt sans qu'il soit porté atteinte à l'exigence d'impartialité* » (Crim. 30 mars 2011, n° 10-86.140, P n° 67 ; sur l'exécution du mandat d'arrêt, v. n° **12.6E**).

De même, « *un magistrat ayant porté, en tant que juge d'instruction, une appréciation sur l'existence d'indices graves ou concordants rendant vraisemblable la participation à la commission des infractions dont il est saisi ne peut, dans la suite de la procédure, intervenir en qualité de JLD, lequel est amené, pour statuer sur les mesures de sûreté, à s'assurer de l'existence de tels indices* » (§ 7) (Crim. 28 juin 2022, n° 22-82.698, P).

En revanche « *le refus du juge d'homologuer la peine proposée par le procureur de la République dans le cadre d'une procédure de CRPC ne fait pas en soi obstacle à ce que ce magistrat intervienne ensuite dans la même affaire en qualité de JLD et ordonne le placement en détention provisoire du prévenu dans l'attente de son jugement en comparution immédiate* » (Crim. 19 juin 2018, n° 17-84.930, P, n° 113).

B. La saisine du JLD dans le cadre de l'information judiciaire

Le JLD est saisi aux fins de placement en détention provisoire soit par le juge d'instruction, soit directement par le procureur de la République selon les conditions prévues pour la procédure dite de « saisine directe ».

1. Les mesures d'enquête sociale préalables à la saisine du JLD pour le majeur (C. pr. pén., art. 41, 81 et 145-5)

Une **enquête sociale rapide** ou « ESR », ainsi nommée par les praticiens (par différence avec « *l'enquête sur la personnalité* » prévue par C. pr. pén., art. 81, al. 6, obligatoire en matière criminelle), doit selon les cas figurer au dossier soumis au JLD par le juge d'instruction.

En effet, « *avant toute réquisition de placement en détention provisoire* », le **procureur de la République** doit, lorsque la peine encourue est $\leqslant$ **5 ans**, requérir une personne habilitée ou le SPIP afin de « *vérifier la situation matérielle, familiale et sociale* » de la personne et de « *l'informer sur les mesures propres à favoriser l'insertion sociale de l'intéressé* » (C. pr. pén., art. 41). Soulignons ici la décision exposée au **B2** ci-dessous énonçant que le mineur doit être informé du droit de se taire lors d'un RRSE (Cons. const. 9 avr. 2021, n° 2021-894 QPC).

Aux mêmes conditions, si elles n'ont pas été déjà prescrites par le ministère public, ces diligences doivent être accomplies par le **juge d'instruction** chaque fois qu'il envisage de saisir le JLD aux fins de placement en détention (C. pr. pén., art. 81).

Pour déterminer si la peine encourue est $\leqslant$ 5 ans, « *le juge ne peut prendre en compte la circonstance de récidive* » (Crim. 23 janv. 2007, n° 06-88.259, P n° 12).

Enfin, lorsque la personne a fait « *connaître, lors de son interrogatoire par le juge d'instruction préalable à la saisine du JLD, qu'elle exerce à titre exclusif l'autorité parentale sur un mineur de 16 ans au plus ayant chez elle sa résidence* », le placement en détention provisoire ne peut être ordonné sans qu'une personne habilitée ou le SPIP « *ait été chargé au préalable de rechercher et de proposer toutes mesures propres à éviter que la santé, la sécurité et la moralité du mineur ne soient en danger ou que les conditions de son éducation ne soient gravement compromises* » (C. pr. pén., art. 145-5). Ces conditions ne sont toutefois pas applicables en cas de crime, de délit commis contre un mineur, ou en cas de révocation du contrôle judiciaire (C. pr. pén., art. 145-5).

Dans cette rédaction issue de L. n° 2002-307, 4 mars 2002, « *l'objectif de cette disposition est la protection des mineurs, l'article 145-5 précisant que l'enquête a pour objet, non plus de rechercher et de proposer toutes mesures propres à éviter la détention, mais de rechercher et de proposer toutes mesures propres à éviter que la santé, la sécurité et la moralité du mineur ne soient en danger ou que les conditions de son éducation ne soient gravement compromises* » (Circ. Crim. 2002-97 E8, 19-03-2002, NOR : JUSD0230056C, n° II.2). Cette disposition n'étant plus instituée dans l'intérêt de la personne mais dans l'intérêt désormais exclusif de ses enfants, une CHINS est fondée à considérer que l'absence d'enquête sociale « *ne saurait entraîner une quelconque nullité du titre de détention et justifierait tout au plus que dans le cadre de l'appel interjeté, une telle mesure soit ordonnée si nécessaire* » (Crim. 25 juill. 2012, n° 12-83.379, D).

Eu égard aux incertitudes relatives à l'identité de la personne, à ses déclarations variables sur sa situation de famille, à l'absence de justification de l'existence des enfants allégués, de l'exercice exclusif sur eux de l'autorité parentale, et d'adresse précise, la CHINS est fondée à considérer que le juge, dans de telles circonstances, « *n'est pas tenu de procéder à l'enquête prévue* » (Crim. 1 avr. 2014, P n° 14-80.588, D).

De même, il est nécessaire que la personne « *ait établi* [ou] *allégué qu'elle exerçait* [...] *l'autorité parentale dans les conditions prévues par l'article 145-5 du Code de procédure pénale* » (Crim. 11 mai 2004, n° 04-81.160 D), l'autorité parentale doit être exercée à titre exclusif et tel n'est pas le cas lorsque les enfants du mis en examen résident chez leur mère (Crim. 16 juin 2010, n° 10-82.215, D).

Il n'est pas non plus nécessaire d'ordonner une enquête spéciale sur le fondement de C. pr. pén., art. 145-5 lorsque les éléments recueillis au cours de l'enquête sociale rapide (ESR, v. ci-dessus) effectuée au titre de C. pr. pén., art. 41 et 81 permettent au juge de s'assurer que le mineur n'est pas en danger (Crim. 27 juill. 2016, n° 16-83.271, P n° 222).

Enfin, une « *notice individuelle* » est renseignée par le juge d'instruction lorsqu'il saisit le JLD aux fins de placement en détention, ou par le JLD lorsqu'il a été saisi directement par le parquet (sur la saisine directe, v. **B4** ci-dessous) (C. pr. pén., D. 32-1-1) (sur la notice individuelle transmise à l'administration pénitentiaire par l'autorité judiciaire, v. n° **12.40B2**).

2. LE RECUEIL DE RENSEIGNEMENTS SOCIO-ÉDUCATIFS (RRSE) PRÉALABLE À LA SAISINE DU JLD POUR LE MINEUR (CJPM, ART. L. 322-5)

« *Le recueil de renseignements socio-éducatifs est obligatoire avant toute réquisition ou décision de placement en détention provisoire ou de prolongation de la détention provisoire d'un mineur mis en examen* » (CJPM, art. L. 322-5), y compris lorsque la personne est devenue majeure depuis les faits et jusqu'à ses 21 ans (CJPM, art. L. 322-6) (dans le sens contraire, sous l'empire de l'ord. 2 févr. 1945, art. 12 : Crim. 21 juin 2006, n° 06-82.516, P n° 194, décidant que le rapport de la PJJ n'est plus exigé à compter de la majorité). Cette obligation, dont la violation rend nul le placement en détention et entraîne en conséquence la remise en liberté, s'impose dans les mêmes termes lorsque l'intéressé, qui « *était mineur lors de la commission d'une partie des faits reprochés, n'avait pas atteint l'âge de 21 ans le jour où les poursuites ont été exercées* » (§ 8) (Crim. 11 mai 2023, n° 23-80.986, P ; dans le même sens : Crim. 16 mai 2023, n° 23-80.982 (§ 10), P).

Le RRSE est « *une évaluation synthétique des éléments relatifs à la personnalité et à la situation du mineur. Il donne lieu à un rapport contenant tous renseignements utiles sur sa situation ainsi qu'une proposition éducative ou une proposition de mesures propres à favoriser son insertion sociale* » (CJPM, art. L. 322-3, D. 322-1 s.). « *Quand l'incarcération du mineur est envisagée, le RRSE propose une alternative et en étudie la faisabilité socio-éducative* » (CJPM, art. D. 322-2).

Le RRSE doit être ordonné par le procureur de la République lorsqu'il saisit le juge des enfants, le juge d'instruction ou le tribunal pour enfants (CJPM, art. L. 322-4), en particulier au stade du déferement du mineur (CJPM, art. L. 423-6 2°) et peut également être ordonné par le juge d'instruction et les juridictions de jugement (CJPM, art. L. 322-3).

Le RRSE est établi par le service de la PJJ ou, lorsque l'intéressé est devenu majeur, également par la PJJ ou, « *en cas de circonstances matérielles insurmontables* », par le SPIP ou une personne habilitée (CJPM, art. D. 322-1).

En « *ne prévoyant pas que le mineur entendu par le service de la protection judiciaire de la jeunesse doit être informé de son droit de se taire, les dispositions contestées* [Ord. n° 45-174, 2 févr. 1945 devenu CJPM, art. L. 322-3] *portent atteinte* » (§ 8) au « *principe selon lequel nul n'est tenu de s'accuser, dont découle le droit de se taire* » (§ 5) (Cons. const. 9 avr. 2021, n° 2021-894 QPC). Tirant les conséquences de cette décision, désormais « *le mineur entendu par le service de la protection judiciaire de la jeunesse est informé, préalablement à l'entretien, de son droit de se taire sur les faits qui lui sont reprochés* » (CJPM, art. L. 322-3, mod. par L. n° 2021-1729). Mentionnons que C. pr. pén., art. préliminaire III, modifié par la même loi, prévoit également que

« *toute personne ou tout service mandaté par l'autorité judiciaire* » notifie le droit de se taire à toute personne suspectée ou poursuivie en matière de crime ou de délit « *avant tout recueil de ses observations* », « *y compris pour obtenir des renseignements sur sa personnalité* ».

Le RRSE « *n'a pas pour objet de recueillir des éléments de preuve portant sur la matérialité des faits qui [...] sont reprochés* » au mineur (§ 12), en revanche, en « *l'absence de notification faite au mineur de son droit au silence [...] les passages relatifs aux déclarations et aux réponses faites par le mineur aux questions portant sur les faits* »doivent être cancellés (§ 13) (Crim. 10 nov. 2021, n° 20-84.861, P).

3. La saisine du JLD par ordonnance motivée du juge d'instruction (C. pr. pén., art. 137-1)

Le JLD « *est saisi par une ordonnance motivée du juge d'instruction qui lui transmet le dossier de la procédure accompagné des réquisitions du procureur de la République* » (C. pr. pén., art. 137-1).

Il en est de même lorsque le juge d'instruction saisit le JLD aux fins de détention provisoire en cas de violation du contrôle judiciaire (C. pr. pén., art. 141-2 renvoyant à 137-1 ; sur la révocation du contrôle judiciaire, v. n° **12.53D**) ou de l'ARSE (C. pr. pén., art. 141-8 renvoyant à 141-2 ; sur la révocation de l'ARSE, v. n° **12.57C**).

Précisons que l'absence de réquisitions écrites du parquet prises sur le fondement de C. pr. pén., art. 82 et 137-1 « *n'est pas prévue à peine de nullité, de sorte que sa méconnaissance ne saurait avoir d'incidence sur la régularité de l'ordonnance du JLD* » (§ 6), en effet « *ce juge est saisi par une ordonnance motivée du magistrat instructeur tendant au placement en détention provisoire de la personne mise en examen, d'autre part, il statue à l'issue d'un débat contradictoire au cours duquel le procureur de la République est entendu en ses réquisitions orales auxquelles font suite les observations de la personne mise en examen et, le cas échéant, celles de son avocat* » (§ 7) (Crim. 22 mars 2022, n° 22-80.019, P).

En cas de cosaisine de plusieurs juges d'instruction (C. pr. pén., art. 83-1), le juge chargé de l'instruction, qui « *coordonne le déroulement de celle-ci* », « *a seul qualité pour saisir le JLD* » (C. pr. pén., art. 83-2) (sur la cosaisine, v. n° **15.32C2**). Toutefois, « *en cas d'urgence et pour des actes isolés, tout juge d'instruction peut suppléer un autre juge d'instruction du même tribunal* » (C. pr. pén., art. 84). A donc été jugée valable la saisine du JLD par un juge d'instruction adjoint « *en raison de l'indisponibilité du juge chargé de l'information, retenu par la présentation d'autres personnes mises en examen* » (Crim. 27 févr. 2007, n° 06-89.080, P n° 62).

Lorsque le juge d'instruction, « *saisi de réquisitions tendant au placement en détention provisoire, [...] estime que cette détention n'est pas justifiée et qu'il décide de ne pas transmettre le dossier de la procédure au JLD, il est tenu de statuer sans délai par ordonnance motivée, qui est immédiatement portée à la connaissance du procureur de la République* » (C. pr. pén., art. 137-4).

Le parquet jouit alors d'un droit d'appel devant la CHINS contre cette ordonnance de refus de saisine du JLD, selon les modalités précisées au n° **12.62B** (C. pr. pén., art. 185), ou du droit de saisir directement le JLD s'il s'est réservé cette faculté dans ses réquisitions et si les conditions en sont remplies (C. pr. pén., art. 137-4, v. **B4** ci-dessous).

S'il n'a pas pris de réquisitions de placement en détention provisoire, le procureur de la République peut également interjeter appel de l'éventuelle ordonnance de placement sous contrôle judiciaire ou sous ARSE prise par le juge d'instruction, sans être lié par ses réquisitions (v. n° **12.62B**).

Si le juge d'instruction ne suit pas les réquisitions du parquet, il doit rendre une ordonnance motivée dans les 5 jours. À défaut d'ordonnance du juge d'instruction, le procureur de la République peut dans les dix jours, sans préjudice de la saisine directe du JLD s'il s'en est réservé la faculté (v. ci-après), saisir directement la CHINS, il en est de même si le JLD saisi par le juge d'instruction n'a pas statué dans le délai de 10 jours à compter de sa saisine (C. pr. pén., art. 82).

4. La saisine directe du JLD par le parquet en cas de refus du juge d'instruction de le saisir (C. pr. pén., art. 137-4)

« *En matière criminelle ou pour les délits punis de dix ans d'emprisonnement* », à condition d'avoir précisé vouloir faire usage de cette faculté dans ses réquisitions de placement en détention et si ces dernières sont fondées sur les motifs 4° à 7° de C. pr. pén., art. 144 (protection de la personne mise en examen ; garantie de la représentation en justice ; mettre fin à l'infraction ou prévenir son renouvellement ; trouble à l'ordre public en matière criminelle), le procureur de la République peut, dans le cas où le juge d'instruction a rendu une ordonnance refusant de saisir le JLD, « *saisir directement le JLD en déférant devant lui sans délai la personne mise en examen* » (C. pr. pén., art. 137-4). Les réquisitions du parquet pourront s'exprimer sous cette forme : « *disons qu'à défaut de saisine du JLD par le juge d'instruction aux fins de placement en détention provisoire, le ministère public fera usage des dispositions de l'article 137-4 du code de procédure pénale lui permettant de déférer directement la personne mise en examen devant le JLD* ».

Le parquet peut toutefois renoncer à la mise en œuvre de la saisine directe annoncée dans ses réquisitions, dans ce cas « *il en avise le juge d'instruction et la personne peut être laissée en liberté* » (C. pr. pén., art. 137-4), sous les charges éventuelles du contrôle judiciaire ou de l'ARSE préalablement ordonné par le juge d'instruction.

La prérogative de saisine directe du JLD attribuée au procureur de la République, « *est liée à l'urgence et fondée sur des critères objectifs et rationnels, inspirés par un motif d'intérêt général en rapport direct avec l'objet de la loi ; [...] la différence de traitement ainsi instituée entre les personnes dont la détention provisoire est requise ne procède donc pas d'une discrimination injustifiée* » (Cons. const. 2 mars 2004, n° 2004-492 DC, § 121).

La « *notice individuelle* », renseignée par le juge d'instruction lorsqu'il saisit le JLD (v. **B1** ci-dessus), est établie par le JLD lorsqu'il est saisi directement par le parquet (C. pr. pén., D. 32-1-1) (sur la notice individuelle transmise à l'administration pénitentiaire par l'autorité judiciaire, v. n° **12.40B2**).

C. La saisine du JLD par le parquet en dehors du cadre de l'information judiciaire ou après sa clôture

1. La saisine du JLD dans le cadre de la comparution immédiate ou différée ou de la CRPC

Dans le cadre de la **comparution immédiate** (v. n° **15.15B1**), lorsque « *la réunion du tribunal est impossible le jour même et si les éléments de l'espèce lui paraissent exiger une mesure de détention provisoire, le procureur de la République peut traduire le prévenu devant le JLD* », lequel « *statue sur les réquisitions du ministère public aux fins de détention provisoire* » (C. pr. pén., art. 396). Par hypothèse, ces réquisitions ne peuvent se fonder sur le trouble à l'ordre public (C. pr. pén, art. 144 7°), motif de détention réservé aux qualifications criminelles.

En matière de **comparution différée** (v. n° **15.16C**), la saisine du JLD s'opère « *conformément aux dispositions de l'article 396, le prévenu est présenté devant le JLD, qui statue sur les réquisitions du ministère public aux fins de [...] détention provisoire* » (C. pr. pén, art. 397-1-1).

Dans le cadre de la **CRPC**, lorsqu'il propose une peine ⩾ 2 mois d'emprisonnement ferme avec exécution immédiate à la personne qui reconnaît sa culpabilité mais qui souhaite disposer d'un délai de réflexion de 10 jours, le procureur de la République peut saisir le JLD aux fins de placement en détention provisoire (C. pr. pén., art. 495-10, v. n° **15.55C**). Dans ce cas, le JLD statue selon les modalités prévues par C. pr. pén., art. 396 pour la comparution immédiate.

2. La saisine du JLD pour la révocation du contrôle judiciaire ou de l'ARSE après la clôture de l'information

Lorsque la personne est en attente de jugement devant le tribunal correctionnel ou la cour d'assises après ordonnance de renvoi ou de mise en accusation, hypothèses où le juge d'instruction est donc dessaisi, les attributions de ce dernier pour saisir le JLD aux fins de révocation du contrôle judiciaire (C. pr. pén, art. 141-2 renvoyant à 141-4) ou de l'ARSE (C. pr. pén, art. 141-8 renvoyant à 141-2) et de placement en détention provisoire sont « *exercées par le procureur de la République* ».

Sur la saisine du JLD par le parquet en cas de violation du contrôle judiciaire, v. nº **12.53D** ; de l'ARSE, v. nº **12.57C**., et plus généralement sur la compétence du parquet pour saisir le JLD en cas de violation des mesures de sûreté durant le délai d'audiencement de l'affaire, v. nº **12.61A2** (C. pr. pén., art. 141-2).

D. La compétence du JLD pour ordonner la détention provisoire du mineur en dehors de l'information judiciaire (CJPM, art. L. 423-9)

Selon les précisions apportées au nº **15.20**, lorsque le procureur de la République fait déférer le mineur devant lui et le poursuit directement devant la juridiction pour mineurs statuant en audience unique de jugement sans information judiciaire préalable, le JLD est seul compétent pour prononcer une mesure de sûreté avant jugement (CJPM, art. L. 423-9).

Les dispositions initiales du CJPM issues de l'Ord. 2019-950, 11 sept. 2019, donnaient compétence au juge des enfants pour ordonner le placement en détention provisoire du mineur dans ce cadre procédural (CJPM, art. L. 423-9 4°), mais la L. nº 2021-218, 26 févr. 2021, de validation de cette ordonnance, a transféré cette compétence au JLD (désormais CJPM, art. L. 423-9 2°).

Le JLD compétent est celui qui est « *chargé spécialement des affaires concernant les mineurs* » (CJPM, art. L. 12-1, réd. issue L. nº 2021-218, 26 févr. 2021, et D. 231-1).

12.39 Le débat contradictoire préalable à la décision de placement en détention provisoire

A. Le débat contradictoire et la notification du droit de se taire

À l'instar des débats tenus devant la CHINS saisie d'un appel en matière de mesure de sûreté (v. nº **12.69B**), le JLD est désormais tenu « *de s'assurer, parmi les conditions légales de la détention provisoire, de l'existence [des] indices graves ou concordants à l'encontre de la personne déférée et ce, à tous les stades de la procédure* » (§10), il en résulte qu'il doit notifier à la personne mise en examen son **droit au silence** lors du débat contradictoire ; toutefois, l'absence de notification est sans incidence sur la régularité de la décision du JLD, qui n'est pas amené à statuer sur le bien-fondé de la mise en examen, lequel relève d'un contentieux distinct de celui des mesures de sûreté, ni sur le bien-fondé d'une accusation en matière pénale, elle « *a pour seule conséquence que les déclarations faites par l'intéressé ne pourront être utilisées à son encontre par les juridictions appelées à prononcer un renvoi devant la juridiction de jugement ou une déclaration de culpabilité* » (§ 12 et 13) (Crim. 11 mai 2021, nº 21-81.277, P) ; dans le même sens : Crim. 19 avr. 2023, nº 23-80.873, P). La notification du droit de se taire s'impose également au stade de la discussion sur une demande de renvoi (Crim. 19 avr. 2023, nº 23-80.873, P).

Comme il en a été pour C. pr. pén., art. 396 (Cons. const. 4 mars 2021, nº 2020-886 QPC, v. **C** ci-dessous), et pour C. pr. pén., art. 394 (Cons. const. 30 sept. 2021, nº 2021-934 QPC, v. nº **15.14B**), C. pr. pén., art. 145 a été jugé inconstitutionnel en ce qu'il ne prévoyait pas que le prévenu soit avisé du **droit de se taire** devant le JLD, information que le JLD est désormais tenu de délivrer jusqu'à l'entrée en vigueur d'une nouvelle loi (Cons. const. 30 sept. 2021, nº 2021-935 QPC).

Tirant les conséquences de ces évolutions, « *le droit de se taire sur les faits qui lui sont reprochés* » et sa notification sont désormais appréhendés de manière générale par C. pr. pén., art. préliminaire, III, modifié par L. nº 2021-1729, 22 déc. 2021. Cette disposition impose en effet cette notification à « *toute personne suspectée ou poursuivie* » « *en matière de crime ou de délit* », « *avant tout recueil de ses observations et avant tout interrogatoire, y compris pour [...] prononcer une mesure de sûreté* », « « *lors de sa première présentation devant [...], un magistrat, une juridiction* » et prévoit qu'« *aucune condamnation ne peut être prononcée sur le seul fondement de déclarations faites sans que ledit droit ait été notifié* ». Ces dispositions générales ont en outre été complétées par L. n° 2021-1729, 22 déc. 2021, modifiant C. pr. pén., art. 145 pour le débat contradictoire devant le JLD (v. B3 ci-dessous).

B. Le débat contradictoire devant le JLD dans le cadre de l'information judiciaire

1. Les opérations du JLD préalables au débat contradictoire (C. pr. pén., art. 145)

« *Saisi par une ordonnance du juge d'instruction tendant au placement en détention provisoire* » (sur le saisine du JLD par le juge d'instruction, C. pr. pén., art. 137-1, v. n° **12.38B3**), ou en cas de saisine directe du JLD par le procureur de la République (sur la saisine directe par le parquet, C. pr. pén., art. 137-4, v. n° **12.38B4**), le JLD fait comparaître la personne mise en examen « *devant lui, assistée de son avocat si celui-ci a déjà été désigné* » (C. pr. pén., art. 145).

« *Au vu des éléments du dossier et après avoir, s'il l'estime utile, recueilli les observations de l'intéressé* », il lui fait connaître « *s'il envisage de le placer en détention provisoire* » (C. pr. pén., art. 145).

« *S'il envisage d'ordonner la détention provisoire de la personne, il l'informe que sa décision ne pourra intervenir qu'à l'issue d'un débat contradictoire et qu'elle a le droit de demander un délai pour préparer sa défense* » (sur le débat différé, v. A2 ci-dessous) (C. pr. pén., art. 145). L'information du droit de solliciter un délai est substantielle et l'absence de sa mention au procès-verbal doit « *conduire à considérer que l'information n'a pas été délivrée* » (§ 11 et 12), toutefois cette absence ne fait pas grief « *dès lors que le demandeur a été assisté devant le JLD par l'avocat qu'il a choisi, qui a pu s'entretenir avec lui, prendre connaissance du dossier, et qui a ainsi été mis en mesure d'apprécier l'opportunité de solliciter un délai pour préparer la défense de son client* » (§ 14) (Crim. 28 juill. 2021, n° 21-83.005, P).

Si la personne n'est pas déjà assistée d'un avocat, le « *juge l'avise qu'elle sera défendue lors du débat par un avocat de son choix ou, si elle ne choisit pas d'avocat, par un avocat commis d'office* ». L'avocat choisi ou le bâtonnier de l'ordre des avocats, aux fins de désignation de l'avocat commis d'office, est alors « *avisé par tout moyen et sans délai* » (C. pr. pén., art. 145). Notons que si la désignation et la présence d'un avocat sont obligatoires lors du placement en détention, la désignation d'un avocat ne l'est plus lors du débat de prolongation de la détention (Crim. 20 déc. 2017, n° 17-86.176, P n° 296, sur la convocation de l'avocat pour le débat de polongation, v. n° **12.45B2**). Mentionnons que lorsque « *le juge d'instruction, constatant l'empêchement de l'avocat choisi, a fait procéder, à la demande de la personne concernée, à la désignation d'un avocat d'office pour assister cette dernière au cours de l'interrogatoire de première comparution, cet avocat a vocation à assister la personne mise en examen lors du débat contradictoire tenu à la suite par le JLD, aucune diligence nouvelle n'étant imposée par la loi à ces magistrats ou à leur greffe en direction de l'avocat désigné pour la procédure* » (Crim. 14 nov. 2017, n° 17-85.205, P n° 256).

Si C. pr. pén., art. 145 ne prévoit pas de modalités particulières de consultation du dossier par la personne ou son avocat, il se déduit de la combinaison de cet article avec C. pr. pén., art. 114, qui organise, notamment lors de la mise en examen, la mise à disposition du dossier de l'instruction à l'avocat, et C. pr. pén., art. 137-1, qui prévoit que le juge d'instruction transmet au JLD le dossier de la procédure, que ne revêt pas un caractère sérieux la QPC qui soutient que C. pr. pén., art. 145 méconnaît les droits de la défense et le principe du contradictoire (Crim. 4 oct. 2016, n° 16-84.337, P n° 257).

2. La décision d'incarcération provisoire sans débat contradictoire en cas de débat différé ou de vérifications en vue d'une alternative à la détention (C. pr. pén., art. 145)

• Lorsque la personne mise en examen ou son avocat, lors de la comparution devant le JLD qui lui a fait connaître qu'il envisageait un placement en détention provisoire au terme d'un débat contradictoire, sollicite un **délai pour préparer sa défense**, le juge « *ne peut ordonner le placement en détention* ». La demande de débat différé est à la seule discrétion de l'intéressé et le JLD ne peut renvoyer d'office ce débat, le départ houleux de l'avocat au cours des débats ne pouvant être interprété comme une telle demande (Crim. 8 sept. 2020, n° 20-82.470, P).

Dans ce cas, sans débat contradictoire, le juge « *peut* », en motivant sa décision par la seule référence à la demande de délai, « *prescrire le placement en détention pour une durée déterminée qui ne peut en aucun cas excéder quatre jours ouvrables* ». Cette ordonnance, appelée « ordonnance d'incarcération provisoire » n'est pas susceptible d'appel, ni par conséquent de référé-liberté. Dans le délai prescrit et à peine de « *mise en liberté d'office* », la personne doit de nouveau comparaître devant le JLD aux fins de débat contradictoire, lequel se tiendra qu'elle « *soit ou non assistée d'un avocat* » La nullité de l'ordonnance d'incarcération provisoire entraîne celle du débat contradictoire et du titre de détention qui lui succèdent au terme du délai de 4 jours (Crim. 8 sept. 2020, n° 20-82.470, P, solution implicite).

• Sans débat contradictoire, le JLD « *peut également décider d'office de prescrire par ordonnance motivée l'incarcération provisoire du mis en examen pendant une durée déterminée qui ne saurait excéder quatre jours ouvrables jusqu'à la tenue du débat contradictoire* » afin de « *permettre au juge d'instruction de procéder à des vérifications relatives à la situation personnelle du mis en examen* », « *lorsque ces vérifications sont susceptibles de permettre le placement de l'intéressé sous contrôle judiciaire ou sous ARSE* ». À défaut de débat contradictoire tenu dans le délai de quatre jours, la personne est mise en liberté d'office.

À la différence du cas qui précède, la mesure d'incarcération provisoire décidée d'office par le JLD peut faire l'objet d'un « référé liberté » selon les modalités prévues au C. pr. pén., art. 187-1 (sur le référé-liberté, v. n° **12.67**).

• Dans les deux cas qui précèdent, la durée de l'incarcération provisoire est imputée sur celle de la détention.

Lorsqu'il a ordonné l'incarcération provisoire, le JLD peut saisir le SPIP, la PJJ ou toute association habilitée aux fins d'enquête rapide de personnalité (C. pr. pén., art. D. 32-31). Ces dispositions ne lui imposent pas de répondre à une demande en ce sens de la part de l'intéressé ou de son avocat (Crim. 24 juill. 2019, n° 19-83.359, P).

Le délai de quatre jours « *se calcule de jour à jour et non d'heure à heure* », l'heure du débat différé tenu le 4e jour est donc indifférente (Crim. 17 oct. 2012, n° 12-85.083, P n° 223). En application de C. pr. pén., art. 801, sont exclus du délai calculé en jours ouvrables les « *samedis et dimanches, et jours fériés ou chômés* », de sorte que le débat différé peut valablement se tenir le jeudi si la décision d'incarcération provisoire est prise le samedi (Crim. 11 juill. 2012, n° 12-82.980, P n° 164), ou le vendredi si le lundi est férié (sur le calcul des délais en jours ouvrables, v. aussi n° **15.15B2** et l'arrêt cité Crim. 25 juin 2013, n° 13-84.355, P n° 157).

Mentionnons que lorsque le mis en examen « *assisté de son conseil, sollicite un délai pour préparer sa défense, et qu'un débat différé est en conséquence aussitôt fixé à date et heure déterminées, le greffier n'est pas tenu d'adresser un autre avis à avocat en vue de ce débat* » (Crim. 17 déc. 2013, n° 13-86.744, P n° 258). De surcroît, les dispositions de C. pr. pén., art. 114, imposant un délai de 5 jours pour la convocation de l'avocat (sur ce délai, v. n° **12.45B2**) « *ne sont pas applicables au débat contradictoire différé, dès lors que l'incarcération provisoire ne peut pas excéder quatre jours ouvrables* » (Crim. 25 nov. 2003, n° 03-85.386, P n° 220).

La délivrance d'un permis de communiquer à l'avocat dès le stade de l'incarcération provisoire facilite la libre communication entre ce dernier et le prévenu et permet de prévenir les difficultés procédurales (sur le permis de communiquer et ses enjeux procéduraux, v. n° **12.41C2**).

3. Le déroulement du débat contradictoire et sa publicité (C. pr. pén., art. 145)

Le JLD statue « *après un débat contradictoire au cours duquel il entend le ministère public qui développe ses réquisitions* » écrites « *puis les observations de la personne mise en examen « à laquelle a été notifié son droit de se taire sur les faits qui lui sont reprochés* » (L. n° 2021-1729, 22 déc. 2021) *et, le cas échéant, celles de son avocat* » (C. pr. pén., art. 145).

Le JLD est assisté d'un greffier, comme le juge d'instruction et si les nécessités l'exigent, il peut se transporter avec son greffier en tout lieu du territoire national pour procéder au débat contradictoire, après en avoir avisé le procureur de la République (C. pr. pén., art. 137-1 renvoyant à 93). Il en est ainsi notamment lorsque la personne mise en examen est hospitalisée.

C. pr. pén., art. 145 « *exige seulement que [...] le ministère public soit entendu et développe ses réquisitions au cours du débat contradictoire* », son absence lors de la poursuite du débat ou du prononcé de la décision ne vicie donc pas la procédure (Crim. 12 mai 2009, nº 09-81.384, P nº 91) et les dispositions de C. pr. pén., art. 32 qui imposent le prononcé des décisions des juridictions répressives en sa présence « *ne s'appliquent qu'aux juridictions de jugement* » (Crim. 28 avr. 2009, nº 09-80.816, P nº 78).

La comparution de la personne est une composante essentielle du débat contradictoire et ne peut être écartée qu'en raison de circonstances imprévisibles et insurmontables extérieures au service de la justice, ainsi « *doit être annulée l'ordonnance de placement en détention provisoire rendue à la suite d'un débat contradictoire tenu en l'absence de la personne mise en examen incarcérée, dès lors que cette non-comparution est imputable non à l'existence de circonstances imprévisibles et insurmontables extérieures au service de la justice, mais à un dysfonctionnement dans l'organisation du service en charge des extractions judiciaires* » (Crim. 5 oct. 2016, nº 16-84.629, P nº 259).

En revanche, l'information donnée au juge d'instruction, le jour prévu pour le débat où expirait le délai de 4 jours, de l'hospitalisation de l'intéressé, caractérise « *une circonstance imprévisible et insurmontable mettant le juge d'instruction dans l'impossibilité de procéder au débat contradictoire, et dans le délai fixé par ce magistrat* », justifiant l'ordonnance de placement en détention rendue sans que l'intéressé ait pu participer au débat contradictoire (Crim. 25 oct. 2000, nº 00-85.227, P nº 314).

La comparution personnelle peut toutefois être assurée par **visioconférence** lorsque la personne est « *détenue pour une autre cause* », mais cette modalité peut être refusée par la personne lorsqu'elle est informée de la date de l'audience, sauf si son transport paraît devoir être évité en raison de risques graves de trouble à l'ordre public ou d'évasion (C. pr. pén., art. 706-71).

Sauf si la personne mise en examen est mineure, « *le juge statue en audience publique* ». Toutefois, le ministère public, la personne mise en examen ou son avocat, peuvent s'opposer à cette publicité si les faits relèvent de la criminalité organisée au sens de C. pr. pén., art. 706-73 et 706-73-1, ou si la publicité est de nature à entraver les investigations, porter atteinte à la présomption d'innocence ou à la sérénité des débats, ou nuire à la dignité de la personne ou aux intérêts d'un tiers. Le juge d'instruction peut, dans son ordonnance saisissant le JLD, indiquer si la publicité du débat contradictoire lui paraît devoir être écartée au regard de ces mêmes motifs (C. pr. pén., art. 137-1). Dans le cas où l'intéressé était **mineur** au moment des faits mais majeur lors du débat, l'absence de publicité s'impose, mais il n'y a pas de grief lorsque « *ni lui ni son avocat n'ont soulevé devant le JLD de contestation sur la publicité de l'audience* » (Crim. 21 janv. 2020, nº 19-86.957, P ; dans le même sens, pour les débats devant la juridiction de jugement : Crim. 22 avr. 2020, nº 19-82.958, P, v. nº 17.11D).

Le JLD, qui ne peut d'initiative soumettre aux parties la question du huis clos, recueille en chambre du conseil les observations du ministère public, de la personne et de son avocat, et statue par ordonnance motivée sur leur demande. Cette ordonnance, distincte de l'ordonnance de placement en détention ou sous contrôle judiciaire, n'entre pas dans la catégorie des décisions dont la personne mise en examen peut faire appel, limitativement prévues par C. pr. pén., art. 186 (Crim. 15 avr. 2008, nº 08-80.701, P nº 99).

Mentionnons que la circonstance que la porte du cabinet du JLD « *fût fermée ne signifiait pas que le public eût été empêché d'entrer* » et qu'il n'est donc pas, dans de telles conditions, porté atteinte au principe de publicité du débat contradictoire (Crim. 18 juin 2008, n° 08-82.856, P n° 157 ; Crim. 24 juin 2009, n°s 09-82.493, 09-82.494, D).

C. Le débat contradictoire devant le JLD dans le cadre de la comparution immédiate ou différée ou de la CRPC (C. pr. pén., art. 396 et 397-1-1)

Saisi par le procureur de la République dans le cadre de la procédure de **comparution immédiate** lorsque le tribunal ne peut se réunir le jour même, le JLD « *statue en chambre du conseil avec l'assistance d'un greffier* » (C. pr. pén., art. 396, v. n° **15.15B**). Dans ce cas, le débat contradictoire ne peut donc s'effectuer en audience publique. Le JLD statue dans les mêmes formes dans le cadre de la **comparution différée** (C. pr. pén., art. 397-1-1 renvoyant à 396, v. n° **15.16C**).

Le JLD fait préalablement procéder à une **enquête sociale rapide** (ESR) (sur l'ESR, v. n° **12.38B1**) (C. pr. pén., art. 396), si elle n'est déjà réalisée par le ministère public, laquelle est obligatoire, dans le cas où la peine encourue est ⩽ 5 ans, en cas de réquisitions de placement en détention provisoire (C. pr. pén., art. 41).

Le juge statue par ordonnance « *sur les réquisitions du ministère public aux fins de détention provisoire, après avoir recueilli les observations éventuelles du prévenu ou de son avocat* » (C. pr. pén., art. 396 et 397-1-1). La présence du ministère public n'est donc pas requise pour qu'il développe oralement ses réquisitions écrites.

C. pr. pén., art. 396 a été jugé inconstitutionnel en ce qu'il ne prévoyait pas que le prévenu soit avisé du **droit de se taire** devant le JLD, information que le JLD était en conséquence tenu de délivrer jusqu'à l'entrée en vigueur d'une nouvelle disposition (Cons. const. 4 mars 2021, n° 2020-886 QPC). Ces adaptations découleront de L. n° 2021-1729, 22 déc. 2021, modifiant C. pr. pén., art. préliminaire, III (v. ces dispositions de portée générale en **A** ci-dessus) et C. pr.pén., art. 396 qui prévoit désormais que le JLD recueille ses observations « *après avoir informé le prévenu de son droit de se taire* ».

Dans le cas de la **comparution immédiate**, l'ordonnance de placement en détention du JLD n'est pas susceptible d'appel et le prévenu doit comparaître dans les 3 jours ouvrables devant le tribunal (C. pr. pén., art. 396, v. n° **15.15B**). Dans le cadre de la **comparution différée**, l'ordonnance est susceptible d'appel devant la CHINS dans les 10 jours (C. pr. pén., art. 397-1-1, v. n° **15.16C**).

Dans le cadre de la **CRPC**, le débat obéit aux mêmes formes que C. pr. pén., art. 396 et la nouvelle comparution devant le procureur de la République en vue de l'acceptation de la peine doit intervenir « *dans un délai compris entre 10 jours et 20 jours à compter de la décision du JLD* », à peine de remise en liberté (C. pr. pén., art. 495-10, v. n° **15.55C**).

D. Le débat contradictoire devant le tribunal correctionnel dans le cadre de la comparution immédiate ou différée (C. pr. pén., art. 397-3)

Saisi dans le cadre de la procédure de comparution immédiate (v. n° **15.15C**) ou différée (v. n° **15.16D**), le tribunal correctionnel a la faculté, lorsqu'il renvoie l'affaire d'office ou à la demande du prévenu qui sollicite un délai pour préparer sa défense, de placer le prévenu en détention ou de l'y maintenir (C. pr. pén., art. 397-3).

C'est donc en audience publique correctionnelle, dans le cadre du débat contradictoire et oral qui s'instaure sur ce point, le ministère public entendu et la défense ayant la parole en dernier, que la question du prononcé d'une mesure de contrainte avant jugement au fond est ainsi réglée, conformément aux règles du procès pénal.

12.40 La décision de placement en détention provisoire et sa mise à exécution

A. La décision de placement en détention provisoire : l'ordonnance ou le jugement

1. L'ordonnance du JLD

Sont ici traitées les conditions de forme de l'ordonnance de placement en détention provisoire, les conditions de fond relatives à sa motivation sont précisées au nº 12.36B et 12.37B.

Dans le cadre de l'**information judiciaire**, par dérogation ou en concours avec les dispositions du C. pr. pén., art. 183 qui déterminent les modalités de notification des décisions susceptibles d'appel, « *l'ordonnance est notifiée à la personne mise en examen qui en reçoit copie intégrale contre émargement au dossier de la procédure* » (C. pr. pén., art. 137-3) (sur les modalités prévues par C. pr. pén., art. 183 et le point de départ du délai d'appel, v. nº 12.62DA). Soulignons que lors de la notification d'une remise de copie d'une ordonnance de placement en détention du JLD effectuée à l'issue du débat contradictoire, « *en ajoutant, à côté de sa signature, la mention « je fais appel », l'intéressé a manifesté sans équivoque sa volonté de faire appel, devant ce greffier, qui devait, dès lors, en tirer les conséquences en enregistrant cet appel* » (Crim. 15 nov. 2022, nº 22-85.097, P ; sur les conditions de forme de l'appel, v. nºs 12.63B et 19.6A).

Dans le cadre de la **comparution immédiate**, lorsque le tribunal ne peut se réunir le jour même (C. pr. pén., art. 396), ou de la **comparution différée** (C. pr. pén., art. 397-1-1), l'ordonnance du JLD « *est notifiée verbalement au prévenu et mentionnée au procès-verbal dont copie lui est remise sur-le-champ* ».

2. Le jugement du tribunal correctionnel

Dans l'hypothèse de la comparution immédiate ou différée, lorsque le tribunal renvoie l'affaire au motif qu'elle n'est pas en l'état d'être jugée ou parce que le prévenu n'accepte pas d'être jugé immédiatement, il peut « *placer ou maintenir le prévenu en détention provisoire* » (C. pr. pén., art. 397-3), sous réserve du délai de jugement au fond qui court depuis la première comparution devant le tribunal (2 ou 4 mois, v. nº 15.15C).

Cette décision doit être motivée par référence aux conditions de fond imposées par C. pr. pén., art. 144, 1° à 6° en matière correctionnelle (v. nº 12.37B) (C. pr. pén., art. 397-3).

B. La mise à exécution du placement en détention provisoire : le mandat de dépôt

1. Le mandat de dépôt : titre d'exécution de la décision de placement en détention provisoire (C. pr. pén., art. 122)

Le mandat de dépôt « *est l'ordre donné au chef de l'établissement pénitentiaire de recevoir et de détenir la personne à l'encontre de laquelle il est décerné* » (C. pr. pén., art. 122).

Il « *peut être décerné à l'encontre d'une personne mise en examen et ayant fait l'objet d'une ordonnance de placement en détention provisoire* » (C. pr. pén., art. 122). En effet, « *en matière criminelle et en matière correctionnelle, les mandats de dépôts ne peuvent être décernés qu'en exécution de l'ordonnance* » de placement en détention provisoire (C. pr. pén., art. 135).

Par renvoi de C. pr. pén., art. 397-3 à 135, le placement en détention décidé par le tribunal dans le cadre de la procédure de comparution immédiate s'exécute également sous la forme d'un mandat de dépôt.

Lorsque le tribunal maintient le prévenu en détention, qu'il s'agisse d'un prévenu renvoyé devant le tribunal correctionnel à l'issue d'une information, ou d'un prévenu détenu dans le cadre d'une procédure de comparution immédiate, le mandat de dépôt initial du juge d'instruction, du JLD ou du tribunal « *continue à produire ses effets* » (C. pr. pén., art. 464-1 et 397-3 renvoyant à 464-1).

Comme tout mandat, le mandat de dépôt « *précise l'identité de la personne à l'encontre de laquelle il est décerné ; il est daté et signé par le magistrat qui l'a décerné et est revêtu de son sceau* » et il

« *mentionne en outre la nature des faits imputés à la personne, leur qualification juridique et les articles de loi applicables* » (C. pr. pén., art. 123).

Le mandat de dépôt « *permet également de rechercher ou de transférer la personne lorsqu'il lui a été précédemment notifié* » (C. pr. pén., art. 122). Ainsi, lorsqu'une CHINS infirme une décision de remise en liberté, le mandat de dépôt initial « *qui avait été notifié à la personne mise en examen, permettait, [...] de la rechercher et de la transférer sans qu'il soit nécessaire de décerner à son encontre un mandat d'arrêt* » (Crim. 9 juill. 2003, n° 03-81.957, P n° 136).

2. La mise à exécution du mandat de dépôt : l'écrou (C. pr. pén., art. 135 et 724)

Le mandat de dépôt est exécutoire « *dans toute l'étendue du territoire national* » (C. pr. pén., art. 124).

Le « *titre de détention* » est transmis au chef d'établissement pénitentiaire, soit par le JLD, soit par le juge d'instruction si le dossier lui a été retourné par le JLD avant la mise à exécution du titre de détention (C. pr. pén., art. D. 32-1-1).

« *L'agent chargé de l'exécution du mandat de dépôt remet l'intéressé au chef de l'établissement pénitentiaire, lequel lui délivre une reconnaissance de cette remise* » (C. pr. pén., art. 135).

Dans tous les cas, le titre de détention doit être accompagné d'une « *notice individuelle comportant des renseignements relatifs aux faits ayant motivé la poursuite de la personne, à ses antécédents judiciaires et à sa personnalité, qui est destinée [...] au chef de l'établissement pénitentiaire* » (C. pr. pén., art. D. 32-1-1).

Cette notice individuelle est renseignée par le juge d'instruction lorsqu'il saisit le JLD aux fins de placement en détention, ou par le JLD lorsqu'il a été saisi directement par le parquet (sur la saisine directe, v. n° **12.38B4**) (C. pr. pén., D. 32-1-1). Elle contient notamment les instructions du magistrat instructeur ordonnant « *la séparation des détenus en raison des nécessités de l'information* » (C. pr. pén., D. 56-2) (sur la mesure de séparation des détenus, v. n° **12.41D4**).

Hors le cas de l'instruction préparatoire (ex. comparution immédiate ou différée), le titre de détention ainsi que la notice individuelle précitée sont adressés au chef de l'établissement pénitentiaire par « *l'autorité judiciaire qui ordonne un placement en détention provisoire ou, à défaut, le ministère public chargé de l'exécution de la décision* » (C. pr. pén., D. 55-1).

« *les établissements pénitentiaires reçoivent les personnes ~~en détention provisoire~~ prévenues* » (C. pénit, art. L. 112-1, anc[t] C. pr. pén., art. 724), « *un acte d'écrou est dressé pour toute personne qui est conduite dans un établissement pénitentiaire ou qui s'y présente librement* » (C. pénit, art. L. 212-6, anc[t] C. pr. pén., art. 724) et cet acte est porté sur le registre d'écrou (C. pénit, art. D. 212-6 et D. 212-7, anc[t] C. pr. pén., art. D. 148 et D. 149). « *nul agent de l'administration pénitentiaire ne peut, à peine d'être poursuivi et puni comme coupable de détention arbitraire, recevoir ni détenir aucune personne qu'en vertu* [notamment] *d'un mandat de dépôt* [...] *et sans qu'ait été donné l'acte d'écrou* » (C. pénit, art. L. 5, anc[t] C. pr. pén., art. 725).

Le système de traitement automatisé dit « GENESIS » constitue le support de traitement des données personnelles des personnes détenues, ces données sont conservées deux ans à compter de la date de levée d'écrou (C. pénit, art. R. 240-1 s., anc[t] C. pr. pén., art. R. 57-9-18 s.).

12.41 Le régime d'exécution de la détention provisoire : les dispositions générales

A. Le principe de l'encellulement individuel en maison d'arrêt (C. pr. pén., art. 714 et 716)

« *Les personnes mises en examen, prévenus et accusés soumis à la détention provisoire la subissent dans une maison d'arrêt* », toutefois, « *à titre exceptionnel, au regard de leur personnalité ou leur comportement* », elles « *peuvent être incarcérées dans un établissement pour peines lorsque cette décision apparaît nécessaire à la prévention des évasions ou au maintien de la sécurité et du bon ordre des établissements pénitentiaires* » ; il en est de même, « *à titre exceptionnel* » pour les personnes condamnées en attente d'examen de leur appel ou de leur pourvoi en cassation si l'établissement pour peines « *offre des conditions de détention plus satisfaisantes* » (mod. issue L. n° 2021-1729, 22 déc. 2021) (C. pr. pén., art. 714, en partie recodifié au C. pénit., art. L. 112-3, L. 211-1, L. 211-2).

Les prévenus ou accusés en détention provisoire « *sont placés en cellule individuelle* », il ne peut être dérogé à ce principe qu'à la demande des intéressés, si leur personnalité le justifie, ou si les nécessités de l'organisation de leur travail ou de leur formation l'imposent (C. pr. pén., art. 716, en partie recodifié au C. pénit., art. L. 213-2 et L. 213-5).

« *Dans les maisons d'arrêt où, par suite de la distribution des locaux ou de leur encombrement temporaire, le régime de l'emprisonnement individuel ne peut être appliqué à toutes les personnes prévenues* », celles qui ont fait l'objet d'une mesure d'interdiction de communiquer ou d'isolement « *sont placés par priorité en cellule individuelle* » (C. pénit., art. D. 213-4, anc[t] C. pr. pén., art. D. 58) (sur l'interdiction de communiquer et la mesure d'isolement, v. **D1** et **D2** ci-dessous).

B. Le principe de la détention des mineurs en établissement ou quartier spécialisé (CJPM, art. L. 124-1)

Les mineurs sont détenus, dans les conditions définies par décret en Conseil d'État (CJPM, art. R. 124-1 s.), soit au sein du quartier pour mineurs d'un établissement pénitentiaire ou d'une unité spéciale pour mineurs au sein d'une maison d'arrêt, soit dans un établissement pénitentiaire spécialisé pour mineurs, garantissant l'intervention continue d'un service de la PJJ (CJPM, art. L. 124-1). Ces établissements ou quartiers garantissent une stricte séparation des détenus mineurs et majeurs. À titre exceptionnel, un mineur détenu qui atteint la majorité en détention peut être maintenu dans ces établissements jusqu'à ses dix-huit ans et six mois. Il ne doit avoir aucun contact avec les détenus âgés de moins de seize ans (CJPM, art. L. 124-2).

C. La libre communication entre la personne détenue et son avocat

1. Le principe de la libre et confidentielle communication entre le détenu et son avocat

Dans son arrêt *S. c/ Suisse*, 28 nov. 1991 (série A n° 220, § 48), la CEDH a « *souligné l'importance du droit, pour un détenu, de communiquer avec son avocat hors de portée d'ouïe des autorités pénitentiaires. Dans le contexte de l'article 6, elle a estimé que si un avocat ne pouvait s'entretenir avec son client sans une telle surveillance et en recevoir des instructions confidentielles, son assistance perdrait beaucoup de son utilité* » (§ 46) ; « *des considérations analogues valent pour la correspondance échangée par un détenu avec un avocat au sujet d'une procédure envisagée ou en cours; la confidentialité s'y impose avec la même force, spécialement quant un tel courrier a trait [...] à des doléances et plaintes dirigées contre les autorités pénitentiaires. Un contrôle systématique de pareille correspondance ne cadre pas avec le principe de confidentialité inhérent aux rapports entre avocat et client, surtout s'il incombe à des individus ou organes pouvant se trouver directement intéressés par le contenu de ces envois* » (§ 47) ; « *les autorités pénitentiaires peuvent ouvrir la lettre d'un avocat à un détenu si elles ont des motifs plausibles de penser qu'il y figure un élément illicite non révélé par les moyens normaux de détection. Toutefois, elles ne doivent que la décacheter, sans la lire. Il y a lieu de fournir des garanties appropriées pour en empêcher la lecture, par exemple l'ouverture de l'enveloppe en présence du détenu. Quant à la lecture du courrier d'un détenu à destination ou en provenance d'un avocat, elle ne devrait être autorisée que dans des cas exceptionnels, si les autorités ont lieu de croire à un abus du privilège en ce que le contenu de la lettre menace la sécurité de l'établissement ou d'autrui ou revêt un caractère délictueux d'une autre manière. La "plausibilité" des motifs dépendra de l'ensemble des circonstances, mais elle présuppose des faits ou renseignements propres à persuader un observateur objectif que l'on abuse de la voie privilégiée de communication (voir, mutatis mutandis, l'arrêt Fox, Campbell et Hartley c/ Royaume-Uni du 30 août 1990, série A n° 182, §§ 16, 32)* » (§ 48) (CEDH, 25 mars 1992, n° 13590/88, *Campbell c/ Royaume-Uni*). « *les limites admissibles de l'ingérence dans la confidentialité des entretiens et des communications avec un avocat est étroite et que seules des circonstances exceptionnelles, par exemple la volonté d'éviter la perpétration d'un délit grave ou une atteinte majeure à la sécurité et à la sûreté de la prison, pourraient justifier la nécessité d'une restriction de ces droits* » (§ 52) (CEDH, 9 avr. 2019, n° 11236/09, *Altay c/ Turquie*).

« *le droit de communiquer avec son avocat participe au respect des droits de la défense* » (§ 5), les dispositions précitées, jugées conformes à la Constitution, « *sont applicables à l'ensemble des personnes détenues et ne restreignent ni les motifs pour lesquels ce droit est exercé, ni les moyens par lesquels cette communication est assurée, qu'il s'agisse notamment de visites, de communications téléphoniques ou de correspondances écrites* » (§ 5) ; « *l'exercice de ce droit ne peut, en application de* [L. n° 2009-1436, 24 nov. 2009, art. 25, devenu C. pénit., art. L. 313-2], *faire l'objet de restrictions que lorsqu'elles sont justifiées par des contraintes inhérentes à la détention, au maintien de la sécurité et au bon ordre des établissements. De telles restrictions n'ont ni pour objet ni pour effet de faire obstacle à ce que la personne détenue puisse communiquer avec son avocat dans des délais raisonnables. Il appartient à l'administration pénitentiaire de s'en assurer* » (§6) (Cons. const. 4 nov. 2021, n° 2021-945 QPC).

« *Les personnes détenues communiquent librement avec leur avocat* » (C. pénit., art. L. 313-2, anc[t] L. n° 2009-1436, 24 nov. 2009, art. 25).

« *Toutes communications et toutes facilités compatibles avec les exigences de la sécurité de la prison sont accordées aux personnes mises en examen, prévenus et accusés pour l'exercice de leur défense* » (C. pénit., art. L. 313-3 et C. pr. pén., art. 715-1).

La communication entre la personne et son avocat « *se fait verbalement ou par écrit. Aucune sanction ni mesure ne peut supprimer ou restreindre la libre communication de la personne détenue avec son conseil* » (C. pénit., art. R. 313-15, anc[t] C. pr. pén., art. R. 57-6-6).

Si le magistrat instructeur peut prescrire une interdiction provisoire de communiquer (v. **D1** ci-dessous), en aucun cas elle « *ne s'applique à l'avocat de la personne mise en examen* » (C. pr. pén., art. 145-4). De même, « *ne peuvent être ni contrôlées ni retenues les correspondances échangées entre les personnes détenues et leur défenseur avocat* » (C. pénit., art. L. 345-4, anc[t] L. n° 2009-1436, 24 nov. 2009, art. 40). À cet égard, « *le contrôle ou la retenue des correspondances entre les personnes détenues et leur conseil ne peut intervenir s'il peut être constaté sans équivoque que celles-ci sont réellement destinées au conseil ou proviennent de lui* » (C. pénit., art. R. 313-16, anc[t] C. pr. pén., art. R. 57-6-7), condition remplie par la désignation explicite de la qualité d'avocat du destinataire ou de l'expéditeur de la correspondance.

Enfin, en application de L. n° 2009-1436, 24 nov. 2009, art. 39 (devenu C. pénit., art. L. 233-1 s.) et C. pr. pén., art. 727-1 I 1° (devenu C. pénit., art. L. 233-1 s.), les « *communications téléphoniques ou électroniques* » entre le détenu et son avocat « *ne peuvent pas être interceptées, enregistrées, transcrites ou interrompues par l'administration pénitentiaire* » (Cons. const. 4 nov. 2021, n° 2021-945 QPC, § 7).

2. La délivrance en temps utile du permis de communiquer avec l'avocat désigné conditionne la régularité du débat contradictoire

• Le permis de communiquer est délivré à l'avocat désigné ou à ses associés et collaborateurs

Pour les prévenus, le permis de communiquer est délivré à l'avocat « *par le magistrat saisi de la procédure* » (C. pénit., art. R. 313-14, anc[t] C. pr. pén., art. R. 57-6-5), conformément au C. pr. pén., art. 145-4 (sur la délivrance du permis de visite, v. **E2** ci-dessous), au seul **avocat régulièrement désigné** par l'intéressé selon les modalités prévues par C. pr. pén., art. 115. Ces dernières dispositions, en ce qu'elles autorisent le juge d'instruction à refuser de délivrer un permis de communiquer à l'avocat qui n'a pas été régulièrement désigné, garantissent la liberté de la personne mise en examen de choisir son avocat (§ 8) et ne méconnaissent pas les droits de la défense (§ 12) (Cons. const. 20 mai 2022, n° 2022-994 QPC).

Il fut jugé qu'« *aucune disposition conventionnelle ou légale ne fait obligation au juge d'instruction de délivrer un permis de communiquer aux collaborateurs ou associés d'un avocat choisi, dès lors que ceux-ci n'ont pas été personnellement désignés par l'intéressé dans les formes* » prévues par C. pr. pén., art. 115 (§ 12) (Crim. 15 déc. 2021, n° 21-85.670, P ; dans le même sens : Crim. 8 mars

une fois, soit au total 20 jours (C. pr. pén., art. 145-4). Ce texte n'impose pas au juge de motiver sa décision.

En aucun cas cette interdiction de communiquer ne s'applique toutefois à l'avocat de la personne mise en examen (C. pr. pén., art. 145-4, v. **C** ci-dessus) et elle n'affecte pas les correspondances échangées avec les autorités dont la liste est fixée par C. pénit., art. D. 135-10 (anc[t] C. pr. pén., art. D. 262) (C. pénit., art. L. 345-4, anc[t] L. n° 2009-1436, 24 nov. 2009, art. 40, v. **E3** ci-dessous).

En dehors de ces limites, cette interdiction temporaire de communiquer « *s'oppose à ce que le détenu qu'elle concerne soit visité par toute autre personne étrangère à l'administration pénitentiaire ou corresponde avec elle* » (C. pr. pén., art. D. 56). Elle suspend donc les droits de visite, de téléphoner et de correspondance, dont l'exercice est en outre subordonné à l'autorisation ou au contrôle du juge saisi de l'affaire, dans les conditions exposées au **E** ci-dessous.

La personne qui fait l'objet d'une mesure d'interdiction de communiquer doit être placée « *par priorité en cellule individuelle* » (C. pr. pén., art. D. 58 ; C. pénit, art. D. 213-4) (Sur l'encellulement individuel, v. **A** ci-dessus).

2. La mesure judiciaire d'isolement judiciaire du détenu (C. pr. pén., art. 145-4-1)

« *Le juge d'instruction ou le JLD peut prescrire, par ordonnance motivée, que la personne placée en détention soit soumise à l'isolement aux fins d'être séparée des autres personnes détenues, si cette mesure est indispensable aux nécessités de l'information, pour une durée qui ne peut excéder celle du mandat de dépôt et qui peut être renouvelée à chaque prolongation de la détention. La décision du juge d'instruction peut faire l'objet d'un recours devant le président de la CHINS* » (C. pr. pén., art. 145-4-1).

« *Sous réserve des aménagements qu'impose la sécurité* », la mesure d'isolement ne porte pas atteinte à la dignité et aux droits de la personne détenue garantis par C. pénit., art. L. 6 (C. pénit., art. L. 213-7 et C. pr. pén., art. 145-4-1).

Durant l'isolement judiciaire, la personne « *conserve ses droits à l'information, aux visites, à la correspondance écrite et téléphonique* », mais son régime de détention est adapté. Principalement, elle « *ne peut participer aux promenades et activités collectives* », « *est seule en cellule* » (C. pr. pén., art. R. 57-5-8 et C. pénit, art. R. 213-18, anc[t] C. pr. pén., art. 57-7-62) et doit être placée « *par priorité en cellule individuelle* » (C. pr. pén., art. D. 58 ; C. pénit, art. D. 213-4).

« *la mise à l'isolement judiciaire d'une personne majeure peut être décidée à tout moment de la procédure d'information par le juge d'instruction* » (C. pr. pén., art. R. 57-5-1). Lorsqu'il saisit le JLD aux fins de placement en détention, le juge d'instruction peut indiquer dans son ordonnance qu'il souhaite le placement ou le maintien à l'isolement (C. pr. pén., art. R. 57-5-1).

La mesure d'isolement judiciaire peut être décidée par le JLD lorsqu'il statue sur le placement en détention provisoire ou son maintien (C. pr. pén., art. R. 57-5-2). Cette décision est matérialisée dans l'ordonnance de placement en détention ou de prolongation ou dans une ordonnance distincte (C. pr. pén., art. R. 57-5-4). Le juge « *précise dans l'ordonnance [...] la durée de la mesure, qui ne peut excéder celle du titre de détention. À défaut de précision, cette durée est celle du titre de détention* » (C. pr. pén., art. R. 57-5-3).

À tout moment de la procédure d'information, le juge d'instruction, ou le JLD lorsqu'il statue sur une prolongation ou une demande de mise en liberté, d'office ou sur réquisition du parquet ou demande de la personne détenue, ou à la requête du chef d'établissement pénitentiaire, peut mettre fin à l'isolement (C. pr. pén., art. R. 57-5-5). Par l'effet dévolutif de l'appel, cette compétence appartient également à la CHINS (Crim. 4 janv. 2022, n° 21-85.869, P).

La demande de mainlevée de l'isolement est formée comme la demande de mainlevée ou de modification du contrôle judiciaire ou de mise en liberté (C. pr. pén., art. 148-6, 148-7, R. 57-5-6, v. n° **12.58**).

L'ordonnance de placement à l'isolement ou de refus d'y mettre fin est notifiée à la personne par tout moyen et peut être déférée par l'intéressé au président de la CHINS

(C. pr. pén., art. 148-6, 148-7, R. 57-5-7). L'ordonnance du président de la CHINS « *peut faire l'objet d'un pourvoi en cassation* » (§ 2), son examen immédiat est « *subordonné à une décision en ce sens du président de la chambre criminelle* » (§ 3) (Crim. 7 juin 2021, n° 21-81.934, P) (sur le principe de la recevabilité immédiate du pourvoi en matière de détention, v. n° 19.15E).

3. Les mesures administratives de vidéosurveillance et d'isolement du détenu (C. pénit., art. L. 223-8 et L. 213-8)

• **Mesure de vidéosurveillance.** Les personnes en détention provisoire faisant l'objet d'un mandat de dépôt criminel et d'une mesure d'isolement « *dont l'évasion ou le suicide pourraient avoir un impact important sur l'ordre public eu égard aux circonstances particulières à l'origine de leur incarcération et à l'impact de celles-ci sur l'opinion publique, peuvent faire l'objet des mesures de vidéosurveillance* » prévues par C. pénit, art. L. 223-8 à L. 223-15 (anc^t^ L. n° 2009-1436, 24 nov. 2009, dite pénitentiaire), sur décision prise par le ministre de la justice (C. pénit., art. L. 223-7, anc^t^ C. pr. pén., art. 716-1 A).

• **Mesure d'isolement.** L'isolement de la personne détenue majeure, condamnée ou prévenue, peut être décidé par l'administration pénitentiaire (**isolement administratif**), par « *mesure de protection ou de sécurité, soit à sa demande, soit d'office* », pour une durée maximale de 3 mois renouvelable (C. pénit, art. L. 213-8 et R. 213-18, anc^t^ C. pr. pén., art. 726-1, R. 57-7-62 et s.). « *L'isolement ne peut être prolongé au-delà de deux ans sauf, à titre exceptionnel, si le placement à l'isolement constitue l'unique moyen d'assurer la sécurité des personnes ou de l'établissement. Dans ce cas, la décision de prolongation doit être spécialement motivée* » (C. pénit, art. R. 213-25).

Toute décision de placement à l'isolement ou de prolongation de cette mesure prise par l'administration pénitentiaire est communiquée au magistrat chargé de la procédure s'il s'agit d'une personne prévenue, et soumise à son avis lorsque la mesure est prolongée au-delà d'un an (C. pénit, art. R. 213-35, anc^t^ C. pr. pén., art. R. 57-7-78). En cas de pourvoi en cassation, il appartient à la juridiction de jugement ou au président de la CHINS de donner son avis, selon les distinctions prévues par C. pr. pén., art. 148-1 (Crim. 16 oct. 2018, n° 18-81.096, P n° 166).

Soulignons que « *le demandeur n'est pas fondé à se prévaloir de l'incidence d'une mesure d'isolement* [décidée en l'espèce par l'administration au visa de C. pr. pén., art. 726-1] *sur ses conditions d'incarcération à l'occasion d'une demande ayant trait à la détention provisoire* [contentieux d'une demande de liberté], *dès lors qu'il dispose devant le juge administratif d'un recours effectif de nature à faire cesser celle-ci* » (§ 18) (Crim. 16 sept. 2020, n° 20-82.389, P).

• **Recours pour excès de pouvoir devant le juge administratif.** Le Conseil d'État jugeait auparavant qu'une mesure de mise à l'isolement « *n'a pas pour effet d'aggraver les conditions de détention, n'est pas, par nature, susceptible d'exercer une influence sur la situation juridique de la personne qui en est l'objet* » en sorte « *qu'elle constitue, ainsi, une mesure d'ordre intérieur qui n'est pas susceptible d'être déférée au juge administratif par la voie du recours pour excès de pouvoir* » (CE, 28 février 1996, *Fauqueux*, Rec. p. 52).

La CEDH a toutefois condamné la France sur le fondement de Conv. EDH, art. 13 (droit à un recours effectif) pour l'absence de recours contre la décision administrative de placement à l'isolement, qui résultait de jurisprudence du Conseil d'État (CEDH, 4 juill. 2006, *Ramirez Sanchez c/ France*, n° 59450/00, § 152). Entre-temps, le Conseil d'État avait cependant fait évoluer sa jurisprudence. Il juge désormais que « *le placement à l'isolement d'un détenu contre son gré constitue, eu égard à l'importance de ses effets sur les conditions de détention, une décision susceptible de faire l'objet d'un recours pour excès de pouvoir* » (CE, 30 juill. 2003, *Garde des sceaux, ministre de la justice c/ Remli*, n° 252712, Rec. p. 366). Il en va également de même des décisions prolongeant un tel placement.

Lorsqu'il est saisi d'un **recours pour excès de pouvoir** contre une décision de mise à l'isolement, « *le juge administratif ne peut censurer l'appréciation portée par l'administration pénitentiaire quant à la nécessité d'une telle mesure qu'en cas d'erreur manifeste* » (CE, 2 novembre

2022, *Garde des sceaux, ministre de la justice*, n° 467601, pt. 3). Le juge administratif n'exerce donc qu'un contrôle restreint sur de telles décisions, limité à l'erreur manifeste d'appréciation.

• **Référé suspension devant le juge administratif.** Un recours pour excès de pouvoir peut être assorti d'une demande de **suspension de l'exécution** de la décision de placement ou de prolongation, sur le fondement de l'article L. 521-1 du CJA (**référé-suspension**), qui permet au juge administratif des référés, saisi d'une demande en ce sens, d'ordonner la suspension de l'exécution d'une décision administrative, ou de certains de ses effets, « *lorsque l'urgence le justifie et qu'il est fait état d'un moyen propre à créer, en l'état de l'instruction, un doute sérieux quant à la légalité de la décision* ».

Le Conseil d'État jugeait tout d'abord que la condition d'urgence n'était pas présumée dans le cas de l'exécution d'une décision de mise à l'isolement d'un détenu (CE, 1er févr. 2012, *Khider*, n° 350899, Rec. T. p. 912) ou de prolongation de cette mesure (CE, 29 déc. 2004, *Garde des sceaux, Ministre de la justice c/Attou*, n° 268826, Rec. T. p. 821). Il imposait donc au juge des référés d'apprécier concrètement, « *pour vérifier si cette condition était remplie, la gravité des effets de la mesure en cause sur [l'intéressé] au vu de l'argumentation présentée par [lui]* » (CE, 1er févr. 2012, *Khider*, n° 350899, Rec. T. p. 912). Le Conseil d'État juge désormais que eu « *égard à son objet et à ses effets sur les conditions de détention, la décision plaçant d'office à l'isolement une personne détenue ainsi que les décisions prolongeant éventuellement un tel placement, prises sur le fondement de C. pr. pén., art. 726-1, portent en principe, sauf à ce que l'administration pénitentiaire fasse valoir des circonstances particulières, une atteinte grave et immédiate à la situation de la personne détenue, de nature à créer une situation d'urgence justifiant que le juge administratif des référés, saisi sur le fondement de CJA, art. L. 521-1, puisse ordonner la suspension de leur exécution s'il estime remplie l'autre condition posée par cet article* » (CE, 7 juin 2019, *Madani*, n° 426772, Rec. p. 199, pt. 4).

Autrement dit, en matière de référé-suspension contre une décision de placement à l'isolement d'un détenu contre son gré, ou de prolongation d'un tel placement, l'urgence est présumée. Il s'agit toutefois d'une présomption simple qui peut être renversée par des « *circonstances particulières* » qu'il appartient alors à l'administration pénitentiaire de faire valoir.

• **Référé-liberté devant le juge administratif.** Enfin, une décision plaçant d'office à l'isolement une personne détenue ainsi que les décisions prolongeant éventuellement un tel placement peuvent également faire l'objet d'un **référé-liberté**, sur le fondement de CJA, art. L. 521-2, qui permet au juge administratif des référés « *saisi d'une demande en ce sens justifiée par l'urgence* » et même en l'absence d'une requête au fond, d'ordonner « *toutes mesures nécessaires à la sauvegarde d'une liberté fondamentale à laquelle une personne morale de droit public ou un organisme de droit privé chargé de la gestion d'un service public aurait porté, dans l'exercice d'un de ses pouvoirs, une atteinte grave et manifestement illégale* ». Le juge des référés doit alors se prononcer dans un délai de 48 heures. Un tel délai n'est toutefois pas imparti à peine de dessaisissement du juge ou de nullité de la décision rendue (CE, ord. réf., 13 janv. 2023, n° 470233, pt. 5).

« *[e]n distinguant les deux procédures prévues par CJ, art. L. 521-1 et L. 521-2, le législateur a entendu répondre à des situations différentes. Les conditions auxquelles est subordonnée l'application de ces dispositions ne sont pas les mêmes, non plus que les pouvoirs dont dispose le juge des référés. En particulier, le requérant qui saisit le juge des référés sur le fondement des dispositions de l'article L. 521-2 doit justifier des circonstances particulières caractérisant la nécessité pour lui de bénéficier à très bref délai d'une mesure de la nature de celles qui peuvent être ordonnées sur le fondement de cet article* » (CE, ord. réf., 20 nov. 2019, *Gerihanov*, n° 435785, Rec. T., pt. 4 ; CE, 16 juin 2003, *Hug-Kalinkova*, n° 253290, Rec. T. p. 931).

Il en résulte notamment qu'à la différence du référé-suspension, où la condition d'urgence est présumée en matière de décision de placement d'office à l'isolement ou de prolongation d'un tel placement, « *il appartient, en revanche, à la personne détenue qui saisit le juge des référés sur le fondement de l'article L. 521-2 du même code de justifier de circonstances particulières caractérisant, au regard notamment de son état de santé ou des conditions dans lesquelles elle est placée à l'isolement, la nécessité, pour elle, de bénéficier à très bref délai du prononcé d'une mesure de sauvegarde sur le fondement de ce dernier article* » (CE, ord. réf., 20 nov. 2019, *Gerihanov*, n° 435785, Rec. T., pt. 5). L'urgence n'est donc pas présumée en matière de référé-liberté exercé à l'encontre d'une décision de placement à l'isolement ou de prolongation d'un tel placement.

Enfin, si le référé-suspension et le référé liberté peuvent se cumuler, de telles demandes ne peuvent toutefois être présentées simultanément dans une même requête, dès lors que ces demandes « *sont présentées, instruites, jugées et, le cas échéant, susceptibles de recours selon des règles distinctes* » (CE, Sect., 28 févr. 2001, *Philippart et Lesage*, n° 230112, Rec. p. 111).

Précisons que la mesure d'isolement judiciaire ou administratif est une mesure distincte du placement en **cellule disciplinaire** (communément appelée « mitard ») (C. pénit., art. R. 235-6 s.) et de la mesure de **confinement en cellule individuelle ordinaire** (C. pénit., art. R. 235-2 s.), lesquelles sont des mesures disciplinaires (C. pénit., art. L. 231-1), susceptibles elles aussi de faire l'objet d'un référé-liberté sur le fondement de CJA, art. L. 521-2 (C. pénit., art. L. 231-3).

4. La mesure de séparation des détenus (C. pr. pén., art. D. 56-2)

Le magistrat saisi du dossier d'information peut ordonner « *la séparation des détenus en raison des nécessités de l'information, ses instructions sont précisées dans la notice individuelle* » (sur la notice individuelle, v. C2 ci-dessus) ou « *dans tout autre document transmis au chef d'établissement* » (C. pr. pén., art. D. 56-2).

E. Les relations de la personne en détention provisoire avec la famille et les tiers

1. Le rapprochement familial et le lieu d'incarcération

« *Les prévenus dont l'instruction est achevée et qui attendent leur comparution devant la juridiction de jugement peuvent bénéficier d'un rapprochement familial jusqu'à leur comparution* [...], *après avis conforme de l'autorité judiciaire* » (C. pénit, art. L. 342-1, anc[t] L. n° 2009-1436, 24 nov. 2009, art. 34 ; C. pénit, art. R. 342-1, anc[t] C. pr. pén., art. R. 57-8-7).

En revanche, « *les personnes prévenues placées en détention provisoire sont détenues, pendant la durée de l'instruction, selon les prescriptions du mandat ou de la décision de justice dont ils font l'objet, à la maison d'arrêt ou au quartier maison d'arrêt du centre pénitentiaire de la ville où siège la juridiction d'instruction ou du jugement devant laquelle ils ont à comparaître* » (C. pénit., art. D. 211-4, C. pr. pén., art. D. 53).

Tant que se déroule l'instruction, aucune disposition n'impose donc « *de tenir compte du lieu du domicile de la personne ou des membres de sa famille pour déterminer le lieu d'exécution de cette détention* » (§ 9) et « *le choix de ce lieu est donc justifié par les besoins de l'instruction et, en particulier, par la nécessité de faciliter l'extraction de la personne placée en détention provisoire pour permettre au magistrat instructeur de procéder aux interrogatoires, confrontations, reconstitutions et autres mesures d'investigation impliquant la présence physique de cette personne* » (§ 10), au regard des règles qui encadrent la durée de la détention (§ 11), de celles qui assurent les visites de la famille, de téléphoner et de correspondre (§ 12), « *le législateur n'a pas privé de garanties légales le droit de mener une vie familiale normale dont bénéficient les intéressés dans les limites inhérentes à la détention provisoire* » (§ 13) (Cons. const. 21 janv. 2021, n° 2020-874/875/876/877 QPC).

Les transfèrements entre établissements pénitentiaires (transfèrements administratifs), relèvent de la compétence exclusive de l'administration pénitentiaire, après information du magistrat chargé du dossier de l'instruction si la personne est prévenue (C. pénit., art. D. 215-12 et D. 215-13, anc[t]. C. pr. pén., art. D. 300 à D. 302). Les transfèrements judiciaires sont effectués sur réquisition de l'autorité judiciaire (C. pr. pén., art. D. 57, C. pénit., art. D. 215-8 s.).

Notons que « *s'il n'appartient pas à la CHINS de déterminer dans quel établissement une détention provisoire doit être accomplie* », il lui revient toutefois de répondre aux arguments du demandeur qui soutenait que l'éloignement portait une atteinte excessive à sa vie familiale (§ 13) (Crim. 14 oct. 2020, n° 20-84.077, P).

Mentionnons qu'au stade de la condamnation, le président de la juridiction qui a prononcé la condamnation et le parquet peuvent exprimer leur avis sur l'affectation dans l'établissement pénitentiaire qui leur semble la mieux appropriée au condamné, ces avis sont joints à la notice individuelle (C. pénit., D. 211-13, anc^t C. pr. pén., art. D. 78).

2. Les permis de visite et de téléphoner (C. pr. pén., art. 145-4)

• **Le permis de visite.** Sous réserve d'une mesure d'interdiction de communiquer (v. D1 ci-dessus) « *toute personne placée en détention provisoire peut, avec l'autorisation du juge d'instruction, recevoir des visites sur son lieu de détention* ». Cette autorisation se traduit par la délivrance d'un « *permis de visite* » par le juge d'instruction(C. pr. pén., art. 145-4). La délivrance en temps utile du permis de communiquer à l'avocat conditionne la régularité de la procédure (sur ce point particulier, v. C2 ci-dessus).

« *Les prévenus peuvent être visités par les membres de leur famille ou d'autres personnes, au moins trois fois par semaine* » (C. pénit, L. 341-2, anc^t art. L. n° 2009-1436, 24 nov. 2009, art. 35), « *Les décisions de refus de délivrer un permis de visite sont motivées* » (C. pénit, L. 341-3, anc^t art. L. n° 2009-1436, 24 nov. 2009, art. 35).

Le curateur ou le tuteur de la personne placée en détention provisoire « *bénéficie de plein droit d'un permis de visite* » (C. pr. pén., art. 706-113).

« *Pour des motifs de bon ordre, de sécurité et de prévention des infractions, et spécialement en cas de crime ou de délit relevant de C. pén., art. 132-80* [violences au sein du couple], *le permis de visite [...] peut être refusé à la personne victime de l'infraction pour laquelle la personne prévenue ou condamnée est incarcérée, y compris si la victime est membre de la famille du détenu* », ou en cas d'interdiction de contact résultant d'un contrôle judiciaire, d'une peine ou d'une ordonnance de protection (C. pénit, art. R. 341-2, anc^t C. pr. pén., art. D. 403, réd. issue D. n° 2020-1640, 21 déc. 2020).

« *Les visites se déroulent dans un parloir ne comportant pas de dispositif de séparation* », toutefois, le « *magistrat peut prescrire que les visites auront lieu dans un parloir avec dispositif de séparation* », le chef d'établissement pénitentiaire peut également imposer cette mesure en cas d'incident, de risque d'incident, ou à la demande du visiteur ou de la personne visitée, en informant le magistrat saisi du dossier (C. pénit., art. R. 341-13, anc^t C. pr. pén., art. R. 57-8-8 et R. 57-8-12).

• **L'autorisation de téléphoner.** Sauf interdiction de communiquer (v. D1 ci-dessus) « *toute personne placée en détention provisoire peut, avec l'autorisation du juge d'instruction,* [...] *téléphoner à des tiers* » (C. pr. pén., art. 145-4).

Sous réserve de l'autorisation du magistrat en charge de la procédure pour les personnes prévenues (C. pénit., art. L. 345-6, C. pr. pén., art. 145-4), les personnes détenues « *ont le droit de téléphoner aux membres de leur famille. Elles peuvent être autorisées à téléphoner à d'autres personnes pour préparer leur réinsertion* » (C. pénit., art. L. 345-6, anc^t., L. n° 2009-1436, 24 nov. 2009, art. 39). « *La décision comporte l'identité et les numéros d'appel des destinataires* » (C. pénit., art. R. 345-12, anc^t C. pr. pén., art. R. 57-8-21). Les communications téléphoniques peuvent faire l'objet d'interceptions administratives opérées par des agents habilités de l'administration pénitentiaire, dans les conditions précisées au n° 35.55C (C. pénit, art. L. 223-3 s, anc^t. C. pr. pén., art. 727-1).

• **Les modalités communes au permis de visite et à l'autorisation de téléphoner.** Si le juge n'a pas statué dans les 20 jours de la demande de délivrance d'un permis de visite ou de téléphoner, la personne peut saisir directement le président de la CHINS (C. pr. pén., art. 145-4).

Au-delà d'un mois de détention provisoire, le juge d'instruction ne peut refuser de délivrer un permis de visite ou de téléphoner « *que par une décision écrite et spécialement motivée au regard des nécessités de l'instruction, du maintien du bon ordre et de la sécurité ou de la prévention des infractions* », susceptible de recours devant le président de la CHINS qui statue dans les 5 jours « *par une décision écrite et motivée non susceptible de recours* » et délivre le cas échéant le permis de visite ou l'autorisation de téléphoner (C. pr. pén., art. 145-4).

Par décision motivée susceptible de recours dans les conditions précitées, le magistrat en charge de la procédure peut **suspendre ou retirer le permis** de visite (C. pr. pén., art. R. 57-8-8 renvoyant à 145-4) ou l'autorisation de téléphoner (C. pr. pén., art. R. 57-8-21 renvoyant à 145-4).

Après la clôture de l'instruction, les attributions du juge d'instruction sont exercées par le procureur de la République, ou par le procureur général si l'affaire est en instance d'appel (C. pr. pén., art. 145-4). Il en est de même dans tous les autres cas, comme celui de la procédure de comparution immédiate ou différée, où la personne est en détention provisoire (C. pr. pén., art. 145-4), et, après le prononcé de la condamnation, jusqu'à l'expiration du délai d'appel.

Sauf disposition contraire, les permis de visite délivrés durant la période de détention provisoire « *sont valables jusqu'au moment où la condamnation* [...] *acquiert un caractère définitif* » (C. pénit., art. R. 341-4, anc[t] C. pr. pén., art. R. 57-8-8). Il en est de même pour le permis de téléphoner (C. pénit., art. R. 345-12, anc[t] C. pr. pén., art. R. 57-8-21).

Si la personne placée en détention provisoire fait l'objet d'un sursis probatoire, le délai de probation est suspendu durant l'incarcération (C. pén., art. 132-43). Néanmoins « *les interdictions de contact* » subsistent et encadrent donc les autorisations de visite et le droit de communiquer (C. pén., art. 132-43, mod. par L. n° 2020-936, 30 juill. 2020, v. n° **18.25C**). Les **interdictions de contact** prononcées dans le cadre d'un contrôle judiciaire ou d'une condamnation restent applicables durant l'incarcération de la personne, ainsi que les décisions portant sur l'autorité parentale (C. pr. pén., art. D. 51, issu D. n° 2021-1820, 24 déc. 2021).

Après l'expiration du délai d'appel, les permis de visite (C. pénit., art. R. 341-5, anc[t] C. pr. pén., art. R. 57-8-10) et les autorisations de téléphoner (C. pénit., art. R. 341-14, anc[t] C. pr. pén., art. R. 57-8-23) sont délivrés par le chef de l'établissement pénitentiaire. Les décisions de refus ou de retrait de permis de visite relèvent alors du contentieux administratif. Il résulte de L. n° 2009-1436, 24 nov. 2019, art. 35, devenu C. pénit., art. L. 341-7 « *qu'une décision retirant un permis de visite précédemment délivré doit être motivée* » (§ 3) (CE, 6ème ch., 16 nov. 2022, n° 461131, inédit). « *les décisions tendant à restreindre ou supprimer les permis de visite relèvent du pouvoir de police des chefs d'établissements pénitentiaires. Ces mesures de police qui affectent directement le maintien des liens des personnes détenues avec leurs proches tendent au maintien du bon ordre et de la sécurité au sein des établissements pénitentiaires ou à la prévention des infractions* » (§ 3) (CE, 10e ch., 19 juin 2020, n° 436721, inédit) ; « *ces décisions affectant directement le maintien des liens des détenus avec leurs proches, elles sont susceptibles de porter atteinte à leur droit au respect de leur vie privée et familiale protégé par Conv. EDH, art. 8. Il appartient en conséquence à l'autorité compétente de prendre les mesures nécessaires, adaptées et proportionnées à assurer le maintien du bon ordre et de la sécurité de l'établissement pénitentiaire ou, le cas échéant, la prévention des infractions sans porter d'atteinte excessive au droit des détenus* » (§ 7) (CE, 10e ch., 7 mars 2018, n° 417370, inédit).

3. La correspondance écrite et son contrôle par le juge d'instruction (C. pr. pén., art. 145-4-2)

Sous réserve des interdictions de contact résultant d'un sursis probatoire auquel serait astreinte la personne placée en détention provisoire (C. pén., art. 132-43, mod. par L. n° 2020-936, 30 juill. 2020, v. n° **18.25C**), « *les personnes prévenues peuvent correspondre par écrit avec toute personne de leur choix* » (C. pénit., art. L. 345-1, anc[t] L. n° 2009-1436, 24 nov. 2009, art. 40), toutefois, « *le courrier adressé ou reçu par les personnes détenues peut être contrôlé et retenu par l'administration pénitentiaire lorsque cette correspondance paraît compromettre gravement leur* *réinsertion ou le maintien du bon ordre et la sécurité [...]. Lorsque l'administration pénitentiaire décide de retenir le courrier d'une personne détenue, elle lui notifie sa décision* » (C. pénit., art. L. 345-3, anc[t] L. n° 2009-1436, 24 nov. 2009, art. 40). La CEDH a « *reconnu qu'un certain contrôle de la correspondance des détenus se recommande et ne se heurte pas en soi à la Convention, eu égard aux exigences normales et raisonnables de l'emprisonnement (arrêt Silver et autres c/ Royaume-Uni du 25 mars 1983, série A n° 61, p. 38, § 98)* » (§ 45) (*Campbell c/ Royaume-Uni*, 25 mars 1992, n° 13590/88).

Pour les personnes prévenues, le juge d'instruction peut, par décision motivée et notifiée par tout moyen, « *décider de prescrire à son encontre l'interdiction de correspondre par écrit avec une ou plusieurs personnes qu'il désigne, au regard des nécessités de l'instruction, du maintien du bon ordre et de la sécurité ou de la prévention des infractions. Il peut pour les mêmes motifs décider de retenir un courrier écrit par la personne détenue ou qui lui est adressé* » ; la personne peut déférer la décision devant le président de la CHINS qui statue dans le délai d'un mois par une décision écrite et motivée non susceptible de recours (C. pr. pén., art. 145-4-2).

Le magistrat en charge de la procédure peut s'opposer à la correspondance écrite, « *soit de façon générale, soit à l'égard d'un ou plusieurs destinataires expressément mentionnés dans la décision* » (C. pénit., art. R. 345-1, anc[t] C. pr. pén., art. R. 57-8-16).

« *le courrier adressé ou reçu par les prévenus est communiqué à l'autorité judiciaire selon les modalités qu'elle détermine* » (C. pénit., art. L. 345-3, anc[t] L. n° 2009-1436, 24 nov. 2009, art. 40). Sauf décision contraire du magistrat, les correspondances envoyées ou reçues par le prévenu sont communiquées au magistrat saisi du dossier (C. pénit., art. R. 345-1, anc[t] C. pr. pén., art. R. 57-8-16).

Après la clôture de l'instruction, comme en matière de permis de permis de visite ou de téléphoner, les attributions de contrôle de la correspondance écrite attribuées au juge d'instruction sont exercées par le procureur de la République, ou par le procureur général si l'affaire est en instance d'appel (C. pr. pén., art. 145-4-2). Il en est de même dans tous les autres cas où la personne est en détention provisoire (C. pr. pén., art. 145-4-2).

Mentionnons que « *ne peuvent être ni contrôlées ni retenues les correspondances échangées entre les personnes détenues et : 1° Leur défenseur* [v. **C1** ci-dessus] ; *2° Les autorités administratives et judiciaires françaises et internationales, dont la liste est fixée par C. pénit., art. D. 345-10 ; 3°Les aumôniers agréés auprès de l'établissement* » (C. pénit., art. L. 345-4, anc[t] L. n° 2009-1436, 24 nov. 2009, art. 40). C. pénit., art. D. 345-10 (anc[t] C. pr. pén., art. D. 262) fixe ainsi la liste des autorités avec lesquelles les personnes détenues peuvent ainsi correspondre sous pli fermé. Soulignons qu'à ce titre, « *les personnes détenues peuvent correspondre sous pli fermé avec les magistrats de l'ordre judiciaire en exercice dans leur juridiction* » (C. pr. pén., art. 262, C. pénit., art. D. 345-10).

4. L'incrimination de la communication irrégulière avec un détenu (C. pén., art. 434-35)

Le fait pour des personnes extérieures à l'établissement pénitentiaire de communiquer avec une personne détenue en dehors des cas autorisés par la loi, ou de lui communiquer ou de recevoir du détenu, en dehors des cas autorisés par les règlements, des correspondances, est incriminé par C. pén., art. 434-35 (v. n° **25.63**).

5. L'exercice des droits civiques

Les personnes détenues peuvent élire domicile auprès de l'établissement pénitentiaire pour l'exercice de leurs droits civiques lorsqu'elles ne disposent pas d'un domicile personnel (C. pénit., art. L. 312-2). Elles jouissent du droit de vote et sont inscrites sur les listes électorales dans les conditions prévues par C. élect., art. L. 12-1 et C. pénit., art. L. 362-2 et L. 362-3. Elles peuvent exercer leur droit de vote par correspondance (depuis L. n° 2019-222, 23 mars 2019), modalité la plus adaptée à la situation carcérale (C. pénit., art. L. 363-2, R. 363-2 s.), ou par procuration (C. élect., art. L. 71). Les permissions de sortie pour l'exercice de droit de vote sont réservées aux personnes condamnées selon les conditions prévues par C. pr. pén., art. D. 143-4 5° et C. pénit., art. D. 363-1.

F. L'autorisation de sortie sous escorte de la personne en détention provisoire (C. pr. pén., art. 148-5 et D. 147)

« *toute personne placée en détention provisoire peut, à titre exceptionnel, faire l'objet d'une autorisation de sortie sous escorte selon des modalités prévues par décret* » (C. pr. pén., art. 148-5, mod. par L. n° 2019-222, 23 mars 2019) (sur la permission de sortir de la personne condamnée, v. C. pr. pén., art. D. 142 s.).

L'autorisation ou permission de sortie est délivrée par le juge d'instruction « *en toute matière et en tout état de la procédure d'instruction* », y compris donc lorsque la CHINS est saisie. « *Lorsque la juridiction de jugement est saisie* », elle est délivrée par le procureur de la République, ou le procureur général si la procédure est en instance d'appel (C. pr. pén., art. D. 147 mod. par D. n° 2019-508, 24 mai 2019).

La décision de refus ou d'autorisation peut faire l'objet d'un recours devant le président de la CHINS qui statue dans le délai d'un mois (C. pr. pén., art. 148-5 et 145-4-2). Ces dispositions, dans leur rédaction issue de la L. n° 2019-222, 23 mars 2019, ont tiré par anticipation les conséquences de Cons. const. 21 juin 2019, n° 2019-791 QPC, (§9).

G. La prise en compte de la détention provisoire dans l'exécution de la peine ferme et l'indemnisation en cas d'échec des poursuites

1. L'imputation de la détention provisoire sur la peine ferme et la période de sûreté (C. pr. pén., art. 716-4) – Renvoi, v. n° 18.10B

À la différence du contrôle judiciaire, dont la durée n'est pas déduite des peines du même ordre prononcées par le tribunal (v. n° **12.53A3**), la durée de la détention provisoire, comme celle de l'ARSE (C. pr. pén., art. 142-11, v. n° **12.56A4**), « *est intégralement déduite de la durée de la peine prononcée* » (C. pr. pén., art. 716-4), selon les précisions apportées au n° **18.10B**.

Les modalités de calcul du point de départ de la détention sont à cet égard différentes de celles retenues pour le calcul de la durée du mandat de dépôt (v. n° **12.44A1**).

La durée de la détention provisoire est également déduite de la période de sûreté (C. pr. pén., art. 716-4, sur la période de sûreté, v. n° **18.7C1**).

Mentionnons que pour déterminer le seuil de 1 an en deça duquel le tribunal est tenu d'aménager la peine ferme ou de spécialement motiver le refus d'aménagement de peine, la détention provisoire est déduite (C. pr. pén., art. D. 48-1-1, v. n^os^ **18.13A** et **18.14**).

2. La prise en compte de la mauvaise conduite du condamné durant la détention provisoire : le retrait de crédit de réduction de peine (C. pr. pén., art. 721 et D. 115-8) – Renvoi, v. n° 18.10C5

Pour les personnes placées sous écrou avant le 1er janv. 2023, au stade de l'exécution de la peine, selon les précisions apportées au n° **18.10C5**, la « *mauvaise conduite du condamné* » pendant la phase de détention provisoire peut *a posteriori* justifier le retrait de crédit de réduction de peine (C. pr. pén., art. D. 115-10). La décision de retrait doit être prise par le JAP dans les 4 mois de la mise à exécution de la peine, « *quelle que soit la date de l'évènement caractérisant la mauvaise conduite du condamné* » durant sa détention provisoire (C. pr. pén., art. D. 115-10).

Pour les personnes placées sous écrou à compter du 1er janv. 2023 (C. pr. pén., art. 721, issu L. n° 2021-1729, 22 déc. 2021), selon les précisions apportées au n° **18.10E**, les « *preuves suffisantes de bonne conduite* » sur la période de détention provisoire permettent l'octroi de réductions de peines par le JAP au stade de l'exécution de la peine.

3. L'indemnisation en cas de non-lieu, de relaxe ou d'acquittement (C. pr. pén., art. 149) – Renvoi, v. n° 17.38B

En cas de non-lieu, de relaxe ou d'acquittement, la détention provisoire, comme l'ARSE qui lui est à cet égard assimilée (C. pr. pén., art. 142-10, v. n° **12.56A4**), ouvrent droit à l'indemnisation intégrale du préjudice matériel et moral résultant de l'incarcération selon les précisions apportées au n° 17.38B (C. pr. pén., art. 149 à 150). Ce droit est notifié à la personne lors de la décision de non-lieu, de relaxe ou d'acquittement (C. pr. pén., art. 149 et D. 32-22).

12.42 Le régime d'exécution de la détention provisoire : la prise en compte de la dignité et de la santé de la personne

A. La prise en compte jurisprudentielle des conditions effectives de la détention pour apprécier son maintien au regard du principe de dignité

1. La jurisprudence de la Cour européenne des droits de l'homme : l'exigence d'un recours effectif permettant de mettre fin aux conditions indignes de détention

Sur le fondement de Conv. EDH, art. 3, prohibant « *les traitements inhumains ou dégradants* », la CEDH énonce que la personne doit être détenue « *dans des conditions qui sont compatibles avec le respect de la dignité humaine, que les modalités d'exécution de la mesure ne soumettent pas l'intéressé à une détresse ou à une épreuve d'une intensité qui excède le niveau inévitable de souffrance inhérent à la détention et que, eu égard aux exigences pratiques de l'emprisonnement, la santé et le bien-être du prisonnier sont assurés de manière adéquate* » (§ 94) ; l'appréciation de la gravité de l'atteinte dépend « *notamment de la nature et du contexte du traitement, de ses modalités d'exécution, de sa durée, de ses effets physiques ou mentaux, ainsi que, parfois, du sexe, de l'âge et de l'état de santé de la victime* » (§ 91) (CEDH 26 oct. 2000, *Kudla c/ Pologne*, n° 30210/96).

Sous l'angle de Conv. EDH, art. 3, la question de l'espace personnel dont dispose le détenu est fréquemment soumise à l'appréciation de la cour (v. le rappel des jurisprudences de principe citées dans CEDH 20 oct. 2016, *Mursic c/ Croatie*, n° 7334/13, § 103 à 108). Si elle se refuse à préciser quel est l'espace minimum personnel qui doit être garanti, expliquant que d'autres facteurs entrent en ligne de compte (§ 103), la cour juge néanmoins que « *Lorsque la surface au sol dont dispose un détenu en cellule collective est inférieure à 3 m², le manque d'espace personnel est considéré comme étant à ce point grave qu'il donne lieu à une forte présomption de violation de l'article 3. La charge de la preuve pèse alors sur le gouvernement défendeur, qui peut toutefois réfuter la présomption en démontrant la présence d'éléments propres à compenser cette circonstance de manière adéquate* » (§ 137). La cour résume (§ 136 à 141) les « *principes et normes à appliquer aux fins de l'examen des cas de surpopulation carcérale* » et notamment les facteurs conjugués permettant de combattre la présomption d'indignité (§ 138) (CEDH 20 oct. 2016 (Gr. Ch.), *Mursic c/ Croatie*, n° 7334/13).

La CEDH estime que le recours indemnitaire est insuffisant pour garantir la prohibition des traitements inhumains ou dégradants et qu'une action doit permettre d'y mettre effectivement un terme. Ainsi, « *L'existence d'une action préventive est indispensable pour la protection effective des personnes contre les traitements prohibés par l'article 3. En effet, l'importance particulière attachée par la convention à cette disposition impose, du point de vue de la Cour, que les États parties établissent, en plus et au-delà d'un dispositif d'indemnisation, un mécanisme effectif permettant de mettre fin rapidement à tout traitement prohibé* » (CEDH 10 janv. 2012, *Ananyev et a. c/ Russie*, n°s 42525/07 et 60800/08, § 98, trad. de l'auteur).

Dans le prolongement de ces décisions, la CEDH a estimé qu'au regard de leur portée limitée, le recours en référé devant le juge administratif et le pouvoir d'injonction dont ce magistrat dispose (§ 216 à 220) ne constituaient pas, au sens de Conv. EDH, art. 13 (droit à un recours effectif), des voies de recours effectives permettant en droit français « *d'empêcher la continuation de la violation alléguée et d'assurer aux requérants une amélioration de leurs conditions matérielles de détention* » (§ 221) (CEDH 30 janv. 2020, n° 9671/15, *JMB et a. c/ France*).

Soulignons que parallèlement aux évolutions apportées au traitement de ces situations par le juge judiciaire, ci-après exposées, la voie indemnitaire offerte à l'intéressé a été élargie par la jurisprudence administrative. En effet, « *S'il appartient en principe au demandeur qui engage une action en responsabilité à l'encontre de l'administration d'apporter tous éléments de nature à établir devant le juge, outre la réalité du préjudice subi, l'existence de faits de nature à caractériser une faute, il en va différemment, s'agissant d'une demande formée par un détenu ou ancien détenu, lorsque la description faite par le demandeur de ses conditions de détention est suffisamment crédible et précise pour constituer un commencement de preuve de leur caractère indigne. C'est alors à l'administration qu'il revient d'apporter des éléments permettant de réfuter les allégations du demandeur* » (§ 3) (CE 6e et 5e ch. réunies, 21 mars 2022, no 443986, *Lebon*) (dans le même sens, s'agissant des allégations précises, crédibles et actuelles imposant à la CHINS d'effectuer des vérifications complémentaires pour instruire une requête dénonçant l'indignité des conditions de détention : Crim. 25 nov. 2020, no 20-84.886, P).

Notons enfin que « *les députés, les sénateurs, les représentants au Parlement européen élus en France, "les bâtonniers sur leur ressort ou leur délégué spécialement désigné au sein du conseil de l'ordre"* (depuis L. no 2021-1729, 22 déc. 2021) *sont autorisés à visiter à tout moment [...] les établissements pénitentiaires et les centres éducatifs fermés mentionnés au CJPM, art. L. 113-7* » ; à l'exception des bâtonniers, ces élus « *peuvent être accompagnés par un ou plusieurs journalistes titulaires de la carte d'identité professionnelle* » (C. pr. pén., art. 719), dans les conditions précisées par C. pr. pén., art. R. 57-4-11 et R. 57-4-12 devenus C. pénit., art. R. 132-1 et R. 132-2. De même, selon les précisions apportées au no **12.10A2**, le Défenseur des droits (LO no 2011-333, 29 mars 2011, art. 22) ainsi que le Contrôleur général des lieux de privation de liberté (CGLPL) (L. no 2007-1545, 30 oct. 2007, art. 6-1 et 8), peuvent procéder à des vérifications et visites sur place des établissements pénitentiaires.

2. La jurisprudence nouvelle de la chambre criminelle : l'indignité des conditions personnelles de détention justifie la mainlevée de la mesure

Les mesures de contrainte dont la personne poursuivie peut faire l'objet ne doivent pas « *porter atteinte à la dignité de la personne* » (C. pr. pén., art. préliminaire). Après avoir jugé « *qu'une éventuelle atteinte à la dignité de la personne en raison des conditions de détention, si elle est susceptible d'engager la responsabilité de la puissance publique en raison du mauvais fonctionnement du service public, ne saurait constituer un obstacle légal au placement et maintien en détention provisoire* » (Crim. 18 sept. 2019, no 19-83.950, P), la Ch. crim, tirant les conséquences de l'arrêt précité CEDH 30 janv. 2020, no 9671/15, *JMB et a. c/ France*, (v. **A1** ci-dessus), juge désormais que (Crim. 8 juill. 2020, no 20-81.739, P) :

– « *le juge judiciaire a l'obligation de garantir à la personne placée dans des conditions indignes de détention un recours préventif et effectif permettant d'empêcher la continuation de la violation de l'article 3 de la Convention* » (§ 21) ;

– « *En tant que gardien de la liberté individuelle, il lui incombe de veiller à ce que la détention provisoire soit, en toutes circonstances, mise en œuvre dans des conditions respectant la dignité des personnes et de s'assurer que cette privation de liberté est exempte de tout traitement inhumain et dégradant* » (§ 22).

Il en résulte en pratique que :

– En premier lieu, « *lorsque la description faite par le demandeur de ses conditions personnelles de détention est suffisamment crédible, précise et actuelle, de sorte qu'elle constitue un commencement de preuve de leur caractère indigne, il appartient alors à la CHINS, dans le cas où le ministère public n'aurait pas préalablement fait vérifier ces allégations, et en dehors du pouvoir qu'elle détient d'ordonner la mise en liberté de l'intéressé, de faire procéder à des vérifications complémentaires afin d'en apprécier la réalité* » (§ 23). À cet égard, ne répondent pas aux exigences de commencement de preuve qui incombe au requérant les allégations ne faisant « *état que des conditions générales de détention au sein de la maison d'arrêt dans laquelle il est détenu, sans précisions sur sa situation personnelle, et notamment sur la superficie et le nombre des occupants de la cellule, son agencement intérieur et le nombre d'heures journalières d'occupation* » (§ 30) ;

– En second lieu, « *Après que ces vérifications ont été effectuées, dans le cas où la CHINS constate une atteinte au principe de dignité à laquelle il n'a pas entre-temps été remédié, elle doit ordonner la mise en liberté de la personne, en l'astreignant, le cas échéant, à une assignation à résidence avec surveillance électronique ou à un contrôle judiciaire* » (§ 24).

Cette jurisprudence de principe, étendue aux personnes placées sous écrou extraditionnel (Crim. 30 mars 2021, n° 21-80.421, P), a donné lieu à plusieurs illustrations : Crim. 19 août 2020, n° 20-82.171, P et n° 20-82.233, D ; Crim. 7 oct. 2020, n° 20-83.080, D ; Crim. 25 nov. 2020, n° 20-84.886, P ; Crim. 15 déc. 2020, n° 20-85.461, P ; Crim. 19 janv. 2021, n° 20-85.935, D ; Crim. 3 févr. 2021, n° 20-86.459, D).

Si ces solutions jurisprudentielles ont perdu une part de leur intérêt pratique devant le juge saisi du contentieux de la détention provisoire qui ne semble désormais plus compétent pour statuer sur ce point depuis la L. n° 2021-403, 8 avr. 2021, créant au C. pr. pén., art. 803-8, une nouvelle voie procédurale décrite en **B** ci-dessous, elles conservent néanmoins leur portée de principe et s'appliquent aux « *moyens régulièrement soulevés avant le 1er oct. 2021 devant la CHINS saisie dans le cadre du contentieux de la détention provisoire, [lesquels] doivent continuer à être examinés au regard des principes dégagés le 8 juill. 2020, sauf à méconnaître l'effectivité du droit à un recours dans les affaires considérées* » (§ 11) (Crim. 20 oct. 2021, n° 21-84.498, P).

3. La déclaration d'inconstitutionnalité des dispositions applicables en matière de demande de mise en liberté

Dans l'affaire précitée, saisi par la Ch. crim de la constitutionnalité des dispositions applicables, concomitamment interprétées par elle, le Cons. const. relève qu'il « *incombe au législateur de garantir aux personnes placées en détention provisoire la possibilité de saisir le juge de conditions de détention contraires à la dignité de la personne humaine, afin qu'il y soit mis fin* » (§ 14), et prononce l'inconstitutionnalité de C. pr. pén., art. 144-1, al. 2 qu'il abroge à compter du 1er mars 2021, car « *aucun recours devant le juge judiciaire ne permet au justiciable d'obtenir qu'il soit mis fin aux atteintes à sa dignité résultant des conditions de sa détention provisoire* » (§ 16) (Cons. const. 2 oct. 2020, n° 2020-858/859 QPC). Un raisonnement comparable a conduit à la déclaration d'inconstitutionnalité de C. pr. pén., art. 707, en ce qu'il n'offrait pas davantage de recours devant le juge judiciaire à la personne purgeant une peine privative de liberté (Cons. const. 16 avr. 2021, n° 2021-898 QPC). Il a été remédié à l'inconstitutionnalité de ces dispositions par la L. n° 2021-403, 8 avr. 2021, créant C. pr. pén., art. 803-8, ci-après exposé.

B. La prise en compte législative des conditions de dignité de la détention provisoire (C. pr. pén., art. 803-8, issu L. n° 2021-403, 8 avr. 2021, R. 249-17 s.)

1. La portée de C. pr. pén., art. 803-8 sur le contentieux de la détention provisoire

Tirant les conséquences des décisions qui précèdent, la L. n° 2021-403, 8 avr. 2021 tendant à garantir le droit au respect de la dignité en détention et le D. n° 2021-1194, 15 sept. 2021, ont institué au C. pr. pén., art. 803-8 un recours spécifique garantissant le droit de la personne d'être détenue dans des conditions respectant sa dignité. À cet égard, « *le chef de l'établissement pénitentiaire prend toutes dispositions pour informer les détenus de la possibilité de former un recours sur le fondement de l'article 803-8* » (C. pr. pén., art. R. 249-18 et C. pénit., art. R. 315-8).

Selon des dispositions largement communes, ce recours s'exerce, d'une part, devant le JLD pour les personnes en détention provisoire, situation seule examinée ci-après, d'autre part, devant le JAP pour les personnes en cours d'exécution de peine ; ceci sous le contrôle en appel, du président de la CHINS dans le premier cas, du président de la chambre de l'application des peines (CHAP) dans le second.

Ces dispositions encadrent les pouvoirs d'instruction et de décision du JLD et définissent un processus juridictionnel en **trois étapes**, donnant chacune lieu à une ordonnance susceptible d'appel.

La première étape est consacrée à l'examen de la **recevabilité** de la requête ; la deuxième porte sur son **bien fondé**, le juge renvoyant le cas échéant l'administration pénitentiaire à prendre les mesures correctives dont elle reste seule juge ; la troisième porte sur l'appréciation de l'**efficacité des mesures** prises par l'administration pénitentiaire et peut se conclure, s'il n'a pas été mis fin aux conditions de détention jugées indignes, par la mise en liberté du requérant ou son transfert dans un autre établissement ordonné par le JLD.

Compte tenu de la spécificité du recours ouvert par C. pr. pén., art. 803-8, auquel renvoie désormais C. pr. pén., art. 144-1, la discussion des conditions de dignité de la détention ne semble désormais plus relever, en premier ressort comme en appel, de la compétence du juge chargé du contentieux de la détention provisoire, saisi à l'occasion du traitement des demandes de mise en liberté et des débats de prolongation des mesures de détention provisoire.

En effet, depuis le 1er oct. 2021, date d'entrée en vigueur de ces dispositions, « *le recours ouvert par l'arrêt de la C. cass. du 8 juill. 2020 au profit des personnes placées en détention provisoire ne sera plus applicable. Il s'agit d'une simplification procédurale importante puisque les contestations des conditions de détention devront désormais être portées dans le cadre du recours prévu à l'article 803-8 du C. pr. civ., sans pouvoir être soulevées devant l'ensemble des juridictions répressives à l'occasion du contentieux de la détention provisoire, notamment en cas de demandes de mise en liberté* » (Circ. CRIM 2021/09/E3, 30 sept. 2021 ; NOR : JUSK2129245C).

2. L'examen préalable des conditions de recevabilité de la requête (1re étape)

Sans préjudice de sa faculté de saisir le juge administratif sur le fondement de CJA, art. L. 521-1, L. 521-2 ou L. 521-3, lequel dispose d'un pouvoir d'injonction à l'égard de l'administration mais ne peut ordonner de mise en liberté, « *toute personne détenue dans un établissement pénitentiaire [...] qui considère que ses conditions de détention sont contraires à la dignité de la personne humaine peut saisir le JLD, si elle est en détention provisoire, [...], afin qu'il soit mis fin à ces conditions de détention indignes* » (C. pr. pén., art. 803-8 I).

Le JLD compétent est celui du TJ compétent pour connaître de la procédure, ou du TJ situé au siège de la cour d'appel compétente pour connaître de cette procédure, cette dernière hypothèse concernant les personnes dont le contentieux de la détention provisoire relève de la cour d'appel (CHINS) (dossiers en cours d'appel, pourvoi en cours, procédures criminelles en cours d'audiencement, v. sur ce point n° **12.61A**) (C. pr. pén., art. R. 249-17).

C. pr. pén., art. R. 249-40 et R. 249-41 déterminent le JLD compétent dans les cas où plusieurs titres de détention sont en concurrence.

CJPM, art. R. 124-42 à R. 124-45 déterminent la compétence du JLD ou du juge des enfants pour les mineurs.

« *À peine d'irrecevabilité, la requête doit être présentée dans un écrit distinct comportant la mention : "Requête portant sur les conditions de détention (article 803-8 du code de procédure pénale)"* », elle contient un exposé circonstancié des conditions de détention, est signée par le requérant ou par son avocat (C. pr. pén., art. R. 249-19). Elle peut également être faite, sur un formulaire mis à sa disposition, auprès du chef de l'établissement pénitentiaire, qui la transmet au plus tard le premier jour ouvrable suivant à l'autorité destinataire (C. pr. pén., art. R. 249-20 II) ou par lettre recommandée avec accusé de réception (C. pr. pén., art. R. 249-20 I).

« *Lorsque le requérant est placé en détention provisoire, la déclaration est faite auprès du greffe du juge d'instruction si une information est en cours, auprès du secrétariat du procureur de la République si le tribunal correctionnel est saisi, ou auprès du secrétariat du procureur général si la chambre des appels correctionnels ou la cour d'assises est saisie ou si un pourvoi en cassation est en cours* » (C. pr. pén., art. R. 249-20).

Selon les cas, le juge d'instruction, le procureur de la République ou le procureur général transmet par tout moyen la requête le jour même ou le premier jour ouvrable suivant au JLD, avec ses éventuelles observations portant notamment sur la recevabilité de la requête (C. pr. pén., art. R. 249-20).

Le JLD « *informe par tout moyen le magistrat saisi du dossier de la procédure du dépôt de la requête* » (C. pr. pén., art. 803-8 I).

Ainsi saisi (C. pr. pén., art. R. 249-21), le JLD rend tout d'abord, « *dans un délai de 10 jours à compter de la réception de la requête* », une décision d'irrecevabilité ou de recevabilité lorsque « *les allégations figurant dans la requête sont circonstanciées, personnelles et actuelles, de sorte qu'elles constituent un commencement de preuve que les conditions de détention de la personne ne respectent pas la dignité de la personne* » (C. pr. pén., art. 803-8 I).

Sans préjudice d'une décision d'incompétence, la décision sur la recevabilité de la requête prend la forme d'une ordonnance motivée (C. pr. pén., art. 803-8 III et R. 249-21) statuant, d'une part, sur les exigences de forme définies par C. pr. pén., art. R. 249-19, imposées à peine d'irrecevabilité, d'autre part, sur l'exigence de fond d'un contenu circonstancié de la requête, fixées par C. pr. pén., art. 803-8 I, enfin, une requête est également irrecevable tant qu'il n'a pas été statué dans les délais sur une précédente requête en cours d'examen (C. pr. pén., art. 803-8 I).

3. L'instruction par le JLD de la requête déclarée recevable et la décision renvoyant l'administration à remédier aux conditions indignes de détention (2e étape)

• L'instruction dans le délai de 7 jours de la demande déclarée recevable par le JLD

En application de C. pr. pén., art. R. 249-36, l'ordonnance déclarant la requête recevable est notifiée et peut faire l'objet dans les 10 jours d'un appel devant le président de la CHINS par le détenu, son avocat et le ministère public. De surcroît, « *l'ordonnance est également communiquée au requérant ou à son avocat* » (C. pr. pén., art. 249-23).

Après avoir admis la recevabilité de la requête, le JLD « *procède ou fait procéder aux vérifications nécessaires et recueille les observations de l'administration pénitentiaire dans un délai compris entre trois jours ouvrables et "sept" "~~dix~~"* (mod. issue L. n° 2021-1729, 22 déc. 2021) *jours à compter de la décision* » de recevabilité (C. pr. pén., art. 803-8 I), à cette fin, « *il communique sans délai [...] l'ordonnance de recevabilité au chef de l'établissement pénitentiaire en lui demandant de lui transmettre [dans ces délais], ses observations écrites et toute pièce permettant d'apprécier les conditions de détention du requérant* » (C. pr. pén., art. R. 249-23).

Les **observations du chef d'établissement** sont adressées en copie à l'avocat, ou à défaut au requérant, « *invité à produire sans délai ses éventuelles observations* » (C. pr. pén., art. R. 249-23).

Le JLD statue au vu de l'**avis écrit du procureur de la République** et, s'il l'estime nécessaire, de l'**avis du juge d'instruction** (C. pr. pén., art. 803-8 III).

Le JLD dispose, dans le laps de temps de 7 jours (au lieu de 10 jours depuis L. n° 2021-1729, 22 déc. 2021) qui lui est imparti pour statuer, de **pouvoirs d'instructions** étendus, consistant à se déplacer sur les lieux de détention, ordonner une expertise, requérir des constatations par un commissaire de justice [huissier], entendre des codétenus du requérant et le personnel de l'administration pénitentiaire, entendre le requérant même s'il n'a pas demandé à être entendu, consulter tout rapport d'un organisme indépendant (C. pr. pén., art. R. 249-24).

L'**audition du requérant**, assisté le cas échéant de son avocat, est de droit lorsqu'il a demandé à être entendu, demande qu'il peut formuler dans sa requête initiale (C. pr. pén., art. R. 249-19) et qui doit être satisfaite au moins avant une décision de rejet (C. pr. pén., art. R. 249-35) ; dans un tel cas le JLD doit également entendre le ministère public et le représentant de l'administration pénitentiaire s'ils en font la demande, ces auditions pouvant avoir lieu par visioconférence (C. pr. pén., art. 803-8 III et R. 249-35). « *Il se déduit de la lecture combinée de C. pr. pén., art. 803-8, R. 249-24 et R. 249-35, d'une part, que la personne détenue peut, au moment du dépôt de sa requête, demander à comparaître devant le juge des libertés et de la détention, d'autre part, que, saisi d'une telle demande, ce magistrat doit procéder à cette audition s'il entend rendre une décision d'irrecevabilité, et, enfin, que si la requête est déclarée recevable,* *l'audition doit être réalisée avant la décision sur le bien-fondé de celle-ci* » (§ 12) (Crim. 13 sept. 2022, nº 22-83.885, P).

• La reconnaissance du bien-fondé de la requête et le délai imparti à l'administration pénitentiaire pour remédier aux conditions de détention

« *Si le juge estime la requête fondée, il fait connaître à l'administration pénitentiaire, dans un délai de dix jours à compter de la décision [statuant sur la recevabilité], les conditions de détention qu'il estime contraires à la dignité de la personne humaine et il fixe un délai compris entre dix jours et un mois pour permettre de mettre fin, par tout moyen, à ces conditions de détention* » (C. pr. pén., art. 803-8 I).

• Les mesures incombant à l'administration pénitentiaire

« *Le juge ne peut enjoindre à l'administration pénitentiaire de prendre des mesures déterminées et celle-ci est seule compétente pour apprécier les moyens devant être mis en œuvre* » (C. pr. pén., art. 803-8 I), pouvoir d'injonction qui ne relève en effet que du juge administratif.

Avant la fin du délai de 10 jours à 1 mois imparti par le JLD, « *l'administration pénitentiaire informe le juge des mesures qui ont été prises* » (C. pr. pén., art. 803-8 I). « *À cette fin, elle peut proposer à la personne détenue un transfèrement dans un autre établissement pénitentiaire* » et « *si la personne détenue accepte le transfèrement qui lui est proposé, il y est procédé dans les meilleurs délais* » (C. pr. pén., art. 803-8 I et R. 249-28), « *sous réserve, s'il s'agit d'une personne prévenue, de l'accord du magistrat saisi du dossier de la procédure* » (C. pr. pén., art. 803-8 I et R. 249-28).

« *l'administration pénitentiaire adresse un rapport d'information au juge sur les mesures prises ou proposées au détenu. Copie de ce rapport est adressée par tout moyen à l'avocat du requérant, ou, si celui-ci n'est pas assisté par un avocat, au requérant* » (C. pr. pén., art. R. 249-29).

4. La vérification des mesures prises par l'administration pénitentiaire et la décision tirant les conséquences de ces mesures (3e étape)

À l'issue du délai imparti à l'administration pénitentiaire et « *à réception de son rapport* » (C. pr. pén., art. R. 249-29), le juge peut procéder à « *toute vérification qu'il estime utile* » (C. pr. pén., art. 803-8 I), en faisant le cas échéant usage des pouvoirs d'instruction précités (C. pr. pén., art. R. 249-24) « *permettant de s'assurer qu'il a été mis fin aux conditions de détention contraires à la dignité du requérant* » (C. pr. pén., art. R. 249-29).

Le juge est tenu de statuer définitivement sur le mérite de la requête « *dix jours au plus tard après l'expiration du délai* » imparti à l'administration pénitentiaire (C. pr. pén., art. 803-8 II, C. pr. pén., art. R. 249-29), après avoir « *de nouveau recueilli les observations et avis* » du requérant ou le cas échéant de son avocat, les observations écrites de l'administration pénitentiaire, du juge d'instruction, du procureur de la République ou du procureur général (C. pr. pén., art. R. 249-30).

« *Si le juge considère qu'il a été mis fin aux conditions de détention contraires à la dignité du requérant, il constate qu'il n'y a plus lieu à statuer sur le fond de la requête* » (C. pr. pén., art. R. 249-30). Son ordonnance est notifiée et peut faire l'objet d'un appel devant le président de la CHINS (C. pr. pén., art. R. 249-30 et R. 249-36).

Si le JLD considère « *qu'il n'a pas été mis fin aux conditions indignes de détention* » de la personne en détention provisoire, il ordonne (C. pr. pén., art. 803-8 II et R. 249-32) :

– soit « *le transfèrement de la personne dans un autre établissement pénitentiaire* », au vu des seules propositions faites à sa demande par l'administration pénitentiaire (C. pr. pén., art. R. 249-33) ;

– soit « *sa mise en liberté immédiate, le cas échéant sous contrôle judiciaire ou sous ARSE* ».

Il peut toutefois refuser « *par ordonnance motivée* » (C. pr. pén., art. R. 249-32) d'ordonner ces mesures si la personne « *s'est opposée à un transfèrement qui lui a été proposé par l'administration pénitentiaire* » (C. pr. pén., art. 803-8 II).

5. L'appel contre les ordonnances du JLD devant le président de la CHINS

Les décisions prises par le JLD sur le fondement de C. pr. pén., art. 803-8 sont motivées (C. pr. pén., art. 803-8 III).

Elles sont notifiées sans délai au requérant et à son avocat, et, selon les cas, au juge d'instruction, au procureur de la République ou au procureur général (C. pr. pén., art. R. 249-22, ainsi que R. 249-26, R. 249-27 et R. 249-30 renvoyant à R. 249-22).

Elles peuvent faire l'objet d'un **appel** dans le délai de 10 jours à compter de leur notification devant le président de la CHINS, par le détenu, son avocat, ou le procureur de la République (C. pr. pén., art. 803-8 III et R. 249-36).

« *L'appel est formé soit par déclaration au greffe de la juridiction qui a rendu la décision attaquée soit par déclaration auprès du chef d'établissement* », selon les modalités de droit commun fixées par C. pr. pén., art. 502 et 503 (sur les conditions de forme de l'appel, v. n° **19.6**) (C. pr. pén., art. R. 249-36).

Le président de la CHINS est tenu de statuer dans le délai d'un mois, ou dans le délai de 15 jours en cas d'appel du parquet exercé dans les 24 h 00, qui est dans ce cas suspensif (C. pr. pén., art. 803-8 III).

Si le droit d'appel contre l'ordonnance d'irrecevabilité ne résulte pas de la lettre de C. pr. pén., art. 803-8 III, al. 2, qui semble le limiter aux ordonnances statuant au fond sur le mérite de la requête, il est néanmoins ouvert dans les mêmes conditions par C. pr. pén., art. R. 249-36. La question reste cependant de savoir si le président de la CHINS est également tenu dans ce cas par le délai d'un mois prévu par C. pr. pén., art. 803-8 III, al. 2.

Précisons que si le requérant peut demander son audition au JLD il en est autrement devant le président de la CHINS, devant laquelle la demande de comparution est irrecevable ; en revanche, il « *peut présenter toutes observations utiles, personnellement ou par l'intermédiaire de son avocat, auxquelles ce magistrat est tenu de répondre* » (§ 13) (Crim. 13 sept. 2022, n° 22-83.885, P). La QPC soutenant que l'impossibilité de solliciter la comparution personnelle est inconstitutionnelle est rejetée comme dépourvue de sérieux (même affaire).

6. La saisine directe du président de la CHINS en cas de non-respect des délais pour statuer

Comme précisé ci-dessus, le JLD est tenu tout d'abord de statuer sur la recevabilité de la requête dans les 10 jours de sa réception, puis sur son bien fondé dans les 7 jours ~~10 jours~~ » (mod. issue L. n° 2021-1729, 22 déc. 2021) de sa première décision statuant sur la recevabilité (C. pr. pén., art. 803-8 I), enfin sur l'efficacité des mesures correctives prises par l'administration pénitentiaire dans les 10 jours de l'expiration du délai imparti à cette dernière (C. pr. pén., art. 803-8 II).

Pour chacune de ces trois étapes, comme en matière de demande de mise en liberté (C. pr. pén., art. 148, v. n° **12.59B1**) ou de mainlevée du contrôle judiciaire (C. pr. pén., art. 140, v. n° **12.60A2**), le non-respect des délais impartis au juge pour statuer n'est pas sanctionné par la mise en liberté d'office mais par la faculté donnée au requérant ou à son avocat de saisir directement le président de la CHINS, selon les modalités prévues pour l'appel (C. pr. pén., art. 803-8 III, al. 3 et R. 249-37). En revanche, à la différence des dispositions précitées (C. pr pén., art. 148 et 140), les textes applicables n'imposent pas au président de la CHINS de délai pour statuer sur sa saisine directe.

7. Le pourvoi en cassation contre l'ordonnance du président de la CHINS

« *à défaut de texte législatif contraire, l'ordonnance du président de la CHINS statuant sur une requête portant sur les conditions de détention d'une personne placée en détention provisoire entre dans les prévisions de C. pr. pén., art. 567* » (§ 9), « *dès lors, le pourvoi formé contre une telle décision est recevable* » (§ 10) (Crim. 31 mai 2022, n° 22-81.770, P ; dans le même sens, pour la décision du président de la CHAP lorsque la personne détenue est en cours d'exécution de peine : Crim. 16 nov. 2022, n° 22-80.807, P) (sur les décisions susceptibles de pourvoi et C. pr. pén., art. 567, v. n° **19.14A**).

Par application de C. pr. pén., art. 606, le pourvoi est devenu sans objet lorsque son auteur a été transféré dans un autre établissement pénitentiaire, le recours prévu au C. pr. pén., art. 803-8 ayant en effet « *pour objet soit de permettre une amélioration des conditions de détention de la personne mise en examen dans l'établissement où elle est incarcérée au jour de sa requête, soit d'empêcher la continuation de ces conditions lorsqu'elles seraient indignes* » (Crim. 14 juin 2022, nº 22-80.023, P ; dans le même sens : Crim. 8 févr. 2023, nº 22-82.512).

C. La prise en compte des pathologies incompatibles avec le maintien en détention (C. pr. pén., art. 147-1)

Si le droit positif, au moins jusqu'à la jurisprudence décrite en A ci-dessus (Crim. 8 juill. 2020, nº 20-81.739, P), ne prévoyait pas de modalités générales de remise en question d'une mesure de détention provisoire lorsque ses conditions effectives portaient atteinte au principe de prohibition des traitements inhumains ou dégradants, la Ch. crim. a semblé admettre la mainlevée de la mesure en cas « *d'allégation d'éléments propres à la personne concernée, suffisamment graves pour mettre en danger sa santé physique ou mentale* » (analyse *a contrario* de Crim. 29 févr. 2012, nº 11-88.441, P nº 58). Un tel recours est désormais institué par L. nº 2014-896, 15 août 2014, en cas de pathologie incompatible avec le maintien en détention.

En effet, « *la mise en liberté d'une personne placée en détention provisoire peut être ordonnée, d'office ou à la demande de l'intéressé, lorsqu'une expertise médicale établit que cette personne est atteinte d'une pathologie engageant le pronostic vital ou que son état de santé physique ou mentale est incompatible avec le maintien en détention.*

En cas d'urgence, la mise en liberté peut être ordonnée au vu d'un certificat médical établi par le médecin responsable de la structure sanitaire dans laquelle cette personne est prise en charge ou par le remplaçant de ce médecin » (C. pén., art. 147-1).

La mise en liberté peut être ordonnée sur ce fondement en toute matière, délictuelle ou criminelle, et être assortie d'un placement sous contrôle judiciaire ou d'une assignation à résidence avec surveillance électronique.

Sans préjudice d'une demande fondée sur l'indignité des conditions de détention (C. pr. pén., art. 803-8, v. B ci-dessus), la mise en liberté peut-être refusée « *s'il existe un risque grave de renouvellement de l'infraction* ».

Dans la continuité de la jurisprudence (Crim. 29 janv. 2008, nº 07-87.802, P nº 21), « *L'évolution de l'état de santé de la personne peut constituer un élément nouveau permettant qu'elle fasse l'objet d'une nouvelle décision de placement en détention provisoire* », dès lors que les conditions de cette mesure sont réunies.

Mentionnons que des dispositions comparables s'appliquent au stade de l'exécution de la peine ferme (C. pr. pén., art. 720-1-1 ; sur le régime de la suspension de la peine pour motif médical, v. nº 18.8C).

12.43 La durée de la détention provisoire dans le cadre de l'instruction

A. Les durées maximales de la détention provisoire sont déterminées par la loi en fonction de la peine encourue et des antécédents judiciaires

À la différence du contrôle judiciaire, dont la durée n'est pas limitée par des délais butoirs, la détention provisoire est toujours, comme l'ARSE, à peine de mainlevée d'office de la mesure, encadrée par des durées maximales, déterminées en fonction du *quantum* de la peine correctionnelle ou criminelle encourue et le cas échéant, en matière correctionnelle, des antécédents judiciaires de la personne, selon les tableaux figurant au C ci-dessous.

Ces durées maximales sont déterminées par la loi et lorsque « *le JLD ordonne le placement en détention provisoire, il ne tient d'aucune disposition légale le pouvoir de fixer à l'avance une durée de détention inférieure à celle prévue par la loi* » (Crim. 3 avr. 2002, nº 02-81.056, P nº 73) ni lorsqu'il ordonne la prolongation d'une détention, de « *limiter à l'avance cette mesure à une durée inférieure à celle* » prévue par la disposition applicable (Crim. 16 mars 2021, n° 20-87.141 (§ 8), P). Est ainsi approuvée la CHINS qui énonce que « *le législateur n'a pas accordé aux juges le pouvoir de fixer à l'avance une durée de détention inférieure à celle prévue par la loi lorsqu'ils décident du placement en détention* » « *dès lors que la personne placée en détention provisoire peut, à tout moment, demander sa mise en liberté* » (Crim. 21 nov. 2006, n° 06-86.937, P n° 291). De même, la durée du mandat de dépôt résulte, par l'effet de la loi, de la qualification donnée aux faits par la mise en examen, peut important que le titre de détention porte la mention erronée « correctionnel » lorsque les faits reprochés sont criminels (Crim. 7 févr. 2017, n° 16-86.761, P n° 36).

La **peine encourue** ne s'apprécie qu'en fonction de l'infraction et des circonstances aggravantes réelles reprochées, en conséquence « *le juge ne peut pas prolonger la détention provisoire de la personne mise en examen en prenant en compte, pour déterminer la peine encourue, la circonstance de récidive* » (Crim. 25 mai 2005, n° 05-81.724, P n° 160 ; dans le même sens : Crim. 19 févr. 2002, n° 01-88.182, P n° 31). Soulignons que le même raisonnement est suivi pour la détermination de la « *peine encourue* », s'agissant de l'obligation de procéder à une enquête sociale rapide avant le placement en détention (C. pr. pén., art. 41 et 81 ; Crim. 23 janv. 2007, n° 06-88.259, P n° 12, v. n° **12.38B1**), ou pour apprécier les seuils de 7 ans ou de 5 ans d'emprisonnement conditionnant la mise en œuvre de l'ARSE mobile (C. pr. pén., art. 142-5 et 137-3 ; Crim. 19 avr. 2023, n° 23-80.817, P, v. n° **12.54B**).

S'agissant, en matière correctionnelle, des **antécédents judiciaires** de la personne, il n'est pas nécessaire qu'ils matérialisent un état de récidive légale (sur la récidive, v. n° **18.5**) et s'apprécient « *au jour de la décision de prolongation de la détention provisoire* », de sorte que peut être retenue une condamnation devenue définitive après l'écrou initial (Crim. 21 juill. 1981, n° 81-92.933, P n° 234), ou une condamnation par défaut atteinte par la prescription de la peine (Crim. 18 juin 2003, n° 03-81.622, P n° 126). Toutefois, selon « *le principe de la territorialité de la loi pénale* », ne peut être « *pris en compte une décision rendue par une juridiction étrangère* » (même décision, Crim. 18 juin 2003, n° 03-81.622, P n° 126).

B. La durée raisonnable de la détention provisoire et la mise en liberté d'office (C. pr. pén., art. 144-1 et 147)

1. L'exigence d'une durée raisonnable de la détention et ses critères d'appréciation

Si tout mandat de dépôt est soumis à une échéance, au terme de laquelle intervient soit la mise en liberté, soit la prolongation de la détention, cette dernière n'est possible que si elle reste fondée en droit et si les motifs de fait de la détention encadrés par C. pr. pén., art. 144 restent d'actualité (sur les conditions de motivation de la détention provisoire et de son maintien, v. n^{os} **12.36B** et **12.37B**).

En toute hypothèse, « *la détention provisoire ne peut excéder une durée raisonnable, au regard de la gravité des faits reprochés à la personne mise en examen et de la complexité des investigations nécessaires à la manifestation de la vérité* » (C. pr. pén., art. 144-1), ou, sur le fondement de la Conv. EDH, « *la durée de la détention provisoire ne doit pas excéder le délai raisonnable imposé* » par l'article 6 § 1 (Crim. 29 mars 2017, n° 17-80.642, P n° 100, Crim. 17 juin 2015, n° 15-82.206, P n° 154), solution que fonde également Conv. EDH, art. 5 §3.

Toutefois, « *la célérité particulière à laquelle un accusé détenu a droit dans l'examen de son cas ne doit pas nuire aux efforts des magistrats pour accomplir leur tâche avec le soin voulu (mutatis mutandis, W. c/ Suisse, 26 janv. 1993, § 42, série A n° 254-A)* », en outre, lorsque « *La longueur de la détention incriminée se révèle imputable* [en partie] *au comportement du requérant, qui a multiplié les demandes d'actes et les demandes de remise en liberté* [il n'a] *certes pas l'obligation de coopérer avec les autorités, mais il doit supporter les conséquences que son attitude a pu entraîner dans la marche de l'instruction (Pêcheur c/ Luxembourg, n° 16308/02, § 62, 11 déc. 2007)* » (précédents cités par CEDH 18 oct. 2012, *Rossi c/ France*, § 84).

2. La mise en liberté s'impose dès que les conditions de la détention ne sont plus remplies

Au regard des critères qui précèdent, le juge doit en conséquence « *ordonner la mise en liberté immédiate* » dès que la condition de la « *durée raisonnable* » n'est plus remplie (C. pr. pén., art. 144-1). Ce délai raisonnable, « *doit être apprécié à la date à laquelle la juridiction statue* », plusieurs mois (un peu plus d'un an dans cette affaire) peuvent en effet s'écouler entre la demande de mise en liberté et le moment où la CHINS statue dans le cas, comme en l'espèce, d'un renvoi après cassation (Crim. 26 avr. 2017, nº 17-80.806, P nº 124).

La liberté doit également être ordonnée lorsque les conditions de la détention provisoire définies par C. pr. pén., art. 144 (v. nº **12.37B**) « *ne sont plus remplies* » (C. pr. pén., art. 144-1), sans préjudice de l'application des dispositions de C. pr. pén., art. 803-8, issues L. nº 2021-403, 8 avr. 2021, garantissant le droit de la personne d'être détenue dans des conditions respectant sa dignité (sur ce point, v. nº **12.42B**). Mais « *il ne saurait être imposé au juge qui ordonne une mise en liberté, fût-ce contrairement aux réquisitions du ministère public, de constater l'absence des conditions qui [...] pourraient autoriser une mesure de détention provisoire, laquelle ne peut être prononcée qu'à titre exceptionnel, la liberté demeurant la règle* » (Crim. 9 avr. 2019, nº 19-80.550, P nº 69).

Si l'examen de ses critères doit être opéré à chaque fois que le magistrat est saisi d'une demande de mise en liberté (sur la demande de mise en liberté durant l'instruction, v. nº **12.59** et durant le délai d'audiencement de la procédure, v. nº **12.61**), il revient au juge saisi de les apprécier d'office à tout moment de la procédure.

Ainsi, « *en toute matière, la mise en liberté assortie ou non du contrôle judiciaire peut être ordonnée d'office* » par le juge d'instruction, après avis du procureur de la République, à charge pour la personne de « *prendre l'engagement de se représenter à tous les actes de la procédure aussitôt qu'elle en sera requise et de tenir informé le magistrat instructeur de ses déplacements* » (C. pr. pén., art. 147). Notons que cet engagement n'a pas la valeur d'une obligation de contrôle judiciaire et que sa violation ne peut en tant que telle motiver une mesure de détention provisoire (sur les conditions de la révocation du contrôle judiciaire, v. nº **12.53D**).

Le procureur de la République peut également requérir à tout moment la mise en liberté, assortie ou non d'un contrôle judiciaire. Dans les 5 jours de ces réquisitions, à moins qu'il n'y fasse lui-même droit, le juge d'instruction doit en saisir avec son avis motivé le JLD, lequel doit statuer dans les 3 jours ouvrables (C. pr. pén., art. 147).

Mentionnons que l'interdiction de recevoir ou de rencontrer la victime ou d'entrer en relation de quelque façon que ce soit avec elle **doit** être ordonnée par la juridiction « *lorsqu'une mise en liberté est ordonnée* » « *mais qu'elle est susceptible de faire courir un risque à la victime* », laquelle doit être alors avisée de ce placement sous contrôle judiciaire (C. pr. pén., art. 138 9° et 144-2, sur les mesures d'éloignement de la victime imposées dans le cadre du contrôle judiciaire, v. nº **12.46B**) (sur la prise en compte des intérêts de la victime lors des mesures de contrainte avant jugement, v. également nº **16.3**).

Soulignons enfin que toute juridiction ordonnant la « *mise en liberté immédiate d'une personne dont la détention provisoire est irrégulière en raison du non-respect des délais et formalités* » peut, « *dans cette même décision, placer la personne sous contrôle judiciaire si cette mesure est indispensable pour assurer l'un des objectifs* » justifiant la détention provisoire prévus au C. pr. pén., art. 144 (C. pr. pén., art. 803-7), mesure que la Ch. crim. peut également ordonner, « *dès lors qu'elle trouve dans les pièces de la procédure des éléments d'information pertinents et que la mesure apparaît indispensable pour assurer l'un des objectifs énumérés au C. pr. pén., art. 144* » (§ 13) (Crim. 13 oct. 2020, nº 20-82.016, P ; Crim. 6 juin 2023, nº 23-81.726, P), y compris s'il s'agit d'un mineur (Crim. 16 mai 2023, nº 23-80.982 (§ 14), P).

C. La durée de la détention provisoire du majeur en matière correctionnelle – Tableau (C. pr. pén., art. 145-1 et 145-3)

Les durées de détention provisoire exposées dans le tableau ci-après peuvent être le cas échéant complétées d'une durée supplémentaire de détention jusqu'à 4 mois en cas de révocation du contrôle judiciaire (C. pr. pén., art. 141-3, v. nº **12.53D**) ou de l'ARSE (C. pr. pén., art. 142-8 renvoyant à 141-3, D. 32-21, v. nº **12.57C2**). Sur cette durée supplémentaire, v. **E** ci-dessous.

Enfin, selon les indications portées au tableau précité, « *À titre exceptionnel, lorsque les investigations du juge d'instruction doivent être poursuivies et que la mise en liberté de la personne mise en examen causerait pour la sécurité des personnes et des biens un risque d'une particulière gravité* », la CHINS saisie par ordonnance motivée du JLD peut prolonger d'une durée supplémentaire de 4 mois la durée de la détention dans les cas où celle-ci est plafonnée à 2 ou 3 ans (C. pr. pén., art. 145-1 et 706-24-3).

Précisons que ces durées de détention provisoire ne sont applicables que jusqu'à la clôture de l'information, même en cas d'appel de l'ordonnance de renvoi devant la juridiction de jugement (C. pr. pén., art. 186-5), y compris lorsque la CHINS a ordonné un supplément d'information (Crim. 18 déc. 2019, nº 19-86.338, P ; dans le même sens : Crim. 10 avr. 2018, nº 18-80.371, P nº 70). En effet, en cas de maintien en détention après l'ordonnance de renvoi du juge d'instruction, les délais de détention sont alors ceux applicables à l'audiencement des dossiers correctionnels dans lesquels le prévenu est détenu (sur l'ordonnance de maintien en détention et le délai de comparution devant la juridiction de jugement, C. pr. pén., art. 179, v. nº **12.46**).

Tableau 9 : Durée de la détention provisoire du majeur en matière correctionnelle (C. pr. pén., art. 143-1 et 145-1)

Durée maximale	Champ d'application	Durée de validité du mandat de dépôt et prolongations
4 mois	Délai de droit commun applicable en l'absence d'une des autres conditions ci-dessous (soit, principalement, peine encourue ⩾ 3 ans et ⩽ 5 ans et absence de condamnation antérieure à une peine ferme > 1 an)	Aucune prolongation possible du délai de 4 mois
1 an	Conditions alternatives : • peine encourue > 5 ans ; • peine encourue ⩾ 3 ans et ⩽ 5 ans et prévenu déjà condamné pour crime ou délit de droit commun à une peine criminelle ou ferme > 1 an (sur la prise en compte des antécédents judiciaires, v. **A** ci-dessus).	4 mois renouvelable 2 fois par le JLD (4 + 4 + 4 mois = 1 an)
2 ans (+ 4 mois)	Une des conditions imposées ci-dessus pour la détention de 1 an + une des conditions suivantes : • faits commis à l'étranger ; • association de malfaiteurs ; • proxénétisme ; • extorsion de fonds ; • infraction en bande organisée avec peine encourue de 10 ans.	4 mois renouvelable 5 fois par le JLD (4 + 4 + 4 + 4 + 4 + 4 = 2 ans Prolongation exceptionnelle de 4 mois par la CHINS saisie par ordonnance motivée du JLD (2 ans + 4 mois)
2 ans (+ 4 mois)	Délits de terrorisme prévus par C. pén., art. 421-1 à 421-6 (v. nº **23.25** à **23.27**) (sauf délit d'association de malfaiteurs terroriste, v. plus bas) (C. pr. pén., art. 706-24-3)	6 mois renouvelable 3 fois par le JLD (6 + 6 + 6 + 6 mois = 2 ans) Prolongation exceptionnelle de 4 mois par la CHINS saisie par ordonnance motivée du JLD (2 ans + 4 mois)

3 ans (+ 4 mois)	Délit d'association de malfaiteurs terroriste prévu par C. pén., art. 421-2-1 (v. n° **23.25** cas **B**) (C. pr. pén., art. 706-24-3)	6 mois renouvelable 5 fois par le JLD (6 + 6 + 6 + 6 + 6 + 6 mois = 3 ans) Prolongation exceptionnelle de 4 mois par la CHINS saisie par ordonnance motivée du JLD (3 ans + 4 mois)

D. La durée de la détention provisoire du majeur en matière criminelle – Tableau (C. pr. pén., art. 145-2 et 145-3)

Les durées ci-dessous s'appliquent jusqu'à la clôture de l'information, même en cas d'appel de l'ordonnance de renvoi devant la juridiction de jugement (C. pr. pén., art. 186-5). Le mandat de dépôt criminel conserve de plein droit sa force exécutoire après l'ordonnance ou l'arrêt de mise en accusation du juge d'instruction ou de la CHINS et les délais de la détention sont alors ceux applicables à l'audiencement des dossiers criminels dans lesquels l'accusé est détenu (C. pr. pén., art. 181 et 380-3-1, v. n° **12.46**).

Comme en matière délictuelle, ces durées peuvent être le cas échéant complétées d'une durée supplémentaire de détention jusqu'à 4 mois en cas de révocation du contrôle judiciaire (C. pr. pén., art. 141-3, v. n° **12.53D**) ou de l'ARSE (C. pr. pén., art. 142-8 renvoyant à 141-3, D. 32-21, v. n° **12.57C2**). Sur cette durée supplémentaire, v. **E** ci-dessous.

Enfin, selon les indications portées au tableau ci-dessous, « *À titre exceptionnel, lorsque les investigations du juge d'instruction doivent être poursuivies et que la mise en liberté de la personne mise en examen causerait pour la sécurité des personnes et des biens un risque d'une particulière gravité* », la CHINS saisie par ordonnance motivée du JLD peut prolonger d'une durée supplémentaire de 4 mois renouvelable une fois la durée de la détention (C. pr. pén., art. 145-2). « *Lorsque le JLD saisit la CHINS par une ordonnance motivée en vue de la prolongation exceptionnelle de la détention provisoire, [...], ces dispositions [C. pr. pén., art. 145-2, al. 3] n'imposent pas que ladite saisine soit spécialement motivée sur le fondement des mêmes critères que ceux imposés à la CHINS, seule compétente pour ordonner une telle prolongation* » (Crim. 4 avr. 2023, n° 23-80.436, P).

Tableau 10 : Durée de la détention provisoire du majeur en matière criminelle (C. pr. pén., art. 145-2)

Durée maximale	Champ d'application	Durée de validité du mandat de dépôt et prolongations
2 ans (+ 8 mois)	Réclusion criminelle encourue < 20 ans	1 an puis 2 prolongations de 6 mois possibles par le JLD (1 an + 6 + 6 mois = 2 ans) Prolongation exceptionnelle de 4 mois renouvelable une fois par la CHINS saisie par ordonnance motivée du JLD (2 ans + 4 + 4 mois)
3 ans (+ 8 mois)	Conditions alternatives : • Réclusion criminelle encourue < 20 ans et faits commis à l'étranger ; • Réclusion criminelle encourue ⩾ 20 ans.	1 an puis 4 prolongations de 6 mois possibles par le JLD (1 an + 6 + 6 + 6 + 6 mois = 3 ans) Prolongation exceptionnelle de 4 mois renouvelable une fois par la CHINS saisie par ordonnance motivée du JLD (3 ans + 4 + 4 mois)
4 ans (+ 8 mois)	Conditions alternatives : • Réclusion criminelle encourue ⩾ 20 ans et faits commis à l'étranger	1 an puis 6 prolongations de 6 mois possibles (1 an + 6 + 6 + 6 + + 6 + 6 + 6 mois = 4 ans)

• Poursuite pour plusieurs crimes d'atteinte : – aux personnes du livre II C. pén. et/ou – à la Nation, l'État ou la paix publique du livre IV C. pén. • Trafic de stupéfiants • Terrorisme • Proxénétisme • Extorsion de fonds • Crime commis en bande organisée	Prolongation exceptionnelle de 4 mois renouvelable une fois par la CHINS saisie par ordonnance motivée du JLD (4 ans + 4 + 4 mois = 4 ans et 8 mois)

« *l'expression « crime commis en bande organisée », dont l'interprétation doit être littérale, s'agissant d'une disposition allongeant la durée de la détention provisoire, suppose que les faits poursuivis puissent recevoir une qualification criminelle, indépendamment de la circonstance de bande organisée* » (§ 10) (Crim. 13 sept. 2022, nº 22-84.037, P). En conséquence, un vol en bande organisé, délit dont l'aggravation par la circonstance de bande organisée fait encourir une peine criminelle (C. pén., art. 311-9), n'est pas constitutif d'un « *crime commis en bande organisée* » au sens de C. pr. pén., art. 145-2 al. 2.

Il « *ressort des travaux préparatoires de la L. nº 2000-516, 15 juin 2000, qu'en visant le trafic de stupéfiants, le terrorisme, le proxénétisme, ou l'extorsion de fonds au C. pr. pén., art. 145-2, al. 2, le législateur a entendu énumérer des catégories ou des ensembles d'infractions, en usant de termes génériques* » (17), « *Il s'en déduit que C. pr. pén., art. 145-2, al. 2 et 3, s'applique lorsque la personne est poursuivie pour le délit d'extorsion ou extorsion aggravée, quel que soit l'objet de celle-ci* », y compris l'extorsion du code secret d'une carte bancaire (§ 18) (Crim. 2 juin 2021, nº 21-81.581, P).

E. La durée supplémentaire de détention provisoire en cas de révocation du contrôle judiciaire et de l'ARSE (C. pr. pén., art. 141-3 et 142-8)

Selon les précisions apportées au nº **12.53D** pour la révocation du contrôle judiciaire (C. pr. pén., art. 141-3) et au nº **12.57C2** pour la révocation de l'ARSE (C. pr. pén., art. 142-8 renvoyant à 141-3), la détention provisoire ordonnée à titre de révocation de ces mesures donne lieu pour le **majeur** à une durée supplémentaire de détention de 4 mois s'additionnant aux durées maximales précitées, ou à une durée de détention maximale de 4 mois lorsque la peine encourue est < 3 ans, hypothèse dans laquelle la détention provisoire ne peut être prononcée *ab initio* dans le cadre de l'instruction (sur les conditions de peine encourue pour la détention provisoire, v. nº **12.36D**).

Cette durée est réduite pour le **mineur** et en fonction de son âge (CJPM, art. 433-7 et 433-8), selon des règles communes à la révocation du contrôle judiciaire et de l'ARSE (v. nºs **12.53E**).

F. La durée de la détention provisoire du mineur – Tableaux

Les durées ci-dessous s'appliquent jusqu'à la clôture de l'information. Les délais de détention sont ensuite ceux applicables à l'audiencement des dossiers dans lesquels le prévenu ou l'accusé mineur est détenu (CJPM, art. L. 434-6, L. 434-7, L. 434-8, L. 434-9 et C. pr. pén., art. 179 et 181, v. nº **12.46**).

Mentionnons que les règles applicables en matière de détention des mineurs « *ne sont pas applicables à la personne à laquelle sont imputées des infractions qualifiées crime ou délit, dont certaines ont été commises alors qu'elle était âgée de plus de dix-huit ans* » (Crim. 9 déc. 2003, nº 03-85.587, P nº 236).

1. La durée de la détention provisoire du mineur ⩾ 13 ans et < 16 ans (CJPM, art. L. 433-2 et L. 433-4)

Tableau 11 : Durée de la détention provisoire du mineur ⩾ 13 ans et < 16 ans (CJPM, art. L. 433-2 et L. 433-4)

Durée maximale	Champ d'application	Durée de validité du mandat de dépôt et prolongations
1 mois	Peine d'emprisonnement encourue < 10 ans (délit)	15 jours renouvelable une fois (15 + 15 jours = 1 mois) (CJPM, art. L. 433-2)
2 mois	Peine d'emprisonnement encourue = 10 ans (délit)	1 mois renouvelable une fois (1 + 1 mois = 2 mois) (CJPM, art. L. 433-2)
1 an	Peine criminelle encourue (crime)	6 mois renouvelable une fois (6 + 6 mois = 1 an) (CJPM, art. L. 433-4)

2. La durée de la détention provisoire du mineur ⩾ 16 ans (CJPM, art. L. 433-3 et L. 433-5)

Tableau 12 : Durée de la détention provisoire du mineur ⩾ 16 ans (CJPM, art. L. 433-3 et L. 433-5)

Durée maximale	Champ d'application	Durée de validité du mandat de dépôt et prolongations
2 mois	Emprisonnement encouru ⩽ 7 ans (délit)	1 mois renouvelable une fois (1 + 1 mois = 2 mois) (CJPM, art. L. 433-3)
1 an	Emprisonnement encouru > 7 ans (délit)	4 mois renouvelable 2 fois (4 + 4 + 4 mois = 1 an) (CJPM, art. L. 433-3)
2 ans	Délit d'association de malfaiteurs terroriste prévu par C. pén., art. 421-2-1 (CJPM, art. L. 433-6)	4 mois renouvelable 5 fois (4 + 4 + 4 + 4 + 4 + 4 mois = 2 ans) (CJPM, art. L. 433-3 et L. 433-6)
2 ans	Peine criminelle encourue	1 an puis 2 prolongations de 6 mois possibles (1 an + 6 + 6 mois = 2 ans) (CJPM, art. L. 433-5)
3 ans	Crimes de terrorisme prévus par C. pén., art. 421-1 1°, 421-5 et 421-6 (CJPM, art. L. 433-6)	1 an puis 4 prolongations de 6 mois possibles (1 an + 6 + 6 + 6 + 6 mois = 3 ans) (CJPM, art. L. 433-5 et L. 433-6)

12.44 Les modalités de calcul de la durée de la détention provisoire dans le cadre de l'instruction

A. La détermination du point de départ de la durée de la détention provisoire

1. Le point de départ du titre de détention initial

« *Le délai ne commence à courir que du jour de l'ordonnance de placement en détention provisoire rendue par le JLD* », de sorte que lorsque le tribunal a renvoyé le ministère public à mieux se pourvoir dans le cadre d'une procédure de comparution immédiate (v. n° 15.15) en application de C. pr. pén., art. 397-2, et que le parquet a ouvert une information (v. n° 15.15D), le point de départ du délai est celui de l'ordonnance du JLD et non celui du placement en détention préalablement ordonné par le tribunal (Crim. 23 août 2005, n° 05-83.796, P n° 210). Une solution comparable paraît s'imposer en cas de comparution différée (v. n° 15.16).

En revanche, lorsque le débat contradictoire a été précédé d'une **incarcération provisoire** dans les conditions prévues par C. pr. pén., art. 145 (v. n° 12.39A2), sa durée est imputée sur celle de la détention provisoire pour l'application de C. pr. pén., art. 145-1 et 145-2 (C. pr. pén., art. 145, dernier al.). Il en résulte que le point de départ de la détention est alors la date d'incarcération provisoire.

« *La date d'écrou d'une personne saisie en vertu d'un mandat d'arrêt fixe le point de départ de sa détention provisoire* » (Crim. 10 mai 1995, n° 95-80.975, P n° 168 ; Crim. 8 oct. 1970, n° 70-92.283, P n° 259) (sur la mise à exécution du mandat d'arrêt, v. n° **12.6**). « *le point de départ de la détention provisoire* [...], *d'une personne remise en vertu d'un mandat d'arrêt européen* [est] *sa date d'écrou en France* » (Crim. 31 mai 2011, n° 11-81.110, P n° 112) (sur le mandat d'arrêt européen, v. n° **12.8**). Dans le cadre d'une procédure d'extradition, le délai ne commence « *à courir qu'à partir du jour ou l'inculpé a été écroué sur le territoire national et mis ainsi à la disposition du magistrat instructeur* » (Crim. 1er juin 1976, n° 76-90.922, P n° 194). Dans le même sens, « *la CHINS, [...] n'avait pas à prendre en considération, pour apprécier le caractère raisonnable de la durée de la détention provisoire, la durée de la privation de liberté subie à l'étranger* » au titre de la procédure d'extradition (§ 12) (Crim. 19 janv. 2022, n° 21-86.277, P).

S'agissant du **mandat d'amener**, lorsque la personne interpellée à plus de 200 km du siège du juge d'instruction qui l'a délivré est conduite à la maison d'arrêt du lieu d'arrestation dans l'attente de son transfèrement (C. pr. pén., art. 127 à 130), la date du point de départ de la détention reste celle de l'ordonnance de placement en détention provisoire (Crim. 26 juill. 1989, n° 89-82.961, P n° 300 ; Crim. 8 avr. 1986, n° 86-90.455, P n° 117) (sur la mise à exécution du mandat d'amener, v. n° **12.5**).

Mentionnons que les périodes d'incarcération qui ne sont pas prises en compte pour fixer le début de la détention provisoire (détention ordonnée par le tribunal correctionnel renvoyant le parquet à mieux se pourvoir dans le cadre de la comparution immédiate ou différée, incarcération subie hors de France pour l'exécution d'un mandat d'arrêt européen ou lors d'un écrou extraditionnel, incarcération subie pour la mise à exécution d'un mandat d'amener), sont toutefois déduites de la peine au stade de l'exécution de la condamnation (C. pr. pén., art. 716-4, v. n° **18.10B**).

2. Le point de départ en cas de réincarcération au titre de la révocation du contrôle judiciaire

Lorsque la détention provisoire est ordonnée à la suite d'une révocation du contrôle judiciaire à l'encontre d'une personne antérieurement placée en détention provisoire pour les mêmes faits, « *pour le calcul de la période* [...] *à l'expiration de laquelle la détention provisoire peut être prolongée, il n'y a pas lieu de tenir compte de la durée accomplie antérieurement à la révocation du contrôle judiciaire* » (Crim. 2 déc. 2003, n° 03-85.460, P n° 229 ; Crim. 22 mars 2011, n° 10-88.849, P n° 57 ; v. aussi Crim. 21 août 2013, n° 13-83.774, D, rejetant la QPC portant sur cette jurisprudence constante de la C. cass.). Il en résulte, à titre d'exemple, que si une personne majeure a déjà subi, pour des faits criminels, une première incarcération de 5 mois avant d'être placée sous contrôle judiciaire, puis a été de nouveau placée en détention au titre de la révocation de cette mesure, le délai de détention de 1 an prévu par C. pr. pén., art. 145-2 (v. tableau du n° **12.43D**), court à compter de cette réincarcération, sans imputation de la période de 5 mois sur cette durée de 1 an.

Le délai de 4 mois prévu au C. pr. pén., art. 141-3 ne constitue en effet pas le terme du mandat de dépôt en cas de révocation du contrôle judiciaire, mais fixe seulement la durée de détention susceptible de s'ajouter aux durées maximales de détention respectivement prévues en matière correctionnelle ou criminelle par C. pr. pén., art. 145-1 et 145-2 (mêmes décisions).

3. Le point de départ en cas d'infraction ayant donné lieu à une mise en examen supplétive

Dans l'hypothèse où la personne, ayant fait l'objet d'une mise en examen supplétive pour de nouveaux faits découverts au cours de l'information, a été pour ces chefs nouveaux « *placée en détention en raison d'infractions commises après sa mise en liberté, il n'y a pas lieu, pour le calcul des délais prévus par les articles 145-1 à 145-3 du code de procédure pénale, de tenir compte de la première période de détention relative aux faits initialement poursuivis* », la date de la prolongation doit donc être calculée à compter de cette nouvelle incarcération sans tenir compte de la durée de la précédente détention (Crim. 30 avr. 2014, n° 14-81.201, P n° 117 ; Crim. 17 avr. 2013, n° 13-81.097, D ; Crim. 11 déc. 2007, n° 07-86.989, P n° 305).

En revanche, il se déduit de C. pr. pén., art. 145-2 que « *lorsqu'une personne ayant déjà été placée sous mandat de dépôt pour des faits délictuels est, dans la même information, mise en examen supplétivement pour des faits nouveaux, mais antérieurs à son placement en détention, entraînant une qualification criminelle, le délai d'un an commence à courir à compter de la date du mandat de dépôt initial* » (Crim. 22 mars 2023, n° 23-80.213, P).

B. Les modalités de calcul de la durée de la détention

1. Le principe du calcul de quantième à quantième

La durée de la détention « *doit être calculée de quantième à quantième à partir de la date du titre initial de la détention* » (Crim. 8 juill. 1992, n° 92-82.292, P n° 270). Ainsi, un mandat de dépôt correctionnel d'une durée de 4 mois ordonné le 22 février expire le jour portant le même quantième du quatrième mois suivant, soit le 22 juin à minuit (ex. Crim. 11 déc. 2001, n° 01-83.440, P n° 260).

C. pr. pén., art. 801 prévoyant que « *le délai qui expirerait normalement un samedi ou un dimanche ou un jour férié ou chômé est prorogé jusqu'au premier jour ouvrable suivant* » ne s'applique pas en matière de durée de la détention (Crim. 16 nov. 1982, n° 82-93.353, P n° 261), à la différence de la durée de l'incarcération provisoire de 4 jours en cas de débat différé (C. pr. pén., art. 145, v. n° **12.39A2**), ou de 3 jours en cas de comparution immédiate (C. pr. pén., art. 396, v. n° **15.15B2**), qui est calculée en jours ouvrables.

2. Le calcul de la durée en cas de changement de qualification ou de nouvelle mise en examen

Lorsqu'il apparaît au cours de l'information que les faits correctionnels initiaux doivent recevoir une **qualification criminelle** et que cette nouvelle qualification est notifiée à la personne par le juge d'instruction, « *le mandat de dépôt initialement délivré demeure valable et est considéré comme un mandat de dépôt criminel* », en conséquence, « *les délais prévus pour la prolongation de la mesure* » sont « *calculés à compter de la délivrance du mandat* » initial (C. pr. pén., art. 118).

En revanche, en cas d'**abandon d'une qualification criminelle** au profit d'une qualification correctionnelle, le juge d'instruction doit, après avoir communiqué le dossier au parquet aux fins de réquisitions, s'il ne prescrit pas la mise en liberté assortie ou non d'un contrôle judiciaire, « *saisir par ordonnance motivée le JLD aux fins du maintien en détention provisoire* » (C. pr. pén., art. 146). La décision est alors prise par le JLD dans les 3 jours de sa saisine, sans débat contradictoire (Crim. 11 mai 2010, n° 10-81.324, P n° 77), dispositif jugé conforme à la Constitution en ce que la personne jouit, à l'occasion de toute demande de mise en liberté, de la faculté de faire valoir ses observations sur l'avis du juge d'instruction et les réquisitions du parquet qui lui sont communiqués (Cons. const. 30 sept. 2011, n° 2011-168 QPC, § 6). La durée de la détention obéit alors aux règles découlant de la nouvelle qualification.

En revanche, lorsque la requalification des faits procède non de l'initiative du juge d'instruction mais de l'effet de la loi qui a correctionnalisé des faits auparavant criminels, « *le titre initial de détention demeure valable et est soumis de plein droit aux règles qui découlent de la nouvelle qualification* », sans qu'il y ait donc lieu de saisir le JLD par application de C. pr. pén., art. 146 (Crim. 7 juin 2006, n° 06-82.233, P n° 158).

Dans l'hypothèse d'une mise en examen pour des faits criminels, d'une part, et correctionnels, d'autre part, l'annulation de la mise en examen criminelle n'affecte pas le titre de détention pour les faits correctionnels qui « *demeure valable et la détention se trouve* [alors] *soumise, à compter du jour où la décision d'annulation est devenue définitive, aux règles qui découlent de la qualification* » correctionnelle des faits « *compte tenu de la durée de détention déjà écoulée depuis qu'elle a été ordonnée* » (Deux décisions du même jour : Crim. 26 avr. 2017, n° 17-80.979, P n° 126 et n° 17-81.316, P n° 127).

En cas de changement de qualification modifiant la peine encourue, « *la détention, à compter de la notification de la nouvelle mise en examen, se trouve soumise aux règles qui découlent de la nouvelle qualification* » (Crim. 9 janv. 1997, n° 96-85.211, P n° 8 ; dans le même sens, pour une qualification criminelle se substituant à une qualification correctionnelle : Crim. 27 mai 1997, n° 97-81.486, P n° 202).

Une logique identique s'applique en cas de nouvelle mise en examen, « *la détention se trouvant alors soumise aux règles qui découlent de la nouvelle* » mise en examen et le délai commence à courir à compter du mandat de dépôt initial (Crim. 29 oct. 1991, n° 91-84.772, P n° 385).

Enfin, « *la personne mise en examen ayant été placée en détention à raison d'une infraction commise après sa mise en liberté, il n'y avait pas lieu, pour le calcul du délai de la détention provisoire* [...], *de tenir compte d'une première période de détention relative à d'autres faits* » (Crim. 11 déc. 2007, n° 07-86.989, P n° 305).

3. Le calcul de la durée en cas de disjonction et de jonction de procédures

Dans le cas de **disjonction** de faits correctionnels renvoyés séparément devant le tribunal correctionnel, les effets du titre de détention criminelle initial perdurent selon les règles de prolongation applicables en matière criminelle (Crim. 12 déc. 2017, n° 17-85.522, P n° 284).

Lorsque la personne fait l'objet d'un mandat de dépôt correctionnel, puis qu'une procédure criminelle distinctement ouverte et ayant donné lieu à un mandat de dépôt criminel fait l'objet d'une **jonction** avec la procédure correctionnelle initiale, le délai du mandat de dépôt criminel commence à courir à compter du mandat de dépôt correctionnel initial (Crim. 9 juin 2004, n° 04-81.901, P n° 159).

Enfin, « *les durées de deux périodes de détention provisoire, effectuées dans deux procédures distinctes ayant donné lieu à jonction, ne se cumulent pas pour le décompte du délai à l'expiration duquel la détention doit être prolongée* » (Crim. 21 août 2013, n° 13-83.774, D ; dans le même sens : Crim. 24 mai 2005, n° 05-81.373, P n° 153).

C. La date d'effet de la décision de prolongation de la détention

« *la prolongation d'une détention provisoire prend effet de plein droit à l'issue de la précédente période de détention* » (Crim. 20 déc. 2017, n° 17-85.880, D). « *la décision de prolongation doit intervenir avant l'expiration* [de la durée] *de la précédente prolongation de détention et* [...] *l'ordonnance de prolongation prend alors effet de plein droit à l'échéance du titre de détention* » (Crim. 7 déc. 2011, n° 11-87.012, D).

« *le JLD ou la juridiction du second degré ne tiennent d'aucune disposition légale le pouvoir de fixer à l'avance une durée de détention inférieure ou supérieure à celle prévue par* » la loi (Crim. 26 juin 2013, n° 13-82.475, D ; dans le même sens : Crim. 2 juin 2010, n° 10-81.957 ; Crim. 8 juill. 2004, n° 04-82.499, D).

Il en résulte que le juge ne peut fixer la date d'effet de la prolongation à la date à laquelle il statue ni à une date autre que celle de l'échéance du précédent délai, dont la mention est d'ailleurs superflue ou inopérante. Ainsi, « *l'ordonnance de prolongation prenant effet de plein droit à l'échéance du titre de détention, la mention d'une date de prise d'effet erronée est inopérante et ne nécessite pas la prise d'une ordonnance rectificative* » (Crim. 6 mars 2007, n°s 06-89.231, 06-89.232, P n° 70 ; dans le même sens : Crim. 23 sept. 2014, n° 14-84.831, D ; Crim. 19 août 2009, n° 09-83.955, D).

Si la prolongation doit intervenir avant l'échéance de la détention provisoire, le juge n'est toutefois pas « *tenu de statuer le dernier jour du délai expiré* » (Crim. 9 janv. 1997, n° 96-85.211, P n° 8 (prolongation du 5 juillet à effet du 19 juillet) ; Crim. 4 janv. 1993, n° 92-85.355, P n° 2 (prolongation du 7 août à effet du 29 août)).

« *aucune disposition légale n'impose que le JLD prescrive la mise en liberté immédiate de la personne dont il refuse de prolonger la détention* », il lui est donc loisible de prescrire que la personne mise en examen sera mise en liberté à l'expiration du titre de détention (Crim. 7 juin 2006, n° 06-82.339, P n° 159).

12.45 La décision de prolongation de la détention provisoire dans le cadre de l'instruction : le débat contradictoire et la motivation

A. Les investigations préalables à la prolongation en matière correctionnelle : la vérification de la faisabilité de l'ARSE (C. pr. pén., art. 142-6)

« *En matière correctionnelle* », la saisine préalable du SPIP aux fins de vérification de la faisabilité technique d'une mesure d'ARSE est obligatoire dans trois situations de prolongation de la détention provisoire, selon les précisions apportées au n° **12.55B1** (C. pr. pén., art. 142-6).

La saisine du SPIP n'est donc pas obligatoire en matière de prolongation d'une détention pour des faits criminels.

Le non-respect des investigations obligatoires n'est toutefois pas sanctionné par la nullité de l'ordonnance de prolongation. En revanche, en cas d'appel de cette ordonnance, le président de la CHINS est contraint de saisir le SPIP aux mêmes fins (C. pr. pén., art. 142-6).

Cette mesure, en ce qu'elle constitue « *des vérifications concernant sa demande* » au sens de C. pr. pén., art. 194, justifie l'allongement du délai d'examen de l'appel du détenu par la CHINS (sur ce délai, v. n° **12.66B**).

B. La décision de prolongation est rendue après débat contradictoire (C. pr. pén., art. 145-1 et 145-2)

1. Les compétences respectives du JLD et de la CHINS pour les prolongations

« *La détention provisoire est* [...] *prolongée par le JLD* » préalablement saisi à cette fin par « *une ordonnance motivée du juge d'instruction qui lui transmet le dossier accompagné des réquisitions du procureur de la République* » (C. pr. pén., art. 137-1).

En matière correctionnelle (C. pr. pén., art. 145-1) comme en matière criminelle (C. pr. pén., art. 145-2), la décision de prolongation de la détention provisoire du JLD est prise « *par une ordonnance motivée* [...] *rendue après un débat contradictoire organisé conformément aux dispositions* » relatives au débat contradictoire de placement en détention provisoire prévu par C. pr. pén., art. 145 (sur le débat contradictoire, v. n° **12.39A**).

Mentionnons que les prolongations exceptionnelles de la détention provisoire, dont la durée s'ajoute aux durées maximales (v. tableaux aux n^{os} **12.43C** et **12.43D**), sont décidées par la CHINS, devant laquelle la comparution est de droit, seule compétente pour les ordonner, saisie par ordonnance motivée du JLD, selon les conditions et modalités fixées par C. pr. pén., art. 145-1 et 145-2.

2. La convocation impérative de l'avocat choisi ou commis d'office et du tuteur ou curateur

• **Modalités de convocation de l'avocat.** L'avocat est convoqué au plus tard 5 jours ouvrables avant le débat, par LRAR, télécopie ou récépissé ou verbalement avec émargement au dossier de la procédure (C. pr. pén., art. 145-1 et 145-2 renvoyant à 114, al. 2).

La preuve de l'information préalable de l'avocat selon l'une des formes limitativement prévues par les dispositions susvisées doit figurer au dossier de la procédure, qui doit comporter le « *justificatif d'une convocation de l'avocat au débat contradictoire* », sans que la mention d'une telle convocation au procès-verbal du débat contradictoire ne suffise (Crim. 3 déc. 2013, n° 13-86.208, P n° 243). La preuve de la convocation de l'avocat par télécopie implique « *la jonction au dossier de la procédure du récépissé consécutif à son envoi* » (Crim. 27 nov. 2012, n° 12-86.085, P n° 257), ce qui suppose par exemple la preuve d'un « *rapport de transaction* » comportant « *la date, l'heure, le temps d'envoi et le nombre de pages* », et attestant de la réception effective du document par le destinataire, notamment au moyen de la mention « ok » (Crim. 2 oct. 2013, nº 13-85.010, P nº 185), ou la preuve que le télécopieur de l'avocat a accusé réception de la convocation, comportant « *le nom du mis en examen, l'objet de la convocation et la date de l'audience* » (Crim. 18 nov. 2015, nº 15-85.287, P nº 515).

• **Portée de l'absence de convocation de l'avocat.** L'absence de convocation de l'avocat porte nécessairement atteinte aux intérêts de la personne faisant l'objet de la mesure, de sorte qu'elle est une cause de nullité de la décision de prolongation même si le mis en examen « *n'a ni revendiqué la présence de son avocat ni sollicité le report* » du débat contradictoire (Crim. 4 déc. 2007, nº 07-86.794, P nº 297). Toutefois, s'il est **majeur**, « *le mis en examen conserve la possibilité de renoncer expressément à la présence de son conseil lors d'un débat contradictoire devant le JLD* » (Crim. 24 janv. 2018, nº 17-86.317, P nº 23). « *La renonciation à se prévaloir de l'irrégularité de la convocation ne peut intervenir qu'au moment du débat contradictoire* » (§ 16) (Crim. 11 déc. 2019, nº 19-86.039, P).

S'agissant du **mineur**, il ne saurait renoncer à son droit à l'assistance d'un avocat (Crim. 29 janv. 1985, nº 84-95.218, P nº 47).

• **Convocations successives de l'avocat.** Lorsque le report du débat contradictoire est consécutif à une **difficulté d'extraction de la personne mise en examen** de son lieu de détention, il revient au juge de s'assurer que l'avocat a été convoqué à l'audience de renvoi selon les formes et les délais de convocation prévus par C. pr. pén., art. 114 (Crim. 3 mai 2017, nº 17-81.139, D). Il en est de même lorsque « *le report du débat contradictoire n'était dû qu'au retard mis par le JLD pour prévoir la comparution physique de la personne détenue* » (§ 14) (Crim. 15 févr. 2022, nº 21-86.966, D). Toutefois, « *l'avocat n'ayant pas fait état auprès du JLD des raisons de son empêchement pour le second débat et n'en ayant pas sollicité la fixation à un autre moment* » (§ 14), il n'y a pas d'atteinte aux intérêts de la personne (même arrêt, Crim. 15 févr. 2022, nº 21-86.966, D). En revanche, lorsque l'avocat a régulièrement été convoqué à un premier débat contradictoire et que le renvoi de ce débat procède du **seul refus de la personne mise en examen** détenue de comparaître avec l'utilisation d'un moyen de communication audiovisuelle, les modes et délais de convocation de l'avocat prévus par C. pr. pén., art. 114 « *ne s'imposent plus, la seule exigence étant que l'avocat soit informé des date et heure auxquelles le débat a été renvoyé* » (Crim. 19 mai 2021, nº 21-81.672, NP ; Crim. 20 juin 2017, nº 17-82.306, P nº 167 ; v. aussi Crim. 20 déc. 2017, nº 17-86.176, P nº 296 ; sur le débat contradictoire par visioconférence, v. ci-dessous). En effet, la notification à l'avocat de la date de l'audience de renvoi ne constitue alors « *pas une nouvelle convocation, distincte de la précédente, mais la simple confirmation d'un report de date convenu entre le magistrat et l'avocat* » (Crim. 18 nov. 2015, nº 15-85.287, P nº 515). Il en va de même lorsque le débat contradictoire est reporté **à la demande de l'avocat régulièrement convoqué au débat initial**, en effet, le respect du délai prévu au C. pr. pén., art. 114 « *ne s'impose pas en cas de report du débat à la demande de l'avocat régulièrement convoqué* », (Crim. 8 mars 2022, nº 21-87.213, P ; Crim. 24 mars 2021, nº 21-80.143, NP). Il en va encore ainsi lorsque le débat doit être renvoyé en raison de l'indisponibilité médicale de la personne et de son refus de comparaître par visioconférence, situation qui ne caractérise pas une situation insurmontable tant que le débat peut encore se tenir avant l'expiration du mandat de dépôt (Crim. 12 juill. 2022, nº 22-82.905, D, § 13).

• **Modalités de convocation en cas de pluralité d'avocats.** Il résulte de C. pr. pén., art. 115, al. 1, d'une part, que « *si elles désignent plusieurs avocats, les parties doivent faire connaître celui d'entre eux qui sera destinataire des convocations, lesquelles sont adressées, à défaut de ce choix, à l'avocat premier choisi* » (Crim. 25 févr. 2014, nº 13-87.869, P nº 51, d'autre part, que « *seul le défaut de ce choix exige de les adresser à l'avocat premier choisi et qu'il s'en déduit que la désignation, en remplacement de l'avocat précédemment choisi pour recevoir les actes, d'un nouvel avocat, emporte, en l'absence d'indication contraire, transfert à ce dernier, par la partie concernée, de cette même responsabilité* »

(Crim. 14 nov. 2017, n° 17-85.299, P n° 257 ; décision également citée par Crim. 7 déc. 2021, n° 21-85.533, § 22, P). La convocation du précédent avocat au lieu de l'avocat nouvellement désigné en temps utile ne peut être admise que si le retard d'enregistrement de cette désignation par le greffe « *résultait d'une circonstance imprévisible et insurmontable extérieure au service de la justice, de nature à justifier l'absence de convocation au débat contradictoire de l'avocat régulièrement désigné* » (Deux arrêts Crim. 8 janv. 2013, n° 12-86.657, P n° 5 et n° 12-86.658, P n° 6 ; dans le même sens : Crim. 20 août 2014, n° 14-83.699, P n° 174). Mais il n'y a nul grief lorsque le premier avocat a été régulièrement avisé et que le mis en examen n'a fait connaître le nom de son nouvel avocat que le jour du débat contradictoire (Crim. 5 mars 2002, n° 01-88.715, D).

• **La convocation du tuteur ou curateur.** En application de C. pr. pén., art. 706-113, le tuteur doit « *être avisé de la date de toute audience concernant la personne protégée* », y compris donc de la date de l'audience de prolongation de la détention provisoire (Crim. 12 juill. 2016, n° 16-82.714, P n° 212), il en est de même pour le curateur, et pour « *les audiences de la CHINS statuant en matière de détention provisoire* » (§ 13) (Crim. 30 mars 2021, n° 21-80.401, D). Est nulle la décision de prolongation prise alors que la curatrice ad hoc désignée pour assister la personne mise en examen « *a été avisée, avant le débat contradictoire, à une adresse électronique qui n'est pas la sienne* », en l'espèce celle de l'UDAF (§ 13) (Crim. 6 juin 2023, n° 23-81.726, P).

3. Le détenu non assisté d'un avocat ou dont l'avocat convoqué est absent

« *Le C. pr. pén., ne prévoit pas l'envoi d'un avis d'audience devant le JLD à la personne mise en examen détenue qui se défend seule* » (§ 8), « *lorsque la personne détenue, qui, n'ayant pas fait choix d'un avocat et n'ayant pas été avisée de la date du débat contradictoire sur l'éventuelle prolongation de sa détention provisoire, en sollicite le report pour préparer sa défense, le juge saisi doit veiller à ce que le délai qu'il accorde soit suffisant* » (§ 9), « *un délai de cinq jours ouvrables, semblable à celui prévu par C. pr. pén., art. 114 pour la convocation des avocats, doit être considéré comme suffisant* » (§ 10) (Crim. 14 juin 2022, n° 22-81.942, P).

« *Le C. pr. pén., ne prévoit pas l'envoi à la personne mise en examen d'un avis d'audience devant le JLD, il appartient à l'avocat choisi ou commis d'office, dans l'exercice de sa mission de défense, d'aviser la personne mise en examen de la date du débat contradictoire et, s'il ne peut être présent pour l'assister, de l'en informer* » (§ 12), « *L'avocat peut également, le cas échéant, solliciter le renvoi du débat contradictoire ou aviser la personne mise en examen de son droit de le faire* » (§ 13), « *il s'ensuit que dès lors que son avocat a été régulièrement convoqué, M. X ne peut reprocher auJLD de ne pas l'avoir avisé de son droit de solliciter un renvoi du débat contradictoire ou de ne pas l'avoir ordonné d'office* » (§ 14) (Crim. 23 nov. 2021, n° 21-85.211, P).

La décision du barreau « *de suspendre jusqu'à nouvel ordre toute désignation au titre des commissions d'office* » constitue « *une circonstance insurmontable rendant impossible la désignation d'un conseil* » justifiant la décision de passer « *outre à l'absence d'un avocat pour statuer sur la détention, dès lors que les formalités légales avaient été accomplies en vue d'assurer la défense de* [l'intéressé] *et que la présence effective d'un conseil tant au débat contradictoire différé qu'à l'audience de la chambre d'accusation n'est pas obligatoire* » (Crim. 11 juill. 1990, n° 90-82.613, P n° 282 ; dans le même sens, pour la présence de l'avocat en garde à vue : Crim. 9 mai 1994, n° 94-80.802, 94-80.802, P n° 174 ; Crim. 9 févr. 2016, n° 15-84.277, P n° 33).

En l'absence de l'avocat choisi mais régulièrement convoqué, la désignation d'un avocat commis d'office ne s'impose pas, à la différence du débat contradictoire de placement en détention (Crim. 20 déc. 2017, n° 17-86.176, P n° 296). Ainsi, « *le JLD qui constatait, le jour du débat, l'absence de l'avocat choisi à cette date par la personne mise en examen et la convocation régulière de celui-ci, n'était pas tenu de procéder à la désignation d'un avocat commis d'office, aurait-elle même été sollicitée par l'intéressé* » (Crim. 12 avr. 2023, n° 23-80.563, P).

Sur la présence de l'avocat lors du débat contradictoire de placement en détention, v. n° **12.39A1**.

4. Le traitement des demandes de renvoi du débat contradictoire

En dehors de l'hypothèse de la demande de débat différé au stade du placement en détention provisoire, exposée au n° **12.39B2**, le débat contradictoire peut faire l'objet d'une demande de report. Les modalités de traitement de cette demande conditionnent la validité du débat contradictoire.

Le JLD « *apprécie souverainement les contraintes de son audiencement sans devoir exciper de circonstances insurmontables* » pour justifier sa décision de ne pas accéder au renvoi demandé (§ 17) (Crim. 19 avr. 2023, n° 23-80.873, P). En revanche « *il incombe au JLD, saisi d'une demande de report du débat contradictoire, de motiver sa décision de rejet* », faute de quoi la décision rendue hors présence de l'avocat indisponible est nulle (Crim. 12 déc. 2018, n° 18-85.154, P n° 215 ; dans le même sens : Crim. 4 mai 2016, n° 16-81.158, D ; Crim. 29 nov. 2017, n° 17-85.269, D ; Crim. 23 oct. 2019, n° 19-85.514, D ; Crim. 10 janv. 2023, n° 22-86.192, D). De même, « *toute personne poursuivie, qui ne souhaite pas se défendre elle-même, a droit à l'assistance d'un défenseur de son choix* », en conséquence, « *les juges ne peuvent, sans motiver leur décision, refuser le renvoi d'une affaire, sollicité par cette personne en raison de l'absence de l'avocat choisi* » (§ 7) (Crim. 9 févr. 2021, n° 20-86.464, D ; dans le même sens : Crim. 1er sept. 2020, n° 20-82.156, D). En revanche, il appartient à la personne qui a décidé de se défendre seule et qui a été informée que le débat contradictoire avait pour objet la prolongation de sa détention provisoire, si elle estime « *n'avoir pu bénéficier du temps et des facilités nécessaires à la préparation de sa défense, de prendre l'initiative de solliciter le report du débat dès son ouverture* » (§ 13) (Crim. 24 janv. 2023, 22-86.401, P).

Il résulte de C. pr. pén., art. 145-1 renvoyant à art. 114, que « *le JLD a seul la maîtrise de son audiencement, qu'il peut reporter ou avancer la date du débat contradictoire par simple émission d'une nouvelle convocation, qu'il n'est pas tenu, comme la juridiction de jugement, de réunir les parties à la date initialement fixée avant de statuer sur une demande de renvoi par une décision formalisée, et qu'il peut faire connaître par tous moyens les motifs de sa décision sur cette demande* » (§ 8), la motivation du refus de renvoi, formalisée par courriel du JLD en réponse à l'avocat, est donc valable dès lors que le procès-verbal des débats tenu en application de C. pr. pén., art. 137-1, al. 2 et 145 « *fait état de la réponse qui a été apportée à cette demande* » (§ 16) (Crim. 21 sept. 2022, n° 22-84.128, P). De même, « *il est possible de rechercher dans ce procès-verbal, dont la C. cass. a le contrôle, les motifs de la décision du JLD de rejeter une demande de renvoi, lorsque ce dernier les a exposés oralement au cours des débats et que le procès-verbal en fait état* » (§ 12) (Crim. 10 nov. 2021, n° 21-84.948, P).

« *le JLD qui est saisi d'une demande de renvoi par la personne mise en examen ne peut l'ignorer au seul motif qu'elle n'a pas été précédée d'une démarche de l'avocat* » (Crim. 1er sept. 2020, n° 20-82.156, D). En revanche, « *le demandeur ne saurait se faire un grief de l'absence de réponse par le JLD à la demande de renvoi présentée par un de ses avocats, dès lors que cette demande ne contenait aucun motif et ne mettait pas en mesure son destinataire d'en apprécier la pertinence* » (Crim. 5 avr. 2016, n° 16-80.294, P n° 121), ou si cette demande est « *accompagnée d'un seul justificatif illisible* » (§ 15) (Crim. 7 oct. 2020, n° 20-84.067, P).

Il résulte de Conv. EDH, art. 6 et C. pr. pén., art. 137-3, que « *le JLD qui rejette une demande de renvoi motivée présentée avant le débat contradictoire par l'avocat de la personne détenue doit, dans son ordonnance, faire mention de cette demande et énoncer les motifs de son refus* » (§ 11), « *il n'en est autrement que si l'avocat se désiste, de façon non équivoque, de sa demande de renvoi avant la tenue du débat contradictoire* » (§ 13) ; tel n'est pas le cas lorsque l'avocat « *ne s'est pas désisté de sa demande de renvoi mais s'est borné à constater qu'en raison du refus du JLD de reporter cet acte, la personne mise en examen ne pourrait être assistée par un avocat lors du débat contradictoire* » (§ 18), dès lors « *le JLD était tenu de se prononcer dans son ordonnance de prolongation sur la demande motivée de report formalisée par l'avocat quelques jours avant le débat* » (§ 20) (Crim. 22 juin 2021, n° 21-82.025, P).

Dans une espèce où le débat contradictoire n'avait pu se tenir que 6 h 00 après l'heure prévue dans la convocation, l'avocat ayant alors fait part de son indisponibilité et sollicité le renvoi par conclusions, il est jugé que « *le retard pris par le JLD ne constituait pas un report de l'audience à laquelle l'avocat et la personne mise en examen avaient été régulièrement convoqués* » (§ 10) (Crim. 16 déc. 2020, n° 20-85.580, P).

En revanche, le report de l'horaire du débat contradictoire de 10 H 00 à 16 H 00 par le JLD, sans que le conseil du mis en examen n'en ait été préalablement informé, fait nécessairement grief au mis en examen qui n'a pas été assisté de son conseil qui se trouvait indisponible lors du débat (Crim. 3 mai 2017, n° 17-81.139, D).

5. Les réquisitions du ministère public sur le fond et sur la demande de renvoi

C. pr. pén., art. 145, « *ne prévoit de réquisitions du ministère public que sur le principe de la détention provisoire et le cas échéant sur la publicité des débats* » (§ 18), ces dispositions « *autorisent le JLD à répondre à une demande de renvoi par un écrit adressé à l'avocat de la personne mise en examen, avant le débat contradictoire et sans intervention du ministère public [...] (Crim. 6 nov. 2018, n° 18-84.703)* » (§ 20), il s'en déduit que « *le JLD n'est pas tenu de recueillir les réquisitions préalables du ministère public sur une demande de renvoi, sur laquelle il peut valablement statuer en son absence et sans son avis* » (§ 21) (Crim. 10 nov. 2021, n° 21-84.948, P). Il en est autrement lorsque la demande de renvoi est formulée à l'audience : le JLD « *ne peut, à peine de nullité, prononcer sur la demande de renvoi formée à l'audience par la personne [...] qu'après avoir recueilli préalablement les réquisitions du ministère public, partie nécessaire au débat contradictoire sur la détention provisoire* » (Crim. 8 juin 2021, n° 21-82.017, P) (il en est de même pour le débat contradictoire de placement en détention provisoire : Crim. 8 juin 2021, n° 21-82.017, P, v. n° **12.39B4**).

« *Lorsque le ministère public est entendu [...] sur une demande de renvoi présentée par la personne mise en examen ou son avocat, ceux-ci doivent pouvoir prendre à nouveau la parole après les réquisitions sur cette demande* » (§ 10) ; cette irrégularité n'entraîne toutefois la nullité du débat contradictoire de prolongation que si la personne concernée allègue du grief qui en résulterait pour elle (§ 17) (Crim. 10 nov. 2021, n° 21-85.182, P). « *L'existence d'un grief est établie lorsque le fait que la personne mise en examen n'ait pas eu la parole en dernier sur sa demande de renvoi, après les réquisitions du ministère public, lui a occasionné un préjudice* » (§ 25) ; « *ce préjudice doit résulter de cette irrégularité elle-même. Il ne peut dès lors être caractérisé par le seul refus du JLD de faire droit à la demande de renvoi* » (§ 26) ; « *L'existence d'un préjudice doit être exclue s'il résulte des pièces de la procédure qu'aucun renvoi n'était possible en raison de la date d'expiration du mandat de dépôt* » (§ 27) ; « *dans les autres hypothèses, il appartient à la CHINS de rechercher, en premier lieu, si dans son mémoire devant la CHINS, la personne détenue a allégué qu'elle aurait été en mesure d'opposer au ministère public une argumentation opérante puis, en second lieu, si l'ordonnance du JLD répond à cette argumentation* » (Crim. 8 mars 2022, n° 21-87.213, § 24, P ; dans le même sens : Crim. 31 mai 2022, n° 22-81.459, P).

6. La comparution personnelle et la possibilité de recours à la visioconférence pour les majeurs

Comme en matière de placement en détention provisoire (v. n° **12.39B3**), la comparution physique de la personne devant le JLD est une condition du débat contradictoire. Cette exigence n'est tempérée qu'en cas de circonstances insurmontables ou si la visioconférence peut être mise en oeuvre.

• Des **circonstances insurmontables** peuvent justifier que le débat se tienne sans comparution de l'intéressé s'il ne peut y être remédié par un renvoi compte tenu notamment de l'expiration proche du titre de détention. Tel est le cas lorsqu'une grève du personnel pénitentiaire s'oppose à toute extraction de détenus et à toute entrée de magistrat dans les locaux de détention, situation de fait rendant impossible la présence de la personne mise en examen, car « *la prolongation de détention provisoire [...] peut être ordonnée, même en l'absence du débat contradictoire [...], dès lors que des circonstances imprévisibles et insurmontables rendent impossible un tel débat et que celui-ci ne peut être différé* » (Crim. 31 janv. 1989, n° 88-86.527, P n° 35). Notons qu'une jurisprudence plus ancienne avait également admis qu'un délai de comparution « *se trouve suspendu* » en raison d'une circonstance insurmontable, « *telle une grève du personnel pénitentiaire* » (Crim. 25 févr. 1985, n° 84-95.741, P n° 87)

Le débat ne peut être en principe différé que si le délai de 5 jours pour convoquer l'avocat imposé par C. pr. pén., art. 145-1 et 145-2 renvoyant à 114, al. 2, peut être respecté. Ainsi, à moins que l'avocat présent au débat initialement prévu ait renoncé au délai de 5 jours, « *la détention provisoire peut être prolongée sans débat contradictoire préalable lorsque des circonstances imprévisibles et insurmontables* [grève du personnel pénitentiaire] *font obstacle à la tenue de celui-ci et qu'en raison du délai de cinq jours ouvrables imposé par la loi pour la convocation de l'avocat, le débat ne peut être régulièrement reporté avant la date à laquelle, faute de prolongation, la détention doit prendre fin* » (Crim. 9 mai 2001, n° 00-87.998, P n° 114). Il a toutefois été jugé, également dans l'hypothèse d'une grève du personnel pénitentiaire, que « *les formes et délais prescrits [...] ayant été respectés pour la date initialement choisie, un ajournement restait possible* » à une date inférieure au délai de 5 jours précité (Crim. 15 déc. 1992, n° 92-85.136, P n° 416). Dès lors que la fin de la mesure de détention (en l'espèce 9 jours après) permet de différer le débat, les contraintes de planning de visioconférence de l'établissement pénitentiaire et du cabinet du juge d'instruction ne sont pas jugées insurmontables pour justifier que le débat se soit tenu sans comparution de l'intéressé au lieu d'être renvoyé (Crim. 18 janv. 2022, n° 21-86.353, D).

• Le débat contradictoire de prolongation de la détention provisoire peut se tenir, pour les **majeurs**, par **visioconférence**, sauf si ce moyen est refusé par la personne, à moins que son transport ne paraisse « *devoir être évité en raison de risques graves de trouble à l'ordre public ou d'évasion* » (C. pr. pén., art. 706-71). Dès lors que la visioconférence est acceptée et organisée, l'absence de comparution par ce moyen peut, comme pour la comparution physique, être justifiée par une circonstance insurmontable. Caractérise ainsi la force majeure le JLD qui, confirmé par la CHINS, retient que la visioconférence n'a pu se tenir en raison de la « *défaillance du réseau des télécommunications, totalement étranger au service de la justice, laquelle était imprévisible en ce qu'elle s'est révélée au moment même du débat contradictoire* » et insurmontable en ce que, compte tenu des délais, le débat contradictoire de prolongation de la détention ne pouvait être reporté (Crim. 10 juill. 2019, n° 19-83.228, D). La décision doit s'attacher à « *constater que la circonstance imprévisible* [en l'espèce l'hospitalisation de l'intéressé rendant impossible la visioconférence prévue] *ne pouvait être surmontée, fût-ce en différant l'examen de* [l'affaire] *dans les limites du délai légal* » (Crim. 17 mars 2009, n° 08-88.460, P n° 56 s.). Notons que l'absence de prise de « *rendez-vous de visio* » dans l'agenda de l'établissement pénitentiaire ne suffit pas à caractériser la « *circonstance imprévisible et insurmontable ayant rendu impossible la comparution personnelle du mis en examen par visioconférence* », situation qui traduit en effet une défaillance interne au service de la justice (Crim. 2 févr. 2016, n° 15-86.596, P n° 26).

S'agissant des **mineurs**, par dérogation au C. pr. pén., art. 706-71, il ne peut être recouru à la visioconférence pour statuer sur la prolongation de la détention provisoire, « *sauf si son transport paraît devoir être évité en raison de risques graves de trouble à l'ordre public ou d'évasion* » (CJPM, art. L. 334-6, issu L. n° 2021-218, 26 févr. 2021).

C. Les conditions supplémentaires de motivation de la décision de prolongation (C. pr. pén., art. 145-3)

Outre les conditions de motivation précisées aux n^os^ **12.36B**, **12.37A** et **12.37B**, qui sont également applicables en matière de prolongation (C. pr. pén., art. 137-3, 145-1 et 145-2), au-delà de **8 mois** en matière correctionnelle et de **1 an** en matière criminelle, la décision de prolongation doit, « *aussi comporter les indications particulières qui justifient en l'espèce la poursuite de l'information et le délai prévisible d'achèvement de la procédure* » (C. pr. pén., art. 145-3). L'indication de « *la nature des investigations* » envisagées « *n'est toutefois pas nécessaire* » lorsqu'elle « *risque d'entraver* [leur] *accomplissement* » (C. pr. pén., art. 145-3). La L. n° 2021-1729, 22 déc. 2021, ayant ajouté, s'agissant des détentions de plus de 8 mois, la nécessité de motiver l'insuffisance du dispositif de l'ARSE mobile ou du bracelet anti-rapprochement (BAR), lorsque ces mesures sont applicables (C. pr. pén., art. 137-3, v. n° 12.37A).

Est ainsi justifiée la décision qui énonce « *qu'il reste à effectuer des investigations dont l'indication risquerait d'entraver leur accomplissement et que le délai prévisible d'achèvement de la procédure peut être évalué à six mois* » (Crim. 7 août 2002, n° 02-83.750, D). Est irrégulière la motivation qui détaille les investigations encore en cours mais « *sans préciser le délai prévisible d'achèvement de la procédure* » (Crim. 1er juin 2021, n° 21-81.847, P).

Ces dispositions n'imposent pas au juge de préciser « *les raisons pour lesquelles le délai d'achèvement* [...] *prévu dans une précédente décision n'a pu être tenu* » (Crim. 3 juin 2003, n° 03-81.389, P n° 111).

En cas de cassation pour défaut de mention du délai prévisible d'achèvement de la procédure, « *la détention provisoire, prolongée dans les délais légaux, se poursuit régulièrement jusqu'à ce qu'il ait été statué par la CHINS désignée sur renvoi après cassation* » (Crim. 28 sept. 2005, n° 05-84.440, P n° 241).

Les circonstances particulières justifiant la poursuite de l'information « *ne se confondent pas avec les motifs de prolongation de la détention provisoire* » et doivent donc faire l'objet de développements distincts (Crim. 21 janv. 2015, n° 14-86.996, D).

Par exception, le délai de 8 mois mentionné ci-dessus en matière correctionnelle est porté à 1 an en matière de délit de **terrorisme** prévu par C. pén., art. 421-1 à 421-6 (C. pr. pén., art. 706-24-3, v. n° 23.23C11).

S'agissant des prolongations exceptionnelles de 4 mois s'ajoutant aux délais maximum de détention prévus en matière correctionnelle ou criminelle pour les majeurs (v. tableaux 12.43C et 12.43D), elles ne peuvent être ordonnées par la CHINS qu'à « *titre exceptionnel, lorsque les investigations du juge d'instruction doivent être poursuivies et que la mise en liberté de la personne mise en examen causerait pour la sécurité des personnes et des biens un risque d'une particulière gravité* » (C. pr. pén., art. 145-1 et 145-2).

12.46 La durée de la détention provisoire après la saisine de la juridiction de jugement : le maintien en détention et le délai de comparution

A. La décision de maintien en détention du juge d'instruction et le maintien de plein droit en matière criminelle (C. pr. pén., art. 179 et 181)

Au stade du règlement du dossier d'instruction (sur ce point, v. n° 15.37), la compétence de principe du JLD pour le placement, la prolongation ou le maintien de la détention s'efface au profit de celle du juge d'instruction, seul compétent pour décider de son maintien, sans débat contradictoire.

En **matière correctionnelle**, l'ordonnance de règlement du juge d'instruction (Ordonnance de renvoi devant le tribunal correctionnel, ORTC) met fin de plein droit à la détention provisoire (C. pr. pén., art. 179).

Toutefois, « *par ordonnance distincte spécialement motivée* », le juge d'instruction peut maintenir le prévenu en détention provisoire « *jusqu'à sa comparution devant le tribunal* », sans débat contradictoire dans ce cas (C. pr. pén., art. 179 et 181).

Si le juge d'instruction ne suit pas les réquisitions de maintien en détention du parquet (sur les réquisitions de maintien en détention lors du réquisitoire définitif, v. n° 15.37A), il doit rendre une ordonnance motivée. À défaut d'ordonnance, le parquet peut saisir directement la CHINS dans le délai de 10 jours (C. pr. pén., art. 82 ; Crim. 9 juill. 2014, nº 14-82.761, P nº 171).

En cas d'**ordonnance ou d'arrêt de mise en accusation** devant la cour d'assises (Ordonnance de mise en accusation par le juge d'instruction, OMA, ou arrêt de mise en accusation par la CHINS, AMA), le mandat de dépôt continue de plein droit à produire ses effets si la personne est renvoyée pour crime.

Si elle n'est renvoyée devant cette juridiction que pour un délit connexe à un crime, sa détention provisoire prend fin de plein droit mais peut être maintenue par ordonnance distincte spécialement motivée du juge d'instruction, rendue sans débat contradictoire (C. pr. pén., art. 181 renvoyant notamment à 179).

B. Les délais de comparution du prévenu détenu après ordonnance de renvoi devant le tribunal correctionnel (C. pr. pén., art. 179)

1. Le délai de comparution du prévenu détenu renvoyé devant le tribunal correctionnel

« *Les délais relatifs à la durée de la détention provisoire .../... ne sont plus applicables lorsque le juge d'instruction a rendu son ordonnance de renvoi devant la juridiction de jugement...* » (C. pr. pén., art. 186-5). Il en est de même en cas d'appel de l'ordonnance de renvoi devant la juridiction de jugement, y compris lorsque la CHINS a ordonné un supplément d'information (Crim. 18 déc. 2019, nº 19-86.338, P ; dans le même sens : Crim. 10 avr. 2018, nº 18-80.371, P nº 70).

Il en résulte qu'après l'ordonnance ou l'arrêt de renvoi la durée de la détention provisoire en matière correctionnelle n'est plus régie par les délais prévus par C. pr. pén., art. 145-1 (Sur ces délais, v. nº **12.43C**) mais par les dispositions suivantes fixant les délais de comparution du prévenu détenu.

Lorsque le prévenu renvoyé devant le tribunal correctionnel est maintenu en détention par le juge d'instruction jusqu'à sa comparution devant le tribunal, il « *est immédiatement remis en liberté si le tribunal n'a pas commencé à examiner au fond à l'expiration d'un délai de deux mois à compter de la date, soit de l'ordonnance de renvoi ou, en cas d'appel, de l'arrêt de renvoi non frappé de pourvoi, de l'arrêt déclarant l'appel irrecevable ou de l'ordonnance de non-admission* » de l'appel « *ou de l'arrêt de la chambre criminelle rejetant le pourvoi, soit de la date à laquelle il a été ultérieurement placé en détention provisoire* » (C. pr. pén., art. 179).

« *Toutefois, si l'audience au fond ne peut se tenir avant l'expiration de ce délai, le tribunal peut, à titre exceptionnel, par une décision mentionnant les raisons de fait ou de droit faisant obstacle au jugement de l'affaire, ordonner la prolongation de la détention pour une nouvelle durée de deux mois. La comparution personnelle du prévenu est de droit si lui-même ou son avocat en font la demande. Cette décision peut être renouvelée une fois dans les mêmes formes. Si le prévenu n'a toujours pas été jugé à l'issue de cette nouvelle prolongation, il est remis immédiatement en liberté.* » (C. pr. pén., art. 179). Ce débat contradictoire de prolongation de la détention provisoire devant le tribunal correctionnel peut se tenir par visioconférence, sauf refus de la personne détenue (C. pr. pén., art. 706-71, mod. par L. nº 2019-222, 23 mars 2019, en vigueur le 1er juin 2019, sur la visioconférence, v. nº **17.13B**).

Il en résulte que la comparution du prévenu détenu devant le tribunal correctionnel doit intervenir dans le **délai maximal de 6 mois** à l'issue de deux prolongations exceptionnelles (2 mois + 2 mois + 2 mois) (v. tableau au **F** ci-dessous).

Il en est de même en cas de mise à exécution d'un **mandat d'arrêt** après le règlement de l'instruction (C. pr. pén., art. 135-2 et 179, v. nº **12.6E**) ou lorsque la personne **condamnée par défaut** a fait opposition au jugement et a été placée en détention au titre d'un **mandat d'arrêt** décerné par le tribunal correctionnel en application de C. pr. pén., art. 465 (v. nº **18.11B**), elle doit comparaître devant le tribunal dans ce même délai de 2 mois prorogeable jusqu'à 6 mois, à compter de l'ordonnance de placement en détention du JLD (application combinée de C. pr. pén., art. 465, 135-2 et 179) (v. tableau au **F** ci-dessous).

Par dérogation aux dispositions de C. pr. pén., art. 179, le **mineur de 13 à 16 ans** dont la détention provisoire a été maintenue par l'ordonnance de renvoi devant le **tribunal pour enfants**, doit comparaître dans le délai de 2 mois, renouvelable une seule fois pour une durée de 1 mois (Ord. n° 45-174, 2 févr. 1945, art. 11-2, mod. par L. n° 2019-222, 23 mars 2019, devenu CJPM, art. L. 434-6). Il doit donc comparaître dans le **délai maximal de 3 mois** à l'issue d'une seule prolongation (2 mois + 1 mois). Pour le mineur âgé de plus de 16 ans, si le délai de comparution devant le tribunal pour enfants était le délai de droit commun selon les termes de l'Ord. n° 45-174, 2 févr. 1945, art. 11-2 (v. tableau au **F** ci-dessous), il est réduit à compter de l'entrée en vigueur du CJPM, art. L. 434-7, à une seule prolongation (2 + 2 mois) au lieu de trois.

Mentionnons que depuis L. n° 2019-222, 23 mars 2019, le juge d'instruction peut notifier au prévenu une date d'audience dans son ORTC, si cette date lui est proposée par le parquet (V. n° **15.36C**), ce qui permet d'assurer sans discontinuité l'audiencement de l'affaire (sur l'audiencement, v. n° **17**).

2. Le point de départ du délai de comparution du prévenu détenu

« *le délai de 2 mois, à l'expiration duquel le prévenu maintenu en détention lors de son renvoi devant le tribunal correctionnel doit être mis en liberté si le tribunal n'a pas commencé à examiner l'affaire au fond ou ordonné la prolongation de la mesure, constitue un délai de comparution devant la juridiction de jugement qui, calculé de quantième en quantième à compter du jour où l'ordonnance de renvoi a été rendue, expire le jour du second mois suivant, portant le même quantième, à 24 heures* » (Crim. 11 déc. 2001, n° 01-83.440, P n° 260). Toutefois, en cohérence avec les dispositions de C. pr. pén., art. 181 qui prévoient qu'en matière criminelle, le délai de comparution de l'accusé détenu débute à compter de la date à laquelle « *la décision de mise en accusation est devenue définitive* » (v. **D** ci-dessous), la Ch. crim. juge que « *le délai de comparution devant le tribunal correctionnel prévu par l'article 179, alinéa 4, du code de procédure pénale commençant à courir du jour où l'ordonnance de renvoi est devenue définitive* » (Crim. 5 févr. 2014, n° 13-87.372, P n° 36, dans le même sens : Crim. 19 mars 2014, n° 13-88.586, P n° 91). Il en résulte qu'en cas d'appel contre l'ORTC, puis le cas échéant de pourvoi, le tribunal correctionnel n'est pas compétent pour statuer sur la prolongation du délai de deux mois du détenu appelant tant qu'il n'a pas été définitivement statué sur ces recours (Crim. 5 févr. 2014, n° 13-87.897, P n° 37).

C. Le délai de comparution devant le tribunal correctionnel du prévenu détenu dans le cadre de la comparution immédiate ou différée

Lorsque le prévenu a été placé en **détention provisoire** par le tribunal dans le cadre de la procédure de **comparution immédiate** (sur les mesures de sûreté provisoires prises dans le cadre de la comparution immédiate, v. n° **15.15C**), « *le jugement au fond doit être rendu dans le délai de 2 mois qui suivent le jour de sa première comparution devant le tribunal. Faute de décision au fond à l'expiration de ce délai, il est mis fin à la détention provisoire. Le prévenu, s'il n'est détenu pour une autre cause, est mis d'office en liberté* ». Ce délai est toutefois de **4 mois** lorsque le prévenu a fait usage, lorsque la peine encourue est > 7 ans, de la faculté de demander un délai de renvoi de l'affaire supérieur à 2 mois (C. pr. pén., art. 397-3) (v. tableau au **F** ci-dessous).

Dans le cadre de la procédure de **comparution différée** (v. n° **15.16D**), « *le prévenu doit comparaître devant le tribunal au plus tard dans le délai de deux mois* » de l'ordonnance du JLD prescrivant la détention provisoire, « *à défaut de quoi il est mis fin d'office* » à cette mesure de sûreté (C. pr. pén., art. 397-1-1, issu de L. n° 2019-222, 23 mars 2019).

D. Les délais de comparution de l'accusé détenu devant la juridiction criminelle statuant en première instance

1. Les délais comparution devant la cour d'assises (C. pr. pén., art. 181)

« *Les délais relatifs à la durée de la détention provisoire .../... ne sont plus applicables lorsque le juge d'instruction a rendu son ordonnance de renvoi devant la juridiction de jugement...* » (C. pr. pén., art. 186-5). Il en résulte qu'après l'ordonnance ou l'arrêt de mise en accusation (OMA ou AMA), la durée de la détention provisoire en matière criminelle n'est plus régie par C. pr. pén., art. 145-2 (v. n° **12.43D**) mais par les dispositions suivantes fixant les délais de comparution de l'accusé détenu.

« *L'accusé détenu en raison des faits pour lesquels il est renvoyé devant la cour d'assises est immédiatement remis en liberté s'il n'a pas comparu devant celle-ci à l'expiration d'un délai d'un an à compter soit de la date à laquelle la décision de mise en accusation est devenue définitive s'il était alors détenu, soit de la date à laquelle il a été ultérieurement placé en détention provisoire.*

Toutefois, si l'audience sur le fond ne peut débuter avant l'expiration de ce délai, la CHINS peut, à titre exceptionnel, par une décision .../... mentionnant les raisons de fait ou de droit faisant obstacle au jugement de l'affaire, ordonner la prolongation de la détention provisoire pour une nouvelle durée de six mois. La comparution de l'accusé est de droit si lui-même ou son avocat en font la demande. Cette prolongation peut être renouvelée une fois dans les mêmes formes. Si l'accusé n'a pas comparu devant la cour d'assises à l'issue de cette nouvelle prolongation, il est immédiatement remis en liberté » (C. pr. pén., art. 181).

Soulignons que le délai d'un an court à compter du jour où la décision de mise en accusation est définitive, soit à l'expiration du délai de 10 jours qui suit sa notification. Lorsque l'acte doit être traduit, ce délai ne court qu'à compter de la notification de l'acte traduit (Crim. 15 juin 2021, n° 21-81.843, P, v. n° **19.5C2**).

Mentionnons que si l'accusé n'a pas interjeté appel de l'ordonnance de mise en accusation qui est alors définitive à son égard, il ne peut se prévaloir du délai de 4 mois imposé à la CHINS par C. pr. pén., art. 186-2, à peine de remise d'office en liberté, pour statuer sur l'appel de ses co-accusés détenus (Crim. 3 févr. 2021, n° 20-86.338, P).

Il résulte de C. pr. pén., art. 181, que la comparution devant la cour d'assises de l'accusé détenu doit intervenir dans le **délai maximal de 2 ans** après deux prolongations exceptionnelles (1 an + 6 mois + 6 mois) (v. tableau au **F** ci-dessous), délai prolongé par les 10 jours du délai d'appel.

Toutefois, si l'accusé détenu est renvoyé devant la cour d'assises pour un délit connexe, le délai de 2 mois renouvelable deux fois prévu par C. pr. pén., art. 179 en matière correctionnelle est porté à 6 mois (C. pr. pén., art. 181). Il en résulte qu'il doit comparaître devant la cour d'assises dans le **délai maximal de 18 mois** après deux prolongations exceptionnelles (6 mois + 6 mois + 6 mois), outre le délai d'appel contre l'ordonnance de mise en accusation.

Ces délais courent à compter du placement en détention par le JLD en cas de mise à exécution d'un **mandat d'arrêt** après le règlement de l'instruction (C. pr. pén., art. 135-2 et 181, v. n° **12.6E**).

S'agissant du **mineur renvoyé pour un crime**, le délai de comparution est de deux mois renouvelable deux fois (2 + 2 + 2 = 6 mois) pour le mineur de moins de 16 ans renvoyé devant le tribunal pour enfants statuant au criminel (CJPM, art. L. 434-8), et le délai de droit commun s'applique au mineur d'au moins 16 ans renvoyé devant la cour d'assises des mineurs (CJPM, art. L. 434-9 renvoyant aux délais de comparution prévus par C. pr. pén., art. 181).

Précisons que si le délai de comparution de l'accusé condamné par défaut et arrêté avant la prescription de la peine est fixé par renvoi aux durées prévues par C. pr. pén., art. 181 (C. pr. pén., art. 379-4), il s'agit toutefois d'un délai distinct sur lequel ne s'impute pas le délai de détention provisoire éventuellement subi après l'ordonnance de renvoi (Crim. 26 oct. 2022, n° 22-84.986, P). Dans cette affaire, pour le calcul du délai de comparution devant la cour d'assises devant à nouveau juger l'accusé après la mise à exécution du mandat d'arrêt, il ne fut donc pas tenu compte d'une période de détention de 64 jours subie après l'ordonnance de mise en accusation et avant sa condamnation par défaut.

Enfin, lorsque la Cour d'assises ordonne le renvoi de l'affaire à une pochaine session comme l'autorise C. pr. pén., art. 343, « *la détention provisoire de l'accusé peut se poursuivre jusqu'au jugement, sans que les dispositions contestées ni aucune autre disposition législative ne prévoient de durée maximale à cette détention. En outre, il n'existe pas d'obligation d'un réexamen périodique du bien-fondé de la détention par un juge* » (§ 10), toutefois, d'une part, « *il résulte de la jurisprudence constante de la Cour de cassation qu'il appartient à la cour, lorsqu'elle ordonne le renvoi de l'affaire, de se prononcer sur le maintien en détention provisoire de l'accusé. Elle doit alors s'assurer que les conditions prévues à l'article 144 du code de procédure pénale demeurent réunies et que la durée de sa détention ne dépasse pas la limite du raisonnable* » (§ 11), d'autre part, « *en application de l'article 148-1 du code de procédure pénale, l'accusé placé en détention provisoire peut à tout moment former une demande de mise en liberté* » (§ 12), « *la liberté individuelle ne saurait être tenue pour sauvegardée si l'autorité judiciaire ne contrôlait pas, à cette occasion, la durée de la détention. Ce contrôle exige que l'autorité judiciaire fasse droit à la demande de mise en liberté lorsque la durée totale de la détention excède un délai raisonnable* » (§ 13), sous cette réserve, ces dispositions sont donc conformes à la Constitution (Cons. const. 7 juill. 2023, n° 2023-1056 QPC).

2. Les délais de comparution devant la cour criminelle départementale (C. pr. pén., art. 181-1, issu L. n° 2021-1729, 22 déc. 2022)

Dans le cas de renvoi devant la cour criminelle départementale, compétente en premier ressort pour les majeurs non récidivistes auteurs de crimes punis d'une peine de 15 ans ou de 20 ans de réclusion criminelle (sur la compétence de la cour criminelle départementale, v. n° **17.15B2**), le délai d'un an prévu par C. pr. pén., art. 181 est alors porté à 6 mois et il ne peut être procédé qu'à une seule prolongation (C. pr. pén., art. 181-1, issu L. n° 2021-1729, 22 déc. 2021).

Ces dispositions sont applicables à compter du 1er janv. 2023 pour les juridictions autres que celles où l'expérimentation de la cour criminelle départementale est intervenue ; pour ces dernières, des modalités anticipées d'application sont transitoirement prévues (L. n° 2021-1729, 22 déc. 2021, art. 59 IV).

E. Les délais de comparution de prévenu détenu en attente de jugement devant la juridiction d'appel

1. Les délais de comparution du prévenu détenu devant la chambre correctionnelle de la cour d'appel (C. pr. pén., art. 509-1 et 397-4)

L'appelant détenu au titre de la décision contre laquelle il forme recours (sur l'exécution provisoire de la peine privative de liberté, v. n° **18.11**) doit, à peine de remise en liberté d'office, comparaître devant la cour d'appel dans un **délai de 4 mois**, renouvelable à titre exceptionnel jusqu'à **1 an maximum** (4 mois + 4 mois + 4 mois) par ordonnance rendue par le président de la chambre correctionnelle « *mentionnant les raisons de fait ou de droit faisant obstacle au jugement de l'affaire* » (C. pr. pén., art. 509-1).

« *le juge qui prolonge dans ce cadre, à titre exceptionnel, la détention provisoire d'un prévenu, n'a pas à motiver sa décision au regard des conditions fixées par* » C. pr. pén., art. 137 et 144, est ainsi justifiée la décision de prolongation de la détention prise « *en raison de la grève des avocats à laquelle s'est associé le conseil du prévenu* » alors que le prévenu « *exigeait d'être jugé en présence de son avocat* », « *raisons de fait faisant obstacle au jugement de l'affaire dans le délai légal* » (Crim. 21 avr. 2020, n° 20-80.950, P) (sur les critères de la détention provisoire fixés par C. pr. pén., art. 137 et 144, v. n[os] **12.36B** et **12.37B**).

Ce délai de détention provisoire est de 6 mois renouvelable pour 18 mois au maximum (6 mois + 6 mois + 6 mois) pour les infractions relevant de la criminalité organisée prévues par C. pr. pén., art. 706-73 (v. n° **11.21A**) et 706-73-1 (v. n° **11.21C1**) ou

R. 17-1). L'interdiction est inscrite au **FPR** (C. pr. pén., art. 230-19 2°, v. n° **13.17B3**). Sa violation peut donner lieu à arrestation et retenue selon les précisions apportées au n° **12.2A** (C. pr. pén., art. 141-4). Mentionnons que l'assignation à résidence peut aussi être assurée par l'ARSE, mesure distincte du contrôle judiciaire, qui permet de contrôler en permanence l'obligation de résidence au moyen d'un procédé électronique (sur l'ARSE, v. n° **12.54** et s.).

• « *Ne pas se rendre en certains lieux ou ne se rendre que dans les lieux déterminés par le juge* » (C. pr. pén., art. **138 3°**). Les chefs de service de police ou de gendarmerie du lieu de résidence de l'intéressé sont avisés de la décision (C. pr. pén., art. R. 17-1). L'interdiction est inscrite au **FPR** (C. pr. pén., art. 230-19 2°, v. n° **13.17B3**). Sa violation peut donner lieu à arrestation et retenue selon les précisions apportées au n° **12.2A** (C. pr. pén., art. 141-4).

« *l'obligation imposée* [...] *de ne pas se rendre à des réunions de toutes natures n'excède pas les prévisions* » de C. pr. pén., art. 138 3° (Crim. 10 mai 1972, n° 71-93.710, P n° 166). L'injonction faite par le juge de fixer son domicile à une autre adresse que celle du domicile conjugal, « *équivaut à astreindre la personne mise en examen à ne pas se rendre en un certain lieu, obligation prévue par l'article 138, 3°* » (Crim. 6 nov. 2002, n° 02-86.022). Précisons que les interdictions de paraître restent applicables durant l'incarcération de la personne (C. pr. pén., art. D. 51, issu D. n° 2021-1820, 24 déc. 2021).

• « *Ne pas participer à des manifestations sur la voie publique dans des lieux déterminés par le juge* » (C. pr. pén., art. **138 3 *bis*** issu L. n° 2019-222, 23 mars 2019). L'interdiction est inscrite au **FPR** (C. pr. pén., art. 230-19 2°, v. n° **13.17B3**). Cette disposition ne méconnaît pas (§ 39 et 40) la liberté d'aller et de venir, le droit d'expression collective des idées et des opinions et DDHC 1789, 26 août 1789, art. 9, qui prohibe « *toute rigueur qui ne serait pas nécessaire* », en ce que, en premier lieu, le « *contrôle judiciaire ne peut être ordonné par le juge qu'à l'encontre d'une personne qui encourt une peine d'emprisonnement* » (§ 36), qu'en second lieu il « *ne peut être prononcé qu'en raison des nécessités de l'instruction ou à titre de mesure de sûreté. Il revient au juge de proportionner l'interdiction de manifester* [...] *aux exigences justifiant le placement sous contrôle judiciaire* [et en] *en particulier de déterminer les lieux concernés par une telle interdiction* » (§ 37), qu'en dernier lieu « *la personne soumise à l'interdiction de manifester peut à tout moment demander la mainlevée du contrôle judiciaire, dans les conditions prévues à l'article 140 du code de procédure pénale. Lorsque cette interdiction a été prononcée dans le cadre du contrôle judiciaire d'une personne en instance de jugement convoquée par procès-verbal ou soumise aux procédures de comparution à délai différé ou immédiate, la durée de la mesure est limitée par le délai de jugement lui-même* » (§ 38) (Cons. const. 4 avr. 2019, n° 2019-780 DC).

• « *Informer le juge* [...] *de tout déplacement au-delà de limites déterminées* » (C. pr. pén., art. **138 4°**). Les chefs de service de police ou de gendarmerie du lieu de résidence de l'intéressé sont avisés de la décision (C. pr. pén., art. R. 17-1).

• « *Se présenter périodiquement aux services, associations habilitées ou autorités désignés par le juge* » (C. pr. pén., art. **138 5°**). Le service ou autorité auquel la personne doit se présenter périodiquement relève les dates auxquelles l'intéressé s'est présenté dans les conditions fixées par le juge (C. pr. pén., art. R. 17-2).

• « *Remettre soit au greffe, soit à un service de police ou à une brigade de gendarmerie tous documents justificatifs de l'identité, et notamment le passeport, en échange d'un récépissé valant justification de l'identité* » (C. pr. pén., art. **138 7°**). Le récépissé doit mentionner la nature et les références du document retiré, les nom, prénom, date de naissance et domicile de l'intéressé et doit en outre comporter une photographie récente de la personne mise en examen et indiquer qu'il vaut justification de l'identité (C. pr. pén., art. R. 17-4). La mesure est inscrite au **FPR** (C. pr. pén., art. 230-19 2°, v. n° **13.17B3**).

B. Les mesures générales de contrôle des fréquentations et d'éloignement de la victime (C. pr. pén., art. 138 9°)

• « *S'abstenir de recevoir ou de rencontrer certaines personnes spécialement désignées par le juge* [...], *ainsi que d'entrer en relation avec elles, de quelque façon que ce soit* » (C. pr. pén., art. **138 9°**). Les chefs de service de police ou de gendarmerie du lieu de résidence de l'intéressé sont avisés de la décision (C. pr. pén., art. R. 17-1). L'interdiction est inscrite au **FPR** (C. pr. pén., art. 230-19 2°, v. n° **13.17B3**). Sa violation peut donner lieu à arrestation et retenue selon les précisions apportées au n° **12.2A** (C. pr. pén., art. 141-4).

Les motifs « *qui désignent sans précision suffisante les personnes que* [l'intéressé] *ne peut recevoir ou rencontrer ou avec lesquelles il ne peut entrer en relation, de quelque façon que ce soit, et qui n'établissent pas un rapport entre ces personnes et les faits reprochés* » sont insuffisants (Crim. 13 juin 2006, n° 06-83.164, P n° 175, dans le même sens : Crim. 25 juill. 1995, n° 95-82.713, P n° 259).

Lorsque la personne est soumise à l'interdiction de recevoir ou de rencontrer la victime ou d'entrer en relation de quelque façon que ce soit avec elle en application de C. pr. pén., art. 138 9°, le juge adresse à celle-ci un avis l'informant de cette mesure ; si la victime est partie civile, cet avis est également adressé à son avocat. Cet avis précise les conséquences susceptibles de résulter pour la personne du non-respect de cette interdiction (C. pr. pén., art. 138-1). En cas de violences au sein du couple, la victime peut si elle y consent se voir attribuer un dispositif de téléprotection lui permettant d'alerter les autorités publiques en cas de violation de la mesure (C. pr. pén., art. D. 32-30).

L'interdiction de recevoir ou de rencontrer la victime ou d'entrer en relation de quelque façon que ce soit avec elle doit être ordonnée par la juridiction « *lorsqu'une mise en liberté est ordonnée* » « *mais qu'elle est susceptible de faire courir un risque à la victime* », laquelle doit être alors avisée du placement sous contrôle judiciaire selon les mêmes modalités (C. pr. pén., art. 144-2).

En cas de violences au sein du couple ou contre ses enfants ou ceux de son conjoint, concubin ou partenaire, le juge d'instruction ou le JLD qui prononce l'interdiction prévue par C. pr. pén., art. 138 9° doit se prononcer « *par une décision motivée, sur la suspension du droit de visite et d'hébergement de l'enfant mineur dont la personne mise en examen est titulaire* » (C. pr. pén., art. 138 17°, réd. issue L. n° 2020-936, 30 juill. 2020, v. n° **16.5D9**).

Précisons que les interdictions de contact restent applicables durant l'incarcération de la personne, ainsi que les décisions portant sur l'autorité parentale (C. pr. pén., art. D. 51, issu D. n° 2021-1820, 24 déc. 2021).

C. Les mesures particulières d'éloignement du conjoint violent

1. La mesure d'éloignement du domicile du couple (C. pr. pén., art. 138 17°)

• « *En cas d'infraction commise soit contre son conjoint, son concubin ou son partenaire lié par un pacte civil de solidarité, soit contre ses enfants ou ceux de son conjoint, concubin ou partenaire, résider hors du domicile ou de la résidence du couple et, le cas échéant, s'abstenir de paraître dans ce domicile ou cette résidence ou aux abords immédiats de celui-ci, ainsi que, si nécessaire, faire l'objet d'une prise en charge sanitaire, sociale ou psychologique* » (C. pr. pén., art. **138 17°**). Ces dispositions sont aussi applicables si les faits sont commis par l'ancien conjoint ou concubin ou la personne ayant été liée par un PACS, le domicile concerné étant alors celui de la victime. Le juge recueille par tous moyens l'avis de la victime sur l'opportunité d'astreindre l'auteur des faits à résider hors du logement du couple. Sauf circonstances particulières, cette mesure est prise en cas de violences susceptibles d'être renouvelées et si la victime la sollicite. Le juge peut préciser les modalités de prise en charge des frais afférents à ce logement (C. pr. pén., art. 138 17°). Les chefs de service de police ou de gendarmerie du lieu de résidence de l'intéressé sont avisés de la décision (C. pr. pén., art. R. 17-1). L'interdiction de paraître au domicile est inscrite au **FPR** (C. pr. pén., art. 230-19 2°, v. n° **13.17B3**).

Sa violation peut donner lieu à arrestation et retenue selon les précisions apportées au n° 12.2A (C. pr. pén., art. 141-4).

En cas de violences au sein du couple ou contre ses enfants ou ceux de son conjoint, concubin ou partenaire, le juge d'instruction ou le JLD qui prononce l'interdiction prévue par C. pr. pén., art. 138 17°doit se prononcer « *par une décision motivée, sur la suspension du droit de visite et d'hébergement de l'enfant mineur dont la personne mise en examen est titulaire* » (C. pr. pén., art. 138 17°, réd. issue L. n° 2020-936, 30 juill. 2020, v. n° 16.5D9).

Précisons que les interdictions de paraître restent applicables durant l'incarcération de la personne, ainsi que les décisions portant sur l'autorité parentale (C. pr. pén., art. D. 51, issu D. n° 2021-1820, 24 déc. 2021).

Lorsque l'interdiction d'entrer en relation avec la victime, l'obligation de résider hors du domicile ou de la résidence de la victime, ou de s'abstenir d'y paraître ainsi qu'aux abords immédiats, a été imposée sur le fondement de C. pr. pén., art. 138 9° (v. B ci-dessus) ou 138 17° à l'actuel ou ancien conjoint, concubin ou partenaire de PACS, la victime « *peut, si elle y consent expressément et pour une durée déterminée, se voir attribuer un dispositif de téléprotection permettant d'alerter les autorités publiques en cas de violation de ces obligations ou interdictions* » (C. pr. pén., art. D. 32-30).

2. La mesure d'éloignement de la victime de violences : le dispositif du bracelet anti-rapprochement (BAR) (C. pr. pén., art. 138 17°bis et 138-3, L. n° 2019-1480, 28 déc. 2019)

En cas d'infraction punie d'une peine ⩾ 3 ans d'emprisonnement « *commise contre son conjoint, son concubin ou le partenaire lié à elle par un pacte civil de solidarité, y compris lorsqu'ils ne cohabitent pas, ou commise par l'ancien conjoint ou concubin de la victime ou par le partenaire ayant été lié à elle par un pacte civil de solidarité, le juge peut, à la demande ou avec le consentement exprès de la victime, qui peut être recueilli par tout moyen :*

1° Interdire à la personne placée sous contrôle judiciaire de se rapprocher de la victime à moins d'une certaine distance fixée par la décision ;

2° Et, afin d'assurer le respect de l'interdiction prévue au 1°, astreindre cette personne au port, pendant toute la durée du placement, d'un bracelet intégrant un émetteur permettant à tout moment de déterminer à distance sa localisation sur l'ensemble du territoire national et si elle s'approche de la victime à qui a été attribué un dispositif électronique permettant également sa localisation » (C. pr. pén., art. 138-3 issu L. n° 2019-1480, 28 déc. 2019).

Comme en matière de placement sous ARSE (C. pr. pén., art. 142-5, v. n° 12.54C) ou sous sursis probatoire avec dispositif anti-rapprochement (C. pr. pén., art. 132-45 18° *bis* et 132-45-45, mod. par L. n° 2019-1480, 28 déc. 2019, v. n° 18.25D), le prononcé de cette mesure, dite du « bracelet anti rapprochement » (BAR), n'est pas subordonné à l'accord du mis en cause mais la pose de l'équipement ne peut se faire sans son consentement. Dès lors, « *La personne placée sous contrôle judiciaire est avisée que la pose du bracelet ne peut être effectuée sans son consentement mais que le fait de la refuser constitue une violation des obligations qui lui incombent et peut donner lieu à la révocation de la mesure et à son placement en détention provisoire. Ce dispositif est homologué par le ministre de la justice. Sa mise en œuvre doit garantir le respect de la dignité, de l'intégrité et de la vie privée de la personne et ne pas entraver son insertion sociale.* »

Le juge d'instruction ou le JLD qui prononce l'interdiction prévue par C. pr. pén., art. 138 17 *bis* doit se prononcer « *par une décision motivée, sur la suspension du droit de visite et d'hébergement de l'enfant mineur dont la personne mise en examen est titulaire* » (C. pr. pén., art. 138 17°, réd. issue L. n° 2020-936, 30 juill. 2020, v. n° 16.5D9).

Ce dispositif, dont l'entrée en vigueur est subordonnée à un décret d'application, ne prescrit pas d'assignation à résidence. Il ne constitue pas une mesure d'ARSE (sur l'ARSE, v. n° 12.54 s. et en particulier sur l'ARSE mobile, v. n° 12.54B) mais une modalité nouvelle du contrôle judiciaire prévue au C. pr. pén., art. 138 17°*bis* issu L. n° 2019-1480, 28 déc. 2019). À la différence de l'ARSE qui est assimilée à la détention provisoire (C. pr.

pén., art. 142-11), sa durée n'est pas imputable sur la peine d'emprisonnement ferme (sur ce point, v. nº **12.56A4**).

La mesure est inscrite au **FPR** (C. pr. pén., art. 230-19 2°, v. nº **13.17B3**).

D. Les mesures de suivi socio-éducatif et de soins

• « *Répondre aux convocations de toute autorité, de toute association ou de toute personne qualifiée désignée par le juge* [...] et *se soumettre, le cas échéant, aux mesures de contrôle portant sur ses activités professionnelles ou sur son assiduité à un enseignement ainsi qu'aux mesures socio-éducatives destinées à favoriser son insertion sociale et à prévenir le renouvellement de l'infraction* » (C pr. pén., art. **138 6°**). L'autorité ou la personne qualifiée désignée par le juge pour contrôler les activités professionnelles ou l'assiduité à un enseignement peut se faire présenter tous documents ou renseignements concernant son travail ou sa scolarité (C pr. pén., art. R. 17-3).

Cette « *obligation générale de répondre aux convocations et de se soumettre, le cas échéant, à des mesures de contrôle portant sur les activités professionnelles ou l'assiduité à un enseignement* » n'a pas à être spécialement motivée (Crim. 26 juill. 2000, nº 00-83.156, P nº 260).

• « *Se soumettre à des mesures d'examen, de traitement ou de soins, même sous le régime de l'hospitalisation, notamment aux fins de désintoxication. Une copie de l'ordonnance de placement sous contrôle judiciaire est adressée par le juge* [...] *au médecin ou au psychologue qui doit suivre la personne* [...]. *Les rapports des expertises réalisées pendant l'enquête ou l'instruction sont adressés au médecin ou au psychologue, à leur demande ou à l'initiative du juge* [...]. *Celui-ci peut également leur adresser toute autre pièce utile du dossier* » (C. pr. pén., art. **138 10°**). La personne choisit le praticien ou l'établissement qui assurera l'examen, le traitement ou les soins et présente au juge les justifications requises (C. pr. pén., art. R. 17-5).

• « *Respecter les conditions d'une prise en charge sanitaire, sociale, éducative ou psychologique, destinée à permettre sa réinsertion et l'acquisition des valeurs de la citoyenneté ; cette prise en charge peut, le cas échéant, intervenir au sein d'un établissement d'accueil adapté dans lequel la personne est tenue de résider* » (C. pr. pén., art. **138 18°**).

E. Les mesures d'interdiction de pratiquer une profession ou certaines activités

1. L'interdiction professionnelle (C. pr. pén., art. 138 12°)

• « *Ne pas se livrer à certaines activités de nature professionnelle ou sociale, à l'exclusion de l'exercice des mandats électifs et des responsabilités syndicales, lorsque l'infraction a été commise dans l'exercice ou à l'occasion de l'exercice de ces activités et lorsqu'il est à redouter qu'une nouvelle infraction soit commise* » (C. pr. pén., art. **138 12°**). Avis en est donné, s'il y a lieu, à l'employeur de l'intéressé ou à son autorité hiérarchique, ou à l'ordre dont il relève ou à l'autorité à l'agrément de laquelle est soumis sa profession (C. pr. pén., art. R. 18). Les chefs de service de police ou de gendarmerie du lieu de résidence de l'intéressé sont avisés de la décision (C. pr. pén., art. R. 17-1). L'interdiction est inscrite au **FPR** (C. pr. pén., art. 230-19 2°, v. nº **13.17B3**).

• La mesure **d'interdiction professionnelle** doit être circonstanciée au regard de C. pr. pén., art. 138 12° qui la réserve aux cas où « *l'infraction a été commise dans l'exercice ou à l'occasion de l'exercice de ces activités et lorsqu'il est à redouter qu'une nouvelle infraction soit commise* » (Crim. 16 janv. 2002, nº 01-87.235, P nº 5). Le juge doit donc « *constater que l'infraction a été commise dans l'exercice ou à l'occasion de l'exercice de ces activités* » et « *caractériser le risque actuel de commission d'une nouvelle infraction* » (Crim. 17 sept. 2014, nº 14-84.282, P nº 190 ; dans le même sens : Crim. 22 févr. 1995, nº 94-85.791, P nº 78 ; Crim. 13 oct. 1998, nº 98-84.224, P nº 257). La circonstance que les infractions « *ont été facilitées par son nom et sa réputation professionnelle* » ne permet pas d'en déduire qu'elles ont été « *commises à l'occasion de l'exercice* » de l'activité professionnelle de l'intéressé (Crim. 5 mars 2003, nº 02-88.089, P nº 59). « *l'interdiction faite à une personne mise en examen, dans le cadre d'un contrôle judiciaire, de se livrer à tout ou partie de son activité professionnelle d'artiste constitue une ingérence dans sa liberté d'expression et entre dès lors dans le champ* » de Conv. EDH, art. 10, en particulier des conditions de proportionnalité qu'il impose (Crim. 21 févr. 2023, nº 22-86.760, P).

• L'**interdiction de gérer** : le juge qui constate que « *les infractions reprochées ont été commises dans l'exercice d'une activité de gestion d'une entreprise, quelle qu'en soit la forme juridique et l'objet* » interdit ainsi à bon droit à la personne de « *gérer de fait ou de droit toute société et de diriger et/ou d'administrer de fait et/ou de droit toutes activités associations ou entreprises de nature commerciale, industrielle, agricole, artisanale et/ou libérale* » (Crim. 24 mai 2018, n° 18-81.240, P n° 101). L'interdiction de « *gérer, diriger ou administrer en droit ou en fait une société commerciale* », sans précision de son périmètre territorial, a « *seulement pour effet de rendre l'interdiction applicable à tout acte de direction, de gestion ou d'administration d'une société commerciale accompli sur le territoire de la République* » (Crim. 8 oct. 2002, n° 02-85.085).

• Les **mandats électifs**, lesquels ne peuvent faire l'objet d'une interdiction d'exercice, « *s'entendent des seules fonctions électives publiques et non des activités de nature sociale, fussent-elles exercées par le titulaire d'un mandat électif* ». Ainsi, un mandat d'administrateur d'OPHLM, quand bien même procède-t-il d'un mandat électif, peut faire l'objet d'une interdiction (Crim. 3 févr. 1998, n° 97-81.207, P n° 39 ; dans le même sens : Crim. 17 mai 1995, n° 95-81.030, P n° 178). De même, peuvent être interdites les fonctions d'administrateur dont le mandat a été donné par le comité d'un syndicat d'agglomération nouvelle (SAN) à l'un de ses membres élus aux fins de siéger comme représentant de cet établissement au conseil d'administration d'établissements publics dont il est actionnaire car « *ni le mandat électif exercé par l'intéressé, ni les modalités de sa désignation comme administrateur desdits établissements, ne confèrent à ces activités le caractère de fonctions électives publiques* » (Crim. 3 déc. 1997, n° 97-84.985, P n° 409). Le juge prononce également à bon droit contre un conseiller prud'hommes une interdiction de paraître dans sa juridiction et de rencontrer les autres conseillers au motif que « *si les fonctions de conseiller prud'hommes procèdent de l'élection, elles n'ont pas pour finalité l'exercice d'un mandat électif ou de responsabilités syndicales, mais de juger* », en effet cette fonction « *ne constitue pas l'exercice d'un mandat électif, au sens de l'article 138, alinéa 2, 12°, du Code de procédure pénale, lequel vise les seules fonctions électives publiques de nature politique et non les activités de nature juridictionnelle, fussent-elles exercées par le titulaire d'un mandat électif* » (Crim. 7 avr. 1998, n° 98-80.392, P n° 134).

• Le **ministère sacerdotal** : « *une fonction religieuse, fut-elle bénévole, constitue une activité de nature professionnelle ou sociale au sens de C. pr. pén., art. 138 12°* » (Crim. 4 nov. 2021, n° 21-85.144 ; dans le même sens pour une peine d'interdiction d'exercer les fonctions de prêtre : Crim. 4 nov. 2021, n° 21-80.413, P).

• Les **fonctions d'avocat** : lorsque l'activité professionnelle concernée est celle d'un **avocat**, le conseil de l'ordre, saisi par le juge, a seul le pouvoir de prononcer cette mesure à charge d'appel, dans les conditions prévues par L. n° 71-1130, 31 déc. 1971, art. 24 ; le conseil de l'ordre statue dans les 15 jours (C. pr. pén., art. 138 12°). « *En interdisant à un avocat de se rendre, sauf convocation de justice, dans le ressort du barreau où il est inscrit, la CHINS, [...] a prononcé une mesure s'assimilant nécessairement à une interdiction, au moins partielle, d'exercer l'activité d'avocat et relevant, dès lors, exclusivement du conseil de l'ordre* » (Crim. 28 sept 2010, n° 10-85.142, D). En revanche, « *les interdictions, faites à l'avocat, de se rendre dans des lieux situés hors du ressort du barreau auprès duquel il est inscrit et d'entrer en contact avec [des] confrères et leurs associés et collaborateurs ne constituent pas des mesures assimilables à l'interdiction d'exercer l'activité d'avocat* » (§ 14) (Crim. 14 févr. 2023, n° 22-86.765, D). De même, « *lorsqu'un avocat et son unique associé sont mis en examen dans la même procédure, l'obligation faite à chacun, dans le cadre d'un contrôle judiciaire, de s'abstenir de rencontrer ou recevoir son associé, ou d'entrer en relation avec lui, ne fait pas obstacle à l'exercice de la profession d'avocat, quand bien même cet exercice devrait être aménagé de façon compatible avec cette obligation* » (§ 15) (Crim. 10 mai 2023, n° 23-80.876, P).

Ne sont pas non plus assimilables à une interdiction d'exercer la profession d'avocat les mesures de contrôle judiciaire lui interdisant, sur le fondement de C. pr. pén., art. 138 3°, « *de se rendre dans des lieux situés hors du ressort du barreau où il est inscrit* » (Crim. 9 mars 2011, n° 10-88.756, P n° 51) ou lui imposant, sur le fondement de C. pr. pén., art. 138 9°,

« *de s'abstenir de rencontrer ou recevoir son client,* [mis en examen dans la même information, afin de rechercher leur implication respective dans les faits qui leur sont reprochés], *ou d'entrer en relation avec lui de quelque façon que ce soit* » (Crim. 12 oct. 2011, nº 11-85.885, P nº 205 ; dans le même sens : Crim. 24 avr. 2007, nº 07-80.616, D). Une telle mesure d'interdiction d'entrer en relation avec des personnes spécialement désignées « *ne peut être assimilée à une interdiction, même partielle, de l'exercice de la profession d'avocat* », est donc rejetée la QPC soutenant que C. pr. pén., art. 138 9° méconnaît DDHC, art. 16, en ce qu'il ne prévoit pas de garanties particulières pour un avocat (Crim. 20 sept. 2016, nº 16-90.017, P nº 245).

Le conseil de l'ordre a seul le pouvoir de mettre fin à une mesure d'interdiction provisoire de l'exercice de la profession d'un avocat placé sous contrôle judiciaire, tant le juge que la CHINS saisis d'une demande de mainlevée de cette mesure doivent donc constater leur incompétence (Crim. 15 mai 2002, nº 02-81.116, P nº 113). Toutefois, au stade du règlement du dossier, « *si le conseil de l'ordre a seul le pouvoir de prononcer une mesure d'interdiction provisoire de l'exercice de la profession d'un avocat placé sous contrôle judiciaire, ainsi que d'y mettre fin, le juge d'instruction tient des dispositions de l'article 179 du Code de procédure pénale celui de maintenir la mesure de contrôle judiciaire comportant une telle interdiction* » (Crim. 21 janv. 2004, nº 03-86.358, P nº 16).

2. L'interdiction d'activité impliquant un contact habituel avec des mineurs (C. pr. pén., art. 138 12° bis)

• « *Ne pas exercer une activité impliquant un contact habituel avec des mineurs lorsqu'il est à redouter qu'une nouvelle infraction soit commise* » (C. pr. pén., art. **138 12 *bis***). L'interdiction est inscrite au **FPR** (C. pr. pén., art. 230-19 2°, v. nº **13.17B3**).

Dans un objectif de protection des mineurs, en complément du dispositif d'information facultative de l'autorité publique par le parquet prévu pour l'ensemble des infractions passibles d'emprisonnement (C. pr. pén., art. 11-2, issu L. nº 2016-457, 14 avr. 2016, v. nº **35.2B2**), le **ministère public a l'obligation** d'informer « *par écrit l'administration* » d'une décision de placement sous contrôle judiciaire comportant « *l'obligation de ne pas exercer une activité impliquant un contact habituel avec des mineurs* » « *prononcée à l'encontre d'une personne dont il est établi au cours de l'enquête ou de l'instruction qu'elle exerce une activité professionnelle ou sociale impliquant un contact habituel avec des mineurs et dont l'exercice est contrôlé, directement ou indirectement, par l'administration* » (C. pr. pén., art. 706-47-4, L. nº 2016-457, 14 avr. 2016) (sur ce point, v. également nº **11.23D**).

À cette fin, si une telle mesure est ordonnée, « *le juge d'instruction en avise immédiatement le procureur de la République* » (C. pr. pén., art. D. 47-9-1 III).

3. La limitation du droit de conduire les véhicules (C. pr. pén., art. 138 8°)

• « *S'abstenir de conduire tous les véhicules, certains véhicules ou un véhicule qui ne soit pas équipé, par un professionnel agréé ou par construction, d'un dispositif homologué d'antidémarrage par éthylotest électronique et, le cas échéant, remettre au greffe son permis de conduire contre récépissé ; toutefois, le juge* [...] *peut décider que la personne mise en examen pourra faire usage de son permis de conduire pour l'exercice de son activité professionnelle* » (C. pr. pén., art. **138 8°**). Les chefs de service de police ou de gendarmerie du lieu de résidence de l'intéressé sont avisés de la décision (C. pr. pén., art. R. 17-1). Les dispositions de C. pén, art. R. 131-3 à R. 131-4-1 relatives aux modalités d'exécution des peines d'interdiction de conduite des véhicules s'appliquent (C. pr. pén., art. R. 17-4-1). Le greffe délivre à la personne titulaire d'un permis de conduire un certificat, tenant lieu de récépissé, comportant sa photographie et mentionnant notamment les références de son permis et les restrictions au droit de conduire qui sont imposées (C. pén, art. R. 131-4 et R. 131-4-1).

L'interdiction est inscrite au **FPR** (C. pr. pén., art. 230-19 2°, v. nº **13.17B3**). Sa violation peut donner lieu à arrestation et retenue selon les précisions apportées au nº 12.2A (C. pr. pén., art. 141-4). Si la conduite d'un véhicule dépourvu de dispositif antidémarrage (EAD) relève de la procédure de révocation du contrôle judiciaire, l'utilisation irrégulière du dispositif antidémarrage (EAD) équipant le véhicule en application de la mesure est sanctionnée par C. route, art. R. 234-5 (contrav. 5e cl., v. nº 36.34).

Mentionnons que ni les dispositions du C. pr. pén., ni celles du C. route, ne prévoient que la durée de l'interdiction de conduire ou de la limitation du droit de conduire imposée par le contrôle judiciaire s'impute sur la peine affectant le permis de conduire ou le droit de conduire le cas échéant prononcée par le tribunal, à la différence de la suspension administrative du permis de conduire en cas d'infraction routière dont la durée s'impute « *sur celle des mesures du même ordre prononcées par le tribunal* » (C. route, art. L. 224-9, v. nº 11.70).

4. L'interdiction de détenir ou porter une arme (C. pr. pén., art. 138 14°)

• « *Ne pas détenir ou porter une arme et, le cas échéant, remettre au greffe contre récépissé les armes dont elle est détentrice* » (C. pr. pén., art. **138 14°**). Les chefs de service de police ou de gendarmerie du lieu de résidence de l'intéressé sont avisés de la décision (C. pr. pén., art. R. 17-1). L'interdiction est inscrite au **FPR** (C. pr. pén., art. 230-19 2°, v. nº 13.17B3). Sa violation peut donner lieu à arrestation et retenue selon les précisions apportées au nº 12.2A (C. pr. pén., art. 141-4).

Dans les conditions précisées au nº 11.57G, les services de police ou de gendarmerie peuvent, sur instruction du juge, procéder à une perquisition chez une personne placée sous contrôle judiciaire ou sous assignation à résidence avec surveillance électronique qui est soumise à l'interdiction de détenir une arme (C. pr. pén., art. 141-5).

Depuis L. nº 2022-52, 24 janv. 2022, l'interdiction de détenir ou de porter un matériel de guerre, une arme, des munitions et leurs éléments soumis à autorisation ou à déclaration dans le cadre d'un contrôle judiciaire, y compris si cette mesure est imposée dans le cadre d'une ARSE, emporte interdiction d'acquisition et de détention d'armes, de munitions et de leurs éléments des catégories A, B et C (CSI, art. L. 312-3 2°, mod. issue L. nº 2022-52, 24 janv. 2022).

5. L'interdiction d'émettre des chèques (C. pr. pén., art. 138 13°)

• « *Ne pas émettre de chèques autres que ceux qui permettent exclusivement le retrait de fonds par le tireur auprès du tiré ou ceux qui sont certifiés et, le cas échéant, remettre au greffe les formules de chèques dont l'usage est ainsi prohibé* » (C. pr. pén., art. **138 13°**). Il n'est pas prévu d'interdiction d'utiliser des cartes de paiement. Avis en est donné à la succursale ou agence bancaire, à la personne, à l'établissement ou au service qui gèrent son ou ses comptes (C. pr. pén., art. R. 18-1).

12.49 Les mesures de garantie financière imposées aux majeurs dans le cadre du contrôle judiciaire

A. Le cautionnement et la constitution de sûretés réelles et personnelles

1. La détermination de l'affectation du cautionnement et des sûretés par le juge (C. pr. pén., art. 142)

En application de C. pr. pén., art. 142, le cautionnement ou les sûretés garantissent, à hauteur des sommes que le juge est tenu de déterminer, « *d'une part, la représentation de la personne [...], d'autre part, le paiement de la réparation des dommages et des amendes* », (Crim. 13 févr. 2002, nº 01-87.975, P nº 28), mais le juge peut ordonner que les sûretés garantiront dans leur totalité le second poste (paiement des dommages et des amendes) ou l'une ou l'autre de ces deux sommes (C. pr. pén., art. 142), et décider ainsi que « *les sûretés garantiront dans leur totalité les droits des victimes* » (Crim. 5 mars 2003, nº 02-88.089, P nº 59).

Notons que ces mesures de garantie financière, dont le délai d'exécution est fixé par le juge, permettent de conditionner la mise en liberté de la personne détenue lorsque leur exécution doit être justifiée avant sa libération. Dans ce cas, lorsque la décision de placement sous contrôle judiciaire d'une personne en détention provisoire est assortie d'une obligation préalable de cautionnement « *demeurée inexécutée du fait du non-paiement du cautionnement,* [elle] *n'a pas eu pour effet de mettre fin au placement en détention* » de la personne ni « *de rendre nécessaire la délivrance d'un nouveau titre d'incarcération à son encontre* » (Crim. 12 févr. 1997, n° 96-85.629, P n° 58).

2. Le cautionnement (C. pr. pén., art. 138 11°)

• « *Fournir un cautionnement dont le montant et les délais de versement, en une ou plusieurs fois, sont fixés par le juge* [...], *compte tenu notamment des ressources et des charges de la personne* » (C. pr. pén., art. **138 11°**).

Ne répond pas à l'exigence de motivation la décision qui fixe le montant du cautionnement « *en tenant compte de ses facultés contributives* » « *sans s'expliquer davantage sur les ressources et charges de la personne* [...], *qui faisait valoir qu'elle assurait l'entretien de deux enfants mineurs, remboursait un emprunt immobilier, et ne disposait d'aucune épargne liquide, et sans répondre à sa proposition de constituer une sûreté réelle sur l'immeuble d'habitation dont elle est propriétaire* » (Crim. 17 sept. 2014, n° 14-84.282, P n° 190), ou « *sans s'expliquer sur les ressources et les charges de* [l'intéressé], *qui faisait valoir qu'il percevait le revenu minimum d'insertion* » (Crim. 4 nov. 2008, n° 08-85.724, P n° 221).

Le cautionnement est versé par chèque certifié à l'ordre du « *régisseur de recettes* » du tribunal concerné, ou en espèces pour un montant maximum de 1 000 € (C. pr. pén., art. R. 19 et R. 21).

3. La constitution de sûretés réelles ou personnelles (C. pr. pén., art. 138 15°)

• « *Constituer, dans un délai, pour une période et un montant déterminés par le juge* [...], *des sûretés personnelles ou réelles* » (C. pr. pén., art. **138 15°**). La constitution des sûretés réelles (hypothèque, gage) ou personnelles (ex. caution par un tiers) repose sur les démarches de constitution de sûreté et le cas échéant de publicité accomplies dans le délai imparti par la personne placée sous contrôle judiciaire, selon les modalités précisées au C. pr. pén., art. R. 24 et s. Ces sûretés sont établies par la personne au bénéfice des parties civiles identifiées, ou du Trésor public pour la garantie de la représentation en justice ou du paiement des amendes (C. pr. pén., art. R. 24-1). Lorsque les victimes ne sont pas encore identifiées ou constituées parties civiles, les sûretés peuvent être établies au nom d'un bénéficiaire provisoire agissant pour le compte de ces victimes, proposé par la personne placée sous contrôle judiciaire et acceptée par le juge d'instruction, choisi parmi les personnes exerçant une activité règlementée par l'autorité publique et soumise à une obligation d'assurance professionnelle (ex. administrateur ou mandataire judiciaire) (C. pr. pén., art. 142 et R. 24-2).

4. La gestion de la partie de la caution ou de la sûreté garantissant la représentation en justice

La première partie du cautionnement ou de la sûreté garantit « *la représentation de la personne mise en examen, du prévenu ou de l'accusé à tous les actes de la procédure et pour l'exécution du jugement, ainsi que, le cas échéant, l'exécution des autres obligations qui lui ont été imposées* » (C. pr. pén., art. 142).

Cette première partie du cautionnement ou des sûretés est restituée ou levée si la personne s'est présentée à tous les actes de la procédure, a satisfait aux obligations du contrôle judiciaire et s'est soumise à l'exécution du jugement. Dans le cas contraire, sauf motif légitime d'excuse ou décision de non-lieu, de relaxe, d'acquittement ou d'exemption de peine, cette partie est acquise à l'État, ou il est procédé au recouvrement de la créance garantie par la première partie des sûretés (C. pr. pén., art. 142-2).

5. La gestion de la partie de la caution ou de la sûreté garantissant l'indemnisation des victimes et le paiement de l'amende

La deuxième partie du cautionnement ou de la mesure de sûreté garantit, dans l'ordre de préférence, la réparation des dommages puis le paiement de l'amende.

Elle garantit la réparation des dommages causés par l'infraction, les restitutions, ainsi que la dette alimentaire lorsque la personne mise en examen est poursuivie pour le défaut de paiement de cette dette.

Lorsque les sûretés garantissent, en partie ou en totalité, les droits d'une ou plusieurs victimes qui ne sont pas encore identifiées ou qui ne sont pas encore constituées parties civiles, elles sont établies, dans des conditions précisées par C. pr. pén., art. R. 24-2, au nom d'un bénéficiaire provisoire agissant pour le compte de ces victimes et, le cas échéant, du Trésor.

Le juge peut, avec le consentement de la personne astreinte au cautionnement, décider que cette partie du cautionnement sera versée par provision à la victime ou au créancier d'une dette alimentaire, sur leur demande. Ce versement peut aussi être ordonné, même sans le consentement de la personne, lorsqu'une décision de justice exécutoire a accordé à la victime ou au créancier une provision à l'occasion des faits qui sont l'objet des poursuites (C. pr. pén., art. 142-1) (sur la prise en compte des intérêts de la victime lors des mesures de contrainte avant jugement, v. n° **16.3**). Le juge donne avis à la victime ou au créancier alimentaire du versement par provision qu'il a ordonné (C. pr. pén., art. R. 23-1).

En cas de non-lieu ou d'acquittement, le montant du **cautionnement** affecté à la victime de l'infraction ou au créancier d'une dette alimentaire est restitué à la personne, sauf condamnation pour faute civile par la cour d'assises en application de C. pr. pén., art. 372 (v. n° **16.13A2**). En cas de condamnation, ce montant est affecté à la victime puis au paiement de l'amende et le surplus est restitué lorsque la condamnation est définitive. Les **sûretés** sont affectées au recouvrement ou levées selon les mêmes distinctions (C. pr. pén., art. 142-3).

En cas de condamnation définitive, le procureur de la République informe la partie civile de l'existence du cautionnement et lui indique les formalités à accomplir pour obtenir de la Caisse des dépôts et consignations les sommes dues (C. pr. pén., art. R. 23-3).

La Caisse des dépôts et consignations, à laquelle le régisseur des recettes doit verser le cautionnement reçu (C. pr. pén., art. R. 23-1), distribue sans délai aux ayants droit les sommes déposées (C. pr. pén., art. R. 23-2).

Mentionnons que les saisies opérées dans le cadre de l'enquête ou de l'instruction, lorsqu'elles sont suivies d'une confiscation définitive, sont également de nature à favoriser la garantie de l'indemnisation de la victime, qui peut en effet, dans les conditions prévues par C. pr. pén., art. 706-164, être prioritairement payée par l'Agrasc sur les biens confisqués (v. n° **16.20C**).

B. La contribution au paiement des dettes alimentaires (C. pr. pén., art. 138 16°)

• « *Justifier qu'elle contribue aux charges familiales ou acquitte régulièrement les aliments qu'elle a été condamnée à payer conformément aux décisions judiciaires et aux conventions judiciairement homologuées portant obligation de verser des prestations, subsides ou contributions aux charges du mariage* » (C. pr. pén., art. 138 16°). Sur l'infraction d'abandon de famille, v. n° **21.5**.

12.50 Le contrôle judiciaire applicable aux mineurs : conditions et obligations

A. Les conditions du placement sous contrôle judiciaire du mineur (CJPM, art. L. 331-1)

• Le mineur < 13 ans ne peut faire l'objet d'un contrôle judiciaire (CJPM, art. L. 331-1, al. 1).

• Le mineur ⩾ **13 ans et < 16 ans** peut être placé sous contrôle judiciaire aux conditions suivantes, qui tiennent à la nature des infractions reprochées et le cas échéant aux antécédents judiciaires de l'intéressé :

– peine criminelle ou peine d'emprisonnement ⩾ 7 ans encourue ;

– peine d'emprisonnement ⩾ 5 ans encourue pour un délit de violences volontaires, d'agression sexuelle ou un délit commis avec la circonstance aggravante de violences ;

– peine d'emprisonnement ⩾ 5 ans si le mineur a déjà fait l'objet d'une mesure éducative, d'une mesure judiciaire d'investigation éducative, d'une mesure de sûreté, d'une déclaration de culpabilité ou d'une peine prononcée dans le cadre d'une autre procédure et ayant donné lieu à un rapport datant de moins d'un an ;

• Le mineur ⩾ **16 ans** peut être placé sous contrôle judiciaire lorsqu'il encourt une peine criminelle ou, en matière correctionnelle, comme pour les majeurs, une peine d'emprisonnement (CJPM, art. L. 331-1 et C. pr. pén., art. 138).

Comme le majeur, le mineur ne peut donc faire l'objet d'une mesure de contrôle judiciaire pour une contravention ou un délit qui n'est passible que d'une peine d'amende.

B. Les obligations du contrôle judiciaire applicables au mineur (CJPM, art. L. 331-2)

Sans préjudice des obligations de nature éducative imposées au mineur en dehors du cadre du contrôle judiciaire, dont la violation ne peut être sanctionnée par une mesure de détention provisoire, le contrôle judiciaire astreint le mineur à se soumettre, selon la décision du juge des enfants, du tribunal pour enfants, du juge d'instruction ou du JLD, aux obligations qui suivent.

Ces obligations sont inscrites au **FPR** (C. pr. pén., art. 230-19 2°, v. n° **13.17B3**). Elles sont pour une grande part à l'image des obligations imposées aux majeurs et ne sont pas limitées dans le temps. Notons toutefois qu'à la différence du majeur (v. n° **12.48E3**), le mineur ne peut être astreint à un cautionnement ou à la constitution d'une sûreté, et qu'il peut être astreint, mais pour une durée limitée, à un placement éducatif ou dans un centre éducatif fermé.

La violation de ces obligations peut entraîner le placement en détention provisoire du mineur dans les conditions précisées aux n^os^ **12.36E** et **12.53E**.

1. Les mesures de contrôle de la résidence et des déplacements

• Ne pas sortir des **limites territoriales** déterminées par le juge (CJPM, art. **L. 331-2 1°**) ;

• Ne s'absenter de son **domicile ou de la résidence** fixée par le juge qu'aux conditions et pour les motifs déterminés par le magistrat (CJPM, art. **L. 331-2 2°**) ;

• Ne pas se rendre en **certains lieux** ou ne se rendre que dans les lieux déterminés par le juge (CJPM, art. **L. 331-2 3°**) ;

• Ne pas participer à des **manifestations sur la voie publique** dans des lieux déterminés par le juge (CJPM, art. **L. 331-2 4°**) ;

• Informer le juge de tout **déplacement** au-delà de limites déterminées (CJPM, art. **L. 331-2 5°**) ;

• Se **présenter périodiquement** aux services, associations habilitées ou autorités désignés par le juge (CJPM, art. **L. 331-2 6°**) ;

• Remettre **tous documents justificatifs de l'identité**, et notamment le passeport, soit au greffe, soit à un service de police ou à une brigade de gendarmerie, en échange d'un récépissé valant justification de l'identité (CJPM, art. **L. 331-2 7°**).

2. Les mesures de contrôle des fréquentations et d'éloignement du conjoint violent

• S'abstenir de recevoir ou de rencontrer **certaines personnes** spécialement désignées par le juge, ainsi que d'entrer en relation avec elles, de quelque façon que ce soit. Lorsque la personne désignée est la victime ou la partie civile, le juge lui adresse, conformément à C. pr. pén., art. 138-1 (v. n° **12.48B**), un avis l'informant de cette mesure, ainsi qu'à son avocat si elle est partie civile, en précisant la conséquence du non-respect de cette interdiction (CJPM, art. **L. 331-2 9°**) ;

• En cas d'infraction commise soit contre son **conjoint ou son concubin**, soit contre ses enfants ou ceux de son conjoint ou concubin, résider hors du domicile ou de la résidence du couple et, le cas échéant, s'abstenir de paraître dans ce domicile ou cette résidence ou aux abords immédiats de celui-ci, ainsi que, si nécessaire, faire l'objet d'une prise en charge sanitaire, sociale ou psychologique. Ces dispositions sont aussi applicables si les faits sont commis par l'ancien conjoint ou concubin, le domicile concerné étant alors celui de la victime. Le juge recueille par tous moyens l'avis de la victime sur l'opportunité d'astreindre l'auteur des faits à résider hors du logement du couple. Sauf circonstances particulières, cette mesure est prise en cas de violences susceptibles d'**être renouvelées et si la victime la sollicite** (CJPM, art. **L. 331-2 13°**).

3. Les mesures de sûreté contre les risques d'atteintes à la sécurité des personnes (conduite de véhicules, armes)

• S'abstenir de conduire tous les **véhicules**, certains véhicules ou un véhicule qui ne soit pas équipé, par un professionnel agréé ou par construction, d'un dispositif homologué d'antidémarrage par éthylotest électronique, et, le cas échéant, remettre au greffe son permis de conduire contre récépissé (CJPM, art. **L. 331-2 8°**). Sur l'absence d'imputation de cette mesure sur la suspension de permis de conduire prononcée à titre de peine, v. n° **12.48E3**.

• Ne pas détenir ou porter une **arme** et, le cas échéant, remettre au greffe contre récépissé les armes dont il est détenteur (CJPM, art. **L. 331-2 12°**). Sur la possibilité de procéder à une perquisition chez une personne soumise à une interdiction de détenir une arme (C. pr. pén., art. 141-5), v. n° **11.57G**.

4. Les mesures de suivi socio-éducatif, de soins et de placement

• Se soumettre à des **mesures d'examen, de traitement ou de soins,** même sous le régime de l'hospitalisation, notamment aux fins de désintoxication. Une copie de l'ordonnance de placement sous contrôle judiciaire est adressée par le juge au médecin ou au psychologue qui doit suivre le mineur. Les rapports des expertises réalisées pendant l'enquête, l'instruction ou la mise à l'épreuve éducative sont adressés au médecin ou au psychologue, à leur demande ou à l'initiative du juge des enfants ou du juge d'instruction. Celui-ci peut également leur adresser toute autre pièce utile du dossier (CJPM, art. **L. 331-2 10°**) ;

• Respecter les conditions d'une **prise en charge sanitaire, sociale, éducative ou psychologique**, destinée à permettre sa réinsertion et l'acquisition des valeurs de la citoyenneté ; cette prise en charge peut, le cas échéant, intervenir au sein d'un établissement d'accueil adapté dans lequel la personne est tenue de résider (CJPM, art. **L. 331-2 14°**) ;

• Respecter jusqu'à sa majorité les conditions d'un **placement éducatif** visé par CJPM, art. L. 112-14 (placement auprès de la famille, d'une personne de confiance, ~~de l'ASE~~ (supprimé par L. n° 2921-218, 26 févr. 2021), d'un établissement public de la PJJ ou du secteur privé habilité), ou d'un placement en **centre éducatif fermé** (CEF) (**CJPM, art. L. 113-7**). La mesure de placement ne peut être ordonnée que pour une durée de **six mois**, renouvelable une seule fois par ordonnance motivée et pour une durée au plus égale à six mois (CJPM, art. L. 331-2). Mentionnons que pour le mineur de moins de 16 ans, en matière correctionnelle seule la violation d'une mesure de placement en CEF est de nature à justifier la détention provisoire au titre de la révocation du contrôle judiciaire (v. n[os] **12.36E** et **12.53E**).

5. L'INTERDICTION D'ACTIVITÉ IMPLIQUANT UN CONTACT HABITUEL AVEC DES MINEURS

Ne pas exercer une **activité impliquant un contact habituel avec des mineurs** lorsqu'il est à redouter qu'une nouvelle infraction soit commise (CJPM, art. **L. 331-2 11°**). Notons qu'à la différence du majeur (v. n° 12.48E), le mineur ne peut être soumis à d'autre interdiction de nature professionnelle.

12.51 Le contrôle judiciaire applicable aux personnes morales : conditions et obligations (C. pr. pén., art. 706-45)

A. Les conditions du contrôle judiciaire de la personne morale

À la différence des personnes physiques, la loi ne limite pas le domaine du contrôle judiciaire des personnes morales aux infractions passibles d'emprisonnement, C. pr. pén., art. 706-45 ne renvoyant qu'aux conditions de nature procédurale prévues par C. pr. pén., art. 139 et 140 et non à l'exigence d'une peine d'emprisonnement prévue par C. pr. pén., art. 138.

Si le placement sous contrôle judiciaire pour une contravention ne paraît pas exclu, les obligations du contrôle judiciaire, à l'exception du cautionnement ou des sûretés, ne paraissent applicables qu'en cas de crime ou de délit, voire de contravention de 5e classe, selon la combinaison des textes applicables (v. B ci-dessous).

La personne morale ne peut faire l'objet des procédures de comparution immédiate, de comparution différée ou de convocation par procès-verbal assortie d'un contrôle judiciaire. Par hypothèse, une personne morale ne peut donc être placée sous contrôle judiciaire que par le juge d'instruction dans le cadre d'une procédure d'information.

Comme pour les personnes physiques, cette mesure ne peut être prononcée qu'à l'encontre de la personne morale mise en examen (C. pr. pén., art. 706-45 renvoyant à 139, v. n° 12.3412.35).

Soulignons que le représentant d'une personne morale poursuivie « *ne peut, en cette qualité, faire l'objet d'aucune mesure de contrainte autre que celle applicable au témoin* » (C. pr. pén., art. 706-44), il ne peut donc être placé sous contrôle judiciaire pour le compte de la personne morale. En revanche, il peut faire l'objet d'une telle mesure s'il est lui-même mis en examen.

B. Les obligations de contrôle judiciaire imposables aux personnes morales

Une ou plusieurs des obligations de contrôle judiciaire suivantes peuvent être imposées à la personne morale par le juge d'instruction :

• Dépôt d'un **cautionnement** dont le montant et les délais de versement, en une ou plusieurs fois, sont fixés par le juge d'instruction (C. pr. pén., art. **706-45 1°**) ou constitution, dans un délai, pour une période et un montant déterminés par le juge d'instruction, de **sûretés** personnelles ou réelles destinées à garantir les droits de la **victime** (C. pr. pén., art. **706-45 2°**). Les règles relatives au cautionnement ou à la constitution de sûretés prévues pour les personnes physiques par C. pr. pén., art. 142-2 et 142-3 (v. n° 12.49) sont applicables aux personnes morales (C. pr. pén., art. 706-45). En application de ces règles, le cautionnement ou les sûretés imposés à la personne morale garantissent donc, selon une ventilation que le juge est tenu de fixer, d'une part, sa représentation en justice, d'autre part, par ordre de préférence, l'indemnisation des parties civiles puis le paiement de l'amende. Enfin, les dispositions de C. pr. pén., art. R. 24 à R. 24-12 concernant les sûretés imposées aux personnes physiques sont applicables aux personnes morales (C. pr. pén., art. R. 24-13).

Mentionnons toutefois que selon la lettre de C. pr. pén., art. 706-45 2°, les sûretés personnelles et réelles ne semblent pouvoir porter que sur la garantie des droits de la victime.

• Interdiction d'émettre des **chèques** autres que ceux qui permettent le retrait de fonds par le tireur auprès du tiré ou ceux qui sont certifiés ou d'utiliser des cartes de paiement. Cette mesure ne peut être ordonnée que dans le cas où la personne morale est passible de la peine complémentaire d'interdiction d'émettre des chèques ou d'utiliser une carte de paiement prévue par C. pén., art. 131-39 7° pour les délits et 131-42 1° pour les contraventions de 5ᵉ classe (C. pr. pén., art. **706-45 3°**) ;

• Interdiction d'exercer certaines **activités professionnelles ou sociales** lorsque l'infraction a été commise dans l'exercice ou à l'occasion de l'exercice de ces activités et lorsqu'il est à redouter qu'une nouvelle infraction soit commise. Cette mesure n'est applicable que dans le cas où la personne morale est passible de la peine complémentaire d'interdiction d'une activité professionnelle ou sociale, qui est prévue pour les crimes ou délits par C. pén., art. 131-39 2° (C. pr. pén., art. **706-45 4°**) ;

• Placement sous **contrôle d'un mandataire** de justice désigné par le juge d'instruction pour une durée de six mois renouvelable, en ce qui concerne l'activité dans l'exercice ou à l'occasion de laquelle l'infraction a été commise. Cette mesure n'est applicable que dans le cas où la personne morale est passible de la peine complémentaire de placement sous surveillance judiciaire, prévue pour les crimes ou délits par C. pén., art. 131-39 3° (C. pr. pén., art. **706-45 5°**).

C. La sanction du non-respect du contrôle judiciaire de la personne morale

La sanction de la violation du contrôle judiciaire imposé à une personne morale ne se traduit pas par la révocation de cette mesure sous forme d'une obligation plus contraignante imposée à la personne morale, mais par la sanction pénale de la personne physique à laquelle est imputée cette violation, infraction spécifique définie par la combinaison de C. pr. pén., art. 706-45 et C. pén., art. 434-43 (sur cette incrimination, v. nº **25.79**).

12.52 La décision de placement sous contrôle judiciaire

A. Le juge et la juridiction compétents pour ordonner un contrôle judiciaire avant jugement

Les juges ou juridictions suivants sont notamment compétents pour ordonner une mesure de contrôle judiciaire avant jugement :

– le **juge d'instruction** dans le cadre de l'information (C. pr. pén., art. 138), pour les majeurs ou les mineurs (CJPM, art. L. 331-2) ;

– le **JLD**, dans le cadre de l'information, lorsqu'il est **saisi par le juge d'instruction** d'une demande de placement en détention provisoire (C. pr. pén., art. 145, v. nº **12.38B**) ou lorsqu'il statue sur une **demande de mise en liberté** (C. pr. pén., art. 148, v. nº **12.59A2**), pour les majeurs comme pour les mineurs (CJPM, art. L. 333-1 et L. 433-1) ; lorsqu'il statue sur la mise à exécution d'un **mandat d'arrêt** après la fin de l'instruction et avant jugement (C. pr. pén., art. 135-2, v. nº **12.6E**), ou lorsqu'il est saisi par le parquet dans le cadre d'une procédure de **convocation par procès-verbal** (C. pr. pén., art. 394, v. nº **15.14B**), de **comparution différée** (C. pr. pén., art. 397-1-1, v. nº **15.16C**) ou de **comparution immédiate** lorsque la réunion du tribunal est impossible le jour même (C. pr. pén., art. 396, v. nº **15.15B**) ;

– la **CHINS**, dans le cadre de l'**instruction** (C. pr. pén., art. 201 et 221-3), ou lorsqu'elle statue sur une demande de mise en liberté lors de la phase d'exécution d'un **mandat d'arrêt européen** émis par une juridiction étrangère (C. pr. pén., art. 695-34) ou durant l'exécution d'un **écrou extraditionnel** (C. pr. pén., art. 696-19) ;

– la **juridiction de jugement** saisie d'une demande de mise en liberté (C. pr. pén., art. 148-1 et 148-2), selon les distinctions décrites au nº **12.61**), ou le **tribunal correctionnel** lorsqu'il est saisi par comparution par procès-verbal (V. nº **15.14B**), ou comparution différée (V. n° **15.16D**) (C. pr. pén., art. 397-3), ou la **cour d'assises** à l'ouverture des débats pour s'assurer de la présence de l'accusé ou empêcher des pressions sur les victimes ou témoins (C. pr. pén., art. 272-1).

– pour les mineurs, par le **juge des enfants** statuant sur les réquisitions du parquet jusqu'à l'audience d'examen de la culpabilité (CJPM, art. L. 423-9) ou renvoyant à une telle audience (CJPM, art. L. 521-8), ou par le **tribunal pour enfants** (CJPM, art. L. 331-2).

B. Le principe de motivation de la décision de placement sous contrôle judiciaire

Le principe étant la liberté, la mesure de contrôle judiciaire doit être motivée et circonstanciée au regard des conditions posées par C. pr. pén., art. 137, à savoir « *en raison des nécessités de l'instruction ou à titre de mesure de sûreté* ».

Les énonciations de la décision doivent ainsi établir que « *compte tenu des circonstances de l'espèce, le placement sous contrôle judiciaire était justifié en raison des nécessités de l'instruction ou à titre de mesure de sûreté* » (Crim. 26 juill. 2000, n° 00-83.156, P n° 260). Est ainsi censurée la CHINS qui ordonne à titre de contrôle judiciaire la constitution d'une hypothèque sur une maison au motif que l'origine des fonds ayant servis à son acquisition n'est pas justifiée, « *sans préciser les circonstances justifiant, en raison des nécessités de l'instruction ou à titre de mesure de sûreté* », cette mesure (Crim. 13 févr. 2002, n° 01-87.975, P n° 28). Justifie en revanche sa décision la CHINS « *qui a apprécié la nécessité de l'interdiction au regard, tant du droit à la vie privée et familiale, que des impératifs de sûreté publique, de la prévention des infractions pénales et des nécessités de l'instruction* » (Crim. 8 oct. 2002, n° 02-85.085, NP).

Si, de façon générale, « *les juridictions [...] ne sont pas tenues de motiver chacune des modalités du contrôle judiciaire* » (Crim. 26 juill. 2000, n° 00-83.156, P n° 260), il en est autrement des modalités conditionnant certaines mesures. Ainsi, la mesure d'interdiction professionnelle doit être circonstanciée au regard de C. pr. pén., art. 138 12° qui la réserve aux cas où « *l'infraction a été commise dans l'exercice ou à l'occasion de l'exercice de ces activités et lorsqu'il est à redouter qu'une nouvelle infraction soit commise* » (Crim. 16 janv. 2002, n° 01-87.235, P n° 5) (v. n° **12.48E**). Il en est de même des mesures de garantie financière, cautionnement et sûretés, qui doivent tenir compte des ressources et des charges de la personne (v. n° **12.49**).

L'exigence de motivation s'accroît en fonction de la durée et de la nature de la mesure de contrôle judiciaire. Est ainsi sanctionnée la décision qui maintien une interdiction professionnelle « *sans mieux s'expliquer sur la nécessité actuelle, au regard de l'état d'avancement de l'information judiciaire et du risque de réitération des faits, près de cinq ans après la mise en examen de l'appelant, de l'interdiction qui lui a été faite d'exercer sa profession et, ainsi, sur la proportionnalité du maintien de cette mesure au regard des atteintes qu'elle porte à la liberté individuelle et au droit du travail* » (Crim. 18 juin 2019, n° 19-82.559, P). Les principes de nécessité et de proportionnalité, énoncés au C. pr. pén., art. préliminaire III, doivent en effet conduire l'appréciation du juge pour décider des « *mesures de contraintes* » ou des « *atteintes à la vie privée* » au cours de la procédure pénale.

En raison de l'effet dévolutif de l'appel, l'absence ou l'insuffisance de motivation de la décision de la juridiction du premier degré (juge d'instruction, JLD, tribunal) peut être réparée par la CHINS. En effet « *les motifs de l'arrêt [...] se substituent à ceux, insuffisants, de la décision entreprise* » (Crim. 16 janv. 2002, n° 01-87.235, P n° 5). Soumise au contrôle de la C. cass, la décision de la CHINS statuant en appel sur une décision de placement sous contrôle judiciaire doit répondre aux exigences de C. pr. pén., art. 593 en ce que « *tout arrêt de la CHINS doit comporter les motifs propres à justifier la décision ; que l'insuffisance ou la contradiction des motifs équivaut à leur absence* » (ex. Crim. 13 juin 2006, n° 06-83.164, P n° 175) (sur l'effet dévolutif de l'appel et la plénitude d'appréciation de la CHINS, v. n° **12.70A**).

Les « *nécessités de l'instruction* » ne peuvent toutefois motiver une mesure de contrôle judiciaire que dans le cadre de l'information judiciaire et ne peuvent théoriquement lui servir de fondement après sa clôture qui intervient lors de l'ordonnance de renvoi devant la juridiction. À compter de cette date, le contrôle judiciaire ne peut donc être ordonné

L'**ordonnance de renvoi devant le tribunal correctionnel** met également fin au contrôle judiciaire, lequel peut toutefois être maintenu « *jusqu'à sa comparution devant le tribunal* » par ordonnance distincte spécialement motivée du juge d'instruction, maintien qui est par hypothèse exclu en cas de requalification et de renvoi devant le tribunal de police (C. pr. pén., art. 179).

En cas d'**ordonnance ou d'arrêt de mise en accusation** (OMA ou AMA) devant la cour d'assises ou la cour criminelle départementale, le contrôle judiciaire continue à produire ses effets de plein droit si la personne est renvoyée pour crime, si elle n'est renvoyée devant cette juridiction que pour un délit connexe à un crime, son contrôle judiciaire prend fin de plein droit, à moins qu'il ne soit maintenu par ordonnance distincte spécialement motivée du juge d'instruction (C. pr. pén., art. 181). Il en est de même dans le cas où la CHINS prononce un arrêt de mise en accusation pour un délit pour un délit connexe, elle doit statuer sur le contrôle judiciaire « *par un arrêt distinct et spécialement motivé* » (Crim. 30 nov. 2022, n° 22-85.403, P) (C. pr. pén., art. 215 renvoyant à art. 181).

À la différence des dossiers dans lesquels la personne est détenue (v. n° **12.46**), ou fait l'objet d'une ARSE (**12.56A2**), il n'existe pas de délai butoir pour la comparution devant la juridiction de jugement (délai d'audiencement) de la personne qui fait l'objet d'une mesure de contrôle judiciaire dans le cadre d'une instruction.

2. La durée du contrôle judiciaire dans le cadre des procédures rapides

La durée du contrôle judiciaire ordonné dans le cadre des poursuites rapides obéit au calendrier de jugement de ces procédures.

Lorsque le prévenu a été placé sous **contrôle judiciaire** par le tribunal dans le cadre de la procédure de **comparution immédiate** (sur les mesures de sûreté provisoires prises dans le cadre de la comparution immédiate, v. n° **15.15C**), le premier rappel de l'affaire doit intervenir à 6 semaines (ou 4 mois, sur option du prévenu, si la peine encourue est > 7 ans) (C. pr. pén., art. 397-1), sans préjudice de la faculté du tribunal, à cette échéance, de renvoyer l'affaire et de maintenir le contrôle judiciaire, sans qu'une limitation de la durée de cette mesure ne s'impose alors (C. pr. pén., art. 397-3).

Lorsque le prévenu a été placé sous **contrôle judiciaire** par le JLD dans le cadre de la **convocation par procès-verbal (CPPVCJ)** (C. pr. pén., art. 394) (sur la mesure de contrôle judiciaire prise dans le cadre de la CPPV, v. n° **15.14B**), la date de l'audience ne peut être fixée à plus de **6 mois**. Dans le cas où le tribunal renvoie l'affaire, il pourra maintenir le contrôle judiciaire et aucune condition de délai ne s'impose à lui (C. pr. pén., art. 397-1 et 397-3).

Dans le cadre de la procédure de **comparution différée** (v. n° **15.16D**), « *le prévenu doit comparaître devant le tribunal au plus tard dans le délai de* <u>*deux mois*</u> » de l'ordonnance du JLD prescrivant le contrôle judiciaire, « *à défaut de quoi il est mis fin d'office* » à cette mesure de sûreté (C. pr. pén., art. 397-1-1, issu de L. n° 2019-222, 23 mars 2019).

3. L'absence d'imputation de la durée du contrôle judiciaire sur la peine

Dans tous les cas, la durée des interdictions ordonnées dans le cadre du contrôle judiciaire n'est pas décomptée des mesures aux effets comparables ultérieurement prononcées à titre de peine, à la différence de la détention provisoire (C. pr. pén., art. 716-4, v. n° **12.41G**) et de l'ARSE (C. pr. pén., art. 142-11, **12.56A**), dont la durée est décomptée d'office de la peine d'emprisonnement. À titre d'exemple, une mesure d'interdiction professionnelle (C. pr. pén., art. 138 12°, v. n° **12.48E1**) imposée durant trois ans depuis l'ordonnance de placement sous contrôle judiciaire jusqu'au jugement n'est pas décomptée de la durée d'une peine d'interdiction professionnelle de 5 ans prononcée par le tribunal et portant sur la même activité. Il en est de même pour la mesure d'interdiction de conduire (C. pr. pén., art. 138 8°, v. n° **12.48E3**), qui n'est pas, à la différence de la suspension administrative (C. route, art. L. 224-9, v. n° **11.70A2**), décomptée de la peine de suspension du permis de conduire. Par comparaison, notons que « *la durée de l'interdiction d'exercice des fonctions d'OPJ prononcée à titre provisoire par le président de la CHINS doit être déduite de la durée de l'interdiction d'exercice prononcée par ladite chambre* » sur le fondement, respectivement, de C. pr. pén., art. 229-1 et 227 (Crim. 21 janv. 2020, n° 19-81.537, P).

B. La modification et la mainlevée du contrôle judiciaire

D'office, « *le juge d'instruction peut, à tout moment, imposer à la personne placée sous contrôle judiciaire une ou plusieurs obligations nouvelles, supprimer tout ou partie des obligations comprises dans le contrôle, modifier une ou plusieurs de ces obligations ou accorder une dispense occasionnelle ou temporaire d'observer certaines d'entre elles* » (C. pr. pén., art. 139), ou, d'office ou sur la demande du procureur de la République, ordonner la mainlevée du contrôle judiciaire (C. pr. pén., art. 140).

Il en est de même pour la juridiction saisie, pendant la durée de l'audiencement de l'affaire, selon les distinctions, modalités et délais précisés au n° **12.61** (C. pr. pén., art. 141-1 et 148-1).

C. La surveillance de l'exécution du contrôle judiciaire (C. pr. pén., art. 141-4 et 141-5)

Les autorités ou personnes chargées de contribuer à l'application du contrôle judiciaire s'assurent que la personne se soumet aux obligations imposées, rendent compte au juge d'instruction de son comportement, et l'avisent sans délai si elle se soustrait au contrôle judiciaire (C. pr. pén., art. R. 16-1).

Selon les précisions apportées au n° **12.48** pour les majeurs, et au n° **12.50B** pour les mineurs, l'inscription de certaines obligations du contrôle judiciaire au FPR favorise, à l'occasion d'une autre procédure ou d'un contrôle des forces de sécurité (contrôle d'identité, contrôle routier), la révélation des manquements à la mesure.

Les services d'enquête peuvent, selon les précisions apportées aux n^os^ **12.2A** et **12.2D**, d'office ou sur instruction de juge d'instruction, appréhender et retenir une personne en cas de violation de certaines obligations du contrôle judiciaire (C. pr. pén., art. 141-4), et, avec l'accord du juge d'instruction, effectuer une perquisition à son domicile si la personne est soupçonnée de détenir des armes malgré interdiction (v. n° **11.57G**) (C. pr. pén., art. 141-5). À l'issue de la retenue, le magistrat peut décider de se faire présenter la personne aux fins de saisine du JLD d'une demande de révocation du contrôle judiciaire, laquelle consiste en un placement en détention provisoire (v. **D** ci-dessous).

Lorsque l'instruction est terminée et que l'affaire est en attente de jugement (C. pr. pén., art. 141-2), ou lorsque le contrôle judiciaire a été ordonné dans le cadre d'une convocation par procès-verbal (C. pr. pén., art. 394 renvoyant à 141-2), d'une comparution immédiate (C. pr. pén., art. 397-3 renvoyant à 141-2), ou d'une comparution différée (C. pr. pén., art. 397-1-1 renvoyant à 141-2) le procureur de la République jouit à cet égard des prérogatives du juge d'instruction.

S'agissant du **mineur** placé sous contrôle judiciaire, les manquements aux obligations du contrôle judiciaire sont signalés sans délai au magistrat mandant par le service chargé de la mise en œuvre de la mesure. Copie de ce rapport est adressée au procureur de la République par le juge (CJPM, art. L. 331-2).

D. La révocation du contrôle judiciaire : le placement en détention (C. pr. pén., art. 141-2)

Si la personne « *se soustrait volontairement aux obligations du contrôle judiciaire, le juge d'instruction peut décerner à son encontre mandat d'arrêt ou d'amener* » « *il peut également* [...] *saisir le juge des libertés et de la détention aux fins de placement en détention provisoire* » (C. pr. pén., art. 141-2). Le refus de pose du dispositif anti-rapprochement en cas de violences conjugales, modalité nouvelle de contrôle judiciaire instituée par L. n° 2019-1480, 28 déc. 2019, constitue notamment une violation des obligations qui incombent à la personne (C. pr. pén., art. 138 17° *bis* et 138-3, v. n° **12.48C2**).

Le JLD se prononce après débat contradictoire selon les modalités prévues pour le placement en détention provisoire (v. n° 12.39A), après que le juge d'instruction ou le procureur de la République ont le cas échéant fait procéder à l'arrestation, à la retenue et au déferement de la personne (C. pr. pén., art. 141-4, v. C ci-dessus). Ainsi saisi le JLD « *a le seul pouvoir de décider souverainement s'il y a lieu ou non de révoquer le contrôle judiciaire et de placer la personne mise en examen en détention provisoire* » mais ne peut modifier les obligations du contrôle judiciaire (Crim. 19 sept. 2017, n° 17-84.165, P n° 225).

Précisons que le contrôle « *des indices graves et concordants* », auquel le juge de la détention est tenu (sur ce contrôle, v. n° 12.34B2), « *cesse, sauf contestation sur ce point, en cas de placement en détention provisoire sanctionnant des manquements volontaires aux obligations du contrôle judiciaire* » (§ 17), qui « *ne doit être motivé qu'au regard des manquements de la personne à ses obligations* » (§ 18) (Crim. 27 janv. 2021, n° 20-85.990, P).

Alors que la détention provisoire n'est possible que pour les infractions punies d'une peine ⩾ 3 ans, elle peut intervenir « *quelle que soit la peine d'emprisonnement encourue* » lorsqu'elle est ordonnée en raison d'une violation du contrôle judiciaire (C. pr. pén., art. 141-2 et 143-1).

Lorsque la peine encourue est ⩾ 3 ans et que la personne a déjà effectué une période de détention provisoire pour les mêmes faits, le total des détentions ne peut excéder de plus de 4 mois la durée maximale de détention (C. pr. pén., art. 141-3) (sur la durée de la détention du majeur, v. n° 12.48).

Lorsque la peine encourue est < 3 ans, la durée totale des détentions ne peut excéder 4 mois (C. pr. pén., art. 141-3). Il s'en déduit qu'en cas de violations répétées du contrôle judiciaire suivies de plusieurs incarcérations, la durée totale de ces dernières ne peut excéder 4 mois.

Les spécificités du régime de la révocation du contrôle judiciaire du **mineur** sont exposées ci-après.

E. La révocation du contrôle judiciaire du mineur : l'exigence d'un manquement caractérisé à la mesure (CJPM, art. L. 334-4 et L. 334-5)

1. La révocation du contrôle judiciaire du mineur dans le cadre de l'information judiciaire

Il est renvoyé aux règles de droit commun prévues ci-dessus pour la révocation du contrôle judiciaire dans le cadre de l'information judiciaire (CJPM, art. L. 13-1).

Toutefois, la révocation du contrôle judiciaire du mineur ne peut intervenir qu'en cas de manquement caractérisé aux obligations prescrites, selon les distinctions d'âge et les précisions apportées au n° 12.36E portant sur les conditions de placement en détention provisoire du mineur (CJPM, art. L. 334-4 et L. 334-5).

Par dérogation aux règles applicables aux majeurs, la durée supplémentaire de détention résultant de la révocation du contrôle judiciaire ne peut excéder d'un mois la durée maximale de détention (CJPM, art. L. 433-7) ou, pour le mineur de moins de 16 ans, les durées prévues par CJPM, art. L. 433-8.

Si les représentants légaux du mineur doivent être convoqués (CJPM, art. L. 431-3), cette prescription prend fin à la majorité de la personne mise en examen (Crim. 14 sept. 2021, n° 21-83.689, P). En revanche, le RRSE est obligatoire jusqu'aux 21 ans de la personne (CJPM, art. L. 322-6), y compris lorsqu'une partie des faits a été commise durant la majorité (Crim. 11 mai 2023, n° 23-80.986 (§ 8), P ; dans le même sens : Crim. 16 mai 2023, n° 23-80.982 (§ 10), P).

2. La révocation du contrôle judiciaire du mineur en dehors du cadre de l'information judiciaire

En dehors du cadre de l'information judiciaire, le JLD est compétent pour révoquer le contrôle judiciaire ordonné par le juge des enfants ou par le JLD avant la comparution du mineur devant la juridiction de jugement (CJPM, art. L. 423-9, v. n° 15.20) et placer le

mineur en détention, selon les précisions apportées au n° 15.22A (CJPM, art. L. 423-11, réd. issue L. n° 2021-218, 26 févr. 2021 et L. n° 2021-1729, 22 déc. 2021), au terme d'un débat contradictoire dont les modalités sont fixées par CJPM, art. L. 521-21 (v. n° 15.22).

En revanche, notons que le juge des enfants sera compétent pour ordonner la révocation de la mesure de contrôle judiciaire imposée au mineur en application de CJPM, art. L. 521-14 lors du jugement sur la culpabilité au titre de la période de mise à l'épreuve éducative précédant le jugement sur la peine (CJPM, art. L. 521-21, v. n° 15.22).

Comme en matière d'information, la révocation ne peut intervenir qu'en cas de manquement caractérisé aux obligations prescrites (CJPM, art. L. 334-4 et L. 334-5, v. n° 12.36E) et la durée de la détention ne peut excéder d'un mois la durée maximale de détention (CJPM, art. L. 433-7) ou, pour le mineur de moins de 16 ans, les durées prévues par CJPM, art. L. 433-8.

En cas de révocation du contrôle judiciaire, le jugement par le tribunal pour enfants doit intervenir dans le délai d'un mois, à peine de remise en liberté d'office (CJPM, art. L. 433-12).

Mentionnons que depuis L. n° 2021-1729, 22 déc. 2021, « *en cas d'incident* » d'exécution du contrôle judiciaire ou de l'ARSE, le juge des enfants peut « *délivrer à l'encontre d'un mineur un mandat de comparution* » et, « *lorsque le mineur se soustrait aux obligations et interdictions d'un contrôle judiciaire ou d'une ARSE, le juge des enfants peut également ordonner à l'encontre du mineur un mandat d'amener ou, si le mineur est en fuite ou réside à l'étranger, un mandat d'arrêt* » (CJPM, art. L. 423-11, mod. issue L. n° 2021-1729, 22 déc. 2021). Il est alors procédé selon les règles de droit commun de l'instruction prévues au C. pr. pén., art. 123 à 134 en matière de délivrance et d'exécution de mandat de comparution (v. n° 12.4), de mandat d'amener (v. n°s 12.5 et 12.7) ou d'arrêt (v. n°s 12.6 et 12.7) (CJPM, art. L. 423-11).

Le mineur placé en retenue au titre de la violation des obligations du contrôle judiciaire en application de CJPM, art. L. 331-7, renvoyant aux conditions prévues par C. pr. pén., art. 141-4, doit être informé des droits énoncés par cette dernière disposition ainsi que par CJPM, art. R. 331-2 (v. n° 12.2D1), celui retenu en exécution d'un mandat d'amener ou d'arrêt (il n'existe pas de retenue pour l'exécution d'un mandat de comparution) bénéficie des droits prévus par CJPM, art. L. 332-1 et R. 332-1 (v. n° 12.7B2).

12.54 L'assignation à résidence avec surveillance électronique (ARSE) – définitions et conditions

A. La définition et les conditions de l'ARSE fixe

1. La définition de l'ARSE fixe

« *L'assignation à résidence avec surveillance électronique* », dite ARSE, « *oblige la personne à demeurer à son domicile ou dans une résidence fixée par le juge d'instruction ou le JLD et de ne s'en absenter qu'aux conditions et pour les motifs déterminés par ce magistrat* » (C. pr. pén., art. 142-5). Elle constitue une « *mesure alternative à la détention provisoire* » pour le majeur (C. pr. pén., art. 142-12) comme pour le mineur (CJPM, art. L. 334-2).

Ce régime de sûreté « *est assuré au moyen d'un procédé permettant de détecter à distance la présence ou l'absence du condamné dans le seul lieu désigné* [...] *pour chaque période fixée* » par le juge, au moyen notamment du port par la personne « *d'un dispositif intégrant un émetteur* », dont « *la mise en œuvre doit garantir le respect de la dignité, de l'intégrité et de la vie privée de la personne* » (C. pr. pén., art. 142-5 et 723-8).

La personne assignée est ainsi soumise au port d'un bracelet comportant un émetteur qui transmet des signaux à un récepteur, placé au lieu d'assignation, dont le boîtier envoie à un centre de surveillance des signaux portant sur le fonctionnement du dispositif et la présence de l'intéressé (C. pr. pén., art. R. 57-10 et 57-11).

2. Les conditions de l'ARSE fixe pour les majeurs (C. pr. pén., art. 137 et 142-5)

L'ARSE, qui n'est applicable qu'à la personne mise en examen ou faisant l'objet de poursuites rapides ou d'un titre de détention (v. n° **12.35**), peut être ordonnée d'office par le juge ou à la demande de la personne (C. pr. pén., art. 142-5) sous deux conditions cumulatives :

– si les obligations du contrôle judiciaire « *se révèlent insuffisantes* » (C. pr. pén., art. 137) ;

– si la peine encourue est ⩾ **2 ans** (C. pr. pén., art. 142-5). Cette condition de *quantum* est explicitement applicable en cas d'ARSE prononcée dans le cadre de la convocation par procès-verbal, C. pr. pén., art. 394 renvoyant aux « *conditions* [...] *prévues* » par 142-5. Cette condition n'est toutefois pas expressément posée par C. pr. pén., art. 396 en cas de comparution préalable devant le JLD dans le cadre de la comparution immédiate ou par C. pr. pén., art. 397-1-1 dans le cadre de la comparution différée. En l'absence de jurisprudence sur ce point, notons que la Ch. crim. estime que les prescriptions de *quantum* de peine prévues pour la détention provisoire en matière d'information judiciaire (minimum de 3 ans pour les majeurs) ne sont pas applicables à la comparution immédiate (Crim. 9 mai 2012, n° 10-87.331, P n° 109).

À ces conditions préalables, il faut ajouter que la personne doit jouir d'un droit d'occupation du domicile où elle sera assignée, ou bénéficier de l'accord du propriétaire ou du locataire (C. pr. pén., art. D. 32-5).

Cette mesure se situe donc entre le contrôle judiciaire, qui exige que l'infraction soit passible d'emprisonnement quel que soit son *quantum* (C. pr. pén., art. 138) (v. n° **12.46B**), et la détention provisoire qui suppose une peine encourue ⩾ 3 ans dans le cadre de l'information (v. n° **12.36D1**).

Elle peut être complétée par les obligations ou interdictions empruntées au contrôle judiciaire définies par C. pr. pén., art. 138 (C. pr. pén., art. 142-5) (sur ces mesures, v. n^os^ **12.48** et **12.48E3**).

3. Les conditions de l'ARSE fixe pour les mineurs (CJPM, art. L. 333-1)

L'ARSE fixe ne peut être ordonnée qu'à l'égard du mineur ⩾ **16 ans**, s'il encourt une peine d'emprisonnement ⩾ **3 ans** (CJPM, art. L. 333-1), au lieu de 2 ans pour les majeurs (C. pr. pén., art. 142-5, v. **A2** ci-dessus).

La mesure peut être complétée par les obligations ou interdictions empruntées au contrôle judiciaire définies par CJPM, art. L. 331-2, 1° à 14° (sur ces mesures, v. n° **12.50B**) (CJPM, art. L. 333-1). Elle ne paraît donc pas compatible avec le placement éducatif ou en centre éducatif fermé imposé dans le cadre du contrôle judiciaire, qui ne figure pas formellement parmi les obligations prévues au 1° à 14° de CJPM, art. L. 331-2.

B. La définition et les conditions de l'ARSE mobile, modalité de l'ARSE réservée aux majeurs

Variante renforcée de l'ARSE, le « *placement sous surveillance électronique mobile* » astreint la personne, en plus de son obligation de résidence au lieu fixé par le juge et des éventuelles obligations ou interdictions empruntées au contrôle judiciaire (C. pr. pén., art. 142-5) (sur ces mesures, v. nos **12.48** et **12.49**), « *au port, pendant toute la durée du placement, d'un dispositif intégrant un émetteur permettant à tout moment de déterminer à distance sa localisation sur l'ensemble du territoire national* » (C. pr. pén., art. 142-5 et 763-12).

Associée à d'autres mesures d'interdictions territoriales ou d'éloignement empruntées au contrôle judiciaire (v. n° **12.48**) (C. pr. pén., art. 138 et 142-5), l'ARSE mobile permet en pratique d'assurer en permanence la surveillance du respect des prescriptions du juge.

Comme pour l'ARSE fixe, la mise en œuvre de l'ARSE mobile « *doit garantir le respect de la dignité, de l'intégrité et de la vie privée de la personne* » mais aussi « *favoriser sa réinsertion sociale* » (C. pr. pén., art. 142-5 et 763-12).

Cette modalité de l'ARSE, n'est pas applicable au **mineur** (CJPM, art. L. 333-1, sur les conditions spécifiques de l'ARSE du mineur, v. A3 ci-dessus) et ne peut être imposée qu'aux deux conditions cumulatives suivantes :

– infraction passible d'une peine > **7 ans.** « *Il n'y a pas lieu, pour déterminer cette peine, de prendre en compte la circonstance de récidive* » (§ 17) (Crim. 19 avr. 2023, n° 23-80.817, P).

– peine de **suivi socio-judiciaire** encourue (C. pr. pén., art. 142-5) (sur le domaine du suivi socio-judiciaire, v. n° 18.31A).

Par dérogation aux deux restrictions qui précèdent, l'ARSE mobile est également applicable pour « *des violences ou des menaces* » punies d'une peine ⩾ **5 ans** commises contre le **conjoint, concubin ou partenaire de PACS** ou contre ses enfants ou ceux de ce dernier, ou contre l'ancien conjoint, concubin ou partenaire de PACS (C. pr. pén., art. 142-12-1). La jurisprudence jugeant que la récidive est sans incidence sur le seuil d'emprisonnement encouru est aussi applicable (Crim. 19 avr. 2023, n° 23-80.817, P). Soulignons que la mesure de dispositif d'anti-rapprochement (bracelet anti-rapprochement, BAR), modalité nouvelle de contrôle judiciaire instituée par L. n° 2019-1480, 28 déc. 2019 (C. pr. pén., art. 138 17° *bis* et 138-3, v. n° 12.48C2), emprunte certains des aspects techniques de l'ARSE mobile mais n'est pas soumise au régime de cette mesure.

C. L'ARSE fixe ou mobile n'est pas subordonnée à l'accord préalable de la personne

Si l'ARSE peut être ordonnée « *à la demande de l'intéressé* », elle n'est plus subordonnée (depuis L. n° 2019-22, 23 mars 2019) à son « *accord* » et peut donc être décidée « *d'office* » par le juge (C. pr. pén., art. 142-5).

Toutefois la pose du bracelet électronique sur la personne ne peut être contrainte (C. pr. pén., art. D. 32-11). Cette dernière est donc avisée que l'installation « *ne peut être effectuée sans son consentement mais que le fait de refuser cette installation constitue une violation des obligations qui lui incombent et peut donc donner lieu à la révocation de l'ARSE et à son placement en détention provisoire* » (C. pr. pén., art. 142-5).

Cette notification est opérée lors de la décision du juge selon les modalités précisées au n° 12.55C1.

12.55 La décision de placement sous ARSE

A. Le juge et la juridiction compétents pour décider de l'ARSE avant jugement

L'ARSE peut être ordonnée par les mêmes juges ou juridictions compétents pour ordonner, selon les cadres procéduraux, la mesure de contrôle judiciaire (sur ce point v. n° 12.52A).

Les juges ou juridictions suivants sont notamment compétents pour ordonner une mesure de contrôle judiciaire avant jugement :

– le **juge d'instruction** dans le cadre de l'information (C. pr. pén., art. 142-6), pour les majeurs ou les mineurs (CJPM, art. L. 333-1) ;

– le **JLD**, dans le cadre de l'information, lorsqu'il est **saisi par le juge d'instruction** d'une demande de placement en détention provisoire (C. pr. pén., art. 145 et 142-6, v. n° 12.38B) ou lorsqu'il statue sur une **demande de mise en liberté** (C. pr. pén., art. 142-6 et 142-12 renvoyant à 148, v. n° 12.59A2), pour les majeurs comme pour les mineurs (CJPM, art. L. 333-1 et L. 433-1) ; lorsqu'il statue sur la mise à exécution d'un **mandat d'arrêt** après la fin de l'instruction et avant jugement (C. pr. pén., art. 142-12 renvoyant à 135-2, v. n° 12.6E), ou lorsqu'il est saisi par le parquet dans le cadre d'une procédure de **convocation par procès-verbal** (C. pr. pén., art. 394, v. n° 15.14B), de **comparution différée** (C. pr. pén., art. 397-1-1, v. n° 15.16C) ou de **comparution immédiate** lorsque la réunion du tribunal est impossible le jour même (C. pr. pén., art. 396, v. n° 15.15B) ;

– la **CHINS**, dans le cadre de l'**instruction** (C. pr. pén., art. 142-12 renvoyant à 201 et 221-3), ou lorsqu'elle statue sur une demande de mise en liberté lors de la phase d'exécution d'un **mandat d'arrêt européen** émis par une juridiction étrangère (C. pr. pén., art. 142-12 renvoyant à 695-34) ou durant l'exécution d'un **écrou extraditionnel** (C. pr. pén., art. 142-12 renvoyant à 696-19) ;

– la **juridiction de jugement** saisie d'une demande de mise en liberté (C. pr. pén., art. 142-12 renvoyant à 148-1 et 148-2), selon les distinctions décrites au n° **12.61**), ou le **tribunal correctionnel** lorsqu'il est saisi par comparution par procès-verbal (V. n° **15.14B**), comparution immédiate (v. n° **15.15C**) ou comparution différée (V. n° **15.16D**) (C. pr. pén., art. 142-12 renvoyant à 397-3), ou la **cour d'assises** à l'ouverture des débats pour s'assurer de la présence de l'accusé (C. pr. pén., art. C. pr. pén., art. 142-12 renvoyant à 272-1).

– pour les mineurs, par le **juge des enfants** statuant sur les réquisitions du parquet jusqu'à l'audience d'examen de la culpabilité (CJPM, art. L. 423-9) ou renvoyant à une telle audience (CJPM, art. L. 521-8), ou par le **tribunal pour enfants** (CJPM, art. L. 333-1).

B. Les vérifications préalables à la décision : l'enquête de faisabilité

1. Les vérifications préalables pour le majeur (C. pr. pén., art. 142-6)

Lorsqu'il est saisi d'une demande de placement sous ARSE ou s'il envisage une telle mesure, « *le juge statue après avoir fait vérifier la faisabilité technique de la mesure par le SPIP, qui peut être saisi à cette fin à tout moment* » (C. pr. pén., art. 142-6).

En outre, la saisine du SPIP « *est obligatoire* » dans trois situations de prolongation de la détention provisoire (C. pr. pén., art. 142-6) :

– « *si elle est demandée par la personne détenue ou son avocat un mois avant la date à laquelle la détention peut être prolongée, sauf décision de refus spécialement motivée du juge d'instruction* » ;

– « *avant la date à laquelle la détention peut être prolongée lorsque la personne encourt une peine d'emprisonnement ⩽ 5 ans, sauf décision de refus spécialement motivée du juge d'instruction* » ;

– « *avant la date de la seconde prolongation de la détention lorsque la personne encourt une peine d'emprisonnement ⩽ 5 ans ans. Sauf s'il envisage un placement sous contrôle judiciaire, le juge ne peut refuser le placement de la personne sous ARSE qu'en cas d'impossibilité liée à la personnalité ou à la situation matérielle de la personne* ».

Le non-respect de ces dispositions n'entraîne toutefois pas la nullité de la prolongation de la détention. Il contraint seulement le président de la CHINS, lorsque cette dernière est saisie d'un appel contre l'ordonnance de prolongation, à saisir le SPIP à cette fin (C. pr. pén., art. 142-6).

Lorsque le lieu d'assignation ou sera installé le récepteur n'est pas le domicile de la personne, **l'accord écrit du propriétaire ou du locataire** doit être recueilli par le SPIP ou figurer en procédure (C. pr. pén., art. D. 32-5).

2. Les vérifications préalables pour le mineur (CJPM, art. L. 333-1 et L. 333-2)

Le juge des enfants, le tribunal pour enfants, le juge d'instruction ou le JLD statue « *après avis du service de la protection judiciaire de la jeunesse ou du SPIP si l'intéressé est majeur au moment de la décision* » (CJPM, art. L. 333-1).

« *En cas d'ARSE au domicile des représentants légaux du mineur, l'accord écrit de ces derniers doit être préalablement recueilli par le juge ou la juridiction* » (CJPM, art. L. 333-2).

C. La décision de placement sous ARSE

1. Les modalités de la décision de placement sous ARSE après débat contradictoire et sa notification

L'ARSE « *est décidée par ordonnance motivée du juge d'instruction ou du JLD* » (C. pr. pén., art. 142-6).

Le juge statue selon les modalités du **débat contradictoire** empruntées à la décision de détention provisoire (sur ce débat contradictoire prévu au C. pr. pén., art. 145, v. n° **12.39A**), y compris en cas de prolongation de la mesure (C. pr. pén., art. 142-7, sur la durée et la prolongation de la mesure, v. n° **12.56A1** ci-dessous). Toutefois, contrairement au débat contradictoire prévu en matière de détention provisoire, la présence du procureur de la République n'est pas obligatoire et le juge donne alors lecture des réquisitions écrites du parquet avant d'entendre les observations de la personne et de son avocat (C. pr. pén., art. 142-6).

L'ordonnance précise « *le domicile ou la résidence dans laquelle la personne est assignée ainsi que les jours et horaires d'assignation et les motifs pour lesquels la personne est autorisée à s'absenter* » (C. pr. pén., art. D. 32-10). Elle précise également les autres obligations ou interdictions empruntées au contrôle judiciaire (C. pr. pén., art. 138, v. n^{os} **12.48** et **12.49** pour les majeurs et CJPM art. L. 331-2, v. n° **12.50** pour les mineurs) auxquelles la personne peut être astreinte par le juge (C. pr. pén., art. D. 32-10).

Le juge informe la personne, d'une part, que « *dans le cas où elle ne respecterait pas les obligations qui lui sont imposées, l'assignation à résidence pourra être révoquée et elle pourra être placée en détention provisoire* », d'autre part, que « *la pose du bracelet comportant un émetteur* [...] *ne peut être effectuée sans son consentement, mais que le fait de refuser la pose de ce dispositif constitue une violation de ses obligations pouvant donner lieu à la révocation de son assignation à résidence et à son placement en détention provisoire* » (C. pr. pén., art. D. 32-11). Ces mentions doivent figurer au procès-verbal du débat contradictoire (C. pr. pén., art. D. 32-11).

Le juge informe également la personne qu'elle peut demander à tout moment qu'un **médecin** vérifie que la mise en œuvre du bracelet électronique ne présente pas d'inconvénient pour sa santé (C. pr. pén., art. D. 32-12).

Dans l'hypothèse où la personne est détenue, lorsque le juge décide de prononcer une mesure d'ARSE en ordonnant une mise en liberté d'office ou en faisant droit à une demande de mise en liberté, il n'est pas procédé à un débat contradictoire (C. pr. pén., art. 142-6). Mais les informations qui précèdent doivent figurer dans l'ordonnance (C. pr. pén., art. D. 32-12).

Dans cette même hypothèse, « *le juge peut décider que son ordonnance est prise sous la condition suspensive de l'installation du dispositif* [...] *et que la mise en liberté de la personne est subordonnée à la pose du bracelet* [...]. *Dans ce cas, l'ordonnance indique que cette pose ne peut être effectuée sans le consentement de la personne, mais que si celle-ci la refuse, l'ordonnance sera caduque* », la détention provisoire continuant alors ses effets (C. pr. pén., art. D. 32-13).

Dans le cadre de l'instruction, comme toute décision du juge d'instruction ou du JLD susceptible de faire l'objet d'un recours par une partie à la procédure ou le ministère public, l'ordonnance de placement sous ARSE est notifiée selon les modalités prévues par C. pr. pén., art. 183, lesquelles déterminent le point de départ du délai d'appel (sur ces modalités et ce point de départ, v. n° **12.62DA**).

2. Les modalités particulières de fixation des horaires d'assignation

Avec l'accord du juge, le chef d'établissement pénitentiaire ou le directeur du SPIP peut, « *lorsqu'il s'agit de modifications favorables à la personne* [...] *ne touchant pas à l'équilibre de la mesure de contrôle* », modifier les « *horaires de présence* » dans les lieux d'assignation (C. pr. pén., art. 142-9). Cet accord, que le juge peut à tout moment retirer, « *est mentionné dans l'ordonnance* », ou, s'il est postérieurement donné, figure dans un « *document distinct* » adressé aux services pénitentiaires (C. pr. pén., art. D. 32-17). Copies des décisions de modification prises par l'administration pénitentiaire sont adressées sans délai au juge qui peut les annuler (C. pr. pén., art. D. 32-18). Le juge peut également, à la demande de la personne, par ordonnance non motivée et sans avis préalable du parquet, modifier les horaires d'assignation, dès lors que ces modifications ne touchent pas à l'équilibre de la mesure (C. pr. pén., art. D. 32-18).

12.56 La durée et la modification de l'ARSE

A. La durée limitée de l'ARSE et son assimilation à la détention provisoire

1. La durée limitée de l'ARSE et sa prolongation au terme d'un débat contradictoire (C. pr. pén., art. 142-7)

Comme la détention provisoire, l'ARSE est soumise à des délais butoirs. Elle « *est ordonnée pour une durée qui ne peut excéder six mois* » (C. pr. pén., art. 142-7). Toutefois, « *au cours de l'instruction, elle peut être prolongée pour une même durée* » au terme d'un débat contradictoire (sur le débat contradictoire aux fins de placement sous ARSE, C. pr. pén., art. 142-6, v. nº **12.55C1**), « *sans que la durée totale du placement dépasse deux ans* » (C. pr. pén., art. 142-7).

Il n'est pas prévu de durée spécifique de l'ARSE pour le **mineur** dans le cadre de l'instruction (CJPM, art. L. 333-1 et L. 433-1).

L'appel contre la décision de prolongation obéit aux mêmes règles que l'appel contre la décision de placement sous ARSE (C. pr. pén., art. 142-7, 185 et 186, v. nº **12.55C1**).

2. La décision de maintien de l'ARSE à la clôture de l'information et le délai de comparution devant la juridiction de jugement (C. pr. pén., art. 179 et 181)

En **matière correctionnelle**, l'ordonnance de règlement du juge d'instruction (ORTC) met fin de plein droit à l'ARSE (C. pr. pén., art. 179 et D. 32-23). Il en est de même si la personne est renvoyée devant la cour d'assises pour un délit connexe à un crime reproché à un autre auteur (C. pr. pén., art. 181).

Toutefois, « *par ordonnance distincte spécialement motivée* », le juge d'instruction peut maintenir le prévenu sous ARSE « *jusqu'à sa comparution devant le tribunal* », sans débat contradictoire dans ce cas (C. pr. pén., art. 179 et 181). Le droit d'appel est ouvert à la personne mise en examen contre cette ordonnance de maintien sous ARSE (C. pr. pén., art. 186, v. nº **12.62A1**).

En **matière criminelle**, si la personne est renvoyée pour crime devant la cour d'assises ou la cour criminelle départementale par l'ordonnance de mise en accusation (OMA) du juge d'instruction ou l'arrêt de mise en accusation (AMA) de la CHINS, l'ARSE continue de plein droit à produire ses effets (C. pr. pén., art. 181), sans préjudice de la faculté pour le juge d'instruction d'en ordonner la mainlevée dans l'OMA (C. pr. pén., art. D. 32-24). Mentionnons que le droit d'appel est ouvert à la personne mise en examen contre l'ordonnance de mise en accusation (C. pr. pén., art. 186).

Dans tous les cas de renvoi devant le tribunal correctionnel ou la cour d'assises, la **durée totale de l'ARSE** « *compte tenu de celle exécutée au cours de l'instruction, ne peut excéder deux ans, sans qu'il soit nécessaire d'en ordonner la prolongation tous les six mois et sous réserve de la possibilité pour l'intéressé d'en demander la mainlevée* » (C. pr. pén., art. 142-7). Selon ces dispositions issues de L. nº 2019-222, 23 mars 2019, applicables depuis le 1er juin 2019, déclarées conformes à la Constitution (Cons. const. 21 mars 2019, nº 2019-778 DC, § 230), les prolongations de l'ARSE ne sont donc nécessaires qu'au cours de l'instruction. Lorsque la personne est renvoyée sous ce régime devant le tribunal correctionnel ou la cour d'assises, l'ARSE est ainsi maintenue sans nécessité de prolongations par périodes de 6 mois, dans la limite toutefois du délai de **deux ans** qui est calculé **depuis le début de la mesure**.

« *Il convient toutefois de souligner que l'ARSE constitue une mesure particulièrement contraignante pour la personne qui y est assujettie. Il appartiendra donc aux parquets, s'ils estiment que la mesure doit impérativement se poursuivre jusqu'au jugement et ne peut avant cette date faire l'objet d'une mainlevée (le cas échéant en remplaçant l'ARSE par un contrôle judiciaire), d'audiencer aussi rapidement que possible de telles affaires* » (Circ. Crim. 2019-12/H2, 27 mai 2019, NOR : JUSD1915381C, nº 2.1.6).

3. La durée de l'ARSE dans le cadre des procédures rapides

Les dispositions exposées en **A1** ci-dessus (C. pr. pén., art. 142-6 et 142-7) paraissent réserver la prolongation de l'ARSE au-delà de six mois à la procédure d'instruction et semblent donc l'exclure lorsque l'ARSE a été décidée par le JLD ou le tribunal dans le cadre d'une procédure de convocation par procès-verbal (C. pr. pén., art. 394, v. nº **15.14**), de comparution immédiate (C. pr. pén., art. 142-12, 396 et 397-3, v. n° **15.15**) ou de comparution différée (C. pr. pén., art. 397-1-1, v. n° **15.16**).

Mentionnons que dans le cadre de la procédure de **comparution différée** (v. n° **15.16D**), « *le prévenu doit comparaître devant le tribunal au plus tard dans le délai de deux mois* » de l'ordonnance du JLD prescrivant l'ARSE, « *à défaut de quoi il est mis fin d'office* » à cette mesure de sûreté (C. pr. pén., art. 397-1-1, issu de L. n° 2019-222, 23 mars 2019) ; dans celle de **convocation par procès-verbal**, la date d'audience ne peut être fixée au-delà de **6 mois** (C. pr. pén., art. 394, v. n° **15.14B**) ; dans la **comparution immédiate**, le premier appel de l'affaire après renvoi et placement sous ARSE doit intervenir à **6 semaines** (aux 4 mois) (C. pr. pén., art. 397-1 et 397-3, v. n° **15.15C**).

Il semble en résulter qu'après l'appel de ces affaires à l'audience dans ces délais impératifs de comparution et en cas de renvois ordonnés par la juridiction de jugement et de maintien de la mesure en application de C. pr. pén., art. 397-3, l'ARSE prendra fin de plein droit à l'issue du délai de 6 mois par application de C. pr. pén., art. 142-7.

4. L'ARSE EST ASSIMILÉE À LA DÉTENTION PROVISOIRE POUR L'IMPUTATION DE SA DURÉE SUR LA PEINE FERME ET L'INDEMNISATION EN CAS D'ÉCHEC DES POURSUITES

L'ARSE « *est assimilée à une détention provisoire pour l'imputation intégrale de sa durée sur celle d'une peine privative de liberté* » (C. pr. pén., art. 142-11), elle est donc « *intégralement déduite de la durée de la peine prononcée* » (C. pr. pén., art. 716-4).

Dans le silence des textes, cette durée ne peut être imputée sur la celle de la détention à domicile sous surveillance électronique (DDSE) prononcée à titre de peine principale et autonome (C. pr. pén., art. 131-3 et 131-4-1) (sur la DDSE, v. n° **18.15**).

En revanche, puisque l'ARSE s'impute sur la durée de la peine privative de liberté, cette imputation s'applique également à la partie ferme de la peine d'emprisonnement et peut donc, à l'instar de la détention provisoire, rendre l'aménagement de la peine sans objet (C. pr. pén., art. D. 48-1-1, sur l'aménagement de la peine ferme, v. n° **18.13A** et tableau s^s n° **18.14**). Ainsi, dans le cas d'une personne ayant fait l'objet d'une ARSE de 6 mois condamnée à 1 an d'emprisonnement dont 6 mois assortis du sursis avec mise à l'épreuve, l'absence de reliquat de peine ferme à exécuter rend l'aménagement de la partie ferme sans objet par application de C. pén., art. 132-25.

Enfin, « *en cas de décision de non-lieu, relaxe ou acquittement devenue définitive, la personne placée sous ARSE a droit à réparation de son préjudice subi* » selon les mêmes modalités que celles prévues pour la détention provisoire (C. pén., art. 142-10, 149 à 150, sur la procédure d'indemnisation, v. n° **17.38B**). Ce droit lui est notifié lors de la décision de non-lieu, de relaxe ou d'acquittement (C. pén., art. 149 et D. 32-22).

Notons que s'agissant de la prise en compte d'une mesure de surveillance électronique réalisée à l'étranger, pays d'exécution d'un mandat d'arrêt décerné par les autorités judiciaires françaises, la CJUE énonce que la décision cadre 2002/584, JAI, art. 26 § 1, « *doit être interprété[e] en ce sens que des mesures telles qu'une assignation à résidence d'une durée de neuf heures pendant la nuit, assortie d'une surveillance de la personne concernée au moyen d'un bracelet électronique, d'une obligation à se présenter quotidiennement ou plusieurs fois par semaine à un commissariat de police à des heures fixes ainsi que d'une interdiction de solliciter la délivrance de documents permettant de voyager à l'étranger, ne sont pas, en principe, eu égard au genre, à la durée, aux effets et aux modalités d'exécution de l'ensemble de ces mesures, à ce point contraignantes pour emporter un effet privatif de liberté comparable à celui qui résulte d'une incarcération et pour, ainsi être qualifiées de détention* » (CJUE, 28 juill. 2016, n° C-294/16 PPU). Est toutefois approuvée la décision de la cour d'appel qui, saisie de la question de l'imputation d'une telle mesure sur la détention provisoire, juge au visa de C. pr. pén., art. 716-4 renvoyant à C. pr. pén., art. 142-11, que « *même si cette mesure n'est pas déduite, en droit anglais, de la peine d'emprisonnement prononcée, dès lors que le couvre-feu n'est imposé que sur une durée quotidienne inférieure à 9 heures, il y a lieu de l'assimiler, en droit français, à une mesure d'assignation à résidence sous surveillance électronique qui n'opère aucune distinction selon la durée quotidienne de l'obligation de rester au domicile* » (§ 11) (Crim. 17 mars 2021, nº 20-84.365, P).

B. La modification et la mainlevée de l'ARSE

De façon générale, l'ARSE peut être « *levée, maintenue, modifiée ou révoquée par les juridictions d'instruction et de jugement selon les mêmes modalités que le contrôle judiciaire* » (C. pr. pén., art. 142-12).

Le juge peut à tout moment imposer à la personne une ou plusieurs obligations nouvelles, supprimer ou modifier des obligations ou accorder une dispense occasionnelle ou temporaire d'observer certaines d'entre elles (C. pr. pén., art. 142-8 renvoyant à 139, D. 32-16).

Cette décision est prise par ordonnance motivée prise sur réquisitions ou après avis du parquet, ou sur demande de la personne mise en examen (C. pr. pén., art. D. 32-16). Si la décision ajoute de **nouvelles obligations**, elle ne peut intervenir qu'après audition de la personne (C. pr. pén., art. D. 32-16).

Le juge peut également ordonner la **mainlevée** de l'ARSE, d'office, sur réquisitions du parquet, ou à la demande de la personne après avis de ce dernier (C. pr. pén., art. 140, 142-8 et D. 32-19).

En application de C. pr. pén., art. 142-12, la formalisation de la demande de mainlevée ou de modification de l'ARSE formée par la personne, soit devant le juge d'instruction, soit devant la juridiction de jugement saisie, obéit aux modalités communes au contrôle judiciaire et à la détention provisoire, fixées par C. pr. pén., art. 148-6. Il est donc renvoyé sur ce point au nº **12.58**.

Les modalités de **modification mineure des horaires d'assignation** ne modifiant pas l'équilibre de la mesure sont précisées au nº **12.55C2**.

12.57 L'exécution, le suivi et la révocation de l'ARSE

A. La mise en œuvre matérielle de l'ARSE

« *Le personnel de l'administration pénitentiaire assure la pose et la dépose du dispositif de surveillance électronique que doit porter la personne assignée* ». La pose est effectuée dans un délai de **5 jours** au plus tard à compter de l'ordonnance (C. pr. pén., art. D. 32-14).

Si la personne **détenue** est libérée sous ARSE mobile, le dispositif est installé sur elle « *avant sa libération* » (C. pr. pén., art. D. 32-14). Il en est de même pour l'ARSE fixe, « *lorsque le magistrat a subordonné la mise en liberté à la pose du dispositif* » (C. pr. pén., art. D. 32-14) (sur la mise en liberté sous la condition suspensive d'une mesure d'ARSE, v. nº **12.55C1**).

B. La surveillance de l'exécution de l'ARSE

« *Le contrôle à distance du placement sous surveillance électronique est assuré par des fonctionnaires de l'administration pénitentiaire qui sont autorisés [...] à mettre en œuvre un traitement automatisé de données nominatives* » et la mise en œuvre du dispositif technique peut être confiée à une personne de droit privé habilitée (C. pr. pén., art. 142-5 et 723-9).

« *les agents de l'administration pénitentiaire chargés du contrôle peuvent se rendre sur le lieu de l'assignation pour demander à rencontrer le condamné* » et pénétrer à son domicile avec son accord (C. pr. pén., art. 142-5 et 723-9).

La personne « *est inscrite dans un registre administratif spécial tenu par l'administration pénitentiaire* » (C. pr. pén., art. R. 32-14). Le contrôle et le suivi de la mesure sont assurés par le SPIP et s'effectuent par vérifications téléphoniques, visites au lieu d'assignation et convocations au SPIP (C. pr. pén., art. D. 32-14 et R. 57-22).

Les services de police ou de gendarmerie font rapport au juge de l'absence irrégulière de l'intéressé et les agents de l'administration pénitentiaire de leurs diligences (C. pr. pén., art. 142-5 et 723-9).

La violation de l'ARSE peut donner lieu à arrestation et retenue selon les précisions apportées au n° 12.2A (C. pr. pén., art. 141-4).

En cas de violences conjugales, si la personne soumise à l'ARSE est également contrainte à des mesures d'éloignement de la victime, (v. n° 12.48B), cette dernière peut se voir attribuer un dispositif de **téléprotection** lui permettant d'alerter les autorités publiques en cas de violation des prescriptions (C. pr. pén., art. D. 32-29 et D. 32-30) (V. également le dispositif dit « TGD », alloué à la victime par le procureur de la République sur le fondement de C. pr. pén., art. 41-3-1, n° 16.416.5D5).

S'agissant de **l'ARSE mobile**, le contrôle à distance de la localisation du condamné fait l'objet d'un traitement automatisé de données à caractère personnel, lequel peut être consulté dans le cadre des recherches concernant un crime ou un délit par les OPJ spécialement habilités (C. pr. pén., art. 142-5 et 763-13). Ce traitement automatisé permet d'alerter l'administration pénitentiaire du franchissement des zones dites « *d'exclusion* », « *tampon* » ou « *d'inclusion* », de localiser la personne pour permettre le cas échéant son interpellation en cas de violation de la mesure ou pour les besoins d'une enquête ou pour reconstituer l'historique de ses déplacements (C. pr. pén., art. D. 32-15 et C pénit., art. 544-18 s., anc[t] C. pr. pén., art. R. 61-12).

Plus généralement, v. n° 16.3 sur la prise en compte des intérêts de la victime lors des mesures de contrainte avant jugement, v. n° 16.3.

C. La révocation de l'ARSE du majeur

1. Les conditions de la révocation de l'ARSE (C. pr. pén., art. 142-8 et 141-2)

L'ARSE peut être « *révoquée par les juridictions d'instruction et de jugement selon les mêmes modalités que le contrôle judiciaire* » (C. pr. pén., art. 142-12).

« *La personne qui ne respecte pas les obligations résultant de l'ARSE peut faire l'objet d'un mandat d'arrêt ou d'amener et être placée en détention provisoire* » (C. pr. pén., art. 142-8), « *quelle que soit la peine d'emprisonnement encourue* » (C. pr. pén., art. D. 32-20). Le mandat d'amener (v. n° 12.5) ou d'arrêt (v. n° 12.6) peut être décerné par le juge d'instruction durant l'information, ou par le JLD saisi par le parquet après la clôture de l'information (C. pr. pén., art. 141-2, v. n° 12.61A2).

Le fait de refuser l'installation de l'ARSE « *constitue une violation des obligations* » qui incombe à la personne et « *peut donner lieu à la révocation de l'ARSE et à son placement en détention provisoire* » (C. pr. pén., art. 142-5).

Dans ce cas le juge d'instruction peut « *saisir le JLD aux fins de placement en détention provisoire* » (C. pr. pén., art. 142-8 renvoyant à 141-2), lequel statue dans les conditions prévues par C. pr. pén., art. 137-1 (C. pr. pén., art. D. 32-20) (sur le placement en détention provisoire par le JLD, v. n° 12.38 et 12.39).

Selon les précisions apportées au n° 12.2A et 12.2D, les services d'enquête peuvent, d'office ou sur instruction du juge d'instruction, appréhender et retenir une personne en cas de violation de l'ARSE (C. pr. pén., art. 141-4), et, avec l'accord du juge d'instruction, effectuer une perquisition à son domicile si la personne est soupçonnée de détenir des armes malgré interdiction (v. n° 11.57G) (C. pr. pén., art. 141-5). À l'issue de la retenue, le magistrat peut décider de se faire présenter la personne aux fins de saisine du JLD d'une demande de révocation de la mesure.

Lorsque l'instruction est terminée et que l'affaire est en attente de jugement (C. pr. pén., art. 142-8 renvoyant à 141-2, D. 32-25), ou lorsque l'ARSE a été ordonnée dans le cadre d'une convocation par procès-verbal (C. pr. pén., art. 394 renvoyant à 141-2), ou d'une comparution différée (C. pr. pén., art. 397-1-1 renvoyant à 141-2), « *Les attributions conférées au juge d'instruction* [...] *sont alors exercées par le procureur de la République* » (C. pr. pén., art. 141-2). Il lui appartient donc de donner des instructions aux services de police ou de gendarmerie pour, d'une part, appréhender la personne, la retenir et la déférer, d'autre part, procéder à une perquisition si la personne assignée est soumise à une interdiction de détenir une arme, enfin, de saisir le JLD aux fins de délivrance d'un mandat d'arrêt ou d'amener et de placement en détention provisoire.

Mentionnons que la **neutralisation volontaire du dispositif de surveillance électronique** par la personne placée sous ARSE n'entre pas dans les prévisions de l'infraction d'évasion ou d'évasion assimilée. C. pén., art. 434-29 (v. n° **25.60**) n'incrimine en effet ces agissements que lorsqu'ils sont commis par le « *condamné* » placé sous le régime, distinct de celui de l'ARSE, de la « *détention à domicile sous surveillance électronique* » (sur la DDSE, v. n° **18.15**). La sanction de tels faits ne peut donc consister qu'en une mesure de révocation de l'ARSE.

2. La durée de la détention provisoire en cas de révocation de l'ARSE (C. pr. pén., art. 142-8 et 141-3)

Dans le cadre de l'instruction, lorsque la détention provisoire est ordonnée à la suite de la révocation d'une ARSE, le cumul de la détention provisoire antérieure et de celle qui résulte de la révocation ne peut excéder de plus de 4 mois la durée maximale de la détention provisoire (sur la durée maximale de la détention provisoire, v. n° **12.43**) (C. pr. pén., art. 142-8 renvoyant à 141-3, D. 32-20 et D. 32-21). Lorsque la peine encourue est < 3 ans, la durée cumulée des détentions ne peut excéder 4 mois (C. pr. pén., art. 142-8 renvoyant à 141-3, D. 32-21). Dans ce cas, il s'en déduit qu'en cas de violations répétées du contrôle judiciaire ou de l'ARSE suivies de plusieurs incarcérations, la durée totale de ces dernières ne peut excéder 4 mois.

Après l'ordonnance de renvoi, la durée de la détention résultant de la révocation de l'ARSE n'est plus régie par les mêmes délais, mais par le délai de comparution prévu par C. pr. pén., art. 179 et 181 (sur les délais d'audiencement des dossiers dans lesquels la personne est détenue, v. n° **12.46**).

En cas de révocation d'une ARSE ordonnée dans le cadre d'une convocation par procès-verbal (V. n° **15.14B**) ou d'une comparution différée (V. n° **15.16C**), la durée de la détention semble régie par les délais de comparution applicables à chacune de ces procédures.

D. La révocation de l'ARSE du mineur : l'exigence d'un manquement caractérisé à la mesure (CJPM, art. L. 333-1, L. 334-4 et L. 334-5)

S'agissant de la révocation de l'ARSE du mineur, laquelle ne peut par hypothèse s'appliquer qu'à un mineur ⩾ 16 ans, CJPM, art. L. 333-1 renvoie aux conditions et modalités prévues par C. pr. pén., art. 142-5 à 142-13, il est donc renvoyé au n° **C** ci-dessus.

Toutefois, la révocation de l'ARSE du mineur, comme celle du contrôle judiciaire, ne peut intervenir qu'en cas de manquement caractérisé aux obligations prescrites, selon les précisions apportées au n° **12.36E** portant sur les conditions de placement en détention provisoire du mineur en cas de révocation du contrôle judiciaire ou de l'ARSE (CJPM, art. L. 334-4 et L. 334-5).

La durée supplémentaire de détention résultant de la révocation de l'ARSE ne peut excéder d'un mois la durée maximale de détention (CJPM, art. L. 433-7).

Comme en matière de contrôle judiciaire, précisons qu'en dehors du cadre de l'information judiciaire, le JLD est compétent pour révoquer l'ARSE ordonnée par le juge des enfants ou par le JLD avant la comparution du mineur devant la juridiction de jugement (CJPM, art. L. 423-9, v. n° **15.20**) et placer le **mineur** en détention, selon les précisions apportées au n° **15.22A** (CJPM, art. L. 423-11, réd. issue L. n° 2021-218, 26 févr. 2021 et L. n° 2021-1729, 22 déc. 2021), au terme d'un débat contradictoire dont les modalités sont fixées par CJPM, art. L. 521-21 (v. n° **15.22**).

En revanche, notons que le juge des enfants sera compétent pour ordonner la révocation de l'ARSE imposée au mineur en application de CJPM, art. L. 521-14 lors du jugement sur la culpabilité au titre de la période de mise à l'épreuve éducative précédant le jugement sur la peine (CJPM, art. L. 521-21, v. n° 15.22).

12.58 La demande de mainlevée ou de modification de la mesure de contrainte : le formalisme commun à l'information et aux autres procédures

Les demandes de mise en liberté, de mainlevée ou de modification du contrôle judiciaire (sur la mainlevée ou la modification du contrôle judiciaire, v. n° 12.53B) ou de l'ARSE (sur la mainlevée ou la modification de l'ARSE, v. n° 12.56B) obéissent au même formalisme. Les règles établies ci-après valent donc tant pour la détention provisoire que pour le contrôle judiciaire ou l'ARSE.

Précisons que les « *demandes de mise en liberté ou de mainlevée du contrôle judiciaire* » ne peuvent être effectuées par un moyen de communication électronique (C. pr. pén., art. D. 593).

A. Le formalisme de la demande effectuée hors établissement pénitentiaire (C. pr. pén., art. 148-6)

La demande « *doit faire l'objet d'une déclaration au greffier de la juridiction* » d'instruction saisie du dossier ou de la juridiction compétente lorsque l'affaire est en attente de jugement (C. pr. pén., art. 148-6). « *Elle doit être constatée et datée par le greffier qui la signe ainsi que le demandeur ou son avocat. Si le demandeur ne peut signer, il en est fait mention par le greffier* » (C. pr. pén., art. 148-6).

Notons qu'en matière de demande de mise en liberté effectuée dans le cour de l'instruction, la demande n'est pas faite devant le greffe du JLD qui a ordonné la détention, mais devant le greffe du juge d'instruction, seul compétent pour y donner suite, soit en ordonnant lui-même la mise en liberté, soit en saisissant le JLD s'il n'estime pas devoir faire droit à la demande (v. n° 12.59).

Lorsque la personne ou son avocat ne réside pas dans le ressort de la juridiction compétente, la déclaration au greffier peut être faite au moyen d'une lettre recommandée avec avis de réception (C. pr. pén., art. 148-6). Une telle demande adressée au juge d'instruction au lieu du greffier de la juridiction est recevable si « *le greffier a attesté avoir reçu cette déclaration* » (Crim. 11 sept. 2007, n° 07-84.129, P n° 196), mais dans ce cas le délai imparti à la « *juridiction pour se prononcer ne court qu'à compter du lendemain du jour où le greffier a attesté avoir reçu la déclaration* » (Crim. 3 juin 2014, n° 14-82.042, P n° 143). En revanche, il ne peut « *se déduire de la seule apposition d'un tampon "courrier arrivé au cabinet d'instruction" sur la lettre de demande de mise en liberté, que le greffier, qui n'était pas destinataire de cette lettre, en avait eu connaissance* » (Crim. 1 avr. 2009, n° 09-80.056, NP).

S'agissant « *d'une formalité essentielle annonçant clairement son objet, destinée à permettre au greffier d'enregistrer la demande sans avoir à l'interpréter* », n'est pas considérée comme une demande de mise en liberté le courrier de l'avocat envoyé par LRAR contenant 4 pages d'observations et contenant incidemment une demande de mise en liberté, car « *ce courrier, faute d'annoncer clairement son objet, ne pouvait constituer la déclaration prévue par l'article 148-6* » (Crim. 23 janv. 2013, n° 12-86.986, P n° 26).

De même, le « *dépôt d'un mémoire* » ne peut suppléer la « *formalité essentielle* » de la « *déclaration au greffier de la juridiction d'instruction compétente* » (Crim. 20 mai 1987, n° 87-81.037, P n° 207). Dans le même sens, est ainsi irrecevable la demande de mise en liberté effectuée directement devant la CHINS en application de C. pr. pén., art. 148-4 (sur ce cas de saisine directe, v. n° 12.59B2) par laquelle le conseil de la personne « *a déposé au greffe de la chambre d'accusation un document signé par cet avocat et intitulé "mémoire au soutien d'une demande de mise en liberté présenté en vertu de l'article 148-4 du Code de procédure pénale"* » (Crim. 23 mai 2001, n° 01-81.934, P n° 132). Est également inopérante une demande effectuée par toute autre modalité comme celle d'un mémoire déposé devant la CHINS à l'occasion de l'examen d'un appel contre une ordonnance de mise en accusation (Crim. 23 mai 2001, nº 01-81.934, P nº 132), ou par l'accusé faisant l'objet d'une ordonnance de mise en accusation car « *une demande de mise en liberté ne peut être présentée devant la CHINS que dans les formes prévues par C. pr. pén., art. 148-6 à 148-8, soit, en l'espèce, par une déclaration au greffe* » (§ 10) et « *la seule mention « déclaration au greffe » apposée sur un mémoire ne permet pas de considérer que les formes prévues par ces articles ont été respectées* » (§ 11) (Crim. 4 janv. 2022, nº 21-85.822, P).

Une lettre simple, même si sa réception est actée par le greffier, est inopérante (Crim. 14 mars 1989, nº 88-87.626, P nº 124). L'absence de réponse du juge d'instruction à une telle demande irrecevable rend par voie de conséquence irrecevable la saisine directe de la CHINS sur le fondement de C. pr. pén., art. 148 (sur la saisine directe en cas d'absence de réponse du juge d'instruction, v. nº **12.59B1**) (Crim. 19 nov. 2002, nº 02-86.030, P nº 208).

En revanche, la demande de mise en liberté « *devant une juridiction de jugement examinant le fond de l'affaire [...], peut être formulée soit par conclusions, soit par déclaration verbale constatée par le greffier d'audience* » (Crim. 23 mai 2001, nº 01-81.934, P nº 132, Crim. 16 juin 1998, nº 97-85.622, P nº 1), solution transposable à la demande de mainlevée ou de modification du contrôle judiciaire ou de l'ARSE.

B. Le formalisme de la demande effectuée en établissement pénitentiaire (C. pr. pén., art. 148-7)

À l'instar des modalités de l'appel (C. pr. pén., art. 503, v. nº **19.6B**) ou du pourvoi en cassation (C. pr. pén., art. 577, v. nº **19.21B2**) de la personne détenue contre une décision de la juridiction saisie, la demande de mise en liberté ou de mainlevée ou de modification du contrôle judiciaire, peut également être faite « *au moyen d'une déclaration auprès du chef de l'établissement pénitentiaire* » (C. pr. pén., art. 148-7). La déclaration est constatée et datée par le chef de l'établissement pénitentiaire qui la signe, ainsi que le demandeur. Si celui-ci ne peut signer, il en est fait mention pas le chef d'établissement. « *Ce document est adressé sans délai, en original ou en copie et par tout moyen, soit au greffier de la juridiction saisie du dossier* », soit à celui de la juridiction de jugement saisie (C. pr. pén., art. 148-7 et 148-1).

Une personne détenue pour une autre cause qui sollicite la mainlevée ou la modification du contrôle judiciaire dont elle fait l'objet dans un autre dossier est autorisée à le faire, conformément au C. pr. pén., art. 148-7, « *par l'intermédiaire d'une requête transmise par le chef de l'établissement pénitentiaire* » (Crim. 30 oct. 2007, nº 07-85.170, P nº 260).

N'est pas irrecevable la demande de mise en liberté destinée par erreur au juge d'instruction, lequel était dessaisi depuis son ordonnance de mise en accusation, dès lors que la demande était faite dans les formes prescrites par la loi et que la CHINS était seule compétente pour en connaître (Crim. 10 déc. 2003, nº 03-86.052, D).

12.59 L'examen et le traitement de la demande de mise en liberté dans le cadre de l'instruction

A. L'examen de la demande de mise en liberté par le juge d'instruction et le JLD au cours de l'instruction (C. pr. pén., art. 148)

1. L'examen préalable de la demande dans le délai de 5 jours par le juge d'instruction et le procureur de la République

« *En toute matière, la personne placée en détention ou son avocat peut, à tout moment, demander sa mise en liberté* » (C. pr. pén., art. 148), selon les modalités formelles énoncées au C. pr. pén., art. 148-6 et 148-7 (V. nº **12.58**).

« *La demande de mise en liberté est adressée au juge d'instruction, qui communique* <u>*immédiatement*</u> *le dossier de la procédure au procureur de la République aux fins de réquisitions.* »

Le juge d'instruction est compétent pour donner, « *dans les 5 jours suivant la communication* » au parquet, « *une suite favorable à la demande* » (C. pr. pén., art. 148), en plaçant ou non la personne sous contrôle judiciaire ou sous ARSE, « *à charge pour la personne mise en examen de prendre l'engagement de se représenter à tous les actes de la procédure aussitôt qu'elle en sera requise et de tenir informé le magistrat instructeur de tous ses déplacements* » (C. pr. pén., art. 147).

S'il estime que la demande de liberté doit être rejetée, le juge d'instruction doit, dans ce délai de **5 jours**, transmettre la procédure au JLD « *avec son avis motivé* » (C. pr. pén., art. 148).

Le jour où le juge d'instruction communique la demande au parquet n'entre pas dans le calcul du délai de 5 jours qui ne commence donc à courir qu'à compter du lendemain (Crim. 19 mars 1985, n° 85-90.391, P n° 114). À la différence du délai de 3 jours ensuite imparti au JLD, ce délai de 5 jours n'est pas exprimé en jours ouvrables, samedi, dimanche et jours fériés ne sont donc pas exclus de son calcul.

La compétence du juge d'instruction et du JLD pour traiter la demande de mise en liberté cesse à compter de l'ordonnance de règlement du dossier et de maintien en détention, au profit du tribunal correctionnel ou de la CHINS, selon les précisions apportées au n° **12.61** (C. pr. pén., art. 148-1 et 148-2).

2. Le traitement de la demande dans le délai de 3 jours ouvrables par le JLD saisi par le juge d'instruction

Saisi par le juge d'instruction, le JLD statue alors « *dans un délai de trois jours ouvrables* » (C. pr. pén., art. 148) (sur le calcul des délais en jours ouvrables, v. n° **15.15B2**).

La demande est examinée à l'issue d'une procédure écrite sans débat contradictoire et le JLD statue au vu des éléments du dossier.

Eu égard au caractère déjà contradictoire des débats imposés en matière de placement (C. pr. pén., art. 145) et de prolongation de la détention (C. pr. pén., art. 145-1 et 145-2) ou devant la CHINS (C. pr. pén., art. 199) et à « *la fréquence des demandes de mise en liberté susceptibles d'être formées, l'article 148 du code de procédure pénale assure une conciliation qui n'est pas disproportionnée entre l'objectif de valeur constitutionnelle de bonne administration de la justice et les exigences qui résultent de l'article 16 de la Déclaration de 1789* » (§ 6), toutefois « *l'équilibre des droits des parties interdit que le JLD puisse rejeter la demande de mise en liberté sans que le demandeur ou son avocat ait pu avoir communication de l'avis du juge d'instruction et des réquisitions du ministère public* » (§ 7) (Cons. const. 17 déc. 2010, n° 2010-62 QPC, § 7). La procédure n'impose cependant pas au JLD d'attendre d'éventuelles observations écrites du demandeur en réplique à l'avis du juge d'instruction ou aux réquisitions du parquet, dès lors que « *le principe du contradictoire est respecté par la communication à l'avocat du demandeur des réquisitions du ministère public et de l'avis du juge d'instruction, préalablement à la décision prise par le JLD* » (Crim. 26 oct. 2011, n° 11-86.117, P n° 220).

Deux orientations s'offrent au JLD :

– Soit une ordonnance de rejet de la demande motivée en droit et en fait par référence aux critères de la détention provisoire énoncés au C. pr. pén., art. 144 (C. pr. pén., art. 148 ; sur ces critères, v. n° **12.37B**) et à l'insuffisance des obligations du contrôle judiciaire ou de l'ARSE (C. pr. pén., art. 137-3 ; sur le caractère subsidiaire de la détention provisoire, v. n° **12.36B**), la L. n° 2021-1729, 22 déc. 2021, ayant ajouté, s'agissant des détentions de plus de 8 mois, la nécessité de motiver l'insuffisance du dispositif de l'ARSE mobile ou du bracelet anti-rapprochement (BAR), lorsque ces mesures sont applicables (C. pr. pén., art. 137-3, v. n° **12.37A**) ;

– Soit une ordonnance de mise en liberté, qui peut être assortie ou non d'un contrôle judiciaire ou d'une ARSE.

Par dérogation aux dispositions imposant un débat contradictoire lors du placement sous ARSE, le JLD peut ordonner sans débat cette mesure alternative à la détention lorsqu'il statue sur une demande de mise en liberté (C. pr. pén., art. 142-6), et subordonner la mise en liberté à la condition suspensive de l'installation du bracelet électronique avant la libération (C. pr. pén., art. D. 32-13 et D. 32-14, réd. issue D. n° 2019-508, 24 mai 2019) (sur ces points, v. n° **12.55C1**).

Dans tous les cas, l'ordonnance est notifiée à la personne détenue par les soins du chef de l'établissement pénitentiaire et portée à la connaissance de son avocat, avis en est donné au procureur de la République par le greffier lorsque la décision est non-conforme à ses réquisitions (C. pr. pén., art. 183).

3. Les modalités de traitement des demandes de mise en liberté sérielles

Quatre dispositions permettent d'appréhender le traitement des demandes de mise en liberté sérielles.

– En **premier lieu**, est irrecevable toute demande formée tant que le juge d'instruction ou le JLD n'a pas statué sur une précédente demande, dans les délais ci-dessus de 5 + 3 jours. Cette irrecevabilité « *s'applique de plein droit sans qu'elle soit constatée par une ordonnance du juge d'instruction* » (C. pr. pén., art. 148). N'ont donc pas à être examinées les demandes formées alors qu'une précédente est encore en cours de traitement dans les délais requis ;

– En **deuxième lieu**, tant « *qu'il n'a pas encore été statué sur l'appel d'une précédente ordonnance de refus de mise en liberté, les délais précités* [délai de 5 jours imparti au juge d'instruction et délai de 3 jours ouvrables imparti au JLD] *ne commencent à courir qu'à compter de la décision de la juridiction* » d'appel (C. pr. pén., art. 148). Rappelons à cet égard que la CHINS doit statuer dans un délai de 15 jours en matière de refus de mise en liberté, ou de 20 jours si la personne a sollicité sa comparution personnelle (v. n^{os} **12.65A** et **12.65B**) (C. pr. pén., art. 194 et 199) ;

– En **troisième lieu,** « *lorsqu'il a été adressé plusieurs demandes de mise en liberté, il peut être répondu à ces différentes demandes dans les délais précités par une décision unique* » (C. pr. pén., art. 148) ;

– En **quatrième lieu**, « *en cas d'appel formé contre une ordonnance de refus de mise en liberté, la CHINS peut, lors de l'audience et avant la clôture des débats, se saisir immédiatement de toute demande de mise en liberté sur laquelle le juge d'instruction ou le JLD n'a pas encore statué ; dans ce cas, elle se prononce à la fois sur l'appel et sur cette demande* » (C. pr. pén., art. 207).

B. La saisine directe de la CHINS aux fins de mise en liberté

1. La saisine directe en cas d'absence de réponse du JLD dans les délais (C. pr. pén., art. 148)

L'absence de décision du JLD dans les délais maximum précités de 5 + 3 jours n'est pas sanctionnée par la mise en liberté d'office de la personne. Elle confère seulement à la personne et au procureur de la République le droit de saisir directement la CHINS de la demande.

Le délai « *ne peut être considéré comme ayant été dépassé lorsque c'est en raison de mentions incomplètes quant à la juridiction destinataire que la demande de mise en liberté formée et signée par la personne mise en examen a été adressée au greffier de la juridiction saisie du dossier* » (Crim. 4 juin 2020, n° 20-81.736, P ; dans le même sens : Crim. 12 juin 2014, n° 14-82.233, P n° 149).

La saisine directe est faite selon les formes prévues par C. pr. pén., art. 148-6 et 148-7 exposées au n° **12.58**, « *au greffier de la CHINS compétente ou au chef de l'établissement pénitentiaire qui en assure la transmission* » (C. pr. pén., art. 148-8).

La CHINS doit alors se prononcer sur les réquisitions écrites et motivées du procureur général « *dans les 20 jours de sa saisine faute de quoi la personne est mise d'office en liberté sauf si des vérifications concernant sa demande ont été ordonnées* » (C. pr. pén., art. 148).

La CHINS n'est tenue de statuer dans ce délai « *que dans le cas où sa saisine, fixée au jour de la réception de la lettre par le greffe, est antérieure à la date de l'ordonnance statuant sur la demande de mise en liberté, rendue par le JLD* », fusse tardivement (Crim. 28 mars 2017, n° 17-80.136, P n° 83 ; dans le même sens : Crim. 26 juin 2018, n° 18-82.579, P n° 123 ; Crim. 10 avr. 2019, n° 19-80.498, D).

Le président de la CHINS peut, par « *ordonnance motivée* », dire n'y avoir lieu à statuer sur une demande de mise en liberté « *manifestement irrecevable* » (C. pr. pén., art. 148-8). Lorsque la demande de mise en liberté est irrecevable (ex. demande effectuée par lettre simple), la saisine directe consécutive à une telle demande est par voie de conséquence irrecevable (Crim. 19 nov. 2002, n° 02-86.030, P n° 208).

Cette ordonnance est « *non susceptible de voie de recours* » (C. pr. pén., art. 148-8), sous réserve de la jurisprudence admettant le pourvoi contre les décisions insusceptibles de recours en cas d'excès de pouvoir (sur ce point, v. n° **19.16C**) (ex. Crim. 16 janv. 2013, n° 12-86.856, P n° 15 ; Crim. 12 mars 2014, n° 13-88.509, P n° 78 ; Crim. 9 août 2017, n° 17-83.250, P n° 215). Excède ainsi ses pouvoirs le président rejetant comme sans objet la saisine directe au motif que le JLD avait depuis statué sur la demande de mise en liberté, « *alors que la CHINS, saisie avant que le JLD rende son ordonnance, était tenue de statuer dans le délai de vingt jours* » (Crim. 10 avr. 2019, n° 19-80.498, D).

2. La saisine directe en cas d'absence de comparution du détenu devant le juge d'instruction depuis au moins 4 mois (C. pr. pén., art. 148-4)

« *Tant que l'ordonnance de règlement n'a pas été rendue* », la « *personne détenue ou son avocat peut saisir directement d'une demande de mise en liberté la CHINS* » « *à l'expiration d'un délai de 4 mois depuis sa dernière comparution devant le juge ou le magistrat par lui délégué* » (C. pr. pén., art. 148-4).

La demande doit être faite dans les formes prévues par C. pr. pén., art. 148-6 et 148-7 (v. n° **12.58**), « *au greffier de la CHINS compétente ou au chef de l'établissement pénitentiaire qui en assure la transmission* » (C. pr. pén., art. 148-8).

Est ainsi censurée la CHINS qui, à l'occasion de l'appel d'une décision de rejet d'une demande de mise en liberté, estime à tort que cette demande lui était destinée et ordonne la remise en liberté au motif que le délai de 20 jours était expiré, alors qu'elle n'avait pas été saisie dans les formes exigées par C. pr. pén., art. 148-7 (Crim. 4 juin 2020, n° 20-81.736, P).

Le JLD, « *qui dispose, en matière de détention provisoire, de pouvoirs distincts de ceux du juge d'instruction, n'est pas délégué par ce dernier* » au sens de C. pr. pén., art. 148-4, la comparution devant lui est donc sans effet sur l'écoulement du délai de 4 mois (Crim. 6 mars 2002, n° 01-88.609, P n° 57).

Comparaît devant le juge d'instruction au sens de C. pr. pén., art. 148-4 le mis en examen qui est convoqué devant lui « *pour participer à une parade d'identification organisée par ce magistrat* » (Crim. 13 janv. 1993, n° 92-85.535, P n° 17).

« *c'est au jour où la demande a été formée que les juges doivent se placer pour apprécier* » l'écoulement du délai de 4 mois et celui-ci ne commence à courir qu'à compter du lendemain du dernier interrogatoire (Crim. 19 janv. 1988, n° 87-91.152, P n° 24). Ainsi, dans le cas d'un interrogatoire intervenu le 5 juin, le délai de 4 mois, calculé de quantième à quantième, n'est écoulé qu'à partir du 5 octobre à minuit.

C. pr. pén., art. 148-4, « *qui ne comporte aucune limitation, n'interdit pas à la personne mise en examen, qui a déjà saisi la CHINS aux fins de mise en liberté, de lui adresser, tant que le juge d'instruction ne l'a pas entendue, une nouvelle demande en ce sens* » (Crim. 19 août 2004, n° 04-83.700, P n° 188).

Le président de la CHINS, si la demande de mise en liberté est « *manifestement irrecevable* », « *peut décider, par une ordonnance motivée [...], qu'il n'y a pas lieu de statuer sur cette demande* » (C. pr. pén., art. 148-8). Cette ordonnance est « *non susceptible de voie de recours* », sous réserve de la jurisprudence précitée ouvrant le pourvoi en cas d'excès de pouvoir (v. **B1** ci-dessus et n° **19.16C**).

La CHINS, sur les réquisitions écrites et motivées du procureur général, se prononce dans les **20 jours de sa saisine**, faute de quoi la personne est mise en liberté d'office sauf si des vérifications concernant sa saisine ont été ordonnées (C. pr. pén., art. 148-4 renvoyant à 148, dernier al.).

La prolongation de 5 jours du délai de comparution devant la CHINS prévue par C. pr. pén., art. 199 en cas de demande de comparution personnelle (v. nº 12.65B) n'est pas applicable dans ce cadre (Crim. 6 déc. 1990, nº 90-86.052, P nº 420, solution implicite).

12.60 L'examen de la demande de mainlevée ou de modification du contrôle judiciaire et de l'ARSE au cours de l'instruction

A. L'examen de la demande de mainlevée ou de modification du contrôle judiciaire (C. pr. pén., art. 140)

1. L'examen et le traitement de la demande par le juge d'instruction dans le délai de 5 jours

La personne placée sous contrôle judiciaire peut saisir le juge d'instruction d'une **demande de mainlevée** de cette mesure (C. pr. pén., art. 140). Le juge d'instruction est dans tous les cas compétent, même si la mesure a été ordonnée par le JLD ou la CHINS. La demande de modification du contrôle judiciaire, qui s'analyse comme une demande de mainlevée partielle, semble devoir obéir au même régime (C. pr. pén., art. 140).

Les modalités de formalisation des demandes de mainlevée ou de modification du contrôle judiciaire ou de mise en liberté en cas de détention provisoire obéissent au même régime, fixé par C. pr. pén., art. 148-6 et 148-7. Il est donc renvoyé sur ce point au nº 12.58.

Dans le cadre de l'information, le **JLD** est incompétent pour modifier ou lever le contrôle judiciaire, quand bien même aurait-il ordonné cette mesure à l'occasion de sa saisine par le juge d'instruction aux fins de placement en détention provisoire.

Le magistrat instructeur est tenu de statuer par ordonnance motivée, « *après avis du procureur de la République* », dans un délai de **5 jours** (C. pr. pén., art. 140). Les textes « *ne fixant pas expressément le point de départ de ce délai, celui-ci doit être fixé à la date de réception de la demande* » (Crim. 20 juin 2002, nº 02-80.149, P nº 142). Le conseil du mis en examen « *agissant au nom de celui-ci a qualité, sans limitation territoriale, pour présenter requête au juge d'instruction, à l'effet, notamment, de solliciter la mainlevée ou la modification d'une mesure de contrôle judiciaire* » (Crim. 6 mars 1979, nº 78-93.523, P nº 97).

Ce délai de 5 jours n'est pas exprimé en jours ouvrables, samedi, dimanche et jours fériés ne sont donc pas exclus de son calcul.

L'ordonnance statuant sur la demande de mainlevée ou de modification du contrôle judiciaire est susceptible d'**appel** dans les **10 jours** dans les mêmes conditions que celles prévues pour l'ordonnance de placement sous contrôle judiciaire (C. pr. pén., art. 140 et 186, v. nº 12.62).

La compétence du juge d'instruction pour traiter la demande de modification ou de mainlevée du contrôle judiciaire cesse à compter de l'ordonnance de règlement du dossier et de maintien sous contrôle judiciaire, au profit du tribunal correctionnel ou de la CHINS, selon les précisions apportées au nº 12.61 (C. pr. pén., art. 141-1, 148-1 et 148-2).

2. La saisine directe de la CHINS en cas d'absence de décision du juge d'instruction dans le délai de 5 jours

Si le juge d'instruction n'a pas statué dans les 5 jours, la mesure de contrôle judiciaire poursuit son cours et elle ne prend donc pas fin de plein droit. Mais la personne peut alors, sans condition de délai, saisir **directement la CHINS** selon les modalités précisées au nº A1 (C. pr. pén, art. 148-8).

Sauf si des vérifications concernant la demande ont été ordonnées, la CHINS doit se prononcer dans les **20 jours** de la saisine directe (C. pr. pén., art. 140), et non dans le délai de 2 mois imparti en cas d'appel en matière de contrôle judiciaire (C. pr. pén., art. 194, v. nº 12.65D). À défaut, le contrôle judiciaire est levé de plein droit (C. pr. pén., art. 140). Cette mainlevée de plein droit ne porte toutefois que sur les obligations dont la mainlevée a été sollicitée, les « *autres obligations prévues étant maintenues* » (Crim. 20 juin 2002, n° 02-80.149, P n° 142).

En cohérence avec les solutions retenues en cas de saisine directe en matière de détention provisoire (v. n° **12.59B1**), lorsque l'intéressé n'a pas déjà saisi directement la CHINS de sa demande alors que l'ordonnance du juge d'instruction est intervenue au-delà du délai de 5 jours, seule la voie de l'appel contre cette ordonnance lui est ouverte car il est dans ce cas « *irrecevable à saisir directement cette juridiction de sa requête* » (Crim. 28 mars 1991, n° 91-80.090, P n° 151). De même, lorsqu'elle est antérieure, la saisine directe prévaut sur l'appel formé contre une ordonnance tardive (Crim. 20 juin 2002, n° 02-80.149, P n° 142).

Le président de la CHINS, si la demande est « *manifestement irrecevable* », « *peut décider, par une ordonnance motivée [...], qu'il n'y a pas lieu de statuer sur cette demande* » (C. pr. pén., art. 148-8). Cette ordonnance est « *non susceptible de voie de recours* », sous réserve de la jurisprudence ouvrant le pourvoi en cas d'excès de pouvoir (v. n° **12.59B1** et n° **19.16C**).

B. L'examen de la demande de mainlevée ou de modification de l'ARSE (C. pr. pén., art. 142-8 et 140)

Dans le cadre de l'instruction, le juge d'instruction est seul compétent pour ordonner la **mainlevée** de l'ARSE à la demande de la personne après avis du procureur de la République (C. pr. pén., art. 142-8 renvoyant à 140, et D. 32-19), même si cette mesure a été ordonnée par le JLD ou la CHINS.

De façon générale, l'ARSE peut être « *levée, maintenue, modifiée ou révoquée par les juridictions d'instruction et de jugement selon les mêmes modalités que le contrôle judiciaire* » (C. pr. pén., art. 142-12 renvoyant à 148-6). La formalisation de la demande de mainlevée de l'ARSE obéit au régime de la demande de mainlevée du contrôle judiciaire et de mise en liberté, fixé par C. pr. pén., art. 148-6. Il est donc renvoyé sur ce point au n° **12.58**.

Le **juge d'instruction** statue sur la **demande de mainlevée** de la personne dans un délai de **5 jours**, par ordonnance motivée (C. pr. pén., art. 142-8 renvoyant à 140). Comme il a déjà été précisé, ce délai de 5 jours n'est pas exprimé en jours ouvrables, samedi, dimanche et jours fériés ne sont donc pas exclus de son calcul.

L'ordonnance est susceptible d'appel dans les dix jours formé dans les conditions exposées au n° **12.62** (C. pr. pén., art. 185, 186 et D. 32-19).

Comme en matière de contrôle judiciaire, l'ARSE ne prend pas fin de plein droit si le juge n'a pas statué dans le délai de 5 jours mais l'intéressé peut saisir directement la CHINS de sa demande, selon les précisions apportées en **A2** ci-dessus (C. pr. pén., art. 142-8 renvoyant à 140 et D. 32-19).

La compétence du juge d'instruction pour traiter la demande de mainlevée de l'ARSE est dévolue au tribunal correctionnel ou à la CHINS à compter de l'ordonnance de règlement du dossier et de maintien sous ARSE, selon les précisions apportées au n° **12.61** (C. pr. pén., art. 141-1, 148-1 et 142-12 renvoyant à 148-2).

12.61 L'examen de la détention provisoire, du contrôle judiciaire et de l'ARSE durant le délai d'audiencement de l'affaire

A. La juridiction compétente pour statuer

1. La juridiction compétente pour statuer sur la demande de modification ou de mainlevée de la mesure

Lorsque la personne en attente de jugement (sur la phase d'audiencement de l'affaire, v. n° **17**) a été maintenue par le juge d'instruction sous **contrôle judiciaire** (sur le maintien sous contrôle judiciaire lors du règlement, v. n° **12.53A1**) ou sous ARSE (sur le maintien sous ARSE lors du règlement, v. n° **12.56A2**) lors de la clôture de l'information, ou placée sous contrôle judiciaire ou sous ARSE dans le cadre d'une procédure rapide par le JLD ou le tribunal, ou par le JLD en cas de mise à exécution d'un mandat d'arrêt (C. pr. pén., art. 135-2, v. n° **12.6E**), la juridiction saisie est compétente pour statuer sur la demande de mainlevée ou de modification de la mesure ou pour modifier ou lever d'office cette dernière (C. pr. pén., art. 141-1 renvoyant à 139 et 140 pour le contrôle judiciaire, et C. pr. pén., art. 142-12 renvoyant à 148-2 pour l'ARSE).

Lorsque la personne en attente de jugement est en **détention provisoire**, qu'elle ait été maintenue en détention par le juge d'instruction (sur le maintien en détention lors du règlement de l'instruction, C. pr. pén., art. 179 et 181, v. n° **12.46**) ou placée en détention par le JLD ou le tribunal dans le cadre d'une procédure rapide, comparution différée (C. pr. pén., art. 397-1-1, v. n° **15.16C**) ou comparution immédiate (C. pr. pén., art. 397-3, v. n° **15.15C**), ou par le JLD en cas de mise à exécution d'un mandat d'arrêt (C. pr. pén., art. 135-2, v. n° **12.6E**), elle peut en tout état de cause demander sa mise en liberté, non devant le JLD, mais devant la juridiction de jugement saisie (C. pr. pén., art. 148-1).

En **matière correctionnelle**, la demande de modification ou de mainlevée du contrôle judiciaire ou de mise en liberté relève du **tribunal correctionnel** si le prévenu est renvoyé devant cette juridiction, ou de la CHINS si le prévenu détenu ou sous contrôle judiciaire a fait appel de la décision de première instance le jugeant au fond (C. pr. pén., art. 148-1).

En **matière criminelle**, la **CHINS** est compétente si l'accusé est renvoyé, en premier ou second ressort, devant la cour d'assises (C. pr. pén., art. 141-1, 148-1 et 367). La **cour d'assises** est toutefois compétente lorsque la demande est formée pendant la session d'assises durant laquelle l'accusé doit être jugé (C. pr. pén., art. 141-1 et 148-1), étant précisé que cette dernière peut également, pendant l'audience, décerner mandat de dépôt ou d'arrêt contre l'accusé ou le placer sous contrôle judiciaire (C. pr. pén., art. 272-1). Lorsque la demande est formée postérieurement à l'arrêt renvoyant la cause à une audience ultérieure, la CHINS retrouve sa compétence (Crim. 25 juin 2019, n° 19-82.584, P), il en est de même lorsqu'« *au jour où la demande est soumise à son examen la session a pris fin* » (Crim. 29 sept. 1998, n° 98-83.722, P n° 239).

En cas de **pourvoi en cassation**, la demande est examinée par la dernière juridiction ayant statué, ou par la CHINS si le pourvoi est formé contre un arrêt de cour d'assises (C. pr. pén., art. 148-1). « *il ne saurait être considéré qu'un magistrat statuant sur une telle demande de mise en liberté aurait préjugé de la nécessité de maintenir le prévenu en détention au seul motif qu'il a siégé au sein de la formation de jugement l'ayant condamné à une peine d'emprisonnement assortie d'un mandat de dépôt* » (Cons. const. 4 mai 2023, n° 2023-1047 QPC).

Enfin, la CHINS est compétente dans tous les cas où aucune juridiction n'est saisie (C. pr. pén., art. 148-1).

Il en résulte que seule la CHINS est compétente pour statuer sur une demande de mise en liberté du prévenu détenu lorsque l'ordonnance de renvoi n'est pas définitive comme ayant fait l'objet d'un appel, puis le cas échéant d'un pourvoi en cassation (Crim. 28 nov. 2017, n° 17-85.523, P n° 268). « *La détermination de la juridiction compétente s'apprécie au jour du dépôt de la demande de mise en liberté* » (Crim. 7 mai 2019, n°s 19-81.366, 19-81.494, P, § 6 et 13) ou de la demande de modification du contrôle judiciaire (Crim. 17 avr. 2019, n° 19-80.950, P).

Les demandes de mise en liberté, de mainlevée ou de modification du contrôle judiciaire ou de l'ARSE sont formées selon les conditions prévues par C. pr. pén., art. 148-6 et 148-7 exposées au n° **12.58**.

Notons que si, « *en application de l'article 148-1 du code de procédure pénale, l'accusé placé en détention provisoire peut à tout moment former une demande de mise en liberté* » (§ 12), « *la liberté individuelle ne saurait être tenue pour sauvegardée si l'autorité judiciaire ne contrôlait pas, à cette occasion, la durée de la détention. Ce contrôle exige que l'autorité judiciaire fasse droit à la demande de mise en liberté lorsque la durée totale de la détention excède un délai raisonnable* » (§ 13), sous cette réserve, ces dispositions sont donc conformes à la Constitution (Cons. const. 7 juill. 2023, n° 2023-1056 QPC).

2. La compétence du JLD pour statuer sur la demande du parquet aux fins de révocation du contrôle judiciaire ou de l'ARSE (C. pr. pén., art. 141-2)

Lorsque la personne se soustrait aux obligations du contrôle judiciaire alors qu'elle est renvoyée devant la juridiction de jugement, à l'issue de l'information ou dans le cadre d'une procédure rapide (comparution immédiate (v. n° **15.15**) ; comparution différée (v. n° **15.16**) ; convocation par procès-verbal (v. n° **15.14**)), le procureur de la République peut, après avoir le cas échéant fait usage des dispositions lui permettant de faire procéder à l'arrestation et à la retenue de la personne (C. pr. pén., art. 141-4, v. n° **12.2A** et **12.2D**), et à une perquisition (C. pr. pén., art. 141-5, v. n° **11.57G**), saisir le **JLD** pour que celui-ci décerne mandat d'arrêt (sur la mise à exécution du mandat d'arrêt, C. pr. pén., art. 135-2, v. n° **12.6E**) ou d'amener (sur la mise à exécution du mandat d'amener, C. pr. pén., art. 135-2, v. n° **12.6E**) à son encontre ou la place en détention provisoire (C. pr. pén., art. 141-2, 394, 397-1-1, 397-3, v. n° **12.53C**). Il en est de même pour l'ARSE (C. pr. pén, art. 142-8 renvoyant à 141-2) (v. n° **12.57C**).

Le président de la cour d'assises est quant à lui compétent pour décerner un mandat d'arrêt lorsque l'accusé ne se présente pas à l'interrogatoire préalable à l'audience (C. pr. pén., art. 272-1).

B. Les délais pour statuer sur la demande de modification ou de mainlevée de la mesure et les modalités de tenue de l'audience (C. pr. pén., art. 148-2)

1. Les délais pour statuer sur la demande

Si la personne n'a pas encore été jugée en 1re instance, « *la juridiction saisie statue dans les 10 jours./...de la réception de la demande* » si elle est une **juridiction du premier degré** (C. pr. pén., art. 148-2). Elle statue dans les **20 jours** si elle est une **juridiction du second degré** (la CHINS est une juridiction du second degré) (C. pr. pén., art. 148-2).

Si la personne a déjà été jugée en 1re instance et attend sa comparution devant la juridiction d'appel, « *la juridiction saisie statue dans les 2 mois de la demande* » (C. pr. pén., art. 148-2). Il en est ainsi même si la juridiction du premier degré s'est déclarée incompétente pour juger l'affaire au fond (Crim. 25 févr. 2014, n° 13-87.896, P n° 50).

Si la personne a déjà été jugée en appel et s'est pourvue en cassation, « *la juridiction saisie statue dans les 4 mois de la demande* » (C. pr. pén., art. 148-2), y compris en cas de renvoi après cassation de l'arrêt d'appel (Crim. 10 nov. 2009, n° 09-84.527, P n° 186).

« *Faute de décision à l'expiration des délais, il est mis fin au contrôle judiciaire ou à la détention provisoire, le prévenu.../...étant d'office remis en liberté* » (C. pr. pén., art. 148-2). Il en est de même pour l'ARSE (C. pr. pén., art. 142-12 renvoyant à 148-2). Ces délais sont impératifs et n'autorisent **aucune prolongation**, y compris lorsque la juridiction fait procéder à des vérifications concernant la demande.

En effet, à la différence de C. pr. pén., art. 194 qui autorise une prorogation du délai lorsque la CHINS, saisie d'un appel contre une ordonnance de placement en détention dans le cadre de l'instruction, procède à des vérifications concernant la demande (v. n° **12.66B**), C. pr. pén., art. 148-2 « *qui concerne les demandes adressées à la juridiction appelée à statuer en application de l'article 148-1 dudit code, ne prévoit aucune faculté de prolonger les délais qu'il fixe et dans lesquels la juridiction saisie doit se prononcer sur la demande* » (Crim. 28 févr. 1984, n° 84-90.018, P n° 78, dans le même sens : Crim. 8 juin 2011, n° 11-82.402, P n° 125). La juridiction qui, après avoir confié au SPIP une enquête de faisabilité technique pour une assignation à résidence sous surveillance électronique, constate que le délai est écoulé et ordonne la mise en liberté ne peut placer l'intéressé sous contrôle judiciaire (Crim. 9 janv. 2013, n° 12-87.016, P n° 11).

Toutefois, « *lorsqu'au jour de la demande, il n'a pas encore été statué, soit sur une précédente demande de mise en liberté ou de mainlevée du contrôle judiciaire, soit sur l'appel d'une précédente décision de refus de mise en liberté ou de mainlevée du contrôle judiciaire* », ces délais « *ne commencent à courir qu'à compter de la décision rendue par la juridiction compétente* » (C. pr. pén., art. 148-2). Il en est de même pour l'ARSE (C. pr. pén., art. 142-12 renvoyant à 148-2). La décision de renvoi et de maintien en détention de la juridiction ne peut être considérée, lorsqu'il en est fait appel, comme l'un des cas limitativement prévus par C. pr. pén., art. 148-2 autorisant cette prorogation du point de départ du délai (Crim. 8 juin 2011, n° 11-82.402, P n° 125).

Soulignons que la juridiction saisie d'une demande de mise en liberté doit se prononcer dans le délai fixé par C. pr. pén., art. 148-2, al. 2 « *faute de quoi le demandeur est remis d'office en liberté, sauf si des circonstances imprévisibles et insurmontables, extérieures au service de la justice, mettent obstacle au jugement de l'affaire dans le délai prévu* » (§ 5) ; malgré la motivation des juges, qui justifiaient le dépassement du délai par un mouvement social d'avocats qui « *a constitué une circonstance imprévisible et insurmontable, extérieure au service de la justice, constitutive du cas de force majeure* » (§ 10), il est énoncé qu'« *un afflux massif de demandes de mise en liberté, dont le dépôt est un droit pour toute personne placée en détention provisoire, ne constitue pas, pour le service de la justice, une circonstance insurmontable permettant de dépasser les délais fixés* » (§ 11), (Crim. 13 oct. 2020, n° 20-82.016, P). Dans une espèce où l'appelant avait volontairement détruit les formulaires d'appel que le greffe pénitentiaire venait de lui faire signer mais conservé une copie qui était tardivement découverte puis transmise au greffe du juge d'instruction, le dépassement du délai pour statuer est en revanche justifié par « *une circonstance imprévisible et insurmontable, extérieure au service de la justice puisque relevant du seul fait* » de l'appelant (Crim. 4 mai 2021, n° 21-81.020, D).

2. Les modalités de tenue de l'audience

La juridiction se prononce après audition du ministère public, du prévenu ou de son avocat (C. pr. pén., art. 148-2).

Le prévenu non détenu et son avocat sont convoqués, au moins 48 H 00 avant la date de l'audience, par lettre recommandée (C. pr. pén., art. 148-2).

Si la personne a déjà comparu devant la juridiction moins de 4 mois auparavant, le président de la juridiction peut, en cas de demande de mise en liberté, refuser la comparution personnelle de l'intéressé par une décision motivée qui n'est susceptible d'aucun recours (C. pr. pén., art. 148-2). Il n'est pas tenu d'ordonner cette comparution lorsque l'avocat de l'intéressé ne se présente pas à l'audience (Crim. 25 sept. 2007, n° 07-84.760, P n° 221).

Les audiences relatives au contentieux de la détention provisoire devant la CHINS ou la juridiction de jugement peuvent se tenir par visioconférence, sauf refus de la personne détenue (C. pr. pén., art. 706-71, sur la visioconférence, v. n° **17.13B**).

Si la demande est portée devant la **CHINS**, comme pour toutes les affaires portées devant elle, la date de l'audience doit être notifiée par le parquet général à chacune des parties, y compris la partie civile, et à son avocat par lettre recommandée ou notification à détenu (C. pr. pén., art. 197, Crim. 25 juill. 2012, n° 12-83.324, P n° 171 ; Crim. 27 juin 2007, n° 06-89.403, P n° 178). Sur les modalités de mise en état devant la CHINS, v. n° **12.64**.

« *lorsqu'une juridiction est saisie de telles demandes, il lui revient de vérifier si les faits retenus à titre de charges à l'encontre de la personne comparaissant devant elle justifient le maintien de la mesure de sûreté* » (§ 7) et « *les déclarations ou les réponses apportées par la personne aux questions de la juridiction sont susceptibles d'être portées à la connaissance de la juridiction de jugement* » (§ 8), par voie de conséquence « *la juridiction statuant sur une demande de mainlevée d'un contrôle judiciaire ou une demande de mise en liberté doit informer le prévenu ou l'accusé qui comparaît devant elle de son droit de se taire* » (§ 9 et 12) (Cons. const. 18 juin 2021, n° 2021-920 QPC).

Depuis L. n° 2021-1729,22 déc. 2022, le prévenu, « *auquel est préalablement notifié son droit de se taire sur les faits qui lui sont reprochés* » intervient aux débats sous le bénéfice d'un droit au silence dûment notifié (C. pr. pén., art. 148-2).

C. L'appel contre la décision statuant sur la demande de modification ou de mainlevée de la mesure

La décision du tribunal correctionnel est immédiatement exécutoire nonobstant appel (C. pr. pén., art. 148-2 et 142-12 renvoyant à cet article pour l'ARSE).

L'appel, en matière de décision du tribunal portant sur une demande de mise en liberté, de mainlevée ou de modification du contrôle judiciaire ou de l'ARSE, doit être formé dans un délai de **24 H 00** (C. pr. pén., art. 501), soit par déclaration au greffe de la juridiction qui a statué, par l'appelant ou son avocat ou par un fondé de pouvoir spécial (C. pr. pén., art. 502), ou par la personne détenue, par déclaration auprès du chef d'établissement pénitentiaire (C. pr. pén., art. 503) (sur le formalisme de l'appel contre les décisions du tribunal correctionnel, v. n° **19.4**).

Llorsque le prévenu est maintenu en détention par le tribunal correctionnel, la chambre des appels correctionnels se prononce sur la détention dans les **20 jours** de l'appel (C. pr. pén., art. 148-2).

Notons que lorsque l'examen de la demande relève de la compétence de la CHINS (v. **A** ci-dessus), la décision de cette dernière n'est pas susceptible d'appel mais seulement de pourvoi en cassation.

12.62 Le domaine de l'appel contre la décision ordonnant une mesure de contrainte sur la personne

A. Le droit d'appel de la personne contre la décision de contrainte

1. Le droit d'appel du mis en examen dans le cadre de l'instruction (C. pr. pén., art. 186)

En matière de mesures de contrainte, le droit d'appel appartient à la personne mise en examen contre les ordonnances suivantes, limitativement énumérées au C. pr. pén., art. 186 :

• **Décisions en matière de détention provisoire**

– ordonnance de placement en détention provisoire (C. pr. pén., art. 137-3) ;

– ordonnance de prolongation de la détention provisoire (C. pr. pén., art. 137-3, 145-1 et 145-2) ;

– ordonnances de refus de saisir le SPIP aux fins de vérifications de la faisabilité de l'ARSE lors de la prolongation de la détention en matière correctionnelle (C. pr. pén., art. 142-6) ;

– ordonnance de rejet d'une demande de mise en liberté (C. pr. pén., art. 148) ;

– ordonnance de maintien en détention en matière correctionnelle au stade du règlement (C. pr. pén., art. 179, al. 3).

• **Décisions en matière de contrôle judiciaire**

– ordonnance de placement sous contrôle judiciaire ou de modification de la mesure (C. pr. pén., art. 139) ;

– ordonnance de refus de mainlevée du contrôle judiciaire (C. pr. pén., art. 140) ;

– ordonnance de maintien sous contrôle judiciaire en matière correctionnelle au stade du règlement (C. pr. pén., art. 179, al. 3) ;

• **Décisions en matière d'ARSE**

– ordonnance de placement sous ARSE (C. pr. pén., art. 142-6) ;

– ordonnance de prolongation de l'ARSE (C. pr. pén., art. 142-7) ;

– ordonnance de modification de l'ARSE (C. pr. pén., art. 142-8 renvoyant à 139, al. 2) ;

– ordonnance de rejet de la demande de mainlevée de l'ARSE (C. pr. pén., art. 142-8 renvoyant à 140) ;

– ordonnance de maintien sous ARSE en matière correctionnelle au stade du règlement (C. pr. pén., art. 179, al. 3).

2. Le droit d'appel du prévenu dans le cadre des procédures rapides

• Dans le cadre de la **convocation par procès-verbal** (C. pr. pén., art. 394, v. n° **15.14B**), l'ordonnance du JLD prescrivant un contrôle judiciaire ou une ARSE n'est pas susceptible d'appel par le prévenu.

Si aucune disposition de C. pr. pén., art. 394 « *ou du code de procédure pénale n'ouvre la voie de l'appel contre les ordonnances de placement sous contrôle judiciaire du JLD* » dans ce cadre procédural, le prévenu n'est pour autant « *pas dépourvu de recours* » car en application de C. pr. pén., art. 141-1 et 148-2 il lui est « *loisible de saisir le tribunal correctionnel afin de solliciter la mainlevée ou la modification de ces mesures de contrôle judiciaire* » (Crim. 11 juill. 2018, n° 18-82.791, P n° 131 ; dans le même sens : Crim. 12 avr. 2016, n° 16-80.738, D) et de faire le cas échéant appel de la décision devant la chambre des appels correctionnels dans les conditions exposées aux n^{os} **19.2** à **19.10**, le délai d'appel étant dans ce cas de 24 h 00 (C. pr. pén., art. 501).

Ces dispositions, « *telles qu'interprétées par la* **C. cass.** » (§ 9), sont conformes à la Constitution car « *en application des dispositions combinées des articles 140, 141-1 et 142-8 du code de procédure pénale, le prévenu ainsi placé sous contrôle judiciaire ou sous assignation à résidence avec surveillance électronique peut, à tout moment, saisir le tribunal correctionnel d'une demande de mainlevée ou de modification de ces mesures. À cette occasion, il peut notamment faire valoir l'irrégularité de l'ordonnance du JLD ayant ordonné la mesure* » (§ 10), en conséquence il « *dispose d'autres moyens de procédure lui permettant de contester utilement et dans des délais appropriés les dispositions de cette ordonnance* » (§ 11) (Cons. const. 31 janv. 2019, n° 2018-758/759/760 QPC).

• En cas de **comparution différée** (C. pr. pén., art. 397-1-1, v. n° **15.16C**), l'ordonnance du JLD prescrivant le placement sous contrôle judiciaire, l'ARSE ou la détention provisoire est susceptible d'appel dans les 10 jours, selon les modalités précisées au n° **12.63A2** (C. pr. pén., art. 185 et 186). L'appel relève de la compétence de la CHINS (C. pr. pén., art. 397-1-1).

• L'ordonnance du JLD prescrivant l'incarcération provisoire dans le cadre de la **comparution immédiate** lorsque le tribunal ne peut être réuni le jour même n'est pas susceptible de recours (C. pr. pén., art. 396), restriction validée par la jurisprudence de la Ch. crim (Crim. 22 juill. 2015, n° 15-90.010, P n° 183) et du Cons. const. (Cons. const. 13 juill. 2011, n° 2011-153 QPC, § 5) exposée au n° **15.15B1**. L'ordonnance par laquelle le JLD prononce un contrôle judiciaire au lieu de la détention provisoire requise par le parquet, comme celle prononcée dans le cadre de la convocation par procès-verbal, n'est pas davantage susceptible d'appel. Un raisonnement comparable à celui décrit plus haut au titre de la convocation par procès-verbal justifie l'absence de voie de recours.

• L'appel contre la mesure de sûreté décidée ou maintenue **par le tribunal** dans le cadre de la comparution immédiate, de la convocation par procès-verbal ou de la comparution différée, lorsque l'affaire ne peut être jugée sur-le-champ ou en cas de renvoi, est formé dans les conditions de forme et de délai de 10 jours prévus en matière d'appel contre les décisions du tribunal correctionnel, exposées aux n^{os} **19.2** à **19.10**, l'examen du recours relevant de la chambre des appels correctionnels.

B. Le droit d'appel du parquet

« *Le procureur de la République a le droit d'interjeter appel devant la CHINS de toute ordonnance du juge d'instruction ou du JLD* » (C. pr. pén., art. 185), « *quel que soit le sens de ces réquisitions* » (jurisprudence constante, v. à titre d'exemple : Crim. 14 oct. 1997, n° 97-84.276, P n° 332). Mentionnons toutefois que le référé-détention (v. n° **12.68**), modalité d'exercice de son appel qui permet de suspendre les effets d'une remise en liberté, n'est ouvert au parquet que si la décision est « *contraire à ses réquisitions* » (C. pr. pén., art. 187-3).

Notons que si le prévenu ne peut faire appel de la décision de placement sous contrôle judiciaire ou sous ARSE du JLD dans le cadre de la convocation par procès-verbal (v. **A2** ci-dessus), « *il résulte de la jurisprudence constante de la* **C. cass.** [ex. : Crim. 10 mars 2015, nº 14-88.326, P nº 49] *que le procureur de la République peut faire appel de la décision du JLD refusant de placer un prévenu convoqué par procès-verbal sous contrôle judiciaire ou sous assignation à résidence* » (Cons. const. 31 janv. 2019, nº 2018-758/759/760 QPC, § 12).

« *le ministère public, en l'absence de disposition légale l'y autorisant, ne peut se désister de l'appel qu'il a formé contre une ordonnance du JLD ou du juge d'instruction* » (Crim. 21 nov. 2017, nº 17-85.319, P nº 263). De même, « *les réquisitions de maintien en liberté* [...], *que présente le procureur général à la CHINS sur l'appel, formé par le procureur de la République, d'une décision de refus de placement en détention provisoire du juge du premier degré, ne sauraient valoir désistement d'appel ; que la CHINS pouvait donc, sans excéder ses pouvoirs, réformer l'ordonnance entreprise et placer la personne mise en examen en détention nonobstant l'avis contraire du magistrat chargé de représenter le ministère public à son audience* » (Crim. 6 déc. 2011, nº 11-86.900, P nº 246).

C. L'irrecevabilité de l'appel de la partie civile en matière de mesure de contrainte sur la personne

L'appel de la **partie civile** « *ne peut, en aucun cas, porter sur une ordonnance ou sur la disposition d'une ordonnance relative à la détention de la personne mise en examen ou au contrôle judiciaire* » (C. pr. pén., art. 186, al. 2, principe transposable à l'ARSE même dans le silence du texte), même si cette ordonnance concerne la garantie de ses intérêts civils (hypothèse d'un cautionnement) ou sa sécurité (interdiction faite au mis en examen de rencontrer la victime et d'entrer en relation avec elle).

En revanche, obligatoirement convoquée à l'audience d'appel devant la CHINS en cas d'appel du parquet ou de la personne concernée par la mesure de sûreté (C. pr. pén., art. 197, v. nº **12.64A2**), la partie civile peut déposer devant elle un mémoire (C. pr. pén., art. 198, v. nº **12.64C**). Toutefois, à l'occasion d'un pourvoi, elle « *est sans qualité pour critiquer les mesures énumérées à l'article 137 du code de procédure pénale, relatives à la détention provisoire, au contrôle judiciaire et au placement sous surveillance électronique* » (Crim. 14 mars 2012, nº 12-80.294, P nº 71) (sur la faculté de pourvoi de la partie civile et son étendue, v. nº **19.20B**).

D. L'exclusion de la voie de la requête en nullité dans le cadre de l'instruction (C. pr. pén., art. 173)

Les dispositions particulières applicables en matière de nullité d'actes de l'enquête ou de l'instruction, qui imposent au parquet ou au mis en examen et plus généralement aux parties de saisir par « *requête motivée* » la CHINS, et de déclarer cette requête au greffe de la CHINS, « *ne sont pas applicables* [...] *aux décisions rendues en matière de détention provisoire ou de contrôle judiciaire* » (C. pr. pén., art. 173, principe transposable à l'ARSE même dans le silence du texte).

Ainsi, une requête en nullité de l'ordonnance prononçant une mesure de sûreté fondée sur C. pr. pén., art. 173 est irrecevable car seule la voie de l'appel peut être exercée à son encontre. En effet, selon une jurisprudence constante et la lettre même de C. pr. pén., art. 173, « *la procédure instituée par l'article 173 du code de procédure pénale ne saurait être utilisée à l'égard des décisions juridictionnelles visées à l'article 186 du code de procédure pénale contre lesquelles la voie de l'appel peut être employée* » (Crim. 13 déc. 1993, nº 93-84.671, P nº 385 ; Crim. 19 juill. 1993, nº 93-82.243, P nº 247). Notons à cet égard que le délai d'appel de la décision prononçant une mesure de sûreté est de 10 jours, tandis qu'une requête en nullité peut être déposée selon les délais de forclusion spécifiques prévus par C. pr. pén., art. 173-1 et 175.

12.63 Le délai et le formalisme de l'appel

A. Le délai de l'appel et son point de départ

1. Le point de départ du délai d'appel de 10 jours dans le cadre de l'instruction

• Dans le cadre de l'instruction, l'appel doit être interjeté dans les **10 jours** qui suivent la notification de la décision, tant pour le ministère public (C. pr. pén., art. 185) que pour la personne mise en examen (C. pr. pén., art. 186).

À cet effet, les décisions susceptibles d'une voie de recours « *sont notifiées dans les délais les plus brefs soit verbalement, avec émargement au dossier de la procédure, soit par lettre recommandée. Si la personne mise en examen est détenue, elles peuvent également être portées à sa connaissance par les soins du chef de l'établissement pénitentiaire qui adresse, sans délai, au juge d'instruction l'original ou la copie du récépissé signé par la personne* » (C. pr. pén., art. 183). S'agissant plus particulièrement de l'ordonnance du JLD de placement en détention, de prolongation ou de rejet d'une demande de mise en liberté, elle « *est notifiée à la personne mise en examen qui en reçoit copie intégrale contre émargement au dossier de la procédure* » (C. pr. pén., art. 137-3).

L'ordonnance est « *simultanément et selon les mêmes modalités* » portée à la connaissance de l'avocat de la personne (C. pr. pén., art. 183), ou par télécopie ou moyen de communication électronique (C. pr. pén., art. 803-1 et D. 590-1).

« *Dans tous les cas, mention est portée au dossier par le greffier de la nature et de la date de la diligence* [...] *ainsi que des formes utilisées* » (C. pr. pén., art. 183).

En cas de notification par voie postale, « *l'expédition de la lettre recommandée, qui constitue le point de départ du délai de dix jours* » intervient à la « *date de remise du pli recommandé à la poste* », date effective qui prévaut donc sur la date de notification mentionnée par le greffier en marge de l'ordonnance par application de C. pr. pén., art. 183 (Crim. 28 oct. 2008, n° 08-82.524, P n° 216 ; Crim. 22 mai 2008, n° 07-88.267, P n° 130).

S'agissant d'un délai de « *10 jours qui suivent la notification* », il commence donc à courir au lendemain de cette dernière (C. pr. pén., art. 186) et expire le 10e jour à minuit (C. pr. pén., art. 801), soit en pratique « *à la fermeture des services du greffe* » (Crim. 27 mars 1995, n° 94-82.758, P n° 126).

Lorsqu'il expire un samedi ou un dimanche, le délai « *est prorogé jusqu'au premier jour ouvrable suivant* » (C. pr. pén., art. 801), il peut également être « *prorogé lorsqu'un obstacle insurmontable a mis la partie concernée dans l'impossibilité d'exercer son recours en temps utile* » (Crim. 22 janv. 2003, n° 02-80.115, D ; Crim. 19 déc. 2001, n° 01-84.394, D), la fermeture du greffe aux heures « règlementaires » ne matérialisant pas une impossibilité absolue et insurmontable (Crim. 2 sept. 1992, n° 92-80.042).

• S'agissant du point de départ du délai d'appel du **ministère public**, il court à compter de l'avis qui doit lui être spécialement donné par le greffier lorsque l'ordonnance est **non-conforme** à ses réquisitions (C. pr. pén., art. 183), voire, afin de le mettre en mesure d'exercer un « *référé-détention* », qui doit lui être « *immédiatement notifiée* » en cas d'ordonnance de mise en liberté (C. pr. pén., art. 148-1-1, sur le référé-détention, v. n° 12.68).

En revanche, lorsque l'ordonnance est **conforme** à ses réquisitions, un avis particulier au parquet ne s'impose pas et son délai d'appel commence donc « *à courir du jour où la décision a été rendue* » (Crim. 4 mars 2004, n° 03-83.756, P n° 58). Il en est de même lorsque le parquet ne s'est pas opposé à une demande de mise en liberté sans requérir un contrôle judiciaire, l'ordonnance de placement sous contrôle judiciaire ne pouvant être considérée comme contraire à ses réquisitions (Crim. 10 déc. 2008, n° 08-86.368, P n° 253).

2. Le point de départ du délai d'appel de 10 jours dans le cadre de la comparution différée (C. pr. pén., art. 397-1-1)

Dans le cadre de la procédure de comparution différée, l'appel de la décision du JLD devant la CHINS doit être interjeté dans les **10 jours** de la décision (C. pr. pén., art. 397-1-1).

S'agissant du point de départ du délai, l'ordonnance du JLD prescrivant le contrôle judiciaire, l'ARSE ou la détention provisoire « *est notifiée verbalement au prévenu et mentionnée au procès-verbal dont copie lui est remise sur-le-champ* » (C. pr. pén., art. 397-1-1).

Rappelons que le droit d'appel n'est pas ouvert à la personne en cas d'incarcération provisoire par le JLD dans le cadre de la comparution immédiate, de placement sous contrôle judiciaire ou sous ARSE dans le cadre de la convocation par procès-verbal (v. n° **12.62A2**).

3. Le délai d'appel de 10 jours ou de 24 h contre les décisions du tribunal correctionnel statuant sur une mesure de contrainte (C. pr. pén., art. 498 et 501)

Lorsque le tribunal correctionnel **prononce** une mesure de contrainte avant jugement dans le cadre d'une procédure rapide, le délai d'appel de droit commun de **10 jours** prévu par C. pr. pén., art. 498 s'applique (v. n° **19.4**).

En revanche, une fois la mesure de contrainte déjà effective, lorsque le tribunal correctionnel statue par application de C. pr. pén., art. 148-1 et 148-2 **sur une demande** de mise en liberté ou sur une demande de mainlevée ou de modification du contrôle judiciaire ou de l'ARSE (sur la demande formée durant la phase d'audiencement de l'affaire, v. n° **12.61**), le délai d'appel est de **24 h** (C. pr. pén., art. 501).

B. La formalisation de l'appel

Dans le cadre de **l'instruction**, l'appel est formé par **déclaration au greffe du tribunal** par le parquet (C. pr. pén., art. 185) ou par la personne mise en examen ou par son avocat ou une personne munie d'un pouvoir spécial, selon les modalités précisées au n° **19.6** (C. pr. pén., art. 186 renvoyant à C. pr. pén., art. 502 et 503).

Par dérogation à ces règles, la déclaration d'appel et la demande d'examen immédiat de l'appel « *peuvent être constatées par le JLD à l'issue du débat contradictoire* » dans le cadre du **référé-liberté** (C. pr. pén., art. 187-1, v. n° **12.67A**).

Soulignons en outre que lors de la notification d'une remise de copie d'une ordonnance de placement en détention du JLD effectuée à l'issue du débat contradictoire (sur ce point, v. n° **12.40A1**), il est admis que, « *en ajoutant, à côté de sa signature, la mention « je fais appel », l'intéressé a manifesté sans équivoque sa volonté de faire appel, devant ce greffier, qui devait, dès lors, en tirer les conséquences en enregistrant cet appel* » (Crim. 15 nov. 2022, n° 22-85.097, P ; dans le même sens : Crim. 26 oct. 2022, n° 22-84.914, D) ; sur les conditions de forme de l'appel, v. n° **19.6A**).

L'avocat, « *investi, hormis le cas de désaveu et sous réserve des dérogations et restrictions prévues spécialement par la loi, d'un droit général d'assistance et de représentation devant les juridictions du premier degré sans avoir à justifier d'un pouvoir spécial* [est] *habilité à formuler au nom de son client une déclaration d'appel* » (Crim. 6 mars 1979, n° 78-93.523, P n° 97).

« *la mission de l'avocat commis d'office pour assister la personne mise en examen, lors de la première comparution et du débat contradictoire sur la détention, ne cesse que si l'intéressé choisit un autre avocat ou s'il a été procédé, par le bâtonnier, à la désignation d'un autre conseil* », il en résulte que cet avocat, alors qu'aucun autre avocat n'avait été choisi par la personne mise en examen ou désigné par le bâtonnier, peut valablement interjeter appel de l'ordonnance de placement en détention provisoire de la personne qu'il assistait lors du débat contradictoire (Crim. 12 mai 1999, n° 99-81.294, P n° 94).

Dans le cadre de la procédure de **comparution différée**, faute de renvoi par C. pr. pén., art. 397-1-1 aux articles 185 et 186, le formalisme de l'appel de l'ordonnance du JLD devant la CHINS obéit aux dispositions de C. pr. pén., art. 502 et 503 (v. n° **19.6**) ; cette lacune du texte reste indifférente puisque C. pr. pén., art. 186 renvoie à ces dernières dispositions.

Dans les **autres hypothèses d'appel**, porté devant la chambre des appels correctionnels, d'une décision du tribunal correctionnel statuant sur le prononcé ou sur une demande de mainlevée ou de modification d'une mesure de contrainte, l'appel est formalisé selon les conditions de droit commun fixées au C. pr. pén., art. 502 et 503 (v. nº **19.6**).

12.64 La procédure devant la CHINS : la mise en état de l'affaire avant l'audience

A. La mise en état de l'affaire par le procureur général et la mise à disposition du dossier

1. La mise en état du dossier par le parquet général (C. pr. pén., art. 186 et 194)

En cas d'appel, « *le dossier de l'information ou sa copie* [...] *est transmis avec l'avis motivé du procureur de la République, au procureur général* » (C. pr. pén., art. 186).

« *Le procureur général met l'affaire en état dans les 48 heures de la réception des pièces en matière de détention provisoire et dans les 10 jours dans les autres cas ; il la soumet, avec son réquisitoire, à la CHINS* » (C. pr. pén., art. 194).

Les dispositions « *fixant les délais dans lesquels le procureur général doit mettre l'affaire en état devant la CHINS ne sont pas prescrites à peine de nullité* » et il appartient au demandeur d'établir que leur inobservation a eu pour effet « *de porter atteinte aux droits de la défense* » (Crim. 30 avr. 2002, nº 02-81.228, D).

C. pr. pén., art. 197 « *n'impose pas au procureur général de verser ses réquisitions au dossier, déposé au greffe de la CHINS pour y être tenu à la disposition des conseils des parties, dans le délai* [de convocation des parties de 48 h 00 ou 5 jours précédant l'audience] *prévu par ce même texte et qu'il suffit,* [...], *que ces réquisitions aient été jointes au dossier au plus tard la veille de l'audience* » (Crim. 17 janv. 2018, nº 17-86.550, P nº 16).

« *lorsque le procureur général a déposé des réquisitions écrites le jour même de l'audience en méconnaissance des articles* [194, 197, 198 du C. pr. pén.,] *qui lui font l'obligation de les déposer au plus tard la veille de celle-ci, il appartient à la CHINS de les écarter des débats avant de statuer* » (Crim. 9 août 2017, nº 17-83.332, P nº 214). Mais il est également considéré que « *le ministère public étant une partie nécessaire au procès pénal, le respect de cette exigence* [de dépôt de réquisitions écrites] *au plus tard la veille de l'audience s'impose à peine de nullité et sa méconnaissance peut être invoquée pour la première fois devant la C. cass.* » (§ 8) (Crim. 23 nov. 2021, nº 21-83.892, P).

2. La convocation des parties par le parquet général dans les 48 h ou les 5 jours avant l'audience (C. pr. pén., art. 194 et 197)

« *Le procureur général notifie par lettre recommandée à chacune des parties et à son avocat la date à laquelle l'affaire sera appelée à l'audience* », à la dernière adresse déclarée, ou à celle imposée dans le cadre du contrôle judiciaire (Crim. 6 mai 2015, nº 15-81.033, P nº 98), ou fait notifier cette date par les soins du chef de l'établissement pénitentiaire lorsque la personne est détenue (C. pr. pén., art. 197).

« *En cas d'appel du ministère public contre une décision de rejet de placement en détention provisoire ou de remise en liberté, la personne mise en examen est avisée de la date d'audience* » (C. pr. pén., art. 199).

La notification à l'avocat peut également s'effectuer par télécopie avec récépissé, à condition que le numéro ne soit pas erroné (Crim. 31 janv. 2018, nº 17-86.708) ou par envoi électronique (C. pr. pén., art. 803-1 et D. 590-1). Cette disposition qui « *permet de procéder aux notifications à un avocat par télécopie est applicable à la notification faite à la partie civile qui a déclaré son adresse chez son avocat conformément aux dispositions* » de C. pr. pén., art. 89 (Crim. 31 mars 2020, nº 19-83.695, P).

L'envoi par un moyen de télécommunication à l'adresse électronique, dont il doit être conservé une trace écrite, « *n'exige pas* [...] *que figure au dossier un justificatif de la remise à son destinataire* » (Crim. 24 juill. 2019, nº 19-83.412, P), ni n'exige l'accord préalable de l'avocat pour être convoqué par ce mode (Crim. 9 févr. 2022, nº 21-86.769, P). De même, « *constitue une trace écrite d'un envoi par un moyen de télécommunication au sens de l'article 803-1, I, [...] le document figurant au dossier indiquant qu'un fichier, dont le titre mentionne qu'il s'agit d'un avis d'audience devant la CHINS [...], a été déposé sur PLEX pour l'avocat de l'intéressé. Ce dernier a été averti de ce dépôt par un courriel* » (§ 8), « *l'existence d'un justificatif de réception de ce message et l'accord exprès du destinataire pour qu'il puisse être procédé aux notifications par ce moyen de communication électronique ne sont pas des conditions requises par l'article 803-1, I* » (§ 9), dès lors que la plate-forme PLEX a fait l'objet d'une convention signée le 5 févr. 2021 entre le ministère de la justice et le CNB, pour permettre la transmission de copies de procédure pénale et les notifications prévues au C. pr. pén., art. 803-1 (Crim. 12 janv. 2022, nº 21-86.075, P).

La convocation résultant de la notification par lettre recommandée par le parquet général d'un arrêt ordonnant le renvoi de l'affaire répond aux prescriptions de C. pr. pén., art. 197 (Crim. 26 janv. 2022, nº 22-80.072, § 12 et 13, P).

S'agissant de la convocation des parties, les prescriptions de C. pr. pén., art. 197 « *ont pour objet de mettre en temps voulu les parties et leurs avocats en mesure de prendre connaissance du dossier et de produire leurs mémoires* [...] *ces prescriptions sont essentielles aux droits des parties et doivent être observées à peine de nullité* » de l'arrêt à intervenir (Crim. 13 mai 2015, nº 14-87.851, P nº 108). Si la partie civile ne peut faire appel d'une ordonnance portant sur la détention ou le contrôle judiciaire (C. pr. pén., art. 186, v. nº **12.62C**), elle et son avocat, s'ils sont constitués au plus tard la veille du jour de l'envoi (Crim. 27 mars 2019, nº 18-86.433, P nº 63), sont en toute hypothèse convoqués à l'audience de la CHINS comme les autres parties. En effet, il n'« *est apporté aucune exception ni restriction à l'égard de la partie civile* » pour l'application de C. pr. pén., art. 197 (Crim. 25 juill. 2012, nº 12-83.324, P nº 171, dans le même sens : Crim. 27 juin 2007, nº 06-89.403, P nº 178).

Lorsqu'aucun mémoire n'a été déposé et que l'avocat de l'intéressé ne s'est pas présenté à l'audience, la nullité de l'arrêt est encourue faute de justification au dossier de la convocation des parties et de leur avocat (Crim. 18 déc. 2002, nº 02-84.484, D). Mais il n'y a pas de grief lorsque, malgré l'absence de convocation d'une partie, son avocat régulièrement convoqué a déposé un mémoire et présenté des observations (Crim. 9 nov. 1998, nº 98-80.752, P nº 290), ou lorsque l'avocat n'a pas été convoqué dans les délais mais a assisté son client comparant sans formuler d'observations (Crim. 27 oct. 2009, nº 09-85.280, D), ou lorsque le détenu non convoqué a déclaré lors de son appel ne pas vouloir comparaître personnellement et que son conseil a déposé un mémoire et développé des observations à l'audience (Crim. 27 nov. 1991, nº 91-85.237, P nº 441).

Un délai minimum de **48 h** en matière de détention provisoire, et de **5 jours** en toute autre matière, doit séparer « *la date d'envoi de la lettre recommandée et celle de l'audience* » (C. pr. pén., art. 197).

3. La mise à disposition du dossier de la procédure

« *Pendant ce délai, le dossier de la procédure, comprenant les réquisitions du ministère public, est déposé au greffe de la CHINS et mis à disposition des avocats des personnes mises en examen et des parties civiles* » (C. pr. pén., art. 197). Sans préjudice de leur faculté de demander la copie de l'entier dossier, les parties ou leur avocat peuvent se faire délivrer copie des réquisitions du ministère public sans délai et sur simple requête écrite.

La jurisprudence développée au visa de C. pr. pén., art. 197, obéit aux mêmes considérations que celles fondées sur C. pr. pén., art. 114, relatif au droit d'accès au dossier devant le juge d'instruction (sur ce point, v. nº **15.4**).

« *les prescriptions de ce texte, qui ont pour objet de permettre aux avocats des parties de prendre connaissance de l'ensemble du dossier de l'information, dans l'état où celui-ci se trouve à la date où il est transmis au procureur général, et de pouvoir, en temps opportun, produire devant la CHINS tous mémoires utiles, sont essentielles aux droits de la défense, et doivent être observées à peine de nullité* » (Crim. 3 juin 2015, n° 15-81.801, P n° 137 (nullité en raison de l'absence de pièces jointes à la procédure après la décision du JLD) ; dans le même sens : Crim. 11 mai 2010, n° 10-81.313, P n° 76 (nullité en raison de l'absence des pièces relatives à la détention provisoire d'un autre mis en examen)). Toutefois, « *après dessaisissement du juge d'instruction à la suite de la mise en accusation du mis en examen, ne peut constituer une cause de nullité le caractère incomplet du dossier de la CHINS, l'avocat du mis en examen ayant accès à l'intégralité du dossier détenu au greffe de la cour d'assises* » (Crim. 15 sept. 2021, 21-83.763, P).

Sont écartés de ces dispositions les éléments qui ne constituent pas des pièces de la procédure au sens de C. pr. pén., art. 197.

Ainsi, « *aucune disposition de la loi n'exige que figure au dossier pendant la durée de son exécution une copie de la commission rogatoire délivrée par le juge d'instruction* » (Crim. 12 mars 1991, n° 90-87.733, P n° 122) (sur ce point, v. n° **11.17A3**). De même, « *les documents saisis par le juge d'instruction, placés sous scellés et déposés au greffe à titre de pièces à conviction, ne font pas partie du dossier de la procédure au sens de C. pr. pén., art. 197* » (Crim. 9 janv. 1996, n° 95-85.279, P n° 7) (dans le même sens, s'agissant de l'accès au dossier devant le juge d'instruction, C. pr. pén., art. 114, Crim. 5 oct. 2021, n° 21-82.331) ; « *un cédérom placé sous scellé, dès lors que les scellés déposés au greffe à titre de pièces à conviction ne font pas partie du dossier au sens de ce texte et que la personne mise en examen n'a pas demandé à la CHINS d'ordonner l'apport des pièces à conviction ainsi qu'elle en a le pouvoir, en application de C. pr. pén., art. 199* » (Crim. 9 nov. 2011, n° 11-86.496, P n° 231). Il en est de même pour la « *copie d'un disque compact, annexée à un procès-verbal de placement de ce document sous scellés, cette copie ne pouvant être consultée que dans les conditions prévues par C. pr. pén., art. 97, al. 6, et ne constituant en conséquence pas une pièce de la procédure devant être communiquée aux avocats des parties dans les conditions prévues par C. pr. pén., art. 197* » (Crim. 12 nov. 2015, n° 15-85.266, P n° 248).

À l'inverse pour des CD-rom (contenant la facturation détaillée de téléphonie et des cellules activées) « *qui, n'ayant pas été placés sous scellés et déposés au greffe à titre de pièces à conviction, faisaient partie du dossier au sens de* » C. pr. pén., art. 197 et devaient donc être communiqués (Crim. 6 janv. 2015, n° 14-86.719, P n° 2 ; dans le même sens : Crim. 23 sept. 2015, n° 15-84.060).

B. La mise en état par le président : l'ordonnance de non-admission de l'appel et le constat du désistement d'appel (C. pr. pén., art. 186)

Dans les trois cas suivants, le président de la CHINS peut rendre « *d'office une ordonnance de non-admission de l'appel* » (C. pr. pén., art. 186) :

– appel interjeté contre une ordonnance autre que celles dont l'appel est limitativement autorisé par C. pr. pén., art. 186 (ex. appel d'une partie civile contre la décision de remise en liberté de la personne mise en examen ; sur les ordonnances susceptibles d'appel, v. n° **12.62**). Il appartient ainsi au président de la CHINS « *dans le but d'une bonne administration de la justice, de constater l'irrecevabilité de l'appel d'une ordonnance de renvoi devant le tribunal correctionnel, lorsque la procédure suivie dès l'origine sous une qualification délictuelle ne comporte aucune possibilité de qualification criminelle des faits retenus* » (Crim. 8 janv. 2020, n° 19-81.488, P) ;

– appel interjeté hors délai (sur le délai d'appel, v. n° **12.63A**) ;

– appel devenu sans objet (ex. appel par la personne concernée d'une ordonnance de rejet de demande de mise en liberté alors qu'elle a entretemps été remise en liberté).

L'ordonnance de non-admission « *n'est pas susceptible de voies de recours* », sous réserve de la jurisprudence admettant le pourvoi contre les décisions insusceptibles de recours en cas d'excès de pouvoir (sur ce point, v. n° **19.16C**) (ex. Crim. 16 janv. 2013, n° 12-86.856, P n° 15 ; Crim. 12 mars 2014, n° 13-88.509, P n° 78 ; Crim. 9 août 2017, n° 17-83.250, P n° 215), et, plus particulièrement, pour une appréciation juridiquement inexacte du point de départ du délai d'appel par le président de la CHINS : Crim. 22 mai 2008, nº 07-88.267, P nº 130 ; pour une ordonnance de non-admission d'un appel formé contre une ordonnance de saisie pénale prise sur le fondement de C. pr. pén., art. 706-53, qui ne figure pas parmi les décisions limitativement énumérées au C. pr. pén., art. 186 (Crim. 17 févr. 2021, nº 20-83.504 (§6, P)).

L'ordonnance de non-admission de l'appel peut être rendue dans les délais prescrits par C. pr. pén., art. 194 et 199 (sur ces délais, v. nºs **12.64** et **12.65**) (Crim. 3 avr. 2007, nº 07-80.752, P nº 492).

Le président de la CHINS « *est également compétent pour constater le désistement de l'appel formé par l'appelant* » (C. pr. pén., art. 186). Le greffe de l'établissement pénitentiaire peut recevoir le désistement d'appel de la personne détenue mise en examen (C. pr. pén., art. 187-1). « *le désistement d'appel, tant que sa régularité n'a pas été constatée et qu'il n'en a pas été donné acte, peut être rétracté et ne dessaisit pas la CHINS* » (§ 14) (Crim. 9 févr. 2021, nº 20-86.558, P). Rappelons que le ministère public ne peut se désister de son appel (v. nº **12.62B**).

Mentionnons enfin qu'en cas d'appel d'une ordonnance de prolongation de la détention, le président de la CHINS est tenu de saisir le SPIP aux fins de vérifications de la faisabilité technique de l'ARSE lorsque cette évaluation, dans le cas où elle est obligatoire, n'a pas été ordonnée par le premier juge (C. pr. pén., art. 142-6, v. nº **12.45A**).

C. La mise en état par les parties : le dépôt du mémoire (C. pr. pén., art. 198)

Si la **partie civile** ne peut interjeter appel d'une mesure de contrainte sur la personne (v. nº **12.62C**), elle est toutefois obligatoirement convoquée à l'audience par le parquet général (v. **A2** ci-dessus) et admise à déposer un mémoire aux conditions qui suivent (Crim. 25 juill. 2012, nº 12-83.324, P nº 171).

Sur le fond, notons que les moyens ou demandes du mémoire étrangers à « *l'unique objet de l'appel* », sont irrecevables, comme il est précisé au nº **12.70B**.

1. Le mémoire doit être déposé la veille de l'audience

« *Les parties et leurs avocats sont admis jusqu'au jour de l'audience à produire des mémoires qu'ils communiquent au ministère public et aux autres parties* » (C. pr. pén., art. 198). Les « *mémoires sont déposés au greffe de la CHINS* » (C. pr. pén., art. 198).

Sous leur apparente clarté, ces dispositions sont interprétées comme imposant le dépôt du mémoire « *au greffe de la CHINS au plus tard la veille de l'audience* », ce qui répond en effet aux prescriptions du 2ème alinéa de C. pr. pén., art. 198. Le mémoire déposé le jour même de l'audience est par conséquent irrecevable (jurisprudence constante depuis Crim. 20 oct. 1966, nº 65-92.696, P nº 234 ; Crim. 4 sept. 2018, nº 17-86.619 ; Crim. 18 déc. 2013, nºs 13-86.739, 13-86.740, P nº 263 ; Crim. 13 sept. 2005, nº 04-87.258, P nº 221 ; Crim. 30 mars 2005, nº 05-80.341, P nº 104). Est rejetée comme dépourvue de sérieux la QPC soutenant, au visa du droit à un recours effectif garanti par DDHC, art. 16, que l'interprétation de cet article par la Ch. crim. « *est en contradiction directe avec le libellé clair et non équivoque du texte de loi* », au motif que « *son application constante permet au justiciable, même non représenté par un avocat, de connaître cette règle* » (Crim. 15 oct. 2019, nº 19-81.372, D).

2. Le greffe doit être mis en mesure de viser le mémoire la veille de l'audience

Les « *mémoires sont [...] visés par le greffier avec l'indication du jour et de l'heure du dépôt* » (C. pr. pén., art. 198). Il en résulte que le mémoire doit être déposé « *au plus tard le dernier jour ouvrable précédant l'audience, avant la fermeture des services du greffe – la date et l'heure du dépôt étant ceux indiqués sur le visa du greffe – cette date ne pouvant être reportée au titre de l'article 801 du Code de procédure pénale, inapplicable en l'espèce* » (Crim. 19 sept. 1995, nº 95-83.631, P nº 761 ; dans le même sens, sur la nécessité d'un dépôt « *avant la fermeture des services du greffe* » : Crim. 24 juin 2015, nº 15-82.341, D ; Crim. 17 déc. 2013, nº 13-86.693 D ; Crim. 11 févr. 2004, nº 03-84.242, D).

Le mémoire envoyé par télécopie, comme celui déposé au greffe, doit « *pour être valable, être visé par le greffier avant le jour de l'audience, la date et l'heure du dépôt au greffe étant celles indiquées sur le visa* », est donc irrecevable un mémoire qui n'a pu être visé par le greffier que le jour de l'audience alors qu'il avait été envoyé par télécopie la veille de l'audience mais après 18 h 00, soit après la fermeture du greffe (Crim. 29 mai 1996, nº 96-81.210, P nº 219). De même, « *il ne résulte d'aucune disposition du code de procédure pénale que l'accusé de réception électronique prévu à l'article D. 591 dudit code remplace le visa du mémoire par le greffier exigé à l'article 198 du même code* » (§ 7) (Crim. 23 févr. 2022, nº 21-86.897, P).

3. Les modalités de transmission du mémoire : dépôt au greffe, envoi par télécopie, LRAR ou par voie électronique

Dans sa rédaction antérieure à la L. nº 2021-1729, 22 déc. 2021, le texte prévoyait que « *Lorsqu'un avocat n'exerce pas dans la ville où siège la CHINS, il peut adresser son mémoire au greffier, au ministère public et aux autres parties par télécopie ou par lettre recommandée avec demande d'avis de réception qui doit parvenir à leurs destinataires avant le jour de l'audience* » (C. pr. pén., art. 198), « *peu important que cet avocat appartienne à une société inter-barreaux dont l'un des membres est inscrit au barreau du siège de cette juridiction* » (Crim. 6 mai 2020, nº 20-81.111, P). Étaient ainsi irrecevables le mémoire envoyé par **lettre simple** par l'avocat qui n'exerce pas dans la ville siège de la CHINS, même reçu en temps utile par le greffe (Crim. 3 juin 1997, nº 96-83.647, P nº 2) et le mémoire envoyé par télécopie par l'avocat qui exerce dans la ville où siège la chambre d'accusation (Crim. 19 juill. 1993, nº 93-82.112, P nº 246).

Désormais, le texte n'opère plus de distinction entre les avocats, qu'ils exercent ou non dans la ville où siège la CHINS. Quel que soit leur barreau d'appartenance, leurs mémoires peuvent être en effet, non seulement déposés au greffe et visés par ce dernier selon les précisions ci-dessus, mais aussi « *adressés au greffier, au ministère public et aux autres parties par télécopie ou par lettre recommandée avec demande d'avis de réception, qui doit parvenir aux destinataires avant le jour de l'audience* » (C. pr. pén., art. 198, réd. issue L. nº 2021-1729, 22 déc. 2021).

Il résulte de Conv. EDH, art. 6-1 et C. pr. pén., art. préliminaire, que « *lorsqu'elle est détenue, la personne doit pourvoir adresser son mémoire à la CHINS soit par lettre recommandée avec accusé de réception, soit par télécopie ou par l'intermédiaire du chef de l'établissement pénitentiaire* » (Crim. 13 juin 2007, nº 07-82.392, P nº 159).

Enfin, le mémoire peut être transmis à la CHINS par un **moyen de télécommunication électronique** à l'adresse électronique de la juridiction ou du service compétent de la juridiction, et dont il est conservé une trace écrite, selon les dispositions combinées de C. pr. pén., art. D. 591 et D. 592). « *Il résulte des articles 198, D. 591 et D. 592 du code de procédure pénale que les mémoires produits devant la CHINS peuvent être transmis par un moyen de télécommunication sécurisé à l'adresse électronique de ladite chambre, dans les conditions prévues par une convention passée entre le ministère de la justice et les organisations nationales représentatives des barreaux* » (§ 8), « *Une telle convention a été signée le 5 févr. 2021 avec le CNB et a pour objet de garantir notamment la sécurité des échanges entre les avocats et les juridictions, l'intégrité des actes transmis et l'identification des acteurs de la communication électronique* » (§ 9), « *à cette fin, elle prévoit, à son article 6.3, ainsi que dans ses annexes 5 et 9, que les avocats ne peuvent transmettre, en matière pénale, de messages électroniques aux juridictions qu'aux adresses de messagerie déclarées par le ministère de la justice au CNB comme éligibles à la communication électronique pénale, ces adresses devant répondre au format spécifique prévu par ladite convention et ses annexes* » (§ 10), « *ainsi, est irrecevable le mémoire déposé devant la CHINS qui a été envoyé à une autre adresse électronique que celle transmise par cette juridiction comme éligible à la communication électronique pénale* » (§ 11) ; est donc approuvé l'arrêt qui « *énonce que le mémoire transmis sur la messagerie professionnelle nominative d'un greffier, et non sur la messagerie qui devait être utilisée en application de la convention précitée, est irrecevable* » (§ 12) (Crim. 27 juill. 2022, nº 22-83.237, P ; dans le même sens, pour une demande de permis de communiquer, Crim. 29 nov. 2022, nº 22-85.388, P ; pour une demande de renvoi devant la juridiction de jugement : Crim. 13 avr. 2023, nº 22-83.494, P).

4. Le mémoire doit comporter la signature de la partie ou du conseil

Le mémoire déposé au greffe comme celui envoyé par télécopie « *comporte la signature de la partie ou de son conseil* » (Crim. 27 juin 1995, nº 95-82.036, D), ou doit être accompagné d'une « *lettre de transmission signée* » de l'avocat (Crim. 8 nov. 2000, nº 00-81.644, P nº 331). « *les mémoires présentés devant la chambre d'accusation* [...] *lorsqu'ils ne comportent pas la signature de la partie intéressée ou de son conseil, sont inexistants et ne saisissent pas les juges des arguments qui peuvent y être formulés* » (Crim. 15 nov. 1993, nº 93-84.069, P nº 335 ; dans le même sens : ajoutant que le demandeur, qui soutenait que cet excès de formalisme portait atteinte au procès équitable, « *ne peut se faire grief de cette exigence destinée à garantir l'authenticité de l'acte* » Crim. 13 janv. 2021, nº 20-80.511, P ; Crim. 21 sept. 2016, nº 16-82.635, P nº 247).

Après avoir jugé que le mémoire transmis par cette voie devait aussi à peine de nullité comporter la signature de l'avocat (Crim. 21 sept. 2016, nº 16-82.635, P nº 247), la Ch. crim. juge désormais, compte tenu des modifications apportées par le D. nº 2020-1792, 30 déc.2020, qui prévoit que cette communication électronique s'opère par un moyen de télécommunication sécurisé selon des modalités précisées par une convention nationale conclue (le 5 févr. 2021) entre le ministère de la justice et le barreau, que « *le dépôt d'un mémoire par voie électronique par un avocat suppose pour ce dernier, d'une part, l'obtention d'un code unique et personnel d'accès au réseau privé virtuel des avocats, d'autre part, la création d'une adresse selon un format standardisé, ce qui garantit l'authenticité des courriels émanant de cette boîte dédiée à la communication électronique avec les juridictions, et des pièces qui peuvent y être jointes* » (§ 9), que dès lors « *il n'est plus possible de considérer qu'un doute existe sur l'authenticité d'un mémoire non signé manuscritement, dès lors qu'il est transmis à la CHINS selon les modalités précitées* » (§ 11) (Crim. 23 févr. 2022, nº 21-86.762, P). Est en revanche irrecevable le mémoire envoyé par courriel « *au moyen d'une messagerie ne répondant pas au format spécifique prévu par* [la convention], *dès lors insusceptible d'établir tant l'authenticité du courriel et des pièces jointes émanant de celle-ci que l'identité de l'auteur du mémoire, de telles vérifications relevant, dans l'intérêt même de la personne réclamée, d'un formalisme nécessaire* » (§ 10) (Crim. 13 déc. 2022, nº 22-81.108, P).

12.65 Les délais de la chambre de l'instruction pour statuer dans le cadre de l'instruction

A. Le délai de 10 ou 15 jours de la CHINS pour statuer sur la détention provisoire (C. pr. pén., art. 194)

« *en matière de détention provisoire, la CHINS doit se prononcer dans les plus brefs délais et au plus tard dans les 10 jours de l'appel lorsqu'il s'agit d'une ordonnance de placement en détention et dans les 15 jours dans les autres cas* » (rejet de demande de mise en liberté, prolongation de la détention provisoire, maintien en détention provisoire au terme de l'ordonnance de règlement) (C. pr. pén., art. 194).

Ces délais sont également applicables lorsque la CHINS statue sur renvoi après cassation (C. pr. pén., art. 194-1).

Par extension, le délai de 15 jours doit aussi être observé lorsque la décision, qui porte sur une demande de modification de contrôle judiciaire, « *a pour effet de maintenir en détention le mis en examen qui demande la modification d'un contrôle judiciaire dont les obligations, tant qu'elles ne sont pas exécutées, font obstacle à la mise en liberté* », tel est donc le cas de l'appel interjeté contre une ordonnance rejetant la demande de diminution du montant du cautionnement auquel était subordonnée la mise en liberté du requérant détenu (Crim. 8 août 2018, nº 18-83.540, P nº 137 ; Crim. 20 janv. 1993, nº 92-85.045, P nº 30). Ce délai de 15 jours est également applicable « *en cas d'appel interjeté par le ministère public d'une décision de refus de prolongation de la détention provisoire, la CHINS statuant alors en matière de détention provisoire et non de contrôle judiciaire* » (§ 5) (Crim. 4 juin 2020, n° 20-81.738, P), ou dans le cas où la CHINS statue « *sur l'appel interjeté par le procureur de la République à l'encontre de l'ordonnance du juge d'instruction qui, saisi de réquisitions aux fins de placement en détention provisoire, a placé la personne mise en examen sous contrôle judiciaire* » (Crim. 30 mars 2022, n° 22-80.021, P).

À défaut de respect de ces délais de 10 ou 15 jours, « *la personne concernée est mise d'office en liberté* », sauf prolongation de 5 jours du délai en cas de comparution personnelle (v. **B** ci-dessous), de vérifications concernant la demande ou de circonstances imprévisibles et insurmontables (C. pr. pén., art. 194, v. n° **12.66**).

« *le désistement d'appel, tant que sa régularité n'a pas été constatée et qu'il n'en a pas été donné acte, peut être rétracté et ne dessaisit pas la CHINS* » (§ 14), « *dès lors, en cas de rétractation du désistement d'appel dont il n'a pas été donné acte, la CHINS reste tenue de statuer dans le délai prévu* » au C. pr. pén., art. 194 en matière de détention (§ 15) (Crim. 9 févr. 2021, n° 20-86.558, P).

B. La prolongation de 5 jours du délai pour statuer sur la détention provisoire en cas de comparution personnelle (C. pr. pén., art. 199)

Les délais de 10 et 15 jours prévus par C. pr. pén., art. 194 sont prolongés de 5 jours « *en cas de comparution personnelle de la personne concernée* », soit, selon les cas, 10 + 5 = 15 jours ou 15 + 5 = 20 jours (C. pr. pén., art. 199).

Rappelons que le président de la CHINS saisie, s'il l'estime justifié, peut recourir à la visioconférence pour « *les audiences relatives au contentieux de la détention provisoire devant la CHINS* », aux fins d'une bonne administration de la justice (C. pr. pén., art. 706-71, sur la visioconférence, v. n° **17.13B**). La visioconférence n'est alors qu'une modalité de la comparution personnelle (Crim. 27 févr. 2018, n° 17-87.133, P n° 34) et justifie donc la prolongation de 5 jours.

De façon générale, la comparution personnelle des parties n'est pas de droit devant la CHINS. Toutefois, la CHINS peut ordonner la comparution personnelle des parties en toute matière.

Par exception, la comparution personnelle est de droit en matière de détention provisoire à condition, à peine d'irrecevabilité, d'avoir été demandée par la personne par requête « *présentée en même temps que la déclaration d'appel ou que la demande de mise en liberté adressée à la CHINS* » (C. pr. pén., art. 199). Faute d'avoir été formée par l'appelant en même temps que son appel, cette demande ne peut être ultérieurement sollicitée par son avocat (Crim. 5 avr. 2016, n° 16-80.575, P n° 122).

C. pr. pén., art. 706-71 « *n'opère aucune distinction selon que la comparution personnelle a été ordonnée par la CHINS ou demandée par la personne concernée, celle-ci peut, lorsqu'elle est informée de la date de l'audience devant la CHINS et du fait que le recours à un moyen de télécommunication audiovisuelle est envisagé, en refuser l'utilisation sauf si son transport paraît devoir être évité en raison des risques graves de trouble à l'ordre public ou d'évasion* » (§ 9) (Crim. 18 avr. 2023, n° 23-80.661, P).

Le président de la CHINS peut, « *par une décision motivée qui n'est susceptible d'aucun recours* », refuser la comparution personnelle réclamée, exclusivement « *en cas d'appel d'une ordonnance rejetant une demande de mise en liberté* » et « *si la personne a déjà comparu devant la CHINS moins de quatre mois auparavant* » (C. pr. pén., art. 199). La décision de refus du président est sans incidence sur la durée du délai, laquelle reste augmentée de 5 jours (Crim. 9 mai 2012, n° 12-81.557, P n° 108 ; Crim. 9 juill. 2003, n° 03-82.273, P n° 132). Il en est de même dans le cas de « *la renonciation ultérieure de l'appelant à se prévaloir* » de sa demande de comparution personnelle (Crim. 18 nov. 1997, n° 97-84.656, P n° 389).

En toute hypothèse, lorsque dans le cadre du référé détention (v. cette procédure au n° **12.67**) le premier président a suspendu les effets de la décision de mise en liberté, « *la CHINS doit se prononcer dans les plus brefs délais et au plus tard dans les dix jours de l'appel, faute de quoi la personne est mise d'office en liberté* », la comparution personnelle de la personne est alors de droit et la prorogation de 5 jours de ce délai n'est pas prévue dans un tel cas (C. pr. pén., art. 187-3).

Mentionnons enfin qu'en cas d'appel du ministère public contre une décision de rejet de placement en détention provisoire ou de remise en liberté, la comparution personnelle de la personne, qui est avisée de la date d'audience, est de droit (C. pr. pén., art. 199).

C. Le délai de 20 jours pour statuer en matière de saisine directe

Selon les précisions apportées au n° **12.59B1** lorsqu'il n'a pas été statué en temps utile sur une demande de mise en liberté (C. pr. pén., art. 148), au n° **12.59B2** lorsque la personne placée en détention n'a pas été entendue depuis au moins 4 mois par le juge d'instruction (C. pr. pén., art. 148-4 renvoyant à 148), au n° **12.60A2** lorsqu'il n'a pas été statué en temps utile sur une demande de mainlevée du contrôle judiciaire (C. pr. pén., art. 140) ou au n° **12.60B** pour l'ARSE (C. pr. pén., art. 142-8 renvoyant à 140 et D. 32-19), la CHINS est tenue de statuer dans le délai de **20 jours** en cas de saisine directe par la personne.

À défaut la personne « *est mise d'office en liberté* » (C. pr. pén., art. 148), « *la mainlevée du contrôle judiciaire est acquise de plein droit* » (C. pr. pén., art. 140) et il en est de même pour l'ARSE (C. pr. pén., art. 142-8 renvoyant à 140 et D. 32-19).

Dans tous ces cas, le délai de 20 jours est toutefois prolongé si des vérifications concernant la demande de la personne « *ont été ordonnées* » (v. n° **12.66B**), les textes ne prévoyant pas l'hypothèse d'un allongement du délai en raison de circonstances imprévisibles et insurmontables (v. n° **12.66C**), ni celle d'un allongement de 5 jours en cas de comparution personnelle (v. **B** ci-dessus).

D. Le délai de deux mois pour statuer en matière de contrôle judiciaire et d'ARSE (C. pr. pén., art. 194)

« *En cas d'appel d'une ordonnance de placement sous contrôle judiciaire ou sous ARSE ou du refus de mainlevée d'une de ces deux mesures* », le délai imparti à la CHINS pour statuer est de « *deux mois à compter de la transmission du dossier au procureur général par le président de la CHINS* » (C. pr. pén., art. 194).

À défaut de décision de la CHINS dans ce délai, la « *mainlevée* » de la mesure « *est acquise de plein droit* », « *sauf si des vérifications concernant la demande ont été ordonnées ou si des circonstances imprévisibles et insurmontables mettent obstacle au jugement de l'affaire dans le délai prévu* » (C. pr. pén., art. 194, v. n° **12.66**).

12.66 Le calcul du délai pour statuer de la chambre de l'instruction et les conditions de sa prorogation

A. Les modalités de calcul du délai pour statuer

Le délai imparti à la CHINS se calcule, par application combinée de C. pr. pén., art. 186, 194 et 503, « *à compter du lendemain du jour où la déclaration de l'appelant détenu a été transcrite sur le registre tenu au greffe de la juridiction qui a rendu la décision attaquée* » (Crim. 15 oct. 2002, n° 02-85.421, D ; dans le même sens : Crim. 8 févr. 1996, n° 95-85.830, P n° 69 ; Crim. 28 nov. 1989, n° 89-85.168, P n° 443).

Si l'établissement pénitentiaire doit transmettre l'appel au greffe « *sans délai* » (C. pr. pén., art. 503), plus précisément « *le jour même ou le premier jour ouvrable suivant* » (C. pr. pén., art. D. 46), aucun texte n'impose de délai entre cette transmission et la transcription de l'appel dans le registre des appels tenu par le greffe (C. pr. pén., art. 186 renvoyant à 503). Selon la jurisprudence, seule une circonstance imprévisible, insurmontable et extérieure au service de la justice (v. **C** ci-dessous) permet de différer cette transcription et de retarder ainsi le point de départ du délai.

Si le délai pour statuer expire un jour non ouvrable, il est prorogé de plein droit au premier jour ouvrable suivant, par application de C. pr. pén., art. 801 (Crim. 25 oct. 2005, n° 05-84.893, P n° 263 ; Crim. 8 févr. 1989, n° 88-87.118, P n° 56).

B. La prolongation du délai en cas de vérifications concernant la demande (C. pr. pén., art. 194)

Les délais décrits au n° 12.65 sont prolongés « *si des vérifications concernant* [la demande de la personne] *ont été ordonnées* » (C. pr. pén., art. 194 ; ou en cas de saisine directe : C. pr. pén., art. 140, 148, 142-8 renvoyant à 140 et D. 32-19).

Cette prolongation de délai est toutefois inapplicable lorsque la CHINS est directement saisie, non d'un appel contre une décision relative à la détention provisoire, mais d'une demande de mise en liberté sur le fondement de C. pr. pén., art. 148-1 et 148-2 (ex. demande de mise en liberté formée par un accusé renvoyé devant la cour d'assises) (Crim. 8 juill. 2020, n° 20-82.472, P).

L'expertise médicale ordonnée pour vérifier si l'état de santé est compatible avec la détention « *constitue une "vérification", au sens de* » C. pr. pén., art. 194 ; la CHINS est ainsi fondée à ordonner le maintien en détention du mis en examen et à statuer provisoirement, mais dans le délai prévu par la loi, en ordonnant cette vérification (Crim. 18 déc. 2013, n°s 13-86.739, 13-86.740, P n° 263).

Autorisent la prolongation du délai les « *vérifications sur la possibilité d'une ARSE et sur la réalité d'une promesse d'embauche* » (Crim. 25 janv. 2011, n° 10-87.609, D ; Crim. 22 févr. 2011, n° 10-88.191, D).

Mentionnons que les vérifications relatives à la faisabilité de l'ARSE, lorsqu'elles sont obligatoires en matière de prolongation de détention provisoire, doivent être diligentées au stade de l'appel dans les cas où elles ont été omises par le premier juge (C. pr. pén., art. 142-6, v. n° 12.45A).

Est aussi confirmée la CHINS qui statuant dans le délai imparti, renvoie l'affaire au-delà de ce délai pour obtenir du juge d'instruction la communication d'une pièce ne figurant pas dans le dossier déposé au greffe et dont se prévaut la personne (Crim. 9 avr. 2014, n° 14-80.833, P n° 109), ou qui « *a ordonné, aux fins de vérification des signatures prétendument omises, le versement au dossier de la cour des pièces originales de détention de l'intéressé* » (Crim. 16 avr. 2013, n°s 13-81.106, 13-81.115, P n° 85), ou qui a, « *à la demande expresse de la personne mise en examen, ordonné à titre de vérification* [...], *la communication de pièces susceptibles d'avoir été produites dans l'intérêt de la défense* », qui ne se trouvaient pas dans le dossier transmis à la CHINS (Crim. 12 avr. 2005, n°s 05-80.431, 05-80.432, P n° 123) ou qui étaient « *établies postérieurement à la décision déférée* » (Crim. 17 févr. 1987, n° 86-96.278, P n° 75).

En revanche, le « *complément d'information ordonné ne constituait pas une vérification concernant la demande* » du mis en examen au sens de C. pr. pén., art. 194, lorsque la CHINS a prescrit la production de l'ordonnance de désignation du juge d'instruction dont la personne revendiquait la nullité, car cette pièce « *aurait dû, en application de* [C. pr. pén., art. 186, al. 5], *se trouver dans le dossier de l'information qui lui avait été transmis* » (Crim. 20 juin 1989, n° 89-82.056, P n° 263), ou lorsque le renvoi est ordonné au-delà du délai pour s'assurer de la conformité entre le dossier et la copie transmise à l'avocat (Crim. 29 nov. 2016, n° 16-85.766, D).

C. La prolongation du délai en cas de circonstances imprévisibles et insurmontables (C. pr. pén., art. 194)

Les délais décrits au n° 12.65 sont également prolongés « *si des circonstances imprévisibles et insurmontables mettent obstacle au jugement de l'affaire dans le délai prévu* » (C. pr. pén., art. 194).

La notion de circonstances imprévisibles et insurmontables, équivalente à la force majeure, dépasse le seul champ du délai imparti à la CHINS pour statuer. La jurisprudence de la Ch. crim. relative aux conditions de la force majeure dans d'autres champs proceduraux (ex. droit de la garde à vue) présente donc un intérêt de principe. Cette cause d'allongement du délai paraît à ce titre applicable en matière de saisine directe malgré les lacunes des textes qui ne la mentionnent pas en effet (C. pr. pén., art. 140, 148, 142-8 renvoyant à 140 et D. 32-19, sur la saisine directe, v. n° **12.65C**).

Pour être retenue, la circonstance imprévisible et insurmontable doit être « *extérieure au service de la justice* », condition d'extériorité, ajoutée par la jurisprudence, découlant de la théorie générale de la force majeure (trois composantes : imprévisibilité, irrésistibilité, extériorité, cf. C. civ. 1248 nouveau, quoique la condition discutée d'extériorité semble abandonnée en matière civile, cf. Cass., ass. plén., 14 avr. 2006, n° 04-18.902, P n° 6).

Faute d'extériorité, les vicissitudes de transmission entre différents services relevant du ministère de la justice, notamment entre l'administration pénitentiaire et les greffes des juridictions, où l'appréciation de la notion de force majeure trouve souvent à s'illustrer, ne peuvent justifier le dépassement des délais. Il entre ainsi « *dans l'office du juge saisi de s'assurer qu'un retard, non justifié par des circonstances imprévisibles et insurmontables, extérieures au service de la justice, dans la transcription par le greffier de sa juridiction de la déclaration faite par la personne détenue auprès du chef de l'établissement pénitentiaire, n'a pas fait obstacle au jugement de la demande de mise en liberté dans le délai légal, ce qui exclut tout risque d'arbitraire* » (Crim. 15 janv. 2014, n° 13-90.033, D, rejet QPC).

Aussi, seule « *une circonstance imprévisible et insurmontable, extérieure au service de la justice* » est-elle de nature à justifier une transcription différée de l'appel (en l'espèce, transcription au greffe le 22 septembre d'un appel interjeté en maison d'arrêt le 25 août) (Crim. 18 janv. 2011, n° 10-87.525, P n° 7). De même, n'est pas extérieure au service de la justice la transmission tardive par l'administration pénitentiaire, le 12 octobre, d'un appel interjeté le 3 octobre auprès du chef de l'établissement pénitentiaire (Crim. 7 févr. 2012, n° 11-88.494, P n° 36). Solution identique lorsque l'appel transmis en temps utile par télécopie par l'établissement pénitentiaire n'a pas été reçu au greffe du tribunal « *pour une raison technique demeurant inconnue* » (Crim. 4 sept. 2012, n° 12-83.997, P n° 177), ou a été l'objet d'une « *erreur d'orientation du greffe de la maison d'arrêt* » (Crim. 20 août 2014, n° 14-83.686, D), ou « *a été adressé à un numéro de fax erroné puis a transité dans divers services de la cour et du tribunal* » (appel interjeté le 23 déc. et transcrit le 6 janv.) (Crim. 10 mai 2011, n° 11-80.888, D), ou lorsque l'appel a été envoyé sur un télécopieur situé dans des locaux fermés en raison de la découverte d'amiante, en ce qu'il appartenait au service public de la justice « *de prendre les précautions nécessaires aux fins de réception des fax provenant du centre pénitentiaire* » (Crim. 11 sept. 2019, n° 19-83.890, P). Notons que reste encore tardive et ne peut être justifiée que par une circonstance imprévisible et insurmontable la transcription le mercredi 22 juin par le greffe d'un appel transmis le vendredi 17 juin par la maison d'arrêt (Crim. 3 nov. 2016, n° 16-85.200, D). Ces exigences traduisent l'abandon de solutions anciennes tolérant le départ du délai au moment de la transcription pourtant tardive de l'appel : ex : Crim. 15 déc. 2009, n° 09-86.300, D (transcription du 28 août d'un appel du 7 août) ; Crim. 22 avr. 1985, n° 85-90.741, P n° 149 (parquet général avisé le 18 janvier d'un appel du 19 septembre, non reçu en raison des vicissitudes du courrier).

Faute d'une plus ample motivation, n'est pas considéré comme extérieur au service de la justice un « *problème technique de nature informatique, affectant la gestion du serveur automatisé* [des télécopies du tribunal], *parfaitement distinct d'une erreur ou d'une omission d'un agent de la fonction publique* » (Crim. 4 déc. 2013, n° 13-86.431, D).

Reste toutefois étrangère au « *cours normal du service public de la justice* » l'abstention frauduleuse de l'agent pénitentiaire qui a délibérément omis de transmettre la demande du détenu ; est ainsi approuvée la CHINS qui juge que cette « *circonstance extérieure, imprévisible et insurmontable,* [...] *conduit à repousser le point de départ du délai* » (Crim. 13 janv. 2015, n° 14-87.146, P n° 16).

12.67 L'examen accéléré de l'appel contre l'ordonnance de placement en détention dans le cadre de l'instruction : le référé-liberté

A. Les conditions d'exercice du référé-liberté devant le président de la CHINS (C. pr. pén., art. 187-1)

Dans le cas « *d'une ordonnance de placement en détention provisoire* », « *la personne mise en examen ou le procureur de la République peut* », en cas d'appel de la décision, « *demander au président de la CHINS* » (v. B ci-dessous) ou au magistrat qui le remplace, ou directement à la CHINS (v. C ci-dessous), « *d'examiner son appel sans attendre l'audience de la CHINS* ».

Cette procédure, appelée « référé-liberté » par les praticiens, permet de remédier, dans un délai plus court que celui de l'audiencement de l'appel d'une ordonnance de placement en détention provisoire devant la CHINS. Rappelons que ce délai, sauf prorogation si des vérifications sont ordonnées (v. n° **12.66B**), est de 10 jours (v. n° **12.65A**), ou de 15 jours en cas de comparution personnelle (v. n° **12.65B**), au caractère immédiatement exécutoire du mandat de dépôt (C. pr. pén, art. 124).

Cette procédure est réservée, comme le référé-détention, à la procédure d'instruction et n'est en effet pas prévue en matière de détention ordonnée par le JLD dans le cadre de la comparution différée, ou par le tribunal correctionnel dans le cadre de la comparution immédiate. Faute de dispositions contraires, elle semble applicable au placement en détention provisoire ordonné par le JLD lorsque la juridiction pour mineur est directement saisie par le parquet sans information préalable (CJPM, art. L. 13-1 et L. 423-9 2° combinés, v. n° **15.20**).

Le référé-liberté n'est recevable qu'aux **trois conditions cumulatives** suivantes :

– l'appel doit concerner une « *ordonnance de placement en détention provisoire* », le référé-liberté n'est donc pas ouvert en cas de rejet d'une demande de mise en liberté, de prolongation de la détention ou du maintien de celle-ci. Ce recours est également ouvert en cas d'incarcération provisoire et de débat différé à l'initiative du JLD pour procéder à des vérifications en vue de prononcer un contrôle judiciaire ou une ARSE (C. pr. pén., art. 145, v. n° **12.39A2**) ;

– l'appel doit avoir été « *interjeté au plus tard le jour suivant la décision de placement en détention* », et non jusqu'à l'expiration du délai de 10 jours prévu au C. pr. pén., art. 186 ;

– « *en même temps que l'appel* », le recours doit être accompagné d'une **demande d'examen immédiat de l'appel**, soit par le président de la CHINS (v. B, ci-dessous), « *soit directement [...] par la CHINS* » (v. C ci-dessous) (C. pr. pén., art. 187-2). « *La personne mise en examen, son avocat ou le procureur de la République peut joindre toutes observations écrites à l'appui de sa demande* ».

Le délai de un jour pour faire appel et demander concomitamment son examen immédiat, lorsqu'il expire un samedi ou un dimanche ou un jour férié ou chômé est prorogé, selon les dispositions générales de C. pr. pén., art. 801, jusqu'au premier jour ouvrable suivant. Ainsi lorsque la décision est rendue le vendredi, le recours est valablement exercé le lundi suivant (Crim. 22 juill. 2020, n° 20-82.094, P ; dans le même sens : Crim. 14 oct. 2020, n° 20-83.087, P ; Crim. 30 sept. 2020, n° 20-83.548, P).

Par dérogation aux règles de forme imposées en matière d'appel par C. pr. pén., art. 186 et 502 (v. n° **12.63B**), la déclaration d'appel et la demande d'examen immédiat de l'appel « *peuvent être constatées par le JLD à l'issue du débat contradictoire* ».

Lorsque ces formalités sont ainsi constatées par le juge, assisté de son greffier, à l'issue du débat contradictoire, « *le procès-verbal qui les constate se substitue à la formalité exigée de l'appelant* » par C. pr. pén., art. 502 ou 503 et il est indifférent, « *pour la recevabilité de l'appel, que ce procès-verbal n'ait pas été transcrit, comme il le devrait, sur le registre public* » prévu par ces articles (sur la transcription sur le registre des appels, v. n° **19.6A**) (Crim. 14 nov. 1996, n° 96-83.672, P n° 409).

B. L'examen du référé-liberté par le président de la CHINS dans les 3 jours ouvrables (C. pr. pén., art. 187-1)

La **procédure est écrite** et le président de la CHINS, ou le magistrat qui le remplace, statue « *au vu des éléments du dossier de la procédure* ». Néanmoins, « *à sa demande, l'avocat de la personne mise en examen présente oralement des observations devant le président de la CHINS* [...], *lors d'une audience de cabinet dont est avisé le ministère public pour qu'il y prenne, le cas échéant, ses réquisitions, l'avocat ayant la parole en dernier* ».

Le magistrat statue « *au plus tard le troisième jour ouvrable suivant la demande* ». Ce délai commence donc à courir à partir du lendemain de l'appel et plus particulièrement, lorsque le recours est exercé autrement que devant le JLD à l'issue du débat contradictoire, à partir du lendemain de la transcription de l'appel par le greffier de la juridiction (Crim. 16 janv. 2013, n° 12-86.856, P n° 15) (sur le calcul des délais en jours ouvrables, v. n° **15.15B2**). Le non-respect du délai de trois jours n'est toutefois pas sanctionné par la mise en liberté d'office de la personne et commet un excès de pouvoir le président qui ordonne cette mesure en estimant n'avoir pas statué dans le délai requis (Crim. 16 janv. 2013, n° 12-86.856, P n° 15).

Deux alternatives s'offrent au président de la CHINS :

– s'il estime que les conditions de la détention provisoire « *ne sont pas remplies* », il peut « *infirmer l'ordonnance du JLD et ordonner la remise en liberté de la personne* », en ordonnant le cas échéant son placement sous contrôle judiciaire. Dans cette première hypothèse, « *la CHINS est alors dessaisie* » de l'appel ;

– s'il estime que les critères de la détention provisoire sont remplis, « *il doit renvoyer l'examen de l'appel à la CHINS* ». Dans cette seconde hypothèse, « *la décision est portée à la connaissance du procureur général. Elle est notifiée à la personne mise en examen par le greffe de l'établissement pénitentiaire qui peut, le cas échéant, recevoir le désistement d'appel de cette dernière* ». L'appel de la personne mise en examen poursuit alors son cours selon les voies normales d'audiencement devant la CHINS en matière d'appel contre une ordonnance de placement en détention provisoire (délai de 10 jours pour statuer ou 15 jours si la personne a demandé sa comparution personnelle, C. pr. pén., art. 194 et 199, v. n° **12.65**).

À la différence du référé-détention (cf. C. pr. pén., art. 187-3, v. n° **12.68B**), le texte n'empêche pas le magistrat qui a statué sur le référé-liberté de faire partie de la composition de la CHINS qui statuera sur l'appel de la personne placée en détention. Ainsi « *l'exercice par le président de la chambre d'accusation du pouvoir qu'il tient de l'article précité ne saurait interdire à ce magistrat de participer à la décision rendue par la formation collégiale à laquelle l'affaire a été renvoyée* » (Crim. 6 juin 2000, n° 00-81.746, P n° 211). Mentionnons qu'une QPC a été soulevée sur la différence entre ce régime d'incompatibilité et celui du référé-détention, déclarée irrecevable pour un motif de forme (Crim. 15 déc. 2015, n° 15-85.772).

Dans tous les cas, l'ordonnance du président de la CHINS est « *non motivée* ». Elle « *n'est pas susceptible de recours* » mais reste susceptible de pourvoi en cassation lorsqu'elle « *est entachée d'excès de pouvoir* » (Crim. 16 janv. 2013, n° 12-86.856, P n° 15, précité ; sur ce point, v. aussi n° **19.16C**).

C. L'examen du référé-liberté par la CHINS dans les 5 jours ouvrables (C. pr. pén., art. 187-2)

Comme il a été précisé au **A** ci-dessus, la personne qui forme un référé liberté peut, dans sa demande d'examen immédiat de l'appel, « *demander à ce qu'il soit directement examiné par la CHINS* » qui statuera donc au lieu de son président.

Dans ce cas, cette formation collégiale dispose des prérogatives confiées au président de la CHINS par C. pr. pén., art. 187-1 décrites au **B** ci-dessus, mais le délai de 3 jours pour statuer est élargi à « *5ᵉ jour ouvrable suivant la demande* » (sur le calcul des délais en jours ouvrables, v. n° **15.15B2**).

Si la CHINS n'infirme pas la décision du JLD dans ce délai de 5 jours, elle reste tenue de statuer sur l'appel dans les délais de 10 jours, ou de 15 jours en cas de demande de comparution personnelle (C. pr. pén., art. 194 et 199).

Bien que C. pr. pén., art. 187-2 ne le prévoit pas expressément, la décision de la CHINS n'est pas susceptible de recours (Crim. 22 oct. 2002, n° 02-85.423), sous réserve de pourvoi pour excès de pouvoir (sur ce point, v. n° **19.16C**).

Aucune incompatibilité n'est prévue par le texte pour les magistrats composant successivement le collège de la chambre.

12.68 L'examen accéléré de l'appel du parquet contre la décision de remise en liberté dans le cadre de l'instruction : le référé-détention

A. Les conditions d'exercice du référé-détention par le procureur de la République (C. pr. pén., art. 148-1-1)

Lorsque la personne est déjà placée en détention provisoire dans le cadre de la procédure d'instruction et qu'une « *ordonnance de mise en liberté* », est rendue par le JLD ou le juge d'instruction, le procureur de la République jouit de la faculté, à l'occasion de son appel contre l'ordonnance, de s'opposer au caractère immédiatement exécutoire de la décision de remise en liberté par la procédure du « *référé-détention* ».

Comme le référé-liberté, cette voie est réservée à la procédure d'instruction encore non clôturée et n'est pas prévue en matière de mise en liberté ordonnée par la juridiction compétente, dans un tel cas nécessairement collégiale (tribunal correctionnel ou CHINS), pour statuer avant jugement sur la détention après ordonnance de règlement de la procédure d'instruction ou dans le cadre des procédures rapides (comparution différée ou comparution immédiate).

Le référé-détention est notamment applicable dans le cas où le JLD « *décide, non pas de refuser de prolonger la détention, mais de mettre la personne concernée en liberté avant l'expiration du délai* » de détention (Crim. 6 août 2003, n° 03-82.964, P n° 144 ; dans le même sens : Crim. 20 juin 2006, n° 06-82.908, P n° 184 ; Crim. 7 avr. 2009, n° 09-80.385, P n° 70 et Crim. 8 oct. 2013, n° 13-85.098, P n° 188).

Si le parquet peut, de façon générale, faire appel quel que soit le sens de ses réquisitions (v. n° **12.62B**), la procédure de référé-détention ne lui est toutefois ouverte que s'il a « *pris des réquisitions de maintien en détention* », ou par extension, de prolongation de la détention (cf. Crim. 6 août 2003, n° 03-82.964, P n° 144, précité). Pour lui permettre d'exercer cette faculté, l'ordonnance contraire à ses réquisitions lui est donc « *immédiatement notifiée* » (C. pr. pén., art. 148-1-1).

Sans préjudice de son droit d'appel exercé dans les 10 jours conformément au droit commun, le parquet peut alors, soit exercer son droit de former un référé détention dans « *un délai de quatre heures à compter de la notification de l'ordonnance* » qui lui a été faite, soit y renoncer en retournant au juge l'ordonnance « *en mentionnant sur celle-ci qu'il ne s'oppose pas à sa mise à exécution. La personne est alors mise en liberté* » (C. pr. pén., art. 148-1-1).

S'il choisit de faire usage de la procédure de référé-détention, le procureur de la République est tenu, d'une part, d'interjeter appel « *de l'ordonnance devant le greffier du JLD ou du juge d'instruction* », d'autre part, « *dans le même temps* » et dans le délai de quatre heures précité, « *à peine d'irrecevabilité* » (C. pr. pén., art. 187-3), de saisir « *le premier président de la cour d'appel d'un référé détention* » (C. pr. pén., art. 148-1-1) ou « *le magistrat qui le remplace* », « *afin de déclarer cet appel suspensif* » (C. pr. pén., art. 187-3), en joignant « *à sa demande les observations écrites justifiant le maintien en détention de la personne* » (C. pr. pén., art. 187-3). Notons que « *le défaut de concomitance entre la saisine et les observations écrites n'est pas une cause d'irrecevabilité de la procédure de référé-détention* », pourvu que l'un et l'autre de ces actes interviennent dans le délai de 4 h 00 (Crim. 12 mars 2014, n° 13-88.509, P n° 78).

Ces dispositions « *ne dispensent pas le procureur de la République de former son appel d'une ordonnance de mise en liberté non-conforme à ses réquisitions par une déclaration au greffe signée par lui et par le greffier* » mais l'appel par le procureur par « *déclaration écrite portée avec sa seule signature, sur l'ordonnance frappée d'appel* », irrégulier en la forme, ne le prive pas de régulariser son recours au-delà du délai de 4 heures dans les formes prévues par C. pr. pén., art. 185 et 502 (Crim. 1 avr. 2003, n° 03-80.406, P n° 81).

Dans le cas où le parquet a fait appel de l'ordonnance et exercé un référé-détention, l'ordonnance « *ne peut être mise à exécution* », en conséquence « *la personne ne peut être remise en liberté* » et la décision « *ne peut être adressée pour exécution au chef de l'établissement pénitentiaire* » (C. pr. pén., art. 148-1-1).

« *l'appel et le référé détention sont mentionnés sur l'ordonnance* » du JLD ou du juge d'instruction, « *la personne mise en examen et son avocat* » sont alors avisés de l'appel et du référé détention « *en même temps que leur est notifiée l'ordonnance* » ainsi que de « *leur droit de faire des observations écrites devant le premier président* » (C. pr. pén., art. 148-1-1).

« *Faute pour le procureur de la République d'avoir formé un référé-détention, dans un délai de quatre heures à compter de la notification de l'ordonnance de mise en liberté, celle-ci, revêtue d'une mention du greffier indiquant l'absence de référé-détention, est adressée au chef d'établissement pénitentiaire et la personne est mise en liberté* » (C. pr. pén., art. 148-1-1).

B. L'EXAMEN DU RÉFÉRÉ-DÉTENTION PAR LE PREMIER PRÉSIDENT DE LA COUR D'APPEL (C. PR. PÉN., ART. 187-3)

La procédure devant le premier président ou le magistrat qui le remplace est **écrite** : le magistrat statue au vu « *des éléments du dossier de la procédure* », des « *observations écrites justifiant le maintien en détention* » jointes par le procureur de la République à son référé-détention et « *la personne mise en examen et son avocat peuvent également présenter les observations écrites qu'ils jugent utiles* » (C. pr. pén., art. 187-3). Toutefois « *à sa demande, l'avocat de la personne mise en examen peut présenter des observations orales* [...] *lors d'une audience de cabinet dont le ministère public est avisé pour qu'il y prenne, le cas échéant, ses réquisitions* » (C. pr. pén., art. 187-3).

Le premier président « *statue au plus tard le deuxième jour ouvrable suivant la demande* » (sur le calcul des délais en jours ouvrables, v. n° **15.15B2**), à défaut « *la personne est remise en liberté* » (C. pr. pén., art. 187-3).

Deux voies alternatives s'offrent à lui :

– « *s'il estime que le maintien en détention de la personne est manifestement nécessaire au vu d'au moins deux des critères prévus par les dispositions de l'article 144* », « *il ordonne la suspension des effets de l'ordonnance de mise en liberté* » « *jusqu'à ce que le CHINS statue sur l'appel du ministère public* » (C. pr. pén., art. 187-3). Dans cette première hypothèse, « *la CHINS doit se prononcer dans les plus brefs délais et au plus tard dans les dix jours de l'appel, faute de quoi la personne est mise d'office en liberté* », la comparution personnelle de la personne mise en examen est alors de droit (C. pr. pén., art. 187-3). L'allongement du délai d'une durée supplémentaire de 5 jours prévu par C. pr. pén., art. 194 et 199 en cas de comparution personnelle (v. n° **12.65B**) n'est donc pas applicable dans ce cas. Le délai de 10 jours court à compter de la date à laquelle l'appel du parquet « *a été régulièrement transcrit au greffe du tribunal correctionnel* » (affaire dans laquelle le référé détention datait du 14 juin, l'appel du 17 juin et l'ordonnance du premier président du 18 juin) (Crim. 8 oct. 2013, n° 13-85.489, P n° 187) ;

– s'il estime ne pas devoir suspendre les effets de l'ordonnance de mise en liberté, le premier président « *ordonne que la personne soit mise en liberté* » (C. pr. pén., art. 187-3). Notons que le texte ne confère pas au premier président la faculté de placer la personne sous contrôle judiciaire ou sous ARSE lorsqu'il ordonne la mise en liberté, mais cette mesure le cas échéant ordonnée par le premier juge retrouve son plein effet. Dans cette seconde hypothèse, l'appel du ministère public suit alors les voies normales d'audiencement devant la CHINS (sur ces délais d'audiencement, v. n° **12.65**).

Dans tous les cas, le premier président statue par une « *ordonnance motivée* » (à différence de l'ordonnance du président de la CHINS en matière de référé liberté qui n'est pas motivée, v. n° **12.67B**) qui « *n'est pas susceptible de recours* » (C. pr. pén., art. 187-3). Toutefois, « *il en est autrement lorsque son examen fait apparaître un risque d'excès de pouvoir relevant du contrôle de la C. cass.* », hypothèse autorisant alors un pourvoi (Crim. 12 mars 2014, n° 13-88.509, P n° 78 ; dans le même sens : Crim. 9 août 2017, n° 17-83.250, P n° 215) (sur ce point, v. aussi n° **19.16C**).

Enfin, le magistrat qui a statué sur le référé-détention ne « *peut faire partie de la composition de la CHINS qui statuera sur l'appel du ministère public* » (C. pr. pén., art. 187-3), incompatibilité qui n'est pas prévue en matière de référé-liberté (v. n° **12.67B**).

12.69 Les débats devant la chambre de l'instruction et l'arrêt statuant sur l'appel de la mesure de contrainte sur la personne (C. pr. pén., art. 199)

A. La publicité des débats devant la CHINS (C. pr. pén., art. 199)

1. Le principe de publicité des débats en matière de détention provisoire et l'opposition à la publicité des débats

« *En matière de détention provisoire* », par dérogation au principe selon lequel les débats devant la CHINS se déroulent en chambre du conseil, « *les débats se déroulent et l'arrêt est rendu en audience publique* » (C. pr. pén., art. 199).

Toutefois, si la personne mise en examen est **mineure**, même en matière de détention, « *les débats ont lieu et l'arrêt est rendu en chambre du conseil* » (C. pr. pén., art. 199) et il ne peut être dérogé à cette prohibition de la publicité des débats.

« *Le ministère public, la personne mise en examen ou la partie civile ou leurs avocats peuvent, avant l'ouverture des débats, s'opposer à cette publicité si celle-ci est de nature à entraver les investigations spécifiques nécessitées par l'instruction, à porter atteinte à la présomption d'innocence ou à la sérénité des débats ou à nuire à la dignité de la personne ou aux intérêts d'un tiers, ou si l'enquête porte sur des faits* » relevant de la criminalité organisée mentionnés au C. pr. pén., art. 706-73 et 706-73-1 (C. pr. pén., art. 199). La CHINS, qui ne peut donc d'office déroger au principe de la publicité des débats ou soumettre de sa propre initiative ce point à la discussion des parties et du ministère public, « *statue sur cette opposition après avoir recueilli les observations du ministère public et des parties, par un arrêt rendu en chambre du conseil qui n'est susceptible de pourvoi en cassation qu'en même temps que l'arrêt portant sur la demande principale* ».

Les débats ont lieu en chambre du conseil si la CHINS fait droit à la demande. Il en est de même lorsque la partie civile s'oppose à la publicité de l'audience, dans les cas où le huis clos est de droit à sa demande au stade du jugement (C. pr. pén., art. 306, v. n° **17.11B**).

2. Le principe d'absence de publicité des débats pour le contrôle judiciaire et l'ARSE et la demande de publicité des débats pour les majeurs

Devant la CHINS, en toute autre matière que la détention provisoire (ex. s'agissant des mesures de sûreté : contrôle judiciaire, ARSE), « *les débats se déroulent et l'arrêt est rendu en chambre du conseil* ».

Par dérogation à ce principe, « *si la personne majeure mise en examen ou son avocat le demande dès l'ouverture des débats, ceux-ci se déroulent et l'arrêt est rendu en audience publique* ».

Toute demande en ce sens du ministère public, de la partie civile ou de la personne mise en examen **mineure**, est irrecevable. La CHINS ne peut davantage mettre d'office cette question en débat.

« *La CHINS statue sur cette demande après avoir recueilli les observations du ministère public et des parties, par un arrêt rendu en chambre du conseil qui n'est susceptible de pourvoi en cassation qu'en même temps que l'arrêt portant sur la demande principale* ».

Selon la lettre du texte, la CHINS est tenue de faire droit à la demande de la personne mise en examen majeure et de son avocat et ne peut fonder son refus que « *si la publicité est de nature à entraver les investigations spécifiques nécessitées par l'instruction ou à nuire à la dignité de la personne ou aux intérêts d'un tiers* ».

L'opposition de la partie civile à la publicité des débats, lorsqu'il s'agit d'infractions pour lesquelles le jugement à huis clos est de droit à sa demande (C. pr. pén., art. 306, v. nº **17.11B**), ne semble pas contraindre la CHINS à rejeter d'office la demande de publicité. Mais l'objectif précité de protection de la dignité de la personne ou des intérêts des tiers lui permet de fonder une décision de rejet de la demande.

B. Les débats devant la CHINS et la notification préalable du droit de se taire

1. La notification du droit de se taire devant la CHINS

Il était tout d'abord jugé que la **notification du droit de garder le silence** à la personne mise en examen n'était pas applicable lorsque la CHINS est appelée à statuer sur sa détention provisoire et que la personne comparaît personnellement (sur le droit au silence devant la juridiction, v. nº **17.5**). Ainsi, son absence de notification à la personne n'était « *contraire ni aux droits de la défense, ni au principe d'égalité devant la justice* » car « *l'audition de celle-ci a pour objet non pas d'apprécier la nature des indices pesant sur elle* [...] *mais d'examiner la nécessité d'un placement ou d'un maintien en détention au regard des conditions particulières posées par les articles 144 et suivants du code de procédure pénale, dont aucune ne suppose une appréciation des éléments à charge* » (Crim. 24 août 2016, nº 16-83.717, D ; dans le même sens, Crim. 7 août 2019, nº 19-83.508, et, pour une demande de mise en liberté soumise à la chambre des appels correctionnels : Crim. 6 sept. 2016, nº 16-83.907, P nº 231), décision alors transposable aux débats en matière de contrôle judiciaire et d'ARSE.

Il en est encore jugé de même pour le contentieux des saisies et restitutions (Crim. 19 déc. 2018, nº 18-84.303, P nº 219), pour la procédure d'exécution d'un mandant d'arrêt européen, qui ne constitue pas « *un interrogatoire sur les faits objet du mandat d'arrêt* » (Crim. 6 janv. 2015, nº 14-87.893 QPC, P nº 11 ; solution confirmée par Crim. 24 mars 2021, nº 21-81.361, P), ou d'extradition, qui n'a pas pour objet l'examen du bien-fondé des poursuites (Crim. 21 janv. 2015, nº 14-87.377 ; Crim. 4 mars 2015, nº 14-87.380, P nº 46).

En cohérence avec la jurisprudence qui impartit désormais au juge des mesures de sûreté d'apprécier, à tous les stades de la procédure, la suffisance des charges pesant sur la personne (Crim. 27 janv. 2021, nº 20-85.900, P ; Crim. 14 oct. 2020, nº 20-82.961, P ; sur ce point, v. nº **12.34B**), il est maintenant considéré que « *le droit de faire des déclarations, de répondre aux questions posées ou de se taire doit être porté à la connaissance de la personne qui comparaît devant la CHINS saisie du contentieux d'une mesure de sûreté* » (§ 16), néanmoins « *le défaut d'information du droit de se taire est sans incidence sur la régularité de la décision rendue en matière de mesure de sûreté* » (§ 18), dès lors que « *les déclarations de l'intéressé ne pourront* [...], *être utilisées à son encontre par les juridictions appelées à prononcer un renvoi devant la juridiction de jugement ou une déclaration de culpabilité* » (§ 19) (Crim. 24 févr. 2021, nº 20-86.537, P).

Cette position a été consacrée par Cons. const. 9 avr. 2021, nº 2021-895/901/902/903 QPC (§ 13), qui a déclaré C. pr. pén., art. 199 inconstitutionnel au motif qu'il ne prévoyait pas la notification du droit de se taire devant la CHINS, qu'elle soit saisie d'une requête en nullité, d'un appel en matière de mesure de sûreté sur la personne, ou du règlement d'un dossier d'information.

Tirant les conséquences de ces évolutions, « *le droit de se taire sur les faits qui lui sont reprochés* » et sa notification sont désormais appréhendés de manière générale par C. pr. pén., art. préliminaire, III, modifié par L. nº 2021-1729, 22 déc. 2021. Cette disposition impose cette notification à « *toute personne suspectée ou poursuivie* » « *en matière de crime ou de délit* », « *avant tout recueil de ses observations et avant tout interrogatoire, y compris pour* [...] *prononcer une mesure de sûreté* », « « *lors de sa première présentation devant* [...], *un magistrat, une juridiction* » et prévoit qu'« *aucune condamnation ne peut être prononcée sur le seul fondement de déclarations faites sans que ledit droit ait été notifié* ».

L. n° 2021-1729, 22 déc. 2022, a en outre spécialement complété ces dispositions générales en prévoyant que « *lorsque la personne mise en examen comparaît devant la chambre, elle ne peut être entendue qu'après avoir été informée de son droit de se taire sur les faits qui lui sont reprochés* » (C. pr. pén., art. 199). La notification du droit de se taire après l'ouverture des débats, en l'espèce après le rapport oral du président, reste valable, « *dès lors qu'elle a lieu avant que l'intéressé ne soit entendu sur les faits qui lui sont reprochés* » (Crim. 15 nov. 2022, n° 22-85.101, P).

2. Les débats devant la CHINS

Les débats de la CHINS sont introduits par le rapport d'un des conseillers composant la chambre (C. pr. pén., art. 199) et l'arrêt doit mentionner l'exécution de cette formalité (C. pr. pén., art. 216).

« *l'omission de cette formalité, destinée à l'information de la juridiction saisie* », est une cause de nullité de la décision, sans qu'il soit nécessaire d'établir l'existence d'un grief (Crim. 27 oct. 1997, n° 97-82.718, P n° 351). Elle « *est exigée en termes absolus par la loi et [...] elle constitue un préliminaire indispensable aux débats ; [...] son inaccomplissement entraîne la nullité de la décision* » (Crim. 3 mai 1978, n° 77-91.598, P n° 135). « *la formalité du rapport s'impos[e] lors de l'audience de renvoi en raison du changement intervenu dans la composition de la formation* » (Crim. 26 janv. 2022, n° 22-80.072, § 25, P).

Le procureur général et les avocats des parties sont ensuite entendus (C. pr. pén., art. 199). Il résulte « *des principes généraux du droit que* [...] *la personne mise en examen doit avoir la parole en dernier lorsqu'elle est présente aux débats ; qu'il en est de même de son avocat dès lors que celui-ci a demandé à présenter des observations* » (Crim. 28 mai 2002, n°s 01-85.684, 96-84.639, P n° 119 ; Crim. 3 avr. 2007, n° 07-80.807, P n° 102) ; « *la personne qui comparait devant la CHINS dans le cadre du contentieux de la détention provisoire, ou son avocat, doivent avoir la parole les derniers ; cette règle s'applique à tout incident, dès lors qu'il n'est pas joint au fond* » (§ 5) (Crim. 18 janv. 2022, n° 21-86.165, P). En revanche, dès lors que les pièces de la procédure n'établissent pas que « *la CHINS ait ordonné, d'office ou à la demande de l'intéressé, la comparution du demandeur, alors qu'elle n'était pas de droit* », il ne pouvait être considéré comme comparant à l'audience au sens de C. pr. pén., art. 199 et les juges n'avaient donc pas l'obligation de l'entendre ni de lui donner la parole en dernier (Crim. 8 févr. 2023, n° 22-86.524, P).

Soulignons que « *les juges, lorsqu'ils ne prennent pas en compte les indications d'un avocat sur l'heure de l'audience à laquelle il prévoit de se présenter* [en l'espèce demande de retenue en fin d'audience du fait que l'avocat plaidait par ailleurs dans la même matinée], *ne sont pas tenus, sans qu'il en résulte une quelconque atteinte aux droits de la défense, de répondre dans leur décision à une telle demande, laquelle ne s'assimile pas à une demande de renvoi à une audience ultérieure* » (Crim. 8 août 2018, n° 18-83.518, P n° 136).

Soulignons enfin que, « *en cas d'appel formé contre une ordonnance de refus de mise en liberté, la CHINS peut, lors de l'audience et avant la clôture des débats, se saisir immédiatement de toute demande de mise en liberté sur laquelle le juge d'instruction ou le JLD n'a pas encore statué ; dans ce cas, elle se prononce à la fois sur l'appel et sur cette demande* » (C. pr. pén., art. 207, sur le traitement des demandes de mise en liberté sérielles, v. n° **12.59A3**).

C. Les modalités procédurales applicables aux mineurs mis en examen

Faute de dispositions spéciales du CJPM portant sur l'appel des mesures de sûreté ordonnées par le juge d'instruction ou le JLD à l'encontre d'un mineur mis en examen dans le cadre de l'information judiciaire, les dispositions prévues par le C. pr. pén. relatives aux modalités et délais d'examen par la CHINS sont applicables (CJPM, art. L. 13-1).

Mentionnons toutefois que le conseiller de la cour d'appel délégué à la protection de l'enfance fait partie de la CHINS spécialement composée en matière d'affaires concernant les mineurs (CJPM, art. L. 12-1).

Comme il a déjà été précisé au **A** ci-dessus, y compris en matière de détention provisoire, « *les débats ont lieu et l'arrêt est rendu en chambre du conseil* » lorsque le mis en examen est mineur et il ne peut être dérogé à ce principe, même sur sa demande (C. pr. pén., art. 199).

Notons que l'examen de l'appel des décisions de placement sous contrôle judiciaire, sous assignation à résidence avec surveillance électronique et de placement en détention provisoire prononcées à l'audience d'examen de la culpabilité ou au cours de la période de mise à l'épreuve éducative relève de la **chambre spéciale des mineurs de la cour d'appel**, selon les conditions et délais de traitement prévus pour la CHINS par C. pr. pén., art. 194 et 199 (CJPM, art. L. 231-6, L. **531-4** et COJ, art. L. 312-6). Il en est de même lorsque la décision de placement en détention émane du JLD, sauf dans le cadre d'une information judiciaire (CJPM, art. L. 231-6, mod. issue L. n° 2021-218, 26 févr. 2021).

D. L'arrêt de la CHINS

L'arrêt de la CHINS doit répondre aux conditions de forme prévues par C. pr. pén., art. 217 ainsi qu'aux exigences de motivation imposées par C. pr. pén., art. 593.

Il doit également se prononcer sur les demandes des parties et les réquisitions du ministère public (C. pr. pén., art. 593) et ainsi répondre à l'articulation essentielle du mémoire régulièrement déposé, au moins pour les demandes ou moyens qui ne sont pas étrangers à « *l'unique objet de l'appel* » (sur cette règle, v. n° **12.70B**).

L'arrêt infirmant l'ordonnance, que la CHINS « *ait ordonné une mise en liberté ou maintenu en détention ou décerné un mandat de dépôt ou d'arrêt* », est immédiatement exécutoire (Crim. 1er févr. 2005, n° 04-86.768, P n° 33) et il est mis à exécution par le procureur général (C. pr. pén., art. 207). La portée de l'arrêt d'infirmation ou d'annulation de l'ordonnance du JLD ou du juge d'instruction est précisée au n° **12.71**.

Si elle est confirmée par la CHINS, « *l'ordonnance du juge d'instruction ou du JLD frappée d'appel sort son plein et entier effet* » (C. pr. pén., art. 207).

S'agissant d'un arrêt contre lequel les parties peuvent former un pourvoi en cassation, il leur est signifié à la requête du procureur général dans les trois jours ou notifié par lettre recommandée ou par les soins du chef de l'établissement pénitentiaire si la personne est détenue (C. pr. pén., art. 217). Il est également notifié dans les trois jours par lettre recommandée aux avocats des parties (C. pr. pén., art. 217).

Le délai du pourvoi en cassation est de 5 jours francs (C. pr. pén., art. 568), lequel « *commence à courir à compter de la signification ou de la notification de l'arrêt aux parties* » effectuée conformément au C. pr. pén., art. 217 précité (Crim. 15 févr. 2005, n° 04-87.040, P n° 54).

La chambre criminelle saisie d'un arrêt « *rendu en matière de détention provisoire doit statuer dans les trois mois qui suivent la réception du dossier à la* **C. cass.**, *faute de quoi la personne est mise en liberté d'office* » (sur les délais impartis à la Ch. crim. pour statuer, v. n° **19.28D**), qu'il s'agisse d'un pourvoi contre un arrêt de la CHINS ou de « *la chambre correctionnelle de la cour d'appel* » (mod. issue L. n° 2021-401, 8 avr. 2021) et « *le demandeur en cassation ou son avocat doit, à peine de déchéance, déposer son mémoire exposant les moyens de cassation dans le délai d'un mois à compter de la réception du dossier* » (sur les délais impartis au demandeur au pourvoi pour déposer son mémoire, v. n° **19.24B5**) (C. pr. pén., art. 567-2).

12.70 L'étendue des pouvoirs de la chambre de l'instruction : l'effet dévolutif de l'appel

A. L'effet dévolutif de l'appel

1. La plénitude d'appréciation du fond de la mesure de contrainte par la CHINS

En application du principe de l'effet dévolutif de l'appel, la CHINS doit substituer sa propre motivation à celle du premier juge lorsqu'elle est insuffisante ou erronée.

Elle est ainsi tenue, en présence d'une ordonnance dont les motifs ne répondent pas aux prescriptions légales, non pas de l'annuler, mais, « *en raison de l'effet dévolutif de l'appel d'examiner le bien-fondé de la détention provisoire et de statuer au besoin par motifs propres sur la nécessité de cette mesure* » en « *substituant aux motifs insuffisants du premier juge, des motifs répondant aux exigences légales* » (Crim. 9 mai 2001, n° 01-81.599, P n° 110 ; dans le même sens : Crim. 2 févr. 2000, n° 99-87.104, P n° 54). De même, « *les motifs de l'arrêt confirmant l'ordonnance* » de placement sous contrôle judiciaire « *se substituent à ceux, insuffisants, de la décision entreprise* » (Crim. 16 janv. 2002, n° 01-87.235, P n° 5).

Statuant sur l'appel interjeté par le parquet contre une ordonnance de remise en liberté et de placement sous contrôle judiciaire d'un juge d'instruction ayant jugé par erreur que la détention ne pouvait plus être prolongée, la CHINS « *à qui il appartenait de corriger l'erreur de droit commise par le premier juge et sur laquelle reposait la décision de ce magistrat, et de statuer au fond après avoir constaté que la détention était susceptible de prolongation, a, sans méconnaître le principe du double degré de juridiction ni l'effet dévolutif de l'appel, justifié sa décision* » de prolongation de la détention (Crim. 7 sept. 2016, n° 16-84.031, P n° 235). Il en est de même en cas d'appel de l'ordonnance du juge d'instruction refusant de saisir le JLD aux fins de prolongation de la détention (Crim. 28 juin 2011, n° 11-82.272, P n° 152).

Méconnaît le principe de l'effet dévolutif de l'appel la CHINS qui, annulant à bon droit l'ordonnance d'un JLD ayant excédé ses pouvoirs en modifiant le contrôle judiciaire alors qu'il était saisi d'une demande de révocation de ce dernier, se borne à renvoyer au juge d'instruction « *alors qu'il lui appartenait de statuer sur l'appel du ministère public en appréciant elle-même s'il y avait lieu ou non de placer la personne mise en examen en détention provisoire* », car cette prérogative « *ne constitue pas une évocation, mais la conséquence nécessaire de l'effet dévolutif de l'appel* » (Crim. 19 sept. 2017, n° 17-84.165, P n° 225).

L'appel par le parquet de la seule ordonnance de placement sous contrôle judiciaire rendue par le JLD saisi d'une demande de placement en détention provisoire « *saisit la CHINS du contentieux de la détention* », même si le ministère public n'a pas interjeté appel de l'ordonnance distincte par laquelle le JLD refuse le placement en détention (Crim. 3 oct. 2006, n° 06-85.889, P n° 241).

La prohibition de la « *reformatio in pejus* » (sur ce principe, v. n° 19.3B3) ne s'applique pas. Ainsi, même saisie du seul appel de la personne, la CHINS « *juridiction d'instruction du second degré, régulièrement saisie de l'appel de l'inculpé contre l'ordonnance du juge d'instruction statuant sur une demande de mainlevée du contrôle judiciaire, se trouve nécessairement investie, en la matière, des pouvoirs conférés au magistrat instructeur par les articles 138, 139 et 140 du Code de procédure pénale, et notamment du pouvoir de modifier tout ou partie des obligations du contrôle* » et par conséquent d'en ajouter de nouvelles (Crim. 11 avr. 1991, n° 91-80.414, P n° 176).

Aussi, « *aucune disposition légale ou conventionnelle n'interdit à la CHINS de délivrer, au cours d'une même information, à l'encontre d'une personne placée sous contrôle judiciaire, un titre de détention en raison des mêmes faits, lorsque des circonstances nouvelles entrant dans les prévisions de l'article 144 du code de procédure pénale justifient, eu égard aux nécessités actuelles de l'instruction, la délivrance d'un mandat de dépôt* », tel est le cas lorsque l'évolution favorable de l'état de santé, circonstance nouvelle, a accru l'autonomie de la personne placée sous contrôle judiciaire et par conséquent les risques de commission d'une nouvelle infraction (Crim. 29 janv. 2008, n° 07-87.802, P n° 21).

De même, sans être limité par la règle dite de « *l'unique objet* » (sur ce principe, v. **B** ci-dessous), l'appel du parquet contre une ordonnance du juge d'instruction refusant de saisir le JLD aux fins de détention provisoire au motif qu'en l'absence d'éléments justifiant sa mise en examen la personne a été placée sous le statut de témoin assisté, permet à la CHINS, en ce qu'il « *lui imposait de statuer sur toutes les questions qui lui étaient dévolues par l'appel du ministère public* », de prononcer sa mise en examen et de décerner mandat de dépôt à son encontre (Crim. 18 juin 2013, n° 13-82.739, P n° 140 ; dans le même sens : Crim. 2 sept. 2005, n° 05-83.117, P n° 213).

Dans une perspective identique, l'appel du parquet contre l'ordonnance du juge d'instruction refusant de saisir le JLD au motif qu'il n'a retenu qu'une qualification contraventionnelle des faits, laquelle interdit le placement sous contrôle judiciaire, permet à la CHINS, en ce qu'il « *lui imposait de statuer sur toutes les questions qui lui étaient dévolues par l'appel du ministère public* » sans être limitée par la règle de « *l'unique objet* », de prononcer, sous réserve d'une mise en débat de la qualification, une mise en examen délictuelle et d'ordonner le placement sous contrôle judiciaire (Crim. 27 juill. 2016, n° 16-83.024, P n° 219).

Enfin, lorsqu'elle constate que la détention provisoire a été prolongée au-delà de la durée autorisée pour l'infraction considérée, la CHINS, qui « *est investie en matière de contrôle judiciaire des mêmes pouvoirs que ceux conférés au juge d'instruction* », peut à bon droit placer la personne sous contrôle judiciaire après avoir ordonné sa remise en liberté immédiate (Crim. 18 mai 1993, n° 93-80.508, P n° 183).

Cette prérogative lui est désormais clairement attribuée dans un tel cas, ainsi qu'à toutes les juridictions, par C. pr. pén., art. 803-7 issu de L. n° 2016-731, 3 juin 2016, « *si cette mesure est indispensable pour assurer l'un des objectifs énumérés* » au C. pr. pén., art. 144 pour justifier la détention (sur les critères de la détention, v. n° **12.37B**).

2. Les limites du pouvoir d'appréciation de la CHINS : l'impossibilité de régulariser les vices de procédure d'une décision de placement en détention

Malgré les décisions précitées et les dispositions de C. pr. pén., art. 201, dont la lettre permet à la CHINS d'ordonner d'office la mise en liberté ou le placement en détention provisoire ou le contrôle judiciaire, il semble qu'elle ne dispose pas d'un complet pouvoir d'évocation, ou plus précisément, que son pouvoir d'évocation se limite à la réformation des motifs irréguliers de la décision, ce qui relève davantage de l'effet dévolutif (ex. Crim. 2 févr. 2000, n° 99-87.104, P n° 54, précité), ou à la substitution d'une autre mesure à celle critiquée, sans pouvoir couvrir une cause de nullité de la décision de placement en détention, sans que l'on puisse toutefois en déduire que son pouvoir d'évocation est exclu dans les autres cas.

En effet, au visa de C. pr. pén., art. 201, al. 2, ainsi interprété par la Ch. crim, « *lorsqu'elle constate que la personne mise en examen est détenue en vertu d'un titre nul* » en raison, notamment, de l'absence de débat contradictoire ou de l'absence de convocation de l'avocat, « *la CHINS doit prononcer d'office sa mise en liberté* » sans pouvoir substituer sa décision à celle annulée (Crim. 9 mai 2001, n° 01-81.598, P n° 111 ; Crim. 5 sept. 2001, n° 01-84.379, P n° 173 ; Crim. 2 févr. 2011, n° 10-87.723, D).

Il en est ainsi lorsqu'elle annule une ordonnance de prolongation de la détention au motif qu'elle a été rendue sans débat contradictoire préalable (sur le débat de prolongation, v. n° **12.45B**), aucune disposition légale ne l'autorise à évoquer en procédant au débat contradictoire et en ordonnant la prolongation (Crim. 9 mai 2001, n° 01-81.598, P n° 111, précité ; Crim. 2 févr. 2011, n° 10-87.723, D, précité). De même, la CHINS ayant annulé une ordonnance de prolongation de la détention provisoire « *en raison d'une irrégularité relative à la convocation de l'avocat de la personne mise en examen au débat contradictoire* », « *aucune disposition légale ne l'autorisait à évoquer en substituant sa propre décision à celle qu'elle venait d'annuler* » (Crim. 5 sept. 2001, n° 01-84.379, P n° 173, précité).

Cette jurisprudence subie deux tempéraments. D'une part, C. pr. pén., art. 803-7 précité autorise dans un tel cas la CHINS à placer la personne sous contrôle judiciaire. D'autre part, en cas d'annulation pour vice de forme de la décision, la jurisprudence étudiée au n° **12.71B2** permet au juge d'instruction de saisir de nouveau le JLD pour placer la personne en détention.

B. L'irrecevabilité des demandes ou moyens étrangers à la mesure de contrainte : la règle de « l'unique objet »

1. Le principe de « l'unique objet de l'appel », expression de l'effet dévolutif de l'appel

Selon la jurisprudence constante dégagée par la Ch crim, « *en permettant aux personnes mises en examen de relever appel des ordonnances prévues aux articles 186 et 186-1 du Code de procédure pénale, ces textes leur ont attribué un droit exceptionnel dont elles ne sauraient s'autoriser pour faire juger, à l'occasion d'une de ces procédures spéciales, des questions étrangères à son unique objet* » (ex. Crim. 8 déc. 1993, n° 93-84.247, P n° 380).

Expression de l'effet dévolutif de l'appel (sur l'effet dévolutif de l'appel, v. **A** ci-dessus et n° **19.3**) et corollaire de l'encadrement du droit d'appel par C. pr. pén., art. 186 (v. n° **12.62**), cette règle dite de « *l'unique objet* », qui vaut pour toutes les catégories d'appels soumis à la CHINS et qui s'impose nous seulement aux parties mais à cette juridiction, s'applique également au contentieux des mesures de sûreté sur la personne. Ainsi, une décision de placement en détention ou sous contrôle judiciaire ne peut faire l'objet que d'un appel et non d'une requête en nullité sur le fondement de C. pr. pén., art. 173 (Crim. 13 déc. 1993, n° 93-84.671, P n° 385 ; Crim. 19 juill. 1993, n° 93-82.243, P n° 247) (sur l'exclusion de la requête en nullité contre une décision susceptible d'appel, v. n° **12.62D**).

Selon cette règle, sont ainsi irrecevables les moyens ou questions « *étrangers à l'unique objet de l'appel* » qui, circonscrit par la nature de la décision dont il a été fait appel et la qualité de l'appelant, ne peut porter, en matière de mesure de contrainte, que sur la régularité et le bien-fondé de cette mesure, à l'exclusion de toute autre question.

La règle de l'unique objet est applicable non seulement en appel mais aussi lorsque la CHINS est directement saisie par le demandeur (Crim. 24 nov. 1998, n° 98-85.273, D ; Crim. 20 oct. 1987, n° 87-84.729, P n° 356) (sur la saisine directe, v. n° **12.59B** et **12.60A2**). Elle l'est également devant la chambre des appels correctionnels saisie de l'appel d'un jugement statuant sur une demande de mise en liberté faite devant le tribunal correctionnel par application de C. pr. pén., art. 148-1 (Crim. 7 févr. 1990, n° 89-83.615, P n° 67 ; Crim. 15 sept. 1979, n° 79-92.183, P n° 258 ; sur les demandes de mise en liberté relevant de la compétence du tribunal correctionnel, v. n° **12.61**).

2. Les moyens irrecevables comme étrangers à « l'unique objet de l'appel »

En raison de leur irrecevabilité, la CHINS saisie de l'appel contre une mesure de contrainte n'est pas tenue de répondre aux moyens ou de statuer sur les demandes ci-après et n'est pas davantage compétente pour les examiner :

– discussion de la suffisance des indices graves et concordants rendant vraisemblable la participation du mis en examen aux faits poursuivis, indices qui conditionnent sa mise en examen et par voie de conséquence son placement en détention provisoire (Crim. 10 août 2016, n° 16-83.401, D ; Crim. 6 juin 2000, n° 00-81.746, P n° 211). Cette discussion relève en effet de la requête en nullité de la mise en examen fondée sur C. pr. pén., art. 80-1 et 173, ou d'une demande de placement sous le statut de témoin assisté ou de rétractation de la mise en examen fondée sur C. pr. pén., art. 80-1-1 (sur la mise en examen, condition préalable de la mesure de sûreté, v. n° **12.3412.35**). Cette jurisprudence, qui revenait en définitive à interdire au juge de la détention d'apprécier la pertinence des charges qui constituent la condition préalable d'une mesure de sûreté, a été clairement abandonnée : la CHINS est désormais tenue « *d'examiner, dans le cadre de l'appel du placement en détention provisoire et de la contestation par l'appelant d'une quelconque participation* *aux faits, l'existence d'indices graves ou concordants de sa participation, comme auteur ou complice, à la commission des infractions qui lui sont reprochées* » (Crim. 14 oct. 2020, n° 20-82.961, P ; Crim. 27 janv. 2021, n° 20-85.900, P ; sur ce point, v. n° **12.34B**). Un tel contrôle reste toutefois « *sans incidence sur la validité de la mise en examen, laquelle ne peut être critiquée que dans le cadre des procédures engagées sur le fondement* » de C. pr. pén., art. 80-1-1 et 170 (Crim. 27 janv. 2021, n° 20-85.990, § 16, P) ;

– discussion des motifs de la décision « *exposant les faits qui lui sont reprochés* » (Crim. 26 juin 1996, n° 96-81.557, D) ;

– moyens qui « *invoquent de prétendues irrégularités commises au cours de l'information et contestent l'existence des infractions reprochées* » (Crim. 10 déc. 1996, n° 96-84.073, P n° 458) ;

– « *demande de nullité de l'ensemble de la procédure et [...] requête aux fins de non-lieu présentées dans le mémoire déposé* » (Crim. 3 avr. 1996, n° 96-80.343) ;

– moyens portant sur l'irrégularité de la prolongation d'une garde à vue et d'une mesure de placement sous scellés (Crim. 26 juill. 1993, n° 93-82.314, P n° 252) ; sur l'irrégularité d'une mesure de rétention judiciaire prévue par C. pr. pén., art. 803-3, préalable au débat contradictoire (Crim. 8 juin 2021, n° 21-81.515, P ; dans le même sens : Crim. 23 févr. 2011, n° 10-88.184, P n° 36) (sur les modalités de la rétention au « dépôt » ou « petit dépôt » du tribunal prévue par C. pr. pén., art. 803-3, v. n° **12.2E**) ;

– discussion par le requérant de la régularité d'une perquisition, est ainsi censurée la CHINS qui « *énonce, pour ordonner sa mise en liberté, que les perquisitions sur lesquelles sont fondées les poursuites sont entachées d'irrégularités* » car « *en se prononçant ainsi sur la régularité de pièces de la procédure étrangères à la décision déférée, alors qu'elle était seulement saisie de l'appel de l'ordonnance de placement en détention provisoire, la chambre d'accusation a excédé les limites de sa saisine et méconnu le principe* » de l'unique objet de l'appel (Crim. 8 déc. 1993, n° 93-84.247, P n° 380) ;

– discussion d'irrégularités commises au cours de l'enquête administrative diligentée par les services de la Commission des opérations de Bourse et au cours de l'information judiciaire (Crim. 19 nov. 1990, n° 90-85.571, P n° 90) ;

– moyens soulevant de « *prétendues erreurs sur les faits ou sur leur qualification* » (Crim. 6 juin 2000, n° 00-81.667) ;

– discussion de l'élément intentionnel de l'infraction ou de sa qualification, méconnaît ainsi la règle de l'unique objet la CHINS qui fait droit à la demande de mise en liberté au motif que l'élément intentionnel de l'infraction faisait défaut alors qu'elle « *était saisie, non du règlement de la procédure impliquant le contrôle de la qualification des faits, mais de l'appel de l'ordonnance refusant la mise en liberté* » (Crim. 1er juin 1994, n° 94-81.280, P n° 221) ;

– discussion de la recevabilité de la partie civile à l'occasion d'un appel contre une ordonnance de placement sous contrôle judiciaire comportant un cautionnement garantissant la réparation des dommages (Crim. 13 déc. 1995, n° 95-85.057, P n° 380) ;

– « *investigations et actes complémentaires* » demandés sur les faits contestés (Crim. 22 oct. 1996, n° 96-83.259, D) ou demande d'expertise (Crim. 6 déc. 1995, n° 95-84.813, D) ;

– discussion, à l'occasion de l'appel porté contre une ordonnance de mainlevée partielle d'un contrôle judiciaire, de la régularité de l'ordonnance antérieure de placement sous contrôle judiciaire (Crim. 27 oct. 1993, n° 93-83.670, P n° 318) ;

– discussion de la régularité de l'ordonnance de désignation du juge d'instruction (Crim. 7 févr. 1990, n° 89-83.615, P n° 67 ; Crim. 20 oct. 1987, n° 87-84.-41, P n° 357) ;

– discussion de la régularité de l'ordonnance de remplacement du juge d'instruction et du réquisitoire saisissant le juge d'instruction (Crim. 18 mai 1989, n° 89-81.334, P n° 207) ;

– exception de prescription de l'action publique et de l'action civile en matière de droit de la presse (Crim. 8 oct. 1979, n° 77-92.297, P n° 272) ;

– exception de prescription de l'action publique (Crim. 3 mars 2010, nº 09-88.234, P nº 45 ; v. toutefois en sens contraire cité au **B3** ci-dessous : Crim. 26 janv. 1984, nº 83-94.425, P nº 34) ;

– discussion de l'interruption de la prescription de l'action publique (Crim. 25 juill. 1978, nº 78-91.993, P nº 244) ;

– exception de violation de la règle *non bis in idem* (discussion du placement en détention, selon le moyen écarté, « *en violation du droit de l'intéressé à ne pas être de nouveau poursuivi pour des faits ayant fait l'objet d'un jugement définitif* » à l'étranger) (Crim. 3 mars 2010, nº 09-88.234, P nº 45 ; dans le même sens, sur le rejet de l'exception d'application de la règle non *bis in idem* : Crim. 22 févr. 2017, nº 16-83.257, P nº 52 et Crim. 4 mars 2015, nº 14-88.210, D) ;

– exception d'illégalité de textes règlementaires fondant les poursuites (Crim. 15 nov. 1995, nº 95-84.435, D) ;

– discussion portant sur les éléments constitutifs de l'infraction (Crim. 23 nov. 1977, nº 77-92.506, P nº 364).

– discussion de l'application territoriale de la loi pénale française (Crim. 8 oct. 1998, nº 98-83.926, D ; Crim. 25 juill. 1978, nº 78-91.993, P nº 244).

3. Les moyens compatibles avec la règle de l'unique objet de l'appel

En revanche, sont recevables les moyens qui sont en rapport avec l'objet de l'appel. Ainsi, la CHINS est tenue d'apprécier, lorsqu'elle en est saisie :

– la régularité du titre de détention sur le fondement duquel une demande de mise en liberté a été rejetée. La CHINS, saisie de l'appel contre une ordonnance de rejet d'une demande de mise en liberté d'une personne détenue en vertu d'une ordonnance de prolongation intervenue tardivement dont il n'avait pas été interjeté appel, n'est donc pas fondée à écarter le grief d'irrégularité de la détention qui lui est soumis en opposant l'effet dévolutif de l'appel mais était au contraire tenue de constater l'inexistence du titre de détention et de prononcer d'office la mise en liberté de la personne au visa de C. pr. pén., art. 201, disposition qui lui permet en effet, « *dans tous les cas, le ministère public entendu,* [de] *prononcer d'office la mise en liberté de la personne* », et ce « *quelles que soient les conditions de sa saisine* » (Crim. 4 janv. 1983, nº 82-93.809, P nº 3) ;

– la question de la prescription de l'action publique, est ainsi confirmée la CHINS saisie de l'appel contre une ordonnance de rejet de demande de mise en liberté « *qui s'est à bon droit reconnue compétente pour répondre aux conclusions de l'inculpé* [...] *selon lesquelles ces faits étaient couverts par la prescription décennale à la date de mise en mouvement de l'action publique* » (Crim. 26 janv. 1984, nº 83-94.425, P nº 34, affaire *Klaus Barbie*, v. toutefois en sens contraire cité au **B2** ci-dessus : Crim. 3 mars 2010, nº 09-88.234, P nº 45) ;

– la question, soulevée à l'occasion d'une demande de mise en liberté, de l'illégalité de la procédure par laquelle, en dehors d'une procédure d'extradition, une personne a été expulsée par les autorités boliviennes et arrêtée à son arrivée sur le territoire national (Cayenne) en exécution d'un mandat d'arrêt français (Crim. 6 oct. 1983, nº 83-93.194, P nº 239, affaire *Klaus Barbie*) ; dans le même sens, pour une personne expulsée par les autorités mauritaniennes et interpellée en exécution d'une commission rogatoire à son arrivée en France, « *par dérogation à la règle de l'unique objet de l'appel* [...], *la personne mise en examen a le droit de fonder son appel d'une ordonnance de placement en détention provisoire sur l'absence de procédure d'extradition et l'irrégularité prétendue de son arrestation* » (Crim. 24 sept. 1997, nº 97-83.787, P nº 311) ; en revanche, si « *la personne mise en examen a le droit de fonder son appel d'une ordonnance de placement en détention provisoire sur l'absence de procédure d'extradition, et sur l'irrégularité prétendue de son arrestation, encore faut-il que les actes critiqués fassent partie de la procédure même dont la chambre d'accusation est saisie par le recours* », tel n'est pas le cas d'une arrestation, dont la légalité est critiquée, intervenue dans une autre procédure (Crim.

10 janv. 1995, n° 94-84.935, P n° 11 et Crim. 30 mai 1995, n° 95-81.425, P n° 195, affaire *Ramirez Sanchez Illich*, dit *Carlos*) ;

– « *la régularité de l'ordonnance de saisine rendue par le juge d'instruction* », dont les motifs visaient des faits dont la personne n'avait pas été mise en examen, dès lors qu'« *une personne ne peut être placée en détention provisoire qu'à raison de faits pour lesquels elle a été mise en examen* » (Crim. 13 déc. 2016, n° 16-85.881) ;

– en cas de cosaisine de plusieurs juges d'instruction (sur la cosaisine, v. n° 15.32C2), la compétence du juge d'instruction adjoint pour saisir le JLD en cas d'indisponibilité du juge chargé de l'information (Crim. 27 févr. 2007, n° 06-89.080, P n° 62), ou la compétence du juge d'instruction pour saisir le JLD alors que la mise en examen a été effectuée par le juge d'instruction adjoint (Crim. 19 août 2009, n° 09-83.942, P n° 144) ;

– la question de la compétence du juge ayant ordonné la mesure de sûreté (Crim. 3 nov. 2015, n° 15-84.902 (régularité de la désignation du magistrat faisant fonction de JLD) ; Crim. 9 mai 1990, n° 90-80.928, P n° 176 ; contra : Crim. 30 janv. 1979, n° 78-93.782, P n° 43) ;

– la question de la compétence des juridictions française pour connaître de faits commis dans des locaux diplomatiques situés sur le territoire national (Crim. 30 janv. 1979, n° 78-93.782, P n° 43) ;

– la régularité de la mise à exécution du mandat d'arrêt dont l'ordonnance de placement en détention provisoire est la suite (Crim. 23 nov. 2011, n° 11-86.681, D), la règle de l'unique objet ne peut en effet « *être opposée à la personne mise en examen qui fonde son appel d'une ordonnance de placement en détention provisoire sur l'irrégularité du mandat d'arrêt en vertu duquel elle a été appréhendée* » (Crim. 28 sept. 2011, n° 11-85.365, D). En sens contraire : à tort, « *la CHINS a cru devoir répondre à l'exception de nullité de l'arrestation et du placement en détention* » en exécution d'un mandat d'arrêt, étrangère à l'unique objet de la détention (Crim. 28 avr. 2011, n° 11-80.604, D) ;

– la question de « *l'irrégularité du débat contradictoire qui a précédé* » l'ordonnance de prolongation de sa détention provisoire (Crim. 7 juill. 2005, n° 05-82.750).

12.71 La portée des nullités ou de l'infirmation de la mesure de sûreté dans le cadre de l'instruction

A. La reprise d'effet du titre initial de détention en cas d'infirmation de la décision

Prononcé par la CHINS, l'arrêt d'« *infirmation de l'ordonnance de mise en liberté rend son plein effet au titre de détention initial, sans qu'il soit nécessaire de décerner un nouveau mandat de dépôt* » (Crim. 7 nov. 1989, n° 89-85.339, P n° 397 ; dans le même sens : Crim. 14 mai 1985, n° 85-91.294, P n° 182). Le prononcé d'un nouveau mandat de dépôt est d'ailleurs proscrit, puisqu'il a pour effet d'éluder C. pr. pén., art. 145-2 relatif aux modalités de prolongation du titre de détention initial (Crim. 23 juin 1999, n° 99-82.356, P n° 148).

En application de C. pr. pén., art. 207, qui fait « *échec à l'effet suspensif du recours en cassation* », « *Cet arrêt doit être exécuté sans délai par le procureur général* » (Crim. 22 avr. 1985, n° 85-90.891, P n° 150). Le mandat de dépôt initial « *permet également de rechercher ou de transférer la personne lorsqu'il lui a été précédemment notifié* » (C. pr. pén., art. 122), « *sans qu'il soit nécessaire de décerner à son encontre un mandat d'arrêt* » (Crim. 9 juill. 2003, n° 03-81.957, P n° 136).

La reprise d'effet du titre de détention initial est de nature à rendre « *sans objet* » les recours exercés contre d'éventuelles modifications ou révocations du contrôle judiciaire entretemps intervenues (ex. Crim. 30 janv. 2018, n° 17-86.421, D).

Lorsque la Ch. crim. casse et annule en toutes ses dispositions un arrêt de la CHINS prononçant à tort la mise en liberté d'office, elle énonce que « *le mandat de dépôt initial [...] reprendra ses effets* » et, « *étant en mesure d'appliquer directement la règle de droit et de mettre fin au litige, ainsi que le permet* » COJ, art. L. 411-3, et elle peut dire n'y avoir lieu à renvoi (Crim. 23 janv. 2013, nº 12-86.986, P nº 26).

Dans l'attente de l'examen par la cour de renvoi, l'ordonnance de placement en détention du JLD « *reprend son plein et entier effet* » lorsque l'arrêt de la CHINS annulant cette décision et prononçant le placement sous contrôle judiciaire a été à son tour annulé par la Ch. crim. (ex. Crim. 9 janv. 2018, nº 17-86.262, D).

Lorsqu'au contraire elle casse et annule un arrêt infirmant une ordonnance de mise en liberté et redonnant son plein effet au mandat de dépôt initial, « *l'ordonnance de remise en liberté et de placement sous contrôle judiciaire* [...] *reprend son plein et entier effet* » et l'affaire est renvoyée à la cour de renvoi pour être à nouveau jugée dans les limites de la cassation prononcée (Crim. 26 juill. 1994, nº 94-82.768, P nº 284).

Dans le cas où elle censure la CHINS qui a confirmé une décision irrégulière de placement en détention ou statué hors délai, la Ch. crim. précise la date à laquelle « *la détention a cessé d'être régulière* » ou depuis laquelle la personne « *est détenue sans titre* ».

Mentionnons toutefois que la cassation de l'arrêt de la CHINS n'emporte pas nécessairement l'anéantissement du titre de détention, ainsi, en cas de cassation pour défaut de mention du délai prévisible d'achèvement de la procédure (sur cette exigence de motivation imposée par C. pr. pén., art. 145-3, v. nº **12.45C**), « *la détention provisoire, prolongée dans les délais légaux, se poursuit régulièrement jusqu'à ce qu'il ait été statué par la CHINS désignée sur renvoi après cassation* » (Crim. 28 sept. 2005, nº 05-84.440, P nº 241).

La remise en liberté de la personne par la CHINS avant l'examen de son pourvoi contre un précédent arrêt infirmant une ordonnance de mise en liberté du juge d'instruction et redonnant son plein effet au titre de détention initial, rend ce pourvoi « *sans objet* » (ex. Crim. 31 mars 2010, nº 10-80.219).

B. L'effet de l'annulation du titre de détention sur la capacité du juge à placer de nouveau en détention

1. L'exigence de « circonstances nouvelles » pour placer en détention à raison des mêmes faits une personne laissée en liberté

Sans préjudice des règles applicables en cas de violation du contrôle judiciaire (v. nº **12.53D**) ou de l'ARSE (v. nº **12.57C**), dont la révocation est conditionnée par l'existence de circonstances nouvelles constituées par la soustraction aux obligations en résultant, il est de principe constant qu'un « *nouveau placement en détention provisoire d'une personne précédemment mise en liberté* » ne peut être ordonné qu'au vu de « *circonstances nouvelles entrant dans les prévisions de C. pr. pén., art. 144 et justifiant, au regard des nécessités actuelles de l'instruction, la délivrance d'un second titre d'incarcération* » (Crim. 9 févr. 2016, nº 15-87.401, P nº 31 ; Crim. 30 avr. 2002, nº 02-81.201, P nº 92 ; Crim. 15 févr. 1995, nº 94-85.570, P nº 71 ; Crim. 17 mai 1994, nº 94-81.285, P nº 185). Il en est de même pour la personne qui n'a pas été dans un premier temps incarcérée, la circonstance nouvelle pouvant s'induire de l'évolution favorable de son état de santé aggravant les risques de réitération (Crim. 29 janv. 2008, nº 07-87.802, P nº 21), ou de la réunion de nouveaux indices de culpabilité augmentant les risques de fuite (Crim. 1er mars 2005, nº 04-87.392, P nº 73). Toutefois, si des faits nouveaux peuvent constituer une circonstance nouvelle en cas d'annulation du précédent titre, encore faut-il que le juge en soit saisi (Crim. 9 avr. 1986, nº 86-90.433, P nº 122).

Précisons cependant que l'exigence de « *circonstances nouvelles* » qui s'impose dans le cas d'une précédente détention provisoire n'est pas applicable en cas d'« *incarcération provisoire* » (sur l'incarcération provisoire en cas de débat contradictoire différé, C. pr. pén., art. 145, v. nº **12.39A2**). Est ainsi validé l'arrêt ordonnant un mandat de dépôt contre une personne faisant l'objet d'une incarcération provisoire, libérée d'office par le juge d'instruction parce que l'ordonnance saisissant le JLD ne figurait pas au dossier, faisant aussitôt l'objet d'un mandat d'amener, d'une nouvelle incarcération provisoire, puis d'une ordonnance de placement sous contrôle judiciaire du JLD au motif qu'aucune circonstance nouvelle ne permettait le placement en détention provisoire, « *dès lors qu'aucune disposition légale ne fait obstacle à ce que le juge d'instruction saisisse à nouveau le JLD d'une demande de placement en détention provisoire de la personne mise en examen, dans la même information et pour les mêmes faits, lorsque cette personne a fait précédemment l'objet d'une ordonnance, non pas de placement en détention provisoire mais d'incarcération provisoire* » (Crim. 6 déc. 2011, n° 11-86.900, P n° 246).

Le fondement de cette règle jurisprudentielle des « *circonstances nouvelles* », qui n'est pas explicité par la Ch. crim, est certainement à rechercher dans le principe de **l'autorité de la chose jugée ou décidée** sur le fond de la détention, soit par le juge du premier degré, qui ne peut en effet se déjuger d'une précédente décision de remise en liberté ou de placement sous contrôle judiciaire, soit par le juge du second degré, qui ne saurait être déjugé par le premier juge dont il a infirmé la décision. Cette règle s'impose d'autant plus que la CHINS ne peut désormais, depuis la décision censurant partiellement C. pr. pén., art. 207 (Cons. const. 17 déc. 2010, n° 2010-81 QPC), se réserver le contentieux de la détention provisoire, dispositif qui permettait de résoudre les divergences d'appréciation apparues entre les juges du premier et du second degré. Seules des circonstances nouvelles, la cause n'étant alors plus identique dans ses aspects factuels, permettent donc de remettre en question l'autorité des précédentes décisions et d'asseoir de nouveaux motifs de fond de la détention.

2. La possibilité de placer à nouveau en détention provisoire après l'annulation du titre de détention pour « vice de forme »

La jurisprudence permet toutefois de déroger à l'exigence précitée de « *circonstances nouvelles* » lorsque la mise en liberté résulte d'une annulation pour « *vice de forme* » du titre de détention. Une telle annulation, dégagée de toute autorité de chose jugée sur le fond de la détention, doit être en effet sans incidence sur le bien-fondé de la mesure de sûreté au regard des nécessités actuelles de l'instruction et des seuls critères posés par C. pr. pén., art. 137 et 144.

Ainsi, le juge d'instruction qui, après avoir saisi la CHINS aux fins d'annulation d'un mandat de dépôt en application de C. pr. pén., art. 170 et 171, a fait comparaître la personne « *en vertu d'un mandat d'amener après l'annulation par la chambre d'accusation des titres de détention initiaux, était fondé à décerner, dans le cadre de la même information et à raison des mêmes faits, un nouveau mandat de dépôt, aucune disposition du code de procédure pénale n'interdisant, dans un tel cas, au juge d'instruction de réitérer un acte annulé pour vice de forme* » (Crim. 14 nov. 1985, n° 85-94.663, P n° 356, dans le même sens : Crim. 26 sept. 1990, n° 90-84.291, D).

Dans une affaire où le mandat de dépôt a été annulé au motif que l'avocat de la personne mise en examen n'avait pas été convoqué pour le débat différé, le magistrat instructeur a valablement pu, le jour de l'arrêt de la CHINS, délivrer un mandat d'amener et saisir le JLD qui l'a de nouveau placée en détention provisoire, « *aucune disposition légale ou conventionnelle n'interdisant, lorsque, comme en l'espèce, le mandat de dépôt a été annulé pour un vice de forme, de placer à nouveau en détention provisoire la personne mise en examen, dans la même information et à raison des mêmes faits* » (Crim. 3 sept. 2003, n° 03-83.068, P n° 152).

Il est statué dans le même sens lorsque, après annulation du titre de détention par la CHINS au motif que l'ordonnance saisissant le JLD ne comportait pas la signature du juge d'instruction, « *le même jour, le juge d'instruction, après avoir délivré un mandat d'amener à l'encontre de l'intéressé, a saisi le JLD qui a ordonné sa mise en détention pour les mêmes faits* » (Crim. 1 févr. 2005, n° 04-86.768, P n° 33).

Plus récemment il est clairement affirmé qu'« *aucune disposition légale ou conventionnelle n'interdit, lorsque, comme en l'espèce, la mise en liberté n'est intervenue qu'en raison de l'annulation de l'interrogatoire de première comparution, le mandat de dépôt s'étant trouvé dépourvu de tout support légal, de placer à nouveau en détention provisoire la personne mise en examen, dans la même information et à raison des mêmes faits.* » (Crim. 31 mars 2020, n° 20-80.234, P).

En revanche, lorsque la CHINS, constatant l'irrégularité du placement en détention provisoire, a ordonné la remise en liberté et placé la personne sous contrôle judiciaire en application de C. pr. pén., art. 803-7 (sur la mise en œuvre de cette disposition, v. nº **12.43B2**), le JLD ne saurait, en contradiction avec cette dernière décision, décerner un nouveau mandat de dépôt sans constater l'existence de circonstances nouvelles justifiant la révocation du contrôle judiciaire (Crim. 6 mai 2020, nº 20-81.136, P). Il est en effet de règle qu'une personne placée sous contrôle judiciaire ne peut être placée en détention que pour les motifs autorisant la révocation de cette mesure (sur la révocation du CJ, v. nº **12.53D**).

Mentionnons enfin que lorsque le juge d'instruction, constatant qu'il était territorialement incompétent à la suite des investigations, a ordonné le 20 sept. 2000 la mise en liberté de la personne placée en détention depuis le 30 sept. 1999 et s'est dessaisi en faveur du juge compétent, « *le magistrat instructeur nouvellement saisi a le pouvoir de décerner à l'encontre de cette personne un titre de détention, faisant suite au précédent* [...], *sans être pour autant tenu de constater l'existence de circonstances nouvelles* » (Crim. 14 mars 2001, nº 00-88.304, P nº 67) ; il appartient aussi à ce magistrat de prolonger la détention dont le terme arrive à échéance compte tenu de la durée de la détention initiale (Crim. 14 mars 2001, nº 00-88.305, P nº 68).

Au risque d'interdire une nouvelle détention qui pourrait être fondée au regard des critères légaux malgré l'absence de circonstances nouvelles, particulièrement dans le cas d'une dangerosité que ne pourrait efficacement contenir un contrôle judiciaire ou une mesure d'ARSE, la Ch. crim. semble avoir réduit sa conception initiale du « *vice de forme* », en excluant de ce champ des causes de mise en liberté qui relèvent davantage des règles du droit processuel que des conditions de fond de la décision.

Ainsi, dans une affaire où la CHINS avait ordonné la mise en liberté d'office au motif que le dossier mis à disposition de l'avocat était incomplet lors d'une demande de mise en liberté, l'arrêt validant la délivrance d'un mandat d'amener par le juge d'instruction puis le placement en détention par le JLD pour les mêmes faits mais sans circonstances nouvelles est censuré car « *le mandat de dépôt initial n'avait pas été annulé pour un vice de forme, mais n'avait cessé de produire effet qu'en raison de la mise en liberté ordonnée par la CHINS pour violation des droits de la défense* » (Crim. 9 févr. 2016, nº 15-87.095, P nº 30). Il est statué dans le même sens lorsque la personne a été mise en liberté par le procureur général faute d'avoir pu mettre l'affaire en état en temps utile afin que la CHINS statue dans le délai imparti, une telle situation ne pouvant être assimilée à l'annulation du titre de détention pour vice de forme (Crim. 9 févr. 2016, P nº 15-87.401, P nº 31 ; Crim. 9 févr. 2016, nº 15-87.402, D).

12.72 Le traitement des erreurs matérielles affectant la décision

A. La faculté du juge de réparer d'office ses erreurs matérielles par une « ordonnance rectificative »

« *l'ordonnance de placement en détention provisoire et le mandat de dépôt ne peuvent être annulés qu'en cas de méconnaissance d'une formalité substantielle ayant porté atteinte aux intérêts de la personne mise en examen* », tel n'est pas le cas d'une « *simple erreur matérielle* » affectant l'état civil de la personne, qui peut être « *régulièrement réparée* » par une « *ordonnance rectificative* » prise par le JLD, sans mise en œuvre de la procédure particulière prévue par C. pr. pén., art. 711, laquelle n'est pas « *pas applicable à la rectification des ordonnances rendues par ce magistrat* » (Crim. 3 juin 2003, nº 03-81.482, P nº 112).

Dans une espèce où les motifs et le dispositif de l'ordonnance comportaient par erreur le nom d'une autre personne, est ainsi validée l'ordonnance rectificative prise sans nouveau débat par le JLD car « *L'ordonnance rectifiant une erreur purement matérielle contenue dans une ordonnance de prolongation de la détention provisoire n'a pas à être précédée du débat contradictoire* » imposé par C. pr. pén., art. 145 en cas de prolongation de la détention. (Crim. 7 févr. 2012, n°s 11-88.056, 11-88.041). Même solution approuvant une ordonnance rectificative modifiant, sans débat contradictoire, la « *mention, erronée mais superflue* [...], *relative à la date d'effet de la prolongation* » figurant sur une ordonnance de prolongation de la détention (Crim. 4 déc. 2002, n° 02-86.456, D). En effet « *l'ordonnance de prolongation prenant effet de plein droit à l'échéance du titre de détention, la mention d'une date de prise d'effet erronée est inopérante et ne nécessite pas la prise d'une ordonnance rectificative* » (Crim. 6 mars 2007, n°s 06-89.231, 06-89.232, P n° 70).

Un JLD est ainsi fondé à prendre une « *ordonnance rectificative* » modifiant une date erronée d'effet de prolongation d'une détention provisoire (« *15 septembre 2002* » au lieu de « *15 septembre 2001* »), et la CHINS, saisie en appel de cette ordonnance rectificative, est fondée à réformer cette ordonnance plutôt qu'à l'annuler, en substituant au délai de prolongation d'un an improprement visé par le JLD celui de six mois seul applicable (Crim. 8 janv. 2002, n° 01-87.121, NP).

Les faits visés dans la mise en examen étant de nature criminelle, le JLD a valablement pu, malgré la mention erronée « *procédure correctionnelle* » figurant sur l'ordonnance de placement en détention et le mandat de dépôt, par ordonnance rendue « *sans débat contradictoire préalable et après avoir constaté le caractère criminel du mandat de dépôt, qui résultait, par l'effet de la loi, de la qualification donnée aux faits, dire n'y avoir lieu à statuer sur une prolongation de la détention provisoire* » puisqu'en effet, au lieu du délai de détention correctionnel, devait s'appliquer le délai non encore échu prévu en matière criminelle (Crim. 7 févr. 2017, n° 16-86.761, P n° 36).

Toutefois, dans deux espèces, relevant davantage de l'erreur de droit que de l'erreur matérielle, où le juge avait pris, dans un premier temps, une ordonnance de prolongation sans convocation de l'avocat ou sans convocation valable, dans un second temps, alors qu'il était encore dans les délais pour statuer, une nouvelle ordonnance de prolongation après nouvelle convocation de l'avocat, il est considéré que « *Le JLD ne saurait, sans excès de pouvoir, substituer une nouvelle ordonnance de prolongation de la détention provisoire à celle, précédemment prise, qu'il estime entachée de nullité ; qu'en procédant à une telle substitution il empiète sur les attributions de la CHINS, seule compétente pendant la durée de l'information pour en apprécier la régularité sous le contrôle de la* C. cass. » (Crim. 13 oct. 2004, n° 04-84.922, P n° 242 ; Crim. 4 nov. 1986, n° 86-94.654, P n° 320).

B. L'obligation de la CHINS de réparer les erreurs matérielles en raison de l'effet dévolutif de l'appel

La CHINS est non seulement **fondée** à réformer en appel l'ordonnance du JLD comportant une durée de prolongation erronée « *dès lors que l'erreur commise par le premier juge sur la durée de la prolongation n'affectait pas la validité de l'ordonnance et qu'il appartenait à la juridiction du second degré d'opérer la rectification de cet acte* » (Crim. 4 févr. 2004, n° 03-87.136) mais elle y est également **tenue** car, « *En raison de l'effet dévolutif de l'appel, il appartient à la juridiction du second degré de substituer ses propres motifs à ceux du premier juge* », elle est ainsi mal fondée à annuler une ordonnance du JLD prolongeant la « *détention provisoire "pour une durée de six mois", rectifiée en "quatre" mois* » au motif que « *la décision, qui ordonne une détention non prévue par la loi, est entachée d'une nullité d'ordre public* », alors « *qu'il lui appartenait de réformer la décision entreprise en prolongeant pour une durée de quatre mois au lieu de six mois la détention provisoire* » (Crim. 20 mai 2008, n° 07-88.671, P n° 124). Toujours « *en raison de l'effet dévolutif de l'appel, il appartient à la CHINS d'examiner le bien-fondé de la détention provisoire et de statuer sur la nécessité de cette mesure, au besoin en substituant aux motifs insuffisants voire erronés du premier juge des motifs répondant aux exigences légales* », est ainsi censurée la CHINS qui annule la décision de placement en détention en constatant que sa motivation concernait un autre prévenu, alors qu'il lui incombait d'y substituer la sienne (Crim. 19 janv. 2010, n° 09-87.206, P. n° 8) (sur l'effet dévolutif de l'appel et l'étendue des pouvoirs de la CHINS, v. n° **12.70A1**).

« *par l'effet dévolutif de l'appel, il appartient à la juridiction du second degré de rectifier par ses motifs propres les erreurs matérielles dues à la présence de toutes les qualifications initialement prérédigées dans l'ordonnance du JLD* » (Crim. 26 juin 2013, n° 13-82.475, D).

Est également censurée la CHINS qui annule une ordonnance du JLD au motif qu'elle visait un texte par erreur car cette décision « *n'était affectée que d'une simple erreur matérielle tenant au visa erroné d'un texte qu'il lui appartenait de rectifier* » (Crim. 7 mars 2017, n° 16-87.491, D).

Notons que « *l'appel interjeté contre l'ordonnance* [...], *postérieurement au prononcé et à la notification de l'ordonnance rectificative, a nécessairement déféré cette seconde ordonnance, qui fait corps avec l'ordonnance rectifiée, de sorte que le second appel interjeté contre cette décision est irrecevable* » (Crim. 7 févr. 2012, n°s 11-88.056, 11-88.041).

C. La faculté de la CHINS de procéder à la rectification des erreurs matérielles affectant sa décision

« *le dispositif d'un arrêt devant être interprété par les motifs auxquels il s'unit et dont il est la conséquence, un défaut de concordance entre le dispositif et les motifs, lorsque, comme en l'espèce, il est seulement le résultat d'une erreur purement matérielle, peut être réparé selon la procédure prévue par* » C. pr. pén., art. 710 et 711, est ainsi confirmé l'arrêt rendu sur requête en rectification d'erreur matérielle formée par la procureur général, « *remplaçant les termes "bien fondé" par "mal fondé" et les mots "infirme l'ordonnance entreprise" par "confirme l'ordonnance entreprise"* » du dispositif alors que les motifs de la décision montraient « *sans aucune possibilité d'équivoque* » que la CHINS avait décidé de maintenir la personne en détention (Crim. 17 févr. 2009, n° 08-87.726, P n° 39).

13. Éléments de police technique – Fichiers de police et fichiers judiciaires

13.1 Avertissement – Bibliographie

Ce chapitre rassemble des éléments relatifs aux techniques d'investigation que l'on peut aujourd'hui qualifier de masse ou de routine : génotypage et alimentation du fichier des empreintes génétiques (Fnaeg), mesure de l'alcoolémie, dépistage des stupéfiants chez le conducteur, gestion de l'information criminelle, rapprochement judiciaire (Taj, Faed, Salvac, Fijais). Ces techniques ont pour dénominateur commun, dans notre système qui reste largement inspiré du principe de liberté de la preuve (sur la liberté de la preuve et la liberté d'appréciation de la preuve, v. n° **17.28**), de faire l'objet d'une règlementation particulière. Dans les limites du format du présent ouvrage, des données médico-légales s'y rapportant sont offertes en perspective, complétées par le chapitre **14** relatif à la médecine légale.

Bibliographie indicative.

> Ouvrages français

Buquet A., *Manuel de criminalistique moderne,* 5e éd., PUF, 2011.

Clément J.-L., *Science légale et police scientifique,* Masson, 1996.

Jalby Ch., *La police technique et scientifique,* 4e éd., « Que sais-je ? », PUF, 2017.

Maestracci N., *Les drogues,* « Que sais-je ? », PUF, 2005.

Collectif, *Livre blanc – Sécurité routière, drogues licites ou illicites et médicaments, rapport au premier ministre,* La documentation française, 1996.

> Ouvrages étrangers

Axelrod A., Antinozzi G., *The complete idiot's guide to Forensics,* 2nd ed., Alpha, 2007.

Beauthier J.-P., *Traité de médecine légale,* 2e éd., De Boeck, 2011.

Coquoz R., Comte J., Hall D., Hicks T., Taroni F., *Preuve par l'ADN, La génétique au service de la justice,* 3e éd., « Sciences forensiques », Presses polytechniques et universitaires romandes, 2013.

Jackson A. R. W., Jackson J. M., *Forensic science,* 4th ed., Pearson, 2019.

Lyle D. P., *Forensic for dummies,* 2nd ed., John Wiley & Sons, 2016.

Martin J.-Cl., *Investigation de scène de crime,* 3e éd., Presses polytechniques et universitaires romandes, « Sciences forensiques », 2010.

13.2 L'alcool – données médico-légales

A. Alcool et comportement

L'alcool désigne au sens chimique plusieurs composés apparentés, tels l'alcool éthylique (éthanol, tiré du vin ou des boissons fermentées, CH_3—CH_2—OH), l'alcool méthylique (méthanol, tiré du bois), l'alcool isopropylique (isopropanol) etc. Dans le sens courant ici employé, le terme alcool désigne l'éthanol, l'alcool des boissons fermentées.

Les alcools pénètrent la membrane des cellules nerveuses, perturbent leurs transmissions, entraînent un effet désinhibiteur en même temps qu'une surestimation du moi : pour des alcoolémies de l'ordre de 0,50 g/l, des tâches cognitives sont effectuées aussi vite ou plus rapidement qu'à jeun mais avec une augmentation importante du nombre d'erreurs. La multiplication du risque de provoquer un accident routier mortel est estimée à une valeur proche de 10 pour l'ensemble des alcoolémies dépassant 0,8 g/l ; tandis que ce risque est doublé pour les alcoolémies comprises entre 0,5 et 0,8 g/l (étude Inrets, 1977).

Outre son effet sur les cellules nerveuses, le méthanol (alcool de bois) présente la particularité de se dégrader dans l'organisme en deux composés fortement toxiques, le formaldéhyde et l'acide formique.

Dans la législation, la mesure de l'alcoolémie s'opère sur le sang total et non sur le plasma (le rapport entre l'alcool plasmatique et l'alcool dans les globules rouges est proche de 1,5). Les cellules cérébrales s'équilibrant avec les concentrations plasmatiques, la concentration de l'alcool dans le plasma constitue une mesure plus représentative de l'intoxication cérébrale. Le sang veineux est par ailleurs moins représentatif de l'intoxication cérébrale que le sang artériel.

La loi française définit deux valeurs légales maximales de l'alcool dans l'organisme du conducteur, celle du taux sanguin et celle de l'air expiré, sans définir l'une par rapport à l'autre. Si l'on constate certes un rapport moyen entre ces deux taux, puisque l'alcool dans l'air expiré est statistiquement 2 000 à 2 100 fois plus faible que l'alcool dans le sang, on ne peut cependant établir de correspondance systématique.

L'intoxication alcoolique chronique se mesure par le taux de l'enzyme gamma-glutamyl-transpeptidase (dite gamma GT).

B. Cinétique de l'alcool, estimation et reconstitution de taux

Phase d'absorption/phase d'élimination. Après ingestion, l'alcool est absorbé par l'estomac, à hauteur de 20 %, puis à hauteur de 80 % par l'intestin grêle, selon une durée dépendant de la teneur en alcool de la boisson consommée et de la présence, dans l'estomac, de nourriture, qui ralentit l'absorption. C'est la phase d'absorption, où la proportion d'alcool dans le sang augmente jusqu'à atteindre un pic à partir duquel elle décroît, c'est alors la phase d'élimination. On estime entre 1 h 30 et 2 h maximum la durée de la phase d'absorption, elle débute après la dernière prise d'alcool.

À consommation égale, le taux d'alcool dans le sang varie selon la masse corporelle, sous cette réserve que la graisse n'absorbe pas l'alcool. Ce qui explique qu'à consommation et poids égaux, un corps féminin contiendra une plus grande proportion d'alcool dans le sang qu'un corps masculin.

Le pic d'alcoolémie peut être calculé selon la formule dite de **Widmark** T = A/(P X R), où A est l'alcool consommé, T le taux maximal (pic), P le poids de la personne, et R un facteur de diffusion de l'alcool dans la masse corporelle, dit de **Widmark**, estimé à 0,68 pour l'homme et à 0,55 pour la femme. Exemple : une femme de 64 kg consommant un whisky (environ 7,5 g d'alcool), son taux maximal sera de : 7,5/ (64 X 0,55) = 0,21 g/l.

On estime généralement que le taux d'alcoolémie décroît d'environ 0,15 g/l par heure en phase d'élimination, des études montrent que le taux d'élimination varie de 0,12 g/l à 0,25 g/l par heure, avec un taux moyen de 0,18 g/l.

Si l'heure de la dernière ingestion est connue, l'analyse *a retro* du taux d'alcool C_a, en phase d'élimination, s'opère selon la formule suivante : $C_a = C_b + T\beta$; où C_b = taux relevé, T = temps en heure entre le prélèvement et l'accident, si ce dernier est postérieur au pic d'absorption, et β le taux d'élimination par heure, dont la valeur peut être exprimée en hypothèse basse (0,12 g/l), la plus favorable à l'intéressé, ou moyenne (0,18 g/l) ou haute (0,25 g/l).

Exemple.

Dernière consommation à 23 h 00 (soit une fin de période d'absorption à 1 h 00), accident à 2 h 00, prélèvement à 4 h 00, taux à 0,70 g/l, taux d'élimination de 0,12 g/l. Taux lors de l'accident : 0,70 g/l + 2 X 0,12 g/l= 0,94 g/l.

13.3 Les conditions de recherche et de mesure de l'imprégnation alcoolique

A. Les cas de vérification de l'alcoolémie

1. Le dépistage en matière de circulation routière en cas d'infraction routière ou d'accident (C. route, art. L. 234-3)

Les personnes suivantes sont soumises, par les OPJ ou APJ, ou, sous l'ordre et la responsabilité des OPJ, *les APJ adjoints,* (L. n° 2011-267, 14 mars 2011), « *à des vérifications destinées à établir l'état alcoolique, qui peuvent être précédées* » (réd. issue L. n° 2021-646, 25 mai 2021) des épreuves de dépistage de l'imprégnation alcoolique par l'air expiré (C. route, art. L. 234-3) :

– auteur présumé d'une infraction prévue par le code de la route et passible de la peine complémentaire de suspension de permis de conduire ;

– conducteur ou accompagnateur de l'élève conducteur impliqué dans un accident quelconque de la circulation ayant occasionné ou non un dommage corporel ;

– auteur présumé d'une infraction quelconque au code de la route (depuis L. n° 2016-41, 26 janv. 2016, auparavant le dépistage était limité, en dehors de cas précités, aux infractions à la vitesse du véhicule ou au port de la ceinture de sécurité ou du casque).

Les gardes champêtres sont également autorisés à procéder au dépistage de l'imprégnation alcoolique par l'air expiré à l'occasion des infractions au C. route qu'ils sont autorisés à constater (CSI, art. L. 521-1).

Le refus de dépistage caractérise l'infraction visée au n° **36.17**.

2. Le dépistage préventif (C. route, art. L. 234-9)

Les OPJ, soit sur instruction du procureur de la République, soit à leur initiative, et sur l'ordre et sous la responsabilité des OPJ, les APJ et *les APJ adjoints,* (L. n° 2011-267, 14 mars 2011), peuvent, même en l'absence d'infraction préalable ou d'accident, soumettre toute personne qui conduit un véhicule ou qui accompagne un élève conducteur à des épreuves de dépistage de l'imprégnation alcoolique par l'air expiré (C. route, art. L. 234-9).

Depuis L. n° 2019-222, 23 mars 2019, les APJ peuvent également procéder d'initiative à de tels dépistages, sous la réserve que les APJ adjoints ne peuvent y procéder sous leur ordre et responsabilité (C. route, art. L. 234-9 mod. par L. n° 2019-222, 23 mars 2019).

Le refus de dépistage constitue l'infraction visée au n° **36.17**.

3. Le contrôle de l'état alcoolique en cas de crime, de délit, ou d'accident de la circulation – Les prescriptions du code de la santé publique (art. L. 3354-1)

Les OPJ ou APJ *doivent,* lors de la constatation d'un crime, d'un délit, ou d'un accident de la circulation, faire procéder, sur la personne de l'auteur présumé, aux vérifications de l'article L. 234-4 du code de la route (décrites ci-dessous en **B**) destinées à établir la preuve de la présence d'alcool dans son organisme lorsqu'il semble que le crime, le délit ou l'accident a été commis ou causé sous l'empire d'un état alcoolique. Ces vérifications sont obligatoires dans tous les cas de crimes, délits ou accidents suivis de mort. « *Dans tous les cas où elles peuvent être utiles* », elles sont également effectuées sur la victime.

Ces mêmes vérifications peuvent être effectuées à la demande de ou des auteurs présumés ou de la ou des victimes, sur leur propre personne (CSP, art. R. 3354-2).

La mesure est de nature à corroborer le cas échéant la circonstance aggravante d'état d'ivresse manifeste prévue en matière de **violences volontaires** (C. pén., art. **222-12**, v. n° **20.25** et **20.26** ; **222-13**, v. n° **20.29** et **20.30**), de **viol** (C. pén., art. **222-24**, v. n° **20.74**), **d'agression sexuelle** (C. pén., art. **222-28**, v. n° **20.81** ; **222-30**, v. n° **20.84**) ou **d'atteinte sexuelle** (C. pén., art. **227-25**, v. n° **21.35**).

Le refus de se soumettre aux vérifications caractérise l'infraction visée au n° **36.18**.

B. La mesure probatoire de l'état alcoolique

Lorsque les épreuves de dépistage permettent de présumer l'existence d'un état alcoolique (cas du dépistage dit positif) (C. route, art. L. 234-4 et L. 234-9) ou lorsque l'état d'ivresse du conducteur ou de l'accompagnateur d'un élève conducteur est manifeste (C. route, art. L. 234-6), ou lorsque le conducteur ou l'accompagnateur de l'élève conducteur refuse de les subir, ou en cas d'« *impossibilité de les subir attestée par le médecin requis* » (mod. issue L. n° 2021-646, 25 mai 2021), les OPJ ou APJ font procéder aux vérifications destinées à établir la preuve de l'état alcoolique (C. route, art. L. 234-4). Ces vérifications sont faites soit par éthylomètre (v. n° **13.5**), soit par analyse de sang (v. n° **13.6**). En cas de dépistage préventif effectué en l'absence d'infraction préalable ou d'accident (v. **A2** ci-dessus), la preuve par l'analyse de sang ne peut cependant intervenir qu'en cas d'incapacité physique, attestée par le médecin requis, de subir l'épreuve de l'éthylomètre (C. route, art. L. 234-9). La loi « *ne prévoit pas pour les auteurs des infractions [...] et les conducteurs impliqués dans un accident de la circulation le droit de choisir entre deux modes de vérifications, auxquels la loi accorde la même valeur probante* » (Crim. 27 oct. 1993, n° 93-81.570, P n° 316).

S'il s'agit de caractériser l'infraction de conduite en état d'ivresse manifeste (v. n° **36.7**) ou d'ivresse publique et manifeste (v. n° **28.16**), la preuve de l'ivresse manifeste est établie par tout moyen (procès-verbal, témoignage, etc.), la mesure de l'imprégnation alcoolique par éthylomètre ou analyse sanguine, si elle est effectuée, ne faisant alors que corroborer les faits.

Pour caractériser l'infraction de conduite d'un véhicule sous l'influence de l'alcool sans signe d'ivresse manifeste, la preuve de l'état alcoolique ne peut être rapportée que par éthylomètre ou prélèvement sanguin.

S'agissant de la recherche de l'imprégnation alcoolique opérée dans le cadre des dispositions du code de la santé publique (v. **A3** ci-dessus) lors d'un crime, d'un délit ou d'un accident, la preuve de l'état alcoolique est aussi rapportée selon les mêmes modes : éthylomètre ou prélèvement sanguin. Dans ce cas, il ne s'agit cependant que de rechercher le rôle causal joué par l'alcool dans la commission d'une infraction dont les éléments constitutifs sont indifférents à l'alcoolémie. Cette dernière pourra donc, sans nuire à la validité des poursuites, être démontrée par d'autres modes de preuve.

13.4 Les techniques de dépistage de l'état alcoolique, l'éthylotest

Les opérations de dépistage sont effectuées au moyen d'un appareil, dit éthylotest, conforme à un type homologué (C. route, art. R. 234-2) selon des modalités définies par le D. n° 2008-883, 1er sept. 2008 pour l'éthylotest électronique ou par le D. n° 2015-775, 29 juin 2015, pour l'éthylotest chimique (anct Arr. 21 mars 1983, *JO* 2 avr., p. 3395, art. 12).

Mentionnons que l'absence de mention au procès-verbal d'enquête des caractéristiques propres à l'éthylotest est indifférente, celles relatives à l'éthylomètre étant seules déterminantes (Crim. 28 janv. 2014, n° 13-81.330, P n° 23).

A. L'éthylotest chimique de catégorie A dit Alcootest (utilisable une fois)

L'appareil comporte d'une part un dispositif permettant le contrôle du volume d'air expiré soumis à l'examen. Il s'agit d'une poche limitante, ne présentant aucun défaut d'étanchéité, qui permet d'obtenir un résultat de mesure représentatif de la concentration en alcool contenu dans l'*air alvéolaire* (air contenu dans les alvéoles pulmonaires). L'appareil est conçu pour que le prélèvement d'air ne nécessite pas un effort trop important.

L'alcootest comprend d'autre part un tube contenant une masse réactive virant au passage de l'air chargé d'éthanol injecté depuis la poche. Ce tube comporte un repère, sans indication chiffrée, au-delà duquel l'épreuve est considérée comme positive, au taux limite de 0,25 mg/l ou 0,35 mg/l.

Le tube réactif doit être scellé et étanche et placé dans un tube ou un sachet fermé et étanche, opaque si les réactifs sont sensibles aux effets de la lumière. Le produit réactif doit être stable aux températures inférieures à + 30° C.

Chaque homologation comporte l'attribution d'un numéro qui doit figurer de façon lisible et indélébile sur chaque appareil mis en vente ainsi que sur tous emballages. La date limite d'utilisation est imprimée, de façon indélébile, sur chaque appareil et sur les emballages.

B. L'ÉTHYLOTEST ÉLECTRONIQUE DE CATÉGORIE B (APPAREIL ÉLECTRIQUE UTILISABLE PLUSIEURS FOIS)

L'appareil est conçu pour effectuer l'analyse d'une proportion significative d'air alvéolaire. Pour ne pas imposer un effort trop important, l'instrument ne nécessite pas une pression d'expiration > 40 hPa. Il contrôle la continuité de l'expiration en indiquant l'annulation du débit d'air expiré.

Autonome, il interdit tout affichage des résultats si l'alimentation électrique est insuffisante, un voyant vert signale que l'appareil est prêt pour effectuer une mesure.

La concentration en alcool est affichée, exprimée en milligrammes par litre d'air expiré, par échelon de 0,05 mg/l, l'arrondi se faisant à l'échelon inférieur.

Un témoin lumineux rouge doit rester allumé pour toute valeur > à la concentration maximale admise par le code de la route.

L'appareil comporte au dos une étiquette indestructible comportant le numéro et la date d'homologation, la marque et la raison sociale de l'entreprise, le numéro de série. La notice d'emploi précise notamment l'intervalle de temps minimum devant séparer, en fonction des concentrations relevées, deux analyses consécutives.

13.5 La preuve de l'état alcoolique par l'éthylomètre

A. L'ÉTHYLOMÈTRE, INSTRUMENT DE MESURE HOMOLOGUÉ

Les vérifications destinées à établir la preuve de l'état alcoolique sont faites au moyen d'un appareil, qui doit être conforme à un type homologué (C. route, art. L. 234-4), permettant de déterminer la concentration d'alcool par analyse de l'air expiré.

L'éthylomètre entre dans la catégorie réglementée des instruments de mesure pouvant servir de base à des poursuites pénales ou à des décisions ou sanctions administratives (D. n° 2001-387, 3 mai 2001, art. 1) (pour le cinémomètre qui obéit aux mêmes prescriptions, v. n° **36.74G**).

Chaque type d'appareil est soumis à un « *examen de type* », effectué par le ministre chargé de l'Industrie ou par un organisme spécialisé désigné par lui, qui valide la conception de l'instrument et donne lieu à délivrance d'un certificat (D. n° 2001-387, 3 mai 2001, art. 6 et 7). Une marque attestant de la conformité au type doit être apposée sur chaque instrument (D. n° 2001-387, 3 mai 2001, art. 11). Ce **certificat d'examen de type** constitue l'homologation prévue à l'article L. 234-4 du code de la route (Arr. 8 juill. 2003, NOR : INDI0301735A, *JO* 20 juill., p. 12276, art. 2). Il est valable 10 ans et peut être prorogé pour des périodes n'excédant pas la même durée. Si la validité du certificat d'examen n'est pas prorogée, les instruments mis auparavant en service en conformité avec ce certificat continuent à pouvoir être utilisés et réparés (D. n° 2001-387, 3 mai 2001, art. 6).

Les instruments fabriqués font en outre l'objet d'une « *vérification primitive* », attestant du respect des exigences de leur catégorie, qui consiste, soit en une surveillance du système de l'assurance de la qualité mis en œuvre par le fabriquant ou le réparateur, soit en un contrôle unitaire ou statistique des appareils (D. n° 2001-387, 3 mai 2001, art. 14, 18 et

19, Arr. 8 juill. 2003, art. 11). L'appareil reçoit alors une marque de vérification primitive (D. n° 2001-387, 3 mai 2001, art. 15).

L'appareil est enfin soumis à un « *contrôle en service* », sous forme d'une « *vérification périodique* », qui consiste à faire vérifier par un laboratoire agréé que l'instrument reste conforme aux exigences qui lui sont applicables (D. n° 2001-387, 3 mai 2001, art. 27 et 30, Arr. 8 juill. 2003, art. 13 et 14). Cette **vérification est annuelle**, sauf durant les cinq premières années de mise en service d'un appareil neuf, où deux vérifications annuelles, non consécutives, peuvent n'être pas effectuées, à l'exception de celle de la première année (Arr. 8 juill. 2003, art. 2. 2° et 13). En cas de réparation, un appareil est également soumis à une vérification primitive, mais cette dernière ne dispense d'aucune vérification annuelle (Arr. 8 juill. 2003, art. 2. 2° et 13). Le contrôle est attesté par l'apposition d'une **vignette de vérification périodique**, qui doit être visible en même temps que le résultat de mesurage (D. n° 2001-387, 3 mai 2001, art. 27, Arr. 8 juill. 2003, art. 14). La vérification primitive tient lieu de premier contrôle périodique et donne lieu à l'apposition de cette même vignette (D. n° 2001-387, 3 mai 2001, art. 15, Arr. 8 juill. 2003, art. 12).

Une cour d'appel retient à bon droit que « *les mentions relatives à l'homologation et à la vérification annuelle de l'éthylomètre utilisé suffisaient à établir le bon fonctionnement de cet appareil* » (Crim. 28 janv. 2014, n° 13-81.330, P n° 23).

Est censurée la décision qui refuse de faire droit à la demande du prévenu de production de « *la copie du carnet de métrologie de l'appareil* » et de vérifier si les dates de mise en service et de vérification primitive de celui-ci permettaient d'utiliser l'appareil à des fins probatoires (Crim. 6 mars 2018, n° 17-82.734, P ; dans le même sens : Crim. 28 mars 2023, n° 22-84.077, D). Est également censurée la cour d'appel qui s'abstient, malgré l'irrégularité alléguée, « *de rechercher si l'appareil utilisé était un instrument neuf mis en service depuis moins de cinq ans et pouvant à ce titre être dispensé pendant cette période de deux vérifications, ce qui ne se déduisait pas de la date de sa vérification primitive, laquelle, aux termes de l'article 14 du décret du 3 mai 2001, est susceptible d'intervenir sur un instrument réparé* » (Crim. 7 févr. 2017, n° 16-80.514, D).

B. Les caractéristiques techniques de l'instrument

1. Le principe de fonctionnement de l'appareil et la prise en compte de sa marge d'erreur

L'éthylomètre doit être conforme à la recommandation internationale R. 126, édition 1998, de l'Organisation internationale de métrologie légale (OIML), rendue obligatoire par l'arrêté du 8 juillet 2003, art. 4.

L'instrument mesure, en milligramme par litre d'air expiré (§ 4), par échelon de 0,01 mg/l (§ 6.2) sur une plage allant de 0,00 mg/l à 3,00 mg/l (§ 6.1), la concentration d'éthanol de l'air profond des poumons, qui provient des alvéoles pulmonaires (§ 3.1 et 3.4). Pour ne pas imposer un effort trop important, l'instrument ne nécessite pas une pression d'expiration > 25 hPa (§ 6.6.4).

Les tolérances maximales sont les suivantes (§ 5.1.2) :

Tableau 14 : Tolérances de mesure de l'éthylomètre

Tolérance maximale	Concentration mesurée
+/– 0,032mg/l	< 0,400 mg/l
+/– 8 % de la valeur mesurée	⩾ 0,400 mg/l < 2,000 mg/l
+/– 30 % de la valeur mesurée	⩾ 2,000 mg/l

Toutefois, pour les éthylomètres ayant fait l'objet d'un certificat d'examen de type antérieur à l'entrée en vigueur de l'arrêté du 8 juillet 2003, la tolérance maximale est de +/– 15 % de la valeur mesurée pour les concentrations ⩾ 1,000 mg/l et ⩽ 2,000 mg/l (Arr. 8 juill. 2003, art. 15 et 25).

Au-delà du seuil maximal technique de 3,00 mg/l, aucun résultat de mesure ne doit être délivré, ou seulement la limite supérieure de 3,00 mg/l, (§ 6.7.4).

Revenant sur sa jurisprudence antérieure (Crim. 24 juin 2009, n° 09-81.119, P n° 134) et rejoignant la position du Conseil d'État (CE 5e et 6e ch. réunies, 14 févr. 2018, n° 407014), la C. cass. estime désormais que « *le juge, lorsqu'il est saisi d'une infraction pour conduite sous l'empire d'un état alcoolique, doit vérifier que, dans le procès-verbal qui fonde la poursuite, il a été tenu compte, pour interpréter la mesure du taux d'alcool effectuée au moyen d'un éthylomètre, des marges d'erreur maximales prévues* » par l'AM 8 juill. 2003, art. 15 (Crim. 26 mars 2019, n° 18-84.900, P n° 61). En application de la présomption d'innocence dont découle le bénéfice du doute (§ 8), « *lorsque la personne ayant fait l'objet d'une vérification d'alcoolémie est soumise à un second contrôle en application de C. route, art. R. 234-4, seul le taux qui lui est le plus favorable doit être retenu et se voir appliquer la marge d'erreur* » (§ 9) (Crim. 14 déc. 2021, n° 20-86.969, P).

« *Aucune disposition légale ou réglementaire n'impose que les imprimés délivrés, le cas échéant, par l'éthylomètre, soient joints à la procédure pour établir le bon fonctionnement de l'appareil, de sorte que la validité du contrôle d'alcoolémie par un éthylomètre ne saurait être remise en cause du seul chef de l'absence d'émission, lors de ces opérations, d'un ticket reproduisant les résultats* » (Crim. 7 déc. 2021, n° 21-81.370, D).

2. L'AUTO-CONTRÔLE DE L'APPAREIL

L'éthylomètre doit indiquer qu'il est prêt à effectuer un mesurage, ou y faire obstacle s'il n'est pas prêt (§ 6.6.5). Il vérifie automatiquement son fonctionnement correct avant chaque mesurage (§ 6.9.2, Arr. 8 juill. 2003, ann. § A.2.4), et ne doit pas donner de résultat en cas d'anomalie (§ 6.9.3).

L'appareil contrôle la continuité de l'expiration et doit signaler si le débit d'air est interrompu entre le début de l'expiration et la fin de l'échantillonnage ; un signal avertisseur doit confirmer la continuité effective de l'expiration (§ 6.6.3).

C. LES MODALITÉS DE MISE EN ŒUVRE DE L'ÉTHYLOMÈTRE

1. LES PRESCRIPTIONS DU CODE DE LA ROUTE

Le délai séparant la vérification de l'heure de l'infraction ou de l'accident ou d'un dépistage positif « *doit être le plus court possible* » (C. route, art. R. 234-4). L'OPJ ou APJ notifie immédiatement le résultat de la mesure du taux d'alcool à l'intéressé, et l'avise qu'il peut demander un second contrôle, qui est de droit s'il le réclame. Il est immédiatement effectué après vérification du bon fonctionnement de l'appareil (C. route, art. L. 234-5). Le procureur de la République le juge d'instruction ou l'OPJ ou APJ ayant procédé à la vérification peuvent également décider un second contrôle (C. route, art. R. 234-4).

2. LE CYCLE DE MESURE, LA PRISE EN COMPTE DE LA CONSOMMATION RÉCENTE D'ALCOOL

Chaque cycle comporte deux mesurages, chacun correspondant à une expiration (recommandation OIML R. 126, annexe I, § I.11 et I.2.2, Arr. 8 juill. 2003, ann. A.1.1).

En cas de consommation récente de boissons alcoolisées, la présence d'alcool dans les voies aériennes supérieures est susceptible de fausser le résultat. L'appareil doit donc invalider le cycle de mesure complet s'il détecte la présence d'éthanol dans les voies aériennes supérieures (annexe I, § I.3.4, Arr. 8 juill. 2003, ann. § A.1.e). De plus, deux modalités de mesure sont instituées, selon que l'éthylomètre est à poste fixe, car son utilisation suppose un temps minimum entre l'interception et la mesure, ou qu'il est portatif, car ce type est utilisé sur place sans délai (§ 5.5.1). Chacun de ces appareils relève d'un cahier des charges particulier.

L'éthylomètre à poste fixe doit porter la mention suivante, lisible en même temps que le dispositif indicateur, « *ne pas souffler moins de 30 mn après avoir absorbé un produit* ». Si les mesures diffèrent de 10 % de la plus petite valeur, ou de 0,032 mg/l, l'appareil invalide le cycle et deux nouvelles mesures doivent être réalisées (recommandation OIML R. 126, ann. I, § I.1, Arr. 8 juill. 2003, ann. A.1.1).

Pour les éthylomètres portatifs, qui portent une mention identique, la durée écoulée depuis la dernière consommation est, selon les caractéristiques techniques de l'appareil, d'au moins 30 ou 10 mn (recommandation OIML R. 126, annexe I, § I.2, Arr. 8 juill. 2003, ann. A.1.2).

Il appartient au prévenu de rapporter la preuve d'un grief résultant du non-respect du délai d'attente séparant la dernière consommation et le contrôle par éthylomètre (Crim. 13 oct. 2009, n° 09-82.015, P n° 166 ; Crim. 3 févr. 2009, n° 08-86.990, D ; Crim. 16 févr. 2011, n° 10-85.795).

Le refus de signer le procès-verbal de vérification et de notification de l'état d'alcoolémie n'affecte en rien sa validité (Crim. 2 sept. 2020, n° 19-84.665, P).

13.6 La preuve par les vérifications médicales, cliniques et biologiques

Lorsque la preuve de l'état alcoolique n'est pas effectuée par éthylomètre, les vérifications destinées à établir la preuve de l'état alcoolique sont faites au moyen d'analyses ou examens médicaux, cliniques ou biologiques (C. route, art. L. 234-4 et L. 234-9).

Lorsque la mesure de l'état alcoolique n'est pas réalisée par éthylomètre (CSP, art. R. 3354-1), les opérations suivantes sont successivement réalisées (CSP, art. R. 3354-3).

A. L'examen de comportement par l'OPJ ou APJ (CSP, art. R. 3354-4) – la fiche A

L'OPJ ou APJ appelé à constater l'infraction ou l'accident de la circulation procède sans délai, sur le ou les auteurs présumés et la ou les victimes, à un examen de comportement dont le résultat est consigné sur une fiche d'examen de comportement, dite fiche A, dont il conserve copie.

En cas de mort ou de blessures graves empêchant de procéder à l'examen du comportement, cette fiche se borne à indiquer les circonstances de l'infraction et de l'accident.

Mentionnons que les dispositions « *selon lesquelles les opérations de contrôle de l'imprégnation alcoolique sont précédées d'un examen du comportement de la personne concernée, ne sont pas prescrites à peine de nullité* », l'absence de cet examen étant palliée par l'examen clinique relaté dans la fiche B (Crim. 20 mars 2018, n° 17-81.238, P n° 46).

B. L'examen clinique médical avec prise de sang, la fiche B (C. route, art. L. 234-4 et CSP, art. R. 3354-5)

L'examen clinique est réalisé par un médecin ou, à défaut, par un interne ou par un étudiant en médecine autorisé, l'un ou l'autre requis par l'OPJ ou l'APJ (CSP, art. R. 3354-5).

La prise de sang est effectuée par un médecin, un interne en médecine, un étudiant en médecine autorisé ou un infirmier (C. route, art. L. 234-4, mod. par L. n° 2019-222, 23 mars 2019). Cette loi, jugée conforme à la Constitution (Cons. const, 21 mars 2019, n° 2019-778 DC, § 208), permet donc de recourir à un infirmier, ce que ne prévoyait pas CSP, art. R. 3354-5.

L'examen clinique et la prise de sang sont effectués dans le plus court délai possible après l'infraction ou l'accident. Sauf cas de mort, ce délai ne dépasse pas 6 h. S'il ne peut y être procédé en temps utile, mention de cette circonstance est portée au procès-verbal (CSP, art. R. 3354-6).

Les résultats de l'examen clinique médical sont consignés sur une fiche dite fiche B, que le médecin remet à l'OPJ ou APJ (CSP, art. R. 3354-9).

La prise de sang est réalisée en se conformant aux méthodes prescrites par arrêté du ministre de la santé, à l'aide d'un nécessaire pour prélèvement remis par l'OPJ ou APJ, qui assiste au prélèvement sanguin (CSP, art. R. 3354-7). Le sang prélevé est réparti également entre deux échantillons étiquetés et scellés par l'OPJ ou APJ (CSP, art. R. 3354-8).

Le prélèvement de sang sur cadavre est effectué « *par écoulement direct, dans une louche, lors de la section des vaisseaux de la base du cœur dressé pointe à la verticale, après section longitudinale du péricarde* », ou « *par sondage et aspiration à la seringue des artères fémorales ou sous clavières* ». En cas d'impossibilité, le médecin doit rédiger un protocole des opérations, afin que puisse être établie la valeur du prélèvement. La conservation du sang est assurée en ajoutant du merthiolate de sodium à la concentration de 1/5000 (CSP, art. R. 3354-10, Arr. 27 sept. 1972, *JO* 30 nov., p. 12409).

C. L'analyse du sang par un expert, la fiche C

L'OPJ ou l'APJ adresse le premier échantillon de sang à un biologiste expert inscrit sous une rubrique spéciale de la liste des experts près la cour d'appel, accompagné de 4 exemplaires des fiches A et B, le deuxième échantillon, accompagné d'un exemplaire des mêmes fiches, à un autre biologiste expert de la même liste. Ce dernier procédera le cas échéant à l'analyse de contrôle de cet échantillon qu'il a charge de conserver durant 9 mois (CSP, art. R. 3354-14). Le biologiste expert consigne les résultats sur une fiche dite C, et en adresse directement un exemplaire, sous pli fermé et confidentiel, à l'intéressé, au procureur de la République et au médecin inspecteur départemental de santé publique du lieu du crime, du délit ou de l'accident. La fiche C est communiquée à l'OPJ ou APJ (CSP, art. R. 3354-11).

Dans le cas où les vérifications sont faites à la suite d'un accident de la circulation, l'échantillon de sang peut être analysé par le laboratoire d'un établissement assurant le service public hospitalier. La fiche C est en outre adressée au préfet (CSP, art. R. 3354-12).

Le procureur de la République, le juge d'instruction et la juridiction de jugement, ainsi que l'intéressé dans un délai de cinq jours suivant la notification des résultats de l'analyse, peuvent demander une analyse de contrôle (CSP, art. R. 3354-14). Cette analyse est confiée au second biologiste expert précité. Son résultat est communiqué à l'intéressé, au procureur de la République du lieu des faits, et à l'autorité qui l'a saisi (juge d'instruction ou juridiction de jugement) (CSP, art. R. 3354-14).

D. Les techniques de recherche et de dosage d'alcool dans le sang

Le dosage de l'alcool est opéré soit par séparation dans un appareil de distillation, conformément aux dispositions de l'arr. du 27 septembre 1972, soit par la technique de la chromatographie en phase gazeuse (Arr. 6 mars 1986, *JO* 16 mars, p. 4365).

E. L'interprétation médicale des résultats recueillis

Un médecin expert, inscrit sous une rubrique spéciale de la liste des experts de la cour d'appel (CSP, art. R. 3354-20), est chargé de donner un avis aux autorités judiciaires près desquelles il exerce ses fonctions, sur l'imprégnation des personnes qui ont subi des vérifications de l'état alcoolique (CSP, art. R. 3354-15). Après avoir pris connaissance des fiches A, B et C, il établit un rapport d'expertise où il expose son avis circonstancié et ses conclusions (CSP, art. R. 3354-15). Il adresse le rapport et les fiches au procureur de la République sous pli fermé et sous timbre confidentiel (CSP, art. R. 3354-16).

L'intéressé peut, à ses frais, sur demande adressée au procureur de la République, obtenir communication du rapport d'expertise (CSP, art. R. 3354-16).

13.7 Stupéfiants - Définition, nomenclature et régime des stupéfiants

A. Le régime des stupéfiants

1. La définition et la nomenclature des stupéfiants

Avec les psychotropes et les médicaments inscrits sur les listes I et II, les stupéfiants relèvent de la catégorie générale des **substances vénéneuses** (sur le régime des substances vénéneuses, CSP, art. **L. 5432-1**, v. nº **29.46**).

Si les « *substances stupéfiantes* », ainsi désignées au CSP, art. **L. 5132-1** 3°, ne font pas l'objet d'une définition prévue par la loi, mais seulement d'une nomenclature établie par l'autorité administrative, il n'en reste pas moins que « *la notion de stupéfiants désigne des substances psychotropes qui se caractérisent par un risque de dépendance et des effets nocifs pour la santé. En incluant ces substances parmi les substances nocives pour la santé humaine, le législateur n'a pas adopté des dispositions imprécises* » (§ 17), en outre, le législateur n'a pas méconnu l'étendue de sa compétence « *en renvoyant à l'autorité administrative le pouvoir de classer certaines substances dans cette catégorie, il n'a pas non plus conféré au pouvoir réglementaire la compétence pour fixer des règles dont la détermination n'a été confiée par la Constitution qu'à la loi. Il appartient à l'autorité administrative, sous le contrôle du juge, de procéder à ce classement en fonction de l'évolution de l'état des connaissances scientifiques et médicales* » (§ 18) (Cons. const. 7 janv. 2022, nº 2021-960 QPC). Notons que la définition donnée par le Cons. const. est proche de celle formulée *a contrario* par la CJUE qui précise que la substance qui « *n'apparaît pas avoir d'effet psychotrope et d'effet nocif sur la santé humaine sur la base des données scientifiques disponibles* » n'est pas un stupéfiant (§ 17) (CJUE, 19 nov. 2020, *B.S et C.A c/ Ministère public et Conseil national de l'ordre des pharmaciens*, aff. C-663/18, arrêt dit *Kanavape*, v. cette décision en **B3** ci-dessous).

Les substances stupéfiantes sont ainsi les substances classées comme telles par l'autorité administrative (ministre de la santé puis directeur général de l'Agence nationale de sécurité du médicament et des produits de santé depuis L. nº 2020-1525, 7 déc. 2020) en application de CSP, art. **L. 5132-7** régissant les substances vénéneuses. La nomenclature des stupéfiants est fixée par l'arrêté ministériel du 22 février 1990, NOR : SPSM9000498A, *JO* 7 juin, p. 6678, régulièrement complété, fixant la liste des substances classées comme stupéfiants, le cas échéant en exécution de conventions internationales comme la Convention unique sur les stupéfiants du 30 mars 1961 (rendue exécutoire par décret de publication du 2 mai 1968) et la convention de Vienne sur les substances psychotropes de 21 février 1971 (publié par D. nº 77-41, 11 janv. 1977).

Au sens pénal, par renvoi aux dispositions du CSP, « *constituent des stupéfiants [...] les substances et plantes classées comme stupéfiants en application de CSP, art. L. 5132-7* » précité (C. pén., art. **222-41**). En cohérence avec la décision susvisée Cons. const. 7 janv. 2022, nº 2021-960 QPC, C. pén., art. 222-41, est également jugé constitutionnel au motif que « *la notion de stupéfiants, qui désigne des substances psychotropes se caractérisant par un risque de dépendance et des effets nocifs pour la santé, est suffisamment claire et précise pour garantir contre le risque d'arbitraire* » (§ 12), qu'« *en renvoyant à l'autorité administrative le pouvoir de classer certaines substances comme stupéfiants, le législateur n'a pas conféré au pouvoir réglementaire la compétence pour déterminer les éléments constitutifs des infractions qui s'y réfèrent. Il appartient à l'autorité administrative, sous le contrôle du juge, de procéder à ce classement en fonction de l'évolution de l'état des connaissances scientifiques et médicales* » (§ 13), qu'« *en faisant de la notion de stupéfiants un élément dont dépend le champ d'application de certaines infractions pénales, le législateur n'a pas méconnu le principe de légalité des délits et des peines* » (Cons. const. 11 févr. 2022, nº 2021-967/973 QPC).

À la définition et à la nomenclature qui précèdent, s'ajoute notamment l'interprétation faite par la CJUE du droit de l'UE et des conventions internationales régissant les stupéfiants (v. la jurisprudence relative au cannabidiol exposée en **B3** ci-dessous, interprétant notamment la convention unique sur les stupéfiants conclue à New York le 30 mars 1961).

2. La police administrative des stupéfiants et les incriminations pénales

Les substances vénéneuses, parmi lesquelles les stupéfiants, sont soumises à une police administrative spéciale visant notamment à règlementer leur production, leur commerce et leur emploi.

Les professions réglementées habilitées à transformer et distribuer ces substances vénéneuses, y compris les substances stupéfiantes ne faisant pas l'objet d'une interdiction absolue, sont soumises à des règles encadrant la production, la distribution, la prescription et la délivrance de ces substances (sur le régime des substances vénéneuses, CSP, art. **L. 5432-1**, v. nº **29.46**).

Les opérations illicites commises par toute personne, en particulier les non-professionnels, portant sur certaines substances vénéneuses, en l'espèce les substances psychotropes et les médicaments inscrits sur les listes I et II, sont incriminées par CSP, art. **L. 5432-2**, v. nº **29.46**).

Les opérations illicites portant sur les stupéfiants sont spécialement incriminées par C. pén., art. **222-34 s.** (v. nº **28.1** s.) et l'usage illicite de ces stupéfiants par le CSP, art. **L. 3421-1** (v. nº **28.11**).

B. La nomenclature des principaux stupéfiants et des précurseurs de drogue

1. Les opiacés (Conv. Vienne 30 mars 1961)

• **Opium.** Latex épaissi extrait de la variété de pavot *Papaver somniferum* L dit pavot à opium.

• **Morphine.** Alcaloïde de l'opium, formes : morphine pharmaceutique (ampoules injectables), morphine de trafic (poudre beige foncé) (sur la pharmacocinétique de la morphine ou de ses dérivés, v. nº **13.8B**).

• **Héroïne** (diacétylmorphine ou diamorphine), synthétisée à partir de la morphine. Deux sortes : brown sugar (héroïne nº 3) et héroïne blanche (nº 4).

2. Coca et dérivés (Conv. Vienne 30 mars 1961)

• **Feuille de cocaïer.** Arbuste du genre érythroxylon (sauf si l'alcaloïde actif (ecgonine et dérivés) est neutralisé).

• **Cocaïne.** Ester méthylique de la benzoylecgonine, alcaloïde extrait de la feuille de coca. Poudre blanche cristalline.

• **Pasta ou sulfate de cocaïne, cocaïne base.** Produits intermédiaires dans la fabrication de cocaïne.

• **Crack.** Variante de transformation du sulfate de cocaïne.

3. Le cannabis (CSP, art. R. 5132-86 [anc^t R. 5181])

Principe actif : Delta 9 Tetra hydrocannabinol (THC) (sur la pharmacocinétique du cannabis, v. nº **13.8A**).

La convention unique sur les stupéfiants conclue à New York le 30 mars 1961, complétée par la convention des Nations unies contre le trafic illicite de stupéfiants et de substances psychotropes, conclue à Vienne le 20 déc. 1988, prohibe le « *cannabis* » et la « *plante de cannabis* », définis comme « *les sommités florifères ou fructifères de la plante de cannabis (à l'exclusion des graines et des feuilles qui ne sont pas accompagnées des sommités) dont la résine n'a pas été extraite, quelle que soit leur application* », et comme « *toute plante du genre cannabis* » (art. 1, § 1, sous b) et c), ainsi que « *les extraits et teintures de cannabis* » (art. 1, § 1, sous j).

CSP, art. R. 5132-86 (anc^t R. 5181) prohibe le cannabis, sa plante et sa résine et les préparations qui en contiennent ou en sont dérivées, les tétrahydrocannabinols et leurs dérivés. Ses formes sont les suivantes :

• **Herbe de cannabis** (herbe, marijuana, kif, ganja). Tiges, feuilles, sommités et graines séchées, émiettés ou en bloc ;

• **Résine de cannabis** (shit, haschich). Sécrétions résineuses des sommités, séchées et comprimées ;

• **Huile de cannabis.** Obtenue par distillation des feuilles ou de la résine.

La CJUE fut saisie à titre préjudiciel (Aix-en-Provence, 23 oct. 2018, n° 18/00250 ; dans le même sens : Crim. 14 mai 2019, n° 18-86.932), de la conformité au droit de l'Union, en l'espèce au principe de libre circulation, des règles internes françaises qui proscrivent la commercialisation du cannabidiol (CBD), extrait de la plante *Cannabis sativa*.

Répondant à cette saisine, la CJUE rappelle tout d'abord les considérants de son précédent arrêt CJUE, 16 déc. 2010, C-137/09, *Josemans*, dont les points sont ici cités, selon lesquels, d'une part, la nocivité des stupéfiants, y compris ceux à base de chanvre, tels que le cannabis, étant généralement reconnue, leur commercialisation est interdite dans tous les États membres de l'UE, exception faite d'un commerce strictement contrôlé en vue d'une utilisation à des fins médicales et scientifiques (§ 36) ; d'autre part, l'introduction de stupéfiants qui ne relèvent pas d'un circuit strictement surveillé, dans le circuit économique et commercial de l'Union, étant interdite, des personnes qui commercialisent ces produits ne sauraient se prévaloir de l'application des libertés de circulation ou du principe de non-discrimination, en ce qui concerne l'activité consistant en la commercialisation de cannabis (§ 62).

Toutefois, abordant la question soumise par les juridictions françaises, la CJUE expose que le CBD, bien que constituant un « *extrait de cannabis* » au sens littéral de la convention de Vienne du 30 mars 1961 précitée (§ 72), n'entre pas dans le but et l'esprit général de protection de la santé physique et morale poursuivi par cette convention (§ 73 et 75) en ce qu'il « *n'apparaît pas avoir d'effet psychotrope et d'effet nocif sur la santé humaine sur la base des données scientifiques disponibles* » (§ 72). Elle estime en conséquence, que le CBD « *ne constitue pas un stupéfiant, au sens de la convention unique* » (§ 76) et juge dès lors que « *les articles 34 et 36 TFUE doivent être interprétés en ce sens qu'ils s'opposent à une règlementation nationale interdisant la commercialisation du CBD légalement produit dans un autre État membre, lorsqu'il est extrait de la plante de cannabis sativa dans son intégralité et non de ses seules fibres et graines, à moins que cette règlementation soit propre à garantir la réalisation de l'objectif de la protection de la santé publique et n'aille pas au-delà de ce qui est nécessaire pour qu'il soit atteint* » (§ 96) (CJUE, 19 nov. 2020, *B.S et C.A c/ Ministère public et Conseil national de l'ordre des pharmaciens*, aff. C-663/18, arrêt dit *Kanavape*). Tirant les conséquences de cet arrêt préjudiciel, la Ch. crim. a statué dans les mêmes termes (§ 7) et, censurant la décision de condamnation, a invité la cour d'appel de renvoi à rechercher si « *les substances saisies n'avaient pas été légalement produites dans un autre État-membre de l'Union européenne* » (§ 12) (Crim. 23 juin 2021, n° 20-84.212, P ; dans le même sens : Crim. 19 janv. 2022, n° 21-81.458, D ; ajoutant qu'à défaut d'une telle recherche le juge renverse la charge de la preuve (§ 14)).

Si la CJUE n'a pas précisé ce qu'elle entendait par « *CBD légalement produit* », elle a toutefois souligné que dans le cas qui lui était soumis, le produit « *a été légalement produit et commercialisé en République tchèque* » (§ 77) et relevé en particulier que « *la variété de cannabis dont cette substance a été extraite, qui a été légalement cultivée en République tchèque, a une teneur en THC n'excédant pas 0,2 %* » (§ 72). Ce seuil correspond en effet à celui fixé en droit interne par l'arrêté du 24 févr. 2004 (NOR : SANP0420659A, *JO* 21 mars, p. 5508), modifiant l'arrêté du 22 août 1990 (NOR : SPSM9001750A, *JO* 4 oct., p. 12041), lequel est conforme à celui défini par les règlements européens n° 1307/2013 (art. 32, § 6) pour le chanvre produit sur le territoire de l'UE, et n° 1308/2013 (art. 189, § 1 a et b) pour le chanvre brut et les graines destinées à l'ensemencement importés sur le territoire de l'UE. Il résulte de cette décision interprétée *a contrario* que du CBD ne pourrait être considéré comme « *légalement produit* » s'il était extrait d'une variété de cannabis d'une teneur en THC supérieure à 0,2 %, interdite à la culture et à l'importation sur le territoire de l'Union, taux désormais élevé à 0,3 % par l'AM, 30 déc. 2021, NOR : SSAP2139161A, examiné ci-dessous.

L'arrêté du 24 févr. 2004 (NOR : SANP0420659A, *JO* 21 mars, p. 5508), modifiant l'arrêté du 22 août 1990 (NOR : SPSM9001750A, *JO* 4 oct., p. 12041), autorisait la culture, le commerce et l'utilisation industrielle de certaines variétés à fibre de *cannabis sativa* au taux de delta 9 THC ⩽ 0,20 %. Une méthode communautaire pour la détermination quantitative de la teneur en THC y était annexée.

L'arrêté du 30 déc. 2021, portant application de CSP, art. L. 5132-8 et R. 5132-86 II (devenu R. 5132-86-1 depuis D. n° 2022-194, 17 févr. 2022), NOR : SSAP2139161A, abroge les dispositions qui précèdent et prévoit désormais que « *sont autorisées la culture, l'importation, l'exportation et l'utilisation industrielle et commerciale des seules variétés de Cannabis sativa L., dont la teneur en delta-9-tétrahydrocannabinol n'est pas supérieure à 0,30 % et qui sont inscrites au catalogue commun des variétés des espèces de plantes agricoles ou au catalogue officiel des espèces et variétés de plantes cultivées en France* » (art. 1 I) ; toutefois « *Les fleurs et les feuilles des variétés mentionnées [ci-dessus] ne peuvent être récoltées, importées ou utilisées que pour la production industrielle d'extraits de chanvre. Sont notamment interdites la vente aux consommateurs de fleurs ou de feuilles brutes sous toutes leurs formes, seules ou en mélange avec d'autres ingrédients, leur détention par les consommateurs et leur consommation* » (art. 1 II) ; enfin « *la teneur en delta-9-tétrahydrocannabinol des extraits de chanvre, ainsi que des produits qui les intègrent, n'est pas supérieure à 0,30 %, sans préjudice des dispositions des articles 14 et 15 du règlement (CE) n° 178/ 2002 et de l'article 4 du règlement (CE) n° 767/2009* » (art. 1 III).

L'exécution de l'article 1 II , relatif à la prohibition de la vente aux consommateurs des fleurs et feuilles brutes des variétés de Cannabis sativa L. présentant un taux de delta-9-tétrahydrocannabinol inférieur à 0,30 %, a tout d'abord été suspendue par ordonnance du juge des référés du Cons. d'État (CE 24 janv., 2022, n° 460055). Ces dispositions ont ensuite été annulées par le Cons. d'État au motif, d'une part, que les fleurs et feuilles dont le taux est inférieur à 0,30 % ne peuvent être regardées « *en l'état des données de la science [...] comme revêtant une nocivité particulière [...] justifiant une mesure d'interdiction générale et absolue* » (§ 19), d'autre part, que « *le risque allégué de contestation systématique de l'infraction* », résultant de la ressemblance entre les variétés autorisées et celles présentant des propriétés stupéfiantes, n'est pas établi puisque la teneur en delta-9-tétrahydrocannabinol « *peut être contrôlée au moyen de tests rapides et peu coûteux* » (§ 20) (CE, 1re et 4e ch. réunies, 29 déc. 2022, n° 444887).

Mentionnons que le CBD est expressément exclu de la liste des produits dopants par le D. n° 2018-1283 du 27 déc. 2018 portant publication de l'amendement à l'annexe de la convention internationale contre le dopage, en cohérence avec l'OMS qui a recommandé de le retirer de la liste des produits dopants dans un rapport au titre de l'année 2017 (Quarantième rapport du Comité OMS d'experts de la pharmacodépendance, annexe 1) (travaux visés par l'arrêt précité CJUE, aff. C-663/18, § 34).

En outre, l'Agence nationale de sécurité du médicament et des produits de santé (ANSM) a fait savoir en juillet 2016, à l'issue des travaux de sa commission des stupéfiants et des psychotropes, qu'elle ne considérait pas le CBD comme un « médicament » (travaux visés par l'arrêt précité CJUE, aff. C-663/18, § 31).

Enfin, l'autorisation de commercialiser le CBD « *est sans incidence sur l'incrimination de conduite après usage de stupéfiants* » (§ 10) (Crim. 21 juin 2023, n° 22-85.530, P, v. n° **36.9**).

4. Le kath (CSP, art. R. 5132-85 [anc^T R. 5180])

Feuilles de l'arbuste *Catha Edulis,* principe actif : cathinone (classé stupéfiant, arr. 22 févr. 1990, NOR : SPSM9000498A, *JO* 7 juin, p. 6678).

5. Les hallucinogènes naturels

• **Peyotl.** *Échinocactus williamsil,* cactus d'origine mexicaine. Principe actif : mescaline (classé stupéfiant Arr. 22 févr. 1990).

• **Psylocibe.** Plusieurs variétés ex. : *Psylocibe stropharia* et *psylocybe semilancaeta.* Champignon d'origine mexicaine ou européenne. Principe actif : psylocibine (classé stupéfiant Arr. 22 févr. 1990). Sont classés comme stupéfiants les « *champignons hallucinogènes notamment des genres stropharia, conocybe et psylocibe* » (Arr. 22 févr. 1990).

6. Les hallucinogènes synthétiques

• **LSD 25.** Dérivé diethylamide de l'acide lysergique ou Lyserg Saure Diethilamid ou Lysergide. Forme liquide ou cristalline incolore et inodore. Classé stupéfiant, avec l'acide lysergique (Arr. 22 févr. 1990).

• **PCP** ou *Peace pill.* Principe actif : phencyclidine, classée stupéfiant (Arr. 22 févr. 1990) avec molécules apparentées : **PCE** (Éticyclidine), **PHP** ou **PCPY** (Rolicyclidine), **TCP** (Ténocyclidine).

• **MDA** Méthylénedioxiamphétamine ou Ténamfétamine. Combine les effets amphétaminiques et hallucinogènes. Classé stupéfiant (Arr. 22 févr. 1990) avec ses molécules dérivées : **MDMA** (Ecstasy ou XTC ou Pilule d'amour), méthylènedioxy -3,4 phényléthylamine (ou métamphétamine) ; **MMDA**, méthylènedioxy -4,5 phényléthylamine ; **DMA, DOET, STP** ou **DOM, TMA.**

7. Les produits précurseurs de drogues

• **Les produits précurseurs classifiées**

Les produits précurseurs de stupéfiants et psychotropes sont régis par le règlement (CE) n° 273/2004 du Parlement européen et du Conseil du 11 février 2004 relatif aux précurseurs de drogues et par le règlement (CE) n° 111/2005 du Conseil du 22 décembre 2004 fixant les règles pour la surveillance du commerce des précurseurs des drogues. Au sens du a) de l'article 2 de chacun de ces règlements, est dite « *substance classifiée»: toute substance figurant à l'annexe I qui peut être utilisée pour la fabrication illicite de stupéfiants ou de substances psychotropes, y compris les mélanges et les produits naturels contenant de telles substances, mais à l'exclusion des mélanges et des produits naturels contenant des substances classifiées qui sont composés de manière telle que les substances classifiées ne peuvent pas être facilement utilisées ni extraites par des moyens aisés à mettre en oeuvre ou économiquement viables, des médicaments* » à usage humain et à des médicaments vétérinaires.

Les produits précurseurs de drogues figurant dans la catégorie 1 des annexes I des règlements précités sont prohibés car classés par Arr. 11 déc. 2001, NOR : ECOD0150001A (art. 1 5), portant application de C. douanes, art. 215, comme marchandises « *prohibées au titre d'engagements internationaux* ». Les faits de contrebande, d'importation ou d'exportation de ces produits sont dès lors passibles des peines prévues par C. douanes, art. 414, pour la contrebande de marchandise prohibée (v. n° **33.36**).

• **Les produits précurseurs non classifiés**

Sont dites substances non classifiées les produits précurseurs de drogue définis au b de l'article 2 du règlement (CE) n° 273/2004 du Parlement européen et du Conseil du 11 février 2004 relatif aux précurseurs de drogues et au b de l'article 2 du règlement (CE) n° 111/2005 du Conseil du 22 décembre 2004 fixant les règles pour la surveillance du commerce des précurseurs des drogues. Il s'agit de « *toute substance qui, bien que ne figurant pas à l'annexe [des produits précurseurs], est identifiée comme ayant servi à la fabrication illicite de stupéfiants ou de substances psychotropes* ».

Est passible des peines prévues par C. douanes, art. 414, dern. al. pour la contrebande de marchandises prohibées dangereuses pour la santé, la moralité ou la sécurité publiques (10 ans, amende $\leqslant$ dix fois l'objet de la fraude, v. n° **33.36**), « *l'utilisation de substances non classifiées aux fins de fabrication illicite de stupéfiants ou de substances psychotropes au sens de CSP, art. L. 5132-7* » (L. n° 96-542, 19 juin 1996, art. 19-5, issu L. n° 2023-610, 18 juill. 2023).

Le régime de contrôle douanier de ces substances est fixé par L. n° 96-541, 19 juin 1996, relative au contrôle de la fabrication et du commerce de certaines substances susceptibles d'être utilisées pour la fabrication illicite de stupéfiants ou de substances psychotropes (art. 19-1 s.).

13.8 Le cannabis et les dérivés morphiniques – éléments médico-légaux (pharmacocinétique)

A. Le cannabis

Le principe actif (delta 9 THC) subit essentiellement des biotransformations au niveau hépatique.

On note un pic plasmatique entre 5 et 30 mn après inhalation, et 60 à 90 mn après ingestion.

Le principe actif est redistribué et s'accumule en particulier au niveau des graisses de réserve (adipocytes), ce qui explique une élimination relativement lente et la persistance de dérivés cannabinoïdes longtemps après la fin de l'absorption. On estime que seuls 50 à 60 % de la dose absorbée sont éliminés après trois jours, ce qui explique, chez le consommateur habituel, que l'on puisse retrouver des traces d'acide 11 nor-delta 9-THC carboxylique dans les urines plus de deux mois après la fin de l'usage.

Le delta 9-THC accumulé dans les graisses de réserve peut, en particulier lors d'un stress, qui élève le taux de catécholamines plasmatiques, être libéré et entraîner, si cette libération est importante, une ivresse cannabinoïde identique à celle résultant d'une inhalation récente de cannabis.

B. Les dérivés morphiniques

Les deux alcaloïdes principaux extraits de *Papaver somniferum* sont : la morphine et la codéine ou méthylmorphine, auxquelles se rattachent la codéthyline (éthylmorphine) et la pholcodine (morpholinéthyl morphine), utilisés comme molécules antitussives. L'héroïne est une substance semi-synthétique issue de la morphine.

La morphine connaît un pic plasmatique entre 15 et 60 minutes après ingestion, et de 10 à 15 mn après injection.

L'héroïne a une demi-vie de 3 mn dans le sang, elle est rapidement transformée en monoacétyl-morphine, puis en morphine, qui subit à son tour les transformations qui lui sont propres.

La codéine pose des difficultés d'interprétation des résultats. La concentration sérique est maximale 60 mn après ingestion, puis, comme ses molécules voisines la codéthyline et la pholcodine, elle est biotransformée en morphine. À titre d'exemple, après prise orale d'un mg de phosphate de codéine par kg de masse corporelle, la concentration en morphine devient supérieure à celle de la codéine au bout de la 13e heure, n'est plus identifiable au bout de la 30e, seule la morphine est présente entre la 30e et la 65e heure. Il peut donc être difficile de différencier des prélèvements urinaires provenant de toxicomanes de ceux issus d'individus soumis à une médication antalgique ou antitussive à base de codéine. La présence de la seule molécule de morphine, à faible concentration, ne permet pas de connaître la molécule dont la consommation est à son origine (héroïne, morphine, codéine ou codéthyline).

13.9 Le dépistage et la preuve de l'usage de stupéfiants chez le conducteur de véhicule

La consommation de stupéfiants est de nature à caractériser l'infraction de conduite d'un véhicule en ayant fait usage de stupéfiants ou une circonstance aggravante pour les infractions d'atteinte involontaire à la vie commises lors de la conduite d'un véhicule (v. nos 36.9, 36.10, 36.11, 36.12).

Pour ces infractions, la preuve de l'usage de stupéfiants est soumise aux règles suivantes.

A. Les conditions juridiques du dépistage des stupéfiants chez le conducteur (C. route, art. L. 235-2)

1. Le dépistage obligatoire en cas d'accident corporel

Les OPJ et APJ, ou, sous l'ordre et la responsabilité des OPJ, *les APJ adjoints*, (L. n° 2011-267, 14 mars 2011) *doivent* soumettre aux épreuves de dépistage de substances stupéfiantes le conducteur, ou l'accompagnateur de l'élève conducteur, en cas d'accident mortel ou corporel de la circulation. Jusqu'à L. n° 2011-267, 14 mars 2011, en cas d'accident corporel de la circulation, le dépistage devait être motivé par une ou plusieurs raisons plausibles de soupçonner que l'intéressé avait fait usage de stupéfiants (C. route, art. L. 235-2).

2. Le dépistage facultatif en cas d'accident matériel ou d'infraction au code de la route

Les OPJ ou APJ, ou, sous l'ordre et la responsabilité des OPJ, *les APJ adjoints*, (L. n° 2011-267, 14 mars 2011) *peuvent* faire procéder aux épreuves si l'intéressé est impliqué dans un accident quelconque, ou est l'auteur présumé d'une infraction au code de la route (jusqu'à L. n° 2011-267, 14 mars 2011, il devait s'agir d'une infraction passible de la suspension du PC, ou relative à la vitesse, à la ceinture de sécurité ou au casque), ou s'il existe une ou plusieurs raisons plausibles de soupçonner qu'il a fait usage de stupéfiants (C. route, art. L. 235-2).

Les gardes champêtres sont également autorisés à procéder au dépistage de substances stupéfiantes à l'occasion des infractions au C. route qu'ils sont autorisés à constater (CSI, art. L. 521-1, mod. par L. n° 2021-645, 25 mai 2021).

3. Le dépistage préventif sur réquisition du procureur de la République

Les OPJ ou APJ, ou, sous l'ordre et la responsabilité des OPJ, *les APJ adjoints*, sur réquisitions du procureur de la République, peuvent, même en l'absence d'accident, d'infraction, ou de raison plausible de soupçonner un usage de stupéfiants, soumettre toute personne qui conduit un véhicule ou qui accompagne un élève conducteur à des épreuves de dépistage (C. route, art. L. 235-2 mod. par L. n° 2011-267, 14 mars 2011). La réquisition du procureur de la République peut être adressée par tout moyen, même oralement. Dans ce cas, il en est fait mention dans le procès-verbal dressé par l'OPJ ou l'APJ.

4. Le dépistage sur initiative de l'OPJ ou de l'APJ (L. n° 2016-41, 26 janv. 2016 et L. n° 2019-222, 23 mars 2019)

Les OPJ de la gendarmerie ou de la police nationales à leur initiative et, sur l'ordre et sous la responsabilité de ceux-ci, les APJ et les APJ adjoints, peuvent également, même en l'absence d'accident de la circulation, d'infraction ou de raisons plausibles de soupçonner un usage de stupéfiants, procéder ou faire procéder, sur tout conducteur ou tout accompagnateur d'élève conducteur, à des épreuves de dépistage en vue d'établir si cette personne conduisait en ayant fait usage de substances ou plantes classées comme stupéfiants (C. route, art. L. 235-2, mod. par L. n° 2016-41, 26 janv. 2016).

Depuis L. n° 2019-222, 23 mars 2019, les APJ peuvent également procéder d'initiative à de tels dépistages, sous la réserve que les APJ adjoints ne peuvent y procéder sous leur ordre et responsabilité (C. route, art. L. 235-2 mod. par L. n° 2019-222, 23 mars 2019).

B. Les modalités techniques du dépistage (C. route, art. R. 235-3)

Les épreuves de dépistage consistent, à soumettre l'urine (recueil urinaire) ou la salive (recueil salivaire) du conducteur à des réactifs sensibles aux quatre familles de stupéfiants suivantes : cannabiniques, amphétaminiques, cocaïniques et opiacés, et réagissant à partir d'un seuil déterminé (AM, NOR AFSP1636875A, 13 déc. 2016, *JO* 15 déc.).

Le recueil et le test **urinaire** sont effectués par un médecin, un biologiste ou un étudiant en médecine autorisé, sur réquisition d'un OPJ, d'un APJ ou d'un APJ adjoint

« *ou par un garde champêtre* » (D. 2921-1351, 15 oct. 2021) agissant sous la responsabilité d'un OPJ, qui fournit le matériel nécessaire au dépistage (C. route, art. R. 235-3).

Le dépistage **salivaire** est effectué par un OPJ, un APJ ou un APJ adjoint « *ou par un garde champêtre* » (D. 2921-1351, 15 oct. 2021) agissant sous la responsabilité d'un OPJ (C. route, art. R. 235-3). La nullité du dépistage salivaire entraîne la nullité, « *par voie de conséquence [d]es pièces qui ont pour support nécessaire l'acte vicié* » (§ 7) et la condamnation ne peut donc s'appuyer sur le résultat subséquent du prélèvement salivaire ou de l'analyse de sang (Crim. 25 janv. 2023, nº 22-83.804, D).

Le délai séparant l'heure de l'accident et l'heure de l'épreuve de dépistage doit « *être le plus court possible* » (C. route, art. R. 235-1).

En cas de dépistage positif, il est procédé aux prélèvements et aux analyses ci-dessous qui seront seuls de nature à apporter la preuve de l'usage de stupéfiants par le conducteur.

C. La preuve de l'usage de stupéfiants : le prélèvement salivaire ou de sang et son analyse (C. route, art. L. 235-2)

1. Les cas dans lesquels les prélèvements doivent être effectués

Lorsque les épreuves de dépistage sont positives, ou lorsque le conducteur refuse ou est dans l'impossibilité de les subir, les OPJ ou APJ font procéder à des examens ou analyses en vue d'établir que le conducteur conduisait en ayant fait usage de stupéfiants (C. route, art. L. 235-2, R. 235-10).

Ces opérations n'exigent pas, dans le cadre de l'enquête préliminaire, d'autorisation du procureur de la République (Sur les réquisitions à personne qualifiée, C. pr. pén., art. 77-1, v. nº **11.49**), car l'enquêteur tire de C. route, art. L. 235-2 « *le pouvoir de faire procéder à des vérifications consistant en des analyses ou examens médicaux, cliniques et biologiques, en vue d'établir si l'intéressé conduisait en ayant fait usage de substances ou plantes classées comme stupéfiants* » (Crim. 21 juin 2016, nº 15-86.449, P nº 189).

Ces épreuves ne peuvent consister qu'en une analyse salivaire ou sanguine. L'absence d'analyse ne peut être suppléée par un autre élément de preuve comme l'aveu fait par le conducteur d'avoir consommé des stupéfiants avant la conduite du véhicule (Crim. 15 févr. 2012, nº 11-84.607, P nº 48). La nullité du dépistage entraîne, par voie de conséquence, la nullité du prélèvement et de son résultat (Crim. 25 janv. 2023, nº 22-83.804, D).

Le prélèvement sanguin est toutefois la seule méthode d'analyse en cas de décès du ou des conducteurs impliqués (C. route, art. R. 235-8).

En dehors de ce cas le prélèvement sanguin est alternatif au prélèvement salivaire, le texte n'excluant d'ailleurs pas le recours à « *une ou plusieurs* » de ces vérifications (C. route, art. R. 235-5).

Le délai séparant l'épreuve de dépistage et le prélèvement doit « *être le plus court possible* » (C. route, art. R. 235-1).

Le D. nº 2016-1152, 24 août 2016, a supprimé l'exigence d'un examen clinique et médical accompagnant le prélèvement biologique et la consignation de ces opérations dans des fiches (C. route, art. L. 235-2 et R. 235-5).

Le refus de se soumettre aux vérifications consistant en ces prélèvements caractérise l'infraction figurant au nº **36.19** (C. route, art., L. 235-3).

2. Le prélèvement salivaire

Le **prélèvement salivaire** est effectué par le conducteur lui-même, sous le contrôle de l'OPJ ou de l'APJ, à l'aide d'un nécessaire comprenant un collecteur, un flacon ou tube et une enveloppe de conditionnement destinée à enfermer et identifier le prélèvement (C. route, art. R. 235-6, AM, NOR AFSP1636875A, 13 déc. 2016, *JO* 15 déc, art. 6 et 7). À la suite de ce prélèvement, l'OPJ ou l'APJ demande au conducteur s'il souhaite se réserver la possibilité d'une **contre analyse** (C. route, art. R. 235-6). Si la réponse est positive, il est procédé dans le plus court délai possible à un prélèvement sanguin (C. route, art. R. 235-6), dans un tube unique de 10ml (C. route, art. R. 235-6, AM, NOR

AFSP1636875A, 13 déc. 2016, *JO* 15 déc, art. 6). Ce tube est étiqueté et scellé par un OPJ ou APJ (C. route, art. R. 235-7) (sur la méthode de prélèvement sanguin, v. ci-dessous).

S'il s'est ainsi, au stade du prélèvement salivaire, réservé la possibilité d'une contre analyse, l'intéressé pourra demander une contre analyse, effectuée sur le tube de prélèvement sanguin, dans les 5 jours de la notification du résultat du prélèvement salivaire (C. route, art. R. 235-11).

3. Le prélèvement sanguin

La prise de sang est effectuée sur le conducteur impliqué par un médecin, un interne en médecine, un étudiant en médecine autorisé ou un infirmier (C. route, art. L. 235-2, mod. par L. n° 2019-222, 23 mars 2019). Cette loi, jugée conforme à la Constitution (Cons. const, 21 mars 2019, n° 2019-778 DC, § 208), permet donc de recourir à un infirmier, ce que ne prévoyait pas C. route, art. R. 235-6.

Le prélèvement est réalisé en présence d'un OPJ ou d'un APJ, qui fournit au praticien le matériel nécessaire au prélèvement (C. route, art. R. 235-6).

Il est effectué par ponction veineuse de sang veineux périphérique au niveau d'une veine fémorale ou sous clavière, ou de sang intracardiaque, à l'aide du kit de prélèvement constitué de deux tubes de 10 ml à prélèvement sous vide, agités par retournement pour prévenir la coagulation (AM, NOR AFSP1636875A, 13 déc. 2016, *JO* 15 déc, art. 6 et 7). Ces deux tubes sont étiquetés et scellés par un OPJ ou APJ (C. route, art. R. 235-7).

Dans les 5 jours de la notification du résultat du prélèvement salivaire, l'intéressé pourra demander une contre analyse du deuxième tube de prélèvement (C. route, art. R. 235-11).

4. L'analyse des prélèvements

Tous les échantillons salivaires et/ou de sang sont adressés, accompagnés des résultats des épreuves du dépistage, à un laboratoire de biologie médicale ou à un laboratoire de police scientifique ou à un expert inscrit en toxicologie répondant aux conditions de compétence posées par C. route, art. R. 235-9, AM, NOR AFSP1636875A, 13 déc. 2016, *JO* 15 déc, art. 12 et 13).

La recherche et la confirmation des produits stupéfiants dans le sang ou la salive s'effectuent selon la technique de la « *chromatographie couplée à la spectrométrie de masse* » au moyen de matériels et de méthodes respectant des seuils minima de détection des produits appartenant aux familles de stupéfiants suivantes : cannabiniques, amphétaminiques, cocaïniques et opiacés (C. route, art. R. 235-10, AM, NOR AFSP1636875A, 13 déc. 2016, *JO* 15 déc, art. 9 et 10).

Le laboratoire ou l'expert conserve les tubes réservés aux contre analyses (C. route, art. R. 235-9), lesquelles sont confiées, si elles sont sollicitées par la personne mise en cause dans les 5 jours de la notification du résultat (v. ci-dessus), à un autre laboratoire ou expert répondant aux mêmes exigences et se conformant aux mêmes méthodes (C. route, art. R. 235-11). Mentionnons que « *le fait que le second expert exerce au sein du même laboratoire que celui ayant réalisé la première analyse n'est pas, en soi, de nature à faire douter de sa neutralité* » (Crim. 20 mars 2018, n° 17-81.238, P n° 46).

La Ch. crim. a d'abord jugé que le non-respect de la quantité minimale de sang à prélever et à répartir dans deux tubes, prescrites par le précédent AM, 5 sept. 2001, « *contredit nécessairement la fiabilité du résultat de l'analyse sanguine* » (Crim. 11 juill. 2017, n° 16-86.907, NP). Désormais, le nouvel AM, 13 déc. 2016 précité, art. 8, « *prévoit seulement la mise à la disposition, par l'enquêteur qui requiert le prélèvement, au praticien qui l'exécute, de deux tubes de 10 ml chacun, sans imposer le recueil d'une quantité minimale de sang* » (Crim. 18 mai 2022, n° 21-84.613, P).

Par dérogation au caractère forfaitaire du droit fixe de procédure (sur ce point, v. n° 18.3C), la personne condamnée est redevable d'une somme supplémentaire de

210 € destinée à couvrir les frais d'analyse toxicologique pour la recherche des stupéfiants (CGI, art. 1018 A ; mod. par L. n° 2011-1862, 13 déc. 2011 et L. n° 2016-41, 26 janv. 2016, C. pr. pén., art. A. **38-6**, Arr. 29 févr. 2012, NOR : JUSD1205700A, *JO* 8 mars, p. 4320).

5. La recherche des médicaments psychoactifs

Dans les 5 jours de la notification du résultat de l'analyse du prélèvement salivaire ou sanguin, le conducteur peut demander, outre une contre analyse des stupéfiants (v. ci-dessus), qu'il soit procédé sur le même échantillon de contre analyse à la recherche de l'usage de médicaments psychoactifs pouvant avoir des effets sur la capacité de conduire des véhicules (C. route, art. R. 235-11). Cette recherche est effectuée en utilisant au moins une technique de « *chromatographie couplée à la spectrométrie de masse* » (C. route, art. R. 235-11 ; AM, NOR AFSP1636875A, 13 déc. 2016, *JO* 15 déc, art. 11).

13.10 Le dépistage des stupéfiants chez le personnel des entreprises de transport – CSP, art. L. 3421-5, L. n° 2007-297, 5 mars 2007

A. Les réquisitions de contrôle d'établissement de transport par le procureur de la République

Sur **réquisitions du procureur de la République**, les **OPJ** et, sur l'ordre ou sous la responsabilité de ceux-ci, les **APJ et APJ adjoints** mentionnés à l'article 20 et au 1° de l'article 21 C. pr. pén., sont habilités, aux fins de **rechercher et de constater le délit d'usage de stupéfiants** dans l'exercice ou à l'occasion de l'exercice de ses fonctions par le personnel d'une entreprise de transport terrestre, maritime ou aérien, de marchandises ou de voyageurs, exerçant des **fonctions mettant en cause la sécurité du transport** dont la liste est fixée par décret en Conseil d'État (CSP, art. L. 3421-1, al. 3), **à entrer dans les lieux où s'exerce le transport** public de voyageurs, terrestre, maritime ou aérien, ainsi que dans leurs annexes et dépendances, sauf s'ils constituent un domicile, en vue de :

– **Contrôler l'identité** des personnes présentes, pour déterminer celles relevant des dispositions précitées ;

– Procéder auprès de ces personnes, s'il existe à leur encontre une ou plusieurs raisons plausibles de soupçonner qu'elles ont fait usage de stupéfiants, à des **épreuves de dépistage** en vue d'établir la commission du délit recherché.

B. L'exécution du contrôle

Les réquisitions sont **écrites** et prises pour une **durée maximum d'un mois**. Elles précisent qu'elles ont pour but la recherche de l'infraction prévue au troisième alinéa de l'article L. 3421-1 du CSP (v. n° **28.11**). Elles précisent les locaux où se déroulera l'opération de contrôle ainsi que les dates et heures de chaque intervention.

Les réquisitions du procureur de la République sont présentées aux personnes intéressées à leur demande.

Lorsque les épreuves de dépistage se révèlent positives ou lorsque la personne refuse ou est dans l'impossibilité de les subir, les officiers ou agents de police judiciaire et agents de police judiciaire adjoints font procéder aux vérifications destinées à établir la preuve de l'usage de produits stupéfiants.

Ces vérifications sont faites au moyen d'analyses et examens médicaux, cliniques et biologiques. Les modalités de conservation des échantillons prélevés sont définies par décret.

Les mesures prises font l'objet d'un procès-verbal remis à l'intéressé.

Le refus de se soumettre aux vérifications constitue une infraction prévue à l'article L. 3421-6 du code de la santé publique (v. n° **36.20**).

13.11 Le rapprochement judiciaire : les fichiers et logiciels de police judiciaire – cadre légal général

A. Les fichiers d'antécédents (C. pr. pén., art. 230-6 s.)

Le dispositif, qui figurait dans L. n° 2003-239, 18 mars 2003, art. 21, a été codifié aux articles 230-6 s. du C. pr. pén. par L. n° 2011-267, 14 mars 2011. Ces textes servent de fondement législatif au fichier « Traitement des antécédents judiciaires » dit Taj (succédant aux fichiers Stic et Judex) dont le fonctionnement est détaillé aux n°s 13.12 et s.

Ces dispositions ont été jugées conformes à la Constitution en ce que, à l'occasion de leur introduction dans le C. pr. pén., le contrôle de l'autorité judiciaire sur les données a été renforcé (Cons. const. 10 mars 2011, n° 2011-625 DC, § 12 et 13).

Afin de faciliter la constatation des infractions à la loi pénale, le rassemblement des preuves de ces infractions et la recherche de leurs auteurs, les services de la police nationale et de la gendarmerie nationale peuvent mettre en œuvre des traitements automatisés de données à caractère personnel recueillies :

1° Au cours des enquêtes préliminaires ou de flagrance ou des investigations exécutées sur commission rogatoire et concernant tout crime ou délit ainsi que les contraventions de la cinquième classe sanctionnant :

a) Un trouble à la sécurité ou à la tranquillité publiques ;

b) Une atteinte aux personnes, aux biens ou à l'autorité de l'État ;

2° Au cours des procédures pour recherche des causes de la mort (C. pr. pén., art. 74, sur cette procédure, v. n° 14.4) ou pour disparition inquiétante (C. pr. pén., art. 74-1) ;

Ces traitements ont également pour objet l'exploitation des informations recueillies à des fins de recherches statistiques.

Les traitements peuvent contenir des informations sur les personnes, sans limitation d'âge, à l'encontre desquelles il existe des **indices graves ou concordants rendant vraisemblable** qu'elles aient pu participer, comme auteurs ou complices, à la commission des infractions.

Ils peuvent également contenir des informations sur les **victimes de ces infractions**. Ces dernières peuvent toutefois s'opposer à ce que les données à caractère personnel les concernant soient conservées dans le fichier dès lors que l'auteur des faits a été définitivement condamné.

Ils peuvent en outre contenir des informations sur les personnes faisant l'objet d'une enquête ou d'une instruction pour recherche des causes de la mort (C. pr. pén., art. 74) ou pour disparition inquiétante (C. pr. pén., art. 74-1). Les données personnelles concernant ces dernières sont effacées dès lors que l'enquête a permis de retrouver la personne disparue ou d'écarter toute suspicion de crime ou délit.

Ces fichiers peuvent être consultés aux fins d'enquêtes administratives dans les conditions fixées par CSI, art. L. 234-1 à L. 234-3.

B. Les fichiers d'analyse sérielle (C. pr. pén., art. 230-12 s. et R. 40-35 s.)

Le dispositif, qui figurait dans L. n° 2003-239, 18 mars 2003, art. 21-1, a été codifié au C. pr. pén., art. 230-12 et s. par L. n° 2011-267, 14 mars 2011, ainsi qu'au C. pr. pén., art. R. 40-35 par D. n° 2012-689, 7 mai 2012.

Afin de rassembler les preuves et d'identifier les auteurs, grâce à l'établissement de liens entre les individus, les événements ou les infractions, des **crimes et délits présentant un caractère sériel**, les services et unités de la police et de la gendarmerie nationales chargés d'une mission de police judiciaire peuvent mettre en œuvre, sous le contrôle des autorités judiciaires, des traitements automatisés de données à caractère personnel collectées au cours :

1° Des enquêtes préliminaires ou de flagrance ou des investigations exécutées sur commission rogatoire et concernant toute infraction punie d'au moins cinq ans d'emprisonnement ;

2° Des procédures pour recherche des causes de la mort (C. pr. pén., art. 74, sur cette procédure, v. n° 14.4) ou pour disparition inquiétante (C. pr. pén., art. 74-1) ;

Ces dispositions servent de fondement aux fichiers « *Système d'analyse des liens de la violence associée aux crimes* » dit **SALVAC** (D. n° 2009-786, 23 juin 2009) ou « *bases d'analyse sérielle de police judiciaire* » (D. n° 2013-1054, 22 nov. 2013).

À la différence des **logiciels** d'analyse criminelle (v. C ci-dessous), qui permettent d'établir au sein d'un même dossier des corrélations probantes entre des informations afin d'en faciliter l'exploitation, les données étant effacées à la clôture de l'enquête ou à l'expiration d'un délai de trois ans (C. pr. pén., art. 230-22), les **fichiers** d'analyse sérielle compilent sur le long terme les données d'affaires distinctes qui sont conservées, afin d'identifier les auteurs d'infractions sérielles, durant 40 ans pour le fichier SALVAC, (C. pr. pén., art. 230-18 et D. n° 2009-786, 23 juin 2009, art. 6) ou 15 à 25 ans pour le fichier « *bases d'analyse sérielle de police judiciaire* » (D. n° 2013-1054, 22 nov. 2013, art. 3).

Ces traitements peuvent enregistrer des données à caractère personnel de la nature de celles visées la loi n° 78-17 du 6 janvier 1978 relative à l'informatique, aux fichiers et aux libertés, dans la stricte mesure nécessaire aux finalités de recherche criminelle assignées auxdits traitements.

Les traitements peuvent contenir des données sur les personnes, sans limitation d'âge :

– à l'encontre desquelles il existe des **indices graves ou concordants rendant vraisemblable** qu'elles aient pu participer, comme auteurs ou complices, à la commission d'une infraction punie d'au moins cinq ans d'emprisonnement, ou à l'encontre desquelles il existe des **raisons sérieuses de soupçonner** qu'elles ont commis ou tenté de commettre cette infraction ;

– **susceptibles de fournir des renseignements sur les faits** (témoins) et dont l'identité est citée dans une procédure concernant une infraction punie d'au moins cinq ans d'emprisonnement ;

– **victimes** d'une infraction punie d'au moins cinq ans d'emprisonnement ;

– faisant l'objet d'une procédure pour recherche des causes de la mort (C. pr. pén., art. 74) ou pour disparition inquiétante (C. pr. pén., art. 74-1).

Les traitements sont opérés à l'initiative du service en charge de l'emploi du système d'analyse, à partir « *des pièces et documents de procédures judiciaires déjà détenus* » par les unités de police ou de gendarmerie (D. n° 2012-687, 7 mai 2012, art. 2). Ils ne nécessitent pas d'autorisation du magistrat en charge de l'enquête.

C. Les logiciels d'analyse criminelle ou de rapprochement judiciaire(C. pr. pén., art. 230-20 s. et R. 40-39 s.)

Afin de faciliter le rassemblement des preuves des infractions et l'identification de leurs auteurs, les services de la police nationale et de la gendarmerie nationale chargés d'une mission de police judiciaire, ainsi que le *service* ~~*national de douane judiciaire* (L. n° 2013-1117, 6 déc. 2013)~~ « *placé sous l'autorité du ministre chargé du budget chargé d'effectuer des enquêtes judiciaires* » (L. n° 2018-898, 23 oct. 2018), « *peuvent mettre en œuvre, sous le contrôle de l'autorité judiciaire, des logiciels destinés à faciliter l'exploitation et le rapprochement d'informations sur les modes opératoires réunies par ces services au cours :*

1° Des enquêtes préliminaires, des enquêtes de flagrance ou des investigations exécutées sur commission rogatoire ;

2° Des procédures de recherche des causes de la mort ou d'une disparition inquiétante prévues par les articles 74 et 74-1 » (C. pr. pén., art. 230-20).

Ces logiciels sont autorisés par décret en Conseil d'État pris après avis de la Cnil (C. pr. pén., art. 230-27), en l'espèce le D. n° 2012-687, 7 mai 2012, acte réglementaire unique permettant la déclaration de plusieurs logiciels répondant à la même finalité et aux mêmes prescriptions.

Ces dispositions sont le support de mise en œuvre des logiciels d'analyse criminelle comme celui dit « **Anacrim** ».

Ainsi, ANACRIM-ATRT (Analyse Criminelle-Application de Traitement des Relations Transactionnelles) permet l'exploitation automatisée de relevés bancaires et de documents téléphoniques (facturation détaillée, localisation de relais, etc.), obtenus sur réquisitions judiciaires, afin de mettre en évidence des corrélations entre les données collectées. Le logiciel Deveryware Analytics dispose de fonctionnalités comparables. ANACRIM-ANB (Analyst NoteBook) permet de représenter des données sous forme de graphes relationnels ou événementiels, afin de représenter par exemple des réseaux de relations entre individus ou des enchaînements chronologiques d'événements (V. Cnil, délib. n° 2011-418, 15 déc. 2011, *JO* 8 mai 2012).

La mise en œuvre de ces logiciels d'analyse est autorisée, « *pour chaque procédure qu'il contrôle, par le magistrat saisi de l'enquête ou chargé de l'instruction* », cette autorisation fait l'objet « *d'une mention en procédure* » et l'exploitation « *donne lieu à l'établissement d'un rapport joint à la procédure* » (C. pr. pén., art. R. 40-40).

Les données exploitées par les logiciels concernés « *ne peuvent provenir que des pièces et documents de procédure judiciaire déjà détenus* » par les services de police ou de gendarmerie (C. pr. pén., art. 230-21).

Lorsque sont exploitées des données pouvant faire indirectement apparaître l'identité des personnes, celle-ci ne peut apparaître qu'une fois les opérations de rapprochement effectuées, et uniquement pour celles de ces données qui sont effectivement entrées en concordance entre elles ou avec d'autres informations exploitées par le logiciel (C. pr. pén., art. 230-21).

Les données à caractère personnel éventuellement révélées par l'exploitation des enquêtes et investigations sont effacées à la clôture de l'enquête et, en tout état de cause, à l'expiration d'un délai de trois ans (C. pr. pén., art. 230-22).

Les données à caractère personnel éventuellement révélées par l'exploitation des enquêtes pour recherche des causes de la mort (C. pr. pén., art. 74, sur cette procédure, v. n° **14.4**) ou pour disparition inquiétante (C. pr. pén., art. 74-1) sont effacées dès que l'enquête a permis de retrouver la personne disparue ou d'écarter toute suspicion de crime ou délit (C. pr. pén., art. 230-22).

À la différence des fichiers d'antécédents, les logiciels d'analyse ne peuvent être utilisés pour les besoins d'enquêtes administratives (C. pr. pén., art. 230-26).

C. pr. pén., art. 230-20 à 230-27 ont été jugés conformes à la Constitution sous réserve que le traitement de données au moyen de logiciels d'analyse soit opéré sous le contrôle du procureur de la République ou de la juridiction d'instruction compétent, « *dans le cadre d'une enquête ou d'une procédure déterminée portant sur une série de faits et pour le seul besoin des investigations* », et non dans le cadre « *d'un traitement général des données recueillies à l'occasion des diverses enquêtes* » entrant dans le champ de C. pr. pén., art. 230-20 (Cons. const. 10 mars 2011, n° 2011-625 DC, § 71 et 73).

D. Le dispositif d'autorisation et de contrôle des fichiers de police judiciaire

1. L'acte administratif autorisant le traitement automatisé et fixant ses modalités

Ces fichiers entrent dans la catégorie de ceux qui « *ont pour objet la prévention, la recherche, la constatation ou la poursuite des infractions pénales ou l'exécution des condamnations pénales ou des mesures de sûreté* » au sens de l'article 31 modifié de L. n° 78-17, 6 janv. 1978. Ils sont autorisés par arrêté du ministre compétent, après avis de la Cnil. Si ces traitements portent sur des données nominatives qui font apparaître, directement ou indirectement, les origines raciales ou ethniques, les opinions politiques, philosophiques ou religieuses ou l'appartenance syndicale ou qui sont relatives à la santé ou à la vie sexuelle de celles-ci (L. n° 78-17, 6 janv. 1978, art. 6 I), ils sont autorisés par décret pris en Conseil d'État après avis publié et motivé de la Cnil, avec le cas échéant une dispense de publication par décret pris dans les mêmes formes, accompagné du sens de l'avis de la Cnil (L. n° 78-17, 6 janv. 1978, art. 31 III).

Un décret en Conseil d'État, pris après avis de le Cnil, fixe les modalités d'application des dispositions relatives aux fichiers d'antécédents (C. pr. pén., art. 230-11). Il s'agit notamment des décrets n° 2001-583, 5 juill. 2001, et n° 2006-1411, 20 nov. 2006 régissant respectivement les fichiers Stic et Judex, remplacés par le fichier Taj (D. n° 2012-652, 4 mai 2012) (v. n°s 13.12 s.). Des décrets en Conseil d'État déterminent, après avis de la Cnil, les modalités d'application des dispositions relatives aux fichiers d'analyse sérielle (C. pr. pén., art. 230-18) ou autorisent les logiciels de rapprochement judiciaire et fixent leurs modalités d'emploi (C. pr. pén., art. 230-27).

2. Les dispositions de la loi d'adaptation de la directive (UE) 2016/680 « prévention et détection des infractions » et du règlement « RGPD » (UE) 2016/679

La L. n° 2018.493, 20 juin 2018, et l'Ord. n° 2018-1125, 12 déc. 2018, ont adapté le droit français, notamment la L. n° 78-17, 6 janv. 1978 (nouveau titre III, art. 87 à 114), à la directive (UE) 2016/680 du parlement européen et du conseil du 27 avr. 2016, relative à la protection des personnes physiques à l'égard du traitement des données à caractère personnel par les autorités compétentes à des fins de prévention et de détection des infractions pénales, d'enquêtes et de poursuites en la matière ou d'exécution des sanctions pénales, et à la libre circulation de ces données (dite directive prévention et détection des infractions pénales), ainsi qu'au règlement (UE) 2016/679 du Parlement européen et du Conseil du 27 avril 2016 (dit RGPD) relatif à la protection des personnes physiques à l'égard du traitement des données à caractère personnel et à la libre circulation de ces données. Les dispositions du titre III de L. n° 78-17, 6 janv. 1978 s'appliquent, le cas échéant par dérogation aux autres dispositions de cette loi, « *aux traitements de données à caractère personnel mis en œuvre, à des fins de prévention et de détection des infractions pénales, d'enquêtes et de poursuites en la matière ou d'exécution de sanctions pénales, y compris la protection contre les menaces pour la sécurité publique et la prévention de telles menaces, par toute autorité publique compétente ou tout organisme ou entité à qui a été confié, à ces mêmes fins, l'exercice de l'autorité publique et des prérogatives de puissance publique* » (L. n° 78-17, 6 janv. 1978, art. 87).

Ces dispositions sont susceptibles de constituer un cadre d'appréciation de la validité des traitements, notamment en cas d'exercice du droit d'accès, de rectification ou d'effacement.

« *le traitement assure notamment la proportionnalité de la durée de conservation des données à caractère personnel, compte tenu de l'objet du fichier et de la nature ou de la gravité des infractions concernées* » (L. n° 78-17, 6 janv. 1978, art. 87, Dir. (UE) 2016/680, art. 4.1^e^ et 5).

« *Les autorités compétentes prennent toutes les mesures raisonnables pour garantir que les données à caractère personnel qui sont inexactes, incomplètes ou ne sont plus à jour soient effacées ou rectifiées sans tarder ou ne soient pas transmises ou mises à disposition. À cette fin, chaque autorité compétente vérifie, dans la mesure du possible, la qualité des données à caractère personnel avant leur transmission ou mise à disposition* » (L. n° 78-17, 6 janv. 1978, art. 97, Dir. (UE) 2016/680, art. 7.2).

« *Le responsable de traitement établit, dans la mesure du possible et le cas échéant, une distinction claire entre les données à caractère personnel de différentes catégories de personnes concernées, telles que* » les suspects, les personnes reconnues coupables, les victimes et les tiers à l'infraction, par exemple les témoins (L. n° 78-17, 6 janv. 1978, art. 98, Dir. (UE) 2016/680, art. 6).

Après évaluation des risques, le responsable du traitement met en œuvre des mesures destinées à assurer la protection du fichier contre les intrusions et les modifications non autorisées (L. n° 78-17, 6 janv. 1978, art. 99 III, Dir. (UE) 2016/680, art. 29) et établit un registre des activités de traitement ainsi qu'un journal des opérations de collecte, de modification et de consultation des données, mis à disposition de la Cnil sur sa demande (L. n° 78-17, 6 janv. 1978, art. 100 et 101, Dir. (UE) 2016/680, art. 24).

En cas de violation de données à caractère personnel, le responsable du traitement le notifie à la Cnil, autorité de contrôle nationale, dans les 72h au plus tard ainsi qu'à la personne concernée si la violation présente un risque élevé pour ses droits et libertés, sauf nécessité des enquêtes ou protection de la sécurité publique ou d'autrui (L. n° 78-17, 6 janv. 1978, art. 102, règlement (UE) 2016/679 RGPD, art. 33 et 34 et Dir. (UE) 2016/680, art. 30 et 31).

Les dispositions relatives aux droits de la personne concernée par un traitement de données à caractère personnel définis par L. n° 78-17, 6 janv. 1978, art. 104 à 106 (informations générales sur le fichier, droit d'accès et de rectification) « *ne s'appliquent pas lorsque les données à caractère personnel figurent soit dans une décision judiciaire, soit dans un dossier judiciaire faisant l'objet d'un traitement lors d'une procédure pénale. Dans ce cas, l'accès à ces données et les conditions de rectification ou d'effacement des données ne peuvent être régis que par les dispositions du code de procédure pénale* » (L. n° 78-17, 6 janv. 1978, art. 111). Ces dispositions sont conformes à la Dir. (UE) 2016/680, art. 18, qui prévoit que les droits à l'information, d'accès, de rectification ou d'effacement peuvent être exercés conformément au droit national « *lorsque les données à caractère personnel figurent soit dans une décision judiciaire, soit dans un dossier judiciaire faisant l'objet d'un traitement lors d'une procédure pénale* ».

La directive prévoit que le responsable du traitement désigne un « *délégué à la protection des données* », toutefois « *les États membres peuvent dispenser les tribunaux et d'autres juridictions judiciaires indépendantes de cette obligation lorsqu'elles agissent dans l'exercice de leur fonction juridictionnelle* » (Dir. (UE) 2016/680, art. 32), ce qui est prévu par (L. n° 78-17, 6 janv. 1978, art. 103).

3. Le contrôle des fichiers par le procureur de la République

Le traitement des données à caractère personnel des fichiers d'antécédents judiciaires est opéré sous le contrôle du procureur de la République territorialement compétent qui demande qu'elles soient effacées, complétées ou rectifiées, notamment en cas de requalification judiciaire, de relaxe ou d'acquittement, de non-lieu, ou de classement sans suite motivé par une insuffisance de charges (C. pr. pén., art. 230-8). Les modalités de ce contrôle sont précisées au n° **13.14**.

Les traitements des données à caractère personnel des fichiers d'analyse sérielle sont, dans des conditions identiques, contrôlés par le procureur de la République compétent (C. pr. pén., art. 230-8, 230-14 et 230-15). Il en est de même pour les traitements au moyen des logiciels de rapprochement judiciaire (C. pr. pén., art. 230-23, 230-25).

Pour l'exercice de ses fonctions, le procureur de la République dispose d'un accès direct aux traitements automatisés des fichiers d'antécédents (C. pr. pén., art. 230-9), d'analyse sérielle (C. pr. pén., art. 230-14) ou aux logiciels de rapprochement judiciaire (C. pr. pén., art. 230-23).

4. Le contrôle centralisé du traitement des données par un magistrat

Un magistrat, désigné à cet effet par le ministre de la justice, concourt aux contrôles opérés par le procureur de la République. Il est chargé de suivre la mise en œuvre et la mise à jour des traitements automatisés des données à caractère personnel des fichiers d'antécédents (C. pr. pén., art. 230-9) et des fichiers d'analyse sérielle (C. pr. pén., art. 230-14) ou de contrôler la mise en œuvre des logiciels de rapprochement judiciaire (C. pr. pén., art. 230-24, 230-25). Ce magistrat peut agir d'office ou à la requête des particuliers. Il dispose, pour l'exercice de ses fonctions, d'un accès direct aux traitements automatisés ou aux logiciels.

5. Les conditions d'accès aux fichiers : l'habilitation de l'agent

Les personnels spécialement habilités et désignés de la police ou de la gendarmerie nationale ou les personnels spécialement habilités de l'État investis par la loi d'attribution de police judiciaire, notamment les agents des douanes « et *les agents des services fiscaux* » (L. n° 2018-898, 23 oct. 2018), peuvent seuls accéder aux informations figurant dans les fichiers d'antécédents (C. pr. pén., art. 230-10) ou être destinataires des données mises en œuvre dans les fichiers d'analyse sérielle (C. pr. pén., art. 230-16), ou utiliser les logiciels de rapprochement judiciaire (C. pr. pén., art. 230-25).

Il est jugé que l'habilitation de l'agent est une condition de validité de la consultation (pour la consultation du FAED : 1re Civ., 17 oct 2018, n° 17-16.852, P (v. n° **13.31A**) ; pour la consultation du TAJ : Crim. 25 oct. 2022, n° 22-81.466, P (v. n° **13.15A1**) ; pour la consultation du fichier dit LAPI : Crim. 19 févr. 2019, n° 18-84.671, P n° 38 (v. n° **11.46A**).

La L. n° 2023-22, 24 janv. 2023 pose en premier lieu le principe, qui vaut donc pour tous les traitements, que « *seuls les personnels spécialement et individuellement habilités à cet effet peuvent procéder à la consultation de traitements au cours d'une enquête ou d'une instruction* ». Le texte précise en second lieu les conséquences du défaut de la mention d'habilitation dans les pièces de l'enquête, ou d'une mention erronée : « *la réalité de cette habilitation spéciale et individuelle peut être contrôlée à tout moment par un magistrat, à son initiative ou à la demande d'une personne intéressée. L'absence de la mention de cette habilitation sur les différentes pièces de procédure résultant de la consultation de ces traitements n'emporte pas, par elle-même, nullité de la procédure* » (C. pr. pén., art. 15-5 et C. douanes, art. 55 *ter*, issus L. n° 2023-22, 24 janv. 2023). Ces dispositions, qui ont donc pour effet d'imposer au juge de vérifier la réalité de l'habilitation lorsqu'il est saisi d'une demande de nullité de ce chef, « *n'ont ni pour objet ni pour effet de dispenser les agents de l'obligation de disposer d'une habilitation pour consulter des traitements de données, ou de faire obstacle à l'annulation d'un acte de procédure résultant d'une telle consultation par un agent dépourvu d'habilitation* » (§ 101) et sont donc conformes à la Constitution (Cons. const. 19 janv. 2023, n° 2022-846 DC).

Sans habilitation ni désignation individuelle, l'accès aux informations est également ouvert aux magistrats du parquet et aux magistrats instructeurs pour les recherches relatives aux infractions dont ils sont saisis (C. pr. pén., art. 230-10, 230-16, 230-25).

13.12 Le fichier « Traitement d'antécédents judiciaires » (TAJ)

A. Les finalités du fichier « Traitement d'antécédents judiciaires »

En application de C. pr. pén., art. 230-6 (v. n° **13.11A**), le ministère de l'Intérieur (direction générale de la police nationale) et le ministère de la défense (direction générale de la gendarmerie nationale) est autorisé à mettre en œuvre un traitement automatisé de données à caractère personnel dénommé « *Traitement d'antécédents judiciaires* » (C. pr. pén., art. R. 40.23), dont la finalité est de « *faciliter la constatation des infractions à la loi pénale, le rassemblement des preuves de ces infractions et la recherche de leurs auteurs* » (C. pr. pén., art. 230-6).

Ce fichier a succédé, le 31 déc. 2013, aux précédents fichiers Stic et Judex, respectivement mis en œuvre par le ministère de l'intérieur et le ministère de la défense, dont il a repris les données.

Les dispositions du titre III de L. n° 78-17, 6 janv. 1978 (v. n° **13.11D2**), modifiée par L. n° 2018.493, 20 juin 2018 et par Ord. n° 2018-1123, 12 déc. 2019, sont applicables à ce fichier.

B. Le domaine des fichiers : infractions et personnes concernées (C. pr. pén., art. R. 40-25)

Le fichier est constitué des informations recueillies dans les procédures établies par la police ou la gendarmerie nationale ou les agents des douanes habilités à exercer des missions de police judiciaire (lorsqu'un service de police ou de gendarmerie est associé à une enquête ou la poursuit) (C. pr. pén., art. R. 40.24), « *les personnes à l'encontre desquelles sont réunis, lors de l'enquête préliminaire, de l'enquête de flagrance ou sur commission rogatoire, des indices graves ou concordants rendant vraisemblable qu'elles aient pu participer, comme auteurs ou complices à la commission d'un crime, d'un délit ou d'une contravention de 5e classe prévue aux articles* » suivants du code pénal (C. pr. pén., art. R. 40.25) :

– R. 625-1 : violences légères avec ITT ⩽ huit jours, v. n° **20.23** ;

– R. 625-2 : blessures involontaires avec ⩽ trois mois, v. n° **20.66** ;

– R. 625-3 : blessures involontaires sans ITT avec manquement délibéré à une obligation de prudence, v. n° **20.69** ;

– R. 625-7 : provocation non publique à la discrimination, à la haine ou à la violence raciale, v. n° **35.27** ;

– R. 625-9 : commerce de certains matériels susceptibles d'être utilisés pour porter atteinte à l'intimité de la vie privée ;

– R. 635 : destructions, dégradations et détériorations légères, v. n° **22.64** ;

– R. 635-3, R. 635-4 et R. 635-5 : violation des dispositions réglementant la vente ou l'échange des objets mobiliers d'occasion, v. n° **22.53** ;

– R. 645-1 : port d'emblème ou uniforme nazi, v. n° **35.29** ;

– R. 645-2 : dessins, levées ou enregistrement en zone d'interdiction militaire ;

– R. 645-5 : défaut de déclaration d'un enfant nouveau né ;

– R. 645-6 : inhumation sans autorisation de l'officier d'état civil (*N **5231.c5***), v. n° **14.3D2** ; ou en violation des délais prescrits (*N **1967.c5***) ;

– R. 645-7 : soustraction d'une pièce produite en justice (*N **1794.c5***) ;

– R. 645-8 : usage d'un document administratif comportant des mentions devenues incomplètes ou inexactes (*N **12321.c5***) ;

– R. 645-8-1 : usurpation de titre (*N **28628.c5***) ou de fonction (*N **28630.c5***) de médiateur du procureur de la République, ou usurpation de titre (*N **28627.c5***) ou de fonction (*N **28629.c5***) de délégué du procureur de la République ;

– R. 645-9 : refus de restitution de signes monétaires contrefaits ou falsifiés, v. n° **24.23** ;

– R. 645-10 et R. 645-11 : altération ou contrefaçon de timbres-poste ou de timbres émis par l'administration des finances, v. nos **24.29**, **24.30** ;

– R. 645-12 : intrusion dans un établissement scolaire, v. n° **23.19** ;

– R. 645-13 : intrusion dans un lieu historique ou culturel ou un site de fouilles archéologiques, v. n° **31.62** ;

– R. 645-14 : dissimulation illicite du visage à l'occasion de manifestations sur la voie publique, v. n° **23.14** ;

– R. 645-14 : outrage contraventionnel au drapeau tricolore, v. n° **25.10** ;

Les informations concernant les victimes de ces infractions sont également enregistrées, au contraire de celles concernant les témoins (v. n° **13.11**). Sont cependant susceptibles d'être enregistrées les personnes bénéficiant du statut de témoin assisté (Circ. Crim. 06-21/E6, 26 déc. 2006, n° 1.2.2) (sur le statut du témoin assisté, v. n° **11.77**). Rien n'interdit que les personnes non entendues puissent être enregistrées, s'il existe contre elles des indices graves et concordants (*ibid.* n° 1.2.2).

Sont également enregistrées les personnes faisant l'objet d'une enquête ou d'une instruction pour recherche des causes de la mort ou de blessures graves (C. pr. pén., art. 74, v. n° **14.4**) ou d'une enqupête pour disparition inquiétante (C. pr. pén., art. 74-1).

13.13 Le contenu et la durée de conservation des données du TAJ

A. Les informations enregistrées

Les catégories d'informations nominatives enregistrées sont les suivantes (C. pr. pén., art. R. 40-26) :

Tableau 15 : Informations nominatives enregistrées au TAJ

Personnes physiques	
Mis en cause	**Victimes ou personnes disparues**
• Identité (nom, nom marital, nom d'emprunt officiel, prénoms, sexe)	• Identité (nom, nom marital, nom d'emprunt officiel, prénoms, sexe)
• Surnom, alias	
• Date et lieu de naissance	• Date et lieu de naissance
• Situation familiale	• Situation familiale
• Filiation	
• Nationalité	• Nationalité
• Adresse (s)	• Adresse (s)
• Profession	• Profession
• État de la personne	• État de la personne
• Signalement	• Signalement (personnes disparues et corps non identifiés)
• Photographie (visage de face, compatible avec dispositif de reconnaissance faciale) (v. n° **11.32A**)	• Personnes disparues et corps non identifiés : photographies, notamment compatibles avec dispositif de reconnaissance faciale (v. n° **11.32A**)
Personnes morales	
Mise en cause	**Victime**
• Raison sociale, enseigne commerciale, sigle	• Raison sociale, enseigne commerciale, sigle
• Forme juridique	• Forme juridique
• N° RCS	• N° RCS
• Siège social	• Siège social
• Secteur d'activité	• Secteur d'activité
• Adresse (s)	• Adresse (s)
• N° SIREN SIRET	

Sont également enregistrées les données à caractère non personnel qui concernent les faits objets de l'enquête, les lieux, dates de l'infraction et modes opératoires ainsi que les données et images relatives aux objets, y compris celles qui permettent indirectement d'identifier les personnes concernées (C. pr. pén., art. R. 40-26).

Enfin, selon les dispositions de transposition de la directive police-justice (UE) 2016/680, 27 avr. 2016, les données nominatives qui « *révèlent la prétendue origine raciale ou l'origine ethnique, les opinions politiques, les convictions religieuses ou philosophiques ou l'appartenance syndicale d'une personne physique* » ou qui concernent « *des données génétiques, des données biométriques aux fins d'identifier une personne physique de manière unique, des données concernant la santé ou des données concernant la vie sexuelle ou l'orientation sexuelle d'une personne physique* » (L. n° 78-17, 6 janv. 1978, art. 6 I) peuvent être traitées sous les conditions prévues par L. n° 78-17, 6 janv. 1978, art. 31 II, mais « *dans les seuls cas où ces données résultent de la nature ou des circonstances de l'infraction ou se rapportent à des signes physiques particuliers, objectifs et permanents, en tant qu'éléments de signalement des personnes, dès lors que ces éléments sont nécessaires à la recherche et à la mise en œuvre des finalités mentionnées à l'article 230-6* » (v. **A** ci-dessus) (C. pr. pén., art. R. 40-24).

Selon les précisions apportées au n° **11.32A**, notons que les « *images faciales* » enregistrées dans le TAJ sont des données biométriques, et donc des données personnelles sensibles, qui entrent dans le champ d'application de la directive police-justice (UE) 2016/680, 27 avr. 2016, art. 3 (§ 13).

B. La durée de conservation des enregistrements (C. pr. pén., art. R. 40-27)

S'agissant de la victime, la durée de conservation des données à caractère personnel est au maximum de 15 ans. Elle peut s'opposer à la conservation des données la concernant dès lors que l'auteur des faits a été définitivement condamné (C. pr. pén., art. 230-7, R. 40-27 IV, R. 40-33).

S'agissant des personnes faisant l'objet d'une enquête pour recherche de la mort, de blessures graves, ou pour disparition, les informations les concernant « *sont effacées dès lors que l'enquête a permis de retrouver la personne disparue ou d'écarter toute suspicion de crime ou délit* » (C. pr. pén., art. 230-7, et R. 40-27 V).

S'agissant de l'auteur, la durée de conservation des données varie selon qu'il était majeur ou mineur et selon la nature de l'infraction (v. tableau au **C** ci-dessous). Les lois d'amnistie peuvent prévoir le maintien dans les fichiers de police judiciaire des mentions relatives aux infractions amnistiées (ex. L. n° 2002-1062, 6 août 2002, art. 17).

En cas de mise en cause de l'auteur, mineur ou majeur, pour une nouvelle infraction avant la purge du fichier, « *le délai de conservation restant le plus long s'applique aux données concernant l'ensemble des infractions pour lesquelles la personne a été mise en cause* » (C. pr. pén., art. R. 40-27 III).

C. Tableau des durées de conservation des données du TAJ

Tableau 16 : Durées de conservation des données du TAJ

1. Mis en cause majeurs

Durée	Infractions
5 ans	• Contraventions donnant lieu à inscription au TAJ (v. n° **13.12**) • Délits du code de la route • Abandon de famille ; défaut de notification de changement d'adresse par le débiteur d'une pension alimentaire ou le gardien d'un enfant mineur ; non-représentation d'enfant ; soustraction de mineur par ascendant ; soustraction de mineur sans violence par un tiers (C. pén., art. 227-3 à 227-11) • Homicide involontaire et blessures involontaires avec ITT > 3 mois, y compris par conducteur de véhicules automobile (C. pén., art. 221-6 et 221-6-1, 222-19 et 222-19-1), blessures involontaires avec ITT ⩽ 3 mois par conducteur de véhicule automobile (C. pén., art. 222-20-1) • Délit de fuite (hors code de la route) (C. pén., art. 434-10) • Racolage (C. pén., art. 225-10-1) • Vol simple (C. pén., art. 311-3) ; détournement de gage ou d'objet saisi (C. pén., art. 314-5 et 314-6) • Entrave concertée à la liberté d'expression, du travail, d'association, de réunion ou de manifestation (C. pén., art. 431-1) • Participation non armée à un attroupement malgré sommations (C. pén., art. 431-4) • Usage de stupéfiants (CSP, art. L. 3421-1)
20 ans	Délits et crimes autres que ceux visés ci-avant et ci-après

40 ans	**1. Infractions contre les personnes**
	• Administration de substances nuisibles
	• Empoisonnement
	• Détournement de moyens de transport (de passagers)
	• Enlèvement, séquestration, prise d'otage
	• Exploitation de la mendicité aggravée ou en bande organisée
	• Génocide et crimes contre l'humanité
	• Homicide volontaire (meurtre et assassinat)
	• Menaces de mort, de destruction, de dégradation ou de détérioration dangereuse pour les personnes
	• Tortures et actes de barbarie
	• Violences volontaires ayant entraîné la mort, une mutilation ou une infirmité permanente
	• Vol avec violences
	• Agression sexuelle, viol, atteinte sexuelle sur mineur de 15 ans ou aggravée sur plus de 15 ans
	• Corruption de mineur
	• Proxénétisme
	• Trafic de stupéfiants
	• Traite des êtres humains
	2. Infractions contre les biens
	• Abus de confiance aggravé
	• Destructions, dégradations par incendie ou moyen dangereux pour les personnes
	• Escroquerie aggravée
	• Extorsion
	• Vol en bande organisée, vol avec arme
	• Blanchiment
	• Contrefaçon ou falsification de monnaie ou moyen de paiement
	• Faux en écriture publiques
	• Abus de bien sociaux
	• Délit d'initié
	• Atteintes aux systèmes de traitement automatisé des données
	3. Atteintes à la paix publique
	• Actes de terrorisme
	• Association de malfaiteurs
	• Atteintes aux intérêts fondamentaux de la Nation
	• Évasion
	• Infractions au régime des armes et munitions sauf port ou transport de catégorie D.
	• Recel de malfaiteurs
	• Violation de secret (professionnel ou de fabrique)

2. Mis en cause mineurs

Durée	**Infractions**
5 ans	• Infractions donnant lieu à inscription au TAJ, autres que celles visées ci-après
10 ans	**1. Infractions contre les personnes**
	• Exhibition sexuelle
	• Exploitation de la mendicité aggravée ou en bande organisée
	• Trafic de stupéfiants (transport, détention, offre, cession, acquisition ou emploi)
	• Traite des êtres humains (autre que celle relevant du délai de 20 ans)

	• Violences volontaires aggravées (autres que celles relevant du délai de 20 ans) • Vol avec violences
	2. Infractions contre les biens
	• Destructions, dégradations par incendie ou moyen dangereux pour les personnes • Extorsion • Atteintes aux systèmes de traitement automatisé des données • Blanchiment • Contrefaçon ou falsification de monnaie ou moyen de paiement
	3. Atteintes à la paix publique
	• Recel de malfaiteurs
20 ANS	**1. Infractions contre les personnes**
	• Administration de substances nuisibles • Empoisonnement • Détournement de moyens de transport (de passagers) • Enlèvement, séquestration, prise d'otage • Génocide et crimes contre l'humanité • Homicide volontaire (meurtre, assassinat) • Tortures et actes de barbarie • Violences volontaires ayant entraîné la mort, une mutilation ou une infirmité permanente • Vol avec violence aggravé • Agression sexuelle, viol • Proxénétisme • Trafic de stupéfiants (autres que ceux relevant du délai de 10 ans) • Traite des êtres humains en bande organisée ou avec tortures et actes de barbarie
	2. Infractions contre les biens
	• Vol en bande organisée • Vol avec arme
	3. Atteintes à la paix publique
	• Actes de terrorisme • Association de malfaiteurs • Atteintes aux intérêts fondamentaux de la Nation

13.14 Le contrôle du fichier TAJ par le procureur de la République et le magistrat référent national

A. La transmission des données au parquet

« *Le traitement des données à caractère personnel nominatives est opéré sous le contrôle du procureur de la République territorialement compétent qui demande qu'elles soient effacées, complétées ou rectifiées, notamment en cas de requalification judiciaire* » « *il dispose pour l'exercice de ses fonctions d'un accès direct aux traitements automatisés de données* » (C. pr. pén., art. 230-8).

Les données à caractère personnel relatives aux personnes mises en cause et aux victimes, ainsi que la qualification des faits, telles qu'elles sont enregistrées dans le fichier, sont transmises au procureur de la République territorialement compétent en même temps que la procédure. Cette information fait l'objet d'un document spécifique dénommé « *Compte rendu d'enquête* » (CRE), si les auteurs ont été identifiés, ou à défaut « *Compte rendu d'infraction* » (CRI). La gendarmerie utilise quant à elle des « *messages d'information judiciaire* » (MIJ) (Circ. Crim. 06-21/E6, 26 déc. 2006, n° 2.1.2).

« *Lors de la réception du compte rendu et des fiches annexées, le procureur de la République veillera à exercer son contrôle sur les données enregistrées dans le Stic ou Judex et pourra à cette occasion demander leur rectification, complément ou effacement* » (Circ. Crim. 06-21/E6, 26 déc. 2006, n° 2.1.2). Cette circulaire souligne la nécessité pour le procureur de la République de vérifier la qualification juridique des faits et d'exercer également, lors de la communication du dossier d'instruction, un contrôle sur les fiches navettes adressées au juge d'instruction (*ibid.*).

Ces prescriptions sont en substance reprises dans la Circ. Crim. 14/E6, 18 août 2014, NOR : JUSD1419980C, n° II 2, qui précise notamment « *S'assurer d'une exacte retranscription dans le fichier de la qualification finale donnée aux faits, y compris, par exemple, en cas de correctionnalisation ou de disqualification des faits – est essentiel, dans la mesure où celle-ci détermine la durée de conservation des données au fichier* ».

B. L'information du gestionnaire du fichier par le parquet

Au moyen de fiches-navettes intitulées « *suites judiciaires* » qu'il adresse aux services régionaux de documentation criminelle (SRDC), situés au sein des SRPJ, ou aux brigades départementales de renseignement et d'investigations judiciaires (BDRIJ) le procureur de la République fait connaître, pour chacune des personnes en cause, les événements donnant lieu à la mise à jour du fichier, et procède de même lorsqu'il traite les requêtes qui lui sont adressées par les personnes intéressées ou procède aux rectifications d'office. (Circ. Crim. 14/E6, 18 août 2014, n° I.1).

Ces informations donnent lieu, sous la responsabilité du gestionnaire et selon les modalités définies par les textes, à des mises à jour du fichier (C. pr. pén., art. 230-8).

Ces mises à jour peuvent prendre trois formes : la rectification, des données, l'effacement des données, ou une mention dans le fichier. Lorsqu'une décision fait l'objet d'une « *mention* » dans un cas quelconque du tableau ci-dessous, « *les données relatives à la personne concernée ne peuvent faire l'objet d'une consultation dans le cadre des enquêtes administratives* » (C. pr. pén., art. 230-8, Circ. Crim. 14/E6, 18 août 2014 ; n° II.3, v. n° **13.15B1**).

Il est à souligner que, dans la mesure où elles ont des conséquences sur la durée de conservation des données personnelles, « *les décisions d'effacement et de rectification des informations nominatives prises par le procureur de la République, sont portées à la connaissance des responsables de tous les traitements automatisés pour lesquels.../... ces mesures ont des conséquences sur la durée de conservation des données personnelles* » (C. pr. pén., art. 230-8) : Faed (v. n° **13.31**), Fnaeg (v. n° **13.22**), Salvac (v. n° **13.11B**), « *aux fins de mise à jour de leurs propres données* » (Circ. Crim. 14/E6, 18 août 2014, n° II.4).

C. Tableau des évènements donnant lieu à effacement, rectification ou mention au fichier TAJ

Dans tous les cas décrits dans le tableau ci-après, sauf en matière de requalification où la rectification du fichier est de droit, les décisions du procureur de la République « *ordonnant le maintien ou l'effacement des données personnelles ou ordonnant qu'elles fassent l'objet d'une mention, sont prises pour des raisons liées à la finalité du fichier au regard de la nature ou des circonstances de commission de l'infraction ou de la personnalité de l'intéressé* » (C. pr. pén., art. 230-8).

V. tableau p. suivante.

Tableau 17 : Évènements donnant lieu à effacement, rectification ou mention au fichier TAJ

Événement porté à la connaissance du gestionnaire par le parquet	Modifications apportées au fichier
Décision de relaxe ou d'acquittement devenue définitive	
• « *en cas de décision de relaxe ou d'acquittement devenue définitive, les données personnelles concernant les personnes mises en cause sont effacées* » (C. pr. pén., art. 230-8). « *Une relaxe ou un acquittement partiel ne sauraient donner lieu à effacement des données à caractère personnel mais uniquement, le cas échéant, à une rectification de la qualification enregistrée au fichier* » (Circ. Crim. 14/E6, 18 août 2014, n° II.3).	• **Effacement** des informations • Le procureur de la République peut toutefois prescrire **le maintien** des informations (C. pr. pén., art. 230-8), « *il s'agit principalement des hypothèses d'irresponsabilité pénale telles que la contrainte, l'état de nécessité ou la légitime défense* » (Circ. Crim. 14/E6, 18 août 2014, n° II.3). La décision de maintien fait l'objet d'**une mention** dans le fichier.
« *L'irresponsabilité pénale pour cause de trouble mental ne relève plus de cette exception : les articles 706-59 et suivants du C. pr. pén. disposent en effet qu'en pareil cas, ce ne sont pas des décisions de relaxe ou d'acquittement qui sont prononcées, mais des jugements ou arrêts de déclaration d'irresponsabilité pénale pour cause de trouble mental* » (Circ. Crim. 14/E6, 18 août 2014, n° II.3). Il importe qu'une coordination soit mise en place avec les greffes correctionnels et les services du parquet afin que ces derniers soient en mesure d'informer les gestionnaires des fichiers (Circ. Crim. 06-21/E6-26, déc. 2006, n° 2.2.1).	La personne concernée est avisée par le procureur de la République de la décision de maintien des données personnelles (C. pr. pén., art. 230-8).
Dispense de peine ou dispense de mention au casier judiciaire	
La personne concernée peut former une demande d'effacement ou de mention en cas de dispense de peine ou de dispense de mention au casier judiciaire (C. pr. pén., art. 230-8, mod. par L. n° 2018-493, 20 juin 2018, tirant les conséquences de la décision Cons. const. 27 oct. 2017, n° 2017-670 QPC).	« *Les nouvelles dispositions ne précisent pas la nature de la décision que doit rendre le procureur de la République.../... En pratique.../...ces demandes devront le plus souvent donner lieu à une décision ordonnant, non pas l'effacement des données, ce qui contreviendrait à la finalité judiciaire du fichier, mais à l'ajout d'une mention interdisant leur utilisation à des fins administratives* » (Circ. Crim. 2018-8/H2, 22 juin 2018, n° 2.1).
Amnistie des faits, réhabilitation, dispense d'inscription au bulletin n° 2 du casier judiciaire	
• « *l'article 230-8 du C. pr. pén. ne prévoit explicitement, comme cause de mise à jour du traitement, que les seules décisions de non-lieu, de classement sans suite, de relaxe ou d'acquittement. Dès lors, les causes d'extinction des peines ou d'effacement des condamnations que constituent la grâce, l'amnistie ou la réhabilitation n'ont pas pour effet d'entraîner l'effacement des données enregistrées au fichier* » (Circ. Crim. 14/E6, 18 août 2014, n° II.3).	• Absence de modification du fichier ou de mention
Décisions de non-lieu et de classement sans suite	
« *Les décisions de non-lieu et de classement sans suite font l'objet d'une mention, sauf si le procureur de la République ordonne l'effacement des données personnelles* » (C. pr. pén., art. 230-8, réd. L. n° 2016-731, 3 juin 2016)	• Mention dans le fichier ou effacement des données personnelles.

Dans sa rédaction antérieure, le texte limitait l'effacement des données aux décisions de non-lieu ou de classement sans suite motivés par une insuffisance de charge. Désormais le parquet peut ordonner l'effacement pour toutes les décisions de classement sans suite, quel qu'en soit le motif. **À noter** : **le rappel à la loi** [devenu « *avertissement pénal probatoire* », L. n° 2021-1729, 22 déc. 2021, v. n° **15.39B**], mesure « *prise par une autorité de poursuite, n'établit par la culpabilité de la personne suspectée ou poursuivie* » ; cette décision n'implique pas la constitution d'un délit et ne peut donc être inscrite dans le fichier du STIC (Crim. 6 déc. 2011, n° 11-80.419, P n° 245).	
Requalification judiciaire	
À l'initiative du procureur de la République ou à la demande de la personne mise en cause (C. pr. pén., art. 230-8)	• « *La rectification pour requalification judiciaire est de droit* » (C. pr. pén., art. 230-8)

13.15 La consultation du fichier TAJ

A. La consultation et l'exploitation du fichier TAJ à des fins judiciaires

1. Le rapprochement judiciaire

Le fichier ne peut être consulté, y compris par tous moyens techniques mobiles, que par des personnels de la police nationale et de la gendarmerie nationale qui exercent des missions de police judiciaire, ou des agents du service national des douanes judiciaires, s'ils ont fait l'objet d'une désignation et d'une habilitation spéciale par l'autorité hiérarchique (C. pr. pén., art. 230-10 et R. 40-28).

Les magistrats du parquet et les agents des services judiciaires spécialement habilités par le procureur de la République peuvent également accéder aux données.

Peuvent être destinataires de ces informations, les autres agents de l'État investis d'attributions de police judiciaire, les magistrats instructeurs, pour les infractions dont ils sont saisis, ainsi que, dans le cadre des engagements internationaux, les organismes de coopération judiciaire ou des services de police étrangers qui représentent un niveau de protection suffisant de la vie privée, des libertés et des droits fondamentaux (C. pr. pén., art. 230-10, et R. 40-28).

« *Hors le cas où la consultation du traitement est effectuée par un enquêteur, autorisé par le procureur de la République, pour les besoins d'une procédure pénale, à délivrer une réquisition à cette fin en application de C. pr. pén., art. 77-1-1, doit figurer au dossier de la procédure le document ou la mention établissant que l'accès à ce traitement a été le fait d'un agent désigné à cette fin et spécialement habilité. Le défaut d'une telle habilitation porte nécessairement atteinte aux intérêts de la personne dont les données personnelles ont été consultées* » (§ 17) et il appartient à la CHINS saisie d'une telle contestation, « *au besoin par un supplément d'information, de rechercher si l'agent de la police nationale en cause disposait de l'habilitation lui permettant d'accéder aux informations dont il a fait état dans son rapport* » (§ 21) (Crim. 25 oct. 2022, n° 22-81.466, P ; dans le même sens, pour la consultation du fichier dit LAPI : Crim. 19 févr. 2019, n° 18-84.671, P n° 38 ; v. n° **11.46A** ; pour la consultation du fichier biométrique des empreintes digitales (FAED) à l'occasion d'une retenue pour vérification du droit au séjour : 1re Civ., 17 oct. 2018, n° 17-16.852, P ; v. n° **13.31A**).

La L. n° 2023-22, 24 janv. 2023 précise désormais, de façon générale et pour tous les traitements, que « *La réalité de cette habilitation spéciale et individuelle peut être contrôlée à tout moment par un magistrat, à son initiative ou à la demande d'une personne intéressée. L'absence de la mention de cette habilitation sur les différentes pièces de procédure résultant de la consultation de ces traitements n'emporte pas, par elle-même, nullité de la procédure* » (C. pr. pén., art. 15-5 et C. douanes, art. 55 *ter*, issus L. n° 2023-22, 24 janv. 2023). Ces dispositions sont jugées conformes à la Constitution car elles ne dispensent pas de l'habilitation et ne font pas obstacle à la nullité si l'agent n'est pas habilité (Cons. const. 19 janv. 2023, n° 2022-846 DC, § 101).

2. La recherche de renseignements sur la personnalité du mis en cause

Seules les informations enregistrées dans le fichier qui sont relatives à la procédure en cours peuvent être jointes au dossier de la procédure (C. pr. pén., art. R. 40-28). S'agissant d'une disposition identique à celle (art. 5) des décrets qui régissaient les fichiers Stic et Judex, les indications suivantes peuvent être rappelées : « *Il en résulte qu'il n'est pas possible d'utiliser le Stic pour obtenir des renseignements de personnalité concernant un mis en examen ou un prévenu, sauf réquisition expresse du procureur de la République, du juge d'instruction ou du juge des enfants. Dans ce cas, l'enquêteur requis procédera à l'édition d'une fiche "antécédents de la personne" qui pourra être jointe à la procédure* » (Circ. Crim. 06-21/E6, 26 déc. 2006, n° 1.4.1). Cette prérogative se fonde sur les articles 41 ou 81 du code de procédure pénale, qui ne limitent pas le champ et la nature des investigations du parquet ou du magistrat instructeur.

Néanmoins, « *si une recherche dans le Stic ou le Judex a permis au cours de l'enquête l'identification d'une personne mise en cause, les informations recueillies devront figurer au dossier* » (*ibid.*).

B. La consultation à des fins de police administrative

1. Les principes

« *Aucune décision produisant des effets juridiques à l'égard d'une personne ou l'affectant d'une manière significative ne peut être prise sur le seul fondement d'un traitement automatisé de données à caractère personnel, y compris le profilage* » (L. n° 78-17, 6 janv. 1978, art. 47), sous les exceptions prévues par ce texte. « *Les données recueillies dans les fichiers ne constitueront donc, dans chaque cas, qu'un élément de la décision prise, sous le contrôle du juge, par l'autorité administrative* » (Cons. const. 13 mars 2003, n° 2003-467 DC).

Lorsque, pour des raisons tenant à la finalité du fichier, les données personnelles ont été maintenues ou n'ont pas été effacées par le procureur de la République, malgré une décision de relaxe, d'acquittement, de non-lieu ou de classement sans suite, de dispense de peine, de dispense d'inscription au casier judiciaire, et ainsi fait l'objet d'une mention dans le fichier, elles ne peuvent faire l'objet d'une consultation dans le cadre des enquêtes administratives ci-après (C. pr. pén., art. 230-8).

2. Le contrôle de certains emplois publics ou privés, les enquêtes de moralité

Les décisions administratives de recrutement, d'affectation, d'autorisation, d'agrément ou d'habilitation, prévues par des dispositions législatives ou réglementaires, concernant les emplois publics participant à l'exercice des missions de souveraineté de l'État, les emplois publics ou privés relevant du domaine de la sécurité ou de la défense, les emplois privés ou activités privées réglementées relevant des domaines des jeux, paris et courses, l'accès à des zones protégées en raison de l'activité qui s'y exerce, l'utilisation de matériels ou produits présentant un caractère dangereux, l'instruction des demandes de titre de séjour des étrangers (L. n° 2018-778, 10 sept. 2018, en vigueur au plus tard le 1er janv. 2019), peuvent être précédées d'enquêtes administratives donnant lieu à la consultation des fichiers de police, y compris pour les données portant sur des procédures judiciaires en cours, dans la stricte mesure exigée par la protection de la sécurité des personnes et la défense des intérêts fondamentaux de la Nation (L. n° 95-73, 21 janv. 1995, art. 17-1, devenu CSI, art. L. 114-1 et L. 234-1, C. pr. pén., art. R. 40-29).

Cette consultation est faite, sans autorisation du ministère public, par des agents de la police et de la gendarmerie nationale spécialement habilités à cet effet, elle peut aussi l'être par des personnels investis de missions de police administrative spécialement habilités par le représentant de l'État (L. n° 95-73, 21 janv. 1995, art. 17-1, devenu CSI, art. L. 234-2 ; C. pr. pén., art. R. 40-29).

3. Le contrôle de l'immigration

Il est procédé à la consultation des fichiers de police pour l'instruction des demandes d'acquisition de la nationalité française et de délivrance et de renouvellement des titres relatifs à l'entrée et au séjour des étrangers. Cette consultation est effectuée par des agents de la police et de la gendarmerie nationale et, dans des conditions déterminées par décret en Conseil d'État, par des personnels investis de missions de police administrative, tous spécialement habilités à cet effet (L. n° 95-73, 21 janv. 1995, art. 17-1, et CSI, art. 234-1, C. pr. pén., art. R. 40-29).

4. L'exécution de missions comportant des risques d'atteinte à l'ordre public ou à la sécurité

La consultation, y compris pour des données portant sur des procédures judiciaires en cours, peut être effectuée par les agents de la police nationale, de la gendarmerie nationale et des « *agents des douanes* » (mod. issue L. n° 2023-22, 24 janv. 2023), spécialement habilités à cet effet, pour l'exercice de missions ou d'interventions, lorsque leur nature, ou les circonstances particulières dans lesquelles elles doivent se dérouler, comportent des risques d'atteinte à l'ordre public ou à la sécurité des personnes et des biens (L. n° 95-73, 21 janv. 1995, art. 17-1, devenu CSI, art. L. 234-3, C. pr. pén., art. R. 40-29).

13.16 Le droit d'accès au TAJ, de rectification et d'opposition par les personnes intéressées

A. Le droit d'accès

Le droit d'accès s'exerce de manière indirecte, par demande portée préalablement devant la Cnil. Cette dernière peut, en accord avec le ministère de l'Intérieur, constater que les informations ne mettent pas en cause la sûreté de l'État, la défense ou la sécurité publique et qu'il y a donc lieu de les communiquer à la personne intéressée, sous réserve que la procédure soit judiciairement close et après accord du procureur de la République (C. pr. pén., art. R. 40-33 I).

B. Le droit de rectification

1. Le principe

Les demandes de rectification ou d'effacement des données émanant des personnes intéressées peuvent être adressées soit directement au procureur de la République territorialement compétent ou au magistrat référent national, soit par l'intermédiaire de la Cnil au responsable du traitement (C. pr. pén., art. R. 40-31). « *La rectification pour requalification judiciaire est de droit* » (C. pr. pén., art. 230-8 et 230-9). Le procureur de la République, comme le magistrat référent national, se prononcent dans le délai ~~d'un~~ « *de deux* » (L. n° 2018-493, 20 juin 2018) mois sur les suites qu'il convient de donner aux demandes de rectification (C. pr. pén., art. 230-8 et 230-9).

Il convient de souligner que la demande peut consister à faire figurer une « *mention* » sur le fichier, laquelle fera obstacle à la consultation du TAJ dans le cadre des enquêtes administratives (v. n° **13.15B1**), notamment pour l'accès à des fonctions publiques ou règlementées.

C. pr. pén. ne prévoyait pas de recours, gracieux ou juridictionnel, contre la décision du procureur ou du magistrat référent. Le Conseil d'État considérait que « *les décisions en matière d'effacement ou de rectification, qui ont pour objet la tenue à jour de ce fichier et sont détachables d'une procédure judiciaire, constituent des actes de gestion administrative du fichier et peuvent faire l'objet d'un recours pour excès de pouvoir devant le juge administratif* » (CE 17 juill. 2013, req. n° 359417). La L. n° 2016-731, 3 juin 2016 a modifié C. pr. pén., art. 230-8 qui prévoit désormais que « *les décisions du procureur de la République en matière d'effacement ou de rectification des données personnelles sont susceptibles de recours devant le président de la CHINS* ».

Le défaut de réponse dans le délai de deux mois à une demande de rectification ou d'effacement effectuée par LRAR ou déclaration au greffe équivaut à une décision implicite de rejet contre laquelle un recours peut être exercé devant le président de la CHINS (combinaison C. pr. pén., art. 230-8 et 802-1 issus de L. n° 2016-731, 3 juin 2016 ; Circ. Crim. 2016-03/H, 17 juin 2016, JUSD1616979C n° 10).

La CEDH, saisie par un particulier qui s'est vu refuser l'effacement du fichier pour des faits de violence classés sans suite après une médiation pénale et le retrait immédiat de plainte de la victime, souligne que l'inscription dans un fichier de police est, en droit français, « *prévue par la loi* », et poursuit un but légitime de défense de l'ordre, de prévention des infractions pénales et de protection des droits d'autrui. Elle rappelle que cette ingérence dans la vie privée et familiale protégée par l'article 8 de la Convention européenne des droits de l'Homme, doit être nécessaire et proportionnée au but légitime poursuivi. Dans l'appréciation de cette nécessité, la cour observe, d'une part, que les dispositions empêchant dans tel cas (mention d'un classement sans suite dans le fichier) les consultations du fichier à des fins administratives n'ont pas d'effet sur le délai de conservation des données (§ 40), d'autre part, que la loi ne permet au parquet d'ordonner l'effacement d'une fiche que dans l'hypothèse d'un non-lieu ou d'un classement sans suite motivé par une insuffisance de charge (rédaction de C. pr. pén., art. 230-8 antérieure à L. n° 2016-731, 3 juin 2016), « *qu'un tel contrôle ne saurait passer pour effectif, l'autorité chargée de l'exercer n'ayant pas de marge d'appréciation pour évaluer l'opportunité de conserver les données* » (§ 41). En conséquence « *le requérant n'a pas disposé d'une possibilité réelle de demander l'effacement des données les concernant* » (§ 43), dans une hypothèse où la conservation de 20 ans des données au fichier, qui s'impose du fait de la loi, s'analyse « *en une atteinte disproportionnée au droit du requérant au respect de sa vie privée et ne peut passer pour nécessaire dans une société démocratique* » (§ 44) (CEDH 18 sept. 2014, *Brunet c/ France*, req. n° 2010/10).

Tirant les conséquences de cette décision et d'un avis rendu par le Conseil d'État le 30 mars 2016 relatif à l'effacement des données enregistrées dans le TAJ, la L. n° 2016-731, 3 juin 2016 a modifié C. pr. pén., art. 230-8 qui prévoit désormais que le procureur de la République peut procéder à l'effacement des décisions de classement sans suite quel qu'en soit le motif, et que les décisions d'effacement ou de maintien « *sont prises pour des raisons liées à la finalité du fichier au regard de la nature ou des circonstances de commission de l'infraction ou de la personnalité de l'intéressé* ».

2. Les conditions de recevabilité

Aux termes de C. pén., art. 230-8, modifié par L. n° 2018-493, 20 juin 2018, les demandes d'effacement, de rectification ou de mention, peuvent être formées **sans délai** par la personne concernée en cas de décision devenue définitive de relaxe, d'acquittement, de condamnation avec dispense de peine ou avec une dispense de mention au casier judiciaire, de non-lieu ou de classement sans suite (notons toutefois qu'une décision de classement sans suite n'acquiert pas un caractère définitif et peut être modifiée par le procureur de la République jusqu'au terme de la prescription de l'action publique).

« *Dans les autres cas, la personne ne peut former sa demande, à peine d'irrecevabilité, que lorsque ne figure plus aucune mention de nature pénale dans le bulletin n° 2 de son casier judiciaire* » (C. pén., art. 230-8, mod. par L. n° 2018-493, 20 juin 2018).

« *il convient de souligner que cette irrecevabilité s'applique même si les condamnations inscrites au casier judiciaire sont sans aucun lien avec l'inscription figurant au TAJ à l'origine de la demande. Le texte n'exige pas en effet un tel lien pour rendre la demande irrecevable. En revanche, l'existence de mentions de nature non pénale au bulletin n° 2 du casier judiciaire, qu'il s'agisse de décisions disciplinaires, commerciales ou administratives, ne constitue pas un motif d'irrecevabilité de la demande* » (Circ. Crim. 2018-8/H2, 22 juin 2018, n° 1.2).

Mentionnons que « *Ces conditions de recevabilité ne s'appliquent naturellement pas aux demandes d'effacement ou de rectification de données inexactes. En effet, la rectification pour requalification judiciaire est de droit aux termes de l'article 230-8. Par ailleurs, les mesures appropriées doivent effectivement être prises pour que les données inexactes ou incomplètes au regard des finalités pour lesquelles elles sont collectées ou traitées soient effacées ou rectifiées en vertu du 4° de l'article 6 de la loi du 6 janvier 1978 relative à l'informatique, aux fichiers et aux libertés* » (Circ. Crim. 2018-8/H2, 22 juin 2018, n° 1).

C. Le droit d'opposition

Le droit d'opposition ne s'applique pas TAJ. Toutefois, la victime, dès lors que l'auteur des faits a été condamné définitivement, peut s'opposer à ce que des informations nominatives la concernant soient conservées (C. pr. pén., art. 230-7, C. pr. pén., art. R. 40-33 II).

D. Le rôle du magistrat référent national

Un magistrat, désigné par le ministre de la justice, est chargé de suivre la mise en œuvre et la mise à jour du TAJ. Il dispose des mêmes pouvoirs d'effacement, de rectification ou de maintien des données personnelles que le procureur de la République, pouvoirs qu'il exerce d'office ou sur requête des particuliers (les personnes morales ne peuvent le saisir). Il dispose d'un accès direct au fichier (C. pr. pén., art. 230-9). « *Les décisions de ce magistrat en matière d'effacement ou de rectification de données personnelles sont susceptibles de recours devant le président de la CHINS de la cour d'appel de Paris* » (C. pr. pén., art. 230-8 mod. L. n° 2016-731, 3 juin 2016) ;

Le défaut de réponse dans le délai de deux mois à une demande de rectification ou d'effacement effectuée par LRAR équivaut à une décision implicite de rejet contre laquelle un recours peut être exercé devant le président de la CHINS (combinaison C. pr. pén., art. 230-8 et 802-1 issus de L. n° 2016-731, 3 juin 2016).

13.17 Le fichier des personnes recherchées (FPR)

A. Les finalités, le domaine et la gestion du fichier

Le fichier des personnes recherchées (FPR) est un traitement automatisé de données à caractère personnel mis en œuvre par le ministre de l'intérieur. Il a pour finalité de « *faciliter les recherches, les surveillances et les contrôles effectués, dans le cadre de leurs attributions respectives, par les services de la police nationale, les unités de la gendarmerie nationale et les agents des douanes exerçant des missions de police judiciaire ou de police administrative* » (D. n° 2010-569, 28 mai 2010, art. 1er).

Pour chaque personne inscrite, sont enregistrés l'état civil, le signalement, les photographies, les motifs de la recherche et le cas échéant les actes administratifs ou judiciaires afférents, ainsi que la conduite à tenir en cas de découverte de la personne (D. n° 2010-569, 28 mai 2010, art. 3).

L'inscription est affectée par des agents spécialement habilités de la police nationale et de la gendarmerie nationale (D. n° 2010-569, 28 mai 2010, art. 4), à l'initiative de l'autorité judiciaire pour ce qui concerne les décisions judiciaires (v. B ci-dessous), des services de police ou de gendarmerie ou des autorités judiciaires pour ce qui concerne les missions de police judiciaire (v. C ci-dessous). Pour les missions de police administrative, l'inscription est effectuée par des agents spécialement habilités des services centraux du ministère de l'intérieur ou des préfectures ou sous préfectures (D. n° 2010-569, 28 mai 2010, art. 5 I 4°), à l'initiative des autorités administratives compétentes (v. D ci-dessous).

Les données contenues dans le FPR peuvent être **transmises**, dans le cadre des engagements internationaux, à des organismes de coopération internationale en matière de police judiciaire ou à des services de police étrangers, qui représentent un niveau de protection suffisant de la vie privée, des libertés et des droits fondamentaux des personnes à l'égard du traitement dont ces données font l'objet ou peuvent faire l'objet (CSI, art. L. 235-1 et D. n° 2010-569, 28 mai 2010, art. 6). Dans le cadre de ces mêmes engagements, les services de police et de gendarmerie nationales peuvent **recevoir** des données contenues dans les traitements gérés par les organismes de coopération internationale en matière de police judiciaire ou les services de police étrangers (CSI, art. L. 235-1).

Ont notamment accès aux données les agents habilités de la police et de la gendarmerie, des douanes, des services centraux et déconcentrés du ministère de l'intérieur chargés de la règlementation des étrangers, des titres d'identité et de voyage, des permis de conduire et des armes (D. n° 2010-569, 28 mai 2010, art. 5).

Les dispositions du titre III de L. n° 78-17, 6 janv. 1978 (v. n° **13.11D2**) modifiée par L. n° 2018.493, 20 juin 2018 et par Ord. n° 2018-1125, 12 déc. 2018, sont applicables à ce fichier.

Les données sont effacées sans délai en cas d'aboutissement de la recherche ou d'extinction du motif de l'inscription. La mise à jour des données est réalisée par les services ayant procédé à l'enregistrement, à l'initiative de l'autorité ayant demandé l'inscription au fichier. Des vérifications périodiques sont mises en œuvre afin de garantir la fiabilité des données (D. n° 2010-569, 28 mai 2010, art. 7).

Le droit d'accès et de rectification s'exerce, pour la plupart des données, et à l'exception de celles qui concernent des recherches dans le cadre d'enquêtes judiciaires ou certaines recherches administratives (ex. exécution d'une décision de placement d'office ou menaces graves pour la sécurité publique ou la sûreté de l'État), auprès du ministère de l'intérieur (D. n° 2010-569, 28 mai 2010, art. 9).

B. L'inscription des personnes au titre des décisions de l'autorité judiciaire (C. pr. pén., art. 230-19)

Sont inscrites au fichier des personnes recherchées les personnes ayant fait l'objet des décisions judiciaires mentionnées au C. pr. pén., art. 230-19 (D. n° 2010-569, 28 mai 2010, art. 2 I), ci-dessous détaillées.

1. Les actes judiciaires tendant à la recherche et à l'arrestation d'une personne (C. pr. pén., art. 230-19 1°)

Il s'agit des mandats, ordres et notes de recherches, tendant à la recherche ou à l'arrestation d'une personne, émanant de l'autorité judiciaire : procureur de la République, juridictions d'instruction, de jugement ou d'application des peines, JLD et juge des enfants (C. pr. pén., art. 230-19 1°).

Au-delà de ces dispositions générales, « *Tout mandat d'arrêt et de recherche est inscrit, à la demande du juge d'instruction ou du procureur de la République* » au FPR (C. pr. pén., art. 135-3) (sur le mandat d'arrêt, v. n° **12.6** et **12.7**). Lorsque la personne est renvoyée devant la juridiction de jugement, le gestionnaire en est avisé pour qu'il soit fait le cas échéant application de C. pr. pén., art. 135-2 relatif à la mise à exécution du mandat d'arrêt avant jugement (sur ce point, v. n° **12.6E**) (C. pr. pén., art. 135-3).

Mentionnons que les effets du **mandat de recherche** délivré par le parquet cessent lorsque l'enquête n'est plus en cours (C. pr. pén., art. 70, *a contrario*), sauf s'il saisit le juge d'instruction et que ce dernier ne l'a pas rapporté (C. pr. pén., art. 70) (sur le mandat de recherche, v. n° **12.3**), et que les **mandats d'amener** (sur le mandat d'amener, v. n° **12.5** et **12.7**) et de recherche décernés par le juge d'instruction « *cessent de pouvoir recevoir exécution* » à compter de l'ordonnance de règlement (C. pr. pén., art. 179 et 181).

2. Les interdictions de paraître et de contact prononcées dans le cadre d'une alternative aux poursuites (C. pr. pén., art. 230-19 11°, L. n° 2020-936, 30 juill. 2020 et L. n° 2021-401, 8 avr. 2021)

Depuis L. n° 2020-936, 30 juill. 2020, les **interdictions de paraître** prononcées par le procureur de la République dans le cadre d'un classement sous condition (C. pr. pén., art. 41-1 7°, v. n° **15.39C**) ou d'une composition pénale validée (C. pr. pén., art. 41-2 9°, v. n° **15.44B2**) sont inscrites au FPR.

L. n° 2021-401, 8 avr. 2021, modifiant C. pr. pén., art. 230-19 11°, a étendu l'inscription au FPR aux **interdictions de contact** créées par cette même loi dans le cadre du classement sous condition (C. pr. pén., art. 41-1 8° et 41-1 9° issus L. n° 2021-401, 8 avr. 2021, v. n° **15.39C**), ainsi qu'aux interdictions de contact déjà existantes, prévues par C. pr. pén., art. 41-2 10° et 41-2 11° dans le cadre de la composition pénale (v. n° **15.44B2**).

« *Bien que la violation de ces interdictions ne constitue pas une infraction, elle peut soit justifier de revenir sur le classement sans suite sous conditions décidé en application de l'article 41-1, soit faire échec à la composition pénale prévue par l'article 41-2 et à l'extinction de l'action publique qui en serait résultée et ainsi obliger en principe le procureur à engager des poursuites. Il était dès lors nécessaire qu'elles puissent être portées à la connaissance des forces de l'ordre, afin que ces derni[ères] puissent aviser le parquet de leur non–respect. Les forces de l'ordre pourront ainsi être utilement encouragées à aviser le parquet dans les meilleurs délais afin de garantir la cohérence de la sanction pénale* » (Circ. Crim. 2020-17-H2, 3 août 2020, NOR : JUSD2020619C, n° 1.6).

3. Les obligations ou interdictions résultant d'un contrôle judiciaire (C. pr. pén., art. 230-19 2° et 138)

Il s'agit des mesures suivantes ordonnées par le juge d'instruction, le JLD ou le tribunal (sur les mesures de contrôle judiciaire imposées au majeur, C. pr. pén., art. 138, v. n° **12.48**) :

– interdiction de sortir de limites territoriales (C. pr. pén., art. 138 1°) ;

– interdiction de s'absenter du domicile ou de la résidence en dehors des motifs déterminés par la décision (C. pr. pén., art. 138 2°) ;

– interdiction de se rendre dans certains lieux ou obligation de ne se rendre que dans des lieux fixés (C. pr. pén., art. 138 3°) ;

– interdiction de participer à des manifestations sur la voie publique dans des lieux déterminés par la décision (C. pr. pén., art. 138 3°*bis*, L. n° 2019-290, 10 avr. 2019) ;

– remise au greffe ou à un service de police ou de gendarmerie de ses justificatifs d'identité, notamment passeport (C. pr. pén., art. 138 7°) ;

– interdiction de conduire tous véhicules ou certains véhicules ou un véhicule non équipé d'un dispositif d'antidémarrage par éthylotest électronique ; remise au greffe du permis de conduire (C. pr. pén., art. 138 8°) ;

– interdiction de recevoir ou de rencontrer certaines personnes ou d'entrer en relation avec elles (C. pr. pén., art. 138 9°) ;

– interdiction de se livrer à certaines activités professionnelles ou sociales (C. pr. pén., art. 138 12°) ;

– interdiction d'exercer une activité impliquant un contact habituel avec des mineurs (C. pr. pén., art. 138 12°*bis*) ;

– interdiction de détenir ou de porter une arme (C. pr. pén., art. 138 14°) ;

– obligation de résider hors du domicile ou de la résidence du couple et interdiction d'y paraître ou aux abords immédiats (C. pr. pén., art. 138 17°) ;

– dispositif anti-rapprochement (C. pr. pén., art. 138-3 *bis* et 138-3, issus L. n° 2019-1480, 28 déc. 2019, v. n° **12.48C2**) ;

– toute modalité d'un contrôle judiciaire ordonné à l'égard d'un mineur au titre de Ord. n° 45-174, 2 févr. 1945, art. 10-2 (devenu CJPM, art. L. 331-2) (C. pén., art. 230-19 2°) (sur les mesures de contrôle judiciaire imposées au mineur, CJPM, art. L. 331-2, v. n° **12.50B**).

4. Les interdictions prononcées à titre de peine alternative à l'emprisonnement ou de peine complémentaire (C. pr. pén., art. 230-19 3 et 3° bis°)

Sur les peines alternatives ou complémentaires à l'emprisonnement prononcées en application de C. pén., art. 131-6, v. n° **18.32A** ; les peines complémentaires prononcées sur le fondement de C. pén., art. 131-10 et 131-16, v. n° **18.34**).

Sont inscrites au FPR les interdictions suivantes :

– suspension du permis de conduire, pouvant être limitée à la conduite en dehors de l'activité professionnelle (C. pr. pén., art. 230-19 3° et C. pén., art. 131-6 1°).

– interdiction de conduire certains véhicules (C. pr. pén., art. 230-19 3° et C. pén., art. 131-6 2°).

– annulation du permis de conduire (C. pr. pén., art. 230-19 3° et C. pén., art. 131-6 3°) ;

– interdiction de détenir ou de porter une arme soumise à autorisation (C. pr. pén., art. 230-19 3° et C. pén., art. 131-6 6°) ;

– interdiction d'exercer une activité professionnelle ou sociale (C. pr. pén., art. 230-19 3° et C. pén., art. 131-6 11°) ;

– interdiction de paraître dans certains lieux ou catégories de lieux (C. pr. pén., art. 230-19 3° et C. pén., art. 131-6 12) ;

– interdiction de fréquenter certains condamnés (C. pr. pén., art. 230-19 3° et C. pén., art. 131-6 13°) ;

– interdiction d'entrer en relation avec certaines personnes, notamment la victime de l'infraction (C. pr. pén., art. 230-19 3° et C. pén., art. 131-6 14°) ;

– interdiction de conduire certains véhicules terrestres à moteur, y compris ceux pour la conduite desquels le permis de conduire n'est pas exigé, suspension et annulation du permis de conduire, prononcées à titre de peine complémentaire (C. pr. pén., art. 230-19 3° *bis* et C. pén., art. 131-10 et 131-16, v. n° **18.34**).

– interdiction d'exercer une fonction publique, une activité professionnelle ou sociale ou une profession commerciale ou industrielle (C. pr. pén., art. 230-19 4° et C. pén., art. 131-27 et 131-28) ;

– interdiction du territoire français (C. pr. pén., art. 230-19 5° et C. pén., art. 131-30 du code pénal) ;

– interdiction de séjour (C. pr. pén., art. 230-19 6° et C. pén., art. 131-31) ;

– interdiction de détenir ou de porter une arme soumise à autorisation, prononcée à titre de peine complémentaire (C. pr. pén., art. 230-19 7°) ;

– interdiction judiciaire de stade (C. pr. pén., art. 230-19 10° et C. sport, art. L. 332-11 à L. 332-15) (sur cette mesure, v. n° **25.69**) ;

– interdiction de participer à des manifestations sur la voie publique (C. pr. pén., art. 230-19 17° et C. pén., art. 131-32-1, L. n° 2019-290, 10 avr. 2019, anc[t], CSI, art. L. 211-13) (sur la violation de cette interdiction, v. n° **25.68**).

5. Les mesures de contrôle imposées par la juridiction ou la juridiction d'application des peines (C. pr. pén., art. 230-19 8°)

Il s'agit de certaines des obligations ou interdictions imposées par la décision de condamnation de la juridiction de jugement ou par le JAP, le TAP ou le JE dans le cadre d'une contrainte pénale (v. n° **18.22E**), d'un sursis avec mise à l'épreuve (devenu sursis probatoire depuis le 24 mars 2020, L. n° 2019-222, 23mars 2019 (v. n° **18.25**), d'un sursis assorti de l'obligation d'accomplir un travail d'intérêt général (abrogé depuis le 24 mars 2020, L. n° 2019-222, 23mars 2019 v. n° **18.26**), d'un suivi socio-judiciaire (v. n° **18.31C**), d'une libération conditionnelle (v. n° **18.10H**), d'une semi-liberté, d'un placement à l'extérieur, d'un placement sous surveillance électronique (Devenu détention à domicile sous surveillance électronique – DDSE – à compter du v. n° **18.13C**), d'une suspension ou d'un fractionnement de peine privative de liberté (v. n° **18.13E**), d'un suivi post-libération (C. pr. pén., art. 721-2, v. n° **18.10G**), d'une surveillance judiciaire ou d'une surveillance de sûreté (v. n° **18.31A**), ou d'une sanction éducative prononcée contre un mineur (Ord. n° 45-174, 2 févr. 1945, art. 15-1, devenu « *mesure éducative judiciaire* », CJPM, art. L. 112-1 s.).

– obtenir l'autorisation préalable du JAP ou du JE (Ord. n° 45-174, 2 févr. 1945, art. 20-9 devenu CJPM, art. L. 611-2) pour un changement d'emploi ou de résidence (C. pr. pén., art. 230-19 8° et C. pén., art. 132-44 5°) ;

– informer le JAP ou le JE d'un déplacement à l'étranger (C. pr. pén., art. 230-19 8° C. pén., art. 132-44 6°) ou obtenir son autorisation préalable (C. pr. pén., art. 230-19 8° et C. pén., art. 132-45 21°) ;

– interdiction de conduire certains véhicules (C. pr. pén., art. 230-19 8° et C. pén., art. 132-45 7°) ;

– interdiction de se livrer à une activité (C. pr. pén., art. 230-19 8° et C. pén., art. 132-45 8°) ;

– interdiction de paraître dans certains lieux (C. pr. pén., art. 230-19 8° et C. pén., art. 132-45 9°) ;

– interdiction de prendre part à des jeux d'argent et de hasard (C. pr. pén., art. 230-19 8° et C. pén., art. 132-45 10°) ;

– interdiction de fréquenter les débits de boissons (C. pr. pén., art. 230-19 8° et C. pén., art. 132-45 11°) ;

– interdiction de fréquenter certains condamnés (C. pr. pén., art. 230-19 8° et C. pén., art. 132-45 12°) ;

– interdiction d'entrer en relation avec certaines personnes, notamment la victime (C. pr. pén., art. 230-19 8° et C. pén., art. 132-45 13°) ;

– interdiction de détenir ou porter une arme (C. pr. pén., art. 230-19 8° et C. pén., art. 132-45 14°) ;

– dispositif mobile anti-rapprochement (C. pr. pén., art. 230-19 8°, C. pén., art. 132-45 18° *bis* et 132-45-1, mod. par L. n. 20191480, 28 déc. 2019, v. n° **18.25D**) ;

– obligation de résider hors du domicile ou de la résidence du couple et interdiction d'y paraître ou aux abords immédiats (C. pr. pén., art. 230-19 8° et C. pén., art. 132-45 19°) ;

– justifier des motifs de ses changements d'emploi ou de résidence faisant obstacle à l'exécution d'un TIG (C. pr. pén., art. 230-19 8° et C. pén., art. 132-55 3°) ;

– obtenir l'autorisation préalable du JAP pour tout déplacement faisant obstacle à l'exécution d'un TIG (C. pr. pén., art. 230-19 8° et C. pén., art. 132-55 4°) ;

– interdiction imposée au mineur, à titre de sanction éducative, de paraître dans les lieux désignés par la juridiction (C. pr. pén., art. 230-19 9° et Ord. n° 45-174, 2 févr. 1945, art. 15-1 2° devenu CJPM, art. L. 112-2 5°) ;

– interdiction imposée au mineur, à titre de sanction éducative, de rencontrer ou de recevoir la victime de l'infraction ou d'entrer en relation avec elle (C. pr. pén., art. 230-19 9° et Ord. n° 45-174, 2 févr. 1945, art. 15-1 3° devenu CJPM, art. L. 112-2 6°) ;

– interdiction imposée au mineur, à titre de sanction éducative, de rencontrer ou de recevoir les co-auteurs ou complices de l'infraction ou d'entrer en relation avec eux (C. pr. pén., art. 230-19 9° et Ord. n° 45-174, 2 févr. 1945, art. 15-1 4° devenu CJPM, art. L. 112-2 6) ;

– interdiction imposée au mineur, à titre de sanction éducative, d'aller et venir sur la voie publique entre ~~23 H 00~~ 22 H 00 (L. n° 2021-218, 26 févr. 2021) et 6 H 00 sans être accompagné d'un titulaire de l'autorité parentale (C. pr. pén., art. 230-19 9° et Ord. n° 45-174, 2 févr. 1945, art. 15-1 11 devenu CJPM, art. L. 112-2 7°).

6. Les autres décisions judiciaires

– **interdictions** prononcées par la CHINS ou la juridiction de jugement à l'encontre de la personne faisant l'objet d'une **déclaration d'irresponsabilité pénale** pour cause de trouble mental (V. n° 14.28F5 et 15.35A5) (C. pr. pén., art. 230-19 11° *bis* et C. pr. pén., art. 706-136) ;

– **insoumis ou déserteurs** (C. pr. pén., art. 230-19 12° et CJM, art. 397 à 404 devenus L. 321-1 à L. 321-8 (V. n° 26.39 à 26.41)) ;

– **interdiction de sortie du territoire** prise à titre de mesure de protection au profit de l'enfant mineur par le JAF (C. civ., art. 373-2-6, v. n° 16.5C1), par le parquet à titre provisoire (C. civ., art. 375-5, v. n° 16.5B), par le juge des enfants (C. civ., art. 375-7, v. n° 16.5C4) ou au profit de la personne majeure menacée d'un mariage forcé dans le cadre d'une ordonnance de protection du JAF (C. civ., art. 515-13, v. n° 16.4A2) (C. pr. pén., art. 230-19 14°) ;

– inscription de la personne au **Fijait** pendant toute la durée de ses obligations (C. pr. pén., art. 230-19 15° et 706-25-7, v. n° 13.40B) ;

– inscription de la personne au **Fijais** pendant toute la durée de ses obligations (C. pr. pén., art. 230-19 16° et 706-53-8, v. n° 13.38A) ;

– interdiction de recevoir, de rencontrer, d'entrer en relation avec certaines personnes, de détenir ou porter une arme, obligation de remise d'armes, prononcée par **ordonnance de protection du JAF** sur le fondement de C. civ., art. 515-11 1° et 2°, (sur l'ordonnance de protection, v. n° 16.4) (C. pr. pén., art. 230-19 17°, L. n° 2019-222, 23 mars 2019) ;

– interdictions prévues par une **mesure de protection en matière civile ordonnée dans un autre État membre de l'Union** reconnue et ayant force exécutoire en France en application du règlement (UE) 606/2013 du Parlement européen et du Conseil du 12 juin 2013 relatif à la reconnaissance mutuelle des mesures de protection en matière civile (v. infraction n° 21.6) ;

– interdictions imposées à l'auteur au titre d'une **mesure de protection européenne** reconnue sur le territoire national par ordonnance du JLD par application de C. pr. pén., art. 696-102 (sur la mesure de protection européenne, v. n° 16.2C3) (C. pr. pén., art. 230-19 17°, L. n° 2019-222, 23 mars 2019) ;

– interdictions de **détenir un animal** prévues par C. pén., art. 131-21-2 (C. pr. pén., art. 230-19 19°, mod. issue L. n° 2021-1539, 30 nov. 2021).

C. L'inscription des personnes au titre des missions de police judiciaire (D. n° 2010-569, 28 mai 2010, art. 2 II)

Sont inscrites dans le fichier, « *à la demande des services et unités de police judiciaire ou des autorités judiciaires, les personnes faisant l'objet d'une recherche pour les besoins d'une enquête de police judiciaire* » dans les cas suivants :

– enquête préliminaire, de flagrance, ou sur commission rogatoire ;

– coordination des recherches criminelles sur le territoire national par la direction centrale de la police judiciaire et les offices centraux de police judiciaire ;

– disparition de personne dans des conditions inquiétantes ou suspectes (disparition inquiétante, C. pr. pén., art. 74-1) ;

– découverte de personne décédée ou vivante non identifiée (V. n° 14.5).

L'inscription au FPR au titre de l'enquête de police judiciaire est un acte d'enquête, considéré en conséquence par la jurisprudence comme interruptif de la prescription de l'action publique (v. n° 17.23A2), à condition toutefois, selon la rédaction de C. pr. pén., art. 9-2 2° issue de L. n° 2017-242, 27 févr. 2017, d'être consignée dans un procès-verbal.

D. L'inscription des personnes au titre des missions de police administrative (D. n° 2010-569, 28 mai 2010, art. 2)

Sont inscrites au fichier les personnes recherchées au titre des mesures de police administrative ci-dessous détaillées.

1. L'inscription de certaines personnes protégées

– mineurs faisant l'objet d'une mesure administrative d'opposition à sortie du territoire (D. n° 2010-569, 28 mai 2010, art. 2 III 3°) (sur la mesure d'OST, v. n° **16.5A**) ;

– mineurs en fugue (D. n° 2010-569, 28 mai 2010, art. 2 III 4°) ;

– personnes recherchées en vue de l'exécution d'une décision de placement d'office en établissement psychiatrique ou évadées d'un tel établissement (D. n° 2010-569, 28 mai 2010, art. 2 III 6°).

2. La police administrative des étrangers

– étranger constituant une menace pour l'ordre public susceptible de justifier un refus d'entrée sur le territoire (D. n° 2010-569, 28 mai 2010, art. 2 III 1°) (sur le refus d'entrée en France, v. n° **27.4B**) ;

– étranger non-membre de l'UE faisant l'objet d'une mesure interdisant l'entrée ou le transit sur le territoire, adoptée par l'UE ou une autre organisation et applicable en France (D. n° 2010-569, 28 mai 2010, art. 2 III 2°) ;

– étranger faisant l'objet : d'une obligation de quitter le territoire français non exécutée (D. n° 2010-569, 28 mai 2010, art. 2 IV 5°) (sur l'OQTF, v. n° **27.4D1**) ; d'une interdiction de retour sur le territoire (D. n° 2010-569, 28 mai 2010, art. 2 IV 6°) (sur l'interdiction de retour, v. n° **27.4E2**) ; d'une interdiction de circulation sur le territoire (D. n° 2010-569, 28 mai 2010, art. 2 IV 7°) (sur l'interdiction de circulation, v. n° **27.4E3**) ; d'un arrêté d'expulsion (D. n° 2010-569, 28 mai 2010, art. 2 IV 8°) (sur l'arrêté d'expulsion, v. n° **27.4C**) ; d'une assignation à résidence (D. n° 2010-569, 28 mai 2010, art. 2 IV 9°) (sur l'assignation à résidence, v. n° **27.5**) ; d'une interdiction administrative du territoire (D. n° 2010-569, 28 mai 2010, art. 2 IV 12°) (sur l'interdiction administrative du territoire, v. n° **27.4E1**).

3. La prévention des menaces contre la sécurité publique ou la sûreté de l'État

– recherches pour prévenir des menaces graves pour la sécurité publique ou la sûreté de l'État (D. n° 2010-569, 28 mai 2010, art. 2 III 8°) ;

– français faisant l'objet, pour la prévention des activités terroristes, d'une mesure d'interdiction de sortie du territoire prise par arrêté individuel du ministre de l'intérieur (D. n° 2010-569, 28 mai 2010, art. 2 IV 10° et 11°, CSI, art. L. 224-1) (sur cette mesure, v. n° **23.28**) ;

– personne faisant l'objet, à son retour supposé d'un théâtre d'opération terroriste, d'une mesure prise par arrêté individuel du ministre de l'intérieur d'obligation de résidence, de présentation périodique aux services de police ou de gendarmerie, de déclaration de domicile et d'interdiction d'entrer en relation avec certaines personnes (D. n° 2010-569, 28 mai 2010, art. 2 IV 10° et 11°, CSI, art. L. 225-1 à L. 225-3) (sur cette mesure, v. n° **23.28**) ;

– interdiction de séjour dans tout ou partie du département prise par arrêté individuel du préfet dans le cadre de l'état d'urgence (D. n° 2010-569, 28 mai 2010, art. 2 IV 13°°, L. n° 55-385, 3 avr. 1955, art. 5 3°) (sur cette mesure, v. n° **23.30**) ;

– assignation à résidence ou interdiction d'entrer en relation avec certaines personnes prise par arrêté individuel du ministre de l'intérieur dans le cadre de l'état d'urgence (D. n° 2010-569, 28 mai 2010, art. 2 IV 14°, L. n° 55-385, 3 avr. 1955, art. 6) (sur cette mesure, v. n° **23.30**).

4. Les autres mesures de police administrative

– notification de mesures administratives concernant le permis de conduire (D. n° 2010-569, 28 mai 2010, art. 2 IV 1°) ;

– mesure administrative de retrait de permis de conduire obtenu indûment (D. n° 2010-569, 28 mai 2010, art. 2 IV 2°) ;

– non-restitution au préfet du permis de conduire invalidé pour solde de points nul (D. n° 2010-569, 28 mai 2010, art. 2 IV 3°, C. route, art. L. 233-5 et R. 223-3) (sur l'invalidation du permis pour solde de points nul, v. n° **36.30**) ;

– décision de retrait d'une carte nationale d'identité ou d'un passeport obtenu ou détenu indûment (D. n° 2010-569, 28 mai 2010, art. 2 IV 4°) ;

– interdiction administrative de stade prise par arrêté individuel du préfet (D. n° 2010-569, 28 mai 2010, art. 2 III 9°, C. sport, art. L. 332-16) (sur cette mesure, v. n° **25.70**).

13.18 Les fichiers de coordination de l'action des services d'enquête

Le Fichier national des objectifs en matière de stupéfiants (FNOS) (Arr. 11 juill. 2012, NOR : INTC1221461A, *JO* 10 août, p. 13162) a pour finalité de coordonner l'action des services concourant à la répression du trafic de stupéfiants en répertoriant les personnes faisant l'objet d'investigations judiciaires ou douanières en ce domaine. Il comporte les données à caractère personnel et informations relatives aux personnes faisant l'objet d'une procédure judiciaire ou douanière portant sur une des infractions relatives au trafic ou à la contrebande de produits stupéfiants ou de substances vénéneuses. Il comporte également les coordonnées professionnelles des enquêteurs et des magistrats.

13.19 L'identification génétique – Repères médico-légaux

A. Le support de l'identification génétique : l'ADN

L'acide désoxyribonucléique (ADN) est le composant principal des 46 chromosomes (44 chromosomes non sexuels, dits autosomes, et 2 chromosomes sexuels, XX pour le féminin et XY pour le masculin). Ces corpuscules, présents dans le noyau (ADN nucléaire) des cellules de tout organisme vivant, constituent le support sur lequel les caractéristiques génétiques de la personne, dont la combinaison constitue le génome, sont écrites. L'ADN se présente comme une longue molécule linéaire complexe, à double hélice, dont chacun des deux brins parallèles est relié à l'autre par des composants élémentaires, les nucléotides, qui sont de quatre sortes : l'adénine, la cytosine, la guanine et la thymine (ACGT). L'alphabet du langage génétique résulte de l'assemblage par paires, dites de base, selon une complémentarité constante, du nucléotide A (adénine) au nucléotide T (thymine) (paire AT), et du nucléotide G (guanine) au nucléotide C (cytosine) (paire CG). L'enchaînement de plusieurs milliers de paires de base sur la longue chaîne de la molécule d'ADN construit la séquence génétique, qui représente 3,2 multiplié par 10^9 paires de base. Chaque gène compose une séquence particulière, plus ou moins longue, dont la longueur se mesure en nombre de paire de base.

B. Les sources de l'ADN : noyau cellulaire et ADN mitochondrial

Chaque cellule nucléée contient les 46 chromosomes du génome humain, on parle alors d'ADN nucléaire. Les sources usuelles d'ADN nucléaire en identification criminelle sont le sang (les globules blancs), le sperme, la sueur, les sécrétions vaginales et nasales, les follicules pileux. D'autres matériaux, telles l'urine, les selles, les pellicules, les cellules mortes de la peau, sont pauvres en ADN nucléaire et nécessitent des analyses approfondies, elles peuvent être source d'ADN mitochondrial (v. ci-dessous).

Certaines cellules ne contiennent pas d'ADN, ainsi les globules rouges (au contraire des globules blancs), ou ne contiennent qu'une partie du génome, telles les gamètes, cellules de reproduction (spermatozoïdes et ovules), qui ne portent que la moitié du capital génétique (cellules dites haploïdes).

La cellule recèle également d'autres sources d'ADN : les mitochondries, petits organites situés dans le cytoplasme, qui contiennent une petite quantité du génome. C'est l'ADN ou le génome mitochondrial (noté ADN mt), de forme circulaire, dont la circonférence est de 16 569 paires de base. L'ADN mt est exclusivement hérité de la mère, les enfants d'une même mère auront donc le même ADN mt, qui sera identique à celui de leur mère et de leur grand-mère maternelle.

Ces mitochondries sont présentes en très nombreux exemplaires dans la cellule, elles ont donc une probabilité de conservation supérieure à celle de l'ADN nucléaire, plus rare. L'ADN mt rend possible certains rapprochements dans les cas où l'ADN nucléaire fait défaut.

13.20 Les méthodes de l'identification génétique

A. La mise en évidence des différences génétiques : la recherche des variations (allèles) sur certaines zones de référence (loci) du gène

1. L'ADN nucléaire

Des altérations, dites mutations, peuvent affecter la séquence du gène. Elles proviennent soit de causes extérieures (agents mutagènes chimiques, radiologiques ou viraux), soit, pour la plupart, d'erreurs dans le processus de division cellulaire. Ces variations, dénommées allèles, qui prennent la forme d'insertion, de suppression ou de répétition (tandem) de paires de base, peuvent allonger ou réduire la chaîne génique. Elles sont facilement mises en évidence et très utiles en identification criminelle, en particulier les courtes répétitions, dénommées **STRs (short tandem repeats)**, longues d'une à quatre paires de base. Le mot *locus* (pluriel *loci*) s'emploie pour désigner la position des gènes ou d'une section de gène sur le chromosome. Le travail d'identification criminelle consiste alors à déterminer les caractéristiques des allèles sur un certain nombre de *loci,* situés sur des chromosomes différents, retenus comme référence dans une nomenclature internationale. Doivent également être signalés d'autres courtes unités répétées de l'ADN nucléaire, les **SNP (Single Nucleotide Polymorphisms)**. Si elles ne servent pas au génotypage de masse, ces mutations ponctuelles propres à chaque individu sont associées à la détermination des caractéristiques génétiques et au portrait-robot génétique (v. n° **13.22C**).

Depuis le 1er août 2018 (AM 10 août 2015), les analyses alimentant le Fnaeg (v. nos **13.22** s.) portent sur les 21 (auparavant 16) marqueurs obligatoires ou *loci* suivants (C. pr. pén., art. 706-54, R. 53-13 et A. 38).

Tableau 18 : Segments ADN ou *loci* alimentant le Fnaeg

Segments d'ADN ou *loci*	Localisation
• D3S1358	• Chromosome 3
• VWA	• Chromosome 12
• D8S1179	• Chromosome 8
• D21S11	• Chromosome 21
• D18S51	• Chromosome 18
• TH01	• Chromosome 11
• FGA	• Chromosome 4
• D16S539	• Chromosome 16
• D5S818	• Chromosome 5
• D13S317	• Chromosome 13
• D7S820	• Chromosome 7
• CSF1PO	• Chromosome 5
• TPOX	• Chromosome 2

• D1S1656	• Chromosome 1
• D2S441	• Chromosome 2
• D10S1248	• Chromosome 10
• D12S391	• Chromosome 12
• D22S1045	• Chromosome 22
• D2S1338	• Chromosome 2
• D19S433	• Chromosome 19
• Amélogénine	• Chromosome X et Y

Les 12 premiers *loci* correspondent aux marqueurs ADN retenus pour constituer l'ensemble européen de référence (*European Standard Set* ou ESS) (résolution du Conseil, 25 juin 2001, relative à l'échange des résultats d'analyse d'ADN, *JOCE* 2001/ C 187/01, complétée par la résolution du 30 nov. 2009 portant le nombre initial de 7 à 12).

Les analyses portent également sur deux au moins des segments suivants (2 marqueurs optionnels) :

Segments d'ADN ou *loci*	**Localisation**
• Penta E	• Chromosome 15
• Penta D	• Chromosome 21
• SE33 (ACTBP2)	• Chromosome 6
DYS391	• Chromosome Y
•YINDEL	• Chromosome Y

Certains gènes (ADN codant ou génique) contiennent l'instruction (encodage) donnée à l'organisme de fabriquer une protéine particulière, qui à son tour détermine des caractéristiques physiologiques de la personne (phénotype), ainsi, à titre d'exemple, le groupage sanguin, la couleur des cheveux. Il est estimé que seulement 3 % de l'ADN est impliqué dans le codage des protéines, la fonction du reste (ADN non codant ou non génique) n'est pas connue mais joue cependant un grand rôle dans l'identification génétique : les mutations intervenues sur ces segments ont une probabilité d'autant plus grande d'être transmises à la descendance et diffusées dans la population qu'elles n'affectent pas les fonctions vitales de leur porteur.

Les *loci* retenus dans le cadre du système européen de référence, et dans le droit français (C. pr. pén., art. 706-54 et A. 38) qui lui est conforme, ne sont pas juridiquement considérés comme codants (à l'exception de l'amélogénine, marqueur du sexe). Les progrès de la science génétique semblent toutefois montrer que la frontière entre ADN codant et ADN non codant n'est plus si évidente.

2. L'ADN MITOCHONDRIAL

L'ADN motochondrial, dit ADN mt, diffère peu d'un individu à l'autre, et ne présente donc qu'un intérêt secondaire en technique d'identification. Toutefois, une région de l'ADN mt appelée la boucle D contient deux régions hypervariables nommées HV1 et HV2, dont la longueur totalise environ 300 paires de base, où l'on observe des variations de 1 à 3 % d'un individu à l'autre.

Après séquençage génique et comparaison à une séquence type, dite d'Anderson, les variations mises en évidence composent les caractéristiques de l'ADN mt de l'échantillon.

B. La technique d'extraction de l'ADN

1. La méthode RFLP

La méthode classique était l'analyse RFLP (*Restriction Fragment Length Polymorphism*) associée à l'électrophorèse. Elle consiste à isoler, en utilisant des enzymes dits de restriction, des séquences répétées de paires de base, dites tandems (VNTR pour « *Variable numbers of tandem repeats* »), situées dans des régions du génome appelées hypervariables. L'échantillon d'ADN est placé dans un gel (agarose ou polyacrylamide) soumis à un courant électrique entraînant une migration, différenciée selon leur longueur, des variants génétiques. Ces derniers sont alors soumis à un traitement chimioluminescent permettant de révéler le profil génétique, et sa transcription sous forme de graphique (électrophorégramme).

Cette méthode, progressivement abandonnée au profit de la technique dite PCR (v. ci-dessous), nécessite une quantité importante d'ADN non dégradé.

2. La méthode PCR

La méthode PCR (Polymerase chain réaction) consiste à soumettre l'échantillon à une série de cycles thermiques qui provoquent la réplication de segments particuliers d'ADN : chaque cycle (d'environ 5 mn) permet de doubler l'échantillon. Une fois extrait, l'ADN est soumis à l'électrophorèse susdécrite. Cette technique, particulièrement adaptée au génotypage de masse ou de routine, se généralise dans les laboratoires. Elle permet de disposer en peu de temps d'une quantité d'ADN aisément détectable et se prête donc particulièrement à l'analyse de l'ADN ancien, détérioré, de très faible quantité, ou de l'ADN mitochondrial. La méthode PCR est néanmoins très sensible aux contaminations provenant d'autres sources d'ADN (opérateurs de la scène de crime et du laboratoire).

3. La méthode LCN

La méthode LCN (*Low copy number*), qui est une extension de la méthode PCR, permet d'exploiter d'infimes quantités d'ADN (ex. : ADN présent dans une empreinte digitale), ou dans des supports très pauvres en ADN nucléaire, telles les selles ou les pellicules.

Cette technique, comme la PCR, est particulièrement sensible aux contaminations du prélèvement qui peuvent survenir sur la scène de crime ou dans le laboratoire.

4. La détection des contaminations par les opérateurs de laboratoire

Le décret n° 2013-406, 16 mai 2013, autorise le ministre de l'intérieur, dans chacun de ses laboratoires (NIPS et IRCGN), à recenser et enregistrer dans une application informatique intitulée « *outils de recherche de contamination ADN* » (ORCA), les profils génétiques susceptibles de contaminer les opérations de traitement des échantillons (profils génétiques du personnel de laboratoire) afin de détecter par rapprochement les contaminations éventuelles.

13.21 Les probabilités de correspondance entre les ADN de deux individus d'une population

A. L'identification génétique s'appuie sur une partie limitée mais suffisante du génome

Les chromosomes, quel que soit le tissu biologique dont ils proviennent, sont identiques chez le même individu. À l'exception des jumeaux monozygotes, les personnes possèdent chacune un ADN unique, dont les caractéristiques sont stables tout au long de la vie. On estime que les ADN de deux individus sélectionnés aléatoirement diffèrent sur environ un million de points.

L'identification criminelle ne se fonde cependant pas sur la totalité du génome, mais sur un nombre de gènes suffisants pour différencier, en termes de probabilité, la personne concernée du reste de la population.

Le partage de certaines caractéristiques génétiques entre des individus ayant une même ascendance permet par ailleurs d'effectuer des **« recherches en parentalité »** susceptibles de faciliter l'identification d'un auteur inconnu en comparant ses traces avec celles d'un entourage familial ciblé en fonction des circonstances de la scène de crime ou déjà enregistré dans un fichier de comparaison comme le Fnaeg (v. nº **13.22B**).

B. L'ADN nucléaire est hautement discriminant

Chaque allèle, selon une table de fréquence utilisée comme référence, a une probabilité *n* (le nombre *n* allant de 0 à 1) d'être présente dans la population : ainsi, la fréquence de l'allèle 8 est de 0,15, celle de l'allèle 3, de 0,01. Si chacun des *loci*, pris isolément, n'est pas assez discriminant pour conclure à l'identité de deux personnes (en revanche un seul *loci* est suffisant pour fonder une exclusion), il en est autrement lorsque plusieurs *loci* sont pris dans leur ensemble. En effet, la probabilité, pour un profil génétique, d'être identique à celui d'un autre individu, résulte du produit des fréquences de chacune des allèles mises en évidence : si nous raisonnons encore sur ces deux allèles 8 et 3, cette probabilité devient donc $0,15 \times 0,01 = 0,0015$. La comparaison des allèles sur 8 à 10 *loci* devient donc hautement discriminante et la probabilité pour deux individus d'avoir un profil génétique identique dépasse alors la population du globe.

Néanmoins, il faut avoir à l'esprit que la fréquence des allèles est susceptible de varier d'un groupe ethnique à l'autre, et que les membres d'une même famille ont plus d'allèles en commun que d'autres individus d'une même population.

C. L'ADN mitochondrial est faiblement discriminant mais joue un rôle d'appoint

L'ADN mt n'est pas assez discriminant pour permettre l'identification sur une population aléatoire et n'est donc pas utilisé pour alimenter les bases de données génétiques. Dans une démarche d'identification, il permet toutefois, faute de disposer d'ADN nucléaire, de fonder des exclusions, de corroborer d'autres éléments de preuve, ou d'étayer la vraisemblance d'une filiation maternelle. À cet égard, l'ADN mt est souvent utilisé dans l'identification des corps lors de catastrophes.

13.22 L'identification génétique – Le rapprochement systématique au sein du Fnaeg et les autres modalités d'identification par l'empreinte génétique

A. Le cadre législatif de l'identification génétique en matière pénale

« *L'identification d'une personne par ses empreintes génétiques ne peut être recherchée que : 1° Dans le cadre de mesures d'enquête ou d'instruction diligentées lors d'une procédure judiciaire* » (C. civ., art. 16-11) (v. les précisions relatives aux cas dans lesquels l'examen des caractéristiques génétiques et l'identification génétiques sont autorisés à l'orienteur du nº **29.8**).

« *Sont seuls habilités à procéder à des identifications par empreintes génétiques :1° Les services ou organismes de police technique et scientifique mentionnés à l'article 157-2 du code de procédure pénale* [Service national de police scientifique (SNPS) et Institut de recherche criminelle de la gendarmerie nationale (IRCGN) (Arr. 8 janv. 2021, NOR : INTC2036991A)] ;*2° Les personnes ayant fait l'objet d'un agrément dans des conditions fixées par décret en Conseil d'État. Dans le cadre d'une procédure judiciaire, ces personnes doivent, en outre, être inscrites sur une liste d'experts judiciaires* » (C. civ., art. 16-12). Les conditions d'agrément sont fixées par D. nº 97-109, 6 févr. 1997, v. nº **13.26B**).

B. Le rapprochement des données génétiques au sein du Fnaeg

1. Le rapprochement des données génétiques d'une même personne par le Fnaeg (C. pr. pén., art. 706-54)

Un fichier central informatique, le fichier national automatisé des empreintes génétiques (Fnaeg), centralise les empreintes génétiques issues des prélèvements effectués dans le cadre d'enquêtes judiciaires, « *en vue de faciliter l'identification et la recherche des auteurs* » des infractions limitativement énoncées à l'article 706-55 (v. tableau s[s] nº **13.25**) (C. pr. pén., art. 706-54). Il est alimenté par les traces génétiques laissées sur les scènes de crime par des personnes encore non enregistrées au fichier (fichier traces, v. n° **13.24C**), ainsi que par les empreintes génétiques des personnes suspectées ou condamnées (v. n° **13.23**).

Le Fnaeg est mis en œuvre par le ministre de l'intérieur (service national de police scientifique) (C. pr. pén., R. 53-9). Il est placé sous le contrôle d'un magistrat du parquet hors hiérarchie, assisté par un comité composé de trois membres (C. pr. pén., art. 706-54, R. 53-9, R. 53-16).

Des personnels de la police nationale et de la gendarmerie nationale spécialement habilités et affectés au Fnaeg assurent l'alimentation du fichier et procèdent aux opérations de rapprochement (C. pr. pén., art. R. 53-18).

Les analyses ne peuvent être réalisées qu'à partir de segments d'acide désoxyribonucléique non codants, à l'exception du segment correspondant au marqueur du sexe (C. pr. pén., art. 706-54, R. 53-13 et A. 38) (sur les *loci* du système européen de référence – ESS – et la notion de gène codant, v. n° **13.20**).

La finalité de principe du fichier est le rapprochement direct des empreintes génétiques d'une même personne.

Il est à souligner que le rapport de rapprochement automatisé opéré par le Fnaeg entre l'empreinte génétique d'un individu qui y est enregistré et les informations génétiques issues des traces et indices biologiques prélevés sur la scène d'infraction ne constitue pas une expertise. Informée par ce rapport de rapprochement, l'autorité chargée de l'enquête doit donc requérir un expert pour établir formellement l'identité génétique de la personne concernée et des traces et indices.

2. Le rapprochement des données génétiques du Fnaeg par parentalité est réservé à certains crimes

Le rapprochement au sein du Fnaeg peut être étendu aux traces biologiques d'un auteur inconnu avec les empreintes génétiques des personnes déjà enregistrées « *pouvant être apparentées en ligne directe à cette personne inconnue* » (C. pr. pén., art. 706-56-1-1, L. n° 2016-731, 3 juin 2016). Ce rapprochement, dont le domaine est **limité aux crimes** donnant lieu à enregistrement dans le Fnaeg (v. tableau s[s] n° **13.25**), s'effectue sur réquisition spéciale du procureur ou du juge d'instruction. Sont ainsi consacrées, afin de faciliter l'élucidation des infractions les plus graves, les « recherches en parentalité » dans le fichier (Circ. Crim. 2016-03/H, 17 juin 2016, JUSD1616979C n° 9.4). Elles permettent, en apportant de nouvelles directions à l'enquête, d'identifier indirectement l'auteur du crime. Parallèlement, faisant application du droit antérieur, la Ch. crim. admettait la validité des investigations consistant à sélectionner, « *par une comparaison avec le profil génétique identifié comme étant celui de l'auteur de l'infraction, parmi les personnes enregistrées dans la base de données, celles qui étaient susceptibles de lui être apparentées en ligne directe* » (Crim. 28 juin 2017, n° 17-80.055, P n° 182). Elle s'appuyait sur C. pr. pén., art. 81 permettant au juge d'instruction d'ordonner, « *conformément à la loi, tous les actes d'information qu'il estime utile à la manifestation de la vérité* », et sur C. pr. pén., art. 706-54 qui lui permet aussi de « *faire procéder à un rapprochement de l'empreinte de toute personne* [suspecte] *avec les données incluses dans le fichier* » des empreintes génétiques.

Ces recherches sont réalisées sur des segments d'ADN non codants dont le nombre et la nature sont fixés par arrêté (AM 6 juill. 2016, NOR *JUSD1618384A, JO* 1er oct. 2016). L'empreinte génétique soumise à la recherche en parentalité dans le fichier national automatisé des empreintes génétiques doit correspondre à celle d'un contributeur unique, ce qui exclut donc l'ADN en mélange (*ibid.*, art. 1).

Mentionnons qu'en vertu du principe de la liberté de la preuve en matière pénale, une recherche en parentalité hors Fnaeg, par exemple auprès de personnes proches de la scène de crime et susceptibles d'appartenir au cercle familial de l'auteur dont provient la trace génétique, n'est pas prohibée.

3. La doctrine d'alimentation du Fnaeg

« *Le Fnaeg est un instrument d'identification des auteurs d'infraction et de rapprochement des procédures. Son efficacité est proportionnelle à la quantité d'empreintes génétiques qui y est enregistrée. C'est pourquoi, l'enregistrement des empreintes génétiques des personnes entrant dans le champ d'application du fichier et des traces doit être systématique* » (Circ. Crim. PJ 97-28-H5, 27 juill. 2004, III).

« *Les personnes placées en garde à vue ou susceptibles de faire l'objet de poursuite pénale doivent être prélevées en vue de l'alimentation du Fnaeg. Il convient de veiller à la mise en œuvre effective de cette disposition, notamment dans le cadre de la permanence pénale et préalablement aux déferements au parquet. Des directives précises devront être données, sur ce point, aux services d'enquêtes* » (*ibid.* n° 3-3).

« *Toute condamnation pour une des infractions prévues par l'article 706-55 du code de procédure pénale doit systématiquement être accompagnée de réquisitions aux fins d'alimentation du Fnaeg* » (*ibid.* n° 3-1).

« *L'attention des services doit [...] être appelée sur la nécessité et l'intérêt de procéder aux prélèvements de traces biologiques sur les scènes d'infraction* » (*ibid.* n° 3-2).

C. Le profil apparent ou portrait robot-génétique, modalité d'identification par l'empreinte génétique

Comme il a été précisé (v. n° **13.20A1**), les segments codants de l'ADN sont corrélés à des caractéristiques physiologiques de la personne, apparentes (sexe, couleur des yeux, du cheveu, de la peau, etc.), non apparentes (exposition plus importante à telle maladie, etc.), ou non nécessairement apparentes (origine géographique ou ethno-géographique). Les SNP (*Single Nucleotide Polymorphisms*), mutations de l'ADN nucléaire propres à chaque individu, interviennent ici (v. n° **13.20A1**). Ces corrélations sont le fruit d'observations statistiques effectuées sur des populations encore limitées. Elles comportent donc une marge de précision réduite et sont exprimées en pourcentage. Tant le champ de ces corrélations que leur précision statistique évoluent ou s'affinent en fonction des progrès de la science génétique. Ainsi, les télomères, segments d'ADN non codants situés à l'extrémité du chromosome, raccourcissent en fonction de l'âge. À l'avenir, leur analyse pourrait permettre d'évaluer ce dernier.

Le matériel génétique laissé par l'auteur non identifié est donc susceptible de livrer un ensemble de caractéristiques permettant de construire un « portrait-robot », une photographie ou un profil morphologique apparent susceptible d'orienter les investigations.

L'examen des « *caractéristiques génétiques* », entendues comme l'étude des propriétés du capital génétique de la personne, est à différencier de « *l'identification d'une personne par ses empreintes génétiques* ». Si l'identification génétique (C. civ., art. 16-11) est autorisée dans le cadre des mesures d'enquête ou d'instruction judiciaires et notamment dans le cadre de la législation du Fnaeg, « *l'examen des caractéristiques génétiques d'une personne ne peut être entrepris qu'à des fins médicales ou de recherche scientifique* » (C. civ., art. 16-10). Précisons cependant que par dérogation à ce principe, l'examen des caractéristiques génétiques est désormais autorisé dans le cadre de la lutte contre le **dopage sportif** (v. n° **28.13**), afin de rechercher l'administration de sang homologue, une substitution d'échantillons, ou une mutation ou manipulation génétique pour accroître la performance (C. sport, art. L. 232-12-2 et C. civ., art. 16-10 III *bis*, issus L. n° 2023-380, 19 mai 2023, relative aux jeux Olympiques et Paralympiques de 2024 et portant diverses autres dispositions).

La Ch. crim. a toutefois validé l'examen des « *caractéristiques génétiques* » ordonné par un juge d'instruction car il consistait « *exclusivement à révéler les caractères morphologiques apparents de l'auteur inconnu d'un crime à partir de l'ADN que celui-ci avait laissé sur les lieux, à seule fin de faciliter son identification* » (Crim. 25 juin 2014, n° 13-87.493, P n° 166), considérant implicitement que cet examen n'était qu'une modalité de recherche de « *l'identification d'une personne par ses empreintes génétiques* », effectivement autorisée par C. civ., art. 16-11.

En raison de son caractère peu discriminant, de l'influence du mode de vie sur les caractères apparents de la personne, qui peuvent donc être différents de la prédiction génétique (modifications épigénétiques), l'examen des caractéristiques génétiques sous forme de profil ou de portrait-robot génétique, quoique prometteur, semble encore d'une utilité relative parmi les autres moyens d'investigation.

13.23 Le prélèvement sur les personnes identifiées

A. Le prélèvement sur la personne suspecte (C. pr. pén., art. 55-1 et 706-54)

Sur demande du juge d'instruction, du procureur de la République ou sur décision de l'OPJ, les empreintes génétiques de la personne contre laquelle il existe « *des indices graves ou concordants rendant vraisemblable qu'elle ait commis* » une des infractions limitativement énumérées à l'article 706-55 du code de procédure pénale (ces cas sont détaillés dans le tableau figurant au n° **13.25** et systématiquement rappelés au fil de l'ouvrage), sont prélevées et conservées au fichier national automatisé des empreintes génétiques (Fnaeg) et rapprochées avec ses données (C. pr. pén., art. 706-54, al. 2 et R. 53-10 I 2°). « *Il s'agit des personnes qui, au regard des éléments de la procédure, sont susceptibles de faire l'objet d'une réponse pénale* » (Circ. Crim. PJ 97-28-H5, 27 juill. 2004, n° 1-2-2).

L'OPJ peut procéder ou faire procéder, sous son contrôle, au **prélèvement biologique** destiné à permettre l'analyse d'identification de l'empreinte génétique, quel que soit le cadre d'enquête ; l'autorisation du procureur de la République ou du juge d'instruction n'est plus nécessaire (C. pr. pén., art. 706-56, Circ. Crim. PJ 97-28-H5, 27 juill. 2004, n° 2-1). Ces magistrats peuvent également requérir toute personne habilitée pour effectuer ce prélèvement (C. pr. pén., art. 706-56 [mod. par L. n° 2007-297, 5 mars 2007]).

À l'initiative des mêmes autorités, « *toute personne à l'encontre de laquelle il existe une ou plusieurs raisons plausibles de soupçonner qu'elle a commis un crime ou un délit* », peut faire l'objet d'un rapprochement avec le Fnaeg, sans toutefois que son empreinte n'y soit conservée (C. pr. pén., art. 706-54, al. 3 et 706-55). Dans sa décision n° 2010-25 QPC, 16 sept. 2010, le Cons. const. a apporté une réserve d'interprétation à l'art. 706-54, al. 3 C. pr. pén., en précisant que « *l'expression « crime ou délit » alors employée par le législateur devait être interprétée comme renvoyant aux infractions énumérées par l'article 706-55* » (§ 19). La loi n° 2011-267, 14 mars 2011, a tiré les conséquences de cette réserve en modifiant l'article 706-54. Sous cette restriction, « *Les raisons plausibles peuvent être notamment, des circonstances de fait, de temps, de lieu, des éléments liés au sexe, à l'âge, à la physionomie des personnes. À titre d'exemple, peuvent être prélevés les habitants de sexe masculin définis par catégorie d'âge, résidant dans la commune où a été commis un viol* » (Circ. Crim. PJ 97-28-H5, 27 juill. 2004, n° 1-2-1). Lorsque des indices graves ou concordants ont été réunis contre une personne prélevée aux fins de comparaison au Fnaeg, ses empreintes génétiques doivent être enregistrées (*ibid.*).

Ces opérations peuvent être effectuées sur instruction de l'OPJ, mais en dehors de sa présence effective, par un APJ, ou par un agent spécialisé, technicien ou ingénieur de police technique et scientifique (C. pr. pén., art. D. 15-5-1, issu du D. n° 2016-1202, 7 sept. 2016, Circ. Crim-2016/19/E, 08.09.2016, JUS D 1625322 C, n° 2.1).

Notons que les prélèvements externes effectués sur le fondement de C. pr. pén., art. 55-1 (v. n° **13.28B**) permettent également d'établir l'empreinte génétique, notamment lorsque la personne refuse le prélèvement biologique prévu par C. pr. pén., art. 706-54.

Le refus de se soumettre aux prélèvements externes ou biologiques caractérise les infractions prévues au C. pr. pén., art. **55-1** et **706-56** (v. n° **25.35**).

B. Le prélèvement sur la personne condamnée ou ayant fait l'objet d'une déclaration d'irresponsabilité pénale

1. Le prélèvement sur la personne condamnée

Le Fnaeg reçoit les empreintes génétiques des personnes condamnées pour une des infractions du tableau figurant au n° **13.25** (C. pr. pén., art. 706-54, al. 1).

Sur décision, selon les cas, du procureur de la République ou du procureur général (C. pr. pén., art. R. 53-10 II 1°), les empreintes génétiques de la personne condamnée font l'objet d'un enregistrement au Fnaeg.

Par application combinée de C. pr. pén., art. 706-54 et 706-56, l'OPJ dispose également d'un pouvoir propre d'alimentation du fichier pour les personnes condamnées (Circ. Crim. PJ 97-28-H5, 27 juill. 2004, n° 2-1). En pratique, seuls le procureur de la République et le procureur général disposent cependant des informations relatives à la date de condamnation et peuvent faire alimenter le fichier (*ibid.* annexe II).

Lorsqu'il s'agit d'une personne condamnée pour crime ou déclarée coupable pour un délit puni de dix ans d'emprisonnement, le prélèvement peut être effectué sans l'accord de l'intéressé sur réquisitions écrites du procureur de la République. Il en va de même pour les personnes poursuivies pour les mêmes infractions ayant fait l'objet d'une décision d'irresponsabilité pénale pour cause de trouble mental (v. **14.28F5**) par application de C. pr. pén., art. 706-120 (ordonnance du juge d'instruction), 706-125 (arrêt de la CHINS), 706-129 (arrêt de la cour d'assises), 706-133 (jugement du tribunal correctionnel) ou 706-135 (arrêt de la chambre des appels correctionnels) (C. pr. pén., art. 706-56).

S'il n'a été fait au cours de l'enquête ou de l'information, le prélèvement doit être effectué au plus tard dans un délai d'un an à compter de l'exécution de la peine (C. pr. pén., art. R. 53-21).

Le refus de se soumettre au prélèvement caractérise l'infraction figurant au n° **25.35**.

Les kits de prélèvement sont remboursés par l'administration centrale du ministère de la Justice aux ministères de la Défense et de l'Intérieur à partir d'états réalisés par les services d'enquête. Il n'y a donc pas lieu d'établir de mémoires de frais à destination du parquet. Les analyses génétiques sont payées sur frais de justice par application de l'article R. 92 6° du code de procédure pénale (Circ. Crim. PJ 97-28-H5, 27 juill. 2004, ann. II n° IX).

Ces opérations peuvent être effectuées selon les précisions apportées par C. pr. pén., art. D. 15-5-1 (v. **A** ci-dessus).

2. Le prélèvement sur la personne ayant fait l'objet d'une déclaration d'irresponsabilité pénale

Sur décision, selon les cas, du procureur de la République ou du procureur général (C. pr. pén., art. 706-53-2 4° et R. 53-10 II 2°), les empreintes génétiques de la personne ayant fait l'objet d'une décision définitive d'irresponsabilité pénale pour l'une des infractions mentionnées au C. pr. pén., art. 706-55, font l'objet d'un enregistrement au Fnaeg.

Sur la déclaration d'irresponsabilité pénale prononcée par le juge d'instruction (C. pr. pén., art. 706-120), la CHINS (C. pr. pén., art. 706-125), la cour d'assises (C. pr. pén., art. 706-129), le tribunal correctionnel (C. pr. pén., art. 706-133) ou la chambre des appels correctionnels (C. pr. pén., art. 706-134), v. n° **14.28B**.

C. L'absence de prélèvement pour les personnes dont l'empreinte est déjà enregistrée au Fnaeg

Préalablement au prélèvement, l'OPJ ou, sous son contrôle, un APJ ou un agent spécialisé, peut vérifier ou faire vérifier, au vu de l'état civil de la personne concernée, si son empreinte génétique n'est pas déjà enregistrée au Fnaeg (C. pr. pén., art. 706-56). Sans pouvoir disposer d'aucune autre donnée du fichier, les OPJ et APJ peuvent accéder directement au Fnaeg pour y vérifier si l'état civil de la personne y figure (C. pr. pén., art. 53-18).

S'agissant des personnes condamnées, afin d'éviter les prélèvements multiples sur le même individu, la chancellerie recommande de mentionner, sur la fiche d'écrou, au moment du prononcé de la condamnation, ou sur les pièces d'exécution de la peine, si l'intéressé a déjà été prélevé en cours d'enquête ou d'information, et de reporter ce renseignement sur la fiche pénale individuelle du condamné (Circ. Crim. 01-15-E6, 20 juill. 2001, NOR : JUSD0130106C, n° 1.1.3). Mais l'existence d'un premier prélèvement intervenu dans le cadre d'une autre procédure ne doit pas exclure l'inscription du second, « *le premier pouvant être amené à disparaître pour des raisons légales (au bout de 40 ans) avant le second* » (Circ. Crim. 01-15-E6, 20 juill. 2001, n° 3).

13.24 Les autres prélèvements d'identification génétique : personnes décédées ou disparues, victimes de certains crimes sériels ou non élucidés et scènes d'infraction (C. pr. pén., art. 706-54)

A. Le prélèvement pour la recherche ou l'identification de personnes disparues ou décédées

Le Fnaeg reçoit les empreintes génétiques issues de traces biologiques recueillies à l'occasion des procédures de recherche des causes de la mort ou d'une disparition inquiétante, ainsi que les empreintes génétiques correspondant ou susceptibles de correspondre aux personnes décédées ou recherchées (C. pr. pén., art. 706-54 et R. 53-10 I1° *bis*).

Il reçoit également, aux fins d'identification, les empreintes génétiques des cadavres non identifiés (C. pr. pén., art. R. 53-10 I 3°), ainsi que les traces de comparaison éventuellement prélevées sur les ascendants, descendants et collatéraux. Ces empreintes font l'objet d'un enregistrement distinct et sont effacées sur instructions du procureur de la République lorsqu'il est mis fin aux recherches d'identification (C. pr. pén., art. 706-54 mod. par L. n° 2011-267, 14 mars 2011, R. 53-10I 3° et R. 53-10 I 4°).

En cas de disparition, des traces et échantillons biologiques susceptibles d'être issus de la personne disparue (C. pr. pén., art. R. 53-10 I 4°) ainsi que des échantillons biologiques des ascendants et descendants de la personne recherchée peuvent être, avec leur accord, recueillis par procès-verbal, enregistrés au fichier, pour être comparées aux empreintes des cadavres non identifiés, ou, avec leur accord spécial, avec toutes traces ou empreintes enregistrées (C. pr. pén., art. R. 53-10 I 5° ; C. civ., art. 16-11 réd. L. n° 2011-267, 14 mars 2011). « *L'identification d'une personne décédée ou la découverte d'une personne disparue doit entraîner la suppression de son empreinte génétique au fichier* » (Circ. Crim. PJ 97-28-H5, 27 juill. 2004, n° 1-2-3).

B. Le prélèvement des empreintes génétiques des victimes de certains crimes sériels ou non élucidés (L. n° 2021-1729, 22 déc. 2021)

« *Le fichier contient également, sur décision du procureur de la République ou du juge d'instruction, pour une durée et un régime d'effacement similaires à ceux des traces dans les dossiers criminels, les empreintes génétiques des victimes d'un crime* » d'atteinte aux personnes, sériel ou non élucidé, relevant de la compétence de la juridiction spécialisée de Nanterre fixée au C. pr. pén., art. 706-106-1 (sur les crimes sériels ou non élucidés relevant de la compétence de cette juridiction spécialisée, v. n° 17.16B) « *ainsi que, lorsque l'empreinte génétique de la victime n'a pu être recueillie ou qu'il est nécessaire de confirmer son identification, les empreintes génétiques des ascendants, descendants et collatéraux de ces victimes, sous réserve de leur consentement éclairé, exprès et écrit, et de leur possibilité de demander à tout moment au procureur de la République d'effacer leur empreinte du fichier* » (C. pr. pén., art. 706-54, mod. issue L. n° 2021-1728, 22 déc. 2021).

C. Le prélèvement des traces biologiques sur la scène d'infraction

Le Fnaeg reçoit les « *empreintes génétiques issues des traces biologiques* » provenant de personnes inconnues, recueillies dans le cadre d'une enquête ou d'une information, relatives à l'une des infractions visées au tableau n° **13.25** (C. pr. pén., art. 706-54 et R. 53-10 I 1°). Dans l'hypothèse où les traces peuvent comporter à la fois les empreintes de la victime et de l'auteur, le magistrat ou l'OPJ doit préciser dans la mission d'expertise qu'il convient d'isoler l'empreinte génétique de la victime, qui ne doit pas être enregistrée au Fnaeg, de celle des personnes non identifiées (Circ. Crim. PJ 97-28-H5, 27 juill. 2004, n° 1-2-4).

13.25 Les infractions donnant lieu à prélèvement et enregistrement au Fnaeg (C. pr. pén., art. 706-55) - Tableau

Le Cons. const. considère que toutes les infractions énoncées au C. pr. pén., art. 706-55 « *portent atteinte à la sécurité des personnes ou des biens, incriminent des faits en permettant la commission ou ceux qui en tirent bénéfice ; qu'à l'exception de l'infraction prévue au second alinéa de l'article 322-1 du code pénal, toutes sont au moins punies de peines d'emprisonnement ; que pour l'ensemble de ces infractions, les rapprochements opérés avec des empreintes génétiques provenant des traces et prélèvements enregistrés au fichier sont aptes à contribuer à l'identification et à la recherche de leurs auteurs ; qu'il en résulte que la liste prévue par l'article 706-55 est en adéquation avec l'objectif poursuivi par le législateur et que cet article ne soumet pas les intéressés à une rigueur qui ne serait pas nécessaire et ne porte atteinte à aucun des droits et libertés invoqués* » (Cons. const. 16 sept. 2010, n° 2010-25 QPC, § 22).

Tableau 19 : Infractions donnant lieu à prélèvement et enregistrement au Fnaeg (C. pr. pén., art. 706-55)

A. Infractions sexuelles

Infractions	Références et renvois
• Infractions soumises au régime des infractions de nature sexuelle (v. n° **12.33**)	• C. pr. pén., art. 706-55, 1°, 706-47, v. n° **12.33**
• Exhibition sexuelle	• C. pr. pén., art. 706-55, 1°, C. pén., art. 222-32, v. n° **20.86**
• Viol sous l'empire de substances psychoactives ayant aboli le discernement de l'auteur	• C. pr. pén., art. 706-55, 2°, C. pén., art. 222-26-2 issu L. n° 2022-52, 24 janv. 2022, v. n° **20.78**
• Incitation de mineur par un majeur, par voie électronique, à commettre un acte de nature sexuelle sur lui-même ou sur autrui	• C. pr. pén., art. 706-55, 1°, mod. par L. n° 2022-52, 24 janv. 2022, C. pén., art. 227-22-2, v. n° **21.31**
• Incitation de mineur par un majeur à la transmission de son image à caractère pornographique	• C. pr. pén., art. 706-55, 1°, mod. par L. n° 2022-52, 24 janv. 2022, C. pén., art. 227-23-1, v. n° **21.31**

B. Atteintes aux personnes

Infractions	Références et renvois
• Crimes contre l'humanité	• C. pr. pén., art. 706-55, 2°, C. pén., art. 211-1 à 212-3
• Homicide volontaire	• C. pr. pén., art. 706-55, 2°, C. pén., art. 221-1, 221-2 et 221-4, v. nos **20.1** à **20.4**

• Atteinte à la vie commise sous l'empire de substances psychoactives ayant aboli le discernement de l'auteur	• C. pr. pén., art. 706-55, 2°, C. pén., art. 221-5-6 issu L. n° 2022-52, 24 janv. 2022, v. n° **20.5**
• Coups mortels	C. pr. pén., art. 706-55, 2°, C. pén., art. 222-7 et 222-8, v. n^os^ **20.15** à **20.17**
• Tortures et actes de barbarie	• C. pr. pén., art. 706-55, 2°, C. pén., art. 222-1, 222-2, 222-3, 222-4, 222-5 et 222-6, v. n^os^ **20.7** à **20.13**
• Violences ayant entraîné mutilation ou infirmité	• C. pr. pén., art. 706-55, 2°, C. pén., art. 222-9 et 222-10, v. n^os^ **20.18** à **20.20**
• Violences ITT > 8 jours	• C. pr. pén., art. 706-55, 2°, C. pén., art. 222-11 et 222-12, v. n^os^ **20.21**, **20.22**, **20.25** et **20.26**
• Atteinte à l'intégrité de la personne sous l'empire de substances psychoactives ayant aboli le discernement de l'auteur	• C. pr. pén., art. 706-55, 2°, C. pén., art. 222-18-4 issu L. n° 2022-52, 24 janv. 2022, v. n° **20.14**
• Violences ITT ⩽ 8 jours aggravées	• C. pr. pén., art. 706-55, 2°, C. pén., art. 222-13, v. n^os^ **20.29** et **20.30**
• Violences habituelles sur personne vulnérable	• C. pr. pén., art. 706-55, 2°, C. pén., art. 222-14, v. n^os^ **20.31** et **20.32**
• Empoisonnement	• C. pr. pén., art. 706-55, 2°, C. pén., art. 221-5, v. n° **20.37**
• Administration aggravée de subs tance nuisible	• C. pr. pén., art. 706-55, 2°, C. pén., art. 222-15, v. n^os^ **20.38** à **20.46**
• Violences avec arme en bande organisée ou avec guet-apens sur dépositaire de l'autorité publique ou chargé de service public (L. n° 2007-297, 5 mars 2007)	• C. pr. pén., art. 706-55, 2°, C. pén., art. 222-14-1, v. n° **20.33**
• Participation à un groupement préparant des violences ou dégradations (L. n 2010-201, 2 mars 2010)	• C. pr. pén., art. 706-55, 2°, C. pén., art. 222-14-2, v. n° **20.34**
• Embuscade sur dépositaire de l'autorité publique ou chargé de service public (L. n° 2007-297, 5 mars 2007)	• C. pr. pén., art. 706-55, 2°, C. pén., art. 222-15-1, v. n° **20.36**
• Appels téléphoniques malveillants, agression sonore	• C. pr. pén., art. 706-55, 2°, C. pén., art. 222-16, v. n° **20.47**
• Menaces de mort ou de crime ou délit contre les personnes	• C. pr. pén., art. 706-55, 2°, C. pén., art. 222-17 et 222-18, v. n^os^ **20.49** et **20.50**
• Menaces de destruction dangereuse pour les personnes	• C. pr. pén., art. 706-55, 3°, C. pén., art. 322-12 et 322-13, v. n^os^ **20.55** et **20.56**
• Enlèvement ou séquestration	• C. pr. pén., art. 706-55, 2°, C. pén., art. 224-1, 224-2, 224-5-2, 224-3, 224-4, 224-5, v. n^os^ **20.95** à **20.103**
• Détournement de moyen de transport	• C. pr. pén., art. 706-55, 2°, C. pén., art. 224-6 et 224-7, v. n° **20.104**

• Fausse alerte	• C. pr. pén., art. 706-55, 3°, C. pén., art. 322-12, v. n° **25.31**
	• C. pr. pén., art. 706-55, 2°, C. pén., art. 224-8, v. n°s **25.31**, **25.32**
• Traite des êtres humains	• C. pr. pén., art. 706-55, 2°, C. pén., art. 225-4-1 à 225-4-4, v. n° **20.116**
• Proxénétisme et infractions assimilées	• C. pr. pén., art. 706-55, 2°, C. pén., art. 225-5 à 225-10, v. n°s **20.105** à **20.110**
• Recours à la prostitution d'un mineur ou d'une personne vulnérable	• C. pr. pén., art. 706-55, 2°, C. pén., art. 225-12-1, v. n° **20.111**
• Exploitation de la mendicité d'autrui	• C. pr. pén., art. 706-55, 2°, C. pén., art. 225-12-5 à 225-12-7, v. n° **20.115**
• Provocation de mineur à l'usage ou au trafic de stupéfiants, à la consommation alcoolique, à la mendicité, à la commission de crimes ou de délits	• C. pr. pén., art. 706-55, 2°, C. pén., art. 227-18 à 227-21, v. n°s **21.25** à **21.29**

C. Stupéfiants

Infractions	**Références et renvois**
• Trafic de stupéfiants, facilitation de l'usage, obtention ou délivrance par ordonnance fictive, blanchiment de stupéfiants, cession pour usage personnel, non-justification de ressources liées aux stupéfiants	• C. pr. pén., art. 706-55, 2°, C. pén., art. 222-34, 222-35, 222-36, 222-37, 222-38, 222-39, 222-39-1 à 222-40, v. n°s **28.1** à **28.8**, **28.10** et **22.48**.

D. Atteintes aux biens

Infractions	**Références et renvois**
• Vol simple et vols aggravés	• C. pr. pén., art. 706-55, 3°, C. pén., art. 311-1, 311-3, 311-4, 311-4-1, 311-5, 311-6, 311-7, 311-8, 311-9, 311-10, v. n°s **22.1** à **22.13**.
• Extorsion, non-justification de ressources liées à des extorsions	• C. pr. pén., art. 706-55, 3°, C. pén., art. 312-1 à 312-9, v. n°s **22.14** et **22.15**
• Escroquerie aggravée	• C. pr. pén., art. 706-55, 3°, C. pén., art. 313-2, v. n° **22.22**
• Destructions ou détériorations graves, destructions volontaires et involontaires par incendie,	• C. pr. pén., art. 706-55, 3°, C. pén., art. 322-1, 322-2, 322-3, 322-5, 322-6, 322-7, 322-8, 322-9 et 322-10, v. n°s **22.60**, **22.64**, **22.67**, **22.68** à **22.70**, **26.37**
• Recel ou blanchiment du produit d'une des infractions mentionnées au présent tableau	• C. pr. pén., art. 706-55, 6°, C. pén., art. 321-1, 321-2, 324-1, 324-2, v. n°s **22.44**, **22.46** et **22.49**
• Non-tenue du registre de police des objets d'occasion (prévention du recel)	• C. pr. pén., art. 706-55, 6°, C. pén., art. 321-7, v. n° **22.51**
• Non-justification de ressources ou de l'origine d'un bien par une personne en relation habituelle avec l'auteur d'infractions	• C. pr. pén., art. 706-55, 6°, C. pén., art. 321-6 et, v. n° **22.48**

E. Atteintes à la Nation, l'État et la paix publique

Infractions	Références et renvois
• Atteintes aux intérêts fondamentaux de la Nation, actes de terrorisme	• C. pr. pén., art. 706-55, 4°, C. pén., art. 410-1 à 413-12, 421-1 à 421-4
• Fausse monnaie : contrefaçon, transport, mise en circulation de signe monétaire non autorisé, emploi ou détention de matière ou instrument destiné à la contrefaçon	• C. pr. pén., art. 706-55, 4°, C. pén., art. 442-1, 442-2, 442-3, 442-4, 442-5, v. n^{os} **24.15**, **24.16**, **24.17**, **24.18** et **24.20**
• Association de malfaiteurs	• C. pr. pén., art. 706-55, 4°, C. pén., art. 450-1, v. n° **23.58**
• Crimes et délit de guerre (L. n° 2013-711, 5 août 2013)	• C. pr. pén., art. 706-55, 4°, C. pén., art. 461-1 à 461-31

F. Armes

Infractions	Références et renvois
• Armes : fabrication, distribution de poudre de guerre, fabrication, détention d'engin incendiaire ou explosif	• C. pr. pén., art. 706-55, 5°, C. défense, art. L. 2353-4, v. n° **26.36**
• Diffusion de procédé de fabrication d'engins de destruction	• C. pr. pén., art. 706-55, 3°, C. pén., art. 322-6-1, v. n° **26.37**
Détention ou transport de substances ou produits incendiaires ou explosifs	• C. pr. pén., art. 706-55, 3°, C. pén., art. 322-11-1, v. n° **26.38**
• Fabrication ou commerce illicite d'armes, dépôt illicite d'armes de catégorie A, B, C ou D ; cession, acquisition, détention, port illicite d'armes de catégories A, B, C ou D, infractions relatives à l'identification des armes, intrusion avec arme dans un établissement scolaire.	• C. pr. pén., art. 706-55, 5°, C. pén., art. 222-52 à 222-59 (L. n° 2016-731, 3 juin 2016) ; C. défense, art. L. 2339-2, L. 2339-3, L. 2339-4, L. 2339-4-1, L. 2339-10 à L. 2339-11-2, L. 2354-4 et L. 2353-13 du code de la défense, L. 317-1-1 à L. 317-9 du CSI, v. n^{os} **26.7**, **26.23** à **26.30**, **26.31** et **23.18**

13.26 L'identification génétique – La mise en œuvre du prélèvement et de l'analyse

A. Le recueil de l'échantillon biologique

1. Les techniques de prélèvement

• **Prélèvement sur la personne.** « *Il convien[t] en pratique de privilégier le recours aux prélèvements buccaux, qui peuvent être facilement effectués par les personnes de la police nationale ou de la gendarmerie nationale formée à cette fin, plutôt que les prises de sang qui nécessitent l'intervention d'un médecin* » (Circ. Crim. 2000-08-F1, 10 oct. 2000, NOR : JUSD0030172C, n° 1.1.1). « *Cette technique présente en outre l'avantage d'une conservation optimale du matériel biologique, sans recours à la congélation. De plus, elle se révèle peu encombrante en terme de volume* » (Circ. Crim. 01-15-E6, 20 juill. 2001, NOR : JUSD0130106C, n° 1.2.2).

Le Cons. const. a estimé, en jugeant le dispositif de prélèvement des empreintes génétiques conforme à la Constitution, « *qu'en tout état de cause, le prélèvement n'implique aucune intervention corporelle interne ; qu'il ne comporte aucun procédé douloureux, intrusif ou attentatoire à la liberté des personnes* » (Cons. const. 16 sept. 2010, n° 2010-25, § 13). À l'aide d'un kit de prélèvement, « *le préleveur recueille à l'intérieur des joues et sur la langue de l'individu, au moyen d'un applicateur à extrémité en mousse, suffisamment de cellules buccales qu'il transfère sur un papier buvard de couleur rose ("papier F.T.A."), qui piège et protège l'ADN des attaques microbiennes* » (Circ. Crim. 01-15-E6, 20 juill. 2001, n° 1.2.2).

Un seul scellé de prélèvement de cellules buccales doit être effectué sur la personne condamnée (C. pr. pén., art. R. 53-21 ; Circ. Crim. PJ 97-28-H5, 27 juill. 2004, n° 2-4).

Le refus de se soumettre aux prélèvements ou les manœuvres pour substituer un matériel biologique au sien caractérisent les infractions visées au n° 25.35.

Le Cons. const. a également estimé que les prélèvements aux fins de conservation au fichier ou de rapprochement « *n'emportent ni déclaration ni présomption de culpabilité ; qu'ils peuvent au contraire établir l'innocence des personnes qui ne sont l'objet ; que l'obligation pénalement sanctionnée de se soumettre au prélèvement, qui n'implique pas davantage de reconnaissance de culpabilité, n'est pas contraire à la règle selon laquelle nul n'est tenu de s'accuser ; que, dès lors, ces dispositions ne portent pas atteinte à la présomption d'innocence* » (Cons. const. 16 sept. 2010, n° 2010-25 QPC, § 17).

• **Prélèvement sur traces et indices.** « *Le conditionnement des scellés contenant des traces génétiques demeure soumis aux seules nécessités de l'enquête : l'enquêteur place ainsi sous scellé, soit le support technique utilisé pour prélever la trace (le seul impératif étant de choisir un support ne s'oxydant pas à la congélation, comme l'écouvillon), soit une ou plusieurs pièces à conviction contenant du matériel biologique (drap, blouson, cigarettes etc.)* » (Circ. Crim. 01-15-E6, 20 juill. 2001, n° 1.2.1).

2. La fiabilité du prélèvement et l'administration de la preuve

« *Les dispositions de l'article 63-5 du code de procédure pénale [...] qui exigent l'intervention d'un médecin en cas d'investigations corporelles internes, concernent les fouilles corporelles, et ne sont pas applicables aux simples prélèvements buccaux, au demeurant réalisés avec l'accord de la personne, et qui peuvent donc être directement effectués par les enquêteurs* » (Circ. Crim. 2000-08-F1, 10 oct. 2000, NOR : JUSD0030172C, n° 1.1.1, v. égal[t] Circ. Crim. 00-13 F1, 4 déc. 2000, NOR : JUSD0030205C).

Lorsqu'il n'est pas possible de procéder à un prélèvement biologique, l'identification de l'empreinte génétique peut être réalisée à partir de matériel biologique qui s'est naturellement détaché du corps de l'intéressé (C. pr. pén., art. 706-56 ; L. n° 2004-204, 9 mars 2004, art. 49) ; « *il s'agit notamment de traces biologiques laissées par cette personne sur des objets, verres, brosse à dents, vêtements, etc.* » (Circ. Crim. PJ 97-28-H5, 27 juill. 2004, n° 3-4) « *à la condition que les circonstances permettent de s'assurer que cet échantillon provient bien de l'intéressé* » (Circ. Crim. 2000-08-F1, 10 oct. 2000, n° 1.1.1).

« *Une attention particulière sera portée au risque de pollution des prélèvements d'ADN. Pour permettre les prélèvements de cellules buccales dans les meilleures conditions techniques, les détenus devront s'abstenir de s'alimenter et de fumer avant prélèvement* » (Circ. Crim. PJ 97-28-H5, 27 juill. 2004, n° 3-1).

« *Les États devraient assurer que l'analyse ADN en tant que moyen spécifique de preuve soit accessible de la même manière à la défense, soit par décision d'une autorité judiciaire, soit par l'intermédiaire d'un expert indépendant. Lorsque la quantité des substances disponibles pour des analyses est limitée, il y a lieu de veiller à ce qu'aucune atteinte ne soit portée aux droits de la défense* » (recommandation du comité des ministres du conseil de l'Europe, n° R (92) 1, 10 févr. 1992, sur l'utilisation des analyses de l'ADN dans le cadre du système de justice pénale, § 9).

L'évolution des techniques permet de révéler l'empreinte génétique à partir d'une quantité infime de matériau biologique. Cette sensibilité accroît, en amont des risques propres au traitement en laboratoire, les risques de pollution de la scène de crime par les services de secours et les services enquêteurs et de présence d'un ADN issu d'un transfert secondaire (ex. ADN d'un tiers préalablement secouru déposé par transfert par les services de secours sur le corps de la victime).

B. Les personnes habilitées à procéder aux analyses génétiques

« *Sont seules habilitées à procéder à des identifications par empreintes génétiques les personnes ayant fait l'objet d'un agrément dans des conditions fixées par décret en Conseil d'État. Dans le cadre d'une procédure judiciaire, ces personnes doivent, en outre, être inscrites sur une liste d'experts judiciaires* » (C. civ., art. 16-12).

Ces personnes sont habilitées par une commission placée auprès du garde des Sceaux (D. nº 97-109, 6 févr. 1997). L'agrément ainsi que son maintien ou son renouvellement sont soumis à des conditions portant sur l'accréditation du laboratoire dans lequel la personne exerce et par la participation deux fois par an à un contrôle qualité organisé par l'ANSM (D. nº 97-109, 6 févr. 1997, art. 3 et 4). Les personnes physiques exerçant au sein d'une personne morale agréée et inscrite sur une liste d'expert peuvent être habilitées sans être expert.

En dehors de ce dernier cas, l'agrément peut aussi être délivré à des personnes non inscrites sur une liste d'expert (C. pr. pén., art. 706-56, D. nº 97-109, 6 févr. 1997, art. 15-1 et 15-2).

L'agrément de ces personnes est limité aux analyses des empreintes des personnes condamnées ou suspectes. Elles ne peuvent pas effectuer les analyses portant sur les personnes disparues, décédées ou non identifiées, ou sur des traces biologiques, ni réaliser des comparaisons d'empreintes génétiques, ces opérations relèvent des personnes habilitées ayant la qualité d'expert judiciaire (Circ. Crim. PJ 97-28-H5, 27 juill. 2004, nº 2-2).

Ces personnes sont saisies par réquisition à personne qualifiée dans le cadre de l'enquête de flagrance (C. pr. pén., art. 60) ou préliminaire (C. pr. pén., art. 77-1) (v. nº **11.49**), ou par une ordonnance de commission d'expert dans le cadre de l'instruction (**11.50**). Toutefois « *lorsque l'analyse est demandée aux services ou aux organismes de police technique et scientifique* » de la police nationale ou de la gendarmerie nationale, « *si la demande émane d'un OPJ ou d'un APJ, il n'est pas nécessaire d'établir une réquisition à cette fin* » (C. pr. pén., art. 706-56, réd. issue L. nº 2023-22, 24 janv. 2023).

Les personnes saisies doivent prêter serment par écrit pour chaque mission (C. pr. pén., art. 60 et 77-1) ou devant le juge d'instruction (C. pr. pén., art. 160), sauf si elles sont inscrites sur une liste d'experts. Toutefois « *lorsque l'analyse est demandée aux services ou aux organismes de police technique et scientifique* » de la police nationale ou de la gendarmerie nationale, « *il n'y a pas lieu à prestation de serment* » (C. pr. pén., art. 706-56, réd. issue L. nº 2023-22, 24 janv. 2023).

Mentionnons que depuis L. nº 2020-1672, 24 déc. 2020, modifiant C. pr. pén., art. 77-1, l'autorisation préalable donnée par le procureur de la République à l'OPJ dans le cadre de l'enquête préliminaire n'est plus nécessaire pour requérir une personne qualifiée aux fins de « *procéder à la comparaison entre une empreinte génétique issue de trace biologique et l'empreinte génétique d'une personne à l'encontre de laquelle il existe une ou plusieurs raisons plausibles de soupçonner qu'elle a commis l'une des infractions* » ou pour procéder « *à la comparaison entre plusieurs traces biologiques* » (sur la réquisition à « personne qualifiée » prise sur le fondement du C. pr. pén., art. 77-1, v. nº **11.49B**).

Précisons que les analyses permettant l'identification par empreintes génétiques dans le cadre des procédures judiciaires doivent faire l'objet d'un contrôle de qualité organisé par l'Agence nationale de sécurité du médicament et des produits de santé (CSP, art. L. 1131-5).

C. L'enregistrement des empreintes dans le Fnaeg

Pour faciliter l'alimentation du Fnaeg, les résultats des analyses sont présentés de façon normalisée. En pratique, un imprimé de présentation normalisée des résultats de l'analyse est remis à la personne habilitée, en même temps que la réquisition qui la saisit.

Si un même scellé révèle plusieurs profils génétiques, autant de fiches de présentation que de profils doivent être établies (Circ. Crim. 2000-08-F1, 10 oct. 2000, n° 1.2).

La personne habilitée renseigne le formulaire précisant le profil génétique établi ; le nom du kit d'analyse utilisé doit être mentionné, de manière à faciliter d'éventuelles expertises complémentaires (Circ. Crim. PJ 97-28-H5, 27 juill. 2004, annexes n^{os} I, II, III et IV).

Les services, organismes ou personnes appelés à réaliser les analyses d'identification génétique peuvent procéder, par tous moyens y compris télématiques, à la demande de l'OPJ ou, sous son contrôle, de l'APJ ou à la demande du procureur de la République ou du juge d'instruction, aux opérations permettant l'enregistrement des empreintes dans le Fnaeg (C. pr. pén., art. 706-56, réd. issue L. n° 2023-22, 24 janv. 2023).

13.27 La conservation de l'enregistrement du profil génétique et des traces et échantillons

A. La durée de conservation de l'enregistrement du profil génétique au Fnaeg (C. pr. pén., art. R. 53-14)

Par application de C. pr. pén., art. 706-54, la durée de conservation des informations enregistrées est précisée par décret, codifié au C. pr. pén., art. R. 53-9 s.

Le Cons. const. a exprimé une réserve d'interprétation de C. pr. pén., art. 706-54 en soulignant qu'il « *appartient au pouvoir réglementaire de proportionner la durée de conservation de ces données personnelles, compte tenu de l'objet du fichier, à la nature ou à la gravité des infractions concernées tout en adaptant ces modalités aux spécificités de la délinquance des mineurs ; que, sous cette réserve, le renvoi au décret n'est pas contraire à l'article 9 de la Déclaration de 1789* » (présomption d'innocence et prohibition de la contrainte non nécessaire) (Cons. const. 16 sept. 2010, n° 2010-25 QPC, § 18).

1. Les durées de droit commun

Tenant compte de la jurisprudence de la CEDH et du Cons. const., en matière de durée de conservation de l'enregistrement au Fnaeg, le D. n° 2021-1402, 29 oct. 2021, modifiant C. pr. pén., art. R. 53-14, a réduit les délais, sauf pour une liste d'infractions graves figurant en **A2** ci-dessous.

Tableau 20 : Durée de conservation des enregistrements au FNAEG (C. pr. pén., art. R. 53-14)

Origine de l'échantillon	Durée et point de départ du délai
• **A. Personne suspecte** (C. pr. pén., art. R. 53-14 2°). Effacement possible, v. **B1** ci-dessous	• **15 ans** à compter de l'enregistrement **10 ans** pour un **mineur** (au lieu de 25 ans depuis D. n° 2021-1402, 29 oct. 2021) • ou 25 ans (majeur) ou 15 ans (mineur) pour une lislles infraction mentionnées en **A2** ci-dessous.
• **B. Personne condamnée ou déclaration d'irresponsabilité pénale** (C. pr. pén., art. R. 53-14 II). Effacement non prévu, v. **B1** ci-dessous	• **25 ans** depuis la date de la décision, ou la date où elle est devenue définitive, si cette date est connue du gestionnaire du fichier **15 ans** pour un **mineur** (au lieu de 40 ans depuis D. n° 2021-1402, 29 oct. 2021) • ou 40 ans (majeur) ou 25 ans (mineur) pour les infractions mentionnées en **A2** ci-dessous.

• **C. Personne inconnue (traces biologiques)**, prélèvements sur la scène d'infraction ou dans le cadre d'une enquête pour recherche des causes de la mort ou disparition inquiétante (C. pr. pén., art. R. 53-14 I 1° et R. 53-14 I *bis*).	• **25 ans** depuis la demande d'enregistrement (au lieu de 40 ans depuis D. n° 2021-1402, 29 oct. 2021) • ou 40 ans (majeur) ou 25 ans (mineur) pour les infractions mentionnées en **A2** ci-dessous.
• **D. Cadavre non identifié** (C. pr. pén., art. R. 53-14 et R. 53-14-1).	• **40 ans** ou jusqu'à identification définitive, depuis la demande d'enregistrement
• **E. Personne disparue** (C. pr. pén., art. R. 53-14 et R. 53-14-1).	• **40 ans** ou jusqu'à l'avis de découverte, depuis la demande d'enregistrement
• **F. Ascendant ou descendant d'une personne disparue**, dans le cadre d'une enquête pour disparition inquiétante (C. pr. pén., art. R. 53-10 et R. 53-14-1).	• **25 ans** ou jusqu'à avis de découverte, depuis la demande d'enregistrement

2. Les infractions les plus graves donnant lieu à prolongation de la durée d'enregistrement

• **Infractions contre les personnes**

– crimes contre l'humanité (C. pén., art. 211-1,211-2 et 212-1 à 212-3) ;

– atteintes volontaires à la vie (C. pén., art. 221-1 à 221-5) ;

– tortures et actes de barbarie (C. pén., art. 222-1 à 222-6) ;

– crimes et délits de violences volontaires (C. pén., art. 222-7, 222-8, 222-9, 222-10, 222-14, 222-14-1, 222-15) ;

– viols (C. pén., art. 222-23 à 222-26) ;

– agressions sexuelles (C. pén., art. 222-27 à 222-30) ;

– trafic de stupéfiants (C. pén., art. 222-34 à 222-39) ;

– enlèvement et séquestration (C. pén., art. 224-1 à 224-5 et 224-5-2) ;

– détournement de tout moyen de transport (C. pén., art. 224-6, 224-6-1 et 224-7) ;

– traite des êtres humains (C. pén., art. 225-4-1 à 225-4-4) ;

– proxénétisme (C. pén., art. 225-5 à 225-10) ;

– recours à la prostitution de mineurs ou de personnes vulnérables (C. pén., art. 225-12-1 et 225-12-2) ;

– mise en péril de mineurs (C. pén., art. 227-22, 227-22-1, 227-23, 227-24 à 227-27-2 et 227-28-3).

• **Infractions contre les biens**

– vol avec violences (C. pén., art. 311-6) ;

– crimes de vols (C. pén., art. 311-7 à 311-9 et 311-10) ;

– crimes d'extorsion (C. pén., art. 312-3 à 312-6 et 312-7) ;

– destructions, dégradations, et détériorations dangereuses pour les personnes (C. pén., art. 322-6, 322-7 à 322-10).

• **Crimes et délits contre la Nation, l'État et la paix publique**

– trahison et espionnage (C. pén., art. 411-2 à 411-11) ;

– attentat et complot (C. pén., art. 412-1 et 412-2) ;

– mouvement insurrectionnel (C. pén., art. 412-4 à 412-6) ;

– usurpation de commandement, levée de forces armées et provocation à s'armer illégalement (C. pén., art. 412-7 et 412-8) ;

– actes de terrorisme (C. pén., art. 421-1 à 421-6) ;

– fausse monnaie (C. pén., art. 442-1 et 442-2) ;

– participation à une association de malfaiteurs (C. pén., art. 450-1).

• **Crimes et délits de guerre** (C. pén., art. 461-2 à 461-31)

• **Infractions au régime des armes et munitions**

– C. défense, art. L. 2339-2, L. 2339-3, L. 2339-10, L. 2353-4 et L. 2353-13 ;

– CSI, art. L. 317-1-1 et L. 317-2-1 ;

– C. pén., art. 222-52, 222-53, 222-54, 222-55, 222-57 et 222-59).

B. L'effacement anticipé de l'enregistrement

1. La portée de la possibilité d'effacement anticipé et l'évolution des dispositions applicables

Dans le droit antérieur à L. n° 2019-222, 23 mars 2019, seul l'enregistrement des prélèvements effectués sur un suspect (Cas **A.** du tableau ci-dessus) pouvait faire l'objet, « *lorsque leur conservation n'apparaît plus nécessaire compte tenu de la finalité du fichier* », d'un effacement anticipé par le procureur de la République, d'office ou à la demande de l'intéressé (C. pr. pén., art. 706-54). Il n'était pas prévu d'effacement anticipé pour les personnes condamnées (Cas **B.** du tableau ci-dessus).

La CEDH a estimé, saisie par une personne d'abord condamnée pour des violences commises dans le contexte politique et syndical d'une bousculade entre les forces de l'ordre et manifestants agricoles, puis condamnée pour avoir refusé de se soumettre (v. infraction au n° **25.35**), au titre de cette condamnation (Cas **B.** du tableau ci-dessus), au prélèvement destiné à l'alimentation du Fnaeg que, dans de telles circonstances, « *le régime actuel de conservation des profils ADN dans le Fnaeg, auquel le requérant s'est opposé en refusant le prélèvement, n'offre pas, en raison tant de sa durée que de l'absence de possibilité d'effacement, une protection suffisante à l'intéressé. Elle ne traduit donc pas un juste équilibre entre les intérêts publics et privés concurrents en jeu* » (§ 45) et que « *Dès lors, la condamnation pénale du requérant pour avoir refusé de se soumettre au prélèvement destiné à l'enregistrement de son profil dans le Fnaeg s'analyse en une atteinte disproportionnée à son droit au respect de sa vie privée et ne peut passer pour nécessaire dans une société démocratique* » (§ 46) (CEDH 22 juin 2017, *Aycaguer c/ France*, req. n° 8806/12) (sur l'infraction justifiée par l'exercice d'un droit ou d'une liberté fondamentale, v. n° **10.13E**).

Tenant compte de cette jurisprudence, la L. n° 2019-222, 23 mars 2019, a étendu aux personnes condamnées le droit de demander l'effacement anticipé (nouveau C. pr. pén., art. 706-54-1).

Le D. n° 2021-1402, 29 oct. 2021, pris après avis de la Cnil, a modifié et complété à cet égard C. pr. pén., art. R. 53-9 s. et a mis dans le même temps ces dispositions en conformité avec le réglt UE 2016/679, 27 avr. 2016 (RGPD) et avec le titre III de la L. 78-17, 6 janv. 1978, transposant la directive (UE), 2016/680, 27 avr. 2016, dite « *prévention et détection des infractions pénales* » (sur le RGPD, v. n° **35.57** s. ; sur la directive 2016/680, v. n° **13.11D2**).

Au regard de ce dispositif, la Ch. crim. juge que la personne jouit de « *la possibilité concrète, en cas d'enregistrement de son empreinte génétique au fichier, d'en demander l'effacement* » (Crim. 15 janv. 2019, n° 17-87.185, P n° 11, v. également la jurisprudence citée dans l'orienteur du n° **25.35**).

Ces nouvelles dispositions n'ont toutefois pas d'effet rétroactif sur l'incrimination des refus de prélèvements antérieurs, en effet « *la conformité à la Convention européenne des droits de l'homme du dispositif interne de conservation des empreintes génétiques à la date du 27 déc. 2017, à laquelle l'intéressé a refusé de se soumettre au prélèvement biologique, ne pouvait être appréciée en prenant en considération un texte ultérieur* » (§ 16), « *le dispositif interne de prélèvement et de conservation des empreintes génétiques n'est devenu conforme à cette Convention qu'avec l'entrée en vigueur du D. n° 2021-1402, 29 oct. 2021, qui fixe le délai à l'expiration duquel les personnes condamnées peuvent solliciter l'effacement de leurs empreintes génétiques* » (§ 17) (Crim. 8 déc. 2021, n° 20-84.201, P).

2. La demande d'effacement anticipé

- **La demande d'effacement anticipé des données du suspect**

Le procureur de la République est tenu de faire droit à la demande d'effacement « *en cas de décision de relaxe ou d'acquittement devenue définitive* » (C. pr. pén., art. R. 53-14-2 I, issu D. n° 2021-1402, 29 oct. 2021).

En cas de « *non-lieu, de classement sans suite pour absence d'infraction ou insuffisance de charges ou pour auteur inconnu* », les données sont effacées de plein droit « *sur demande de l'intéressé* ». Toutefois le procureur de la République peut s'opposer à cet effacement et prescrire le maintien de l'enregistrement, au regard « *de la finalité du fichier [...], de la nature ou des circonstances de commission de l'infraction ou de la personnalité de la personne concernée* », sauf en cas de prescription de l'action publique (C. pr. pén., art. R. 53-14-2 I, issu D. n° 2021-1402, 29 oct. 2021).

Soulignons que le procureur de la République peut également ordonner d'office l'effacement dans les cas qui précèdent (C. pr. pén., art. R. 53-14-2 I, issu D. n° 2021-1402, 29 oct. 2021).

• La demande d'effacement anticipé des données de la personne condamnée ou ayant fait l'objet d'une déclaration d'irresponsabilité pénale

La demande relève également de la compétence du procureur de la République (C. pr. pén., art. 706-54-1) et non de la juridiction qui a prononcé la peine, compétente en application de C. pr. pén, art. 710 pour tous incidents contentieux relatifs à son exécution.

Elle ne peut à peine d'irrecevabilité être formée avant l'expiration d'un délai de 3 ans quand le délai de conservation est de 15 ans, de 7 ans quand il est de 25, de 10 ans quand il est de 40 ans, en cas de refus, la demande ne peut être renouvelée avant l'expiration d'un délai d'un an (C. pr. pén., art. R. 53-14-2 II, issu D. n° 2021-1402, 29 oct. 2021).

Le procureur de la République, qui ne dispose pas dans ce cas du pouvoir d'ordonner d'office l'effacement, ordonne l'effacement ou le maintien des données au regard « *de la finalité du fichier [...], de la nature ou des circonstances de commission de l'infraction ou de la personnalité de la personne concernée* » (C. pr. pén., art. R. 53-14-2 II, issu D. n° 2021-1402, 29 oct. 2021).

• Le régime procédural de la demande d'effacement anticipé

Dans tous les cas, la demande doit être, à peine d'irrecevabilité, formée par LRAR ou par déclaration au greffe, adressée au procureur de la République « *de la juridiction dans le ressort de laquelle a été menée la procédure ayant donné lieu à cet enregistrement* » (C. pr. pén., art. R. 53-14-2, issu D. n° 2021-1402, 29 oct. 2021).

Le procureur de la République « *doit faire connaître sa décision à l'intéressé, par lettre recommandée, dans un délai de trois mois à compter de la réception de la demande* » (C. pr. pén., art. R. 53-14-3, issu D. n° 2021-1402, 29 oct. 2021).

En cas de rejet de la demande ou s'il n'a pas été statué dans les délais, l'intéressé peut exercer un **recours**, dans le délai de 10 jours par LRAR ou déclaration au greffe, devant le président de la CHINS (C. pr. pén., art. 706-54-1) ; ce recours doit être **motivé** à peine d'irrecevabilité (C. pr. pén., art. R. 53-14-3, issu D. n° 2021-1402, 29 oct. 2021).

Le président de la CHINS saisi statue dans le délai de 3 mois, sa décision ne peut faire l'objet d'un pourvoi, sauf violation des formes essentielles à son existence légale (C. pr. pén., art. R. 53-14-3, issu D. n° 2021-1402, 29 oct. 2021).

C. La conservation des traces et échantillons par le Service central de préservation des prélèvements biologiques (SCPPB)

Sauf décision contraire (réd. issue D. n° 2021-1402, 29 oct. 2021) du procureur de la République, de l'OPJ ou du juge d'instruction, les scellés relatifs aux traces et échantillons provenant de personnes inconnues, de cadavres non identifiés, recueillis sur la scène de l'infraction, ou à la suite d'une disparition inquiétante ou suspecte ou de la découverte de cadavre, sont transmis en vue de leur conservation, sous conditionnement normalisé, au Service central de préservation des prélèvements biologiques (SCPPB) (C. pr. pén., art. R. 53-20-1 et R. 53-20-2). Les prélèvements centralisés obéissent au régime des scellés judiciaires et ne peuvent faire l'objet d'une exploitation sans décision préalable du magistrat en charge du scellé ; le SCPPB, simple dépositaire, n'est donc pas habilité à effectuer sur les objets placés en dépôt des opérations autres que celles nécessaires au stockage (Circ. Crim. 2000-08-F1, 10 oct. 2000, NOR : JUSD0030172C, n° 2). La durée de conservation au SCPPB est identique à la durée de conservation des enregistrements au Fnaeg (C. pr. pén., art. R. 53-20-2 II).

Pour permettre la transmission au SCPPB d'échantillons compatibles avec les contraintes de conservation et de stockage (température, hygrométrie, volume, etc.), « *il convient de mentionner dans la désignation de l'expert : la possibilité, dans la mesure où le support technique le permet, de démembrer le scellé en [d'une part] un (ou plusieurs) échantillon, dont une partie sera analysée et l'autre conditionnée et placée, chaque fois que la conservation à température ambiante sera possible, dans une enveloppe normalisée au format A5, destinée au SCPPB ; [d'autre part] un résidu de scellé (scellé initial après prélèvement des échantillons), qui sera retourné au greffe de la juridiction, qui le conservera (on citera l'exemple du drap taché de sang retrouvé sur le lieu d'un viol). L'expert découpera la tache et son environnement, y prélèvera le matériel biologique nécessaire à son analyse, puis le placera dans une enveloppe A5 (échantillon du scellé). Le reste du drap (résidu de scellé) sera retourné au greffe de la juridiction* » (Circ. Crim. 01-15-E6, 20 juill. 2001, NOR : JUSD0130106C, n° 2.1).

« *Lorsque l'analyse de la trace biologique placée sous scellé ne permet pas de déterminer un profil, le scellé est retourné à la juridiction et aucun démembrement n'est conservé au SCPPB* » (Circ. Crim. 01-15-E6, 20 juill. 2001, n° 2.2).

Les prélèvements sont accompagnés des informations suivantes : numéro de la procédure, autorité judiciaire ou OPJ ayant demandé l'enregistrement, date de cette demande, personne physique ou morale ayant réalisé l'analyse, informations relatives au scellé contenant les traces ou échantillons à partir desquels l'analyse a été réalisée ou l'objet sur lequel ont été recueillis ces traces ou échantillons, date des faits si elle est connue, cadre procédural (C. pr. pén., art. R. 53-20 et R. 53-11). Ces éléments font l'objet d'un traitement automatisé utilisant un numéro d'ordre commun avec le Fnaeg (C. pr. pén., art. R. 53-20).

13.28 Les prélèvements de matériel biologique

A. Le prélèvement des empreintes génétiques (renvoi)

Selon les précisions apportées aux n°s 13.23 s., le prélèvement de matériel biologique destiné à l'identification génétique et à l'alimentation du Fnaeg est effectué sur la personne suspecte ou condamnée (C. pr. pén., art. 55-1 et 706-54).

Le refus de se soumettre aux prélèvements externes ou biologiques caractérise les infractions prévues au C. pr. pén., art. 55-1 et 706-56 (v. n° 25.35).

B. Les prélèvements externes

Des prélèvements externes nécessaires à la réalisation d'examens techniques et scientifiques de comparaison avec les traces et indices prélevés pour les besoins de l'enquête, peuvent être effectués sur « *toute personne susceptible de fournir des renseignements sur les faits en cause* » ou « *sur toute personne contre laquelle il existe une ou plusieurs raisons plausibles de soupçonner qu'elle a commis ou tenté de commettre l'infraction* » (C. pr. pén., art. 55-1, 76-2 et 154-1).

Notons que ces prélèvements externes permettent également d'établir l'empreinte génétique, notamment lorsque la personne refuse le prélèvement biologique prévu par C. pr. pén., art. 706-54 (v. n° 13.23).

Ces prélèvements sont réalisés à l'initiative de l'OPJ et sous son contrôle, au cours d'une enquête de flagrance (C. pr. pén., art. 55-1), ou décidés ou autorisés par le procureur de la République au cours d'une enquête préliminaire (C. pr. pén., art. 76-2), ou pour les nécessités d'une commission rogatoire (C. pr. pén., art. 154-1). La loi ne limite pas ces prélèvements externes à certaines infractions.

Ces opérations peuvent être effectuées sur instruction de l'OPJ, mais en dehors de sa présence effective, par un APJ, ou par un agent spécialisé, technicien ou ingénieur de police technique et scientifique (C. pr. pén., art. D. 15-5-1, issu du D. nº 2016-1202, 7 sept. 2016, Circ. Crim-2016/19/E, 08.09.2016, JUS D 1625322 C, nº 2.1).

Depuis L. nº 2019-222, 23 mars 2019, l'APJ peut procéder à ces prélèvements avec l'autorisation du procureur de la République dans le cadre de l'enquête préliminaire (C. pr. pén., art. 76-2, v. nº **11.10B**).

Le refus, par la personne soupçonnée, de se soumettre aux prélèvements externes caractérise l'infraction prévue par C. pr. pén., art. **55-1** (v. nº **25.35**).

C. Les prélèvements internes aux fins de recherche de toxiques dans le sang

1. Les prélèvements aux fins de recherche de l'imprégnation alcoolique (renvoi)

Ces prélèvements sanguins, qui visent à déterminer le taux d'alcoolémie en matière de circulation routière (C. route, art. L. 234-3) ou en cas de crime, de délit ou d'accident de la circulation (CSP, art. L. 3354-1) (v. nº **13.4**), sont exposés au nº **13.6B**.

L'exécution de ces prélèvement n'est pas subordonnée à l'accord de la personne mais le refus de prélèvement constitue les infractions incriminées par C. route, art. **L. 234-8** (v. nº **36.17**) ou par CSP, art. **L. 3354-2** (v. nº **36.18**).

2. Les prélèvements aux fins de recherche de la consommation de stupéfiants (renvoi)

Ces prélèvements salivaires ou sanguins, qui visent à caractériser l'infraction de conduite d'un véhicule en ayant fait usage de stupéfiants (C. route, art. L. 235-2), sont exposés au nº **13.9C**. et, s'agissant du personnel des entreprises de transport (CSP, art. L. 3421-5), au nº **13.10**.

L'exécution de ces prélèvement n'est pas subordonnée à l'accord de la personne mais le refus de prélèvement constitue les infractions incriminées par C. route, art. **L. 235-3** (v. nº **36.19**) ou par CSP, art. **L. 3421-6** (v. nº **36.20**).

3. Les prélèvements pour déterminer les circonstances de l'infraction

En dehors des cas qui précèdent, prévus par la loi, il est jugé que des vérifications biologiques, en l'espèce un prélèvement sanguin en vue d'un dosage d'alcoolémie et de stupéfiants, peuvent être valablement réalisées à l'encontre d'un suspect (qui ne s'y était en l'espèce pas opposé), « *l'article 8 de la Convention européenne des droits de l'homme n'interdisant pas en tant que tel le recours à une intervention médicale sans le consentement d'un suspect en vue de l'obtention de la preuve de sa participation à une infraction dans toutes ses circonstances* » (§ 17) (Crim. 31 mars 2020, nº 19-85.756, P). Soulignons que les faits de nature délictuelle, s'agissant d'une altercation physique entre un chirurgien et l'anesthésiste au cours d'une opération, permettaient dans cette affaire de justifier un prélèvement sanguin au visa de CSP, art. L. 3354-1.

L'arrêt CEDH, Grand. ch., 11 juill. 2006, nº 54810/00, *Jalloh c/ Allemagne*, rappelle la doctrine en la matière : « *les articles 3 et 8 de la Convention n'interdisent pas en tant que tel le recours à une intervention médicale contre la volonté d'un suspect en vue de l'obtention de la preuve de sa participation à une infraction. Ainsi, les institutions de la Convention ont conclu à plusieurs reprises que le prélèvement de sang ou de salive contre la volonté d'un suspect dans le cadre d'une enquête sur une infraction n'avait pas enfreint ces articles dans les circonstances des affaires examinées (voir, notamment, X c/ Pays-Bas, nº 8239/78, décision de la Commission du 4 décembre 1978, Décisions et rapports (DR) 16, pp. 184-187, Schmidt c/ Allemagne (déc.), nº 32352/02, 5 janvier 2006)* » (§ 70) ; « *Toutefois, la nécessité de toute intervention médicale de force en vue de l'obtention de la preuve d'une infraction doit se trouver justifiée de manière convaincante au vu des circonstances de l'affaire. Cela vaut en particulier lorsque l'intervention vise à recueillir à l'intérieur du corps de la personne la preuve matérielle de l'infraction même dont elle est soupçonnée. La nature particulièrement intrusive d'un tel acte exige un examen rigoureux de l'ensemble des circonstances. A cet égard, il faut tenir dûment compte de la gravité de l'infraction en question. Les autorités doivent également démontrer qu'elles ont envisagé d'autres méthodes pour obtenir des preuves. En outre, l'intervention ne doit pas faire courir au suspect le risque d'un préjudice durable pour sa santé (voir, mutatis mutandis, l'arrêt Nevmerjitski précité, §§ 94 et 97, et la décision Schmidt précitée)* » (§ 71) ; « *Par ailleurs, de même que pour les interventions réalisées à des fins thérapeutiques, la manière dont on contraint une personne à subir un acte médical destiné à récupérer des preuves dans son corps doit rester en deçà du degré minimum de gravité défini dans la jurisprudence de la Cour relativement à l'article 3 de la Convention. En particulier, il faut tenir compte du point de savoir si l'intervention médicale de force a causé à la personne concernée de vives douleurs ou souffrances physiques (Peters c/ Pays-Bas, n° 21132/93, décision de la Commission du 6 avril 1994, DR 77-A, Schmidt, décision précitée, et Nevmerjitski, arrêt précité, ibidem)* » (§ 72).

D. Le prélèvement aux fins de dépistage des MST en cas d'atteinte sexuelle

Le dépistage des maladies sexuellement transmissibles (MST) peut être effectué sur réquisition de l'OPJ, agissant en flagrance ou en préliminaire ou sur commission rogatoire, sur la personne contre laquelle il existe des indices graves ou concordants d'avoir commis des faits de viol, d'agression sexuelle ou d'atteinte sexuelle sans violence sur mineur. Le personnel médical requis doit s'efforcer d'obtenir le consentement de l'intéressé. À défaut de consentement, le prélèvement doit être effectué, à la demande de la victime ou si son intérêt le justifie, sur instructions écrites, versées au dossier, du procureur de la République ou du juge d'instruction (C. pr. pén., art. 706-47-2 ; L. n° 2003-239, 18 mars 2003, art. 28).

Le refus, par la personne soupçonnée, de se soumettre au dépistage caractérise l'infraction visée au n° 25.35.

E. Les examens en cas de risque de contamination d'un agent public par une maladie virale grave (L. n° 2011-267, 14 mars 2011, art. 121)

L'OPJ peut faire procéder sur toute personne ayant commis sur une personne dépositaire de l'autorité publique ou chargée d'une mission de service public, dans l'exercice de ses fonctions, des actes susceptibles d'entraîner sa contamination par une **maladie virale grave**, à un **examen médical** et à une **prise de sang** afin de déterminer si cette personne n'est pas atteinte d'une telle maladie.

Le médecin, l'infirmier ou la personne habilitée par les dispositions du code de la santé publique, à effectuer les actes réservés à ces professionnels, qui est requis à cette fin par l'OPJ, doit s'efforcer d'obtenir le consentement de l'intéressé.

À la demande de la victime ou lorsque son intérêt le justifie, cette opération peut être effectuée sans le consentement de l'intéressé sur instructions écrites du procureur de la République ou du juge d'instruction qui sont versées au dossier de la procédure.

Le résultat du dépistage est porté, dans les meilleurs délais et par l'intermédiaire d'un médecin, à la connaissance de la victime.

Le refus, par la personne concernée, de se soumettre au dépistage caractérise l'infraction visée au n° 25.35.

13.29 Les relevés signalétiques (C. pr. pén., art. 55-1 et 76-2)

A. Les finalités des relevés signalétiques et du relevé sous contrainte

Les textes prévoient deux régimes distincts du relevé signalétique, le premier concernant la personne faisant l'objet d'un **contrôle d'identité**, prévu par C. pr. pén., art. 78-3 (v. n° 11.25), dont le refus est incriminé par C. pr. pén., art. 78-5, (v. n° 25.34), le second ici décrit portant sur le **suspect** entendu libre ou en garde à vue, dans le cadre de l'enquête de flagrance (C. pr. pén., art. 55-1) ou de l'enquête préliminaire (C. pr. pén., art. 76-2 renvoyant à 55-1), dont le refus est incriminé par les peines plus sévères prévues par C. pr. pén., art. 55-1 (v. n° 25.35).

À la différence des relevés opérés lors d'un contrôle d'identité, exploités aux fins de comparaison, les relevés d'empreintes digitales et palmaires ainsi que les clichés anthropométriques du suspect alimentent le fichier automatisé des empreintes digitales (Faed) décrit au n° **13.31**.

En outre, la photographie du suspect, dans un format compatible avec un dispositif de reconnaissance faciale (visage de face), est également enregistrée au fichier TAJ (C. pr. pén., art. R. 40-26, sur les données enregistrées au TAJ, v. n° **13.13A**).

« *Face aux difficultés d'identification de personnes mises en cause dépourvues de titre d'identité, qui refusent de s'identifier ou qui usent de noms ou d'alias différents, il est apparu nécessaire de prévoir un dispositif autorisant l'usage d'une contrainte strictement encadrée pour obtenir leurs empreintes digitales, palmaires ainsi que leurs photographies* » (Circ. CRIM-2022-11/H2, 28 mars 2022, NOR : JUSD2209905C, n° I), la L. n° 2022-52, 24 janv. 2022, relative à la responsabilité pénale et à la sécurité intérieure, a introduit la possibilité de contraindre le suspect à subir les relevés signalétiques auxquels il se refuse (C. pr. pén., art. 55-1, v. **B** ci-dessous). Compte tenu de sa situation particulière, un régime distinct de relevé sans consentement a été institué par la même loi pour le mineur suspect (CJPM, art. L. 413-16 et L. 413-17, v. **C** ci-dessous).

Dans tous les cas, la contrainte « *doit être strictement nécessaire et proportionnée et tenir compte s'il y a lieu, de la vulnérabilité de la personne ou de la situation particulière du mineur* », « *elle paraît ainsi devoir être proscrite à l'encontre de personnes souffrant d'un handicap physique ou psychique, ou dont le discernement paraît altéré* » (Circ. CRIM-2022-11/H2, 28 mars 2022, NOR : JUSD2209905C, n° IC). En outre, « *l'usage de la contrainte pour relever les empreintes digitales doit être évité face à une personne très récalcitrante ou manifestant une résistance physique importante dans la mesure où le recueil de l'empreinte des cinq doigts et des deux paumes des mains serait en tout état de cause impossible à réaliser dans des conditions satisfaisantes* » (Circ. CRIM-2022-11/H2, 28 mars 2022, NOR : JUSD2209905C, n° IC).

Précisons que le relevé signalétique sous contrainte n'est applicable qu'au suspect majeur ou mineur et qu'il « *est inapplicable aux contrôles d'identité et à la retenue pour vérification de l'identité prévue par C. pr. pén., art. 78-3 ainsi qu'aux témoins, victimes ou tiers* » (sur le relevé signalétique opéré sur la personne faisant l'objet d'une retenue aux fins de contrôle d'identité, v. n° **11.25**) (Circ. CRIM-2022-11/H2, 28 mars 2022, NOR : JUSD2209905C, n° IA1).

B. Les relevés signalétiques du majeur (C. pr. pén., art. 55-1)

L'OPJ procède, ou fait procéder sous son contrôle, aux opérations de relevés signalétiques et notamment de prise d'empreintes digitales, palmaires ou de photographies nécessaires à l'alimentation et à la consultation des fichiers de police selon les règles propres à chacun de ces fichiers (C. pr. pén., art. 55-1).

Depuis L. n° 2023-22, 24 janv. 2023, « *l'OPJ peut également procéder, ou faire procéder sous son contrôle, aux opérations permettant l'enregistrement, la comparaison et l'identification des traces et des indices ainsi que des résultats des opérations de relevés signalétiques dans les fichiers [de police], selon les règles propres à chacun de ces fichiers* » (C. pr. pén., art. 55-1).

Le refus, par le suspect, de se soumettre aux relevés signalétiques caractérise l'infraction prévue par C. pr. pén., art. 55-1 (v. n° **25.35**).

Sans préjudice de ces sanctions pénales, « *lorsque la prise d'empreintes digitales ou palmaires ou d'une photographie constitue l'unique moyen d'identifier une personne qui est entendue* [en qualité de suspect dans une enquête de flagrance] *pour un crime ou un délit puni d'au moins trois ans d'emprisonnement et qui refuse de justifier de son identité ou qui fournit des éléments d'identité manifestement inexacts, cette opération peut être effectuée sans le consentement de cette personne, sur autorisation écrite du procureur de la République saisi d'une demande motivée par l'OPJ. L'OPJ ou, sous son contrôle, un APJ recourt à la contrainte dans la mesure strictement nécessaire et de manière proportionnée. Il tient compte, s'il y a lieu, de la vulnérabilité de la personne. Cette opération fait l'objet d'un procès-verbal, qui mentionne les raisons pour lesquelles elle constitue l'unique moyen d'identifier la personne ainsi que le jour et l'heure auxquels il y est procédé. Le procès-verbal est transmis au procureur de la République, copie en ayant été remise à l'intéressé* » (C. pr. pén., art. 55-1, réd. issue L. n° 2022-52, 24 janv. 2022). Ces dispositions sont aussi applicables aux mêmes conditions dans le cadre de l'enquête préliminaire (C. pr. pén., art. 76-2, réd. issue L. n° 2022-52, 24 janv. 2022) ainsi que pour les besoins de l'exécution d'une commission rogatoire, l'autorisation étant dans ce dernier cas donnée par le juge d'instruction (C. pr. pén., art. 154-1, réd. issue L. n° 2022-52, 24 janv. 2022).

S'il a validé le dispositif, le Cons. const. a néanmoins précisé par une réserve d'interprétation que les opérations de prise d'empreintes digitales ou palmaires ou de photographies sans le consentement de la personne majeure, « *ne sauraient [...] être effectuées hors la présence de son avocat* » (§ 23) et étaient incompatibles avec le régime de l'audition libre (Cons. const. 10 févr. 2023, n° 2022-1034 QPC).

C. Les relevés signalétiques du mineur (CJPM, art. L. 413-16 et L. 413-17)

« *L'OPJ ou l'APJ qui envisage de procéder ou de faire procéder [...] à une opération de prise d'empreintes digitales ou palmaires ou de photographies d'un mineur entendu* [en qualité de suspect libre ou en garde à vue] *doit s'efforcer d'obtenir le consentement de ce mineur* », il l'informe, « *en présence de son avocat, des peines prévues* [au C. pr.pén., art. 55-1, v. n° **25.35**] *s'il refuse de se soumettre à cette opération* » ; lorsque les conditions d'un prélèvement sans consentement sont réunies « *il l'informe également, en présence de son avocat, de la possibilité de procéder à cette opération sans son consentement* » (CJPM, art. L. 413-16, issu L. n° 2022-52, 24 janv. 2022).

« *L'opération de prise d'empreintes digitales ou palmaires ou de photographies peut être effectuée sans le consentement du mineur, sur autorisation écrite du procureur de la République saisi par une demande motivée de l'OPJ, lorsque les conditions ci-après sont réunies : 1° Cette opération constitue l'unique moyen d'identifier le mineur qui refuse de justifier de son identité ou qui fournit des éléments d'identité manifestement inexacts ; 2° Le mineur apparaît manifestement âgé d'au moins treize ans ; 3° L'infraction dont il est soupçonné constitue un crime ou un délit puni d'au moins cinq ans d'emprisonnement* » (CJPM, art. L. 413-17, issu L. n° 2022-52, 24 janv. 2022).

« *L'OPJ ou, sous son contrôle, un APJ recourt à la contrainte de manière strictement nécessaire et proportionnée, compte tenu de la situation particulière du mineur. L'avocat du mineur ainsi que, sauf impossibilité, ses représentants légaux ou, à défaut, l'adulte approprié* [sur l'adulte approprié, CJPM, art. L. 311-1, v. n° **11.75C**] *sont préalablement informés de cette opération. Cette opération fait l'objet d'un procès-verbal, qui mentionne les raisons pour lesquelles elle constitue l'unique moyen d'identifier la personne ainsi que le jour et l'heure auxquels il y est procédé. Le procès-verbal est transmis au procureur de la République, copie en ayant été remise à l'intéressé ainsi qu'aux représentants légaux ou à l'adulte approprié* » (CJPM, art. L. 413-17, issu L. n° 2022-52, 24 janv. 2022).

S'il a validé le dispositif, le Cons. const. a néanmoins précisé par une réserve d'interprétation que les opérations de prise d'empreintes digitales ou palmaires ou de photographies sans le consentement de la personne mineure « *ne sauraient [...] être effectuées hors la présence de son avocat, des représentants légaux ou de l'adulte approprié* » (§ 23) et que les dispositions de CJPM, art. L. 413-17 « *ne sauraient être interprétées comme s'appliquant aux mineurs entendus sous le régime de l'audition libre* » (§ 24) (Cons. const. 10 févr. 2023, n° 2022-1034 QPC).

Précisons que, « *pour améliorer la réponse pénale à l'égard des personnes mineures refusant de se soumettre aux opérations de relevés signalétiques* », en particulier les personnes se présentant comme des mineurs non accompagnés (Circ. Crim. 2022-14/E1, 12 juill. 2022, NOR : JUSD2220718C), le refus opposé par le mineur permet au procureur de la République de le poursuivre « *selon la procédure exceptionnelle de saisine du tribunal pour enfants aux fins d'audience unique* » sur la culpabilité et sur la peine (Circ. Crim. 2022-14/E1, 12 juill. 2022, NOR : JUSD2220718C) si l'autre infraction pour laquelle il est suspecté et poursuivi est passible d'une peine ⩾ 3 ans pour le mineur ⩾ 16 ans ou ⩾ 5 ans pour le mineur < 16 ans (CJPM, art. L. 423-4 1°) ; dans ce cas le rapport de « *recueil de renseignements socio-éducatifs* » (RRSE) établi à l'occasion du défèrement suffit (CJPM, art. L. 423-4 2°b)) (sur l'orientation du mineur aux fins de jugement en audience unique, v. n° 15.18B2).

13.30 L'identification par l'empreinte digitale

A. Les caractéristiques de l'empreinte dactyloscopique

L'épiderme de la face de contact des doigts de tout individu comporte des dessins uniques formés de crêtes et de sillons, appelés dermatoglyphes. Les faces palmaires et plantaires comportent également de tels identifiants. Des empreintes identiques pour deux individus n'ont encore jamais été relevées, même pour des jumeaux univitellins.

Les caractères des dermatoglyphes, qui se forment chez le fœtus aux environs de la 28e semaine, sont immuables. Ils persistent tant que les couches régénératrices du derme n'ont pas été abîmées par des destructions profondes dues à des brûlures ou des scarifications, lesquelles constituent également des éléments d'identification. Post mortem, les empreintes permettent encore des identifications tant qu'elles ne sont pas altérées par la putréfaction.

Les empreintes se différencient tout d'abord par leur forme générale, non déterminante dans la démarche d'identification, mais surtout par leurs accidents particuliers, essentiels pour la comparaison, les minuties. À un niveau plus fin, le détail des pores et de crêtes constitue des éléments complémentaires d'identification.

Le dessin général des dermatoglyphes de chaque doigt revêt trois formes caractéristiques, qui déterminent autant de familles d'empreintes :

– **les arcs**, lignes ou crêtes qui vont d'un bord à l'autre du doigt, cette famille représente 5 % des figures ;

– **les boucles**, constituées d'une série de lignes qui, formant une boucle, reviennent dans la direction de leur point de départ ; elles représentent 60 % des empreintes ;

– **les volutes**, ou verticilles ou tourbillons, lignes formant des cercles concentriques ou des spirales, elles constituent 35 % des figures.

Les éléments de différenciation des empreintes, ou points singuliers ou points de comparaisons, appelées **minuties**, sont constitués des **arrêts** ou des **bifurcations** de lignes, des **lacs** (ligne se dédoublant un court espace puis reprenant son cours), des lignes indépendantes, des **deltas** formés aux points de bifurcation des boucles ou des volutes.

Un niveau supplémentaire d'identification peut être trouvé dans l'examen de la disposition de pores (poroscopie) ou de la largeur des crêtes (crétoscopie). Mais l'analyse est ici limitée par la pression digitale, qui influence la largeur du dessin laissé par les crêtes.

B. Nombre de points de comparaison nécessaires à l'identification : le standard numérique

On détermine que si « *n* » est le nombre de points de comparaison, alors il est statistiquement probable de trouver une personne présentant les mêmes caractéristiques pour 4^n doigts, soit $4^n/10$ individus. Pour 17 points de comparaison, standard numérique soutenu par V. Balthazard (1911) et traditionnellement retenu par l'identification criminelle en France, la probabilité de trouver un individu présentant les mêmes caractéristiques n'est susceptible de se réaliser que sur une population de $4^{17}/10$, soit un effectif de 1 717 986 918 personnes. La Grande-Bretagne se fonde sur 16 points de comparaison.

Nombre de pays et d'experts considèrent que la concordance de 12 minuties, standard numérique proposé par E. Locard (1914), permet d'établir l'identité de deux empreintes avec certitude : dans ce cas la probabilité s'établit à $4^{12}/10$, soit 1 677 721 personnes.

L'International Association for Identification (IAI) et L'European Network of Forensic Science Institutes (ENFSI) considèrent que la règle des douze points de comparaison n'est pas absolue. L'analyse globale de l'empreinte par ses trois niveaux de lecture, forme générale, minuties, puis formes de pores et crêtes, permet, si des caractères uniques ou rares sont en nombre suffisant, de fonder une identification en deçà du seuil de douze points (D.R. Asbaugh, *Quantitative-qualitative friction ridge analysis : an introduction to basic and advanced Ridgeology*, CRC Press, Boca Raton FL, 1999).

En toute hypothèse, « *le nombre de points de comparaison pertinents relevés sur une empreinte digitale, qui constitue un simple élément de preuve soumis au principe de contradiction et à l'appréciation des juges, est sans incidence sur la régularité de la procédure* », n'encourt donc pas la nullité le procès-verbal d'un enquêteur mentionnant l'existence de 10 points de comparaison pertinents (Crim. 15 déc. 2015, nº 15-82.013, P nº 289).

C. Prélèvement et révélation des empreintes

Au contact d'une surface, le sébum et les résidus provenant de la desquamation de la peau, la sueur, laissent sur le support une empreinte, visible ou latente, reproduisant les reliefs des dermatoglyphes. Les marques laissées par la pression des doigts proviennent principalement de la sueur, surtout composée d'eau, sécrétée par les écrines, glandes sudoripares situées sur les surfaces palmaires et plantaires, ou des apocrines, glandes sudoripares de l'aine, des aisselles ou des régions péri-anales, dont les sécrétions sont plus grasses.

Les dépôts contiennent notamment des acides aminés qui peuvent être révélés par traitement physique, chimique ou bactériologique.

Plusieurs techniques permettent de révéler les empreintes ou de faciliter leur transfert sur un support utilisable pour administrer la preuve pénale.

Sur les surfaces lisses, les techniques traditionnelles consistent, à l'aide d'une matière pulvérulente comme une poudre magnétique, de l'alumine, de la céruse, ou de l'oxyde de cuivre, à fixer le dessin de l'empreinte et à transférer le négatif de cette dernière à l'aide d'un adhésif transparent sur un support permettant l'analyse.

D'autres procédés permettent de révéler l'empreinte latente, laissée notamment sur des matériaux rugueux ou poreux :

– vaporisation d'une solution de ninhydrine ; cette substance réagit aux acides aminés présents dans la sueur en se colorant en rouge pourpre ; la réaction peut être accélérée par la chaleur ou l'humidité et la révélation maximisée par fluorescence. Ce procédé convient aux surfaces poreuses comme le papier ;

– évaporation dans une enceinte confinée d'un ester de colle cyanoacrylate : un polymère blanc, catalysé par les traces d'humidité, se fixe sur l'empreinte et autorise des examens complémentaires par fluorescence ;

– vaporisation sous vide de poudres métalliques ;

– exposition à une lumière oblique, aux lumières laser à l'argon, ultra-violette, ou une lampe au xénon (Polilight), après le cas échéant usage d'un colorant comme le crystal violet ou la gentiane ;

– des méthodes microbiologiques, encore expérimentales, consistent à cultiver une bactérie sur les traces. Elle se nourrit des éléments nutritifs laissés par le doigt au point de contact des crêtes et contribue à révéler son dessin.

D. La comparaison d'empreintes dactyloscopiques par une personne qualifiée

Dans le cadre de l'enquête préliminaire, par dérogation aux dispositions qui prévoient que l'OPJ ne peut sans autorisation préalable du procureur de la République recourir à une personne qualifiée pour procéder à des constatations ou à des examens techniques ou scientifiques, depuis L. nº 2020-1672, 24 déc. 2020, « *aucune autorisation n'est nécessaire lorsque l'officier de police judiciaire a recours à une personne qualifiée* » pour « *procéder à la comparaison entre une trace digitale ou palmaire et l'empreinte digitale ou palmaire d'une personne à l'encontre de laquelle il existe une ou plusieurs raisons plausibles de soupçonner qu'elle a commis un crime ou un délit, ou à la comparaison entre plusieurs traces digitales ou palmaires* » (C. pr. pén., art. 77-1, mod. par L. n° 2020-1672, 24 déc. 2020), sur la réquisition à personne qualifiée, v. n° **11.49**).

13.31 Le fichier automatisé des empreintes digitales (Faed) et l'enregistrement des empreintes au casier judiciaire

A. Les finalités et le domaine du Faed : un fichier réservé au traitement des affaires judiciaires

Ce fichier informatique, mis en œuvre par le service national de police scientifique au ministère de l'intérieur (D. n° 87-249, 9 avr. 1987, art. 2), sous le contrôle du procureur général dans le ressort duquel est situé le service gestionnaire (art. 7), traite les traces et empreintes digitales et palmaires en vue de faciliter la recherche et l'identification des auteurs de crimes et de délits et de faciliter la poursuite, l'instruction et le jugement des affaires dont l'autorité judiciaire est saisie (art. 1).

Peuvent y être enregistrées (art. 3) :

– les traces relevées dans le cadre des enquêtes judiciaires (enquête préliminaire ou de flagrant délit, information, recherche des causes d'une disparition inquiétante ou suspecte) ou de l'exécution d'un ordre de recherche délivré par une autorité judiciaire ;

– les empreintes digitales et palmaires relevées dans le même cadre sur une personne à l'encontre de laquelle il existe des indices graves ou concordants qu'elle ait pu participer, comme auteur ou complice, à la commission d'un crime ou d'un délit, ou sur les personnes, mises en cause dans une procédure pénale, dont l'identification certaine s'avère nécessaire ;

– les empreintes digitales et palmaires relevées sur les cadavres non identifiés ou les personnes découvertes grièvement blessées dont l'identité n'a pu être établie, en cas de crime ou de délit ou d'enquête sur les recherches des causes de la mort ou des blessures graves (sur cette catégorie d'enquête, v. n° **14.4**) ;

– les empreintes digitales et palmaires relevées dans les établissements pénitentiaires, en application du code de procédure pénale, en vue de s'assurer de manière certaine de l'identité des détenus qui font l'objet d'une procédure pour crime ou délit et d'établir les cas de récidive. Lors de leur écrou, les détenus sont soumis aux mensurations anthropométriques (C. pr. pén., annexe art. R. 57-6-18), des instructions de service déterminent les conditions dans lesquelles les services du ministère de l'Intérieur réalisent les relevés signalétiques (C. pr. pén., art. D. 287) ;

– les traces et empreintes digitales et palmaires transmises par des organismes de coopération internationale en matière de police judiciaire ou des services de police étrangers en application d'engagements internationaux ;

– les empreintes digitales et palmaires relevées lors de la procédure extrajudiciaire d'identification des personnes décédées (CGCT, art. L. 2223-42, C. civ., art. 87, D. n° 2012-125, 30 janv. 2012) ;

Les empreintes relevées pour les besoins de la vérification d'identité (v. n° **11.25**) en application de l'article 78-3 du code de procédure pénale n'ont pas vocation, sauf infraction commise par l'intéressé, à être enregistrées dans le fichier.

Mais le fichier peut être consulté pour les besoins des vérifications d'identité ainsi que pour l'identification des étrangers dépourvus de justificatifs de séjour (art. 1).

L'accès au Faed n'est autorisé qu'aux seuls fonctionnaires dûment habilités du ministère de l'Intérieur et des unités de recherche de la gendarmerie nationale agissant à la demande de l'autorité judiciaire ou des officiers de police judiciaire de la police nationale ou de la gendarmerie nationale (art. 8). Comme le Fnaeg, et à la différence des fichiers de renseignement comme le TAJ (ex. Stic et Judex), RG, DST et FPR, le Faed poursuit exclusivement des finalités de police judiciaire et ne peut donc être consulté à des fins de police administrative, notamment pour l'instruction d'agréments administratifs (Circ. NOR : INT/D/06/00071/C, 21 juill. 2006, IX.1). L'habilitation de l'agent est une condition de validité de la consultation : ainsi, il appartenait au juge de « *rechercher, comme il le lui était demandé, s'il résultait des actes de la procédure, notamment des mentions, faisant foi jusqu'à preuve contraire, du procès-verbal contenant le résultat de la consultation des fichiers, que le fonctionnaire de police les ayant consultés était expressément habilité à cet effet* » (1re Civ., 17 oct 2018, n° 17-16.852, P ; dans le même sens, pour la consultation du TAJ : Crim. 25 oct. 2022, n° 22-81.466, P, v. n° **13.15A1** ; pour la consultation du fichier dit LAPI : Crim. 19 févr. 2019, n° 18-84.671, P n° 38 ; v. n° **11.46A**). La L. n° 2023-22, 24 janv. 2023 précise désormais, de façon générale et pour tous les traitements, que « *La réalité de cette habilitation spéciale et individuelle peut être contrôlée à tout moment par un magistrat, à son initiative ou à la demande d'une personne intéressée. L'absence de la mention de cette habilitation sur les différentes pièces de procédure résultant de la consultation de ces traitements n'emporte pas, par elle-même, nullité de la procédure* » (C. pr. pén., art. 15-5 et C. douanes, art. 55 *ter*, issus L. n° 2023-22, 24 janv. 2023). Ces dispositions sont jugées conformes à la Constitution car elles ne dispensent pas de l'habilitation et ne font pas obstacle à la nullité si l'agent n'est pas habilité (Cons. const. 19 janv. 2023, n° 2022-846 DC, § 101).

B. Le FAED est consacré aux empreintes digitales mais intègre également les clichés anthropométriques

Les empreintes digitales et palmaires sont accompagnées des éléments d'identification de la personne, du service ayant procédé à la signalisation, de la nature de l'affaire et des références de la procédure (art. 4). Il en est de même pour les traces d'empreintes.

Le fichier intègre également les clichés anthropométriques.

Le refus de se soumettre aux opérations de prélèvement conformes aux conditions d'alimentation du Faed caractérise l'infraction figurant au n° **25.35**. S'il s'agit d'un refus de prise d'empreintes dans le cadre d'un contrôle d'identité, qui n'a pas vocation à alimenter le Faed, des pénalités moins sévères sont applicables (v. n° **11.25**).

C. La durée de conservation des fiches au FAED : le droit d'accès et l'effacement

Les informations enregistrées sont conservées pendant une durée maximale de 25 ans (art. 5), délai réduit à 15 ans par le D. n° 2015-1580, 2 déc. 2015, modification prenant effet depuis le 1er mars 2017.

Le droit d'accès s'exerce auprès du chef du service national de police scientifique (SNPS) au ministère de l'intérieur, 11 place Beauvau, Paris (8e) (art. 6), service qui a en pratique son siège et son adresse postale au 31, av. Franklin Roosevelt 69134 Écully cedex, selon les indications délivrées par service-public.fr et la Cnil.

Avant l'expiration de ce délai, l'effacement de la fiche peut être ordonné d'office par le procureur général dans le ressort duquel est situé le gestionnaire du fichier, si sa conservation ne paraît plus utile compte tenu de la finalité du traitement (art. 7). Pour les mêmes motifs, le procureur de la République dans le ressort duquel la procédure a été menée peut ordonner l'effacement de la fiche, à la demande de l'intéressé formée par LRAR ou déclaration au greffe. À défaut de réponse du procureur de la République dans le délai de trois mois, l'intéressé peut saisir aux mêmes fins et dans les mêmes formes le JLD, ou à défaut pour ce dernier d'avoir statué dans le délai de deux mois, le président de la CHINS (art. 7).

Par ailleurs, les empreintes et informations sont effacées de plein droit en cas de décision de relaxe ou d'acquittement définitive, ainsi qu'en cas de non-lieu ou de classement sans suite pour insuffisance de charge, sauf si le procureur de la République estime que leur conservation est nécessaire pour des raisons liées à la finalité du fichier au regard de la nature ou des circonstances de commission de l'infraction ou de la personnalité de la personne concernée (art. 7-1 II modifié par D. n° 2015-1580, 2 déc. 2015). « *Il peut néanmoins être déduit de la rédaction retenue que le silence du procureur de la République caractérise sa volonté de maintenir les données dans le fichier* » (Circ. crim. 2016-13/E6, 5 août 2016, II 1.2).

D. L'enregistrement des empreintes digitales au casier judiciaire et l'interconnexion avec le FAED (C. pr. pén., art. 771-2, issu Ord. n° 2022-1524, 7 déc. 2022)

Depuis Ord. n° 2022-1524, 7 déc. 2022, relative au casier judiciaire national automatisé, pour les personnes physiques condamnées « *par une juridiction répressive pour un crime ou un délit puni d'emprisonnement* », « *le casier judiciaire national automatisé enregistre et conserve les données relatives aux impressions simultanées et roulées des empreintes digitales de chaque doigt de ces personnes et recueillies à l'occasion de procédures pénales* », y compris dans les cas des personnes nées à l'étranger, ou dont l'acte de naissance n'est pas retrouvé, ou dont l'identité est douteuse (C. pr. pén., art. 771-2, issu Ord. n° 2022-1524, 7 déc. 2022).

La directive (UE) 2019/884 du 17 avril 2019 ainsi que le règlement (UE) 2019/816 du même jour prévoient que les États membres de l'Union condamnant un ressortissant d'un pays tiers ou apatride enregistrent ses empreintes digitales dans le casier judiciaire. C. pr. pén., art. 771-2, issu Ord. n° 2022-1524, 7 déc. 2022, prévoit que cet enregistrement s'effectue aussi pour les ressortissants des États membres, y compris les nationaux.

Ces dispositions permettent notamment, lorsqu'une personne a été condamnée sous une fausse identité ou a usurpé un état civil (sur l'usurpation d'identité, C. pén., art. 434-23, v. n° **25.55**), de s'assurer de la concordance ou de la discordance entre la personne physique condamnée et son état civil déclaré.

Dans des conditions prévues par décret en Conseil d'État, le casier judiciaire national peut être interconnecté avec le FAED et le fichier européen dénommé « ECRIS-TCN » (TCN pour « Third country nationals ») permettant à l'autorité centrale d'un État membre de l'Union européenne d'identifier les États membres qui détiennent des informations sur les condamnations pénales prononcées à l'encontre de ressortissants de pays tiers ou apatrides (C. pr. pén., art. 771-2, issu Ord. n° 2022-1524, 7 déc. 2022).

13.32 Le fichier judiciaire national automatisé des auteurs d'infractions sexuelles ou violentes (Fijais)

A. Le Fijais, moyen de suivi des auteurs d'infractions sexuelles ou violentes et de rapprochement judiciaire

Le Fijais, institué par la loi n° 2004-204 du 9 mars 2004 (art. 48) et son décret d'application du 30 mai 2005 entré en vigueur le 30 juin 2005 (C. pr. pén., art. 706-53-12, D. n° 2005-627, 30 mai 2005, art. 12) pour « *prévenir le renouvellement* » *des infractions sexuelles ou violentes et* « *faciliter l'identification de leurs auteurs* » (C. pr. pén., art. 706-53-1), enregistre l'inscription de leur identité et de leur adresse, qu'ils sont régulièrement tenus, « *à titre de mesure de sûreté* » (C. pr. pén., art. 706-53-5) et à peine de sanctions pénales (v. n° **25.65**), de déclarer et de justifier pour une durée allant de 20 à 30 années.

Par trois arrêts du 17 déc. 2009 (CEDH, *Gardel c/ France*, n° 16428/05 ; *B.B. c/ France*, n° 5335/06 et *M.B. c/ France*, n° 22115/06) la CEDH juge que l'ingérence dans la vie privée que constitue le Fijais est prévue par la loi et poursuit des buts légitimes de la défense de l'ordre et de la prévention des infractions pénales, que l'obligation de justifier périodiquement son adresse et ses changements d'adresse ne pose pas de problème sous l'angle du droit à la protection de la vie privée garanti par Conv. EDH, art. 8 (CEDH 26 janv. 1999, *Adamson c/ Royaume-Uni*, n° 42293/98), que la procédure judiciaire d'effacement des données assure un contrôle indépendant de la justification de la conservation des informations sur la base de critères précis et présente des garanties suffisantes et adéquates du respect de la vie privée au regard de la gravité des infractions justifiant l'inscription sur le fichier.

« *l'inscription de l'identité d'une personne dans le [Fijais] (...) a pour objet (...) de prévenir le renouvellement de ces infractions et de faciliter l'identification de leurs auteurs ; qu'il en résulte que cette inscription ne constitue pas une sanction mais une mesure de police* » (§ 74) ; s'agissant de l'inscription, de la consultation et de l'utilisation du fichier, « *qu'eu égard, d'une part, aux garanties apportées par les conditions d'utilisation et de consultation du fichier et par l'attribution à l'autorité judiciaire du pouvoir d'inscription et de retrait des données nominatives, d'autre part, à la gravité des infractions justifiant l'inscription des données nominatives dans le fichier et au taux de récidive qui caractérise ce type d'infractions, les dispositions contestées sont de nature à assurer, entre le respect de la vie privée et la sauvegarde de l'ordre public, une conciliation qui n'est manifestement pas déséquilibrée* » (§ 87) ; enfin, « *l'obligation faite aux personnes inscrites de faire connaître périodiquement l'adresse de leur domicile ou de leur résidence ne constitue pas une sanction, mais une mesure de police destinée à prévenir le renouvellement d'infractions et à faciliter l'identification de leurs auteurs ; que l'objet même du fichier rend nécessaire la vérification continue de l'adresse de ces personnes ; que la charge qui leur est imposée dans le but de permettre cette vérification ne constitue pas une [mesure] qui ne serait pas nécessaire au sens de l'article 9 de la Déclaration de 1789 (...)* » (§ 91) (Cons. const. 2 mars 2004, n° 2004-492 DC).

Le Fijais est tenu sous l'autorité du ministre de la Justice par le service du casier judiciaire, qui en est le gestionnaire (C. pr. pén., art. 706-53-1 et R. 53-8-1). Aucun rapprochement ni aucune connexion ne peuvent être effectués entre le Fijais et tout autre fichier ne dépendant pas du ministère de la Justice, à l'exception du FPR (fichier administré par le ministère de l'intérieur), pour l'exercice des diligences relatives à la tenue du Fijais (C. pr. pén., art. 706-53-11).

Ce fichier est accessible aux autorités judiciaires, ainsi qu'aux OPJ spécialement habilités, dans le cadre de procédures concernant un crime d'atteinte volontaire à la vie, d'enlèvement ou de séquestration, ou une infraction sexuelle visée à l'article 706-47 du code de procédure pénale (C. pr. pén., art. 706-53-7).

Si la procédure concerne une autre infraction, les OPJ peuvent également consulter le fichier sur instruction ou autorisation du procureur de la République ou du juge d'instruction, dans le cadre d'une enquête préliminaire ou de flagrance ou en exécution d'une commission rogatoire (C. pr. pén., art. 706-53-7, mod. par L. n° 2010-242, 10 mars 2010).

Par l'intermédiaire d'un système de télécommunication sécurisée, ces services d'enquête peuvent directement interroger le fichier à partir de plusieurs critères qui, même incomplets, leur permettent d'effectuer des rapprochements judiciaires : identité, adresse ou éléments de localisation, nature des infractions, date et lieu de commission des faits, personnes en défaut de justification d'adresse (C. pr. pén., art. R. 53-8-23).

B. L'inscription de plein droit ou facultative des majeurs auteurs d'infractions sexuelles ou violentes au Fijais (C. pr. pén., art. 706-53-2)

Les auteurs majeurs d'une des infractions sexuelles ou de grave violence énumérées à l'article 706-47 C. pr. pén., (v. n° 11.23), sont inscrits de plein droit au Fijais, pour la durée prévue par la loi, lorsqu'ils ont fait l'objet d'une des décisions énumérées au n° 13.33 (C. pr. pén., art. 706-53-2).

Toutefois, si l'infraction est un délit passible d'une peine < 5 ans, l'inscription n'est ordonnée que sur décision expresse, selon les cas, de la juridiction ou du procureur de la République (v. n° 13.33). Par dérogation à ce principe, depuis L. n° 2021-478, 21 avr. 2021, la décision est obligatoirement inscrite dans le fichier quelle que soit la durée de la peine si la **victime est mineure**, à moins que la juridiction ou le procureur n'en décide autrement par décision spécialement motivée s'il s'agit d'un délit puni d'une peine < 5 ans.

Si l'infraction est un délit passible d'une peine égale à 5 ans commis sur un majeur, la juridiction ou le procureur de la République, selon les cas, peuvent dispenser la personne de l'inscription au fichier par décision spécialement motivée.

Au-delà de ce *quantum*, l'inscription s'opère de plein droit, sans possibilité d'y déroger.

« *Le caractère exprès ou automatique de l'inscription devra en toute hypothèse être mentionné lors du prononcé et dans la condamnation en ordonnant ou en constatant l'inscription selon le cas* » (Circ. Crim. 05-15/Q, 1er juill. 2005, no III).

« *Aucun relèvement n'est possible, ni à l'audience, ni ultérieurement sur requête, quelle que soit la nature de l'inscription, la loi prévoyant une procédure d'effacement spécifique* » (v. no **13.39**) (Circ. Crim. 05-15/Q, 1er juill. 2005, no III).

Par ailleurs, l'article 216 de la loi du no 2004-204 du 9 mars 2004 a prévu un mécanisme transitoire de « *reprise d'historique* » (Circ. Crim. 05-15/Q, 1er juill. 2005, no IX) donnant lieu, selon les conditions précisées au no **13.34**, à l'inscription de plein droit des délinquants sexuels qui, à la date de publication de la loi, purgeaient une condamnation ferme, ou dont la condamnation pour crime était inscrite au casier judiciaire.

C. L'inscription des mineurs auteurs d'infractions sexuelles au Fijais (C. pr. pén., art. 706-53-2)

Les décisions concernant des mineurs de moins de 13 ans, auteurs des infractions prévues au C. pr. pén., art. 706-47, ne sont pas inscrites au Fijais. Celles concernant des mineurs de 13 à 18 ans ne le sont que sur décision expresse de la juridiction s'il s'agit d'un délit, et de plein droit s'il s'agit d'un crime.

D. Les incapacités de plein droit résultant de l'inscription au Fijais

« *Ne peuvent être chargées de l'instruction en famille d'un enfant les personnes [...] inscrites au fichier judiciaire national automatisé des auteurs d'infractions sexuelles ou violentes pour une condamnation définitive* » (C. éduc., art. L. 131-11-1, issu L. no 2021-1109, 24 août 2021) (sur l'instruction en famille, v. no **21.23**).

13.33 Les décisions entraînant inscription au Fijais, condamnations postérieures au 10 mars 2004

A. Les faits commis depuis le 11 mars 2004, date d'entrée en vigueur de la loi (C. pr. pén., art. 706-53-2)

Sous réserve des conditions d'inscription décrites aux nos **13.32B** et **13.32C**, les décisions suivantes donnent lieu à inscription au Fijais :

- **Condamnation ou déclaration de culpabilité** assortie d'une dispense ou d'un ajournement de peine, même si la décision n'est pas définitive ou rendue par défaut, l'inscription étant retirée en cas de décision ultérieure définitive de non-lieu, de relaxe ou d'acquittement, sauf pour trouble mental (C. pr. pén., art. 706-53-4) ;
- **Mesure préjudicielle ou éducative, sanction pénale ou éducative** prononcée par le juge des enfants, le tribunal pour enfants ou la cour d'assises des mineurs, même non définitive (mêmes modalités de retrait que ci-dessus) ; ou, à partir de l'entrée en vigueur du CJPM d'une « *décision même non encore définitive prononçant à l'égard d'un mineur une mesure éducative, une dispense de mesure éducative ou une déclaration de réussite éducative* » ;
- **Composition pénale** dont l'exécution a été constatée par le procureur de la République (sur décision expresse dans les cas concernés) ;
- **Décision d'irresponsabilité pénale pour cause de trouble mental** (C. pén., art. 122-1, al. 1, mod. par L. no 2008-174, 25 févr. 2008), sur la décision expresse du procureur de la République dans les cas concernés ;
- **Mise en examen**, jusqu'à sa cessation ou sa mainlevée (C. pr. pén., art. 706-53-4), si le juge d'instruction ordonne l'inscription au fichier en matière délictuelle, de plein droit en matière criminelle sauf dispense motivée. Avant L. no 2020-936, 30 juill. 2020, modifiant C. pr. pén., art. 705-53-2 5°, cette inscription était subordonnée, tant en matière délictuelle que criminelle, au placement sous contrôle judiciaire ou sous ARSE et à la décision du juge d'instruction. « *L'objectif de ces modifications est de rendre plus fréquente*

l'inscription des personnes mises en examen dans le Fijais, sans attendre leur condamnation définitive, afin que, grâce à la consultation de ce fichier par les administrations et organismes habilités, ces personnes ne puissent exercer des fonctions professionnelles ou sociales les mettant en relation avec des mineurs » (Circ. Crim. 2020-17-H2, 3 août 2020, NOR : JUSD2020619C, n° 1.4). ;

• **Décision étrangère de même nature que celles ci-dessus**, si elle a fait l'objet d'un avis aux autorités françaises ou que la sanction a été exécutée en France.

B. Les faits antérieurs au 10 mars 2004 mais ayant fait l'objet d'une décision postérieure

Tout auteur d'une infraction sexuelle commise avant la date de publication de la loi au *Journal officiel*, laquelle est intervenue le 10 mars 2004, mais ayant, après cette date, fait l'objet d'une des décisions ci-dessus, est inscrit au Fijais (L. n° 2004-204, 9 mars 2004, art. 216 I).

13.34 L'inscription au Fijais des personnes condamnées avant le 10 mars 2004

A. L'inscription des délinquants sexuels exécutant leur peine privative de liberté au 9 mars 2004

Tout condamné exécutant, avant le 10 mars 2004 (date de publication de la loi au *Journal officiel*), une peine privative de liberté pour infraction sexuelle, est inscrit au fichier (L. n° 2004-204, 9 mars 2004, art. 216 I), sauf si l'infraction est un délit passible d'une peine $\leqslant$ 5 ans, puisque l'inscription n'aura pu, dans un tel cas, être expressément ordonnée par la juridiction (v. C. pr. pén., art. 706-53-2). Le gestionnaire du Fijais est autorisé à obtenir du fichier national des personnes incarcérées (FNPI) la liste des détenus concernés (D. n° 2005-627, 30 mai 2005, art. 11). Sauf décision contraire du tribunal de l'application des peines saisi par le procureur de la République, ces personnes ne sont pas soumises à l'obligation de présentation semestrielle applicable en cas de crime ou de délit passible de 10 ans d'emprisonnement (L. n° 2004-204, 9 mars 2004, art. 216 I).

B. L'inscription des personnes dont la condamnation pour crime sexuel figure au casier judiciaire au 10 mars 2004

Les personnes condamnées pour des infractions sexuelles de nature criminelle mentionnées au casier judiciaire au 10 mars 2004 sont inscrites au Fijais. Ces condamnés ne sont toutefois pas soumis à l'obligation de présentation semestrielle applicable en cas de crime (L. n° 2004-204, 9 mars 2004, art. 216 II).

13.35 La mise en œuvre de l'inscription au Fijais

A. Les autorités judiciaires responsables de l'inscription au fichier

1. Le cas général

L'inscription est effectuée par le juge d'instruction ou son greffier s'agissant des inscriptions ordonnées à la suite d'une mise en examen (le placement sous contrôle judiciaire ou sous ARSE n'est plus une condition préalable à l'inscription par le juge d'instruction depuis L. n° 2020-936, 30 juill. 2020, v. n° **13.33A**), ou par le procureur de la République, s'agissant des autres décisions, ou, pour les avis de condamnations transmis en application de la Convention européenne d'entraide en matière pénale ou d'accords bilatéraux, par le gestionnaire du fichier (casier judiciaire national) ou le procureur de la République du lieu de détention en cas de transfèrement (C. pr. pén., art. 706-53-3 et R. 53-8-2).

« *Les parquets des juridictions de condamnation doivent enregistrer au Fijais les infractions commises antérieurement au 10/03/2004 et jugées postérieurement et assurer la notification des obligations aux personnes concernées* » (Circ. Crim. 05-15/Q, 1er juill. 2005, n° IX-A).

2. Cas des délinquants sexuels exécutant leur peine privative de liberté au 9 mars 2004

Après consultation du FNPI, la liste des personnes condamnées exécutant une peine privative de liberté au jour de la publication de la loi (10 mars 2004) est adressée par le gestionnaire de fichier aux procureurs de la République des lieux de condamnation. Ils procèdent à l'inscription dans le fichier préalablement aux opérations de vérification d'adresse et de notification qu'ils ordonnent (D. n° 2005-627, 30 mai 2005, art. 11 I).

3. Cas des personnes dont la condamnation pour crime sexuel figure au casier judiciaire au 10 mars 2004

Le Fijais est alimenté par le service du casier judiciaire national des données relatives aux personnes condamnées pour des faits de nature criminelle figurant au casier au 10/03/2004 (Circ. Crim. 05-15/Q, 1er juill. 2005, n° IX C).

« *Les procureurs généraux et les procureurs de la République de cour d'assises veilleront tout particulièrement à vérifier que l'ensemble des condamnations criminelles qui auraient dû être enregistrées au casier judiciaire au 10 mars 2004, ont bien été adressées au service du casier judiciaire national. En toute hypothèse, le reliquat devra l'être sans délai.* » (Circ. Crim. 05-15/Q, 1er juill. 2005, n° IX C).

Le dernier établissement où la personne a été le cas échéant détenue, la date prévisible de sa libération ainsi que l'adresse déclarée à sa libération, sont recueillis par le gestionnaire du fichier par la consultation automatisée du FNPI, pour être portés à la connaissance de services de police ou de gendarmerie chargés de notifier l'inscription (D. n° 2005-627, 30 mai 2005, art. 11 II).

B. Les autorités judiciaires enregistrent directement l'inscription au fichier, sous le contrôle de son gestionnaire

L'inscription est réalisée « *sans délai* » par le juge d'instruction ou son greffier ou le procureur de la République, qui enregistrent directement dans le fichier, par un moyen de télécommunication sécurisé, les informations relatives à la personne et à la décision donnant lieu à enregistrement (C. pr. pén., art. 706-53-3 et R. 53-8-6). Quand cela est possible, le casier judiciaire national vérifie l'identité de la personne concernée au vu du répertoire national d'identification (C. pr. pén., art. 706-53-3 et R. 53-8-3), il contrôle la validité des informations enregistrées et refuse ou efface les enregistrements qui ne respectent pas les exigences légales (C. pr. pén., art. R. 53-8-8).

Le juge d'instruction ou son greffier enregistrent directement les décisions de non-lieu, de cessation ou de mainlevée du contrôle judiciaire dans les procédures ayant donné lieu à enregistrement, ce qui entraîne l'effacement de la fiche correspondante (C. pr. pén., art. R. 53-8-4, R. 53-8-36, Circ. Crim. 05-15/ Q, 1er juill. 2005, n° III-C-2). Le procureur de la République ne peut procéder lui-même à l'effacement des inscriptions mais doit informer sans délai le casier judiciaire national des décisions définitives de relaxe ou d'acquittement entraînant radiation du Fijais, ou des décisions de rectification ou d'effacement (C. pr. pén., art. R. 53-8-4, R. 53-8-33, Circ. Crim. 05-15/Q, 1er juill. 2005, n° III-C-2).

13.36 La notification des obligations résultant de l'inscription au Fijais

A. Nécessité et portée de la notification

Toute personne inscrite au Fijais en est informée par l'autorité judiciaire, soit par notification à personne, soit par lettre recommandée adressée à la dernière adresse déclarée, « *soit, à défaut, par le recours à la force publique par l'OPJ, avec l'autorisation du procureur de la République* » (L. n° 2010-242, 10 mars 2010). Elle est alors informée des mesures et des obligations auxquelles elle est astreinte et des peines encourues en cas de non-respect de ces obligations (C. pr. pén., art. 706-53-6).

Dans tous les cas, il est remis à la personne, contre récépissé, ou adressé en annexe du courrier de notification, un document, dont le modèle est établi par le ministre de la Justice (Circ. Crim. 05-15/Q, 1er juill. 2005, ann. III), récapitulant les obligations et précisant les conditions selon lesquelles il doit y être satisfait (C. pr. pén., art. R. 53-8-9, D. n° 2005-627, 30 mai 2005, art. 11 III).

L'original de la notification doit être impérativement transmis au gestionnaire du fichier (Ministère de la Justice, SGFD, 107 rue du Landreau, BP 22406, 44324 NANTES CEDEX 3), par l'intermédiaire du procureur de la République si la personne est détenue (Circ. Crim. 05-15/Q, 1er juill. 2005, n° VII-A).

Le non-respect des obligations est pénalement sanctionné à l'article 706-53-6 (v. n° **25.35**), mais « *en l'absence de notification à la personne concernée de ses obligations, aucune poursuite ne pourra être engagée sur ce fondement* » (Circ. Crim. 05-15/Q, 1er juill. 2005, n° VII-D).

B. Les modalités de la notification

Tableau 21 : Modalités de notification des obligations résultant de l'inscription au Fijais

1. Faits commis depuis l'entrée en vigueur de la loi (11 mars 2004)

Nature de la décision	Autorité responsable de la notification et forme de celle-ci	
• Condamnation	• Personne présente à l'audience	• Condamné placé ou maintenu en détention pour l'affaire donnant lieu à inscription au fichier : greffe de l'établissement pénitentiaire, au moment de la sortie de l'établissement (autre qu'une permission de sortir) (C. pr. pén., art. 706-53-6, R. 53-8-9). L'établissement est informé sans délai par le procureur de la République, à l'issue de l'audience de jugement, au moyen de la feuille d'audience pénitentiaire remise à l'escorte (Circ. Crim. 05-15/Q, 1er juill. 2005, n° VII-A)
		• Condamné libre (y compris détenu pour autre cause) : président de la juridiction, greffier ou personne habilitée désignée par le président (C. pr. pén., art. R. 53-8-9)
	• Personne absente à l'audience	• Ministère public, par lettre recommandée adressée à la dernière adresse déclarée (C. pr. pén., art. R. 53-8-9) ou, sur ses instructions, par le greffe pénitentiaire, si la personne exécute une autre peine (Circ. Crim. 05-15/Q, 1er juill. 2005, ann. I, n° III-3)
• Composition pénale	• Procureur de la République ou délégué du procureur, après constat de l'exécution de la composition (la notification par voie recommandée n'est pas prévue) (C. pr. pén., art. R. 53-8-10)	
• Non-lieu, relaxe ou acquittement pour trouble mental	• Magistrat ou juridiction qui rend la décision, oralement ou par lettre recommandée avec accusé de réception (C. pr. pén., art. R. 53-8-11)	
• Contrôle judiciaire	• Juge d'instruction, même si la mesure est ordonnée par le JLD (la notification par voie recommandée n'est pas prévue) (C. pr. pén., art. R. 53-8-12)	
• Décisions étrangères	• Gestionnaire du fichier, par lettre recommandée, ou greffe pénitentiaire sur instruction du parquet du lieu d'exécution, en cas de transfèrement (Circ. Crim. 05-15/Q, 1er juill. 2005, ann. I, n° II et III-2)	

2. Faits antérieurs à l'entrée en vigueur de la loi (reprise de l'historique)

Nature de la décision	Autorité responsable de la notification et forme de celle-ci
• Condamnations postérieures au 10 mars 2004	• Procureur de la République, à la demande du gestionnaire de fichier (Circ. Crim. 05-15/Q, 1er juill. 2005, ann. I, n° I-6)
• Personnes en cours d'exécution de peine au 9 mars 2004	
• Condamnés pour crime au 10 mars 2004	• OPJ de la police et de la gendarmerie nationales, à la demande du gestionnaire du fichier (L. n° 2004-204, 9 mars 2004, art. 216 II, D. n° 2005-627, 30 mai 2005, art. 11, Circ. Crim. 05-15/Q, 1er juill. 2005, ann. I, n° IV)

13.37 Les obligations de la personne inscrite au Fijais

A. Les règles générales : l'obligation de déclarer et de justifier son adresse

La personne inscrite au Fijais est tenue de justifier de son adresse une fois par an et de déclarer ses changements d'adresse dans un délai de 15 jours au plus tard (C. pr. pén., art. 706-53-5, Circ. Crim. 05-15/Q, 1er juill. 2005, n° IV-A), soit auprès du gestionnaire du fichier (Ministère de la Justice, SGFD, 107 rue du Landreau, BP 22406, 44324 NANTES CEDEX 3), par lettre recommandée avec accusé de réception, soit auprès du commissariat de police ou de la gendarmerie de son domicile ou, pour Paris intra-muros, au service de l'exécution des décisions de justice (Sdej, antenne du contrôle pénal de la préfecture de police, 3 quai de l'Horloge, 75004 PARIS), par lettre recommandée avec accusé de réception ou en se présentant au service.

Un premier justificatif d'adresse doit être remis ou adressé dans les 15 jours de la notification des obligations, sauf si celle-ci intervient moins de deux mois avant le premier jour du mois anniversaire de la naissance (C. pr. pén., art. R. 53-8-14), ou si l'intéressé est déjà inscrit dans le fichier. Cas dans lesquels la justification annuelle d'adresse suffit.

Cette dernière doit être effectuée dans le courant du mois de la date anniversaire de la naissance, ou dans le courant du mois de janvier si le mois de naissance est ignoré (C. pr. pén., art. R. 53-8-14).

La justification et la déclaration de changement d'adresse se font au moyen de tout document en original, notamment quittance de loyer ou facture de gaz, d'électricité ou de téléphone fixe, de moins de trois mois, au nom de l'intéressé, établissant la réalité de son domicile. Le justificatif qui se rapporte au domicile d'un tiers doit être accompagné d'une attestation d'hébergement établie et signée par celui-ci (C. pr. pén., art. R. 53-8-13, Circ. Crim. 05-15/Q, 1er juill. 2005, n° IV-A).

Les agents des services de police ou des unités de gendarmerie spécialement habilités enregistrent dans le fichier les justifications d'adresse ou de changement d'adresse fournis par la personne (C. pr. pén., art. R. 53-8-6).

B. Les cas particuliers

• **Mineur.** Si l'intéressé est mineur, les formalités sont effectuées par ses représentants légaux ou les personnes auxquelles sa garde a été confiée (C. pr. pén., art. R. 53-8-21).

• **Détenu pour l'affaire à l'origine de l'inscription.** Lorsque la personne exécute une peine privative de liberté en application de la condamnation ayant entraîné son inscription au Fijais, ses obligations de justification d'adresse ou de présentation ne naissent qu'à compter de la sortie (non compris la permission de sortie, la semi-liberté ou le placement extérieur avec réintégration quotidienne de l'établissement pénitentiaire) (C. pr. pén., art. R. 53-8-19).

• **Détenu pour autre cause.** Les obligations de justification et de présentation cessent de s'appliquer pendant le temps où la personne est incarcérée (C. pr. pén., art. 706-53-5, L. n° 2010-242, 10 mars 2010).

• **Personne placée, retenue ou détenue pour autre cause.** Si la personne est placée, retenue ou détenue en application d'une décision judiciaire ou administrative (ex. : établissement pénitentiaire, centre de rétention, placement d'office en hôpital psychiatrique), la justification d'adresse peut consister en une attestation délivrée par le responsable d'établissement et adressée par ce dernier au gestionnaire du Fijais (C. pr. pén., art. R. 53-8-20).

• **Personne sans domicile fixe.** Lorsque la personne est sans domicile stable, elle doit élire domicile soit auprès d'un centre communal ou intercommunal d'action sociale, soit auprès d'un organisme agréé à cet effet (CCAS, art. L. 241-1). La justification d'adresse consiste alors dans la production de l'attestation d'élection de domicile en cours de validité établie par le centre d'action sociale ou de l'organisme agréé (C. pr. pén., art. R. 53-8-13 se substituant au C. pr. pén., art. R. 53-8-22 abrogé par le D. n° 2017-1522, 2 nov. 2017, tirant les conséquences de l'abrogation du dispositif du livret ou du carnet de circulation auquel étaient auparavant tenues les personnes sans domicile fixe).

• **Personne résidant à l'étranger.** La personne résidant à l'étranger déclare son adresse par lettre recommandée avec accusé de réception adressée au gestionnaire du Fijais. Si elle établit à nouveau sa résidence sur le territoire national, elle est tenue de se présenter pour justifier de sa nouvelle adresse dans un délai de 15 jours (C. pr. pén., art. R. 53-8-18). Les justificatifs de résidence doivent être accompagnés ou revêtus d'un visa émanant des autorités étrangères ou des postes diplomatiques ou consulaires (C. pr. pén., art. R. 53-8-18).

C. Le suivi renforcé pour les crimes ou les délits les plus graves : l'obligation de présentation semestrielle, ou mensuelle pour les récidivistes ou les personnes dangereuses

Si la personne a été condamnée pour un crime ou pour un délit puni de dix ans d'emprisonnement, elle doit justifier de son adresse une fois tous les six mois en se **présentant** auprès du commissariat ou de l'unité de gendarmerie ou du groupement de gendarmerie départemental ou de la direction départementale de la sécurité publique de son domicile ou auprès du service désigné par la préfecture de police de Paris (C. pr. pén., art. 706-53-5, R. 53-8-15).

Sur décision du tribunal ou du JAP, si la dangerosité de la personne le justifie, ou obligatoirement en cas de récidive, la présentation devant les autorités n'est pas semestrielle mais mensuelle (L. n° 2007-297, 5 mars 2007 [modifiant C. pr. pén., art. 706-53-5]).

L'obligation de présentation n'est pas applicable aux personnes condamnées avant la publication de la loi, sauf décision contraire du tribunal de l'application des peines pour celles purgeant leur peine privative de liberté à la date de cette publication (L. n° 2004-204, 9 mars 2004, art. 216).

La personne doit présenter les justificatifs décrits ci-dessus en **A** (C. pr. pén., art. R. 53-8-15), dans les 15 premiers jours du mois anniversaire de sa naissance, et dans les 15 premiers jours du sixième mois suivant. Un premier justificatif d'adresse doit être remis dans les 15 jours de la notification des obligations, sauf si celle-ci intervient moins de deux mois avant le premier jour du mois anniversaire de sa naissance (C. pr. pén., art. R. 53-8-15), cas dans lequel la justification annuelle d'adresse suffit.

La présentation tous les six mois ne dispense pas de déclarer les éventuels changements d'adresse dans les 15 jours (C. pr. pén., art. R. 53-8-17).

Dans le régime de la présentation mensuelle, la personne doit se présenter dans les quinze premiers jours de chaque mois (C pr. pén., art. R. 53-8-15, D. n° 2008-1023, 6 oct. 2008).

L'obligation de présentation est suspendue pour les personnes résidant à l'étranger (C. pr. pén., art. R. 53-8-18). Elle cesse également pendant le temps où la personne est incarcérée (C. pr. pén., art. 706-53-6).

Le procureur de la République, à la demande de la personne formée par déclaration au greffe ou par lettre recommandée avec avis de réception, peut ordonner qu'elle ne sera tenue de se présenter qu'une fois par an devant les services de police ou de gendarmerie, ou, lorsqu'elle est astreinte à une présentation mensuelle, une fois tous les six mois (C. pr. pén., art. 706-53-10, R. 53-8-27).

D. La sanction du non-respect des obligations – renvoi (v. nº 25.65)

13.38 La surveillance de la personne inscrite au Fijais

A. L'automatisation des alertes et des mises à jour entre le gestionnaire du fichier et les services de police ou de gendarmerie

Le gestionnaire du fichier avise directement et quotidiennement le ministère de l'Intérieur, qui transmet sans délai l'information aux services de police ou de gendarmerie compétents, des inscriptions au fichier, des changements d'adresse et des défauts de justification d'adresse dans les délais requis (C. pr. pén., art. 706-53-8, R. 53-8-26).

L'avis est établi après consultation automatisée du fichier national des personnes incarcérées (FNPI) et précise le cas échéant le lieu de détention, l'adresse déclarée à la sortie et la date prévisible de libération (C. pr. pén., art. R. 53-8-26).

Les services de police peuvent procéder à toutes vérifications utiles et toutes réquisitions auprès des administrations publiques pour vérifier ou retrouver l'adresse de la personne (C. pr. pén., art. 706-53-8).

Lorsqu'ils ont connaissance d'une nouvelle adresse, les OPJ enregistrent sans délai cette information dans le fichier (C. pr. pén., art. 706-53-3). Les agents spécialement habilités enregistrent dans le fichier les justifications d'adresse ou de changement d'adresse dont ils ont eu connaissance à la suite de leurs vérifications ou recherches (C. pr. pén., art. R. 53-8-6).

Dans les cas mentionnés au C. pr. pén., art. 706-53-8, la personne est inscrite au FPR (C. pr. pén., art. 230-19 16°, L. nº 2015-912, 24 juill. 2015, sur l'inscription au FPR, v. nº 13.17B6).

B. Le traitement des incidents

« *En cas de défaut de justification d'adresse, le service local alerté devra en accuser réception et renseigner l'écran de justification du Fijais après vérification concrète et sans délai de la situation de la personne concernée* » (Circ. Crim. 05-15/Q, 1er juill. 2005, nº VIII).

S'il apparaît qu'elle ne se trouve plus à l'adresse indiquée, l'OPJ en informe le procureur de la République qui la fait inscrire au FPR (C. pr. pén., art. 706-53-8).

« *Si à l'occasion des vérifications auxquelles la police et la gendarmerie sont appelées à procéder en application de l'article 706-53-8 du code de procédure pénale ou à l'occasion de toute autre investigation, il apparaît que la personne inscrite ne se trouve plus à l'adresse indiquée, le procureur de la République doit la faire inscrire dans le FPR. Les services de police et les unités de gendarmerie, qui constatent qu'une personne inscrite au fichier ne respecte pas ses obligations, doivent donc impérativement établir une procédure afin de saisir le procureur de la République compétent pour lui permettre de procéder à l'inscription de l'intéressé au FPR et d'apprécier l'exercice de l'action publique sur le fondement de l'article 706-53-5* » (v. l'infraction au nº 25.65) (Circ. Crim. 05-15/Q, 1er juill. 2005, nº VII-D).

C. La surveillance des professions impliquant un contact avec les mineurs

Les informations contenues dans le fichier sont directement accessibles, par l'intermédiaire d'un système de télécommunication sécurisé, aux préfets et aux agents de préfecture spécialement habilités à cette fin, pour les décisions administratives de recrutement, d'affectation, d'autorisation, d'agrément ou d'habilitation concernant des activités ou professions impliquant un contact avec des mineurs ainsi que pour le contrôle de l'exercice de ces activités ou professions. Il en est de même pour les responsables de gestion des ressources humaines ou les Directions de l'éducation nationale, de la protection judiciaire de la jeunesse, de l'administration pénitentiaire, des affaires sanitaires et sociales, de la jeunesse et des sports, du travail et de l'emploi (C. pr. pén., art. R. 58-8-24, mod. par D. n° 2008-1023, 6 oct. 2008). Le fichier est également accessible aux agents des greffes spécialement habilités par les chefs d'établissement pénitentiaire (C. pr. pén., art. 706-53-7, mod. par L. n° 2010-242, 10 mars 2010). Ils ne peuvent consulter le fichier qu'à partir de l'identité de la personne concernée par la demande d'agrément (C. pr. pén., art. 706-53-7, R. 53-8-24). Aux mêmes fins, les maires, les « *présidents d'établissements publics de coopération intercommunale* » (ajouté par L. n° 2018-703, 3 août 2018), les présidents de conseil général et les présidents de conseil régional sont également destinataires, par l'intermédiaire des préfets, des informations contenues dans le fichier (C. pr. pén., art. 706-53-7, mod. par L. n° 2008-174, 25 févr. 2008).

13.39 La durée de la surveillance, l'effacement des inscriptions au Fijais

A. La durée de l'inscription au Fijais

Hors les cas de cessation du contrôle judiciaire ou de décision définitive de non-lieu dans le cadre d'une information judiciaire, ou de relaxe ou d'acquittement rendu après une condamnation non définitive, qui entraînent l'effacement du fichier (C. pr. pén., art. 706-53-4, R. 53-8-4, R. 53-8-35, R. 53-8-36), l'inscription au Fijais est effacée, à la diligence du gestionnaire du fichier, à l'expiration d'un délai de 30 ans pour les crimes ou délits passibles de 10 ans d'emprisonnement, ou, dans les autres cas, de 20 ans pour les majeurs et de 10 ans pour les mineurs (C. pr. pén., art. 706-53-4, mod par L. n° 2016-731, 3 juin 2016, R. 53-8-35).

Le point de départ du délai est le jour ~~où l'ensemble des décisions enregistrées ont cessé de produire tout effet~~ « *du prononcé de la décision* » (L. n° 2016-731, 3 juin 2016, rédaction applicable depuis le 1er juin 2017). Toutefois, lorsque la personne exécute une peine privative de liberté sans sursis en application de la condamnation entraînant l'inscription, le délai ne commence à courir qu'à compter de sa libération (L. n° 2016-731, 3 juin 2016).

L'amnistie, la réhabilitation, ou « *les règles propres à l'effacement des condamnations figurant au casier judiciaire* », n'entraînent pas l'effacement de l'inscription (C. pr. pén., art. 706-53-4).

B. L'effacement du Fijais à la demande de la personne concernée

Toute personne justifiant de son identité obtient, sur demande adressée au procureur de la République de son lieu de résidence, communication de l'intégralité des informations la concernant figurant dans le fichier, aucune copie de ce relevé intégral ne peut être délivrée (C. pr. pén., art. 706-53-9, 777-2).

Par lettre recommandée avec accusé de réception ou par déclaration au greffe (à peine d'irrecevabilité, C. pr. pén., art. R. 53-8-27 s.), la personne peut demander au procureur de la République de la juridiction où ont été exercées les poursuites, ou en cas de refus ou de non-réponse du parquet dans les deux mois (C. pr. pén., art. R. 53-8-28), au président de la CHINS (la L. n° 2020-1672, 24 déc. 2020, a supprimé le recours de premier niveau exercé devant le JLD contre les décisions du procureur de la République), de rectifier ou d'ordonner l'effacement des informations si celles-ci ne sont pas exactes ou si leur conservation n'apparaît plus nécessaire compte tenu de la finalité du fichier, de la nature de l'infraction, de l'âge de la personne lors des faits, du temps écoulé depuis lors et de sa personnalité actuelle. La demande est toutefois irrecevable tant que les mentions concernées subsistent au bulletin n° 1 du casier judiciaire ou sont relatives à une procédure judiciaire en cours (C. pr. pén., art. 706-53-10). Avant de statuer, le procureur de la République, le JLD ou le président de la CHINS peuvent faire procéder à toutes vérifications nécessaires et ordonner une expertise médicale. Une décision d'effacement ne peut intervenir sans expertise préalable en cas de crime ou de délit passible de 10 ans d'emprisonnement commis contre un mineur (C. pr. pén., art. 706-53-10). Le procureur de la République informe le gestionnaire du Fijais de la décision d'effacement (C. pr. pén., art. R. 53-8-33).

Le défaut de réponse dans le délai de deux mois à une demande d'effacement effectuée par LRAR ou déclaration au greffe auprès du JLD (dans l'hypothèse donc où le parquet n'a pas répondu dans les deux mois) équivaut à une décision implicite de rejet contre laquelle un recours peut être exercé devant la CHINS (combinaison C. pr. pén., art. 706-53-10, R. 53-8-28 et 802-1 issu de L. n° 2016-731, 3 juin 2016 ; Circ. Crim. 2016-03/H, 17 juin 2016, JUSD1616979C n° 10).

13.40 Le fichier judiciaire national automatisé des auteurs d'infractions terroristes (Fijait) (C. pr. pén., art. 706-25-3, L. n° 2015-912, 24 juill. 2015)

A. Les finalités et le domaine du fichier

Le fichier judiciaire national automatisé des auteurs d'infractions terroristes, créé par L. n° 2015-912, 24 juill. 2015, est une application automatisée d'informations nominatives tenue par le service du casier judiciaire national sous le contrôle du magistrat qui le dirige (C. pr. pén., art. 706-25-4, R. 50-30). Le dispositif a été jugé conforme à la Constitution en ce que l'atteinte à l'exercice de la liberté d'aller et de venir qui résulte de l'inscription au fichier est regardée comme nécessaire, adaptée et proportionnée à l'objectif, poursuivi par le législateur à titre de mesure de sûreté, de lutte contre le terrorisme en prévenant le renouvellement des infractions et en facilitant l'identification de leurs auteurs (Cons. const. 7 oct. 2021, n° 2021-936 QPC).

Les modalités d'application de ces dispositions sont fixées par le décret n° 2015-1840, 29 déc. 2015 codifié au C. pr. pén., art. R. 50-30 à R. 50-68.

Le fichier reçoit les informations relatives à l'identité et à l'adresse des **personnes condamnées** pour des infractions constituant des actes de terrorisme (C. pén., art. 421-1 à 421-6) (v. n^{os} **23.23A** et **23.25**), y compris l'infraction de projet terroriste individuel prévue par C. pén., art. 421-2-6 (v. n° **23.26**).

Depuis L. n° 2021-1109, 24 août 2021 modifiant C. pr. pén., art. 706-25-4, donnent également lieu à inscription au Fijait les infractions de provocation au terrorisme ou son apologie (C. pén., art. 421-2-5, v. n° **35.24**) et d'entrave aux mesures de blocage d'un site faisant cette apologie (C. pén., art. 421-2-5-1, v. n° **35.25**).

Y sont également inscrites les personnes condamnées pour l'infraction de non-respect d'une interdiction de sortie du territoire prononcée contre un français en cas d'activité terroriste présumée, prévue par CSI, art. L. 224-1 (v. n° **23.28**) (C. pr. pén., art. 706-25-4), ainsi que, depuis L. n° 2017-258, 28 févr. 2017, pour non-respect des obligations prises par le ministre de l'intérieur en cas de retour présumé de théâtre d'opérations (CSI, art. L. 225-7, v. n° **23.28**).

Les **personnes mises en examen** pour les infractions qui précèdent sont également inscrites au Fijait. Depuis, L. n° 2021-1109, 24 août 2021 modifiant C. pr. pén., art. 706-25-4, cette inscription qui résultait auparavant d'une décision du juge d'instruction laissée à sa discrétion, s'opère désormais de plein droit.

Depuis L. n° 2021-1109, 24 août 2021, les personnes condamnées sont inscrites de plein droit au Fijait, sauf décision contraire et spécialement motivée de la juridiction, elles ne l'étaient auparavant que sur décision expresse de la juridiction (C. pr. pén., art. 706-25-4 mod. par L. n° 2021-1109, 24 août 2021). En sont exclus les mineurs de moins de 13 ans, les mineurs de 13 à 18 ans n'y sont inscrits que sur décision expresse de la juridiction (C. pr. pén., art. 706-25-4).

Sont également enregistrés de plein droit (depuis L. nº 2021-1109, 24 août 2021, auparavant sur décision du ministère public), les décisions d'irresponsabilité pénale pour cause de trouble mental, sauf décision contraire et motivée de la juridiction, ainsi que les décisions étrangères ayant fait l'objet d'un avis aux autorités françaises ou exécutées en France, sauf décision contraire et motivée du procureur de la République (C. pr. pén., art. 706-25-4).

Les enregistrements dans le fichier sont effectués selon les cas par le procureur de la République ou le juge d'instruction (C. pr. pén., art. R. 50-31), en ce compris les décisions de relaxe ou d'acquittement ou de non-lieu (C. pr. pén., art. R. 50-33).

Toute personne inscrite au Fijait en est informée par l'autorité judiciaire, soit par notification à sa personne par le juge d'instruction, le président de la juridiction ou son greffier, ou par LRAR ou à défaut, en ayant recours à la force publique, par OPJ sur autorisation du parquet, ou par le greffe de l'établissement pénitentiaire sur instruction de ce dernier (C. pr. pén., art. 706-25-3, R. 50-38 et R. 50-40).

Dans tous les cas, un document récapitulant ses obligations est remis à la personne contre récépissé (C. pr. pén., art. R. 50-38).

Si la personne est mineure, le parquet avise les titulaires de l'autorité parentale ou ses gardiens (C. pr. pén., art. R. 50-38).

B. La durée de l'inscription au fichier et les obligations pesant sur la personne inscrite

1. La durée d'inscription au Fijait

L'inscription au fichier obéit à une double durée. La première est celle durant laquelle la personne est astreinte à des obligations, pénalement sanctionnées, de déclaration périodique de son adresse (C. pr. pén., art. 706-25-7). La seconde, qui peut être plus longue, est celle durant laquelle l'intéressé n'est plus soumis à ces obligations mais où les données relatives à la personne et à la condamnation restent conservées au fichier.

Ces durées sont résumées dans le tableau suivant :

Tableau 22 : Durée de l'inscription au Fijait

	Durée des obligations (C. pr. pén., art. 706-25-7)	
	• Mineur	• Majeur
• Infractions de terrorisme	5 ans	10 ans
• ~~Infractions prévues par CSI, art. L. 224-1 et L. 225-7~~ (suppression des obligations depuis L. nº 2021-1109, 24 août 2021)	~~3 ans~~	~~5 ans~~
	Durée de conservation des données (C. pr. pén., art. 706-25-6)	
• Infractions de terrorisme	10 ans	20 ans
• Infractions d'apologie du terrorisme prévues par C. pén., art. 421-2-5 et 421-2-5-1 (depuis L. nº 2021-1109, 24 août 2021) • Infractions prévues par CSI, art. L. 224-1 et L. 225-7	3 ans	5 ans

Mentionnons que depuis L. nº 2021-1109, 24 août 2021, les obligations de justification et de déclaration d'adresse ont été supprimées pour les infractions prévues par CSI, art. L. 224-1 et L. 225-7 ; les infractions d'apologie du terrorisme prévues par C. pén., art. 421-2-5 et 421-2-5-1 qui relèvent depuis L. nº 2021-1109, 24 août 2021 de l'inscription au Fijait, ont également été exemptées de ces obligations (C. pr. pén., art. 706-25-7 mod. par L. nº 2021-1109, 24 août 2021).

Ces délais commencent à courir à compter du prononcé de la décision ou de la libération si la personne exécute une peine privative de liberté sans sursis en exécution de la condamnation entraînant l'inscription (C. pr. pén., art. 706-25-6 et 706-25-7, mod. L. n° 2016-731, 3 juin 2016).

2. Les obligations résultant de l'inscription au Fijait et leur sanction

La personne enregistrée au fichier est astreinte, à titre de mesure de sûreté, à justifier de son adresse, une première fois dans les 15 jours de la notification, puis tous les trois mois, à déclarer ses changements d'adresse au plus tard dans les 15 jours, ainsi que tout déplacement à l'étranger au plus tard dans les 15 jours qui précèdent le déplacement. Si elle réside à l'étranger, elle doit déclarer ses déplacements en France au plus tard 15 jours avant le déplacement (C. pr. pén., art. 706-25-7). Si elle est mineure, les déclarations d'adresse sont effectuées par les représentants légaux ou gardiens (C. pr. pén., art. R. 50-49). « *Le texte ne distingue pas en revanche les mineurs des majeurs s'agissant de l'obligation de déclarer les déplacements transfrontaliers : le mineur devra donc se rendre dans le service compétent pour y déclarer un tel déplacement et sera utilement accompagné pour ce faire par ses représentants légaux* » (Circ. Crim. 2016/07/Q, 30 juin 2016, n° VI.2.1.2).

Les adresses et déplacements transfrontaliers sont enregistrés dans le fichier par des agents habilités des services de police ou de gendarmerie ou du ministère des affaires étrangères (C. pr. pén., art. R. 50-35).

Pendant toute la durée de ses obligations, la personne est également inscrite au FPR (C. pr. pén., art. 230-19 15°, 706-25-7, L. n° 2015-912, 24 juill. 2015, R. 50-43, sur l'inscription au FPR, v. n° **13.17B6**).

Le gestionnaire du fichier avise quotidiennement le ministère de l'intérieur des défauts de justification d'adresse ou des déclarations de déplacement transfrontaliers (C. pr. pén., art. 706-25-10, R. 50-46 et R. 50-54).

Le non-respect de ses obligations par la personne inscrite au fichier est passible de 2 ans d'emprisonnement et de 30 000 € d'amende (C. pr. pén., art. 706-25-7) (v. n° **25.66**). La tentative de déplacement à l'étranger sans déclaration préalable est passible des mêmes peines. Ces dispositions ne sont toutefois pas applicables aux personnes inscrites au Fijait pour les infractions prévues par CSI, art. L. 224-1 et L. 225-7 et les infractions d'apologie du terrorisme prévues par C. pén., art. 421-2-5 et 421-2-5-1 (C. pr. pén., art. 706-25-7 mod. par L. n° 2021-1109, 24 août 2021).

3. L'effacement anticipé des informations du Fijait

La personne inscrite au fichier peut selon les cas demander au procureur de la République ou au juge d'instruction l'effacement des informations du fichier si « *les informations ne sont pas exactes ou si leur conservation n'apparaît plus nécessaire compte tenu de la finalité du fichier, au regard de la nature de l'infraction, de l'âge de la personne lors de sa commission, du temps écoulé depuis lors et de la personnalité actuelle de l'intéressé* ». Avant de statuer, les autorités judiciaires saisies peuvent faire procéder à toutes vérifications nécessaires. En cas de refus, ou si le parquet saisi n'a pas statué dans les 3 mois, la personne peut dans les 10 jours saisir aux mêmes fins le président de la CHINS (C. pr. pén., art. 706-25-12 et R. 50-55 à R. 50-62) (notons que la L. n° 2020-1672, 24 déc. 2020, a mis fin au recours de premier niveau auparavant exercé devant le JLD contre les décisions du procureur de la République).

« *En raison de cette procédure spécifique, on notera qu'aucun relèvement n'est donc possible à l'audience ou ultérieurement sur requête basée sur l'article 702-1 du code de procédure pénale. Le ministère public devra donc veiller au respect de cette impossibilité juridique* » (Circ. Crim. 2016/07/Q, 30 juin 2016, n° VI.2.2).

C. Application de la loi dans le temps et prise en compte des condamnations antérieures à L. n° 2015-912, 24 juill. 2015

L'inscription au fichier est applicable à toute personne condamnée après la date d'entrée en vigueur de L. n° 2015-912, 24 juill. 2015 (*JO* 26 juill.), même si les faits ont été commis avant cette date (C. pr. pén., art. 706-25-14 II A).

Sur décision du procureur de la République, l'inscription est également applicable aux personnes qui exécutent une peine privative de liberté à cette même date d'entrée en vigueur (C. pr. pén., art. 706-25-14 II A).

Le procureur de la République peut également décider d'inscrire dans le fichier les mentions relatives aux personnes condamnées pour des infractions terroristes, si les délais de conservation des informations, à compter de la décision, ne sont pas expirés (C. pr. pén., art. 706-25-14 II B).

« *l'inscription au Fijait est une mesure de sûreté selon C. pr. pén., art. 706-25-7 et ne saurait s'analyser en une peine au sens de Conv. EDH, art. 7, en sorte que, ne ressortissant pas à la matière pénale au sens de l'article 6 de ladite Convention, s'inscrirait-elle dans le contexte d'une instance pénale, elle n'est soumise ni au principe du contradictoire ni au principe de non-rétroactivité de la loi pénale.* » (Crim. 21 avr. 2020, n° 19-83.495, D).

13.41 La centralisation des données de personnalité des délinquants dangereux : le fichier Redex (C. pr. pén., art. 706-56-2)

La loi n° 2010-42 du 10 mars 2010 a institué le fichier répertoire des données à caractère personnel collectées dans le cadre des procédures judiciaires (C. pr. pén., art. 706-56-2), dit répertoire des expertises ou Redex.

Ce fichier tenu par le service du casier judiciaire du ministère de la Justice est placé sous le contrôle d'un magistrat.

Il est destiné à faciliter et à fiabiliser la connaissance de la personnalité et l'évaluation de la dangerosité des personnes poursuivies ou condamnées, ou ayant fait l'objet d'une déclaration d'irresponsabilité pénale ou d'une décision de classement sans suite fondée sur l'état mental du mis en cause (sur ce point, v. n° **14.28F**), pour l'une des infractions pour lesquelles **le suivi socio-judiciaire est encouru** (v. n° **18.31**), et à prévenir le renouvellement de ces infractions.

Il centralise à cet effet les expertises, évaluations et examens psychiatriques, médico-psychologiques, psychologiques et pluridisciplinaires réalisés au cours de l'enquête, de l'instruction, du jugement ou de l'exécution de la peine, ou dans le déroulement d'une mesure d'hospitalisation sous contrainte prononcée par une juridiction dans le cadre d'une déclaration d'irresponsabilité pénale (v. n° **14.28F5**).

La conservation des données ne peut excéder trente ans.

Ces données ne sont accessibles qu'aux autorités judiciaires.

Les dispositions d'application, issues du D. n° 2016-1338, 7 oct. 2016, prévoyant l'ouverture du fichier le 1er mars 2018 (art. 6), sont codifiées aux articles R. 53-21-1 s. du C. pr. pén.

Les infractions nécessitant l'alimentation du fichier Redex sont signalées au fil de l'ouvrage, en lien avec la peine de suivi socio-judiciaire encourue qui conditionne la mise en œuvre de ce dispositif.

14. Éléments de médecine et de psychologie légales

14.1 Médecine légale – Avertissement – Bibliographie

Ce chapitre ne prétend pas couvrir de manière exhaustive le champ de la médecine légale. Il est renvoyé sur ce point aux ouvrages spécialisés, notamment ceux recommandés ci-dessous en bibliographie indicative. Il tend à donner un éclairage utile au juriste et praticien sur certains aspects les plus courants de la médecine légale et sur son contexte procédural et normatif. À cet égard, il est fait de larges références à la recommandation nº R (99)3 du 2 févr. 1999 du conseil de l'Europe, relative à l'harmonisation des règles en matière d'autopsie médico-légale.

Bibliographie indicative.

> Ouvrages français

Baccino E., *Médecine légale clinique,* Elsevier Masson, 2015.

Geoffroy Lorin de la Grandmaison G., *Le guide des enquêtes décès,* Eska, Paris, 2011.

Lecomte-Bonnet D., Nicolas G-F., *Guide pratique de thanatologie médico-légale à l'usage des professions judiciaires,* Léopard d'or, 1996.

Legry M., *Guide de la levée des corps et de la rédaction du certificat de décès : par le médecin généraliste,* Broché, 2018.

Miras A., Fanton L., Tilhet-Coartet S., Malicier D., *La levée de corps médico-légale,* Eska – Lacassagne, Paris, 2000.

> Ouvrages étrangers

Beauthier J.-P., *Traité de médecine légale et criminalistique,* 3e éd., De Boeck, 2022.

Bell S., *Forensic science, an introduction to scientific and investigative techniques,* 5th ed., CRC Press, Taylor & Francis Group, 2019.

Di Maio D., Di Maio V. J. M., *Forensic pathology,* 2nd ed., CRC Press, Taylor & Francis Group, 2001.

Di Maio V. J. M., Dana S., *Handbook of forensic pathology,* 2nd ed., CRC Press, Taylor & Francis Group, 2006.

Houck M., Siegel J., *Fundamentals of forensic science,* 3rd ed., Academic press, 2015.

Swanson C. R., Chamelin N. C, Territo L., Taylor R. W., *Criminal investigation,* 13th ed., McGraw-Hill College, 2022.

14.2 La mutilation, l'infirmité permanente et l'incapacité totale de travail (ITT) de la victime

A. La portée de la distinction

1. La nature du dommage corporel, élément constitutif des infractions d'atteintes volontaires et involontaires à l'intégrité de la personne

La mort (v. nº 14.3), la mutilation, l'infirmité permanente ou l'incapacité totale de travail (ITT) de la victime (v. B et C ci-dessous) sont des éléments constitutifs des infractions d'atteintes à l'intégrité physique d'autrui.

Ces notions pénales trouvent leur versant civil dans la nomenclature des préjudices corporels qui permet d'individualiser les différents postes de préjudice ouvrant droit à réparation (sur cette nomenclature, v. nº 16.17).

Le *quantum* des peines encourues par l'auteur et, par voie de conséquence, la nature criminelle, délictuelle ou contraventionnelle des infractions d'**atteintes volontaires à l'intégrité physique de la personne**, dépendent en effet du degré de gravité du résultat produit par les violences, selon que les faits incriminés ont entraîné la mort de la victime (C. pén., art. 222-7) ; « ***une mutilation ou une infirmité permanente*** » (C. pén., art. 222-9) ; ou une ITT dont l'absence ou la durée détermine la peine encourue (ex. C. pén., art. 222-11 en cas d'ITT > 8 jours (v. n° 20.21) ; R. 625-1 en cas d'ITT ⩽ 8 jours (v. n° 20.23) ; R. 624-1 en l'absence d'ITT (v. n° 20.24)). L'infraction **d'administration de substance nuisible** (C. pén., art. 222-15) emprunte pour sa part aux incriminations de violences volontaires les mêmes qualifications et peines applicables en fonction de l'atteinte corporelle subie par la victime : mort (v. n° 20.38), mutilation ou infirmité permanente (v. n° 20.40), ITT > 8 jours (v. n° 20.42), ITT ⩽ 8 jours ou absence d'ITT (v. n° 20.44).

La mort et l'ITT sont également des éléments constitutifs des infractions d'**atteintes involontaires à l'intégrité physique de la personne,** lesquelles ne renvoient pas, à la différence des violences volontaires, aux notions de mutilation ou d'infirmité permanente. Le *quantum* de peines applicables et la nature délictuelle ou contraventionnelle de l'infraction sont dans ce cas déterminés en fonction du résultat produit par l'action, qu'il s'agisse de la mort (homicide involontaire, notamment C. pén., art. 221-6, parmi d'autres homicides involontaires dits spéciaux, v. n° 20.60) ou de la durée de l'ITT subie par la victime : ITT > 3 mois (C. pén., art. 222-19, v. n° 20.64) ; ITT ⩽ 3 mois (C. pén., art. 222-20, v. n° 20.66) ; ou absence d'ITT (C. pén., art. R. 625-3, v. n° 20.70).

Enfin, la mort, la mutilation de la victime ou son infirmité permanente constituent des **circonstances aggravantes d'infractions contre les personnes** telles que le délaissement d'une personne hors d'état de se protéger (C. pén., art. 223-4, v. n° 21.18), la commission de tortures ou d'actes de barbarie (C. pén., art. 222-5 et 226-6, v. n°s 20.12 et 20.13) et, de viol (C. pén., art. 222-24 et 222-26, v. n° 20.74 et 20.76) ainsi que d'enlèvement ou de séquestration (C. pén., art. 224-2, v. n° 20.98) ; ou des **circonstances aggravantes d'infractions contre les biens** telles que le vol (C. pén., art. 311-7 et 311-9, v. n° 22.6 s.) ou l'extorsion (C. pén., art. 312-4, v. n° 22.15).

Le délit de risques causés à autrui (mise en danger de la personne) renvoie également à ces trois notions, en l'espèce l'exposition à « *un risque immédiat de mort ou de blessures de nature à entraîner une mutilation ou une infirmité permanente* » (C. pén., art. 223-1, v. n° 20.59).

Si la caractérisation de la mort ne pose pas en général de problème de frontières (sur la définition de la mort en médecine légale, v. n° 14.3), les notions de mutilation, d'infirmité permanente ou d'ITT au sens pénal ne sont pas définies par la loi et ont donc été progressivement déterminées par la jurisprudence de la Ch. crim., selon les critères exposés plus bas. Si la Ch. crim. laisse ces notions à l'appréciation souveraine des juridictions du fond, elle n'en exerce pas moins un contrôle de la cohérence et de la suffisance de la motivation de leurs décisions en vérifiant, s'agissant notamment des arrêts de mise en accusation, si la qualification des faits, à les supposer établis, « *justifie la saisine de la juridiction de jugement* ».

Précisons que lorsqu'une même action cause à la fois des atteintes corporelles délictuelles et contraventionnelles sur différentes victimes, la condamnation pour chacune des qualifications en concours ne heurte pas le principe *non bis in idem*. En effet, « *les déclarations de culpabilité des délits et contraventions de blessures involontaires ne sont pas exclusives l'une de l'autre ; par ailleurs, aucune des qualifications telles qu'elles résultent des textes d'incrimination ne correspond à un élément constitutif ou à une circonstance aggravante de l'autre et aucune de ces qualifications n'incrimine une modalité particulière de l'action répréhensible sanctionnée par l'autre infraction* » (§ 10) (Crim. 15 févr. 2022, n° 20-81.450, P) (sur l'application de la règle *non bis in idem* en cas d'infractions en concours, Crim. 15 déc. 2021, n° 21-81.864, P, v. n° 17.32B2).

2. La caractérisation du dommage corporel : consommation de l'infraction et point de départ du délai de prescription de l'action publique

« *le délit de blessures involontaires n'est caractérisé qu'au jour ou existe l'incapacité, élément constitutif de l'infraction* », par voie de conséquence le point de départ de la prescription (sur les modalités de calcul du délai de prescription, v. n° **17.19E**), s'agissant d'une ITT de plus de trois mois, débute à l'expiration de ce délai (Crim. 22 oct. 1979, n° 77-93.117, P n° 291 ; dans le même sens : Crim. 3 juin 2008, n°s 07-80.240, 07-80.241, P n° 137 ; Crim. 4 déc. 1990, n° 90-81.772, P n° 413). Il en est de même pour le délit d'homicide involontaire, qui « *n'est caractérisé qu'au jour du décès de la victime, élément constitutif de l'infraction* » (Crim. 4 déc. 1990, n° 90-81.772, P n° 413). Un laps de temps important, voire supérieur à la prescription de l'action publique, peut donc séparer le fait générateur (action volontaire ou faute d'imprudence ou de négligence) et la consommation de l'infraction. Précisons que le point de départ de la prescription est cantonné à la date à laquelle la durée de l'ITT a atteint le seuil incriminé par la loi et que ce point de départ n'est pas repoussé jusqu'à la fin effective de l'ITT ni par sa continuation au-delà de la période prévue par la loi (Crim. 3 juin 2008, n°s 07-80.240, 07-80.241, préc.).

Ces jurisprudences sont transposables à la date à laquelle la mutilation ou l'infirmité permanente a pu être caractérisée.

L'infraction est constituée « *sans que soit exigée la preuve d'un lien de causalité direct et immédiat entre les violences et la maladie ou l'incapacité de travail* » (Crim. 27 févr. 1992, n° 91-84.621, P. n° 92 ; dans le même sens : Crim. 28 avr. 1981, n° 80-91.396, P n° 129). Ainsi, l'ablation d'un organe consécutive aux soins médicaux apportés à la victime d'une atteinte volontaire ou involontaire à son intégrité physique, qui n'est ni directement ni immédiatement causée par l'auteur, lui est néanmoins imputable et consomme l'infraction.

3. La preuve du dommage corporel : le certificat médical ou l'expertise

En application du principe de liberté de la preuve en matière pénale, la preuve de la nature du dommage corporel est libre (sur la liberté de la preuve en matière pénale, v. n° **17.28C**). Une durée d'ITT peut ainsi se déduire d'une durée d'hospitalisation, d'un arrêt de travail ou de la nature connue des lésions. La preuve est en pratique administrée au moyen d'un certificat médical, produit soit par la victime, soit par un médecin requis par l'enquêteur en qualité de personne qualifiée sur le fondement de C. pr. pén., art. 60 dans l'enquête de flagrance ou C. pr. pén., art. 77-1 dans l'enquête préliminaire (sur les réquisitions à personne qualifiée, v. n° **11.49**), soit par un expert commis par le juge d'instruction ou la CHINS (C. pr. pén., art. 156 s) (sur l'expertise dans le cadre de l'instruction, v. n° **11.50** s.) ou par la juridiction de jugement en cas de supplément d'information (sur le supplément d'information au stade du jugement, v. n° **17.31**).

Selon les précisions apportées au n° **14.7B**, la médecine légale du vivant (notamment examen de victime) est assurée au niveau départemental, pour ce qui concerne les opérations accomplies sur réquisition judiciaire, par les UMJ (unités médico judiciaire), en application de la circulaire conjointe du ministère de la Justice, de l'Intérieur, et du Travail, de l'Emploi et de la Santé du 27 déc. 2010, complétée par circulaire du 25 avr. 2012.

La victime de violences est avisée par l'enquêteur de son droit de se voir remettre le certificat d'examen médical constatant son état de santé lorsque cet examen a été requis par un OPJ ou un magistrat (C. pr. pén., art. 10-2 10° issu L. n° 2020-936, 30 juill. 2020, sur la notification de ses droits à la victime, v. n° **16.1B2**). Ainsi, « *lorsque l'examen médical d'une victime de violences a été requis par l'OPJ ou un magistrat, le certificat médical constatant son état de santé est remis à la victime* » (C. pr. pén., art. 10-5-1 issu L. n° 2020-936, 30 juill. 2020) selon des modalités précisées par C. pr. pén., art. D. 1-12 (issu D. n° 2021-364, 31 mars 2021). Toutefois, « *lorsque l'examen médical concerne une victime mineure, le médecin n'est pas tenu* *de remettre une copie du certificat aux représentants légaux du mineur qui en font la demande s'il estime que cette remise pourrait être contraire à l'intérêt supérieur de l'enfant, notamment en cas de suspicion de violences intrafamiliales, ou si le mineur disposant d'un degré de maturité suffisant, le refuse* » (C. pr. pén., art. D. 1-12 VII, mod. issue D. n° 2021-1516, 23 nov. 2021).

Notons que la directive 2012/29/UE, 25 oct. 2012, du parlement européen et du conseil, établissant des normes minimales concernant les droits, le soutien et la protection des victimes de la criminalité, prévoit que « *les États membres veillent à ce que les examens médicaux soient limités à un minimum et n'aient lieu que dans la mesure strictement nécessaire aux fins de la procédure pénale* » (art. 20 d)).

B. La mutilation ou l'infirmité permanente

1. La mutilation

• **L'ablation d'un des organes ou membres.** La caractérisation de la « *mutilation* » de la victime est limitée aux seules hypothèses dans lesquelles les violences volontaires ont entraîné l'ablation irréversible de l'un de ses membres ou organes.

Ainsi, l'ablation du sexe de la victime (Crim. 16 nov. 2004, n° 04-85.318, P n° 286) ou de son clitoris (excision) (Crim. 20 août 1983, n° 83-92.616, P n° 229) sont constitutives d'une mutilation au sens pénal, mais pas la ligature de ses trompes, qui ne s'analyse pas en l'ablation irréversible d'un organe (Crim. 19 janv. 2005, n° 03-87.210, NP). V. aussi, pour l'intervention chirurgicale réalisée sur une personne intersexuée, ayant « *pour objet de faire en sorte que ses organes génitaux externes soient ceux d'une femme* », Crim. 6 mars 2018, n° 17-81.777, NP, l'action ayant cependant été jugée prescrite).

• **L'ablation partielle.** La mutilation de la victime est également caractérisée lorsque l'ablation en cause n'est que partielle. Ainsi l'arrachage d'une partie de la lèvre inférieure de la victime et de son menton (Crim. 18 juin 2014, n° 14-82.339, NP), l'ablation d'« *une partie des intestins* » (Crim. 14 janv. 2020, n° 19-80.779, NP), ou « *l'amputation partielle du pouce de la main gauche* » (Crim. 2 mai 2018, n° 17-83.675, NP). N'encourt pas la censure la CHINS qui renvoie l'accusé devant la cour d'assises du chef de mutilation de la lèvre inférieure, quand bien même une chirurgie réparatrice a permis de la restaurer (Crim. 31 oct. 2012, n° 12-85.458, D). Constitue également une mutilation « *une perte de substance de toute la face interne de la cuisse gauche* » (§ 6) (Crim. 24 nov. 2021, n° 21-85.347, P).

• **L'ablation directement imputable aux violences volontaires.** La mutilation est imputable à l'auteur même s'il n'a pas procédé lui-même à l'ablation d'un des membres ou organes de la victime, dès lors que cette dernière résulte des soins chirurgicaux directement imposés par les violences volontaires :

– ablation d'une partie de l'intestin (**colectomie**) directement imputable au prévenu, réalisée à la suite d'une lésion volontaire des sphincters de la victime (Crim. 14 janv. 2020, n° 19-80.779, NP) ;

– ablation de la rate (**splénectomie**) consécutive à des faits de violence (Crim. 18 mars 2015, n° 14-88.353, NP ; dans le même sens : Crim. 14 sept. 1999, n° 98-84.658, D) ;

– amputation d'une jambe fracturée lors de la chute de la victime, déséquilibrée à la suite d'un coup au visage (Crim. 14 nov. 2000, n° 00-80.438, NP).

2. L'infirmité permanente

• **L'altération irréversible d'une fonction de l'organisme de la victime.** La notion d'infirmité permanente englobe quant à elle l'altération définitive, c'est-à-dire irréversible et sans possibilité d'amélioration, d'une des fonctions de l'organisme de la victime ou de l'un de ses membres causée par des faits de violences volontaires. Ainsi « *une atteinte majeure et irréversible d'un membre ou d'une fonction organique caractérise une infirmité permanente* » au sens de C. pén., art. 222-9 (§ 11) (Crim. 24 nov. 2021, n° 21-85.347, P) ; elle suppose « *la privation irrémédiable de l'usage d'une faculté organique ou intellectuelle* » (Crim. 28 févr. 2018, n° 17-81.762, NP).

Relèvent de cette catégorie les dommages corporels suivants :

– « *surdité bilatérale, totale et définitive* » de la victime (Crim. 22 mars 2016, n° 15-82.917, NP) ;

– **surdité** n'affectant qu'une oreille, dès lors qu'elle revêt un caractère définitif (Crim. 20 août 2014, n° 14-83.750, NP ; Crim. 6 nov. 1985, n° 84-90.706, P n° 347) ;

– « *cécité totale et définitive de la victime* » (Crim. 19 nov. 1997, n° 96-85.884, P n° 64 ; v. aussi Crim. 3 sept. 1996, n° 96-82.766, NP) ;

– **cécité** d'un œil (Crim. 13 mai 2015, n° 14-80.500, NP ; Crim. 20 mars 2012, n° 11-83.638, NP ; Crim. 27 mai 2009, n° 09-81.883, NP ; Crim. 12 déc. 2001, n° 01-84.126, NP), ainsi que « *la perte de l'acuité visuelle d'un œil* » (Crim. 30 sept. 2009, n° 09-84.817, D ; espèce dans laquelle l'acuité visuelle était en réalité devenue nulle et sans espoir de récupération) ;

– **hémianopsie** (perte de la vue atteignant la moitié du champ visuel) (Crim. 12 mars 2003, n° 02-88.264, D) ;

– « *aphasie associée à une hémianopsie* » (Crim. 9 mars 2004, n° 03-83.671, D) ;

– « *incontinence anale caractérisant une atteinte permanente et irréparable à une fonction corporelle vitale* », étant précisé que tant la mutilation que l'infirmité permanente étaient retenues dans cette affaire, la première constituée par une colectomie (ablation d'une partie de l'intestin), la seconde par une incontinence anale consécutive à une colostomie (anus artificiel) (Crim. 14 janv. 2020, n° 19-80.779, préc.) ;

– paralysie d'une des cordes vocales de la victime (Crim. 31 oct. 2012, n° 12-85-458, NP), ou l'« *atteinte sévère de l'organe de la phonation dont l'altération de la fonction demeure irréversible* », quand bien même n'entraînerait-elle qu'un affaiblissement du timbre, du volume et de l'intensité de la voix (**dysphonie**) (Crim. 21 mars 2006, n° 05-87.683, NP) ;

– « *une anesthésie totale de la plante du pied, [...] une absence de toute activité motrice sur les releveurs du pied et les releveurs d'orteils [...] la persistance d'une paralysie sciatique sensitive et motrice totale à partir de la cuisse gauche* » (§ 7 et 8), consécutives à une blessure par arme à feu à la cuisse gauche (Crim. 24 nov. 2021, n° 21-85.347, P). ;

– brûlures sur 50 % de la surface corporelle, engendrant « *séquelles fonctionnelles et esthétiques* » « *considérables* » (Crim. 26 mai 2004, n° 04-81.719, NP).

Ne constitue pas une infirmité permanente la ligature des trompes, dès lors que la stérilité qui en résulte n'est pas irréversible (Crim. 19 janv. 2005, n° 03-87.210, NP, préc.). De même, lorsqu'à dire d'expert « *les séquelles ainsi décrites constituent certes une incapacité permanente partielle sérieuse dont le taux sera évalué ultérieurement mais ne privent pas la victime de l'usage de son pied, en sorte qu'elles ne constituent pas une infirmité* » au sens pénal, il est jugé « *que les blessures dont la victime a été atteinte à la jambe n'ont entraîné ni mutilation ni amputation ni privation de l'usage de ce membre* » et qu'elle n'était donc pas atteinte d'une infirmité permanente (Crim. 2 juill. 1986, n° 85-96.269, P n° 229).

• **Le développement d'une pathologie incurable.** L'infirmité permanente de la victime est également caractérisée lorsqu'elle est devenue porteuse d'une « *affection virale générant une atteinte définitive de l'ensemble de son organisme* » (Crim. 5 oct. 2010, n° 09-86.209, P n° 147, victime contaminée par le virus de l'immunodéficience humaine (VIH) ; dans le même sens : Crim. 10 janv. 2006, n° 05-80.787, P n° 11).

Notons que pour qualifier le délit d'exposition d'autrui à un risque de mort ou d'infirmité permanente (mise en danger ; C. pén., art. **223-1**, v. n° **20.59**), sont retenus l'exposition aux poussières d'**amiante**, susceptibles d'entraîner le développement d'un cancer du poumon ou de la plèvre (Crim. 19 avr. 2017, n° 16-80.695, P n° 107) ; ou l'exposition au risque de **saturnisme**, pathologie liée à la présence excessive de plomb dans l'organisme (Crim. 20 nov. 2012, n° 11-88.059, NP).

• **L'altération définitive des facultés mentales de la victime.** S'analysent également en une infirmité permanente de la victime les atteintes portées à ses facultés mentales, dès lors que celles-ci ne sont pas susceptibles d'amélioration.

Il en est ainsi des atteintes suivantes :

– déficit moteur et atrophie cérébrale dont demeure atteinte la victime, « *devant entraîner un retard dans le développement psychomoteur* » (Crim. 26 juill. 1988, n° 88-82.977, NP) ;

– « *retard de développement psychomoteur et intellectuel important résultant directement du traumatisme crânien subi* » (Crim. 9 juin 2004 n° 03-83.500, D) ;

– « *état confusionnel variable mais permanent* » et altération grave et définitive des facultés mentales rendant la victime « *incapable de mener une vie indépendante sur le plan économique ou même personnel* » (Crim. 25 mars 1980, n° 80-90.402, P n° 101 ; v. aussi Crim. 2 mars 2016, n° 15-87.367, NP, s'agissant de séquelles du « *syndrome du bébé secoué* » (SBS), sur ce point, v. n° **14.14D**) ;

– « *importantes séquelles neurocognitives et comportementales dont [la victime] reste définitivement affecté[e]* » (Crim. 9 mars 2004, n° 03-83.671, D) ;

– « *déficit cognitif et comportemental lié à l'anoxie cérébrale initiale* » caractérisant « *une atteinte sévère et irréversible des fonctions neurologiques* » (Crim. 7 janv. 2009, n° 08-86.933, NP) ;

– altération irréversible, « *même modérée, des fonctions cognitives* » (Crim. 21 sept. 2010, n° 09-86.258, NP).

En revanche, « *une angoisse permanente, une addiction handicapante aux images pornographiques et une pratique compulsive de la masturbation* » ne caractérisent pas une infirmité permanente de la victime, dès lors que celle-ci implique « *la privation irrémédiable de l'usage d'une faculté organique ou intellectuelle* » (Crim. 28 févr. 2018, n° 17-81.762, NP).

3. Le cumul des qualifications de mutilation et d'infirmité permanente

Rappelons qu'un même fait peut engendrer à la fois une mutilation et une infirmité permanente (Crim. 14 janv. 2020, n° 19-80.779, préc. ; dans le même sens : Crim. 24 nov. 2021, n° 21-85.347, § 10, P).

Dans la procédure d'assises, une question « *portant sur la circonstance aggravante de mutilation ou d'infirmité permanente de l'infraction* », ainsi posée en « *une formule alternative unique* », « *est exempte de complexité dès lors que la réponse donnée entraîne les mêmes conséquences pénales* » (Crim. 20 mars 2013, n° 12-84.688, D) (sur les questions devant la cour d'assises, v. n° **17.33**).

C. L'incapacité totale de travail (ITT) et l'incapacité permanente partielle

• **L'incapacité totale de travail (ITT).** Élément constitutif des infractions d'atteintes à l'intégrité de la personne (v. **A** ci-dessus), l'ITT de la victime correspond à l'impossibilité qu'elle éprouve d'exercer une activité professionnelle pendant la durée déterminée par le médecin ou l'expert chargé de l'examiner. Mentionnons que l'ITT ouvre droit à indemnisation par la CIVI, intégrale si elle est ⩾ 1 mois, plafonnée au-dessous de ce seuil (C. pr. pén., art. 706-3, v. n° **16.19A**).

L'ITT ne s'entend pas de l'incapacité de la victime à effectuer tout type d'activité, mais seulement d'exercer une activité professionnelle. Prive donc sa décision de base légale la cour d'appel affirmant que « *l'incapacité totale de travail de la victime était inférieure à 8 jours après avoir constaté que les blessures avaient entraîné une incapacité de travail professionnel de 12 jours, alors que l'incapacité totale de travail n'implique pas nécessairement l'impossibilité pour la victime de se livrer à un effort physique afin d'accomplir elle-même certaines tâches ménagères* » (Crim. 6 févr. 2001, n° 00-84.692, P n° 34 ; v. aussi Crim. 22 nov. 1982, n° 81-92.856, P n° 263).

La durée de l'ITT s'entend d'une durée continue, en conséquence, plusieurs périodes discontinues ne peuvent être additionnées pour déterminer sa durée totale ; en revanche, dans le cas d'ITT discontinues tirant leur source d'un même fait générateur, au moins une période d'ITT > 3 mois consécutifs caractérise l'infraction (Crim. 15 mars 1988, n° 85-91.874, P n° 130). Précisons que les durées d'ITT constatées par plusieurs certificats médicaux successifs peuvent être additionnées, pourvu que l'ITT reste continue.

Une « *faute pénale unique ne peut être sanctionnée que par une seule peine* », ainsi, l'auteur d'un accident causant plusieurs victimes, qui constitue un « *même fait générateur constituant une faute pénale unique* », ne pourra être condamné à plusieurs amendes contraventionnelles « *pour chaque catégorie de contraventions de blessures involontaires* » au titre, d'une part, de la répression d'une ITT ⩽ 3 mois (Contrav. 5e cl, C. pén., art. **R. 625-2**, v. nº **20.66**), d'autre part, des victimes n'ayant subi aucune ITT (Contrav. 2e cl, C. pén., art. **R. 622-1**, v. nº **20.70**) (Crim. 11 mai 2004, nº 03-85.925, P nº 115 ; dans le même sens : Crim. 22 févr. 1995, nº 94-82.102, P nº 80 et nº 94-82.111, P nº 81). Il en est de même en cas de concours entre une ITT > 3 mois (Délit, C. pén., art. **222-19**, v. nº **20.64**) et une ITT ⩽ 3 mois (Contrav. 5e cl, C. pén., art. **R. 625-2**, v. nº **20.66**) (Crim. 28 janv. 1969, nº 68-91.876, P nº 51).

Les juges ont le « *devoir de donner aux faits leur exacte qualification sous la plus haute acception pénale* », il leur appartient donc, dès lors que le prévenu « *a pu s'expliquer sur les fautes qui lui étaient reprochées ainsi que sur leurs conséquences* », de retenir une durée d'ITT > 3 mois au lieu de celle ⩽ 3 mois visée dans les poursuites (Crim. 15 mars 1994, nº 93-81.110, P nº 97).

Méconnaît l'autorité de la chose jugée au pénal la cour d'appel saisie du seul appel de la partie civile qui indemnise les conséquences d'une ITT en retenant une durée inférieure à l'ITT de 3 mois retenue par la décision de condamnation (Crim. 10 juin 1986, nº 85-95.765, P nº 198).

• **L'incapacité totale de travail et l'incapacité permanente.** L'ITT de la victime, laquelle suppose l'absence de toute possibilité pour la victime d'exercer une activité professionnelle, se distingue de l'incapacité permanente partielle (IPP), notion voisine de droit civil correspondant à la gêne ressentie par la victime dans son quotidien et dans le cadre de son activité professionnelle, évaluée après la consolidation du dommage. Dans la nomenclature des préjudices corporels (v. nº **16.17**), l'incapacité permanente partielle est désormais indemnisée au titre de la perte de gains professionnels futurs (PGPF), de l'incidence professionnelle (IP) et du déficit fonctionnel permanent (DFP).

• **L'incapacité totale de travail, l'infirmité permanente ou l'incapacité permanente.** La distinction entre l'incapacité totale de travail ⩽ 8 jours ou 3 mois (ou > 8 jours ou 3 mois mais non permanente) et l'infirmité permanente ne pose pas de difficultés puisque la durée réduite ou déterminée des lésions de la victime implique le caractère temporaire de l'atteinte à son intégrité physique ou mentale et sa réversibilité, ce qui exclut l'infirmité permanente (sur ce point, v. **B** ci-dessus). La distinction entre l'ITT > 8 jours ou > 3 mois et l'infirmité permanente est en revanche plus difficile à établir lorsque l'incapacité totale est définitive, c'est-à-dire lorsqu'elle est constitutive d'une incapacité permanente partielle ou totale, dans la mesure où le caractère permanent de ces deux types d'atteinte implique leur irréversibilité. Mentionnons que « *l'incapacité permanente* » résultant d'une infraction ouvre droit à indemnisation par la CIVI (C. pr. pén., art. 706-3, v. nº **16.19A1**).

• **Le critère de distinction.** Le domaine de l'incapacité permanente de travail partielle ou totale recouvre toutes les hypothèses dans lesquelles l'atteinte à l'intégrité physique ou mentale de la victime est permanente mais ne consiste pas en une mutilation, une amputation ou la privation de l'usage de l'un des membres de la victime (Crim. 2 juill. 1986, nº 85-96.269, P nº 229, jugeant que l'atteinte subie par la victime s'analyse en une incapacité permanente partielle). Dans ces conditions, les brûlures caractérisent un état d'infirmité permanente (non exclusive d'une incapacité permanente partielle au sens civil) lorsque la victime, brûlée sur 50 % de sa surface corporelle, souffre de « *séquelles fonctionnelles et esthétiques* » « *considérables* » (Crim. 26 mai 2004, nº 04-81.719, NP). En revanche, le seul affaiblissement ou la gêne dans l'usage d'un membre ou le fonctionnement d'un organe s'analysent en une incapacité permanente au sens civil, et non en une infirmité permanente au sens pénal. Par voie de conséquence, l'incapacité permanente partielle au taux de 18 % de la victime ne constitue pas une infirmité permanente lorsqu'elle n'a pour origine ni une mutilation, ni la privation irréversible de l'usage de l'un des membres de la victime (Crim. 4 janv. 1983, NP).

14.3 La définition de la mort, le constat et le traitement du décès par l'autorité publique

A. La notion de mort au sens pénal

Au sens pénal, la mort s'entend de celle d'une personne née et non d'un enfant à naître. En effet « *le principe de la légalité des délits et des peines, qui impose une interprétation stricte de la loi pénale, s'oppose à ce que l'incrimination prévue par l'article 221-6 du Code pénal, réprimant l'homicide involontaire d'autrui, soit étendue au cas de l'enfant à naître dont le régime juridique relève de textes particuliers sur l'embryon ou le fœtus* » (Cass., ass. plén., 29 juin 2001, n° 99-85.973, n° 165) (sur l'interruption de grossesse sans consentement ou illégale, C. pén., art. 223-10 et CSP, art. L. 2222-2, v. n°s 29.10 et 29.11). De même, « *le principe de la légalité des délits et des peines, qui impose une interprétation stricte de la loi pénale, s'oppose à ce que l'incrimination d'homicide involontaire s'applique au cas de l'enfant qui n'est pas né vivant* » (Crim. 25 juin 2002, n° 00-81.359, P n° 144 ; dans le même sens, pour une grossesse de 22 semaines interrompue par la mort accidentelle de la mère : Crim. 27 juin 2006, n° 05-83.767, D). Ainsi une sage-femme qui commet une faute lors d'un accouchement n'est pas coupable d'homicide involontaire, « *l'enfant n'étant pas né vivant, les faits ne sont susceptibles d'aucune qualification pénale* » (Crim. 4 mai 2004, n° 03-86.175, P n° 108 ; dans le même sens, pour un enfant à terme mais mort-né en raison d'une faute commise lors de l'accouchement : Crim. 20 nov. 2018, n° 17-86.661, D). Ne commet pas d'homicide involontaire le médecin qui procède, en raison d'une homonymie, à une intervention visant à extraire un stérilet sur une femme venue pour un examen de grossesse dont il interrompt ainsi la grossesse (Crim. 30 juin 1999, n° 97-82.351, P n° 174). Est également rejetée la QPC soulevant la violation du droit à la vie garanti par la Constitution, au motif que « *le principe du respect de l'être humain dès le commencement de sa vie, qui tend à assurer le respect du principe constitutionnel de sauvegarde de la dignité de la personne humaine, n'impose pas que les actes involontaires ayant entraîné une interruption de grossesse soient pénalement sanctionnés, d'autre part, la protection de l'enfant à naître se trouve assurée par d'autres dispositions législatives* » (Crim. 12 juin 2018, n° 17-86.661, D).

En revanche, est coupable d'homicide involontaire le conducteur responsable d'un accident de la circulation des suites duquel une femme enceinte de huit mois donne naissance par césarienne à un enfant qui décède dans l'heure des suites des lésions causées par l'accident (Crim. 2 déc. 2003, n° 03-82.344, P n° 230).

B. L'organisation du contrôle des décès par l'autorité publique

L'efficience du dépistage et du traitement judiciaire des morts suspectes repose notamment sur un quadruple encadrement des opérations d'inhumation : **1.** Constat qualifié par un **médecin** sur les causes du décès (v. C ci-dessous) ; **2.** Enregistrement du décès par un **officier d'état civil** et autorisation d'inhumation au vu du certificat médical (v. D ci-dessous) ; **3.** Intervention obligatoire d'un **OPJ** agissant sous la direction du **procureur de la République** en cas de mort d'origine inconnue ou suspecte (v. E ci-dessous) ; **4. Contrôle des activités de pompes funèbres**, mission de service public soumise à un cahier des charges (v. F ci-dessous).

C. La vérification du décès et de ses causes par un médecin et la définition médico-légale de la mort

« *L'autorisation de fermeture du cercueil ne peut être délivrée qu'au vu d'un certificat, établi par un médecin, attestant le décès. Ce certificat, rédigé sur un modèle établi par le ministre chargé de la santé, précise la ou les causes de décès, aux fins de transmission à l'institut national de la santé et de la recherche médicale et aux organismes dont la liste est fixée par arrêté en Conseil d'État...* » (CGCT, art. L. 2223-42).

S'il en est autrement des circonstances de la mort (date, moyen, cause directe et indirecte), la mort en tant que telle prête peu à discussion médico-légale.

Elle est ainsi définie par le code de la santé publique : (CSP, art. R. 1232-1) : « *Si la personne présente un arrêt cardiaque et respiratoire persistant, le constat de la mort ne peut être établi que si les trois critères cliniques suivants sont simultanément présents :*

1° Absence totale de conscience et d'activité motrice spontanée ;

2° Abolition de tous les réflexes du tronc cérébral ;

3° Absence totale de ventilation spontanée. »

Dans les cas particuliers du mort encéphalique maintenu sous assistance respiratoire, le constat de la mort doit s'entourer des vérifications suivantes (CSP, art. R. 1232-2) : « *Si la personne, dont le décès est constaté cliniquement, est assistée par ventilation mécanique et conserve une fonction hémodynamique, l'absence de ventilation spontanée est vérifiée par une épreuve d'hypercapnie.*

De plus, en complément des trois critères cliniques mentionnés à l'article R. 1232-1, il est recouru pour attester du caractère irréversible de la destruction encéphalique :

1° Soit à deux électroencéphalogrammes nuls et aréactifs effectués à un intervalle minimal de quatre heures, réalisés avec amplification maximale sur une durée d'enregistrement de trente minutes et dont le résultat est immédiatement consigné par le médecin qui en fait l'interprétation ;

2° Soit à une angiographie objectivant l'arrêt de la circulation encéphalique et dont le résultat est immédiatement consigné par le radiologue qui en fait l'interprétation ».

D. Le contrôle de l'inhumation par l'officier d'état civil

1. L'enregistrement du décès dans les registres d'état civil

L'acte de décès est dressé par l'officier d'état civil de la commune où le décès a lieu, sur la déclaration d'un parent du défunt ou d'une personne possédant sur son état civil les renseignements les plus exacts et les plus complets possible (C. civ., art. 78). Autant que ces éléments peuvent être connus par le déclarant, l'acte de décès comporte le jour, l'heure et le lieu du décès, l'état civil, la profession et le domicile de la personne décédée, les prénoms, noms, professions et domiciles de ses père et mère, les prénoms et nom de son conjoint ou partenaire lié par un Pacs (C. civ., art. 79). Il ne doit être fait aucune mention dans l'acte de décès des circonstances de la mort, y compris de sa survenance dans un établissement pénitentiaire (C. civ., art. 35 et 85).

2. L'autorisation d'inhumation par l'officier d'état civil

Le corps d'une personne décédée doit être placé dans un cercueil en vue de l'inhumation ou de l'incinération.

« *La fermeture du cercueil est autorisée par l'officier d'état civil* » du lieu du décès et du lieu du dépôt du corps, « *sur présentation du certificat de décès établi par le médecin ayant constaté le décès et attestant que celui-ci ne pose pas de problème médico légal* » (CGCT, art. R. 2213-17).

« *Le fait de procéder ou de faire procéder à l'inhumation d'un individu décédé sans que cette inhumation ait été préalablement autorisée par l'officier public* » constitue une contravention de 5e classe (C. pén., art. R. 645-6, *N* ***5231.c5***).

S'il s'agit du cadavre d'une personne victime d'homicide ou de violences, l'infraction de recel de cadavre est applicable (v. n° **25.42**).

E. L'intervention nécessaire d'un OPJ et du parquet en cas de mort violente

« *Lorsqu'il y aura des signes ou indices de mort violente, ou d'autres circonstances qui donneront lieu de le soupçonner, on ne pourra faire l'inhumation qu'après qu'un OPJ, assisté d'un docteur en médecine ou en chirurgie, aura dressé procès-verbal de l'état du cadavre, et des circonstances y relatives, ainsi que des renseignements sur les prénoms, nom, âge, profession, lieu de naissance et domicile de la personne décédée* » (C. civ., art. 81).

Cette obligation d'intervention d'un OPJ prévue par le code civil se double de celles prévues, d'une part, par le C. pr. pén., art. 74, qui lui impose de se rendre sur place sans délai en cas de découverte du cadavre d'une personne dont la mort est de cause inconnue ou suspecte (v. nº 14.4) et, d'autre part, par le C. pr. pén., art. 54, qui lui fait l'obligation de se transporter sur les lieux d'un crime flagrant. Dans les deux cas l'OPJ doit aviser immédiatement le procureur de la République de son transport sur les lieux, ce dernier peut également se rendre sur place et poursuivre les opérations ou les déléguer à tous OPJ de son choix (C. pr. pén., art. 68 et 74) agissant sous sa direction (C. pr. pén., art. 12). Par ailleurs, ces opérations peuvent être conduites dans le cadre d'une enquête préliminaire (C. pr. pén., art. 77-1 et 230-29), par exemple dans l'hypothèse d'un décès devenu suspect après inhumation.

Tant que le procureur de la République n'a pas autorisé l'inhumation, les investigations médico-légales retardent le point de départ du délai de six jours au terme duquel doit avoir lieu, au plus tard, l'inhumation après le décès (CGCT, art. R. 2213-33).

« *Lorsque le décès pose un problème médico légal, la crémation ne peut avoir lieu qu'après l'autorisation du parquet qui peut subordonner celle-ci à une autopsie préalable, effectuée par un médecin légiste choisi sur la liste des experts et aux frais de la famille* » (CGCT, art. R. 2213-34).

« *Lorsqu'une autopsie judiciaire a été réalisée dans le cadre d'une enquête ou d'une information judiciaire et que la conservation du corps du défunt n'est plus nécessaire à la manifestation de la vérité, l'autorité judiciaire compétente [le procureur de la République ou le juge d'instruction s'il a été saisi] délivre dans les meilleurs délais l'autorisation de remise du corps et le permis d'inhumer* » (C. pr. pén., art. 230-29).

F. Le service public des pompes funèbres et la police des opérations funéraires

Le service des pompes funèbres est une **mission de service public**. Cette mission couvre les opérations de transport de corps, l'organisation des obsèques, les soins de conservation, la fourniture des housses, cercueils et de leurs accessoires, des urnes cinéraires, la gestion et l'utilisation des chambres funéraires, la fourniture des corbillards et des voitures de deuil, la fourniture de personnel et des objets et prestations nécessaires aux obsèques, inhumations, exhumations et crémations. Cette mission de service public peut être assurée par les communes, directement ou par voie de gestion déléguée, sans exclusivité, ou par toute autre entreprise ou association habilitée à cet effet (CGCT, art. L. 2223-19) par le représentant de l'État dans le département (CGCT, art. L. 2223-23).

« *Afin d'assurer l'exécution des mesures de police prescrites par les lois et règlements, les opérations de fermeture du cercueil lorsque le corps est transporté hors de la commune de décès ou de dépôt et dans tous les cas lorsqu'il y a crémation, ainsi que les opérations d'exhumation, de réinhumation et de translation de corps s'effectuent :*

– dans les communes dotées d'un régime de police d'État, sous la responsabilité du chef de circonscription, en présence d'un fonctionnaire de police délégué par ses soins ;

– dans les autres communes, sous la responsabilité du maire, en présence du garde champêtre ou d'un agent de police municipale délégué par le maire.

Les fonctionnaires mentionnés aux alinéas précédents peuvent assister, en tant que de besoin, à toute autre opération consécutive au décès » (CGCT, art. L. 2213-14).

14.4 L'enquête judiciaire en cas de décès ou de blessures suspects : la recherche des causes de la mort ou des blessures graves (C. pr. pén., art. 74 et 80-4)

A. Les premières constatations

Mentionnons que « *l'obligation qui pèse sur l'État de protéger le droit à la vie implique aussi l'obligation positive procédurale de veiller à ce que soit en place, dans les cas de décès, un système judiciaire effectif et indépendant qui permette à bref délai d'établir les faits, de contraindre les responsables à rendre des comptes et de fournir aux victimes une réparation adéquate [...]. Ce système peut varier selon les circonstances et selon la nature de l'atteinte à la vie. La Cour a ainsi considéré qu'une enquête officielle effective, voire une enquête de nature pénale, doit être menée lorsqu'il y a des raisons de croire que la mort a été infligée volontairement ou lorsque le décès est survenu dans des circonstances suspectes* » (§ 43) (CEDH 21 juill. 2020, *Todorov c/ Bulgarie*, n° 31434/15).

Sans préjudice de l'enquête de flagrance (C. pr. pén., art. 54 et 67, v. transport sur les lieux, n° **11.56**) ou préliminaire pour crime ou délit, « *En cas de découverte d'un cadavre, qu'il s'agisse ou non d'une mort violente mais si la cause en est inconnue ou suspecte, l'OPJ qui en est avisé « ou, sous son contrôle, l'APJ* » (L. n° 2023-22, 24 janv. 2023) *[.../...] se transporte sans délai sur les lieux et procède aux premières constatations* » (C. pr. pén., art. 74).

Il en avise immédiatement **le procureur de la République**, qui se rend sur place s'il le juge nécessaire et se fait assister de personnes capables d'apprécier la nature des circonstances du décès. Le procureur de la République peut toutefois déléguer aux mêmes fins un OPJ de son choix « *ou, sous le contrôle de ce dernier, un APJ de son choix* » (L. n° 2023-22, 24 janv. 2023) (C. pr. pén., art. 74).

Précisons qu'en cas de décès de détenu, le procureur de la République est immédiatement informé par le chef d'établissement pénitentiaire, « *Si la personne détenue s'est suicidée ou est décédée d'une mort violente, ou encore si la cause du décès est inconnue ou suspecte* », C. pr. pén., art. 74 est applicable (C. pénit, art. D. 214-28 et C. pr. pén., art. D. 282).

La **scène de crime** est protégée contre les modifications ou prélèvements non autorisés par les infractions définies aux n^os^ **25.37** (Destruction ou modification des preuves d'un crime ou d'un délit, C. pén., art. **434-4**) et **25.39** (Modification des lieux d'un crime ou prélèvements par une personne non habilitée, C. pr. pén., art. **55**). Toutefois, exception est faite lorsque ces modifications ou ces prélèvements sont commandés par les exigences de la sécurité ou de la salubrité publique, ou par les soins à donner aux victimes. Le recel et la dissimulation du cadavre d'une personne victime d'un homicide ou décédée des suites de violences sont incriminés par C. pén., art. **434-7** (recel de cadavre, v. n°**25.42**).

Le protocole de levée de corps, en particulier la répartition des tâches entre l'OPJ et le médecin légiste rendus sur place, est décrit dans la recommandation R(99)3 précitée (v. n° **14.6**).

B. L'enquête en recherche des causes de la mort est assimilée à l'enquête judiciaire

La décision d'ouvrir une enquête aux fins de recherche des causes de la mort appartient au procureur de la République (C. pr. pén., art. 74). Dans ce cadre et à cette fin, il peut être procédé aux actes prévus par les articles 56 à 62 du C. pr. pén. :

1. perquisitions, saisies (56 à 59) ;
2. examens techniques et scientifiques (60) ;
3. réquisition de remise de documents, y compris sous forme numérique, ou d'informations intéressant l'enquête issues de systèmes informatiques (art. 60-1, 60-2). Toutefois, selon les précisions apportées au n° **11.44B1**, les réquisitions de données de connexion ne sont pas autorisées par C. pr. pén., art. 60-1-2, issu L. n° 2022-299, 2 mars 2022) ;
4. défense de s'éloigner du lieu des faits, convocations et auditions, contrainte à comparaître (art. 61) ;
5. audition sous le régime de la rétention pour une durée n'excédant pas 4 heures (art. 62). Le placement en garde à vue, qui suppose une raison plausible de soupçonner la commission d'une infraction (en l'espèce un homicide), sort du cadre juridique de la recherche des causes de la mort pour entrer dans celui de l'enquête classique (art. 62) ;

Ces investigations relèvent de l'enquête judiciaire puisque, d'une part, elles sont ouvertes à l'initiative exclusive du procureur puis mises en œuvre sous sa direction par un OPJ, ou, sous son contrôle par un APJ (L. n° 2023-22, 24 janv. 2023), d'autre part, elles répondent au régime de la flagrance durant un délai de huit jours, puis de l'enquête préliminaire. Durant le premier délai de 8 jours les perquisitions utiles pourront donc être effectuées sans assentiment de la personne concernée (v. n° **11.57C**). Toutefois, après ce premier délai, la lettre de C. pr. pén., art. 74 exclut que le régime assimilé à la flagrance puisse être prolongé pour une nouvelle durée de huit jours dans les conditions prévues pour les enquêtes de flagrance par C. pr. pén., art. 53 (v. n° 11.15A3). Les investigations ne peuvent donc se poursuivre qu'en la forme préliminaire.

Dans tous les cas, si des indices d'une infraction sont matérialisés au cours de l'enquête en recherche des causes de la mort, le cadre procédural devient celui de l'enquête de flagrance ou de l'enquête préliminaire pour crime, ou délit (hypothèse de l'homicide involontaire).

C. L'ouverture d'une information pour recherche des causes de la mort (C. pr. pén., art. 74 et 80-4)

À tout moment, le procureur de la République peut ouvrir une information pour recherche des causes de la mort. Il dispose seul de cette prérogative qui ne peut être mise en œuvre sur constitution de partie civile (v. n° 16.10B), notamment par les proches. Ils peuvent toutefois se constituer partie civile à titre incident (C. pr. pén., art. 80-4) et ont en outre la possibilité de déposer plainte avec constitution de partie civile devant le doyen des juges d'instruction s'ils estiment qu'une infraction (homicide volontaire ou involontaire) a été commise.

D. L'enquête pour recherche des causes des blessures graves

Le régime de l'enquête pour recherche des causes de la mort est également applicable « *en cas de découverte d'une personne grièvement blessée lorsque la cause de ses blessures est inconnue ou suspecte* » (C. pr. pén., art. 74 dern. al.), toutefois il ne peut être ouvert d'information de ce seul chef.

14.5 L'enquête en cas de décès d'une personne dont l'identité est inconnue

A. Le cas général

Cette enquête de nature administrative (elle est qualifiée d'extrajudiciaire bien qu'elle soit conduite sous la direction du parquet) est à distinguer de celle concernant la recherche des causes de la mort, le décès d'une personne dont l'identité est inconnue ne présentant pas nécessairement un caractère suspect. Les investigations peuvent au demeurant se conjuguer en cas de décès suspect d'un inconnu.

Lorsque le défunt ne peut être identifié, l'officier d'état civil dresse son signalement le plus complet, l'acte de décès sera ultérieurement rectifié par le président du tribunal saisi par toute personne intéressée ou le procureur (C. civ., art. 87 et 99).

L'officier d'état civil informe sans délai le procureur de la République afin qu'il puisse prendre les réquisitions nécessaires aux fins d'établir l'identité du défunt (C. civ., art. 87). L'autorisation de fermeture du cercueil ne peut être délivrée qu'après exécution, dans un délai compatible avec les délais régissant l'inhumation et la crémation, des réquisitions éventuellement prises par le procureur de la République aux fins de faire procéder aux constatations et opérations nécessaires en vue d'établir l'identité du défunt (CGCT, art. L. 2223-42).

Il est dans ce cadre procédé aux investigations suivantes (D. n° 2012-125, 30 janv. 2012, art. 1) :

1. relevé des éléments objectifs nécessaires à la description du corps ;

2. sur réquisition du procureur de la République, par les fonctionnaires de police ou de gendarmerie ou le médecin requis :

2a – au relevé des empreintes digitales et palmaires du défunt ;

2b – en tant que de besoin :

– au prélèvement des échantillons biologiques destinés à permettre l'analyse des empreintes génétiques du défunt ;

– aux relevés et prélèvements nécessaires à la réalisation de l'odontogramme du défunt ;

Sur instructions du procureur de la République, les empreintes génétiques sont enregistrées au Fnaeg et les empreintes digitales et palmaires au Faed, sauf pour les empreintes provenant des militaires décédés en opération (D. n° 2012-125, 30 janv. 2012, art. 2).

Les personnes faisant l'objet de recherches pour les besoins d'une enquête en cas de découverte d'une personne décédée non identifiée peuvent être inscrites au FPR (D. n° 2010-569, 28 mai 2010, art. 2 II 4°, v. n° 13.17C).

B. Le cas des militaires décédés en opération, des catastrophes naturelles ou des disparitions inquiétantes

Lorsque la recherche d'identité porte sur un militaire décédé en opération, une victime de catastrophe naturelle, ou une personne dont la disparition est inquiétante (L. n° 95-73, 21 janv. 1995, art. 26) et dont la mort est supposée, **des prélèvements** destinés à recueillir les traces biologiques de cette personne peuvent être réalisés dans des lieux qu'elle est susceptible d'avoir habituellement fréquentés, avec l'accord et la présence du responsable des lieux, ou en cas de refus ou d'impossibilité de le contacter, avec autorisation du JLD préalablement saisi par le procureur de la République. Des prélèvements peuvent être effectués aux mêmes fins sur les ascendants, descendants ou collatéraux, avec leur consentement écrit (C. civ., art. 16-11, D. n° 2012-125, 30 janv. 2012, art. 3). Le consentement est recueilli par les services de police ou de gendarmerie sur un document dont ils envoient copie au procureur de la République requérant (D. n° 2012-125, 30 janv. 2012, art. 4).

14.6 La levée de corps : définition et recommandations du conseil de l'Europe (R(99)3)

La levée de corps est **l'examen médico-légal effectué**, de préférence par un médecin légiste, **dans les lieux de découverte** du cadavre et en lien direct avec l'enquêteur. Elle est suggérée par l'article 81 du code civil (v. n° 14.3E) au titre de la police des opérations funéraires et de l'état civil (mais dont les dispositions ne s'imposent pas au titre de la procédure pénale) et recommandée par le conseil de l'Europe.

Rec. Comité des ministres du conseil de l'Europe, n° R(99)3, 2 févr. 1999, § 1 : « *en cas de décès qui pourrait être dû à une cause non naturelle, l'autorité compétente, accompagnée d'un ou de plusieurs médecins légistes, devrait procéder, dans les cas appropriés, à l'examen des lieux et du cadavre, et décider si une autopsie s'avère nécessaire* ».

Les tâches et rôles respectifs de l'enquêteur et du médecin légiste, fixés par la recommandation ci-dessus, sont mises en perspectives dans le tableau suivant :

Tableau 23 : Tâches de l'enquêteur et du médecin légiste dans la levée de corps

Rôle et tâches de l'enquêteur	Rôle et tâches du médecin légiste
• Relever l'identité de toutes les personnes présentes sur les lieux	• Être informé de toutes les circonstances relatives à la mort
• Photographier le corps en l'état	• S'assurer que les photographies du corps sont prises de façon appropriée
• S'assurer que tous les indices sont notés, et que les pièces à conviction, telles que les armes et les projectiles, sont saisies pour un examen plus approfondi	• Noter la position du corps et sa compatibilité avec l'état des vêtements, le degré de la rigidité et de la lividité cadavériques, ainsi que l'état de décomposition *post mortem*

• En accord avec le médecin légiste, obtenir des informations permettant l'identification du corps ainsi que toute autre information pertinente, lorsqu'elles sont disponibles, auprès des témoins présents sur les lieux ainsi qu'auprès des personnes ayant vu pour la dernière fois la victime encore en vie	• Examiner et noter la localisation et la forme de toute trace de sang sur le corps et sur les lieux, ainsi que tout autre indice biologique • Procéder à un examen préliminaire du corps • Noter la température ambiante, la température rectale profonde du corps, et estimer l'heure du décès en relevant le degré, la localisation et l'état de réversibilité de la rigidité et de la lividité cadavériques, ainsi que toute autre constatation, sauf lorsque le corps est en état de décomposition ou de squelette
• Protéger les mains et la tête du cadavre avec des sachets en papier sous le contrôle du médecin légiste • Préserver l'intégrité des lieux et des environs	• S'assurer que le corps est transporté et conservé en l'état dans un lieu réfrigéré sûr

D'après Recommandation Comité des ministres du conseil de l'Europe n° R(99)3, 2 févr. 1999, relative à l'harmonisation des règles en matière d'autopsie médico-légale.

14.7 L'autopsie judiciaire, le cadre légal et réglementaire

A. L'autopsie judiciaire

1. Les cas où l'autopsie est préconisée (recommandation R(99)3)

La recommandation R(99)3 du conseil de l'Europe énonce :

Les autopsies devraient être réalisées dans tous les cas de mort non naturelle évidente ou suspectée, quel que soit le délai entre l'événement responsable de la mort et la mort elle-même, en particulier dans les cas suivants :

a) homicide ou suspicion d'homicide ;

b) mort subite inattendue, y compris la mort subite du nourrisson ;

c) violation des droits de l'Homme, telle que suspicion de torture ou de toute autre forme de mauvais traitement ;

d) suicide ou suspicion de suicide ;

e) suspicion de faute médicale ;

f) accident de transport, de travail ou domestique ;

g) maladie professionnelle ;

h) catastrophe naturelle ou technologique ;

i) décès en détention ou associé à des actions de police ou militaires ;

j) corps non identifié ou restes squelettiques.

2. Le cadre juridique (C. pr. pén., art. 230-28)

L'autopsie judiciaire peut être ordonnée dans le cadre d'une enquête judiciaire en application des articles 60 (**flagrance**), 74 (**recherche des causes de la mort**) et 77-1 (**enquête préliminaire**) ou d'une **information judiciaire** en application des articles 156 et suivants du code de procédure pénale.

Mise en œuvre dans le cadre de l'enquête de flagrance, avec l'autorisation nécessaire du parquet dans le cadre préliminaire (à peine de nullité), l'autopsie constitue un « *examen technique ou scientifique* » (C. pr. pén., art. 60 et 77-1, sur le cadre juridique de ces opérations, v. n° **11.49**) et n'est pas soumise aux règles de l'expertise applicables à l'instruction préparatoire.

Quel que soit le cadre des investigations, l'autopsie judiciaire « *ne peut être réalisée que par un praticien titulaire d'un diplôme attestant de sa formation en médecine légale ou d'un titre justifiant de son expérience en médecine légale* » (C. pr. pén., art. 230-28).

Le médecin requis, s'il n'est déjà inscrit sur une **liste d'experts** auprès de la C. cass. ou de la cour d'appel, doit prêter serment par écrit d'apporter son concours à la justice en son honneur et conscience (C. pr. pén., art. 60 et 77-1). Selon la recommandation R(99)3 « *le médecin légiste doit exercer ses fonctions en toute* ***indépendance et impartialité****. Il ne devrait être soumis à aucune sorte de pression et il devrait exercer son mandat objectivement, notamment dans la présentation complète de ses résultats et conclusions* ».

Le praticien requis est tenu d'exécuter sa mission : est puni de 3 750 € le fait pour un médecin de ne pas déférer aux réquisitions de l'autorité publique (CSP, art. L. 4163-7) (v. nº **25.49**).

Depuis L. nº 2019-222, 23 mars 2019, les personnes requises dans le cadre de l'enquête préliminaire ou de flagrance « *peuvent.../...placer sous scellés les objets résultant de leur examen ; en particulier, les médecins requis pour pratiquer une autopsie ou un examen médical peuvent placer sous scellés les prélèvements effectués* » (C. pr. pén., art. 60). « *Si ces dispositions auront pour conséquence de ne plus imposer la présence des enquêteurs lors des autopsies réalisées au cours de l'enquête, à la seule fin de placer sous scellés les prélèvements effectués par le médecin, il demeure que, si la nature de la procédure le justifie, il pourra demeurer nécessaire que les enquêteurs assistent à ces opérations, afin notamment d'être immédiatement informés des constatations du légiste, ou pour pouvoir le guider dans ses recherches au regard des éléments de l'enquête* » (Circ. Crim. 2019-8/H3, 5 avr. 2019, JUSD1910288C, nº 2.5).

Sur instructions du procureur de la République, l'OPJ ou, « *sous le contrôle de ce dernier, l'APJ* » (L nº 2019-222, 23 mars 2019) donne connaissance des **résultats de l'autopsie** à la personne à l'encontre de laquelle il existe des indices faisant présumer qu'elle a commis ou tenté de commettre une infraction, ainsi qu'aux victimes, dans le cadre de l'enquête de flagrance ou préliminaire (C. pr. pén., art. 60 et 77-1).

B. Le coût de l'autopsie judiciaire, l'organisation de la médecine légale

Par circulaire conjointe du ministère de la Justice, de l'Intérieur, et du Travail, de l'Emploi et de la Santé du 27 déc. 2010, complétée par circulaire du 25 avr. 2012, a été mis en place un **schéma directeur de la médecine légale**, dédiant des unités, au sein d'établissements publics de santé, à la médecine légale : thanatologie avec les IML (instituts de médecine légale) au niveau régional, et médecine légale du vivant (examen des victimes et des gardés à vue, sur la détermination de l'ITT des victimes, v. nº **14.2**) avec les UMJ (unités médico judiciaire) au niveau départemental. Désormais, les opérations accomplies dans ces structures sur réquisition judiciaire ne sont plus rémunérées à l'acte (v. les modalités de tarification ou de taxation des actes rémunérés sur **frais de justice** criminelle au nº **11.49A**) mais donnent lieu à un paiement forfaitaire et annuel déterminé en fonction de l'activité de la structure et des besoins. Ces dotations financières sont financées par les crédits du ministère de la justice. Toutefois, certains actes comme le gardiennage et la destruction des scellés, la conservation des corps et les examens complémentaires (anatomopathologie, imagerie médicale, biologie médicale, toxicologie médicale), même réalisés par ces structures, font l'objet d'un paiement à l'acte sur mémoire de frais de justice, entre les mains de l'établissement de santé au sein duquel exerce le praticien.

En dehors du dispositif de la dotation forfaitaire, les expertises et examen en matière de médecine légale sont tarifés au titre des frais de justice criminelle, correctionnelle ou de police, par lettres clés et coefficients, en référence aux tarifs d'honoraires conventionnés par la sécurité sociale (C. pr. pén., art. R. 116-1 s.).

C. Les autopsies non pénales

1. L'autopsie médicale (CSP, art. L. 1211-2)

L'autopsie est dite médicale lorsqu'elle est pratiquée, en dehors du cadre des mesures d'enquête ou d'instruction diligentées lors d'une procédure judiciaire, dans le but d'obtenir un diagnostic sur les causes du décès. Elle doit être pratiquée conformément aux exigences de recherche du consentement ainsi qu'aux autres conditions prévues au chapitre II du titre III du livre I du code de la santé publique (CSP, art. L. 1211-2).

2. L'autopsie en matière d'accident du travail ou de maladie professionnelle (CSS, art. L. 442-4)

L'employeur ou l'un de ses préposés doit déclarer tout accident du travail dont il a eu connaissance à la caisse primaire d'assurance maladie (CPAM) dont relève la victime (CSS, art. L. 441-2).

Dès qu'elle a eu connaissance d'un accident du travail par quelque moyen que ce soit, la CPAM est tenue de faire procéder aux constatations nécessaires (CSS, art. L. 441-2).

La caisse doit, si les ayants droit de la victime le sollicitent ou avec leur accord si elle l'estime elle-même utile à la manifestation de la vérité, demander au tribunal judiciaire dans le ressort duquel l'accident s'est produit de faire procéder à l'autopsie dans les conditions prévues aux articles 232 et suivants du code de procédure civile (mesures d'instruction ordonnées dans le cadre d'un litige civil). Si les ayants droit de la victime s'opposent à ce qu'il soit procédé à l'autopsie demandée par la caisse, il leur incombe d'apporter la preuve du lien de causalité entre l'accident [du travail] et le décès (CSS, art. L. 442-4).

14.8 L'autopsie judiciaire et sa conciliation avec la greffe d'organe

A. Le cadre juridique général

« *Le prélèvement et la greffe d'organe constituent une priorité nationale* » (CSP, art. L. 1231-1 A). L'enquête judiciaire, la médecine légale et les dispositions du code de la santé publique relatives aux prélèvements d'organes à des fins thérapeutiques, sont donc amenées à conjuguer leurs finalités respectives.

Il en est ainsi, principalement, à l'occasion des procédures de recherche des causes des blessures graves ou d'atteintes volontaires ou involontaires aux personnes, dès lors que le corps de la victime, en état de mort encéphalique, maintenu sous ventilation mécanique et sous support hémodynamique éventuel, est susceptible de faire l'objet de prélèvements d'organes aux fins de greffe. Sauf pour certains organes limitativement énumérés dans un arrêté, les prélèvements ne sont en effet admis que si la personne décédée est sous ventilation mécanique et conserve une fonction hémodynamique (CSP, art. R. 1232-4-1). Le prélèvement des tissus et des cellules est soumis à des conditions identiques (CSP, art. R. 1232-4-1).

Le prélèvement d'organe ne peut être pratiqué que sur une personne « *dont la mort a été dûment constatée* » (CSP, art. L. 1232-1). Le diagnostic de la mort encéphalique répond aux exigences posées par le CSP (sur la notion de mort, v. n° **14.3C**). Les médecins qui établissent ce diagnostic doivent appartenir à des unités ou services distincts de ceux pratiquant le prélèvement (CSP, art. L. 1232-4).

Le prélèvement d'organe peut être pratiqué dès lors que la personne n'a pas fait connaître son refus de son vivant, notamment par l'inscription sur le registre national automatisé des refus de prélèvement. Le médecin doit s'efforcer de connaître auprès des proches si la personne a manifesté de son vivant son opposition au don d'organes (CSP, art. L. 1232-1). Si la personne décédée est mineure, chacune des personnes investies de l'exercice de l'autorité parentale, ou au moins une en cas d'impossibilité, doit y consentir par écrit (CSP, art. L. 1232-2, réd. issue L. n° 2021-1017, 2 août 2021, qui a supprimé l'autorisation du tuteur lorsque la personne décédée était sous tutelle).

Le prélèvement « *ne peut être effectué qu'à des fins thérapeutiques ou scientifiques* » (CSP, art. L. 1232-1) et doit être exclusivement pratiqué dans un établissement agréé (CSP, art. L. 1233-1).

Le prélèvement de tissus et de cellules et la collecte de produits du corps humain sur une personne dont la mort a été dûment constatée obéit au même régime (CSP, art. L. 1241-6).

B. Les bonnes pratiques du prélèvement d'organes en cas d'enquête judiciaire (Arr. 29 oct. 2015, Annexe III)

Des règles de bonnes pratiques entourent les prélèvements dans l'hypothèse où une enquête judiciaire est ouverte. Elles résultent de l'arrêté du 29 oct. 2015, pris en application de l'art. L. 1235-5, CSP (NOR : AFSP1526242A, *JO* 25 nov. 2015, annexe, n° III), remplaçant l'arrêté du 27 février 1998 (NOR : MESP9820851A, *JO* 27 mars, p. 4625, annexe IV.1).

L'arrêté pose deux restrictions non formulées par le code de la santé publique :

– « *il ne pourra être procédé à aucun prélèvement, de quelque nature que ce soit, sur une personne non identifiée* » (n° III-3, cette prohibition est la conséquence logique de l'absence de possibilité de rechercher, dans un tel cas de figure, l'opposition du donneur potentiel) ;

– « *seuls des prélèvements à finalité thérapeutique pourront être pratiqués, à l'exception de tous autres* » (n° III-4 *in fine*).

Le procureur de la République (ou le juge d'instruction si une information est ouverte) compétent pour donner son accord ou définir les limites du prélèvement « *est celui du lieu des faits (et non celui dans le ressort duquel se trouve le donneur)* ». Il y a lieu de relever que le magistrat saisi de l'enquête (qui est généralement, mais pas nécessairement, celui du lieu des faits) est en toute hypothèse exclusivement compétent. Il est en effet le seul à pouvoir concilier, en donnant son accord et en définissant les limites du prélèvement en fonction des données de l'affaire et notamment du siège des lésions, en lien avec le médecin légiste requis, d'une part, les exigences de l'autopsie judiciaire qu'il ordonne ou qu'il va ordonner, d'autre part, le prélèvement demandé.

À cette fin, « Le procureur de la République (ou le juge d'instruction), avant de prendre sa décision, pourra se concerter avec le médecin légiste. Celui-ci pourra entrer en contact avec l'UF [unité fonctionnelle] médicale de coordination hospitalière, voire assister, s'il le juge nécessaire, aux opérations de prélèvement.

« *Le procureur de la République* [ou le juge d'instruction] *peut faire connaître sa levée d'opposition par téléphone, mais celle-ci sera confirmée par écrit pour archivage. Il pourra, dès la levée d'opposition, être procédé aux opérations de prélèvement d'organes, sous réserve du strict respect des prescriptions suivantes, sous la responsabilité de la coordination hospitalière :*

– *des photographies du corps du donneur, au niveau des zones de prélèvement, seront prises avant toute intervention si le procureur de la République* [ou le juge d'instruction] en a fait expressément la demande ;

– les comptes rendus opératoires (auxquels seront jointes les photographies), au besoin manuscrits, accompagneront obligatoirement le corps lors de son transport pour autopsie médico-légale. Les documents relatifs aux actes réalisés avant la constatation du décès, y compris au cours du transport et du prélèvement, par les services de réanimation seront annexés ;

– des échantillons de sang et d'urine, antérieurs au prélèvement, accompagneront obligatoirement le corps ainsi que, si besoin, sur demande du médecin légiste, des échantillons tissulaires des organes prélevés ou des liquides biologiques.

« *Les prélèvements d'organes seront effectués dans les strictes limites indiquées par le procureur de la République (ou le juge d'instruction). Les greffons non utilisés seront adressés au médecin légiste ayant pratiqué l'autopsie médico-légale. En cas d'impossibilité, qui devra être justifiée, un compte rendu descriptif les concernant sera transmis à ce dernier* » (AM, 29 oct. 2015, NOR : AFSP1526242A, annexe, n° III-4).

Un autre arrêté du 1er avril 1997 (NOR : TASP9624259A, *JO* 6 avr., p. 5275) porte homologation des bonnes pratiques relatives au prélèvement des tissus et de cellules et la collecte de produits du corps humain. Afin de concilier le prélèvement et une éventuelle enquête judiciaire, le médecin préleveur « *vérifie que le cadavre n'est pas susceptible d'être soumis à un examen médico-légal dans le cadre d'une procédure pénale. Dans le cas où les faits ou circonstances du décès laissent présumer que celui-ci peut être imputable à un crime, un suicide, ou dont la cause lui semble suspecte, il vérifie l'absence d'opposition du procureur de la République avant tout prélèvement* » (n° 1.2.3.1).

C. Les recommandations de la Société française de médecine légale

La société française de médecine légale (*Revue de médecine légale*, mars 2013, vol. 4, n° 1) met l'accent, plutôt que sur l'assistance du médecin légiste au prélèvement, sur un **examen exhaustif systématique du corps avant le prélèvement**, par un médecin légiste. Cet examen, qui donne lieu à un rapport, porte au moins sur les éléments suivants :

– « *Rechercher les éléments séméiologiques médicaux-légaux pour les confronter aux données de l'enquête fournies par les services enquêteurs ;*

– « *Relever les soins de réanimation et les lésions provoquées par ces soins ;*

– « *Connaître les organes dont le prélèvement est envisagé et la technique chirurgicale prévue ;*

– « *Émettre des restrictions par organe si nécessaire.*

Cette approche est complétée par plusieurs **recommandations aux équipes hospitalières** réalisant le prélèvement :

– « *La prise de photographies du corps du donneur avant et pendant prélèvement ;*

– « *La prise de photographies de chaque organe prélevé pendant la chirurgie ;*

– « *La description précise de l'incision chirurgicale et la précision d'une possible modification d'une lésion ;*

– « *La prise de photographie d'un geste qui modifierait une lésion (avant et après le geste) ;*

– « *La description in situ des organes et leur description après explantation ;*

– « *La rédaction précoce des comptes rendus opératoires.*

14.9 La protection de la dignité du cadavre et l'attention due aux proches et aux biens de la personne décédée

A. Le respect dû aux morts et l'information due aux proches

« *Le respect dû au corps humain ne cesse pas avec la mort. Les restes des personnes décédées, y compris les cendres de celles dont le corps aura donné lieu à crémation, doivent être traités avec respect, dignité et décence* » (C. civ., art. 16-1-1).

« *Les autopsies médico-légales et toutes autres mesures liées à celles-ci, doivent être réalisées conformément aux principes de l'éthique médicale et en respectant la dignité de la personne décédée* » (recommandation R(99)3, principe IV, considérations générales, 1). « *Le respect dû à la personne ne cesse pas de s'imposer après la mort* » (CSP, art. R. 4127-2, code de déontologie médicale).

« *Le juge peut prescrire toutes mesures propres à empêcher ou faire cesser une atteinte illicite au corps humain ou des agissements illicites portant sur des éléments ou des produits de celui-ci, y compris après la mort* » (C. civ., art. 16-2).

L'atteinte à l'intégrité d'un cadavre constitue un délit (C. pén., art. 225-17, v. n° 20.126).

« *Sous réserve des nécessités de l'enquête ou de l'information judiciaire, le conjoint, le concubin, le partenaire lié par un pacte civil de solidarité, les ascendants ou les descendants en ligne directe du défunt sont informés dans les meilleurs délais de ce qu'une autopsie a été ordonnée et que des prélèvements biologiques ont été effectués* » (C. pr. pén., art. 230-28).

B. La restauration du corps et sa restitution à la famille (C. pr. pén., art. 230-29)

« *Lorsqu'une autopsie judiciaire a été réalisée dans le cadre d'une enquête ou d'une information judiciaire et que la conservation du corps du défunt n'est plus nécessaire à la manifestation de la vérité, l'autorité judiciaire compétente délivre dans les meilleurs délais l'autorisation de remise du corps et le permis d'inhumer* ».

« *Le praticien ayant procédé à une autopsie judiciaire est tenu de s'assurer de la meilleure restauration possible du corps avant sa remise aux proches du défunt* ».

« *Il ne peut être refusé aux proches du défunt qui le souhaitent d'avoir accès au corps avant sa mise en bière, sauf pour des raisons de santé publique. L'accès au corps se déroule dans des conditions qui leur garantissent respect, dignité, décence et humanité. Une charte de bonnes pratiques, dont le contenu est défini par voie réglementaire, informe les familles de leurs droits et devoirs. Elle est obligatoirement affichée en un lieu visible* ».

« *À l'issue d'un délai d'un mois à compter de la date de l'autopsie, les proches du défunt ayant qualité pour pourvoir aux funérailles peuvent demander la restitution du corps auprès du procureur de la République ou du juge d'instruction, qui doit y répondre par une décision écrite dans un délai de quinze jours* ».

« *Lorsque cela est approprié, les proches devraient avoir la possibilité de voir le corps* » (recommandation R(99)3, principe IV, considérations générales, 2).

« *les tissus mous et le squelette de la face ne sont disséqués qu'en cas de nécessité, selon une technique préservant autant que possible l'aspect esthétique* » (recommandation R(99)3, principe V, procédure de l'autopsie, II, B1*f.*).

« *Après avoir effectué une autopsie médico-légale, les médecins légistes doivent s'assurer de la restitution du corps dans des conditions compatibles avec le respect de la dignité* » (recommandation R(99)3, principe V, procédure de l'autopsie, II, B7).

« *Les médecins ayant procédé à un prélèvement ou à une autopsie médicale sur une personne décédée sont tenus de s'assurer de la meilleure restauration possible du corps* » (CSP, art. L. 1232-5).

C. Les mesures conservatoires sur les biens de la personne décédée

Après le décès d'une personne, les proches, les héritiers, ou à défaut le maire, le commissaire de police ou le commandant de la brigade de gendarmerie, le ministère public, peuvent par requête saisir le président du tribunal judiciaire [avant le 1er janv. 2020 : tribunal de grande instance] afin qu'il désigne un commissaire de justice [huissier] qui sera chargé d'accomplir les mesures conservatoires sur les biens (état descriptif, apposition des scellés ou procès-verbal de carence si les meubles sur place sont manifestement dénués de valeur marchande) (C. pr. civ., art. 1304 s.).

14.10 Les opérations préalables à l'autopsie et l'examen externe (recommandation R(99)3)

A. Les opérations préalables (R99) 3, nº IV 3, V I,1

.../...

3. Les règles minimales suivantes sont énoncées dans la recommandation :

a) noter la date, l'heure et le lieu de l'autopsie ;

b) noter le (s) nom (s) du (des) médecin (s) légiste (s), assistant (s) et autres personnes présentes lors de l'autopsie, en indiquant leur qualité et le rôle de chacun dans l'autopsie ;

c) le cas échéant, prendre des **photographies en couleur** ou tourner une vidéo de toutes les constatations pertinentes faites sur le corps habillé et déshabillé ;

d) déshabiller le corps, **examiner et répertorier les vêtements** et les bijoux, vérifier la concordance entre les blessures observées sur le corps et l'état des vêtements (l'examen des vêtements constitue une partie essentielle de l'examen externe, et tous les indices trouvés doivent être clairement décrits. Cela est particulièrement important dans les cas où les vêtements sont endommagés ou souillés ; chaque partie endommagée récemment doit être décrite complètement, et pour tous les indices importants une concordance avec les blessures corporelles devrait être recherchée. Toute discordance concernant ces indices doit être décrite (principe V, nº I, 1)) ;

e) le cas échéant, procéder à des **radiographies**, notamment en cas de suspicion de sévices sur des enfants et afin de découvrir et de localiser des objets étrangers.

4 – Avant le début de l'autopsie, tous les **orifices** devraient, le cas échéant, faire l'objet d'un **écouvillonnage** approprié afin de conserver et d'identifier les traces d'éléments biologiques.

5 – Si la victime a été hospitalisée avant son décès, il conviendrait d'obtenir les échantillons biologiques prélevés à l'admission, les radiographies et tout autre élément figurant dans le **dossier médical** constitué par l'établissement.

B. L'examen externe du cadavre (R99) 3, nº V I, 2 à 8

.../...2. La description du cadavre effectuée au cours d'un examen externe doit mentionner :

a) l'âge, le sexe, la corpulence, la taille, le groupe ethnique, le poids, l'état nutritionnel, la couleur de la peau et **les signes particuliers** (tels que les cicatrices, tatouages, amputations) ;

b) les modifications cadavériques, comprenant celles relatives à la **rigidité** et aux **hypostases post-mortem** – leur répartition, leur intensité, leur couleur et leur réversibilité – et celles relatives à la putréfaction et aux modifications entraînées par les conditions environnementales ;

c) les découvertes faites au cours du premier examen externe et la description qui, le cas échéant, doit inclure les taches ou autres traces visibles sur la surface du cadavre, ainsi qu'un nouvel examen du corps après enlèvement et nettoyage ;

d) l'inspection du revêtement cutané des surfaces postérieures du corps ;

e) la description et l'examen minutieux de **la tête et des orifices de la face** doivent comprendre : la couleur, la longueur, la densité et la distribution de la chevelure (et des poils de la barbe), le squelette nasal, les muqueuses buccales, la dentition et la langue, les oreilles, y compris les régions rétro-auriculaires et les conduits auditifs externes, les yeux, la couleur de l'iris et des sclérotiques, la forme et l'apparence des pupilles, les sclérotiques et la conjonctive, la peau (pour la recherche d'éventuelles pétéchies à décrire), la présence d'écoulements au niveau des différents orifices de la face, avec leur couleur et leur odeur ;

f) **cou** : recherche d'une mobilité anormale et contrôle de la présence ou de l'absence d'abrasions ou de toutes traces et contusions (y compris sous forme de pétéchies) sur toute la circonférence cervicale ;

g) **thorax** : aspect et stabilité, seins : aspect, mamelons, pigmentation ;

h) **abdomen** : distensions externes, pigmentations, cicatrices, malformations et contusions ;

i) **anus et organes génitaux** ;

j) au niveau des **membres** : aspect et mobilité anormale, malformations, traces d'injection et cicatrices, surfaces palmaires, ongles des doigts et des orteils ;

k) **indices matériels sous les ongles.**

3 – Toutes les blessures, y compris les **abrasions, contusions, lacérations** et toutes autres marques doivent être décrites avec leur forme, leur taille exacte, l'orientation, leurs bords et leur situation par rapport aux repères anatomiques. Des **photographies** devraient être prises. Les traces de **morsures feront l'objet d'un écouvillonnage** et, le cas échéant, d'un moulage.

4 – Les signes de **réaction vitale** autour des plaies, la présence de particules étrangères à l'intérieur et sur le pourtour des blessures doivent également être décrits, de même que les réactions secondaires telles que décoloration, cicatrisation ou infection.

5 – L'appréciation des **contusions cutanées ou sous-cutanées** peut nécessiter une incision locale de la peau.

6 – Le cas échéant, des **prélèvements au niveau des blessures** sont nécessaires pour un examen complémentaire, par exemple d'histologie ou d'histochimie.

7 – Toutes traces récentes ou anciennes d'intervention médicale, chirurgicale ou de réanimation doivent être décrites. Les dispositifs médicaux ne doivent pas être retirés du corps du défunt avant l'intervention du médecin légiste.

8 – À ce stade, il y a lieu de déterminer la stratégie à suivre en matière d'investigation et la nécessité ou non de recourir à des **examens radiologiques et à tout autre procédé d'imagerie médicale.**

14.11 L'examen interne du cadavre (recommandation R(99)3 V)

A. Les généralités de l'examen interne (V, II, A)

1 – Tout artefact produit par la dissection ou les procédures de prélèvement doit être répertorié.

2 – Les trois cavités du cadavre – la boîte crânienne, le thorax et l'abdomen – doivent être ouvertes plan par plan. Le cas échéant, le canal rachidien et les cavités articulaires devraient être examinés.

3 – **L'examen et la description des cavités** doivent comporter : un examen de la présence de gaz (pneumothorax), la mesure du volume des liquides ou du sang, l'aspect de la face interne des parois, l'absence d'anomalie au niveau des limites et des structures anatomiques, l'aspect externe des organes et leur localisation, les adhérences et obstructions intracavitaires, ainsi que les lésions et hémorragies.

4 – L'exploration et la **dissection des tissus mous et des muscles de la région cervicale** font partie intégrante de toute autopsie médico-légale (v. le paragraphe concernant les techniques particulières).

5 – Tous les organes doivent être examinés et découpés conformément aux règles de la pratique anatomo-pathologique. Cela doit toujours inclure **l'ouverture de tous les vaisseaux importants**, par exemple les artères et les sinus crâniens, les carotides, les artères coronaires, les artères et les veines pulmonaires, l'aorte et les vaisseaux abdominaux, les artères fémorales et les veines des membres inférieurs. D'autres conduits doivent être disséqués, par exemple les voies aériennes supérieures et périphériques, les voies biliaires, les uretères. Tous les organes creux doivent être ouverts, et leur contenu décrit en fonction de la couleur, de la viscosité et du volume (le cas échéant, les échantillons doivent être conservés). Tous les organes doivent être découpés, et l'aspect de la tranche de section précisé. Si des lésions sont constatées, la technique de dissection pourra s'écarter de la procédure habituelle, la technique utilisée devrait être décrite et documentée de façon appropriée.

6 – Toutes les **lésions et blessures internes** doivent être minutieusement décrites selon leur dimension et leur localisation. Le trajet des plaies doit être décrit afin d'établir leur direction en relation avec l'anatomie de l'organe.

7 – Le **poids des organes majeurs** doit être noté.

B. Les examens détaillés (V, II, B)

1. La tête

a) avant **ouverture de la boîte crânienne**, le périoste doit être détaché afin de mettre en évidence ou d'exclure toute fracture ;

b) l'examen de la tête doit impliquer l'inspection et la description du cuir chevelu, des surfaces externe et interne de la boîte crânienne et des muscles temporaux ;

c) l'épaisseur et l'aspect des **os et des sutures du crâne**, l'aspect des méninges, du liquide céphalo-rachidien (LCR), les **parois et le contenu des artères cérébrales et des**

sinus doivent être décrits. La description des os doit aussi comporter la vérification de leur intégrité y compris au niveau de la charnière cervico-occipitale et des deux premières vertèbres cervicales ;

d) en cas de blessure à la tête, suspectée ou manifeste (notamment si des examens détaillés sont nécessaires ou en cas de suicide ou de putréfaction), il conviendra de **fixer le cerveau** dans sa totalité avant de procéder à sa dissection ;

e) les **oreilles moyennes** doivent toujours être ouvertes, les sinus nasaux doivent l'être également lorsque cela est indiqué ;

f) les tissus mous et le squelette de la face ne sont disséqués qu'en cas de nécessité, selon une technique préservant autant que possible **l'aspect esthétique.**

2. Le thorax et le cou

L'ouverture du thorax doit être effectuée selon une technique permettant la mise en évidence d'un pneumothorax, ainsi que l'examen de toutes les parois thoraciques y compris celles des régions postérolatérales. La dissection *in situ* du cou doit permettre de visualiser les détails de son anatomie.

3. L'abdomen

L'ouverture de l'abdomen doit permettre de procéder à l'examen précis de tous les plans de tissus, y compris ceux des régions postérolatérales. La dissection *in situ* est nécessaire dans certains cas, notamment pour l'évacuation des liquides d'épanchement, ou encore pour reconstituer les trajets des plaies. La dissection des organes devrait assurer si possible, la continuité anatomique des viscères. L'ensemble de l'intestin doit être disséqué et son contenu décrit.

4. Le squelette

a) l'examen de la cage thoracique, de la colonne vertébrale et du bassin doit faire partie intégrante de l'autopsie médico-légale ;

b) les décès d'origine traumatique nécessitent, le cas échéant, une dissection minutieuse des membres, autant que possible complétée par un **examen aux rayons X.**

C. Les techniques particulières : traumatisme cervical, embolie gazeuse, origine traumatique, agression sexuelle (R99)3, V, II, B, 5

a) s'il y a le moindre doute au sujet d'un **traumatisme cervical**, l'encéphale et les viscères thoraciques doivent être extraits avant la dissection détaillée du cou afin de permettre des investigations sur un champ non souillé de sang ;

b) en cas de **suspicion d'embolie gazeuse**, une radiographie du thorax doit être pratiquée avant l'autopsie. Dans ce cas, la première étape de l'autopsie doit comporter l'ouverture partielle et prudente du thorax et la dislocation des trois quarts inférieurs du sternum, suivie de l'ouverture du cœur sous l'eau, permettant ainsi la mesure et le prélèvement de l'air ou du gaz pouvant s'en échapper ;

c) dans le but de mettre en évidence **certains types de blessures**, la technique normale et habituelle d'autopsie peut être modifiée, à condition que cette technique soit spécifiquement décrite dans le rapport d'autopsie ;

d) dans les cas de **décès d'origine traumatique**, la dissection doit comporter la mise à nu des tissus mous et de la musculature de la partie postérieure du corps. La même procédure doit être appliquée au niveau des quatre membres (technique dite de « l'écorchage ») ;

e) en cas **d'agression sexuelle évidente ou suspectée**,(v. n° 14.22) les organes génitaux internes doivent être extraits « *en bloc* » en même temps que les organes génitaux externes, le rectum et l'anus, pour être ensuite disséqués. Cette dissection sera précédée de prélèvements par écouvillonnage au niveau des différents orifices et cavités.

14.12 Les prélèvements dans le cadre de l'autopsie

A. Les prélèvements biologiques, le cadre législatif et réglementaire

« *Au cours d'une autopsie judiciaire, le praticien désigné à cette fin procède aux prélèvements biologiques qui sont nécessaires aux besoins de l'enquête ou de l'information judiciaire* » (C. pr. pén., art. 230-28).

Depuis L. n° 2019-222, 19 mars 2019, le praticien désigné dans le cadre de l'enquête préliminaire ou de flagrance pour pratiquer une autopsie ou un examen médical peut, à l'instar de l'expert désigné par un juge d'instruction (C. pr. pén., art. 163), en le mentionnant dans son rapport, « *placer sous scellés les prélèvements effectués* » (C. pr. pén., art. 60 et 77-1, v. n° 11.49C et 14.7A).

« *Lorsque les prélèvements biologiques réalisés au cours d'une autopsie judiciaire ne sont plus nécessaires à la manifestation de la vérité, l'autorité judiciaire compétente peut ordonner leur destruction. La destruction s'effectue selon les modalités prévues par l'article R. 1335-11 du code de la santé publique* » (C. pr. pén., art. 230-29).

Les pièces anatomiques d'origine humaine destinées à l'abandon doivent être incinérées. L'incinération a lieu dans un crématorium autorisé (CGCT, art. L. 2223-40), par un gestionnaire habilité (CGCT, art. L. 2223-41). L'incinération est effectuée en dehors des heures d'ouverture du crématorium au public. Sous certaines conditions, les cendres issues de l'incinération des pièces anatomiques d'origine humaine peuvent être collectées et traitées par les communes et les groupements de communes. (CSI, art. R. 1335-11).

Toutefois, sous réserve des contraintes de santé publique et lorsque ces prélèvements constituent les seuls éléments ayant permis l'identification du défunt, l'autorité judiciaire compétente peut autoriser leur restitution en vue d'une inhumation ou d'une crémation (C. pr. pén., art. 230-31).

B. Le protocole de prélèvement dans la recommandation R(99)3 (V, II, B, 6)

La procédure de prélèvement varie d'un cas à l'autre. Il convient cependant d'appliquer les règles minimales suivantes :

a) dans toute autopsie, l'échantillonnage de base en matière de prélèvement doit comprendre un **échantillon des principaux organes** pour des examens histologiques et un **échantillon de sang** (afin par exemple de rechercher le taux d'alcool, de réaliser des analyses toxicologiques ou de procéder à l'identification génétique), d'urine et du contenu gastrique. Tous les échantillons de sang doivent être constitués de **sang périphérique** et non thoracique ou cardiaque ;

b) si la cause de la mort ne peut être établie avec certitude, les prélèvements doivent comprendre des échantillons et liquides biologiques additionnels pour les **analyses métaboliques et toxicologiques**. Cela doit inclure le sang, l'humeur vitrée, le liquide céphalorachidien, la bile, des échantillons de cheveux et tout autre prélèvement tissulaire justifié ;

c) si la mort est d'origine violente, il y aura lieu de réaliser des **prélèvements au niveau des blessures**, par exemple, afin d'en déterminer l'âge ainsi que l'existence de matériel étranger dans celles-ci ;

d) s'il paraît souhaitable de procéder à une reconstitution corporelle, le prélèvement de structures osseuses peut être nécessaire ;

e) si l'identification constitue l'objet principal, l'extraction des maxillaires et d'autres os peut être nécessaire ;

f) en cas de suspicion ou de diagnostic de **strangulation** (v. n° 14.19) ou de toute forme de violence au niveau de la région cervicale, il importe de préserver pour examen histologique, la totalité des structures du cou, y compris les plans musculaires et les axes vasculo-nerveux. L'os hyoïde et les cartilages du larynx doivent faire l'objet d'une dissection particulièrement soignée ;

g) les prélèvements biologiques de l'autopsie doivent être placés dans des **bocaux bien fermés**, dans de bonnes conditions de conservation, **mis sous scellés**, et transportés au laboratoire dans des conditions de parfaite sécurité ;

h) certains échantillons et fluides doivent être prélevés de manière spécifique et analysés sans délai.

14.13 Le rapport d'autopsie : le cahier des charges de la recommandation R(99)3 (VI)

Au-delà de l'objectif, rappelé par la recommandation, de clarté et d'intelligibilité pour des lecteurs non médecins, de construction logique et systématique de sorte que l'on puisse aisément se référer aux différentes parties du rapport, les énonciations suivantes sont au minimum attendues (il est fait référence aux lettres des § de la partie VI-3 de la recommandation R(99)3) :

A. Les commémoratifs

a) une préface juridique pour répondre aux conditions stipulées par la loi, si nécessaire ;

b) la référence du dossier, le code de récupération sur ordinateur et le code « *Classification Internationale des maladies* » (Cim) ;

c) des informations personnelles complètes sur la personne décédée (nom, âge, sexe, adresse et profession), à moins qu'elle n'ait pu être identifiée ;

d) la date, l'heure et le lieu du décès, dès lors qu'ils sont connus ;

e) la date, le lieu et l'heure de l'autopsie ;

f) le nom, la qualification et le statut du ou des médecin(s) légiste(s) ;

g) les personnes présentes à l'autopsie et leur fonction ;

h) la dénomination de l'autorité ayant ordonné l'autopsie ;

i) la ou les personnes qui ont identifié le corps auprès du médecin légiste ;

j) le nom et l'adresse du médecin traitant de la personne décédée ;

k) un synopsis du déroulement et des circonstances du décès, tels qu'ils ont été indiqués au médecin légiste par la police, les magistrats, la famille ou d'autres personnes, ainsi que les informations trouvées dans le dossier, si elles sont disponibles ;

l) la description des lieux du décès, si le médecin légiste s'est rendu sur ces lieux, une référence devrait être faite aux dépositions contenues dans [la levée de corps, v. n° 14.6] ;

B. L'examen externe et interne

m) l'examen externe [par référence au cahier des charges de l'examen externe v. n° 14.10B] ;

n) l'examen interne, par système anatomique, accompagné d'un commentaire sur chaque organe [par référence au cahier des charges de l'examen interne, v. n° 14.11] ;

C. Les examens annexes

o) une liste de tous les échantillons conservés aux fins toxicologique, d'identification génétique, d'histologie et de microbiologie ainsi qu'à d'autres fins devrait être incluse. Tous ces éléments devraient être identifiés et contrôlés par le médecin légiste selon le système juridique de l'État concerné, afin de préserver les indices ;

p) il y a lieu d'inclure le résultat des examens annexes (radiologie, odontologie, entomologie et anthropologie par exemple) lorsque ces résultats sont disponibles ;

D. La discussion médico-légale et la conclusion

q) l'une des parties les plus importantes du rapport d'autopsie concerne l'évaluation de la signification de l'ensemble des constatations effectuées par le médecin légiste. À l'issue de l'autopsie, cette évaluation revêt généralement un caractère provisoire dans la mesure où les constatations ultérieures et les informations recueillies par la suite au sujet d'autres circonstances de la mort peuvent susciter des révisions et des modifications. Les médecins légistes doivent interpréter l'ensemble de leurs constatations de manière à pouvoir fournir le plus d'informations et d'avis possibles. De plus, ils doivent les interpréter de manière que les questions n'ayant pas été soulevées par l'autorité compétente puissent être abordées, le cas échéant ;

r) sur la base de l'interprétation finale, la cause du décès devrait être indiquée (selon le système de la Classification internationale des maladies). Lorsque plusieurs causes du décès existent, et que les faits ne permettent pas de trancher, le médecin légiste devrait décrire ces causes et, si possible, les classer par ordre de probabilité. Si cela n'était pas possible, il y aurait lieu de certifier que la cause du décès « n'a pas été établie » ;

E. La validation par le médecin légiste et le délai de transmission

s) enfin le rapport devrait être relu et vérifié puis daté et signé par le ou les médecin(s) légiste(s).

4 – Le laps de temps entre la date de l'autopsie et la date du rapport provisoire ne devrait pas dépasser un jour ou deux. Le délai entre la date de l'autopsie et la date du rapport final devrait être aussi bref que possible.

14.14 Les plaies et lésions par objet ou moyen vulnérant

A. La définition de l'arme blanche

Les armes dites blanches recouvrent une rubrique de la catégorie D prévue par CSI, art. 311-2 (v. catégorie des armes, n° **26.6E2**) : « *Tous objets susceptibles de constituer une arme dangereuse pour la sécurité publique [ancienne 6e catégorie] dont : — les armes non à feu camouflées ; — les poignards, les couteaux-poignards, les matraques, les projecteurs hypodermiques et les autres armes figurant sur un arrêté du ministre de l'intérieur* ».

Y appartiennent donc les instruments piquants, tranchants, contondants, constituant des armes par nature ou par destination, à l'origine de plaies et de lésions caractéristiques susceptibles d'être relevées tant en médecine du vivant qu'en thanatologie.

Par ailleurs, les mains nues ou toute autre partie contondante du corps (tête, pied) constituent un moyen vulnérant suscitant des lésions.

B. L'ecchymose

L'ecchymose est un **épanchement diffus et sous cutané de sang à l'intérieur d'un tissu** conjonctif ou graisseux, résultant du traumatisme de petits vaisseaux sanguins.

Elle peut apparaître en dehors d'une action traumatique ou pour des traumatismes très légers dans certaines pathologies, ou apparaissent plus facilement chez l'enfant et le sujet âgé ou soumis à un traitement anticoagulant.

Du vivant de la personne, la **couleur de l'ecchymose** varie jusqu'à sa disparition. Ce phénomène résulte de la coagulation initiale de l'épanchement, qui explique sa coloration rouge, puis de la dégradation de l'hémoglobine.

Tableau 24 : Évolution de la couleur de l'ecchymose *ante mortem*

1 à 3 jours	Évolution du rouge vif initial au violet ou bleuâtre si l'ecchymose est superficielle, persistance du rouge si elle est profonde
4 à 10 jours	Évolution vers la couleur verdâtre
10 à 15 jours	Évolution vers le brun jaunâtre

15 à 25 jours	Disparition depuis la périphérie vers le centre

De nombreux facteurs influent sur l'évolution de la couleur de l'ecchymose (périmètre, profondeur, âge, troubles de la coagulation) et l'appréciation de son ancienneté n'offre pas une précision inférieure à 3 jours. Il est toutefois admis qu'en l'absence de décoloration, l'ecchymose n'a pas plus de deux jours. Lorsqu'elles résultent d'une même action violente, les ecchymoses superficielles doivent présenter le même niveau de coloration.

Puisqu'elle est liée à la coagulation, l'ecchymose atteste que le **traumatisme a été causé du vivant** de la personne.

La localisation et la description précise des ecchymoses est importante car ces dernières renseignent sur les traumatismes subis, épousent généralement la forme de l'objet ou du moyen employé (la surface de l'impact peut être toutefois inférieure à celle de l'objet en raison du phénomène de rétraction post-traumatique des tissus). À noter que **l'ecchymose peut migrer *ante mortem*** sous l'effet de la gravité (ex. du genou vers le pied, du front vers l'orbite).

En autopsie, la crevée des zones ecchymotiques confirme l'origine hémorragique, ce qui permet de les distinguer des lividités cadavériques et des tâches de putréfaction.

C. L'hématome

L'hématome est une **collection (poche) de sang** logée dans une cavité naturelle (ex. cavité pleurale ou espace sous ou extra-dural) du corps ou dans une cavité créée (cavité dite néo formée) sous la pression de l'épanchement hémorragique interne causé par la rupture de vaisseaux sanguins. Plus important que celui de l'ecchymose, l'épanchement résulte de l'atteinte de vaisseaux plus gros. L'hémorragie ne résulte pas nécessairement d'un traumatisme externe et peut aussi provenir d'une pathologie.

L'hématome se caractérise souvent, mais pas nécessairement, par un relief si son siège est cutané. Il peut être profond, et ses manifestations peuvent n'intervenir que quelques jours après le traumatisme. En autopsie, des crevées mettront en évidence la poche de sang et doivent être effectuées dans les plans profonds pour la recherche des hématomes non superficiels.

La **résorption de l'amas sanguin** est plus longue que celle de l'ecchymose et peut nécessiter, pour les plus importants, un drainage chirurgical. Sa couleur évolue au fur et à mesure de sa dissipation selon les gradations décrites pour l'ecchymose.

D. L'hématome extra et sous-dural et les autres lésions cérébrales

L'hématome extra ou sous-dural est une collection de sang résultant du traumatisme d'une artère (artère méningée dans les régions temporales, artère corticale) ou d'une veine (sinus veineux de la région occipitale, veine corticale ou cortico sinusienne). L'amas de sang se loge soit, dans le cas de **l'hématome extra-dural également appelé épidural**, entre la voûte osseuse (os du crâne) et la dure mère (ou pachyméninge), membrane (méninge) qui entoure l'encéphale, soit, dans le cas de **l'hématome sous-dural ou subdural**, entre la dure mère et l'autre enveloppe méningée du cerveau, l'arachnoïde.

L'hématome épidural (ou extra-dural) résulte de la rupture d'un vaisseau, souvent l'artère méningée moyenne, et sa symptomatologie est d'apparition rapide (4 à 8 h). La collection sanguine de l'hématome sous-dural provient quant à elle de veines du cortex ou de liquide céphalo rachidien et sa formation et sa symptomatologie sont plus lentes : 3 jours pour l'hématome aigu, 3 jours à plusieurs semaines pour l'hématome subaigu, plus lointain encore pour l'hématome chronique.

Dans les chocs avec **phénomène de décélération brutale** du cerveau (accident routier), le point d'impact peut être le siège d'un hématome extra-dural, et on peut observer en symétrie de ce point d'impact, en conséquence des **forces du contrecoup**, un hématome sous-dural.

Une **fracture du crâne, avec ou sans embarrure** (enfoncement de la zone fracturée vers l'intérieur du crâne), n'implique pas l'existence d'un hématome épidural, et l'absence de fracture ne permet pas davantage de l'exclure. Toutefois, la plupart des fractures comportent un hématome épidural dans la région de l'impact. La fracture peut également être le point d'entrée d'infections graves (méningite, abcès cérébral).

Le traumatisme à l'origine d'un hématome intracrânien ne se traduit pas nécessairement par une perte de connaissance et peut être suivi d'un **épisode de lucidité (intervalle libre)** de plusieurs heures, voire de plusieurs jours, avant l'apparition d'un déficit neurologique manifesté par une dégradation de l'état général, des nausées et céphalées, des perturbations neurologiques et comportementales. Le temps de latence peut être beaucoup plus long chez le **sujet âgé**, du fait de la réduction du volume du cerveau qui laisse davantage de champ à l'épanchement. L'hématome sous-dural aigu, causé par la rupture d'artères corticales ou de veines corticales importantes, se constitue rapidement et entraîne une détérioration rapide.

Le dépistage de l'hématome sous ou extra-dural ne peut être sérieusement fait chez la personne vivante sans recours en urgence au **scanner (tomodensitométrie encéphalique ou TDM)**. L'examen est répété dans les 24 h, puis en cas d'altération de l'état, de manière à suivre l'évolution de l'hématome. Des situations particulières, telles celle de la personne alcoolisée effectuant des chutes, peuvent rendre l'anamnèse délicate et le dépistage difficile.

Les complications de l'hématome engagent le pronostic vital et nécessitent donc dépistage et prise en charge rapides. Il convient toutefois de réserver le cas où, quels que soit l'évolution et les soins apportés à la résorption de l'hématome extra ou sous-dural, les lésions neurologiques proviennent de contusions, lésions ou d'hémorragies cérébrales. Les déficits cognitifs résultant des lésions neurologiques sont susceptibles de qualifier une infirmité permanente ou une ITT > 3 mois (sur ce point, v. n° **14.2B2**).

Le décès imputable à l'hématome extra ou sous-dural trouve sa cause dans la compression mécanique effectuée par la collection sanguine de l'hématome sur l'encéphale. Cette **compression augmente la pression intracrânienne (PIC)**, ce qui entraîne une réduction, pouvant aller jusqu'à l'arrêt, du débit sanguin cérébral. Au terme d'une interruption de quelques minutes de l'irrigation sanguine, les lésions cérébrales sont irréversibles et aboutissent au coma profond (mesuré à l'aide du **Glasgow Coma Scale**, ou Glasgow Outcome Scale (GOS) dit test de Glasgow, le coma profond se situe à un score de 8 sur une échelle de normalité de 15).

À l'autopsie, la collection sanguine de l'hématome peut être prélevée aux fins de mesure de son volume. **L'analyse toxicologique** du prélèvement présente un intérêt car les toxiques y sont métabolisés moins rapidement que dans le circuit vasculaire, les dosages relevés seront par conséquent plus proches de ceux existant au moment des faits. Un hématome ancien comportera des **membranes fibreuses**, caractéristiques du phénomène de cicatrisation, susceptibles d'analyse anatomopathologique.

Des **lésions de l'encéphale (couche supérieure grise et couche profonde blanche)** sont également liées aux mouvements d'accélération ou de décélération brutale, résultant des coups (accélération et pression crânienne) et contrecoups (phénomène de cavitation), de la masse encéphalique à l'intérieur de la boîte crânienne, notamment dans les régions comportant de nombreuses aspérités comme le massif facial (accident routier, chute, coup porté à l'aide d'un moyen vulnérant, **enfant ou bébé secoué**). Ces phénomènes engendrent contusion de l'encéphale, rupture de fibres nerveuses (axones), hématome intracérébral ou hémorragie méningée. À noter qu'hémorragie méningée et rupture axonale peuvent être d'origine non traumatique (rupture d'anévrisme, intoxication).

Selon le rapport et recommandations de la commission d'audition de la Société française de médecine physique et de réadaptation (Sofmer) et de la Haute autorité de santé (HAS), [autorité publique indépendante à caractère scientifique, chargée d'élaborer des recommandations de bonne pratique (CSS, art. L. 161-37 et R. 161-72)], sur le syndrome du bébé secoué (SBS) (mai 2011, actualisé par délibération du 12 juillet 2017), le SBS se déduit des lésions suivantes : ruptures des veines pont, hématome sous-dural multifocal et hémorragies rétiniennes. La date de l'épisode de secouement est évaluée par la recherche du dernier moment où l'enfant a été vu dans un état clinique normal, les symptômes surviennent en effet immédiatement après le secouement. La recommandation indique, dans sa deuxième partie consacrée au mécanisme causal des lésions, d'une part, que les lésions associées à une chute de faible hauteur ne peuvent présenter les caractéristiques et la localisation des lésions associées à un secouement, d'autre part, qu'il n'a pas été retrouvé dans la littérature de cas d'enfant de moins d'un an présentant, après une chute de faible hauteur, des hématomes sous-duraux et des hémorragies rétiniennes. Notons que le recours en annulation contre la recommandation précitée, exercé par une association et 137 personnes, a été rejeté par le Conseil d'État (CE 1re et 4e ch. réunies, 7 juill. 2021, no 438712, *Lebon*).

E. Les plaies par arme blanche, levée de corps et autopsie

L'examen des plaies causées par arme blanche, instruments vulnérants piquants ou tranchants livre des informations essentielles sur la trajectoire des coups et les caractéristiques de l'arme employée.

En médecine du vivant, ces investigations sont évidemment limitées et retardées puisqu'elles s'effacent devant les soins et la chirurgie réparatrice qui prévaudront en urgence.

En médecine thanatologique, l'autopsie apportera des éléments de réponse sur les causes de la mort en distinguant les blessures létales des autres.

La **levée de corps** s'attachera, après déshabillage du corps à effectuer à ce stade **la cartographie des blessures** qui seront identifiées par un moyen alphanumérique, mises en correspondance avec les perforations des vêtements, reportées sur un schéma corporel tenant notamment compte de leur distance précise par rapport aux talons de manière à déterminer à quelle hauteur les coups ont été portés dans le cas où la victime était debout. La reconstitution de trajectoire ou **test de profondeur à l'aide d'une sonde** introduite dans la plaie est **proscrite** : seule une **dissection plan par plan**, de l'orifice d'entrée jusqu'au point de terminaison, permet de reconstituer la trajectoire de l'arme dans le corps. De même, le **retrait de l'arme** laissée dans le corps est à réserver au médecin légiste au stade de l'autopsie.

Si la personne a subi des soins de première urgence ou a été hospitalisée, les éléments de la **fiche d'intervention ou du dossier médical** sont à rechercher et à remettre au médecin légiste pour lui permettre de distinguer les lésions initiales de celles causées par la réanimation ou la chirurgie.

Le seul **rapprochement entre une arme de comparaison et la plaie** permet difficilement d'aboutir à une correspondance absolue. Le trajet de la lame est en effet soumis à de multiples facteurs : obstacle osseux déviant ou arrêtant la trajectoire ou masse adipeuse ou organes mous, en particulier la paroi et la masse abdominale, lui laissant libre cours, mouvements ou position du corps et déplacement interne des organes durant le coup ou la chute du corps, point de terminaison de la lame situé dans une cavité naturelle. Ce rapprochement pourra être complété par l'éventuelle empreinte ecchymotique de la garde du couteau laissée au pourtour de la plaie. En tout état de cause, l'arme (lame et manche) est soigneusement isolée en vue de la recherche des empreintes ADN et dactyloscopiques de la victime et de tiers.

La **taille de la plaie** (longueur et largeur) ne sera pas forcément indicative de la taille de l'arme : la béance peut être plus ou moins prononcée en fonction de la position parallèle ou perpendiculaire de la blessure aux **lignes de Langer** (Ces dernières sont des lignes de force qui sous tendent l'organisation cutanée). Le **rapprochement des berges de la plaie** par un moyen mécanique (adhésif) permet de mieux apprécier la forme et la taille de la lame, de distinguer l'empreinte du bord coupant de la lame de celle laissée par le bord non coupant (dos ou bord dit mousse).

Les **blessures de défense** se caractérisent par leur positionnement et leur orientation sur les membres supérieurs : paume des mains (appréhension de l'arme) et face postérieure (ou interne) de l'avant-bras (parade des coups).

Les **berges contuses** sont l'indice d'un moyen vulnérant jouissant d'une masse capable d'écraser ou de décoller les tissus. Il s'agit des instruments à la fois tranchants et contondants (ex. hache).

L'analyse *in situ* des projections de sang permet d'étayer le scénario de la trajectoire et de la chronologie des coups.

Une plaie causée du vivant de la personne est sujette à une **réaction inflammatoire** rapide, matérialisée par la rougeur et la tuméfaction. Elle s'accompagne dans les 20 à 30 mn d'une prolifération de polynucléaires neutrophiles, puis à partir de 3 ou 4 h, de macrophages qui prédomineront sur les polynucléaires au bout de 12-24 h, et enfin de collagènes après quelques jours. **L'analyse biochimique et anatomopathologique de la plaie** présente donc un intérêt dans le cadre d'une autopsie s'il existe un doute sur la concomitance des plaies et de la mort ou une interrogation sur la durée de l'agonie.

La lésion des artères présente un degré de gravité immédiate en raison de la pression sanguine qui y règne, bien supérieure à celle des veines.

F. Tableau des principales lésions causées par arme blanche

Tableau 25 : Principales lésions causées par les armes blanches

Région encéphalique	Pénétration par l'orbite ou les temporaux, en raison de la finesse de l'os => hémorragie intracérébrale, risque infectieux
Région cervicale (cou)	Section d'une des deux artères carotides => hémorragie rapide Section d'une veine entraînant une embolie gazeuse (migration de bulles d'air transportées notamment au cerveau par un vaisseau). La scanographie permet de vérifier l'hypothèse. Asphyxie par arrivée de sang dans les voies respiratoires
Région thoracique	Perforation du cœur => hémorragie, décès rapide en cas de plaie large du cœur Section de l'artère coronaire ou de l'aorte thoracique => hémorragie rapide Hémopéricarde (épanchement de sang dans l'enveloppe du cœur (péricarde), limitant ou empêchant le fonctionnement du cœur en raison de la pression exercée par le liquide (tamponnade cardiaque)) Hémothorax (épanchement de sang dans la cavité pleurale), dû notamment à une plaie du poumon Hémopneumothorax (épanchement de sang et d'air dans la cavité pleurale)
Région abdominale	Section de l'aorte abdominale => hémorragie rapide Lésion des organes intra abdominaux : foie, rate rein Lésion des viscères et du tube digestif => hémorragie intra-abdominale (hémopéritoine) et risque de péritonite aiguë.
Membres	Artère fémorale (haut des cuisses) => hémorragie rapide

G. Les recommandations du Conseil de l'Europe sur l'autopsie en cas de décès par instrument tranchant ou contondant

La recommandation R(99)3, 2 févr. 1999, annexe nº 9, préconise les opérations suivantes :

– examen des armes ou des objets susceptibles d'être en cause (relevé notamment de leurs dimensions) ;

– examen approfondi des vêtements (à la recherche de déchirures ou de tâches) ;

– dissection soigneuse et description de toutes les plaies (plan par plan), de leur taille, de leur trajet intra-corporel, avec recherche de toutes traces liées à l'arme utilisée et avec contrôle du caractère vital des lésions.

14.15 Les plaies par arme à feu : les catégories d'arme et leurs caractéristiques lésionnelles et forensiques

La connaissance des différentes composantes et catégories d'armes à feu est utile à la compréhension des manœuvres de déclenchement du tir, des lésions, et des traces, résidus ou débris de munitions laissées sur le corps, sur les lieux ou l'auteur du tir.

A. Les armes de poing

Elles se séparent en deux catégories se distinguant par le dispositif d'alimentation du canon en munition ainsi que le système de mise à feu.

1. Le revolver

Les munitions sont emmagasinées (capacité de 5 à 10 coups selon le calibre de l'arme) dans un **barillet** dont la rotation, entraînée par le **système de détente actionné manuellement**, place la cartouche devant le canon tandis que le chien, entraîné par le même mécanisme (dit à double action) ou armé manuellement, décrit une trajectoire de recul puis vient brutalement frapper la douille ou étui en déclenchant le système de mise à feu ;

2. Le pistolet

Cette appellation désigne toute **arme de poing dépourvue de barillet**. Les cartouches sont emmagasinées dans un chargeur logé le plus souvent dans la crosse. Au fur et à mesure de leur utilisation, elles sont poussées, à l'intérieur du magasin, par un ressort vers le canon. Après armement effectué soit par le recul manuel de la culasse soit par la poussée sur la détente, l'énergie déployée par le premier tir entraîne **l'expulsion automatique de la cartouche tirée et la présentation devant la chambre d'une nouvelle munition** prête au tir, lequel peut être alors déclenché par simple pression sur la détente, sans nécessité d'un réarmement manuel de la culasse.

Les projectiles issus d'armes de poing ont, de façon générale, une portée, une vitesse et une énergie cinétique moins importante que les projectiles provenant de fusils.

B. Les armes d'épaule à canon rayé

1. Les fusils et carabines à canon rayé

On trouve dans cette catégorie le pistolet automatique, le fusil d'assaut, la mitraillette et le pistolet-mitrailleur, ainsi que la carabine de chasse à canon rayé. L'intérieur du **canon est rayé en hélice** de la chambre à la bouche, de sorte qu'il imprime au projectile un mouvement de **rotation (gyroscopique)** assurant la stabilité, et donc la précision, du tir.

2. Les projectiles employés pour les armes de poing et les fusils à canon rayé

Ces armes tirent des balles composées de plomb, d'étain et d'antimoine, **nues ou blindées par un chemisage** (couverture) en acier, cuivre ou aluminium. Ces balles sont de forme courte, ronde ou ogivale pour les armes de poing (vitesse et portée faibles), ou longue et pointue (vitesse et portée élevées) pour les armes de guerre.

Le profil de l'ogive et le chemisage peuvent être ouvragés par troncature, découverte du noyau de plomb à la partie avant, cavité centrale à l'avant de la balle (ogive Hollow-Point), incision dans l'enveloppe du chemisage, pour permettre **l'expansion (champignonnage) du projectile** lors de son entrée dans le corps humain. Les dégâts causés par ces projectiles sont importants car l'énergie cinétique arrêtée par le corps est maximisée.

La convention de La Haye de 1899 interdit l'utilisation **à des fins militaires** de projectiles expansifs (dits Dum Dum) telles que les balles dont l'enveloppe dure ne couvre pas entièrement le noyau ou est pourvue d'incision. Seuls les projectiles **« full metal jacket »**, c'est-à-dire comportant un chemisage complet du noyau de plomb, sont donc admis.

En dehors de cette prohibition dans l'usage militaire, les types de projectiles expansifs suivants peuvent alimenter les armes de poing ou les fusils à canon rayé : chemisage partiel avec bout rond en plomb (pointe mousse), chemisage partiel avec bout tronqué en plomb (*hollow point*), projectiles à tête creuse. Utilisé à la chasse pour le gros gibier, ce type de projectile présente l'avantage d'arrêter l'animal sans risque de traversée du corps ni de ricochet accidentel.

3. Les caractéristiques lésionnelles

La vitesse de la balle est élevée et provoque, durant sa trajectoire dans le corps et par effet de cavitation, une **cavité temporaire vulnérante** dont le périmètre dépasse (d'un facteur supérieur à 10) l'orifice laissé par le seul passage du projectile (**cavité permanente**). Cet effet de cavitation est fonction de la vitesse du projectile, de son poids, de son éventuel effet de bascule dans le corps (cas des balles longues dont la trajectoire est particulièrement stable mais qui basculent dès l'impact sur le corps) ou de tout autre facteur augmentant la libération d'énergie cinétique du projectile dans les tissus humains. Certains organes non élastiques (ex. foie) sont particulièrement sensibles aux effets vulnérants de la cavité temporaire.

C. Les armes de chasse à canon lisse

1. Les caractéristiques de l'arme de chasse

Ces armes, à canon simple ou double (voire triple ou quadruple) **dépourvu de striures internes**, sont destinées à la chasse. Elles peuvent être équipées d'un mécanisme d'alimentation semi automatique de la culasse (fusil à pompe ou *riot gun*).

2. Les projectiles employés pour les fusils à canon lisse

Les cartouches de chasse sont conçues pour **tirer en gerbe une multitude de plombs**, dont le nombre varie en fonction de leur calibre, adapté au gibier chassé. Elles peuvent également tirer des **balles (plomb unique)**, notamment la balle Brennecke (Europe) ou Foster (Amérique du Nord) destinée au gros gibier (cette balle comporte des striures imprimant au projectile une rotation stabilisant la trajectoire).

3. Les caractéristiques lésionnelles des munitions de chasse

De façon générale, les munitions de chasse sont particulièrement vulnérantes car **l'énergie cinétique des plombs** est absorbée par le corps, sans orifice de sortie. Elles ne provoquent toutefois pas la cavité temporaire décrite ci-dessus pour les tirs à balle. Plus le tir est effectué à proximité du corps, plus la gerbe de plombs est concentrée et peut par sa compacité avoir un effet « balle ». La concentration de la gerbe est favorisée par le **choke** ou chokage (rétrécissement de l'embouchure du canon). La mesure du périmètre de dispersion de la gerbe sur le corps permet d'apprécier la distance de tir, le cas échéant en procédant sur une surface à un tir de comparaison avec la même arme et munition. Le sciage du canon (**fusil à canon scié**) permet de rendre l'arme plus transportable et dissimulable. Il réduit la portée et accroît la dispersion des plombs (au-delà d'une distance d'une douzaine de mètres) en raison de la suppression du choke.

14.16 Les plaies par arme à feu : orifices d'entrée et de sortie, traces et distance de tir

L'analyse de l'orifice d'entrée, de la trajectoire de tir et des éléments matérialisant la distance de tir sont déterminants pour formuler, confirmer ou exclure des scénarios.

A. L'orifice d'entrée

Son diamètre est variable et ne présente pas d'équivalence stricte avec le calibre ; il est **inférieur au calibre du projectile** (en raison de l'élasticité de la peau, sauf tir à bout touchant délabrant l'orifice par expulsion de gaz) et à l'orifice de sortie. Sa forme varie en fonction de l'angle de pénétration, de la forme ronde évocatrice d'une entrée perpendiculaire au plan de l'épiderme, à une forme oblongue dans l'hypothèse d'un tir oblique. Toutefois un tir de face, perpendiculaire au corps, peut produire l'aspect d'un tir oblique s'il pénètre un plan non perpendiculaire (ex. sein).

Dans les munitions de chasse, la **bourre**, constituée de carton ou de plastic, est insérée comme un **piston** entre la poudre et les plombs afin de mieux leur transmettre la poussée des gaz de déflagration. Dans un tir rapproché, la bourre peut laisser une trace d'impact à proximité de la plaie d'entrée, ou se loger dans le corps.

1. La collerette érosive

Elle résulte de l'abrasion, par l'action de poussée du projectile, de la couche supérieure de la peau (épiderme), peu élastique. Distendu, l'épiderme reprend sa place quelques heures après la mort et se parchemine.

2. La collerette d'essuyage

D'aspect foncé ou noirâtre, située en continuité de la collerette érosive, elle correspond à l'essuyage sur le derme du projectile, plus ou moins chargé en **graisse et en particules métalliques** (oxydation, plomb).

3. La zone d'enfumage et de tatouage

La combustion de la poudre va expulser en direction de la cible des **gaz chauds chargés de suie (enfumage)** et de **grains de poudre non brûlés (tatouage)**. Ces derniers, plus légers que le plomb, vont rapidement dessiner une trajectoire de dispersion et, en cas de tir à bout portant ou à courte distance, entourer l'orifice d'entrée, ou les vêtements, de leurs traces d'impact, de couleur noirâtre. Le diamètre de ces traces augmente et leur densité diminue au fur et à mesure de la distance de tir. Les traces de fumées (qui partent au lavage) cessent vers 30 cm de distance, celles des grains de poudre (qui ne partent pas au lavage) vers une soixantaine de centimètres, à l'exception des tirs par arme de chasse, où des traces seront relevées à plus longue distance, traces toutefois moins denses qu'avec une arme de poing en raison de la plus grande combustion des poudres dans le canon plus long. Ces paramètres peuvent varier en fonction des caractéristiques des grains de poudre : les grains sphériques non consumés ont ainsi une plus grande portée. La forme de la zone de tatouage peut donner une **indication sur l'angle de tir**. L'existence d'un obstacle intermédiaire (vêtements) influe sur tous ces indicateurs.

Dans les tirs à **bout touchant**, ces suies et débris se retrouveront dans le trajet du projectile à l'intérieur du corps. Dans les tirs à **bout touchant « appuyé »**, la trace du canon de l'arme pourra être constatée au point d'impact, et l'expansion des gaz soulevant la couche sous-cutanée peut créer un délabrement en forme d'étoile de la plaie d'entrée.

B. L'orifice de sortie

Du fait de la déformation du projectile au cours de la traversée du corps, le diamètre de l'orifice de sortie est **supérieur à celui de l'orifice d'entrée** et la plaie plus irrégulière ou délabrée. La fragmentation du projectile ou les fracas osseux peuvent être à l'origine de plusieurs plaies de sortie.

C. La trajectoire et la distance de tir

La trajectoire de tir dans le corps est établie au cours de l'autopsie réalisée par le médecin légiste. Comme en matière d'arme blanche, l'introduction directe de sondes est proscrite ; le cheminement du projectile doit être reconstitué, après découpage du corps plan par plan, par l'introduction progressive de sonde à pointe mousse. L'analyse de la trajectoire de tir sur la scène de crime est le domaine du balisticien, qui s'appuiera notamment sur les conclusions du légiste.

L'évaluation de la distance de tir à partir des seules constatations médico-légales est incertaine. Tout au plus peut-on diagnostiquer le tir à bout touchant ou portant. Une estimation plus précise relève du balisticien qui procède, avec l'arme et la munition de question, à des tirs de comparaison avec les constatations effectuées sur le corps et la scène de crime (analyse de la dispersion pour un tir avec munition de chasse, périmètre d'enfumage et de tatouage, analyse des projections).

D. La recherche de résidus sur l'auteur du tir

Lors du tir, la déflagration de l'amorce (composée de styphnate ou résorcinate de plomb, de nitrate de baryum, de sulfure d'antimoine) et de la charge (composée de nitrocellulose) de **la munition, dégage des particules.** Ces dernières, composées principalement de plomb, de baryum et d'antimoine pour l'amorce et de composés nitrés pour la charge, vont se déposer sur les mains de l'auteur du tir (*et/ou* de la victime en cas de geste de défense) et dans l'environnement proche.

La coexistence simultanée de particules sphériques de **trois métaux lourds plomb, baryum et antimoine**, permet d'établir la réalisation d'un tir par la personne, sauf contamination accidentelle par manipulation de l'arme ou de vêtements. L'absence des trois métaux lourds n'exclut pas l'exécution d'un tir : certaines munitions ne contiennent pas cumulativement ces trois métaux, ils ont une courte durée de vie (environ six heures) et disparaissent aisément au lavage et enfin leur dispersion sur la main dépend des caractéristiques de l'arme et est loin d'être systématique.

La **localisation des résidus** varie selon le type d'arme : maintenant le canon pour une arme d'épaule, dos de la main pour un pistolet automatique, paume de la main actionnant la culasse pour une arme de poing à répétition manuelle, arc composé du pouce et de l'index pour les armes de poing, visage et cheveux en cas de tir épaulé, manches. Le prélèvement des résidus de tir s'effectue par **tamponnage des mains** en vue d'une analyse au microscope à balayage électronique. Par ailleurs, des réactifs permettent de révéler les particules de métal laissées dans la main lors de l'appréhension de l'arme (même en l'absence de tir). Enfin, les **vêtements** peuvent être soumis à des tests de dépistage des nitrites ou nitrates (test de Griess modifié) ou du plomb (test au rhodizonate de sodium).

14.17 Les plaies par arme à feu : recommandations du conseil de l'Europe sur l'autopsie en cas de décès par arme à feu

La recommandation R(99)3, 2 févr. 1999, annexe n° 7, préconise les opérations suivantes :

– établissement d'un rapport détaillé sur les lieux et les circonstances de l'incident, l'arme utilisée, le type de projectile, l'emplacement des dommages « environnementaux », les douilles, la position relative des personnes impliquées ;

– examen approfondi des vêtements, description des dommages pertinents et leur prélèvement soigneux ;

– investigations approfondies et parfaitement documentées sur toute tache de sang (éclaboussure) sur la surface du corps (y compris au niveau des vêtements et des mains) ;

– description précise des plaies correspondant aux orifices d'entrée et de sortie des projectiles, en mentionnant leur localisation par rapport aux repères anatomiques, leur distance par rapport à la plante des pieds et la trajectoire à l'intérieur du corps ;

– une description de toutes marques de pression de la bouche du canon sur le revêtement cutané ;

– des prélèvements du revêtement cutané non lavé situé au pourtour des orifices d'entrée et de sortie des projectiles ;

– examen radiographique avant et / ou pendant l'autopsie (si nécessaire) ;

– détermination des trajets et trajectoires des projectiles ;

– conclusion concernant l'orientation du ou des tirs, quant à l'ordre de succession des coups de feu, quant à ceux survenus du vivant ou non de la victime et quant aux positions de cette dernière durant les faits.

14.18 Les asphyxies

A. Physiologie de l'asphyxie

Qu'elle résulte d'une action volontaire, accidentelle, ou naturelle, l'asphyxie est la cessation de l'apport d'oxygène au sang par les échanges respiratoires (inspiration d'oxygène et expiration de gaz carbonique ou CO_2).

Cette insuffisance de l'oxygène peut résulter de plusieurs facteurs : disparition de l'oxygène en milieu confiné et remplacement par un autre gaz, raréfaction ou disparition de l'oxygène en altitude ou en milieu liquide, obstruction ou blocage mécanique des voies respiratoires supérieures (strangulation, enfouissement, fausse route, suffocation oro-faciale par un sac en plastique ou un baillon) ou inférieures (compression de la cage thoracique), inhibition du métabolisme respiratoire par un agent chimique (cyanure).

L'hypoxémie (insuffisante d'oxygène dans le sang) s'enchaîne avec une hypoxie (insuffisance d'oxygène dans les tissus). Des troubles neurosensoriels apparaissent d'abord, avec une augmentation du rythme cardiaque, un stress respiratoire, des convulsions et la perte de conscience. Suit une phase d'excitation médullaire, avec ralentissement cardiaque (bradycardie) et hypertension artérielle. L'arrêt du réflexe respiratoire précède le plus souvent l'arrêt de la circulation sanguine et du cœur, mais un arrêt cardiaque réflexe peut s'observer en de suffocation radicale (sac plastique, obstruction de larynx).

B. L'intoxication au gaz carbonique ou au monoxyde de carbone

L'hémoglobine assure, au cours du métabolisme respiratoire, la fixation de la molécule d'oxygène (0_2) puis son transport dans l'organisme. Elle a aussi une très forte affinité pour d'autres gaz, notamment de combustion de composés organiques (donc carbonés) : le **dioxyde de carbone ou gaz carbonique (CO2)** et le **monoxyde de carbone (CO)**. L'hémoglobine privilégie donc dans des proportions importantes (x 20 pour le CO_2 et x 200 à 240 pour le CO) la fixation de ces gaz lorsqu'ils sont en concurrence avec l'oxygène. Même faiblement présents dans l'atmosphère, ils enclencheront donc un processus rapide d'intoxication. L'asphyxie par confinement (pièce hermétique ou sac en plastique) est une asphyxie au CO_2, celle par un gaz de combustion (réchaud, moteur, foyer au charbon) est une asphyxie au CO.

L'asphyxie au CO présente des spécificités à l'examen externe et à l'autopsie : l'élévation du taux de carboxyhémoglobine (à mesurer par analyse toxicologique) donne une coloration rouge vif (rouge cerise) au sang, aux tissus, à la musculature et aux viscères.

Au-delà de ses effets asphyxiques, le monoxyde de carbone est toxique et peut entraîner des lésions cérébrales permanentes.

C. L'obstruction des voies aériennes supérieures

Les obstructions faciales des voies aériennes s'objectivent par la recherche en levée de corps des objets susceptibles d'avoir entravé la respiration (sac en plastique, baillon) ou de tout indice, notamment abrasions et ecchymoses du nez et de la bouche, susceptible de matérialiser une suffocation criminelle. Ces indices seront difficilement perceptibles chez le jeune enfant. La présence ou l'absence d'un œdème facial et de pétéchies ne seront pas déterminantes.

Les obstructions internes des voies aériennes supérieures consistent le plus souvent en de fausses routes alimentaires mais résultent aussi de toute entrée d'un d'objet (jouet, vêtement) ou substance obstruant les voies respiratoires (ex. hémorragie en cas de rupture du massif facial) ou **d'œdème de Quincke** (gonflement allergique de la muqueuse laryngée à la suite d'une piqûre d'insecte ou de l'ingestion de substance allergène).

Le **syndrome de Mendelson** est l'inondation des voies respiratoires par le contenu gastrique en position allongée sur le dos. Il s'observe en cas de consommation alcoolique sévère (ou d'anesthésie) ou de maladie neurologique ou de séquelle traumatique favorisant la perte de tonus du cardia (sphincter fermant l'entrée de l'estomac) et la remontée de liquide gastrique par le carrefour aéro-digestif. Cette invasion de liquide gastrique acide qui attaque les cellules bronchiques et entraîne leur inflammation peut conduire à une hypoxémie (sous oxygénation) sévère.

En levée de corps, le constat s'infère des écoulements gastriques présents dans les voies aériennes supérieures et de tout indice corroborant l'exposition du sujet à ce risque (consommation alcoolique, état physique). Au stade de l'autopsie, la découverte de matières alimentaires dans les voies supérieures doit bien être distinguée des flux souvent provoqués par les manipulations du corps post-mortem ou par l'agonie.

14.19 La strangulation ou pendaison

A. Les mécanismes à l'œuvre

La strangulation est le fait d'exercer une pression autour du cou dans un axe perpendiculaire au corps, à la différence de la pendaison, effectuée selon un axe vertical prolongeant celui du corps.

Ces deux actions, ou toute autre action de compression cervicale (ex. par un avant-bras, une barre), entraînent à titre majeur une oblitération de la circulation sanguine des deux artères carotides (gauche et droite) entraînant une anoxie cérébrale et une perte de conscience rapide (un peu plus d'une dizaine de secondes). La compression des artères carotides a également pour effet de stimuler **les sinus carotidiens** (lieu de passage du nerf vague ou parasympathique). Ces derniers, situés à l'angle de la mandibule, au niveau de la bifurcation de chaque artère carotidienne, comportent des récepteurs de la pression artérielle dont la compression fait chuter la tension artérielle et entraîne à l'extrême un arrêt cardiaque réflexe de type vagal. Il est cependant soutenu (Di Maio) sur ce point controversé que les cas recensés d'arrêt cardiaque réflexe se sont produits sur des sujets dont la pathologie préexistante pouvait, à elle seule, causer un arrêt cardiaque spontané.

B. La levée de corps et l'autopsie

Les constatations sur place et l'enquête doivent tendre à s'assurer de la faisabilité et de la crédibilité du geste suicidaire et à recueillir tous arguments en faveur du suicide.

L'empreinte laissée autour du cou par le lien corrobore les constatations sur place, la position du corps, la position du point de suspension (haut ou bas), la nature du lien (épaisseur, tissage). L'emplacement du nœud du lien (nuque, côté ou face antérieure du cou) a une influence sur l'intensité et les modalités de l'interruption des échanges respiratoires et sanguins et détermine la cyanose, ou à l'inverse la pâleur du visage, et la congestion, ou non, de ce dernier. La discontinuité du sillon est à mettre en relation avec l'existence d'un vêtement ou de toute matière jouant le rôle d'amortisseur. Les lividités cadavériques doivent être en cohérence avec la position du corps : si celui-ci est pendu verticalement, elles se situent aux régions inférieures des membres et de l'abdomen. À l'autopsie seront recherchées par crevées systématiques les lésions ecchymotiques en rapport avec des violences volontaires contemporaines de la pendaison, précision faite que des lésions cutanées peuvent s'expliquer par les convulsions agoniques (ou hypoxiques) du corps, les membres heurtant meubles ou parois. Autant que nécessaire, **l'analyse toxicologique** permet de compléter le tableau du suicide (médicaments) ou d'exclure la soumission chimique.

La fracture de **l'os hyoïde** et du **cartilage thyroïde** (l'un et l'autre plus élastique chez le sujet jeune), sans être systématique, s'observe à l'autopsie, accompagnée d'une diffusion hémorragique au siège de la fracture si elle est *ante mortem*.

En cas de strangulation, l'oblitération sanguine est moins importante que dans la pendaison et le sang continue d'alimenter l'encéphale par les artères vertébrales (situées à l'arrière du cou). En l'absence de retour veineux, la pression intravasculaire augmente et cause une **congestion faciale** ainsi qu'une rupture de vaisseaux (**pétéchies**) plus particulièrement dans la région péri-orbitaire. Les pétéchies consistent en ruptures de petites veinules, d'aspect punctiforme, résultant de l'augmentation de la pression artérielle.

En cas de strangulation non suicidaire, sont notamment à explorer en levée de corps les traces de défense, ainsi que les traces biologiques sur le lien et les régions sexuelles.

Dans tous les cas, la nature, l'origine du lien et la technique de serrage sont à rechercher. Il est recommandé de couper le lien vers le point de suspension en le laissant intact jusqu'à l'autopsie, avec son nœud, sur la région cervicale, puis de conserver le nœud intact pour examen.

S'agissant des **strangulations manuelles**, les éléments caractéristiques seront les empreintes laissées par les doigts et leurs ongles ainsi que le pouce sur la face avant du cou, dissymétriques en cas de strangulation avec une main, d'aspect plus symétrique avec les deux mains. Ces empreintes sont proportionnelles à la force déployée et, par hypothèse, à la résistance de la victime. Une compression faible sur les artères carotides (une poussée de près de 5 à 6 kg suffit) sur une personne inconsciente (alcool ou médicament) peut causer une anoxie cérébrale sans sémiologie manifeste.

C. Les recommandations du Conseil de l'Europe sur l'autopsie en cas de décès par pendaison ou strangulation

La recommandation R(99)3, 2 févr. 1999, annexe n° 1, préconise les opérations suivantes :

Il est souligné **l'extrême importance des constatations sur les lieux de découverte du corps** : présence d'une chaise ou de toute autre plate-forme ; mode de serrage du dispositif de strangulation ; technique de confection du lien et du nœud ; prélèvement au moyen d'un ruban adhésif sur les mains et sur des objets pour mettre en évidence les traces.

Les explorations et descriptions suivantes sont préconisées :

– **signes de strangulation** : profondeur, largeur du sillon, sillons intermédiaires, direction, point de suspension, phlyctènes, stigmates unguéaux, zones d'hyperhémie, présence de doubles marques de strangulation, autres lésions spécifiques cervicales, excoriations parcheminées dues au frottement du lien, marques dues à la structure ou aux motifs du lien (tissu), distribution des ecchymoses, pétéchies et excoriations de la peau ;

– présence d'écoulements sanguins au niveau des narines et de la bouche, inégalité du diamètre des pupilles, localisation des hypostases, présence et localisation de congestions ;

– blessures en rapport avec des **phénomènes convulsifs**, lésions de défense, plaies dues à une immobilisation forcée.

La **dissection des tissus mous, de la musculature et des organes du cou**, sur un champ non souillé de sang, est indiquée comme essentielle.

S'agissant des **prélèvements**, les recommandations suivantes sont formulées (R(99)3, 2 févr. 1999, V, II, B, 6) :

f) en cas de suspicion ou de diagnostic de strangulation ou de toute forme de violence au niveau de la région cervicale, il importe de préserver pour examen histologique, la totalité des structures du cou, y compris les plans musculaires et les axes vasculo-nerveux. L'os hyoïde et les cartilages du larynx doivent faire l'objet d'une dissection particulièrement soignée ;

14.20 La noyade

A. La physiologie de la noyade

L'obstruction des orifices respiratoires par un liquide dans lequel le corps, ou seulement le visage, est immergé, provoque, par l'effet de mouvements respiratoires réflexes et après un moment d'apnée de près d'une minute, une **inondation des alvéoles pulmonaires et une hypoxie secondaire** entraînant la mort. Le volume d'eau envahissant les bronches peut n'être pas important et entraîne de **sévères perturbations physicochimiques** responsables d'une hypoxie léthale. L'anoxie cérébrale irréversible intervient dans des délais variables, en lien avec la température de l'eau et l'âge. Une eau glaciale pour un sujet jeune peut retarder l'anoxie irréversible.

La noyade de type asphyxique se distingue dans sa sémiologie (corps bleu) des accidents cardiaques (**hydrocution**) survenus dans l'eau (corps blanc). De manière intermédiaire, le contact des voies aériennes supérieures (larynx) avec l'eau provoquerait un **spasme pharyngo-laryngé** à l'origine d'une bradycardie et d'un arrêt cardiaque réflexe. Cette réaction de type vagal, mobilisant le sinus carotidien et le nerf parasympathique, est comparable à celle décrite pour la strangulation. Dans un tel cas l'inondation des bronches est limitée (*dry drowning* ou noyade sèche) et le corps est blanc.

B. La levée de corps et l'autopsie

Au plan macroscopique, la noyade en eau douce et en eau de mer présente des différences. **L'eau salée** entraîne un afflux sanguin au niveau des bronches et des composants de l'eau de mer vont se diluer dans le sang. S'agissant de **l'eau douce**, elle va s'infiltrer par la voie des alvéoles pulmonaires dans le sang qu'elle va ainsi diluer en augmentant le volume sanguin.

La **rigidité cadavérique** apparaîtra plus rapidement qu'à l'air libre compte tenu de la température de l'eau, les phénomènes de **putréfaction** seront également moins rapides. La formation des gaz de putréfaction déterminera la **remontée progressive du corps** à la surface, dans des délais variables en fonction de la température de l'eau (deux à quatre semaine voire davantage dans les eaux très froides).

Nombre de signes constatés lors de la noyade (cyanose, **champignon de mousse bucco-nasal** résultant du brassage de l'eau avec le mucus pulmonaire alvéolaire) ne sont pas spécifiques de cette cause de décès, qui ne peut davantage être démontrée par l'analyse histologique ou chimique. Son constat procédera de l'élimination d'autres causes. L'interprétation des blessures est délicate, certaines d'entre elles peuvent provenir du charriage du corps sur le fond ou de blessures par hélice. La distinction entre **blessures ante-mortem ou post-mortem** est d'autant plus incertaine que l'action de l'eau fait disparaître les traces de saignement ou de diffusion hémorragique évocateurs d'une blessure ante mortem.

C. Les recherches complémentaires : diatomées et strontium

La **recherche des diatomées** dans le corps, dont la pertinence reste discutée, est une méthode de corroboration du décès par noyade. Il existe, dans les eaux douces ou salées, nombre de variétés de ces algues microscopiques unicellulaires pourvues d'un **squelette siliceux**, dont la quantité varie d'un endroit à un autre et selon les saisons. Lors de l'aspiration d'eau dans les poumons, elles peuvent franchir la membrane des alvéoles pulmonaires et s'introduire dans le réseau sanguin. Leur présence démontrerait donc qu'au moment de la submersion la **circulation sanguine était active**. Cette recherche exige un protocole précis permettant d'éviter la contamination entre le prélèvement interne (ex. foie, rein, diaphyse du fémur), et les diatomées présentes à la surface du corps ou dans l'environnement. Pour arriver à une conclusion, les diatomées identifiées seront à comparer, en nombre et en caractéristiques, avec celles recherchées dans l'eau de découverte du cadavre, qui doit faire également l'objet de prélèvement. Si la présence de diatomées permet de confirmer la noyade chez un noyé frais, leur absence ne permet toutefois pas de l'exclure, et leur présence dans le corps d'un noyé très décomposé peut s'expliquer par leur pénétration à l'intérieur des os s'ils sont découverts.

Le **dosage du strontium**, abondant dans l'eau de mer et faiblement présent dans le corps, est également un indicateur utile en cas de noyade en mer, ainsi qu'en eau douce mais de manière moins révélatrice compte tenu de la moindre concentration. Le taux doit être comparé à celui de l'eau environnante qui doit donc être également prélevée.

D. Les recommandations du Conseil de l'Europe sur l'autopsie en cas de noyade ou d'immersion

La recommandation R(99)3, 2 févr. 1999, annexe n° 2, préconise les opérations suivantes :

Exploration et description des constatations suivantes : présence de mousse au niveau de l'orifice buccal, peau ansérine, traces de macération, de boue et d'algues ainsi que de lésions provoquées par la faune aquatique ou par l'environnement (rocher et bateau, par exemple), détachement des ongles et décollement du revêtement cutané, localisation des lividités cadavériques.

Prélèvement du contenu gastrique, description précise de l'état des poumons (poids, taille, degré d'emphysème), réalisation de prélèvements, échantillons pulmonaires, hépatiques et autres, nécessaires pour la mise en évidence de diatomées et d'autres contaminants.

Prélèvement le cas échéant, d'un échantillon du milieu liquide (par exemple : rivière, eau du bain).

14.21 Les morts subites inattendues

A. Les morts subites naturelles

Les morts inattendues peuvent être qualifiées de naturelles lorsque les explorations permettent d'éliminer l'intervention d'un agent causal extérieur. Elles trouvent leur origine dans une pathologie que la clinique ou l'autopsie médicale ou médico judiciaire permet d'identifier. Le recueil d'éléments auprès des proches permet d'orienter la décision d'autopsie ou, dans ce cadre, les explorations anatomo-pathologiques.

Tableau 26 : Principales causes de mort naturelle

Origine	Typologie
• Origine cardiovasculaire	• Cause majeure des décès brutaux chez l'adulte, l'athérosclérose obstruant la lumière (le diamètre) des artères coronariennes induit une arythmie une nécrose du muscle myocarde et l'arrêt cardiaque. • Chez le sujet jeune, la cardiomyopathie (anomalie congénitale ou acquise) est une cause fréquente de décès subit, notamment en cas d'efforts intenses ou sportifs. Certains cas trouvent leur source dans des troubles congénitaux du rythme cardiaque dont l'analyse macroscopique ou anatomopathologique ne rend pas compte. • L'alcoolisme chronique, est une cause fréquente de cardiomyopathie dilatée. • La rupture d'anévrysme, cause fréquente de rupture de l'aorte abdominale ou thoracique, résulte souvent de l'hypertension artérielle ou de l'altération de la paroi consécutive à l'athérosclérose.
• Origine neurologique	• La crise d'épilepsie peut être à l'origine d'une arythmie cardiaque fatale. La morsure de la langue et la détermination par analyse toxicologique d'un niveau insuffisant d'anticonvulsant permettent d'étayer l'hypothèse.

	• On retrouve dans la sphère du système nerveux central le mécanisme de la rupture d'anévrysme décrit plus haut. L'accident résulte souvent d'une faiblesse de la paroi artérielle, notamment dans les zones de bifurcation des artères (anévrysme sacculaire), dans un contexte d'élévation de la pression artérielle ou du rythme cardiaque lors d'une émotion ou d'efforts violents. • Abcès ou tumeurs cérébrales, méningites infectieuses peuvent aussi expliquer une mort rapide.
• Origine pulmonaire	• L'entrée d'air dans le système vasculaire (embolie gazeuse), consécutive notamment à un accident de plongée (barotraumatisme) ou à un geste chirurgical. • La thrombose pulmonaire (ou embolie pulmonaire cruorique) résulte du déplacement d'un caillot formé à l'extrémité d'un membre (lié à l'obésité, à l'inaction, à la station prolongée, une blessure veineuse) vers le cœur et les poumons. • La crise asthmatique aigüe, liée notamment à la prise d'allergène ou à un stress, entraîne une broncho constriction asphyxiante.
• Origine abdominale	• Citons l'hémorragie gastro-intestinale, souvent sur fond d'alcoolisme chronique, la pancréatite fulminante, le coma diabétique,

B. Les recommandations du Conseil de l'Europe sur l'autopsie en cas de mort subite

La recommandation R(99)3, 2 févr. 1999, annexe n° 6, préconise les orientations suivantes :

Les cas de mort subite peuvent se subdiviser en trois catégories, en fonction des résultats de l'examen macroscopique :

a) les constatations macroscopiques expliquent à l'évidence la raison de la mort subite (par exemple, hémopéricarde, rupture de l'aorte). Les cas relevant de cette catégorie peuvent être considérés comme résolus ;

b) les constatations qui pourraient expliquer le décès mais qui permettent d'autres explications. Les cas appartenant à cette catégorie nécessitent d'exclure une autre cause telle qu'un empoisonnement ; par ailleurs, des investigations histologiques sont nécessaires pour apporter la preuve éventuelle du caractère récent ou chronique des lésions susceptibles d'être à l'origine du décès ;

c) les constatations macroscopiques sont soit négatives soit insuffisantes ; en tout état de cause, ne peuvent expliquer l'origine du décès. Les cas appartenant à cette catégorie justifient habituellement le recours à des examens complémentaires plus élaborés. C'est le cas notamment de la mort subite du nourrisson. Dans ce cas, il est essentiel de se référer à un protocole d'investigation plus complet et systématique.

C. La mort subite inexpliquée du nourrisson

La mort subite du nourrisson, ou SIDS (Sudden infant death syndrome) est la **première cause de mort dans la période post néonatale (entre 8 jours et un an)**. Elle est définie comme la mort inattendue d'un enfant en bonne santé dont aucune investigation médicale n'a permis d'identifier la cause. Elle est d'ailleurs plus précisément nommée « mort subite inexpliquée » du nourrisson. Elle serait imputable à la défaillance des réflexes naturels d'éveil (**déficit d'éveil**) lorsqu'au cours de son sommeil les orifices respiratoires de l'enfant (nez, bouche) rencontrent un obstacle (couverture, oreiller). Cette défaillance, qui survient rarement au-delà des six mois (10 % des cas après 6 mois) mais plus particulièrement dans la tranche des 2 à 4 mois, de préférence chez le garçon, entraîne une hypoxie à l'origine d'une mort asphyxique. Elle serait favorisée par des **facteurs prédisposant** d'ordre génétique, un état infectieux, une étape de la croissance, le tabagisme des parents (suscitant des apnées obstructives), une conformation particulière de la mandibule (rétroposition), l'hyperthermie résultant d'une pièce surchauffée.

Les constatations sur les lieux doivent donc s'attacher à **recenser tous les facteurs de risques** ci-dessus, notamment ceux tenant aux conditions de couchage de l'enfant (disposition dangereuse de couvertures ou du lit, présence d'un animal, couchage avec les parents, et dans ce cas question de leur imprégnation toxique).

La mort subite du nourrisson ne présente pas à l'autopsie de signes spécifiques et son **diagnostic suppose l'élimination d'autres causes de mort subite** résultant d'une pathologie, le plus souvent pulmonaire, cardiaque ou infectieuse. Les prélèvements seront donc systématiquement opérés en vue de mesurer les marqueurs des infections virales ou bactériennes, de même que sont effectués des examens radiologiques, toxicologiques et anatomopathologiques. L'absence possible de différenciation sémiologique entre mort subite et suffocation volontaire invite à un **examen soigneux du contexte du décès.**

14.22 Les agressions sexuelles

A. Le recueil des circonstances de l'agression et les prélèvements

En médecine du vivant, **l'anamnèse** (description de faits par la victime ou patient et recueil de tous renseignements relatifs à l'agression) de la victime d'agression sexuelle est essentielle pour orienter l'examen. Sont par ailleurs à rechercher aux fins d'exploitation des **traces biologiques** les vêtements, sous-vêtements portés par la victime, ou objets ou matériaux, en contact supposé avec le corps de l'auteur au moment des faits (traces et indices révélés en lumière filtrée du type Polilight). La **prise de toxiques** (alcool, cannabis, benzodiazépines, neuroleptiques ou hypnotiques, GHB) sera questionnée, avec prélèvements si nécessaire (cheveux, sang, urine), pour déterminer si la personne se trouvait sous l'emprise d'une substance de nature à réduire sa résistance (soumission chimique ou désinhibition). L'analyse toxicologique du cheveu pour la recherche de molécule de soumission (acide Gammahydroxybutyrique ou GHB) n'est pertinente que sur la pousse de cheveux prélevée à environ quatre à six semaines des faits. Dans l'urine ou le sang, la recherche n'est pertinente que si elle est effectuée au plus proche des faits compte tenu de la rapidité d'élimination du produit.

Mentionnons que l'usage d'une substance de nature à altérer le discernement ou le contrôle des actes de la victime est devenu depuis L. n° 2018-703, 3 août 2018 une circonstance aggravante des agressions sexuelles (v. n° 20.74 (Viol aggravé), n° 20.81 (Agression sexuelle aggravée) et n° 20.84 (Agression sexuelle aggravée – Sur une personne vulnérable)), ainsi qu'une infraction obstacle dont la tentative est également réprimée (v. n° 20.85, Administration de substance altérant le discernement en vue d'une agression sexuelle).

Les **prélèvements biologiques** sont effectués dans la région vulvaire et vaginale, anale et buccale, ou sur tout autre endroit du corps en contact traumatique avec celui de l'auteur (ongles, morsure) ou exposé aux substances biologiques de ce dernier (l'emploi de la lumière ultraviolette est également pertinent sur le corps). La recherche de spermatozoïdes dans les orifices naturels reste indiquée dans le délai de survie de ce dernier : 2 à 7 jours dans la cavité vaginale ou dans le col (une à deux semaines post mortem), une vingtaine d'heures, voire davantage (cas jusqu'à 65 h), dans la cavité anale (en l'absence d'excrétion), une vingtaine d'heures également dans la cavité buccale. En toute hypothèse, l'absence d'ADN d'origine spermatique n'exclut pas la découverte de tout autre ADN de contact en provenance de l'auteur (desquamation, sueur, poil).

L'observation microscopique ou la **mise en culture** de prélèvements vaginaux pour la recherche de maladies sexuellement transmissibles ou d'agents pathogènes peut étayer l'hypothèse d'une contamination par l'auteur, sous réserve d'exclure, en fonction des éléments de fait, les maladies transmissibles par contact non sexuel (ex : usage d'une même serviette de toilette).

B. L'EXAMEN ET LA LEVÉE DE CORPS

1. L'EXAMEN GÉNÉRAL

Les traces corporelles révélatrices de l'usage de la contrainte sont à rechercher, plus particulièrement dans les **zones de prise ou de défense** (poignets, bras, chevilles) et sur la **face interne des cuisses** (manœuvre d'abduction (écartement)), et, de façon générale et sur l'ensemble du corps, toutes traces de traumatisme ou d'érosion. Les **muqueuses de la bouche** (face interne des lèvres), plus fragiles que l'épiderme, sont explorées pour y rechercher des traces en cas de coup ou pression sur le visage.

2. L'EXAMEN DE LA SPHÈRE VULVAIRE

En cas **d'allégation de pénétration vaginale**, l'examen de l'hymen, chez la jeune fille ou la femme n'ayant pas eu de rapport, est un élément essentiel. L'hymen, cloison anatomique perforée par un orifice nommé lumière hyménéale (sauf cas d'hymen imperforé), ferme le canal vaginal. Il connaît des variations de forme et évolue avec l'âge. Avant sept ans, l'orifice de cette membrane est étroit et présente un profil régulier, circulaire (ou annulaire), semi lunaire ou semi circulaire, labié (lumière en forme de fente). Durant la période prépubertaire, l'hymen présente, par évolution, des irrégularités sous forme d'encoche. Il peut aussi présenter des traces liées à des antécédents gynécologiques.

Le **diamètre de l'hymen** s'élargit du fait de la croissance du corps, il est estimé qu'au cours des dix premières années, le diamètre de l'hymen s'élargit d'un mm par an, pour se situer autour de 10 mm vers dix ans. Élastique, l'hymen est susceptible de se prêter sans déchirure à une pénétration non brutale et de retrouver son diamètre après quelques semaines. Un hymen intact mais souple n'exclut donc pas une pénétration. Si l'élasticité ou le diamètre de l'hymen sont insuffisants, il se produit une ou plusieurs déchirures traumatiques dont la cicatrisation intervient dans les deux semaines au plus, sauf complications. Il est fait référence aux repères du cadran horaire pour situer le siège de la déchirure (12 h pour la partie supérieure, 6 h pour la partie inférieure). Ce dernier se localise généralement, en cas de pénétration pénienne, vers 4 h et 8 h. Chez la jeune fille ou la femme n'ayant pas encore eu de rapport, la **sonde à ballonnet** ou sonde de Folley (sonde munie d'un ballonnet gonflable) permet de déplisser l'hymen pour mieux examiner ses altérations et déterminer le diamètre toléré par ce dernier. Là encore, l'anamnèse doit être confrontée aux constats gynécologiques.

En cas de défloration ancienne, l'examen de l'hymen n'apporte pas d'élément significatif. L'exploration consiste à relever sur la sphère vulvaire et intra vaginale (localisation fréquente à 6 h) les signes d'érosion cutanée, de contusions, d'ecchymoses ou d'excoriations.

Mentionnons qu'en dehors du cadre des investigations médico-légales ici décrites, « *Un professionnel de santé ne peut établir de certificat aux fins d'attester la virginité d'une personne* » (CSP, art. L. 1110-2-1 et L. 1115-3 issus L. n° 2021-1109, 24 août 2021) ; de même qu'est incriminé le fait de procéder à un examen visant à attester la virginité d'une personne (C. pén., art. 225-4-12 issu L. n° 2021-1109, 24 août 2021) (sur ces infractions, v. n° 20.119).

3. L'EXAMEN DE LA SPHÈRE ANALE

La **marge de dilatation du sphincter anal** explique que la pénétration anale, notamment digitale, même chez le jeune enfant, ne laisse pas nécessairement de traces. Ces dernières peuvent consister en fissuration *et/ou* laxité. Les signes de gonflement et de rougeur, également évocateurs, sont inhérents à la fragilité de la muqueuse anale mais sont des **indices fugitifs** et qui doivent être recherchés dans les premières heures. La **laxité et la tolérance** à l'introduction de plusieurs doigts comme la perte du tonus de contraction sont évocateurs de pénétrations chroniques. Dans tous les cas, les explorations sont à conduire au vu d'une anamnèse soigneuse permettant de différencier les éléments pouvant relever d'une autre origine (fissuration liée à la constipation, pathologie, etc.).

C. Les recommandations du Conseil de l'Europe sur la levée de corps et l'autopsie en cas de meurtre à motivation sexuelle

La recommandation R(99)3, 2 févr. 1999, annexe « procédures particulières » n° 3, préconise les opérations suivantes :

L'inspection des lieux du crime est particulièrement importante, notamment pour comprendre l'origine des blessures constatées. Toutes les blessures doivent être photographiées avec une échelle de référence. Si nécessaire, le revêtement cutané du cadavre doit être étudié sous la **lumière ultraviolette** puis faire l'objet de tamponnements. Il faut s'attacher tout particulièrement à rechercher du matériel biologique étranger, tel que les poils pubiens et sécrétions présentes sur la surface du corps, provenant par exemple de morsures. Ces matériaux doivent être préservés soigneusement aux fins de recherche d'ADN et protégés de toute contamination. Il est fortement recommandé de procéder au **prélèvement « en bloc » des organes génitaux** avant la dissection. Il est également nécessaire de procéder à un **curage soigneux des ongles**, ainsi qu'à une **recherche de cheveux**, l'ensemble de ces prélèvements étant conservé.

S'agissant de l'autopsie, le document recommande, partie V, II, B, 5 (Techniques particulières), e) en cas **d'agression sexuelle évidente ou suspectée**, les organes génitaux internes doivent être extraits « en bloc » en même temps que les organes génitaux externes, le rectum et l'anus, pour être ensuite disséqués. Cette dissection sera **précédée de prélèvements par écouvillonnage** au niveau des différents orifices et cavités.

14.23 L'estimation de l'âge ante mortem : l'enjeu médico-légal

A. Les enjeux de la détermination de la majorité

1. Le cadre général : l'enjeu de la minorité

Le mineur jouit d'un statut protégé et, à moins qu'il n'en soit disposé autrement, « *la juridiction compétente, la procédure applicable ainsi que les mesures et peines encourues sont déterminées selon l'âge du mineur à la date des faits* » (CJPM, art. L. 13-2). Cette disposition consacre « *la jurisprudence de la* **C. cass.** *(Crim. 21 mars 1947, P. 1947, n° 88), [selon laquelle] l'âge de la personne poursuivie, qui fonde le principe de spécialisation des juridictions chargées des mineurs, est apprécié au jour des faits et non à celui du jugement* » (Cass., avis, 29 févr. 2016, n° 15-70.005, *Bull. avis*, n° 2).

La détermination de l'âge d'une personne vivante est donc en enjeu important pour la mise en œuvre des droits ou régimes associés à l'état de minorité : prise en charge par le dispositif d'aide sociale à l'enfance, compétence du juge des enfants pour ordonner une mesure d'assistance éducative, excuse atténuante de minorité, durée et régime de la garde à vue, compétence de la juridiction pour enfants, etc. La connaissance de l'âge précis d'un sujet réputé mineur n'est pas sans intérêt en procédure pénale, puisque, notamment, les paliers de 13 et 16 ans déterminent la procédure applicable (durée de la garde à vue, possibilité de placer en détention, présomption ou non de discernement selon CJPM, art. L. 11-1, sur ce point v. n° **14.30B**, etc.), celui de 10 ans pour la nature les mesures éducatives encourues (CJPM, art. L. 112-3).

Précisons que les difficultés de preuve de l'âge de la personne poursuivie peuvent conduire à la saisine d'une juridiction incompétente. Selon les précisions apportées au n° **17.15E2**, la L. n° 2022-52, 24 janv. 2022, relative à la responsabilité pénale et à la sécurité intérieure, a institué au C. pén. pén., art. 397-2-1 et CJPM, art. L. 423-14 une procédure particulière de maintien en détention répondant aux cas où la minorité ou la majorité de la personne poursuivie se révèle devant le juge saisi.

Selon la Ch. crim., « *L'âge d'une personne est déterminé par le temps écoulé depuis sa naissance, calculé d'heure à heure* » (Crim. 3 sept. 1985, n° 85-93.591, P n° 285). L'acte de naissance mentionne en effet l'heure de naissance (C. civ., art. 57).

À défaut de document permettant de rapporter la preuve de la date de naissance de la personne (documents d'identité, acte d'état civil), on a recours, dans les cas où l'état de minorité est incertain en raison de l'apparence physique de l'intéressé, à une évaluation et des examens ayant pour finalité de déterminer l'âge.

À cet égard, il faut souligner que **les actes d'état civil**, y compris ceux établis à l'étranger, font foi sauf si « *d'autres actes ou pièces détenus, des données extérieures ou des éléments tirés de l'acte lui-même établissent, le cas échéant après toutes vérifications utiles, que cet acte est irrégulier, falsifié, ou que les faits qui y sont déclarés ne correspondent pas à la réalité. "Celle-ci est appréciées au regard de la loi française"* [mod. issue L. n° 2021-1017, 2 août 2021] » (**C. civ., art. 47**).

Des mentions contradictoires dans l'acte, des erreurs, une apparence physique sans rapport avec l'âge déclaré, constituent des **éléments susceptibles de retirer force probante aux actes d'état civil** et de justifier un examen ou une expertise médico-légale (v. **B** ci-dessous) afin de déterminer l'âge de la personne ou d'apprécier la crédibilité des documents d'identité ou des actes d'état civil dont la personne se réclame. En effet, « *aucun texte légal français ne donne force probante irréfragable aux actes d'état civil des pays étrangers sur le contrôle de l'autorité desquels la France n'a aucune compétence et qu'en droit pénal français la preuve peut se faire par tout moyen* » (Crim. 13 oct. 1986, n° 86-94.023, n° 282). Ces preuves relèvent de l'appréciation souveraine du juge. Ainsi dans une espèce où le prévenu se réclamait d'un jugement supplétif d'acte de naissance transcrit sur les registres d'état civil de la Guinée, alors que le service de fraude documentaire décelait une anomalie dans la date de sa transcription ainsi que l'absence de légalisation des documents par le pays d'origine, et alors qu'une expertise osseuse concluait à un âge minimum de 18 ans et demi, le juge peut retenir dans son appréciation souveraine que l'absence d'authenticité des documents n'est pas établie et écarter l'expertise osseuse car « *il ne relève pas de l'office du juge pénal d'analyser comme le juge civil les documents d'état civil au regard de l'ordre public international et de la législation civile du pays d'origine du prévenu* » (§ 19), et « *l'examen osseux n'a pas à être pris en considération lorsque la juridiction retient que les documents argués de faux sont authentiques et établissent la minorité* » (§ 20) (Crim. 5 janv. 2022, n° 21-80.516, P).

2. Le cas du mineur isolé étranger

Le conseil départemental qui procède à l'accueil d'urgence d'une personne se déclarant mineure et privée de la protection de sa famille procède à une évaluation portant sur son identité, son âge, sa famille d'origine, sa nationalité et son état d'isolement.

À cet effet, il s'appuie sur des entretiens avec la personne conduits par des professionnels dans le cadre d'une approche pluridisciplinaire, ainsi que sur des examens médicaux effectués sur le fondement de C. civ., art. 388 (v. **B** ci-dessous) (CASF, art. R. 221-11 pris en application de L. 221-2-2).

Le conseil départemental peut également solliciter le concours du préfet afin qu'il lui communique les informations permettant d'aider à déterminer l'identité et la situation de la personne et vérifier l'authenticité des documents qu'elle détient (CASF, art. R. 221-11).

Les informations détenues par le préfet peuvent provenir des bases de données suivantes.

« *afin de mieux garantir la protection de l'enfance et de lutter contre l'entrée et le séjour irrégulier des étrangers en France, les empreintes digitales ainsi qu'une photographie des ressortissants étrangers se déclarant mineurs privés temporairement ou définitivement de leur famille peuvent être relevées, mémorisées ou faire l'objet d'un traitement automatisé.../...Le traitement de données ne comporte pas de dispositif de reconnaissance faciale à partir de la photographie. Les données peuvent être relevées dès que la personne se déclare mineure. La conservation des données des personnes reconnues mineures est limitée à la durée strictement nécessaire à leur prise en charge et à leur orientation, en tenant compte de leur situation personnelle* » (Ceseda, art. L. 142-3, anc[t] L. 611-6-1, al. 1, issu L. n° 2018-778, 10 sept. 2018). Ces dispositions, qui permettent « *aux autorités chargées d'évaluer son âge* [du mineur] *de vérifier qu'une telle évaluation n'a pas déjà été conduite* » (§ 6) et d'éviter « *la réitération par des personnes majeures de demandes de protection qui ont déjà donné lieu à une décision de refus* » (§ 8) en recueillant les données « *nécessaires à l'identification de la personne et à la vérification de ce qu'elle n'a pas déjà fait l'objet d'une évaluation de son âge* » (§ 9) ont été jugées conformes à la Constitution en ce « *qu'aucune norme constitutionnelle ne s'oppose par principe à ce qu'un traitement automatisé poursuive plusieurs finalités* » (§ 8) et qu'elles assurent « *une conciliation qui n'est pas disproportionnée* » (§ 11) entre « *l'exigence constitutionnelle de protection de l'intérêt supérieur de l'enfant* » et « *l'objectif de valeur constitutionnelle de lutte contre l'immigration irrégulière* » (§ 8) (Cons. const. 26 juill. 2019, n° 2019-797 QPC).

Ce traitement automatisé de données à caractère personnel et biométriques (images numérisées du visage et des empreintes digitales de deux doigts) dénommé « *Appui à l'évaluation de la minorité* » (AEM) est mis en œuvre par le ministre de l'intérieur sur le fondement de CASF, art. R. 221-15-1 s., issus D. n° 2019-57, 30 janv. 2019.

À raison de leurs attributions, le procureur de la République et les agents en charge du conseil départemental compétent peuvent être destinataires des informations du fichier AEM (CASF, art. R. 221-15-4).

Dans le cadre de la procédure d'évaluation de la personne isolée se déclarant mineure (Ceseda, art. R. 142-4, 2°, anc[t] R. 611-12 I 2°), les agents des préfectures peuvent également consulter le fichier dénommé VISABIO, mis en œuvre par le ministre des affaires étrangères et le ministre chargé de l'immigration, qui contient « *les images numérisées de la photographie et des empreintes digitales des dix doigts des demandeurs de visas, collectées par les chancelleries consulaires et les consulats français* » (Ceseda, art. R. 142-2, 1°, anc[t] R. 611-9, 1), fichier qui a également pour finalité de « *faciliter la détermination et la vérification de l'identité d'un étranger qui se déclare mineur privé temporairement ou définitivement de la protection de sa famille* » (Ceseda, art. R. 142-1, 8°, anc[t] R. 611-8 6°).

Lorsque la personne a été évaluée majeure et de nationalité étrangère au terme de la procédure d'évaluation précitée, les données du fichier AEM sont transférées dans le fichier « *Application de gestion des dossiers des ressortissants étrangers en France* » (AGDREF), mis en œuvre par le ministre chargé de l'immigration sur le fondement de Ceseda, art. R. 142-11, anc[t] R. 611-1.

B. Le cadre légal des investigations médico-légales : C. civ., art. 388

« *La majorité est fixée à dix-huit ans accomplis* » (C. civ., art. 414). « *Le mineur est l'individu de l'un ou l'autre sexe qui n'a point encore l'âge de dix-huit ans accomplis.* », L. n° 2016-297, 14 mars 2016, ajoute que « *les examens radiologiques osseux aux fins de détermination de l'âge, en l'absence de documents d'identité valables et lorsque l'âge allégué n'est pas vraisemblable, ne peuvent être réalisés que sur décision de l'autorité judiciaire et après recueil de l'accord de l'intéressé. Les conclusions de ces examens, qui doivent préciser la marge d'erreur, ne peuvent à elles seules permettre de déterminer si l'intéressé est mineur. Le doute profite à l'intéressé. En cas de doute sur la minorité de l'intéressé, il ne peut être procédé à une évaluation de son âge à partir d'un examen du développement pubertaire des caractères sexuels primaires et secondaires* » (C. civ., art. 388) (sur une application de ces dispositions dans le cas de documents d'identité d'authenticité douteuse mais dont la fausseté n'est pas établie, Crim. 5 janv. 2022, n° 21-80.516, P, v. A1 ci-dessus).

Sur ce dernier point, le Haut Conseil de la santé publique indique que « *La détermination d'un âge pubertaire avec un examen des caractères sexuels secondaires, poitrine et organes génitaux, n'est pas éthiquement concevable..../...Cependant, le HCSP recommande une évaluation indirecte en demandant au jeune de pointer l'image qui lui ressemble le plus sur une plaquette où figurent les dessins de différents stades de maturation pubertaire de Tanner* » (avis du 23 janv. 2014).

Pour déclarer C. civ., art. 388 conforme à l'« *exigence de protection de l'intérêt supérieur de l'enfant* » qui impose que « *les règles relatives à la détermination de l'âge d'un individu doivent être entourées des garanties nécessaires afin que des personnes mineures ne soient pas indûment considérées comme majeures* », le Cons. const. retient que « *seule l'autorité judiciaire peut décider de recourir* » à l'examen radiologique osseux (§ 8), qu'il appartient à cette dernière de s'assurer de son « *caractère subsidiaire* » en se fondant sur l'absence de documents d'identité valables et l'invraisemblance de l'âge allégué (§ 9), qu'il ne peut intervenir qu'après le consentement éclairé de l'intéressé recueilli dans une langue qu'il comprend (§ 10), et enfin qu'en raison de leur « *marge d'erreur significative* » « *en l'état des connaissances scientifiques* » (§ 7), il est exclu que les conclusions de cet examen, qui est tenu de mentionner la marge d'erreur, constituent « *l'unique fondement de la détermination de l'âge* » et que le doute né des contradictions entre ses conclusions et les autres éléments recueillis, « *tels que l'évaluation sociale ou les entretiens réalisés par les services de la protection de l'enfance* », « *doit profiter à la qualité de mineur de l'intéressé* » (§ 11). Pour ces mêmes motifs et ceux tenant à la nécessité de l'accord de la personne ou parce que ces examens « *n'impliquent aucune intervention corporelle interne et ne comportent aucun procédé douloureux, intrusif ou attentatoire à la dignité des personnes* », ces dispositions ne méconnaissent pas davantage le droit à la protection de la santé (§ 14 et 15), la dignité de la personne ou l'inviolabilité du corps humain (§ 18), ni le droit au respect de la vie privée (§ 20) ou le principe de précaution (§ 21) (Cons. const. 21 mars 2019, n° 2018-768 QPC).

Retenant que les dispositions de C. civ., art. 388, formulées en termes généraux, s'appliquent en matière pénale, la Ch. crim. censure le juge qui, pour écarter l'exception de minorité, retient les conclusions de l'expertise osseuse sans s'expliquer sur : l'absence de documents d'identité valables, l'autorité judiciaire ayant ordonné l'examen, l'accord de l'intéressé pour subir cet examen, la marge d'erreur de l'examen et les éléments par lesquels le juge justifiait d'écarter le doute existant sur l'âge (Crim. 11 déc. 2019, n° 18-84.938, P).

C. Les données médicales de la question

La datation de l'âge est une discipline délicate, surtout pour apprécier, dans un intervalle de confiance raisonnable, un élément aussi précis que celui de la majorité civile. L'âge biologique, à savoir le stade de développement ou de maturité d'un organe, à la différence de l'âge chronologique (âge civil), connaît des variations brutales ou des ralentissements, notamment liés au phénomène pubertaire. Des parties du corps peuvent connaître un âge biologique différencié chez un même sujet, on parle **d'hétérochronie ou d'asynchronisme**. Par ailleurs, les éléments physiologiques de référence employés pour estimer l'âge (ex. : ossification, dentition, caractères sexuels), sont influencés tant par des **facteurs généraux**, conditions socio-économiques et climatiques, que par des facteurs individuels : hérédité, pathologie et, phénomène fréquent, puberté avancée chez la fille ou retard simple de puberté chez le garçon. Les tables de références, qui résultent d'études systématiques effectuées sur une période, un territoire et une population donnés, peuvent ainsi apparaître obsolètes ou éloignés de la population dont la personne expertisée est issue.

Sous ces réserves, plusieurs méthodes font référence. La plupart se fondent sur l'analyse de la maturation osseuse. Elles n'avaient à l'origine pas d'objectif médico-légal mais visaient à définir des zones de normalité permettant aux médecins et pédiatres de dépister les anomalies de croissance des enfants.

14.24 L'estimation de l'âge ante mortem : principes de la croissance osseuse et méthodes d'évaluation

La croissance osseuse se caractérise par une **minéralisation et une élongation progressive** des parties cartilagineuses, prépondérantes au plus jeune âge, à partir des points dits d'ossification. La partie centrale de l'os long, qui se développe, se nomme **diaphyse**. Jusqu'à l'âge adulte, chacune des extrémités de l'os, les **épiphyses**, s'assemblent à la diaphyse par une partie cartilagineuse, dite cartilage de conjugaison, dont l'épaisseur se réduit progressivement pour disparaître, au stade dit de **l'union épiphysaire**. Ce stade de minéralisation complète des cartilages de jonction épiphysaire traduit la maturité squelettique. Le cliché radiographique met en évidence la maturation osseuse, puisqu'il permet de distinguer les parties cartilagineuses, radio-transparentes, du tissu osseux, radio-opaque. Le processus d'ossification étant continu, chaque stade pourra faire l'objet d'une appréciation quantitative sur une échelle allant de la naissance jusqu'au stade de la maturité osseuse complète. Il n'existe pas d'outil théorique permettant de lier de manière indiscutable et en tout cas de manière précise un statut osseux et un âge civil. Quelle que soit la zone osseuse étudiée, la méthodologie reste en effet **analogique et statistique**. Elle consiste à comparer le sujet à des échantillons considérés comme statistiquement représentatifs d'une tranche d'âge.

14.25 L'estimation de l'âge ante mortem : la mesure de l'âge osseux de la main et du poignet

A. L'intérêt de la méthode

Ces méthodes fondées sur l'analyse des os de la main et du poignet (gauche par convention), y compris les épiphyses des os de l'avant-bras (radius et cubitus) ont l'avantage, par rapport à d'autres techniques beaucoup plus irradiantes (ex. radiographie de l'hémi-squelette) de **limiter l'exposition du sujet aux rayons** tout en livrant à l'examen pas moins de **33 os** sur un même cliché. De plus, cette radiographie reste pertinente à tous les âges de la maturation osseuse, tandis que d'autres os (ex. coude) perdent de leur pouvoir discriminant au-delà d'un certain âge.

Dans tous les cas, ces méthodes exigent un cliché de qualité et à taille réelle.

B. L'atlas de Greulich et Pyle (1957)

Cette méthode, fondée sur l'analyse des différentes composantes de la maturité osseuse (minéralisation, morphologie, points d'ossification, fusion épiphysaire), consiste à comparer la **radiographie du poignet et de la main gauches** (par convention) du sujet à examiner, à un **atlas de clichés de référence**, établi en 1957 par ses auteurs, Greulich et Pyle, sur une population américaine « d'origine caucasienne » (Cleveland, État de l'Ohio) née entre 1931 et 1942. Les individus de cette population de comparaison n'ont pas fait l'objet d'un suivi longitudinal puisque chaque tranche d'âge est représentée par des radiographies issues de sujets différents. Les différents stades de la croissance sont couverts, par sexe, par période de six mois à un an : 29 radiographies de référence pour les filles, et 31 pour les garçons. L'estimation de l'âge du sujet examiné procède de la comparaison des clichés radiographiques des doigts et du carpe aux planches de l'atlas. Le **résultat est exprimé sous forme d'intervalle** entre l'âge de la planche précédente et celui de la planche suivante.

C. L'atlas de Sempé et Pavia (1979)

Cet atlas emprunte à l'atlas de Greulich et Pyle la méthodologie des clichés radiographiques de la main gauche et du poignet représentatifs, par sexe, d'une tranche d'âge. Les clichés de référence ont toutefois été **sélectionnés de façon longitudinale**, tout au long de la croissance de mêmes sujets européens, et par référence à une collection des 5 000 radiographies effectuées sur 497 enfants parisiens en bonne santé entre 1953 et 1975 dans le cadre de l'enquête auxologique (auxologie : étude de la croissance) coordonnée par le Centre international de l'enfance. Cette étude est à l'origine des courbes de croissance standards utilisées en France (courbes de croissance du carnet de santé).

Cette méthode s'accompagne d'une **évaluation quantitative (scoring) de 22 indicateurs osseux.** Chacun donne lieu, sur une échelle de dix niveaux d'évolution, au choix d'une lettre de cotation, le total exprimant un résultat en pourcentage de maturité osseuse. Un logiciel (Maturos) permet le cas échéant d'automatiser ces calculs tout en apportant une aide au diagnostic.

D. Le score d'ossification Tanner-Whitehouse, dite méthode TW

Cette méthode, comme la précédente, repose sur la comparaison à une série de **relevés opérés sur les os de la main et du poignet gauches** d'une population. Les travaux de Tanner et Whitehouse se sont appuyés sur un échantillon d'enfants écossais nés dans les années 1950. Cette approche statistique subit les mêmes critiques que la méthode Greulich et Pyle en ce que le sujet examiné peut n'avoir qu'un rapport lointain avec la population de comparaison (v. ci-dessus).

La méthode de comparaison est cependant différente. Elle consiste à attribuer, sur une **échelle alphabétique de 8 ou 9 stades, un score** sur un ensemble de points de comparaison situés sur 20 os (méthode TW20), 13 os (méthode RUS, acronyme de Radius, Ulna, Short bones) ou sur le seul os du carpe. La somme des scores, évalués os par os, définit le niveau de maturité squelettique, qui est alors corrélé à un âge standard.

À la différence de la méthode Greulich et Pyle, relativement intuitive pour le praticien, cette méthode suppose une grande qualité du cliché radiographique et nécessite une plus longue expérience.

E. Les limites des méthodes

Dans un avis (n° 88) du 23 juin 2005, le **Comité consultatif national d'éthique pour les sciences de la vie et de la santé** souligne que les atlas de Greulich et Pyle et Tanner et Whitehouse (v. B ci-dessus) présentent « *un risque d'erreur majeur à l'égard des enfants non caucasiens, originaires d'Afrique, ou d'Asie, dont le développement osseux peut être tout à fait hétérogène par rapport aux références anglo-saxonnes* ».

Pour autant, cette méthode est considérée comme la plus simple et la plus fiable par de nombreux auteurs et par **l'académie de médecine**, qui a été saisie pour avis par le ministère de la justice et le ministère de la santé et des solidarités (rapport adopté en séance du 16 janvier 2007). L'académie souligne en effet « *qu'aucune différence raciale n'a été démontrée à ce jour* » et que les États-Unis n'ont pas mis en place « *d'atlas séparés pour les différentes composantes raciales de la population* ». Elle considère toutefois que cette méthode n'est plus fiable au-delà de 15 ans au regard de l'écart type de 1 à 2 ans observé.

En effet, les méthodes présentent des niveaux de précision différenciés selon la tranche d'âge du sujet examiné et il existe un consensus pour souligner que cette méthode ne permet d'atteindre qu'un **intervalle de confiance de 23 à 26 mois sur la période proche de 18 ans.** À titre d'exemple, l'écart type ou la déviation standard (écart moyen par rapport à la moyenne) est en effet de 13 mois pour un individu de sexe masculin âgé de 17 ans. Pour cette tranche d'âge, l'intervalle de confiance est donc de 13 + 13 (écart inférieur à la moyenne + écart supérieur à la moyenne) = 26 mois. Un garçon en bonne santé âgé de 17 ans peut donc présenter un âge osseux de 19 ans. À l'inverse, un âge osseux de 17 ans pour un sujet ayant subi des carences nutritionnelles peut être en cohérence avec un âge civil supérieur à 18 ans. En toute hypothèse, il est reconnu que la précision de la détermination de l'âge ne peut être inférieure à un an, en plus ou en moins.

Le **Haut Conseil de la santé publique (HCSP)** estime que les critères de l'âge osseux tirés de l'atlas de Greulych et Pyle « *restent toujours valables tout au moins pour les populations européennes* » (avis du 23 janv. 2014).

Sur la frange d'âge plus particulièrement concernée par la détermination de la majorité civile, la méthode fondée sur l'analyse du noyau interne de la clavicule (V. n° **14.26B**) permet d'exclure la minorité dès l'âge physiologique de 20 à 21 ans.

14.26 Les autres méthodes d'appréciation de l'âge par l'analyse de la maturation osseuse

A. L'os du coude

Cette méthode, fixée par **Sauvegrain et Nahum**, repose sur l'analyse de la radiographie des os du coude. Elle est employée en complément des méthodes de radiographie des os de la main gauche pour la période pré-pubertaire et l'adolescence, filles âgées de 9 à 13 ans et garçons âgés de 10 à 15 ans, car elle donne des résultats plus précis. Sur cette tranche d'âge, l'ossification des os du coude (condyle, olécrane, trochlée et tête radiale) subit en effet des modifications rapides, ce qui permet, mieux que la méthode Greulich et Pyle, de segmenter en intervalles de 6 mois l'estimation de l'âge osseux. En dehors de ces tranches d'âge, la méthode est jugée beaucoup moins fiable par les auteurs.

B. La maturité épiphysaire de la clavicule

Pour la détermination de la majorité civile, cette **méthode répandue en Allemagne** présente un haut niveau de confiance. La clavicule est un os qui termine sa maturation en dernier. Les études (Kreitner 1998, Schulze 2006, Schmeling 2000) montrent qu'au stade 4, celui de l'ossification complète du cartilage épiphysaire, l'individu est au moins âgé de 20 (femme) ou 21 ans (homme). Le **constat du stade 4 d'ossification** permet donc, y compris par scanner, de fonder sans risque d'erreur l'assertion d'une majorité civile acquise (18 ans).

Le Haut Conseil de la santé publique (HCSP) indique que « *le scanner de la clavicule donnerait une estimation correcte après 21 ans mais pas vers 18 ans* » (avis du 23 janv. 2014, n° 6.6).

C. La dentition

Cette méthode consistant à analyser le **niveau de maturation de la dentition**, en s'appuyant notamment sur l'examen des canines, molaires et prémolaires, de la minéralisation de la couronne et de la racine, par comparaison avec une table, est considérée comme **fiable jusqu'à l'âge de 15 ans**.

L'analyse de la racine de la **troisième molaire** (dent de sagesse) (technique de **Demirjian**) permet d'étayer la preuve de la majorité civile : une racine complète du maxillaire (mâchoire supérieure) correspond à un âge d'au moins 18 ans dans 85 % des cas pour un garçon, et 90 % pour une fille, et respectivement à 90 et 92 % s'il s'agit de la mandibule (mâchoire inférieure).

14.27 La détermination de l'âge post mortem

La détermination de l'âge osseux s'opérera, pour les sujets jeunes ou les jeunes adultes, selon les méthodes citées ci-dessus, principalement par l'analyse de l'âge dentaire et des points d'ossification du squelette.

Pour les adultes, la méthode de référence consiste à apprécier l'état de **maturité de la symphyse pubienne**, qui connaît entre 18 et 60 ans différents stades caractéristiques d'une tranche d'âge (Tables de Todd ou Brooks et Suchey). Au-delà de l'âge de 50 ans, l'évolution de la symphyse pubienne est plus difficilement interprétable.

14.28 L'abolition du discernement, cause d'irresponsabilité pénale (C. pén., art. 122-1, al. 1)

A. Le principe de l'irresponsabilité pénale en cas d'abolition du discernement et son évolution (C. pén., art. 122-1, al. 1, C. pr. pén., art. 706-119)

1. Le principe de l'irresponsabilité pénale (C. pr., art. 122-1)

« *N'est pas pénalement responsable la personne qui était atteinte, au moment des faits, d'un trouble psychique ou neuropsychique ayant aboli son discernement ou le contrôle de ses actes* » (C. pén., art. 122-1, al. 1).

Précisons que le majeur protégé sous tutelle ou curatelle qui fait l'objet de poursuites est obligatoirement soumis à une expertise psychiatrique pour déterminer s'il existe une cause d'irresponsabilité pour trouble mental (C. pr. pén., art. 706-115, v. nº **15.11B1**).

La personne bénéficiant de cette cause d'irresponsabilité pénale reste cependant civilement responsable car « *celui qui a causé un dommage à autrui alors qu'il était sous l'empire d'un trouble mental n'en est pas moins obligé à réparation* » (C. civ., art. 414-3).

2. L'évolution du principe (L. nº 2008-174, 25 févr. 2008 et L. nº 2022-52, 24 janv. 2022)

• La **L. nº 2008-174, 25 févr. 2008**, relative à la rétention de sûreté et à la déclaration d'irresponsabilité pénale, a institué (C. pr. pén., art. 706-119 s.) la juridictionnalisation de la déclaration d'irresponsabilité pénale pour cause de trouble mental ainsi que le contrôle préventif par l'autorité judiciaire de la personne dont le discernement a été aboli en confiant à la CHINS une compétence pour statuer, d'une part, sur l'irresponsabilité pénale (v. **B** ci-dessous), d'autre part, sur l'hospitalisation sous contrainte en établissement psychiatrique (C. pr. pén., art. 706-135) et sur d'autres mesures de sûreté (C. pr. pén., art. 706-136) (v. **F** ci-dessous), compétences qui ont également été confiées aux juridictions de jugement.

Après une décision en sens contraire (Crim. 21 janv. 2009, nº 08-83.492, P nº 24), ces mesures ont été jugées immédiatement applicables aux faits antérieurs à l'entrée en vigueur de la loi, car les dispositions de C. pén., art. 112-1 « *prescrivant que seules peuvent être prononcées les peines légalement applicables à la date de l'infraction ne s'appliquent pas aux mesures de sûreté prévues, en cas de déclaration d'irresponsabilité pénale pour cause de trouble mental, par les articles 706-135 et 706-136 du code de procédure pénale issus L. nº 2008-174, 25 févr. 2008* » (Crim. 16 déc. 2009, nº 09-85.153, P nº 216) (sur l'application de la loi pénale dans le temps, v. nº **10.4**).

• La **L. nº 2022-52, 24 janv. 2022**, relative à la responsabilité pénale et à la sécurité intérieure, sans remettre en cause le dispositif qui précède, a eu « *pour principal objectif d'améliorer l'appréhension par le droit pénal des situations dans lesquelles une personne commet des infractions alors que son discernement était temporairement aboli à la suite de la prise volontaire de substances psychoactives* », car il apparaissait « *injustifié qu'une personne puisse systématiquement échapper à toute sanction pénale – spécialement lors de faits d'une particulière gravité – si l'abolition de son discernement ou l'abolition du contrôle de ses actes au moment de la commission de l'infraction trouvent leur origine dans une intoxication volontaire* » (Circ. Crim. 2022-13/H2, 12 mai 2022, NOR : JUSD2214206C). Elle a ainsi exclu l'irresponsabilité pénale lorsque la personne a consommé des substances psychoactives dans le dessein de commettre l'infraction (C. pén., art. 122-1, v. **C** ci-dessous) et institué une responsabilité pénale alternative, du chef de nouvelles infractions spéciales, lorsque la personne déclarée irresponsable a commis certaines atteintes graves aux personnes en ayant consommé de façon excessive ou illicite des substances psychoactives (C. pén., art. 221-5-6, 222-18-4 et 222-26-2, v. **D** ci-dessous). Elle a en outre renforcé la juridictionnalisation de la déclaration d'irresponsabilité pénale en imposant la saisine de la juridiction de jugement en cas de divergence d'experts portant sur l'abolition ou l'altération du discernement (C. pr. pén., art. 706-20, v. **E** ci-dessous). Enfin, elle a étendu la circonstance aggravante de commission d'une infraction par une personne agissant en état d'ivresse manifeste ou sous l'emprise manifeste de stupéfiants à certaines atteintes graves aux personnes et exclu la diminution de peine résultant de l'altération du discernement lorsque cette altération est due à la consommation de substances psychoactives (C. pén., art. 122-1-2, v. n° **14.29A2**).

B. Les modalités de la déclaration d'irresponsabilité pénale (C. pr. pén., art. 706-119 s.)

1. Le classement sans suite fondé sur l'état mental de l'auteur des faits

La possibilité d'un classement sans suite fondé sur C. pén., art. 122-1, al. 1, est explicitement prévue par CSP, art. **L. 3213-7**, qui impose dans ce cas au procureur de la République d'aviser immédiatement la commission départementale des soins psychiatriques ainsi que le représentant de l'État dans le département si la personne « *nécessite des soins et compromet la sûreté des personnes ou porte atteinte de façon grave à l'ordre public* ».

La décision de classement sans suite a pour conséquence d'exclure les effets propres à la déclaration juridictionnelle d'irresponsabilité pénale, qui peut en effet être accompagnée de mesures de sûreté, et dans ce cas inscrite au casier judiciaire, outre l'inscription de ces mesures au FPR (sur les mesures de sûreté accompagnant la décision d'irresponsabilité pénale, v. **F**). Elle élude enfin l'inscription au Fijais lorsque la décision d'irresponsabilité pénale porte sur une infraction relevant de ce fichier (C. pr. pén., art. 706-53-2 4°, v. n^os^ **13.32**).

2. L'ordonnance d'irresponsabilité pénale rendue par le juge d'instruction

Selon les modalités fixées par la loi n° 2008-174 du 25 févr. 2008, à défaut de saisine de la CHINS dans les conditions ci-dessous exposées, le juge d'instruction peut rendre lui-même une « *ordonnance d'irresponsabilité pénale pour cause de trouble mental* », en précisant qu'il existe des charges suffisantes contre l'intéressé d'avoir commis les faits reprochés (C. pr. pén., art. 706-120). Cette ordonnance met fin à la détention provisoire et au contrôle judiciaire (C. pr. pén., art. 706-121).

Dans ce cadre, le juge d'instruction ne peut statuer sur les intérêts civils et ne peut prononcer de mesure de sûreté, ni la CHINS, laquelle n'aura par hypothèse pas été saisie à cette fin. Toutefois, si les troubles mentaux de la personne détenue « *nécessitent des soins et compromettent la sûreté des personnes ou portent atteinte, de façon grave, à l'ordre public* », il incombe alors au procureur de la République, préalablement averti par le juge d'instruction, d'informer immédiatement le représentant de l'État dans le département ainsi que la commission départementale des soins psychiatriques (CSP, art. L. 3213-7, C. pr. pén., art. D. 47-27). Précisons qu'une telle information, qu'il incombe de façon générale aux « *autorités judiciaires* » de communiquer en application de CSP, art. L. 3213-7, paraît donc aussi s'imposer au juge d'instruction.

L'ordonnance « *qui constate l'existence, contre la personne mise en examen, de charges suffisantes d'avoir commis les faits reprochés, et est motivée par référence aux dispositions de C pén., art. 122-1, n'est pas une ordonnance de non-lieu telle que prévue au C. pr. pén., art. 177* » (§ 10), elle « *est susceptible d'un appel devant la CHINS dont l'examen relève d'une procédure spécifique* » (§ 11), il s'en déduit que « *le président de la CHINS ne détient pas le pouvoir de rendre une ordonnance de non-admission de l'appel relevé contre une ordonnance de déclaration d'irresponsabilité pénale pour cause de trouble mental* » (§ 7), C. pr. pén., art. 186, dernier al., n'étant pas applicable dans ce cas (Crim. 10 janv. 2023, n° 22-82.645, P).

Notons qu'en cas d'appel contre l'ordonnance d'irresponsabilité pénale du juge d'instruction, la CHINS dispose aussi des prérogatives propres exposées ci-après (C. pr. pén., art. 706-128).

Soulignons enfin que « *la personne mise en examen peut, à l'appui de son appel d'une ordonnance de mise en accusation, invoquer les dispositions de C. pén., art. 122-1* » relatives à l'irresponsabilité pénale (Crim. 14 oct. 2020, n° 20-84.517, P).

3. L'AUDIENCE ET L'ARRÊT DE DÉCLARATION D'IRRESPONSABILITÉ PÉNALE RENDU PAR LA CHINS

Depuis L. nº 2008-174 du 25 févr. 2008, la décision constatant **l'irresponsabilité pénale pour trouble mental** est soumise à un régime juridictionnel particulier dans le cadre de l'instruction.

Le juge d'instruction, d'office ou à la demande des parties ou du parquet, **peut** en effet, par une « *ordonnance de transmission de pièce* » saisir la CHINS afin qu'elle statue sur l'irresponsabilité pénale (sur la formulation des réquisitions, v. nº **15.35A5**) (C. pr. pén., art. 706-119 s.).

Cette ordonnance ne met pas fin à la détention provisoire ou au contrôle judiciaire ; si la personne est détenue, la CHINS doit alors statuer dans les 4 mois de l'ordonnance en matière délictuelle et dans les 6 mois en matière criminelle, à peine de mise en liberté (C. pr. pén., art. 706-121).

Après que son président a le cas échéant ordonné une « *expertise psychiatrique permettant d'actualiser les expertises figurant au dossier* » (réd. issue L. nº 2022-52, 24 janv. 2022, C. pr. pén., art. D. 47-29), la CHINS se prononce au visa de C. pén., art. 122-1, al. 1 sur l'abolition du discernement, au terme de **débats juridictionnels publics** (hors cas de huis clos) conduits selon les règles communes du procès pénal, avec l'assistance ou la représentation obligatoire par un avocat (C. pr. pén., art. 706-122). Précisons que depuis L. nº 2022-52, 24 janv. 2022, la partie civile est entendue si elle le demande (C. pr. pén., art. 706-122).

La **comparution personnelle** de la personne n'est pas de droit mais doit être ordonnée par le président de la CHINS si son état le permet (C. pr. pén., art. 706-122). Dans ce cas, il doit être fait application de C. pr. pén., art. 406 relatif à la notification du **droit au silence** (C. pr. pén., art. 706-122 mod. par L. nº 2022-52, 24 janv. 2022 consacrant Crim. 13 janv. 2021, nº 20-80.230, D ; Crim. 8 juill. 2020, nº 19-85.954, P, décision opérant un revirement sur Crim. 29 nov. 2017, nº 16-85.490, P nº 271, annoncé par Crim. 14 mai 2019, nº 19-81.408, P nº 92) (sur le droit au silence lors de l'audience, v. nº **17.5**).

Les **experts** ayant examiné la personne « *doivent être entendus* » (C. pr. pén., art. 706-122), de même que sont entendus, sur décision du président, les **témoins** cités par les parties ou le ministère public « *si leur audition est nécessaire pour établir s'il existe des charges suffisantes contre la personne d'avoir commis les faits qui lui sont reprochés* » (C. pr. pén., art. 706-122).

« *lorsque plusieurs experts sont désignés pour exécuter une mission commune, chacun d'eux a qualité pour exposer, à l'audience de la CHINS, même en l'absence des autres, le résultat de l'ensemble des opérations auxquelles ils ont procédé* » (Crim. 29 nov. 2017, nº 16-85.490, P nº 271) (décisions ainsi citée par Crim. 15 mars 2023, nº 22-87.318, P (§ 10) ; dans le même sens, pour l'audience devant les juridictions de jugement : Crim. 30 sept. 1998, nº 97-86.532, P nº 244). Est irrégulière la décision rendue en l'absence d'audition des experts, ou d'au moins l'un des experts lorsqu'un collège d'experts a été commis (Crim. 15 mars 2023, nº 22-87.318, P).

La CHINS, lorsqu'elle rend un arrêt de déclaration d'irresponsabilité pénale, déclare qu'il existe des charges suffisantes contre la personne d'avoir commis les faits reprochés, la déclare pénalement irresponsable pour cause de trouble mental et peut statuer à la demande de la partie civile sur la responsabilité civile et la demande de dommages-intérêts (C. pr. pén., art. 706-125, mod. par L. nº 2016-731, 3 juin 2016). L'abolition du discernement relève de l'appréciation souveraine de la CHINS (Crim. 21 mars 2012, nº 12-80.178, P nº 77 ; Crim. 11 juill. 2017, nº 17-82.652, D ; Crim. 13 févr. 2018, nº 17-86.952, D ; Crim. 14 avr. 2021, nº 20-80.135, P).

L'arrêt de déclaration d'irresponsabilité pénale met fin à la détention provisoire et au contrôle judiciaire (C. pr. pén., art. 706-126). À titre de mesure de sûreté, la CHINS (C. pr.

pén., art. 706-125 4°) peut toutefois ordonner l'hospitalisation d'office (hospitalisation complète) de la personne (C. pr. pén., art. 706-135) ou des interdictions (C. pr. pén., art. 706-136), selon les précisions apportées au **F** ci-dessous.

La CHINS peut également considérer que les charges réunies contre l'intéressé ne sont pas suffisantes pour lui imputer les faits et elle déclare dans ce cas « *n'y avoir lieu à suivre* » (C. pr. pén., art. 706-123). Elle peut également estimer qu'il n'y a pas lieu de prononcer l'irresponsabilité pénale et renvoyer dans ce cas la personne devant la juridiction de jugement si les charges sont suffisantes (C. pr. pén., art. 706-124).

Notons que la CHINS dispose aussi des prérogatives ici décrites, à savoir statuer sur l'irresponsabilité pénale et ordonner des mesures de sûreté, lorsqu'elle est saisie d'un appel contre une ordonnance d'irresponsabilité pénale rendue par le juge d'instruction (C. pr. pén., art. 706-120 ; sur cette ordonnance, v. **B2** ci-dessus) ou d'un appel d'une ordonnance de renvoi ou de mise en accusation formé par la personne mise en examen qui revendique son irresponsabilité pénale (C. pr. pén., art. 706-128).

Dans tous les cas, l'arrêt de la CHINS peut faire l'objet d'un pourvoi en cassation (C. pr. pén., art. 706-126), même si, lorsqu'elle est saisie par le juge d'instruction par ordonnance de transmission de pièces, elle n'a pas fait office de juge du second degré mais fait usage de ses pouvoirs juridictionnels propres.

4. La déclaration d'irresponsabilité pénale rendue par la juridiction de jugement

Depuis la L. n° 2008-174 du 25 févr. 2008, dans le cas où la juridiction de jugement est saisie, la juridiction criminelle (C. pr. pén., art. 706-129 s.), le tribunal correctionnel (C. pr. pén., art. 706-133 s.) ou la chambre des appels correctionnels (C. pr. pén., art. 706-134) qui rend une décision constatant l'irresponsabilité pénale pour trouble mental doit déclarer que la personne a commis les faits qui lui étaient reprochés, se prononcer sur la responsabilité civile de l'auteur des faits, et statuer sur la demande de dommages-intérêts de la partie civile.

La juridiction doit « *rendre une décision déclarant que la personne a commis les faits qui lui sont reprochés et qu'elle est irresponsable pénalement en raison d'un trouble psychique ou neuropsychique ayant aboli son discernement ou le contrôle de ses actes au moment des faits* » (§ 7) mais « *la personne déclarée pénalement irresponsable ne saurait faire l'objet d'une déclaration de culpabilité* » (Crim. 15 nov. 2022, n° 22-81.366, D).

La décision d'irresponsabilité pénale met fin à la détention provisoire et au contrôle judiciaire mais la cour d'assises (seule et sans l'assistance du jury) ou la cour criminelle départementale (C. pr. pén., art. 706-131) ainsi que le tribunal correctionnel (C. pr. pén., art. 706-133) et la chambre des appels correctionnels (C. pr. pén., art. 706-134) peuvent comme la CHINS prononcer les mesures de sûreté décrites en **F** ci-dessous.

C. L'exclusion de l'irresponsabilité pénale lorsque la personne a consommé des substances psychoactives dans le dessein de commettre les faits (C. pén., art. 122-1-1 issu L. n° 2022-52, 24 janv. 2022)

Dans une affaire où une personne prise d'une bouffée délirante ayant pour origine la consommation régulière de cannabis avait commis des faits d'homicide volontaire, il fut jugé qu'une CHINS était fondée à conclure à l'abolition du discernement même si elle était consécutive à la consommation volontaire et régulière de cannabis car les dispositions de C. pén., art. 122-1, al. 1 « *ne distinguent pas selon l'origine du trouble psychique ayant conduit à l'abolition de ce discernement* » (Crim. 14 avr. 2021, n° 20-80.135, P, affaire dite *Sarah Halimi*).

Tirant les conséquences de cette décision, la L. n° 2022-52, 24 janv. 2022, relative à la responsabilité pénale et à la sécurité intérieure, prévoit désormais l'exclusion de la cause d'irresponsabilité pénale prévue par C. pén., art. 122-1, al. 1, lorsque « *l'abolition temporaire du discernement de la personne ou du contrôle de ses actes au moment de la commission d'un crime ou d'un délit résulte de ce que, dans un temps très voisin de l'action, la personne a volontairement consommé des substances psychoactives dans le dessein de commettre l'infraction ou une infraction de même nature ou d'en faciliter la commission* » (C. pén., art. 122-1-1 issu L. n° 2022-52, 24 janv. 2022). Dans un tel cas la personne est renvoyée devant la juridiction de jugement par le juge d'instruction selon les modalités habituelles, y compris lorsqu'une ou plusieurs expertises concluent à l'altération plutôt qu'à l'abolition du discernement (C. pr. pén., art. D. 47-37-1, al. 2 et 3, issu D. n° 2022-657, 25 avr. 2022).

L'abolition du discernement au temps de l'action ne peut être retenue que s'il est démontré que l'auteur a volontairement consommé des substances psychoactives dans le but de déterminer ou de favoriser son passage à l'acte. Cette disposition n'est toutefois pas applicable lorsque l'abolition du discernement n'est pas temporaire mais définitive ou si la prise de telles substances est éloignée du temps de l'action au lieu d'en être très voisine.

Cette cause d'exclusion de l'irresponsabilité pénale est générale et concerne toute infraction. Sans qu'elle constitue une hypothèse d'école, ses éléments paraissent néanmoins délicats à démontrer dans la pratique. En effet, « *ces dispositions ne peuvent en pratique s'appliquer que dans des cas rarissimes : d'une part, la personne qui consomme des produits toxiques dans le dessein de commettre une infraction ou d'en faciliter la commission souhaite évidemment conserver une part suffisante de son libre-arbitre pour commettre effectivement l'acte projeté ; d'autre part, si elle a consommé de façon excessive ces produits au point d'en perdre la raison, elle ne sera le plus souvent plus en état de commettre cet acte* » (Circ. Crim. 2022-13/H2, 12 mai 2022, NOR : JUSD2214206C, n° 1.1.1).

Pour pallier cette difficulté, la L. n° 2022-52, 24 janv. 2022, prévoit en matière d'atteintes graves aux personnes que la responsabilité pénale de l'auteur qui a consommé des substances psychoactives pourra être encore recherchée, malgré son irresponsabilité pénale, sous des qualifications pénales alternatives et atténuées exposées en D ci-dessous.

« *Sous réserve de l'appréciation souveraine de la **C. cass.**, et comme cela a été relevé lors des débats parlementaires, les dispositions de l'article 122-1-1 peuvent être considérées comme ne modifiant pas le droit existant mais consacrant l'interprétation de celui-ci* ». Dans ces conditions, elles « *peuvent s'appliquer à des faits commis avant l'entrée en vigueur de la loi du 24 janvier 2022* » (Circ. Crim. 2022-13/H2, 12 mai 2022, NOR : JUSD2214206C, n° 1.1.1).

D. La responsabilité pénale alternative de la personne déclarée irresponsable d'une atteinte aux personnes qui a volontairement consommé des substances psychoactives (L. n° 2022-52, 24 janv. 2022)

1. Les incriminations alternatives contre l'auteur déclaré irresponsable d'atteintes graves aux personnes

Lorsqu'il est établi que la personne qui a commis un homicide volontaire, des tortures ou des actes de barbarie, un viol ou des violences avec ITT > 8 jours, « *dont elle est déclarée pénalement irresponsable* » en raison de l'abolition de son discernement, a « *consommé volontairement, de façon illicite ou manifestement excessive, des substances psychoactives en ayant connaissance du fait que cette consommation est susceptible de la conduire à mettre délibérément autrui en danger, lorsque cette consommation a entraîné un trouble psychique ou neuropsychique temporaire sous l'empire duquel elle a commis* » les faits reprochés, elle encourt désormais les peines prévues pour les infractions spéciales créées par L. n° 2022-52, 24 janv. 2022 : C. pén., art. 221-5-6 pour l'homicide volontaire (v. n° 20.5), C. pén., art. 222-18-4 en cas de tortures, d'actes de barbarie ou de violences avec ITT > 8 jours (v. n° 20.14), C. pén., art. 222-26-2 pour le viol (v. n° 20.78). Ces incriminations sont applicables même lorsqu'une ou plusieurs expertises concluent à l'altération plutôt qu'à l'abolition du discernement (C. pr. pén., art. D. 47-37-1, al. 3, issu D. n° 2022-657, 25 avr. 2022).

« *Il s'agit d'infractions intentionnelles (et non d'infractions d'imprudence), même si le dommage final en résultant n'était pas voulu par leur auteur, réprimant de façon autonome des comportements distincts des infractions commises par la suite alors que le libre arbitre de la personne était aboli* » (n° 1.2) « *C'est le comportement antérieur de la personne qui constitue une infraction, parce que l'intéressée s'est intentionnellement placée dans la situation de commettre de tels actes en consommant volontairement, de façon illicite ou manifestement excessive, des substances psychoactives en ayant connaissance du fait que cette consommation était susceptible de la conduire à mettre délibérément autrui en danger* » (n° 1.2.1 1)) (Circ. Crim. 2022-13/H2, 12 mai 2022, NOR : JUSD2214206C, n° 1.1.1).

Ces infractions sont **alternatives** aux incriminations d'homicide volontaire, de tortures ou d'actes de barbarie, de viol ou de violences avec ITT > 8 jours, car elles ne peuvent par hypothèse être reprochées qu'à l'auteur préalablement déclaré irresponsable de ces dernières.

Si les **pénalités** délictuelles prévues par ces dispositions sont inférieures à celles encourues pour le fait dont la personne a été déclarée irresponsable, elles restent néanmoins en relation d'échelle avec le fait d'origine, en ce qu'elles tiennent compte de son mode opératoire (actes de torture, violences, viol) et de son résultat (mort, ITT > 8 jours).

Elles sont également aggravées, et selon les cas punies de peines criminelles, lorsque la personne a déjà fait l'objet, pour des faits d'homicide, d'une précédente déclaration d'irresponsabilité en raison d'une consommation volontaire de substances psychoactives, les règles de la récidive étant dans ce cas écartées.

2. Les modalités de la déclaration d'irresponsabilité et de renvoi devant la juridiction de jugement par le juge d'instruction et la CHINS du chef des infractions alternatives

Lorsque le juge d'instruction est saisi d'une information sur le fondement des infractions qui précèdent ou que ces qualifications « *ont été retenues au cours de la procédure* » (C. pr. pén., art. D. 47-37-1, issu D. n° 2022-657, 25 avr. 2022) et décide du renvoi de ce chef de la personne mise en examen devant la juridiction de jugement, il est tenu de préalablement déclarer dans son ordonnance de règlement que la personne est pénalement irresponsable, en application de C. pén., art. 122-1, al. 1, des faits d'homicide volontaire, de tortures, d'actes de barbarie, de violences ou de viol commis à la suite de sa consommation volontaire de substances psychoactives ayant aboli son discernement (C. pr. pén., art. 706-139-1, issu L. n° 2022-52, 24 janv. 2022).

Ces dispositions ne visent pas la CHINS mais, en raison de l'effet dévolutif de l'appel, paraissent lui être applicables lorsqu'elle intervient comme juridiction du second degré de la décision de non-lieu ou de mise en accusation. Les textes sont en revanche muets lorsque la CHINS intervient, sur saisine du juge d'instruction par une « *ordonnance de transmission de pièces* », à raison des pouvoirs juridictionnels propres qu'elle détient pour constater l'irresponsabilité pénale, statuer sur les intérêts civils et ordonner des mesures de sûreté en application de C. pr. pén., art. 706-119 s (sur ce point, v. AB ci-dessus).

3. Les modalités de déclaration d'irresponsabilité par la juridiction de jugement et l'obligation d'examiner la requalification des faits

• Le jugement par la juridiction criminelle et l'obligation de poser des questions subsidiaires (C pr. pén., art. 706-139-2)

Lorsque, en application C. pr. pén., art. 351 (le fondement d'une telle question résulte plus exactement de C. pr. pén., art. 349-1 et 356), la question de l'abolition du discernement prévue par C. pén., art. 122-1, al. 1 est posée devant la juridiction criminelle (sur les questions principales et subsidiaires devant la juridiction criminelle, v. n° 17.33), et « *s'il apparaît que l'abolition du discernement de la personne ou du contrôle de ses actes est susceptible de résulter d'une consommation volontaire de substances psychoactives* » (C pr. pén., art. 706-139-2 issu L. n° 2022-52, 24 janv. 2022), le président est tenu de poser la question subsidiaire portant, selon les cas, sur l'infraction d'atteinte à la vie commise sous l'empire de substances psychoactives ayant aboli le discernement de l'auteur (C. pén., art. 221-5-6, v. n° 20.5), d'atteinte à l'intégrité de la personne commise sous l'empire de substances psychoactives ayant aboli le discernement de l'auteur (C. pén., art. 222-18-4, v. n° 20.14), ou de viol commis sous l'empire de substances psychoactives ayant aboli le discernement de l'auteur (C. pén., art. 222-26-2, v. n° 20.78). « *Dès lors, si la cour d'assises déclare l'accusé irresponsable pénalement pour ces crimes en raison d'un trouble mental ayant aboli son discernement ou le contrôle de ses actes, elle devra se prononcer sur la commission de ces nouvelles infractions* » (Circ. Crim. 2022-13/H2, 12 mai 2022, NOR : JUSD2214206C, n° 2.1.2).

• Le jugement par la juridiction correctionnelle et l'obligation d'examiner la requalification des faits

Si la L. n° 2022-52, 24 janv. 2022, n'a pas prévu de dispositions comparables à celles s'imposant à la juridiction criminelle devant le tribunal correctionnel, lequel peut également être amené à faire application de ces dispositions lorsqu'il est saisi de violences volontaires avec ITT > 8 jours ou de violences ayant entraîné une infirmité permanente, c'est en raison du fait qu'à la différence de la juridiction criminelle et hors les exceptions légales, le tribunal correctionnel est pour sa part tenu de requalifier les faits (sur le pouvoir et le devoir de requalification du tribunal correctionnel, v. n° **17.32B1**).

Il en résulte que lorsque la question de l'abolition du discernement est soulevée devant le tribunal correctionnel, ce dernier doit d'office ou à la demande des parties ou du ministère public, en déclarant la personne irresponsable, alternativement examiner la qualification d'atteinte à l'intégrité de la personne commise sous l'empire de substances psychoactives ayant aboli le discernement de l'auteur prévue par C. pén., art. **222-18-4** (v. n° **20.14**), par hypothèse seule applicable devant la juridiction correctionnelle qui ne peut en effet être saisie de faits criminels.

4. La nature des substances psychoactives consommées et l'élément intentionnel des infractions alternatives

Par sa généralité, l'expression « *substances psychoactives* » visée par C. pén., art. **221-5-6**, **222-18-4** et **222-26-2**, désigne toute substance solide, liquide ou gazeuse, licite ou non, pouvant notamment être stupéfiante, médicamenteuse ou alcoolique.

Il n'est pas exigé que l'auteur ait consommé les substances psychoactives « *dans le dessein de commettre l'infraction* » mais seulement qu'il ait eu « *connaissance du fait que cette consommation est susceptible de la conduire à mettre délibérément autrui en danger* » (C. pén., art. 221-5-6). Le législateur semble ainsi réserver le cas de la consommation d'une substance psychoactive dont les propriétés étaient inconnues de l'auteur, mais les propriétés psychoactives des substances illicites (ex. haschich, crack, LD) ou des substances courantes (alcool) sont réputées connues du public et plus encore de ceux qui en recherchent la consommation.

Notons que la notion de substance conduisant à « *mettre délibérément autrui en danger* » est commune aux infractions issues L. n° 2022-52, 24 janv. 2022 prévues par C. pén., art. **221-5-6**, **222-18-4** (v. n° **20.14**) et **222-26-2** (v. n° **20.78**), ce dont on peut conclure que le législateur n'exige pas que la substance consommée conduise spécifiquement, par sa nature et par la connaissance que pouvait en avoir l'auteur, à commettre des faits d'homicide, de violences ou de viol.

Selon Circ. Crim. 2022-13/H2, 12 mai 2022, NOR : JUSD2214206C (n° 1.2.1 2)), ces infractions ne peuvent être constituées en cas de consommation **involontaire** de substance psychoactive, « *même si cette consommation résulte d'une imprudence fautive* », en cas de « *consommation volontaire de telles substances, mais alors que la personne ne pouvait savoir que cette consommation était susceptible de la conduire à mettre délibérément autrui en danger, spécialement parce qu'elle en consommait pour la première fois (ce qui pourra notamment être le cas s'il s'agit d'alcool)* », lorsque « *une personne déjà atteinte d'une pathologie mentale et suivant à ce titre un traitement médical, a interrompu ce traitement* » ou lorsque le discernement de la personne était déjà aboli lors de la consommation des substances psychoactives.

E. La divergence d'experts entre l'abolition fautive du discernement ou son altération ne peut être tranchée que par la juridiction de jugement (C. pr. pén., art. 706-120 issu L. nº 2022-52, 24 janv. 2022)

1. Le renvoi devant la juridiction de jugement pour statuer préalablement sur la responsabilité pénale

Depuis L. nº 2022-52, 24 janv. 2022, « *lorsque le juge d'instruction, au moment du règlement de son information, estime que l'abolition temporaire du discernement de la personne mise en examen résulte au moins partiellement de son fait et qu'il existe une ou plusieurs expertises concluant que le discernement de la personne était seulement altéré, il renvoie celle-ci devant la juridiction de jugement compétente qui statue à huis clos sur l'application du même article 122-1 ; si la personne n'est pas déclarée pénalement irresponsable, le dossier est renvoyé à une audience ultérieure pour être examiné au fond conformément aux dispositions relatives aux jugements des crimes ou des délits* » (C. pr. pén., art. 706-120, mod. par L. nº 2022-52, 24 janv. 2022 ; C. pr. pén., art. D. 47-37-2, issu D. nº 2022-657, 25 avr. 2022).

Lorsqu'il existe une discussion d'experts entre l'abolition temporaire du discernement et la simple altération (ce qui était le cas dans l'affaire précitée Crim. 14 avr. 2021, nº 20-80.135, P) et que le juge d'instruction estime que l'abolition est en lien au moins partiel avec le fait, autrement dit la faute, de l'auteur, le juge d'instruction est donc tenu, sous réserve de la consistance des charges, de renvoyer le dossier devant la juridiction de jugement compétente, tribunal correctionnel, cour criminelle départementale ou cour d'assises, laquelle est donc seule habilitée à trancher la question de l'abolition du discernement. « *C'est en effet en raison de l'existence de cette divergence d'expertises qu'il paraît opportun [...] que ce soit la juridiction de jugement, et non la juridiction d'instruction, qui se prononce sur l'existence ou non de la cause d'irresponsabilité pénale prévue par C. pén., art. 122-1, al. 1* » (Circ. Crim. 2022-13/H2, 12 mai 2022, NOR : JUSD2214206C, nº 2.2.3).

Au sens de ces dispositions, cette faute n'est pas réduite à celle définie au C. pén., art. 122-1-1 et examinée en **C** ci-dessus (consommation volontaire de substances psychoactives « *dans le dessein de commettre l'infraction [...] ou d'en faciliter la commission* »), mais elle peut également être celle définie par C. pén., art. 122-1-2 décrite au nº **14.29A** (« *consommation volontaire, de façon illicite ou manifestement excessive, de substances psychoactives* »), ou prendre toute autre forme ne résultant pas d'une consommation de substances psychoactives. Dans tous les cas, pour être fautif, le comportement de l'auteur doit avoir été volontaire.

Ces dispositions ne s'appliquent pas lorsque « *le juge d'instruction estime que le discernement de la personne était simplement altéré* », cas dans lequel le juge ordonne le renvoi devant la juridiction de jugement ; « *si le juge estime qu'il existe contre la personne mise en examen des charges suffisantes d'avoir commis l'une des nouvelles infractions d'intoxication volontaire : dans ce cas, même en cas de divergences d'expertises, il devra renvoyer la personne devant la juridiction de jugement* » ; lorsque « *toutes les expertises sont convergentes* », cas dans lequel le juge, si elles concluent toutes à l'abolition du discernement, prendra lui-même une ordonnance d'irresponsabilité pénale (v. **B2** ci-dessus), ordonnera le renvoi du dossier devant la CHINS (v. **B3** ci-dessus), ou renverra devant la juridiction de jugement pour une des nouvelles infractions d'intoxication volontaire (v. **D2** ci-dessus) ; ou lorsque l'abolition du discernement est définitive (Circ. Crim. 2022-13/H2, 12 mai 2022, NOR : JUSD2214206C, nº 2.2.3 1)).

Précisons qu'en cas de renvoi sur le fondement de C. pr. pén., art. 706-120, la détention provisoire peut être maintenue en matière délictuelle ou se poursuit en matière criminelle selon les modalités prévues par C. pr. pén., art. 179 et 181 (C. pr. pén., art. D. 47-37-2, issu D. nº 2022-657, 25 avr. 2022) (sur la détention provisoire et le délai de comparution devant la juridiction de jugement après ORTC et OMA, v. nº **12.46**).

2. L'audience statuant sur la responsabilité pénale

« *Ces audiences obéissent [...] à un régime intermédiaire entre celui d'une juridiction de jugement saisie selon les procédures habituelles et devant statuer tant sur l'action publique que sur l'action civile, et celui de la CHINS saisie en application du C. pr. pén., art. 706-120, al. 1 pour statuer uniquement sur la question de l'irresponsabilité pénale* » (sur la saisine de la CHINS sur ce fondement, v. **B3**) (Circ. Crim. 2022-13/H2, 12 mai 2022, NOR : JUSD2214206C, nº 2.2.3 3)).

Le président de la juridiction ainsi saisie doit, au moins un mois avant l'audience, ordonner une expertise afin de déterminer si la personne est en état de comparaître et de comprendre les débats (C. pr. pén., art. D. 47-37-3, issu D. nº 2022-657, 25 avr. 2022). Il est fait le cas échéant application de C. pr. pén., art. 10 (sur l'incapacité de comparaître et l'impossibilité de juger l'action publique, v. nº **17.10G**, et la possibilité de juger l'action civile, v. nº **16.13A4**). Dans tous les cas, la juridiction criminelle ou correctionnelle statue à **huis clos** : « *Ce huis clos systématique a paru en effet justifié par les circonstances particulières [...] pouvant conduire à faire comparaître devant la juridiction une personne atteinte d'un trouble psychique ou neuropsychique important qui, même si l'intéressée est en état de se défendre et de comprendre son procès, justifie de protéger sa dignité en ne permettant pas au public d'assister à l'audience* » (Circ. Crim. 2022-13/H2, 12 mai 2022, NOR : JUSD2214206C, nº 2.2.3 3)).

La juridiction entend, le cas échéant « *par un moyen de télécommunication* », les « *experts ayant examiné la personne, et notamment ceux ayant rendu des avis divergents* » (C. pr. pén., art. D. 47-37-4 et D. 47-37-8).

La **juridiction criminelle** saisie ne peut se prononcer que sur la question de l'abolition du discernement (C. pr. pén., art. D. 47-37-4, issu D. nº 2022-657, 25 avr. 2022), dans les termes précisés par C. pr. pén., art. D. 47-37-5 et D. 47-37-6 (sur les questions principales et subsidiaires devant la juridiction criminelle, v. nº **17.33**). En cas de déclaration d'irresponsabilité pénale elle statue sur les intérêts civils et le cas échéant sur les mesures de sûreté (C. pr. pén., art. D. 47-37-6, sur ce point, v. **F** ci-dessous). Si la juridiction criminelle estime qu'il n'existe pas d'abolition du discernement, l'affaire est renvoyée pour être jugée à une audience ultérieure et la cour de renvoi n'est pas tenue par la réponse préalablement apportée sur ce point (C. pr. pén., art. D. 47-37-7).

Une procédure comparable est prévue pour le **tribunal correctionnel**, ce dernier peut toutefois, avec l'accord du prévenu donné en présence de son avocat, juger l'affaire au fond dans la continuité de sa décision écartant l'abolition du discernement (C. pr. pén., art. D. 47-37-8).

F. Les mesures de sûreté applicables en cas de déclaration d'irresponsabilité pénale

1. Le signalement à l'autorité administrative par les autorités judiciaires au cours de la procédure

Lorsque le procureur de la République a procédé à un **classement sans suite** motivé par les dispositions de l'article 122-1, al. 1 du code pénal (CSP, art. L. 3213-7), ou prend, s'agissant d'une personne placée en détention provisoire, un réquisitoire définitif tendant au prononcé d'une ordonnance d'irresponsabilité pénale pour cause de trouble mental (v. nº **15.35A5**) sans saisine de la CHINS (ou lorsque le juge d'instruction rend une ordonnance dans le même sens), il est tenu d'informer immédiatement le représentant de l'État et la commission départementale des soins psychiatriques si les troubles mentaux de la personne mise en examen nécessitent des soins et compromettent la sûreté des personnes ou portent atteinte, de façon grave, à l'ordre public (C. pr. pén., art. D. 47-27).

Il procède de même si cette personne fait l'objet d'une **décision de remise en liberté** dans l'attente d'une probable ordonnance d'irresponsabilité pénale (C. pr. pén., art. D. 47-27). À toutes fins utiles, le procureur de la République informe le représentant de l'État de ses réquisitions ainsi que des dates d'audience et des décisions rendues (CSP, art. L. 3213-7, rédaction L. nº 2008-174, 25 févr. 2008).

Précisons que, de façon générale, les « *autorités judiciaires* » sont tenues d'aviser immédiatement le préfet et la commission départementale des soins psychiatriques en cas de décision d'irresponsabilité pénale si elles « *estiment que l'état de la personne [...] nécessite des soins et compromet la sûreté des personnes ou porte atteinte de façon grave à l'ordre public* » (CSP, art. L. 3213-7), hypothèse répondant au cas où la juridiction n'a pas prononcé d'hospitalisation d'office ou lorsque le juge d'instruction n'a pas saisi la CHINS mais pris une ordonnance d'irresponsabilité pénale pour cause de trouble mental.

Notons enfin que lorsque la personne fait l'objet d'une hospitalisation d'office (hospitalisation complète) ordonnée par le préfet à la suite du signalement par l'autorité judiciaire d'une décision de classement sans suite pour trouble mental ou d'une déclaration d'irresponsabilité pénale (CSP, art. L. 3213-7), la sortie ne peut être ordonnée par le JLD ou par le préfet que dans les conditions dérogatoires prévues par CSP, art. L. 3211-12 II et L. 3213-8, exposées en **F3** ci-dessous.

2. La juridiction compétente pour ordonner des mesures de sûreté : la CHINS et la juridiction de jugement

La **CHINS** (C. pr. pén., art. 706-125 4°), qu'elle soit saisie par le juge d'instruction aux fins de déclaration d'irresponsabilité pénale et de prononcé de mesures de sûreté en application de C. pr.pén., art. 706-119 (sur les réquisitions en ce sens du ministère public dans son réquisitoire définitif, v. n° **15.35A5**), ou qu'elle soit saisie d'un appel contre une ordonnance d'irresponsabilité pénale rendue par le juge d'instruction ou saisie d'un appel d'une ordonnance de renvoi ou de mise en accusation formé par la personne mise en examen qui revendique son irresponsabilité pénale (C. pr. pén., art. 706-128), la **juridiction criminelle** (C. pr. pén., art. 706-129), le **tribunal correctionnel** (C. pr. pén., art. 706-133) et la **chambre des appels correctionnels** (C. pr. pén., art. 706-135) peuvent ordonner, lorsqu'ils prononcent une déclaration d'irresponsabilité pénale, **l'hospitalisation complète** (anc^t hospitalisation d'office) de la personne dans un établissement de soins psychiatriques (C. pr. pén., art. 706-135) ainsi que des **mesures de sûreté (interdictions)** (C. pr. pén., art. 706-136).

Le président de la CHINS ou de la juridiction de jugement peut ordonner un complément d'expertise ou demander un certificat médical afin d'actualiser les informations concernant l'état mental de la personne au moment où la juridiction doit statuer (C. pr. pén., art. D. 47-29).

3. La mesure d'hospitalisation sous contrainte en établissement psychiatrique prononcée par la chambre de l'instruction ou la juridiction de jugement (C. pr. pén., art. 706-135)

L'hospitalisation sous contrainte en établissement psychiatrique mentionné au CSP, art. L. 3222-1, ne peut être ordonnée par la CHINS ou la juridiction de jugement que « *s'il est établi par une expertise psychiatrique figurant au dossier de la procédure que les troubles mentaux de l'intéressé nécessitent des soins et compromettent la sûreté des personnes ou portent atteinte, de façon grave, à l'ordre public* » (C. pr. pén., art. 706-135).

Cette mesure d'hospitalisation d'office décidée par la CHINS ou la juridiction de jugement donne lieu à une **ordonnance aux fins d'hospitalisation d'office (hospitalisation complète)**, motivée et séparée de la décision d'irresponsabilité pénale, signée par le président de la juridiction ou ordonnée par la cour sans le jury. Copie de cette ordonnance est immédiatement adressée par le parquet au représentant de l'État dans le département (C. pr. pén., art. 706-135 et D. 47-29 s.).

L'ordonnance est immédiatement exécutoire, sans préjudice de la faculté de saisir le JLD sur le fondement du droit commun de l'hospitalisation d'office afin qu'il soit mis fin à la mesure d'hospitalisation (CSP, art. L. 3211-12, C. pr. pén., art. D. 47-29-1).

Toutefois, les conditions de levée et de prolongation de la mesure obéissent à un régime particulier. Y compris lorsque l'hospitalisation fait suite à une mesure de classement sans suite pour cause d'abolition du discernement, le JLD saisi par l'intéressé ou par un proche ou se saisissant d'office ne peut statuer qu'après l'avis d'un collège dont la composition est fixée au CSP, art. L. 3211-9 et ne peut ordonner la mainlevée de la mesure qu'après avoir recueilli l'avis de deux experts psychiatres qui devront procéder à des examens séparés (CSP, art. L. 3211-12 II et R. 3211-6). Le préfet ne pourra pour sa part, lorsque le même collège est d'avis que la mesure peut être levée, mettre fin à la mesure qu'après avoir recueilli l'expertise conforme de deux psychiatres. Si l'un des experts émet un avis contraire, il incombe alors au directeur de l'établissement de saisir le JLD (CSP, art. L. 3213-8, C. pr. pén., art. D. 47-29-3).

La mesure d'hospitalisation d'office prise par la CHINS ou la juridiction de jugement se substitue à celle le cas échéant déjà ordonnée par le préfet au visa de ses prérogatives de droit commun prévues par CSP, art. L. 3213-1 (C. pr. pén., art. D. 47-29-4).

Le fait que la CHINS ou la juridiction de jugement n'ordonne pas l'hospitalisation sous contrainte n'interdit pas au représentant de l'État de faire application de ses prérogatives en la matière, conformément au CSP, art. L. 3213-1 et L. 3213-7 (C. pr. pén., art. D. 47-29-2).

4. Les interdictions prononcées par la CHINS ou la juridiction de jugement (C. pr. pén., art. 706-136)

Comme l'hospitalisation sous contrainte, les autres mesures de sûreté ne peuvent être prononcées qu'après une expertise psychiatrique (C. pr. pén., art. 706-136).

Applicables pendant la durée de l'hospitalisation et après sa levée (C. pr. pén., art. 706-136), ces mesures consistent en des interdictions d'entrer en relation avec la victime de l'infraction, de paraître dans tout lieu désigné, de détenir ou de porter une arme, d'exercer une activité en lien avec la commission de l'infraction ou impliquant un contact habituel avec des mineurs sans déclaration préalable d'aptitude par un psychiatre, de suspension ou d'annulation du permis (C. pr. pén., art. 706-136).

Ces mesures ne peuvent être prononcées que s'il apparaît, au moment où la décision est rendue, « *qu'elles sont nécessaires pour prévenir le renouvellement des actes commis par la personne déclarée irresponsable, pour protéger cette personne, pour protéger la victime ou la famille de la victime, ou pour mettre fin au trouble à l'ordre public résultant de la commission de ces actes* », « *elles ne peuvent être prononcées à titre de sanction* » (C. pr. pén., art. D. 47-29-6).

Elles sont motivées au regard de ces prescriptions et prononcées, soit dans l'arrêt de la CHINS ou dans la décision de la juridiction de jugement, soit par ordonnance distincte, signée par le président et le greffier ; pour la juridiction criminelle, la décision est prononcée par ordonnance prise par la cour sans l'assistance du jury.

La durée de ces interdictions est fixée par la juridiction et ne peut être supérieure à 10 ans en matière délictuelle, ou à 20 ans en matière de crime ou de délit passible de 10 ans d'emprisonnement (C. pr. pén., art. 706-136). La personne peut en solliciter la mainlevée ou la modification devant le JLD (C. pr. pén., art. 706-137).

La décision, immédiatement exécutoire, est notifiée et remise en copie à l'intéressé (C. pr. pén., art. D. 47-29-7 et D. 47-30). Elle n'est susceptible d'appel ou de pourvoi qu'en même temps que décision d'irresponsabilité pénale (C. pr. pén., art. D. 47-29-7).

La violation de ces interdictions, sous réserve d'abolition du discernement, constitue **l'infraction** prévue par C. pr. pén., art. 706-139 (2 ans, 30 000 €, *N* ***27517****.co*).

5. Les autres mesures de sûreté applicables de plein droit : inscription au Fijais, Fnaeg, Redex, casier judiciaire et FPR

• **Fijais.** S'il fait l'objet d'une décision d'irresponsabilité pénale pour cause de trouble mental, l'auteur d'une des infractions sexuelles visées à l'article 706-47 du code de procédure pénale est inscrit au **Fijais** selon les modalités fixées par C. pr. pén., art. 706-53-2 (sur le Fijais, v. n° **13.32**).

• **Fnaeg.** La personne poursuivie pour crime ou pour un délit puni de dix ans d'emprisonnement ayant fait l'objet d'une décision d'irresponsabilité pénale pour cause de trouble mental fait l'objet d'un prélèvement pour l'alimentation du **Fnaeg**, y compris sans l'accord de l'intéressé sur réquisitions écrites du procureur de la République (C. pr. pén., art. 706-56) (sur le Fnaeg, v. n° **13.23B**).

• **Redex.** Lorsque les faits sont passibles du suivi socio-judiciaire, le répertoire des expertises est destinataire des expertises, évaluations et examens psychiatriques qu'il centralise, réalisés en application de C. pr. pén., art. 706-136 et 706-137 (v. **F4** ci-dessus) et durant le déroulement de la mesure d'hospitalisation sous contrainte en établissement psychiatrique ordonnée par la CHINS ou la juridiction de jugement à la suite d'une déclaration d'irresponsabilité pénale (C. pr. pén., art. 706-135, v. **F3** ci-dessus), ou décidée par le préfet sur la base d'un signalement émanant de l'autorité judiciaire (CSP, art. L. 3213-7, v. **F1** ci-dessus) (sur le Redex, C. pr. pén., art. 706-56-2, v. n° **13.41**).

• **Casier judiciaire.** La décision prononçant l'irresponsabilité pénale est inscrite au **casier judiciaire (bulletin n° 1)** lorsqu'une hospitalisation d'office (hospitalisation complète) a été ordonnée ou lorsqu'une ou plusieurs des mesures de sûreté prévues au C. pr. pén., art. 706-136, ont été prononcées (C. pr. pén., art. 768 10° et D. 47-31). Sauf dispense d'inscription ordonnée par la juridiction (C. pr. pén., art. D. 47-32), la décision est également mentionnée au **bulletin n° 2** tant que les mesures de sûreté prononcées font effet (C. pr. pén., art. 775 16°).

• **FPR.** Les mesures de sûreté prévues par C. pr. pén., art. 706-136 sont également inscrites au FPR à la diligence du ministère public qui en informe le gestionnaire du fichier (C. pr. pén., art. 230-19 11°*bis*, 706-136 et D. 47-29-8, v. n° **13.17B6**).

14.29 L'altération du discernement (C. pén., art. 122-1, al. 2)

A. Le principe de la diminution de peine et ses limites en cas d'altération du discernement (C. pén., art. 122-1, al. 2 et 122-1-2)

1. Le principe de la diminution du tiers de la peine en cas d'altération du discernement (C. pén., art. 122-1)

« *La personne qui était atteinte, au moment des faits, d'un trouble psychique ou neuropsychique ayant altéré son discernement ou entravé le contrôle de ses actes demeure punissable* » (C. pén., art. 122-1, al. 2).

La reconnaissance d'une altération du discernement entraîne la **réduction du tiers de la peine** privative de liberté encourue, ou en cas de crime puni de la réclusion criminelle à perpétuité, la réduction à 30 ans de la peine encourue (C. pén., art. 122-1, al. 2, mod. par L. n° 2014-896, 15 août 2014, v. n° **18.8A**). « *La juridiction peut toutefois, par une décision spécialement motivée en matière correctionnelle, décider de ne pas appliquer cette diminution de peine* » (C. pén., art. 122-1, al. 2).

Est censurée la cour d'appel qui ne répond pas aux conclusions par lesquelles le prévenu « *faisait valoir qu'il était atteint au moment des faits d'une altération du discernement emportant la réduction de la peine encourue aux deux tiers* » (Crim. 15 sept. 2021, n° 20-80.740, D).

2. L'exclusion de la diminution de peine en cas d'altération du discernement résultant de la consommation de substances psychoactives (C. pén., art. 122-1-2, issu L. n° 2022-52, 24 janv. 2022)

Depuis L. n° 2022-52, 24 janv. 2022, relative à la responsabilité pénale et à la sécurité intérieure, la diminution de peine « *n'est pas applicable en cas d'altération temporaire du discernement de la personne ou du contrôle de ses actes au moment de la commission d'un crime ou d'un délit lorsque cette altération résulte d'une consommation volontaire, de façon illicite ou manifestement excessive, de substances psychoactives* » (C. pén., art. 122-1-2 issu L. n° 2022-52, 24 janv. 2022).

De portée générale car applicable à toute infraction même non aggravée par la consommation de substances psychoactives, cette exclusion du bénéfice de la diminution de peine est plus particulièrement en cohérence avec les dispositions qui, notamment en matière d'atteintes aux personnes, érigent en circonstance aggravante l'action commise « *en état d'ivresse manifeste ou sous l'empire manifeste de produits stupéfiants* ».

En effet, le maintien d'une « *telle diminution de la peine encourue a paru [...] contradictoire avec les dispositions du code pénal prévoyant qu'une telle consommation constitue pour de nombreuses infractions une circonstance aggravante* » (Circ. Crim. 2022-13/H2, 12 mai 2022, NOR : JUSD2214206C, n° 1.3.1). Sont ainsi particulièrement concernées les infractions de violences volontaires (avec ITT > 8 jours, C. pén., art. 222-12, v. n° **20.25** ou avec ITT ⩽ 8 jours, C. pén., art. 222-13, v. n° **20.29**) et les atteintes sexuelles (viol, C. pén., art. 222-24, v. n° **20.74** et agression sexuelle, C. pén., art. 222-28, v. n° **20.81**), pour lesquelles ces circonstances aggravantes ont été créées par L. n° 2007-297, 5 mars 2007, relative à la prévention de la délinquance. Sont aussi concernées les infractions d'homicide volontaire (C. pén., art. 221-4 11°, v. n° **20.3**), de tortures ou d'actes de barbarie (C. pén., art. 222-3 11°, v. n° **20.10**), de coups mortels (C. pén., art. 222-8, v. n° **20.16** et **20.17**) et de violences volontaires ayant entraîné une mutilation ou une infirmité (C. pén., art. 222-10 11°, v. n° **20.19** et **20.20**), pour lesquelles ces mêmes circonstances aggravantes ont été ajoutées par L. n° 2022-52, 24 janv. 2022.

À la différence du cas d'exclusion de l'abolition du discernement examiné au n° **14.28C**, l'exclusion d'office de la diminution de peine n'exige pas une consommation de substances psychoactives dans le dessein de commettre l'infraction ou de favoriser son passage à l'acte, mais seulement un lien de causalité entre la consommation et l'altération du discernement. De plus, lorsque la consommation a porté sur des substances licites, comme l'alcool, elle doit avoir été manifestement excessive. Enfin, pour être fautive, la consommation doit avoir été volontaire et ne peut résulter d'une intoxication accidentelle.

« *Sous réserve de la jurisprudence à venir de la **C. cass.**, ces dispositions pourraient être considérées comme interprétatives et immédiatement applicables aux faits commis avant l'entrée en vigueur de la loi du 24 janvier 2022, spécialement lorsqu'il s'agit d'infractions pour lesquelles la circonstance aggravante de consommation d'alcool ou de stupéfiants était déjà prévue* » (Circ. Crim. 2022-13/H2, 12 mai 2022, NOR : JUSD2214206C, n° 1.3.1).

B. La prise en compte de l'altération du discernement dans la fixation et l'exécution de la peine

« *Lorsque, après avis médical, la juridiction considère que la nature du trouble le justifie, elle s'assure que la peine prononcée permette que le condamné fasse l'objet de soins adaptés à son état* » (C. pén., art. 122-1, al. 2).

La peine principale de sursis probatoire, ou la peine complémentaire de suivi socio-judiciaire lorsqu'elle est encourue, permettent à la juridiction de tenir compte de la dimension pathologique du trouble ayant altéré le discernement en prononçant une obligation de soins (sursis probatoire, C. pr. pén., art. 132-45 3° et 132-45 22°, v. n° **18.25C**) ou une injonction de soins (suivi socio judiciaire, C. pén., art. 131-36-4, v. n° **18.31D**), ou d'accompagner la peine d'autres prescriptions adaptées (ex. interdiction de fréquenter les débits de boissons, C. pr. pén., art. 132-45 11°). Précisons que toutes les prescriptions particulières qui peuvent être imposées au condamné dans le cadre du sursis probatoire sont également applicables dans le cadre du suivi socio-judiciaire (C. pén., art. 131-36-2, v. n° **18.31C**).

Lorsque la personne a fait l'objet d'une condamnation au visa de C. pén., art. 122-1, al. 2 (reconnaissance de l'altération du discernement), sans prononcé d'un suivi socio-judiciaire, le JAP peut ordonner, à sa libération, si son état le justifie et après avis médical, une **obligation de soins** ⩽ 5 ans en matière correctionnelle, ou ⩽ 10 ans en cas de crime ou délit puni de 10 ans (C. pr. pén., art. 706-136-1, L. n° 2014-896, 15 août 2014). La violation de cette obligation de soins, sous réserve d'abolition du discernement, constitue **l'infraction** prévue par C. pr. pén., art. 706-139 : 2 ans, 30 000 € (*N **27517.co***) (L. n° 2014-896, 15 août 2014).

14.30 L'absence de discernement du mineur (CJPM, art. L. 11-1) et l'atténuation de la responsabilité du mineur capable de discernement

A. L'exigence de discernement du mineur et sa définition

« *conformément aux principes généraux du droit* », toute sanction prononcée contre un mineur, fût-elle éducative, ne peut être prononcée que *si* « *le mineur dont la participation à l'acte matériel à lui reproché est établie, ait compris et voulu cet acte ; que toute infraction, même non intentionnelle, suppose en effet que son auteur ait agi avec intelligence et volonté* » (Arrêt *Laboube*, Crim. 13 déc. 1956, n° 55-05.772, P n° 840, GA).

Selon les dispositions du CJPM entré en vigueur le 30 sept. 2021 (v. n° **15.17**), « *Lorsqu'ils sont capables de discernement* », les mineurs « *sont pénalement responsables des crimes ou délits ou contraventions dont ils sont reconnus coupables* » (CJPM, art. L. 11-1), en cohérence avec les dispositions inchangées de C. pén., art. 122-8 prévoyant que « *Les mineurs capables de discernement sont pénalement responsables des crimes ou délits ou contraventions dont ils sont reconnus coupables* ».

La L. n° 2021-218, 26 févr. 2021, ratifiant l'Ord. n° 2019-950 portant partie législative du CJPM, a complété CJPM, art. L. 11-1, en précisant : « *Est capable de discernement le mineur qui a compris et voulu son acte et qui est apte à comprendre le sens de la procédure pénale dont il fait l'objet* », consacrant ainsi la jurisprudence *Laboube* précitée, y ajoutant l'aptitude à comprendre l'enjeu de la procédure.

Ces dispositions spéciales n'excluent pas l'application de celles de droit commun prévues par C. pén., art. 122-1 relatives à l'abolition (v. n° **14.28**) et à l'altération (v. n° **14.29**) du discernement. En effet, le discernement du mineur au sens pénal, qui est principalement lié à son âge, à son développement cognitif et à son stade d'apprentissage des valeurs sociales, peut être clairement distingué des facteurs particuliers qui ont temporairement conduit, au moment de l'action, à son abolition ou à son altération. On peut toutefois considérer que, dans l'exercice de l'action publique, le discernement du mineur doit tout d'abord être établi au sens des dispositions spéciales du CJPM, puis apprécié le cas échéant au sens des dispositions générales de C. pén., art. 122-1, chacune de ces dimensions du discernement pouvant être discutée à tous les stades de la procédure.

B. La présomption d'absence de discernement du mineur < 13 ans et sa portée

Les mineurs ⩾ **13 ans** « *sont présumés être capables de discernement* » (CJPM, art. L. 11-1). En revanche, les mineurs < **13 ans** « *sont présumés ne pas être capables de discernement* » (CJPM, art. L. 11-1).

La partie législative du CJPM ne donne pas d'indications relatives au **mode de preuve du discernement** du mineur < 13 ans, mais prévoit qu'avant toute décision prononçant une mesure éducative ou une peine, des investigations doivent être réalisées pour acquérir une connaissance suffisante de sa personnalité (CJPM, art. L. 322-1), sans préjudice de l'expertise ou des autres mesures d'investigations prévues par le C. pr. pén. (CJPM, art. L. 322-2), investigations qui permettront, autant que nécessaire, d'établir la preuve du discernement du mineur < 13 ans.

Plus largement, « *La capacité de discernement du mineur âgé de moins de treize ans et l'absence de capacité de discernement du mineur âgé d'au moins treize ans peuvent être établies notamment par leurs déclarations, celles de leur entourage familial et scolaire, les éléments de l'enquête, les circonstances dans lesquelles les faits ont été commis, une expertise ou un examen psychiatrique ou psychologique* » (CJPM, art. R. 11-1, issu D. n° 2021-683, 27 mai 2021).

« *Le juge des enfants ou le tribunal pour enfants peut ordonner des investigations supplémentaires sur la capacité de discernement du mineur, d'office, à la demande du ministère public ou des autres parties [...]. Le juge d'instruction peut également ordonner des investigations à cette fin* » (CJPM, art. D. 423-2).

La présomption de non-discernement des mineurs < 13 ans est donc « *une présomption simple qui peut être renversée par les déclarations du mineur, celles de son entourage familial et scolaire, les éléments de l'enquête, par les circonstances dans lesquelles les faits ont été commis, par une expertise ou un examen psychiatrique ou psychologique (art. R. 11-1). Ainsi, l'expertise, si elle est un des éléments pouvant amener à retenir la capacité de discernement [...], ne sera ni obligatoire ni systématique. La capacité de discernement du mineur relève de l'appréciation souveraine du magistrat, fondée sur des éléments issus de la procédure, notamment de l'enquête, et des éventuels antécédents du mineur* » (Circ. crim., 25 juin 2021, Annexe 1, § 2, NOR : JUSF2118988C). Notons que « *les services de la protection judiciaire de la jeunesse ne sont pas chargés d'évaluer le discernement du mineur* » (ibid.)

Soulignons que « *la présomption d'absence de capacité de discernement des mineurs âgés de moins de treize ans [...] n'interdit pas leur audition au cours de l'enquête ou sur commission rogatoire dans le cadre d'une audition libre ou d'une retenue* » (CJPM, art. D. 411-1), étant rappelé que la loi (CJPM, art. L. 11-1 et L. 413-1) prohibe toutefois le placement en garde à vue des mineurs de cet âge, y compris lorsque la preuve de leur discernement est apportée (v. n° **12.9A2**).

L'absence de preuve du discernement du mineur < 13 ans fait obstacle aux poursuites et à sa déclaration de culpabilité. En effet « *L'action publique ne peut être mise en mouvement contre un mineur de moins de treize ans que lorsque les éléments de la procédure font apparaître qu'il est capable de discernement* » (CJPM, art. R. 423-1). Cette absence de discernement interdit également le recours, à son encontre, aux alternatives aux poursuites (CJPM, art. D. 422-2), la question ne se posant pas pour la composition pénale puisqu'elle n'est en effet pas applicable au mineur < 13 ans (CJPM, art. L. 422-3), la preuve de son discernement fût-elle établie. En application de CJPM, art. L. 421-1, « *si, à l'issue de l'enquête, le procureur de la République classe sans suite la procédure au motif que le mineur n'était pas capable de discernement [...], il saisit s'il y a lieu les autorités compétentes en matière de protection administrative ou judiciaire de l'enfance* » (CJPM, art. D. 422-1).

Lorsque l'action publique a été engagée contre un mineur < 13 ans, le jugement le déclarant coupable « *est motivé au regard de la présomption d'absence de capacité de discernement [...]. La motivation se fonde sur tout élément du dossier établissant qu'il était capable de discernement au moment des faits* » (CJPM, art. R. 521-1).

« *La juridiction de jugement qui, après avoir déclaré que le mineur poursuivi a commis les faits qui lui sont reprochés, constate qu'il n'est pas pénalement responsable en raison de son absence de capacité de discernement, statue sur l'action civile* » (CJPM, art. D. 512-1).

C. Les effets atténuants de la minorité de l'auteur capable de discernement

• **Mineurs ⩽ 10 ans.** Dans la continuité de l'Ord. n° 45-174, 2 févr. 1945, art. 2, au terme de leur déclaration de culpabilité, les mineurs ⩽ **10 ans** n'encourent qu'une sanction ou mesure éducative judiciaire limitée à certaines obligations (module d'insertion, de réparation, de santé et de placement, à l'exclusion des autres mesures plus contraignantes) (CJPM, art. L. 112-3). Il en résulte qu'un mineur ⩽ **10 ans** n'est pas présumé manquer de discernement de manière irréfragable. Les dispositions de C. pén., art. 122-8 qui prévoyaient que seuls les mineurs d'au moins 10 ans pouvaient subir une sanction éducative ont en conséquence été mise en cohérence avec les dispositions du CJPM. Notons aussi que l'atteinte du seuil de 10 ans n'est pas exigée pour les mesures alternatives aux poursuites (classement sous condition, v. n° **15.40** ; (CJPM, art. L. 422-1 et L. 422-2), à l'exclusion de la mesure de composition pénale, qui est réservée aux mineurs âgés d'au moins 13 ans.

• **Mineurs > 10 ans mais ⩽ 13 ans.** Ils encourent « *à titre de sanction* », outre « *l'avertissement judiciaire* » (CJPM, art. L. 111-1) [cette sanction est à distinguer de la mesure « *d'avertissement pénal probatoire* », rénovant celle du « *rappel à la loi* », examinée au n° **15.39B**], la plénitude des modalités de la « *mesure éducative judiciaire* » prévues par CJPM, art. L. 112-2 (CJPM, art. L. 112-3) mais ne peuvent subir aucune peine (CJPM, art. L. 11-4). La composition pénale ne leur est pas applicable (CJPM, art. L. 422-3).

• **Mineurs > 13 ans.** Seuls les mineurs > **13 ans** encourent une peine (Ord. n° 45-174, 2 févr. 1945, art. 2 devenu CJPM, art. L. 11-4). Comme les mineurs moins âgés, ils encourent aussi une sanction éducative (CJPM, art. L. 11-3). Ils sont aussi seuls susceptibles d'une mesure de composition pénale (CJPM, art. L. 422-3, v. n° **15.45**).

Le mineur, par hypothèse le mineur > **13 ans**, qui peut en effet seul encourir une peine, bénéficie de l'**excuse atténuante de minorité**, laquelle entraîne la diminution de moitié des peines d'emprisonnement (Ord. n° 45-174, 2 févr. 1945, art. 20-2 devenu CJPM, art. L. 121-5, v. n° **18.8B**) ou d'amende encourues (Ord. n° 45-174, 2 févr. 1945, art. 21 et 20-3 devenus CJPM, art. L. 11-4 et L. 121-6, v. n° **18.16A2**).

15. Les modes de poursuite des infractions et les alternatives pénales

15.1 L'exercice de l'action publique par le procureur de la République et son pouvoir d'appréciation : l'opportunité des poursuites

A. La prérogative générale de poursuite du procureur de la République : panorama de la réponse pénale

Sauf infractions particulières pour lesquelles certaines administrations disposent d'un droit de poursuite, le procureur de la République détient, parmi les autorités publiques, le monopole de l'action publique : il « *reçoit les plaintes et les dénonciations et apprécie la suite à leur donner* » (C. pr. pén., art. 40), et exerce, au sens de l'article 1er du code de procédure pénale, l'action visant au prononcé des peines, nommée « *action publique* ». Si la victime peut transiger sur l'intérêt civil qui résulte d'un délit, la transaction n'empêche cependant pas la poursuite du ministère public (C. civ., art. 2046).

Dans certains cas, les infractions ne peuvent cependant être poursuivies que sur plainte préalable de la victime ou de l'administration concernée. C'est le cas de certains délits de presse, ~~de chasse sur le terrain d'autrui sans circonstance aggravante~~ (l'exigence de plainte préalable de la victime a été supprimée par Ord. nº 2012-34, 11 janv. 2012), de fraude fiscale ou d'infractions militaires.

« *les articles 40 et suivants du code de procédure pénale confèrent au procureur de la République le pouvoir soit de mettre en œuvre l'action publique et, dans ce cas, de décider du mode de poursuite qui lui paraît le plus adapté à la nature de l'affaire, soit de mettre en œuvre et de choisir une procédure alternative aux poursuites, soit de classer sans suite* » (Cons. const. 18 mai 2011, nº 2011-125 QPC, § 12). Le procureur de la République exerce ce pouvoir d'appréciation de l'opportunité des poursuites en orientant la réponse pénale selon les voies suivantes, outre celle, dans les conditions qui l'encadrent (v. **B** ci-dessous), du classement sans suite :

– instructions données à un OPJ ou à un APJ, un greffier, un « *délégué ou un médiateur du procureur de la République* » (L. nº 2016-731, 3 juin 2016) ou chef d'établissement pénitentiaire de convoquer le mis en cause devant le tribunal correctionnel ou de police, communément appelée COPJ (C. pr. pén., art. 390-1) (v. nº **15.5**) ;

– convocation devant le tribunal correctionnel par procès-verbal notifié par le procureur (CPPV) (C. pr. pén., art. 394) (v. nº **15.14**) ;

– comparution immédiate devant le tribunal correctionnel (traduction sur-le-champ devant le tribunal) (C. pr. pén., art. 395) (v. nº **15.15**) ;

– comparution sur reconnaissance préalable de culpabilité (CRPC) (C. pr. pén., art. 495-7) (v. nº **15.54** s.) ;

– ouverture d'information (obligatoire pour les crimes C. pr. pén., art. 79) : « *Le juge d'instruction ne peut informer qu'en vertu d'un réquisitoire du procureur de la République* » (C. pr. pén., art. 80) (v. nº **15.29** s.). La victime de l'infraction peut concurremment exercer cette voie en déposant plainte avec constitution de partie civile devant le doyen des juges d'instruction (v. nº **16.10B**) ;

– propositions d'acte d'accusation lors de la clôture des dossiers d'instruction (réquisitoire définitif) (v. nº **15.33** s.) ;

– citation directe devant le tribunal correctionnel (C. pr. pén., art. 388) ou devant le tribunal de police (C. pr. pén., art. 531) (v. nº **15.7**). La victime de l'infraction peut concurremment exercer cette voie en citant directement l'auteur devant le tribunal (v. nº **16.10A**) ;

– ordonnance pénale pour les contraventions (C. pr. pén., art. 524) (v. nº **15.52** s.) et pour certains délits limitativement énumérés par la loi (C. pr. pén., art. 495) (v. nº **15.48** s.) ;

– amende forfaitaire pour les contraventions (C. pr. pén., art. 529) (v. nº **15.46**) et pour certains délits (C. pr. pén., art. 495-17) (v. nº **15.47**).

Le procureur de la République a également le monopole des mesures **alternatives aux poursuites** : médiation pénale (v. nº **15.39C**), « *avertissement pénal probatoire* » (mesure se substituant au « *rappel à la loi* » depuis L. nº 2021-1729, 22 déc. 2021, v. nº **15.39B**), classement sous condition (v. nº **15.39C**), composition pénale (v. nº **15.44** s.), convention judiciaire d'intérêt public (CJIP) (v. nº **15.58** s.), étant précisé que le **maire** dispose également de la faculté de procéder à des rappels à l'ordre (CGCT, art. L. 2212-2-1 [L. nº 2007-297, 5 mars 2007], v. nº **15.41**).

Il dispose aussi du monopole des **poursuites rapides** : convocation par OPJ (v. nº **15.5**), comparution immédiate (v. nº **15.15**) ou différée (v. nº **15.16**), convocation par procès-verbal pour les majeurs (v. nº **15.14**), « comparution à délai rapproché », devenue de « présentation immédiate devant la juridiction pour mineurs » (v. nº **15.28**), remplacée par le CJPM par la saisine directe de la juridiction des mineurs aux fins de jugement en audience unique sur la culpabilité et sur la peine (v. nº **15.18B2**), pour les mineurs, et du monopole des **poursuites simplifiées** : comparution sur reconnaissance préalable de culpabilité dite CRPC ou plaider coupable (v. nº **15.54** s.) et ordonnance pénale (v. nº **15.48** s.).

Il dispose enfin d'un pouvoir propre consistant à homologuer les propositions de transaction-réparation soumises par le maire pour certaines contraventions commises sur le territoire de sa commune (C. pr. pén., art. 44-1 ; v. nº **15.42**), ou les transactions proposées par certaines administrations, comme en matière de droit pénal de la consommation, de l'environnement ou du travail.

B. Un pouvoir de poursuite ou de classement sans suite encadré par la loi

1. La définition de la politique d'action publique par le gouvernement et sa conciliation avec l'indépendance des magistrats du parquet

Le ministre de la Justice conduit la politique d'action publique déterminée par le gouvernement et veille à la cohérence de son application sur le territoire de la République. À cette fin, il adresse aux magistrats du ministère public des instructions générales d'action publique mais « *ne peut leur adresser aucune instruction dans les affaires individuelles* » (C. pr. pén., art. 30). « *Cette interdiction s'applique y compris lorsque celui-ci sollicite ou se voit transmettre des rapports particuliers* » (§ 16) (Cons. const. 14 sept. 2021, nº 2021-927 QPC).

Le procureur général veille à l'application de la loi pénale dans toute l'étendue du ressort de la cour d'appel et au bon fonctionnement des parquets de son ressort. À cette fin, il anime et coordonne l'action des procureurs de la République ainsi que la conduite de la politique d'action publique par les parquets de son ressort. Il établit d'initiative ou à la demande du ministre de la justice des « *rapports particuliers* » (C. pr. pén., art. 35).

« *ces dispositions ont pour seul objet de permettre au ministre de la justice, chargé de conduire la politique pénale déterminée par le Gouvernement, de disposer d'une information fiable et complète sur le fonctionnement de la justice au regard, notamment, de la nécessité d'assurer sur tout le territoire de la République l'égalité des citoyens devant la loi. Ce faisant, elles mettent en œuvre les prérogatives que le Gouvernement tient de l'article 20 de la Constitution* » (§ 15) (Cons. const. 14 sept. 2021, nº 2021-927 QPC). De même, les dispositions portant statut et conditions d'exercice du parquet « *assurent une conciliation équilibrée entre le principe d'indépendance de l'autorité judiciaire et les prérogatives que le Gouvernement tient de l'article 20 de la Constitution. Elles ne méconnaissent pas non plus la séparation des pouvoirs* » (§ 14), ni « *le droit à un procès équitable ni les droits de la défense ni aucun autre droit ou liberté que la Constitution garantit* » (§ 15) (Cons. const. 8 déc. 2017, n° 2017-680 QPC).

En effet, « *En vertu de l'article 20 de la Constitution, le Gouvernement détermine et conduit la politique de la Nation, notamment en ce qui concerne les domaines d'action du ministère public* » (§ 9). Si les art. 64 et 65 de la Constitution consacrent « *l'indépendance des magistrats du parquet, dont découle le libre exercice de leur action devant les juridictions* », cette dernière « *doit être conciliée avec les prérogatives du Gouvernement et [...] elle n'est pas assurée par les mêmes garanties que celles applicables aux magistrats du siège* » (§ 13) (Cons. const. 14 sept. 2021, n° 2021-927 QPC).

Le Cons. const. relevant au surplus que (§ 17) :

– le ministère public a « *la mission de veiller à ce que les investigations de police judiciaire tendent à la manifestation de la vérité et qu'elles soient accomplies à charge et à décharge, dans le respect des droits de la victime, du plaignant et de la personne suspectée* » (C. pr. pén., art. 39-3) ;

– « *exerce l'action publique et requiert l'application de la loi, dans le respect du principe d'impartialité auquel il est tenu* » (C. pr. pén., art. 31) ;

– « *développe librement les observations orales qu'il croit convenables au bien de la justice* » (C. pr. pén., art. 33) ;

– « *devant toute juridiction, la parole des magistrats du parquet à l'audience est libre* » (Ord. n° 58-1270, 22 déc. 1958, art. 5) ;

– « *conformément à l'article 40-1 du code de procédure pénale, le procureur de la République décide librement de l'opportunité d'engager des poursuites* » ;

juge que les dispositions de C. pr. pén., art. 35 autorisant la transmission de rapports particuliers par le procureur général au ministre de la justice et celles, de niveau constitutionnel ou législatif précitées, qui permettent d'assurer l'indépendance des magistrats du parquet « *assurent une conciliation équilibrée entre le principe d'indépendance de l'autorité judiciaire et les prérogatives que le Gouvernement tient de l'article 20 de la Constitution* » (§ 18) (Cons. const. 14 sept. 2021, n° 2021-927 QPC).

2. Le cadre légal de l'exercice de l'action publique et du classement sans suite par le procureur de la République

Le procureur de la République reçoit les plaintes et les dénonciations et apprécie la suite à leur donner (principe d'opportunité des poursuites) (C. pr. pén., art. 40, sur l'obligation de révélation au procureur des infractions parvenues à la connaissance des autorités, v. n° **35.9B**). Il lui revient d'abord d'estimer si les faits portés à sa connaissance constituent une infraction commise par une personne, puis d'apprécier si aucune disposition légale ne fait obstacle aux poursuites.

Dans les enquêtes d'une certaine durée, le suspect qui a été entendu il y a plus d'un an peut demander à consulter la procédure et jouira de la faculté de formuler des observations pendant un délai d'un mois, délai pendant lequel le procureur de la République devra, dans une certaine mesure, différer sa décision sur l'action publique (C. pr. pén., art. 77-2, issu de L. n° 2016-731, 3 juin 2016, puis de L. n° 2021-1729, 22 déc. 2021, v. n^{os} **15.2** et **15.3**).

Une fois ces conditions juridiques remplies, si l'identité de l'auteur et son domicile sont connus, il a la faculté d'engager des poursuites ou de mettre en œuvre une procédure alternative aux poursuites (C. pr. pén., art. 40-1).

En cas de non-exécution, en raison du comportement de l'auteur des faits, d'une des mesures alternatives décrites à C. pr. pén., art. 41-1 (v. n^{os} **15.39** et **15.40**), le Procureur de la République, sauf élément nouveau, n'a d'autre choix que de mettre en œuvre une mesure de composition pénale ou d'engager des poursuites (C. pr. pén., art. 41-1).

En cas d'échec de la composition pénale, sauf élément nouveau, il met en mouvement l'action publique (C. pr. pén., art. 41-2).

Hors ces dernières situations, le procureur de la République peut enfin classer sans suite une procédure, à condition toutefois que des conditions particulières liées à la commission des faits le justifient (C. pr. pén., art. 40-1).

Dans l'exercice de ses attributions en matière d'alternative aux poursuites, de mise en mouvement et d'exercice de l'action publique, le procureur de la République veille à la prévention des infractions à la loi pénale (C. pr. pén., art. 39-1 [L. n° 2007-297, 5 mars 2007, art. 7]).

Le procureur de la République indique les raisons juridiques ou d'opportunité qui justifient sa décision de classement aux plaignants et victimes ainsi qu'aux autorités ayant dénoncé les faits (C. pr. pén., art. 40-2, CGCT, art. L. 2211-3). Depuis le 31 déc. 2007, cette obligation s'impose même si l'auteur de l'infraction n'est pas identifié.

Toute personne ayant dénoncé les faits au procureur de la République peut former un recours auprès du procureur général contre la décision de classement (C. pr. pén., art. 40-3 ; v. n° 16.1E2).

Le ministre de la Justice ne peut adresser aucune instruction au ministère public dans des affaires individuelles (L. n° 2013-669, 25 juill. 2013 modifiant C. pr. pén., art. 30 qui permettait au ministre de la Justice d'adresser de telles instructions individuelles). Le procureur général, notamment à l'occasion d'un recours formé contre une décision de classement, peut enjoindre au procureur de la République, par instructions écrites versées au dossier, d'engager ou de faire engager des poursuites ou de saisir la juridiction compétente de telles réquisitions écrites qu'ils jugent opportunes (C. pr. pén., art. 36).

Enfin, soulignons que lorsque sa décision de classement sans suite est motivée par un trouble mental de la personne et que cette dernière nécessite des soins et compromet la sûreté des personnes ou porte atteinte, de façon grave, à l'ordre public, le procureur de la République avise immédiatement le représentant de l'État dans le département, qui prend sans délai toute mesure utile, ainsi que la commission départementale des hospitalisations psychiatriques mentionnée à l'article L. 3222-5 (CSP, art. L. 3213-7, réd. L. n° 2008-174, 25 févr. 2008).

15.2 Les modalités d'accès au dossier d'enquête préliminaire avant l'engagement de l'action publique (C. pr. pén., art. 77-2, régime issu de L. n° 2016-731, 3 juin 2016 applicable aux enquêtes commencées avant le 24 déc. 2021)

Avertissement – Application de la loi dans le temps : est ici décrit le dispositif issu de L. n° 2016-731, 3 juin 2016 renforçant la lutte contre le crime organisé, le terrorisme et leur financement, et améliorant l'efficacité et les garanties de la procédure pénale, publiée le 4 juin 2016, applicable à partir du 5 juin 2016 (L. n° 2016-731, 3 juin 2016, art. 56 II) pour les auditions intervenues à compter de cette date. Il est remplacé par le dispositif issu de L. n° 2021-1729, 22 déc. 2021, pour la confiance dans l'institution judiciaire, exposé au n° 15.2, qui n'est applicable « *qu'aux enquêtes commencées à compter de la publication de la loi* », intervenue le 23 déc. 2021 (L. n° 2021-1729, 22 déc. 2021, art. 59 I)), soit le 24 déc. 2021, date de son entrée en vigueur (D. n° 2022-546, 13 avr. 2022, art. 3 III).

A. Le principe du droit d'accès du suspect au dossier lors des enquêtes préliminaires d'une certaine durée (C. pr. pén., art. 77-2 I, L. n° 2016-731, 3 juin 2016)

1. Le droit du suspect de consulter le dossier de l'enquête et de faire des observations un an après sa première audition pour une infraction passible de prison

Le suspect, c'est-à-dire la personne contre laquelle il existe une ou plusieurs raisons plausibles de soupçonner qu'elle a commis ou tenté de commettre une infraction, peut, lorsqu'il a été entendu libre ou sous le régime de la garde à vue **depuis au moins un an** pour une infraction **passible d'emprisonnement**, demander à consulter le dossier en vue de faire le cas échéant des observations ou une demande d'actes (C. pr. pén., art. 77-2 I).

Ce « *dispositif impératif* » issu de L. n° 2016-731, 3 juin 2016, « *a pour objectif d'ouvrir une phase contradictoire à l'issue des enquêtes d'une certaine durée, avant que le procureur de la République ne prenne sa décision sur l'action publique, lorsque la personne suspectée en fait la demande.* » (Circ. Crim. 2016-03/H, 17 juin 2016, JUSD1616979C n° 2.1.1). Il prolonge le droit d'accès à certaines pièces du dossier ouvert dans le cadre de la garde à vue (C. pr. pén., art. 63-4-1, v. n° **12.25**).

Par hypothèse, cette phase contradictoire ne concerne que les enquêtes préliminaires dans lesquelles un classement sans suite ou l'engagement de l'action publique n'est pas encore intervenu au moment de la demande de consultation du dossier.

Cette consultation n'est également ouverte que pour les infractions passibles d'une peine privative de liberté. Les contraventions en sont donc exclues, de même que certains délits revêtant une certaine complexité qui ne sont passibles que d'une peine d'amende (à titre d'exemple : infractions en matière d'urbanisme, infractions en matière d'hygiène et de sécurité du travail).

Cette demande est limitée au suspect et n'est donc pas offerte à la victime. Toutefois la demande du suspect ouvre un droit identique à la victime (v. ci-dessous).

2. Le droit de consultation est limité aux enquêtes préliminaires terminées dans lesquelles le parquet envisage une citation directe ou une COPJ

Saisi d'une demande de consultation du dossier, dans le cas où « *l'enquête lui paraît terminée et s'il envisage de poursuivre l'intéressé* » sur **citation directe** (v. n° **15.7**) ou par **convocation délivrée selon les modalités prévues par C. pr. pén., art. 390-1** (COPJ) (v. n° **15.5**), le procureur **doit aviser le suspect ou son avocat** qu'une copie du dossier est à sa disposition et qu'il a la possibilité de formuler, par LRAR et dans un **délai d'un mois**, des observations ou une demande d'actes utiles à la manifestation de la vérité.

Dés lors que la procédure est dans cette position, appréciation qui relève du seul pouvoir d'opportunité du procureur (appréciation de ce que l'enquête est terminée, appréciation de son orientation), ce dernier est tenu de laisser s'exercer la contradiction et ne peut l'écarter comme inopportune.

Le procureur avise également la victime qui a déposé plainte qu'elle dispose des mêmes droits, « *...ce droit n'est donc ouvert à la victime qu'en cas de demande préalablement formée par le suspect* » (Circ. Crim. 2016-03/H, 17 juin 2016, JUSD1616979C n° 2.1.1).

« *Il découle logiquement des nouvelles dispositions que, si l'enquête met en cause plusieurs suspects et que l'un d'entre eux formule une demande d'accès au dossier un an après son audition, lorsque le procureur estimera l'enquête terminée, il devra aviser l'ensemble des suspects qu'il envisage de poursuivre par citation directe ou COPJ de leur droit d'accès au dossier et d'observation, et pas uniquement le suspect ayant formulé la demande.* » (Circ. Crim. 2016-03/H, 17 juin 2016, JUSD1616979C n° 2.1.1).

Selon la lettre du texte, le droit à la consultation du dossier ne semble pas ouvert dans les cas où, au moment où il reçoit la demande, le parquet n'en est plus au stade où « *il envisage de poursuivre* » mais où il a déjà arrêté et formalisé son orientation en transmettant des instructions écrites au greffe aux fins de citation directe et que le dossier est en attente d'audiencement, ou qu'il a déjà transmis aux services d'enquête ou à un délégué du procureur des instructions aux fins de notification d'une convocation devant le tribunal correctionnel. Dans ce cas de figure, trouve en effet à s'appliquer C. pr. pén., art. 288-5, issu de L. n° 2014-535, 27 mai 2014, qui permet au prévenu de solliciter avant l'audience un complément d'information (v. n° **17.31B1**).

Dans le cas où l'enquête est terminée et que le procureur « *envisage* » une **autre voie que celle de la citation directe ou de la convocation par OPJ** (classement sans suite, classement sous condition, composition pénale, comparution immédiate ou convocation par procès-verbal après déferement de la personne, ouverture d'information, CRPC ou ordonnance pénale), il n'a pas à mettre le dossier à disposition. « *En effet, dans ces hypothèses, la procédure, si elle ne donne pas lieu à un classement, est immédiatement contradictoire (alternatives,* *déferement), ou le devient (information), ou suppose l'accord ou l'absence d'opposition de la personne (CRPC, ordonnance pénale), ce qui rend donc inutile l'ouverture d'une phase contradictoire à l'issue de l'enquête* » (Circ. Crim. 2016-03/H, 17 juin 2016, JUSD1616979C n° 2.1.1).

3. Le droit de consultation n'est pas ouvert lorsque l'enquête n'est pas terminée

Lorsque **l'enquête n'est pas terminée** « *l'information et la mise à disposition du dossier ne doivent pas intervenir tant que le parquet envisage de poursuivre l'enquête. Aucune obligation ne pèse alors sur le procureur, afin d'éviter une communication du dossier qui pourrait nuire à l'efficacité des investigations en cours. C'est par ailleurs le seul procureur qui apprécie souverainement si l'enquête lui paraît terminée. Cela peut conduire à différer pendant une période non limitée par la loi l'exercice des nouveaux droits ouverts par l'article 77-2.* » (Circ. Crim. 2016-03/H, 17 juin 2016, JUSD1616979C n° 2.1.1).

Toutefois, en matière de criminalité organisée, s'il a été fait application du régime dérogatoire d'enquête prévu à C. pr. pén., art. 706-80 à 706-95, C. pr. pén., art. 706-105 prévoit une modalité particulière d'accès au dossier par l'avocat d'une personne qui a été placée en garde à vue au moins six mois auparavant, si le procureur de la République poursuit l'enquête et qu'une nouvelle audition de la personne est envisagée (C. pr. pén., art. 706-105) (v. n° **12.25F**).

B. Les modalités de mise en œuvre de la demande de consultation du dossier

Le **délai d'un an** à partir duquel le suspect peut solliciter l'accès au dossier court à compter de sa première audition (C. pr. pén., art. 77-2). Ces dispositions sont applicables à partir du 5 juin 2016 (L. n° 2016-731, 3 juin 2016, art. 56 II) pour les auditions intervenues à compter de cette date, les demandes prévues C. pr. pén., art. 77-2 ne peuvent donc être faites qu'à partir du 5 juin 2017.

La demande de consultation doit être faite par LRAR ou déclaration au greffe contre récépissé (C. pr. pén., art. 77-3).

Elle doit être « *faite au procureur de la République sous la direction duquel l'enquête est menée* » (C. pr. pén., art. 77-3).

« *Toutefois, à défaut, si cette information n'est pas connue de la personne, elle peut être adressée au procureur de la République du tribunal de grande instance* [devenu tribunal judiciaire à compter du 1er janv. 2020] *dans le ressort duquel l'un des actes mentionnés au même article a été réalisé, qui la transmet sans délai au procureur de la République qui dirige l'enquête* » (C. pr. pén., art. 77-3 et Circ. Crim. 2016-03/H, 17 juin 2016, JUSD1616979C n° 2.1.1).

« *Si la personne est assistée par un avocat, la loi prévoit la mise à la disposition d'une copie de la procédure au seul avocat. En pratique, cette mise à disposition peut résulter de la possibilité pour l'avocat de consulter le dossier au tribunal, ou d'en obtenir une copie. Ce n'est que dans le cas où la personne n'est pas assistée par un avocat que le dossier devra être mis à la disposition de la personne elle-même, en pratique par la délivrance d'une copie. En tout état de cause, il convient de souligner que la personne ou son avocat n'auront pas un accès direct au dossier de la procédure détenu par les enquêteurs dans les services de police ou de gendarmerie.* » (Circ. Crim. 2016-03/H, 17 juin 2016, JUSD1616979C n° 2.1.1).

Les observations ou demandes d'actes de la personne ou de son avocat doivent également être formulées par LRAR ou déclaration au greffe contre récépissé (C. pr. pén., art. 77-2 I). Elles sont versées au dossier de la procédure (C. pr. pén., art. 77-2 II).

C. Les prérogatives du parquet dans la mise en œuvre de la contradiction lors de l'enquête

1. Le gel partiel de l'action publique durant le délai d'un mois ouvert pour la consultation du dossier (C. pr. pén., art. 77-2 I, L. n° 2016-731, 3 juin 2016)

Si la demande est formée par le suspect qui a été entendu depuis plus d'un an et qu'elle obéit aux conditions de recevabilité posées par la loi, le procureur, s'il envisage une poursuite par citation directe ou COPJ, à l'exclusion des autres voies précitées, « *ne peut prendre aucune décision sur l'action publique* » dans le délai d'un mois laissé au suspect ou à son avocat pour consulter le dossier ou formuler des observations (C. pr. pén., art. 77-2 I). « *les actes d'investigations patrimoniales en vue de procéder à des saisies pénales ne sont pas des décisions sur l'action publique et n'entrent donc pas dans le champ d'application* » de C. pr. pén., art. 77-2 (Crim. 12 janv. 2022, n° 20-85.849, § 15, D).

« *Il en résulte que, pendant ce délai, le procureur ne peut donc ni décider d'un classement sans suite ou d'une alternative ou composition pénale (car cette décision pourrait porter atteinte au droit d'observations reconnu à la victime), ni, logiquement à peine de nullité, mettre en mouvement l'action publique par citation directe ou convocation par officier de police judiciaire* » (Circ. Crim. 2016-03/H, 17 juin 2016, JUSD1616979C n° 2.1.1).

La possibilité donnée au prévenu de solliciter un supplément d'information avant l'audience (C. pr. pén., art. 388-5, L. n° 2014-535, 27 mai 2014, v. n° **17.31B1**) est toutefois de nature à restaurer l'équilibre entre la défense et l'accusation et à écarter le grief dont C. pr. pén., art. 802 exige la démonstration pour prononcer la nullité d'un acte de procédure pénale.

Le procureur de la République apprécie les suites devant être apportées aux observations ou demandes d'acte qui lui seront communiquées au cours du délai d'un mois. Il en informe les personnes concernées (C. pr. pén., art. 77-2).

« *Le procureur n'est donc pas lié par ces observations ou demande d'actes. Il n'est pas tenu de motiver sa décision s'il décide de ne pas suivre ces demandes. Aucun recours n'est possible contre sa décision. L'appréciation du procureur concernant les observations et demandes d'actes doit évidemment se faire conformément aux principes exposés dans le deuxième alinéa du nouvel article 39-3 (v. n°* **11.6A**), *lui demandant de veiller à ce que les investigations tendent à la manifestation de la vérité et qu'elles soient accomplies, dans le respect des droits de la victime, du plaignant et de la personne suspectée, à charge et à décharge. Si le procureur ordonne l'exécution de nouveaux actes d'enquête, ceux-ci se déroulent conformément aux règles de l'enquête préliminaire. À l'issue de cette enquête prolongée, en l'absence de précision en ce sens dans la loi, on ne peut pas considérer que la personne suspecte peut à nouveau former une demande sur le fondement de l'article 77-2.* » (Circ. Crim. 2016-03/H, 17 juin 2016, JUSD1616979C n° 2.1.1).

2. La faculté du procureur de la République de communiquer le dossier à tous les stades de la procédure (C. pr. pén., art. 77-2 II, L. n° 2016-731, 3 juin 2016)

« *À tout moment de la procédure, même en l'absence de demande.../... le procureur de la République peut communiquer tout ou partie de la procédure à la personne mise en cause ou à la victime pour recueillir leurs éventuelles observations ou celles de leur avocat* » (C. pr. pén., art. 77-2 II). « *Les observations ou demandes d'actes de la personne ou de son avocat sont versées au dossier de la procédure* » (C. pr. pén., art. 77-2 III).

Contrairement au cas d'accès prévu par C. pr. pén., art. 77-2 I (v. **C1** ci-dessus), cette faculté de communication n'est pas limitée aux infractions passibles d'une peine privative de liberté et peut donc concerner toute procédure.

« *Il s'agit donc là d'un dispositif facultatif, qui est laissé à la seule appréciation du procureur de la République. Celui-ci peut y recourir soit en cours d'enquête, soit à l'issue de l'enquête. Il peut décider de communiquer l'ensemble de la procédure ou une partie de celle-ci. Il peut y recourir d'office, ou à la demande d'un suspect (lorsque cette demande ne répond pas aux exigences de délais du I de l'article 77-2)* [v. **C1** ci-dessus].

Même si la loi ne l'indique pas, si le procureur de la République décide d'appliquer les dispositions du II de l'article 77-2, il convient en pratique :

– qu'il donne les mêmes droits à l'ensemble des suspects qu'il n'exclut pas de poursuivre ;

– qu'il donne les mêmes droits au suspect et à la victime ;

– qu'il laisse un délai d'au moins un mois au suspect ou à la victime pour faire des observations et s'abstienne, sauf élément nouveau, de prendre une décision sur l'action publique pendant ce délai. » (Circ. Crim. 2016-03/H, 17 juin 2016, JUSD1616979C n° 2.1.2).

15.3 Les modalités d'accès au dossier d'enquête préliminaire avant l'engagement de l'action publique (C. pr. pén., art. 77-2, régime issu de L. n° 2021-1729, 22 déc. 2021, applicable aux enquêtes commencées à compter du 24 déc. 2021)

Avertissement – Application de la loi dans le temps : est ici décrit le dispositif issu de L. n° 2021-1729, 22 déc. 2021, pour la confiance dans l'institution judiciaire, modifiant C. pr. pén., art. 77-2, qui n'est applicable « *qu'aux enquêtes commencées à compter de la publication de la loi* », intervenue le 23 déc. 2021 (L. n° 2021-1729, 22 déc. 2021, art. 59 I), soit le 24 déc. 2021, date de son entrée en vigueur (D. n° 2022-546, 13 avr. 2022, art. 3 III). Ces dispositions nouvelles se substituent à celles issues de L. n° 2016-731, 3 juin 2016, applicables à partir du 5 juin 2016 (L. n° 2016-731, 3 juin 2016, art. 56 II) pour les auditions intervenues à compter de cette date, exposées au n° **15.2**.

A. L'accès au dossier avant la phase juridictionnelle : les exigences de la directive B (renvoi, v. n° 17.3A)

Selon les précisions apportées au n° **17.3A**, avant jugement, l'accès au dossier de la procédure est imposé par la directive 2012/13/UE art. 7 (dite directive B), 22 mai 2012, mais cet accès est limité aux seules pièces nécessaires pour contester la légalité de l'arrestation ou la détention. La directive B laisse en effet « *la faculté aux États-membres de n'ouvrir l'accès à l'intégralité des pièces du dossier que lors de la phase juridictionnelle du procès pénal* » (série d'arrêts Crim. 31 janv. 2017, n°s 16-84.613, 16-84.615, 16-84.623 à 16-84.626, NP).

B. La faculté ou l'obligation du procureur de la République de communiquer le dossier durant l'enquête préliminaire

1. La faculté de communiquer le dossier à tout moment (C. pr. pén., art. 77-2 I)

« *À tout moment de l'enquête préliminaire, le procureur de la République peut, lorsqu'il estime que cette décision ne risque pas de porter atteinte à l'efficacité des investigations, indiquer à la personne mise en cause, à la victime ou à leurs avocats qu'une copie de tout ou partie du dossier de la procédure est mise à la disposition de leurs avocats, ou à leur disposition si elles ne sont pas assistées par un avocat, et qu'elles ont la possibilité de formuler toutes observations qui leur paraîtraient utiles* » (C. pr. pén., art. 77-2 I).

Ces dispositions sont dans la continuité de celles auparavant prévues par C. pr. pén., art. 77-2 II et 77-2 III.

Cette communication d'initiative par le parquet peut également s'appliquer lorsque les conditions légales d'une communication à la demande de la personne ne sont pas remplies (C. pr. pén., art. 77-2 II et C. pr. pén., art. D. 15-6-3 II 3°, issu D. n° 2022-546, 13 avr. 2022).

Elle n'est pas réservée aux enquêtes portant sur une infraction punie d'une peine privative de liberté.

La forme par laquelle le procureur décide d'« *indiquer* » au suspect ou à la « *victime* » (la plainte de cette dernière n'est pas exigée) ou à leurs avocats qu'il met tout ou partie du dossier de la procédure à leur disposition n'est pas précisée par C. pr. pén., art. 77-2 ni par C. pr. pén., art. D. 15-6-3, issu D. n° 2022-546, 13 avr. 2022.

2. L'obligation de proposer la communication du dossier à l'issue d'un délai de deux ans depuis l'audition du suspect ou une perquisition (C. pr. pén., art. 77-2 V)

« *Lorsqu'une période de deux ans s'est écoulée après* » une audition libre en qualité de suspect, une garde à vue ou une perquisition chez la personne, « *l'enquête préliminaire ne peut se poursuivre à l'égard des personnes ayant fait l'objet de l'un de ces actes et à l'encontre desquelles il existe une ou plusieurs raisons plausibles de soupçonner qu'elles ont commis ou tenté de commettre, en tant qu'auteurs ou complices, une infraction sans que le procureur de la République* » (C. pr. pén., art. 77-2 V) n'indique au suspect, au « *plaignant* » ou à leurs avocats, que la procédure est mise à leur disposition pour formuler des observations ou demandes d'acte (C. pr. pén., art. 77-2 V). Cette communication ne s'impose toutefois pas lorsque les investigations ont précisément permis d'écarter les soupçons initiaux et que la personne concernée n'apparaît plus suspecte au sens de la loi.

Ces dispositions ne sont pas réservées aux enquêtes portant sur une infraction punie d'une peine privative de liberté et sont donc susceptibles de s'appliquer en cas d'audition libre portant sur une infraction non punie d'emprisonnement.

Si l'absence d'information délivrée par le procureur a pour effet de **suspendre l'enquête**, qui « *ne peut se poursuivre* » en effet dans un tel cas, la forme par laquelle le parquet est tenu d'« *indiquer* » au suspect ou à la victime ou à leurs avocats qu'il met tout ou partie du dossier de la procédure à leur disposition n'est pas précisée par C. pr. pén., art. 77-2 ni par C. pr. pén., art. D. 15-6-3, issu D. n° 2022-546, 13 avr. 2022.

Ces dispositions semblent impératives et ne paraissent pas réserver le cas où la communication risque de porter atteinte à l'efficacité des investigations ni celui des enquêtes menées en matière de criminalité organisée ou de terrorisme.

Il convient de noter que le point de départ de ce délai de 2 ans est celui de l'acte en cause, et non le « *premier acte de l'enquête* », qui constitue pour sa part le point de départ du premier délai butoir de 2 ans de l'enquête préliminaire prévu par C. pr. pén., art. 77-2 issu L. n° 2021-1729, 22 déc. 2021, selon les précisions apportées au n° **11.15C3**.

C. Le principe du droit d'accès du suspect au dossier lors des enquêtes préliminaires d'une certaine durée portant sur une infraction punie d'emprisonnement (C. pr. pén., art. 77-2 II)

1. Le droit du suspect de consulter le dossier de l'enquête et de faire des observations un an après son audition ou sa perquisition ou à tout moment en cas d'atteinte publique à la présomption d'innocence

Tout suspect, c'est-à-dire « *toute personne à l'encontre de laquelle il existe une ou plusieurs raisons plausibles de soupçonner qu'elle a commis ou tenté de commettre, en tant qu'auteur ou complice, une infraction punie d'une peine privative de liberté peut demander au procureur de la République [...], de prendre connaissance du dossier de la procédure afin de formuler ses observations* » dans les trois cas suivants :

– « *si la personne a été interrogée dans le cadre d'une audition libre ou d'une garde à vue qui s'est tenue il y a plus d'un an* », hypothèse déjà prévue par L. n° 2016-731, 3 juin 2016 ;

– « *s'il a été procédé à une perquisition chez la personne il y a plus d'un an* » (élargissement issu L. n° 2021-1729, 22 déc. 2021) ;

– sans condition de délai, « *s'il a été porté atteinte à la présomption d'innocence de la personne par un moyen de communication au public* » (élargissement issu L. n° 2021-1729, 22 déc. 2021). Dans ce cas, l'accès au dossier n'est toutefois pas admis lorsque « *les révélations émanent de la personne elle-même ou de son avocat, directement ou indirectement, ou que l'enquête porte sur des faits relevant* » de la criminalité organisée (C. pr. pén., art. 706-73 et 706-73-1, v. la liste de ces infractions respectivement aux n^os^ **11.21A** et **11.21C1**) ou pour les infractions « *relevant de la compétence du procureur de la République antiterroriste* » (soit : infractions terroristes par finalité ou par nature (C. pr. pén., art. 706-17, v. n° **23.23**), prolifération des armes de destruction massive (C. pr. pén., art. 706-168), crimes contre l'humanité et crimes de guerre (C. pr. pén., art. 628-1), tortures commises par les autorités étatiques et disparitions forcées (C. pr. pén., art. 628-10)) (C. pr. pén., art. 75-3).

Comme dans le droit antérieur, l'accès au dossier n'est ouvert que pour les infractions **passibles d'une peine privative de liberté**. Les contraventions en sont donc exclues, de même que certains délits revêtant une certaine complexité qui ne sont passibles que d'une peine d'amende (à titre d'exemple : infractions en matière d'urbanisme, infractions en matière d'hygiène et de sécurité du travail).

Si la demande d'accès au dossier n'est ouverte qu'au suspect, la victime qui a déposé plainte dispose d'un droit équivalent, dont le parquet l'informe, dès lors que le suspect a pris l'initiative d'une telle demande (v. **C3** ci-dessous).

2. Les modalités de la demande d'accès au dossier

La demande d'accès au dossier afin de formuler des observations est effectuée « *par lettre recommandée avec demande d'avis de réception ou par déclaration au greffe contre récépissé* » (C. pr. pén., art. 77-2 II).

Elle « *est faite au procureur de la République sous la direction duquel l'enquête est menée* », ou, si cette information n'est pas connue du demandeur, « *adressée au procureur de la République du tribunal judiciaire dans le ressort duquel l'un des actes* » (audition, garde à vue, perquisition) a été réalisé, « *qui la transmet sans délai au procureur de la République qui dirige l'enquête* » (C. pr. pén., art. 75-3).

La demande peut être adressée par l'intermédiaire de l'avocat de la personne suspectée, notamment par un moyen de télécommunication sécurisé lorsqu'un protocole a été passé à cette fin entre le tribunal et le barreau (C. pr. pén., art. D. 15-6-3 I, issu D. n° 2022-546, 13 avr. 2022). Si cette demande est motivée par une atteinte portée à la présomption d'innocence de la personne par un moyen de communication au public au sens de C. pr. pén., art. 75-2 II 3°, elle comporte d'initiative ou sur demande complémentaire du parquet les documents et enregistrements qui établissent la réalité de cette atteinte (C. pr. pén., art. D. 15-6-3 I, issu D. n° 2022-546, 13 avr. 2022).

Dans tous les cas la demande est versée au dossier de la procédure, au plus tard lors de sa clôture (C. pr. pén., art. D. 15-6-3 I, issu D. n° 2022-546, 13 avr. 2022).

3. L'ouverture du droit de communication du dossier à la victime par le procureur de la République

« *Lorsqu'une enquête préliminaire fait l'objet d'une demande de communication* » par le suspect, « *la victime, si elle a porté plainte, est avisée par le procureur de la République qu'elle dispose des droits* [de consulter le dossier et de formuler des observations et demandes d'acte] *dans les mêmes conditions que la personne à l'origine de la demande* » (C. pr. pén., art. 77-2 III).

Ni cette disposition ni C. pr. pén., art. D. 15-6-3 ne prévoient les modalités d'envoi de cet avis au plaignant.

4. La décision de communication de la procédure au suspect par le procureur de la République

« *Lorsqu'une telle demande lui a été présentée et qu'il estime qu'il existe à l'encontre de la personne une ou plusieurs raisons plausibles de soupçonner qu'elle a commis ou tenté de commettre, en tant qu'auteur ou complice, une infraction punie d'une peine privative de liberté, le procureur de la République avise cette personne ou son avocat de la mise à la disposition de son avocat, ou à sa disposition si elle n'est pas assistée par un avocat, d'une copie de la procédure et de la possibilité de formuler les observations* » (C. pr. pén., art. 77-2 II) par LRAR ou par déclaration au greffe contre récépissé.

Il revient donc au parquet d'apprécier tout d'abord à la lumière de l'enquête si deux conditions cumulatives sont remplies pour faire droit à la demande : d'une part, si le demandeur est véritablement suspect au sens de la loi ; d'autre part, si l'infraction dont il est soupçonné est passible d'emprisonnement. Il peut également, et « *pour une durée maximale de 6 mois à compter de la réception de la réception de la demande* », « *refuser à la personne la communication de tout ou partie de la procédure si l'enquête est toujours en cours et si cette communication risque de porter atteinte à l'efficacité des investigations* » » (C. pr. pén., art. 77-2 II). Ce délai maximal de 6 mois est porté à un an lorsque l'enquête porte sur des crimes ou délits relevant de la criminalité organisée ou relevant de la compétence du procureur de la République antiterroriste.

Dans tous les cas, le procureur de la République « *statue dans le délai d'un mois à compter de la réception de la demande, par une décision motivée versée au dossier. À défaut, le silence vaut refus de communication* » (C. pr. pén., art. 77-2 II). Le point de départ du délai d'un mois est le cas échéant reporté à la date à laquelle le parquet reçoit les justificatifs complémentaires sollicités pour faire la preuve de l'atteinte alléguée à la présomption d'innocence (C. pr. pén., art. D. 15-6-3 II, issu D. n° 2022-546, 13 avr. 2022).

La décision, « *notifiée par tout moyen* » (C. pr. pén., art. D. 15-6-3 II, issu D. n° 2022-546, 13 avr. 2022), contient acceptation de la demande ou expose que les conditions légales ne sont pas réunies ou que la communication risque de porter atteinte à l'efficacité des investigations et qu'elle est différée pour une durée que le parquet précise alors (C. pr. pén., art. D. 15-6-3 II, issu D. n° 2022-546, 13 avr. 2022).

« *Lorsque l'enquête concerne plusieurs personnes suspectées et que le procureur de la République accède à la demande d'accès à la procédure présentée par l'une d'entre elles, il n'est pas tenu d'accorder les mêmes droits aux autres personnes suspectées* » (C. pr. pén., art. D. 15-6-3 VI, issu D. n° 2022-546, 13 avr. 2022).

Dans tous les cas où la demande est refusée, la décision est motivée « *sans que cette motivation ne fasse apparaître des éléments de nature à porter atteinte à l'efficacité des investigations* » (C. pr. pén., art. D. 15-6-3 II, issu D. n° 2022-546, 13 avr. 2022).

Enfin, lorsqu'il accepte la communication, « *Le procureur de la République peut décider de ne pas mettre à la disposition de la personne certaines pièces de la procédure en raison des risques de pression sur les victimes, les autres personnes mises en cause, leurs avocats, les témoins, les enquêteurs, les experts ou toute autre personne concourant à la procédure* » » (C. pr. pén., art. 77-2 II). Dans ce cas, la décision précise alors que certaines pièces ne seront pas mises à disposition mais « *la liste et la nature des pièces non communiquées ne sont pas portées à la connaissance de la personne* » (C. pr. pén., art. D. 15-6-3 II, issu D. n° 2022-546, 13 avr. 2022).

« *La personne à l'origine de la demande peut contester un refus devant le procureur général, qui statue également dans un délai d'un mois à compter de sa saisine, par une décision motivée versée au dossier* » » (C. pr. pén., art. 77-2 II). À cet égard, « *la décision du procureur mentionne qu'elle peut faire l'objet d'un recours devant le procureur général* » (C. pr. pén., art. D. 15-6-3 II, issu D. n° 2022-546, 13 avr. 2022).

Durant le délai d'un mois qui lui est imparti pour statuer, le procureur de la République ne peut, comme dans le droit antérieur (v. n° **15.2C1**), prendre aucune décision de poursuite par convocation par OPJ ou APJ (C. pr. pén., art. 390-1, v. n° **15.5**) ou par citation directe (C. pr. pén., art. 388, v. n° **15.7**). En revanche, il peut procéder à l'ouverture d'une information (C. pr. pén., art. 80, v. n° **15.29**), au déferement (C. pr. pén., art. 393, v. n° **15.13**) en vue d'une convocation par procès-verbal (C. pr. pén., art. 394, v. n° **15.14**), d'une comparution immédiate (C. pr. pén., art. 395, v. n° **15.15**) ou d'une comparution différée (C. pr. pén., art. 397-1-1, v. n° **15.16**), ou engager une procédure de CRPC (C. pr. pén., art. 495-7 s., v. n° **15.53** s.), procédures qui permettent d'assurer un accès immédiat au dossier.

5. Les modalités de mise à disposition du dossier et la notion de pièce du dossier de la procédure

« *La mise à disposition du dossier se fait par tout moyen. Elle peut consister en la consultation des pièces de celui-ci dans les locaux du tribunal judiciaire ou en la remise d'une copie de la procédure* » (C. pr. pén., art. D. 15-6-3 III, issu D. n° 2022-546, 13 avr. 2022).

« *l'avocat, son associé ou son collaborateur ou un avocat disposant d'un mandat écrit à cette fin peut, à l'occasion de cette consultation, réaliser lui-même une reproduction de tout ou partie des éléments du dossier par tout moyen, et notamment par l'utilisation d'un scanner portatif ou la prise de photographies* », « *si le dossier est numérisé, l'avocat ne peut refuser d'en recevoir une copie sous forme numérisée* » (C. pr. pén., art. D. 15-6-3 III, issu D. n° 2022-546, 13 avr. 2022 renvoyant au C. pr. pén., art. D. 593-2 issu du même décret).

Précisons que la jurisprudence relative au droit d'accès au dossier dans le cadre de la procédure d'instruction, formulée au visa de C. pr. pén., art. 114 (v. n° **15.4**) et 197 (v. n° **12.64A3**) est de nature à préciser la notion de pièce du dossier de la procédure au sens de C. pr. pén., art. 77-2.

D. Les observations et demandes d'acte formulées par le suspect ou la victime après la consultation du dossier

1. Le délai, la forme et le contenu des observations et demandes d'actes

« *La personne dispose d'un délai d'un mois à compter de la mise à disposition du dossier pour formuler ses observations par LRAR ou par déclaration au greffe contre récépissé. Les observations formulées par l'avocat peuvent être adressées par un moyen de télécommunication sécurisé* » lorsqu'un protocole a été passé à cette fin entre le tribunal et le barreau (C. pr. pén., art. D. 15-6-3 III, issu D. n° 2022-546, 13 avr. 2022).

Les observations formulées par le suspect ou la victime « *peuvent notamment porter sur la régularité de la procédure, sur la qualification des faits pouvant être retenue, sur le caractère éventuellement insuffisant de l'enquête, sur la nécessité de procéder à de nouveaux actes qui seraient nécessaires à la manifestation de la vérité et sur les modalités d'engagement éventuel des poursuites ou le recours éventuel à la procédure de CRPC* » (C. pr. pén., art. 77-2 I et 77-2 II et III renvoyant à 77-2 I).

2. Le traitement des observations et demandes d'acte par le procureur de la République

« *Le procureur de la République apprécie les suites à apporter à ces observations. Il en informe les personnes concernées. S'il refuse de procéder à un acte demandé, sa décision peut être contestée devant le procureur général* » (C. pr. pén., art. 77-2 IV).

« *Lorsque ces observations consistent en une demande d'acte, le procureur de la République informe la personne des suites qu'il entend y apporter dans un délai d'un mois à compter de la réception des observations. S'il refuse de procéder à un acte demandé, il rend une décision motivée indiquant qu'elle peut être contestée devant le procureur général* », « *le défaut de réponse dans le délai d'un mois [...] vaut refus de procéder aux actes demandés, la personne peut également contester ce refus devant le procureur général* » (C. pr. pén., art. D. 15-6-3 IV, issu D. n° 2022-546, 13 avr. 2022).

« *Les saisines du procureur général [...] se font par LRAR ou par déclaration au greffe contre récépissé ou, lorsqu'elles émanent d'un avocat, par un moyen de télécommunication sécurisé* [lorsqu'un protocole a été passé à cette fin entre le tribunal et le barreau]. *Lorsque la personne saisit le procureur général en raison du défaut de réponse du procureur de la République dans le délai d'un mois, elle en informe dans le même temps, par les mêmes moyens, le procureur de la République. Cette saisine est caduque si le procureur de la République fait ensuite droit à la demande de communication du dossier ou à la demande d'actes* » (C. pr. pén., art. D. 15-6-3 V, issu D. n° 2022-546, 13 avr. 2022).

« *Le procureur général statue dans le délai d'un mois à compter de sa saisine, par une décision motivée* » (C. pr. pén., art. D. 15-6-3 IV, issu D. n° 2022-546, 13 avr. 2022).

Les observations formulées par la personne, la décision du procureur de la République et celle du procureur général sont versées au dossier de la procédure au plus tard lors de la clôture de l'enquête (C. pr. pén., art. 77-2 et D. 15-6-3, issu D. n° 2022-546, 13 avr. 2022).

15.4 Les modalités d'accès au dossier dans le cours de l'information judiciaire (C. pr. pén., art. 114)

A. Le principe et la portée du droit d'accès aux pièces de la procédure d'instruction

« *Le dossier de la procédure* » est mis à disposition des avocats des parties « *quatre jours ouvrables ou plus tard avant chaque interrogatoire de la personne mise en examen ou chaque audition de la partie civile* » et, après la première comparution de la personne mise en examen (sur le statut de la personne mise en examen, v. n° 11.78) ou la première audition de la partie civile, « *le dossier est également mis à tout moment à la disposition des avocats durant les jours ouvrables, sous réserve des exigences du bon fonctionnement du cabinet d'instruction* » (C. pr. pén., art. 114). Est nul l'interrogatoire effectué sans que l'intégralité du dossier ait été tenu à disposition du conseil de l'inculpé (Crim. 9 févr. 1982, n° 81-94.393, P n° 47) (interrogatoire effectué sur commission rogatoire par un magistrat, alors que le juge mandat ne lui avait transmis qu'un extrait de la procédure).

Ce droit d'accès au dossier est ouvert selon les mêmes conditions à l'avocat du **témoin assisté** (C. pr. pén., art. 113-3) (sur le statut du témoin assisté, v. nº **11.77**).

Ces dispositions « *n'autorisent la communication du dossier qu'aux seuls avocats des parties* » (Crim. 22 janv. 2002, nº 00-82.215, D), l'accès au dossier original détenu dans le cabinet du juge d'instruction n'est donc pas ouvert à la partie qui n'est pas assistée par un avocat ; dans le même sens, approuvant la CHINS qui a jugé que « *cette règle n'est pas contraire aux dispositions de Conv. EDH, art. 6 § 3 qui n'impose pas la remise du dossier de l'information à une personne poursuivie avant la saisine de la juridiction de jugement* » : Crim. 16 déc. 2009, nº 09-86.298, D.

Notons qu'à l'occasion de l'accès au dossier, « *l'avocat, son associé ou son collaborateur ou un avocat disposant d'un mandat écrit à cette fin peut, à l'occasion de cette consultation, réaliser lui-même une reproduction de tout ou partie des éléments du dossier par tout moyen, et notamment par l'utilisation d'un scanner portatif ou la prise de photographies* », « *Cette reproduction est réalisée pour l'usage exclusif de l'avocat, qui ne peut la remettre à son client, si elle concerne un dossier d'instruction* » (C. pr. pén., art. D. 593-2 issu D. nº 2022-546, 13 avr. 2022).

Dans une affaire où le juge d'instruction avait eu communication d'un rapport d'expertise avant la mise en examen, le rapport n'ayant été versé au dossier qu'après, il est jugé que « *l'absence de mise à la disposition de l'avocat […] d'une pièce de la procédure, déterminante dans la mise en examen, a nécessairement porté atteinte aux droits de la défense* » (Crim. 29 janv. 2003, nº 02-86.774, P nº 22).

B. La composition du dossier de la procédure

1. La notion de pièces de la procédure

Seules les pièces de la procédure obéissent au régime d'accès au dossier organisé par C. pr. pén., art. 114. Il en est de même s'agissant de l'accès au dossier devant la CHINS en application de C. pr. pén, art. 197, v. nº **12.64A3**.

Ainsi, « *la copie de travail d'un support numérique de stockage placé sous scellé ne constitue pas une pièce de la procédure devant être communiquée aux avocats des parties dans les conditions prévues par C. pr. pén., art. 114. Elle ne peut être consultée, comme l'original, que dans les conditions prévues par C. pr. pén., art. 97, alinéas 6 et 7* » (§ 21) relatives à la consultation ou à la communication des scellés ; par conséquent, le mis en examen « *ne saurait se prévaloir d'une atteinte aux droits de la défense, dès lors qu'il lui appartenait de solliciter la mise à disposition du scellé en cause ou de sa copie de travail, mentionnée en procédure, selon les modalités de C. pr. pén., art. 82-1 et dans les formes prévues par C. pr. pén., art. 81, al. 10* » (§ 22) relatives aux demandes d'acte (Crim. 5 oct. 2021, nº 21-82.331, P ; dans le même sens, devant la CHINS : Crim. 12 nov. 2015, nº 15-85.266, P nº 248). Ainsi, « *la demande de copie de documents placés sous scellés et déposés au greffe à titre de pièces à conviction [est] irrecevable pour ne pas avoir été présentée selon les modalités prévues par C. pr. pén., art. 82-1* » (Crim. 28 oct. 2014, nº 14-84.796, P nº 217), à savoir par une demande écrite et motivée faite par déclaration au greffe du juge d'instruction ou par LRAR ou auprès du chef de l'établissement pénitentiaire.

De même, « *les documents saisis par le juge d'instruction, placés sous scellés et déposés au greffe à titre de pièces à conviction, ne font pas partie du dossier de la procédure au sens de C. pr. pén., art. 197* » qui impose de mettre le dossier de la procédure à disposition des parties à l'occasion des débats devant la CHINS (Crim. 9 janv. 1996, nº 95-85.279, P nº 7 ; dans le même sens, pour un CD-rom : Crim. 9 nov. 2011, nº 11-86.496, P nº 231 ; en sens inverse pour un CD-rom qui, n'ayant pas été placé sous scellés et déposé au greffe à titre de pièces à conviction, constituait une pièce du dossier et devait donc être communiqué : Crim. 6 janv. 2015, nº 14-86.719, P nº 2).

Précisons que les conditions d'accès aux données et enregistrements conservés par la plate-forme nationale des interceptions judiciaires (sur la PNIJ, v. nº **11.36D**) « *sont régies par les dispositions relatives à l'accès au dossier de la procédure pénale figurant dans le code de procédure pénale* » (C. pr. pén., art. R. 40-55).

Enfin, selon les précisions apportées au nº **11.17A3**, la **commission rogatoire** et le **soit-transmis** délivrés par le juge d'instruction ne font partie des pièces du dossier tant que ces délégations sont en cours d'exécution (ex. Crim. 19 janv. 2016, nº 15-81.041, P nº 14, pour l'accès au dossier devant le juge d'instruction, et Crim. 12 mars 1991, nº 90-87.733, P nº 122, devant la CHINS).

2. La jonction de pièces provenant d'une autre procédure

Rejetant le pourvoi qui faisait valoir que la condamnation méconnaissait les règles du procès équitable pour s'être fondée sur des pièces parcellaires issues d'autres affaires alors que le versement de leur entier dossier avait été refusé, la Ch. crim. a ainsi rappelé l'état de sa jurisprudence en matière de versement au dossier de l'instruction de pièces provenant d'une autre procédure (Crim. 14 déc. 2022, nº 21-86.427, P) :

– en premier lieu, « *aucune disposition de procédure pénale n'interdit aux juges de décider que soient annexés à une procédure pénale les éléments d'une autre procédure dont la production peut être de nature à les éclairer et à contribuer à la manifestation de la vérité, à la seule condition qu'une telle jonction ait un caractère contradictoire et que les pièces ou les procédures communiquées puissent être soumises à la discussion de toutes les parties (Crim. 16 mars 1981, nº 80-95.343, P nº 91)* » (§ 14) (v. également Crim. 23 juill. 1985, nº 85-92.574, P nº 275 ; Crim. 7 déc. 2005, nº 05-85.876, P nº 327 ; pour l'exploitation d'une mesure de sonorisation ordonnée dans le cadre d'une autre procédure : Crim. 11 mai 2021, nºs 20-86.182, 20-82.415, (§ 56), P) ;

– en second lieu, « *l'opportunité d'ordonner un supplément d'information, notamment aux fins de versement au dossier de nouvelles pièces, relève de l'appréciation souveraine des juges du fond (Crim. 13 mars 1997, nº 96-81.081, P nº 197 ; Crim. 11 sept. 2019, nº 18-81.980, P)* » (§ 15) ;

– toutefois, « *le refus d'ordonner un supplément d'information doit être spécialement motivé et [la C. cass.] exerce son contrôle sur la suffisance de la motivation de la décision de rejet d'une telle demande (Crim. 25 avr. 2006, nº 05-87.318, P nº 111 ; Crim. 9 mai 2019, nº 18-81.743, P nº 88)* » (§ 15) ;

– enfin, « *lorsque, dans le dossier de la procédure suivie contre elle, est versée depuis une autre procédure une pièce qui la concerne, la personne poursuivie peut, si elle a qualité pour agir, en demander l'annulation. Tel est le cas, par exemple, de transcriptions d'écoutes téléphoniques, de résultats d'une géolocalisation ou d'expertises provenant d'autres procédures (Crim. 16 févr. 2011, nº 10-82.865, P nº 29 ; Crim. 8 juill. 2015, nº 15-81.731, P nº 174)* » (§ 20) (v. également Crim. 8 juin 2006, nº 06-81.796, P nº 166).

Pour maintenir ces règles (§ 21), la Ch. crim. expose qu'elles ne méconnaissent aucune disposition conventionnelle (§ 19) :

– en effet, si « *la CEDH, sur le fondement de Conv. EDH, art. 6 [droit à un procès équitable], exige que l'accusation comme la défense puissent prendre connaissance des observations ou éléments de preuve produits par l'autre partie et soient en mesure de les discuter (CEDH, 28 août 1991, Brandstetter c/ Autriche, nº 11170/84, 12876/87, 13468/87)* » (§ 17) ;

– elle n'en juge pas moins que « *l'exigence d'équité du procès ne fait pas obligation à la juridiction de jugement d'ordonner une mesure d'instruction au seul motif que l'une des parties en a fait la demande, et que les juridictions sont libres, pourvu que la Convention soit respectée, de refuser d'ordonner une telle mesure (CEDH, 26 juill. 2011, Huseyn et autres c/ Azerbaïdjan, nº 35485/05, 35680/05, 36085/05)* » (§ 18) ;

– en outre, « *aucune décision de la CEDH ne censure le versement, au dossier d'une procédure, de pièces provenant d'une autre procédure, ni ne reconnaît le droit à la personne poursuivie d'obtenir le versement de la totalité de la procédure dont elles ont été extraites* » (§ 19).

Soulignons enfin que « *le juge d'instruction ne peut refuser d'annexer à la procédure des documents produits par les parties à l'appui de leur défense, auraient-ils été obtenus par des procédés déloyaux* » (Crim. 11 févr. 1992, nºs 91-86.067, P nº 66).

3. La cotation des pièces du dossier d'instruction par le greffier

Dans le cadre de l'instruction, « *toutes les pièces sont cotées par le greffier au fur et à mesure de leur rédaction ou de leur réception par le juge d'instruction* » (C. pr. pén., art. 81 al. 2). « *la cotation des pièces du dossier [...] peut résulter d'un procédé automatisé, sous le contrôle d'un agent du greffe, n'entraînant aucune altération de la pièce cotée* » (C. pr. pén., art. D. 15-7).

« *la circonstance que, contrairement aux prescriptions du C. pr. pén., art. 81, al. 2, les pièces du dossier n'aient pas été cotées au fur et à mesure de leur rédaction ou de leur réception par le juge d'instruction n'est pas, en soi, une cause de nullité de la procédure* » (§ 38) (Crim. 11 mai 2021, n° 20-86.182, 20-82.415, P). « *L'absence de cotation d'une pièce du dossier n'entraîne pas sa nullité* » (Crim. 28 oct. 2003, n° 03-84.740, D), « *dès lors qu'il n'est pas établi qu'il en est résulté une atteinte aux intérêts du demandeur* » (Crim. 10 déc. 2003, n° 03-85.986, D). Dès lors qu'il est établi que l'avocat a eu accès au pièces non cotées du dossier avant le débat contradictoire, il n'en résulte pas d'atteinte aux droits de la défense (Crim. 19 mai 2009, n° 09-81.564, D). A « *défaut de preuve de l'existence d'un stratagème destiné à faire échec aux droits de la défense* », l'irrégularité résultant du classement tardif d'un procès-verbal d'audition de témoin au dossier ne fait pas grief car « *aucun acte d'instruction fondé sur la déposition du témoin [...] n'a été réalisé avant le classement de cette pièce au dossier* » (Crim. 27 juin 2000, n° 00-80.411, P n° 246). « *La cotation erronée d'un réquisitoire supplétif ne saurait entraîner aucune nullité dans le cas où, comme en l'espèce, il n'est pas établi, ni même allégué que le dossier aurait été incomplet* » (Crim. 14 mai 2013, n° 12-81.023, P n° 103). Enfin, « *la cotation des pièces de la procédure dans un ordre qui ne serait pas strictement chronologique ne saurait entraîner aucune nullité, dès lors qu'il n'est pas établi, ni même allégué, que le dossier transmis à la CHINS aurait été incomplet* » (Crim. 26 oct. 2010, n° 10-82.814, D).

Notons qu'en cas de pourvoi, le greffier de la juridiction qui a rendu la décision attaquée « *cote et paraphe les pièces du dossier* » (C. pr. pén., art. 586). La méconnaissance de cette prescription « *ne saurait entraîner aucune nullité, dès lors qu'il n'est pas établi que le dossier transmis à la Cour de Cassation serait incomplet, et qu'aucune observation sur la teneur du dossier mis à la disposition du conseil de l'inculpé n'a été faite par lui devant la chambre d'accusation* » (Crim. 18 juin 1991, n° 91-82.028, P n° 263).

4. La reconstitution des pièces manquantes du dossier et le rétablisssement de leur existence et de leur teneur

Lorsque des pièces « *ont été détruites, enlevées ou se trouvent égarées et qu'il n'a pas été possible de les rétablir* », C. pr. pén., art. 648 à 651 organisent un dispositif par lequel « *l'instruction est recommencée à partir du point où les pièces se trouvent manquer* ».

Ce recommencement de l'instruction est un obstacle de droit qui suspend « *l'accomplissement de la prescription* » (Crim. 26 sept. 2000, n° 99-86.348, P) (sur la suspension de la prescription, v. n° **17.22A**).

En dehors de ce cadre peu usité, une jurisprudence constante permet aux juges du fond de reconstituer « *l'existence et la teneur* » d'une pièce disparue à partir d'éléments tirés d'autres pièces de la procédure. En conséquence de cette reconstitution intellectuelle, l'absence d'une pièce même essentielle ne sera pas une cause de nullité.

Ainsi, « *le défaut de production* [du **réquisitoire introductif**] *ne saurait constituer une cause de nullité dès lors que les mentions du procès-verbal d'interrogatoire de première comparution établissent son existence et en reproduisent la teneur* » (Crim. 3 oct. 1977, n° 77-91.064, P n° 282 ; en termes identiques pour le même acte : Crim. 15 nov. 1993, n° 93-83.322, 93-83.322, P n° 338). « *l'absence ou la disparition d'une requête du ministère public* [en l'espèce une **requête en dessaisissement du juge d'instruction**] *ne saurait constituer une cause de nullité si les mentions portées sur d'autres actes établissent son existence et en reproduisent la teneur* » (Crim. 5 déc. 1996, n° 95-84.379, D.

« *l'absence de la requête du procureur de la République* [**requête au JLD aux fins d'écoute téléphonique**] *ne saurait constituer une cause de nullité si les mentions portées sur d'autres actes* *établissent son existence et en reproduisent la teneur* » (Crim. 5 mars 2013, n° 12-88.167, P n° 55), ou si l'ordonnance du JLD établit « *l'existence et la date de la requête du procureur de la République, [...] dès lors qu'il n'était ni soutenu ni allégué que l'ordonnance du JLD n'aurait pas comporté les éléments d'identification des liaisons à intercepter* » (Crim. 22 janv. 2014, n° 12-87.384, D). De même pour l'**ordonnance du JLD** : « *l'absence au dossier de l'original ou de la copie certifiée conforme de l'ordonnance du JLD [...] autorisant* » des interceptions téléphoniques, « *dès lors qu'attestent de l'existence et de la teneur de cette ordonnance la "trace informatique" imprimée de la décision versée au dossier, et la référence expresse, dans divers procès-verbaux d'enquête, à l'autorisation d'interception donnée [...] par le JLD* » (Crim. 8 août 2012, n° 12-81.732, D).

« *la disparition d'une pièce ne saurait constituer une cause de nullité si les mentions portées sur d'autres actes établissent son existence et en reproduisent la teneur* », en l'espèce l'existence et la teneur d'une **commission rogatoire** manquante sont attestées « *par d'autres pièces et notamment par la production d'une photocopie conservée en archive par les services de police sur laquelle "apparaissent la signature du magistrat instructeur, dans une moindre mesure, son sceau, ainsi que la teneur de la mission confiée au SRPJ"* » (Crim. 27 juin 2000, n° 00-82.439, D). Est également justifié l'arrêt qui, pour « *rejeter l'exception de nullité prise de l'absence au dossier de l'original d'une commission rogatoire [...], énonce que l'existence de cette pièce est attestée par les mentions d'un procès-verbal [...], rédigé et signé par l'OPJ délégué pour l'exécution de celle-ci qui en reproduit la teneur* » (Crim. 5 sept. 2007, n° 06-84.265, D).

Cette jurisprudenceest également appliquée à la disparition d'une **partie du dossier** : « *un tome du dossier d'instruction ayant disparu lors de sa transmission du tribunal correctionnel à la cour d'appel* », est approuvée la décision de rejet d'une demande de supplément d'information pour retrouver et reconstituer les pièces manquantes car il résulte de l'arrêt « *que les juges du second degré connaissaient, par l'analyse qui en était faite dans d'autres documents, la teneur des pièces manquantes et disposaient de données nécessaires pour apprécier la culpabilité du prévenu* », et n'ont pas « *porté atteinte aux droits de la défense* » (Crim. 11 févr. 2009, n° 07-88.695, D).

De la reconstitution intellectuelle de la teneur des pièces manquantes, on peut rapprocher la rectification d'une erreur purement matérielle qui affecte la teneur de l'acte, notamment un élément aussi essentiel que sa date. Ainsi, « *pour répondre à une exception de nullité dont ils sont saisis, les juges peuvent, sans excéder leurs pouvoirs, vérifier la régularité de la procédure et rectifier, en se référant aux pièces du dossier, une erreur purement matérielle dont un acte est affecté* » (réquisitoire daté par erreur du 6 au lieu du 16 du mois) (Crim. 13 mars 1995, n° 93-84.299, P n° 100).

C. La délivrance de la copie du dossier d'instruction est ouverte à l'avocat et aux parties sans avocat

Les avocats des parties, ou les parties si elles n'ont d'avocat (L. n° 2014-535, 27 mai 2014), peuvent se faire délivrer copie, le cas échéant numérisée, de tout ou partie des pièces et actes du dossier ; la copie doit être délivrée dans le mois (C. pr. pén., art. 114). « *Si le dossier est numérisé, l'avocat ne peut refuser d'en recevoir une copie sous forme numérisée* » (C. pr. pén., art. D. 593-2 issu D. n° 2022-546, 13 avr. 2022).

Toutefois ce droit à la délivrance de copie n'est ouvert qu'après la première comparution de la **personne mise en examen** (sur le statut du mis en examen, v. n° **11.78** s.) ou de la première audition de la **partie civile**.

Soulignons qu'est à bon droit déclarée irrecevable, faute de préjudice en lien avec l'infraction, la constitution de partie civile d'une personne qui a participé à l'infraction (Crim. 30 mars 2021, n° 20-84.472, § 34 et 35 P), ce qui lui interdit donc d'accéder au dossier tant qu'elle n'a pas été mise en examen.

Ce droit à la copie du dossier est ouvert selon les mêmes conditions au **témoin assisté** et à son avocat (C. pr. pén., art. 113-3) (sur le statut du témoin assisté, v. n° **11.77**).

Selon les précisions apportées au nº **11.17A3**, les commissions rogatoires en cours d'exécution et les actes déjà accomplis par l'OPJ ne constituent pas des éléments du dossier et ne peuvent être consultés qu'au retour de la délégation judiciaire.

Précisons que lorsque l'information judiciaire est clôturée, les règles de consultation et de délivrance de copie sont celles prévues en cas de poursuites ou de non-lieu (v. **17.3B**) (C. pr. pén., art. 114).

D. L'encadrement de la transmission des copies de pièces du dossier à une partie ou au témoin assisté par son avocat

1. La transmission d'une copie de pièce à une partie ou au témoin assisté par l'avocat

Lorsqu'elle est assistée d'un avocat, « *la personne mise en examen [...] [ne peut] obtenir directement copie des pièces de la procédure : seul [son] avocat est en effet autorisé à leur en remettre une reproduction, en l'absence d'opposition du juge d'instruction* » (Circ. SJ 2001-05 B3, 3 août 2001, NOR : JUSB0110328C, nº 1.2).

L'avocat peut toutefois transmettre une reproduction des pièces du dossier à son client mis en examen, témoin assisté ou partie civile sous réserve de soumettre préalablement, par déclaration au greffe ou LRAR, la liste des documents concernés au juge d'instruction, lequel pourra s'opposer dans les cinq jours par ordonnance motivée à leur remise au client (C. pr. pén., art. 114). L'ordonnance du juge d'instruction peut faire l'objet d'un appel devant le président de la CHINS, lequel est tenu de statuer dans les 5 jours, par décision motivée qui n'est pas susceptible de recours sauf excès de pouvoir (C. pr. pén., art. 114, sur le pourvoi en cassation pour excès de pouvoir contre les décisions non susceptibles de recours, v. nº **19.16C**). À défaut de réponse notifiée dans les délais impartis à l'avocat, ce dernier peut communiquer à son client les pièces visées dans sa liste (C. pr. pén., art. 114).

La transmission des pièces par son avocat à la partie civile dont la recevabilité de l'action est contestée ne peut intervenir qu'avec l'autorisation expresse et préalable du juge d'instruction, dont le silence au-delà du délai de 5 jours vaudra refus tacite (C. pén., art. 114, al. 11 ; Circ. 3 mars 1997, nº 3.3). En cas de refus du juge d'instruction ou de refus tacite, l'avocat peut saisir le président de la CHINS, tenu de statuer dans le délai de 5 jours par décision écrite et motivée également non susceptible de recours, sauf excès de pouvoir (C. pén., art. 114).

2. La transmission de copie de pièce par l'avocat à son client détenu

L'avocat transmet les pièces au greffe de l'établissement pénitentiaire (C. pr. pén., art. R. 15-42) qui les remet au détenu concerné (C. pr. pén., art. R. 15-43). Le juge d'instruction peut prévoir dans son autorisation (C. pr. pén., art. R. 15-44) que les documents seront conservés au greffe de l'établissement pour être consultés selon les modalités restreintes de l'article R. 15-45 du code de procédure pénale.

E. L'interdiction pour les parties de communiquer des pièces du dossier d'instruction à des tiers (C. pr. pén., art. 114-1)

1. L'incrimination de la communication des pièces à des tiers

Les copies obtenues par les parties ou le témoin assisté ne peuvent être communiquées à des tiers sous peine des sanctions prévues par C. pr. pén., art. **114-1** (v. cette infraction au nº **35.42**, plus sévèrement réprimée depuis L. nº 2021-1729, 22 déc. 2021 que celle de violation du secret de l'enquête et de l'instruction prévue par C. pén., art. **226-13**, v. nº **35.10**) (C. pr. pén., art. 114, al. 6).

Par dérogation à ce principe, « *les copies des rapports d'expertise peuvent être communiquées par les parties ou leurs avocats à des tiers pour les besoins de la défense* » (C. pr. pén., art. 114), par exemple pour la consultation d'un autre expert (sur la communication du rapport d'expertise dans le cadre de l'instruction, v. nº **11.53C3**).

« *En interdisant la communication à des tiers des copies des pièces du dossier autres que les rapports d'expertise, le législateur a entendu préserver le secret de l'instruction et protéger les intérêts des personnes concernées par celle-ci. Ce faisant, il a poursuivi les objectifs de valeur constitutionnelle de prévention des atteintes à l'ordre public et de recherche des auteurs d'infractions, et entendu garantir le droit au respect de la vie privée et de la présomption d'innocence* » (§ 7) (Cons. const. 17 mars 2023, n° 2023-1037 QPC).

2. La délivrance préalable et formalisée par écrit d'une information sur les peines encourues

La partie destinataire des copies doit attester avant leur remise avoir eu connaissance des dispositions de C. pr. pén., art. 114-1 incriminant leur communication aux tiers (v. n° 35.42) et de celles de l'article 114, alinéa 6 n'autorisant la communication aux tiers des rapports d'expertise que pour les besoins de la défense. Cette attestation est recueillie par le juge d'instruction si la personne n'a pas d'avocat, ou par l'avocat s'il est l'intermédiaire de cette transmission de copie. « *En pratique [...] c'est évidemment à l'avocat qu'il appartiendra de donner connaissance des dispositions [...] de l'article 114 et de recueillir l'attestation écrite de ce dernier [...] Il sera alors souhaitable que l'avocat adresse au juge d'instruction une copie de cette attestation* » (Circ. 3 mars 1997, § 3.1.1.2). Si l'intéressé est détenu, l'attestation est recueillie par le greffe de l'établissement pénitentiaire (C. pr. pén., art. R. 15-43).

15.5 La poursuite des majeurs par convocation par OPJ ou APJ (COPJ) – Domaine et forme (C. pr. pén., art. 390-1)

A. Les règles de fond

1. Le principe

« *Vaut citation à personne la convocation en justice notifiée au prévenu, sur instructions du procureur de la République [...] soit par un greffier, un officier ou agent de police judiciaire, « un fonctionnaire ou agent d'une administration relevant de l'article 28 »* [L. n° 2019-222, 23 mars 2019], *ou un « délégué ou un médiateur du procureur de la République »* [L. n° 2016-731, 3 juin 2016], *soit, si le prévenu est détenu, par le chef de l'établissement pénitentiaire.* (C. pr. pén., art. 390-1).

La convocation énonce le fait poursuivi, vise le texte de loi qui le réprime et indique le tribunal saisi, le lieu, la date et l'heure de l'audience. Elle précise, en outre, que le prévenu peut se faire assister d'un avocat [sur les autres précisions obligatoires, v. plus bas].

Elle est constatée par un procès-verbal signé par le prévenu qui en reçoit copie. »

La L. n° 2016-731, 3 juin 2016, a étendu au délégué ou médiateur du procureur de la République la faculté de notifier une convocation sur instructions du procureur de la République. « *Cette nouvelle disposition permettra, notamment en cas d'échec d'une mesure alternative aux poursuites mise en œuvre par un délégué ou médiateur du procureur de la République, de délivrer sans délai une convocation à la personne* » (Circ. Crim. 2016-03/H, 17 juin 2016, JUSD1616979C, n° 5.2.1).

La L. n° 2019-222, 23 mars 2019, a ajouté à la liste des personnes compétentes pour délivrer une convocation « *l'ensemble des fonctionnaires et agents des administrations auxquels des lois spéciales attribuent certains pouvoirs de police judiciaire* », visées au C. pr. pén., art. 28 (Circ. Crim. 2019-7/H3, 5 avr. 2019, n° 1.6). Cette extension permet « *d'éviter une saisine des services de police ou de gendarmerie uniquement pour délivrer une convocation au prévenu lorsqu'ils n'auront pas réalisé l'enquête* » (Circ. Crim. 2019-7/H3, 5 avr. 2019, n° 1.6). À cet égard, C. douanes, art. 365-1, issu de la L. n° 2019-222, 23 mars 2019, renvoie aux dispositions de C. pr. pén., art. 390-1 pour les agents des douanes. Lorsqu'en application de C. pr. pén., art. 28-1 VI, les agents des douanes procèdent à des enquêtes judiciaires sur réquisition du parquet ou sur commission rogatoire, « *ils disposent des mêmes prérogatives et obligations que celles attribuées aux OPJ, ce qui inclut la notification au prévenu, à l'issue de l'enquête, d'une convocation en justice en application de* » C. pr. pén., art. 390-1 (Crim. 17 févr. 2021, n° 19-83.707 (§ 15), P).

Enfin, « *à la demande expresse et sous le contrôle de l'OPJ ou [...] de l'APJ* », les **assistants d'enquête** peuvent « *procéder aux convocations prévues à l'article 390-1* » (C. pr. pén., art. 21-3, issu L. nº 2023-22, 24 janv. 2023, art. 390-1 mod. par la même loi).).

La « *convocation par procès-verbal* » est un acte de « *mise en mouvement de l'action publique* » et interrompt donc la prescription au sens des dispositions combinées de C. pr. pén., art. 9-2 et 388 (sur les actes interruptifs de la prescription, v. nº **17.23A**).

2. Le domaine et les limites

Le domaine des procédures pouvant donner lieu à convocation par procès-verbal est en pratique étendu, c'est celui des délits et contraventions, uniques ou multiples, élucidées, qui ne nécessitent pas l'accomplissement d'autres investigations et dont le préjudice est quantifié.

• **Infractions et personnes poursuivies.** Seuls les délits et contraventions commis par des **majeurs** peuvent faire l'objet d'une COPJ. Cette procédure est également applicable en matière d'infractions de presse (Crim. 15 déc. 2015, nº 14-85.570, P nº 301).

Selon les dispositions antérieures prévues par Ord. nº 45-174, 2 févr. 1945, les **mineurs** auteurs pouvaient être convoqués par OPJ ou APJ selon des orientations spécifiques (Convocation aux fins de : jugement par le TPE, v. nº **15.25** ; jugement par le JE statuant en chambre du conseil, v. nº **15.26** ; mise en examen par le JE, v. nº **15.27**). Ces modalités, abrogées par le CJPM, se limitent désormais à une convocation par OPJ ou APJ devant la juridiction pour mineur aux fins de jugement sur la culpabilité, selon les précisions apportées au nº **15.21** (CJPM, art. L. 423-7 1°).

Selon les précisions apportées au nº **15.10C**, les **personnes morales**, par leur représentant, peuvent fait l'objet d'une COPJ.

• **Affaires élucidées.** L'auteur est identifié et entendu, il reconnaît sa participation ou les éléments matériels et témoignages réunis contre lui démontrent sa culpabilité. La procédure n'est pas susceptible d'évolution entre la convocation et l'audience.

• **Préjudice quantifié.** La victime, si elle est identifiée ou identifiable, doit être avisée et pouvoir évaluer son préjudice avant l'audience.

• **Cadre procédural.** La délivrance d'une COPJ n'est aucunement limitée par le cadre juridique de l'enquête. Qu'il s'agisse d'enquête préliminaire ou de flagrant délit, sur plainte d'un particulier ou d'une administration, d'enquêtes d'initiative ou sur réquisition du parquet, la seule réunion des conditions ci-dessus autorise le recours à la COPJ. Les procureurs de la République territorialement compétents, dans le cadre notamment des politiques dites de « traitement direct » et des instructions générales d'action publique adressées par le ministre de la Justice (C. pr. pén., art. 30), définissent par leurs directives le degré de systématisation de la COPJ.

• **Limites.** L'exercice des poursuites par COPJ exclut les mesures de sûreté avant jugement sur la personne poursuivie que sont la détention provisoire (v. nº **12.36** s.), le contrôle judiciaire (v. nº **12.47** s.) ou l'ARSE (v. nº **12.54** s.), lesquelles ne peuvent en effet être prononcées que dans le cadre de l'information judiciaire (v. nº **15.29**), la comparution immédiate (v. nº **12.36**) ou différée (v. nº **15.16**) ou la convocation par procès-verbal (v. nº **15.14**).

B. La forme des COPJ

• **Principe.** La convocation est un acte de poursuite. Comme tel, sa régularité conditionne la validité de la saisine de la juridiction.

• **Éléments propres aux procès-verbaux.** La convocation doit comporter la date et l'heure de son établissement, le nom, la qualité, le grade, le service et la signature de l'OPJ ou l'APJ rédacteur.

• **Instructions du parquet.** La convocation est faite sur les instructions du parquet, à qui revient seul le pouvoir de poursuite. Elle doit donc énoncer cette instruction et préciser le nom du magistrat dont elle émane.

• **L'audience.** Sa date, son heure et son lieu, tribunal correctionnel ou de police, doivent être précisés. L'adresse, le numéro de téléphone du tribunal ou de son service d'accueil, celui du bureau d'aide juridictionnelle, sont utilement indiqués sur la convocation.

• **Délai.** Au moins dix jours doivent séparer la date de la notification de la date d'audience. Le jour de délivrance de la convocation ne compte pas dans le calcul du délai, qui court donc à compter du lendemain. Si ce délai est inférieur, l'OPJ ou APJ sollicitera de nouvelles instructions du parquet. Ce délai est augmenté d'un mois pour les Dom-Tom (si le tribunal saisi est en France métropolitaine).

• **Avocat.** La convocation doit indiquer que « *le prévenu peut se faire assister d'un avocat "de son choix ou, s'il en fait la demande, d'un avocat commis d'office, dont les frais seront à sa charge sauf s'il remplit les conditions d'accès à l'aide juridictionnelle et qu'il a également la possibilité de bénéficier, le cas échéant gratuitement, de conseils juridiques dans une structure d'accès au droit"* » (C. pr. pén., art. 390-1, complété par L. n° 2014-535, 27 mai 2014) (sur l'aide juridictionnelle, v. n° 17.9).

• **Justificatifs de revenus et avertissement sur l'incidence financière du défaut de comparution.** La convocation informe le prévenu « *qu'il doit comparaître en possession des justificatifs de ses revenus ainsi que de ses avis d'imposition et de non-imposition* » (C. pr. pén., art. 390-1). « *Le recueil d'informations sur la situation financière et la solvabilité du mis en cause constitue le préalable nécessaire et le gage de la qualité du processus d'indemnisation des victimes* » (Circ. Jus. J 07-90006 C, 9 oct. 2007). La citation informe également le prévenu que le droit fixe de procédure dû en cas de condamnation devant le tribunal correctionnel est majoré (180 € au lieu de 90 €) s'il ne comparaît pas personnellement ou s'il n'est pas représenté par son avocat (C. pr. pén., art. 390-1, CGI, art. 1018 A, réd. L. n° 2008-644, 1er juill. 2008).

• **Signature et copie.** Le prévenu signe l'original de la convocation qui est expédié au parquet joint au dossier d'enquête, et en reçoit un double.

15.6 Le contenu de la convocation par officier de police judiciaire, l'énoncé de l'infraction

A. Les principes

Les principes qui suivent, ici exposés pour le mode dominant de saisine du tribunal correctionnel que constitue la COPJ, valent pour tous les modes de poursuite.

1. Les normes internationales

« *Tout accusé a droit notamment à : a) être informé [...] dans une langue qu'il comprend et d'une manière détaillée, de la nature et de la cause de l'accusation portée contre lui.* » (Conv. EDH, art. 6 § 3 a).

Selon la Cour européenne des droits de l'Homme, cet article montre « *la nécessité de mettre un soin extrême à notifier l'accusation à l'intéressé* » : l'acte d'accusation joue un rôle déterminant dans les poursuites pénales : à compter de sa signification, la personne mise en cause est officiellement avisée par écrit de la base juridique et factuelle des reproches formulés contre elle. (CEDH 19 déc. 1989, *Kamasinski*, série A, n° 168, § 79). L'intéressé a « *le droit d'être informé non seulement de la cause de l'accusation, c'est-à-dire des faits matériels qui sont mis à sa charge et sur lesquels se fonde l'accusation, mais aussi de la qualification juridique donnée à ces faits* » (CEDH 25 mars 1999, *Pélissier et Sassi*, req. n° 2544-94, § 51).

« *Toute personne accusée d'une infraction pénale a droit, en pleine égalité [...] à être informée, dans le plus court délai, dans une langue qu'elle comprend et de façon détaillée, de la nature et des motifs de l'accusation portée contre elle.* » (Pacte international relatif aux droits civils et politiques, art. 14, 3°).

2. Les normes internes

La « *personne [...] poursuivie [...] a le droit d'être informée des charges retenues contre elle...* » (C. pr. pén., art. préliminaire).

« *La convocation énonce le fait poursuivi, vise le texte de loi qui le réprime.* » (C. pr. pén., art. 390-1). L'énoncé de l'infraction doit donc être aussi clair et précis que possible : le prévenu doit connaître exactement les faits reprochés afin d'assurer sa défense. Le texte doit s'inspirer étroitement de la loi et énoncer les articles d'incrimination et de répression. Toute personne placée en garde à vue est immédiatement informée « *de la nature et de la date présumée de l'infraction qu'elle est soupçonnée d'avoir commise ou tenté de commettre* » (C. pr. pén., art. 63-1) ; son avocat, dès le début de la garde à vue ainsi, en cas de prolongation, qu'à l'issue des premières 24 h, est avisé « *de la nature et de la date présumée de l'infraction sur laquelle porte l'enquête* » (C. pr. pén., art. 63-3-1). De même, dans le cadre d'une audition libre, et plus généralement, pour toutes les auditions sur convocation dans le cadre de l'enquête préliminaire, y compris pour les contraventions, la personne doit être informée de « *la nature et de la date de l'infraction qu'on la soupçonne d'avoir commise* » (Cons. const. 18 nov. 2011, n° 2011-191 QPC, § 20 et Cons. const. 18 juin 2012, n° 2012-257 QPC, § 8 et 9) (sur les réserves d'interprétation apportées par le Cons. const., s'agissant des auditions libres, v. n° **11.73A3** (n°s 2011-191 QPC et 2012-257 QPC)).

La précision de la nature et de la date des faits reprochés découle donc naturellement d'une enquête complète.

Le présent guide contient les modèles d'énoncé pour les délits et contraventions usuels. Les directives du parquet les complètent le cas échéant.

B. Les circonstances de l'infraction

1. Le lieu de l'infraction

Cet élément circonscrit le fait poursuivi et permet le cas échéant d'apprécier la compétence du tribunal saisi. Il convient de préciser la commune sur le territoire de laquelle les faits se sont déroulés. Les indications complémentaires ne sont pas en principe utiles.

Exemple

« Pour avoir à Évry... »

« Pour s'être à Cherbourg... »

Si l'infraction s'est réalisée en des points non identifiés ou trop nombreux, il peut être précisé, selon les cas : « Sur le ressort du tribunal judiciaire de... » ou « Sur l'étendue du territoire national... ».

2. La date de l'infraction

Elle doit être très exactement précisée. La date de l'infraction conditionne de nombreux éléments : effet d'une loi d'amnistie, prescription de l'action publique (sur la prescription, v. n° **17.18** s.), application dans le temps d'une loi nouvelle, autorité de la chose jugée, récidive, confusion de peines...

Si la date n'est pas précisément déterminée, ou si le délit est continu, plusieurs formules peuvent être utilisées selon les cas.

Exemple

– « entre le 5 mars 2021 et le 10 décembre 2021 » ;

– « entre courant avril 2021 et le 7 juillet 2021 » ;

– « courant janvier 2021 ».

Les formules du type « courant 2021 » ou « depuis temps non couvert par la prescription », sans autres précisions, sont sources de nombreuses incertitudes (ex. : application d'une loi nouvelle, amnistie, grâce, confusion) et doivent être évitées.

3. Les circonstances aggravantes

Les circonstances aggravantes déterminent le *quantum* des peines principales et les peines complémentaires, et par voie de conséquence la compétence du tribunal (ex. : crime, délit relevant du juge unique ou de la formation collégiale, contravention).

Ces circonstances sont spécifiées par le texte d'incrimination de l'infraction, ou par des dispositions générales qui aggravent les peines applicables à tout crime ou délit, ou à un ensemble d'entre eux, s'ils sont accomplis dans un but terroriste (C. pén., art. 421-1), raciste (C. pén., art. 132-76) ou sexiste (C. pén., art. 132-77), ou avec un moyen de cryptologie (C. pén., art. 132-79) (sur ces circonstances aggravantes générales, v. n° **18.9**).

La question très importante de la circonstance aggravante doit donc être expressément soumise au parquet lors des comptes rendus téléphoniques faits par l'enquêteur, le procureur appréciant seul la qualification des faits et les circonstances aggravantes retenues.

Néanmoins, certaines précisions peuvent prendre, malgré l'intention du rédacteur, le caractère de circonstances aggravantes ; ainsi la circonstance de réunion, l'âge de la victime.

Doivent donc être évitées les indications qui n'auront pas été strictement soumises à l'appréciation du parquet, de ce type :

« De concert avec Dupont... », « sur la personne de Solange Duval, âgée de 15 ans... », « à l'aide d'une arme... »

4. La récidive

Les services enquêteurs ne doivent pas manquer, lorsque la consultation du fichier TAJ (sur le fichier TAJ, v. n° **13.12** s.) permet de supposer que l'auteur est en état de récidive légale, d'en informer le parquet, qui pourra vérifier au casier judiciaire national ou au greffe l'existence d'une précédente condamnation définitive (sur les conditions de la récidive, le caractère définitif du jugement v. n° **18.5**, les effets de la récidive sur la peine applicable, v. n^{os} **18.5** et **18.8E**).

Lorsque l'état de récidive est confirmé, l'énoncé de l'infraction sera alors suivi de cette formule :

✧ « et ce en état de récidive légale pour avoir été définitivement condamné le .... [¤ date du jugement, qui devra être définitif lors de la commission des nouveaux faits] par .... [¤ juridiction ayant prononcé la condamnation] pour des faits identiques ou assimilés. » ✧

Les articles suivants compléteront les textes d'incrimination et de répression visés dans la convocation :

– récidive d'un **délit** (C. pén., art. 132-9 et 132-10) ;

– récidive d'une **contravention de 5e classe** (C. pén., art. 132-11).

S'agissant des formules de renvoi devant la cour d'assises utilisées au stade du règlement du dossier d'information (v. n^{os} **15.33** s.), les articles 132-8, 132-9 et 132-18-1 relatifs à la récidive criminelle sont à viser par le magistrat.

EXEMPLE

✧ « Pour avoir à Bobigny le 20 mai 2020, frauduleusement soustrait un véhicule automobile Ford Escort immatriculé .... au préjudice de M. David, et ce avec effraction et en état de récidive légale pour avoir été condamné le 11 décembre 2015 par le tribunal correctionnel de Créteil pour des faits identiques.

Faits prévus et réprimés par les articles 132-10 et 132-16, **311-1**, **311-5**, 311-13 et 311-14 du code pénal du code pénal (*N 7154.co*). » ✧

5. La tentative

La convocation doit caractériser selon les circonstances de l'espèce le commencement d'exécution et son interruption involontaire. Elle sera établie sur le modèle suivant :

✧ « Pour avoir à .... [¤ lieu], le .... [¤ date], tenté de .... [¤ énoncé de l'infraction tentée], ladite tentative, manifestée par un commencement d'exécution, en l'espèce .... [¤ matérialisation du commencement d'exécution], n'ayant manqué son effet que par suite d'une circonstance indépendante de sa volonté, en l'espèce........[¤ préciser la circonstance ayant interrompu la tentative]. » ✧

L'article 121-5 du code pénal définissant la tentative sera ajouté aux articles d'incrimination et de répression.

Exemple

Sur la tentative de vol, v. n°s 22.2 et 22.5 ; sur la tentative d'escroquerie, v. n° 22.21.

6. La complicité

La convocation reproduira la formule ci-dessous et y intégrera le délit reproché à l'auteur principal ainsi que ses textes d'incrimination et de répression :

✧ « Pour avoir à .... [¤ lieu], le .... [¤ date], au préjudice de .... [¤ nom de la victime], été complice du délit de .... [¤ délit reproché à l'auteur principal] commis par .... [¤ nom de l'auteur principal], en [⇨A à C :]

A. l'aidant ou en l'assistant sciemment dans sa préparation ou sa consommation ...

B. provoquant cette action par don, promesse, menace, ordre, ou abus d'autorité ou de pouvoir ...

C. en donnant des instructions pour commettre l'infraction ...

... en l'espèce, en (matérialisation des actes commis par le complice).
Faits prévus et réprimés par les articles 121-6, 121-7 du code pénal + textes (et code Natinf (*N*) de l'infraction commise par l'auteur principal). » ✧

Exemple

✧ « Pour avoir à Bastia le 20 mai 2020, au préjudice de Duval, été complice du délit de vol avec escalade commis par Lajoie en l'aidant ou en l'assistant sciemment dans sa préparation ou sa consommation, en l'espèce, en lui fournissant une échelle.
Faits prévus et réprimés par les articles 121-6, 121-7, 311-1, 311-4 et 311-14 du code pénal (*N **7156.co***) » ✧

7. Les contraventions connexes

Il arrive, notamment en matière de circulation, que les PV constatant des contraventions connexes soient expédiés à l'OMP bien que celles-ci aient été visées, sur instruction du parquet, dans une convocation concernant un délit principal.

Pour éviter les doubles poursuites, les OPJ ou APJ doivent solliciter explicitement les instructions du procureur quant aux contraventions connexes, et joindre les PV les constatant au PV principal, chaque fois que les contraventions auront été visées dans la prévention.

8. Le code informatique de l'infraction dit « Natinf »

Les qualifications pénales figurant dans l'ouvrage sont suivies de leur code numérique dans la nomenclature des infractions, dite Natinf, pour Nature d'INFraction (Symbolisée par le caractère « *N* » dans le présent guide), élaborée par le ministère de la Justice (Direction des affaires criminelles et des grâces). Elle sert de base à la « nomenclature française des infractions » (NFI), commune aux ministères de l'Intérieur et de la Justice.

En cohérence avec la directive n° 2013/37/UE, 26 juin 2013, modifiant la directive n° 2003/98/CE 17 nov. 2003, concernant la réutilisation des informations du secteur public, et avec la directive qui la remplace (UE) n° 2019/1024, 20 juin 2019, concernant les données ouvertes et la réutilisation des informations du secteur public (directive dite open-data), ces données sont considérées comme documents administratifs au sens du CRPA, art. L. 300-2. Elles peuvent être utilisées par toute personne qui le souhaite (CRPA, art. L. 321-1) et leur mise à disposition du public constitue une mission de service public relevant de l'État (CRPA, art. L. 321-4). À ce titre, la table Natinf est publiée depuis le 15 juill. 2022 sur le site internet du ministère de la justice (www.justice.gouv.fr.) ainsi que sur la plateforme ouverte des données publiques françaises (www.data.gouv.fr.).

La codification Natinf est utilisée par l'ensemble des services judiciaires et les administrations verbalisatrices tout au long de la chaîne pénale, y compris par les services du casier judiciaire. Il est donc utile de la mentionner dans chacun des actes de poursuite, voire dans les procès-verbaux, afin de faciliter la maîtrise des processus administratifs et juridictionnels (enregistrement, suivi statistique, mise en forme des jugements et des pièces d'exécution, échanges entre applicatifs, etc.).

Les codes Natinf sont également rassemblés dans la table en annexe qui renvoie aux fiches et cas concernés. Le préfixe N et les différents suffixes qui y sont accolés, dont le sens est expliqué dans l'en tête de cette table, sont ajoutés par l'auteur pour permettre aux acteurs du processus pénal d'identifier immédiatement la nature de l'infraction et la juridiction dont elle relève, mais ne font pas partie intégrante de la codification Natinf.

Le symbole « # » est employé par l'auteur lorsque le code Natinf est inconnu ou non créé.

15.7 La poursuite des majeurs par citation directe

A. Le principe

Ce mode d'exercice de l'action publique est plus particulièrement adapté au contentieux complexe ou technique ou aux cas dans lesquels le mis en cause n'a pu être entendu.

« *Le tribunal correctionnel est saisi des infractions de sa compétence par [...] la citation.* » (C. pr. pén., art. 388).

« *Le tribunal de police est saisi des infractions de sa compétence par [...] la citation.* » (C. pr. pén., art. 531).

La citation directe est un acte de « *mise en mouvement de l'action publique* » et interrompt donc la prescription, selon les conditions précisées au n° **17.23A** (C. pr. pén., art. 9-2).

B. Le domaine et les limites de la citation directe

Seuls les délits et contraventions commis par des majeurs peuvent faire l'objet d'une citation directe. Pour les mineurs, les poursuites sont engagées (outre la procédure de convocation devant le juge des enfants exposée sous n° **15.27**) par « *requête* » saisissant le juge des enfants (Ord. n° 45-174, 2 févr. 1945, art. 5), ou par réquisitoire introductif saisissant le juge d'instruction pour les affaires mixtes majeurs-mineurs ou les affaires complexes. À compter de l'entrée en vigueur du CJPM, le JE ou le TPE sont exclusivement saisis par la convocation à comparaître du mineur (CJPM, art. L. 423-7), en aucun cas le mineur ne peut être poursuivi par citation directe (CJPM, art. L. 423-5).

En cas d'ordonnance de renvoi devant le tribunal correctionnel, si le tribunal est certes saisi par l'ordonnance de renvoi (C. pr. pén, art. 388), il revient au procureur de la République de « *faire délivrer assignation au prévenu* » par commissaire de justice [huissier] (C. pr. pén, art. 180). « *Sauf à ce que l'ordonnance de renvoi ne soit pas définitive, la citation du prévenu n'a pour seule finalité que de l'informer de la date et de l'heure de l'audience. Il suffit alors que le tribunal, saisi in rem et in personam par l'ordonnance de renvoi, apprécie si le prévenu a eu connaissance de la date de l'audience dans le délai légal* » (§ 16) (Crim. 25 nov. 2020, n° 19-86.979, P).

L'exercice des poursuites par citation directe exclut les mesures de sûreté avant jugement sur la personne poursuivie que sont la détention provisoire (v. n° **12.36** s.), le contrôle judiciaire (v. n° **12.47** s.) ou l'ARSE (v. n° **12.54** s.), lesquelles ne peuvent en effet être prononcées que dans le cadre de l'information judiciaire (v. nº 15.29), la comparution immédiate (v. nº 12.36) ou différée (v. nº 15.16) ou la convocation par procès-verbal (v. nº 15.14).

C. Les formes de la citation directe

1. Le mandement de citation ou cédule

« *La citation est délivrée à la requête du ministère public.* » (C. pr. pén., art. 551).

Cette réquisition prend la forme d'un mandement de citation, également appelé cédule, qui énoncera tous les éléments nécessaires à l'établissement d'une citation régulière par commissaire de justice [huissier] requis.

2. L'identification du prévenu

La citation doit préciser la qualité de prévenu du mis en cause (C. pr. pén., art. 551, al. 3), ainsi que ses nom, prénoms et adresse (C. pr. pén., art. 550, al. 4).

Pour éviter toute difficulté lors du jugement et de l'exécution de la peine il est en pratique indispensable de préciser l'identité complète du prévenu.

3. L'audience

L'acte de citation doit indiquer le tribunal saisi, le lieu de la juridiction, l'heure et la date de l'audience (C. pr. pén., art. 551, al. 3).

4. L'énoncé de l'infraction

« *La citation énonce le fait poursuivi et vise le texte de loi applicable.* » (C. pr. pén., art. 551, al. 2). Les principes et précisions figurant sous le nº 15.6 valent aussi pour les citations directes.

Il est utile de préciser le numéro *Natinf* (*N*) (v. nº 15.6B8) de l'infraction, auquel pourront ainsi se référer tous les intervenants du processus de poursuite, de jugement et d'exécution des peines.

5. La date et la signature du ministère public

Le mandement de citation est un acte de poursuite, interruptif de prescription s'il est transmis au commissaire de justice [huissier] (sur la prescription, v. nº 17.18 s.). Il doit donc être daté et comporter la signature du magistrat du parquet.

6. Le droit à l'assistance d'un avocat

La citation doit indiquer que « *le prévenu peut se faire assister d'un avocat "de son choix ou, s'il en fait la demande, d'un avocat commis d'office, dont les frais seront à sa charge sauf s'il remplit les conditions d'accès à l'aide juridictionnelle et qu'il a également la possibilité de bénéficier, le cas échéant gratuitement, de conseils juridiques dans une structure d'accès au droit"* » (C. pr. pén., art. 390, complété par L. nº 2014-535, 27 mai 2014).

7. L'avertissement relatif aux justificatifs de revenus et à l'incidence financière du défaut de comparution

La citation informe le prévenu qu'il doit comparaître en possession des justificatifs de ses revenus ainsi que de ses avis d'imposition et de non-imposition (C. pr. pén., art. 390).

« *Le recueil d'informations sur la situation financière et la solvabilité du mis en cause constitue le préalable nécessaire et le gage de la qualité du processus d'indemnisation des victimes* » (Circ. Jus. J 07-90006 C, 9 oct. 2007).

La citation informe également le prévenu que le droit fixe de procédure dû en cas de condamnation devant le tribunal correctionnel est majoré (180 € au lieu de 90 €) s'il ne comparaît pas personnellement ou s'il n'est pas représenté par son avocat (C. pr. pén., art. 390, CGI, art. 1018 A, réd. L. nº 2008-644, 1er juill. 2008).

D. Les diligences du commissaire de justice [huissier] requis

1. Le commissaire de justice compétent

Le mandement de citation est adressé au commissaire de justice territorialement compétent à raison du domicile du mis en cause.

Si l'intéressé demeure sur le ressort d'un autre tribunal judiciaire [avant le 1er janv. 2020 : tribunal de grande instance], le mandement est expédié au procureur de la République territorialement compétent qui désignera à son tour le commissaire de justice concerné (NB. À compter du 1er juillet 2022, la profession d'huissier est fondue au sein de celle de commissaire de justice, Ord. nº 2016-728, 2 juin 2016 relative au statut des commissaires de justice).

2. La recherche du prévenu

« *La citation est délivrée à la requête du ministère public, […]. Le* ***commissaire de justice*** *doit déférer sans délai à [sa] réquisition.* » (C. pr. pén., art. 551, al. 1).

« *Le* ***commissaire de justice*** *doit faire toutes diligences pour parvenir à la délivrance de son exploit à la personne même du destinataire.* » (C. pr. pén., art. 555, al. 1).

« *Le* ***commissaire de justice*** *doit mentionner sur l'original de l'exploit, et sous forme de procès-verbal, ses diligences ainsi que les réponses qui ont été faites à ses différentes interpellations. Le procureur de la République peut prescrire au* ***commissaire de justice*** *de nouvelles recherches, s'il estime incomplètes celles qui ont été effectuées.* » (C. pr. pén., art. 563).

La citation peut être délivrée au prévenu en tous lieux, y compris sur son lieu de travail. Le commissaire de justice devra dans tous les cas s'assurer de l'identité ou de la qualité de la personne à laquelle il signifie l'acte.

Précisons que « *les* ***commissaires de justice*** *ont accès aux boîtes aux lettres particulières selon les mêmes modalités que les agents chargés de la distribution au domicile agissant pour le compte des opérateurs* » d'envoi postaux (CCH, art. L. 126-14, réd. issue L. nº 2021-1729, 22 déc. 2021).

3. Le devoir d'exécution de la réquisition du parquet

« *Tout* ***commissaire de justice*** *qui refusera d'instrumenter dans une procédure suivie à la requête du ministère public ou de faire le service auquel il est tenu près la cour ou le tribunal et qui, après injonction à lui faite par le procureur général ou le procureur de la République, persistera dans son refus, sera destitué, sans préjudice de tous dommages-intérêts et des autres peines qu'il aura encourues.* » (C. pr. pén., art. R. 198).

4. Les frais de citation et de signification

Les indemnités dues aux commissaires de justice pour les citations ou significations sont fixées au C. pr. pén., art. R. 181 à R. 187. Ils constituent des frais de justice et ne sont pas dus par le prévenu.

5. Les délais de citation

Comme en matière de COPJ, (v. nº **15.5B**), le délai entre le jour de délivrance de la citation et la date d'audience est de 10 jours. Ce délai est augmenté d'un mois pour les Dom-Tom (si le tribunal saisi est en France métropolitaine) et les pays de l'UE, de deux mois hors UE (C. pr. pén., art. 552).

Si la citation n'a pas été délivrée en temps utile, le prévenu présent pourra demander le renvoi de l'affaire. Mais cette demande ne sera recevable qu'avant toute défense au fond (C. pr. pén., art. 553). Si le prévenu est absent, une nouvelle citation devra être délivrée à la diligence du parquet.

6. Les modalités et les effets des citations

V. tableau ss nº **15.8**.

15.8 Les modalités et les effets de la citation directe (tableau)

Tableau 27 : Modalités et effets de la citation directe

Modalités de remise de l'acte	Diligences du commissaire de justice [huissier] ou du parquet	Mode de comparution et nature du jugement
CITATION A PERSONNE • C. pr. pén., art. 555 (Prévenu touché directement par le commissaire de justice)	• Le commissaire de justice doit faire toutes diligences pour parvenir à la délivrance de son exploit à la personne même du destinataire, il lui en remet une copie	• Présent : jugement contradictoire • Représenté (C. pr. pén., art. 411) : jugement contradictoire (v. n° **17.10**) • Défendu sans mandat écrit (C. pr. pén., art. 412) : jugement contradictoire à signifier (v. n° **17.10**) • Absent : jugement contradictoire à signifier (v. n° **17.10**)
CITATION A DOMICILE • C. pr. pén., art. 556, 557, D. 46-3 (Prévenu absent de son domicile)	1) Vérification du domicile 2) Remise d'une copie à une personne présente au domicile 3) Envoi d'un avis par LRAR au domicile ou envoi d'une lettre simple accompagnée d'un récépissé à retourner (L. n° 2009-526, 12 mai 2009)	• Présent : jugement contradictoire • Absent et représenté par avocat (C. pr. pén., art. 411) : jugement contradictoire (v. n° **17.10**) • Absent et défendu par avocat sans mandat écrit (C. pr. pén., art. 412) : jugement contradictoire à signifier (v. n° **17.10**) • Absent et non représenté ni défendu par avocat : a) récépissé ou émargement signé : contradictoire à signifier b) pas de récépissé ou d'émargement valables : défaut
CITATION A ÉTUDE DU COMMISSAIRE DE JUSTICE (L. n° 2008-644, 1er juill. 2008) • C. pr. pén., art. 558, D. 46-3, D. 46-4 (Aucune personne présente au domicile du prévenu)	1) Vérification du domicile 2) Envoi d'une copie de l'acte par lettre simple avec récépissé à renvoyer ou dépôt d'un avis de passage invitant l'intéressé à retirer l'acte à l'étude contre récépissé ou émargement	*Idem* ci-dessus
CITATION AU DOMICILE DÉCLARÉ AU JUGE D'INSTRUCTION OU AU GREFFE EN CAS D'APPEL • C. pr. pén., art. 179-1 et 503-1	Mêmes diligences qu'en cas de citation à personne, domicile ou étude du commissaire de justice. Sur la notification des effets de l'adresse déclarée dans l'ORTC, v. n° **15.37C**	Quelle qu'en soit les modalités de délivrance (personne, domicile, étude du commissaire de justice), la citation délivrée à l'adresse déclarée lors de la mise en examen (C. pr. pén., art. 116) ou lors de la mise en liberté (C. pr. pén., art. 148-3) est « *réputée faite à la personne* » (C. pr. pén., art. 179-1). Il en est de même pour la citation faite à l'adresse déclarée lors d'une déclaration d'appel (C. pr. pén., art. 503-1, sur ce point, v. n° **19.6C**).

		La nature du jugement ou de l'arrêt dépend donc des modalités de comparution du prévenu (v. ci-dessus citation à personne)
CITATION A PARQUET • C. pr. pén., art. 559 al. 1 (prévenu sans domicile connu) V. également le PV du parquet constatant l'absence de domicile connu, qui vaut citation à parquet (C. pr. pén., art. 559 al. 3, v. n° **15.9B**	Prévenu sans domicile ou résidence connus a) commissaire de justice compétent sur le ressort du tribunal saisi : établissement d'un PV de perquisition et remise d'une copie de l'exploit au parquet	• Absent : défaut (situation la plus probable puisque le prévenu, par hypothèse, n'a pas eu connaissance de la citation à parquet) • Présent : jugement contradictoire • Représenté (C. pr. pén., art. 411) : jugement contradictoire (v. n° **17.10**) • Défendu sans mandat écrit (C. pr. pén., art. 412) : jugement contradictoire à signifier (v. n° **17.10**)
	b) commissaire de justice incompétent sur le ressort du tribunal saisi : établissement d'un PV de perquisition et transmission au parquet saisi, pour la mise en œuvre d'une citation à parquet	

15.9 La poursuite des personnes sans domicile ou résidence connus

A. Les recherches par le parquet aux fins de délivrance de citation ou de convocation (C. pr. pén., art. 560)

Lorsque le prévenu a été cité à parquet ou n'a pas été touché par la lettre recommandée ou simple expédiée par commissaire de justice [huissier], le parquet peut requérir un OPJ ou un APJ à l'effet de le découvrir (C. pr. pén., art. 560, al. 1). Il peut également, en vue de l'audience, donner l'ordre à la force publique de rechercher l'intéressé (C. pr. pén., art. 560, al. 3), qui pourra ainsi faire l'objet d'une diffusion au FPR. Si le tribunal n'est pas valablement saisi lors de l'audience l'ordre de recherche pourra être maintenu par le parquet.

En cas de découverte, l'OPJ ou APJ donnera connaissance de l'exploit au prévenu (qui vaudra alors citation à personne) ou lui notifiera sur instruction du parquet une convocation par procès-verbal dans les formes de l'article 390-1 du C. pr. pén. (v. n^os^ **15.5** et **15.6**).

Nonobstant le secret professionnel, toute administration, entreprise, établissement ou organisme de toute nature soumis au contrôle de l'autorité administrative doit à sa requête communiquer au parquet tous renseignements permettant de localiser le prévenu (C. pr. pén., art. 560, al. 4).

Ces dispositions n'ont pas lieu d'être mises en œuvre lorsque, à la suite d'une ordonnance de renvoi du juge d'instruction (C. pr. pén., art. 179-1), le prévenu est cité devant le tribunal, car la citation délivrée à l'adresse déclarée lors de la mise en examen (C. pr. pén., art. 116) ou lors de la mise en liberté (C. pr. pén., art. 148-3) est « *réputée faite à la personne* » (sur la notification des effets de l'ordonnance déclarée dans l'ORTC, v. n° **15.37C**).

B. Le procès-verbal du parquet constatant l'absence de domicile connu vaut citation à parquet (C. pr. pén., art. 559 al. 3, L. n° 2019-222, 23 mars 2019)

Depuis L. n° 2019-222, 23 mars 2019, « *lorsque le procureur de la République constate par procès-verbal qu'une personne qu'il veut citer à comparaître est sans domicile ou résidence connus ou, s'agissant d'une personne morale, que son siège est inconnu, ce procès-verbal [...] vaut citation à parquet. Il permet de juger la personne par défaut* » (C. pr. pén., art. 559).

Le procureur peut ainsi « *dans un seul et unique procès-verbal, constater que le domicile ou la résidence de la personne n'est pas connu, mentionner les indications exigées* [par la combinaison de C. pr. pén., art. 551 et 559], *à savoir le fait poursuivi, le texte de loi qui le réprime, le tribunal saisi, le lieu, l'heure et la date de l'audience, ainsi que la qualité de prévenu, de civilement responsable, ou de témoin de la personne citée. Ce procès-verbal sera versé au dossier et il saisira valablement le tribunal, qui pourra se prononcer par défaut* » (Circ. Crim. 2019-7/H3, 5 avr. 2019, nº 1.5).

« *Ces dispositions ont dès lors vocation à s'appliquer dans le cas où, à l'issue de l'enquête, les investigations ont permis d'identifier l'auteur des faits, mais sans que son domicile ou sa résidence ne puisse être découvert* ». « *Bien évidemment, si le procureur de la République estime toutefois que les recherches que l'huissier [commissaire de justice] pourrait réaliser sont susceptibles de lui permettre de découvrir l'adresse de la personne, il pourra continuer de procéder comme par le passé, en adressant un mandement de citation à l'huissier* » (Circ. Crim. 2019-7/H3, 5 avr. 2019, nº 1.5).

Par hypothèse, ces dispositions n'ont pas à être mises en œuvre pour « *l'adresse déclarée* » lors d'une procédure d'instruction (v. **A** ci-dessus) car la citation est alors réputée faite à la personne.

Si le procès-verbal établi par le parquet sur le fondement de C. pr. pén., art. 559 ne figure pas dans la liste des actes interruptifs de prescription énumérés par C. pr. pén., art. 9-2 (v. nº **17.23A**), il vaut néanmoins citation et interrompt donc la prescription au sens de C. pr. pén., art. 9-2 et 388 combinés (sur les actes interruptifs de la prescription, v. nº **17.23A**).

15.10 Les poursuites pénales contre les personnes morales

A. Les spécificités et les vérifications préalables

1. Toute incrimination pénale peut être imputée à une personne morale [en vigueur depuis le 1er janvier 2006]

Jusqu'à l'entrée en vigueur de la loi nº 2004-204 du 9 mars 2004, le sujet de droit commun de la responsabilité pénale était la personne physique. Lorsqu'un texte incriminait « *toute personne* », on entendait par là toute personne physique (Crim. 18 avr. 2000, nº 99-85.183, P nº 153). Une personne morale ne pouvait en effet être poursuivie que si la loi ou le règlement instituant l'infraction prévoyait expressément qu'elle pouvait en être déclarée responsable pénalement (C. pén., art. 121-2).

Ce principe de spécialité a été abrogé par les articles 54 et 207-IV de la loi nº 2004-204 du 9 mars 2004, dont les dispositions ont pris effet au 31 déc. 2005.

Désormais, toutes les infractions sont imputables aux personnes morales, selon les précisions apportées au nº **10.10** s'agissant de la matérialité de l'infraction. En l'absence de dispositions spéciales relatives aux peines principales ou complémentaires par elles encourues, elles sont au moins passibles du quintuple de la peine d'amende prévue pour les personnes physiques (C. pén., art. 131-38 et 131-41).

2. Les poursuites contre les personnes morales de droit public

La responsabilité pénale de l'État ne peut être engagée (C. pén., art. 121-2). « *les collectivités territoriales et leurs groupements ne sont responsables pénalement que des infractions commises dans l'exercice d'activités susceptibles de faire l'objet de conventions de délégation de service public* » (C. pén., art. 121-2) (services publics industriels et commerciaux, ex. : distribution de l'eau, transports).

À titre d'exemple, ne sont pas susceptibles de délégation de service public les activités de fixation de taxe et d'attribution de marché public, dans l'exercice desquelles des infractions de concussion et de favoritisme sont reprochées à un syndicat intercommunal à vocations multiples (SIVOM), qui ne peut donc en être pénalement responsable (Crim. 19 déc. 2018, n° 18-81.328, P n° 217).

3. L'identification et l'existence de la personne morale

Il est nécessaire d'identifier la personne morale et ses représentants légaux par la production d'un extrait *Kbis* lorsqu'elle est soumise à immatriculation au registre du commerce et des sociétés (RCS), de son numéro Sirene (Système informatique pour le répertoire des entreprises et des établissements), de ses statuts lorsqu'elle n'est pas soumise à immatriculation au RCS (ex. : associations). Le casier judiciaire ne sera en mesure de répertorier la condamnation qu'après contrôle de l'identité de la personne morale au répertoire national des entreprises et des établissements (Sirene) (C. pr. pén., art. 768-1).

4. L'incidence de la dissolution, de l'absorption ou de la liquidation de la personne morale

La société prend fin par la dissolution décidée par les associés ou prononcée par le tribunal ou par la liquidation judiciaire (C. civ., art. 1844-7). La dissolution entraîne la liquidation et la personnalité morale subsiste pour les besoins de la liquidation jusqu'à la publication de la clôture de celle-ci (C. civ., art. 1844-8). Sous réserve de la jurisprudence encore non fixée, des poursuites paraissent donc pouvoir être engagées contre la personne morale jusqu'à la publication de la clôture des opérations de liquidation, date à laquelle l'action publique pourrait être considérée comme éteinte en application de l'article 6 du code de procédure pénale. Soulignons toutefois qu'une décision non publiée se borne à constater la disparition de la personnalité juridique et l'extinction consécutive de l'action publique du seul fait d'une dissolution, sans s'interroger sur la clôture des opérations de liquidation (Crim. 22 mars 2023, n° 21-87.028, §§ 11 et 12, D)

L'article 133-1 du code pénal précise d'ailleurs que la dissolution de la personne morale, sauf si cette dissolution constitue la sanction elle-même, « *empêche ou arrête l'exécution de la peine* », que toutefois l'amende et les frais de justice peuvent être recouvrés et la confiscation exécutée « *jusqu'à la clôture des opérations de liquidation* ». Il apparaît donc que la dissolution ou la liquidation, si elles peuvent affecter les modalités d'exécution de la peine, ne constituent pas un obstacle aux poursuites et au prononcé de la peine tant que la clôture des opérations de liquidation n'est pas intervenue. Dans ce sens, il est jugé qu'« *aucune disposition n'interdit de prononcer une peine d'amende à l'encontre d'une personne morale placée en liquidation judiciaire, tant qu'elle n'est pas dissoute* » (Crim. 7 mai 2018, n° 17-82.887, NP).

Lorsque l'action publique est exercée à l'encontre de la personne morale en liquidation judiciaire, il doit lui être désigné un mandataire de justice pour la représenter. En effet, le mandataire liquidateur ne représente le débiteur que pour les actions à caractère patrimonial (Crim. 10 févr. 2010, n° 08-87.357, P n° 22).

« *Nul n'est responsable pénalement que de son propre fait* » (C. pén., art. 121-1) : sous l'angle pénal, il a tout d'abord été jugé qu'une société absorbante ne continuait donc pas la personnalité juridique d'une société absorbée, car l'absorption a « *fait perdre son existence juridique à la société absorbée* » – une société absorbante ne pouvait donc être condamnée pour une infraction commise par une société absorbée (Crim. 20 juin 2000, n° 99-86.742, P n° 237 – Crim. 14 oct. 2003, n° 02-86.376, P n° 189 – Crim. 25 oct. 2016, n° 16-80.366, P n° 275 ; et en dernier lieu : Crim. 7 janv. 2020, n° 18-86.293, P). Il était et il reste toutefois admis que la société absorbante, dès lors qu'il a été préalablement statué sur l'action publique, vient aux droits de la société absorbée pour répondre, dans l'instance pénale, des intérêts civils (Crim. 28 févr. 2017, n° 15-81.469, P n° 55).

La chambre commerciale juge que « *les dispositions de l'article L. 442-6 du code de commerce, qui visent tout producteur, commerçant, industriel ou personne immatriculée au répertoire des métiers, auteur des pratiques restrictives énoncées par ce texte, s'appliquent à toute entreprise, indépendamment du statut juridique de celle-ci, et sans considération de la personne qui l'exploite ; que le principe de la personnalité des peines (...) ne fait pas obstacle au prononcé d'une amende civile à l'encontre de la personne morale à laquelle l'entreprise a été juridiquement transmise* » (Com., 21 janv. 2014, n° 12-29.166, P n° 11). La CEDH, dans cette affaire dans laquelle une société absorbante avait été condamnée sur le fondement de C. com., art. L. 442-6 à des pénalités civiles pour des faits d'atteinte à la concurrence commis par la société absorbée , juge « *que cette approche fondée sur la continuité économique de l'entreprise, qui vise à prendre en compte la spécificité de la situation générée par la fusion-absorption d'une société par une autre, ne contrevient pas au principe de la personnalité des peines tel qu'il se trouve garanti par la Convention* » (CEDH, 24 oct. 2019, n° 37858/14, *Carrefour France c/ France*).

Pour sa part, la CJUE, saisie d'une question préjudicielle par un tribunal portugais, considère qu'au regard des directives concernant les fusions de sociétés anonymes (Dir. 78/855/CEE, 9 oct. 1978, devenue 2011/35/UE, 5 avr. 2011 puis 2017/1132/UE, 14 juin 2017), une « *"fusion par absorption"…/… entraîne la transmission, à la société absorbante, de l'obligation de payer une amende infligée par décision définitive après cette fusion pour des infractions au droit du travail commises par la société absorbée avant ladite fusion* » (§ 36) (CJUE, 5 mars 2015, *Modelo Continente Hipermercados SA c/ Autoridade para as Condições de Trabalho – Centro Local do Lis (ACT)*, aff. C-343/13).

Tirant les conséquences de la directive précitée et de cette jurisprudence, considérant que sa propre « *approche anthropomorphique de l'opération de fusion-absorption doit être remise en cause car, d'une part, elle ne tient pas compte de la spécificité de la personne morale, qui peut changer de forme sans pour autant être liquidée, d'autre part, elle est sans rapport avec la réalité économique* » (§ 21), la Ch. crim. juge désormais que « *selon C. com., art. L. 236-3, la fusion-absorption, si elle emporte la dissolution de la société absorbée, n'entraîne pas sa liquidation. De même, le patrimoine de la société absorbée est universellement transmis à la société absorbante et les actionnaires de la première deviennent actionnaires de la seconde* » (§ 22), que « *l'activité économique exercée dans le cadre de la société absorbée, qui constitue la réalisation de son objet social, se poursuit dans le cadre de la société qui a bénéficié de cette opération* » (§ 23) et en déduit, « *qu'en cas de fusion-absorption d'une société par une autre société entrant dans le champ de la directive précitée, la société absorbante peut être condamnée pénalement à une peine d'amende ou de confiscation pour des faits constitutifs d'une infraction commise par la société absorbée avant l'opération* » (§ 35), elle précise toutefois que cette jurisprudence nouvelle ne s'applique « *qu'aux opérations de fusion absorption conclues postérieurement au prononcé* » de sa décision (§ 39), sauf cas de « *fraude à la loi* », « *lorsque l'opération de fusion-absorption a eu pour objectif de faire échapper la société absorbée à sa responsabilité pénale* » (§ 41) (Crim. 25 nov. 2020, n° 18-86.955, P). Consolidant cette jurisprudence, une CHINS saisie d'un appel contre une ordonnance de non-lieu intervenue en mai 2020 est ainsi censurée pour n'avoir pas recherché, comme le lui demandait la partie civile, si une fusion-absorption réalisée en décembre 2005 ne procédait pas d'une fraude à la loi (Crim. 13 avr. 2022, n° 21-80.653, P). En revanche, il est vainement reproché à la CHINS de n'avoir pas recherché l'existence d'une fraude dès lors que « *l'existence d'une fraude n'était pas alléguée devant elle* » (§ 11) (Crim. 29 sept. 2021, n° 21-84.185, D).

Soulignons que C. com., art. L. 236-3 visé dans cette décision par la Ch. crim. régit le droit commun de la fusion des sociétés en droit français, quelle que soit leur forme (SA, SAS, SCA, SARL, SNC). Les sociétés civiles peuvent également faire l'objet d'une fusion, en application de C. civ., art. 1844-4.

Notons enfin qu'« *appliqué en dehors du droit pénal, le principe selon lequel nul n'est punissable que de son propre fait peut faire l'objet d'adaptations, dès lors que celles-ci sont justifiées par la nature de la sanction et par l'objet qu'elle poursuit et qu'elles sont proportionnées à cet objet* » (§ 6), les dispositions qui permettent, en matière de pratiques restrictives de concurrence (C. com., art. L. 442-6 II), que l'amende civile puisse être supportée « *par une personne bénéficiaire de la transmission du patrimoine d'une société dissoute sans liquidation* » (§ 9) « *ne méconnaissent pas, compte tenu de la mutabilité des formes juridiques sous lesquelles s'exercent les activités économiques concernées, le principe selon lequel nul n'est punissable que de son propre fait* » (§ 10) (Cons. const. 18 mai 2016, n° 2016-542 QPC).

5. La compétence

L'action est engagée devant la juridiction du lieu de l'infraction ou du siège social sans préjudice des règles de compétence applicables lorsqu'une personne physique est également poursuivie (lieu de l'infraction, domicile ou lieu d'arrestation) (C. pr. pén., art. 706-42).

6. L'énoncé de l'infraction

Les textes de loi permettant d'imputer l'infraction à la personne morale, souvent distincts de ceux concernant les personnes physiques, doivent être spécialement visés dans l'acte de poursuite.

7. L'avis aux institutions représentatives du personnel

Le parquet, par lettre recommandée adressée au moins dix jours avant l'audience, doit aviser de la date et de l'objet de l'audience les représentants du personnel, ou, s'ils existent, le secrétariat du comité d'entreprise ou du comité central d'entreprise, ou, en leur absence, les délégués du personnel titulaires (C. pén., art. R. 131-53).

L'enquête doit donc s'attacher à identifier les organes représentatifs du personnel existants.

B. La poursuite de la personne morale par citation directe

1. La personne visée par l'exploit

La personne morale est poursuivie « *en la personne de son représentant légal à l'époque des poursuites* » ou de « *toute personne bénéficiant, conformément à la loi ou à ses statuts, d'une délégation de pouvoir à cet effet* » (C. pr. pén., art. 706-43, al. 1 et 2). Mais l'article 550, alinéa 3 du code de procédure pénale, au titre de l'identification de la personne poursuivie, n'exige pas d'autres mentions sur l'exploit de signification que celles de la dénomination et du siège de la personne morale (C. pr. pén., art. 550).

La personne munie d'une délégation de pouvoir pour représenter la personne morale ou le nouveau représentant légal en cas de changement en cours de procédure doit faire connaître par LRAR son identité à la juridiction saisie (C. pr. pén., art. 706-43).

En l'absence de personne habilitée à représenter la personne morale, le président du tribunal judiciaire [avant le 1er janv. 2020 : tribunal de grande instance] désigne, sur requête du parquet ou de la partie civile, un mandataire de justice pour la représenter (C. pén., art. 706-43).

2. La signification à personne

Le commissaire de justice (NB. À compter du 1er juillet 2022, la profession d'huissier est fondue au sein de celle de commissaire de justice, Ord. n° 2016-728, 2 juin 2016 relative au statut des commissaires de justice) doit faire toutes diligences pour parvenir à la délivrance de l'exploit au représentant légal, à un fondé de pouvoir ou à toute autre personne habilitée à cet effet. Il lui en remet copie (C. pr. pén., art. 555, al. 1). Il doit en outre et sans délai informer la personne morale par lettre simple de la signification effectuée, du nom du requérant ainsi que de l'identité de la personne à laquelle la copie de l'acte a été remise (C. pr. pén., art. 555, al. 2).

3. La signification à domicile

Le domicile de la personne morale s'entend du lieu de son siège social (C. pr. pén., art. 557, al. 3). Il se déduit des articles 555, 557 et 561 du code de procédure pénale que si la copie a été remise au siège à une personne autre que le représentant légal, à un fondé de pouvoir ou toute autre personne habilitée à cet effet, le commissaire de justice [huissier] doit en informer sans délai la personne morale par LRAR ou par lettre simple accompagnée d'un récépissé. La copie est remise sous enveloppe fermée ne comportant d'autres indications que la dénomination et l'adresse de la personne morale et au dos le cachet de l'étude (C. pr. pén., art. 561).

4. La signification à étude de commissaire de justice

Lorsque les diligences du commissaire de justice lui ont permis de s'assurer du domicile de la personne mais qu'il n'a pu lui signifier l'acte, il informe sans délai l'intéressé par LRAR, ou par lettre simple accompagnée d'un récépissé à renvoyer, en lui faisant connaître qu'il doit retirer l'exploit en son étude. La signature de l'accusé de réception ou du récépissé vaut signification à personne (C. pr. pén., art. 558). Ce mode de signification a remplacé l'ancienne signification à mairie (L. n° 2008-644, 1er juill. 2008).

5. La signification à parquet ou le procès-verbal du parquet

La personne morale dont le siège social est inconnu est citée à parquet selon les formes prévues pour les personnes physiques (C. pr. pén., art. 559). Les dispositions de C. pr. pén, art. 559 issues de L. n° 2019-222, 23 mars 2019 prévoyant que le tribunal est saisi par un procès-verbal du parquet constatant l'absence de domicile connu de la personne sont applicables aux personnes morales dont le siège est inconnu (v. n° **15.9B**).

6. La signification à l'étranger

La personne morale ayant son siège à l'étranger est, comme les personnes physiques, citée à parquet avec transmission de l'exploit au ministre des Affaires étrangères ou à toute autorité déterminée par convention internationale (C. pr. pén., art. 562).

C. La poursuite de la personne morale par COPJ

Les dispositions du code de procédure pénale relatives à la poursuite des infractions sont applicables aux personnes morales, sauf dispositions contraires, inexistantes s'agissant de la poursuite par COPJ (C. pr. pén., art. 706-41). L'article 390-1 du code de procédure pénale (v. nos **15.5** et **15.6**), qui n'est pas explicitement réservé aux prévenus personnes physiques, trouve donc à s'appliquer aux personnes morales, qui sont convoquées, conformément à l'article 706-43 du code de procédure pénale « *en la personne de [leur] représentant légal à l'époque des poursuites* » ou de « *toute personne bénéficiant, conformément à la loi ou à ses statuts, d'une délégation de pouvoir à cet effet* » ou du mandataire de justice désigné par le président du tribunal.

D. La poursuite de la personne morale de droit étranger

Selon L. 123-1 I 3°, C. com., sont immatriculées au RCS, sur leur déclaration, « *les sociétés commerciales dont le siège est situé hors d'un département français et qui ont un établissement dans l'un de ces départements* ».

Les sociétés ayant leur siège hors UE déclarent les renseignements prévus pour les sociétés françaises (C. com., art. R. 123-58 renvoyant à R. 123-53 à R. 123-56), et désignent donc notamment le dirigeant susceptible d'engager la société vis-à-vis des tiers (R. 123-54).

Les sociétés ayant leur siège au sein de l'UE désignent quant à elles « *le cas échéant leur représentant permanent* » (R. 123-57 renvoyant à R. 123-54).

Selon la Ch. crim., les poursuites pénales contre une personne morale de droit étranger sont valablement exercées dès lors que le représentant légal de l'établissement immatriculé en France, au sens de l'article R. 123-54 du code de commerce, a été cité conformément à l'article 706-43, al. 1 et 2 du code de procédure pénale : « *pour écarter le moyen de nullité pris de ce que M. X... ne serait pas le représentant de la société au sens de l'article 706-43 du code de procédure pénale, les juges retiennent, notamment, que le registre du commerce mentionne qu'il est le dirigeant de cette personne morale étrangère et qu'il a confirmé, lors de ses auditions en garde à vue, en être le représentant en France* », l'arrêt n'encourt pas la censure « *dès lors que la mention figurant au registre du commerce a été donnée, en application de l'article R. 123-54 du code de commerce, par la société* » (Crim. 24 sept. 2014, n° 14-82.684, P n° 813).

Cette décision précise donc, qu'il s'agisse d'une société immatriculée au sein de l'UE ou hors UE, que le dirigeant social représentant la société en application des dispositions imposant l'immatriculation au RCS des sociétés étrangères ayant un établissement en France, est également « *le représentant légal de la personne poursuivie* », au sens de l'article 706-43, al. 1 et 2 du code de procédure pénale.

E. Les poursuites conjointes de la personne morale et de son représentant légal

« *La responsabilité pénale des personnes morales n'exclut pas celle des personnes physiques auteurs ou complices des mêmes faits* » (C. pén., art. 121-2), sous réserve des causes d'exclusion de la responsabilité des personnes physiques pour les infractions non intentionnelles ayant causé un dommage énoncées au n° 10.10. Lorsque des poursuites pour les mêmes faits ou des faits connexes sont engagées à la fois contre la personne morale et son représentant légal, celui-ci **peut** saisir par requête le président du tribunal judiciaire [avant le 1er janv. 2020 : tribunal de grande instance] aux fins de désignation d'un mandataire de justice pour représenter la personne morale (C. pén., art. 706-43). « *Il peut en résulter, en cas de conflit d'intérêts entre la personne morale et le représentant légal, que ce dernier, afin de faire prévaloir ses propres intérêts, s'abstienne de demander la désignation d'un tel mandataire, ce qui pourrait être de nature à léser ceux de la personne morale* » (§ 5) ; mais cette disposition ne méconnaît pas les droits de la défense (§ 7) car, d'une part, « *les organes d'une personne morale demeurent compétents, dans les conditions prévues par la loi ou les statuts, pour imposer à son représentant légal de solliciter la désignation d'un mandataire de justice, lui retirer son mandat de représentation en justice ou désigner un autre représentant légal* » (§ 6), d'autre part, elles « *permettent une représentation de la personne morale par toute personne bénéficiant, conformément à la loi ou à ses statuts, d'une délégation de pouvoir à cet effet. Cette délégation de pouvoir peut être octroyée à tout moment par les organes de la personne morale* » (§ 7) (Cons. const. 19 nov. 2020, n° 2020-865 QPC).

Le mandataire judiciaire de la personne morale en liquidation judiciaire ne représente le débiteur que pour les actions à caractère patrimonial. Un mandataire de justice doit donc être spécialement désigné pour représenter la personne morale en liquidation lorsque l'action publique est exercée contre elle (Crim. 10 févr. 2010, n° 08-87.357, P n° 22).

Soulignons qu'en matière de sociétés commerciales, la responsabilité pénale de la personne physique ne s'efface pas devant celle de la personne morale dirigeante. En effet : « *Lorsqu'une personne morale est nommée président ou dirigeant d'une société par actions simplifiée, les dirigeants de ladite personne morale sont soumis aux mêmes conditions et obligations et encourent les mêmes responsabilités civile et pénale que s'ils étaient président ou dirigeant en leur nom propre, sans préjudice de la responsabilité solidaire de la personne morale qu'ils dirigent* » (C. com., art. L. 227-7) (pour une application, v. Crim. 7 mai 2018, n° 17-83.733, P). Une construction comparable s'applique aux sociétés en nom collectif (C. com., art. L. 221-3), aux personnes morales administrateurs des sociétés anonymes (C. com., art. L. 225-20) ou membres du conseil de surveillance (C. com., art. L. 225-76), ainsi qu'aux GIE (C. com., art. L. 251-11 et L. 252-6).

15.11 Les poursuites contre les majeurs protégés

Ces dispositions complètent celles instituées en faveur du majeur protégé suspect entendu librement (C. pr. pén., art. 706-112-2, v. n° 11.73A) ou en garde à vue (C. pr. pén., art. 706-112-1, v. n° 12.17E) ou au domicile duquel une perquisition est effectuée (C. pr. pén., art. 706-112-3 issu L. n° 2021-1729, 22 déc. 2021, v. n° 11.57B7).

A. L'avis au curateur, tuteur ou juge des tutelles en cas de poursuites

En application de C. pr. pén., art. 706-113, al. 1 (alinéa abrogé à compter du 1er oct. 2021 par Cons. const. 15 janv. 2021, n° 2020-873 QPC (v. cette décision au n° 11.57B7), puis rétabli par L. n° 2021-1729, 22 déc. 2021), lorsque les éléments recueillis au cours de la procédure font apparaître que la personne fait l'objet d'une mesure de protection juridique (C. pr. pén., art. D. 47-14 devenu D. 47-14-1), le procureur de la République ou le juge d'instruction avise, au cours de son éventuelle audition ou par lettre recommandée ou, en cas d'urgence, par tout moyen, le curateur ou le tuteur (C. pr. pén., art. D. 47-15), ainsi que le juge des tutelles, des poursuites dont la personne fait l'objet. Il en est de même en cas d'alternative aux poursuites consistant en la réparation du dommage, de médiation, de composition pénale ou de CRPC.

Le curateur ou le tuteur sont avisés de la date d'audience (C. pr. pén., art. 706-113). Le tuteur ou le curateur sont avisés au moins dix jours avant la date de l'audience (C. pr. pén., art. D. 47-20).

Si les éléments de la procédure font **apparaître un doute** sur l'existence d'une mesure de protection juridique, le procureur de la République, le juge d'instruction ou la juridiction de jugement procède ou fait procéder aux vérifications nécessaires (C. pr. pén., art. D. 47-14 devenu D. 47-14-1).

Le procureur de la République ou le juge d'instruction avise le juge des tutelles des poursuites s'il est établi que la personne bénéficie d'une mesure de sauvegarde de justice. Le juge des tutelles peut alors désigner un mandataire spécial qui dispose des mêmes prérogatives que celles confiées au curateur ou au tuteur. Ces prérogatives sont également reconnues au mandataire de protection future (C. pr. pén., art. 706-117).

Ces obligations s'imposent dans l'intérêt exclusif de la personne protégée et l'annulation de la décision rendue sans avis préalable du tuteur ou curateur est encourue « *alors même qu'il n'est pas établi que les juges aient eu connaissance de la mesure de protection juridique dont bénéficiait le prévenu* » (Crim. 10 janv. 2017, n° 15-84.469, P n° 10).

S'il existe des raisons plausibles de présumer que le curateur ou le tuteur est coauteur ou complice de l'infraction, et faute de subrogé curateur ou de subrogé tuteur, le procureur de la République ou le juge d'instruction demande au juge des tutelles la désignation d'un tuteur ou curateur *ad hoc*. Il en est de même si le tuteur ou le curateur est victime de l'infraction. À défaut, le président du tribunal judiciaire [avant le 1er janv. 2020 : tribunal de grande instance] désigne un représentant *ad hoc* pour assister la personne au cours de la procédure pénale (C. pr. pén., art. 706-114).

B. Les droits particuliers du majeur protégé poursuivi, du tuteur ou du curateur

1. L'expertise médicale obligatoire (C. pr. pén., art. 706-115)

La personne poursuivie doit être soumise avant tout jugement au fond, au besoin dès le stade de l'enquête par le procureur de la République, à une **expertise médicale afin d'évaluer sa responsabilité pénale** au moment des faits et en particulier déterminer s'il était atteint ou non au moment des faits d'un trouble psychique ou neuropsychique ayant aboli ou altéré son discernement, ou ayant aboli ou entravé le contrôle de ses actes, afin de permettre à la juridiction d'appliquer les dispositions de C. pén., art. 122-1 (v. nos **14.28** et **14.29**) (C. pr. pén., art. 706-115, D. 47-21). L'expertise est néanmoins facultative en cas de procédure alternative aux poursuites consistant en la réparation du dommage ou en cas de médiation pénale et de composition pénale (D. n° 2023-89, 13 févr. 2023) (C. pr. pén., art. D. 47-22). Le D. n° 2023-89, 13 févr. 2023, a retiré l'ordonnance pénale et la CRPC de la liste des modes de réponse pénale pour laquelle l'expertise est facultative.

Mentionnons que C. pr. pén., art. 77-1, mod. par L. n° 2020-1672, 24 déc. 2020, permet au procureur de la République d'autoriser par voie d'instructions générales les OPJ et APJ à requérir, dans le cadre de l'enquête préliminaire, toute personne qualifiée pour procéder à l'expertise médicale imposée par C. pr. pén., art. 706-115 (sur le principe de l'autorisation préalable du procureur de la République pour la réquisition à personne qualifiée dans le cadre de l'enquête préliminaire, C. pr. pén., art. 77-1, v. n° **11.49B**).

« *Le défaut d'expertise porte une atteinte substantielle aux droits de la personne poursuivie bénéficiant d'une mesure de protection juridique à l'époque des faits, en ce qu'il ne lui permet pas d'être jugée conformément à son degré de responsabilité pénale* » (§ 8) (Crim. 16 déc. 2020, n° 19-83.619, P).

2. L'assistance obligatoire par un avocat (C. pr. pén., art. 706-116)

La personne poursuivie doit être assistée par un avocat. À défaut de choix d'un avocat par la personne poursuivie ou son curateur ou son tuteur, le procureur de la République ou le juge d'instruction fait désigner par le bâtonnier un avocat, l'intéressé étant informé que les frais seront à sa charge sauf s'il remplit les conditions d'accès à l'aide juridictionnelle (C. pr. pén., art. 706-116).

3. Les droits à l'information du tuteur ou curateur (C. pr. pén., art. 706-113)

Le curateur ou le tuteur peut prendre connaissance des pièces de la procédure, dans les mêmes conditions que celles prévues pour la personne poursuivie. Il a droit, à sa demande, à la copie, envoyée gratuitement, de la procédure (C. pr. pén., art. 706-113 et D. 47-16). Il bénéficie de plein droit d'un permis de visite si la personne est détenue (C. pr. pén., art. 706-113), sauf refus du magistrat saisi s'il est victime, auteur ou complice (C. pr. pén., art. D. 47-19).

Lorsqu'il est présent à l'audience, le curateur ou le tuteur est entendu par la juridiction en qualité de témoin (C. pr. pén., art. 706-113, sur la déposition du témoin, v. n° **17.29**).

Le procureur de la République ou le juge d'instruction avise, par lettre recommandée (C. pr. pén., art. D. 47-18), le curateur ou le tuteur des décisions de non-lieu, de relaxe, d'acquittement, d'irresponsabilité pénale pour cause de trouble mental, ou de condamnation dont la personne fait l'objet (C. pr. pén., art. 706-113).

15.12 Le déferement de la personne devant l'autorité judiciaire à l'issue de sa garde à vue (C. pr. pén., art. 63-8, 77, 393 et 803-2)

A. La nature et les finalités du déferement

Le Cons. const. estime que « *le déferement.../...est une mesure de contrainte nécessaire à l'exercice des poursuites et à la comparution des personnes poursuivies devant les juridictions de jugement ...* » et que les garanties qui résultent, d'une part, de la nécessité d'une comparution le jour même devant le procureur de la République, d'autre part, du contrôle que ce représentant de l'autorité judiciaire exerce sur la période du déferement, sont appropriées (Cons. const. 6 mai 2011, n° 2011-125 QPC, § 7 et 8).

Cette mesure de contrainte résulte de la décision par laquelle le procureur de la République ordonne aux services d'enquête de lui présenter la personne **à l'issue de la garde à vue**, qu'il s'agisse d'une enquête préliminaire ou de flagrance, d'un majeur ou d'un mineur (C. pr. pén., art. 63-8, 77 et 803-2). Le déferement devant lui d'une personne gardée à vue dans le cadre d'une commission rogatoire peut aussi être décidé par le juge d'instruction saisi (C. pr. pén., art. 803-2).

C. pr. pén., art. 393 précise également que le déferement peut intervenir en matière correctionnelle si le procureur envisage de recourir à la procédure de convocation par procès-verbal ou à la comparution immédiate. Si cette disposition ne réserve pas expressément, dans ce cas de figure, le déferement au seul suspect en garde-à-vue, la lecture combinée des articles précités (C. pr. pén., art. 63-8, 77 et 803-2) paraît lier par hypothèse la mesure de déferement à l'existence d'une mesure de garde-à-vue préalable et semble donc proscrire le déferement d'un suspect entendu librement (sur le régime de l'audition libre du suspect, v. n° **11.73**), *a fortiori* pour une infraction qui n'est pas passible de l'emprisonnement, pour laquelle il ne peut être recouru à la garde-à-vue (sur les conditions de fond de la garde-à-vue, v. n° **12.1A1**).

Cette présentation sous contrainte de la personne ne préjuge en effet pas de l'orientation susceptible d'être donnée par le parquet après l'examen de la procédure.

Dans un tel cadre, l'orientation par le parquet peut en effet consister en :

– une ouverture d'information, pour un majeur ou un mineur (C. pr. pén., art. 80 et 803-2, v. nº **15.29** s.), suivies le cas échéant de réquisitions de contrôle judiciaire, d'ARSE ou de détention provisoire ;

– une comparution immédiate (C. pr. pén., art. 395 v. nº **15.15**) ou une comparution différée (C. pr. pén., art. 397-1-1, v. nº **15.16**).

– pour les mineurs, selon les dispositions désormais abrogées de l'Ord. nº 45-174, 2 févr. 1945, une saisine du juge des enfants par requête (v. nº **15.24**) ou une procédure de présentation immédiate (v. nº **15.28**), voies remplacées dans le CJPM par celle de la convocation par procès-verbal devant la juridiction pour mineur (CJPM, art. L. 423-6 et L. 423-7) selon les précisions apportées au nº **15.19**, accompagnées le cas échéant de réquisitions de mesure éducative judiciaire provisoire, de contrôle judiciaire, d'ARSE ou de placement en détention (v. nº **15.20**) ;

– une convocation par procès-verbal notifiée par le procureur (C. pr. pén., art. 394 v. nº **15.14**), accompagnée le cas échéant de réquisitions de placement sous contrôle judiciaire ;

– une convocation devant le tribunal correctionnel donnée, dans les locaux de la juridiction, par un greffier ou par un délégué du procureur dans les mêmes formes que la convocation délivrée par un OPJ (C. pr. pén., art. 390-1, v. nº **15.5** s.) ;

– une CRPC (C. pr. pén., art. 495-7, v. nº **15.53** s.) ;

– une mesure alternative aux poursuites : rappel à la loi (devenu « *avertissement pénal probatoire* », L. nº 2021-1729, 22 déc. 2021, C. pr. pén., art. 41-1 1° ; v. nº **15.39B**), classement sous condition (C. pr. pén., art. 41-1 2° à 11° ; v. nº **15.39** et **15.40**), ou composition pénale (C. pr. pén., art. 41-2 ; v. nº **15.44** et **15.45**), ces deux dernières mesures pouvant être mises en œuvre par les délégués du procureur (C. pr. pén., art. D. 15-6-2, issu D. nº 2020-1640, 21 déc. 2020), lesquels peuvent tenir des permanences (C. pr. pén., art. D. 15-3-1, issu D. nº 2020-1640, 21 déc. 2020) ;

En effet « *les articles 40 et suivants du code de procédure pénale confèrent au procureur de la République le pouvoir soit de mettre en œuvre l'action publique et, dans ce cas, de décider du mode de poursuite qui lui paraît le plus adapté à la nature de l'affaire, soit de mettre en œuvre et de choisir une procédure alternative aux poursuites, soit de classer sans suite* » (Cons. const. 18 mai 2011, nº 2011-125 QPC, § 12).

Soulignons toutefois que le contrôle juridictionnel de la garde à vue, notamment lorsque celle-ci est considérée comme injustifiée au regard des garanties de représentation du suspect, est de nature à limiter le recours à la mesure de déferement et, par voie de conséquence, à restreindre les modalités d'orientation de la procédure (sur ce point, v. nº **12.10B3**).

Mentionnons qu'en Polynésie française, Wallis et Funtuna et Nouvelle-Calédonie, lorsque les conditions de transport ne permettent pas de conduire la personne devant le magistrat compétent, l'OPJ peut lui prescrire de se présenter à lui périodiquement et jusqu'à la première liaison aérienne ou maritime. La soustraction à cette obligation est passible d'emprisonnement et d'amende (C. pr. pén., art. 812).

B. La durée du processus de déferement et la retenue dans les locaux de la juridiction pour les besoins de la comparution

1. Le principe de la comparution le jour même (C. pr. pén., art. 803-2)

Selon les cas, toute personne ayant fait l'objet d'un déferement à la demande du procureur de la République doit comparaître le jour même devant lui, le Jap, le juge d'instruction ou la juridiction saisie (C. pr. pén., art. 803-2), c'est-à-dire avant minuit. « *La période comprise entre la fin de la garde à vue et le moment où la personne comparaît devant lui est placée sous son contrôle ; .../... ce magistrat peut décider du moment de sa comparution et de sa remise en liberté* » (Cons. const. 18 mai 2011, nº 2011-125 QPC, § 8).

2. L'EXCEPTION AU PRINCIPE : LA RETENUE JUSQU'À 20 H 00 DANS UN LOCAL SPÉCIALEMENT AMÉNAGÉ DE LA JURIDICTION (PETIT DÉPÔT) (C. PR. PÉN., ART. 803-3)

Par dérogation au principe de la comparution le jour même, dans les juridictions importantes (Paris, Bobigny et Créteil) équipées d'un local spécialement aménagé de « *retenue* » (appelé dans la pratique dépôt, dépôt de police ou « petit dépôt ») surveillé par des fonctionnaires de la police ou de la gendarmerie nationale, la personne peut « *en cas de nécessité* » comparaître au plus tard dans les 20 heures de la levée de la garde à vue, soit devant le procureur si cette dernière n'a pas été prolongée ou a été prolongée par un magistrat du siège, soit devant la juridiction ou le magistrat du siège saisi si la garde à vue a été prolongée par le procureur (C. pr. pén., art. 803-3).

Soulignons toutefois que pour les juridictions ne disposant pas d'un local de retenue, la durée de la garde à vue peut être allongée au-delà des nécessités de l'enquête pour les besoins du déferement. En effet, pour les seuls TJ ne disposant pas de « dépôt » ou « petit dépôt », la garde à vue peut être prolongée afin « *de permettre .../...la présentation de la personne devant l'autorité judiciaire* » (C. pr. pén., art. 63 II, mod. par L. n° 2019-222, 23 mars 2019, v. n° **12.29B**).

3. LE RÉGIME DE LA RETENUE DE 20 H 00

La retenue est entourée de **garanties** comparables à celles instaurées en matière de garde à vue ou de retenue, instaurées par la L. n° 2004-204, 9 mars 2004 et L. n° 2011-392, 14 avr. 2011, lesquelles ont adapté notamment le droit national à la décision CEDH, 27 oct. 2006, n° 73947/01, *Zervudacki c/ France*, qui constatait que la privation de liberté subie entre le moment de la fin de la garde à vue et celui de la présentation devant un juge « *n'avait pas de base légale en droit interne* » (§ 47).

Tout d'abord, « *la protection de la liberté individuelle par l'autorité judiciaire ne serait [...] pas assurée* » si le procureur de la République, sous le contrôle duquel est placé le local où la personne est retenue, « *n'était pas mis en mesure de porter une appréciation immédiate sur l'opportunité de cette rétention ; que, dès lors, ce magistrat doit être informé sans délai de l'arrivée de la personne déférée dans les locaux de la juridiction* » (§ 10) (Cons. const. 17 déc. 2010, n° 2010-80 QPC).

Ensuite, la personne doit avoir la possibilité de s'alimenter, et, à sa demande, de faire prévenir par téléphone l'une des personnes visées à l'article 63-2 (v. n° **12.17**), d'être examinée par un médecin désigné conformément à l'article 63-3 (v. n° **12.18**), de s'entretenir à tout moment avec un avocat désigné par elle ou commis d'office à sa demande selon les modalités prévues à l'article 63-3-1 (v. n° **12.21**), lequel peut demander à consulter le dossier de la procédure.

Il n'est pas prévu de formalité de **notification des droits** qui précèdent, mais la déclaration écrite des droits qui lui aura par hypothèse été remise sur le fondement de C. pr. pén., art. 803-6 (v. n° **12.15B**) lors de son placement en garde à vue est de nature à pourvoir à son information.

L'identité des personnes retenues, les heures d'arrivée, la mention de la mise en œuvre de leurs droits, sont portées sur un **registre spécial** tenu par les fonctionnaires de la police ou de la gendarmerie, sous le contrôle du procureur de la République.

4. LE CONTRÔLE JURIDICTIONNEL DE LA RETENUE DE 20 H 00

Il résulte de C. pr. pén., art. 803-2, 803-3 et 593 que « *la personne qui fait l'objet d'un déferement à l'issue de sa garde à vue ne peut être retenue jusqu'au lendemain dans l'attente de sa comparution devant un magistrat qu'en cas de nécessité ; qu'il incombe à la juridiction, saisie d'une requête en nullité de la rétention, de s'assurer de l'existence des circonstances ayant justifié la mise en œuvre de cette mesure* » (Crim. 13 juin 2018, n° 17-85.940, P n° 111). Ces circonstances tiennent aux **contraintes matérielles**, en effet, « *en réservant la mise en œuvre de cette mesure aux « cas de nécessité », le législateur a entendu répondre, dans l'intérêt d'une bonne administration de la justice, à des* *contraintes matérielles résultant notamment de l'heure à laquelle la garde à vue prend fin ou du nombre des personnes déférées* » (§ 6) (Cons. const. 17 déc. 2010, n° 2010-80 QPC).

« *la privation de liberté instituée par l'article 803-3 du code de procédure pénale, à l'issue d'une mesure de garde à vue prolongée par le procureur de la République, méconnaîtrait la protection constitutionnelle de la liberté individuelle si la personne retenue n'était pas effectivement présentée à un magistrat du siège avant l'expiration du délai de vingt heures prévu par cet article* » (§ 11) (Cons. const. 17 déc. 2010, n° 2010-80 QPC).

Ce délai de 20 H 00 court à compter de l'heure de notification de la levée de la garde à vue et non de l'heure de l'ordre de déferement donné par le procureur (Crim. 26 oct. 2004, n° 04-84.550, P n° 255). Mais C pr. pén., art. 803-3 « *n'interdit pas que l'interrogatoire de première comparution, régulièrement commencé avant l'expiration du délai de vingt heures, se poursuive postérieurement au terme dudit délai, la personne déférée restant alors sous le contrôle effectif du juge d'instruction* » (§ 9) (Crim. 21 févr. 2023, n° 22-83.695, P), est ainsi validé le simple constat d'identité effectué par le juge d'instruction dans le délai de 20h00, suivi d'une interruption d'environ 1h15 avant la reprise de l'interrogatoire de première comparution.

« *ni C. pr. pén., art. 803-3 ni aucune autre disposition ne prévoit que soient versés à la procédure des procès-verbaux relatant les conditions dans lesquelles les personnes sont déférées puis retenues dans les locaux de la juridiction* » (§ 15), « *en revanche, l'article 803-3, alinéa 5, prévoit la tenue d'un registre spécial dans lequel doivent être consignées l'identité de la personne retenue, l'heure de son arrivée dans les locaux et celle de sa conduite devant le magistrat ainsi que l'application des dispositions […] relatives à son droit à s'alimenter, à faire prévenir un proche et son employeur, à bénéficier d'un examen médical et à pouvoir s'entretenir avec un avocat, registre permettant d'effectuer des vérifications lorsqu'est alléguée la violation des garanties prévues* » par cet article (§ 16) (Crim. 9 nov. 2021, n° 21-82.606, P).

15.13 La poursuite des majeurs par convocation par procès-verbal du procureur, comparution immédiate ou différée (C. pr. pén., art. 393 s.)

A. Les caractéristiques des procédures de saisine rapide du tribunal correctionnel : déferement et mesures coercitives provisoires

Les procédures rapides de la convocation par procès-verbal notifié par le procureur de la République ou de comparution immédiate ou différée comportent les particularités suivantes, dont sont dépourvus les autres modes de saisine de la juridiction que sont la convocation par OPJ ou par greffier (v. n° 15.5 s.) et la citation directe (v. n° 15.7 s.) :

- la procédure est nécessairement consécutive à une garde à vue suivie d'un déferement devant le procureur de la République (v. n° 15.12) ;
- la notification des faits reprochés, qui déterminera la saisine de la juridiction, est effectuée par le procureur de la République lors du déferement (v. C1 ci-dessous) ;
- cette phase de notification de l'accusation s'accompagne d'une discussion portant sur l'orientation de la procédure, devant le ministère public, en présence de l'avocat entendu en ses observations et préalablement mis en mesure de prendre connaissance du dossier et de s'entretenir avec le prévenu, (v. C2 ci-dessous) ;
- si le ministère public estime que l'affaire peut et doit être jugée sur-le-champ, le prévenu peut être jugé immédiatement, ou au plus tard dans les 3 jours après avoir été placé en détention provisoire par le JLD (**Comparution immédiate**, v. n° 15.15B). Si le procureur estime qu'il n'y a pas lieu de juger l'affaire sur-le-champ, le prévenu est alors convoqué à une audience ultérieure et peut être placé en attente sous contrôle judiciaire ou sous surveillance électronique par le JLD (**Convocation par procès-verbal**, v. n° 15.14B). Si les charges sont suffisantes mais que les résultats de réquisitions ou d'examen techniques ou médicaux restent attendus, le parquet peut demander au JLD le placement de la personne en détention provisoire, sous contrôle judiciaire ou sous

surveillance électronique, avant sa comparution devant le tribunal (**Comparution différée**, v. nº **15.16**) ;

• parce que ces procédures permettent de recourir à des mesures provisoires de nature coercitives en attente du jugement, elles sont entourées de délais butoirs permettant d'en limiter la durée ;

• la célérité de la saisine de la juridiction entraîne certains aménagements pour l'instruction de l'affaire au stade de jugement :

– les témoins peuvent être cités par tout moyen et notamment verbalement par un OPJ ou un agent de la force publique (sur l'audition des témoins, v. nº **17.29**) ;

– la victime doit être avisée par tout moyen de la date de l'audience (C. pr. pén., art. 393-1) ;

– le tribunal, s'il estime que l'affaire nécessite des investigations supplémentaires approfondies, peut renvoyer le dossier au procureur de la République afin qu'il requière l'ouverture d'une information (v. nº **17.31B2**). Dans cette mesure, la juridiction jouit donc d'un droit de regard sur l'orientation choisie par le ministère public ;

• dans l'hypothèse de la comparution immédiate ou de la comparution différée, la faculté du tribunal de placer ou de maintenir en détention pour l'exécution de la peine est élargie à toute peine d'emprisonnement quel que soit le quantum de la peine prononcée (v. nº **18.11B**).

B. Le domaine de la convocation par procès-verbal et de la comparution immédiate ou différée (C. pr. pén., art. 393)

1. Le principe : les délits passibles d'emprisonnement

Les procédures de convocation par procès-verbal et de comparution immédiate ou différée ne sont applicables qu'en matière correctionnelle (C. pr. pén., art. 393).

Ces procédures sont consécutives à un déferement, mesure de contrainte qui est le prolongement d'une garde à vue (v. nº **15.12**). Par hypothèse, elles ne s'appliquent donc qu'aux délits passibles d'emprisonnement puisqu'un suspect ne peut être placé en garde à vue si l'infraction n'est pas punissable d'emprisonnement (sur les conditions de la garde à vue, v. nº **12.1A**).

Par application du principe de la connexité et de l'indivisibilité (sur ces notions, v. nº **17.23B4**), les contraventions liées par un tel lien à un délit peuvent être poursuivies par une telle voie (C. pr. pén., art. 467).

2. Les exclusions : mineurs, délits de presse, infractions politiques et procédure spéciale de poursuite

Sont exclus de ces procédures les mineurs, les délits de presse, les délits politiques (sur l'infraction politique, v. nº **10.7A**) ou les infractions dont la procédure de poursuite est prévue par une loi spéciale (C. pr. pén., art. 397-6).

Les mineurs relevaient d'une procédure particulière de jugement rapide appelée « *présentation immédiate devant la juridiction pour mineurs* » (Ord. nº 45-174, 2 févr. 1945, art. 14-2, v. nº **15.28**), dont le mécanisme était comparable à celui de la comparution immédiate. Elle comportait une phase de déferement devant le procureur à l'issue de la garde à vue pour la notification de l'infraction et de la date d'audience, une phase consécutive consacrée aux mesures provisoires de placement en détention ou sous contrôle judiciaire, puis une phase de jugement à délai rapproché ⩾ 10 jours et ⩽ 1 mois, ou à la première audience du tribunal pour enfants si le mineur et son avocat y consentent et sauf désaccord des représentants légaux. Depuis l'entrée en vigueur du CJPM, une voie comparable est celle de la saisine directe de la juridiction pour enfants en vue du jugement du mineur en audience unique, exposée aux nºs **15.19** et **15.20**).

S'agissant des **infractions de presse**, il s'agit des infractions contenues dans loi du 29 juillet 1881 sur la liberté de la presse (v. nº **35.13** s.). Par dérogation à cette prohibition, L. nº 2021-1109, 24 août 2021 modifiant C. pr. pén., art. 397-6 autorise désormais la convocation par procès-verbal et la comparution immédiate ou différée pour les infractions de presse prévues par L. 29 juill. 1881, art. **24** (Provocation publique à la commission de crimes ou délits, à la discrimination ou à la haine raciale ou sexiste ou à raison du handicap– Apologie de crime, v. n° **35.26**), ***24 bis*** (Contestation de crime contre l'humanité – Révisionnisme, v. n° **35.28**), et **33** (Injure publique discriminatoire envers les particulier, v. n° **35.16**), « *sauf si ces délits résultent du contenu d'un message placé sous le contrôle d'un directeur de la publication* » en application de L. 29 juill. 1881, art. 6, sur la presse, ou de L. n° 82-652, 29 juill. 1982, art. 93-2, sur la communication audiovisuelle (presse écrite et audiovisuelle) (C. pr. pén., art. 397-6, mod. par L. n° 2021-1109, 24 août 2021).

Les **infractions politiques** sont décrites au n° **10.7A**. Mentionnons que par dérogation à C. pr. pén., art. 397-6, la L. n° 2019-290, 10 avr. 2019, a introduit C. pén., art. **431-8-1** qui permet expressément de recourir aux procédures rapides pour les faits de participation délictueuse à un attroupement incriminées par C. pén., art. 431-4, 431-5 et 431-6, susceptibles de recevoir la qualification d'infraction politique (v. n° **23.12**).

Une infraction prévue par des dispositions spéciales, en l'espèce celles du code du travail, n'est pas assimilable à une infraction dont la procédure de poursuite est prévue par une loi spéciale au sens de C. pr. pén., art. 397-6 (Crim. 26 avr. 1994, n° 93-84.880, P n° 149 ; Crim. 29 nov. 1994, n° 93-84.880, NP).

Les délits douaniers, qui peuvent être poursuivis par toutes voies de droit (C. douanes, art. 342), peuvent donc être poursuivis par cette voie (Crim. 8 avr. 1999, n° 98-84.889, P n° 73), comme le rappelle d'ailleurs C. douanes, art. 363, qui prévoit l'application aux infractions douanières de l'ancienne procédure de flagrant délit, remplacée par celle de la comparution immédiate.

C. La phase commune de comparution préalable devant le procureur de la République (C. pr. pén., art. 393)

1. La notification des faits reprochés

Le procureur de la République fait déférer la personne devant lui en vue de lui notifier l'infraction reprochée puis d'orienter la procédure. À la lettre, le texte (C. pr. pén., art. 393) décompose cette phase en deux étapes : la notification des faits reprochés, hors présence de l'avocat, puis, en présence de l'avocat, l'interrogatoire et la discussion de l'orientation envisagée par le parquet (v. **C2** ci-dessous). Dans la pratique, ces deux étapes sont généralement confondues en un seul moment, en présence de l'avocat qui a préalablement pu consulter le dossier et s'entretenir avec la personne.

Après avoir, s'il y a lieu, informé la personne déférée devant lui de son droit d'être assistée par un interprète, le procureur de la République constate son identité et lui « *fait connaître les faits qui lui sont reprochés ainsi que leur qualification juridique* ». Le formalisme de la qualification juridique des faits matériels reprochés au prévenu obéit aux principes et aux modalités détaillés au n° **15.6**. Le procureur l'informe ensuite du droit à l'assistance d'un avocat de son choix ou commis d'office par le bâtonnier de l'ordre (sur la commission d'office, v. n° **17.7** et **17.9**).

À ce stade de la procédure, « *le respect des droits de la défense n'impose pas que la personne poursuivie ait accès au dossier avant de recevoir cette notification et qu'elle soit [...] assistée d'un avocat* » (Cons. const. 6 mai 2011, n° 2011-125 QPC, § 12). En effet, « *le déferement de la personne poursuivie devant le procureur de la République en application de l'article 393 a pour seul objet de permettre à l'autorité de poursuite de notifier à la personne poursuivie la décision prise sur la mise en œuvre de l'action publique et de l'informer ainsi sur la suite de la procédure* » (Cons. const. 18 mai 2011, n° 2011-125 QPC, § 12).

S'agissant du droit à l'interprète, il appartient au procureur de la République, « *autorité qui procède à son audition ou devant laquelle cette personne comparaît* », de vérifier que cette dernière comprend et parle la langue française (C. pr. pén., art. préliminaire, 803-5 et D. 594-1).

Si la personne poursuivie conteste l'absence d'interprète ou la qualité de l'interprétation, elle peut faire des observations qui sont mentionnées au procès-verbal (C. pr. pén., art. D. 595-2).

2. Le stade de l'interrogatoire et de la discussion de l'orientation de la procédure

Après le stade de la notification des faits reprochés (v. **C1** ci-dessus), l'avocat, ou la personne déférée lorsqu'elle n'est pas assistée par un avocat, peut consulter sur-le-champ le dossier. L'avocat peut communiquer librement avec le prévenu.

« *la libre consultation du dossier de la procédure implique la mise à disposition, de la personne déférée et de son avocat, du matériel nécessaire à sa lecture effective* » (§ 8), est donc censurée la cour d'appel qui énonce, dans le cas où le dossier a été communiqué à l'avocat sous forme de CD-ROM, qu'aucune disposition légale ne prévoit la mise à disposition au conseil du prévenu, par l'autorité judiciaire, d'un matériel permettant de le consulter (Crim. 9 mars 2022, n° 21-82.580, P). Précisons toutefois que selon C. pr. pén., art. D. 593-2, issu D. n° 2022-546, 13 avr. 2022, également applicable à la procédure de comparution immédiate, « *si le dossier est numérisé, l'avocat ne peut refuser d'en recevoir une copie sous forme numérisée* ».

Le procureur de la République avertit alors la personne de son droit de faire des déclarations, de répondre aux questions qui lui sont posées ou de se taire (notification du droit au silence, sur les fondements normatifs du droit au silence ou droit de se taire, v. n° **12.19**). Sans préjudice de ces dispositions spéciales, « *le droit de se taire sur les faits qui lui sont reprochés* » et sa notification sont désormais appréhendés de manière générale par C. pr. pén., art. préliminaire, III, modifié par L. n° 2021-1729, 22 déc. 2021. Cette disposition impose cette notification à « *toute personne poursuivie* » « *en matière de crime ou de délit* », « *avant tout recueil de ses observations et avant tout interrogatoire* », « *lors de sa première présentation devant [...], un magistrat* » et prévoit qu'« *aucune condamnation ne peut être prononcée sur le seul fondement de déclarations faites sans que ledit droit ait été notifié* ».

Après cette notification, le magistrat du parquet recueille le cas échéant les observations de la personne poursuivie ou procède à son « *interrogatoire* ».

Cet interrogatoire peut porter sur les faits qui font l'objet de la poursuite. En effet, C. pr. pén., art. 393, dans sa rédaction issue de L. n° 2014-535, 27 mai 2014, ménage désormais à ce stade de la procédure le droit de la personne au silence, à la consultation du dossier et à l'assistance d'un avocat. Ces dispositions lèvent la réserve d'interprétation pesant sur la rédaction antérieure du texte qui, selon le Cons. const., n'autorisait pas le procureur de la République, en l'absence de telles garanties, « *à consigner les déclarations de celui-ci sur les faits qui font l'objet de la poursuite dans le procès-verbal mentionnant les formalités de la comparution* » (Cons. const. 6 mai 2011, n° 2011-125 QPC, § 13). Il est donc désormais jugé « *qu'aucune disposition législative ou conventionnelle n'interdit au procureur de la République, après avoir informé la personne de ses droits, d'interroger celle-ci et de retranscrire ses déclarations si elle souhaite en faire, l'absence éventuelle de l'avocat régulièrement avisé ayant pour seule conséquence l'impossibilité de fonder une condamnation sur les seules déclarations ainsi recueillies, en application de l'article préliminaire du code de procédure pénale* » (§ 14) (Crim. 18 oct. 2022, n° 22-81.934, P).

L'avocat peut formuler des observations sur la régularité de la procédure, la qualification retenue, le caractère insuffisant de l'enquête, la nécessité de procéder à de nouveaux actes utiles à la manifestation de la vérité, les modalités d'engagement des poursuites et le recours éventuel à la CRPC.

Au terme de ces échanges, le parquet décide de l'orientation de la procédure, soit en poursuivant par la voie de la convocation par procès-verbal (v. n° **15.14**) ou la comparution immédiate (v. n° **15.15**) ou différée (v. n° **15.16**), soit en ouvrant une information (v. n° **15.29** s.), soit en prenant toute autre décision sur l'action publique, notamment la CRPC (v. n° 15.53 s.), la mesure de déferement en vue d'une CRPC étant elle-même fondée sur C. pr. pén., art. 393 (C. pr. pén., art. 495-7 et 495-12).

Il peut aussi ordonner la poursuite de l'enquête, la personne suspectée jouissant, conformément au droit commun, de la faculté d'être assistée par un avocat si elle est de nouveau entendue par les services d'enquête (sur le droit du suspect à l'assistance d'un avocat lors de son audition libre ou en garde à vue, v. n° 11.73C5 et 12.26).

À peine de nullité de la procédure, les formalités ci-dessus sont consignées dans un procès-verbal. La mention de l'heure de comparution de la personne devant le procureur permet d'attester de la validité du délai de présentation au magistrat prévu par C. pr. pén., art. 393 et 803-2 (v. n° 15.12B). C'est donc à bon droit que « *la cour d'appel, après avoir constaté l'impossibilité de s'assurer de la durée de la rétention, faute de connaître l'heure à laquelle le prévenu a été présenté devant le procureur de la République, a prononcé la nullité du procès-verbal de comparution préalable, s'est déclarée non valablement saisie et a ordonné la mise en liberté de l'intéressé* »(Crim. 6 déc. 2005, n° 05-82.450, P n° 321).

D. Le regroupement des poursuites en cours (C. pr. pén., art. 393, L. n° 2019-222, 23 mars 2019)

Dans le cas de la convocation par procès-verbal ou de la comparution immédiate, le procureur de la République peut décider « *de fixer à la même audience, afin qu'elles puissent être jointes à la procédure ou examinées ensemble, de précédentes poursuites dont la personne a fait l'objet pour d'autres délits, à la suite d'une convocation par procès-verbal, par officier de police judiciaire ou en vue d'une comparution sur reconnaissance préalable de culpabilité, d'une citation directe, d'une ordonnance pénale ou d'une ordonnance de renvoi du juge d'instruction* » (C. pr. pén., art. 393, mod. par L. n° 2019-222, 23 mars 2019).

Dans ces dispositions déclarées conformes à la Constitution, le législateur a « *entendu, dans l'intérêt d'une bonne administration de la justice, éviter la multiplication des audiences relatives à une même personne pour des poursuites différentes* » (Cons. const. 21 mars 2019, n° 2019-778 DC, § 280 et 285) et « *éviter une multiplicité d'audiences concernant une personne ayant commis des délits de façon répétée* » (Circ. Crim. 2019-7/H3, 5 avr. 2019, n° 2.2.1).

Ces « *nouvelles dispositions permettent de re-audiencer ou d'audiencer ensemble, à l'audience de convocation sur procès-verbal ou de comparution immédiate :*

– soit des dossiers dont le tribunal correctionnel était déjà saisi et qui devaient être examinés à des audiences ultérieures déjà fixées, par convocation par OPJ, par convocation par procès-verbal, ou citation directe (le cas échéant après renvoi du juge d'instruction) ;

– soit des dossiers pour lesquels la personne était convoquée en vue d'une CRPC ;

– soit des dossiers dont le président du tribunal avait été saisi par ordonnance pénale ;

– soit des dossiers ayant fait l'objet d'une ordonnance de renvoi et qui n'avaient pas encore été audiencés » (Circ. Crim. 2019-7/H3, 5 avr. 2019, n° 2.2.2).

« *Il en résulte que les précédentes modalités de poursuites décidées pour les précédents délits deviennent caduques, la saisine du tribunal correctionnel dans le cadre de la procédure de convocation sur procès-verbal ou de comparution immédiate se substituant aux anciennes saisines et annulant celles-ci* » (Circ. Crim. 2019-7/H3, 5 avr. 2019, n° 2.2.2).

Ces dispositions ne concernent donc que les affaires pour lesquelles des poursuites ont déjà été engagées et fixées. Ce regroupement des procédures permet de déroger à la compétence du juge unique correctionnel pour celles qui, prises isolément, en relevaient initialement.

Selon l'interprétation de ces nouvelles dispositions opérée par le Cons. const. « *en application de l'article 397-6 du code de procédure pénale, le regroupement ne peut concerner des délits exclus du champ des procédures* » de la convocation par procès-verbal ou de la comparution immédiate, « *à savoir les délits de presse ou politiques ou dont la poursuite est prévue par une loi spéciale* » (Circ. Crim. 2019-7/H3, 5 avr. 2019, n° 2.2.2, v. B2 ci-dessus) et, « *en cas de comparution immédiate, ne peuvent être regroupées les autres poursuites relatives à des délits insusceptibles, en vertu de l'article 395 du même code, de faire l'objet d'une telle procédure* » (Cons. const. 21 mars 2019, n° 2019-778 DC, § 283), « *soit des délits flagrants punis de moins de six mois d'emprisonnement, soit des délits non flagrants punis de moins de deux ans d'emprisonnement* » (Circ. Crim. 2019-7/H3, 5 avr. 2019, n° 2.2.2).

Hors le cas de la comparution immédiate, la décision de regrouper les poursuites en cours doit intervenir au moins 10 jours avant la date de l'audience. Le prévenu et son avocat en sont informés sans délai. À peine de nullité, la mention de cette décision et l'information de l'avocat et du prévenu est faite au procès-verbal.

« *En pratique, la décision de regroupement interviendra à l'occasion de la présentation de la personne déférée devant le procureur. Ce dernier avisera ainsi le prévenu assisté de son avocat qu'il sera également poursuivi pour un ou plusieurs délits plus anciens, à la même audience que celle prévue pour la procédure de comparution par procès-verbal ou de comparution immédiate mise en œuvre pour le délit ayant justifié son déferement, en lui indiquant que les précédents modes de poursuites de ces délits ne sont plus retenus. Le procès-verbal prévu par le dernier alinéa de l'article 393 mentionnera cet avis.* » (Circ. Crim. 2019-7/H3, 5 avr. 2019, n° 2.2.2).

« *les éventuelles victimes des délits faisant l'objet des précédentes procédures ainsi regroupées, qui ont du reste pu déjà se constituer parties civiles, doivent également être informées de l'audience* » (Circ. Crim. 2019-7/H3, 5 avr. 2019, n° 2.2.2).

Les conséquences du regroupement des procédures au stade du jugement sont décrites au n° **17.15C4**, et plus particulièrement au n° **15.15C** quant à ses effets sur les modalités d'acceptation du prévenu à être jugé séance tenante dans le cadre de la procédure de comparution immédiate.

Mentionnons enfin, s'agissant des affaires encore non fixées et en état d'être jugées ou de celles qui font l'objet d'une mesure alternative aux poursuites en cours (ex. rappel à la loi (devenu « *avertissement pénal probatoire* », L. n° 2021-1729, 22 déc. 2021) ou classement sous condition, v. n° **15.39**), qu'il reste loisible au procureur de faire délivrer, à l'occasion du déferement de la personne, une convocation par le greffe ou un délégué du procureur sur le fondement de C. pr. pén., art. 390-1, laquelle pourra être fixée à la même date que celle prévue pour la convocation par procès-verbal ou pour la comparution différée.

15.14 La convocation par procès-verbal du procureur de la République (CPPV) (C. pr. pén., art. 394)

A. La notification de l'acte de saisine du tribunal correctionnel

Sous les restrictions exposées au n° **15.13B**, cette voie procédurale est ouverte à toute infraction correctionnelle (C. pr. pén., art. 393), quel que soit le quantum d'emprisonnement encouru.

À l'issue de la phase de notification des faits reprochés et d'orientation de la procédure (comparution préalable, v. n° **15.13C**), le procureur de la République peut inviter la personne déférée à comparaître devant le tribunal dans un délai ⩾ **10 jours**, sauf renonciation expresse en présence de son avocat, et ⩽ **6 mois** (au lieu de 2 mois depuis L. n° 2016-731, 3 juin 2016).

Il lui notifie alors les faits retenus à son encontre (sur l'information de la personne poursuivie sur la cause de l'accusation, v. n° **15.6**), ainsi que le lieu, la date et l'heure de l'audience. Cette qualification des faits, qui détermine la saisine du tribunal, peut être distincte de celle initialement notifiée (v. n° **15.13C1**), en raison notamment des observations faites par l'avocat au stade initial (v. n° **15.13C2**).

Il lui est également notifié qu'il doit comparaître à l'audience en possession des justificatifs de ses revenus ainsi que de ses avis d'imposition ou de non-imposition. Ces éléments permettront notamment d'éclairer le tribunal sur la situation « *matérielle, familiale et sociale* » du prévenu pour l'appréciation de la peine (C. pén., art. 132-1, v. n° **18.6A**) et en particulier d'assurer la connaissance « *des ressources et des charges* » pour la fixation de la peine d'amende (C. pén., art. 132-20, v. n° **18.16A1**).

La notification est mentionnée au procès-verbal dont copie est remise sur-le-champ au prévenu, elle vaut citation à personne (sur les modalités de saisine du tribunal et la nature du jugement, v. n° **15.8**).

L'avocat choisi ou le bâtonnier est avisé sans délai et par tout moyen, de la date et de l'heure de l'audience, mention de cet avis est portée au procès-verbal. L'information du bâtonnier permet d'assurer la continuité de la défense en cas de commission d'office, la désignation d'un avocat d'office pour ce stade de la procédure ne vaut en effet pas pour celui de l'audience de jugement.

Mentionnons que, saisi par la voie de la comparution par procès-verbal, le tribunal ne peut, à la différence de la procédure de comparution immédiate, renvoyer le dossier devant le procureur de la République « *s'il estime que la complexité de l'affaire nécessite des investigations supplémentaires approfondies* » (C. pr. pén., art. 397-2, v. n° **15.15D**) (Crim. 10 juill. 2013, n° 13-81.599, P n° 173).

B. Les mesures provisoires : le placement sous contrôle judiciaire ou sous ARSE avant le jugement (CPPVCJ)

S'il l'estime nécessaire, le procureur de la République peut traduire sur-le-champ le prévenu devant le JLD pour qu'il soit soumis dans l'attente du jugement à une ou plusieurs obligations du contrôle judiciaire ou assigné à résidence avec surveillance électronique (ARSE).

En chambre du conseil et avec l'assistance d'un greffier, le JLD statue après audition du prévenu et les observations de son avocat avisé.

Comme il en a été pour C. pr. pén., art. 145 (Cons. const. 30 sept. 2021, n° 2021-935 QPC, v. n° **12.39A3**) et pour C. pr. pén., art. 396 (Cons. const. 4 mars 2021, n° 2020-886 QPC, v. n° **12.39C**), C. pr. pén., art. 394 a été jugé inconstitutionnel en ce qu'il ne prévoyait pas que le prévenu soit avisé du **droit de se taire** devant le JLD, information que ce dernier était tenu de délivrer jusqu'à l'entrée en vigueur d'une nouvelle loi (Cons. const. 30 sept. 2021, n° 2021-934 QPC). Tirant les conséquences de cette décision, la L. n° 2021-1729, 22 déc. 2021 prévoit désormais que le prévenu est « *préalablement informé de son droit de se taire sur les faits qui lui sont reprochés* » (C. pr. pén., art. 394), notification également prévue de manière générale par C. pr. pén., art. préliminaire, III, aussi modifié par L. n° 2021-1729, 22 déc. 2021.

Les obligations du **contrôle judiciaire** que le JLD peut imposer sont celles, prévues par C. pr. pén., art. 138, que le juge d'instruction peut ordonner dans le cadre d'une information judiciaire pour toute infraction passible d'emprisonnement (sur les obligations du contrôle judiciaire, v. n° **12.47**). Comme le juge d'instruction, le JLD peut à tout moment imposer de nouvelles mesures ou en supprimer ou en suspendre occasionnellement l'effet (C. pr. pén., art. 394 renvoyant aux conditions et modalités de 138 et 139).

Rappelons que l'**ARSE** (sur l'ARSE, v. n° **12.54** s.) peut être ordonnée d'office ou à la demande de l'intéressé, la L. n° 2019-222, 23 mars 2019, applicable au 1er juin 2019, ayant supprimé son accord préalable, si la peine d'emprisonnement encourue est ⩾ 2 ans (C. pr. pén., art. 394 renvoyant aux conditions et modalités de 142-5). Après avoir fait vérifier sa faisabilité technique par le SPIP, le JLD statue sur cette mesure au terme d'un débat contradictoire au cours duquel sont entendus le ministère public, la personne et le cas échéant son avocat (C. pr. pén., art. 394 renvoyant aux conditions et modalités de 142-6, D. 32-4 s.).

Si l'infraction est passible d'un emprisonnement ⩾ 7 ans et passible du suivi socio judiciaire, cette mesure peut également être exécutée sous le régime de l'**ARSE mobile**

(C. pr. pén., art. 394 renvoyant aux conditions et modalités de 142-5, 763-12, sur l'ARSE mobile, v. nº **12.54B**).

Quel que soit le dispositif employé, l'assignation à résidence avec surveillance électronique est assimilée à la détention provisoire. Sa durée est donc imputée sur la peine privative de liberté (C. pr. pén., art. 142-11, sur l'imputation de l'ARSE sur la peine ferme, v. nº **12.56A4**).

Le prévenu peut à tout moment demander devant la juridiction saisie la mainlevée ou la modification du contrôle judiciaire ou de l'ARSE (C. pr. pén., art. 141-1, sur le régime de cette demande, v. nº **12.61**). C'est en raison de l'existence de ce dispositif que le Cons. const. a jugé C. pr. pén., art. 394 conforme à la Constitution bien qu'il n'institue pas de droit d'appel du prévenu contre l'ordonnance du JLD (Cons. const. 31 janv. 2019, nº 2018-758/759/760 QPC), ce qu'avait préalablement relevé la Ch. crim. (Crim. 11 juill. 2018, nº 18-82.791, P nº 131, et 12 avr. 2016, nº 16-80.738) (sur le droit d'appel en matière de mesures de contrainte dans le cadre des procédures rapides, v. nº **12.62A2**).

Si le prévenu se soustrait aux obligations du contrôle judiciaire ou de l'ARSE, le procureur de la République, après avoir le cas échéant fait procéder à l'arrestation, à la retenue et au déférement de la personne (C. pr. pén., art. 394 renvoyant à 141-4, sur ces mesures, v. nº **12.2A**), peut saisir le JLD aux fins de délivrance d'un mandat d'amener ou d'arrêt ou pour la révocation de la mesure (C. pr. pén., art. 394 renvoyant à 141-2, 135-2 et 145, sur ce point, v. nº **12.61A2**).

Le contrôle judiciaire ou l'ARSE ne peut être ordonné, « *en application de l'article 394 du code de procédure pénale, que si les délais d'audiencement prévus par ce texte sont respectés* » (Crim. 10 mars 2015, nº 14-88.326, P nº 49). Le JLD est donc fondé à refuser de placer sous contrôle judiciaire une personne convoquée à une date excédant le délai maximal de 6 mois prévu en matière de convocation par procès-verbal. En revanche le tribunal saisi dans ce délai de six mois peut, en cas de renvoi de l'affaire à une date excédant ce délai, placer le prévenu, ou le maintenir, sous contrôle judiciaire (C. pr. pén., art. 397-3). En effet, à la différence de la détention provisoire qui est toujours encadrée par des délais butoirs, le contrôle judiciaire n'est pas limité dans sa durée. Ainsi, « *la durée du contrôle judiciaire n'est pas limitée lorsque le maintien de cette mesure a été ordonné par la juridiction saisie devant laquelle la personne poursuivie a comparu pour la première fois dans ce délai de six mois* » (§ 11) (Crim. 7 sept. 2021, nº 21-83.643, D). Il en est autrement de l'ARSE, dont la durée ne peut excéder 6 mois et qui ne paraît pas renouvelable dans le cadre de la procédure de convocation par procès-verbal, selon les précisions apportées au nº **12.56A3** (C. pr. pén., art. 142-7).

15.15 La traduction sur-le-champ du prévenu devant le tribunal : la comparution immédiate

A. Les conditions propres à la comparution immédiate : infractions passibles d'un quantum minimal d'emprisonnement

Si les conditions communes à la convocation par procès-verbal du procureur et à la comparution immédiate ou différée sont remplies (v. nº **15.13B**), et si l'emprisonnement encouru est ⩾ **2 ans en enquête préliminaire**, ou ⩾ **6 mois en enquête de flagrance**, le procureur de la République peut, après avoir procédé aux notifications prévues au C. pr. pén., art. 393 (v. nº **15.13C**), « *traduire le prévenu sur-le-champ devant le tribunal* » s'il « *lui apparaît que les charges réunies sont suffisantes et que l'affaire est en état d'être jugée* » et « *s'il estime que les éléments de l'espèce justifient une comparution immédiate* » (C. pr. pén., art. 395).

Pour l'appréciation du *quantum* de la peine encourue « *seule doit être considérée la peine édictée par les dispositions réprimant le délit objet de la poursuite, sans tenir compte de l'éventuel état de récidive du prévenu* » (Crim. 19 févr. 2002, n° 01-84.903, P n° 34).

Si les conditions de la comparution immédiate sont remplies, que le prévenu a fait l'objet d'un déferement en vue d'une CRPC, qu'il a refusé les peines proposées ou que la mesure n'a pas été homologuée par le président (sur l'échec de la CRPC, v. n° **15.57D**), le procureur peut également recourir à cette procédure en faisant retenir la personne jusqu'à sa comparution devant le tribunal correctionnel (C. pr. pén., art. 495-12).

Des infractions dont le quantum est inférieur aux seuils ci-dessus peuvent être poursuivies en comparution immédiate si elles sont en lien de connexité ou d'indivisibilité avec des infractions relevant de cette procédure (sur les notions de connexité et d'indivisibilité, v. n° **17.234**).

La saisine du tribunal correctionnel est délimitée par la notification de l'accusation opérée par le procureur (v. n° **15.13C**) : « *en matière de comparution immédiate, le tribunal statue sur les faits notifiés à l'intéressé dans le procès-verbal dressé en application de l'article 393 du Code précité* » (Crim. 21 mars 2000 n° 99-85.677, P n° 125).

La saisine du tribunal correctionnel par la procédure de comparution immédiate est irrévocable. Sont donc nuls le réquisitoire introductif et l'information subséquente ouverte par le procureur de la République pour les mêmes faits (Crim. 20 févr. 2007, n° 06-89.229, P n° 52).

Une **enquête sociale rapide** (ESR) (sur l'enquête sociale rapide, v. n° **12.38B1**) doit être prescrite par le procureur de la République avant toute réquisition de placement en détention provisoire en cas de poursuites selon la procédure de comparution immédiate (C. pr. pén., art. 41).

Relevons que l'économie des textes relatifs à la procédure de comparution immédiate est tout entière tournée vers le prévenu personne physique. La poursuite d'une personne morale selon la procédure de comparution immédiate se conçoit d'autant moins que « *le représentant de la personne morale ne peut, en cette qualité, faire l'objet d'aucune mesure de contrainte autre que celle applicable au témoin* » (C. pr. pén., art. 706-44). Aucune disposition ne semble toutefois empêcher que lorsque le responsable légal d'une société, personne physique, fait l'objet d'une procédure de comparution immédiate, une convocation par greffier (C. pr. pén. art. 390-1, v. n° **15.5**) lui soit délivrée dans le temps de son déferement aux fins d'engagement des poursuites contre la personne morale, en sa qualité de représentant légal de cette dernière (sur la convocation par procès-verbal de la personne morale, v. n° **15.10C**).

B. Le stade des mesures provisoires si le tribunal ne peut se réunir le jour même (C. pr. pén., art. 396)

1. Le placement en détention par le JLD

Après la phase de notification de l'accusation et d'orientation de la procédure (v. n° **15.13C**), le prévenu poursuivi en comparution immédiate est alors retenu et doit comparaître sous escorte devant le tribunal le jour même (c'est-à-dire avant minuit) (C. pr. pén., art. 395).

Dans le cas où la réunion du tribunal n'est pas possible le jour même et si les éléments de l'espèce lui paraissent exiger une telle mesure, le procureur de la République peut traduire le prévenu devant le JLD aux fins de placement en détention provisoire.

Le procureur de la République n'a pas à rapporter la preuve de l'impossibilité de réunion concrète et effective du tribunal correctionnel le jour même (Crim. 23 mai 2006, n° 05-83.149, P n° 142). Soulignons que le nombre et le jour des audiences correctionnelles, ainsi que leur composition prévisionnelle, sont fixés par décision conjointe du président du tribunal judiciaire [avant le 1er janv. 2020 : tribunal de grande instance] et du procureur de la République, après avis de l'assemblée générale du tribunal (C. pr. pén., art. 399, sur les règles régissant l'audiencement des affaires devant la juridiction, v. n° **17**). Plus largement, le parquet peut traduire le prévenu devant le JLD « *si les éléments de l'espèce lui paraissent exiger une mesure de détention provisoire et si la réunion du tribunal est impossible le jour même, que cette impossibilité tienne à l'absence de réunion du tribunal, à l'encombrement de son rôle ou à la circonstance que le temps manquera pour examiner l'affaire dans des conditions de nature à garantir l'équité du procès* » (§ 8) (Crim. 18 avr. 2023, n° 23-80.674, P).

En chambre du conseil et avec l'assistance d'un greffier, le JLD statue après avoir recueilli les observations du prévenu et de son avocat (sur le débat contradictoire devant le JLD, C. pr. pén., art. 396, v. n° **12.39C**).

Selon les précisions apportées au n° **17.15E2**, C. pr. pén., art. 397-2-1, issu L. n° 2022-52, 24 janv. 2022, règle le cas du maintien en détention lorsque le majeur déféré en vue d'une comparution immédiate apparaît en définitive mineur devant le JLD saisi.

Le placement en détention provisoire n'est pas subordonné aux conditions de quantum de peine imposées par C. pr. pén., art. 143-1 dans le cadre de l'instruction (v. n° **12.36D1**), mais aux conditions prévues pour recourir à la comparution immédiate (Crim. 9 mai 2012, n° 10-87.331, P n° 109, Crim. 5 oct. 2011, n° 11-85.499).

Si elle est prononcée, la décision prescrivant la détention énonce les faits retenus et saisit le tribunal. Elle est notifiée verbalement au prévenu et mentionnée au procès-verbal dont copie lui est remise.

La décision du JLD n'est pas susceptible de recours. La Ch. crim., refusant de saisir le Cons. const. d'une QPC, estime que cette absence de recours est conforme à la Constitution car « *le prévenu, lors de sa comparution à bref délai devant le tribunal correctionnel, voit nécessairement sa privation de liberté examinée de nouveau ; qu'il dispose, en outre, du droit de présenter tous moyens de nullité visant à contester les modalités de la saisine du JLD et les dispositions incluses dans son ordonnance* » (Crim. 22 juill. 2015, n° 15-90.010, P n° 183). La comparution devant le tribunal correctionnel lui permet en effet de se prononcer à bref délai sur la mesure de détention, dans des conditions de temps comparables à celles du « référé-liberté » prévu dans le cadre de l'information judiciaire en cas de placement détention provisoire (C. pr. pén., art. 187-1, sur le référé-liberté, v. n° **12.67**). Par ailleurs, le Cons. const. juge qu'il est loisible au législateur d'exclure la possibilité d'appel de certaines ordonnances « *lorsqu'existent d'autres moyens de procédure lui permettant [à la personne mise en examen] de contester utilement et dans des délais appropriés les dispositions qu'elles contiennent* »(Cons. const. 13 juill. 2011, n° 2011-153 QPC, § 5).

En cohérence avec ces décisions, il est jugé que lorsque le tribunal correctionnel « *renvoie l'affaire à une audience ultérieure, le prévenu, dont la privation de liberté est nécessairement réexaminée, dispose, à l'occasion de ce débat, du droit de présenter les moyens de nullité visant à contester la seule légalité du titre de détention* » (§ 9), ainsi saisi, le tribunal « *ne peut maintenir un prévenu en détention provisoire sans se prononcer, par un seul et même jugement, sur les moyens qui contestent la légalité de son titre initial de détention* » (§ 11) (Crim. 18 avr. 2023, n° 23-80.674, P).

2. Le délai maximal de 3 jours ouvrables pour comparaître devant le tribunal après incarcération : tableau

Le prévenu doit comparaître devant le tribunal au plus tard le 3e jour ouvrable suivant la décision de placement en détention provisoire par le JLD. À défaut il est mis d'office en liberté. Il est à souligner que tout délai prévu par une disposition de procédure pénale pour l'accomplissement d'un acte ou d'une formalité expire le dernier jour à minuit et que le délai qui expire un samedi ou un dimanche ou un jour férié ou chômé est prorogé jusqu'au premier jour ouvrable suivant (C. pr. pén., art. 801). Ainsi, « *lorsqu'un délai est exprimé en jours ouvrables, chacun des jours qui y sont inclus doit répondre à cette définition, de sorte que sont à décompter, à l'intérieur dudit délai, les jours fériés ou chômés, ainsi que les dimanches et samedis* » (Crim. 25 juin 2013, n° 13-84.355, P n° 157). La liste des jours fériés est fixée par C. trav., art. L. 3133-1.

S'agissant d'un délai de trois jours ouvrables « *suivant* » la décision de placement en détention, ce délai court donc, à la lettre du texte, à compter du lendemain de la décision du JLD (exclusion du jour du point de départ du délai, nommé *dies ad quo*) et expire le 3e jour à 24 h 00.

Le tableau suivant indique les jours où le prévenu placé en détention doit comparaître devant le tribunal en fonction de la date de la décision du JLD, dans l'hypothèse où le *dies ad quo* est exclu du calcul.

Tableau 28 : Délai maximal de comparution immédiate devant le tribunal correctionnel après incarcération provisoire par le JLD (C. pr. pén., art. 396)

Date de la décision d'incarcération (*dies ad quo*)	Jours ouvrables de comparution devant le tribunal		
	1er jour ouvrable suivant	2e jour ouvrable suivant	3e et dern. jour ouvrable suivant
Lundi	Mardi	Mercredi	Jeudi
Mardi	Mercredi	Jeudi	Vendredi
Mercredi	Jeudi	Vendredi	Lundi
Jeudi	Vendredi	Lundi	Mardi
Vendredi	Lundi	Mardi	Mercredi
Samedi	Lundi	Mardi	Mercredi
Dimanche	Lundi	Mardi	Mercredi

3. Le placement sous contrôle judiciaire par le JLD

Si le JLD n'estime pas devoir placer la personne en détention provisoire, les poursuites revêtent alors les caractéristiques de la convocation par procès-verbal. Le JLD peut soumettre le prévenu à un contrôle judiciaire (sur les obligations du contrôle judiciaire, C. pr. pén., art. 138, v. no **12.48** et **12.49**) ou une ARSE (sur l'ARSE, C. pr. pén., art. 142-5, v. no **12.54** s.). La date et l'heure de l'audience, fixées dans un délai ⩾ 10 jours et ⩽ 6 mois, lui sont alors notifiées par le JLD ou par le procureur ou son greffier. Toutefois, si d'autres prévenus comparaissent détenus pour la même affaire, le prévenu libre est convoqué à l'audience où comparaissent les autres prévenus détenus, soit au plus tard dans les 3 jours ouvrables. Les dispositions permettant au tribunal de prononcer, dans le cadre d'une comparution immédiate, un mandat de dépôt quelle que soit la peine prononcée si le prévenu comparaît le jour même ou s'il est placé en détention par le JLD, ne lui seront toutefois pas applicables (C. pr. pén., art. 396 et 397-4) (sur l'incarcération par le tribunal correctionnel lors du prononcé de la peine, v. no **18.11B**).

Comme en matière de convocation par procès-verbal, selon les précisions déjà apportées au no **15.14B**, le prévenu peut à tout moment demander devant la juridiction saisie la mainlevée ou la modification du contrôle judiciaire ou de l'ARSE (C. pr. pén., art. 141-1, sur le régime de cette demande, v. no **12.61**) mais il ne dispose pas de droit d'appel contre l'ordonnance du JLD (sur le droit d'appel en matière de mesures de contrainte dans le cadre des procédures rapides, v. no **12.62A2**).

C. Le stade des mesures coercitives provisoires prises par le tribunal si l'affaire n'est pas en état d'être jugée

La faculté de juger séance tenante propre à la comparution immédiate déroge à la règle, commune aux procédures de citation directe, de COPJ, et de convocation par procès-verbal du procureur, qui impose un délai d'au moins 10 jours entre la date de notification de la poursuite et la date de l'audience, nécessaire à la préparation de la défense du prévenu.

En conséquence, quand le tribunal est saisi par la procédure de comparution immédiate, la personne ne peut être jugée le jour même (ou à l'issue de la détention maximale de 3 jours ouvrables si le tribunal n'a pu être réuni le jour même) qu'**avec son accord**, recueilli obligatoirement en présence de son avocat ou d'un avocat commis d'office (C. pr. pén., art. 397).

Afin de préserver la liberté du prévenu d'accepter ou non d'être jugé immédiatement, le Cons. const. a introduit une réserve d'interprétation des dispositions relatives au **regroupement des procédures** (C. pr. pén., art. 393, mod. par L. n° 2019-222, 23 mars 2019, sur le regroupement des poursuites en cours, v. n° **15.13CD**) en précisant qu'elles ne peuvent « *sans méconnaître les droits de la défense, priver le tribunal correctionnel [...] de la possibilité de renvoyer les seules affaires pour lesquelles le prévenu ne consent pas à être jugé séance tenante ou qui n'apparaissent pas au tribunal en l'état d'être jugées* » (§ 284), en soulignant par ailleurs qu'« *en dépit du regroupement des différentes poursuites au sein de la même audience, chaque affaire peut faire l'objet d'un examen distinct* » (§ 281) (Cons. const. 21 mars 2019, n° 2019-778 DC).

Si le prévenu ne consent pas à être jugé séance tenante, ou si l'affaire ne paraît pas en état d'être jugée, le tribunal, après avoir recueilli les observations des parties et de leur avocat, renvoie l'affaire dans un délai ⩾ **2 semaines**, ou dans un délai inférieur si le prévenu y renonce expressément, et ⩽ **6 semaines** (C. pr. pén., art. 397-1, al. 1).

Toutefois, si la peine encourue est > 7ans, le prévenu, « *informé de l'étendue de ses droits* », peut demander que l'affaire soit renvoyée dans un délai ⩾ **2 mois et** ⩽ **4 mois** (C. pr. pén., art. 397-1, al. 2). Cette faculté de solliciter un renvoi plus lointain n'est donc offerte qu'au prévenu pour lui laisser un délai plus long pour préparer sa défense pour les infractions les plus graves. À moins que les circonstances ne permettent d'établir que le prévenu a renoncé, assisté de son avocat, à se prévaloir d'un délai ⩾ 2 mois, il doit résulter « *des notes d'audience que le tribunal avait informé le prévenu de la faculté de disposer d'un délai compris entre deux mois et quatre mois* » (Crim. 28 nov. 2012, n° 12-81.939, P n° 264).

En cas de renvoi au-delà de ces délais, la cour d'appel saisie contre la décision de placement en détention et de renvoi est fondée à annuler le jugement et à évoquer le fond (sur le pouvoir d'évocation, v. n^{os} **19.9** et **19.10B**).

En cas de renvoi, le tribunal peut placer ou maintenir le prévenu sous **contrôle judiciaire** (sur les obligations du contrôle judiciaire, C. pr. pén., art. 138, v. n° **12.48** et **12.49**), sous ARSE (C. pr. pén., art. 142-12 renvoyant à 397-3, sur l'ARSE, v. n° **12.54** s.) ou en **détention provisoire** (C. pr. pén., art. 397-3), selon les critères de motivation définis par C. pr. pén., art. 144 1° à 6° (sur ces critères, v. n° **12.37B**). Les conditions de quantum de peine applicables à la détention provisoire dans le cadre de l'information (peine encourue ⩾ 3 ans, C. pr. pén., art. 143-1, v. n° **12.36D1**) ne sont pas applicables (Crim. 9 mai 2012, n° 10-87.331, P n° 109, Crim. 5 oct. 2011, n° 11-85.499, v. n° **12.36D2**). Soulignons que, selon les précisions apportées en **B1** ci-dessus, en cas de renvoi et de maintien en détention après incarcération provisoire du JLD, le tribunal est tenu de statuer sur les moyensqui contestent la légalité de son titre de détention (Crim. 18 avr. 2023, n° 23-80.674, P).

Les décisions du tribunal relatives aux mesures de sûreté sont exécutoires par provision mais susceptibles d'appel porté devant la cour d'appel (sur l'appel et les effets de l'exécution provisoire, v. n° **19.7**). Les dispositions donnant compétence à la juridiction de jugement saisie pour statuer avant l'audience sur une demande de modification du contrôle judiciaire ou de mise en liberté sont applicables (C. pr. pén., art. 141-1, 148-1 et 148-2, sur le régime de ces demandes, v. n° **12.61**).

En toute hypothèse, si le prévenu est détenu, le jugement doit intervenir dans les **2 mois** qui suivent le jour de sa première comparution devant le tribunal. Si le prévenu, encourant une peine > 7ans, a fait usage de la faculté ci-dessus décrite de solliciter un délai plus lointain pour préparer sa défense (C. pr. pén., art. 397-1, al. 2), ce délai est porté à **4 mois** (C. pr. pén., art. 397-3).

Faute de décision au fond à l'expiration de ces délais de 2 mois ou 4 mois, il est mis fin à la détention provisoire et le prévenu est mis d'office en liberté (C. pr. pén., art. 397-3).

Ces précisions montrent que, si l'affaire n'est pas jugée en temps utile quand le prévenu est détenu, il est seulement mis fin à la détention provisoire et la procédure suit son cours, le délai de jugement n'étant alors plus limité. Le tribunal, notamment à la faveur d'un renvoi, peut également placer sous contrôle judiciaire le prévenu initialement détenu (C. pr. pén., art. 397-3). Le délai de jugement au fond du prévenu placé sous contrôle judiciaire par le tribunal n'est alors pas davantage limité.

Lorsque le prévenu ne consent pas à être jugé séance tenante ou que l'affaire n'est pas en état d'être jugée, le prévenu ou son avocat peut demander au tribunal d'ordonner tout **acte d'information** qu'il estime nécessaire à la manifestation de la vérité ou à la personnalité de l'intéressé ; le tribunal qui refuse de faire droit à cette demande doit rendre un jugement motivé (C. pr. pén., art. 397-1 ; L. n° 2004-204, 9 mars 2004, art. 128-IV).

D. Le stade du jugement

Hormis la nécessité de demander au prévenu, en présence de son avocat, s'il accepte d'être jugé immédiatement, et de l'informer, en cas de demande de renvoi, de son droit de disposer d'un délai plus long pour préparer sa défense pour les infractions punies d'une peine > 7 ans (v. C ci-dessus), le jugement de l'affaire poursuivie dans le cadre de la procédure de comparution immédiate obéit aux règles communes au jugement des affaires correctionnelles (v. chapitres n° 17 et 18).

Mentionnons toutefois deux particularités.

En premier lieu, le tribunal peut décider de « *renvoyer le dossier au procureur de la République* » « *s'il estime que la complexité de l'affaire nécessite des investigations supplémentaires approfondies* » et maintenir au préalable le prévenu en détention jusqu'à sa comparution qui doit avoir lieu le jour même (c'est-à-dire avant minuit) (C. pr. pén., art. 397-2) (V. n° **17.31B2**). Toutefois, si les faits relèvent de la compétence d'un pôle de l'instruction dont ne dispose pas le tribunal saisi et que « *la gravité ou la complexité de l'affaire* » (mod. issue L. n° 2021-1729, 22 déc. 2021) justifie la saisine du pôle, la comparution devant le juge d'instruction du pôle territorialement compétent peut avoir lieu au plus tard dans les 5 jours (C. pr. pén., art. 397-2, sur la compétence du pôle de l'instruction, v. n° **15.32A2**). La décision de renvoi au parquet n'est pas susceptible d'appel (Crim. 29 oct. 2008, n° 08-84.623, P n° 218), le maintien en détention échappe aux prescriptions de motivation prévues par C. pr. pén., art. 144 en matière de détention provisoire (Crim. 5 févr. 2019, n° 18-86.405, P n° 32) et la période de détention subie avant l'ouverture de l'information n'entre pas le calcul du délai de détention provisoire de l'instruction (Crim. 23 août 2005, n° 05-83.796, P n° 210, v. n° **12.44A1**).

En second lieu, le prononcé d'un mandat de dépôt ou d'un maintien en détention pour l'exécution de la peine privative de liberté est moins restrictif puisqu'il peut intervenir quelle que soit la durée de la peine prononcée (C. pr. pén., art. 397-4) (V. n° **18.11B**).

Mentionnons que « *l'exigence d'une comparution "le jour même" de la présentation de l'intéressé au parquet* [résultant de C. pr. pén., art. 396] *ne saurait être interprétée comme la nécessité de le juger impérativement avant minuit, mais comme celle de le faire comparaître au cours de l'audience considérée, quand bien même celle-ci se terminerait après minuit en raison de contraintes diverses* » (§ 12), il en résulte que le tribunal correctionnel, « *irrévocablement saisi par le procès-verbal de notification établi par le procureur de la République* » (§ 11) ne pouvait se déclarer non saisi en énonçant que les « *faits ne pouvaient être jugés suivant la procédure de comparution immédiate, dès lors qu'il résulte des notes d'audience qu'ils n'ont pas été examinés le jour même du déferement* » (§ 9) (Crim. 12 janv. 2021, n° 20-80.259, P).

Précisons enfin que, selon les précisions apportées au n° **17.15E2**, C. pr. pén., art. 397-2-1, issu L. n° 2022-52, 24 janv. 2022, règle le cas du maintien en détention du majeur déféré aux fins de comparution immédiate lorsqu'il apparaît en définitive mineur devant le tribunal correctionnel saisi.

15.16 La traduction différée du prévenu devant le tribunal : la comparution différée (C. pr. pén., art. 397-1-1, L. nº 2019-222, 23 mars 2019)

A. Le domaine et les conditions de la comparution différée

Le procureur de la République peut emprunter cette voie de poursuite devant le tribunal correctionnel dans le cas où, s'« *il existe contre la personne des charges suffisantes pour la faire comparaître devant le tribunal* », l'affaire « *n'est pas en état d'être jugée selon la procédure de comparution immédiate parce que n'ont pas encore été obtenus les résultats de réquisitions, d'examens techniques ou médicaux sollicités* » dans le cours de l'enquête judiciaire. Elle ne peut être mise en œuvre que « *si le prévenu est assisté par un avocat choisi par lui ou désigné par le bâtonnier* », ce qui s'entend d'une assistance depuis la présentation devant le procureur jusqu'à l'audience au fond.

Instituée par la L. nº 2019-222, 23 mars 2019, « *la procédure de comparution à délai différé* » a été jugée conforme à la Constitution (Cons. const. 21 mars 2019, nº 2019-778 DC, § 291).

« *L'objet de cette procédure est ainsi d'éviter le recours à des informations judiciaires qui seraient inutiles et qui auraient pour conséquence de rallonger la durée des détentions provisoires* » (Circ. Crim. 2019-7/H3, 5 avr. 2019, nº 2.1.1). « *Cette procédure de comparution différée pourra ainsi en pratique être utilisée notamment dans les cas suivants, qui donnaient auparavant lieu à l'ouverture d'information lorsque le placement en détention provisoire de la personne ou une autre mesure de sûreté paraissait s'imposer :*

– Personne poursuivie pour trafic de stupéfiants, transportant des boulettes de drogue dans son corps qui n'ont pas toutes été expulsées pendant le temps de la garde à vue ;

– Personne poursuivie pour des violences alors que le préjudice de la victime n'est pas encore consolidé ;

– Personne poursuivie pour des délits divers, notamment de nature sexuelle, ayant fait l'objet d'expertise dont les résultats ne sont pas encore connus ;

– Personne poursuivie pour des délits divers mais qui est hospitalisée (par exemple en raison de blessures intervenues lors de la commission des faits) » (Circ. Crim. 2019-7/H3, 5 avr. 2019, nº 2.1.6).

Cette procédure n'est applicable qu'aux infractions relevant de la comparution immédiate, c'est-à-dire celles où l'emprisonnement encouru est **⩾ 2 ans en enquête préliminaire**, ou **⩾ 6 mois en enquête de flagrance** (C. pr. pén., art. 395 et 397-1-1, v. nº **15.15A**).

Comme pour les procédures de convocation par procès-verbal ou de comparution immédiate, elle n'est pas applicable aux mineurs, aux délits de presse ou politiques ou pour les infractions dont la procédure de poursuite est prévue par une loi spéciale (C. pr. pén., art. 397-6, sous les précisions apportées au nº **15.13B2**).

B. Le stade de la présentation du prévenu devant le procureur de la République

« *Cette procédure ne peut être décidée par le procureur qu'à l'issue de la présentation devant ce magistrat faisant suite à un déferement, conformément aux dispositions de l'article 393, après avoir entendu les observations du prévenu et de son avocat* » (Circ. Crim. 2019-7/H3, 5 avr. 2019, nº 2.1.1). Cette phase de notification des faits reprochés, d'interrogatoire et de discussion de l'orientation de la procédure, est imposée par C. pr. pén., art. 393. Il est donc renvoyé sur ce point aux développements du nº **15.13C** et aux formalités de consignation par procès-verbal de la notification des faits reprochés et de l'orientation de la procédure. Précisons que le regroupement des procédures par le procureur au stade du déferement prévu par C. pr. pén., art. 393, décrit au nº **15.13CD**, n'est pas applicable à la comparution différée mais seulement à la comparution immédiate.

« *Même si la loi ne le précise pas, il sera souhaitable qu'en pratique la date d'audience* […] *soit déterminée dès la mise en œuvre de cette procédure. Elle pourra utilement être notifiée au prévenu à l'occasion de sa présentation devant le procureur de la République.* » (Circ. Crim. 2019-7/H3, 5 avr. 2019, n° 2.1.1).

Tant la présentation du prévenu devant le procureur que devant le JLD (v. ci-après) peuvent intervenir « *dans un lieu autre que le tribunal si l'état de santé de cette personne ne permet pas de l'y transporter* » (C. pr. pén., art. 397-1-1).

C. Le stade de la saisine du JLD et des mesures provisoires

Le prévenu est ensuite présenté devant le JLD, qui statue sur les réquisitions du parquet aux fins de contrôle judiciaire (sur le contrôle judiciaire, v. n° **12.47** s.), d'assignation à résidence avec surveillance électronique (ARSE) (sur l'ARSE, v. n° **12.54** s.) ou de détention provisoire (sur la détention provisoire, v. notamment n° **12.36D2**), après un débat contradictoire où il recueille les observations éventuelles du prévenu ou de son avocat, selon les exigences de fond et de forme de C. pr. pén., art. 396 auquel renvoie C. pr. pén., art. 397-1-1 (sur ce point, v. n° **15.15B**).

Sauf à introduire une différence injustifiée entre personnes poursuivies dans des conditions semblables (cf. C. pr. pén., art. préliminaire I), une **enquête sociale rapide** (ESR) (sur l'enquête sociale rapide, v. n° **12.38B1**) doit, malgré l'imprécision du texte applicable, être prescrite par le procureur de la République avant toute réquisition de placement en détention provisoire en cas de poursuites selon le mode de la comparution différée (C. pr. pén., art. 41).

« *Les réquisitions du procureur précisent les raisons justifiant le recours à la* [procédure de comparution différée], *en indiquant s'il y a lieu les actes en cours dont les résultats sont attendus* » (C. pr. pén., art. 397-1-1).

« *La détention provisoire ne peut être ordonnée que si la peine d'emprisonnement encourue est égale ou supérieure à trois ans* » (C. pr. pén., art. 397-1-1), seuil identique à celui prévu par C. pr. pén., art. 143-1 en matière de détention provisoire dans le cadre de l'instruction (sur les conditions de la détention provisoire, v. n° **12.36** et ses critères, v. n° **12.37B**), à la différence de la procédure de comparution immédiate, laquelle autorise tant le JLD que le tribunal à placer le prévenu en détention provisoire aux conditions exigées pour emprunter cette procédure (peine encourue ⩾ **2 ans en enquête préliminaire**, ou ⩾ **6 mois en enquête de flagrance**).

L'ordonnance du JLD prescrivant les mesures provisoires « *énonce les faits retenus et saisit le tribunal ; elle est notifiée verbalement au prévenu et mentionnée au procès-verbal dont copie lui est remise sur-le-champ* » (C. pr. pén., art. 397-1-1).

Quelle que soit la mesure de sûreté ordonnée par le JLD, « *le tribunal restera valablement saisi selon la procédure de comparution différée* » (Circ. Crim. 2019-7/H3, 5 avr. 2019, n° 2.1.3).

À la différence de la procédure de comparution immédiate ou de convocation par procès-verbal, dans laquelle l'ordonnance du JLD plaçant en détention provisoire, sous contrôle judiciaire ou sous ARSE n'est pas susceptible d'appel (sur le droit d'appel en matière de mesures de contrainte dans le cadre des procédures rapides, v. n° **12.62A2**), l'ordonnance du JLD est **susceptible d'appel** dans un délai de 10 jours, porté devant la CHINS (C. pr. pén., art. 397-1-1) (sur l'appel et la procédure devant la CHINS, v. n° **12.62** s.). Le délai d'examen de l'appel par la CHINS est de 10 jours augmenté de 5 jours en cas de comparution personnelle, selon les précisions apportées au n° **12.65** (C. pr. pén., art. 194).

Le tribunal correctionnel étant saisi par l'ordonnance du JLD (C. pr. pén., art. 397-1-1), il est dès lors compétent pour statuer avant l'audience sur une **demande de mise en liberté ou de modification** ou de mainlevée du contrôle judiciaire ou de l'ARSE (C. pr. pén., art. 141-1 et 148-1, sur le régime de ces demandes, v. n° **12.61**).

Si le prévenu se **soustrait aux obligations** du contrôle judiciaire ou de l'ARSE, le procureur de la République est compétent (C. pr. pén., art. 397-1-1) pour saisir les services de police ou de gendarmerie d'une demande d'arrestation et de retenue (sur l'arrestation et la retenue en cas de violation du contrôle judiciaire ou de l'ARSE, v. n° 12.2A) et pour le présenter au JLD aux fins de placement en détention provisoire (C. pr. pén., art. 141-4 et 141-2). Cette mesure peut dans ce cas être ordonnée même si la peine encourue est < 3 ans (C. pr. pén., art. 143-1). Le procureur peut également saisir le JLD d'une demande de délivrance d'un mandat d'arrêt (sur le mandat d'arrêt, v. n° 12.6 et 12.7) ou d'amener (sur le mandat d'amener, v. n° 12.5 et 12.7) à son encontre (C. pr. pén., art. 141-2). Sur la révocation du contrôle judiciaire et de l'ARSE, v. n°s 12.38C2, 12.53D et 12.57C.

D. Le stade du jugement

« *Les procès-verbaux ou autres pièces résultant des réquisitions, examens techniques ou médicaux* [antérieurs à la mise en mouvement de l'action publique] *sont versés au dossier de la procédure dès leur accomplissement et mis à disposition des parties ou de leur avocat* » (C. pr. pén., art. 397-1-1). Il n'est donc pas prévu de notification du résultat de ces investigations, mais une simple mise à disposition afin d'assurer le principe du contradictoire.

« *Jusqu'à l'audience de jugement, le prévenu ou son avocat peuvent demander au président du tribunal la réalisation de tout acte qu'ils estiment nécessaires à la manifestation de la vérité* », par conclusions écrites adressées avant l'audience par LRAR ou remise au greffe contre récépissé ou par une déclaration formée auprès du chef de l'établissement pénitentiaire par le prévenu détenu (C. pr. pén., art. 397-1-1 et 388-5). Il est renvoyé sur ce point au n° 17.31B1.

La victime, qui « *est avisée par tout moyen* », peut alors se constituer partie civile et déposer également de telles demandes d'actes (C. pr. pén., art. 397-1-1 et 393-1).

Comme pour tout autre mode de saisine, le tribunal correctionnel peut lors de l'audience ordonner un **supplément d'information** et commettre à cet effet l'un de ses membres ou un juge d'instruction (C. pr. pén., art. 397-2 mod. par L. n° 2019-222, 23 mars 2019, v. n° 17.31B2).

Comme pour la comparution immédiate ou la convocation par procès-verbal du procureur, le tribunal peut enfin « *renvoyer le dossier au procureur de la République* » s'il estime « *que la complexité de l'affaire nécessite des investigations supplémentaires approfondies* » (C. pr. pén., art. 397-2 mod. par L. n° 2019-222, 23 mars 2019, v. n° 15.15D).

Si le prévenu ne comparaît pas devant le tribunal dans un **délai de deux mois**, « *il est mis fin d'office au contrôle judiciaire, à l'assignation à résidence avec surveillance électronique ou à la détention provisoire* » (C. pr. pén., art. 397-1-1). Le non-respect du délai d'audiencement de deux mois n'est donc sanctionné que par la cessation de plein droit des mesures de sûreté et le tribunal reste valablement saisi.

Au stade de la **première comparution** devant le tribunal, le prévenu n'a pas à donner son accord pour être jugé, à la différence de la procédure de comparution immédiate. Le texte n'ayant pas prévu de **délai minimal** entre l'ordonnance du JLD et la date de l'audience, il peut être considéré que ce délai doit au moins être égal à celui de **10 jours** prévu pour les autres modes de poursuite, auquel il ne peut en effet être dérogé que dans le cadre particulier de la procédure de comparution immédiate, avec l'accord du prévenu donné en présence de son avocat.

Par application de C. pr. pén., art. 397-3, en cas de **renvoi de l'affaire**, le tribunal peut placer ou maintenir le prévenu sous contrôle judiciaire ou en détention provisoire.

Il résulte de ce même article que lorsque « *le prévenu est en détention provisoire, le jugement au fond doit être rendu dans les deux mois qui suivent sa première comparution devant le tribunal. Faute de décision au fond à l'expiration de ce délai, il est mis fin à la détention provisoire. Le prévenu, s'il n'est pas détenu pour une autre cause, est mis d'office en liberté* ». En conséquence, la **durée maximale de la détention provisoire** en matière de comparution différée est de 2 mois (délai maximal jusqu'à la première comparution, C. pr. pén., art. 397-1-1) + 2 mois (délai maximal en cas de renvoi de l'affaire après la première comparution, C. pr. pén., art. 397-3), soit au **total 4 mois.** À la différence de la détention provisoire, toujours encadrée par des délais butoirs, le contrôle judiciaire n'est pas limité dans sa durée, à l'exception du délai maximal de deux mois pour la première comparution. Mentionnons que les dispositions régissant l'ARSE prévoient qu'elle ne peut excéder le délai de 6 mois et que les dispositions prévoyant sa prolongation semblent réservées à l'instruction (C. pr. pén., art. 142-7).

Comme en matière de comparution immédiate, le tribunal peut prononcer à l'encontre du prévenu une peine d'emprisonnement ferme assortie d'un **placement ou d'un maintien en détention** ou d'un **mandat d'arrêt**, « *quelle que soit la durée de la peine prononcée* » (C. pr. pén., art. 397-4, sur ce point, v. n° **18.11B**).

15.17 Présentation des dispositions principales du CJPM relatives aux modes de poursuite des mineurs (en vigueur le 30 sept. 2021) et des dispositions de droit transitoire

A. Les nouvelles modalités de poursuite et de jugement des mineurs résultant du CJPM : présentation générale

L'Ord. n° 2019-950, 11 sept. 2019, portant partie législative du code de la justice pénale des mineurs (CJPM), applicable à partir du 30 sept. 2021 (art. 9, mod. par L. n° 2020-734, 17 juin 2020, art. 25, reportant du 1er oct. 2020 au 31 mars 2021 la date d'entrée en vigueur du CJPM, puis par L. n° 2021-218, 26 févr. 2021, art. 2, reportant cette date au 30 sept. 2021), abroge l'Ord. n° 45-174 du 2 févr. 1945 relative à l'enfance délinquante et réforme en profondeur les modalités de poursuite et de jugement des mineurs, sans toutefois modifier les alternatives aux poursuites et la composition pénale (CJPM, art. L. 422-1 et L. 422-3). Les nouveaux textes ont été complétés par les D. n° 2021-682 et 2021-683, 27 mai 2021, portant codification de la partie réglementaire du CJPM.

Le juge des enfants ou le tribunal pour enfants est saisi pour jugement, selon des critères d'orientation précisés au n° **15.18B1**, par la délivrance d'une convocation au mineur, selon des modalités empruntées au C. pr. pén., art. 390-1, (sur les modalités de saisine hors déferement, v. n° **15.21**) ou par un procès-verbal notifié par le procureur de la République lors du déferement du mineur devant lui (CJPM, art. L. 423-6 et L. 423-7, sur le déferement du mineur, v. n° **15.19**). Dans l'hypothèse du déferement devant le parquet, le mineur peut être présenté devant le juge des enfants en vue d'une mesure éducative judiciaire provisoire et d'une mesure de sûreté avant jugement (contrôle judiciaire, ARSE), ou devant le JLD en vue d'une détention provisoire, avant qu'il ne soit jugé par le tribunal pour enfants (CJPM, art. L. 423-9, sur les mesures provisoires prononcées par le juge des enfants ou le JLD, v. n° **15.20**).

L'instruction par le juge des enfants est supprimée, au profit de l'information conduite, selon les modes de droit commun de l'instruction, par un juge d'instruction spécialisé. La juridiction pour mineur peut ainsi être saisie par ordonnance de renvoi du juge d'instruction (CJPM, art. L. 521-1 et L. 521-26).

Le mineur ne peut être poursuivi par voie de citation directe (CJPM, art. L. 423-5) (v. n° **15.18D**).

La phase de jugement est décomposée en **trois étapes** qui constituent la procédure dite de « *mise à l'épreuve éducative* » (CJPM, art. L. 521-1) :

– la **première étape** est celle de **l'audience d'examen de culpabilité**, où la juridiction statue sur la culpabilité et le cas échéant sur l'action civile (CJPM, art. L. 521-7), et ordonne :

– l'ouverture, au stade de l'audience de culpabilité, d'une **mise à l'épreuve éducative** (CJPM, art. L. 521-9), qui constitue la **deuxième étape** du processus, dont le déroulement est contrôlé par le juge des enfants qui peut ordonner diverses mesures d'investigation sur la personnalité le cas échéant complétées d'une mesure de contrôle judiciaire ou d'ARSE (CJPM, art. L. 521-13 et L. 521-14), voire ordonner la détention provisoire en cas de violation du contrôle judiciaire ou de l'ARSE (CJPM, art. L. 521-21 et L. 521-22). Lorsqu'une période de mise à l'épreuve éducative est déjà en cours, la juridiction n'ouvre pas de nouvelle mesure et la précédente mise à l'épreuve s'étend aux nouveaux faits (CJPM, art. L. 521-11) ;

– enfin, **troisième étape**, l'audience de **prononcé de la sanction** qui doit avoir lieu dans les 6 à 9 mois de l'audience de culpabilité (CJPM, art. L. 521-9 et L. 521-24).

Les conditions du **placement sous contrôle judiciaire, sous ARSE ou en détention provisoire** du mineur avant jugement sont encadrées par CJPM, art. L. 331-1 s, selon des conditions communes à la procédure d'information et à celle de saisine directe de la juridiction pour mineur (sur les mesures de sûreté avant jugement prononcées par le juge des enfants ou le JLD, seul compétent pour le placement en détention provisoire, v. n° **15.20**).

Par **dérogation au principe des trois étapes** de la procédure de jugement, si le mineur est déféré dans les conditions prévues par CJPM, art. L. 423-4, ou si la juridiction s'estime suffisamment informée sur la personnalité du mineur et n'estime pas nécessaire d'ouvrir une période de mise à l'épreuve éducative (CJPM, art. L. 521-2), ou si elle est saisie par ordonnance de renvoi du juge d'instruction (CJPM, art. L. 521-26), il peut être statué sur la culpabilité et la sanction lors d'un **jugement en audience unique** (CJPM, art. L. 521-2) (sur l'orientation en audience unique, v. n° **15.18B2**).

Les peines encourues par le mineur et leurs modalités sont spécifiées au CJPM, art. L. 121-1 à L. 124-2.

Le droit à l'accompagnement du mineur, tel qu'issu de la L. n° 2019-222, 23 mars 2019 (v. notamment n^os^ **11.75** et **17.10E**) est reconduit à droit constant au CJPM, art. L. 311-1 à L. 311-5.

B. Les dispositions de droit transitoire

Par dérogation au C. pén., art. 112-2, prévoyant l'application immédiate des lois de procédure, Ord. n° 2019-950, 11 sept. 2019, art. 10, dispose que les poursuites engagées avant son entrée en vigueur, soit jusqu'au 29 sept. 2021 inclus, « *se poursuivent jusqu'à leur terme conformément aux dispositions du code de procédure pénale et de l'ordonnance n° 45-174 du 2 février 1945 relative à l'enfance délinquante dans leur version applicable avant cette date* ».

Toutefois, « *s'appliquent immédiatement les dispositions du CJPM relatives aux mesures éducatives ainsi que, lorsqu'elles sont plus favorables aux mineurs à l'encontre desquels ces poursuites sont engagées, aux mesures de sûreté* » (Ord. n° 2019-950, 11 sept. 2019, art. 10, réd. issue L. n° 2021-216, 26 févr. 2021, art. 18 7°).

Les dispositions de l'Ord. n° 45-174, 2 févr. 1945, antérieures au CJPM sont donc provisoirement maintenues dans le présent ouvrage (v. n° **15.24** à **15.28**) afin de faciliter la maîtrise des situations de droit transitoire ainsi que la compréhension des évolutions de la matière.

Mentionnons que la L. n° 2021-216, 26 févr. 2021, de validation du CJPM, a introduit plusieurs modifications de ce texte avant son entrée en vigueur, elles n'ont donc pas d'incidence sur l'application de la loi dans le temps. Autant que nécessaires à la connaissance du CJPM, ces modifications sont mentionnées au fil de l'ouvrage.

15.18 L'orientation des poursuites dirigées contre un mineur (dispositions issues du CJPM en vigueur le 30 sept. 2021)

A. La poursuite des crimes commis par un mineur

« *Aucune poursuite ne pourra être exercée contre les mineurs en matière de crime sans information préalable* » (CJPM, art. L. 423-3), ouverte selon les conditions de saisine du juge d'instruction par réquisitoire introductif décrites au n° **15.29** s.

L'information terminée, le juge d'instruction, rend, s'il estime les faits criminels qualifiés, une ordonnance de mise en accusation devant la cour d'assises des mineurs s'il s'agit d'un mineur ⩾ 16 ans, ou une ordonnance de renvoi devant le tribunal pour enfants si le mineur est âgé de moins de 16 ans (CJPM, art. L. 434-1). Si le crime commis par un mineur < 16 ans est connexe à un crime commis par un mineur ⩾ 16 ans, le juge d'instruction peut « *dans l'intérêt d'une bonne administration de la justice, par décision motivée prise après réquisitions du procureur de la République et observations des parties, mettre ce mineur en accusation devant la cour d'assises des mineurs* » (CJPM, art. L. 434-2).

B. La poursuite des délits commis par un mineur et les critères d'orientation devant la juridiction pour mineurs

1. Les critères d'orientation devant le juge des enfants ou le tribunal pour enfants (CJPM, art. L. 423-4)

Selon les termes de CJPM, art. L. 423-4 et L. 231-1 1°, la compétence de principe pour le jugement d'un délit est celle du **juge des enfants,** lequel statue en juge unique. Le tribunal pour enfants est incompétent pour juger le mineur < 13 ans poursuivi pour un délit (CJPM, art. L. 231-3 1°).

Lorsque les poursuites devant la juridiction de jugement sont engagées par le parquet sans information préalable, cette compétence du juge des enfants s'impose pour le mineur < 13 ans ou, quel que soit son âge, si la peine encourue est < 3 ans (CJPM, art. L. 423-4).

Par exception, le procureur de la République saisit le **tribunal pour enfants** dans deux hypothèses :

– Facultativement, si le mineur est ⩾ 13 ans et que la peine encourue est ⩾ 3 ans, si « *sa personnalité, ou la gravité, ou la complexité des faits le justifie* » (CJPM, art. L. 423-4). En conséquence, si la peine est < 3 ans et que le mineur est ⩾ 13 ans, le parquet ne peut saisir que le juge des enfants comme il a été précisé ci-dessus ;

– Obligatoirement, s'il décide de poursuivre selon la procédure de « *jugement en audience unique* » (portant simultanément sur la culpabilité et sur la peine) le **mineur déféré** devant lui, selon les conditions posées par CJPM, art. L. 423-4 (renseignements de personnalité suffisants et peine ⩾ 5 ans pour le mineur < 16 ans, ou peine ⩾ 3 ans pour le mineur ⩾ 16 ans).

Dans le cadre de l'information, s'il estime que le fait constitue un délit ou une contravention de 5e classe, **le juge d'instruction** ordonne obligatoirement le renvoi devant le juge des enfants si le mineur est < 13 ans, ou devant le tribunal pour enfants si le mineur est ⩾ 13 ans, sans prise en considération dans ce cadre procédural de la personnalité du mineur, de la gravité ou de la complexité des faits (CJPM, art. L. 434-1 3°).

Notons qu'au stade de l'audience d'examen de la culpabilité, **le juge des enfants** saisi par le parquet ou le juge d'instruction garde la faculté, d'office ou à la demande du parquet ou du mineur, d'ordonner le renvoi de l'examen de la culpabilité devant **le tribunal pour enfants** « *si la personnalité du mineur, ou la gravité ou la complexité des faits le justifie* » (CJPM, art. L. 521-8). Ainsi, le droit du ministère public, qu'il tient de CJPM, art. L. 423-4, de poursuivre le mineur ⩾ 13 ans devant le juge des enfants plutôt que devant le tribunal pour enfants lorsque la peine encourue est ⩾ 3 ans n'est pas discrétionnaire mais reste soumis à la discussion des parties et à l'appréciation du juge.

Lorsque le juge des enfants et le tribunal pour enfants statuent sur la culpabilité et ouvrent une période de mise à l'épreuve éducative, ces juridictions semblent disposer de la faculté de renvoyer le jugement sur la peine soit devant le juge des enfants, soit devant le tribunal pour enfants « *si la personnalité du mineur, ou la gravité ou la complexité des faits le justifie* » (CJPM, art. L. 521-9).

2. Les critères d'orientation aux fins de jugement en audience unique sur la culpabilité et la peine ou aux fins de jugement sur la seule culpabilité

Comme il a été précisé au nº **15.17**, le CJPM institue le principe d'un jugement du mineur en trois étapes, lesquelles constituent la « *procédure de mise à l'épreuve éducative* » : le jugement sur la culpabilité puis le jugement sur la peine (CJPM, art. L. 21-1), séparés d'une période de mise à l'épreuve éducative ouverte lors de l'audience sur la culpabilité, dans le prolongement d'une éventuelle mesure éducative judiciaire provisoire prononcée par le juge des enfants (sur la mesure éducative judiciaire provisoire, CJPM, art. L. 423-1 1°, v. nº **15.20B1**).

Par **dérogation au principe des trois étapes** de la procédure de jugement, le **procureur de la République** peut poursuivre le **mineur déféré** devant lui devant le **tribunal pour enfants** aux fins de « *jugement en audience unique* » lorsque, **première condition**, la peine encourue est ⩾ 3 ans pour le mineur ⩾ 16 ans ou ⩾ 5 ans pour le mineur < 16 ans (CJPM, art. L. 423-4 1°), **seconde condition**, le mineur a déjà fait l'objet, dans le cadre d'une autre procédure, d'une mesure éducative, d'une mesure judiciaire d'investigation éducative, d'une mesure de sûreté, d'une déclaration de culpabilité ou d'une peine, et ayant donné lieu à un rapport datant de moins d'un an ou requis par le parquet à l'occasion du déferement (CJPM, art. L. 423-4 2°a)).

Ce rapport éducatif est une des conditions du recours à l'audience unique et CJPM, art. L. 423-4 2°a) « *impose au procureur de la République le versement de ce rapport au dossier de la procédure* » (§ 14) ; « *en l'absence de ce versement avant l'audience, la juridiction n'est pas valablement saisie et doit renvoyer le ministère public à mieux se pourvoir* » (§ 15), il est indifférent que le rapport ait été versé postérieurement à l'acte de saisine, « *il importe seulement que le versement du rapport à la procédure intervienne avant l'audience du tribunal* » (§ 19) (Crim. 22 fév. 2023, nº 22-85.078, P ; dans un sens comparable : Crim. 6 avr. 2022, nº 22-80.276, P).

Soulignons que c'est dans cette même et seule hypothèse que le parquet, si le mineur est ⩾ 16 ans, peut requérir du « ~~*juge des enfants*~~ » « *JLD* » (L. nº 2021-218, 26 févr. 2018) qu'il place le mineur déféré en détention provisoire dans l'attente de son jugement (CJPM, art. L. 423-9 2°, v. nº **15.20C**). « *Pour améliorer la réponse pénale à l'égard des personnes mineures refusant de se soumettre aux opérations de relevés signalétiques* » (Circ. Crim. 2022-14/E1, 12 juill. 2022, NOR : JUSD2220718C), cette seconde condition n'est pas exigée lorsque le mineur est également poursuivi pour refus de se soumettre aux **prélèvements externes** (sur les prélèvements externes, v. nº **13.28B**) et **relevés signalétiques** (sur les relevés signalétiques, v. nº **13.29**) prévus par C. pr. pén., art. 55-1 ; dans ce cas le rapport de « *recueil de renseignements socio-éducatifs* » (RRSE) établi à l'occasion du déferement suffit (CJPM, art. L. 423-4 2°b), réd.).

Le mineur est également jugé en audience unique lorsqu'il est renvoyé devant la juridiction pour mineurs (juge des enfants ou tribunal pour enfants, v. **B1** ci-dessus) par **ordonnance de renvoi du juge d'instruction** (v. nº **15.36B**), situation dans laquelle toutes les mesures d'investigation éducatives requises auront par hypothèse pu être diligentées par le juge d'instruction (CJPM, L. 521-1 et L. 521-26).

Saisie aux fins de jugement en audience unique, **la juridiction pour mineur** peut, « *après avoir recueilli les observations des parties présentes à l'audience et par décision motivée au regard de la personnalité et des perspectives d'évolution du mineur, statuer selon la procédure de mise à l'épreuve éducative* » (CJPM, art. L. 521-27). Ainsi, la faculté du ministère public, qu'il détient de CJPM, art. L. 423-4, al. 3, de poursuivre le mineur déféré selon la voie de l'audience unique de jugement n'est pas discrétionnaire mais reste soumise à la discussion des parties et à l'appréciation du juge.

Enfin, « *après avoir recueilli les observations des parties présentes à l'audience et par décision motivée* », la juridiction saisie aux fins de jugement sur la culpabilité peut « *statuer lors d'une audience unique sur la culpabilité du mineur et la sanction si elle se considère suffisamment informée sur sa personnalité et n'estime pas nécessaire d'ouvrir une période de mise à l'épreuve éducative au vu des faits commis par le mineur et de sa personnalité* » (CJPM, art. L. 521-2).

C. La poursuite des contraventions commises par un mineur

1. La poursuite des contraventions de 5e classe devant le juge des enfants (CJPM, art. L. 423-4)

Les **contraventions de 5e classe** sont poursuivies soit par la voie de l'information, soit par la saisine d'une juridiction pour mineur (CJPM, art. L. 423-2). Elles ne peuvent faire l'objet d'une ordonnance pénale (CJPM, art. L. 423-5). Le **procureur de la République** « *saisit le juge des enfants selon la procédure de mise à l'épreuve éducative* » (CJPM, art. L. 423-4, al. 1). Il ne peut saisir le tribunal pour enfants à cette fin (CJPM, art. L. 423-4, al. 2 *a contrario*).

S'agissant du **juge d'instruction**, s'il estime que le fait constitue une contravention de 5e classe, il renvoie le mineur ⩾ 13 ans devant le tribunal pour enfants et le mineur < 13 ans devant le juge des enfants (CJPM, art. L. 434-1 3°).

2. La poursuite des contraventions de 4e classe devant le tribunal de police (CJPM, art. L. 423-1)

Les **contraventions des 4 premières classes** commises par un mineur sont jugées par le tribunal de police (CJPM, art. L. 423-1). Elles peuvent également être poursuivies par la voie de l'ordonnance pénale (CJPM, art. L. 423-1). L'ouverture d'une information pour ces contraventions semblent autorisée par les dispositions de droit commun du C. pr. pén., art. 44 et 79, mais peut être considérée comme prohibée par la lecture *a contrario* de CJPM, art. L. 423-2 qui paraît la limiter aux contraventions de 5e classe. La saisine du tribunal de police peut également résulter d'une ordonnance de renvoi du juge d'instruction (CJPM, art. L. 434-1 2°).

Saisi d'une **contravention de 4e classe**, le tribunal de police peut prononcer à l'encontre du mineur un « *avertissement judiciaire* », à l'exclusion d'une mesure éducative judiciaire (CJPM, art. L. 111-2), ou, si son âge est ⩾ 13 ans, une des peines complémentaires prévues au C. pén., art. 131-16 (mod. issue L. n° 2921 L. n° 2021-218, 26 févr. 2021, sur ces peines, v. n° **18.34A2**), une dispense de peine ou une peine d'amende (CJPM, art. L. 121-3), qui ne peut être supérieure à la moitié de l'amende encourue (CJPM, art. L. 121-6), ou supérieure à ce plafond, par décision spécialement motivée, si le mineur est > 16 ans (CJPM, art. L. 121-7).

Par dérogation au principe de spécialité des juridictions pour mineurs et du ministère public, les poursuites sont exercées par l'OMP et les affaires jugées par le juge du tribunal de police, lequel est une formation du tribunal correctionnel.

Le juge des enfants saisi pour un délit ou une contravention de 5e classe (CJPM, art. L. 231-2), ainsi que le tribunal pour enfants saisi pour un délit ou une contravention de 5e classe ou pour un crime commis par un mineur ⩽ 16 ans (CJPM, art. L. 231-3), sont également compétents pour connaître des contraventions de 4e classe connexes.

D. La prohibition des poursuites par citation directe (CJPM, art., L. 423-5)

« *En aucun cas un mineur ne peut être poursuivi par voie de citation directe* » (CJPM, art. L. 423-5).

Cette prohibition générale s'applique aussi bien à la citation directe délivrée à l'initiative du parquet (v. n° **15.7**) qu'à celle émanant de la partie civile (sur la citation directe par la partie civile, v. n° **16.10A**). La victime d'une infraction commise par un mineur peut toutefois, lorsque les poursuites ne sont pas engagées par le parquet, déclencher l'action publique en déposant plainte avec constitution de partie civile devant le doyen des juges d'instruction (v. n° **16.10B**).

S'agissant des poursuites engagées par le ministère public, la prohibition de la citation directe se traduit par le fait que la juridiction pour enfants ne peut être valablement saisie que par la délivrance d'une convocation à la personne même du mineur, soit par le magistrat du parquet lui-même à l'occasion d'un déferement (CJPM, art. L. 423-7 2°, v. n° **15.19**), soit, en dehors d'un déferement, par l'une des personnes habilitées à délivrer une convocation sur ses instructions (CJPM, art. L. 423-7 1°, v. n° **15.21**).

Si la juridiction pour mineur peut être saisie par une convocation délivrée à la demande du parquet par un commissaire de justice (CJPM, art. L. 423-7 1°), cette modalité de convocation *sui generis* ne semble pas obéir aux modalités de délivrance des citations prévues par C. pr. pén., art. 550 s. (sur ces modalités de délivrance et la qualification du jugement qui en résulte, v. n° **15.7** et **15.8**) et n'est donc pas assimilable à une citation directe.

De même, ne paraît pas applicable au mineur la procédure de saisine de la juridiction par procès-verbal du parquet constatant l'absence de domicile connu du prévenu (C. pr. pén., art. 559, v. n° **15.9B**).

En revanche, une fois la saisine de la juridiction pour mineur valablement opérée par la remise d'une convocation à la personne du mineur, la juridiction saisie peut recourir, notamment si les parties sont absentes et non représentées, à la citation par commissaire de justice selon les modalités fixées par C. pr. pén., art. 550 à 566 pour assurer un caractère contradictoire aux mesures suivantes :

– renvoi de l'affaire par le juge des enfants à une audience du tribunal pour enfants (CJPM, art. L. 521-8, v. n° **15.22B**) ;

– renvoi à l'audience de prononcé de la sanction après jugement sur la culpabilité et ouverture de la mise à l'épreuve éducative (CJPM, art. L. 521-9, v. **B1** ci-dessus) ;

– convocation du mineur à l'audience de prononcé de la sanction par le juge des enfants au profit duquel la juridiction des mineurs s'est dessaisie après jugement sur la culpabilité et ouverture de la mise à l'épreuve éducative (CJPM, art. L. 521-18) ;

– convocation du mineur à une date de prononcé de la sanction distincte de celle initialement fixée lors de l'audience de jugement sur la culpabilité (CJPM, art. L. 521-19 et L. 521-20, v. n° **15.22B**) ;

– en cas de révocation du contrôle judiciaire ou de l'ARSE et de placement en détention provisoire par le juge des enfants, convocation du mineur à une date de prononcé de la sanction pour l'ensemble des procédures relatives à la même période de mise à l'épreuve éducative (CJPM, art. L. 521-22, v. n° **15.22B**).

Mentionnons qu'en cas de saisine de la juridiction pour mineurs par ordonnance de renvoi du juge d'instruction, la lettre de C. pr. pén., art. 179-2 ne paraît pas autoriser la notification d'une date d'audience dans le corps de l'ordonnance (v. n° **15.36C**). En revanche la notification de la date d'audience semble pouvoir être réalisée par commissaire de justice selon les modalités prévues par C. pr. pén., art. 550 à 566.

15.19 Les poursuites en cas de déferement du mineur (Dispositions issues du CJPM en vigueur le 30 sept. 2021)

A. La phase de notification des faits reprochés et d'orientation de la procédure (CJPM, art. L. 423-6)

À l'instar des modalités prévues pour les majeurs (C. pr. pén., art. 393, v. n° **15.13** s.), lorsque le procureur de la République ordonne le déferement d'un mineur devant lui (sur le déferement, v. n° **15.12**), il procède aux formalités suivantes :

– avis « *par tout moyen* » donné aux représentants légaux, ainsi qu'à la personne ou au service auquel le mineur est confié ;

– réquisition d'un recueil de renseignements socio-éducatifs (RRSE), qui est « *une évaluation synthétique des éléments relatifs à la personnalité et à la situation du mineur* » (CJPM, art. L. 322-3), obligatoire en cas de saisine du juge ou du tribunal pour enfants ou du juge d'instruction (CJPM, art. L. 322-4) (sur le RRSE, v. n° **12.38B2**) ;

– demande de désignation d'office d'un avocat si les représentants légaux n'en n'ont pas désigné. L'avocat peut consulter la procédure sur-le-champ et communiquer librement avec le mineur ;

– si le procureur se fait présenter le mineur, ce qui n'est pas obligatoire lorsqu'il le présente au juge d'instruction dans le cadre de l'ouverture d'une information, il l'informe de son droit d'être assisté d'un interprète, constate son identité et lui notifie les faits « *reprochés ainsi que leur qualification en présente de son avocat* » ;

– dans ce dernier cas, le procureur de la République lui notifie son droit au silence. Après avoir « *le cas échéant, recueilli les observations du mineur ou procédé à son interrogatoire* », il entend s'il y a lieu les observations de l'avocat, portant notamment sur la régularité de la procédure, la qualification retenue, la nécessité d'investigations complémentaires et les modalités d'engagement éventuel des poursuites ;

– au terme de ces opérations, le procureur de la République peut alternativement, saisir une juridiction de jugement (en l'occurrence le juge des enfants ou le tribunal pour enfants selon les conditions précisées au n° **15.18B**), ouvrir une information, faire poursuivre l'enquête, ou prendre toute autre décision sur l'action publique (classement sous condition, v. n° **15.40**, composition pénale, v. n° **15.45**, à l'exception de la comparution immédiate et de la CRPC qui sont exclues pour les mineurs, CJPM, art. L. 423-5).

Notons que la saisine des autorités compétentes en matière de protection administrative ou judiciaire de l'enfance peut être considérée comme une réponse suffisante dans l'exercice de l'opportunité des poursuites (CJPM, art. L. 421-1).

B. La saisine directe de la juridiction pour mineurs consécutive au déferement : la convocation par procès-verbal délivrée par le procureur de la République (CJPM, art. L. 423-7)

1. Les mentions essentielles de la convocation (CJPM, art. L. 423-7 et L. 423-8)

À la suite de la phase de notification des faits reprochés et d'orientation de la procédure mise en œuvre lors du déferement d'un mineur, le procureur de la République peut, par procès-verbal notifié en présence de son avocat, convoquer le mineur devant le juge des enfants ou le tribunal pour enfants (sur les critères d'orientation devant le juge des enfants ou le tribunal pour enfants, v. n° **15.18B**), pour y être jugé à une audience dans un délai qui ne peut être < 10 jours ni > 3 mois (CJPM, art. L. 423-7) « *à compter de la notification de la convocation* » (CJPM, art. L. 423-8). Cette convocation, qui précise « *la date, le lieu et l'heure de l'audience* » vaut citation à personne (CJPM, art. L. 423-8). La procédure de comparution immédiate étant prohibée pour le mineur (CJPM, art. L. 423-5), ce dernier ne peut donc qu'être convoqué à comparaître et ne peut être jugé sur-le-champ par la juridiction.

Le procès-verbal de convocation énonce « *le fait poursuivi ainsi que le texte de loi qui le réprime* » (CJPM, art. L. 423-8) (sur la qualification des faits dans l'acte de poursuite, v. n° **15.6**).

Le procès-verbal, remis en copie au mineur (CJPM, art. L. 423-7) est signé par lui et, s'ils sont présents, par les représentants légaux ou par la personne auquel le mineur est confié (CJPM, art. L. 423-8).

Cette convocation est notifiée dans les meilleurs délais aux représentants légaux ou à la personne ou au service auquel le mineur est confié (CJPM, art. L. 423-8), notification qui est sans objet si ces personnes étaient présentes lors du déferement du mineur puisqu'elles doivent dans ce cas signer le procès-verbal et en recevoir copie.

2. Les mentions d'information devant figurer sur la convocation (CJPM, art. L. 423-8)

La convocation doit comporter les mentions d'information suivantes :

– dispositions de CJPM, art. L. 12-4, relatives au droit du mineur à l'assistance d'un avocat ;

– rappel des dispositions générales de CJPM, art. L. 12-5 relatives aux droits des responsables légaux de recevoir les mêmes informations que celles qui doivent être communiquées au mineur et du droit du mineur poursuivi à être accompagné par ses représentants légaux ;

– rappel des dispositions de CJPM, art. L. 311-1 et L. 311-2 qui prévoient que le mineur a le droit d'être accompagné par ses représentants légaux à chaque audience au cours de la procédure ou, à défaut, par un adulte approprié (sur le droit à l'accompagnement, v. n^os **11.75** et **17.10E**) ;

– rappel des dispositions de CJPM, art. L. 521-1 et L. 521-2 qui prévoient que le jugement du mineur comporte une audience d'examen de la culpabilité, de mise à l'épreuve éducative puis une audience de prononcé de la sanction, sauf si la juridiction estime pouvoir statuer lors d'une audience unique au vu des faits et de la personnalité du mineur si elle s'estime à cet égard suffisamment informée. Ces informations ne sont pas délivrées lorsque le mineur déféré est convoqué par le procureur « *aux fins de jugement en audience unique* » sur la culpabilité et la peine lorsque les conditions requises par CJPM, art. L. 423-4 sont réunies (sur le jugement en audience unique, v. nº **15.18B2**).

15.20 Les mesures provisoires pouvant être prononcées par le juge des enfants et le JLD à l'égard du mineur déféré (Dispositions issues du CJPM en vigueur le 30 sept. 2021)

A. La compétence du juge des enfants pour prononcer une mesure provisoire (CJPM, art. L. 423-9)

Après avoir fait comparaître le mineur devant lui, le procureur de la République « *fait comparaître le mineur devant le juge des enfants afin qu'il soit statué sur ses réquisitions* » tendant au prononcé de mesures provisoires avant la comparution du mineur devant la juridiction de jugement (CJPM, art. L. 423-9).

La voie de la comparution sur-le-champ du mineur devant la juridiction de jugement n'est pas autorisée par le CJPM, qui prévoit en effet qu'il ne peut en aucun cas être procédé selon les procédures prévues par C. pr. pén., art. 393 à 397-7 (comparution immédiate ou comparution différée) (CJPM, art. L. 423-5).

Le contenu des mesures provisoires prononcées par le juge des enfants « *jusqu'à l'audience d'examen de la culpabilité* » dépend de l'âge du mineur, voire de l'orientation choisie par le procureur de la République (CJPM, art. L. 423-1).

Aucune disposition du CJPM n'interdit au juge des enfants qui a statué sur une mesure de sûreté avant jugement de statuer sur la culpabilité ou sur la sanction. Il apparaît en effet que le juge des enfants statuant dans un tel cadre n'a pas été « *chargé d'accomplir les diligences utiles à la manifestation de la vérité* » et « *n'a pas renvoyé le mineur* » devant la juridiction de jugement au sens de la décision Cons. const. 8 juill. 2011, nº 2011-147 QPC, § 10 et 11 et du COJ, art. L. 251-3 (sur ce point, v. nº **17.37B**).

Selon les précisions apportées au nº **17.15E2**, CJPM, art. L. 423-14, issu L. nº 2022-52, 24 janv. 2022, règle le cas où le mineur déféré apparaît en définitive majeur devant le juge des enfants ou le JLD saisi.

B. Les mesures provisoires pouvant être prononcées par le juge des enfants

1. La mesure éducative judiciaire provisoire (CJPM, art. L. 423-1 1°)

Cette mesure peut être ordonnée « *quel que soit l'âge du mineur* », y compris lorsqu'il est devenu majeur au jour où elle est prononcée, sans toutefois pouvoir s'exécuter au-delà de l'âge de 21 ans (CJPM, art. L. 323-3). Cette mesure provisoire, exécutoire par provision et susceptible d'appel (CJPM, art. L. 323-2), « *peut être prononcée à titre provisoire à tous les stades de la procédure avant le prononcé de la sanction* » (CJPM, art. L. 323-1) et être modifiée ou levée à tout moment par le juge des enfants (CJPM, art. L. 323-2).

Elle comporte le même contenu que la « *mesure éducative judiciaire* » prévue à titre de sanction par CJPM, art. L. 112-1 à L. 112-15, à l'exclusion de l'obligation de remise de l'instrument ou du produit de l'infraction, et de l'obligation de suivre un stage de formation civique (CJPM, art. L. 323-1). Dans le cadre de cette mesure, « *le placement du mineur peut également être ordonné auprès d'un service de l'aide sociale à l'enfance* » (CJPM, art. L. 323-1), « *jusqu'à sa majorité* » (CJPM, art. L. 323-1, mod. L. n° 2021-218, 26 févr. 2021). « *Les modalités et le contenu de la mesure éducative judiciaire provisoire sont prononcés après audition du mineur assisté d'un avocat et de ses représentants légaux* », ou en l'absence de ces derniers s'ils ont été régulièrement convoqués (CJPM, art. L. 323-2).

Cette mesure est obligatoirement prononcée en même temps que la détention provisoire (CJPM, art. L. 334-3 (mod. par L. n° 2021-218, 26 févr. 2021), L. 334-5 et L. 423-9 4°). Si CJPM, art. L. 334-3 « *prévoit que, lorsqu'un mineur est placé en détention provisoire, le juge des enfants, le tribunal pour enfants ou le JLD prononce une mesure judiciaire éducative provisoire, afin de permettre une intervention immédiate des services éducatifs auprès du mineur, pendant son incarcération, pour préparer sa sortie, aucune disposition n'empêche que cette décision fasse l'objet d'une ordonnance distincte de celle qui prescrit le placement en détention* » (§ 9) (Crim. 16 févr. 2022, n° 21-87.007, P).

2. Le placement sous contrôle judiciaire du mineur ⩾ 13 ans (CJPM, art. L. 423-9 2°)

Le **mineur ⩾ 13 ans** peut être placé sous contrôle judiciaire par le juge des enfants sous les conditions de quantum de peine encouru, de nature d'infraction et d'antécédents judiciaires prévues par CJPM, art. L. 331-1, qui s'imposent tant au juge d'instruction ou au JLD dans cadre de l'information judiciaire qu'au juge des enfants lorsque la juridiction pour mineurs est directement saisie par le parquet (sur les conditions de placement du mineur sous contrôle judiciaire, CJPM, art. L. 331-1, v. n° **12.50A** ; sur les obligations du contrôle judiciaire du mineur, CJPM, art. L. 331-2, v. n° **12.50B**). En cas de révocation du contrôle judiciaire et de placement en détention par le JLD (CJPM, art. L. 423-11) (sur la révocation du contrôle judiciaire du mineur, v. n° **12.53E**), l'audience de jugement doit avoir lieu devant le tribunal pour enfants dans un délai ⩽ 1 mois, faute de quoi le mineur est remis en liberté d'office (CJPM, art. L. 423-12).

3. Le placement sous ARSE du mineur ⩾ 16 ans (CJPM, art. L. 423-9 3°)

Le **mineur ⩾ 16 ans** peut être placé sous le régime de l'ARSE par le juge des enfants s'il encourt une peine ⩾ 3 ans et sous les conditions prévues par CJPM, art. L. 331-3, qui s'imposent tant au juge d'instruction ou au JLD dans cadre de l'information judiciaire qu'au juge des enfants lorsque la juridiction pour mineurs est directement saisie par le parquet (sur les conditions de placement du mineur sous ARSE, CJPM, art. L. 333-1, v. n° **12.54A3**). En cas de révocation de l'ARSE et de placement en détention par le JLD (CJPM, art. L. 423-11 ; sur la révocation de l'ARSE, v. n° **12.57D**), l'audience de jugement doit avoir lieu devant le tribunal pour enfants dans un délai ⩽ 1 mois, faute de quoi le mineur est remis en liberté d'office (CJPM, art. L. 423-12).

C. La compétence exclusive du JLD pour le placement en détention provisoire du mineur ⩾ 16 ans (CJPM, art. L. 423-9 2°)

Cette mesure de sûreté n'est possible qu'à l'encontre du **mineur ⩾ 16 ans** et dans le cas où le **tribunal pour enfants** est saisi par le parquet aux fins de « *jugement en audience unique* » selon les conditions requises par CJPM, art. **L. 423-4, al. 3**, en l'occurrence lorsque la peine encourue est ⩾ 3 ans et si le mineur a déjà fait l'objet, dans le cadre d'une autre procédure, d'une mesure éducative, d'une mesure judiciaire d'investigation éducative, d'une mesure de sûreté, d'une déclaration de culpabilité ou d'une peine, et ayant donné lieu à un rapport datant de moins d'un an ou requis par le parquet à l'occasion du déférement.

Les dispositions initiales du CJPM issues de l'Ord. 2019-950, 11 sept. 2019, donnaient compétence au juge des enfants pour ordonner le placement en détention provisoire du mineur dans ce cadre procédural (CJPM, art. L. 423-9 4°). La L. n° 2021-218, 26 févr. 2021, de validation de cette ordonnance, a transféré cette compétence au JLD (désormais CJPM, art. L. 423-9 2°) « *chargé spécialement des affaires concernant les mineurs* » (CJPM, art. L. 12-1, réd. issue L. n° 2021-218, 26 févr. 2021, et D. 231-1). Notons ici que le JLD sera également seul compétent pour ordonner, sur saisine du juge des enfants et après réquisitions du parquet, la révocation de la mesure de contrôle judiciaire ou d'ARSE ordonnée avant jugement (CJPM, art. L. 423-11, v. n° **15.22A**). Soulignons aussi que le juge des enfants sera en revanche compétent pour ordonner la révocation d'une mesure de contrôle judiciaire ou d'ARSE ordonnée, lors du jugement sur la culpabilité, au titre des obligations de la période de mise à l'épreuve éducative avant jugement sur la peine (CJPM, art. L. 521-21, v. n° **15.22B**).

Le procureur de la République avise sans délai le juge des enfants afin qu'il puisse communiquer au JLD tout élément utile sur la personnalité du mineur et, le cas échéant, accomplir les diligences prévues à l'article L. 423-10.

Notons qu'« *avec ses réquisitions, le procureur de la République doit produire le recueil de renseignements socio-éducatifs, prévu par [CJPM, art. L. 322-5], qui est obligatoire à ce stade de la procédure, au contraire du rapport prévu par l'article L. 423-4, 2°, a), qui doit être versé au dossier avant l'audience de jugement* » (§ 8) (Crim. 6 avr. 2022, n° 22-80.276, P) (Sur le RRSE, qui est « *une évaluation synthétique des éléments relatifs à la personnalité et à la situation du mineur* » (CJPM, art. L. 322-3), v. n° **12.38B2**).

La mesure obéit aux conditions de fond et de motivation qui s'imposent au JLD en matière de placement en détention provisoire du mineur, qui sont donc communes à la procédure d'instruction et à celle de saisine directe du tribunal pour enfants aux fins de jugement en audience unique prévue par CJPM, art. L. 423-4, al. 3 (sur les conditions de placement en détention provisoire du mineur, CJPM, art. L. 334-2, v. n° **12.36E**).

D. La nécessité d'un débat contradictoire devant le juge des enfants ou le JLD (CJPM, art. L. 423-9)

Le juge des enfants ou le JLD statue sur le prononcé de la mesure provisoire « *par ordonnance motivée qui doit comporter l'énoncé des considérations de droit et de fait qui constituent le fondement de la décision* » (CJPM, art. L. 423-9).

Les considérations de droit et de fait qui constituent le fondement de la décision sont celles spécialement prévues pour chacune des mesures concernées, en l'espèce :

– CJPM, art. L. 323-1 à L. 323-3 pour la mesure éducative judiciaire provisoire ;

– CJPM, art. L. 331-1 à L. 331-7 pour le contrôle judiciaire (sur le contrôle judiciaire du mineur, v. n° **12.50A**) ;

– CJPM, art. L. 333-1 et L. 333-2 pour l'ARSE (sur l'ARSE du mineur, v. n° **12.54A3**) ;

– CJPM, art. L. 334-1 à L. 334-2 pour la détention provisoire (sur la détention provisoire du mineur, v. n° **12.36E**).

À l'instar du JLD saisi dans le cadre de l'information judiciaire (sur le débat contradictoire devant le JLD, v. n° **12.39**), le juge des enfants ou le JLD « *statue en audience de cabinet, après un débat contradictoire au cours duquel il entend les réquisitions du procureur de la République, puis les observations du mineur et celles de son avocat. Le juge des enfants entend le cas échéant au cours de ce débat les parents du mineur, ses représentants légaux et le représentant du service auquel le mineur est confié ou mandaté dans le cadre d'une précédente mesure* » (CJPM, art. L. 423-9).

La présence du ministère public au débat contradictoire est toutefois facultative lorsqu'il requiert une mesure éducative judiciaire provisoire, ou un contrôle judiciaire à l'égard d'un mineur ⩾ 16 ans (CJPM, art. L. 423-9). Cette présence s'impose donc en cas de contrôle judiciaire d'un mineur ⩾ 13 ans et < 16 ans (le contrôle judiciaire ne peut être prononcé en deçà de 13 ans, CJPM, art. L. 423-9 2° et L. 331-1, al. 1).

S'agissant du débat contradictoire tenu devant le JLD aux fins de détention provisoire, la L. n° 2021-1729, 22 déc. 2021 a ajouté la possibilité initialement omise d'organiser un débat différé. Désormais « *le mineur est informé que la décision ne pourra intervenir qu'à l'issue d'un débat contradictoire et qu'il a le droit de demander un délai pour préparer sa défense. Si le mineur ou son avocat sollicite un tel délai, le JLD statue selon les modalités prévues* » par CJPM, art. L. 521-1 (révocation par le juge des enfants des mesures de contrôle judiciaire ou d'ARSE fixées lors de l'audience de jugement au titre de la mise à l'épreuve éducative, v. n° **15.22A**) et peut donc, au terme d'un premier débat contradictoire, prescrire par ordonnance motivée non susceptible d'appel **l'incarcération provisoire** pour une durée maximale de 4 jours, délai au terme duquel devra se tenir un second débat contradictoire dit « **débat différé** » (CJPM, art. L. 423-9, mod. issue L. n° 2021-1729, 22 déc. 2021).

E. L'appel contre la décision ordonnant une mesure provisoire (CJPM, art. L. 423-13)

Hors décision d'incarcération provisoire en cas de débat différé, les décisions prisent ci-dessus par le juge des enfants ou le JLD en matière de mesure éducative judiciaire provisoire et de mesures de sûreté sont susceptibles d'appel dans les 10 jours par le mineur, l'un de ses représentants légaux et par le ministère public (sur l'appel en matière de mesure de sûreté avant jugement, v. n° **12.62** et **12.63**) et relèvent, pour la détention provisoire, de la chambre spéciale des mineurs de la cour d'appel (CJPM, art. L. 231-6), selon les conditions et délais de traitement prévus pour la CHINS par C. pr. pén., art. 194 et 199 (CJPM, art. L. 423-13) (sur l'examen de l'appel porté devant la CHINS, v. n° **12.64** et **12.65**), et pour les autres mesures, du président de cette même chambre, qui est tenu de statuer dans le délai d'un mois (CJPM, art. L. 423-13).

15.21 La saisine de la juridiction pour mineur hors déferement (Dispositions issues du CJPM en vigueur le 30 sept. 2021)

A. La convocation aux fins de jugement sur la culpabilité (L. 423-7 1°)

Hors le cas de la saisine de la juridiction de jugement par procès-verbal notifié par le procureur de la République établi lors du déferement du mineur (v. n° **15.19B**), la juridiction pour mineur est saisie, sur les instructions du parquet, par une convocation délivrée par (CJPM, art. L. 423-7 1°) :

– un greffier ;
– un OPJ ou APJ ;
– un commissaire de justice [huissier] ;
– un délégué ou un médiateur du procureur de la République ;
– le chef de l'établissement pénitentiaire si le mineur est détenu ;
– le directeur de l'établissement auprès duquel le mineur est confié.

La **date de l'audience** ne peut être < à 10 jours ni > 3 mois à compter de la notification de la convocation (CJPM, art. L. 423-8).

Sans préjudice de la faculté du juge des enfants ou du tribunal pour enfants, lors de l'audience, de statuer par une audience unique sur la culpabilité et sur la peine, selon les conditions prévues par CJPM, art. L. 521-2, la convocation délivrée sur les instructions du parquet est par hypothèse une convocation pour **jugement sur la culpabilité**, puisque le procureur ne peut en effet saisir la juridiction aux fins de jugement en audience unique (afin de statuer à la fois sur la culpabilité et sur la peine) que s'il a fait déférer le mineur devant lui et selon les conditions requises par CJPM, art. L. 423-4, al. 3 (v. n° **15.1915.20**).

Notons que le CJPM ne connaît plus la distinction autrefois faite par l'Ord. n° 45-174, 2 févr. 1945, entre la convocation aux fins de mise en examen – le juge des enfants ayant en effet perdu ses attributions de juge d'instruction pour les mineurs – et la convocation aux fins de jugement.

Soulignons enfin que dans le cadre de cette saisine par convocation, le juge des enfants n'est pas saisi aux fins de mesure éducative judiciaire provisoire ou d'une mesure de sûreté et ne peut être saisi ni se saisir d'office en vue d'une telle mesure (CJPM, art. L. 423-11 *a contrario*).

B. Les conditions de forme de la convocation et ses mentions d'information (CJPM, art. L. 423-8)

Les conditions de forme de la convocation délivrée par le procureur de la République ainsi que les mentions d'information qui doivent y figurer sont identiques à celles prévues pour la convocation délivrée sur ses instructions (CJPM, art. L. 423-8). Il en est de même pour l'information donnée aux représentants légaux et la personne auprès de laquelle le mineur est confié. Il est donc renvoyé au n° **15.19B**).

15.22 La compétence de la juridiction pour mineurs et du JLD pour statuer sur le déroulement de la mesure provisoire avant jugement (Dispositions issues du CJPM en vigueur le 30 sept. 2021)

A. La compétence du juge des enfants et du JLD avant la comparution du mineur devant la juridiction de jugement

Le juge des enfants a compétence exclusive pour ordonner la mesure et statuer, « *jusqu'à la comparution du mineur devant la juridiction* », d'office ou à la demande du mineur ou de son avocat, ou sur réquisitions du parquet, sur la mainlevée, la modification des mesures provisoires, à l'exception de la détention provisoire.

La L. n° 2021-218, 26 févr. 2021, a en effet transféré au JLD la compétence dévolue dans le texte initial du CJPM au juge des enfants en matière de détention provisoire, selon les précisions apportées au n° **15.20C**, ainsi que la compétence en matière de révocation du contrôle judiciaire ou de l'ARSE.

Le JLD est donc compétent pour statuer sur une **demande de mise en liberté** formulée par le mineur ou son avocat, dans les 5 jours de la communication de la demande au parquet, selon les modalités prévues par C. pr. pén., art. 148, al. 3 et 4 (sur le traitement de la demande de mise en liberté par le JLD, v. n° **12.59A**) (CJPM, art. L. 423-11, réd. issue L. n° 2021-218, 26 févr. 2021). Faute pour le JLD d'avoir statué dans ce délai de 5 jours, le mineur ou son avocat et le procureur de la République peuvent saisir la chambre spéciale des mineurs de la cour d'appel, qui doit se prononcer dans les 5 jours de sa saisine à peine de mise en liberté d'office (CJPM, art. L. 423-11, réd. issue L. n° 2021-1729, 22 déc. 2021, renvoyant à CJPM, art. L. 521-23).

Le JLD est également compétent, saisi par le juge des enfants, pour statuer sur la révocation du contrôle judiciaire ou de l'ARSE au terme d'un **débat contradictoire** auquel sont convoqués le mineur, son avocat, ses représentants légaux et le service auprès duquel il est placé, le ministère public avisé et ayant préalablement eu communication du dossier par le juge des enfants aux fins de réquisitions (CJPM, art. L. 423-11, renvoyant à CJPM, art. L. 521-21).

Si le mineur ou son avocat sollicite un délai pour préparer sa défense, droit dont le mineur doit être préalablement avisé, le JLD, au terme d'un débat contradictoire, peut au terme d'un premier débat contradictoire, prescrire par ordonnance motivée non susceptible d'appel l'**incarcération provisoire** pour une durée maximale de 4 jours, délai au terme duquel devra se tenir un second débat contradictoire dit « **débat différé** » (CJPM, art. L. 423-11, réd. issue L. n° 2021-1729, 22 déc. 2021, renvoyant à CJPM, art. L. 521-21).

En cas de révocation du contrôle judiciaire (sur la révocation du contrôle judiciaire du mineur, CJPM, art. L. 334-4 2° et L. 334-5 3°, v. n° **12.53E**) ou de l'ARSE (sur la révocation de l'ARSE du mineur, CJPM, art. L. 334-5 3°, v. n° **12.57D**) et de placement en détention provisoire du mineur par le JLD, l'audience de jugement a lieu devant le tribunal pour enfants dans un délai qui ne peut excéder **1 mois**, à défaut de quoi le mineur est remis en liberté d'office (CJPM, art. L. 423-12).

Les décisions prises ci-dessus par le juge des enfants ou le JLD sont susceptibles d'appel dans les conditions précisées au nº **15.20E** (CJPM, art. L. 423-13).

B. La compétence de la juridiction pour mineur à compter de l'audience de jugement

Lorsque le **juge des enfants** saisi pour l'audience d'examen de la culpabilité renvoie cet examen devant le **tribunal pour enfants** en raison de la personnalité du mineur, de la gravité ou de la complexité des faits (CJPM, art. L. 521-8), il statue au préalable par décision spécialement motivée, sur le prononcé, le maintien ou la modification d'une mesure éducative judiciaire provisoire ou d'un placement sous contrôle judiciaire ou sous ARSE (CJPM, art. L. 521-8).

Lorsque la juridiction ordonne le **renvoi de l'affaire** lorsqu'elle n'est pas en état d'être jugée, dans un délai qui ne peut excéder 3 mois, elle statue au préalable, par décision spécialement motivée, sur le prononcé, le maintien ou la modification d'une mesure de sûreté (contrôle judiciaire, ARSE, détention provisoire). Si le mineur est en détention provisoire pour la cause, le jugement sur la culpabilité et le cas échéant sur la sanction, et rendu dans le délai d'un mois suivant le jour de la première comparution devant la juridiction, à défaut le mineur est remis en liberté d'office (CJPM, art. L. 521-3).

Lorsque le juge des enfants ou le tribunal pour enfants constate, lors de **l'audience d'examen de culpabilité**, que le mineur n'a pas respecté les obligations du contrôle judiciaire prononcé dans la cause, il peut, si les conditions relatives à la révocation du contrôle judiciaire prévues par CJPM, art. L. 334-4 ou L. 334-5 sont réunies (sur les conditions de la révocation du contrôle judiciaire du mineur, v. nº **12.53E**), placer le mineur en détention pour une durée n'excédant pas un mois (CJPM, art. L. 521-10).

Au stade du **jugement sur la culpabilité**, lorsqu'il ouvre une période de mise à l'épreuve éducative, le juge des enfants ou le tribunal pour enfants peut placer le mineur sous **contrôle judiciaire ou sous ARSE** en application de CJPM, art. L. 521-14, dans les conditions et selon les modalités qui s'imposent tant au juge des enfants qu'au juge d'instruction (sur les conditions et les modalités du contrôle judiciaire du mineur, v. nº **12.50**, sur celles de l'ARSE du mineur, v. nº **12.54A3**).

Lorsque la juridiction est saisie aux fins de **jugement en audience unique** sur la culpabilité et sur la peine, soit lorsqu'elle est saisie par ordonnance de renvoi du juge d'instruction ou lorsque le parquet a fait usage de cette orientation dans les conditions prévues par CJPM, art. L. 423-4, al. 3 (v. nº **15.18B2**) (CJPM, art. L. 521-1 et L. 521-26), elle peut, « *après avoir recueilli les observations des parties présentes à l'audience et par décision motivée au regard de la personnalité et des perspectives d'évolution du mineur, statuer selon la procédure de mise à l'épreuve éducative* » « *Si le mineur comparaît détenu, il est remis en liberté* » (CJPM, art. L. 521-27).

Lorsque le mineur ne respecte pas le contrôle judiciaire ou l'ARSE auquel il peut être astreint, en application de CJPM, art. L. 521-14, durant la phase de mise à l'épreuve éducative ouverte lors de l'audience de jugement sur la culpabilité, le **juge des enfants** peut décider, d'office ou sur réquisitions du parquet, de le convoquer devant le tribunal pour enfants à une audience de prononcé de la sanction avant le terme de la période de mise à l'épreuve éducative et le cas échéant, avant la date d'audience initialement fixée en vue du prononcé de la sanction (CJPM, art. L. 521-20). Le juge des enfants peut également prononcer la révocation du contrôle judiciaire ou de l'ARSE dans les conditions prévues par CJPM, art. L. 521-21 déjà examinées au **A** ci-dessus et ordonner le placement en détention provisoire du mineur pour une durée qui ne peut excéder un mois (CJPM, art. L. 521-22), le JLD n'est quant à lui compétent que pour la phase qui précède le jugement sur la culpabilité et l'ouverture de la mise à l'épreuve éducative, CJPM, art. L. 423-9, v. nº **15.20C**.

Les demandes de mise en liberté relèvent de la compétence du juge des enfants qui doit statuer dans les 5 jours de la communication de la demande au parquet. Faute de décision dans ce délai, le mineur peut saisir la chambre spéciale des mineurs qui doit statuer dans les 5 jours de sa saisine à peine de mise en liberté d'office (CJPM, art. L. 521-23).

Les décisions de placement sous contrôle judiciaire, sous ARSE ou en détention provisoire prononcées à l'audience d'examen de la culpabilité ou au cours de la période de mise à l'épreuve éducative sont susceptibles d'appel par le mineur, l'un de ses représentants légaux et le ministère public (CJPM, art. L. 531-4). L'appel relève de la chambre spéciale des mineurs de la cour d'appel, selon les conditions et délais de traitement prévus pour la CHINS par C. pr. pén., art. 194 et 199 (CJPM, art. L. 231-6, **L. 531-4** et COJ, art. L. 312-6) (sur l'examen de l'appel porté devant la CHINS, v. nº **12.64**, **12.65**). Il en est de même lorsque la décision de placement en détention émane du JLD, sauf dans le cadre d'une information judiciaire, la compétence revenant dans cas à la CHINS (CJPM, art. L. 231-6, mod. issue L. nº 2021-218, 26 févr. 2021, sur la composition de la CHINS s'agissant de la détention provisoire du mineur détenu dans le cadre de l'information, v. nº **12.69C**).

15.23 La jonction des procédures en cours contre le mineur (dispositions issues du CJPM en vigueur le 30 sept. 2021)

A. Les prérogatives du parquet

Le CJPM ne prévoit pas que le procureur de la République, au moment où il exerce les poursuites contre un mineur, puisse joindre plusieurs procédures dans lesquelles les poursuites sont déjà engagées, à la différence du dispositif de regroupement de procédures prévu pour les majeurs déférés (C. pr. pén., art. 393, v. nº **15.13D**). La saisine du juge des enfants ou du tribunal pour enfant, concrétisée par la délivrance de la convocation à comparaître en application de CJPM, art. L. 423-7 (v. nºs **15.19B** et **15.21A**), dessaisit en effet le procureur de la République. Aucune disposition ne lui interdit en revanche de joindre plusieurs procédures dans lesquelles aucune saisine de la juridiction pour mineur n'est encore intervenue.

B. Les prérogatives de la juridiction pour mineur saisie

Le juge des enfants et le tribunal pour enfants jouissent quant à eux de prérogatives leur permettant de regrouper les dossiers en cours dont ils sont saisis.

- **En premier lieu**, lorsque le mineur est poursuivi par le parquet aux fins de **jugement en audience unique** selon les conditions prévues par CJPM, art. L. 423-4, al. 3 (v. nº **15.18B2**), le juge des enfants saisi aux fins de mesure provisoire, ou avisé par le parquet de la saisine du JLD aux fins de placement en détention provisoire (CJPM, art. L. 423-9), qui constate qu'une mise à l'épreuve éducative est déjà en cours pour une précédente affaire (hypothèse dans laquelle un jugement sur la culpabilité est déjà intervenu) **peut**, d'office ou sur réquisitions du parquet, convoquer le mineur et ses représentants légaux « *pour voir statuer sur l'ensemble des procédures ayant donné lieu à une déclaration de culpabilité au cours de la période de mise à l'épreuve éducative* » (CJPM, art. L. 423-10).
- **En second lieu**, lorsque la juridiction statue **sur la culpabilité** et constate qu'une procédure de **mise à l'épreuve éducative est déjà en cours** pour des faits antérieurs, elle n'ouvre pas, sauf décision motivée, une nouvelle période de mise à l'épreuve éducative mais « *la mise à l'épreuve en cours s'étend* » aux nouveaux faits et peut être modifiée afin d'être adaptée à l'évolution du mineur. La juridiction renvoie alors le prononcé de la sanction pour les nouveaux faits à l'audience déjà fixée, sous réserve du respect d'un délai de dix jours (CJPM, art. L. 521-11).
- **Enfin**, s'agissant des affaires en attente de jugement sur la sanction, « *Lorsqu'elle est saisie de plusieurs procédures engagées à l'encontre d'un même mineur, la juridiction peut en ordonner la*

jonction à l'audience de prononcé de la sanction, d'office ou sur demande du procureur de la République ou des parties » (CJPM, art. L. 521-25).

15.24 Les poursuites contre les mineurs, les procédures courantes (dispositions antérieures au CJPM)

A. La saisine du juge d'instruction ou du juge des enfants par réquisitoire introductif ou requête

Les poursuites ne peuvent en aucun cas être exercées contre un mineur par les procédures de comparution immédiate ou de convocation par procès-verbal ou par citation directe (Ord. nº 45-174, 2 févr. 1945, art. 5 devenu CJPM, art. L. 423-5). Elles ne peuvent être engagées que par réquisitoire introductif, s'il s'agit de saisir le juge d'instruction, ou par la saisine d'une juridiction pour mineurs (Ord. nº 45-174, 2 févr. 1945, art. 5 devenu CJPM, art. L. 423-2). Comme pour les majeurs, l'ouverture d'une information est obligatoire en matière criminelle (Ord. nº 45-174, 2 févr. 1945, art. 5 devenu CJPM, art. L. 423-3).

Saisi par requête, le juge des enfants dispose de tous les pouvoirs d'investigation du juge d'instruction, à condition de suivre dans ce cas les formes prescrites pour les procédures d'information (Ord. nº 45-174, 2 févr. 1945, art. 8).

Il peut également choisir de procéder par voie officieuse (Ord. nº 45-174, 2 févr. 1945, art. 8). Il faut entendre par là qu'il peut, à la manière du parquet, enquêter ou faire enquêter dans les formes simplifiées et non coercitives de l'enquête préliminaire (appelée en effet « *enquête officieuse* » avant l'entrée en vigueur le 2 mars 1959 du code de procédure pénale) selon les articles 75 à 78 du code de procédure pénale.

Dans la pratique, le parquet ne saisit le juge des enfants que d'affaires simples, et réserve celles plus complexes au juge d'instruction, plus familier des techniques de l'investigation.

S'il s'agit d'un crime commis par un mineur, le juge d'instruction est exclusivement compétent (Ord. nº 45-174, 2 févr. 1945, art. 5). Il en est de même en cas d'affaire correctionnelle mixte mêlant majeur et mineur, sauf à disjoindre le dossier contre ce dernier et à saisir séparément le juge des enfants.

Les deux modalités qui précèdent, instruction ou enquête officieuse par le JE, sont en toute hypothèse supprimées par le CJPM.

B. Le droit du procureur de la République de requérir du juge des enfants une comparution à bref délai

En matière correctionnelle, le procureur de la République peut, le service de protection judiciaire de la jeunesse préalablement consulté (Ord. nº 45-174, 2 févr. 1945, art. 12), s'il estime que des investigations suffisantes sur la personnalité du mineur ont été effectuées, et que d'autres investigations sur les faits ne sont pas nécessaires, requérir du juge des enfants qu'il ordonne la comparution du mineur devant le tribunal pour enfants, ~~le tribunal correctionnel pour mineurs~~ (dispositions abrogées, L. nº 2016-1547, 18 nov. 2016, art. 29), ou la chambre du conseil (juge des enfants statuant à juge unique), dans un délai de un et trois mois (Ord. nº 45-174, 2 févr. 1945, art. 8-2). ~~Ce délai peut être compris entre 10 jours et un mois dans l'hypothèse d'une réquisition de jugement par le tribunal correctionnel pour mineurs (Ord. 2 févr. 1945, art. 8-2, mod. par L. nº 2011-1940, 26 déc. 2011)~~ (dispositions abrogées, L. nº 2016-1547, 18 nov. 2016, art. 29).

Ces réquisitions peuvent être prises « *à tout moment de la procédure* », soit lors de son initiation par requête ou convocation aux fins de mise en examen, comme durant le déroulement des investigations du juge des enfants (Ord. nº 45-174, 2 févr. 1945, art. 8-2).

Si le juge des enfants ne fait pas droit aux réquisitions du parquet, il doit dans les cinq jours rendre une ordonnance motivée susceptible d'appel dans les cinq jours de sa notification au ministère public. L'appel est porté devant le président de la chambre spéciale des mineurs de la cour d'appel. Le procureur de la République pourra également le saisir directement si le juge des enfants ne lui a pas répondu dans les dix jours de ses réquisitions (Ord. n° 45-174, 2 févr. 1945, art. 8-2 ; C. pr. pén., art. 82 et 185).

Le juge des enfants fait droit aux réquisitions du parquet en renvoyant le mineur par ordonnance devant le tribunal pour enfants, ~~le tribunal correctionnel pour mineurs~~ (dispositions abrogées, L. n° 2016-1547, 18 nov. 2016, art. 29) ou en le convoquant en chambre du conseil, ce dans les délais requis. Toutefois, seul le renvoi devant le tribunal pour enfants peut être ordonné, à l'exclusion de la chambre du conseil, si le mineur est âgé de 16 à moins de 18 ans lorsque la peine encourue est ⩾ 7 ans. ~~Le tribunal correctionnel des mineurs est quant à lui obligatoirement saisi si le délit est passible d'une peine ⩾ 3 ans et qu'il a été commis en récidive légale par un mineur de plus de 16 ans (Ord. 45-174, 2 févr. 1945, art. 9)~~ (dispositions abrogées, L. n° 2016-1547, 18 nov. 2016, art. 29).

Les dispositions relatives à la comparution à bref délai (Ord. 45-174, 2 févr. 1945, art. 8-2), ont été jugées conformes par le Cons. const. (Cons. const. 21 sept. 2012, n° 2012-272 QPC) aux principes fondamentaux reconnus par les lois de la République en ce que ces derniers n'écartent pas la responsabilité pénale des mineurs et en ce que le juge des enfants, qui apprécie si des investigations suffisantes ont été effectuées sur la personnalité des mineurs, peut rejeter la requête du procureur de la République et poursuivre l'instruction préparatoire (§ 4).

15.25 La convocation des mineurs par OPJ aux fins de jugement par le tribunal pour enfants (L. n° 2011-939, 10 août 2011) (dispositions antérieures au CJPM)

A. Le domaine de la COPJ aux fins de jugement par le tribunal pour enfants (Ord. n° 45-174, 2 févr. 1945, art. 8-3)

Le procureur de la République peut, dans les formes de C. pr. pén., art. 390-1 (v. nos 15.5 et 15.6), poursuivre un mineur devant **le tribunal pour enfants**, sans instruction préalable par le juge des enfants ou le juge d'instruction, dans les cas suivants (Ord. n° 45-174, 2 févr. 1945, art. 8-3, inséré par L. n° 2011-939, 10 août 2011) :

– mineur ⩾ 13 ans auquel il est reproché un délit passible d'une peine d'emprisonnement ⩾ 5 ans ;

– mineur ⩾ 16 ans auquel il est reproché un délit passible d'une peine d'emprisonnement ⩾ 3 ans.

Ces seuils sont comparables à ceux institués pour la présentation immédiate du mineur (v. n° 15.28).

Cette voie procédurale est intitulée « *procédure de convocation en justice* » (Ord. n° 45-174, 2 févr. 1945, art. 5).

La saisine du **tribunal correctionnel pour mineurs** (formation supprimée par L. n° 2016-1547, 18 nov. 2016, art. 29) par cette voie (à l'instar de la présentation immédiate, v. n° 15.28) a été jugée inconstitutionnelle en ce que cette juridiction non spécialisée ne pouvait être saisie sans instruction préparatoire adaptée au relèvement éducatif et moral du mineur (Cons. const. 4 août 2011, n° 2011-635 DC, § 51 et 52).

B. Les conditions tenant au passé pénal et à la personnalité du mineur

1. L'existence d'une précédente procédure pénale

La convocation en justice devant le tribunal pour enfants aux fins de jugement n'est possible que si le mineur fait l'objet ou a déjà « *fait l'objet d'une ou plusieurs procédures en application de l'ordonnance de 1945* » (art. 8-3). La lettre du texte permet de considérer qu'il s'agit d'un mineur ayant déjà fait l'objet de procédure pénale, et ne semble pas exiger qu'une décision de poursuite ait déjà été prise au jour de la convocation. Le Cons. const., sans toutefois formaliser de réserve d'interprétation, souligne dans son appréciation de la constitutionnalité du texte que la convocation « *ne peut être mise en œuvre que si le mineur a, antérieurement, été poursuivi en application de l'ordonnance du 2 février 1945* » (Cons. const. 4 août 2011, n° 2011-635 DC, § 41).

2. L'existence de précédentes investigations sur la personnalité

La convocation ne peut être délivrée que si des investigations sur les faits ne sont pas nécessaires et que si des investigations sur la personnalité du mineur ont été accomplies sur le fondement de l'Ord. n° 45-174, 2 févr. 1945, art. 8, à l'occasion d'une procédure antérieure, à condition que ces éléments aient été recueillis moins d'un an auparavant. Il peut s'agir d'une enquête sociale, d'une mesure d'investigation et d'orientation éducative (IOE) ou d'une mesure judiciaire d'investigation éducative (MJIE) (Circ. Crim. 2011-23/E8, 11 août 2011, NOR : JUSD1122738C, n° 3.1.1).

Toutefois, si les investigations de personnalité n'ont pu être antérieurement accomplies en raison de la carence du mineur, peuvent être prises en compte des investigations réalisées au titre de CJPM, art. L. 322-3 (anc[t] Ord. n° 45-174, 2 févr. 1945, art. 12) (Recueil de renseignements socio-éducatifs, sur le RRSE, v. n° **12.38B2**).

Par dérogation, le procureur de la République peut faire convoquer un mineur pour lequel aucune investigation n'a été ordonnée et pour lequel il n'existe pas dans le dossier d'éléments suffisants sur sa personnalité pour permettre au tribunal de statuer, dès lors qu'il requiert dans sa saisine du tribunal qu'il soit fait application des dispositions relatives à la **césure du procès pénal** (Ord. n° 45-174, 2 févr. 1945, art. 24-7, Crim. 19 nov. 2013, n° 12-87.641, P n° 231).

Dans ce cas, le tribunal pour enfants [~~ou le tribunal correctionnel pour mineurs~~] (dispositions abrogées, L. n° 2016-1547, 18 nov. 2016, art. 29) (NB. la saisine du tribunal correctionnel pour mineurs par COPJ avait été jugée inconstitutionnelle : Cons. const. 4 août 2011, n° 2011-635 DC, § 52) est alors tenu de se prononcer sur la culpabilité du mineur, et le cas échéant, sur l'action civile, d'ajourner le prononcé de la sanction éducative ou de la peine à une audience qui doit avoir lieu au plus tard dans les six mois (Ord. n° 45-174, 2 févr. 1945, art. 24-7) (il s'agit de la « *césure du procès pénal des mineurs* » prévue par chap. III *ter*, Ord. n° 45-174, 2 févr. 1945).

En tout état de cause, le service de la protection judiciaire de la jeunesse doit être consulté avant toute décision du tribunal pour enfants (~~ou du tribunal correctionnel pour mineurs~~ (dispositions abrogées, L. n° 2016-1547, 18 nov. 2016, art. 29)) saisi par convocation en justice en application de l'art. 8-3 (Ord. n° 45-174, 2 févr. 1945, art. 12).

C. Les formes et les modalités de la convocation

Il est ici renvoyé aux dispositions de C. pr. pén., art. 390-1 applicables (v. n° **15.5B**, contenu de la COPJ, l'énoncé de l'infraction).

La convocation précise que le mineur doit être assisté par un avocat, choisi par lui ou ses représentants légaux, ou à défaut, désigné d'office par le bâtonnier à la demande du parquet ou du juge des enfants.

La convocation est également notifiée dans les meilleurs délais aux parents, au tuteur, à la personne ou au service auquel le mineur a été confié. Elle est constatée par procès-verbal signé par le mineur et la personne à laquelle elle a été notifiée, qui en reçoivent copie.

L'audience doit se tenir dans un délai ⩾ 10 jours et ⩽ 2 mois.

En complément de ces dispositions, la convocation en justice remise à un mineur aux fins de jugement contient, en application de C. pr. pén., art. D. 594-18 I et II, issu

D. n° 2019-507, 24 mai 2019, devenu CJPM, art. **D. 423-4**, l'information des droits suivants :

– droit à ce que le titulaire de l'autorité parentale soit informé ;

– droit à la protection de sa vie privée garanti par l'interdiction de diffuser l'enregistrement de ses auditions, la tenue des audiences à huis clos et l'interdiction de publier le compte rendu des débats d'audience ou de tout élément permettant son identification ;

– droit d'assister à l'audience ;

– droit d'être accompagné à l'audience par le titulaire de l'autorité parentale ;

– droit à une évaluation éducative personnalisée ;

– droit de bénéficier de l'aide juridictionnelle.

Ces informations sont également données « *par tout moyen et dans les meilleurs délais* » aux titulaires de l'autorité parentale ou à l'adulte approprié qui les substitue (C. pr. pén., art. D. 594-18 VII, issu D. n° 2019-507, 24 mai 2019, devenu CJPM, art. **D. 311-1** ; sur l'adulte approprié, v. n° 11.75C).

15.26 La convocation à comparaître devant le juge des enfants pour jugement en chambre du conseil (Ord. n° 45-174, 2 févr. 1945, art. 5) (dispositions antérieures au CJPM)

La L. n° 2016-1547, 18 nov. 2016 a rétabli la possibilité pour le procureur de la République de faire convoquer un mineur devant le juge des enfants statuant en chambre du conseil par convocation par OPJ pour un délit, en y ajoutant la contravention de 5e classe (Ord. n° 45-174, 2 févr. 1945, art. 5).

Les conditions de forme et les modalités de délivrance de la convocation sont identiques à celles de la convocation devant le tribunal pour enfants (v. n° 15.25C), y compris pour les informations données au mineur poursuivi, aux représentants légaux ou à l'adulte approprié qui s'y substitue, en application de C. pr. pén., art. D. 594-18 I, II et VII, issu D. n° 2019-507, 24 mai 2019, devenu CJPM, art. **D. 423-4** et **D. 311-1** (v. n° 15.25C).

S'il n'existe pas de conditions tenant au passé pénal du mineur, la saisine du juge des enfants par OPJ rencontre toutefois deux limites.

En premier lieu, le juge des enfants statuant en chambre du conseil n'est pas compétent pour rendre un jugement lorsque la peine encourue est ⩾ 7 ans et que le mineur est âgé de 16 ans révolus (Ord. n° 45-174, 2 févr. 1945, art. 8, dernier al.).

En second lieu, le juge des enfants, quel que soit son mode de saisine (COPJ ou requête), ne peut, le cas échéant après des investigations complémentaires sur la personnalité du mineur, prononcer qu'une sanction éducative (dispense de mesure, admonestation, remise à parents, mise sous protection judiciaire, placement) ou ordonner une mesure ou une activité d'aide ou de réparation, à l'exclusion de toute autre sanction pénale (Ord. n° 45-174, 2 févr. 1945, art. 8-1).

Le juge des enfants saisi par COPJ statuant en chambre du conseil peut également faire application de la procédure de césure du procès pénal, c'est-à-dire statuer sur la culpabilité, puis renvoyer l'affaire à une autre date et devant le tribunal pour enfants (Ord. n° 45-174, 2 févr. 1945, art. 24-6, dernier al.).

La chancellerie souligne que, saisi dans ce cadre juridique, et non au terme d'une instruction menée par le juge des enfants concluant au renvoi devant le tribunal pour enfants, le tribunal pour enfants peut être présidé par le juge des enfants initialement saisi par COPJ, sans être contraint par l'incompatibilité établie par le COJ, art. L. 251-3 (v. n° 17.37A) (Circ. Crim. 2016-28/H2, 13 déc. 2016, n° 3.1 et 3.1.2).

15.27 La convocation des mineurs aux fins de mise en examen (dispositions antérieures au CJPM)

A. Le principe de la COPJ pour la mise en examen des mineurs (Ord. n° 45-174, 2 févr. 1945, art. 5)

La COPJ pour jugement a été remaniée par la loi n° 2011-939 du 10 août 2011. Désormais réservée aux mineurs ayant déjà fait l'objet d'une procédure pénale, elle est exposée au n° 15.25.

Le procureur de la République peut donner instruction à un OPJ ou un APJ de notifier au mineur contre lequel il existe des charges suffisantes d'avoir commis un délit une convocation à comparaître devant le juge des enfants, qui en sera immédiatement avisé, **aux fins de mise en examen** du mineur (Ord. n° 45-174, 2 févr. 1945, art. 5, al. 3).

B. Le domaine et la portée de la convocation

Seuls les délits peuvent donner lieu à convocation.

La convocation aux fins de mise en examen n'est prévue qu'en vue d'une comparution devant le juge des enfants, elle est donc exclue pour une mise en examen du mineur devant le juge d'instruction.

Cette voie procédurale (ou celle de la requête ou de l'ouverture d'information), s'impose pour les mineurs ⩾ 16 ans poursuivis pour une infraction passible d'une peine ⩾ 3 ans commise en récidive, qui relèvent de la compétence exclusive du tribunal correctionnel pour enfants, puisque la saisine de cette formation par COPJ aux fins de jugement (Cons. const. 4 août 2011, n° 2011-635 DC, § 51 et 52, v. n° 15.25A).

C. Les formes et les modalités de la convocation

L'énoncé de l'infraction et des modalités de l'audience. « *La convocation énoncera les faits reprochés, visera le texte de loi qui les réprime et indiquera le nom du juge saisi ainsi que la date et le lieu de l'audience.* » Les indications formulées sous n° 15.6 s'appliquent donc en termes identiques aux convocations de mineurs (Ord. n° 45-174, 2 févr. 1945, art. 5, al. 4).

Le droit à l'assistance d'un avocat. La convocation doit énoncer les dispositions de l'article 4-1 (v. n° 17.7) de l'Ord. n° 45-174, 2 févr. 1945, selon lequel le mineur doit être assisté par un avocat, choisi par lui ou ses représentants légaux, ou à défaut, désigné d'office par le bâtonnier à la demande du parquet ou du juge des enfants.

L'avis au titulaire de l'autorité parentale. Les parents, le tuteur, la personne, ou le service auquel le mineur a été confié, doivent recevoir dans les meilleurs délais notification de la convocation, notamment en émargeant celle-ci.

L'indication de la voie choisie par le parquet. Quoique l'Ord. n° 45-174, 2 févr. 1945, n'impose pas expressément cette précision, la convocation devra comporter mention de la voie choisie par le parquet, convocation aux fins de jugement ou convocation aux fins de mise en examen.

Le délai entre la délivrance de la convocation et la comparution. Par référence à C. pr. pén., art. 552, un délai de dix jours est expressément exigé entre la délivrance de la convocation et la comparution (Ord. n° 45-174, 2 févr. 1945, art. 5, al. 3).

La délivrance d'une copie. Le mineur et les personnes visées ci-dessus reçoivent copie de la convocation.

L'information des différents droits énoncés par C. pr. pén., art. D. 594-18 I, II et VII, issu D. n° 2019-507, 24 mai 2019, devenu CJPM, art. **D. 423-4** et **D. 311-1**, est en outre donnée au mineur convoqué aux fins de mise en examen, ainsi qu'aux titulaires de l'autorité parentale ou à l'adulte approprié qui s'y substitue (sur l'information donnée sur ces droits, v. n° 15.25C).

15.28 La procédure de « présentation immédiate » devant le tribunal pour enfants (Ord. n° 45-174, 2 févr. 1945, art. 14-2) (dispositions antérieures au CJPM)

La procédure de comparution immédiate n'est pas applicable aux mineurs (Ord. n° 45-174, 2 févr. 1945, art. 5 ; C. pr. pén., art. 397-6). La procédure de « *présentation immédiate devant la juridiction pour mineurs* » (L. n° 2007-297, 5 mars 2007) présente des similitudes étroites avec les procédures de comparution immédiate (v. n° **15.15**) et de convocation par procès-verbal applicables aux majeurs (v. n° **15.14**).

A. Le domaine et les conditions

Cette procédure, dont les conditions ont été clarifiées par la loi n° 2011-939 du 10 août 2011, est réservée aux mineurs de 16 à 18 ans, déférés par le procureur de la République, encourant une peine d'emprisonnement ⩾ à 1 an en cas de délit flagrant, ou ⩾ à 3 ans dans les autres cas.

Elle peut aussi être utilisée pour les mineurs âgés de 13 à moins de 16 ans, si la peine encourue est au moins égale à 5 ans sans excéder 7 ans.

Cette procédure ne peut être engagée que si le mineur fait l'objet ou a déjà fait l'objet d'une ou plusieurs procédures pénales, que si des investigations sur les faits ne sont pas nécessaires et que si des investigations sur la personnalité du mineur ont été accomplies sur le fondement de Ord. n° 45-174, 2 févr. 1945, art. 8 à l'occasion d'une procédure antérieure, à condition que ces éléments aient été recueillis moins d'un an auparavant. Toutefois, si les investigations de personnalité n'ont pu être antérieurement accomplies en raison de la carence du mineur, peuvent être prises en compte des investigations réalisées au titre de Ord. n° 45-174, 2 févr. 1945, art. 12 (Recueil de renseignements socio-éducatifs, sur le RRSE, v. n° **12.38B2**). Ces éléments de personnalité doivent être versés au dossier de la procédure par le parquet.

Dans des conditions identiques au mécanisme exposé au titre de la convocation par jugement (v. n° **15.25B**), le procureur peut cependant poursuivre sans disposer d'élément de personnalité et requérir la **césure du procès pénal**. La juridiction pour mineurs est alors tenue de procéder à un ajournement (césure du procès pénal) (Ord. n° 45-174, 2 févr. 1945, art. 24-7).

B. La présentation au parquet, la notification de la prévention et de la date d'audience

Le procureur de la République vérifie l'identité du mineur déféré et lui notifie les faits reprochés en présence de l'avocat de son choix ou d'un avocat désigné par le bâtonnier à la demande du parquet. L'avocat peut, dès sa désignation, consulter le dossier et communiquer librement avec le mineur.

Le droit du mineur à être accompagné par les titulaires de l'autorité parentale ou un adulte approprié lors des auditions et interrogatoires institué par Ord. n° 45-174, 2 févr. 1945, art. 6-2, issu L. n° 2019-222, 23 mars 2019, s'applique dans cette hypothèse, étant précisé qu'il appartient au procureur de la République d'apprécier s'« *il est dans l'intérêt supérieur de l'enfant d'être accompagné* » et « *si la présence de ces personnes ne porte pas préjudice à la procédure* ». Il est ici renvoyé aux développements du n° **11.75**.

Après avoir recueilli les observations éventuelles du mineur, celles de son avocat et, s'il l'estime utile, des titulaires de l'autorité parentale, le procureur de la République informe le mineur qu'il est traduit devant le tribunal pour enfants pour y être jugé, à une audience dont il lui notifie la date et l'heure et qui doit avoir lieu dans un délai ⩾ 10 jours et ⩽ 1 mois.

Depuis la loi n° 2007-297 du 5 mars 2007, il peut être procédé au jugement du mineur à la première audience du tribunal pour enfants qui suit sa présentation, sans que le délai de dix jours soit applicable, lorsque le mineur et son avocat y consentent expressément, sauf si les représentants légaux du mineur, dûment convoqués, font connaître leur opposition.

Lorsqu'il s'agit d'un mineur de 13 à moins de 16 ans, la détention provisoire n'étant pas possible, l'audience peut se tenir dans un délai de dix jours à deux mois.

À peine de nullité, ces opérations font l'objet d'un procès-verbal dont copie est remise au mineur.

Le procès-verbal saisit le tribunal pour enfants, il doit donc précisément énoncer les faits reprochés et viser le texte de loi qui les réprime, selon les règles spécifiées sous le n° **15.6**.

S'agissant d'une convocation en justice aux fins de jugement, elle doit également informer le mineur, ainsi que les titulaires de l'autorité parentale ou l'adulte approprié, des droits énoncés par C. pr. pén., art. D. 594-18 I et II, issu D. n° 2019-507, 24 mai 2019, devenu CJPM, art. **D. 423-4** et **D. 311-1** (sur l'information donnée sur ces droits au mineur poursuivi et aux titulaires de l'autorité parentale ou à l'adulte approprié, v. n° **15.25C**).

C. La saisine du juge des enfants aux fins de détention provisoire ou de contrôle judiciaire

1. Les réquisitions de contrainte

Aussitôt après avoir notifié l'acte de poursuite, le parquet fait comparaître le mineur devant le juge des enfants pour qu'il soit statué sur ses réquisitions de contrôle judiciaire ou de détention provisoire.

Le procureur ne peut prendre de réquisitions de détention provisoire contre le mineur âgé de 13 à moins de 16 ans, mais exclusivement de placement sous contrôle judiciaire, mesure qui ne peut être prise en matière correctionnelle que dans les 3 cas suivants (Ord. n° 45-174, 2 févr. 1945, art. 14-2 III) :

– peine encourue ⩾ 5 ans contre un mineur ayant déjà fait l'objet d'une condamnation ou de mesures éducatives au titre de l'enfance délinquante ;

– peine encourue ⩾ 7 ans ;

– peine encourue ⩾ 5 ans pour un délit de violences volontaires, d'agression sexuelle ou un délit commis avec la circonstance aggravante de violences (cas ajouté par L. n° 2011-939, 10 août 2011).

Dans l'économie du texte, la saisine du juge des enfants aux fins de détention provisoire ou de contrôle judiciaire paraît un préalable nécessaire au jugement à délai rapproché et non une faculté laissée à la discrétion du parquet. Telle est d'ailleurs la doctrine de la chancellerie : « *la présentation du mineur devant le juge des enfants, ainsi que les réquisitions du procureur de la République demandant une mesure de sûreté à l'encontre du mineur font nécessairement partie de la procédure à délai rapproché, que le législateur entend ainsi réserver aux mineurs auteurs de délits d'une gravité telle qu'ils doivent donner lieu à une réponse à la fois ferme et rapide de l'institution judiciaire* » (Circ. Crim. 02-15-E8, 7 nov. 2002, NOR : JUSD0230177C, n° 3.1.1.2).

Il pourrait être néanmoins considéré que le procureur peut, sans risque de nullité des poursuites, s'abstenir de telles réquisitions tout en notifiant une convocation à délai rapproché. Le mineur ne saurait en effet tirer grief ni d'un jugement dans un délai rapide, mais lui laissant un temps convenable pour préparer sa défense, ni de l'absence de mesure coercitive. La faculté pour le procureur de la République de s'abstenir de prendre des réquisitions de coercition n'est enfin pas formellement exclue.

2. La décision de contrainte, les prérogatives du juge des enfants

Le juge des enfants statue en audience de cabinet, après débat contradictoire, le procureur de la République, le mineur et son avocat entendus, sur les réquisitions de placement en détention provisoire ou sous contrôle judiciaire. « *Le débat contradictoire doit avoir lieu dans tous les cas, même si les réquisitions du procureur de la République tendent au placement sous contrôle judiciaire du mineur* » (Circ. Crim. 02-15-E8, 7 nov. 2002, n° 3.1.1.2). L'ordonnance du juge des enfants, qui est susceptible d'appel devant la CHINS et qui peut faire l'objet d'une procédure de référé-liberté, doit comporter l'énoncé des considérations de droit et de fait qui la motivent, par référence aux articles 137 ou 144 du code de procédure pénale, régissant les conditions de fond du placement sous contrôle judiciaire ou en détention provisoire.

Le juge des enfants des enfants peut ne pas faire droit aux réquisitions et ordonner une mesure de liberté surveillée ou de placement jusqu'à la comparution devant le tribunal pour enfants.

Désormais, le texte permet explicitement au parquet de requérir et au juge des enfants d'ordonner le placement du mineur sous assignation à résidence avec surveillance électronique (Arse) (Ord. n° 45-174, 2 févr. 1945, art. 14-2 mod. par L. n° 2011-939, 10 août 2011), sous les conditions et modalités prévues par art. 10-3 (peine encourue ⩾ 2 ans).

Le tribunal pour enfants étant saisi par la notification de l'acte de poursuite, il sera également compétent pour statuer sur les demandes de mise en liberté ou de modification du contrôle judiciaire formulées par le mineur (Circ. Crim. 02-15-E8, 7 nov. 2002, n° 3.1.1.2, Ord. n° 45-174, 2 févr. 1945, art. 14-2 mod. par L. n° 2011-939, 10 août 2011).

Lorsque le mineur se dérobe aux obligations du contrôle judiciaire ou de l'Arse, le procureur de la République peut saisir le juge des enfants d'une demande de mandat d'amener ou d'arrêt en vue d'une révocation de la mesure (Ord. n° 45-174, 2 févr. 1945, art. 14-2 mod. par L. n° 2011-939, 10 août 2011), par renvoi aux dispositions de C. pr. pén., art. 141-2, al. 2. Les dispositions de C. pr. pén., art. 141-4 sont également applicables (placement en rétention pour violation du contrôle judiciaire ou de l'ARSE, v. n° 12.2A), le rôle dévolu au juge d'instruction étant dans ce cas assuré par le procureur de la République (Ord. n° 45-174, 2 févr. 1945, art. 14-2 mod. par L. n° 2011-939, 10 août 2011) qui pourra saisir le juge des enfants en révocation du contrôle judiciaire.

3. La mise en état du dossier, les prérogatives du juge des enfants

À ce stade, le juge des enfants ne peut dénier sa saisine en renvoyant le dossier au procureur de la République au motif que la gravité ou la complexité de l'affaire nécessite des investigations supplémentaires. Cette décision ne relève en effet que du tribunal pour enfants.

Par application combinée de l'Ord. n° 45-174, 2 févr. 1945, art. 8 et 14-2, il peut avant l'audience de jugement ordonner des mesures d'investigation sur la situation et la personnalité du mineur, une enquête sociale, ainsi que des mesures d'investigations sur les faits, non pour procéder à l'instruction de la procédure mais, selon la doctrine de la chancellerie (Circ. Crim. 02-15-E8, 7 nov. 2002, n° 3.1.1.2), pour réaliser des actes ponctuels qui lui apparaissent nécessaires comme l'audition d'une victime ou d'un témoin.

D. Le jugement à délai rapproché

1. Le renvoi à une audience ultérieure

S'il estime que l'affaire n'est pas en l'état d'être jugée, le tribunal pour enfants peut la renvoyer à une audience qui ne peut être éloignée de plus d'un mois, en commettant le cas échéant le juge des enfants pour ordonner une liberté surveillée ou le placement provisoire ou pour procéder à un supplément d'information. Le texte n'imposant aucune restriction, le supplément d'information pourra porter aussi bien sur les faits que sur la personnalité du mineur, le juge des enfants disposant alors des prérogatives d'ordonner une enquête sociale, un examen médical ou médico-psychologique, ou toute autre diligence ou investigation utile à la manifestation de la vérité et à la connaissance de la personnalité du mineur au sens de l'Ord. n° 45-174, 2 févr. 1945, art. 8.

Sous les réserves de renvois dans un délai maximal d'un mois et de remise en liberté d'office dans les conditions ci-dessous si le mineur est en détention provisoire, le nombre de renvois n'est pas limité par la loi.

2. Le renvoi à une audience ultérieure et les mesures coercitives

Si le mineur est en détention provisoire ou sous contrôle judiciaire, le tribunal statue sur le maintien de cette mesure par décision spécialement motivée. Le tribunal pour enfants ne semble donc avoir que la faculté de maintenir ou de lever la mesure coercitive préalablement ordonnée, sans pouvoir ordonner une telle mesure si le mineur était libre.

Si le mineur est détenu, le jugement au fond doit intervenir dans le mois suivant le jour de sa première comparution devant le tribunal, faute de quoi il est mis fin à la détention provisoire. En pratique, la détention provisoire dans le cadre de la procédure de jugement à délai rapproché ne peut donc excéder au total deux mois : 1 mois maximum séparant l'ordonnance de placement en détention provisoire de la comparution devant le tribunal pour enfants + 1 mois maximum de cette première comparution à l'audience de renvoi.

3. Le renvoi devant le procureur de la République

Le tribunal pour enfants peut également renvoyer le dossier au procureur de la République au motif que la gravité ou la complexité de l'affaire nécessite des investigations supplémentaires. Si le mineur est en détention provisoire, le tribunal pour enfants statue sur son maintien jusqu'à comparution devant le juge des enfants ou le juge d'instruction, qui doit avoir lieu le jour même à peine de remise en liberté d'office.

4. Le jugement

Le tribunal pour enfants statue dans les conditions ordinaires sur les faits reprochés. Il ne peut cependant autoriser le mineur à ne pas comparaître et à se faire représenter par un avocat, son père, sa mère ou son tuteur (Ord. n° 45-174, 2 févr. 1945, art. 13 et 14-2).

Il n'a pas non plus la faculté de rester saisi lorsqu'il applique une qualification criminelle à une qualification délictuelle contre un mineur de moins de 16 ans (Ord. n° 45-174, 2 févr. 1945, art. 13 et 14-2). Il devra dans ce cas renvoyer l'affaire devant le procureur de la République comme précisé ci-dessus.

Comme dans les conditions de saisine ordinaires, il pourra ordonner l'exécution provisoire de sa décision, aussi bien pour les mesures à caractère éducatif que pour l'incarcération (Ord. n° 45-174, 2 févr. 1945, art. 22 ; v. n° **18.11E**).

15.29 L'ouverture d'information : le réquisitoire introductif (C. pr. pén., art. 80)

A. Le réquisitoire est un acte d'engagement de l'action publique et d'orientation de l'information

1. La faculté ou l'obligation du parquet d'ouvrir une information

Lorsque l'enquête n'est pas en état d'être jugée et qu'en pratique, le ministère public a épuisé les ressources qu'il tient de l'enquête préliminaire ou de la flagrance, que l'affaire nécessite des investigations longues ou complexes ou des mesures provisoires de détention ou de contrôle judiciaire, ou que les délais contraints de la comparution différée et ses limites (sur la comparution différée, v. n° **15.16**) ne permettent pas d'accomplir les investigations manquantes, le procureur de la République saisit le juge d'instruction par un acte intitulé « *Réquisitoire introductif* » (C. pr. pén., art. 80), qu'il s'agisse d'un mineur ou d'un majeur. Les règles de « *l'instruction préparatoire* », également appelée « *information judiciaire* » s'appliquent alors.

Le procureur de la République est en outre tenu d'ouvrir une information dans deux cas :

• **Faits criminels.** « *L'instruction préparatoire est obligatoire en matière de crime* » (C. pr. pén., art. 79 et, pour les mineurs, Ord. n° 45-474, 2 févr. 1945, art. 5, devenu CJPM, art. L. 423-3). Cette prescription n'interdit pas l'exécution d'une enquête initiale, flagrante ou préliminaire, mais a pour effet de réserver la mise en accusation devant la juridiction de jugement (cour d'assises ou cour criminelle départementale) au juge d'instruction (par une ordonnance de mise en accusation) ou à la CHINS (par un arrêt de mise en accusation) ;

• **Atteinte de la durée maximale de l'enquête préliminaire.** Lorsque les délais butoirs de l'enquête préliminaire institués par L. n° 2021-1729, 21 déc. 2021, pour la confiance dans l'institution judiciaire, ont été atteints (sur ces délais, v. n° **11.15C3**), le procureur de la République est désormais tenu d'ouvrir une information lorsqu'il souhaite que les investigations soient poursuivies (C. pr. pén., art. 75-3).

2. Le réquisitoire introductif met en mouvement l'action publique et dessaisit le parquet

Le réquisitoire introductif, qui tend à « *la mise en mouvement de l'action publique* », est l'acte d'ouverture de l'instruction ou de l'information. Il s'agit d'un acte interruptif de prescription (C. pr. pén., art. 9-2, v. n° **17.23A**).

Il en est de même lorsque la mise en mouvement de l'action publique émane de la personne qui se prétend lésée par l'infraction au moyen d'une plainte avec constitution de partie civile devant le doyen des juges d'instruction (v. n° **16.10B**, C. pr. pén., art. 1 et 85). Dans cette hypothèse, le doyen des juges d'instruction doit communiquer la plainte au parquet qui est tenu de prendre un réquisitoire introductif, de non informer ou de non-lieu (C. pr. pén., art. 86).

En matière criminelle, ou lorsqu'il requiert un cosaisine, le parquet est tenu de saisir les juges d'instruction composant le pôle de l'instruction, seuls compétents dans ces cas en application de C. pr. pén., art. 52-1 (sur l'organisation territoriale de la juridiction d'instruction, juridictions pôles de l'instruction et juridictions non pôles, v. n° **15.32A2**). Le procureur de la République d'une juridiction non pôle de l'instruction a alors compétence pour saisir directement le juge d'instruction d'une juridiction pôle de l'instruction, sans préjudice de la compétence concurrente du procureur de la juridiction pôle de l'instruction pour diriger l'enquête et ouvrir l'information (C. pr. pén., art. 80).

Toutefois, depuis L. n° 2021-1729, 22 déc. 2021, « *s'il s'agit d'un crime puni de quinze ans ou de vingt ans de réclusion criminelle, lorsqu'il n'est pas commis en état de récidive légale et si le procureur de la République considère qu'il résulte des circonstances de l'espèce et de son absence de complexité que le recours à la cosaisine, même en cours d'instruction, paraît peu probable, il peut requérir l'ouverture de l'information auprès du juge d'instruction du tribunal judiciaire dans lequel il n'y a pas de pôle de l'instruction* » (C. pr. pén., art. 52-1, mod. L. n° 2021-1729, 22 déc. 2021, C. pr. pén., art. D. 31-4, issu D. n° 2022-546, 13 avr. 2022). Ces dispositions, immédiatement applicables, visent les crimes qui relèvent à compter du 1er janv. 2023 de la cour criminelle départementale (sur la cour criminelle départementale, v. n° **17.15B2**), dont la compétence est fixée au C. pr. pén., art. 380-16, issu L. n° 2021-1729, 22 déc. 2021, dans les conditions d'application de la loi dans le temps précisées par son art. 59 IV.

La saisine du juge d'instruction est irrévocable et « *il n'appartient pas au procureur de la République de restreindre ultérieurement l'étendue de cette saisine* » (Crim. 24 mars 1977, n° 76-91.442, P n° 112). *A contrario,* et puisque la saisine du juge d'instruction procède précisément du réquisitoire introductif, rien ne semble interdire au parquet de restreindre explicitement sa saisine en écartant le cas échéant certains faits, qui bien que figurant à la procédure jointe à son réquisitoire introductif (v. n° **15.31B**), ne lui semble pas mériter une information. Ainsi, dans des affaires complexes mais divisibles dont certains aspects élucidés peuvent donner lieu à des réponses pénales distinctes.

Le procureur de la République peut requérir du juge d'instruction, dans son réquisitoire introductif, qu'il procède à tous les actes qu'il estime utiles à la manifestation de la vérité, ainsi que les mesures de sûreté qui lui paraissent nécessaires, notamment le placement en détention en motivant sa demande au regard des conditions de droit et de fait qui le justifient (C. pr. pén., art. 82 et 144).

Sous ces aspects, le réquisitoire formalise les demandes écrites du parquet relatives aux modalités de conduite de l'information.

3. Le parquet peut toutefois autoriser la poursuite durant 48h des mesures de surveillance secrète (C. pr. pén., art. 80-5)

Le réquisitoire introductif matérialise également, non seulement la clôture de la phase d'enquête initiale, mais aussi le dessaisissement du parquet qui perd sa compétence, à compter de sa date, pour instruire ou diriger l'enquête à raison des mêmes faits. Les opérations en cours préalablement réalisées sur ses instructions et qui se poursuivent dans le temps cessent ainsi d'avoir effet selon la lecture *a contrario* de C. pr. pén., art. 706-24-2 (L. n° 2016-731, 3 juin 2016) devenu 80-5 (L. n° 2019-222, 23 mars 2019) : opérations de surveillance sur l'étendue du territoire national (C. pr. pén., art. 706-80, v. n° **11.31B2**), infiltration (C. pr. pén., art. 706-81, v. n° **11.33**), interception de correspondances (C. pr. pén., art. 706-95, v. n° **11.36**), accès aux correspondances électroniques stockées (C. pr. pén., art. 706-95-1, v. n° **11.41**), interception des données techniques de connexion d'un terminal et interception de ses correspondances (technique dite de l'IMSI-Catcher, C. pr. pén., art. 706-95-4 devenu 706-95-20, v. n° **11.38**), sonorisation ou fixation d'image dans les lieux et véhicules (C. pr. pén., art. 706-96, v. n° **11.39**), captation de données informatiques (C. pr. pén., art. 706-102-1, v. n° **11.40**), géolocalisation en temps réel (C. pr. pén., art. 230-32 à 230-35, v. n° **11.47** et **11.48**).

Jusqu'à L. n° 2019-222, 23 mars 2019, le procureur pouvait autoriser, uniquement en matière de terrorisme, par décision écrite et motivée, la poursuite de ces opérations pour une durée maximale de 48 H 00 (C. pr. pén., art. 706-24-2, issu de L. n° 2016-731, 3 juin 2016, complété pour la géolocalisation par L. n° 2017-1510, 30 oct. 2017, v. n° **23.23C10**).

Désormais, ce dispositif de « *sas* » est étendu à toutes les infractions pouvant faire l'objet de telles mesures, à condition qu'il s'agisse d'un crime ou d'un délit puni d'une peine ⩾ 3 ans d'emprisonnement. C. pr. pén., art. 706-24-2 a ainsi été abrogé au profit d'un nouvel article 80-5. Il « *permet d'assurer une continuité dans les investigations en cours, en évitant qu'il soit mis fin à ces mesures en cas d'ouverture d'information, le temps qu'elles soient à nouveau ordonnées par le juge d'instruction* » (Circ. Crim. 2019-8/H3, 5 avr. 2019, JUSD1910288C, n° 3.1.1).

Ainsi « *le procureur de la République peut, si la recherche de la manifestation de la vérité.../... nécessite que les investigations en cours ne fassent l'objet d'aucune interruption, autoriser les OPJ et APJ des services et unités de police judiciaire qui étaient chargés de l'enquête à poursuivre les opérations .../... pendant une durée ne pouvant excéder 48h à compter de la délivrance du réquisitoire introductif. Cette autorisation fait l'objet d'une décision écrite, spéciale et motivée, qui mentionne les actes dont la poursuite a été autorisée* ». Afin de préserver la sincérité des investigations en cours, « *L'autorisation délivrée par le procureur de la République n'est versée au dossier de la procédure qu'en même temps que les procès-verbaux relatant l'exécution et constatant l'achèvement des actes dont la poursuite a été autorisée et qui ont, le cas échéant, été prolongés par le juge d'instruction* », lequel « *peut à tout moment mettre un terme à ces opérations* ».

Ces dispositions ont été validées par le Cons. const., sous cette réserve d'interprétation que « *pour les actes d'enquête qui sont subordonnés à une autorisation préalable du JLD, la prolongation.../... ne saurait .../...conduire à excéder la durée initialement fixée par le JLD* » (Cons. const. 21 mars 2019, n° 2019-778 DC, § 214 et 215).

Le délai de 48 h 00, « *exprimé en heures, doit être calculé en heures, à compter de celle à laquelle le réquisitoire introductif a été établi* » (§ 13), cette heure pouvant notamment se déduire de manière certaine de l'heure « *figurant sur l'autorisation de poursuite des mesures en cours délivrée par le procureur de la République* » (§ 16) (Crim. 29 nov. 2022, n° 22-82.615, P).

B. Le réquisitoire supplétif poursuit les mêmes finalités (C. pr. pén., art. 80 et 82)

Lorsque des faits nouveaux sont portés à la connaissance du ministère public, notamment par le juge d'instruction qui doit dans ce cas immédiatement les lui communiquer (v. n° **15.31E**), le procureur de la République peut, par réquisitoire supplétif, requérir le juge d'instruction qu'il informe sur ces nouveaux faits (C. pr. pén., art. 80). Le procureur peut également ordonner une enquête distincte et lui donner toute suite qu'il estimera utile, ou ouvrir une information distincte, qui pourra le cas échéant être confiée au même juge par le président (C. pr. pén., art. 80 et 83, sur la désignation du juge d'instruction, v. n° **15.32C**).

À tout moment de l'information, le parquet peut aussi, par réquisitoire supplétif, requérir du juge d'instruction tous actes qui lui paraissent utiles à la manifestation de la vérité (C. pr. pén., art. 82). Ces réquisitions n'ont dans ce cas pas vocation à élargir la saisine du juge d'instruction, mais à orienter ses investigations.

Mentionnons que les autres parties peuvent également solliciter, par demande écrite et motivée, que le juge d'instruction procède à tous actes qui leur paraissent nécessaires à la manifestation de la vérité (C. pr. pén., art. 82-1).

Dans tous les cas, qu'il s'agisse d'élargir la saisine du juge d'instruction ou de solliciter des investigations particulières, le réquisitoire supplétif est interruptif de prescription (C. pr. pén., art. 9-2, v. n° **17.23A**).

C. Le cas de la réouverture de l'information sur charges nouvelles (C. pr. pén., art. 188 s.)

L'ouverture d'information doit être distinguée de la réouverture de l'information sur charges nouvelles qu'il appartient au parquet seul de requérir, exclusivement dans le cas où une personne mise en examen a fait l'objet d'une ordonnance ou d'un arrêt de non-lieu (C. pr. pén., art. 188 s. 196).

« *lorsque l'information judiciaire précédemment suivie a été clôturée par un arrêt de non-lieu, rendu par la CHINS, le juge d'instruction ne peut être de nouveau saisi [...]. En application [de C. pr. pén., art. 196], le procureur général a compétence exclusive pour soumettre à la CHINS, seule habilitée à en apprécier la valeur, les pièces lui paraissant contenir des charges nouvelles* » (Crim. 21 juin 2023, n° 22-82.701, P).

Si la voie du réquisitoire aux fins de réouverture de l'information est improprement choisie par le parquet contre une personne qui n'a jamais été mise en examen dans une information déjà terminée, l'acte peut être requalifié en réquisitoire introductif, et déterminer ainsi l'interruption de la prescription, la nullité des actes ultérieurs reste toutefois encourue en ce que cette modalité de saisine élude la procédure de désignation d'un juge d'instruction (v. n° **15.32C**) (Crim. 26 févr. 2008, n° 07-87.865, P n° 51).

Il est à souligner que le réquisitoire aux fins de réouverture de l'information ne figure pas dans la liste des actes interruptifs de l'action publique émanant du ministère public énumérée au C. pr. pén., art. 9-2 issu de L. n° 2017-242, 27 févr. 2017 (v. n° **17.23A**). Toutefois, cette énumération n'est pas limitative (Crim. 21 janv. 2020, n° 19-84.450, P). En outre, sont en toute hypothèse interruptifs de prescription les actes d'enquête antérieurs ou les actes ultérieurs du juge d'instruction tendant à la recherche et à la poursuite de l'auteur de l'infraction (C. pr. pén., art. 9-2 3°).

15.30 L'ouverture d'information : les conditions de forme et de fond du réquisitoire introductif

A. Les conditions essentielles et suffisantes de l'existence légale du réquisitoire introductif

S'agissant d'un acte de procédure, le réquisitoire introductif doit, pour satisfaire aux conditions essentielles de sa régularité, être daté et comporter une signature permettant d'identifier son auteur.

Le réquisitoire introductif ne peut être annulé « *que s'il ne satisfait pas en la forme aux conditions essentielles de son existence légale* » et sa validité ne peut notamment être remise en cause au regard de la suffisance des pièces et éléments sur lesquels le parquet s'est fondé pour ouvrir l'information.

En effet, le procureur de la République, « *à qui il appartient d'apprécier la suite à donner aux dénonciations qu'il reçoit, tient des articles 40, 41 et 80 du code de procédure pénale le droit de requérir l'ouverture d'une information* », « *au vu de tous renseignements dont il est destinataire* » (Crim. 10 janv. 2007, n° 04-87.245, P n° 7 ; Crim. 5 juin 2002, n° 01-87.656, P n° 129) ; ou au vu « *de simples renseignements qui ont pu lui être transmis* » (Crim. 21 févr. 1995, n° 94-83.336, P n° 75).

La validité du réquisitoire introductif ne peut également être remise en cause au regard des choix d'action publique effectués par le parquet, ainsi lorsqu'il choisit d'ouvrir une nouvelle information plutôt que de procéder à des réquisitions supplétives (Crim. 23 mars 1999, n° 98-86.263, P n° 51).

B. Les formules courantes du réquisitoire introductif

Dans la pratique, les mentions courantes du réquisitoire introductif sont les suivantes :

Le procureur de la République près le tribunal judiciaire de...

Vu les pièces jointes : (*références du procès-verbal annexé au réquisitoire et du service d'enquête, v. n°* **15.31B**) ;

Attendu qu'il en résulte contre : (*désignation de la personne ou X, v.* **C** *ci-dessous sur le réquisitoire pris contre personne dénommée ou non dénommée*) ;

Des indices graves ou concordants d'avoir : (*circonstances de temps et de lieu de l'infraction, qualification complète ou simplifiée des faits, v. n°* **15.31C** *sur le caractère indicatif et provisoire de la qualification choisie par le parquet*) ;

Faits prévus et réprimés par les articles : (*articles d'incrimination et de répression, n° natinf de l'infraction*) ;

Vu les articles 80 et 81 du code de procédure pénale ;

Requiert qu'il plaise à Madame, Monsieur le juge d'instruction, informer par toutes voies de droit et notamment :

☐ mettre en examen le(s) susnommé (s) ;

☐ saisir le JLD en vue du placement en détention de [...] (réquisitions jointes au visa des articles 137-1 et 144 du code de procédure pénale) ;

☐ être informé que s'il décide de ne pas saisir le JLD le procureur de la République saisira directement ce dernier par application de l'article 137-4 du code de procédure pénale ;

☐ placer le(s) susnommé(s) sous contrôle judiciaire ;

C. La portée du réquisitoire pris contre personne dénommée ou contre X

Selon l'analyse que le parquet effectue des « *indices graves et concordants* » lui permettant d'estimer que la personne a participé aux faits dont il saisit le juge d'instruction (C. pr. pén., art. 105), le « *réquisitoire peut être pris contre personne dénommée ou non dénommée* » (autrement dit, dans ce dernier cas, « *contre X* », ou « *contre X pouvant être...* ») (C. pr. pén., art. 80). L'exacte appréciation de ces indices par le procureur ne peut faire grief et constituer une cause de nullité d'un réquisitoire pris contre X car le juge d'instruction reste tenu, pour sa part, d'une double contrainte qui préserve les droits de la défense et qui l'affranchit à cet égard de l'analyse du parquet. D'une part, selon C. pr. pén., art. 105, « *quelles que soient les indications portées sur cet acte [le réquisitoire introductif], les personnes à l'encontre desquelles il existe des indices graves et concordants ne peuvent être entendues comme témoins* » (Crim. 27 févr. 2001, nº 00-86.747, P nº 50). D'autre part, selon C. pr. pén., art. 80-1, est nulle la mise en examen d'une personne contre laquelle il n'existe pas « *d'indices graves ou concordants rendant vraisemblable qu'elle ait pu participer, comme auteur ou complice, à la commission de l'infraction* » (sur les conditions de fond de la mise en examen, v. nº **11.78A**).

Notons toutefois l'incidence concrète de l'ouverture contre personne dénommée : quelle que soit la pertinence de l'analyse des charges opérée par le parquet, la personne nommément visée par un réquisitoire introductif ou supplétif que le juge d'instruction n'estime pas devoir mettre en examen est nécessairement entendue comme **témoin assisté**, elle ne pourra donc être entendue que par le juge d'instruction et non par un OPJ chargé d'une commission rogatoire (C. pr. pén., art. 113-2, v. nº **11.77B1**).

15.31 L'ouverture d'information : le réquisitoire introductif ou supplétif délimite la saisine in rem du juge d'instruction

A. Le juge d'instruction ne peut se saisir lui-même et le réquisitoire détermine sa saisine

Compte tenu du principe de séparation des autorités de poursuite et de jugement (C. pr. pén., art. préliminaire) et du principe d'indépendance et d'impartialité régissant l'action du juge, le juge d'instruction, qui n'est certes pas une autorité de jugement mais qui dispose de pouvoirs juridictionnels inhérents à sa qualité de magistrat du siège et de juridiction d'instruction du premier degré, ne peut donc se saisir lui-même et « *ne peut informer qu'en vertu d'un réquisitoire du procureur de la République* » (C. pr. pén., art. 51 et 80).

C'est le réquisitoire introductif qui détermine donc l'étendue de la saisine du juge d'instruction, au vu de laquelle pourra être appréciée la validité des actes d'information réalisés directement par ce dernier (C. pr. pén., art. 81) ou délégués à un autre magistrat ou un OPJ sur commission rogatoire, puisqu'il ne peut en effet « *prescrire que des actes d'instruction se rattachant directement à la répression de l'infraction visée aux poursuites* » (C. pr. pén., art. 151) : « *le juge d'instruction ne peut informer que sur les faits dont il est régulièrement saisi et.../...la personne mise en examen a qualité pour contester la régularité des actes accomplis par le juge d'instruction en méconnaissance des limites de sa saisine* » (Crim. 8 juin 2017, nº 17-80.709, P nº 159).

Les infractions connexes ou indivisibles qui n'auraient pas été visées par le réquisitoire introductif ni comprises dans les pièces jointes peuvent néanmoins se rattacher à la saisine initiale du juge d'instruction. Soulignons que C. pr. pén., art. 203 et la jurisprudence qui l'interprète, à la lumière notamment de la notion d'infractions « *formant un ensemble indivisible* » visée au C. pr. pén., art. 335 (procédure devant la cour d'assises) et 382 (compétence du tribunal correctionnel), fonde l'extension aux infractions connexes de la compétence territoriale du procureur de la République (C. pr. pén., art. 43) et du juge d'instruction (C. pr. pén., art. 52) saisis d'un fait principal (sur la définition de la connexité, v. nº **17.23B4**). De plus, C. pr. pén., art. 9-2 prévoit l'interruption croisée des prescriptions pour les faits principaux et connexes (v. nº **17.23B4**). La jurisprudence admet en conséquence que la juridiction d'instruction n'a pas excédé les limites de sa saisine en instruisant sur une infraction en « *lien indivisible* » avec celle dont elle est saisie (Crim. 29 nov. 1983, nº 83-90.349, P nº 321), de même que le juge d'instruction saisi de faits de blanchiment commis en France est fondé à instruire et à mettre supplétivement en examen pour des actes commis à l'étranger « *indivisibles de ceux commis en France dont ils n'étaient que le prolongement* » (§ 10) (Crim. 13 oct. 2020, nº 20-81.199, P). Elle admet également que le juge d'instruction puisse instruire sur des faits « *postérieurs à sa saisine* » sans réquisitoire supplétif lorsqu'il était saisi d'« *infractions à la législation des stupéfiants [qui]* *avaient été commises et [qui] se commettaient* » (Crim. 4 août 1998, nº 98-82.622, P nº 222), ou, s'agissant de faits d'association de malfaiteurs et d'infractions à la législation des stupéfiants, que le juge puisse régulièrement mettre en œuvre ses pouvoirs d'instruction à l'occasion de faits nouveaux « *pour établir les infractions [dont il était saisi] et dont ils constituaient le prolongement* » (Crim. 6 déc. 2016, nº 16-84.631, D ; dans le même sens : Crim. 14 janv. 2014, nº 13-84.909, P nº 8 ; Crim. 6 mai 2014, nº 13-88.597, D), ou, s'agissant de trafic de scooters volés, lorsque les « *faits découverts étaient le prolongement, s'agissant d'un mode opératoire identique qui se traduisait par des infractions successives, étroitement liées aux précédentes* » (Crim. 24 juin 2015, nº 14-86.817, D).

Il en résulte, en toute hypothèse, que la cohérence entre les actes d'information et le périmètre de la saisine du juge d'instruction doit constituer un point d'attention constant pour le magistrat instructeur comme pour l'OPJ chargé par ce dernier de l'exécution d'une commission rogatoire (sur l'exécution de la commission rogatoire et la saisine du juge d'instruction, v. nº **11.18** s. ; sur la nullité d'une mise en examen pour des faits non compris dans la saisine du juge d'instruction, v. nº **11.78D1**).

B. Les pièces jointes et visées au réquisitoire introductif ou supplétif déterminent également la saisine in rem du juge d'instruction

Selon la jurisprudence, l'étendue de la saisine *in rem* s'apprécie non seulement au regard des termes du réquisitoire introductif mais aussi au vu des pièces qui y sont jointes. « *le visa, dans le réquisitoire introductif, des pièces qui y sont jointes équivaut à une analyse desdites pièces, lesquelles déterminent, par les indications qu'elles contiennent, l'objet exact et l'étendue de la saisine du juge d'instruction* » (Crim. 8 juin 2005, nº 05-82.012, P nº 173).

Dans une affaire où le mis en examen « *a invoqué la nullité du réquisitoire introductif au motif que celui-ci portait simplement la mention "Vu les pièces jointes", sans aucune référence à ces pièces* », la Ch. crim. a ainsi confirmé le rejet de cette demande au motif « *qu'il n'est pas contesté que les procès-verbaux d'enquête préliminaire ont été annexés au réquisitoire introductif et que le simple visa, dans ce réquisitoire, des pièces qui y étaient jointes équivaut à une analyse desdites pièces, analyse à laquelle la chambre d'accusation a procédé souverainement* » (Crim. 29 sept. 1992, nº 92-83.464, P nº 288).

Le juge est tenu de vider sa saisine, c'est-à-dire de statuer sur tous les faits dont il a été saisi. Ainsi, lorsque le juge d'instruction, qui ne peut apprécier en opportunité la suite à donner aux faits dénoncés, a omis de statuer, la CHINS est tenue d'« *annuler la décision entreprise en ce qu'elle s'est bornée à examiner les faits pour lesquels les personnes visées par la plainte ont été mises en examen, omettant ainsi de statuer sur l'ensemble des faits dénoncés [...] puis, [...] soit évoquer et [instruire], soit renvoyer le dossier de la procédure au même juge d'instruction ou à tel autre afin de poursuivre l'information sur les faits omis* » (Crim. 30 mars 2021, nº 21-80.141, P).

C. Le juge d'instruction, tenu d'informer, reste maître de la qualification des faits et de la recherche de tout auteur ou complice des faits dont il est saisi

1. Les qualifications et les textes visés par le ministère public ou la partie civile ne lient pas le juge d'instruction qui est tenu de rechercher toutes les qualifications possibles

Non seulement le juge d'instruction n'est pas lié par les qualifications provisoirement données aux faits par le parquet, expression du principe de séparation des autorités de poursuite et de jugement, mais il a le devoir d'instruire en recherchant notamment toutes les qualifications applicables aux faits.

Ainsi, « *il résulte de la combinaison des dispositions des articles 51 et 80 du Code de procédure pénale que le juge d'instruction est saisi des faits dénoncés par les réquisitoires introductif ou supplétif indépendamment des textes de loi visés par le ministère public* » (Crim. 16 nov. 1987, nº 87-85.176, P nº 405) ou « *indépendamment de la qualification provisoirement donnée à ces faits par le procureur de la République* » (Crim. 18 févr. 1975, nº 75-90.088, P nº 56), « *le juge d'instruction n'est pas lié par la qualification provisoire donnée aux faits par le procureur de la République.../... la qualification définitive ne pouvant être donnée aux faits poursuivis qu'à la fin de l'information* » (Crim. 11 févr. 1992, n° 91-86.066, P n° 63).

« *les juridictions d'instruction qualifient librement les faits dont elles sont saisies et au regard desquels elles ont l'obligation d'informer* » (Crim. 19 déc. 2012, n° 12-81.043, P n° 285).

« *il n'importe que le plaignant ait mal qualifié l'infraction qui pouvait être constituée ; qu'il appartenait à la juridiction d'instruction qui s'en trouvait saisie d'examiner les faits, objet de la plainte, sous toutes les qualifications possibles* » (Crim. 23 janv. 1990, n° 89-83.236, P n° 43).

« *selon ces textes* [C. pr. pén., art. 85 et 86], *la juridiction d'instruction régulièrement saisie d'une plainte avec constitution de partie civile a le devoir d'instruire, quelles que soient les réquisitions du ministère public ; que cette obligation ne cesse .../... que si, pour des causes affectant l'action publique elle-même, les faits ne peuvent comporter légalement une poursuite ou si, à supposer les faits démontrés, ils ne peuvent admettre aucune qualification pénale* » (Crim. 4 janv. 2005, n° 03-84.652, P n° 1 ; dans le même sens : Crim. 30 mars 2021, n° 21-80.141 (§ 7), P).

Mentionnons enfin que « *ni le procureur de la République [...], lorsque ce magistrat requiert l'ouverture d'une information sur une plainte avec constitution de partie civile, ni le juge d'instruction ne peuvent apprécier en opportunité la suite à donner aux faits qui sont dénoncés par ladite plainte* » (§ 10) (Crim. 30 mars 2021, n° 21-80.141, P).

Le devoir de mieux qualifier les faits et la saisine « *in rem* » permettent également au juge d'instruction d'instruire sur toutes les circonstances, notamment aggravantes de l'infraction, y compris celles qui n'ont pas été expressément désignées dans le réquisitoire introductif.

Doivent ainsi être distinguées des faits nouveaux étrangers à la saisine du juge d'instruction les circonstances de l'infraction dont il est saisi. En effet « *les circonstances dans lesquelles les faits ont été commis ne constituent pas en elles-mêmes des faits nouveaux ; que dès lors le juge, saisi in rem n'était pas tenu .../..., de communiquer la procédure au parquet pour pouvoir les retenir* » (Crim. 27 juill. 1970, n° 69-92.968, P n° 249). Dans cette espèce, le juge d'instruction saisi sous la qualification d'homicide volontaire pouvait donc inculper l'intéressé d'assassinat, le guet-apens ne constituant pas un fait nouveau mais une circonstance aggravante.

De même, saisi du chef délictuel d'homicide involontaire par le réquisitoire introductif, le juge d'instruction est fondé à mettre la personne en examen du chef criminel d'homicide volontaire, dès lors que sa saisine « *qui s'étendait à toutes les circonstances dans lesquelles la victime avait trouvé la mort et sur lesquelles s'était fondé le réquisitoire introductif, permettait à ce juge d'apprécier la qualification qu'il entendait donner aux faits dont il était saisi* » (Crim. 16 déc. 2020, n° 20-83.773, P).

2. La saisine *in rem* impose au juge d'instruction de rechercher tous auteurs et complices de l'infraction

Saisi « *in rem* », c'est-à-dire à raison des faits, le juge d'instruction peut et doit donc instruire contre toute personne, auteur ou complice de ces mêmes faits, désignée ou non dans le réquisitoire introductif, que l'information viendrait à identifier.

« *le juge d'instruction est tenu de rechercher les personnes ayant pu participer, comme auteur ou comme complice, à la commission des infractions dont il se trouve saisi ; que cette obligation s'impose également à la CHINS* » (Crim. 16 mars 2016, n° 15-87.675, P n° 84). « *En effet en vertu de C. pr. pén., art. 80, al. 3 le juge d'instruction a le pouvoir d'inculper toute personne ayant pris part comme auteur ou complice aux faits qui lui sont déférés* » (Crim. 31 janv. 1983, n° 82-90.516, P n° 40).

D. Les investigations compatibles avec le cadre de la saisine (renvoi)

Selon les précisions apportées au titre des conditions d'exécution de la commission rogatoire, restent compatibles avec le cadre de la saisine les investigations qui ont pour finalité d'éclairer les circonstances de l'infraction ou de rechercher son produit direct ou indirect (v. n° 11.18B2), de mêmes que celles qui portent sur les infractions en lien indivisible avec celles visées dans la saisine (v. n° 11.18B3).

E. Le constat sommaire et non coercitif des infractions étrangères à la saisine du juge d'instruction (renvoi)

Il est renvoyé sur ce point aux conditions d'exécution de la commission rogatoire détaillées au n° **11.18C**.

15.32 L'ouverture d'information : la compétence, la spécialisation et la désignation du juge d'instruction

A. Les fonctions de juge d'instruction et la compétence des pôles de l'instruction

1. Les fonctions de juge d'instruction

C. pr. pén. fixe les règles relatives à la compétence, à l'organisation et au fonctionnement de la juridiction d'instruction (COJ, art. L. 213-11 et C. pr. pén., art. 49 s.). Les fonctions de juge d'instruction sont exercées par un magistrat du siège du second ou du premier grade, désigné par décret, pour une durée maximale de 10 années au sein du même tribunal (Ord. n° 58-270, 22 déc. 1958, art. 28-3, D. n° 93-21, 7 janv. 1993, art. 3 et 4). En cas d'empêchement du juge d'instruction, le tribunal judiciaire désigne l'un de ses membres pour le remplacer (C. pr. pén., art. 50). Cette désignation du remplaçant est faite par l'assemblée générale des magistrats du siège ou par le président en cas d'urgence constatée (COJ, art. R. 212-36 ; sur l'application de ces dispositions et l'incidence d'une désignation irrégulière, v. Crim. 11 sept. 2019, n° 19-83.878, P). Notons qu'« *aucune disposition légale n'interdit, dans l'intérêt d'une bonne administration de la justice, d'anticiper la désignation d'un ou plusieurs magistrats afin de permettre, conformément aux dispositions de C. pr. pén., art. 50, al. 4, dans le seul cas d'empêchement du titulaire, son remplacement par un magistrat disponible dont la nomination présente, en raison de son processus de désignation par l'assemblée générale du tribunal de grande instance, toute garantie d'impartialité, sans que, par ailleurs, la désignation de plusieurs remplaçants potentiels puisse avoir pour effet de créer temporairement un second juge d'instruction* » (§ 13) (Crim. 2 mars 2021, n° 20-84.004, P). En revanche, ne satisfait pas aux exigences de C. pr. pén., art. 50 l'ordonnance de roulement qui attribue le remplacement du juge d'instruction « *le cas échéant, en cas de nécessité, à tout autre magistrat du siège* » (§ 7), car « *en permettant par avance et de manière indifférenciée à l'ensemble des magistrats du siège de la juridiction de remplacer les juges d'instruction empêchés, l'assemblée générale n'a pas procédé à la désignation nominative exigée* » (§ 11) (Crim. 20 sept. 2022, n° 22-84.038, P).

Enfin, si le premier président de la cour d'appel délègue un juge au tribunal (COJ, art. L. 121-4), il peut le charger temporairement de l'instruction par voie d'ordonnance (C. pr. pén., art. 50).

2. L'organisation territoriale de la juridiction d'instruction : juridictions pôles de l'instruction et juridictions non pôles

Il y a en principe, « *un ou plusieurs juges d'instruction par département* », sauf dans les tribunaux judiciaires désignés par décret (C. pr. pén., art. 52-1).

« *Dans certains tribunaux judiciaires, les juges d'instruction sont regroupés au sein d'un pôle de l'instruction* » (C. pr. pén., art. 52-1), selon la liste fixée par C. pr. pén., art. D. 15-4-4. Leur compétence s'étend au ressort des tribunaux judiciaires dépourvus d'un pôle de l'instruction (C. pr. pén., art. 52-1). À titre d'exemple, la compétence du pôle de l'instruction du TJ de Besançon s'étend aux ressorts des TJ de ~~Dôle~~ (TGI supprimé, devenu Tribunal de proximité), Lons-Le-Saunier, ~~Lure~~ (TGI supprimé, devenu Tribunal de proximité) et Vesoul, chacun pourvus de juges d'instruction.

Les juges d'instruction composant un pôle de l'instruction « *sont seuls compétents pour connaître des informations en matière de* <u>*crime*</u> » et le demeurent en cas de requalification des faits dans le cours de l'information, ou pour « *connaître des informations donnant lieu à une* <u>*cosaisine*</u> » (sur la cosaisine, v. **C** ci-dessous) (C. pr. pén., art. 52-1).

Toutefois, depuis L. n° 2021-1729, 22 déc. 2021, selon les précisions apportées au n° **15.29A1**, le procureur de la République peut saisir la juridiction non pôle pour instruire sur les crimes relevant de la compétence de la cour criminelle départementale (sur la compétence de la cour criminelle départementale, v. n° **17.15B2**), sauf si la gravité des faits ou leur complexité justifie la saisine du pôle de l'instruction (C. pr. pén., art. 52-1 et 80, mod. L. n° 2021-1729, 22 déc. 2021, C. pr. pén., art. D. 31-4 et D. 32-2-3, issus D. n° 2022-546, 13 avr. 2022).

Précisons que lorsqu'une qualification criminelle est substituée à une qualification délictuelle au cours de l'information, le juge d'instruction d'une juridiction non pôle se dessaisit désormais au profit de la juridiction pôle « *lorsque la gravité ou la complexité de l'affaire le justifie* », ce dessaisissement auparavant obligatoire est donc désormais facultatif (C. pr. pén., art. 118, mod. L. n° 2021-1729, 22 déc. 2021).

Les conditions de concertation, pour la direction de l'enquête et l'ouverture de l'information, entre le procureur de la République en charge de l'enquête initiale et celui qui est compétent auprès du tribunal pourvu d'un pôle de l'instruction, sont réglées par C. pr. pén., art. D. 15-4-1 à D. 15-4-3, notamment pour l'ouverture devant une juridiction non pôle d'une information portant sur un crime relevant de la cour criminelle départementale (C. pr. pén., art. D. 15-4-1 mod. par D. n° 2022-546, 13 avr. 2022).

B. La compétence territoriale du juge d'instruction (C. pr. pén., art. 52)

En cohérence avec la compétence territoriale du procureur de la République (C. pr. pén., art. 43), est compétent le juge d'instruction du lieu de l'infraction, celui de la résidence de l'une des personnes soupçonnées d'avoir participé à l'infraction et celui du lieu d'arrestation ou de détention, même pour une autre cause, de l'une de ces personnes (C. pr. pén., art. 52). La résidence ou le siège social de la victime n'est pas un critère de compétence territoriale, à l'exception toutefois du cas du crime ou du délit réalisé au moyen d'un réseau de communication électronique. Est alors compétent, en concurrence avec les autres critères, le juge d'instruction du lieu de résidence ou du siège des personnes physiques ou morales victimes de l'infraction (C. pr. pén., art. 52 et C. pén., art. 113-2-1, v. n° **10.5A2** et **10.5C**). Rappelons que la compétence territoriale du juge d'instruction d'un pôle d'instruction s'étend aux juridictions non pôles qui y sont rattachées en application de C. pr. pén., art. 52-1 et R. 15-4-4.

« *en vertu des dispositions de l'article 203 du Code de procédure pénale, la compétence du procureur de la République prévue par l'article 43, comme celle du juge d'instruction définie par l'article 52 du même code, s'étend aux infractions de toute nature, même commises en dehors de la circonscription de ces magistrats, lorsqu'elles sont connexes à celles dont ils sont déjà saisis* » (Crim. 30 mai 1996, n° 95-85.954, P n° 226).

C. La désignation d'un ou plusieurs juges d'instruction par le président du tribunal

1. La mesure de désignation du juge d'instruction chargé de l'affaire (C. pr. pén., art. 83)

Pour chaque affaire, le magistrat instructeur chargé d'instruire l'information ouverte par le procureur de la République est, s'il existe plusieurs juges d'instruction dans la juridiction, désigné par le président du tribunal (C. pr. pén., art. 83). Le président transmet le dossier assorti de sa décision au juge d'instruction désigné (C. pr. pén., art. D. 28). Il peut à cette fin établir un tableau de roulement désignant les juges d'instruction provisoirement chargés des informations ouvertes la nuit, les dimanches et jours fériés (C. pr. pén., art. 83 et D. 30).

En toute hypothèse, cette désignation est une mesure d'administration judiciaire non susceptible de recours (C. pr. pén., art. 83). Il est donc jugé que « *l'absence de désignation régulière du magistrat instructeur* » ne saurait faire grief « *dès lors que le mode de désignation du juge d'instruction chargé d'une affaire déterminée constitue un acte d'administration judiciaire qui n'intéresse pas les droits des parties, lesquelles ne sauraient en discuter ni la régularité ni l'existence* » (Crim. 11 juin 1996, n° 96-81.312, P n° 244). La Ch. crim. a toutefois estimé qu'il en était autrement en l'absence de toute désignation du magistrat par le président du tribunal. Est ainsi nulle l'information improprement rouverte pour survenance de charges nouvelles au visa de

C. pr. pén., art. 188 à 190, alors que les faits auraient dû donner lieu à l'ouverture d'une nouvelle information (après la clôture de l'information initiale, le résultat d'empreintes génétiques révélait la participation d'une personne qui n'avait jamais été mise en examen), la nullité résultant non de l'inexacte qualification du réquisitoire introductif, mais du fait que cette voie procédurale avait éludé la désignation du magistrat instructeur par le président (Crim. 26 févr. 2008, n° 07-87.865, P n° 51).

2. La désignation d'un ou plusieurs juges d'instruction adjoints au magistrat chargé de l'affaire (cosaisine) (C. pr. pén., art. 83-1)

Successivement reportées par les lois n° 2009-526, 12 mai 2009, art. 136, n° 2010-1657, 29 déc. 2010, art. 163, n° 2013-1278, 29 déc. 2013, art. 129, n° 2014-1654, 29 déc. 2014, art. 98, les dispositions de la L. n° 2007-291, 5 mars 2007, art. 1, instituant dans un nouvel article 83 du code de procédure pénale l'instruction systématique des affaires par « *une formation collégiale de trois juges d'instruction* », ont été abrogées par L. n° 2016-1547, 18 nov. 2016, art. 25.

Les dispositions qui suivent, qui prévoyaient de façon transitoire la cosaisine facultative de plusieurs juges d'instruction, sont alors devenues permanentes (L. n° 2016-1547, 18 nov. 2016, art. 25). « *Lorsque la gravité ou la complexité de l'affaire le justifie, l'information peut faire l'objet d'une cosaisine* » (C. pr. pén., art. 83-1) : d'office ou sur demande du ministère public, du juge d'instruction saisi ou sur requête des parties déposée selon le formalisme prévu par C. pr. pén., art. 81 pour les demandes d'acte, le président du tribunal peut en effet désigner un ou plusieurs juges d'instruction pour être adjoints au juge d'instruction chargé de l'information.

À défaut d'être ainsi ordonnée, la cosaisine peut être décidée par le président de la CHINS agissant d'office ou sur demande du président du tribunal, du ministère public ou sur requête des parties, ou par la CHINS saisie par le président dans le cas où l'instruction est ouverte dans une juridiction dépourvue de pôle de l'instruction, situation imposant un dessaisissement du juge d'instruction.

Les décisions du président du tribunal, du président de la CHINS ou de la CHINS sont des mesures d'administration judiciaire non susceptibles de recours.

Le juge d'instruction initialement saisi « *coordonne le déroulement* » de l'information, il a seul qualité pour saisir le JLD (ex. en matière de détention provisoire, C. pr. pén., art. 137-1, v. n° **12.38B3**), pour ordonner une mise en liberté d'office (sur la mise en liberté d'office, C. pr. pén., art. 147, v. n° **12.43B2**) ou pour rendre l'avis de fin d'information prévu par C. pr. pén., art. 175 (C. pr. pén., art. 83-2).

D. La compétence spécialisée de certaines juridictions – renvoi, v. n° 17.16

Selon les précisions apportées au n° **17.16**, pour certains contentieux spécialisés (critère de compétence matérielle), la compétence territoriale d'un tribunal judiciaire est étendue par la loi ou par décret au territoire national ou au ressort de plusieurs cours d'appel pour l'enquête, la poursuite, **l'instruction** et le jugement. Ces compétences s'exercent, en général et sauf cas particuliers, en concurrence avec celles résultant des règles de droit commun exposées au n° **17.15**.

E. L'ouverture d'information contre un mineur : le principe de spécialisation de la justice des mineurs

Les règles régissant la spécialisation de la justice des mineurs, au moyen de « *mesures adaptées à leur âge et à leur personnalité, prononcées par une juridiction spécialisée ou selon des procédures appropriées, ont été constamment reconnues par les lois de la République* » et sont donc érigées en un principe fondamental reconnu par les lois de la République (Cons. const. 29 août 2002, n° 2002-461 DC, § 26).

Au sein de chaque tribunal judiciaire dans le ressort duquel un tribunal pour enfant a son siège (liste annexée au tableau XIV du COJ, art. D. 251-1), un ou plusieurs juges d'instruction désignés par le premier président (COJ, art. R. 213-13, CJPM, art. D. 221-1) et un ou plusieurs magistrats du parquet désignés par le procureur général (COJ, art. R. 212-13) sont chargés spécialement des affaires concernant les mineurs (s'agissant de la spécialisation des juridictions de jugement des mineurs, v. n° **17.15E**). Cette désignation spéciale est également imposée, pour les magistrats du parquet et les juges d'instruction des juridictions pôles de l'instruction, par C. pr. pén., art. D. 15-4-8 devenu CJPM, art. D. 211-1 et D. 221-1, et plus généralement par CJPM, art. L. 12-1 s'agissant des magistrats du siège, L. 12-2 s'agissant des magistrats du parquet. Hors remplacement « *pour cause d'urgence ou d'empêchement* » (§ 10), des réquisitions de placement en détention par un magistrat du parquet non spécialisé, « *ainsi prises par un magistrat incompétent, n'ont pu valablement saisir le juge d'instruction ni le JLD* » (§ 12) (Crim. 13 avr. 2023, n° 23-80.470, P).

Depuis l'entrée en vigueur du CJPM, le juge des enfants a perdu les compétences concurrentes de juge d'instruction qui lui étaient auparavant conférées par Ord. n° 45-474, 2 févr. 1945, art. 8, pour instruire du chef de délit ou de contravention de 5ᵉ cl. commis par un mineur. Cette compétence ne s'étendait toutefois pas aux crimes commis par un mineur, qui relevaient de la compétence exclusive du juge d'instruction (Ord. n° 45-474, 2 févr. 1945, art. 5).

Lorsque le procureur de la République ouvre une information dans un tribunal judiciaire qui n'est pas le siège d'un tribunal pour enfants, le juge d'instruction peut procéder à tout acte urgent d'information, à charge pour lui de se dessaisir dans le plus bref délai au profit du juge d'instruction du siège du tribunal pour enfants, tant à l'égard du mineur que des majeurs à l'encontre desquels l'information est ouverte (CJPM, art. L. 221-1).

Le juge d'instruction jouit, pour les mineurs, de la plénitude des attributions prévues par le C. pr. pén., dans la limite des dispositions particulières prévues par le CJPM (anc^{t} Ord. n° 45-474, 2 févr. 1945, art. 9, devenu notamment CJPM, art. L. 13-1).

15.33 Le règlement des dossiers d'instruction par le parquet puis le juge d'instruction : le réquisitoire définitif et l'ordonnance de règlement

A. Les principes du réquisitoire définitif et de l'ordonnance de règlement

Les procédures d'instruction sont closes par une ordonnance de règlement rendue par le juge d'instruction après communication au ministère public qui doit lui adresser ses réquisitions *motivées* (L. n° 2007-291, 5 mars 2007) dites « réquisitoire définitif » dans le délai de trois mois, ou d'un mois si le mis en examen est détenu (C. pr. pén., art. 175). Copie de ses réquisitions est adressée dans en même temps aux avocats des parties par lettre recommandée (L. n° 2007-291, 5 mars 2007). « *Il est.../...hautement opportun que cet envoi puisse être réalisé par le greffier du juge d'instruction, traditionnellement chargé des notifications aux avocats au cours de l'instruction, dès la réception du réquisitoire, d'autant que c'est ce fonctionnaire qui, dans le logiciel Instru, a accès aux données – à jour – concernant l'identité et l'adresse des avocats constitués dans le dossier* » (Circ. Crim. 07-10-E8, 22 juin 2007, NOR : JUSD0730041C, n° 2.4.1.2 (1)). Si cet envoi n'a pas été réalisé par le parquet, le greffier du juge d'instruction ou le secrétariat commun y procède, le cas échéant par un moyen de communication électronique (C. pr. pén., art. D. 40-1).

Le Cons. const. considère que, dès lors qu'est reconnue aux parties la liberté de choisir d'être assistées d'un avocat ou de se défendre seules, sont inconstitutionnelles comme contraires aux principes d'égalité devant la loi, du contradictoire et aux droits de la défense, les dispositions du C. pr. pén., art. 175 qui réservent aux seuls avocats des parties la notification des réquisitions définitives du parquet (Cons. const. 9 sept. 2011, n° 2011-160 QPC, § 4 et 5). Il s'en déduit désormais que les réquisitoires définitifs sont également directement notifiés aux parties non assistées par un avocat (personne mise en examen, témoin assisté et partie civile (Circ. Crim. AP 10-780-D2, 12 sept. 2011, n° 2), ce dont a pris acte la L. n° 2019-222, 23 mars 2019 modifiant C. pr. pén., art. 175).

Les textes ne soumettent pas le réquisitoire de règlement du parquet à des conditions de forme ou de fond spécifiques, qui pourraient influencer la validité de la procédure.

Au demeurant, « *il résulte des principes généraux du droit qu'un acte de procédure doit être signé par le magistrat dont il émane* », à défaut de signature, « *le réquisitoire du ministère public étant inexistant, il s'ensuit que le juge d'instruction ne pouvait dans ces circonstances clôre l'information avant l'expiration du délai prescrit par C. pr. pén., art. 175* » (Crim. 6 juin 1988, n° 88-81.990, P n° 249).

C. pr. pén., art. 184 précise cependant que les ordonnances de règlement du juge d'instruction « *contiennent les nom, prénoms, date, lieu de naissance, domicile et profession de la personne mise en examen. Elles indiquent la qualification légale du fait imputé à celle-ci et, de façon précise, les motifs pour lesquels il existe ou non contre elle des charges suffisantes.* » « *Cette motivation est prise au regard des réquisitions du ministère public et des observations des parties qui ont été adressées au juge d'instruction.../...en précisant les éléments à charge et à décharge concernant chacune des personnes mises en examen* » (L. n° 2007-291, 5 mars 2007).

Quant à elle, « *L'ordonnance de mise en accusation contient, à peine de nullité, l'exposé et la qualification légale des faits, objet de l'accusation, et précise l'identité de l'accusé* » (C. pr. pén., art. 181).

Des exigences de motivation comparables s'imposent pour l'arrêt de règlement ou l'arrêt de mise en accusation (C. pr. pén., art. 213 et 215, réd. L. n° 2016-731, 3 juin 2016).

Enfin, l'ordonnance de renvoi ou de mise en accusation (ou l'arrêt de mise en accusation) précise également, s'il y a lieu, que l'accusé bénéficie des dispositions relatives aux repentis (C. pr. pén., art. 179, 181 et 215) (sur l'exemption ou la réduction de peine applicable au repenti, v. n° **18.8D**).

Dans la pratique juridictionnelle, le parquet rédige ses réquisitions de règlement en répondant aux exigences des articles susvisés. Dans la plupart des cas le juge d'instruction en adopte tout ou partie des motivations et qualifications légales.

« *Il apparaît opportun que dans son réquisitoire, le procureur de la République, spécialement s'il conclut au renvoi d'une personne mise en examen devant la juridiction de jugement, ne se borne pas à récapituler les éléments à charge existant dans le dossier [...], mais fasse également état [...] des éléments à décharge, afin d'établir que ceux-ci ne lui paraissent toutefois pas pertinents.../...pour justifier un non-lieu* » (Circ. Crim. 07-10-E8 22 juin 2007, n° 2.4.2.2).

À cet égard, il a été jugé qu'il n'y avait pas lieu de prononcer la nullité d'une ordonnance de renvoi strictement conforme au réquisitoire définitif du parquet dans la mesure où aucune des parties n'avait formulé d'observation dans le cadre de C. pr. pén., art. 175 et que le réquisitoire avait examiné tant les éléments à charge qu'à décharge concernant le mis en examen (Crim. 2 mars 2011, n° 10-86.940, P n° 47).

C. pr. pén., art. 385 prévoit qu'il n'y a pas lieu à nullité lorsque l'ordonnance de renvoi n'a pas été rendue conformément à C. pr. pén., art. 184, lequel impose la motivation précise des charges, mais au renvoi de la procédure au ministère public pour lui permettre de saisir à nouveau la juridiction d'instruction afin que la procédure soit régularisée (sur ce point, v. n° **17.27B**).

Les structures du réquisitoire définitif et de l'ordonnance de règlement obéissent en fait à la composition tripartite de toute décision juridictionnelle : **1. Partie liminaire** identifiant la juridiction, les parties et la nature de la décision ; **2. Exposé de la cause et discussion** (rappels des faits constants, arguments des parties, motivation de la décision) ; **3. Décision** (dispositif).

Les développements suivants, qui concernent les réquisitoires définitifs, valent également, sous réserve d'adaptations de pure forme, pour les ordonnances de règlement.

Ils rappellent un certain nombre d'éléments dégagés par la pratique, mais ne constituent en aucun cas un cadre incontournable.

B. L'EN-TÊTE

1. IDENTIFICATION DE LA JURIDICTION ET DES MAGISTRATS

V. un exemple s^{s} n° 15.3315.33C.

2. IDENTIFICATION DU DOSSIER

V. un exemple s^{s} n° 15.3315.33C.

3. INTITULÉ DU RÉQUISITOIRE

Le titre « réquisitoire définitif » peut convenir, mais en pratique l'acte sera intitulé en fonction des solutions requises par le parquet : réquisitoire définitif aux fins de :

– renvoi devant le tribunal correctionnel ;

– renvoi devant le tribunal de police ;

– renvoi devant le tribunal pour enfant ;

– transmission de pièces au procureur général ;

– mise en accusation devant la cour d'assises ;

– non-lieu ;

– requalification.

Ces diverses orientations peuvent se conjuguer dans un intitulé composite.

EXEMPLE D'UN CRIME REPROCHÉ À UN MINEUR

Cas d'un crime reproché à un mineur, finalement qualifié délit, commis avec un majeur renvoyé devant la cour d'assises :

« Réquisitoire définitif aux fins de requalification, de mise en accusation devant la cour d'assises, et de renvoi devant le tribunal pour enfants. »

4. IDENTIFICATION DES MIS EN EXAMEN

Afin de se conformer à l'article 184 du code de procédure pénale, doivent être indiqués les nom, prénoms, date, lieu de naissance, domicile et profession des personnes mises en examen.

La nationalité, la date du mandat de dépôt, de la mise en liberté ou du contrôle judiciaire sont utilement précisés.

5. RAPPEL DES CHEFS DE MISE EN EXAMEN

Le règlement du dossier impose un examen très attentif des chefs de mise en examen, en considération desquels seront orientées l'analyse du dossier et les réquisitions finales. Il convient à cet égard de se référer aux interrogatoires de première comparution ainsi qu'aux interrogatoires suivants.

L'énoncé dans l'en-tête du réquisitoire des chefs d'examen de chaque personne concernée suppose un certain nombre de vérifications et induit une première analyse du dossier.

C. Un exemple d'en-tête

Juge d'instruction : M. P. SCHOLEM
Cour d'Appel de PARIS
Tribunal judiciaire de MELUN
Parquet du Procureur de la République

Substitut : M. J.-C. CROCQ
N° parquet : XXXX
N° Instruction : XXXX

RÉQUISITOIRE DÉFINITIF

de non-lieu partiel, de requalification, de renvoi devant le tribunal correctionnel et le tribunal pour enfants

Le procureur de la République près le tribunal judiciaire de Melun,
Vu les pièces de l'information suivie contre :

1) **JACQUES Jean-Pierre,** né le 15 avril 1993 à Limoges (87),
nationalité : française. Sans emploi.
15, allée des Civettes 77000 MELUN.
MD (mandat de dépôt) du 25 juillet 2023. OMLCJ (ordonnance de mise en liberté sous contrôle judiciaire) du 15 septembre 2023.

2) **MENDES Joao,** né le 2 mai 2006 à Porto (Portugal),
nationalité : portugaise. Lycéen.
cité des Coteaux, 91000 Évry.
LS (liberté surveillée) du 25 juillet 2023.

3) **CARMOZ Gilberte** ép. JACQUES, née le 18 mars 1991 à PARIS – 18e,
nationalité : française.
15, allée des Civettes, 77000 Melun.
CJ (contrôle judiciaire) du 5 septembre 2023.

du chef de :

vols avec effraction en récidive, dégradations volontaires,
refus d'obtempérer, conduite sans permis ;
complicité de vol avec effraction ;
recel de vol avec effraction.

NB. Les identifiants ci dessus sont purement fictifs

15.34 Le réquisitoire définitif, l'exposé des faits et de la personnalité

A. L'exposé des faits

1. Le principe

Cette partie constitue la motivation du réquisitoire définitif et sera dans de nombreux cas adoptée par le juge d'instruction.

Le parquet y opère une analyse du dossier sous plusieurs angles :

– examen de la régularité formelle de l'information ;

– synthèse des faits et de l'instruction ;

– exposé des motifs de droit et de fait conduisant au renvoi devant une juridiction de jugement, au non-lieu ou à la requalification, ou au renvoi devant le procureur de la République aux fins de mise en œuvre d'une comparution sur reconnaissance préalable de culpabilité.

2. La construction

La formule adéquate sera notamment celle, compte tenu des circonstances du dossier, qui permettra au tribunal et aux parties d'appréhender clairement et complètement le dossier, d'apprécier la pertinence des charges retenues, et qui fournira un aide-mémoire suffisamment détaillé pour être exploité durant les débats.

Dans de nombreux dossiers simples dans leur principe, mais comportant un nombre important d'auteurs ou de faits délictueux non contestés, il suffira de décrire en quelques lignes la manière dont l'enquête a permis l'interpellation, les modes opératoires habituellement utilisés, le nombre de faits commis de même catégorie (ex. : nombre de cambriolages de résidences secondaires, de véhicules volés, de dégradations de cabines téléphoniques), tout en développant le comportement d'auteurs s'étant particulièrement manifestés, ou certains épisodes significatifs (ex. : agressions, interpellations difficiles, renouvellement des faits durant le contrôle judiciaire).

3. Les références aux pièces du dossier

Il sera dans une large mesure fait référence dans le corps de l'exposé aux cotes des pièces du dossier ou aux numéros des scellés.

EXEMPLE

« Le 23 novembre 2021 à 16 h 30, Jacques DUVAL était interpellé par une patrouille du commissariat de Senlis (D1), prenant la fuite après avoir percuté le véhicule de Pierre Giton (D24). Dans le coffre du véhicule de type Citroën Xantia conduit par l'auteur, qui s'avérait volé la veille à Pontoise (95) au préjudice d'Eugène Cavalier (D16), était retrouvé un pistolet à grenaille de marque Numarex (scellé n° 8, photo cote D81), arme de la catégorie B.

Une perquisition (D7) opérée dans la chambre qu'il occupait à l'hôtel de Senlis permettait de découvrir des documents d'identité, des chéquiers ainsi que divers objets en provenance de 4 cambriolages commis dans la région depuis le 15 novembre 2021, date de son arrivée en provenance de Paris, où il avait loué le 12 novembre 2021 auprès de la société Hertz un véhicule Renault Mégane (plainte D79) en présentant un permis de conduire (scellé 5 cote D44) soustrait sur la voie publique au préjudice de Julien Blaise (D39), sur lequel il avait préalablement apposé sa photographie.

Les investigations démontraient qu'il avait utilisé 3 carnets de chèques volés au préjudice des victimes Beauchamp (D5), Garnier (D8/1) et Chadon (D37) pour effectuer de nombreux achats pour un montant total de 2 457 €.

Les faits détaillés aux réquisitions de renvoi sont établis par les investigations entreprises et ne sont pas contestés. »

B. Les renseignements de personnalité

Seront synthétisés dans cette section les renseignements de personnalité des auteurs renvoyés devant la juridiction et figurant notamment aux documents suivants :

– casier judiciaire n° 1 ;

– expertises psychiatrique, psychologique ou médico-psychologique du mis en examen ;

– enquête de personnalité ;

– interrogatoires et enquêtes de *curriculum vitæ*.

15.35 Le réquisitoire définitif, les réquisitions de non-lieu et de requalification

A. Les réquisitions de non-lieu

1. L'auteur inconnu

Attendu que l'information n'a pas permis d'identifier l'auteur des faits de (indication des faits dont a été saisi le juge d'instruction),

Vu les articles 175 et 177 du code de procédure pénale, requiert qu'il plaise à M. le juge d'instruction dire n'y avoir lieu à suivre en l'état contre quiconque de ces chefs.

2. Les charges insuffisantes

Attendu qu'il ne résulte pas de l'information charges suffisantes contre .... [¤ nom du mis en examen] d'avoir commis les faits de .... [¤ indication des faits reprochés],

Vu les articles 175 et 177 du code de procédure pénale, requiert qu'il plaise à Monsieur le juge d'instruction dire n'y avoir lieu à suivre en l'état contre lui de ces chefs.

3. Le défaut d'élément légal

Attendu que les faits commis par .... [¤ nom du mis en examen] ne peuvent recevoir la qualification de .... [¤ délit reproché],

Vu les articles 175 et 177 du code de procédure pénale, requiert qu'il plaise à M. le juge d'instruction dire n'y avoir lieu à suivre en l'état contre lui de ces chefs.

4. Les causes d'irresponsabilité pénale

Lorsque l'ordonnance de non-lieu est motivée par l'existence de l'une des causes d'irresponsabilité pénale ci-dessous, « *elle précise s'il existe des charges suffisantes établissant que l'intéressé a commis les faits qui lui sont reprochés* » (C. pr. pén., art. 177).

Attendu que .... [¤ nom du mis en examen] [⇨ :]

– a agi sous l'empire d'une force ou d'une **contrainte** à laquelle il n'a pu résister, au sens de l'article 122-2 du code pénal (sur la contrainte, v. n° **10.13C1**) ;

– a justifié avoir cru, par une **erreur de droit** qu'il n'était pas en mesure d'éviter, pouvoir légitimement accomplir son acte, au sens de l'article 122-3 du code pénal (sur l'erreur de droit, v. n° **10.12A**) ;

– a accompli un acte prescrit ou autorisé par les dispositions législatives ou réglementaires, au sens de l'article 122-4 du code pénal (sur le **commandement ou l'autorisation de la loi** ou du règlement, v. n° **10.13C2**) ;

– a accompli un acte, qui n'était par manifestement illégal, **commandé par l'autorité légitime**, au sens de l'article 122-4 du code pénal (sur le commandement de l'autorité légitime, v. n° **10.13C4**) ;

– a agi en état de **légitime défense**, au sens de l'article 122-5 du code pénal (sur la légitime défense, v. n° **10.14**) ;

– a agi en **état de nécessité**, au sens de l'article 122-7 du code pénal (sur l'état de nécessité, v. n° **10.13C5**) ;

– a porté atteinte à un secret protégé par la loi en répondant aux conditions d'irresponsabilité pénale définies par la loi au profit du **lanceur d'alerte**, au sens de l'article 122-9 du code pénal et de la loi n° 2016-1691, 9 déc. 2016 (sur l'irresponsabilité pénale du lanceur d'alerte, v. n^os^ **10.13D** et **16.2D**).

Vu les articles 175 et 177 du code de procédure pénale, requiert qu'il plaise à Monsieur le juge d'instruction dire n'y avoir lieu à suivre en l'état des chefs reprochés.

5. L'irresponsabilité en raison d'un trouble mental (L. n° 2008-174, 25 févr. 2008)

Les réquisitions du parquet peuvent être articulées en fonction des options offertes au juge d'instruction par C. pr. pén., art. 706-120, exposées au v. n^os^ **14.28B** (ordonnance de transmission de pièces aux fins de saisine de la CHINS ou ordonnance d'irresponsabilité pénale) (sur le traitement de l'irresponsabilité pénale pour cause de trouble mental, v. n° **14.28**) :

Attendu qu'il existe contre .... [¤ nom du mis en examen] des charges suffisantes d'avoir commis les faits reprochés et [⇨ :]

– qu'il existe des raisons plausibles de considérer que la personne était atteinte, aux moments des faits, d'un trouble psychique ou neuropsychique ayant aboli son discernement ou le contrôle de ses actes ; que les troubles mentaux de l'intéressé nécessitent des soins et compromettent la sûreté des personnes ou portent atteinte, de façon grave à l'ordre public, qu'il apparaît nécessaire de prononcer une ou plusieurs des mesures de sûreté prévues aux articles 706-135 et 706-136 du code de procédure pénale ; vu les articles 175 et 706-120 du code de procédure pénale, requiert qu'il plaise à M. le juge d'instruction **ordonner que le dossier de la procédure soit transmis par le procureur de la République au procureur général aux fins de saisine de la CHINS.**

– que la personne était atteinte, aux moments des faits, d'un trouble psychique ou neuropsychique ayant aboli son discernement ou le contrôle de ses actes ; vu les articles 175 et 706-120 du code de procédure pénale, requiert qu'il plaise à M. le juge d'instruction **rendre une ordonnance d'irresponsabilité pénale pour cause de trouble mental.**

6. L'EXTINCTION OU LA PRESCRIPTION DE L'ACTION PUBLIQUE

Décès. Attendu que .... [¤ nom du mis en examen] est décédé le .... [¤ date du décès] ;

Soulignons que lorsque le décès résulte d'un suicide en prison de la personne mise en examen ou renvoyée devant la juridiction, « *la victime, qui se trouve ainsi privée du concours du procès pénal [...] justifie d'un droit à réparation du préjudice résultant pour elle, d'une part, de la perte de chance d'obtenir satisfaction sur ses intérêts civils sans le concours de l'instruction et du procès pénal, et d'autre part, des surcoûts de procédure qu'elle doit engager pour exercer son action en réparation du dommage causé par l'infraction devant la juridiction civile* » (CAA Versailles, 1re ch., 7 juin 2022, n° 20VE02005 ; sur ce point, v. également CE 19 juill. 2011, n° 335625, *Lebon*).

Prescription. Attendu que les faits de .... [¤ indication des faits concernés] reprochés à .... [¤ nom du mis en examen] sont prescrits ; [Il est à noter que dans le cas où une information a été ouverte, la personne soutenant que la prescription de l'action publique était acquise au moment de sa mise en examen ou de sa première audition comme témoin assisté doit formuler sa demande dans les six mois suivant cet acte. Elle est irrecevable à soutenir cette prescription au-delà de ce délai (C. pr. pén., art. 82-3, mod. par L. n° 2016-731, 3 juin 2016)] (sur la prescription, v. n° **17.18** s. et en particulier n° **17.24B**).

Mentionnons que la CEDH 29 janv. 2019, *Stirmanov c/ Russie*, n° 31816/08, conclut à une atteinte à la présomption d'innocence dans le cas d'une décision qui constate la prescription de l'action publique mais qui souligne que l'intéressé a bien commis les faits reprochés, aucun tribunal n'ayant été saisi pour débattre des preuves de cette culpabilité.

Amnistie. Attendu que les faits de .... [¤ indication des faits concernés] reprochés à .... [¤ nom du mis en examen] sont couverts par les articles .... de la loi d'amnistie du .... ;

Abrogation de la loi pénale. Attendu que les textes incriminant les faits de .... [¤ indication des faits concernés] reprochés à .... [¤ nom du mis en examen] ont été abrogés ;

Autorité de la chose jugée. Attendu que .... [¤ nom du mis en examen] a déjà été jugé le .... [¤ date du jugement] par .... [¤ juridiction] pour les faits de .... [¤ indication des faits concernés] reprochés ;

Composition pénale. Attendu que .... [¤ nom du mis en examen] a déjà exécuté une composition pénale pour les faits de .... [¤ indication des faits concernés] reprochés, que l'action publique est dès lors éteinte par application de l'article 41-2 du code de procédure pénale (sur l'exécution de la composition pénale, v. n° **15.44H1**) ;

Comparution sur reconnaissance préalable de culpabilité. Attendu que .... [¤ nom du mis en examen] a fait l'objet pour les faits de .... [¤ indication des faits concernés] d'une ordonnance d'homologation d'une procédure de comparution sur reconnaissance préalable de culpabilité (sur la CRPC, v. n° **15.54** s) ;

Convention judiciaire d'intérêt public (CJIP). Attendu que .... [¤ nom de la personne morale mise en examen] a déjà exécuté les obligations mises à sa charge par une ordonnance de validation d'une convention judiciaire d'intérêt public pour les faits de .... [¤ indication des faits concernés] reprochés, que l'action publique est dès lors éteinte par application de l'article 41-1-2 du code de procédure pénale (sur l'exécution de la convention judiciaire d'intérêt public, v. nº **15.59D**) ;

Vu les articles 6, 175 et 177 du code de procédure pénale, requiert qu'il plaise à Monsieur le juge d'instruction constater l'extinction de l'action publique et dire n'y avoir lieu à suivre.

B. Les réquisitions de requalification

1. Les conditions de la requalification – la criminalisation et la correctionnalisation

Ne peuvent être requalifiés que les faits dont était effectivement saisi le juge d'instruction, et sur lesquels le mis en examen s'est expliqué. La requalification peut être opérée à tout moment par le juge d'instruction qui n'est pas tenu par les qualifications provisoirement fixées par le ministère public dans ses réquisitoires (v. nº **15.31C**). Toutefois la requalification de faits correctionnels en faits criminels ne peut être réalisée au stade du règlement par le juge d'instruction. La nouvelle incrimination doit en effet faire préalablement l'objet d'une notification spéciale au mis en examen, après recueil de ses observations et de celles de son avocat (C. pr. pén., art. 118 et 181). En dehors de cette limite, les juridictions d'instruction peuvent, en application de C. pr. pén., art. 202, « *modifier et compléter les qualifications données aux faits [...] sans ordonner une nouvelle information si les chefs de poursuite qu'elles retiennent ont été compris dans les faits pour lesquels la personne a été mise en examen par le juge d'instruction* » (§ 20), ainsi, des faits de tentative de meurtre peuvent être requalifiés en tentative assassinat « *dès lors les éléments matériels sur lesquels la [juridiction d'instruction] s'appuie pour caractériser la circonstance aggravante de préméditation ont été discutés lors de l'information* » (Crim. 13 janv. 2021, nº 20-85.791, P) (NB. Aucun texte ne s'oppose à ce que cette décision, qui concerne la CHINS ne puisse être transposée au juge d'instruction).

Le ministère public doit s'employer à requérir la qualification la plus adaptée, tant au plan juridique, qu'au plan de l'opportunité, s'il envisage en particulier de correctionnaliser des faits théoriquement criminels. Dans ce dernier cas il devra au préalable rechercher l'accord des parties et du juge d'instruction, et anticiper la jurisprudence de sa juridiction.

Par dérogation à l'irrecevabilité de principe, édictée par C. pr. pén., art. 186, de l'appel contre une ordonnance de renvoi devant le tribunal correctionnel, la personne mise en examen et la partie civile peuvent interjeter appel de cette décision dans le cas où elles estiment que les faits constituent un crime qui aurait dû faire l'objet d'une ordonnance de mise en accusation devant la cour d'assises ou la cour criminelle départementale, c'est-à-dire dans le cas où l'affaire a été correctionnalisée (C. pr. pén., art. 186-3). Cette faculté d'appel « *s'étend au cas où le renvoi, pour un délit connexe, est ordonné devant la juridiction criminelle* », le juge ayant choisi de disqualifier les faits en délit, contrairement à l'avis de la partie civile (Crim. 5 janv. 2022, nº 21-86.007, P). Cette disposition permet ainsi aux parties de contester une correctionnalisation opérée par le juge d'instruction et qui ne pourra l'être devant la juridiction de jugement que dans les conditions limitatives prévues au C. pr. pén., art. 469 exposées plus bas.

La recevabilité de l'appel est toutefois entourée d'exigences strictes : d'une part, l'acte d'appel doit faire « *apparaître de manière non équivoque que ce recours est exercé en application de l'article 186-3* » (§ 11) (Crim. 15 mars 2006, nº 05-87.299, nº 79), mention qui peut également résulter d'une lettre ou d'une pièce jointe à la déclaration d'appel (Crim. 9 mars 2022, nº 21-87.396, D (§ 9) ; Crim. 1er oct. 2014, nº 14-83.979, D), d'autre part, et même lorsque l'acte d'appel vise C. pr. pén., art. 186-3, les motifs de ce recours doivent être exposés par mémoire devant la CHINS (Crim. 29 nov. 2017, P nº 275) ; il appartient donc à la CHINS « *de rechercher si la personne mise en examen forme une demande tendant, de façon non équivoque, à obtenir sa mise en accusation devant la juridiction criminelle et, ce, pour des chefs précisément identifiés, dans une articulation essentielle de son mémoire* » (§ 13) (Crim. 14 mars 2023, n° 22-87.286, P).

Une fois la décision de renvoi définitive, la compétence du tribunal correctionnel ne pourra plus être discutée par les parties ni soulevée d'office par la juridiction « *si la victime était constituée partie civile et était assistée d'un avocat lorsque ce renvoi a été ordonné* » (C. pr. pén., art. 469). Sous ces conditions combinées prévues par C. pr. pén., art. 186-3 et 469, la correctionnalisation est ainsi irrévocable. Ainsi, dès lors que le mis en examen n'a pas relevé appel de l'ordonnance de renvoi et que « *la victime était constituée partie civile et assistée d'un avocat* », C. pr. pén., art. 469 « *empêchait donc la juridiction de jugement de se déclarer incompétente si elle constatait que l'un des faits dont elle était saisie était de nature à entraîner une peine criminelle* » (§ 11) (Crim. 8 févr. 2023, n° 22-80.885, P).

Si tel n'était pas le cas, ou dans l'hypothèse où l'affaire a été correctionnalisée *ab initio* par le parquet sans ouverture d'information (laquelle est obligatoire en matière de crime), l'incompétence pourra être soulevée à tous les stades de la procédure, y compris par la C. cass. (pour un exemple, v. Crim. 14 sept. 2022, n° 21-86.866, D ; sur la décision d'incompétence de la juridiction au résultat des débats, v. n° **17.17B2**).

2. La requalification

L'opération de requalification doit notamment prendre en compte la jurisprudence de principe de la chambre criminelle selon laquelle « *des faits qui procèdent de manière indissociable d'une action unique caractérisée par une seule intention coupable ne peuvent donner lieu, contre le même prévenu, à deux déclarations de culpabilité de nature pénale, fussent-elles concomitantes* » (Crim. 26 oct. 2016, n° 15-84.552, P n° 276 – Crim. 7 déc. 2016, n° 15-87.335, P n° 327 – Crim. 5 janv. 2017, n° 15-86.362, P n° 6 et nombreux arrêts en ce sens) (sur les principes directeurs de la qualification et de la requalification, v. n° **17.32B**).

Attendu que les faits reprochés à .... [¤ nom du mis en examen] sous la qualification de .... [¤ qualification concernée] s'analysent en réalité sous la qualification de .... [¤ qualification proposée],

Requiert qu'il plaise à Monsieur le juge d'instruction requalifier en ce sens.

EXEMPLE

Attendu que les faits reprochés à Daniel Bertrand sous la qualification d'escroqueries s'analysent en réalité sous la qualification d'usage de chèques falsifiés,

Requiert qu'il plaise à Monsieur le juge d'instruction requalifier en ce sens.

3. La réduction des qualifications

Attendu que les faits reprochés à .... [¤ nom du mis en examen] sous la qualification de .... [¤ qualification concernée] sont compris dans les faits de .... [¤ autre qualification concernée] pour lesquels il est par ailleurs mis en examen,

Requiert qu'il plaise à Monsieur le juge d'instruction requalifier en ce sens.

EXEMPLE

Attendu que les faits reprochés à Daniel Bertrand sous la qualification de violences volontaires ayant entraîné une incapacité de moins de huit jours sont compris dans les faits de vol avec violences pour lesquels il est par ailleurs mis en examen.

Requiert qu'il plaise à Monsieur le juge d'instruction requalifier en ce sens.

4. L'extension ou dissociation des qualifications

Attendu que les faits reprochés à .... [¤ nom du mis en examen] sous la qualification de .... [¤ qualification concernée] s'analysent en réalité sous la qualification de .... [¤ 1re qualification proposée] d'une part et de .... [¤ 2e qualification proposée] d'autre part,

Requiert qu'il plaise à Monsieur le juge d'instruction requalifier en ce sens.

EXEMPLE

Attendu que les faits reprochés à Daniel Bertrand sous la qualification d'usage de faux document administratif s'analysent en réalité sous la qualification de falsification de documents administratifs d'une part et d'usage de documents administratifs falsifiés d'autre part.

Requiert qu'il plaise à Monsieur le juge d'instruction requalifier en ce sens.

15.36 Le réquisitoire définitif, les réquisitions de renvoi

A. L'énoncé des infractions retenues

Les réquisitions finales, introduites par la formule « attendu qu'il résulte de l'information charges suffisantes contre .... », doivent énoncer très exactement les infractions reprochées, compte tenu des réquisitions préalables de non-lieu partiel ou de requalification.

Les règles examinées sous n° 15.6 quant aux lieu, date, énoncé de l'infraction, textes d'incrimination et de répression, numéro Natinf, valent de manière identique pour les réquisitions finales.

B. Le renvoi devant le tribunal correctionnel, de police, pour enfants

La loi n° 2011-939 du 10 août 2011 (art. 49, 51 et 54) applicable au 1er janv. 2012 (sur la conformité de ces dispositions à la Constitution, v. Cons. const. 4 août 2011, n° 2011-635 DC au n° 17.37A), avait institué **le tribunal correctionnel pour mineurs,** formation spécialisée du tribunal correctionnel (COJ, art. L. 251-7 et L. 251-8), ayant seule compétence (à l'exclusion du tribunal pour enfants et de la chambre du conseil) pour juger les mineurs de plus de 16 ans poursuivis pour un ou plusieurs délits punis d'une peine ⩾ 3 ans et commis en état de récidive légale. Cette formation était également compétente pour le jugement des délits et contraventions connexes aux délits reprochés au mineur, notamment pour le jugement des coauteurs ou complices majeurs de celui-ci (Ord. n° 45-174, 2 févr. 1945, art. 24-1). Cette formation, présidée par un juge des enfants, était saisie par ordonnance de renvoi du juge des enfants ou du juge d'instruction (Ord. n° 45-174, 2 févr. 1945, art. 24-1). La formation du tribunal correctionnel pour enfants a été abrogée par L. n° 2016-1547, 18 nov. 2016, art. 29.

Vu les articles [⇨ :]

Renvoi devant le tribunal correctionnel : 175, 176 et 179 du code de procédure pénale ;...

Renvoi devant le tribunal de police : 175, 176 et 178 du code de procédure pénale ;...

Renvoi devant le juge des enfants (mineur < 13 ans) : 175 et 176 du code de procédure pénale, 434-1 du CJPM (anct Ord. n° 45-174, 2 févr. 1945, art. 9) ;...

Renvoi devant le tribunal pour enfants (mineur ⩾ 13 ans) : 175 et 176 du code de procédure pénale, 434-1 du CJPM (anct Ord. n° 45-174, 2 févr. 1945, art. 9) ;

~~**Renvoi devant le tribunal correctionnel pour mineurs** : 175 et 176 du code de procédure pénale, 8, 9, 24-1 et 24-2 de l'ordonnance n° 45-174 du 2 février 1945 (dispositions applicables au 1er janv. 2012, L. n° 2011-939, 10 août 2011)~~ (dispositions abrogées, L. n° 2016-1547, 18 nov. 2016, art. 29).

...Requiert qu'il plaise à Madame, Monsieur le juge d'instruction renvoyer .... [¤ auteur concerné] devant .... [¤ juridiction concernée], pour y être jugé conformément à la loi.

EXEMPLE

Vu les articles 175, 176 et 179 du code de procédure pénale, L. 434-1 du code de justice pénale des mineurs ;

Requiert qu'il plaise à Monsieur le juge d'instruction renvoyer Jacques Durant devant le tribunal correctionnel de Bordeaux et Eugène Foulk devant le tribunal pour enfants de Bordeaux pour y être jugés conformément à la loi.

C. Les réquisitions aux fins de notification d'une date d'audience (C. pr. pén., art. 179-2)

Depuis L. nº 2019-222, 23 mars 2019, « *le juge d'instruction peut préciser dans l'ordonnance de renvoi la date d'audience devant le tribunal de police ou le tribunal correctionnel lorsque cette date lui a été préalablement communiquée par le procureur de la République.../...Cette ordonnance dispense alors le procureur de délivrer une citation* » (C. pr. pén., art. 179-2). Dans ce cas, l'ordonnance doit comporter les mentions exigées par C. pr. pén., art. 390, al. 2 à 4, relatives au droit à l'assistance d'un avocat, à la nécessité de comparaître en possession de justificatifs de revenus, et à la majoration du droit fixe de procédure en cas de défaut de comparution.

La notification de l'ordonnance de renvoi vaut alors saisine du tribunal dans les mêmes conditions que la citation ou la convocation par commissaire de justice [huissier] (C. pr. pén., art. 550 s.) ou par OPJ, APJ, greffier, délégué du procureur ou chef d'établissement pénitentiaire (C. pr. pén., art. 390-1), que le procureur est tenu de délivrer « *pour l'une des plus prochaines audiences* » en exécution de l'ORTC (C. pr. pén., art. 180).

Dans le silence du texte, il doit être considéré qu'un délai d'au moins 10 jours, nécessaire à la préparation de la défense, doit séparer la notification de l'ORTC de la date de l'audience, conformément au C. pr. pén., art. 180 et 552. Soulignons que la notification de l'ORTC par lettre recommandée à l'adresse déclarée par le prévenu lors de sa mise en examen (C. pr. pén., art. 116) ou de sa mise en liberté (C. pr. pén., art. 148-3) est réputée faite à sa personne (C. pr. pén., art. 183). L'ORTC peut également être notifiée verbalement avec émargement au dossier (C. pr. pén., art. 183). Ces dispositions sont jugées conformes à la Constitution en matière d'infractions de presse en ce qu'elles ne privent pas le prévenu de l'offre de preuve de la vérité des faits diffamatoires (*exceptio veritatis*) qui lui est ouverte en application de L. 29 juill. 1881, art. 55 (Crim. 15 sept. 2020, nº 20-90.015, D ; dans le même sens : Crim. 27 sept. 2022, nº 22-90.013, D) (sur l'*exceptio veritatis*, v. nº **35.13**).

« *Il sera dès lors particulièrement utile que, à chaque fois que cela sera possible, et spécialement pour les instructions dans lesquelles il y a des personnes détenues devant comparaître dans des délais préfix devant le tribunal correctionnel, le procureur de la République puisse, dans ses réquisitions de règlement ou du moins avant que le juge d'instruction ne rende son ordonnance de renvoi, communiquer la date d'audience au magistrat* » (Circ. Crim. 2019-8/H3, 5 avr. 2019, JUSD1910288C, nº 3.3.1).

La formule suivante peut être proposée pour le réquisitoire ou l'ordonnance de règlement, sans préjudice de la faculté du parquet de communiquer ultérieurement et sous une autre forme la date d'audience proposée :

Vu l'article 179-2 du code de procédure pénale, dire [disons] que le prévenu devra comparaître de ces chefs, sans autre convocation ou citation, pour être jugé à l'audience du tribunal correctionnel de [...], devant la [...]ème chambre, [lieu de la juridiction], le [date] à [heure] et l'informer [l'informons] :

– qu'il pourra se faire assister d'un avocat de son choix ou, s'il en fait la demande, d'un avocat commis d'office, dont les frais seront à sa charge sauf s'il remplit les conditions d'accès à l'aide juridictionnelle, et qu'il a également la possibilité de bénéficier, le cas échéant gratuitement, de conseils juridiques dans une structure d'accès au droit ;

– qu'il doit comparaître à l'audience en possession de justificatifs de ses revenus ainsi que de ses avis d'imposition ou de non-imposition, ou les communiquer à l'avocat qui le représente ;

– que le droit fixe de procédure dû en application de l'article 1018 A du code général des impôts peut être majoré s'il ne comparaît pas personnellement à l'audience ou s'il n'est pas représenté par un avocat.

D. Le renvoi devant le procureur de la République aux fins de mise en œuvre d'une CRPC (C. pr. pén., art. 180-1)

« *Si le juge fait droit aux demandes ou à l'accord des parties, son ordonnance de renvoi aux fins de CRPC constitue une ordonnance de règlement, elle doit donc comporter les mentions prévues par l'article 184. Elle doit donc être motivée et indiquer qu'il existe des charges suffisantes contre la personne d'avoir commis le délit qui lui est reproché, même si en pratique la motivation des faits pourra évidemment être très synthétique, dès lors qu'ils sont reconnus.* » (Circ. Crim. 2012-9/E8, 20 mars 2012, NOR : JUSD1208381C, nº 2.1.2.2) (sur la passerelle instruction/CRPC, v. nº **15.54B**).

Vu les articles 175, 176, 179 et 180-1 du code de procédure pénale ;

Attendu que les personne mise en examen reconnaît les faits et accepte la qualification pénale retenue ;

Attendu que l'infraction a été commise par un majeur et relève des infractions susceptibles de faire l'objet d'une comparution sur reconnaissance préalable de culpabilité par application de C. pr. pén., art. 495-7 ;

Option 1. Si l'accord des parties n'a pas été recueilli avant le stade du règlement : Requiert qu'il plaise à Monsieur le juge d'instruction de recueillir par écrit ou procès-verbal l'accord des parties pour la mise en œuvre d'une comparution sur reconnaissance préalable de culpabilité ;

Option 2. Si l'accord des parties a déjà été recueilli : Attendu que les parties ont sollicité par écrit ou par procès-verbal la mise en œuvre d'une comparution sur reconnaissance préalable de culpabilité ou donné dans les mêmes formes leur accord à cette fin ;

Requiert qu'il plaise à Monsieur le juge d'instruction de renvoyer l'affaire au procureur de la République aux fins de mise en œuvre d'une comparution sur reconnaissance préalable de culpabilité ;

Dire qu'en cas d'échec de la procédure de comparution sur reconnaissance préalable de culpabilité ou si aucune décision d'homologation n'est intervenue dans le délai de 3 mois (ou d'un mois en cas de détention), *l'ordonnance de renvoi est caduque, sauf la possibilité pour le procureur de la République, dans un délai de 15 jours, d'assigner le prévenu devant le tribunal correctionnel* (L. nº 2013-1117, 6 déc. 2013).

E. La mise en accusation en matière criminelle

• **Renvoi devant la cour d'assises.** Vu les articles 175, 176 et **181** du code de procédure pénale (viser aussi l'article 203 du code de procédure pénale si des délits connexes au crime visé font l'objet des mêmes réquisitions),

Requiert qu'il plaise à Monsieur le juge d'instruction ordonner la mise en accusation de .... [¤ auteur concerné] devant la cour d'assises de .... [¤ cour d'assises compétente].

• **Renvoi devant la cour criminelle départementale. NB.** Depuis L. nº 2021-1729, 22 déc. 2021, **la cour criminelle départementale** est seule compétente pour connaître des majeurs ayant commis un crime puni de 15 ou de 20 ans de réclusion criminelle, sauf si l'auteur est en état de récidive légale (sur la récidive légale en matière criminelle, C. pén., art. 132-8, v. nº **18.5B1**) ou s'il existe un ou plusieurs coaccusés ne répondant pas aux conditions de compétence de la cour criminelle départementale (C. pr. pén., art. 181-1-1, issu L. nº 2021-1729, 22 déc. 2021) (sur la compétence de la cour criminelle départementale, v. nº **17.15B2**). Ces dispositions sont applicables à compter du 1er janv. 2023, ou du 1er janv. 2022 pour les départements expérimentaux, selon les précisions apportées par L. nº 2021-1729, 22 déc. 2021, art. 59 IV.

Notons que lorsqu'une ordonnance de mise en accusation du juge d'instruction a par erreur renvoyé l'accusé devant la cour d'assises alors qu'il relève de la cour criminelle départementale ou inversement, le président de la CHINS est compétent, sur requête du parquet ou d'une partie, pour rectifier l'erreur et ordonner le renvoi devant la juridiction criminelle compétente (C. pr. pén., art. 181-2, issu L. nº 2021-1729, 22 déc. 2021).

Vu les articles 175, 176, 181 et **181-1** du code de procédure pénale (viser aussi l'article 203 du code de procédure pénale si des délits connexes au crime visé font l'objet des mêmes réquisitions),
Requiert qu'il plaise à Monsieur le juge d'instruction ordonner la mise en accusation de .... [¤ auteur concerné] devant la cour criminelle départementale de .... [¤ cour criminelle départementale compétente].

• **Renvoi devant la cour d'assises des mineurs.**
NB. Depuis L. nº 2011-939, 10 août 2011, **la cour d'assises des mineurs** (compétente pour connaître des crimes commis par les mineurs d'au moins 16 ans), peut également connaître des crimes et délits commis par le mineur avant d'avoir atteint l'âge de ses 16 ans révolus (faits qui relèvent de la compétence du tribunal pour enfants statuant au criminel) lorsqu'ils forment avec le crime principalement poursuivi un ensemble connexe ou indivisible (Ord. nº 45-174 du 2 févr. 1945, art. 20 devenu CJPM, art. L. 434-2). À compter de l'entrée en vigueur du CJPM, cette orientation est prise « *dans l'intérêt d'une bonne administration de la justice, par décision motivée prise après réquisitions du procureur de la République et observations des parties* » (CJPM, art. L. 434-2).
Vu les articles 175 et 176 du code de procédure pénale, L. 434-2 du code de la justice pénale des mineurs (anc[t] Ord. nº 45-174, 2 févr. 1945, art. 20) (viser aussi l'article 203 du code de procédure pénale si des délits connexes au crime visé font l'objet des mêmes réquisitions),
Requiert qu'il plaise à Monsieur le juge d'instruction ordonner la mise en accusation de .... [¤ auteur concerné] devant la cour d'assises des mineurs de .... [¤ cour d'assises compétente].

15.37 Le réquisitoire définitif, les réquisitions sur la détention, le contrôle judiciaire et les mandats

A. La détention et les mandats du juge d'instruction

1. La détention provisoire

• **En matière correctionnelle**, la détention prend fin dès l'ordonnance de renvoi, sauf ordonnance de maintien en détention prise par le juge d'instruction (C. pr. pén., art. 179, 180-1, sur l'ordonnance de maintien en détention du juge d'instruction, v. nº **12.46A**).

Dès lors des réquisitions relatives au maintien en détention devront le cas échéant être prises dans les dossiers correctionnels par référence aux critères posés au C. pr. pén., art. 144 (C. pr. pén., art. 82, sur les critères de la détention provisoire, v. nº **12.37B**), y compris en cas de renvoi pour CRPC :

Notons que le juge d'instruction est tenu de répondre par une ordonnance motivée aux réquisitions de maintien en détention du parquet ; à défaut d'ordonnance, ce dernier peut saisir directement la CHINS dans le délai de 10 jours (C. pr. pén., art. 82 ; Crim. 9 juill. 2014, nº 14-82.761, P nº 171, v. nº **12.46A**).

Attendu que .... [exposé des éléments de fait motivant le maintien en détention], que la détention constitue l'unique moyen pour [⇨ :]
– empêcher une pression sur les témoins ou les victimes ainsi que sur leur famille ;
– empêcher une concertation frauduleuse entre la personne mise en examen et ses coauteurs ou complices ;
– protéger la personne mise en examen ;
– garantir le maintien de la personne mise en examen à la disposition de la justice ;
– mettre fin à l'infraction ou prévenir son renouvellement ;

Requiert donc qu'il plaise à Monsieur le juge d'instruction ordonner le maintien en détention de .... [¤ mis en examen concerné] jusqu'à sa comparution devant le tribunal.

• **En matière criminelle**, le mandat de dépôt décerné contre la personne renvoyée pour crime devant la cour d'assises conserve sa force exécutoire de plein droit et l'intéressé reste détenu jusqu'à son jugement (C. pr. pén., art. 181). Le mandat d'arrêt conserve également sa force exécutoire. S'agissant de la personne renvoyée devant la cour d'assises pour délit connexe, sa détention prend fin dès l'ordonnance de mise en accusation, sauf maintien ordonné par le juge d'instruction selon les modalités décrites ci-dessus pour la matière correctionnelle (C. pr. pén., art. 181) (sur l'ordonnance de maintien en détention du juge d'instruction, v. nº **12.46A**).

2. Le mandat d'arrêt

Il n'y a pas lieu de requérir le maintien d'un éventuel mandat d'arrêt, il conserve en effet de plein droit sa force exécutoire : « *le mandat d'arrêt décerné par le juge d'instruction reste exécutoire, après la clôture de l'information, tant qu'il n'a pas été rapporté, remplacé ou anéanti par un acte exprès de l'autorité judiciaire* » (Crim. 29 sept. 1992, nº 92-82.584, P nº 290), jurisprudence consolidée aux articles 179 et 181 du code de procédure pénale dans leur rédaction issue de L. nº 2004-204, 9 mars 2004 (sur le mandat d'arrêt, v. nº **12.6**).

Notons qu'il est loisible au juge d'instruction de délivrer un mandat d'arrêt au stade du règlement (ou de délivrer un nouveau mandat d'arrêt sur la base des infractions et qualifications finalement retenues dans son ordonnance), sur l'avis – obligatoire (C. pr. pén., art. 131) – du ministère public qu'il pourra exprimer dans son réquisitoire définitif.

3. Le mandat d'amener et le mandat de recherche

Les mandats d'amener (v. nº **12.5**) ou de recherche (v. nº **12.3**), définis à l'art. 122, C. pr. pén., cessent de pouvoir recevoir exécution dès l'ordonnance de règlement, sans préjudice de la possibilité pour le juge d'instruction de délivrer un mandat d'arrêt (v. nº **12.6**) contre le prévenu (C. pr. pén., art. 179 et 181), mesure que le ministère public peut s'attacher à requérir lors du réquisitoire définitif.

B. Le contrôle judiciaire et l'ARSE

En matière correctionnelle, le contrôle judiciaire (v. nº **12.47** s.) et l'ARSE (v. nº **12.54** s.) cessent dès l'ordonnance de règlement, à moins que le juge d'instruction ne maintienne la mesure par une ordonnance distincte (C. pr. pén., art. 179, 180-1, sur l'ordonnance de maintien sous contrôle judiciaire, v. nº **12.53A1**, sous ARSE, v. nº **12.56A2**). Il est donc nécessaire de prendre des réquisitions à cet égard, y compris en cas de renvoi pour CRPC, en ayant à l'esprit que la durée de l'ARSE, à la différence du contrôle judiciaire, est limitée à deux ans (C. pr. pén., art. 142-7, v. nº **12.56A2**).

Il n'est pas d'usage de motiver les réquisitions de maintien sous contrôle judiciaire ou sous ARSE, mais elles pourront être ainsi libellées :

Requiert qu'il plaise à Monsieur le juge d'instruction renvoyer .... [¤ nom du mis en examen] devant le tribunal correctionnel de .... [¤ juridiction] pour y être jugé conformément à la loi et ordonner :

– son maintien sous contrôle judiciaire ;

– le maintien de son assignation à résidence avec surveillance électronique.

C. La notification des effets de l'adresse déclarée

Toute ordonnance renvoyant la personne mise en examen devant le tribunal de police ou le tribunal correctionnel informe celle-ci qu'elle doit signaler auprès du procureur de la République, jusqu'au jugement définitif de l'affaire, tout changement de l'adresse déclarée lors de sa mise en examen, par lettre recommandée avec demande d'avis de réception. Elle l'informe également que toute citation, notification ou signification faite à la dernière adresse déclarée sera réputée faite à sa personne (C. pr. pén., art. 179-1) (sur le point de départ du délai d'appel en cas d'absence de comparution du prévenu cité à l'adresse déclarée, v. n° 19.5B1).

15.38 La structure générale du réquisitoire définitif

Juge d'instruction : **Cour d'Appel de PARIS** **Tribunal judiciaire de MELUN**	**Substitut** : **N° parquet** : XXX **N° Instruction** : XXX

Parquet du Procureur
de la République

RÉQUISITOIRE DÉFINITIF
(préciser la nature du réquisitoire définitif, v. n° 15.33)

Le procureur de la République près le tribunal judiciaire de Melun
Vu les pièces de l'information suivie contre :

Identité des prévenus (v. n° 15.33B)

Du chef de .... (préciser les chefs de mise en examen pour chacun des prévenus, v. n° 15.33B)

FAITS :

Attendu que l'information a établi les faits suivants (exposé des faits, v. n° 15.34A)

PERSONNALITÉ :
(v. n° 15.34B)

RÉQUISITIONS :
NON-LIEU : (v. n° 15.35A)
REQUALIFICATION : (v. n° 15.35B)
RENVOI : (ou mise en accusation devant la cour d'assises)
Attendu qu'il résulte de l'information charges suffisantes contre (prévenu concerné) d'avoir ... (énoncer l'infraction reprochée et ses articles d'incrimination et de répression, v. n° 15.36)

Requiert qu'il plaise à M. le juge d'instruction ... (v. réquisitions de renvoi n° 15.36)
DÉTENTION OU CONTRÔLE JUDICIAIRE : (v. n° 15.37)

Fait au parquet le
Le procureur de la République

15.39 Les mesures alternatives aux poursuites pour les majeurs (C. pr. pén., art. 41-1)

Précisons que le régime de droit commun des procédures alternatives aux poursuites ici exposé est également applicable aux mineurs, sous réserve de quelques aménagements prévus par CJPM, art. L. 422-1 et L. 422-2, décrits au n° 15.40A.

A. Les principes directeurs de la mesure alternative

S'il lui apparaît qu'une telle mesure est susceptible d'assurer la réparation du dommage causé à la victime, de mettre fin au trouble résultant de l'infraction ou de contribuer au reclassement de l'auteur des faits, le **procureur de la République** peut, préalablement à sa décision sur l'action publique, directement ou par l'intermédiaire d'un OPJ, d'un délégué ou d'un médiateur du procureur de la République, faire procéder aux mesures de classement sous condition ou de médiation pénale décrites plus bas.

Depuis L. n° 2019-222, 23 mars 2019, ces mesures peuvent également être mises en œuvre, sur instruction du procureur de la République, par les fonctionnaires et agents des administrations et services publics auxquels la loi attribue certains pouvoirs de police judiciaire (C. pr. pén., art. 28), ce qui permet « *de recourir plus facilement aux mesures alternatives de l'article 41-1 dans des contentieux techniques* » (Circ. Crim. 2019-7/H3, 5 avr. 2019, n° 1.2.2).

Certaines des obligations imposées dans le cadre du classement sous condition, telles la médiation pénale, s'inscrivent dans l'objectif général de justice restaurative, recherché à tous les stades de la procédure, affirmé au C. pr. pén., art. 10-1 (L. n° 2014-896, 15 août 2014), dont les principes sont issus de la directive 2012/29/UE, 25 oct. 2012 du parlement européen et du conseil, établissant des normes minimales concernant les droits, le soutien et la protection des victimes de la criminalité (v. également la recommandation CM/Rec(2018)8, 5 oct. 2018, adoptée par le comité des ministres du Conseil de l'Europe). Le Procureur de la République ou son délégué propose à la victime et à l'auteur, lorsque cette mesure paraît envisageable, de la possibilité de participer à une mesure de **justice restaurative** lors de la mise en œuvre d'une alternative aux poursuites (C. pr. pén., art. D. 1-1-1, issu D. n° 2020-1640, 21 déc. 2020).

Ces mesures suspendent la prescription de l'action publique (C. pr. pén., art. 41-1, dernier al.) (sur la prescription, v. n° **17.18** s.) et produisent donc les effets, au sens de C. pr. pén., art. 9-3 issu L. n° 2017-242, 27 févr. 2017, d'un obstacle de droit à l'exercice des poursuites (v. n° **17.22A**). Elles n'éteignent pas l'action publique, qui pourra notamment être mise en œuvre « *en cas de non-exécution de la mesure en raison du comportement de l'auteur des faits* » (C. pr. pén., art. 41-1, dernier al.).

Elles ne nécessitent pas l'homologation préalable d'un juge, reposent sur l'adhésion de l'auteur des faits et ne sont pas susceptibles d'exécution forcée (il en est de même pour la composition pénale, qui est néanmoins soumise à l'homologation du juge, sauf pour l'amende de composition ; sur la composition pénale, v. n° **15.44**).

En cas de non-exécution de ces mesures, le procureur de la République, sauf élément nouveau, met en œuvre une composition pénale ou engage des poursuites (C. pr. pén., art. 41-1, dernier al.).

Soulignons que, sur le plan civil, « *le rappel à la loi auquel procède le procureur de la République en application de C. pr. pén., art. 41-1 est dépourvu de l'autorité de la chose jugée et n'emporte pas par lui-même preuve du fait imputé à un auteur et de sa culpabilité* » (Soc., 21 mai 2008, n° 06-44.948, P n° 107), dit autrement, « *le rappel à la loi auquel procède le procureur de la République en application de C pr. pén., art. 41-1 1, qui n'est pas un acte juridictionnel, n'a pas autorité de la chose jugée* » (2e Civ., 7 mai 2009, n° 08-10.362, P n° 112). Cette solution est également appliquée à l'ordonnance de validation d'une composition pénale (Soc., 13 janv. 2009, n° 07-44.718, P n° 1 ; dans le même sens : Crim. 24 juin 2008, n° 07-87.511, P n° 162).

B. L'avertissement pénal probatoire (anc^t^ « rappel à la loi ») (C. pr. pén., art. 41-1 1°)

1. L'avertissement pénal probatoire (C. pr. pén., art. 41-1 1° issu L. n° 2021-1727, 22 déc. 2021, applicable au 1er janv. 2023)

La L. n° 2021-1727, 22 déc. 2021 pour la confiance dans l'institution judiciaire a substitué à la mesure de « rappel à la loi » celle de « *l'avertissement pénal probatoire* », en renforçant le régime de cette mesure alternative aux poursuites et en l'excluant pour certaines infractions ou dans l'hypothèse d'une précédente condamnation.

Ces dispositions sont applicables à compter du 1er janv. 2023 (L. n° 2021-1727, 22 déc. 2021, art. 59 VIII).

Désormais, le procureur de la République peut « *adresser à l'auteur de l'infraction qui a reconnu sa culpabilité un avertissement pénal probatoire lui rappelant les obligations résultant de la loi ou du règlement ainsi que les peines encourues* ». À la différence de l'ancienne mesure de rappel à la loi, l'avertissement pénal probatoire ne peut donc être mis en œuvre à l'égard d'une personne qui conteste sa responsabilité pénale.

Le procureur de la République indique à l'auteur « *que cette décision est revue en cas de commission d'une nouvelle infraction dans un délai de deux ans ; ce délai est fixé à un an en matière contraventionnelle* ». Durant le délai « *probatoire* », la révision de sa décision par le parquet est explicitement conditionnée par la commission d'une nouvelle infraction, quelle qu'elle soit. En dehors de ce seul cas, le choix du ministère public de délivrer un avertissement pénal probatoire semble donc irrévocable. L'écoulement du délai « *probatoire* » sans commission d'une nouvelle infraction paraît en outre interdire au parquet de réviser son appréciation et, par voie de conséquence, faire obstacle à l'engagement de l'action publique par le ministère public, même si une nouvelle infraction est commise après ce délai et que le délai de prescription de la première infraction n'est pas écoulé (rappelons que ce délai est de 6 ans en matière délictuelle et qu'il est donc supérieur au délai de probation de l'avertissement probatoire, C. pr. pén., art. 8, v. nº **17.19B**). À cet égard, l'écoulement sans incident du délai d'avertissement probatoire semble implicitement s'ajouter aux cas d'extinction de l'action publique énoncés au C. pr. pén., art. 6, à l'instar de la composition pénale exécutée (sur les effets sur l'action publique de l'exécution d'une composition pénale, v. nº **15.44H1**).

L'avertissement pénal probatoire « *ne peut être adressé que par le procureur de la République ou son délégué* », ce qui exclut donc qu'il soit notifié par un OPJ ou un APJ sur les instructions du parquet.

Cette mesure est exclue « *à l'égard d'une personne qui a déjà été condamnée* ». Cette restriction vise donc toute condamnation, y compris pour contravention, quelle que soit son ancienneté, et ne se limite pas aux cas de récidive légale. En revanche, l'existence d'un ou plusieurs avertissements probatoires dont le délai n'est pas expiré ou de précédents avertissements probatoires dont le délai est expiré, ou de toute autre mesure alternative aux poursuites en cours ou exécutée, ne fait pas obstacle à un nouvel avertissement probatoire. Rappelons à cet égard qu'une mesure de composition pénale exécutée, même si elle est inscrite au casier judiciaire, n'a pas valeur d'un jugement de condamnation (v. nº **18.5A2**).

L'avertissement pénal probatoire est exclu pour tout « *délit de violences contre les personnes ou [tout] délit commis contre une personne dépositaire de l'autorité publique ou investie d'un mandat électif public* ».

Enfin, « *lorsque l'infraction a causé un préjudice à une personne physique ou morale, l'avertissement ne peut intervenir que si le préjudice a déjà été réparé ou s'il est également fait application* » d'une mesure de classement sous condition de réparation du dommage prévue par C. pr. pén., art. 41-1 1°.

Mentionnons qu'il a été jugé, cette jurisprudence pouvant être transposée à l'avertissement pénal probatoire, que le délai de prescription de l'action publique (y compris en matière d'infraction de presse comme en l'espèce) est suspendu entre les deux temps du rappel à la loi, soit entre la décision du procureur de la République en premier lieu, et la notification de la mesure à l'intéressé en second lieu (Crim. 29 nov. 2022, nº 22-81.814, P).

2. Les dispositions antérieures du « rappel à la loi » supprimées à compter du 1er janv. 2023 (C. pr. pén., art. 41-1 1°)

Le procureur de la République peut, directement ou par l'intermédiaire d'un OPJ, d'un délégué ou d'un médiateur du procureur « *procéder au rappel auprès de l'auteur des faits des obligations résultant de la loi* », cette mesure est communément appelée « **rappel à la loi** ».

Le rappel à la loi, mesure « *prise par une autorité de poursuite, n'établit par la culpabilité de la personne suspectée ou poursuivie* », n'implique pas la constitution d'un délit et ne peut donc être inscrit dans le fichier « *traitement des antécédents judiciaires* » (Crim. 6 déc. 2011, nº 11-80.419, P nº 245) (sur le TAJ, v. nº **13.12** s.).

Ces dispositions subsistent jusqu'au 1er janv. 2023, date d'entrée en vigueur du dispositif de l'avertissement pénal probatoire ci-avant exposé. Toutefois, jusqu'à cette date, la L. nº 2021-1727, 22 déc. 2021, art. 59 VIII, entrée sur ce point en vigueur le 24 déc. 2021, prévoit que le rappel à la loi « *n'est pas applicable en cas de délits commis contre une personne dépositaire de l'autorité publique ou investie d'un mandat électif public* ». En outre, à compter du 1er juin 2022, le rappel à la loi est prohibé « *en cas de délits de violences* » (L. n° 2021-1727, 22 déc. 2021, art. 59 VIII).

C. Le classement sous condition et la médiation pénale

A la différence de l'avertissement pénal probatoire, le classement sous conditions et la médiation pénale, autres mesures alternatives aux poursuites, peuvent être décidées par le parquet à l'encontre de personnes déjà condamnées.

Le procureur de la République peut, directement ou par l'intermédiaire d'un OPJ, d'un délégué ou d'un médiateur du procureur :

• 1° Orienter l'auteur des faits vers une structure sanitaire, sociale ou professionnelle, cette mesure peut consister dans l'accomplissement, à ses frais d'un stage ou d'une formation dans un service ou organisme sanitaire, social ou professionnel, et notamment d'un **stage** de (sur la typologie des stages et leur régime, C. pén., art. 131-5-1, v. n° **18.33**) (C. pr. pén., art. 41-1 **2°**) :

– **citoyenneté** ;

– **responsabilité parentale** ;

– responsabilisation pour la prévention et la lutte contre les **violences au sein du couple** et sexistes (L. n° 2014-873, 4 août 2014) ;

– sensibilisation aux dangers de l'usage de produits **stupéfiants** ;

– sensibilisation à la **sécurité routière**, en cas d'infraction commise à l'occasion de la conduite d'un véhicule terrestre à moteur ;

– sensibilisation à la lutte contre **l'achat d'actes sexuels** (L. n° 2016-444, 13 avr. 2016) ;

– **lutte contre le sexisme et de sensibilisation à l'égalité entre les femmes et les hommes** (L. n° 2018-703, 3 août 2018).

• 2° Demander à l'auteur des faits de **régulariser sa situation** au regard de la loi ou des règlements. Depuis L. n° 2021-401, 8 avr. 2021, « *Cette régularisation peut notamment consister à se dessaisir au profit de l'État de la chose qui a servi ou était destinée à commettre l'infraction ou qui en était le produit. Le dessaisissement peut également être fait au bénéfice d'une personne morale à but non lucratif désignée par le procureur de la République, lorsqu'il s'agit d'une chose dont l'auteur des faits est propriétaire et sur laquelle aucun tiers n'est susceptible d'avoir des droits* » (C. pr. pén., art. 41-1 **3°** mod. par L. n° 2021-401, 8 avr. 2021).

• 3° Demander à l'auteur des faits de **réparer le dommage** résultant de ceux-ci. Depuis L. n° 2021-401, 8 avr. 2021, « *Cette réparation peut notamment consister en une restitution, en une remise en état des lieux ou des choses dégradés ou en un versement pécuniaire au bénéfice de la victime ou de toute personne physique ou morale ayant eu à engager des frais pour remettre en état les lieux ou les choses dégradés* » (C. pr. pén., art. 41-1 **4°** mod. par L. n° 2021-401, 8 avr. 2021).

• 4° Faire procéder, « *à la demande ou avec l'accord de la victime* » (rédaction, issue L. n° 2010-769, 9 juill. 2010, se substituant à l'expression « *avec l'accord des parties* »), « *à une mission de médiation entre l'auteur des faits et la victime* », c'est la **médiation pénale** (C. pr. pén., art. 41-1 **5°**). En cas de réussite de la médiation, un procès-verbal est dressé et peut être utilisé par la victime pour une mesure de recouvrement forcé (v. n° **16.11**). Le recours à la médiation pénale en matière de violences conjugales a tout d'abord été limité par L. n° 2014-873, 4 août 2014. En effet, cette orientation ne pouvait être choisie que si la victime en faisait « *expressément la demande* » et il ne pouvait être procédé à une nouvelle médiation en cas de réitération des violences. Depuis L. n° 2020-936, 30 juill. 2020 « *en cas de violences au sein du couple relevant de l'article 132-80 du code pénal, il ne peut être procédé à une mission de médiation* » (C. pr. pén., art. 41-1 5°). « *Le recours à la médiation est désormais totalement prohibé en matière pénale en cas de violences au sein du couple, cette interdiction étant justifiée par le fait que, dans la plupart des cas, la victime de ces violences se trouve sous l'emprise de leur auteur* » (Circ. Crim. 2020-17-H2, 3 août 2020, NOR : JUSD2020619C, n° 1.5).

Soulignons que le juge du divorce ne peut proposer aux époux une mesure de médiation dans le cas où « *des violences sont alléguées par l'un des époux sur l'autre époux ou sur l'enfant* » ou dans le cas d'« *emprise manifeste de l'un des époux sur son conjoint* » (C. civ., art. 255, réd. issue L. n° 2020-936, 30 juill. 2020).

• **5°** En cas d'infraction commise contre l'actuel ou l'ancien conjoint, concubin ou partenaire lié par un Pacs, ou contre ses enfants ou ceux du conjoint, concubin ou partenaire, demander à l'auteur des faits de **résider hors de son domicile** ou de la résidence du couple et le cas échéant, s'abstenir de paraître dans ce domicile ou dans cette résidence ou aux abords immédiats et faire l'objet, si nécessaire, d'une prise en charge sanitaire, sociale ou psychologique (L. n° 2006-399, 4 avr. 2006, art. 12) (C. pr. pén., art. 41-1 **6°**). À cette fin, le parquet fait recueillir dans les meilleurs délais et par tous moyens l'avis de la victime sur l'opportunité de cette résidence hors du logement du couple. Sauf circonstances particulières, cette mesure est prise lorsque les faits de violences sont susceptibles d'être renouvelés et que la victime la sollicite. Le parquet peut préciser les modalités de prise en charge des frais du logement pendant une durée ⩽ 6 mois (L. n° 2014-873, 4 août 2014). Un dispositif de téléprotection dit TGD (téléphone grave danger) peut dans le cadre d'une telle mesure être mis à disposition de la personne victime de violences par son conjoint (C. pr. pén., art. 41-3-1, sur point, ainsi que sur les autres mesures de protection du conjoint victime de violences, v. n° **16.5D**) ;

• **6°** Demander à l'auteur des faits **de ne pas paraître**, pour une durée ⩽ 6 mois, dans un ou plusieurs lieux déterminés dans lesquels l'infraction a été commise ou dans lesquels réside la victime (L. n° 2019-222, 23 mars 2019) (C. pr. pén., art. 41-1 7°). La circ. Crim. 2019-7/H3, 5 avr. 2019, n° 1.2.1, recommande aux parquets de mettre en œuvre cette mesure le cas échéant « *par l'intermédiaire d'un OPJ et en veillant à ce que la victime en soit informée lorsque l'interdiction de paraître vise le lieu où elle réside* ». Depuis L. n° 2020-936, 30 juill. 2020, cette mesure est inscrite au FPR (C. pr. pén., art. 230-19 11° modifié ; sur l'inscription au FPR, v. n° **13.17B2**) ;

• **7°** Depuis L. n° 2021-401, 8 avr. 2021, « *demander à l'auteur des faits de ne pas rencontrer ou recevoir, pour une durée ⩽ 6 mois, la ou les victimes de l'infraction désignées par le procureur de la République [...] ou ne pas entrer en relation avec cette ou ces victimes* » (C. pr. pén., art. 41-1 **8°** issu L. n° 2021-401, 8 avr. 2021). Cette mesure est inscrite au FPR (C. pr. pén., art. 230-19 11° mod. par L. n° 2021-401, 8 avr. 2021 ; sur l'inscription au FPR, v. n° **13.17B2**) ;

• **8°** Depuis L. n° 2021-401, 8 avr. 2021, « *demander à l'auteur des faits de ne pas rencontrer ou recevoir, pour une durée ⩽ 6 mois, le ou les coauteurs ou complices éventuels désignés par le procureur de la République [...], ou ne pas entrer en relation avec eux* » (C. pr. pén., art. 41-1 **9°** issu L. n° 2021-401, 8 avr. 2021). Cette mesure est inscrite au FPR (C. pr. pén., art. 230-19 11° mod. par L. n° 2021-401, 8 avr. 2021 ; sur l'inscription au FPR, v. n° **13.17B2**) ;

• **9°** Depuis L. n° 2021-401, 8 avr. 2021, « *demander à l'auteur des faits de s'acquitter d'une contribution citoyenne auprès d'une association d'aide aux victimes* [agréée par le ministère de la justice] *du ressort du tribunal judiciaire ou, à défaut, de la cour d'appel. Le montant de cette contribution, qui ne peut excéder le montant prévu au* [C. pén., art. 131-13, al. 1, soit **3 000 €**, montant maximum des amendes contraventionnelles], *est fixé par le procureur de la République en fonction de la gravité des faits ainsi que des ressources et des charges de l'auteur des faits* » (C. pr. pén., art. 41-1 **10°** issu L. n° 2021-401, 8 avr. 2021). « *Il n'est cependant évidemment pas possible qu'un délégué du procureur de la République qui serait rattaché à une association d'aide aux victimes intervienne pour la mise en œuvre d'une contribution citoyenne concernant cette même association* » (dépêche MJ, n° 2020-00109, 8 juin 2021, n° 1-4, note 3) ;

• **10°** Depuis L. n° 2021-401, 8 avr. 2021, pour les contraventions relevant du pouvoir de transaction du maire au titre de C. pr. pén., art. 44-1 et après avoir recueilli son avis (sur la transaction réparation proposée par le maire, v. n° **15.42**) « *demander à l'auteur des faits de répondre à une convocation du maire en vue de conclure une transaction. Si l'auteur des faits ne* *se présente pas à la convocation ou si aucun accord n'est trouvé, le maire en informe le procureur de la République* » (C. pr. pén., art. 41-1 11° issu L. n° 2021-401, 8 avr. 2021).

D. L'injonction thérapeutique

Le procureur de la République peut également enjoindre à l'usager de stupéfiants de se soumettre à une cure ou une surveillance médicale (CSP, art. L. 3423-1, sur l'injonction thérapeutique v. n° 28.11). L'action publique ne peut être exercée, sauf réitération, si la personne s'est soumise à l'injonction.

15.40 Les mesures alternatives aux poursuites pour les mineurs

A. Les alternatives aux poursuites (C. pr. pén., art. 41-1 et Ord. n° 45-174, 2 févr. 1945, art. 7-1 devenu CJPM, art. L. 422-1 et L. 422-2)

Les mesures ci-dessus détaillées au 15.39 sont également applicables aux mineurs. Les représentants légaux doivent être convoqués (CJPM, art. L. 422-2), le défaut de réponse constitue un délit passible de 3 750 € et d'un stage de responsabilité parentale incriminé par CJPM, art. L. 311-5, jugé sur réquisition du ministère public par la juridiction saisie. Leur accord est nécessaire pour les mesures d'orientation vers une structure ou pour un stage, la régularisation de la situation, la réparation du dommage ou la médiation pénale (mesures 1 à 4 du n° 15.39C) (CJPM, art. L. 422-2).

La mesure peut consister en l'accomplissement d'un stage de formation civique ou en une consultation auprès d'un psychiatre ou d'un psychologue. Le procureur de la République fixe le cas échéant le montant des frais de stage pouvant être mis à la charge des représentants légaux du mineur (CJPM, art. L. 422-2).

Lorsqu'une l'infraction a été commise dans le cadre de la scolarité, le stage de formation civique proposé dans le cadre d'un classement sous condition « *peut comporter un volet spécifique de sensibilisation aux risques liés au harcèlement scolaire* » (CJPM, art. L. 422-1, mod. par L. n° 2022-299, 2 mars 2022).

B. La réparation pénale (Ord. n° 45-174, 2 févr. 1945, art. 12-1 devenu CJPM, art. L. 422-1)

« *Le procureur de la République [...] [a] la faculté de proposer au mineur une mesure ou une activité d'aide ou de réparation à l'égard de la victime ou dans l'intérêt de la collectivité. Toute mesure ou activité d'aide ou de réparation à l'égard de la victime ne peut être ordonnée qu'avec l'accord de celle-ci [...] le procureur de la République recueille l'accord préalable du mineur et des titulaires de l'exercice de l'autorité parentale. Le procès-verbal constatant cet accord est joint à la procédure* » (Ord. n° 45-174, 2 févr. 1945, art. 12-1). Cette mesure est reprise à droit constant mais réécrite par CJPM, art. L. 422-1 2°.

15.41 Les prérogatives du maire en matière d'alternatives aux poursuites et les modalités d'échange d'informations avec le procureur de la République

A. Le rôle du maire en matière d'alternatives aux poursuites : le rappel à l'ordre

Depuis L. n° 2007-297 du 5 mars 2007, le **maire**, lorsque des faits sont susceptibles de porter atteinte au bon ordre, à la sûreté, à la sécurité ou à la salubrité publique, peut procéder verbalement à l'égard de son auteur au rappel des dispositions qui s'imposent à lui, le cas échéant en le convoquant en mairie. Le **rappel à l'ordre** d'un mineur intervient en présence de ses parents ou à défaut d'une personne exerçant une responsabilité éducative à son égard (CSI, art. L. 132-7). Ces prérogatives du maire ne sont pas limitées aux infractions que peuvent relever ses agents de police municipale ou gardes champêtre (v. n°s 11.11 et 11.12). Selon la circulaire Crim. 08-4/E5 du 6 février 2008, NOR : JUSD0802230C (n° 1-2-2), qui souligne que les pouvoirs du maire en matière de prévention de la délinquance s'exercent, « *sous réserve des pouvoirs de l'autorité judiciaire* » (CGCT, art. L. 2211-4 [L. n° 2007-297, 5 mars 2007], devenu CSI, art. 132-4, Ord.

n° 2012-352, 12 mars 2012), « *les dispositifs du "rappel à l'ordre" ou "d'accompagnement parental" supposent l'absence d'infractions pénales dont le traitement relève strictement des attributions de la justice* ».

S'agissant des contraventions qui ont été commises sur le territoire de sa commune et que peuvent relever ses agents de police municipale ou gardes champêtres (v. n^{os} **11.11** et **11.12**), le **maire** peut proposer au procureur de la République de procéder à une alternative aux poursuites. Il est avisé par le procureur de la République de la suite réservée à sa proposition (C. pr. pén., art. 44-1). Lorsque ces contraventions sont commises au préjudice de la commune au titre de l'un de ses biens, le maire peut soumettre au procureur de la République l'homologation d'une transaction-réparation (v. n° **15.42**).

B. Les modalités d'échange d'informations entre le maire et le procureur de la République

Soulignons que « *Le maire est informé sans délai par les responsables locaux de la police ou de la gendarmerie nationales des infractions causant un trouble à l'ordre public commises sur le territoire de sa commune* ». Il est également informé, s'agissant de ces infractions, « *à sa demande, par le procureur de la République des classements sans suite, des mesures alternatives aux poursuites, des poursuites engagées, des jugements devenus définitifs ou des appels interjetés* ». Il est aussi informé « *à sa demande, par le procureur de la République, des classements sans suite, des mesures alternatives aux poursuites, des poursuites engagées, des jugements devenus définitifs ou des appels interjetés lorsque ces décisions concernent des infractions constatées sur le territoire de sa commune par les agents de police municipale en application de C. pr. pén., art. 21-2* » « *et par les gardes champêtres en application de C. pr. pén., art. 27* » (CSI, art. L. 132-3, réd. issue L. n° 2021-646, 25 mai 2021). « *Lorsque le procureur de la République informe [...] le maire d'une décision de classer sans suite une procédure, il indique les raisons juridiques ou d'opportunité qui justifient cette décision* » (CSI, art. L. 132-3, réd. issue L. n° 2021-646, 25 mai 2021).

Enfin, « *Le maire est informé par le procureur de la République des jugements devenus définitifs ou des appels interjetés lorsque ces décisions concernent des infractions signalées par lui en application* » de C. pr. pén., art. 40, al. 2 (CSI, art. L. 132-3, mod. par. L. n° 2019-1461, 27 déc. 2019).

15.42 La transaction-réparation proposée par le maire (C. pr. pén., art. 44-1 [L. n° 2006-396, 31 mars 2006])

A. Le domaine et l'initiative de la transaction-réparation

Le maire peut, tant que l'action publique n'a pas été mise en mouvement, proposer au contrevenant une **transaction consistant à réparer le préjudice subi** par sa commune, au titre de l'un de ses biens, pour les **contraventions** que les agents de police judiciaires adjoints suivants sont habilités à constater par procès-verbal :

– agents de police municipale (CSI, art. L. 511-1 et R. 511-1 ; CGCT, art. L. 2212-5 ; C. route, art. 130-2 ; C. pr. pén., art. R. 15-33-29-3, v. compétences de l'agent de police municipale au n° **11.12**) ;

– agents de la ville de Paris chargés d'un service de police (CSI, art. L. 531-1 et R. 531-1 ; CGCT, art. L. 2512-16 ; C. pén., art. R. 15-33-29-3) ;

– agents de surveillance de Paris (CSI, art. L. 532-1 et R. 532-1 ; CGCT, art. L. 2512-16 ; C. route, art. 130-1-2 ; C. pr. pén., art. R. 15-33-29-3) ;

– gardes champêtres (CSI, art. L. 521-1 et R. 521-1 ; CGCT, art. L. 2213-17 ; C. route, art. 130-3 ; C. pr. pén., art. R. 15-33-29-3) ;

La transaction peut également consister en l'exécution, au profit de la commune, d'un **travail non rémunéré** (TNR) pendant une durée maximale de 30 h. Depuis L. n° 2021-401, 8 avr. 2021, la personne exécutant un TNR dans le cadre d'une transaction réparation est couverte au titre du risque accidents du travail et maladies professionnelles (CSS, art. L. 412-8 5° mod. par L. n° 2021-401, 8 avr. 2021).

Lorsqu'une des contraventions ci-dessus n'a pas été commise au préjudice de la commune mais a été commise sur le territoire de celle-ci, le maire peut proposer au procureur de la République de recourir à une mesure alternative aux poursuites (v. n° **15.39** et **15.40**) ou à une composition pénale (v. n^{os} **15.44** et **15.45**).

Inversement, depuis L. n° 2021-401, 8 avr. 2021, le procureur de la République, après avoir recueilli l'avis du maire, peut procéder à un classement sous condition en demandant *à l'auteur des faits de répondre à une convocation du maire en vue de conclure une transaction. Si l'auteur des faits ne se présente pas à la convocation ou si aucun accord n'est trouvé, le maire en informe le procureur de la République* » (C. pr. pén., art. 41-1 11° issu L. n° 2021-401, 8 avr. 2021) (sur le classement sous condition, v. n° **15.39C**).

B. La proposition de transaction par le maire (C. pr. pén., art. R. 15-33-61)

La proposition de transaction, adressée par le maire par lettre recommandée ou remise contre récépissé au contrevenant, doit notamment préciser la nature et la qualification juridique du fait reproché ainsi que le montant de l'amende et les peines complémentaires encourues, le montant de la réparation proposée et son délai d'exécution, s'il y a lieu le nombre d'heures de travail non rémunéré proposé et son délai de réalisation, ainsi que le délai dans lequel le contrevenant doit faire connaître son acceptation.

La personne est également informée qu'elle peut se faire assister, à ses frais, d'un avocat, que la transaction acceptée sera homologuée par l'autorité judiciaire et que la procédure sera transmise au procureur de la République en cas de refus.

Elle doit faire connaître son accord dans les quinze jours (C. pr. pén., art. R. 15-33-62).

À défaut d'accord ou de réponse, le maire transmet au procureur de la République les procès-verbaux de la procédure (C. pr. pén., art. R. 15-33-66).

C. L'homologation par l'autorité judiciaire

La transaction acceptée par le contrevenant doit être homologuée par le procureur de la République (C. pr. pén., art. 44-1).

Lorsqu'elle consiste en un travail non rémunéré, elle doit être homologuée, selon la nature de la contravention, par le juge compétent du tribunal de police (C. pr. pén., art. 44-1).

Le maire transmet dans tous les cas la transaction au procureur de la République avec le procès-verbal. Dans la première hypothèse, ce dernier homologue ou non la transaction, dans la seconde, il la transmet au juge compétent accompagné de ses réquisitions (C. pr. pén., art. R. 15-33-63).

L'autorité judiciaire informe le maire de sa décision dans les meilleurs délais (C. pr. pén., art. R. 15-33-63).

D. L'exécution de la transaction-réparation

Le maire avise le contrevenant de la décision d'homologation et des modalités d'exécution de la transaction, ou du refus d'homologation (C. pr. pén., art. R. 15-33-63).

Lorsque la transaction consiste en un travail non rémunéré, le maire exerce les attributions confiées au Jap par les articles 131-23, 131-24, R. 131-25, R. 131-26 et R. 131-28 du code pénal (C. pr. pén., art. R. 15-33-65).

L'action publique est éteinte lorsque le contrevenant a exécuté dans le délai imparti ses obligations (C. pr. pén., art. 44-1). Le maire prévient le procureur de la République qui constate alors l'extinction de l'action publique (C. pr. pén., art. R. 15-33-66).

Le maire l'informe également lorsque les obligations n'ont pas été exécutées dans le délai imparti (C. pr. pén., art. R. 15-33-66).

Les actes tendant à la mise en œuvre ou à l'exécution de la transaction sont interruptifs de la prescription de l'action publique (C. pr. pén., art. 44-1) (sur la prescription, v. n° **17.18** s.).

15.43 La transaction proposée par OPJ (dispositions abrogées par L. n° 2019-222, 23 mars 2019)

Le dispositif de la transaction par OPJ, institué par L. n° 2014-896, 15 août 2014, créant C. pr. pén., art. 41-1-1, entré en vigueur à la parution du décret d'application n° 2015-1272, 13 oct. 2015, instituant C. pr. pén., art. R. 15-33-37-1 à R. 15-33-37-1, a été abrogé par L. n° 2019-222, 23 mars 2019.

Son économie générale consistait à permettre à l'OPJ, pour les contraventions prévues par le code pénal, les délits passibles d'une peine < 1 an (à l'exception du délit d'outrage à dépositaire de l'autorité publique), le délit de vol simple au préjudice ⩽ 300 € (v. n° 22.1), le délit d'usage de stupéfiants (v. n° 28.11) et le délit d'occupation illicite de parties communes d'immeuble (v. n° 20.54), de proposer à l'auteur, avec l'autorisation préalable du procureur de la République, de transiger sur la poursuite en proposant le paiement d'une amende transactionnelle ⩽ au tiers de l'amende encourue ainsi que, le cas échéant, l'obligation de réparer le dommage.

Cette transaction par OPJ devait être acceptée par l'auteur de l'infraction puis homologuée par le président du tribunal ou un juge par lui délégué, homologation interrompant la prescription.

Malgré la validation du juge, elle ne jouissait, comme la composition pénale, d'aucune force obligatoire. À la différence de cette dernière mesure, les textes ne prévoyaient pas l'inscription de la transaction exécutée au casier judiciaire.

Sur renvoi du Conseil d'État, saisi de la légalité des dispositions réglementaires d'application de C. pr. pén., art. 41-1-1, le Cons. const., avait validé l'économie du dispositif de la transaction par OPJ en rappelant, dans la continuité de sa décision 2014-416 QPC, 26 sept. 2014, § 15, validant la transaction homologuée par le procureur prévue par le code de l'environnement, que « *Ni le principe selon lequel nul n'est tenu de s'accuser, qui découle de l'article 9 de la Déclaration de 1789, ni aucune autre exigence constitutionnelle ne fait obstacle à ce qu'une personne suspectée d'avoir commis une infraction reconnaisse librement sa culpabilité et consente à exécuter une peine, s'acquitter d'une amende transactionnelle ou exécuter des mesures de nature à faire cesser l'infraction ou à en réparer les conséquences* » (Cons. const. 23 sept. 2016, n° 2016-569 QPC, § 12).

Le Cons. const., censurait toutefois les dispositions renvoyant à l'autorité réglementaire le soin de fixer le seuil de recours à la transaction par OPJ pour le vol simple (§ 17) et émis une réserve d'interprétation ouvrant à l'auteur le droit d'être assisté par un avocat lors de l'acceptation de la proposition de transaction (§ 9).

La L. n° 2017-258, 28 févr. 2017, remédiait à cette inconstitutionnalité en intégrant à l'article 41-1-1 4° du C. pr. pén., disposition législative, le seuil de 300 euros auparavant défini par décret.

Mais le Conseil d'État annulait ensuite le décret d'application n° 2015-1272, 13 oct. 2015, précité, au motif qu'aucune de ses dispositions « *ne prévoient que la personne à qui est proposée la transaction soit dûment informée de la nature des faits reprochés ainsi que de leur qualification juridique* », qu'ainsi « *il méconnaît le droit à un procès équitable garanti par l'article 6 de la Conv. EDH* » (CE 24 mai 2017, n° 395321).

Le dispositif de la transaction pénale par OPJ est donc resté inopérant jusqu'à son abrogation par L. n° 2019-222, 23 mars 2019.

Son adaptation et son maintien ne se justifiaient plus « *du fait des simplifications apportées à la procédure de composition pénale, désormais possible[s] pour les contraventions et les délits les moins graves sans validation d'un juge* », issues de cette même loi (Circ. Crim. 2019-7/H3, 5 avr. 2019, n° 1.3).

Cette procédure, proche de la composition pénale, revêtait un intérêt particulier en ce que l'OPJ avait la possibilité de soumettre l'auteur au paiement d'une **consignation** égale au montant de l'amende transactionnelle, consignation qui valait paiement de l'amende lorsque la transaction était ensuite homologuée par le juge. Ce mécanisme de consignation reste absent de la procédure de composition pénale rénové par L. n° 2019-222, 23 mars 2019.

Mentionnons que le Cons. const., au visa du principe de la garantie des droits (DDHC 1789, art. 16), avait apporté au dispositif de la transaction par OPJ une réserve d'interprétation en soulignant que la procédure devait reposer sur un « *accord libre et non équivoque* » (§ 8) de la personne et ne pouvait « *sans méconnaître les droits de la défense, autoriser qu'une transaction soit conclue sans que la personne suspectée d'avoir commis une infraction ait été informée de son droit à être assistée de son avocat avant d'accepter la proposition qui lui est faite, y compris si celle-ci intervient pendant qu'elle est placée en garde à vue* » (§ 9) (Cons. const. 23 sept. 2016, n° 2016-569 QPC). Sous cette réserve, le Cons. const., admettait ainsi qu'une transaction puisse être proposée dans le cours d'une garde à vue, ce que, au-delà des prescriptions de la loi, prohibait toutefois son décret d'application (C. pr. pén., R. 15-33-37-2), édicté il est vrai avant cette décision.

Soulignons que depuis L. n° 2022-52, 24 janv. 2022, le vol d'une chose d'une valeur ⩽ 300 € peut relever de la procédure d'amende forfaitaire délictuelle lorsque la chose a été restituée ou le dommage indemnisé (C. pén., art. 311-3-21, issu L. n° 2022-52, 24 janv. 2022, v. orienteur n° **22.1**).

15.44 La composition pénale pour les majeurs et les personnes morales (C. pr. pén., art. 41-2, 41-3, 41-3-1A, R. 15-33-38 s.)

A. Le domaine de la composition pénale

Le procureur de la République, tant que l'action publique n'a pas été mise en mouvement, peut proposer, y compris durant le temps de la garde à vue, directement ou par l'intermédiaire d'un délégué ou d'un médiateur, notamment dans une maison de justice et du droit, ou par l'intermédiaire d'un OPJ, une composition pénale à une personne **majeure qui reconnaît** avoir commis un ou plusieurs délits punis d'une peine d'amende ou d'une peine d'emprisonnement d'une durée ⩽ 5 ans ainsi que le cas échéant, une ou plusieurs contraventions connexes (C. pr. pén., art. 41-2, R. 15-33-38) (sur les caractéristiques comparées de la composition pénale et du plaider coupable v. n° **15.53**). La procédure de composition pénale est également applicable aux contraventions (C. pr. pén., art. 41-3).

Cette mesure est applicable aux **mineurs** âgés d'au moins 13 ans depuis L. n° 2007-297, 5 mars 2007 (CJPM, art. L. 422-3 s., anc[t] ord. n° 45-174, 2 févr. 1945, art. 7-2) (v. n° **15.45**). Elle l'est également aux **personnes morales** depuis L. n° 2019-222, 23 mars 2019, dans les conditions précisées au **C** ci-dessous (C. pr. pén., art. 41-3-1A).

Elle n'est pas applicable en matière de presse, ni aux homicides involontaires ou aux délits politiques.

Précisons que pour les contraventions qui ont été commises sur le territoire de sa commune et que peuvent relever ses agents de police municipale ou gardes champêtre (v. n[os] **11.11** et **11.12**), le **maire** peut proposer au procureur de la République de procéder à une composition pénale (C. pr. pén., art. 44-1). Il est avisé par le procureur de la République de la suite réservée à sa proposition. Notons aussi que lorsque ces contraventions sont commises au préjudice de la commune au titre de l'un de ses biens, le maire peut soumettre au procureur de la République l'homologation d'une transaction-réparation (v. n° **15.42**).

B. Les mesures proposées aux personnes physiques dans le cadre de la composition pénale

1. La prise en compte des intérêts de la victime

Le procureur **doit**, si la victime est identifiée et sauf réparation du préjudice déjà intervenue, proposer à l'auteur **d'indemniser la victime** dans un délai ⩽ 6 mois. La réparation peut consister, avec l'accord de la victime, en la remise en état d'un bien endommagé par la commission de l'infraction (L. n° 2007-297, 5 mars 2007).

Le Procureur de la République ou son délégué propose à la victime et à l'auteur, lorsque cette mesure paraît envisageable, de la possibilité de participer à une mesure de justice restaurative lors de la mise en œuvre d'une composition pénale (C. pr. pén., art. D. 1-1-1, issu D. n° 2020-1640, 21 déc. 2020).

Le procureur de la République s'assure, directement ou par la personne par lui désignée, que l'auteur des faits répare le préjudice subi par la victime dans les délais prescrits (C. pr. pén., art. R. 15-33-56).

Les mesures d'interdiction de paraître (C. pr. pén., art. 41-2 9°) ou de contact (C. pr. pén., art. 41-2 10°) ci-dessous proposées à l'auteur dans le cadre de la composition pénale prennent également en compte les intérêts de la victime.

2. Les mesures de composition pénale applicables aux personnes physiques

Le procureur peut proposer à l'auteur de l'infraction une ou plusieurs des mesures suivantes :

• **1°. amende de composition** ⩽ au montant maximum de l'amende encourue, dont le paiement peut être échelonné selon un échéancier fixé par le procureur de la République sur une période < 1 an. La minoration de 20 % pour paiement de l'amende dans le mois n'est pas ici applicable (v. n° **18.16**) (C. pr. pén., art. R. 55, al. 2, 1°) ;

Depuis le 1er janv. 2018, l'amende de composition est majorée de 50 % au profit du fonds de garantie automobile pour le délit de défaut d'assurance (C. assur., art. L. 211-27, mod par L. n° 2016-1547, 18 nov. 2016). Cette majoration est encaissée par un comptable de la direction générale des finances publiques dans les mêmes conditions que les amendes (C. ass., art. R. 421-37, réd. issue D. n° 2017-153, 3 nov. 2017).

Le paiement de l'amende de composition est effectué auprès du comptable public, par remise d'un chèque certifié, versement d'espèces ou carte bancaire (C. pr. pén., art. R. 15-33-51).

Depuis L. n° 2019-222, 23 mars 2019, si l'amende de composition est ⩽ 3 000 €, la validation de la composition n'est pas soumise à un magistrat du siège (v. **F** ci-dessous) ;

• **2°. dessaisissement** au profit de l'État de la chose ayant servi ou destinée à commettre l'infraction ou qui en est le produit. Cette mesure n'est pas applicable aux contraventions des 1re à 4e classes, sauf si l'infraction est passible de : suspension du permis de conduire, interdiction d'arme soumise à autorisation, confiscation d'arme, retrait du permis de chasser, confiscation de la chose en lien avec l'infraction, C. pr. pén., art. 41-3). Lorsque la chose a fait l'objet d'une saisie, le greffe peut procéder à sa destruction ou à sa remise à l'AGRASC (C. pr. pén., art. R. 15-33-52). Depuis L. n° 2019-222, 23 mars 2019, si la valeur de la chose est ⩽ 3 000 €, la validation de la composition n'est pas soumise à un magistrat du siège (v. **F** ci-dessous) ;

3°. remise du véhicule à des fins d'immobilisation pour une période < 6 mois (pour les contraventions : mêmes réserves qu'au n° 2 ci-dessus). La remise est exécutée conformément au C. pén., art. R. 131-5 à R. 131-11 (C. pr. pén., art. R. 15-33-52-1) ;

• **4° et 5°.** remise au greffe du TJ du **permis de conduire ou de chasser** pour un délai ⩽ 6 mois (délits) ou ⩽ 3 mois (contraventions), la remise emportant l'engagement de ne pas conduire ou chasser durant la période considérée. La conduite peut être cependant autorisée pour les besoins de l'activité professionnelle (C. pr. pén., art. R. 15-33-41) (pour les contraventions : mêmes réserves qu'au n° 2 ci-dessus) (sur les modalités d'exécution de la mesure de remise du permis de conduire ou de chasser, v. C. pr. pén., art. R. 15-33-53). Lorsque la personne a fait l'objet d'une mesure de rétention ou de suspension administrative de son permis de conduire (C. route, art. L. 224-1 s., sur cette mesure, v. n° **11.70**), cette dernière « *cesse de recevoir effet* » à l'issue de l'exécution de la mesure de remise du permis de conduire de la composition pénale (C. pr. pén., art. R. 15-33-53) ;

• 4° *bis.* suivre un programme de **réhabilitation et de sensibilisation** comportant l'installation à ses frais d'un **éthylotest antidémarrage (EAD)** sur son véhicule, pour une période ⩾ 6 mois et ⩽ 3 ans, ainsi que la réalisation d'un stage de sensibilisation à la sécurité routière (L. n° 2011-267, 14 mars 2011) (C. pr. pén., art. R. 15-33-41-1). Un certificat mentionnant cette restriction du droit de conduire est remis à l'intéressé en échange de son permis (C. pr. pén., art. R. 15-33-53-1 renvoyant à C. pén., art. R. 131-4-1). La mesure éventuelle de suspension administrative du permis ou de restriction du droit de conduire aux seuls véhicules munis d'un EAD (D. n° 2020-605, 18 mai 2020) prend également fin à l'issue de l'exécution de la composition pénale (C. pr. pén., art. R. 15-33-53-1 renvoyant à R. 15-33-53). Mentionnons que l'utilisation irrégulière du dispositif antidémarrage (EAD) équipant le véhicule en exécution de la composition pénale est sanctionnée par C. route, art. **R. 234-5** (contrav. 5e cl., v. n° **36.34**) ;

• **6°. travail non rémunéré** (TNR) ⩽ 100 h (depuis L. n° 2021-401, 8 avr. 2021, auparavant 60 h) dans un délai ⩽ 6 mois (délits), ou ⩽ 30 h sur 3 mois (contraventions de 5e cl, mesure non applicable aux contraventions des 1re à 4e classes, C. pr. pén., art. 41-3), au profit de la collectivité, notamment au sein d'une personne morale de droit public ou d'une personne morale de droit privé chargée d'une mission de service public ou d'une association habilitée (C. pr. pén., art. R. 15-33-42). Le TNR consiste dans l'exécution de l'un des TIG dont la liste est établie par le JAP ou dans d'autres travaux définis dans les mêmes conditions par le procureur de la République (C. pr. pén., art. R. 15-33-54). L'intéressé est couvert au titre du risque accidents du travail et maladies professionnelles (CSS, art. L. 412-8 5°, C. pr. pén., art. R. 15-33-55) ;

• 7°. suivre un **stage ou une formation** dans un service ou organisme sanitaire, social ou professionnel d'une durée ⩽ 3 mois sur un délai ⩽ 18 mois. La proposition du parquet indique si le stage est effectué aux frais de l'intéressé, pour un montant qui ne peut excéder le montant des contraventions de 3e classe (450 €). L'auteur adresse dans tous les cas l'attestation d'exécution du stage au parquet ou à son délégué (C. pr. pén., art. R. 15-33-55-1) ;

• **8°.** ne pas émettre de **chèques** autres que de retrait ou certifié ou ne pas utiliser de **carte de paiement**, pour une durée ⩽ 6 mois (pour les contraventions : mêmes réserves qu'au n° 2 ci-dessus). L'auteur remet contre récépissé au greffe ou au délégué du procureur ses carnets de chèques et cartes de paiement durant l'exécution de la mesure (C. pr. pén., art. R. 15-33-55-2) ;

• **9°. ne pas paraître**, pour une durée ⩽ **6 mois**, dans le ou les lieux désignés par le procureur de la République et dans lesquels l'infraction a été commise « ~~*à l'exception de ceux dans lesquels la personne réside habituellement*~~ » (supprimé par L. n° 2019-222, 23 mars 2019) « *ou dans lesquels réside la victime* » (L. n° 2019-222, 23 mars 2019) « *l'interdiction de paraître pourra ainsi être proposée à l'auteur de violences conjugales ou de menaces qui réside à proximité du domicile de la victime* » (Circ. Crim. 2019-7/H3, 5 avr. 2019, n° 1.1.2). Cette mesure d'interdiction de paraître n'est pas applicable aux contraventions (C. pr. pén., art. 41-3). Depuis L. n° 2020-936, 30 juill. 2020, cette interdiction de paraître est inscrite au FPR (C. pr. pén., art. 230-19 11° modifié, sur l'inscription au FPR, v. n° **13.17**) ;

• **10°. ne pas rencontrer ou recevoir**, pour une durée ⩽ 6 mois, la ou les **victimes de l'infraction** désignées par le procureur de la République ou ne pas entrer en relation avec elles (mesure non applicable aux contraventions, C. pr. pén., art. 41-3). Cette mesure est portée à la connaissance de la victime (C. pr. pén., art. R. 15-33-55-3). Depuis

L. n° 2021-401, 8 avr. 2021, cette interdiction de contact est inscrite au FPR (C. pr. pén., art. 230-19 11° modifié ; sur l'inscription au FPR, v. n° **13.17B2**) ;

• **11°. ne pas rencontrer ou recevoir**, pour une durée ⩽ 6 mois, le ou les **coauteurs ou complices** éventuels désignés par le procureur de la République ou ne pas entrer en relation avec eux (mesure non applicable aux contraventions, C. pr. pén., art. 41-3). Depuis L. n° 2021-401, 8 avr. 2021, cette interdiction de contact est inscrite au FPR (C. pr. pén., art. 230-19 11° modifié ; sur l'inscription au FPR, v. n° **13.17B2**) ;

• **12°**. ne pas quitter le territoire national et **remettre son passeport** pour une durée ⩽ 6 mois (mesure non applicable aux contraventions, C. pr. pén., art. 41-3). L'auteur remet contre récépissé au greffe ou au délégué du procureur son passeport durant l'exécution de la mesure (C. pr. pén., art. R. 15-33-55-4) ;

• **13°**. accomplir, le cas échéant à ses frais, un **stage de citoyenneté**, selon les modalités empruntées à la peine de stage de citoyenneté (C. pr. pén., art. R. 15-33-55-5 renvoyant à C. pén., art. R. 131-35 à R. 131-40) ;

• **14°**. en cas d'infraction commise contre l'actuel ou l'ancien conjoint, concubin ou partenaire lié par un Pacs, ou contre ses enfants ou ceux du conjoint, concubin ou partenaire, **résider hors de son domicile ou de la résidence du couple** et le cas échéant, s'abstenir de paraître dans ce domicile ou dans cette résidence ou aux abords immédiats et faire l'objet, si nécessaire, d'une prise en charge sanitaire, sociale ou psychologique (L. n° 2006-399, 4 avr. 2006, art. 12). À cette fin, le parquet fait recueillir dans les meilleurs délais et par tous moyens l'avis de la victime sur l'opportunité de cette résidence hors du logement du couple. Sauf circonstances particulières, cette mesure est prise lorsque les faits de violences sont susceptibles d'être renouvelés et que la victime la sollicite. Le parquet peut préciser les modalités de prise en charge des frais du logement pendant une durée ⩽ 6 mois (L. n° 2014-873, 4 août 2014). Un dispositif de téléprotection dit TGD (téléphone grave danger) peut dans le cadre d'une telle mesure être mis à disposition de la personne victime de violences par son conjoint (C. pr. pén., art. 41-3-1, sur point, ainsi que sur les autres mesures de protection du conjoint victime de violences, v. n° **16.5D**) ;

• **15°**. accomplir le cas échéant à ses frais **un stage de sensibilisation aux dangers de l'usage de stupéfiants** (L. n° 2007-297, 5 mars 2007) selon les modalités empruntées à ce stage prononcé à titre de peine (C. pr. pén., art. R. 15-33-55-6 renvoyant à C. pén., art. R. 131-46 et R. 131-47 ; sur ce stage, v. n° **18.33B3**) ;

• **16°**. se soumettre à une **mesure d'activité de jour** consistant en la mise en œuvre d'activités d'insertion professionnelle ou de mise à niveau scolaire soit auprès d'une personne morale de droit public, soit auprès d'une personne morale de droit privé chargée d'une mission de service public ou d'une association habilitées à mettre en œuvre une telle mesure (L. n° 2007-297, 5 mars 2007). Cette activité de jour est exécutée sous le contrôle du délégué du procureur (C. pr. pén., art. R. 15-33-55-7) ;

• **17°**. se soumettre à une mesure **d'injonction thérapeutique**, selon les modalités définies aux articles L. 3413-1 à L. 3413-4 du code de la santé publique (v. n° **28.11**), lorsqu'il apparaît que l'intéressé fait usage de stupéfiants ou fait une consommation habituelle et excessive de boissons alcooliques (L. n° 2007-297, 5 mars 2007). L'injonction thérapeutique est exécutée sous le contrôle du délégué du procureur (C. pr. pén., art. R. 15-33-55-8) ;

• **17°** ***bis***. accomplir, accomplir, le cas échéant à ses frais, un **stage** de sensibilisation à la lutte contre **l'achat d'actes sexuels** (L. n° 2016-444, 13 avr. 2016), selon les modalités empruntées à ce stage prononcé à titre de peine (C. pr. pén., art. R. 15-33-55-9 renvoyant à C. pén., art. R. 131-51-1 et R. 131-51-2 ; sur ce stage, v. n° **18.33B6**) ;

• **17°** ***ter***. depuis L. n° 2021-401, 8 avr. 2021, accomplir, le cas échéant à ses frais, un **stage de responsabilité parentale** (C. pr. pén., art. 41-2 17 *ter*, issu L. n° 2021-401, 8 avr. 2021 ; sur ce stage, v. n° **18.33B4**) ;

• **18°**. accomplir à ses frais un **stage** de responsabilisation pour la prévention et la lutte contre les **violences au sein du couple** et sexistes (L. n° 2014-873, 4 août 2014), selon les modalités empruntées à ce stage prononcé à titre de peine (C. pr. pén., art. R. 15-33-55-9 renvoyant à C. pén., art. R. 131-51-1 et R. 131-51-2 ; sur ce stage, v. n° 18.33B5) ;

• **19°**. accomplir, le cas échéant à ses frais, un stage de **lutte contre le sexisme et de sensibilisation à l'égalité entre les femmes et les hommes** (L. n° 2018-703, 3 août 2018 ; sur ce stage, v. n° 18.33B7).

C. Les mesures de composition applicables aux personnes morales (C. pr. pén., art. 41-3-1A, L. n° 2019-222, 23 mars 2019)

Depuis L. n° 2019-222, 23 mars 2019, la procédure de composition pénale est applicable « *à une personne morale dont le représentant légal ou toute personne bénéficiant, conformément à la loi ou à ses statuts, d'une délégation de pouvoir à cet effet reconnaît sa responsabilité pénale pour les faits qui lui sont reprochés* » (C. pr. pén., art. 41-3-1A, issu L. n° 2019-222, 23 mars 2019).

Les mesures sont toutefois limitées à l'amende de composition et à l'indemnisation de la victime.

« *le montant maximal de l'amende de composition pouvant être proposé est alors égal au quintuple de l'amende encourue par les personnes physiques* » (C. pr. pén., art. 41-3-1A).

Cette disposition a été validée par le Cons. const., en ce qu'elle ne méconnaît aucune exigence constitutionnelle (Cons. const. 21 mars 2019, 2019-778 DC, § 273).

Pour une même infraction, une composition pénale pourra être appliquée « *à la fois à la personne physique auteur des faits et à la personne morale pénalement responsable de ceux-ci, ou ne pourra être utilisée qu'à l'égard de la personne morale* ». « *Juridiquement, rien n'interdit que des poursuites soient engagées contre la personne physique et qu'une composition pénale soit mise en œuvre à l'égard de la personne morale, ou inversement. En cas de composition pénale mise en œuvre à la fois à l'égard de la personne physique et de la personne morale, rien n'interdit que la personne physique mise en cause soit également celle représentant la personne morale* » (Circ. Crim. 2019-7/H3, 5 avr. 2019, n° 1.1.5).

D. La forme et les effets de la proposition de composition pénale, l'information des parties

La proposition de composition pénale fait l'objet d'une décision écrite et signée du procureur, jointe à la procédure, précisant la nature des faits reprochés et leur qualification juridique, la nature et le *quantum* des mesures proposées, et le cas échéant le montant et la nature des réparations proposées. L'auteur est informé qu'il peut se faire assister par un avocat avant de donner son accord, qui est recueilli par procès-verbal dont copie lui est remise. L'intéressé peut demander à disposer d'un délai de dix jours avant de faire connaître sa décision, il lui est alors donné une nouvelle convocation où il devra comparaître pour faire connaître sa réponse, son absence valant alors refus (C. pr. pén., art. R. 15-33-39 et R. 15-33-40).

En cas de composition portant sur un délit emportant perte de points du permis de conduite, le procès-verbal informe la personne de la perte de points qui résultera de l'exécution de la composition (C. pr. pén., art. R. 15-33-43).

La victime est également informée, par tout moyen de la proposition de composition pénale, qui comporte obligatoirement proposition d'indemnisation dans un délai ⩽ 6 mois de la victime identifiée et non déjà indemnisée, de son droit à l'assistance d'un avocat. Un procès-verbal doit consigner les conditions dans lesquelles la victime a été informée (C. pr. pén., art. R. 15-33-45).

L'auteur des faits et la victime peuvent, à leur demande, obtenir une copie de toutes les pièces de la procédure, sans autorisation préalable du procureur de la République (C. pr. pén., art. R. 155 ; mod. par D. n° 2001-689, 31 juill. 2001).

Le pouvoir d'appréciation de l'opportunité des poursuites du parquet est limité dès lors que « *l'auteur des faits donne son accord aux mesures proposées* » (C. pr. pén., art. 41-2). En effet, le procureur de la République « *est tenu de saisir le président du tribunal aux fins de validation de la composition et ne recouvre la possibilité de mettre en mouvement l'action publique que si ce magistrat refuse de valider la composition ou si, une fois la validation intervenue, l'intéressé n'exécute pas intégralement les mesures décidées* », est par conséquent annulée la citation directe délivrée après la signature du procès-verbal de proposition de composition pénale dans cette espèce où le ministère public avait choisi de ne pas saisir le président aux fins de validation de la composition en raison de l'interpellation de l'auteur entretemps intervenue pour d'autres faits (Crim. 20 nov. 2007, n° 07-82.808, P n° 287).

E. La validation de la composition par le président du tribunal

Sauf dans les cas où la validation du juge n'est pas nécessaire, (v. F ci-dessous), lorsque l'auteur des faits donne son accord à la proposition du procureur, celui-ci saisit le président du TJ pour les délits, le juge compétent du tribunal de police pour les contraventions (C. pr. pén., art. 41-3), aux fins de validation de la composition, et en informe l'auteur et le cas échéant la victime. L'intégralité de la procédure d'enquête est jointe à la requête, qui doit être datée et signée (C. pr. pén., R. 15-33-46).

Sur délégation donnée par le président du tribunal judiciaire, tout juge du tribunal ou magistrat à titre temporaire ou « *magistrat honoraire exerçant des fonctions juridictionnelles* » (L. n° 2021-1729, 22 déc. 2021) est compétent pour valider les mesures de composition pénale pour les délits (C. pr. pén., art. 41-2, L. n° 2005-47, 26 janv. 2005 et L. n° 2016-1547, 18 nov. 2016).

Le président peut procéder à l'audition, non publique, de l'auteur et de la victime, assistés le cas échéant de leur avocat, en présence du procureur si ce dernier le souhaite (C. pr. pén., art. R. 15-33-47).

Le président peut rendre une ordonnance validant la composition, notifiée à l'auteur et à la victime, insusceptible de recours. Les mesures décidées sont alors mises à exécution.

Le juge valide la composition si les conditions de la procédure sont remplies et si la personne a donné son accord. « *Il refuse de valider la composition pénale s'il estime que la gravité des faits, au regard des circonstances de l'espèce, ou que la personnalité de l'intéressé, la situation de la victime ou les intérêts de la société justifient le recours à une autre procédure, ou lorsque les déclarations de la victime .../...apportent un éclairage nouveau sur les conditions dans lesquelles l'infraction a été commise ou sur la personnalité de son auteur* » (C. pr. pén., art. 41-2). Ces précisions apportées par L. n° 2019-222, 23 mars 2019 « *ne modifient en rien le fond du droit et l'office du juge* » mais s'inspirent « *notamment de ce qui est prévu pour l'homologation d'une CRPC* » (Circ. Crim. 2019-7/H3, 5 avr. 2019, n° 1.1.3).

F. L'absence de validation du juge pour l'amende de composition ou le dessaisissement d'une chose ⩽ 3000 € (L. n° 2019-222, 23 mars 2019)

Depuis L. n° 2019-222, 23 mars 2019, « *La proposition de composition n'est pas soumise à la validation du président du tribunal* » lorsque, pour un **délit puni d'une peine ⩽ 3 ans**, elle porte sur une amende de composition n'excédant pas le plafond des amendes contraventionnelles, soit ⩽ **3000 €**, ou sur une mesure de **dessaisissement au profit de l'État** de la chose qui a servi ou était destinée à commettre l'infraction ou qui en est le produit, si sa valeur n'excède pas ce même montant (C. pr. pén., art. 41-2 et 131-13).

Depuis L. n° 2021-401, 8 avr. 2021, cette dispense de validation du juge est étendue aux amendes de composition pour **toute contravention** (C. pr. pén., art. 41-2, mod. par L. n° 2021-401, 8 avr. 2021).

Ces dispositions ont été déclarées conformes à la Constitution en ce que « *Si les exigences d'une bonne administration de la justice et d'une répression effective des infractions sont susceptibles de justifier le recours à de tels modes d'extinction de l'action publique en dehors de toute décision juridictionnelle, ce n'est qu'à la condition de ne porter que sur les délits les moins graves et de ne mettre en œuvre que des peines d'amendes de faible montant* », dès lors, « *compte tenu des seuils ainsi retenus* », elles ne « *méconnaissent pas le principe d'égalité devant la justice* » ni « *celui de séparation des autorités de poursuite et de jugement* » (Cons. const. 21 mars 2019, n° 2019-778 DC, § 252 et 270).

« *Cependant la validation du juge reste nécessaire quand le procureur propose au mis en cause de réparer les dommages causés par l'infraction. Dès lors, il sera opportun de s'assurer de la réparation du préjudice de la victime, lorsqu'elle est possible, dans le cadre de l'enquête, afin qu'au stade de la composition pénale, les mesures d'amende ou de dessaisissement de la chose puissent être proposées et exécutées sans phase de validation* » (Circ. Crim. 2019-7/H3, 5 avr. 2019, nº 1.1.1).

L'exécution de la mesure proposée « *a exactement les mêmes effets qu'en cas de composition pénale soumise à l'exigence de validation* » (Circ. Crim. 2019-7/H3, 5 avr. 2019, nº 1.1.1).

Pour les personnes morales, la lecture combinée de C. pr. pén., art. 41-3-1 A et 41-2 renvoyant à C. pén., art. 131-13 paraît exclure que le montant de l'amende de composition n'exigeant pas la validation d'un juge puisse être le quintuple du montant maximal de 3 000 €.

G. L'échec de la composition

En cas de non-validation de la proposition par le président, de refus de la composition par l'auteur ou d'inexécution partielle, le procureur met en mouvement l'action publique sauf élément nouveau. En cas de poursuites et de condamnation, il est tenu compte, s'il y a lieu, du travail déjà accompli et des sommes déjà versées par la personne (C. pr. pén., art. 41-2). À cet effet, le dossier d'exécution de la composition pénale est communiqué à la juridiction de jugement (C. pr. pén., art. R. 15-33-60). En cas de retard d'exécution dans les délais prescrits, le procureur de la République peut, en cas de motifs graves, prolonger le délai d'exécution des mesures (C. pr. pén., art. R. 15-33-57).

Les actes tendant à la mise en œuvre ou à l'exécution de la composition pénale sont interruptifs de la prescription de l'action publique (sur la prescription, v. nºs **17.18** s.).

Les mesures fixées dans la composition pénale reposent sur l'adhésion de l'auteur des faits et ne sont pas susceptibles d'exécution forcée malgré la validation donnée par le juge.

En cas d'inexécution de la composition pénale validée, lorsque l'auteur des faits s'est engagé à verser à la **victime** des dommages et intérêts, cette dernière a la possibilité, au vu de l'ordonnance de validation, d'en demander le recouvrement suivant la procédure d'**injonction de payer** prévue par le C. pr. civ. (C. pr. pén., art. 41-2) (sur les droits de la victime en cas de composition pénale, v. aussi nº **16.11C**). Mentionnons que, par l'effet de la règle *electa una via*, le recours à la voie de l'injonction de payer lui interdit de réclamer des dommages-intérêts devant la juridiction répressive dans le cas où cette dernière est saisie à la suite de l'inexécution de la composition pénale (sur la règle *electa una via*, C. pr. pén., art. 5, v. nº **16.10D**).

H. Les effets de la composition pénale dont l'exécution a été constatée par le procureur de la République

1. L'exécution de la composition et ses effets sur l'action publique

Le procureur « *peut désigner un délégué ou un médiateur aux fins de mettre en œuvre les mesures décidées et de contrôler les conditions de leur exécution* » (C. pr. pén., art. R. 15-33-58), il en est de même pour la vérification de la réparation du préjudice subi par la victime (C. pr. pén., art. R. 15-33-56).

Lorsque la ou les mesures décidées ont été intégralement exécutées, le procureur de la République ou la personne désignée par lui constate l'exécution de la composition pénale. (C. pr. pén., art. R. 15-33-58).

L'exécution éteint l'action publique (C. pr. pén., art. 6 et 41-2), ce dont sont avisés l'intéressé et la victime par le procureur de la République (C. pr. pén., art. R. 15-33-58).

La composition pénale dont l'exécution a été constatée entraîne perte de points du permis de conduire pour les infractions au code de la route passibles de cette sanction administrative. À cet effet, le parquet informe le ministère de l'intérieur de l'exécution de la composition pénale (C. route, art. L. 223-1, C. pr. pén., art. R. 15-33-59 ; sur les points du permis de conduire, v. nº **36.30**).

La composition pénale exécutée entraîne également l'inscription de l'auteur au Fijais pour les infractions sexuelles, sur décision expresse du procureur de la République si la peine encourue est < 5 ans (C. pr. pén., art. 706-53-2, v. n° **13.32**).

Elle est inscrite au bulletin n° 1 du casier judiciaire (C. pr. pén., art. 41-2 et 768 9°) durant trois ans, sauf nouvelle condamnation pour crime ou délit ou nouvelle composition pénale (C. pr. pén., art. 769 6°). Elle ne figure pas au bulletin n° 2 du casier judiciaire (C. pr. pén., art. 775 14°), accessible aux administrations (C. pr. pén., art. 776), ni, a fortiori, au bulletin n° 3, accessible à l'auteur des faits (C. pr. pén., art. 777).

La composition pénale est également inscrite au casier judiciaire des personnes morales (C. pr. pén., art. 768-1, mod. par L. n° 2019-222, 23 mars 2019, en vigueur à partir du 1er juill. 2021, art. 109 XVI).

L'exécution de la composition pénale ne compte pas comme premier terme d'une récidive (v. n° **18.5**).

2. Les effets sur l'action civile

Comme il a été précisé, la victime peut recourir, sur le fondement de l'ordonnance validant la composition pénale, au dispositif de l'injonction de payer pour assurer le recouvrement de sa créance, que les autres mesures aient été exécutées ou non (C. pr. pén., art. 41-2, v. **G** ci-dessus).

En outre, en cas d'**exécution** de la composition pénale la victime peut, depuis L. n° 2019-222, 23 mars 2019, « *demander au procureur de la République de citer l'auteur des faits à une audience devant le tribunal pour lui permettre de se constituer partie civile* ». Il l'informe dans ce cas de la date de l'audience. Dans cette hypothèse, correspondant au cas où « *la victime n'aura pas été associée à la procédure et que l'indemnisation ne fera pas partie des mesures proposées par le parquet* », « *Ce ne sera donc plus à la victime elle-même de faire délivrer une citation directe, celle-ci devant l'être par le parquet* », comme c'était déjà le cas en matière d'ordonnance pénale ou de CRPC (Circ. Crim. 2019-7/H3, 5 avr. 2019, n° 1.1.4) (sur les droits de la victime en cas de composition pénale, v. aussi n° **16.11C**).

Le tribunal, siégeant à juge unique, ne statue alors que sur les seuls intérêts civils, au vu du dossier de la procédure qui est versé aux débats (C. pr. pén., art. 41-2).

Précisons enfin que « *l'ordonnance aux fins de validation de la composition pénale rendue par le président du tribunal en application de C. pr. pén., art. 41-2, sans débat contradictoire à seule fin de réparer le dommage, l'action publique étant seulement suspendue, n'a pas autorité de chose jugée au pénal sur le civil* » (Soc., 13 janv. 2009, n° 07-44.718, P n° 1). Il en résulte que la victime peut se tourner vers le juge civil sans se voir opposer « *le principe de l'autorité au civil de la chose jugée au pénal* » énoncé au C. civ, art. 1355, anct. art. 1351. De même, en application de C. pr. pén., art. 41-2, al. 9, « *la composition pénale, si elle éteint l'action publique, ne fait pas échec au droit de la partie civile de délivrer citation directe devant le tribunal correctionnel statuant sur les seuls intérêts civils* » (Crim. 24 juin 2008, n° 07-87.511, P n° 162).

15.45 La composition pénale pour les mineurs d'au moins 13 ans (C. pr. pén., art. 41-2 et 42-3, CJPM, art. L. 422-3 s.)

Depuis la loi n° 2007-297, 5 mars 2007, la procédure de composition pénale prévue par les articles 41-2 et 41-3 du code de procédure pénale peut être appliquée aux mineurs âgés d'au moins treize ans, lorsqu'elle apparaît adaptée à la personnalité de l'intéressé (CJPM, art. L. 422-3, anct Ord. n° 45-174, 2 févr. 1945, art. 7-2). Les règles déjà exposées au n° **15.44** s'appliquent, avec les particularités suivantes :

Avant toute proposition de composition pénale, le service de la PJJ est saisi afin d'établir un recueil de renseignements socio-éducatifs (RRSE, sur cette mesure d'investigation socio-éducative définie par CJPM, art. L. 322-3, v. n° **12.38B2**) (CJPM, art. L. 422-4).

La proposition du procureur de la République est présentée non seulement au mineur mais aussi à ses représentants légaux et doit recueillir l'accord de ces derniers (CJPM, art. L. 422-4).

L'accord du mineur et de ses représentants légaux est recueilli en présence d'un avocat choisi par le mineur ou ses représentants légaux ou désigné par le bâtonnier à la demande du procureur de la République (CJPM, art. L. 422-4).

Les dispositions qui dispensent de la validation du juge pour l'amende de composition ou le dessaisissement au profit de l'État de l'instrument ou du produit de l'infraction ne sont pas applicables aux mineurs (CJPM, art. L. 422-4).

Le juge des enfants est compétent pour valider la composition pénale, ou le juge du tribunal de police pour les contraventions des quatre premières classes (CJPM, art. L. 422-4). Il peut, soit d'office, soit à leur demande, procéder à l'audition du mineur ou de ses représentants légaux, dans ce dernier cas, l'audition est de droit (CJPM, art. L. 422-4). La décision du juge des enfants est notifiée à l'auteur des faits et à ses représentants légaux et, le cas échéant, à la victime (CJPM, art. L. 422-4).

L'accomplissement d'un travail non rémunéré ne peut être proposé à un mineur âgé de moins de 16 ans (CJPM, art. L. 422-3).

Outre les mesures prévues à l'article 41-2 ou 41-3 (v. n° 15.44), les mesures de composition pénales suivantes peuvent aussi être proposées au mineur par le procureur de la République (CJPM, art. L. 422-3) :

1° Accomplissement d'un stage de formation civique. Lorsqu'une l'infraction a été commise dans le cadre de la scolarité, le stage de formation civique « ***peut comporter un volet spécifique de sensibilisation aux risques liés au harcèlement scolaire*** » (CJPM, art. L. 422-3, mod. par L. n° 2022-299, 2 mars 2022) ;

2° Suivi de façon régulière d'une scolarité ou d'une formation professionnelle ;

3° Respect d'une décision, antérieurement prononcée par le juge, de placement dans une institution ou un établissement public ou privé d'éducation ou de formation professionnelle habilité ;

4° Consultation d'un psychiatre ou d'un psychologue ;

5° ~~Exécution d'une mesure d'activité de jour~~ (supprimé par CJPM). Accomplissement d'un contrat de service en EPID (depuis L. n° 2011-1940, 26 déc. 2011).

La durée d'exécution des mesures ne peut excéder ~~un an~~ **six mois** (à compter de l'entrée en vigueur du CJPM, art. L. 422-4). Leur exécution peut être confiée à la PJJ ou à une personne habilitée (CJPM, art. L. 422-4).

Mentionnons que pour l'exécution des mesures de stages « *le procureur de la République fixe, le cas échéant, le montant des frais pouvant être mis à la charge des représentants légaux du mineur* » CJPM, art. L. 422-4, mod. issue L. n° 2021-401, 8 avr. 2021).

15.46 L'amende forfaitaire contraventionnelle (C. pr. pén., art. 529 s.)

A. L'engagement de la procédure d'amende forfaitaire contraventionnelle

1. Le domaine de l'amende forfaitaire contraventionnelle

La liste des contraventions relevant de la procédure d'amende forfaitaire contraventionnelle est fixée par décret en Conseil d'État (C. pr. pén., art. 529). Cette procédure est susceptible de concerner toutes les contraventions, y compris celles de 5e classe depuis L. n° 2011-1862, 13 déc. 2011. Si les contraventions de 4e classe qui en relèvent sont énumérées au C. pr. pén., art. R. 48-1, il n'existe pas de liste comparable pour les contraventions de 5e classe et le montant des amendes forfaitaires les concernant n'est pas déterminé.

La procédure est inapplicable lorsque l'une des contraventions relevées simultanément ne peut donner lieu à une amende forfaitaire ou lorsque la loi prévoit que la récidive de la contravention constitue un délit (C. pr. pén., art. 529).

La procédure est applicable aux personnes physiques comme aux personnes morales, le texte visant de manière indifférenciée le « *contrevenant* ». Mentionnons qu'en cas de contravention routière constatée par contrôle automatisé (C. route, art. L. 130-9 et R. 130-11), la personne morale titulaire du certificat d'immatriculation doit notifier par LRAR ou par voie dématérialisée dans un délai de 45 jours l'identité et l'adresse de la personne physique qui conduisait le véhicule (C. route, art. L. 121-6, L. n° 2016-1547, 18 nov. 2016), à peine d'une amende de 4e classe (v. n° **36.31**).

C. pr. pén., art. 529 n'exclut pas les mineurs du champ de l'amende forfaitaire, mais il est clair que pour les contraventions de 5e classe le mineur relève de la juridiction pour enfants (Ord. n° 45-174, 2 févr. 1945, art. 1er, 5 et 20-1, devenus CJPM, art. L. 231-2 et L. 231-3).

« *le recours à cette procédure, y compris en cas d'extinction de l'action publique résultant du paiement de l'amende forfaitaire, ne fait pas obstacle à la mise en œuvre et l'exécution des mesures administratives de rétention et de suspension du permis de conduire, ou d'immobilisation et de mise en fourrière du véhicule* » (C. route, art. L. 121-5, mod. par L. n° 2019-222, 23 mars 2019). Cette disposition « *permet de maintenir l'efficacité des mesures préventives de nature administrative prévues par le code de la route lorsque l'auteur d'une infraction se voit remettre une amende forfaitaire* » (Circ. Crim. 2019-7/H3, 5 avr. 2019, n° 1.7).

2. L'initiative et la formalisation de la mesure

L'autorité à l'initiative de la mesure est l'agent verbalisateur, agissant sous les instructions de sa hiérarchie, dans le cadre le cas échéant de directives ou d'instructions données par le procureur de la République (C. pr. pén., art. 12, 41, 39-3). L'intervention du parquet peut s'avérer nécessaire pour la détermination de l'état de récidive d'une contravention qualifiant un délit.

La procédure doit être mise en œuvre dans le délai de prescription de l'action publique qui est de un an en matière contraventionnelle (C. pr. pén., art. 9) (v. n° **17.19C**).

Les textes n'exigent pas la reconnaissance de l'infraction. Les déclarations du contrevenant indiquant s'il reconnaît ou conteste l'infraction sont toutefois relevées au moyen d'un formulaire simplifié normalisé (C. pr. pén., art. A. 37-4 et A. 37-5) (sur le procès-verbal écrit de contravention forfaitisée, v. n° **11.5B**).

La procédure se traduit par la remise ou l'envoi d'un avis de contravention et d'une carte de paiement (C. pr. pén., art. R. 49-1), contenant des mentions obligatoires relatives à l'infraction et à la procédure (C. pr. pén., art. A. 37 s.).

Les contraventions forfaitisées (ainsi que les délits forfaitisés, v. n° **15.47A1**) constituent le domaine exclusif du procès-verbal électronique (C. pr. pén., art. R. 49-1 II, v. n° **11.5C**), qu'elles soient constatées par un agent ou par contrôle automatisé. Cette modalité dématérialisée de constatation bénéficie de la logistique de l'ANTAI (v. n° **11.5C**).

Les dispositions relatives à la traduction des pièces essentielles à l'exercice de la défense (v. C. pr. pén., article préliminaire et 803-5) ne sont pas applicables aux avis d'amendes forfaitaires et aux avis d'amendes forfaitaires majorées remis ou adressés au contrevenant (C. pr. pén., art. D. 594-10).

B. Les sanctions et mesures applicables

L'amende forfaitaire n'est pas exécutoire, acquittée dans le délai maximal de 15 jours, elle donne le cas échéant lieu à une minoration pour les contraventions routières (amende forfaitaire minorée, C. pr. pén., art. 529-7).

Elle peut être acquittée immédiatement entre les mains de l'agent verbalisateur, en espèces, par chèque ou carte bancaire, contre quittance dématérialisée ou extraite d'un carnet à souche (C. pr. pén., art. R. 49-2). Si elle n'est pas acquittée dans les 45 jours, elle est majorée de plein droit (amende forfaitaire majorée) et ne donne lieu qu'à ce stade à l'émission d'un titre rendu exécutoire par le ministère public (C. pr. pén., art. 529-2).

L'amende forfaitaire exclut l'application des règles de la récidive, il n'y a donc pas de processus de majoration de l'amende consécutif à un éventuel état de récidive (C. pr. pén., art. 529). Mentionnons d'ailleurs que l'amende forfaitaire n'est plus, depuis L. n° 2019-222, 23 mars 2019, abrogeant C. pr. pén., art. 530-7, assimilée à une condamnation définitive pour la récidive des contraventions de 5e classe.

Le tableau ci-après rend compte du montant des amendes forfaitaires fixées par C. pr. pén., art. 530-3, R. 49-9 (amendes forfaitaires minorées), R. 49 (amendes forfaitaires) et R. 49-7 (amendes forfaitaires majorées).

La procédure se limite au paiement d'une amende et ne donne pas lieu à la mise en œuvre de peines complémentaires. Toutefois, pour la perte de points du permis de conduire (sanction administrative), la réalité d'une infraction est établie par le paiement d'une amende forfaitaire ou l'émission du titre exécutoire de l'amende forfaitaire majorée (C. route, art. L. 223-1).

Mentionnons que depuis L. n° 2021-401, 8 avr. 2021, le **principe de l'amende forfaitaire minorée** a été étendu à toutes les contraventions de 5e cl., ainsi qu'aux autres contraventions si le règlement le prévoit (C. pr. pén., art. 529-2-1, issu L. n° 2021-401, 8 avr. 2021). Le montant de l'amende forfaitaire minorée prévue par C. pr. pén., art. 529-2-1 est fixé à 150 € pour les contraventions de 5ème cl. (C. pr. pén., art. R. 49-6-2, issu D. n° 2023-227, 30 mars 2023).

C. Les voies de recours contre l'amende forfaitaire contraventionnelle

1. La procédure de l'amende forfaitaire contraventionnelle constitue une accusation en matière pénale

La procédure de l'amende forfaitaire relève des garanties instituées par Conv. EDH, art. 6 pour toute accusation en matière pénale : CEDH 21 mai 2002, *Peltier c/ France*, req. n° 32872/96 ; CEDH 7 mars 2006, *Besseau c/ France*, req. n° 73893/01.

Il s'ensuit que l'absence de saisine du tribunal par le ministère public en dehors des motifs d'irrecevabilité de la contestation ou de la réclamation constitue une entrave injustifiée au droit d'accès au juge.

En particulier l'examen du caractère motivé de la requête ou de la réclamation, condition de recevabilité du recours contre l'amende forfaitaire, doit se borner pour le ministère public à un examen de la régularité formelle de la contestation (CEDH 8 mars 2012, *Cadène c/ France*, req. n° 12039/08, § 26 ; CEDH 8 mars 2012, *Célice c/ France*, req. n° 14166/09, § 34).

2. La requête en exonération contre l'amende forfaitaire et l'obligation de consignation pour certaines infractions routières (C. pr. pén., art. 529-2)

Au stade de l'amende forfaitaire, donc avant l'expiration du délai de 45 jours de la remise ou de la réception de l'avis de contravention, « *le contrevenant* » peut formuler une « *requête tendant à son exonération auprès du service indiqué dans l'avis d'infraction* » (C. pr. pén., art. 529-2).

Il résulte de son « *pouvoir général de représentation* » défini par L. n° 71-1130, 31 déc. 1971, art. 6 et 8, « *auquel C. pr. pén., art. 529-2 n'apporte aucune restriction, que l'avocat peut introduire, au nom de son client destinataire d'un avis de contravention, la contestation prévue par ce texte* » (Crim. 22 janv. 2020, n° 19-84.325, P ; dans le même sens pour la réclamation motivée contre l'amende forfaitaire majorée : Crim. 1er sept. 2020, nos 19-83.092, 19-86.433, P).

En revanche, la requête présentée par un tiers (en l'espèce la mère du contrevenant) est irrecevable et la juridiction devant laquelle le contrevenant a été cité par le ministère public à la suite d'une telle contestation est irrégulièrement saisie (Crim. 7 avr. 2009, n° 08-87.773, P n° 68).

Tableau 29 : Peines applicables aux contraventions relevant de l'amende forfaitaire

Classe de contrav.	Amende forfaitaire minorée Paiement dans les 15 jours de l'avis (contraventions routières, C. pr. pén., art. 529-7 et R. 49-9)		Amende forfaitaire Paiement dans les 45 jours de l'avis (C. pr. pén., art. 529-2 et R. 49)		Amende forfaitaire majorée Absence de paiement dans les 45 jours de l'avis (C. pr. pén., art. 529-2 et R. 49-7)	
	Personne physique	Personne morale	Personne physique	Personne morale	Personne physique	Personne morale
C1	Pas de minoration		11 €	55 €	33 €	165 €
C2	22 €	110 €	35 €	175 €	75 €	375 €
C3	45 €	180 €	68 €	340 €	180 €	900 €
C4	90 €	450 €	135 €	675 €	375 €	1 875 €
C5	-	-	-	-	-	-

Avertissement : la minoration n'est applicable qu'aux contraventions routières C2 à C4, à l'exception des contraventions réprimées par C. route, art. R. 417-1 à R. 417-13 et R. 421-7 relatives à l'arrêt et au stationnement dangereux, gênant ou abusif (C. pr. pén., art. 529-7 et R. 49-8-5)
Les montants sont quintuplés pour les personnes morales (C. pr. pén., art. 530-3).
L'amende majorée est diminuée de 20 % lorsqu'elle est payée dans les 30 jours de l'avis (C. pr. pén., art. R. 49-6).

La requête, qui est transmise au ministère public, arrête l'émission du titre exécutoire de l'amende forfaitaire majorée (C. pr. pén., art. 529-2).

Pour être recevable, la requête doit être motivée et accompagnée de l'avis de contravention (C. pr. pén., art. R. 49-4).

Au surplus, lorsque l'amende forfaitaire concerne les infractions routières dont le titulaire de l'immatriculation du véhicule est redevable pécuniairement (C. route, art. L. 121-3 et R. 121-6, v. la liste de ces infractions au n° **36.3A**), la requête n'est recevable que si elle est faite par **LRAR** avec le formulaire joint à l'avis de contravention et accompagnée de **documents justificatifs** limitativement énumérés (récépissé de plainte pour vol ou destruction du véhicule ou pour usurpation de plaques, déclaration de destruction du véhicule, lettre de désignation de l'identité du réel conducteur avec son adresse et les références de son permis de conduire, déclaration de cession du véhicule) **ou**, à défaut de ces éléments, d'un **justificatif de consignation** d'une somme égale au montant de l'amende forfaitaire (C. pr. pén., art. 530-1 et 529-10). La requête en exonération ainsi que la transmission des justificatifs ou le paiement de la consignation peuvent être réalisés **en ligne** sur le site de l'ANTAI (C. pr. pén., art. A. 37-20-1 s.).

Si la consignation n'est pas suivie d'une requête en exonération formulée conformément aux dispositions qui l'encadrent, elle est considérée comme valant paiement de l'amende forfaitaire (C. pr. pén., art. R. 49-18).

Selon Crim. 4 janv. 2012, n° 11-90.105, D, et 7 juin 2016, n° 16-90.008, D, C. pr. pén., art. 529-10 a été déclaré conforme à la Constitution par Cons. const. 29 sept. 2010, n° 2010-38 QPC. Cette décision, statuant sur l'irrecevabilité opposée par le ministère public en cas de recours, précise en effet, au-delà du point tranché, « *que l'article 529-10 du code de procédure pénale n'est contraire à aucun autre droit ou liberté que la Constitution garantit* » (§ 8 et art. 1 du dispositif). Notons que le Cons. const., en a jugé autrement en matière de contestation de la redevance post-stationnement (CGTC, art. L. 2333-87-5, contestation relevant de la juridiction administrative) en relevant que « *le législateur n'a pas prévu les garanties de nature à assurer que l'exigence de paiement préalable ne porte pas d'atteinte substantielle au droit d'exercer un recours juridictionnel effectif* » (§ 9) en ce qu'« *aucune disposition législative ne garantit que la somme à payer pour contester des forfaits de post-stationnement et leur majoration éventuelle ne soit d'un montant trop élevé* » (§ 7) et en ce que « *le législateur n'a apporté à l'exigence de paiement préalable desdits forfaits et majorations aucune exception tenant compte de certaines circonstances ou de la situation particulière de certains redevables* » (§ 8) (Cons. const. 9 sept. 2020, n° 2020-855 QPC).

La CEDH considère que la règlementation relative aux formes à respecter pour introduire un recours vise à assurer une bonne administration de la justice et que le but poursuivi par **l'obligation de consigner**, à savoir prévenir l'exercice de recours dilatoires ou abusifs et éviter l'encombrement excessif du rôle du tribunal de police, dans le domaine de la circulation routière qui concerne l'ensemble de la population et se prête à des contestations fréquentes, est légitime et ne constitue pas une entrave disproportionnée au droit d'accès à un tribunal ni une atteinte à la substance du droit d'accès à un tribunal (CEDH 29 avr. 2008, *Thomas c/ France* (déc.), n° 14279/05 ; 30 juin 2009, *Schneider c/ France* (déc.), n° 49852/06).

3. La réclamation motivée contre l'amende forfaitaire majorée (C. pr. pén., art. 530)

Au stade de l'amende forfaitaire majorée, donc après l'expiration du délai de 45 jours, « *le contrevenant* » peut formuler une « *réclamation motivée* » auprès du ministère public, laquelle a pour effet d'annuler le titre exécutoire (C. pr. pén., art. 530). Cette réclamation motivée peut être valablement introduite par l'avocat représentant le contrevenant (Crim. 1er sept. 2020, nos 19-83.092, 19-86.433, P).

La réclamation doit être formulée dans les 30 jours de la remise ou de la réception de l'avis d'amende forfaitaire majorée mais, si aucun acte d'exécution ou tout autre moyen de preuve ne montre que l'intéressé a eu connaissance de l'amende forfaitaire majorée, elle reste recevable tant que la peine n'est pas prescrite (C. pr. pén., art. 530). Toutefois cette prorogation du délai est limitée à 3 mois en cas d'infraction routière si l'avis d'amende majorée a été envoyé par LRAR à l'adresse figurant sur le certificat d'immatriculation, sauf si le contrevenant justifie avoir, dans cet intervalle, déclaré son changement d'adresse au service d'immatriculation des véhicules. Dans ce cas le contrevenant ne sera redevable que du montant de l'amende forfaitaire (C. pr. pén., art. 530).

La réclamation n'est recevable que si elle est motivée et accompagnée de l'avis de contravention (C. pr. pén., art. 530).

Au surplus, pour les infractions routières dont le titulaire de l'immatriculation est redevable pécuniairement (C. route, art. L. 121-3 et R. 121-6, voir la liste de ces infractions au n° **36.3A**), la réclamation motivée n'est recevable que si elle est effectuée par **LRAR**, accompagnée des **pièces justificatives** déjà mentionnées ci-dessus au titre de la requête en exonération, **ou**, à défaut de ces éléments, d'un justificatif de paiement d'une **consignation** d'une somme égale au montant de l'amende forfaitaire majorée (C. pr. pén., art. 530-1 et 529-10) (sur la constitutionnalité et la conventionnalité de C. pr. pén., art. 529-10, v. **C2** ci-dessus). La réclamation ainsi que la transmission des justificatifs ou le paiement de la consignation peuvent être réalisés **en ligne** sur le site de l'ANTAI (C. pr. pén., art. A. 37-20-1 s.). Si la consignation n'est pas suivie d'une réclamation formulée conformément aux dispositions qui l'encadrent, elle est considérée comme valant paiement de l'amende forfaitaire majorée (C. pr. pén., art. R. 49-18).

La réclamation a pour effet de substituer, au délai de 3 ans de la prescription de la peine contraventionnelle qui court à compter de l'émission du titre exécutoire, le délai d'un an de prescription de l'action publique (C. pén., art. 133-4, sur la prescription, v. n° **17.18** et s ; Crim. 24 mars 2020, n° 19-85.331, D).

4. LES SUITES DU RECOURS : IRRECEVABILITÉ, CLASSEMENT OU POURSUITE

Il est à souligner que la désignation inexacte ou erronée d'un autre conducteur lors d'une requête en exonération ou une réclamation motivée constitue une contravention de 5e classe (C. pr. pén., art. R. 49-19, v. n° **36.31**).

Le ministère public avise l'intéressé de **l'irrecevabilité** de la réclamation non motivée ou non accompagnée de l'avis (C. pr. pén., art. 530-1). La décision d'irrecevabilité du ministère public doit pouvoir être contestée de manière effective devant le juge (Cons. const. 29 sept. 2010, n° 2010-38 QPC, 7 mai 2015, n° 2015-467 QPC et Crim. 25 mars 2014, n° 13-80.170, P n° 93).

Dans la continuité de cette décision, la Ch. crim. a jugé que l'absence de réception de l'avis d'amende forfaitaire majorée, alléguée par le contrevenant, ne pouvait constituer un motif d'irrecevabilité, ce qui impose donc en pratique au ministère public de s'assurer, pour fonder une décision d'irrecevabilité, de l'existence d'un envoi recommandé de cet avis (deux arrêts Crim. 18 mai 2016, n° 15-84.729, P n° 147 et n° 15-86.095, P n° 148). Autrement dit, lorsqu'un incident contentieux est élevé contre la décision de l'OMP déclarant la réclamation irrecevable, « *au motif qu'elle n'est pas accompagnée de l'original de l'avis d'amende forfaitaire majorée et que le contrevenant prétend que [...] cet avis ne lui pas été envoyé, il appartient au ministère public de rapporter la preuve de l'envoi* » (§ 9) (Crim. 16 févr. 2021, n° 20-84.324, D ; dans le même sens : Crim. 7 mars 2017, n° 16-84.199, D).

La décision d'irrecevabilité est ainsi fondée lorsque le ministère public fait la preuve de l'envoi de l'avis par recommandé simple (Crim. 4 janv. 2017, n° 16-80.630, P n° 3). De même, « *l'omission du titulaire d'un certificat d'immatriculation de déclarer son changement d'adresse au service de l'immatriculation des véhicules ne saurait constituer un motif légitime justifiant qu'il soit dans l'impossibilité de joindre à sa réclamation l'avis d'amende forfaitaire majorée correspondant à l'amende considérée* » (Crim. 17 sept. 2019, nº 18-86.289, P).

Si le ministère public estime la requête en exonération ou la réclamation recevable, il apprécie ensuite la suite à lui donner, soit en renonçant à l'exercice des poursuites (**classement sans suite**), soit en citant l'intéressé devant le **tribunal de police** (C. pr. pén., art. 531 s., v. nº **15.7**) ou en recourant à la procédure **d'ordonnance pénale contraventionnelle** (C. pr. pén., art. 524 s., v. n º **15.52**). Dans tous les cas, il avise le comptable de la direction générale des finances publiques de l'annulation du titre exécutoire en ce qui concerne l'amende forfaitaire majorée contestée (C. pr. pén., art. R. 49-8).

L'émission d'une nouvelle amende forfaitaire au vu des atermoiements de la personne qui a renoncé à sa réclamation ou sa requête est dépourvue de base légale car le ministère public ne peut dans ce cas que classer ou poursuivre par citation ou ordonnance pénale (C. pr. pén., art. 530-1). La nouvelle amende forfaitaire n'interrompt donc pas la prescription (Crim. 9 avr. 2019, nº 18-83.215, P).

Précisons que les arguments figurant dans la requête en exonération ne valent pas conclusions régulières au sens de C. pr. pén., art. 429 (sur les conclusions, v. nº **17.13E**), elles ne saisissent donc pas le juge qui n'est alors pas tenu d'y répondre (Crim. 18 juin 1997, nº 96-84.926, P nº 246).

En cas de requête en exonération (amende forfaitaire, C. pr. pén., art. 529-2) ou de réclamation (amende forfaitaire majorée, C. pr. pén., art. 530), la condamnation prononcée par le juge saisi par le ministère public **ne peut être inférieure au montant de l'amende forfaitaire ou de l'amende forfaitaire majorée**, augmentée de 10 % pour les infractions routières dont le titulaire de l'immatriculation est redevable pécuniairement (C. pén., art. 529-10 et 530-1, C. route, art. L. 121-3 et R. 121-6, voir la liste de ces infractions au nº **36.3A** et les modalités de condamnation du redevable au nº **36.6D**).

Le Cons. const. juge que « *l'instauration d'un minimum de peine d'amende applicable aux contraventions les moins graves ne méconnaît pas, en elle-même, le principe de nécessité des peines* » (Cons. const. 16 sept. 2011, nº 2011-162 QPC, § 4 et 5, v. les autres considérants de cette décision s[s] nº **18.16A6**).

En application de C. pén., art. 132-20, « *la juridiction qui prononce une peine d'amende doit motiver sa décision au regard des circonstances de l'infraction, de la personnalité et de la situation personnelle de son auteur, en tenant compte de ses ressources et de ses charges, à moins que l'amende prononcée ne dépasse pas le montant de l'amende forfaitaire encourue* » (§ 6) (Crim. 5 janv. 2021, nº 20-83.118, D ; dans le même sens : Crim. 26 nov. 2019, nº 19-82.968, D ; Crim. 26 nov. 2019, nº 19-82.968).

L'auteur de l'infraction peut toutefois faire l'objet d'une dispense de peine en application de C. pén., art. 132-59 (Crim. 9 nov. 2005, nº 05-84.504, P nº 291) (sur la dispense de peine, v. nº **18.6C**), à la différence de la personne redevable pécuniairement de l'infraction au titre de C. route, art. L. 121-3, dont la condamnation « *n'emporte pas déclaration de culpabilité ni condamnation pénale et ne peut faire l'objet d'une dispense de peine* » (Crim. 8 nov. 2011, nº 11-81.753) et qui est seule à relever de la majoration de 10 % précitée (Crim. 24 mars 2010, nº 09-86.375, P nº 56, Crim. 13 mai 2009, nº 08-88.030, P nº 92, v. nº **36.6D**).

En cas de classement sans suite par le ministère public ou de relaxe prononcée par le tribunal, la consignation versée par le requérant lui est reversée (C. pr. pén., art. 530-1 et R. 49-18).

D. La phase d'exécution de l'amende forfaitaire contraventionnelle

L'amende forfaitaire minorée et l'amende forfaitaire n'ont pas force obligatoire et ne peuvent donc faire l'objet d'une mesure d'exécution forcée.

Peut seule faire l'objet d'une mesure d'exécution forcée l'amende forfaitaire majorée, en vertu d'un **titre rendu exécutoire** rendu par le ministère public (C. pr. pén., art. 529-2).

Le titre est exécuté suivant les règles prévues pour l'exécution des jugements de police (C. pr. pén., art. 530).

Lorsque la personne ne conteste pas l'infraction, elle peut solliciter par une « *demande motivée* », « *en raison de ses difficultés financières* », « *des délais de paiement ou une remise gracieuse* » de l'amende forfaitaire majorée, non pas auprès du ministère public mais du comptable public compétent (C. pr. pén., art. 530-4).

Ce dernier peut faire opposition, laquelle suspend la prescription de la peine, auprès de l'autorité en charge des immatriculations, à tout transfert de la carte grise. L'opposition est levée par le paiement de l'amende (C. route, art. L. 322-1).

L'action publique n'est éteinte que par le paiement de l'amende forfaitaire (C. pr. pén., art. 529 et R. 48-1) (sur la prescription, v. n°s 17.18 s.). Le délai de prescription de l'amende est celui de droit commun de prescription de la peine contraventionnelle qui est de 3 ans (C. pén., art. 133-4). Il court à compter de la signature du titre exécutoire de l'amende forfaitaire majorée par le ministère public (C. pr. pén., art. 530). Ce délai de prescription de la peine est substitué par le délai de prescription de l'action publique d'un an lorsque le contrevenant fait une réclamation (sur la réclamation, v. C3 ci-dessus) contre l'amende forfaitaire majorée (Crim. 24 mars 2020, n° 19-85.331, D), dont le point de départ est l'émission du titre exécutoire (Crim. 21 janv. 2020, n° 19-84.450, P).

Il n'y a pas d'inscription au casier judiciaire des condamnations prononcées pour les contraventions des quatre premières classes, à l'exception de celles prononcées pour une contravention de 4e classe assorties d'une mesure d'interdiction ou d'incapacité (C. pr. pén., art. 768 2°). La procédure d'amende forfaitaire excluant les peines complémentaires, le paiement d'une amende forfaitaire pour une contravention de 4e classe ne donne donc pas lieu à inscription au casier judiciaire.

C. pr. pén., art. 768 11°, issu de L. n° 2019-222, 23 mars 2019, en vigueur à compter du 1er juill. 2021, prévoit, pour les contraventions de 5e classe, l'**inscription au bulletin n° 1 du casier judiciaire** de l'amende forfaitaire payée ou de l'amende forfaitaire majorée qui n'est plus susceptible de réclamation. Il en est de même pour les personnes morales (C. pr. pén., art. 768-1 5°). Rappelons que cette inscription ne permet pas de qualifier l'état de récidive en raison de l'abrogation de C. pr. pén., art. 530-7 par L. n° 2019-222, 23 mars 2019. L'inscription, qui ne figure pas au **bulletin n° 2 du casier judiciaire** (C. pr. pén., art. 775 16° et 775-1A 6°), est effacée au terme d'un délai de 3 ans, sauf condamnation criminelle ou délictuelle ou nouvelle amende forfaitaire délictuelle entretemps intervenue (C. pr. pén., art. 769 11°, issu de L. n° 2019-222, 23 mars 2019, en vigueur à compter du 1er juill. 2021).

15.47 L'amende forfaitaire délictuelle (C. pr. pén., art. 495-17, L. n° 2016-1547, 18 nov. 2016)

Le mécanisme de l'amende forfaitaire a été étendu des contraventions aux délits par L. n° 2016-1547, 18 nov. 2016, de modernisation de la justice du XXIe siècle et précisé par D. n° 2017-429, 28 mars 2017.

« *La procédure de l'amende forfaitaire délictuelle a pour conséquence que, selon le choix de poursuite de l'infraction par le biais de cette procédure ou d'une autre voie de poursuite pouvant le cas échéant mener à une condamnation à une peine d'emprisonnement, l'action publique relative à la commission d'un délit sera éteinte ou non, par le seul paiement de l'amende, sans l'intervention d'une autorité juridictionnelle* » (Cons. const. 19 janv. 2023, n° 2022-846 DC, § 138).

A. L'engagement de la procédure d'amende forfaitaire délictuelle

1. Le domaine de l'amende forfaitaire délictuelle

Le domaine d'application de l'amende forfaitaire délictuelle ne peut procéder que de la loi (Const., art. 34 et C. pr. pén., art. 495-17).

Le Cons. const., en validant la constitutionnalité de la L. n° 2019-222, 23 mars 2019 étendant le champ de l'amende forfaitaire délictuelle à de nouveaux délits, a précisé que « *les dispositions contestées ne sauraient, sans méconnaître le principe d'égalité devant la justice, s'appliquer à des délits punis d'une peine d'emprisonnement supérieure à trois ans* » et souligné que le grief d'atteinte au même principe est écarté « *dès lors que le législateur a prévu que le montant de l'amende forfaitaire délictuelle ne saurait excéder le plafond des amendes contraventionnelles* » (Cons. const. 21 mars 2019, n° 2019-778 DC, § 252). A l'occasion de l'examen de la L. n° 2023-22, 24 janv. 2023, le Cons. const. a souligné, en validant l'extension du dispositif à de nombreuses autres infractions, que la procédure de l'amende forfaitaire délictuelle n'est compatible avec les principes constitutionnels « *qu'à la condition de porter sur les délits punis d'une peine d'emprisonnement qui ne peut être supérieure à trois ans, dont les éléments constitutifs peuvent être aisément constatés, et de ne mettre en œuvre que des peines d'amendes de faible montant* » (§ 139).

Le critère des éléments constitutifs qui « *peuvent être aisément constatés* » ainsi fixé par le Cons. const. rend peu praticable l'extension de la procédure de l'amende forfaitaire délictuelle par la voie d'une disposition générale. Son domaine est donc fixé au cas par cas par le législateur. De même, le législateur détermine pour chaque infraction les trois montants d'amende appplicables : l'amende forfaitaire minorée, l'amende forfaitaire, l'amende forfaitaire majorée.

La procédure ne peut être mise en œuvre que si toutes les infractions constatées simultanément relèvent de l'amende forfaitaire (C. pr. pén., art. 495-17).

Elle est exclue pour les mineurs et peut être mise en œuvre contre « *l'intéressé* », donc tant à l'égard des personnes physiques que des personnes morales. Précisons toutefois qu'en cas d'infraction routière constatée par contrôle automatisé (C. route, art. L. 130-9 et R. 130-11), le représentant légal de la personne morale titulaire du certificat d'immatriculation doit notifier par LRAR ou par voie dématérialisée dans un délai de 45 jours l'identité et l'adresse de la personne physique qui conduisait le véhicule (C. route, art. L. 121-6, L. n° 2016-1547, 18 nov. 2016), à peine d'une amende de 4e classe (v. n° **36.31**).

La procédure d'amende forfaitaire délictuelle est en principe **exclue en cas de récidive** (C. pr. pén., art. 495-17). Toutefois, par dérogation à ce principe, de nombreuses infractions relevant de cette procédure peuvent être poursuivies par cette voie « *y compris en cas de récidive* » (v. liste ci-après). En outre, une précédente amende forfaitaire n'est plus, depuis L. n° 2019-222, 23 mars 2019, abrogeant C. pr. pén., art. 495-23, assimilée à une condamnation définitive pour l'application des règles sur la récidive. Depuis L. n° 2022-52, 24 janv. 2022, la procédure d'amende forfaitaire délictuelle n'est pas « *applicable en état de récidive légale, sauf lorsque la loi en dispose autrement* » (C. pr. pén., art. 495-17).

La procédure est en pratique réservée aux infractions constatées « *par un procès-verbal électronique dressé au moyen d'un appareil sécurisé permettant le recours à une signature sous une forme numérique conformément à C. pr. pén., art. 801-1* », condition posée par le décret d'application (C. pr. pén., art. 495-25 et D. 45-3 dans sa rédaction issue de D. n° 2019-507, 24 mai 2019, applicable au lendemain de la publication de l'arrêté modifiant C. pr. pén., art. A. 36-14 à A. 36-16, art. 11 D. n° 2019-507) (sur le procès-verbal électronique et le rôle logistique de l'ANTAI, v. n° **11.5C**).

Les infractions suivantes relèvent de l'amende forfaitaire délictuelle (liste non exhaustive) :

- **Vol**, y compris en cas de récidive (depuis L. n° 2022-52, 24 janv. 2022 relative à la responsabilité pénale et à la sécurité intérieure), lorsque le vol porte sur une chose d'une **valeur ⩽ 300 €** et qu'il apparaît au moment de la constatation de l'infraction que cette chose a été **restituée** à la victime ou que celle-ci a été **indemnisée** de son préjudice (C. pén., art. 311-3-1 issu L. n° 2022-52, 24 janv. 2022, v. n° **22.1**) ;

• **Filouteries**, y compris en cas de récidive, de restaurant, de carburant, d'hôtel et de taxi (depuis L. n° 2023-22, 24 janv. 2023, d'orientation et de programmation du ministère de l'intérieur) (C. pén., art. 313-5, v. n° **22.31**) ;

• **Outrage sexiste aggravé**, érigé en délit, y compris en cas de récidive (depuis L. n° 2023-22, 24 janv. 2023) (C. pén., art. 222-33-1-1 (v n° **20.88**) ;

• **Port d'arme blanche** (depuis L. n° 2023-22, 24 janv. 2023) (CSI, art. L 317-8, v. n° **26.29**) ;

• **Usage de stupéfiants**, y compris en cas récidive (depuis L. n° 2019-222, 23 mars 2019) (CSP, art. L. 3421-1, v. n° **28.11**) ;

• **Conduite sans permis** (C. route, art. L. 221-2 IV, depuis L. n° 2016-1547, 18 nov. 2016, de modernisation de la justice du XXIe siècle, v. n° **36.37**) ;

• **Conduite sans assurance** (C. route, art. L. 324-2 IV, depuis L. n° 2016-1547, 18 nov. 2016,v. n° **36.42**) ;

• **Entrave à la circulation routière**, y compris en cas de récidive (depuis L. n° 2023-22, 24 janv. 2023) (C. route, art. L. 412-1, v. n° **36.21**) ;

• Le délit de « **rodéo motorisé** », à titre expérimental (depuis L. n° 2023-22, 24 janv. 2023) (C route, art. L. 236-1, v. n° **36.78**) ;

• **Altération du dispositif de maîtrise de la pollution des véhicules** automobiles (depuis L. n° 2023-22, 24 janv. 2023) (C. route, art. L. 318-3 IV, v. n° **36.86**) ;

• **Occupation en réunion des parties communes ou du toit d'un immeuble collectif d'habitation**, y compris en cas de récidive (depuis L. n° 2019-222, 23 mars 2019, de programmation 2018-2022 et de réforme pour la justice) (CCH, art. L. 126-3 devenu CSI, art. L. 272-4, v. n° **20.54**) ;

• **Installation sans titre en réunion sur le terrain d'autrui en vue de l'habitation** (depuis L. n° 2018-957, 7 nov. 2018, relative à l'accueil des gens du voyage et à la lutte contre les installations illicites) (C. pén., art. 322-4-1, v. n° **22.58**) ;

• **Destructions et dégradations non aggravées**, y compris en cas de récidive, selon Circ. CRIM-2023-02/H2, 3 févr. 2023, NOR : JUSD2303546C (Annexe 1, rubrique n° 4) (depuis L. n° 2023-22, 24 janv. 2023) (C. pén., art. 322 I, v. n° **22.61**) ;

• **Tags**, y compris en cas de récidive, (depuis L. n° 2023-22, 24 janv. 2023) (C. pén. art. 322-1 II, v. n° **22.63**) ;

• **Intrusion dans un établissement scolaire** (depuis L. n° 2023-22, 24 janv. 2023) (C. pén. art. 431-22, v. n° **23.17**) ;

• **Introduction illicite de boissons alcooliques dans un stade** (depuis L. n° 2023-22, 24 janv. 2023) (C. sport, art. L. 332-3, v. n° **28.16**) ;

• **Pénétration illicite sur l'aire de compétition** d'une enceinte sportive (depuis L. n° 2023-22, 24 janv. 2023) (C. sport, art. L. 332-10, v. n° **23.16**) ;

• **Entrave à la circulation ferroviaire**, y compris en cas de récidive, (depuis L. n° 2023-22, 24 janv. 2023) (C. transp., art. L. 2242-4, v. n° **36.24**) ;

• **Exercice illégal de l'activité de taxi** (depuis L. n° 2023-22, 24 janv. 2023) (C. transp., art. L. 3124-4, v. n° **37.13**) et de **VTC** (depuis L. n° 2023-22, 24 janv. 2023) (C. transp., art. L. 3124-7, v. n° **37.14**) ;

• Infractions en matière de **dispositif de contrôle du temps de transport**, transport routier (depuis L. n° 2023-22, 24 janv. 2023) (C. transp., art. L. 3315-4, v. n° **37.1**) ;

• Infractions en matière de **navigation fluviale** (depuis L. n° 2023-22, 24 janv. 2023) (C. transp., art. L. 4274-19 et L. 5242-6-6) ;

• Infractions en matière de **chiens dangereux** (depuis L. n° 2023-22, 24 janv. 2023) (C. rur., art. L. 215-2 et L. 215-2-1, v. n^{os} **31.21** et **31.23**) ;

• **Dressage au mordant** (depuis L. n° 2023-22, 24 janv. 2023) (C. rur., art. L. 215-3, v. n° 31.22) ;

• Certains **délits de chasse non aggravés** (depuis L. n° 2023-22, 24 janv. 2023) (C. envir., art. L. 428-5, v. n° 31.44) ;

• **Abandon de déchet** (depuis L. n° 2020-105, 10 févr. 2020, relative à la lutte contre le gaspillage et à l'économie circulaire) (C. envir., art. L. 541-46 VIII, v. n° 31.26) ;

• **Vente à la sauvette,** y compris en cas de récidive (depuis L. n° 2019-222, 23 mars 2019) (C. pén., art. 446-1, v. n° 30.35) ;

• **Vente à la sauvette aggravée**, y compris en cas de récidive (depuis L. n° 2023-22, 24 janv. 2023) (C. pén. art. 446-2, v. n° 30.35) ;

• **Liquidations, soldes, vente au déballage illicites**, y compris en cas de récidive, (depuis L. n° 2023-22, 24 janv. 2023) (C. com., art. L. 310-5, v. n° 30.33).

2. L'initiative et la formalisation de la mesure

Elle est à l'initiative de l'agent verbalisateur, lequel agit sous la direction du procureur de la République (C. pr. pén., art. 12, 41, 39-3). Elle suppose l'intervention nécessaire du parquet qui peut seul à ce stade consulter le casier judiciaire afin de déterminer l'existence d'un état de récidive, au moins dans les cas où ce dernier exclut le recours à cette procédure.

La procédure doit être engagée dans le délai de prescription de l'action publique, qui est de six ans en matière délictuelle (v. n° 17.19B).

Les textes n'exigent pas la reconnaissance de l'infraction ni l'intervention préalable d'un juge. La procédure est mise en œuvre par l'envoi d'un « *avis d'infraction* » par ~~LRAR~~ « lettre simple » (depuis D. n° 2021-1093, 18 août 2021) et par l'annonce de cet envoi lors de la constatation de l'infraction par PV électronique (D. 45-4).

Si les dispositions de principe relatives à la traduction des pièces essentielles à l'exercice de la défense (cf. C. pr. pén., article préliminaire et 803-5, v. n° 17.4) ne sont pas applicables aux avis d'amendes forfaitaires et aux avis d'amendes forfaitaires majorées **contraventionnelles** remis ou adressés au contrevenant (C. pr. pén., art. D. 594-10), aucune disposition ne semble permettre de déroger à ces règles pour les amendes forfaitaires **délictuelles.**

B. Les sanctions et mesures applicables

L'amende forfaitaire n'est pas exécutoire, acquittée dans un délai maximal de 15 jours, elle donne lieu à une minoration de 20 % (amende forfaitaire minorée). Si elle n'est pas acquittée dans les 45 jours, elle est majorée de plein droit (amende forfaitaire majorée) et ne donne lieu qu'à ce stade à l'émission d'un titre rendu exécutoire par le ministère public (C. pr. pén., art. 495-18).

Les montants applicables ne peuvent dépasser 3 000 € (C. pr. pén., art. 495-17 mod. par L. n° 2019-222, 23 mars 2019 et C. pén., art. 131-13). Ils sont en toute hypothèse déterminés par la loi et précisés au fil du présent ouvrage pour chaque infraction concernée.

Jusqu'à la L. n° 2019-222, 23 mars 2019, aucune disposition expresse, autre que celle prévue par C. pén., art. 131-38, ne prévoyait le quintuplement des amendes forfaitaires délictuelles pour les personnes morales. Cette lacune a été comblée par C. pr. pén., art. 495-24-1 qui dispose désormais que « *lorsque les amendes forfaitaires, les amendes forfaitaires minorées et les amendes forfaitaires majorées s'appliquent à une personne morale, leur montant est quintuplé* ».

L'amende forfaitaire délictuelle est majorée de 50 % au profit du fonds de garantie automobile pour le délit de défaut d'assurance (C. assur., art. L. 211-27, mod. par L. n° 2016-1547, 18 nov. 2016).

La procédure se limite au paiement d'une amende et ne donne pas lieu à la mise en œuvre de peines complémentaires. Toutefois, pour la perte de points du permis de conduire (sanction administrative), la réalité d'une infraction routière est établie par le paiement de l'amende forfaitaire ou l'émission du titre exécutoire de l'amende forfaitaire majorée (C. route, art. L. 223-1).

Comme pour les contraventions, la procédure d'amende forfaitaire délictuelle ne fait pas obstacle aux **mesures administratives** de rétention et de suspension du permis de conduire, ou d'immobilisation et de mise en fourrière du véhicule (C. route, art. L. 121-5, mod. par L. n° 2019-222, 23 mars 2019, v. n° **15.46A1**).

C. Les voies de recours contre l'amende forfaitaire délictuelle : requête en exonération ou réclamation motivée et consignation

Au stade de **l'amende forfaitaire**, donc avant l'expiration du délai de 45 jours de la remise ou de la réception de l'avis de contravention, la personne peut formuler une « *requête tendant à son exonération* » auprès du service indiqué dans l'avis d'infraction. Cette requête est transmise au procureur de la République, elle arrête l'émission du titre exécutoire de l'amende forfaitaire majoré (C. pr. pén., art. 495-18). Elle n'est recevable que si elle est envoyée par LRAR, à l'aide du formulaire joint dans l'avis, et accompagnée d'un **justificatif de consignation de l'amende forfaitaire**, ou du récépissé de dépôt de plainte pour usurpation d'identité (C. pr. pén., art. 495-18 et 495-20, D. 45-15) (sur la discussion de la constitutionnalité et de la conventionnalité du dispositif de consignation en matière contraventionnelle, v. n° **15.46C2**).

Au stade de **l'amende forfaitaire majorée**, donc après l'expiration du délai de 45 jours, la personne peut formuler une « *réclamation motivée* » auprès du ministère public, laquelle a pour effet d'annuler le titre exécutoire (C. pr. pén., art. 495-19).

La réclamation doit être formulée dans les 30 jours de la remise ou de la réception de l'avis d'amende forfaitaire majorée mais, si aucun acte d'exécution ou tout autre moyen de preuve ne montre que l'intéressé a eu connaissance de l'amende forfaitaire majorée, elle reste recevable tant que la peine n'est pas prescrite (C. pr. pén., art. 495-19).

La requête n'est recevable que si elle est motivée, envoyée par LRAR, à l'aide du formulaire joint à l'avis, et accompagnée du **justificatif de consignation de l'amende majorée** ou du récépissé de dépôt de plainte pour usurpation d'identité (C. pr. pén., art. 495-18 et 495-20). Par dérogation, le contrevenant est dispensé de la consignation préalable à la contestation pour certaines infractions (ex. : liquidations, soldes, vente au déballage illicites (C. com., art. L. 310-5, v. n° **30.33**) ; filouteries (C. pén., art. 313-5, v. n° **22.31**) ; Tags (C. pén. art. 322-1 II, v. n° **22.63**) ; intrusion dans un établissement scolaire (C. pén. art. 431-22, v. n° **23.17**), etc.).

Dans les deux cas, le procureur apprécie tout d'abord la **recevabilité de la requête** ou de la réclamation et avise l'intéressé de sa décision d'irrecevabilité, laquelle peut être contestée devant le président du tribunal correctionnel ou le juge délégué par lui (C. pr. pén., art. 495-21).

S'il l'estime recevable, il apprécie ensuite la **suite à lui donner**, soit en renonçant à l'exercice des poursuites (classement sans suite), soit en convoquant (v. n° **15.5**) ou en citant (v. n° **15.7**) l'intéressé devant le tribunal correctionnel, ou en recourant à la procédure de comparution par procès-verbal ou de comparution immédiate, à l'ordonnance pénale délictuelle (V. n° **15.48**) ou à la CRPC (V. n° **15.53**) (C. pr. pén., art. 495-21).

En cas de requête en exonération (amende forfaitaire, C. pr. pén., art. 495-18) ou de réclamation motivée (amende forfaitaire majorée, C. pr. pén., art. 495-19), la condamnation prononcée par le juge saisi par le ministère public ne peut selon les cas être inférieure au montant de l'amende forfaitaire ou de l'amende forfaitaire majorée, augmenté de 10 % (C. pr. pén., art. 495-21). Toutefois, à titre exceptionnel et par décision motivée, le juge peut ne pas prononcer de peine d'amende ou prononcer une amende d'un montant inférieur à l'amende forfaitaire (C. pr. pén., art. 495-21, v. n° **18.16A5**).

En cas de classement sans suite par le parquet ou de relaxe prononcée par le tribunal, la consignation est reversée à la personne (C. pr. pén., art. 495-21).

D. La phase d'exécution de l'amende forfaitaire délictuelle

L'amende forfaitaire minorée et l'amende forfaitaire n'ont pas force obligatoire et ne peuvent donc faire l'objet d'une mesure d'exécution forcée.

Peut seule faire l'objet d'une mesure d'exécution forcée l'amende forfaitaire majorée, en vertu d'un titre rendu exécutoire rendu par le ministère public (C. pr. pén., art. 495-19).

Le titre est exécuté suivant les règles prévues pour l'exécution des jugements correctionnels (C. pr. pén., art. 495-19).

La personne peut solliciter des **délais de paiement ou une remise** gracieuse partielle ou totale au comptable public (C. pr. pén., art. 495-24). Ce dernier peut faire opposition, laquelle suspend la prescription de la peine, auprès de l'autorité en charge des immatriculations, à tout transfert de la carte grise. L'opposition est levée par le paiement de l'amende (C. route, art. L. 322-1).

L'amende majorée est diminuée de 20 % lorsqu'elle est payée dans les 30 jours de l'avis (C. pr. pén., art. D. 45-11).

L'action publique n'est éteinte que par le paiement de l'amende forfaitaire (C. pr. pén., art. 495-17 et R. 48-1) (sur la prescription, v. n°s 17.18 s.). Le délai de prescription de l'amende est celui de droit commun de prescription de la peine délictuelle qui est de 6 ans (C. pén., art. 133-3). Il court à compter de la signature du titre exécutoire par le ministère public (C. pr. pén., art. 495-19).

C. pr. pén., art. 768 11°, issu de L. n° 2019-222, 23 mars 2019, en vigueur à compter du 1er juill. 2021, prévoit l'**inscription au bulletin n° 1 du casier judiciaire** de l'amende forfaitaire payée ou de l'amende forfaitaire majorée qui n'est plus susceptible de réclamation. Il en est de même pour les personnes morales (C. pr. pén., art. 768-1 5°). Rappelons que cette inscription ne permet pas de qualifier l'état de récidive en raison de l'abrogation de C. pr. pén., art. 495-23 par L. n° 2019-222, 23 mars 2019. L'inscription, qui ne figure pas au bulletin n° 2 du casier judiciaire (C. pr. pén., art. 775 16° et 775-1A 6°), est effacée au terme d'un délai de 3 ans, sauf condamnation criminelle ou délictuelle ou nouvelle amende forfaitaire délictuelle entretemps intervenue (C. pr. pén., art. 769 11°, issu de L. n° 2019-222, 23 mars 2019, en vigueur à compter du 1er juill. 2021).

E. La prise en compte des intérêts de la victime dans la procédure d'ordonnance pénale délictuelle (C. pr. pén., art. 495-24-2)

Par hypothèse, la procédure de l'amende forfaitaire ne donne pas lieu à la saisine d'une juge et la victime n'est donc pas appelée à réclamer devant ce dernier la condamnation de l'auteur à payer des dommages intérêts.

Une telle voie de poursuite impose toutefois au procureur de la République, lorsque la victime le lui demande, de saisir le juge correctionnel qui statuera en juge unique sur les seuls intérêts civils et non sur l'action publique, à condition que cette dernière ait été éteinte par le paiement de l'amende forfaitaire.

En effet, « *Lorsque l'action publique concernant un délit ayant causé un préjudice à une victime est éteinte par le paiement d'une amende forfaitaire délictuelle, la victime peut toutefois demander au procureur de la République de citer l'auteur des faits à une audience devant le tribunal pour lui permettre de se constituer partie civile. Le tribunal, composé d'un seul magistrat exerçant les pouvoirs conférés au président, ne statue alors que sur les seuls intérêts civils, au vu du dossier de la procédure qui est versé au débat. Le procureur de la République informe la victime de ses droits ainsi que, lorsqu'il cite l'auteur des faits devant le tribunal correctionnel, de la date de l'audience* » (C. pr. pén., art. 495-24-2, issu L. n° 2023-22, 24 janv. 2023) (sur la réparation du dommage de la victime dans les procédures alternatives ou simplifiées, v. n° 16.11).

15.48 L'ordonnance pénale délictuelle, conditions et domaine

A. Les conditions de l'ordonnance pénale délictuelle : des faits simples et de faible gravité commis par un majeur (C. pr. pén., art. 495)

Depuis L. n° 2002-1138, 9 sept. 2002, d'orientation et de programmation pour la justice, le procureur de la République peut recourir à la procédure simplifiée de l'ordonnance pénale pour certains délits, dont le domaine a été élargi par L. n° 2019-222, 23 mars 2019 applicable au 1er sept. 2019 (C. pr. pén., art. 495, v. B ci-dessous), « *lorsqu'il résulte de l'enquête de police judiciaire que les faits reprochés au prévenu sont simples et établis, que les renseignements concernant la personnalité, les charges et les ressources de celui-ci sont suffisants pour permettre la détermination de la peine, qu'il n'apparaît pas nécessaire, compte tenu de la faible gravité des faits, de prononcer une peine d'emprisonnement ou une peine d'amende d'un montant supérieur à* [1/2 de l'amende encourue dans la limite de 5 000 €] et *que le recours à cette procédure n'est pas de nature à porter atteinte aux droits de la victime* » (C pr. pén., art. 495).

La procédure de l'ordonnance pénale délictuelle (OPD) n'est cependant pas applicable :

1°– À la **personne mineure** au moment des faits ;

2°– Si la victime a fait directement citer le prévenu devant le tribunal (v. citation directe par la partie civile, n° **16.10A**) avant la date de l'ordonnance pénale ;

3°– Si le délit a été commis en même temps qu'un délit ou qu'une contravention pour lequel la procédure d'ordonnance pénale n'est pas prévue ;

4°– ~~Si les faits ont été commis en état de **récidive légale**~~ (sur la récidive légale, v. n° **18.5B**). Cette exclusion a été supprimée par L. n° 2019-222, 23 mars 2019, applicable à compter du 1er sept. 2019. « *Cette suppression s'inscrit dans une perspective de simplification de la procédure pénale et de revalorisation de l'opportunité des poursuites du parquet* » (Circ. Crim. 2019-18/H2, 2 août 2019, JUSD1923026C, n° 2.1.2).

B. Le domaine de l'ordonnance pénale délictuelle : les délits limitativement énumérés au C. pr. pén., art. 495 et 398-1

1. Le nouveau domaine de l'ordonnance pénale : les délits relevant de la compétence du juge unique (L. n° 2019-222, 23 mars 2019) – renvoi, v. tableau ss n° 17.15D2

Depuis le 1er sept. 2019, sauf quelques exceptions réservées à l'ordonnance pénale ou au juge unique, le domaine de l'ordonnance pénale est désormais emprunté à celui des délits relevant de la compétence du juge unique correctionnel (C. pr. pén., art. 495 issu de L. n° 2019-222, 23 mars 2019, renvoyant au C. pr. pén., art. 398-1 lui-même modifié et étendu par cette même loi).

L'extension du domaine de l'ordonnance pénale a été jugée conforme à la Constitution par le Cons. const., dans la continuité de sa précédente décision n° 2002-461 DC du 29 août 2002 (§ 81), en ce que le dispositif apporte « *à la personne qui fait l'objet d'une ordonnance pénale, quant au respect des droits de la défense, des garanties équivalentes à celles dont elle aurait bénéficié si l'affaire avait été directement portée devant le tribunal correctionnel* » (Cons. const. 21 mars 2019, n° 2019-778 DC, § 301).

Le tableau figurant au n° **17.15D2** dresse donc la liste des infractions relevant à la fois de la compétence du juge unique et de l'ordonnance pénale, et de celles, peu nombreuses, relevant spécialement de l'une ou de l'autre procédure.

Ainsi, la procédure d'ordonnance pénale n'est pas applicable « *aux délits d'atteintes volontaires et involontaires à l'intégrité des personnes* » relevant du juge unique (C. pr. pén., art. 495 II). Le législateur ne définit ni ne restreint ce qu'il faut entendre sous l'expression d'atteinte à l'intégrité des personnes. Il sera ainsi référé, dans le tableau n° **17.15D2**, à l'annexe 2 de la Circ. Crim. 2019-18/H2, 2 août 2019, JUSD1923026C établissant la liste des infractions relevant du juge unique considérées comme portant atteinte à l'intégrité des personnes. Il s'agit des délits contenus dans les sections I (Des atteintes volontaires à l'intégrité des personnes) et II (Des atteintes involontaires à l'intégrité des personnes) du chapitre II du titre II du livre deuxième du code pénal.

En revanche, alors que les délits de presse échappent à la compétence du juge unique correctionnel, les délits de diffamation (L. 29 juill. 1881, art. 32, v. n° 35.13) et d'injure (art. 33 v. n° 35.15), y compris s'ils sont aggravés et encourent donc l'emprisonnement (v. n°s 35.14 et 35.16), sauf s'ils ont été commis par une publication écrite ou audiovisuelle entraînant la responsabilité pénale du directeur de publication, peuvent relever de l'ordonnance pénale. « *cette extension de l'OP permettra notamment de réprimer ces délits lorsqu'ils ont été commis sur internet, spécialement lorsqu'ils présenteront un caractère raciste, sexiste, homophobe ou handiphobe* » (Circ. Crim. 2019-18/H2, 2 août 2019, JUSD1923026C, n° 2.1.1) (C. pr. pén., art. 495 II ; réd. issue L. n° 2019-222, 23 mars 2019, en vigueur au 1er sept. 2019).

2. Le domaine de l'ordonnance pénale avant L. n° 2019-222, 23 mars 2019

Le domaine de l'ordonnance pénale, résultant de la rédaction de C. pr. pén., art. 495 antérieure à L. n° 2019-222, 2 mars 2019, est rappelé ci-dessous pour mémoire.

Tableau 30 : Délits relevant de l'ordonnance pénale avant L. n° 2019-222, 23 mars 2019

Délits relevant de l'ordonnance pénale	Articles d'incrimination et renvois
Vol simple (C. pr. pén., art. 495 II 1°)	C. pén., art. 311-3, v. n°s 22.1 et 22.2 (tentative)
Recel de vol simple (C. pr. pén., art. 495 II 1°)	C. pén., art. 321-1, v. n° 22.45, Cas 2
Filouterie de boissons ou aliments, carburant ou lubrifiants, hôtel, taxi (C. pr. pén., art. 495 II 2°)	C. pén., art. 313-5, v. n° 22.31
Détournement de gage (C. pr. pén., art. 495 II 3°)	C. pén., art. 314-5, v. n° 22.41
Détournement d'objet saisi (C. pr. pén., art. 495 II 3°)	C. pén., art. 314-6, v. n° 22.43
Destructions, dégradations et détériorations sans circonstance aggravante (C. pr. pén., art. 495 II 4°)	C. pén., art. 322-1, al. 1, v. n° 22.61, Cas 1 et 2
Destructions, dégradations et détériorations sur un registre, minute ou original de l'autorité publique (C. pr. pén., art. 495 II 4°)	C. pén., art. 322-2, al. 1, 2°, v. n° 22.61, Cas T
Inscriptions, signes, dessins sur façade, véhicule, voie publique, mobilier urbain ayant entraîné un dommage léger (C. pr. pén., art. 495 II 4°)	C. pén., art. 322-1, al. 2 v. n° 22.63, Cas A
Délit de fuite commis à l'occasion de la conduite d'un véhicule (hors circonstances aggravantes) (C. pr. pén., art. 495 II 5°)	C. pén., art. 434-10, v. n° 36.13
Vente à la sauvette (C. pr. pén., art. 495 II 6°)	C. pén., art. 446-2, v. n° 30.35
Délits prévus par le code de la route (C. pr. pén., art. 495 II 7°)	V. chap. n° 36. NB : les délits de blessures ou homicide involontaire par un conducteur de véhicule automobile sont incriminés par le code pénal et ne relèvent donc pas de l'ordonnance pénale.
Délits en matière de règlementation des transports terrestres (C. pr. pén., art. 495 II 8°)	V. chap n° 37.

Délits prévus au titre IV du livre IV du code de commerce (articles ⩾ L. 440-1 et < L. 450-1) pour lesquels une peine d'emprisonnement n'est pas encourue (C. pr. pén., art. 495 II 9°)	- Facturation absente ou non-conforme, C. com., art. **L. 441-4**, v. n° **30.39** - Non-respect des délais de paiement, hors produits périssables, C. com., art. **L. 441-6** - Non-respect des délais de paiement, produits périssables, C. com., art. **L. 443-1**, v. n° **30.40** - Absence de convention écrite de coopération fournisseur distributeur, C. com., art. **L. 441-7** - Vente à perte, C. com., art. **L. 442-2**, v. n° **30.22** - Vente à prix imposé, C. com., art. **L. 442-5**, v. n° **30.21**
Usage non aggravé de stupéfiants (C. pr. pén., art. 495 II 10°)	CSP, art. **L. 3421-1, al. 1**, v. n° **28.11**, **cas A**
Occupation illicite des espaces communs et toits des immeubles collectifs d'habitation (C. pr. pén., art. 495 II 11°)	C. constr, art. **L. 126-3**, devenu CSI, art. **L. 272-4**, v. n° **20.54**
Contrefaçon de la propriété intellectuelle (œuvre de l'esprit, logiciels, base de données, phonogramme, vidéogramme, prestation audiovisuelle), si les faits sont commis en ligne (C. pr. pén., art. 495 II 12°)	CPI, art. **L. 335-2**, v. n° **34.9**, **cas A** à **E**, hors circonstance de bande organisée
Chèques, retrait illicite de provision ou opposition illicite (C. pr. pén., art. 495 II 13°)	CMF, art. **L. 163-2**, v. n° **22.23**
Chèques, émission malgré injonction bancaire ou interdiction judiciaire (C. pr. pén. art. 495 II 13°)	CMF, art. **L. 163-2**, v. n° **22.24**
Port ou transport arme de 6e cat. (cat. D) (C. pr. pén., art. 495 II 14°)	CSI, art. **L. 317-8**, v. n° **26.31**

15.49 La saisine du président par le parquet et la sanction par ordonnance pénale délictuelle

A. La saisine du président du tribunal (C. pr. pén., art. 495-1)

« *Le ministère public qui choisit la procédure simplifiée communique au président du tribunal le dossier de la poursuite et ses réquisitions* ».

Le législateur n'a pas précisé la forme de l'engagement des poursuites, mais l'ordonnance rendue par le juge sur saisine du parquet devra mentionner, outre l'état civil du prévenu « *la qualification légale, la date et le lieu du fait imputé, la mention des textes applicables* » (C. pr. pén., art. 495-2). Le juge ne pouvant ni se saisir lui-même ni s'écarter du cadre fixé dans la saisine, le ministère public doit en conséquence faire sienne ces prescriptions dans ses réquisitions.

De plus, en cas d'opposition, « *l'affaire est portée à l'audience du tribunal correctionnel* » (C. pr. pén., art. 496-4), l'ordonnance, dont la précision résultera de celle des réquisitions, fixera alors le cadre de sa saisine.

Il convient donc de se référer sur ce point aux règles énoncées au n° **15.6**.

B. La décision sur la culpabilité et le choix de la sanction (C. pr. pén., art. 495-1 et 495-2)

Le président statue sans débat préalable par une ordonnance pénale portant relaxe ou condamnation.

Faute de débat devant le juge, la question de l'assistance d'un avocat est sans objet. Au moment de la notification de l'ordonnance, le prévenu disposera en effet durant 45 jours de la faculté de faire opposition s'il souhaite comparaître devant le tribunal correctionnel et se faire assister.

Au contraire de la procédure de CRPC, dans laquelle le juge ne peut que refuser ou homologuer la proposition de peine émanant du ministère public, sans possibilité de la modifier, (v. n° **15.57A**), la procédure de l'ordonnance pénale lui laisse toute latitude pour choisir les peines applicables et fixer leur *quantum* sans être tenu par les réquisitions du parquet.

Le juge ne peut prononcer d'emprisonnement, s'il estime qu'une telle peine devrait être prononcée ou qu'un débat contradictoire est utile, il renvoie le dossier au ministère public.

Il peut prononcer une **peine d'amende** dont le montant maximal est de la moitié de celui de l'amende encourue sans pouvoir excéder 5 000 €.

Il peut également prononcer, outre l'amende, une ou plusieurs des **peines complémentaires** encourues, ou prononcer ces dernières à titre de peine principale.

Depuis L. n° 2019-222, 23 mars 2019, en vigueur le 1er sept. 2019, il peut en outre prononcer, dans les cas où l'infraction est passible d'emprisonnement, les peines suivantes :

– la peine de **jours-amende** prévue par C. pén., art. 131-5 (sur la peine de jours-amende, v. n° **18.18A**). Rappelons que cette peine ne peut se cumuler avec l'amende (C. pén., art. 131-9) ;

– la **peine de stage** prévue par C. pén., art. 131-5-1 (sur la peine de stage, v. n° **18.33**) ;

– les **peines alternatives à l'emprisonnement** prévues par C. pén., art. 131-6 (sur ces peines, v. n° **18.32A**) ;

– la peine de **travail d'intérêt général** prévue par C. pén., art. 131-8 (sur la peine de Tig, v. n° **18.28**). « *la peine de travail d'intérêt général ne peut toutefois être prononcée* [par ordonnance pénale] *que si la personne a déclaré, au cours de l'enquête, qu'elle accepterait l'accomplissement d'un travail d'intérêt général* » (C. pr. pén., art. 495-1). « *Il appartiendra donc au ministère public, .../...* [dans les cas utiles] *de donner des instructions aux enquêteurs afin qu'ils demandent à l'intéressé s'il accepterait l'accomplissement d'un tel travail* » (Circ. Crim. 2019-18/H2, 2 août 2019, JUSD1923026C, n° 2.2.2) ;

– la peine de **sanction-réparation** prévue par C. pén., art. 131-8-1 (sur la peine de sanction-réparation, v. n° **18.30**).

L'interdiction de prononcer une peine d'emprisonnement paraît prohiber la fixation par le juge, en application de C. pén., art. 131-9, d'une peine d'emprisonnement sanctionnant l'inexécution de la peine de stage, de la peine alternative à l'emprisonnement, ou du Tig (Circ. Crim. 2019-18/H2, 2 août 2019, JUSD1923026C, n° 2.2.1). Un raisonnement identique prévaut pour la peine sanctionnant l'inexécution de la sanction-réparation que le juge **doit** fixer dans sa décision en application de C. pén., art. 131-8-1 ; elle ne pourra excéder 15 000 € (Circ. Crim. 2019-18/H2, 2 août 2019, JUSD1923026C, n° 2.2.1).

À la différence des textes relatifs à la CRPC qui prévoient la possibilité d'assortir certaines peines (emprisonnement et amende, v. n° **15.57A**) du sursis (C. pr. pén., art. 495-8), ceux relatifs à l'ordonnance pénale n'envisagent pas la question du sursis. Compte tenu de leur généralité, les règles relatives au sursis ne paraissent cependant pas devoir être écartées (C. pén., art. 132-31, v. n° **18.19**), étant rappelé que le sursis n'est pas possible pour les contraventions des quatre premières classes (C. pén., art. 132-34, v. n° **18.19**).

« *L'efficacité de cette procédure est...subordonnée à l'accomplissement, par les services enquêteurs, de certaines diligences. Ainsi, il appartiendra aux parquets de veiller à ce que, lors du déroulement des enquêtes portant sur des délits susceptibles de faire l'objet de cette procédure.../...les OPJ et APJ effectuent les actes rendant possible ce mode de poursuites. Il conviendra ainsi que figurent au dossier les renseignements suffisants sur la personnalité de l'auteur des faits, notamment sur ses charges et ses revenus* » (Circ. Crim. 2012-9/E8, 20 mars 2012, NOR : JUSD1208381C, n° 1.2).

15.50 De la mise en forme à l'exécution de l'ordonnance pénale délictuelle

A. La forme de l'ordonnance pénale (C. pr. pén., art. 495-3)

L'ordonnance mentionne les nom, prénoms, date et lieu de naissance et domicile du prévenu, la qualification légale, la date et le lieu du fait imputé, la mention des textes applicables et, en cas de condamnation, la ou les peines prononcées.

L'ordonnance pénale doit également être motivée, au regard notamment des dispositions du I de l'article 495 : elle doit donc préciser que les faits reprochés au prévenu sont simples et établis, que les renseignements concernant la personnalité, les charges et les ressources de celui-ci sont suffisants pour permettre la détermination de la peine, qu'il n'apparaît pas nécessaire, compte tenu de la faible gravité des faits, de prononcer une peine d'emprisonnement ou une peine d'amende d'un montant supérieur à la moitié de l'amende ni supérieur à 5 000 € et que le recours à cette procédure n'est pas de nature à porter atteinte aux droits de la victime.

B. La notification de l'ordonnance et l'opposition (C. pr. pén., art. 495-3)

1. Les modalités de notification et d'information du prévenu

Dès qu'elle est rendue, l'ordonnance pénale est transmise au ministère public qui, dans les 10 jours, peut soit former opposition par déclaration au greffe du tribunal, soit en poursuivre l'exécution.

Dès que le parquet souhaite en poursuivre l'exécution, le greffier en chef de la juridiction notifie l'ordonnance au prévenu par LRAR (C. pr. pén., art. R. 41-3).

L'ordonnance peut également être portée à la connaissance du prévenu par le procureur de la République, directement ou par son délégué (C. pr. pén., art. 495-3, R. 41-3 et R. 121-2 1°). Pour certaines peines, cette modalité est obligatoire ou recommandée (v. B2 ci-dessous).

La notification faite au prévenu doit comporter les éléments suivants : il est informé qu'il dispose d'un délai de 45 jours à compter de la notification pour former opposition ; que cette opposition peut être limitée aux dispositions civiles ou pénales de l'ordonnance lorsqu'il a été statué sur une demande présentée par la victime ; que l'opposition permettra que l'affaire fasse l'objet d'un débat contradictoire et public devant le tribunal correctionnel, au cours duquel il pourra être assisté par un avocat, dont il pourra demander la commission d'office. Le prévenu est également informé que le tribunal correctionnel, s'il l'estime coupable des faits qui lui sont reprochés, aura la possibilité de prononcer contre lui une peine d'emprisonnement si celle-ci est encourue.

Le prévenu est également avisé qu'il bénéficie d'un abattement de 20 % de l'amende et du droit fixe de procédure (31 €, v. n° 18.16D) s'il s'acquitte des sommes dues dans le mois de la date d'envoi du recommandé ou de la notification par le délégué du procureur (C. pr. pén., art. R. 41-3).

2. Les modalités particulières de notification de certaines peines

La notification par le procureur de la République ou par l'intermédiaire d'une personne habilitée (en pratique le délégué du procureur) « *est obligatoire si l'ordonnance prononce la peine de jours-amende ou la peine de travail d'intérêt général* » (C. pr. pén., art. 495-3) (sur le choix de ces peines, v. n° 15.49B). Un tel mode, précisé par C. pr. pén., art, R. 41-3 et R. 121-2 1° « *est en effet nécessaire pour faire comprendre à la personne la portée de la condamnation, les obligations qui en découlent pour elle et les conséquences qu'elle encourt si elle ne respecte pas ces obligations, ce qui lui permettra de décider, en toute connaissance de cause, si elle fait ou non opposition à la condamnation* » (Circ. Crim. 2019-18/H2, 2 août 2019, JUSD1923026C, n° 2.2.3).

La chancellerie recommande en outre aux procureurs de privilégier ce mode de notification « *en cas de prononcé d'une peine de stage ou d'une peine de sanction-réparation* », en particulier pour expliquer à la personne qu'elle encourt la mise à exécution de la peine d'amende que le juge est tenu de fixer en cas d'inexécution de la peine de sanction-réparation (C. pén., art. 131-8-1, v. nº **15.49B**) et **18.30C**).

À cet égard, mentionnons que le juge a aussi la faculté de fixer le maximum de la peine (d'amende dans le cas de l'ordonnance pénale) qui viendra sanctionner l'inexécution de la peine de stage de citoyenneté (v. nº **18.33A1**), d'une peine alternative (v. nº **18.32A1**) ou du Tig (v. nº **18.28A3**) (C. pén., art. 131-9).

3. Les modalités d'opposition (C. pr. pén., art. R. 41-8)

L'opposition, à l'appui de laquelle le prévenu doit remettre sa lettre de notification ou ses références, est formée, soit par lettre adressée au greffier en chef du tribunal qui a rendu la décision, le cachet de la poste faisant foi, soit par déclaration faite au greffier en chef, enregistrée et signée par celui-ci et par le prévenu lui-même ou par un avocat ou un fondé de pouvoir spécial. Le pouvoir est annexé à l'acte dressé par le greffier en chef. « *Au contraire d'un fondé de pouvoir spécial, l'avocat qui forme opposition à l'exécution d'une ordonnance pénale n'a pas à justifier d'un pouvoir spécial* » (Crim. 4 avr. 2023, nº 22-86.375, P).

En cas de notification par le procureur de la République ou son délégué, l'opposition peut être faite devant lui à l'issue de cette notification, par une mention portée sur le formulaire de notification de l'ordonnance, signée par le procureur ou son délégué et par le prévenu.

À l'expiration du délai d'opposition, le greffier en chef donne avis au comptable du Trésor des oppositions reçues sur l'action publique et de l'annulation des extraits correspondants.

En cas d'opposition sur l'action pénale, l'affaire est portée à l'audience du tribunal correctionnel. Jusqu'à l'ouverture des débats, le prévenu peut renoncer expressément à son opposition. S'il renonce, l'ordonnance pénale reprend sa force exécutoire et une nouvelle opposition n'est pas recevable (C. pr. pén., art. 495-4).

Le jugement rendu par défaut, sur opposition du prévenu, est également susceptible d'opposition dans les conditions de droit commun prévues par C. pr. pén., art. 489 à 494-1 (C. pr. pén., art. 495-4).

C. L'exécution de l'ordonnance pénale

Le prévenu **doit** s'acquitter des sommes dues, entre les mains du comptable du trésor, dès la notification, à moins qu'il ne fasse opposition (C. pr. pén., art. R. 41-6). Ce paiement peut être reçu sur-le-champ au moyen notamment d'un terminal électronique de paiement, lequel peut être mis en œuvre par le délégué du procureur lorsque la notification de l'ordonnance lui est confiée (C. pr. pén., art. D. 45-2-10 issu D. nº 2020-1640, 21 déc. 2020).

Comme indiqué ci-dessus, le bénéficie d'un abattement de 20 % de l'amende et du droit fixe de procédure (31 €, v. nº **18.16D**) s'il s'acquitte des sommes dues dans le mois de la notification.

Par application de C. pr. pén., art. 707-2, ces textes favorisent donc l'intéressement au paiement volontaire et rapide des sommes dues, avant même que le délai d'opposition soit expiré.

En l'absence d'opposition, l'ordonnance est exécutée suivant les règles prévues pour l'exécution des jugements correctionnels (C. pr. pén., art. 495-3). L'ordonnance pénale à laquelle il n'a pas été formé opposition a les effets d'un jugement passé en force de chose jugée (C. pr. pén., art. 495-5). Sauf si elle est entachée de nullité, elle interrompt donc la prescription par application de C. pr. pén., art. 9-2 4° (cf., pour une ordonnance pénale contraventionnelle, Crim. 21 janv. 2020, nº 19-81.066, P).

Le comptable du Trésor procède au recouvrement de l'ordonnance pénale à l'expiration du délai de 45 jours qui suit la notification, à moins qu'il ne soit fait opposition (C. pr. pén., art. R. 41-10).

Le comptable public arrête le recouvrement dès réception de l'avis d'opposition à l'ordonnance pénale établi par le greffe (C. pr. pén., art. 495-3).

S'il ne résulte pas de l'avis de réception que le prévenu a reçu la lettre de notification, l'opposition reste recevable dans les 30 jours de la date à laquelle l'intéressé a eu connaissance, d'une part de la condamnation, soit par un acte d'exécution soit par tout autre moyen, d'autre part, du délai et des formes de l'opposition (C. pr. pén., art. 495-3).

15.51 La prise en compte des intérêts de la victime dans la procédure de l'ordonnance pénale délictuelle

A. L'information spécifique de la victime par le parquet

Lorsque la victime de l'infraction est identifiée et qu'elle n'a pu se constituer partie civile devant l'enquêteur par application de C. pr. pén., art. 420-1, al. 2 (v. n° **16.12B1**), ou lorsque le président n'a pu statuer sur les intérêts civils et lui renvoie le dossier après avoir statué sur l'action publique (C. pr. pén., art. 495-2-1), le procureur de la République doit informer la victime de son droit de demander au parquet de citer l'auteur des faits à une audience du tribunal correctionnel sur intérêts civils par application de C. pr. pén., art. 464 (v. n° **16.12A**). Si elle réclame cette saisine, elle est avisée de la date de l'audience pour lui permettre de se constituer partie civile. Le tribunal statue alors sur les seuls intérêts civils, au vu du dossier de la procédure qui est versé au débat (C. pr. pén., art. 495-5-1).

B. L'exercice concurrent de l'action civile par la victime : citation directe ou constitution de partie civile devant le juge d'instruction

La procédure simplifiée de l'ordonnance pénale ne fait pas échec au droit de la partie civile de citer directement l'auteur devant le tribunal correctionnel par application de C. pr. pén., art. 2, 388 et 531 (v. n° **16.10A**). Cette disposition reconnaît à la victime une possibilité de contrer le choix d'une procédure simplifié opéré par le parquet pour l'action publique. Le tribunal ne pourra statuer que sur les intérêts civils, en juge unique, si l'ordonnance a acquis force de chose jugée, l'action publique étant dans ce cas éteinte (C. pr. pén., art. 495-6). Toutefois, l'ordonnance pénale statuant uniquement sur l'action publique n'a pas autorité de la chose jugée à l'égard de l'action civile en réparation des dommages causés par l'infraction (C. pr. pén., art. 495-5).

Bien que cette hypothèse ne soit pas abordée, l'ordonnance pénale ne semble pas devoir faire échec au droit de la victime de se constituer partie civile devant le juge d'instruction par application de C. pr. pén., art. 85, là encore, tant que l'ordonnance pénale n'a pas acquis force de chose jugée (v. n° **16.10B**). Si tel est le cas, le juge d'instruction ne pourra que constater l'extinction de l'action publique.

C. La décision sur les intérêts civils dans l'ordonnance pénale délictuelle

Lorsque la victime des faits a formulé au cours de l'enquête de police une demande de dommages et intérêts ou de restitution valant constitution de partie civile, conformément à C. pr. pén., art. 420-1, al. 2 (v. n° **16.12B1**), le président statue sur cette demande dans l'ordonnance pénale délictuelle (l'ordonnance pénale contraventionnelle ne prévoit pas le traitement simplifié des intérêts civils, v. n° **15.52**). En cas de contestation sur la restitution ou s'il ne dispose pas d'éléments suffisants pour statuer, il renvoie le dossier au ministère public aux fins de saisir le tribunal sur les intérêts civils dans les conditions ci-dessus précisées (C. pr. pén., art. 495-2-1).

« *Une demande de dommage-intérêts de la victime formée selon une autre modalité que celle prévue par.../...l'article 420-1 (par exemple par une simple lettre adressée à la juridiction, ou une demande formulée devant les enquêteurs mais sans avoir recueilli l'accord du parquet pour valoir constitution de partie civile) ne peut en principe être examinée dans le cadre d'une ordonnance pénale. Cela étant, si le parquet demande au juge de statuer sur une telle demande, aucune nullité ne semble pouvoir en résulter, puisque les parties pourront former opposition contre la décision* » (Circ. Crim. 2012-9/E8, 20 mars 2012, NOR : JUSD1208381C, n° 1.1.4 1)).

L'ordonnance qui statue sur les intérêts civils est portée à la connaissance de la partie civile par LRAR ou par le procureur de la République ou son délégué. Elle est informée qu'elle dispose d'un délai de 45 jours à compter de cette notification pour former opposition aux dispositions civiles de l'ordonnance (C. pr. pén., art. 495-3-1).

Le prévenu peut quant à lui limiter son opposition aux dispositions civiles (C. pr. pén., art. 495-4).

En cas d'opposition, par la partie civile, ou par le prévenu sur les seuls intérêts civils, l'affaire est portée à l'audience du tribunal correctionnel. Ce dernier statuera sur les seuls intérêts civils, en juge unique, sans la présence obligatoire du ministère public (C. pr. pén., art. 495-4).

« *Les formes de cette opposition sont bien évidemment celles fixées par l'article R. 41-8 (LRAR ou déclaration au greffe)* » (Circ. Crim. 2012-9/E8, 20 mars 2012, n° 1.1.4 1)).

15.52 L'ordonnance pénale contraventionnelle (C. pr. pén., art. 524, R. 42 s.)

A. Le domaine de l'ordonnance pénale contraventionnelle

La procédure de l'ordonnance pénale est possible pour toutes les contraventions des cinq classes, y compris, depuis Ord. n° 2016-413, 7 avr. 2016, pour les contraventions du code du travail qui en étaient jusqu'alors exclues. Elle ne peut être mise en œuvre pour les mineurs que pour les contraventions des quatre premières classes (C. pr. pén., art. 528-1).

L'ordonnance pénale est également applicable pour la condamnation du titulaire du certificat d'immatriculation du véhicule à la garantie pécuniaire de l'amende encourue pour certaines infractions au code de route (C. route, art. L. 121-3, sur les modalités d'exercice des poursuites contre le redevable pécuniairement, v. n° **36.6B**).

B. Les particularismes de la procédure d'ordonnance pénale contraventionnelle

Le mécanisme général, décrit par C. pr. pén., art. 524 à 528-2 et R. 42 à R. 48, est identique à celui de l'ordonnance pénale délictuelle (v. n^{os} **15.48** à **15.51**). Les textes favorisent, comme pour l'ordonnance pénale délictuelle, le paiement spontané et rapide de l'amende (C. pr. pén., art. R. 43, R. 55-2).

Les différences suivantes doivent être relevées :

Le juge n'est pas tenu de motiver l'ordonnance pénale contraventionnelle (C. pr. pén., art. 526) alors qu'il doit le faire pour l'ordonnance pénale délictuelle (C. pr. pén., art. 495-2).

Le délai d'opposition est de 30 jours (C. pr. pén., art. 527), au lieu de 45 jours pour les délits (C. pr. pén., art. 495-3).

Le juge n'a pas la possibilité de statuer sur les intérêts civils, la partie civile conservant le droit de citer directement le prévenu devant le tribunal de police (C. pr. pén., art. 528-2).

Les textes (C. pr. pén., art. 527 et R. 41-3) ne prévoyaient pas la possibilité de notifier l'ordonnance par le procureur de la République ou son délégué (*contra* pour les délits, C. pr. pén., art. 495-3 et R. 41-3). Cette possibilité est désormais offerte par C. pr. pén., art. 527, mod. par L. n° 2016-731, 3 juin 2016, renvoyant aux modalités de notification définies par C. pr. pén., art. 495-3.

Comme pour les ordonnances pénales délictuelles, le paiement peut être reçu sur-le-champ au moyen notamment d'un terminal électronique de paiement, lequel peut être mis en œuvre par le délégué du procureur lorsque la notification de l'ordonnance lui est confiée (C. pr. pén., art. D. 45-2-10 issu D. nº 2020-1640, 21 déc. 2020).

15.53 La comparution sur reconnaissance préalable de culpabilité (CRPC) : le domaine du plaider coupable (C. pr. pén., art. 495-7)

A. Le domaine : tous les délits à l'exception de ceux visés par la loi (C. pr. pén., art. 495-7)

La procédure de comparution sur reconnaissance préalable de culpabilité (CRPC), appelée aussi « plaider coupable », est issue de L. nº 2004-202, 9 mars 2004.

Initialement réservée aux délits punis à titre principal d'une peine d'amende ou d'une peine d'emprisonnement ⩽ 5 ans, elle est applicable à **tous les délits** depuis L. nº 2011-1862, 13 déc. 2011.

Le procureur de la République peut, d'office ou à la demande de l'intéressé ou de son avocat, recourir à la CRPC à l'égard de toute personne qui, convoquée à cette fin ou déférée devant lui, reconnaît les faits qui lui sont reprochés (C. pr. pén., art. 495-7).

Cette procédure n'est toutefois pas applicable aux mineurs, ni en matière de délits de presse, de délits d'homicides involontaires, de délits politique, ainsi que des délits d'atteintes volontaires et involontaires à l'intégrité des personnes prévus aux articles 222-9 à 222-31-2 du code pénal lorsqu'ils sont punis d'une peine > 5 ans (C. pr. pén., art. 495-7 et 495-16).

Depuis L. nº 2018-898, 23 oct. 2018, cette procédure est applicable aux délits, auparavant exclus, dont la procédure de poursuite est prévue par une loi spéciale, ce qui étend donc son domaine aux infractions de fraude fiscale (v. nº **33.34** et **33.35**), lesquelles exigent à peine d'irrecevabilité la dénonciation ou la plainte de l'administration fiscale.

Sont donc exclues de la CRPC les infractions énumérées dans les tableaux suivants :

Tableau 31 : Délits exclus de la CRPC (atteintes à l'intégrité des personnes) (C. pr. pén., art. 495-7)

Délits exclus de la CRPC : Atteintes volontaires ou involontaires à l'intégrité des personnes (C. pr. pén., art. 495-7)	Articles et renvois
Violences ayant entraîné une mutilation ou infirmité permanente (emprisonnement > 5 ans, C. pén., art. 495-7)	C. pén., art. **222-9**, v. nº **20.18**
Violences ITT > 8 jours par ascendant sur mineur de 15 ans (emprisonnement > 5 ans, C. pén., art. 495-7)	C. pén., art. **222-12**, v. nº **20.25**, **Cas A2**
Violences ITT > 8 jours par ascendant sur mineurs de 15 ans dans enceinte sportive ou manifestation publique (emprisonnement > 5 ans, C. pén., art. 495-7)	C. pén., art. **222-12**, v. nº **20.26**, **Cas A1-1** et **B1-1**
Violences ITT > 8 jours avec deux ou trois circonstances aggravantes + ITT (emprisonnement > 5 ans, C. pén., art. 495-7)	C. pén., art. **222-12**, v. nº **20.25**
Violences ITT > 8 jours avec deux ou trois circonstances aggravantes + ITT dans enceinte sportive ou manifestation publique (emprisonnement > 5 ans, C. pén., art. 495-7)	C. pén., art. **222-12**, v. nº **20.26**
Violences ITT ⩽ 8 jours avec trois circonstances aggravantes + ITT (emprisonnement > 5 ans, C. pén., art. 495-7)	C. pén., art. **222-13**, v. nº **20.29**

Violences ITT ⩽ 8 jours avec trois circonstances aggravantes + ITT dans enceinte sportive ou manifestation publique (emprisonnement > 5 ans, C. pén., art. 495-7)	C. pén., art. **222-13**, v. n° **20.30**
Violences habituelles sur mineur de 15 ans ou personne vulnérable ITT > 8 jours (emprisonnement > 5 ans, C. pén., art. 495-7)	C. pén., art. **222-14**, v. n° **20.32**, **Cas A**
Violences habituelles sur conjoint ou concubin ITT > 8 jours (emprisonnement > 5 ans, C. pén., art. 495-7)	C. pén., art. **222-14**, v. n° **20.32**, **Cas A**
Violences avec arme en bande organisée ou guet apens sur dépositaire de l'autorité publique ITT < 8 jours (emprisonnement > 5 ans, C. pén., art. 495-7)	C. pén., art. **222-14-1**, v. n° **20.33**, **Cas D**
Administration de substance nuisible ayant entraîné une mutilation ou infirmité permanente (emprisonnement > 5 ans, C. pén., art. 495-7)	C. pén., art. **222-9** et **222-15**, v. n° **20.40**
Administration de substance nuisible ITT > 8 jours par ascendant sur mineur de 15 ans (emprisonnement > 5 ans, C. pén., art. 495-7)	C. pén., art. **222-12** et **222-15**, v. n° **20.43**, **Cas A2**
Administration de substance nuisible ITT > 8 jours avec deux ou trois circonstances aggravantes + ITT (emprisonnement > 5 ans, C. pén., art. 495-7)	C. pén., art. **222-12** et **222-15**, v. n° **20.43**
Administration de substance nuisible sans ITT ou ITT ⩽ 8 jours avec trois circonstances aggravantes (emprisonnement > 5 ans, C. pén., art. 495-7)	C. pén., art. **222-13** et **222-15**, v. n° **20.44**
Administration habituelle de substance nuisible sur mineur de 15 ans ou personne vulnérable ITT > 8 jours (emprisonnement > 5 ans, C. pén., art. 495-7)	C. pén., art. **222-14** et **222-15**, v. n° **20.46**, **Cas A1** et **A2**
Administration habituelle de substance nuisible sur conjoint ou concubin ITT > 8 jours (emprisonnement > 5 ans, C. pén., art. 495-7)	C. pén., art. **222-14** et **222-15**, v. n° **20.46**, **Cas A3**
Embuscade en réunion (emprisonnement > 5 ans, C. pén., art. 495-7)	C. pén., art. **222-15-1**, v. n° **20.36**, **Cas F**
Menace de mort sous condition à raison de la race ou de la religion ou de l'orientation sexuelle (emprisonnement > 5 ans, C. pén., art. 495-7)	C. pén., art. **222-18, al. 2** et **222-18-1**, v. n° **20.50**, **Cas CD** et **CE**
Menace de mort sous condition sur conjoint ou concubin (emprisonnement > 5 ans, C. pén., art. 495-7)	C. pén., art. **222-18, al. 2** et **222-18-1**, v. n° **20.51**, **Cas B3**
Homicide involontaire, droit commun (C. pén., art. 495-16)	C. pén., art. **221-6**, v. n° **20.60**
Homicide involontaire, agression par un chien (C. pén., art. 495-16)	C. pén., art. **221-6-2**, v. n° **20.61**
Homicide involontaire, accident du travail (C. pén., art. 495-16)	C. pén., art. **221-6**, C. trav., art. **L. 4741-1**, v. n° **32.46**
Homicide involontaire, accident de la circulation (C. pén., art. 495-16)	C. pén., art. **221-6**, C. route., art. **L. 224-12**, v. n° **36.10**
Blessures involontaires ITT ⩾ 3 mois par conducteur automobile avec 2 circonstances aggravantes ou plus (emprisonnement > 5 ans, C. pén., art. 495-7)	C. pén., art. **222-19-1**, v. n° **36.11**, **Cas K**
Blessures involontaires ITT ⩾ 3 mois par chien avec 2 circonstances aggravantes ou plus (emprisonnement > 5 ans, C. pén., art. 495-7)	C. pén., art. **222-19-2**, v. n° **20.65**, **Cas C**

Agression sexuelle aggravée autre que le viol (emprisonnement > 5 ans, C. pén., art. 495-7)	C. pén., art. 222-28, v. nº 20.81
Agression sexuelle autre que le viol, sur mineur de 15 ans ou personne vulnérable (emprisonnement > 5 ans, C. pén., art. 495-7)	C. pén., art. 222-29, v. nº 20.83
Agression sexuelle autre que le viol, sur mineur de 15 ans ou personne vulnérable, aggravée (emprisonnement > 5 ans, C. pén., art. 495-7)	C. pén., art. 222-30, v. nº 20.84

Tableau 32 : Délits de presse exclus de la CRPC (C. pr. pén., art. 495-16)

Délits exclus de la CRPC : **Délits en matière de presse (C. pr. pén., art. 495-16)** ***Avertissement*** : *tous les délits en matière de presse sont exclus de la CRPC, la présente liste, non exhaustive, recense les délits de presse visés dans le présent ouvrage.*	**Articles de L. 29 juill. 1881 et renvois**
Diffamation envers un particulier	Art. 32, al. 1, v. nº 35.13
Diffamation envers un particulier à raison de sa race, de son sexe ou de son handicap	Art. 32, al. 2, v. nº 35.14
Injure publique envers un particulier	Art. 33, al. 2, v. nº 35.15
Injure publique envers un particulier à raison de sa race, de son sexe ou de son handicap	Art. 33, al. 2, 3 et 4, v. nº 35.16
Diffamation publique envers un corps constitué ou une administration publique	Art. 30, v. nº 35.19
Diffamation publique envers un membre d'un corps constitué ou d'une administration publique	Art. 30, v. nº 35.20
Injure publique envers un corps constitué ou une administration publique	Art. 33, al. 1, v. nº 35.21
Provocation publique à la commission de crimes ou délits, à la discrimination ou à la haine raciale, apologie de crime	Art. 24, v. nº 35.26
Contestation de crimes contre l'humanité	Art. 24 *bis*, v. nº 35.28
Diffusion d'image d'une personne menottée ou détenue	Art. 35 *ter*, v. nº 35.30
Sondage sur la culpabilité d'une personne	Art. 35 *ter*, v. nº 35.30
Diffusion de circonstance d'un crime ou d'un délit portant atteinte à la dignité de la victime	Art. 35 *quater*, v. nºs 35.30, 35.32
Diffusion de renseignement d'identité d'une victime d'agression sexuelle	Art. 39 *quinquies*, v. nºs 35.30, 35.34
Diffusion de renseignement d'identité d'un mineur en fugue, abandonné, suicidé ou victime	Art. 39 *bis*, v. nº 35.35
Publication d'actes de procédure avant l'audience	Art. 38, v. nº 35.39

La CRPC trouve sa place aussi bien dans le cadre des procédures dites de « traitement direct » (présentation ou convocation devant le procureur à la suite d'une garde à vue, sur ses instructions téléphoniques), que dans celui du « traitement différé » des procédures transmises au parquet par courrier (la convocation en vue d'une proposition de peine peut ainsi être délivrée par les services du procureur, sur ses instructions, à une date où se tient une audience correctionnelle d'homologation).

Depuis L. nº 2011-1862, 13 déc. 2011, la CRPC peut également être mise en œuvre pour le jugement d'infractions commises par un majeur ayant fait l'objet d'une ordonnance de renvoi par le juge d'instruction devant le procureur de la République pour mise en œuvre d'une CRPC (C. pr. pén., art. 180-1) (sur l'ordonnance de renvoi aux fins de CRPC, v. nº **15.54B**, sur les réquisitions aux fins de renvoi pour CRPC, v. nº **15.36D**).

B. Les caractéristiques comparées de la composition pénale et du plaider coupable

1. Le mécanisme général

La composition pénale (v. nº **15.44**) et le plaider coupable obéissent au même mécanisme : reconnaissance de culpabilité, offre de sanction par le parquet, acception de celle-ci par la personne, validation ou refus de validation par le juge, exécution de la mesure ou poursuite ordinaire en cas de refus de validation. Précisons toutefois que, sous certaines conditions, l'amende de composition ne nécessite pas l'homologation du juge.

2. Les infractions concernées

La composition pénale est limitée aux infractions passibles d'une peine ⩽ 5 ans, alors que la CRPC, depuis L. nº 2011-1862, 13 déc. 2011 portant allègement de certaines procédures, concerne tous les délits. Toutefois, la composition pénale comporte moins de cas d'exclusion (les homicides involontaires et les délits de presse et délits politiques) que la CRPC (v. **A** ci-dessus).

Si la loi (C. pr. pén., art. 41-2) permet expressément de traiter dans la même procédure de composition pénale les contraventions connexes à un délit, aucune disposition ne le prévoit pour le plaider coupable. La circulaire Crim. 04-12-E8 du 2 septembre 2004, NOR : JUSD0430176C, précise à cet égard : « *il convient de considérer que la CRPC est également applicable, même si la loi ne le précise pas expressément, aux contraventions connexes susceptibles d'être reprochées à l'auteur du délit (dans ce cas, une peine spécifique devra être proposée en répression de la contravention)* » (§ 1.2.1.1).

La procédure de CRPC ne peut donc être mise en œuvre pour des contraventions non connexes à un délit.

3. Les personnes concernées et les acteurs

La CRPC est exclue pour tout mineur (C. pr. pén., art. 495-16), tandis que la composition pénale est possible pour les mineurs âgés d'au moins 13 ans (C. pr. pén., art. 41-2 [L. nº 2007-297, 5 mars 2007], CJPM, art. 422-3). La composition pénale, auparavant réservée aux personnes physiques (C. pr. pén., art. 41-2), est aussi applicable aux personnes morales depuis la L. nº 2019-222, 23 mars 2019 (C. pr. pén., art. 41-3-1 A, v. nº **15.44A** et **15.44C**). Depuis son origine, le plaider coupable concerne « *toute personne* » et s'applique donc aux personnes morales (C. pr. pén., art. 495-7).

Dans le cadre de la CRPC, la proposition de peine ne peut être effectuée que par un magistrat du parquet, en présence obligatoire d'un avocat, tandis que l'offre de composition pénale peut être effectuée par un délégué du procureur, un médiateur ou un OPJ, agissant sur les instructions du procureur, en présence facultative d'un avocat.

La présence d'un avocat est obligatoire à tous les stades du plaider coupable, elle est facultative pour la composition pénale.

4. Les peines applicables

Le plaider coupable permet de proposer toutes les peines applicables à l'infraction considérée, y compris l'emprisonnement jusqu'à trois ans dans la limite de la moitié de l'emprisonnement encouru (C. pr. pén., art. 495-8, depuis L. nº 2019-22, 23 mars 2019, auparavant un an, v. nº **15.55A**), tandis que la composition n'offre que les mesures énoncées à l'article 41-2 du code de procédure pénale.

5. L'exécution de la peine

L'ordonnance d'homologation permet d'assurer l'exécution immédiate et forcée de la peine, son application relevant le cas échéant du JAP dans les conditions de droit commun. La mesure de composition ne peut faire l'objet d'une exécution forcée, et son inexécution ne peut être sanctionnée que par la poursuite des faits selon les modalités ordinaires.

6. Les effets sur l'action publique – Casier, récidive, interdictions et déchéances (v. n° 18.5A2)

15.54 Le plaider coupable (CRPC) : les conditions de mise en œuvre par le procureur de la République

A. Un mode de poursuite à l'initiative du parquet et du mis en cause (C. pr. pén., art. 495-15)

• **Avant tout engagement des poursuites**, le procureur peut recourir à la procédure du plaider coupable d'office, mais aussi à la demande de l'intéressé ou de son avocat (C. pr. pén., art. 495-7).

• **Lorsque les poursuites sont déjà engagées**, le prévenu qui, pour l'un des délits pouvant donner lieu au plaider coupable, fait l'objet de poursuites par citation directe, convocation en justice délivrée par OPJ, APJ, greffier ou chef d'établissement pénitentiaire, peut soit lui-même, soit par l'intermédiaire de son avocat, indiquer par LRAR adressée au procureur de la République qu'il reconnaît les faits reprochés et demander le bénéfice de la comparution sur reconnaissance préalable de culpabilité (C. pr. pén., art. 495-15). Cette faculté a été étendue par L. n° 2021-1728, 22 déc. 2021, au cas où le prévenu fait l'objet d'une ordonnance de renvoi devant le tribunal correctionnel (ORTC), hypothèse dans laquelle le dispositif de passerelle entre l'instruction et la CRPC (v. B ci-dessous) n'a pas été mis en œuvre au stade où l'instruction est toujours en cours. Le recours à la CRPC n'est toutefois possible qu'avec l'accord de la partie civile lorsqu'elle a été à l'origine des poursuites par voie de plainte avec constitution de partie civile ou de citation directe, en revanche son accord n'est pas nécessaire lorsqu'elle ne s'est constituée partie civile que par voie d'intervention devant le juge d'instruction.

Dans tous les cas qui précèdent, le procureur de la République jouit également de la faculté de proposer une CRPC, selon la rédaction de C. pr. pén., art. 495-15 issue L. n° 2021-1728, 22 déc. 2021.

Ces dispositions, dont les conditions d'application sont précisées par C. pr. pén., art. D. 45-2-11 à D. 45-2-12 issues D. n° 2022-546, 13 avr. 2022, sont applicables tant que le tribunal correctionnel n'a pas examiné l'affaire au fond, y compris en cas de renvoi.

Précisons que « *la personne poursuivie ne dispose pas d'un droit à être jugée selon cette procédure alors même qu'elle a reconnu les faits qui lui sont reprochés* » (§ 7) (Cons. const. 18 juin 2021, n° 2021-918 QPC). Le procureur n'est donc pas tenu de donner suite à la demande ni d'aviser le prévenu ou son avocat de son refus. Mais il peut, s'il l'estime opportun, recourir à la procédure du plaider coupable. « *L'acte de saisine du tribunal correctionnel* » (C. pr. pén., art. 495-15 réd. issue L. n° 2021-1728, 22 déc. 2021), en l'espèce la citation directe ou la convocation en justice, ou la citation délivrée pour statuer sur l'ORTC, sont alors caduques si la peine proposée est acceptée puis homologuée.

Si la peine est refusée ou non homologuée, les actes de saisine demeurent valables si 10 jours restent encore à s'écouler avant la date d'audience.

Dans le cas où la CRPC a été homologuée dans un délai inférieur au délai de 10 jours qui doit la séparer de la date d'audience, un renvoi reste possible afin que la CRPC, qui est susceptible d'appel, devienne entretemps définitive.

Le parquet a la possibilité de se prémunir d'un échec de la CRPC en délivrant simultanément à l'intéressé, d'une part, une convocation aux fins de CRPC, d'autre part, une convocation à l'audience correctionnelle par OPJ (C. pr. pén., art. 495-15-1, L. n° 2009-526, 12 mai 2009). La saisine du tribunal est caduque si la peine acceptée est entretemps homologuée par le juge. Le Cons. const., estime ce dispositif conforme à la Constitution, en précisant toutefois qu'il appartient au procureur de la République de veiller à ce que la convocation en justice adressée en application de C. pr. pén., art. 390-1 soit fait à une date suffisamment lointaine pour garantir qu'au jour fixé pour la comparution du prévenu devant le tribunal correctionnel, la CRPC a échoué ou que les peines proposées ont été homologuées (Cons. const. 10 déc. 2010, n° 2010-77 QPC, § 7).

Le procureur de la République peut également renoncer à proposer une peine après la délivrance d'une convocation en vue d'une CRPC, et poursuivre l'intéressé devant le tribunal correctionnel dans les autres formes prévues à C. pr. pén., art. 388 (Crim. 29 oct. 2008, n° 08-84.857, P n° 219).

• Depuis L. n° 2021-1728, 22 déc. 2021, l'initiative de la CRPC est également ouverte au parquet et au prévenu au **stade de l'appel** lorsque ce dernier, lors de la déclaration d'appel ou ultérieurement, a limité la portée de son appel aux peines prononcées (C. pr. pén., art. 495-15 et D. 45-28 et D. 45-29 issus D. n° 2022-546, 13 avr. 2022) (sur la limitation de la portée de l'appel, C. pr. pén., art. 502, v. n° **19.3B**). La CRPC est alors mise en œuvre par le procureur général et son homologation par le président de la chambre des appels correctionnels ou son délégué. Cette voie est prohibée lorsque la cour est saisie de l'appel d'une CRPC (Crim. 6 juin 2023, n° 22-86.165, P, sur l'appel de l'ordonnance d'homologation d'une CRPC, v. n° **19.10H**).

• Lorsqu'une **information est encore en cours**, les parties et le ministère public peuvent solliciter le bénéfice d'une CRPC dans les conditions exposées ci-après (C. pr. pén., art. 180-1).

B. Un mode de poursuite compatible avec l'information judiciaire (C. pr. pén., art. 180-1)

Depuis L. n° 2011-1862, 13 déc. 2011, si le juge d'instruction estime que les faits constituent un délit, que la personne mise en examen reconnaît les faits et qu'elle accepte la qualification pénale retenue, il peut, à la demande ou avec l'accord du procureur de la République, du mis en examen et de la partie civile, prononcer par ordonnance le renvoi de l'affaire au procureur de la République aux fins de mise en œuvre d'une CRPC (sur les réquisitions de renvoi aux fins de CRPC dans le réquisitoire définitif, v. n° **15.36D**).

Depuis L. ° 2021-1729, 22 déc. 2021, modifiant C. pr.pén., art. 180-1, l'accord obligatoire de la partie civile est réduit au cas où le magistrat instructeur a été saisi par sa plainte avec constitution de partie civile. En cas de constitution de partie civile par voie d'intervention, la partie civile doit être mise en mesure de « *faire valoir ses observations* » mais son accord n'est pas nécessaire.

Lorsque la proposition émane du procureur de la République, les parties disposent d'un délai de 10 jours pour accepter la CRPC (L. n° 2019-222, 23 mars 2019).

Ce renvoi ne peut être envisagé que pour les majeurs et pour les infractions relevant du domaine de la CRPC (sur le domaine de la CRPC, v. n° **15.53A**).

Conformément au droit commun, la détention provisoire, l'assignation à résidence sous surveillance électronique ou le contrôle judiciaire de la personne prennent fin, sauf si ces mesures sont maintenues par le juge d'instruction.

L'ordonnance de transmission aux fins de CRPC indique qu'elle est *caduque, sauf la possibilité pour le procureur de la République, dans un délai de 15 jours, d'assigner le prévenu devant le tribunal correctionnel* (L. n° 2013-1117, 6 déc. 2013) en cas d'échec de la procédure de CRPC ou si aucune décision d'homologation n'est intervenue dans un délai de 3 mois à compter de celle-ci, ou dans un délai d'un mois lorsque la détention a été maintenue. Si le prévenu est maintenu en détention il devra être jugé dans les 2 mois de l'ordonnance de renvoi (C. pr. pén., art. 179, al. 4 et 5).

La demande ou l'accord du ministère public et des parties, qui doivent faire l'objet d'un écrit ou être mentionnés par procès-verbal, peuvent être recueillis au cours de l'information ou à l'occasion de la procédure de règlement.

« *en pratique, la demande ou l'accord du ministère public devra prendre la forme de réquisitions écrites en ce sens. L'accord ou la demande du mis en examen pourra résulter d'un courrier adressé au juge d'instruction (et signé par l'intéressé, mais non par son seul avocat) ou figurer dans un procès-verbal d'interrogatoire, d'audition ou de confrontation. C'est dans ce même écrit ou ce procès-verbal que peuvent figurer, de la part du mis en examen, à la fois sa reconnaissance des faits, son acceptation de la qualification, et son accord ou sa demande de renvoi aux fins de CRPC…/…l'accord exprimé par les parties au cours de l'information dispense le juge d'instruction de mettre en œuvre la procédure de règlement prévue par l'article 175, ce qui permet d'éviter d'attendre l'échéance des délais de quatre mois ou d'un mois et dix jours habituellement prévus pour le règlement d'information…/…rien n'interdit au procureur de la République d'indiquer dans son réquisitoire introductif – lorsqu'il ouvre une information contre personne dénommé qui a reconnu les faits lors de l'enquête – qu'il ne s'oppose pas à un renvoi aux fins de CRPC* ». Enfin, « *rien n'interdit …une disjonction de la procédure d'instruction, les mis en examen ayant accepté cette procédure étant renvoyés aux fins de CRPC, les autres étant renvoyés devant le tribunal correctionnel* » (Circ. Crim. 2012-9/E8, 20 mars 2012, NOR : JUSD1208381C, n° 2.1.2.1).

« *Le recours à la procédure de CRPC doit également être encouragé lorsqu'une peine d'emprisonnement ferme paraît adaptée pour sanctionner le comportement délictuel mais qu'au regard de la personnalité de l'auteur, un aménagement de cette peine serait envisageable. En pareille hypothèse, il appartiendra au parquet d'examiner l'opportunité de requérir l'homologation de la peine d'emprisonnement assortie de son aménagement ab initio. Le JAP en application des articles 723-2 et 723-7-1 du C. pr. pén. disposera alors de quatre mois pour fixer par ordonnance les modalités d'exécution de l'aménagement de la peine.* » (Circ. Crim. 2012-9/E8, 20 mars 2012, n° 2.2).

En cas d'accord sur la procédure de CRPC, le juge d'instruction est dispensé du formalisme de la clôture de l'instruction prévue par C. pr. pén., art. 175 et son ordonnance de règlement se borne à mentionner la qualification retenue et n'a pas à être motivée (C. pr. pén., art. 180-1 mod. par L. n° 2019-222, 23 mars 2019). « *Il n'est dès lors pas non plus nécessaire pour le ministère public de procéder à un règlement motivé* » (Circ. Crim. 2019-8/H3, 5 avr. 2019, JUSD1910288C, n° 3.3.2). Les modifications ici apportées par L. n° 2019-222, 23 mars 2019 sont jugées conformes à la Constitution (Cons. const. 21 mars 2019, n° 2019-778 DC, § 241).

Rappelons que depuis L. n° 2021-1729, 22 déc. 2021, le parquet et le prévenu peuvent également s'engager dans la voie de la CRPC après la clôture de l'information selon les précisions apportées au **A** ci-dessus (C. pr. pén., art. 495-15).

C. La notification des faits reprochés

Le législateur n'a énoncé ni la nécessité ni les formes de la notification des faits reprochés, observation cependant faite que le juge qui homologue la proposition de peine doit vérifier la qualification des faits et dès lors disposer d'un acte de poursuite qui les qualifie pénalement (C. pr. pén., art. 495-9).

Mais il ne fait pas de doute qu'en application des principes généraux rappelés à l'article préliminaire du code de procédure pénale, selon lequel la personne poursuivie a le droit d'être informée des charges retenues contre elle, le prévenu doit avoir une connaissance précise des circonstances de temps et de lieu des infractions poursuivies, de leur qualification juridique et des textes d'incrimination et de répression. Il convient donc de se référer sur ce point aux règles énoncées au n° **15.6**.

Lorsque l'orientation vers une CRPC est consécutive à un déferement devant la procureur de la République, le procès-verbal de notification des faits reprochés et d'orientation de la procédure qu'il établit en application de C. pr. pén., art. 393 (sur ce point, v. n° **15.13C2**) répond clairement aux exigences de C. pr. pén., art. préliminaire.

Par ailleurs, lorsque le recours à la CRPC résulte d'une ordonnance de renvoi du juge d'instruction, les qualifications retenues dans l'ordonnance (sur l'ordonnance de renvoi devant le procureur aux fins de CRPC, v. ci-dessus, **B**, sur les réquisitions de renvoi devant le procureur, v. n° **15.36D**), sur la base desquelles les parties ont donné leur accord à la CRPC, lieront le parquet pour l'établissement du procès-verbal de reconnaissance de culpabilité et d'acceptation de peine (sur le procès-verbal, v. ci-dessous, **F**).

Enfin, il peut être envisagé d'énoncer les faits reprochés dès l'acte de convocation devant le procureur de la République aux fins de proposition de peine, délivré par un OPJ ou un APJ ou par les services du parquet, étant observé que le législateur n'a pas imposé la présence de l'avocat à ce stade, mais seulement à partir du recueil de la reconnaissance des faits reprochés et de l'offre de peine.

D. La sauvegarde des intérêts de la victime : le devoir d'information du procureur de la République (C. pr. pén., art. 495-13)

Lorsque la victime est identifiée, elle est informée sans délai, par tout moyen, de la procédure de plaider coupable. Elle est invitée à comparaître en même temps que l'auteur des faits, accompagnée le cas échéant de son avocat, devant le juge saisi de la requête en homologation, pour « *se constituer partie civile et demander réparation de son préjudice* ».

Cette comparution peut s'avérer hasardeuse pour la victime, puisqu'au jour où il délivre l'avis, le ministère public n'a pas nécessairement l'assurance de l'acceptation de sa proposition de peine ni par conséquent de la saisine du juge de l'homologation.

Si la victime « *n'a pu exercer* » (le législateur n'a pas ici défini de motifs d'empêchement pouvant être regardés comme légitimes) son droit de se constituer partie civile devant le juge de l'homologation, le procureur de la République doit l'informer « *de son droit de lui demander de citer* » l'auteur des faits à une audience du tribunal correctionnel qui statuera sur les seuls intérêts civils, au vu du dossier de la procédure qui est versé aux débats.

Ces dispositions attribuent donc au procureur de la République la faculté, à la demande de la victime, de saisir à nouveau le tribunal, statuant cette fois en la forme ordinaire et à juge unique, pour statuer sur la seule demande de dommages-intérêts.

La décision sur l'action publique prise dans l'ordonnance d'homologation, qui a les effets d'un jugement de condamnation (C. pr. pén., art. 495-11), s'impose alors au juge saisi de l'action civile.

E. Le droit du prévenu de se taire et à l'assistance d'un avocat

Si les textes ne mentionnent pas la notification du droit de se taire lors du recueil de la reconnaissance des faits et de l'offre de peine, une telle notification est nécessairement opérée dans le cas d'un déferement en application de C. pr. pén., art. 393 (sur ce point, v. n° **15.13C2**). Dans les autres cas, cette notification s'impose désormais en application des dispositions générales de C. pr. pén., art. préliminaire, III, modifié par L. n° 2021-1729, 22 déc. 2021 qui prévoient que « *le droit de se taire sur les faits qui lui sont reprochés* » est notifié à « *toute personne poursuivie* » « *en matière de crime ou de délit* », « *avant tout recueil de ses observations et avant tout interrogatoire* », « *lors de sa première présentation devant [...], un magistrat* » et qu'« *aucune condamnation ne peut être prononcée sur le seul fondement de déclarations faites sans que ledit droit ait été notifié* ».

Que la personne ait été déférée ou convoquée devant le parquet, elle ne peut renoncer à son droit d'être assistée par un avocat, celui-ci doit pouvoir consulter sur-le-champ le dossier et s'entretenir librement avec le prévenu. L'avocat est choisi par le prévenu ou, à sa demande, par le bâtonnier de l'ordre des avocats, l'intéressé étant informé que les frais seront à sa charge sauf s'il remplit les conditions d'accès à l'aide juridictionnelle (C. pr. pén., art. 495-8).

Les déclarations par lesquelles la personne reconnaît les faits, la proposition de peine formulée par le procureur de la République, l'acceptation par la personne des peines proposées, puis son audition ultérieure par le président de la juridiction saisi pour homologuer la peine, sont obligatoirement formées en présence de l'avocat du prévenu (C. pr. pén., art. 495-8 et 495-9).

F. La constatation des formalités de la procédure par procès-verbal (C. pr. pén., art. 495-14)

À peine de nullité, il est dressé procès-verbal des formalités de la procédure : reconnaissance des faits, proposition de peine, présentation de la personne et requête au juge, diligences pour informer la victime. Il résulte de l'économie des textes que ce procès-verbal est établi par le procureur de la République, les formalités accomplies par le juge prenant quant à elle corps dans l'ordonnance d'homologation ou de refus d'homologation.

15.55 Le plaider coupable : l'offre et l'acceptation de la peine

A. Les peines qui peuvent être proposées par le procureur de la République

Depuis L. n° 2019-222, 23 mars 2019, modifiant C. pr. pén., art. 495-8, le procureur de la République peut, avant de formaliser sa proposition de peines, « *informer par tout moyen la personne ou son avocat des propositions qu'il envisage de formuler* ». Sont ainsi consacrées « *les pratiques suivies dans certaines juridictions, en vue de favoriser l'acceptation des peines proposées, permettant un échange préalable entre le parquet et la personne ou son avocat* » « *il peut être souligné que cette information préalable./... peut se faire par tout moyen, y compris directement à la personne, et peut intervenir au stade de l'enquête* » (Circ. Crim. 2019-7/H3, 5 avr. 2019, n° 1.4.4).

Après avoir recueilli la reconnaissance par le prévenu des faits reprochés, le procureur de la République peut proposer à la personne « *d'exécuter une ou plusieurs des peines principales ou complémentaires encourues* », en cohérence avec les objectifs de restauration de l'équilibre social et d'individualisation de la peine prévus aux articles 130-1 (v. n° **18.1D**) et 132-1 (v. n° **18.6A**) du code pénal (C. pr. pén., art. 495-8).

La L. n° 2019-222, 23 mars 2019, a porté de un an à **trois ans** le maximum de l'emprisonnement pouvant être proposé par le parquet, dans la **limite de la moitié de la peine encourue** (C. pr. pén., art. 495-8). Cet élargissement, qui « *permettra de recourir plus fréquemment à la procédure de CRPC, dans des dossiers d'une plus grande gravité que ceux qui pouvaient jusqu'à présent faire l'objet de cette procédure* » (Circ. Crim. 2019-7/H3, 5 avr. 2019, n° 1.4.1), a été jugé conforme à la Constitution (Cons. const. 21 mars 2019, n° 2019-778 DC, § 276).

S'agissant d'une proposition « *d'exécution* » de peine, le parquet ne semble pas pouvoir offrir une dispense ou un ajournement de peine. Hormis cette réserve, et celle relative au *quantum* de l'emprisonnement, la formulation large de l'article 495-8 paraît permettre au procureur de la République, en tenant compte de l'infraction et de la personnalité de l'auteur, d'offrir toutes les peines principales ou complémentaires décrites au titre **18**.

Si la peine proposée est un emprisonnement ferme, le procureur de la République précise s'il entend que la sanction soit mise immédiatement à exécution – cette proposition conditionne la possibilité pour le parquet de requérir ultérieurement le placement en détention si le prévenu réclame un délai de réflexion (C. pr. pén., art. 495-10) – ou que la personne soit convoquée devant le JAP qui déterminera les modalités de son exécution, notamment la semi-liberté, le placement à l'extérieur ou sous surveillance électronique.

La peine d'emprisonnement peut être assortie en tout ou partie du sursis (formulation qui ne paraît pas exclure le sursis probatoire), être aménagée *ab initio* par un placement à l'extérieur, une semi-liberté, un fractionnement ou une suspension de peine ou un placement sous surveillance électronique (sur l'invitation à recourir à la CRPC pour les dossiers d'information relevant d'une peine d'emprisonnement ferme aménagée *ab initio*, v. n° **15.54B**).

La L. n° 2019-222, 23 mars 2019, modifiant C. pr. pén., art. 495-8 permet désormais au parquet de proposer que « *la peine d'emprisonnement proposée révoquera tels ou tels sursis précédemment accordés* ».

La peine d'amende (à laquelle la minoration de 20 % pour paiement dans le mois est applicable, v. n° **18.16**, C. pr. pén., art. R. 55) peut être assortie du sursis.

Ces deux indications spéciales introduites par la loi pour le sursis à l'emprisonnement ou à l'amende peuvent *a contrario* laisser penser que le parquet ne peut proposer de sursis pour les autres sanctions : peines complémentaires, jours-amende, peines alternatives à l'emprisonnement et à l'amende (sur le domaine du sursis v. n°s 18.19 et 18.20).

Eu égard encore à la généralité des termes du premier alinéa de l'article 495-8, il semble possible au procureur de la République, dans les limites de l'emprisonnement sus-énoncées, de fixer la peine encourue en cas de violation de la peine de Tig ou de la peine alternative, dispositions introduites par la loi n° 2004-204, 9 mars 2004, art. 131-8, 131-9, 131-11 et 131-22 (v. n°s 18.28, 18.32 et 18.34).

Enfin, la L. n° 2019-222, 23 mars 2019, modifiant C. pr. pén., art. 495-8 permet désormais au parquet de proposer « *le relèvement d'une interdiction, d'une déchéance ou d'une incapacité résultant de plein droit de la condamnation* » (C. pén., art. 132-21, al. 2) ou encore « *l'exclusion de la condamnation du bulletin n° 2 ou 3 du casier judiciaire* » (C. pr. pén., art. 775-1 et 777-1).

B. L'acceptation ou le refus de la proposition de peine par le prévenu

La personne peut librement s'entretenir avec son avocat, hors la présence du procureur de la République, avant de faire connaître sa décision. Elle est avisée par le procureur de la République qu'elle peut demander à disposer d'un délai de dix jours avant de faire connaître, lors d'une nouvelle comparution devant le procureur de la République, si elle accepte ou non la ou les peines proposées.

En cas de refus de la peine, le procureur de la République entame des poursuites en la forme ordinaire (v. n° 15.57). Si la personne demande un délai de réflexion, le procureur de la République peut saisir le JLD aux fins de placement en détention ou sous contrôle judiciaire jusqu'à la nouvelle comparution (v. ci-dessous).

C. Les mesures provisoires en cas d'usage par le prévenu du délai de réflexion (C. pr. pén., art. 495-10)

Lorsque la personne demande à bénéficier de son délai de réflexion de 10 jours avant de se prononcer sur l'offre de peine, le procureur de la République peut la présenter au JLD afin qu'il ordonne son placement sous contrôle judiciaire, ou, à titre exceptionnel et si l'une des peines proposées est ⩾ 2 mois fermes et à condition que le parquet ait proposé sa mise à exécution immédiate lors de l'offre de peine, son placement en détention provisoire pour une durée > 10 et < 20 jours.

Le contrôle judiciaire ne peut être ordonné que si le délit est passible d'emprisonnement (combinaison des articles 495-10, 394 et 138 du C. pr. pén.). La détention provisoire n'est possible que si le maximum de l'emprisonnement est ⩾ 2 ans, ou ⩾ 6 mois en cas de délit flagrant (combinaison des articles 495-10, 395 et 396 du C. pr. pén.). En cas de réquisitions de placement en détention provisoire, le procureur de la République doit requérir toute personne habilitée, ou le service pénitentiaire d'insertion et de probation (Spip) afin de vérifier la situation matérielle, familiale et sociale de l'intéressé et de l'informer sur les mesures propres à favoriser son insertion sociale (C. pr. pén., art. 41).

S'agissant des CRPC issues d'une ordonnance de renvoi du juge d'instruction, la détention ou le contrôle judiciaire ordonnés par le juge d'instruction continuent de produire leur effet sous les conditions de délai prévues par C. pr. pén., art., 180-1 (v. n° 15.54B).

15.56 Le plaider coupable : la saisine du juge et l'audience d'homologation

A. La présentation immédiate de la personne au juge de l'homologation et l'obligation de statuer le jour même

Lorsque la personne « *accepte la ou les peines proposées, elle est aussitôt présentée devant le président du tribunal de grande instance* [devenu tribunal judiciaire à compter du 1er janv. 2020] *ou le juge délégué par lui, saisi par le procureur de la République d'une requête en homologation* ».

Toutefois, si la personne n'est pas détenue, le procureur peut la convoquer devant le président dans un délai n'excédant pas un mois (L. n° 2009-526, 12 mai 2009) (C. pr. pén., art. 495-9).

La loi privilégie le traitement sur-le-champ de la cause et impose au juge de « *statuer le jour même* » de l'audience (C. pr. pén., art. 495-9).

Les dispositions légales paraissent interdire au juge saisi de renvoyer la cause à une date ultérieure. Si les nécessités de l'administration de la justice l'imposent ou si celles de permettre à la victime et à son avocat de comparaître ou de se mettre en état lui paraissent justifier un renvoi, seule la voie du refus d'homologation paraît ouverte au juge, particulièrement dans le cas où une peine d'emprisonnement à exécution immédiate a été acceptée : aucune mesure provisoire n'est en effet prévue jusqu'à la date de renvoi, et le procureur de la République serait ainsi privé de la faculté qui lui est offerte, par le recours à l'ouverture d'une information ou à la comparution immédiate en cas d'échec du plaider coupable, de requérir une mesure de sûreté.

B. La nature des débats devant le juge de l'homologation

Les textes ne consacrent pas l'existence de débats comme en audience ordinaire, et la procédure a précisément pour objet d'éviter le débat sur la culpabilité et la peine. Mais l'affaire est examinée en audience publique, où la présence du ministère public n'est pas obligatoire (L. n° 2005-847, 26 juill. 2005), au cours de laquelle le juge – qui garde la faculté de ne pas homologuer l'accord – vérifie la « *réalité des faits et leur qualification juridique* » (C. pr. pén., art. 495-9), et « *entend la personne et son avocat* » (C. pr. pén., art. 495-9).

Si les textes ne mentionnent pas la notification du droit de se taire lors de l'audience d'homologation, cette notification s'impose désormais en application des dispositions générales de C. pr. pén., art. préliminaire, III, modifié par L. n° 2021-1729, 22 déc. 2021 qui prévoient que « *le droit de se taire sur les faits qui lui sont reprochés* » est notifié à « *toute personne poursuivie* » « *en matière de crime ou de délit* », « *avant tout recueil de ses observations et avant tout interrogatoire* », « *lors de sa première présentation devant [...], un magistrat ou juridiction* » et qu'« *aucune condamnation ne peut être prononcée sur le seul fondement de déclarations faites sans que ledit droit ait été notifié* ».

La victime avisée peut comparaître devant le juge, en même temps que l'auteur des faits, pour « *se constituer partie civile et demander réparation de son préjudice* » (C. pr. pén., art. 495-10).

L'audience peut conduire à d'éventuels incidents : demande de huis clos (C. pr. pén., art. 400, v. n° 17.11), exception d'incompétence relevée par la partie civile, exception d'irrecevabilité de la constitution de partie civile (C. pr. pén., art. 423), etc. que le juge ne pourra régler – sauf textes contraires – qu'en vertu des dispositions applicables à l'audience correctionnelle, qui présentent en l'espèce un caractère supplétif.

15.57 Le plaider coupable : l'ordonnance statuant sur la requête et les intérêts civils, l'échec de la mesure

A. La décision d'homologation ou de refus d'homologation : l'office du juge et les voies de recours

1. L'office du juge saisi de la demande d'homologation

Après avoir vérifié la réalité des faits et leur qualification juridique, le juge peut décider, par ordonnance motivée lue en audience publique, d'homologuer les peines proposées par le parquet (C. pr. pén., art. 495-9), ou de rendre une ordonnance de refus d'homologation (C. pr. pén., art. 495-12). Il doit statuer le jour même des débats et ne peut donc mettre l'affaire en délibéré à une autre date (C. pr. pén., art. 495-9).

L'ordonnance est motivée, d'une part, par les constatations que la personne, en présence de son avocat, reconnaît les faits et accepte la ou les peines proposées, d'autre part, que la peine est justifiée au regard des circonstances de l'infraction et de la personnalité de l'auteur (C. pr. pén., art. 495-11).

Le principe de l'homologation, qui consiste à adopter ou à refuser d'adopter les termes d'un acte établi par les parties hors l'office du juge, interdit à ce dernier de n'homologuer qu'en partie la peine ou ses modalités proposées.

Le Cons. const., à l'occasion de l'examen de la conformité à la Constitution de la loi nº 2004-204, 9 mars 2004, créant la CRPC, puis de la loi nº 2011-1862, 13 déc. 2011, étendant cette procédure aux dossiers d'instruction, a considéré que cette voie de poursuite ne portait pas atteinte au principe de séparation des autorités chargées de l'action publique et des autorités de jugement. Dans chacune de ses décisions, il a toutefois précisé, dans une réserve d'interprétation, l'office du juge saisi de la requête en homologation : « *qu'il lui appartient à cet effet de vérifier la qualification juridique des faits et de s'interroger sur la justification de la peine au regard des circonstances de l'infraction et de la personnalité de son auteur ; qu'il peut refuser l'homologation s'il estime que la nature des faits, la personnalité de l'intéressé, la situation de la victime ou les intérêts de la société justifient une audience correctionnelle ordinaire ; .../... le président du tribunal de grande instance* [devenu tribunal judiciaire à compter du 1er janv. 2020] *peut également refuser d'homologuer la peine proposée si les déclarations de la victime apportent un éclairage nouveau sur les conditions dans lesquelles l'infraction a été commise ou sur la personnalité de son auteur* » (Cons. const. 2 mars 2004, n 2004-492 DC, § 107 et 8 déc. 2011, nº 2011-641 DC, § 16).

Ces réserves d'interprétation ont été consacrées par L. nº 2019-222, 23 mars 2019, créant C. pr. pén., art. 495-11-1 qui prévoit que « *le président peut refuser l'homologation s'il estime que la nature des faits, la personnalité de l'intéressé, la situation de la victime ou les intérêts de la société justifient une audience correctionnelle ordinaire ou lorsque les déclarations de la victime entendue .../... apportent un éclairage nouveau sur les conditions dans lesquelles l'infraction a été commise ou sur la personnalité de son auteur* ».

Dans la continuité des réserves exprimées par le Cons. const., il est jugé que « *le principe de séparation des autorités de poursuite et de jugement commande que le président du tribunal judiciaire ou son délégué exerce, lors de l'audience d'homologation de la peine proposée, son plein office de juge du fond* » (§ 4), « *dès lors, les motifs énumérés par* » C. pr. pén., art. 495-9, 495-11 et 495-11-1 « *ne sauraient limiter son pouvoir d'appréciation* » (§ 5) (Crim. 30 mars 2021, nº 20-86.358, P).

2. Les recours contre l'ordonnance d'homologation ou de refus d'homologation

• **L'appel contre l'ordonnance d'homologation.** L'ordonnance d'homologation peut faire l'objet d'un **appel** par le condamné et d'un appel incident du parquet. À défaut, elle a les effets d'un jugement passé en force de chose jugée (C. pr. pén., art. 495-11 et 520-1). La cour d'appel évoque le fond et peut aggraver le sort de l'appelant si le parquet a fait un appel incident (C. pr. pén., art. 520-1) (sur le pouvoir d'évocation de la cour d'appel, v. nos **19.9** et **19.10** ; sur la prohibition de la *reformatio in pejus*, v. nº **19.3B3**).

• **Le pourvoi en cassation contre l'ordonnance de refus d'homologation.** « *Aucun texte n'envisageant la possibilité d'un recours contre l'ordonnance de refus d'homologation des peines proposées par le procureur de la République dans le cadre d'une procédure de CRPC, un pourvoi en cassation contre une telle décision n'est possible que si son examen fait apparaître un risque d'excès de pouvoir relevant du contrôle de la C. cass.* » (§ 3) (Crim. 30 mars 2021, nº 20-86.358, P ; dans le même sens : Crim. 17 mai 2022, nº 21-86.131, P, Crim. 1er sept. 2020, nº 19-83.658 (§ 4), D). Ne commet aucun excès de pouvoir le juge qui refuse d'homologuer une CRPC concernant un mis en examen, au motif que « *la procédure de CRPC n'est pas adaptée [...], les deux autres mis en examen ayant refusé une telle procédure* » (§ 6), ce qui « *permettra au tribunal, éventuellement saisi de l'affaire, de statuer en cohérence sur le rôle de chacun des trois mis en examen, dans leur connaissance des faits reprochés* » (§ 7) (Crim. 30 mars 2021, nº 20-86.358). De même, « *ne constitue pas un excès de pouvoir le fait pour le juge [...] de s'abstenir de motiver la décision de refus d'homologation* » (Crim. 1er sept. 2020, nº 19-83.658 (§ 5)). Enfin, ne commet pas davantage un excès de pouvoir le juge qui refuse d'homologuer une peine de nouveau proposée à la suite d'un précédent refus d'homologation (Crim. 17 mai 2022, n° 21-86.131, P, v. D ci-dessous).

Constatant qu'au terme d'une jurisprudence constante (v. ci-dessus Crim. 30 mars 2021, n° 20-86.358, P et sur la voie du pourvoi en cas d'excès de pouvoir, v. n° 19.16C) le pourvoi en cassation est possible contre une ordonnance de refus d'homologation en cas d'excès de pouvoir (§ 6), que la personne ne dispose pas d'un droit à être jugé selon cette procédure ni d'un droit à l'homologation (§ 7), il est considéré que « *l'absence de voie de recours permettant de remettre en cause la décision de refus d'homologation ne méconnaît pas le droit à un recours juridictionnel effectif* » (§ 8) (Cons. const. 18 juin 2021, n° 2021-918 QPC).

B. La décision sur les intérêts civils (C. pr. pén., art. 495-13)

Le juge statue par ordonnance sur la demande présentée par la partie civile, même dans le cas où elle n'a pas comparu mais a, conformément C. pr. pén., art. 420-1, formulé sa demande par LRAR ou par télécopie parvenue au tribunal 24 h au moins avant la date d'audience, ou si, avec l'accord du procureur de la République, elle a formé sa demande au stade de l'enquête devant un OPJ ou APJ.

Par application des dispositions de droit commun, le tribunal a charge d'apprécier la recevabilité de la constitution de partie civile et, le cas échéant, de la déclarer irrecevable (C. pr. pén., art. 423).

La partie civile peut faire appel de l'ordonnance.

Si l'exécution provisoire est de droit sur l'action publique (v. C. pr. pén., art. 495-11), ce qui s'explique par le fait que le prévenu et le procureur de la République se sont entendus sur la culpabilité et la sanction, il ne paraît pas en être de même pour les intérêts civils. Sauf la faculté pour le juge de l'homologation – si l'on considère que les règles du jugement correctionnel s'appliquent ici sauf prescriptions contraires – de faire usage de C. pr. pén., art. 464.

C. L'exécution immédiate de la peine homologuée (C. pr. pén., art. 495-11)

La décision a les effets d'un jugement de condamnation et, à défaut d'appel dans le délai de 10 jours, d'un jugement passé en force de chose jugée.

Elle est de droit immédiatement exécutoire, aussi bien pour les peines principales que pour les peines complémentaires.

Le parquet peut donc procéder sur-le-champ aux mesures d'exécution de certaines peines telle la suspension du permis de conduire.

Si la sanction est une peine d'emprisonnement ferme, la personne est, selon les modalités homologuées, soit incarcérée immédiatement, soit convoquée devant le JAP, à qui l'ordonnance est transmise sans délai.

La minoration de 20 % pour paiement de l'amende dans le mois de la décision est applicable (v. n° 18.16) (C. pr. pén., art. R. 55, al. 1 3°).

L'homologation rend caduque la saisine du tribunal par COPJ que le parquet aura le cas échéant simultanément fait délivrer (C. pr. pén., art. 495-15-1, L. n° 2009-526, 12 mai 2009).

D. Les conséquences du refus de la peine proposée ou du refus d'homologation (C. pr. pén., art. 495-12)

Lorsque la personne refuse la peine proposée ou si le juge rend une ordonnance de refus d'homologation, le procureur de la République saisit, sauf élément nouveau, le tribunal correctionnel soit par la comparution volontaire du prévenu, soit par la citation, soit par une convocation par procès-verbal (qui peut être délivrée par un greffier, C. pr. pén., art. 390-1) (C. pr. pén., art. 495-12).

S'il a simultanément saisi le tribunal par la délivrance d'une COPJ, celle-ci suivra son cours (C. pr. pén., art. 495-15-1, L. n° 2009-526, 12 mai 2009).

De la même manière, en cas d'ordonnance de renvoi du juge d'instruction au procureur de la République aux fins de CRPC, le procureur de la République peut, tout en mettant en œuvre la procédure, assigner le prévenu devant le tribunal correctionnel. Cette assignation est caduque si une ordonnance d'homologation intervient avant l'expiration des délais de 3 mois ou 1 mois précités (C. pr. pén., art. 180-1).

Si la personne avait été déférée devant lui, le procureur de la République peut la retenir jusqu'à sa comparution qui doit avoir lieu le jour même, soit devant le tribunal correctionnel saisi par la voie de la comparution immédiate, soit devant le juge d'instruction.

Si la réunion du tribunal n'est pas possible le jour même, la personne pourra être présentée devant le JLD aux fins de placement en détention provisoire selon les conditions fixées par l'article 396 du code de procédure pénale.

Ces dispositions sont applicables même si la personne a préalablement été placée en détention durant son délai de réflexion avant sa nouvelle comparution devant le procureur de la République (v. ci-dessus).

Le procès-verbal témoignant de la réalisation d'une procédure de CRPC **infructueuse** ne peut être transmis à la juridiction d'instruction ou de jugement et ni le ministère public ni les parties ne peuvent faire état devant elle des déclarations faites ou des documents remis au cours de la procédure (C. pr. pén., art. 495-14). Si aucun grief ne résulte du fait qu'ait été joint au dossier le procès-verbal de la CRPC, les juges « *ne s'étant pas fondés sur cette pièce pour asseoir en tout ou en partie leur conviction sur la culpabilité* » (Crim. 30 nov. 2010, nº 10-80.460, P nº 190), tel n'est pas le cas lorsque la condamnation se fonde sur la reconnaissance des faits effectuée par le prévenu lors de son audition par le procureur de la République (Crim. 17 sept 2018, nº 08-80.858, P nº 192).

Il en est autrement lorsque le prévenu a interjeté appel de la CRPC acceptée et homologuée ; la cour d'appel est alors fondée à faire état de ces pièces (Crim. 16 avr. 2019, nº 18-83.059, P).

« *Il se déduit de C. pr. pén., art. 495-12, interprété à la lumière des travaux parlementaires relatifs aux lois nº 2004-204 du 9 mars 2004 et nº 2018-898 du 23 oct. 2018, qu'une nouvelle proposition de peine ne saurait autoriser, après un refus d'homologation, la mise en œuvre d'une autre CRPC* » (§ 6), « *Ainsi, en déclarant irrecevable la seconde requête en homologation au motif que la première proposition de peine avait fait l'objet d'un refus d'homologation, le juge délégué n'a pas excédé ses pouvoirs* » (Crim. 17 mai 2022, nº 21-86.131, P).

15.58 La convention judiciaire d'intérêt public (CJIP) (C. pr. pén., art. 41-1-2) – La phase de proposition et d'acceptation de la convention

Cette modalité de réponse pénale alternative à l'exercice de l'action publique, d'abord limitée aux infractions de corruption et de fraude fiscale, a été introduite au C. pr. pén., art. 41-1-2 et 180-2 par L. nº 2016-1691, 9 déc. 2016, art. 22, et au C. pr. pén., art. R. 15-33-60-1, par D. nº 2017-660, 27 avr. 2017, pour certaines infractions de corruption. Saisi par les parlementaires sur d'autres articles de L. nº 2016-1691, 9 déc. 2016, le Cons. const. n'a soulevé d'office aucune autre question de conformité à la Constitution et ne s'est donc pas prononcé sur la constitutionnalité du dispositif de la CJIP créé par l'article 22 de cette loi (Cons. const. 8 déc. 2016, nº 2016-741 DC, 8 déc. 2016, § 149).

La CJIP a été étendue aux délits prévus par le code de l'environnement par L. nº 2020-1672, 24 déc. 2020 (C. pr. pén., art. 41-1-3, v. nº **15.60**).

A. Le domaine de la CJIP

Cette orientation pénale est réservée aux seules **personnes morales**, pour les délits suivants :

– corruption ou trafic d'influence actifs commis par un particulier (C. pén., art. 433-1 et 433-2, v. nº **23.41** et **23.42**) ;

– corruption ou trafic d'influence actifs concernant des États étrangers, des organisations internationales publiques ou des fonctions juridictionnelles étrangères ou une cour internationale (C. pén., art. 435-3, 435-4, 435-9 et 435-10) ;

– corruption active et passive des personnes n'exerçant pas une fonction publique (C. pén., art. 445-1, 445-1-1, 445-2 et 445-2-1, v. n° 23.43) ;

– corruption ou trafic d'influence des autorités judiciaires (C. pén., art. 434-9 avant dernier al. et 434-9-1 2e al., v. n° 23.38 et 23.39) ;

– blanchiment des infractions qui précèdent (disposition ajoutée par L. n° 2020-1672, 24 déc. 2020) ;

– faits de fraude fiscale prévus au CGI, art. 1741 et 1743 (v. n° 33.34 et 33.35) et leur blanchiment, (v. n° 22.49), depuis L. n° 2018-898, 23 oct. 2018. Avant cette loi, la CJIP n'était applicable qu'aux faits de blanchiment de fraude fiscale prévus au CGI, art. 1741 et 1743 ;

– infractions connexes à celles qui précèdent, sauf, jusqu'à la L. n° 2018-898, 23 oct. 2018, les infractions connexes aux faits de fraude fiscale prévus par CGI, art. 1741 et 1743 (v. n° 33.34 et 33.35).

– sous le même régime procédural, une CJIP peut également être conclue en matière d'atteintes à l'environnement, elle comporte alors des obligations propres à la matière et à la nature du préjudice, exposées au n° 15.60 (C. pr. pén., art. 41-1-3 issu L. n° 2020-1672, 24 déc. 2020).

B. Le déclenchement de la mesure par le parquet

Le Procureur de la République a seul l'initiative et la responsabilité de la mise en œuvre de cette mesure, le cas échéant à la demande du juge d'instruction, « *à la demande ou avec l'accord du procureur de la République* » (C. pr. pén., art. 180-2 et 180-3). Dans ce dernier cas, le juge d'instruction « *prononce, par ordonnance, la transmission de la procédure au procureur de la République aux fins de mise en œuvre* » de la CJIP (*ibid*).

Toutefois, il ne peut s'engager dans cette voie que « *Tant que l'action publique n'a pas été mise en mouvement* ». L'action publique exercée par la partie lésée (C. pr. pén., art. 1) semble donc faire obstacle à la mesure tant que son exécution n'est pas constatée.

C. La reconnaissance des faits qualifiés par le parquet et l'acceptation de la proposition de convention

La reconnaissance des faits n'est pas formellement requise par les textes. La L. n° 2020-1672, 24 déc. 2020 a en effet supprimé les dispositions (C. pr. pén., art. 180-2) qui prévoyaient que le juge d'instruction ne pouvait transmettre la procédure au parquet aux fins de mise en œuvre d'une CJIP que si « *la personne morale mise en examen reconnaît les faits et qu'elle accepte la qualification pénale retenue* ».

La CJIP repose en tout cas sur l'acceptation de l'exposé précis des faits et de leur qualification pénale figurant dans la proposition de convention (C. pr. pén., art. R. 15-33-60-2).

La proposition de convention est envoyée aux représentants de la personne morale mise en cause par LRAR. Elle indique la possibilité de se faire assister d'un avocat et le délai laissé pour l'acceptation de la convention (C. pr. pén., R. 15-33-60-2). Elle comporte non seulement un exposé précis des faits et de leur qualification juridique, mais aussi la nature et le quantum des obligations, le montant maximum des frais exposés pour le recours par l'Agence française anticorruption (AFA) aux personnes qualifiées chargées de contrôler la mise en conformité, le montant et les modalités de réparation des dommages causés par l'infraction, le délai d'acceptation ou de refus de la proposition.

L'acceptation est formée par courrier signé des représentants légaux ou par déclaration faite devant le procureur qui en dresse procès-verbal (C. pr. pén., art. R. 15-33-60-2).

D. Les sanctions ou mesures pouvant être proposées par le parquet dans la convention

1. L'amende d'intérêt public.

Le versement d'une « *amende d'intérêt public* » au Trésor public peut être proposé. Son montant est proportionné aux avantages tirés des manquements constatés. Il ne peut être supérieur à 30 % du chiffre d'affaires annuel moyen des trois dernières années à la date du constat des manquements.

Le procureur peut proposer un échéancier de paiement n'excédant pas un an.

2. Le programme de mise en conformité (compliance)

La convention peut prévoir la soumission de la personne morale, sur une période n'excédant pas trois ans, à un **programme de mise en conformité** comportant, dans le but de maîtriser les risques de corruption, la mise en œuvre d'un code de conduite, d'un dispositif d'alerte interne, d'une cartographie des risques, d'une évaluation de la situation des clients ou fournisseurs au regard des risques, de procédures de contrôle comptable, d'un dispositif de formation et d'un régime disciplinaire.

3. La réparation du dommage et les droits de la victime

La CJIP prévoit le montant et les modalités de la réparation des dommages causés par l'infraction dans un délai qui ne peut être supérieur à un an.

Le procureur informe la victime par tout moyen de sa décision de proposer une CJIP et lui fixe un délai pour lui transmettre tous éléments pour établir le préjudice (C. pr. pén., art. R. 15-33-60-1).

15.59 La convention judiciaire d'intérêt public (CJIP) (C. pr. pén., art. 41-1-2) – La phase de validation et d'exécution de la convention

A. La validation de la convention par le juge

1. La requête en validation de la convention

Le procureur « *saisit par requête le président du tribunal de grande instance* [devenu tribunal judiciaire à compter du 1er janv. 2020] *aux fins de validation* » de la CJIP. Cette « *requête contient un exposé précis des faits ainsi que la qualification juridique susceptible de leur être appliquée* ».

Le parquet y joint la proposition de convention acceptée par la personne morale ainsi que la procédure d'enquête ou d'instruction (C. pr. pén., art. R. 15-33-60-3).

La requête en validation est notifiée par LRAR aux représentants légaux de la personne morale ainsi qu'à la victime. Dans les mêmes formes, ces personnes sont avisées de la date de l'audience de validation où elles sont invitées à comparaître, le cas échéant assistée de leur avocat (C. pr. pén., art. R. 15-33-60-3).

2. L'audience de validation

Le président procède à l'audition, en audience publique, de la personne morale et de la victime assistées, le cas échéant, de leur avocat.

À l'issue de cette audition, le président prend la décision de valider ou de refuser la proposition de convention, il n'a pas le pouvoir de modifier les mesures proposées.

Il n'y a pas d'obligation expresse de motivation de l'ordonnance de validation, mais le président doit vérifier le bien-fondé du recours à cette procédure, la régularité de son déroulement, la conformité du montant de l'amende aux limites prévues, et la proportionnalité des mesures aux avantages tirés des manquements (C. pr. pén., art. 41-1-2).

Dans tous les cas, « *l'ordonnance de validation n'emporte pas déclaration de culpabilité* ».

3. L'ordonnance de validation

La décision, qui est immédiatement notifiée à la personne morale (C. pr. pén., art. R. 15-33-60-4), est accompagnée d'un document d'information (R. 15-33-60-5). Elle est aussi immédiatement notifiée à la victime comparante ou par tout moyen (C. pr. pén., art. R. 15-33-60-4).

Elle n'est pas susceptible de recours mais la personne morale dispose d'un délai de dix jours pour exercer son droit de rétractation, dont elle est informée dans l'ordonnance (C. pr. pén., art. R. 15-33-60-5).

En cas de rétractation, laquelle doit être notifiée par LRAR au procureur de la République, la convention devient caduque et le procureur met en mouvement l'action publique.

B. Les effets de la convention validée : la mise en œuvre des obligations

Si la personne morale n'a pas exercé son droit de rétractation dans les dix jours, les obligations que la convention comporte sont mises à exécution.

Ces dernières ne peuvent toutefois faire l'objet d'une mesure d'exécution forcée car l'ordonnance de validation n'a ni la nature ni les effets d'un jugement de condamnation.

1. La publicité de la sanction

La CJIP fait l'objet d'un communiqué de presse du procureur de la République. L'ordonnance de validation, le montant de l'amende d'intérêt public et la convention sont publiés sur ~~« le site internet de l'Agence française anticorruption~~ » « les sites internet des ministères de la justice et du budget » (réd. issue L. n° 2020-1672, 24 déc. 2020).

2. Le paiement de l'amende

Le paiement de l'amende d'intérêt public s'effectue exclusivement par chèque certifié entre les mains d'un comptable de la DGFIP.

Le comptable public transmet au procureur le justificatif du ou des paiements de l'amende d'intérêt public (C. pr. pén., art. R. 15-33-60-6).

Si l'exécution de la CJIP est interrompue, le procureur en avise le comptable public et les sommes déjà payées au titre de l'amende d'intérêt public sont restituées à la personne morale (C. pr. pén., art. R. 15-33-60-10).

3. L'exécution du programme de conformité et son contrôle par l'Agence française anticorruption (AFA)

Le contrôle de la mise en œuvre du programme de conformité est confié à l'AFA à laquelle le procureur communique l'ordonnance de validation et la CGIP (C. pr. pén., art. R. 15-33-60-7).

L'AFA, qui se substitue au Service central de prévention de la corruption (SCPC), est un service à compétence nationale, placé auprès du ministre de la justice et du ministre chargé du budget, ayant pour mission d'aider les autorités compétentes et les personnes qui y sont confrontées à prévenir et à détecter les faits de corruption, de trafic d'influence, de concussion, de prise illégale d'intérêt, de détournement de fonds publics et de favoritisme. Son organisation ainsi que ses missions de conseil et d'assistance et de contrôle sont définies par L. n° 2016-1691, 9 déc. 2016, art. 2 à 5, et D. n° 2017-329, 14 mars 2017.

L'AFA peut se faire assister d'experts et de personnes qualifiées. Leur coût est supporté par la personne morale dans la limite d'un plafond fixé par la CJIP. Ces sommes ne sont pas restituables à la personne morale en cas d'interruption de l'exécution de la CJIP.

L'AFA rend compte au procureur de la République, à sa demande ou au moins annuellement, de la mise en œuvre du programme de conformité. Elle l'informe de toute difficulté et lui communique un rapport de fin de mesure (C. pr. pén., art. R. 15-33-60-7).

4. La réparation du dommage

La personne morale communique au procureur les éléments justifiant de l'exécution de ses obligations de réparation du préjudice (C. pr. pén., art. R. 15-33-60-8).

Le procureur avise la victime de l'extinction de l'action publique lorsque la CJIP a été intégralement exécutée (C. pr. pén., art. R. 15-33-60-9). Il l'avise par tout moyen de l'interruption de la CJIP en cas d'inexécution (C. pr. pén., art. R. 15-33-60-10).

La victime peut recouvrer par la voie de l'injonction de payer les dommages-intérêts prévus par la CJIP (C. pr. pén., art. 41-1-2).

L'exécution de la CJIP ne fait pas échec au droit de la personne lésée, à l'exception de l'État, de saisir la juridiction civile (C. pr. pén., art. 41-1-2).

Sont rejetées pour défaut manifeste de fondement les requêtes qui soutiennent que la procédure de CJIP privent les victimes de l'accès à un tribunal (CEDH, 30 mars 2023, req. n° 29854/22 et 29863/22, *F. Ruffin et association Fakir c/ France*).

5. Le paiement des frais de justice (C. pr. pén., art. 800-1)

Par l'effet de la loi et sans que cette obligation n'ait à figurer dans la CJIP validée, les frais de justice sont à la charge de la personne morale qui a conclu une CJIP (C. pr. pén., art. 800-1 mod. issue L. n° 2020-1672, 24 déc. 2020) (sur la charge des frais de justice, v. n° **18.16C2**).

C. Les conséquences de l'échec ou de l'inexécution de la mesure

Si le président ne valide pas la proposition de convention, si la personne morale mise en cause exerce son droit de rétractation dans les dix jours, ou si elle ne justifie pas de l'exécution intégrale des obligations prévues, le procureur met en mouvement l'action publique, sauf élément nouveau.

Le procureur constate l'interruption de l'exécution (C. pr. pén., art. ; R. 15-33-60-10).

À peine de nullité, le procureur notifie (par LRAR, C. pr. pén., art. R. 15-33-60-10) à la personne morale l'interruption de l'exécution de la convention lorsque cette personne ne justifie pas de l'exécution intégrale des obligations prévues.

Cette décision d'interruption prend effet immédiatement, elle entraîne de plein droit la restitution de l'amende d'intérêt public, mais n'entraîne pas restitution des frais de recours à des personnes qualifiées exposés par l'AFA pour l'exercice de sa mission de contrôle du programme de mise en conformité.

Dans le cas où la procédure faisait l'objet d'une information, le procureur transmet la procédure au juge d'instruction aux fins de reprise de l'information.

Le dossier de la procédure de CJIP est transmis à la juridiction saisie afin qu'il puisse être tenu compte de l'exécution partielle des obligations (C. pr. pén., art. R. 15-33-60-10). Mais le procureur ne peut faire état devant la juridiction d'instruction ou de jugement « *des déclarations faites ou des documents remis par la personne morale* » au cours de la procédure de CJIP.

D. Les effets de la mesure sur l'action publique, le casier judiciaire et la récidive

La prescription de l'action publique est suspendue durant l'exécution de la convention (sur la prescription, v. n^os^ **17.18** s.).

L'instruction est suspendue en ce qu'elle concerne la personne morale faisant l'objet de la procédure de CJIP.

L'exécution des obligations prévues par la convention éteint l'action publique.

Le procureur avise la personne morale et les victimes de l'extinction de l'action publique, ainsi que le juge d'instruction si la mesure a été prise dans le cadre d'une information (C. pr. pén., art. R. 15-33-60-9).

La CJIP n'est pas inscrite au bulletin n° 1 du casier judiciaire et ne produit aucun effet au regard de la récidive puisque l'ordonnance de validation n'a ni la nature ni les effets d'un jugement de condamnation.

15.60 La CJIP en matière d'atteintes à l'environnement (C. pr. pén., art. 41-1-3, L. nº 2020-1672, 24 déc. 2020).

La L. nº 2020-1672, 24 déc. 2020 a étendu le dispositif de la CJIP à la « *personne morale mise en cause pour un ou plusieurs délits prévus par le code de l'environnement ainsi que pour des infractions connexes, à l'exclusion des crimes et délits contre les personnes prévus au livre II du code pénal* » (C. pr. pén., art. 41-1-3).

La procédure applicable est celle de la CJIP en matière de corruption et de fraude fiscale prévue par C. pr. pén., art. 41-1-2 et ses textes d'application, exposée aux nºs 15.58 et 15.59.

Le montant de l'amende d'intérêt public est fixé selon les mêmes conditions.

Les obligations de la convention consistent pour la personne morale à « *régulariser sa situation au regard de la loi ou des règlements dans le cadre d'un programme de mise en conformité d'une durée maximale de trois ans, sous le contrôle des services compétents du ministère chargé de l'environnement* » « *et des services de l'Office français de la biodiversité* » (mod. issue L. nº 2021-1104, 22 août 2021) et à « *assurer, dans un délai maximal de trois ans et sous le contrôle des mêmes services, la réparation du préjudice écologique résultant des infractions commises* » (sur la notion de préjudice écologique, v. C. civ., art. 1247 et jurisprudence citée à l'orienteur du nº 31.1).

« *Dans le cadre des négociations avec la personne morale, le ministère public veillera à consulter les services compétents du ministère chargés de l'environnement sur l'opportunité et, le cas échéant, sur les modalités de la mise en conformité ou de la réparation du préjudice écologique envisagées, dont le contrôle incombera à ces mêmes services* » (Circ. Crim. 2021-02/G3, 11 mai 2021, NOR : JUSD2114982C).

Les frais de contrôle de ces obligations sont supportés par la personne morale dans la limite d'un plafond prévu par la convention, sans préjudice des frais de justice, qui sont à la charge de la personne morale (C. pr. pén., art. 800-1 mod. issue L. nº 2020-1672, 24 déc. 2020) (sur la charge des frais de justice, v. nº 18.16C2).

« *Lorsque la victime est identifiée, sauf si la personne morale mise en cause justifie de la réparation de son préjudice, la convention prévoit également le montant et les modalités de la réparation des dommages causés par l'infraction dans un délai qui ne peut être supérieur à un an.* »

Enfin, « *L'ordonnance de validation, le montant de l'amende d'intérêt public et la convention sont publiés sur les sites internet du ministère de la justice, du ministère chargé de l'environnement et de la commune sur le territoire de laquelle l'infraction a été commise ou, à défaut, de l'établissement public de coopération intercommunale auquel la commune appartient* ».

16. Les droits de la victime

16.1 La prise en compte des droits et des intérêts de la victime dans le déroulement de la procédure pénale

A. Les principes

1. Le droit européen

La convention européenne relative au **dédommagement des victimes d'infractions violentes**, 24 nov. 1983, entrée en vigueur en France le 1er juin 1990, s'agissant des victimes ayant subi de « *graves atteintes au corps ou à la santé résultant directement d'une infraction intentionnelle de violence* » ou des personnes « *qui étaient à la charge de la personne décédée à la suite d'une telle infraction* », instaure à la charge de l'État une obligation d'indemnisation et des « *mesures appropriées afin que des informations concernant le régime de dédommagement soient mises à la disposition de requérants potentiels* » (art. 2 et 11).

La recommandation du Conseil de l'Europe n° R (85) 11 du 28 juin 1985, sur la **position de la victime dans le cadre du droit pénal et de la procédure pénale**, recommande aux États membres d'adapter leur droit et leur pratique en vue de prendre en considération les besoins et les intérêts de la victime à toutes les phases du processus de justice pénale.

L'assistance aux victimes d'infractions a fait l'objet de la recommandation R(2006)8 du Comité des Ministres aux États membres, adoptée le 14 juin 2006.

La **directive européenne 2012/29/UE, 22 oct. 2012**, établissant des normes minimales concernant les droits, le soutien et la protection des victimes, a été transposée par L. n° 2015-993, 17 août 2015, portant adaptation de la procédure pénale au droit de l'Union européenne. Notons que « *les États membres s'assurent que des mesures sont mises en place pour protéger la victime et les membres de sa famille d'une victimisation secondaire et répétée, d'intimidations et de représailles, y compris contre le risque d'un préjudice émotionnel ou psychologique, et pour protéger la dignité de la victime pendant son audition et son témoignage* » (art. 18).

« *l'obligation positive qui incombe à l'État en vertu des articles 3 et 8 de la Convention de protéger l'intégrité physique de l'individu, même contre les agissements des particuliers* » (§ 94) implique « *une prise en charge adéquate de la victime durant la procédure pénale, ceci dans le but de la protéger d'une victimisation secondaire* » (§ 95), « *s'agissant des conflits qui peuvent opposer les intérêts de la défense et ceux des témoins dans le cadre d'une procédure pénale, celle-ci devait se dérouler de manière à ne pas mettre indûment en péril la vie, la liberté ou la sécurité des témoins, et en particulier celles des victimes appelées à déposer* » (CEDH 9 févr. 2021, n° 40591/11, *N. Ç. c/ Turquie*). De même, « *Pour apprécier si un accusé a bénéficié ou non d'un procès équitable [...], il faut tenir compte du droit de la victime présumée au respect de sa vie privée. Par conséquent, la Cour admet que dans le cadre de procédures pénales se rapportant à des violences sexuelles, certaines mesures soient prises aux fins de protéger la victime, pourvu que ces mesures puissent être conciliées avec un exercice adéquat et effectif des droits de la défense* » (§ 35) (CEDH 14 mai 2020, n° 78085/12, *Papadoupolous c/ Grèce*). « *Les intérêts de la défense doivent donc être mis en balance avec ceux des témoins ou des victimes appelés à déposer (Doorson c/ Pays-Bas, 26 mars 1996, § 70)* » (cité par CEDH 27 mai 2021, n° 5671/16, *J.L. c/ Italie*, § 119).

S'agissant plus particulièrement des violences sexuelles, « *les poursuites et les sanctions pénales jouent un rôle crucial dans la réponse institutionnelle à la violence fondée sur le genre et dans la lutte contre l'inégalité entre les sexes. Il est dès lors essentiel que les autorités judiciaires évitent de reproduire des stéréotypes sexistes dans les décisions de justice, de minimiser les violences contre le genre et d'exposer les femmes à une victimisation secondaire en utilisant des propos culpabilisants et moralisateurs propres à décourager la confiance des victimes dans la justice* » (CEDH 27 mai 2021, n° 5671/16, *J.L. c/ Italie*, § 141).

Sous l'angle de la prohibition des traitements inhumains ou dégradants (Conv. EDH, art. 3), les autorités ont l'« *obligation de mener une enquête effective sur les allégations par lesquelles une victime de viol particulièrement vulnérable soutenait avoir reçu des menaces de mort* » (§ 100) (CEDH, 8 sept. 2022, n° 35898/16, *J.J. c/ Croatie*).

2. Le droit interne

« *L'autorité judiciaire veille à l'information et à la garantie des droits des victimes au cours de la procédure pénale.* » (C. pr. pén., art. liminaire II).

« *Dans le cadre de ses attributions de direction de la police judiciaire, le procureur de la République .../...veille à ce que les investigations tendent à la manifestation de la vérité et qu'elles soient accomplies à charge et à décharge, dans le respect des droits de la victime, du plaignant et de la personne suspectée* ». (C. pr. pén., art. 39-3 ; issu L. n° 2016-731, 3 juin 2016).

L'absence de définition de la victime par le législateur ne méconnaît pas le principe de légalité « *dès lors que la notion de victime [...] est suffisamment claire et précise pour que son interprétation, qui entre dans l'office du juge pénal, puisse se faire sans risque d'arbitraire* » (§ 5) (Crim. 10 août 2022, n° 22-81.057 QPC, D). De même, en visant la victime, le législateur « *n'a pas entendu réserver sa protection aux seules victimes reconnues comme telles par décision définitive ayant prononcé la condamnation de l'auteur des faits* » (§ 10) (Crim. 7 févr. 2023, n° 22-81.057, P). Rendues dans la même affaire, ces décisions portaient sur la notion de victime d'une agression ou d'une atteinte textuelle au sens de L. 29 juill. 1881, art. 39 quinquies (v. n° **35.34**) mais paraissent transposables à toute disposition visant la « *victime* » d'une infraction.

B. L'accueil et l'information au stade de l'enquête

1. L'obligation de recevoir la plainte et de délivrer un récépissé (C. pr. pén., art. 15-3)

« *Les officiers et agents de police judiciaire sont tenus de recevoir les plaintes déposées par les victimes d'infractions à la loi pénale, y compris lorsque ces plaintes sont déposées dans un service ou une unité de police judiciaire territorialement incompétents. Dans ce cas, la plainte est, s'il y a lieu, transmise au service ou à l'unité territorialement compétents.* » (C. pr. pén., art. 15-3). Cette réécriture, issue de L. n° 2019-222, 23 mars 2019, « *ne modifie en rien le droit existant, mais a seulement pour objectif de rappeler de façon plus explicite aux services d'enquête l'obligation de recevoir toutes les plaintes déposées par les victimes, même pour des faits ne relevant pas de leur compétence territoriale* » (Circ. Crim. 2019-8/H3, 5 avr. 2019, JUSD1910288C, n° 2.1).

« *Tout dépôt de plainte fait l'objet d'un procès-verbal et donne lieu à la délivrance immédiate d'un récépissé à la victime, qui mentionne les délais de prescription de l'action publique définis aux articles 7 à 9 ainsi que la possibilité d'interrompre le délai de prescription par le dépôt d'une plainte avec constitution de partie civile, en application de l'article 85* » [rédaction issue de L. n° 2017-242, 27 févr. 2017, sur la prescription de l'action publique, v. n° **17.18** s.]. « *Si elle en fait la demande, une copie du procès-verbal lui est immédiatement remise.* » (C. pr. pén., art. 15-3).

La victime est avisée de la décision de classement sans suite par le procureur de la République dans tous les cas, même quand l'auteur n'est pas identifié (C. pr. pén., art. 40-2). Il informe en même temps qu'elle peut demander une copie du dossier de la procédure, en application de C. pr. pén., art. R. 155 (C. pr. pén., art. D. 15-3-2, issu D. n° 2022-656, 25 avr. 2022) (sur l'accès au dossier de la procédure par la victime, v. n° **16.7**).

Mentionnons que le D. n° 2018-388, 24 mai 2018, autorise le ministère de l'intérieur à exploiter un traitement de données personnelles dénommé « *pré-plainte en ligne* » permettant aux personnes s'estimant victime d'effectuer une déclaration en ligne pour des faits d'atteintes aux biens, et pour une durée expérimentale de 12 mois, de discrimination, de provocation aux discriminations, à la haine ou à la violence ou encore de certains délits de diffamation ou d'injure contre auteur inconnu, puis d'obtenir un rendez-vous auprès d'un service de police ou d'une unité de gendarmerie de leur choix pour signer leur plainte et enfin de connaître les suites réservées à cette dernière.

« Dès lors qu'une victime fera connaître sa volonté de déposer plainte, les officiers et agents de police judiciaire devront donc toujours enregistrer sa plainte par procès-verbal, et, le cas échéant, adresser ce procès-verbal en original, pour attribution, au service territorialement compétent. Cette transmission pourra se faire directement, sans transiter par le ou les procureurs de la République concernés [...] le nouvel article 15-3 ne remet pas en cause les règles existantes en matière de compétence territoriale [...] et il ne permet pas à un service territorialement incompétent de diligenter une enquête du seul fait qu'il a reçu la plainte de la victime. Il en résulte notamment que, sauf urgence ou situations particulières, un service territorialement incompétent qui reçoit la plainte d'une victime n'est pas tenu de recueillir par procès-verbal l'intégralité des déclarations de cette dernière précisant de façon détaillée les conditions de commission de l'infraction, ces déclarations [...] pouvant être recueillies ultérieurement par le service qui sera chargé de l'enquête. » (Circ. Crim. 2000-02, 31 mai 2000, NOR : JUSD0030115C).

2. La notification de ses droits à la victime (C. pr. pén., art. 10-2)

Selon C. pr. pén., art. 10-2, issu L. n° 2015-993, 17 août 2015, applicables depuis le 15 nov. 2015, reprenant tout ou partie des anciens art. 53-1 et 75 :

« Les officiers et les agents de police judiciaire informent par tout moyen les victimes de leur droit :

- *1° D'obtenir la réparation de leur préjudice, par l'indemnisation de celui-ci ou par tout autre moyen adapté, y compris, s'il y a lieu, une mesure de justice restaurative ;*
- *2° De se constituer partie civile soit dans le cadre d'une mise en mouvement de l'action publique par le parquet, soit par la voie d'une citation directe de l'auteur des faits devant la juridiction compétente ou d'une plainte portée devant le juge d'instruction ;*
- *3° D'être, si elles souhaitent se constituer partie civile, assistées d'un avocat qu'elles peuvent choisir ou qui, à leur demande, est désigné par le bâtonnier de l'ordre des avocats près la juridiction compétente, les frais étant à la charge des victimes sauf si elles remplissent les conditions d'accès à l'aide juridictionnelle ou si elles bénéficient d'une assurance de protection juridique ;*

Ces dispositions impliquent que les enquêteurs, après avoir donné connaissance à la victime de ses droits, recueillent le cas échéant sa demande de désignation d'avocat, et en avisent téléphoniquement le parquet, afin que ce dernier en saisisse le bâtonnier (Circ. Crim. 02-16-E8, 8 nov. 2002, NOR : JUSD0230179C, n° 6.4). Il convient d'avoir à l'esprit que la désignation d'un avocat par le bâtonnier, qui facilite la prise en charge organisée des victimes dans le cadre de permanences d'assistance aux victimes, n'implique nullement la prise en charge des frais de défense par l'État, laquelle reste subordonnée à l'admission d'une demande d'aide juridictionnelle (sur les conditions de ressources pour relever de l'aide juridictionnelle, v. n^os^ **16.6C** et **17.9**).

« Il convient à cet égard d'appeler l'attention des services de police et de gendarmerie sur le fait que ces précisions doivent être portées dans leur intégralité à la connaissance des victimes afin qu'elles ne présentent pas une demande d'aide juridictionnelle qui serait manifestement rejetée ou qu'elles ne perdent le bénéfice de leur contrat d'assurance de protection qui prévoit, la plupart du temps, que l'assuré doit prendre contact avec son assureur avant toute rencontre avec un avocat, sous peine de déchéance » (Circ. Crim. 02-16-E8, 8 nov. 2002, n° 6.3). Il faut toutefois noter que pour certaines infractions les plus graves limitativement énumérées, l'aide juridictionnelle est de droit quels que soient les revenus de la partie civile (v. n° **16.6**).

- *4° D'être aidées par un service relevant d'une ou de plusieurs collectivités publiques ou par une association conventionnée d'aide aux victimes ;*
- *5° De saisir, le cas échéant, la commission d'indemnisation des victimes d'infraction, lorsqu'il s'agit d'une infraction mentionnée aux articles 706-3 ou 706-14 C. pr. pén.* (il s'agit des infractions ouvrant droit à indemnisation par la Civi, v. n° **16.19**) ;
- *6°D'être informées sur les mesures de protection dont elles peuvent bénéficier, notamment les ordonnances de protection prévues.../...au code civil. Les victimes sont également informées des peines encourues par les auteurs des violences et des conditions d'exécution des éventuelles condamnations qui pourraient être*

prononcées (v. nº **16.4** sur l'ordonnance de protection et nº **21.6** sur les sanctions pénales applicables en cas de violation de cette mesure) ;

• *7°Pour les victimes qui ne comprennent pas la langue française, de bénéficier d'un interprète et d'une traduction des informations indispensables à l'exercice de leurs droits* » (sur le droit à la traduction et à l'interprétariat, v. **F** ci-dessous) ;

• *8°D'être accompagnées chacune, à leur demande, à tous les stades de la procédure, par leur représentant légal et par la personne majeure de leur choix, « y compris par un avocat, »* [mod. issue L. nº 2021-1729, 22 déc. 2021] *sauf décision contraire motivée prise par l'autorité judiciaire compétente* ». La L. nº 2021-1729, 22 déc. 2021 semble donc avoir généralisé le droit de la victime à l'assistance par un avocat, y compris au stade de l'enquête. Selon les précisions apportées au nº **16.6A**, les modalités d'exercice de ce droit étaient plus particulièrement déclinées pour trois actes d'enquête : la confrontation avec le suspect (C. pr. pén., art. 61-2 et 63-4-5), la reconstitution et la présentation de suspect (C. pr. pén., art. 61-3). La L. nº 2023-22, 24 janv. 2023, complétant C. pr. pén., art. 10-4, y a ajouté l'audition de la victime.

• *9°De déclarer comme domicile l'adresse d'un tiers, sous réserve de l'accord exprès de celui-ci.* » ou de déclarer son adresse professionnelle sans l'accord de son autorité hiérarchique pour la personne dépositaire de l'autorité publique ou chargée d'une mission de service public victime en raison de ses fonctions (L. nº 2019-222, 23 mars 2019). Sur le droit de la victime de ne pas dévoiler son adresse, v. nº **16.2B1** ;

• *10° S'il s'agit de victimes de violences pour lesquelles un examen médical a été requis par un officier de police judiciaire ou un magistrat, de se voir remettre le certificat d'examen médical constatant leur état de santé* » (L. nº 2020-936, 30 juill. 2020). Sur le certificat médical et sa remise à la victime, v. nº **14.2A3** (C. pr. pén., art. 10-5-1 et D. 1-12).

Soulignons que, « *à la demande expresse et sous le contrôle de l'OPJ ou [...], de l'APJ* », les **assistants d'enquête** peuvent « *procéder à la notification de leurs droits aux victimes* » et en établir procès-verbal (C. pr. pén., art. 21-3, issu L. nº 2023-22, 24 janv. 2023, art. 10-2mod. par la même loi).).

Notons enfin que les droits qui précèdent sont également notifiés à la victime dans le cadre de la **plainte en ligne**, prévue par C. pr. pén., art. 15-3-1 (v. nº **11.3C1**) et de la **plainte audiovisuelle**, prévue par C. pr. pén., art. 15-3-1-1 (issu L. nº 2023-22, 24 janv. 2023) (v. nº **11.3C2**)

3. L'information particulière sur le dispositif anti-rapprochement pour la victime du conjoint (C. pr. pén., art. 15-3-2, L. nº 2019-1480, 28 déc. 2019)

Même en l'absence de cohabitation du couple, en cas de plainte déposée pour une infraction punie d'une peine ⩾ 3 ans d'emprisonnement commise par l'actuel ou l'ancien conjoint de la victime, concubin ou partenaire lié par un PACS, l'OPJ ou l'APJ qui reçoit la plainte informe la victime, oralement et par la remise d'un document, qu'elle peut demander ou consentir à bénéficier du **dispositif mobile anti-rapprochement** susceptible d'être imposé dans le cadre de **contrôle judiciaire** (C. pr. pén., art. 138-3, sur cette obligation issue de L. nº 2019-1480, 28 déc. 2019, v. nº **12.48C2**), du **sursis probatoire** (C. pr. pén., art. 132-45-1, sur cette obligation issue de L. nº 2019-1480, 28 déc. 2019, v. nº **18.25D**) ou d'une **ordonnance de protection** (C. civ., art. 515-11-1, sur cette obligation issue de L. nº 2019-1480, 28 déc. 2019, v. nº **16.4A2**).

4. L'information particulière sur l'aide universelle d'urgence allouée aux victimes de violences conjugales (C. pr. pén., art. 15-3-2-1, L. nº 2023-140, 28 févr. 2023)

« *En cas de plainte déposée pour une infraction commise par le conjoint de la victime, par son concubin ou par le partenaire lié à elle par un PACS, l'OPJ ou l'APJ qui reçoit la plainte ou, sous son contrôle, l'assistant d'enquête informe la victime qu'elle peut, le cas échéant, bénéficier* » de l'aide d'urgence, instituée par L. nº 2023-140, 28 févr. 2023 (CASF, art. L. 214-9 s., sur cette aide, v.

nº **16.5D3**), aux victimes de violences conjugales au sens de C. pén., art. 132-80 (sur ce point, v. Orienteur/élément matériel nº **20.3**).

C. La proposition d'une mesure de justice restaurative à tous les stades de la procédure (C. pr. pén., art. 10-1, D. 1-1-1)

« *Constitue une mesure de justice restaurative toute mesure permettant à une victime ainsi qu'à l'auteur d'une infraction de participer activement à la résolution des difficultés résultant de l'infraction, et notamment à la réparation des préjudices de toute nature résultant de sa commission* ».

« *À l'occasion de toute procédure pénale et à tous les stades de la procédure, y compris lors de l'exécution de la peine, la victime et l'auteur d'une infraction, sous réserve que les faits aient été reconnus, peuvent se voir proposer une mesure de justice restaurative* ».

Cette mesure ne peut intervenir qu'après l'information complète de la victime et de l'auteur et s'ils y consentent expressément.

« *Elle est mise en œuvre par un tiers indépendant formé à cet effet, sous le contrôle de l'autorité judiciaire ou, à la demande de celle-ci, de l'administration pénitentiaire* ».

Lorsqu'elle paraît envisageable, la mesure de justice restaurative est proposée par le procureur de la République lorsqu'une mesure alternative aux poursuites (v. nº **15.39A**) ou d'une composition pénale (v. nº **15.44B1**), par le juge d'instruction, à tout moment (v. nº **11.72A**, **11.78E2** et **16.10B4**), par le président de la juridiction, au moment de l'audience et après avoir rendu la décision (v. nº **18.6A4**), et enfin par le JAP (v. nº **16.18B1** et **16.18B6**) (C. pr. pén., art. D. 1-1-1).

« *les mesures de justice restaurative peuvent être mises en œuvre y compris si la prescription de l'action publique est acquise* » (C. pr. pén., art. D. 1-1-1, mod. issue D. nº 2021-1516, 23 nov. 2021).

« *En cas de décisions de classement sans suite, de non-lieu, de relaxe ou d'acquittement dans des procédures concernant des infractions sexuelles commises par des majeurs sur des mineurs dont la commission est reconnue par leur auteur mais qui sont motivées par la prescription de l'action publique, le procureur de la République vérifie si une mesure de justice restaurative est susceptible d'être mise en œuvre* » (C. pr. pén., art. D. 1-1-1, mod. issue D. nº 2021-1516, 23 nov. 2021).

D. L'aide et l'évaluation de la victime

Le procureur de la République peut « *recourir à une association d'aide aux victimes ayant fait l'objet d'un conventionnement de la part des chefs de la cour d'appel, afin qu'il soit porté aide à la victime de l'infraction* » (C. pr. pén., art. 41). « *Il est donc impératif que les coordonnées actualisées des associations d'aide aux victimes soient données à chaque victime qui se présente au commissariat ou à la gendarmerie quelle qu'en soit la raison et quelle que soit l'heure à laquelle elle se présente* » (Circ. 9 oct. 2007, NOR : JUSJ0790006C, nº 1.1).

« *Dès que possible, les victimes font l'objet d'une évaluation personnalisée, afin de déterminer si elles ont besoin de mesures spécifiques de protection au cours de la procédure pénale.*

L'autorité qui procède à l'audition de la victime recueille les premiers éléments permettant cette évaluation. Au vu de ces éléments, l'évaluation peut être approfondie, avec l'accord de l'autorité judiciaire compétente.

La victime est associée à cette évaluation. Le cas échéant, l'association d'aide aux victimes requise par le procureur de la République ou le juge d'instruction en application de l'article 41 y est également associée ; son avis est joint à la procédure. » (C. pr. pén., art. 10-5, L. nº 2015-993, 17 août 2015).

L'**évaluation personnalisée de la victime** (dite EVVI) est effectuée par l'OPJ ou l'APJ qui mentionne, dans le procès-verbal d'audition de la victime, les éléments concernant l'importance de son préjudice, les circonstances de la commission de l'infraction, sa vulnérabilité particulière, le risque d'intimidation ou de représailles, la **situation d'emprise** exercée sur la victime (C. pr. pén., art. D. 1-3 et D. 1-4, D. º 2016-214, 26 févr. 2016, mod. D. 2020-1640, 21 déc. 2020).

S'agissant de la victime de violences au sein du couple, l'évaluation personnalisée « *doit permettre d'évaluer la vulnérabilité de la victime .../...et ses besoins éventuels de protection immédiate, notamment au vu des critères suivants : la durée et la répétition des faits dénoncés, l'antériorité de menaces ou de harcèlement, les conclusions des examens psychologiques de la victime, son isolement, l'emprise subie, les témoignages de l'environnement proche de la victime ou encore les craintes exprimées par la victime. En fonction de ces premiers éléments, le procureur de la République appréciera l'opportunité de faire procéder par une association d'aide aux victimes et éventuellement par une unité médico-judiciaire, à une évaluation approfondie et psychologique le cas échéant* » (Circ. Crim. 2019-11/E1, 9 mai 2019, NOR : JUSD1913750C, n° I 3).

Dans la continuité de ces orientations, s'agissant toujours des violences au sein du couple, « *Il doit être recouru à l'évaluation personnalisée de la victime de violences conjugales prévue par l'article 10-5 du code de procédure pénale (EVVI) dès lors que la situation laisse apparaître un danger et nécessite d'envisager une mesure de protection. Le rapport d'EVVI permettra de vérifier si les critères du danger sont réunis pour envisager une mesure telle que l'ordonnance de protection ou l'attribution d'un téléphone grave danger. Ils sont de plusieurs ordres :*

– *la durée et la répétition des faits dénoncés ;*
– *l'antériorité de menaces ou de harcèlement ;*
– *les antécédents pénaux du mis en cause ;*
– *le risque de réitération des faits (objectivé par une expertise psychologique et/ou psychiatrique) ;*
– *les conclusions d'examen psychologique de la victime (étayant sa vulnérabilité) ;*
– *l'isolement de la victime (vis-à-vis de sa famille, de ses amis, sur le plan professionnel) ;*
– *l'emprise subie par la victime ;*
– *les témoignages de l'environnement proche de la victime ;*
– *les craintes exprimées par la victime ;*
– *un conflit relatif à l'exercice de l'autorité parentale et des droits de visite et d'hébergement des enfants* » (Circ. CRIM n° 2020-3/H2, 23 janv. 2020, NOR : JUSD2002214C, n° II-1.1).

Ces éléments peuvent être complétés par ceux recueillis par les services de police et de gendarmerie à partir d'une « *grille d'évaluation du danger* » établie par le ministère de l'intérieur, portant sur la victime, l'auteur et le contexte des violences, figurant en annexe de la circulaire précitée.

« *L'examen psychologique de la victime peut également permettre de mettre en évidence l'existence d'une situation d'emprise et peut s'avérer particulièrement utile dans le cadre d'une plainte évoquant les faits anciens ou des faits de violence psychologique. Le choix de la comparution à délai différé* [sur la comparution à délai différé, v. n° **15.16**] *peut ainsi permettre d'obtenir un rapport d'expertise détaillé de nature à orienter les réquisitions et la décision du tribunal* » (Circ. CRIM n° 2020-3/H2, 23 janv. 2020, NOR : JUSD2002214C, n° II-1.1).

L'**évaluation approfondie de la victime** est réalisée à la demande du procureur de la République ou du juge d'instruction par une association d'aide aux victimes agréée ~~ou par le bureau d'aide aux victimes~~, et en cas de violences au sein du couple ou de violences sexuelles et sexistes, par des professionnels de cette association spécialement formés (C. pr. pén., art. D. 1-10, D. n° 2016-214, 26 févr. 2016, mod. par D. n° 2022-656, 25 avr. 2022).

« *Le juge d'instruction peut, d'office, sur réquisition du parquet ou à la demande de la partie civile, procéder, conformément à la loi, à tout acte lui permettant d'apprécier la nature et l'importance des préjudices subis par la victime ou de recueillir des renseignements sur la personnalité de celle-ci* » (C. pr. pén., art. 81-1). L'expertise médicale dont l'objet est d'apprécier l'importance du dommage subi par la victime échappe aux dispositions garantissant le caractère contradictoire du processus d'expertise à l'égard de toutes les parties (C. pr. pén., art. 161-1 [L. n° 2007-291, 5 mars 2007], art. D. 37).

E. L'information par le parquet

1. L'information en cas de poursuites ou d'alternative aux poursuites

Lorsque la victime, après avoir été informée de ses droits au stade de l'enquête par l'OPJ ou APJ, souhaite se constituer partie civile et demande la désignation d'un avocat, le procureur de la République, avisé par l'enquêteur, en informe sans délai le bâtonnier de l'ordre des avocats (C. pr. pén., art. 40-4 ; L. n° 2002-1138, 9 sept. 2002).

« *Toute personne ayant déposé plainte est avisée par le parquet de la date de l'audience* » (C. pr. pén., art. 391, v. plus bas le droit à la traduction de cet avis si la victime ne comprend pas la langue française). Cet avis est généralement accompagné d'une notice de conseil sur les modalités de constitution de partie civile et sur les coordonnées des structures d'aide aux victimes.

Le procureur de la République avise les plaignants et les victimes si elles sont identifiées, des poursuites ou des mesures alternatives aux poursuites qui ont été décidées à la suite de leur plainte (C. pr. pén., art. 40-2).

Dans le cadre des procédures de comparution immédiate ou différée ou de convocation par procès-verbal du procureur « *la victime doit être avisée par tout moyen de la date de l'audience* » (C. pr. pén., art. 393-1).

La victime est avisée par tout moyen de la date de l'audience de jugement devant le juge des enfants ou le tribunal pour enfants [~~ou le tribunal correctionnel pour mineurs~~] (dispositions abrogées, L. n° 2016-1547, 18 nov. 2016, art. 29), afin de pouvoir se constituer partie civile selon les modalités prévues par le code de procédure pénale (Ord. n° 45-174, 2 févr. 1945, art. 6, réd. L. n° 2011-939, 10 août 2011, devenu CJPM, art. L. 512-1).

Il est de jurisprudence constante que l'absence d'avis à victime n'est pas une cause de nullité du jugement (Crim. 5 mars 1964, n° 63-92.263, P n° 82).

Cette situation n'autorise donc pas la cour d'appel à annuler le jugement de première instance et à évoquer le fond de l'affaire en recevant la constitution d'une partie qui n'était pas constituée en première instance au motif qu'elle n'avait pas reçu un avis ou que ce dernier était erroné (sur le pouvoir d'évocation de la cour d'appel, v. n° **19.9** et **19.10**) car « *la règle du double degré de juridiction fait obstacle à ce que la partie civile, quelle que soit la raison pour laquelle elle n'a pas été partie au jugement de première instance, intervienne pour la première fois en cause d'appel* » (Crim. 20 avr. 2017, n° 16-83.199, P n° 112).

L'information défaillante de la victime ou son impossibilité de formuler en temps utile une demande de dommages-intérêts pourront conduire le tribunal à disjoindre l'action publique et l'action civile selon les modalités précisées au n° **16.12A**.

2. L'INFORMATION ET LE RECOURS EN CAS DE CLASSEMENT SANS SUITE

Le procureur de la République avise les plaignants, et les victimes si elles sont identifiées, lorsqu'il décide de classer sans suite la procédure, en indiquant les raisons juridiques ou d'opportunité qui justifient cette décision (C. pr. pén., art. 40-2 [disposition en vigueur au 31 déc. 2007]).

La Circ. 9 oct. 2007, NOR : JUSJ0790006C, formule notamment les recommandations suivantes en direction des procureurs de la République :

« – *cette information devra être personnalisée dans les cas les plus graves, en évitant des notifications au moyen de simples mentions rayées ou cochées ;*

– dans les dossiers particulièrement sensibles, tels que les faits d'homicide involontaires et les affaires de mœurs, elle consistera en un entretien avec [les victimes] ;

– dans ce cadre, les victimes, notamment celles qui ne sont pas assistées d'un avocat, doivent se voir proposer d'être accompagnées par l'association d'aide aux victimes ;

– en tout état de cause, l'information mentionnera la possibilité pour les victimes de s'adresser à une association d'aide aux victimes pour être accompagnées et soutenues ».

Lorsque la victime, au stade de l'enquête, a souhaité se constituer partie civile et a demandé la désignation d'un avocat, le procureur de la République, en l'avisant du classement de sa plainte, lui indique qu'elle peut directement adresser sa demande de désignation d'un avocat auprès du bâtonnier si elle maintient son intention d'obtenir réparation de son préjudice (C. pr. pén., art. 40-4 ; L. n° 2002-1138, 9 sept. 2002).

Toute personne ayant dénoncé les faits au procureur de la République peut former un recours auprès du procureur général contre la décision de classement. Ce dernier peut, ainsi qu'il est précisé au n° 15.1B2, enjoindre au procureur de la République d'engager des poursuites. S'il estime le recours infondé, il en informe l'intéressé (C. pr. pén., art. 40-3).

F. Le droit de la victime et de la partie civile à l'interprétation et à la traduction (C. pr. pén., art. 10-2 et 10-3, D. 594-11 s.)

La victime qui ne comprend pas la langue française a le droit de bénéficier d'un interprète et d'une traduction des informations indispensables à l'exercice de ses droits (C. pr. pén., art. 10-2 7°). Elle a ainsi droit à l'assistance d'un interprète ou d'un interprète en langue des signes lors de son audition (C. pr. pén., art. D. 594-11) ainsi, à sa demande, qu'à une traduction des informations indispensables à l'exercice de ses droits, notamment du récépissé du dépôt de plainte (C. pr. pén., art. D. 594-12).

« *Si la partie civile ne comprend pas la langue française, elle a droit, à sa demande, à l'assistance d'un interprète et à la traduction, dans une langue qu'elle comprend, des informations qui sont indispensables à l'exercice de ses droits et qui lui sont, à ce titre, remises ou notifiées en application du présent code.*

L'autorité qui procède à l'audition de la partie civile ou devant laquelle cette personne comparaît s'assure que la personne parle et comprend la langue française.

À titre exceptionnel, il peut être effectué une traduction orale ou un résumé oral des informations mentionnées au premier alinéa.

Les modalités d'application du présent article sont précisées par un décret, qui définit notamment les pièces essentielles devant faire l'objet d'une traduction. » (C. pr. pén., art. 10-3).

Sans préjudice des traductions effectuées d'initiative par le parquet, le juge d'instruction ou la juridiction, la partie civile a droit sur sa demande à la traduction des décisions de classement sans suite, des ordonnances de non-lieu et des décisions de condamnation, de relaxe ou d'acquittement (C. pr. pén., art. D. 594-13). Cette traduction peut ne porter que sur les passages de ces documents pertinents pour l'exercice de ses droits (C. pr. pén., art. D. 594-14).

Ces dispositions sont issues de L. n° 2015-993, 17 août 2015 et du D. n° 2016-214, 26 févr. 2016 transposant la directive européenne 2012/29/UE, 22 oct. 2012, établissant des normes minimales concernant les droits, le soutien et la protection des victimes.

S'agissant de l'audience correctionnelle ou de police, dans le cas où la partie civile ne parle pas suffisamment la langue française ou s'il est nécessaire de traduire un document versé aux débats, le président désigne d'office un interprète (C. pr. pén., art. 407). Il en est de même pour l'audience criminelle (C. pr. pén., art. 344).

S'agissant de la victime non constituée partie civile, « *lorsque la victime ne comprend pas la langue française, elle a droit, à sa demande, à une traduction de l'avis d'audience. À titre exceptionnel, il peut en être effectué une traduction orale ou un résumé oral* » (C. pr. pén., art. 391, L. n° 2015-993, 17 août 2015).

Sur les modalités de mise en œuvre du droit à l'interprétariat, v. n° 11.7B à D.

G. L'information par le juge d'instruction

« *Dès le début de l'information, le juge d'instruction doit avertir la victime d'une infraction de l'ouverture d'une procédure, de son droit de se constituer partie civile et des modalités d'exercice de ce droit. Si la victime est mineure, l'avis est donné à ses représentants légaux* » (C. pr. pén., art. 80-3).

Cet avis indique à la victime qu'elle a le droit, si elle souhaite se constituer partie civile, d'être assistée d'un avocat qu'elle pourra choisir ou qui à sa demande, sera désigné par le bâtonnier de l'ordre des avocats, en précisant que les frais seront à sa charge, sauf si elle remplit les conditions d'accès à l'aide juridictionnelle ou si elle bénéficie d'une assurance de protection juridique. Lorsque le juge d'instruction est informé par la victime qu'elle se constitue partie civile et qu'elle demande la désignation d'un avocat, il en informe sans délai le bâtonnier de l'ordre des avocats (C. pr. pén., art. 80-3).

Lorsqu'il s'agit d'un délit contre les personnes prévu au livre II du code pénal, ou d'un délit contre les biens prévu au livre III et accompagné d'atteintes à la personne, le juge d'instruction informe tous les six mois la partie civile de l'avancement de l'instruction. Cet avis peut être adressé par lettre simple à la partie civile et à son avocat, ou à l'occasion de l'audition de la partie civile. Lorsqu'une association regroupant plusieurs victimes, agréée à cette fin (C. pr. pén., art. 2-15), s'est constituée partie civile, l'avis est donné à cette seule association, sauf si ces victimes se sont également constituées à titre individuel (C. pr. pén., art. 90-1).

La victime est enfin informée par le juge d'instruction ou le JLD si le mis en examen, dans le cadre d'un contrôle judiciaire, a l'interdiction de la rencontrer (C. pr. pén., art. 138-1).

En application de C. pr. pén., art. 99, la partie civile est avisée par le parquet général de l'audience de la CHINS statuant en appel des ordonnances du juge d'instruction, ce qui lui permet ainsi qu'à son avocat de prendre connaissance du dossier, de produire un mémoire et d'être entendue, bien que l'appel ne lui soit pas ouvert dans un tel cas, « *il n'y est apporté aucune exception ni restriction à l'égard de la partie civile lorsque l'audience porte sur la détention provisoire ou le contrôle judiciaire* » (Crim. 27 mars 2019, n° 18-86.433, P n° 63, jurisprudence constante depuis Crim. 27 juill. 1964, n° 64-91.396, P n° 250).

H. L'information par le tribunal

La juridiction condamnant à des dommages-intérêts l'auteur d'une infraction susceptible d'être indemnisée par la Civi (v. n° **16.19**) doit informer la victime partie civile de la possibilité de saisir cette commission (C. pr. pén., art. 706-15). Le délai de sa saisine (1 an) ne courra qu'à compter de cet avis (C. pr. pén., art. 706-5). Le jugement ou l'arrêt civil de la cour d'assises pourra ainsi comporter la mention suivante : « *Le président informe la partie civile de son droit de saisir la commission d'indemnisation de victimes d'infractions* » (Circ. Crim. 01-07 F1, 14 mai 2001, NOR : JUSD0130065C, n° 1.1.4.1).

Lorsqu'une juridiction condamne l'auteur d'une infraction à verser des dommages-intérêts à la partie civile pour une des infractions ouvrant droit à une indemnisation par la Civi (v. n° **16.19A**), elle informe en outre cette dernière de la possibilité de saisir le Sarvi (v. n° **16.20**) d'une demande d'aide au recouvrement (C. pr. pén., art. 706-15, réd. L. n° 2016-731, 3 juin 2016).

De plus, lorsque la personne n'est pas susceptible d'obtenir une indemnisation par la Civi, la personne condamnée présente à l'issue de l'audience est informée qu'en l'absence de paiement volontaire dans un délai de deux mois à compter du jour où la décision sera devenue définitive, le recouvrement pourra, si la victime le demande, être exercé par le FGTI (v. n° **16.20**) et qu'une majoration des dommages et intérêts, permettant de couvrir les dépenses engagées par le fonds au titre de sa mission d'aide, sera perçue par le fonds, en sus des frais d'exécution éventuels (C. pr. pén., art. 474-1, issu L. n° 2008-644, 1er juill. 2008).

Lorsque la condamnation est rendue en présence de la partie civile, un greffier (notamment dans le cadre d'un bureau de l'exécution des peines, C. pr. pén., art. D. 48-4), peut être chargé de la recevoir à l'issue de l'audience, assistée le cas échéant par son avocat, pour l'informer des modalités pratiques lui permettant d'obtenir le paiement des dommages et intérêts alloués et, s'il y a lieu, des démarches devant être effectuées pour saisir la Civi (C. pr. pén., art. D. 48-3).

La circulaire secrétaire d'État aux droits des victimes, 20 mai 2005, NOR : JUSA0500157C (2e partie) comporte en annexe n° 1 un modèle de note d'information « *sur les cas d'indemnisation par la Civi qui pourra utilement être remis par le greffier à la victime lors du délibéré, aux fins de compléter les informations communiquées oralement* ».

La circulaire 9 oct. 2007, NOR : JUSJ0790006C (§ 2.1), souligne que les victimes, notamment dans les affaires d'homicide involontaire, sont conduites à côtoyer des publics parfois difficiles à l'occasion des audiences traitant de la délinquance de droit commun. Elle recommande en conséquence, afin d'assurer la sérénité des débats, la spécialisation des audiences, ou à tout le moins que les affaires concernant ces parties civiles puissent être appelées en début d'audience.

La fixation conjointe par le président du tribunal judiciaire et le procureur de la République du nombre et du jour des audiences correctionnelles et de leur composition prévisionnelle (co-audiencement) permet d'assurer la prise en compte de ces considérations (C. pr. pén., art. 399) (sur l'audiencement des affaires en attente de jugement, v. n° 17).

I. L'information et l'assistance par le juge délégué aux victimes (Judevi)

Le juge délégué aux victimes veille, dans le respect de l'équilibre des droits des parties, à la prise en compte des droits reconnus par la loi aux victimes (C. pr. pén., art. D. 47-6-1).

Il vérifie les conditions dans lesquelles les parties civiles, par application du code de procédure pénale, (art. D. 48-3, v. G ci-dessus), sont informées de leurs droits à l'issue de l'audience (C. pr. pén., art. D. 47-6-12).

Il participe, sous l'autorité du président du TJ et en lien avec le procureur de la République, à l'élaboration et à la mise en œuvre de dispositifs coordonnés d'aide aux victimes sur le ressort, il établit un rapport annuel qu'il présente à l'assemblée générale des magistrats du siège et du parquet (C. pr. pén., art. D. 47-6-13 et D. 47-6-14).

Saisi par toute victime d'une infraction ayant donné lieu à une mesure alternative aux poursuites ou à un jugement, il avait le pouvoir de transmettre cette demande, selon sa nature, au magistrat du siège ou du parquet territorialement compétent, qui le tenait informé des suites et il en avisait la victime et son avocat (C. pr. pén., art. D. 47-6-4). À la demande de la victime, il avait également le pouvoir de saisir le JAP afin qu'il prenne en compte les intérêts de la victime dans l'exécution de la peine (v. n° 16.18). Ces prérogatives sont ici rappelées pour mémoire, les dispositions qui les fondaient (C. pr. pén., art. D. 47-6-4 et D. 47-6-11) ont en effet été annulées par le Conseil d'État parce qu'elles empiétaient sur le domaine législatif (CE 5 févr. 2010, req. n° 312314).

Outre les compétences administratives qui précèdent, le Judevi exerce les compétences juridictionnelles de président de la Civi (C. pr. pén., art. D. 47-6-2, sur la Civi, v. n° 16.19) et, le cas échéant, de juge en charge des intérêts civils (C. pr. pén., art. D. 47-6-3).

J. L'information et l'assistance par le bureau d'aide aux victimes (BAV)

Par convention entre les chefs de cour d'appel et une ou plusieurs associations d'aide aux victimes, il peut être institué un BAV dans chaque TJ, composé de représentants d'une ou plusieurs de ces associations et de fonctionnaires ou agents de la juridiction. Il a vocation à y exercer une mission d'information, d'aide et d'orientation de la victime tout au long de la procédure pénale. Lorsqu'il existe, le BAV se substitue au BEX et au greffe pour la prise en charge des parties civiles à l'issue des audiences (C. pr. pén., art. D. 48-3 et D. 47-6-15, D. n° 2012-681, 7 mai 2012).

Le BAV peut être destinataire de certaines informations issues du bureau d'ordre national automatisé des procédures judiciaires (dit « Cassiopée ») (C. pr. pén., art. 48-1) pour informer la victime de l'état d'avancement de la procédure (C. pr. pén., art. D. 47-6-15 renvoyant à R. 15-33-66-9).

La généralisation de ce dispositif dans tous les tribunaux judiciaires a été instituée par la loi n° 2014-896 du 15 août 2014 (C. pr. pén., art. 706-15-4).

16.2 L'obligation d'apporter son concours à la justice et le droit à la protection de la victime ou du témoin

A. L'obligation d'apporter son concours à l'enquête et à la justice

Le droit de déposer plainte ou de se constituer partie est laissé à la discrétion de la victime.

Elle est néanmoins tenue de comparaître à la convocation adressée par l'OPJ, qui a la faculté d'appeler et d'entendre toute personne susceptible de lui fournir des renseignements sur les faits. Si elle ne satisfait pas à cette obligation, le procureur de la République peut la contraindre à comparaître par la force publique (C. pr. pén., art. 62 et 78, sur la contrainte à comparaître, v. n° **12.1B**). Elle ne pourra cependant être retenue que le temps strictement nécessaire à son audition (C. pr. pén., art. 62 et 78, sur la retenue du témoin, v. n° **11.71A**).

Pèsent également sur elle toutes les obligations faites aux témoins ou personnes ayant eu connaissance de l'infraction : obligation de comparaître et de déposer devant le juge d'instruction, la cour d'assises, le tribunal correctionnel ou de police, sous peine d'amende, si elle est citée comme témoin (y compris lorsqu'elle est partie civile, Crim. 7 juin 1912, *DP* 1913. 275, v. n^os^ **17.29B** et **25.45**) ; obligation de répondre aux questions du juge si elle a déclaré publiquement connaître l'auteur des faits (v. n° **25.44**), obligation de témoigner en faveur d'un innocent (v. n° **25.43**).

La victime, citée ou appelée devant la juridiction à la requête du ministère public ou du président de la cour d'assises, peut, si elle n'est pas constituée partie civile, prétendre aux indemnités accordées aux témoins : indemnité de comparution, frais de voyage et indemnité journalière de séjour (C. pr. pén., art. R. 123 s., Circ. CAB, 20 mai 2005, NOR : JUSA0500157C, 2e partie).

Mentionnons enfin que les services de police et de gendarmerie ainsi que les douanes judiciaires peuvent, selon les modalités déterminées par arrêté, rétribuer toute personne étrangère aux administrations publiques qui leur a fourni des renseignements (informateur ou indicateur) ayant amené directement soit la découverte de crimes et de délits, soit l'identification des auteurs de crimes ou de délits (L. n° 95-73, 21 janv. 1995, art. 15-1). Le service ou l'unité ayant eu recours à l'informateur est tenu de conserver, de façon confidentielle et protégée, toute pièce permettant d'établir l'identité de l'informateur (AM 20 janv. 2006).

B. La faculté de garder l'anonymat

Le principe du procès équitable et les prescriptions de la « *directive B* » imposent que la personne poursuivie puisse accéder sans restriction aux preuves à charge ou à décharge (sur le principe général d'accès à la preuve matérielle, v. n° **17.28A** ; au dossier, v. n° **17.3**).

La « *directive B* » admet toutefois que des restrictions puissent être apportées « *lorsque cet accès peut constituer une menace grave pour la vie ou les droits fondamentaux d'un tiers* » (Dir. 2012/13/UE (directive B), 22 mai 2012, art. 7-4 et § interprétatif n° 32).

1. Le droit de ne pas révéler son domicile (C. pr. pén., art. 10-2, 40-4-1, 89 et 706-57)

Au stade de l'enquête, la victime est informée par les OPJ et APJ qu'elle peut « *déclarer comme domicile l'adresse d'un tiers, sous réserve de l'accord exprès de celui-ci* » (C. pr. pén., art. 10-2 9°). Lorsque « *la victime est une personne dépositaire de l'autorité publique ou chargée d'une mission de service public et que l'infraction a été commise en raison de ses fonctions ou de sa mission, elle est informée qu'elle peut déclarer, sans cet accord, son adresse professionnelle* » (C. pr. pén., art. 10-2 9°, mod. par L. n° 2019-222, 23 mars 2019, Circ. Crim. 2019-8/H3, 5 avr. 2019, JUSD1910288C, n° 2.2) (sur l'information de la victime au stade de l'enquête, v. n° **16.1B**).

La victime qui souhaite se constituer partie civile peut déclarer **l'adresse d'un tiers**, sous réserve de l'accord exprès de celui-ci (C. pr. pén., art. 40-4-1, L. n° 2015-993, 17 août 2015, et 89). La personne dépositaire de l'autorité publique ou chargée d'une mission de service public peut déclarer son adresse professionnelle sans l'accord de sa hiérarchie si les faits ont été commis en raison de ses fonctions ou de sa mission (L. n° 2019-222, 23 mars 2019, modifiant C. pr. pén., art. 40-4-1 et 89).

La victime (plus généralement le témoin), et en tout cas toute personne à l'encontre de laquelle il n'existe aucune raison plausible de soupçonner qu'elle a commis ou tenté de commettre une infraction, et qui est susceptible d'apporter des éléments de preuves intéressant la procédure peut, sur autorisation du procureur de la République ou du juge d'instruction, **déclarer comme domicile l'adresse du commissariat ou de la brigade de gendarmerie**, ou son adresse professionnelle si elle a été convoquée en raison de sa profession. Son adresse personnelle est alors inscrite sur un registre coté et paraphé ouvert à cet effet (C. pr. pén., art. 706-57), tenu « *sous format papier ou numérique* » (réd. issue L. n° 2019-222, 23 mars 2019). Si son témoignage est apporté pour des faits qu'elle a connu en raison de ses fonctions ou de sa mission, la personne dépositaire de l'autorité publique ou chargée d'une mission de service public peut déclarer son adresse professionnelle sans l'accord du procureur de la République (L. n° 2019-222, 23 mars 2019, modifiant C. pr. pén., art. 706-57). « *Dans le silence de la loi, il convient de considérer que l'autorisation du juge d'instruction n'est plus non plus nécessaire* » selon Circ. Crim. 2019-8/H3, 5 avr. 2019, JUSD1910288C, n° 2.2, note bdp n° 8). Ces nouvelles dispositions font écho au C. pr. pén., art. 62-1 qui prévoit déjà que, sans autorisation de leur hiérarchie ou du parquet, « *les personnels* [de police judiciaire] *concourant à la procédure sont autorisés à déclarer comme domicile l'adresse du siège du service dont ils dépendent* ».

L'adresse réelle du témoin dont le domicile est occulté au titre de C. pr. pén., art. 706-59 ne peut être révélée en aucune circonstance, sous peine de sanctions pénales (C. pr. pén., art. 706-59 ; v. n° **35.31**).

Mentionnons que la victime de faits de traite des êtres humains (v. n° **20.117**) ou de proxénétisme (v. n^{os} **20.105** à **20.110**) qui fait usage de son droit de ne pas déclarer son domicile peut déclarer comme **domicile l'adresse de son avocat ou d'une association** de lutte contre la traite des êtres humains et le proxénétisme déclarée depuis au moins 5 ans (C. pr. pén., art. 706-40-1, L. n° 2016-444, 13 avr. 2016).

2. Le droit de conserver l'anonymat complet : le témoin sous X (C. pr. pén., art. 706-58 et 706-62-1)

En cas de procédure portant sur un crime ou un délit passible d'une peine ⩾ trois ans d'emprisonnement, lorsque l'audition de la victime (ou d'un témoin) est susceptible de mettre gravement en danger sa vie ou son intégrité physique ou celle des membres de sa famille ou de ses proches, le JLD, saisi par requête motivée du procureur de la République ou du juge d'instruction, peut, par décision motivée, sauf si au regard des circonstances de l'infraction ou de la personnalité du témoin, la connaissance de l'identité de la personne est indispensable à l'exercice des droits de la défense (C. pr. pén., art. 706-60), autoriser que les déclarations de cette personne soient recueillies sans que son identité apparaisse dans le dossier de la procédure (C. pr. pén., art. 796-58). Il s'agit du témoin communément appelé « témoin sous X » (sur la citation et la déposition du témoin sous X, v. n° **17.29E3**). Le JLD peut procéder lui-même à l'audition. Sa décision est jointe au procès-verbal d'audition, sur lequel ne figure pas la signature de l'intéressé. L'identité et l'adresse de la personne sont inscrites dans un autre procès-verbal signé par l'intéressé, qui est versé dans un dossier distinct de la procédure, ainsi que sur un registre coté et paraphé, ouvert au tribunal judiciaire.

L'identité du témoin sous X ne peut être révélée en aucune circonstance, sous peine de sanctions pénales (C. pr. pén., art. 706-59, v. n° **35.31**).

Cette procédure peut être contestée par la personne mise en examen dans les dix jours où elle aura eu connaissance d'une audition ainsi recueillie. Le recours est porté devant le président de la CHINS, qui pourra ordonner l'annulation de l'audition s'il estime la contestation justifiée (C. pr. pén., art. 706-60). Cette modalité est la seule voie d'annulation des auditions de témoins anonyme, à l'exclusion du droit commun des nullités, en particulier de C. pr. pén., art. 173 relatif à l'annulation des pièces d'une procédure d'instruction (Crim. 13 déc. 2017, n° 17-82.990, P).

Le président de la CHINS peut également ordonner la révélation de l'identité du témoin si ce dernier y consent expressément (C. pr. pén., art. 706-60).

La personne mise en examen ou renvoyée devant la juridiction de jugement peut demander à être confrontée au témoin ainsi entendu, mais par l'intermédiaire d'un dispositif d'audition à distance rendant sa voix non identifiable (C. pr. pén., art. 706-61).

Mentionnons enfin que C. pr. pén., art. 706-62-1 (issu L. n° 2016-731, 3 juin 2016) permet au juge d'instruction ou au président de la formation de jugement, pour les mêmes infractions et si la révélation de son identité et susceptible de mettre gravement en danger sa vie ou celle de ses proches, d'ordonner que l'identité d'un témoin ne soit pas mentionnée au cours des audiences publiques et ne figure pas dans les ordonnances, jugements ou arrêts de la juridiction susceptibles d'être rendus publics. Le témoin est alors désigné sous un numéro dans la procédure (sur la citation et déposition du témoin sous numéro à l'audience, v. n° **17.29E2**).

3. La possibilité de déposer à huis clos pour certaines infractions

Pour les délits relevant de la criminalité organisée figurant au C. pr. pén., art. 706-73 (v. liste au n° **11.21A**) et les délits de guerre prévus au livre 4 *bis* du code pénal, « *le tribunal peut, par jugement rendu en audience publique, ordonner le huis clos pour le temps de l'audition d'un témoin si la déposition publique de celui-ci est de nature à mettre gravement en danger sa vie ou son intégrité physique ou celle de ses proches* » (C. pr. pén., art. 400-1, L. n° 2016-731, 3 juin 2016).

4. La protection contre les divulgations par voie de presse

La reproduction, lorsqu'elle porte gravement atteinte à la dignité de la victime, des circonstances d'un crime ou d'un délit, la diffusion de l'image ou de l'identité d'une victime d'infraction sexuelle, de l'identité d'un mineur victime d'une infraction, constituent des délits (v. n^{os} **35.32**, **35.34** et **35.35**).

Dans le cas où la peine d'affichage ou de diffusion de l'intégralité ou d'extraits de la décision est prononcée, l'affichage, la diffusion ou le communiqué ne pourront comporter l'identité de la victime qu'avec son accord ou celui de son représentant légal ou de ses ayants droit (C. pén., art. 131-35).

C. Le droit à la protection contre les représailles ou pressions

1. La mise en œuvre du dispositif de protection applicable aux repentis (C. pr. pén., art. 706-62-2, L. n° 2016-731, 3 juin 2016)

Pour les infractions relevant du régime complet de la criminalité organisée (C. pr. pén., art. 706-73 et 706-73-1, v. n° **11.21A**) ainsi que pour les crimes contre l'humanité et les crimes de guerre (C. pr. pén., art. 628), le dispositif de protection applicable aux repentis défini au C. pr. pén., art. 706-63-1 (v. n° **18.8D**) peut être mis en œuvre si l'audition du témoin est susceptible de mettre gravement en danger sa vie ou son intégrité physique ou celle de ses proches. Les dispositions d'application figurent dans le D. n° 2014-346, 17 mars 2004 modifié.

2. La protection par la restriction des libertés de l'auteur : incarcération, contrôle judiciaire, sursis probatoire

Dans le cas où la menace provient d'une personne suspectée ou poursuivie, les mesures de sûreté avant jugement pourront être motivées par la nécessité de protéger la victime ou le témoin et d'empêcher toute relation directe ou indirecte entre elle et l'intéressé (v. n° 16.3).

Dans le cas particulier des violences conjugales, l'ordonnance de protection et les sanctions pénales associées contribuent aussi à la protection de victime (v. n° 16.4).

Par diverses prescriptions que le juge peut imposer au condamné au stade de la fixation de la peine ou de son exécution, la sûreté de la victime peut également être prise en compte (v. n° 16.18).

Mentionnons enfin que la qualité de victime ou de témoin constitue une circonstance aggravante des atteintes aux personnes commises pour les influencer ou par représailles.

Lorsqu'une interdiction d'entrer en relation avec la victime est ordonnée à titre de mesure de sûreté à l'égard d'une personne ayant fait l'objet d'un jugement de déclaration d'irresponsabilité pénale, la partie civile peut demander à être informée par le procureur de la République de la levée de l'hospitalisation d'office (hospitalisation complète) dont cette personne aura pu faire l'objet (C. pr. pén., art. 706-136 et 706-138, L. n° 2008-174, 25 févr. 2008).

3. La protection transfrontalière de la victime : la « décision de protection européenne » (L. n° 2015-993, 17 août 2015)

En application de la directive européenne 2011/99/UE, 13 déc. 2011, si une mesure impose à une personne suspectée, poursuivie ou condamnée, une interdiction de paraître dans certains lieux, d'entrer en contact avec la victime ou de l'approcher, le procureur de la République dans le ressort duquel la mesure a été prise peut émettre (État d'émission), sur demande de la victime ou de son représentant légal, une décision de protection européenne, qu'il transmet à l'autorité compétente de l'État d'exécution, accompagnée de sa traduction, aux fins d'étendre sur le territoire de ce dernier, dans lequel séjourne ou va séjourner la victime, la protection dont elle bénéficie en France (C. pr. pén., art. 696-90 et s, L. n° 2015-993, 17 août 2015).

Les décisions de protection européenne en provenance d'un autre État membre sont reçues par le procureur de la République dans le ressort duquel la victime projette de séjourner ou de résider (C. pr. pén., art. 696-97). Il saisit dans les sept jours ouvrables, après avoir procédé à tout complément d'enquête s'il l'estime utile (C. pr. pén., art. 696-98), le JLD, aux fins de reconnaissance et de mise à exécution de la décision de protection européenne (C. pr. pén., art. 696-99). S'il décide de reconnaître la décision, le JLD détermine par ordonnance les mesures de protection prévues par la législation française correspondant, dans la plus large mesure possible, aux mesures décidées par l'État d'émission (C. pr. pén., art. 696-102.). Cette ordonnance est notifiée à l'auteur, elle rappelle les dispositions de C. pén., art. 434-42-1 qui incrimine la violation des obligations ou interdictions imposées par le JLD (v. infraction n° 25.77). Cette mesure est inscrite au FPR (C. pr. pén., art. 230-19 17°, L. n° 2019-222, 23 mars 2019, v. n° 13.17B6).

D. La protection de certaines victimes ou témoins ou des lanceurs d'alerte contre les sanctions ou les discriminations ou représailles dans le cadre de l'emploi

1. Le statut du lanceur d'alerte au regard du droit européen de la liberté d'expression

Dans son arrêt de principe rendu en grande chambre *Guja c/ Modova*, la CEDH, tenant compte « *de l'importance du droit à la liberté d'expression sur des questions d'intérêt général, du droit des fonctionnaires et des autres salariés de signaler les conduites ou actes illicites constatés par eux sur leur lieu de travail* » (§ 97), apprécie la proportionnalité de l'ingérence dans la liberté d'expression, garanti par Conv. EDH, art. 10, que constitue « *la peine infligée et [...] ses conséquences* » (§ 78) à une personne tenue à une obligation de discrétion ou de secret qui a divulgué des informations au regard des **six critères** suivants (dits critères Guja) :

1. L'existence ou non dautres moyens pour procéder à la divulgation : « *la divulgation au public ne doit être envisagée qu'en dernier ressort, en cas d'impossibilité manifeste d'agir autrement* »,

notamment en divulguant « *d'abord auprès de son supérieur ou d'une autre autorité ou instance compétente* » (§ 73) ;

2. « *l'intérêt public que présentait l'information divulguée* » (§ 74) ;

3. « *l'authenticité de l'information divulguée* » (§ 75) ;

4. Le préjudice causé : « *le poids respectif du dommage que la divulgation litigieuse risquait de causer à l'autorité publique et de l'intérêt que le public pouvait avoir à obtenir cette divulgation* » (§ 76) ;

5. La « *bonne foi* » et « *la motivation du salarié qui procède à la divulgation* » (§ 77) » ;

6. La sévérité de la sanction : « *la proportionnalité de l'ingérence par rapport au but légitime poursuivi* » (§ 78) (CEDH 12 févr. 2008 (Gr. Ch.), *Guja c/ Moldova*, n° 14277/04).

Cette approche s'étend aux personnes non salariées : en effet, la CEDH a conclu à une *violation* de Conv. EDH art. 10 relatif à la liberté d'expression à l'occasion de la condamnation, en l'occurrence une dispense de peine et un euro au titre des dommages-intérêts (§ 45), pour violation du secret professionnel d'une avocate qui avait divulgué à la presse un rapport d'expertise couvert par le secret de l'instruction en ce que « *les déclarations de la requérante s'inscrivaient dans le cadre d'un débat d'intérêt général, s'agissant d'une procédure diligentée pour homicide involontaire à l'initiative de victimes de maladies survenues après une vaccination [...]. Les faits concernaient directement une question de santé publique et mettaient en cause non seulement la responsabilité de laboratoires pharmaceutiques [...], mais également des représentants de l'État en charge des questions sanitaires. L'opinion publique était donc assurément intéressée par cette question [...] l'article 10 § 2 de la Convention ne laisse guère de place pour des restrictions à la liberté d'expression dans le domaine du discours politique ou, comme en l'espèce, des questions d'intérêt général* » (§ 53), dès lors « *la protection des informations confidentielles ne pouvait constituer un motif suffisant pour déclarer la requérante coupable de violation du secret professionnel* » (§ 57) (CEDH 5 déc. 2011, *Mor c/ France*, n° 28198/09 ; sur l'arrêt français de condamnation à une dispense de peine et à des dommages-intérêts, v. Crim. 28 oct. 2008, n° 08-81.432, P n° 215) (sur les limites admissibles de la liberté d'expression justifiant la commission d'une infraction, v. n° **10.13E**).

Sous le bénéfice des critères qui précèdent, la CEDH juge contraire à la Conv. EDH, art. 10, garantissant la liberté d'expression et de communication, la condamnation à 1000 € (§ 205) d'amende pour vol, accès frauduleux à un STAD et violation du secret des affaires et du secret professionnel, de l'employé d'une société d'audit et de conseil ayant communiqué des déclarations fiscales témoignant de certaines « *pratiques fiscales en vigueur au Luxembourg, de leur impact à l'échelle européenne ainsi que des stratégies fiscales mises en place par des sociétés multinationales de renom pour déplacer artificiellement des bénéfices vers des pays à faible imposition et, ainsi, éroder les assiettes fiscales d'autres États* » (§ 188) (affaire dite « *Luxleaks* » (CEDH, Grd. Ch., 14 févr. 2023, n° 21884/18, *Halet c/ Luxembourg*).

Mentionnons enfin la directive européenne Dir. (UE), 2019/1937, du Parlement européen et du Conseil, 23 oct. 2019, sur la protection des personnes qui signalent des violations du droit de l'Union, dont la date limite de transposition dans notre droit interne, anticipée par la L. n° 2016-1691, 9 déc. 2016 ci-après examinée, était fixée au 17 déc. 2021 (art. 26). Ses dispositions ont été prises en compte par la L. n° 2022-401, 21 mars 2022, visant à améliorer la protection des lanceurs d'alerte, ci-après exposée, en vigueur le 1er sept. 2022.

2. L'ÉVOLUTION DU STATUT DU LANCEUR D'ALERTE EN DROIT INTERNE

Diverses incriminations ou dispositions du code du travail ou du statut de la fonction publique (v. n° **23.1B**) protègent les victimes ou témoins de faits de harcèlement moral (v. n° **23.6**), de harcèlement sexuel (v. n° **23.5**), ou de faits de discriminations par une personne privée (v. n° **23.2**) ou par une personne publique (v. n° **23.3**), contre les situations de représailles, notamment dans le cadre du travail.

Ces dispositions qui favorisent notamment la dénonciation des faits de harcèlement moral ou sexuel, sont susceptibles de constituer l'ordre de la loi (C. pén., art. 122-4, sur ce fait justificatif, v. n° **10.13C2**) justifiant l'exonération de responsabilité pénale en cas de poursuites pour diffamation, à condition que la révélation des faits ait été faite dans les conditions prévues par le code du travail (Crim. 26 nov. 2019, n° 19-80.360, P).

La loi n° 2013-1117, 6 déc. 2013, relative à la lutte contre la fraude fiscale et la grande délinquance économique et financière a introduit des protections comparables, dans le cadre de la relation de travail, dans le code du travail (art. L. 1132-3-2) et le statut de la fonction publique (anc[t] L. n° 83-634, 13 juill. 1983, art. 6 *ter* A), au profit du « lanceur d'alerte » ayant « *relaté ou témoigné, de bonne foi, de faits constitutifs d'un délit ou d'un crime dont il aurait eu connaissance dans l'exercice de ses fonctions* ». Ce dispositif (v. n° **23.1B**) de protection, qui n'était pas entouré d'incriminations spécifiques, a été modifié par L. n° 2016-1691, 9 déc. 2016, relative à la transparence, à la lutte contre la corruption et à la modernisation de la vie économique.

Un dispositif comparable était prévu au profit de la personne ayant relaté ou témoigné, de bonne foi, à son employeur, à l'autorité de déontologie de son organisation, à une association de lutte contre la corruption agréée, aux autorités judiciaires ou administratives, de faits relatifs à une situation de **conflit d'intérêts**, définie comme une situation d'interférence entre un intérêt public et des intérêts publics ou privés de nature à influencer ou à paraître d'influencer l'exercice indépendant, impartial et objectif d'une fonction (L. n° 2013-907, 11 oct. 2013, art. 25, abrogé par L. n° 2016-1691, 9 déc. 2016). Ces dispositions relatives au signalement du conflit d'intérêts ont été reprises dans le CGFP, notamment art. L. 121-5, L. 135-1 et L. 135-3, ainsi que dans le C. défense, notamment art. L. 4122-3 et L. 4122-4.

La L. n° 2016-1691, 9 déc. 2016, modifiant ou abrogeant les dispositions législatives précitées, a apporté une définition générale du lanceur d'alerte, qui fut modifiée par L. n° 2022-401, 21 mars 2022, visant à améliorer la protection des lanceurs d'alerte, laquelle a notamment pris en compte la directive (UE), 2019/1937, du Parlement européen et du Conseil, 23 oct. 2019, sur la protection des personnes qui signalent des violations du droit de l'Union.

3. La définition du lanceur d'alerte

« *Un lanceur d'alerte est une personne physique qui ~~révèle ou signale~~ ou divulgue, ~~de manière désintéressée~~ sans contrepartie financière directe et de bonne foi, des informations portant sur un crime, un délit, une menace ou un préjudice pour l'intérêt général, une violation ou une tentative de dissimulation d'une violation d'un engagement international régulièrement ratifié ou approuvé par la France, d'un acte unilatéral d'une organisation internationale pris sur le fondement d'un tel engagement, du droit de l'Union européenne, de la loi ou du règlement. Lorsque les informations n'ont pas été obtenues dans le cadre des activités professionnelles mentionnées au I de l'article 8, le lanceur d'alerte doit en avoir eu personnellement connaissance~~, dont elle a eu personnellement connaissance.~~* » (L. n° 2016-1691, 9 déc. 2016, art. 6. I, mod. par L. n° 2022-401, 21 mars 2022 ; NB : les éléments saillants de l'ancienne rédaction figurent en caractère barré).

4. L'irresponsabilité pénale du lanceur d'alerte et sa portée

Le lanceur d'alerte bénéficie d'une cause d'irresponsabilité (v. aussi n° **10.13D**) couvrant l'infraction de violation du **secret protégé par la loi** (v. n[os] **35.10** et **35.11**) : « *N'est pas pénalement responsable la personne qui porte atteinte à un secret protégé par la loi, dès lors que cette divulgation est nécessaire et proportionnée à la sauvegarde des intérêts en cause, qu'elle intervient dans le respect des "conditions" ~~procédures~~ (réd. issue L. n° 2022-401, 21 mars 2022) de signalement définies par la loi et que la personne répond aux critères de définition du lanceur d'alerte prévus à l'article 6 de la loi n° 2016-1691 du 9 déc. 2016 relative à la transparence, à la lutte contre la corruption et à la* *modernisation de la vie économique* » (C. pén., art. 122-9, issu L. n° 2016-1691, 9 déc. 2016, art. 7).

« *Les personnes ayant signalé ou divulgué des informations dans les conditions prévues aux [art. 6 et 8] bénéficient de l'irresponsabilité pénale prévue à l'article 122-9 du code pénal* » (L. n° 2016-1691, 9 déc. 2016, art. 10-1 I, issu L. n° 2022-401, 21 mars 2022).

La L. n° 2022-401, 21 mars 2022 a étendu cette cause d'irresponsabilité au « *lanceur d'alerte qui soustrait, détourne ou recèle les documents ou tout autre support contenant les informations dont il a eu connaissance de manière licite et qu'il signale ou divulgue dans les conditions mentionnées* » ci-dessus (C. pén., art. 122-9, mod. par L. n° 2022-401, 21 mars 2022).

Par application de C. pén., art. 112-1 (v. n° **10.4C2**), ces dispositions moins sévères s'appliquent aux infractions commises avant leur entrée en vigueur et n'ayant pas donné lieu à une condamnation passée en force de chose jugée (Crim. 17 oct. 2018, n° 17-80.485, D).

Il appartiendra à la jurisprudence de fixer le périmètre de la notion d'« *atteinte à un secret protégé par la loi* », susceptible de concerner non seulement le secret professionnel, mais aussi le secret des correspondances, et le recel de la violation de ces secrets.

Toutefois, le bénéfice de cette protection ne peut toucher « *Les faits, informations ou documents, quel que soit leur forme ou leur support, "dont la révélation ou la divulgation est interdite par les dispositions relatives au"* ~~*couverts par le*~~ *secret de la défense nationale, au secret médical, "au secret des délibérations judiciaires, au secret de l'enquête ou de l'instruction judiciaires ou au secret professionnel de l'avocat"* ~~*ou le secret des relations entre un avocat et son client*~~ » (L. n° 2016-1691, 9 déc. 2016, art. 6, mod. par L. n° 2022-401, 21 mars 2022), la loi nouvelle ajoutant donc le secret judiciaire au secret-défense, au secret médical et au secret de l'avocat.

5. L'irresponsabilité civile du lanceur d'alerte et sa portée

« *Les personnes ayant signalé ou divulgué publiquement des informations dans les conditions prévues aux articles 6 et 8 ne sont pas civilement responsables des dommages causés du fait de leur signalement ou de leur divulgation publique dès lors qu'elles avaient des motifs raisonnables de croire, lorsqu'elles y ont procédé, que le signalement ou la divulgation publique de l'intégralité de ces informations était nécessaire à la sauvegarde des intérêts en cause* » (L. n° 2016-1691, 9 déc. 2016, art. 10-1 I, issu L. n° 2022-401, 21 mars 2022). Cette cause d'irresponsabilité civile reste donc subordonnée aux conditions d'application du statut de lanceur d'alerte, notamment à la condition de bonne foi.

6. L'extension de l'irresponsabilité pénale ou civile aux complices et personnes en lien avec le lanceur d'alerte

L'irresponsabilité pénale a été étendue au complice du lanceur d'alerte (C. pén., art. 122-9, mod. par L. n° 2022-401, 21 mars 2022).

En outre, bénéficient de l'irresponsabilité pénale et civile du lanceur d'alerte les « *facilitateurs, entendus comme toute personne physique ou toute personne morale de droit privé à but non lucratif qui aide un lanceur d'alerte à effectuer un signalement ou une divulgation* » conforme aux exigences de la loi, aux « *personnes physiques en lien avec un lanceur d'alerte, [...], qui risquent de faire l'objet de l'une des mesures [de sanction] dans le cadre de leurs activités professionnelles de la part de leur employeur, de leur client ou du destinataire de leurs services* », ainsi que les « *entités juridiques contrôlées [...] par un lanceur d'alerte [...] pour lesquelles il travaille ou avec lesquelles il est en lien dans un contexte professionnel* » (L. n° 2016-1691, 9 déc. 2016, art. 6-1, issu L. n° 2022-401, 21 mars 2022).

7. Les conditions du signalement du lanceur d'alerte

La cause d'irresponsabilité pénale ou civile ne peut s'appliquer que si le lanceur d'alerte « *agit sans contrepartie financière directe et de bonne foi* » (L. n° 2016-1691, 9 déc. 2016, art. 6, mod. par L. n° 2022-401, 21 mars 2022), que la « *divulgation est nécessaire et proportionnée à la sauvegarde des intérêts en cause* », et « *qu'elle intervient dans le respect des conditions de signalement définies par la loi et que la personne répond aux critères de définition du lanceur d'alerte prévue à l'article 6* » (C. pén., art. 122-9).

La L. n° 2016-1691, 9 déc. 2016, art. 8, mod. par L. n° 2022-401, 21 mars 2022 définit ainsi une **procédure de signalement du lanceur d'alerte**, dont le respect est une condition d'application de la cause d'irresponsabilité pénale prévue au C. pén., art. 122-9 et d'irresponsabilité civile prévue par L. n° 2016-1691, 9 déc. 2016, art. 10-1 I, issu L. n° 2022-401, 21 mars 2022). Ce signalement est interne, externe ou public (L. n° 2016-1691, 9 déc. 2016, art. 7, mod. par L. n° 2022-401, 21 mars 2022).

• **La procédure de signalement interne** permet aux personnes physiques qui ont « *eu connaissance des informations concernées dans le cadre de leurs activités professionnelles* » (L. n° 2016-1691, 9 déc. 2016, art. 7-1, issu L. n° 2022-401, 21 mars 2022), de signaler les faits par la voie interne « *lorsqu'elles estiment qu'il est possible de remédier efficacement à la violation par cette voie et qu'elles ne s'exposent pas à un risque de représailles* » (L. n° 2016-1691, 9 déc. 2016, art. 8 I.A., mod. par L. n° 2022-401, 21 mars 2022). Le signalement interne semble donc désormais présenter un caractère facultatif, laissé à l'appréciation de son auteur, alors qu'il était un préalable obligatoire avant L. n° 2022-401, 21 mars 2022, sauf en cas de danger grave ou imminent. Il est effectué auprès du supérieur hiérarchique, de l'employeur ou de référent désigné par lui, ou, dans les entités qui sont tenues en raison de leur nature et de leur taille d'établir une procédure interne de recueil et de traitement des signalements, auprès du référent désigné (L. n° 2016-1691, 9 déc. 2016, art. 8 I.B., mod. par L. n° 2022-401, 21 mars 2022). Le D. n° 2017-564, 19 avr. 2017, pris en application de la L. n° 2016-1691, 9 déc. 2016, art. 8 I. B, abrogé et remplacé par le D. n° 2022-1284, 3 oct. 2022, organise à cet égard le dispositif de recueil des signalements émis par les lanceurs d'alerte au sein des personnes morales de droit public ou de droit privé ou des administrations de l'État.

• **La procédure de signalement externe** est ouverte à tout lanceur d'alerte, « *après avoir adressé un signalement interne ou directement* » (L. n° 2016-1691, 9 déc. 2016, art. 7-1, issu L. n° 2022-401, 21 mars 2022). Les destinataires habilités à recevoir le signalement externe sont limitativement énumérés : il s'agit des autorités désignées par décret (liste figurant en annexe du D. n° 2022-1284, 3 oct. 2022), du défenseur des droits, de l'autorité judiciaire, ou d'une institution de l'Union européenne compétente pour recueillir des informations sur des violations de la directive (UE) 2019/1937 (L. n° 2016-1691, 9 déc. 2016, art. 8 II, mod. par L. n° 2022-401, 21 mars 2022).

La procédure de recueil et de traitement des signalements par les autorités externes est fixée par le D. n° 2022-1284, 3 oct. 2022.

Précisons que le Défenseur des droits est chargé « *d'informer, de conseiller et d'orienter vers les autorités compétentes toute personne signalant une alerte dans les conditions fixées par la loi et de défendre les droits et libertés des lanceurs d'alerte ainsi que des personnes protégées dans le cadre d'une procédure d'alerte* » (LO n° 2011-333, 29 mars 2011, art. 4, mod. par LO n° 2022-400, 21 mars 2022). « *tout lanceur d'alerte, [...], peut adresser un signalement au Défenseur des droits* » ; « *lorsque le signalement qui lui est adressé relève de sa compétence, le Défenseur des droits le recueille, le traite, selon une procédure indépendante et autonome, et fournit un retour d'informations à son auteur* » ; « *lorsque le signalement relève de la compétence d'une autre autorité [...] le Défenseur des droits oriente son auteur vers celle-ci* » (LO n° 2011-333, 29 mars 2011, art. 35, mod. par LO n° 2022-400, 21 mars 2022, visant à renforcer le rôle du Défenseur des droits en matière de signalement d'alerte).

• **La procédure de divulgation publique** n'est admise, pour justifier l'irresponsabilité pénale du lanceur d'alerte, que dans trois hypothèses (L. n° 2016-1691, 9 déc. 2016, art. 8 III, mod. par L. n° 2022-401, 21 mars 2022) :

1° lorsqu'un signalement externe n'a donné lieu à « *aucune mesure appropriée* » dans le délai de « *retour d'information* » à l'auteur du signalement, fixé par décret ;

2° en « *cas de danger grave et imminent* », ou en cas de « *danger imminent ou manifeste pour l'intérêt général* », notamment lorsqu'il existe une situation d'urgence ou un risque de préjudice irréversible ;

3° lorsque le signalement aux autorités compétentes pour recevoir un signalement externe ferait encourir un risque de représailles, ou ne permettrait pas, en raison des circonstances de l'affaire, de remédier efficacement à l'objet de la divulgation.

Le lanceur d'alerte qui a procédé à une divulgation publique « *de manière anonyme* » bénéficie des « *mêmes protections* » lorsque son « *identité est révélée par la suite* » (L. n° 2016-1691, 9 déc. 2016, art. 7-1 issu L. n° 2022-401, 21 mars 2022).

8. La protection due aux lanceurs d'alerte

La L. n° 2016-1691, 9 déc. 2016 incrimine toute personne qui fait obstacle au signalement interne ou externe du lanceur d'alerte (1 an, 15 000 €, L. n° 2016-1691, 9 déc. 2016, art. **13**), le garantit contre la divulgation de son identité, à peine de sanctions pénales (2 ans, 30 000 €, art. **9**), et le protège civilement contre les mesures de rétorsion prises dans le cadre de son travail en raison de son alerte (C. trav., art. L. 1121-2 et L. 1132-3-3 pour le secteur privé ; CGFP, art. L. 135-4 (anc[t], L. n° 83-634, 13 juill. 1983, art. 6 *ter* A) pour les fonctionnaires ; C. défense, art. L. 4122-4, s'agissant des militaires ; dispositions modifiées par L. n° 2016-1691, 9 déc. 2016 et L. n° 2022-401, 21 mars 2022). La protection est par ailleurs étendue aux personnes autres que celles visées par ces dispositions (ex. cocontractants, collaborateurs extérieurs) (L. n° 2016-1691, 9 déc. 2016, art. 10-1 II issu L. n° 2022-401, 21 mars 2022), la charge de la preuve du caractère légitime de la mesure de sanction incombe, comme dans les autres cas, au défendeur (L. n° 2016-1691, 9 déc. 2016, art. 10-1 III issu L. n° 2022-401, 21 mars 2022).

Depuis L. n° 2022-401, 21 mars 2022, la protection contre les mesures discriminatoires prises contre le lanceur d'alerte, jusqu'alors exclusivement civile, s'étend à la protection pénale puisque cette qualité est désormais visée par l'incrimination de discrimination prévue par C. pén., art. 225-1 et 225-2 (v. n° **23.2**, cas **8 *bis***). Le facilitateur et la personne en lien avec un lanceur d'alerte jouissent de cette même protection pénale.

« *Sans préjudice de l'octroi de dommages et intérêts à la partie victime de la procédure dilatoire ou abusive* », lorsqu'une procédure abusive est « *dirigée contre un lanceur d'alerte en raison des informations signalées ou divulguées, le montant de l'amende civile qui peut être prononcée dans les conditions prévues au C. pr. pén., art. 177-2, 212-2 et 392-1, dernier al., ou par les juridictions civiles en cas d'action abusive ou dilatoire est porté à 60 000 €* » (au lieu de 15 000 €) (L. n° 2016-1691, 9 déc. 2016, art. 13 II issu L. n° 2022-401, 21 mars 2022) (sur la plainte avec constitution de partie civile ou la citation directe abusive ou dilatoire, v. n° **16.10A8** et **16.10B6**).

Soulignons que le Défenseur des droits « *peut être saisi par toute personne pour rendre un avis sur sa qualité de lanceur d'alerte au regard des conditions fixées* », il rend son avis « *dans un délai de six mois à compter de la réception de la demande* » (LO n° 2011-333, 29 mars 2011, art. 35, mod. par LO n° 2022-400, 21 mars 2022).

Au-delà du dispositif du lanceur d'alerte ci-dessus décrit, les fonctionnaires publics et les autorités constituées ont une obligation générale de révélation au procureur de la République des crimes et délits dont ils ont connaissance, et jouissent également d'une protection à l'occasion de l'exercice de ce devoir de révélation (CGFP, art. L. 135-4 et C. défense, art. L. 4122-4 ; sur ce devoir de révélation au parquet, C. pr. pén., art. 40, v. n° **35.9B1**).

E. La régularisation du séjour de l'étranger victime d'infractions de traite des êtres humains ou de proxénétisme ou témoin de ces infractions

Sauf si sa présence constitue une menace à l'ordre public, une **carte de séjour temporaire portant la mention vie privée et familiale** ~~**peut être**~~ « *est* » (L. n° 2016-444, 13 avr. 2016) délivrée à l'étranger qui dépose plainte contre une personne qu'il accuse d'avoir commis à son encontre les infractions de traite des êtres humains visées aux articles 225-4-1 à 225-4-6 (v. n° 20.116) et de proxénétisme visés aux articles 225-5 à 225-10 du code pénal (v. n°s 20.105 à 20.110) du code pénal ou témoigne dans une procédure pénale concernant une personne poursuivie pour ces mêmes infractions. La condition préalable d'un séjour justifié par un visa d'entrée autre que touristique (Ceseda, art. L. 412-1, anc^t^ art. L. 313-2) n'est pas opposable. Cette autorisation provisoire de séjour ouvre droit à l'exercice d'une activité professionnelle. Elle est renouvelée pendant toute la durée de la procédure pénale, sous réserve que les conditions prévues pour sa délivrance continuent d'être satisfaites (Ceseda, art. L. 425-1, anc^t^ L. 316-1).29

En cas de condamnation définitive de la personne mise en cause, une carte de résident d'une durée de dix ans est délivrée à l'étranger ayant déposé plainte ou témoigné, sous réserve de la régularité de son séjour (Ceseda, art. L. 425-3, anc^t^ art. L. 314-11, 10°).

Dans des conditions comparables, une **autorisation provisoire de séjour d'une durée minimale de six mois** est délivrée à la personne victime des mêmes infractions (la condition de plainte ou de témoignage n'est toutefois pas exigée) qui, ayant cessé l'activité de prostitution, est engagée dans le « *parcours de sortie de la prostitution et d'insertion sociale* » prévu au CASF, art. L. 121-9 (Ceseda, art. L. 425-4, anc^t^ L. 316-1-1, dispositif issu de L. n° 2016-444, 13 avr. 2016).

S'il dispose d'éléments permettant de considérer que l'étranger est susceptible de porter plainte ou de témoigner, **le service de police ou de gendarmerie l'informe** dans une langue qu'il comprend de ses possibilités d'admission au séjour et d'exercice d'une activité professionnelle, des mesures d'accueil et d'hébergement et de la possibilité d'obtenir une aide juridique pour défendre ses droits (Ceseda, art. R. 425-1, anc^t^ R. 316-1, D. n° 2007-1352, 13 sept. 2007) En l'absence d'une telle information qu'il revient aux services de police de délivrer, « *l'étranger est fondé à se prévaloir du délai de réflexion pendant lequel aucune mesure de reconduite à la frontière ne peut être prise, ni exécutée, notamment dans l'hypothèse où il a effectivement porté plainte par la suite* » (CE 15 juin 2012, req. n° 339209). Le mineur étranger relève quant à lui de l'assistance éducative (v. n° 20.111).

F. La protection des victimes de traite des êtres humains ou du proxénétisme

Les personnes victimes de l'une des infractions de traite des êtres humains (v. n° 20.117) ou de proxénétisme (v. n^os^° 20.105 à 20.110) ayant contribué par leur témoignage à la manifestation de la vérité et dont la vie et l'intégrité physique est gravement mise en danger sur le territoire national, ainsi que les membres de leur famille ou leurs proches, peuvent en tant que de besoin faire l'objet des mesures de protection prévues au C. pr. pén., art. 706-63-1 pour les repentis (C. pr. pén., art. 706-40-1, L. n° 2016-444, 13 avr. 2016). Cette protection réserve l'application de C. pr. pén., art. 62 et n'interdit donc pas la comparution forcée du témoin.

Ces victimes peuvent ainsi bénéficier d'une protection destinée à assurer leur sécurité, de mesures de réinsertion, et peuvent être autorisées à faire usage d'une identité d'emprunt (C. pr. pén., art. 706-63-1) (v. n° 18.8D).

Par ailleurs, dans chaque département, un dispositif de protection des victimes de la prostitution, du proxénétisme ou de la traite des êtres humains leur fournit l'assistance dont elles ont besoin, notamment en leur procurant un placement, en prévoyant un parcours de sortie de la prostitution et d'insertion sociale et professionnelle (CASF, art. L. 121-9, L. n° 2016-444, 13 avr. 2016).

16.3 La sauvegarde des intérêts de la victime dans les mesures de contrainte sur la personne avant jugement

Si les intérêts de la victime peuvent être pris en compte dans le cadre des procédures alternatives aux poursuites (v. n° 16.11) ou lors de la fixation et l'exécution de la peine

(v. nº **16.18**), les mesures de contrainte prises avant jugement sur la personne suspectée, mise en examen ou poursuivie, peuvent également répondre à cet objectif.

• La **garde à vue** du suspect peut notamment être motivée par la nécessité « *d'empêcher que la personne ne fasse pression sur les témoins ou les victimes ainsi que sur leur famille ou leurs proches* » ou pour « *garantir la mise en œuvre des mesures destinées à faire cesser le crime ou le délit* » (C. pr. pén., art. 62-2 et 77, sur les conditions de fond de la garde à vue, v. nº **12.8A**).

• Dans la continuité de ces objectifs, la **détention provisoire** peut également être motivée par la nécessité « *d'empêcher une pression sur les témoins ou les victimes ainsi que sur leur famille* » ou de « *mettre fin à l'infraction ou de prévenir son renouvellement* » (C. pr. pén., art. 144, sur les conditions de fond de la détention provisoire, v. nº **12.37B**).

L'interdiction de recevoir ou de rencontrer la victime ou d'entrer en relation de quelque façon que ce soit avec elle doit être ordonnée par la juridiction « *lorsqu'une mise en liberté est ordonnée* » « *mais qu'elle est susceptible de faire courir un risque à la victime* », laquelle doit être alors avisée de son placement sous contrôle judiciaire (C. pr. pén., art. 138 9° et 144-2, sur les conditions accompagnant la mise en liberté, v. nº **12.43B2**).

Il en est de même lorsque la mise en liberté d'une personne intervient du fait de l'épuisement du délai maximal de la détention provisoire (sur la durée de la détention provisoire, v. nº **12.43** et **12.46**), mais qu'elle est susceptible de faire courir un risque à la victime (C. pr. pén., art. 144-2).

Dans les deux cas, si la victime est partie civile, cet avis est également adressé à son avocat. Il précise les conséquences susceptibles de résulter pour la personne mise en examen du non-respect de cette interdiction (C. pr. pén., art. 138-1 et 144-2).

• Dans le cadre du **contrôle judiciaire**, les obligations imposées à la personne mise en examen ou poursuivie permettent de lui interdire de « *recevoir ou de rencontrer certaines personnes spécialement désignées* » par le juge, « *ainsi que d'entrer en relation avec elles, de quelque façon que ce soit* » (C. pr. pén., art. 138 9°, v. nº **12.48B**), et d'imposer des mesures particulières d'éviction du conjoint violent du logement du couple exposées au nº **16.5D** (C. pr. pén., art. 138 17°, v. nº **12.48C**). Les mesures de contrôle de la résidence et des déplacements peuvent également compléter ces objectifs de protection de la victime (C. pr. pén., art. 138, v. nº **12.48A**). La L. nº 2019-1480, 28 déc. 2019, a en outre institué une modalité nouvelle du contrôle judiciaire consistant dans la pose d'un bracelet anti-rapprochement (C. pr. pén., art. 138 17°*bis* et 138-3, v. nº **12.48C2**).

L'avis donné de la décision aux chefs de service de police ou de gendarmerie du lieu de résidence de l'intéressé (C. pr. pén., art. R. 17-1) et l'inscription de la mesure de contrôle judiciaire au **FPR** (C. pr. pén., art. 230-19 2°) favorisent sa surveillance et son contrôle, et notamment la mise en œuvre, en cas de violation des obligations, des dispositions permettant l'arrestation et la retenue de la personne (C. pr. pén., art. 141-4, v. nº **12.2A**) en vue de la révocation du contrôle judiciaire (C. pr. pén., art. 141-2, v. nº **12.53D**).

Lorsque la personne mise en examen est placée sous contrôle judiciaire avec l'interdiction de recevoir, de rencontrer la victime ou d'entrer en relation de quelque façon que ce soit avec elle (sur ces mesures, v. nºˢ **12.48B** et **12.48C**) le juge d'instruction ou le JLD adresse à cette dernière un avis l'informant de cette mesure. Si la victime est partie civile, cet avis est également adressé à son avocat. Il précise les conséquences susceptibles de résulter pour la personne mise en examen du non-respect de cette interdiction (C. pr. pén., art. 138-1).

• Le **cautionnement et les sûretés** réelles ou personnelles, également imposés dans le cadre du contrôle judiciaire, peuvent garantir l'indemnisation des victimes selon une part que le juge spécifie (C. pr. pén., art. 142, v. nº **12.49A**). Il en est de même pour l'obligation de contribuer aux charges familiales ou de payer les pensions alimentaires (C. pr. pén., art. 138 16°, v. nº **12.49B**).

• **L'ARSE fixe et l'ARSE mobile** (C. pr. pén., art. 142-5 et s.), le cas échéant complétées des mesures de contrôle judiciaire qui peuvent les accompagner, permettent d'assurer l'éloignement de l'auteur et de la victime (sur l'ARSE, v. nº **12.54** et s.), en particulier dans l'hypothèse de l'ARSE mobile qui permet d'assurer la surveillance en continu du franchissement de périmètres tampon et d'exclusion (v. nº **12.57B**), notamment lorsqu'un dispositif anti-rapprochement ou d'alerte a été mis à la disposition de la victime (v. nº **16.5D**), favorisant ainsi la mise en œuvre des mesures d'arrestation et de retenue de la personne (C. pr. pén., art. 141-4, v. nº **12.2A**) en vue de la révocation de l'ARSE (C. pr. pén., art. 142-8 et 142-12, v. nº **12.57C**).

• La **protection particulière du conjoint victime** à l'occasion des mesures de sûreté avant jugement ou des décisions de libération en cas d'incarcération fait l'objet des précisions apportées au nº **16.5D**.

• Mentionnons enfin que si la partie civile ne peut interjeter **appel** d'une décision portant sur la détention provisoire, le contrôle judiciaire ou l'ARSE (C. pr. pén., art. 186, v. nº **12.62C**), elle est néanmoins, en cas d'appel du parquet ou de la personne, convoquée à l'audience de la CHINS (C. pr. pén., art. 197, v. nº **12.64A2**) et admise à y déposer un mémoire et à développer ses observations orales (C. pr. pén., art. 198, v. nº **12.64C**).

16.4 La protection du conjoint ou des enfants au sein du couple : l'ordonnance de protection (C. civ., art. 515-9 et 515-12) (L. nº 2010-769, 9 juill. 2010)

A. Le domaine de l'ordonnance de protection

1. Les personnes concernées par l'ordonnance de protection : victimes de violences au sein du couple ou menacées de mariage forcé

Lorsque les **violences exercées au sein du couple** ou par un ancien conjoint, partenaire lié par un Pacs, ou concubin, « *y compris lorsqu'il n'y a pas de cohabitation* » ou « *lorsqu'il n'y a jamais eu de cohabitation* » (L. nº 2019-148, 28 déc. 2019), mettent en danger la personne qui en est victime ou un ou plusieurs enfants, le juge peut, s'il « *existe des raisons sérieuses de considérer comme vraisemblables la commission des faits de violence allégués et le danger auquel la victime ou un ou plusieurs enfants sont exposés* », délivrer à la victime une **ordonnance de protection** (C. civ., art. 515-9 et 515-12).

La délivrance de l'ordonnance de protection « *n'est pas conditionnée à l'existence d'une plainte pénale préalable* » (C. civ., art. 515-10 (mod. par L. nº 2019-148, 28 déc. 2019)).

Une ordonnance de protection peut également être délivrée par le JAF à une personne **majeure menacée d'un mariage forcé** (C. civ., art. 515-13) (V. circonstance aggravante des atteintes aux personnes, notamment nºs **20.19**, **20.25**, **20.29**, **20.35**) (« *Quelle que soit la loi personnelle applicable, le mariage requiert le consentement des époux* » C. civ., art. 202-1).

2. Les mesures pouvant être imposées par l'ordonnance de protection (C. civ., art. 515-11)

Dans les conditions de tenue des débats précisées au **B2**, ci-dessous, le JAF peut ordonner les mesures suivantes :

• 1° Interdire à la partie défenderesse de **recevoir ou de rencontrer** certaines personnes spécialement désignées par le juge aux affaires familiales, ainsi que d'entrer en relation avec elles, de quelque façon que ce soit. Cette mesure est inscrite au FPR (C. pr. pén., art. 230-19 17°, L. nº 2019-222, 23 mars 2019, v. nº **13.17B6**). Depuis L. nº 2019-1480, 28 déc. 2019, le juge qui prononce cette interdiction doit également l'assortir, sauf dispense spécialement motivée, de l'interdiction de porter ou de détenir une arme prévue par C. civ., art. 515-11 2° (v. ci-dessous). Lorsque l'interdiction de contact est prononcée, le juge « *peut ordonner, après avoir recueilli le consentement des deux parties, le port par chacune d'elles d'un dispositif électronique mobile anti-rapprochement permettant à tout moment de signaler que la partie défenderesse se trouve à moins d'une certaine distance de la partie demanderesse, fixée par* *l'ordonnance. En cas de refus de la partie défenderesse faisant obstacle au prononcé de cette mesure, le juge [...] en avise immédiatement le procureur de la République* » (C. civ., art. 515-11-1, issu L. n° 2019-1480, 28 déc. 2019). Ce dispositif civil est à rapprocher de la modalité nouvelle du contrôle judiciaire constituée par la pose d'un bracelet anti-rapprochement, dont le régime est distinct de celui de l'ARSE, institué pour les violences conjugales punies d'une peine ⩾ 3 ans par L. n° 2019-1480, 28 déc. 2019 (C. pr. pén., art. 138 17° *bis* et 138-3, v. n° **12.48C2**). À la différence du dispositif imposé dans le cadre d'un contrôle judiciaire, celui mis en œuvre dans le cadre d'une ordonnance de protection n'est pas inscrit au FPR. Précisons qu'en cas d'incarcération du porteur du bracelet, « *le personnel de l'administration pénitentiaire procède à la dépose du dispositif [...]. La pose du bracelet anti-rapprochement [...] doit de nouveau intervenir [...], au moment de la libération de la personne détenue ou d'une cessation, même temporaire, de son incarcération* », sauf si l'ordonnance de protection a pris fin à cette date (C. pr. pén., art. D. 51, issu D. n° 2021-1820, 24 déc. 2021).

• **1° *bis*** « *interdire à la partie défenderesse de se rendre dans certains lieux spécialement désignés par le juge [...] dans lesquels se trouve de façon habituelle la partie demanderesse* » (interdiction créée par L. n° 2019-1480, 28 déc. 2019) ;

• **2°** Interdire à la partie défenderesse de **détenir ou de porter une arme** « *et, le cas échéant, lui ordonner de remettre au service de police ou de gendarmerie qu'il désigne les armes dont elle est détentrice en vue de leur dépôt au greffe* » (disposition reformulée et transférée en 2 *bis* par L. n° 2022-52, 24 janv. 2022). Sauf dispense spécialement motivée, cette interdiction doit être obligatoirement prononcée depuis L. n° 2019-1480, 28 déc. 2019, lorsque le juge prononce une interdiction de contact au titre de C. civ., art. L. 515-11 1° ci-dessus. Cette mesure est inscrite au FPR (C. pr. pén., art. 230-19 17°, L. n° 2019-222, 23 mars 2019, v. n° **13.17B6**). De plein droit, les personnes faisant l'objet d'une telle interdiction « *sont interdites d'acquisition et de détention d'armes de toutes catégories* » (CSI, art. L. 312-3-2, issu L. n° 2019-1480, 28 déc. 2019). Cette interdiction est inscrite au Fichier national des interdits d'acquisition et de détention d'arme (FINIADA) sur le fondement de CSI, art. L. 312-16 (mod. par L. n° 2019-1480, 28 déc. 2019). « *La procédure conduisant à l'inscription est la suivante : – Le JAF notifie au procureur de la République l'ordonnance de protection. – Le procureur de la République en informe sans délai le préfet du lieu de domicile du défendeur, compétent pour procéder à l'inscription au FINIADA. – Le préfet inscrit la personne au FINIADA pour une durée de 6 mois à compter de la notification de l'ordonnance. Au dernier jour du 6e mois, l'inscription au fichier est automatiquement levée. Si l'ordonnance de protection est prolongée dans les conditions de l'article 515-12 du code civil, le juge [...] doit en informer le procureur de la République, lequel doit transmettre sans délai l'information au préfet compétent. Si le défendeur détient déjà des armes, l'inscription au FINIADA doit être suivie d'une procédure de remise des armes auprès des services de police ou de gendarmerie. En cas de refus de la personne de remettre ses armes, le préfet devra saisir le JLD aux fins de se voir autoriser à procéder à la saisie des armes au domicile du défendeur, et en informer le procureur de la République* » en application de CSI, art. L. 312-8 et R. 312-68 (Circ. CRIM n° 2020-3/H2, 23 janv. 2020, NOR : JUSD2002214C, n° I-1.3.3) (sur la procédure administrative de saisie et de remise des armes, v. n° **26.12**) ;

• **2° *bis*** « *Ordonner à partie défenderesse de remettre au service de police ou de gendarmerie le plus proche les armes dont elle est détentrice* » (réd. issue L. n° 2022-52, 24 janv. 2022) ;

• **2° *ter*** « *Proposer à la partie défenderesse une prise en charge sanitaire, sociale ou psychologique ou un stage de responsabilisation pour la prévention et la lutte contre les violences au sein du couple et sexistes. En cas de refus de la partie défenderesse, le juge [...] en avise immédiatement le procureur de la République* » (mesure créée par L. n° 2019-1480, 28 déc. 2019). « *Il s'agit ici d'une incitation et le juge n'est pas chargé du suivi de ces soins ou de ce stage. Le refus ou la non-exécution de cette invitation ne sera donc pas constitutif de l'infraction pénale de violation d'une obligation d'une ordonnance de protection. En cas de refus, le juge [...] doit toutefois en aviser le procureur de la République afin que ce dernier puisse, s'il l'estime nécessaire, imposer une telle mesure dans le cadre d'une procédure pénale* » (Circ. CRIM n° 2020-3/H2, 23 janv. 2020, NOR : JUSD2002214C, n° I-1.3.1) ;

• **3°** Statuer sur la **résidence séparée des époux.** « *à la demande du conjoint qui n'est pas l'auteur des violences, la jouissance du logement conjugal lui est attribuée, sauf circonstances particulières, sur ordonnance spécialement motivée, et même s'il a bénéficié d'un logement d'urgence. Dans ce cas, la prise en charge des frais afférents peut être à la charge du partenaire ou concubin violent* » (réd. issue L. n° 2019-1480, 28 déc. 2019). Ainsi « *afin de renforcer la protection des victimes, une obligation de motivation spéciale est créée* [par L. n° 2019-1480, 28 déc. 2019] *en cas d'attribution du logement du couple au défendeur. Elle devra être justifiée au regard de circonstances particulières. Cette motivation spéciale ne s'impose néanmoins que si le demandeur avait demandé l'attribution du logement* » (Circ. CRIM n° 2020-3/H2, 23 janv. 2020, NOR : JUSD2002214C, n° I-1.3.2). Les dispositions relatives aux voies d'exécution ne sont pas applicables à l'expulsion du conjoint, du partenaire lié par un pacte civil de solidarité ou du concubin violent (C. pr. exéc., art. L. 412-8 – anc[t] L. n° 91-650, 9 juill. 1991, art. 66-1) ;

• **4°** Statuer sur le logement commun des **partenaires d'un PACS ou concubins.** L'attribution du logement est réglée selon les mêmes principes que ceux appliqués au couple marié (v. ci-avant) ;

• **5°** Se prononcer sur les **modalités d'exercice de l'autorité parentale** (notamment, sur l'interdiction de sortie de l'enfant du territoire français, v. n° **16.5C**) et, le cas échéant, sur la **contribution aux charges du mariage** pour les couples mariés, sur l'aide matérielle au sens de l'article 515-4 pour les partenaires d'un pacte civil de solidarité et sur la contribution à l'entretien et à l'éducation des enfants. Lorsqu'une interdiction de contact a été ordonnée « *la décision de ne pas ordonner l'exercice du droit de visite dans un espace de rencontre désigné ou en présence d'un tiers de confiance est spécialement motivée* » (mod. issue L. n° 2019-1480, 28 déc. 2019) ;

• **6°** Autoriser la partie demanderesse à **dissimuler son domicile ou sa résidence et à élire domicile chez l'avocat qui l'assiste ou la représente ou auprès du procureur de la République** près le tribunal judiciaire pour toutes les instances civiles dans lesquelles elle est également partie. Si, pour les besoins de l'exécution d'une décision de justice, le commissaire de justice chargé de cette exécution doit avoir connaissance de l'adresse de cette personne, celle-ci lui est communiquée, sans qu'il puisse la révéler à son mandant ;

• **7°** Prononcer **l'admission provisoire à l'aide juridictionnelle** de la partie demanderesse en application du premier alinéa de l'article 20 de la loi n° 91-647 du 10 juillet 1991 relative à l'aide juridique.

Lorsque l'ordonnance est prise pour protéger une **personne majeure menacée d'un mariage forcé**, seules les mesures 1, 2, 2 *bis*, 6 et 7 ci-dessus peuvent être ordonnées, outre, à sa demande, **l'interdiction de sortie du territoire** de la personne menacée, laquelle sera inscrite par le procureur de la République au FPR (C. civ., art. 515-13 et C. pr. pén., art. 230-19 14°, sur l'inscription au FPR, v. n° **13.17B6**).

B. LA MISE EN ŒUVRE ET LES EFFETS DE L'ORDONNANCE DE PROTECTION

1. L'INTRODUCTION DE L'INSTANCE : LA SAISINE DU JUGE (C. PR. CIV., ART. 1136-3 S.)

L'instance est introduite selon des modalités comparables à celles de l'assignation à jour fixe prévue en cas d'urgence pour (C. pr. pén., art. 840).

Elle est portée devant le JAF, compétent en application de COJ, art. L. 213-3. À compter de l'introduction d'une demande en divorce ou en séparation de corps, le juge saisi de cette procédure est compétent pour ordonner une mesure de protection (C. pr. civ., art. 1136-13). Il en est de même en cas de demande portant sur l'exercice de l'autorité parentale (C. pr. civ., art. 1136-14).

« *Le juge est saisi par une requête remise ou adressée au greffe.* » (C. pr. civ., art. 1136-3, mod. par D. n° 2020-841, 3 juill. 2020), par la personne en danger ou, avec son accord, par le ministère public.

Outre les mentions prescrites par C. pr. civ., art. 57, « *la requête contient un exposé sommaire des motifs de la demande et, en annexe, les pièces sur lesquelles celle-ci est fondée. Ces exigences sont prescrites à peine de nullité* » (C. pr. civ., art. 1136-3, mod. par D. nº 2020-841, 3 juill. 2020).

Par dérogation au C. pr. civ., art. 57, le demandeur qui sollicite l'autorisation de **dissimuler son domicile ou sa résidence** est dispensé d'indiquer son adresse dans son acte introductif d'instance, sous réserve de porter cette information à la connaissance de l'avocat qui l'assiste ou le représente ou du procureur de la République près le TJ, auprès duquel il élit domicile. L'acte mentionne cette élection de domicile. L'avocat ou le procureur de la République auprès duquel il est élu domicile communique sans délai l'adresse du demandeur au juge. Le greffe ainsi que la personne à laquelle l'adresse est communiquée pour les besoins de la procédure ne peuvent la porter à la connaissance du défendeur ou de son représentant (C. pr. civ., art. 1136-5).

Dès réception de la requête « *le juge rend sans délai une ordonnance fixant la date de l'audience* » et décide dans cette même décision des modalités de sa notification à la partie adverse (C. pr. civ., art. 1136-3, mod. par D. nº 2020-841, 3 juill. 2020).

« *le ministère public est aussitôt avisé par le greffier du dépôt de la requête et de la date de l'audience fixée par le juge aux affaires familiales* » (C. pr. civ., art. 1136-3).

L'ordonnance fixant la date d'audience formalise « *avec certitude le point de départ du délai de six jours* » dans lequel le juge doit statuer (v. **B2** ci-dessous) ; mesure d'administration judiciaire, elle est insusceptible de recours (Circ. civ/01/20, 31 juill. 2020, NOR : JUSC2020610C, nº I-2).

Conformément à C. pr. civ., art. 1136-3, cette ordonnance fixant la date d'audience « *peut-être notifiée au demandeur par le greffe par tout moyen donnant date certaine ou par remise en mains propres contre émargement ou récépissé. Le texte ne s'oppose donc pas à une communication dématérialisée par le ComCi TJ, ce qui a l'avantage de permettre des échanges dématérialisés rapides entre la juridiction et les avocats des parties* » (Circ. civ/01/20, 31 juill. 2020, NOR : JUSC2020610C, nº I-3).

« *La signification* [de l'ordonnance fixant la date d'audience] *doit être remise au défendeur dans le délai de deux jours* » (C. pr. civ., art. 1136-3 issu D. nº 2020-841, 3 juill. 2020), ce qui permet à ce dernier « *de pouvoir disposer d'un délai de deux à trois jours pour préparer sa défense* » (Circ. civ/01/20, 31 juill. 2020, NOR : JUSC2020610C, nº I-4) avant que le juge ne rende sa décision dans le délai de 6 jours qui lui est imparti. La notification de l'ordonnance, à laquelle est annexée une copie de la requête et des pièces, « *vaut convocation des parties* » (C. pr. civ., art. 1136-3 issu D. nº 2020-841, 3 juill. 2020).

Conformément à C. pr. civ., art. 641 et 642, le « *délai de deux jours commence à courir à la première heure du jour suivant la fixation de la date d'audience. Il expire le dernier jour à vingt-quatre heures. S'il expire un samedi, un dimanche ou un jour férié ou chômé, il est prorogé jusqu'au premier jour ouvrable suivant. Ainsi par exemple, la signification devra être délivrée le mercredi au plus tard si l'ordonnance de fixation de la date de l'audience a été rendue le lundi* » (Circ. civ/01/20, 31 juill. 2020, NOR : JUSC2020610C, nº I-3.1). Notons que le point de départ et les modalités de calcul du délai de 6 jours obéissent aux mêmes règles (Circ. civ/01/20, 31 juill. 2020, NOR : JUSC2020610C, nº II). « *Le respect du délai de deux jours* [...] *n'est pas sanctionné. Il revient donc au juge* [cf. C. pr. civ., art. 1136-6] *d'apprécier dans chaque dossier si le principe du contradictoire a été respecté, au regard des faits de l'espèce et s'il est en mesure de statuer dans le délai de six jours* » (Circ. civ/01/20, 31 juill. 2020, NOR : JUSC2020610C, nº I-4).

« *La signification de la copie de la décision* [fixant la date d'audience] *par huissier [commissaire] de justice devient le principe puisqu'il s'agit de la seule modalité procédurale permettant de respecter le délai de 2 jours pour procéder à la notification de la décision, que le défendeur ait été touché personnellement ou non* » (Circ. civ/01/20, 31 juill. 2020, NOR : JUSC2020610C, nº I-3.1). À la différence de la notification par voie administrative, la signification par huissier permet en effet, sur le fondement de C. pr. civ., art. 659, de saisir valablement le juge même si le défendeur n'a pu être touché en personne. Conformément à C. pr. pén., art. R. 93 modifié par D. nº 2020-841, 3 juill. 2020, les frais de signification par commissaire de justice sont à la charge de l'État « *de plein droit et sans conditions de ressources* [...], *que la partie soit assistée ou non par un avocat* », ce qui « *assure un égal accès au juge, sans délai, pour toutes les victimes de violences conjugales* » (Circ. civ/01/20, 31 juill. 2020, NOR : JUSC2020610C, n° I-3.1).

« *lorsque le demandeur est assisté ou représenté par un avocat, il lui appartient de faire signifier l'ordonnance fixant la date d'audience au défendeur* [...]. *Lorsqu'à l'inverse la partie demanderesse n'est ni représentée ni assistée par un avocat, c'est le greffe qui se charge de contacter un huissier* [*commissaire*] *de justice, afin que le demandeur n'ait aucune démarche à effectuer personnellement à l'encontre du conjoint violent. Enfin, lorsque le procureur de la République sollicite l'ordonnance de protection* [...], *il lui appartient de faire signifier l'ordonnance de fixation de la date d'audience aux deux parties* » (Circ. civ/01/20, 31 juill. 2020, NOR : JUSC2020610C, n° I-3.1). Il est « *recommandé que l'avocat du demandeur prenne l'attache avec un huissier* [*commissaire*] *de justice avant la saisine de la juridiction, afin de garantir l'urgence de la signification* » (Circ. civ/01/20, 31 juill. 2020, NOR : JUSC2020610C, n° I-4).

La notification de l'ordonnance de fixation de la date d'audience « *par voie administrative demeure possible en cas de danger grave et imminent pour la sécurité d'une personne concernée par une ordonnance de protection* [cf. C. pr. civ., art. 1136-3] *ou lorsqu'il n'existe pas d'autre moyen de notification. Ce mode de notification est particulièrement utile lorsque le défendeur se trouve déjà à disposition de l'administration (ex : garde à vue ou détention)* [...] [mais] *il ne permet de saisir valablement le juge que lorsque le défendeur a été touché en personne* » (Circ. civ/01/20, 31 juill. 2020, NOR : JUSC2020610C, n° I-3.2).

« *La copie de l'acte de signification doit être remise au greffe au plus tard à l'audience* » (C. pr. civ., art. 1136-3, mod. par D. n° 2020-841, 3 juill. 2020). Cette « *copie sera communiquée par l'avocat ou le cas échéant par l'huissier* [*commissaire*] *de justice lorsque la partie n'est ni assistée ni représentée par avocat. Cette remise pourra être faite par voie dématérialisée ou remise en mains propres au plus tard lors de l'audience* » (Circ. Civ/01/20, 31 juill. 2020, NOR : JUSC2020610C, n° I-3.1).

2. L'audience et la décision (C. civ., art. 515-10 et C. pr. civ., art. 1136-6)

Depuis L. n° 2019-1480, 28 déc. 2019, le juge doit statuer « *dans un délai maximal de six jours à compter de la fixation de la date de l'audience* » (C. civ., art. 515-11), délai qui détermine donc la date d'audience fixée figurant dans l'ordonnance décrite au **B1** ci-dessus.

« *Aucune sanction n'est prévue par les textes quant au respect de ce délai* [de 6 jours]. *Le dépassement de ce délai ne saurait donc entraîner la nullité de la décision, quel que soit le sens de celle-ci* ». « *Ce délai* [...] *nécessite toutefois l'organisation au sein des juridictions d'un circuit de traitement garantissant une décision rapide, dans le respect du principe du contradictoire et des droits du défendeur* » (Circ. CRIM n° 2020-3/H2, 23 janv. 2020, NOR : JUSD2002214C, n° I-1.2.1) « *Le législateur ayant entendu restreindre le délai de prononcé des ordonnances de protection, il appartiendra aux juridictions d'adapter leurs organisations afin de veiller au respect du délai de six jours* » (*ibid.*, n° II-3.2).

L'affaire est instruite et débattue en chambre du conseil, après avis du ministère public. « *De ce fait, et en application du dernier alinéa de l'article 425 du code de procédure civile, les demandes de protection doivent être systématiquement communiquées au procureur* » (Circ. CRIM n° 2020-3/H2, 23 janv. 2020, NOR : JUSD2002214C, n° I-1.2.2).

La procédure est orale et les parties peuvent se défendre elles-mêmes ou se faire assister ou représenter par un avocat.

Le juge peut, à tout moment de la procédure, par simple mention au dossier, ordonner la comparution personnelle d'une partie, pour l'entendre séparément ou en présence de l'autre partie.

Lors de l'audience, le juge procède à l'audition des parties. Il les entend séparément s'il le décide ou si l'une des parties le sollicite. statue « *après avoir recueilli les observations des parties sur chacune des mesures* » susceptibles d'être prononcées (C. civ., art. 515-11).

« *Afin de garantir la célérité du traitement procédural, l'aide juridictionnelle peut être délivrée à titre provisoire* » au demandeur et au défendeur sur le fondement de C. civ., art. 515-11 7° (Circ. civ/01/20, 31 juill. 2020, NOR : JUSC2020610C, n° II-1), « *y compris à l'audience* » (Circ. CRIM n° 2020-3/H2, 23 janv. 2020, NOR : JUSD2002214C, n° I-1.2.1). L'aide juridictionnelle est également accordée, sans condition de résidence, à l'étranger bénéficiant d'une ordonnance de protection (L. n° 91-647, 10 juill. 1991, art. 3, mod. par L. n° 2010-769, 9 juill. 2010).

Le juge qui « *délivre une ordonnance de protection en raison de violences susceptibles de mettre en danger un ou plusieurs enfants* » en « *informe sans délai le procureur de la République* » (L. n° 2014-873, 4 août 2014).

Sans préjudice des recommandations figurant dans les circulaires d'application de la L. n° 2019-1480, 28 déc. 2019 (Circ. CRIM. 2020-3/H2, 23 janv. 2020, NOR : JUSD2002214C) et des décrets n° 2020-636, 27 mai 2020 et n° 2020-841, 3 juill. 2020 (Circ. civ/01/20, 31 juill. 2020, NOR : JUSC2020610C), la circulaire Crim. 2019-11/E1, 9 mai 2019, NOR : JUSD1913750C, (n° II 4), tirant le constat d'un recours insuffisant à l'ordonnance de protection, ne voit « *qu'avantage à ce que les procureurs de la République sollicitent d'initiative la délivrance d'une ordonnance de protection, spécialement lorsque la victime est en grande difficulté pour effectuer une telle démarche (par exemple en cas d'hospitalisation à la suite de faits de violences dénoncés, ou en cas d'emprise forte du défendeur). Il convient par ailleurs qu'ils développent les circuits d'information et de transmission au sein de la juridiction, et transmettent au JAF les pièces pénales étayant leur avis écrit* ».

3. Les effets de l'ordonnance de protection

À l'exception de l'obligation de prise en charge socio-médicale ou de stage définie par C. civ., art. 515-11 2 *bis*, le non-respect des obligations ou interdictions de l'ordonnance caractérise l'infraction définie au n° **21.6** (C. pén., art. **227-4-2**). La violation d'une mesure de protection en matière civile ordonnée dans un autre État membre de l'Union reconnue et ayant force exécutoire en France en application du règlement (UE) 606/2013 du Parlement européen et du Conseil du 12 juin 2013 relatif à la reconnaissance mutuelle des mesures de protection en matière civile, laquelle est inscrite au FPR (C. pén., art. 230-19 17°, L. n° 2019-222, 23 mars 2019, v. n° **13.17B6**), relève des mêmes peines (v. aussi n° **21.6**).

L'ordonnance de protection est notifiée par voie de signification, ou par LRAR ou par la voie administrative en cas de danger grave ou imminent. La notification reproduit les textes d'incrimination concernés (C. pr. civ., art. 1136-9).

Les mesures sont prises pour une **durée maximale de 6 mois**, (depuis L. n° 2014-873, 4 août 2014, auparavant 4 mois), délai qui court à compter de la notification de l'ordonnance (C. pr. civ., art. 1136-7), mais cette durée est prolongée de plein droit si, durant ce délai, une requête en divorce ou en séparation de corps a été déposée « *ou si le juge aux affaires familiales a été saisi d'une requête relative à l'exercice de l'autorité parentale* » (L. n° 2014-873, 4 août 2014) (C. civ., art. 515-12). Toutefois la durée des effets de la mesure n'est pas limitée si l'ordonnance de protection est prononcée alors qu'une procédure de divorce ou de séparation de corps est déjà en cours (C. pr. civ., art. 1136-13) (NB. Ce cas d'extension de plein droit de la durée des mesures, apporté par cet article de niveau réglementaire, n'entre pas dans les prévisions de C. civ., art. 512-12, de niveau législatif).

Les mesures de l'ordonnance de protection continuent de produire leurs effets jusqu'à ce qu'une décision statuant sur la demande en divorce ou en séparation de corps est passée en force de chose jugée, à moins que le juge saisi de cette demande en décide autrement (C. pr. civ., art. 1136-13).

Toutefois, les mesures relatives à la résidence, la jouissance du logement et les modalités d'exercice de l'autorité parentale cessent de plein droit à compter de la notification de l'ordonnance de non-conciliation (C. pr. civ., art. 1136-13).

Le juge peut à tout moment, après avoir invité les parties à s'exprimer, supprimer ou modifier les mesures ou mettre fin à l'ordonnance de protection (C. civ., art. 515-12).

Sauf si sa présence constitue une menace pour l'ordre public, l'autorité administrative accorde, dans les plus brefs délais, à l'étranger qui bénéficie d'une ordonnance de protection en raison de la menace d'un mariage forcé, ou des violences exercées au sein du couple ou par un ancien conjoint, un ancien partenaire lié par un PACS ou un ancien concubin, ou subissant des violences familiales ou conjugales et que la communauté de vie a été rompue, **la délivrance ou le renouvellement de son titre de séjour**, de sa carte de séjour temporaire ou lui délivre une carte de séjour temporaire portant la mention « *vie privée et familiale* », laquelle ouvrira droit à l'exercice d'une activité professionnelle (Ceseda, art. L. 423-5, L. 423-6, et L. 423-18, anct L. 313-12, al. 2, L. 431-2, al. 4, L. 316-3, L. n° 2010-769, 9 juill. 2010, mod. par L. n° 2016-274, 7 mars 2016).

Dans les deux cas, violences conjugales ou mariage forcé, la carte de séjour est renouvelée de plein droit, y compris après l'expiration de l'ordonnance de protection « *lorsque l'étranger a porté plainte contre l'auteur des faits* », « *pendant la durée de la procédure pénale y afférente* » (Ceseda, art. L. 425-6, al. 3 et L. 425-7, anct L. 316-3, réd. issue L. n° 2018-778, 10 sept. 2018, en vigueur au plus tard le 1er mars 2019). En outre, en cas de condamnation définitive de la personne mise en cause, une « *carte de résident* » est délivrée à l'étranger qui a bénéficié d'une ordonnance de protection et d'une carte de séjour à ce titre (Ceseda, art. L. 425-8, anct L. 316-4, al. 1, réd. issue L. n° 2018-778, 10 sept. 2018, en vigueur au plus tard le 1er mars 2019).

Lorsque l'étranger a subi des violences ~~« conjugales de la part de son conjoint »~~ « *familiales ou conjugales* » (réd. issue. L. n° 2018-778, 10 sept. 2018) et que la communauté de vie a été rompue, l'autorité administrative ne peut procéder au retrait du titre de séjour « *regroupement familial* » et en accorde le renouvellement (Ceseda, art. 423-18, anct L. 431-2, al. 4).

Des conventions sont passées avec les bailleurs de logements pour réserver, dans chaque département, des **logements aux personnes victimes** de violences, protégées ou ayant été protégées par une ordonnance de protection (L. n° 90-440, 31 mai 1990 visant à la mise en œuvre du droit au logement, mod. par L. n° 2010-769, 9 juill. 2010).

Notons que l'ordonnance de protection atteste de la commission de faits de violences conjugales au sens de C. pén., art. 132-80 (sur ce point, v. Orienteur/élément matériel n° **20.3**) pour les besoins de l'allocation de l'**aide universelle d'urgence** aux victimes de violences conjugales, instituée par L. n° 2023-140, 28 févr. 2023 (CASF, art. L. 214-9) (sur cette aide, v. n° **16.5D3**).

16.5 La protection du conjoint ou des enfants mineurs : les autres mesures

A. L'opposition administrative à la sortie du territoire de l'enfant mineur (OST)

Selon des conditions précisées par décret, « *L'enfant quittant le territoire national sans être accompagné d'un titulaire de l'autorité parentale est muni d'une autorisation de sortie du territoire signée d'un titulaire de l'autorité parentale* » (C. civ., art. 371-6, L. n° 2016-731, 3 juin 2016).

Pour pallier les situations d'urgence relatives au risque de sortie du territoire d'un enfant mineur sans l'accord des titulaires de l'autorité parentale, il existe un dispositif administratif d'opposition à la sortie du territoire d'un enfant mineur. Il prévoit, sur la base du D. n° 2010-569, 28 mai 2010 relatif au FPR qui précise qu'y sont inscrits les mineurs faisant l'objet d'une opposition à sortie du territoire (art. 2, III 3°, sur l'inscription au

FPR, v. n° 13.17D1), deux régimes distincts fixés par circulaire. Le premier a une finalité conservatoire en cas de conflit sur l'exercice de l'autorité parentale entre ses titulaires. Le second est la mise en œuvre, au moyen des pouvoirs de police aux frontières confiés à l'administration, du désaccord exprimé par les titulaires de l'autorité parentale sur le risque ou le projet de sortie du territoire par leur enfant mineur.

1. L'opposition conservatoire à sortie du territoire d'une durée de 15 jours en cas de conflit parental (Circ. INT 26 nov. 2012)

L'opposition à la sortie du territoire en cas de conflit parental est une mesure administrative conservatoire prise par le préfet pour « *répondre aux situations d'urgence avérées dans lesquelles une personne titulaire de l'exercice de l'autorité parentale, le plus souvent un parent, craint un départ imminent et illicite de l'enfant à l'étranger* ». Elle permet « *au titulaire de l'exercice de l'autorité parentale de faire opposition, sans délai, à la sortie de France de son enfant dans l'attente d'obtenir, en référé ou en la forme des référés, une décision judiciaire d'interdiction de sortie du territoire* » (Circ. INTD1237286C, 26 nov. 2012).

Ses modalités sont précisées par la circulaire INTD1237286C, 26 nov. 2012. Si le demandeur ne justifie par avoir saisi le JAF ou le JE d'une demande d'interdiction de sortie du territoire (IST), le préfet qui délivre l'OST saisit le procureur de la République afin qu'il saisisse le JAF ou le JE d'une demande d'IST.

Dans cette hypothèse, la mesure administrative d'OST a une durée de validité de 15 jours et ne peut être prorogée. Elle est inscrite au FPR et au fichier SIS (Système d'Information Schengen).

2. L'opposition à sortie du territoire d'une durée de 6 mois en cas de radicalisation (Circ. JUS/INT 5 mai 2014)

Ce cas de figure, dont les conditions de mise en œuvre sont précisées par la circulaire conjointe Justice-Intérieur du 5 mai 2014, prévoit une mesure administrative d'OST, prise par le préfet, à la demande du titulaire de l'autorité parentale. Cette mesure, applicable aux mineurs français, résidant en France ou à l'étranger, ou aux mineurs étrangers dont les parents résident régulièrement en France, « *permet au titulaire de l'autorité parentale de faire opposition, sans délai, à la sortie de France de son enfant lorsqu'il craint que celui-ci n'envisage de partir à l'étranger, notamment sous l'influence de mouvements radicaux armés* ». Ce dispositif qui complète le précédent, « *est autonome et constitue un mode d'exercice de l'autorité parentale lorsqu'un risque particulier, dans le cadre d'un processus de radicalisation de l'enfant, est détecté par les parents. Il est indépendant de l'existence d'un conflit familial* ». Il « *s'appuie sur les articles 371 et suivants du code civil relatifs à l'autorité parentale et, en particulier, l'article 371-3 selon lequel "l'enfant ne peut, sans la permission des père et mère, quitter la maison familiale et ne peut en être retiré que dans le cas de nécessité que détermine la loi"* ».

Cette mesure administrative d'OST a une durée de validité de 6 mois et peut être prorogée à la demande expresse d'un titulaire de l'autorité parentale. Elle est inscrite au FPR et au fichier SIS (Système d'Information Schengen). Elle est communiquée par le préfet au procureur de la République aux fins de saisine, le cas échéant, du juge des enfants.

« *L'opposition à sortie du territoire sans titulaire de l'autorité parentale ne doit pas empêcher le mineur de voyager s'il est accompagné par l'un de ses parents (ou un représentant légal) qui devra alors justifier de sa qualité auprès des services de la police aux frontières.* »

B. L'interdiction provisoire de sortie de l'enfant du territoire français prise par le parquet (C. civ., art. 375-5, L. n° 2016-731, 3 juin 2016)

« *En cas d'urgence, dès lors qu'il existe des éléments sérieux laissant supposer que l'enfant s'apprête à quitter le territoire national dans des conditions qui le mettraient en danger et que l'un des détenteurs au moins de l'autorité parentale ne prend pas de mesure pour l'en protéger, le procureur de la République du lieu où demeure le mineur peut, par décision motivée, interdire la sortie du territoire de l'enfant. Il saisit dans les huit jours le juge compétent pour qu'il maintienne la mesure dans les conditions prévues au dernier alinéa de l'article 375-7* [v. ci-dessous] *ou qu'il en prononce la mainlevée. La décision du procureur de la République fixe la durée de cette interdiction, qui ne peut excéder deux mois. Cette interdiction de sortie du territoire est inscrite au fichier des personnes recherchées* » (**FPR**) (L. n° 2016-731, 3 juin 2016) (C. pr. pén., art. 230-19 14°, sur l'inscription au FPR, v. n° **13.17B6**).

C. L'interdiction judiciaire de sortie de l'enfant du territoire français et son inscription au FPR

1. Le prononcé de l'interdiction de sortie du territoire de l'enfant mineur par le JAF (C. civ., art. 373-2-6)

Le JAF, saisi par le ou les parents, afin de « *garantir la continuité et l'effectivité du maintien des liens de l'enfant avec chacun des parents.../...peut notamment ordonner l'interdiction de sortie de l'enfant du territoire français sans l'autorisation des deux parents. Cette interdiction .../... est inscrite au FPR par le procureur de la République* » (C. civ., art. 373-2-6).

Comme pour toute décision du JAF (C. pr. civ., art. 504, al. 1), l'interdiction est assortie de plein droit de l'exécution provisoire. Elle est donc inscrite au FPR dès son prononcé quand bien même n'est-elle pas encore notifiée (C. pr. pén., art. 230-19 14°, sur l'inscription au FPR, v. n° **13.17B6**).

Cette interdiction peut être ordonnée par le JAF dans le cadre d'une procédure ordinaire, elle peut être alors sans limitation de durée. Elle peut également être ordonnée dans le cadre d'une ordonnance de protection, le JAF saisi dans ce cadre pouvant en effet « *se prononcer sur les modalités d'exercice de l'autorité parentale* » (C. civ., art. 515-11 5°). Sa durée est alors limitée à six mois, sauf si durant ce délai, une requête en divorce ou en séparation de corps a été déposée (C. civ., art. 512-12) (sur l'ordonnance de protection et la durée de ses effets, v. n° **16.4A**).

Une interdiction de sortie du territoire peut également être ordonnée par le juge des enfants dans le cadre de l'assistance éducative (v. **C4** ci-dessous).

Dans tous les cas, la mesure d'interdiction de sortie cesse de plein droit à la majorité de l'enfant.

2. L'inscription au FPR de l'interdiction de sortie du territoire de l'enfant mineur

Les conditions de mise en œuvre de l'interdiction de sortie du territoire ont été fixées par D. n° 2012-1037, 10 sept. 2012 et la Circ. civ. 07/12, 12 sept. 2012, *DP 236-08/C1/3-4-7-1/MCG*.

Le greffe du JAF avise aussitôt le procureur de la République des décisions prononçant ou modifiant une mesure d'interdiction de sortie du territoire ; ce dernier fait inscrire cette mesure au FPR ou fait procéder à la modification de l'inscription. (C. pr. civ., art. 1180-3, C. pr. pén., art. 230-19 14°) (sur l'inscription au FPR, v. n° **13.17B6**).

L'avis du greffe doit contenir plusieurs éléments destinés à éviter tout risque d'erreur ou de rejet lors de l'inscription au FPR : identité complète de l'enfant et de ses parents, durée de la mesure, et tous renseignements complémentaires jugés utiles par le JAF (Circ. civ. 07/12, 12 sept. 2012, n° 1-1).

Afin de prendre en compte dans le FPR la prolongation de plein droit des effets de l'ordonnance de protection lorsque la requête en divorce ou en séparation de corps est introduite (sur la durée des effets de l'ordonnance de protection, v. n° **16.4A**), le demandeur en divorce ou séparation de corps doit joindre à sa requête l'ordonnance de protection et la preuve de sa notification (C. pr. civ., art. 1078). Le greffe du JAF en avise aussitôt le procureur de la République (C. pr. civ., art. 1180-3). Celui-ci s'assure que les effets de l'ordonnance de protection, quant à l'interdiction de sortie du territoire, sont effectivement prolongés et n'ont pas été notamment anéantis par l'ordonnance de non-conciliation, et procède en conséquence aux modifications de l'inscription au FPR quant à la durée de validité de la mesure (C. pr. civ., art. 1180-3).

3. Les conditions de sortie du territoire en cas d'interdiction prononcée par le JAF

Sauf s'il voyage en compagnie de ses deux parents, la sortie du territoire du mineur est subordonnée au recueil de l'accord de chacun des parents, ou de l'accord de l'autre parent s'il voyage en compagnie d'un seul (C. pr. civ., art. 1180-4). Si le parent ne peut obtenir l'accord de l'autre, il peut « *en tout état de cause saisir, en référé, le JAF d'une demande de levée temporaire de l'interdiction du territoire* » (Circ. civ. 07/12, 12 sept. 2012, n° 2-1).

Sauf circonstances exceptionnelles ou décès d'un membre de la famille, cas dans lesquels l'autorisation peut être donnée jusqu'au jour du départ, cet accord est recueilli au plus tard cinq jours avant la date de sortie du territoire.

Cet accord est obligatoirement recueilli par un OPJ ou, sous son contrôle, un APJ. Il vérifie l'identité et la qualité de parent du déclarant, s'assure que la période et la destination sont précisées, dresse procès-verbal qu'il transmet pour information au procureur de la République, et communique sans délai au FPR les informations nécessaires à l'inscription de l'autorisation dans le fichier (C. pr. civ., art. 1180-4).

« *Il est important de souligner que les parents qui ne voyagent pas avec l'enfant mais qui l'accompagnent seulement au départ ne peuvent valablement, à cette occasion, donner leur autorisation pour la sortie du territoire* » (Circ. civ. 07/12, 12 sept. 2012, n° 2-2). Est en effet seule valable l'autorisation donnée dans les conditions de forme et de délai ci-dessus.

4. L'interdiction de sortie du territoire ordonnée par le juge des enfants (C. civ., art. 375-7)

Dans le cadre d'une mesure d'assistance éducative et dans l'intérêt de l'enfant, le juge des enfants peut ordonner au profit du mineur une mesure d'interdiction de sortie du territoire d'une durée maximale de deux ans. La mesure est inscrite au FPR à la diligence du procureur de la République (C. civ., art. 375-7, al. dernier, C. pr. pén., art. 230-19 14°, sur l'inscription au FPR, v. n° **13.17B6**).

Le non-respect de l'interdiction de sortie d'un enfant du territoire peut constituer l'infraction de soustraction aggravée de mineur par ascendant (v. n° **21.12**).

5. La sanction de la violation de l'interdiction de sortie du territoire

Le non-respect de l'interdiction de sortie d'un enfant du territoire peut constituer l'infraction de violation des obligations prescrites par une ordonnance de protection (v. n° **21.6**) ou la soustraction aggravée de mineur par ascendant (v. n° **21.12**).

D. Les autres voies de protection du conjoint ou des enfants victimes ou témoins de violences au sein du couple

1. La levée du secret médical pour la révélation des violences intrafamiliales (C. pén., art. 226-14)

Selon les précisions apportées au n° **35.7A**, le médecin ou tout autre professionnel de santé est délié de son secret professionnel lorsqu'il porte à la connaissance du procureur de la République, même sans l'accord de la personne majeure lorsqu'il s'agit de violences conjugales, des sévices qu'il a constaté qui lui permettent de présumer que des violences physiques, sexuelles ou psychiques de toute nature ont été commises (C. pén., art. 226-14, notamment dans sa rédaction issue de L. n° 2020-936, 30 juill. 2020).

2. Les mesures d'éviction du conjoint ou parent violent

Des précisions sont apportées au n° **16.3** sur la prise en compte des intérêts de la victime pour la fixation des mesures de contrainte sur la personne de l'auteur avant jugement. En complément de ces éléments, en cas d'infraction commise contre l'actuel ou l'ancien conjoint, concubin ou partenaire lié par un Pacs, ou contre ses enfants ou ceux du conjoint, concubin ou partenaire, les obligations suivantes peuvent être imposées à l'auteur : résider hors de son domicile ou de la résidence du couple et le cas échéant, s'abstenir de paraître dans ce domicile ou dans cette résidence ou aux abords immédiats et faire l'objet, si nécessaire, d'une prise en charge sanitaire, sociale ou psychologique

(L. n° 2006-399, 4 avr. 2006, art. 12), ne pas rencontrer ou recevoir la ou les victimes de l'infraction. Ces obligations peuvent être imposées dans les cadres procéduraux suivants :

– classement sous condition (C. pr. pén., art. 41-1, v. n° **15.39C**) ;

– composition pénale (C. pr. pén., art. 41-2, mod. par L. n° 2019-222, 2 mars 2019, v. n° **15.44A**) ;

« *le recours aux mesures alternatives aux poursuites spécifiques aux violences conjugales .../...demeure pertinent en cas de première infraction, de violences n'ayant pas causé de blessures et hors situation d'emprise. En présence d'enfants, une vigilance s'impose alors pour s'assurer qu'ils ne se trouvent pas en situation de danger, compte-tenu de l'impulsivité du parent violent. Il m'apparaît par ailleurs indispensable que l'échec d'une mesure alternative du fait du comportement de l'auteur conduise alors à une saisine rapide du tribunal correctionnel* » (Circ. Crim. 2019-11/E1, 9 mai 2019, NOR : JUSD1913750C, n° II 1). Depuis L. n° 2020-936, 30 juill. 2020, la **médiation pénale est prohibée** en matière de violences au sein du couple en raison du fait que leur auteur exerce dans la plupart des cas une position d'emprise sur la victime (C. pr. pén., art. 41-1 5° modifié, v. n° **15.39C**).

– contrôle judiciaire (C. pr. pén., art. 138 9° et 138 17°, sur les mesures d'éloignement du conjoint violent dans le cadre du contrôle judiciaire, v. n° **12.48B**) et **12.48C** ;

– sursis probatoire (C. pén., art. 132-45, sur les obligations du sursis probatoire, v. n° **18.25C**) ;

– contrainte pénale (C. pén., art. 131-4-1, sur les obligations de la contrainte pénale désormais abrogée, v. n° **18.22E**).

3. L'aide universelle d'urgence pour les victimes de violences conjugales (CASF, art. L. 214-9 issu L. n° 2023-140, 28 févr. 2023)

La L. n° 2023-140, 28 févr. 2023 a institué une aide universelle d'urgence pour les victimes de violences conjugales au sens de C. pén., art. 132-80 (sur ce point, v. Orienteur/élément matériel n° **20.3**). Pour l'allocation de cette aide, les faits de violences conjugales sont attestés par une ordonnance de protection délivrée par le JAF (sur l'ordonnance de protection, v. n° **16.4**), par une dépôt de plainte ou par un signalement adressé au procureur de la République (CASF, art. L. 214-9). L'aide, qui prend la forme d'un prêt sans intérêt ou d'une aide non remboursable (CASF, art. L. 214-10), est versée pour le compte de l'État (CASF, art. L. 214-11), à la demande de la victime, notamment au moyen d'un formulaire simplifié de demande transmis à l'organisme débiteur des prestations familiales (CASF, art. L. 214-9).

L'OPJ ou l'APJ qui reçoit la plainte du conjoint victime l'informe de l'existence de ce dispositif d'aide d'urgence (C. pr. pén., art. 15-3-2-1 issu L. n° 2023-140, 28 févr. 2023, v. n° **16.1B4**).

S'il est déclaré coupable et dans les cas précisés au fil de ce guide, l'auteur des violences est obligatoirement condamné au remboursement du prêt versé à la victime, dans la limite de 5 000 euros (C. pén., art. 222-44-1, issu L. n° 2023-140, 28 févr. 2023).

4. Le placement sous surveillance électronique (ARSE et ARSEM) et le dispositif anti-rapprochement (DEPAR)

• **ARSE.** Conformément au droit commun, l'assignation à résidence avec **surveillance électronique** (ARSE fixe) peut être ordonnée d'office ou à la demande du mis en examen, si la peine encourue est ⩾ 2 ans (C. pr. pén., art. 142-5, sur l'ARSE, v. n° **12.54** s.).

• **ARSEM.** Par dérogation aux règles imposant pour une telle mesure un quantum ⩾ 7 ans, la personne mise en examen pour des violences ou menaces passibles d'au moins 5 ans d'emprisonnement commises sur son conjoint, concubin, partenaire d'un Pacs, actuel ou ancien, ou leurs enfants peut également être assignée à résidence sous **surveillance électronique mobile** (ARSE mobile, dite ARSEM) (C. pr. pén., art. 142-12-1, L. n° 2010-769, 9 juill. 2010, sur l'ARSEM, v. n° **12.54B**).

• **DEPAR.** Dans le prolongement de L. n° 2017-258, 28 févr. 2017, art. 39, prévoyant, à titre expérimental, un **dispositif anti-rapprochement** (dit DEPAR) permettant d'assortir un placement sous ARSE de l'auteur de violences conjugales d'un périmètre d'exclusion dont le franchissement alerte la victime concernée, la L. n° 2019-1480, 28 déc. 2019, a institué pour les violences conjugales punies d'une peine ⩾ 3 ans une **modalité nouvelle du contrôle judiciaire** constituée par la pose d'un bracelet anti-rapprochement, dont le régime est distinct de celui de l'ARSE (C. pr. pén., art. 138 17° *bis* et 138-3, v. n° **12.48C2**). Mentionnons qu'avec l'accord des parties « *un dispositif mobile anti-rapprochement* » peut aussi être instauré dans le cadre civil d'une ordonnance de protection (C. civ., art. 515-11-1, issu L. n° 2019-1480, 28 déc. 2019, v. n° **16.4A2**).

5. La téléprotection de la victime (dispositif dit TGD) (C. pr. pén., art. 41-3-1, L. n° 2014-873, 4 août 2014)

Ces dispositions font suite au dispositif expérimental introduit par la loi n° 2010-769 du 9 juillet 2010.

En cas de grave danger menaçant une personne victime de violences de la part de son conjoint, de son concubin ou de son partenaire lié par un pacte civil de solidarité, le procureur de la République peut attribuer à la victime, pour une durée renouvelable de six mois et si elle y consent expressément, un **dispositif de téléprotection**, dit TGD (« **téléphone grave danger** »), lui permettant d'alerter les autorités publiques. L'attribution du TGD « *peut être sollicitée par tout moyen* » (mod. issue L. n° 2019-1480, 8 déc. 2019).

Avec l'accord de la victime, ce dispositif peut, le cas échéant, permettre sa géolocalisation au moment où elle déclenche l'alerte.

Le dispositif de téléprotection ne peut être attribué qu'en l'absence de cohabitation entre la victime et l'auteur des violences conjugales et si ce dernier a fait l'objet d'une interdiction judiciaire d'entrer en contact avec la victime dans le cadre d'une ordonnance de protection (v. n° **16.4A**), d'une alternative aux poursuites (v. n° **15.3915.39**) d'une composition pénale (v. n° **15.44**), d'un contrôle judiciaire (v. n° **12.48** s.), d'une assignation à résidence sous surveillance électronique (v. n° **12.54** s.), d'une condamnation, d'un aménagement de peine ou d'une mesure de sûreté (sur la sauvegarde des intérêts de la victime dans la fixation et l'exécution de la peine, v. n° **16.18**).

Depuis L. n° 2019-1480, 8 déc. 2019, le TGD peut également être attribué en l'absence d'une mesure d'interdiction de contact « *en cas de danger avéré et imminent, lorsque l'auteur des violences est en fuite ou n'a pas encore pu être interpellé ou lorsque l'interdiction judiciaire d'entrer en contact avec la victime [...] n'a pas encore été prononcée* ». « *ces remises en urgence déterminées par l'existence d'un danger avéré et imminent n'ont vocation qu'à être temporaires dans l'attente du prononcé d'une mesure d'interdiction de contact (à la suite de l'interpellation de l'auteur et de son déferrement, ou d'une décision du juge aux affaires familiales). Dans ce cas, l'attribution d'un TGD pourra être maintenue sur le fondement de l'article 41-3-1* » (Circ. CRIM n° 2020-3/H2, 23 janv. 2020, NOR : JUSD2002214C, n° I-3).

L'attribution du TGD est également applicable lorsque les violences ont été commises par un ancien conjoint ou concubin de la victime, ou par une personne ayant été liée à elle par un pacte civil de solidarité, ainsi qu'en cas de grave danger menaçant une personne victime de viol.

La circulaire Crim. 2019-11/E1, 9 mai 2019, NOR : JUSD1913750C, n° II 3, souligne « *la possibilité de mutualiser les terminaux entre juridictions voisines, au sein d'une même cour d'appel qui est de nature à faciliter l'attribution effective de tous les TGD* » disponibles.

Notons que lorsque la personne soumise à l'ARSE est également contrainte à des mesures d'éloignement de la victime, (v. n° **12.48B**), cette dernière peut se voir attribuer un dispositif de **téléprotection** lui permettant d'alerter les autorités publiques en cas de violation de ces prescriptions (C. pr. pén., art. D. 32-29 et D. 32-30).

6. La sollicitation de l'avis de la victime et l'examen des modalités de sa protection avant toute libération du conjoint violent (C. pr. pén., art. D. 1-11-2)

« *Avant toute libération ou cessation, même temporaire, de l'incarcération d'une personne* » en détention provisoire ou en cours d'exécution de peine pour des infractions commises au sein du couple relevant de C. pén., art. 132-80 (v. Orienteur/élément matériel nº **20.3**), ou (mod. issue D. nº 2022-656, 25 avr. 2022) pour l'infraction de violation d'une ordonnance de protection (C. pén., art. 227-4-2, v. nº **21.6**), l'autorité judiciaire compétente, « *après en avoir avisé la victime, apprécie* » « *si doit être prononcée une interdiction de contact avec la victime ou de paraître en certains lieux* » et si « *l'effectivité de cette interdiction doit être renforcée par le recours à un dispositif de téléprotection* » (C. pr. pén., art., 41-3-1, v. **D5** ci-dessus) « *ou à un dispositif mobile anti-rapprochement* » (C. pr. pén., art. 138-3 et 132-45-1, v. **D4** ci-dessus) (C. pr. pén., art. D. 1-11-2, issu D. nº 2021-1820, 24 déc. 2021).

Dans le cas d'une personne faisant l'objet d'une information en cours, l'autorité judiciaire compétente pour adresser l'avis est le juge d'instruction, le JLD ou la CHINS. Dans le cas d'une personne poursuivie, il s'agit du procureur de la République. L'avis à la victime « *peut être donné par tout moyen (y compris donc téléphoniquement) et notamment par l'intermédiaire d'une association d'aide aux victimes ou du BAV. Mention sera faite de cet avis au dossier de la procédure* » (Circ. Crim. 2022-04-E1, 28 févr. 2022, NOR : JUS D2206691C, nº 6.1.1).

Dans le cas d'une personne condamnée dont la libération résulte d'une mesure de la juridiction d'application des peines, l'autorité judiciaire compétente pour adresser l'avis est la juridiction de l'application des peines. L'obligation d'informer la victime est par ailleurs prévue au C. pr. pén., art. 712-16-1 en cas de cessation temporaire ou définitive de l'incarcération résultant d'une décision du JAP ou de la CHAP (v. nº **16.18B3**). En application de C. pr. pén., art. D. 96-66, « *le JAP peut déléguer au SPIP saisi de la mesure la charge de procéder à cette information des victimes. Cet avis peut également, le cas échéant, être réalisé par l'intermédiaire du conseil de la victime si celle-ci y a consenti conformément au C. pr. pén., art. D. 49-65-1* » (Circ. Crim. 2022-04-E1, 28 févr. 2022, NOR : JUS D2206691C, nº 6.1.2).

Dans le cas d'une libération dite « *séche* », c'est-à-dire sans aménagement de peine ni suivi en milieu ouvert, « *l'autorité judiciaire compétente pour tenir la victime préalablement informée de cette libération est le procureur de la République. Cette information pourra être réalisée notamment par l'intermédiaire d'une association d'aide aux victimes. Le parquet devra pour cela être destinataire de la part de l'administration pénitentiaire des éléments lui permettant d'identifier les situations de sorties sèches* » (Circ. Crim. 2022-04-E1, 28 févr. 2022, NOR : JUS D2206691C, nº 6.1.3).

Ces dispositions visent à prévoir que « *l'autorité judiciaire compétente s'interroge sur la nécessité de décider de mesures de surveillance et renforcer la protection de la victime* » (notice explicative du D. nº 2021-1820, 24 déc. 2021).

En cas de détention provisoire, les autorités judiciaires compétentes pour ordonner une mesure de protection des intérêts de la victime sont le tribunal ou le JLD, le juge d'instruction ou la CHINS (v. nº **12.47B**), en mesure de décider d'un placement sous contrôle judiciaire comportant l'une des obligations prévues par C. pr. pén., art. 138 (sur les interdictions de contact avec la victime ou de paraître en certains lieux ici concernées, v. nº **12.48**).

En cas d'exécution de peine, les autorités judiciaires sont le JAP et la CHAP, compétents pour prononcer l'une des interdictions de contact ou de paraître prévues par C. pén., art. 132-45, lesquelles peuvent être imposées en cas de libération de la personne avant le terme de sa condamnation, notamment dans le cadre d'une libération conditionnelle, du suivi post-libération, de la semi-liberté, du placement extérieur, de la DDSE, du fractionnement de peine et de la libération sous contrainte (sur le champ d'application des obligations prévues par C. pén., art. 132-45, v. nº **18.25A**).

Lorsqu'il s'agit d'une personne en cours d'exécution de peine, le JAP peut « *procéder à une évaluation approfondie de la victime* » conformément au C. pr. pén., art. D. 1-10 (sur l'évaluation de la victime, v. nº 16.1D) (C. pr. pén., art. D. 1-11-2).

Ces dispositions propres à la protection du conjoint victime de violences s'appliquent sans préjudice des dispositions générales qui permettent de sauvegarder les intérêts des victimes lors de la phase d'exécution de la peine, exposées au nº 16.18B (v. notamment, C. pr. pén., art. 712-16-1).

7. L'arrestation et la retenue de l'auteur en cas de violation des obligations d'éloignement (C. pr. pén., art. 141-4)

L'arrestation et la retenue de l'auteur sont possibles en cas de violation des obligations d'éloignement imposées dans le cadre de l'ARSE, du contrôle judiciaire ou du sursis probatoire, lesquelles sont inscrites au FPR (C. pr. pén., art. 141-4, v. nº 12.2A).

8. L'obligation de veiller aux intérêts du mineur témoin de violences au sein du couple (renvois)

Le procureur de la République est tenu de vérifier si des faits de meurtre ou de violences sur conjoint ont été commis en présence d'un mineur et dans ce cas de veiller le cas échéant à la désignation d'un administrateur *ad hoc* (v. nº 16.8C) et de réunir les éléments permettant au tribunal de statuer sur l'autorité parentale (v. nº 16.8F) (C. pr. pén., art. D. 1-11-1 issu D. nº 2021-1516, 23 nov. 2021).

9. La suspension des droits de visite et d'hébergement et le retrait de l'autorité parentale (renvoi, v. nº 16.8F)

Selon les précisions apportées au nº 16.8F et les modifications introduites par L. nº 2019-1480, 28 déc. 2019 et L. nº 2020-936, 30 juill. 2020, la suspension de l'exercice de l'autorité parentale et des droits de visite et d'hébergement avant jugement, ainsi que le retrait de l'autorité parentale ou de l'exercice de l'autorité parentale au stade de la condamnation, permettent de protéger la victime du parent violent.

En effet, « *l'exercice de l'autorité parentale ne doit plus constituer pour un parent violent le moyen de maintenir son emprise sur l'autre parent* » (Circ. CRIM nº 2020-3/H2, 23 janv. 2020, NOR : JUSD2002214C, nº I-2.1).

16.6 L'assistance de la victime par un avocat

A. Le droit de la victime à l'assistance par un avocat

1. Le principe du droit de la victime à l'assistance à tous les stades de la procédure (C. pr. pén., art. 10-2 8°)

Les OPJ, APJ et, sous leur contrôle, les assistants d'enquête, informent par tout moyen les victimes de leur droit « *d'être accompagnées chacune, à leur demande, à tous les stades de la procédure, par leur représentant légal et par la personne majeure de leur choix, « y compris par un avocat »* [mod. issue L. nº 2021-1729, 22 déc. 2021], *sauf décision contraire motivée par l'autorité judiciaire compétente* » (C. pr. pén., art. 10-2 8°) (sur la notification de ses droits à la victime au stade de l'enquête, v. nº 16.1B2).

Cette disposition, qui pose à la fois le principe du droit à « *l'accompagnement* » et l'exigence d'information sur ce droit, paraît généraliser le droit à l'assistance d'un avocat qui n'était dans le droit antérieur admis, au stade de l'enquête, que dans trois actes d'enquête : la confrontation avec le suspect, la reconstitution ainsi que la présentation à suspect (v. ci-après).

Rappelons que dans le cadre de l'instruction, le juge d'instruction informe la victime de son droit de se constituer partie civile et de son droit d'être alors assistée par un avocat (V. pr. pén., art. 80-3, v. nº 16.1G).

Notons que le simple témoin n'a pas droit à l'assistance d'un avocat même s'il est confronté au suspect. Il en est autrement du témoin assisté, statut qui n'est conféré que dans le cadre de l'instruction, et qui ouvre droit à l'assistance par un avocat (C. pr. pén., art. 113-3 et 113-4, v. nº **11.77D2**).

2. Les modalités du droit à l'assistance par un avocat lors de l'audition et de la confrontation avec le suspect (C. pr. pén., art. 10-4, 63-4-5 et 61-2)

• **L'audition de la victime (C. pr. pén., art. 10-4)**

Depuis L. nº 2023-22, 24 janv. 2023, complétant C. pr. pén., art. 10-4, « *lorsque la victime est assistée par un avocat, celui-ci peut, à l'issue de chacune de ses auditions, poser des questions. Il peut également présenter des observations écrites. Celles-ci sont jointes à la procédure* ». Ces dispositions sont applicables à la confrontation avec le suspect en garde en vue ou libre, ainsi qu'à la reconstitution et à la présentation à suspect, évoqués ci-après, dès lors que de tels actes impliquent l'audition de la victime.

• **La confrontation de la victime avec le suspect gardé à vue (C. pr. pén., art. 63-4-5)**

Le droit à l'assistance par un avocat, institué par L. nº 2011-392, 14 avr. 2011, a d'abord été limité à la confrontation avec le suspect gardé à vue.

« *Si la victime est confrontée avec une personne gardée à vue, elle peut demander à être également assistée par un avocat choisi par elle ou par son représentant légal si elle est mineure ou, à sa demande, désigné par le bâtonnier. La victime est informée de ce droit avant qu'il soit procédé à la confrontation. À sa demande, l'avocat peut consulter les procès-verbaux d'audition de la personne qu'il assiste* » (C. pr. pén., art. 63-4-5).

Le Cons. const. a validé la constitutionnalité de cette disposition (Cons. const. 18 nov. 2011, nº 2011-191 QPC, § 37, v. nº **12.19D**).

L'article 63-4-3 encadrant l'intervention de l'avocat de la personne soupçonnée aux cours des auditions ou confrontations est applicable (v. nº **12.26**, C. pr. pén., art. 63-4-5).

S'agissant des victimes de violences au sein du couple, « *la mise en œuvre de la confrontation entre le plaignant et le mis en cause, qui est un acte d'investigation important, et constitue un droit de la défense, doit être réalisée avec vigilance, compte-tenu de l'emprise psychologique exercée sur certaines victimes. Afin de l'accomplir dans les meilleures conditions, il est important de veiller à l'assistance de la victime par un avocat, voire, le cas échéant, à l'utilisation d'une salle avec séparation visuelle* » (Circ. Crim. 2019-11/E1, 9 mai 2019, NOR : JUSD1913750C, nº I 2).

« *Il convient de veiller à ce que le droit de la victime à être assistée par un avocat, si elle le demande, soit exercé selon les distinctions suivantes :*

– il ne s'applique ~~qu'en cas de confrontation avec une personne gardée à vue et non lors d'une simple audition de la victime ou lors d'une confrontation avec une personne qui n'est pas placée en garde à vue~~ [Ces dispositions sont caduques en raison, d'une part, de l'extension du droit de la victime à l'assistance par un avocat en cas de confrontation avec le suspect entendu librement par L. nº 2014-535, 27 mai 2014, créant C. pr. pén., art. 61-2, d'autre part, de la généralisation du droit à l'accompagnement par un avocat issu de L. nº 2021-1729, 22 déc. 2021, C. pr. pén., art. 10-2 8°] ;

– il s'applique alors même que la victime n'est pas partie civile, tant au cours de l'enquête qu'au cours de l'instruction ;

– il s'applique même si, lors de la confrontation, la personne gardée à vue n'est pas effectivement assistée par un avocat, qu'elle ait renoncé au bénéfice de ce droit ou que l'avocat demandé, bien qu'ayant été averti de la confrontation, ne soit pas effectivement présent.

Comme l'audition, la confrontation sera toujours menée, comme actuellement, par le seul officier ou agent de police judiciaire qui conserve la direction exclusive de l'acte. » (Circ. Crim. 2011-13/E6, 23 mai 2011, NOR : JUSD1113979C, nº III.5.7).

Ces dispositions sont aussi applicables lors de l'exécution d'une commission rogatoire (C. pr. pén., art. 154, v. nº **11.19B**).

• **La confrontation de la victime avec le suspect entendu libre (C. pr. pén., art. 61-2)**

Depuis L. nº 2014-535, 27 mai 2014, les dispositions qui précèdent sont applicables dans les mêmes termes au bénéfice de la victime confrontée à un suspect entendu librement, y compris lors de l'exécution d'une commission rogatoire (C. pr. pén., art. 154), sous réserve de deux différences. D'une part, la victime doit être informée que les frais d'avocat « *seront à sa charge sauf si elle remplit les conditions d'accès à l'aide juridictionnelle* » (C. pr. pén., art. 61-2), d'autre part, il n'est pas prévu que l'avocat puisse à sa demande accéder aux procès-verbaux d'audition de la personne qu'il assiste.

3. Le droit de la victime à l'assistance par un avocat lors des reconstitutions et présentation à suspects (C. pr. pén., art. 61-3, L. nº 2016-731, 3 juin 2016)

Depuis le 1er nov. 2016, date d'entrée en vigueur de ces dispositions, la victime ou le plaignant (à l'exclusion donc du simple témoin) qui participe à des opérations de reconstitution de l'infraction ou à une séance d'identification de suspects jouit, comme le suspect, du droit d'être assisté par un avocat (C. pr. pén., art. 61-3, L. nº 2016-731, 3 juin 2016, v. nº 12.26B).

B. La désignation d'un avocat par le bâtonnier

La victime a désormais le droit, comme la personne poursuivie, sans préjudice de sa faculté de s'orienter vers l'avocat de son choix, d'obtenir la désignation d'un avocat par le bâtonnier (C. pr. pén., art. 53-1 et 75). Cette désignation n'entraîne pas, de plein droit, la prise en charge des frais d'avocat. Ceux-ci ne seront en effet supportés par l'État au titre de l'aide juridictionnelle que si la victime ne dépasse pas les plafonds de ressources prévus (v. nº 17.9), excepté pour certaines infractions graves, où l'aide juridictionnelle est de droit (v. C ci-dessous).

L'assistance aux parties civiles est comprise dans le champ du protocole de qualité que le barreau, en contrepartie d'une majoration de la dotation d'aide juridictionnelle allouée, peut signer avec le tribunal judiciaire (D. nº 91-1266, 19 déc. 1991, art. 91).

C. L'aide juridictionnelle

Si leurs ressources sont insuffisantes, les personnes physiques de nationalité française, les ressortissants de l'Union européenne, ainsi que les étrangers sans condition de résidence, peuvent bénéficier de l'aide juridictionnelle lorsqu'elles sont parties civiles (L. nº 91-647, 10 juill. 1991, art. 2 et 3).

Les conditions de ressources sont identiques pour toutes les parties, il est donc renvoyé sur ce point au nº 17.9.

Pour les infractions les plus graves limitativement énumérées par l'article 9-2 de la loi nº 91-647 du 10 juillet 1991, la condition de ressources n'est pas exigée des victimes ou de leurs ayants droit pour bénéficier de l'aide juridictionnelle en vue d'exercer l'action civile en réparation des dommages résultant des atteintes à la personne. Pour ces infractions, « *le droit à l'aide juridictionnelle sans condition de ressources vaut non seulement pour les procédures devant les juridictions répressives (tant d'instruction que de jugement), mais également pour les procédures devant les Civi* » (Circ. Crim. 02-16-E8, 8 nov. 2002, NOR : JUSD0230179C, nº 6.2).

Il s'agit des infractions suivantes :

Meurtre simple ou aggravé (nos 20, 20.2 et 20.3), assassinat (nº 20.4), tortures ou actes de barbarie (nos 20.7, 20.9, 20.10, 20.11, 20.12 et 20.13), coups mortels aggravés (nº 20.16), violences aggravées ayant entraîné mutilation ou infirmité permanente (nos 20.19, 20.20), violences habituelles sur personne vulnérable ayant entraîné la mort ou une infirmité permanente (nº 20.31), viol simple ou aggravé (nos 20.72 à 20.77), infractions terroristes d'atteintes à la personne (v. nº 23.23F4).

L'aide juridictionnelle de plein droit rend inutile une décision du bureau d'aide juridictionnelle (Circ. 94-08, 21 juin 1994), la somme revenant à l'avocat pourra lui être versée par la CARPA au vu de la seule attestation de mission délivrée par le greffier (D. nº 91-1266, 19 déc. 1991, art. 104, 105).

16.7 L'accès de la victime au dossier de la procédure (C. pr. pén., art. 114 et R. 155)

Dans tous les cas, même quand l'auteur n'est pas identifié, le procureur de la République avise la victime de la décision de classement sans suite (C. pr. pén., art. 40-2) ; il l'informe en même temps de son droit de demander une copie du dossier de la procédure, selon les conditions prévues par C. pr. pén., art. R. 155 (C. pr. pén., art. D. 15-3-2, issu D. nº 2022-656, 25 avr. 2022).

Si des poursuites sont engagées ou une mesure alternative aux poursuites envisagée, il est délivré à la victime, à sa demande, une copie de toutes les pièces de la procédure, sans autorisation préalable du procureur de la République (C. pr. pén., art. R. 155, mod. par D. nº 2001-689, 31 juill. 2001).

L'autorisation du parquet reste nécessaire lorsque l'enquête est toujours en cours, classée sans suite, terminée par un non-lieu ou par un jugement définitif. Toutefois la victime peut obtenir à sa demande et sans autorisation du parquet « *expédition de la plainte ou de la dénonciation* » (C. pr. pén., art. R. 155 1°).

La délivrance de la première reproduction de chaque acte est gratuite pour la victime ou son avocat, choisi ou commis d'office. Au-delà, elle est payante à raison de 0,46 € par page (C. pr. pén., art. R. 165).

Au sens des articles R. 155 et R. 165, « *le terme de "partie" [...] ne doit [...] pas être compris comme désignant uniquement [...] la victime qui s'est constituée partie civile, mais comme désignant également [...] la victime qui ne s'est pas encore constituée partie civile mais qui aurait la possibilité juridique de le faire* » (Circ. SJ 2001-05 B3, 3 août 2001, NOR : JUSB0110328C, nº 1.2).

Lorsqu'une information est en cours, C. pr. pén., art. 114 organise un droit d'accès étendu de la victime au dossier, à condition qu'elle se soit constituée partie civile, selon les précisions apportées au nº 15.4. Notons ici que « *la partie civile ne [peut] obtenir directement copie des pièces de la procédure : seul [son] avocat est en effet autorisé à [lui] en remettre une reproduction, en l'absence d'opposition du juge d'instruction* » (Circ. SJ 2001-05 B3, 3 août 2001, nº 1.2).

Avant le déclenchement de l'action publique, le secret de l'enquête et de l'instruction limitent l'accès au dossier (v. nº 35.2). Toutefois, l'avocat de la victime, en cas de confrontation avec l'auteur si ce dernier est placé en garde à vue, durant le temps de la garde à vue, peut cependant accéder à certaines pièces du dossier (v. nºs 12.25 et 16.6A). De plus, l'accès au dossier par le suspect, qui est limité aux enquêtes d'une certaine durée, ouvre un droit comparable à la victime (C. pr. pén., art. 77-2 issu de L. nº 2016-731, 3 juin 2016 puis de L. nº 2021-1729, 22 déc. 2021, v. nºs 15.2 et 15.3). Enfin, le procureur de la République peut décider de communiquer la procédure à tout moment au suspect comme à la victime pour recevoir leurs observations (C. pr. pén., art. 77-2 issu de L. nº 2016-731, 3 juin 2016 puis de L. nº 2021-1729, 22 déc. 2021, v. nºs 15.2 et 15.3).

16.8 Les droits particuliers de la victime mineure

A. Des règles plus favorables de prescription de l'action publique

1. Les crimes

V. nº 10.6 et, sur la prescription de l'action publique, nºs 17.18 s.

2. Les délits

V. nº 10.6 et, sur la prescription de l'action publique, nºs 17.18 s.

Ces prescriptions particulières sont rappelées dans le présent guide pour chacune des infractions concernées.

B. Le droit du mineur victime à l'accompagnement à tous les stades de la procédure (C. pr. pén., art. 706-53)

« *À tous les stades de la procédure, le mineur victime d'un crime ou d'un délit peut, à sa demande, être accompagné par son représentant légal et, le cas échéant, par la personne majeure de son choix* », sauf s'il lui a été désigné un administrateur *ad hoc*, « *ou sauf décision contraire motivée par l'autorité judiciaire compétente* » (C. pr. pén., art. 706-53, L. n° 2013-711, 5 août 2013). « *Il peut être accompagné, dans les mêmes conditions, par un représentant d'une association conventionnée d'aide aux victimes* » (C. pr. pén., art. 706-53, mod. L. n° 2018-703, 3 août 2018).

Selon la directive 2012/29/UE, 25 oct. 2012, art. 20 c) (v. C ci-dessous), l'accompagnement par le représentant légal ou par une personne de son choix doit prévaloir sur la désignation d'un administrateur *ad hoc*, sauf décision motivée. Ces dispositions ont été transposées par L. n° 2015-993, 17 août 2015, portant adaptation de la procédure pénale au droit de l'Union européenne, notamment au C. pr. pén., art. 10-4.

C. La désignation d'un administrateur *ad hoc* (C. pr. pén., art. 706-50)

1. Les conditions de la désignation

Le procureur de la République, le juge d'instruction ou la juridiction de jugement, saisis de faits « *commis volontairement à l'encontre d'un mineur* » (la désignation n'est pas limitée aux seules infractions sexuelles), désignent, parmi les proches ou sur une liste établie dans le ressort de chaque cour d'appel, un administrateur *ad hoc*, lorsque la protection des intérêts de la victime « *n'est pas complètement assurée par ses représentants légaux ou par l'un d'entre eux* » (C. pr. pén., art. 706-50, 706-51 et R. 53 s.).

Cette désignation était auparavant obligatoire, sauf décision spécialement motivée du procureur de la République ou du juge d'instruction, pour les **infractions qualifiées d'incestueuses** (v. définitions n°s 20.72 et 21.35) (C. pr. pén., art. 706-50, L. n° 2010-121, 8 févr. 2010). Cette disposition a été abrogée par la loi n° 2013-711 du 5 août 2013 afin de tirer les conséquences et des décisions n° 2011-163 QPC du 16 sept. 2011 (v. n° 20.72) et n° 2011-222 QPC du 17 févr. 2012 (v. n° 21.35) du Cons. const., déclarant inconstitutionnelle la qualification d'infraction d'incestueuse en raison de son manque de précision.

Une obligation légale paraît s'imposer d'office au magistrat, au premier chef au procureur de la République ou au juge d'instruction, saisi d'une infraction volontaire commise sur un mineur (que ses représentants légaux se soient ou non constitués partie civile en son nom) : celle de rechercher et de déterminer si la sauvegarde des intérêts de la victime est assurée. Tel n'est pas le cas lorsque les représentants légaux sont défaillants ou lorsqu'il existe, directement ou par personne interposée, un conflit d'intérêts entre eux et le mineur.

Plus particulièrement, en cas de meurtre sur conjoint (v. n° 20.3) ou de violences au sein du couple au sens de C. pén., art. 132-80 (sur la définition de cette circonstance aggravante, v. orienteur n° 20.3), réprimées par C. pén., art. 222-8 (v. n° 20.16), 222-10 (v. n° 20.19) et 222-12 (v. n° 20.25), le procureur de la République est tenu de vérifier, avant de mettre l'action publique en mouvement, si les faits ont été commis en présence d'un mineur. Si c'est le cas, il veille à ce que le mineur puisse se constituer partie civile en étant le cas échéant représenté par un administrateur *ad hoc* ; le juge d'instruction avise le représentant légal ou l'administrateur *ad hoc* de son droit de se constituer partie civile au nom du mineur (C. pr. pén., art. D. 1-11-1 issu D. n° 2051-1516, 23 nov. 2021).

La désignation d'un administrateur *ad hoc* ne peut toutefois prévaloir sur le principe du droit à l'accompagnement du mineur victime par ses représentants légaux. En effet, « *selon l'article 20 de la directive 2012/29/UE du Parlement européen et du Conseil du 25 octobre 2012 établissant des normes minimales concernant les droits, le soutien et la protection des victimes de la criminalité [...], le mineur victime a, par principe, au cours d'une enquête pénale, le droit d'être accompagné de son représentant légal ou d'une personne de son choix, sauf décision contraire motivée* » (§ 14) ; « *il en résulte que, d'une part, la seule circonstance que les faits sont qualifiés d'incestueux ne peut suffire à justifier la désignation d'un administrateur ad hoc* » (§ 16), « *d'autre part, il appartient au magistrat qui procède à une telle désignation, de motiver l'insuffisante capacité des représentants légaux à assurer complètement la protection du mineur, à partir de son appréciation souveraine des circonstances des faits* » (§ 17) (Crim. 11 oct. 2022, n° 22-81.126, P).

La désignation de l'administrateur *ad hoc* doit être notifiée aux représentants légaux qui disposent, dans les dix jours de la notification, d'un droit d'appel non suspensif, porté devant la CHINS ou la chambre des appels correctionnels (C. pr. pén., art. R. 53-7).

Ces dispositions sont également applicables en cas d'incertitude sur l'âge de la victime, s'il existe des raisons de croire qu'elle est mineure (C. pr. pén., art. D. 47-11-1, D. n° 2016-214, 26 févr. 2016).

Notons que les dispositions de C. pr. pén., art. 706-50 « *ne sont pas exclusives, en l'absence de décision du juge d'instruction ou du procureur de la République, de celles de l'article 388-2 du Code civil, de portée générale, qui autorisent le juge des tutelles à procéder à cette désignation dès lors que l'opposition d'intérêts entre l'enfant et ses représentants légaux a été constatée* » (1re Civ., 25 oct. 2005, n° 03-14.404, P n° 390). Dans un tel cas de figure, le juge des tutelles n'est pas tenu de choisir l'administrateur *ad hoc* sur la liste établie dans le ressort de la cour d'appel en application de C. pr. pén., art. R. 53 (même décision).

2. La mission et la rémunération de l'administrateur *ad hoc*

L'administrateur *ad hoc* est chargé d'assurer « *la protection des intérêts du mineur et exerce, s'il y a lieu, au nom de celui-ci les droits reconnus à la partie civile* » (C. pr. pén., art. 706-50).

En cas de constitution de partie civile par l'administrateur *ad hoc*, le juge fait désigner d'office un avocat pour le mineur s'il n'en a pas déjà été choisi un (C. pr. pén., art. 706-50).

Notons que « *la désignation d'un administrateur ad hoc en application de C. pr. pén., art. 706-50, pour assurer la protection des intérêts d'un mineur et exercer au nom de celui-ci les droits reconnus à la partie civile, fait obstacle à ce que le représentant légal du mineur puisse également intervenir aux mêmes fins* » (Crim. 12 sept. 2000, n° 00-81.971, P n° 266). Tel n'est toutefois pas le cas lorsque le représentant légal se constitue partie civile en son nom, pour le préjudice directement subi en sa qualité de parent de l'enfant victime.

L'administrateur *ad hoc* doit dans les trois mois de l'achèvement de sa mission transmettre à l'autorité qui l'a désigné un rapport détaillant les démarches effectuées pour l'accomplissement de sa mission et le cas échéant les formalités accomplies en vue du placement des sommes perçues par le mineur à l'occasion de la procédure (C. pr. pén., art. R. 53-8).

La rémunération suivante est allouée à l'administrateur (C. pr. pén., art. R. 216 ; A. 43-8) :

– désignation par le procureur de la République sans ouverture d'information : 228,67 € (indice Iaah1) ;

– procédure d'information correctionnelle : 250 € (indice Iaah2) , criminelle : 450 € (indice Iaah3) ;

– accompagnement du mineur à une audience du tribunal correctionnel : 100 € (indice Iaah4) ; de la cour d'assises : 300 € (indice Iaah5) ; du tribunal pour enfants statuant en matière correctionnelle 75 € (indice Iaah6) ; du tribunal pour enfants statuant en matière criminelle 100 € (indice Iaah7) ;

– lorsque l'administrateur *ad hoc* interjette appel, accompagnement du mineur devant la chambre des appels correctionnels ou la chambre spéciale des mineurs : 100 € (indice Iaah8) ; devant la cour d'assises statuant en appel : 300 € (indice Iaah9) ;

– indemnité de carence sur la base d'un rapport indiquant les diligences accomplies : 50 € (indice Iaah10).

D. Le mineur victime d'infraction sexuelle ou de harcèlement : les modalités d'audition

1. L'obligation ou la faculté d'enregistrement audiovisuel de l'audition du mineur victime (C. pr. pén., art. 706-52)

• **L'obligation d'enregistrement en matière d'infractions sexuelles**

Au stade de l'enquête ou de l'instruction, l'audition d'un mineur victime d'une des **infractions de nature sexuelle** limitativement énumérées à l'article 706-47 du code de procédure pénale **doit faire l'objet d'un enregistrement** audiovisuel (C. pr. pén., art. 706-52, sur l'obligation d'enregistrement audiovisuel de certaines auditions, v. n° **11.4**). Afin de systématiser cet enregistrement institué par L. n° 98-468, 17 juin 1998, relative à la prévention et à la répression des infractions sexuelles ainsi qu'à la protection des mineurs, le consentement du mineur ou de son représentant légal, qui « *a conduit en pratique à ce que les enregistrements étaient très rarement effectués, empêchant non seulement de réduire le nombre des auditions d'un mineur tout au long de la procédure, ce qui était l'objectif initial de la loi de 1998, mais également de consulter l'enregistrement à l'audience, afin d'éclairer la juridiction de jugement en cas de contestation sur la véracité des déclarations de la victime* » (Circ. Crim. 07-10-E8, 22 juin 2007, NOR : JUSD0730041C, n° 4.2), n'est plus requis depuis L. n° 2007-291, 5 mars 2007. Sur décision du procureur de la République ou du juge d'instruction, l'enregistrement peut n'être que sonore si l'intérêt du mineur le justifie (C. pr. pén., art. 706-52 [mod. par L. n° 2007-291, 5 mars 2007]).

Cette nécessité est rappelée dans le présent ouvrage pour chacune des infractions concernées.

L'enregistrement est obligatoire pour toutes les auditions du mineur victime avant jugement. Tel n'est pas le cas lorsque l'intéressé n'est que témoin, lorsqu'il est devenu majeur lors de l'audition, ou lorsqu'il est entendu par la juridiction de jugement.

Il semble qu'il n'y ait pas non plus lieu à enregistrement en cas de confrontation du mineur avec un tiers. Dans cette hypothèse, rien n'interdit cependant qu'un enregistrement soit réalisé, à condition que l'autre personne l'accepte expressément (Circ. Crim. 99-04 F1, 20 avr. 1999, NOR : JUSD9930060C, n° 1.1.1).

Lorsque l'enregistrement ne peut être effectué en raison d'une impossibilité technique, il en est fait mention dans le procès-verbal d'audition qui précise la nature de cette impossibilité. Si l'audition intervient au cours de l'enquête ou sur commission rogatoire, le procureur de la République ou le juge d'instruction en est immédiatement avisé (C. pr. pén., art. 706-52 [L. n° 2007-291, 5 mars 2007]).

• **La faculté d'enregistrement en matière de harcèlement moral ou scolaire**

Depuis L. n° 2022-299, 2 mars 2022, visant à combattre le harcèlement scolaire, l'audition d'un mineur victime de faits de **harcèlement moral** (C. pén., art. 222-33-2-2, v. n° **20.92**) ou de **harcèlement scolaire** (C. pén., art. 222-33-2-3, infraction issue L. n° 2022-299, 2 mars 2022, v. n° **20.93**) « *peut faire l'objet d'un enregistrement audiovisuel* » « *dans les mêmes conditions* » (C. pr. pén., art. 706-52, mod. par L. n° 2022-299, 2 mars 2022).

2. L'enregistrement audiovisuel et le procès-verbal d'audition

L'enregistrement ne dispense pas d'établir un procès-verbal d'audition dans les formes de droit commun, au cours de l'audition ou à l'issue de celle-ci. « *En aucun cas la loi n'exige que les propos du mineur soient intégralement reproduits dans le procès-verbal [...] la restitution des propos tenus lors de l'entretien n'est pas nécessairement exhaustive. Il s'agit d'une synthèse certes fidèle des déclarations, mais qui n'exclut en aucun cas les reformulations [...] qu'il s'agisse pour l'enquêteur ou le magistrat de rendre les propos plus clairs, plus synthétiques, ou simplement plus conformes aux règles d'usage de la langue française [...]. Par ailleurs, peuvent ne pas figurer au procès-verbal toutes les interventions périphériques à l'audition, c'est-à-dire toutes celles qui n'ont pas pour objet l'enquête elle-même, mais de mettre progressivement l'enfant en confiance* » (Circ. Crim. 99-4 F1, 20 avr. 1999, n° 1.2.2.1).

3. La sanction de l'absence d'enregistrement

« *Il apparaît que le fait de ne pas procéder à des enregistrements en cas d'impossibilité résultant du non-fonctionnement du matériel détenu par les services enquêteurs ou les juridictions ne constitue pas une cause d'annulation de l'audition du mineur victime. En effet, cette hypothèse a été expressément prévue par les nouvelles dispositions. [...] Il convient toutefois de souligner que le défaut d'enregistrement aura nécessairement pour conséquence de considérablement affaiblir la force probante des déclarations recueillies si elles sont ultérieurement contestées par la personne poursuivie* » (Circ. Crim. 07-10-E8, 22 juin 2007, NOR : JUSD0730041C, n° 4.2).

Il est communément considéré que l'obligation d'enregistrement a été édictée dans le seul intérêt de la victime, afin notamment de limiter le nombre de ses auditions. La directive 2012/29/UE, 25 oct. 2012, établissant des normes minimales concernant les droits, le soutien et la protection des victimes de la criminalité, impose en effet aux États de veiller à ce que « *le nombre d'auditions de la victime soit limité à un minimum et à ce que les auditions n'aient lieu que dans la mesure strictement nécessaire au déroulement de l'enquête pénale* » (art. 20, b). « *Dès lors, la personne mise en examen ne pourra obtenir l'annulation de l'audition d'un mineur qui n'aurait pas fait l'objet d'un enregistrement [...]. L'obligation d'enregistrement ne peut en effet être considérée comme une formalité substantielle [...]. Par ailleurs, [...] l'absence d'enregistrement [...] ne saurait justifier la nullité de l'audition à la demande de la partie civile, car une telle nullité constituerait une sanction à l'encontre de la victime elle-même. Il apparaît enfin qu'un enregistrement réalisé sans [...] le consentement préalable du mineur [...] ne saurait entraîner la nullité de l'audition elle-même. Dans une telle hypothèse, il semble en revanche que la victime est en droit de demander la nullité de l'enregistrement, et de s'opposer à son utilisation au cours de la procédure* » (Circ. Crim. 99-4 F1, 20 avr. 1999, n° 1.1.2.4).

La Ch. crim. juge que « *l'enregistrement est également prévu dans l'intérêt de la personne mise en cause* » mais qu'il appartient toutefois à cette dernière de « *justifier d'un grief résultant de l'irrégularité invoquée* » (Crim. 24 mai 2016, n° 16-80.564, P n° 155). L'absence de grief semble s'imposer en cas d'infraction de harcèlement, l'enregistrement n'étant pas obligatoire mais facultatif.

Le fait de diffuser l'enregistrement est puni d'un emprisonnement d'un an et de 15 000 € (v. n° **35.36**), outre les peines prévues en matière de violation du secret professionnel (v. n° **35.10**) ou de recel de cette infraction (v. n° **22.45**).

4. L'assistance par un avocat lors des auditions devant le juge d'instruction (C. pr. pén., art. 706-51-1, L. n° 2007-291, 5 mars 2007)

Tout mineur victime d'une des infractions mentionnées à l'article 706-47 est assisté par un avocat lorsqu'il est entendu par le juge d'instruction. À défaut de désignation d'un avocat par les représentants légaux du mineur ou par l'administrateur *ad hoc*, le juge avise immédiatement le bâtonnier afin qu'il commette un avocat d'office. Les dispositions de l'article 114 relatives à la convocation de l'avocat, la mise à disposition du dossier et la délivrance de copie sont applicables à cet avocat en cas d'auditions ultérieures.

« *La désignation d'un avocat ne vaut que pour l'audition du mineur par le juge lui-même, et non si le mineur est entendu sur commission rogatoire par les enquêteurs* » (Circ. Crim. 07-10-E8 22 juin 2007, n° 4.1).

E. Le mineur victime d'infraction sexuelle : les mesures d'accompagnement et d'assistance

1. L'expertise médico-psychologique

Le mineur victime d'une des infractions de nature sexuelle limitativement énumérées à l'article 706-47 du code de procédure pénale peut faire l'objet d'une expertise médico-psychologique destinée à apprécier la nature et l'importance du préjudice subi et à établir si celui-ci rend nécessaires des traitements ou des soins appropriés (C. pr. pén., art. 706-48). L'expertise peut être ordonnée dès le stade de l'enquête par le procureur de la République (C. pr. pén., art. 706-48). Les infractions concernées sont chaque fois précisées au fil de l'ouvrage.

2. L'information du juge des enfants saisi d'une mesure d'assistance éducative

Si une mesure d'assistance éducative a été ouverte à l'égard d'un mineur victime d'une des infractions de nature sexuelle limitativement énumérées à l'article 706-47 du code de procédure pénale, le procureur de la République ou le juge d'instruction informent sans délai le juge des enfants de l'existence de la procédure et lui en communique toutes pièces utiles (C. pr. pén., art. 706-49). Le procureur de la République et le juge d'instruction informe le juge des enfants, tout au long de la procédure, des décisions pouvant avoir des incidences sur les relations entre les parents et leurs enfants. Il est également avisé des suites données aux investigations pénales, notamment en cas de classement sans suite, de procédure alternative aux poursuites, de mise en mouvement de l'action publique ou d'ordonnance de règlement ou de jugement (C. pr. pén., art. D. 47-10).

3. L'audition en présence d'un tiers ou d'un spécialiste de l'enfance

Au cours de l'enquête ou de l'information, les auditions ou confrontations d'un mineur victime d'une des infractions de nature sexuelle limitativement énumérées à l'article 706-47 du code de procédure pénale sont réalisées sur décision du procureur de la République ou du juge d'instruction, le cas échéant à la demande du mineur ou de son représentant légal, en présence d'un psychologue ou d'un médecin spécialistes de l'enfance ou d'un membre de la famille du mineur ou de l'administrateur *ad hoc* ou encore d'une personne chargée d'un mandat du juge des enfants (C. pr. pén., art. 706-53).

F. Le retrait de l'autorité parentale de l'auteur d'une infraction commise sur l'enfant ou sur l'autre parent

1. La portée du retrait de l'autorité parentale ou de son exercice par le juge répressif

Comme le retrait de l'autorité parentale, « *le retrait de l'exercice de l'autorité parentale* [modalité introduite par L. n° 2019-1480, 28 déc. 2019] *entraîne le retrait du droit de visite et d'hébergement, sauf décision contraire du juge. En effet, l'exercice de l'autorité parentale porte sur l'ensemble des mesures concernant l'enfant, en ce compris la fixation de sa résidence habituelle et le droit de visite et d'hébergement des enfants* » (Circ. CRIM n° 2020-3/H2, 23 janv. 2020, NOR : JUSD2002214C, n° I-2.1.1).

« *le parent déchu de l'autorité parentale, en perd tous les droits, notamment les prérogatives exceptionnelles qui y sont rattachées telles que le droit de consentir au mariage, de demander son émancipation ou de consentir à son adoption* » (Circ. CRIM n° 2020-3/H2, 23 janv. 2020, NOR : JUSD2002214C, n° I-2.1.1).

« *la juridiction répressive peut assortir cette mesure civile de l'exécution provisoire, si elle l'estime opportun, afin qu'elle soit effective nonobstant l'appel de la condamnation* » (Circ. CRIM n° 2020-3/H2, 23 janv. 2020, NOR : JUSD2002214C, n° I-2.1.1), sur le fondement, s'agissant d'une disposition civile du jugement pénal, de C. pr. civ., art. 515 qui prévoit que « *l'exécution provisoire peut être ordonnée à la demande des parties ou d'office, chaque fois que le juge l'estime nécessaire et compatible avec la nature de l'affaire* » (sur l'exécution provisoire de la condamnation aux dommages-intérêts, fondée quant à elle sur C. pr. pén., art. 374 et 464, v. n° **16.13B2**).

Selon C. civ., art. 371-2 modifié par L. n° 2019-1480, 28 déc. 2019, « *ni le retrait de l'autorité parentale, ni le retrait de son exercice ne mettent fin à l'obligation d'un parent de contribuer à l'entretien et à l'éducation d'un enfant* » (Circ. CRIM n° 2020-3/H2, 23 janv. 2020, NOR : JUSD2002214C, n° I-2.2).

2. L'obligation du juge pénal de se prononcer sur la suspension provisoire du droit de visite et d'hébergement au stade du contrôle judiciaire en cas de violences conjugales (C. pr. pén., art. 138)

Au **stade des mesures provisoires**, la L. n° 2020-936, 30 juill. 2020, **impose** désormais au juge, en cas de violences conjugales, lorsqu'il place la personne sous contrôle judiciaire sur le fondement de C. pr. pén., art. 138 9° (interdiction de contact avec la victime, v. n° **12.48B**), 138 17° (interdiction de paraître au domicile du couple, v. n° **12.48C1**) ou 139 17° *bis* et 138-3 (dispositif anti-rapprochement institué par L. n° 2019-1480, 28 déc. 2019, v. n° **12.48C2**), de se prononcer, « *par une décision motivée, sur la suspension du droit de visite et d'hébergement de l'enfant mineur dont la personne mise en examen est titulaire* » (C. pr. pén., art. 138 17°, réd. issue L. n° 2020-936, 30 juill. 2020).

Ces dispositions « *permettent ainsi d'éviter à la victime de devoir saisir en urgence le juge aux affaires familiales pour obtenir la suspension de ces droits dans l'attente de la décision pénale de condamnation, et d'assurer une protection immédiate de la victime et de sa famille* » (Circ. Crim. 2020-17-H2, 3 août 2020, NOR : JUSD2020619C, n° 1.3).

3. La suspension provisoire de plein droit de l'autorité parentale et des droits de visite et d'hébergement en cas de crime contre l'autre parent (C. civ., art. 378-2, issu L. n° 2019-1480, 28 déc. 2019)

« *L'exercice de l'autorité parentale et les droits de visite et d'hébergement du parent poursuivi ou condamné, même non définitivement, pour un crime commis sur la personne de l'autre parent sont suspendus de plein droit jusqu'à la décision du juge et pour une durée maximale de six mois, à charge pour le procureur de la République de saisir le juge aux affaires familiales dans un délai de huit jours* » (C. civ., art. 378-2, issu L. n° 2019-1480, 28 déc. 2019).

« *Cette disposition permet, dès l'engagement des poursuites, d'éviter que le parent criminel ne fasse obstacle à la prise de décisions dans l'intérêt de l'enfant* », « *sont concernées toutes les poursuites et toutes les condamnations concernant des crimes commis par un parent sur la personne d'un autre parent, ce qui englobe également les tentatives de crimes* » (Circ. CRIM n° 2020-3/H2, 23 janv. 2020, NOR : JUSD2002214C, n° I-2.1.2).

« *La suspension de l'exercice de l'autorité parentale prévue par le nouvel article 378-2 du code civil revêt un caractère provisoire. Elle n'a d'effet que dans l'attente d'une décision rendue sur le fond soit par le juge aux affaires familiales, saisi à cette fin par le procureur de la République (ou par l'un des parents ou la personne ou l'établissement ayant accueilli l'enfant), soit par la juridiction pénale lors de la condamnation.* » (Circ. CRIM n° 2020-3/H2, 23 janv. 2020, NOR : JUSD2002214C, n° I-2.1.2).

« *Au sens de l'article 378-2 du code civil, doivent être considérés comme des actes de poursuites entraînant la suspension de plein droit de l'autorité parentale :*

– le réquisitoire introductif contre personne dénommée ;

– la mise en examen du suspect par le juge d'instruction lorsque l'information a été ouverte contre X ;

– la délivrance, par le juge d'instruction, d'un mandat suivi d'un procès-verbal de perquisition et de recherches infructueuses.

Ne doivent en revanche pas être considérés comme de tels actes de poursuites :

– le réquisitoire introductif contre personne dénommée suivant plainte avec constitution de partie civile (dans ce cas, seule la mise en examen par le magistrat instructeur vaut acte de poursuites) ;

– le placement sous statut de témoin assisté par le juge d'instruction. » (sur le statut du témoin assisté, v. n° **11.77**) (Circ. CRIM n° 2020-3/H2, 23 janv. 2020, NOR : JUSD2002214C, n° I-2.1.2).

« *Le procureur de la République a la charge, en cas de crime d'un parent sur l'autre parent, de saisir le juge aux affaires familiales :*

– soit aux fins de délégation de l'autorité parentale en application de l'article 377, alinéa 3 du code civil si l'autre parent est décédé, avec l'accord du tiers candidat à la délégation ;

– soit aux fins de fixation des modalités de l'exercice de l'autorité parentale en application de l'article 373-2-8 du code civil.

Le parent victime hésite souvent à saisir le juge aux affaires familiales pour restreindre les droits du parent violent alors que l'exercice de ces droits est susceptible de le mettre en danger lui ou son enfant, directement ou indirectement, physiquement ou psychologiquement (menaces, chantage, instrumentalisation des enfants).

La saisine du juge aux affaires familiales par le procureur de la République constituera un soutien pour le parent victime et renforcera la position de ce dernier. » (Circ. CRIM n° 2020-3/H2, 23 janv. 2020, NOR : JUSD2002214C, n° I-2.1.2).

« *Le procureur de la République doit particulièrement veiller à respecter ce délai* [de saisine du JAF dans les 8 jours à compter de la décision entraînant la suspension de plein droit] *notamment si le crime a causé la mort de la victime, puisqu'il est nécessaire d'engager devant le juge aux affaires familiales une instance en délégation forcée de l'autorité parentale pour combler sa vacance. Ce délai n'est toutefois pas prescrit à peine de nullité* » (Circ. CRIM n° 2020-3/H2, 23 janv. 2020, NOR : JUSD2002214C, n° I-2.1.2).

S'agissant d'une mesure de suspension provisoire, le « *parent poursuivi ou condamné et ainsi privé de l'exercice de l'autorité parentale peut également à tout moment saisir le juge aux affaires familiales pour obtenir une décision au fond concernant l'exercice de l'autorité parentale et son droit de visite et d'hébergement* » (Circ. CRIM n° 2020-3/H2, 23 janv. 2020, NOR : JUSD2002214C, n° I-2.1.2).

Mentionnons à cet égard que dans le cas où « *un parent est poursuivi ou condamné pour un crime commis sur la personne de l'autre parent ayant entraîné la mort de celui-ci* », la L. n° 2019-1480, 28 déc. 2019 autorise désormais la délégation forcée de l'autorité parentale au profit d'un tiers, même si l'auteur ne manifeste pas de désintérêt pour l'éducation de son enfant et reste en mesure d'exercer l'autorité parentale (C. civ., art. 377).

Soulignons enfin qu'au stade de la condamnation, la suspension provisoire de plein droit de l'autorité parentale n'a vocation à intervenir que dans les cas où la juridiction criminelle a omis de statuer sur ce point en dépit de l'obligation qui s'impose à elle de statuer sur l'autorité parentale dans les cas prévus par la loi (v. **F6** ci-dessous). Par conséquent, « *la décision de la cour d'assises statuant en faveur ou non d'un retrait de l'autorité parentale, ou d'un retrait de l'exercice de celle-ci fait obstacle à la suspension de plein droit de celle-ci* » (Circ. CRIM n° 2020-3/H2, 23 janv. 2020, NOR : JUSD2002214C, n° I-2.1.2).

4. L'obligation du procureur de la République de réunir les éléments permettant à la juridiction de jugement de statuer sur le préjudice du mineur et sur l'autorité parentale en cas de violences au sein du couple (C. pr. pén., art. D. 1-11-1)

En cas de meurtre sur conjoint (v. n° **20.3**) ou de violences au sein du couple au sens de C. pén., art. 132-80 (sur la définition de cette circonstance aggravante, v. orienteur n° **20.3**), réprimées par C. pén., art. 222-8 (v. n° **20.16**), 222-10 (v. n° **20.19**) et 222-12 (v. n° **20.25**), le procureur de la République vérifie, avant de mettre l'action publique en mouvement, si les faits ont été commis en présence d'un mineur et, si c'est le cas, à ce que figure au dossier de la procédure les éléments permettant à la juridiction de jugement d'apprécier l'importance du préjudice subi par le mineur et de se prononcer sur le retrait ou les modalités d'exercice de l'autorité parentale (ex. pièces émanant du JAF ou juge des enfants, examen ou expertise psychologique du mineur) (C. pr. pén., art. D. 1-11-1, issu D. 2021-1516, 23 nov. 2021).

5. La faculté pour la juridiction de se prononcer sur le retrait de l'autorité parentale ou de son exercice au stade de la condamnation (C. civ., art. 378)

Au stade de la condamnation, **peuvent se voir retirer** totalement ou partiellement (C. civ., art. 379-1) l'autorité parentale par une décision expresse du jugement pénal les père et mère qui sont condamnés, soit comme auteurs, coauteurs ou complices d'un crime ou d'un délit commis sur la personne de leur enfant, soit comme coauteurs ou complices d'un crime ou d'un délit commis par leur enfant, « *soit comme auteurs, coauteurs ou complices d'un crime sur la personne de l'autre parent* » (C. civ., art. 378, mod. par L. n° 2010-769, 2 juill. 2010).

Depuis L. n° 2019-1480, 28 déc. 2019, la juridiction peut prononcer, au lieu du retrait total ou partiel de l'autorité parentale, le retrait de « *l'exercice de l'autorité parentale* » (C. civ., art. 378 et 379-1).

Mentionnons que selon les dispositions de portée générale de C. civ., art. 378, applicables à toute infraction criminelle ou délictuelle, la juridiction a la faculté, mais non l'obligation, de se prononcer sur le retrait de l'autorité parentale, à la différence des situations qui suivent.

6. L'obligation pour la juridiction de se prononcer dans certains cas sur le retrait de l'autorité parentale ou de son exercice au stade de la condamnation

Dans les cas prévus par la loi et signalés au fil de l'ouvrage (rubrique « mesure civile » de l'orienteur), la juridiction est **tenue de statuer** sur le retrait total ou partiel de l'autorité parentale ou de son exercice, lorsque l'infraction a été commise sur la personne de l'autre parent ou de l'enfant.

Il s'agit des infractions suivantes :

• **Crimes d'atteintes volontaires à la vie** : meurtre (v. n°s 20.1, 20.2, 20.3), assassinat (v. n° 20.4), empoisonnement (v. n° 20.37), mandat de commettre un assassinat ou un empoisonnement (v. n° 20.6) (C. pén., art. **221-5-5**) ;

• **Crimes et délits d'atteintes volontaires à l'intégrité de la personne** : tortures et actes de barbarie et mandat de commettre de tels actes (v. n°s 20.7 à 20.13), coups mortels (v. n°s 20.15 et 20.16), violences délictuelles (v. n°s 20.18 à 20.32), mariage forcé (v. n° 20.35), harcèlement téléphonique (v. n° 20.47), menaces (v. n°s 20.49 à 20.51), administration de substances nuisibles (v. n°s 20.38 à 20.46), administration de substance altérant le discernement en vue d'une agression sexuelle (C. pén., art. **222-48-2**, v. n° 20.85), pratiques visant à modifier l'orientation sexuelle ou l'identité de genre (C. pén., art. **225-4-13** issu L. n° 2022-92, 31 janv. 2022, v. n° 20.120) ;

• **Crimes et délits sexuels** : viol et mandat de commettre un viol (v. n°s 20.72 à 20.77), agression sexuelle et mandat de commettre une agression sexuelle (v. n°s 20.79 à 20.84), exhibition sexuelle (v. n° 20.86), harcèlement sexuel (v. n° 20.87), (C. pén., art. **222-31-2** et **222-48-2**) ; atteinte sexuelle sur mineur (v. n°s 21.35 et 21.36) (C. pén., art. **227-27-3**) ;

• **Harcèlement moral**, v. n°s 20.90 à 20.92 (C. pén., art. **222-48-2**) ;

• **Incitation sur un mineur à participer à une association de malfaiteurs terroriste**, v. n° 23.25, cas G (C. pén., art. **421-2-4-1**).

Mentionnons qu'en cas de crime, lorsque la juridiction a **omis de statuer sur l'autorité parentale** en dépit de l'obligation qui lui est faite de se prononcer sur ce point, l'exercice de l'autorité parentale est suspendu de plein droit selon les précisions apportées en F3 ci-dessus (C. civ., art. 378-2, issu L. n° 2019-1480, 28 déc. 2019).

G. La protection de l'anonymat de la victime mineure

En plus des règles relatives au secret professionnel, notamment des travailleurs sociaux, au secret de l'enquête ou de l'instruction (v. secret professionnel), la diffusion, sans la demande des personnes ayant sa garde ou des autorités judiciaires, d'informations relatives à l'identité ou permettant l'identification d'un mineur victime d'une infraction (quelle que soit la nature de celle-ci), constitue l'infraction prévue au n° 35.35.

La diffusion de l'enregistrement de l'audition d'un mineur victime d'une infraction de nature sexuelle (v. C ci-dessus) constitue également une infraction (C. pr. pén., art. 706-52, v. n° 35.36).

H. La sauvegarde du droit à réparation de la victime mineure

1. Les pouvoirs des parents dans l'administration légale pure et simple (C. civ., art. 389-4 et 389-5)

Dans l'administration légale pure et simple (cas où les deux parents exercent en commun l'autorité parentale, C. civ., art. 389-1), chacun des parents est réputé avoir reçu de l'autre le pouvoir de faire seul les actes pour lesquels le tuteur n'aurait besoin d'aucune autorisation (C. civ., art. 389-4) : ainsi le pouvoir d'introduire une instance relative aux droits patrimoniaux du mineur et le désistement de cette instance (C. civ., art. 464). Ils doivent accomplir ensemble les actes qu'un tuteur ne pourrait faire qu'avec l'autorisation du conseil de famille, ainsi l'introduction d'une instance relative aux droits non patrimoniaux du mineur (C. civ., art. 464), ou une transaction (C. civ., art. 467). À défaut d'accord entre les parents, l'acte doit être autorisé par le juge des tutelles. Mais « *même d'un commun accord, les parents ne peuvent [...] renoncer pour lui à un droit, sans autorisation du juge des tutelles* » (C. civ., art. 389-5).

2. Les pouvoirs du parent dans l'administration légale sous contrôle judiciaire (C. civ., art. 389-6)

Dans l'administration légale sous contrôle judiciaire (cas où l'un ou l'autre des parents est décédé, s'ils sont divorcés ou séparés de corps sans exercer en commun l'autorité parentale, ou lorsque le mineur est un enfant naturel, C. civ., art. 389-2), l'administrateur peut accomplir sans autorisation du juge des tutelles les actes qu'un tuteur peut accomplir seul (C. civ., art. 389-6), ainsi le pouvoir d'introduire une instance relative aux droits patrimoniaux du mineur et le désistement de cette instance (C. civ., art. 464). Il doit obtenir l'autorisation du juge des tutelles pour introduire une instance relative aux droits non patrimoniaux du mineur (C. civ., art. 464), conclure une transaction (C. civ., art. 467), ou renoncer pour lui à un droit (C. civ., art. 389-5).

3. Le cas particulier de la transaction proposée par une compagnie d'assurances en cas d'accident de la circulation

Dans le cas d'un accident de la circulation dans lequel est impliqué un véhicule terrestre à moteur (C. assur., art. L. 211-8) : « *L'assureur doit soumettre au juge des tutelles ou au conseil de famille, compétents suivants les cas pour l'autoriser, tout projet de transaction concernant un mineur ou un majeur en tutelle. Il doit également donner avis sans formalité au juge des tutelles, quinze jours au moins à l'avance, du paiement du premier arrérage d'une rente ou de toute somme devant être versée à titre d'indemnité au représentant légal de la personne protégée. Le paiement qui n'a pas été précédé de l'avis requis ou la transaction qui n'a pas été autorisée peut être annulé à la demande de tout intéressé ou du ministère public à l'exception de l'assureur* » (C. assur., art. L. 211-15).

Cette disposition est applicable au Fonds de garantie contre les accidents de la circulation et de chasse (C. assur., art. L. 211-22).

4. Le rôle du juge des tutelles et de la juridiction pénale

« *Le juge des tutelles et le procureur de la République exercent une surveillance générale sur les administrations légales et les tutelles de leur ressort.* » (C. civ., art. 411-1). Le juge des tutelles peut prononcer contre les administrateurs légaux, tuteurs et autres organes tutélaires des injonctions et condamner ceux qui n'y ont pas déféré à une amende civile ⩽ 10 000 € (C. civ., art. 411-1 et C. pr. civ., art. 1216).

« *Le juge des tutelles territorialement compétent est celui où demeure le mineur.* » (C. pr. civ., art. 1211).

Au vu des dispositions qui précèdent et dans l'intérêt de l'enfant, il est opportun pour la Civi ou toute juridiction pénale qui alloue des dommages-intérêts d'une importance significative à un mineur, de transmettre copie du jugement ou de l'arrêt au juge des tutelles, au visa du dispositif suivant :

« *DIT que les sommes ainsi allouées seront employées, ainsi qu'il est dit à l'article 388-3 du code civil, sous la surveillance générale du juge des tutelles territorialement compétent auquel une copie du présent jugement sera adressée à la diligence du greffe.* »

16.9 La protection fonctionnelle des agents de l'État victimes

Au-delà des précisions qui suivent qui concernent les victimes d'une infraction, la protection fonctionnelle de l'agent public s'illustre également, lorsqu'il est auteur d'une infraction, par les modalités particulières de mise en œuvre de l'action civile contre lui à raison des fautes non détachables du service. L'agent public ou d'un service public n'est en effet personnellement responsable des conséquences dommageables d'une infraction que si celle-ci constitue une faute détachable de ses fonctions, les membres de l'enseignant public bénéficiant en outre de dispositions particulières pour les dommages subis par leurs élèves ou occasionnés par eux (v. n° **16.12E**). Dans le même cas, la collectivité publique doit lui accorder sa protection en prenant en charge ses frais d'avocat (v. n° **17.6E**).

A. La protection du fonctionnaire victime

1. Le dispositif de signalement et de prévention des atteintes aux agents

« *Les employeurs publics [...] mettent en place un dispositif de signalement qui a pour objet de recueillir les signalements des agents qui s'estiment victimes d'atteintes volontaires à leur intégrité physique, d'un acte de violence, de discrimination, de harcèlement moral ou sexuel, d'agissements sexistes, de menaces ou de tout autre acte d'intimidation et de les orienter vers les autorités compétentes en matière d'accompagnement, de soutien et de protection des victimes et de traitement des faits signalés. Ce dispositif permet également de recueillir les signalements de témoins de tels agissements* » (CGFP, art. L. 135-6, anc^{t} L. n° 83-634, 13 juill. 1983, art. 6 *quater* A, mod. par L. n° 2021-1109, 24 août 2021, D. n° 2020-256, 13 mars 2020).

« *Lorsqu'elle est informée, par quelque moyen que ce soit, de l'existence d'un risque manifeste d'atteinte grave à l'intégrité physique du fonctionnaire, la collectivité publique prend, sans délai et à titre conservatoire, les mesures d'urgence de nature à faire cesser ce risque et à prévenir la réalisation ou l'aggravation des dommages directement causés par ces faits. Ces mesures sont mises en œuvre pendant la durée strictement nécessaire à la cessation du risque* » (CGFP, art. L. 134-6, anc^{t} L. n° 83-634, 13 juill. 1983, art. 11, mod. par L. n° 2021-1109, 24 août 2021).

2. Le dispositif de protection des agents victimes (CGFP, art. L. 134-1 s.)

Ces dispositions, auparavant contenues dans L. n° 83-634, 13 juill. 1983, art. 11, ont été codifiées au CGFP, art. L. 134-1 s.

À raison de ses fonctions et indépendamment des règles fixées par le code pénal et par les lois spéciales, l'agent public ou, le cas échéant, l'ancien agent public, bénéficie d'une protection organisée par la collectivité publique qui l'emploie à la date des faits en cause ou des faits ayant été imputés de façon diffamatoire (CGFP, art. L. 134-1).

La collectivité publique est tenue de protéger l'agent public contre les atteintes volontaires à l'intégrité de la personne, les violences, les agissements constitutifs de harcèlement, les menaces, les injures, les diffamations ou les outrages dont il pourrait être victime sans qu'une faute personnelle puisse lui être imputée. Elle est tenue de réparer, le cas échéant, le préjudice qui en est résulté (CGFP, art. L. 134-1).

La protection peut être accordée, sur leur demande, au conjoint, au concubin, au partenaire lié par un PACS à l'agent public, à ses enfants et à ses ascendants directs pour les instances civiles ou pénales qu'ils engagent contre les auteurs d'atteintes volontaires à l'intégrité de la personne dont ils sont eux-mêmes victimes du fait des fonctions exercées par le fonctionnaire (CGFP, art. L. 134-7).

Elle peut également être accordée, à leur demande, au conjoint, au concubin ou au partenaire lié par un pacte civil de solidarité qui engage une instance civile ou pénale contre les auteurs d'atteintes volontaires à la vie de l'agent public du fait des fonctions exercées par celui-ci. En l'absence d'action engagée par le conjoint, le concubin ou le partenaire lié par un PACS, la protection peut être accordée aux enfants ou, à défaut, aux ascendants directs de l'agent public qui engagent une telle action (CGFP, art. L. 134-7).

La collectivité publique est subrogée aux droits de la victime pour obtenir des auteurs des faits la restitution des sommes versées au fonctionnaire ou aux proches. Elle dispose, en outre, aux mêmes fins, d'une action directe, qu'elle peut exercer au besoin par voie de constitution de partie civile devant la juridiction pénale (CGFP, art. L. 134-8).

Les modalités de la protection instituée par le CGTC (anc^{t}, L. n° 83-634, 13 juill. 1983, art. 11) est déclinée, s'agissant des personnes concourant à la sécurité intérieure (et de leur cercle familial lorsque ce dernier est atteint du fait des fonctions exercées par leur proche), par CSI, art. L. 113-1 et, pour le personnel militaire, par C. défense, art.

L. 4123-10. Dans l'un et l'autre cas, cette protection s'étend aux personnes « *entendues dans le cadre de l'audition libre* » (CSI, art. L. 113-1, réd. issue L. n° 2021-646, 25 mai 2021).

S'agissant de la poursuite des infractions commises par voie de presse ou par tout autre moyen de publication, envers les fonctionnaires publics, les dépositaires ou agents de l'autorité publique et envers les citoyens chargés d'un service ou d'un mandat public (L. 29 juill. 1881, art. 31 et 33 al. 1, v. n^os^ **35.20** et **35.21**), elle peut avoir lieu à la requête du ministère public, sur la plainte de l'agent, soit d'office sur la plainte du ministre dont il relève (L. 29 juill. 1881, art. 47 et 48 3°).

Soulignons « *que le complément de traitement dénommé indemnité de sujétions spéciales alloué aux fonctionnaires de police actifs compense de manière forfaitaire les risques que ceux-ci encourent dans l'exercice de leurs fonctions, c'est-à-dire la particulière pénibilité de leurs conditions de travail, et non pas les conséquences réelles de ces risques lorsqu'ils se réalisent par la faute d'un tiers* », le juge est donc fondé à allouer des dommages-intérêts au fonctionnaire de police victime d'outrages dans le cadre de ses fonctions sans tenir compte de cette indemnité (Crim. 14 janv. 2020, n° 19-82.145, P).

B. La protection du magistrat de l'ordre judiciaire victime (Ord. n° 58-1270, 22 déc. 1958, art. 11)

Indépendamment des règles fixées par le code pénal et les lois spéciales, les magistrats sont protégés contre les menaces, attaques de quelque nature que ce soit, dont ils peuvent être l'objet dans l'exercice ou à l'occasion de leurs fonctions. L'État doit réparer le préjudice direct qui en résulte, dans tous les cas non prévus par la législation des pensions (Ord. n° 58-1270, 22 déc. 1958, art. 11).

Cette protection est étendue aux conjoints, enfants et ascendants directs des magistrats de l'ordre judiciaire victimes de menaces, violences, voies de fait, injures, diffamations ou outrages du fait des fonctions de ces derniers. Elle peut également être accordée, à leur demande, aux conjoints, enfants et ascendants directs des magistrats de l'ordre judiciaire décédés dans l'exercice de leurs fonctions ou du fait de leurs fonctions, à raison des faits à l'origine du décès ou pour des faits commis postérieurement au décès mais du fait des fonctions qu'exerçait le magistrat décédé (L. n° 2003-239, 18 mars 2003).

Le D. n° 11-28, 7 janv. 1993, mod. par D. n° 2018-1081, 4 déc. 2018, détermine les modalités de mise en œuvre de la protection fonctionnelle des magistrats de l'ordre judiciaire pour la prise en charge des frais exposés pour leur défense (art. 11-29 s.).

Les juges des tribunaux de commerce jouissent d'une protection fonctionnelle comparable (C. com., art. L. 722-19 et R. 722-28 s.).

16.10 L'action civile – L'engagement des poursuites par la partie civile

A. La citation directe devant le tribunal par la partie civile

1. La compétence du tribunal

Le tribunal correctionnel du lieu de l'infraction, du lieu de résidence ou d'arrestation, même pour une autre cause, du prévenu (C. pr. pén., art. 382), le tribunal de police du lieu de commission ou de constatation de la contravention, du lieu de résidence du prévenu (C. pr. pén., art. 522), peuvent être directement saisis (procédure de citation directe) par la victime qui a « *personnellement souffert du dommage directement causé par l'infraction* » (C. pr. pén., art. 2, 388 et 531).

La saisine par citation directe de la cour d'assises pour crime n'est pas possible, l'ouverture d'une instruction étant en effet obligatoire dans un tel cas (C. pr. pén., art. 79).

La compétence du tribunal correctionnel s'étend aux délits et contraventions formant avec l'infraction déférée un ensemble indivisible, elle peut aussi s'étendre aux délits et contraventions connexes (C. pr. pén., art. 382).

2. La date d'audience

Avant de s'adresser au commissaire de justice territorialement compétent, l'avocat de la partie civile prendra opportunément l'attache du parquet ou du greffe correctionnel ou de police pour obtenir une date d'audience utile.

3. Les conditions formelles de la citation directe

Il appartient au demandeur de citer régulièrement le prévenu dans les formes et conditions prévues par le code de procédure pénale, qui s'imposent en termes identiques au parquet et à la partie civile. Il convient à cet égard de se reporter aux développements figurant sous n° 15.7 et de s'inspirer des formules contenues aux titres suivants du présent ouvrage, qui pourront notamment, après un exposé détaillé et circonstancié des motifs de l'assignation, conclure la citation en délimitant ainsi très exactement la saisine du tribunal.

L'acte doit mentionner les nom, prénoms, profession et domicile du demandeur (C. pr. pén., art. 551) qui devra, à moins qu'il n'y soit déjà domicilié, élire domicile dans le ressort du tribunal saisi (C. pr. pén., art. 392). Une saisine du tribunal contre personne non dénommée (contre X) n'est donc pas envisageable.

Si le prévenu n'est pas correctement cité (ex. : délais, formes), il revient à la partie civile de renouveler ses diligences.

4. Les limites de la citation directe en cas de saisine préalable du juge d'instruction : l'autorité de l'ordonnance de non-lieu

Durant le cours de l'information, même sous une autre qualification, « *la partie civile constituée devant le juge d'instruction ne peut abandonner la voie de l'instruction préparatoire pour traduire quiconque en raison des mêmes faits, par voie de citation directe devant la juridiction correctionnelle* » (Crim. 4 janv. 1990, n° 89-80.778, P n° 7).

Après la clôture de l'information, la personne mise en examen ayant fait l'objet d'un non-lieu est explicitement préservée d'une éventuelle poursuite par citation directe (C. pr. pén., art. 188). Élargissant ce cadre strict, il est jugé que « *si la partie civile qui a saisi le juge d'instruction ne peut abandonner la voie de l'instruction préparatoire pour traduire directement l'inculpé devant la juridiction correctionnelle, elle peut, au contraire, après clôture de l'information, user de la voie de la citation directe contre une personne qui n'a pas été l'objet de l'instruction requise* » (Ch. réunies, 24 avr. 1960, n° 59-95.402, P n° 002).

De même, le fait poursuivi par citation directe « *ayant été examiné par la juridiction d'instruction sous tous les rapports qu'il pouvait avoir avec l'application de la loi pénale, il appartenait aux parties civiles d'exercer un recours contre la décision de renvoi ne les retenant pas, et* [elles] *ne pouvaient être admises à l'invoquer à nouveau par la voie d'une citation directe* » (Crim. 19 avr. 2017, n° 16-83.788, D).

La personne mise en examen (sur le statut de mis en examen, v. n° 11.78), témoin assisté (sur le statut du témoin assisté, v. n° 11.77) ou nommément désignée par les réquisitions du ministère public ou dans la plainte avec constitution de partie civile, peut être clairement considérée comme ayant été **l'objet de l'instruction** au sens de la jurisprudence de principe précitée Ch. réunies du 24 avr. 1960 (Crim. 12 nov. 2008, n° 07-88.222, P n° 227). À cet égard, une « *mise en cause précise et répétée avec demande de mise en examen a les mêmes effets qu'une désignation nominative dans une plainte avec constitution de partie civile* » et l'ordonnance qui ne renvoie pas la personne concernée devant le tribunal correctionnel contient « *non-lieu implicite* » à son profit (Crim. 11 sept. 2001, n° 00-84.614, D). Plus largement, la citation directe de la partie civile ne peut intervenir à l'encontre d'une personne qui « *a fait l'objet d'une mise en cause explicite au cours de l'information ouverte contre une* *personne non dénommée* », soldée par une ordonnance de non-lieu devenue définitive (Crim. 11 oct. 2011, n° 09-87.926, D). Dans le même sens, est irrecevable la citation directe intervenue à la suite d'une ordonnance de non-lieu lorsque chacune des personnes citées, « *si elle n'a pas été désignée par son nom dans les plaintes avec constitution de partie civile intervenues au cours de l'information, a néanmoins fait l'objet, en sa qualité professionnelle, d'une mise en cause explicite dans ces mêmes plaintes* » (Crim. 2 déc. 2008, n° 08-80.066, P n° 243).

Précisons que « *seules les décisions des juridictions pénales statuant au fond sur l'action publique et devenues irrévocables sont revêtues de l'autorité de la chose jugée* », la partie civile peut donc se tourner vers le juge civil après une ordonnance de non-lieu sans se voir opposer « *le principe de l'autorité au civil de la chose jugée au pénal* » énoncé au C. civ, art. 1355, anc[t]. art. 1351, dès lors « *qu'une ordonnance de non-lieu n'a qu'un caractère provisoire et qu'elle est révocable en cas de survenance de charges nouvelles* » (2e Civ., 12 nov. 1997, n° 95-22.109, P n° 261 ; dans le même sens : 1re Civ., 25 mai 1987, n° 85-14.366, P n° 165).

5. La constitution du dossier

Si les poursuites se fondent sur une procédure classée sans suite au parquet, il est opportun d'en solliciter la copie pour la verser au dossier, de même qu'il y aura lieu de préciser l'identité complète du prévenu (nom et prénoms, filiation, date et lieu de naissance, commune et arrondissement), afin que le bulletin n° 1 du casier judiciaire soit requis par le ministère public.

Les éléments de preuve fondant les poursuites seront communiqués au tribunal, au prévenu ainsi qu'au ministère public, avant l'audience ou un autre moment, en tout cas assez tôt pour que les débats aient en tout état de cause un caractère contradictoire.

6. La consignation (C. pr. pén., art. 392-1 et 533)

Lorsque la partie civile est une personne morale à but lucratif, elle doit sous peine de non-recevabilité de la citation directe, produire au tribunal son bilan et son compte de résultat afin de permettre la détermination du montant de la consignation (C. pr. pén., art. 392-1, mod. par L. n° 2011-1862, 13 déc. 2011). Toutefois « *la personne morale à but lucratif qui, ayant fait délivrer une citation directe devant le tribunal correctionnel, a omis de justifier de ses ressources en joignant son bilan et son compte de résultat demeure recevable à apporter ces justifications devant la cour d'appel au soutien de son appel du jugement ayant sanctionné sa carence en déclarant sa citation irrecevable* » (§ 18) (Crim. 1er sept. 2020, n° 19-84.600, P).

Si elle ne bénéficie pas de l'aide juridictionnelle, la partie civile doit déposer sous peine d'irrecevabilité au greffe une consignation fixée en fonction de ses ressources par le tribunal lors de la première audience. Ce dépôt s'effectue, dans le délai imparti par la juridiction, devant le régisseur du tribunal, comptable public (régie d'avances et de recettes du tribunal). Il sera remboursé à la partie civile sous déduction éventuelle de l'amende civile prononcée par le tribunal à la requête du ministère public pour procédure abusive ou dilatoire.

Lorsque la partie civile a déjà déposé une consignation devant le juge d'instruction qui a rendu une ordonnance de refus d'informer l'invitant à saisir le tribunal correctionnel (v. **B5** ci-dessous), elle est dispensée de déposer une nouvelle consignation (C. pr. pén., art. 392-1, mod. par L. n° 2019-222, 23 mars 2019).

7. La carence de la partie civile à l'audience (C. pr. pén., art. 425 et 536)

La partie civile poursuivante qui ne comparaît pas ou n'est pas représentée à l'audience est considérée comme se désistant de sa constitution de partie civile. Dans ce cas, le tribunal ne statue sur l'action publique que s'il en est requis par le ministère public, à défaut de quoi il rend un jugement constatant le désistement présumé de la partie civile.

8. L'abus de citation directe par la partie civile

Lorsque le tribunal correctionnel ou de police, saisi par une citation directe de la partie civile, prononce une relaxe, il peut, par ce même jugement, sur réquisitions du parquet prises après les plaidoiries de la défense mais avant clôture des débats, condamner la partie civile au paiement d'une **amende civile** ⩽ 15 000 € (C. pr. pén., art. 392-1 et 533, *N* ***21284.ic***), ou ⩽ 60 000 € si la procédure est dirigée contre un lanceur d'alerte (L. nº 2016-1691, 9 déc. 2016, art. 13 II issu L. nº 2022-401, 21 mars 2022), dont le paiement sera garanti par la consignation.

Le prévenu peut également solliciter des **dommages-intérêts** pour abus de constitution de partie civile en cas de relaxe (C. pr. pén., art. 472) ou si la partie civile est absente à l'audience (v. ci-dessus, C. pr. pén., art. 425), le tribunal statue dans le jugement de relaxe ou constatant le désistement présumé (C. pr. pén., art. 472 et 425). Ces dispositions sont également applicables devant le tribunal de police depuis L. nº 2021-1729, 22 déc. 2022 (C. pr. pén., art. 541). La partie civile peut également faire l'objet de poursuites pénales pour dénonciation calomnieuse ou dénonciation d'une infraction imaginaire (v. nºˢ **25.29** et **25.30**).

La Ch. crim. juge que C. pr. pén., art. 472 doit être interprété comme permettant également au prévenu relaxé d'obtenir des dommages-intérêts lorsque l'action publique a été initiée, non par une citation directe, mais par une plainte avec constitution de partie devant le juge d'instruction, ce que ne prévoit pas explicitement ce texte (Crim. 11 juill. 2018, nº 18-90.017).

En cas de non-lieu ou de relaxe, le droit fixe de procédure (DFP), qui est dû par la personne condamnée (sur le droit fixe de procédure, v. nº **18.16C**), est supporté par la partie civile lorsqu'elle a mis en mouvement l'action publique (CGI, art. 1018 A), sans qu'il soit nécessaire que sa constitution ait été jugée abusive ou dilatoire.

B. La plainte avec constitution de partie civile devant le doyen des juges d'instruction (constitution par voie d'action)

1. La compétence du juge d'instruction

Toute personne qui se prétend lésée par un **crime ou un délit** peut déposer plainte avec constitution de partie civile devant le juge d'instruction (C. pr. pén., art. 85) du lieu de l'infraction, du lieu de résidence ou du lieu d'arrestation, même pour une autre cause, de la personne soupçonnée (C. pr. pén., art. 52). Cette action met en mouvement l'action publique (C. pr. pén., art. 1). Lorsqu'elle porte sur un crime, la plainte avec constitution de partie civile ne peut être déposée que devant une juridiction pôle de l'instruction, sauf pour le parquet à requérir la saisine de la juridiction non pôle si l'affaire relève de la compétence de la cour criminelle départementale et ne présente pas de complexité (C. pr. pén., art. D. 31-4, issu D. nº 2022-546, 13 avr. 2022).

La plainte avec constitution de partie civile par voie d'action pour une **contravention** n'est pas recevable (C. pr. pén., art. 79 et 85). La victime peut cependant se constituer « *par voie d'intervention* » devant le juge d'instruction, sur une instruction ouverte à l'initiative du procureur de la République (Crim. 28 oct. 1974, nº 74-91.732, P nº 304).

La plainte peut être dirigée contre une personne non dénommée (contre X) (C. pr. pén., art. 86).

Les conditions de formalisation de la plainte ne sont pas définies, la jurisprudence analysant comme telle un écrit dont les termes manifestent et concrétisent sans équivoque l'intention de se constituer partie civile (Crim. 9 nov. 1998, nº 96-85.578, P nº 291). Une plainte dépourvue de signature mais suivie de la consignation de la somme fixée par le juge d'instruction manifeste et concrétise sans équivoque l'intention de se constituer partie civile (Crim. 15 mai 2002, nº 01-83.337, P nº 116).

L'action ne sera en définitive recevable que si le plaignant a « *personnellement souffert du dommage directement causé par l'infraction* » (C. pr. pén., art. 2).

2. La nécessité pour les délits de justifier d'une plainte classée sans suite ou déposée depuis au moins 3 mois (L. n° 2007-291, 5 mars 2007)

La plainte avec constitution de partie civile devant le juge d'instruction n'est recevable qu'à condition que la personne justifie (C. pr. pén., art. 85 [mod. par L. n° 2007-291, 5 mars 2007]) :

– soit le classement sans suite décidé par le procureur de la République (sur le classement sans suite et l'information de la victime, v. n° 15.1B et 16.1E2) ;

– soit qu'un délai de trois mois s'est écoulé depuis qu'elle a, contre récépissé ou par lettre recommandée avec demande d'avis de réception, :

• déposé plainte devant le procureur de la République ;

• ou adressé copie au procureur de la République de sa plainte déposée devant un service de police judiciaire.

Au sens de ces dispositions « *constitue une plainte [...] toute information portée, sans formalisme particulier, à la connaissance de l'autorité judiciaire ou d'un officier ou agent de police judiciaire, et relative à des faits susceptibles de revêtir une qualification pénale* » (§ 7), traduisant l'intention de « *saisir le procureur de la République de faits constituant une infraction pénale* » (§ 14) (Crim. 21 avr. 2022, n° 21-82.877, P). De plus, la partie civile « *demeure recevable à apporter ces justifications devant la CHINS au soutien de son appel de l'ordonnance du juge d'instruction ayant sanctionné sa carence en déclarant sa constitution de partie civile irrecevable* » (§ 8) (même arrêt et, dans le même sens : Crim. 30 mars 2016, n° 14-85.109, P n° 107).

Cette condition de recevabilité n'est pas requise s'il s'agit d'un crime ou s'il s'agit d'un délit prévu par la loi du 29 juillet 1881 sur la liberté de la presse ou par certains articles du code électoral (art. L. 86, L. 87, L. 91 à L. 100, L. 102 à L. 104, L. 106 à L. 108 et L. 113).

La prescription de l'action publique est suspendue (sur la prescription, v. n°s 17.18 s.), au profit de la victime, du dépôt de la plainte jusqu'à la réponse du procureur de la République ou, au plus tard, une fois écoulé le délai de trois mois.

« *En pratique, si le juge d'instruction (...) constate que les justificatifs exigés par l'article 85 ne sont pas joints à la plainte, il constatera par ordonnance l'irrecevabilité de celle-ci. Il n'est évidemment pas nécessaire qu'il fixe une consignation et, après versement de celle-ci, communique le dossier au procureur de la République (...) puisque l'irrecevabilité de la plainte résulte de l'inobservation manifeste de conditions formelles* » (Circ. Crim. 07-10-E8, 22 juin 2007, NOR : JUSD0730041C, n° 3.2.1).

3. Les formes de la plainte

La loi n'entoure pas la plainte avec constitution de partie civile devant le juge d'instruction d'un formalisme particulier. Mais le plaignant ou son avocat devront s'attacher à circonstancier les faits poursuivis, tant dans leur matérialité que dans la qualification qu'ils entendent retenir, de manière à circonscrire clairement la saisine du juge d'instruction, car la plainte avec constitution de partie civile, si elle est suivie de la consignation, a les mêmes effets qu'un réquisitoire introductif (sur la saisine *in rem* du juge d'instruction par le réquisitoire introductif, v. n° 15.31), En effet, « *la juridiction d'instruction régulièrement saisie d'une plainte avec constitution de partie civile a le devoir d'instruire quelles que soient les réquisitions du ministère public* » (Crim. 21 sept. 1999, n° 98-85.051, p. n° 188).

Les formules de ce guide pourront utilement, dans la mesure des éléments connus du plaignant ou de son avocat à ce stade, conclure les motifs de la plainte.

Si la plainte n'est pas suffisamment motivée ou justifiée, le juge d'instruction peut, d'office ou la demande du parquet, entendre la partie civile et l'inviter à produire toute pièce utile à l'appui de sa plainte (C. pr. pén., art. 86).

4. L'ordonnance du juge d'instruction constatant la plainte et fixant la consignation

Le juge constate par ordonnance le dépôt de la plainte et fixe en fonction des ressources de la partie civile le montant de la consignation (C. pr. pén., art. 88), due à peine d'irrecevabilité, qui garantit le paiement de l'amende civile encourue en cas de plainte abusive ou dilatoire (C. pr. pén., art. 88-1). Soulignons à cet égard que lorsque la plainte avec constitution de partie civile émane d'une personne morale à but lucratif, elle n'est recevable qu'à condition qu'elle justifie de ses ressources en joignant son bilan et son compte de résultat (C. pr. pén., art. 85, mod. par L. n° 2011-1862, 13 déc. 2011).

En cours d'expertise, le juge d'instruction pourra ordonner le versement d'un complément de consignation si la partie civile demande une expertise (C. pr. pén., art. 88-2 [L. n° 2007-291, 5 mars 2007]).

Au terme de CMF, art. L. 133-6, « *le bénéficiaire d'un ordre de paiement dispose des fonds dès la date à laquelle le payeur consent à cette opération* » (§ 11), en conséquence la consignation est considérée comme déposée à la date à laquelle la partie civile a ordonné le virement de la somme fixée par le juge d'instruction (§ 13) (Crim. 22 mars 2022, n° 21-82.604, P).

La partie civile peut être dispensée de consignation à l'initiative du juge d'instruction ou si elle bénéficie de l'aide juridictionnelle (C. pr. pén., art. 88). Notons qu'il résulte du D. n° °2020-1717, 28 déc. 2020, art. 57, « *l'obligation pour le secrétaire du bureau d'aide juridictionnelle d'informer le greffier de la juridiction saisie de la décision l'accordant* » (§ 12), l'irrecevabilité de la partie civile pour défaut de paiement de la consignation ne peut donc lui être opposée par la CHINS dès lors qu'au moment où elle statue l'aide juridictionnelle a été accordée « *peu important la date du dépôt de la demande* » (§ 11) (Crim. 13 sept. 2022, n° 22-80.893, P).

La consignation est restituée à la partie lorsqu'une décision devenue définitive a constaté que l'action n'était ni abusive ni dilatoire (C. pr. pén., art. 88-2 et R. 15-41).

L'ordonnance du juge d'instruction constatant la plainte et fixant la consignation interrompt la prescription de l'action publique (C. pr. pén., art. 9-2 ; v. n° **17.23A**).

Notons que le juge d'instruction, lorsqu'il reçoit la plainte avec constitution de partie civile ou qu'il procède à la mise en examen de l'auteur, propose à la victime et à l'auteur, lorsque cette mesure paraît envisageable, de la possibilité de participer à une mesure de justice restaurative (C. pr. pén., art. D. 1-1-1, issu D. n° 2020-1640, 21 déc. 2020).

5. Les réquisitions du parquet (C. pr. pén., art. 86)

Le juge communique au procureur de la République la plainte afin qu'il prenne ses réquisitions.

Lorsque la plainte n'est pas suffisamment motivée ou justifiée, le procureur de la République peut demander au juge d'instruction de réaliser, avant de prendre ses réquisitions, des **investigations** consistant entendre la partie civile ou à lui faire produire des pièces utiles.

Le ministère public peut également « *demander au juge d'instruction un délai supplémentaire de 3 mois pour permettre la poursuite des investigations avant de faire connaître ses réquisitions. La décision du juge d'instruction constitue une mesure d'administration judiciaire insusceptible de recours* » (L. n° 2019-222, 23 mars 2019). « *Ces dispositions ont pour objet de permettre au procureur de continuer l'enquête.../...lorsqu'il lui apparaît que cette continuation est susceptible d'apporter des éléments nouveaux qui lui seront utiles pour orienter le sens de ses réquisitions* » « *La demande du parquet, qui n'est soumise à aucun formalisme particulier, pourra prendre la forme d'un soit-transmis* », elle pourra « *comporter des éléments de nature à convaincre le juge d'y faire droit. En particulier, une copie des procès-verbaux déjà réalisés, accompagnés d'une synthèse de la procédure établie par les enquêteurs et faisant état des actes restant à accomplir* » (Circ. Crim. 2019-8/H3, 5 avr. 2019, JUSD1910288C, n° 3.1.2 2)).

Dans le cas où les faits ne peuvent donner lieu à poursuites pénales ou ne peuvent être qualifiés pénalement, le parquet pourra saisir le juge de **réquisitions de non informer**.

Le procureur de la République peut également prendre des **réquisitions de non-lieu** dans le cas où il est établi de façon manifeste que les faits dénoncés par la partie civile n'ont pas été commis (L. n° 2007-291, 5 mars 2007). Il peut enfin prendre des réquisitions tendant à ce qu'il soit informé, contre personne dénommée ou non dénommée (C. pr. pén., art. 86).

« *l'irrecevabilité de l'action civile portée devant le juge d'instruction [...] ne saurait atteindre l'action publique, laquelle subsiste toute entière et prend sa source exclusivement dans les réquisitions du ministère public tendant après la communication prescrite par C. pr. pén., art. 86, à ce qu'il soit informé par le juge d'instruction. Il n'en irait autrement que si la plainte de la victime était nécessaire pour mettre l'action publique en mouvement* » (§ 22) (Crim. 7 sept. 2021, n° 19-87.036, P ; dans le même sens : Crim. 26 avr. 1983, n° 81-94.457, P n° 114).

Lorsque les investigations de l'enquête « *ont permis d'établir qu'une personne majeure mise en cause pour des faits de nature délictuelle reprochés par la victime pourrait faire l'objet de poursuites mais que l'action publique n'a pas été mise en mouvement par le procureur de la République, celui peut également requérir du juge d'instruction de rendre une ordonnance de refus d'informer, tout en invitant la partie civile à engager des poursuites par voie de citation directe* » (C. pr. pén., art. 86, mod. par L. n° 2019-222, 23 mars 2019).

« *En pratique, le procureur ne pourra prendre de telles réquisitions que si l'enquête a permis de réunir des charges suffisantes de culpabilité permettant des poursuites par voie de citation directe – ce qui suppose donc que la personne mise en cause soit majeure, et que les faits ne constituent pas un crime – mais que le procureur de la république a estimé, pour de raisons d'opportunité et non pour des raisons juridiques* [sur le classement sans suite et l'information de la victime, v. n° **15.1B** et **16.1E2**], *ne pas devoir lui-même engager des poursuites.../...Les réquisitions de refus d'informer devront donc être motivées et faire référence aux charges recueillies contre la personne mise en cause, en précisant la qualification des faits. Si le juge d'instruction fait droit à ces réquisitions, il devra rendre une ordonnance de refus d'informer* [susceptible d'appel de la partie civile en application de C. pr. pén., art. 186] *également motivée et invitant expressément la victime à citer directement la ou les personnes en cause* » (Circ. Crim. 2019-8/H3, 5 avr. 2019, JUSD1910288C, n° 3.1.2 1)).

Dans le cas qui précède, la partie civile qui aura versé une consignation devant le juge d'instruction sera dispensée d'en verser une nouvelle devant le tribunal correctionnel (v. **A6** ci-dessus) (C. pr. pén., art. 392-1, mod. par L. n° 2019-222, 23 mars 2019). « *L'ordonnance du juge d'instruction pourra donner connaissance de ces dispositions à la partie civile (et l'informer qu'à défaut de citation directe de sa part, la consignation sera restituée).* » (Circ. Crim. 2019-8/H3, 5 avr. 2019, JUSD1910288C, n° 3.1.2 1)).

Dans tous les cas où le juge d'instruction passe outre aux réquisitions de non informer ou de refus d'informer du parquet, il doit statuer par une ordonnance motivée.

Précisons que « *la décision de refus d'informer rendue par une juridiction d'instruction, devenue définitive à la suite du rejet du pourvoi formé contre elle par la partie civile, n'a pas l'autorité de la chose jugée au pénal sur le civil* » (2e Civ., 19 nov. 1998, n° 96-21.599, P n° 275). La partie civile pourra donc dans ce cas se tourner vers le juge civil sans se voir opposer la principe d'autorité de la chose jugée énoncé au C. civ, art. 1355, anct. art. 1351.

6. La plainte avec constitution de partie civile abusive ou dilatoire

Lorsqu'il rend une ordonnance de refus d'informer (C. pr. pén., art. 86) ou une ordonnance de non-lieu à l'issue d'une procédure initiée sur plainte avec constitution de partie civile, le juge d'instruction, s'il juge la constitution abusive ou dilatoire, peut sur réquisition du ministère public prononcer par décision motivée contre la partie civile une **amende civile** ⩽ 15 000 € (C. pr. pén., art. 177-2, *N* ***20068.ic***), ou ⩽ 60 000 € si la procédure est dirigée contre un lanceur d'alerte (L. n° 2016-1691, 9 déc. 2016, art. 13 II issu L. n° 2022-401, 21 mars 2022). Si la partie civile est une personne morale, l'amende civile peut être prononcée contre son représentant légal, si la mauvaise foi de ce dernier est établie (C. pr. pén., art. 177-3).

Des dispositions identiques s'appliquent devant la CHINS lorsqu'elle rend un arrêt de non-lieu. Mais sa décision ne peut intervenir qu'à l'issue d'un délai de 20 jours à compter de la communication à la partie civile et à son avocat, par lettre recommandée ou par télécopie avec récépissé, des réquisitions du procureur général, afin de permettre à l'intéressé d'adresser des observations écrites (C. pr. pén., art. 212-2).

Si la constitution de la partie civile est jugée abusive ou dilatoire, les frais de justice correspondant aux expertises ordonnées à sa demande peuvent être mis à sa charge par le juge d'instruction ou la CHINS lorsqu'ils statuent au visa des articles 177-2 et 212-2 du C. pr. pén., précités (C. pr. pén., art. 800-1). Cette disposition n'est toutefois pas applicable en matière criminelle et en matière de délits contre les personnes prévus par le livre II du code pénal ou lorsque la partie civile a obtenu l'aide juridictionnelle. Mentionnons qu'en effet l'aide juridictionnelle n'est pas accordée au demandeur à l'action civile dont l'action paraît manifestement irrecevable ou dénuée de fondement (L. n° 91-647, 10 juill. 1991, art. 7).

Sauf en matière criminelle et en matière de délits contre les personnes prévus par le livre II du code pénal ou lorsque la partie civile a obtenu l'aide juridictionnelle, lorsqu'il est fait application des articles 177-2 ou 212-2 à l'encontre de la partie civile dont la constitution a été jugée abusive ou dilatoire, les frais de justice correspondant aux expertises ordonnées à la demande de cette dernière peuvent aussi être mis à sa charge par le juge d'instruction ou la CHINS (C. pr. pén., art. 800-1 [L. n° 2007-291, 5 mars 2007]).

La personne mise en examen ou visée dans la plainte, aux fins de condamnation à des **dommages-intérêts**, peut également citer dans les trois mois de la décision définitive de non-lieu le plaignant devant le tribunal correctionnel, qui pourra ordonner la publication intégrale ou par extraits de son jugement dans un ou plusieurs journaux, aux frais du condamné (C. pr. pén., art. 91). À cette fin, l'inculpé ou toute personne visée dans la plainte peut se faire délivrer par le procureur de la République une expédition de la plainte et de la décision de non-lieu (C. pr. pén., art. D. 32). « *la décision de rejet d'une amende civile rendue par le juge d'instruction en application de C. pr. pén., art. 177-2, ne s'impose pas au tribunal correctionnel saisi dans les conditions prévues à l'article 91 du même code* » (Crim. 31 mars 2020, n° 19-82.697).

Enfin, la partie civile peut faire l'objet de poursuites pénales pour dénonciation calomnieuse ou dénonciation d'une infraction imaginaire si ces infractions sont caractérisées dans leur composante matérielle et intentionnelle (v. n[os] **25.29** et **25.30**).

C. La constitution de partie civile devant le juge d'instruction (constitution par voie d'intervention)

La victime peut également, à tout moment au cours de l'information (C. pr. pén., art. 87), se constituer partie civile dans une information déjà ouverte à l'initiative du procureur de la République ou d'une autre partie civile, à condition que le juge d'instruction soit effectivement saisi des faits dont le plaignant se prévaut. Le versement d'une consignation préalable n'est alors pas exigé. Cette constitution de partie civile incidente devant la juridiction d'instruction « *n'est recevable qu'à raison des seuls faits pour lesquels l'information est ouverte, ou de faits indivisibles* » (Crim. 24 mars 2020, n° 19-80.005, P), la circonstance de connexité étant à cet égard insuffisante (Crim. 20 avr. 2022, n° 21-81.889, P).

« *La recevabilité d'une constitution de partie civile devant une juridiction d'instruction ne saurait être subordonnée à la double preuve, préalablement rapportée par la personne qui se prétend lésée par une infraction, d'abord de l'existence même de ladite infraction, ensuite de l'existence du préjudice dont elle aurait souffert ; [...] c'est au seul juge du fond qu'il appartient en définitive d'établir la réalité de l'infraction et d'en déterminer le caractère et de dire si la preuve de l'existence du préjudice allégué est, ou non, rapportée et si ce préjudice prend sa source dans l'infraction dénoncée ; [...] il suffit, pour qu'une demande de constitution de partie civile soit recevable lors de l'instruction préalable, que les circonstances sur lesquelles elle s'appuie permettent au juge d'admettre comme possible l'existence du préjudice allégué et la relation directe de celui-ci avec une infraction à la loi pénale* » (Crim. 4 nov. 1969, n° 68-93.573, P n° 281 ; dans le même sens : Crim. 25 juin 2019, n° 18-84.653, P n° 129 ; Crim. 3 mars 2015, n° 13-88.514, P n° 38 ; Crim. 27 mai 2009, n° 09-80.023, P n° 107 ; Crim. 2 mai 2007, n° 06-84.130, P n° 111).

Si la recevabilité de la constitution de partie civile par voie d'intervention peut être contestée par le procureur de la République ou une partie, cette contestation n'est plus recevable après l'envoi de l'avis de fin d'information prévu par C. pr. pén., art. 175, sans préjudice de la discussion de cette recevabilité devant la juridiction du fond (C. pr. pén., art. 87). Cette discussion peut néanmoins intervenir devant la CHINS saisie de l'appel d'une ordonnance de non-lieu car « *dans un tel cas, la contestation ne présente pas le caractère dilatoire, auquel le texte précité a eu pour seul objet de faire obstacle, qu'elle revêt lorsqu'elle est soulevée tardivement en fin d'information aux seules fins de permettre de relever appel d'une éventuelle ordonnance de renvoi* » (Crim. 8 févr. 2022, n° 21-82.237, P).

D. L'ARTICULATION DE L'ACTION DE LA VICTIME DEVANT LE JUGE PÉNAL ET CIVIL : LA RÈGLE « ELECTA UNA VIA » ET LA PRESCRIPTION DE L'ACTION CIVILE

1. LE CARACTÈRE IRRÉVOCABLE DE LA SAISINE DU JUGE CIVIL : LA RÈGLE « electa una via » (C. PR. PÉN., ART. 5)

« *L'action civile en réparation du dommage causé par l'infraction .../... peut être exercée devant une juridiction civile, séparément de l'action publique. Toutefois, il est sursis au jugement de cette action tant qu'il n'a pas été prononcé définitivement sur l'action publique lorsque celle-ci a été mise en mouvement* » (C. pr. pén., art. 4).

« *La partie qui a exercé son action devant la juridiction civile compétente ne peut plus la porter devant la juridiction répressive. Il n'en est autrement que si celle-ci a été saisie par le ministère public avant qu'un jugement sur le fond ait été rendu par la juridiction civile* » (C. pr. pén., art. 5).

Le choix de la juridiction civile est irrévocable et rend donc l'action civile irrecevable devant la juridiction répressive, selon la règle dite « *electa una via* » ou « *una via electa* ».

Toutefois, « *une assignation en référé ne saurait s'analyser en une action en justice au sens* » de C. pr. pén., art. 5 (Crim. 21 juin 2000, n° 99-83.979, P n° 238). La victime peut donc, sans encourir l'irrecevabilité de son action devant le juge pénal, solliciter en référé une provision ou une mesure d'expertise, l'ordonnance de référé du juge civil n'ayant pas autorité de chose jugée au principal.

En outre, la partie civile peut engager son action devant le juge civil durant le délai d'attente de 3 mois qui lui est imposé à peine d'irrecevabilité après sa plainte simple avant de pouvoir déposer plainte avec constitution de partie civile devant le juge d'instruction (v. B2 ci-dessus). Par dérogation au caractère irrévocable de la voie civile, sa constitution de partie civile devant le juge d'instruction sera dans ce cas recevable si elle se désiste de l'instance civile (C. pr. pén., art. 85, mod. par L. n° 2019-222, 23 mars 2019).

En outre, la règle « *electa una via* » « *ne peut être utilement opposée devant le juge pénal lorsque celui-ci a été saisi le premier de l'action civile des parties civiles* » (§ 13) (Crim. 30 mars 2021, n°s 17-82.096, 20-81.516, P), ou « *lorsque le demandeur à l'action civile devant le juge pénal saisit également le juge administratif* » (§ 14) (même décision).

La règle « *electa una via* » « *ne protégeant que les intérêts privés, sa violation ne peut être relevée par la juridiction .../... qu'à la demande de la partie concernée* » (Crim. 10 oct. 2000, n° 99-87.639, P n° 290), le juge ne peut donc la soulever d'office. « *Faute d'avoir opposé la fin de non-recevoir édictée par* [C. pr. pén., art. 5] *avant toute défense au fond, le prévenu est présumé avoir renoncé à s'en prévaloir* » (Crim. 8 janv. 1990, n° 88-87.101, P n° 12), et faute de l'avoir soulevée en première instance, il ne peut plus le faire en cause d'appel (Crim. 7 juill. 1998, n° 96-85.947, P n° 215).

Enfin, cette règle est aménagée en matière de terrorisme (C. pr. pén., art. 706-16-1, v. n°s 16.16B et 23.23F3).

2. La prescription de l'action civile (C. pr. pén., art. 10)

Lorsque l'action civile est exercée devant une juridiction répressive, elle se prescrit selon les règles de l'action publique (sur la prescription de l'action publique, v. nº 17.18 s.). Lorsqu'elle est exercée devant une juridiction civile, elle se prescrit selon les règles du code civil (C. pr. pén., art. 10, réd. L. nº 2008-561, 17 juin 2008).

16.11 L'action civile – La réparation du dommage dans les procédures alternatives aux poursuites ou les poursuites simplifiées

A. La médiation pénale (C. pr. pén., art. 41-1 5°)

La médiation pénale (v. nº 15.39C) peut être envisagée par le procureur de la République si elle est susceptible d'assurer la réparation du dommage causé à la victime. En cas de réussite de cette mesure, qui suppose l'accord des parties, le procès-verbal dressé et signé par le médiateur du procureur de la République ou le procureur de la République et les intéressés peut comporter l'engagement de l'auteur des faits à verser des dommages-intérêts à la victime. Au vu de cette pièce, dont copie est remise aux parties, la victime peut en poursuivre le recouvrement suivant la procédure d'injonction de payer, conformément aux règles prévues par le code de procédure civile (C. pr. pén., art. 41-1 5°). Le procès-verbal de médiation pénale a valeur de transaction au regard de la jurisprudence civile (Civ. 1re, 10 avr. 2013, nº 12-13.672, P I, nº 80). La médiation pénale est une des modalités du classement sous condition ci-dessous.

Rappelons que, depuis L. nº 2020-936, 30 juill. 2020, la **médiation pénale est prohibée** en matière de violences au sein du couple (C. pr. pén., art. 41-1 modifié, v. nº 15.39C).

B. L'avertissement pénal probatoire (anc^t^ « rappel à la loi ») et le classement sous condition (C. pr. pén., art. 41-1)

Selon les précisions apportées au nº 15.39, la « *réparation du dommage causé à la victime* » est tout d'abord, avec le trouble causé par l'infraction et le reclassement de l'auteur des faits, un des éléments qui vont déterminer les modalités du classement décidé par le procureur de la République, qu'il s'agisse d'un d'« *avertissement pénal probatoire* », mesure se substituant au « **rappel à la loi** » à compter du 1er janv. 2023 (L. nº 2021-1729, 22 déc. 2021, pour la confiance dans l'institution judiciaire), ou d'un classement sous condition. Si le parquet choisi le classement sous condition, il peut notamment imposer à l'auteur la réparation du dommage résultant des faits (C. pr. pén., art. 41-1 4°).

C. La composition pénale (C. pr. pén., art. 41-2)

Lorsqu'il choisit la voie de la composition pénale (sur la composition pénale, v. nº 15.44), si la victime est identifiée et sauf si l'auteur des faits justifie de la réparation du préjudice commis, le procureur de la République doit proposer à l'auteur de réparer les dommages causés par l'infraction dans un délai qui ne peut être supérieur à six mois. Il informe la victime de cette proposition et l'avise également lorsqu'il saisit le juge en validation de la composition.

Le juge saisi peut procéder à l'audition de la victime, sa décision lui est notifiée.

Si l'auteur des faits s'est engagé à lui verser des dommages et intérêts dans la procédure de composition, la victime peut, au vu de l'ordonnance de validation, en poursuivre le recouvrement selon la procédure d'injonction de payer conformément aux règles du code de procédure civile (C. pr. pén., art. 41-2).

Lorsque la victime n'a pas été associée à la procédure de composition pénale, la victime peut, selon les améliorations apportées par L. nº 2019-2022, 23 mars 2019, demander au procureur de la République de citer l'auteur des faits devant le tribunal correctionnel pour lui permettre de demander des dommages-intérêts. Le parquet est alors tenu d'informer la victime de la date de l'audience. Sur la procédure de composition pénale et les droits de la victime, v. nº **15.44B1**, **15.44G** et **15.44H2**.

D. L'amende forfaitaire délictuelle (C. pr. pén., art. 495-24-2)

Selon les précisions apportées au nº **15.47E**, lorsque l'action publique concernant un délit ayant causé un préjudice à une victime est éteinte par le paiement d'une amende forfaitaire délictuelle, la victime peut demander au procureur de la République de citer l'auteur des faits à une audience devant le tribunal pour lui permettre de se constituer partie civile (C. pr. pén., art. 495-24-2, issu L. nº 2023-22, 24 janv. 2023).

E. L'ordonnance pénale délictuelle (C. pr. pén., art. 495-5-1)

Selon les précisions apportées au nº **15.51**, lorsque la victime n'a pu se constituer partie civile durant la procédure d'ordonnance pénale, le procureur de la République doit l'informer de son droit de lui demander de citer l'auteur des faits à une audience du tribunal correctionnel sur intérêts civils par application de C. pr. pén., art. 464 (v. nº **16.12A**) ; le tribunal statue alors sur les seuls intérêts civils, au vu du dossier de la procédure qui est versé au débat (C. pr. pén., art. 495-5-1).

F. La comparution sur reconnaissance de culpabilité (CRPC) (C. pr. pén., art. 495-13)

Selon les précisions apportées au nº **15.57B**, le juge statue sur la demande présentée par la partie civile dans des conditions comparables à celles qui s'appliquent devant le juge du tribunal correctionnel (C. pr. pén., art. 495-13).

G. La convention judiciaire d'intérêt public (CJIP) (C. pr. pén., art. 41-1-2)

Selon les précisions apportées aux nºs **15.58D3** et **15.59B4**, la CJIP doit prévoir le montant et les modalités de la réparation des dommages causés par l'infraction (C. pr. pén., art. 41-1-2 et R. 15-33-60-1). La personne morale astreinte au respect de la convention doit justifier de l'exécution de ses obligations de réparation du préjudice (C. pr. pén., art. R. 15-33-60-8). Ces dispositions s'appliquent également dans le cadre de la CJIP ayant pour objet un atteinte à l'environnement, outre celles qui concernent la réparation du préjudice écologique (v. nº **15.60**) (sur la notion de préjudice écologique, v. C. civ., art. 1247 et jurisprudence citée à l'orienteur du nº **31.1**).

16.12 L'action civile – La demande de dommages-intérêts devant la juridiction répressive

A. Le principe et ses limites

« *Aux termes de l'article 4 de la Déclaration de 1789 : « La liberté consiste à pouvoir faire tout ce qui ne nuit pas à autrui ». Il résulte de ces dispositions qu'en principe, tout fait quelconque de l'homme qui cause à autrui un dommage oblige celui par la faute duquel il est arrivé à le réparer. La faculté d'agir en responsabilité met en œuvre cette exigence constitutionnelle. Toutefois, cette dernière ne fait pas obstacle à ce que le législateur aménage, pour un motif d'intérêt général, les conditions dans lesquelles la responsabilité peut être engagée. Il peut ainsi, pour un tel motif, apporter à ce principe des exclusions ou des limitations à condition qu'il n'en résulte pas une atteinte disproportionnée aux droits des victimes d'actes fautifs ainsi qu'au droit à un recours juridictionnel effectif qui découle de l'article 16 de la Déclaration de 1789* » (§ 68) (Cons. const. 26 juill. 2023, nº 2023-853 DC ; dans le même sens : Cons. const. 22 oct. 1982, nº 82-144 DC, §§ 3 et 4, érigeant le droit à réparation en principe consitutionnel, et Cons. const. 26 sept. 2014, nº 2014-415 QPC, § 5, pour une formulation identique à celle de la décision nº 2023-853).

Ainsi, toute personne peut se constituer partie civile devant la juridiction répressive saisie, afin de demander réparation du dommage directement causé par l'infraction dont elle aura personnellement souffert (C. pr. pén., art. 2, 418 et 536). La demande est recevable pour tous les chefs de dommages, aussi bien matériels que corporels ou moraux, qui découleront des faits objets de la poursuite (C. pr. pén., art. 3). La Ch. crim. fait en effet application de C. civ., art. 1240 (anc[t] art. 1382), dont elle déduit que « *le préjudice résultant d'une infraction doit être réparé dans son intégralité, sans perte ni profit pour aucune des parties* » (principe dit de la « *réparation intégrale* ») (par ex : Crim. 7 avr. 2021, n° 20-80.737, NP ; Crim. 7 déc. 2016, n° 15-86.731, P n° 324 ; Crim. 18 févr. 2014, n° 12-87.629, P n° 43 ; Crim. 1er mars 2011, n° 10-85.965, P n° 42 ; Crim. 17 oct. 2000, n° 99-86.157, P n° 297).

« *Les juridictions de jugement régulièrement saisies des poursuites avant l'extinction de l'action publique demeurent compétentes pour statuer sur l'action civile* », il en est ainsi, comme en l'espèce, lorsque le prévenu régulièrement cité est décédé avant l'audience (Crim. 25 oct. 2006, n° 05-85.998, P n° 254), à condition toutefois « *qu'une décision sur le fond concernant l'action publique ait été rendue au moment du décès* » (Crim. 15 sept. 2009, n° 08-86.830, P n° 154). Toutefois, comme l'a jugé la CEDH dans la même affaire n° 05-85.998, le principe de la présomption d'innocence s'oppose à ce que la juridiction fonde sa condamnation civile sur les éléments constitutif d'une infraction sur laquelle l'auteur n'aura pu, par hypothèse, se défendre (CEDH, 12 avr. 2012, *Lagardère c/ France*, n° 18851/07, § 87) (sur la question de la décision sur intérêts civils lorsque le tribunal ou la cour d'appel n'est plus saisie de l'action publique, v. n° **19.3D2**).

La faute de la victime peut toutefois réduire son droit à réparation, selon les précisions apportées au n° **16.13C**.

L'absence de restitution d'un bien objet de l'infraction peut également réduire le droit à indemnisation. Toutefois, en l'absence de demande de restitution du matériel vendu par le prévenu condamné pour pratiques commerciales trompeuses, « *il ne saurait être considéré que l'allocation de dommages et intérêts à des victimes correspondant à l'intégralité des sommes payées pour l'achat de biens dont elles conservent par ailleurs l'usage et dont la restitution n'a pas été demandée, violerait le principe de réparation intégrale* » (Crim. 19 nov. 2019, n° 18-84.693, D). De même, est censuré l'arrêt qui, au motif que le linge de maison, vendu à un prix exhorbitant à la suite d'un abus de faiblesse commis dans le cadre d'un démarchage, n'a pas été restitué, exclut « *ainsi par principe tout préjudice matériel, sans rechercher le montant de l'enrichissement qui serait de nature à limiter l'indemnisation de la partie civile* » (Crim. 22 févr. 2022, n° 21-83.974, D).

Soulignons qu'en cas de dommage matériel ou de dommage corporel résultant de faits volontaires, « *l'assureur de la victime ne disposant, devant la juridiction répressive, d'aucun recours subrogatoire contre le responsable du dommage, l'indemnisation éventuelle de la victime par son assureur ne dispense pas les auteurs de l'infraction de réparer le préjudice en découlant* » (Crim. 21 juin 2007, n° 06-81.397, NP et, en termes quasi identiques, Crim. 12 oct. 2011, n° 10-86.691, NP). Il en résulte que, dans ces cas, même indemnisée par son assureur, la victime d'un dommage peut réclamer des dommages-intérêts devant la juridiction répressive.

Le concours d'un avocat n'est pas obligatoire (C. pr. pén., art. 418).

La victime peut également transiger sur l'intérêt civil qui résulte d'un délit, mais la transaction n'empêche par les poursuites par le ministère public (C. civ., art. 2046).

Lorsque l'action civile est exercée devant une juridiction répressive, elle se prescrit selon les règles de l'action publique (C. pr. pén., art. 10, réd. L. n° 2008-561, 17 juin 2008).

L'action civile devant la juridiction répressive est irrecevable lorsque la victime a préalablement « *exercé son action devant la juridiction civile* » (C. pr. pén., art. 5). C'est la règle dite « *una via electa* », ou « *electa una via* » (v. n° **16.10D**), qui souffre toutefois d'une exception en matière d'acte de terrorisme (C. pr. pén., art. 706-16-1, v. n° **16.16**).

Sans préjudice du droit de la partie civile d'agir au soutien de l'action publique, la demande de dommages-intérêts devant la juridiction répressive est irrecevable en matière d'**accident du travail** (CSS, art. L. 451-1) ou d'**actes de terrorisme** (C. pr. pén., art. 706-16-1), selon les précisions apportées aux n[os] **16.15** dans le premier cas, et

16.16 dans le second. Elle l'est également en matière d'action en responsabilité contre le transporteur aérien et ses préposés par les victimes d'un **accident aérien**, qui échappe à la compétence matérielle des juridictions répressives en application de C. transp., art. L. 6421-3 (anc[t], C. av. civ., art. L. 321-3), renvoyant à la convention de Montréal, 28 mai 1999 (Crim. 8 sept. 2020, n° 18-82.150, P).

De même, si le débiteur en **liquidation judiciaire** peut se constituer partie civile dans le but de déclencher ou de soutenir l'action publique, il est toutefois irrecevable à solliciter des dommages-intérêts, cette action patrimoniale n'appartenant qu'au mandataire judiciaire à la liquidation (C. com., art. L. 641-9 I) (Crim. 24 juin 2020, n° 18-85.540, P ; Crim. 9 mars 2016, n° 14-86.631, P n° 73). En conclusion, « *d'une part, le représentant statutaire ou mandataire d'une société mise en liquidation judiciaire dispose du droit propre, dans les intérêts de la société qui soutient être victime d'un délit, de s'associer à l'action publique, d'autre part, le liquidateur de cette société dispose concurremment de cette faculté afin d'assurer la défense des intérêts patrimoniaux de la société* » (Crim. 30 janv. 2019, n° 17-86.344, D).

Précisons enfin que l'action civile est subordonnée à la capacité d'agir de la personne, notamment lorsqu'elle agit pour le compte de l'entité qu'elle représente. A cet égard, notons qu'il résulte de CGTC, art. L. 2122-22 16° « *que le conseil municipal peut légalement déléguer au maire, pendant la durée de son mandat, le droit d'ester en justice pour l'ensemble du contentieux de la commune* » (Crim. 4 avr. 2023, n° 22-83.613, P). Cette délégation doit alternativement « *définir les cas de délégation ou [...] indiquer expressément que la délégation concerne l'ensemble du contentieux de la commune* », « *la délibération, qui a chargé le maire "d'intenter, au nom de la commune, des actions en justice", ne répond pas à l'impératif de précision exigée par la loi* » (Crim. 28 janv. 2004, n° 02-88.471, P n° 19).

B. La forme de la demande

1. La demande dès le stade de l'enquête (C. pr. pén., art. 420-1, al. 2)

Dès le stade de l'enquête de police, avec l'accord du procureur de la République, la victime peut formuler une demande de dommages-intérêts devant l'OPJ ou APJ qui en dresse procès-verbal. Cette demande vaut constitution de partie civile si l'action publique est mise en mouvement et que le tribunal correctionnel ou de police est directement saisi (saisine du tribunal par citation directe, COPJ, comparution immédiate, convocation par procès-verbal du procureur, CRPC, ordonnance pénale délictuelle, convocation par procès-verbal, comparution immédiate ou différée) (C. pr. pén., art. 420-1, al. 2).

« *Cette [...] possibilité [...] doit donc être signalée par les parquets aux enquêteurs afin qu'elle puisse être mise en œuvre dans les affaires simples, dans lesquelles la victime peut, dès le stade de l'enquête et au moment de la formalisation de sa plainte, préciser le montant de son préjudice, apporter les justificatifs nécessaires, et indiquer sur procès-verbal qu'elle formule une demande de restitution ou de dommages-intérêts [...] cette demande vaut constitution de partie civile si le tribunal est saisi de la poursuite, à la condition que le procureur de la République donne son accord. Un tel accord est en effet justifié pour éviter qu'une victime ayant fait une demande manifestement insuffisante voit celle-ci faire l'objet d'un jugement définitif sur l'action civile, décision qui lui serait donc préjudiciable. En pratique, cet accord, qui n'aura pas besoin de faire l'objet d'un écrit signé du procureur de la République, pourra être donné téléphoniquement au cours de l'enquête, et être mentionné dans le procès-verbal. Rien n'interdit toutefois que le parquet ne donne cet accord qu'au moment de l'audience.* » (Circ. Crim. 2000-2, 31 mai 2000, NOR : JUSD0030115C, n° 4).

Complétant ces dispositions, la chancellerie recommande aux procureurs de la République « *de prévoir une note de service donnant [...] un accord de principe pour des catégories précises d'infractions et/ou des préjudices [...], la note valant accord de principe devra prévoir expressément les catégories d'infraction auxquelles elle s'applique* » (Circ. SADJVP 9 oct. 2007, NOR : JUSJ0790006C, n° 1.1).

La formulation de la demande de dommages-intérêts dès le stade de l'enquête dans les conditions prévues par C. pr. pén., art. 420-1, al. 2, conditionne le traitement des intérêts civils par la procédure simplifiée de l'ordonnance pénale (v. n° **15.51**).

2. La demande écrite adressée au tribunal (C. pr. pén., art. 420-1, al. 1)

La victime peut réclamer des dommages-intérêts par lettre recommandée avec avis de réception, par télécopie ou « *par le moyen d'une communication électronique* » (L. n° 2019-222, 23 mars 2019), parvenue au tribunal 24 h au moins avant la date de l'audience, quel que soit le montant de la demande (C. pr. pén., art. 420-1).

Lorsque le délai de 24 h 00 n'a pas été respecté, l'irrecevabilité de la constitution de partie civile « *ne peut être relevée* » si « *le tribunal a effectivement eu connaissance [...] de la constitution de partie civile* », « *avant les réquisitions du ministère public sur le fond,* » (C. pr. pén., art. 420-1, mod. L. n° 2019-222, 23 mars 2019). « *si la constitution de partie civile reçue quelques minutes avant l'audience ou pendant l'audience est recevable, le tribunal aura cependant la possibilité, à la demande du prévenu qui estime qu'un délai est nécessaire afin de préparer sa défense, de renvoyer l'affaire sur les intérêts civils s'il estime ce renvoi justifié* » (Circ. Crim. 2019-7/H3, 5 avr. 2019, n° 2.3.2).

La victime peut également se constituer partie civile avant l'audience devant le greffe (C. pr. pén., art. 419), en précisant dans ce cas l'infraction poursuivie et en faisant élection de domicile dans le ressort du tribunal saisi, à moins que la partie civile n'y soit domiciliée (C. pr. pén., art. 420). Le ministère public citera la partie civile pour l'audience (C. pr. pén., art. 420).

3. La comparution de la partie civile à l'audience

La victime qui a formulé une demande de dommages-intérêts par LRAR, télécopie, communication électronique ou procès-verbal reçu par OPJ ou APJ n'est pas tenue de comparaître devant la juridiction (C. pr. pén., art. 420-1).

Celle qui s'est constituée partie civile avant l'audience par déclaration au greffe, ou devant le juge d'instruction, sans formuler de demande de dommages-intérêts dans les formes ci-dessus, doit comparaître devant le tribunal, ou se faire représenter par un avocat (C. pr. pén., art. 424), faute de quoi elle sera considérée comme se désistant de sa constitution de partie civile (C. pr. pén., art. 425).

La victime peut enfin se constituer partie civile pendant l'audience par déclaration consignée par le greffier ou par dépôt de conclusions (C. pr. pén., art. 419), avant les réquisitions du ministère public sur le fond (C. pr. pén., art. 421).

C. La mise en cause des tiers garants

1. La mise en cause du fonds de garantie en cas de véhicule non assuré

Lorsqu'une demande d'indemnité est portée devant la juridiction répressive contre une personne dont le véhicule terrestre à moteur impliqué dans l'accident n'est pas assuré ou dont l'assureur entend contester sa garantie (sur l'infraction de défaut d'assurance, v. n° **36.42**), la victime doit, par LRAR, 10 jours au moins avant l'audience, aviser le **Fonds de garantie contre les accidents de circulation** de sa constitution de partie civile ou de son éventualité, en indiquant notamment les circonstances de l'accident, l'autorité rédactrice du procès-verbal, le montant de la demande ou la gravité des dommages, les coordonnées de l'auteur du dommage, la juridiction saisie et la date de l'audience. Cette notification a pour effet de rendre le **jugement opposable** au fonds de garantie (C. assur., art. L. 421-1, R. 421-15). Au-delà de l'infraction de défaut d'assurance, la mise en cause du Fonds est opportune dans le cas où le dommage est causé par un conducteur non titulaire du permis, hypothèse dans laquelle la garantie de l'assureur sera discutée.

2. La mise en cause de l'assureur de l'auteur d'un accident corporel

• **Champ d'application.** « *La personne dont la responsabilité civile est susceptible d'être engagée à l'occasion d'une infraction d'homicide ou de blessures involontaires qui a entraîné pour autrui un dommage* *quelconque pouvant être garanti par un assureur doit préciser le nom et l'adresse de celui-ci, ainsi que le numéro de sa police d'assurance. Il en est de même pour la victime lorsque le dommage qu'elle a subi peut être garanti par un contrat d'assurance. Ces renseignements sont consignés dans les procès-verbaux d'audition. Lorsque des poursuites pénales sont exercées, les assureurs appelés à garantir le dommage sont admis à intervenir et peuvent être mis en cause devant la juridiction répressive, même pour la première fois en cause d'appel ; ils doivent se faire représenter par un avocat* » (C. pr. pén., art. 388-1).

En dehors du cas d'homicide ou de blessure involontaire prévu par C. pr. pén., art. 388-1, l'intervention de l'assureur n'est pas admise devant la juridiction répressive qui est admise à relever d'office cette irrecevabilité (Crim. 2 mars 1988, nº 86-91.105, P nº 111). « *la **C. cass.** applique strictement les termes clairs et précis* »de C. pr. pén., art. 388-1 (Crim. 29 janv. 2013, nº 12-83.249, NP), ce dont il résulte que l'intervention de l'assureur n'est admise que si l'assureur est celui de l'auteur des faits incriminés et non de leur victime. La Ch. crim. rappelle ainsi que « *seuls les assureurs appelés à garantir le dommage sont admis à intervenir et peuvent être mis en cause devant la juridiction répressive* » (Crim. 29 janv. 2019, nº 18-81.430, NP), ce qui exclut l'intervention de l'assureur de la partie civile (Crim. 29 janv. 2013, nº 12-83.249, NP).

Est ainsi nulle la condamnation de l'assureur du véhicule à garantir son conducteur l'ayant utilisé comme une arme par destination dans des faits de violences volontaires (Crim. 31 mai 2016, nº 15-81.893, D) ; ou de l'assureur du véhicule impliqué dans un accident matériel dont le conducteur est poursuivi du seul chef de conduite en état alcoolique (Crim. 23 avr. 1991, nº 90-81.451, P nº 189) ; irrecevable l'intervention de l'assureur de l'auteur poursuivi pour incendie involontaire (Crim. 2 mars 1988, nº 86-91.105, P nº 111).

Précisons toutefois qu'en cas « *de poursuites exercées du chef d'homicide ou de blessures involontaires, peuvent être mis en cause les assureurs appelés à garantir un dommage quelconque subi à l'occasion de cette infraction, y compris des dommages matériels occasionnés par une contravention poursuivie concomitamment et consistant dans l'inobservation de prescriptions réglementaires* » (en l'espèce la contravention de défaut de maîtrise du véhicule, qui dans une collision causée par l'auteur des blessures involontaires, avait également causé des dégâts matériels au véhicule d'un tiers quant à lui non victime de blessures) (Crim. 11 juill. 2017, nº 16-82.904, P nº 193).

Relevons enfin que l'assureur ne peut être condamné à payer à la victime une indemnité au titre des frais irrépétibles engagées par elle (C. pr. pén., art. 475-1), cette condamnation n'incombant qu'à l'auteur de l'infraction (Crim. 6 nov. 2001, nº 01-80.451, P nº 229) (sur l'indemnisation des frais non recouvrables, v. **G** ci-dessous).

• **Modalités de mise en cause.** « *Dix jours au moins avant l'audience, la mise en cause de l'assureur est faite par toute partie qui y a intérêt au moyen d'un acte d'huissier [commissaire de justice] ou d'une lettre recommandée, avec demande d'avis de réception, qui mentionne la nature des poursuites engagées, l'identité du prévenu, de la partie civile et, le cas échéant, de la personne civilement responsable, le numéro des polices d'assurance, le montant de la demande en réparation ou, à défaut, la nature et l'étendue du dommage, ainsi que le tribunal saisi, le lieu, la date et l'heure de l'audience* » (C. pr. pén., art. 388-2). La décision concernant les intérêts civils sera ainsi opposable à l'assureur qui est intervenu au procès ou a été avisé dans les conditions ci-dessus prévues (C. pr. pén., art. 388-3). À défaut de respecter ces modalités de mise en cause de l'assureur devant les juridictions répressives, l'assureur n'est pas valablement mis en cause et la décision lui est inopposable (par ex : Crim. 17 mars 2020, nº 19-80.542, NP (sol. imp.)).

• **Effets limités de la mise en cause de l'assureur.** La régularité de la mise en cause de l'assureur, partie intervenante, devant les juridictions répressives a pour seul effet de lui rendre opposable la décision rendue sur les intérêts civils. La juridiction répressive ne peut donc le condamner également, *in solidum* avec l'assuré, à payer une indemnité à la partie civile (Crim. 21 janv. 2014, nº 12-84.287, NP ; Crim. 19 oct. 2010, nº 10-80.166,

NP), ou à garantir l'assuré des condamnations civiles prononcées à son encontre (Crim. 3 nov. 2015, n° 14-83.360, NP).

• **Mise en œuvre de l'exception de non-assurance.** L'assureur intervenant à l'instance pourra dénier sa garantie devant la juridiction répressive en invoquant la nullité ou une clause du contrat (C. pr. pén., art. 385-1). En revanche, « ***L'assureur mis en cause dans les conditions prévues par l'article 388-2 qui n'intervient pas au procès pénal est réputé renoncer à toute exception*** » (*ibid*). Plus précisément, l'assureur est tenu de dénier sa garantie « *au début de l'audience au cours de laquelle il intervient pour la première fois et avant toute défense au fond* » (Crim. 24 avr. 1989, n° 88-81.664, P n° 163), ou, « *à peine de forclusion, [...] avant toute défense au fond* » (Crim. 1er juin 2021, n° 20-80.609, P), étant précisé que l'audience au cours de laquelle l'assureur est considéré intervenir « *pour la première fois* », s'entend de celle à l'occasion de laquelle « *les débats ont été ouverts* » (Crim. 15 mai 2018, n° 17-82.335, NP), ce qui exclut les audiences de renvoi (*ibid*). S'y trouve en revanche inclue l'audience des débats portant sur l'action publique, y compris lorsque ceux portant sur l'action civile ont été renvoyés à une audience ultérieure (Crim. 13 févr. 2007, n° 06-80.549, NP), ou les audiences à l'occasion desquelles les parties ont déposé leurs conclusions, « *peu important que l'affaire soit renvoyée à une audience ultérieure* » (Crim. 15 janv. 2013, n° 12-80.114, NP).

Une telle solution, admettant la recevabilité de l'exception soulevée par l'assureur au début de l'audience au cours de laquelle il intervient pour la première fois, prévaut alors même que l'assureur serait intervenu tardivement à l'instance, attendant d'être mis en cause par l'avocat de la victime tout en ayant eu connaissance de l'accident à l'origine de l'action indemnitaire (Crim. 1er juin 2021, n° 20-80.609, P).

• **Mise en œuvre de l'exception de non-assurance pour la première fois devant la cour d'appel.** Un assureur peut soulever une exception de non-assurance pour la première fois devant la cour d'appel lorsqu'il n'a pas valablement été mis en cause devant les premiers juges (Crim. 3 mars 2020, n° 19-80.438, NP ; Crim. 22 janv. 1997, n° 96-81.002, P n° 23), étant toutefois précisé que l'assureur intervenant pour la première fois en cause d'appel perd ainsi le bénéfice du double degré de juridiction, en raison du pouvoir d'évocation du juge d'appel (pour une application, v. Crim. 6 nov. 2001, n° 01-80.451, P n° 229).

L'assureur, même valablement mis en cause devant les premiers juges, peut également se prévaloir de son exception de non-assurance pour la première fois devant la cour d'appel en application de son « *droit d'appel* » (Crim. 15 déc. 1987, n° 86-96.862, P n° 461 ; v. aussi Crim. 15 mai 2018, n° 17-82.516, NP ; Crim. 16 janv. 2007, n° 06-80.185, P n° 9, l'assureur ayant été régulièrement mis en cause devant les premiers juges mais n'ayant pas comparu), à condition toutefois de n'avoir pas comparu devant les premiers juges (Crim. 13 févr. 2007, n° 06-80.549, NP ; Crim. 5 juin 1996, n° 95-82.542, P n° 237).

• **Effets de l'absence du souscripteur du contrat.** Lorsque le souscripteur du contrat n'est présent à l'instance à aucun titre, il appartient à l'assureur soulevant une exception de non-assurance de le mettre en cause, à peine d'irrecevabilité de l'exception (Crim. 16 janv. 2018, n° 16-83.591, NP ; Crim. 2 juill. 1996, n° 95-85.986, P n° 281 ; Crim. 14 déc. 1989, n° 89-80.192, P. n° 480), étant précisé que les juges du fond relevant d'office cette irrecevabilité ne sont alors pas tenus de rouvrir les débats (Crim. 28 mai 1997, n° 96-81.244, P n° 208).

• **Opposabilité à la victime de l'exception de non-assurance.** « *Lorsque l'assureur entend invoquer la nullité du contrat d'assurance, sa suspension ou la suspension de la garantie, une non-assurance ou une assurance partielle opposables à la victime ou à ses ayants droit, il doit, par lettre recommandée ou par envoi recommandé électronique, avec demande d'avis de réception, le déclarer au fonds de garantie et joindre à sa déclaration les pièces justificatives de son exception ; il doit en aviser en même temps et dans les mêmes formes la victime ou ses ayants droit en précisant le numéro du contrat. Si l'assureur entend contester l'existence du contrat d'assurance, nonobstant la présentation par le responsable de* *l'accident du document justificatif mentionné à l'article R. 211-15, il doit, d'une part, le déclarer sans délai au fonds de garantie par lettre recommandée ou par envoi recommandé électronique, avec demande d'avis de réception et, d'autre part, en aviser en même temps et dans les mêmes formes la victime ou ses ayants droit* » (C. ass., art. R. 421-5). Les formalités requises par ce texte « *s'appliquent dans tous les cas d'assurance de responsabilité civile sans distinction, qu'elles relèvent ou non d'un régime d'assurance obligatoire de dommages* » (Civ. 2e, 13 janv. 2012, n° 11-13.429, NP, à l'égard de l'assureur d'un conducteur victime et auteur d'un dommage ; v. aussi Crim. 22 sept. 2009, n° 08-84.424, NP), et s'imposent sans distinguer entre le refus total ou partiel de garantie opposé par l'assureur (Civ. 2e, 23 mai 2019, n° 18-15.795, P ; Crim. 21 mars 2017, n° 16-81.377, NP).

Selon la Ch. crim., « *l'assureur qui entend exciper d'une cause de non-garantie "opposable à la victime" doit en aviser celle-ci par lettre recommandée avec demande d'avis de réception en même temps que le Fonds de garantie lui-même ; en ne le faisant pas, il s'interdit d'invoquer l'opposabilité aux victimes de son exception de non-garantie* » (Civ. 1re, 27 mars 1990, n° 87-10.131, P n° 71 ; v. aussi Crim. 10 mars 2015, n° 13-87.189, P n° 48).

La Ch. crim. déduit également de C. ass., art. R. 421-5 que l'assureur entendant décliner sa garantie est tenu, d'une part, d'en aviser « *personnellement* » la victime ou ses ayants-droit et le FGAO, et non leur conseil (Civ. 2e, 12 déc. 2013, n° 12-24.836, P n° 236 ; v. aussi, dans l'hypothèse d'une victime placée sous tutelle, Crim. 10 mars 2015, préc.), d'autre part, de procéder à cette notification de manière simultanée et dans les mêmes formes (Crim. 27 juin 2017, n° 15-86.794, NP ; Crim. 24 juin 2008, n° 07-86.521, P n° 159). Elle considère enfin que la méconnaissance des formalités susvisées n'est pas susceptible d'être régularisée (Crim. 8 déc. 2015, n° 15-80.338, P n° 628), même si aucun grief ne résulte de l'irrégularité de la notification (Crim. 21 mars 2017, n° 16-81.377, NP ; Crim. 8 déc. 2015, n° 15-80.338, NP ; contra, auparavant : Crim. 18 juin 2013, n° 12-85.364, NP).

Enfin, l'exception soulevée par l'assureur devant les juridictions répressives doit être opposable à la victime et à ses ayants-droit, et pas seulement à son assuré, à défaut de quoi elle est irrecevable (Crim. 28 juin 1991, n° 89-95.098, P n° 286).

L'inopposabilité de l'exception à la victime du dommage entraîne, le cas échéant, la mise hors de cause du fonds de garantie (par ex : Crim. 27 juin 2017, n° 15-86.794, NP ; Crim. 10 mars 2015, n° 14-89.293, NP), en application du principe de subsidiarité du recours au fonds de garantie, résultant notamment de C. ass., art. L. 421-1 et R. 421-4.

3. La mise en cause des organismes de sécurité sociale (v. n° 16.14A)

D. La demande de prononcé de la solidarité entre les personnes condamnées

Devant le tribunal correctionnel et de police, « *Les personnes condamnées pour un même délit sont tenues solidairement des restitutions et dommages-intérêts* » (C. pr. pén., art. 480-1)., sans qu'il y ait « *lieu de déterminer la part de responsabilité personnelle de chacun pour condamner l'ensemble des coauteurs d'une infraction, solidairement, à réparer en totalité le préjudice subi par la victime* » (Crim. 30 janv. 2018, n° 17-81.469, NP ; v. aussi Crim. 16 nov. 2005, n° 05-81.185, NP). Ces dispositions s'imposent également au **prévenu définitivement relaxé**, « *à la charge duquel la cour d'appel saisie de la seule action civile caractérise l'existence d'une infraction* », qui « *est solidairement tenu des dommages-intérêts avec les autres codébiteurs ayant participé à cette infraction* » (Crim. 2 mai 2012, n° 11-84.290, P n° 102), voire à **la personne à l'encontre de laquelle l'action publique est éteinte**, s'il est établi qu'elle a commis une faute civile à l'origine du préjudice de la partie civile (Crim. 29 juin 2016, n° 14-84.037, NP ; Crim. 14 janv. 2009, n° 08-80.584, NP).

Il en est de même devant la cour d'assises, « *Les personnes condamnées pour un même crime sont tenues solidairement des restitutions et dommages-intérêts* » (C. pr. pén., art. 375-2).

Cette solidarité n'est toutefois instituée qu'au profit des parties civiles. En conséquence, « *pour réparer les préjudices résultant des infractions dont ils sont saisis, les juges doivent statuer dans la limite des demandes dont ils sont saisis par les parties civiles ; qu'en conséquence, il ne peut être fait droit à une demande de solidarité sollicitée par l'un des condamnés, mais non sollicitée par les parties civiles* » (Crim. 30 oct. 2019, n° 18-82.920, P).

Selon une jurisprudence constante, cette solidarité, à condition d'établir un « *lien direct de causalité entre les faits dommageables successifs et le préjudice qui en résulte* » (Crim. 5 nov. 2014, n° 14-80.552, NP), « *s'applique également à ceux qui ont été déclarés coupables de différentes infractions rattachées entre elles par des liens d'indivisibilité ou de connexité* ». À titre d'exemple, il en est « *ainsi en cas de violences commises en réunion sur plusieurs personnes, procédant d'une action concertée, déterminée par la même cause et tendant au même but* » (Crim. 22 oct. 1997, n° 96-85.970, P n° 345) ou « *lorsque, au cours de l'exécution d'un vol commis avec ou sous la menace d'armes, l'un des auteurs commet, même seul, une tentative de meurtre au moyen de l'un des armes employées* » (Crim. 31 mai 2000, n° 99-84.507, P n° 209).

L'infraction d'origine et son recel présentent, au regard de la solidarité, les conditions de connexité ou d'indivisibilité prévues par la jurisprudence.

Toutefois, « *si le receleur qui n'a reçu qu'une partie des objets provenant du délit est solidairement responsable avec l'auteur principal de la totalité des dommages-intérêts, c'est à la condition que la condamnation s'applique tant à l'auteur identifié du délit qu'au receleur* » (Crim. 2 févr. 1982, n° 81-91.692, P n° 37 ; v. aussi Crim. 10 nov. 2020, n° 19-80.557, P). Au contraire, « *la solidarité* [...], *qui s'impose au juge comme une conséquence légale de la condamnation qu'il prononce, ne saurait être étendue aux dommages-intérêts résultant de faits connexes pour lesquels aucune personne n'a été condamnée* » (Crim. 18 janv. 2005, n° 04-80.417, P n° 21) Il en résulte que lorsque l'auteur d'une des infractions à l'origine du dommage subi par la partie civile n'a pas été identifié, les coprévenus poursuivi du chef d'autres infractions ne peuvent être condamnés à réparer la totalité du préjudice (dans cette espèce où l'auteur du vol n'avait pas été identifié, le tribunal ne pouvait le condamner solidairement pour l'ensemble du préjudice résultant de ce vol, dès lors que les receleurs n'avaient bénéficié que d'une partie des objets volés).

Mentionnons enfin que la solidarité édictée par C. pr. pén., art. 480-1 « *n'est pas applicable au paiement des frais non recouvrables* », visés au C. pr. pén., art. 475-1 (Crim. 16 juin 2015, n° 14-82.595, P n° 151). Il s'ensuit que chaque prévenu ne peut être condamné qu'à une fraction de la somme réclamée de ce chef par la partie civile, sans solidarité avec les co-prévenus (sur l'indemnisation des frais non recouvrables, v. **G** ci-dessous).

E. L'incompétence du juge judiciaire pour condamner civilement l'agent public pour une faute commise dans l'exercice de ses fonctions

1. Le cas général et la faute détachable du service

Selon la loi des 16-24 août 1790, le décret du 16 fructidor an III et CGFP, art. L. 134-2, (anc^{t} L. n° 83-634, 13 juill. 1983, art. 11 II), les tribunaux répressifs de l'ordre judiciaire sont incompétents pour statuer sur la responsabilité d'une administration ou d'un service public en raison d'un fait dommageable commis dans l'exercice de ses fonctions par l'un de leurs agents.

En effet, « *sauf en cas de faute personnelle détachable de l'exercice de ses fonctions, la responsabilité civile de l'agent public ne peut être engagée par un tiers devant les juridictions judiciaires pour une faute commise dans l'exercice de ses fonctions* » (CGFP, art. L. 134-2).

Modalité de la protection fonctionnelle due par la personne publique à ses représentants (sur cette protection fonctionnelle, CGFP, art. L. 134-1 s. (anc^{t} L. n° 83-634, 13 juill. 1983, art. 11, v. n° **16.9**)), l'agent public ou d'un service public n'est en effet personnellement responsable des conséquences dommageables de l'acte délictueux qu'il a commis que si celui-ci constitue une faute détachable de ses fonctions. Notons que, s'agissant du préposé d'une personne de droit privé, « *n'engage pas sa responsabilité à l'égard des tiers le préposé qui agit sans excéder les limites de la mission qui lui a été impartie par son commettant* » (Ass. plén., 25 févr. 2000, n° 97-17.378, 97-20.152, P n° 2), néanmoins, « *le préposé* *condamné pénalement pour avoir intentionnellement commis, fût-ce sur l'ordre du commettant, une infraction ayant porté préjudice à un tiers, engage sa responsabilité civile à l'égard de celui-ci* » (Ass. plén., 14 déc. 2001, n° 00-82.066, P n° 17).

Il s'en déduit qu'une juridiction judiciaire ne peut, d'une part, condamner civilement le prévenu agent public « *ayant agi dans l'exercice de ses fonctions, sans rechercher si la faute imputée à celui-ci présentait le caractère d'une faute personnelle détachable du service* », d'autre part, si sa faute n'est pas détachable du service, condamner la personne publique civilement responsable qui l'emploie. Il n'importe que le prévenu « *n'ait pas opposé devant les juges du fond l'exception dont il pouvait se prévaloir, l'incompétence des juridictions étant en pareil cas d'ordre public* » (pour une illustration : Crim. 19 juin 2018, n° 17-84.007, Crim. 20 juin 2006, n° 05-87.415, P n° 189, Crim. 2 déc. 2003, n° 02-85.254, P n° 226).

Le juge est tenu de rechercher « *même d'office* » si la faute est détachable du service (ex. Crim. 15 nov. 2022, n° 22-81.550, D ; Crim. 17 oct. 2007, n° 06-87.566, P n° 248) et cette « *exception d'incompétence, touchant à l'ordre public, peut être opposée en tout état de la procédure* » y compris par note en délibéré (Crim. 15 févr. 2000, n° 99-81.685, P n° 70)

Les faits sont détachables des fonctions dès lors qu'ils « *constituaient des manquements volontaires et inexcusables à des règles d'ordre professionnel et déontologique* » (Crim. 29 nov 2016, n° 15-80.229, P n° 318 ; Crim. 4 sept. 2012, n° 11-84.794, D ; Crim. 14 mai 2008, n° 07-84.696, P n° 119). Les seules circonstances que le service « *a joué un rôle dans les circonstances ayant permis [la] commission* » de faits de harcèlement moral par des enseignants sur un collègue ne peuvent exclure « *un manquement volontaire et inexcusable à des obligations d'ordre professionnel et déontologique* » et la poursuite d'un « *objectif sans rapport avec les nécessités du service* » (Crim. 4 avr. 2023, n° 22-83.851, D).

Sur la prise en charge par la collectivité publique des frais d'avocat du fonctionnaire poursuivi pour une faute pénale non détachable de ses fonctions, v. n° **17.6E** ; sur la protection fonctionnelle de l'agent public victime, v. n° **16.9**.

Précisons que « *la tutelle exercée par l'État sur un établissement de droit privé, même si celui-ci assume une mission de service public, n'est pas par elle-même de nature à exclure la compétence de la juridiction de l'ordre judiciaire pour statuer sur l'action en indemnisation dirigée contre un agent dudit établissement reconnu coupable d'une infraction* » (Crim. 22 juin 1994, n° 93-83.900, n° 248). Il en est autrement lorsque les agents publics qui représentent l'organe de tutelle sont eux-mêmes poursuivis à raison de leurs fonctions. Ainsi du représentant de l'État au sein du conseil d'administration d'une banque et du directeur du Trésor poursuivis pour présentation et publication de comptes annuels infidèles et pour complicité de ces faits (Crim. 10 sept. 2008, n° 08-84.164, D).

Illustrations jurisprudentielles :

– maire (Crim. 24 mars 2020, n° 19-83.553, D ; Crim. 15 mars 2016, n° 14-87.237, P n° 81 ; Crim. 25 sept. 2007, n° 06-88.462, D ; Crim. 20 juin 2006, n° 05-87.415, P n° 189) ou conseiller municipal (Crim. 31 oct. 2017, n° 16-87.632, D) poursuivi pour diffamation publique ;

– maire poursuivi pour prise illégale d'intérêt (Crim. 27 juin 2018, n° 16-86.256, D) ou pour favoritisme (Crim. 17 oct. 2007, n° 06-87.566, P n° 248) ;

– maire poursuivi pour homicide involontaire pour avoir favorisé l'urbanisation d'une zone de sa commune qui allait être dévastée par la tempête dite « Xynthia » et maire adjoint pour avoir signé un permis de construire (Crim. 2 mai 2018, n° 16-83.432, D) ;

– maire poursuivi pour complicité de réalisation de travaux en violation du plan d'occupation des sols (Crim. 14 juin 2005, n° 05-80.916, P n° 179) ;

– maire poursuivi pour harcèlement moral sur un agent communal (Crim. 15 nov. 2022, n° 22-81.550 ; Crim. 15 mars 2016, n° 15-80.567, D ; Crim. 8 avr. 2014, n° 12-83.214, D) ;

– sous-préfet poursuivi pour harcèlement moral sur des agents de la sous-préfecture (Crim. 19 juin 2018, n° 17-84.007, D) ;

– aide-soignant d'un établissement public départemental hébergant des personne dépendantes poursuivi pour violences contre un pensionnaire (Crim. 23 sept. 2008, n° 08-81.994, D) ;

– médecin, agent d'un service public hospitalier, poursuivi pour blessures involontaires (Crim. 14 mai 2008, n° 07-84.696, P n° 119 ; Crim. 15 févr. 2000, n° 99-81.685, P n° 70), ou pour non assistance à personne en péril (Crim. 30 nov. 2010, n° 10-80.447, P n° 191).

2. Le cas particulier de la responsabilité du conducteur de véhicule administratif dans l'exercice de ses fonctions

« *Par dérogation à l'article 13 de la loi des 16-24 août 1790 sur l'organisation judiciaire, les tribunaux de l'ordre judiciaire sont seuls compétents pour statuer sur toute action en responsabilité tendant à la réparation des dommages de toute nature causés par un véhicule quelconque. Cette action sera jugée conformément aux règles du droit civil, la responsabilité de la personne morale de droit public étant, à l'égard des tiers, substituée à celle de son agent, auteur des dommages causés dans l'exercice de ses fonctions* » (L. n° 57-1424, 31 déc. 1957, art. 1er).

Si l'agent d'un service public qui a commis une infraction dans l'exercice de ses fonctions, doit répondre des conséquences pénales de sa faute, sur le plan civil « *la responsabilité de la personne morale de droit public est, à l'égard des tiers substituée à celle de son agent, auteur des dommages causés* » (Crim. 5 avr. 1978, n° 77-91.404, P n° 127, accident causé par le conducteur d'un véhicule du service départemental de lutte contre l'incendie ; dans le même sens : Crim. 13 juill. 1971, n° 70-91.342, P n° 232, accident causé par une embarcation manœuvrée par un gardien de la paix détaché auprès du maire pour remplir les fonctions de maître-nageur- sauveteur ; Crim. 29 janv. 1963, n° 62-91.148, P n° 55, accident causé par un véhicule de l'armée conduit par un militaire).

En conséquence de ces dispositions, « *la partie civile n'est pas recevable à agir en réparation contre cet agent, pénalement responsable du délit* » (Crim. 29 juin 1999, n° 98-81.407, n° 157, accident routier causé par un militaire en mission à l'étranger ; dans le même sens : Crim. 4 janv. 2023, n° 22-83.019, P, accident causé par un véhicule de gendarmerie), et sont donc censurées les décisions qui déclarent l'agent responsable des dommages causés, le condamne aux réparations civiles et aux dépens relatifs à l'intervention des parties civiles.

Le texte « *ne vise pas seulement les accidents de la circulation mais s'étend à tout préjudice ayant de manière générale sa cause génératrice dans le fait d'un véhicule quelconque, dont les divers éléments sont indissociables* » (accident causé par le mécanisme de tassement des déchets d'un camion benne conduit par un agent du service public municipal de ramassage des ordures ménagères) (Crim. 8 oct. 1985, n° 83-94.250, P n° 303).

Précisons que « *la compétence attribuée par la loi du 31 déc. 1957 aux juridictions de l'ordre judiciaire pour connaître des conséquences des accidents causés par les véhicules administratifs ne comporte aucune exception pour le cas où la victime est un agent de l'État, bénéficiaire du statut de la fonction publique ; qu'il appartient en pareille hypothèse à la juridiction saisie d'apprécier la responsabilité de l'auteur de l'accident et de fixer le montant des dommages-intérêts dus de ce chef, le tout conformément aux principes du droit civil, la substitution de la responsabilité de l'État à celle de son agent n'étant pas de nature à modifier les règles juridiques sur lesquelles doit être fondée la décision* » (Crim. 28 nov. 1989, n° 88-87.605, P n° 451).

3. Le cas particulier de la responsabilité des membres de l'enseignement public à raison des dommages causés par ou sur leurs élèves (C. éduc., art. L. 911-4)

Sans préjudice de l'action récursoire de l'État contre l'enseignant ou un tiers, « *dans tous les cas où la responsabilité des membres de l'enseignement public se trouve engagée à la suite ou à l'occasion d'un fait dommageable commis, soit par les élèves ou les étudiants qui leur sont confiés à raison de leurs fonctions, soit au détriment de ces élèves ou de ces étudiants dans les mêmes conditions, la responsabilité de l'État est substituée à celle desdits membres de l'enseignement qui ne peuvent jamais être mis en cause devant les tribunaux civils par la victime ou ses représentants. Il en est ainsi toutes les fois que, pendant la scolarité ou en dehors de la scolarité, dans un but d'enseignement ou d'éducation physique, non interdit par les règlements, les élèves et les étudiants confiés ainsi aux membres de l'enseignement public se trouvent sous la surveillance de ces derniers* » (C. éduc., art. L. 911-4, codifiant à droit constant L. 5 avr. 1937, art. 2).

« *Lorsque la responsabilité d'un membre de l'enseignement public se trouve engagée à la suite d'un fait dommageable commis au détriment des élèves qui lui sont confiés, la responsabilité de l'État est substituée à celle de l'enseignant, qui ne peut jamais être mis en cause devant les tribunaux civils par la victime ou ses représentants. L'action en responsabilité exercée par la victime, ses parents ou ses ayants droit, intentée contre l'État, ainsi responsable du dommage, est portée devant le tribunal de l'ordre judiciaire du lieu où le dommage a été causé, et dirigée contre l'autorité académique compétente* » (Crim. 3 nov. 2021, P n° 21-80.749, P). Soulignons qu'en vertu de la règle d'ordre public du double degré de juridiction qui implique « *qu'une partie ne peut intervenir pour la première fois en cause d'appel* », la partie civile qui, en première instance, a dirigé son action contre le préfet n'est pas recevable à agir, devant la cour d'appel, contre le rectorat (Crim. 27 juin 2023, n° 22-83.406, P).

Conçues en termes généraux, ces dispositions dérogatoires ne réservent pas le cas de la faute détachable du service et sont en effet, selon la jurisprudence, également applicables aux infractions intentionnelles, y compris lorsqu'elles sont commises par l'enseignant sur l'élève. Ainsi pour des violences volontaires ayant entraîné une ITT de plus de 20 jours commis sur un instituteur sur un élève de 9 ans (Crim. 24 mai 1973, n° 70-91.066, P n° 238) ; pour des « *violences physiques, psychologiques ou verbales [qui] excédaient le pouvoir disciplinaire dont disposent les enseignants* » (Crim. 7 nov. 2017, n° 16-84.329, P n° 246), des faits de harcèlement moral sur des élèves (Crim. 2 févr. 2022, n° 21-82.535, P), des faits de violence volontaire sans ITT, aggravées par la qualité de personne chargée de mission de service public (Crim. 3 nov. 2021, n° 21-80.749, P).

Il résulte de C. éduc., art. L. 911-4 que l'action civile devant le juge pénal contre l'enseignant public à raison des dommages subis par les élèves qui lui sont confiés ou des dommages causés par ces derniers n'est pas irrecevable lorsqu'elle « *tend seulement à établir la culpabilité du prévenu* » (action civile pour déclencher ou corroborer l'action publique) mais elle est irrecevable lorsqu'elle prétend à la « *réparation du dommage* » par l'enseignant (demande de dommages-intérêts) (Crim. 24 mai 1973, n° 70-91.066, P n° 238).

Néanmoins, la partie civile peut attraire devant la juridiction répressive le représentant de l'État aux fins de condamnation à des dommages-intérêts car ce dernier est légalement substitué à l'enseignant. En effet, « *les tribunaux judiciaires de droit commun sont compétents pour connaître des actions exercées contre l'État pris non comme civilement responsable, mais comme substitué aux membres de l'enseignement public, sans qu'en soient exclues les juridictions répressives* » (Ch. mixte, 23 avr. 1976, n° 74-90.569, P n° 302).

« *si la qualité de membre de l'enseignement public doit être étendue à toutes les personnes qui, dans l'établissement ou au-dehors, participent à l'encadrement des enfants dans toutes les activités réalisées dans un but d'enseignement, elle ne saurait s'appliquer aux personnes, agents de la commune, chargées de la surveillance des enfants pendant le déroulement de la cantine et les périodes qui la précèdent, après la sortie de classe, et la suivent, jusqu'à la rentrée en classe, dès lors que l'activité ainsi organisée se limite à la prise en charge des enfants en vue de les nourrir et de les détendre, sans poursuivre une fin éducative ; que seule, dans cette hypothèse, la responsabilité de la commune ou, éventuellement, de la caisse des écoles, peut être engagée, selon la procédure de droit commun* » (T. conflits, 30 juin 2008, n° 08-03.671, P n° 21). Toutefois, C. éduc., art. L. 911-4 s'applique à « *l'agent territorial spécialisé des écoles maternelles [ATSEM], qui appartient à la communauté éducative et remplit une mission d'accueil des élèves, d'assistance pédagogique et de surveillance, auquel est imputée une faute pénale commise à l'occasion d'activités scolaires ou périscolaires, d'enseignement ou de surveillance* » (§ 8), est en conséquence censurée la décision condamnant un ATSEM au paiement de dommages-intérêts pour des faits de harcèlement moral aggravé commis sur les enfants (Crim. 2 févr. 2022, n° 21-82.535, P).

Notons que « *la prescription en ce qui concerne la réparation des dommages prévus par le présent article est acquise par trois années à partir du jour où le fait dommageable a été commis* » (C. éduc., art. 911-4).

Soulignons que « *l'action récursoire de l'État [contre l'enseignant] est irrecevable devant le tribunal répressif, le préjudice qui résulte d'une substitution légale de responsabilité n'ayant pas été causé directement par l'infraction poursuivie* » et que « *la caisse de sécurité sociale ne saurait devenir intervenante, alors que l'action civile de la victime, prohibée par la loi est de ce fait irrecevable* » (Crim. 24 mai 1973, n° 70-91.066, P n° 238).

F. Les indemnités dues par l'État à la victime au titre de sa comparution devant le tribunal

Sauf décision contraire du tribunal, la partie civile assistant à l'audience est assimilée au témoin (C. pr. pén., art. 375-1 et 422) et peut donc réclamer le paiement des indemnités suivantes (d'après Circ. 9 oct. 2007, NOR : JUSJ0790006C, annexe 5) :

– **indemnité forfaitaire de comparution** (C. pr. pén., art. R. 129) ;

– **indemnité forfaitaire pour perte de salaire** (C. pr. pén., art. R. 129) ;

– **indemnité forfaitaire journalière de séjour** (C. pr. pén., art. R. 111 et R. 135). Ce poste correspond aux frais engagés pour deux repas et une nuitée. Elle est réservée aux parties civiles non domiciliées dans la commune où se déroule le procès au sens de la règlementation applicable aux déplacements des agents civils de l'État. L'indemnité de repas est réduite de moitié lorsque la personne a la possibilité de prendre son repas dans un restaurant administratif. L'indemnité de nuitée est subordonnée à la présentation d'un justificatif ;

– **frais de voyage** (C. pr. pén., art. R. 133). Ils sont remboursés sur justificatifs des factures ou billets de transports en 2e classe ou classe économique, ou au tarif de 0,06 € le km en cas d'usage du véhicule personnel ;

– **avance sur frais de déplacement** (C. pr. pén., art. R. 133). Lorsqu'elle est hors d'état de subvenir aux frais de son déplacement, la partie civile peut recevoir un acompte correspondant à la moitié du coût du transport, ou de l'aller et du retour si le service de transport ne délivre que cette formule (avion).

Peuvent prétendre aux mêmes indemnités la personne accompagnant un mineur de moins de 16 ans, exceptée si elle a été désignée administrateur *ad hoc* (C. pr. pén., art. R. 130, R. 138) ainsi que la personne accompagnant une partie civile infirme ou malade (C. pr. pén., art. R. 131, R. 138).

G. L'indemnité due à la victime par le prévenu pour les frais non pris en charge par l'État (C. pr. pén., art. 475-1)

La partie civile peut réclamer la condamnation de l'auteur à lui payer les frais qu'elle a exposés pour les besoins de l'instance et qui n'ont pas été payés par l'État (ex. : frais d'avocat). Le tribunal (ou la cour d'assises, C. pr. pén., art. 375 ; ainsi que le tribunal de police, C. pr. pén., art. 543) tient compte de l'équité ou de la situation économique de la partie condamnée. Il peut, même d'office, pour des raisons tirées de ces mêmes considérations, dire qu'il n'y a pas lieu à cette condamnation.

Les organismes tiers payeurs intervenant à l'instance peuvent également bénéficier d'une telle indemnité.

Mentionnons que la solidarité édictée par C. pr. pén., art. 480-1 entre co-prévenus n'est pas applicable à cette indemnité. Chaque prévenu ne peut donc être condamné qu'à une fraction de la somme réclamée de ce chef, sans solidarité avec les autres (sur la solidarité, v. D ci-dessus).

Relevons enfin que l'assureur de l'auteur de l'infraction ne peut être condamné à payer à la victime une indemnité au titre C. pr. pén., art. 475-1, cette condamnation n'incombant qu'à l'auteur de l'infraction (Crim. 6 nov. 2001, n° 01-80.451, P n° 229).

En revanche, l'assurance de protection juridique de la victime peut avoir pour objet la prise en charge « *des frais de procédure [...] en cas de différend ou de litige opposant l'assuré à un tiers, en vue notamment de défendre ou représenter en demande l'assuré dans une procédure [...] pénale* » (C. assur., art. L. 127-1).

H. Le contenu de la demande de dommages-intérêts

La partie civile doit joindre à sa demande de dommages-intérêts toutes pièces justificatives de son préjudice (ex. : factures, devis, attestation de perte de salaire, certificat médical, cote Argus, photographies), et préciser impérativement le montant des dommages-intérêts sollicités.

« *Lorsque la demande de dommages-intérêts suppose la réunion de justificatifs particuliers, il sera préférable d'orienter les victimes vers un service qui les aidera à constituer leur dossier et à formaliser leur demande (...) plutôt que d'aboutir, à défaut de justificatifs, à des rejets des demandes de dommages-intérêts formulées dès l'enquête* » (Circ. 9 oct. 2007, NOR : JUSJ0790006C, n° 1.1).

EXEMPLE

Objet : Demande de dommages-intérêts

Affaire n° ....

Nom du prévenu : ....

Audience du .... [¤ Préciser la date et l'heure de l'audience]

Chambre n° ....

Madame, Monsieur le président,

J'ai été victime d'une infraction pour laquelle l'auteur comparaît à l'audience visée ci-dessus.

Ces faits ont entraîné les préjudices suivants :

.... [¤ Décrire d'une façon détaillée les dommages s*ubis*].

Pour preuve de mes réclamations, vous trouverez ci-joint les justificatifs suivants :

.... [¤ Décrire et joindre tous documents utiles].

En conséquence, je sollicite la condamnation de l'auteur à me payer, à titre de dommages-intérêts, la somme de .... [¤ Fixer le montant impérativement].

.... [¤ Date et signature]

16.13 L'action civile : la décision sur les intérêts civils

A. L'articulation entre les poursuites pénales et la demande de dommages-intérêts

1. Le jugement sur l'action publique précède la décision sur l'action civile et peut être disjoint

Devant la juridiction répressive, l'appréciation de l'action publique précède nécessairement celle de l'action civile qui lui est subordonnée.

Le principe du jugement préalable de l'action publique souffre toutefois d'une exception lorsque, de façon durable, la personne poursuivie n'est pas en état de comparaître devant la juridiction répressive (C. pr. pén., art. 10 mod. par L. n° 2019-222, 23 mars 2019, v. **A4** ci-dessous).

Comme il a été précisé au n° **16.1E1**, l'absence d'avis à victime n'est pas une cause de nullité du jugement et la partie civile qui n'a pas, pour ce motif, été mise en mesure de faire valoir sa demande ne pourra faire réparer cette omission par la voie de l'appel. N'ayant pas été partie en première instance, elle ne pourra en effet interjeter appel de la décision (sur l'appel de la partie civile, v. n° **19.3D**).

Afin de ménager à la victime le temps nécessaire à la préparation de sa défense, le tribunal correctionnel peut ordonner la **disjonction de l'action publique et des intérêts civils** sur trois fondements.

En **premier lieu**, « *Lorsque l'avis d'audience a été adressé à la victime mais qu'il n'est pas établi qu'il a été reçu par celle-ci, le tribunal qui statue sur l'action publique parce qu'il estime que la présence de la victime n'est pas indispensable aux débats peut renvoyer le jugement de l'affaire sur l'action civile à une audience ultérieure [...] ; le tribunal doit alors fixer la date de cette audience et la victime doit en être avisée* » (C. pr. pén., art. 391, réd. L. n° 2019-222, 23 mars 2019). Cette disposition est également applicable dans le cadre des procédures rapides de comparution immédiate ou différée ou de convocation par procès-verbal du procureur (C. pr. pén., art. 393-1).

En **second lieu**, si la victime qui s'est constituée partie civile n'a pas été en mesure d'établir sa demande de dommages-intérêts (ex. : faute de temps ou de justificatifs ou si l'organisme de sécurité sociale n'a été mis en cause, CSS, art. L. 376-1, sur ce point, v. n° **16.14A**), le tribunal correctionnel, après avoir statué sur l'action publique, peut d'office ou à la demande du procureur de la République ou des parties, renvoyer l'affaire à une date ultérieure pour statuer sur l'action civile. Le renvoi est de droit lorsqu'il est demandé par les parties civiles. Le tribunal doit alors fixer la date de l'audience à laquelle il sera statué sur l'action civile (C. pr. pén., art. 464). En revanche, le renvoi ne peut porter que sur la demande de dommages-intérêts et non sur l'examen de la recevabilité de l'action civile. En effet, « *lorsque le tribunal correctionnel soulève d'office l'irrecevabilité de la constitution d'une partie civile ou est saisi, par les parties ou le ministère public, d'une telle contestation, en application de C. pr. pén., art. 423, il ne peut statuer sur la recevabilité desdites constitutions qu'accessoirement à la décision qu'il rend sur le fait délictueux et par le jugement qui prononce sur l'action publique* » (§ 17), à défaut, une disjonction de l'examen de la recevabilité de la constitution de partie civile « *porte[rait] nécessairement atteinte [...], aux intérêts de la partie civile, laquelle se trouve[rait] privée de la possibilité de participer au débat sur l'action publique devant la cour d'appel et de mettre celle-ci en mesure, après évocation, de statuer également sur son action civile* » (§ 18) (Crim. 15 févr. 2022, n° 20-86.486, P ; sur l'appel de la partie civile, v. n° **19.3D1**). Il en résulte que le tribunal correctionnel doit statuer sur la recevabilité de la constitution de partie civile avant de renvoyer le cas échéant l'affaire sur les intérêts civils.

En cas de renvoi sur la demande de dommages-intérêts, le tribunal correctionnel devant lequel l'action civile est renvoyée statue à juge unique, la présence du ministère public n'est pas obligatoire (C. pr. pén., art. 464).

En **troisième lieu**, lorsque le tribunal ne trouve pas dans la demande ou le dossier d'éléments suffisants pour statuer, il peut reporter à une audience ultérieure la décision sur les seuls intérêts civils, à laquelle toutes les parties devront être citées à la diligence du procureur (C. pr. pén., art. 420-1). Contrairement aux hypothèses qui précédent, la loi n° 2004-204 du 9 mars 2004 n'a pas ici prévu la compétence du seul président statuant à juge unique. Cette disposition est également applicable devant le tribunal de police (C. pr. pén., art. 536).

Mentionnons enfin que le tribunal a également la faculté, « *s'il ne peut se prononcer en l'état sur la demande en dommages-intérêts, d'accorder à la partie civile une provision, exécutoire nonobstant opposition ou appel* » (C. pr. pén., art. 464, al. 3).

2. Le cas particulier des intérêts civils devant la cour d'assises (C. pr. pén., art. 371-1 ; L. n° 2019-222, 23 mars 2019)

« *Après que la cour d'assises s'est prononcée sur l'action publique, la cour sans l'assistance du jury, statue sur les demandes de dommages-intérêts* » (C. pr. pén., art. 371).

Notons qu'en cas d'acquittement par la cour d'assises, la partie civile « *peut demander réparation du dommage résultant de la faute de l'accusé, telle qu'elle résulte des faits qui sont l'objet de l'accusation* » (C. pr. pén., art. 372).

La L. n° 2019-222, 23 mars 2019, applicable depuis le 1er juin 2019, a introduit de nouvelles dispositions facilitant le délibéré ou le renvoi sur les intérêts civils devant la cour d'assises (C. pr. pén., art. 371-1).

Désormais, alors qu'elle était tenue de vider sur-le-champ son délibéré civil, soit par une décision au fond soit par une mesure d'instruction « *la cour peut mettre en délibéré sa décision sur l'action civile* ».

« *Elle peut également, après avoir recueilli les observations des parties, renvoyer cette décision à une audience ultérieure dont elle fixe la date. Ce renvoi est de droit à la demande des parties civiles* ».

À cette date, « *Sauf si la partie civile a sollicité lors du renvoi le bénéfice de la collégialité, le président de la cour d'assises statue seul et peut prendre les décisions* » (mesures d'instruction, condamnation à des dommages-intérêts).

L'audience est publique et se tient au TJ dans le ressort duquel se sont tenues les assises. La présence du ministère public n'est pas obligatoire.

3. Le cas particulier des intérêts civils en cas d'infraction terroriste (C.< pr. pén., art. 706-16-1, L. n° 2019-222, 23 mars 2019) (renvoi)

Selon les précisions apportées aux nos **16.16** et **23.23F3**, en matière d'actes de terrorisme, la demande de dommages-intérêts ne peut plus être portée devant la juridiction répressive qui est tenue de la renvoyer devant le tribunal judiciaire [avant le 1er janv. 2020 : tribunal de grande instance] de Paris statuant en matière civile (C. pr. pén., art. 706-16-1, L. n° 2019-222, 23 mars 2019).

4. Le jugement anticipé de l'action civile en cas d'incapacité de comparaître du prévenu ou de l'accusé (C. pr. pén., art. 10, L. n° 2019-222, 23 mars 2019)

« *Lorsque l'état mental ou physique d'une personne citée ou renvoyée devant une juridiction de jugement rend durablement impossible sa comparution personnelle dans des conditions lui permettant d'exercer sa défense et que la prescription de l'action publique se trouve ainsi suspendue, le président de cette juridiction peut, d'office, ou à la demande du ministère public ou des parties, décider, après avoir ordonné une expertise permettant de constater cette impossibilité, qu'il sera tenu une audience publique pour statuer uniquement sur l'action civile. La personne doit alors être représentée à cette audience par un avocat.* » (C. pr. pén., art. 10, mod. par L. n° 2019-222, 23 mars 2019) (sur l'incapacité de comparaître et l'impossibilité de juger l'action publique, v. n° **17.10G**).

« *Ces dispositions, qui sont applicables devant toutes les juridictions pénales, tribunal de police, tribunal correctionnel et cour d'assises, permettent ainsi de prendre en compte les droits des victimes* ». « *Elles supposent qu'une expertise a constaté que l'état de la personne lui interdit durablement d'être jugée au pénal, cette impossibilité pouvant résulter d'un état physique, comme le fait que la personne soit dans le coma à la suite d'un accident, ou mental, si la personne souffre de graves troubles psychiques ou neuropsychiques ne lui permettant plus de comprendre un procès* » (Circ. Crim. 2019-7/H3, 5 avr. 2019, n° 2.3.5).

5. Le cas particulier du jugement des intérêts civils après la relaxe d'une infraction non intentionnelle (C. pr. pén., art. 470-1)

En cas de relaxe sur l'action publique, qui constitue l'action principale devant la juridiction répressive, l'action civile qui en est l'accessoire est, par voie de conséquence, déclarée irrecevable (Crim. 2 juin 1976, n° 75-90.559, P n° 196).

Par dérogation à ce principe, en cas de poursuite pour « *une infraction non intentionnelle* » (ex. blessures ou homicide involontaire), le tribunal « *qui prononce une relaxe demeure compétent [...] pour accorder, en application des règles du droit civil, réparation de tous les dommages résultant des faits qui ont fondé la poursuite* » (C. pr. pén., art. 470-1).

L'infraction non intentionnelle est celle qui repose, au sens de C. pén., art. 121-3, al. 3, sur une « *faute d'imprudence, de négligence ou de manquementà une obligation de prudence ou de sécurité par la loi ou le règlement* ». La juridiction répressive pourra notamment statuer sur les intérêts civils lorsqu'il apparaît au résultat des débats que l'auteur direct des faits n'est pas l'auteur d'une faute pénale, ainsi lorsqu'il apparaût qu'il a « *accompli les diligences normales compte tenu, le cas échéant, de la nature de ses missions ou de ses fonctions, de ses compétences ainsi que du pouvoir et des moyens dont il disposait* » (C. pén., art. 121-3, al. 3), ou lorsqu'il n'est pas établi que l'auteur indirect des faits, c'est-à-dire la personne physique qui n'a pas causé directement le dommage, mais qui a « *créé ou contribué à créer la situation qui a permis la réalisation du dommage* » ou qui n'a « *pas pris les mesures permettant de l'éviter* », a « *soit violé de façon manifestement délibérée une obligation particulière de prudence ou de sécurité prévue par la loi ou le règlement, soit commis une faute caractérisée et qui exposait autrui à un risque d'une particulière gravité* » (sur la responsabilité pénale de la personne physique auteur indirect du dommage, v. n° **10.11B**) (C. pén., art. 121-3, al. 3).

La mise en œuvre de ces dispositions est conditionnée par « *la demande de la partie civile ou de son assureur formulée avant la clôture des débats* » (C. pr. pén., art. 470-1). Est ainsi censurée la décision qui se prononce sur les intérêts civils « *alors que ni la partie civile ni son assureur n'avaient formulé, avant les débats, une demande subsidiaire tendant à l'application de C. pr. pén., art. 470-1* » (Crim. 12 févr. 1997, n° 96-82.666, P n° 56). « *Lorsqu'il apparaît que des tiers responsables doivent être mis en cause, le tribunal renvoie l'affaire, par une décision non susceptible de recours, devant la juridiction civile compétente qui l'examine en urgence* » (C. pr. pén., art. 470-1, R. 41-2, C. pr. civ., art. 826-1).

Précisons que si cette demande subsidiaire n'a pas été formée en première instance, elle pourra néanmoins l'être pour la première fois devant la cour d'appel, en effet « *n'est pas nouvelle au sens de C. pr. pén., art. 515 al. 3 la demande par laquelle, pour la première fois en appel, la partie civile réclame, au bénéfice des dispositions de l'article 470-1 dudit Code, étendues à la juridiction d'appel par l'article 512 de ce Code, l'application des règles du droit civil, une telle demande ayant pour objet, comme l'action civile originaire, la réparation des dommages résultant des faits poursuivis* » (Crim. 20 oct. 1986, n° 85-92.876, P n° 291). De même l'appel de la partie civile ne peut-être déclaré irrecevable au motif qu'elle n'a pas réclamé en premier ressort l'application de C. pr. pén., art. 470-1 (Crim. 26 oct. 2004, n° 04-80.126, n° 252). Plus récemment, est toutefois approuvée la décision qui déclare irrecevable comme formée pour la première fois devant la cour d'appel la demande fondée sur C. pr. pén., art. 470-1 (Crim. 14 mai 2008, n° 08-80.202, n° 112 ; dans le même sens : Crim. 2 oct. 2007, n° 06-85.799, P n° 230).

Sur la base de C. pr. pén., art. 470-1, la juridiction répressive restera donc compétente pour condamner la personne poursuivie sur le fondement d'une faute non pénale, c'est-à-dire d'une faute civile, qui pourra notamment trouver sa source dans un contrat liant le prévenu et la victime (ex. contrat de transport). Toute forme de situation contractuelle peut ainsi se prêter à la mise en jeu de la responsabilité du prévenu relaxé, ainsi du prêteur d'une jument craintive et insuffisamment dressée qui occasionne une chute : il devra répondre, sur le fondement de C. civ., art. 1891, du préjudice causé par les défauts de la chose prêtée « *s'il connaissait les défauts et n'en a pas averti l'emprunteur* » (Crim. 17 sept. 2002, n° 01-83.510, P n° 165).

La faculté de condamner civilement le prévenu relaxé s'étend au civilement responsable ou au tiers garant (employeur, assureur) : est ainsi justifiée, après relaxe de l'animateur sportif et du directeur de la structure, la condamnation civile d'un club de vacances sur le fondement de son obligation contractuelle de sécurité (il s'agissait en l'espèce de la morsure d'un vacancier par une murène lors d'un cours de plongée) (Crim. 1er juill. 1997, n° 96-85.320, P n° 259).

Il est également jugé que la relaxe du médecin, faute de lien de causalité établi entre son imprudence et le décès, n'empêche pas sa condamnation civile pour cette même faute d'imprudence si elle a été la cause, si ce n'est du décès, tout au moins d'une perte de chance de survie (Crim. 20 mars 1996, n° 95-81.168, P n° 119). Dans le même sens, « *la juridiction répressive peut, après relaxe du prévenu du chef d homicide involontaire, retenir une faute contractuelle en relation de cause à effet avec le dommage résultant de la perte de chance de survie de la victime* » (Crim. 28 sept. 1999, n° 97-82.353, P n° 198). La faute du médecin peut également résulter d'un manquement à l'obligation d'information du patient sur le traitement proposé et ses risques prévisibles, imposée par CSP, art. L. 1110-5 et L. 1142-1 (Crim. 5 juin 2007, n° 06-86.331, P n° 152). Précisons qu'en matière de perte de chance, il n'est nul besoin d'une certitude de chance de survie, « *dès lors que la disparition de la probabilité d'un événement favorable constitue une perte de chance* » (Crim. 3 nov. 2010, n° 09-87.375, P n° 170).

Soulignons que « *lorsque la partie civile sollicite du juge pénal qu'il se prononce selon les règles du droit civil* [ce qui est le cas lorsqu'elle réclame l'application de C. pr. pén., art. 470-1], *elle doit présenter l'ensemble des moyens qu'elle estime de nature à fonder ses demandes, de sorte qu'elle ne peut saisir le juge civil des mêmes demandes, fussent-elles fondées sur d'autres moyens* » (§ 8) (Ass. plén., 14 avr. 2023, n° 21-13.516, P). C'est l'application du principe dit de « *concentration des moyens* » : lorsque la partie civile a formellement réclamé la bénéfice de ces dispositions, qu'elle ait été déboutée ou non par le juge pénal, toute nouvelle demande devant le juge civil sera irrecevable comme contraire au principe de l'autorité de la chose jugée tel que défini au C. civ., art. 1355 (anc[t], art. 1351). Ainsi, lorsqu'un « *jugement sur le fond a été rendu par la juridiction pénale sur la constitution de partie civile* [...] *; que celle-ci s'étant désistée de l'appel qu'elle a formé contre ce jugement, la décision rendue est revêtue de l'autorité de la chose jugée et la* [partie civile] *ne peut donc plus saisir la juridiction civile de cette demande dès lors qu'il existe entre les deux instances civile et pénale une triple identité des parties, d'objet et de cause* » (2e Civ., 5 juill. 2006, n° 04-12.455). En revanche, ce principe ne peut être opposé à la partie civile qui n'a pas sollicité qu'il soit statué sur sa demande de dommages-intérêts sur le fondement de C. pr. pén., art. 470-1 : bien que déboutée de sa demande de dommages-intérêts par le juge répressif en cas de relaxe, elle pourra porter ultérieurement sa demande devant le juge civil (Ass. plén., 14 avr. 2023, n° 21-13.516, P (§ 11)).

La personne condamnée civilement peut également être condamnée à payer une somme à la partie civile au titre de ses frais d'avocat (C. pr. pén., art. 475-1).

B. Le jugement sur intérêts civils

1. Les mesures d'instruction sur les intérêts civils (expertise)

Lorsqu'il a été statué sur l'action publique, les mesures d'instruction (dans la plupart des cas une expertise) ordonnées par le juge pénal sur les seuls intérêts civils n'obéissent pas aux règles de la procédure pénale (sur ces règles, v. n° **11.50** pour l'expertise ordonnée par le juge d'instruction et n° **17.31** (supplément d'information) pour l'expertise ordonnée par la juridiction répressive) mais à celles de la procédure civile (C. pr. pén., art. 10 ; Crim. 3 mai 1988, n° 86-90.372, P n° 190 ; Crim. 13 déc. 1990, n° 87-83.532, P n° 436). Les règles de procédure civile concernant les expertises figurent aux articles 263 et suivants du code de procédure civile.

Dès lors, les frais d'expertise ne constituent pas des frais de justice criminelle supportés par le Trésor, mais des dépens qui risquent de devoir, selon la décision du tribunal, être avancés par la victime (C. pr. civ., art. 269). Certes, « *il appartient au juge pénal qui, après avoir statué sur l'action publique, ordonne une expertise sur les intérêts civils, de mettre la rémunération de l'expert à la charge de l'auteur de l'infraction, partie perdante, en application des articles 695 et 696 du nouveau code de procédure civile* » (Crim. 19 juin 2007, n° 06-87.417, P n° 167). Toutefois, l'usage de cette possibilité, si elle n'est complétée par une disposition du jugement autorisant la partie la plus diligente – dans ce cas la victime – à avancer les frais d'expertise, risque de subordonner le déroulement des opérations d'expertise au bon vouloir ou à la solvabilité de la personne condamnée.

Les frais d'expertise résultant de mesures d'instruction ordonnées avant la décision sur l'action publique sont – quant à eux – à la charge de l'État. Soulignons de même que devant la Civi, les frais, notamment d'expertise, sont assimilés aux frais de justice criminelle et sont donc payés par le Trésor (v. n° **16.19**).

Il n'est pas dû par le condamné de droit fixe de procédure pour les décisions qui ne statuent que sur les seuls intérêts civils (CGI, art. 1018 A).

2. L'exécution de la décision sur intérêts civils

Le tribunal peut ordonner, en tout ou en partie, le versement provisoire des dommages-intérêts alloués (exécution provisoire, C. pr. pén., art. 464). Il en est de même pour la cour d'assises, si l'exécution provisoire a été demandée, étant précisé que l'exécution provisoire des mesures d'instruction (ex. expertise) qu'elle ordonne est de droit (C. pr. pén., art. 374).

Les obligations de nature civile résultant d'une décision pénale devenue définitive se prescrivent d'après les règles du code civil (C. pén., art. 133-6).

Pour obtenir l'exécution du jugement de condamnation, la partie civile devra en solliciter une expédition auprès du greffe correctionnel et, à défaut de recouvrement amiable, la transmettre à un commissaire de justice aux fins de recouvrement forcé.

« *Le ministère public et les parties poursuivent l'exécution de la sentence chacun en ce qui le concerne* », dès lors, en application de C. pr. civ, art. 503, « *à moins que l'exécution n'en soit volontaire [...], la partie civile qui poursuit l'exécution d'une condamnation prononcée à son profit par les voies et moyens que le code de procédure civile met à sa disposition doit faire notifier le jugement à celui à l'encontre duquel elle l'exécute* » (Civ. 2e, 15 mars 1995, no 93-13.655, P II, no 88 pour un arrêt de cour d'appel pourtant contradictoire et exécutoire ; dans le même sens : 2e Civ., 15 oct. 2015, no 14-23.370, pour une décision de première instance pourtant contradictoire et définitive).

Dans certains cas, une indemnisation peut être obtenue de la Civi (v. no **16.19**). Si la victime n'entre pas dans les cas où son dommage peut être pris en charge par la Civi, elle peut cependant, depuis L. no 2008-644, 1er juill. 2008, obtenir du FGTI (Sarvi) une assistance au recouvrement (v. no **16.20**).

Si le débiteur condamné fait l'objet d'une procédure collective, la créance doit être déclarée au mandataire judiciaire ; « *le délai de déclaration par une partie civile des créances nées d'une infraction pénale court à compter de la date de la décision définitive qui en fixe le montant* » (C. com., art. L. 622-24, L. no 2005-845, 26 juill. 2005, en vigueur depuis le 1er janv. 2006). Si la créance résulte d'une condamnation pénale du débiteur, le jugement de clôture de liquidation judiciaire pour insuffisance d'actif fait revivre le droit de poursuite individuelle du créancier contre le débiteur (C. com., art. L. 643-11, L. no 2005-845, 26 juill. 2005, en vigueur depuis le 1er janv. 2006).

Soulignons qu'il est interdit d'ouvrir ou d'annoncer publiquement des souscriptions (*N* ***2809.co***) ayant pour objet d'indemniser des dommages-intérêts prononcés par des condamnations judiciaires, et d'annoncer publiquement la prise en charge de ces sommes (*N* ***32361.co***) (infractions de presse passibles de 6 mois d'emprisonnement et de 45 000 € d'amende, L. 29 juill. 1881, art. **40**, réd, issue L. no 2017-86, 27 janv. 2017).

C. Le partage de responsabilité entre l'auteur de l'infraction et sa victime

• **S'agissant des infractions non intentionnelles**, la Ch. mixte a admis que les victimes d'un accident routier puissent se voir opposer leur faute consistant à monter à bord du véhicule conduit par un jeune conducteur aux libations desquelles ils avaient assisté, au motif que « *dès lors que plusieurs fautes ont concouru à la production d'un dommage résultant d'une infraction, la responsabilité de leurs auteurs se trouve engagée dans une mesure dont l'appréciation appartient souverainement aux juges du fond* » (Ch. mixte, 28 janv. 1972, no 70-90.072, P no 37).

• **S'agissant des infractions intentionnelles**, il a tout d'abord été jugé qu'« *aucune disposition de la loi ne permet de réduire le montant des réparations civiles dues par un voleur à sa victime en raison d'une négligence de celle-ci, le voleur ne pouvant conserver le bénéfice d'une partie de son vol* » (Crim. 27 mars 1973, no 72-91.435, P no 35 ; dans le même sens, sous l'angle de l'autorité de la chose jugée au pénal : Crim. 19 juin 2007, no 06-88.454, P no 165) ; ou « *de réduire, en raison d'une négligence de la victime, le montant des réparations civiles dues à celle-ci par l'auteur d'une infraction intentionnelle contre les biens, le délinquant ne pouvant être admis à tirer un* *profit quelconque de l'infraction* » (délit, alors incriminé, de chèque sans provision) (Crim. 4 oct. 1990, nº 89-85.392, P nº 331) et dans le même sens, pour des faits d'escroquerie résultant de l'émission d'effets de commerce fictifs mobilisés par la banque grâce à la complaisance fautive, opposée à leur employeur, de ses salariés (Crim. 4 mars 1991, nº 89-86.576, P nº 108) ; pour des dégradations volontaires par incendie (Crim. 16 mai 1991, nº 90-82.285, P nº 208).

Dans une affaire d'abus de confiance, d'atteinte à un STAD, de faux et usage, dans laquelle un trader avait effectué des opérations financières frauduleuses causant à la banque qui l'employait un préjudice fixé par la cour d'appel à près de 5 milliards d'euros, la Ch. crim. juge désormais, faisant application conjointe, comme en matière d'infractions non intentionnelles, de C. civ., art. 1240 (anc[t] art. 1382) et de C. pr. pén., art. 2, que « *lorsque plusieurs fautes ont concouru à la production du dommage, la responsabilité de leurs auteurs se trouve engagée dans une mesure dont l'appréciation appartient souverainement aux juges du fond* » (Crim. 19 mars 2014, nº 12-87.416, P nº 86 (affaire dite *Kerviel*)). Elle statue dans le même sens pour des faits d'abus de confiance (Crim. 25 juin 2014, nº 13-84.450, P nº 163) ou en censurant l'arrêt qui, pour des faits d'abus de confiance, d'escroquerie et d'usage de faux, énonce à tort « *que le caractère volontaire de l'infraction exclut par définition que la victime ait pu commettre une faute d'imprudence* » (Crim. 23 sept. 2014, nº 13-83.357, P nº 194 ; Crim. 4 déc. 2019, nº 18-85.205, D). Pour des faits de complicité de favoritisme et de complicité de prise illégale d'intérêt commis dans le cadre de la gestion d'une société d'économie mixte (SEM), elle censure également les juges qui n'ont pas recherché, comme il leur était demandé, si la commune associée de la SEM partie civile, alertée des dysfonctionnements « *par différents rapports internes, n'avait pas commis, en s'abstenant de mettre en œuvre des mesures destinées à les faire cesser, des fautes ayant concouru à la réalisation de son dommage de nature à justifier une exclusion ou une atténuation de leur responsabilité* » (Crim. 6 nov. 2019, nº 17-87.150, D).

Poursuivant cette évolution, la Ch. crim. considère, pour des faits certes qualifiés de vol mais relevant davantage de l'abus de confiance puisqu'il s'agissait de détournement de billets de banque par l'employé chargé d'approvisionner le distributeur de ces espèces, qu'« *est de nature à constituer une [...] faute le fait, pour la victime, de ne pas avoir pris les précautions utiles pour éviter le dommage* » (§ 7) ; elle censure en conséquence l'arrêt qui « *énonce que, dans les rapports entre voleur et victime, la circonstance selon laquelle le propriétaire d'un bien n'aurait pas pris toutes les mesures utiles pour éviter d'être dépossédé ne s'analyse pas en une faute de nature à limiter son droit à indemnisation* » (§ 8) (Crim. 20 oct. 2020, nº 19-84.641, P).

D. La requête en omission de statuer sur les intérêts civils (C. pr. pén., art. 10)

Avant L. nº 2019-222, 23 mars 2019, seule la voie de l'appel permettait à la partie civile de faire réparer par la cour d'appel les conséquences d'une omission de statuer de la juridiction répressive du 1er degré sur les intérêts civils (v. nº **19.3D1** et **19.10C**).

Désormais, « *lorsque la juridiction répressive a omis de se prononcer sur une ou plusieurs demandes de la partie civile régulièrement constituée, celle-ci peut ressaisir la juridiction afin qu'il soit statué sur sa demande conformément aux articles 710 et 711. La présence du ministère public à cette audience est facultative.* » (C. pr. pén., art. 10, réd. L. L. nº 2019-222, 23 mars 2019).

« *Cette option procédurale suppose que la partie civile ait formulé expressément lors de l'audience une ou plusieurs demandes civiles auxquelles la juridiction répressive n'a pas répondu. Il peut ainsi s'agir d'une omission partielle ou totale de statuer sur les intérêts civils. Cette omission de statuer doit résulter d'une juridiction répressive, ce qui inclut également les décisions de la juridiction pénale qui statue après renvoi sur intérêts civils en application de l'article 464 du code de procédure pénale* ».

« *La victime pourra ainsi, sans limitation de délai autre que celui de la prescription, saisir par requête, conformément aux articles 710 et 711 du code de procédure pénale, selon les cas, le tribunal correctionnel, le tribunal de police ou la cour qui a omis de statuer sur sa demande. Si l'omission résulte de la cour d'assises, c'est la CHINS qui sera compétente.* »

« *Le tribunal ou le président de la CHINS statuera seul en chambre du conseil après avoir entendu le conseil de la partie civile s'il le demande et si nécessaire la partie civile elle-même. Compte tenu de la nature de la requête, la convocation du condamné et de son avocat apparaissent évidemment nécessaires.* » (Circ. Crim. 2019-7/H3, 5 avr. 2019, n° 2.3.4).

La voie ouverte par C. pr. pén., art. 10, 710 et 711 impose à la partie civile de ressaisir la juridiction qui a statué sur sa demande (§ 8), de sorte qu'est irrecevable le moyen du pourvoi « *qui dénonce en réalité une omission de statuer* » (§ 10), solution transposable à l'appel (Crim. 9 mars 2021, n° 19-86.568, P).

E. L'appel de la partie civile contre la décision (renvois)

La faculté d'appel de la partie civile et ses enjeux sont décrits aux n^os^ suivants :

– L'appel par la partie civile et son étendue : n° **19.3D** ;

– La forme et le délai d'appel en matière correctionnelle (n° **19.4** à **19.6**), contraventionnelle (n° **19.11B1**), criminelle (n° **19.12B**) ;

– L'exécution provisoire des intérêts civils en matière correctionnelle (n° **19.7D**), contraventionnelle (n° **19.11B**), criminelle (n° **19.12C2**) ;

– L'appel en cas d'omission de statuer sur les intérêts civils : n° **19.10C**), désormais remplacé par la requête en omission de statuer prévue par C. pr. pén., art. 10, réd. issue L. n° 2019-222, 23 mars 2019, v. **D** ci-dessus ;

– Le pouvoir d'évocation de la cour en cas d'appel contre un jugement d'irrecevabilité de l'action civile : n° **19.10G**.

16.14 L'indemnisation du dommage corporel : les règles particulières

A. La mise en cause de l'organisme de sécurité sociale (CSS, art. L. 376-1)

1. Le principe et les modalités de la mise en cause de l'organisme de sécurité sociale

Si la victime ou ses ayants droit souhaitent réclamer l'indemnisation d'un préjudice corporel qui a pu être pris en charge (« préjudice soumis à recours ») par sa caisse primaire d'assurance maladie (CPAM) ou une caisse spéciale de sécurité sociale, ils devront impérativement les appeler « *en déclaration de jugement commun* » ou « les mettre en cause », c'est-à-dire les aviser, notamment en recourant à un commissaire de justice, de l'existence du procès pour leur permettre d'y intervenir (CSS, art. L. 376-1).

La victime ou ses ayants droit doivent également indiquer, en tout état de la procédure, la qualité d'assuré social de la victime ainsi que les caisses de sécurité sociale auxquelles celle-ci est ou était affiliée pour les divers risques (CSS, art. L. 376-1).

Faute d'exécution de ces formalités, ces organismes pourraient solliciter la nullité du jugement statuant sur les dommages-intérêts alloués au titre du dommage corporel pendant deux ans, à compter de la date où la décision est devenue définitive, soit à la requête du ministère public, soit à la demande des caisses de sécurité sociale ou du tiers responsable, lorsque ces derniers y auront intérêt (CSS, art. L. 376-1). « *Dans le cadre d'une procédure pénale, la déclaration en jugement commun ou l'intervention des caisses de sécurité sociale peut intervenir après les réquisitions du ministère public, dès lors que l'assuré s'est constitué partie civile et qu'il n'a pas été statué sur le fond de ses demandes* » (CSS, art. L. 376-1, mod. L. n° 2016-1547, 18 nov. 2016). Cette modification permet donc au tribunal de prendre acte de la constitution de partie civile, de statuer sur l'action publique malgré l'absence de mise en cause de l'organisme de sécurité sociale et de disjoindre l'examen des intérêts civils selon les modalités précisées au n° **16.13A**.

Ces dispositions sont également applicables en matière d'accident du travail et de maladie professionnelle (CSS, art. 455-2).

La circulaire CIV-05-07, 22 févr. 2007, recommande la diffusion de bonnes pratiques consistant, pour éviter les renvois inutiles dans les cas où ces organismes n'ont pas été correctement avisés par la victime, à informer directement l'organisme social de cette dernière par l'envoi d'un avis d'audience comparable aux avis à victime (§ 1.1), et à admettre la constitution de partie civile des caisses par télécopie, par application de l'article 420-1, C. pr. pén., en soulignant que cette disposition n'opère pas de distinction entre les parties principales à la procédure et les parties intervenantes (§ 1.2).

Elle recommande également de ne pas recourir aux alternatives aux poursuites dans le cas où le préjudice corporel est important, ou en tout cas de veiller à ce que la caisse de sécurité sociale soit avisée de la procédure, en relevant qu'aux termes de l'article L. 376-3 CSS « *le règlement amiable pouvant intervenir entre le tiers et l'assuré ne peut être opposé à la caisse de sécurité sociale qu'autant que celle-ci a été invitée à y participer par lettre recommandée* ».

Le tribunal peut désormais condamner l'auteur à payer aux organismes tiers payeurs intervenants une indemnité couvrant les frais exposés par eux pour les besoins de l'instance (frais d'avocat notamment) (C. pr. pén., art. 475-1 [mod. par L. n° 2006-1640, 21 déc. 2006]).

2. La nature subrogatoire de l'action de la caisse de sécurité sociale

« *si les caisses de sécurité sociale sont recevables à intervenir devant la juridiction répressive aux fins prévues par [le] code de la sécurité sociale, une telle action dérogatoire au droit commun et fondée uniquement sur l'action accordée par le code de procédure pénale à la victime de l'infraction ne peut se produire qu'autant que la victime a saisi elle-même la juridiction répressive de son action* » (Crim. 2 juill. 1964, n° 63-90.649, P n° 224), ou est « *nécessairement subordonnée à l'exercice par la victime de son action devant cette juridiction* » (Crim. 1er juin 1965, n° 65-90.226, P n° 149). Cette jurisprudence ancienne est ainsi réaffirmée : « *lorsqu'elles exercent l'action subrogatoire [...], l'intervention des caisses de sécurité sociale est fondée uniquement sur l'action accordée à la victime de l'infraction par le code de procédure pénale. A cette occasion, elles ne formulent donc pas des demandes indemnitaires en réparation d'un dommage dont elles ont personnellement souffert et qui a été directement causé par l'infraction, mais cherchent à obtenir des auteurs de celle-ci le remboursement des prestations qu'elles ont versées à leurs assurés. Elles ne peuvent dès lors se constituer partie civile, droit réservé aux victimes* » (§ 12) (Crim. 31 janv. 2023, n° 22-82.917, P).

« *l'action ouverte à la caisse [...] pour le remboursement des dépenses occasionnées par l'accident survenu à son assuré et qui s'exerce par voie d'intervention devant la juridiction répressive, lorsque celle-ci est saisie, par la victime ou ses ayants droits, d'une constitution de partie civile, a pour objet le recouvrement d'une créance* » (Crim. 25 juin 1970, n° 69-90.534, P n° 215 ; dans le même sens : Crim. 8 déc. 1976, n° 75-91.988, P n° 356). Cette action ne relève que de la juridiction de jugement, ainsi « *la juridiction d'instruction n'étant pas appelée à statuer sur l'indemnisation des victimes, le recours subrogatoire du tiers payeur ne peut être exercé devant elle* » (Crim. 19 déc. 1995, n° 94-84.224, P n° 388).

« *lorsque l'intervention d'une caisse de sécurité sociale a été régulièrement admise par le Tribunal, cette caisse devient partie à l'instance ; qu'elle dispose d'un droit propre qui lui permet de déférer la décision aux juges du second degré dans la limite de ses intérêts, nonobstant l'acquiescement de la victime à la décision de première instance, et de remettre ainsi en question ses rapports avec le prévenu* » (Crim. 28 nov. 1989, n° 89-81.771, P n° 450).

B. La nécessité pour la victime de distinguer les postes de préjudice soumis au recours des caisses de sécurité sociale de ceux qui lui sont personnels

Lorsqu'une victime souffre d'un dommage corporel, une partie de son préjudice est prise en charge par les organismes de sécurité sociale qui lui assurent en effet des prestations de soins, des rentes ou des indemnités en capital au titre de l'invalidité, ou encore des indemnités journalières couvrant l'interruption de son activité.

C'est pourquoi ces organismes disposent contre le tiers responsable d'un recours dit « subrogatoire » par lequel ils peuvent être remboursés par l'auteur du dommage de leur frais, dans les limites de l'indemnité allouée à la victime pour ces postes de son préjudice que l'on qualifie de « soumis à recours ». Indépendamment de l'exercice effectif du recours subrogatoire par les caisses, la juridiction a besoin de connaître le montant des prestations versées par ces dernières. Il s'agit en effet d'éviter que la victime ne soit deux fois indemnisée pour le même dommage : d'un côté par les caisses, de l'autre par l'auteur.

C'est donc pour garantir les droits des caisses et éviter une double indemnisation que la règlementation impose la mise en cause des caisses dans les instances en réparation du dommage corporel, aussi bien devant le juge pénal que devant le juge civil (v. ci-dessus).

Ce recours subrogatoire ne s'exerce pas sur les indemnités qui compensent des préjudices personnels à l'auteur, lesquels ne sont pas pris en charge au titre des indemnités diverses versées par les caisses de sécurité sociale. Ces postes de préjudice sont qualifiés de « non soumis à recours ». À titre d'exemple, le recours des caisses ne s'exerce par sur l'indemnité reçue au titre du *pretium doloris* (souffrances endurées) ou du préjudice esthétique (marques inesthétiques laissées sur le corps par les blessures), car ce poste de préjudice ne donne lieu à aucun versement par les organismes de sécurité sociale.

La demande en indemnité présentée par la victime, du chef de son dommage corporel, doit donc clairement distinguer les différents postes de son préjudice, de sorte que la juridiction puisse isoler dans sa décision ceux qui sont soumis à recours et en déduire le montant des sommes versées par les caisses de sécurité sociale.

Dans le droit antérieur, ces dernières pouvaient exercer leur recours de manière indistincte sur tous les postes de préjudice « soumis à recours », quand bien même n'avaient-elles pas, sur tel ou tel poste compris de cette catégorie, payé d'indemnité.

L'article L. 376-1 du code de la sécurité sociale relatif au recours des caisses de sécurité sociale contre les tiers et l'article 31 de la loi n° 85-677 du 5 juillet 1985 tendant à l'amélioration de la situation des victimes d'accidents de la circulation et à l'accélération des procédures d'indemnisation, ont été modifiée par la loi n° 2006-1640, 21 déc. 2006 de financement de la sécurité sociale. Désormais, le recours des caisses de sécurité sociale et des tiers payeurs s'exerce « *poste par poste* » sur les seules indemnités qui réparent des préjudices qu'elles ont pris en charge, à l'exclusion des préjudices à caractère personnel. « *Conformément à l'article 1252 du code civil, la subrogation ne peut nuire à la victime subrogeante, créancière de l'indemnisation, lorsqu'elle n'a été prise en charge que partiellement par les prestations sociales ; en ce cas, l'assuré social peut exercer ses droits contre le responsable, par préférence à la caisse subrogée. Cependant, si le tiers payeur établit qu'il a effectivement et préalablement versé à la victime une prestation indemnisant de manière incontestable un poste de préjudice personnel, son recours peut s'exercer sur ce poste de préjudice.* ».

S'agissant des actions en réparation civile de l'État et de certaines autres personnes publiques (Ord. n° 59-76, 7 janv. 1959) ainsi que des accidents du travail et des maladies professionnelles (CSS, art. L. 454-1), le recours subrogatoire de l'État ou des caisses de sécurité sociale semble toujours globalisé sur l'ensemble du préjudice soumis à recours, la loi 2006-1640, 21 déc. 2006, n'ayant pas modifié ces textes. Toutefois, selon deux avis de la C. cass. (nos 0070015P et 0070017P, 29 oct. 2007), les dispositions modifiées de l'article 31 de la loi du 5 juillet 1985, s'appliquent aux recours exercés par les caisses de sécurité sociale dans une action engagée par la victime d'un accident du travail sur le fondement de CSS, art. L. 454-1, L. 455-1 ou L. 455-1-1.

16.15 Le cas particulier du dommage résultant d'un accident du travail ou d'une maladie professionnelle

A. Le principe de l'incompétence des juridictions de droit commun pour indemniser le préjudice né d'un accident du travail (CSS, art. L. 451-1)

1. Le principe dérogatoire au droit commun de l'indemnisation et sa constitutionnalité

Le régime de droit commun de la réparation du préjudice corporel (v. n° **16.14**) est inapplicable en cas d'accident du travail. Ce dernier relève d'un dispositif de **responsabilité sans faute** et d'**indemnisation forfaitaire** par les caisses d'assurance maladie.

En effet, en application du CSS, art. L. 451-1, aucune action en réparation du préjudice causé par un accident du travail ou une maladie professionnelle (CSS, art. L. 461-1) ne peut être exercée devant les juridictions du droit commun « *par la victime ou ses ayants droits* ». Cette règle s'applique quelle que soit la nature du préjudice allégué, qu'il s'agisse des préjudices subis par la victime directe ou par ses ayants droits.

Le contentieux de la demande indemnitaire relève exclusivement de la compétence de la juridiction de sécurité sociale (Tribunal des affaires de sécurité sociale : TASS).

Ce dispositif dérogatoire au droit commun est jugé conforme à la Constitution : « *compte tenu de la situation particulière du salarié dans le cadre de son activité professionnelle, la dérogation au droit commun de la responsabilité pour faute, résultant des règles relatives aux prestations et indemnités versées par la sécurité sociale en application des articles [...] du code de la sécurité sociale, est en rapport direct avec l'objectif de réparation des accidents du travail et des maladies professionnelles* » (§ 15) ; « *les indemnités sont versées par les caisses d'assurance maladie au salarié ou, en cas de décès, à ses ayants droit ; que ceux-ci sont ainsi dispensés d'engager une action en responsabilité contre l'employeur et de prouver la faute de celui-ci ; que ces dispositions garantissent l'automaticité, la rapidité et la sécurité de la réparation des accidents du travail et des maladies professionnelles ; qu'elles prennent également en compte la charge que représente l'ensemble des prestations servies ; que, par suite, en l'absence de faute inexcusable de l'employeur, la réparation forfaitaire de la perte de salaire ou de l'incapacité, l'exclusion de certains préjudices et l'impossibilité, pour la victime ou ses ayants droit, d'agir contre l'employeur, n'instituent pas des restrictions disproportionnées par rapport aux objectifs d'intérêt général poursuivis* » (§ 16) ; « *lorsque l'accident ou la maladie est dû à la faute inexcusable de l'employeur, la victime ou, en cas de décès, ses ayants droit reçoivent une majoration des indemnités qui leur sont dues [...] qu'au regard des objectifs d'intérêt général précédemment énoncés, le plafonnement de cette indemnité destinée à compenser la perte de salaire résultant de l'incapacité n'institue pas une restriction disproportionnée aux droits des victimes* » (§ 17) ; en conséquence, et sous une réserve introduite au § 18, le dispositif d'indemnisation des accidents du travail et des maladies professionnelles ne porte pas atteinte aux principes de responsabilité et d'égalité (§ 19) (Cons. const. 18 juin 2010, n° 2010-8 QPC).

Par dérogation aux dispositions qui interdisent la réparation du dommage devant les juridictions de droit commun, celle-ci est admise, aux conditions prévues par ces textes, lorsque la lésion est imputable à une personne autre que l'employeur ou ses préposés (CSS, art. L. 454-1), ou en cas d'accident routier survenant sur une voie ouverte à la circulation publique (CSS, art. L. 455-1-1). Ne répond pas à ces exigences l'accident survenu « *sur une voie privée, intérieure à l'entreprise, destinée au chargement et au déchargement et réservée aux seuls agents et véhicules autorisés* » (Crim. 12 janv. 2016, n° 12-87.724, P n° 3).

2. Les conséquences pratiques de l'accident du travail sur l'action civile »

« *La juridiction répressive, qui n'a pas compétence pour se prononcer sur la responsabilité civile de l'employeur de la victime et de son préposé, ne peut que déclarer recevable la constitution de partie civile des ayants droit de la victime* » (§ 10), est ainsi censuré l'arrêt qui déclare une société et son préposé « *solidairement responsables du préjudice subi par les parties civiles* » même sans se prononcer sur des dommages-intérêts (§ 9) (Crim. 4 janv. 2023, n° 22-80.696, P). La juridiction répressive ne peut en effet pas même statuer sur le principe de la responsabilité civile en déclarant le prévenu entièrement responsable des préjudices subis par la victime (Crim. 10 mai 1984, n° 83-90.554, P n° 165 ; Crim. 13 sept. 2005, n° 04-85.736, P n° 224 ; Crim. 25 avr. 2017, n° 15-85.890, P n° 118 ; Crim. 2 oct. 2012, n° 11-85.032, P n° 206 ; Crim. 30 nov. 2021, n° 20-86.488, D), ni allouer des dommages-intérêts pour un préjudice matériel non pris en charge par la sécurité sociale (Crim. 18 sept. 2012, n° 11-84.279, P n° 186), ni accorder une indemnité provisionnelle (Crim. 15 mars 1990, n° 89-82.966, P n° 118), ni ordonner une expertise (Crim. 10 mars 1993, n° 92-81.893, P n° 105 ; Crim. 2 sept. 2003, n° 02-85.139, D), y compris dans le cas où l'accident du travail n'a pas été déclaré dans le délai légal à la CPAM par l'employeur ni par le salarié et que ce dernier est ainsi privé du bénéfice des prestations sociales (Crim. 16 janv. 2007, nº 06-81.329), ni réserver les droits à indemnisation et ordonner une expertise médicale en renvoyant à une audience ultérieure du tribunal correctionnel statuant sur les intérêts civils (Crim. 10 mars 2020, nº 19-82.631, D).

Si le dispositif ouvre droit, en cas de faute inexcusable, à des majorations d'indemnisation et à l'extension des préjudices couverts, l'appréciation du caractère inexcusable de la faute relève là encore exclusivement des juridictions de sécurité sociale.

La juridiction ne peut admettre l'**action subrogatoire de la caisse** ayant servi des prestations de sécurité sociale au titre de l'accident du travail. Faute de pouvoir être subrogée dans les droits de la victime, laquelle ne dispose pas d'action devant la juridiction répressive, la demande de la caisse est par voie de conséquence irrecevable (Crim. 11 févr. 2003, nº 02-81.729, P nº 30).

La situation de **travail dissimulé** est indifférente sur la qualification d'accident du travail et la mise en œuvre de son régime. En effet, « *l'accident survenu à un salarié au temps et au lieu du travail est un accident du travail, la circonstance que l'employeur soit reconnu coupable du délit de travail dissimulé n'ayant pas d'incidence sur le droit de la victime à la protection de la législation sur les accidents du travail* » (Crim. 11 févr. 2003, nº 02-81.729, P nº 30) (sur l'infraction de dissimulation de salarié, v. nº **32.13**).

B. Le droit d'action de la partie civile devant la juridiction répressive

Malgré les restrictions qui précèdent, la victime peut intervenir au procès-pénal pour corroborer l'action publique. En effet, « *même dans le cas où la réparation du dommage échapperait à la compétence de la juridiction pénale, la personne qui,* [conformément à C. pr. pén., art. 2], *prétend avoir été lésée par un délit, est recevable à se constituer partie civile aux fins de faire établir l'existence de l'infraction et possède, par l'effet de sa constitution, tous les droits reconnus à la partie civile, au nombre desquels celui d'interjeter appel* » (Crim. 30 avr. 2002, nº 01-85.219, P nº 89).

Admise à intervenir au procès pénal, la partie civile peut solliciter la condamnation du prévenu à lui payer les sommes exposées au titre de la défense de ses intérêts (frais d'avocat), au titre de C. pr. pén., art. 475-1. Ces sommes ne sont en effet pas assimilables à des dommages-intérêts (Crim. 10 déc. 1990, nº 90-80.282, P nº 421).

Pour la victime ou les ayants-droit, la voie pénale reste un moyen d'établissement de la faute inexcusable, condition d'élargissement du droit à réparation.

C. L'incidence de la faute pénale sur la réparation du dommage

1. L'incidence de la faute inexcusable de l'employeur sur l'indemnisation

La faute inexcusable de l'employeur ou de ses délégataires ouvre droit à une majoration des indemnités au profit de la victime et de ses ayants droit (CSS, art. L. 452-2). S'agissant de la **victime**, elle peut ainsi demander devant le TASS la condamnation de l'employeur aux préjudices non indemnisés dans le régime de droit commun des accidents du travail : souffrances physiques ou morales endurées, préjudice esthétique ou d'agrément, préjudice résultant de la perte ou de la diminution de promotion professionnelle (CSS, art. L. 452-3). S'agissant des **ayants droit** qui n'ont pas droit à une rente, ils peuvent demander à l'employeur réparation du préjudice moral en cas d'accident suivi de mort, toujours devant le TASS (CSS, art. L. 452-3). L'auteur de la faute inexcusable est responsable sur son patrimoine personnel des conséquences de celle-ci (CSS, art. L. 452-4).

L'appréciation de la faute inexcusable et l'indemnisation relèvent de la compétence exclusive du TASS (CSS, art. L. 452-4).

2. L'autonomie relative de la faute pénale et de la faute inexcusable (C. pr. pén., art. 4-1)

La relaxe au plan pénal n'implique pas l'absence de faute inexcusable au sens du CSS. En effet, « *L'absence de faute pénale non intentionnelle* » « *ne fait pas obstacle à l'exercice d'une action devant les juridictions civiles* [...] *en application de* [CSS, art. L. 452-1] *si l'existence de la faute inexcusable prévue par cet article est établie* » (C. pr. pén., art. 4-1).

Le principe d'autorité sur le civil de la chose jugée au pénal est donc écarté dans le cas où la faute pénale n'a pas été établie devant la juridiction répressive (Civ. 2e, 16 sept. 2003, nº 01-16.715, P nº 263 ; Soc. 28 mars 2002, nº 00-11.627, P nº 110 ; Soc., 12 juill. 2001, nº 99-18.375, P nº 267 ; dans le même sens : Soc., 13 févr. 1969, P nº 101 ; Soc., 4 juill. 1984, nº 82-12.106, P nº 292).

En revanche, la lettre de C. pr. pén., art. 4-1 n'autorise pas qu'il soit dérogé devant la juridiction de la sécurité sociale au principe d'autorité de la chose jugée au pénal lorsque le prévenu a été condamné par la juridiction répressive. Ainsi, méconnaît ce principe la décision civile qui estime que l'accident n'est pas dû à la faute inexcusable de l'employeur alors que ce dernier a été pénalement condamné pour les mêmes faits (Soc. 13 juill. 1994, nº 92-11.234, P nº 238 ; *contra*, pour l'absence de reconnaissance d'une faute inexcusable en présence d'une condamnation pénale toutefois assortie, selon le droit antérieur au nouveau code pénal, « *des plus larges circonstances atténuantes* » : Soc., 20 juin 1984, nº 83-11.157, P nº 259).

En résumé, la relaxe pour une faute pénale n'interdit pas la reconnaissance de la faute inexcusable devant la juridiction civile, et la condamnation pour une faute pénale interdit au juge civil d'écarter la faute inexcusable.

3. L'INCIDENCE DES AUTRES MODALITÉS DE LA FAUTE : FAUTE INTENTIONNELLE DE L'EMPLOYEUR, FAUTE D'UN TIERS, FAUTE DE LA VICTIME

• **Incidence de la faute intentionnelle de l'employeur.** Si l'accident du travail est dû à la faute intentionnelle de l'employeur ou de l'un de ses préposés, la victime ou ses ayants droits peuvent demander réparation du préjudice causé devant la juridiction répressive, à condition que ce préjudice ne soit pas réparé au titre des accidents du travail (CSS, art. L. 452-5).

• **Incidence de la faute d'un tiers.** Dans la mesure où le préjudice n'est pas couvert au titre des accidents du travail, la victime ou ses ayants droits peut demander devant la juridiction répressive la condamnation du tiers autre que l'employeur ou ses préposés dont la faute est à l'origine de la lésion dont est atteint l'assuré social (CSS, art. L. 454-1).

• **Incidence de la faute inexcusable ou intentionnelle de la victime.** L'accident résultant de la faute intentionnelle de la victime ne donne lieu à aucune prestation ou indemnité au titre des accidents du travail. La faute inexcusable de la victime est quant à elle de nature à diminuer sa rente (CSS, art. L. 453-1).

• **Droit à la communication de la procédure.** Si des poursuites pénales sont exercées dans les cas matérialisant la faute inexcusable (CSS, art. L. 452-1) ou intentionnelle de l'employeur ou de ses préposés (CSS, art. L. 452-5), inexcusable ou intentionnelle de la victime (CSS, art. L. 453-1), ou la faute d'un tiers (CSS, art. L. 454-1), les pièces de la procédure sont communiquées à la victime ou à ses ayants-droit, ainsi qu'à l'employeur et à la caisse (CSS, art. L. 455-2).

16.16 Le cas particulier du dommage résultant d'un acte de terrorisme

A. La compétence exclusive du tribunal judiciaire de Paris statuant civilement pour indemniser le préjudice né d'un acte de terrorisme (C. pr. pén., art. 706-16-1 et COJ, art. L. 217-6 (L. nº 2019-222, 23 mars 2019))

Afin « *d'éviter que la dimension indemnitaire de l'action civile ne retarde le déroulement de l'information judiciaire et la tenue du procès pénal* » (Circ. Crim. nº 2019-16/H3, 3 juin 2019, JUSD1916126C, nº I), C. pr. pén., art. 706-16-1, issu L. nº 2019-222, 23 mars 2019, prévoit désormais que l'action civile exercée devant les juridictions répressives pour un acte de terrorisme « *ne peut tendre à la réparation du dommage causé par cette infraction* » et que

« *l'action civile en réparation de ce dommage ne peut être exercée que devant une juridiction civile, séparément de l'action publique* » (sur la demande de dommages-intérêts devant la juridiction répressive, v. nº **16.12**).

Désormais, le tribunal judiciaire de Paris « *a compétence exclusive pour connaître, en matière civile* » des recours contre les décisions du FGTI et « *des demandes formées contre toute personne, autre que le fonds de garantie, en réparation du dommage résultant d'un acte de terrorisme* », sauf si la demande échappe « *à la compétente des juridictions de l'ordre judiciaire* » (COJ, art. L. 217-6, issu L. nº 2019-222, 23 mars 2019).

Ces dispositions sont applicables depuis le 3 juin 2019, date d'entrée en vigueur du décret d'application nº 2019-547, 31 mai 2019, définissant la procédure applicable en cas de renvoi de la demande par le juge répressif devant le juge civil.

B. Le droit d'action de la partie civile devant la juridiction répressive

L'action civile devant la juridiction répressive reste néanmoins recevable dans sa dimension non indemnitaire ayant pour objet « *de mettre en mouvement l'action publique ou de soutenir cette action* » (C. pr. pén., art. 706-16-1). Les parties civiles « *continuent par conséquent à avoir accès au dossier de la procédure et à pouvoir formuler toute demande d'acte utile à la manifestation de la vérité* » (Circ. Crim. nº 2019-16/H3, 3 juin 2019, JUSD1916126C, nº I). Il en est ainsi « *même si elles ont préalablement demandé la réparation de leur préjudice devant le juge civil* » (Circ. Crim. nº 2019-16/H3, 3 juin 2019, JUSD1916126C, nº I). En effet, C. pr. pén., art. 706-16-1 déroge expressément à C. pr. pén., art. 5 qui prévoit que « *la partie qui a exercé son action devant la juridiction civile compétente ne peut la porter devant la juridiction répressive* » (règle dite « *una via electa* », v. nº **16.12A**).

Par ailleurs, le juge répressif reste compétent (juge d'instruction ou juridiction de jugement) pour ordonner une expertise de la victime portant sur l'un des éléments constitutifs de l'infraction (détermination de l'ITT ou de l'infirmité permanente au sens pénal).

C. L'articulation entre la juridiction répressive et la juridiction civile

Lorsqu'une demande de dommages-intérêts, de reconnaissance du droit à indemnisation, d'octroi d'une provision ou d'expertise portant sur l'évaluation du préjudice, est formée devant la juridiction répressive pour un acte de terrorisme, la juridiction d'instruction ou de jugement ne peut se borner à constater son incompétence mais elle doit renvoyer l'affaire, par une décision non susceptible de recours, devant le tribunal judiciaire de Paris statuant en matière civile (C. pr. pén., art. 706-16-1, COJ, art. L. 217-6). Notons que s'il lui appartient de déclarer la demande recevable avant de la renvoyer au TJ de Paris, la juridiction répressive n'est pas compétente pour déclarer la demande « *fondée en son principe* » (Crim. 29 mars 2023, nº 22-84.267, P).

En cas de renvoi devant le TJ de Paris, une copie de la décision de renvoi et de la demande de réparation ainsi que des pièces de la procédure pénale utiles à l'examen de la demande est aussitôt transmise au greffe de cette juridiction (C. pr. pén., art. R. 50-54-1, issu D. nº 2019-547, 31 mai 2019). Il appartient alors au greffe de cette dernière de convoquer par LRAR les parties à l'audience dans un délai maximal de 2 mois, et cette convocation, à laquelle est annexée la décision de renvoi, vaut citation en justice (C. pr. civ., art. 826-1).

La juridiction civile saisie, directement ou par renvoi de la juridiction pénale, dispose de pouvoirs d'instruction et de droits de communication étendus définis au C. pr. pén., art. 706-16-2. Elle n'est pas tenue de surseoir à statuer jusqu'à décision définitive de la juridiction répressive (L. nº 86-1020, 9 sept. 1986, art. 9).

Semblent désormais dépourvues d'objet les dispositions prévoyant que lorsque l'auteur de l'acte terroriste est condamné à verser des dommages et intérêts, la juridiction doit informer la partie civile de sa possibilité de saisir le fonds et que le délai d'un an qui est imparti à la victime ne court qu'à compter de cette information (L. n° 86-1020, 9 sept. 1986, art. 9).

D. La prise en compte de la spécificité du dommage : l'élargissement de la constitution de partie civile aux personnes « exposées » à l'action criminelle terroriste

Dans l'affaire de l'attentat de Nice du 14 juill. 2016, au cours de laquelle un camion tuait 86 personnes et blessait plusieurs centaines d'autres en parcourant 2 km au milieu de la foule massée sur la promenade des Anglais, dans le cas d'une personne qui ne se trouvait pas dans la trajectoire du camion ni dans la trajectoire de tir de son conducteur, mais qui avait couru derrière le véhicule dans l'espoir de l'arrêter et qui avait été exposée au spectacle des victimes décédées, il est considéré, alors que la CHINS avait jugé irrecevable sa constitution de partie victime au motif qu'elle n'était pas une victime directe de l'infraction, que l'action dans laquelle le demandeur « *s'est engagé pour interrompre la commission ou empêcher le renouvellement d'atteintes intentionnelles graves aux personnes, auxquelles il s'est ainsi lui-même exposé, est indissociable de ces infractions, de sorte que le préjudice pouvant en résulter pour lui peut être en relation directe avec ces dernières* » (§ 16) (Crim. 15 févr. 2022, n° 21-80.264, P).

Dans le même sens, pour une personne qui avait tenté d'arrêter, en le frappant avec un bâton, l'auteur de deux assassinats commis à l'arme blanche sur le parvis de la gare Saint-Charles à Marseille le 1er oct. 2017, il est jugé que « *l'action dans laquelle Mme X s'est engagée pour interrompre la commission ou empêcher le renouvellement d'atteintes intentionnelles graves aux personnes, auxquelles elle s'est ainsi elle-même exposée, est indissociable de ces infractions, de sorte que le préjudice pouvant en résulter pour elle peut être en relation directe avec ces dernières* » (Crim. 15 févr. 2022, n° 21-80.670, § 13, P).

Dans l'attentat de Nice précité, pour une victime qui, ayant entendu les cris de la foule et compris qu'un attentat se perpétrait, a sauté en contrebas de la promenade des Anglais et s'est blessée alors qu'elle n'était pas exposée au trajet du camion, il est retenu que les circonstances qui montrent qu'elle « *s'est blessée en tentant de fuir le lieu d'une action criminelle ayant pour objet de tuer indistinctement un grand nombre de personnes, à laquelle, du fait de sa proximité, elle a pu légitimement se croire exposée, initiative indissociable de l'action criminelle qui l'a déterminée, suffisent à caractériser la possibilité du préjudice allégué et de la relation directe de celui-ci avec les assassinats et tentatives, objet de l'information* » (§ 13) (Crim. 15 févr. 2022, n° 21-80.265, P) (en sens contraire : Crim. 11 avr. 2018, n° 17-82.818, D).

En revanche, « *la possibilité de l'existence d'un préjudice en relation directe avec les infractions poursuivies n'est pas caractérisée* » pour les personnes qui « *ont suivi un mouvement de foule dont à l'origine elles ignoraient la cause, de sorte qu'elles n'ont pu se croire exposées à une action criminelle ayant pour but de tuer indistinctement un grand nombre de personnes* » § 16) (Crim. 24 janv. 2023, n° 21-82.778, P) ou pour la personne qui « *n'a pas été en situation de prendre la mesure des faits qui étaient en train de se dérouler, de sorte qu'elle ne s'est pas crue exposée à une action criminelle ayant pour objet de tuer indistinctement un grand nombre de personnes* » (§ 13) (Crim. 24 janv. 2023, n° 21-85.828, P). De même, selon la jurisprudence civile, la notion d'exposition au péril s'apprécie aussi objectivement. Ainsi, « *s'agissant d'actes de terrorisme en lien avec les infractions d'atteintes volontaires à la vie ou à l'intégrité des personnes, sont des victimes, au sens de C. assur., art. L. 126-1, les personnes qui ont été directement exposées à un péril objectif de mort ou d'atteinte corporelle* » (§ 6) ; « *le fait pour une personne de s'être trouvée à proximité du lieu d'un attentat et d'en avoir été le témoin ne suffit pas, en soi, à lui conférer la qualité de victime* » (§ 7) ; est donc approuvée la cour d'appel qui, pour rejeter la demande d'indemnisation formée au titre de l'attentat de Nice, relève que l'endroit où le camion a fini sa course était à 400 mètres de l'endroit où se trouvaient les requérants et que ceux-ci ne s'étaient pas trouvés sur la trajectoire du véhicule (§ 8 et 9 (2e Civ., 27 oct. 2022, n° 21-13.134, P).

Ces décisions fondées sur la notion « *d'exposition à l'action criminelle* » sont à rapprocher de celle qui, certes non limitée aux faits de terrorisme mais prenant sa source dans l'attentat de Nice, reconnaît la spécificité du préjudice d'attente et d'inquiétude subi par

« *les proches d'une personne, qui apprennent que celle-ci se trouve ou s'est trouvée exposée, à l'occasion d'un événement, individuel ou collectif, à un péril de nature à porter atteinte à son intégrité corporelle* » (§ 4) (Ch. mixte, 25 mars 2022, nº 20-17.072, P ; sur le préjudice d'attente et d'inquiétude des victimes par ricochet, v. nº **16.17C**).

En revanche, les préjudices matériels subis par le voisinage d'un immeuble pris d'assaut le 18 nov. 2015 par les forces de l'ordre en raison de l'infraction de recel des auteurs de l'attentat du 13 nov. 2015 qui s'y déroulait, ne trouvent pas directement leur source dans cette infraction (Crim. 15 févr. 2022, nº 19-82.651, § 30, D). Précisons toutefois que les victimes de l'attentat du 13 nov. 2015 subissent quant à elle un préjudice personnel et direct résultant de l'infraction de recel de malfaiteurs en ce que l'auteur de cette infraction « *a retardé l'arrestation des terroristes en leur procurant une cache* » (même arrêt, § 17).

16.17 La nomenclature des préjudices corporels (nomenclature Dintilhac)

A. Le cadre d'appréciation du préjudice corporel : la nomenclature dite « Dintilhac »

CSS art. L. 376-1 et L. nº 85-677, 5 juill. 1985, art. 31, exposés au nº **16.14**, imposent d'individualiser les différents postes de préjudice, aussi bien du point de vue de la caisse que de la victime, en se référant à une nomenclature commune.

« *À cet égard, la nomenclature des chefs de préjudice figurant dans le rapport remis par monsieur Jean-Pierre Dintilhac au garde des Sceaux [octobre 2005] constitue une référence approuvée par l'ensemble des acteurs du droit de l'indemnisation. La table de concordance entre les postes de préjudice et les prestations des tiers payeurs, figurant dans le rapport sur l'indemnisation du dommage corporel présidé par le professeur Yvonne Lambert-Faivre [juillet 2003], peut en outre utilement compléter cette nomenclature* » (Circ. civ. 05-07, 22 févr. 2007, § 1).

La table ci-dessous est donc élaborée à partir du rapport du groupe de travail présidé par M. Jean-Pierre Dintilhac, complétée d'éléments convergents tirés du rapport du groupe présidé par Mme Yvonne Lambert-Faivre. Cette nomenclature, à l'origine dépourvue de force normative, fait néanmoins autorité parmi les acteurs de la réparation du préjudice corporel au et à mesure de sa consécration par les décisions de la C. cass. De nouveaux postes de préjudice, dégagés par la jurisprudence, la complètent au fil du temps : par exemple le **préjudice d'angoisse de mort imminente** de la victime directe et le « **préjudice d'attente et d'inquiétude** » de la victime par ricochet, exposés plus bas.

Il est à noter que l'absence de blessures subies par la partie civile ne suffit pas à écarter l'éventualité de préjudices corporels et ne peut conduire à limiter la réparation à celle de son préjudice moral ; si les faits peuvent en effet n'engendrer qu'un stress post-traumatique, ce dernier peut être, comme des blessures, à l'origine d'un déficit fonctionnel ou permanent et d'un préjudice professionnel (Crim. 21 oct. 2014, nº 13-87.669, P nº 211).

B. Les préjudices corporels de la victime directe

1. Les préjudices patrimoniaux

Ces préjudices présentent tous un caractère patrimonial (ou pécuniaire) correspondant soit à des pertes subies par la victime, soit à des gains manqués par celle-ci.

Ils ne sont soumis au recours des organismes de sécurité sociale que dans la mesure où, poste par poste, ils ont été couverts par une indemnité correspondante versée par eux.

Il résulte de C. civ., art. 1240 et de C. pr. pén., art. 2 qui posent le principe de la réparation intégrale du dommage que « *les dispositions relatives aux impôts sur le revenu sont sans incidence sur les obligations du responsable d'un dommage corporel et sur le droit à réparation de la victime* », par conséquent la perte de gains professionnels actuels et futurs doit être évaluée hors impôt (Crim. 17 mars 2020, nº 19-81.332, P).

S'agissant des dépenses exposées par la victime avant la liquidation de son dommage, leur preuve résulte des factures acquittées par l'intéressé. S'agissant des dépenses futures couvrant la réparation du préjudice après consolidation, ces préjudices patrimoniaux permanents sont évalués à la date de la décision sur la base notamment de devis, et indemnisés sous la forme d'une rente ou d'un capital, le choix entre ces deux modalités d'indemnisation relevant du pouvoir souverain du juge (ex. Crim. 2 févr. 2016, n° 14-87.667, D ; Crim. 19 juin 1996, n° 95-82.631, P n° 261 ; Crim. 14 mars 1991, n°s 90-82.090, 90-82.090, P n° 126).

Pour ces dépenses futures, le principe de la réparation intégrale du préjudice (C. civ., art. 1240, anc^t^ 1382) « *n'implique pas de contrôle sur l'utilisation des fonds alloués à la victime qui conserve leur libre utilisation* », est ainsi censurée la décision qui subordonne le paiement, au fur et à mesure de leur engagement, de dépenses de prothèses ou d'appareillage, de frais de logement ou de véhicule adapté au handicap « *à la fourniture de factures acquittées* » ou de justificatifs (Crim. 2 juin 2015, n° 14-83.967, P n° 134, Civ. 2e, 7 juill. 2011 ; n° 20-20.373, D ; Civ. 2e, 13 juill. 2006, n° 05-14.335 et 05-16.362, D ; Civ. 2e, 8 juill. 2004, n° 02-20.199, P n° 391).

Tableau 33 : Nomenclature des préjudices corporels patrimoniaux de la victime directe (nomenclature Dintilhac)

A. Temporaires (avant consolidation)	• Il s'agit de tous les frais susceptibles d'être exposés par la victime directe avant consolidation. Ils ne pourront être évalués qu'à cette date.
DSA. Dépenses de santé actuelles	• Frais hospitaliers, médicaux, paramédicaux et pharmaceutiques (infirmiers, kinésithérapie, orthoptie etc.). • Prestations servies par les organismes sociaux : remboursement des actes selon les taux LPP (liste des prestations et produits) et NGP (nomenclature générale des actes professionnels)
FD. Frais divers	• Liste non exhaustive : – honoraires d'avocat ou de médecins pour assister la victime lors de l'expertise médicale ; – frais de transport, dont le coût et le surcoût sont imputables à l'accident. – dépenses de compensation des activités non professionnelles : frais de garde des enfants, soins ménagers, assistance temporaire d'une tierce personne, frais d'adaptation temporaire d'un véhicule ou d'un logement, etc. – frais temporaires ou ponctuels exceptionnels, notamment les frais des artisans ou commerçants contraints de recourir à du personnel de remplacement
PGPA. Pertes de gains professionnels actuels Ce préjudice correspond aux anciennes ITT (incapacité totale de travail) et ITP (incapacité de travail partielle), considérées sous leur seul aspect professionnel.	• Perte totale ou partielle de revenus éprouvée par la victime du fait du dommage • Prestations servies par les organismes sociaux : indemnités journalières
B. Permanents (après consolidation)	
DSF. Dépenses de santé futures (Frais futurs)	• Frais hospitaliers, médicaux, paramédicaux, pharmaceutiques et assimilés, même occasionnels mais médicalement prévisibles, rendus nécessaires par l'état pathologique de la victime après la consolidation. Ainsi les prothèses et appareillages qui doivent être évalués en tenant compte de la fréquence de renouvellement et des frais d'entretien. • Prestations servies par les organismes sociaux : couverture des frais futurs, évaluation du préjudice par capitalisation.

FLA. Frais de logement adapté	• Frais que doit débourser la victime pour adapter son logement à son handicap. L'indemnisation intervient sur la base de factures, de devis ou conclusions de l'expert. • Surcoût d'acquisition ou de loyer d'un logement plus adapté au handicap • Frais de déménagement et d'emménagement liés à la nécessité du changement de logement. • Frais de structure pour que la victime handicapée puisse disposer d'un autre lieu de vie extérieur à son logement habituel de type foyer ou maison médicalisée.
FVA. Frais de véhicule adapté	• Dépenses d'adaptation d'un ou de plusieurs véhicules aux besoins de la victime handicapée, y compris les surcoût(s) lié(s) au renouvellement du véhicule et à son entretien. • Surcoûts en frais de transport en raison des difficultés d'accessibilité aux transports en commun survenues depuis le dommage.
ATP. Assistance par tierce personne	• Coût définitif d'une tierce personne pour assister la victime dans les actes de la vie quotidienne, préserver sa sécurité, contribuer à restaurer sa dignité et suppléer sa perte d'autonomie. Le besoin d'une tierce personne est évolutif, l'indemnisation la mieux adaptée est sous forme de rente indexée, avec faculté de révision périodique, par exemple quinquennale. • Prestations servies par les organismes sociaux : majoration tierce personne, évaluation par capitalisation.
PGPF. Pertes de gains professionnels futurs	• Perte ou diminution directe de ressources provenant soit de la perte de l'emploi, soit de l'obligation d'emploi à temps partiel, résultant de l'invalidité (gains manqués ou *Lucrum cessans*). Concernant les jeunes victimes ne percevant pas à la date du dommage de gains professionnels, il convient de se référer à une indemnisation par estimation. • Prestations servies par les organismes sociaux : prestations servies par les organismes de sécurité sociale (pensions d'invalidité et rentes accidents du travail), les mutuelles, les institutions de prévoyance et les assureurs (prestations longue durée d'invalidité et d'accidents du travail), de même que par les employeurs publics (allocations temporaires d'invalidité, pensions et rentes viagères d'invalidité)
IP. Incidence professionnelle Ce poste constitue le volet économique professionnel de l'ancienne IPP (incapacité permanente partielle)	• Ce poste indemnise non la perte de revenus liée à l'invalidité permanente de la victime, mais les incidences professionnelles périphériques du dommage (liste indicative) : • Dévalorisation sur le marché du travail : ce poste, parfois exprimé par un « taux d'incidence », traduit la perte prévisible ou potentielle de revenus professionnels futurs par rapport au passé. • Perte d'une chance professionnelle, pénibilité accrue de l'emploi, abandon de la profession choisie ; « *la réparation d'une perte de chance doit être mesurée à la chance perdue et ne peut être égale à l'avantage qu'aurait procuré cette chance si elle s'était réalisée* » (Civ. 2e, 9 avr. 2009, no 08-15.977, P no 98). Est « *indemnisable au titre de l'incidence professionnelle* » le « *préjudice résultant de la dévalorisation sociale ressentie par la victime du fait de son exclusion définitive du monde du travail* » (§ 16) (Civ. 2e, 6 mai 2021, no 19-23.173, no 20-16.428, P). • Frais de reclassement professionnel, de formation ou de changement de poste, tous les frais nécessaires à un retour de la victime dans la sphère professionnelle. • Perte de retraite due au handicap (déficit de revenus qui va avoir une incidence sur le montant de la pension auquel pourra prétendre la victime). • Perte de la possibilité, pour une mère de famille sans emploi, de revenir sur le marché du travail.
PSU. Préjudice scolaire, universitaire ou de formation	• Perte d'année(s) d'étude. • Retard scolaire ou de formation subi, modification d'orientation, renonciation à toute formation qui obère l'intégration dans le monde du travail. « *le poste de préjudice scolaire, universitaire ou de formation a notamment pour objet de réparer la perte d'années d'étude consécutive à la survenance du dommage* » (Civ. 2e, 9 avr. 2009, no 08-15.977, P no 98)

2. Les préjudices extra-patrimoniaux

Ces préjudices sont exclus du recours subrogatoire exercé par les tiers payeurs subrogés dans les droits de la victime directe.

Lorsqu'ils trouvent leur source dans une atteinte corporelle susceptible d'une indemnisation séparée au titre du préjudice patrimonial, par exemple au titre des dépenses de santé futures (sur les DSF, v. **B1** ci-dessus) ils restent néanmoins distinctement indemnisables.

Ainsi, « *la réparation du préjudice esthétique permanent, de nature extra-patrimonial et consistant en l'altération de l'apparence physique de la victime, ne saurait exclure par principe le droit à l'indemnisation de dépenses de santé futures destinées à acquérir et à renouveler une prothèse esthétique, ces deux chefs de préjudice étant distincts* » ; de même, « *la réparation du préjudice d'agrément, de nature extra-patrimonial et consistant en l'impossibilité de pratiquer une activité sportive ou de loisirs dans les mêmes conditions qu'avant l'accident, ne saurait exclure, par principe, le droit à l'indemnisation de dépenses de santé futures, destinées à acquérir et à renouveler une prothèse de sport permettant la pratique d'activités physiques, ces deux chefs de préjudice étant distincts* » (Crim. 17 déc. 2019, n° 18-85.191).

Tableau 34 : Nomenclature des préjudices corporels extra-patrimoniaux de la victime directe (nomenclature Dintilhac)

A. Temporaires (avant consolidation)	
DFT. Déficit fonctionnel temporaire Ce préjudice correspond aux anciennes ITT (incapacité totale de travail) et ITP (incapacité de travail partielle), considérées dans leur seul aspect personnel, dégagé de toute connotation professionnelle.	• Invalidité subie par la victime dans sa sphère personnelle jusqu'à sa consolidation. • Elle correspond à la *"perte de qualité de vie et à celle des joies usuelles de la vie courante"* qu'elle rencontre (séparation de son environnement familial et amical durant les hospitalisations, privation temporaire des activités privées ou des agréments auxquels se livre habituellement ou spécifiquement la victime, préjudice sexuel pendant la maladie traumatique, etc.). La jurisprudence refuse de consacrer l'existence d'un préjudice d'agrément temporaire car « *le poste de préjudice du déficit fonctionnel temporaire, qui répare la perte de qualité de vie de la victime et des joies usuelles de la vie courante pendant la maladie traumatique, intègre le préjudice d'agrément temporaire pendant cette période* » (Civ. 2e, 27 av. 2017, n° 16-13.740, D ; dans le même sens : Civ. 2e, 5 mars 2015, n° 14-10.758, P n° 51). Il en est de même pour le préjudice sexuel temporaire car « *le poste de préjudice de déficit fonctionnel temporaire, qui répare la perte de qualité de vie de la victime et des joies usuelles de la vie courante pendant la maladie traumatique, intègre le préjudice sexuel subi pendant cette période* » (Civ. 2e, 11 déc. 2014, n° 13-28.774, P n° 247).
SE. Souffrances endurées (*pretium doloris*)	• Souffrances physiques et psychiques et troubles associés endurés jusqu'à la consolidation. • Les médecins-experts donnent une mesure de l'évaluation de la douleur sur une échelle de 1 à 7. • Les souffrances psychiques sont très spécifiques lors d'événements tels que catastrophes collectives ou actes de terrorisme. • Préjudice d'angoisse de mort imminente, ce préjudice est distingué du *pretium doloris* selon les précisions apportées plus bas (Ch. mixte, 25 mars 2022, n° 20-15.624, P). La jurisprudence refuse de consacrer de manière distincte le « *préjudice qualifié d'avilissement par la victime de faits de prostitution forcée et de traite d'êtres humains* », estimant que ce poste de préjudice est « *inclus dans le poste de préjudice temporaire des souffrances endurées ou dans le poste de préjudice du déficit fonctionnel permanent* » (Civ. 2e, 13 déc. 2018, n° 18-10.276, P ; dans le même sens : Civ. 2e, 28 mars 2019, n° 18-13.351, D). Le préjudice d'angoisse résultant de l'exposition au distilbène est également rejeté faute de « *caractériser un préjudice distinct du déficit fonctionnel permanent et des souffrances endurées par ailleurs indemnisés* » (Civ. 2e, 2 juill. 2015, n° 14-19.481, D). La jurisprudence reconnaît et indemnise sous la qualification de préjudice moral le préjudice d'impréparation à l'occurrence d'un accident médical en cas de défaut d'information par le professionnel de santé. Ainsi, « *le non-respect, par un professionnel de santé, de son devoir d'information cause à celui auquel l'information était due, lorsque ce risque se réalise, un préjudice moral résultant d'un défaut de préparation aux conséquences d'un tel risque, qui, dès lors qu'il est invoqué, doit être réparé* » (Civ. 1re, 25 janv. 2017, n° 15-27.898, P n° 23).
PET. Préjudice esthétique temporaire	• Préjudice résultant de la nécessité de se présenter dans un état physique altéré au regard des tiers jusqu'à consolidation.

B. Permanents (après consolidation)	
DFP. Déficit fonctionnel permanent Ce poste constitue le volet exclusivement personnel de l'ancienne IPP (incapacité permanente partielle)	• Incidences du taux d'incapacité fonctionnel sur la sphère exclusivement personnelle de la victime. Il s'agit des atteintes aux fonctions physiologiques de la victime ainsi que la douleur permanente qu'elle ressent, la perte de la qualité de vie et les troubles dans les conditions d'existence, la perte d'autonomie personnelle dans les activités journalières, et tous les déficits fonctionnels spécifiques. • Ce déficit fonctionnel permanent ne se confond pas avec le préjudice d'agrément, qui porte pour sa part sur la privation d'une activité déterminée de loisirs Après consolidation, « *le préjudice moral lié aux souffrances psychiques et aux troubles qui y sont associés* » est « *inclus dans le poste de préjudice du déficit fonctionnel permanent, il ne peut être indemnisé séparément* » (Civ. 2e, 16 sept. 2010, n° 09-69.433, P n° 155).
PA. Préjudice d'agrément	• Préjudice d'agrément spécifique lié à l'impossibilité pour la victime de pratiquer régulièrement une activité spécifique sportive ou de loisirs. Il est apprécié *in concreto* en tenant compte de tous les paramètres individuels de la victime (âge, niveau, etc.).
PEP. Préjudice esthétique permanent	• Atteintes physiques (cicatrices, etc.) et plus généralement tous les éléments de nature à altérer l'image physique de la victime (alitement, fauteuil roulant, troubles comportementaux, etc.) • Ce préjudice de caractère strictement personnel est en principe évalué par les experts sur une échelle de 1 à 7 (très léger à très important).
PS. Préjudice sexuel	• Trois types de préjudice de nature sexuelle : – préjudice morphologique, lié à l'atteinte aux organes sexuels primaires et secondaires résultant du dommage subi ; – perte du plaisir lié à l'accomplissement de l'acte sexuel (perte de l'envie ou de la libido, perte de la capacité physique de réaliser l'acte, perte de la capacité à accéder au plaisir) ; – impossibilité ou difficulté à procréer (ce préjudice pouvant notamment chez la femme se traduire sous diverses formes comme le préjudice obstétrical, etc.). Ces trois composantes du préjudice sexuel sont consacrées par la jurisprudence (Civ. 2e, 17 juin 2010, n° 09-15.842, P n° 115). • Ce préjudice doit être apprécié *in concreto* en prenant en considération les paramètres personnels de chaque victime. Soulignons que le préjudice sexuel temporaire avant consolidation n'est pas indemnisé de manière spécifique mais au titre du déficit fonctionnel temporaire (DFT, v. ci-dessus).
PE. Préjudice d'établissement	• Perte d'espoir, de chance ou de toute possibilité de réaliser un projet de vie familiale "normale" en raison du handicap : perte d'une chance de se marier, de fonder une famille, d'élever des enfants. Ce préjudice est consacré sous la même définition par la jurisprudence « *le préjudice d'établissement consiste en la perte d'espoir et de chance de réaliser un projet de vie familiale en raison de la gravité du handicap* » (Civ. 2e, 12 mai 2011, n° 10-17.148, P n° 106). • Ce préjudice doit être apprécié *in concreto* pour chaque individu en tenant compte notamment de son âge.
PPE. Préjudices permanents exceptionnels	• Préjudices atypiques dont la victime peut légitimement souhaiter obtenir une réparation • Ce poste doit permettre d'indemniser, à titre exceptionnel, tel ou tel préjudice extra-patrimonial permanent particulier non indemnisable par un autre biais. « *le poste des préjudices permanents exceptionnels indemnise des préjudices extra-patrimoniaux atypiques, directement liés au handicap permanent qui prend une résonance particulière pour certaines victimes en raison soit de leur personne, soit des circonstances et de la nature du fait dommageable, notamment de son caractère collectif pouvant exister lors de catastrophes naturelles ou industrielles ou d'attentats* » (Civ. 2e, 16 janv. 2014, P n° 13).
C. Préjudices extra-patrimoniaux évolutifs (hors consolidation)	
PEV. Préjudices liés à des pathologies évolutives	• Ce chef de préjudice existe en dehors de toute consolidation. Il s'agit des maladies incurables susceptibles d'évoluer et dont le risque d'évolution constitue en lui-même un chef de préjudice distinct qui doit être indemnisé en tant que tel. • Ainsi le préjudice lié à la contamination d'une personne par le virus de l'hépatite C, celui du V.I.H., la maladie de Creutzfeldt-Jakob ou l'exposition à l'amiante, etc. (v. aussi préjudice d'anxiété ci-après, Cass., ass. plén., 5 avr. 2019, n° 18-17.442, P)

Méritent enfin d'être signalés, les préjudices suivants, lesquels complètent la nomenclature Dintilhac ci-dessus.

• **Le préjudice d'anxiété.** Dans la continuité du PEV (préjudice lié à des pathologies évolutives), le « *préjudice d'anxiété* » est reconnu et défini par :

– l'Assemblée plénière de la C. cass. comme « *résultant du risque élevé de développer une pathologie grave* » (Cass., ass. plén., 5 avr. 2019, nº 18-17.442, P) ;

– la Chambre sociale qui juge désormais, au-delà du cas de l'exposition à l'amiante auquel elle réduisait auparavant ce poste de préjudice (Soc. 11 mai 2010, nºs 09-42.241 à 09-42.257, P, nº 106), qu'« *en application des règles de droit commun régissant l'obligation de sécurité de l'employeur, le salarié qui justifie d'une exposition à une substance nocive ou toxique générant un risque élevé de développer une pathologie grave et d'un préjudice d'anxiété personnellement subi résultant d'une telle exposition, peut agir contre son employeur pour manquement de ce dernier à son obligation de sécurité* » (§ 5) (Soc. 11 sept. 2019, nº 17-24.879, P) ;

– le Conseil d'État, s'agissant de la transmission du virus de l'hépatite C (CE 27 mai 2015, nº 371697), des patients soignés au Mediator, (CE 9 nov. 2016, nº 393108) et des travailleurs exposés au risque d'amiante bénéficiant à ce titre de l'allocation de cessation anticipée d'activité, en ce que « *cette circonstance, qui suffit par elle-même à faire naître chez son bénéficiaire la conscience du risque de tomber malade, est la source d'un préjudice indemnisable au titre du préjudice moral* » (CE 3 mars 2017, nº 401395).

• **Le préjudice d'angoisse de mort imminente.** Ce poste de préjudice, qui se distingue « *des souffrances endurées du fait des blessures* » et répare « *de façon autonome, l'angoisse d'une mort imminente* » (§ 10), se déduit des circonstances du décès de la victime et de son état préalable de conscience, lorsque ces éléments démontrent que la victime a eu « *la conscience de sa mort imminente, du fait de la dégradation progressive et inéluctable de ses fonctions vitales* » (§ 9) (Ch. mixte, 25 mars 2022, nº 20-15.624, P). Cette décision en chambre mixte met un terme aux divergences entre les chambres : la Ch. crim. considérait en effet que ce poste de préjudice était distinct de celui des souffrances endurées (pretium doloris) et pouvait donc être indemnisé séparément (Crim. 23 oct. 2012, nº 11-83.770, P nº 225), tandis que la 2e ch. civ. jugeait que ce préjudice en était une composante et ne pouvait être distinctement indemnisé (Civ. 2e, 5 févr. 2015, nº 14-10.097, P nº 22).

C. Les préjudices de la victime indirecte (victime par ricochet)

S'agissant des victimes indirectes ou victimes par ricochet, il est de principe que « *les proches de la victime d'une infraction sont recevables à rapporter la preuve d'un dommage dont ils ont personnellement souffert et qui découle des faits objet de la poursuite* » (Crim. 23 sept. 2010, nº 09-82.438, P nº 139 ; dans le même sens, pour les proches de la victime d'une « *infraction de blessures involontaires* », s'agissant du « *dommage moral que leur causait le spectacle des graves blessures infligées à leur mari et père, " considérablement diminué sur le plan physique et intellectuel "* » : Crim. 9 févr. 1989, nº 87-81.359, P nº 63, *Ford France*).

Soulignons, en cohérence avec la décision Civ. 2e, 14 déc. 2017, nº 16-26.687, P nº 235, « *le droit de l'enfant, dès sa naissance, à demander réparation du préjudice résultant du décès accidentel de son père survenu alors qu'il était conçu* » (§ 11) (Crim. 10 nov. 2020, nº 19-87.136, P), expression de l'adage latin « *infans conceptus pro nato habetur quoties de commodis ejus agitur* » (l'enfant conçu est réputé né toutes les fois qu'il y va de son intérêt).

Tableau 35 : Nomenclature des préjudices de la victime par ricochet (nomenclature Dintilhac)

1. Les préjudices en cas de décès de la victime directe	
A. Préjudices patrimoniaux	
FO. Frais d'obsèques	• Frais d'obsèques et de sépulture assumés par les proches de la victime directe, sur justificatifs.
	• Prestations servies par les organismes sociaux : capital décès.
PR. Pertes de revenus des proches	• Perte ou diminution de revenus affectant les proches de la victime. Il y a lieu de prendre comme élément de référence, le revenu annuel du foyer avant le dommage en tenant compte de la part d'autoconsommation de la victime et du salaire qui continue à être perçu par le conjoint survivant.

	• Perte ou diminution de revenus subie par les proches de la victime directe obligés d'assurer jusqu'au décès de celle-ci une présence constante et d'abandonner temporairement leur emploi. • Prestations servies par les organismes sociaux : pension de réversion ou allocation veuvage.
FD. Frais divers des proches	• Principalement les frais de transports, d'hébergement et de restauration occasionnés par le dommage.
B. Préjudice extra-patrimoniaux	
PAC. Préjudice d'accompagnement	• Troubles dans les conditions d'existence d'un proche qui partageait une communauté de vie effective avec la personne décédée. • Il traduit le bouleversement de la vie quotidienne de ceux qui accompagnent la survie douloureuse de la victime, du traumatisme jusqu'au décès. « *le préjudice spécifique d'accompagnement de fin de vie a pour objet d'indemniser les troubles et perturbations dans les conditions d'existence d'un proche qui partageait habituellement une communauté de vie affective et effective avec la victime* » (Civ. 2e, 21 nov. 2013, n° 12-28.168, P n° 223). Ce préjudice ne peut être confondu avec le préjudice moral (Civ. 2e, 7 avr. 2011, n° 10-19.423, D).
PAF. Préjudice d'affection	• Préjudice d'affection que subissent certains proches à la suite du décès de la victime, y compris retentissement pathologique avéré. • Il s'agit des préjudices d'affection des parents les plus proches de la victime directe (père et mère, etc.), mais aussi des personnes qui établissent avoir entretenu un lien affectif réel avec le défunt.
2. LES PRÉJUDICES EN CAS DE SURVIE DE LA VICTIME DIRECTE	
A. Préjudices patrimoniaux	
PR. Pertes de revenus des proches	• Perte ou diminution de revenus pour le conjoint (ou son concubin) et les enfants à charge. Il y a lieu de prendre comme élément de référence le revenu annuel du foyer avant le dommage en tenant compte de la part d'autoconsommation de la victime directe et du salaire qui continue à être perçu par son conjoint (ou son concubin) • Perte ou diminution de revenus subie par les proches obligés, pour assurer une présence constante auprès de la victime handicapée d'abandonner temporairement, voire définitivement, leur emploi.
FD. Frais divers des proches	• Perte ou diminution de revenus pour le conjoint (ou son concubin) et les enfants à charge. Il y a lieu de prendre comme élément de référence le revenu annuel du foyer avant le dommage en tenant compte de la part d'autoconsommation de la victime directe et du salaire qui continue à être perçu par son conjoint (ou son concubin). • Perte ou diminution de revenus subie par les proches obligés, pour assurer une présence constante auprès de la victime handicapée d'abandonner temporairement, voire définitivement, leur emploi.
B. Préjudices extra-patrimoniaux	
PAF. Préjudice d'affection	• Préjudice d'affection que subissent certains proches à la vue de la déchéance et de la souffrance de la victime directe, y compris le retentissement pathologique avéré. Il s'agit des préjudices d'affection des parents les plus proches de la victime directe (père et mère, etc.), mais aussi des personnes qui établissent entretenir un lien affectif réel avec la victime. Le préjudice d'attente et d'inquiétude que subissent les proches de la victime est un préjudice distinct du préjudice d'affection selon les prévisions apportées plus bas. • Comparable au préjudice d'accompagnement ci-dessus, il peut aussi traduire le bouleversement de la vie quotidienne de ceux qui accompagnent la survie douloureuse de la victime handicapée.
PEX. Préjudices extra-patrimoniaux exceptionnels	• Préjudice de changement dans les conditions d'existence, indemnise les troubles ressentis par un proche de la victime directe, qui partage une communauté de vie effective avec la personne. • Ce poste inclut le retentissement sexuel vécu par le conjoint ou le concubin pendant la maladie traumatique et après sa consolidation.

D'après « Rapport du groupe de travail chargé d'élaborer une nomenclature des préjudices corporels » Groupe dirigé par M. Jean-Pierre Dintilhac, président de la deuxième chambre civile de la C. cass. et « Rapport sur l'indemnisation du dommage corporel » du groupe de travail du Conseil National de l'Aide aux Victimes dirigé par Mme Yvonne Lambert-Faivre, professeur émérite à l'Université de Lyon III.

Mérite engin d'être signalé, complétant la nomenclature Dintilhac, le « **préjudice d'attente et d'inquiétude** », préjudice extrapatrimonial que subissent les victimes par ricochet.

En effet, « *les proches d'une personne, qui apprennent que celle-ci se trouve ou s'est trouvée exposée, à l'occasion d'un événement, individuel ou collectif, à un péril de nature à porter atteinte à son intégrité corporelle, éprouvent une inquiétude liée à la découverte soudaine de ce danger et à l'incertitude pesant sur son sort* » (§ 4), cette « *souffrance, qui survient antérieurement à la connaissance de la situation réelle de la personne exposée au péril et qui naît de l'attente et de l'incertitude, est en soi constitutive d'un préjudice directement lié aux circonstances contemporaines de l'événement* » (§ 5), « *ce préjudice, qui se réalise ainsi entre la découverte de l'événement par les proches et leur connaissance de son issue pour la personne exposée au péril, est, par sa nature et son intensité, un préjudice spécifique qui ouvre droit à indemnisation lorsque la victime directe a subi une atteinte grave ou est décédée des suites de cet événement* » (§ 6), ce « *préjudice d'attente et d'inquiétude que subissent les victimes par ricochet ne se confond pas [...] avec le préjudice d'affection, et ne se rattache à aucun autre poste de préjudice indemnisant ces victimes, mais constitue un préjudice spécifique qui est réparé de façon autonome* » (§ 7) (Ch. mixte, 25 mars 2022, n° 20-17.072, P). Notons que si l'affaire tire sa source de l'attentat du 14 juill. 2016 à Nice, la reconnaissance du préjudice d'attente et d'inquiétude n'est pas limitée au terrorisme.

16.18 La sauvegarde des intérêts de la victime dans la fixation et l'exécution des peines

A. La prise en compte des intérêts de la victime dans le choix de la sanction pénale

1. Les peines alternatives à l'emprisonnement

Lorsque le délit est puni de l'emprisonnement, le tribunal peut prononcer, à la place de l'emprisonnement ou en complément de cette peine, entre autres mesures alternatives à l'emprisonnement, une interdiction $\leqslant$ 3 ans de paraître dans certains lieux ou catégories de lieux fixés par la juridiction et dans lesquels l'infraction a été commise, ainsi que l'interdiction $\leqslant$ 3 ans d'entrer en relation avec la victime de l'infraction (C. pén., art. 131-6 12° et 14°, v. n° **18.32**).

La **sanction-réparation** (L. n° 2007-297, 5 mars 2007, C. pén., art. 131-8-1) peut aussi être prononcée à la place de l'emprisonnement ou de l'amende, ou en concours avec l'emprisonnement. Cette peine consiste dans l'obligation pour le condamné de procéder, dans le délai et selon les modalités fixés par la juridiction, à l'indemnisation du préjudice de la victime (v. n^os^ **18.30** et **18.32A2**).

2. Les obligations imposées dans le cadre des suivis probatoires

La condamnation au sursis probatoire (anc^t^ sursis avec mise à l'épreuve et/ou contrainte pénale, L. n° 2019-22, 23 mars 2019) (sur les obligations du sursis probatoire, v. n° **18.25**) ou au suivi socio judiciaire (sur les obligations du suivi socio-judiciaire, v. n° **18.31**) peut être fixée en tenant compte des intérêts de la victime, en particulier au moyen des obligations suivantes imposées au condamné :

– établir sa résidence en un lieu déterminé ;

– justifier qu'il contribue aux charges familiales ou acquitte régulièrement les pensions alimentaires dont il est débiteur ;

– réparer en tout ou en partie, en fonction de ses facultés contributives, les dommages causés par l'infraction, même en l'absence de décision sur l'action civile ;

– s'abstenir de paraître en tout lieu spécialement désigné ;

– s'abstenir d'entrer en relation avec certaines personnes, notamment la victime de l'infraction ;

– remettre ses enfants entre les mains de ceux auxquels la garde a été confiée par décision de justice ;

– résider hors du domicile et de la résidence du couple, s'abstenir d'y paraître ou aux abords immédiats (C. pén., art. 132-45) ;

– interdition de se rapprocher d'une victime de violences commises au sein du couple, assortie d'un dispositif électronique anti-rapprochement (bracelet anti-rapprochement (BAR) ;

– dans le cas d'un suivi socio judiciaire, placement sous surveillance électronique mobile (PSEM) (v. n° **18.31E**).

La circulaire Crim. 2019-11/E1, 9 mai 2019, NOR : JUSD1913750C, (n° III 1) recommande aux parquets de requérir l'exécution provisoire de la peine et la délivrance dès la sortie d'audience d'un relevé de condamnation pénale (RCP) à la victime « *qu'elle pourrait produire immédiatement, le cas échéant, auprès des forces de l'ordre en cas de violation d'une interdiction mise à la charge du condamné* ».

B. La prise en compte des intérêts de la victime dans l'exécution et l'application de la peine

1. Les principes (C. pr. pén., art. 707 IV)

« *Au cours de l'exécution de la peine, la victime a le droit : 1° De saisir l'autorité judiciaire de toute atteinte à ses intérêts ; 2° D'obtenir la réparation de son préjudice, par l'indemnisation de celui-ci ou par tout autre moyen adapté, y compris, s'il y a lieu, en se voyant proposer une mesure de justice restaurative ; 3° D'être informée, si elle le souhaite, de la fin de l'exécution d'une peine privative de liberté, dans les cas et conditions prévues par le présent code ; 4° A la prise en compte, s'il y a lieu, de la nécessité de garantir sa tranquillité et sa sûreté. L'autorité judiciaire est tenue de garantir l'intégralité de ces droits tout au long de l'exécution de la peine, quelles qu'en soient les modalités* » (C. pr. pén., art. 707 IV, mod. par L. n° 2014-896, 15 août 2014). Cet objectif de justice restaurative, recherché à tous les stades de la procédure, est affirmé en partie liminaire du code de procédure pénale (C. pr. pén., art. 10-1, L. n° 2014-896, 15 août 2014) (v. n° **18.6A**).

« *Le régime d'exécution de la peine de privation de liberté concilie la protection de la société, la sanction du condamné et les intérêts de la victime* » (L. n° 2009-1436, 24 nov. 2009, art. 1er). Si ces dispositions n'ont pas été reprises à la lettre dans le code pénitentiaire, elles y figurent en substance : en effet, le service public pénitentiaire « *concourt à la mise en œuvre de mesures de justice restaurative* », « *assure l'ensemble de ses missions dans le respect des intérêts de la société, des droits des victimes et des droits des personnes à l'égard desquelles il intervient* » (C. pénit., art. L. 1).

Dans l'exercice de ses attributions, le ministère public prend en compte, tout au long de l'exécution de la peine, la protection des intérêts et des droits de la victime ou de la partie civile (C. pr. pén., art. D. 49-64).

À cet égard, sous l'angle des devoirs que Conv. EDH, art. 3 et 8, font peser sur les États de garantir les personnes contre les atteintes à leur intégrité physique ou à leur vie privée, comme en matière d'atteintes sexuelles, « *l'exigence pour les autorités de mener une enquête pénale effective [peut] aussi être interprétée comme imposant aux États une obligation d'exécuter la condamnation définitive sans délai injustifié [...] et que l'exécution d'une condamnation pour abus sexuels fait partie intégrante de l'obligation positive incombant aux États en vertu des articles 3 et 8 de la Convention* » (§ 41), la CEDH juge ainsi, dans une affaire où l'auteur d'une agression sexuelle définitivement condamné avait fait l'objet d'une amnistie à la faveur de laquelle il avait quitté le pays, que « *les mesures prises par l'État en vue de faire appliquer la peine [...] n'étaient pas suffisantes au regard de son obligation d'exécuter les condamnations pénales prononcées contre les auteurs d'agressions sexuelles* » (§ 49) (CEDH 13 avr. 2021, *E.G. c/ République de Moldova*, n° 37882/13).

Dans l'exercice de ses attributions en matière d'exécution des peines, le procureur de la République « *veille à la prévention des infractions à la loi pénale* » (C. pr. pén., art. 39-1 [L. n° 2007-297, 5 mars 2007, art. 7]).

Au demeurant, aucun des textes applicables en matière d'application des peines ne confère la qualité de partie à la victime ou partie civile. Ainsi, selon les motifs d'une cour d'appel adoptés par la Ch. crim, dans une affaire où le JAP avait par ordonnance déclaré irrecevable la demande des parties civiles tendant à ce qu'il soit mis fin à une suspension de la peine accordée par la juridiction régionale de la libération conditionnelle sur le fondement de C. pr. pén., art. 720-1-1, il apparaît « *que s'il ressort des textes du code de procédure pénale "le droit de la victime à être entendue, dans la mesure de ses intérêts, dans les procédures concernant l'exécution des sentences pénales, rien dans ces dispositions ne confère toutefois à cette victime la qualité de partie aux décisions prises, en cette matière, par le juge de l'application des peines" ; que [...] les [parties civiles] ont "régulièrement pu faire des observations" mais sont "sans qualité pour exercer des voies de recours" ; qu'en conséquence leur appel est irrecevable* », ce que la Ch. crim. confirme en concluant que « *les demandeurs n'étant pas partie à la procédure, leur pourvoi est irrecevable* » (Crim. 15 mars 2006, nº 05-83.684, P nº 81).

L'exécution d'une peine de sanction-réparation (v. nº **18.30**) d'un sursis avec mise à l'épreuve (v. nºs **18.24** s.) ou d'une décision d'aménagement de peine ou de libération conditionnelle, ne fait pas obstacle à l'aide au recouvrement susceptible d'être apportée par le Fonds de garantie des victimes des actes de terrorisme et d'autres infractions (C. pr. pén., art. 706-15-1, issu L. nº 2008-644, 1er juill. 2008, v. nº **16.20**).

2. L'INFORMATION DE LA VICTIME LORSQU'UNE MESURE DE SURSIS PROBATOIRE LA PRÉSERVE DES CONTACTS AVEC L'AUTEUR (C. PR. PÉN., ART. 745)

Lorsque le condamné à une peine d'emprisonnement assortie du sursis probatoire doit satisfaire à l'obligation de s'abstenir de paraître dans un lieu ou une zone spécialement désigné, afin d'éviter un contact avec la victime ou la partie civile, ou à l'obligation de s'abstenir d'entrer en relation avec la victime ou la partie civile, prévues aux 9º, 13º et 18 *bis* de l'article 132-45 du code pénal (sur ces obligations, v. nº **18.25C** et **18.25D**), le JAP ou le Spip avise la victime ou la partie civile, directement ou par l'intermédiaire de son avocat, de la date de fin de la mise à l'épreuve. Cet avis n'est toutefois pas adressé lorsque la victime ou la partie civile a fait connaître qu'elle ne souhaitait pas être avisée des modalités d'exécution de la peine (C. pr. pén., art. **745**, issu L. nº 2011-939, art. 22, en vigueur le janv. 2012, mod. par L. nº 2019-1480, 28 déc. 2019).

3. L'INFORMATION ET LA SAUVEGARDE DES INTÉRÊTS DE LA VICTIME POUR TOUTE DÉCISION DE LIBÉRATION AVANT LE TERME DE LA PEINE FERME

- **Les dispositions générales**

Préalablement à toute décision entraînant la cessation temporaire ou définitive de l'incarcération d'une personne condamnée à une peine privative de liberté avant la date d'échéance de cette peine, les juridictions de l'application des peines prennent en considération les intérêts de la victime ou de la partie civile au regard des conséquences pour celle-ci de cette décision. Ces juridictions peuvent, si elles l'estiment opportun, informer la partie civile ou la victime, directement ou par l'intermédiaire de son avocat, qu'elle peut présenter ses **observations par écrit** dans un délai de 15 jours, et l'aviser de la possibilité d'être assistée par une association d'aide aux victimes (C. pr. pén., art. D. 49-66). Ces observations peuvent être adressées par tout moyen à la convenance de la victime ou de la partie civile (L. nº 2011-939, 10 août 2011) (C. pr. pén., art. **712-16-1**). Soulignons que, selon les précisions apportées au nº **16.5D6**, l'avis à la victime d'infractions commises au sein du couple au sens de C. pén., art. 132-80 ou de la violation d'une ordonnance de protection (C. pén., art. 227-4-2) est obligatoire avant toute libération anticipée de l'auteur condamné (C. pr. pén., art. D. 1-11-2, issu D. nº 2021-1820, 24 déc. 2021, mod. par D. nº 2022-656, 25 avr. 2022).

S'il existe un risque que le condamné puisse se trouver en présence de la victime ou de la partie civile et qu'au regard de la nature des faits ou de la personnalité de l'intéressé il apparaît qu'une telle rencontre paraît devoir être évitée, les juridictions de l'application des peines assortissent toute décision entraînant la cessation temporaire ou définitive de l'incarcération d'une interdiction d'entrer en relation avec la victime ou la partie civile et, le cas échéant, de paraître à proximité de son domicile et de son lieu de travail.

mesures coercitives : arrestation, voire perquisition, rétention, incarcération provisoire (v. n° 12.2).

9. L'affection d'une part du compte nominatif du détenu à l'indemnisation des parties civiles

Selon les règles définies par C. pénit., art. L. 332-1, D. 332-11 et D. 332-12, une part du compte nominatif du détenu (compte sur lequel ses ressources sont encaissées au sein de l'établissement pénitentiaire, C. pénit., art. D. 332-9) est affectée à l'indemnisation des parties civiles. « *À cette fin, le ministère public près la juridiction ayant prononcé la condamnation, dès que cette dernière a acquis un caractère définitif, informe sans délai l'établissement pénitentiaire où se trouvent les personnes détenues intéressées des créances des parties civiles et de leur montant* » (C. pénit., art. L. 332-2, D. 332-11 et C. pr. pén., art. D. 325).

La part disponible du compte nominatif est affectée d'office à l'indemnisation des parties civiles en cas d'évasion (C. pénit., art. L. 332-4) (sur l'évasion, v. n° 25.59).

C. Le rôle du Judevi dans la prise en compte des intérêts de la victime durant l'exécution de la peine

Avertissement : les dispositions réglementaires (C. pr. pén., art. D. 47-6-4 et D. 47-6-11) ici exposées pour mémoire ont été annulées par le Conseil d'État en ce qu'elles empiétaient sur le domaine législatif (CE 5 févr. 2010, req. n° 312314).

À la demande de la partie civile, en cas de sanction-réparation (v. n° 18.30) de sursis avec mise à l'épreuve (v. n° 18.24) ou de mesure d'aménagement de peine, le juge délégué aux victimes (Judevi) pouvait, par ordonnance non susceptible de recours (C. pr. pén., art. D. 47-6-8 et D. 47-6-11), saisir le JAP afin qu'il apprécie la mise à exécution de la peine d'amende ou d'emprisonnement, la révocation du sursis avec mise à l'épreuve, le retrait ou la révocation de la mesure d'aménagement, ou qu'il complète les prescriptions auxquelles le condamné était soumis pour indemniser la victime, contribuer aux charges familiales, s'abstenir d'entrer en relation avec la victime, de paraître dans certains lieux, notamment le domicile ou la résidence de la victime, se soumettre à une prise en charge sanitaire, sociale ou psychologique (C. pr. pén., art. D. 47-6-5 à et D. 47-6-7).

Au vu de cette saisine, le JAP informait le Judevi de sa décision dans le délai d'un mois, à charge pour ce dernier d'en informer la victime dans le délai de 15 jours (C. pr. pén., art. D. 47-6-8).

16.19 L'indemnisation de certains dommages par la commission d'indemnisation des victimes (Civi)

A. Les cas pouvant donner lieu à indemnisation

Dans les cas ci-dessous, la victime de nationalité française, que les faits aient été commis sur le territoire national ou à l'étranger, ou toute personne si les faits ont été commis sur le territoire national, peut obtenir réparation auprès de la commission d'indemnisation des victimes d'infraction (Civi), « *y compris tout agent public ou tout militaire* » (L. n° 2019-222, 23 mars 2019, en vigueur le 1er avr. 2019) (C. pr. pén., art. 706-3). Dans les dispositions antérieures, désormais abrogées par la loi n° 2013-715 du 5 août 2013, l'indemnisation était réservée à l'étranger ressortissant de l'Union européenne ou d'un État ayant conclu une convention avec la France ou en situation régulière, pour les infractions commises sur le territoire national, mais cette restriction avait été jugée discriminatoire par la CJCE (CJCE 5 juin 2008, *James Wood c/ FGTI*, aff. C-164/07).

Ce dispositif d'indemnisation n'est toutefois pas ouvert aux personnes morales (Civ. 2e, 30 mai 2007, n° 06-13.098, P II, n° 138).

La Civi, présidée par le Judevi (C. pr. pén., art. D. 47-6-2, sur le Judevi, v. n° 16.11), siège dans le ressort de chaque tribunal judiciaire (C. pr. pén., art. 706-4). Si la victime ne peut obtenir une indemnisation par la Civi, elle peut cependant obtenir une aide au recouvrement de ses dommages-intérêts par le Fonds de garantie des victimes des actes de terrorisme et d'autres infractions (Sarvi) (C. pr. pén., art. 706-15-1, issu L. n° 2008-644, 1er juill. 2008, v. n° **16.20**), voire obtenir de l'agence de recouvrement des avoirs saisis et confisqués (Agrasc) que des sommes lui soient payées prioritairement sur les biens confisqués du débiteur (C. pr. pén., art. 706-164, v. n° **16.20B**).

Quel que soit le type de préjudice à indemniser, la réparation peut être refusée ou réduite en raison de la **faute de la victime** (C. pr. pén., art. 706-3 et 706-14).

1. L'INDEMNISATION INTÉGRALE EN CAS D'ATTEINTES GRAVES À LA PERSONNE (C. PR. PÉN., ART. 706-3)

Une indemnisation intégrale peut être accordée par la Civi pour les dommages qui résultent des atteintes à la personne dans les cas suivants :

– faits volontaires ou non présentant le caractère matériel d'une infraction ayant entraîné la mort, une « *incapacité permanente* » ou une « *incapacité totale de travail personnel* » ⩾ 1 mois (sauf accidents de la circulation, de chasse, terrorisme (sur le régime d'indemnisation des victimes de terrorisme, v. n° **23.23F**), couverts par des régimes spécifiques) (C. pr. pén., art. 706-3 2°) (Sur la notion d'ITT, v. n° **14.2C**) ;

– les infractions **limitativement** énumérées par C. pr. pén., art. 706-3 2°, sans nécessité d'incapacité totale de travail : agressions sexuelles ou atteintes sexuelles, réduction en esclavage ou exploitation de personnes réduites en esclavage, traite des êtres humains, proxénétisme (extension par L. n° 2016-444, 13 avr. 2016). L'infraction de harcèlement sexuel, si elle entre dans le registre des infractions sexuelles au titre des dispositions protégeant la victime contre la diffusion de son identité dans la presse (v. n° **35.34**), ne relève pas des infractions de plein droit indemnisables (sur les conditions d'indemnisation par le Civi de la victime de harcèlement sexuel, v. n° **20.87**, orienteur/protection des victimes et témoins). Pour prétendre à une indemnisation intégrale, la victime devra donc faire la preuve d'une ITT ⩾ 1 mois.

Précisons que les atteintes aux biens associées à des atteintes à la personne ne sont pas indemnisées par la Civi (ex. : préjudice vestimentaire en cas de blessures volontaires).

Mentionnons que l'indemnisation est étendue au frais de voyage, à l'indemnité de comparution et de séjour pour le jugement d'un procès pénal tenu à l'étranger lorsque les faits ont été commis à l'étranger et qu'ils sont susceptibles de relever de la compétence concurrente et spécialisée d'une juridiction française (ex. faits de terrorisme, accident collectif) (C. pr. pén., art. 706-14-2, issu L. n° 2020-1672, 24 déc. 2020).

2. L'INDEMNISATION PLAFONNÉE EN CAS D'ATTEINTES LÉGÈRES À LA PERSONNE (ITT < 1 MOIS) OU D'ATTEINTES AUX BIENS (C. PR. PÉN., ART. 706-14)

Toute victime des infractions de vol, escroquerie, abus de confiance, extorsion de fonds, destruction, dégradation ou détérioration, de faits volontaires ou non présentant le caractère matériel d'une infraction ayant entraîné une incapacité totale de travail personnel inférieure à un mois (sur la notion d'ITT, v. n° **14.2C**), qui ne peut à un titre quelconque obtenir réparation et qui se trouve de ce fait dans une situation matérielle ou psychologique grave, peut, lorsque ses ressources mensuelles ne dépassent pas un certain plafond au-delà duquel l'aide juridictionnelle partielle ne peut être obtenue, obtenir une indemnité plafonnée à trois fois ce montant (sur le plafond d'octroi de l'aide juridictionnelle partielle, révisé annuellement, v. tableau au n° **17.9D**).

3. L'INDEMNISATION PLAFONNÉE EN CAS DE DESTRUCTION PAR INCENDIE D'UN VÉHICULE TERRESTRE À MOTEUR (C. PR. PÉN., ART. 706-14-1)

Depuis le 1er oct. 2008, sans avoir à établir qu'elle se trouve dans une situation matérielle ou psychologique grave, toute personne victime de la destruction par incendie, commis sur le territoire national, d'un véhicule terrestre à moteur lui appartenant, peut bénéficier d'une indemnité lorsque ses ressources ne dépassent pas 1,5 fois le montant au-delà duquel l'aide juridictionnelle partielle ne peut être obtenue et obtenir une indemnité plafonnée à trois fois le montant de ce plafond (sur le plafond d'octroi de l'aide juridictionnelle partielle, révisé annuellement, v. tableau au n° 17.9D).

La demande ne peut toutefois être admise que si le propriétaire justifie satisfaire, au moment des faits, aux dispositions du code de la route relatives au certificat d'immatriculation, au contrôle technique, ainsi qu'à l'obligation d'assurance.

4. La nécessité mais la suffisance d'un fait présentant le caractère matériel d'une infraction

Il appartient au demandeur de prouver que le dommage résulte d'une infraction, la seule démonstration du dommage, ou d'un fait générateur accidentel, ne suffit pas à démontrer l'existence d'une infraction.

S'agissant des atteintes aux biens, le préjudice doit spécialement résulter des cas visés. Il n'y a pas lieu à indemnisation lorsque le dommage résulte d'une autre infraction, même voisine de celles ouvrant droit à réparation (ex. : abus des faiblesses).

Mais « *l'infraction n'est prise en considération qu'en tant qu'élément objectif indépendamment de la personne de son auteur, [...] il est indifférent que l'auteur présumé de l'infraction ne puisse être poursuivi en raison d'une cause de non-imputabilité* » (Civ. 2e, 30 nov. 2000, n° 99-19.848, P II, n° 161).

Les victimes d'un accident du travail, si celui-ci présente le caractère matériel d'une infraction, sont admises à présenter une demande d'indemnisation devant la Civi (Civ. 2e, 18 juin 1997, n° 95-11.223, P II, n° 191), à l'exclusion des préjudices couverts par le Fonds d'indemnisation des victimes de l'amiante (L. n° 2000-1257, 23 déc. 2000).

B. Le délai de saisine de la Civi

Lorsque les faits n'ont pas donné lieu à poursuites (ex. : auteur inconnu), la demande d'indemnité doit être présentée à la Civi dans les trois ans de l'infraction (C. pr. pén., art. 706-5).

Si des poursuites pénales sont exercées, la juridiction condamnant l'auteur à des dommages-intérêts doit informer la victime partie civile de la possibilité de saisir cette commission (C. pr. pén., art. 706-15). La partie civile dispose d'un délai d'un an à compter de cet avis pour saisir la Civi (C. pr. pén., art. 706-5).

Si l'action civile est engagée devant la juridiction répressive mais disjointe de l'action publique, le délai ne court qu'à compter de l'avis donné par la juridiction pénale statuant sur intérêts civils.

Passé ces délais (3 ans ou 1 an), la victime peut encore saisir la commission lorsqu'elle n'a pas été en mesure de faire valoir ses droits dans les délais requis ou lorsqu'elle a subi une aggravation de son préjudice, ou pour tout autre motif légitime, c'est la procédure de relevé de forclusion (C. pr. pén., art. 706-5).

L'aggravation de l'état de santé justifie ne confère pas un nouveau délai pour agir mais « *la commission est tenue de relever le requérant de la forclusion lorsqu'il a subi une aggravation de son préjudice* » (Civ. 2ème, 30 juin 2016, n° 15-21.360, P). Le relevé de forclusion produit effet non seulement pour la part du préjudice imputable à l'aggravation, mais aussi pour l'ensemble du préjudice (Civ. 2ème, 1er juill. 2010, n° 09-68.578, D ; dans le même sens, pour le préjudice nouveau d'une victime par ricochet résultant du décès, près de 10 ans après les faits, de la victime directe : Civ. 2ème, 28 juin 2012, n° 11-13.948, P).

La demande d'aide juridictionnelle interrompt les délais (C. pr. pén., art. R. 50-7).

Précisons que « *la mention erronée figurant dans l'avis délivré en application C. pr. pén., art. 706-15, selon laquelle le point de départ du délai de saisine de la CIVI prévu par l'article 706-5 du même code est la date à laquelle le jugement contenant l'avis devient définitif, a pour effet de ne pas faire courir le délai du recours* » (Civ. 2ème, 29 mars 2018, n° 17-14.980, P).

Soulignons enfin qu'en application de C. civ., art. 2252, devenu 2235, la prescription prévue par C. pr. pén., art. 706-5 « *ne court pas contre les mineurs non émancipés et les majeurs en tutelle* » (Civ. 2ème, 18 mars 1998, n° 97-10.555, P).

C. Comment saisir la Civi

La victime peut, à son choix, porter sa demande devant la Civi du ressort où elle réside ou devant celle du ressort de la juridiction pénale éventuellement saisie (C. pr. pén., art. R. 50-4). L'assistance d'un avocat n'est pas obligatoire mais l'aide juridictionnelle peut être accordée dans les conditions ordinaires (C. pr. pén., art. R. 50-7). Elle est de droit pour certaines infractions graves, quelles que soient les ressources de la victime (v. n° 16.6C).

La demande d'indemnisation est formulée par lettre signée par la personne lésée, son représentant légal ou son conseil, remise contre récépissé au greffe de la commission ou adressée par lettre recommandée (C. pr. pén., art. R. 50-8).

Elle doit contenir tous les renseignements utiles à l'instruction de la demande d'indemnité (C. pr. pén., art. R. 50-9) : état civil du demandeur, date, lieu et circonstance de l'infraction, description des dommages, juridiction pénale éventuellement saisie de l'infraction, actions entamées, indemnités déjà versées, montant de l'indemnité demandée, toutes pièces justificatives utiles, certificats médicaux, documents permettant d'apprécier la perte ou la diminution des revenus, l'accroissement des charges ou l'inaptitude à exercer une activité professionnelle.

Lorsque la demande porte sur un dommage dont l'indemnisation est plafonnée, la victime doit produire tous justificatifs de ses ressources (déclaration de revenu, certificat de non-imposition, liste des biens immobiliers), préciser pour quels motifs elle ne peut obtenir la réparation de son préjudice, et décrire la situation matérielle ou psychologique grave dans laquelle elle se trouve (C. pr. pén., art. R. 50-10).

Si tous les renseignements ne peuvent être joints à la demande, celle-ci reste néanmoins recevable et interrompt les délais de prescription, le demandeur devant fournir ultérieurement les pièces complémentaires (Circ. Crim. 90-18 F1, 27 déc. 1990).

D. L'offre d'indemnisation par le Fonds de garantie

La demande d'indemnité et ses justificatifs sont transmis sans délai par le greffe de la Civi au Fonds de garantie des victimes des actes de terrorisme et autres infractions. Ce fonds est alimenté par une contribution perçue pour chaque contrat par les entreprises d'assurance (C. assur., art. L. 422-1, R. 422-4 ; 3,30 € pour 2009, Arr. 28 nov. 2008, NOR : ECET0820157A, *JO* 4 déc., p. 18530), ainsi que par le versement de la part du pécule du détenu affecté à l'indemnisation de la partie civile, si cette part n'est pas réclamée par cette dernière (C. pénit, art. L. 332-3, anc[t] C. pr. pén., art. 728-1, L. n° 2014-896, 15 août 2014). Il est tenu, dans un délai de deux mois, de présenter à la victime une offre d'indemnisation, ou de refuser cette offre de manière motivée (C. pr. pén., art. 706-5-1). L'offre indique l'évaluation retenue par le fonds pour chaque poste de préjudice, sous déduction des indemnités de toute nature versées par d'autres débiteurs (organisme de sécurité social, employeur, etc.) du chef du même préjudice (C. pr. pén., art. R. 50-12-1).

En cas d'accord, le fonds de garantie en transmet le constat au président de la Civi aux fins d'homologation, laquelle est notifiée par LRAR au demandeur et par lettre simple (D. n° 2020-1452, 27 nov. 2020) au fonds (C. pr. pén., art. R. 50-12-2).

En cas de désaccord, l'instruction de l'affaire se poursuit devant la Civi.

Lorsque le préjudice n'est pas en état d'être liquidé et que le fonds de garantie ne conteste pas le droit à indemnisation, il peut, en tout état de la procédure, verser une provision à la victime. Le fonds de garantie tient le président de la commission d'indemnisation immédiatement informé (C. pr. pén., art. 706-5-1, réd. L. n° 2008-644, 1er juill. 2008).

E. Les avantages de la saisine de la Civi, rapidité, formalisme et coût réduits

Par dérogation à l'article 4 du code de procédure pénale selon lequel « le criminel tient le civil en état », la Civi peut être saisie avant que la juridiction répressive n'ait statué sur l'action publique (C. pr. pén., art. 706-7). Cette possibilité ne préjudicie pas à la faculté de se constituer partie civile. Si la juridiction statuant sur les intérêts civils alloue des dommages-intérêts supérieurs à ceux accordés par la commission, la victime peut demander un complément d'indemnité à la Civi dans le délai d'un an (C. pr. pén., art. 706-8).

Le président de la Civi peut également accorder une provision. Il doit statuer sur cette demande dans le mois (C. pr. pén., art. 706-6, R. 50-15). « *La demande de provision n'obéit à aucun formalisme et peut être présentée par lettre simple* » (Circ. Crim. 90-18 F1, 27 déc. 1990).

La Civi ou son président peut procéder ou faire procéder à toutes auditions et investigations utiles, y compris expertises, sans que puisse être opposé le secret professionnel (C. pr. pén., art. 706-6).

Assimilés aux frais de justice criminelle, les frais exposés devant la Civi sont payés par le Trésor public (C. pr. pén., art. R. 91 et R. 92 15°). Cette assimilation conduit à se référer aux tarifications prévues par C. pr. pén., art. R. 117 (notamment cotation Q2, visite judiciaire comportant un ou plusieurs examens d'une victime, la fixation des taux d'incapacité et le dépôt du rapport).

Les frais d'expertise du dommage corporel subi par la victime seront ainsi supportés par le trésor. Lorsqu'elle est ordonnée par le tribunal correctionnel statuant sur les intérêts civils au seul titre de l'estimation du préjudice (et non pour la recherche des preuves de l'un des éléments constitutifs de l'infraction comme l'incapacité totale de travail ou l'infirmité permanente ; sur ces notions, v. n° 14.2B et C), les frais d'une telle expertise, qui ne sont pas assimilés aux frais de justice criminelle, sont au contraire supportés par la partie civile.

Le Fonds de garantie des victimes des actes de terrorisme et d'autres infractions (FGVAT) ne peut être condamné aux dépens (Civ. 2e, 29 janv. 1997, n° 94-19.143, P II, n° 29 – Civ. 2e, 18 juin 1997, n° 95-11.192, P II, n° 194).

Si la requête est rejetée, le demandeur est condamné aux dépens, à moins que la Civi ne l'en décharge en totalité ou en partie (C. pr. pén., art. R. 50-21).

16.20 L'assistance au recouvrement des dommages et intérêts pour les victimes d'infraction

A. L'aide au recouvrement par le SARVI

1. Le principe (C. pr. pén., art. 706-15-1)

Toute personne physique qui, s'étant constituée partie civile, a bénéficié d'une décision définitive lui accordant des dommages et intérêts en réparation du préjudice qu'elle a subi du fait d'une infraction pénale, mais qui ne peut pas obtenir une indemnisation par la Civi (v. n° 16.19), peut solliciter une aide au recouvrement de ces dommages et intérêts ainsi que des sommes allouées au titre des frais non payés par l'État, dits frais irrépétibles (frais d'avocat par application de C. pr. pén., art. 375 et 475-1).

Cette aide peut être sollicitée y compris si l'auteur de l'infraction fait l'objet d'une obligation d'indemnisation de la victime dans le cadre d'une peine de sanction-réparation (v. n° 18.30), d'un sursis probatoire (v. n°s 18.24 s.) ou d'une décision d'aménagement de peine ou de libération conditionnelle (v. n° 18.10H).

Ces dispositions, issues de la loi n° 2008-644 du 1er juillet 2008, sont applicables à toutes les décisions juridictionnelles rendues à compter du premier jour du troisième mois suivant la date de sa publication, soit le 1er octobre 2008.

Lorsqu'une juridiction condamne l'auteur d'une infraction à verser des dommages-intérêts à la partie civile pour une des infractions ouvrant droit à une indemnisation par la Civi (v. n° 16.19A), elle informe cette dernière de la possibilité de saisir le Sarvi (C. pr. pén., art. 706-15, réd. L. n° 2016-731, 3 juin 2016).

2. La mise en œuvre de la demande auprès du FGTI (Sarvi) (C. pr. pén., art. 706-15-2)

En l'absence de paiement volontaire des dommages et intérêts ainsi que des sommes allouées au titre des frais non payés par l'État par la personne condamnée dans un délai de deux mois suivant le jour où la décision concernant les dommages et intérêts est devenue définitive, la partie civile peut saisir le Fonds de garantie des victimes des actes de terrorisme et d'autres infractions (FGTI) d'une demande d'aide au recouvrement.

La demande est à adresser au Service d'aide au recouvrement des victimes d'infractions (Sarvi), géré par le FGTI : « Fonds de garantie - Sarvi - TSA 10316 - 94689 Vincennes Cedex ».

À peine de forclusion, la demande d'aide au recouvrement doit être présentée dans le délai d'un an à compter du jour où la décision est devenue définitive.

Toutefois, le FGTI peut relever la victime de la forclusion pour tout motif légitime. En cas de refus opposé par le fonds, la victime peut être relevée de la forclusion par le président du tribunal judiciaire statuant par ordonnance sur requête. À peine d'irrecevabilité, la requête en relevé de forclusion est présentée dans le mois suivant la décision de refus.

Dans un délai de deux mois, le FGTI accorde le paiement intégral des sommes si leur montant total est < 1 000 €. Au-delà, il doit accorder dans le même délai une provision non inférieure à 1 000 €, ou de 30 % du montant total, dans la limite de 3 000 € (C. assur., art. L. 422-7).

Le FGTI est subrogé dans les droits de la victime pour obtenir, de la personne responsable ou tenue à un titre quelconque d'en assurer la réparation, le remboursement de l'indemnité ou de la provision versée par lui (C. assur., art. L. 422-7, C. pr. pén., art. 706-11), il peut à cet égard utiliser toutes voies de droit utiles (C. assur., art. L. 422-8) mais ne peut toutefois exercer son recours contre l'Agrasc (C. pr. pén., art. 706-11, mod. L. n° 2016-731, 3 juin 2016). La victime est tenue de communiquer au fonds tout renseignement de nature à faciliter le recouvrement de sa créance (C. pr. pén., art. 706-15-2).

Sauf si elles sont recouvrées sous le contrôle du procureur de la République ou du juge de l'application des peines dans le cadre d'une sanction comportant l'obligation d'indemniser la victime (sanction-réparation, SME, décision d'aménagement de peine ou libération conditionnelle), les sommes à recouvrer par le FGTI sont majorées d'une pénalité, au titre des frais de gestion, égale à un pourcentage de 30 % des dommages-intérêts et des sommes allouées au titre des frais irrépétibles (C. assur., art. L. 422-9, Arr. 28 nov. 2008, NOR : ECET0820157A, *JO* 4 déc., p. 18530, art. 1).

B. La demande de paiement sur les avoirs confisqués et détenus par l'Agence de recouvrement des avoirs saisis et confisqués (Agrasc) (C. pr. pén., art. 706-164)

Toute partie civile bénéficiant d'une décision définitive lui accordant des dommages et intérêts en réparation du préjudice résultant de l'infraction ainsi que des frais de procédure non remboursés par l'État (C. pr. pén., art. 375 ou 475-1) et qui n'a pas obtenu d'indemnisation ou de réparation devant la Civi (v. n° **16.19**, C. pr. pén., art. 706-3 ou 706-14), ou une aide au recouvrement par le Sarvi (v. ci-dessus, C. pr. pén., art. 706-15-1), peut obtenir de l'Agrasc que ces sommes lui soient payées prioritairement sur les biens de son débiteur dont la confiscation a été décidée par décision définitive.

L'État est subrogé, à concurrence des sommes versées, dans les droits de la victime contre l'auteur de l'infraction dans le respect du rang des privilèges et sûretés de droit civil.

C. La garantie de l'indemnisation des victimes par des sûretés (C. pr. pén. pén., art. 706-103 et 706-166)

Dans les conditions précisées au n° **11.68A**, les mesures conservatoires prises par le JLD à la demande du parquet dans le cadre de l'information judiciaire selon les modalités prévues par les procédures civiles d'exécution, permettent de garantir l'indemnisation des victimes en cas de condamnation (C. pr. pén. pén., art. 706-103 et 706-166).

17. Le procès pénal

17.1 L'audiencement des affaires en attente de jugement

A. L'AUDIENCEMENT DES AFFAIRES PÉNALES EN ATTENTE DE JUGEMENT

La phase durant laquelle l'affaire qui a fait l'objet d'un acte de poursuite est en attente de jugement est couramment appelée phase « *d'audiencement* », que la date de l'audience ait été fixée ou reste en attente de fixation. Les opérations et services juridictionnels dédiés à la gestion des affaires en attente, à la fixation des affaires et à la convocation des parties, sont également désignés sous ce nom.

1. L'ORGANISATION DE L'AUDIENCEMENT DES AFFAIRES CORRECTIONNELLES ET DE POLICE (C. PR. PÉN., ART. 399 ET 511)

« *Le nombre et le jour des audiences correctionnelles sont fixés par décision conjointe du président du tribunal de grande instance* [devenu tribunal judiciaire à compter du 1er janv. 2020] et *du procureur de la République* », « *il en est de même pour la composition prévisionnelle de ces audiences, sans préjudice des pouvoirs propres du ministère public en matière d'audiencement* » (C. pr. pén., art. 399).

Les décisions « *sont prises, après avis de l'assemblée générale du tribunal, à la fin de l'année judiciaire pour l'année judiciaire suivante* » et peuvent être « *modifiées en cours d'année dans les mêmes conditions* » (C. pr. pén., art. 399). À cet égard, l'assemblée des magistrats du siège (COJ, art. R. 212-37) et celle des magistrats du parquet (COJ, art. R. 212-40) émettent un avis sur le projet de décision fixant le nombre et le jour des audiences correctionnelles et les critères généraux de répartition des dossiers entre les chambres, l'assemblée réunissant les magistrats du siège et du parquet émet ensuite un avis sur le nombre, le jour et la nature des audiences (COJ, art. R. 212-42).

« *En cas d'impossibilité de parvenir à des décisions conjointes, le nombre et le jour des audiences correctionnelles sont fixées par le seul président du tribunal de grande instance* [devenu tribunal judiciaire à compter du 1er janv. 2020], *et la composition prévisionnelle de ces audiences est déterminée par le seul procureur de la République, après avis du premier président de la cour d'appel et du procureur général* » (C. pr. pén., art. 399).

Depuis L. n° 2016-1547, 18 nov. 2016 applicable à compter du 1er juill. 2017, le **tribunal de police** est désormais, au même titre que le tribunal correctionnel, une formation du tribunal de grande instance [devenu tribunal judiciaire à compter du 1er janv. 2020] statuant en matière pénale (COJ, art. L. 211-1). La fixation du nombre et de la nature des audiences, faute de dispositions spécifiques, semble donc obéir au même dispositif.

Des dispositions comparables relatives à la fixation du nombre et de la nature des audiences sont prévues pour la **cour d'appel** (C. pr. pén., art. 511, COJ, art. R. 312-42, R. 312-47 et R. 312-49).

Mentionnons que la **CHINS**, qui est notamment appelée à statuer sur les mesures de sûreté durant la phase d'audiencement, se réunit quant à elle au moins une fois par semaine, et sur convocation de son président ou à la demande du parquet général, toutes les fois qu'il est nécessaire (C. pr. pén., art. 193), sans préjudice de sa programmation fixée pour l'année judiciaire par décision conjointe du premier président et du procureur général après avis de l'assemblée générale de la cour d'appel (C. pr. pén., art. D. 43).

2. L'ORGANISATION DE L'AUDIENCEMENT DES AFFAIRES CRIMINELLES (C. PR. PÉN., ART. 236 ET 238)

« *La date de l'ouverture des sessions de la cour d'assises est fixée chaque fois qu'il est nécessaire, sur proposition du procureur général, par le premier président de la cour d'appel* » (C. pr. pén., art. 236).

« *Sur proposition du ministère public, le rôle de chaque session est arrêté par le président de la cour d'assises ou, à la demande du procureur général, par le premier président de la cour d'appel* » (C. pr. pén., art. 238).

B. Les délais d'audiencement

1. Les délais d'audiencement en l'absence de détention provisoire ou d'ARSE

En l'absence de détention provisoire ou d'ARSE, le délai d'audiencement correctionnel, en première instance comme au stade de l'appel, obéit à la règle du jugement dans un délai raisonnable (v. n° **17.39**) ainsi qu'aux contraintes de la prescription de l'action publique en matière délictuelle (v. n° **17.19B**), spécialement pour les courtes prescriptions en matière de presse (v. Orienteur/Régime procédural n° **35.13** s.). Le contrôle judiciaire n'est soumis à aucun délai butoir, de sorte que l'audiencement n'est pas soumis à un délai de comparution devant la juridiction de jugement, sauf les contraintes de calendrier de l'affaire imposées dans le cadre des procédures rapides (v. n° **12.53A2**). En matière contraventionnelle, la prescription de l'action publique dans le court délai d'un an (v. n° **17.19C**) impose un audiencement adapté.

Lorsque l'affaire fait l'objet d'une ordonnance de renvoi devant le tribunal correctionnel, « *le procureur de la République doit faire donner assignation au prévenu pour l'une des plus prochaines audiences* » (C. pr. pén., art. 180). Cette prescription n'est pas assortie de sanctions mais, au moins en matière d'infractions de presse, réserve les droits de la partie civile car « *s'il appartient au procureur de la République, en application de l'article 180 du Code de procédure pénale, de faire délivrer assignation au prévenu devant le tribunal correctionnel, cette disposition n'interdit pas à la partie civile, informée en vertu de l'article 183 du même Code de l'existence de l'ordonnance de renvoi, et qui doit surveiller la procédure, en cas d'inaction du ministère public, de faire citer elle-même le prévenu à l'une des audiences de la juridiction saisie avant expiration du délai de prescription, sauf le droit, pour cette dernière, de renvoyer la cause à une autre audience utile* » (Crim. 27 juin 1990, n° 89-85.008, P n° 267, dans le même sens, pour la signification de la décision : Crim. 4 sept. 2018, n° 17-85.963, P n° 142).

En l'absence de détention provisoire ou d'ARSE, le délai d'audiencement des **affaires criminelles** obéit au même principe du jugement dans un délai raisonnable, y compris en cas de contrôle judiciaire (v. n° **17.39**).

Mentionnons que l'impossibilité de comparaître du prévenu en raison de son état physique ou mental suspend l'action publique (C. pr. pén., art. 10 mod. par L. n° 2019-222, 23 mars 2019 ; sur les causes de suspension de l'action publique, v. n° **17.22D**), et n'interdit pas l'audiencement de l'action civile avant celui de l'action publique (V. n° **16.13A4**).

2. Les délais d'audiencement en cas de détention provisoire ou d'ARSE (renvois, v. n° 12.46 et 12.56A)

Les délais butoirs de la détention provisoire imposent la comparution du prévenu devant la juridiction de jugement dans les délais exposés au n° **12.46**.

Il en est de même pour l'ARSE (v. n° **12.56A**).

Faute de comparution dans les délais prévus, il est mis fin d'office à la mesure de sûreté.

Mentionnons que le contrôle judiciaire n'est pas limité dans le temps et que l'audiencement de l'affaire n'est donc pas soumis à un délai contraint, sous réserve du calendrier particulier des procédures rapides (Comparution immédiate, comparution différée, convocation par procès-verbal) (v. n° **12.53A2**).

C. L'examen des mesures de contrainte sur la personne durant la phase d'audiencement – Renvoi, v. n° 12.61

Durant le délai d'audiencement, l'examen des demandes de mise en liberté, de modification ou de mainlevée du contrôle judiciaire ou de l'ARSE ou de révocation de ces mesures relèvent de règles de compétence et de délai exposés au n° **12.61**.

17.2 Le contradictoire, principe directeur du procès pénal

A. La Convention européenne des droits de l'Homme, art. 6 et les directives de l'Union européenne

La Convention européenne des droits de l'Homme ne définit ni n'évoque explicitement le principe du contradictoire, règle directrice du procès pénal ou civil. Mais l'article 6 décrit les attributs essentiels du procès pénal, propres à lui conférer un caractère contradictoire : le droit pour la personne poursuivie de voir sa cause entendue équitablement et publiquement, d'être informée dans le plus court délai, de manière détaillée, de la nature et de la cause de l'accusation portée contre elle, de disposer du temps et des facilités nécessaires à la préparation de sa défense, d'être assistée d'un avocat, d'interroger ou de faire interroger des témoins. Ces principes sont également énoncés à l'article 14 du Pacte international relatif aux droits civils et politiques.

« *Le droit à un procès pénal contradictoire implique, pour l'accusation comme pour la défense, la faculté de prendre connaissance des observations ou éléments de preuve produits par l'autre partie* » (CEDH 9 mai 2003, *Giorgios Papageorgiou c/ Grèce*, req. n° 59506/00, § 36), et l'obligation, pour les autorités de poursuite, de communiquer à la défense toutes les preuves pertinentes en leur possession, à charge comme à décharge (CEDH 2000 II, 16 févr. 2000, *Fitt c/ Royaume-Uni*, req. n° 29777-96).

La directive Dir. 2012/13/UE (directive B), 22 mai 2012, contient des dispositions spécifiques, détaillées plus bas, relatives à l'accès au dossier de la procédure (v. n° **17.3**), à l'accès à la preuve matérielle, v. n° **17.28A**). La directive 2012/13/UE (directive B), 22 mai 2012, art. 3.1) relative à l'interprétariat tend à assurer l'effectivité du contradictoire pour les personnes ne maîtrisant pas la langue (**17.4**).

B. Le droit interne

« *La procédure pénale doit être équitable et contradictoire et préserver l'équilibre des droits des parties.* » (C. pr. pén., art. préliminaire).

« *Le juge ne peut fonder sa décision que sur des preuves qui lui sont apportées au cours des débats et contradictoirement discutées devant lui.* » (C. pr. pén., art. 427). Le juge ne saurait donc écarter des preuves au motif qu'elles n'auraient pas été communiquées avant l'audience (Crim. 19 juin 1991, n° 90-86.630, P n° 267), puisque celles-ci peuvent précisément être apportées au cours des débats. Mais il lui revient le cas échéant d'ordonner un renvoi pour mettre la partie concernée à même de discuter les pièces produites. De même, en application de C. pr. pén., art. 427, le juge est tenu « *prendre en considération, après les avoir soumises à la discussion contradictoire, les preuves qui lui sont apportées au cours des débats* » (§ 6), il ne peut donc énoncer que la partie civile « *ne peut valablement se prévaloir de l'expertise privée réalisée à sa demande, hors procédure, par [un] médecin, dont les conclusions n'ont pu être débattues contradictoirement* » (§ 7), « *alors qu'il lui appartenait de soumettre à la discussion contradictoire des parties et d'apprécier l'élément de preuve produit* » (§ 8) (Crim. 8 févr. 2022, n° 21-80.490, D).

17.3 L'accès au dossier de la procédure et à la décision judiciaire

A. Les principes généraux : Conv. EDH, art. 6 § 3 et Directive B, art. 7

« *Tout accusé a droit notamment à : a) être informé, dans le plus court délai, [...] et d'une manière détaillée, de la nature et de la cause de l'accusation portée contre lui ; b) disposer du temps et des facilités nécessaires à la préparation de sa défense...* » (Conv. EDH, art. 6 § 3°).

Avant jugement, l'accès au dossier de la procédure est imposé par la « *directive B* », mais limité aux pièces nécessaires pour contester la légalité l'arrestation ou la détention : « *Lorsqu'une personne est arrêtée et détenue à n'importe quel stade de la procédure, les États membres veillent à ce que les documents relatifs à l'affaire en question détenus par les autorités compétentes qui sont essentiels pour contester de manière effective conformément au droit national la légalité de l'arrestation ou de la détention soient mis à la disposition de la personne arrêtée ou de son avocat* » (Dir. 2012/13/UE (*directive B*), 22 mai 2012, art. 7-1).

« *Les documents et, le cas échéant, les photographies et les enregistrements vidéo et audio qui sont indispensables pour contester effectivement, conformément au droit national, la légalité de l'arrestation ou de la détention* » devraient être mis à disposition « *en temps utile pour permettre l'exercice effectif du droit de contester la légalité de l'arrestation ou de la détention* » (Dir. 2012/13/UE (directive B), 22 mai 2012, § interprétatif n° 30).

Ainsi, la directive 2012/13/UE art. 7 (directive B), 22 mai 2012, laisse « *la faculté aux États-membres de n'ouvrir l'accès à l'intégralité des pièces du dossier que lors de la phase juridictionnelle du procès pénal* » (série d'arrêts Crim. 31 janv. 2017, n°s 16-84.613, 16-84.615, 16-84.623 à 16-84.626, NP).

Au stade où la juridiction est appelée à se prononcer sur le bien fondé de l'accusation, la « *directive B* » élargit cet accès « *au minimum à toutes les preuves matérielles à charge ou à décharge* » (Dir. 2012/13/UE (*directive B*), 22 mai 2012, art. 7-2) (sur la preuve et le droit d'accès à la preuve, v. n° **17.28A**).

L'accès au dossier suppose, pour la personne ne comprenant pas le français, la traduction des pièces qui doivent lui être remises ou notifiées en application du code de procédure pénale, lorsqu'il s'agit « *des pièces essentielles à l'exercice de sa défense et à la garantie du caractère équitable du procès* » (C. pr. pén., art. préliminaire, III, et 803-5, L. n° 2013-711, 5 août 2013, v. n° **11.7**).

B. Le droit à la consultation ou à la copie du dossier par les parties

1. L'accès au dossier lorsque l'affaire n'est pas encore dans la phase juridictionnelle (renvois)

Au stade de l'enquête initiale, de flagrance ou préliminaire, c'est-à-dire avant la délivrance d'un acte de poursuite ou l'ouverture d'une information, l'accès à la procédure, d'abord réservé à l'avocat de la personne durant sa garde à vue, a été étendu à la personne gardée à vue (L. n° 2014-535, 27 mai 2014). Toutefois cet accès de plein droit est limité aux pièces visées par C. pr. pén., art. 63-4-1 et ni l'avocat ni le suspect placé en personne gardée à vue ne peuvent obtenir copie à ce stade de la procédure (v. n° **12.25**). S'agissant du suspect entendu libre, son avocat ne peut accéder aux pièces de la procédure et en particulier au procès-verbal de notification des droits ou d'audition du suspect, en effet C. pr. pén., art. 61-1 5° ne renvoie pas à art. 63-4-1 (v. n° **11.73C5**).

Les parties peuvent toutefois solliciter, sans l'autorisation du parquet, l'expédition de la plainte ou de la dénonciation (C. pr. pén., art. R. 155 1°). Cette délivrance permet notamment à la victime de justifier de la plainte auprès de sa compagnie d'assurance (sur l'accès de la victime au dossier, v. n° **16.7**).

En dehors de ce cas, tant qu'un acte de poursuite n'est pas engagé, aucun accès au dossier d'enquête de flagrance ou préliminaire ni copie n'est possible sans l'autorisation du parquet. Il en est donc ainsi lorsque l'enquête est toujours en cours ou lorsqu'elle est classée sans suite (C. pr. pén., art. R. 155 ; mod. par D. n° 2001-689, 31 juill. 2001).

Toutefois, selon les conditions précisées au n° **15.2** pour le régime issu de L. n° 2016-731, 3 juin 2016, applicable aux enquêtes commencées avant le 24 déc. 2021, et au n° **15.3** pour le régime issu de L. n° 2021-1729, 22 déc. 2021, applicable aux enquêtes commencées à compter du 24 déc. 2021, C. pr. pén., art. 77-2 organise, sous la responsabilité et le contrôle du parquet, des modalités d'accès du suspect et de la victime aux enquêtes préliminaires d'une certaine durée, ainsi que le droit corollaire qui leur est accordé, à l'instar de l'instruction préparatoire, de solliciter des demandes d'actes. De plus, en matière de criminalité organisée, l'avocat de la personne qui a été placée en garde à vue depuis 6 mois peut, aux conditions prévues par C. pr. pén., art. 706-105, consulter la procédure d'une enquête préliminaire qui se poursuit (v. n° **12.25F**).

Enfin, lorsqu'une information est en cours, C. pr. pén., art. 114 organise un droit d'accès étendu des parties et du témoin assisté au dossier, selon les précisions apportées au n° **15.4**.

2. L'accès au dossier en cas de poursuite ou d'engagement d'une mesure alternative aux poursuites

• **La consultation du dossier**. En cas de poursuite par **citation directe** (C. pr. pén., art. 390, v. n° **15.7**) ou de **convocation par OPJ** (C. pr. pén., art. 390-1, v. n° **15.5**), « *les avocats des parties peuvent consulter le dossier de la procédure au greffe du tribunal de grande instance* [devenu tribunal judiciaire à compter du 1er janv. 2020] *dès la délivrance de la citation ou au plus tard deux mois après la notification de la convocation* » (C. pr. pén., art. 388-4, L. n° 2014-535, 27 mai 2014).

« *Il n'a pas été prévu un droit direct de consultation des parties elles-mêmes, car cela aurait nécessité la mise en place d'une surveillance au moment de cette consultation, en raison du risque de voir un particulier, qui n'est pas un auxiliaire de justice comme les avocats, détruire ou dérober les pièces de la procédure, notamment s'il s'agit de la personne poursuivie* » (Circ. Crim. 2014-12/E8, 23 mai 2014, NOR : JUSD1412016C, n° 5.2.1,2) b), note n° 20).

Lorsque la personne fait l'objet d'un **déferement** devant le procureur de la République en vue d'une comparution immédiate, d'une convocation par procès-verbal ou d'une CRPC, « *l'avocat ou la personne déférée lorsqu'elle n'est pas assistée par un avocat peut consulter sur-le-champ le dossier* » (C. pr. pén., art. 393, v. n° **15.13**).

• **La copie des pièces du dossier**. « *À leur demande, les parties ou leur avocat peuvent se faire délivrer copie des pièces du dossier* » (C. pr. pén., art. 388-4, L. n° 2014-535, 27 mai 2014).

« *La délivrance de cette copie intervient dans le mois qui suit la demande. Toutefois, en cas de convocation en justice* (C. pr. pén., art. 390-1, v. n° **15.5**) et *si la demande est faite moins d'un mois après la notification de cette convocation, cette délivrance intervient au plus tard deux mois après cette notification* » (C. pr. pén., art. 388-4, L. n° 2014-535, 27 mai 2014).

« *Par nature ces délais ne sont pas édictés à peine de nullité, puisque le report de l'audience pourra toujours être ordonné à la demande d'une partie qui n'a pas obtenu la copie dans les temps* » (Circ. Crim. 2014-12/E8, 23 mai 2014, n° 5.2.1,2) b).

Si une **mesure alternative aux poursuites** (avertissement pénal probatoire (anct rappel à la loi), classement sous condition ou composition pénale) est engagée « et *que la copie est demandée pour l'exercice des droits de la défense ou des droits de la partie civile* », il est délivré aux parties une copie de toutes les pièces de la procédure, sans autorisation préalable du procureur de la République (C. pr. pén., art. R. 155 ; mod. par D. n° 2001-689, 31 juill. 2001).

La délivrance de la copie du **bulletin n° 1** du casier judiciaire obéit toutefois à un régime particulier. À la diligence du ministère public, ce document est demandé au service du casier judiciaire national et joint au dossier soumis au tribunal et peut donc être consulté par l'avocat ou lui être remis en copie. Il ne peut toutefois pas être adressé au prévenu, C. pr. pén., art. 777-2 prévoyant en effet « *qu'aucune copie de relevé intégral ne peut être délivrée* ». En conclusion « *en cas de demande formulée par la partie elle-même, la copie du dossier doit…/…être expurgée du B1* », étant précisé que la « communication » (c'est-à-dire la consultation sur place) de ce document peut lui être accordée par la procureur de la République (Circ. Crim. 2014-12/E8, 23 mai 2014, n° 6).

3. La délivrance des décisions aux parties

Sur leur demande et sans autorisation préalable du parquet, il est « *délivré aux parties* » une expédition « *des ordonnances définitives, des arrêts, des jugements, des ordonnances pénales et des titres* » rendus exécutoires par le ministère public en matière d'amende forfaitaire (C. pr. pén., art. R. 155 1°).

C. La gratuité de la première délivrance de copie aux parties et les modalités matérielles de cette délivrance

L'accès aux preuves matérielles « *est accordé gratuitement* » (Dir. 2012/13/UE (directive B), 22 mai 2012, art. 7-5).

« *La délivrance de la première copie de chaque pièce du dossier est gratuite* » (C. pr. pén., art. 388-4 et 114, L. nº 2014-535, 27 mai 2014).

« *si le dossier a fait l'objet d'une numérisation, cette copie est remise sous forme numérisée, le cas échéant par un moyen de télécommunication selon les modalités prévues par C. pr. pén., art. 803-1* » (C. pr. pén., art. 114 pour l'instruction, art. 388-4 en dehors de ce cadre). « *Lorsqu'il s'agit d'une procédure d'information dont le dossier a fait l'objet d'une numérisation, la copie délivrée [...] l'est sous forme numérique, sauf décision contraire du juge d'instruction* » (C. pr. pén., art. R. 165).

Ces dispositions sont également applicables en cas de poursuites devant le tribunal de police (C. pr. pén., art. 533).

En cas de comparution devant la cour d'assises, « *il est délivré gratuitement à chacun des accusés et parties civiles copie des pièces du dossier de la procédure* » (C. pr. pén., art. 279).

Si la délivrance de la première reproduction de chaque acte, sous support papier ou sous support numérique, est gratuite pour les avocats des parties ou pour les parties qui ne sont pas représentées par un avocat, elle est ensuite payante à raison de 0,46 € par page, ou 5 € par support numérique, quel que soit le nombre de pages (C. pr. pén., art. R. 165).

Au sens des articles R. 155 et R. 165, « *le terme de "partie" [...] ne doit [...] pas être compris comme désignant uniquement le prévenu contre qui l'action publique a été mise en mouvement [...] mais comme désignant également l'auteur des faits à qui est proposé une mesure [alternative aux poursuites]* » (Circ. SJ 2001-05 B3, 3 août 2001, nº 1.2).

D. Le droit au renvoi de l'affaire correctionnelle si la copie n'a pu être délivrée en temps utile (C. pr. pén., art. 390-2)

En matière correctionnelle, dans le cas particulier où le délai d'audiencement de l'affaire est de moins de deux mois (délai séparant la délivrance de la citation ou convocation de la date d'audience), C. pr. pén., art., 390-2 ouvre un droit au renvoi dans le cas où la copie de la procédure, si elle a été sollicitée, n'a pu être obtenue (L. nº 2014-535, 27 mai 2014). Ce renvoi doit être effectué à au moins deux mois à compter de la délivrance de la citation ou de la convocation.

De telles dispositions ne limitent pas l'appréciation du juge qui, garant du respect du contradictoire, peut ordonner un renvoi de l'affaire hors des conditions envisagées par C. pr. pén., art. 390-2. À titre d'exemple, dans le cas d'une affaire complexe audiencée à six mois, la délivrance d'une copie de la procédure la veille de l'audience, lorsque la demande a été effectuée en temps utile (au moins un mois avant l'audience), n'est pas de nature à interdire le renvoi, même si les conditions posées par C. pr. pén., art. 390-2 sont absentes.

Compte tenu de C. pr. pén., art. 388-4, une demande de copie peut être considérée comme réalisée en temps utile lorsqu'elle est effectuée dans un délai compatible avec le délai de délivrance de copie qui s'impose à la juridiction (sur la délivrance de copie, v. nº **17.3**) : un mois avant l'audience pour les citations directes (le dossier se trouve dans ce cas déjà dans les locaux du tribunal), ou deux mois avant l'audience pour les convocations (le dossier se trouve dans les locaux du service enquêteur lorsque la convocation est délivrée).

Il se déduit de la combinaison de C. pr. pén., art. 388-4 et 390-4 que, de façon optimale (lorsque les services du tribunal sont en mesure de délivrer la copie dans les délais d'un ou de deux mois qui leur sont impartis), les actes de poursuite doivent être délivrés selon les délais minimum suivants :

– Deux mois avant l'audience pour les citations directes : si la demande de copie est effectuée en temps utile, le délai de délivrance de la copie qui s'impose au tribunal est d'un mois. Dans le meilleur des cas (demande effectuée dès la délivrance de la citation), le prévenu ou son conseil pourront donc disposer d'un mois pour étudier le dossier) ;

– Trois mois pour les convocations pour APJ/OPJ : le délai de délivrance de la copie est dans ce cas de deux mois ; si la demande est effectuée immédiatement (demande effectuée dès la délivrance de la convocation), le prévenu et son conseil disposeront également d'un délai d'un mois pour étudier l'affaire.

Toutefois « *il demeure .../... tout à fait possible, notamment dans les juridictions où l'audiencement est fluide et pour les affaires ne soulevant pas de difficultés particulières et dans lesquelles il est peu probable qu'un renvoi soit demandé, d'audiencer les dossiers dans un délai compris entre dix jours et deux mois* » (Circ. Crim. 2014-12/E8, 23 mai 2014, n° 5.2.1, 3).

E. Les conditions de délivrance des décisions judiciaires et des pièces du dossier aux tiers (C. pr. pén., art. R. 166)

1. Le principe de l'accès du public aux décisions rendues par les juridictions judiciaires (open data et accès sur demande) (COJ, art. L. 111-13 et L. 111-14)

Dans des conditions prévues par décret en Conseil d'État, « *sous réserve des dispositions particulières qui régissent l'accès aux décisions de justice et leur publicité, les décisions rendues par les juridictions judiciaires sont mises à la disposition du public à titre gratuit sous forme électronique. Les nom et prénoms des personnes physiques mentionnées dans la décision, lorsqu'elles sont parties ou tiers, sont occultés préalablement à la mise à la disposition du public. Lorsque sa divulgation est de nature à porter atteinte à la sécurité ou au respect de la vie privée de ces personnes ou de leur entourage, est également occulté tout élément permettant d'identifier les parties, les tiers, les magistrats et les membres du greffe* » (COJ, art. L. 111-13, réd. issue L. n° 2019-222, 23 mars 2019). Ces dispositions concrétisent, pour les données judiciaires, la politique d'ouverture et de partage des données publiques, dite « *open data* ». Elles sont complétées par COJ, art. R. 110-10 s. s'agissant de la mise à disposition des décisions des juridictions judiciaires sous forme électronique en direction d'un public indéterminé.

S'agissant des demandes d'accès aux décisions judiciaires opérées par un autre canal que celui de l'open data, « *Les tiers peuvent se faire délivrer copie des décisions de justice par le greffe de la juridiction concernée conformément aux règles applicables en matière civile ou pénale et sous réserve des demandes abusives, en particulier par leur nombre ou par leur caractère répétitif ou systématique. Les éléments permettant d'identifier les personnes physiques mentionnées dans la décision, lorsqu'elles sont parties ou tiers, sont occultés si leur divulgation est de nature à porter atteinte à la sécurité ou au respect de la vie privée de ces personnes ou de leur entourage* » (COJ, art. L. 111-14, issu L. n° 2019-222, 23 mars 2019). Les dispositions d'application de ce texte, exposées dans le tableau qui suit, sont issues du D. n° 2020-797, 29 juin 2020 (v. décision de rejet du recours pour excès de pouvoir, CE, 19 août 2022, n° 443528), relatif à la mise à la disposition du public des décisions des juridictions judiciaires et administratives, codifiées au C. pr. pén., art. R. 166 s., lesquelles succèdent aux précédentes dispositions du C. pr. pén., art. 156 abrogées, objet de la Circ. DSJ/DACG, 19 déc. 2018, NOR : JUSB1833465N.

Au sens des dispositions ici examinées, le tiers à la procédure est selon les cas la personne qui n'est pas suspecte, témoin assisté, mise en examen, poursuivie ou condamnée, ni victime (sur l'accès au dossier de la procédure par la victime, C. pr. pén., art. R. 155, v. n° 16.7) ni partie civile (sur l'accès au dossier d'instruction par la partie civile, C. pr. pén., art. 114, v. n° 15.4 ci-dessus).

Mentionnons que la nécessité de produire des pièces tirées d'une procédure pénale pour les besoins de la preuve dans une instance civile peut constituer le « *motif légitime* » imposé par C. pr. pén., art. R. 170 pour justifier l'autorisation de communication du parquet. À défaut de justification de l'autorisation délivrée par le ministère public, les pièces produites sont à juste titre écartées des débats (Civ. 2e, 9 avr. 2009, no 08-12.574, P no 96).

2. Les conditions de délivrance de copies de décisions judiciaires et de pièces pénales aux tiers à la procédure (tableau)

Tableau 36 : Régime de délivrance des copies de décisions judiciaires et des pièces pénales aux tiers à la procédure

Décision ou pièce concernée	Régime d'autorisation ou d'opposition du parquet	Régime d'occultation des informations sensibles
Arrêts C. cass. (C. pr. pén., art. R. 166 1°)	**Sans autorisation préalable** (C. pr. pén., art. R. 166)	Néant
Décisions définitives des juridictions de jugement de premier ou de second ressort rendus publiquement à la suite d'un débat public (C. pr. pén., art. R. 166 2°)	• **Sans autorisation préalable** Faute d'autorisation préalable, le parquet ne peut être en situation d'exercer un contrôle sur la communication d'informations sensibles. Le texte lui permet dès lors de les occulter avant même qu'une demande de communication ne soit formée (C. pr. pén., art. R. 168).	• **Occultation possible** par le PG ou PR, même en l'absence de demande de communication : – « *des éléments ou des motifs de la décision qui n'ont pas à être divulgués* » (C. pr. pén., art. R 167) ; – « *des éléments permettant d'identifier les personnes physiques [...] parties ou tiers* » et pouvant porter atteinte à leur sécurité ou vie privée ou celles de leur entourage (C. pr. pén., art. 168) ; – des motifs ou éléments dont la divulgation peut porter atteinte aux intérêts de la Nation ou au secret industriel ou commercial (C. pr. pén., art. R. 168).
	• **Opposition possible**, par décision motivée du PG ou PR, en cas de condamnation prescrite, effacée par amnistie, réhabilitation ou révision, ou en cas d'intention de nuire (C. pr. pén., art. R. 167)	• **Occultation de plein droit** de l'identité des : – jurés ; – assesseurs de TPE ; – assesseurs associatif des CHAP ; – personnes ayant concouru au déroulement de la procédure (hors magistrats et greffiers) en matière de terrorisme ou de sûreté de l'État (C. pr. pén., art. R. 169).
• **Décisions** : – de jugement non définitives ; – des juridictions d'instruction ; – des juridictions de l'application des peines ;	• **Autorisation préalable** du PG ou PR sur justification « *d'un motif légitime* » (C. pr. pén., art. R.170)	• **Occultation possible** par le PG ou PR des « *éléments ou des motifs de la décision qui n'ont pas à être divulgués* » (C. pr. pén., art. R. 170)

– des juridictions pour mineur ; – rendues après débats tenus à huis clos (C. pr. pén., art. R. 170)		
• **Autres actes ou pièces** de la procédure (C. pr. pén., art. R. 170)	• **Motifs limitatifs justifiant la décision de refus** du PG ou PR : – absence de justification d'un motif légitime ; – risque d'atteinte à la présomption d'innocence (en pratique cas des décisions non définitives ou des pièces de la procédure) ; – risque d'atteinte à l'efficacité de l'enquête (en pratique cas des actes ou pièces de la procédure) ; – risque d'atteinte à la sécurité ou la vie privée des personnes physiques parties ou tiers ou de leur entourage ; – risque d'atteinte aux intérêts de la Nation ou au secret industriel ou commercial. (C. pr. pén., art. R. 170)	• **Occultation de plein droit** de l'identité des : – jurés ; – assesseurs de TPE ; – assesseurs associatif des CHAP ; – personnes ayant concouru au déroulement de la procédure (hors magistrats et greffiers) en matière de terrorisme ou de sûreté de l'État (C. pr. pén., art. R. 169).

Les décisions d'opposition ou de refus de communication du ministère public ou d'occultation facultative d'informations sensibles sont notifiées « *à la personne intéressée* » (C. pr. pén., art. R. 171). « *Celle-ci peut former un recours devant le président de la CHINS dans les deux mois suivant la notification de la décision* » (C. pr. pén., art. R. 171). Selon les mêmes modalités, un recours peut également être « *formé à tout moment par toute personne intéressée* » contre la décision d'occultation préventive des informations sensibles prise par le ministère public avant toute demande de communication de pièce sur le fondement de C. pr. pén., art. R. 168 (C. pr. pén., art. R. 171).

17.4 Le droit à l'interprétation et à la traduction lors de l'audience

A. Les principes : rappel

La personne poursuivie dispose d'un droit général à l'interprétation et à la traduction des pièces essentielles à l'exercice de sa défense et à la garantie du caractère équitable du procès (C. pr. pén., art. préliminaire, III, et 803-5, L. n° 2013-711, 5 août 2013). Ces principes, valables pour toutes les étapes de la procédure pénale, sont détaillés au n° **11.7**). La victime et la partie civile jouissent des mêmes droits (V. n° **16.1F**).

Lors de l'audience, la personne poursuivie est « *s'il y a lieu* » informée par le président de son droit à interprète avant son interrogatoire d'identité (Cour d'assises : C. pr. pén., art. 273 ; tribunal correctionnel : C. pr. pén., art. 406 ; tribunal de police : C. pr. pén., art. 535 ; mod. par L. n° 2014-535, 27 mai 2014).

Selon les précisions apportées au n° **11.7B**, l'interprétariat peut être assuré à l'audience par un moyen de télécommunication, y compris le téléphone (C. pr. pén., art. 706-71 et D. 594-4).

Sur les listes d'interprètes et les droits et devoirs de l'interprète, v. n° **11.7B** et **11.7D**.

B. La mise en œuvre du droit à l'interprétariat à l'audience

1. La procédure d'assises (C. pr. pén., art. 344 et 345)

« *Dans le cas où l'accusé, la partie civile, les témoins ou l'un d'eux ne parlent pas suffisamment la langue française ou s'il est nécessaire de traduire un document versé aux débats, le président nomme d'office un interprète âgé de 21 ans au moins, et lui fait prêter serment d'apporter son concours à la justice en son honneur et en sa conscience. Le ministère public, l'accusé et la partie civile, peuvent récuser l'interprète en motivant leur récusation. La cour se prononce sur cette récusation. Sa décision n'est susceptible d'aucune voie de recours.*

L'interprète ne peut, même du consentement de l'accusé ou du ministère public, être pris parmi les juges composant la cour, les jurés, le greffier qui tient l'audience, les parties et les témoins. » (C. pr. pén., art. 344).

Pour l'accusé, la partie civile ou le témoin atteint de **surdité**, le président nomme d'office un interprète en langue des signes ou maîtrisant un langage ou une méthode permettant de communiquer avec les sourds, ou peut décider de recourir à tout dispositif technique ou, si la personne sait lire et écrire, communiquer avec elle par écrit (C. pr. pén., art. 345).

2. La procédure correctionnelle et de police (C. pr. pén., art. 407, 408 et 535)

« *Dans le cas où le prévenu, la partie civile ou le témoin ne parle pas suffisamment la langue française, ou s'il est nécessaire de traduire un document versé aux débats, le président désigne d'office un interprète, âgé de 21 ans au moins, et lui fait prêter serment d'apporter son concours à la justice en son honneur et en sa conscience.*

Le ministère public, le prévenu et la partie civile peuvent récuser l'interprète en motivant leur récusation. Le tribunal se prononce sur cette récusation, et sa décision n'est susceptible d'aucune voie de recours.

L'interprète ne peut, même du consentement du prévenu ou du ministère public, être pris parmi les juges composant le tribunal, le greffier qui tient l'audience, les parties et les témoins » (C. pr. pén., art. 407 et 535). Toutefois, pour la Polynésie française, les îles Wallis et Futuna et la Nouvelle-Calédonie, « *le greffier peut être désigné comme interprète pour l'une des langues en usage dans le territoire. Il est, dans ce cas, dispensé du serment* » (C. pr. pén., art. 839). Il en est de même devant le juge d'instruction (C. pr. pén., art. 102, 121 et 817).

Lorsque la personne est atteinte de surdité, des dispositions identiques à celles applicables devant la cour d'assises sont mises en œuvre (C. pr. pén., art. 408 et 535, v. ci-dessus).

17.5 Le droit de garder le silence devant la juridiction de jugement et la notification de ce droit à l'ouverture des débats

3. Le champ d'application de la notification du droit de se taire à l'audience

« *Les États membres veillent à ce que.../... les personnes poursuivies reçoivent rapidement des informations concernant.../...e) le droit de garder le silence* » (Dir. 2012/13/UE (*directive* B), 22 mai 2012, art. 3-1).

Il est renvoyé aux n^os^ **12.19A** et **B** s'agissant des fondements normatifs généraux du « droit au silence » ou « droit de se taire ».

Sans préjudice des dispositions spéciales ci-après examinées, « *le droit de se taire sur les faits qui lui sont reprochés* » et sa notification sont désormais appréhendés de manière générale par C. pr. pén., art. préliminaire, III, modifié par L. n° 2021-1729, 22 déc. 2021. Cette disposition impose cette notification à « *toute personne poursuivie* » « *en matière de crime ou de délit* », « *avant tout recueil de ses observations et avant tout interrogatoire* », « *lors de sa première présentation devant [...], un magistrat, une juridiction* » et prévoit qu'« *aucune condamnation ne peut être prononcée sur le seul fondement de déclarations faites sans que ledit droit ait été notifié* ».

Devant la **cour d'assises**, « *après l'avoir informé de son droit, au cours des débats, de faire des déclarations, de répondre aux questions qui lui sont posées ou de se taire, le président interroge l'accusé et reçoit ses déclarations* » (C. pr. pén., art. 328, mod. par L. n° 2014-535, 27 mai 2014).

Devant le **tribunal correctionnel**, « *le président .../..., après avoir, s'il y a lieu, informé le prévenu de son droit d'être assisté par un interprète, constate son identité et donne connaissance de l'acte qui a saisi le tribunal. Il informe le prévenu de son droit, au cours des débats, de faire des déclarations, de répondre aux questions qui lui sont posées ou de se taire* » (C. pr. pén., art. 406, mod. par L. n° 2014-535, 27 mai 2014).

Par renvoi, ce dernier article est également applicable devant le **tribunal de police** (C. pr. pén., art. 535) et devant la **chambre des appels correctionnels** (C. pr. pén., art. 512). Il l'est également devant la Cour de justice de la République en application de LO n° 93-1252, 23 nov. 1993, art. 26 (Ass. plén., 4 juin 2021, n° 21-81.656 (§ 9), P).

Cette notification s'est également imposée devant la **CHINS**, selon les précisions apportées par la jurisprudence exposées au n° **12.69B**, puis devant toute juridiction appelée à statuer sur une mesure de sûreté (v. n° **12.34B**), et a enfin été généralisée par L. n° 2021-1729, 22 déc. 2021, modifiant C. pr. pén., art. préliminaire, III, lequel prévoit désormais que le « *droit de se taire sur les faits qui lui sont reprochés* » « *est notifié à toute personne suspectée ou poursuivie* » « *en matière de crime ou de délit* », « *avant tout recueil de ses observations et avant tout interrogatoire, y compris pour obtenir des renseignements sur sa personnalité* », « « *lors de sa première présentation devant [...], un magistrat, une juridiction* » et prévoit qu'« *aucune condamnation ne peut être prononcée sur le seul fondement de déclarations faites sans que ledit droit ait été notifié* ».

La notification liminaire du droit au silence s'impose désormais dans le cadre de la procédure de déclaration d'irresponsabilité pénale pour trouble mental (Sur cette procédure, C. pr. pén., art. 706-119 s., v. n° **14.28B3**) (C. pr. pén., art. 706-122 mod. par L. n° 2022-52, 24 janv. 2022 consacrant Crim. 13 janv. 2021, n° 20-80.230, D ; Crim. 8 juill. 2020, n° 19-85.954 P, décision revirant sur Crim. 29 nov. 2017, n° 16-85.490, P n° 271, annoncé par Crim. 14 mai 2019, n° 19-81.408, P n° 92).

Les dispositions « *relatives au droit de se taire devant les juridictions pénales, qui ont pour objet d'empêcher qu'une personne prévenue d'une infraction ne contribue à sa propre incrimination, ne sont pas applicables devant la juridiction correctionnelle lorsque celle-ci est appelée à se prononcer uniquement sur les peines* », tel est le cas lorsqu'une cour d'appel statue sur la seule peine après cassation, la déclaration de culpabilité étant définitive (Crim. 17 nov. 2021, n° 21-80.567, P). Cette jurisprudence est toutefois susceptible d'évoluer en application de C. pr. pén., art. préliminaire, III, précité, tel que modifié par L. n° 2021-1729, 22 déc. 2021, qui prévoit désormais que le droit de se taire est aussi notifié pour obtenir des renseignements sur la personnalité.

De même, « *C. pr. pén., art. 712-6, 712-13 et D. 49-42 qui organisent les débats devant les juridictions de l'application des peines, ne prescrivent pas que la personne qui comparaît devant elles reçoive la notification* » (§ 8) du droit de garder le silence et « *les dispositions relatives au droit de se taire devant les juridictions pénales, qui ont pour objet d'empêcher qu'une personne prévenue d'une infraction ne contribue à sa propre incrimination, ne sont pas applicables devant les juridictions de l'application des peines, qui se prononcent seulement sur les modalités d'exécution d'une sanction décidée par la juridiction de jugement* » (§ 9) (Crim. 14 sept. 2022, n° 21-86.796, P). En effet, « *selon une jurisprudence constante des organes de contrôle de la Convention, l'article 6 de la Convention n'est pas applicable* » aux questions « *touchant à l'exécution des peines* » (CEDH, 13 mai 2003, n° 59290, *Montcornet de Caumont c/ France*) ; « *l'article 6 § 1 de la Convention ne couvre par la procédure d'exécution d'une peine infligée par un tribunal compétent, notamment la procédure d'octroi de la libération conditionnelle* » (Commission, 7 mai 1990, n° 16266/90, *A. c/ Autriche*, § 2).

4. La mise en œuvre et la portée de la notification du droit de se taire

La notification du droit au silence ou du droit de se taire s'impose dès l'ouverture des débats, elle doit donc précéder l'examen des exceptions de nullité soulevées par le prévenu (Crim. 16 oct. 2019, n° 18-86.614, P).

La notification du droit de se taire n'est en revanche requise que si le prévenu était **présent lors des débats** (Crim. 13 nov. 2018, n° 17-83.985) et a été entendu sur les faits qui lui étaient reprochés et la nature des charges pesant sur lui (Crim. 27 janv. 2021, n° 20-86.037, P), le cas échéant par l'intermédiaire de son représentant légal lorsqu'il s'agit d'une personne morale (Crim. 8 janv. 2019, n° 18-80.746).

Les notes d'audience justifiant de l'exécution de cette formalité, si elles sont « *signées du greffier et visées par le président* » permettent de combler les énonciations incomplètes de la décision (Crim. 30 janv. 2018, n° 17-81.167, D).

Lorsque cette formalité est obligatoire, « *la méconnaissance de l'obligation d'informer le prévenu du droit de se taire lui fait nécessairement grief* » (Crim. 8 juill. 2015, n° 14-85.699, P n° 178). « *En cas de notification tardive, cette atteinte est également caractérisée lorsque le prévenu prend la parole avant d'avoir reçu cet avertissement* » (§ 9) ; tel n'est pas le cas lorsque la notification du droit de se taire est effectuée « *après les débats tenus sur l'exception de nullité* » (§ 13), mais qu'« *il ne résulte pas des pièces de procédure que l'intéressé ait pris la parole à ce stade des débats* » (§ 14) (Crim. 23 nov. 2021, n° 20-80.675, P). Il en est de même « *pour un prévenu qui reçoit cette information après des débats liminaires portant sur une demande présentée, au début de l'audience, par une autre partie, et au cours desquels il n'a pas pris la parole. Dans ce cas, l'accomplissement tardif de cette formalité ne peut entraîner une nullité à l'égard de ce prévenu que s'il justifie qu'il a été porté atteinte à ses intérêts* » (§ 12) (Ass. plén., 4 juin 2021, n° 21-81.656, P).

5. Les modalités de la notification du droit de se taire

Les dispositions de C. pr. pén., art. 406 « *n'opèrent pas de distinction entre les personnes morales et les personnes physiques* », il est donc nécessaire que la **personne morale** « *en qualité de prévenue, ait été informée, en la personne de [son] représentant, du droit de se taire au cours des débats* (Crim. 24 mai 2016, n° 15-82.516, P n° 156). Lorsqu'une personne est poursuivie à la fois en sa qualité de représentant d'une personne morale et à titre personnel, la notification du droit de se taire de la personne poursuivie *ès qualités* de représentant est suffisante, dès lors que le prévenu est alors « ***informé de ce droit en sa double qualité de prévenu et de représentant à l'audience de la personne morale également prévenue*** » (Crim. 9 janv. 2018, n° 17-80.200, P n° 5).

En cas de **pluralité de prévenus**, « *une information collective suffit, ces dispositions n'exigeant pas qu'elle soit donnée à chacun des prévenus de manière distincte et individuelle* » (Crim. 27 juin 2018, n° 17-85.959. P, n° 126).

« *la notification du droit de se taire faite au prévenu lors de l'ouverture des débats n'a pas à être renouvelée à chaque reprise des débats, fusse-t-elle intervenue à la suite [d'une décision avant dire droit] ordonnant la réouverture des débats* » (Crim. 16 juin 2021, n° 19-86.630, P).

17.6 Le droit à l'assistance d'un avocat et sa portée

A. Les principes

1. La Convention européenne des droits de l'Homme, art. 6-3°

« *Tout accusé a droit notamment à : [...] c) se défendre lui-même ou avoir assistance d'un défenseur de son choix et, s'il n'a pas les moyens de rémunérer un défenseur, pouvoir être assisté gratuitement par un avocat d'office, lorsque les intérêts de la justice l'exigent.* »

2. Le pacte international relatif aux droits civils et politiques, art. 14, 3°

« *Toute personne accusée d'une infraction pénale a droit, en pleine égalité, au moins aux garanties suivantes : [...] b) [...] à communiquer avec le conseil de son choix ; [...] d) à être présente au procès et à se défendre elle-même ou à avoir l'assistance d'un défenseur de son choix ; si elle n'a pas de défenseur, à être informée de son droit d'en avoir un, et, chaque fois que l'intérêt de la justice l'exige, à se voir attribuer d'office un défenseur, sans frais, si elle n'a pas les moyens de le rémunérer.* ».

3. La « directive B », 22 mai 2012

La « *directive B* » prévoit que la personne poursuivie reçoit rapidement les informations concernant « *a) le droit à l'assistance d'un avocat, b) le droit de bénéficier de conseils juridiques gratuits et les conditions d'obtention de tels conseils* », tel qu'il s'applique dans le droit national. (Dir. 2012/13/UE (*directive B*), 22 mai 2012, art. 3, 1 a).

4. C. pr. pén., art. préliminaire, III

« *Toute personne suspectée ou poursuivie* […] *a le droit* […] *d'être assistée d'un défenseur.* ».

B. L'information relative au droit à l'assistance de l'avocat

Les citations (C. pr. pén., art. 388, v. n° **15.7C6**) ou les convocations (C. pr. pén., art. 390-1, v. n° **15.5B**) doivent contenir des informations relatives au droit à l'assistance d'un avocat et à la possibilité de bénéficier de conseils juridiques dans une structure d'accès au droit (L. n° 2014-535, 27 mai 2014).

C. La portée du droit à l'assistance d'un avocat

L'assistance par un avocat est obligatoire dans certaines hypothèses : CRPC (C. pr. pén., art. 495-8) ; comparution immédiate (art. 397) ; prévenu atteint d'une infirmité (art. 417, al. 4) ; audience criminelle (art. 317) ; minorité (Ord. n° 45-174, 2 févr. 1945, art. 4-1 devenu CJPM, art. L. 12-4), situations qui donneront lieu à la désignation d'un avocat d'office si l'intéressé n'a pas fait choix d'un avocat ; elle est facultative devant le tribunal correctionnel, sauf procédure de comparution immédiate (C. pr. pén., art. 417, al. 1) (v. n° **17.7**).

Il est de jurisprudence constante, qu'il s'agisse de l'assistance de l'avocat aux côtés de la personne gardée à vue (v. n° **12.22A**), de l'assistance du mis en examen lors de l'interrogatoire de première comparution (Crim. 20 juin 2001, n° 01-82.690, NP), ou de la défense du prévenu à l'audience, que « *la décision d'un barreau de suspendre sa participation aux audiences constitue une circonstance insurmontable justifiant que l'affaire soit retenue sans la présence d'avocats, d'autre part en refusant la désignation d'un avocat d'office et en quittant la salle d'audience, les prévenus n'ont pas entendu faire valoir de moyens de défense* » (Crim. 23 mai 2013, n° 12-83.780, P n° 115). « *La décision du barreau de suspendre pour une durée indéterminée sa participation aux audiences constituait une circonstance insurmontable justifiant, au regard des impératifs de l'espèce, que l'affaire fût retenue sans la présence d'un avocat* » (Crim. 8 juill. 2015, n° 14-86.400, P n° 177 ; dans le même sens, pour le contrôle des hospitalisations sous contrainte : Civ. 1re, 13 sept. 2017, n° 16-22.819, P n° 190).

En revanche, l'afflux massif de demandes de mise en liberté, bien qu'il paraisse trouver sa source dans une « grève du zèle » des avocats, ne constitue pas une circonstance insurmontable (Crim. 13 oct. 2020, n° 20-82.016, P) :

D. La protection par l'employeur privé du salarié poursuivi pour des faits non détachables des fonctions

« *investi par la loi du pouvoir de direction et de contrôle des salariés placés sous sa subordination juridique, l'employeur est tenu de garantir ceux-ci à raison des actes ou faits qu'ils passent ou accomplissent en exécution du contrat de travail* », ainsi, « *l'employeur* [*doit*] *prendre en charge les frais exposés par le salarié pour assurer sa défense* » lorsqu'il a « *agi dans le cadre de son activité professionnelle pour mener à bien une opération souhaitée par son employeur, et sans avoir abusé de ses fonctions à des fins personnelles* » (Soc. 5 juill. 2017, n° 15-13.702, P ; dans le même sens : Soc. 18 oct. 2006, n° 04-48.612, P V, n° 307).

Cette obligation tire son fondement de C. civ., art. 1194 (anct, art. 1135) selon lequel « *les contrats obligent non seulement à ce qui est exprimé, mais encore à toutes les suites qui leur donnent l'équité, l'usage ou la loi* ». Cette disposition du droit commun des contrats est applicable au contrat de travail par application de C. trav., art. L. 1221-1.

E. La protection fonctionnelle de l'agent public poursuivi pour une faute non détachable du service

« *Lorsque l'agent public fait l'objet de poursuites pénales à raison de faits qui n'ont pas le caractère d'une faute personnelle détachable de l'exercice de ses fonctions, la collectivité publique doit lui accorder sa protection* » (CGFP, art. L. 134-4, anc^t^ art. 11 II, L. n° 83-634, 13 juill. 1983).

Cette modalité de la protection fonctionnelle se traduit par la prise en charge par l'administration des frais et honoraires de son avocat.

Sur l'impossibilité pour le juge judiciaire de condamner civilement un agent public pour une faute non détachable de ses fonctions ou pour condamner un membre de l'enseignement public pour un dommage subi par un élève ou occasionné par lui, v. n° **16.12E** ; sur la protection fonctionnelle de l'agent public victime, v. n° **16.9**.

Le bénéfice de la protection fonctionnelle repose sur la distinction classique entre la faute personnelle et la faute de service (T. confl., 30 juill. 1873, Pelletier).

« *Si les fonctionnaires et agents des collectivités publiques ne sont pas pécuniairement responsables envers lesdites collectivités des conséquences dommageables de leurs fautes de service, il ne saurait en être ainsi lorsque le préjudice qu'ils ont causé à ces collectivités est imputable à des fautes personnelles détachables de l'exercice de leurs fonctions* », l'État est donc fondé à exercer son « *action récursoire à l'encontre de cet agent en se fondant sur le fait que la faute commise, bien qu'étant intervenue dans le service, avait le caractère d'une faute personnelle détachable de l'exercice par l'intéressé de ses fonctions* » (CE, 17 déc. 1999, n° 199598, *Lebon*).

Sur la protection fonctionnelle des agents publics de l'État, v. Circ. Min. du budget, des comptes publics et de la fonction publique, 5 mai 2008, B8 n° 2158.

17.7 La désignation d'office de l'avocat et les obligations de l'avocat commis d'office

A. La cour d'assises

Au moins cinq jours avant l'ouverture des débats (C. pr. pén., art. 277, sur l'interrogatoire de l'accusé avant l'audience, v. n° **17.31A1**), le président de la cour d'assises procède à un interrogatoire où il invite l'accusé à choisir un avocat pour l'assister dans sa défense. Si l'accusé n'en choisit pas, le président lui en désigne un d'office (C. pén., art. 274). À titre exceptionnel, le président peut autoriser l'accusé à prendre pour conseil un de ses parents ou amis (C. pr. pén., art. 275). Ces formalités doivent faire l'objet d'un procès-verbal (C. pr. pén., art. 276).

À l'audience, la présence d'un défenseur auprès de l'accusé est obligatoire ; si le défenseur choisi ou désigné d'office ne se présente pas, le président en commet un d'office (C. pr. pén., art. 317). Lorsque le défenseur de l'accusé n'est pas inscrit à un barreau, le président l'informe qu'il ne peut rien dire contre sa conscience ou le respect dû aux lois et qu'il doit s'exprimer avec décence et modération (C. pr. pén., art. 323).

L'accusé ne cesse de pouvoir communiquer librement avec son avocat, qui peut prendre sur place communication de toutes les pièces du dossier sans que cette communication puisse provoquer un retard dans la marche de la procédure (C. pr. pén., art. 278).

L'obligation de désignation d'office d'un avocat s'impose distinctement lorsque l'accusé est absent et n'a pas désigné d'avocat. En première instance, la procédure de défaut criminel permet à la cour de statuer « *sur l'accusation après avoir entendu la partie civile ou son avocat et les réquisitions du ministère public* » (C. pr. pén., art. 379-3), il s'en déduit que le président n'est pas tenu de désigner un défenseur pour l'accusé. Au stade de l'appel, la procédure de défaut criminel n'est pas applicable (sur ce point, v. n° **19.12D3**), il résulte de la combinaison de C. pr. pén., art. 274, 317 et 379-7, que « *le président de la cour d'assises doit désigner d'office un avocat à l'accusé appelant en fuite, qui n'a ni fait le choix ni sollicité la désignation d'un défenseur* » (§ 15) (Crim. 8 févr. 2023, n° 22-84.280, P).

B. Le tribunal correctionnel (C. pr. pén., art. 417)

Le prévenu qui comparait a la faculté de se faire assister par un défenseur. S'il n'en a pas fait choix avant l'audience et s'il demande cependant à être assisté, le président en commet un d'office. L'assistance d'un défenseur est obligatoire quand le prévenu est atteint d'une infirmité de nature à compromettre sa défense. Le défenseur ne peut être choisi ou désigné que parmi les avocats inscrits à un barreau (C. pr. pén., art. 417).

C. Le tribunal pour enfants

Le mineur poursuivi doit obligatoirement être assisté d'un avocat. À défaut de choix d'un avocat par le mineur ou ses représentants légaux, le procureur de la République, le juge des enfants ou le juge d'instruction fait désigner par le bâtonnier un avocat d'office (Ord. n° 45-174, 2 févr. 1945, art. 4-1 devenu CJPM, art. L. 12-4). Précisons que, « *dans la mesure du possible, le mineur est assisté par le même avocat à chaque étape de la procédure* » lorsqu'il est désigné d'office (CJPM, art. L. 12-4).

L'assistance obligatoire par un avocat s'impose même lorsque le mineur a atteint la majorité. Par deux avis, la C. cass. a estimé en effet que le majeur qui comparaît devant la juridiction pour mineurs pour des faits commis durant sa minorité, doit obligatoirement être assisté par un avocat, qu'il s'agisse de l'action publique (Cass., avis, 29 févr. 2016, n° 15-70.005, *Bull. avis,* n° 2) ou de l'action civile (Cass., avis, 27 mai 2017, n° 17-70.006, *Bull. avis,* n° 2). CJPM dispose désormais que la procédure applicable est déterminée « *selon l'âge du mineur à la date des faits* » (CJPM, art. L. 13-2).

Si les parents refusent de payer les honoraires de l'avocat qu'ils n'ont pas sollicité, notamment dans les situations familiales conflictuelles, la circulaire JUS J 02 900011C, 6 juin 2003, recommande aux bureaux d'aide juridictionnelle une appréciation souple de l'article 5 de la loi n° 91-647 du 10 juillet 1991, qui permet de ne pas tenir compte des ressources des personnes du foyer, en cas de divergence d'intérêt entre elles et le mineur, ou de l'article 6, qui permet d'accorder l'aide juridictionnelle quand la situation du bénéficiaire apparaît particulièrement digne d'intérêt.

D. Le tribunal de police

Si le prévenu peut bien évidemment être assisté d'un avocat, choisi et rémunéré par lui, ou désigné sur sa demande dans le cadre de l'aide juridictionnelle, il n'existe cependant pas de disposition autorisant le président à commettre un avocat d'office devant le tribunal de police.

E. Les obligations de l'avocat commis d'office

L'avocat régulièrement commis d'office par le bâtonnier ou par le président de la cour d'assises ne peut refuser son ministère sans faire approuver ses motifs d'excuse ou d'empêchement par le bâtonnier ou par le président (L. n° 71-1130, 31 déc. 1971, art. 9).

Les avocats sont tenus de déférer aux désignations et commissions d'office, sauf motif légitime d'excuse ou d'empêchement admis par l'autorité qui a procédé à la désignation ou à la commission (D. n° 91-1197, 27 nov. 1991, art. 159, devenu D. n° 2005-790, 12 juill. 2005, portant déontologie de la profession d'avocat, art. 6).

17.8 La rémunération de l'avocat choisi

Les honoraires de consultation, d'assistance, de conseil et de plaidoirie sont fixés en accord avec le client (L. n° 71-1130, 31 déc. 1971, art. 10). À défaut de convention entre l'avocat et son client, l'honoraire est fixé selon les usages, en fonction de la situation de fortune du client, de la difficulté de l'affaire, des frais exposés par l'avocat, de sa notoriété et des diligences de celui-ci. Toute fixation d'honoraire exclusivement fonction du résultat judiciaire est interdite ; mais est licite la convention prévoyant la fixation d'un honoraire complémentaire en fonction du résultat obtenu ou du service rendu (L. n° 71-1130, 31 déc. 1971, art. 10).

« *À défaut de convention entre l'avocat et son client, les honoraires sont fixés selon les usages, en fonction de la situation de fortune du client, de la difficulté de l'affaire, des frais exposés par l'avocat, de la notoriété et des diligences de celui-ci. L'avocat chargé d'un dossier peut demander des honoraires à son client même si ce dossier lui est retiré avant sa conclusion, dans la mesure du travail accompli. L'avocat informe son client, dès sa saisine, puis de manière régulière, des modalités de détermination des honoraires et de l'évolution prévisible de leur montant. Le cas échéant, ces informations figurent dans la convention d'honoraires. Sauf si l'avocat intervient en urgence devant une juridiction, une telle convention est obligatoire lorsque l'avocat est rémunéré, en tout ou partie, au titre d'un contrat d'assurance de protection juridique. Des honoraires forfaitaires peuvent être convenus. L'avocat peut recevoir d'un client des honoraires de manière périodique, y compris sous forme forfaitaire. La rémunération d'apports d'affaires est interdite* » (D. n° 2005-790, 12 juill. 2005, art. 10). L'avocat doit conduire jusqu'à son terme l'affaire dont il est chargé, sauf si son client l'en décharge ou si lui-même décide de ne pas poursuivre sa mission, sous réserve, dans ce dernier cas, que le client soit prévenu en temps utile pour pourvoir à la défense de ses intérêts. Il doit observer les règles de prudence qu'inspire la sauvegarde des intérêts qui lui sont confiés par ses clients (L. n° 71-1130, 31 déc. 1971, art. 156).

Les contestations concernant le montant et le recouvrement des honoraires peuvent être portées par le client devant le bâtonnier par lettre recommandée avec accusé de réception, ou devant le président du tribunal judiciaire si la contestation porte sur les honoraires du bâtonnier. Le bâtonnier doit statuer dans les trois mois après avoir, ou le rapporteur désigné par lui, recueilli préalablement les observations de l'avocat et du client (L. n° 71-1130, 31 déc. 1971, art. 174 et 175). La décision est susceptible de recours devant le premier président de la cour d'appel, dans le mois de sa notification par lettre recommandée avec accusé de réception (L. n° 71-1130, 31 déc. 1971, art. 176).

La décision du bâtonnier, lorsqu'elle n'a pas été déférée au premier président de la cour d'appel, peut être rendue exécutoire par ordonnance du président du tribunal judiciaire rendue sur requête de l'avocat ou du client (L. n° 71-1130, 31 déc. 1971, art. 178).

Soulignons que l'auteur de l'infraction peut être condamné à payer les frais d'avocat exposés par la victime au titre de C. pr. pén., art. 475-1 (sur cette disposition, v. n° **16.12G**).

Par ailleurs, l'assurance de protection juridique de l'auteur de l'infraction comme celui de la victime peut avoir pour objet la prise en charge « *des frais de procédure [...] en cas de différend ou de litige opposant l'assuré à un tiers, en vue notamment de défendre ou représenter en demande l'assuré dans une procédure [...] pénale* » (C. assur., art. L. 127-1).

17.9 Les conditions d'octroi de l'aide juridictionnelle

A. L'absence de conditions de nationalité ou de résidence pour la personne poursuivie

Pour « *faire valoir leurs droits en justice* », si elles justifient de ressources insuffisantes auprès du bureau d'aide juridictionnelle, les personnes physiques de nationalité française, les ressortissants de l'Union européenne, ainsi que les étrangers sans condition de résidence habituelle et régulière en France, peuvent bénéficier de l'aide juridictionnelle lorsqu'elles sont mineures, mises en examen, prévenues, accusées ou condamnées ou lorsqu'elles font l'objet de la procédure de comparution sur reconnaissance de culpabilité (L. n° 91-647, 10 juill. 1991, art. 2 et 3). Notons que L. n° 91-647, 10 juill. 1991, art. 7 ajoute indirectement le témoin assisté (sur le statut du témoin assisté, v. n° **11.77**) à cette liste de personnes éligibles à l'aide juridictionnelle, à laquelle l'exigence de résidence habituelle et régulière en France semble toutefois s'imposer s'il est étranger. Les conditions particulières d'octroi de l'aide juridictionnelle à la victime constituée partie civile, laquelle est également soumise aux conditions de ressources ici exposées, sont précisées au **16.6C**.

La commission d'office de l'avocat (v. la commission d'office au nº 17.7) n'a pas pour conséquence l'attribution d'office de l'aide juridictionnelle. Le contrôle des ressources est dans ce cas effectué *a posteriori* par le bureau d'aide juridictionnelle. Il appartient alors à l'avocat désigné au titre de la commission d'office de déposer la demande d'aide juridictionnelle au nom de la personne après l'exécution de sa mission, en fournissant les justificatifs relatifs à sa situation économique. Il peut être suppléé à l'absence de ces justificatifs par la production d'une attestation établie par le greffe à la demande de l'avocat, relative aux déclarations faites à l'audience par le prévenu sur sa situation économique et sociale (Circ. Sadjav/Baj/2016/02, 7 juill. 2016, nº 2.5).

B. Les conditions de ressources : le revenu fiscal de référence et la composition du patrimoine

Le calcul des conditions de ressources permettant l'octroi de l'aide juridictionnelle a été modifié depuis le 1er janv. 2021 par application de L. nº 2020-1721, 29 déc. 2020, modifiant L. nº 91-647, 10 juill. 1991, et du D. nº 2020-1717, 28 déc. 2020, se substituant au précédent D. nº 91-1266, 19 déc. 1991 désormais abrogé.

L'aide juridictionnelle n'est plus accordée, totalement ou partiellement, en considération de la moyenne mensuelle des ressources de toute nature dont le demandeur a directement ou indirectement la jouissance ou la disposition durant la dernière année civile écoulée à la date du dépôt de la demande (selon les dispositions antérieures de L. nº 91-647, 10 juill. 1991, art. 5 et D. nº 91-1266, 19 déc. 1991, art. 1).

Son octroi dépend désormais des plafonds annuels définis par décret en fonction de l'évolution des prix hors tabac (L. nº 91-647, 10 juill. 1991, art. 4, D. nº 2020-1717, 28 déc. 2020, art. 3), portant, d'une part, sur le revenu fiscal de référence (RFR) le plus récent (D. nº 2020-1717, 28 déc. 2020, art. 3), d'autre part, sur la valeur du patrimoine immobilier (égal à deux fois le plafond d'admission à l'AJ) ou mobilier (égal au plafond d'AJ) (D. nº 2020-1717, 28 déc. 2020, art. 5).

Ces deux critères d'éligibilité sont cumulatifs : une personne dont le RFR justifie l'octroi de l'aide juridictionnelle totale ou partielle en est ainsi exclue si son patrimoine immobilier ou mobilier dépasse le plafond (D. nº 2020-1717, 28 déc. 2020, art. 5).

La valeur du patrimoine immobilier ou mobilier est celle du patrimoine dont la personne dispose « *au jour de la demande* » (D. nº 2020-1717, 28 déc. 2020, art. 5). Comme dans le droit antérieur, la situation d'endettement n'est pas prise en compte pour la détermination du droit à l'aide juridictionnelle. Toutefois, « *Les biens qui ne pourraient être vendus ou donnés en gage sans entraîner un trouble grave pour les intéressés ne sont pas pris en compte* » (L. nº 91-647, 10 juill. 1991, art. 4 III). Pour cette raison, « *la résidence principale du demandeur n'est pas prise en compte dans l'estimation du patrimoine immobilier* » (D. nº 2020-1717, 28 déc. 2020, art. 5). Il en est de même pour les « *biens destinés à l'usage professionnel* » selon Circ. SG nº 20-001, 30 déc. 2020, NOR : JUST2037194C.

Lorsque les ressources du demandeur à l'aide juridictionnelle ont évolué depuis l'avis d'imposition le plus récent, « *le montant pris en compte pour apprécier le droit à l'aide juridictionnelle ou à l'aide à l'intervention de l'avocat correspond au double du montant des revenus imposables perçus par le foyer fiscal au cours des 6 derniers mois après abattement de 10 %* » (D. nº 2020-1717, 28 déc. 2020, art. 4). Il en est de même en cas d'absence de RFR établi par l'administration fiscale (D. nº 2020-1717, 28 déc. 2020, art. 8).

Pour l'instruction de la demande, le bureau d'aide juridictionnelle peut recueillir tous renseignements sur la situation financière de l'intéressé, notamment auprès des « *organismes qui assurent la gestion des prestations sociales* » (L. nº 91-647, 10 juill. 1991, art. 21).

Les conditions de ressources et de patrimoine sont chaque année fixées par décret (L. nº 91-647, 10 juill. 1991, art. 4), suivi d'une circulaire d'application émanant du secrétariat général du ministère de la justice, service de l'accès au droit et à la justice et de l'aide aux victimes (SADJAV).

L'aide juridictionnelle peut être totale (100 %) ou partielle, selon deux taux de 55 % ou de 25 %, représentant la part contributive de l'État versée à l'avocat ou à l'officier ministériel qui prête son concours au bénéficiaire (D. n° 2020-1717, 28 déc. 2020, art. 1 et 101), elle est déterminée en fonction du seul plafond de ressources et le dépassement du seuil de patrimoine en fait perdre le bénéfice. Ainsi, une personne éligible à l'aide juridictionnelle au taux de 100 % ne peut bénéficier d'une aide partielle à 55 % au prorata d'un calcul prenant en compte l'ampleur du dépassement du seuil de patrimoine qui lui est opposé.

C. Les correctifs aux conditions de ressources

Comme dans le droit antérieur, les plafonds de ressources et de patrimoine sont relevés en fonction « *de la composition du foyer fiscal* » (L. n° 91-647, 10 juill. 1991, art. 4), par un coefficient de majoration de 0,18 (soit 18 %) pour la deuxième personne du foyer fiscal, et de 0,1137 (soit 11,37 %) par personne à partir de la troisième (D. n° 2020-1717, 28 déc. 2020, art. 6).

Le RFR sert désormais de référence unique pour le calcul des revenus et des charges de l'exercice et simplifie donc l'instruction de la demande d'aide juridictionnelle. Il n'y a en effet plus lieu, à la différence du droit antérieur, de déduire les pensions alimentaires dues par la personne (anc[t] D. n° 91-1266, 19 déc. 1991, art. 34 10°) ; de déduire du revenu imposable les prestations sociales énumérées au CSS, art. L. 511-1 ou les prestations sociales à objet spécialisé visées au CASF, art. R. 262-11, l'APL prévue au CCH, art. L. 351-1, l'allocation logement (CSS, art. L. 831-1) ou le RSA (CASF, art. 262-1) (anc[t] D. n° 91-1266, 19 déc. 1991, art. 2) ; ou d'intégrer dans le revenu imposable certaines prestations spécialisées, telles que l'allocation supplémentaire d'invalidité, l'allocation adulte handicapé et la majoration pour vie autonome (CSS, art. L. 821-1-2), l'allocation personnalisée d'autonomie, l'allocation de demandeur d'asile, l'allocation de solidarité spécifique (C. trav., art. L. 5423-1), les indemnités journalières de maladie, maternité ou accident du travail (Anc[t] Circ. Sadjav/Baj/2016/02, 7 juill. 2016, n° 1.2.1).

Mentionnons toutefois qu'en Polynésie française, le droit au bénéfice de l'aide juridictionnelle est apprécié au regard de « *la moyenne mensuelle des ressources de la dernière année civile, après abattement de 10 %* » et que sont exclues de l'assiette des ressources les « *prestations familiales ou sociales ainsi que les aides au logement attribuées localement* » (D. n° 2020-1717, 28 déc. 2020, art. 165).

L'aide juridictionnelle peut à titre exceptionnel être accordée aux personnes excédant les plafonds de ressources ci-dessus lorsque leur situation apparaît particulièrement digne d'intérêt au regard de l'objet du litige ou des charges prévisibles du procès (L. n° 91-647, 10 juill. 1991, art. 6).

En principe, l'aide juridictionnelle peut être refusée par le bureau d'aide juridictionnelle, nonobstant ses conditions de ressources, à la personne dont l'action apparaît « *manifestement, irrecevable, dénuée de fondement ou abusive en raison notamment du nombre des demandes, de leur caractère répétitif ou systématique* » (L. n° 91-647, 10 juill. 1991, art. 7 ; D. n° 2020-1717, 28 déc. 2020, art. 50). Cette limite ne peut toutefois être opposée « *au défendeur à l'action, à la personne civilement responsable, au témoin assisté, à la personne mise en examen, au prévenu, à l'accusé, au condamné et à la personne faisant l'objet de la procédure de comparution sur reconnaissance préalable de culpabilité* », ce qui exclut donc la plupart des situations en matière pénale, à l'exception notable de celle de la victime lorsqu'il s'agit de sa plainte avec constitution de partie civile saisissant le juge d'instruction ou le tribunal correctionnel, la constitution de partie civile par voie d'intervention devant le juge d'instruction ou la juridiction répressive ne pouvant pour sa part passer pour dénuée de sérieux puisque les poursuites ont été engagées dans ce cas par le ministère public (L. n° 91-647, 10 juill. 1991, art. 7). En revanche, « *en matière de cassation, l'aide juridictionnelle est refusée au demandeur* [au pourvoi] *si aucun moyen de cassation sérieux ne peut être relevé* » (L. n° 91-647, 10 juill. 1991, art. 7).

D. Tableaux des conditions de ressources et de patrimoine pour l'octroi de l'aide juridictionnelle

Tableau 37 : Conditions de ressources pour l'octroi de l'aide juridictionnelle

Revenu fiscal de référence (RFR) pour obtenir l'aide juridictionnelle en 2023 (D. n° 2020-1717, 28 déc. 2020, art. 3)

Nombre de personnes à charge	Taux de prise en charge de l'aide juridictionnelle par l'État : 100 % si le RFR est compris entre		55 % si le RFR est compris entre		25 % si le RFR est compris entre	
	≥	≤	≥	≤	≥	≤
1	0	12 271	12 272	14 505	14 506	18 404
2	0	14 480	14 481	16 714	16 715	20 613
3	0	16 689	16 690	18 922	18 923	22 822
4	0	18 084	18 085	20 318	20 319	24 217
5	0	19 480	19 481	21 713	21 714	25 612
6	0	20 875	20 871	23 108	23 109	27 007
7	0	22 270	22 271	24 503	24 504	28 403
8 s	0	+ 1 395	+ 1 395	+ 1 395	+ 1 395	+ 1 395

Tableau établi d'après Circ. SG SADJAV, 17 janv. 2023, NOR : JUST2301654C

Les correctifs sont en 2023 de + 2 209 € pour les deux premières personnes du foyer fiscal et de + 1 395 € à partir de la 3e personne à charge.

NB. Le montant figurant en **rouge** dans le tableau ci-dessus constitue le plafond au-delà duquel l'aide juridictionnelle totale ou partielle ne peut être obtenue. Ce plafond sert de référence pour l'indemnisation plafonnée de certains préjudices par la CIVI (v. n° **16.19A2** et **16.19A3**)

Tableau 38 : Seuils de patrimoine excluant l'octroi de l'aide juridictionnelle

Nombre de personnes à charge	Plafond immobilier (hors résidence principale et biens à usage professionnel)	Plafond mobilier (hors biens à usage professionnel)
1	14 480	12 271
2	16 689	14 480
3	18 084	16 689
4	19 480	18 084
5	20 875	19 480
6	22 270	20 875
7	14 480	22 270
8 s.	+ 4 815 (par personne supplémentaire)	+ 1 395 (par personne supplémentaire)

Tableau établi d'après Circ. SG SADJAV, 17 janv. 2023, NOR : JUST2301654C

17.10 L'obligation de comparaître de l'accusé ou du prévenu et ses modalités

A. Le principe de l'obligation de comparaître et le droit d'assister à son procès

« *1. Les États membres veillent à ce que les suspects et les personnes poursuivies aient le droit d'assister à leur procès.*

« *2. Les États membres peuvent prévoir qu'un procès pouvant donner lieu à une décision statuant sur la culpabilité ou l'innocence du suspect ou de la personne poursuivie peut se tenir en son absence, pour autant que: a) le suspect ou la personne poursuivie ait été informé, en temps utile, de la tenue du procès et des conséquences d'un défaut de comparution; ou b) le suspect ou la personne poursuivie, ayant été informé de la tenue du procès, soit représenté par un avocat mandaté, qui a été désigné soit par le suspect ou la personne poursuivie, soit par l'État.* » (Dir. (UE) 2016/343, 9 mars 2016, art. 8).

Cette disposition ne « *s'oppose pas à une réglementation nationale prévoyant l'obligation pour les suspects et les personnes poursuivies dans le cadre d'une procédure pénale d'assister à leur procès* », mais elle « *s'oppose à une réglementation d'un État membre permettant la tenue d'un procès en l'absence du suspect ou de la personne poursuivie, alors que cette personne se trouve en dehors de cet État membre et dans l'impossibilité d'entrer sur le territoire de celui-ci, en raison d'une interdiction d'entrée adoptée à son égard par les autorités compétentes dudit État membre* » (CJUE, 15 sept. 2022, n° C-420/20, *HN c/ Sofiyska rayonna prokuratura*, § 67).

B. L'obligation de comparaître devant la cour d'assises

Le président peut ordonner que l'accusé qui n'est pas placé en détention provisoire et qui ne comparaît pas à l'audience soit amené devant la cour d'assises par la force publique (C. pr. pén., art. 320-1).

La cour peut également décider de renvoyer l'affaire à une audience ultérieure, après avoir décerné mandat d'arrêt contre l'accusé absent si un tel mandat n'a pas déjà été décerné (C. pr. pén., art. 379-2).

Pendant le déroulement de l'audience, la cour peut également décerner mandat d'arrêt (C. pr. pén., art. 272-1) ou ordonner le placement de l'accusé sous contrôle judiciaire.

La décision est réputée contradictoire « *si l'absence du condamné au cours des débats est constatée alors que les interrogatoires de l'accusé sur les faits et sur la personnalité ont déjà été réalisés* » (C. pr. pén., art. 379-2, réd. L. n° 2016-731, 3 juin 2016). S'il s'agit d'un procès en appel tenu à la suite du recours de l'accusé, la décision est réputée contradictoire en cas d'absence non justifiée de l'accusé à l'ouverture ou au cours de l'audience (C. pr. pén., art. 379-7, réd. L. n° 2016-731, 3 juin 2016). Dans les deux cas, les délais d'appel ou de pourvoi en cassation courent à compter de la date à laquelle l'arrêt a été porté à la connaissance de l'accusé.

C. L'obligation de comparaître devant le tribunal correctionnel

Le prévenu régulièrement cité à personne ou qui a eu connaissance de la citation est tenu de comparaître, à moins qu'il ne fournisse une excuse valable (C. pr. pén., art. 410). Le droit fixe de procédure est majoré en cas d'absence (v. n° **18.16C**).

S'il estime devoir forcer le prévenu absent à comparaître, le tribunal peut ordonner le renvoi de l'affaire et décerner mandat d'amener contre lui, à condition toutefois que la peine encourue soit $\geqslant$ 2 ans, et que l'intéressé ait effectivement eu connaissance de la citation (C. pr. pén., art. 410-1). Dans les mêmes conditions, le tribunal peut aussi décerner mandat d'arrêt (C. pr. pén., art. 410-1).

D. Les modalités de sécurisation de la comparution à l'audience

D'une façon générale, « *les mesures de contraintes dont la personne [...] poursuivie peut faire l'objet sont prises sur décision ou sous le contrôle effectif de l'autorité judiciaire. Elles doivent être strictement limitées aux nécessités de la procédure, proportionnées à la gravité de l'infraction reprochée et ne pas porter atteinte à la dignité de la personne* » (C. pr. pén., art. préliminaire). Devant la cour d'assises, « *L'accusé comparaît libre et seulement accompagné de gardes pour l'empêcher de s'évader* » (C. pr. pén., art. 318). C. pr. pén., art. 803 limite strictement le port des menottes ou d'entrave aux cas de danger ou de fuite. Enfin, en cohérence avec ces dispositions de droit interne, les mesures appropriées doivent être prises afin que « *les suspects et les personnes poursuivies ne soient pas présentés, à l'audience ou en public, comme étant coupables par le recours à des mesures de contrainte physique* », sans préjudice des mesures nécessaires pour assurer, au cas d'espèce, la sécurité ou empêcher la fuite ou le contact avec les tiers (Dir. (UE) 2016/343, 9 mars 2016, art. 5).

La Ch. crim approuve la cour d'assises qui, saisie d'une demande de comparution en dehors d'un box vitré au visa de Conv. EDH, art. 6, de la directive (UE) 2016/343, 9 mars

2016, art. 5, de C. pr. pén, art. préliminaire et 318, rejette la demande par arrêt incident au motif, relevant de son appréciation souveraine, que « *le dispositif de sécurité consistant en un enclos de verre est licite dès lors que l'accusé y est libre de ses mouvements, sans entrave et qu'il existe un dispositif permettant à ce même accusé de communiquer librement et secrètement avec ses avocats ; qu'en conséquence, qu'en l'espèce le dispositif critiqué apparaît proportionné et nécessaire sans porter atteinte, ni à la présomption d'innocence, ni à la dignité des personnes, ni aux droits de la défense* » (Crim. 10 avr. 2019, n° 18-83.053) ; dans le même sens, ajoutant que les précédentes condamnations du prévenu rendaient le box vitré « *nécessaire à la sécurité de l'audience* » (§ 10) : Crim. 18 nov. 2020, n° 20-84.893, P.

E. L'obligation et les modalités de comparution du mineur : le droit à l'accompagnement à l'audience (Ord. n° 45-174, 2 févr. 1945, art. 6-2)

Le droit à l'accompagnement du mineur à tous les stades de la procédure, issu de la transposition par la L. n° 2019-222, 23 mars 2019, de la directive (UE) 2016/800 du Parlement et du Conseil du 11 mai 2016 « *relative à la mise en place de garanties procédurales en faveur des enfants qui sont des suspects ou des personnes poursuivies dans le cadre des procédures pénales* », trouve son expression dans le droit du « *mineur .../...poursuivi.../... d'être accompagné par les titulaires de l'autorité parentale.../... à chaque audience au cours de la procédure* », ou par un « *adulte approprié* » (Ord. n° 45-174, 2 févr. 1945, art. 6-2, en vigueur depuis le 1er juin 2019, devenu CJPM, art. L. 311-1) (sur le droit à l'accompagnement au cours de l'enquête, la désignation et le rôle de l'adulte approprié, v. n° **11.75**).

« *Cet accompagnement aux audiences est donc en principe obligatoire. Il concerne toutes les audiences .../...devant les juridictions de jugement (juge des enfants, tribunal pour enfants, cour d'assises des mineurs, chambre spécialisée de la cour d'appel)* » (Circ. Crim. 2019-14/H2, 27 mai 2019, JUSD 1915418C, n° 3.2.1).

À cette fin, Ord. n° 45-174, 2 févr. 1945, art. 10, al. 2 (devenu CJPM, art. L. 311-1), prévoit la convocation simultanée du mineur et de ses parents, tuteur, personne qui en a la garde ou son représentant.

F. Le droit d'être entendu par l'intermédiaire de l'avocat sans comparaître

1. L'intervention de l'avocat en l'absence d'un mandat de représentation écrit

• **Devant la cour d'assises**, l'accusé absent est jugé selon la procédure du défaut criminel (C. pr. pén., art. 379-2 s., procédure comparable au défaut correctionnel, qui remplace celle de la contumace). Si un avocat est présent pour assurer la défense de ses intérêts, les débats se déroulent devant la cour selon les règles ordinaires, sauf les dispositions relatives à l'interrogatoire ou à la présence de l'accusé. L'avocat peut donc intervenir au cours des débats et il est entendu en sa plaidoirie (C. pr. pén., art. 379-2 et 379-3). Rappelons que la désignation d'office d'un avocat ne s'impose pas en première instance dans la procédure de défaut criminel, tandis qu'elle s'impose au stade de l'appel (sur ce point, v. nos **17.7A** et **19.12D3** ; Crim. 8 févr. 2023, n° 22-84.280, P).

• **Devant le tribunal correctionnel ou de police**, dans le cas où le prévenu non comparant a été régulièrement cité, qu'il ait eu ou non connaissance de la citation, l'avocat qui se présente pour assurer sa défense doit être entendu s'il en fait la demande. Le jugement est alors contradictoire à signifier (C. pr. pén., art. 410, 412 et 544) (sur l'appel du jugement contradictoire à signifier, v. n° **19.5B1**).

> V. aussi tableau sur les modalités et effets de la citation, n° **15.8**.

2. L'intervention de l'avocat muni d'un mandat écrit de représentation

La loi n'a pas introduit de régime différent dans le cas où, devant la cour d'assises, l'avocat ne dispose pas de mandat écrit de représentation, il convient donc de se référer aux règles ci-dessus.

Devant le tribunal correctionnel ou de police (C. pr. pén., art. 411 et 544) le prévenu peut, quelle que soit la peine encourue, par lettre adressée au président du tribunal et qui est jointe au dossier de la procédure, demander à être jugé en son absence et représenté à l'audience par son avocat ou par un avocat commis d'office. L'avocat peut intervenir au cours des débats et il est entendu en sa plaidoirie.

Si le tribunal dispose d'un mandat écrit de représentation, le prévenu est jugé contradictoirement et le délai d'appel court donc dès le jugement (sur l'appel du jugement contradictoire, v. nº **19.5A**), et ce quelles que soient les conditions dans lesquelles il a été cité. Lorsqu'un « *avocat se présentant pour assurer la défense d'un prévenu absent poursuivi devant la juridiction correctionnelle dépose des conclusions, il s'en déduit qu'il agit en vertu d'un mandat de représentation et la décision à intervenir est rendue contradictoirement* » Crim. 14 oct. 2008, nº 08-81.617, P nº 207. Cette règle résulte de C. pr. pén., art. 498 2.

Il y a lieu de souligner que les peines de stage de citoyenneté, de Tig et de sursis assorti de l'obligation d'accomplir un Tig, qui supposent l'accord préalable du prévenu présent, peuvent néanmoins être prononcées « *lorsque le prévenu, absent à l'audience, a fait connaître par écrit son accord et qu'il est représenté par un avocat* » (C. pén., art. 131-5-1, 131-8 et 132-54, mod. L. nº 2016-731, 3 juin 2016).

Si le tribunal estime nécessaire la comparution du prévenu, il peut ordonner celle-ci et renvoyer l'affaire à une audience ultérieure, le procureur de la République procède alors à une nouvelle citation.

Si le prévenu régulièrement cité ne comparaît pas à l'audience de renvoi, le tribunal peut à nouveau renvoyer l'affaire et, par décision spéciale et motivée, après avoir entendu l'avocat présent, décerner mandat d'amener ou d'arrêt si la peine encourue est ⩾ 2 ans.

Dans tous les cas, le jugement est contradictoire à signifier si l'avocat du prévenu qui a demandé à être jugé en son absence n'est pas présent à l'audience (C. pr. pén., art. 411).

> V. aussi tableau sur les modalités et effets de la citation, nº **15.8**.

G. L'ÉTAT MENTAL OU PHYSIQUE EMPÊCHANT LA COMPARUTION PERSONNELLE ET L'EXERCICE DE LA DÉFENSE (C. PR. PÉN., ART. 10)

La L. nº 2019-222, 23 mars 2019, qui a introduit la possibilité pour la juridiction répressive de statuer sur l'action civile « *Lorsque l'état mental ou physique d'une personne citée ou renvoyée devant une juridiction de jugement rend durablement impossible sa comparution personnelle dans des conditions lui permettant d'exercer sa défense* » (v. nº **16.13A4**), a explicitement consacré qu'une telle situation de fait empêche le jugement sur l'action publique et suspend la prescription (sur les causes de suspension de l'action publique, v. nº **17.22**) (C. pr. pén., art. 10, L. nº 2019-222, 23 mars 2019).

Au visa de Conv. EDH, art. 6, C. pr. pén., art. prélim. et 470, la Ch. crim. juge « *qu'il se déduit de ces textes qu'il ne peut être statué sur la culpabilité d'une personne que l'altération de ses facultés physiques ou psychiques met dans l'impossibilité de se défendre personnellement contre l'accusation dont elle fait l'objet, fût-ce en présence de son tuteur et assistée d'un avocat ; qu'en l'absence de l'acquisition de la prescription de l'action publique ou de disposition légale lui permettant de statuer sur les intérêts civils* [sur ce point, v. désormais C. pr. pén., art. 10 ci-dessus], *la juridiction pénale, qui ne peut interrompre le cours de la justice, est tenue de renvoyer l'affaire à une audience ultérieure et ne peut la juger qu'après avoir constaté que l'accusé ou le prévenu a recouvré la capacité à se défendre* » et ne peut dans un tel cas « *relaxer le prévenu pour un motif non prévu par la loi* » (Crim. 5 sept. 2018, nº 17-84.402, P nº 149).

Dans le même sens, elle juge au visa des mêmes textes « *que, lorsque l'altération des facultés d'une personne mise en examen est telle que celle-ci se trouve dans l'impossibilité de se défendre personnellement contre l'accusation dont elle fait l'objet, fût-ce en présence de son tuteur ou de son curateur et avec l'assistance d'un avocat, il doit être sursis à son renvoi devant la juridiction de jugement après constatation que l'intéressé a recouvré la capacité à se défendre* » (Crim. 19 sept. 2018, nº 18-83.868, P nº 161).

Enfin, il incombe à la juridiction d'ordonner les mesures d'instruction nécessaires à l'appréciation de la capacité de comparaître de la personne : « *lorsque l'altération des facultés physiques ou mentales d'un prévenu est telle qu'elle est incompatible avec sa participation personnelle à la procédure, il appartient aux juges de vérifier qu'il est accessible à une sanction pénale et de s'assurer de la mise en oeuvre de garanties spéciales de procédure lui permettant d'exercer effectivement les droits de la défense* » (Crim. 11 juill. 2017, n° 16-82.960, n° 201).

17.11 La publicité des débats et le huis clos

A. Le principe : la publicité des débats

« *Toute personne a droit à ce que sa cause soit entendue [...] publiquement [...]. Le jugement doit être rendu publiquement, mais l'accès de la salle d'audience peut être interdit à la presse et au public pendant la totalité ou une partie du procès dans l'intérêt de la moralité, de l'ordre public ou de la sécurité nationale dans une société démocratique, lorsque les intérêts des mineurs ou la protection de la vie privée des parties au procès l'exigent, ou dans la mesure jugée strictement nécessaire par le tribunal, lorsque dans des circonstances spéciales la publicité serait de nature à porter atteinte aux intérêts de la justice.* » (Conv. EDH, art. 6, 1°).

« *La publicité des débats judiciaires constitue un principe fondamental consacré par l'article 6 § 1. Ladite publicité protège les justiciables contre une justice secrète échappant au contrôle du public ; elle constitue aussi l'un des moyens de contribuer à préserver la confiance dans les cours et tribunaux. Par la transparence qu'elle donne à l'administration de la justice, elle aide à atteindre le but de l'article 6 § 1 : le procès équitable, dont la garantie compte parmi les principes de toute société démocratique au sens de la Convention* » (§ 45) (CEDH, 24 nov. 1997, n° 138/1996/757/956, *Werner c/Autriche* ; v. aussi 26 sept. 1995, série A n° 325-A, § 33, *Diennet c/ France* ; 22 févr. 1984, série A n° 74, *Sutter c/ Suisse*, § 26).

« *Toute personne a droit à ce que sa cause soit entendue [...] publiquement [...]. Le huis clos peut être prononcé pendant la totalité ou une partie du procès soit dans l'intérêt des bonnes mœurs, de l'ordre public ou de la sécurité nationale dans une société démocratique, soit lorsque l'intérêt de la vie privée des parties en cause l'exige, soit encore dans la mesure où le tribunal l'estimera absolument nécessaire, lorsqu'en raison des circonstances particulières de l'affaire la publicité nuirait aux intérêts de la justice ; cependant, tout jugement rendu en matière pénale ou civile sera public, sauf si l'intérêt de mineurs exige qu'il en soit autrement ou si le procès porte sur des différends matrimoniaux ou sur la tutelle des enfants.* » (Pacte international relatif aux droits civils et politiques, art. 14, 3°).

« *il résulte de la combinaison des articles 6, 8, 9 et 16 de la Déclaration de 1789 que le jugement d'une affaire pénale pouvant conduire à une privation de liberté doit, sauf circonstances particulières nécessitant le huis clos, faire l'objet d'une audience publique* » (§ 117) (Cons. const. 2 mars 2004, n° 2004-492 DC).

« *[...] La publicité des débats judiciaires est une règle d'ordre public à laquelle il ne peut être dérogé que dans les cas limitativement déterminés par la loi ; [...] selon les articles 400, alinéa 2, et 512 du code de procédure pénale, le huis clos ne peut être ordonné que si le tribunal ou la cour d'appel constate dans le jugement ou l'arrêt que la publicité est dangereuse pour l'ordre ou les mœurs* » (Crim. 17 oct. 2001, n° 01-80.399, P n° 212). Est ainsi irrégulière une mesure de huis clos prononcée, même avec l'accord des parties, en raison des perturbations engendrées par un « *mouvement de protestation du barreau qui entendait interdire la poursuite de l'audience* » car ces troubles ne « *constituaient pas un danger pour l'ordre ou les mœurs justifiant le huis clos* » et il appartenait au président d'ordonner l'expulsion des personnes qui troublaient l'audience (Crim. 20 févr. 2019, n° 18-82.915, P n° 44).

La mauvaise exécution d'une mesure de huis clos régulièrement ordonnée par la juridiction ne fait pas toutefois pas grief à la personne poursuivie : « *Le huis clos constituant une dérogation à la règle de publicité des débats, son interruption et le retour éventuel à la publicité n'affectent à aucun degré les droits de la défense et ne sauraient autoriser de sa part aucune critique* » (Crim. 19 avr. 2000, n° 99-85.061, P n° 156 – Crim. 8 mars 2000, n° 99-82.398, P n° 108 – Crim. 20 déc. 2000, n° 00-82.011, NP).

Notons que le principe de publicité n'autorise pas l'enregistrement sonore ou audiovisuel des débats par une personne de l'assistance, qui est pénalement incriminé (v. n° 17.14A).

B. Le huis clos devant la cour d'assises (C. pr. pén., art. 306)

Les débats sont publics, à moins que la publicité ne soit dangereuse pour l'ordre ou les mœurs. Lorsque les poursuites sont exercées du chef de viol ou de tortures et actes de barbarie accompagnés d'agressions sexuelles, « *de traite des êtres humains ou de proxénétisme aggravé* » (L. n° 2016-444, 13 avr. 2016), le huis clos est de droit si la victime partie civile ou l'une des victimes parties civiles le demande. Dans les autres cas, le huis clos ne peut être ordonné que si la victime partie civile ou l'une des victimes parties civiles ne s'y oppose pas.

« *D'une part, en réservant cette prérogative à cette seule partie civile, le législateur a entendu assurer la protection de la vie privée des victimes de certains faits criminels et éviter que, faute d'une telle protection, celles-ci renoncent à dénoncer ces faits. Ce faisant, il a poursuivi un objectif d'intérêt général. D'autre part, cette dérogation au principe de publicité ne s'applique que pour des faits revêtant une particulière gravité et dont la divulgation au cours de débats publics affecterait la vie privée de la victime en ce qu'elle a de plus intime* » (§ 5) (Cons. const. 21 juill. 2017, n° 2017-645 QPC).

« *Aucun texte légal ou conventionnel n'interdit de prononcer le huis clos au vu des seules énonciations de l'arrêt de renvoi, même avant sa lecture* » (Crim. 27 sept. 2000, n° 00-80.722, NP).

Le huis clos, qui peut être partiel ou total, est déclaré et levé par un arrêt rendu en audience publique par la cour statuant seule, sans le concours du jury. L'arrêt sur le fond doit toujours être prononcé en audience publique.

Au titre de ses pouvoirs de police, le président peut limiter l'accès de l'audience aux mineurs (v. n° 17.12).

C. Le huis clos devant le tribunal correctionnel et le tribunal de police (C. pr. pén., art. 400 et 535)

« *Les audiences sont publiques. Néanmoins le tribunal peut, en constatant dans son jugement que la publicité est dangereuse pour l'ordre, la sérénité des débats, la dignité de la personne ou les intérêts d'un tiers, ordonner, par jugement rendu en audience publique, que les débats auront lieu à huis clos* ». Devant le tribunal correctionnel ou de police (contrairement aux règles applicables à la cour d'assises), la partie civile ne peut de droit obtenir ou empêcher le huis clos.

La publicité des débats judiciaires est une règle d'ordre public et le huis clos ne peut être ordonné qu'en répondant aux exigences de C. pr. pén., art. 400. Ces règles s'appliquent aussi à l'audience sur intérêts civils (Crim. 28 mars 2018, n° 17-82.138, P). Saisie d'une demande de huis clos par conclusions écrites, le tribunal ou la cour est tenu, comme pour toutes écritures, d'y répondre (Crim. 10 nov. 2020, n° 19-86.750, P).

Au titre de ses pouvoirs de police, le président peut limiter l'accès de l'audience aux mineurs (v. n° 17.12).

Pour les délits relevant de la criminalité organisée figurant au C. pr. pén., art. 706-73 (v. liste au n° 11.21A) et les délits de guerre prévus au livre 4 *bis* du code pénal, « *le tribunal peut, par jugement rendu en audience publique, ordonner le huis clos pour le temps de l'audition d'un témoin si la déposition publique de celui-ci est de nature à mettre gravement en danger sa vie ou son intégrité physique ou celle de ses proches* » (C. pr. pén., art. 400-1, L. n° 2016-731, 3 juin 2016).

D. La publicité restreinte pour le jugement des mineurs

Le mineur peut être jugé par le juge des enfants statuant seul selon les critères d'orientation de la procédure exposés au n° 15.18B1. Dans ce cas, le jugement est rendu en chambre du conseil (Ord. n° 45-174, 2 févr. 1945, art. 8, devenu CJPM, art. L. 513-1).

Devant le tribunal pour enfants, chaque affaire est jugée séparément en l'absence de tous autres prévenus. Seuls seront admis à assister aux débats la victime, qu'elle soit ou non constituée partie civile, les témoins de l'affaire, les proches parents, le tuteur ou le représentant légal du mineur, les civilement responsables, l'adulte approprié (sur l'adulte approprié, v. nº **11.75C**), la personne ou le service auquel le mineur est confié les membres du barreau, les personnels des services désignés pour suivre le mineur, les délégués à la liberté surveillée.

Le jugement est cependant rendu en audience publique en présence du mineur (Ord. nº 45-174, 2 févr. 1945, art. 14 devenu CJPM, art. L. 513-2).

Les limitations à la publicité des débats sont identiques en matière criminelle (Ord. nº 45-174, 2 févr. 1945, art. 20 devenu CJPM, art. L. 513-2), et en matière de jugement des contraventions de 5e classe commises par un mineur (Ord. nº 45-174, 2 févr. 1945, art. 20-1 devenu CJPM, art. L. 513-2), comme devant le tribunal de police pour les contraventions des quatre premières classes (Ord. nº 45-174, 2 févr. 1945, art. 21 devenu CJPM, art. L. 513-2).

« *la publicité restreinte, qui déroge au principe de la publicité des débats, est instaurée pour protéger l'identité et la personnalité du mineur et [...] sa violation fait nécessairement grief aux intérêts de celui-ci* », elle est également applicable devant la CHINS (Crim. 26 juin 2019, nº 19-82.779) et en cas d'appel porté devant la chambre spéciale des mineurs de la cour d'appel (Crim. 11 juill. 2017, nº 15-84.572, P nº 204).

La publicité restreinte s'impose également pour les débats sur l'action civile (Crim. 23 juin 1982, nº 82-90.091, P nº 172).

Les faits de publication du compte rendu des débats, de tout texte ou illustration concernant l'identité du mineur, du jugement désignant le nom du mineur, même par une initiale, sont punis de 15 000 euros (Ord. nº 45-174, 2 févr. 1945, art. 14 devenu CJPM, art. L. 513-4). Ces faits sont « *de nature à causer directement préjudice non seulement au mineur mais également à ses parents* » qui peuvent donc se constituer partie civile en leur nom personnel (Crim. 9 oct. 1995, nº 94-83.171, P nº 297).

Ce principe d'ordre public relève davantage d'une règle d'ordre privé lorsque le mineur est devenu majeur.

En effet, le mineur devenu majeur peut demander à bénéficier du principe de publicité des débats devant la cour d'assises des mineurs, le tribunal pour enfants ou le tribunal de police, sauf s'il existe un autre prévenu ou accusé toujours mineur, ou si un mineur devenu majeur s'y oppose (C. pr. pén., art. 306 et 400 et CJPM, art. L. 513-3). Devant la cour d'assises des mineurs, cette demande peut également être faite par le ministère public ou un autre accusé. La cour d'assises ne fait pas droit à cette demande lorsque « *la personnalité de l'accusé [...] rend indispensable que, dans son intérêt, les débats ne soient pas publics* » (CJPM, art. L. 513-3).

Enfin, il n'est pas fait grief aux intérêts du mineur devenu majeur lorsque la publicité restreinte n'a pas été respectée dès l'ouverture des débats mais que l'intéressé a déclaré ensuite s'en rapporter sur leur publicité (Crim. 22 avr. 2020, nº 19-82.958, P ; dans le même sens, pour les débats devant le JLD : Crim. 21 janv. 2020, nº 19-86.957, P, v. nº **12.39A3**).

17.12 La police et la sérénité des débats : expulsion en cas de trouble et infractions commises à l'audience

A. Le principe de sérénité des débats

L'exigence de « *sérénité des débats* » découle « *de l'objectif de valeur constitutionnelle de bonne administration de la justice* » (Cons. const. 6 déc. 2019, nº 2019-817 QPC, § 7).

B. La police de l'audience

Le président de la cour d'assises (C. pr. pén., art. 309), du tribunal correctionnel (C. pr. pén., art. 401) ou du tribunal de police (C. pr. pén., art. 401 et 535), a la police de l'audience.

Il peut interdire l'accès de la salle d'audience aux mineurs et à certains d'entre eux (C. pr. pén., art. 306, 402 et 535). Cette mesure de publicité restreinte, prise par le président seul en vertu de ses pouvoirs de police de l'audience, ne constitue pas un huis clos.

Dans l'exercice de son pouvoir de police, le président est assisté par un commissaire de justice-audiencier [anc[t] huissier-audiencier], qui a pour fonction « *d'assister aux (...) audiences publiques, de faire l'appel des causes et, lorsque le président estime que le déroulement des débats le justifie, de maintenir l'ordre sous son autorité* » (D. n° 2021-1625, 10 déc. 2021, art. 8). Les commissaires de justice-audienciers sont choisis, pour les cours d'appel et les TJ, parmi les commissaires de justice en résidence au siège de ces juridictions, pour les tribunaux judiciaires, parmi les commissaires de justice de leur ressort. Les commissaires de justice ainsi désignés sont tenus de faire le service des audiences et d'assister le tribunal toutes les fois qu'ils en sont requis (D. n° 2021-1625, 10 déc. 2021, art. 10). Ils reçoivent pour leur service d'audience des indemnités tarifées (C. pr. pén., art. R. 179).

C. Le respect dû au tribunal par les parties et l'assistance

« *Les parties sont tenues de garder en tout le respect dû à la justice.* » (C. pr. civ., art. 24).

« *Les personnes qui assistent à l'audience doivent observer une attitude digne et garder le respect dû à la justice. Il leur est interdit de parler sans y avoir été invitées, de donner des signes d'approbation ou de désapprobation, ou de causer du désordre de quelque nature que ce soit. Le président peut faire expulser toute personne qui n'obtempère pas à ses injonctions, sans préjudice des poursuites pénales ou disciplinaires qui pourraient être exercées contre elle* » (C. pr. civ., art. 439).

Il est interdit à toute personne d'enregistrer, de fixer ou de transmettre les débats (v. n° **17.14A** et **35.41**), interdiction fondée sur le principe de sérénité des débats (Cons. const. 6 déc. 2019, n° 2019-817 QPC, § 7).

L'avocat prête serment en ces termes « *je jure, comme avocat, d'exercer mes fonctions avec dignité, conscience, indépendance, probité et humanité* » (L. n° 71-1130, 31 déc. 1971, art. 3). Le règlement intérieur national (RIN) de la profession d'avocat lui impose également de respecter « *les principes .../... de confraternité, de délicatesse, de modération et de courtoisie* » (RIN, art. 1.3).

En effet, « *si l'avocat a le droit de critiquer le fonctionnement de la justice ou le comportement de tel ou tel magistrat, sa liberté d'expression, qui n'est pas absolue car sujette à des restrictions qu'impliquent, notamment, la protection de la réputation ou des droits d'autrui et la garantie de l'autorité et de l'impartialité du pouvoir judiciaire, ne s'étend pas aux propos violents qui, exprimant une animosité dirigée personnellement contre le magistrat concerné, mis en cause dans son intégrité morale, et non une contestation des prises de position critiquables de ce dernier, constituent un manquement au principe essentiel de délicatesse qui s'impose à l'avocat en toutes circonstances* » (Civ. 1re, 4 mai 2012, n° 11-30.193, P I, n° 96).

Toute juridiction qui estime qu'un avocat a commis à l'audience un manquement aux obligations que lui impose son serment, peut saisir le procureur général en vue de poursuivre cet avocat devant le conseil de l'Ordre dont il relève (L. n° 71-1130, 31 déc. 1971, art. 25).

Si la L. 29 juill. 1881 sur la liberté de la presse, art. 41, prévoit le principe d'une immunité pour les discours prononcés ou les écrits produits devant les tribunaux, elle n'exonère pas leurs auteurs pour « *les faits diffamatoires étrangers à la cause* », qui pourront donner lieu à l'action publique ou à l'action civile des parties, « *lorsque ces actions leur auront été réservées par les tribunaux* ». Il appartient donc à la partie concernée de demander au juge saisi de lui donner acte de cette réserve, faute de quoi son action sera irrecevable. Le tiers étranger à la cause, s'il est victime de tels faits diffamatoires, n'est toutefois pas soumis à cette condition procédurale.

D. Les recommandations déontologiques garantissant le devoir de sérénité du magistrat à l'audience

Dans la continuité du précédent *Recueil des obligations déontologiques des magistrats* (Dalloz 2010), élaboré et rendu public par le Conseil supérieur de la magistrature (CSM) en application de L. org. n° 94-100, 5 févr. 1994, art. 20 (obligations E.1, E.2, e.4, e.10 et e.16), les obligations suivantes, issues de la deuxième version de ce recueil (La documentation française, nov. 2019) encadrent la pratique de l'audience (v. aussi, pour les dispositions visant plus particulièrement l'obligation de neutralité, n° **17.34B**).

VII. « *Le magistrat entretient des relations empreintes de délicatesse avec les justiciables, les témoins, les auxiliaires de justice et les partenaires de l'institution judiciaire, par un comportement respectueux de la dignité des personnes et par son écoute de l'autre* ».

VII. 1. « *Le magistrat s'interdit d'utiliser, dans ses écrits comme dans sa communication verbale ou non verbale, des gestes, des propos, des expressions ou commentaires déplacés, condescendants, vexatoires, discriminatoires, agressifs ou méprisants* ».

VII. 2. « *Lorsqu'elle est requise, la publicité des débats est une garantie du bon déroulement de l'audience. Le magistrat ne tolère pas qu'elle se transforme en spectacle ou soit déviée de son office. Il fait respecter les règles élémentaires de politesse par les parties, les avocats et le public* ».

VII. 11. « *À l'audience et pour ses rendez-vous, la ponctualité, le respect de l'autre, notamment magistrats, avocats, justiciables, sont des conditions de la sérénité de la justice. Le président d'audience veille à la police de l'audience et à la gestion du temps de l'audience en s'assurant que chacun, ministère public, partie civile, défense, témoins et experts, ait la possibilité de s'exprimer à son tour librement hors de toute pression ou manœuvre d'intimidation* ».

VII. 17. « *À l'audience et pendant le délibéré, le magistrat adopte une attitude d'écoute lors des interventions de ses collègues (lecture du rapport, réquisitions du parquet, avis lors du délibéré, etc.), des plaidoiries des avocats ou déclarations des parties. Il reste vigilant, tout en veillant au bon déroulement des débats, et évite toute manifestation d'impatience, montrant, en toutes circonstances, une autorité sereine. La liberté des parties et de leurs conseils de choisir un mode de défense trouve toutefois sa limite dans l'obligation qui incombe au magistrat de veiller, avec impartialité, au respect des personnes et à la dignité du débat judiciaire* ».

E. L'expulsion de la salle d'audience en cas de trouble causé par l'assistance ou le prévenu

Lorsqu'à l'audience de police, correctionnelle ou d'assises, l'un des assistants trouble l'ordre de quelque manière que ce soit, le président ordonne son expulsion de la salle (C. pr. pén., art. 321, 404 et 535).

Si l'ordre est troublé par le prévenu lui-même, il est expulsé et, même libre, gardé par la force publique à disposition du tribunal jusqu'à la fin des débats, puis reconduit en salle d'audience où le jugement est rendu en sa présence (C. pr. pén., art. 405 et 535). Il en est de même pour l'accusé devant la cour d'assises : après chaque audience, il lui est donné lecture par le greffier du procès-verbal des débats ; les réquisitions de ministère public et les arrêts de la cour lui sont signifiés en copie (C. pr. pén., art. 320 et 322). La directive (UE) 2016/343, 9 mars 2016, ne s'oppose pas à des « *règles nationales qui prévoient que le juge ou la juridiction compétente peut exclure temporairement du procès un suspect ou une personne poursuivie si nécessaire dans l'intérêt du bon déroulement de la procédure pénale, pour autant que les droits de la défense soient respectés* » (art. 8).

Si au cours de l'exécution de la mesure d'expulsion, l'intéressé résiste à cet ordre ou cause du tumulte (v. cette infraction au n° **25.5**), il est, sur-le-champ, placé sous mandat de dépôt, jugé et puni d'un emprisonnement de deux mois à deux ans, sans préjudice des poursuites possibles pour outrage à magistrat commis lors d'une audience (v. n° **25.4**), discrédit sur un acte ou une décision juridictionnelle (v. n° **35.38**), menace (v. n^{os} **25.1**, **25.3**), violence envers magistrat (v. n^{os} **20.25** et **20.29**) ou rébellion (v. n° **25.12**) (C. pr. pén., art. 321, 404).

Le juge du tribunal de police ne peut, quant à lui, que dresser procès-verbal relatant l'incident, les sanctions ci-dessus ne pouvant être prononcées que par le tribunal correctionnel, saisi par le ministère public (C. pr. pén., art. 535).

F. Le jugement des infractions commises à l'audience

1. Les délits

S'il se commet un fait qualifié délit à l'audience, le **tribunal correctionnel** ou la **cour d'assises** dresse procès-verbal du fait, entend le prévenu, les témoins, le ministère public, et, éventuellement, le défenseur, et applique sans désemparer les peines portées par la loi (C. pr. pén., art. 676 et 677). Si la peine prononcée est supérieure à un mois d'emprisonnement, un mandat de dépôt peut être décerné (C. pr. pén., art. 677).

Par exception, le délit d'outrage à magistrat commis à l'audience (v. nº 25.4) ne peut être jugé sur-le-champ par la juridiction concernée. Le président en dresse procès-verbal qu'il transmet au procureur de la République, et les magistrats ayant participé à l'audience ne pourront composer la juridiction saisie des poursuites (C. pr. pén., art. 677).

Si le délit, quel qu'il soit, a été commis à l'audience d'un **tribunal de police**, le président en dresse procès-verbal, qu'il transmet au procureur de la République ; il peut, si la peine encourue est supérieure à six mois, ordonner l'arrestation de l'auteur, et sa conduite immédiate devant le procureur de la République (C. pr. pén., art. 677).

Précisons que le délit de défaut de comparution, de refus de prêter serment ou de déposer par un témoin cité à l'audience, passible de **3750 €**, est directement jugé à l'audience par la cour d'assises (C. pr. pén., art. **326**), le tribunal correctionnel (C. pr. pén., art. **438**) ou le tribunal de police (C. pr. pén., art. **536**), sur réquisitions du ministère public, selon les précisions apportées au v. nº **25.45**).

2. Les contraventions

S'il se commet un fait qualifié **contravention** à l'audience, la cour d'assises, le tribunal correctionnel ou de police dresse procès-verbal du fait, entend le prévenu, les témoins, le ministère public, et, éventuellement, le défenseur, et applique sans désemparer les peines portées par la loi (C. pr. pén., art. 676).

17.13 Les modalités des débats : oralité, visioconférence, retransmission, transcription, durée, interventions orales ou écrites des parties

A. Le principe de l'oralité des débats

1. La définition et la portée du principe

En application du principe d'oralité des débats devant le juge pénal, les explications, moyens de défense et demandes des parties sont formulés oralement à l'audience ; mais peuvent également faire l'objet de conclusions ou de réquisitions écrites ; la juridiction étant dans ce cas tenue d'y répondre.

« *Le juge ne peut fonder sa décision que sur des preuves qui lui sont apportées au cours des débats et contradictoirement discutées devant lui* » (C. pr. pén., art. 427). Il ne peut donc écarter des preuves au seul motif qu'elles n'auraient pas été communiquées avant l'audience (Crim. 19 juin 1991, nº 90-86.630, P nº 267), puisqu'elles peuvent précisément être apportées au cours des débats.

Aucune règle n'impose de formuler les incidents ou exceptions sous forme écrite devant le juge du fonds pénal, mais la prudence commande de les formuler par écrit afin de mettre la juridiction supérieure en mesure de contrôler la réponse apportée par la juridiction (v. **E** ci-dessous et nº **17.27B1**).

2. Le renforcement du principe d'oralité des débats devant la cour d'assises

• Le rôle du dossier de la procédure durant l'audience de la cour d'assises

Le principe d'oralité des débats est renforcé devant la **cour d'assises** car cette dernière, à la différence des autres juridictions pénales, ne peut se retirer avec le dossier pour délibérer. En effet, à l'issue des débats, le président ordonne que le dossier de la procédure soit déposé entre les mains du greffier de la cour d'assises, à l'exception de la décision de renvoi, et de l'arrêt rendu le cas échéant en premier ressort en cas d'appel, ainsi que de la feuille de motivation qui l'accompagne (v. n° **19.12D3**), qu'il conserve en vue du délibéré (C. pr. pén., art. 347).

Si une copie du dossier est mise à disposition des **assesseurs** depuis L. n° 2019-222, 23 mars 2019 (C. pr. pén., art. 316-1 nouveau, applicable depuis le 1er juin 2019), cette copie ne peut davantage rester en possession de la cour d'assises lors du délibéré.

Toutefois, la **cour d'assises spécialement composée** uniquement de magistrats professionnels en application de C. pr. pén., art. 698-6 (Crimes de terrorisme (C. pr. pén., art. 706-25, v. n° **23.23C3**), crimes en matière de stupéfiants (C. pr. pén., art. 706-27, v. n° **28.1**, **28.2** et **28.3**), crimes en matière militaire et de sûreté de l'État (C. pr. pén., art. 697-1)) peut « *délibérer en étant en possession de l'entier dossier de la procédure* » (C. pr. pén., art. 698-6, mod. par L. n° 2019-222, 23 mars 2019, applicable depuis le 1er juin 2019). Il en est de même pour la **cour criminelle départementale** (L. n° 2019-222, 23 mars 2019, art. 63 II, 5°, devenu C. pr. pén., art. 380-19 ; sur cette juridiction, d'abord expérimentale puis pérennisée par L. n° 2021-1729, 22 déc. 2021, v. n° **17.15A**).

Précisons qu'en vertu de son pouvoir discrétionnaire, le président peut communiquer à la Cour et aux jurés des pièces extraites du dossier de la procédure (Crim. 20 août 1997, n° 96-85.549, P n° 287) ; « *l'absence de tout incident contentieux ou demande de donné acte fait présumer qu'aucune irrégularité de nature à porter atteinte aux droits de la défense n'a été commise au cours de l'audience* » à l'occasion de cette communication (Crim. 27 nov. 2019, n° 18-83.942, P). En application du principe de publicité des débats la communication doit s'opérer en salle d'audience ou dans une salle accessible au public mais la cassation n'est pas encourue lorsque la communication, faite dans un local dénommé « *salle de pause* », n'a donné lieu à aucun incident « *sur les conditions dans lesquelles les pièces ont été présentées* » (Crim. 15 mars 2023, n° 21-86.753, P).

Enfin, au cours de la délibération, si la cour estime nécessaire l'examen d'une ou plusieurs pièces du dossier, celui-ci est alors, sur décision du président, transporté dans la salle de délibéré et rouvert en présence du ministère public et des avocats des parties (C. pr. pén., art. 347).

Notons aussi que le principe d'oralité des débats devant la cour d'assises n'interdit pas aux magistrats et jurés de « *prendre note de ce qui leur paraît important* » au cours des débats et de s'appuyer sur ces écrits au cours du délibéré (C. pr. pén., art. 340).

• L'articulation entre le principe d'oralité des débats et la lecture des pièces du dossier

En conséquence du principe d'oralité des débats, tous les éléments pertinents du dossier devront être rapportés oralement à l'audience pour asseoir la décision de la cour, soit par la déposition des témoins (v. n° **17.29B**) et des experts (v. n° **17.30**), de l'accusé et de la partie civile, soit par la lecture des pièces effectuées par les parties, le ministère public ou le président. En effet, en vertu de son pouvoir discrétionnaire, le président peut « *donner lecture de toutes pièces de la procédure utiles à la manifestation de la vérité dès lors que la régularité ou la validité de ces pièces n'a pas été contestée* » (Crim. 9 janv. 1974, n° 73-92.653, P n° 9), qu'il s'agisse de l'audition d'un témoin ou du rapport d'un expert, à condition, si ces personnes sont citées comme témoin ou expert et sont acquises aux débats, qu'elles aient terminé leur déposition.

S'il s'agit de personnes acquises aux débats mais non comparantes, cette lecture ne peut intervenir qu'au moment où la cour aura formellement **passé outre** à leur audition, c'est-à-dire au moment où elle aura estimé, ce qui sera acté au procès-verbal des débats, « *au vu des résultats de l'instruction à l'audience, que l'audition de ce témoin n'est pas indispensable à la manifestation de la vérité* » (Crim. 9 déc. 1987, n° 87-80.056, P n° 45) ou que « *l'instruction à l'audience avait procuré des éléments de conviction permettant de se passer de sa présence* » (Crim. 29 nov. 1989, n° 88-84.676, P n° 457).

Le principe d'oralité des débats s'oppose ainsi à ce qu'il soit donné lecture au cours des débats d'un procès-verbal d'audition d'un témoin (sur la déposition du témoin devant la cour d'assises, v. n° **17.29B**) ou de pièces s'y référant avant sa déposition ou avant qu'elle ne soit terminée. En effet « *il est de principe que, devant la Cour d'assises, le débat doit être oral ; qu'il s'ensuit notamment qu'il ne peut y être donné lecture du procès-verbal d'audition à l'instruction d'un témoin présent qu'après qu'a été reçue sa déposition orale* » car « *la lecture des déclarations écrites du témoin avant sa déposition orale a eu pour effet d'introduire prématurément dans le débat des éléments d'appréciation qui ne lui appartenaient pas encore* » (Crim. 18 juin 1986, n° 86-90.768, P n° 217 ; Crim. 27 juin 1990, n° 89-87.170, P n° 265). Il en est également ainsi quand « *le président a donné lecture du procès-verbal de confrontation de l'accusé avec plusieurs témoins alors que certains de ceux-ci régulièrement cités et signifiés étaient présents et n'avaient pas encore été entendus* » (Crim. 15 oct. 1986, n° 86-90.959, P n° 289).

Cette prohibition s'étend non seulement au procès-verbal d'audition du témoin mais à toute pièce s'y référant, comme le film d'une reconstitution prenant en compte les dires du témoin. En effet « *le président ne peut donner connaissance de pièces contenant des déclarations de témoins comparants ou s'y référant avant d'avoir reçu leur déposition* », encourt donc la cassation la décision dont « *il résulte du procès-verbal des débats et des pièces de la procédure que le président a, en vertu de son pouvoir discrétionnaire, procédé à la projection d'un film contenant une séquence relative aux "coups portés à Y* [le témoin]... *selon ce dernier", avant l'audition de ce témoin acquis aux débats, comparant et non encore entendu* » (Crim. 24 juin 1998, n° 97-84.657, P n° 205).

Il en est de même pour l'expert, en effet, le président de la cour d'assises « *ne saurait, sans méconnaître le principe de l'oralité des débats donner lecture d'un rapport d'un expert dès lors que celui-ci n'a pas encore été entendu à la barre* », y compris lorsqu'il s'agit d'un rapport établi dans une procédure antérieure (Crim. 23 oct. 2013, n° 12-87.786, P n° 202).

Les règles ci-dessus connaissent toutefois quelques atténuations en cas d'**emprunt succinct ou d'évocation** d'éléments écrits du dossier. Ainsi, ne porte pas atteinte au principe de l'oralité des débats le président qui présente des photographies tirées d'un rapport d'expertise avant la déposition de l'expert acquis aux débats car il « *s'est borné à un emprunt succinct dans ce rapport, sans en donner lecture, même de façon partielle* » (Crim. 19 nov. 1997, n° 97-80.266, P n° 394). « *s'il est permis au président de faire, au cours de l'interrogatoire de l'accusé, de mémoire ou en se référant à ses notes, des emprunts succincts des pièces de la procédure écrite* », il ne saurait « *donner lecture, fût-ce partiellement, des procès-verbaux d'audition de témoins ou de rapports d'experts, dès lors que ces témoins ou experts* » acquis aux débats n'ont pas encore été entendus (Crim. 20 mai 1987, n° 86-95.435, P n° 209). « *si le principe de l'oralité des débats fait obstacle à ce que le ministère public donne lecture d'un document reproduisant les déclarations d'un témoin acquis aux débats, comparant mais non encore entendu, rien ne lui interdit d'évoquer de telles déclarations, lorsqu'avec l'autorisation du président, il est conduit à poser des questions à l'accusé au cours de son interrogatoire* » (Crim. 18 juin 1997, n° 96-83.985, P n° 240).

3. LA TRANSCRIPTION ÉCRITE DES DÉBATS : LES NOTES D'AUDIENCE ET LE PROCÈS-VERBAL DES DÉBATS

• Devant le **tribunal correctionnel ou de police**, « *Le greffier tient note du déroulement des débats et principalement, sous la direction du président, des déclarations des témoins ainsi que des réponses du prévenu. Les notes d'audience sont signées par le greffier. Elles sont visées par le président au plus tard dans les trois jours qui suivent chaque audience.* » (C. pr. pén., art. 453).

Cette disposition qui n'impose pas, ou aucune autre, de « *retranscription intégrale des débats tenus lors de l'audience* » (§ 8), a été jugée conforme à la Constitution, au regard des droits de la défense et du droit au procès équitable garantis par DDHC, art. 16, en ce qu'il n'en résulte « *aucune impossibilité pour une partie d'apporter la preuve de l'existence d'une irrégularité ayant affecté le déroulement d'une audience correctionnelle* » (§ 7) car « *d'une part, toute partie peut établir par tout moyen la preuve de l'irrégularité de la procédure suivie lors de cette audience correctionnelle, le cas échéant par la voie de l'inscription de faux. D'autre part, l'article 459 du code de procédure pénale permet de déposer devant le tribunal correctionnel des conclusions faisant état d'une telle irrégularité. Selon ce même article, le dépôt de ces conclusions est obligatoirement mentionné dans les notes d'audience et le tribunal est tenu d'y répondre dans son jugement. En outre, les parties à l'audience peuvent demander auprès du président du tribunal correctionnel qu'il leur soit donné acte dans les notes d'audience de propos tenus ou d'incidents* » (§ 6) (Cons. const. 20 sept. 2019, nº 2019-801 QPC).

Les notes d'audience mentionnent également le dépôt des conclusions (C. pr. pén., art. 459) et de réquisitions écrites du ministère public (C. pr. pén., art. 458). Sous la direction du président, les déclarations du témoin ainsi que les réponses du prévenu y sont consignées par le greffier (C. pr. pén., art. 453). Le président, d'office ou à la demande du ministère public ou des parties, fait consigner aux notes d'audiences les dires précis du témoin dont la déposition paraît fausse (C. pr. pén., art. 457).

Mentionnons qu'à la différence de la cour d'assises, « *aucune disposition du code de procédure pénale n'oblige le juge correctionnel à donner acte aux parties des incidents qu'elles soulèvent* » (Crim. 21 nov. 2018, nº 17-81.096, P nº 193).

Les notes d'audience signées par le président et le greffier complètent les énonciations manquantes du jugement ou de l'arrêt (ex. Crim. 16 nov. 1994, nº 94-80.660, P nº 366, pour la prestation de serment d'un témoin ; Crim. 9 juin 2021, nº 20-80.533, D, et Crim. 30 janv. 2018, nº 17-81.167, D, pour la notification du droit au silence). Mais elles ne permettent pas de suppléer l'absence de mention sur la décision, malgré les dispositions substantielles de C. pr. pén., art. 486, alinéa 1er, du nom des magistrats qui l'ont rendu (Crim. 31 janv. 1994, nº 93-81.724, P nº 40 ; Crim. 14 mai 1990, nº 89-83.945, P nº 191).

• Devant la **cour d'assises**, le greffier dresse, à l'effet de constater l'accomplissement des formalités prescrites dans le déroulement les débats, un **procès-verbal** qu'il signe avec le président, dans les trois jours au plus tard du prononcé de l'arrêt (C. pr. pén., art. 378). « *toute formalité non constatée par ce procès-verbal, lequel fait foi jusqu'à inscription de faux, est réputée n'avoir pas été accomplie* » (Crim. 9 oct. 1985, nº 85-92.223, P nº 307).

À moins que le président n'en ordonne autrement, d'office ou sur la demande du ministère public ou des parties, il n'est fait mention au procès-verbal ni des réponses de l'accusé ni du contenu des dépositions (C. pr. pén., art. 379). Le recueil de tels éléments sans l'instruction formelle du président vicie la procédure (Crim. 23 oct. 2013, nº 12-87.786, P nº 202). En outre, le président a la faculté de faire dresser par le greffier, d'office ou à la requête du ministère public ou des parties, « *un procès-verbal des additions, changements ou variations qui peuvent exister entre la déposition d'un témoin et ses précédentes déclarations. Ce procès-verbal est joint au procès-verbal des débats* » (C. pr. pén., art. 333) (sur le principe d'oralité des débats et l'audition du témoin devant la cour d'assises, v. aussi nº **17.29B3**).

Mentionnons que « *ne doivent pas être insérés dans la rédaction des arrêts et jugements les réquisitoires ou plaidoyers prononcés par le ministère public, soit par les défendeurs des prévenus ou accusés mais seulement leurs conclusions* » (C. pr. pén., art. R. 160).

L'absence de procès-verbal des débats « *rend impossible la vérification de l'accomplissement des formalités substantielles imposées par la loi, ce qui doit entrainer l'annulation des débats, de la déclaration de la cour et du jury et de l'arrêt attaqué* » (Crim. 9 janv. 1963, nº 62-92.690, P nº 14), il en est de même en cas d'absence de signature du greffier (Crim. 20 févr. 1980, nº 79-93.071, P nº 067), à moins que l'absence de signature ne concerne qu'une page qui ne se rapporte pas aux formalités dont l'observation est contestée, la C. cass. ayant pu s'assurer de leur respect sur d'autres pages quant à elles signées (Crim. 18 mai 2022, nº 21-85.074, P).

4. L'enregistrement sonore ou audiovisuel des débats par l'autorité judiciaire

Dans le but de préserver les éléments de preuve indispensables à l'instruction des demandes de révision, sans toutefois que ces dispositions ne soient prescrites à peine de nullité, il était prévu que, « *les débats devant la cour d'assises font l'objet d'un enregistrement sonore sous le contrôle du président. Le président peut également, à la demande de la victime ou de la partie civile, ordonner que l'audition ou la déposition de ces dernières fassent l'objet, dans les mêmes conditions, d'un enregistrement audiovisuel* » (C. pr. pén., art. 308 issu L. nº 2014-640, 20 juin 2014). Le Cons. const. a toutefois estimé (déc. QPC 2015-499, 20 nov. 2015) « *qu'en interdisant toute forme de recours en annulation en cas d'inobservation de cette formalité* » ces dispositions méconnaissaient l'article 16 de la DDHC relatives à un droit à un recours effectif. C. pr. pén., art. 308 a donc été modifié par L. nº 2016-731, 3 juin 2016. L'enregistrement n'est désormais obligatoire que « *lorsque la cour d'assises statue en appel, sauf renonciation expresse de l'ensemble des accusés* » (sur l'audience d'appel en matière d'assises, v. nº **19.12D3**). En premier ressort, le président peut toutefois, d'office ou à la demande des parties ou du ministère public, ordonner cet enregistrement. Enfin, le défaut d'enregistrement ne constitue une cause de cassation que dans le cas où il est obligatoire et lorsqu'il a eu pour effet de porter atteinte aux intérêts de la personne condamnée.

Par ailleurs, les audiences publiques devant toutes juridictions judiciaires ou administratives peuvent faire l'objet, dans les conditions prévues par C. patrimoine, art. L. 221-1 s., d'un enregistrement si ce dernier présente un intérêt pour la constitution d'archives historiques de la justice (V. orienteur/texte de référence nº **35.41**).

B. Le recours à la visioconférence ou à la retransmission des débats devant la juridiction de jugement

1. La comparution des parties, témoins et experts par visioconférence (C. pr. pén., art. 706-71)

« *Aux fins d'une bonne administration de la justice* » et si « *le président de la juridiction saisie l'estime justifié* » (L. nº 2019-222, 23 mars 2019), les débats peuvent se tenir selon les précisions suivantes devant le tribunal de police, le tribunal correctionnel, la chambre des appels correctionnels ou la cour d'assises par un moyen de télécommunication audiovisuelle :

Tableau 39 : Cas de recours à la visioconférence devant la juridiction de jugement

Juridiction	Nature de l'intervention et conditions Texte applicable
Tribunal de police Tribunal correctionnel Chambre des appels correctionnels Cour d'assises	Audition des témoins, des parties civiles et des experts (C. pr. pén., art. 706-71, al. 3)
Tribunal correctionnel Chambre des appels correctionnels	Comparution pour jugement du prévenu détenu (y compris détenu pour autre cause), avec l'accord du procureur de la République et de l'ensemble des parties (C. pr. pén., art. 706-71, al. 3 et 512)
Tribunal correctionnel	Comparution du prévenu détenu pour prolongation de la détention provisoire après ORTC (v. nº **12.61**). La personne peut refuser la visioconférence sauf si son transport présente des risques graves de trouble à l'ordre public ou d'évasion (C. pr. pén., art. 706-71, mod. par L. nº 2019-222, 23 mars 2019 et 179)
Tribunal de police	Comparution pour jugement du prévenu détenu pour autre cause. L'accord du procureur de la République et de l'ensemble des parties n'est pas nécessaire (C. pr. pén., art. 706-71, al. 4)
Président de la cour d'assises	Interrogatoire préalable de l'accusé prévu au C. pr. pén., art. 272 (C. pr. pén., art. 706-71, al. 4)

Tribunal de police Tribunal correctionnel Chambre des appels correctionnels	Comparution d'une personne à une audience au cours de laquelle est rendu un jugement ou un arrêt mis en délibéré (C. pr. pén., art. 706-71, al. 4)
Tribunal de police Tribunal correctionnel Chambre des appels correctionnels Cour d'assises	Comparution d'une personne à une audience au cours de laquelle il n'est statué que sur les seuls intérêts civils (C. pr. pén., art. 706-71, al. 4)

Le Cons. const., en censurant les dispositions de la L. n° 2019-222, 23 mars 2019, supprimant la possibilité offerte au détenu de refuser la visioconférence en cas de débat de prolongation de la détention provisoire, a souligné « *l'importance de la garantie qui s'attache à la présentation physique de l'intéressé devant le magistrat ou la juridiction compétent* » (Cons. const. 21 mars 2019, n° 2019-778 DC, § 234). Dans le même sens, v. Cons. const. 20 sept. 2019, n° 2019-802, censurant C. pr. pén., art. 706-71, permettant qu'en matière criminelle, une personne placée en détention provisoire puisse être privée pendant un an de la faculté de comparaître physiquement devant le juge de la détention (§ 13), inconstitutionnalité à laquelle il a été remédié par L. n° 2020-1672, 24 déc. 2020, imposant une comparution physique au moins tous les 6 mois à l'occasion du contentieux de la détention pour crime. Dans le même sens, v. également Cons. const. 4 juin 2021, n° 2021-911/919 QPC (§ 10).

« *Si la participation de l'accusé aux débats par vidéoconférence n'est pas, en soi, contraire à la Convention, il appartient à la Cour de s'assurer que son application dans chaque cas d'espèce poursuit un but légitime et que ses modalités de déroulement sont compatibles avec les exigences du respect des droits de la défense, tels qu'établis par l'article 6 de la Convention* », cc à quoi elle procède en examinant concrètement si le recours à ce moyen « *n'a pas placé la défense dans une position de désavantage substantiel par rapport aux autres parties au procès, et que l'intéressé a eu la possibilité d'exercer les droits et facultés inhérents à la notion de procès équitable* » (CEDH 5 oct. 2006, n° 45196/04, *Marcello Viola c/ Italie*, § 67 et § 76).

Le droit interne prend en compte ces exigences selon les modalités qui suivent.

Si la personne est assistée par un avocat « *ou par un interprète* » (L. n° 2019-222, 23 mars 2019), ceux-ci peuvent se trouver auprès de la juridiction ou auprès de l'intéressé.

Si l'**avocat** reste auprès de la juridiction, il doit pouvoir s'entretenir avec l'intéressé, de façon confidentielle par le moyen de télécommunication audiovisuelle. S'il reste auprès du détenu, une copie de l'intégralité du dossier doit être mise à sa disposition dans les locaux de détention, à moins qu'il ne dispose déjà de la copie du dossier.

Si l'**interprète** est dans l'impossibilité de se déplacer, son assistance peut s'effectuer par un « *moyen de télécommunication* » non audiovisuel (C. pr. pén., art. 706-71 et D. 594-4), c'est-à-dire par téléphone.

En toute hypothèse, l'audience « *doit se tenir dans des conditions qui garantissent le droit de la personne à présenter elle-même ses observations* » (L. n° 2019-222, 23 mars 2019).

C. pr. pén., art. 796-71-1 créé par L. n° 2019-222, 23 mars 2019 encadre les modalités d'exercice du **droit d'accepter ou de refuser** la visioconférence, dans la continuité de la jurisprudence qui empêchait à l'intéressé de revenir sur son choix (Crim. 29 nov. 2017, n° 17-85.300). Désormais, dans le cas où la visioconférence est possible sauf refus de la personne (audiences de prolongation de la détention), cette dernière n'est plus en droit de la refuser lorsqu'elle n'a pas fait connaître son désaccord au moment où elle est informée de la date de l'audience et du fait que le recours à la visioconférence est envisagé. Il en est de même dans les cas où son consentement préalable est nécessaire (comparution du prévenu détenu devant le tribunal correctionnel pour jugement) : elle ne peut revenir sur l'accord qu'elle aura exprimé dans les 5 jours de la notification de la date de l'audience et du fait que le recours à la visioconférence est envisagé. Notons que dans les cas, prévus au C. pr. pén., art. 706-71, où la personne n'a pas la possibilité de s'opposer à la visioconférence, il est jugé que si la décision par laquelle la juridiction « *ordonne le recours à la visioconférence relève de son appréciation souveraine, une telle faculté, qui ne concerne qu'un nombre limité de cas, procède d'un équilibre suffisant entre le respect des droits de la défense et l'objectif de valeur constitutionnelle de bonne administration de la justice* » (§ 9) (Crim. 15 juill. 2021, n° 21-80.587, D).

La comparution par visioconférence est une **modalité de comparution en personne** (v. Crim. 27 févr. 2018, n° 17-87.133, P n° 34). Elle donne en conséquence un caractère contradictoire à la décision et constitue le point de départ du délai de recours.

À l'exception de l'interprète, qui peut procéder à la traduction par téléphone, la comparution ou déposition par visioconférence ne peut être réalisée par un moyen exclusivement sonore comme le téléphone, même en l'absence d'opposition des parties (Crim. 20 févr. 2019, n° 18-82.164, P n° 43).

2. Le fractionnement des débats entre plusieurs salles d'audience reliées par visioconférence (COJ, art. L. 111-12)

Selon COJ, art. L. 111-12, les audiences devant les juridictions judiciaires, sans préjudice des dispositions particulières du CSP, du C. pr. pén. et du CESEDA, peuvent, par décision du président de la formation de jugement, d'office ou à la demande d'une partie, et avec le consentement de l'ensemble des parties, se dérouler dans plusieurs salles d'audience reliées directement par un moyen de télécommunication audiovisuelle garantissant la confidentialité de la transmission.

La décision du président de la formation de jugement est une mesure d'administration judiciaire (COJ, art. R. 111-7).

L'une ou plusieurs de ces salles d'audience peuvent se trouver en dehors du ressort de la juridiction saisie.

Pour la tenue des débats en audience publique, chacune des salles d'audience est ouverte au public. Pour la tenue des débats en chambre du conseil, il est procédé hors la présence du public dans chacune des salles d'audience.

Les prises de vue et les prises de son ne peuvent faire l'objet d'aucun enregistrement ni d'aucune fixation, hors le cas prévu par les articles L. 221-1 et suivants du code du patrimoine.

Les caractéristiques techniques des moyens de télécommunication audiovisuelle utilisés doivent assurer une transmission fidèle, loyale et confidentielle à l'égard des tiers. Elles sont définies par arrêté du garde des sceaux, ministre de la justice.

Il est dressé procès-verbal de tout incident technique ayant perturbé une transmission (COJ, art. R. 111-7).

Les prises de vue et de son sont assurées par des fonctionnaires du ministère de la justice ou, à défaut et sauf lorsque l'audience se tient en chambre du conseil, par tous autres agents titulaires et contractuels (COJ, art. R. 111-7).

3. La retransmission sonore des débats aux parties civiles pour les infractions relevant des juridictions pénales spécialisées (C. pr. pén., art. 802-3, L. n° 2020-16-72, 24 déc. 2020)

Lorsque l'une au moins des infractions poursuivies entre dans une catégorie d'infractions pour le jugement desquelles la juridiction dispose, en application des dispositions du C. pr. pén. (sur les juridictions pénales spécialisées, v. n° 17.16), d'une compétence territoriale concurrente et spécialisée s'étendant sur le ressort de plusieurs tribunaux judiciaires ou sur l'ensemble du territoire, le premier président de la cour d'appel peut décider, dans l'intérêt d'une bonne administration de la justice, en raison de la disproportion entre, d'une part, les capacités d'accueil physique de la juridiction et, d'autre part, le nombre des parties civiles, que le déroulement de l'audience fera l'objet, selon des modalités précisées par C. pr. pén., art. A. 53-10 (issu Arr. 23 juill. 2021, NOR : JUST2122321A) et Arr. 25 août 2021, NOR : JUST2124822A (traitement de données dénommé « Webradio »), d'une **captation sonore** permettant sa **diffusion en différé**, par un moyen de télécommunication garantissant la confidentialité de la transmission, aux **parties civiles qui en ont fait la demande**. Le président de la juridiction pénale peut toutefois ordonner l'interdiction de la diffusion de tout ou partie des débats afin de garantir leur sérénité ou de prévenir un trouble à l'ordre public (C. pr., pén., art. 802-3, issu L. n° 2020-1672, 24 déc. 2020).

Le fait d'enregistrer cette captation ou de la diffuser à des tiers est puni d'**un an** d'emprisonnement et **15 000 €** d'amende (C. pr., pén., art. **802-3**, issu L. n° 2020-1672, 24 déc. 2020) (sur la diffusion d'enregistrement sonore ou visuel d'une audience, L. 29 juill. 1881, art. **38 *ter*** et **38 *quater*** (issu L. n° 2021-1729, 22 déc. 2021), et C. pr. pén., art. **308**, v. également n^{os} **17.14** et **35.41**).

4. La retransmission en direct des débats dans plusieurs salles d'audience (C. pr. pén., art. D. 45-1-4-1 et D. 45-2-1 bis)

« *Si l'intérêt de la bonne administration de la justice le justifie, le président du tribunal judiciaire ou le premier président de la cour d'appel peut décider qu'une audience de la cour d'assises qui se déroule publiquement [...] sera retransmise en direct dans plusieurs salles d'audience de la juridiction. S'il s'agit de l'audience d'une cour d'assises disposant d'une compétence spécialisée qui s'étend aux ressorts d'autres juridictions, il peut décider que cette audience sera retransmise en direct dans une ou plusieurs salles d'audience de la juridiction dans le ressort duquel les faits ont été commis, avec l'accord du président de cette juridiction. La décision de retransmission de l'audience est portée à la connaissance des parties. Elle constitue une mesure d'administration judiciaire insusceptible de recours* » (C. pr. pén., art. D. 45-1-4-1, issu D. n° 2022-656, 25 avr. 2022), « *ce qui permet aux victimes et au public d'assister à un procès sans avoir à se déplacer* » (notice explicative du décret). Selon les précisions apportées par le D. 2022-1021, 20 juill. 2022, « *la salle d'audience de la juridiction dans laquelle a lieu la retransmission peut être située hors des locaux habituels de cette juridiction, dans tout lieu de la ville où cette juridiction a son siège* », « *ce qui permet de recourir à des salles suffisamment grandes pour accueillir les victimes et le public* » (notice explicative du décret).

Des dispositions identiques, issues des mêmes décrets, s'appliquent devant le tribunal correctionnel (C. pr. pén., art. D. 45-2-1 *bis*) et la chambre des appels correctionnels (C. pr. pén., art. D. 45-29).

Ces opérations de retransmission, mises en œuvre par l'autorité judiciaire pour assurer l'effectivité du principe de publicité des débats à l'occasion des grands procès, sont distinctes des opérations d'enregistrement des débats aux fins d'information du public, mises en œuvre par des tiers au titre du droit de la presse avec l'autorisation de l'autorité judiciaire dans les conditions exposées au v. n° **17.14**, qui ne peuvent faire l'objet d'une diffusion en direct mais uniquement lorsque l'affaire est définitivement jugée (L. 29 juill. 1881, art. 38 *quater*, issu L. n° 2021-1729, 22 déc. 2021).

C. L'ordre des interventions orales des parties

1. Devant la cour d'assises

« *Une fois l'instruction à l'audience terminée, la partie civile ou son avocat est entendu. Le ministère public prend ses réquisitions. L'accusé et son avocat présentent leur défense. La réplique est permise à la partie civile et au ministère public, mais l'accusé ou son avocat auront toujours la parole les derniers.* » (C. pr. pén., art. 346). Après quoi, « *Le président déclare les débats terminés.* » (C. pr. pén., art. 347).

Ces dispositions sont également applicables devant la cour d'assises des mineurs (Ord. n° 45-174, 2 févr. 1945, art. 20, devenu CJPM, art. L. 231-7).

C. pr. pén., art. 460 prévoyant que le civilement responsable est entendu après le ministère public n'est pas applicable devant la cour d'assises, y compris la cour d'assises des mineurs (Crim. 27 nov. 2019, n° 18-83.553, P).

2. Devant le tribunal correctionnel, le tribunal de police et la cour d'appel

« *L'instruction à l'audience terminée, la partie civile est entendue en sa demande, le ministère public prend ses réquisitions, le prévenu et, s'il y a lieu, la personne civilement responsable, présentent leur défense. La partie civile et le ministère public peuvent répliquer. Le prévenu ou son avocat auront toujours la parole les derniers.* » (C. pr. pén., art. 460).

Ces dispositions sont également applicables devant le tribunal de police (C. pr. pén., art. 536) et la chambre des appels correctionnels, sauf à préciser dans ce dernier cas que l'affaire est jugée sur le rapport oral d'un conseiller (C. pr. pén., art. 513, sur l'audience d'appel, v. nº **19.8B** et **19.11B2**).

La personne redevable pécuniairement de l'amende en matière d'infractions routières (C. route, art. L. 121-3 et R. 121-6, voir nº **36.6C**) jouit, comme le prévenu, de la parole en dernier (Crim. 7 nov. 2017, nº 17-80.831, P).

3. Devant le tribunal pour enfants ou le juge des enfants

« *Le tribunal pour enfants statuera après avoir entendu l'enfant, les témoins, les parents, le tuteur ou le gardien, le ministère public et le défenseur.* » (Ord. nº 45-174, 2 févr. 1945, art. 13), dispositions réécrites et précisées par CJPM, art. L. 511-1.

D. La durée des débats doit être compatible avec le droit à un procès équitable

« *Il est primordial que, non seulement les accusés, mais également leurs défenseurs, puissent suivre les débats, répondre aux questions et plaider en n'étant pas dans un état de fatigue excessif. De même, il est crucial que les juges et jurés bénéficient de leurs pleines capacités de concentration et d'attention pour suivre les débats et pouvoir rendre un jugement éclairé* » (CEDH 19 oct. 2004, *Makhfi c/ France*, req. nº 59335/00, § 40). Dans cette espèce où les débats, débutés à 9 h 15, s'étalèrent sur une durée totale de 17 h 15 à l'issue de laquelle les juges se retirèrent au matin à 6 h 15 pour délibérer durant deux heures, la CEDH a considéré qu'il y avait violation du droit à un procès équitable.

Il convient ici de relever que la durée des débats dépend notamment de la composition prévisionnelle des audiences. Celle-ci est établie, sans préjudice des pouvoirs propres du procureur de la République en matière d'audiencement des affaires, par décision conjointe du président du tribunal judiciaire, ou du président du tribunal pour enfants, et du procureur de la République (C. pr. pén., art. 399, Ord. nº 45-174, 2 févr. 1945, art. 13-1 devenu CJPM, art. L. 231-5) (sur l'audiencement des affaires devant la juridiction répressive, v. nº **17**).

S'agissant des procès d'assises nécessitant des délibérations particulièrement longues, le président de la **cour d'assises**, « *si la longueur prévisible du délibéré le justifie* » « *peut désigner tout lieu hors du palais de justice comme local dans lequel l'accusé devra demeurer* » (notamment la maison d'arrêt s'il est détenu) (C. pr. pén., art. 354, réd. L. nº 2016-731, 3 juin 2016) ainsi que « *tout lieu hors du palais de justice comme chambre des délibérations* » (par exemple un hôtel) (C. pr. pén., art. 354, réd. L. nº 2016-731, 3 juin 2016).

En matière criminelle, aucune disposition légale ne fait obligation de consigner les suspensions d'audience au procès-verbal des débats prévu par C. pr. pén., art. 378. En l'absence de donné-acte qu'il appartient aux parties de solliciter, aucun moyen tiré de la durée excessive des débats ne peut être accueilli (Crim. 5 sept. 2018, nº 17-82.654, P nº 147).

E. Les écritures des parties

1. La portée des observations des parties, jurisprudence européenne

Pour la Cour européenne des droits de l'Homme, « *le droit à un procès équitable [...] englobe [...] le droit des parties au procès à présenter les observations qu'elles estiment pertinentes [...], ce droit ne peut passer pour effectif que si ces observations sont vraiment "entendues", c'est-à-dire dûment examinées par le tribunal saisi* ». Autrement dit, pèse sur le « *tribunal l'obligation de se livrer à un examen effectif des moyens, arguments et offres de preuve des parties, sauf à en apprécier la pertinence* » (CEDH 21 mars 2000, *Dulaurans*, req. n° 34553-97).

Même si des conclusions ont été régulièrement déposées, est irrégulière la décision qui ne mentionne pas que l'avocat a eu la parole (Crim. 11 mai 2021, n° 19-86.308, P).

2. Les écritures devant la cour d'assises

L'accusé, la partie civile et leurs avocats peuvent déposer des conclusions sur lesquelles la cour est tenue de statuer (C. pr. pén., art. 315), à condition que ces écritures aient été soutenues oralement (Crim. 15 nov. 2017, n° 16-86.913, P).

Tous incidents contentieux sont réglés par la cour (soit sans le concours des jurés) par arrêt incident, en présence du jury, le ministère public, les parties ou leurs avocats entendus (C. pr. pén., art. 316). S'il s'élève un incident contentieux au sujet des questions, la cour statue dans les mêmes conditions (C. pr. pén., art. 352).

Le ministère public prend, au nom de la loi, toutes les réquisitions qu'il juge utiles : la cour est tenue de lui en donner acte et d'en délibérer. Les réquisitions du ministère public prises dans le cours des débats sont mentionnées par le greffier sur son procès-verbal. Toutes les décisions auxquelles elles ont donné lieu sont signées par le président et par le greffier (C. pr. pén., art. 313).

Ces dispositions sont également applicables devant la cour d'assises des mineurs (Ord. n° 45-174, 2 févr. 1945, art. 20, devenu CJPM, art. L. 13-1 et L. 231-7).

3. Les écritures devant le tribunal correctionnel et de police

Devant le tribunal correctionnel (C. pr. pén., art. 459) comme devant le tribunal de police (C. pr. pén., art. 536), le prévenu, les autres parties et leurs avocats peuvent déposer des **conclusions**. Ces conclusions sont visées par le président et le greffier ; ce dernier mentionne ce dépôt aux notes d'audience. Le tribunal est tenu de répondre aux conclusions ainsi déposées.

Le ministère public peut également prendre des **réquisitions écrites**. Elles sont mentionnées dans les notes d'audience et le tribunal est tenu d'y répondre (C. pr. pén., art. 458).

La prudence et l'efficacité commandent de soutenir par écrit les exceptions soulevées devant la juridiction, afin que cette dernière, le juge d'appel puis le juge de cassation, soient pleinement en mesure d'apprécier les moyens et arguments soulevés et les réponses qui leur auront été données (v. n° **17.27B1**).

En l'absence de dispositif formel de clôture des débats en matière correctionnelle, la clôture n'intervient que lors du prononcé du délibéré. Sous réserve du respect du contradictoire, la **note en délibéré** est donc admise. Le tribunal est tenu d'y répondre si les notes d'audience portent mention de ce qu'une note en délibéré sera acceptée par le tribunal (v. Crim. 29 janv. 2014, n° 13-80.093, P n° 33). En dehors de ce cas, lorsque la note est adressée après la clôture des débats, le prévenu « *ne saurait se faire un grief de ce que l'arrêt a écarté la note produite en délibéré par son avocat, dès lors que la suite susceptible d'être réservée à cette note relève de l'appréciation souveraine des juges du fond* » (Crim. 14 mars 2007, n° 06-81.010, P n° 83). Les exceptions de nullité soulevées par note en délibéré ne peuvent qu'être rejetées car, par hypothèse, elles n'auront pas été soulevées *in limine litis* (avant toute défense au fond).

Précisons que les arguments figurant dans la requête en exonération d'une amende forfaitaire contraventionnelle (C. pr. pén., art. 529-2 et 530, sur ce point v. n° **15.46C4**) ne valent pas conclusions régulières au sens de C. pr. pén., art. 536, elles ne saisissent donc pas le juge qui n'est alors pas tenu d'y répondre (Crim. 18 juin 1997, n° 96-84.926, P n° 246).

Notons enfin que, selon la jurisprudence civile qui paraît transposable à la procédure pénale, « *le fait par une partie de s'en rapporter à justice sur le mérite d'une demande implique de sa part, non un acquiescement à cette demande, mais la contestation de celle-ci* » (1re Civ., 25 nov. 1980, n° 79-15.403, P n° 303).

17.14 L'enregistrement et la diffusion des débats aux fins d'information du public (L. 29 juill. 1881, art. 38 quater, issu L. n° 2021-1729, 22 déc. 2021)

À la différence des dispositifs de fractionnement des débats entre plusieurs salles d'audience (COJ, art. L. 111-12, v. n° 17.13B2), ou de diffusion sonore au bénéfice des parties civiles des débats tenus devant les juridictions spécialisées dont le ressort est étendu (C. pr. pén., art. 802-3, 17.13B3), ou de la retransmission des grands procès dans d'autres salles d'audience (C. pr. pén., art. D. 45-1-4-1 et D. 45-2-2 *bis*, 17.13B4), ou d'enregistrement des débats pour les archives de la justice (C. patrimoine, art. L. 221-1 s., v. orienteur n° 35.41), lesquels sont mis en œuvre par l'autorité judiciaire, le dispositif d'enregistrement et de diffusion des audiences ici décrit relève, sous le bénéfice d'une autorisation préalable accordée par l'autorité judiciaire, de l'initiative et de la responsabilité des personnes privées en vue de l'information du public et cet « *enregistrement sonore ou audiovisuel d'une audience ne constitue pas un acte de procédure* » (D. n° 2022-462, 31 mars 2022, art. 12).

A. Le principe de la prohibition de l'enregistrement des débats judiciaires et sa constitutionnalité (L. 29 juill. 1881, art. 38 ter)

Selon les dispositions générales de la loi sur la liberté de la presse, « *dès l'ouverture de l'audience des juridictions administratives ou judiciaires, l'emploi de tout appareil permettant d'enregistrer, de fixer ou de transmettre la parole ou l'image est interdit. Le président fait procéder à la saisie de tout appareil et du support de la parole ou de l'image utilisés en violation de cette interdiction. Toutefois, sur demande présentée avant l'audience, le président peut autoriser des prises de vues quand les débats ne sont pas commencés et à la condition que les parties ou leurs représentants et le ministère public y consentent* » (L. 29 juill. 1881, art. 38 *ter*) (V. cette infraction au n° 35.41).

« *l'atteinte à l'exercice de la liberté d'expression et de communication* » garantis par DDHC 1789, art. 11, qui résulte de L. 29 juill. 1881, art. **38 *ter***, « *est nécessaire, adaptée et proportionnée aux objectifs poursuivis* » (§ 10), en ce que, en premier lieu, « *le législateur a, d'une part, entendu garantir la sérénité des débats vis-à-vis des risques de perturbations liés à l'utilisation de ces appareils. Ce faisant, il a poursuivi l'objectif de valeur constitutionnelle de bonne administration de la justice. D'autre part, il a également entendu prévenir les atteintes que la diffusion des images ou des enregistrements issus des audiences pourrait porter au droit au respect de la vie privée des parties au procès et des personnes participant aux débats, à la sécurité des acteurs judiciaires et, en matière pénale, à la présomption d'innocence de la personne poursuivie* » (§ 7) ; en deuxième lieu, « *d'une part, s'il est possible d'utiliser des dispositifs de captation et d'enregistrement qui ne perturbent pas en eux-mêmes le déroulement des débats, l'interdiction de les employer au cours des audiences permet de prévenir la diffusion des images ou des enregistrements, susceptible quant à elle de perturber ces débats. D'autre part, l'évolution des moyens de communication est susceptible de conférer à cette diffusion un retentissement important qui amplifie le risque qu'il soit porté atteinte aux intérêts précités* » (§ 8) ; enfin, l'interdiction « *ne prive pas le public qui assiste aux audiences, en particulier les journalistes, de la possibilité de rendre compte des débats par tout autre moyen, y compris pendant leur déroulement, sous réserve du pouvoir de police du président de la formation de jugement* » (§ 9) (Cons. const. 6 déc. 2019, n° 2019-817 QPC).

Devant la **cour d'assises**, dès l'ouverture de l'audience, l'emploi de tout appareil d'enregistrement ou de diffusion sonore, de caméra de télévision ou de cinéma, d'appareil photographique, est interdit (C. pr. pén., art. 308, v. infraction au n° 35.41).

L'enregistrement de l'audience n'est toutefois pas incriminé lorsque la personne jouit d'une autorisation accordée dans les conditions décrites au B ci-après.

B. L'autorisation d'enregistrer et de diffuser les audiences aux fins d'information du public (L. 29 juill. 1881, art. 38 quater, issu L. n° 2021-1729, 22 déc. 2021)

1. Un motif d'intérêt public permet de déroger au principe de prohibition de l'enregistrement des débats judiciaires

Par dérogation à la prohibition de principe qui précède, « *afin de contribuer à une meilleure information du citoyen sur le fonctionnement de la justice* » (Circ. DSJ 4 avr. 2022, n° JUSB2210807C), la L. n° 2021-1729, 22 déc. 2021, pour la confiance dans l'institution judiciaire, a institué un régime d'autorisation de « *l'enregistrement sonore ou audiovisuel d'une audience* », « *pour un motif d'intérêt public d'ordre pédagogique, informatif, culturel ou scientifique, en vue de sa diffusion* » (L. 29 juill. 1881, art. 38 *quater* I). « *Ce nouveau régime doit [...] permettre de sécuriser le cadre juridique d'enregistrement et de diffusion des audiences en mettant un terme aux pratiques d'enregistrement qui s'étaient développées, en dehors de tout cadre légal, notamment pour des reportages télévisés* » (Circ. DSJ 4 avr. 2022, n° JUSB2210807C).

Précisons que ce régime d'autorisation est également applicable, par dérogation au C. pr. pén., art. 11, relatif au secret de l'enquête et de l'instruction, « *aux audiences intervenant au cours d'une enquête ou d'une instruction ainsi qu'aux auditions, interrogatoires et confrontations réalisés par le juge d'instruction* » (L. n° 29 juill. 1881, art. 38 *quater* III) (v. n° **35.2A4**).

2. La saisine préalable et l'avis du ministre de la justice

La demande d'autorisation « *est adressée au ministre de la justice* » pour avis (L. 29 juill. 1881, art. 38 *quater* I), plus particulièrement « *au bureau de presse du ministère* », qui la « *transmet immédiatement* » au premier président compétent (Circ., 4 avr. 2022, n° JUSB2210807C, n° 1.1). « *Les juridictions qui seraient directement sollicitées par un média pour l'enregistrement d'une audience ne pourront pas rendre une décision d'autorisation et devront inviter le média à saisir le ministre de la justice* » (Circ. DSJ 4 avr. 2022, n° JUSB2210807C, n° 1.1).

La demande « *précise le motif d'intérêt public d'ordre pédagogique, informatif, culturel ou scientifique qui la justifie* », « *est accompagnée d'une description circonstanciée du projet éditorial* » et « *précise les conditions d'enregistrement et de diffusion* » (D. n° 2022-462, 31 mars 2022, art. 2).

« *Dès réception de la demande* », le bureau de presse du ministère la « *transmet immédiatement* » à l'autorité compétente pour délivrer l'autorisation (D. n° 2022-462, 31 mars 2022, art. 3 ; Circ. DSJ 4 avr. 2022, n° JUSB2210807C, n° 1.1), en l'espèce, s'agissant des audiences devant les juridictions répressives du fond, le « *premier président de la cour d'appel concernant les cours d'appel et les juridictions de l'ordre judiciaire de leur ressort* » (L. 29 juill. 1881, art. 38 *quater* I).

« *dans un délai de 15 jours à compter de la réception de la demande* » le ministre de la justice « *transmet son avis à l'autorité appelée à statuer. Au terme de ce délai, son silence vaut avis défavorable* » (D. n° 2022-462, 31 mars 2022, art. 3).

3. La décision du premier président de la cour d'appel

Le premier président appelé à statuer sur la demande « *sollicite l'avis préalable du ministère public* » (D. n° 2022-462, 31 mars 2022, art. 4).

En outre, « *il est recommandé que le premier président s'entretienne en amont de la prise de décision avec les chefs de juridiction et les présidents de formation de jugement concernés pour s'assurer de l'acceptabilité d'un tel tournage, de la faisabilité technique eu égard aux capacités de la juridiction, mais aussi de son opportunité au regard de la sensibilité de certains procès. Cette concertation préalable peut être étendue aux parties au procès lorsque la demande d'enregistrement porte sur une affaire sensible ou médiatique. [...] les premiers présidents de la cour d'appel peuvent solliciter les magistrats délégués à la communication de leur ressort et le bureau de presse du ministère de la justice* » (Circ. DSJ 4 avr. 2022, n° JUSB2210807C, n° 1.2).

Par hypothèse, le premier président ne peut donner son autorisation avant l'expiration du délai de 15 jours, temps imparti au ministre de la justice pour lui transmettre son avis. Il statue dans le délai de 45 jours et son silence, au terme de ce délai, « *vaut décision de rejet* » (D. n° 2022-462, 31 mars 2022, art. 5).

« *L'autorisation peut être accompagnée de prescriptions relatives aux conditions techniques d'enregistrement et de diffusion* » afin de garantir que l'enregistrement ne porte atteinte « *ni au bon déroulement de la procédure et des débats, ni au libre exercice de leurs droits par les parties et les personnes enregistrées, dont la confidentialité des échanges entre l'avocat et son client* » et que la diffusion ne porte atteinte « *ni à la sécurité, ni au respect de la vie privée des personnes enregistrées, ni au respect de la présomption d'innocence* » (D. n° 2022-462, 31 mars 2022, art. 5 renvoyant notamment à L. 29 juill. 1881, art. 38 *quater* I).

Précisons qu'il n'incombe pas au demandeur de justifier à ce stade qu'il dispose de l'accord des personnes filmées ou des parties dans le cas où l'audience n'est pas publique, cette vérification ne relevant pas du premier président mais du président de l'audience selon les précisions apportées en **C1** ci-dessous.

Aucune exigence de motivation de la décision de refus n'est imposée, « *toutefois, il est recommandé que l'autorité décisionnaire précise dans sa décision les considérations qui l'ont conduite à rejeter la demande, notamment au regard du motif d'intérêt public exigé, du sérieux du projet éditorial présenté et de l'opportunité de l'enregistrement* » (Circ. DSJ 4 avr. 2022, n° JUSB2210807C, n° 1.2).

La décision d'autorisation ou de refus d'enregistrement doit être notifiée sans délai au demandeur par LRAR et adressée en copie au bureau de presse du ministère de la justice, au parquet général, et au président de la juridiction concernée par le tournage (Circ., 4 avr. 2022, n° JUSB2210807C, n° 1.2).

Dans les 8 jours de la notification de la décision de refus ou de la date à laquelle est née la décision implicite de rejet, un recours non suspensif peut être porté, s'agissant des juridictions de l'ordre judiciaire, devant la C. cass. par simple déclaration au greffe (D. n° 2022-462, 31 mars 2022, art. 6).

L'enregistrement de l'audience sans l'autorisation de l'autorité compétente constitue l'infraction prévue par L. 29 juill. 1881, art. **38 *ter*** (V. **A** ci-dessus et cette incrimination au n° **35.41**).

C. Le principe de l'absence d'accord des personnes pour l'enregistrement des audiences et la nécessité de leur accord pour la diffusion des images enregistrées

1. Le principe de l'absence d'accord préalable des personnes pour l'enregistrement des audiences publiques et ses tempéraments pour les mineurs et majeurs protégés parties à l'audience

Si la diffusion des images enregistrées nécessite l'accord des personnes filmées (v. **C2** ci-dessous), « *l'enregistrement des audiences publiques n'est pas subordonné au recueil préalable de l'accord des parties au procès et des autres personnes filmées* » (Circ. DSJ 4 avr. 2022, n° JUSB2210807C, n° 2).

En revanche, lorsque « *l'audience n'est pas publique* » (huis clos, juridiction pour mineur, v. n° **17.11**), « *l'enregistrement est subordonné à l'accord préalable et écrit des parties au litige* » (L. 29 juill. 1881, art. 38 *quater* I).

En outre, que l'audience « *soit publique ou non* », « *lorsqu'un majeur bénéficiant d'une mesure de protection juridique est partie à l'audience, [...] l'enregistrement est subordonné à l'accord préalable du majeur apte à exprimer sa volonté ou, à défaut, de la personne chargée de la mesure de protection juridique* » ; il en est de même « *, lorsqu'un mineur est partie à l'audience, [...] l'enregistrement est subordonné à l'accord préalable du mineur capable de discernement ainsi qu'à celui de ses représentants légaux ou, le cas échéant, de l'administrateur ad hoc désigné* » (L. 29 juill. 1881, art. 38 *quater* I).

« *L'accord est recueilli au moyen d'un formulaire établi conformément à un modèle fixé par arrêté* » (D. n° 2022-462, 31 mars 2022, art. 7), en l'occurrence, l'arrêté du 31 mars 2022, NOR : JUSB2201297A.

« *Dans tous les cas où un accord préalable à l'enregistrement est requis, son recueil incombe au bénéficiaire de l'autorisation d'enregistrement, qui en justifie auprès du président de l'audience* » (D. n° 2022-462, 31 mars 2022, art. 7). Il s'en déduit que la vérification du recueil des consentements n'incombe pas à l'autorité chargée de donner l'autorisation et que leur justification n'est donc pas une condition de sa délivrance. En conséquence, « *le journaliste doit justifier auprès du magistrat en charge de la police de l'audience, avant l'ouverture des débats, que les accords des parties à l'enregistrement ont bien été recueillis* » (Circ. DSJ 4 avr. 2022, n° JUSB2210807C, n° 2.1).

« *il convient de préciser que la notion de partie désigne, aussi bien en procédure administrative que judiciaire, toute personne physique ou morale engagée dans un procès. Elle ne se confond pas avec le représentant de la partie, notamment l'avocat, et elle ne comprend pas les personnels des services judiciaires dont l'accord préalable n'a pas à être recueilli, y compris lorsqu'il s'agit d'audience non publiques ou impliquant un majeur protégé ou un mineur* » (Circ. DSJ 4 avr. 2022, n° JUSB2210807C, n° 2.1). La **diffusion** de l'enregistrement de ces personnes exige en revanche leur accord ou à défaut l'occultation de leur image, selon les précisions apportées ci-après.

2. La nécessité de l'accord écrit et préalable à l'audience des personnes dont l'image est diffusée sans occultation

« *L'image et les autres éléments d'identification des personnes enregistrées ne peuvent être diffusés qu'avec leur consentement donné par écrit avant la tenue de l'audience* » (L. 29 juill. 1881, art. 38 *quater* I). Les autres éléments d'identification sont « *notamment la voix, le nom et les éléments relatifs à l'état civil* » (Circ. DSJ 4 avr. 2022, n° JUSB2210807C, n° 3.1).

« *ainsi, les parties au procès, les personnels des services judiciaires, les auxiliaires de justice, les forces de l'ordre, les membres de l'administration pénitentiaire, et toutes autres personnes filmées doivent obligatoirement consentir à la diffusion de leur image et des éléments d'identification les concernant* » (Circ. DSJ 4 avr. 2022, n° JUSB2210807C, n° 3.1).

Là encore, « *Le recueil du consentement des personnes enregistrées à la diffusion de leur image et des autres éléments permettant leur identification incombe au bénéficiaire de l'autorisation d'enregistrement* » (D. n° 2022-462, 31 mars 2022, art. 7), « *au moyen d'un formulaire établi conformément à un modèle fixé par arrêté* » (D. n° 2022-462, 31 mars 2022, art. 8), en l'occurrence, l'arrêté précité du 31 mars 2022, NOR : JUSB2201297A. Il n'est pas nécessaire que le bénéficiaire de l'autorisation d'enregistrement justifie de cet accord auprès du président d'audience.

Précisons que « *l'image et les autres éléments d'identification des mineurs ou des majeurs bénéficiant d'une mesure de protection juridique ne peuvent, en aucun cas, être diffusés* », ce qui rend donc sans objet le recueil du consentement à la diffusion par les personnes en charge de leurs intérêts (L. 29 juill. 1881, art. 38 *quater* I).

« *Les personnes enregistrées peuvent rétracter ce consentement dans un délai de 15 jours à compter de la fin de l'audience* » (L. 29 juill. 1881, art. 38 *quater* I). Ce délai « *commence à courir au lendemain du dernier jour de la dernière audience enregistrée* » (D. n° 2022-462, 31 mars 2022, art. 9). « *Si l'affaire est mise en délibéré, le point de départ du délai de 15 jours est fixé au jour du délibéré* » (Circ. DSJ 4 avr. 2022, n° JUSB2210807C, n° 3.1). « *La rétractation est adressée au bénéficiaire de l'autorisation et se fait par tout moyen conférant date certaine à la réception* » (D. n° 2022-462, 31 mars 2022, art. 9). L'arrêté du 31 mars 2022 « *prévoit un modèle de formulaire destiné à faciliter l'exercice de cette faculté de rétractation* » (Circ. DSJ 4 avr. 2022, n° JUSB2210807C, n° 3.1).

L'absence d'accord des personnes ou la rétractation de leur consentement ne fait pas obstacle à la diffusion, mais dans ce cas « *le bénéficiaire de l'autorisation d'enregistrement est tenu à une obligation d'occultation des [...] personnes enregistrées qui n'ont pas consenti à la diffusion des images et des éléments d'identification les concernant* » et il en est de même s'agissant « *des mineurs, des majeurs bénéficiant d'une protection juridique* » (D. n° 2022-462, 31 mars 2022, art. 14), lesquels ne peuvent « *en aucun cas* » faire l'objet d'une diffusion sans occultation (L. 29 juill. 1881, art. 38 *quater* I).

« *L'occultation implique que l'image et tout élément permettant l'identification directe ou indirecte des personnes enregistrées soient dissimulés, notamment que les éléments relatifs à l'état civil soient modifiés ou masqués, les visages et les silhouettes floutés et les voix déformées* » (D. n° 2022-462, 31 mars 2022, art. 14).

En outre, « *pour permettre le respect du droit à l'oubli* » (Circ. DSJ 4 avr. 2022, n° JUSB2210807C, n° 3.1), « *à l'expiration d'un délai de 5 ans après la première diffusion de l'enregistrement ou de 10 ans après l'autorisation d'enregistrement, l'obligation d'occultation est étendue à toute personne enregistrée* » (D. n° 2022-462, 31 mars 2022, art. 14 et L. 29 juill. 1881, art. 38 *quater* I).

La diffusion d'un enregistrement autorisé sans respecter les conditions de consentement des personnes ou d'occultation est incriminée par L. 29 juill. 1881, art. **38 *quater* IV** (délit, **1 an d'emprisonnement**, **15 000 €**, v. cette incrimination au n° **35.41**). Ces conditions et sanctions s'imposent également au cessionnaire des droits sur les images enregistrées (L. 29 juill. 1881, art. 38 *quater* V).

3. La prohibition de la rémunération du consentement à l'enregistrement ou à la diffusion

« *L'accord écrit des parties au litige ou des personnes enregistrées ne peut faire l'objet d'aucune contrepartie* » (L. 29 juill. 1881, art. 38 *quater* I). « *ni l'accord à l'enregistrement, ni le consentement à la diffusion ne peuvent faire l'objet d'une quelconque contrepartie. Il est donc notamment interdit de rémunérer une personne, un membre de sa famille ou encore un de ses proches afin d'obtenir son consentement* » (Circ. DSJ 4 avr. 2022, n° JUSB2210807C, n° 3.1).

D. Les contraintes d'intérêt public entourant les opérations d'enregistrement et de diffusion des débats

1. L'enregistrement ne doit pas porter atteinte à la sérénité des débats

« *Les modalités de l'enregistrement ne portent atteinte ni au bon déroulement de la procédure et des débats, ni au libre exercice de leurs droits par les parties et les personnes enregistrées, dont la confidentialité des échanges entre l'avocat et son client. Le magistrat chargé de la police de l'audience peut, à tout moment, suspendre ou arrêter l'enregistrement. Cette décision constitue une mesure d'administration judiciaire insusceptible de recours* » (L. 29 juill. 1881, art. 38 *quater* I). « *L'enregistrement est interrompu en cas de suspension d'audience ou sur décision du magistrat chargé de la police de l'audience* » (D. n° 2022-462, 31 mars 2022, art. 11). « *L'enregistrement est limité au déroulement de l'audience et doit donc être interrompu en cas de suspension d'audience. Les échanges entre un avocat et son client ne sont pas susceptibles d'être enregistrés.* » (Circ. DSJ 4 avr. 2022, n° JUSB2210807C, n° 2.2).

« *Une discrétion particulière est requise en ce qui concerne l'installation et le fonctionnement des appareils d'enregistrement. Les enregistrements sont réalisés à partir de points fixes. Le nombre de personnes autorisées à procéder à l'enregistrement et la disposition des appareils d'enregistrement à l'intérieur de la salle d'audience sont fixés en accord avec les chefs de juridiction ou leurs représentants* » (D. n° 2022-462, 31 mars 2022, art. 10).

2. La diffusion ne doit pas porter atteinte à la sécurité, la vie privée et la présomption d'innocence et poursuit un objectif d'intérêt public

« *La diffusion est réalisée dans des conditions ne portant atteinte ni à la sécurité, ni au respect de la vie privée des personnes enregistrées, ni au respect de la présomption d'innocence* » (L. 29 juill. 1881, art. 38 *quater* I).

« *Afin d'assurer le respect de la présomption d'innocence* » (Circ. DSJ 4 avr. 2022, n° JUSB2210807C, n° 3.2), « *la diffusion, intégrale ou partielle, de l'enregistrement n'est possible qu'après que l'affaire a été définitivement jugée. En cas de révision d'un procès en application de C. pr. pén., art. 622, la diffusion de l'enregistrement peut être suspendue* » (L. 29 juill. 1881, art. 38 *quater* I). Le dispositif interdit donc une diffusion en direct ou au jour le jour des débats.

Au titre de la sécurité, soulignons que la diffusion ne peut notamment conduire à révéler l'identité de fonctionnaires de la police nationale, de militaires, de personnels civils du ministère de la défense ou d'agents des douanes appartenant à des unités ou services désignés par arrêté, « *dont les missions exigent, pour des raisons de sécurité, le respect de l'anonymat* » (L. 29 juill. 1881, art. 38 *quater* I et art. ***39 sexies***, v. cette infraction de presse à l'orienteur du nº **35.31**), de même que la diffusion ne peut conduire à révéler les éléments d'identification des témoins protégés, des OPJ, APJ ou agents de douanes ayant effectué une opération d'infiltration ou des agents qui sont autorisés à ne pas apparaître en procédure sous leur nom et prénom (v. ces infractions de droit commun au nº **35.31**).

La diffusion « *est accompagnée d'éléments de description de l'audience et d'explications pédagogiques et accessibles sur le fonctionnement de la justice* » (L. 29 juill. 1881, art. 38 *quater* I). « *Dans le strict respect de l'objectif d'intérêt public d'ordre pédagogique, informatif, culturel ou scientifique fixé par la loi, la diffusion doit être accompagnée d'éléments de description de l'audience et d'explications pédagogiques et accessibles sur le fonctionnement de la justice* » (Circ. DSJ 4 avr. 2022, nº JUSB2210807C, nº 3).

« *Les séquences enregistrées non retenues lors du montage effectué en vue de leur diffusion sont détruites. Leur conservation ou réutilisation est interdite* » (D. nº 2022-462, 31 mars 2022, art. 13).

La diffusion d'un enregistrement autorisé sans respecter les conditions de diffusion ici décrites est incriminée par L. 29 juill. 1881, art. **38 *quater* IV** (délit, **1 an d'emprisonnement**, **15 000 €**, v. cette incrimination au nº **35.41**). Ces conditions et sanctions s'appliquent également au cessionnaire des droits sur les images enregistrées (L. 29 juill. 1881, art. 38 *quater* V).

17.15 La discussion de la compétence : les juridictions pénales de droit commun

A. Les règles de compétence sont d'ordre public

« *Les règles sur la composition et la compétence des juridictions sont d'ordre public* » (Crim. 19 déc. 1988, nº 88-83.678, P nº 433), « *les parties ne pouvant y renoncer* » (Crim. 22 mars 2016, nº 15-83.834, P nº 95). Ces jurisprudence de principe sont rappelées par Crim. 28 mars 2023, nº 22-82.032, P (§ 8), la C. cass. y ajoutant que l'assistance d'un avocat ne couvre pas cette cause de nullité.

B. La compétence de la cour d'assises et de la cour criminelle départementale

1. La cour d'assises

Depuis L. nº 2021-1729, 22 déc. 2021, applicable au 1er janv. 2023, généralisant la cour criminelle départementale, la compétence de la cour d'assises est limitée au jugement des crimes punis, dans l'échelle des peines criminelles fixée par C. pén., art. 131-1, de la réclusion ou de la détention criminelle à perpétuité ou de 30 ans au plus, ou au jugement des auteurs récidivistes de crimes punis de 20 ans ou de 15 ans ; elle est également compétente pour juger les affaires dans lesquelles au moins un auteur ne peut relever de la compétence de la cour criminelle départementale (C. pr. pén., art. 380-16, issu L. nº 2021-1729, 22 déc. 2021, sur la compétence de la cour criminelle départementale, v. **A2** ci-dessous).

La cour d'assises comprend, d'une part, la **cour proprement dite** (C. pr. pén., art. 243), composée de 3 magistrats professionnels, le président, magistrat de la cour d'appel (C. pr. pén., art. 244), et deux assesseurs, magistrats de la cour d'appel ou du tribunal judiciaire où se tiennent les assises (C. pr. pén., art. 248), l'un de ces derniers pouvant être un magistrat honoraire exerçant des fonctions juridictionnelles (C. pr. pén., art. 249), d'autre part, le jury (C. pr. pén., art. 240). Le **jury** est composé de citoyens âgés de plus de 23 ans, sachant lire et écrire le français (C. pr. pén., art. 255), qui ne se trouvent pas dans un cas d'incapacité (ex. personnes condamnées pour crime ou délit, C. pr. pén., art. 256) ou d'incompatibilité (ex. fonctionnaire de police ou de gendarmerie ou de l'administration pénitentiaire (C. pr. pén., art. 257).

Les jurés composant le jury de jugement sont issus d'un processus de tirage au sort en trois étapes. La première est celle de la **liste annuelle** du jury criminel, établie par tirage au sort à partir des listes électorales (C. pr. pén., art. 260 à 265). La deuxième étape est celle du tirage au sort, à partir de la liste annuelle, de la **liste de session** d'assises (C. pr. pén., art. 266), laquelle est signifiée à l'accusé avant les débats (C. pr. pén., art. 282). C'est enfin sur cette liste, troisième étape, que seront tirés au sort, affaire après affaire, parmi les jurés présents et qui n'auront pas été dispensés ou rayés de la liste lors de l'audience préliminaire de révision de la liste du jury qui se tient lors de l'ouverture de la session (C. pr. pén., art. 288), les 6 jurés (en première instance) ou les 9 jurés (en appel) (C. pr. pén., art. 296) composant le **jury de jugement** (C. pr. pén., art. 297). C'est lors de ce dernier tirage au sort que s'exerceront les droits de récusation de l'accusé (4 récusations possibles en première instance et 5 en appel) et du ministère public (3 en première instance et 4 en appel) (sur la récusation des jurés, v. n° **17.35D**).

La cour d'assises délibère sur la culpabilité et la sanction selon les règles particulières de majorité précisées au n° **18.7B2** (C. pr. pén., art. 359, 360 et 362), en répondant par vote, selon les modalités exposées au n° **17.33**, à des questions énoncées sur une feuille de question. Qu'il s'agisse de la culpabilité ou de la peine, la déclaration de la cour ne peut énoncer le nombre de voix exprimées autrement qu'en constatant que « *la majorité de voix exigée par l'article 359 a été acquise* » (C. pr. pén., art. 359). Est en conséquence nulle la feuille de questions qui, au lieu de la mention « oui à la majorité de huit voix au moins » porte la mention « *oui à la majorité de huit voix* », « *énonciations qui indiquent le nombre de voix qui se sont exprimées en faveur de la culpabilité* » (Crim. 24 mai 2023, n° 22-84.601, P ; dans le même sens : Crim. 15 juin 1983, n° 82-93.468, P n° 186). Mais satisfait aux exigences du texte la mention « *"oui" à la majorité des voix exigée par l'article 359* » (Crim. 18 févr. 2004, n° 03-82.789, P n° 46 ; dans le même sens : Crim. 6 févr. 2002, n° 01-85.335, P n° 25).

En raison du principe d'oralité des débats devant la cour d'assises (sur ce principe, v. n° **17.13A2**), cette juridiction délibère sans être en possession du dossier (C. pr. pén., art. 347).

Par dérogation à ces règles de principe, les cours d'assises compétentes en matière de terrorisme, de stupéfiants, d'infractions militaires et d'atteintes à la sûreté de l'État, statuent à la majorité et en possession de l'entier dossier, sans jury, et sont exclusivement composées de magistrats professionnels (sur ces cours d'assises, v. n° **17.16A**).

Précisons toutefois que lorsque par suite d'une disjonction des poursuites, d'un appel ou de toute autre cause, la cour d'assises ne se trouve saisie que du renvoi devant elle d'un ou plusieurs accusés, uniquement pour un délit connexe à un crime, elle statue sans l'assistance des jurés (C. pr. pén., art. 286-1, L. n° 2011-525, 17 mai 2011). Même dans cette configuration, elle doit statuer à partir d'une feuille de question et établir une feuille de motivation, quoique leur absence ne soit pas une cause de nullité en l'absence de grief (Crim. 29 juin 2022, n° 21-85.699, P, v. n° **17.33A**).

La cour d'assises a plénitude de juridiction pour juger, en premier ressort ou en appel, les personnes renvoyées devant elle par la décision de mise en accusation (C. pr. pén., art. 231). Elle est dès lors compétente pour connaître de toutes les infractions dont elle est saisie, même si celles-ci, par l'effet d'une loi nouvelle, ne sont plus de nature criminelle mais délictuelle (Crim. 21 janv. 1998, n° 96-86.612, P n° 26 – Crim. 29 avr. 1997, n° 95-82.669, P n° 155). Elle restera donc compétente pour statuer sur un crime relevant de la compétence en première instance de la cour criminelle départementale lorsque, par l'effet des réponses aux questions, les faits dont elle est saisie ne seront plus susceptibles d'une peine supérieure à 20 ans de réclusion criminelle. Il apparaît plus généralement que les exceptions d'incompétence sont irrecevables devant la cour d'assises.

Lors de la procédure préparatoire aux sessions d'assises, le président peut, d'office ou sur réquisition du ministère public, ordonner la jonction des procédures quand plusieurs décisions de renvoi ont été rendues contre un même accusé pour des infractions différentes (C. pr. pén., art. 285). La notion de connexité ou d'indivisibilité imposée devant le tribunal correctionnel par C. pr. pén., art. 382 et 387 n'est pas ici exigée (v. **C3** ci-dessous).

2. La cour criminelle départementale

Par dérogation aux dispositions relatives à la compétence et à la composition de la cour d'assises, « *afin de rendre plus rapide le jugement des crimes et de limiter la pratique de la correctionnalisation* », la L. n° 2019-222, 23 mars 2019, art. 63, a d'abord institué à titre expérimental pour une durée de 3 ans dans les départements dont la liste est fixée par arrêté (AM 25 avr. 2019, NOR : JUSD1912083A, *JO* 26 avr. 2019, AM 2 mars 2020, *JO* 4 mars 2020, AM 2 juill. 2020, *JO* 22 juill. 2020), au même lieu que la cour d'assises, une **cour criminelle départementale**.

Ces dispositions expérimentales, jugées conformes à la Constitution (Cons. const, 21 mars 2019, n° 2019-778 DC, § 314), ont été pérennisées par L. n° 2021-1729, 22 déc. 2021, pour la confiance dans l'institution judiciaire, et leur application étendue à compter du 1er janv. 2023 aux départements dans lesquels l'expérimentation n'était pas en cours (L. n° 2021-1729, 22 déc. 2021, art. 59 IV).

Désormais, « *les personnes majeures accusées d'un crime puni de quinze ans ou de vingt ans de réclusion criminelle, lorsqu'il n'est pas commis en état de récidive légale, sont jugées en premier ressort par la cour criminelle départementale. Cette cour est également compétente pour le jugement des délits connexes. Elle n'est pas compétente s'il existe un ou plusieurs coaccusés ne répondant pas aux conditions* » qui précèdent (C. pr. pén., art. 380-16, issu L. n° 2021-1729, 22 déc. 2021).

Cette cour est composée d'un président et de quatre assesseurs, magistrats professionnels, dont deux au plus peuvent être désignés parmi les magistrats à titre temporaire ou les magistrats honoraires exerçant des fonctions juridictionnelles (C. pr. pén., art. 380-17, issu L. n° 2021-1729, 22 déc. 2021). À titre expérimental, pour une durée de 3 ans et dans les départements fixés par arrêté (v. AM, 22 sept. 2022, NOR : JUSD2226045A, fixant la liste de 20 départements expérimentaux), un des assesseurs de la cour criminelle départementale peut être un « *avocat honoraire exerçant des fonctions juridictionnelles* » (AHFJ), un seul magistrat à titre temporaire ou magistrat honoraire juridictionnel pouvant alors compléter la formation (L. n° 2021-1729, 22 déc. 2021, art. 10). Les avocats honoraires, nommés dans les conditions prévues par loi organique n° 2021-1728, 22 déc. 2021 et le D. n° 2022-792, 6 mai 2022, sont formés par l'École nationale de la magistrature selon les précisions de l'AM 25 mai 2022, NOR : JUSB2213391A. Notons que l'avocat honoraire ne doit « *pas avoir exercé la profession d'avocat depuis au moins cinq ans dans le ressort de la cour d'appel à laquelle ils sont affectés* » (LO n° 2021-1728, 22 déc. 2021, art. 3). Le recrutement, la formation, l'exercice des fonctions au sein des cours criminelles départementales, ainsi que la déontologie et la discipline des AHFJ sont décrits dans la circulaire DSJ, 3 nov. 2022, JUSB2231248C.

La cour criminelle départementale « *applique les dispositions du [C. pr. pén.] relatives à la cour d'assises* » mais statue sans jury et délibère à la majorité (soit 3 voix sur 5, sur les règles de majorité dans la procédure criminelle, v. n° **18.7B2**). Comme devant la cour d'assises, la décision résulte de scrutins successifs par bulletins portant d'abord sur les questions relatives à la culpabilité (sur les questions principales, spéciales et subsidiaires, v. n° **17.33B**) puis sur la peine (sur le vote sur la peine, v. n° **18.7B2**). À la différence de la cour d'assises, elle délibère en possession de l'entier dossier de la procédure (C. pr. pén., art. 380-19, issu L. n° 2021-1729, 22 déc. 2021, sur le principe d'oralité des débats devant la cour d'assises, v. n° **17.13A2**).

Elle ne statue qu'en première instance, l'appel porté contre sa décision est jugé par la cour d'assises d'appel, laquelle statue avec un jury, selon la procédure de droit commun (C. pr. pén., art. 380-1 et 380-21, issu L. n° 2021-1729, 22 déc. 2021, sur les particularismes de la procédure d'appel en matière criminelle, v. n° **19.12D3**).

Pour la commodité de l'utilisateur, les codes Natinf des crimes relevant de la compétence de la cour criminelle départementale (hors le cas de récidive), sont suivis du suffixe « *.cc* » dans le présent ouvrage.

C. La compétence du tribunal correctionnel

1. La compétence matérielle (C. pr. pén., art. 381)

Lorsqu'il statue en matière pénale, le tribunal judiciaire « *est dénommé tribunal correctionnel* » (COJ, art. L. 211-1).

Le tribunal correctionnel connaît des délits, c'est-à-dire des infractions que la loi punit d'une peine d'emprisonnement ou d'une peine d'amende supérieure ou égale à 3 750 € (C. pr. pén., art. 381) (sur les modalités de la correctionnalisation v. nº **15.35B1** et les conditions de la requalification d'un délit en crime, v. ci-dessous, **B**), lorsqu'ils sont commis par un majeur.

Selon les précisions apportées au **D** ci-dessous, la compétence matérielle du tribunal correctionnel s'organise selon deux catégories de délits : ceux relevant de la formation collégiale et ceux relevant du juge unique (C. pr. pén., art. 398 et 398-1).

2. La compétence territoriale (C. pr. pén., art. 382 et 706-42)

S'agissant des **personnes physiques**, en cohérence avec les dispositions rédigées en termes identiques relatives à la compétence du procureur de la République (C. pr. pén., art. 43) et du juge d'instruction (C. pr. pén., art. 52, v. nº **15.32B**), est territorialement compétent le tribunal correctionnel du lieu de l'infraction, celui de la résidence du prévenu ou de son lieu d'arrestation ou de détention, même si cette arrestation ou détention a été opérée pour une autre cause (C. pr. pén., art. 382).

S'agissant des **personnes morales**, sans préjudice des règles de compétence territoriale qui précèdent, applicables lorsqu'une personne morale est poursuivie conjointement avec une personne physique, le procureur de la République et les juridictions du lieu de l'infraction ou du lieu où la personne morale a son siège sont compétents (C. pr. pén., art. 706-42).

En outre, le législateur prévoit pour certaines infractions des critères de compétence complémentaires : abandon de famille, nº **21.3** ; infractions en matière de chèque, nºs **22.23**, **22.24** ; fraude fiscale, nº **21.19**, transports routiers, nºs **37.5**, **37.6**, **37.9**, **37.12**, **37.16**, **37.18**.

La compétence à l'égard d'un prévenu s'étend à tous auteurs et complices (C. pr. pén., art. 383).

Soulignons que le lieu de résidence ou le siège social de la **victime** ne constitue pas un critère de compétence territoriale. Toutefois, le crime ou le délit « *réalisé au moyen d'un réseau de communication électronique, lorsqu'il est tenté ou commis au préjudice d'une personne physique résidant sur le territoire de la République ou d'une personne morale dont le siège se situe sur le territoire de la République, est réputé commis sur le territoire de la République* » (C. pr. pén., art. 113-2-1, sur l'application territoriale de la loi française, v. nº **10.5A2** et **10.5C**). Dans un tel cas, le procureur de la République et le juge d'instruction ainsi que la juridiction « *du lieu de résidence ou du siège des personnes physiques ou morales* » victimes sont territorialement compétents (C. pr. pén., art. 43, 52 et 382).

Les dispositions qui précèdent déterminent également la compétence territoriale des juridictions pénales spécialisées lorsqu'un critère de compétence est matérialisé sur leur ressort, lequel est étendu à plusieurs cours d'appel ou tribunaux judiciaires (v. **17.16**).

3. La jonction des faits et procédures connexes ou indivisibles (C. pr. pén., art. 382 et 387)

En dehors des cas ci-dessus et sauf connexité, et à condition que l'infraction connexe dont on se réclame soit effectivement déférée au tribunal (Crim. 19 juin 2001, nº 00-86.522, P nº 146), le tribunal correctionnel n'est pas compétent.

Le tribunal peut être saisi d'un fait unique, mais aussi de délits et contraventions formant avec l'infraction déférée un « *ensemble indivisible* » ; il peut aussi être saisi de délits et contraventions « *connexes au sens de l'article 203* » (C. pr. pén., art. 382). Sont ainsi connexes les infractions « *commises en même temps par plusieurs personnes réunies* » ou « *commises par différentes personnes, même en différents temps et en divers lieux, mais par suite d'un concert formé à l'avance entre elles* » ou « *lorsque les coupables ont commis les unes pour se procurer les moyens de commettre les autres* » ; ou l'infraction principale et le recel des choses qui en proviennent (C. pr. pén., art. 203). La jurisprudence étend la notion de connexité aux infractions présentant entre elles « *des rapports étroits, analogues à ceux que la loi a spécialement prévus* ».

Lorsque le tribunal est saisi de plusieurs procédures distinctes visant des faits connexes, il peut en ordonner la jonction, soit d'office, soit sur réquisition du ministère public, ou à la requête des parties (C. pr. pén., art. 387).

Dans l'exercice pratique des poursuites, mais sous l'éventuelle censure du tribunal si cette jonction de fait déroge aux règles de compétence territoriale ou matérielle, le parquet peut enfin rassembler contre un même prévenu plusieurs procédures ne présentant pas nécessairement entre elles les liens de connexité ou d'indivisibilité définis ci-dessus. Il arrive que le tribunal pratique aussi à l'audience ce type de jonction. Son seul fondement, plus administratif que procédural, procède d'une bonne « administration de la justice ». Il ne doit pas conduire à faire grief aux droits du prévenu ou de la partie civile.

Ces mesures de jonction offrent dans tous les cas l'avantage de simplifier la situation pénale du condamné et d'éviter l'apparition d'un contentieux dans l'exécution ou la confusion des peines qui auraient été distinctement prononcées si la jonction n'avait été faite. C'est à cette logique qu'obéit le dispositif de regroupement des procédures décrit ci-après.

4. Le regroupement des procédures dans le cadre de la comparution immédiate et de la convocation par procès-verbal (C. pr. pén., art. 393, L. n° 2019-222, 23 mars 2019)

La L. n° 2019-222, 23 mars 2019 modifiant C. pr. pén., art. 393 a introduit, lors de la mise en œuvre d'une procédure de comparution immédiate ou de convocation par procès-verbal, une modalité de regroupement des procédures correctionnelles déjà poursuivies et fixées mais non encore jugées. Les conditions et modalités de mise en œuvre de ce regroupement lors du déferement de la personne devant le procureur sont décrites au n° 15.13D. À la différence des mesures de jonction des procédures prévues par C. pr. pén., art. 382 et 387 évoquées plus haut, le regroupement prévu par C. pr. pén., art. 393, qui obéit à une logique de bonne administration de la justice, n'exige pas de connexité ou d'indivisibilité entre les affaires.

« *En dépit du regroupement des différentes poursuites au sein de la même audience, chaque affaire peut faire l'objet d'un examen distinct* » (Cons. const. 21 mars 2019, n° 2019-778 DC, § 281). En effet, les affaires sont fixées à la même audience « *afin qu'elles puissent être jointes à la procédure ou examinées ensemble* » (C. pr. pén., art. 393).

« *À l'audience à laquelle les dossiers sont regroupés, le tribunal peut :*

– soit décider de la jonction des procédures, si la nature des délits en cause le justifie, ce qui le conduira à ne rendre qu'un seul jugement pour les infractions en concours ;

– soit décider que les différents dossiers sont examinés ensemble, c'est-à-dire à la même audience et à la suite, mais en rendant pour chacun d'entre eux un jugement distinct (nbp. N° 9 : Avec évidemment la possibilité de statuer, dans le dernier jugement, sur une éventuelle confusion des peines prononcées).

Le tribunal reste évidemment libre de décider, d'office ou à la demande du prévenu ou de la partie civile, le renvoi de tout ou partie de ces dossiers » (Circ. Crim. 2019-7/H3, 5 avr. 2019).

D. La compétence du juge unique correctionnel (C. pr. pén., art. 398-1)

1. Les principes de répartition des compétences entre la formation collégiale et le juge unique correctionnel

Par principe, le tribunal correctionnel siège en formation collégiale composée d'un président et de deux juges (C. pr. pén., art. 398). Par exception à ce principe (C. pr. pén., art. 398, al. 3), le tribunal correctionnel est composé d'un seul magistrat pour le jugement des délits énumérés au C. pr. pén., art. 398-1 (v. tableau au D2 ci-dessous). Il en est de même au stade de l'appel (C. pr. pén., art. 510, v. nº 19.8A2). Sauf pour quelques exceptions, cette liste de délits, élargie depuis L. nº 2019-22, 23 mars 2019, est désormais commune à celle des délits relevant de l'ordonnance pénale délictuelle (C. pr. pén., art. 495 II, mod. Par. L. nº 2019-222, 23 mars 2019).

Pour consacrer la constitutionnalité de C. pr. pén., art. 398-1, le Cons. const., Juge que « *les modalités de composition des formations de jugement sont sans effet sur l'obligation de respecter les droits de la défense et le droit à un procès équitable ou sur le droit à un recours juridictionnel effectif* » (Cons. const. 21 mars 2019, nº 2019-778 DC, § 295).

Quatre principes gouvernant le domaine de compétence du juge unique peuvent être dégagés :

• **Principe de généralité** : toutes les infractions délictuelles qui ne sont pas punies d'emprisonnement relèvent du juge unique, à l'exception des délits de presse (C. pr. pén., art. 398-1).

• **Principe de spécialité** : les infractions délictuelles passibles d'emprisonnement ne relèvent du juge unique que dans les cas énumérés par la loi (C. pr. pén., art. 398 et 398-1).

• **Principe de plafonnement de la peine encourue** : tout délit relevant du juge unique échappe à la compétence de ce dernier dès lors que, par le jeu des circonstances aggravantes, la peine encourue est > 5 ans. Toutefois, pour le calcul de ce plafond, il n'est pas tenu compte de l'aggravation résultant de l'état de récidive ni des causes générales d'aggravation des peines résultant de la finalité raciste (C. pr. pén., art. 132-76, v. nº 18.9B) ou sexiste (C. pr. pén., art. 132-77, v. nº 18.9C) de l'acte, ou de l'utilisation de moyen de cryptologie (C. pr. pén., art. 132-79, v. nº 18.9D).

Si ces causes d'aggravation élèvent de fait la peine encourue au-delà de 5 ans, le juge unique ne peut toutefois prononcer de peine > 5 ans (C. pr. pén., art. 398-2, dernier al.).

• **Principe de subsidiarité de la compétence du juge unique** : d'office ou à la demande des parties ou du ministère public, le juge unique peut, par une décision d'administration judiciaire non susceptible de recours, renvoyer l'affaire à la formation collégiale « *en raison de la complexité des faits* » ou « *au regard de l'importance de la peine susceptible d'être prononcée* » (C. pr. pén., art. 398-2, al. 3). De plus, le juge unique est incompétent lorsque « *le prévenu est en état de détention provisoire lors de sa comparution à l'audience ou lorsqu'il est poursuivi selon la procédure de comparution immédiate* » (C. pr. pén., art. 398-1). Enfin, la formation collégiale compétente l'est également pour les délits connexes relevant isolément du juge unique (C. pr. pén., art. 398-1). « *L'accès à une formation collégiale* », dont le Cons. const., semble faire un élément de la « *garantie des droits* » (Cons. const. 21 mars 2019, nº 2019-778 DC, § 297), est ainsi sauvegardé.

• **Principe d'ordre public de la répartition des compétences** : « *la composition des juridictions est d'ordre public* » (Crim. 4 mai 1973, nº 72-90.262, P nº 203), la répartition des compétences entre la formation collégiale et le juge unique est donc d'ordre public.

Ainsi, la **formation collégiale** du tribunal correctionnel ne peut juger une infraction relevant du juge unique, sauf connexité et indivisibilité avec un délit relevant de sa compétence ou requalification d'un délit relevant de la formation collégiale en délit relevant du juge unique (C. pr. pén., art. 464) (règle qui peut le plus peut le moins,

v. n° **B1** ci-dessous). Le président de la formation collégiale saisie d'une infraction relevant du juge unique peut toutefois décider de juger seul l'affaire (C. pr. pén., art. 398-2, al. 2).

Le **juge unique** correctionnel ne peut en toute hypothèse juger une infraction relevant de la formation collégiale. Dans le cas où la qualification retenue dans l'acte qui le saisit relève du juge unique, il est en effet tenu de renvoyer le ministère public à se pourvoir ainsi qu'il avisera lorsqu'il estime, « *au résultat des débats* » au fond, que l'infraction est de nature à entraîner une peine prévue pour un délit relevant de la formation collégiale (C. pr. pén., art. 469, al. 3, v. n° **17.17B**, l'incidence de la requalification sur la compétence du juge). En revanche, dans l'hypothèse où le juge unique constate que la « *qualification retenue dans l'acte qui le saisit* » ne relève pas du juge unique mais de la formation collégiale, il ne peut renvoyer le ministère public à se pourvoir autrement mais est tenu, cette fois-ci sans débats sur le fond, de renvoyer devant la formation collégiale (C. pr. pén., art. 398-2, al. 1).

2. Tableau des infractions relevant de la compétence du juge unique correctionnel et de l'ordonnance pénale

Depuis le 1er sept. 2019, la compétence du juge unique correctionnel a été élargie et précisée par L. n° 2019-222, 23 mars 2019 modifiant C. pr. pén., art. 398-1. Depuis cette même loi, les infractions de la compétence du juge unique correctionnel sont également celles relevant de la procédure de l'ordonnance pénale délictuelle (C. pr. pén., art. 495 issu de L. n° 2019-222, 23 mars 2019, renvoyant à la liste d'infractions dressée par C. pr. pén., art. 398-1, sur l'ordonnance pénale délictuelle, v. n° **15.48**). Quelques exceptions sont toutefois réservées à l'ordonnance pénale ou au juge unique.

Le tableau qui suit recense les infractions concernées.

Tableau 40 : Délits relevant du juge unique et de l'ordonnance pénale

Délits relevant du juge unique et de l'ordonnance pénale	Articles d'incrimination et renvois observations
A. Délits non punis d'emprisonnement	
Tous délits pour lesquels **l'emprisonnement n'est pas encouru** (C. pr. pén., art. 398-1)	À l'exception des délits de presse, qui relèvent de l'audience collégiale. Par dérogation à cette exclusion, relèvent de l'*OP* les délits de diffamation (L. 29 juill. 1881, art. 32, v. n° **35.13**) et d'injure (art. 33 v. n° **35.15**), y compris s'ils sont aggravés et encourent donc l'emprisonnement (v. n^{os} **35.14** et **35.16**) sauf s'ils ont été commis par une publication écrite ou audiovisuelle entraînant la responsabilité pénale du directeur de publication. « *Cette extension de l'OP permettra notamment de réprimer ces délits lorsqu'ils ont été commis sur internet, spécialement lorsqu'ils présenteront un caractère raciste, sexiste, homophobe ou handiphobe* » (Circ. Crim. 2019-18/H2, 2 août 2019, JUSD1923026C, n° 2.1.1) (C. pr. pén., art. 495 II)

B. Atteintes aux personnes	
Violences volontaires (C. pr. pén., art. 398-1 1°) **Ordonnance pénale inapplicable** (C. pr. pén., art. 495 II, Circ. Crim. 2019-18/H2, 2 août 2019, JUSD1923026C, annexe 2)	Violences volontaires avec ITT > 8 jours (C. pén., art. **222-11**) (v. nos **20.21** et **20.22**)
	Violences volontaires aggravées avec ITT > 8 jours (C. pén., art. **222-12**) (v. nos **20.25** et **20.26**)
	Violences volontaires aggravées sans ITT ou ITT $\leqslant$ 8 jours (C. pén., art. **222-13**) (v. nos **20.29** et **20.30**)
	Violences volontaires contre les forces de sécurité intérieure sans ITT ou ITT $\leqslant$ 8 jours (C. pén., art. **222-14-5** issu L. n° 2022-52, 24 janv. 2022) (v. n° **20.27**)
Appels ou messages malveillants et agressions sonores (C. pr. pén., art. 398-1 1°) **Ordonnance pénale inapplicable** (C. pr. pén., art. 495 II, Circ. Crim. 2019-18/H2, 2 août 2019, JUSD1923026C, annexe 2)	C. pén., art. **222-16** (v. n° **20.47**)
Menaces (C. pr. pén., art. 398-1 1°) **Ordonnance pénale inapplicable** (C. pr. pén., art. 495 II, Circ. Crim. 2019-18/H2, 2 août 2019, JUSD1923026C, annexe 2)	Menace de mort ou de crime ou délit contre les personnes (C. pén., art. **222-17**) (v. n° **20.49**)
	Menace sous condition, de mort ou de crime ou délit contre les personnes (C. pén., art. **222-18**) (v. n° **20.50**)
	Menace simple ou sous condition au sein du couple (C. pén., art. **222-18-3**) (v. n° **20.51**)
Atteintes involontaires à l'intégrité des personnes (C. pr. pén., art. 398-1 1°) **Ordonnance pénale inapplicable** (C. pr. pén., art. 495 II, Circ. Crim. 2019-18/H2, 2 août 2019, JUSD1923026C, annexe 2)	Blessures involontaires – ITT > 3 mois – Conduite d'un véhicule (C. pén., art. **222-19-1**) (v. n° **36.11**)
	Blessures involontaires – ITT $\leqslant$ 3 mois – Conduite d'un véhicule (C. pén., art. **222-20-1**) (v. n° **36.12**)
	Blessures involontaires – ITT > 3 mois résultant de l'agression par un chien (C. pén., art. **222-19-2**) (v. n° **20.65**)
	Blessures involontaires – ITT $\leqslant$ 3 mois résultant de l'agression par un chien (C. pén., art. **222-20-2**) (v. n° **20.68**)
Exhibition sexuelle (C. pr. pén., art. 398-1 1°)	Exhibition sexuelle (C. pén., art. **222-32**)(v. n° **20.86**)
Mise en danger de la personne à l'occasion de la conduite d'un **véhicule** (C. pr. pén., art. 398-1 1°)	Mise en danger de la personne à l'occasion de la conduite d'un véhicule (C. pén., art. **223-1**) (v. n° **20.59**)
Recours à la prostitution (C. pr. pén., art. 398-1 1°)	Recours à la prostitution (C. pén., art. **225-12-1**) (v. n° **20.111**)
Atteintes à la vie privée et à la représentation de la personne (C. pr. pén., art. 398-1 1°)	Atteintes à l'intimité de la vie privée (C. pén., art. **226-1** et **226-2-1**) (v. n° **35.46**)
	Détention, diffusion de paroles ou d'images portant atteinte à l'intimité de la vie privée (C. pén., art. **226-2**) (v. n° **35.48**)
	Voyeurisme (C. pén., art. **226-3-1**) (v. n° **35.47**)

	Violation de domicile (C. pén., art. **226-4**) (v. n° **22.54**)
	Usage de l'identité ou de données d'identification d'autrui en vue de porter atteinte à la tranquillité ou à l'honneur (C. pén., art. **226-4-1**) (v. n° **35.49**)
	Expulsion irrégulière par manœuvre, voie de fait ou contrainte (C. pén., art. **226-4-2**) (v. n° **22.57**)
Abandons de famille (C. pr. pén., art. 398-1 1°)	Abandon de–famille – Non paiement de pension (C. pén., art. **227-3**) (v. n° **21.5**)
	Abandon de famille – Défaut de notification de changement d'adresse (C. pén., art. **227-4**) (v. n° **21.7**)
Violations des ordonnances prises par le JAF en cas de violences (C. pr. pén., art. 398-1 1°)	Violation d'une obligation ou interdiction imposée par une ordonnance de protection (C. pén., art. **227-4-2** et **227-4-3**) (v. n° **21.6**)
Atteintes à l'exercice de l'autorité parentale (C. pr. pén., art. 398-1 1°)	Non-représentation d'enfant et non représentation aggravée (C. pén., art. **227-5** et **227-9**) (v. n° **21.8**) et **21.9**)
	Défaut de notification de changement d'adresse par le gardien d'un enfant mineur (C. pén., art. **227-6**) (v. n° **21.10**)
	Soustraction et soustraction aggravée de mineur par un ascendant (C. pén., art. **227-7** et **227-9**) (v. n° **21.11** et **21.12**)
	Soustraction de mineur sans fraude ni violence par un tiers (C. pén., art. **227-8**) (v. n° **21.13**)
C. Atteintes aux biens	
Vol simple ou avec une circonstance aggravante (C. pr. pén., art. 398-1 1°)	Vol simple (C. pén., art. **311-3**) (v. n° **22.1**) Vol aggravé par une circonstance aggravante (C. pén., art. **311-4**) (v. n° **22.3**)
Filouterie (C. pr. pén., art. 398-1 1°)	Filouteries d'aliments, carburants, hôtel et taxi (C. pén., art. **313-5**) (v. n° **22.31**)
Détournement de gage (C. pr. pén., art. 398-1 1°)	Détournement de gage (C. pén., art. **314-5**) (v. n° **22.41**)
Détournement d'objet saisi (C. pr. pén., art. 398-1 1°)	Détournement d'objet saisi (C. pén., art. **314-6**) (v. n° **22.43**)
Recel simple (C. pr. pén., art. 398-1 1°)	Recel d'un bien provenant d'une infraction punie d'une peine ⩽ 5 ans (C. pén., art. **321-1**) (v. n° **22.45**)
Destruction ou détérioration grave ne présentant pas de danger pour les personnes (C. pr. pén., art. 398-1 1°)	Destruction ou détérioration grave (C. pén., art. **322-1**, **322-2** et **322-3**) (v. n° **22.61**)
Installation illicite sur un terrain communal (C. pr. pén., art. 398-1 1°)	Installation illicite sur un terrain communal (C. pén., art. **322-4-1**) (v. n° **22.58**)
Destruction ou détérioration involontaire par explosion ou incendie (C. pr. pén., art. 398-1 1°)	Destruction involontaire par explosion ou incendie (C. pén., art. **322-5**) (v. n° **22.66** et **22.67**)

Menace de destruction ou détérioration (C. pr. pén., art. 398-1 1°)	Menace de destruction volontaire dangereuse pour les personnes (C. pén., art. **322-12**) (v. n° **20.55**)
	Menace de destruction volontaire sous condition (C. pén., art. **322-13**) (v. n° **20.56**)
Fausse alerte (C. pr. pén., art. 398-1 1°)	Fausse alerte (C. pén., art. **322-14**) (v. n° **25.31**)
Accès et maintien frauduleux dans un STAD (C. pr. pén., art. 398-1 1°depuis L. n° 2023-22, 24 janv. 2023)	Accès et maintien frauduleux dans un STAD (C. pén., art. **323-1 al. 1**) (v. n° **35.70**)
D. Atteintes à l'autorité de l'État et à la sécurité publique	
Intrusion dans un établissement d'enseignement scolaire (C. pr. pén., art. 398-1 1°)	Intrusion dans un établissement scolaire dans le but de troubler la tranquillité (C. pén., art. **431-22**, **431-23**, **431-24** et **431-25**) (v. n° **23.17**)
Menaces et intimidations contre une personne exerçant une fonction publique (C. pr. pén., art. 398-1 1°)	Menace et acte d'intimidation sur personne exerçant une fonction publique ou d'utilité collective (C. pén., art. **433-3**) (v. n° **25.1**)
Outrages (C. pr. pén., art. 398-1 1°)	Outrage à une personne chargée d'une mission de service public (C. pén., art. **433-5**) (v. n° **25.6**)
	Outrage à une personne dépositaire de l'autorité publique (C. pén., art. **433-5**) (v. n° **25.8**)
	Outrage délictuel au drapeau ou à l'hymne national (C. pén., art. **433-5-1**) (v. n° **25.9**)
Rébellions (C. pr. pén., art. 398-1 1°)	Rébellions (C. pén., art. **433-7** et **433-8**) (v. n° **25.12**)
	Provocation à la rébellion (C. pén., art. **433-10**) (v. n° **25.14**)
Opposition à l'exécution de travaux publics ou d'utilité publique (C. pr. pén., art. 398-1 1°)	Opposition à l'exécution de travaux publics (C. pén., art. **433-11**) (v. n° **25.15**)
Usurpations de fonctions, de signes, de titres et usage irrégulier de titre (C. pr. pén., art. 398-1 1°)	Immixtion dans une fonction publique (C. pén., art. **433-12**) (v. n° **25.16**)
	Activité ou document créant confusion avec activité ou document public (C. pén., art. **433-13**) (v. n° **25.17**)
	Port ou usage illégal uniforme, insigne ou véhicule de police ou militaire (C. pén., art. **433-14** et **433-16**) (v. n° **25.18**)
	Port ou usage uniforme, insigne, document ou véhicule créant confusion avec ceux de la police ou des militaires (C. pén., art. **433-16**) (v. n° **25.19**)
	Usurpation de titre, diplôme ou qualité (C. pén., art. **433-17**) (v. n° **25.21**)
	Usage de titre officiel dans une publicité commerciale (C. pén., art. **433-18**) (v. n° **25.22**)

Atteintes à l'état civil des personnes (C. pr. pén., art. 398-1 1°)	Non-déclaration d'enfant dans le délai (C. pén., art. **433-18-1**) (v. n° **25.56**)
	Modification illicite du nom (C. pén., art. **433-19**) (v. n° **25.56**)
	Bigamie (C. pén., art. **433-20**) (v. n° **21.1**)
	Célébration de mariage religieux sans mariage civil préalable (C. pén., art. **433-21**) (v. n° **21.2**)
	Atteinte à la liberté des funérailles (C. pén., art. **433-21-1**) (v. n° **20.125**)
Délit de fuite (C. pr. pén., art. 398-1 1°)	Délit de fuite (C. pén., art. **434-10**) (v. n° **36.13**)
Prise du nom d'un tiers (C. pr. pén., art. 398-1 1°)	Prise du nom d'un tiers dans des circonstances pouvant déterminer contre lui des poursuites ou une décision (C. pén., art. **433-23**) (v. n° **25.55**)
Atteintes au respect dû à la justice (C. pr. pén., art. 398-1 1°)	Outrage à un membre d'une juridiction (C. pén., art. **434-24**) (v. n° **25.4**)
	Dénonciation d'un crime ou d'un délit imaginaire (C. pén., art. **434-26**) (v. n° **25.30**)
	Détenu – remise ou sortie illicite de correspondance ou d'objet (C. pén., art. **434-35**) (v. n° **25.63**)
	Pénétration sans autorisation dans un établissement pénitentiaire (C. pén., art. **434-35-1**) (v. n° **25.64**)
	Violation d'une interdiction de séjour (C. pén., art. **434-38**) (v. n° **25.67**)
	Violation d'une peine d'interdiction de participer à une manifestation (C. pén., art. **434-38-1**) (v. n° **25.68**)
	Suppression, lacération d'une affiche apposée à titre de peine (C. pén., art. **434-39**) (v. n° **25.71**)
	Violation d'une interdiction professionnelle prononcée à titre de peine (C. pén., art. **434-40** et **434-40-1** (v. n° **25.72**)
	Violation d'une peine complémentaire ou alternative (C. pén., art. **434-41**) (v. n° **25.73**)
	Destruction ou détournement d'un objet confisqué ou immobilisé (C. pén., art. **434-41**) (v. n° **25.74**)
	Refus de remise d'un permis ou d'un objet confisqué (C. pén., art. **434-41**) (v. n° **25.75**)
	Violation d'une peine de TIG (C. pén., art. **434-42**) (v. n° **25.76**)
	Violation d'une décision de protection européenne d'une victime (C. pén., art. **434-42-1**) (v. n° **25.77**)
	Violation d'une peine prononcée contre une personne morale (C. pén., art. **434-43**) (v. n° **25.78**)

	Violation des obligations de contrôle judiciaire imposées à une personne morale (C. pén., art. **434-43**) (v. n° **25.79**)
	Violation d'une peine de mise en conformité – lutte contre la corruption (C. pén., art. **434-43-1**) (v. n° **25.80**)
Port ou transport d'armes de catégorie D (C. pr. pén., art. 398-1 5°)	Port ou transport illicite d'arme de la catégorie D (CSI, art. **L. 317-8**) (v. n° **26.29**)

E. Infractions en matière de stupéfiants	
Cession ou offre de stupéfiants en vue de sa consommation personnelle (C. pr. pén., art. 398-1 1°)	Cession de stupéfiants à autrui en vue de sa consommation personnelle (C. pén, art. 222-39) (v. n° 28.10)
Usage de stupéfiants (C. pr. pén., art. 398-1 11°)	Usage illicite de stupéfiants (CSP, art. L. 3421-1) (v. n° 28.11)
Refus de recherche de stupéfiants *in corpore* (C. pr. pén., art. 398-1 11°)	Refus de se soumettre aux examens prescrits par le magistrat aux fins de recherche de stupéfiants *in corpore* (C. douanes, art. 60 *bis*) (v. n° 25.36)
F. Infractions à la confiance publique et en matière économique et financière	
Faux (C. pr. pén., art. 398-1 1°)	Faux en écriture privée et usage de faux en écriture privée (C. pén., art. 441-1) (v. n° 24.1)
	Faux en écriture administrative et usage de faux administratif (C. pén., art. 441-2) (v. n° 24.2)
	Détention de faux administratif (C. pén., art. 441-3) (v. n° 24.5)
	Fourniture de faux administratif (C. pén., art. 441-5) (v. n° 24.7)
	Obtention indue de document administratif (C. pén., art. 441-6) (v. n° 24.8)
	Déclaration mensongère – Allocation, paiement, avantage (C. pén., art. 441-6) (v. n° 24.9)
	Attestation ou certificat faux ou inexact (C. pén., art. 441-7) (v. n° 24.12)
	Utilisation d'un document d'identité d'un tiers pour entrer ou se maintenir sur le territoire ou obtenir un avantage (C. pén., art. 441-8) (v. n° 24.3)
Délits en matière de chèques (C. pr. pén., art. 398-1 3°)	Chèque – Retrait illicite de provision ou opposition illicite (CMF, art. L. 163-2) (v. n° 22.23)
	Chèque – Émission malgré injonction bancaire ou interdiction judiciaire (CMF, art. L. 163-2 et L. 163-7) (v. n° 22.24)
	Chèque – Contrefaçon, falsification, usage ou acceptation de chèque falsifié (CMF, art. L. 163-3) (v. n° 22.25)
Vente à la sauvette (C. pr. pén., art. 398-1 1°)	Vente à la sauvette (C. pén., art. 446-1 et 446-2) (v. n° 30.35)
Contrefaçon en ligne de la propriété intellectuelle (C. pr. pén., art. 398-1 10°)	Contrefaçon de la propriété intellectuelle (œuvre de l'esprit, logiciel, phonogramme, vidéogramme, prestation audiovisuelle), si les faits sont commis en ligne (CPI, art. L. 335-2, L. 335-3 et L. 335-4) (v. n° 34.9)
G. Circulation routière et transports	
Circulation routière et transports (C. pr. pén., art. 398-1 2° et 4°)	Délits prévus par le code de la route (C. pr. pén., art. 398-1 2°) (v. chap. n° 36) NB : les délits de blessures ou homicide involontaire par un conducteur de véhicule sont incriminés par le code pénal. Ils ne relèvent donc pas de l'ordonnance pénale (v. rubrique « B. Atteintes aux personnes » du présent tableau).

	Délits en matière de règlementation des transports prévus aux 4 premières parties du C. transp. (C. pr. pén., art. 398-1 4°) (V. chap nº **37**) NB : les délits de blessures ou homicide involontaire causés « *sur un chemin de fer ou dans les gares ou stations* » (C. transp., art. L. 2242-3, *N* ***2227.ju*** et *N* ***2229.ju***) ne relèvent toutefois pas de l'ordonnance pénale (v. rubrique « B. Atteintes aux personnes » du présent tableau).
H. Santé publique – Animaux et environnement	
Infractions relatives à la gestion de la crise sanitaire (C. pr. pén., art. 398-1 10°*bis,* issu L. nº 2021-1040, 5 août 2021, art. 20)	Délits prévus par CSP, art. **L. 3136-1** ; L. nº 2021-689, 31 mai 2021, art. **1** ; L. nº 2021-1040, 5 août 2021, art. **9** et **16** (v. nº **29.1**)
Sévices graves ou actes de cruauté envers les animaux (C. pr. pén., art. 398-1 1°)	Sévices graves ou actes de cruauté envers un animal (C. pén., art. **521-1**) (v. nº **31.8**)
	Expérimentation animale irrégulière (C. pén., art. **521-2**) (v. nº **31.8**)
Délits prévus par le code de l'environnement (C. pr. pén., art. 398-1 6°)	Délits prévus en matière de chasse, pêche « *en eau douce* », de protection ~~de la faune et de la flore~~ « *du patrimoine naturel* » (modifications issues L. nº 2021-1104, 22 août 2021) (v. chap. nº **31**)
	Délits en matière de protection du cadre de vie (publicité, enseignes et préenseignes, prévention des nuisances visuelles, prévention des nuisances lumineuses) (v. chap. nº **31**)
Délits prévus par le code forestier et le code de l'urbanisme pour la protection des bois et forêts (C. pr. pén., art. 398-1 7°)	
Délits prévus par le code rural et de la pêche maritime en matière de garde et de circulation des animaux « et de pêche maritime » (C. pr. pén., art. 398-1 9°, mod. par L. nº 2021-1104, 22 août 2021)	V. chap. nº **31**
I. Habitat	
Délits prévus par le code de la construction et de l'habitation (C. pr. pén., art. 398-1 8°)	V. chap. nº **31**
~~**Délits en matière d'habitat insalubre**~~ ~~(C. pr. pén., art. 398-1 12°)~~	~~Délits en matière d'habitat insalubre prévus au CSP, art. **L. 1337-4** (v. nº ***31.48***)~~ (délits réprimés par C. constr., art. **L. 511-22** depuis Ord. nº 2020-1144, 16 sept. 2020 (en vigueur le 1er janv. 2021), relevant désormais du juge unique par application de C. pr. pén., art. 398-1 8°.

D'après Circ. Crim. 2019-18/H2, 2 août 2019, JUSD1923026C, tableau annexe nº 2

E. La compétence des juridictions pour mineurs

1. Le principe du jugement des mineurs par des juridictions spécialisées

« l'atténuation de la responsabilité pénale des mineurs en fonction de l'âge, comme la nécessité de rechercher le relèvement éducatif et moral des enfants délinquants par des mesures adaptées à leur âge et à leur personnalité, prononcées <u>par une juridiction spécialisée ou selon des procédures appropriées</u>, ont été

constamment reconnues par les lois de la République depuis le début du vingtième siècle » (§ 26) (Cons. const. 29 août 2002, n° 2002-461 DC) (s'agissant de la spécialisation des juridictions d'instructions pour les mineurs, v. n° **15.32E**).

« *Les crimes, délits et contraventions de la 5e classe reprochés à un mineur sont instruits et jugés par des juridictions et chambres spécialisées ou spécialement désignées ou composées, devant lesquelles les procédures sont adaptées* » (CJPM, art. L. 12-1). Pour ces mêmes infractions, l'action publique est exercée par des magistrats du parquet également spécialisés (CJPM, art. L. 12-2). Notons que la saisine d'un juge d'instruction et du JLD par un magistrat du parquet non spécialisé, c'est-à-dire incompétent, est une cause de nullité de la procédure (Crim. 13 avr. 2023, n° 23-80.470 (§ 12), P).

Sauf disposition contraire, « *la juridiction compétente, la procédure applicable ainsi que les mesures et peines encourues sont déterminées selon l'âge du mineur au moment des faits* » (CJPM, art. L. 13-2).

Le tribunal pour enfants ou le juge des enfants sont seuls compétents pour les jugements des délits ou contraventions de 5e classe commis par un mineur (Ord. n° 45-174, 2 févr. 1945, art. 1er et 20-1 devenus CJPM, art. L. 231-2 et L. 231-3).

Le tribunal pour enfants est compétent pour le jugement d'un crime commis par un mineur de moins de 16 ans (Ord. n° 45-174, 2 févr. 1945, art. 1er devenu CJPM, art. L. 231-3), la cour d'assises des mineurs si le mineur est âgé d'au moins 16 ans (Ord. n° 45-174, 2 févr. 1945, art. 1er devenu CJPM, art. L. 231-9). Notons que si la cour d'assises des mineurs est également compétente au stade de l'appel, « *l'appel de l'arrêt pénal de la cour d'assises des mineurs est porté devant la cour d'assises de droit commun, lorsque, par l'effet des appels, seuls restent à juger des accusés majeurs à la date des faits* » (§ 12) (Crim. 16 févr. 2022, n° 21-82.643, P).

Sont compétents le tribunal pour enfants ou la cour d'assises des mineurs du lieu de l'infraction, de la résidence du mineur ou de ses représentants légaux (ex. parents ou tuteur), du lieu où le mineur aura été trouvé ou du lieu où il a été placé à titre provisoire ou définitif (Ord. n° 45-174, 2 févr. 1945, art. 3 devenu CJPM, art. L. 231-1).

Le tribunal pour enfant est composé d'un juge des enfants, président (CJPM, art. L. 231-4 ; COJ, art. L. 251-3), et de deux assesseurs nommés par arrêté du ministre de la justice, parmi les personnes âgées de plus de 30 ans, de nationalité française, « *qui se sont signalées par l'intérêt qu'elles portent aux questions de l'enfance et par leurs compétences* » (CJPM, art. L. 231-4 ; COJ, art. L. 251-4).

La cour d'assises des mineurs est composée comme celle compétente pour le jugement des majeurs (sur la composition de la cour d'assises, v. **B1** ci-dessus), à l'exception des assesseurs, lesquels « *sont pris, sauf impossibilité, parmi les juges des enfants du ressort de la cour d'appel* » (CJPM, art. L. 231-10). Rappelons que la cour criminelle départementale n'est pas compétente pour le jugement des mineurs (C. pr. pén., art. 380-16, sur la cour criminelle départementale, v. **B2** ci-dessus).

Le tribunal de police est compétent pour juger les contraventions de 4e classe commises par les mineurs (Ord. n° 45-174, 2 févr. 1945, art. 21 devenu CJPM, art. L. 423-1).

2. La procédure de renvoi au procureur de la République et de maintien en détention lorsque la personne apparaît mineure ou majeure devant la juridiction saisie (C. pr. pén., art. 397-2-1 et CJPM, art. L. 423-14, issus L. n° 2022-52, 24 janv. 2022)

• **La position du problème : les difficultés de preuve de l'âge**

La minorité est établie selon les règles de droit civil et méthodes de médecine légale décrites au n° **14.23** s.

Les difficultés de preuve de l'âge de la personne poursuivie peuvent conduire à la saisine d'une juridiction incompétente. La L. n° 2022-52, 24 janv. 2022, relative à la responsabilité pénale et à la sécurité intérieure, a institué une procédure particulière de maintien en détention dans le cas où la minorité ou la majorité de l'auteur est révélée devant le juge saisi, remédiant ainsi au fait que la juridiction ne pouvait que constater son incompétence, « *sans que le procureur de la République ne puisse la maintenir à sa disposition pour la présenter devant la juridiction pénale compétente en raison de son âge* » (Circ. CRIM-2022-11/H2, 28 mars 2022, NOR : JUSD2209905C, n° II).

• **Le cas de la personne réputée majeure qui se révèle mineure**

Dans le cadre de la procédure de comparution immédiate d'une personne initialement réputée majeure, s'il apparaît au tribunal correctionnel saisi « *que la personne présentée devant lui est mineure, le tribunal renvoie le dossier au procureur de la République. S'il s'agit d'un mineur âgé d'au moins treize ans, le tribunal statue au préalable, après avoir entendu les réquisitions du procureur de la République et les observations du mineur et de son avocat, sur son placement ou son maintien en détention provisoire jusqu'à sa comparution soit devant le juge d'instruction spécialisé, soit devant le juge des enfants ou le JLD spécialisé, selon les modalités prévues au CJPM, art. L. 423-6* [procédure de déferement du mineur, v. n° **15.19**] *ou L. 423-9* [mesures provisoires prononcées par le juge des enfants ou le JLD à l'égard du mineur déféré, v. n° **15.20**]. *La décision est spécialement motivée au regard de la nécessité de garantir le maintien du mineur à la disposition de la justice. La comparution devant le juge compétent doit avoir lieu dans un délai de 24 H 00, à défaut de quoi le mineur est remis en liberté d'office* » (C. pr. pén., art. 397-2-1, issu L. n° 2022-52, 24 janv. 2022).

Ces dispositions sont également applicables devant le JLD saisi en application de C. pr. pén., art. 396 (procédure de déferement du majeur, v. n° **15.15B**) pour prononcer une mesure provisoire à l'égard de la personne poursuivie en comparution immédiate lorsque la réunion du tribunal n'est pas possible le jour même (C. pr. pén., art. 397-2-1, issu L. n° 2022-52, 24 janv. 2022).

Ce dispositif est jugé conforme à la Constitution, sous réserve qu'il appartient au juge « *de vérifier que, au regard des circonstances, de la situation personnelle du mineur et de la gravité des infractions qui lui sont reprochées, son placement ou maintien en détention provisoire n'excède pas la rigueur nécessaire* » (§ 12) (Cons. const. 10 févr. 2023, n° 2022-1034 QPC).

• **Le cas de la personne réputée mineure qui se révèle majeure**

Des dispositions comparables s'appliquent lorsque la personne d'abord réputée mineure apparaît majeure devant la juridiction pour mineurs.

En effet, « *s'il apparaît au juge des enfants ou au JLD saisi en application de CJPM, art. L. 423-9* [mesures provisoires prononcées par le juge des enfants ou le JLD à l'égard du mineur déféré, v. n° **15.20**] *que la personne présentée devant lui est majeure, il renvoie le dossier au procureur de la République. Le juge des enfants ou le JLD statue au préalable, après avoir entendu les réquisitions du procureur de la République et les observations de la personne et de son avocat, sur le placement ou le maintien de la personne en détention provisoire jusqu'à sa comparution devant le tribunal correctionnel, devant le JLD saisi en application de C. pr. pén., art. 396* [mesure provisoire à l'encontre de la personne poursuivie en comparution immédiate lorsque la réunion du tribunal n'est pas possible le jour même, v. n° **15.15B**] *ou devant le juge d'instruction. Cette comparution doit avoir lieu dans un délai de 24 H 00, à défaut de quoi la personne est remise en liberté d'office. Toutefois, si les faits relèvent de la compétence d'un pôle de l'instruction et qu'il n'existe pas de pôle au sein du tribunal judiciaire, cette comparution doit intervenir devant le juge d'instruction du pôle territorialement compétent dans un délai de 48 H 00, à défaut de quoi la personne est remise en liberté d'office* » (CJPM, art. L. 423-14, issu L. n° 2022-52, 24 janv. 2022 ; sur la compétence du pôle de l'instruction, v. n° **15.32A2**).

Dans les deux cas, « *même si la loi ne l'indique pas, il est [...] souhaitable que soit décerné un mandat de dépôt à durée déterminée (pour une durée de 24 H 00 ou de 48 00, indiquant clairement l'heure à laquelle ce mandat expire* » (Circ. CRIM-2022-11/H2, 28 mars 2022, NOR : JUSD2209905C, n° II B).

Dans le cas où la personne est contrainte de passer la nuit à la maison d'arrêt, il est « *indispensable que le président du tribunal correctionnel, le JLD ou le juge des enfants remplisse une notice individuelle* » (Circ. CRIM-2022-11/H2, 28 mars 2022, NOR : JUSD2209905C, n° II B).

F. La compétence du tribunal de police

Le tribunal de police, rattaché au tribunal judiciaire depuis L. n° 2016-1547, 18 nov. 2016, à effet au 1er juill. 2017 (COJ, art. L. 211-9-1), connaît des contraventions (C. pr. pén., art. 521). Depuis L. n° 2016-1547, 18 nov. 2016 applicable à compter du 1er juill. 2017, le **tribunal de police** est, au même titre que le tribunal correctionnel, une formation du tribunal judiciaire statuant en matière pénale (COJ, art. L. 211-1). Désormais, lorsqu'il statue en matière contraventionnelle, le tribunal judiciaire « *est dénommé [...] tribunal de police* » (COJ, art. L. 211-1).

Le tribunal de police « *est constitué par un juge du tribunal judiciaire* », ou, pour les contraventions des 4 premières classes, sauf celle déterminées par décret (C. pr. pén., art. R. 41-11), ou pour les contraventions de 5e cl. relevant de la procédure de l'amende forfaitaire, « *par un magistrat à titre temporaire* » « *ou par un magistrat honoraire exerçant des fonctions juridictionnelles* ». « *Si l'importance du contentieux le justifie* », ces derniers peuvent « *à titre exceptionnel* » présider une partie des audiences de 5e cl. (mod. issues L. n° 2021-1729, 22 déc. 2021) (C. pr. pén., art. 523).

Selon les règles précisées au C. pr. pén., art. 45 à 48, le siège du ministère public est occupé devant le tribunal de police par le procureur de la République pour les contraventions de 5e cl. ne relevant pas de l'amende forfaitaire ou pour pour toute contravention s'il le juge à propos. Pour les contraventions des quatre premières classes, le ministère public est assuré par le commissaire de police du lieu où siège le tribunal de police (officier du ministère public, OMP).

Notons que le juge et la juridiction de proximité, auparavant compétents pour les contraventions des quatre premières classes, à l'exception de certaines d'entre elles réservées au tribunal de police, ont été supprimés par la L. n° 2016-1547, 18 nov. 2016 (v. n° **10.6C2**).

En application de C. pr. pén., art. 523, le tribunal de police ne peut être constitué par un magistrat temporaire ou un magistrat honoraire exerçant des fonctions juridictionnelles pour le jugement de contraventions dites « de presse » prévues par C. pén., art. **R. 621-1** (diffamation non publique, v. n° **35.17**), **R. 621-2** (injure non publique, v. n° **35.17**), **R. 625-7** (provocation non publique raciste ou discriminatoire, v. n° **35.27**), **R. 625-8** (diffamation non publique raciste ou discriminatoire, v. n° **35.18**), **R. 625-8-1** (injure non publique raciste ou discriminatoire, v. n° **35.18**) (C. pr. pén., art. R. 41-11, mod. par D. n° 2022-889, 14 juin 2022).

Est compétent le tribunal de police du lieu de commission ou de constatation de la contravention ou de la résidence du prévenu (C. pr. pén., art. 522). Est également compétent le tribunal de police du siège de l'entreprise détentrice du véhicule en cas de contravention, soit aux règles relatives au chargement ou à l'équipement de ce véhicule, soit aux conditions de travail dans les transports routiers, soit à la coordination des transports (C. pr. pén., art. 522). La compétence à l'égard d'un prévenu s'étend également à tous coauteurs et complices (C. pr. pén., art. 383 et 522). Lorsqu'il est saisi de plusieurs procédures visant des faits connexes, il peut en ordonner la jonction soit d'office, soit sur réquisition du ministère public, ou à la requête d'une des parties (C. pr. pén., art. 387 et 522).

17.16 La discussion de la compétence : les juridictions pénales spécialisées

Pour certains contentieux spécialisés, la compétence territoriale d'un tribunal judiciaire est étendue par la loi ou par décret au territoire national ou au ressort de plusieurs cours d'appel pour l'enquête, la poursuite, l'instruction et le jugement. Ces compétences s'exercent généralement en concurrence avec celles résultant des règles de droit commun, compte tenu de la complexité de l'affaire, voire de la simple spécialité (ex. juridictions du littoral maritime).

L'attribution de compétence repose sur des critères matériels (type de contentieux) et territoriaux. La compétence d'une juridiction spécialisée est déterminée, conformément au droit commun (C. pr. pén., art. 43, 52, 382 et 706-42), par l'existence de critères de compétence territoriale sur son ressort régional ou national (lieu de commission des faits, lieu d'arrestation, etc., v. n° **17.15C2**).

A. Les compétences spécialisées en matière de terrorisme, de stupéfiants et en matière de sûreté de l'État

Selon les précisions apportées au n° **23.23C**, le procureur de la République antiterroriste (PNAT), placé aux côtés du procureur de la République de Paris, le juge d'instruction, le tribunal correctionnel et la cour d'assises de Paris, sont compétents pour les infractions de terrorisme, en concurrence avec les autres juridictions territorialement compétentes selon les règles de droit commun (C. pr. pén., art. 706-17).

Ces instances sont également compétentes, en concurrence avec les autres juridictions territorialement compétentes selon les règles de droit commun, pour les infractions relatives à la prolifération des armes de destruction massive (C. pr. pén., art. 706-168), les crimes contre l'humanité et les crimes de guerre (C. pr. pén., art. 628-1 et L. n° 2019-222, 23 mars 2019, art. 109 XVIII), ainsi que pour les crimes de tortures commises par les autorités étatiques (au sens de la convention de New-York du 10 déc. 1984, art. 1er) (C. pr. pén., art. 628-10).

Par dérogation aux règles de droit commun qui prévoient que la cour d'assises est composée de magistrats professionnels et d'un jury de citoyens tirés au sort (sur la composition de la cour d'assises, v. n° **17.15A**), la **cour d'assises est alors spécialement composée** uniquement de magistrats professionnels (le président et quatre assesseurs en première instance ou 6 assesseurs en appel) et statue donc **sans jury** en application de C. pr. pén., art. 698-6 pour les crimes de terrorisme (C. pr. pén., art. 706-25, v. n° **23.23C3**). Depuis L. n° 2021-1729, 22 déc. 2021, deux assesseurs au plus peuvent être désignés parmi les magistrats exerçant à titre temporaire ou les magistrats honoraires exerçant des fonctions juridictionnelles en premier ressort, trois assesseurs au plus peuvent être désignés parmi les magistrats honoraires exerçant des fonctions juridictionnelles en appel (C. pr. pén., art. 698-6).

Il en est de même pour les crimes en matière de **stupéfiants** (C. pr. pén., art. 706-27, v. n° **28.1**, **28.2** et **28.3**), ou en matière **militaire et de sûreté de l'État** (C. pr. pén., art. 698-6), lesquels sont jugés par de cour d'assises spécialisées couvrant le ressort d'une ou plusieurs cours d'appel.

Les cours d'assises spécialement composées statuent à la majorité (3 en première instance et 4 en appel) et, contrairement à la cour d'assises de droit commun, délibèrent « *en étant en possession de l'entier dossier de la procédure* » (C. pr. pén., art. 698-6, mod. par L. n° 2019-222, 23 mars 2019, applicable depuis le 1er juin 2019) (sur le principe d'oralité des débats devant la cour d'assises, v. n° **17.13A2**).

B. La compétence nationale du tribunal judiciaire de Nanterre pour certains crimes sériels ou non élucidés (C. pr. pén., art. 706-106-1, issu L. n° 2021-1729, 22 déc. 2021)

« *Lorsque les investigations les concernant présentent une particulière complexité* » et que « *ces crimes ont été commis ou sont susceptibles d'avoir été commis de manière répétée à des dates différentes par une même personne à l'encontre de différentes victimes* » **ou**, condition alternative, lorsque « *leur auteur n'a pas pu être identifié plus de 18 mois après leur commission* » (C. pr. pén., art. 706-106-1, issu L. n° 2021-1729, 22 déc. 2021, pour la confiance dans l'institution judiciaire), le tribunal judiciaire de Nanterre (désigné par C. pr. pén., art. D. 47-12-8 issu D. n° 2022-67, 20 janv. 2022) est compétent, en concurrence avec les autres juridictions territorialement compétentes selon les règles de droit commun, « *pour l'enquête, la poursuite, l'instruction* *et le jugement* », des faits qualifiés crime de meurtre et de meurtre aggravé (C. pén., art. 221-1, 221-2 et 221-4, v. n^{os} **20.1** s.) ; d'assassinat (C. pén., art. 221-3, v. n° **20.4**) ; d'empoisonnement (C. pén., art. 221-5, v. n° **20.37**) ; d'actes de torture ou de barbarie et d'actes de torture aggravés (C. pén., art. 222-1 à 222-6, v. n^{os} **20.7** s.), de viol et de viol aggravé (C. pén., art. 222-23 à 222-26, v. n^{os} **20.72** à **20.77**) ; d'enlèvement et de séquestration (C. pén., art. 224-1 à 224-3, v. n° **20.95** à **20.103**).

La compétence de cette juridiction, dite « **pôle national de lutte contre les crimes sériels et non élucidés** » qui emporte celle de la cour d'assises des Hauts-de-Seine, est donc limitée aux infractions principales qui précèdent mais s'étend aux « *délits connexes à ces crimes* » (C. pr. pén., art. 706-106-1).

« *Le champ matériel de compétence du pôle spécialisé est large. Il est donc indispensable d'apprécier strictement le critère de complexité particulière des investigations à mener* » (Circ. Crim. 2022-03/H2, 25 févr. 2022, NOR : JUSD2206606C, n° 1-2) ; cette circulaire dresse ainsi la liste des types d'affaires pouvant entrer dans la compétence de cette juridiction, et celles qui n'en relèvent pas, notamment celles relevant de la compétence des JIRS ou de la Junalco (n° 1-3).

Soulignons que le caractère sériel constitue une circonstance aggravante dans le cas de viol (C. pén., art. 222-24 10°, v. n° **20.72**). Notons enfin que les faits délictuels de mandat non suivi d'effet de commettre un assassinat ou un empoisonnement (C. pr. pén., art. 221-5-1, v. n° **20.6**) ou un viol (C. pr. pén., art. 222-26-1, v. n° **20.73**) ne relèvent pas de la compétence de cette juridiction.

Le premier président et le procureur général près la cour d'appel désignent respectivement les juges d'instruction et magistrats du parquet chargés spécialement de l'enquête, de la poursuite et de l'instruction de ces infractions (C. pr. pén., art. 706-106-2).

C. pr. pén., art. 706-106-3 règle les modalités de dessaisissement du juge d'instruction au profit de la juridiction d'instruction spécialisée, similaire à celui prévu C. pr. pén., art. 706-77 en matière de JIRS, dessaisissement qui peut intervenir sur proposition du juge d'instruction ou à la requête du ministère public ou des parties. « *il ressort des termes de la loi [...], que si le magistrat instructeur peut le proposer et les parties le solliciter par voie de requête, le juge d'instruction ne peut se dessaisir que sur réquisitions conformes du parquet. Ainsi, il conviendra de retenir que les réquisitions du procureur de la République doivent être expresses* » (Circ. Crim. 2022-03/H2, 25 févr. 2022, NOR : JUSD2206606C, n° 2-2). « *Bien que la loi n'en dispose pas, la notification [de l'ordonnance de dessaisissement du juge d'instruction] pourra être faite soit verbalement avec émargement au dossier de la procédure, soit par lettre recommandée, conformément à la procédure prévue dans les autres cas de notification d'ordonnance* » (Circ. Crim. 2022-03/H2, 25 févr. 2022, NOR : JUSD2206606C, n° 2-2).

Lorsqu'une personne est « *condamnée pour un des faits* » relevant de C. pr. pén., art. 706-106-1, ou lorsqu'il « *existe une ou plusieurs raisons plausibles de soupçonner qu'elle a commis ou tenté de commettre de tels faits* », « *le procureur de la République peut ordonner une enquête ou saisir le juge d'instruction d'une information ayant pour objet de retracer l'éventuel* <u>*parcours criminel*</u> » de cette personne (C. pr. pén., art. 706-106-4). Aux termes de C. pr. pén., art. D. 47-12-9, ces investigations relèvent de la compétence du procureur de la République spécialisé ou du juge d'instruction spécialisé saisi par lui. L'enquête de parcours criminel est conduite « *dans les formes de l'enquête préliminaire* » et l'instruction « *dans les formes de l'instruction* » (C. pr. pén., art. D. 47-12-9). Ce « *régime procédural spécifique [...] semble particulièrement approprié aux investigations à mener concernant des personnes déjà condamnées définitivement pour des crimes sériels et pour lesquelles aucun autre cadre d'enquête ne peut être utilisé pour identifier d'éventuels nouveaux faits* » ; « *Ce cadre d'investigation permet ainsi de procéder à des auditions ou des réquisitions, de même qu'à des perquisitions. Il ne permet en revanche pas de procéder à des actes dont la réalisation est soumise [...] à une exigence de peine encourue, comme des placements en garde à vue ou des interceptions de communications électroniques* » (Circ. Crim. 2022-03/H2, 25 févr. 2022, NOR : JUSD2206606C, n° 3).

Les magistrats spécialisés peuvent être assistés d'assistants spécialisés (C. pr. pén., art. 706-106-2) et d'OPJ spécialement désignés (C. pr. pén., art. 706-106-2 et D. 47-12-10).

C. Les huit JIRS « ECOFI » pour les infractions économiques et financières d'une grande complexité (C. pr. pén., art. 704)

Pour les **infractions économiques et financières** « *d'une grande complexité* » les juridictions interrégionales spécialisées (JIRS) en matière économique et financière (ECOFI), crées par L. n° 2004-204, 9 mars 2004, sont compétentes pour « *la poursuite, l'instruction, et, s'il s'agit de délits, le jugement* » d'une liste limitative d'infractions énumérées au C. pr. pén., art. 704 (C. pr. pén., art. **704** et **D. 47-3** désignant huit JIRS à compétence économique et financière : Bordeaux, Lille, Lyon, Marseille, Nancy, Paris, Rennes et Fort-de-France). Cette compétence s'étend aux infractions connexes. Ces JIRS ont une compétence concurrente à celle des autres juridictions territorialement compétentes au titre des règles de droit commun (C. pr. pén., art. 704-1).

Ces tribunaux judiciaires comprennent une section du parquet et des formations d'instruction et de jugement spécialisés, auxquels sont affectés des magistrats spécialisés par décision du premier président ou du procureur général. Des magistrats spécialisés sont également désignés au sein de la cour d'appel pour le traitement de ces affaires (C. pr. pén., art. 704). Depuis L. n° 2021-1727, 22 déc. 2021, des magistrats honoraires exerçant des fonctions juridictionnelles peuvent être désignés pour siéger au sein du tribunal correctionnel ou de la chambre des appels correctionnels (C. pr. pén., art. 704).

Notons qu'au sein de certaines cours d'appel, un tribunal judiciaire peut également être désigné par décret pour les affaires économiques et financières d'une grande complexité (C. pr. pén., art. 704 et D. 47-2 désignant Bastia pour le ressort de la cour d'appel de Bastia).

La circulaire Crim. 2014 19/G1, 29 sept. 2014, NOR : JUSD1423119C, régit les conditions de saisine, d'animation et de coordination des JIRS.

D. Les huit JIRS « CRIMORG » pour la criminalité organisée d'une grande complexité (C. pr. pén., art. 706-75)

Pour les affaires « *d'une grande complexité* » relevant de la criminalité organisée dont la liste est fixée par C. pr. pén., art. 706-73 (v. liste de ces infractions au n° 11.21A), 706-73-1 (v. liste de ces infractions au n° 11.21C1) ou 706-74 (v. liste de ces infractions au n° 11.22A) les juridictions interrégionales spécialisées (JIRS) en matière de criminalité organisée (CRIMORG), crées par L. n° 2004-204, 9 mars 2004, sont compétentes pour « *l'enquête, la poursuite, l'instruction et le jugement des crimes et délits* » (C. pr. pén., art. **706-75** et **D. 47-13** désignant huit JIRS compétentes pour la criminalité organisée situées dans les mêmes TJ que les JIRS économiques et financières, v. ci-dessus). Cette compétence s'étend aux infractions connexes. Ces JIRS ont une compétence concurrente à celle des autres juridictions territorialement compétentes au titre des règles de droit commun (C. pr. pén., art. 706-76). Pour le TJ de Paris, la compétence interrégionale au titre de JIRS criminalité organisée est complétée, pour les mêmes infractions, par la compétence de la juridiction nationale chargée de la lutte contre la criminalité organisée d'une très grande complexité (Junalco), à compétence nationale (v. la Junalco ci-après).

Sont **exclus de la compétence** de la JIRS CRIMORG :

– les crimes et délits constituant des actes de **terrorisme** (C. pén., art. 421-1, 421-2 et 421-6, C. pr. pén., art. 706-73 11° et 11 *bis*), qui relèvent de la compétence du tribunal judiciaire de Paris (v ci-dessus) ;

– les crimes et délits contribuant à la prolifération **d'armes de destruction massives et** de leurs vecteurs entrant dans le champ d'application de C. pr. pén., art. 706-167, qui relèvent du tribunal judiciaire de Paris (C. pr. pén., art. 706-73 18°) ;

– les crimes portant atteinte aux **intérêts fondamentaux de la Nation prévus** par C. pén., art. 410-1 à 414-9 (C. pr. pén., art. 706-73-1 11°), lesquels sont jugés en temps de paix par les juridictions de droit commun, ou pour une liste limitative d'infractions, par des cours d'assises spécialisées (C. pr. pén., art. 702) ;

Comme pour les JIRS ECOFI (v. 17.16C ci-dessus), le premier président et le procureur général près la cour d'appel désignent respectivement les juges d'instruction, les magistrats du siège et du ministère public spécialement chargés de ces affaires (C. pr. pén., art. 704 et 706-75-1). Depuis L. n° 2021-1727, 22 déc. 2021, des magistrats honoraires exerçant des fonctions juridictionnelles peuvent être désignés pour siéger au sein du tribunal correctionnel ou de la chambre des appels correctionnels (C. pr. pén., art. 706-75-1).

La Circ. Crim. 2014 19/G1, 29 sept. 2014, NOR : JUSD1423119C, régit les conditions de saisine, d'animation et de coordination des JIRS, complétée par la Circ. Crim. 2019 21/G1, 29 nov. 2019, NOR : JUSD1934576C intégrant dans ce dispositif les compétences de la Junalco (v. ci-après).

E. La juridiction nationale chargée de la lutte contre la criminalité organisée d'une très grande complexité (Junalco) (C. pr. pén., art. 706-75)

Pour les affaires « *d'une très grande complexité, en raison notamment du ressort géographique sur lesquels elles s'étendent* », relevant de la compétence matérielle des JIRS CRIMORG (v. 17.16D ci-dessus), le TJ et la cour d'assises de **Paris** « *exercent une compétence concurrente sur l'ensemble du territoire national pour l'enquête, la poursuite, l'instruction et le jugement des crimes et délits* » (C. pr. pén., art. 706-75, dernier al.). Les dispositions applicables aux JIRS CRIMORG (v. 17.16D ci-dessus) sont applicables dans les mêmes termes à la Junalco.

La circulaire Crim. 2019 21/G1, 29 nov. 2019, NOR : JUSD1934576C, régit les conditions de saisine, d'animation et de coordination avec les JIRS de cette juridiction à compétence nationale créée par L. n° 2019-222, 23 mars 2019.

Soulignons que la compétence nationale de la Junalco n'est pas étendue aux infractions relevant des JIRS ECOFI énumérées au C. pr. pén., art. 704.

F. La compétence nationale concurrente du tribunal judiciaire de Paris pour les atteintes aux STAD (C. pr. pén., art. 706-72-1, L. n° 2016-731, 3 juin 2016)

Pour la poursuite, l'instruction et le jugement des infractions d'atteintes aux STAD prévues par C. pén., art. 323-1 à 323-4-1 (v. n° 35.70 à 35.73) et 411-9, le procureur de la République, le pôle de l'instruction, le tribunal correctionnel et la cour d'assises de Paris exercent une compétence concurrente à celle qui résulte des dispositions de droit commun relatives à la compétence territoriale des juridictions répressives (C. pr. pén., art. 706-72 et 706-72-1 issus L. n° 2016-731, 3 juin 2016).

Sous réserve des dispositions générales relatives à l'indivisibilité ou à la connexité (C. pr. pén., art. 382, v. n° 17.15C3 ci-dessus), l'extension de compétence aux infractions connexes n'est pas prévue par les textes.

Les modalités de dessaisissement du juge d'instruction initialement saisi au profit de la juridiction d'instruction de Paris sont organisées au C. pr. pén., art. 706-72-2 à 706-72-6.

Les dispositions ne prévoient pas de désignation de section du parquet et de formations d'instruction et de jugement spécialisées pour connaître de ces infractions ni de désignation de magistrats spécialisés par le premier président et le procureur général.

G. La compétence nationale concurrente du tribunal judiciaire de Paris pour la lutte contre la haine en ligne (C. pr. pén., art. 15-3-3)

À la double condition d'avoir fait l'objet d'une **plainte en ligne** (sur la plainte en ligne, C. pr. pén., art. 15-3-1, v. n° 11.311.3C1) et d'avoir été **commis en ligne**, les faits de **harcèlement et de chantage sexuel** prévus par C. pén., art. 222-33 (v. n° 20.87), lorsqu'ils sont aggravés par l'une des circonstances de discrimination raciste prévues par C. pén., art. 132-76, et les faits de **harcèlement moral** prévus par C. pén., art. 222-33-2-2

(v. n° **20.92**), lorsqu'ils sont aggravés par l'une des circonstances de discrimination raciste ou sexiste prévues par C. pén., art. 132-76 et 132-77 (sur ces circonstances, v. n° **18.9B** et **C**), relèvent de la compétence du TJ de Paris, en concurrence avec les autres juridictions territorialement compétentes en application des règles de droit commun (C. pr. pén., art. 15-3-3 (issu L. n° 2020-766, 24 juin 2020) et D. 8-2-10 (issu D. n° 2020-1444, 24 nov. 2020)).

Ces dispositions seront effectives lorsque les infractions concernées seront comprises dans la liste des infractions pour lesquelles la plainte en ligne est autorisée, fixée par C. pr. pén., art. A 1er, pris en application de C. pr. pén., art. D. 8-2-10.

Les directives d'action publique relatives aux critères de saisine du parquet de Paris, dont la compétence s'inscrit dans la création d'un pôle national de lutte contre la haine en ligne, sont définies par la Circ. CRIM-2020-23-E1, 24 nov. 2020, NOR : JUSD2032620C.

« *Le délit de diffamation perpétré par la voie de la presse écrite est réputé commis partout où l'écrit a été publié, distribué, ou mis en vente ; que la diffamation réalisée par la voie de la télévision est accomplie en tous lieux où les émissions télévisées ont pu être reçues* » (Crim. 5 déc. 2000, n° 99-85.361, D). Tirant les conséquences de cette jurisprudence, la circulaire précise que la compétence de ce pôle spécialisé s'étend, au-delà des dispositions spéciales précitées (C. pr. pén., art. 15-3-3 et D. 8-2-10), aux infractions de presse suivantes, « *lorsque les propos diffusés sur internet [sont] visibles depuis n'importe quel point du territoire* » :

– provocation directe non suivie d'effet à la commission d'un crime ou d'un délit (L. 29 juill. 1881, art. **24**, al. 1 et 2, v. n° **35.26**) ;

– lorsqu'elles manifestent une discrimination raciste ou sexiste, les infractions de provocation publique à la discrimination, à la haine ou à la violence (L. 29 juill. 1881, art. **24**, al. 7 et 8, v. n° **35.26**), d'injure publique (L. 29 juill. 1881, art. **29**, al. 2, art. **33**, al. 2 et 3, v. n° **35.16**) et de diffamation publique (L. 29 juill. 1881, art. **29**, al. 1, art. **32**, al. 2 et 3, v. n° **35.14**).

« *Les critères de saisine de parquet seront, sous réserve de son appréciation pour chaque procédure :*

– la complexité de la procédure, résultant de la technicité de l'enquête, de vérifications internationales, de la multiplicité d'auteurs et notamment lorsqu'ils sont localisés en de multiples points du territoire ;

– le fort trouble à l'ordre public engendré par les faits, notamment en cas de retentissement médiatique important, ou la sensibilité particulière de l'affaire au regard de la personnalité de la victime ou de celle de l'auteur ou du contexte des faits ».

Cette circulaire précise enfin que « *le pôle n'a pas vocation à connaître de ces infractions lorsque, bien que publiques et commises par voie numérique, elles interviennent dans un cadre interpersonnel, notamment familial ou professionnel* » « *De même, lorsque ces infractions sont commises par des mineurs, le parquet du domicile du mineur continuera, sauf exceptions, d'exercer sa compétence, au besoin avec le soutien technique du pôle* ».

Rappelons enfin que tout crime ou délit réalisé au moyen d'un réseau de communication électronique est réputé commis en France s'il est tenté ou commis au préjudice d'une personne physique ou morale qui y réside ou y a son siège (C. pén., art. 113-2-1, v. n° **10.5A2** et **10.5C**).

H. La compétence nationale du procureur de la République financier et du tribunal judiciaire de Paris pour certaines infractions financières (C. pr. pén., art. 705)

Le procureur de la République financier (qui compose avec ses substituts le parquet national financier (PNF)), le juge d'instruction et le tribunal correctionnel de Paris exercent une **compétence nationale concurrente** à celle résultant des dispositions de droit commun pour une liste limitative d'infractions financières énumérées par C. pr. pén., art. 705, liste complétée par L. n° 2020-1672, 24 déc. 2020, par le délit de participation frauduleuse à une entente prohibée (C. com., art. L. 420-6).

Cette compétence matérielle recoupe pour partie celle de la Junalco et, par voie de conséquence, de la JIRS CRIMORG (cf Crim. 2019 21/G1, 29 nov. 2019, NOR : JUSD1934576C, n° 1.1).

Le PNF, le juge d'instruction et le tribunal correctionnel de Paris ont toutefois une **compétence nationale exclusive** pour la poursuite, l'instruction et le jugement des délits d'atteinte à la transparence des marchés financiers définis au CMF, ar. L. 465-1 à L. 465-3-3 (délits d'initiés, manipulation de cours, v. n° **33.28**) (C. pr. pén., art. 705-1).

Sous réserve des dispositions générales relatives à l'indivisibilité ou à la connexité (C. pr. pén., art. 382, v. n° **17.15C3** ci-dessus) dont l'application pourrait être soutenue pour les délits et contraventions, l'extension de compétence aux infractions connexes n'est prévue que pour les infractions du CMF visées au C. pr. pén., art. 705-1.

Le premier président de la cour d'appel de Paris désigne les juges d'instruction et les magistrats du siège spécialement chargés de l'instruction et, s'il s'agit de délits, du jugement en première instance et en appel de ces affaires (C. pr. pén., art. 705).

Le ministère public est exclusivement assuré en première instance par le procureur de la République financier et ses substituts (COJ, art. L. 217-2 et L. 217-3). Le procureur général désigne les magistrats du parquet général chargés de traitement de ces affaires en appel (C. pr. pén., art. 705).

I. Les deux juridictions spécialisées pour les infractions en matière sanitaire et environnementale d'une grande complexité (PSPE) : Paris et Marseille (C. pr. pén., art. 706-2)

Pour les affaires « *d'une grande complexité* », les TJ de Marseille et de Paris (C. pr. pén., art. D. 47-5) sont compétents pour « *la poursuite, l'instruction, et, s'il s'agit de délits, le jugement* » des affaires relatives à un produit de santé ou destiné à l'alimentation humaine ou animale, ou à un produit ou une substance ou aux pratiques médicales, paramédicales ou esthétiques règlementées, pour les infractions d'atteinte volontaire ou involontaire à la personne humaine prévues au Titre II du livre II du C. pén. (tous articles de ce code commençant par 22), les infractions du CSP, C. rur., C. consom., C. envir., C. trav. et C. sport. Cette compétence s'étend aux infractions connexes. Ces juridictions ont une compétence concurrente à celle des autres juridictions territorialement compétentes au titre des règles de droit commun (C. pr. pén., art. 706-2).

Ces tribunaux dits « Pôles santé publique et environnement » (« PSPE ») comprennent une section du parquet et des formations d'instruction et de jugement spécialisées pour connaître de ces infractions. Il n'est toutefois pas prévu de désignation de ces magistrats spécialisés par le premier président et le procureur général.

J. Les pôles régionaux environnementaux (PRE) (C. pr. pén., art. 706-2-3, L. n° 2020-1672, 24 déc. 2020)

Depuis L. n° 2020-1672, 24 déc. 2020, créant C. pr. pén., art. 706-2-3, dans le ressort de chaque cour d'appel, pour « *les affaires qui sont ou apparaîtraient complexes, en raison notamment de leur technicité, de l'importance du préjudice ou du ressort géographique sur lequel elles s'étendent* », la compétence territoriale d'un tribunal judiciaire est étendue au ressort de la cour d'appel pour l'enquête, la poursuite, l'instruction et le jugement des **délits** et des infractions connexes (à l'exclusion des infractions réservées par C. pr. pén., art. 706-75 aux JIRS « CRIMORG » (délinquance environnementale en bande organisée ; v. **D** ci-dessus) et à la Junalco (v. **E** ci-dessus) et par C. pr. pén., art. 706-107 aux JULIS (délinquance environnementale maritime, v. **L** ci-dessous)) prévus par les dispositions suivantes :

– le **code de l'environnement** ;

– le **code forestier** ;

– le titre V du livre II du **code rural et de la pêche maritime** (art. L. 250-1 à L. 258-2) (protection des végétaux, produits phytopharmaceutiques, fertilisants, production primaire des denrées alimentaires, aliments pour animaux) ;

– art. L. 512-1 I 1° et 2°, L. 512-2 du C. minier (nouveau) (**exploitation irrégulière de mine**) ;

– L. n° 2014-1170, 13 oct. 2014, art. 76 (mise sur le marché de **bois** ou de ses produits dérivés provenant de **récolte illégale** ou sans vérification de son origine).

La liste des TJ pôles régionaux environnementaux dits « PRE » est fixée par C. pr. pén., art. **D. 47-5-1** (issu D. n° 2021-286, 16 mars 2021), à raison d'un TJ par cour d'appel.

Ces juridictions ont une compétence concurrente à celle des autres juridictions territorialement compétentes au titre des règles de droit commun (C. pr. pén., art. 706-2-3).

Elles comprennent une section du parquet et des formations d'instruction et de jugement spécialisées pour connaître de ces infractions. Il n'est pas prévu de désignation des magistrats spécialisés au sein des PRE par le premier président et le procureur général.

Cette spécialisation pénale se double d'une spécialisation civile, organisées par COJ, art. L. 211-20 (issu L. n° 2012-1672, 24 déc. 2020) et D. 211-10-4-1 (issu D. n° 2021-286, 16 mars 2021) pour les actions relatives au **préjudice écologique**, en responsabilité civile prévues par C. envir., les régimes spéciaux de responsabilité en matière environnementale.

La doctrine de saisine des PRE ainsi que l'articulation de ces derniers avec les JIRS, JULIS et PSPE sont fixées par la Circ. Crim. 2021-02/G3-11, 11 mai 2021, NOR : JUSD2114982C.

K. Les deux juridictions spécialisées pour les accidents collectifs d'une grande complexité : Paris et Marseille (C. pr. pén., art. 706-176)

Pour les affaires « *d'une grande complexité* », les TJ de Marseille et de Paris (C. pr. pén., art. D. 47-38) sont compétents pour « *la poursuite, l'instruction et le jugement* » des « *affaires qui comportent une pluralité de victimes* » « *d'une grande complexité* » pour les infractions d'homicide involontaire (C. pén., art. 221-6), d'homicide involontaire commis par le conducteur d'un véhicule terrestre à moteur (C. pén., art. 221-6-1), de blessures involontaires avec ITT > 3 mois (C. pén., art. 222-19), de blessures involontaires avec ITT > 3 mois commis par le conducteur d'un véhicule terrestre à moteur (C. pén., art. 222-19-1), de blessures involontaires avec ITT ⩽ 3 mois avec manquement délibéré à une obligation de prudence (C. pén., art. 222-20), de blessures involontaires avec ITT ⩽ 3 mois avec manquement délibéré à une obligation de prudence commis par le conducteur d'un véhicule terrestre à moteur (C. pén., art. 222-20-1). Cette compétence s'étend aux infractions connexes (C. pr. pén., art. 706-176). Ces deux juridictions ont une compétence concurrente à celle des autres juridictions territorialement compétentes au titre des règles de droit commun (C. pr. pén., art. 706-178).

Ces tribunaux comprennent une section du parquet et des formations d'instruction et de jugement spécialisées pour connaître de ces infractions (C. pr. pén., art. 706-176) (dits Pôles accidents collectifs).

Le premier président et le procureur général près la cour d'appel désignent respectivement les juges d'instruction, les magistrats du siège et du ministère public spécialement chargés de ces affaires (C. pr. pén., art. 706-177).

L. Les six juridictions du littoral spécialisées (JULIS) en matière de pollution marine et d'atteintes aux biens culturels maritimes (C. pr. pén., art. 706-107 et 706-11-1)

Pour « *la poursuite, l'instruction, et, s'il s'agit de délits, le jugement* » des infractions en matière de **pollution des eaux marines** et des voies ouvertes à la navigation maritime prévues et réprimées par C. envir., art. L. 218-10 à L. 218-24, commises dans les eaux territoriales, les eaux intérieures, les voies navigables, la zone économique exclusive, la zone de protection écologique ou sur le plateau continental, le ressort des TJ de Brest, Le Havre, Marseille, Fort-de-France, Saint-Denis-de-la-Réunion et Saint-Pierre-et-Miquelon (C. pr. pén., art. **D. 47-13-1**) est étendu au ressort d'une ou plusieurs cours d'appel (C. pr. pén., art. **706-107**) et C. envir., art. L. 218-29).

La compétence spécialisée des JULIS n'est pas subordonnée à la complexité de l'affaire. Pour les affaires d'une **grande complexité**, dès le stade de l'enquête ou lors de l'instruction, le **TJ de Paris** peut être saisi (C. pr. pén., art. 706-107).

La compétence des JULIS s'étend aux infractions connexes (C. pr. pén., art. 706-107). Leur compétence est concurrente à celle des autres juridictions territorialement compétentes au titre des règles de droit commun (C. pr. pén., art. 706-109).

Les JULIS comprennent une section du parquet et des formations d'instruction et de jugement spécialisées pour connaître de ces infractions (C. pr. pén., art. 706-107). Il n'est toutefois pas prévu de désignation de magistrats spécialisés par le premier président et le procureur général.

Dans des conditions similaires, des **juridictions du littoral maritime** dont le siège et le ressort sont identiques à ceux des JULIS, sont compétentes pour les **atteintes aux biens culturels maritimes** commises dans les eaux territoriales et la zone contiguë (C. pr. pén., art. 706-111-1 et 706-111-2, D. 47-13-2).

M. Les six tribunaux maritimes à compétence exclusive (L. 17 déc. 1926, art. 2)

Les délits maritimes dont la liste est fixée par L. 17 déc. 1926, art. 2 relèvent de la **compétence exclusive** du tribunal maritime, juridiction composée d'un président désigné par le président du TJ et de deux assesseurs maritimes (L. 17 déc. 1926, art. 7). Le ministère public est assuré par le procureur de la République du TJ auprès duquel est institué le tribunal maritime (L. 17 déc. 1926, art. 6).

En application de L. 17 déc. 1926, art. 3, le siège et le ressort des six tribunaux maritimes de Bordeaux, Brest, Cayenne, Le Havre, Marseille et Saint-Denis de la Réunion sont fixés par le D. n° 2014-1581, 23 déc. 2014.

La compétence du tribunal maritime s'étend aux contraventions connexes, ainsi qu'à certains délits connexes du code pénal limitativement énumérés, en concurrence pour ces derniers avec les juridictions de droit commun territorialement compétentes (L. 17 déc. 1926, art. 3 et 4) (atteintes involontaires à la personne, mise en danger, destruction, dégradation ou détérioration, délit de fuite).

N. Les neuf juridictions spécialisées en matière militaire (C. pr. pén., art. 697 s.)

En temps de paix, les juridictions « *spécialisées en matière militaire* » (C. pr. pén., art. 697) « *connaissent des crimes ou des délits commis sur le territoire de la République par les militaires dans l'exercice du service* » et sont également compétentes « *à l'égard de toutes personnes majeures, auteurs ou complice, ayant pris part à l'infraction* » (C. pr. pén., art. 697-1). Cette compétence de principe s'efface en temps de guerre au profit des tribunaux des forces armées qui sont immédiatement établis (C. pr. pén., art. 699).

Une liste fixée par décret (D. n° 2014-1443, 3 déc. 2014) détermine le ressort de neuf tribunaux judiciaires et cour d'assises spécialisés en matière militaire (Bordeaux, Lille, Lyon, Marseille, Metz, Paris, Rennes, Cayenne et Toulouse) en application de C. pr. pén., art. 697, dont la compétence territoriale, qui obéit aux règles de droit commun définies par C. pr. pén., art. 43, 52, 382 et 663, outre le critère du lieu d'affectation ou de débarquement (C. pr. pén., art. 697-3), s'étend aux infractions commises à bord ou à l'encontre d'un navire de la marine nationale ou d'un aéronef militaire, en quelque lieu qu'il se trouve, à raison de son port ou aérodrome de rattachement (C. pr. pén., art. 697-2).

La compétence matérielle et territoriale de la juridiction spécialisée en matière militaire de **Paris** s'étend aux crimes et aux délits commis hors du territoire national par les membres des forces armées françaises ou à l'encontre de celles-ci, selon les conditions fixées au CJM, art. L. 121-1 à L. 121-8 (C. pr. pén., art. 697-4).

Les magistrats du siège composant ces formations sont les magistrats de la juridiction désignés dans les conditions de droit commun après avis de l'assemblée générale (COJ, art. R. 212-37). S'agissant des magistrats du parquet, ils sont eux aussi désignés dans les conditions de droit commun par le procureur de la République (COJ, art. R. 212-12). Pour la juridiction de Paris et au titre de l'extension de sa compétence spécialisée aux faits commis hors du territoire national, les conditions de désignation des magistrats spécialisés sont fixées au C. pr. pén., art. 697-4.

S'il existe « *un risque de divulgation d'un secret de la défense nationale* » lors du « *jugement des crimes de droit commun commis dans l'exécution du service par des militaires* » (C. pr. pén., art. 698-7), les cours d'assises spécialisées statuent sans jurés, composées d'un président entouré de quatre assesseurs magistrats professionnels en premier ressort et de six en appel, et peuvent délibérer en possession du dossier de la procédure (C. pr. pén., art. 698-6).

La compétence matérielle des juridictions spécialisées en matière militaire concerne aussi bien les infractions de droit commun commises par des militaires dans l'exercice du service que les infractions propres à l'état militaire prévues par le CJM, qui sont par nature des infractions commises par un militaire en service ou à raison de son état (v. notamment infractions visées aux n[os] **26.39** à **26.44**).

Ces juridictions spécialisées ne peuvent toutefois « *connaître des infractions de droit commun commises par les militaires de gendarmerie dans l'exercice de leurs fonctions relatives à la police judiciaire ou à la police administrative ; elles restent néanmoins compétentes à leur égard pour les infractions commises dans le service du maintien de l'ordre* » (C. pr. pén., art. 697-1). Ces dernières dispositions, qui introduisent une différence de traitement entre les parties civiles selon que les opérations de maintien de l'ordre sont menées par des militaires de la gendarmerie, qui relèvent des juridictions spécialisées en matière militaire et qui sont soumis aux particularités de l'état militaire et à des peines propres à cet état, ou par des membres de la police nationale, qui relèvent des juridictions ordinaires, sont jugées conformes à la Constitution en ce que les garanties procédurales offertes aux justiciables sont égales, notamment quant aux principes d'indépendance et d'impartialité des juridictions spécialisées en matière militaire (Cons. const. 17 janv. 2019, n° 2018-756).

Les infractions relevant de la compétence des juridictions militaires spécialisées sont poursuivies, instruites et jugées selon les règles de droit commun, sous réserve des dispositions précitées propres à la cour d'assises (C. pr. pén., art. 698-6 s.) ou des dispositions particulières du CJM (CJM, art. L. 121-1 à L. 121-8 précités) pour les infractions commises en dehors du territoire de la République (C. pr. pén., art. 698).

La dénonciation des faits par le ministre de la défense ou l'autorité militaire habilitée, ou l'avis de ces mêmes autorités, doit figurer au dossier de la procédure à peine de nullité, sauf urgence ou si le délai d'un mois imparti pour l'avis est dépassé (C. pr. pén., art. 698-1). « *Il ressort des travaux parlementaires de la L. n° 82-621, 21 juill. 1982, et de la décision Cons. const.,24 avr. 2015, n° 2015-461 QPC, que la procédure particulière de poursuite, prévue à l'article 698-1 du code de procédure pénale, des infractions mentionnées à l'article 697-1 dudit code relevant de la compétence des juridictions à compétence militaire visées à l'article 697 de ce même code, a pour objet de s'assurer que les spécificités de la condition militaire et des opérations militaires soient portées en temps utile à la connaissance de l'autorité de poursuite* » (§ 11) ; « *l'obligation de recueillir l'avis du ministre chargé de la défense ou de l'autorité militaire habilitée par lui, prévu à l'article 698-1 précité, n'est donc applicable [...] que lorsque ces juridictions sont compétentes* » (§ 12), tel n'est pas le cas lorsque « *les faits objet de l'information ont été commis par des militaires de la gendarmerie dans le cadre d'une mission de police judiciaire* » (§ 16) (Crim. 10 mai 2023, n° 22-86.322, P).

Mentionnons que « *n'est pas commis dans l'exercice du service, le fait, pour un militaire, de révéler, dans un cadre privé, une information obtenue à l'occasion de ses fonctions, fût-ce par l'utilisation des moyens mis à sa disposition pour l'exercice de ses fonctions* » (Crim. 10 déc. 2019, n° 19-80.479, P).

17.17 La discussion de la compétence : l'exception d'incompétence et les conséquences de la requalification sur la compétence

A. L'exception d'incompétence

Aucune disposition n'impose aux parties de soulever l'exception d'incompétence matérielle ou territoriale *in limine litis*, à savoir avant toute défense au fond. Elle peut donc être invoquée à tout moment, oralement ou par conclusions écrites.

Le tribunal peut et même doit en tout état de cause relever d'office son incompétence. Ce principe peut rendre délicate la motivation des jugements ou arrêts dans les affaires criminelles correctionnalisées. La juridiction du fond, sauf à encourir la censure de la C. cass. (Crim. 12 janv. 2000, nº 99-81.635, P nº 24), doit en effet se garder d'exposer dans sa décision les circonstances de fait matérialisant une incrimination criminelle (ex. : vol avec arme, pénétration sexuelle contrainte), dont elle aurait alors dû tirer toutes les conséquences légales en se déclarant d'office incompétente.

Lorsque le tribunal correctionnel constate que le fait est criminel, il renvoie le ministère public « *à se pourvoir ainsi qu'il avisera* » et peut, le ministère public entendu, décerner mandat de dépôt ou d'arrêt contre le prévenu (C. pr. pén., art. 469). Si le tribunal n'a pas été saisi sur ordonnance de renvoi d'un juge d'instruction, le parquet se bornera à ouvrir alors une information. Dans le cas contraire, il y a conflit négatif entre la décision de la juridiction de jugement et l'ordonnance du juge d'instruction qui se trouvent en contradiction (Crim. 16 juill. 1999, nº 99-84.519, P nº 177 – Crim. 27 avr. 1988, nº 88-82.312, P nº 185). Le ministère public doit alors saisir par requête la Ch. crim. de la C. cass. en « *règlement de juges* » en application de l'article 659 du code de procédure pénale.

Toutefois, lorsque le tribunal correctionnel est saisi par le renvoi ordonné par le juge d'instruction ou la CHINS, et si la victime était constituée partie civile et assistée d'un avocat lorsque le renvoi a été ordonné, il ne peut se déclarer incompétent au motif que les faits sont de nature criminelle (C. pr. pén., art. 469, v. B2 ci-dessous), sauf s'il est saisi de faits non intentionnels (ex. homicide involontaire) qu'il estime de nature criminelle comme ayant été commis intentionnellement (ex. homicide volontaire).

B. L'incidence de la requalification sur la compétence du juge

La compétence de la juridiction peut se trouver remise en cause lorsqu'elle requalifie l'infraction qui lui est déférée (sur l'opération de requalification v. nº **17.32**).

1. La règle « qui peut le plus peut le moins » et l'obligation de statuer

• **La cour d'assises**, qui a plénitude de juridiction (C. pr. pén., art. 231), peut juger les personnes renvoyées devant elle, sous quelque qualification que ce soit, mais dans les limites de l'arrêt de mise en accusation qui fixe sa compétence. Il en est de même pour la cour d'assises des mineurs, l'article 231 du code de procédure pénale lui étant applicable (Ord. nº 45-174, 2 févr. 1945, art. 20 devenu CJPM, art. L. 231-7) (sur le formalisme particulier de la requalification devant la juridiction criminelle, v. nº **17.33**).

• En revanche, si **la cour criminelle départementale** (sur la cour criminelle départementale, v. nº **17.15B2**), laquelle ne peut juger les crimes punis d'une peine supérieure à 20 années de réclusion, « *estime, au cours ou à l'issue des débats, que les faits dont elle est saisie constituent un crime puni de trente ans de réclusion criminelle ou de la réclusion criminelle à perpétuité, elle renvoie l'affaire devant la cour d'assises. Si l'accusé comparaissait détenu, il demeure placé en détention provisoire jusqu'à sa comparution devant la cour d'assises ; dans le cas contraire, la cour criminelle départementale peut, après avoir entendu le ministère public et les parties ou leurs avocats, décerner, par la même décision, mandat de dépôt ou mandat d'arrêt contre l'accusé* » (C. pr. pén., art. 380-20, issu L. nº 2021-1728, 22 déc. 2021) (sur ce cas particulier de requalification par la cour criminelle départementale, v. nº **17.33D**).

• **Le tribunal pour enfants**, compétent pour juger les crimes commis par les mineurs de moins de 16 ans (COJ, art. L. 251-1, devenu CJPM, art. L. 231-3), reste saisi (sauf dans la procédure de jugement à délai rapproché, devenue de « *présentation immédiate devant la juridiction pour mineurs* », v. nº **15.28**) à l'égard d'un tel mineur contre lequel il retient une qualification criminelle au lieu d'une qualification correctionnelle. Il ordonne alors un supplément d'information, confié au juge d'instruction si l'ordonnance de renvoi émane du juge des enfants (Ord. nº 45-174, 2 févr. 1945, art. 13). *A contrario*, il convient de considérer que le supplément d'information doit être confié au juge des enfants si l'ordonnance de renvoi émane du juge d'instruction, ce mécanisme de renvoi alternatif permet en effet d'éviter une situation de conflit négatif de compétence ainsi que la procédure de règlement de juges de l'article 659 du code de procédure pénale. Il permet dans tous les cas de satisfaire à la prescription de l'Ord. nº 45-174, 2 févr. 1945, art. 5, devenu CJPM, art. L. 423-3, selon laquelle « *aucune poursuite ne pourra être exercée contre les mineurs en matière de crime sans information préalable* ». Dans un tel cas de figure, les dispositions du CJPM prévoient désormais que « *la juridiction renvoie le ministère public à se pourvoir ainsi qu'il avisera* » (CJPM, art. L. 521-4).

• Si **le tribunal correctionnel** (ou la chambre des appels correctionnels, C. pr. pén., art. 518) estime, au résultat des débats, qu'un fait qualifié délit ne constitue qu'une contravention, il ne peut se déclarer incompétent mais doit prononcer la peine et statuer le cas échéant sur l'action civile (C. pr. pén., art. 466).

De même, lorsque le tribunal correctionnel statuant en formation collégiale estime, au résultat des débats, que le fait déféré constitue un délit relevant de la compétence du juge unique, il prononce la peine et statue sur l'action civile (C. pr. pén., art. 464).

2. L'OBLIGATION DE RENVOYER AU PARQUET DANS LES AUTRES CAS

Quand le juge correctionnel (ou la chambre des appels correctionnels, C. pr. pén., art. 519) estime, au résultat des débats, que les faits sont de nature criminelle, ou quand, statuant en juge unique, il lui apparaît qu'ils relèvent de la formation collégiale, il se déclare incompétent et « *renvoie le ministère public à se pourvoir ainsi qu'il avisera* » (C. pr. pén., art. 469).

Toutefois, le tribunal correctionnel, quand il est saisi sur renvoi du juge d'instruction ou de la CHINS de faits qualifiables de crimes (hypothèse d'une correctionnalisation, v. nº **15.35B1**), ne peut cependant se déclarer incompétent, d'office ou à la demande des parties, si la victime était constituée partie civile et était assistée d'un avocat lorsque le renvoi a été ordonné. Cependant, s'il est saisi de faits non-intentionnels, il conserve la possibilité de renvoyer le parquet à mieux se pourvoir s'il résulte des débats que les faits sont intentionnels et de nature criminelle (C. pr. pén., art. 469, réd. issue L. nº 2004-204, 9 mars 2004, art. 124-II).

Soulignons qu'il n'appartient pas à la juridiction correctionnelle de statuer sur des faits en en retenant dans sa motivation les éléments constitutifs d'une infraction criminelle. Il lui incombe en effet de se déclarer incompétente. Ainsi, « *alors que les faits commis par le prévenu caractérisent le crime de viol, relevant de la cour d'assises, la cour d'appel a méconnu la compétence de la juridiction correctionnelle* » (§ 12) en le déclarant coupable d'agression sexuelle tout en énonçant « *qu'il a imposé des relations sexuelles avec pénétration sur son épouse* » (§ 11) (Crim. 14 sept. 2022, nº 21-86.866, D). Il en est autrement lorsque la correctionnalisation résulte d'une ordonnance de renvoi du juge d'instruction et que la victime était constituée partie civile et assistée d'un avocat, dans un tel cas et selon les précisions apportées au nº **15.35B1**, la compétence de la juridiction correctionnelle est irrévocable et la juridiction peut à titre d'exemple, pour qualifier les faits d'agression sexuelle aggravée, retenir explicitement dans sa motivation que le prévenu a commis un acte de pénétration sexuelle, acte de nature criminelle. En effet, « *il revenait à la juridiction de jugement, si elle* *estimait que le prévenu avait contraint [la victime] à un acte de pénétration sexuelle, de réprimer cet acte sous la qualification correctionnelle dont elle était saisie* » (Crim. 8 févr. 2023, n° 22-80.885, P).

Dans tous les cas, il n'appartient pas au juge correctionnel, mais seulement au parquet, de saisir la juridiction compétente en renvoyant la procédure devant elle. Il en est de même pour le tribunal de police lorsqu'il estime que le fait constitue un crime ou un délit (C. pr. pén., art. 540). Dans le cas où la juridiction juge les faits criminels, il incombe au procureur de la République, l'information étant obligatoire en matière de crime, de saisir le juge d'instruction.

17.18 L'examen de la prescription de l'action publique

A. Les principes et la portée pratique de la prescription de l'action publique

1. La définition et la portée pratique de la prescription de l'action publique

L'action publique est l'acte de procédure « *tendant à l'application des peines* » (C. pr. pén., art. 1).

La question de la prescription de l'action publique concerne tous les acteurs de l'action publique d'un bout à l'autre de la procédure : OPJ ou APJ, procureur de la République et ses délégués, administrations verbalisatrices, victime, partie civile, avocat, juge d'instruction, personnel de greffe et membres de la juridiction. L'opportunité d'ouvrir et de poursuivre une enquête, la formalisation adéquate de ses actes, la gestion de son calendrier, la décision de poursuite ou de recourir à une mesure alternative, la gestion de l'audiencement du dossier (sur l'audiencement des affaires en attente de jugement, v. n° 17) ainsi que la saisine de la juridiction, l'examen du fond de l'affaire par le tribunal les parties et l'accusation (sur le régime de l'exception de prescription soulevée devant la juridiction de jugement, v. n° 17.24), sont autant d'étapes au cours desquelles l'écoulement du délai de prescription doit être apprécié et surveillé au regard de ses différentes causes de suspension et d'interruption.

Qu'elle soit mise en mouvement par le ministère public, les fonctionnaires à laquelle elle est confiée par la loi ou le règlement, ou la partie lésée, l'action publique doit en effet être exercée avant l'expiration d'un délai – dit délai de prescription de l'action publique – dont le point de départ est, sauf les exceptions ou modalités détaillées ci-dessous, « *le jour où l'infraction a été commise* » (C. pr. pén., art. 7, 8 et 9), et dont la durée varie en fonction de la gravité de l'infraction (crime, délit ou contravention).

Précisons que la victime, lorsqu'elle dépose plainte, doit se faire remettre un récépissé « *qui mentionne les délais de prescription de l'action publique définis aux articles 7 à 9 ainsi que la possibilité d'interrompre le délai de prescription par le dépôt d'une plainte avec constitution de partie civile, en application de l'article 85* » (C. pr. pén., art. 15-3, rédaction issue L. n° 2017-242, 27 févr. 2017, sur l'information de la victime au stade de l'enquête, v. n° 16.1B).

2. La prescription de l'action publique et les principes fondamentaux

La Constitution et la Conv. EDH ne comportent pas de dispositions particulières relatives à la prescription en matière pénale. Il est de principe, admis par la CEDH, que les lois relatives à la prescription sont des lois de procédure et qu'elles sont donc applicables immédiatement aux faits antérieurs non prescrits (CEDH, *Coëme c/ Belgique,* 22 juin 2000 § 149 ; *Previti c/ Italie,* 12 févr. 2013, n° 1845/08, § 80). Ce principe est consacré dans notre code pénal (C. pén., art. 112-2).

Il ne semble donc pas exister de droit fondamental à la prescription ou au maintien du délai de prescription qui s'appliquait au jour de l'infraction. Sous réserve du principe de non-rétroactivité des textes à caractère répressif qui « *interdit de faire renaître en cette matière une prescription légalement acquise* » (Cons. const. 29 déc. 1988, n° 88-250 DC, § 6), il appartient donc au législateur de créer des prescriptions en matière pénale, d'en définir la durée et d'appliquer immédiatement aux faits non prescrits des lois modifiant la durée de la prescription.

Le Cons. const. a ainsi décidé « *qu'aucune règle, ni aucun principe de valeur constitutionnelle, n'interdit l'imprescriptibilité des crimes les plus graves qui touchent l'ensemble de la communauté internationale* » (Cons. const. 22 janv. 1999, nº 98-408, § 20) et relevé que le principe de prescription des infractions « *ne saurait être regardé comme un principe fondamental reconnu par les lois de la République* » (Cons. const. 24 mai 2019, nº 2019-785 QPC, § 6).

En revanche, ouvrant la voie à un éventuel contrôle de proportionnalité des lois relatives à la prescription en matière pénale, il a jugé qu'« *il résulte du principe de nécessité des peines, protégé par l'article 8 de la Déclaration de 1789, et de la garantie des droits, proclamée par l'article 16 de la même déclaration, un principe selon lequel, en matière pénale, il appartient au législateur, afin de tenir compte des conséquences attachées à l'écoulement du temps, de fixer des règles relatives à la prescription de l'action publique qui ne soient pas manifestement inadaptées à la nature ou à la gravité des infractions* » (Cons. const. 24 mai 2019, nº 2019-785 QPC, § 7 ; dans le même sens : Cons. const. 9 sept. 2021, nº 2021-926 QPC, § 11).

La CEDH considère pour sa part que Conv. EDH, art. 7 (principe de légalité, pas de peine sans loi) ne saurait être interprété « *comme empêchant, par l'effet de l'application immédiate d'une loi de procédure, un allongement des délais de prescription lorsque les faits reprochés n'ont jamais été prescrits* ». (CEDH, *Coëme c/ Belgique*, 22 juin 2000, § 149).

La Ch. crim. juge que « *la question posée, relative à l'application immédiate et non-rétroactive, aux infractions commises avant leur entrée en vigueur, lorsque la prescription n'est pas encore acquise, des lois de procédure allongeant le délai de prescription de l'action publique, qui, dès lors que cette prescription a pour seul effet de faire obstacle à l'exercice des poursuites, est étrangère aux droits et libertés garantis par l'article 8 de la Déclaration des droits de l'homme définissant les principes de légalité criminelle et de nécessité des peines, n'a pas de caractère sérieux* » (Crim. 11 mai 2001, nº 11-90.016, NP). Elle a donc rejeté la QPC portant sur C. pén., art. 112-2 qui prévoit que « *sont applicables immédiatement à la répression des infractions commises avant leur entrée en vigueur.../...lorsque les prescriptions ne sont pas acquises, les lois relatives à la prescription de l'action publique et à la prescription des peines* ».

Enfin, l'assemblée plénière de la C. cass. a jugé, saisie de trois QPC, que « *la prescription de l'action publique ne revêt pas le caractère d'un principe fondamental reconnu par les lois de la République et ne procède pas des articles 7 et 8 de la DDHC du 26 août 1789, ni d'aucune disposition, règle ou principe de valeur constitutionnelle* » (Cass., ass. plén., 20 mai 2011, nº 11-90.025, n º 11-90.032 et nº 11-90.033, P nºˢ 6 à 8).

3. Le principe de l'allongement de la prescription des infractions sexuelles commises sur des mineurs : la convention de Lanzarote

Soulignons que l'extension du délai de prescription des infractiosn sexuelles commises sur des mineurs résulte désormais des engagements internationaux de la France. En effet, les États parties à la Convention du Conseil de l'Europe sur la protection des enfants contre l'exploitation et les abus sexuels, également appelée « *la Convention de Lanzarote* », signée à Lanzarote le 25 oct. 2007, publié par D. nº 2011-1385, 27 oct. 2011, s'engagent notamment (art. 33) à prendre « *les mesures législatives ou autres nécessaires pour que le délai de prescription pour engager des poursuites du chef des infractions établies conformément aux articles 18, 19, paragraphe 1. a et b, et 21, paragraphe 1.a et b, continue de courir pour une durée suffisante pour permettre l'engagement effectif des poursuites, après que la victime a atteint l'âge de la majorité, et qui est proportionnelle à la gravité de l'infraction en question* ».

B. La portée de la L. nº 2017-242, 27 févr. 2017 portant réforme de la prescription en matière pénale

Cette loi a doublé les délais de prescription de droit commun de l'action publique – de 3 à 6 ans pour les délits et de 10 à 20 ans pour les crimes – et consacré, tout en les précisant, les règles jurisprudentielles relatives aux causes d'interruption et de suspension de la prescription. Ont été maintenues les règles dérogatoires de prescription fondées sur la nature de l'infraction (terrorisme, infractions sexuelles, etc.) ou la minorité de la victime.

La loi a toutefois abrogé les dispositions spéciales selon lesquelles le délai de prescription de l'action publique des délits mentionnés aux articles 223-15-2 (abus des faiblesses d'un majeur ou d'un mineur, v. n° 22.30), 311-3 (vol simple, v. n° 22.1), 311-4 (vol aggravé, v. n° 22.3), 313-1 (escroquerie, v. n° 22.18), 313-2 (escroquerie aggravée, v. n° 22.22), 314-1 (abus de confiance, v. n° 22.37), 314-2 et 314-3 (abus de confiance aggravé, v. n°s 22.39 et 22.40), 314-6 (détournement d'objet saisi, v. n° 22.43) et 321-1 (recel, v. n° 22.45) du code pénal, commis à l'encontre d'une personne vulnérable du fait de son âge, d'une maladie, d'une infirmité, d'une déficience physique ou psychique ou de son état de grossesse, courait à compter du jour ou l'infraction apparaissait à la victime dans des conditions permettant l'exercice de l'action publique (C. pr. pén., art. 8, mod. par L. n° 2011-264, 14 mars 2011).

Ces infractions commises au préjudice de personnes vulnérables sont désormais soumises aux délais de droit commun, sans préjudice toutefois des dispositions générales relatives aux causes d'allongement de la prescription de l'action publique en cas d'infractions occultes ou dissimulées (v. n° 17.20).

Il est à préciser que la loi nouvelle « *ne peut avoir pour effet de prescrire des infractions qui, au moment de son entrée en vigueur, avaient valablement donné lieu à la mise en mouvement ou à l'exercice de l'action publique à une date à laquelle, en vertu des dispositions législatives alors applicables et conformément à leur interprétation jurisprudentielle, la prescription n'était pas acquise* » (L. n° 2017-242, 27 févr. 2017, art. 4). « *Ces dispositions, qui portent sur des règles relatives à la prescription de l'action publique, n'instituent ni une infraction ni une peine. Dès lors, le grief tiré de la méconnaissance du principe de rétroactivité de la loi pénale plus douce à l'encontre des dispositions contestées ne peut qu'être écarté* » (§ 10) (Cons. const. 9 sept. 2021, n° 2021-926 QPC).

« *Il en résulte par exemple que, si un délit occulte ou dissimulé découvert plus de douze ans* [délai butoir introduit par la loi nouvelle pour les délits occultes ou dissimulés (v. n° 17.20A)] *après sa commission a donné lieu, avant l'entrée en vigueur de la loi, à une plainte avec constitution de partie civile, un réquisitoire introductif ou une citation directe, ces faits ne sauraient être considérés comme prescrits* » (Circ. Crim BLPG 2016-0033, 28 févr. 2017, n° 3-2, NOR : JUSD1706599C).

C'est en effet ce que juge la Ch. crim. en considérant, au visa de L. n° 2017-242, 27 févr. 2017, art. 4, que « *l'entrée en vigueur des dispositions de cette loi relatives à la prescription des infractions occultes ne peut avoir pour effet de prescrire celles qui, au jour de cette entrée en vigueur, avaient valablement donné lieu à la mise en mouvement ou à l'exercice de l'action publique à une date à laquelle, en vertu des dispositions législatives alors applicables et conformément à leur interprétation jurisprudentielle, la prescription n'était pas acquise* » (Crim. 20 avr. 2017, n° 16-80.091, P n° 110). En revanche, s'appuyant sur les travaux parlementaires, la Ch. crim. considère que L. n° 2017-242, 27 févr. 2017, art. 4 ne vise que les infractions occultes ou dissimulées (§ 11) et ne déroge pas, pour les autres, aux dispositions de C. pén., art. 112-2 4 selon lesquelles les lois relatives à la prescription de l'action publique sont applicables immédiatement à la répression des infractions commises avant leur entrée en vigueur, lorsque les prescriptions ne sont pas acquises (§ 12) (Crim. 13 oct. 2020, n° 19-87.787, P).

17.19 Les délais et points de départ de la prescription de l'action publique

A. La prescription en matière criminelle (C. pr. pén., art. 7) – Tableau

V. tableau p. suivante.

Tableau 41 : Délai et point de départ de la prescription en matière criminelle (C. pr. pén., art. 7)

Domaine	Délai de prescription	Point de départ de la prescription
Principe général	20 ans depuis L. n° 2017-242, 27 févr. 2017 (C. pr. pén., art. 7) Auparavant 10 ans (C. pr. pén., art. 7)	Jour où l'infraction a été commise (C. pr. pén., art. 7) Ou jour où l'infraction dissimulée ou occulte est apparue, mais dans la limite d'un délai de 30 années à compter du jour ou l'infraction a été commise (C. pr. pén., art. 9-1 issu L. n° 2017-242, 27 févr. 2017)
Crimes sexuels ou de grande violence commis sur un mineur prévus par C. pr. pén., art. 706-47 (v. liste au **11.23A**)	30 ans depuis L. n° 2018-703, 3 août 2018 (C. pr. pén., art. 7)**(1)** Auparavant 20 ans (C. pr. pén., art. 7 issu de L. n° 2017-242, 27 févr. 2017 ainsi qu'ancienne rédaction du même article)	Majorité de la victime (C. pr. pén., art. 7 depuis L. n° 2018-703, anc^t^ art. 9-1)**(1)**
Violences aggravées ayant entraîné une mutilation ou infirmité permanente commises sur un mineur de 15 ans (C. pén., art. 222-10, v. n° **20.19**)	30 ans (C. pr. pén., art. 7) depuis L n° 2018-703, 3 août 2018, ajoutant ce crime à la liste des infractions sexuelles et de grande violence du C. pr. pén., art. 706-47 (v. liste au **11.23A**) Auparavant 20 ans (C. pr. pén., art. 8 issu de L. n° 2017-242, 27 févr. 2017, ainsi qu'ancienne rédaction du même article).	Majorité de la victime (C. pr. pén., art 7 depuis L. n° 2018-703, anc^t^ art. 9-1)
Non-dénonciation d'agression ou d'atteinte sexuelle sur mineur (C. pén., art. 434-3, v. n° **25.28**)	20 ans en cas de viol sur mineur ; 10 ans en cas d'agression ou d'atteinte sexuelle sur mineur (C. pr. pén., art. 8, réd. issue L. n° 2021-478, 21 avr. 2021)	Majorité de la victime (C. pr. pén., art. 8, réd. issue L. n° 2021-478, 21 avr. 2021)
Crimes en matière de stupéfiants (C. pr. pén., art. 706-26, v. n° **28.1** à **28.3**)	30 ans (C. pr. pén., art. 7) (égal^t^ 30 ans avant L. n° 2017-242, 27 févr. 2017, C. pr. pén., art. 706-31, al. 1 abrogé)	Jour où l'infraction a été commise (C. pr. pén., art. 7)
Crimes en matière de terrorisme (C. pr. pén., art. 706-16, v. n° **23.23** et **23.25**)	30 ans (C. pr. pén., art. 7) (égal^t^ 30 ans avant L. n° 2017-242, 27 févr. 2017, C. pr. pén., art. 706-25-1 abrogé)	Jour où l'infraction a été commise (C. pr. pén., art. 7)

Crimes en matière de prolifération d'armes de destruction massive (C. pr. pén., art. 706-167)	30 ans (C. pr. pén., art. 7) (égal[t] 30 ans avant L. n° 2017-242, 27 févr. 2017, C. pr. pén., art. 706-175 abrogé)	Jour où l'infraction a été commise (C. pr. pén., art. 7)
Crimes contre l'espèce humaine (eugénisme, clonage reproductif) (C. pén., art. 214-1 à 214-4)	30 ans (C. pr. pén., art. 7) (égal[t] 30 ans avant L. n° 2017-242, 27 févr. 2017, C. pén., art. 215-4 abrogé)	Jour où l'infraction a été commise (C. pr. pén., art. 7) ou majorité de l'enfant issu d'un clonage reproductif (C. pr. pén., art. 9-1, anc[t] C. pén., art. 215-4 abrogé)
Disparition forcée (C. pén., art. 221-12)	30 ans (C. pr. pén., art. 7) (égal[t] 30 ans avant L. n° 2017-242, 27 févr. 2017, C. pén., art. 221-18 abrogé)	Jour où l'infraction a été commise (C. pr. pén., art. 7)
Crimes de guerre (C. pén., art. 461-1 à 461-31)	30 ans (C. pr. pén., art. 7) (égal[t] 30 ans avant L. n° 2017-242, 27 févr. 2017, C. pén., art. 462-10)	Jour où l'infraction a été commise (C. pr. pén., art. 7)
Crimes contre l'humanité (C. pén., art. 211-1 à 212-3)	Imprescriptible (C. pr. pén., art. 7). (égal[t] imprescriptible avant L. n° 2017-242, 27 févr. 2017, C. pén., art. 213-5 abrogé)	Sans objet en raison de l'imprescriptibilité

Note (1) : l'allongement, par L. n° 2018-703, 3 août 2018 (*JO* 5 août 2018), de 20 à 30 ans du délai de prescription des crimes prévus au C. pr. pén., art. 706-47 commis sur des mineurs s'applique, conformément au principe d'application immédiate des lois relative à la prescription de l'action publique (C. pén., art. 112-2 4°), aux prescriptions non acquises à la date d'entrée en vigueur de ce texte, soit aux « *crimes commis sur des mineurs nés à compter du 6 août 1980 et qui ont atteint leur majorité après le 6 août 1998, soit moins de 20 ans avant l'entrée en vigueur de la nouvelle loi, le 6 août 2018* » (Circ. Crim. 2018-10/H2, 3 sept. 2018, NOR : JUSD1823892C, n° 1).

B. La prescription en matière délictuelle (C. pr. pén., art. 8) – Tableau

Tableau 42 : Délai et point de départ de la prescription en matière délictuelle (C. pr. pén., art. 8)

Domaine	Délai de prescription	Point de départ de la prescription
Principe général	6 ans depuis L. n° 2017-242, 27 févr. 2017 (C. pr. pén., art. 8) Auparavant 3 ans (C. pr. pén., art. 8)	Jour où l'infraction a été commise (C. pr. pén., art. 8) Ou jour où l'infraction dissimulée ou occulte est apparue, mais dans la limite d'un délai de 12 années à compter du jour ou l'infraction a été commise (C. pr. pén., art. 9-1 issu L. n° 2017-242, 27 févr. 2017)

Délits sexuels ou de grande violence prévus par C. pr. pén., art. 706-47 commis sur un mineur (v. liste au n° **11.23A**)	Principe : 10 ans (C. pr. pén., art. 8) (égal[t] 10 ans avant L. n° 2017-242, 27 févr. 2017, C. pr. pén., art. 8, ancienne rédaction) Exceptions : – 20 ans pour les agressions sexuelles commises sur un mineur de 15 ans (C. pén., art. 222-29-1, v. n° **20.83**) – les atteintes sexuelles aggravées commises sur un mineur de 15 ans (C. pén., art. 227-26, v. n° **20.83**) (C. pr. pén., art. 8)	Majorité de la victime (C. pr. pén., art. 8 et 9-1)
Violences aggravées ayant entraîné un ITT > 8 jours commises sur un mineur (C. pén., art. 222-12, v. n° **20.25**)	20 ans (C. pr. pén., art. 8) (égal[t] 20 ans avant L. n° 2017-242, 27 févr. 2017, C. pr. pén., art. 8, ancienne rédaction)	Majorité de la victime (C. pr. pén., art. 8, ainsi que 9-1 avant L. n° 2018-703, 3 août 2018 modifiant cet article dans sa réd. issue de L. n° 2017-242, 27 févr. 2017)
Délits en matière de trafic de stupéfiants (C. pr. pén., art. 706-26, v. n° **28.3** à **28.8**, **28.10**)	20 ans (C. pr. pén., art. 8) (égal[t] 20 ans avant L. n° 2017-242, 27 févr. 2017, C. pr. pén., art. 706-31, al. 1 abrogé)	Jour où l'infraction a été commise (C. pr. pén., art. 8)
Délits en matière de terrorisme (C. pr. pén., art. 706-16, v. n° **23.23** et **23.25**), sauf : – provocation ou apologie d'actes de terrorisme (C. pén., art. 421-2-5, v. n° **35.24**) ; – entrave au blocage d'un site d'apologie du terrorisme (C. pén., art. 421-2-5-1, v. n° **35.25**) ; – consultation habituelle de site d'apologie du terrorisme (C. pén., art. 421-2-5-1, v. n° **23.27**)	20 ans (C. pr. pén., art. 8) (égal[t] 20 ans avant L. n° 2017-242, 27 févr. 2017, C. pr. pén., art. 706-25-1 abrogé)	Jour où l'infraction a été commise (C. pr. pén., art. 8)

Délits passibles de 10 ans d'emprisonnement en matière de prolifération d'armes de destruction massive (C. pr. pén., art. 706-167)	20 ans (C. pr. pén., art. 8) (égal[t] 20 ans avant L. n° 2017-242, 27 févr. 2017, C. pr. pén., art. 706-175 abrogé)	Jour où l'infraction a été commise (C. pr. pén., art. 8)
Délits de guerre (C. pén., art. 461-1 à 461-31)	20 ans (C. pr. pén., art. 8) (égal[t] 20 ans avant L. n° 2017-242, 27 févr. 2017, C. pén., art. 462-10)	Jour où l'infraction a été commise (C. pr. pén., art. 8)

C. La prescription en matière contraventionnelle (C. pr. pén., art. 9)

« *L'action publique des contraventions se prescrit par une année révolue à compter du jour où l'infraction a été commise* » (C. pr. pén., art. 9).

Ces dispositions n'ont pas été modifiées par L. n° 2017-242, 27 févr. 2017.

Il y a lieu de souligner que les dispositions issues de cette loi, relatives au délai de prescription des infractions occultes ou dissimulées (C. pr. pén., art. 9-1), sont réservées aux crimes et aux délits et ne sont donc pas applicables aux contraventions.

D. La prescription en matière d'infractions fiscales et douanières

« *L'action de l'administration des douanes en répression des infractions douanières se prescrit dans les mêmes délais et dans les mêmes conditions que l'action publique en matière de délits de droit commun* » (C. douanes, art. 351). Par l'effet de C. pr. pén., art. 8, « *il résulte de l'article 351 du code des douanes que l'action de l'administration des douanes en répression des contraventions douanières se prescrit dans un délai de trois ans* » [devenu 6 ans par l'effet de L. n° 2017-242, 27 févr. 2017] (Crim. 4 mai 2006, n° 05-84.947, P).

E. Les modalités de calcul du délai de prescription

Le délai de prescription commence à courir le lendemain des faits ou de l'acte interruptif, et expire, de quantième à quantième, le dernier jour à minuit (Crim. 9 janv. 2018, n° 16-86.735, P n° 1 ; Crim. 12 nov. 2014, n° 13-84.444, P n° 236 ; Crim. 28 juin 2000, n° 99-85.381, P n° 255 ; Crim. 7 juin 2006, n° 05-84.148, P n° 161). Il n'est pas tenu compte du 1er jour (*dies ad quo*). Ainsi, en cas d'évènement (infraction ou acte interruptif) survenu le 29 mars, un délai de prescription exprimé en années commencera à courir le lendemain 30 mars, et expirera un 30 mars à minuit.

C. pr. pén., art. 801, qui prévoit la prorogation des délais de procédure qui expirent un samedi, un dimanche ou un jour férié ou chômé n'est pas applicable au délai de prescription de l'action publique car il « *ne constitue pas un délai prévu pour l'accomplissement d'un acte ou d'une formalité au sens de l'article 801 du Code de procédure pénale* » (Crim. 30 oct. 2001, n° 00-87.981, P n° 224).

La notion de « *jour où l'infraction a été commise* », prévue par la loi comme point de départ de la prescription, s'applique en fonction de la nature instantanée ou continue de l'infraction (sur cette distinction d'origine jurisprudentielle, v. n° **10.8A**). Le Cons. const., se référant à la jurisprudence constante de la C. cass., définit les infractions continues comme celles « *dont l'élément matériel se prolonge dans le temps par la réitération constante de la volonté coupable de l'auteur* » et rappelle que leur prescription « *ne court qu'à partir du jour où elles ont pris fin dans leurs éléments constitutifs et dans leurs effets* » (Cons. const. 24 mai 2019, n° 2019-785 QPC, § 5).

Lorsque le résultat est un élément constitutif de l'infraction, ainsi la mort, la mutilation, l'infirmité permanente ou l'ITT et sa durée, composante des atteintes volontaires ou involontaires à la personne, le point de départ de la prescription est la date de la réalisation du dommage et non celle de son fait générateur, selon les précisions apportées au n° **14.2A2**.

Il reste loisible au législateur de moduler le point de départ de la prescription en fonction des spécificités de l'infraction ou des intérêts qu'elle protège. Ainsi en est-il des infractions soumises au régime des infractions sexuelles énumérées au C. pr. pén., art. 706-47 (sur le régime des infractions sexuelles, v. n° **11.23**), dont la prescription court « *à compter de la majorité* » de la victime (C. pr. pén., art. 8). Citons aussi les infractions d'écocide (C. envir., art. L. 231-1, L. 231-2 et L. 231-3, v. n° **31.31**) ou de pollution de cours d'eau (C. envir., art. L. 432-2, v. n° **31.32**) ou des eaux superficielles ou souterraines ou de la mer territoriale (C. envir., art. L. 216-6, v. n° **31.33**) dont la prescription « *court à compter de la découverte du dommage* ».

17.20 Les causes d'allongement de la prescription : infractions occultes ou dissimulées

A. La prescription différée des infractions occultes et dissimulées (C. pr. pén., art. 9-1)

La L. n° 2017-242, 27 févr. 2017 créant C. pr. pén., art. 9-1 a consacré la jurisprudence en prévoyant que, par dérogation aux prescriptions de droit commun en matière criminelle et délictuelle qui courent à « *compter du jour où l'infraction a été commise* » (C. pr. pén., art. 7 et 8, al. 1) « *le délai de prescription de l'action publique de l'infraction occulte ou dissimulée court à compter du jour où l'infraction est apparue et a pu être constatée dans des conditions permettant la mise en mouvement ou l'exercice de l'action publique, sans toutefois que le délai de prescription puisse dépasser douze années révolues pour les délits et trente années révolues pour crimes à compter du jour où l'infraction a été commise* » (C. pr. pén., art. 9-1).

Cette dérogation au point de départ de la prescription ne vise strictement que les prescriptions de droit commun de 20 ans pour crime et de 6 ans pour délit, hypothèses visées par le premier alinéa des articles 7 et 8 auquel renvoie précisément C. pr. pén., art. 9-1. Elle ne semble donc pas pouvoir s'appliquer aux prescriptions spéciales dont le délai est supérieur ou dont le point de départ est retardé à la majorité de la victime. Son application est en outre d'un moindre intérêt pour les prescriptions spéciales de 30 ans en matière criminelle ou de 20 ans en matière délictuelle.

Le législateur définit ainsi les infractions occultes et dissimulées (C. pr. pén., art. 9-1) : « *Est occulte l'infraction qui, en raison de ses éléments constitutifs, ne peut être connue ni de la victime ni de l'autorité judiciaire* », « *Est dissimulée l'infraction dont l'auteur accomplit délibérément toute manœuvre caractérisée tendant à en empêcher la découverte* ».

Les travaux parlementaires se sont référés, pour en consacrer le contenu, aux arrêts de la Ch. crim. relatifs aux cas d'infractions occultes ou dissimulées, récapitulés dans les tableaux en **B** (infractions occultes) et **C** (infractions dissimulées) ci-dessous. Ces hypothèses ne sont pas limitatives, la loi s'appliquant désormais à toute infraction et à tout comportement de dissimulation, le législateur ne distinguant pas les infractions intentionnelles des non intentionnelles.

Toutefois « *La notion d'infraction dissimulée aura vocation, si les conditions de la dissimulation telle que définie par la loi sont remplies, à être utilisée pour de nombreuses infractions autres que celles ayant déjà donné lieu à une jurisprudence reportant le point de départ du délai* » ; en outre, « *celle d'infraction occulte, qui s'applique à une infraction en raison de sa nature, sera nécessairement cantonnée à certains crimes ou délits, même si la jurisprudence pourra être conduite à étendre les cas existants* » (Circ. Crim BLPG 2016-0033, 28 févr. 2017, n° 1.1.2 a), NOR : JUSD1706599C).

Ces dispositions, en ce qu'elles consacrent la jurisprudence antérieure, sont applicables aux faits commis avant la L. n° 2017-242, 27 févr. 2017 (pour une illustration de l'infraction dissimulée en matière de traitement illicite de déchet : Crim. 12 avr. 2022, n° 21-83.696, P, v. n° **31.26**).

B. Exemples d'infractions occultes par nature – Tableau

Tableau 43 : Exemples d'infractions occultes par nature (jurisprudence antérieure à L. n° 2017-242, 27 févr. 2017)

Infractions	Arrêts
Délit d'abus de confiance (C. pén., art. 314-1, v. n° **22.37**)	Crim. 11 févr. 1981, n° 80-92.059 ; Crim. 8 févr. 2006, n° 05-80.301
Délit d'abus de bien social (sauf dissimulation, point de départ fixé au jour de la présentation des comptes annuels) (C. com., art. L. 241-3, v. n° **33.15**) L. 241-6, v. n° **33.19**))	Crim. 5 mai 1997, n° 96-81.482 ; Crim. 27 juin 2001, n° 00-87.414 ; Crim. 28 mai 2003, n° 02-83.544
Délits d'atteinte à l'intimité de la vie privée d'autrui (C. pén., art. 226-1, v. n° **35.46**) et mise en mémoire informatisée, sans l'accord exprès de l'intéressé, de données nominatives (C. pén., art. 226-19, v. n° **35.62**)	Crim. 4 mars 1997, n° 96-84.773 (affaire dite des écoutes de l'Élysée)
Délit de publicité trompeuse (C. consom., art. L. 121-2 s. anc[t] L. 121-1 s., v. n° **30.6**)	Crim. 20 févr. 1986, n°s 85-91.357 et 84-91.600 ; Crim. 22 mai 2002, n° 01-85.763
Fraude en matière de divorce (L. 13 avr. 1932, art. unique)	Crim. 5 juin 1996, n° 94-84.642
Altération de preuve en vue de faire obstacle à la manifestation de la vérité (C. pén., art. 434-4, v. n° **25.37**)	Crim. 17 déc. 2002, n° 01-87.178
Délits de simulation et de dissimulation d'enfant (C. pén., art. 227-13, v. n° **21.16**)	Crim. 23 juin 2004, n° 03-82.371
Délit de malversation (C. com., art. L. 626-12)	Crim. 20 juill. 1982, n° 81-95.108 ; Crim. 9 févr. 2005, n° 03-85.508
Délit de tromperie (C. consom., art. L. 454-1, anc[t] L. 213-1 v. n° **30.10**)	Crim. 7 juill. 2005, n° 05-81.119 (Affaire dite de l'hormone de croissance)

D'après Ass. nat, commission des lois, rapp. n° 3540, 2 mars 2016, p. 90

Il convient de souligner que la nature d'infractions clandestines a été explicitement déniée aux infractions suivantes par la jurisprudence : la violation du secret professionnel (C. pén., art. 226-13, v. n° **35.10**) et de recel de violation du secret professionnel ne sont « *pas des infractions commises, par nature de manière clandestine* » (Crim. 30 janv. 2001, n° 00-81.309, NP et Crim. 8 nov. 2005, n° 05-80.370, P n° 284), et « *les délits d'homicide involontaire* [C. pén., art. 221-6, v. n° **20.60**], *d'abstention volontaire de porter secours à autrui* [C. pén., art. 223-6, v. n° **25.25**] et *mise en danger d'autrui* [C. pén., art. 223-1, v. n° **20.59**] *ne constituent pas des infractions clandestines par nature* » (Crim. 17 mars 2009, n° 08-80.129, NP).

C. Exemples d'infractions dissimulées – Tableau

Tableau 44 : Exemples d'infractions dissimulées (jurisprudences antérieures à L. n° 2017-242, 27 févr. 2017)

Infractions	Arrêts
Délit d'abus de bien social	Crim. 8 oct. 2003, n° 02-81.471 ; Crim. 25 févr. 2004, n° 03-81.673
(la dissimulation fait lever la présomption de révélation du délit au moment de l'inscription dans les comptes sociaux des dépenses litigieuses) (C. com., art. L. 241-3, v. n° **33.15**, L. 241-6, v. n° **33.19**)	
Délit de trafic d'influence (C. pén., art. 433-2, v. n° **23.42**)	Crim. 19 mars 2008, n° 07-82.124

Délit d'atteinte à la liberté d'accès et à l'égalité des candidats dans les marchés publics (favoritisme) (C. pén., art. 432-34 v. n° 23.54)	Crim. 27 oct. 1999, n° 98-85.757 ; Crim. 5 mai 2004, n° 03-85.503 ; Crim. 19 mai 2004, n° 03-86.192 ; Crim. 17 déc. 2008, n° 08-82.319
Délit de fraude fiscale (point de départ fixé au 1er janvier suivant l'exercice au cours duquel la déclaration n'a pas été déposée ou a été minorée) (CGI, art. 1741, v. n° 33.34)	Crim. 13 déc. 1982, n° 80-95.151 ; Crim. 20 févr. 1989, n° 87-90.806
Délit de participation frauduleuse à une entente prohibée (C. com., art. L. 420-6)	Crim. 20 févr. 2008, nos 02-82.676 et 07-82.110 (Affaire dite des marchés publics d'Ile-de-France)
Délit de prise illégale d'intérêts (C. pén., art. 432-12, v. n° 23.52)	Crim. 16 déc. 2014, n° 14-82.939, après une solution contraire : Crim. 4 oct. 2000, n° 09-85.404
Délit de détournement de fonds publics (C. pén., art. 432-15, v. n° 23.55)	Crim. 2 déc. 2009, n° 09-81.967
Délit de corruption (C. pén., art. 445-1 et 445-2, anct C. trav., art. L. 152-6, v. n° 23.43)	Crim. 6 mai 2009, n° 08-84.107

D'après Ass. nat, commission des lois, rapp. n° 3540, 2 mars 2016, p. 90

Il y a lieu de préciser que la nature d'infractions dissimulées a été explicitement déniée aux infractions de faux et d'usage de faux (C. pén., art. 441-1, Crim. 25 mai 2004, n° 03-85.674, NP).

Les jurisprudences qui précèdent sont susceptibles d'évoluer. Depuis L. n° 2017-242, 27 févr. 2017 créant C. pr. pén., art. 9-1, la notion d'infraction dissimulée ne trouve en effet plus son fondement exclusif dans les composantes matérielles ou la nature de l'infraction, mais également dans le comportement de l'auteur. Dès lors que ce dernier a délibérément mis en œuvre « *une manœuvre caractérisée tendant à en empêcher la découverte* » des faits, manœuvre qui est par hypothèse distincte de l'élément matériel de l'infraction, cette dernière peut être considérée comme dissimulée.

17.21 Les causes d'allongement de la prescription : les faits de nature sérielle

A. La solidarité des prescriptions des crimes et délits sexuels successivement commis par la même personne sur plusieurs mineurs (L. n° 2021-478, 21 avr. 2021)

Depuis L. n° 2021-478, 21 avr. 2021 visant à protéger les mineurs des crimes et délits sexuels et de l'inceste, il est prévu que « *s'il s'agit d'un viol* [commis sur un mineur], *en cas de commission sur un autre mineur par la même personne, avant l'expiration de ce délai* [de prescription de 30 ans à compter de la majorité de la victime], *d'un nouveau viol, d'une agression sexuelle ou d'une atteinte sexuelle, le délai de prescription de ce viol est prolongé, le cas échéant, jusqu'à la date de prescription de la nouvelle infraction* » (C. pr. pén., art. 7 mod. par L. n° 2021-478, 21 avr. 2021).

De même, en matière de délits sexuels commis sur des mineurs, « *s'il s'agit d'une agression sexuelle ou d'une atteinte sexuelle commise sur un mineur, en cas de commission sur un autre mineur par la même personne, avant l'expiration des délais* [de prescription de 10 ou 20 ans à compter de la majorité de la victime], *d'une agression sexuelle ou d'une atteinte sexuelle, le délai de prescription de la première infraction est prolongé, le cas échéant, jusqu'à la date de prescription de la nouvelle infraction* » (C. pr. pén., art. 8 mod. par L. n° 2021-478, 21 avr. 2021).

En outre, le délai de prescription d'un viol, d'une agression sexuelle ou d'une atteinte sexuelle commis sur un mineur est interrompu par les actes interruptifs de prescription

« *intervenus dans une procédure dans laquelle est reprochée à la même personne une de ces mêmes infractions commises sur un autre mineur* » (C. pr. pén., art. 9-2 mod. par L. n° 2021-478, 21 avr. 2021).

Ces mécanismes de prolongation et d'interruption instituent en premier lieu une **prescription glissante** des infractions, indépendamment de tout acte interruptif (C. pr. pén., art. 8), en second lieu, en cas d'acte interruptif, une **solidarité des prescriptions** (C. pr. pén., art. 9-2), des infractions sexuelles successivement commises par le même auteur sur plusieurs victimes mineures, même lorsque ces crimes ou délits ne forment pas un ensemble indivisible ou ne sont pas connexes entre eux (sur l'effet d'un acte interruptif de prescription sur une infraction indivisible ou connexe, v. n° **17.23B4**).

B. Les infractions procédant d'un mode opératoire unique

Pour certaines infractions pourtant instantanées, mais consommées de manière échelonnée sur un laps de temps supérieur à la prescription, la jurisprudence considère que, dès lors que les remises, versements ou prélèvements procèdent d'un **mode opératoire unique**, d'un ensemble indivisible, ou de l'exécution d'une infraction d'origine, le point de départ de la prescription, pour l'ensemble des faits, est constitué par le dernier acte. Cette conception, proche ou illustration des notions de connexité et d'indivisibilité (v. définitions au n° **17.234**), permet ainsi d'englober dans les poursuites les actes les plus anciens qui, s'ils n'étaient pas ainsi rattachés à la même opération délictueuse, seraient prescrits.

Relèvent de cette doctrine les infractions suivantes :

• **Escroquerie** (v. n° **22.18**) s'échelonnant dans le temps par des remises successives résultant d'un même projet délictuel : le délai de prescription ne commence à courir qu'à compter de la dernière remise (Crim. 3 déc. 1963, n° 62-93.686, P n° 344). En effet, « *la prescription, en matière d'escroquerie, ne commence à courir qu'à partir de la dernière remise lorsque les manœuvres frauduleuses constituent, non pas une série d'escroqueries distinctes, mais une opération délictueuse unique* » (Crim. 26 sept. 1995, n° 94-84.008, P n° 288). Dans cette affaire, dans laquelle un assuré social, sur la base de fausses déclarations effectuées en 1966, avait bénéficié d'allocations jusqu'en 1989, le point de départ de la prescription, pour l'ensemble des remises effectuées entre 1966 et 1989, était ainsi fixé en 1989 où intervenait le dernier versement indu. De même, lorsque « *des manœuvres frauduleuses répétées sont exercées sur un ou des individus et se poursuivent pendant une longue période, formant entre elles un tout indivisible et provoquant des remises successives de fonds, la prescription ne commence à courir qu'à partir de la dernière remise* » (Crim. 17 déc. 1974, n° 73-91.110, P n° 371) ;

• **Corruption** (v. n° **23.37** s.) : si le délit constitue bien « *une infraction instantanée, consommée dès la conclusion du pacte entre le corrupteur et le corrompu, il se renouvelle à chaque acte d'exécution dudit pacte* » (Crim. 27 oct. 1997, n° 96-83.698, P n° 352) et chaque échéance constitue un acte d'exécution du pacte de corruption (Crim. 8 oct. 2003, n° 03-82.589, P n° 185) ;

• **Prise illégale d'intérêt** (v. n° **23.52** et **23.53**) « *le délit de prise illégale d'intérêts se prescrit à compter du dernier acte administratif accompli par l'agent public par lequel il prend ou reçoit directement ou indirectement un intérêt dans une opération dont il a l'administration ou la surveillance* » (Crim. 4 oct. 2000, n° 99-85.404, P n° 287) ;

• **Concussion** (v. n° **23.36**) : « *les faits commis plus de trois ans avant la plainte avec constitution de partie civile n'étaient pas prescrits, la prescription ne commençant à courir, lorsque la concussion résulte d'opérations indivisibles, qu'à compter de la dernière des exonérations accordées indûment* » (Crim. 31 janv. 2007, n° 06-81.273, P n° 24, dans le même sens, Crim. 29 juin 2016, n° 15-82.296, P n° 203).

• **Délit d'abus de position dominante** : « *le délit d'abus de position dominante, résultant de la conclusion d'un contrat d'approvisionnement exclusif, se prescrit à compter du dernier acte d'exécution dudit contrat* » (Crim. 19 mars 2008, n° 07-80.473, P n° 73) ;

• **Abus des faiblesses** (v. n° **22.30**) : dès lors que les abus « *procèdent d'un mode opératoire unique* » et « *que les prélèvements bancaires, réalisés au moyen de la même procuration, n'ont pris fin qu'en 1999, moins de trois ans avant le premier acte de poursuite* » (Crim. 27 mai 2004, n° 03-82.738, P n° 141), ou que « *les infractions ayant été réalisées à la suite d'une succession de versements effectués de 1995 à 1996, dont l'ensemble a gravement préjudicié à cette victime, la prescription court, pour chacune d'elles, à compter du dernier de ces versements, intervenu moins de trois ans avant le premier acte de poursuite* » (Crim. 5 oct. 2004, n° 02-86.522, P n° 233). Dans les exemples qui précèdent, si le délai de 3 ans mentionné est celui de l'ancienne prescription délictuelle, la solution reste transposable à toute prescription quelle qu'en soit la durée.

• **Blanchiment** (v. n° **22.49**) : est approuvée la cour d'appel qui énonce, pour rejeter l'exception de prescription, « *que lorsque le blanchiment résulte de placements et de dissimulations successives constituant, non pas une série d'actes distincts mais une opération délictueuse unique, la prescription ne commence à courir qu'à partir de la date du dernier acte de placement ou de dissimulation* » (Crim. 16 janv. 2013, n° 11-83.689, P n° 17) ;

• **Exercice illégal d'une profession et usurpation du titre** de cette profession : les « *faits d'exercice illégal de la profession d'avocat et d'usurpation du titre d'avocat procèdent d'un mode opératoire unique* » (Crim. 2 mars 2021, n° 20-80.482, D ; v. n° **33.5**).

17.22 Les causes d'allongement de la prescription : obstacle de droit et force majeure (C. pr. pén., art. 9-3)

L'écoulement du délai de prescription est suspendu durant toute la durée de l'évènement qui détermine cette suspension.

A. L'obstacle de droit suspend la prescription

« *Tout obstacle de droit prévu, par la loi, .../..., qui rend impossible la mise en mouvement de l'action publique, suspend la prescription* » (C. pr. pén., art. 9-3, L. n° 2017-242, 27 févr. 2017).

Cette disposition consacre la jurisprudence antérieure, étant précisé que l'obstacle de droit peut implicitement résulter de la loi. Peuvent être cités les exemples suivants (notamment d'après rapport Ass. nat. n° 3540, 2 mars 2016, p. 98 et Circ. Crim BLPG 2016-0033, 28 févr. 2017) :

– obstacle statutaire qui empêche provisoirement la poursuite d'une personne : Président de la République (Const., art. 67), parlementaire (Const., art. 26) ;

– avis conditionnant la mise en œuvre de l'action publique : avis de la commission des infractions fiscales, LPF, art. L. 230 (v. n° **33.34**) ;

– saisine du tribunal administratif par le contribuable en cas d'inaction de la collectivité territoriale (CGCT, art. 4143-1, Crim. 3 déc. 2003, n° 03-82.966, P n° 233) ;

– consultation d'une autorité administrative : saisine de l'Autorité de la concurrence par une juridiction pénale (C. com., art. L. 462-3), saisine de la commission de conciliation et d'expertise douanière par les parties (C. douanes, art. 459) ;

– saisine de la commission régionale de conciliation et d'indemnisation des accidents médicaux, des affections iatrogènes et des infections nosocomiales, jusqu'au terme de la procédure de règlement amiable (CSP, art. L. 1142-7, Crim. 8 janv. 2019, n° 18-82.235, P n° 3) ;

– évènements particuliers de la procédure pénale : examen de la recevabilité de la plainte avec constitution de partie civile (C. pr. pén., art. 85) ; mise en œuvre d'un classement sous condition (C. pr. pén., art. 41-1, v. n° **15.39C**) ; durée d'exécution d'une convention judiciaire d'intérêt public (CJIP) (C. pr. pén., art. 41-1-2 et 41-1-3, v. n° **15.58** s.) ; condamnation prononcée sur la base de faux (C. pr. pén., art. 6) ; question préjudicielle (C. pr. pén., art. 384, Crim. 28 mars 2000, n° 99-84.367, P n° 139) ; procédure de reconstitution d'une procédure disparue (C. pr. pén., art. 648 à 651, Crim. 29 mai 1997, n°s 96-80.261, 96-82.691, P n° 215 ; Crim. 26 sept. 2000, nº 99-86.348, P nº 278, v. nº **15.4B4**) ; pourvoi en cassation jusqu'à la signification de l'arrêt aux parties (Crim. 19 avr. 1983, nº 82-92.366, P nº 111) ainsi que la durée du délibéré (Crim. 22 oct. 2013, nº 12-84.408, P nº 198) ;

– impossibilité pour la victime de saisir elle-même la juridiction compétente : « *selon le principe "contra non valentem agere non currit praescriptio" la prescription est de droit suspendue à l'égard des parties poursuivantes dès lors que celles-ci ont manifesté expressément leur volonté d'agir et qu'elles se sont heurtées à un obstacle résultant de la loi elle-même* » (en l'espèce, absence de possibilité de se constituer partie civile devant la Cour de justice de la République) (Cass., ass. plén., 23 déc. 1999, nº 99-86.298, P nº 9) ;

– « *le dépôt d'une plainte avec constitution de partie civile, à la suite duquel est versée, dans le délai imparti, la consignation prévue par C. pr. pén., art. 88, interrompt la prescription de l'action publique ; que cette prescription est suspendue de la date du dépôt de la plainte à celle du versement de la consignation dans le délai imparti* » (Crim. 7 sept. 1999, nº 98-86.219, nº 181 ; dans le même sens : Crim. 5 janv. 2010, nº 09-80.204, D, Crim. 30 mars 2016, nº 15-81.606, P nº 111 (infraction de presse)) ;

– Il y a obstacle de droit ou de fait « *lorsque la personne qui, lésée par un crime ou un délit, a mis en mouvement l'action publique par sa plainte avec constitution de partie civile, ne dispose d'aucun moyen de droit pour obliger le juge d'instruction à accomplir un acte interruptif de prescription* » (§ 11) ; « *Il s'en déduit que le délai de prescription est suspendu entre la date de dépôt de la plainte avec constitution de partie civile et la délivrance du réquisitoire par le procureur de la République* » (§ 12) (Crim. 8 mars 2022, nº 21-83.037, P ; dans le même sens : Crim. 22 nov. 2005, nº 05-82.807, P nº 304 (infraction de presse)). Plus précisément formulé, au visa de cette dernière décision de principe nº 05-82.807, « *il résulte de la combinaison de C. pr. pén., art. 82-1 et 89 que la faculté de présenter une demande d'acte au juge d'instruction n'est offerte à la partie civile qu'après l'ouverture de l'information. Celle-ci ne dispose d'aucun moyen de droit pour obliger le juge d'instruction à accomplir un acte interruptif de prescription tant que le procureur de la République n'a pas pris ses réquisitions après communication de la plainte en application de l'article 86 dudit code de sorte qu'entre temps, la prescription est nécessairement suspendue* » (§ 10) (Crim. 11 oct. 2022, nº 22-84.417, P (infraction de presse)).

– « *la mesure de curatelle dont fait l'objet une personne ne constitue pas, à la différence de la situation de la personne sous tutelle, un obstacle de droit à sa capacité d'agir en justice de nature à suspendre la prescription de l'action publique ou à reporter le point de départ du délai de celle-ci* » (Crim. 7 juin 2017, nº 16-85.191, P nº 156) ;

– délais prévus au C. pr. pén., art. 175 (Crim. 3 avr. 2019, nº 18-84.468).

B. La suspension des prescriptions entre le 12 mars et le 10 août 2020 en raison de l'état d'urgence sanitaire lié à l'épidémie de la Covid 19

Aux obstacles implicites de droit qui précèdent, s'ajoutent les causes générales de suspension de l'action publique prévues par la loi : il en est ainsi de l'Ord. nº 2020-303, 25 mars 2020, prise par habilitation prévue par L. nº 2020-290, 23 mars 2020, art. 11, qui prévoit (**art. 3**) que « *Les délais de prescription de l'action publique et de prescription de la peine sont suspendus à compter du 12 mars 2020 jusqu'au terme prévu à l'article 2* », en l'espèce « *jusqu'à l'expiration d'un délai d'un mois à compter de la date de cessation de l'état d'urgence sanitaire déclaré dans les conditions* » prévues par L. nº 2020-290, 23 mars 2020, art. 4, date prorogée jusqu'au 10 juill. 2020 inclus par L. nº 2020-546, 11 mai 2020, art. 1, soit jusqu'au 10 août 2020. En conséquence, toutes les prescriptions de l'action publique en cours entre le 12 mars et le 10 août 2020 sont suspendues et ne reprennent leur cours qu'après cette dernière date.

Ord. nº 2020-303, 25 mars 2020, art. 3 « *a suspendu l'ensemble des délais de prescription de l'action publique et de la peine qui étaient en cours à la date du 12 mars 2020, et ce jusqu'au 10 août 2020, sans distinguer selon que ces délais devaient, ou non, expirer pendant cette période* » (§ 11) (Crim. 7 juin 2023, nº 22-86.644, P).

En revanche, il n'est pas prévu de dispositif de suspension de la prescription par l'Ord. n° 2020-557, 13 mai 2020, adaptant les règles de procédure pénale à l'état d'urgence sanitaire de nouveau déclaré à compter du 17 oct. 2020 par D. n° 2020-1257, 14 oct. 2020, en application de CSP, art. L. 3131-13, état d'urgence prorogé jusqu'au 16 févr. 2021 inclus par L. n° 2020-1379, 14 nov. 2020, ni par les lois de prorogation postérieures.

C. L'obstacle de fait assimilable à la force majeure suspend la prescription

« *Tout obstacle de fait insurmontable et assimilable à la force majeure, qui rend impossible la mise en mouvement de l'action publique, suspend la prescription* » (C. pr. pén., art. 9-3, L. n° 2017-242, 27 févr. 2017).

Le texte consacre la jurisprudence de la Ch. crim. Les travaux parlementaires (Rapp. Ass. nat., n° 3540, 2 mars 2016, p. 98) citent l'exemple des « *obstacles de fait absolus et insurmontables, comme l'invasion du territoire par une armée ennemie lorsqu'elle fait naître des circonstances spéciales [Crim. 3 déc. 1957, P n° 794, Crim. 8 août 1994, n° 93-84.847, Crim. 1er août 1919, D. 1919. I. 49], et, selon la doctrine, par assimilation à cette hypothèse, les cas de catastrophe naturelle (inondation, tremblement de terre...)* ».

Au-delà de ces cas, l'obstacle insurmontable rendant impossible les poursuites peut aussi trouver sa source dans les circonstances mêmes de la commission de l'infraction. Les travaux parlementaires (Rapp. Ass. nat., n° 3540, 2 mars 2016, p. 99) renvoient ainsi à l'arrêt Cass., ass. plén., 7 nov. 2014, n° 14-83.739 dans lequel cette formation, pour estimer que n'étaient pas prescrits sept infanticides sur les huit reprochés à l'accusée (Affaire dite de « *l'octuple infanticide* »), énonçait que « *la prescription est suspendue en cas d'obstacle insurmontable à l'exercice des poursuites* ». En l'espèce cet obstacle insurmontable résultait du fait que l'obésité de l'accusée avait empêché la révélation de tout indice de grossesse et que « *dans ces conditions, nul n'a été en mesure de s'inquiéter de la disparition d'enfants nés clandestinement, morts dans l'anonymat et dont aucun indice apparent n'avait révélé l'existence* ». Dans une hypothèse aux circonstances moins exceptionnelles, la Ch. crim. juge que « *la seule dissimulation du corps ne caractérise pas un obstacle insurmontable à l'exercice des poursuites pouvant justifier la suspension de la prescription de l'action publique* » (Crim. 13 déc. 2017, n° 17-83.330, P). Soulignons toutefois que les dispositions issues de L. n° 2017-242, 27 févr. 2017, retardant le point de départ de la prescription de « *l'infraction dissimulée* », définie comme celle « *dont l'auteur accomplit délibérément toute manœuvre caractérisée tendant à en empêcher la découverte* », sont de nature à faire évoluer cette solution (sur l'infraction dissimulée, v. n° **17.20A**).

Est fondée à constater l'extinction de l'action publique la CHINS qui relève que « *l'amnésie traumatique invoquée par la partie civile ne peut être considérée comme constituant un obstacle de fait insurmontable et assimilable à la force majeure ayant pu suspendre le délai de prescription* » (Crim. 17 oct. 2018, n° 17-86.161, P n° 173). Les dispositions (C. pr. pén., art. 9-1 et 9-3) qui fondent une telle interprétation, ne sont « *pas manifestement inadaptées à la nature ou à la gravité des infractions* » (§ 4), la QPC dirigée contre elles est en conséquence rejetée comme dépourvue de sérieux (Crim. 13 janv 2021, n° 19-86.50, D, 1re décision) et il est réaffirmé que, « *faute d'être extérieure à la partie qui l'invoque, l'amnésie traumatique ne constitue pas un obstacle de fait assimilable à la force majeure, pouvant suspendre la prescription [...], ni retarder son point de départ* » (§ 14) (Crim. 13 janv 2021, n° 19-86.50, D, 2e décision).

D. L'incapacité de comparaître du prévenu ou de l'accusé en raison de son état mental ou physique suspend la prescription (C. pr. pén., art. 10)

La L. n° 2019-222, 23 mars 2019, qui a introduit la possibilité pour la juridiction répressive de statuer sur l'action civile « *Lorsque l'état mental ou physique d'une personne citée ou renvoyée devant une juridiction de jugement rend durablement impossible sa comparution personnelle dans des conditions lui permettant d'exercer sa défense et que la prescription de l'action publique se trouve ainsi suspendue* » a explicitement consacré qu'une telle situation de fait suspend la prescription de l'action publique (C. pr. pén., art. 10, L. n° 2019-222, 23 mars 2019) (sur l'incapacité de comparaître et l'impossibilité de juger l'action publique, v. n° **17.10G**, et la possibilité de juger l'action civile, v. n° **16.13A4**).

17.23 Les causes d'interruption de la prescription (C. pr. pén., art. 9-2, L. n° 2017-242, 27 févr. 2017)

A. La nomenclature non limitative des causes d'interruption de la prescription

Le législateur dresse depuis L. n° 2017-242, 27 févr. 2017 la liste des actes interruptifs de prescription (C. pr. pén., art. 9-2). Sous le droit antérieur qui prévoyait que tout « *acte d'instruction ou de poursuite* » interrompait la prescription (C. pr. pén., art. 7 anc.), la jurisprudence reconnaissait un caractère interruptif à tout acte ayant « *pour objet de constater une infraction, d'en rassembler les preuves et d'en rechercher les auteurs* » (Crim. 9 mai 1936), finalités répondant aux missions de la police judiciaire au sens de C. pr. pén., art. 14. « *Il en est de même lorsque de tels actes sont accomplis à l'étranger* » (Crim. 23 mai 2023, n° 22-81.169, 22-81.172, P).

Désormais, sont désignés par la loi comme interruptifs de prescription les actes suivants, pour la plupart déjà consacrés comme interruptifs de prescription par la jurisprudence antérieure. Toutefois, « *l'énumération prévue à l'article 9-2 [...] des actes qui interrompent la prescription de l'action publique n'est pas limitative* » (Crim. 21 janv. 2020, n° 19-84.450, P).

1. Les actes de mise en mouvement de l'action publique

« *Tout acte, émanant du ministère public ou de la partie civile, tendant à la mise en mouvement de l'action publique, prévu aux articles 80* [réquisitoire introductif (v. n° **15.29A**)], *82* [réquisitoire supplétif (v. n° **15.29B**)], *87* [constitution de partie civile par voie d'intervention devant le juge d'instruction saisi (v. n° **16.10C**)], *88* [ordonnance du juge d'instruction constatant le dépôt de plainte avec constitution de partie civile et fixant la consignation (v. n° **16.10B4**)], *388* [saisine du tribunal correctionnel par comparution volontaire, citation (v. n° **15.7A**), convocation par procès-verbal, comparution immédiate ou ordonnance de renvoi de la juridiction d'instruction], *531* [saisine du tribunal de police par ordonnance de renvoi de la juridiction d'instruction, comparution volontaire ou citation (v. n° **15.7A**)], *532* [avertissement à comparaître devant le tribunal de police suivi d'une comparution volontaire]*, du C. pr. pén et à l'article 65 de L. 29 juill. 1881* [réquisitions aux fins d'enquête articulant les faits pour certaines infractions de presse, v. n° **35.13**, orienteur/régime procédural] ».

Notons que la réquisition aux fins de mandement de citation (pièce appelée « *cédule de citation* », acte préparatoire aux poursuites par lequel le ministère public qualifie les faits en vue d'une citation directe, n'est interruptive de prescription que si elle a effectivement été transmise au commissaire de justice [huissier] en vue de sa délivrance au prévenu, en effet si « *l'acte par lequel le ministère public requiert un huissier de justice, par application de l'article 551 du Code de procédure pénale, de délivrer une citation à comparaître devant la juridiction répressive, est un acte de poursuite* » (Crim. 28 janv. 1988, n° 86-92.565, P n° 44 ; décision relative à une contravention routière) ; c'est à la condition « *d'avoir été transmis à l'huissier en vue de sa délivrance* » (Crim. 16 févr. 1999, n° 97-83.951, P n° 21 (contraventions à la règlementation des transports) ; Crim. 2 sept. 2004, n° 04-81.660, P n° 199 (contravention d'excès de vitesse)) ou d'avoir été transmis de parquet à parquet aux fins de délivrance de la citation par le commissaire de justice territorialement compétent (Crim. 13 déc. 2005, n° 04-87.489, P n° 331 (violences délictuelles). Notons qu'« *en l'absence de preuve contraire, la date de la cédule de citation doit être retenue comme date d'envoi à l'huissier instrumentaire* » (Crim. 3 déc. 2013, n° 12-87.379, D (infraction de presse)).

Soulignons que ne sont pas visés dans la liste des actes interruptifs qui précède C. pr. pén., art. 188 à 190 relatifs à la réouverture de l'information pour survenance de charges nouvelles, mais ces actes sont compris dans ceux visés au titre des actes d'instruction décrits plus bas.

2. Les actes d'enquête

« *Tout acte d'enquête émanant du ministère public, tout procès-verbal dressé par un OPJ ou un agent habilité exerçant des pouvoirs de police judiciaire tendant effectivement à la recherche et à la poursuite des auteurs d'une infraction* ». « *Les procès-verbaux dressés par les agents de police judiciaire, et les agents adjoints, de police judiciaire sont interruptifs de prescription, ceux-ci entrant dans la catégorie d'"agent habilité exerçant des pouvoirs de police judiciaire", qui ne vise pas que les fonctionnaires et agents relevant des articles 22 à 29-1 du code de procédure pénale* » (Circ. Crim BLPG 2016-0033, 28 févr. 2017, note n° 10). Mentionnons que l'existence d'un soit-transmis interruptif de prescription, manquant dans le dossier de la procédure, « *est établie par les mentions des procès-verbaux d'exécution qui indiquent sa date et son objet* » (Crim. 22 janv. 1990, n° 88-85.361, P n° 39).

« *L'article 9-2 ne prévoit pas qu'une simple plainte adressée par la victime à un service d'enquête ou au procureur de la République puisse constituer un acte interruptif de prescription* » mais « *la réception par procès-verbal de la plainte de la victime intervenue en application de l'article 15-3 constitue un acte interruptif de prescription conformément au 2° de l'article 9-2* » (Circ. Crim BLPG 2016-0033, 28 févr. 2017) et à la jurisprudence qu'il consacre : « *le procès-verbal contenant la dénonciation d'une infraction pénale* » est interruptif de prescription (Crim. 9 juill. 2003, n° 03-82.063, P n° 139), y compris en cas de dénonciation, sur le même procès-verbal, d'une infraction par une personne entendue comme mise en cause sur des faits distincts (Crim. 7 juin 2001, n° 00-85.973, P n° 142).

Mentionnons que la **plainte en ligne** prévue par C. pr. pén., art. 15-3-1 (v. n° **11.3C1**) et la **plainte audiovisuelle** prévue par C. pr. pén., art. 15-3-1-1 (issu L. n° 2023-22, 24 janv. 2023) (v. n° **11.3C2**) donnent lieu à l'établissement d'un « *procès-verbal de réception de plainte* » dressé sous format numérique en application de C. pr. pén., art. 801-1, dont les effets, identiques à ceux des actes établis sur support papier, interrompent donc la prescription (sur la procédure pénale numérique, v. n° **11.3D**). En revanche, un tel effet ne peut être conféré à la « *pré-plainte en ligne* » ; ce téléservice offert par le ministère de l'intérieur n'est en effet pas régi par les règles du C. pr. pén. (sur le dispositif de la pré-plainte en ligne, v. n° **11.3C1**).

Méritent d'être rappelées les décisions conférant un pouvoir d'interruption de la prescription aux actes de procédure suivants :

– acte (soit-transmis) « *par lequel le procureur de la République transmet la procédure, pour compétence, au ministère public près une autre juridiction* » (Crim. 6 févr. 2007, n° 06-86.760, P n° 30 ; dans le même sens : Crim. 5 janv. 2000, n° 99-81.929, P n° 2) ; il en est de même pour une transmission de la procédure par un OMP à un autre OMP compétent en raison du domicile du contrevenant (Crim. 5 mars 2013, n° 12-84.527, P n° 58), y compris pour la transmission de l'OMP du CACIR (Rennes) à un autre OMP (Crim. 10 janv. 2023, n° 22-84.007, D) (sur le CACIR, v. n° **11.5C2**) ;

– convocation par le procureur de la République d'une personne en vue de l'entendre sur une plainte dont elle est l'objet, acte de police judiciaire répondant aux conditions de C. pr. pén., art. 78, (Crim. 27 avr. 2000, n° 99-81.415, P n° 173) ;

– instructions (soit-transmis) adressés par le procureur de la République à un OPJ, qui sont des actes d'instruction ou de poursuite découlant des pouvoirs que le parquet tient des dispositions de C. pr. pén., art. 75 pour l'exécution des enquêtes préliminaires (Crim. 16 mai 1973, n° 71-92.496, P n° 224) ;

– soit-transmis du parquet destiné à une autorité administrative faisant suite au signalement de disparitions suspectes (Crim. 20 févr. 2002, n° 01-85.042, P n° 42) ;

– soit-transmis du parquet adressé à la Direccte transmettant le courrier d'un salarié révélant des risques en matière d'hygiène et de sécurité du travail et demandant à cette administration ses observations sur les faits et les textes applicables afin d'apprécier la suite à réserver à cette correspondance (Crim. 22 janv. 2019, n° 18-81.814, D) ; dans le même sens, pour une transmission pour avis d'un procès-verbal de gendarmerie à l'administration des affaires maritimes, l'arrêt semblant toutefois déduire l'effet interruptif de la mention portée, sur le soit-transmis, « *j'envisage une citation directe dès le retour de votre avis* » (Crim. 28 juin 2005, n° 05-80.307, P n° 194) ;

– soit-transmis du parquet invitant l'auteur à régulariser la situation (remise en état d'une construction), car cet acte, « *manifeste la volonté du ministère public de poursuivre l'exercice de l'action publique si le prévenu n'obtempère pas* » (Crim. 13 janv. 2009, n° 08-84.459, P n° 14) ;

– procès-verbaux des OPJ et APJ tendant à la recherche et à la constatation de l'infraction dénoncée (Crim. 15 mai 1973, n° 71-93.64) ;

– consultation d'un fichier administratif (fichier national des immatriculations) aux fins de poursuites pour une infraction routière (Crim. 19 juin 2012, n° 11-88.684, P n° 152) ;

– consultation du fichier national des permis de conduire (Crim. 3 sept. 2014, n° 13-86.153, Crim. 28 oct. 2014, n° 13-86.413, NP), y compris lorsque « *la consultation vise une infraction ne donnant pas lieu à retrait de points du permis de conduire* » (Crim. 1er sept. 2020, n° 19-87.157, P) ;

– réquisition d'inscription au fichier national automatisé des empreintes génétiques (Fnaeg) du profil ADN établi par l'analyse de la trace prélevée sur un vêtement (Crim. 12 déc. 2012, n° 12-85.274, P n° 279) ;

– diffusion réitérée de fiches de recherches au FPR sous le code fiche « PJ22 » correspondant à « *la recherche de personnes susceptibles d'avoir été victimes d'un crime ou d'un délit* » (Crim. 18 janv. 2006, n° 05-85.858, NP) (sur l'inscription au FPR pour les besoins d'une enquête de police judiciaire, v. n° **13.17C**) ;

– « *les demandes d'extradition des autorités* » étrangères, « *dès lors qu'elles tendent à la recherche de l'auteur d'une infraction* », peu important que la demande ait été refusée par courrier diplomatique, en raison de son but politique, ou que le décret l'autorisant ait été annulé pour le même motif (§ 24) (Crim. 23 mai 2023, n° 22-81.169, 22-81.172, P) ;

– « *tout acte de poursuite ou d'instruction […], fût-il accompli à l'étranger, interrompt la prescription quel que soit l'effet attaché à cet acte par la loi étrangère au regard de son propre système de prescription* » (Crim. 24 sept. 1998, n° 97-84.017 à 97-84.030, P n° 234) ;

– « *la dénonciation officielle adressée par l'autorité étrangère aux fins de jugement en France de délits commis par un français à l'étranger est un acte de poursuite interruptif de la prescription de l'action publique* » (Crim. 12 oct. 2005, n° 05-80.189, P n° 260).

En revanche, la prescription n'est « *pas interrompue par le compte rendu effectué par le service enquêteur au procureur de la République, ni par la transmission de la procédure d'enquête à celui-ci, quand bien même il les aurait sollicités* » (Crim. 5 avr. 2018, n° 17-83.166, P).

Les jurisprudences qui précèdent, notamment celles relatives aux consultations des fichiers ou aux inscriptions dans ces derniers, doivent être appréciées au regard de la rédaction de C. pénal, 9-2 2° issue de L. n° 2017-242, 27 févr. 2017, qui ne semble en effet conférer de force interruptive qu'aux investigations ayant fait l'objet d'un procès-verbal. Cette exigence ne paraît toutefois pas requise lorsque l'objet de l'investigation est matérialisé dans la procédure, ainsi pour « *la seule consultation du fichier national du permis de conduire […] avec émission du relevé intégral de points* », qui constitue en effet un acte positif d'instruction (Crim. 1er sept. 2020, n° 19-87.157, P, avec cette réserve que ce moyen, dont la Ch. crim. ne s'est pas saisie d'office, n'était pas soulevé par le requérant).

Mentionnons que si le procès-verbal dressé par l'agent d'une administration investi d'une mission de police judiciaire, comme un inspecteur du travail, interrompt la prescription, tel n'est pas le cas de son déplacement sur les lieux pour y constater l'infraction (Crim. 21 mai 2019, nº 18-82.574, P). Dans le même sens, est interruptif de prescription « *le procès-verbal dressé par les agents de l'administration des douanes dans l'exercice de leurs attributions de police judiciaire et à l'effet de constater les infractions, à l'exclusion des actes de l'enquête administrative qui en ont constitué le prélude* » (§ 8), en conséquence, « *un procès-verbal d'intervention établi par les agents des services des douanes, qui ne constatait aucune infraction, ni ne relatait aucun acte d'enquête portant sur une infraction préalablement révélée, n'était pas interruptif de prescription* » (§ 14) (Crim. 11 mai 2022, nº 20-86.594, P).

3. Les alternatives aux poursuites et les procédures simplifiées

Si le classement sous condition et l'avertissemen pénal probatoire (anc[t] rappel à la loi) (C. pr. pén., art. 41-1, v. nº **15.39** et **15.40**) et la CJIP (C. pr. pén., art. 41-1-2 et 41-1-3, v. nos **15.58** s.) constituent des causes de suspension de l'action publique pour la durée d'exécution des mesures proposées par le procureur de la République, « *les actes tendant à la mise en œuvre ou à l'exécution de la composition pénale sont interruptifs de la prescription de l'action publique* » (C. pr. pén., art. 41-2, v. nº **15.44** et **15.45**).

4. Les actes d'instruction

« *Tout acte d'instruction prévu aux articles 79 à 230* [sont ainsi visés tous les articles concernant le juge d'instruction et la CHINS] *du C. pr. pén. accompli par un juge d'instruction, une CHINS ou des magistrats ou OPJ par eux délégués, tendant effectivement à la recherche et à la poursuite des auteurs d'une infraction.* »

L'acte par lequel un magistrat de liaison français communique la commission rogatoire internationale d'un juge d'instruction aux autorités destinataires à l'étranger « *est un acte d'administration de la justice ne pouvant être considéré comme un acte de poursuite ou d'instruction interrompant la prescription* » (Crim. 3 mars 2015, nº 14-80.094, P nº 42).

5. Les décisions juridictionnelles et les décisions de renvoi

« *Tout jugement ou arrêt, même non définitif, s'il n'est pas entaché de nullité* ». « *tel est le cas de l'ordonnance pénale* » (Crim. 21 janv. 2020, nº 19-81.066, P).

Peuvent être rangées dans cette catégorie les décisions de renvoi, également appelées décisions de « *remise de cause* », ordonnées par la juridiction.

La « *décision de renvoi, constatée sur les notes d'audience signées par le président et le greffier, même en l'absence de jugement, est un acte de poursuite interruptif de prescription* » (Crim. 28 nov. 2006, nº 05-85.085, 01-87.169, P nº 298 ; décision portant sur une infraction de presse).

« *la remise de cause prononcée par jugement ou arrêt, en présence du ministère public, constitue, qu'elle ait été ou non ordonnée en présence des autres parties, un acte de poursuite de nature à interrompre la prescription* » (Crim. 9 oct. 2007, nº 07-81.786, P nº 239 ; infraction de presse). « *peu important à cet égard le moment auquel [le jugement de renvoi] a été matérialisé dès lors qu'il l'a été avant que les juges ne statuent sur l'exception de prescription* » (§ 12) (Crim. 13 sept. 2022, nº 21-83.705, 21-84.028, D ; infraction de presse).

B. Les effets de l'interruption de la prescription

1. L'effet interruptif de l'acte est conditionné par sa régularité

« *la saisine d'une première juridiction manifestement incompétente [ne peut] interrompre cette prescription* » (Crim. 16 mars 1988, nº 87-82.240, P nº 131). De même, « *des actes d'instruction annulés n'ont pu ni interrompre ni suspendre le délai de prescription* » (Crim. 3 avr. 1997, nº 95-83.042, P nº 134 ; dans le même sens : Crim. 21 juin 2005, nº 04-84.698, P nº 184).

2. L'acte interruptif renouvelle la prescription

À la différence de la cause de suspension de l'action publique, l'interruption par l'un des actes énoncés au **A** ci-dessus fait « *courir un délai de prescription d'une durée égale au délai initial* » (C. pr. pén., art. 9-2). Ainsi, chaque procès-verbal, réquisition ou acte d'une procédure pénale est susceptible d'enclencher un nouveau délai.

3. L'ACTE INTERRUPTIF VAUT POUR TOUS AUTEURS ET COMPLICES

L'interruption de la prescription s'étend « *aux auteurs et complices non visés* » par l'acte, le jugement ou l'arrêt (C. pr. pén., art. 9-2). Les causes d'interruption agissent donc *in rem* (à raison des faits) et non *in personam* (à raison de la personne).

4. L'ACTE INTERRUPTIF VAUT POUR TOUTE INFRACTION CONNEXE :LA NOTION DE CONNEXITÉ

Tout acte interruptif de prescription produit également ses effets « *aux infractions connexes* » (C. pr. pén., art. 9-2). Sont donc ainsi consacrées les jurisprudences de la Ch. crim. relatives à l'extension de l'interruption de la prescription aux infractions connexes.

La notion de connexité des infractions est transverse et unitaire. Elle justifie notamment, non seulement l'extension de l'interruption de la prescription à des infractions connexes mais aussi l'élargissement de la compétence d'une juridiction à des faits pour lesquels elle serait incompétente matériellement ou territorialement s'ils étaient pris isolément, ainsi que le prononcé de la solidarité entre plusieurs prévenus sur le fondement de C. pr. pén., art. 55, laquelle « *s'applique également à ceux qui ont été déclarés coupables de différentes infractions rattachées entre elles par des liens d'indivisibilité ou de connexité* » (Crim. 30 nov. 1987, nº 87-80.737, P nº 435).

La connexité est ainsi définie par le loi : « *Les infractions sont connexes soit lorsqu'elles ont été commises en même temps par plusieurs personnes réunies, soit lorsqu'elles ont été commises par différentes personnes, même en différents temps et en divers lieux, mais par suite d'un concert formé à l'avance entre elles, soit lorsque les coupables ont commis les unes pour se procurer les moyens de commettre les autres, pour en faciliter, pour en consommer l'exécution ou pour en assurer l'impunité, soit lorsque les choses enlevées, détournées ou obtenus à l'aide d'un crime ou d'un délit ont été, en tout ou partie, recelées* » (C. pr. pén., art. 203).

Quelques illustrations non exhaustives peuvent être citées : lien de connexité entre le vol et le recel de cette infraction (Crim. 28 oct. 1992, nº 91-84.341, P nº 350 ; dans le même sens, pour le prononcé de la solidarité : Crim. 14 janv. 2003, nº 02-81.491, D) ; entre le faux, l'usage de faux, la contrefaçon de chèque et le recel de ces infractions (Crim. 19 déc. 1995, nº 95-80.850, P nº 390) ; entre les blessures involontaires et les fraudes aux qualités substantielles du produit à l'origine du dommage (Crim. 7 juill. 2005, nº 05-81.119, P nº 206 ; affaite dite de « l'hormone de croissance ») ; entre les différents actes de violence commis au cours d'une même rixe, pour l'application de la solidarité (Crim. 17 janv. 1973, nº 72-91.585, P, nº 24).

L'effet interruptif s'attache aussi bien à l'auteur principal qu'au complice, en effet, « *dès lors qu'un délit est reconnu connexe à un crime l'interruption de la prescription qui résulte d'actes de poursuite ou d'instruction relatifs à ce crime a pour effet d'interrompre la prescription à l'égard aussi bien de l'auteur principal du délit connexe que du complice qui emprunte la criminalité de celui-là* » (Crim. 30 oct. 1990, nº 90-84.918, D).

La Ch. crim. a élargi la notion de connexité aux cas où il existe entre les infractions des « *rapports étroits analogues à ceux que la loi a spécialement prévu* » (Crim. 12 nov. 1981, nº 79-90.830, P nº 302), à la lumière probable de la notion d'infractions formant un « *ensemble indivisible* » consacrée aux articles 335 (procédure devant la cour d'assises) et 382 (compétence du tribunal correctionnel). C'est la notion d'indivisibilité, qui complète celle de connexité ou se confond souvent avec elle. Notons à cet égard que le règlement (UE) 2017/1939 du Conseil, 12 oct. 2017 mettant en œuvre une coopération renforcée concernant la création du Parquet européen fait référence à la notion similaire d'infraction « indissociablement liée » : en effet, « *Le Parquet européen est également compétent à l'égard de toute autre infraction pénale indissociablement liée à un comportement délictueux* » *relevant de sa compétence* »(art. 22 § 3) ; « *La notion d'*« *infractions indissociablement liées* » *devrait être appréciée à la lumière de la jurisprudence pertinente qui, aux fins de l'application du principe ne bis in idem, retient comme critère pertinent l'identité des faits matériels (ou des faits qui sont en substance les mêmes), compris comme l'existence d'un ensemble de circonstances concrètes indissociablement liées entre elles dans le temps et l'espace* » (considérant n° 54).

La jurisprudence admet ainsi : que les faits poursuivis « *sont unis par un lien de connexité* » comme « *ayant été accomplis par le prévenu à la même époque, dans le cadre de son activité de conseil juridique* » (Crim. 27 mars 2002, n°s 00-81.712, 00-88.111, P n° 70) ; que justifie sa décision la cour d'appel qui constate, pour admettre que la prescription a été interrompue par connexité, que « *les faits pour lesquels X a été mis en examen ont un rapport étroit avec ceux concernant Y, lesquels ne constituaient qu'un exemple supplémentaire des méthodes illégales utilisées pour la passation des marchés publics dans le département* » (Crim. 28 mai 2003, n° 02-85.185, P n° 108) ; que les investigations menées pour l'élucidation d'un vol avec effraction interrompent, en raison de leur rapport étroit, la prescription de l'infraction, révélée au cours de ces investigations, d'escroquerie à l'assurance commise par la prétendue victime pour ces mêmes faits (Crim. 19 sept. 2006, n° 05-83.536, P n° 228) ; que des faits de fourniture frauduleuse de visa, commis à l'étranger, sont « *indivisibles de ceux de recel de visa indûment obtenu et usage dudit visa* », commis sur le territoire français (Crim. 15 mars 2006, n° 05-83.556, P n° 78) ; que des faits de séquestration et de vol avec arme en bande organisée commis à l'étranger « *sont indivisiblement liés, pour en avoir été la résultante, aux faits d'association de malfaiteurs commis en France* » (Crim. 27 oct. 2004, n° 04-85.187, P n° 263 ; dans le même sens : Crim. 11 juin 2008, n° 07-83.024, P n° 147 ; ceci sous réserve des règles relatives à la compétence des juridictions française pour les faits commis à l'étranger, v. Crim. 31 mai 2016, n° 15-85.920, P n° 165).

Les notions de connexité ou d'indivisibilité ont également été élargies aux crimes sériels dans une affaire (affaire Fourniret) concernant une succession d'enlèvements de jeunes filles suivis de viols et d'assassinats, certes commis en des lieux et temps distincts mais qui, réalisés par les mêmes auteurs, présentaient une unité criminologique, au motif que « *doivent être considérées comme connexes les infractions qui, comme en l'espèce, procèdent d'une même conception, relèvent du même mode opératoire et tendent au même but* » (Crim. 18 janv. 2006, n° 05-85.858, P n° 108). L'effet interruptif des actes accomplis pour trois crimes s'est ainsi étendu à un quatrième crime qui, pris isolément et abstraction faite de son lien sériel avec les trois autres, était prescrit. Par des motifs comparables mais pour le prononcé de la solidarité, la connexité a été retenue entre des faits d'abus de biens sociaux, par hypothèse commis au préjudice de la société, et divers abus de confiance et escroqueries commis au préjudice de clients, car « *les faits poursuivis procédant d'une conception unique, sont déterminés par la même cause ou tendent au même but* », à savoir renflouer une autre société (Crim. 1er févr. 1988, n° 86-95.678, P n° 47). Est aussi retenue la connexité des infractions « *résultant de l'identité de leur objet et de la communauté de leur résultat* » (Crim. 18 févr. 1991, n° 90-80.025, P n° 85).

Sous le bénéfice du même argument de l'unité de conception, est en revanche écartée la connexité et l'indivisibilité entre les faits d'imprudence reprochés à un médecin psychiatre qui n'avait pas pris les dispositions nécessaires pour assurer l'exécution d'une mesure d'hospitalisation d'office d'un patient et les faits d'assassinat ultérieurement commis par ce dernier sous l'empire d'un discernement aboli, car « *les faits d'homicide involontaire reprochés à la prévenue ne procédaient pas d'une unité de conception, n'étaient pas déterminés par la même cause ou ne tendaient pas au même but que les faits d'homicide volontaire [...], ou ne formaient pas avec eux un tout indivisible* » (Crim. 15 sept. 2015, n° 14-83.740, P n° 199).

L'extension de l'interruption de la prescription d'une infraction à celle d'une autre infraction connexe est estimée conforme à la Constitution en ce qu'elle « *résulte d'une jurisprudence constante qui découle de dispositions législatives et repose sur des critères précis et objectifs tenant compte de la nature des infractions poursuivies conformément aux principes de nécessité des peines et de la garantie des droits ainsi que de bonne administration de la justice* » (Crim. 11 sept. 2019, n° 19-80.694, D). La C. cass. juge aussi que les dispositions relatives à la connexité et l'interprétation qu'elle en fait sont conformes à la Constitution en ce que « *la jurisprudence aboutissant à l'extension des situations de connexité, encadrée par les références définies par le législateur, repose donc sur des critères précis et objectifs tenant compte de la nature des infractions poursuivies conformément aux principes de nécessité des peines et de la garantie des droits ainsi que de bonne administration de la justice et de poursuite et de condamnation des auteurs d'infractions* » (Crim. 4 déc. 2019, n° 19-82.929, D).

5. Les limites de la connexité : chaque infraction conserve, selon sa nature, son propre délai de prescription

Un acte interruptif de prescription est sans effet sur une infraction connexe dont la prescription est déjà acquise. Ainsi, l'acte interruptif de la prescription d'un crime « *est sans incidence sur les modalités de la prescription propre aux délits, seraient-ils connexes, indivisibles ou en concours, qui auraient été commis plus de trois ans avant l'acte initial de poursuite* » (Crim. 4 mars 1997, n° 96-84.773, P n° 83). De même, « *l'interruption de la prescription triennale de l'action publique applicable à un délit est sans incidence sur la prescription des contraventions déjà acquise, seraient-elles connexes, indivisibles ou en concours* » (Crim. 23 juin 2015, n° 13-86.922, P n° 159).

Il en résulte que, dans une situation mêlant des qualifications criminelles et délictuelles, ou délictuelles et contraventionnelles, les actes interruptifs doivent être accomplis dans les délais propres aux délits ou aux contraventions connexes afin d'interrompre en temps utile leur propre prescription. Il en est de même en cas de prescriptions de droit commun et de prescriptions courtes comme en matière de presse. Ainsi, dans une affaire correctionnelle demeurée sans acte interruptif durant plus d'un an, les contraventions connexes seront prescrites, quant bien même la prescription aura été interrompue en temps utile pour le délit.

6. L'acte interruptif vaut pour tout crime ou délit sexuel commis par le même auteur sur un autre mineur (renvoi, v. n° 17.21A)

Comme il est précisé au n° 17.21A, la L. n° 2021-478, 21 avr. 2021 a institué la solidarité des actes interruptifs de prescription pour les crimes ou délits sexuels successivement commis par le même auteur sur plusieurs victimes mineures, même lorsque ces crimes ou délits ne forment pas un ensemble indivisible ou ne sont pas connexes entre eux (C. pr. pén., art. 7 et 8).

7. L'effet des actes interruptifs sur la prescription de l'action civile

« *Lorsque l'action civile est exercée devant une juridiction répressive, elle se prescrit selon les règles de l'action publique* » (C. pr. pén., art. 10). « *les actes qui interrompent ou suspendent le délai de prescription de l'action publique produisent les mêmes effets à l'égard de la prescription de l'action civile exercée devant la juridiction répressive, non seulement à l'encontre de tous les participants à l'infraction mais encore à l'égard des victimes des infractions commises par eux* »(Crim. 21 mars 2018, n° 17-80.058, P).

17.24 Le régime procédural de l'exception de prescription de l'action publique

A. L'exception de prescription peut être soulevée d'office et à tout moment de la procédure

Il résulte d'une jurisprudence constante que « *la prescription de l'action publique constitue une exception péremptoire et d'ordre public qui doit être relevée d'office par le juge et qu'il appartient au ministère public d'établir que l'action publique n'est pas éteinte par la prescription* » (Crim. 20 mai 1980, n° 79-93.548, P n° 156 ; Crim. 19 avr. 1995, n° 94-83.519, P n° 159).

Cette exception peut être soulevée à tous les stades de la procédure, y compris « *pour la première fois devant la C. cass. sous la seule condition que cette Cour trouve dans les constatations des juges du fond les éléments nécessaires pour lui permettre d'en apprécier la valeur* » (Crim. 20 oct. 1992, n° 91-86.924, P n° 330). Pour un exemple de prescription de l'action publique soulevée d'office au stade de la cassation, v. Crim. 10 mai 2016, n° 14-85.318, P n° 140. Comme le résume elle-même la C. cass, « *selon une jurisprudence constante (Crim. 3 mai 1990, n° 89-81.370, P n° 168 ; Crim. 25 juin 2013, n° 11-88.037, P n° 153), d'une part, l'exception de prescription a un caractère d'ordre public et peut, à ce titre, être soulevée à tout moment, d'autre part, lorsqu'elle est invoquée pour la première fois devant la C. cass., elle n'est recevable qu'à la condition que la Cour trouve dans les constatations des juges du fond, qu'il appartenait le cas échéant au demandeur de provoquer, les éléments nécessaires pour en apprécier la valeur, à défaut de quoi le moyen pris de la prescription de l'action publique est nouveau et mélangé de fait et de droit, et comme tel irrecevable* » (§ 31) (Ass. plén., 4 juin 2021, n° 21-81.656, P).

Après avoir considéré que l'exception pouvait être relevée d'office « *sans qu'il y ait lieu d'en aviser les parties* » (Crim. 6 mai 2003, n° 02-84.348, P n° 92), la Ch. crim. considère que le principe du contradictoire énoncé aux articles 6 § 1, de la Conv. EDH et préliminaire du C. pr. pén. interdit à la juridiction de « *prononcer d'office la prescription de l'action publique sans avoir permis aux parties d'en débattre* » (Crim. 8 janv. 2013, n° 12-81.045, P n° 9) ou « *sans avoir invité les parties à présenter leurs observations* » (Crim. 23 juin 2015, n° 14-83.836, P n° 160), ce à quoi la Ch. crim. procède elle-même lorsqu'elle statue d'office sur cette prescription « *après avis donné aux avocats* » (ex. Crim. 10 mai 2016, n° 14-85.318, P n° 140). Il n'y a bien évidemment pas lieu à inviter les parties à présenter leurs observations lorsque l'exception de prescription est soulevée par une partie, même pour la 1ère fois, devant la C. cass. (ex. Crim. 10 janv. 2023, n° 22-82.838, D).

En matière de presse, il revient plus particulièrement au juge du fond de constater « *l'intervention d'un acte interruptif de prescription* » entre la diffusion des propos et la délivrance de la citation directe lorsque, comme en l'espèce, plus de trois mois se sont écoulés entre ces deux évènements (Crim. 23 nov. 2021, n° 21-80.510, D).

B. Le régime particulier de l'exception de prescription en cas d'information judiciaire (C. pr. pén., art. 82-3, réd. issue L. n° 2016-731, 3 juin 2016)

L'exception de prescription de l'action publique obéit à un régime particulier, issu de L. n° 2016-731, 3 juin 2016, lorsque les faits font l'objet d'une information judiciaire.

Dans ce cadre procédural, la personne mise en examen (sur le statut de la personne mise en examen, v. n° **11.78**) soutenant que la prescription de l'action publique était acquise lors de sa mise en examen ou de son audition comme témoin assisté doit, à peine d'irrecevabilité, formuler sa demande dans les six mois suivant cet acte (C. pr. pén., art. 82-3, réd. issue L. n° 2016-731, 3 juin 2016). Ces dispositions, qui permettaient d'opposer la forclusion du délai de 6 mois au témoin assisté (sur le témoin assisté, v. n° **11.77**) qui est ensuite mis en examen, ont été déclarées contraires à la constitution en ce qu'il « *en résulte une distinction injustifiée entre les personnes mises en examen, selon qu'elles ont précédemment eu ou non le statut de témoin assisté* » (§ 10) (Cons. const. 17 juin 2022, n° 2022-999 QPC).

Mentionnons que cette requête en constatation de la prescription de l'action publique n'est pas offerte au témoin assisté (Crim. 25 juill. 2018, n° 18-80.252, D) (sur le statut du témoin assisté, v. n° **11.77**).

Lorsque le juge d'instruction a avisé le procureur de la République et les parties que l'information lui paraît terminée (C. pr. pén., art. 175) les parties disposent, à moins qu'elles ne soient déjà irrecevables à raison du paragraphe qui précède (C. pr. pén., art. 82-3), d'un délai de trois mois, ou d'un mois si la personne mise en examen est détenue, pour présenter une requête tendant à voir constater par le juge d'instruction la prescription de l'action publique. À l'expiration de ces délais, les parties ne sont plus recevables à formuler une telle demande (C. pr. pén., art. 175, réd. issue L. n° 2016-731, 3 juin 2016).

Sous réserve de l'interprétation que donnera la Ch. crim. de ces dispositions – contraires à sa jurisprudence antérieure (Crim. 20 janv. 2009, n° 08-80.021, P n° 21) –

il paraît en résulter que les parties ne sont plus recevables à soulever le moyen tiré de la prescription de l'action publique devant la juridiction de renvoi. L'ordonnance de renvoi purge donc l'affaire, non seulement des nullités de l'information (v. n° **17.27B**), mais aussi du moyen de défense au fond que constitue la prescription de l'action publique.

17.25 La question prioritaire de constitutionnalité (QPC) en matière pénale

A. Présentation générale de la question prioritaire de constitutionnalité

1. L'économie du dispositif de la QPC

« *lorsque, à l'occasion d'une instance en cours devant une juridiction, il est soutenu qu'une disposition législative porte atteinte aux droits et libertés que la Constitution garantit, le Conseil constitutionnel peut être saisi de cette question sur renvoi du Conseil d'État ou de la* **C. cass.** *qui se prononce dans un délai déterminé* » (Constitution du 4 oct. 1958, modifiée par loi constitutionnelle n° 2008-724, 23 juill. 2008, art. 61-1).

Le régime de cette exception, dite question préjudicielle de constitutionnalité, est précisé par la loi organique n° 58-1067, 7 nov. 1958 sur le Cons. const., modifiée, et par le décret n° 2010-148, 16 févr. 2010.

Est ainsi mis en place un dispositif, applicable depuis le 1er mars 2010, par lequel tout justiciable peut, devant les juridictions, en matière civile, pénale, ou administrative, soulever, aux fins d'être soumise au Cons. const., par l'intermédiaire de la C. cass. ou du Conseil d'État qui assurent ainsi un rôle préalable de **filtrage**, la question de l'inconstitutionnalité d'une disposition législative applicable à la procédure, au litige ou servant de base à l'action.

Une QPC peut également être **directement** déposée devant la C. cass. ou le Conseil d'État, à l'occasion d'un pourvoi. Avec quelques nuances tenant à la particularité de la procédure devant la C. cass., la QPC devant la chambre criminelle obéit à un régime comparable exposé au n° **19.26**.

2. Le fondement normatif du contrôle de constitutionnalité : les principes constitutionnels issus du bloc de constitutionnalité

Lorsqu'il exerce, avant leur promulgation, un contrôle de constitutionnalité *a priori* ou *ex ante* sur les lois, le Cons. const. « *se prononce sur leur conformité à la Constitution* » (Const., art. 61), c'est-à-dire sur le respect de l'ensemble des normes constitutionnelles, y compris celles portant sur la procédure législative. C'est ainsi qu'il censure la pratique courante dite du « cavalier législatif » consistant à inscrire dans un texte, par voie d'amendement, une disposition qui, au sens de Const., art. 45, ne présente pas de « *lien, même indirect, avec le texte déposé ou transmis* ».

Le contrôle *a posteriori*, effectué par voie de QPC, ne porte quant à lui que sur la conformité du texte « *aux droits et libertés que la Constitution garantit* » (Const., art. 61). C'est ainsi que la pratique du cavalier législatif, pour rester dans l'exemple qui précède, ne pourra être invoqué à l'appui d'une QPC car il ne s'agit pas d'un droit ou d'une liberté que la Constitution garantit. De même, la méconnaissance par le législateur de sa propre compétence (grief d'incompétence négative) ne peut en tant que telle être invoquée à l'appui d'une QPC, à moins que ce grief n'affecte un droit ou une liberté que la Constitution garantit. Il en va également ainsi pour le principe de séparation des pouvoirs, par suite, « *le grief tiré de la méconnaissance de l'étendue de sa compétence par le législateur dans des conditions affectant le principe de la séparation des pouvoirs ne peut qu'être écarté* » (§ 11) (Cons. const. 21 avr. 2023, n° 2023-1046 QPC).

Les normes constitutionnelles susceptibles d'être invoquées à l'occasion d'une QPC sont exclusivement « les droits et libertés » appartenant au « bloc de constitutionnalité » :

1. les droits et libertés garantis par le texte de la Constitution du 4 oct. 1958 (égalité des citoyens devant la loi, laïcité, interdiction de la détention arbitraire, autorité judiciaire gardienne de la liberté individuelle) ;

2. ceux garantis par le préambule de la Constitution, à savoir la déclaration des droits de l'Homme et du citoyen du 26 août 1789 (liberté d'opinion et de communication, droit de propriété, principes fondamentaux de la procédure pénale tels que la non-rétroactivité des lois, la présomption d'innocence, le principe de la légalité des délits et des peines, la nécessité des peines), **le préambule de la Constitution de 1946** et notamment, dégagés par la jurisprudence du Cons. const., les « *principes fondamentaux reconnus par les lois de la République* » que ce texte consacre (liberté d'association, droits de la défense, liberté de l'enseignement, spécificité de la justice pénale des mineurs) ;

3. la charte de l'environnement de 2004 (principe de précaution).

En dehors de ce périmètre normatif, la QPC est inopérante. Ainsi, une QPC « *est irrecevable en ce qu'elle critique la conformité de la jurisprudence de la C. cass. avec le libellé du texte législatif en cause* » (§ 6) (Crim. 19 mai 2021, n° 21-90.006, D).

3. Les outils normatifs du filtrage ou du contrôle de constitutionnalité : les objectifs de valeur constitutionnelle (OVC)

À la différence des principes constitutionnels, les objectifs de valeur constitutionnelle (OVC), dégagés par la jurisprudence du Conseil constitutionnel, sont des normes susceptibles d'être opposées par le juge constitutionnel lors de l'appréciation de la constitutionnalité d'une disposition, qu'il s'agisse de son contrôle *a priori* ou *a posteriori* par la QPC. Ces normes de rang constitutionnel vont ainsi permettre de contrebalancer et de justifier des atteintes portées à des principes constitutionnels. À ce titre, les OVC issus de la jurisprudence du Conseil constitutionnel peuvent également être opposés par la C. cass. (ex. Crim. 16 déc. 2020, n° 20-83.309 (§ 6), OVC de protection de la santé publique), ou par le Conseil d'État, ainsi que par le juge du fond, à l'occasion de leur rôle de filtrage ou d'examen des QPC.

En revanche, l'OVC ne peut être directement invoqué par le justiciable à l'appui d'une QPC.

Les OVC suivants méritent d'être rappelés, susceptibles d'être mobilisés en matière pénale par le juge ou par le défendeur à la QPC.

• **Objectif d'accessibilité et d'intelligibilité de la loi.** Cet OVC souvent associé au « *principe de clarté de la loi* » a été dégagé en 1999 (Cons. const. 16 déc. 1999, n° 99-421 DC, § 13) et maintes fois réaffirmé (ex. Cons. const. 27 nov. 2001, n° 2001-451 DC, § 14 ; 28 avr. 2005, n° 2005-514 DC, § 14). S'il donne lieu au plus grand nombre de censures du législateur par le juge constitutionnel, il ne peut néanmoins à lui seul être invoqué à l'appui d'une QPC (ex. Cons. const., 22 juill. 2010, n° 2010-4/17 QPC, § 9). À cet égard, son inclusion dans la catégorie des principes constitutionnels plutôt que dans celle des OVC est discutée. Au moins en matière pénale, l'accessibilité et l'intelligibilité de la loi pénale sont en effet des conditions d'effectivité du principe constitutionnel de légalité, garanti sous différents aspects aux articles 4, 5, 7 et 8 de la DDHC du 26 août 1789. Notons qu'une pluralité de textes incriminant de manière redondante le même comportement avec des pénalités différentes, si elle ne peut donner lieu à censure sur le seul fondement de l'atteinte à l'OVC d'accessibilité et d'intelligibilité de la loi pénale, est en tout cas de nature à constituer une « *atteinte au principe d'égalité devant la loi pénale* », atteinte en l'espèce soulevée d'office par le Const. const. (Cons. const. 28 juin 2013, n° 2013-328 QPC, § 6). L'interprétation jurisprudentielle d'un texte est de nature à le prémunir du grief « *tiré de la violation d'un principe de prévisibilité de la loi en matière de procédure pénale* », ainsi « *les règles relatives au point de départ de la prescription de l'action publique et à l'incidence que la connexité des infractions peut exercer sur elle, sont anciennes, connues, constantes et reposent sur des critères précis et objectifs* » (Ass. plén., 20 mai 2011, n° 11-90.025, P n° 7) ;

• **Objectif de sauvegarde de l'ordre public** (Cons. const. 18 janv. 1995, n° 94-352 DC, § 3 ; Cons. const. 17 oct. 2014, n° 2014-422 QPC, § 12) ;

• **Objectif de recherche des auteurs d'infractions et de prévention des atteintes à l'ordre public** (Cons. const. 10 nov. 2016, n° 2016-738 DC, § 9 à 23) ;

• **Objectif de bonne administration de la justice**, lequel résulte des articles 12, 15 et 16 de la déclaration de 1789 (Cons. const. 6 déc. 2019, n° 2019-817 QPC, § 7 ; 8 déc. 2016, n° 2016-741 DC, § 20 ; 29 nov. 2013, n° 2013-356 QPC, § 5 ; 10 déc. 2010, n° 2010-77 QPC, § 3) ;

• **Objectif de lutte contre la fraude et l'évasion fiscale** (Cons. const. 28 déc. 2018, n° 2018-777 DC, § 26 à 28 ; Cons. const. 27 sept. 2018, n° 2018-735 QPC, § 27) ;

• **Objectif de lutte contre la fraude en matière de protection sociale** (Cons. const. 14 juin 2019, n° 2019-789 QPC, § 7 et 14) ;

• **Objectifs de protection de l'environnement et de la santé** (Cons. const. 31 janv. 2020, n° 2019-823 QPC, § 12) ;

• **Objectif de pluralisme de la presse** (Cons. const. 27 juill. 1982, n° 82-141 DC, § 5).

4. Le droit de l'Union et le champ du contrôle du Conseil constitutionnel : Const., art. 88-1 et TUE, art. 4

Le Cons. const. n'est en principe pas compétent pour apprécier la conformité de la loi aux engagements internationaux de la France, ces normes ne faisant pas partie intégrante du bloc de constitutionnalité, ni pour apprécier la conformité de ces engagements à la Constitution. Il ne saurait donc être saisi d'un tel contrôle. Ce postulat est toutefois à nuancer puisque la Constitution dispose que la France participe à l'Union européenne : « *La République participe à l'Union européenne constituée d'États qui ont choisi librement d'exercer en commun certaines de leurs compétences en vertu du traité sur l'Union européenne et du traité sur le fonctionnement de l'Union européenne* » (Const., art. 88-1), principe constitutionnel qui se traduit donc en exigences pesant sur le législateur.

• **Le principe de l'absence de contrôle de conformité au droit de l'Union**

Il n'appartient pas au Cons. const., d'apprécier la conformité d'une directive communautaire au Traité sur l'Union européenne (TUE) : « *la transposition en droit interne d'une directive communautaire résulte d'une exigence constitutionnelle à laquelle il ne pourrait être fait obstacle qu'en raison d'une disposition expresse contraire de la Constitution ; qu'en l'absence d'une telle disposition, il n'appartient qu'au juge communautaire, saisi le cas échéant à titre préjudiciel, de contrôler le respect par une directive communautaire tant des compétences définies par les traités que des droits fondamentaux garantis par l'article 6 du Traité sur l'Union européenne* » (§ 7) (Cons. const. 10 juin 2004, n° 2004-496 DC ; dans le même sens : 1er juill. 2004, n° 2004-497 DC (§ 18) ; 29 juill. 2004, n° 2004-498 DC (§ 4) ; 29 juill. 2004, n° 2004-499 DC (§ 7)).

• **Le contrôle de la loi de transposition manifestement incompatible avec la directive transposée**

Si « *la transposition en droit interne d'une directive communautaire résulte d'une exigence constitutionnelle* » énoncée à l'article 88-1 de la Constitution (§ 17) ; le Conseil constitutionnel, tenu de statuer dans le délai d'un mois sur la constitutionnalité d'une loi avant sa promulgation, n'est pas en mesure de saisir la CJUE d'une question préjudicielle relative à la conformité d'une loi de transposition à une directive, en conséquence, il ne saurait « *déclarer non-conforme à l'article 88-1 de la Constitution qu'une disposition législative manifestement incompatible avec la directive qu'elle a pour objet de transposer ; qu'en tout état de cause, il revient aux autorités juridictionnelles nationales, le cas échéant, de saisir la CJUE à titre préjudiciel* » (§ 20) (Cons. const. 27 juill. 2006, n° 2006-540 DC ; dans le même sens, 12 juin 2018, n° 2018-765 DC, § 3 ; 26 juill. 2018, n° 2018-768 DC, § 9, procédant à une analyse précise des termes de la directive pour considérer que la loi ne lui est pas manifestement contraire et ne méconnaît donc pas la Constitution, art. 88-1).

« *le Conseil constitutionnel n'est pas compétent pour contrôler la conformité aux droits et libertés que la Constitution garantit de dispositions législatives qui se bornent à tirer les conséquences nécessaires de dispositions inconditionnelles et précises d'une directive de l'Union européenne ; qu'en ce cas, il n'appartient qu'au juge de l'Union européenne, saisi le cas échéant à titre préjudiciel, de contrôler le respect par cette directive des droits fondamentaux garantis par l'article 6 du Traité sur l'Union européenne* » (§ 3) (Cons. const. 17 déc. 2010, nº 2010-79, QPC, *Kamel D.* ; dans le même sens : Cons. const. 4 avr. 2014, nº 2014-373 QPC, *Soc. Sephora*). En revanche, lorsqu'une directive laisse une marge d'appréciation aux États, il appartient au Cons. const., s'agissant du champ normatif qui leur est laissé, de statuer sur sa conformité à la Constitution (Cons. const. 26 juill. 2018, nº 2018-768 DC, § 14).

• Le contrôle de la loi de transposition contraire à un « principe inhérent à l'identité constitutionnelle de la France »

« *La transposition d'une directive ne saurait aller à l'encontre d'une règle ou d'un principe inhérent à l'identité constitutionnelle de la France, sauf à ce que le constituant y ait consenti* » (§ 19) (Cons. const. 27 juill. 2006, nº 2006-540 DC). Dans le même sens, précisant *a contrario* que le Conseil constitutionnel est compétent pour contrôler la constitutionnalité d'une loi de transposition d'une directive en cas « *de mise en cause d'une règle ou d'un principe inhérent à l'identité constitutionnelle de la France* » (§ 3) (Cons. const. 17 déc. 2010, nº 2010-79 QPC, *Kamel D*).

Poursuivant cette jurisprudence classique, le Cons. const., rappelle qu'il n'est pas compétent pour apprécier la conformité aux droits et libertés que la Constitution garantit d'une loi qui transpose des « *dispositions inconditionnelles et précises* » d'une directive européenne (§ 12) ; sauf si les dispositions contestées « *mettent en cause une règle ou un principe qui, ne trouvant pas de protection équivalente dans le droit de l'Union européenne, est inhérent à l'identité constitutionnelle de la France* » (§ 13) ; il consacre à cette occasion un premier « *principe inhérent à l'identité constitutionnelle de la France* », celui de « *l'interdiction de déléguer à des personnes privées des compétences de police administrative générale inhérentes à l'exercice de la "force publique" nécessaire à la garantie des droits* » (§ 15) (Cons. const. 15 oct. 2021, nº 2021-940 QPC, *Soc. Air France*, pour une réaffirmation de ce principe : Cons. const. 17 mai 2023, nº 2023-850 DC, § 69).

Relevons que le Cons. const., saisi de dispositions de transposition de directives, dit n'y avoir lieu à statuer en constatant, d'une part, que les principes constitutionnels revendiqués sont protégés par le droit de l'UE, d'autre part, qu'ils ne sont pas inhérents à l'identité constitutionnelle française. Ainsi, « *les principes de nécessité et d'individualisation des peines, qui sont protégés par le droit de l'Union européenne, ne constituent pas des règles ou principes inhérents à l'identité constitutionnelle de la France* » (§ 10) ; de même « *le droit à un recours juridictionnel effectif, qui est également protégé par le droit de l'Union européenne, ne constitue pas non plus une règle ou un principe inhérent à l'identité constitutionnelle de la France* » (§ 11) (Cons. const. 28 janv. 2022, nº 2021-966 QPC).

Soulignons enfin que la notion « *d'identité constitutionnelle* » est en cohérence avec le TUE, art. 4, selon lequel l'Union respecte l'« *identité nationale, inhérente à leurs structures fondamentales politiques et constitutionnelles* » des États membres de l'Union.

• La concurrence entre le contrôle de constitutionnalité et le contrôle de conformité au droit de l'Union et la prévalence des décisions de la CJUE sur celles du Conseil constitutionnel

Ord. nº 58-1067, 7 nov. 1958, art. 23-2, en imposant « *l'examen par priorité des moyens de constitutionnalité avant les moyens tirés du défaut de conformité d'une disposition législative aux engagements internationaux de la France, le législateur organique a entendu garantir le respect de la Constitution et rappeler sa place au sommet de l'ordre juridique interne* » (§ 8). « *Il s'en déduit que le juge appelé à se prononcer sur le caractère sérieux d'une QPC ne peut, pour réfuter ce caractère sérieux, se fonder sur l'interprétation de la disposition législative contestée qu'impose sa conformité aux engagements internationaux de la France, que cette interprétation soit formée simultanément à la décision qu'il rend ou l'ait été auparavant. Il n'appartient pas non plus au Conseil constitutionnel saisi d'une telle QPC de tenir compte de cette interprétation pour conclure à la conformité aux droits et libertés que la Constitution garantit* » (§ 8) (Cons. const. 2 oct. 2020, n° 2020-858/859 QPC) (pour une application de cette jurisprudence, v. Crim. 3 nov. 2020, n° 20-83.189, D).

L'invalidité d'une disposition non-conforme au droit de l'Union s'impose aux juridictions nationales en dépit de sa survie temporaire ordonnée par le Conseil constitutionnel. Saisie à titre préjudiciel par la chambre criminelle (Crim. 1er avr. 2020, n° 19-80.908 (§ 27) et n° 19-82.223 (§ 42)) de la question de savoir si les juridictions nationales peuvent faire prévaloir une décision d'abrogation différée, prononcée par le Conseil constitutionnel (en l'espèce la décision Cons. const. 21 juill. 2017, n° 2017-646/647, § 9, exposée au n° **11.54A**), pour laisser survivre des dispositions jugées non seulement contraires à la Constitution par le juge constitutionnel mais également non-conformes au droit de l'Union, la CJUE dit qu'en toute hypothèse, « *le droit de l'Union doit être interprété en ce sens qu'il s'oppose à ce qu'une juridiction nationale limite dans le temps les effets d'une déclaration d'invalidité qui lui incombe, en vertu du droit national, à l'égard des dispositions nationales* » contraires au droit de l'Union (§ 107) (CJUE, 20 sept. 2022, n° C-339/20 et C-397/20).

B. Les conditions de fond préalable à la QPC (renvois)

Les conditions de fond qui suivent, d'abord appréciées par la juridiction du fond saisie d'une QPC puis par la C. cass., lorsqu'elle est éventuellement saisie par cette dernière, ou directement appréciées par la C. cass. lorsqu'elle est saisie d'une QPC à l'occasion d'un pourvoi, sont exposées au n° **19.26**.

1. Seules les dispositions législatives peuvent faire l'objet d'une QPC (Const., art. 61-1) (renvoi, v. n° 19.26C1)

2. Les dispositions législatives contestées par la question posée doivent être applicables au litige (Ord., n° 56-1067, 7 nov. 1958, art. 23-2 et 23-4) (renvoi, v. n° 19.26C2)

3. La question posée doit être nouvelle ou présenter un caractère sérieux (Ord., n° 56-1067, 7 nov. 1958, art. 23-5) (renvoi, v. n° 19.26C3)

La QPC ne peut être transmise à la C. cass. ou, par cette dernière, au Cons. const., que si la disposition législative concernée « *n'a pas déjà été déclarée conforme à la Constitution dans les motifs et le dispositif d'une décision du Conseil constitutionnel, sauf changement de circonstances* » (Ord. Organique n° 58-1067, 7 nov. 1958, art. 23-2 et 23-4).

C. Le champ d'application de la QPC devant les juridictions pénales

La QPC peut être posée par **toute partie au procès pénal** : la partie civile, la personne mise en examen, le prévenu, la personne condamnée, ainsi que le ministère public (Circ. civ. 04/10, 24 févr. 2010, NOR : JUSC1006154C, n° 3.2.1 – Cons. const. 3 déc. 2009, n° 2009-595 DC, § 9). Elle ne peut être relevée d'office par la juridiction (Ord. n° 58-1067, 7 nov. 1958, art. 23-1).

La demande peut être déposée **devant une juridiction d'instruction** (juge d'instruction, JLD, juge des enfants, CHINS et président de la CHINS), dans ce cas, l'examen en est toutefois réservé à la juridiction d'instruction du second degré si elle a été soulevée devant le premier degré (Ord. n° 58-1067, 7 nov. 1958, art. 23-1 et C. pr. pén., art. R. 49-22, Crim. 7 mai 2019, n° 19-90.011, P), **de jugement** (tribunal de police, juge des enfants, tribunal pour enfants, chambres spéciales des mineurs de la cour d'appel, tribunal correctionnel siégeant à juge unique ou en formation collégiale, chambre correctionnelle de la cour d'appel), **d'application des peines ou de la rétention de sûreté** (juge de l'application des peines, tribunal de l'application des peines, CHAP de la cour d'appel, juridiction régionale de la rétention de sûreté et juridiction nationale de la rétention de sûreté (C. pr. pén., art. R. 49-21, Circ. civ. 04/10, 24 févr. 2010, n° 3.1.1).

Toutefois, le moyen **ne peut être soulevé devant la cour d'assises**. En cas d'appel d'un arrêt rendu par la cour d'assises en premier ressort, il peut cependant être soulevé dans un écrit accompagnant la déclaration d'appel. Cet écrit est immédiatement transmis à la C. cass. (Ord. nº 58-1067, 7 nov. 1958, art. 23-1).

D. La forme et le régime procédural de la QPC

La question doit, à peine d'irrecevabilité qui doit être relevée d'office par la juridiction, être présentée dans **un écrit distinct et motivé** (C. pr. pén., art. R. 49-21). « *Il en résulte que la QPC ne peut figurer, par exemple, dans les observations écrites formulées en réponse au projet de réquisitoire définitif ou dans des conclusions de nullité déposées devant la juridiction de jugement, et ce même s'il s'agit d'une partie distincte de ces documents. En outre, elle doit figurer intégralement dans l'écrit distinct exigé.../...L'exigence de motivation de l'écrit distinct emporte pour conséquence qu'il doit comporter la* **mention de la disposition législative** *contestée ainsi que les droits ou les libertés que la Constitution garantit auxquels la disposition contestée est susceptible de porter atteinte. Sans qu'on puisse exiger un argumentaire détaillé, il importe que la juridiction puisse comprendre en quoi, pour l'auteur de la question, la disposition législative attaquée contrevient à une norme constitutionnelle* » (Circ. civ. 04/10, 24 févr. 2010, nº 3.2.3).

Le ministère public et les parties, entendues ou appelées, sont invitées à présenter leurs observations sur la QPC (C. pr. pén., art. R. 49-25).

La juridiction peut toutefois statuer sans recueillir les observations du ministère public et des parties s'il apparaît de façon certaine, au vu du mémoire distinct, qu'il n'y a pas lieu de transmettre la QPC (C. pr. pén., art. R. 49-25).

Dès lors qu'elles sont présentées par écrit, **les observations du ministère public et des autres parties doivent figurer dans un écrit distinct et motivé**. À défaut, elles ne peuvent être jointes à la décision transmettant la question à la C. cass. (C. pr. pén., art. R. 49-25).

La QPC ne peut être posée à titre principal, mais seulement à **l'appui d'une demande** (Cons. const. 3 déc. 2009, nº 2009-595 DC, § 3). « *Son régime suit celui des demandes à l'occasion desquelles la question est soulevée...Devant les juridictions de jugement, lorsque la QPC vient au soutien d'une exception de procédure devant être soulevée à un stade particulier de la procédure, elle devra également être présentée à ce stade de la procédure. Ainsi, la QPC soulevée à l'appui d'une exception de nullité ou d'une exception préjudicielle doit être également soulevée avant toute défense au fond en application des articles 385 et 386 du code de procédure pénale* » (Circ. civ. 04/10, 24 févr. 2010, nº 3.2.2).

Lorsque la QPC « *est soulevée à l'occasion d'un pourvoi, le mémoire qui la présente doit être déposé dans le délai d'instruction du pourvoi* », aux termes de C. pr. pén., art. 590 « *aucun mémoire additionnel ne peut être joint, postérieurement au dépôt de son rapport par le conseiller commis* » et il en va de même du mémoire distinct et motivé aux fins de QPC prévu par Ord. nº 58-1067, art. 23-5 (Crim. 4 sept. 2018, nº 17-85.871, P nº 143).

Notons que « *la question peut être reformulée par le juge à effet de la rendre plus claire ou de lui restituer son exacte qualification, à condition de ne pas en modifier l'objet et la portée* » (§ 2), le juge de cassation substituant en l'espèce à la référence manifestement erronée de l'article contesté « L. 3136, al. 4 » celle de « L. 3136-1, al. 4 » (Crim. 29 juin 2021, nº 21-90.017, D). En revanche la question au visa probablement erroné de l'article 16 de la Constitution, « *qui n'énonce aucun principe constitutionnel et ne renferme l'expression d'aucun droit ni d'aucune liberté susceptible de se rapporter à la question posée* » (§ 3), est jugée irrecevable (Crim. 15 juill. 2021, nº 21-81.753, D). Enfin, ne peut-être renvoyée au juge constitutionnel la question « *rédigée d'une manière insuffisamment intelligible pour permettre l'exercice, par le Conseil constitutionnel, du contrôle de constitutionnalité* » (§ 2) (Crim. 20 sept. 2022, nº 22-84.059, D).

Retenons aussi que la QPC est par hypothèse « *prioritaire* ». Elle est donc irrecevable lorsqu'elle « *est présentée à titre subsidiaire* » (Crim. 5 oct. 2022, nº 22-84.513, D).

E. La décision statuant sur la QPC

La **juridiction statue sans délai**, selon les règles de procédure qui lui sont applicables, sur la transmission de la QPC (C. pr. pén., art. R. 49-25).

« *L'obligation de statuer "sans délai" sur la transmission n'interdit pas à la juridiction d'examiner d'autres moyens de défense présentant un caractère préalable et de nature à mettre fin à la procédure sans examen au fond* » (Circ. civ. 04/10, 24 févr. 2010, n° 3.3.2).

La juridiction doit, lorsqu'elle est saisie de moyens contestant la conformité d'une disposition législative, d'une part, aux droits et libertés garantis par la Constitution et, d'autre part, aux **engagements internationaux de la France**, se prononcer par priorité sur la transmission de la question de constitutionnalité au Conseil d'État ou à la C. cass. (Ord. n° 58-1067, 7 nov. 1958, art. 23-2). Toutefois, « *ni Ord. n° 58-1067, 7 nov. 1958, portant loi organique sur le Conseil constitutionnel, art. 23-1 à 23-7, ni C. pr pén., art. R. 49-21 à R. 49-29, ne font obligation à une juridiction saisie d'une QPC de se prononcer sur sa transmission à la* **C. cass.** *par une décision nécessairement distincte de celle rendue au fond* » (§ 11) et « *la procédure applicable devant le tribunal correctionnel, en vertu de laquelle cette juridiction a statué sur la transmission de la QPC conformément au C. pr. pén., art. R. 49-25, ne prévoit pas davantage une telle nécessité* » (§ 12) (Crim. 5 oct. 2021, n° 20-85.985, P).

La juridiction n'est pas tenue de transmettre une QPC mettant en cause, par les mêmes motifs, une disposition législative dont la C. cass. ou le Cons. cons. est déjà saisi (cas des **questions sérielles**). En cas d'absence de transmission pour ce motif, elle sursoit à statuer sur le fond, jusqu'à ce qu'elle soit informée de la décision de la C. cass. ou, le cas échéant, du Cons. cons. (C. pr. pén., art. R. 49-26). Toutefois, « *lorsque la juridiction est tenue de statuer sans surseoir parce qu'une personne est privée de liberté à raison de l'instance ou lorsque l'instance a pour objet de mettre fin à une mesure privative de liberté ou que la juridiction envisage de la faire parce qu'elle est tenue de statuer dans un délai déterminé, elle ne peut faire application des dispositions relatives aux questions sérielles et doit transmettre la question à la* **C. cass.** » (Circ. civ. 04/10, 24 févr. 2010, n° 3.4.3).

F. La décision sur la QPC et le déroulement de l'instance principale

Le refus de transmettre la question dessaisit la juridiction du moyen tiré de la QPC. Toutefois, lorsque ce refus a été exclusivement motivé par la constatation que la disposition législative contestée n'était pas applicable à la procédure en cause ou ne constituait pas le fondement des poursuites, la juridiction peut, si elle entend à l'occasion de l'examen de l'affaire faire application de cette disposition, rétracter ce refus et transmettre la question (C. pr. pén., art. R. 49-27).

« *la QPC est un moyen de procédure soulevé à l'appui d'une demande et ne saurait donc faire l'objet d'un examen en appel indépendamment de l'appel sur la demande à l'occasion de laquelle ce moyen a été soulevé* » (Circ. civ. 04/10, 24 févr. 2010, n° 3.2.2).

Lorsque la question est transmise à la C. cass., **la juridiction sursoit à statuer** jusqu'à réception de la décision de la C. cass. ou, s'il a été saisi, du Cons. const., Le cours de l'instruction n'est pas suspendu et la juridiction peut prendre les mesures provisoires ou conservatoires nécessaires. Toutefois, il n'est sursis à statuer ni lorsqu'une personne est privée de liberté à raison de l'instance ni lorsque l'instance a pour objet de mettre fin à une mesure privative de liberté. La juridiction peut également statuer sans attendre la décision relative à la QPC si la loi ou le règlement prévoit qu'elle statue dans un délai déterminé ou en urgence. Si la juridiction de première instance statue sans attendre et s'il est formé appel de sa décision, la juridiction d'appel sursoit à statuer. Elle peut toutefois ne pas surseoir si elle est elle-même tenue de se prononcer dans un délai déterminé ou en urgence. En outre, lorsque le sursis à statuer risquerait d'entraîner des conséquences irrémédiables ou manifestement excessives pour les droits d'une partie, la juridiction qui décide de transmettre la question peut statuer sur les points qui doivent être immédiatement tranchés (Ord. n° 58-1067, 7 nov. 1958, art. 23-3).

17.26 Les exceptions préjudicielles

A. L'exception préjudicielle

Le tribunal saisi de l'action publique est compétent pour statuer sur toutes les exceptions proposées par le prévenu pour sa défense, à moins que la loi n'en dispose autrement ou que le prévenu n'excipe d'un droit réel immobilier (C. pr. pén., art. 384). Cet article attribue donc une **compétence de principe au juge répressif** (le juge de l'action est le juge de l'exception) pour apprécier toutes questions conditionnant l'appréciation de l'infraction : citons par exemple l'exception d'illicéité d'une marque déposée, ou d'antériorité, soulevée par une personne poursuivie pour contrefaçon de marque.

L'exception préjudicielle est présentée avant toute défense au fond. Elle n'est recevable que si elle est de nature à retirer au fait qui sert de base aux poursuites le caractère d'une infraction (C. pr. pén., art. 386).

Outre l'exception portant sur un **droit réel immobilier**, déjà visée par C. pr. pén., art. 384, mentionnons que celle portant sur la **nationalité** ne peut être réglée par le tribunal correctionnel (C. civ., art. 29) mais qu'elle « *ne peut être présentée que par la personne dont la nationalité est en cause, par ses héritiers si elle est décédée en cours d'instance, ou par le ministère public* » (Crim. 20 févr. 2019, n° 18-80.784, P n° 49, v. n° **27.2**). Dans les cas où la loi a réservé à un autre juge la faculté de statuer sur la question conditionnant la déclaration de culpabilité (ex. : nationalité, C. civ., art. 29 ; droit réel immobilier, C. pr. pén., art. 384) le juge répressif doit surseoir à statuer dans l'attente de la décision de la juridiction compétente. Dans les autres cas, il lui revient de trancher le point de droit soulevé.

Par dérogation au principe de séparation des juridictions administratives et judiciaires, les juridictions pénales peuvent non seulement « *interpréter les actes administratifs, réglementaires ou individuels* », mais aussi « *en apprécier la légalité* », « *lorsque de cet examen, dépend la solution du procès pénal qui leur est soumis* » (C. pén., art. 111-5).

Il s'agit de l'**exception d'illégalité**. La Ch. crim. a rejeté la QPC dirigée contre cette disposition « *dès lors que le législateur a pu, sans manquer aux principes de légalité des poursuites et d'égalité devant la loi, et dans le but d'accélérer le cours de la justice répressive, doter le juge pénal de pouvoirs identiques à ceux du juge administratif, relativement à l'espèce dont il est saisi* » (Crim. 4 déc. 2018, n° 18-82.852, D). Cette disposition de principe, de niveau législatif, peut faire l'objet de restrictions apportées par une autre disposition de même niveau normatif. Ainsi l'illégalité pour vice de forme ou de procédure d'un schéma de cohérence territoriale, d'un plan local d'urbanisme, d'une carte communale ou d'un document d'urbanisme en tenant lieu ne peut être invoquée par voie d'exception que dans un délai limité (C. urb., art. L. 600-1, sur ce point, v. n° **31.47**).

L'illégalité d'un acte administratif individuel qui sert de base aux poursuites (ex. plan de chasse individuel) ne fait pas disparaître l'infraction lorsque cette dernière tire aussi son fondement d'un acte administratif réglementaire non critiqué (ex. plan de chasse territorial) (Crim. 1er oct. 2002, n° 01-88.708, D). Il en est de même lorsque la prescription (interdiction de construire) dont la violation est incriminée tire son fondement, non seulement d'un premier acte administratif (plan local d'urbanisme), mais également d'un second (plan de prévention des risques naturels prévisibles (PPRI)), dont l'illégalité n'est pas soulevée (Crim. 21 juin 2022, n° 21-81.392, D).

« *s'il appartient au prévenu, poursuivi pour non-respect* [d'un arrêté administratif, en l'espèce une assignation à résidence prononcée par le ministre de l'intérieur dans le cadre de l'état d'urgence], *de préciser sur quels éléments porte sa contestation des raisons retenues par l'arrêté ministériel* [...], *il incombe au juge répressif, compétent pour apprécier la légalité des arrêtés* [...], *de répondre aux griefs invoqués par le prévenu à l'encontre de cet acte administratif, sans faire peser la charge de la preuve sur le seul intéressé et en sollicitant, le cas échéant, le ministère public afin d'obtenir de l'autorité administrative les éléments factuels sur lesquels celle-ci s'était fondée pour prendre sa décision* » (Crim. 3 mai 2017, n° 16-86.155, P n° 134).

Mentionnons que l'autorité administrative est tenue, d'office ou à la demande d'une personne intéressée, d'abroger expressément tout règlement illégal ou sans objet, que cette situation existe depuis la publication du règlement ou qu'elle résulte de circonstances de droit ou de fait postérieures à cette date (L. n° 2007-1787, 20 déc. 2007, relative à la simplification du droit, modifiant L. n° 2000-321, 12 avr. 2000, relative aux droits des citoyens dans leurs relations avec les administrations, dispositions désormais codifiées au CRPA, art. L. 243-2).

B. L'exception préjudicielle aux fins de saisine de la CJUE (TFUE, art. 267)

En application du principe de primauté du droit communautaire affirmé par l'arrêt CJCE, 15 juill. 1964, n° 6/64, *Costa c/ Enel*, « *le juge national, chargé d'appliquer dans le cadre de sa compétence les dispositions du droit communautaire, a l'obligation d'assurer le plein effet de ces normes en laissant au besoin inappliquée, de sa propre autorité, toute disposition contraire de la législation nationale, même postérieure* » (CJCE 15 déc. 1976, *Simmenthal*, § 24). Ainsi, « *il appartient au juge répressif d'écarter l'application d'un texte d'incrimination de droit interne lorsque ce dernier méconnaît une disposition du Traité sur le fonctionnement de l'Union européenne ou un texte pris pour l'application de celui-ci* » (Crim. 5 nov. 2019, n° 18-82.989 et 18-80.554, P).

Précisons que « *si le droit communautaire n'impose pas aux juridictions nationales de soulever d'office un moyen tiré de la violation de dispositions communautaires, lorsque l'examen de ce moyen les obligerait à sortir des limites du litige tel qu'il a été circonscrit par les parties, ces juridictions sont tenues de soulever d'office les moyens de droit tirés d'une règle communautaire contraignante lorsque, en vertu du droit national, celles-ci ont l'obligation ou la faculté de le faire par rapport à une règle contraignante de droit national (voir, en ce sens, arrêts du 14 décembre 1995, van Schijndel et van Veen, C-430/93 et C-431/93, Rec. p. I-4705, points 13, 14 et 22, ainsi que du 24 octobre 1996, Kraaijeveld e.a., C-72/95, Rec. p. I-5403, points 57, 58 et 60)* » (§ 45) (CJCE, Grande ch., 12 févr. 2008, *Kempter*, aff. C-02/06).

En application du Traité sur le fonctionnement de l'Union européenne (TFUE), art. 267 (ex. TCE, art. 234), la CJUE est compétente pour statuer à titre préjudiciel sur l'interprétation des traités de l'Union européenne et sur la validité et l'interprétation des actes pris par les institutions, organes ou organismes de l'Union. En matière pénale, il peut en être ainsi, à titre d'exemple, lorsque sont discutées les modalités d'interprétation ou de transposition d'une incrimination ou d'une disposition de procédure pénale dont l'élément légal trouve sa source dans la transposition en droit interne d'une directive de l'Union européenne (pour une illustration, v. orienteur pratiques commerciales déloyales, n° 30.6).

Lorsqu'une telle question est soulevée devant une juridiction d'un des États membres, cette juridiction a la faculté, si elle estime qu'une décision sur ce point est nécessaire pour rendre son jugement, de demander à la CJUE de statuer sur cette question. Dans le cas où une voie de recours est ouverte contre sa décision, la juridiction peut donc statuer sur cette question d'interprétation du droit de l'Union et de la validité du droit interne pris en exécution du droit de l'Union. Lorsqu'une telle question est soulevée dans une affaire pendante devant une juridiction nationale dont les décisions ne sont pas susceptibles d'un recours juridictionnel de droit interne, cette juridiction est tenue de saisir la CJUE. Si une telle question est soulevée dans une affaire pendante devant une juridiction nationale concernant une personne détenue, la CJUE statue dans les plus brefs délais (TFUE, art. 267, al. 4).

La décision de saisine préjudicielle, selon la jurisprudence de la CJUE et ses « Recommandations à l'attention des juridictions nationales, relatives à l'introduction de procédures préjudicielles » disponibles sur son site, comporte la motivation nécessaire pour la compréhension du cadre factuel et juridique de l'affaire, dans la langue de la juridiction.

La CJUE ne se prononce que sur l'interprétation ou la validité des dispositions concernée du droit de l'Union. Il appartient ensuite au juge national, à la lumière de la réponse apportée à sa question préjudicielle, d'apprécier en droit interne la légalité de la règle ou de l'acte en question.

Sur la demande de renvoi préjudiciel à la CJUE formée à l'occasion d'un pourvoi en cassation et l'articulation de cette saisine avec la QPC, v. n° **19.27**.

17.27 Les exceptions de nullité de la procédure

Distinguons des exceptions de nullité les exceptions d'incompétence (sur ce point, v. n° **17.15** et plus particulièrement **17.15A**) ou d'extinction de l'action publique (sur ce point v. n° **17.24**), qui peuvent être soumises en tout état de cause au tribunal, ou relevées d'office par ce dernier, à la différence des exceptions de nullité ci-dessous.

A. L'exception de nullité de la citation

La nullité de la citation ne peut être prononcée que dans les conditions prévues par C. pr. pén., art. 565 (C. pr. pén., art. 385).

La nullité d'un exploit ne peut être prononcée que lorsqu'elle a eu pour effet de porter atteinte aux intérêts de la personne qu'il concerne (C. pr. pén., art. 565).

Si le délai de citation, prévu par C. pr. pén., art. 552, n'est pas respecté et que la partie ne se présente pas, le tribunal doit déclarer nulle la citation (C. pr. pén., art. 553) : « *la citation doit être déclarée nulle, lorsque la partie ne se présente pas, si le délai exigé par la loi entre le jour où la citation a été délivrée et le jour fixé pour la comparution n'a pas été observé* » (Crim. 5 janv. 2010, n° 09-85.531, P n° 1). En revanche, dans le cas où la partie est présente, la citation n'est pas nulle mais le tribunal est contraint, si la partie citée hors délai en fait la demande avant tout défense au fond (C. pr. pén., art. 385), d'ordonner le renvoi à une audience ultérieure (C. pr. pén., art. 553).

La nullité de la citation n'emporte ses effets que sur l'acte de saisine du tribunal, elle ne touche pas au fond du dossier qui pourra donc, à moins de prescription de l'action publique, faire l'objet d'une nouvelle citation.

B. Le régime procédural de l'exception de nullité de la procédure

1. L'exception de nullité doit être soulevée avant toute défense au fond (in limine litis)

Toutes les exceptions de nullité ici abordées doivent être soulevées « *in limine litis* », c'est-à-dire « *avant toute défense au fond* » (C. pr. pén., art. 385). On entend par là l'examen des faits. Autrement dit, elles doivent être soulevées, oralement ou par écrit, immédiatement après la lecture de l'acte saisissant le tribunal.

Non soulevées en première instance, elles ne pourront plus l'être en cause d'appel (Crim. 13 févr. 2013, n° 12-84.311, P n° 40 ; P n° 405 ; Crim. 22 nov. 2011, n° 11-80.013, P n° 237 ; Crim. 13 nov. 1996, n° 95-84.897) (sur la procédure devant la cour d'appel, v. n° **19.8B**), ni à hauteur de cassation : « *le demandeur ne peut critiquer la réponse donnée par l'arrêt attaqué à une exception de nullité [...] qu'il a présentée pour la première fois devant la cour d'appel, dès lors que, par application de C. pr. pén., art. 385, cette exception n'ayant pas été invoquée devant le tribunal, devant lequel le prévenu a comparu, elle ne pouvait l'être pour la première fois devant la juridiction du second degré* » (§ 5) (Crim. 12 oct. 2022, n° 21-87.534, P).

Des exceptions formulées par conclusions écrites visées par le greffier avant l'ouverture des débats sont considérées comme soulevées en temps utile, même si elles n'ont pas été soutenues oralement avant l'examen des faits.

Toutefois, l'exception de nullité « *affectant la compétence juridictionnelle* » peut être soulevée en tout état de cause (Crim. 14 mars 2012, n° 11-85.827, P n° 73).

Le dépôt de conclusions écrites de nullité visées par le greffe (v. n° **17.13E3**) n'est pas une condition de recevabilité de l'exception de nullité qui peut donc être soutenue oralement, C. pr. pén., art. 385 et 522 « *n'exigeant pas que les exceptions de nullité soient soutenues par écrit* » (Crim. 26 avr. 2017, n° 16-82.742, P n° 129). Il n'en reste pas moins, compte tenu de l'imprécision d'un tel mode, que le juge d'appel ou de cassation ne sera pas en mesure « *d'exercer son contrôle sur les réponses apportées par la juridiction* » (*ibid*) et que les moyens et arguments du demandeur à l'exception risquent alors d'être soutenus en pure perte.

De plus, selon C. pr. pén., art. 385 et 386, « *le tribunal doit statuer sur les exceptions que le prévenu lui soumet dans des conclusions régulièrement déposées avant toute défense au fond* » « *en l'absence de renonciation expresse, la* [juridiction est] *tenue d'y répondre même si ladite exception n'a pas été soutenue oralement* » (Crim. 24 oct. 2017, n° 16-85.875, P). Notons qu'en matière criminelle, où le principe d'oralité est renforcé, la Ch. crim. ne paraît imposer à la cour de répondre aux conclusions écrites que si elles ont été soutenues oralement (Crim. 15 nov. 2017, n° 16-86.913, P, v. n° **17.13E2**).

2. Les exceptions de nullité devant le tribunal de police ou le tribunal correctionnel saisi par ordonnance de renvoi du juge d'instruction

Lorsqu'elle est devenue définitive, l'ordonnance de renvoi devant le tribunal correctionnel (C. pr. pén., art. 179) ou devant le tribunal de police (C. pr. pén., art. 178) couvre, « *s'il en existe, les vices de la procédure* », elle purge donc les nullités. Les exceptions de nullité de la procédure antérieure sont en conséquences irrecevables lorsque le tribunal est saisi par ordonnance de renvoi du juge d'instruction (C. pr. pén., art. 385) ou par arrêt de renvoi de la CHINS (C. pr. pén., art. 595). Ainsi, « *l'exception de nullité tirée de l'absence d'indépendance et d'impartialité du juge d'instruction* » est irrecevable devant la juridiction de jugement (Crim. 11 févr. 2004, n° 03-80.596, P n° 39). Toutefois, dans le cas où le juge d'instruction a ordonné par exemple le renvoi devant une juridiction territorialement incompétente, l'exception de nullité affectant « *la compétence juridictionnelle* » est recevable (Crim. 7 juin 2000, n° 99-82.788, P n° 219).

Sous cette réserve, cette forme de saisine purge donc la procédure de ses vices antérieurs, sauf si l'ordonnance du juge d'instruction ou l'arrêt de renvoi de la CHINS n'a pas été porté à la connaissance des parties et de leurs conseils dans les formes prévues par C. pr.pén., art. 183 ou 217 ou lorsque l'ordonnance ne contient pas les éléments énumérés au C. pr.pén., art. 184 (renseignements relatifs au prévenu, qualification légale des faits, motifs précis pour lesquels il existe ou non des charges suffisantes). Dans ces cas, le tribunal renvoie la procédure au ministère public pour lui permettre de saisir à nouveau la juridiction d'instruction afin que la procédure soit régularisée. Il en est de même en lorsque la personne a été renvoyée « *en partie pour des faits pour lesquels elle n'a pas fait l'objet d'une mise en examen* » (§ 15) (Crim. 5 oct. 2021, n° 20-85.710, D).

Si l'ordonnance de renvoi a été rendue sans avis préalable de la clôture de l'instruction aux parties et à leurs avocats, ou avant le délai de 20 jours qui leur est ensuite imparti pour former des demandes, le tribunal reste également compétent pour apprécier les nullités de la procédure antérieure (C. pr. pén., art. 385).

Il convient d'indiquer que le tribunal est saisi par l'ordonnance de renvoi, et non par la citation délivrée par le parquet dont les vices éventuels sont indifférents. Il n'y a donc pas lieu à nullité de la citation dans ce cas (sauf à ordonner, sur la demande du prévenu, un éventuel renvoi si la citation a été délivrée moins de 10 jours avant l'audience).

Dans l'hypothèse où le prévenu était effectivement en fuite, c'est-à-dire si les éléments factuels du dossier permettent de conclure qu'il s'est délibérément soustrait à la justice durant le temps de l'information, « *l'impossibilité pour le requérant de soulever les nullités de la procédure d'instruction n'a pas été de nature, dans les circonstances de l'espèce, à porter atteinte à son droit à un procès équitable* » (CEDH 5 févr. 2017, *Ait Abbou*, n° 44921/131, § 66, confirmé par CEDH 28 mars 2017, *El Drissi*, n° 29803/15, § 43). « *Le prévenu, dont il est établi qu'il avait connaissance de ce qu'il était recherché, a pris la fuite afin de se soustraire à l'action de la justice et ne peut donc bénéficier des autres dispositions dudit article* [C. pr. pén., art. 385 lui permettant de soulever des nullités si l'avis de fin d'information ne lui a pas été correctement notifié], *mais sera en mesure de discuter contradictoirement, devant la juridiction de jugement, la valeur probante de l'ensemble des éléments réunis contre lui* » (Crim. 8 avr. 2014, nº 14-80.254, NP ; dans le même sens : Crim. 16 janv. 2013, nº 11-83.689, P nº 17 ; ou, mais imposant au juge de caractériser l'état de fuite effective afin de distinguer l'hypothèse du prévenu absent car n'ayant pas été retrouvé : Crim. 11 janv. 2017, nº 16-80.619, P nº 16).

C. pr. pén., art. 385, a été jugé inconstitutionnel en ce qu'il méconnaît le droit à un recours juridictionnel effectif et abrogé à compter du 1er oct. 2024 car ces dispositions « *ni aucune autre disposition ne prévoient d'exception à la purge des nullités dans le cas où le prévenu n'aurait pu avoir connaissance de l'irrégularité éventuelle d'un acte ou d'un élément de la procédure que postérieurement à la clôture de l'instruction* » (§ 12), à titre transitoire, « *jusqu'à l'entrée en vigueur d'une nouvelle loi ou, au plus tard, au 1er oct. 2024, la déclaration d'inconstitutionnalité peut être invoquée dans les instances en cours ou à venir lorsque la purge des nullités a été ou est opposée à un moyen de nullité qui n'a pu être connu avant la clôture de l'instruction. Il reviendra alors à la juridiction compétente de statuer sur ce moyen de nullité* » (§ 16) (Cons. const. 28 sept. 2023, nº 2023-1062).

3. Les exceptions de nullité lorsque la personne fait l'objet d'une ordonnance de mise en accusation devant la cour d'assises ou la cour criminelle départementale

• Les exceptions de nullité portant sur les vices de la procédure d'instruction (C. pr. pén., art. 269-1).

« *lorsqu'elle est devenue définitive, l'ordonnance de mise en accusation couvre, s'il en existe, les vices de la procédure* » (C. pr. pén., art. 181).

Ces dispositions ont été déclarées inconstitutionnelles en ce qu'elles ne prévoyaient « *aucune exception à la purge des nullités en cas de défaut d'information de l'intéressé ne lui ayant pas permis de contester utilement les irrégularités de procédure et alors même que cette défaillance ne procède pas d'une manœuvre de sa part ou de sa négligence* », interdisant en effet à l'accusé qui, à titre d'exemple, n'a pas été mis en examen mais renvoyé devant la juridiction criminelle sur mandat d'arrêt, de soulever l'irrégularité d'actes de la procédure (Cons. const. 23 avr. 2021, nº 2021-900 QPC, § 12).

Tirant les conséquences de cette décision, la L. nº 2021-1729, 22 déc. 2021, pour la confiance dans l'institution judiciaire, prévoit désormais que « *Lorsque l'accusé n'a pas été régulièrement informé, selon le cas, de sa mise en examen ou de sa qualité de partie à la procédure, de l'avis de fin d'information judiciaire ou de l'ordonnance de mise en accusation et que cette défaillance ne procède pas d'une manœuvre de sa part ou de sa négligence, il peut saisir le président de la CHINS, alors même que l'ordonnance de mise en accusation est devenue définitive et au plus tard trois mois avant la date de sa comparution devant la cour d'assises, d'une requête contestant les éventuelles irrégularités de la procédure d'information* » (C. pr. pén., art. 269-1).

« *Le président de la CHINS statue dans un délai d'un mois, au vu des observations écrites de l'accusé ou de son avocat et des observations écrites du ministère public, par une décision motivée susceptible de pourvoi en cassation. À défaut pour l'accusé d'avoir exercé ce recours, l'ordonnance de mise en accusation couvre les vices de la procédure* » (C. pr. pén., art. 269-1).

Ces dispositions sont entrées en vigueur le 31 déc. 2021 (L. nº 2021-1729, 22 déc. 2021, art. 59 III).

Notons que la cour d'assises est donc incompétente pour statuer sur l'exception de nullité d'actes de la procédure purgés par la décision de renvoi. Même régulièrement formée devant le président de la CHINS, une telle demande ne peut prospérer lorsque le demandeur a volontairement pris la fuite (manœuvre) ou ne s'est pas enquis de la procédure dont il connaissait l'existence (négligence).

• Les exceptions de nullité portant sur la procédure postérieure à l'acte de mise en accusation et antérieure à l'audience (C. pr. pén., art. 305-1).

L'exception « *d'une nullité autre que celles purgées par la décision de renvoi devenue définitive* » ou relevant de la compétence du président de la CHINS en application de C. pr. pén., art. 269-1 issu L. n° 2021-1729, 22 déc. 2021 et « *entachant la procédure qui précède l'ouverture des débats* » (ex. interrogatoire de l'accusé prévu par C. pr. pén., art. 172) « *doit, à peine de forclusion, être soulevée dès que le jury de jugement est définitivement constitué* » (C. pr. pén., art. 305-1).

A titre d'exemple, le moyen qui invoque la nullité de l'acte d'appel, « *en ce qu'il affecte un acte antérieur à l'ouverture des débats devant la cour d'assises statuant en appel [doit], par application de C. pr. pén., art. 305-1, être présenté au plus tard à l'ouverture des débats devant cette juridiction* » (§ 10) (Crim. 11 mai 2023, n° 22-82.664, P). Il en est de même pour le moyen qui invoque :

– l'irrégularité de l'interrogatoire préalable par le président (Crim. 1er déc. 1999, n° 99-82.067, P n° 287 ;

– l'irrégularité de l'arrêt incident rendu avant l'ouverture des débats, ordonnant la disjonction des poursuites (Crim. 11 oct. 1989, n° 89-80.868, P n°> 349) ;

– qu'un juré ayant composé le jury de jugement n'avait pas atteint l'âge de 23 ans requis par C. pr. pén., art. 255 (Crim. 8 oct. 1986, n° 86-91.440, P n° 276) ;

– que le nombre de jurés dont les noms ont été déposés dans l'urne de tirage au sort n'était pas conforme à celui prescrit par C. pr. pén., art. 289-1 (Crim. 8 oct. 1986, n° 86-91.798, P n° 277) ;

– une irrégularité commise lors de l'exercice du droit de récusation de l'accusé et du ministère public (Crim. 23 déc. 1986, n° 86-93.360, P n° 388) ;

– qu'un juré exerçait une profession incompatible avec les fonctions de juré ou que des jurés supplémentaires n'avaient pas prêté serment (Crim. 19 nov. 1986, n° 86-91.753, P n° 349).

En revanche C. pr. pén., art. 305-1 ne s'applique pas aux nullités entachant la composition de la cour, prévues par C. pr. pén., art. 253, tenant à ce que le président ou un assesseur a, dans l'affaire soumise à la cour d'assises, soit fait un acte de poursuite ou d'instruction, soit participé à l'arrêt de mise en accusation ou à une décision sur le fond relative à la culpabilité de l'accusé (Crim. 11 mai 1988, n° 87-91.864, P n° 207).

L'incident contentieux est réglé par arrêt de la cour, statuant sans l'assistance des jurés (C. pr. pén., art. 305-1 renvoyant à C. pr. pén., art. 316).

4. Les exceptions de nullité en l'absence d'instruction préalable

S'il n'est pas saisi par ordonnance de renvoi du juge d'instruction ou arrêt de renvoi de la CHINS, le tribunal correctionnel a qualité pour constater toutes les nullités de la procédure qui lui sont soumises (C. pr. pén., art. 385).

C. Les règles de fond des nullités de procédure

1. Le juge ne peut soulever d'office les nullités

Les juges « *ne peuvent prononcer la nullité d'un acte de procédure antérieure que s'il en a été excipé par les parties [...] cette règle s'applique à toutes les nullités, même substantielles touchant à l'ordre public, à l'exception de celle affectant la compétence* » (Crim. 10 déc. 2003, n° 03-83.344, P n° 243). Cette jurisprudence constance est fondée sur la lettre de C. pr. pén., art. 385 : « *le tribunal a qualité pour constater les nullités de procédure qui lui sont soumises...* », il s'en déduit qu'il ne peut prendre l'initiative d'un tel constat. Pour rejeter la QPC soulevant la contrariété de cette disposition, telle qu'interprétée par la Ch. crim., avec les principes du procès équitable, il est relevé « *qu'il résulte de l'article 385, alinéa 1er, tel qu'interprété par une jurisprudence constante de la C. cass., que, d'une part, si la juridiction de jugement n'a pas le pouvoir de relever d'office une exception de nullité de procédure, à l'exception de l'incompétence, il est loisible au prévenu, lequel dispose du droit d'être assisté d'un avocat lorsqu'il comparait ou est représenté devant une juridiction de jugement, de la soulever et que, d'autre part, il possède la même faculté en cause d'appel s'il n'a pas comparu ni été représenté en première instance* » (Crim. 6 févr. 2018, n° 17-82.826).

Mentionnons toutefois que le juge prononce qui prononce la nullité d'un acte est tenu « *d'étendre les effets de cette annulation* » aux actes dont les pièces annulées étaient le support nécessaire (Crim. 31 mai 2011, n° 10-88.293, P n° 114), autrement dit, « *doivent être annulés par voie de conséquence les pièces qui ont pour support nécessaire l'acte vicié* » (§ 7).

2. La nullité ne se présume pas et la partie concernée peut avoir tacitement renoncé à s'en prévaloir

La juridiction ne peut, sans l'examiner, présumer l'illégalité d'un acte de procédure dont il lui incombe, s'il est absent du dossier, d'ordonner la communication (Crim. 25 nov. 1991, n° 91-81.387, P n° 433).

Une jurisprudence constante déduit du comportement de la personne concernée ou de celui de son conseil sa renonciation tacite à se prévaloir de la nullité.

Citons les exemples suivants :

– convocation tardive de l'avocat pour l'interrogatoire de l'inculpé (devenu mis en examen) devant le juge d'instruction (délai de 4 jours prévu par C. pr. pén., art. 118), car « *le conseil de l'inculpé a assisté à l'interrogatoire critiqué et qu'aucune protestation n'a été élevé* » (Crim. 2 sept. 1986, n° 86-93.266, P n° 251) ;

– mise à disposition tardive de la procédure (délai de 2 jours prévu par C. pr. pén., art. 118) avant l'interrogatoire de l'inculpé (devenu mis en examen), car « *aucune protestation n'a été élevée par le conseil de l'inculpé qui a assisté à cet acte d'instruction* » (Crim. 9 mars 1988, n° 87-91.617, P n° 119) ;

– convocation tardive des avocats et mise à disposition tardive du dossier (délais précités prévus par C. pr. pén., art. 118), car « *l'un des deux avocats choisis était présent lors dudit interrogatoire et qu'aucune réserve n'a été formulée* » (Crim. 16 janv. 1991, n° 90-82.427, P n° 27) ;

– procès-verbal de transport, de perquisition et de saisie du juge d'instruction non signé sur chacune des pages par le juge d'instruction ni émargé par le mis en examen « *dès lors, d'une part, qu'il reconnaît avoir assisté aux opérations de saisie, d'autre part, que les scellés ont été signés par toutes les personnes présentes* » (Crim. 12 mars 1992, n° 91-86.843, 91-86.843, P n° 112) ;

– présence irrégulière des avocats des parties civiles lors de l'interrogatoire du mise en examen (absence de demande écrite et motivée des parties civiles imposée par C. pr. pén., art. 81), car « *ni [le mis en examen] ni son avocat n'ont émis aucune opposition ou réserve à la présence de l'avocat des parties civiles qui est intervenu lors de l'interrogatoire* » (Crim. 6 nov. 2012, n° 12-83.766, P n° 238) ;

– validité de l'interrogatoire du juge d'instruction sur des documents qui ne figuraient pas au dossier de la procédure mis à disposition des parties car « *Z... n'avait fait aucune déclaration sur le fond et alors que l'avocat d'A..., qui avait pu prendre connaissance de l'existence et de la nature des documents concernés, décrits dans les procès-verbaux d'inventaire figurant au dossier, n'avait élevé aucune protestation au cours de l'interrogatoire de sa cliente et n'avait, au demeurant, ni établi, ni même allégué, à l'appui de sa demande d'annulation, une quelconque atteinte aux intérêts de celle-ci* » (Crim. 30 oct. 2001, n° 01-84.779, n° 223) ;

– délivrance tardive du permis de communiquer à l'avocat, car ce dernier, présent lors du débat contradictoire, « *n'a formulé nulle observation ni demandé de report* », « *dès lors [qu'il] pouvait solliciter le renvoi du débat contradictoire au lendemain [...], il n'a pas été porté atteinte en l'espèce aux droits de la défense* » (Crim. 1er avr. 2020, n° 20-80.369, D) ;

– faute d'avoir sollicité la modification de la mission d'expertise lors de sa notification (sur la notification de l'ordonnance d'expertise, C. pr. pén., art. 161-1, v. n° **11.50C2**), la personne mise en examen est réputée avoir renoncé à se prévaloir de la nullité qui l'entachait (Crim. 6 juin 2023, n° 22-86.466, P) ;

– de même, sont irrecevables les moyens tirés de la nullité de la procédure d'assises « *en l'absence de donné-acte qu'il appartenait à la défense de solliciter ou de conclusions d'incident qu'elle avait la faculté de déposer au cours des débats devant la cour d'assises* » (ex. : Crim. 2 déc. 2020, n° 19-87.124, P (défaut de prestation de serment d'un expert) ; Crim. 26 juin 2013, n° 12-82.366, n° 165 (absence de neutralité du rapport de présentation du président) ; (Crim. 5 sept. 2018, n° 17-82.654, P n° 147 (durée excessive des débats).

3. La nullité ne concerne que les actes de procédure.

Les moyens de preuve soumis par les parties ne constituent pas des actes de procédure susceptibles d'annulation (Crim. 19 janv. 1999, n° 98-83.787, P n° 9). À cet égard, v. le principe de loyauté de la preuve pour les parties privées au n° 11.6C.

4. Les nullités ont un effet relatif

a. Première manifestation de l'effet relatif des nullités : l'intérêt à agir.

Les nullités ne peuvent être soulevées que par la partie qu'elles concernent (effet relatif des nullités ou nécessité d'un intérêt à agir). En effet « *Il y a nullité lorsque la méconnaissance d'une formalité substantielle [...] a porté atteinte aux intérêts de la partie qu'elle concerne* » (**C. pr. pén., art. 171**) et « *Toute juridiction [...] ne peut prononcer la nullité que lorsque celle-ci a eu pour effet de porter atteinte aux intérêts de la partie qu'elle concerne* » (**C. pr. pén., art. 802**).

La Ch. crim. précise ainsi que celui qui invoque l'absence ou l'irrégularité d'une formalité protectrice des droits des parties n'a qualité pour le faire que si cette irrégularité le concerne (Crim. 14 déc. 1999, n° 99-82.369, P n° 304).

Cette jurisprudence traditionnelle, qui tire son fondement de dispositions législatives ci-dessus (C. pr. pén., art. 172 et 802), a connu des incertitudes. Ainsi Crim. 27 avr. 2011, n° 11-80.076, P n° 75, paraissant admettre qu'une partie se prévale, sous réserve de rapporter la preuve d'une atteinte à ses propres intérêts, d'une nullité concernant une autre personne mise en examen. Mais elle a été clairement réaffirmée en matière de garde à vue : « *la méconnaissance des formalités substantielles auxquelles est subordonnée la garde à vue ne peut être invoquée à l'appui d'une demande d'annulation d'acte ou de pièce de procédure que par la partie qu'elle concerne* » (Crim. 14 févr. 2012, n° 11-87.757, P n° 42). Dans une autre affaire, la demande de nullité, par un prévenu, de l'audition d'un co-prévenu qui le mettait en cause et dont le droit au silence n'avait pas été notifié et qui n'avait pas bénéficié de l'assistance d'un avocat, est rejetée au motif « *que le demandeur était sans qualité pour se prévaloir de la méconnaissance d'un droit qui appartient en propre à une autre personne* » (Crim. 14 févr. 2012, n° 11-84.694, P n° 43, attendu identique à Crim. 24 nov. 2010, n° 10-86.713, NP).

« *Le moyen pris de l'irrégularité de l'audition d'un tiers qui aurait dû, selon le demandeur, être placé en garde à vue est inopérant dès lors que cette irrégularité alléguée ne peut être invoquée que par la personne qu'elle concerne* » (Crim. 10 oct. 2017, n° 16-86.874, NP).

S'agissant de la régularité d'une **perquisition**, il est jugé que les moyens de nullité « *sont irrecevables en ce qu'ils visent des opérations effectuées dans un local sur lequel les demandeurs ne peuvent se prévaloir d'aucun droit* » (Crim. 14 oct. 2015, n° 15-81.765, P n° 223).

C'est ainsi qu'est écarté le moyen de nullité, tiré de l'atteinte à l'intimité de la vie privée et du défaut de qualité du procureur de la République pour autoriser la pose d'une balise sur un véhicule volé, invoqué par la personne qui, à la suite de la localisation de ce véhicule utilisé par un tiers et des perquisitions subséquentes, avait pu être identifiée par son ADN, car « *la pose d'un procédé de géolocalisation à l'extérieur d'un véhicule volé et faussement immatriculé est étrangère aux prévisions* » de Conv. EDH, art. 8 § 2 garantissant le respect de la vie privée (Crim. 15 oct. 2014, n°s 12-82.391, 14-85.056, P n° 208). De même « *en dehors du recours, par les autorités publiques, à un procédé déloyal, non démontré, ni même allégué, en l'espèce, un mis en examen est irrecevable à contester la régularité de la géolocalisation en temps réel d'un véhicule volé et faussement immatriculé sur lequel il ne peut se prévaloir d'aucun droit* » (Crim. 7 juin 2016, n° 15-87.755, P n° 174, dans le même sens, Crim. 20 déc. 2017, n° 17-82.435, P n° 298).

Élargissant l'approche étroite de l'effet relatif des nullités et de l'exigence d'un intérêt à agir, la jurisprudence examine la demande de nullité lorsque, à l'occasion d'une mesure qui ne concerne pas directement la personne, le requérant a pu **démontrer une atteinte effective à ses droits** comme la propriété, la vie privée ou l'inviolabilité du domicile.

Ainsi, s'agissant de l'utilisation irrégulière d'un **endoscope pour capter l'image**, depuis l'extérieur, du contenu d'un box fermé : les parties « *ne revendiquant aucun droit sur le box et le véhicule en cause, ne sauraient se prévaloir d'une prétendue atteinte au droit au respect du domicile ou de la vie privée* d'un tiers*, dont ils ne démontrent pas en quoi elle aurait porté atteinte à leurs intérêts* » (Crim. 23 janv. 2013, nº 12-85.059, P nº 29). S'agissant d'une **sonorisation**, les personnes « *qui n'étaient titulaires d'aucun droit ni titre sur l'appartement en question et dont les conversations n'ont pas été captées, ne sauraient prétendre avoir subi une atteinte* » (Crim. 26 juin 2013, nº 13-81.491, P nº 164).

Est rejetée la demande de nullité d'une **réquisition** faite au visa de C. pr. pén., art. 77-1-1 (vº **11.54**, ces réquisitions de données de connexion sont désormais régies par C. pr. pén., art. 60-1-2 depuis L. nº 2022-299, 2 mars 2022, v. nº **11.44B**) auprès d'un opérateur pour obtenir l'identification de numéros de téléphone et leur facturation détaillée (dite « fadet » ou « fadette »), les opérations concernant des « *lignes téléphoniques dont ils* [les demandeurs] *ne sont ni les titulaires ni les utilisateurs, dès lors que, .../... ils ne justifient pas avoir établi, ni même allégué.../...qu'il aurait été porté atteinte, à l'occasion des investigations litigieuses, à leur vie privée* » (Crim. 6 févr. 2018, nº 17-84.380, P nº 30).

Si l'irrégularité de la **géolocalisation** d'un véhicule peut être invoquée « *par la partie titulaire d'un droit sur l'objet géolocalisé* », comme son propriétaire, elle peut aussi l'être par la partie, comme le concubin utilisateur du véhicule, « *qui établit qu'il a, à l'occasion d'une telle investigation, été porté atteinte à sa vie privée* » (Crim. 9 mai 2018, nº 17-86.558, P) ou par l'individu « *à qui il n'était pas reproché d'avoir pris place dans un véhicule volé et faussement immatriculé* » mais qui « *soutenait avoir lui-même été géolocalisé par le biais des mesures contestées, en sorte qu'il avait été porté atteinte à sa vie privée* » (Crim. 27 mars 2018, nº 17-85.603, P).

L'exigence de la qualité à agir connaît toutefois deux tempéraments.

En premier lieu, le **grief de déloyauté** élargit le cercle des personnes ayant qualité à agir en nullité. Il est en effet admis que le requérant puisse « *se prévaloir de la méconnaissance d'un droit appartenant en propre à une autre personne* » lorsqu'il invoque « *la déloyauté d'actes accomplis par le juge d'instruction* » (Crim. 15 déc. 2015, nº 15-82.013, P nº 289). Dans le même sens, « *dès lors qu'en dehors du recours, par les autorités publiques, à un procédé déloyal, non démontré, ni même allégué, en l'espèce, un mis en examen est irrecevable à contester la régularité de la géolocalisation en temps réel d'un véhicule volé et faussement immatriculé sur lequel il ne peut se prévaloir d'aucun droit* » (Crim. 7 juin 2016, nº 15-87.755, P nº 174).

En second lieu, il a été jugé dans un dossier concernant les utilisateurs de la messagerie cryptée « *Encrochat* » dont le déchiffrement a mis en lumière d'importantes activités criminelles, qu'imposer au requérant de reconnaître qu'il était l'utilisateur de ce moyen de communication pour justifier de sa qualité à agir, était « *de nature à méconnaître son droit à ne pas s'auto-incriminer* » (§ 60) ; dans un tel cas, par dérogation au principe général qui impose au demandeur de faire la preuve des éléments qu'il allègue (*actori incubit probatio*), « *si le requérant n'allègue pas que la formalité méconnue a pour objet de préserver un droit ou un intérêt qui lui est propre, il appartient à la CHINS de rechercher s'il résulte d'éléments de la procédure que tel pourrait être le cas* » (§ 62) (Crim. 25 oct. 2022, nº 21-85.763, P).

En toute hypothèse, pour rejeter la QPC soulevant l'inégalité des parties au regard des règles de la nullité et de la jurisprudence qui l'interprète « *en ce qu'elles privent la personne mise en examen, qui ne dispose d'aucun droit sur le véhicule ou le lieu sonorisé et dont les propos n'ont pas été captés, de la possibilité de dénoncer la violation des règles applicables en matière de sonorisation* », la Ch. crim. souligne qu'il reste loisible au requérant « *dans le cadre du débat contradictoire, de contester la force probante des indices et des éléments de preuve qui seraient éventuellement retenus à charge* » (Crim. 6 févr. 2018, n° 17-85.301, P n° 69).

b. Seconde manifestation de l'effet relatif des nullités : les conséquences relatives de l'annulation et le principe du « support nécessaire ».

De jurisprudence constante, « *l'irrégularité d'un acte de procédure n'entraîne l'annulation d'autres actes postérieurs qu'à la condition que ces derniers aient eu pour support nécessaire l'acte annulé* » (Crim. 10 déc. 2003, n° 03-83.344, P n° 243) ou « *seules doivent être annulées par voie de conséquence les pièces qui ont pour support nécessaire l'acte entaché de nullité* » (Crim. 31 oct. 2017, n° 17-81.842, P).

Commet ainsi un excès de pouvoir la juridiction qui annule l'intégralité d'une enquête alors que la régularité du procès-verbal d'interpellation et des procès-verbaux de dépôt de plainte ne pouvait être affectée par la nullité d'actes ultérieurement accomplis (Crim. 6 mai 2003, n° 02-87.567, P n° 93). Dans le même sens, « *la nullité d'une garde à vue est sans effet sur les actes relatifs à l'interpellation régulière de la personne concernée* » (Crim. 30 avr. 1996, n° 95-82.217, P n° 182). Autre exemple : « *la régularité des perquisitions, qui n'exigent pas le placement en garde à vue des personnes concernées, ne se trouve pas affectée par les situations de garde à vue irrégulières dans lesquelles se trouvaient les intéressés, dès lors que ces mesures n'en étaient pas les préalables nécessaires* » (Crim. 13 déc. 2000, n° 00-84.306, NP). Est aussi valable la comparution immédiate d'une personne présentée au procureur de la République à l'issue de sa garde à vue, malgré l'annulation des actes postérieurs à la 36e heure (faute d'entretien avec l'avocat), dès lors que la procédure de comparution immédiate a eu pour support les actes antérieurs régulièrement accomplis (Crim. 4 févr. 2004, n° 03-85.786, NP).

Non seulement les actes accomplis avant la cause de nullité ne s'en trouvent pas affectés, mais les juges sont tenus de rechercher si les actes postérieurs ne trouvent pas leur support dans des actes régulièrement accomplis (Crim. 15 oct. 2003, n° 03-82.683, P n° 193 ; dans le même sens, pour une procédure douanière partiellement annulée suivie d'une enquête judiciaire trouvant son support régulier dans les actes subsistants de la procédure douanière : Crim. 16 juin 2021, n° 21-80.614, P, décision exposée au n° **11.59C2**).

5. Le juge peut apprécier la régularité des pièces provenant d'une autre procédure

Il a d'abord été jugé « *qu'il n'appartient pas à la chambre d'accusation d'apprécier la régularité de décisions prises dans une procédure autre que celle dont elle saisie, extérieure à son ressort* » (Crim. 6 oct. 1999, n° 99-85.045, P n° 210). Cette jurisprudence, relative aux écoutes téléphoniques, a été dans un premier temps confirmée par la Ch. crim. (Crim. 16 mai 2000, n° 00-80.905, P n° 190 – Crim. 27 juin 2001, n° 01-82.578, NP – Crim. 15 janv. 2003, n° 02-87.341, P n° 10). Toutefois, la CEDH a estimé qu'en ne disposant pas de la faculté de soumettre au contrôle du juge la régularité d'écoutes opérées dans un autre dossier, le requérant n'avait « *pas joui de la protection effective de la loi nationale, laquelle n'opère pas de distinction selon la procédure dans le cadre de laquelle les écoutes ont été ordonnées* » (CEDH 29 mars 2005, *Matheron c/ France*, req. n° 57752/00 § 42).

La Ch. crim. a tiré les conséquences de l'arrêt Matheron en énonçant « *qu'aucune disposition légale n'interdit au juge d'instruction chargé de deux informations distinctes d'annexer à l'une des procédures des éléments provenant de l'autre dont la production est de nature à contribuer à la manifestation de la vérité, à condition que cette jonction ait un caractère contradictoire et que les documents communiqués puissent être soumis à la discussion des parties* » (Crim. 7 déc. 2005, n° 05-85.876, P n° 327). Il apparaît donc que la juridiction peut désormais apprécier la régularité d'une pièce, versée à l'appui des poursuites, provenant d'une autre procédure.

Pour autant, la discussion de la validité des pièces provenant de cette autre procédure restera limitée par le principe de l'effet relatif des nullités examiné plus haut.

6. Mais le juge ne peut apprécier la régularité d'un acte de procédure étranger

Dans une affaire où était soulevée la nullité des pièces d'exécution, par les autorités étrangères, d'une commission rogatoire internationale décernée par un juge d'instruction français, la Ch. crim. décide que « *le juge français n'a pas qualité pour apprécier la régularité d'un acte au regard de la législation étrangère* », dès lors que « *l'acte dont la nullité est alléguée n'a pas été accompli en violation des droits de la défense, ni d'aucun principe général du droit* » (Crim. 7 juin 2017, nº 16-87.114, P nº 151). Dans le même sens, précisant « *que la force probante de ces actes peut toujours être discutée devant les juridictions françaises* » (Crim. 19 oct. 2016, nº 16-81.920, P nº 271), ou que la légalité d'écoutes téléphoniques pratiquées à l'étranger ne peut être appréciée par le juge français ni au regard de la loi française ni au regard de la loi du pays où elles ont été mises en œuvre (Crim. 2 déc. 2015, nº 14-81.866, P nº 276).

D. Le régime procédural du jugement sur incident disjoint du fond de l'affaire

Le tribunal doit joindre les exceptions de nullité au fond de l'affaire et statuer par un seul et même jugement en se prononçant en premier lieu sur l'exception et ensuite sur le fond (C. pr. pén., art. 459). Il n'est autorisé à statuer distinctement sur l'incident « *qu'au cas d'impossibilité absolue* » ou « *lorsqu'une décision immédiate sur l'incident ou sur l'exception est commandée par une disposition qui touche à l'ordre public* ».

La décision de jonction de l'incident au fond, mesure d'administration judiciaire, n'est pas susceptible d'appel.

Le jugement statuant distinctement sur l'incident est susceptible d'appel s'il met fin à la procédure (ainsi le jugement qui annule la procédure) (C. pén., art. 507). C'est l'application normale du principe du double degré de juridiction (sur l'appel, v. nºs **19.1** s.).

Mais le jugement sur incident, qui ne met pas fin à la procédure (ainsi le jugement rejetant des conclusions de nullité de la procédure), suspend les débats puisque le tribunal ne peut statuer au fond avant l'expiration des délais d'appel (C. pr. pén., art. 507, al. 2). Durant ce délai, une partie peut adresser au président de la chambre des appels correctionnels de la cour d'appel, qui devra statuer dans les huit jours, une requête tendant à voir déclarer l'appel immédiatement recevable (C. pr. pén., art. 507 et 508). Si la demande est rejetée, le tribunal peut poursuivre l'examen du fond de l'affaire, et l'appel contre le jugement sur incident sera alors jugé en même temps que l'appel contre le jugement au fond (C. pr. pén., art. 508). Si la requête est acceptée, pour des motifs qui ne peuvent tenir qu'à l'intérêt de l'ordre public ou à la bonne administration de la justice, la juridiction doit attendre l'arrêt de la cour (C. pr. pén., art. 508).

Est dépourvue de caractère sérieux la QPC portant sur la constitutionnalité de C. pr. pén., art. 459, dès lors que ces dispositions, « *qui prescrivent.../... de joindre au fond les incidents et les exceptions et de statuer par un seul et même jugement, en se prononçant en premier lieu sur l'exception et ensuite sur le fond, n'ont pour seul objet, sans porter atteinte aux principes susvisés [notamment présomption d'innocence et procès équitable], que de prévenir les procédés dilatoires et d'aboutir ainsi à une décision dans un délai raisonnable dans l'intérêt d'une bonne administration de la justice, le jugement étant susceptible d'appel en toutes ses dispositions* » (Crim. 11 oct. 2011, nº 11-90.088, NP).

E. La mise en œuvre de la décision constatant la nullité

S'agissant des pièces d'un dossier d'information annulées par la CHINS, « *Les actes ou pièces annulés sont retirés du dossier d'information et classés au greffe de la cour d'appel. Les actes ou pièces de la procédure partiellement annulés sont cancellés après qu'a été établie une copie certifiée conforme à l'original, qui est classée au greffe de la cour d'appel* » (C. pr. pén., art. 174).

Par application de C. pr. pén., art. 710, « *les incidents contentieux relatifs à la mauvaise exécution ou à l'exécution incomplète d'un arrêt de la CHINS statuant en matière de nullité de procédure sont portés devant cette juridiction* » (Crim. 9 mai 2018, nº 17-80.656, P).

« *il est interdit de tirer des actes et des pièces ou parties d'actes ou de pièces annulées aucun renseignement contre les parties, à peine de poursuites disciplinaires pour les avocats et les magistrats* » (C. pr. pén., art. 174). Il en résulte que « *l'interdiction d'utiliser ou d'exploiter une procédure annulée s'étend à toute référence à cette procédure donnant notamment des renseignements sur une personne impliquée dans ladite procédure* » (Crim. 9 mai 2018, n° 18-80.066, P) et « *interdit que des actes ou des pièces annulés puissent constituer le fondement des poursuites d'une procédure distincte, lesdites pièces auraient-elles même été antérieurement à leur annulation régulièrement communiquées* » (Crim. 16 mai 2012, n° 11-83.602, P n° 126).

Les modalités de mise en œuvre d'une décision d'annulation de pièces prononcées par le tribunal de police, le tribunal correctionnel ou la chambre des appels correctionnels ne sont pas fixées par la loi. Les prescriptions de C. pr. pén., art. 174 sont utilement transposables.

17.28 La preuve et l'appréciation de la preuve

A. Le droit d'accès à la preuve matérielle (directive B, art. 7)

La « *directive B* » réglemente l'accès au dossier sous l'aspect plus large de l'accès à la « *preuve matérielle* », l'expression recouvrant tout moyen de preuve utilisé à charge ou à décharge : « *Les États membres veillent à ce que les suspects ou les personnes poursuivies, ou leur avocat, aient accès au minimum à toutes les preuves matérielles à charge ou à décharge des suspects ou des personnes poursuivies, qui sont détenues par les autorités compétentes, afin de garantir le caractère équitable de la procédure et de préparer leur défense.../...l'accès est accordé en temps utile pour permettre l'exercice effectif des droits de la défense et, au plus tard lorsque la juridiction est appelée à se prononcer sur le bien fondé de l'accusation. Si les autorités compétentes entrent en possession d'autres preuves matérielles, elles autorisent l'accès à ces preuves matérielles en temps utile pour qu'elles puissent être prises en considération* » (Dir. 2012/13/UE (directive B), 22 mai 2012, art. 7-2 et 7-3).

« *aux fins de la présente directive, l'accès aux preuves matérielles tel que défini par le droit national.../...devrait inclure l'accès à des pièces telles que des documents et, le cas échéant, des photographies et des enregistrements audio et vidéo* » (Dir. 2012/13/UE (directive B), 22 mai 2012, § interprétatif n° 31).

Sous réserve que l'accès à la preuve soit restreint par une autorité judiciaire soumise à un contrôle juridictionnel et « *pour autant que le droit à un procès équitable ne s'en trouve pas affecté, l'accès à certaines pièces peut être refusé lorsque cet accès peut constituer une menace grave pour la vie ou les droits fondamentaux d'un tiers, ou lorsque le refus d'accès est strictement nécessaire en vue de préserver un intérêt public important, comme dans les cas où cet accès risque de compromettre une enquête en cours ou de porter grave atteinte à la sécurité nationale de l'État membre* » (Dir. 2012/13/UE (directive B), 22 mai 2012, art. 7-4) (sur la protection de l'anonymat des témoins, v. n^{os} **16.2B** (témoignage sous X) et **11.48E**, **11.54** (géolocalisation). « *Tout refus d'accès doit être apprécié au regard des droits de la défense du suspect ou de la personne poursuivie en tenant compte des différents stades de la procédure* » (Dir. 2012/13/UE (directive B), 22 mai 2012, § interprétatif n° 32).

L'accès aux preuves matérielles « *est accordé gratuitement* » (Dir. 2012/13/UE (directive B), 22 mai 2012, art. 7-5).

Cet accès s'exerce sous la forme du droit de consultation ou de copie (v. n° **17.3**).

B. La présomption d'innocence, la preuve de la culpabilité (Conv. EDH, art. 6)

« *Toute personne accusée d'une infraction est présumée innocente jusqu'à ce que sa culpabilité ait été légalement établie* » (Conv. EDH, art. 6 ; Pacte international relatif aux droits civils et politiques, art. 14) « *Toute personne suspectée ou poursuivie est présumée innocente tant que sa culpabilité n'a pas été établie* » (C. pr. pén., art. préliminaire, III).

La charge de la preuve incombe au demandeur, soit au parquet s'il a pris l'initiative des poursuites, soit à la partie civile lorsqu'elle a saisi la juridiction pénale sur citation directe.

Sous ces principes, il revient donc au juge « *d'établir* » la culpabilité, c'est-à-dire de constater par jugement l'existence d'un fait matériel caractérisant une infraction, et son imputabilité au prévenu, après avoir s'il y a lieu procédé à un supplément d'information (sur le supplément d'information, v. n° **17.31**). Il devra expliquer, s'agissant des délits et des contraventions, les moyens dont il s'est convaincu, tout jugement devant en effet contenir les motifs de la décision, dont ils constituent la base (C. pr. pén., art. 485). Devant la cour d'assises, la loi ne demande pas compte aux juges des moyens par lesquels ils se sont convaincus (C. pr. pén., art. 353), mais la décision sur la culpabilité est désormais motivée (C. pr. pén., art. 365-1, mod. par L. n° 2011-939, 10 août 2011). L'absence de motivation des arrêts de la cour d'assises, bien que validée par la Ch. crim. (Crim. 14 oct. 2009, n° 08-86.480, P n° 170) et le Cons. const., (Cons. const. 1er avr. 2011, n° 2011-113/115 QPC), avait en effet donné lieu à censure pour violation du droit à un procès équitable (CEDH 13 janv. 2009, *Taxquet c/ Belgique*, req. n° 926/05, *contra* : au motif que la décision ne comportait pas « *les considérations qui ont convaincu le jury de la culpabilité ou de l'innocence de l'accusé et d'indiquer les raisons concrètes pour lesquelles il a été répondu positivement ou négativement à chacune des questions* » (§ 48).

C. La libre preuve des infractions et la libre appréciation des preuves : l'intime conviction du juge (C. pr. pén., art. 427)

1. Le principe de la liberté de la preuve, de l'intime conviction et de la motivation de la déclaration de culpabilité

Selon la CEDH, « *la recevabilité des preuves relève au premier chef des règles de droit interne, [et en] principe il revient aux juridictions nationales d'apprécier les éléments recueillis par elles* » (CEDH 9 juin 1998, *Teixeira de Castro c/ Portugal*, req. n° 25829/94, § 34, LebonDH 1998-IV).

Les infractions peuvent en principe être établies par tout mode de preuve et le juge décide d'après son intime conviction (C. pr. pén., art. 427). Notons également que « *selon C. douanes, art. 342, la preuve des infractions douanières peut être rapportée par tout moyen* » (§ 22) (Crim. 4 déc. 2019, n° 18-81.756, P).

La preuve ne résulte pas du seul dossier de la procédure, sont ainsi recevables « *les renseignements obtenus avant l'ouverture des débats par le procureur de la République qui se bornaient à compléter les éléments de l'enquête à l'issue de laquelle le ministère public avait saisi la juridiction répressive, avaient été communiqués aux parties et soumis au débat contradictoire* » (Crim. 27 avr. 2000, n° 99-81.415, P n° 173).

En revanche, dans une espèce où le parquet avait fait diligenter une enquête sur la sincérité d'attestations produites à l'audience, il fut considéré que « *seule la juridiction de jugement saisie peut ordonner des investigations complémentaires par voie de supplément d'information* », décision discutable puisque le ministère public était seul compétent pour ordonner une enquête sur ces faits susceptibles de recevoir la qualification de fause attestation, non compris dans la saisine de la juridiction (Crim. 8 déc. 1999, n° 98-85.893, P n° 298).

Les parties sont admises à combattre par toute autre preuve les éléments recueillis lors de l'enquête ou de l'instruction. Ainsi, « *aucune disposition légale et notamment l'article 11 du code de procédure pénale [relatif au secret de l'enquête et de l'instruction], ne fait obligation à la juridiction saisie d'écarter des éléments d'appréciation régulièrement tirés d'une autre procédure, sous la réserve expresse que ces éléments soient soumis, devant elle, à la libre discussion des parties* » (Crim. 2 oct. 1981, n° 80-90.893, P n° 256 ; dans le même sens : Crim. 11 mars 1964, n° 63-91.109, P n° 86). De même peuvent-elles produire des pièces obtenues dans des conditions déloyales (Crim. 11 févr. 1992, nos 91-86.067, P n° 66, sur ce point, v. n° **11.6C**), ou justifier par les besoins de leur défense la production de pièces obtenues dans des conditions illicites (sur l'infraction justifiée par l'exercice des droits de la défense, v. n° **10.13E3**).

L'**aveu**, comme tout élément de preuve, est laissé à sa libre appréciation (C. pr. pén., art. 428). Les procès-verbaux et les rapports qui constatent les délits ne valent qu'à titre de simples renseignements (C. pr. pén., art. 430).

Rappelons que les principes de formalisme et de loyauté de l'enquête ne s'appliquent qu'aux agents publics investis de pouvoir de police judiciaire (v. n[os] **11.2** et **11.6**) et non aux personnes privées. Les éléments probatoires recueillis par ces dernières, qui n'obéissent pas au régime des nullités de procédure (v. n° **17.27C3**), peuvent donc être admis au titre du principe de liberté de la preuve. Des attestations produites en défense ne peuvent ainsi être rejetées par le juge au motif qu'elles ne respecteraient pas les règles du C. pr. civ., art. 202 qui leur impose, sous peine d'irrecevabilité, d'être rédigées et signées de la main de leur auteur (Crim. 14 déc. 2016, n° 16-81.105, P n° 349). Enfin, « *le versement au dossier d'éléments de preuve ne saurait être déclaré irrégulier au seul motif que les conditions de leur recueil sont restées incertaines* » (Crim. 1er déc. 2020, n° 20-82.078, P).

La juridiction de jugement peut également être à l'origine de la recherche de preuves, d'office ou à la demande des parties, dans le cadre d'un supplément d'information ordonné par elle (sur le supplément d'information, v. n° **17.31**).

En toute hypothèse, le juge ne peut fonder sa décision que sur des preuves qui lui sont apportées au cours des débats et contradictoirement discutées devant lui, le cas échéant après le supplément d'information qu'il aura ordonné. Une partie ne peut se faire un grief de l'absence de prise en compte de documents transmis par courriel au greffe de la juridiction mais édités après l'audience s'ils ont été ni communiqués aux parties ni discutés lors des débats (Crim. 14 nov. 2017, n° 16-86.663, P).

Sur la base des règles qui précèdent et de celles qui régissent la déposition des témoins (v. n° **17.29**), des experts (v. n° **17.30**) ou le supplément d'information (v. n° **17.31**), le juge va ainsi, par une « *déclaration de culpabilité* » soumise à l'obligation de motivation, « *établir* » au terme des débats s'il existe des preuves suffisantes contre la personne d'avoir commis les faits qui lui sont reprochés, ceci sans préjudice des règles propres à la motivation des peines (sur la motivation des peines, v. n° **18.6A**).

Dans les affaires **correctionnelles ou de police**, l'obligation de motivation de la déclaration de culpabilité résulte de C. pr. pén., art. 485 : « *tout jugement doit contenir des motifs...* » et ces derniers « *constituent la base de la décision* ». Pour les juridictions statuant en dernier ressort, l'absence ou l'insuffisance de motifs est de nature à entraîner la cassation (C. pr. pén., art. 593).

Auprès de la **cour d'assises**, jusqu'à la L. n° 2011-939, 10 août 2011, qui anticipait la condamnation qui allait advenir (CEDH 10 janv. 2013, n° 61198/08, *A. c/ France*), la décision de la cour d'assises n'était pas motivée et il était jugé qu'au regard des exigences du procès équitable garanties par Conv. EDH, art. 6, « *l'ensemble des réponses, reprises dans l'arrêt de condamnation, qu'en leur intime conviction, magistrats et jurés ont donné aux questions posées conformément à l'arrêt de renvoi, tient lieu de motifs aux arrêts de la cour d'assises statuant sur l'action publique* » (Crim. 30 avr. 1996, n° 95-85.638, P n° 181 ; dans le même sens, censurant sur le pourvoi de l'accusé un arrêt d'assises qui s'était prêté *contra legem* à l'exercice de la motivation : Crim. 15 déc. 1999, n° 99-83.910, P n° 307) (sur les questions, v. n° **17.33**).

Depuis L. n° 2011-939, 10 août 2011, l'appréciation de la suffisance des charges et des preuves rapportées contre l'accusé est toujours laissée à l'intime conviction des jurés et de la cour et résulte encore du vote sur des questions, mais sous réserve de la rédaction d'une « *feuille de motivation* » énonçant les « *principaux éléments à charge qui.../...ont convaincu la cour d'assises* » (C. pr. pén., art. 304, 353, 365-1, réd. L. n° 2011-939, 10 août 2011, en vigueur le 1er janv. 2012), outre les éléments relatifs à la motivation de la peine, exposés au n° **18.6A3**. Cette **feuille de motivation** doit asseoir la déclaration de culpabilité pour chacune des questions soumises au vote de la cour, tant sur l'élément légal qu'intentionnel de l'infraction. Est ainsi censurée une motivation qui s'abstient « *de faire état du moindre élément à charge d'où pourrait se déduire l'existence de l'élément de violence, contrainte, menace ou surprise, élément essentiel des infractions de viols et d'agressions sexuelles* » (Crim.

17 oct. 2018, n° 17-83.958, P n° 171). En revanche, « *les énonciations de la feuille de motivation permettent de pallier l'imprécision de la formulation d'une question posée à la cour et au jury* », en l'espèce l'omission du mot « volontairement » dans une question portant sur l'accusation de dégradation volontaire par incendie (Crim. 20 oct. 2021, n° 21-80.307, P ; dans le même sens, l'omission de la feuille de question étant réparée par les mentions de la feuille de motivation ainsi que par d'autres questions : Crim. 9 mai 2019, n° 18-82.885, P n° 90).

Par nature, la notion d'intime conviction se prête mal à définition légale. C. pr. pén., art. 353 la décrit toutefois comme *l'impression faite sur la raison du juge ou du juré, dans la sincérité de sa conscience, par les preuves rapportées contre l'accusé et les moyens de sa défense*. En cas de condamnation, l'intime conviction du juge devra au moins être « intime certitude de culpabilité », car le doute doit profiter à la personne poursuivie. Ce principe général du droit pénal, qui n'est pas précisément énoncé dans les textes fondamentaux ou le code pénal, découle du principe, pour sa part consacré par les textes, de la présomption d'innocence. Il est toutefois explicitement évoqué au C. pr. pén., art. 304 relatif à la prestation de serment des jurés : « *vous jurez.../...de vous rappeler que l'accusé est présumé innocent et que le doute doit lui profiter* ».

2. Les restrictions au principe de la liberté de la preuve

Le principe de liberté de la preuve et d'intime conviction est soumis aux restrictions suivantes.

• Les modalités de prise en compte de l'aveu sans avocat

« *en matière criminelle et correctionnelle, aucune condamnation ne peut être prononcée contre une personne sur le seul fondement de déclarations qu'elle a faites sans avoir pu s'entretenir avec un avocat et être assistée par lui* » (C. pr. pén., art. préliminaire), ce qui revient, en l'absence d'avocat, à retirer à l'aveu toute force probante s'il n'est corroboré par d'autres éléments de preuve.

Le procès-verbal relatant la reconnaissance des faits par le prévenu dans une procédure de comparution sur reconnaissance préalable de culpabilité qui n'a pas abouti « *ne peut être transmis à la juridiction de jugement, et ni le ministère public ni les parties ne peuvent faire état devant cette juridiction des déclarations faites ou des documents remis au cours de la procédure* » (C. pr. pén., art. 495-14).

Enfin, aucune condamnation ne peut être prononcée sur le seul fondement de dépositions recueillies, en application des articles 706-58 et 706-61 du code de procédure pénale, selon des modalités propres à assurer l'anonymat des témoins (v. n° **16.2B**) (C. pr. pén., art. 706-62), ni sur les seules déclarations de repentis (v. n° **18.8D**) (C. pén., art. 132-78).

• Les modalités de prise en compte de l'exercice du droit au silence

Dans une certaine mesure, il est permis au juge de prendre en compte l'exercice du droit au silence pour apprécier la culpabilité. En effet, « *S'agissant des conséquences pouvant être tirées de l'exercice par un accusé de son droit au silence, la Cour européenne des droits de l'homme (CEDH, 8 févr. 1996, Murray c/ Royaume-Uni, n° 18731/91) a énoncé que le droit de garder le silence n'est pas absolu. Elle a précisé, d'une part, qu'il est manifestement incompatible avec le droit de se taire et le droit de ne pas contribuer à sa propre incrimination de fonder une condamnation exclusivement ou essentiellement sur le silence du prévenu ou sur son refus de répondre à des questions ou de déposer. Elle a ajouté, d'autre part, qu'il est tout aussi évident que ces interdictions ne peuvent et ne sauraient empêcher de prendre en compte le silence de l'intéressé, dans des situations qui appellent assurément une explication de sa part, pour apprécier la force de persuasion des éléments à charge* » (§ 11) (Crim. 26 oct. 2022, n° 21-84.618, P). De même, « *Le principe selon lequel nul n'est tenu de s'accuser lui-même, [...] interdit de déduire la culpabilité de l'accusé de son silence et de le contraindre à faire des déclarations, mais ne s'oppose pas à ce que, après avoir retenu sa culpabilité, le juge tienne compte, entre autres éléments, pour déterminer la peine, de la manière dont l'accusé se situe par rapport aux faits, afin d'apprécier sa dangerosité, le risque de récidive et les garanties de sa réinsertion* » (§ 9) (Crim. 16 déc. 2020, n° 19-87.622, P).

D. La preuve des contraventions et de certains délits : l'appréciation limitée du juge (C. pr. pén., art. 430, 431 et 537)

Pour les contraventions (C. pr. pén., art. 430 *a contrario* et 537) et pour certains délits spécialement désignés par la loi, le juge ne peut écarter les procès-verbaux ou les rapports les constatant que s'il existe des écrits ou des témoignages contraires (C. pr. pén., art. 431), ou si les procès-verbaux sont irréguliers dans la forme, ou si leur rédacteur n'a pas agi dans l'exercice de ses fonctions ou n'a pas constaté personnellement les faits relatés (C. pr. pén., art. 429). Ces prescriptions, qui limitent la libre appréciation du juge dans les seuls cas où la poursuite de ces infractions est fondée sur des procès-verbaux et rapports, ne limitent en rien la libre administration de la preuve, ces mêmes contraventions ou délits peuvent en effet être établis par tous autres moyens, conformément au principe général inscrit au C. pr. pén., art. 427 (Ces autres modes de preuve (ex. : écrit, témoignage) sont alors laissés à l'entière appréciation du juge.

Mentionnons qu'en application de C. trav., art. L. 8113-7 « *les procès-verbaux dressés par les inspecteurs du travail, les contrôleurs du travail et les fonctionnaires de contrôle assimilés constatant des infractions font foi jusqu'à preuve du contraire* » et que « *la valeur probante des constatations de l'inspecteur du travail s'étend à celles qui résulteraient des documents fournis par l'employeur* », y compris lorsque ces pièces ne sont « *pas jointes à la procédure* » (Crim. 30 oct. 2018, n° 17-87.520, P n° 181).

Lorsqu'elles sont effectuées par des appareils de contrôle automatique ayant fait l'objet d'une homologation, les constatations relatives aux infractions routières dont la liste est fixée par décret (notamment infractions à la vitesse des véhicules, aux distances de sécurité entre véhicules, au franchissement par les véhicules d'une signalisation imposant leur arrêt, ou à la présence de véhicules sur certaines voies et chaussées), font foi jusqu'à preuve du contraire. Ces constatations peuvent faire l'objet d'un procès-verbal revêtu d'une signature manuelle numérisée (sur l'infraction routière forfaitisée relevée par contrôle automatisé, v. n° **11.5C2**) (C. route, art. L. 130-9 et R. 130-11).

17.29 L'administration de la preuve : la déposition du témoin lors du procès

A. Le droit d'interroger ou de faire interroger les témoins à charge et à décharge : Conv. EDH, art. 6-3-d et Charte des droits fondamentaux de l'Union européenne, art. 48

1. La portée du principe du contre interrogatoire du témoin prévu par Conv. EDH, art. 6-3-d

« *3. tout accusé a droit notamment à : .../...d) interroger ou faire interroger les témoins à charge et obtenir la convocation et l'interrogation des témoins à décharge dans les mêmes conditions que les témoins à charge* » (Conv. EDH, art. 6-3-d).

Ce principe est en cohérence avec le droit interne français en ce sens que l'accusé ou le prévenu jouissent de la faculté de citer les témoins de leur choix devant la juridiction, au premier comme au second degré (v. **B1** et **C1** ci-dessous). Ainsi, « *le prévenu ne saurait se faire grief de n'avoir pas été confronté avec les témoins, dès lors qu'il lui appartenait, [...], de les faire citer devant la juridiction compétente* » (Crim. 25 janv. 2006, n° 05-84.456, NP).

Ces exigences sont un aspect particulier du droit à un procès équitable garanti par le 1 de l'article 6 et ces principes sont donc à examiner de manière combinée pour apprécier l'équité de la procédure (ex. CEDH 19 déc. 1990, *Delta c/ France,* req. n° 11444/85, § 15 et 34 ;, 29 mars 1996, *Doorson c/ Pays-Bas,* req. n° 20524/92, § 66 ; 15 déc. 2011 (Gr. Ch.), *Al-Khawaja et Tahery c/ Royaume-Uni,* req. n°s 26766/05 et 22228/06, § 118).

Au sens de Conv. EDH, art. 6-3-d et du principe du procès équitable, est un témoin toute personne dont les dires sont soumis au juge. Sont ainsi considérés comme témoin :

la victime (CEDH 19 déc. 1990, *Delta c/ France*, § 34), un expert désigné par le tribunal et un « expert-témoin » cité par la défense (CEDH, *Bönisch c/ Autriche*, 6 mai 1985, req. n° 8658/79, § 29, v. n° **17.29** sur la déposition de l'expert à l'audience), un témoin anonyme (CEDH 27 sept. 1990, *Windish c/ Autriche*, req. n° 12489/86, § 23), un agent infiltré (CEDH 15 juin 1992, *Lüdi c/ Suisse*, req. n° 12433/86, § 44).

La nécessité « *d'entendre* » la cause « *publiquement* » (Conv. EDH, art. 6-1) induit que « *les éléments de preuve doivent normalement être produits devant l'accusé en audience publique* », tel est donc le cas de la preuve par témoin (ex. CEDH 19 déc. 1990, *Delta c/ France*, § 36 ; CEDH 20 sept. 1993, *Saïdi c/ France*, req. n° 14647/89, § 43 ; CEDH 15 déc. 2011 (Gr. Ch.), *Al-Khawaja et Tahery c/ Royaume-Uni*). Au sens de la cour, un témoignage est ainsi considéré comme « *vérifié* » lorsqu'il aura pu être soumis au contre-interrogatoire de la défense.

Toutefois, « *Il revient en principe aux juridictions nationales d'apprécier les éléments rassemblés par elles et la pertinence de ceux dont les accusés souhaitent la production* » « *spécialement, l'article 6-3-d leur laisse, toujours en principe, le soin de juger de l'utilité d'une offre de preuve par témoins* », il « *n'exige pas la convocation et l'interrogation de tout témoin à décharge.../...il a pour but essentiel une complète "égalité des armes" en la matière* » (CEDH 22 avr. 1992, *Vidal c/ Belgique*, req. n° 12351/86, § 33 et les précédents cités dans ce même paragraphe).

De plus, « *Il n'en résulte .../... pas que la déclaration d'un témoin doive toujours se faire dans le prétoire et en public pour pouvoir servir de preuve* » (CEDH 19 déc. 1990, *Delta c/ France*, § 36) et « *l'emploi de dépositions remontant à la phase de l'enquête préliminaire et de l'instruction ne se heurte pas en soi* » aux principes du procès équitable (CEDH 20 sept. 1993, *Saïdi c/ France*, § 43), sous réserve des droits de la défense qui « *commandent d'accorder à l'accusé une occasion adéquate et suffisante de contester un témoignage à charge et d'en interroger l'auteur, au moment de la déposition ou plus tard* » (CEDH 19 déc. 1990, *Delta c/ France*, § 36 ; CEDH 20 sept. 1993, *Saïdi c/ France*, § 43 ; CEDH 15 déc. 2011 (Gr. Ch.), *Al-Khawaja et Tahery c/ Royaume-Uni*).

2. Les conditions d'une dérogation au contre-interrogatoire : les trois étapes définies par l'arrêt de Grande chambre *Al-Khawaja et Tahery c/ Royaume-Uni*, 15 déc. 2011

De cette possibilité adéquate et suffisante de contester les témoignages à charge et d'en interroger les auteurs découle trois principes, énoncés par la CEDH dans son arrêt de Grande Chambre du 15 déc. 2011, *Al-Khawaja et Tahery c/ Royaume-Uni. Ces trois principes ou trois étapes sont les suivants.*

« *Premièrement* [**première étape du critère *Al-Khawaja***], *l'absence d'un témoin doit être justifié par un motif sérieux* » (§ 119) et « *toutes les mesures raisonnables doivent être prises pour assurer [sa] comparution. Dès lors, si un témoin ne se présente pas pour déposer en personne, l'autorité judiciaire a le devoir de rechercher si cette absence est justifiée* » (§ 120). Dans la mesure où « *l'absence d'un témoin nuit aux droits de la défense* » et qu'il « *n'a jamais été interrogé aux stades antérieurs de la procédure, il ne faut admettre sa déposition écrite en lieu et place de sa présence au procès qu'en dernier recours* » (§ 125). « *Lorsque la peur du témoin est imputable à l'accusé ou à des personnes agissant pour son compte, on peut comprendre que les juges autorisent la lecture de sa déposition au procès sans le contraindre à comparaître ni permettre à ses accusés ou à ses représentants de le soumettre à un contre-interrogatoire, ce quand bien même cette déposition constituerait la preuve unique ou déterminante contre l'accusé. Permettre à un accusé ayant cherché à intimider des témoins de tirer profit de ses manœuvres serait incompatible avec les droits des victimes et des témoins.../...Par conséquent, un accusé qui a agi de la sorte doit être réputé avoir renoncé à son droit garanti par l'article 6-3-d d'interroger les témoins en question. Il faut en juger de même lorsque les menaces ou manœuvres.../...proviennent de personnes agissant pour le compte, ou au su et avec l'approbation de l'accusé* » (§ 123) ;

« *Deuxièmement* [**deuxième étape du critère *Al-Khawaja***], *lorsqu'une condamnation se fonde uniquement ou dans une mesure déterminante* [**règle dite de la « preuve unique ou déterminante »**] *sur des dépositions faites par une personne que l'accusé n'a pu interroger ou faire interroger ni au stade de l'instruction ni pendant les débats* » (§ 119), l'admission de ce témoignage doit être, troisième principe [**troisième étape du critère** ***Al-Khawaja***], « *contrebalancée par des éléments, notamment des garanties procédurales solides, suffisants pour assurer l'équité.../... de la procédure examinée dans son ensemble* » (§ 152).

La CEDH considère que ces principes s'appliquent également aux experts, dont l'absence doit être justifiée par un motif sérieux si leurs conclusions ont constitué le fondement unique ou déterminant de la condamnation (CEDH 6 oct. 2016, *Constantinides c/ Grèce,* req. n° 76438/12, § 39).

3. La clarification et l'illustration du « critère Al-Khawaja » par l'arrêt de Grande Chambre Schastschaschwilic/Allemagne, 15 déc. 2015

Les principes ci-dessus, depuis désignés par la CEDH sous le nom de « critère *Al-Khawaja* », ont été clarifiés et détaillés par les motifs suivants de la décision de Grande Chambre *Schastschaschwili c/ Allemagne,* 15 déc. 2015 (req. n° 9154/10).

S'agissant de la **première étape,** « *la cour exige du tribunal du fond qu'il ait fait tout ce que l'on pouvait raisonnablement attendre de lui pour assurer la comparution de l'intéressé.../...L'impossibilité pour les juridictions d'entrer en contact avec le témoin concerné ou le fait que celui-ci ait quitté le territoire.../...ont été jugés insuffisantes. Pareilles mesures relèvent en effet de la diligence que les États contractants doivent déployer pour assurer la jouissance effective des droits garantis par l'article 6* » (§ 120) ; les juridictions internes « *doivent avoir recherché activement le témoin avec l'aide des autorités nationales, notamment de la police.../...avoir eu recours à l'entraide judiciaire internationale lorsque le témoin en question résidait à l'étranger et que pareil mécanisme était disponible* » (§ 121) ; « *il faut aussi que les juridictions internes aient procédé à un contrôle minutieux des raisons données pour justifier l'incapacité du témoin à assister au procès, en tenant compte de la situation particulière de l'intéressé* » (§ 122).

S'agissant de la **deuxième étape**, consistant à apprécier si la déposition du témoin absent admise en tant que preuve constitue le fondement unique ou déterminant de l'accusation, la cour « *rappelle que le mot « unique » renvoie à une preuve qui est la seule à peser contre l'accusé.../..., le mot « déterminante » doit être pris dans un sens étroit, comme désignant une preuve dont l'importance est telle qu'elle est susceptible d'emporter la décision dans l'affaire. Si la déposition d'un témoin n'ayant pas comparu au procès est corroborée par d'autres éléments, l'appréciation de son caractère déterminant dépendra de la force probante de ces autres éléments : plus celle-ci sera importante, moins la déposition du témoin absent sera susceptible d'être considérée comme déterminante* » (§ 123).

S'agissant de la **troisième étape**, consistant à prendre en compte l'existence d'éléments suffisants permettant de contrebalancer l'absence du témoin et d'assurer l'équité de la procédure, la cour l'illustre des exemples suivants, tirés de sa propre jurisprudence :

« *le fait que les juridictions internes se sont penchées avec prudence sur les déclarations* » du témoin absent (§ 126) ;

— les juridictions internes « *ont expliqué en détail pourquoi elles considéraient que ces déclarations étaient fiables, tout en tenant compte des autres éléments de preuve disponibles* » (§ 127) ;

— « *la diffusion à l'audience d'un enregistrement vidéo de l'interrogatoire au stade de l'enquête du témoin absent, si cela est possible, constitue une garantie supplémentaire de nature à permettre au tribunal, au ministère public et à la défense, d'observer le comportement du témoin pendant l'interrogatoire et de se former leur propre opinion quant à sa fiabilité* » (§ 127) ;

— « *les déclarations faites au procès par des personnes auxquelles le témoin absent a rapporté les évènements immédiatement après leur survenue* » (128) ;

— « *d'autres preuves factuelles en rapport avec l'infraction, notamment des données médico-légales* » ou « *des expertises relatives aux blessures ou à la crédibilité de victime* » (§ 128) ;

— « *l'existence de fortes similitudes entre la description faite par le témoin absent.../...et celle faite par un autre témoin.../...d'une infraction comparable commise par le même défendeur, d'autant plus si ce dernier témoin dépose au procès et que sa fiabilité est vérifiée par un contre-interrogatoire* » (§ 128) ;

— « *le fait d'avoir donné au requérant ou à l'avocat de la défense la possibilité d'interroger le témoin au stade de l'enquête constitue également une solide garantie permettant de compenser les difficultés causées à la défense* » (§ 130) ;

— « *dès lors que les autorités d'enquête avaient estimé au stade de l'enquête qu'un témoin ne serait pas entendu au procès* », à titre d'exemple en cas d'« *absence au procès de la victime mineure d'une infraction sexuelle aux fins de la protection du bien-être de l'enfant* », « *il était essentiel de donner à la défense la possibilité de poser des questions à la victime pendant l'enquête préliminaire* », « *Pareilles auditions dans la phase antérieure au procès sont .../... organisées en vue de prévenir le risque qu'un témoin crucial ne soit pas disponible pour venir à la barre* » (§ 130) ;

— « *lorsque l'identité du témoin est connue de la défense, celle-ci est en mesure d'identifier et d'analyser les motifs que le témoin peut avoir de mentir, et donc de contester sa crédibilité de manière effective même en son absence* » (§ 131) ;

Les considérations qui précèdent sont donc de nature à orienter le juge dans l'exercice des attributions qu'il détient au stade du jugement pour excuser ou contraindre à comparaître le témoin ou faire effectuer les recherches nécessaires (v. **B** et **C** ci-dessous sur la comparution du témoin), ou s'appuyer sur les précédentes déclarations du témoin absent. Prises en compte par l'enquêteur, par le ministère public dans ses attributions de direction de l'enquête, puis par le juge d'instruction, elles sont également de nature, en suscitant la réalisation de confrontations et d'investigations adéquates en amont de l'audience, à prémunir l'affaire des conséquences, au stade du jugement, de la défaillance du témoin à charge dont les dires constituent la preuve unique ou déterminante de l'infraction.

En effet, lorsqu'il « *n'est pas démontré que les juridictions [...] ont déployé tous les efforts que l'on pouvait raisonnablement attendre d'elles pour assurer la comparution* », (CEDH 12 oct. 2017, *Cafagna c/ Italie*, req. n° 26073/13, § 46) « *le caractère déterminant des dépositions* [du plaignant et unique témoin, en fuite comme faisant l'objet d'un mandat d'arrêt à la suite d'une condamnation pénale], *en l'absence de confrontation avec le requérant en audience publique, emporte la conclusion que les juridictions internes, aussi rigoureux qu'ait été leur examen, n'ont pu apprécier correctement et équitablement la fiabilité de cette preuve* » (CEDH 12 oct. 2017, *Cafagna c/ Italie*, § 56).

4. La jurisprudence de la CJUE en matière d'audition du témoin dans la phase juridictionnelle

A la lumière de la jurisprudence de la CEDH précitée, la CJUE juge que la directive (UE) 2016/343, 9 mars 2016, art. 8 § 1, lue en combinaison avec la CDFU, art. 47, al. 2, et 48, § 2, doit être interprétée en ce sens qu'elle « *s'oppose à l'application d'une réglementation nationale qui permet à une juridiction nationale, lorsqu'il n'est pas possible d'interroger un témoin à charge lors de la phase judiciaire d'une procédure pénale, de fonder sa décision statuant sur la culpabilité ou l'innocence de la personne poursuivie sur la déposition dudit témoin obtenue lors d'une audition menée devant un juge au cours de la phase préliminaire de cette procédure, mais sans la participation de la personne poursuivie ou de son avocat, à moins qu'il n'existe un motif sérieux justifiant la non-comparution du témoin lors de la phase judiciaire de la procédure pénale, que la déposition de ce témoin ne constitue pas le fondement unique ou déterminant de la condamnation de la personne poursuivie et qu'il existe des éléments compensateurs suffisants pour contrebalancer les difficultés causées à cette personne et à son avocat du fait de la prise en compte de ladite déposition* » (CJUE, 8 déc. 2022, aff. C-348/21, *HYA, IP, DD, ZI, SS, c/ Spetsializirana prokuratura*, § 63).

B. La déposition du témoin devant la cour d'assises

1. La citation des témoins devant la cour d'assises

En raison du principe d'oralité des débats devant la cour d'assises, l'intervention des témoins est un aspect essentiel de l'instruction de l'affaire à l'audience. Il ne peut être procédé à la lecture des procès-verbaux d'audition du témoin non comparant qu'à la condition qu'il ait été passé outre à leur audition (sur le principe d'oralité des débats et la formalité du « passé outre », v. n° **17.13A2**).

Des témoins sont ainsi appelés à déposer devant la cour d'assises sur les faits, la personnalité ou la moralité de l'accusé (C. pr. pén., art. 331). Le tuteur ou le curateur, avisé de la date d'audience, est également entendu en qualité de témoin (C. pr. pén., art. 706-113, sur les poursuites contre les majeurs protégés, v. n° **15.11**).

Le ministère public et la partie civile signifient à l'accusé, dès que possible et au moins **un mois** (ce délai était de 24 H 00 avant L. n° 2019-222, 23 mars 2019, applicable le 1er juin 2019) avant l'ouverture des débats, la liste des personnes qu'ils désirent faire entendre en qualité de témoin. L'accusé est tenu à la même obligation à l'égard du ministère public et de la partie civile (C. pr. pén., art. 281). Dans la limite de 5 témoins, le ministère public est tenu de citer à sa requête, c'est au dire aux frais du trésor public, ceux dont la liste lui a été communiquée par les parties au moins **un mois et dix jours** avant l'ouverture des débats (C. pr. pén., art. 281 mod. par L. n° 2019-222, 23 mars 2019 allongeant le délai qui était auparavant de 5 jours, applicable depuis le 1er juin 2019). Depuis L. n° 2021-1729, 22 déc. 2021 instituant une réunion préparatoire criminelle ayant notamment pour objet « *de rechercher un accord sur la liste des témoins [...] qui seront cités à l'audience* », les dispositions de C. pr. pén, art. 281 sont subsidiaires et n'ont vocation à s'appliquer qu'« *à défaut d'accord* » (C. pr. pén, art. 276-1, issu L. n° 2021-1729, 22 déc. 2021) (sur la réunion préparatoire criminelle, v. n° **17.31A2**).

Soulignons que « *l'absence de signification de la liste des témoins ne peut conduire à l'annulation de la déclaration de la cour d'assises sur la culpabilité et sur la peine, mais permet seulement à la partie à qui la signification n'a pas été faite de s'opposer à l'audition du témoin dont elle ignorait qu'il allait comparaître, la cour pouvant, par arrêt incident, ordonner l'audition du témoin en cause, ainsi que le prévoit C. pr. pén., art. 330* » (§ 20) (Crim. 9 mars 2022, n° 21-82.136, P).

Les témoins sont cités à comparaître par exploit de commissaire de justice [huissier] (C. pr. pén., art. 281 et 550). La citation précise la qualité de témoin de la personne citée, et doit mentionner que la non-comparution, le refus de témoigner et le faux témoignage sont punis par la loi (C. pr. pén., art. 551).

Les témoins cités sont tenus de comparaître, de prêter serment et de déposer, à peine d'amende de 3 750 euros prononcée par la cour (C. pr. pén., art. 326, v. infraction n° **25.45**). Il est procédé à leur appel lors de l'ouverture des débats (C. pr. pén., art. 324) et le président leur ordonne ensuite de se retirer dans la salle qui leur est destinée jusqu'à leur déposition (C. pr. pén., art. 325).

Il résulte de C. pr. pén., art. 329, 330, 331 et 335 que « *tout témoin cité par le ministère public ou par les parties, dont le nom a été régulièrement signifié, est acquis aux débats devant la cour d'assises et doit déposer, après avoir prêté serment, sauf s'il se trouve dans un cas d'empêchement ou d'incapacité prévu par la loi, ou si toutes les parties ont renoncé à son audition* » (Ex. Crim. 17 juin 2020, n° 19-81.485, P).

Le témoin non comparant peut être, d'office ou sur réquisitions du ministère public, contraint par la cour à comparaître par la force publique (mandat d'amener) (C. pr. pén., art. 326). Il est admis que la partie civile, lorsqu'elle est citée comme témoin, a l'obligation de comparaître personnellement et que son défaut de comparution l'expose aux sanctions prévues contre les témoins défaillants (Crim. 7 juin 1912, *DP* 1913. 275). Elle ne peut toutefois être entendue sous la foi du serment (C. pr. pén., art. 335 6°).

Le ministère public et les parties peuvent s'opposer à l'audition d'un témoin qui n'a pas été régulièrement dénoncé. La cour statue sur cette opposition mais le président peut toujours autoriser l'audition de ces témoins à titre de renseignements en vertu de son pouvoir discrétionnaire (C. pr. pén., art. 330). Au cours des débats, en vertu de ce même pouvoir discrétionnaire, le président peut également appeler, au besoin par mandat d'amener, et entendre à titre de renseignements, toute personne utile à la manifestation de la vérité (C. pr. pén., art. 310).

2. La prestation de serment du témoin devant la cour d'assises

Avant de déposer, et après avoir fait connaître sur demande du président son identité et ses relations d'alliance, de parenté ou de subordination avec l'accusé ou la partie civile, le témoin prête serment de « *parler sans haine et sans crainte, de dire toute la vérité, rien que la vérité* » (C. pr. pén., art. 331).

La formule du serment est sacramentelle et la prestation de serment d'un témoin acquis aux débats constitue une formalité substantielle dont l'exécution doit être constatée dans le procès-verbal des débats dressé par le greffier en application de C. pr. pén., art. 378 (sur la transcription des débats par procès-verbal, v. n° **17.13A3**).

Toutefois, le témoin en dessous de l'âge de 16 ans ou ayant l'un des liens de parenté et d'alliance limitativement prévus par C. pr. pén., art. 335, est entendu sans prestation de serment. Il en est de même pour le témoin dit « reprochable » (v. **D** ci-dessous) ou la partie civile.

Les dérogations à l'obligation de serment prévues par C. pr. pén., art. 335 sont limitatives et ne peuvent être étendues au-delà des degrés de parenté ou d'alliance qui y sont précisées, ainsi pour un neveu (Crim. 1er déc. 1999, n° 99-83.785), un oncle et un cousin (Crim. 1er déc. 1999, n° 99-83.464, P n° 286), ou au-delà des limites fixées par ce texte (Pacs) (Crim. 25 mai 2011, n° 19-86.229, P n° 109). Toutefois, le Cons. const., considérant que les concubins ou partenaires liés par un PACS n'étaient pas dispensés de serment alors qu'ils « *ne sont pas moins exposés que les conjoints au dilemme moral dont le législateur a entendu préserver ces derniers lorsqu'ils sont appelés à témoigner au procès de leur conjoint accusé* » (§ 11), a déclaré cette rupture d'égalité énoncée au C. pr. pén., art. 335 inconstitutionnelle à effet au 31 déc. 2020 (Cons. const. 28 févr. 2020, n° 2019-828/829 QPC). La L. n° 2020-1672, 24 déc. 2020 a remédié à cette inconstitutionnalité en prévoyant désormais que sont dispensés du serment le « *partenaire lié à l'accusé par un pacte civil de solidarité* » et « *son concubin* », au sens de C. civ., art. 515-8, « *lorsque cet état a été allégué par le témoin, l'accusé ou une partie et qu'il n'est pas contesté ou qu'il est établi par les éléments de la procédure* », ajoutant que « *cette prohibition subsiste même après le divorce, la dissolution du pacte civil de solidarité ou la cessation du concubinage* » (C. pr. pén., art. 335, mod. par L. n° 2020-1672, 24 déc. 2020).

L'audition intervenue sous serment malgré ces prohibitions n'entraîne pas la nullité lorsqu'aucune des parties ne s'y est opposée (C. pr. pén., art. 336).

Dès lors qu'il est acquis aux débats, le témoin cité doit à peine de nullité déposer sous serment, sauf s'il est dans un cas de dispense du serment. Aucune disposition légale n'autorise la cour à refuser l'audition d'un témoin acquis aux débats au motif qu'il a fait l'objet d'une plainte avec constitution de partie civile déposée contre lui par l'accusé (en l'espèce il s'agissait d'un enquêteur auquel l'accusé reprochait d'avoir établi un faux procès-verbal), il appartient seulement au président, dans le cadre de son pouvoir de direction des débats « *d'écarter [...] toute question compromettant la dignité des débats ou étrangère à son objet* » comme portant atteinte au secret de l'instruction ou à la présomption d'innocence du témoin concerné par la plainte (Crim. 17 juin 2020, n° 19-81.485, P).

Le témoin qui est appelé par le président au cours des débats en vertu de son pouvoir discrétionnaire ne prête pas serment et sa déclaration n'est considérée que comme renseignement (C. pr. pén., art. 310).

3. La déposition du témoin devant la cour d'assises et la primauté du principe d'oralité des débats

Le témoin est entendu séparément des autres témoins, dans l'ordre fixé par le président. Il dépose oralement mais, sur autorisation préalable du président, peut s'aider de documents au cours de son audition (C. pr. pén., art. 331). Cette autorisation préalable n'est toutefois plus requise une fois sa déposition spontanée terminée et celle des questions commencée, cette phase étant régie par les règles distinctes de C. pr. pén., art. 332 (Crim. 14 nov. 2019, n° 19-80.420, P).

Dans un premier temps, la Ch. crim. cassait « *les arrêts de condamnation prononcés par la cour d'assises, lorsqu'il résulte du procès-verbal des débats qu'au cours de ceux-ci, un témoin s'aide d'un document, sans y avoir été autorisé par le président, si cette irrégularité fait l'objet d'un donné-acte ou d'un incident (Crim. 7 nov. 2007, n° 07-80.437, P n° 267). La cassation est alors prononcée, même en l'absence de grief causé par cette irrégularité aux droits de la défense* » (§ 8) ; elle juge désormais, par application de C. pr. pén., art. 802 selon lequel il n'y a « *nullité que lorsque celle-ci a eu pour effet de porter atteinte aux intérêts de la partie qu'elle concerne* » (§ 9), que la cassation de l'arrêt d'assises « *n'est encourue que lorsque cette inobservation a porté atteinte aux intérêts du demandeur au pourvoi* » (§ 10) (Crim. 18 mai 2022, n° 21-82.205, P).

Cette obligation d'audition séparée des témoins n'est pas applicable à l'audition des parties civiles (Crim. 29 oct. 2003, n° 02-87.815, P n° 204).

Alors que, dans le droit antérieur, sous réserve des nécessités de la police de l'audience (C. pr. pén., art. 309), le témoin ne pouvait être interrompu au cours de sa déposition (C. pr. pén., art. 331, anc. rédaction), désormais, « *lorsque cela lui paraît nécessaire à la clarté et au bon déroulement des débats, le président peut interrompre les déclarations d'un témoin ou lui poser directement des questions sans attendre la fin de sa déposition* » (C. pr. pén., art. 332, mod. par L. n° 2019-222, 23 mars 2019, applicable depuis le 1er juin 2019). Cette faculté a été jugée conforme à la Constitution en ce que, « *loin de porter atteinte aux droits de la défense…/…*[elle] *en assure l'effectivité* » (Cons. const. 21 mars 2019, n° 2019-778 DC, § 308).

Selon les précisions apportées au n° **17.13A2**, le principe d'oralité des débats s'oppose à ce qu'il soit donné lecture au cours des débats d'un procès-verbal d'audition d'un témoin ou de pièces s'y référant avant sa déposition ou avant qu'elle ne soit terminée ou avant qu'il n'ait été formellement passé outre à sa déposition.

Après chaque déposition, le président peut poser directement des questions au témoin (C. pr. pén., art. 332). Il peut si nécessaire lui faire représenter les pièces à conviction et recevoir ses observations (C. pr. pén., art. 341). Le ministère public et les avocats des parties peuvent également lui poser directement des questions mais en demandant la parole au président (C. pr. pén., art. 312), ainsi que l'accusé et la partie civile mais par l'intermédiaire du président (C. pr. pén., art. 312 et 332). Les assesseurs et les jurés peuvent aussi lui poser des questions mais en demandant la parole au président (C. pr. pén., art. 311). « *Il ne résulte d'aucune disposition de la loi que le président de la cour d'assises soit tenu de rappeler aux assesseurs de la cour et aux jurés la faculté que leur ouvre C. pr. pén., art. 311 de poser des questions aux accusés et aux témoins, en demandant la parole au président, ni que le procès-verbal des débats doive en retracer mention* » (§ 7) (Crim. 2 déc. 2020, n° 19-87.124, P).

« *c'est par un exercice régulier de son pouvoir de direction des débats que la présidente de la cour d'assises a décidé de suspendre l'audience après la déposition spontanée du témoin, puis de faire procéder à l'audition d'un expert, avant de rappeler le témoin pour qu'il puisse être questionné. Il ne peut en résulter aucune nullité, dès lors que le ministère public et les parties ont été en mesure de poser des questions au témoin* » (§ 10) (Crim. 22 févr. 2023, n° 21-86.080, P).

S'il est loisible au président de faire retirer un ou plusieurs accusés pendant l'audition d'un témoin, il est ensuite tenu d'instruire l'accusé « *de ce qui s'est fait en son absence, et ce qui est en est résulté* » (C. pr. pén., art. 339), l'absence d'observations des parties ne couvrant pas le défaut de mention en ce sens au procès-verbal des débats (Crim. 28 oct. 2009, n° 09-82.004, P n° 179).

À moins que le président n'en décide autrement, d'office ou à la demande du ministère public et des parties, il n'est pas fait mention au procès-verbal des débats du contenu de la déposition du témoin (C. pr. pén., art. 379). Le président peut également, d'office ou à la requête du ministère public ou des parties, faire dresser procès-verbal par le greffier des additions, changements ou variations qui peuvent exister en la déposition d'un témoin et ses précédentes déclarations (C. pr. pén., art. 333) (sur ces dispositions et la transcription écrites des débats, v. aussi n° **17.13A3**).

Sauf décision contraire du président, le témoin demeure dans la salle d'audience après sa déposition (C. pr. pén., art. 334). Le président peut aussi ordonner, le cas échéant à la demande du ministère public, de la partie civile et de l'accusé, que le témoin se retire de la salle d'audience après sa déposition pour y être introduit et entendu de nouveau après d'autres dépositions, avec ou sans confrontations (C. pr. pén., art. 338).

Tenu d'une obligation de vérité, le témoin qui a prêté serment est passible de sanctions pénales en cas de témoignage mensonger (C. pén., art. 434-13, v. infraction n° **25.50**). C. pr. pén., art. 333 et 342 régissent les modalités de constatation, sur décision du président, des additions, changements ou variations du témoignage et d'arrestation du témoin dont la déposition paraît fausse. Cette constatation est consignée sur un procès-verbal spécial joint au procès-verbal des débats.

Selon la précision apportée par L. n° 2019-222, 23 mars 2019, applicable depuis le 1er juin 2019, « *les témoins ne sont pas tenus de faire part de leur intime conviction concernant la culpabilité de l'accusé* » (C. pr. pén., art. 331). « *cette disposition permet notamment d'encadrer les témoignages des enquêteurs et magistrats, afin d'éviter qu'ils ne soient cités pour donner leur avis personnel sur la culpabilité de l'accusé* » (Circ. Crim. 2019-13/H2, 27 mai 2019, JUSD 1915383C, n° 2.2 3)).

Il est alloué au témoin qui le demande une indemnité de comparution, des frais de voyage, ainsi qu'une indemnité journalière de séjour (C. pr. pén., art. R. 92 4°et R. 123). Ces indemnités sont payées par le Trésor si le témoin a été cité à la requête du ministère public (C. pr. pén., art. R. 124). À défaut elles sont payées par la partie qui l'a appelé en témoignage (accusé ou partie civile) (C. pr. pén., art. R. 125).

C. La déposition du témoin devant le tribunal correctionnel ou de police et la cour d'appel

1. La citation des témoins en matière correctionnelle ou de police

Des témoins peuvent être appelés à déposer devant le tribunal correctionnel sur les faits, la personnalité ou la moralité de l'accusé (C. pr. pén., art. 444). Le tuteur ou le curateur, avisé de la date d'audience, est également entendu en qualité de témoin (C. pr. pén., art. 706-113, sur les poursuites contre les majeurs protégés, v. n° **15.11**).

À la différence de la procédure d'assises, il n'existe pas en matière correctionnelle ou de police de disposition imposant au ministère public ou aux parties (v. **B1** ci-dessus) de dénoncer formellement la liste des témoins qu'ils citent à leur diligence à l'audience. Toutefois, en matière de diffamation, le prévenu qui entend faire la preuve de la vérité des faits diffamatoires (*exceptio veritatis*, v. n° **35.13**) doit, dans le délai de 10 jours après la signification de la citation, faire signifier au ministère public ou à la partie civile poursuivante l'identité des témoins par lesquels il entend faire cette preuve (L. 29 juill. 1881, art. 55).

Les témoins sont cités par acte de commissaire de justice (C. pr. pén., art. 435), par les parties poursuivantes (ministère public et partie civile, C. pr. pén., art. 444) ou par le prévenu, dans les délais et selon les modalités prévues par C. pr. pén., art. 550 (v. n° **15.7D**).

Toutefois, dans le cadre de la procédure de convocation par procès-verbal et de la comparution immédiate (C. pr. pén., art. 393 s.), ils « *peuvent être cités sans délai et par tout moyen* », notamment en étant « *requis verbalement par un OPJ ou un agent de la force publique* ».

Les témoins cités par commissaire de justice sont tenus de comparaître, de prêter serment et de déposer, à peine d'amende de 3 750 euros prononcée par le tribunal (C. pr. pén., art. 437 et 438, v. infraction n° **25.45**). La citation, qui précise la qualité de témoin de la personne citée, doit mentionner que la non-comparution, le refus de témoigner et le faux témoignage sont punis par la loi (C. pr. pén., art. 551). Les témoins « *requis verbalement par un OPJ ou un agent de la force publique* » dans le cadre de la procédure de convocation par procès-verbal et de la comparution immédiate sont exposés aux mêmes sanctions (C. pr. pén., art. 397-5).

Il est procédé à l'appel des témoins lors de l'ouverture des débats (C. pr. pén., art. 406). Le tribunal peut également admettre à témoigner **toute personne qui n'a pas été régulièrement citée** mais qui, proposée par les parties, est présente à l'ouverture des débats (C. pr. pén., art. 444). Cette décision est laissée à son appréciation et la juridiction n'est pas tenue de motiver spécialement son refus d'entendre cette personne (Crim. 4 juin 2019, nº 18-84.720, P). Le témoin non comparant qui n'a pas fait valoir de motif d'excuse reconnu valable et légitime peut être, d'office ou sur réquisitions du ministère public, contraint par le tribunal à comparaître par la force publique (C. pr. pén., art. 439).

Le président ordonne ensuite aux témoins de se retirer dans la salle qui leur est destinée jusqu'à leur déposition (C. pr. pén., art. 436), étant précisé que le président interroge le prévenu avant de procéder à l'audition des témoins (C. pr. pén., art. 442).

Les règles qui précèdent sont également applicables devant le **tribunal de police** (C. pr. pén., art. 536).

Devant la **cour d'appel**, « *les témoins cités par le prévenu sont entendus dans les règles prévues par C. pr. pén., art. 435 à 457. Le ministère public peut s'y opposer si ces témoins ont déjà été entendus par le tribunal. La cour tranche avant tout débat au fond* » (C. pr. pén., art. 513) (sur l'audition des témoins devant la cour d'appel, v. nº **19.8B**).

2. L'OBLIGATION DU TÉMOIN DE PRÊTER SERMENT

Avant de déposer, et après avoir fait connaître sur la demande du président son identité et ses relations d'alliance, de parenté ou de subordination avec le prévenu ou la partie civile (C. pr. pén., art. 445), le témoin prête serment « *de dire toute la vérité, rien que la vérité* » (C. pr. pén., art. 446).

Toutefois le témoin au-dessous de l'âge de 16 ans ou ayant l'un des liens de parenté et d'alliance limitativement prévus par C. pr. pén., art. 448 est entendu sans prestation de serment, ou avec serment si le ministère public ou les parties ne s'y sont pas opposés (C. pr. pén., art. 449). Il en est de même pour le témoin dit « reprochable » (v. **D** ci-dessous). Soulignons que les motifs de la déclaration d'inconstitutionnalité de C. pr. pén., art. 335, en ce qu'il ne dispensait pas, dans sa rédaction antérieure à L. nº 2020-1672, 24 déc. 2020, le concubin ou le partenaire de PACS de prêter serment, sont transposables au C. pr. pén., art. 448 (Cons. const. 28 févr. 2020, nº 2019-828/829 QPC, v. **B2** ci-dessus).

La personne qui s'est constituée partie civile ne peut plus être entendue comme témoin (C. pr. pén., art. 422). Il en résulte que la victime qui ne s'est pas constituée partie civile est tenue de prêter serment si elle dépose. Cette constitution peut intervenir avant ou pendant l'audience (C. pr. pén., art. 419) mais, à peine d'irrecevabilité, avant les réquisitions du ministère public sur le fond (C. pr. pén., art. 421).

La formule du serment est sacramentelle et la prestation de serment du témoin constitue une formalité substantielle dont l'exécution doit être constatée par la décision ou à défaut par les notes d'audience (Crim. 16 nov. 1994, nº 94-80.660, P nº 366). La cassation n'est toutefois pas encourue « *dès lors que la déclaration de culpabilité n'a pas été fondée, même pour partie, sur les déclarations faites à l'audience* » de manière irrégulière (Crim. 20 févr. 2019, nº 18-80.421, P nº 47 ; dans le même sens : Crim. 2 avr. 1990, nº 87-90.729, P nº 42).

En dehors des cas de dispense de serment limitativement énumérés, le serment s'impose donc pour toute personne invitée à déposer devant le tribunal correctionnel. Est ainsi prohibée l'audition « *à titre de renseignements* » empruntée à la procédure devant la cour d'assises (v. **B1** ci-dessus). Il est donc de principe que toute personne entendue devant le tribunal, autre que le prévenu, la partie civile ou l'expert, doit nécessairement– hors les cas de dispense de prestation – prêter le serment du témoin. Il en est ainsi pour l'enquêteur de police, l'agent assermenté d'une administration jouissant de pouvoirs de police judiciaire, même appelé à donner un éclairage technique ou juridique sur le dossier, « *dès lors qu'une administration, fût-elle à l'origine des poursuites, ne peut, hors les cas où la loi le prévoit expressément, être considérée comme une partie intervenante au procès pénal* » (§ 9) (Crim. 17 mai 2022, n° 21-85.246, P). Il en est ainsi pour un inspecteur ou contrôleur du travail (Crim. 26 sept. 1995, n° 94-80.983, P n° 287), un agent de la Direction générale de la concurrence, de la consommation et de la répression des fraudes (Crim. 30 mars 1994, n° 93-82.611, P n° 131), un inspecteur du service des établissements classés (Crim. 26 avr. 1977, n° 75-93.045, P n° 137), un représentant de la DIRECCTE (Crim. 17 mai 2022, n° 21-85.246, P).

L'omission du serment n'est toutefois pas une cause de nullité lorsque les juges ne se sont « *pas fondés sur les déclarations de ce fonctionnaire pour asseoir en tout ou en partie leur conviction sur la culpabilité* » (Crim. 4 févr. 1998, n° 96-83.237, D) ou « *pour écarter les exceptions de nullité soulevées* » (§ 10) (Crim. 17 mai 2022, n° 21-85.246, § 10).

En revanche ne peuvent prêter serment les agents qui tiennent d'un « *texte la possibilité d'intervenir comme partie à l'instance* » (Crim. 3 mai 1990, n° 89-83.163, P n° 173, *a contrario*) ou « *les fonctionnaires qualifiés par la voie réglementaire pour exercer, conjointement avec le ministère public, toutes les poursuites et actions en réparation des infractions* », lesquels « *ont le droit d'exposer l'affaire devant la juridiction appelée à en connaître et d'y être entendus à l'appui de leurs conclusions* » (Crim. 7 avr. 1993, P n° 92-82.343, P n° 154).

3. La déposition du témoin

Les témoins déposent séparément, à commencer par les témoins cités par les parties poursuivantes (ministère public et partie civile), sauf décision contraire du président (C. pr. pén., art. 444).

Le témoin dépose oralement mais, sur autorisation préalable du président, peut exceptionnellement s'aider de documents (C. pr. pén., art. 452). Cette prescription s'applique également à l'expert-témoin cité par la défense (sur l'expert-témoin, v. n° **17.30B**) car « *les témoins, qui ne sont pas des experts, ne peuvent utiliser des documents qu'avec l'autorisation du président* », lequel est donc fondé à leur demander préalablement des explications nécessaires sur les pièces utiles à leur déposition (Crim. 22 févr. 2022, n° 20-84.351, D, (§ 11)).

Sous la direction du président, ses déclarations sont consignées par le greffier dans les notes d'audience (C. pr. pén., art. 453).

Après chaque déposition, le président peut poser directement des questions au témoin (C. pr. pén., art. 454). Il peut si nécessaire lui faire représenter les pièces à conviction et recevoir ses observations (C. pr. pén., art. 455). Le ministère public et les avocats des parties peuvent également lui poser directement des questions mais en demandant la parole au président (C. pr. pén., art. 442-1 et 454). Le prévenu et la partie civile peuvent aussi lui poser des questions mais par l'intermédiaire du président (C. pr. pén., art. 442-1 et 454).

Le témoin ne peut être assisté par un avocat. Est ainsi cassé l'arrêt qui constate que l'avocat de la partie civile qui, n'étant ni appelante ni intimée, a eu la parole, alors que, n'étant plus partie en appel, elle « *ne peut comparaître à l'audience ou s'y faire représenter et ne peut être entendue qu'en qualité de témoin* » (Crim. 29 mars 2017, n° 15-86.434, P n° 95 ; dans le même sens, pour l'avocat d'une partie civile qui a pris la parole et formulé des demandes alors que cette dernière n'était plus partie à l'instance d'appel : Crim. 18 juin 2014, n° 13-87.951, P n° 158 et Crim. 18 juin 2014, n° 13-86.361, P n° 157). Autrement dit, « *la victime, entendue comme témoin, ne peut être assistée d'un avocat* » lorsque les dispositions civiles du jugement sont devenues définitives et qu'elle n'a donc plus la qualité de partie civile (Crim. 18 juin 2014, n° 13-86.526, P n° 154).

Le témoin peut se retirer après sa déposition, sauf décision contraire du président (C. pr. pén., art. 454). Ce dernier peut aussi ordonner, le cas échéant à la demande du ministère public, de la partie civile ou du prévenu, que le témoin se retire de la salle d'audience après sa déposition pour y être introduit et entendu de nouveau après d'autres dépositions, avec ou sans confrontations (C. pr. pén., art. 454).

Tenu d'une obligation de vérité, le témoin qui a prêté serment est passible de sanctions pénales en cas de témoignage mensonger (C. pén., art. 434-13, v. infraction nº **25.50**). Si sa déposition paraît fausse, le président, d'office ou à la demande du ministère public ou des parties, fait consigner aux notes d'audiences les dires précis du témoin, peut le faire garder par la force publique, et ordonner, après le jugement rendu sur le fond, sa conduite devant le procureur de la République aux fins d'ouverture d'information pour faux témoignage (C. pr. pén., art. 457).

Le témoin a droit à une indemnité de comparution, des frais de voyage, ainsi qu'une indemnité journalière de séjour, dans les conditions précisées ci-dessus (v. **B3** ci-dessus). Mentionnons que la partie civile est assimilée au témoin pour le paiement de ces indemnités, sauf décision contraire du tribunal (C. pr. pén., art. 375-1 et 422).

Les dispositions ci-dessus relatives aux dépositions des témoins sont également applicables devant le tribunal de police (C. pr. pén., art. 536). Elles le sont aussi devant la cour d'appel (C. pr. pén., art. 512), toutefois le ministère public peut s'opposer à l'audition des témoins cités par le prévenu lorsqu'ils ont déjà été entendus en première instance. La cour d'appel, avant tout débat au fond, tranche cette question (C. pr. pén., art. 513).

D. Le cas particulier du témoin dit « reprochable »

Le droit au silence et le droit à l'assistance d'un avocat, qui ne sont pas conférés au témoin, sont de nature à limiter l'aptitude d'une personne à déposer en qualité de témoin dans une affaire dans laquelle elle est impliquée par des liens de coaction, de complicité, d'indivisibilité ou de connexité.

Lorsque, par l'effet d'une disjonction ou d'un appel partiel, des auteurs « *compris dans une même poursuite, [...] ne comparaissent pas devant les mêmes juges* » (Crim. 17 mars 1999, nº 97-82.714), la déposition des uns peut être nécessaire à la manifestation de la vérité dans le procès des autres.

« *la faculté, ouverte à un témoin, se trouvant dans cette situation procédurale, de ne pas déposer sous serment [est] reconnue par la CEDH, afin d'éviter tout risque d'auto-incrimination (CEDH, arrêt du 10 juillet 2012, Vidgen c/ Pays-Bas nº 29353/06, CEDH arrêt du 19 juillet 2012, Sievert c/ Allemagne, nº 29881/07, CEDH, arrêt du 28 août 2018, Cabral c/ Pays-Bas, nº 37617/10)* » (§ 9) (Crim. 6 sept. 2023, nº 22-82.422, P).

Cette situation des témoins dits « reprochables », selon l'expression consacrée par la jurisprudence (ex. Crim. 7 juin 1912, *DP* 1913. 275 ; Crim. 4 juin 1997, nº 96-84.654, D), est réglée en des termes différents devant la cour d'assises et le tribunal correctionnel.

Devant la cour d'assises, ne peut déposer sous la foi du serment la « *personne qui a été accusée, prévenue ou condamnée soit pour le crime dont est saisie la cour d'assises en qualité de coauteur ou de complice, soit pour un crime ou un délit connexe ou formant un ensemble indivisible avec le crime dont est saisie la cour d'assises* » (C. pr. pén., art. 335).

Ces dispositions, issues de L. nº 2011-939, 10 août 2011, permettent ainsi d'entendre sans prestation de serment devant la cour d'assises les coauteurs ou complices ayant fait l'objet d'une disjonction devant le tribunal correctionnel, ou, au stade de l'appel, les co-accusés ayant déjà fait l'objet d'une décision dont il n'a pas été interjeté appel.

Devant le tribunal correctionnel et la chambre des appels correctionnels, est également reçue sans prestation de serment la déposition de « *l'un des prévenus présents et impliqués dans la même affaire* » (C. pr. pén., art. 448), sans que ces dispositions ne tiennent compte des personnes définitivement condamnées. Au visa de la jurisprudence de la CEDH précitée et afin de ne pas induire de différence de traitement, la jurisprudence transpose au procès correctionnel la règle posée en matière criminelle par C. pr. pén., art. 335 et juge ainsi que « *devant les juridictions correctionnelles, les personnes définitivement condamnées qui témoignent dans la même affaire doivent être entendues sans prestation de serment* » (§ 10) (Crim. 6 sept. 2023, nº 22-82.422, P).

E. Le cas particulier du témoin anonyme

Les différents niveaux de protection de l'anonymat du témoin au cours de l'enquête ou de l'instruction sont précisés au nº **16.2B**.

1. La citation et l'audition du témoin dont seule l'adresse est anonyme (C. pr. pén., art. 706-57)

Au stade du jugement, le témoin qui a demandé l'anonymisation de sa seule adresse (C. pr. pén., art. 706-57) dépose selon les modalités de droit commun et la force probante de son témoignage est équivalente à celle d'un témoin dont l'adresse est connue.

Les services de police ou de gendarmerie auprès desquels son adresse est enregistrée sont tenus de lui délivrer les convocations et citations à comparaître (C. pr. pén., art. R. 53-24).

Devant la juridiction, le témoin est autorisé à continuer à déclarer comme adresse celle du service de police ou de gendarmerie, mais la juridiction peut toutefois lui demander de déclarer son véritable domicile (C. pr. pén., art. R. 53-25).

2. La citation et l'audition du témoin sous numéro dont l'identité figure au dossier mais ne peut être mentionnée en audience publique (C. pr. pén., art. 706-62-1)

L'identité du témoin désigné par un numéro par le juge d'instruction est confidentielle et ne peut être mentionnée en audience publique ou figurer dans les ordonnances, jugements ou arrêts de la juridiction d'instruction ou de jugement qui sont susceptibles d'être rendus publics (C. pr. pén., art. 706-62-1). Si cette identité ne peut être rendue publique, elle figure néanmoins dans les procès-verbaux de la procédure et non dans un registre distinct du dossier. La qualité de témoin sous numéro peut aussi être attribuée par le président de la juridiction de jugement statuant en chambre du conseil, d'office ou à la demande du parquet ou des parties.

À condition de ne pas mentionner son identité et de le désigner donc par son seul numéro au cours de l'audience, ce témoin est entendu dans les conditions de droit commun. La force probante de son témoignage est équivalente à celle d'un témoin dont l'identité est connue.

Il est convoqué et cité dans les conditions de droit commun à partir des données d'identification et d'adresse figurant au dossier.

3. La citation et l'audition du témoin anonyme dont l'identité et l'adresse figurent dans un registre confidentiel distinct de la procédure (C. pr. pén., art. 706-58)

L'identité et l'adresse du témoin qui jouit de l'anonymat complet (sur le témoin sous X, v. nº **16.2B2**) sont enregistrées, sur autorisation du JLD saisi par le juge d'instruction ou le procureur de la République, dans un registre distinct conservé par le parquet (C. pr. pén., art. 706-58 et R. 53-28). Pour être confronté à la personne renvoyée devant la juridiction de jugement si elle le demande, le témoin anonyme est entendu par l'intermédiaire d'un dispositif technique permettant son audition à distance et rendant sa voix non identifiable (C. pr. pén., art. 706-61).

La force probante d'un tel témoignage est restreinte en ce sens qu'aucune condamnation ne peut être prononcée sur le seul fondement des déclarations d'un témoin anonyme (C. pr. pén., art. 706-62).

Le témoin anonyme est convoqué et cité à comparaître par l'intermédiaire du procureur de la République qui est détenteur du registre sur lequel sont consignées l'identité et l'adresse de la personne (C. pr. pén., art. R. 53-31).

Est rejetée la QPC soulevant l'absence de garanties adéquates et suffisantes permettant l'authentification de l'identité d'un témoin appelé à déposer de façon anonyme devant une cour d'assises par l'usage d'un moyen de télécommunication audiovisuelle, au motif qu'en application de C. pr. pén., art. 310, « *il appartient au président de la cour d'assises, en vertu de son pouvoir discrétionnaire, de prendre toutes mesures propres à faire établir, si une contestation apparaît* [...], *qu'un témoin déposant* [...] *sans que son identité soit révélée, par visioconférence, son visage étant dissimulé et sa voix pouvant être déformée, a bien reçu l'autorisation prévue par C. pr. pén., art. 706-58. Il peut aussi, sans révéler l'identité du témoin, prendre les mesures permettant de vérifier qu'elle correspond à celle versée au dossier distinct prévu par ce texte, le cas échéant, en le faisant établir par le procureur de la République, le juge d'instruction ou un officier de police judiciaire.* » (Crim. 11 déc. 2019, n° 19-83.475, P).

17.30 L'administration de la preuve : la déposition de l'expert lors du procès

A. La convocation de l'expert devant la juridiction

Devant la cour d'assises, le ministère public et la partie civile signifient à l'accusé, dès que possible et au moins 24 h 00 avant l'ouverture des débats, le nom des experts qu'ils désirent appeler à rendre compte à l'audience des travaux dont ils ont été chargés au cours de l'information. L'accusé y est également tenu à l'égard du ministère public et de la partie civile (C. pr. pén., art. 281). Depuis L. n° 2021-1729, 22 déc. 2021 instituant une réunion préparatoire criminelle ayant notamment pour objet « *de rechercher un accord sur la liste des* [...] *des experts qui seront cités à l'audience* », les dispositions de C. pr. pén, art. 281 sont subsidiaires et n'ont vocation à s'appliquer qu'« *à défaut d'accord* » (C. pr. pén, art. 276-1, issu L. n° 2021-1729, 22 déc. 2021) (sur la réunion préparatoire criminelle, v. n° **17.31A2**).

« *aucun texte n'exige que tous les experts commis au cours de l'information comparaissent devant la Cour d'assises.../...l'absence de toute observation ou de toute réclamation de l'accusé ou de son avocat, tendant à l'audition des experts non comparants, implique une renonciation tacite de la défense à leur audition* » (Crim. 6 août 1996, n° 95-86.050, P n° 303).

En outre, « *la signification de la liste des experts n'est pas prescrite à peine de nullité* » (§ 21) (Crim. 9 mars 2022, n° 21-82.136, P).

Il n'est pas prévu de modalités spécifiques de notification de la liste des experts en matière correctionnelle ou de police.

La CEDH souligne, au visa du principe d'égalité des armes en matière de collecte et de discussion de la preuve par expert, pour censurer une procédure dans laquelle l'accusé, dans une affaire particulièrement complexe, n'avait pu obtenir la comparution à l'audience de l'expert de l'accusation dont il n'avait pu préalablement discuter les conclusions, et qui n'avait pas été admis à produire les rapports de contre-experts ni autorisé à faire entendre leurs auteurs, « *qu'il peut être difficile de discuter le rapport d'un expert sans l'assistance d'un autre expert de la même spécialité. Aussi, le seul droit de la défense de pouvoir demander au tribunal la commission d'un nouvel expert n'est pas suffisant. Pour rendre ce droit effectif, la défense doit pouvoir disposer de la même possibilité d'être assistée de son propre expert* » (Tda) (CEDH 25 juill. 2013, *Khodorkovskiy et Lebedev c/ Russie*, req. n°s 11082/06 et 13772/05, § 731).

En droit interne, les règles d'intervention des experts devant la juridiction, communes à la procédure criminelle et correctionnelle, ou de police, sont fixées au C. pr. pén., art. 168 à 169-1.

B. L'obligation de prêter serment

Lors de son inscription sur la liste des experts judiciaires (Liste nationale dressée par la C. cass. ou listes dressées par les cours d'appel, C. pr. pén., art. 157, L. n 71-98, 28 juin 1971), l'expert prête serment « *d'apporter son concours à la justice, d'accomplir sa mission, de faire son rapport et de donner son avis en son honneur et en sa conscience* » (D. n° 2004-1463, 23 déc. 2004, art. 22). L'expert non inscrit prête pour sa part serment par écrit ou devant le juge d'instruction, à l'occasion de sa mission, d'apporter son concours à la justice en son honneur et en sa conscience (C. pr. pén., art. 60, 77-1 et 160). En matière pénale, avant de déposer à l'audience, les experts inscrits ou non inscrits prêtent en **toute hypothèse de nouveau serment** devant la juridiction qui les entend « *d'apporter leur concours à la justice en leur honneur et en leur conscience* » (C. pr. pén., art. 168).

Est tenue de prêter le serment d'expert toute personne chargée d'une mission d'expertise au cours de la procédure d'instruction, même si elle est entendue, dans le cadre de la procédure d'assises, en vertu du pouvoir discrétionnaire du président (Crim 20 juill. 1965, nº 65-90.859, P nº 180), y compris lorsqu'il s'agit d'un expert désigné comme adjoint à l'expert principal par le juge d'instruction (C. pr. pén., art. 162 ; Crim. 20 avr. 1972, nº 71-93.497, P nº 136).

Relèvent également du serment de l'expert les **personnes qualifiées** appelées à procéder à des constatations sur réquisition d'un OPJ dans le cadre de la **flagrance** (C. pr. pén., art. 60) ou pour apprécier la nature des circonstances du décès dont la cause est inconnue ou suspecte (C. pr. pén., art. 74, sur cette procédure, v. nº **14.4**) (C. pr. pén., art. 169-1).

Il en est de même pour « *les personnes appelées, au cours d'une enquête préliminaire, à effectuer des constatations ou des examens techniques ou scientifiques* », en application de C. pr. pén., art. 60 et 77-1 (Crim. 25 nov. 1998, nº 98-80.606, P nº 317), opérations qui sont de « *même nature que celles qui peuvent être confiées aux experts par le juge d'instruction* » (Crim. 14 sept. 2005, nº 05-84.021, P nº 226 ; dans le même sens : Crim. 2 mai 2012, nº 11-85.160, D), ou du fonctionnaire d'un SRPJ chargé de procéder, à la demande du président d'assises usant de son pouvoir discrétionnaire, à la comparaison d'empreintes dactyloscopiques (Crim. 4 nov. 1998, nº 97-86.146, P nº 285) (sur la réquisition à personne qualifiée, C. pr. pén., art. 60 et 77-1, v. nº **11.49**).

A contrario, la personne dont l'éclairage technique est sollicité à l'audience mais qui n'a pas été formellement et personnellement chargée d'une mission de constatations ou d'examens techniques ou scientifiques au cours de l'enquête ou d'une mission d'expertise au cours de la phase d'instruction ou de jugement, ne prête pas le serment d'expert mais de témoin. Il en est ainsi du médecin qui a établi un certificat médical à la demande du juge d'instruction sans que cette demande n'ait pris la forme d'une commission d'expert (Crim. 3 oct. 1979, nº 79-90.325, P nº 269).

Il en est de même de la personne citée par les parties ou le ministère public pour contredire devant la juridiction les conclusions d'une expertise ou apporter au point de vue technique des indications nouvelles (expert privé ou expert-témoin, C. pr. pén., art. 169). Faute d'avoir été préalablement chargée d'une mission d'expertise, elle prêtera le serment du témoin (sur l'obligation du juge de soumettre aux débats une expertise privée produite par une partie, v. Crim. 8 févr. 2022, nº 21-80.490, D, cité au nº **17.2B**).

Toutefois, le principe d'égalité des armes impose dans le cas particulier qui est celui, selon l'expression de la CEDH, de « **l'expert-témoin** » cité par la défense, de lui ménager la faculté d'assister le cas échéant à l'audience avant de déposer afin qu'il ne se trouve pas en position de déséquilibre face à l'expert judiciaire (CEDH, *Bönisch c/ Autriche*, 6 mai 1985, req. nº 8658/79, § 32 et 33 ; CEDH 28 août 1991, *Brandstetter c/ Autriche*, req. nºs 11170/84, 12876/87, 13468/87, § 61 et 62). À cet égard, soulignons qu'en droit interne, les dispositions selon lesquelles le témoin se retire dans la chambre qui lui est destinée avant de déposer (C. pr. pén., art. 325 et 436) ne sont pas prescrites à peine de nullité (Crim. 23 févr. 2000, nº 99-83.784, P nº 81).

Opérant un revirement, la Ch. crim. juge désormais, en matière de procédure d'assises, qu'« *en l'absence de donné-acte qu'il appartenait à la défense de solliciter ou de conclusions d'incident qu'elle avait la faculté de déposer au cours des débats devant la cour d'assises, le moyen, pris du défaut de prestation d'un serment d'un expert devant la cour d'assises, en méconnaissance de C. pr. pén., art. 168 [...] n'est pas recevable* » (§ 10) (Crim. 2 déc. 2020, nº 19-87.124, P).

C. L'EXPOSÉ DE L'EXPERT À L'AUDIENCE

L'expert expose à l'audience le résultat des opérations techniques auxquelles il a procédé. Sans autorisation préalable du président, il peut consulter son rapport et ses annexes (C. pr. pén., art. 168). Aucune disposition « *n'exige qu'avant d'être entendus les experts se retirent de la salle d'audience* » (Crim. 8 févr. 1968, n° 67-93.101, P n° 40) et aucune nullité ne résulte de ce qu'ils aient assisté à une partie des débats avant d'être entendus (Crim. 7 oct. 1970, n° 70-90.877, P n° 256).

Selon les précisions apportées au n° **17.13A2**, le principe d'oralité des débats devant la **cour d'assises** s'oppose à ce qu'il soit donné lecture au cours des débats d'un rapport d'expertise avant la déposition de l'expert ou avant qu'elle ne soit terminée ou avant qu'il n'ait été formellement passé outre à sa déposition.

Si l'expert peut être entendu à l'audience par visoconférence, selon les précisions apportées au n° **17.13B1** (C. pr. pén., art. 706-71), il ne peut l'être par un moyen exclusivement sonore comme le téléphone, même en l'absence d'opposition des parties (Crim. 20 févr. 2019, n° 18-82.164, P n° 43).

L'expert peut déposer avec d'autres experts (Crim. 19 déc 1979, n° 79-92.563, P n° 368) et, sous réserve des dispositions qui permettent aux experts chargés d'une même mission de faire chacun valoir leur opinion en cas de divergence (C. pr. pén., art. 166), « *chacun des experts désignés pour exécuter une mission commune a qualité pour exposer à l'audience le résultat de l'ensemble des opérations techniques auxquelles tous ont procédé* » (Crim. 30 sept. 1998, n° 97-86.532, P n° 244 ; dans le même sens, pour l'audience en déclaration d'irresponsabilité pénale devant la CHINS : Crim. 15 mars 2023, n° 22-87.318, P ; Crim. 29 nov. 2017, n° 16-85.490, P n° 271). L'expert peut également être amené à présenter, à la demande du président, des observations sur les contradictions techniques apportées par un témoin (cas de l'intervention d'un expert-témoin ou expert privé, selon les précisions apportées au **B** ci-dessus) (C. pr. pén., art. 169).

Le président peut soit d'office, soit à la demande du ministère public, des parties ou de leurs conseils, poser à l'expert toutes questions rentrant dans le cadre de la mission qui lui a été confiée. Le ministère public et les avocats des parties peuvent également lui poser directement des questions en demandant la parole au président (C. pr. pén., art. 168, 312 et 442-1).

Après son exposé, l'expert assiste aux débats à moins que le président ne l'autorise à se retirer (C. pr. pén., art. 168).

Tenu d'une obligation de sincérité découlant de son serment, l'expert qui falsifie les données ou les résultats de son expertise dans son exposé oral est passible de sanctions pénales (C. pén., art. 434-20, v. infraction n° **25.54**), sans préjudice des sanctions disciplinaires encourues par l'expert inscrit sur une liste d'experts judiciaires pour « *toute contravention aux lois et règlements relatifs à sa profession ou sa mission d'expert, tout manquement à la probité ou à l'honneur* » (L. n 71-98, 28 juin 1971, art. 5 II et 6-2).

Lorsque l'expert est entendu devant les cours ou tribunaux à l'occasion de la mission qui lui est confiée, il lui est alloué une indemnité ainsi que ses frais de déplacement et de séjour, outre, le cas échéant, une indemnité pour perte du revenu de son activité professionnelle (C. pr. pén., art. R. 92 2°, a) et R. 112).

17.31 La recherche de la preuve par le juge : les actes préparatoires du procès et le supplément d'information

A. LA COUR D'ASSISES

1. L'INTERROGATOIRE DE L'ACCUSÉ (C. PR. PÉN., ART. 272)

Avant l'ouverture des débats, le président de la cour d'assises est tenu de procéder à l'interrogatoire de l'accusé (C. pr. pén., art. 272). Cette formalité doit s'accomplir au plus tard le 6e jour précédant l'ouverture des débats (C. pr. pén., art. 277, Crim. 26 nov. 1980, n° 80-90.405, P n° 320). Le président arrête la date « *au regard notamment de la complexité du dossier et du nombre des accusés ou des parties civiles* » (C. pr. pén., art. D. 45, issu D. n° 2022-546, 13 avr. 2022).

« *L'avocat de l'accusé est avisé par tout moyen de le date de l'interrogatoire au moins 5 jours ouvrables avant celui-ci* » (C. pr. pén., art. D. 45-1, issu D. n° 2022-546, 13 avr. 2022).

À cette occasion, le président, après avoir le cas échéant informé l'accusé de son droit à être assisté par un interprète, l'interroge sur son identité et s'assure que celui-ci a reçu notification de la décision de mise en accusation et, en cas d'appel, de la décision de désignation de la cour d'assises d'appel (C. pr. pén., art. 273). Il l'invite à choisir un défenseur ou à défaut en désigne un d'office (C. pr. pén., art. 274, sur la désignation d'office de l'avocat dans la procédure d'assises, v. n° **17.7A**).

En outre, en cas d'appel de l'accusé, « *lorsque l'avocat de l'accusé est présent lors de l'interrogatoire* » et que l'appel n'a pas été limité à la peine en application de C. pr. pén., art. 380-2-1 A (sur l'appel limité à la peine, v. n° **19.12A2**), « *le président peut demander à l'accusé s'il ne conteste pas les réponses données par la cour d'assises en premier ressort et s'il entend limiter son appel à la décision sur la peine* » (C. pr. pén., art. D. 45-1, issu D. n° 2022-546, 13 avr. 2022).

Ces formalités ainsi que la réponse donnée par l'accusé sur la portée de son appel sont constatées par procès-verbal (C. pr. pén., art. 276 et D. 45-1).

Le président peut décerner mandat d'arrêt si l'accusé ne se présente pas à l'interrogatoire (C. pr. pén., art. 272-1).

2. La réunion préparatoire criminelle (C. pr. pén., art. 276-1 issu L. n° 2021-1729, 22 déc. 2021)

Depuis la L. n° 2021-1729, 22 déc. 2021, pour la confiance dans l'institution judiciaire, après avoir procédé à l'interrogatoire de l'accusé décrit ci-avant, qui peut avoir lieu le jour même, « *le président de la cour d'assises organise en chambre du conseil une réunion préparatoire criminelle. Si l'accusé est en détention provisoire, le président de la cour d'assises sollicite la communication d'une copie de son dossier individuel de détention. La réunion se tient en présence du ministère public et des avocats de l'ensemble des parties, le cas échéant par tout moyen de télécommunication, afin de rechercher un accord sur la liste des témoins et des experts qui seront cités à l'audience, sur leur ordre de déposition et sur la durée de l'audience* », notamment dans le cas où il n'a été fait appel que sur la peine et non sur la culpabilité, conformément au C. pr. pén., art. 380-2-1 A (C. pr. pén., art. 276-1 issu L. n° 2021-1729, 22 déc. 2021) (sur la limitation de l'appel à la peine, v. n° **19.12A2**).

« *L'objectif de la réunion préparatoire criminelle est de "restreindre les débats autour des points qui sont encore véritablement contestés à l'issue de l'information judiciaire et de raccourcir les audiences pour les dossiers dans lesquels l'accusé a reconnu tout ou partie des faits, parfois depuis le début de l'enquête, et n'a pas fait évoluer sa position depuis lors"* » (Circ. crim. 2022/06/H2, 28 févr. 2022, NOR : JUSD2206736C, n° 1).

L'accusé n'assiste pas à la réunion préparatoire (C. pr. pén., art. D. 45, issu D. n° 2022-546, 13 avr. 2022). Y sont convoqués « *le ministère public et les avocats de l'ensemble des parties* », « *avisés par tout moyen de la date [...] au moins 5 jours ouvrables avant celle-ci* » (C. pr. pén., art. D. 45-1-1, issu D. n° 2022-546, 13 avr. 2022). L'avis « *précise selon quelles modalités, notamment de télécommunication, les avocats pourront participer à cette réunion* » (C. pr. pén., art. D. 45-1-1, issu D. n° 2022-546, 13 avr. 2022), ni la loi ni le décret d'application n'excluant la conférence téléphonique ou des moyens de visioconférence autres que ceux régis par C. pr. pén., art. 706-71 et R. 53-38). « *L'absence d'un ou plusieurs des avocats convoqués [...] ne fait pas obstacle à la tenue de la réunion, ni à l'obtention d'un accord, sauf si le président considère, au regard notamment du nombre des avocats absents, qu'un tel accord ne peut être utilement obtenu* » (C. pr. pén., art. D. 45-1-2, issu D. n° 2022-546, 13 avr. 2022).

Le président de la cour d'assises peut joindre à la convocation « *un document faisant état du projet de déroulement prévisionnel de l'audience mentionnant, au vu notamment des propositions qui lui ont été préalablement communiquées par le ministère public, la liste des témoins et des experts qui seront cités, et mentionnant également leur ordre de déposition ainsi que la durée de l'audience* » (C. pr. pén., art. D. 45-1-1, issu D. n° 2022-546, 13 avr. 2022).

« *À défaut d'accord* » sur la liste des témoins et des experts, « *il est procédé dans les conditions prévues* » par C. pr. pén., art. 281 relatives à l'établissement et à la dénonciation de la liste des témoins (sur les témoins, v. n° **17.29B1**) et des experts (sur les experts, v. n° **17.30A**) (C. pr. pén., art. 276-1 issu L. n° 2021-1729, 22 déc. 2021).

Afin que les dispositions de C. pr. pén., art. 276-1 et le délai de signification d'un mois avant l'audience de la liste des témoins et expert établie en application de C. pr. pén., art. 281 précité puissent s'articuler en l'absence d'accord, « *sauf impossibilité, la réunion préparatoire doit intervenir au moins 45 jours avant la date d'ouverture des débats, afin de permettre la signification de la liste des témoins avant cette date conformément à l'article 281* » (C. pr. pén., art. D. 45-1, issu D. n° 2022-546, 13 avr. 2022). Sa date est aussi arrêtée par le président « *au regard notamment de la complexité du dossier et du nombre des accusés ou des parties civiles* » (C. pr. pén., art. D. 45, issu D. n° 2022-546, 13 avr. 2022).

« *L'accord intervenu portant sur la liste des témoins et des experts qui seront cités, leur ordre de déposition ainsi que la durée de l'audience, ou portant sur certains de ces trois points* » fait l'objet d'un procès-verbal remis ou adressé au parquet et aux avocats, signé par le président seul ou avec le greffier de la cour d'assises, l'assistance de ce dernier n'était pas obligatoire (C. pr. pén., art. D. 45-1-2, issu D. n° 2022-546, 13 avr. 2022). Cet accord, qui se substitue donc à la liste des témoins et experts prévue par C. pr. pén., art. 281, « *ne fait obstacle, en cas de nécessité, ni à la possibilité pour le ministère public et les parties de citer d'autres témoins ou experts que ceux qui avaient été prévus, ni à une modification de leur ordre de déposition* » (C. pr. pén., art. 276-1 issu L. n° 2021-1729, 22 déc. 2021).

La mise en œuvre de ces dispositions est facultative pour les affaires déjà renvoyées à la date du 1er mars 2022, date d'entrée en vigueur du texte, et elle est obligatoire « *pour les procédures dans lesquelles la décision de renvoi de l'accusé a été rendue après* » cette même date (L. n° 2021-1729, 22 déc. 2021, art. 59 III).

Précisons enfin que le non-respect des dispositions législatives et règlementaires relatives à la réunion préparatoire criminelle « *ne constitue pas une cause de nullité de l'audience tenue devant la cour d'assises* » (C. pr. pén., art. D. 45-1-3, issu D. n° 2022-546, 13 avr. 2022).

3. LE SUPPLÉMENT D'INFORMATION (C. PR. PÉN., ART. 283 ET 310)

Lors de la procédure préparatoire à la session d'assises, le président de la cour d'assises, si l'instruction lui semble incomplète ou si des éléments nouveaux ont été révélés depuis sa clôture, peut ordonner tous actes d'information qu'il estime utile, y procéder directement, ou déléguer à cette fin un de ses assesseurs ou un juge d'instruction (C. pr. pén., art. 283), lequel peut déléguer à son tour un OPJ par commission rogatoire (sur la commission rogatoire confiée à un OPJ, v. n° **11.17** s.). Le président, saisi avant l'audience d'une demande de supplément d'information, n'est pas tenu d'y répondre (Crim. 15 nov. 2017, n° 16-86.913, P ; Crim. 25 févr. 1969, n° 68-93.098, P n° 95).

Après l'ouverture des débats, en vertu de son pouvoir discrétionnaire, il peut prendre toutes mesures utiles pour découvrir la vérité (C. pr. pén., art. 310). Ces dispositions sont également applicables devant la cour d'assises des mineurs (Ord. n° 45-174, 2 févr. 1945, art. 20 devenu CJPM, art. L. 231-7).

B. Le tribunal correctionnel (C. pr. pén., art. 397-2 et 463)

1. Le supplément d'information ordonné avant l'audience en cas de citation directe, de convocation ou de comparution différée (C. pr. pén., art. 388-5)

Depuis L. n° 2016-731, 3 juin 2016, après la clôture de l'enquête et avant la saisine du tribunal par citation directe ou convocation (par OPJ, APJ, greffier, directeur de maison d'arrêt, délégué ou médiateur du procureur, C. pr. pén., art. 390-1), le suspect, dans certaines conditions, peut solliciter un complément d'enquête au procureur de la République, dispositions élargies par L. n° 2021-1729, 22 déc. 2021 (C. pr. pén., art. 77-2 I) (v. n^os^ **15.2** et **15.3**).

Ces dispositions complètent celles de L. n° 2014-535, 27 mai 2014, qui a introduit une modalité nouvelle de poursuite de l'enquête avant l'audience lorsque les poursuites ont déjà été engagées.

En effet, lorsque les poursuites sont engagées par citation directe (C. pr. pén., art. 390) ou convocation (par OPJ, APJ, greffier, directeur de maison d'arrêt, délégué ou médiateur du procureur, C. pr. pén., art. 390-1), ou selon la procédure de comparution différée (C. pr. pén., art. 397-1-1, L. n° 2019-222, 23 mars 2019, v. n° **15.16**), les parties ou leur avocat peuvent demander, par conclusions écrites, qu'il soit procédé à tout acte utile à la manifestation de la vérité (C. pr. pén., art. 388-5). Ces demandes doivent être déposées avant l'audience par LRAR ou remise au greffe contre récépissé. Par application de C. pr. pén., art. 512, ces dispositions sont aussi applicables devant la cour d'appel (ex. Crim. 29 nov. 2022, n° 22-81.088, P).

Si les actes demandés lui paraissent justifiés et s'il est possible de les exécuter avant l'audience, le président peut, après avis du procureur de la République, « *en ordonner l'exécution selon les règles applicables au cours de l'enquête préliminaire* ». L'enquête préliminaire étant dirigée par le parquet, il faut en conclure, sous réserve de la jurisprudence à venir, que c'est au procureur de la République qu'est impartie la charge de faire exécuter l'ordonnance par tout service d'enquête de son choix. Le renvoi aux règles de l'enquête préliminaire, plutôt qu'aux règles de l'information applicables en cas de supplément d'information ordonné par le tribunal, conforte cette analyse. Selon la lettre du texte, le président est tenu par les termes de la demande, qu'il peut admettre ou rejeter, mais il ne peut ni prendre l'initiative d'une mesure avant jugement, ni ordonner d'autres mesures que celles réclamées.

Les procès-verbaux ou autres pièces relatant l'exécution du supplément d'information devront être joints au dossier de la procédure et mis à disposition des parties ou de leur avocat. Si le prévenu ou la victime doivent être à nouveau entendus, ils ont le droit d'être assistés, lors de leur audition, par leur avocat. Ce dernier est alors « *convoqué au plus tard cinq jours ouvrables avant l'audition, et il a accès au dossier au plus tard quatre jours ouvrables avant cette date* » (C. pr. pén., art. 388-5, mod. L. n° 2019-222, 23 mars 2019).

Si le supplément d'information n'a pas été ordonné avant l'audience, le tribunal est tenu de statuer sur la demande, par jugement motivé en cas de refus. En effet, si « *la juridiction refuse d'ordonner un supplément d'information régulièrement sollicité avant le début de l'audience, par conclusions écrites adressées par lettre recommandée avec demande d'avis de réception, elle doit spécialement motiver sa décision. Cette exigence ne cesse pas même lorsque des conclusions, régulièrement déposées à l'audience, ne réitèrent pas expressément une telle demande d'actes* » (§ 8) (Crim. 29 nov. 2022, n° 22-81.088, P). De même, « *si dans le cadre d'une saisine initiale par citation ou par convocation par procès-verbal, la juridiction refuse d'ordonner un supplément d'information régulièrement sollicité au cours des débats par des conclusions écrites, elle doit spécialement motiver sa décision* » (Crim. 20 nov. 2018, n° 18-81.719, D ; dans le même sens : Crim. 15 janv. 2019, n° 17-87.431, D).

2. Le supplément d'information ordonné par le tribunal lors de l'audience (C. pr. pén., art. 388-5, 394, 397-2, 463)

Le tribunal correctionnel peut, quelles que soient les modalités de sa saisine (citation directe, convocation par OPJ ou par le parquet, ordonnance de renvoi d'un juge d'instruction, convocation par procès-verbal du procureur, comparution immédiate ou comparution différée), ordonner s'il y a lieu un supplément d'information et commettre à cet effet un de ses membres qui pourra procéder lui-même aux actes d'information qu'il estime nécessaires ou déléguer à cet effet un juge d'instruction ou un OPJ par commission rogatoire (C. pr. pén., art. 397-2, 394, 388-5, issu L. n° 2014-535, 27 mai 2014, et 463). Cette commission rogatoire est exécutée selon les règles régissant les commissions rogatoires délivrées par le juge d'instruction (C. pr. pén., art. 151 à 155, sur la commission rogatoire confiée à un OPJ, v. n° **11.17** s.).

Précisons « *qu'un supplément d'information peut être sollicité à tout moment au cours des débats* » (§ 23) et que, sous réserve d'une motivation spéciale répondant aux conclusions du prévenu, « *l'opportunité d'ordonner une mesure d'instruction relève de l'appréciation souveraine des juges du fond* » (§ 25) (Crim. 11 sept. 2019, n° 18-81.980, P ; dans le même sens : Crim. 9 févr. 2022, n° 20-86.200 (§ 14), D). Sauf à motiver son arrêt incident de refus de façon adéquate, la cour d'assises, « *saisie de conclusions tendant à la diffusion d'un enregistrement, apprécie souverainement si la mesure sollicitée est utile à la manifestation de la vérité* » (Crim. 21 juin 2023, n° 22-80.317, P).

L'exécution d'un supplément d'information par le magistrat commis ne l'empêche pas de participer ensuite au jugement de l'affaire (v. n° **17.34C**).

Mentionnons, qu'au premier degré comme au stade de l'appel, le délai de forclusion institué au C. pr. pén., art. 175 pour formuler une demande d'acte dans le cours de l'information « *ne fait pas obstacle à ce que, en application des articles 463 et 512 du même Code, les parties puissent saisir la juridiction de jugement de demandes tendant à l'accomplissement d'un supplément d'information* » (Crim. 30 juin 1999, n° 98-80.470, P n° 173).

Dans l'hypothèse d'une comparution immédiate, d'une convocation par procès-verbal, d'une citation ou d'une convocation le tribunal pourra commettre le juge d'instruction figurant sur le tableau de roulement pour procéder à ce supplément d'information (C. pr. pén., art. 397-2, 394, 388-5, issu L. n° 2014-535, 27 mai 2014).

Enfin, mais dans les seuls cas de **convocation par procès-verbal** (v. n° **15.14**), de **comparution immédiate** (v. n° **15.15**) ou de **comparution différée** (L. n° 2019-222, 23 mars 2019, v. n° **15.16**), le tribunal peut décliner sa saisine s'il « *estime que la complexité de l'affaire nécessite des investigations supplémentaires approfondies* » et « *renvoyer le dossier au procureur de la République* » (C. pr. pén., art. 397-2, mod. par L. n° 2019-222, 23 mars 2019).

Il appartient alors au procureur de la République d'exercer l'action publique par les autres voies qu'il estime utiles : citation directe, convocation par OPJ ou par greffier, ouverture d'information. Dans ce dernier cas, le tribunal statue sur le maintien du prévenu en détention jusqu'à sa présentation devant une juge d'instruction, qui devra avoir lieu le jour même, ou dans le délai de « ~~*trois jours*~~ » « *cinq jours* » (L. n° 2019-222, 23 mars 2019) s'il n'y a pas de pôle de l'instruction au sein du TJ saisi (C. pr. pén., art. 397-2, v. sur ce point n° **15.15D**).

Dans la procédure de **comparution immédiate** (v. n° **15.15**), lorsque le prévenu ne consent pas à être jugé séance tenante ou que l'affaire n'est pas en état d'être jugée, le prévenu ou son avocat peut demander au tribunal d'ordonner tout acte d'information qu'il estime nécessaire à la manifestation de la vérité ou à la personnalité de l'intéressé ; le tribunal qui refuse de faire droit à cette demande doit rendre un jugement motivé (C. pr. pén., art. 397-1 ; L. n° 2004-204, 9 mars 2004, art. 128-IV).

S'agissant des mineurs, le **tribunal pour enfants**, dans le cadre de la « *procédure de présentation immédiate* » devant la juridiction pour mineurs (anc[t] « *délai rapproché* »), peut également renvoyer le parquet à se pourvoir autrement s'il estime l'affaire trop complexe (Ord. n° 45-174, 2 févr. 1945, art. 14-2, V, v. n° **15.28**). Selon les dispositions nouvelles du CJPM, le juge des enfants ou le tribunal pour enfants peut, quel que soit les modalités de sa saisine, « *renvoyer le dossier au procureur de la République* » s'il « *estime que la complexité de l'affaire nécessite des investigations supplémentaires approfondies* » (CJPM, art. L. 521-5) (sur les modalités de saisine de la juridiction pour mineurs issues du CJPM, v. n° **15.17** s).

3. L'expertise ordonnée par le tribunal (C. pr. pén., art. 434)

Enfin, quelle que soit les modalités de sa saisine, « *si le tribunal estime qu'une expertise est nécessaire* » (C. pr. pén., art. 434) « *dans le cas où se pose une question d'ordre technique* » (C. pr. pén., art. 156), il peut ordonner une expertise, d'office ou à la demande des parties ou du ministère public. La décision doit impartir un délai à l'expert (C. pr. pén., art. 161), lequel procède à sa mission sous le contrôle du magistrat que la juridiction est tenue de désigner à cette fin (C. pr. pén., art. 156). Les dispositions de C. pr. pén., art. 156 à 166 relatives à la mission d'expertise (sur l'expertise, v. n^{os} **11.50** s.) et 168 et 169 concernant la déposition de l'expert sont applicables à l'opération d'expertise (sur la déposition de l'expert à l'audience, v. n° **17.30**) (C. pr. pén., art. 434).

Mentionnons que les règles qui précèdent ne s'appliquent pas à l'expertise sur intérêts civils ordonnée par la juridiction de jugement après avoir statué sur l'action publique. Une telle expertise obéit en effet aux règles de la procédure civile (C. pr. pén., art. 10 et C. pr. civ., art. 263 s.) (Crim. 3 mai 1988, n° 86-90.372, P n° 190 ; Crim. 13 déc. 1990, n° 87-83.532, P n° 436) (sur l'expertise en matière d'intérêts civils, v. n° **16.13B1**).

C. Le tribunal de police (C. pr. pén., art. 534 et 538)

Le président du tribunal de police, avant l'audience, sur requête du ministère public ou de la partie civile, peut estimer ou faire estimer les dommages, dresser ou faire dresser des procès-verbaux, faire ou ordonner tous actes requérant célérité (C. pr. pén., art. 534). Il peut également, après ouverture des débats, ordonner un supplément d'information auquel il procédera lui-même (C. pr. pén., art. 538) et ordonner une expertise dans les termes prévus par C. pr. pén., art. 434 précité (v. **B3** ci-dessus) (C. pr. pén., art. 536).

17.32 La discussion de la qualification légale des faits : la requalification

A. La portée de la question de la qualification pénale des faits

La technique de la qualification pénale est partagée entre les différents acteurs de la justice pénale, qu'il s'agisse de l'OPJ qui s'interroge sur la qualification à retenir au moment d'un placement en garde-à-vue, du magistrat du parquet ou de l'avocat, dont l'acte de poursuite reflète des choix de qualification opérés tant en droit qu'en opportunité, du juge d'instruction qui est saisi *in rem* des faits sous toutes les qualifications qu'il lui revient de retenir, ou du tribunal, tenu d'apprécier dans un cadre procédural contraint la pertinence de la qualification des faits dont il est saisi.

La question de la qualification ne se pose pas qu'en termes de choix alternatifs entre plusieurs qualifications concurrentes. Les mêmes faits peuvent en effet recevoir – simultanément ou à l'occasion d'instances séparées – plusieurs qualifications, ceci sans compromettre la règle *non bis in idem*, pourvu que chacune assure la protection d'un intérêt social distinct. Le Cons. const., considère en effet que « *le principe de nécessité des peines n'interdit pas au législateur de prévoir que certains faits puissent donner lieu à différentes qualifications pénales* », (Cons. const. 25 févr. 2010, n° 2010-604 DC, § 6), ni ne lui n'interdit de prévoir un cumul de sanctions pour un même fait puisque « *la règle du non-cumul des peines en matière de crimes et délits.../...n'a que valeur législative et .../...il peut donc toujours y être dérogé par une loi* » (Cons. const. 30 juill. 1982, n° 82-143 DC).

Les principes qui suivent, s'ils paraissent circonscrits au stade du jugement de l'affaire, sont néanmoins du plus grand intérêt pour l'enquêteur, les parties poursuivantes et la défense.

B. Les principes directeurs de la qualification et de la requalification

1. Le pouvoir et le devoir de requalifier les faits

La CEDH ne conteste pas au juge le pouvoir de requalifier les faits dont il est régulièrement saisi (CEDH, 25 mars 1999, *Pélissier et Sassi*, req. n° 2544-94, § 62), lorsqu'un lui est reconnu en droit interne (CEDH, 19 déc. 2006, *Mattei c/ France*, req. n° 34043/02, § 36).

« *Si le tribunal estime que le fait constitue un délit, il prononce la peine.* » (C. pr. pén., art. 464). L'acte de juger comporte donc nécessairement l'appréciation de la qualification légale donnée aux faits par la partie poursuivante.

C. pr. pén., art. 470 ne paraît d'ailleurs autoriser le juge à relaxer le prévenu que s'il « *estime que le fait poursuivi ne constitue aucune infraction à la loi pénale* ».

En conséquence de ces textes, la jurisprudence reconnaît de manière constante au juge non seulement la faculté mais aussi le devoir, sans être tenu par la qualification donnée aux faits par le ministère public ou la partie civile, de donner aux faits leur exacte qualification. Ainsi peut-on citer cette formulation, prononcée au visa de C. pr. pén., art. 388 (qui ne contient pas d'indications particulières relatives à la requalification) : « *Attendu que le juge correctionnel, qui n'est pas lié par la qualification donnée à la prévention, ne peut prononcer une décision de relaxe qu'autant qu'il a vérifié que les faits dont il est saisi ne sont constitutifs d'aucune infraction* » (Crim. 28 mars 2000, n° 98-86.886, P n° 138, et en termes quasi identiques : Crim. 28 févr. 2001, n° 00-82.548, NP).

Le devoir de rechercher l'exacte qualification des faits s'impose aussi devant la cour d'assises, avec une force d'autant plus grande que la personne acquittée ne pourra plus être reprise ou accusée à raison des mêmes faits, même sous une qualification différente (C. pr. pén., art. 368), et que la requalification est ici soumise à un mécanisme strict qui est celui des questions principales, spéciales et subsidiaires (v. n° **17.33**).

2. Les principes du choix de la qualification : la portée de la règle non *bis in idem* et l'évolution de la jurisprudence

Trois principes gouvernent le processus de qualification et de requalification.

• Le **premier principe** est la règle ***specialia generalibus derogant*** : la loi spéciale déroge à celle de portée plus générale. Entre deux qualifications épousant les mêmes faits, sera donc préférée celle correspondant plus étroitement aux circonstances, du point de vue tant de l'élément matériel qu'intentionnel. L'infraction spéciale d'empoisonnement l'emportera ainsi sur celle plus générale d'assassinat, toutes deux étant animées de la même intention homicide.

• Le **deuxième principe**, posé par la Ch. crim. en 1930 (Crim. 26 juin 1930, P n° 190) et constamment suivi, tempère le premier, c'est celui dit de la « **plus haute expression pénale** ». Entre deux qualifications possibles, celle plus générale sera privilégiée si les peines qu'elle prévoit sont plus sévères « *tout fait punissable devant être retenu sous sa plus haute expression pénale* » (Crim. 21 avr. 1976, n° 75-91.956, P n° 122).

• Le **troisième principe** résulte de la récente application de la règle **non *bis in idem***. La Ch. crim. a longtemps jugé, depuis son arrêt de principe Crim. 3 mars 1960, *Ben Haddadi*, P. n° 138, GA, qu'une même action pouvait être poursuivie sous toutes les qualifications en concours lorsque chacune d'elles protégeaient des valeurs sociales distinctes. Un même jet de grenade à l'intérieur d'un café, action qui peut être regardée comme une action unique animée par la même intention coupable, pouvait donc être poursuivi sous la double qualification de destruction de biens par l'effet d'un explosif, d'une part, de tentative d'homicide, d'autre part, pourvu qu'une double déclaration de culpabilité ne donne lieu qu'à une seule peine de même nature, conformément au C. pén., art. 5, devenu C. pén., art. 132-3 (sur le principe de la confusion de plein droit des peines, v. nº **18.2**). Cette jurisprudence a été temporairement abandonnée et il fut érigé en principe que « *des faits qui procèdent de manière indissociable d'une action unique caractérisée par une seule intention coupable ne peuvent donner lieu, contre le même prévenu, à deux déclarations de culpabilité de nature pénale, fussent-elles concomitantes* » (Crim. 26 oct. 2016, nº 15-84.552, P nº 276 – Crim. 7 déc. 2016, nº 15-87.335, P nº 327 – Crim. 5 janv. 2017, nº 15-86.362, P nº 6 et nombreux arrêts en ce sens, exposés au fil des infractions concernées dans le présent ouvrage). Il en résultait qu'en cas d'action unique révélant plusieurs qualifications possibles en concours, la qualification traduisant les finalités poursuivies par l'auteur était privilégiée et les qualifications répondant aux actes préparatoires ou consécutifs écartées. Ainsi l'infraction de recel préalable d'une somme d'argent utilisée dans une opération de blanchiment s'effaçait devant cette dernière qualification. Des faits d'abus de biens sociaux non distincts des opérations consécutives de blanchiment écartaient cette dernière qualification. L'infraction de port ou de transport d'une grenade, « *préalable nécessaire* », s'effaçait au profit des infractions d'assassinat et de dégradations volontaires aggravées qui constituaient le but poursuivi par l'auteur d'un attentat (Crim. 14 nov. 2019, nº 18-83.122, P ; dans le même sens, sur l'infraction qui constituait le « *préalable nécessaire* » d'une autre action (Crim. 11 sept. 2019, nº 18-82.684, D). Enfin, « *En cas de concours entre une infraction dont la raison d'être est de faire obstacle à la commission d'une autre infraction et une infraction qui sanctionne une action parvenue à son terme ou dont la tentative est consommée, l'infraction pour laquelle la peine privative de liberté la plus longue est prévue doit être retenue. Lorsque cette peine est identique pour ces deux infractions, la seconde doit être préférée* » (§ 23) (Crim. 12 mai 2021, nº 20-81.014, P ; dans le même sens : Crim. 27 mai 2021, nº 20-80.931, D).

Critiquée par une partie de la doctrine, cette jurisprudence a nourri un contentieux abondant et renvoyait les praticiens à une casuistique incertaine, augmentée des interrogations portant sur la définition même des infractions dites « obstacle » ou « de moyen » ou « préalable nécessaire », catégories ignorées du législateur qui n'a nulle part exprimé l'intention d'en absoudre les auteurs au profit des seules infractions, non plus définies par la loi, « de conséquence » ou « de résultat », ou portant sur la justification normative du pouvoir qui semblait laissé à la discrétion du juge de « préférer » une qualification à une autre lorsque les infractions étaient punies d'une même peine (v. Crim. 12 mai 2021, nº 20-81.014 (§ 23), P).

Le fondement normatif de cette jurisprudence paraissait en outre fragile. En **premier lieu**, C. pén., art. 132-3, règle clairement l'office du juge pénal dans le cas où « *la personne poursuivie est reconnue coupable de plusieurs infractions en concours* », en se bornant dans un tel cas à prohiber, non une double déclaration de culpabilité mais seulement le cumul des peines de même nature, ceci dans l'intérêt de la personne condamnée et en vertu du principe *non bis in idem*, ici appliqué selon l'intention et la conception explicitement retenues par le législateur. En **deuxième lieu**, marquant là encore sa préférence pour le cumul des qualifications applicables, le législateur règle de manière spécifique certains concours de qualifications en imposant le cumul des peines, par dérogation au C. pr. pén., art. 132-3 (ex. usurpation d'identité, C. pén., art. 423-23, v. nº **25.55** ; évasion, C. pén., art. 434-31, v. nº **25.59** ; rébellion, C. pén., art. 433-9, v. nº **25.12** ; refus de prélèvements génétiques (C. pr. pén., art. 706-56 II, v. nº **25.35**), refus de dépistage de MST (C. pr. pén., art. 706-47-2, v. nº **25.35**), situations qui sont donc incompatibles avec la notion d'action unique caractérisée par une seule intention coupable. En **troisième lieu**, le législateur prévoit explicitement le cumul des sanctions d'amende applicables aux contraventions en concours entre elles ou avec d'autres crimes ou délits (C. pén., art. 132-7). Sans jamais prohiber une déclaration de culpabilité pour chacun des chefs de prévention, la jurisprudence tempère certes cette règle de cumul des peines d'amende lorsque les infractions « *procèdent d'une même action coupable* », mais la maintient lorsque les infractions « *diffèrent en leurs éléments constitutifs* » (Crim. 8 mars 1972, n° 71-90.058, P n° 89 ; Crim. 7 janv. 1998, n° 97-82.988, P n° 4).

Cette jurisprudence laissait enfin sans réponse plusieurs questions de principe. Elle permettait ainsi à l'auteur d'échapper aux règles de la **récidive** pour les infractions, pourtant effectivement commises, qui avaient été écartées au profit de la qualification retenue. Elle laissait sans répression une partie de l'*iter criminis* (chemin, cheminement ou processus criminel) pour ne s'attacher, en substance, qu'à son aboutissement, alors que l'auteur a accompli dans l'espace-temps une ou plusieurs autres infractions tentées ou consommées dans toutes leurs composantes matérielles et intentionnelles. Elle permettait enfin à l'auteur d'échapper aux **peines complémentaires** applicables aux infractions considérées comme le « *préalable nécessaire* » de l'infraction finalement seule retenue ainsi qu'au régime d'exécution des peines propre aux infractions ainsi écartées. Sans préjudice des questions posées par la **place de la victime** dans une affaire dans laquelle, par application de la jurisprudence Crim. 12 mai 2021, n° 20-81.014 précitée, l'infraction de moyen (ex. port d'une arme de guerre) devait être retenue comme plus sévèrement réprimée tandis que devait être écartée l'infraction de résultat qui était la cause de son préjudice (ex. menace avec arme) (pour une illustration : Crim. 18 mars 2020, n° 19-83.358 ; v. également, illustrant les excès de logique formelle de cette jurisprudence : Crim. 30 juin 2021, n° 20-84.946, D).

• **Le revirement de la jurisprudence.** La Ch. crim., relevant que « *la Cour européenne des droits de l'homme admet que des faits identiques puissent faire l'objet de poursuites successives dès lors que celles-ci, prévisibles, unies par un lien matériel et temporel suffisamment étroit, s'inscrivent dans une approche intégrée et cohérente du méfait en question et permettent de réprimer les différents aspects de l'acte répréhensible, à condition qu'elles ne génèrent pas d'inconvénient supplémentaire pour la personne poursuivie, ne conduisent pas à lui faire supporter une charge excessive, et se limitent à ce qui est strictement nécessaire au regard de la gravité de l'infraction (CEDH, arrêt du 8 octobre 2020, Bajcic c/ Croatie, n° 67334/13 ; CEDH, arrêt du 31 août 2021, Galovic c/ Croatie, n° 45512/11)* » (§ 22), juge désormais que « *l'interdiction de cumuler les qualifications lors de la déclaration de culpabilité doit être réservée, outre à la situation dans laquelle la caractérisation des éléments constitutifs de l'une des infractions exclut nécessairement la caractérisation des éléments constitutifs de l'autre, aux cas où un fait ou des faits identiques sont en cause et où l'on se trouve dans l'une des deux hypothèses suivantes* » (la notice explicative de l'arrêt donne l'exemple de l'homicide involontaire et du meurtre) (§ 28) ; « *Dans la première, l'une des qualifications, telles qu'elles résultent des textes d'incrimination, correspond à un élément constitutif ou une circonstance aggravante de l'autre, qui seule doit alors être retenue* » (la notice explicative cite l'exemple du viol, qui lorsqu'il est commis par violence, ne peut être retenu concomitamment au délit de violence, de même pour le vol avec violence) (§ 29) ; « *Dans la seconde, l'une des qualifications retenues, dite spéciale, incrimine une modalité particulière de l'action répréhensible sanctionnée par l'autre infraction, dite générale* » (la notice explicative précise ainsi que ne peuvent être retenus concomitamment les crimes d'assassinat et d'empoisonnement (§ 30) (Crim. 15 déc. 2021, n° 21-81.864, P).

Par ailleurs, « *le moyen, qui invoque pour la première fois devant la* **C. cass.** *la violation du principe ne bis in idem en cas de poursuites concomitantes, est irrecevable* » (§ 6), « *en effet, [...], ce principe n'est pas d'ordre public* » (§ 7) (Crim. 15 févr. 2022, n° 20-81.450, P).

Selon la notice explicative, « *cette solution ne concerne pas l'hypothèse où le principe ne bis in idem est invoqué à l'occasion de poursuites successives. En effet, dans ce cas, ce principe concourt également à préserver l'autorité des décisions de justice et la sécurité juridique. La chambre criminelle juge en conséquence que l'exception prise de sa violation est dès lors un moyen d'ordre public qui peut être soulevé à tout moment de la procédure et notamment pour la première fois devant la Chambre criminelle, à condition que cette cour trouve dans les constatations des juges du fond les éléments nécessaires pour en apprécier la valeur (Crim. 13 nov. 1989, P n° 408 ; Crim. 8 déc. 1993, P n° 377)* ».

3. L'exclusion des qualifications incompatibles

Par ailleurs, l'opération de qualification ou de requalification consiste à écarter, au profit des infractions principales, les qualifications incompatibles, pour lesquelles la personne devra être renvoyée des fins de la poursuite (relaxée ou acquittée). Le principe directeur de cette opération, qui ne soulève pas de difficultés relatives au périmètre de saisine du juge, pourrait notamment être « *on ne peut reprocher une infraction et son contraire* ». Lorsque les buts poursuivis par une infraction sont par essence en contradiction avec ceux d'une autre, seule l'infraction principale doit en effet être retenue.

Peuvent être cités les exemples suivants de qualifications incompatibles :

• Des faits de non-dénonciation de crime (nº **25.27**), de destruction de preuves (nº **25.37**) ou de non-assistance à personne en péril (nº **25.25**) ne peuvent être reprochés au complice d'un meurtre. Il en est autrement pour les infractions de blessures ou d'homicide involontaires, qui peuvent en effet s'accompagner de poursuites pour non-assistance à personne en péril ou destruction de preuves ou de délit de fuite.

• Des destructions volontaires par incendie (v. nº **22.68**) ne peuvent être reprochées en même temps que l'abstention volontaire de combattre le sinistre (v. nº **25.26**).

• Une personne poursuivie pour détention de cannabis (v. nº **28.4**) ne peut se voir reprocher les destructions de preuves pour avoir jeté cette substance par la fenêtre lors de son interpellation (v. nº **25.37**).

• Des faits de recel sont incompatibles avec l'infraction principale dont provient la chose recelée, « *selon une jurisprudence constante et ancienne* » (Crim. 29 juin 1848, B., nº 192 ; Crim. 2 déc. 1971, nº 71-90.215, P nº 337) » (§ 7) (Crim. 13 avr. 2022, nº 19-84.831, P, v. nº **22.45**). Ainsi le coauteur d'un vol de véhicule automobile ne peut être poursuivi pour le recel de ce même véhicule. La jurisprudence admet cependant des poursuites pour recel et pour *complicité* de l'infraction principale (Crim. 9 févr. 1967, nºs 66-90.031, 66-92.501, P nºs 61 et 62). En revanche, l'infraction de blanchiment, infraction autonome, peut être poursuivie à l'encontre de l'auteur de l'infraction dont proviennent les fonds blanchis (C. pén., art. 324-1 ; Crim. 9 déc ; 2015, nº 15-83.204, P ; Crim. 14 juin 2017, nº 16-84.921, NP ; Crim. 17 janv. 2018, nº 17-82.2018 ; v. nº **22.49**).

4. La requalification portant sur le caractère intentionnel ou non intentionnel de l'infraction

Une juridiction saisie d'une infraction non intentionnelle, en l'espèce des blessures involontaires, est fondée à requalifier les faits en blessures volontaires (Crim. 16 févr. 2005, nº 04-82.398, D). Sur l'incidence de la requalification sur la compétence du juge, v. nº **17.17B**.

C. Le périmètre de la saisine, première limite du juge

1. La juridiction ne peut se saisir elle-même

La procédure pénale « *doit garantir la séparation des autorités chargées de l'action publique et des autorités de jugement* » (C. pr. pén., art. préliminaire). Le tribunal ne peut donc se saisir lui-même.

L'opération de requalification ne peut alors conduire à étendre la saisine aux faits non visés par la partie poursuivante, même s'ils sont matérialisés dans les procès-verbaux ou pièces soumis au juge. Le tribunal est saisi *in personam* (à raison de la personne) et ne peut donc condamner une personne non poursuivie. Il est aussi saisi *in rem* (à raison des faits), mais cette saisine s'entend des *seuls faits matériels énoncés dans l'acte de poursuite,* à savoir la citation ou la prévention. Si des faits non visés aux poursuites apparaissent à la lumière des débats, le tribunal ne peut alors, sans réquisitions préalables de poursuites du parquet (qui devront indiquer le délit poursuivi et le texte qui le réprime), demander au prévenu de comparaître volontairement sur le fondement de C. pr. pén., art. 388 et 389. Ces dispositions, qui dispensent en effet du formalisme de la citation lorsque le prévenu consent à comparaître volontairement sur des faits pour lesquels il n'a pas été régulièrement cité, ne confèrent pas au tribunal la faculté de se substituer au ministère public ou à la partie civile dans l'exercice des poursuites. En effet « *la comparution volontaire suppose, au préalable, la mise en mouvement de l'action publique dans les conditions prévues par l'article 1er du code de procédure pénale* » et « *à défaut de poursuites engagées à son encontre, la seule comparution volontaire d'une personne ne saurait mettre en mouvement l'action publique* » (Crim. 2 févr. 2016, n° 15-82.790, P n° 25).

La C. cass. fournit ainsi quelques exemples clairs de censure du juge qui, sous couvert de requalification, a statué sans « *l'acceptation expresse du prévenu d'être jugé sur des faits et circonstances non compris dans la poursuite* » : recel requalifié en abus de confiance (le « détournement » qui caractérise l'abus de confiance ne figure pas dans les éléments constitutifs du recel), violences volontaires requalifiées en omission de porter secours (« l'abstention volontaire » n'est pas « violence volontaire »).

Il est plus récemment affirmé que « *s'il appartient aux juges répressifs de restituer aux faits dont ils sont saisis leur véritable qualification, c'est à la condition de n'y rien ajouter ou de ne pas substituer des faits distincts à ceux de la prévention, sauf acceptation expresse par le prévenu d'être jugé sur des faits et circonstances non compris dans la poursuite* » (§ 5), est alors censurée la requalification de faits de menaces réitéréées de mort (C. pén., art. 222-17, v. n° **20.49**) en provocation directe à des actes de terrorisme (C. pén., art. 421-2-5, v. n° **35.24**) dès lors que « *les faits retenus par la cour d'appel pour affirmer le caractère terroriste des actes à la commission desquels il était provoqué n'étaient pas compris dans la citation, laquelle ne visait par ailleurs aucun propos portant sur des actes en relation avec une entreprise individuelle ou collective ayant pour but de troubler gravement l'ordre public par l'intimidation ou la terreur* » (§ 10) (Crim. 10 janv. 2023, n° 20-85.968, P).

2. Le fait matériel poursuivi fixe le périmètre du juge

La question des limites du pouvoir de requalification est en soi délicate et la jurisprudence fournit des repères variables selon les infractions. On peut néanmoins considérer que le juge ne peut requalifier que lorsque *des faits et circonstances matériels décrits dans l'acte de poursuite, abstraction faite de leur qualification juridique, recouvrent les éléments constitutifs d'une autre infraction protégeant un intérêt comparable au profit de la même victime.*

La date des faits constitue notamment l'un des éléments fixant la matérialité de l'infraction reprochée, autrement dit la cause de l'accusation. Sans ajouter au fait poursuivi, le juge peut être amené à préciser son périmètre temporel dans les conditions qui suivent : « *lorsque la juridiction constate que le fait poursuivi n'a pas été commis à la date visée par la prévention, mais à une autre date qu'elle détermine, elle en demeure saisie* » (§ 9) ; « *le fait n'étant alors pas distinct de celui visé par la prévention, il n'y a pas lieu de recueillir l'accord de la personne poursuivie pour être jugée sur ce fait commis à une autre date* » (§ 10) ; « *cependant, hors le cas d'une erreur matérielle, la restitution au fait de son exacte date est de nature à emporter des conséquences juridiques au regard, notamment, de la qualification, de la prescription, de la détermination de la loi applicable ou de la compétence de la juridiction* » (§ 11) ; « *modifiant les termes du débat devant la juridiction de jugement, elle affecte l'exercice de leurs droits par les parties* » (§ 12) ; « *en conséquence, les juges ne peuvent retenir, pour entrer en voie de condamnation, une date autre que celle visée par la prévention, sans que le prévenu ait été invité à s'expliquer sur cette modification* » (§ 13) (Crim. 15 mars 2023, n° 21-87.389, P).

En revanche, l'extension de la prévention sur une période qui n'était pas initialement visée réclame « *l'accord préalable du prévenu* » (§10) (Crim. 20-86.519., 9 sept. 2020, n° 19-83.416, D, pour des usages de faux ; dans le même sens, pour des actes matériels commis à des dates non visées dans la prévention : manœuvres constitutives d'escroquerie : Crim. 20 avr. 2017, n° 16-81.452, P n° 114 ; Crim. 14 oct. 2015, n° 14-84.747 ; remise de fonds caractérisant l'escroquerie : Crim. 16 mai 2018, n° 17-81.311 ; actes caractérisant la prise illégale d'intérêt : Crim. 25 oct. 2017, n° 16-85.248, D ; infraction au régime des eaux de surface : Crim. 12 juin 2019, n° 18-82.680, D).

3. Le cas des circonstances aggravantes personnelles et réelles

• S'agissant de la **circonstance aggravante personnelle de récidive**, la jurisprudence admettait qu'elle pouvait être relevée d'office par la juridiction lorsqu'elle n'était pas visée dans l'acte de saisine. À condition toutefois, application du principe général du contradictoire, que le prévenu ait été mis en mesure de s'expliquer sur ce point (Crim. 20 mars 1996, n° 95-83.060, P n° 123). Cette solution a été consacrée et renforcée par C. pén., art. 132-16-5 (réd. issue L. n° 2005-1549, 12 déc. 2005) qui prévoit que la personne poursuivie doit être mise en mesure d'être assistée d'un avocat et de faire valoir ses observations (v. aussi récidive, n° **18.5A3**). Aux mêmes conditions, l'état de récidive peut être relevé d'office par la juridiction du second degré, même si les premiers juges ne l'ont pas fait (Crim. 16 mai 2018, n° 11-87.213, NP). Notons que le relevé de cette récidive est sans incidence sur la compétence du juge unique (C. pr. pén., art. 398, mod. par L. n° 2005-1549, 12 déc. 2005).

• S'agissant des **circonstances aggravantes réelles** (arme, effraction, réunion, etc.), le principe de la saisine *in rem* devrait interdire au tribunal de s'en saisir d'office lorsqu'elles ne sont pas visées dans l'acte de poursuite et la comparution volontaire du prévenu devrait en conséquence s'imposer. Toutefois l'examen des circonstances de fait entourant le fait principal entre dans l'office du juge puisqu'il a clairement la faculté de relever d'office l'existence des circonstances aggravantes, quand bien même ont-elles été écartées à dessein par le parquet ou la partie civile, lorsqu'il s'estime incompétent au profit de la juridiction supérieure (v. n^{os} **17.15A** et **17.15B**). C'est ainsi, « *sans excéder les limites de sa saisine que la cour d'appel a pris en considération une circonstance du fait principal se rattachant à lui et propre à le caractériser* » (Crim. 10 mars 1977, n° 75-91.224, P n° 92), ou que « *s'il était interdit au juge du fond de statuer sur des faits distincts autres que ceux qui lui étaient déférés, il lui appartenait de retenir tous ceux qui, bien que non expressément visés dans le titre de poursuite, ne constituaient que des circonstances du fait principal, se rattachant à lui, propres à le caractériser et à lui restituer sa véritable qualification* » (Crim. 9 juill. 1980, n° 79-94.650, P n° 222).

Quant à la cour d'assises, qui a plénitude de juridiction (C. pr. pén., art. 231), elle peut se saisir des circonstances aggravantes non mentionnées dans l'acte de saisine, le président doit alors poser une ou plusieurs questions spéciales (C. pr. pén., art. 350, v. n° **17.33**).

4. Des exemples de requalification

a. Personne prévenue de tentative de vol avec effraction dans un local d'habitation (v. n° **22.5**) : les débats montrent que l'intéressé n'a fait que dormir dans les lieux sans rien y soustraire ; mais l'effraction et l'introduction dans les lieux, qui caractérisaient la tentative de vol, suffisent à matérialiser l'infraction de violation de domicile (v. n° **22.54**). Les qualifications protègent le même intérêt individuel au profit de la même victime : la protection du domicile et de la propriété. La requalification inverse ne serait pas possible, la soustraction, propre au vol, n'étant pas comprise dans les éléments constitutifs de la violation de domicile.

b. Personne prévenue du vol d'un véhicule dans lequel elle a été interpellée : les débats révèlent qu'elle n'a pas participé au vol initial, mais été transportée en connaissance de cause dans le véhicule volé. L'usage du véhicule, qui matérialisait selon les poursuites la soustraction frauduleuse, pourra caractériser le recel (v. n° **22.45**), dont les composantes sont la « détention » ou le « bénéfice en connaissance de cause » d'une chose provenant d'un délit. Les qualifications protègent le même intérêt individuel au profit de la même victime : la propriété, et les éléments matériels du vol et de recel se recoupent ici. Au moins dans un sens, car à l'inverse, un prévenu de recel ne pourrait en effet être condamné sans son acceptation sous la qualification de vol, la « soustraction » qui caractérise ce dernier délit n'étant pas contenue dans les éléments matériels du recel (Crim. 22 nov. 1994, nº 94-80.387, P nº 370).

c. Personne poursuivie pour violences volontaires avec ITT < 8 jours commises à l'aide d'une arme blanche aux abords d'un établissement scolaire (v. nº **20.29**). Le fait matériel, établi et non contesté, sous tend nécessairement l'infraction de port sans motif légitime d'arme de catégorie D, apportée sur la voie publique (v. nº **26.31**). Le tribunal, sauf à susciter d'abord les poursuites du parquet et la comparution volontaire du prévenu, ne pourra mieux qualifier les faits sous les chefs, d'une part de violences aggravées, d'autre part de port illicite d'arme de catégorie D, ces infractions protégeant des intérêts distincts, l'un individuel (l'intégrité physique), l'autre général (la sécurité publique).

d. Personne poursuivie pour outrages au préjudice de Marcel Durand, gardien de la paix, la procédure ou les débats montrent que Dominique Dupond a également été victime des mêmes faits. Le tribunal ne pourra étendre les poursuites par simple requalification.

e. Personne poursuivie pour extorsion (v. nº **22.14**) et port d'arme de la catégorie D (v. nº **26.31**). Il s'avère que l'arme visée relève de la catégorie B. On admet que le tribunal requalifie cette dernière infraction en port illicite d'arme de la catégorie B (v. nº **26.29**), l'élément matériel (le port d'une arme) et l'intérêt protégé (la sécurité publique) étant identiques dans l'un et l'autre cas.

f. Personne poursuivie pour banqueroute par détournement d'actif d'une personne morale (v. nº **33.29**). S'il s'avère que la qualité de dirigeant de droit ou de fait du prévenu n'est pas établie. Le tribunal pourra requalifier en abus de confiance, l'élément matériel (le détournement, qui suffit à caractériser l'abus de confiance) et l'intérêt protégé (le patrimoine de la personne morale) étant identiques dans les deux cas. La requalification inverse ne paraît pas possible, certaines composantes du délit de banqueroute par détournement d'actif, notamment tenant à la qualité de l'auteur, à l'existence d'une procédure collective, ne figurant pas parmi les éléments matériels de l'abus de confiance.

g. Personne poursuivie comme auteur et condamnée comme complice. Si la requalification est dans ce cas possible, il reste que la matérialité de la complicité est distincte de celle de l'action de l'auteur principal, est inversement. La requalification ne peut donc être opérée sans respect du contradictoire, lorsque « *la complicité ne constituait pas un élément intrinsèque de l'accusation initiale* » (§ 61) (CEDH 25 mars 1999, *Pélissier et Sassi*, req. nº 2544-94 ; dans le même sens CEDH, 24 juin 2021, *Duménil c/ France*, req. nº 63418/13, § 24).

D. Le respect du contradictoire, deuxième limite du juge

La CEDH estime, au visa de Conv. EDH, art. 3, § 3, que la juridiction ne saurait, sans porter atteinte au droit d'être informé de manière détaillée de la nature et de la cause de l'accusation, faire usage du droit de requalifier les faits dont elle est régulièrement saisie, en ne donnant pas à la personne mise en cause la possibilité d'organiser sa défense au regard de la nouvelle qualification (CEDH 25 mars 1999, *Pélissier et Sassi*, req. nº 2544-94, §§ 62 et 63 ; dans le même sens : CEDH, 19 déc. 2006, *Mattei c/ France*, req. nº 34043/02, § 36). C'est ainsi que, « *s'il appartient aux juges répressifs de restituer aux faits dont ils sont saisis leur véritable qualification, c'est à la condition que le prévenu ait été mis en mesure de présenter sa défense sur la nouvelle qualification envisagée* » (Crim. 16 mai 2001, nº 00-85.066, P nº 128).

Il en est également ainsi lorsque le juge détermine autrement la date des faits (v. arrêt détaillé en **C2** ci-dessus : Crim. 15 mars 2023, nº 21-87.389, P).

Précisons que la CEDH entend par « *cause de l'accusation* » les « *faits matériels qui sont mis à sa charge et sur lesquels se fonde l'accusation* », et par « *nature de l'accusation* » « *la qualification juridique donnée à ces faits* » (CEDH, 25 juill. 2000, *Mattoccia c/ Italie*, req. nº 23969/94, § 59).

Selon le droit de l'Union, la requalification constitue un changement de l'accusation et doit donc être précédée de l'information de la personne poursuivie. En effet, selon la directive n° 2012/13/UE, 22 mai 2012, dite directive B, « *tout changement relatif aux éléments de l'accusation intervenant au cours de la procédure pénale qui affecte sensiblement la position du suspect ou de la personne poursuivie devrait leur être communiqué, si cela est nécessaire pour garantir l'équité de la procédure et en temps utile pour permettre un exercice effectif des droits de la défense* » (consid. 29), en conséquence, « *les États membres veillent à ce que les suspects ou les personnes poursuivies soient rapidement informés de tout changement dans les informations fournies en vertu du présent article, lorsque cela est nécessaire pour garantir le caractère équitable de la procédure* » (art. 6 4).

Dans le cas où la saisine de la juridiction a été régulièrement étendue à des faits non visés par les poursuites initiales, les réquisitions complémentaires du parquet suivies de la comparution volontaire du prévenu, ainsi que les débats, assureront nécessairement le contradictoire, principe directeur du procès pénal.

Mais s'agissant de la requalification proprement dite, la jurisprudence désormais constante exige que le prévenu ait été mis en mesure de présenter sa défense sur la nouvelle qualification envisagée. Ce qui impose au tribunal, si le ministère public, le prévenu ou la partie civile, n'ont déjà abordé cette question, de la soumettre d'office aux parties, d'accueillir les notes en délibéré, voire de rouvrir les débats. Ces éléments devront en tout état de cause être transcrits dans les notes d'audience et le jugement.

Il devrait en être ainsi même dans le cas où la qualification choisie est moins sévèrement réprimée ou étroitement comparable à celle visée dans le titre de poursuite (ex. : vol avec effraction requalifié en violation de domicile, banqueroute requalifiée en complicité de banqueroute), une décision de condamnation faisant en effet toujours grief ; le prévenu pouvant au surplus avoir de justes motifs de considérer que l'infraction initialement reprochée n'était pas caractérisée. En revanche, le retranchement de circonstances aggravantes par voie de requalification (ex. blessures involontaires délictuelles requalifiées en blessures contraventionnelles) n'impose pas à la juridiction d'inviter le prévenu à s'expliquer sur la nouvelle qualification (Crim. 7 févr. 2006, n° 05-83.288, D).

Le respect du principe du contradictoire interdit par hypothèse la requalification lorsque le prévenu ne comparaît pas, tel est le cas lorsque le juge statue par défaut (Crim. 5 janv. 2005, n° 04-82.524 P n° 9). Toutefois, la requalification reste possible si le prévenu est représenté, « *l'avocat du prévenu, qui le représentait valablement, ayant été en mesure de présenter la défense de son client sur la nouvelle qualification envisagée* » (Crim. 27 nov. 2018, n° 17-87.385, P n° 199).

E. L'interdiction de requalifier dans certains cas

La loi fait dans certains cas interdiction au tribunal de faire usage de son pouvoir de requalification, et prévoit que les poursuites doivent être introduites et terminées selon les mêmes textes : tromperies ou fraudes (C. consom., art. L. 216-4, v. n° **30.10**) ; obstacle aux fonctions des agents de la DDCCRF (C. consom., art. L. 216-4 et L. 217-10, v. n° **30.41**). Ces dernières dispositions n'ont toutefois pas été reprises dans l'Ord. n° 2016-301, 14 mars 2016, recodifiant le C. consom.

En matière de presse, la jurisprudence, interprétant les articles 50 et 53 de L. 29 juill. 1881, considère que la qualification est définitivement fixée par l'acte de poursuite et, sous certaines nuances, que le tribunal ne peut requalifier (v. n° **35.13**).

F. L'incidence de la requalification sur la compétence du juge (renvoi)

V. n° **17.17B**.

17.33 Le formalisme de la requalification devant la juridiction criminelle : les questions principales, spéciales et subsidiaires

A. La qualification et la requalification sont subordonnées à l'énoncé préalable des questions soumises au délibéré de la juridiction criminelle

Sous les principes décrits au n° **17.32**, l'opération de requalification s'effectue selon des règles formelles particulières et strictes devant la cour d'assises ou la cour criminelle départementale (sur cette juridiction, v. n° **17.15B2**). Précisons, pour la compréhension des développements qui suivent, que sous réserve d'adaptations la cour criminelle départementale « *applique les dispositions [...] relatives à la cour d'assises* » mais qu'« *il n'est pas tenu compte des dispositions qui font mention du jury ou des jurés* » (C. pr. pén., art. 380-19, issu L. n° 2021-1728, 22 déc. 2021).

Tout d'abord, la juridiction criminelle doit délibérer et voter sur la culpabilité, autrement dit sur sa saisine, telle que déterminée par l'ordonnance de mise en accusation (OMA) ou, en cas d'appel de cette ordonnance, par l'arrêt de mise en accusation (AMA). Ainsi, « *c'est à tort que, le demandeur ayant été mis en accusation pour le crime de séquestration, la présidente a posé une question subsidiaire relative au crime distinct d'enlèvement* », dont les éléments constitutifs diffèrent en effet (Crim. 22 févr. 2023, n° 21-86.080, P ; dans le même sens : Crim. 30 oct. 1996, n° 95-85.744, P n° 385).

Dans les limites de l'acte d'accusation, le délibéré ne pourra donc porter, par vote « *par bulletins écrits et par scrutins distincts et successifs* » (C. pr. pén., art. 356) que sur « *les questions auxquelles la cour et le jury ont à répondre* » (C. pr. pén., art. 348), selon les règles de majorité précisées au n° **18.7B2** (C. pr. pén., art. 359, 360 et 362). « *Une question est posée sur chaque fait spécifié dans le dispositif de la décision de mise en accusation. Chaque circonstance aggravante fait l'objet d'une question distincte* » (C. pr. pén., art. 349). Une question unique portant à la fois sur le chef d'accusation et sur une circonstance aggravante est donc prohibée comme entachée de complexité. Mais cette irrégularité ne donne lieu à cassation que si le demandeur justifie d'un grief. Tel n'est pas le cas « *en l'absence d'incertitude sur la conviction de la cour d'assises* » (Crim. 14 sept. 2022, n° 22-80.118 (§ 13), P).

Précisons que la juridiction criminelle délibère également par questions « *sur les causes d'irresponsabilité pénale* » (C. pr. pén, art. 349-1 et art. 356), plus particulièrement, lorsqu'elle est saisie en application de C. pr. pén., art. 706-120, selon les questions type énoncées au C. pr. pén., art. D. 47-37-5 et D. 47-37-6 issus D. n° 2022-657, 25 avr. 2022, ou dans les autres cas selon celles prévues au C. pr. pén., art. 349-1 (sur l'irresponsabilité pénale pour trouble mental, C. pén., art. 122-1, v. n° **14.28**).

Mentionnons qu'au stade de l'appel, lorsque ce recours a été limité à la peine, « *les dispositions relatives aux questions sur la culpabilité ne sont pas applicables* » (sur la limitation de l'appel à la peine, v. n° **19.12A2**) (C. pr. pén., art. 380-2-1 A issu L. n° 2019-222, 23 mars 2019, applicable depuis le 1er juin 2019).

S'il résulte des débats une ou plusieurs circonstances aggravantes (ex. préméditation, arme, réunion, vulnérabilité de la victime), non mentionnées dans la décision de renvoi, le président pose une ou plusieurs questions dites « *spéciales* » (C. pr. pén., art. 350).

La cour est tenue de statuer préalablement sur les **questions principales** résultant de la décision de renvoi, puis sur les **questions spéciales** se rattachant à ces faits.

Ce n'est qu'après avoir statué sur ces questions que la cour, après y avoir répondu négativement, pourra, de manière alternative, statuer sur « *une qualification légale autre que celle donnée par la décision de mise en accusation* » (C. pr. pén., art. 351).

Là encore, la cour ne pourra statuer sur cette qualification alternative que si, avant la clôture des débats, « *une ou plusieurs questions subsidiaires* » ont été posées et lues par le président (C. pr. pén., art. 351). Il apparaît d'ailleurs que le président est tenu de poser ces questions si les débats montrent que le fait relève d'une autre qualification (si L. n° 2018-703, 2 août 2018 a substitué l'expression « *pose* » à celle de « *doit poser* », cette réécriture de C. pr. pén., art. 351 contient toujours une prescription s'imposant au président). Ces questions subsidiaires permettent notamment de requalifier des faits principaux en **complicité** de ces faits (ex. Crim. 22 juin 2005, n° 04-85.023, D), d'incriminer le complice comme auteur du **fait principal** (ex. Crim. 25 mai 2005, n° 04-87.833, D ; Crim. 31 mai 1929, P n° 160), le complice comme auteur d'une tentative (ex. Crim. 26 mai 1983, n° 83-90.012, P n° 158).

Aucune disposition n'interdit aux parties de solliciter que des questions spéciales ou subsidiaires soient posées et elles peuvent soulever un incident contentieux sur ces questions (C. pr. pén., art. 352), sur lequel la cour, sans les jurés, tranchera par arrêt incident (C. pr. pén., art. 316).

Sauf si les questions sont posées dans les termes de la décision de mise en accusation, ou renonciation de l'accusé ou de son défenseur, le président donne obligatoirement lecture des questions avant la clôture des débats (C. pr. pén., art. 348).

La Ch. crim. juge que les exigences du procès équitable prévues dans Conv. EDH, art. 6§3, notamment celle de faire connaître dans le plus court délai la nature et la cause de l'accusation et celle de disposer du temps et des facilités nécessaires à la préparation de la défense, imposent au président de **prévenir les parties, avant les plaidoiries et réquisitions**, que des questions spéciales ou subsidiaires seront posées (Crim. 10 mai 2012, n° 11-81.437, P n° 114). Ces exigences sont désormais consacrées par L. n° 2018-703, 2 août 2018, qui prévoit que « *le président ne peut poser une ou plusieurs questions prévues aux articles 350* [questions spéciales] *ou 351* [questions subsidiaires] *que s'il en a préalablement informé les parties au cours des débats et au plus tard avant le réquisitoire, afin de permettre à l'accusé et à son avocat de faire valoir toutes les observations utiles à sa défense* » (C. pr. pén., art. 351-1 issu L. n° 2018-703, 2 août 2018).

Si les formalités relatives aux questions sont en principe substantielles, il en est autrement lorsque la cour d'assises n'est saisie que du seul renvoi d'un accusé auquel il est uniquement reproché un délit connexe à un crime ; si elle statue sans jurés en application de C. pr. pén., art. 286-1 et qu'il n'est pas prévue de dérogation à l'obligation d'établir une feuille de question, l'arrêt n'encourt pas la censure en son absence dès lors que l'intéressé a été déclaré coupable dans les termes de l'arrêt de renvoi, que la feuille de motivation énonce les motifs de la déclaration de culpabilité et du choix de la peine et que l'accusé n'a pas sollicité que soient posées d'autres questions que celles résultant de la décision de renvoi (Crim. 29 juin 2022, n° 21-85.699, P).

Soulignons que « *les énonciations de la feuille de motivation permettent de pallier l'imprécision de la formulation d'une question posée à la cour et au jury* », en l'espèce l'omission du mot « volontairement » dans une accusation de dégradation volontaire par incendie (Crim. 20 oct. 2021, n° 21-80.307, P ; dans le même sens, l'omission de la feuille de question étant réparée par les mentions de la feuille de motivation ainsi que par d'autres questions : Crim. 9 mai 2019, n° 18-82.885, P n° 90).

B. La portée pratique des questions spéciales ou subsidiaires sur la qualification et la requalification des faits

Après la clôture des débats, la cour et le jury, ou les membres de la cour criminelle départementale, délibèrent puis votent successivement sur le fait principal, les circonstances aggravantes, puis sur les questions subsidiaires (C. pr. pén., art. 356). S'il est répondu « oui » à la question principale, les questions subsidiaires sont alors déclarées sans objet. Dans le cas contraire, il est procédé au vote sur les questions subsidiaires. Mention des décisions prises est faite sur la feuille de questions (C. pr. pén., art. 363) et ces réponses sont irrévocables (C. pr. pén., art. 365).

La discussion de la qualification des faits en amont des plaidoiries et réquisitions et de la clôture des débats constitue un **point essentiel** car, faute de réponse positive aux questions principales au cours du délibéré, la cour est contrainte de prononcer l'acquittement en l'absence de questions subsidiaires préalablement soumises aux débats permettant d'épouser l'exacte qualification des faits (C. pr. pén., art. 363). En outre, la personne acquittée ne pourra plus être accusée des mêmes faits même sous une qualification différente (C. pr. pén., art. 363).

À titre d'exemple, en cas d'accusation contestée de viol (v. n° **20.72**) à laquelle il est répondu négativement par la cour d'assises faute de preuve de la pénétration sexuelle, l'infraction d'agression sexuelle (v. n° **20.79**), même si elle est établie voire reconnue au cours des débats, ne pourra donner lieu à condamnation que si une question subsidiaire a été préalablement posée. Il en est de même lorsque l'intention homicide n'est pas établie en cas de poursuite pour meurtre (v. n° **20.1**), lorsque la question subsidiaire de coups mortels (v. n° **20.15**) n'a pas été préalablement posée. Un autre exemple, en cas d'accusation d'un majeur pour viol aggravé par la minorité de 15 ans de la victime (v. n° **20.74**), est celui de la question subsidiaire d'atteinte sexuelle sur mineur de 15 ans (v. n° **21.35**).

Contrairement à la jurisprudence antérieure qui imposait, selon la lettre de C. pr. pén., art. 356, de statuer sur les questions principales puis sur les questions subsidiaires (Crim. 19 nov. 1986, n° 86-92.739, P n° 350), il est désormais admis de répondre d'abord aux questions subsidiaires puis de déclarer sans objet les questions principales lorsqu'il n'en résulte « *aucune atteinte portée aux droits de la défense, ni aucune incertitude sur la nature de la décision de la cour et du jury, ni sur ses motifs, en l'état des énonciations de la feuille de motivation* » (Crim. 22 avr. 2020, n° 19-84.253, P).

C. Les questions subsidiaires obligatoires

Pour éviter les cas d'acquittement en cas d'accusation d'un majeur pour viol aggravé par la minorité de 15 ans de la victime (v. n° **20.74**), lorsque l'infraction d'atteinte sexuelle sur mineur de 15 ans (v. n° **21.35**) paraît applicable au lieu de celle de viol aggravé, la L. n° 2018-703, 2 août 2018, impose désormais au président, « *si l'existence de violences ou d'une contrainte, menace ou surprise a été contestée au cours des débats* », de poser « *la question subsidiaire de la qualification d'atteinte sexuelle sur la personne d'un mineur de quinze ans* » (C. pr. pén., art. 351 mod. par L. n° 2018-703, 2 août 2018).

De même, lorsque la question de l'abolition du discernement prévue par C. pén., art. 122-1, al. 1 est posée devant la juridiction criminelle (sur l'irresponsabilité pénale pour trouble mental, C. pén., art. 122-1, v. n° **14.28**), le président est selon les cas tenu de poser la question subsidiaire portant sur l'infraction d'atteinte à la vie commise sous l'empire de substances psychoactives ayant aboli le discernement de l'auteur (C. pén., art. **221-5-6**, sur cette qualification issue L. n° 2022-52, 24 janv. 2022, v. n° **20.5**), d'atteinte à l'intégrité de la personne commise sous l'empire de substances psychoactives ayant aboli le discernement de l'auteur (C. pén., art. **222-18-4**, sur cette qualification issue L. n° 2022-52, 24 janv. 2022, v. n° **20.14**), ou de viol commis sous l'empire de substances psychoactives ayant aboli le discernement de l'auteur (C. pén., art. **222-26-2**, sur cette qualification issue L. n° 2022-52, 24 janv. 2022, v. n° **20.78**), « *s'il apparaît que l'abolition du discernement de la personne ou du contrôle de ses actes est susceptible de résulter d'une consommation volontaire de substances psychoactives* » (C pr. pén., art. 706-139-2 issu L. n° 2022-52, 24 janv. 2022).

D. Le cas particulier de la requalification des faits par la cour criminelle départementale (C. pr. pén., art. 380-20, issu L. n° 2021-1729, 22 déc. 2021)

« *Si la cour criminelle départementale estime, au cours ou à l'issue des débats, que les faits dont elle est saisie constituent un crime puni de trente ans de réclusion criminelle ou de la réclusion criminelle à perpétuité, elle renvoie l'affaire devant la cour d'assises. Si l'accusé comparaissait détenu, il demeure placé en détention provisoire jusqu'à sa comparution devant la cour d'assises ; dans le cas contraire, la cour criminelle départementale peut, après avoir entendu le ministère public et les parties ou leurs avocats, décerner, par la même décision, mandat de dépôt ou mandat d'arrêt contre l'accusé* » (C. pr. pén., art. 380-20, issu L. n° 2021-1729, 22 déc. 2021, sur la cour criminelle départementale, v. n° **17.15B2**).

Notons que le renvoi devant la cour d'assises peut s'opérer « *au cours des débats* » et qu'il n'est donc pas nécessaire que ces derniers soient conduits jusqu'à leur terme ni jusqu'au délibéré consécutif. Il s'en déduit que la décision de renvoi est juridiquement autonome et ne procède pas d'un vote sur des questions préalablement posées en application de C. pr. pén., art. 356.

17.34 La neutralité du magistrat, indépendance et impartialité (Conv. EDH, art. 6, 1°), les obligations statutaires et déontologiques

A. Les principes et les obligations statutaires du magistrat

« *Toute personne a droit à ce que sa cause soit entendue [...] par un tribunal indépendant et impartial.* » (Conv. EDH, art. 6 § 1).

« *Les magistrats veillent à prévenir ou à faire cesser immédiatement les situations de conflit d'intérêts* » (Ord. n° 58-1270, 22 déc. 1958, art. 7-1, issu L. n° 2016-1090, 8 août 2016).

« *Le juge qui suppose en sa personne une cause de récusation ou estime en conscience devoir s'abstenir se fait remplacer par un autre juge spécialement désigné. Le magistrat du ministère public qui suppose en sa personne un conflit d'intérêts, au sens de l'article 7-1 de Ord. n° 58-1270, 22 déc. 1958, art. 7-1 portant loi organique relative au statut de la magistrature, ou estime en conscience devoir s'abstenir se fait remplacer* » (COJ, art. L. 111-7, mod. par L. n° 2016-1547, 18 nov. 2016, pour le ministère public dont l'obligation de déport n'était jusqu'alors prévue que par le recueil des obligations déontologiques du magistrat, art. II. 24 (v. **B** ci-dessous). Précisons que l'absence de déport d'une personne exerçant des fonctions juridictionnelles en cas de conflit d'intérêts est susceptible de caractériser l'infraction de prise illégale d'intérêt prévue par C. pén., art. 432-12-1 créée par L. n° 2021-1729, 22 déc. 2021, pour la confiance dans l'institution judiciaire (v. n° **23.52**, cas **B**).

Pour le magistrat du siège comme pour celui du parquet, « *constitue un conflit d'intérêts toute situation d'interférence entre un intérêt public et des intérêts publics ou privés qui est de nature à influencer ou à paraître influencer l'exercice indépendant, impartial et objectif d'une fonction* » (Ord. n° 58-1270, 22 déc. 1958, art. 7-1, issu L. n° 2016-1090, 8 août 2016).

Le droit interne connaît deux modalités particulières de garantie du principe de neutralité offertes aux parties, la procédure de récusation (v. n° **17.35**) et celle de suspicion légitime (v. n° **17.36A**) (outre celle du dépaysement ouvert au ministère public dans des cas limités, v. n° **17.36B**).

Ces deux voies n'épuisent toutefois pas la matière et peuvent être considérées comme des déclinaisons procédurales du principe du procès équitable prévu par Conv. EDH, art. 6, cadre conventionnel d'appréciation des décisions juridictionnelles. La neutralité du juge peut donc trouver à s'apprécier aussi bien par la voie spéciale de la récusation ou de la suspicion légitime que par la voie plus ordinaire d'un recours (appel, pourvoi en cassation, demande de nullité). Les décisions rendues pour chacune de ces voies sont donc transposables aux autres. Ainsi, selon la motivation généralement employée par la C. cass., sera susceptible de donner lieu à récusation, dessaisissement pour suspicion légitime ou nullité de la décision « *tout élément objectif de nature à faire naître un doute sur l'impartialité du magistrat ou du tribunal saisi de l'affaire* ».

B. Les obligations déontologiques garantissant le devoir de neutralité du juge et du ministère public

Dans la continuité du précédent *Recueil des obligations déontologiques des magistrats* (Dalloz 2010), élaboré et rendu public par le CSM en application de L. org. n° 94-100, 5 févr. 1994, art. 20 (obligations a17, b14, b15, b16, b19, b20, c36, c38, e17, e19), les obligations suivantes, issues de la deuxième version de ce recueil (La documentation française, nov. 2019) encadrent notamment la pratique du traitement des affaires (v. aussi, pour les principes de sérénité de l'audience, v. n° **17.12D**).

I.9. « *S'ils appartiennent à un même corps et exercent leurs fonctions dans un même lieu, les magistrats du siège et du parquet conservent et marquent publiquement leur indépendance les uns vis-à-vis des autres* ». Fiche annexe « *Le magistrat à l'audience* » : « *Les magistrats du siège et du parquet veillent à ce que leur appartenance à un corps unique et leur proximité fonctionnelle ne puissent se traduire par des attitudes et des comportements de nature à créer, chez le justiciable, une impression de confusion entre les fonctions de poursuite et de jugement* ».

II.1. « *Le magistrat doit se tenir à équidistance des parties, de manière à rester impartial et objectif dans l'exercice de ses fonctions. Il ne suffit pas qu'il soit impartial dans l'exercice de ses fonctions, encore faut-il qu'il apparaisse impartial* ».

Fiche annexe « *Le magistrat à l'audience* » :

« *– à l'audience, les magistrats mènent les débats ou y participent, avec tact, autorité sereine et impartialité ;*

– ils accordent un traitement égal à toutes les parties, accusation, défense, partie civile, ainsi qu'à leurs représentants ».

II.2. « *L'impartialité concerne tous les magistrats du siège comme du parquet* ».

II.5. « *Les magistrats du siège ne peuvent, ni dans leur propos ni dans leur comportement, manifester publiquement une conviction jusqu'au prononcé de la décision* ». Fiche annexe « *Le magistrat à l'audience* » : « *le rapporteur ne doit pas montrer que son opinion est formée ou laisser entendre que les explications des parties sont inutiles* ».

II.6. « *En tout lieu, notamment aux abords et dans la salle d'audience, le magistrat ne doit pas apparaître dans une relation de proximité avec l'une ou l'autre des parties ou leurs conseils. S'il s'agit d'un magistrat du siège, il ne doit pas apparaître dans une relation de proximité avec le représentant du ministère public, et réciproquement* ».

II.7. « *Le magistrat qui a exercé des responsabilités à l'extérieur du corps judiciaire doit veiller à ce que son impartialité ne puisse, de ce fait, être mise en cause* ».

II.9. « *Le magistrat doit demander à être dessaisi ou se déporter s'il lui apparaît qu'il a un lien avec une partie, son conseil, un expert, ou un intérêt quelconque à l'instance de nature à faire naître un doute légitime sur son impartialité dans le traitement d'un litige* ».

II.24. Le magistrat « *se déporte, sans attendre une éventuelle récusation, chaque fois qu'une situation peut faire naître dans l'esprit des parties ou du public un doute légitime sur son impartialité tenant à l'existence d'un conflit d'intérêts* ».

IV.9. « *Le magistrat informe les autres membres de la formation de jugement de faits le concernant personnellement, susceptibles d'affaiblir l'image d'impartialité qu'il doit offrir à l'ensemble des parties* ».

VII.18. « *L'attitude du magistrat reste, en toutes circonstances, empreinte de neutralité. Il ne laisse pas transparaître de sentiments personnels, de sympathie ou d'antipathie, vis-à-vis des personnes impliquées dans les causes dont il a à connaître* ».

VII.20. « *Dans les procédures longues et complexes, le magistrat demeure vigilant, se garde de toute opinion arrêtée et conserve une attitude d'écoute attentive, même aux déclarations tardives.* ».

C. Des illustrations du principe de neutralité

1. Les griefs de partialité admis

Est en situation de faire naître un doute sur son impartialité le magistrat :

– visé par une plainte avec constitution de partie civile et statuant sur celle-ci (Crim. 16 mai 2000, n° 99-85.444, P n° 191) ;

– appelé à instruire sur des faits après avoir d'abord opposé un refus d'informer infirmé par la CHINS (Crim. 24 févr. 1999, n° 01446, NP) ou par la C. cass. (Crim. 4 mars 1998, n° 97-86.544, P n° 86) ;

– saisi pénalement de faits qui lui ont déjà été soumis au titre d'une instance disciplinaire (analyse *a contrario* de Crim. 24 janv. 1996, n° 96-80.266, P n° 47) ;

– appelé à siéger au sein de la cour d'assises après avoir, « *en sa qualité de juge des enfants, recueilli la plainte de la victime, entendu la psychologue de l'établissement où elle était élève puis a saisi le procureur de la République des faits dénoncés* » (Crim. 10 janv. 1996, n° 95-81.591, P n° 9) ;

– appelé à informer sur une plainte pour dénonciation calomnieuse alors qu'il était à l'origine d'un communiqué traduisant son opinion sur la culpabilité de la personne visée (Crim. 21 nov. 2001, n° 01-83.057, NP) ;

– appelé à instruire ou à juger une plainte avec constitution de partie civile pour outrage déposée par un collègue de sa juridiction, soutenu dans sa démarche par une motion de l'assemblée générale, contre le bâtonnier, pour sa part soutenu par une délibération du conseil de l'ordre (Crim. 3 nov. 1994, n° 94-84.752, *P n°* 351) ;

– appelé à statuer sur l'appel interjeté contre une ordonnance de non-lieu alors qu'il avait préalablement confirmé une ordonnance de refus d'informer rendue dans la même procédure (Crim. 13 mars 2002, n° 01-82.034, NP) ;

– appelé à statuer sur le fond d'un litige après avoir accordé en référé une provision au motif que l'obligation n'était pas sérieusement contestable (Cass., ass. plén., 6 nov. 1998, n° 94-17.709, P n° 5 ; jurisprudence transposable en matière pénale, le juge des référés pouvant en effet intervenir avant le jugement pénal en application de C. pr. pén., art. 5-1) ;

– appelé à procéder à l'interrogatoire préalable de l'accusé au stade de l'appel alors qu'il avait présidé la formation de première instance « *dès lors qu'au cours de cet interrogatoire, l'accusé, fût-il assisté d'un avocat, a la faculté de faire des déclarations spontanées sur le fond qui seront recueillies par procès-verbal, et de se désister de son appel* » (Crim. 17 avr. 2019, n° 18-83.201) ;

– appelé à présider la cour d'assises chargée de juger l'auteur du meurtre de deux enfants, qui, à l'occasion d'une visite de la scène de crime, sans que le requérant et son conseil n'eussent été informés de cette initiative et en dehors de la présence de quiconque, a rencontré à son domicile la mère des victimes, quand bien même il n'a pas pris part à la délibération sur la culpabilité conformément au droit belge alors en vigueur, car « *la conduite du président a à tout le moins pu faire naître des doutes objectivement justifiés quant à son impartialité objective et ainsi remettre en cause l'impartialité de la cour d'assises elle-même pour connaître du bien-fondé de l'accusation pénale dirigée contre le requérant* » (§ 39) (CEDH 31 août 2021, n° 61344/16, *Karrar c/ Belgique*).

2. Les griefs de partialité rejetés

Il n'y a pas atteinte à l'exigence d'impartialité lorsque le juge :

– s'est prononcé « *sur la prévention reprochée à une personne [qu'il a] déjà condamnée à l'occasion d'une autre procédure suivie contre elle, même si elle concernait des faits similaires* » (Crim. 13 nov. 1997, n° 96-83.506, NP) ;

– a rendu une décision civile concernant la garde d'un enfant mineur et siège dans la formation correctionnelle saisie de l'infraction constituée par l'inobservation de sa décision (Crim. 18 avr. 1983, n° 80-93.436, P n° 110) ;

– n'est pas personnellement concerné par des motifs faisant suspecter son impartialité, lesquels concernent un magistrat composant habituellement la juridiction mais ne figurant pas dans la formation de jugement (Crim. 25 oct. 1994, n° 94-80.639, NP) ;

– d'instruction est allié au magistrat du parquet responsable de la section financière compétente pour le suivi du dossier en cause, « *dès lors qu'il n'est pas établi que le magistrat du ministère public, conjoint du juge d'instruction saisi du dossier, soit, en l'espèce, intervenu dans le déroulement de la procédure* » (Crim. 14 janv. 2003, n° 02-87.062, P n° 6) ;

– a préalablement pris une mesure conservatoire dans la même affaire (Cass., ass. plén., 6 nov. 1998, n° 95-11.006, P n° 4 ; jurisprudence transposable en matière pénale, le juge des référés pouvant en effet intervenir avant le jugement pénal en application de C. pr. pén., art. 5-1) ;

– a exécuté en qualité de magistrat commis un supplément d'information ordonné par le tribunal, ce qui n'implique aucune prise de position sur la culpabilité et ne l'empêche pas de participer ensuite au jugement de l'affaire (Crim. 18 juin 2003, n° 02-85.135, NP – Crim. 19 janv. 2000, n° 99-80.655, P n° 35) ;

– de la CHINS qui a eu à connaître, dans une autre formation de jugement, d'une procédure antérieure et distincte, est amené à connaître et juger des faits nouveaux et connexes à la procédure initiale, relevés dans une procédure postérieure (Crim. 20 juin 2018, n° 17-86.651, P n° 117) ;

– de la chambre des appels correctionnel qui, avant de statuer sur le fond, a eu à statuer sur les demandes de mise en liberté du prévenu, car « *la cour d'appel qui statue sur une demande de mise en liberté déposée dans ces circonstances se détermine au regard des seuls critères énoncés par C. pré. pén., art. 144, sans avoir à se référer aux indices ou aux charges relevés contre l'intéressé, qui ont été appréciés par la décision de condamnation prononcée par le tribunal correctionnel* » (§ 11) et « *les juges n'ont pas, à ce stade, à répondre au moyen du prévenu qui critique le fond de la décision qu'il conteste* » (§ 12) (Crim. 21 juin 2023, n° 22-84.384, P) ;

– malgré le grief d'impartialité objective soulevé contre lui, n'a pas fait l'objet d'une procédure de récusation alors que cette voie était ouverte au requérant en application de C. pr. pén., art. 668 (Crim. 25 sept. 2018, n° 18-84.067, P n° 162 ; Crim. 12 mars 2014, n° 13-81.273, P n° 76) ;

– des libertés et des détentions, du seul fait qu'il a successivement rendu, dans le cadre d'un débat différé, une ordonnance d'incarcération provisoire, puis une ordonnance de placement en détention (Crim. 10 août 2016, P n° 16-83.318, P n° 227) ou qui a rendu « *dans des dossiers différents, des décisions antérieures, dont il n'a pas été démontré que la motivation eût pu avoir une incidence sur l'examen qu'il avait à faire des éléments nouveaux qui lui étaient communiqués* » (Crim. 30 mai 2017, n° 17-81.578, P) ;

– « *il ne saurait être considéré qu'un magistrat* [composant la juridiction correctionnelle d'appel ou la CHINS pour statuer sur une demande de mise en liberté formée en cas de pourvoi en cassation, C. pr. pén., art. 148-1] *statuant sur une telle demande de mise en liberté aurait préjugé de la nécessité de maintenir le prévenu en détention au seul motif qu'il a siégé au sein de la formation de jugement l'ayant condamné à une peine d'emprisonnement assortie d'un mandat de dépôt* » (Cons. const. 4 mai 2023, n° 2023-1047 QPC).

17.35 La neutralité du juge, la procédure de récusation

A. Les causes générales de récusation, conflit d'intérêts et manifestation d'opinion

« *Tout juge ou conseiller peut être récusé [...] 2° Si le juge ou son conjoint ou son partenaire lié par un Pacs ou son concubin, si les personnes dont il est tuteur, subrogé tuteur, curateur ou conseil judiciaire, si les sociétés ou associations à l'administration ou à la surveillance desquelles il participe ont intérêt dans la contestation ; [...] 4° Si le juge ou son conjoint ou son partenaire lié par un Pacs ou son concubin se trouve dans une situation de dépendance vis-à-vis d'une des parties ; [...] 5° Si le juge a connu du procès comme magistrat, arbitre ou conseil, ou s'il a déposé comme témoin sur les faits du procès ; [...] 8° Si le juge ou son conjoint ou son partenaire lié par un Pacs ou son concubin, leurs parents ou alliés en ligne directe ont un différent sur pareille question que celle débattue entre les parties ; [...] 9° S'il y a entre le juge ou son conjoint ou son partenaire lié par un Pacs ou son concubin et une des parties toutes manifestations assez graves pour faire suspecter son impartialité.* » (C. pr. pén., art. 668, mod. par L. n° 2004-204, 9 mars 2004, art. 88, v. aussi, COJ, art. L. 111-6).

La récusation d'un juge peut également être demandée sur le fondement du COJ, art. L. 111-6, celui-ci prévoyant en outre depuis L. n° 2016-1547, 18 nov. 2016, la situation de conflit d'intérêts, au sens de Ord. n° 58-1270, 22 déc. 1958, qui la définit comme « *toute situation d'interférence entre un intérêt public et des intérêts publics ou privés qui est de nature à influencer ou à paraître influencer l'exercice indépendant, impartial et objectif d'une fonction* ».

Ces cas de récusation supposent l'analyse *in concreto* du conflit d'intérêts ou des manifestations du magistrat et de leur effet sur son devoir d'impartialité ou d'indépendance, étant précisé qu'il n'est nul besoin d'une certitude de partialité, mais seulement d'un doute ou d'un soupçon sur l'impartialité.

B. Les causes péremptoires de récusation, l'existence d'un lien de filiation ou d'alliance

« *Tout juge ou conseiller peut être récusé [...] 1° Si le juge ou son conjoint sont parents ou alliés de l'une des parties ou de son conjoint jusqu'au degré de cousin issu de germain inclusivement ; [...] 3° Si le juge ou son conjoint est parent ou allié, jusqu'au degré indiqué ci-dessus, du tuteur, subrogé tuteur, curateur ou conseil judiciaire d'une des parties ou d'un administrateur, directeur ou gérant d'une société, partie en cause ; [...] 6° S'il y a procès entre le juge, son conjoint, leurs parents ou alliés en ligne directe, et l'une des parties, son conjoint ou ses parents ou alliés dans la même ligne.* » (C. pr. pén., art. 668, v. aussi, COJ, art. L. 111-6).

Ces éléments peuvent être considérés comme des causes de récusation « de droit », en ce qu'ils créent une présomption légale de conflit d'intérêts. D'une nature irréfragable, car elle ne pourrait être combattue que par la preuve de faits négatifs impossible à établir (*diabolica probatio, comment prouver qu'une chose n'existe pas ?*). Il serait ainsi discutable de rejeter une requête en récusation, fondée sur l'existence de liens de filiation ou d'alliance au sens de l'article 668, en arguant de l'absence de circonstances de fait faisant concrètement naître le doute sur l'impartialité du juge, la preuve de l'inexistence de la partialité ne pouvant en effet être formellement rapportée.

C. La procédure de récusation

Tout juge d'instruction, juge du tribunal correctionnel, conseiller de la cour d'appel ou de la cour d'assises peut faire l'objet d'une requête en récusation (C. pr. pén., art. 668 et 669).

Cette procédure est également applicable au JLD (Crim. 25 sept. 2018, n° 18-84.067, P n° 162, solution induite).

Statutairement tenus, comme les magistrats du siège, de se déporter en cas de conflit d'intérêts, les **magistrats du ministère public** ne peuvent toutefois faire l'objet d'une requête en récusation (C. pr. pén., art. 669), y compris sous l'angle de Conv. EDH, art. 6, car « *le ministère public ne décidant pas du bien-fondé d'une accusation en matière pénale, le moyen pris de la partialité supposée de ce magistrat est inopérant* » (Crim. 13 juin 2019, n° 18-80.291 ; dans le même sens : Crim. 9 mars 2016, n° 14-86.795 ; Crim. 22 janv. 2002, n° 00-87.324). De même, « *aucun texte légal ou conventionnel n'interdit à un magistrat du ministère public, qui ne décide pas du bien-fondé de l'accusation en matière pénale, de requérir successivement, dans la même affaire, devant le tribunal correctionnel puis devant la cour d'appel* » (Crim. 12 déc. 2018, n° 17-81.034, D). Par la procédure de suspicion légitime, des éléments tenant à la personne du magistrat du parquet peuvent néanmoins donner lieu au dessaisissement de la juridiction (v. n° **17.36A**).

Aucun magistrat ne peut se récuser d'office sans l'autorisation du premier président de la cour d'appel, prise après avis du procureur général (C. pr. pén., art. 674). Mais rien n'interdit au tribunal de renvoyer l'affaire devant une chambre autrement composée. Cette décision de renvoi, mesure de simple administration judiciaire non susceptible de recours, ne saurait faire grief à la partie concernée par une éventuelle cause de récusation (Crim. 22 mai 2001, n° 00-83.794, NP). Le tribunal n'est pas tenu de renvoyer l'affaire à la demande d'une partie qui entend déposer une requête en récusation, car « *la présentation d'une requête en récusation et, a fortiori la simple manifestation d'intention de dépôt d'une telle requête, ne dessaisit pas le magistrat dont la récusation est sollicitée* » (Crim. 14 mai 1991, n° 90-84.149, NP).

À peine de nullité, la demande de récusation doit être formée par requête présentée au premier président de la cour d'appel. Elle doit désigner nommément le ou les magistrats récusés et contenir l'exposé des moyens invoqués avec toutes les justifications utiles à l'appui de la demande (C. pr. pén., art. 669).

La requête ne dessaisit pas le magistrat, mais le premier président peut, après avis de procureur général, suspendre l'information ou les débats ou le prononcé du jugement (C. pr. pén., art. 670).

L'ordonnance statuant sur la requête est prise au vu de l'éventuel mémoire complémentaire du demandeur et de celui du magistrat visé par la récusation, après avis du procureur général. Elle est exécutoire de plein droit et n'est susceptible d'aucun recours (C. pr. pén., art. 671). Toute ordonnance rejetant une demande de récusation prononce la condamnation du demandeur à une amende civile de 75 € à 750 € (C. pr. pén., art. 673) (*N* ***21287.ic***).

L'absence de mise en œuvre d'une procédure de récusation en premier ressort ne rend pas irrecevable la demande de nullité du jugement pour cause de doute sur l'impartialité des premiers juges (analyse *a contrario* de Crim. 13 nov. 1997, nº 96-83.506, NP).

D. Le cas particulier de la récusation des jurés

« *L'accusé ou son avocat d'abord, le ministère public ensuite, récusent tels jurés qu'ils jugent à propos [...]. L'accusé, son avocat, ni le ministère public ne peuvent exposer leurs motifs de récusation.* » (C. pr. pén., art. 297) :

L'accusé ne peut récuser plus de quatre jurés (5 en appel) et le ministère public plus de trois (4 en appel, v. nº 19.12D3) (C. pr. pén., art. 298, réd. L. nº 2011-939, en vigueur au 1er janvier 2012). S'il y a plusieurs accusés, ils peuvent se concerter pour exercer le droit de récusation, ou laisser le sort régler entre eux les récusations, dans la limite du nombre de récusation admis pour un seul accusé (C. pr. pén., art. 299 à 301).

17.36 La neutralité de la juridiction, le dessaisissement pour suspicion légitime et le dépaysement

A. Le renvoi pour cause de suspicion légitime (C. pr. pén., art. 662)

1. La notion de suspicion légitime

« *En matière criminelle, correctionnelle ou de police, la chambre criminelle de la C. cass. peut dessaisir toute juridiction d'instruction ou de jugement et renvoyer la connaissance de l'affaire à une juridiction du même ordre pour cause de suspicion légitime.* » (C. pr. pén., art. 662).

« *La suspicion légitime vise une juridiction, et non un ou plusieurs magistrats de cette juridiction. Si l'indépendance et l'impartialité d'un magistrat sont suspectées, c'est la procédure de récusation [...] qui doit être mise en œuvre [...]. La suspicion n'est légitime que si elle repose sur un motif sérieux de craindre que les magistrats d'une juridiction ne soient pas en mesure de statuer en toute indépendance et en toute impartialité.* » (Circ. Crim. 1er mars 1993).

Ce texte ne définit pas la suspicion légitime ni n'énonce les faits susceptibles de la faire naître. Les causes de récusation énoncées au C. pr. pén., art. 668, pourront constituer des motifs de suspicion légitime, et plus généralement tout élément affectant l'indépendance et l'impartialité de la juridiction au sens de Conv. EDH, art. 6. La suspicion légitime, interprétée par la Ch. crim. à la lumière de cette disposition, résulte de « *tout élément objectif de nature à faire naître un doute sur l'impartialité du magistrat ou du tribunal saisi de l'affaire* » (Crim. 2 juin 1999, nº 99-83.563).

De jurisprudence classique, la requête en suspicion légitime dirigée contre le ministère public est irrecevable (Crim. 27 janv. 1993, nº 92-85.300, P nº 49). À la lettre, l'article 662 n'ouvre en effet cette voie que contre la juridiction d'instruction ou de jugement. Visant à la fois cet article et l'article 6 de Conv. EDH, la C. cass. admet toutefois le principe d'un dessaisissement du tribunal à raison de la personne ou du comportement du parquet : tel le cas où la victime de l'infraction est un magistrat du parquet exerçant dans le tribunal, situation faisant « *craindre que la juridiction [...] n'offre pas les garanties suffisantes d'impartialité* » (Crim. 30 nov. 1994, nº 94-85.539, P nº 392), griefs reprochés aux représentants du ministère public dans la conduite de l'action pénale dans le dossier en cause (analyse *a contrario* de Crim. 24 janv. 1996, nº 96-80.266, P nº 47). Rappelons que dans la doctrine des institutions du conseil de l'Europe, le ministère public épouse la culture du tribunal et doit « *a) agir de façon équitable, impartiale et objective ; b) respecter et faire protéger les droits de l'Homme* » (Conseil de l'Europe, recomm. R (2000) 19, 6 oct. 2000, sur le rôle du ministère public dans le système de justice pénale, art. 24). On peut donc conclure que tout élément susceptible de faire naître un doute sur l'impartialité du ministère public peut le cas échéant retentir sur l'impartialité attendue du tribunal et conduire à son dessaisissement pour suspicion légitime.

2. La requête en suspicion légitime

La requête aux fins de renvoi devant une autre juridiction peut être présentée par les parties, le procureur général près la C. cass. ou le ministère public près la juridiction saisie. À peine d'irrecevabilité (Crim. 5 sept. 1988, nº 88-84.081, P nº 314), elle doit être signifiée à l'initiative du requérant à toutes les parties intéressées, y compris le ministère public, qui ont alors un délai de dix jours pour déposer un mémoire au greffe de la C. cass. La requête ne suspend pas le cours de la procédure, sauf si d'office ou à la demande du requérant la Ch. crim. lui attache un effet suspensif, qui entraîne le dessaisissement provisoire de la juridiction jusqu'à ce qu'il soit statué. L'arrêt ordonnant le renvoi dessaisit définitivement la juridiction (v. C. pr. pén., art. 662 ; Circ. Crim. 1er mars 1993).

Mentionnons qu'après avoir statué en sens contraire (Crim. 16 déc. 2014, nº 14-88.038, P nº 274), la C. cass. admet qu'une QPC puisse être soulevée devant elle à l'occasion d'une requête en suspicion légitime (Crim. 16 nov. 2022, nº 22-85.167, P).

L'absence de mise en œuvre formelle d'une requête en suspicion légitime n'empêche pas la partie de se prévaloir en appel du grief de l'impartialité objective du juge, en application de Conv. EDH, art. 6 (cas d'un juge visé par une plainte avec constitution de partie civile statuant sur cette plainte, Crim. 16 mai 2000, nº 99-85.444, P nº 191).

B. Le dépaysement des enquêtes mettant en cause certains professionnels en relation habituelle avec le tribunal (C. pr. pén., art. 43)

Lorsque le procureur de la République est saisi de faits mettant en cause, comme auteur ou comme victime, un magistrat, un avocat, un officier public ou ministériel, un militaire de la gendarmerie nationale, un fonctionnaire de la police nationale, des douanes ou de l'administration pénitentiaire, ou toute autre personne dépositaire de l'autorité publique ou chargée d'une mission de service public qui est habituellement, de par ses fonctions ou sa mission, en relation avec les magistrats ou fonctionnaires de la juridiction, le procureur général peut, d'office, sur proposition du procureur de la République ou à la demande de l'intéressé, transmettre la procédure au procureur de la République du tribunal judiciaire le plus proche du ressort de la cour d'appel. Cette juridiction est alors territorialement compétente pour connaître l'affaire, par dérogation aux dispositions des articles 52, 382 et 522. La décision du procureur général constitue une mesure d'administration judiciaire qui n'est susceptible d'aucun recours (C. pr. pén., art. 43 ; L. nº 2004-204, 9 mars 2004, art. 125).

Cette procédure est communément appelée « *dépaysement* ». La L. nº 2019-222, 23 mars 2019 a élargi son périmètre territorial au-delà du ressort de la cour d'appel en prévoyant que « *si la personne en cause est en relation avec des magistrats ou fonctionnaires de la cour d'appel, le procureur général peut transmettre la procédure au procureur général près la cour d'appel la plus proche, afin que celui-ci la transmette au procureur de la République auprès du tribunal de grande instance* [devenu tribunal judiciaire à compter du 1er janv. 2020] *le plus proche* » (C. pr. pén., art. 43, mod. par L. nº 2019-222, 23 mars 2019). « *Il convient de considérer que, dès lors que le procureur général dans le ressort duquel l'enquête a débuté, estime nécessaire de dépayser la procédure et qu'il a saisi en ce sens le procureur général de la cour d'appel limitrophe, ce dernier est lié par cette décision et qu'il est tenu de transmettre au procureur de la République auprès du tribunal de grande instance* [devenu tribunal judiciaire à compter du 1er janv. 2020] *le plus proche* » (Circ. Crim. 2019-8/H3, 5 avr. 2019, JUSD1910288C, n° 2.4).

Pour juger que C. pr. pén., art. 43, dont le domaine est réservé aux professionnels limitativement énumérés par cet article, n'est pas contraire au principe d'égalité devant la loi inscrit dans CEDH de 1789, art. 6, le Cons. const. relève que ces dispositions « *n'empêchent pas toute personne intéressée de porter à la connaissance du procureur de la République ou du procureur général le motif qui pourrait justifier la transmission de la procédure* » (Cons. const. 22 juill. 2011, n° 2011-156 QPC, § 4).

Mentionnons enfin que « *Lorsque l'infraction a été commise au préjudice d'un magistrat exerçant ses fonctions au sein du tribunal de grande instance* [devenu tribunal judiciaire à compter du 1er janv. 2020], *un tribunal de grande instance dont le ressort est limitrophe est également compétent* » (C. pr. pén., art. 382, mod. par L. n° 2016-1547, 18 nov. 2016). Il n'y a donc pas lieu de recourir dans ce cas à la décision de dépaysement du procureur général, une simple transmission entre parquets suffit.

Notons par ailleurs que lorsque la juridiction compétente ne peut se réunir en raison d'incompatibilités prévues par la loi, le premier président peut, sur requête du parquet, ordonner le renvoi devant la juridiction limitrophe située dans le ressort de la cour d'appel (C. pr. pén., art. 667-1).

17.37 Les autres règles expresses garantissant le principe de neutralité

A. Le principe d'équité de la procédure pénale et d'équilibre des droits des parties

Les principes généraux d'équité de la procédure pénale et d'équilibre des droits des parties, inscrits à l'article préliminaire du code de procédure pénale, sont de nature à proscrire de façon générale toute situation dans laquelle la neutralité des acteurs institutionnels, magistrats du siège, assesseurs non professionnels ou jurés, ministère public, pourrait être raisonnablement mise en doute par les parties au regard de circonstances objectives (liens familiaux ou d'intérêts) ou subjectives (manifestation d'opinion par un membre de la juridiction).

B. Le juge d'instruction et le juge des enfants, le juge des libertés et de la détention

1. L'incompatibilité entre l'instruction et le jugement de la même affaire

« *Le juge d'instruction [...] ne peut, à peine de nullité, participer au jugement des affaires pénales dont il a connu en sa qualité de juge d'instruction.* » (C. pr. pén., art. 49).

Le Cons. const., pour prononcer à compter du 1er janv. 2013 l'inconstitutionnalité de COJ, art. L. 251-3, qui précise que le tribunal pour enfants est présidé par un juge des enfants, constate qu'il ne fait pas obstacle, non plus que le C. pr. pén. ou l'Ord. n° 45-174, 2 févr. 1945, à ce que le juge des enfants participe au jugement des affaires pénales qu'il a instruites, « *qu'en permettant au juge des enfants qui a été chargé d'accomplir les diligences utiles à la manifestation de la vérité et qui a renvoyé le mineur devant le tribunal pour enfants de présider cette juridiction de jugement habilitée à prononcer des peines, les dispositions contestées portent au principe d'impartialité des juridictions une atteinte contraire à la Constitution* » (Cons. const. 8 juill. 2011, n° 2011-147 QPC, § 10 et 11 ; dans le même sens, sur cette même disposition : Cons. const. 26 mars 2021, n° 2021-893 QPC). Pour les mêmes motifs, le Cons. const. a annulé l'article 24-1 de l'Ord. n° 45-174, 2 févr. 1945, dans sa rédaction issue de la loi n° 2011-939 du 10 août 2011, qui prévoyait que le tribunal correctionnel pour mineurs était présidé par un juge des enfants (Cons. const. 4 août 2011, n° 2011-635 DC, § 53). Les effets de cette déclaration d'inconstitutionnalité étaient toutefois, par cohérence avec la décision précitée n° 2011-147 QPC, 8 juill. 2011, différés au 1er janvier 2013.

À compter de L. n° 2011-1940, 26 déc. 2011, prenant effet au 1er janvier 2013, COJ, art. L. 251-3 prévoyait en conséquence que « *Le juge des enfants qui a renvoyé l'affaire devant le tribunal pour enfants ne peut présider cette juridiction* ». [De même, le ~~« juge des enfants qui a renvoyé l'affaire devant le tribunal correctionnel pour mineur ne peut présider cette juridiction »~~ (Ord. n° 45-174, 2 févr. 1945, art. 24-1)] (dispositions abrogées, L. n° 2016-1547, 18 nov. 2016, art. 29 supprimant le tribunal correctionnel pour mineurs). Toutefois, prenant acte du fait que ces nouvelles dispositions « *ne font pas obstacle à ce qu'un juge des enfants qui aurait instruit l'affaire, sans ordonner lui-même le renvoi, préside ce tribunal* » (§ 7), le juge constitutionnel énonçait encore qu'elles « *méconnaissent le principe d'impartialité des juridictions* » (§ 8) (Cons. const. 16 mars 2021, n° 2021-893 QPC).

Les considérations relatives à l'intervention du juge des enfants comme magistrat instructeur sont désormais sans incidence puisque le CJPM, entré en vigueur le 30 sept. 2021, a retiré au juge des enfants tout rôle dans l'instruction préparatoire du dossier (sur les nouvelles modalités de poursuite et de jugement des mineurs issues du CJPM, v. n° **15.17**).

2. Les incompatibilités du JLD (renvoi)

« *Le JLD [...] ne peut, à peine de nullité, participer au jugement des affaires pénales dont il a connu.* » (C. pr. pén., art. 137-1).

Les incompatibilités inhérentes à la qualité de JLD sont exposées au n° **12.38A**. Mentionnons que le Cons. const., saisi de C. pr. pén., art. 802-2 issu de L. n° 2019-222, 23 mars 2019, ouvrant à la personne non poursuivie la possibilité de demander devant le JLD la nullité d'une perquisition(v. n° **11.67**), a précisé dans une réserve d'interprétation que lorsque la perquisition contestée « *a été ordonnée par un JLD, ce dernier ne saurait, sans méconnaître le principe d'impartialité, statuer sur la demande tendant à l'annulation de sa décision* » (Cons. const. 21 mars 2019, n° 2019-778 DC, § 198). Une conclusion identique s'impose dans les cas où le JLD est amené à trancher des contestations contre des saisies opérées lors de perquisitions ou visites domiciliaires qu'il aura autorisées (cf. Circ. Crim. 2019-8/H3, 5 avr. 2019, JUSD1910288C, n° 1.3.2).

C. La cour d'assises

« *Ne peuvent faire partie de la cour en qualité de président ou d'assesseur les magistrats qui, dans l'affaire soumise à la cour d'assises, ont, soit fait un acte de poursuite ou d'instruction, soit participé à l'arrêt de mise en accusation ou à une décision sur le fond relative à la culpabilité de l'accusé.* » (C. pr. pén., art. 253). La nullité tenant à la composition de la cour peut être soulevée après l'ouverture des débats car elle n'est pas soumise à la forclusion prévue par C. pr. pén., art. 305 (sur les cas d'application de cette disposition, v. n° **17.27B3**) (Crim. 11 mai 1988, n° 87-91.864, P n° 207).

« *Les assesseurs et les jurés peuvent poser des questions aux accusés et aux témoins en demandant la parole au président. Ils ont le devoir de ne pas manifester leur opinion.* » (C. pr. pén., art. 311).

« *Le président de la cour d'assises présente, de façon concise, les faits reprochés à l'accusé tels qu'ils résultent de la décision de renvoi. Il expose les éléments à charge et à décharge concernant l'accusé, tels qu'ils "~~sont mentionnés [.../...] dans la décision de renvoi. .../...~~" "résultent de l'information, y compris, s'il y a lieu, les éléments à décharge mentionnés par les observations de l'avocat* [déposées au stade du règlement de la procédure en application de C. pr. pén., art. 175 III], *même si ces éléments ne figurent pas dans l'ordonnance de renvoi [...]"* (mod. issues L. n° 2021-1729, 22 déc. 2021). *"Dans sa présentation, le président ne doit pas manifester son opinion sur la culpabilité de l'accusé.../..."* (C. pr. pén., art. 327, réd. issue L. n° 2010939, 10 août 2011, en vigueur au 1er janv. 2012).

S'il « *est mentionné au procès-verbal des débats que le président s'est conformé aux prescriptions de C. pr. pén., art. 327 ; [...] il doit donc être présumé, en l'absence de tout incident contentieux ou demande de donné-acte, qu'aucune méconnaissance desdites dispositions, de nature à porter atteinte aux droits de la défense, n'a été commise* » (Crim. 26 juin 2013, n° 12-82.366, n° 165). Ne satisfait pas aux exigences de C. pr. pén., art. 327 le procès-verbal qui se borne à énoncer que le président a « *exposé oralement les éléments du dossier* » (Crim. 26 juin 2013, n° 12-84.845, P n° 167).

« *Le président interroge l'accusé et reçoit ses déclarations. Il a le devoir de ne pas manifester son opinion sur la culpabilité.* » (C. pr. pén., art. 328).

« *Le président [...] ne peut résumer les moyens de l'accusation et de la défense.* » lors de la clôture des débats (C. pr. pén., art. 347).

L'expression d'une manifestation d'opinion par le président, ses assesseurs ou les jurés, lorsqu'elle est consignée sur incident soulevé par le ministère public ou les parties, est susceptible d'entraîner la nullité des débats et de la décision qui a suivi, ou le remplacement au cours de débats d'un juré titulaire par un juré suppléant.

Ainsi, en posant « *une question dans laquelle un juré donnait son opinion sur la culpabilité de l'accusé en la présentant comme établie ce qui résulte de l'emploi de l'expression "ce que vous avez fait", à propos des infractions, objet de l'accusation, le président de la cour d'assises a méconnu son obligation d'impartialité* » (§ 17) (Crim. 18 mai 2022, n° 21-82.205, P).

D. Le jugement des outrages à magistrat

Les magistrats ayant participé à l'audience au cours de laquelle a été commise l'infraction d'outrage à magistrat prévue par l'article 434-24 du code pénal (v. n° 25.4) ne peuvent composer la juridiction saisie de poursuites (C. pr. pén., art. 677) (sur la police de l'audience v. aussi n° 17.12).

17.38 L'indemnisation de la personne en cas de relaxe ou d'acquittement ou de fonctionnement défectueux de la justice

A. L'indemnisation plafonnée des frais exposés pour l'exercice de la défense (C. pr. pén., art. 800-2)

1. Le droit au paiement d'indemnités limitées et plafonnées

« *À la demande de l'intéressé, toute juridiction prononçant un non-lieu, une relaxe, un acquittement ou toute décision autre qu'une condamnation ou une déclaration d'irresponsabilité pénale peut accorder à la personne poursuivie pénalement ou civilement responsable une indemnité qu'elle détermine au titre des frais non payés par l'État et exposés par celle-ci. Il en est de même, pour la personne civilement responsable, en cas de décision la mettant hors de cause* » (C. pr. pén., art. 800-2, réd. issue L. n° 2021-1729, 22 déc. 2021). Cette indemnité permet ainsi à la personne d'obtenir notamment le remboursement, toutefois plafonné, des frais d'avocat exposés pour sa défense.

Précisons que la précédente rédaction de C. pr. pén., art. 800-2 a fait l'objet d'une première déclaration d'inconstitutionnalité au motif qu'elle ne prévoyait pas d'indemnité au profit du civilement responsable et portait ainsi atteinte à l'équilibre du droit des parties appelées au procès pénal (Cons. const. 21 oct. 2011, n° 2011-190 QPC, § 10), puis d'une seconde, car la rédaction issue de L. n° 2012-1509, 29 déc. 2012, ne prévoyait pas d'indemnisation du civilement responsable mis hors de cause lorsque la personne garantie était quant à elle condamnée, les conditions d'interprétation du texte étant alors définies jusqu'à la date du 31 mars 2020 (§ 10) fixée pour son abrogation (Cons. const. 5 avr. 2019, n° 2019-773 QPC), puis d'une troisième (C. cons., 26 mai 2021, n° 2021-910 QPC), jusqu'à ce que la L. n° 2021-1729, 22 déc. 2021, remédie à cette inconstitutionnalité.

Ces dispositions « *sont applicables devant la Cour de cassation en cas de rejet d'un pourvoi portant sur une décision* » ouvrant droit à l'indemnité ci-dessus (C. pr. pén., art. 800-2, réd. issue L. n° 2021-1729, 22 déc. 2021 ; NB : la rédaction issue de L. n° 2021-1729, 22 déc. 2021 ne semble pas avoir tenu compte, pour la numérotation des paragraphes, de l'abrogation de l'alinéa 1 par la décision du Cons. const. 5 avr. 2019 précitée).

En application de C. pr. pén., art. R. 249-2, l'indemnité comporte l'indemnisation limitative des postes suivants (Circ. Crim. 2002-11 E8, 26 avr. 2002, NOR : JUSD0230077C, ann. I) :

– frais d'avocat, plafonnés au montant versé par l'avocat qui aurait prêté son concours à l'intéressé, au titre de l'aide juridictionnelle, pour l'ensemble de la procédure. Ces plafonds sont calculés selon le tableau de l'article 90 du décret nº 91-1266, 19 déc. 1991, à partir de la valeur de l'UV fixée par la loi de finance. La personne bénéficiant de l'aide juridictionnelle n'est pas recevable à réclamer le remboursement des frais d'avocat ;

– indemnité de comparution, plafonnée et calculée selon C. pr. pén., art. R. 129 et R. 140 ;

– indemnités de transport et de séjour (nuitée et repas), plafonnées et calculées selon C. pr. pén., art. R. 133 et R. 111.

2. Les conditions de formalisation de la demande d'indemnité

La demande fait l'objet d'une requête datée et signée du demandeur ou de son avocat, adressée à la juridiction soit par lettre recommandée avec accusé de réception, soit par remise au greffe contre récépissé, avant la clôture des débats si la demande est portée devant la juridiction de jugement, au plus tard dans le délai de 20 jours prévu par C. pr. pén., art. 175 si la demande est formée devant le juge d'instruction ou la CHINS (C. pr. pén., art. R. 249-3) (pour une application, v. Crim. 20 nov. 2007, nº 07-80.405, nº 285.

La requête indique le montant de l'indemnité demandée pour chacun des frais exposés selon la ventilation ci-dessus. Elle est accompagnée des pièces justificatives des frais exposés, comprenant notamment une attestation de l'avocat indiquant soit le montant de ses honoraires, soit le fait que ceux-ci ont dépassé le plafond (C. pr. pén., art. R. 249-3).

3. La décision d'indemnisation

L'indemnisation peut être allouée par le juge d'instruction ou la CHINS, le tribunal correctionnel ou de police, le tribunal pour enfants, ou la chambre des appels correctionnels, la cour d'assises statuant en première instance ou en appel. Devant la cour d'assises, la décision est prise par la cour seule, sans le concours des jurés (C. pr. pén., art. R. 249-4).

La décision d'indemnisation est rendue par la juridiction en même temps que la décision statuant sur l'action publique, sauf si l'état du dossier ne permet pas de déterminer le montant de l'indemnité (C. pr. pén., art. R. 249-4). Cette disposition paraît autoriser la disjonction et le renvoi de l'instance en indemnisation.

La décision est portée à la connaissance des parties selon les voies prévues par la décision en cause, ou, lorsqu'elle aura été rendue après décision sur l'action publique, notifiée par lettre recommandée avec AR (Circ. Crim. 2002-11 E8, 26 avr. 2002, nº 2-3).

L'appel est ouvert dans les dix jours au ministère public, à la personne poursuivie, et à la partie civile quand l'indemnité est mise à sa charge. Il est porté devant la chambre des appels correctionnel, ou devant la CHINS si la décision est rendue par un juge d'instruction (C. pr. pén., art. R. 249-6).

L'appel de la décision de relaxe ou de non-lieu par le ministère public vaut appel de la décision d'indemnisation. Il en est de même pour l'appel de la décision de non-lieu par la partie civile (C. pr. pén., art. R. 249-6).

4. La charge et le paiement de l'indemnité

« *[L']indemnité est à la charge de l'État. La juridiction peut toutefois ordonner qu'elle soit mise à la charge de la partie civile lorsque l'action publique a été mise en mouvement par cette dernière* » (C. pr. pén., art. 800-2) mais « *sur réquisitions du procureur de la République et par décision motivée, si elle estime que la constitution de partie civile a été abusive et dilatoire* » (C. pr. pén., art. R. 249-5). Dans tous les cas le paiement de l'indemnité est effectué ou avancée par le régisseur d'avances et de recettes du tribunal au vu de la décision et d'un certificat de non-appel délivré par le greffe, et recouvrée le cas échéant auprès de la partie civile condamnée aux diligences du comptable du trésor. (C. pr. pén., art. R. 249-7).

B. L'indemnisation intégrale du préjudice matériel et moral résultant de la détention provisoire et de l'ARSE (C. pr. pén., art. 149 et 142-10)

1. Le principe de la responsabilité sans faute de l'État et de l'indemnisation intégrale

Toute personne qui a fait l'objet d'une détention provisoire au cours d'une procédure terminée à son égard par une décision de non-lieu, de relaxe ou d'acquittement devenue définitive a droit, à sa demande, à la réparation intégrale de son préjudice, sans avoir à faire la preuve de la faute de l'autorité publique (sur la détention provisoire, v. nº **12.36** s. et **12.41G3**).

Ces dispositions sont également applicables lorsque la personne a fait l'objet d'une mesure d'ARSE (C. pr. pén., art. 142-10) (sur l'ARSE, v. nº **12.54** s. et **12.56A4**).

Mentionnons que cette voie d'indemnisation n'est pas prévue pour le préjudice né d'un contrôle judiciaire en cas de décision de non-lieu, de relaxe ou d'acquittement (sur le contrôle judiciaire, v. nº **12.47** s.), ni pour le cas d'une garde à vue non suivie d'une condamnation (v. nº **12.10D**). Seule l'action fondée sur COJ, art. L. 141-1, qui repose sur la démonstration d'une faute lourde de l'État, est dans ce cas envisageable (v. **C** ci-dessous). Sans préjudice de la mise en œuvre de la responsabilité de l'État sur le même fondement, cette voie n'est pas davantage ouverte lorsque la personne a subi une détention provisoire mais n'a été condamnée qu'à une peine d'amende (CNRD, 20 juin 2011, nº 10CRD047, D), ou lorsqu'elle a subi une détention provisoire d'une durée excessive au sens de Conv. EDH, art. 5 §3 et 6 § 1 (sur la durée raisonnable de la détention, v. nº **12.43B**).

Aucune réparation n'est due lorsque la décision est exclusivement fondée sur l'état mental de la personne poursuivie, une amnistie postérieure à la détention, la prescription de l'action publique intervenue après la libération de la personne, lorsqu'elle était dans le même temps détenue pour autre cause, ou lorsque la personne s'est librement et volontairement accusée, ou lorsqu'elle s'est laissée accuser à tort en vue de faire échapper l'auteur des faits aux poursuites (C. pr. pén., art. 149).

En dehors de ces cas d'exclusion, la faute de l'intéressé, la gravité des charges ayant pesé contre lui, ou la pertinence des motifs de placement en détention, ne sont pas de nature à limiter ou exclure le droit à indemnisation. Le juge ne pourra donc se livrer qu'à l'appréciation du préjudice et à l'analyse du lien de causalité entre la détention et le dommage allégué, sans avoir à apprécier l'existence d'une faute commise par le service public de la justice. Des règles comparables d'indemnisation sont applicables au condamné reconnu innocent à la suite d'une procédure de révision (C. pr. pén., art. 626).

L'intéressé doit être avisé du droit à réparation lors de la notification de la décision (C. pr. pén., art. 149), qui pourra comporter une mention ainsi rédigée « *Informons la personne de son droit de demander, devant [le premier président de la cour d'appel] [...] et dans un délai de six mois à compter de la date à laquelle la présente décision deviendra définitive, l'indemnisation du préjudice matériel et moral résultant de la décision provisoire dont elle a fait l'objet* » (Circ. Crim. 2000-02 F1, 31 mai 2000, NOR : JUSD0030115C).

2. La demande et la décision

L'indemnité est allouée par décision motivée rendue par le premier président de la cour d'appel dans le ressort de laquelle a été prononcée la décision de non-lieu, de relaxe ou d'acquittement (C. pr. pén., art. 149-1), statuant comme juridiction civile (C. pén., art. 149-4) (malgré le caractère civil de l'instance, le demandeur a toutefois la parole en dernier, C. pr. pén., art. R. 37). Une provision peut aussi être accordée en référé par le premier président à tout moment de la procédure (C. pr. pén., art. R. 39). La demande est formée par voie de requête remise contre récépissé ou LRAR au greffe de la cour d'appel (C. pr. pén., art. R. 26), dans le délai de six mois de la décision (C. pr. pén., art. 149-2) ;

mais ce délai ne court pas si la personne n'a pas été avisée de son droit de réclamer réparation lors de la notification de la décision (C. pr. pén., art. R. 26). Le préjudice est évalué par expertise si l'intéressé le demande (C. pr. pén., art. 149) et le premier président procède ou fait procéder à toutes mesures d'instruction utiles (C. pr. pén., art. R. 34). Les débats ont lieu en audience publique, sauf opposition du requérant (C. pr. pén., art. 149-2, R. 35). La décision, rendue en audience publique, est notifiée par remise d'une copie contre récépissé ou LRAR (C. pr. pén., art. R. 38). Elle peut faire l'objet dans les dix jours de sa notification d'un recours devant la « *commission nationale de réparation des détentions* », formation composée de magistrats de la C. cass., qui statue sans recours (C. pr. pén., art. 149-3). L'intéressé doit être informé de cette voie de recours lors de la notification de la décision du premier président de la cour d'appel (C. pr. pén., art. R. 38).

L'indemnité est payée comme frais de justice criminelle par l'État, qui pourra néanmoins se retourner contre le dénonciateur de mauvaise foi ou le faux témoin (C. pr. pén., art. 150).

C. La responsabilité de l'État pour fonctionnement défectueux du service de la justice pénale (COJ, art. L. 141-1)

1. L'obligation de réparation de l'État en cas de faute lourde ou de déni de justice

« *L'État est tenu de réparer le dommage causé par le fonctionnement défectueux du service de la justice. Cette responsabilité n'est engagée que par une faute lourde ou par un déni de justice [...]. L'État garantit les victimes des dommages causés par les fautes personnelles des juges et autres magistrats* » (COJ, art. L. 141-1). Ce régime de responsabilité de l'État est également applicable aux faits commis par les « *agents investis, sous le contrôle et l'autorité d'un magistrat du siège ou du parquet, de pouvoirs de police judiciaire à l'effet de constater et réprimer des infractions à la loi* » (Civ. 1re, 9 mars 1999, n° 96-16.560, P I, n° 84).

« *Les magistrats de l'ordre judiciaire ne sont responsables que de leurs fautes personnelles. La responsabilité des magistrats qui ont commis une faute personnelle se rattachant au service public de la justice ne peut être engagée que sur l'action récursoire de l'État* » (Ord. n° 58-1270, 22 déc. 1958, art. 11-1).

À peine d'irrecevabilité, l'action ne peut donc en principe être engagée par la victime que contre l'État, sauf si le dommage résulte d'une faute personnelle du juge détachable de sa fonction. En tout cas, « *la collectivité publique doit, dans la mesure où une faute personnelle détachable de l'exercice de ses fonctions n'est pas imputable à l'agent public, le couvrir des condamnations civiles prononcées contre lui* » (CGFP, art. L. 134-3, anct L. n° 83-634, 13 juill. 1983, art. 11 ; sur le protection fonctionnelle de l'agent public auteur d'une faute non détachable du service, v. n° **16.12E**).

Constitue une faute lourde au sens de l'article L. 141-1 du code de l'organisation judiciaire (anct L. 781-1) « *toute déficience caractérisée par un fait ou une série de faits traduisant l'inaptitude du service public de la justice à remplir la mission dont il est investi* » (Cass., ass. plén., 23 févr. 2001, n° 99-16.165, P, n° 5). Ainsi interprétée extensivement comme toute déficience traduisant l'inaptitude du service public judiciaire à accomplir sa mission ordinaire, la faute lourde exigée par COJ, art. L. 141-1, qui définit un régime de responsabilité restrictif propre au service de la justice, n'est pas en contradiction avec les exigences d'un procès équitable au sens de Conv. EDH, art. 6.

Toute décision définitive d'une juridiction nationale ou internationale condamnant l'État pour fonctionnement défectueux du service de la justice est communiquée aux chefs de cour d'appel intéressés par le garde des Sceaux, ministre de la justice. Le ou les magistrats intéressés sont avisés dans les mêmes conditions. Des poursuites disciplinaires peuvent être engagées par le ministre de la justice et les chefs de cour d'appel intéressés dans les conditions prévues aux articles 50-1, 50-2 et 63 de la loi organique portant statut de la magistrature (Ord. n° 58-1270, 22 déc. 1958, art. 48-1). Les condamnations sont celles prononcées : pour faute lourde sur le fondement du COJ, art. L. 141-1, lequel s'applique aux juridictions de l'ordre judiciaire comme aux services placés sous l'autorité judiciaire tels la police judiciaire, l'état civil, les sections judiciaires des bureaux d'aide juridictionnelle ou les commissions de surendettement ; pour faute simple dans le fonctionnement des tutelles, sur le fondement de l'article 473 du code civil ; pour faute simple du juge du livre foncier dans les départements du Bas-Rhin, du Haut-Rhin et de la Moselle ; pour violation de la Convention de sauvegarde des droits de l'Homme et de libertés fondamentales, lorsque ladite violation révèle un fonctionnement défectueux du service de la justice (Circ. SJ 07-281-A3, 4 oct. 2007).

Mentionnons que l'absence d'action en responsabilité contre l'État pour fonctionnement défectueux du service public de la justice ne témoigne pas du défaut d'épuisement des voies de recours internes, condition de recevabilité d'une requête devant la CEDH (Conv. EDH, art. 35), lorsque l'intéressé a déposé plainte avec constitution de partie civile, en l'espèce pour violation de domicile et arrestation illégale, a fait appel de l'ordonnance de non lieu et s'est pourvu en cassation contre l'arrêt confirmatif (CEDH, 9 déc. 2021, n° 56138/16, *Jarrand c/ France*, § 50).

2. La compétence de principe du juge judiciaire

Dans tous les cas d'inobservation des formalités prescrites pour les mandats de comparution, d'amener, de dépôt et d'arrêt, ou des mesures protectrices de la liberté individuelle prescrites dans les perquisitions et saisies ou le contrôle judiciaire, et dans tous les cas d'atteinte à la liberté individuelle, les tribunaux judiciaires sont exclusivement compétents (C. pr. pén., art. 136).

Le juge judiciaire a donc vocation naturelle à se trouver compétent sur l'action engagée pour fonctionnement défectueux du service de la justice en matière pénale, l'action ne se réduisant bien sûr pas aux seuls préjudices nés pour le prévenu ou l'accusé de poursuites pénales soldées par un non-lieu, une relaxe ou un acquittement. Elle peut ainsi porter sur une détention provisoire ou un contrôle judiciaire d'une durée excessive, sur une garde à vue suivie d'une décision de classement sans suite ou sur des dommages causés lors d'une perquisition.

La demande est formée par voie d'assignation selon les règles ordinaires devant le tribunal judiciaire, contre l'agent judiciaire de l'État, s'agissant de faire déclarer l'État débiteur par une juridiction de l'ordre judiciaire, et ce à peine de nullité (L. n° 55-366, 3 avr. 1955, art. 38). Mentionnons que, par application de C. pr. pén., art. 381 fixant sa compétence matérielle, « *le juge correctionnel n'est pas compétent pour se prononcer sur l'action en réparation du dommage causé par le fonctionnement défectueux du service public de la justice* » (Crim. 7 nov. 2018, n° 18-80.176, P n° 186).

D. L'action pénale contre le magistrat ou l'agent placé sous son contrôle

Si le fait dommageable imputable à un magistrat, ou à un des acteurs de la procédure pénale, caractérise une infraction (ex. : violation du secret de l'enquête ou de l'instruction, n° **35.10** ; abus d'autorité, n° **23.32** ; atteinte à la liberté, n° **23.34** ; déni de justice, n° **23.33** ; violation de domicile, n° **22.56** ; violation de correspondance, n° **35.56** ; interception de télécommunication, n° **35.56** ; faux et usage de faux, n° **24.6** ; atteinte à l'intimité de la vie privée, n° **35.46**), l'action peut être introduite selon les formes ordinaires en matière pénale.

Toutefois, « *Lorsqu'un crime ou un délit prétendument commis à l'occasion d'une poursuite "~~judiciaire impliquerait la violation d'une disposition de procédure pénale~~" "pénale ou d'une instance devant une juridiction impliquerait la violation d'une règle de procédure"* (mod. issue L. n° 2021-1729, 22 déc. 2021) (ex. : écoute téléphonique illicite, allégation de faux procès-verbal, violation du secret professionnel), *l'action publique ne peut être exercée que si le caractère illégal de la poursuite ", de la décision intervenue"* (mod. issue L. n° 2021-1729, 22 déc. 2021) *ou de l'acte accompli à cette occasion a été constaté par une décision devenue définitive de la juridiction répressive saisie "ou en application des voies de recours prévues par la loi ou le règlement"* (mod. issue L. n° 2021-1729, 22 déc. 2021). *Le délai de prescription de l'action publique court à compter de cette décision* » (C. pr. pén., art. 6-1). Ces dispositions sont « *notamment applicables en cas de poursuites* » pour des faits de prise illégale d'intérêt par un magistrat, infraction prévue par C. pén., art. 432-12-1, créé par L. n° 2021-1729, 22 déc. 2021 pour la confiance dans l'institution judiciaire (v. n° **23.52**).

La violation de C. pr. pén., art. 6-1 peut être invoquée d'office ou par les parties à tout stade de la procédure, et la nullité de l'acte de poursuite (ex. : réquisitoire introductif) établi en l'absence d'une décision définitive préalable n'est pas couverte par l'ordonnance de renvoi du juge d'instruction (Crim. 2 sept. 2003, n° 02-87.799, P n° 147).

Si l'infraction reprochée n'est pas détachable de l'exercice de ses fonctions (ex. : écoute illicite, communiqué du procureur pris en application de C. pr. pén., art. 11, comportant des imputations jugées diffamatoires ou violant le secret de l'instruction), l'État doit garantir le magistrat des condamnations civiles prononcées contre lui (Ord. n° 58-1270, 22 déc. 1958, art. 11-1 ; CGFP, art. L. 134-3, anc[t] L. n° 83-634, 13 juill. 1983, art. 11). L'agent judiciaire de l'État, s'agissant de faire déclarer l'État débiteur, doit donc être attrait devant la juridiction répressive en sa qualité de civilement responsable (L. n° 55-366, 3 avr. 1955, art. 38).

Précisons que si C pr. pén., art. 174 « *interdit de tirer des actes et des pièces ou parties d'actes ou de pièces annulés aucun renseignement contre les parties, une telle interdiction ne s'applique pas à la personne qui, bénéficiant de l'annulation d'actes portant atteinte à ses intérêts, s'en prévaut dans le cadre de cette poursuite subséquente* » (§ 12), en effet, « *lorsqu'au regard des dispositions impératives de C. pr. pén., art. 6-1, l'annulation d'un acte ou d'une pièce de procédure est un préalable nécessaire à l'exercice de l'action publique du chef du crime ou délit prétendument commis à l'occasion d'une poursuite judiciaire, une telle annulation ne saurait faire obstacle à une poursuite subséquente, sauf à méconnaître le droit d'accès à un tribunal* » garanti par Conv. EDH, art. 6 § 1 (§ 11) (Crim. 19 oct. 2021, n° 20-82.172, P ; dans le même sens : Crim. 13 oct. 2020, n° 20-80.490, P). Dans cette affaire, un journaliste dont les fadettes avaient été exploitées pour identifier l'auteur de faits de corruption d'un policier qu'il avait révélé dans la presse est donc admis, dans sa plainte du chef de collecte illicite de données à caractère personnel dirigée contre les policiers qui, sur l'autorisation du procureur de la République, avaient requis et exploité ses données de connexion, à produire ces pièces qui, dans l'enquête menée contre le policier corrompu, avaient été annulées en raison de l'atteinte au secret des sources du journaliste (sur le secret des sources des journalistes, v. n° **35.3**).

17.39 Le jugement dans un délai raisonnable

A. Le droit européen

« *Toute personne arrêtée ou détenue [...] a le droit d'être jugée dans un délai raisonnable, ou libérée pendant la procédure.* » (Conv. EDH, art. 5, § 3).

« *Toute personne a droit à ce que sa cause soit entendue [...] dans un délai raisonnable.* » (Conv. EDH, art. 6, § 1).

« *Ce droit trouve son assise dans la nécessité de veiller à ce qu'un accusé ne demeure pas trop longtemps dans l'incertitude de la solution qui sera réservée à l'accusation pénale portée contre lui (Stögmüller c/ Autriche, 10 nov. 1969, § 9, série A n° 9, et Wemhoff c/ Allemagne, 27 juin 1968, § 18, série A n° 7)* » (CEDH, 8 déc. 2009, *Kart c/ Turquie*, n° 8917/05, § 68).

« *les recours dont un justiciable dispose au plan interne pour se plaindre de la durée d'une procédure sont « effectifs », au sens de l'article 13 de la Convention, dès lors qu'ils permettent soit de faire intervenir plus tôt la décision des juridictions saisies, soit de fournir au justiciable une réparation adéquate pour les retards déjà accusés (Kudła c/ Pologne [GC] (n° 30210/96, § 159, CEDH 2000-XI, Mifsud c/ France (déc.) [GC], n° 57220/00, CEDH 2002-VIII, Sürmeli c/ Allemagne [GC], n° 75529/01, § 99, CEDH*

2006-VII, et McFarlane c/ Irlande [GC], n° 31333/06, § 108, 10 sept. 2010) » (CEDH 24 janv. 2017, *Herniaux c/ Belgique*, req. n° 28022/15, § 45).

« *Toute personne a droit à ce que sa cause soit entendue [...] dans un délai raisonnable* » (Charte des droits fondamentaux, art. 43). Ces dispositions du droit de l'Union s'appliquent aux États membres de l'Union « *lorsqu'ils mettent en œuvre le droit de l'Union* » (ibid., art. 51).

« *Toute personne accusée d'une infraction pénale a droit, en pleine égalité [...] c) à être jugée sans retard excessif.* » (Pacte international relatif aux droits civils et politiques, art. 14, § 3).

Selon les institutions du Conseil de l'Europe, le ministère public doit « *veiller à ce que le système de justice pénale fonctionne avec autant de célérité possible* » (Conseil Europe, recomm. R (2000) 19, 6 oct. 2000, sur le rôle du ministère public dans le système de justice pénale, art. 24).

Le caractère raisonnable de la durée d'une procédure s'apprécie suivant les circonstances de la cause, en particulier la complexité de l'affaire, le comportement du requérant et celui des autorités compétentes (CEDH 25 mars 1999, *Pélissier et Sassi c/ France*, req. n° 25444/94, § 67, *Rec.* 1999-II). On ne saurait exiger de l'intéressé une coopération active avec les autorités judiciaires, ni lui reprocher d'avoir tiré pleinement parti des voies de recours. Mais l'exercice surabondant des droits procéduraux constitue un fait objectif non imputable à l'autorité judiciaire, qui entre en ligne de compte pour déterminer s'il y a dépassement du délai raisonnable (CEDH 23 avr. 1987, série A, *Lechner et Hess c/ Autriche*, req. n° 118, § 49). Si l'article 6 § 1 prescrit la célérité des procédures judiciaires, il consacre également selon la cour le principe *plus général* d'une *bonne administration de la justice* (CEDH 12 oct. 1992, série A, *Boddaert c/ Belgique*, req. n° 235-D, § 39), exigence fondamentale comportant plusieurs aspects dont il revient au juge de ménager le juste équilibre (sur un arrêt synthétisant les principes et précédents de la cour v. CEDH 3 déc. 2002, *Debbasch c/ France*, req. n° 49392/99).

La CEDH juge aussi qu'il « *ne résulte pas des articles 6 et 13* [droit à un recours] *que le dépassement du délai raisonnable constaté dans le cadre du règlement de la procédure, qui n'a pas donné lieu à une violation irréparable des droits de la défense de l'inculpé ni à la perte des preuves, doit être sanctionné par l'extinction de l'action publique ou par un non-lieu* » (§ 50) (CEDH 24 janv. 2017, *Herniaux c/ Belgique*, req. n° 28022/15).

Rappelant sa précédente décision CJUE, 12 févr. 2020, *Kolev* e.a., C-704/18 (§ 43), la CJUE juge que « *le caractère raisonnable de la durée de la procédure ne saurait être fixé par référence à une limite maximale précise, déterminée de façon abstraite, mais doit être apprécié au cas par cas en fonction des circonstances propres à chaque affaire, telles que l'enjeu et la complexité du litige ou encore le comportement des autorités compétentes et des parties, le nombre de personnes poursuivies ainsi que la durée et la gravité des faits qui sont reprochés à ces personnes, la complexité du litige ou une conduite dilatoire de la défense pouvant être retenue pour justifier un délai de prime abord trop long* » (CJUE, 14 janv. 2021, aff. C-769/19, UC et TD ; § 53).

B. Le droit interne

1. Le délai déraisonnable est sans incidence sur la régularité de la procédure

« *Il doit être définitivement statué sur l'accusation dont [la personne suspectée ou poursuivie] fait l'objet dans un délai raisonnable.* » (C. pr. pén., art. préliminaire, III).

La lenteur procédurale est susceptible de constituer un déni de justice ou une faute lourde engageant la responsabilité de l'État en application de COJ, art. L. 141-1 (anc[t] L. 781-1) (sur la responsabilité de l'État pour fonctionnement défectueux du service de la justice, v. n° **17.38C** ; pour une illustration d'une condamnation pour non respect du délai raisonnable, v. 1re Civ., 4 nov. 2010, n° 09-69.955, P n° 219).

Mais selon une jurisprudence constante (Crim. 22 sept. 1998, n° 98-83.555, P n° 231), « *si la méconnaissance du délai raisonnable peut ouvrir droit à réparation, elle est sans incidence sur la validité des procédures* » (Crim. 24 avr. 2013, n° 12-82.863, P n° 100) ; « *la méconnaissance du délai raisonnable, à la supposer établie, n'entraîne pas la nullité de la procédure* »

(Crim. 3 mai 2012, nº 11-88.725, P nº 105) ; dans le même sens : Ass. plén., 4 juin 2021, nº 21-81.656 (§ 48), P). Ainsi, « *un arrêt de la CEDH constatant le non-respect du délai raisonnable au sens de l'article 6 § 1 de la Convention européenne de sauvegarde des droits de l'homme et des libertés fondamentales, s'il permet à celui qui s'en prévaut de demander réparation, est sans incidence sur la validité des procédures relevant du droit interne* » (Crim. 3 févr. 1993, nº 92-83.443, P nº 57).

De même, la QPC soulevant l'inconstitutionnalité de C. pr. pén., art. préliminaire, en ce que la violation du droit à être jugé dans un délai raisonnable qu'il garantit reste sans effet sur la validité de la procédure, a été considérée comme dépourvue de caractère sérieux « *dès lors que le droit à être jugé dans un délai raisonnable, que proclame l'article préliminaire, n'entre aucunement en contradiction avec les autres principes directeurs du procès pénal énoncés par ce texte, qui garantissent le respect, sous le contrôle de la* **C. cass.**, *des droits de la défense, eux-mêmes servis par de nombreuses autres dispositions du C. pr. pén. visant à éviter tout retard dans le développement de la procédure jusqu'à la décision définitive mettant fin à l'action publique et le cas échéant, à l'action civile ; que la partie concernée peut en outre, en cas de durée excessive de la procédure, engager la responsabilité de l'État à raison du fonctionnement défectueux du service public de la justice* » (Crim. 31 août 2011, nº 11-90.075 (QPC), D). Dans le même sens, il est jugé que l'absence de sanction procédurale au non-respect du délai raisonnable n'est pas contraire aux droits de la défense et au droit au procès équitable garantis par DDHC, art. 16 (Crim. 15 juin 2021, nº 21-80.496 (QPC), D).

Saisie par le parquet d'un pourvoi contre un arrêt ayant « *annulé les poursuites* » en raison de la durée de procédure ayant porté atteinte au droit à un procès équitable, au principe du contradictoire et à l'équilibre des droits des parties ainsi qu'aux droits de la défense, la Ch. crim., tout en énonçant les conditions de prise en compte du délai déraisonnable par le juge (§ 23) (v. **B2** ci-dessous), a réaffirmé sa jurisprudence en jugeant que le droit à être jugé dans un délai raisonnable « *ne constitue pas [...] la violation d'une règle de forme prescrite par la loi à peine de nullité, ni l'inobservation d'une formalité substantielle au sens de l'article 802 du code de procédure pénale. En effet, elle ne compromet pas en elle-même les droits de la défense* » (§ 12) et que « *la durée excessive d'une procédure ne peut aboutir à son invalidation complète, alors que chacun des actes qui la constitue est intrinsèquement régulier* » (§ 14) (Crim. 9 nov. 2022, nº 21-85.655, P).

Notons que « *le droit à être jugé dans un délai raisonnable protège les seuls intérêts des personnes concernées par la procédure en cours. La méconnaissance de ce droit ne constitue donc pas la violation d'une règle d'ordre public* » (§ 12) (Crim. 9 nov. 2022, nº 21-85.655, P) ; le moyen ne peut donc être soulevé d'office par le juge.

2. La prise en compte effective du délai déraisonnable par le droit interne et la juridiction de jugement

Il pourrait être soutenu que la jurisprudence de la Ch. crim. revient à priver d'effectivité tant le justiciable que le juge du fond, qui est aussi le juge de l'exception (C. pr. pén., art. 384), du moyen tiré de la violation du droit à être jugé dans un délai déraisonnable, directement applicable dans l'ordre interne.

Il faut néanmoins relever que les délais de procédure pénale impartis à peine de nullité ou de mise en liberté d'office constituent des garanties effective de respect du délai raisonnable, il en est de même pour les dispositions relatives à la prescription de l'action publique. S'agissant de la procédure d'instruction, C. pr. pén., art. 221-1 à 221-3 permettent en particulier au président de la CHINS ou aux parties de saisir la CHINS lorsqu'un délai de 4 mois s'est écoulé sans accomplissement d'un acte d'instruction ; C. pr. pén., art. 175-1 permet également aux parties de demander au juge d'instruction la clôture de l'information. Le justiciable, à travers cette catégorie de moyens, comme de l'action en responsabilité contre l'État sur le fondement de COJ, art. L. 141-1 (v. **B1** ci-dessus), dispose donc d'un accès au juge national pour voir trancher le cas échéant le grief né d'une procédure trop longue.

« *Ces règles ne méconnaissent aucun principe conventionnel* » (§ 16) car « *la Cour européenne des droits de l'homme juge que les recours dont un justiciable dispose au plan interne pour se plaindre de la durée d'une procédure sont effectifs au sens de l'article 13 de la Convention européenne des droits de l'homme, dès lors qu'ils permettent soit de faire intervenir plus tôt la décision des juridictions saisies, soit de fournir au justiciable une réparation adéquate pour les retards déjà accusés (CEDH, arrêt du 24 janvier 2017, Hiernaux c/ Belgique, nº 28022/15, § 45)* » (§ 16) (Crim. 9 nov. 2022, nº 21-85.655, P).

Au demeurant ces voies n'embrassent pas tous les cas de figure ou peuvent s'avérer longues à mettre en œuvre et retarder encore l'appréciation, voire la sanction, du délai déraisonnable, alors que les normes de la Conv. EDH peuvent être directement opposées en droit interne et régissent tous les stades de la procédure.

Il faut en effet souligner que le juge du fond, bien qu'il soit privé de la possibilité de prononcer la nullité de la procédure pour ce motif (v. **B1** ci-dessus), a la possibilité de tirer les conséquences du délai raisonnable.

La jurisprudence de principe précitée précise en effet que si « *la juridiction de jugement qui constate le caractère excessif de la durée de la procédure ne peut se dispenser d'examiner l'affaire sur le fond* », elle dispose néanmoins dans son office « *de plusieurs voies de droit lui permettant de prendre cette situation en compte* » (§ 23) (Crim. 9 nov. 2022, nº 21-85.655, P). Selon cet arrêt, ces voies sont au nombre de trois :

• **La prise en compte du dépérissement des preuves.** « *Tout d'abord, il lui appartient, en application de C. pr. pén., art. 427, d'apprécier la valeur probante des éléments de preuve qui lui sont soumis et sont débattus contradictoirement devant elle. Elle doit, à ce titre, prendre en considération l'éventuel dépérissement des preuves imputable au temps écoulé depuis la date des faits, et l'impossibilité qui pourrait en résulter, pour les parties, d'en discuter la valeur et la portée. Ainsi, elle doit appliquer le principe conventionnel selon lequel une condamnation ne peut être prononcée sur le fondement d'un unique témoignage émanant d'un témoin auquel le prévenu n'a jamais été confronté malgré ses demandes. Le dépérissement des preuves peut, le cas échéant, conduire à une décision de relaxe* » (§ 24). Sur la liberté de la preuve et la libre appréciation des preuves, v. nº **17.28C**.

• **Le jugement des intérêts civils lorsque le prévenu n'est pas en état de comparaître.** « *Ensuite, selon le dernier alinéa de C. pr. pén., art. 10, en présence de parties civiles, lorsqu'il constate que l'état mental ou physique du prévenu rend durablement impossible sa comparution personnelle dans des conditions lui permettant d'exercer sa défense, le juge peut, d'office ou à la demande des parties, décider, après avoir ordonné une expertise permettant de constater cette impossibilité, qu'il sera tenu une audience pour statuer uniquement sur l'action civile, après avoir constaté la suspension de l'action publique et sursis à statuer sur celle-ci* » (§ 25). Sur le jugement anticipé des intérêts civils en cas d'impossibilité de comparaître du prévenu ou de l'accusé, v. nº **16.13A4**.

• **La modulation expresse de la sanction pour effacer les conséquences du délai déraisonnable.** « *Enfin, dans le cadre de l'application des critères de C. pén., art. 132-1, le juge peut déterminer la nature, le quantum et le régime des peines qu'il prononce en prenant en compte les éventuelles conséquences du dépassement du délai raisonnable et, le cas échéant, prononcer une dispense de peine s'il constate que les conditions de C. pén., art. 132-59 sont remplies* » (§ 26) (sur la dispense de peine, v. nº **18.6C**). Si la Ch. crim. n'impose pas au juge de moduler explicitement la peine en fonction du caractère excessif du délai, cette obligation s'impose à lui non seulement au titre de l'obligation générale de motivation de la peine mais également pour préserver la décision de la critique de la CEDH. Il est en effet admis que le juge national peut moduler la sanction dans le souci, au sens de l'article 41 de la Convention européenne des droits de l'Homme, « *d'effacer .../... les conséquences* » d'un délai déraisonnable. Mais si une réduction de peine constitue « *un moyen de réparation qui, aux yeux de la Cour [européenne des droits de l'homme], peut se révéler approprié* » (§ 67), ce n'est qu'à la condition que la décision renferme des « *indications suffisantes pour permettre de contrôler la prise en compte de la longueur de la procédure sous l'angle de la convention* » (§ 87) (CEDH 15 juill. 1982, *Eckle c/ Allemagne*, nº 8130/78). « *Différents types de recours peuvent donc coexister dans le but de redresser la violation de* *façon appropriée. La Cour l'a déjà affirmé en matière pénale en jugeant satisfaisante la prise en compte de la durée de la procédure pour octroyer une réduction de la peine de façon expresse et mesurable (Beck c/ Norvège, n° 26390/95, § 27, 26 juin 2001)* » (CEDH 24 janv. 2017, *Herniaux c/ Belgique*, req. n° 28022/15, § 46).

Depuis la décision Cons. const. 2 mars 2018, n° 2017-694 QPC, autorisant et imposant désormais la motivation de la peine par la cour d'assises (v. n° **18.6A**), de tels éléments peuvent également apparaître dans la feuille de motivation rédigée par son président (C. pr. pén., art. 365-1).

18. Le choix de la sanction pénale et son parcours d'exécution

18.1 Un choix déterminé par le principe de légalité des peines

A. La Convention européenne des droits de l'Homme, art. 7

« *Pas de peine sans loi. Nul ne peut être condamné pour une action ou une omission qui, au moment où elle a été commise, ne constituait pas une infraction d'après le droit national ou international. De même il n'est infligé aucune peine plus forte que celle qui était applicable au moment où l'infraction a été commise.* »

B. Le Pacte international relatif aux droits civils et politiques, art. 11

« *Il ne sera infligé aucune peine plus forte que celle qui était applicable au moment où l'infraction a été commise. Si, postérieurement à cette infraction, la loi prévoit l'application d'une peine plus légère, le délinquant doit en bénéficier.* »

C. La Déclaration des droits de l'Homme et du citoyen du 26 août 1789, art. 8

Ce texte est intégré dans l'ordre constitutionnel interne par le préambule de la Constitution du 4 octobre 1958 : « *La loi ne doit établir que des peines strictement et évidemment nécessaires, et nul ne peut être puni qu'en vertu d'une loi établie et promulguée antérieurement au délit, et légalement appliquée.* »

D. Le code pénal, art. 111-2, 111-3 et 130-1

La loi fixe les peines applicables aux auteurs de crimes ou de délits ; et le règlement, dans les limites établies par la loi, celles applicables aux contrevenants (C. pén., art. 111-2).

Nul ne peut être puni d'une peine qui n'est pas prévue par la loi ou le règlement (C. pén., art. 111-3) et aucune peine ne peut être appliquée si la juridiction ne l'a expressément prononcée (C. pén., art. 132-17).

18.2 Le choix de la sanction en cas d'infractions multiples poursuivies ensemble, la confusion de plein droit des peines (C. pén., art. 132-3)

Lorsqu'à l'occasion d'une même procédure ou de procédures jointes (sur la jonction des procédures connexes ou indivisibles v. nº 17.15), « *la personne poursuivie est reconnue coupable de plusieurs infractions en concours, chacune des peines encourues peut être prononcée* ». Mais il ne peut être prononcé qu'une seule peine de même nature, dans la limite du maximum légal le plus élevé. Chaque peine prononcée est réputée commune aux infractions en concours, dans la limite du maximum légal applicable à chacune d'elles (C. pén., art. 132-3).

Précisons que la peine de jours-amende et celle de l'amende sont considérées comme de même nature, ainsi, une juridiction saisie de plusieurs délits ne peut prononcer une peine de jours-amende pour un premier délit et une peine d'amende pour le second (Crim. 11 janv. 2022, nº 21-84.114, P) ; dans le même sens, relevant que « *la peine de jour-amende [...] étant une modalité de l'amende et, dès lors, étant de même nature que celle-ci* » (Crim. 26 sept. 1990, nº 90-81.691, P nº 323).

« *L'article 132-3 permet aux juridictions de prononcer toutes les peines encourues au regard de l'ensemble des infractions en concours, qu'il s'agisse de peines privatives de liberté, d'amende ou de peines complémentaires ou alternatives [...] Les peines privatives de liberté sont [...] considérées comme étant de même nature, qu'il s'agisse de réclusion ou d'emprisonnement [...] S'agissant des autres peines, sont de même nature toutes les peines qui ont le même contenu et le même effet : amende, interdiction d'émettre des chèques, confiscation [...] ne peuvent être [...] réputées s'appliquer à une infraction en concours que les peines qui étaient elles mêmes susceptibles d'être prononcées pour cette infraction.* » (Circ. Crim. 14 mai 1993, nº 84).

EXEMPLE

Un prévenu déclaré coupable de vol simple (v. nº **22.1**) et de délit de fuite (v. nº **36.13**). Il encourt 3 ans d'emprisonnement et 45 000 € pour le vol, 2 ans d'emprisonnement et 30 000 € pour le délit de fuite, outre les peines complémentaires détaillées aux numéros visés. Le tribunal ne pourra prononcer qu'une peine d'emprisonnement dans la limite de 3 ans, ainsi qu'une peine d'amende dans celle de 45 000 €. Si le tribunal prononce 30 mois d'emprisonnement et une amende de 35 000 €, ces peines sont réputées applicables au délit de fuite dans la limite du maximum légal prévu pour cette infraction, soit 24 mois et 30 000 €. Si le tribunal prononce en outre une interdiction des droits civils, civiques et de famille, cette peine ne sera pas réputée applicable à l'infraction de délit de fuite pour laquelle elle n'est pas prévue.

Notons qu'en matière de sanctions administratives, C. com., art. L. 470-2, VII, prévoit que « *Lorsque, à l'occasion d'une même procédure ou de procédures séparées, plusieurs sanctions administratives ont été prononcées à l'encontre d'un même auteur pour des manquements en concours, ces sanctions s'exécutent cumulativement* ». Il est jugé qu'« *aucune exigence constitutionnelle n'impose que des sanctions administratives prononcées pour des manquements distincts soient soumises à une règle de non-cumul* » (§ 8) et que ces dispositions ne méconnaissent pas le principe de proportionnalité des peines (§ 10) car « *elles ne font pas obstacle à la prise en compte par l'autorité administrative, sous le contrôle du juge, de la nature des manquements, de leur gravité et de leur répétition pour déterminer le montant des sanctions, en particulier lorsqu'elles s'appliquent de manière cumulative* » (§ 9) (Cons. const. 25 mars 2022, nº 2021-984 QPC).

18.3 Les exceptions légales au principe de la confusion de plein droit des peines

A. Les amendes contraventionnelles, C. pén., art. 132-7

Par dérogation aux règles de la confusion de plein droit et de la confusion facultative, les peines d'amende pour contraventions se cumulent entre elles et avec celles encourues ou prononcées pour des crimes ou des délits en concours (C. pén., art. 132-7).

Il peut donc être prononcé une peine d'amende pour chaque contravention poursuivie, sans possibilité de confusion entre elles ou avec les amendes prononcées pour d'autres délits ou crimes en concours. Cette dérogation aux règles normalement applicables au concours d'infraction est toutefois limitée aux peines d'amende. Les peines complémentaires ou alternatives prononcées pour contravention ne peuvent se cumuler sans limite et suivent sur ce point le même régime que les peines complémentaires ou alternatives prononcées pour crimes ou délits (Circ. Crim. 14 mai 1993, nº 87).

B. La rébellion ou l'évasion par un détenu, l'usurpation d'identité, les refus de certains prélèvements et le refus d'obtempérer

« *Sans possibilité de confusion* », les peines prononcées pour :

– **rébellion** se cumulent, lorsque l'auteur de la rébellion est détenu, avec celles qu'il subissait ou celles prononcées pour l'infraction pour laquelle il était détenu (C. pén., art. 433-9) (v. nº **25.12**) ;

– **évasion** se cumulent avec celles que l'évadé subissait ou celles prononcées pour l'infraction pour laquelle il était détenu (C. pén., art. 434-31) (v. nº **25.59**) et **25.60**). Mais le principe du non-cumul des peines subsiste entre, d'une part, l'infraction d'évasion, d'autre part, les infractions concomitantes ou postérieures (Crim. 26 mai 1992, nº 91-84.137, P nº 213) ;

– **usurpation d'identité** se cumulent avec celles qui auront été prononcées pour l'infraction à l'occasion de laquelle l'usurpation a été commise (C. pén., art. 434-23) (v. n° **25.55**) ;

– **refus de prélèvements génétiques** se cumulent avec celles que la personne subissait ou celles prononcées pour l'infraction pour laquelle le prélèvement devait être effectué (C. pr. pén., art. 706-56 II) (v. n° **25.35**) ;

– **refus de dépistage des MST** se cumulent avec celles susceptibles d'être prononcées pour le crime ou le délit ayant fait l'objet de la procédure (C. pr. pén., art. 706-47-2) (v. n° **25.35**) ;

– depuis L. n° 2022-52, 24 janv. 2022, les peines prononcées pour **refus d'obtempérer** se cumulent avec celles « *prononcées pour les autres infractions commises à l'occasion de la conduite du véhicule* » (C. route, art. L. 233-1 II, v. n° **36.14** pour le refus d'obtempérer, n° **36.16** pour le refus d'obtempérer aggravé).

C. L'hygiène et la sécurité du travail

Pour les délits en matière d'hygiène et de sécurité du travail réprimées par l'article L. 4741-1 [anc[t] L. 263-2] du code du travail, l'amende est appliquée autant de fois qu'il y a dans l'entreprise de salariés concernés par la ou les infractions relevées dans le procès-verbal (C. trav., art. L. 4741-1, L. 4741-9 [**anc[t] L. 263-2**]). Au sens de C. trav., art. L. 4741-1, un salarié présent dans l'entreprise n'est pas nécessairement « *concerné* » par l'infraction. Si un seul salarié est concerné par plusieurs infractions à l'hygiène et à la sécurité, une seule peine d'amende doit être prononcée (Crim. 21 avr. 2020, n° 19-85.279, D ; dans le même sens : Crim. 10 mars 2020 (§ 25), n° 19-82.631, D).

D. Les autres contentieux spécifiques

1. Les délits

– publicité sur immeuble, site ou lieu interdit (amende appliquée autant de fois que de publicités en infraction, C. envir., art. L. 581-34, v. n° **31.56**) (dispositions abrogées par L. n° 2021-1104, 22 août 2021, art. 17 I 15°, en vigueur à compter du 1er janv. 2024, art. 17 III) ;

– emploi d'étrangers non autorisés à travailler (amende appliquée autant de fois que d'étrangers concernés, C. trav., art. L. 8256-2, v. n° **32.28**).

2. Les contraventions

Dans les cas suivants, le règlement rappelle que l'amende est appliquée autant de fois que de situations irrégulières, même si les faits sont constatés dans le même procès-verbal :

– rémunération inférieure au minimum (C. trav., art. R. 3233-1, v. n° **32.19**) ;

– défaut de tenue ou présentation du registre unique du personnel (C. trav., art. R. 1227-7, v. n° **32.20**) ;

– défaut de déclaration d'ouverture d'établissement employant du personnel ou de chantier (C. trav., art. R. 1227-7, v. n° **32.21**) ;

– non-respect législation sécurité sociale (avec un plafond de 1 500 €, CSS, art. R. 244-4, v. n° **32.23**) ;

– non-respect législation assurances sociales agricoles (C. rur., art. R. 725-3, v. n° **32.24**) ;

– emploi de mineur en âge scolaire (C. trav., art. R. 4743-5, v. n° **32.34**) ;

– non-respect repos hebdomadaire (C. trav., art. R. 3135-2, v. n° **32.37**) ;

– discrimination salaires hommes femmes (C. trav., art. R. 3222-1) (v. n° **23.8**).

18.4 Le choix de la sanction en cas d'infractions multiples poursuivies séparément, le principe du cumul des peines

A. La situation : absence de jugement définitif séparant les infractions

1. La position du problème : la notion de concours d'infraction (C. pén., art. 132-2)

Des infractions sont dites en concours lorsque leur auteur, ayant commis les premières (moment A), ne fait pas encore l'objet d'une condamnation *définitive* lorsqu'il commet les secondes (moment B) (C. pén., art. 132-2). La situation est simple lorsqu'au temps B les faits commis au temps A n'ont fait l'objet d'aucun jugement. Mais dans le cas où un jugement a déjà été prononcé, il est essentiel de déterminer s'il était alors définitif. Dans ce cas, au lieu du régime de clémence du concours d'infraction et de la confusion, pourrait en effet s'appliquer celui de rigueur de la récidive, ou celui de la réitération d'infraction (C. pr. pén., art. 132-16-7, L. n° 2005-1549, 12 déc. 2005).

2. Les conditions d'un jugement pénal définitif

Le jugement pénal est définitif aux conditions suivantes :

• **Jugement contradictoire** : après l'expiration du délai d'appel du procureur général qui est de **20 jours** à compter du jugement (C. pr. pén., art. 505), si aucune voie de recours n'est exercée.

• **Jugement contradictoire à signifier** : **10 jours** après la signification au prévenu, quel qu'en soit le mode (à personne, à domicile, mairie ou étude de commissaire de justice [huissier]) si aucune voie de recours n'est exercée, ou après l'expiration du délai d'appel du procureur général (20 jours) s'il n'est pas à cette date écoulé (C. pr. pén., art. 505). À noter : vaut signification à personne par exploit de commissaire de justice la notification d'une décision effectuée soit, si la personne est détenue, par le chef d'établissement pénitentiaire, soit, si la personne se trouve dans les locaux d'une juridiction pénale, par un greffier ou par un magistrat (C. pr. pén., art. 555-1, L. n° 2008-644, 1er juill. 2008 ; D. 46-2, D. n° 2008-1490, 30 déc. 2008), soit, lorsqu'il est saisi par le parquet d'une demande de recherche après échec d'une signification à personne par commissaire de justice, par OPJ ou APJ (C. pr. pén., art. 560).

• **Jugement par défaut** : dix jours après la signification à la personne même du prévenu, ou un mois s'il se trouve hors métropole (C. pr. pén., art. 491, 499), si aucune voie de recours n'est exercée, ou après l'expiration du délai d'appel du procureur général (20 jours) s'il n'est pas à cette date écoulé (C. pr. pén., art. 505). Si le jugement n'a pas été signifié à sa personne (ex. : signification à parquet, domicile ou étude de commissaire de justice, sans avis de réception ou récépissé signé du prévenu), il restera susceptible d'opposition dans les dix jours (ou un mois hors métropole) du moment où le prévenu en aura connaissance, et ce jusqu'à prescription de la peine (C. pén., art. 492) (sur l'inconstitutionnalité partielle de cet article en ce qu'il ne permet plus à la personne condamnée d'être de nouveau jugée après la prescription de la peine, laquelle continue à figurer au casier judiciaire, v. Cons. const. 8 juin 2018, n° 2018-712 QPC) ; sur les actes interruptifs de la prescription de la peine, v. C. pén., art. 133-4-1 (L. n° 2017-242, 27 févr. 2017) et C. pr. pén., art. 707-1 (réd. issue L. n° 2012-409, 27 mars 2012) (sur la prescription de la peine, v. n° **18.5D2**).

• **Jugement par défaut rendu après opposition** : lorsque le prévenu, qui a fait opposition à un jugement par défaut, ne comparaît pas devant le tribunal et n'a pas eu personnellement connaissance de la nouvelle date d'audience (ex. : citation à parquet, domicile ou étude de commissaire de justice, sans avis de réception ou récépissé signé du prévenu), un nouveau jugement par défaut est rendu (C. pr. pén., art. 494, *a contrario*), qui obéira au régime des jugements par défaut ci-dessus décrit.

• **Jugement d'itératif défaut** : il y a itératif défaut lorsque le prévenu, qui a fait **opposition** à un jugement par défaut, ne comparaît pas devant le tribunal alors qu'il a eu personnellement connaissance de la nouvelle date d'audience (C. pr. pén., art. 494). Le jugement, qui constate le caractère non avenu de l'opposition, est susceptible d'appel. Il sera définitif dix jours après sa signification au prévenu, quel qu'en soit le mode (à personne, à domicile, étude de commissaire de justice ou parquet, C. pr. pén., art. 499), si l'appel n'est pas exercé, ou après l'expiration du délai d'appel du procureur général (20 jours) s'il n'est pas à cette date écoulé (C. pr. pén., art. 505).

B. Le principe : l'exécution cumulée des peines dans la limite du maximum légal (C. pén., art. 132-4)

Si les infractions du temps A n'ont pas fait l'objet d'une condamnation définitive lorsque celles du temps B ont été commises, et qu'elles ont fait l'objet de condamnations séparées, les peines prononcées s'exécutent cumulativement dans la limite du maximum légal le plus élevé (C. pén., art. 132-4), en tenant compte s'il y a lieu de l'état de récidive (C. pén., art. 132-5).

« *Ce principe signifie que les peines prononcées [...] doivent se cumuler entre elles mais que, dans l'hypothèse où la peine résultant du cumul serait supérieure au maximum de la peine de même nature encourue pour l'infraction la plus sévèrement sanctionnée, son exécution devrait être obligatoirement réduite jusqu'à concurrence de ce maximum.* » (Circ. Crim. 14 mai 1993, n° 85).

Le bénéfice du sursis attaché en tout ou partie à l'une des peines prononcées pour des infractions en concours ne met pas obstacle à l'exécution des peines de même nature non assorties du sursis (C. pén., art. 132-5).

EXEMPLE

Faits A : Vol, conduite en état alcoolique, commis le 4 juin 2007, condamnation par jugement contradictoire le 20 juillet 2007, 2 mois d'emprisonnement, 450 euros, suspension du permis durant 10 mois.

Faits B : Vol avec effraction commis le 15 août 2007, condamnation le 17 août 2007, 4 mois d'emprisonnement, 400 euros.

Les faits B sont commis alors que la condamnation du 20 juillet 2007 pour les faits A n'est pas définitive. Les deux peines d'emprisonnement et d'amende cumulées sont inférieures aux maxima prévus pour l'infraction la plus grave (vol avec effraction : 5 ans, 75 000 €), elles peuvent donc s'exécuter cumulativement (6 mois d'emprisonnement, 850 €), mais le tribunal peut ordonner la confusion partielle ou totale (v. C ci-dessous). Si les faits B sont commis le 10 octobre 2007, la condamnation A est donc définitive au jour de leur commission. L'intéressé est alors en récidive légale du chef de vol, il subira chacune des peines prononcées, et aucune confusion ne pourra être ordonnée entre les deux condamnations.

C. Le tempérament : la confusion facultative des peines de même nature (C. pén., art. 132-4)

Lorsque les conditions du concours d'infraction décrites au A ci-dessus sont réunies, la confusion totale ou partielle des peines de même nature peut être ordonnée (C. pén., art. 132-4). La confusion est accordée soit lors de son jugement par la dernière juridiction appelée à statuer (C. pén., art. 132-4), soit ultérieurement, par toute juridiction ayant rendu au moins une des condamnations dont la confusion est réclamée (C. pr. pén., art. 710 ; Crim. 13 mai 1971, n° 70-91.166, P n° 156 – Crim. 2 déc. 1992, n° 92-81.251, P n° 400), saisie sur requête du parquet ou du prévenu (C. pr. pén., art. 711). La peine la plus importante est réputée absorber la plus faible.

Les peines privatives de liberté sont réputées de même nature (C. pén., art. 132-5). Une peine d'emprisonnement supérieure à une peine de réclusion criminelle absorbera donc cette dernière (Circ. Crim. 14 mai 1993, n° 85).

Dans l'exemple cité au B ci-dessus, le tribunal peut dire que les peines de même nature des condamnations A et B seront confondues, dans ce cas l'intéressé subira une peine de quatre mois d'emprisonnement (condamnation B absorbante), 450 €

(condamnation A absorbante), et dix mois de suspension de permis de conduire (cette peine complémentaire de la condamnation A n'entre pas en concours avec une peine de même nature de la condamnation B, il n'y a donc pas matière à confusion). Le tribunal peut également, par catégorie de sanctions, limiter ou moduler la confusion. Par exemple, dire que l'emprisonnement A ne se confondra qu'à hauteur de moitié dans l'emprisonnement B, ainsi l'intéressé exécutera 1 + 4 = 5 mois, que les peines d'amende se confondront complètement, etc.

C. pén., art. 132-4 relatif à la confusion de peines « *n'est pas applicable à une condamnation prononcée à l'étranger* », même lorsque cette condamnation a été convertie lors du transfèrement en France de la personne condamnée en application d'une convention internationale et de C. pr. pén., art. 728-2 s. (Crim. 27 nov. 2019, n° 19-80.578, P). Il en est autrement des condamnations émanant d'une juridiction de l'Union européenne (C. pén., art. 132-23-1) ou dans le cas où une convention internationale régit précisément une telle confusion (Crim. 6 févr. 1996, n° 95-82.408, P n° 61 ; Crim. 26 oct. 2005, n° 05-82.408, P n° 271, solutions *a contrario*).

Lorsque la juridiction qui a rendu la décision de condamnation statue sur requête, postérieurement à la condamnation sur le fondement de C. pr. pén., art. 710 (devenu sur ce point C. pr. pén., art. 710-1, L. n° 2021-1729, 22 déc. 2021), la décision doit être signifiée lorsqu'elle n'est pas rendue en présence de l'intéressé. Elle était susceptible d'appel lorsque la condamnation émanait d'une juridiction du premier degré, mais non lorsqu'elle était rendue par une juridiction correctionnelle d'appel ou, s'agissant d'une condamnation prononcée par une cour d'assises, par la CHINS, puisque ces décisions sont rendues en dernier ressort (C. pr. pén., art. 567). Cette distinction injustifiée entre les personnes condamnées méconnaissant le principe d'égalité devant la justice a été censurée (Cons. const. 21 juill. 2021, n° 2021-925 QPC, § 9 ; dans un sens comparable, s'agissant de C. pr. pén., art. 702-1 relatif aux requêtes en relèvement d'interdictions, déchéances et incapacités : Cons. const. 7 juill. 2023, n° 2023-1057 QPC). Les dispositions relatives à la demande de confusion post condamnation ont été réécrites et transférées au C. pr. pén., art. 710-1 (issu L. n° 2021-1729, 22 déc. 2021) ; désormais, la demande est en toute hypothèse formée devant le tribunal correctionnel statuant en juge unique, le renvoi en formation collégiale étant de droit si l'une au moins des peines est criminelle, et l'appel de la décision est porté devant la chambre des appels correctionnels.

Toute décision régulièrement signifiée statuant sur une requête en confusion a l'autorité de la chose jugée. Il en résulte, selon la jurisprudence, qu'en cas de rejet ou de confusion partielle, une nouvelle demande de confusion ne peut être présentée pour les mêmes peines (Circ. Crim. 14 mai 1993, n° 85 ; Crim. 5 nov. 1985, n° 84-95.728, P n° 343 ; Crim. 13 juin 2007, n° 06-85.387, NP ; Crim. 20 févr. 2019, n° 18-80.780). Toutefois, s'il résulte de C. pén., art. 132-4 que « *l'autorité de chose jugée s'attache à la décision par laquelle les juges prononcent sur une demande de confusion de peines, cette décision ne fait pas obstacle à la mise en œuvre de la règle de réduction au maximum légal le plus élevé* » (Crim. 15 nov. 2017, n° 16-85.946).

Dans son appréciation des incidents contentieux de la peine, la juridiction « *tient compte du comportement de la personne condamnée depuis la condamnation, de sa personnalité ainsi que de sa situation matérielle, familiale et sociale* » (C. pr. pén., art. 710, réd. issue L. n° 20014-896, 15 août 2014). Ainsi, « *si la juridiction statuant sur une demande de confusion facultative de peines doit motiver sa décision en tenant compte du comportement de la personne condamnée depuis la condamnation, de sa personnalité, ainsi que de sa situation matérielle, familiale et sociale, elle peut également retenir d'autres motifs relevant du pouvoir d'appréciation que lui reconnaît l'article 132-4 du code pénal* » (Crim. 10 janv. 2018, n° 16-87.611, P).

Cette évolution législative permettait de considérer que la confusion de peine facultative demandée après la condamnation s'inscrivait désormais dans le « *parcours d'exécution* » (C. pr. pén., art. 717-1, v. nº 18.10A) ou d'application de la peine puisqu'elle s'appuie sur la situation personnelle du condamné, évolutive et susceptible d'appréciations échelonnées dans le temps. Le principe de l'autorité de chose jugée attachée à une précédente décision de rejet de confusion semblait donc pouvoir être nuancé par la modification de C. pr. pén., art. 710, L. nº 20014-896, 15 août 2014. La Ch. crim. a toutefois maintenu sa jurisprudence relative à l'autorité de la chose jugée (Crim. 20 févr. 2019, nº 18-80.780 précité), en soulignant aussi, à l'occasion du rejet d'une QPC soulevée contre ce texte par le même requérant, que la réinsertion est « *par ailleurs assurée par la mise en œuvre des règles relatives à l'exécution des peines* » (Crim. 5 sept. 2018, nº 18-80.780). Cette discussion est close par le transfert des dispositions relatives à la confusion au C. pr. pén., art. 710-1, issu L. nº 2021-1729, 22 déc. 2021, désormais détachées du § de C. pr. pén., art. 710 précité.

18.5 Le choix de la sanction en cas de récidive : conditions et effets sur les peines maximales encourues

A. Condition relative au premier terme de la récidive : existence d'une précédente condamnation définitive visée dans les poursuites ou soumise aux débats

1. Le premier terme de la récidive

Quand deux condamnations sont définitives dans leurs rapports entre elles (sur le caractère définitif de la condamnation v. nº 18.4), au lieu des règles favorables de la confusion des peines, de plein droit (v. nº 18.2) ou facultative (v. nº 18.4C), s'appliquent celles de la récidive.

La nature et le quantum de la condamnation prononcée dans la première décision (premier terme de la récidive) est indifférent. Sauf en ce qui concerne les mineurs : pour l'application des articles 132-8 à 132-11, 132-18-1 et 132-19-1 du code pénal relatives aux peines maximales applicables en cas de récidive, les mesures ou sanctions éducatives prononcées contre un mineur ne peuvent en effet constituer le premier terme de l'état de récidive (Ord. nº 45-174, 2 févr. 1945, art. 20-2 [L. nº 2007-1198, 10 août 2007], devenu, dans une rédaction adaptée, CJPM, art. L. 111-5, L. 111-6).

Les ordonnances pénales délictuelles (C. pr. pén., art. 495-5) ont valeur de jugement de condamnation et comptent donc pour la récidive (v. nº 15.50C). Tel n'est plus le cas des amendes forfaitaires délictuelles depuis L. nº 2019-222, 23 mars 2019, abrogeant C. pr. pén., art. 495-23 (v. A2 ci-dessous et nº 15.47D).

Les condamnations prononcées par les juridictions pénales d'un État membre de l'**Union européenne** sont prises en compte au titre de la récidive (C. pén., art. 132-23-1, 132-23-2 ; C. pr. pén., art. 735-1 ; rédactions issues L. nº 2010-242, 10 mars 2010). En application de C. pén., art. 112-2, cette disposition (C. pén., art. 132-23-1) relative au régime d'exécution et d'application des peines est applicable immédiatement aux condamnations prononcées pour des faits commis avant son entrée en vigueur, quand elle n'a pas pour résultat de rendre plus sévères les peines prononcées par la décision de condamnation (Crim. 8 janv. 2020, nº 19-80.349, P). Notons, s'agissant d'une condamnation prononcée au Royaume-Uni qui a quitté l'UE à l'issue d'une période transitoire prenant fin le 31 déc. 2000, que « *constitue une condamnation prononcée par la juridiction pénale d'un État membre de l'Union européenne, et est prise en compte dans les mêmes conditions que les condamnations prononcées par les juridictions pénales françaises, [...], celle prononcée par un pays qui faisait partie de l'Union européenne lors de ce prononcé, y compris lorsque ce pays a quitté cette Union depuis* » (Crim. 14 avr. 2021, nº 20-82.529, P).

La **réhabilitation** n'interdit pas la prise en compte de la condamnation, par les seules autorités judiciaires, en cas de nouvelles poursuites, pour l'application des règles sur la récidive légale (C. pén., art. 133-16 [L. nº 2007-297, 5 mars 2007]). Ces dispositions, en vigueur à partir du 8 mars 2008, sont applicables aux condamnations figurant à cette date au casier judiciaire, quelle que soit la date de la commission de l'infraction (L. n° 2007-297, 5 mars 2007, art. 43). Il se déduit de la nouvelle écriture de C. pén., art. 133-16, qu'une condamnation assortie du sursis peut constituer, même lorsqu'elle est réputée non avenue, le premier terme de la récidive (Crim. avis, 26 janv. 2009, n° 08-00.013, P ; Crim. 27 juin 2012, n° 11-86.773, NP). Mentionnons qu'une condamnation réhabilitée n'empêche pas l'octroi du sursis simple (v. n° **18.19B1**) mais que « *la réhabilitation de plein droit d'une condamnation n'interdit pas à la juridiction de prendre en compte, lors de l'examen de la culpabilité de l'intéressé, cet élément de personnalité figurant régulièrement au dossier de la procédure par sa mention au casier judiciaire* » (Crim. 17 janv. 2018, n° 17-80.402 ; dans le même sens, pour une décision statuant sur une demande de restitution d'un bien ayant servi à commettre des infractions : Crim. 30 mars 2022, n° 21-82.427 (§ 20), P) ; en sens contraire, semblant exclure que la référence à une condamnation réhabilitée puisse figurer dans la feuille de motivation de la cour d'assises : Crim. 18 nov. 2020, n° 19-87.637, D).

2. Le premier terme de la récidive : la question de la CRPC, de la composition pénale et de l'amende forfaitaire

• **La procédure de plaider coupable** (v. n° **15.53** s.) est une modalité d'exercice de l'action publique (C. pr. pén., art. 40-1) et l'ordonnance d'homologation a valeur d'un jugement de condamnation. La peine est donc inscrite au casier, y demeure dans les conditions de droit commun, compte pour la récidive et pour les interdictions et déchéances résultant de plein droit de la sanction.

• **La composition pénale** (v. n° **15.44** et **15.45**) est une alternative aux poursuites (C. pr. pén., art. 40-1 et 41-2), elle n'éteint l'action publique que lorsque l'exécution de la mesure est constatée, n'est inscrite au casier qu'à partir de cette date (C. pr. pén., art. 768 9°), et pour une durée – sauf réitération – limitée à 3 ans (C. pr. pén., art. 769 6°). Elle ne compte pas pour la récidive, car elle n'a pas valeur de jugement de condamnation, et n'induit donc aucune interdiction ou déchéance, sauf à préciser que l'exécution d'une composition pénale entraîne perte de points du permis de conduire (C. route, art. L. 223-1).

• Si le paiement de **l'amende forfaitaire** ou le titre exécutoire de l'amende majorée non susceptible de réclamation, pour les délits et contraventions de 5e classe, font l'objet d'une inscription au casier judiciaire (C. pr. pén., art. 768 11° et 768-1 5°, dans leur rédaction issue de L. n° 2019-222, 23 mars 2019, en vigueur à compter du 1er juill. 2021), l'amende forfaitaire n'est plus, depuis L. n° 2019-222, 23 mars 2019, assimilée à une condamnation définitive pour la récidive des contraventions de 5e classe (C. pr. pén., art. 530-7 abrogé) (sur l'amende forfaitaire contraventionnelle, v. n° **15.46**) ou des délits (C. pr. pén., art. 495-23 abrogé) (sur l'amende forfaitaire délictuelle, v. n° **15.47**).

3. L'état de récidive et le formalisme des débats et de la décision

La circonstance de récidive peut n'être pas visée dans l'acte de poursuite, et n'apparaître en effet qu'au cours de l'audience, à l'examen du casier judiciaire ou au vu d'un jugement ou de son extrait. La C. cass., consacrée par C. pén., art. 132-16-5, issu L. n° 2005-1549, 12 déc. 2005) (v. n° **17.32C3**), reconnaît au juge du premier degré comme au juge d'appel (Crim. 16 mai 2018, n° 11-87.213, NP) la faculté de relever d'office cette circonstance, à condition toutefois de respecter le principe du contradictoire et d'aviser le prévenu, dans le cours des débats, de l'existence de cette cause aggravante personnelle, et qu'il ait été mis en mesure d'être assisté de son avocat et de faire valoir ses observations. Le relevé de cette récidive est sans incidence sur la compétence du juge unique (C. pr. pén., art. 398), sauf à préciser que dans cette composition, la juridiction ne peut prononcer de peines fermes > 5 ans (C. pr. pén., art. 398-2) (v. n° **17.15D1**).

« *Il va de soi que pour permettre l'application des nouvelles dispositions, il appartient aux magistrats du parquet de relever de façon systématique l'état de récidive légale dans leurs poursuites, lorsqu'elle est constituée. Si cet état n'était pas connu au moment de l'engagement des poursuites, des réquisitions en ce sens doivent être prises devant la juridiction de jugement conformément aux dispositions de l'article 132-16-1 du code pénal* » (Circ. DACG 2007-10, 13 août 2007, NOR : JUSD0730044C, n° 1).

Les dispositions (C. pén., art. 132-19) qui dispensaient le juge de motivation spéciale, en cas de récidive, lorsqu'il prononçait un emprisonnement sans sursis, ont été abrogées par la loi n° 2014-896 du 15 août 2014.

B. Les conditions particulières et les effets de la récidive pour les personnes physiques

Sous les conditions particulières ci-dessous, les personnes physiques encourent en cas de récidive des peines maximales plus élevées. Notons que l'état de récidive n'appelle plus le prononcé de peines plancher (L. n° 2014-896, 15 août 2014, v. n° **18.8E**) et que la récidive de certaines infractions de violences n'impose plus depuis le 24 mars 2020 de mandat de dépôt à l'audience (v. n° **18.11C**). Mentionnons que la procédure simplifiée de l'ordonnance pénale délictuelle (C. pr. pén., art. 495), instaurée par L. n° 2002-1138, 9 sept. 2002, était initialement exclue en cas de récidive ; cette exclusion a été supprimée par L. n° 2019-222, 23 mars 2019, applicable à compter du 1er sept. 2019 (v. n° **15.48A**).

1. La récidive générale et perpétuelle (C. pén., art. 132-8)

Si une personne commet un crime après une condamnation définitive prononcée pour un crime, ou pour tout délit passible de 10 ans d'emprisonnement, le maximum encouru est porté à la réclusion criminelle à perpétuité si la nouvelle infraction est passible de 20 ou 30 ans de réclusion, ou 30 ans si elle passible de 15 ans (C. pén., art. 132-8). Il n'y a pas de condition tenant au délai séparant les infractions, ou à leur nature comparée.

Les causes personnelles d'aggravation et d'atténuation de la peine ne sont pas prises en compte pour la détermination de la peine encourue. Ainsi « *la circonstance aggravante personnelle de récidive ne peut être prise en compte pour la détermination de la peine encourue pour l'infraction qui sert de premier terme à la récidive, seule devant être retenue la peine édictée par la disposition réprimant l'infraction* » (§ 7) (Crim. 15 juin 2022, n° 21-83.409, P). De même, « *les causes d'exemption ou d'atténuation de la peine [ex. minorité, altération du discernement] ne sauraient être prises en compte pour la détermination de la peine d'emprisonnement encourue au sens des articles 132-8 et suivants du code pénal* » (§ 10) (Crim. 30 juin 2021, n° 20-86.753, P).

2. La récidive générale et temporaire (C. pén., art. 132-9)

Le maximum des peines d'emprisonnement et d'amende encourues est doublé si une personne commet, après une condamnation définitive prononcée pour un crime, ou pour un délit passible de 10 ans d'emprisonnement, dans les **10 ans** suivant l'expiration ou la prescription de la précédente peine (sur le point de départ de ce délai, v. **D** ci-dessous), un délit passible de dix ans d'emprisonnement, ou dans les cinq ans, un délit passible d'une peine < 10 ans et > 1 an (C. pén., art. 132-9). Il n'y a pas de condition tenant à la nature comparée des infractions.

Viole C. pén., art. 132-9 la juridiction qui retient l'état de récidive générale en constatant que la personne a été condamnée pour recel en bande organisée (circonstance aggravante accompagnant le recel, alors puni de 10 ans d'emprisonnement), alors qu'elle n'a été condamnée que pour recel d'une escroquerie commise en bande organisée (circonstance aggravante accompagnant le délit d'escroquerie, alors punie de 7 ans d'emprisonnement) (Crim. 11 mars 2020, n° 19-84.887, P).

3. La récidive spéciale et temporaire et les infractions assimilées entre elles (C. pén., art. 132-10)

Le maximum des peines d'emprisonnement et d'amende encourues est doublé si une personne commet, après une condamnation définitive prononcée pour un délit, dans les **5 ans** suivant l'expiration ou la prescription de la précédente peine (sur le point de départ de ce délai, v. **D** ci-dessous), le même délit ou un délit qui lui est assimilé au regard des règles de la récidive (C. pén., art. 132-10).

Les infractions suivantes sont assimilées entre elles au regard des règles de la récidive :

• **Atteintes aux biens (C. pén., art. 132-16).** Vol, extorsion, chantage, escroquerie et abus de confiance ;

• **Recel** et l'infraction dont provient le bien recelé **(C. pén., art. 321-5)** ;

• **Blanchiment** et l'infraction à l'occasion de laquelle ont été commises les opérations de blanchiment **(C. pén., art. 324-5)**, ainsi, dans le cas où le délit de blanchiment a été commis à l'occasion de faits de recel de vol, infraction à laquelle il est assimilé au regard de la récidive, est en récidive du chef de blanchiment l'auteur déjà condamné pour recel de vol (Crim. 21 janv. 2020, n° 18-84.899, P) ;

• **Atteintes sexuelles (C. pén., art. 132-16-1).** Délits d'agressions sexuelles et d'atteintes sexuelles ;

• **Homicide ou blessures involontaires (C. pén., art. 132-16-2).** Délits commis à l'occasion de la conduite d'un véhicule terrestre à moteur prévus par les articles 221-6-1 (homicide involontaire), 222-19-1 (blessures involontaires avec ITT > 3 mois) et 222-20-1 (blessures involontaires avec ITT ⩽ 3 mois par le conducteur d'un véhicule terrestre à moteur) ;

• **Principaux délits routiers et atteintes involontaires aux personnes lors de la conduite d'un véhicule terrestre à moteur (C. pén., art. 132-16-2).** Les délits prévus par C. route, art. L. 221-2 (conduite sans permis), L. 234-1 (conduite en état alcoolique ou d'ivresse), L. 235-1 (conduite après usage de stupéfiants), L. 413-1 (grand excès de vitesse) et, depuis L. n° 2022-52, 24 janv. 2022, L. 233-1 (refus d'obtempérer simple) et L. 233-1-1 (refus d'obtempérer aggravé), sont considérés comme une même infraction au regard de la **récidive** (C. pén., art. 132-16-2). Ces délits routiers sont également assimilés aux délits, commis lors de la conduite d'un véhicule terrestre à moteur, d'homicide (C. pén., art. 221-6-1), de blessures involontaires avec ITT ⩾ 3 mois (C. pén., art. 222-19-1) ou avec ITT < 3 mois (C. pén., art. 222-19-1) lorsqu'ils constituent le second terme de la récidive (C. pén., art. 132-16-2 ; Crim. 31 mai 2016, n° 15-84.329, P n° 167). Une précédente condamnation pour homicide involontaire en dehors de la conduite d'un véhicule terrestre à moteur ne constitue donc pas le premier terme de la récidive pour une infraction de conduite après usage de stupéfiants (Crim. 10 mai 2022, n° 21-86.071, D) ;

• **Traite des êtres humains et proxénétisme (C. pén., art. 132-16-3).** Délits prévus par les articles 225-4-1 (traite des êtres humains), 225-4-2 (traite des êtres humains aggravée), 225-4-8 (disposition abrogée et incrimination réécrite à l'article 321-6), 225-5 (proxénétisme), 225-6 (proxénétisme assimilé), 225-7 (proxénétisme aggravé), 225-10 ; proxénétisme hôtelier) ;

• **Infractions ou circonstances aggravantes de violence (C. pén., art. 132-16-4).** Délits de violences volontaires aux personnes ainsi que tout délit commis avec la circonstance aggravante de violences ;

• **Infractions en matière d'armes (CSI, art. L. 317-10 et C. défense, art. L. 2339-12).** Les délits prévus par le titre Ier du livre III du code de la sécurité intérieure (Armes et munitions, CSI, art. L. 311-2 à L. 317-12) et par le titre III, du livre III de la partie 2 du code de la défense (Matériels de guerre, armes et munitions, C. défense, art. L. 2331-1 à L. 2339-10), sont considérés comme un même délit au regard de la récidive.

• **Infractions en matière de trafic d'armes (C. pén., art. 132-16-4-1).** Les délits relatifs au trafic d'armes prévus aux articles 222-52 à 222-67 du code pénal (v. n° 26.23 à 26.27) sont considérés, au regard de la récidive, comme une même infraction (L. n° 2016-731, 3 juin 2016, anc[t], CSI, art. L. 317-10 et C. défense, art. L. 2339-12) ;

• **Infractions diverses** : **C. consom., art. L. 455-2** assimile, au regard de la récidive, de nombreuses infractions du code de la consommation, du code de la propriété intellectuelle, du code de la santé publique et du code rural et de la pêche maritime. Il en est de même pour

C. envir., art. L. 173-13, issu L. n° 2021-1104, 22 août. 2021, assimilant de nombreux délits du C. envir. et du C. minier.

4. Récidive contraventionnelle

Il n'y a récidive que pour les contraventions de 5e classe, dans les cas prévus par le règlement (C. pén., art. 132-11). La récidive est constituée si la personne commet la même contravention dans le délai d'un an suivant l'expiration ou la prescription de la précédente peine. Le maximum de l'amende encouru est alors porté de 1 500 € à 3 000 €.

Dans le cas où la récidive d'une contravention de 5e classe constitue un délit, la récidive est constituée si les faits ont été commis dans le délai de trois ans à compter de l'expiration ou de la prescription de la précédente peine (C. pén., art. 132-11).

C. Les conditions particulières et les effets de la récidive pour les personnes morales

Les personnes morales n'encouraient pas de peines minimales en cas de récidive (cf. peines plancher abrogées pour les personnes physiques par L. n° 2014-896, 15 août 2014), seules les peines maximales sont élevées dans les conditions ci-dessous.

1. Récidive générale et perpétuelle

Si après une condamnation prononcée pour un crime, ou pour un délit passible, pour les personnes physiques, d'au moins 100 000 € d'amende, une personne morale engage sa responsabilité pénale par un crime, le taux de l'amende applicable est doublé (ce qui revient à dire que le maximum encouru par la personne morale est dix fois l'amende des personnes physiques, C. pén., art. 131-38) (C. pén., art. 132-12). La personne morale encoure également l'ensemble des peines complémentaires visées à l'article 131-39 du code pénal. Il n'y a pas de condition tenant au délai séparant les infractions, ou à leur nature comparée.

2. Récidive générale et temporaire

Le maximum de l'amende encourue est doublé (soit dix fois l'amende encourue par les personnes physiques) si une personne morale engage sa responsabilité pénale, après une condamnation définitive prononcée pour un crime, ou pour un délit passible pour les personnes physiques d'au moins 100 000 €, dans les dix ans suivant l'expiration ou la prescription de la précédente peine, pour un délit passible de la même peine d'amende, ou, dans les cinq ans, pour un délit passible d'une amende $\geqslant$ 15 000 €. La personne morale encoure également l'ensemble des peines complémentaires visées à l'article 131-39 du code pénal. Il n'y a pas de condition tenant à la nature comparée des infractions (C. pén., art. 132-13).

3. Récidive spéciale et temporaire

Le maximum de l'amende encourue est doublé (soit dix fois l'amende encourue par les personnes physiques), dans les 5 ans suivant l'expiration ou la prescription d'une précédente peine prononcée pour un délit, une personne morale engage sa responsabilité pénale pour le même délit, ou un délit qui lui est assimilé au regard des règles de la récidive (C. pén., art. 132-14).

4. Récidive contraventionnelle

Comme pour les personnes physiques, il ne peut y avoir récidive que pour les contraventions de 5e classe, si elle est spécialement prévue par le règlement (C. pén., art. 132-15). Elle est constituée si la personne morale engage sa responsabilité par la même contravention dans le délai d'un an suivant l'expiration ou la prescription de la précédente peine. Le maximum de l'amende encouru est alors multiplié par dix.

D. Le point de départ du délai de récidive : la date de l'expiration ou de la prescription de la précédente peine

Dans les cas de récidive temporaire (C. pén., art. 132-9, 132-10 et 132-11), le délai de récidive court à compter de **l'expiration** ou de **la prescription** de la précédente peine.

1. La date de l'expiration de la peine

• S'agissant de la peine avec **sursis simple** (v. n° 18.19 et 18.20), sa date d'expiration est la date à laquelle, par application de C. pén., art. 132-35, elle devient non avenue pour n'avoir pas avoir été révoquée dans le délai de 5 ans, lequel court depuis le jour où la condamnation est définitive. Il en résulte que le délai de récidive court à compter de la date à laquelle la condamnation est non avenue (Crim. 14 oct. 2014, n° 13-87.636, P n° 207). Ainsi, pour une personne définitivement condamnée à la date du 15 janv. 2015 à une peine avec sursis pour conduite en état alcoolique, le délai de récidive de 5 ans débutera, si le sursis n'est pas révoqué, à compter du jour où la condamnation est non avenue, soit le 15 janv. 2020, et expirera en conséquence le 15 janv. 2025.

• Pour le **sursis probatoire** (anc[t] sursis avec mise à l'épreuve, v. n° 18.24 s.) ou la **contrainte pénale** (peine désormais abrogée, v. n° 18.22 s.), le point de départ du délai de récidive est la fin du délai de mise à l'épreuve ou de probation, qui matérialise la date d'expiration de la peine, laquelle devient de plein droit non avenue (C. pén., art. 132-52, v. n° 18.27A). En effet, « *une condamnation assortie du sursis, bien que réputée non avenue, peut constituer le premier terme de la récidive* » (Crim. 11 janv. 2011, n° 10-81.781, P. n° 4 ; dans le même sens : Crim. avis, 26 janv. 2009, n° 08-00.013, P).

• S'agissant de la **peine ferme**, y compris en cas de sursis révoqué, l'expiration de la peine se matérialise par la formalité de **levée d'écrou**, portée sur le registre d'écrou de l'établissement pénitentiaire (C. pr. pén., art. D. 149 et D. 314). Il est à noter que la personne écrouée qui fait l'objet d'un placement extérieur, d'une semi-liberté, d'une permission de sortir (sur la permission de sortir de la personne condamnée, v. C. pr. pén., art. D. 142 s.) ou d'un placement sous surveillance électronique, demeure sous écrou jusqu'au terme de cette mesure (C. pr. pén., art. D. 118 et D. 149).

Lorsque la peine ferme donne lieu à une **libération conditionnelle**, (sur cette mesure, v. n° 18.10H), laquelle donne lieu à une levée d'écrou, la peine est réputée terminée au jour de la libération conditionnelle si sa révocation n'est pas intervenue avant l'expiration du délai durant lequel le condamné est tenu aux modalités et conditions fixées par la décision de libération. Dans ce cas, la date de libération conditionnelle devient en effet une date de libération définitive (C. pr. pén., art. 733) et constitue le point de départ du délai de récidive. Si la nouvelle infraction est commise durant le délai d'épreuve de la libération conditionnelle, la peine n'est par hypothèse pas venue à expiration et la récidive est constituée.

Notons que la date d'expiration de la peine ferme est mentionnée au casier judiciaire (C. pr. pén., art. 769, al. 1 et R. 65 2°).

2. La date de la prescription de la peine

La date de **prescription de la peine** constitue, en alternative à la date de l'expiration de la peine, un point de départ du délai de récidive. Par hypothèse, ce point de départ ne trouve à s'appliquer que lorsque la peine n'a pu être mise à exécution, dans le cas contraire, c'est en effet l'expiration de la peine qui constitue le point de départ du délai de récidive. Le délai de prescription de la peine est, à compter de la date à laquelle la décision est définitive, de 20 ans pour crime (C. pén., art. 133-2), de 6 ans pour délit (C. pén., art. 133-3, depuis L. n° 2017-242, 27 févr. 2017, auparavant 5 ans), sauf prescriptions plus longues définies par L. n° 2017-242, 27 févr. 2017, et de 3 ans pour contravention (C. pén., art. 133-4).

Comme en matière de prescription de l'action publique (v. n° 17.23) ce délai est renouvelé par chaque acte interruptif de prescription : « *la prescription de la peine est interrompue par les actes ou décisions du ministère public, des juridictions de l'application des peines et, pour les peines d'amende ou de confiscation relevant de leur compétence, du Trésor ou de l'AGRASC qui tendent à son exécution* » (C. pr. pén., art. 707-1, C. pén., art. 133-4-1).

Relevons que « *l'acceptation par le Trésor public d'un échéancier de paiement [...], puis chacun des paiements mensuels effectués par le condamné [...], constituaient des actes d'exécution de la peine d'amende prononcée [...], qui ont interrompu la prescription de celle-ci* » (Crim. 5 oct. 2022, n° 21-84.273, P).

18.6 La liberté du juge et ses contraintes : individualisation et motivation de la peine – Ajournement – Dispense de peine

A. Le libre choix, motivé par l'objectif d'individualisation et de restauration sociale, des peines prévues par la loi

1. Le principe d'individualisation et de motivation de la peine

« *Le principe d'individualisation des peines, qui découle de l'article 8 de cette déclaration [des droits de l'homme et du citoyen de 1789], implique qu'une sanction pénale ne puisse être appliquée que si le juge l'a expressément prononcée, en tenant compte des circonstances propres à chaque espèce. Ces exigences constitutionnelles imposent la motivation des jugements et arrêts de condamnation, pour la culpabilité comme pour la peine* » (Cons. const. 2 mars 2018, n° 2017-694 QPC, § 8 ; Cons. const. 22 juill. 2005, n° 2005-520 DC) (sur la motivation de la culpabilité, v. n° **17.28C**).

« *Toute peine prononcée par la juridiction doit être individualisée. Dans les limites fixées par la loi, la juridiction détermine la nature, le quantum et le régime des peines prononcées en fonction des circonstances de l'infraction et de la personnalité de son auteur ainsi que de sa situation matérielle, familiale et sociale* » (C. pén., art. 132-1, mod. par L. n° 2014-896, 15 août 2014).

Depuis L. n° 2014-896, 15 août 2014, l'individualisation de la peine n'est plus restreinte pour les personnes physiques ayant commis des crimes ou des délits en récidive légale, pour lesquelles s'imposaient auparavant des peines minimales de réclusion ou d'emprisonnement (peines plancher, v. n° **18.8E**).

« *La juridiction peut ne prononcer que l'une des peines encourues pour l'infraction dont elle est saisie* » (C. pén., art. 132-17). Notons à cet égard que « *doivent être considérées comme moins sévères les dispositions législatives faisant encourir à titre alternatif et non plus cumulatif des peines complémentaires* » (Crim. 15 oct. 2019, n° 17-86.838, D).

« *L'article 132-17 s'applique à toutes les peines qu'elles soient principales, alternatives ou complémentaires. La juridiction peut donc ne prononcer que les peines principales encourues (c'est-à-dire la peine privative de liberté ou l'amende) ou que l'une de ces peines (ou les remplacer par des peines alternatives), sans prononcer aucune peine complémentaire ou en ne prononçant que certaines des peines complémentaires encourues.* » (Circ. Crim. 14 mai 1993, n° 99).

« *S'agissant de l'amende, il semble que le principe général posé par le second alinéa de l'article 132-17 selon lequel "la juridiction peut ne prononcer que l'une des peines encourues pour l'infraction dont elle est saisie", autorise les cours d'assises à ne prononcer qu'une peine d'amende lorsque celle-ci est prévue en même temps que la réclusion ou la détention criminelle.* » (Circ. Crim. 14 mai 1993, n° 44).

Mentionnons « *qu'aucune décision de justice impliquant une appréciation sur le comportement d'une personne ne peut avoir pour fondement un traitement automatisé de données à caractère personnel destiné à évaluer certains aspects de la personnalité de cette personne* » (L. n° 78-17, 6 janv. 1978, art. 47), disposition transposant la Dir. (UE) 2016/680, 27 avr. 2016, dite « prévention et détection des infractions pénales », aux termes de laquelle les « *États membres prévoient que toute décision fondée exclusivement sur un traitement automatisé, y compris le profilage, qui produit des effets juridiques défavorables pour la personne concernée ou l'affecte de manière significative, est interdite, à moins qu'elle ne soit autorisée par le droit de l'Union ou le droit d'un État membre auquel le responsable du traitement est soumis et qui fournit des garanties appropriées pour les droits et libertés de la personne concernée, et au minimum le droit d'obtenir une intervention humaine de la part du responsable du traitement* » (art. 11).

Dans une certaine mesure, la motivation du choix de la peine n'interdit pas au juge de prendre en compte l'exercice du droit au silence. En effet, si « *le principe selon lequel nul n'est tenu de s'accuser lui-même, [...] interdit de déduire la culpabilité de l'accusé de son silence et de le contraindre à faire des déclarations, mais ne s'oppose pas à ce que, après avoir retenu sa culpabilité, le juge tienne compte, entre autres éléments, pour déterminer la peine, de la manière dont l'accusé se situe par rapport aux faits, afin d'apprécier sa dangerosité, le risque de récidive et les garanties de sa réinsertion* » (§ 9) (Crim. 16 déc. 2020, n° 19-87.622, P).

2. L'EXIGENCE DE MOTIVATION DE LA PEINE, COROLLAIRE DU PRINCIPE D'INDIVIDUALISATION

Au regard des principes qui précèdent, l'absence de motivation est donc une cause de censure de la décision au regard de C. pén., art. 132-1 et C. pr. pén., art. 485, 485-1 et 593, lesquels imposent à tout jugement ou arrêt d'être motivé ou de contenir des motifs suffisants pour permettre à la C. cass. d'exercer son contrôle. À cet égard, « *Il résulte d'une jurisprudence constante de la* ***C. cass.*** *que les lois relatives à la motivation des peines sont des lois de procédure applicables immédiatement à la répression des infractions commises avant leur entrée en vigueur en vertu de l'article 112-2, 2° du code pénal* » (Crim. 11 mai 2021, n° 20-85.576, P).

La juridiction détermine la sanction sur la base de trois éléments cumulatifs : « *en fonction des circonstances de l'infraction et de la situation personnalité de son auteur ainsi que de sa situation matérielle, familiale et sociale* » (C. pén., art. 132-1). Autrement dit il incombe au juge pénal, au-delà de l'exigence de motivation de la déclaration de culpabilité (v. n° **17.28C1**), de motiver le choix de la sanction « *en tenant compte de la gravité des faits, de la personnalité de leur auteur et de sa situation personnelle* » (Crim. 13 mai 2019, n° 18-84.494 ; Crim. 17 oct. 2018, n° 17-86.910 ; Crim. 27 mars 2018, n° 16-87.585, P n° 55 ; Crim. 1er févr. 2017, n° 15-83.984). Est censurée la décision qui s'explique sur la gravité de l'infraction mais non sur la situation personnelle (Crim. 7 déc. 2022, n° 21-83.354, P), qui ne s'explique pas « *sur les éléments tenant à la gravité des faits qu'elle a pris en considération* » (§ 10) (Crim. 7 déc. 2022, n° 20-80.661, D), ou qui omet de « *s'expliquer sur la personnalité des prévenus et leur situation personnelle* » (§ 11) (Crim. 6 déc. 2022, n° 22-80.106, D).

Si cette exigence de motivation de la peine s'impose pour toute peine prononcée, ses modalités varient en fonction de la nature de la peine.

Cette obligation de motivation s'applique à l'égard de l'ensemble des **peines principales** prononcées, qu'il s'agisse d'une peine d'**emprisonnement** (Crim. 15 mars 2017, n° 16-83.838, P n° 73) ; d'**amende** (Crim. 1er févr. 2017, n° 15-83.984, P n° 29 ; Crim. 10 avr. 2019, n° 18-83.841 [**jours-amende**]) ; ou d'une **peine d'amende contraventionnelle** (Crim. 30 mai 2018, n° 16-85.777, P), « *à moins que l'amende prononcée ne dépasse pas le montant de l'amende forfaitaire encourue* » (Crim. 5 janv. 2021, n° 20-83.118, D). Précisons toutefois que selon C. pén., art. 132-20, le montant de l'amende est également « ***déterminé en tenant compte des ressources et des charges de l'auteur de l'infraction*** », ce dont s'assure la Ch. crim. en censurant les décisions qui ne s'expliquent pas sur « ***les ressources et, le cas échéant, les charges particulières*** » de la personne condamnée, en sus de la gravité des faits, de la personnalité de leur auteur et de sa situation personnelle (Crim. 27 mars 2018, n° 16-87.585, P n° 55 ; v. aussi Crim. 17 oct. 2018, n° 17-86.910) (sur la motivation de la peine d'amende, v. n° **18.16A1**). La motivation de **l'amende douanière** obéit quant à elle aux dispositions de C. douanes, art. 369 et non aux prescriptions de C. pén., art. 312-1 et 132-20 (Crim. 7 nov. 2018, n° 17-84.616, P n° 187) (Sur l'amende douanière, v. n° **18.16A4**).

La motivation s'impose également à l'égard des peines **complémentaires** (Crim. 1er févr. 2017, n° 15-85.199, P n° 28, pour une interdiction de gérer). En particulier, lorsque le juge « ***prononce une mesure de confiscation de tout ou partie d'un patrimoine doit motiver sa décision au regard de la gravité des faits, de la personnalité de son auteur et de sa situation personnelle, et apprécier le caractère proportionné de l'atteinte portée au droit de propriété de l'intéressé*** » (Crim. 8 mars 2017, n° 15-87.422, P n° 66 ; v. aussi Crim. 21 mars 2018, n° 16-87.296, P n° 50), y compris dans le cas de la confiscation du bien sans justification d'origine sur le fondement de C. pén., art. 131-21, al. 5 (Crim. 12 juin

2019, nº 18-83.396, P), sauf du produit ou de l'objet de l'infraction (Crim. 27 juin 2018, nº 16-87.009, P nº 128 ; v. ci-après et sur la peine complémentaire de confiscation, v. nº **18.35**).

Concrètement, l'exigence de motivation impose au juge de motiver la peine « *en se référant, dans sa décision, aux éléments qui résultent du dossier et à ceux qu'il a sollicités et recueillis lors des débats* » (Crim. 27 juin 2018, nº 16-87.009, P nº 128). Lorsque le prévenu est comparant, il lui revient « *à la demande du juge ou d'initiative, d'exposer sa situation et de produire, éventuellement, des justificatifs de celle-ci* » (*ibid*), ce dont il résulte qu'il revient aux juges de solliciter du prévenu présent lors de l'audience la communication des éléments nécessaires pour déterminer la situation familiale, personnelle et financière. En revanche, « *lorsque le prévenu n'a pas comparu et n'a pas fourni ni fait fournir d'éléments sur sa situation, il n'incombe pas au juge d'en rechercher d'autres que ceux dont il dispose* » (Crim. 13 juin 2019, nº 18-85.442, NP ; Crim. 27 juin 2018, nº 16-87.009, P nº 128 ; v. aussi Crim. 11 mai 2021, nº 20-85.576, P). Relevons « *qu'en l'absence d'autres éléments portés à leur connaissance, les juges [...] peuvent [...] fonder leur appréciation de la personnalité du prévenu sur le seul casier judiciaire* » (§ 12) (Crim. 4 janv. 2023, nº 22-81.449, D).

Au-delà de ces prescriptions, la motivation de **la peine d'emprisonnement ferme** est renforcée quant à elle par une double contrainte tenant, d'une part, à son choix, d'autre part, aux exigences de son aménagement (v. les développements consacrés à la motivation de la peine ferme et au refus d'aménagement de cette peine au nº **18.7**).

« *lorsque plusieurs peines sont prononcées, la* **C. cass.** *estime que le juge peut adopter une motivation commune à celles-ci (Crim. 27 juin 2018, nº 16-87.009, P nº 128)* » (§ 25) (Crim. 14 nov. 2019, nº 18-85.688, D), s'agissant en l'espèce de peines d'emprisonnement, d'interdiction du territoire et de confiscation.

La motivation s'impose « *en ce qui concerne les peines prononcées à l'encontre tant des personnes physiques que des personnes morales* » (Crim. 9 janv. 2018, nº 17-80.200, P nº 5 ; Crim. 27 mars 2018, nº 16-87.585, P, nº 55)..

La décision fixant la **période de sûreté** doit être « *motivée lorsqu'elle est facultative ou excède la durée prévue de plein droit* » (Crim. 10 avr. 2019, nº 18-83.709, P ; sur la période de sûreté, v. nº **18.7C1**).

L'**amende civile** relève désormais, après une jurisprudence contraire (Crim. 27 févr. 2002, nº 01-85.573, P nº 47 et Crim. 6 déc. 2017, nº 16-87.007), des exigences d'une motivation fondée sur les ressources et les charges de la partie condamnée (Crim. 5 sept. 2018, nº 17-84.980, P nº 145), mais il appartient à l'intéressé ou à son avocat de se prévaloir « *devant la juridiction du second degré de l'absence de prise en compte de [ses ressources et ses charges] par le premier juge qui a prononcé une amende civile* » (Crim. 21 oct. 2020, nº 19-87.492, P).

« *les prévenus ne sauraient se faire un grief de ce que la cour d'appel ne s'est pas mieux expliquée* [en prononçant des peines d'amende] *sur leur personnalité dès lors que, absents tant en première instance qu'en appel, ils n'ont fait valoir aucun argument, que ce soit sur la personnalité du gérant ou sur les caractéristiques devant être retenues au titre de la personnalité de la société, au regard notamment de sa forme, de son objet social et de son importance* » (Crim. 15 janv. 2019, nº 17-87.049, P nº 12).

Si le juge n'est pas tenu de motiver la **dispense de peine** (v. **C** ci-dessous) au regard de chacune des conditions posées par C. pén., art. 132-59 (Crim. 28 févr. 2018, nº 17-83.554, D), il ne peut toutefois s'exonérer de toute motivation (Crim. 23 oct. 2018, nº 18-80.996, D), y compris lorsqu'il statue sur opposition à une ordonnance pénale contraventionnelle (Crim. 8 sept. 2020, nº 20-81.495, D).

L'absence de motivation de la peine de **TIG** ne fait pas grief, « *dès lors que le prononcé d'une telle peine étant subordonné à l'accord préalable de l'intéressé, il implique nécessairement la prise en compte de la gravité des faits, de la personnalité de leur auteur et de la situation personnelle de celui-ci* » (Crim. 16 avr. 2019, nº 18-83.434, P).

Consacrant la jurisprudence de la Ch. crim. (ex. Crim. 22 avr. 2020, nº 19-84.431, D Crim. 9 mars 2022, nº 21-81.506, 21-81.507), la L. nº 2019-222, 23 mars 2019, applicable au 24 mars 2020, prévoit qu'il n'y a pas lieu de motiver le prononcé « *d'une peine obligatoire* » ou « *la confiscation du produit ou de l'objet de l'infraction* » (C. pr. pén., art. 485-1, sur la motivation des peines de confiscation selon leur fondement, v. nº **18.35B**), sauf à préciser la nature et l'origine des biens concernés ainsi que le fondement de la confiscation afin de mettre la juridiction supérieure en mesure de contrôler la légalité de la mesure (Crim. 16 déc. 2020, nº 19-87.622, P). Pour une application en matière de peine complémentaire obligatoire d'inégibilité : Crim. 19 avr. 2023, nº 22-83.355, P).

« *ni l'article 485-1 du code de procédure pénale ni aucune autre disposition législative ne prévoient l'obligation pour les juges de motiver le choix d'assortir une peine d'inéligibilité de l'exécution provisoire* » (§ 20), cette décision semble transposable au prononcé de l'exécution provisoire pour toute peine complémentaire (Crim. 19 avr. 2023, nº 22-83.355, P).

Enfin, « *les obligations particulières du sursis probatoire n'ont pas à être motivées* » (C. pr. pén., art. 485-1 et 365-1, réd. L. nº 2019-222, 23 mars 2019, applicable au 24 mars 2020), sur ces obligations, v. nº **18.25C**).

3. Le cas particulier de la motivation de la peine par la cour d'assises

Selon l'interprétation retenue par la Ch. crim., aucune disposition légale, et en particulier celles relatives à la **feuille de motivation** portant sur la culpabilité (C. pr. pén., art. 365-1), n'autorisait la **cour d'assises** à motiver le choix de la peine prononcée (Crim. 8 févr. 2017, plusieurs arrêts nºs 15-86.914, 16-80.389 et 16-80.391, P nº 41).

Le Cons. const., tirant les conséquences de cette « *jurisprudence constante de la C. cass.* (§ 9)» que la lettre du texte ne semblait pas en effet imposer, a considéré qu'en « *n'imposant pas à la cour d'assises de motiver le choix de la peine, le législateur a méconnu les exigences des articles 7, 8 et 9 de la déclaration de 1789* » qui lui prescrivent d'exclure l'arbitraire dans le jugement des personnes et le prononcé des peines et d'assurer l'individualisation des peines (Cons. const. 2 mars 2018, nº 2017-694 QPC, § 8 et 10). Dans l'attente de la nouvelle rédaction de C. pr. pén., art. 365-1, le Cons. const. a décidé que ces dispositions devaient désormais, « *être interprétées comme imposant également à la cour d'assises d'énoncer, dans la feuille de motivation, les principaux éléments l'ayant convaincue dans le choix de la peine* » (§ 13).

Remédiant à cette déclaration d'inconstitutionnalité, la L. nº 2019-222, 23 mars 2019 modifiant C. pr. pén., art. 365-1 prévoit désormais qu'en cas de condamnation, la motivation de la peine consiste dans « *l'énoncé des principaux éléments ayant convaincu la cour d'assises dans le choix de la peine* » et que cette exigence de motivation s'applique aussi lorsque la cour fait application des dispositions relatives à la rétention de sûreté prévues par C. pr. pén., art. 706-53-13, al. 3. L'énoncé des « *principaux éléments* » motivant le choix de la peine en matière criminelle s'affranchit des exigences de motivation plus approfondies figurant au C. pén., art. 132-1 (v. **A1** ci-dessus), qui ne sont en effet imposées que « *dans les limites fixées par la loi* », comme le confirment les décisions depuis rendues (Crim. 27 mars 2019, nº 18-82.351, 10 avr. 2019, nº 18-83.053, P, Crim. 16 oct. 2019, nº 18-84.374 (§ 18), P).

En effet l'exigence de motivation de la peine en matière criminelle « *n'impose pas que la feuille de motivation contienne une analyse de la personnalité de l'accusé et de sa situation matérielle, familiale et sociale, évoquées lors des débats* », est ainsi valable la motivation se référant exclusivement à la gravité des faits, aux antécédents judiciaires et à l'état de récidive (Crim. 22 avr. 2020, nº 19-84.253, P ; dans le même sens, 26 févr. 2020, nº 19-80.120, D).

Aucun grief ne résulte de l'énoncé par le président, au cours de débats, de condamnations réhabilitées de plein droit, ce dont la défense a réclamé qu'il lui en soit donné acte, « *dès lors que la feuille de motivation ne se réfère pas à ces condamnations réhabilitées parmi les éléments l'ayant convaincue lors de sa délibération sur la culpabilité de l'accusé et le choix de la peine* » (§ 18) (Crim. 18 nov. 2020, n° 19-87.637, D).

Comme en matière correctionnelle (v. **A2** ci-dessus), « *la motivation des peines complémentaires obligatoires, de la peine de confiscation du produit ou de l'objet de l'infraction ou des obligations particulières du sursis probatoire n'est pas nécessaire* » (C. pr. pén., art. 365-1).

Toutefois, « *si la cour d'assises n'a pas à préciser les raisons qui la conduisent à ordonner la confiscation du produit ou de l'objet de l'infraction, elle doit néanmoins énumérer les objets dont elle ordonne la confiscation et indiquer, pour chacun d'eux, s'ils constituent l'instrument, le produit ou l'objet de l'infraction, afin de mettre la* C. cass. *en mesure de s'assurer de la légalité de sa décision, et d'apprécier, le cas échéant, son caractère proportionné* » (§ 13) ; ainsi, en ordonnant la confiscation des scellés, sans « *indiquer la nature et l'origine des objets placés sous scellés dont elle a ordonné la confiscation, ni le fondement de cette peine, la cour d'assises n'a pas mis la* C. cass. *en mesure de contrôler la légalité de sa décision* » (§ 15) (Crim. 16 déc. 2020, n° 19-87.622, P ; dans le même ses : Crim. 14 déc. 2022, n° 21-87.221, D (§ 14)).

Soulignons que devant la cour d'assises, lorsqu'il est répondu par « oui » aux questions relatives à la culpabilité, le président donne lecture aux jurés des dispositions (v. C. pén., art. 130-1 et 132-1 ci-dessus) relatives aux finalités et à l'individualisation de la peine avant de procéder au vote sur la peine (C. pr. pén., art. 362). Le Cons. const. a déclaré cette disposition partiellement inconstitutionnelle, en reportant son abrogation au 31 mars 2020, au motif qu'elle n'imposait pas l'information des jurés par le président sur l'effet de plein droit de la peine prononcée sur la **période de sûreté** et sur la possibilité de la moduler (Cons. const. 29 mars 2019, n° 2019-770 QPC) (sur la période de sûreté, v. n° **18.7C1**).

Dans un premier temps, il fut remédié à l'inconstitutionnalité de cette disposition législative par décret (D. n° 2020-91, 6 févr. 2020, créant C. pr. pén., art. D. 45-2-1 applicable depuis le 1er mars 2020, mod. par D. n° 2021-1130, 30 août 2021, devenu D. 45-1-5, D. n° 2022-546, 13 avr. 2022). « *Si l'information des jurés sur la période de sûreté est rendue obligatoire par la décision du Conseil constitutionnel, la circonstance qu'elle soit prévue par un décret et non par un texte de valeur législative est sans incidence sur la nature des renseignements ainsi communiqués aux jurés. L'inconstitutionnalité de l'article D. 45-2-1 précité, alléguée par le demandeur, à la supposer établie, n'a pu lui faire grief. La peine prononcée est donc régulière, les conditions de la délibération satisfaisant à toutes les exigences de la loi, et l'information jugée indispensable par le Conseil constitutionnel ayant été donnée aux jurés* » (Crim. 9 juin 2021, n° 20-84.505, D). De même, ces dispositions réglementaires transitoires ont été jugées suffisantes car « *ni le principe d'individualisation des peines, ni aucun droit ou liberté garanti par la Constitution n'a été méconnu* » (§ 5) (Crim. 28 juill. 2021, n° 20-87.064, D). Dans un second temps, la loi a tiré les conséquences de la décision du Cons. const. : désormais, lorsque les dispositions prévues par C. pén., art. 132-23 relatives à la période de sûreté de plein droit sont applicables, le président informe les jurés « *des conséquences de la peine prononcée sur la période de sûreté et de la possibilité de la moduler* » (C. pr. pén., art. 362, mod. par L. n° 2020-1672, 24 déc. 2020), dans les conditions précisées par C. pr. pén., art. D. 45-1-15.

4. Les finalités de la peine

Les finalités de la peine définies par la loi fixent également le cadre du choix et de la motivation de la sanction.

L'individualisation s'effectue conformément aux finalités et fonctions de la peine « *Afin d'assurer la protection de la société, de prévenir la commission de nouvelles infractions et de restaurer l'équilibre social, dans le respect des intérêts de la victime, la peine a pour fonctions : 1° De sanctionner l'auteur de l'infraction ; 2° De favoriser son amendement, son insertion ou sa réinsertion* » (C. pén., art. 130-1, issu L. n° 2014-896, 15 août 2014).

En cohérence avec ces principes, l'exécution des condamnations « *vise à préparer l'insertion et la réinsertion de la personne condamnée afin de lui permettre d'agir en personne responsable, respectueuses des règles et des intérêts de la société et d'éviter la commission de nouvelles infractions* » (C. pr. pén., art. 707).

Ces fonctions de la peine s'inscrivent également dans l'objectif plus général de justice restaurative, recherché à tous les stades de la procédure, affirmé en partie liminaire du code de procédure pénale, dont les principes sont issus de la directive 2012/29/UE, 25 oct. 2012 du parlement européen et du conseil, établissant des normes minimales concernant les droits, le soutien et la protection des victimes de la criminalité (C. pr. pén., art. 10-1, L. n° 2014-896, 15 août 2014).

B. La césure du procès pénal : l'ajournement du prononcé de la peine

1. Les règles générales : l'ajournement de peine simple (C. pén., art. 132-58 et 132-60)

En matière correctionnelle ou de police (C. pén., art. 132-58, C. pr. pén., art. 469-1 et 539), si le prévenu comparaît (ou le représentant de la personne morale prévenue), et s'il « *apparaît que le reclassement du coupable est en voie d'être acquis, que le dommage causé est en voie d'être réparé et que le trouble résultant de l'infraction va cesser* », la juridiction peut ajourner le prononcé de la peine (C. pén., art. 132-60), après avoir déclaré le prévenu coupable et statué s'il y a lieu sur la confiscation des objets dangereux ou nuisibles et sur l'action civile (C. pén., art. 132-58 ; C. pr. pén., art. 469-1).

La juridiction fixe alors la date de l'audience de renvoi, où elle pourra statuer sur la peine ou ajourner à nouveau son prononcé (C. pén., art. 132-61, 132-65).

La déclaration de culpabilité entraîne l'inscription au Fijais de l'auteur d'une des infractions sexuelles visées au C. pr. pén., art. 706-47, selon les modalités fixées par C. pr. pén., art. 706-53-2 (v. n° **13.32**).

Dans tous les cas, la décision sur la peine doit intervenir au plus tard un an après la première décision d'ajournement (C. pén., art. 132-62, 132-65, 132-69).

L'ajournement de peine était également applicable aux mineurs, lesquels relevaient également du dispositif de césure du procès-pénal (Ord. n° 45-174, 2 févr. 1945, art. 24-5, sur cette césure, v. n° **15.25B2** et **15.28A**). Abrogeant ces dispositions et excluant désormais l'ajournement de peine pour les mineurs, sauf l'ajournement simple lorsque le mineur est jugé devant le tribunal de police (CJPM, art. L. 121-2, mod. L. n° 2021-218, 26 févr. 2921), le CJPM systématise la dissociation de l'audience d'examen de la culpabilité et de l'audience de prononcé de la sanction, séparées d'une période de mise à l'épreuve éducative (CJPM, art. L. 521-1), principe auquel il ne peut être dérogé par une « *audience unique* » que dans le cas où la juridiction est saisie par ordonnance de renvoi du juge d'instruction ou dans les conditions prévues par CJPM, art. L. 423-4 (CJPM, art. L. 521-26) (v. n° **15.17** s.).

La déclaration de culpabilité assortie d'un ajournement n'est pas inscrite au bulletin n° 2 du casier judiciaire (C. pr. pén., art. 775-12°). Cette disposition est formulée généralement et s'applique également aux autres formes d'ajournement ci-après. L'ajournement n'est pas inscrit au bulletin n° 3 (C. pr. pén., art. 777).

Précisons que les juges du second degré, « *dès lors qu'ils sont saisis de l'appel d'un jugement déclarant le prévenu coupable d'une infraction et ajournant le prononcé de la peine ne sauraient, sans méconnaître l'étendue de leur saisine, statuer sur la seule culpabilité en laissant au tribunal le soin de fixer la peine ; qu'il leur appartient, en cas d'appel du ministère public, de se prononcer sur la peine sans égard pour la date à laquelle le tribunal avait prévu de le faire* » (Crim. 28 févr. 1991, n° 90-82.555, P n° 101).

2. L'ajournement de peine aux fins d'enquête de personnalité (C. pén., art. 132-70-1, L. n° 2014-896, 15 août 2014)

« *La juridiction peut ajourner le prononcé de la peine à l'égard d'une personne physique lorsqu'il apparaît* ~~*nécessaire*~~ "opportun" (L. n° 2019-222, 23 mars 2019, en vigueur le 24 mars 2020) *d'ordonner à son égard des investigations* ", le cas échéant" (L. n° 2019-222, 23 mars 2019, en vigueur le 24 mars 2020) *complémentaires sur sa personnalité ou sa situation matérielle, familiale et sociale "de nature à permettre le prononcé d'une peine adaptée"* (L. nº 2019-222, 23 mars 2019, en vigueur le 24 mars 2020) ». Ce dispositif n'est pas applicable au mineur (CJPM, art. L. 121-2), dont le jugement sur la peine est obligatoirement précédé d'investigations éducatives.

« *Cet ajournement peut intervenir dans tous les cas, y compris pour des faits graves et lorsque le prévenu est présenté détenu en cas de comparution immédiate, et pas uniquement dans les cas très limités de l'article 132-60 pouvant donner lieu à une éventuelle dispense de peine* » ; le tribunal « *pourra désormais, après avoir statué sur la culpabilité, renvoyer le choix de la sanction à une audience ultérieure et ordonner dans l'intervalle, selon les cas, une expertise psychiatrique ou psychologique, une enquête sociale ou toute autre investigation qui lui paraîtra utile* » (Circ. Crim. 2014-17/E8, 26 sept. 2014, nº 1.5.1).

En ajournant le prononcé de la peine, le tribunal peut ordonner le placement ou le maintien sous **contrôle judiciaire** ou sous **surveillance électronique** dans le cadre de la comparution immédiate ou de la convocation par procès-verbal, ainsi que le placement ou le maintien en **détention provisoire** dans le cadre de la comparution immédiate (C. pr. pén., art. 397-3-1, L. nº 2014-896, 15 août 2014).

Depuis le 24 mars 2019, le placement sous contrôle judiciaire ou sous assignation à résidence sous surveillance électronique est étendu à tout autre mode de saisine (Citation directe, COPJ, ORTC). Le placement en détention provisoire est également possible si la personne comparaît détenue ou selon la procédure de comparution immédiate (C. pén., art. 132-70-1, al. 2, issu L. nº 2019-222, 23 mars 2019, en vigueur le 24 mars 2020).

La juridiction « *fixe dans sa décision la date à laquelle il sera statué sur la peine* », dans la limite d'un délai de 4 mois renouvelable une fois (« *conformément à la jurisprudence traditionnelle de la* C. cass.*, ces délais ne sont pas institués à peine de nullité, une décision intervenue après leur expiration demeure valable* » (Circ. Crim. 2014-17/E8, 26 sept. 2014, NOR : JUSD1422849C, nº 1.5.1, note nº 3 citant Crim. 3 oct. 1984, BC 1984, nº 286), sous réserve des délais plus courts applicables en matière de comparution immédiate si la personne est placée en détention provisoire (397-3, al. 2). Dans ce dernier cas, le jugement sur la peine doit intervenir dans un délai ⩽ 2 mois, ou ⩽ 4 mois si la peine encourue > 7 ans d'emprisonnement et que le prévenu a demandé à bénéficier du délai plus long qui lui est offert (C. pén., art. 132-70-1, 397-3 et 397-3-1, v. nº **15.15C**).

La juridiction qui ajourne le prononcé « *peut octroyer immédiatement à la victime des dommages et intérêts soit à titre provisionnel, soit à titre définitif* » (C. pén., art. 132-70-2).

« *Les investigations sur la personnalité peuvent être confiées au service pénitentiaire d'insertion et de probation ou à une personne morale habilitée* » (C. pén., art. 132-70-1). Les SPIP sont centrés sur « *la prise en charge post-sentencielle des personnes placées sous main de justice, il est souhaitable qu'en principe ils ne soient désignés dans le cadre de la procédure d'ajournement que dans trois hypothèses : l'absence d'association sur le ressort du tribunal ; le surcroît d'activité temporaire de l'association ; l'absence de permanence du secteur privé. Toutefois, la désignation du SPIP pourra également être justifiée lorsqu'est envisagée le prononcé de la nouvelle peine de contrainte pénale, puisque cette peine suppose une évaluation du condamné par ce service, ou lorsque le prévenu est déjà suivi par le SPIP dans le cadre d'une précédente condamnation* » (Circ. Crim. 2014-17/E8, 26 sept. 2014, nº 1.5.1).

« *Lorsque le prévenu est mineur, le tribunal confiera ces investigations sur la personnalité à un service du secteur public de la protection judiciaire de la jeunesse* » (Circ. Crim. 2014-17/E8, 26 sept. 2014, nº 1.5.1).

3. L'ajournement de peine avec probation (C. pén., art. 132-63)

Dans l'attente du prononcé de la peine, le prévenu personne physique (cet ajournement n'est donc pas applicable aux personnes morales) peut, s'il est présent à l'audience et seulement en matière correctionnelle (C. pén., art. 132-58), être placé par le tribunal sous le régime de la probation (anc[t] mise à l'épreuve) (C. pén., art. 132-63).

La décision est de plein droit exécutoire par provision (C. pén., art. 132-63). Le coupable doit se soumettre aux mesures de contrôle et aux obligations particulières du sursis probatoire (C. pén., art. 132-43 à 132-46 et 132-64, v. n° 18.25).

Il est placé sous le contrôle du JAP du lieu de sa résidence, qui peut saisir le tribunal pour qu'il soit statué sur la peine avant l'audience de renvoi si le prévenu se dérobe aux obligations prescrites, et à cette fin, délivrer mandat d'amener puis l'incarcérer provisoirement, jusqu'à sa comparution devant le tribunal qui devra intervenir dans les 5 jours de l'écrou (C. pr. pén., art. 712-17 et 747-3).

En cas d'urgence et d'empêchement du JAP ainsi que du magistrat du siège qui le remplace, le mandat d'amener peut être délivré par le procureur de la République qui en informe dès que possible le JAP. Lorsqu'il n'a pas été mis à exécution, ce mandat est caduc s'il n'est pas repris, dans le premier jour ouvrable qui suit, par le JAP (C. pr. pén., art. 712-17 [L. n° 2007-297, 5 mars 2007]).

Le JAP peut également modifier les obligations prescrites (C. pr. pén., art. 747-3).

Il peut, avec l'accord du procureur de la République, trente jours avant l'audience de renvoi, prononcer lui-même la dispense de peine, à l'issue d'un débat contradictoire (C. pén., art. 132-65).

Dans le droit antérieur à l'entrée en vigueur du CJPM, l'ajournement avec probation n'était pas applicable aux mineurs (Ord. n° 45-174, 2 févr. 1945, art. 20-7), mais le tribunal pour enfants qui ajournait le prononcé de la peine ou de la mesure éducative (v. les conditions au B1 ci-dessus (« Les règles générales ») pouvait ordonner, à titre provisoire, son placement dans un établissement public ou habilité, une mesure de liberté surveillée préjudicielle ou une mesure ou une activité d'aide et de réparation (Ord. n° 45-174, 2 févr. 1945, art. 20-7). Les dispositions issues du CJPM instituent désormais, dans la continuité du dispositif de césure du procès pénal (sur cette procédure, v. n°s 15.25B2 et 15.28A), le principe d'« *une procédure de mise à l'épreuve éducative* » qui sépare le jugement sur la sanction et le jugement sur la peine (CJPM, art. L. 521-1, v. n° 15.17 s.).

4. L'ajournement de peine avec injonction (C. pén., art. 132-66)

Pour les seules infractions prévoyant spécialement ce mode d'ajournement (ex. : installations classées, n°s 31.1 et 31.3 ; pollution [loi sur l'eau], n°s 31.32 et 31.33, déchets, n° 31.26) le tribunal peut, en ajournant le prononcé de peine, enjoindre au prévenu, sous le bénéfice de l'exécution provisoire (C. pén., art. 132-68), de se conformer à une ou plusieurs des prescriptions prévues par les lois ou règlements concernés (C. pén., art. 132-66). La personne est alors placée sous le contrôle du JAP du lieu de sa résidence, qui s'assurera par lui-même ou par toute personne qualifiée de l'exécution des prescriptions (C. pr. pén., art. 747-4).

Ce régime est applicable aux délits et contraventions, aux personnes physiques ou morales, même lorsqu'elles ne comparaissent pas à l'audience (C. pén., art. 132-58 et 132-68). Il n'est pas applicable aux mineurs (Ord. n° 45-174, 2 févr. 1945, art. 20-7 devenu CJPM, art. L. 121-2). Le délai maximum d'ajournement est en principe d'un an, sauf disposition contraire (C. pén., art. 132-69). Le tribunal fixe un délai pour l'exécution des prescriptions, qui peut être distinct du délai d'ajournement (C. pén., art. 132-66 ; Circ. Crim. 14 mai 1993, n° 121). Dans les cas et dans les limites prévus par la loi ou le règlement, la juridiction peut assortir l'injonction d'une astreinte dont le taux ne pourra être modifié, et qui ne donne pas lieu à contrainte judiciaire (C. pén., art. 132-67 et 132-70). À l'audience de renvoi, un nouvel ajournement ne peut être prononcé, même si le délai d'un an n'est pas dépassé (C. pén., art. 132-68 ; Circ. Crim. 14 mai 1993, n° 121). Le tribunal statue alors sur la peine, et le cas échéant sur la liquidation de l'astreinte, qu'il apprécie en fonction du retard pris dans l'exécution des prescriptions et de la survenance d'événements non imputables au coupable (C. pén., art. 132-69 et 132-70). Dans les cas et conditions prévus par la loi ou le règlement, le tribunal peut ordonner, si les prescriptions n'ont pas été exécutées, qu'elles le seront d'office aux frais du condamné (C. pén., art. 132-69).

En raison des restrictions techniques entourant ce type d'ajournement, de l'imprécision de son domaine d'application (ex. : est-il applicable aux infractions de construction sans permis, nº **31.47** ; ou de publicité sur immeuble, site ou lieu interdit, nº **31.56**, qui prévoient certes des modalités de mise en conformité sous délai avec astreinte, mais sans référence expresse à l'ajournement de peine, le tribunal pourra aussi bien s'orienter vers l'ajournement simple et faire justifier de la mise en conformité à l'audience de renvoi.

5. L'ajournement de peine aux fins de consignation d'une somme d'argent en garantie d'une amende (C. pén., art. 132-70-3, L. nº 2014-896, 15 août 2014)

« *La juridiction peut ajourner le prononcé de la peine à l'égard d'une personne en la soumettant à l'obligation de consigner une somme d'argent en vue de garantir le paiement d'une éventuelle peine d'amende. Elle détermine le montant de cette consignation et le délai dans lequel celle-ci doit être déposé au greffe, qui ne saurait être supérieur à un an. Elle peut prévoir que cette consignation est effectuée en plusieurs paiements, selon un échéancier qu'elle détermine* » (C. pén., art. 132-70-3, L. nº 2014-896, 15 août 2014). Cette disposition n'est pas exclue pour le jugement des contraventions.

La juridiction fixe la date à laquelle il sera statué sur la peine, au plus tard dans le délai d'un an après la décision d'ajournement.

« *Ces nouvelles dispositions ont pour objectif de donner les moyens à la personne d'exécuter la sanction pécuniaire qui sera éventuellement prononcée contre elle et de permettre d'améliorer le taux de recouvrement des peines d'amende* » (Circ. Crim. 2014-17/E8, 26 sept. 2014, nº 1.5.2). Sur la peine d'amende, v. nº **18.164**.

C. La dispense de peine (C. pén., art. 132-59)

En matière correctionnelle ou contraventionnelle, après avoir déclaré le prévenu coupable et statué, s'il y a lieu, sur la confiscation des objets dangereux ou nuisibles, la juridiction peut, s'il apparaît que « *le reclassement du coupable est acquis, que le dommage causé est réparé et que le trouble résultant de l'infraction a cessé* » dispenser le prévenu de toute autre peine (C. pr. pén., art. 132-58 et 132-59 ; C. pr. pén., art. 469-1 et 539). Le tribunal peut statuer s'il y a lieu sur l'action civile (C. pén., art. 132-58) et le coupable reste tenu des frais de justice (C. pén., art. 132-59). La dispense de peine n'est toutefois pas applicable à l'amende douanière (Crim. 7 déc. 2022, nº 21-85.993, P ; sur l'amende douanière, v. nº **18.16A4**).

Cette mesure est aussi applicable aux mineurs de 13 à 18 ans (Ord. nº 45-174, 2 févr. 1945, art. 20-7, le CJPM y ajoutant la « *dispense de mesure éducative* » (CJPM, art. L. 111-6) et précisant que la dispense de peine est applicable au mineur jugé par le tribunal de police pour une contravention de 4e classe (CJPM, art. L. 121-3).

La dispense de peine est également applicable aux personnes morales (Circ. Crim. 14 mai 1993, nº 120).

La dispense de peine exclut l'application des interdictions, déchéances ou incapacités de quelque nature que ce soit qui résulteraient de plein droit de la condamnation (C. pr. pén., art. 469-1). Il en résulte, à titre d'exemple, que l'annulation de plein droit du permis de conduire, prévue en cas de conduite en état alcoolique en récidive, est exclue en cas de dispense de peine (Crim. 4 févr. 2004, nº 03-85.591, P nº 31).

Elle entraîne l'inscription au Fijais de l'auteur d'une des infractions sexuelles visées au C. pr. pén., art. 706-47, selon les modalités fixées par C. pr. pén., art. 706-53-2 (v. nº **13.32**).

Sauf si la mention en a été expressément exclue par le tribunal (C. pén., art. 132-59), la dispense de peine figure au bulletin nº 1 du casier judiciaire (C. pr. pén., art. 768,

1°). Elle en est retirée à l'expiration d'un délai de trois ans à compter du jour où la condamnation est devenue définitive (C. pr. pén., art. 769, 4°).

La dispense de peine n'est pas inscrite aux bulletins n°s 2 et 3 du casier judiciaire (C. pr. pén., art. 775, 12° et 777).

La personne bénéficiant d'une dispense de peine peut former auprès du procureur de la République une demande d'effacement ou de mention du fichier TAJ dès que la décision est définitive (C. pr. pén., art. 230-8, mod. par L. n° 2018-493, 20 juin 2018, v. n° **13.16B2**).

18.7 Le choix de la peine privative de liberté

A. Les conditions entourant la prise de décision : la motivation spéciale de la peine ferme (C. pén., art. 132-19)

Au-delà des objectifs généraux de la peine (v. nos **18.1** et **18.6**), le prononcé d'une peine de prison ferme présente un caractère exceptionnel. Trois obligations encadrent en effet la décision du juge et, par voie de conséquence, sa motivation : celle de ne recourir qu'en dernier recours à la peine ferme, celle d'aménager la peine ferme inférieure à un certain *quantum*, enfin celle de motiver spécialement la décision.

1. Le principe de subsidiarité de la peine d'emprisonnement ferme qui ne peut être prononcée qu'en dernier recours (C. pén., art. 132-19)

« *En matière correctionnelle, une peine d'emprisonnement sans sursis ne peut être prononcée qu'en dernier recours si la gravité de l'infraction et la personnalité de son auteur rendent cette peine nécessaire et si toute autre sanction est manifestement inadéquate* » (C. pén., art. 132-19, anc^t^ art. 132-24 mod. par L. n° 2014-896, 15 août 2014).

Dans sa version applicable au 24 mars 2020, issue de L. n° 2019-222, 23 mars 2019, ce principe reste affirmé en termes comparables : « *Toute peine d'emprisonnement sans sursis ne peut être prononcée qu'en dernier recours si la gravité de l'infraction et la personnalité de son auteur rendent cette peine indispensable et si toute autre sanction est manifestement inadéquate* » (C. pén., art. 132-19).

Renforçant le principe de subsidiarité de la peine ferme, la L. n° 2019-222, 23 mars 2019 prohibe à compter du 24 mars 2020 le prononcé d'une peine d'emprisonnement ferme ⩽ **1 mois** » (C. pén., art. 132-19, v. Tableau s^s^ n° **18.14**). Il s'agit d'une « *disposition de pénalité moins sévère applicable aux infractions commises avant son entrée en vigueur* » par application de C. pén., art. 112-1 (Crim. 11 mai 2021, n° 20-85.464, P). Elle n'interdit toutefois pas la révocation d'une peine d'emprisonnement avec sursis ⩽ 1 mois, dans les conditions précisées au C. pén., art. 132-36 (V. n° **18.21B1**).

2. L'aménagement de la peine d'emprisonnement ferme ⩽ 1 an doit être privilégié (C. pén., art. 132-19)

« *La peine d'emprisonnement* [sans sursis] *doit, si la personnalité et la situation du condamné le permettent, et sauf impossibilité matérielle, faire l'objet d'une des mesures d'aménagement prévues* » (C. pén., art. 132-19, anc^t^ art. 132-24 mod. dans 132-19, L. n° 2014-896, 15 août 2014).

Jusqu'au 24 mars 2020, ce devoir d'aménagement *ab initio* de la peine ferme par le tribunal s'applique, selon les modalités exposées au n° **18.13**, aux condamnations ⩽ **2 ans** (ou ⩽ **1 an** en cas de récidive) (C. pén., art. 132-25 dans sa version abrogée à compter du 24 mars 2020 par L. n° 2019-222, 23 mars 2019).

Dans sa version applicable au 24 mars 2020, issue de L. n° 2019-222, 23 mars 2019, l'obligation d'aménagement reste affirmée mais de façon différenciée selon le *quantum* de la peine prononcée.

La peine ferme ⩽ **6 mois** « *doit* » être aménagée par le tribunal « *sauf impossibilité résultant de la personnalité ou de la situation du condamné* ». L'aménagement d'une telle peine est donc obligatoire et le juge qui écarte l'aménagement « *doit motiver spécialement sa décision, de* *façon précise et circonstanciée, au regard des faits de l'espèce, de la personnalité et de la situation matérielle, familiale et sociale du condamné* » (§ 29) (Crim. 11 mai 2021, n° 20-84.412, P ; dans le même sens : Crim. 11 janv. 2023, n° 21-87.303 (§ 9) ; Crim. 8 nov. 2022, n° 21-86.096, D ; Crim. 10 nov. 2021, n° 21-81.209, D). Ces dispositions moins sévères s'appliquent aux faits commis avant l'entrée en vigueur de L. n° 2019-222, 23 mars 2019 (même arrêt, § 8).

La peine ferme > **6 mois et ⩽ 1 an** « *doit également être aménagée si la personnalité et la situation du condamné le permettent et sauf impossibilité matérielle* » (C. pén., art. 132-19 et 132-25). « *Ainsi, l'aménagement des peines devient obligatoire pour les peines > 1 mois et ⩽ 6 mois et doit porter en ce cas sur la totalité de la partie ferme de la peine tandis que l'aménagement de celles > 6 mois et ⩽ 1 an demeure le principe* » (§ 31) (Crim. 11 mai 2021, n° 20-85.576, P).

Depuis le 24 mars 2020, le tribunal n'a donc plus l'obligation ni même la faculté d'aménager les peines fermes > **1 an** qu'il prononce (v. Tableau s[s] n° **18.14**). Mais pour les peines inférieures « *l'aménagement des peines relève désormais à titre principal de l'office du juge correctionnel qui, doit [...] décider de celui-ci dans ses modalités ou dans son seul principe* » (§ 34) (Crim. 11 mai 2021, n° 20-85.576, P).

Au-delà de la décision prise par le tribunal, le JAP est également compétent pour aménager la peine ferme au regard des mêmes principes (v. **C4** ci-dessous).

3. Le tribunal doit spécialement motiver le choix de la peine ferme et son absence d'aménagement (C. pén., art. 132-19)

S'il prononce une peine ferme, d'une part, et s'il n'aménage pas *ab initio* cette peine (sur les modalités de l'aménagement *ab initio*, v. n° **18.13**), d'autre part, la juridiction doit procéder en deux temps : tout d'abord justifier la peine ferme au regard des exigences examinées au **A1** ci-dessus, puis « *spécialement motiver sa décision, au regard des faits de l'espèce et de la personnalité de leur auteur ainsi que de sa situation matérielle, familiale et sociale* » (C. pén., art. 132-19).

Dans sa rédaction applicable au 24 mars 2020, issue de L. n° 2019-222, 23 mars 2019, l'obligation de motivation est renforcée en ce que le tribunal doit, quel que soit le *quantum* ferme prononcé, « *justifier les raisons pour lesquelles il estime devoir prononcer une peine d'emprisonnement sans sursis* » et, pour les peines ⩽ 1 an, « *justifier les raisons* » « *pour lesquelles il considère que cette peine ne peut être aménagée* » (C. pén., art. 132-19 renvoyant à C. pr. pén., art. 464-2) (V. Tableau s[s] n° **18.14**).

Soulignons qu'il « *résulte d'une jurisprudence constante de la* **C. cass.** *que les lois relatives à la motivation des peines sont des lois de procédure applicables immédiatement à la répression des infractions commises avant leur entrée en vigueur en vertu de l'article 112-2, 2° du code pénal (Crim. 3 oct. 1994, n° 93-85.633, P, n° 312)* » (§ 12) (Crim. 11 mai 2021, n° 20-85.576, P).

Le tribunal pour enfants, s'il prononce une peine d'emprisonnement avec ou sans sursis, doit « *spécialement motiver le choix de cette peine* » (Ord. n° 45-174, 2 févr. 1945, art. 2, devenu CJPM, art. L. 123-1). Si l'obligation de motivation de l'absence d'aménagement de la peine n'est pas prévue par cette disposition, elle s'impose néanmoins en application de C. pén., art. 132-19.

La faculté du juge de ne pas motiver le choix de la peine ferme en cas de récidive légale a été supprimée par la loi n° 2014-896 du 15 août 2014. Mais « *si l'état de récidive ne constitue pas un cas de dispense de motivation, il pourra évidemment être invoqué, avec les autres éléments pertinents du dossier, pour justifier le prononcé d'une peine d'emprisonnement ferme* » (Circ. Crim. 2014-17/E8, 26 sept. 2014, NOR : JUSD1422849C, n° 1.1).

« *le juge qui prononce une peine d'emprisonnement sans sursis doit en justifier la nécessité au regard de la gravité de l'infraction, de la personnalité de son auteur et du caractère manifestement inadéquat de toute autre sanction* », une motivation fondée sur la seule gravité des faits est donc insuffisante (Crim. 29 nov. 2016, n° 15-86.712, P n° 316).

Bien plus, d'une part, « *la mise à exécution d'une courte peine d'emprisonnement qui résulte nécessairement du refus d'aménager ne peut être fondée sur la circonstance que la juridiction ne dispose pas d'éléments suffisants pour se prononcer* » (§ 58), d'autre part, « *en modifiant la rédaction de l'article 132-70-1 du code pénal, le législateur a entendu favoriser le recours à l'ajournement du prononcé de la peine aux fins d'investigations sur la personnalité ou la situation du prévenu, de façon à permettre un aménagement de la peine* » (§ 59) (Crim. 11 mai 2021, nº 20-85.576, P).

En **l'absence du prévenu**, il était d'abord admis que faute d'élément permettant au juge d'apprécier sa situation personnelle, l'absence d'aménagement était justifiée (Crim. 28 nov. 2012, nºs 12-80.639, 12-81.140, P nºs 265, 266) et que « *lorsque le prévenu n'a pas comparu et n'a pas fourni ni fait fournir d'éléments sur sa situation, il n'incombe pas au juge d'en rechercher d'autres que ceux dont il dispose* » (Crim. 27 juin 2018, nº 16-87.009, P nº 128 ; Crim. 22 janv. 2020, nº 19-82.262). Toutefois, sous l'effet des exigences renforcées de motivation imposées par L. nº 2019-222, 23 mars 2019, « *si le prévenu est non comparant, la juridiction de jugement ne peut refuser d'aménager la peine en se fondant sur sa seule absence. Il lui appartient alors de rechercher, au vu des pièces de la procédure, si le principe d'un aménagement peut être ordonné* » (§ 61) (Crim. 11 mai 2021, nº 20-85.576, P).

Lorsque le prévenu est **présent à l'audience**, la juridiction ne peut se retrancher derrière « *l'impossibilité matérielle d'ordonner un tel aménagement en l'absence d'élément précis sur la situation professionnelle de l'intéressé, notamment quant à ses horaires de travail et lieux d'exercice de sa profession* », alors que le prévenu « *pouvait répondre à toutes les questions des juges leur permettant d'apprécier la faisabilité d'une mesure d'aménagement* » (Crim. 9 avr. 2019, nº 18-83.874 ; dans le même sens : Crim. 24 juin 2020, nº 19-85.074, P ; Crim. 8 janv. 2020, nº 19-81.276, D ; Crim. 6 janv. 2021, nº 19-87.402 (§ 9), D). Bien plus, sous l'effet des exigences renforcées de L. nº 2019-222, 23 mars 2019, « *si le prévenu est comparant, la juridiction doit l'interroger sur sa situation personnelle et, le cas échéant, peut ordonner un ajournement de la peine aux fins d'investigations sur sa personnalité ou sa situation* », en application de C. pén., art. 132-70-1 (§ 60) (Crim. 11 mai 2021, nº 20-85.576, P ; dans le même sens Crim. 8 sept. 2021, nº 20-84.961, D ; Crim. 18 janv. 2023, nº 21-82.980, D) (sur l'ajournement du prononcé de la peine aux fins d'enquête de personnalité, v. nº **18.6B2**).

Il est toutefois admis qu'« *en l'absence d'autres éléments portés à leur connaissance, les juges qui prononcent une peine d'emprisonnement sans sursis en matière correctionnelle peuvent, sans méconnaître les dispositions de C. pén., art. 132-19, fonder leur appréciation de la personnalité du prévenu sur le seul casier judiciaire.* » (Crim. 15 janv. 2020, nº 18-81.617, P).

B. Les contraintes de fixation du quantum de la peine ferme

1. La fixation de la peine ferme dans la procédure correctionnelle

Depuis le 24 mars 2020, le juge ne peut plus prononcer de peine ferme ⩽ 1 mois (C. pén., art. 132-19, dans sa version issue de L. nº 2019-222, 23 mars 2019, en vigueur le 24 mars 2020, v. **A1** ci-dessus et tableau nº **18.14**).

Lorsque l'infraction est passible d'une peine d'emprisonnement (peine délictuelle), la juridiction peut prononcer une peine inférieure à celle encourue (C. pén., art. 132-19, v. nº **18.8** et **18.9**).

Quand il statue à juge unique, le tribunal correctionnel ne peut prononcer de peine d'emprisonnement ferme supérieure à 5 ans (C. pr. pén., art. 398-2).

La suppression de la peine plancher exclut désormais le prononcé de peines minimales (L. nº 2014-896, 15 août 2014).

2. La fixation de la peine ferme dans la procédure criminelle

Devant la cour d'assises, « *la décision sur la peine* » procède du vote à scrutin secret à « *la majorité absolue de votants* », soit 5 voix au moins en 1re **instance** sur les 9 membres de la cour d'assises (le président, les 2 assesseurs professionnels et 6 jurés), et 7 voix au moins en **appel** sur les 12 membres de la cour d'assises (le président, les 2 assesseurs professionnels et 9 jurés) (C. pr. pén., art. 362). La peine est prononcée lorsque, au terme de plusieurs tours de scrutins écartant à chaque fois la peine la plus forte exprimée dans le précédent vote, une majorité absolue se forme sur la peine (C. pr. pén., art. 362).

En revanche, le maximum de la peine privative de liberté encourue ne peut être prononcé qu'à la **majorité qualifiée**, de « ~~six~~ » « *sept* » voix au moins en **1re instance** (mod. issue L. n° 2021-1729, 22 déc. 2021, rétablissant la « *minorité de faveur* » disparue en 1re instance depuis L. n° 2011-939, 10 août 2011), et de 8 voix au moins en **appel** (C. pr. pén., art. 362).

Précisons que ces majorités qualifiées sont aussi applicables aux votes par oui ou par non aux questions principales, spéciales ou subsidiaires (sur les questions, v. n° **17.33A**), portant sur la culpabilité ou refusant l'octroi d'une cause d'irresponsabilité, et plus généralement pour « *toute décision défavorable à l'accusé* » (C. pr. pén., art. 359). Le mécanisme de la « *minorité de faveur* », rétabli en 1re instance par L. n° 2021-1729, 22 déc. 2021, signifie que « *toute décision défavorable à l'accusé ne peut être prise qu'avec au moins les voix d'une majorité de jurés* » et vise à « *donner davantage d'importance au jury populaire* » (Circ. crim. 2022/06/H2, 28 févr. 2022, NOR : JUSD2206736C, n° 4.1). Maintenue en appel par la L. n° 2011-939, 10 août 2011, elle avait été de fait supprimée en 1re instance par cette même loi qui réduisait de 9 à 6 le nombre de jurés.

Lorsque la **perpétuité est encourue** et que la majorité qualifiée requise pour le prononcé de cette peine n'est pas atteinte, il ne peut être prononcé, dans cette hypothèse à la majorité absolue, de peine de réclusion supérieure à 30 ans (C. pr. pén., art. 362).

La L. n° 2021-1729, 22 déc. 2021 a supprimé la contrainte initialement prévue par C. pr. pén., art. 362 qui interdisait en outre de prononcer à la majorité absolue une peine supérieure à 20 ans lorsque la peine **maximale encourue de 30 ans** n'avait pas recueilli de majorité qualifiée. Désormais, « *quand la peine maximum de 30 ans de réclusion aura été écartée à défaut de majorité "qualifiée", la cour d'assises pourra prononcer toute peine égale ou supérieure à 20 ans, et jusqu'à 29 ans, ce qui permettra d'individualiser davantage la peine au regard des circonstances des faits et des éléments de personnalité* » (Circ. crim. 2022/06/H2, 28 févr. 2022, NOR : JUSD2206736C, n° 4.2). S'agissant d'une disposition plus sévère applicable depuis le 1er mars 2022 (L. n° 2021-1729, 22 déc. 2021, art. 59 III), les dispositions antérieures plus douces restent applicables aux faits commis avant cette date.

Précisons enfin qu'aucune contrainte n'entoure le choix par la cour d'assises d'une peine inférieure au maximum encouru de 15 ans ou de 20 ans, seuils prévus par C. pén., art. 131-1, lorsque ces peines n'ont pas recueilli de majorité qualifiée. Il en est de même s'agissant de la **cour d'assises départementale**, précisément compétente pour les crimes punis d'une peine de réclusion de 15 ans ou de 20 ans : pour l'application de C. pr. pén., art. 359, 360 et 362, « *les décisions sont prises à la majorité* », soit 3 voix sur les 5 membres composant la juridiction, également par bulletins et scrutins successifs (C. pr. pén., art. 380-19 4°, issu L. n° 2021-1729, 22 déc. 2021, sur la cour criminelle départementale, v. n° **17.15B2**).

Si l'infraction est passible de réclusion ou de détention à perpétuité, la juridiction (cour d'assises ou cour criminelle départementale selon le quantum encouru) peut prononcer une peine de réclusion ou de détention criminelle à temps (soit une peine privative ⩾ 10 ans, seuil minimum de cette peine criminelle, C. pén., art. 131-1), ou une peine d'emprisonnement non inférieure à deux ans (C. pén., art. 132-18).

Si l'infraction est passible de réclusion ou de détention à temps, la juridiction criminelle peut prononcer une peine de réclusion ou de détention criminelle d'une durée inférieure (soit une peine de réclusion ou de détention ⩾ 10 ans) ou une peine d'emprisonnement ⩽ 10 ans (durée maximum de l'emprisonnement dans l'échelle des peines, C. pén., art. 131-4) mais non inférieure à un an (C. pén., art. 132-18). Une peine privative de liberté de 10 ans peut donc être alternativement prononcée sous la forme d'une peine de réclusion ou d'emprisonnement.

Selon C. pén., art. 131-1, « *la durée de la réclusion criminelle ou de la détention criminelle à temps est de dix ans au moins* » (§ 12) et selon C. pén., art. 131-3, « *l'emprisonnement est une peine correctionnelle* » (§ 13), il en résulte « *qu'une peine privative de liberté d'une durée inférieure à dix ans ne peut être qu'un emprisonnement correctionnel, même lorsqu'elle est prononcée en répression d'un crime* » (§ 14) (Crim. 11 janv. 2023, n° 22-81.816, P). Le prononcé d'une peine de réclusion de 9 ans pour des faits criminels est en conséquence une cause de cassation (Crim. 19 avr. 2000, n° 99-86.469, P n° 157), laquelle peut intervenir sans renvoi, la Ch. crim., par application de COJ, art. L. 131-5 (devenu L. 411-3), mettant fin au litige en appliquant directement la règle de droit en requalifiant alors la peine de réclusion en peine d'emprisonnement (Crim. 11 janv. 2023, n° 22-81.816, P ; dans le même sens : Crim. 18 déc. 2002, n° 02-81.666, P n° 236 ; Crim. 15 févr. 1995, n° 94-81.586, P n° 70).

C. Les incidences de la peine ferme : période de sûreté, révocation des sursis, retrait de crédit de réduction de peine, pouvoirs d'aménagement du JAP et casier judiciaire

1. La période de sûreté

• **Le mécanisme et la portée de la période de sûreté.** Les peines privatives de liberté importantes peuvent être, par le seul effet de la loi ou sur décision de la juridiction, assorties d'une **période de sûreté** durant laquelle le condamné **majeur** ne pourra bénéficier des dispositions d'individualisation de la sanction : suspension ou fractionnement de peine (v. n° **18.13E**) ; placement à l'extérieur ou semi-liberté (v. n° **18.13**) ; permission de sortir (sur la permission de sortir de la personne condamnée, v. C. pr. pén., art. D. 142 s.) ; libération conditionnelle (v. n° **18.10H**) ; réduction de peine (les réductions de peine sont imputées sur la partie de la peine postérieure à la période de sûreté, C. pén., art. 132-23, sur le crédit de réduction de peine et les réductions supplémentaires de peines, v. n° **18.10C** et **D**).

Précisons qu'un **mineur** ne peut faire l'objet d'une période de sûreté (Ord. n° 45-174, 2 févr. 1945, art. 20-2 devenu CJPM, art. L. 121-5).

• **La période de sûreté de plein droit.** Une **période de sûreté de plein droit** (C. pén., art. 132-23, al. 1 et 2) est prévue **pour certaines infractions** lorsque la condamnation prononcée est ⩾ 10 ans (les infractions concernées sont chaque fois précisées au fil du présent guide). Elle est de la moitié de la peine ou de 18 ans en cas de perpétuité, mais la juridiction peut par décision spéciale réduire cette durée, ou l'augmenter jusqu'aux deux tiers de la peine ou jusqu'à 22 ans lorsque la perpétuité est prononcée. La décision fixant la période de sûreté doit être « *motivée lorsqu'elle [...] excède la durée prévue de plein droit* » (Crim. 10 avr. 2019, n° 18-83.709, P). Justifie sa décision, qui relève « *de son appréciation souveraine* », la juridiction qui énonce « *que cette mesure est justifiée par la répétition des agissements de l'intéressé* » (Crim. 20 oct. 2021, n° 20-87.088, P) ; celle qui « *souligne que les experts de personnalité ont relevé chez l'accusé un niveau de psychopathie élevé et incurable, une pédophilie de catégorie pédoclaste, une importante dangerosité criminologique d'ordre sexuel, avec un risque élevé de récidive. [...] une absence totale de remise en cause de son comportement par l'accusé, qui [...] n'a pas su mettre à profit sa précédente condamnation pour des faits similaires* » (§ 16) (Crim. 14 sept. 2022, n° 22-80.118, P). Est toutefois jugée insuffisante la feuille de motivation qui renvoie au nombreuses condamnations de l'accusé pour des faits de viol et de violence, aux nombreux suivis qui se sont soldés par des échec ainsi qu'à la dangerosité criminologique relevée par des experts (§ 8) (Crim. 16 févr. 2022, n° 21-81.312, D). En revanche, « *Aucune obligation de motiver la durée de la période de sûreté de plein droit ne résulte d'une disposition de la loi, ni des décisions du Conseil constitutionnel* **n°** *2018-742 QPC du 26 octobre 2018 et* **n°** *2019-770 QPC du 29 mars 2019* » (examinées ci-dessous) (§ 31) (Crim. 22 janv. 2020, n° 19-80.122, P).

Dans les cas d'assassinat commis sur un mineur de 15 ans accompagné de viol, de tortures ou d'actes de barbaries ou commis sur une personne dépositaire de l'autorité publique (C. pén., art. 221-3, v. n° **20.4**), ou de meurtre aggravé commis avec les mêmes circonstances (C. pén., art. 221-4, v. n° **20.3**), une période de sûreté jusqu'à 30 ans peut être prononcée, ou l'interdiction de prononcer toute mesure d'aménagement si la perpétuité est prononcée (perpétuité réelle ou peine incompressible). Il en est de même pour un crime de terrorisme passible de la perpétuité (C. pén., art. 421-7) (v. n° **23.23G2**). Notons que, pour la Cour. EDH, une peine de perpétuité incompressible est susceptible de constituer un traitement inhumain ou dégradant au sens de Conv. EDH, art. 3 (CEDH, Grde Ch., 9 juill. 2013, n° 66069/09, *Vinter et autres* c/ Royaume-Uni, § 119), cette position semble plus nuancée en matière d'extradition (CEDH, Grde Ch., 3 nov. 2022, *Sanchez-Sanchez c/ Royaume-Uni*). Notons que le dispositif de la perpétuité incompressible a été jugé conforme au principe de nécessité des peines car le JAP peut, à l'expiration d'une période de sûreté de trente ans, saisir un collège médical et une commission afin de mettre fin à l'application de la décision de la cour d'assises (§ 7) (Cons. const. 20 janv. 1994, n° 93-334 DC).

Le Cons. const. juge que la période de sûreté de plein droit ne méconnaît pas le principe constitutionnel d'individualisation des peines en ce qu'elle est une « *mesure d'exécution* » de la peine « *expressément prononcée par le juge* » (§ 8), qu'elle est calculée « *en fonction du quantum de peine retenu par le juge* » lors de son appréciation « *des circonstances propres à l'espèce* » (§ 9), et que le juge peut « *par décision spéciale, faire varier la durée de la période de sûreté dont la peine prononcée est assortie, en fonction des circonstances de l'espèce* » (§ 10) (Cons. const. 26 oct. 2018, n° 2018-742 QPC). Dans une autre décision, il a précisé que les jurés devaient être spécialement informés des effets de la peine sur la période de sûreté de plein droit (Cons. const. 29 mars 2019, n° 2019-770 QPC, v. n° **18.6A3**). En conséquence de cette décision, il incombe désormais au président de la cour d'assises d'informer les jurés, avant que la cour ne délibère sur la peine, sur les règles relatives à la période de sûreté de plein droit, selon les modalités d'abord prévues par C. pr. pén., art. D. 45 2-1 applicables depuis le 1er mars 2020 (D. n° 2020-91, 6 févr. 2020), devenu D. 45-1-5 (D. n° 2022-546, 13 avr. 2022), puis par C. pr. pén., art. 362 (mod. par L. n° 2020-1672, 24 déc. 2020).

Mentionnons que lorsque la personne a été condamnée du chef de recel d'une infraction principale relevant d'une période de sûreté de plein droit (ex. recel de vol avec arme), la période de sûreté ne lui est pas applicable, le législateur n'ayant pas prévu cette modalité d'exécution de la peine pour les faits de recel (Crim. 22 janv. 2020, n° 19-84.084, P, v. n° **22.46**).

• **La période de sûreté facultative.** Dans les autres cas, sans que le législateur ne l'ait spécialement prévu pour l'infraction concernée, la juridiction *peut* assortir toute condamnation privative de liberté **sans sursis supérieure à cinq ans** d'une **période de sûreté, dite facultative.** Elle ne peut être supérieure aux deux tiers de la peine ou à 22 ans lorsque la perpétuité est prononcée (C. pén., art. 132-23, al. 3).

La décision fixant la période de sûreté doit être « *motivée lorsqu'elle est facultative* » (Crim. 10 avr. 2019, n° 18-83.709, P).

• **Le régime d'exécution de la période de sûreté.** La durée de la détention provisoire, nonobstant l'exécution simultanée de peines d'emprisonnement, est déduite de la durée de la période de sûreté (C. pr. pén., art. 716-4, mod. par L. n° 2016-731, 3 juin 2016).

Lorsque la personne exécute plusieurs peines qui ne sont pas en concours assorties chacune d'une période de sûreté, « *ces périodes de sûreté s'exécutent cumulativement et de manière continue* ». Lorsque ces peines sont en concours, « *la période de sûreté à exécuter est réduite au maximum des deux tiers de ces condamnations après leur réduction au maximum légal* », et lorsque ces peines en concours font l'objet d'une confusion (sur la confusion, v. n° **18.4C**) « *la période de sûreté à exécuter est celle de la période de sûreté la plus longue* » C. pr. pén., art. 720-3, mod. par L. n° 2016-731, 3 juin 2016).

Mentionnons que la période de sûreté peut, « *à titre exceptionnel* », être supprimée ou réduite par le tribunal de l'application des peines « *lorsque le condamné manifeste des gages sérieux de réadaptation sociale* » (C. pr. pén., art. 720-4), dans certaines limites dans les cas d'assassinat et de certains meurtres aggravés réprimés par une période de sûreté de 30 ans (après une incarcération ⩾ 20 ans) ou par la perpétuité réelle (ou peine incompressible) (après une incarcération ⩾ 30 ans) (C. pr. pén., art. 720-4), et sur l'avis préalable d'une commission de la C. cass. dans le cas d'une période de sûreté de 30 ans ou de perpétuité réelle prononcée pour un crime terroriste passible de la perpétuité (C. pr. pén., art. 720-5). Est rejetée la QPC portant sur C. pr. pén., art. 720-4 en ce que ce texte, qui ne définit pas les notions de « *gages sérieux* » et d'« *exceptionnel* », ne méconnaît pas les exigences de « *clarté, de précision et d'intelligibilité de la loi pénale, mais se borne à fixer l'office du juge* » (Crim. 16 janv. 2019, n° 18-86.268).

2. La révocation des sursis et de la contrainte pénale

La juridiction qui prononce une condamnation privative de liberté sans sursis peut, après avis du Jap (à peine d'irrégularité de la décision (Crim. 27 juin 2018, n° 17-83.269, NP), révoquer tout ou partie des **sursis avec mise à l'épreuve** (devenu **sursis probatoire** depuis le 24 mars 2020, L. n° 2019-222, 23 mars 2019) en cours au moment de l'infraction (C. pén., art. 132-48 ; v. n° **18.27B**).

Depuis L. n° 2014-896, 15 août 2014, si la peine ferme ne révoque plus de plein droit les **sursis simples** antérieurs, son prononcé reste néanmoins la condition d'une révocation, laquelle doit faire l'objet d'une décision spéciale (C. pén., art. 132-36 et 132-38 ; v. n° **18.21**). En effet, le prononcé d'une peine autre que la réclusion et l'emprisonnement sans sursis interdit la révocation des sursis, sont ainsi censurés les juges d'appel qui prononcent une peine de jours-amende et ordonnent dans le même temps la révocation de sursis à l'emprisonnement (Crim. 4 sept. 2018, n° 17-85.957, P n° 141), ou qui prononcent un sursis probatoire et confirme la révocation du sursis simple (Crim. 19 janv. 2022, n° 20-84.287, P).

De même, le prononcé d'une peine ferme était le préalable à la mise à exécution de l'emprisonnement de la **contrainte pénale** désormais abrogée, une motivation spéciale n'était toutefois pas exigée (C. pr. pén., art. 713-48, L. n° 2014-896, v. n° **18.23B**).

3. Le retrait du crédit de réduction de peine

Dans le cas où la juridiction prononce une peine ferme à l'encontre d'une personne qui a commis une infraction après sa levée d'écrou intervenue sous le bénéfice d'un crédit de réduction de peine, elle peut prononcer le retrait de cette réduction de peine dans les conditions précisées au n° **18.10C6** (C. pr. pén., art. 721, al. 5, D. 115-15 s.).

4. Le quantum de la peine ferme et les possibilités de conversion de peine et d'aménagement par le JAP

Le *quantum* de la peine ferme fixé par le tribunal va déterminer les **prérogatives de conversion ou d'aménagement** du JAP.

La peine ferme ⩽ **6 mois** et la peine mixte dont le quantum ferme ⩽ **6 mois** peuvent, « *dans la mesure du possible et si leur situation et leur personnalité* [des condamnés] *le permettent* » (C. pr. pén., art. 723-15) faire l'objet d'une **conversion** en sursis Tig ou en jours amende, ou, depuis le 24 mars 2020, en DDSE, Tig, jours amende ou sursis probatoire renforcé (C. pén., art. 132-57 devenu C. pr. pén., art. 747-1 à compter 24 mars 2020, L. n° 2019-222, 23 mars 2019) (sur les possibilités de conversion de certaines peines par le JAP, v° n° **18.29** et tableau n° **18.14**).

La peine ferme, le reliquat de peine ou le cumul de condamnations dont la durée est ⩽ **2 ans** (⩽ **1 an** à compter 24 mars 2020, L. n° 2019-222, 23 mars 2019) ouvre droit, dans la mesure du possible et si la personnalité du **condamné libre** le permet, à un **aménagement** par le JAP lorsque la peine n'a pas été aménagée *ab initio* par le tribunal (C. pén., art. 723-15, sur le dispositif d'aménagement de ces peines par le JAP, v. n° **18.12C** et tableau n° **18.14**). En cas de récidive, le seuil de 2 ans était réduit à 1 an (*ibid.*) jusqu'au 24 mars 2020, date depuis laquelle elle ne limite plus les possibilités d'aménagement, en toute hypothèse écartées à compter de cette date pour les peines > 1 an (L. n° 2019-222, 23 mars 2019).

Enfin, le JAP peut accorder au **condamné incarcéré** la semi liberté, le placement à l'extérieur ou le placement sous surveillance électronique (Devenu DDSE le 24 mars 2020, v. n° **18.15**) par décision motivée prise après débat contradictoire, pour une ou plusieurs peines dont le total est ⩽ 2 ans ou pour un reliquat de peine de même durée, ou, à titre probatoire, dans le cadre d'une libération conditionnelle (C. pr. pén., art. 723-1 et 723-7) (V. Tableau ss n° **18.14**).

5. Le quantum de la peine ferme et le casier judiciaire

Le bulletin n° 3 du casier judiciaire, qui ne peut être délivré qu'à la personne concernée (ou à une autorité centrale d'un pays de l'Union, saisi par l'intéressé) contient notamment les condamnations > 2 ans sans sursis ou dont le sursis a été révoqué (C. pr. pén., art. 777).

18.8 Les modulations obligatoires de la peine privative de liberté : excuses, réductions, peines minimales

A. L'excuse atténuante pour troubles psychiques ou neuropsychiques (C. pén., art. 122-1, al. 2)

La personne « *atteinte, au moment des faits d'un trouble psychique ou neuropsychique ayant altéré son discernement ou entravé le contrôle de ses actes demeure punissable* » (C. pén., art. 122-1, al. 2) (sur l'atération du discernement, v. n° **14.29**).

« *Toutefois, la juridiction tient compte de cette circonstance lorsqu'elle détermine la peine et en fixe le régime. Si est encourue une peine privative de liberté, celle-ci est réduite du tiers ou, en cas de crime puni de la réclusion criminelle ou de la détention criminelle à perpétuité, est ramenée à 30 ans. La juridiction peut toutefois, par une décision spécialement motivée en matière correctionnelle, décider de ne pas appliquer cette diminution de peine. Lorsque, après avis médical, la juridiction considère que la nature du trouble le justifie, elle s'assure que le condamné fasse l'objet de soins adaptés à son état* » (C. pén., art. 122-1, al. 2, réd. issue L. n° 2014-896, 15 août 2014).

Selon les précisions apportées au n° **14.29**, la diminution de peine n'est pas applicable depuis L. n° 2022-52, 24 janv. 2022, lorsque l'altération du discernement résulte de la consommation de substances psychoactives

Devant la cour d'assises, si la question des troubles psychiques ou neuropsychiques ayant altéré le discernement de l'accusé ou le contrôle de ses actes est soulevée, l'application de C. pén., art. 122-1, al. 2 doit faire l'objet d'une question (C. pr. pén., art. 361-1, L. n° 2014-896, 15 août 2014). S'il a été répondu positivement à cette dernière, le prononcé d'une peine supérieure aux deux tiers n'est possible qu'à la majorité qualifiée, en **première instance**, de « ~~*six*~~ » « *sept* » voix au moins sur les neuf membres de la cour d'assises (le président, les deux assesseurs professionnels et six jurés) (mod. issue L. n° 2021-1729, 22 déc. 2021, rétablissant la « *minorité de faveur* » supprimée en 1re instance depuis L. n° 2011-939, 10 août 2011), et de huit voix au moins en **appel** sur les douze membres de la cour d'assises (le président, les deux assesseurs professionnels et neuf jurés) (C. pr. pén., art. 362) (sur la minorité de faveur, v. n° **18.7B2**).

B. Le mineur et la peine privative de liberté : l'excuse atténuante de minorité (Ord. n° 45-174, 2 févr. 1945, art. 20-2 devenu CJPM, art. L. 121-5)

« *l'atténuation de la responsabilité pénale des mineurs en fonction de l'âge, comme la nécessité de rechercher le relèvement éducatif et moral des enfants délinquants par des mesures adaptées à leur âge et à leur personnalité [...], ont été constamment reconnues par les lois de la République depuis le début du vingtième siècle* » (§ 26) (Cons. const. 29 août 2002, n° 2002-461 DC).

« *Toutefois la législation républicaine antérieure à l'entrée en vigueur de la Constitution de 1946 ne consacre pas de règle selon laquelle les mesures contraignantes ou les sanctions devraient toujours être évitées au profit de mesures purement éducatives ; qu'en particulier, les dispositions originelles de l'ordonnance du 2 février 1945 n'écartaient pas la responsabilité pénale des mineurs et n'excluaient pas, en cas de nécessité, que fussent prononcées à leur égard des mesures telles que le placement, la surveillance, la retenue ou, pour les mineurs de plus de treize ans, la détention ; que telle est la portée du principe fondamental reconnu par les lois de la République en matière de justice des mineurs* » (§ 13) (Cons. const. 29 nov. 2013, nº 2013-356 QPC).

Le mineur de moins de treize ans ne peut faire l'objet d'une mesure privative de liberté, avec ou sans sursis (Ord. nº 45-174, 2 févr. 1945, art. 15), devenu CJPM, art. L. 11-4 : « *aucune peine ne peut être prononcée à l'encontre d'un mineur de moins de 13 ans* ». Celui de plus de treize ans ne peut faire l'objet d'une peine privative de liberté supérieure à la moitié de la peine encourue ou, si la perpétuité est encourue, d'une peine supérieure à vingt ans de réclusion ou de détention criminelle (Ord. nº 45-174, 2 févr. 1945, art. 20-2, devenu CJPM, art. L. 121-5). Notons que la peine autonome de DDSE prononcée en application de C. pén., art. 131-4-1 ne peut dépasser « *la moitié de la peine encourue* » (CJPM, art. L. 122-6).

« *Toutefois, si le mineur est âgé de plus de seize ans, le tribunal pour enfants et la cour d'assises des mineurs peuvent décider, à titre exceptionnel, et compte tenu des circonstances de l'espèce et de la personnalité du mineur ainsi que de sa situation, décider qu'il n'y a pas lieu de faire application [de l'excuse atténuante de minorité]. Cette décision ne peut être prise par le tribunal pour enfants que par une disposition spécialement motivée* » (Ord. nº 45-174, 2 févr. 1945, art. 20-2, mod. par L. nº 2014-896, 15 août 2014). Toutefois, lorsqu'une peine de perpétuité est encourue, la peine maximale sera de trente ans (L. nº 2016-1547, 18 nov. 2016). Les dispositions qui précèdent sont reconduites, dans une nouvelle rédaction, par CJPM, art. L. 121-7.

Rappelons qu'un mineur ne peut faire l'objet d'une période de sûreté (Ord. nº 45-174, 2 févr. 1945, art. 20-2, devenu CJPM, art. L. 121-5).

C. La prise en compte de la santé et de la situation familiale de la personne

Les dispositions définissant les objectifs de la peine et encadrant son prononcé prennent en compte la santé ou la situation de famille de la personne, dans le choix de la sanction, à travers l'objectif général d'individualisation des peines (v. nº **18.6**).

À cet égard, les dispositions relatives au fractionnement de peine *ab initio* ou celles applicables au stade de l'exécution de la peine sont de nature à éclairer plus précisément le choix de la peine privative de liberté.

Le parquet et le JAP s'efforcent, par tout moyen, « soit de différer [la] mise à exécution » de la « *peine d'emprisonnement concernant une femme enceinte de plus de douze semaines* », « *soit de faire en sorte que la peine s'exécute en milieu ouvert* » (C. pr. pén., art. 708-1, L. nº 2014-896, 15 août 2014).

Les peines correctionnelles ⩽ 2 ans restant à subir peuvent, pour motif « *d'ordre médical, familial, professionnel ou social* », être suspendues ou exécutées par fractions, pour une période ⩽ 4 ans, par le JAP (C. pr. pén., art. 720-1) ou *ab initio* par le tribunal (C. pén., art. 132-27). Ce seuil s'élève à 4 ans lorsque la suspension pour raison familiale s'applique soit à une personne condamnée exerçant l'autorité parentale sur un enfant de moins de dix ans ayant chez ce parent sa résidence habituelle, soit à une femme enceinte de plus de douze semaines (C. pr. pén., art. 720-1, mod. par L. nº 2014-896, 15 août 2014).

« *Sauf s'il existe un risque grave de renouvellement de l'infraction* » (pour une illustration, v. Crim. 9 janv. 2019, nº 18-81.910, approuvant la motivation suivante : « *il existe un risque de réitération important, le requérant étant déjà malade et handicapé lors de la commission des faits pour lesquels il a été condamné* »), une **suspension médicale de peine** peut également être ordonnée (par le JAP ou le TAP selon l'importance de la peine restant à subir), quelle que soit la nature et la durée de la peine restant à subir, pour une durée qui n'a pas à être déterminée, pour les condamnés dont il est établi, au terme d'une expertise, ou, en cas d'urgence, d'un certificat médical du responsable de la structure sanitaire de prise en charge (établissement pénitentiaire ou hospitalier), qu'ils « *sont atteints d'une pathologie engageant le pronostic vital, ou que leur état de santé physique ou mentale est durablement incompatible avec le maintien en détention* » (C. pr. pén., art. 720-1-1, mod. par L. n° 2014-896, 15 août 2014). Ces dispositions ne sont toutefois pas applicables pour les personnes admises en soins psychiatriques sans leur consentement.

La suspension médicale de peine peut même intervenir durant la période de sûreté (C. pr. pén., art. 720-1-1 dernier al. et Crim. 3 mars 2021, n° 20-81.692 (§ 13), P) et, si l'état de santé reste incompatible avec la détention, être remplacée à l'issue du délai d'un an par une libération conditionnelle (C. pr. pén., art. 729, L. n° 2014-896, 15 août 2014). Dans ce dernier cas, les dispositions de C. pr. pén., art. 730-2 (Crim. 24 juin 2020, n° 20-90.009 (§ 9)) ou 730-2-1 (Crim. 3 mars 2021, n° 20-81.692 (§ 14), P) prévoyant une évaluation préalable de la dangerosité pour les peines les plus lourdes ou les infractions de terrorisme ne sont pas applicables.

Mentionnons que des dispositions comparables s'appliquent pour la détention provisoire (C. pr. pén., art. 147-1, mod. par L. n° 2014-896, 15 août 2014 ; v. n° 12.42C).

D. L'exemption et la réduction du *quantum* de la peine encourue pour les repentis dans les cas prévus par la loi (C. pr. pén., art. 132-78)

La personne (nommée repenti) qui a tenté de commettre un crime ou un délit est, dans les cas prévus par la loi, **exempte de peine**, si, ayant averti l'autorité administrative ou judiciaire, elle a permis d'éviter la réalisation de l'infraction et, le cas échéant, d'identifier les autres auteurs ou complices.

Dans les cas prévus par la loi, la durée de la peine privative de liberté encourue par une personne ayant commis un crime ou un délit est **réduite** si, ayant averti l'autorité administrative ou judiciaire, elle a permis de faire cesser l'infraction, d'éviter que l'infraction ne produise un dommage ou d'identifier les autres auteurs ou complices. La réduction de peine est également applicable lorsque la personne a permis soit d'éviter la réalisation d'une infraction connexe de même nature que le crime ou le délit pour lequel elle était poursuivie, soit de faire cesser une telle infraction, d'éviter qu'elle ne produise un dommage ou d'en identifier les auteurs ou complices. Cette réduction de peine au *quantum* applicable au repenti par la juridiction de jugement au stade du prononcé de la peine est à distinguer de la réduction exceptionnelle de peine applicable au condamné, quel qu'il soit, au stade de l'exécution de sa peine, auteur, co-auteur, complice ou témoin d'une infraction relevant de la criminalité organisée, que les déclarations à l'autorité administrative ou judiciaire auront permis de faire cesser ou d'éviter (C. pr. pén., art. 721-3 et D. 117-3, v. n° 18.10DF).

Les repentis font l'objet, en tant que de besoin, d'une protection destinée à assurer leur sécurité, de mesures de réinsertion, et peuvent être autorisés à faire usage d'une identité d'emprunt (C. pr. pén., art. 706-63-1). Les mesures de protection et de réinsertion sont définies, sur réquisition du procureur de la République, par la Commission nationale de protection et de réinsertion, dont la composition et les modalités de fonctionnement sont régies par D. n° 2014-346, 17 mars 2014. Ces actions de réinsertion et de protection peuvent notamment être financées au moyen des contributions versées à l'État par l'Agrasc (C. pr. pén., art. 706-161, mod. par L. n° 2014-1353, 13 nov. 2014).

Les cas d'exemption ou de réduction de peine sont précisés au fil de l'ouvrage.

E. Les peines minimales ou peines plancher (dispositions abrogées, L. n° 2014-896, 15 août 2014)

L'état de récidive légale n'accroît que le maximum des peines privatives encourues (v. conditions et effets de la récidive légale au n° 18.5).

Introduites par L. nº 2007-1198, 10 août 2007, des peines minimales (peines plancher) s'imposaient au juge en cas de récidive en matière correctionnelle ou criminelle (C. pén., art. 132-18-1 et 132-19-1). Ces dispositions ont été abrogées par la loi nº 2014-896 du 15 août 2014.

Introduites par L. nº 2011-267, 14 mars 2011 pour certains délits de violence passibles de 7 ou 10 ans d'emprisonnement, des peines plancher étaient également applicables sans récidive (C. pén., art. 132-19-2). Ces dispositions ont également été abrogées par la loi nº 2014-896 du 15 août 2014.

18.9 Les causes générales d'aggravation des peines de prison : infractions de droit commun à finalité terroriste, raciste ou sexiste ou commise avec un moyen de cryptologie

La finalité terroriste, raciste ou sexiste des faits constitue une cause générale d'aggravation des peines d'emprisonnement applicables aux crimes et aux délits selon l'échelle, commune à ces catégories, figurant dans le tableau E ci-dessous, également applicable lorsque l'infraction a été commise avec un moyen de cryptologie. L'aggravation est susceptible de changer la nature d'une infraction. En effet, un délit de droit commun passible de 10 ans d'emprisonnement devient un crime. Ce changement de nature a donc toutes les incidences procédurales et de fond (incrimination de la tentative) d'une qualification criminelle (v. nº **10.6A**). Un délit passible de 6 mois d'emprisonnement sera puni de 1 an et la garde à vue pourra donc être prolongée (v. nº **12.29B**).

A. Les infractions de droit commun à finalité terroriste (C. pen., art. 421-1)

Les infractions de droit commun limitativement énumérées au C. pén., art. 421-1 (V. tableau au nº **23.23B**) sont qualifiées de **terroristes** « *lorsqu'elles sont intentionnellement en relation avec une entreprise individuelle ou collective ayant pour but de troubler gravement l'ordre public par l'intimidation ou la terreur* » (C. pén., art. 421-1), v. nº **23.23**.

Cette cause d'aggravation élève le maximum de la peine privative de liberté encourue selon le tableau figurant en E ci-dessous (C. pén., art. 421-3).

B. Les infractions de droit commun à finalité raciste (C. pen., art. 132-76, L. nº 2017-86, 27 janv. 2017)

Depuis L. nº 2017-86, 27 janv. 2017, tout crime ou délit est aggravé par sa **finalité raciste** lorsqu'il « *est précédé, accompagné ou suivi de propos, écrits, images, objets ou actes de toute nature qui :*

– soit portent atteinte à l'honneur ou à la considération de la victime ou d'un groupe de personnes dont fait partie la victime à raison de son appartenance ou de sa non-appartenance, vraie ou supposée, à une prétendue race, une ethnie, une nation ou une religion déterminée,

– soit établissent que les faits ont été commis contre la victime pour l'une de ces raisons » (C. pén., art. 132-76, L. nº 2017-86, 27 janv. 2017).

Le Cons. const. juge que la notion de « *prétendue race dont la portée au regard de la répression pénale n'est pas distincte de celle de race* » est suffisamment claire et précise pour respecter le principe de légalité (Cons. const. 26 janv. 2017, nº 2016-745 DC, § 102).

La L. nº 2017-86, 27 janv. 2017, a « *remplacé la référence à la race par la mention de la « prétendue race », afin de ne pas donner l'impression que la loi reconnait l'existence des races parmi les êtres humains. Cette différence de rédaction ne modifie donc en rien le fond du droit* » (Circ. Crim. 2017-8/H2, 20 avr. 2017, NOR : JUSD1712060C, nº 1.1.2).

Cette cause générale d'aggravation élève le maximum de la peine privative de liberté encourue selon le tableau figurant en E ci-dessous (C. pén., art. 132-76). Elle n'a pas d'incidence lorsqu'une peine d'emprisonnement n'est pas encourue et elle n'est pas applicable aux infractions suivantes, pour lesquelles la circonstance aggravante de finalité raciste, qu'elles contenaient déjà avant L. n° 2017-86, 27 janv. 2017, a été spécialement maintenue :

– violences aggravées sans ITT ou avec ITT ⩽ 8 jours (C. pen., art. 222-13), v. n° **20.29** ;

– discriminations réprimées par C. pén., art. 225-1, v. n° **23.2** ;

– discriminations par dépositaire de l'autorité publique ou chargé de service public (C. pen., art. 432-7), v. n° **23.3** ;

– infractions de presse, commise à raison de la nationalité, de la race ou de la religion, de provocation publique à la haine (L. 29 juill. 1881, art. 24, al. 7, v. n° **35.26**), de diffamation publique (L. 29 juill. 1881, art. 32, al. 2, v. n° **35.14**), d'injure publique (L. 29 juill. 1881, art. 33, al. 3, v. n° **35.16**).

C. Les infractions de droit commun à finalité sexiste (C. pen., art. 132-77, L. n° 2017-86, 27 janv. 2017)

Tout crime ou délit a une **finalité sexiste** « *lorsqu'il est précédé, accompagné ou suivi de propos, écrits, images, objets ou actes de toute nature qui :*

– soit portent atteinte à l'honneur ou à la considération de la victime ou d'un groupe de personnes dont fait partie la victime à raison de son sexe, son orientation sexuelle ou identité de genre vraie ou supposée,

– soit établissent que les faits ont été commis contre la victime pour l'une de ces raisons » (C. pen., art. 132-77, L. n° 2017-86, 27 janv. 2017).

Cette cause générale d'aggravation élève le maximum de la peine privative de liberté encourue selon le tableau figurant en **E** ci-dessous (C. pén., art. 132-77). Elle n'a pas d'incidence lorsqu'une peine d'emprisonnement n'est pas encourue et elle n'est pas applicable aux infractions suivantes, pour lesquelles la circonstance aggravante de finalité sexiste déjà prévue avant L. n° 2017-86, 27 janv. 2017, a été spécialement conservée, ou dont la finalité de discrimination sexiste est une composante :

– violences aggravées sans ITT ou avec ITT ⩽ 8 jours (C. pen., art. 222-13, v. n° **20.29**) ;

– harcèlement sexuel (C. pén., art. 222-33, v. n° **20.87**) ;

– discriminations (C. pén., art. 225-1, v. n° **23.2**) ;

– pratiques visant à modifier l'orientation sexuelle ou l'identité de genre (C. pén., art. 225-4-13, issu L. n° 2022-92, 31 janv. 2022, v. n° **20.120**) ;

– discriminations par dépositaire de l'autorité publique ou chargé de service public (C. pen., art. 432-7, v. n° **23.3**) ;

– infractions de presse, commises à raison du sexe et de l'orientation sexuelle, de provocation publique à la haine (L. 29 juill. 1881, art. 24, al. 8, v. n° **35.26**), de diffamation publique (L. 29 juill. 1881, art. 32, al. 3, v. n° **35.14**), d'injure publique (L. 29 juill. 1881, art. 33, al. 4, v. n° **35.16**).

– infractions déjà aggravées comme ayant été commises par le conjoint, le concubin de la victime ou le partenaire lié par un PACS ;

– infractions déjà aggravées comme ayant été commises contre une personne pour la contraindre à un mariage ou une union.

Le Cons. const. a jugé les termes « *identité de genre* » suffisamment clairs et précis pour respecter le principe de légalité, les travaux parlementaires montrant que « *le législateur a entendu viser le genre auquel s'identifie une personne, qu'il corresponde ou non au sexe indiqué sur les registres d'état-civil ou aux différentes expressions de l'appartenance au sexe masculin ou au sexe féminin* », l'expression étant également employée dans la convention du Conseil de l'Europe sur la prévention et la lutte contre la violence à l'égard des femmes et la violence domestique du 12 avril 2011 et dans la directive 2011/95/UE du Parlement européen et du Conseil du 13 déc. 2011 concernant les normes relatives aux conditions que doivent remplir les ressortissants des pays tiers ou les apatrides pour pouvoir bénéficier d'une protection internationale (Cons. const. 26 janv. 2017, n° 2016-745 DC, § 89 et 102). « *La nouvelle rédaction ne modifie pas non plus le sens du droit, mais rend plus explicite le fait que la circonstance aggravante s'applique également en cas de transphobie, dont peuvent être victimes les personnes transsexuelles, transgenres ou travesties* » (Circ. Crim. 2017-8/H2, 20 avr. 2017, NOR : JUSD1712060C, n° 1.1.2).

D. Les infractions commises à l'aide d'un moyen de cryptologie (C. pén., art. 132-79)

Lorsqu'un **moyen de cryptologie** a été « *utilisé pour préparer ou commettre un crime ou un délit, ou pour en faciliter la préparation ou la commission* » le maximum de la peine privative de liberté encourue est relevé selon le tableau figurant en E ci-dessous (C. pén., art. 132-79, L. n° 2004-575, 21 juin 2004, pour la confiance dans l'économie numérique, dite LCEN).

Au sens de C. pén., art. 132-79 « *On entend par moyen de cryptologie tout matériel ou logiciel conçu ou modifié pour transformer des données, qu'il s'agisse d'informations ou de signaux, à l'aide de conventions secrètes ou pour réaliser l'opération inverse avec ou sans convention secrète. Ces moyens de cryptologie ont principalement pour objet de garantir la sécurité du stockage ou de la transmission de données, en permettant d'assurer leur confidentialité, leur authentification ou le contrôle de leur intégrité* » (L. n° 2004-575, 21 juin 2004, art. 29).

Ces dispositions ne sont « *toutefois pas applicables à l'auteur ou au complice de l'infraction qui, à la demande des autorités judiciaires ou administratives leur a remis la version en clair des messages chiffrés ainsi que les conventions secrètes nécessaires au déchiffrement* » (C. pén., art. 132-79) (sur le déchiffrement des données cryptées dans le cadre de l'enquête, C. pr. pén., art. 230-1, v. n° **11.55E2**, sur le refus de livrer une clé de déchiffrement, C. pén., art. 434-15-2, v. n° **25.46**). Ceci n'implique pas de fait justificatif pour les infractions commises par l'intéressé, mais l'absence d'aggravation des peines encourues pour usage de moyens cryptologiques.

E. Tableau des peines applicables aux infractions de droit commun à finalité terroriste, raciste ou sexiste, ou commises avec un moyen de cryptologie

L'échelle d'aggravation des peines est identique pour les circonstances de terrorisme (C. pén., art. 421-3), de racisme (C. pén., art. 132-76), de sexisme (C. pén., art. 132-77), ou d'infraction commise à l'aide d'un moyen de cryptologie (C. pén., art. 132-79).

Tableau 45 : Peines applicables aux infractions de droit commun à finalité terroriste, raciste ou sexiste, ou commise avec un moyen de cryptologie

Peine applicable à l'incrimination de droit commun	Peine applicable à l'infraction aggravée
30 ans réclusion criminelle	Perpétuité
20 ans réclusion criminelle	30 ans réclusion criminelle
15 ans réclusion criminelle	20 ans réclusion criminelle
10 ans d'emprisonnement	15 ans réclusion criminelle
7 ans d'emprisonnement	10 ans d'emprisonnement
5 ans d'emprisonnement	7 ans d'emprisonnement
3 ans ou peine d'emprisonnement inférieure	Maximum porté au double

Le Cons. const. a jugé que l'aggravation des peines introduite au C. pén., art. 132-76 (racisme) et 132-77 (sexisme) par L. n° 2017-86, 27 janv. 2017 ne méconnaissait pas le principe de proportionnalité (Cons. const. 26 janv. 2017, n° 2016-745 DC, § 103 et 104).

Il est à souligner que lorsque l'infraction source relève du juge unique, son aggravation au titre de la finalité raciste (C. pén., art. 132-76), sexiste (C. pén., art. 132-76) ou d'un moyen de cryptologie (C. pén., art. 132-79) ne remet pas en cause cette compétence, y compris lorsqu'elle élève la peine encourue au-delà de cinq ans (C. pr. pén., art. 398-1, réd. issue L. nº 2019-222, 23 mars 2019 ; sur la compétence du juge unique correctionnel, v. nº 17.15D2).

18.10 La durée prévisionnelle de la peine d'emprisonnement ferme : imputation de la détention provisoire et de l'ARSE, réductions de peine, libération conditionnelle et libération sous contrainte

A. Le parcours d'exécution de la peine ferme

La détermination du quantum d'emprisonnement ferme par le juge et l'appréciation de la situation pénale du condamné – par exemple dans le cas où la personne comparaît libre après avoir subi une détention provisoire ou une ARSE (sur la déduction de ces mesures de la durée de la peine, v. B ci-dessous), ou si elle commet une infraction après sa levée d'écrou pendant la durée correspondant à son crédit de réduction de peine ou pendant une permission de sortir –, l'interprétation de la peine et l'anticipation du « *parcours d'exécution de la peine* » (C. pr. pén., art. 717-1, D. 88) par la personne condamnée ou son avocat, ne peuvent s'abstraire de la connaissance des principaux facteurs qui vont influer sur le devenir de la peine après son prononcé.

En effet, sous réserve des effets de la **période de sûreté** de plein droit ou facultative éventuellement prévue par le texte d'incrimination (C. pr. pén., art. 132-23, sur la période de sûreté, v. nº 18.7C1), la peine ferme prononcée par la juridiction bénéficie d'un dispositif de réduction de peine :

– pour les écrous antérieurs au 1er janv. 2023, ce dispositif comporte deux modalités : d'une part, le crédit de réduction de peine (v. C ci-dessous), accordé sans condition de bonne conduite mais conservé sous cette condition, d'autre part, les réductions supplémentaires de peine (v. D ci-dessous) accordées annuellement par le JAP au cours de l'exécution de la peine, conditionnées quant à elles par les gages objectifs de réinsertion offerts par le condamné ;

– pour les écrous à partir du 1er janv. 2023, un régime unique de réduction de peine, institué par L. nº 2021-1729, 22 déc. 2021, pour la confiance dans l'institution judiciaire, est accordé sous condition de bonne conduite. Il se substitue au dispositif du crédit de réduction de peine et des réductions supplémentaires supplémentaires de peine (v. E ci-dessous).

Ces réductions de peine, mentionnées au casier judiciaire (C. pr. pén., art. 769), sont également enregistrées dans un registre tenu par l'administration pénitentiaire (C. pr. pén., art. D. 152 13°) ainsi que dans l'application informatisée de gestion nationale des personnes détenues dite GENESIS (C. pr. pén., art. R. 57-9-20 2°, b)).

Le crédit de réduction de peine permettait de fixer *ab initio* une date prévisionnelle de fin de peine, avancée au fur et à mesure de l'écoulement du temps de détention par l'octroi de réductions supplémentaires de peines. Dans le régime nouveau issu de L. nº 2021-1729, 22 déc. 2021, la date prévisionnelle de fin de peine est évaluée chaque année au fur et à mesure de l'octroi des réductions de peine. Les réductions de peine réduisent non seulement la peine mais aussi la durée du temps d'incarcération, dit temps d'épreuve, préalable à l'octroi de la libération conditionnelle (v. H ci-dessous) ou de la libération sous contrainte (v. I ci-dessous), mesures qui se traduiront, si elles sont accordées par le JAP ou le TAP, par une levée anticipée de l'écrou.

Qu'il s'agisse du crédit de réduction de peine, des réductions supplémentaires de peine ou du nouveau régime de réduction de peine, leur jouissance effective peut être subordonnée au respect de conditions posées par le JAP dans un suivi post libération (v. G ci-dessous), comparables à celles qui peuvent être imposées dans le cadre de la libération conditionnelle. Pour les auteurs de faits graves et les profils dangereux, catégorie criminologique dont le périmètre est juridiquement marqué par le quantum de la peine prononcée ainsi que par le suivi socio-judiciaire encouru, les conditions d'octroi ou de contrôle des réductions de peine ou de la libération conditionnelle sont renforcées.

Le tableau figurant au J ci-dessous illustre, pour les écrous antérieurs au 1er janv. 2023, l'effet des différents facteurs, crédit de réduction de peine et admissibilité à la libération conditionnelle à mi-peine ou à la libération sous contrainte aux 2/3 de la peine, sur la durée effective ou potentielle de la peine ferme.

B. La déduction de la détention provisoire et de l'ARSE de la durée de la peine (C. pr. pén., art. 716-4 et 142-11)

« *Quand il y a eu détention provisoire à quelque stade que ce soit de la procédure, cette détention est intégralement déduite de la durée de la peine prononcée* » (sur le calcul de la durée de la détention provisoire, v. nº **12.44A1**), il en est de même pour les mesures de privation de liberté consécutives à l'exécution d'un mandat d'arrêt ou d'amener ou d'une demande d'extradition. Cette détention s'impute également sur la durée de la période de sûreté (C. pr. pén., art. 716-4) (sur la période de sûreté, v. nº **18.7C1**).

La mesure **d'incarcération provisoire**, prise par le JLD lorsque le mis en examen sollicite un délai pour préparer sa défense en vue d'un débat contradictoire portant sur sa détention provisoire, s'impute sur la durée de cette dernière et « *elle est assimilée à une détention provisoire* » pour l'application de C. pr. pén., art. 716-4 (C. pr. pén., art. 145) (sur le débat différé, v. nº **12.39A2**).

« *L'assignation à résidence avec surveillance électronique est assimilée à une détention provisoire pour l'imputation intégrale de sa durée sur celle d'une peine privative de liberté* », conformément à C. pr. pén., art. 716-4) (sur l'imputation de la durée de l'ARSE sur la peine ferme, v. nº **12.56A4**) (C. pr. pén., art. 142-11).

C. pr. pén., art. 716-4 « *n'exclut pas de son domaine d'application une détention subie à l'étranger, pourvu qu'elle soit assimilable à une détention provisoire au sens dudit code, encore faut-il que cette détention ait été ordonnée dans le cadre d'une procédure suivie à l'étranger pour tout ou partie des faits jugés ultérieurement en France* » (§ 20), « *dans le cas où aucune dénonciation officielle permettant de s'assurer de la réunion de ces conditions n'aurait été faite par l'autorité étrangère, il incombe au requérant d'établir qu'il a fait l'objet d'une détention répondant à ces conditions* » (§ 21) (Crim. 9 nov. 2021, nº 20-84.394, P ; dans le même sens : Crim. 5 oct. 2011, nº 11-90.087, P nº 196).

La durée de la détention provisoire ou de l'ARSE détermine le **reliquat de peine ferme** à exécuter. Au stade du prononcé de la peine ferme, le *quantum* du reliquat de peine détermine l'obligation du tribunal de procéder ou non à son aménagement (sur l'aménagement de la peine ferme, v. nº **18.13** et tableau nº **18.14**).

C. Le crédit de réduction de peine (CRP) – Régime applicable aux personnes placées sous écrou avant le 1er janv. 2023 (C. pr. pén., art. 721)

1. L'application dans le temps de la L. nº 2021-1729, 22 déc. 2021 supprimant le crédit de réduction de peine

La L. nº 2021-1729, 22 déc. 2021, pour la confiance dans l'institution judiciaire, art. 11, a supprimé le dispositif du crédit de réduction de peine ici décrit (de plein droit 2 mois par an au-delà de la première année, C. pr. pén., art. 721) et des réductions supplémentaires de peines décrit au D ci-dessous (au plus 3 mois par an sur décision du JAP, C. pr. pén., art. 721-1), au profit d'un dispositif unifié de réduction de peine d'au plus 6 mois par an sur décision du JAP.

Ces nouvelles dispositions sont applicables « *aux personnes placées sous écrou à compter du 1er janv. 2023, quelle que soit la date de la commission de l'infraction* » (L. nº 2021-1729, 22 déc. 2021, art. 59 VI).

À titre transitoire, le régime du crédit de réduction de peine, supprimé par L. nº 2021-1729, 22 déc. 2021 modifiant C. pr. pén., art. 721, reste applicable dans les termes de la législation antérieure aux personnes placées sous écrou avant le 1er janv. 2023.

2. Le mécanisme du crédit de réduction de peine (C. pr. pén., art. 721, D. 115 s.)

Sauf si elle est exclue de ce régime pour les atteintes physiques aux personnes dépositaires de l'autorité publique (C. pr. pén., art. 721-1-2 issu L. n° 2021-646, 25 mai 2021, v. C4 ci-dessous), la personne condamnée bénéficie de plein droit, au moment de son écrou, d'un crédit de réduction de peine proportionnel à sa durée, de 3 mois pour la première année et de 2 mois pour chaque année suivante, ou si la peine est inférieure à un an, de 7 jours par mois, ou pour le solde de peine inférieur à une année pleine, de 7 jours par mois sans excéder deux mois.

Ce crédit de réduction de peine, calculé *ab initio* par le greffe de l'établissement pénitentiaire sous le contrôle du ministère public (C. pr. pén., art. D. 115), détermine la date prévisionnelle de la fin de peine (ex : une peine de 4 années d'emprisonnement est de plein droit réduite à 3 ans et 4 mois par l'effet d'un crédit de réduction de peine de 9 mois, v. tableau au J ci-dessous). Lors de son écrou, le condamné est ainsi informé par le greffe de l'établissement pénitentiaire de sa date prévisible de libération. Précisons que la réduction de peine n'est imputée que sur la partie de la peine excédant la période de sûreté (C. pr. pén., art. 132-23, sur la période de sûreté, v. n° **18.7C1**).

Dans le cas où le condamné est en détention provisoire, le détenu est remis en liberté dès que la décision est définitive si la détention restant à subir est inférieure au CRP (C. pr. pén., art. D. 115-2).

Lorsque le condamné libre a déjà subi une mesure de détention provisoire et que le reliquat de peine est ⩽ aux réductions de peine susceptibles d'être octroyées, le JAP peut accorder la réduction de peine sans qu'il soit nécessaire d'écrouer à nouveau la personne condamnée (C. pr. pén., art. 723-18 et D. 147-12). Ainsi, une personne condamnée à 3 ans d'emprisonnement dont 2 ans assorti d'un SME, ayant fait 10 mois de détention provisoire, ne sera pas incarcérée pour l'exécution de son reliquat de peine de 2 mois en raison de son crédit de réduction de peine de 3 mois calculé sur la partie ferme de la condamnation (1 an). Le JAP peut non seulement constater le crédit de réduction de peine mais prononcer, si les conditions en sont remplies, une réduction de pleine supplémentaire (V. D ci-dessous) sur la partie de la condamnation subie en détention provisoire.

Notons que le CRP ne s'applique pas à la contrainte judiciaire (C. pr. pén., art. D. 115-5) (sur la contrainte judiciaire, v. n° **18.17**) mais s'applique en revanche à l'emprisonnement sanctionnant le défaut de paiement des jours-amendes car « *la détention ainsi subie est soumise au régime des peines d'emprisonnement* » (C. pén., art. 131-25, sur la mise à exécution de l'emprisonnent en cas de non-paiement des jours-amendes, v. n° **18.18C**).

3. L'exclusion du crédit de réduction de peine pour les infractions terroristes (C. pr. pén., art. 721-1-1, renvoi)

Selon les précisions apportées, au n° **23.23G3**, les infractions terroristes sont exclues du bénéfice du CRP prévu par C. pr. pén., art. 721 et ne sont soumises qu'au régime des réductions supplémentaires de peine (C. pr. pén., art. 721-1-1 issu L. n° 2016-987, 21 juill. 2016).

4. L'exclusion du crédit de réduction de peine pour les atteintes physiques sur les dépositaires de l'autorité publique (C. pr. pén., art. 721-1-2 issu L. n° 2021-646, 25 mai 2021)

« *Les personnes condamnées à une peine privative de liberté pour une ou plusieurs infractions* » mentionnées au C. pén., art. 221-3 (assassinat, depuis L. n° 2021-1729, 22 déc. 2021, v. n° **20.4**), 221-4 (meurtre aggravé, v. n° **20.3**), 222-3 (tortures ou actes de barbarie aggravés, v. n° **20.10**), 222-8 (coups mortels aggravés, v. n° **20.16**, 222-10 (violences aggravées ayant entraîné une mutilation ou une infirmité permanente, v. n° **20.19**) et 222-12 (violences volontaires aggravées – ITT > 8 jours, v. n° **20.25**), 222-14-1 (violences avec arme en bande organisée ou avec guet-apens sur dépositaire de l'autorité publique ou chargé de service public ou son entourage, depuis L. n° 2021-1729, 22 déc. 2021, v. n° **20.33**), 222-14-5 (violences sur les forces de sécurité intérieure (v. n° **20.27**) et leur entourage (v. n° **20.28**), depuis L. n° 2022-52, 24 janv. 2022), 222-15-1 (embuscade, depuis L. n° 2021-1729, 22 déc. 2021, v. n° **20.36**) commises « *au préjudice d'une personne investie d'un mandat électif public, d'un magistrat, d'un militaire de la gendarmerie nationale, d'un militaire déployé sur le territoire national dans le cadre des réquisitions prévues à l'article L. 1321-1 du code de la défense, d'un fonctionnaire de la police nationale, des douanes ou de l'administration pénitentiaire, d'un agent de police municipale, d'un sapeur-pompier professionnel ou volontaire ou de toute autre personne dépositaire de l'autorité publique* » (C. pr. pén., art. 721-1-2 issu L. n° 2021-646, 25 mai 2021), ne pouvaient, selon la rédaction issue de L. n° 2021-646, 25 mai 2021, « *bénéficier des crédits de réduction de peine* », sauf, sur décision du JAP prise après avis de la CAP, si elles avaient « *donné des preuves suffisantes de bonne conduite* », des réductions de peine ⩽ 1 mois pour la première année d'incarcération et de 3 semaines pour les années suivantes, ou si la peine ou le reliquat de peine était inférieur à un an, de 7 jours par trimestre sans excéder 3 semaines, soit de réductions de peines inférieures à celles prévues par le régime de droit commun du CRP exposé au **C1** ci-dessus (3 mois pour la première année, 2 mois pour les années suivantes, 7 jours par mois pour les durées inférieures) (C. pr. pén., art. 721-1-2 issu L. n° 2021-646, 25 mai 2021). Ces personnes n'étaient toutefois pas exclues, dans les conditions de droit commun exposées au **D1** ci-dessous, du régime des réductions supplémentaires de peine (RSP) prévu par C. pr. pén., art. 721-1, récompensant les « *efforts sérieux de réadaptation sociale* » (C. pr. pén., art. 721-1-2 issu L. n° 2021-646, 25 mai 2021). Ce nouveau dispositif a été jugé conforme à la Constitution (Cons. const. 20 mai 2021, n° 2021-817 DC ; § 154 à 157).

La L. n° 2021-1729, 22 déc. 2021, a réécrit C. pr. pén., art. 721-1-2 qui prévoit désormais que les personnes condamnées pour une infraction ci-dessus spécifiée « *ne peuvent bénéficier des réductions de peine mentionnées au C. pr. pén., art. 721 qu'à hauteur, s'il s'agit d'un crime, de 3 mois par année d'incarcération et 7 jours par mois pour une durée d'incarcération inférieure à un an ou, s'il s'agit d'un délit, de 4 mois par année d'incarcération et 9 jours par mois pour une durée d'incarcération inférieure à un an* ». Cette nouvelle rédaction, dont la L. n° 2021-1729, 22 déc. 2021 n'a pas prévu de modalités transitoires d'application dans le temps, est entrée en vigueur à compter du 24 déc. 2021. Elle est susceptible de poser des difficultés d'interprétation et d'application pour les peines portées à l'écrou avant le 1er janv. 2023, pour lesquelles, en application de L. n° 2021-1729, 22 déc. 2021, art. 59 VI, subsistent les régimes anciens du crédit de réduction de peine et des réductions supplémentaires de peine. En effet, cette rédaction fait référence à la nouvelle rédaction de C. pr. pén., art. 721, qui n'est applicable qu'aux peines portées à l'écrou à compter du 1er janv. 2023.

C. pr. pén., art. 721-1-3, issu L. n° 2021-646, 25 mai 2021, détermine le régime de réduction de peine applicable en cas de confusion de plusieurs peines privatives de liberté soumises à des régimes distincts de réduction de peine.

5. Le retrait du crédit de réduction de peine par le JAP en cas de mauvaise conduite en détention (C. pr. pén., art. 721, D. 115-9)

Le crédit de réduction de peine peut être réduit par le JAP « *en cas de mauvaise conduite du condamné en détention* », « *dans la limite de trois mois pour chaque année de détention exécutée* » (Crim. 20 juin 2018, n° 17-82.135) ou de 7 jours par mois. Pour certaines infractions, constitue également une cause de retrait du crédit de réduction de peine le refus, durant l'incarcération, de l'obligation de traitement qui est imposée au condamné par la juridiction, au titre d'un suivi socio-judiciaire, ou par le JAP pour toute infraction passible du suivi socio-judiciaire (C. pr. pén., art. 717-1, 721 et 763-7).

Dans l'année suivant leur octroi, les réductions de peine dont bénéficient, sur décision du JAP, les auteurs d'atteintes physiques sur dépositaire de l'autorité publique, peuvent également, « *en cas de mauvaise conduite du condamné en détention* », être rapportées en tout ou partie par le JAP près avis de la CAP (C. pr. pén., art. 721-1-2 issu L. nº 2021-646, 25 mai 2021).

La décision de retrait du crédit de réduction de peine se cumule le cas échéant avec la sanction disciplinaire subie par le condamné au sein de l'établissement. Elle ne peut être prise au-delà d'un an à compter du dernier événement caractérisant la mauvaise conduite (C. pr. pén., art. D. 115-9).

De même, « *le retrait d'un crédit de réduction de peine en cas de mauvaise conduite du condamné a pour conséquence que le condamné exécute totalement ou partiellement la peine telle qu'elle a été prononcée par la juridiction de jugement ; qu'un tel retrait ne constitue donc ni une peine ni une sanction ayant le caractère d'une punition* » (§ 7) (Cons. const. 11 juill. 2014, nº 2014-408 QPC).

« *Le crédit de réduction de peine est inscrit à l'écrou, en début d'exécution de cette peine, à titre précaire, sous condition pour le condamné, qui en est informé, d'observer la bonne conduite nécessaire au fonctionnement normal de l'établissement carcéral, d'autre part, le retrait, total ou partiel, de ce crédit est décidé par un juge, qui n'est pas lié par la décision disciplinaire prise par l'administration pénitentiaire, et dont l'ordonnance est susceptible d'appel, la décision du président de la CHAP pouvant ensuite faire l'objet d'un pourvoi en cassation, de sorte que sont pleinement assurés l'exercice des droits de la défense et l'équité de la procédure* » (Crim. 15 avr. 2015, nº 14-80.417, P nº 94).

La mauvaise conduite du détenu pendant la détention provisoire peut également justifier, après la décision de condamnation, le retrait de crédit de réduction de peine (C. pr. pén., art. D. 115-8). Dans ce cas, la décision du JAP doit intervenir, non dans le délai d'un an précité, mais dans le délai de 4 mois à compter de la mise à exécution de la peine, « *quelle que soit la date de l'évènement caractérisant la mauvaise conduite du condamné* » (C. pr. pén., art. D. 115-10 ; Crim. 25 mars 2020, nº 19-81.915, P).

La durée de l'emprisonnement résultant d'un retrait de crédit de réduction de peine prononcé par le JAP n'ouvre pas droit à un nouveau crédit de réduction de peine (C. pr. pén., art. D. 115-5).

L'administration pénitentiaire avise le casier judiciaire national de la décision de retrait (C. pr. pén., art. D. 49-26).

La mauvaise conduite hors détention, par hypothèse dans le cas où la personne est libérée par l'effet du crédit de réduction de peine, ne peut donner lieu à révocation par le JAP, à moins qu'il n'ait entouré la levée d'écrou de conditions s'imposant pendant la durée de la réduction de peine, par application de C. pr. pén., art. 721-2 (v. **G** ci-dessous). Mais elle peut, dans les conditions ci-après exposées, donner lieu à révocation par la juridiction en cas d'infraction commise après la levée d'écrou pendant le temps correspondant au CRP.

6. Le retrait du crédit de réduction de peine par la juridiction en cas d'infraction commise après la levée d'écrou (C. pr. pén., art. 721, al. 5, D. 115-15 s.)

Si la personne est libérée puis condamnée à une peine ferme pour une infraction commise alors qu'elle se trouvait dans une période égale à la durée du crédit de réduction de peine dont elle bénéficiait lors de la levée d'écrou, « *la juridiction de jugement peut ordonner le retrait de tout ou partie de cette réduction de peine et la mise à exécution de l'emprisonnement correspondant, qui n'est pas confondu avec celui résultant de la nouvelle condamnation* » (C. pr. pén., art. 721, al. 5). Notons que cette modalité de révocation de la réduction de peine par le tribunal n'a pas été reconduite ou adaptée au nouveau régime de la réduction de peine issu de L. nº 2021-1729, 22 déc. 2021 décrit en **E** ci-dessous.

La personne est informée lors de sa levée d'écrou par le greffe de l'établissement pénitentiaire, au moyen d'un document normalisé qui lui est remis, de la possibilité d'une décision de retrait par la juridiction de jugement en cas de commission d'une nouvelle infraction. La date jusqu'à laquelle la commission d'une nouvelle infraction pourra donner lieu à ce retrait est portée à sa connaissance (C. pr. pén., art. D. 115-18).

Dans l'exemple précité de la personne condamnée à 4 ans et libérée à 3 ans et 4 mois par l'effet du crédit de réduction de peine de 9 mois, ce crédit pourra donc être retiré et mis à exécution jusqu'à hauteur de 9 mois d'emprisonnement si l'intéressé est puni d'une peine ferme pour des faits commis dans les 9 mois de sa libération.

Ce retrait peut également être effectué lorsque la personne n'a pas été écrouée car le reliquat de peine était inférieur au crédit de réduction de peine. Dans ce cas, la personne est avisée du risque de retrait selon les modalités prévues par C. pr. pén., art. D. 147-13 et le point de départ du délai est la date à laquelle la condamnation est devenue définitive.

Le retrait de crédit de réduction de peine par la juridiction ne donne pas lieu, au cours de sa mise à exécution, à un nouveau crédit de réduction de peine (C. pr. pén., art. D. 115-5).

Mentionnons qu'en cas de condamnation pour un crime ou un délit volontaire commis pendant une permission de sortir (sur la permission de sortir de la personne condamnée, v. C. pr. pén., art. D. 142 s.), la juridiction peut également retirer au condamné les réductions de peine antérieurement accordées (C. pr. pén., art. 723-5). Rappelons à cet égard que les interdictions de paraître et contact restent applicables durant l'incarcération de la personne, ainsi que les décisions portant sur l'autorité parentale (C. pr. pén., art. D. 51, issu D. n° 2021-1820, 24 déc. 2021).

Soulignons enfin qu'en cas de condamnation pour infraction de refus de prélèvement génétique par une personne condamnée, les crédits de réduction de peine étaient retirés de plein droit sous le régime antérieur à L. n° 2021-1729, 22 déc. 2021 (C. pr. pén., art. 706-56 III, v. n° **25.35**). Cette modalité de retrait de plein droit de la réduction de peine n'a pas été reconduite ou adaptée dans le nouveau régime, y compris transitoire, de la réduction de peine issu de L. n° 2021-1729, 22 déc. 2021 décrit en **E** ci-dessous. En revanche, selon les dispositions issues D. n° 2022-546, 13 avr. 2022, créant C. pr. pén., art. D. 115-7-1, le refus de se soumettre au prélèvement biologique ou le fait de commettre des manœuvres pour substituer un matériel biologique au sien constitue, au sens de C. pr. pén., art. 721, un élément d'appréciation de la mauvaise conduite justifiant un retrait du CRP par le JAP.

D. Les réductions supplémentaires de peine – Régime applicable aux personnes placées sous écrou avant le 1er janv. 2023 (C. pr. pén., art. 721-1 et D. 116-2 s.)

1. L'application dans le temps de la L. n° 2021-1729, 22 déc. 2021 supprimant les réductions supplémentaires de peine

La L. n° 2021-1729, 22 déc. 2021, pour la confiance dans l'institution judiciaire, art. 11, a supprimé le dispositif du crédit de réduction de peine décrit en **C** ci-dessus (C. pr. pén., art. 721) et des réductions supplémentaires de peines ici décrit, au profit d'un dispositif unifié de réduction de peine. Ces nouvelles dispositions sont applicables « *aux personnes placées sous écrou à compter du 1er janv. 2023, quelle que soit la date de la commission de l'infraction* » (L. n° 2021-1729, 22 déc. 2021, art. 59 VI).

À titre transitoire, le régime des réductions supplémentaires de peine, supprimé par L. n° 2021-1729, 22 déc. 2021 modifiant C. pr. pén., art. 721-1, reste applicable dans les termes de la législation antérieure aux personnes placées sous écrou avant le 1er janv. 2023.

2. Le régime des réductions supplémentaires de peine applicable à titre transitoire

Dans la limite de 3 mois par an ou de 7 jours par mois pour une durée à subir inférieure à une année pleine, une réduction supplémentaire de peine peut être accordée, même en l'absence de demande formée par l'intéressé, par le JAP après avis de la commission de l'application des peines (CAP) (C. pr. pén., art. 712-5). Cette réduction est réservée au condamné qui manifeste des efforts sérieux de réadaptation sociale matérialisés notamment par la réussite à des examens, l'apprentissage de la lecture, de l'écriture et du calcul ou des activités culturelles, le suivi d'une thérapie destinée à limiter le risque de récidive, ou l'indemnisation des victimes. « *Les activités de travail et de formation professionnelle sont pris en compte pour l'appréciation des efforts sérieux de réinsertion et de la bonne conduite des condamnés* » (C. pr. pén., art. 717-3, réd. issue L. n° 2022-1729, 22 déc. 2021). La réduction supplémentaire de peine n'est imputée que sur la partie de la peine excédant la période de sûreté (C. pr. pén., art. 132-23, sur la période de sûreté, v. n° **18.7C1**).

La situation du condamné est examinée à cet égard au moins une fois par an et dans les deux mois de la date à laquelle la décision est définitive si la personne est détenue provisoirement depuis une durée ⩾ 1 an (C. pr. pén., art. D. 116-2).

Dans le cas où le condamné libre a déjà subi une mesure de détention provisoire (sur la déduction de la détention provisoire et de l'ARSE, v. **B** ci-dessus) et que le reliquat de peine est ⩽ aux réductions de peine susceptibles d'être octroyées, le JAP peut non seulement constater le crédit de réduction de peine (V. **C** ci-dessus) mais prononcer, si les conditions en sont remplies, une réduction de pleine supplémentaire (C. pr. pén., art. 723-18 et D. 147-12).

Par hypothèse, les réductions supplémentaires de peine sont fondées sur des efforts sérieux de réadaptation sociale exprimés au cours de la période écoulée et tiennent donc compte de la bonne conduite du condamné en détention sur cette même période. Ce qui explique qu'elles restent donc acquises au condamné et que les réductions de peines supplémentaires sur lesquelles le JAP s'est déjà prononcé n'entrent en effet pas dans le champ de celles qui peuvent, en application de C. pr. pén., art. 721, faire l'objet d'un retrait par le JAP en cas d'inconduite en détention, ou par la juridiction en cas de faits commis, après la levée d'écrou, durant la période correspondant à la réduction de peine.

Toutefois la réduction supplémentaire de peine peut être retirée dans deux hypothèses. En premier lieu, en cas d'inobservation de certaines obligations de suivi que le JAP peut imposer au condamné – hors libération conditionnelle – lors de la levée d'écrou pendant une durée égale aux CRP et RSP dont il bénéficiait (C. pr. pén., art. 721-2, D. 147-46, v. **G** ci-dessous). L'administration pénitentiaire avise le casier judiciaire national de cette décision de retrait (C. pr. pén., art. D. 49-26).

En second lieu, la condamnation pour refus de se soumettre aux prélèvements biologiques prévue par C. pr. pén., art. 706-56 (v. n° **25.35**, cas **A**) entraînait de plein droit, sauf relèvement total ou partiel de cette déchéance par le tribunal par application de C. pén., art. 132-21 et C. pr., pén., art. 703, le retrait de toutes les réductions de peine (CRP, RSP et réductions de peines exceptionnelles) et interdisait l'octroi de nouvelles réductions de peine (C. pr. pén., art. 706-56 III et D. 117-4). C. pr. pén., art. 706-56 III a toutefois été abrogé sans période transitoire par L. n° 2022-1729, 22 déc. 2021. Selon C. pr. pén., art. D. 115-7-1 issu D. n° 2022-546, 13 avr. 2022, le refus de se soumettre au prélèvement biologique ou le fait de commettre des manœuvres pour substituer un matériel biologique au sien constitue désormais, au sens de C. pr. pén., art. 721, un élément d'appréciation de la mauvaise conduite justifiant un retrait du CRP par le JAP.

Notons que la RSP ne s'applique pas à la contrainte judiciaire (C. pr. pén., art. D. 116-1) (sur la contrainte judiciaire, v. n° **18.17**).

E. Les réductions de peine – Régime applicable aux personnes placées sous écrou à compter du 1er janv. 2023 (C. pr. pén., art. 721, issu L. n° 2021-1729, 22 déc. 2021)

1. L'application dans le temps de la L. n° 2021-1729, 22 déc. 2021, réformant le dispositif de réduction de peine

La L. n° 2021-1729, 22 déc. 2021, pour la confiance dans l'institution judiciaire, art. 11, a supprimé le double dispositif du crédit de réduction de peine décrit en **C** ci-dessus (C. pr. pén., art. 721) et des réductions supplémentaires de peines exposées au **D** ci-dessus (C. pr. pén., art. 721-1), régimes qui subsistent toutefois à titre transitoire pour les personnes placées sous écrou avant le 1er janv. 2023, au profit du dispositif unifié de réduction de peine ici détaillé.

Le régime unique des réductions de peine résultant de la nouvelle rédaction de C. pr. pén., art. 721, est applicable « *aux personnes placées sous écrou à compter du 1er janv. 2023, quelle que soit la date de la commission de l'infraction* » (L. n° 2021-1729, 22 déc. 2021, art. 59 VI).

La QPC qui soutient que ces dispositions de droit transitoire portent atteinte « *au principe constitutionnel de non-rétroactivité de la loi pénale* » est rejetée au motif que les réductions de peines « *ne constituent ni une peine ni une sanction ayant le caractère d'une punition, mais permettent seulement au condamné de ne pas purger la totalité de la peine privative de liberté prononcée contre lui. En conséquence, ces réductions ne relèvent pas du champ d'application de l'article 8 de la Déclaration des droits de l'homme* » (§ 6) (Crim. 7 juin 2023, n° 23-90.001, D ; dans le même sens, considérant que « *le retrait d'un crédit de réduction de peine [...] ne constitue [...] ni une peine ni une sanction ayant le caractère d'une punition* » (§ 7) (Cons. const. 11 juill. 2014, n° 2014-408 QPC), ou que « *les mesures de réduction de peine ne peuvent être assimilées à une sanction ou à une peine* » (Crim. 12 déc. 2012, n° 12-90.060, D), ou que les dispositions de Conv. EDH, art. 7 § 1 qui énoncent les principes de légalité des délits et des peines et de non rétroactivité de la loi pénale plus sévère « *ne sont applicables qu'à la peine elle-même et non aux mesures de réduction de peine* » (Crim. 9 avr. 2008, n° 07-88.159, P n° 98).

2. Les conditions d'octroi de la réduction de peine (C. pr. pén., art. 721, issu L. n° 2021-1729, 22 déc. 2021)

Désormais, « *une réduction de peine peut être accordée [...] aux condamnés exécutant une ou plusieurs peines privatives de liberté qui ont donné* », d'une part, « *des preuves suffisantes de bonne conduite* », d'autre part « *qui ont manifesté des efforts sérieux de réinsertion* ». La réduction de peine est également applicable « *aux personnes condamnées qui bénéficient d'un aménagement de peine sous écrou* », c'est-à-dire aux personnes bénéficiant d'une mesure de placement extérieur, de semi-liberté, ou de détention à domicile sous surveillance électronique (sur ces mesures, v. n° **18.13**).

Pour la première condition, « *les preuves suffisantes de bonne conduite sont appréciées en tenant compte notamment de l'absence d'incidents en détention, du respect du règlement intérieur de l'établissement ou des instructions de service, de l'implication dans la vie quotidienne ou du comportement avec le personnel pénitentiaire ou exerçant à l'établissement, avec les autres personnes détenues et avec les personnes en mission ou en visite* ».

Pour la seconde condition, « *les efforts sérieux de réinsertion sont appréciés en tenant compte notamment du suivi avec assiduité d'une formation scolaire, universitaire ou professionnelle ayant pour objet l'acquisition de connaissances nouvelles, des progrès dans le cadre d'un enseignement ou d'une formation, de l'engagement dans l'apprentissage de la lecture, de l'écriture et du calcul, de l'exercice d'une activité de travail, de la participation à des activités culturelles, notamment de lecture, de la participation à des activités sportives encadrées, du suivi d'une thérapie destinée à limiter les risques de récidive, de l'investissement soutenu dans un programme de prise en charge proposé par le service pénitentiaire d'insertion et de probation ou des versements volontaires des sommes dues aux victimes et au Trésor public* ».

« *Les activités de travail et de formation professionnelle sont prises en compte pour l'appréciation des efforts sérieux de réinsertion et de la bonne conduite des condamnés* » (C. pr. pén., art. 717-3, réd. issue L. n° 2022-1729, 22 déc. 2021).

3. Les modalités d'octroi de la réduction de peine (C. pr. pén., art. 721, issu L. n° 2021-1729, 22 déc. 2021)

La personne est informée par le greffe pénitentiaire, lors de sa mise sous écrou, des règles d'appréciation de la réduction de peine. Le SPIP travaille avec la personne à son projet de sortie et émet, dans le cadre de l'examen des réductions de peine, un avis en vue d'un aménagement de peine (placement extérieur, semi-liberté, DDSE), d'une libération sous contrainte (sur la libération sous contrainte, C. pr. pén., art. 720, v. **I** ci-dessous) ou d'un suivi post libération (sur le suivi post libération, C. pr. pén., art. 721-2, v. **G** ci-dessous).

La réduction de peine est « *accordée par le JAP, après avis de la CAP* », en une seule fois si la peine est < 1 an, et par fractions annuelles dans le cas contraire et « *ne peut excéder 6 mois par année d'incarcération et 14 jours par mois pour une durée d'incarcération < 1 an* ». Elle est toutefois plafonnée à 3 mois par an ou 7 jours par mois lorsque la personne condamnée pour une infraction pour laquelle le suivi socio-judiciaire est encouru ne suit pas le traitement qui lui est proposé en application de C. pr. pén., art. 717-1 et 763-7, ou lorsque la personne dont l'altération du discernement a été reconnue en application de C. pén., art. 122-1, refuse les soins proposés.

4. La limitation des réductions de peine pour les infractions terroristes (C. pr. pén., art. 721-1-1, mod. par L. n° 2021-1729, 22 déc. 2021, renvoi)

Selon les précisions apportées, au n° **23.23G3**, les réductions de peine issues de L. n° 2021-1729, 22 déc. 2021 sont limitées à 3 mois par an et 7 jours par mois pour une durée inférieure à un an (C. pr. pén., art. 721-1-1 mod. par L. n° 2021-1729, 22 déc. 2021). Ce régime restrictif est applicable « *aux personnes placées sous écrou à compter du 1er janv. 2023, quelle que soit la date de la commission de l'infraction* » (L. n° 2021-1729, 22 déc. 2021, art. 59 VI).

5. La limitation des réductions de peine pour les atteintes physiques sur les dépositaires de l'autorité publique (C. pr. pén., art. 721-1-2 issu L. n° 2021-646, 25 mai 2021)

« *Les personnes condamnées à une peine privative de liberté pour une ou plusieurs infractions* » mentionnées au C. pén., art. 221-3 (assassinat, depuis L. n° 2021-1729, 22 déc. 2021, v. n° **20.4**), 221-4 (meurtre aggravé, v. n° **20.3**), 222-3 (tortures ou actes de barbarie aggravés, v. n° **20.10**), 222-8 (coups mortels aggravés, v. n° **20.16**, 222-10 (violences aggravées ayant entraîné une mutilation ou une infirmité permanente, v. n° **20.19**) et 222-12 (violences volontaires aggravées – ITT > 8 jours, v. n° **20.25**), 222-14-1 (violences avec arme en bande organisée ou avec guet-apens sur dépositaire de l'autorité publique ou chargé de service public ou son entourage, depuis L. n° 2021-1729, 22 déc. 2021, v. n° **20.33**), 222-14-5 (violences contre les forces de sécurité intérieure, depuis L. n° 2022-52, 24 janv. 2022, v. n° **20.27**), 222-15-1 (embuscade, depuis L. n° 2021-1729, 22 déc. 2021, v. n° **20.36**) commises « *au préjudice d'une personne investie d'un mandat électif public, d'un magistrat, d'un militaire de la gendarmerie nationale, d'un militaire déployé sur le territoire national dans le cadre des réquisitions prévues à l'article L. 1321-1 du code de la défense, d'un fonctionnaire de la police nationale, des douanes ou de l'administration pénitentiaire, d'un agent de police municipale, d'un sapeur-pompier professionnel ou volontaire ou de toute autre personne dépositaire de l'autorité publique* » « *ne peuvent bénéficier des réductions de peine mentionnées au C. pr. pén., art. 721 qu'à hauteur, s'il s'agit d'un crime, de 3 mois par année d'incarcération et 7 jours par mois pour une durée d'incarcération inférieure à un an ou, s'il s'agit d'un délit, de 4 mois par année d'incarcération et 9 jours par mois pour une durée d'incarcération inférieure à un an* ».

Cette nouvelle rédaction issue L. n° 2021-1729, 22 déc. 2021, fait référence à la nouvelle rédaction de C. pr. pén., art. 721, qui n'est applicable qu'aux peines portées à l'écrou à compter du 1 er janv. 2023.

C. pr. pén., art. 721-1-3, issu L. n° 2021-646, 25 mai 2021, détermine le régime de réduction de peine applicable en cas de confusion de plusieurs peines privatives de liberté soumises à des régimes distincts de réduction de peine.

6. Le retrait de la réduction de peine par le JAP en cas de mauvaise conduite du condamné (C. pr. pén., art. 721, issu L. n° 2021-1729, 22 déc. 2021)

La personne est informée par le greffe pénitentiaire, lors de sa mise sous écrou, des possibilités de retrait de la réduction de peine.

« *La réduction de peine peut être rapportée en tout ou en partie, après avis de la CAP, en cas de mauvaise conduite du condamné. Le retrait est prononcé par ordonnance motivée du JAP agissant d'office, sur saisine du chef d'établissement ou sur réquisitions du procureur de la République. Le condamné est mis en mesure de faire valoir ses observations, le cas échéant par l'intermédiaire de son avocat* ».

Ce retrait de la réduction de peine ne peut intervenir que « *dans l'année suivant son octroi* », ce qui signifie qu'il ne peut porter sur les réductions de peine accordées lors des années antérieures, lesquelles sont donc définitivement acquises à la personne. Soulignons que la L. n° 2021-1729, 22 déc. 2021, a supprimé la faculté auparavant accordée au tribunal de révoquer le crédit de réduction de peine dont bénéficiait la personne pour une infraction commise après sa libération pendant la période correspondant à la durée du crédit de réduction de peine dont elle bénéficiait.

F. Les réductions exceptionnelles de peine

1. La réduction de peine exceptionnelle pour les déclarations de repentis (C. pr. pén., art. 721-3, D. 117-3)

Dans le prolongement des principes posés par C. pén., art. 132-78 et des cas d'exemption de peine ou de réduction du maximum encouru prévus pour les auteurs ou complices repentis de certaines infractions (v. n° **18.8D**), une réduction exceptionnelle de peine, pouvant aller jusqu'au tiers de la peine prononcée, peut être accordée par le TAP aux condamnés dont les déclarations faites à l'autorité administrative et judiciaire, avant ou après leur condamnation, ont permis de faire cesser ou d'éviter la commission d'une des infractions relevant de la criminalité organisée.

En cas de perpétuité, cette réduction exceptionnelle de peine prend la forme d'une réduction ⩽ 5 ans du temps d'épreuve pour l'admissibilité à la libération conditionnelle.

À la différence des cas autorisant l'exemption de peine ou la réduction du maximum encouru, limités par hypothèse aux auteurs ou complices de l'infraction, le dispositif de la réduction exceptionnelle de peine est applicable à toute personne, auteur ou complice de l'infraction ou tout tiers informateur (sur l'indicateur ou l'informateur, L. n° 95-73, 21 janv. 1995, art. 15-1, v. n° **16.2A**).

Notons que la réduction exceptionnelle de peine ne s'applique pas à la contrainte judiciaire (C. pr. pén., art. D. 116-1) (sur la contrainte judiciaire, v. n° **18.17**).

2. La réduction de peine exceptionnelle en cas d'action en faveur de la sécurité de l'établissement pénitentiaire ou de ses agents (C. pr. pén., art. 721-4, L. n° 2021-1729, 22 déc. 2021)

Depuis L. n° 2021-1729, 22 déc. 2021, pour la confiance dans l'institution judiciaire, « *Une réduction de peine exceptionnelle, dont le quantum peut aller jusqu'au tiers de la peine prononcée, peut être accordée aux condamnés ayant permis, au cours de leur détention, y compris provisoire, d'éviter ou de mettre fin à toute action individuelle ou collective de nature à perturber gravement le maintien du bon ordre et la sécurité de l'établissement ou à porter atteinte à la vie ou à l'intégrité physique ou psychique des membres du personnel pénitentiaire ou des détenus de l'établissement* » (C. pr. pén., art. 721-4, issu L. n° 2021-1729, 22 déc. 2021). Ces dispositions sont applicables depuis le 24 déc. 2021.

En cas de réclusion criminelle à perpétuité, condamnation qui échappe au dispositif de la réduction de peine, une réduction exceptionnelle ⩽ 5 ans du temps d'épreuve avant l'octroi d'une libération conditionnelle (qui est de 18 ans ou de 22 ans en cas de récidive, C. pr. pén., art. 729), peut être accordée (sur la libération conditionnelle, v. **H** ci-dessous).

La réduction exceptionnelle de peine ou la réduction du temps d'épreuve est accordée par le TAP pour la peine > 7 ans ou par le JAP pour les condamnations inférieures, sur saisine du JAP, du chef d'établissement, du procureur de la République ou sur demande du condamné.

G. Les obligations pouvant être imposées au condamné pour la durée correspondant aux réductions de peines : le suivi post libération (C. pr. pén., art. 721-2)

1. Les dispositions générales (C. pr. pén., art. 721-2, D. 147-45 s.)

Lorsque le condamné bénéficiant de réductions de peine (CRP et RSP pour les peines portées à l'écrou avant le 1er janv. 2023, et nouveau régime de réduction de peine pour celles portées à l'écrou à compter du 1er janv. 2023) n'a pu bénéficier d'une libération sous contrainte ou d'une libération conditionnelle, le JAP peut, aux fins de favoriser l'insertion du condamné ou la prévention de la récidive, ordonner qu'il soit soumis, lors de sa libération et pendant la durée n'excédant pas les réductions de peines, à une ou plusieurs mesures de contrôle, des interdictions ou des mesures d'aide. Ce régime n'est toutefois pas applicable aux condamnés susceptibles d'être soumis aux mêmes obligations et interdictions dans le cadre d'un sursis avec mise à l'épreuve (v. n^os^ **18.24** s.), d'un suivi socio-judiciaire (v. n° **18.31**), d'une surveillance judiciaire (v. **G2** ci-dessous), d'un placement sous surveillance électronique, d'un placement extérieur ou d'une semi-liberté (sur ces modalités d'aménagement de la peine ferme, v. n° **18.13**) (C. pr. pén., art. D. 147-45). Certaines de ces obligations ou interdictions sont inscrites au FPR (V. n° **13.17B5**).

Dans tous les cas, le JAP peut ordonner que le condamné soit soumis, après sa libération, à l'interdiction de recevoir ou de rencontrer la partie civile ou la victime ou d'entrer en relation avec elle, pendant une durée n'excédant pas les réductions de peines.

En cas d'inobservation des obligations et interdictions imposées, le JAP peut retirer tout ou partie des réductions de peines et ordonner la réincarcération. Lors de sa libération, le condamné est informé de cette possibilité de retrait (C. pr. pén., art. D. 147-45). Le JAP peut également délivrer un mandat d'amener (C. pr. pén., art. 712-17) et ordonner l'incarcération provisoire (C. pr. pén., art. 712-19) de la personne qui se soustrait à ses obligations (C. pr. pén., art. 721-2, mod. par L. n° 2021-1729, 22 déc. 2021).

2. Les dispositions propres aux infractions les plus graves et aux profils dangereux : la surveillance judiciaire (C. pr. pén., art. 723-29, D. 147-31 s.)

Lorsque la personne a été condamnée à une peine $\geqslant$ 7 ans pour un crime ou un délit passible du suivi socio-judiciaire, ou à une peine $\geqslant$ 5 ans pour tout crime ou délit commis une seconde fois en récidive, le tribunal de l'application des peines peut, pour pallier un risque de récidive constaté par une expertise médicale (C. pr. pén., art. 723-31), conditionner la libération au respect d'une mesure de « *surveillance judiciaire* » pendant la « *durée correspondant aux réductions de peines dont elle a bénéficié et qui n'ont pas fait l'objet d'une décision de retrait* » (C. pr. pén., art. 723-29). La surveillance judiciaire n'est toutefois pas applicable en cas de prononcé d'une mesure de suivi socio-judiciaire ou d'octroi d'une libération conditionnelle (C. pr. pén., art. 723-36).

« *Limitée à la durée des réductions de peine dont bénéficie le condamné* », la surveillance judiciaire issue de la L. n° 2005-1549, 12 déc. 2005, relative au traitement de la récidive des infractions pénales, « *constitue ainsi une modalité d'exécution de la peine qui a été prononcée par la juridiction de jugement* » (§ 13) ; « *elle repose non sur la culpabilité du condamné, mais sur sa dangerosité ; qu'elle a pour seul but de prévenir la récidive ; qu'ainsi, la surveillance judiciaire ne constitue ni une peine ni une sanction* » ; elle peut donc, sans méconnaître le principe de non-rétroactivité qui « *ne s'applique qu'aux peines et aux sanctions ayant le caractère d'une punition* » (§ 12), être appliquée aux « *personnes condamnées pour des faits commis antérieurement à l'entrée en vigueur de la loi* » (§ 15) (Cons. const. 8 déc. 2005, n° 2005-527 DC).

Il se déduit de C. pr. pén., art. 723-32 que « *le placement sous surveillance judiciaire doit être ordonné avant la date prévue pour la libération du condamné* » et ne peut plus être prononcé après cette date (Crim. 11 mai 2017, n° 16-84.383, P n° 139). De même, « *il résulte des dispositions combinées de C. pr. pén., art. 712-14 et 723-32 que, lorsque la juridiction de l'application des peines du premier degré place le condamné sous surveillance judiciaire avant la date prévue pour sa libération, cette décision s'applique dès son prononcé, même en cas d'appel, ce recours pouvant être jugé après la date de libération du condamné. En revanche, si la juridiction de l'application des peines ne prononce pas la surveillance judiciaire du condamné avant la date prévue pour sa libération, la CHAP ne peut prononcer cette mesure après cette même date* » (§ 7) (Crim. 16 févr. 2022, n° 20-85.608, P).

La mesure ne peut être autorisée qu'à condition que « *le condamné ait bénéficié effectivement, pour cette peine, de crédit de réduction de peine ou de réduction de peine supplémentaire* » (§ 14), tel n'est donc pas le cas pour une peine écartée du bénéfice de la réduction de peine en raison du refus de la personne de se soumettre à un prélèvement biologique (Crim. 10 nov. 2021, n° 21-80.704, P).

Les obligations de la surveillance judiciaire sont celles applicables en matière de sursis avec mise à l'épreuve (C. pr. pén., art. 723-30, C. pén., art. 132-44 et 132-45, v. n° 18.24), outre le placement sous surveillance électronique mobile (C. pr. pén., art. 723-30, C. pén., art. 131-36-12) et l'injonction de soins si l'expertise médicale conclut en ce sens (C. pr. pén., art. 723-30). Certaines de ces obligations ou interdictions sont inscrites au FPR (V. n° 13.17B5).

L'obligation « *d'assignation à domicile* » peut également être imposée dans le cas où la personne a été condamnée à au moins 15 ans de réclusion pour crimes, commis sur une victime mineure, d'assassinat, meurtre, tortures ou actes de barbarie, viol, enlèvement ou séquestration, ou, pour des faits, commis sur une victime majeure, d'assassinat, de meurtre aggravé, de tortures ou actes de barbarie aggravés, de viol aggravé, d'enlèvement ou de séquestration aggravé, ou pour des faits, commis en récidive, de meurtre, de tortures ou d'actes de barbarie, de viol, d'enlèvement ou de séquestration (C. pr. pén., art. 723-30 et 706-53-13).

En cas d'inobservation des obligations ou interdictions qui lui sont imposées, y compris le refus de commencer ou de poursuivre le traitement prescrit dans le cadre de l'injonction de soins, le JAP peut retirer tout ou partie des réductions de peine dont le condamné a bénéficié et ordonner son incarcération (C. pr. pén., art. 723-35). Si la révocation n'est que partielle, la mesure de surveillance judiciaire s'applique à nouveau lors de la levée d'écrou (C. pr. pén., art. D. 147-43). Cette décision de révocation peut également être prise par la juridiction de jugement statuant sur un crime ou un délit passible du suivi socio-judiciaire commis par le condamné dans le cours de sa surveillance judiciaire (C. pr. pén., art. 723-35).

La surveillance judiciaire prend fin à l'issue de la durée correspondant aux réductions de peine dont le condamné bénéficiait lors de la levée d'écrou, mais les obligations peuvent être prolongées par la juridiction régionale de la rétention de sûreté pour les profils criminologiques les plus dangereux, aux conditions prévues par C. pr. pén., art. 723-37, sous la forme d'une « *surveillance de sûreté* » (C. pr. pén., art. 706-53-19.) Cette mesure peut également être imposée au condamné lors de la libération lorsque toutes les réductions de peine lui ont été retirées en raison de la violation des mesures d'une surveillance judiciaire.

H. La libération conditionnelle (C. pr. pén., art. 729)

1. La condition tenant à l'écoulement d'un délai d'épreuve jusqu'à mi-peine

La personne condamnée à une à une ou plusieurs peines privatives de liberté peut bénéficier d'une mesure de libération conditionnelle au terme d'un délai, dit d'épreuve, lorsque « *la durée de la peine accomplie par le condamné est au moins égale à la durée de la peine restant à subir* », soit la moitié de la peine (C pr. pén., art. 729). Ce temps d'épreuve ne peut toutefois excéder 15 années, ou 22 ans en cas de récidive.

Pour le calcul du délai d'épreuve en vue de « *l'octroi de la libération conditionnelle, il est tenu compte du crédit de réduction de peine dont le condamné bénéficie de plein droit* » (Crim. 28 avr. 2011, n° 10-88.890, P n° 81) ainsi que des réductions de peines supplémentaires sur lesquelles le JAP s'est déjà prononcé (lecture *a contrario* de Crim. 4 févr. 2004, n° 03-84.556, P n° 33).

Ces jurisprudences sont transposables au nouveau régime de la réduction de peine issu de L. n° 2021-1729, 22 déc. 2021, exposé en E ci-dessus.

Dans le cas d'une peine de 4 années d'emprisonnement mise à l'écrou avant le 1er janv. 2023, le condamné peut ainsi bénéficier d'une libération conditionnelle au terme de 1 an et 7,5 mois de détention par le seul effet du crédit de réduction de peine, sans préjudice d'une d'une durée plus courte s'il bénéficie d'une réduction de peine supplémentaire.

En cas de condamnation à la perpétuité, le temps d'épreuve est de 18 ans ou de 22 ans en cas de récidive. Des réductions du temps d'épreuve d'un mois par année d'incarcération, ou de 20 jours en cas de récidive, peuvent toutefois être accordées par le JAP après avis de la CAP en cas d'efforts sérieux de réadaptation sociale comme la réussite à des examens, l'apprentissage de la lecture, de l'écriture et du calcul ou des activités culturelles (C. pr. pén., art. 721-1 et 729-1). Ces réductions ne sont imputables que sur la partie de la peine excédant le cas échéant la période de sûreté (C. pr. pén., art. 729-1) (sur la période de sûreté, v. n° **18.7C1**).

2. Les situations particulières : l'absence de délai épreuve pour le condamné titulaire de l'autorité parentale, la femme enceinte ou la personne âgée

Il n'est pas exigé de période d'épreuve pour toute peine privative de liberté ⩽ 4 ans lorsque le condamné exerce **l'autorité parentale** sur un enfant de moins de 10 ans avec lequel il a sa résidence habituelle, ou lorsque le condamné est une **femme enceinte** de plus de 12 semaines (C. pr. pén., art. 729-3) (libération conditionnelle parentale). Pour une illustration, censurant une CHAP qui ne s'était pas expliquée, pour rejeter des demandes de libération conditionnelle formée au visa de C. pr. pén., art. 729, d'une part, et 729-3, d'autre part, sur les conditions entourant chacune de ces modalités de la libération conditionnelle, v. Crim. 20 oct. 2021, n° 20-85.088, D.

« *Pour apprécier les conditions de recevabilité d'une demande de libération conditionnelle* [en l'espèce une libération conditionnelle parentale] *au regard de la durée de l'emprisonnement restant à accomplir, la juridiction de l'application des peines doit prendre en considération toutes les peines exécutoires au jour où elle statue, même si elles ne sont pas définitives* » (§ 8) (Crim. 14 déc. 2022, n° 22-80.140, D).

Toutefois ces dispositions ne sont pas applicables « *aux personnes condamnées pour un crime ou pour un délit commis sur un mineur* » (C. pr. pén., art. 729-3) « *Il en résulte que la libération conditionnelle parentale ne peut être accordée au condamné qui a commis une infraction dont la victime était, au moment des faits, âgée de moins de dix-huit ans* » (§ 10), même si la minorité n'est pas prévue par la loi comme élément constitutif ou circonstance aggravante de l'infraction ou n'a pas été retenue par la juridiction de jugement (Crim. 1er juin 2022, n° 21-84.648, P).

Sauf s'il est encore sous l'effet d'une période de sûreté, le temps d'épreuve n'est pas non plus applicable au **condamné âgé de plus de 70 ans** et la libération conditionnelle peut lui être accordée sans condition de délai si son insertion ou sa réinsertion est assurée, sauf en cas de risque grave de renouvellement de l'infraction ou si la libération est susceptible de causer un trouble grave à l'ordre public (C. pr. pén., art. 729), sans préjudice des conditions supplémentaires applicables en cas de condamnation pour une infraction relevant du suivi socio-judiciaire en application de C. pr pén., art. 730-2 (Crim. 14 avr. 2021, n° 20-81.177, P).

3. Les conditions de fond tenant aux efforts sérieux de réadaptation

Outre la condition d'écoulement du délai d'épreuve, la mesure de libération conditionnelle ne peut intervenir qu'à condition que le condamné, d'une part, ait atteint le terme de la période de sûreté le cas échéant prononcée (C. pr. pén., art. 720-2), d'autre part, manifeste des efforts sérieux de réadaptation sociale, enfin, justifie de l'exercice d'une activité professionnelle ou de son assiduité à un enseignement ou une formation, de sa participation essentielle à la vie de sa famille, de la nécessité de suivre un traitement médical, de ses efforts pour indemniser les victimes ou de son implication dans tout autre projet sérieux d'insertion ou de réinsertion.

De plus, la libération conditionnelle ne peut être accordée à la personne condamnée pour une infraction passible du suivi socio-judiciaire si elle refuse de suivre, pendant son incarcération, le traitement qui lui est proposé par le Jap (C. pr. pén., art. 717-1) ou, lors de sa libération, le traitement qui lui est imposé par ce dernier (C. pr. pén., art. 731-1), ou si, ayant été condamnée à un suivi socio-judiciaire avec injonction de soins, elle ne consent pas à suivre un traitement durant son incarcération (C. pr. pén., art. 763-7).

Mentionnons que lorsque la libération conditionnelle est accordée au 2/3 de la peine dans le cadre d'une libération sous contrainte (v. **I** ci-dessous), elle n'est plus conditionnée par des efforts sérieux de réadaptation sociale et ne peut être refusée que si elle est impossible à mettre en œuvre au regard des objectifs de la peine fixée au C. pr. pén., art. 707 (C. pr. pén., art. 720).

4. La demande et la décision accordant ou refusant la libération conditionnelle

L'administration pénitentiaire avise en temps utile le condamné qu'il est admissible, en raison de l'écoulement du délai d'épreuve, à la libération conditionnelle (C. pr. pén., art. D. 522).

Rappelons que la **durée de la détention provisoire** s'impute sur la peine ferme restant à subir (C. pr. pén., art. 716-4, sur ce point, v. nº **12.41G**). Il en est de même pour la durée de l'**ARSE** (C. pén., art. 132-11 et C. pr. pén., art. 716-4, sur ce point, v. nº **12.56A4**). En outre, une mesure d'aménagement de peine sous forme de libération conditionnelle peut être accordée *ab initio* si le quantum de peine restant à exécuter est ⩽ 1 ans ou ⩽ 6 mois (C. pr. pén., art. 723-15, D. 147-8 et D. 525).

La demande de libération conditionnelle émanant du condamné, formée par remise au greffe du JAP contre récépisé, par LRAR ou par déclaration au chef de l'établissement pénitentiaire (C. pr. pén., art. D. 524 renvoyant à D. 49-11), doit être examinée dans les 4 mois de sa date de réception, ou dans les 6 mois lorsqu'elle relève de la compétence du TAP. A défaut, le condamné peut saisir directement la CHAP par LRAR ou par déclaration auprès du chef de l'établissement pénitentiaire (C. pr. pén., art. D. 524) (pour une application : Crim. 11 janv. 2023, nº 22-80.848, P).

« *Lorsque la durée de la peine accomplie est au moins égale au double de la durée de la peine restant à subir* », c'est-à-dire lorsque le condamné a exécuté les 2/3 de sa peine, le JAP ou le TAP est tenu de statuer sur la libération conditionnelle, à moins que l'intéressé n'ait par avance exprimé le refus de cette mesure ; à défaut le condamné peut saisir directement la CHAP (C. pr. pén., art., art. 730-3).

La décision de libération conditionnelle est prise par le JAP si la peine est ⩽ 10 ans ou si le reliquat est ⩽ 3 ans, par le tribunal de l'application des peines (TAP) saisi par la JAP dans les autres cas (C. pr. pén., art. 730), étant précisé que le TAP est exclusivement compétent pour certaines infractions ou peines les plus lourdes, après réalisation d'une évaluation pluridisciplinaire de dangerosité assortie d'une expertise médicale (C. pr. pén., art. 730-2, 730-2-1 et D. 527-1 et s.). Pour les peines ⩾ 5 ans ou de réclusion, l'avocat de la partie civile peut présenter ses observations orales devant le JAP, le TAP ou la CHAP (C. pr. pén., art. 730, sur ce point et sur la place de la victime dans l'exécution des peines, v. nº **16.18B**).

En cas de rejet d'une demande formée par le condamné, le JAP peut, par décision motivée, fixer dans son jugement « *un délai durant lequel le condamné n'est pas recevable à déposer une demande similaire, sans que ce délai puisse excéder un an* » (C. pr. pén., art. D. 49-33). Le juge a toutefois la faculté de ne pas constater l'irrecevabilité lorsqu'il est saisi avant l'expiration du délai (C. pr. pén., art. D. 49-12). Dans le cas contraire, l'irrecevabilité est relevée par ordonnance motivée du juge de l'application des peines qui peut statuer sans débat contradictoire préalable ; cette ordonnance est susceptible d'appel dans le délai de 24 h 00 devant le président de la CHAP (C. pr. pén., art. D. 49-34).

Précisons que la décision prononçant la libération conditionnelle est mentionnée au casier judiciaire (C. pr. pén., art. 769).

5. Les obligations imposées au bénéficiaire de la libération conditionnelle

Le condamné est astreint, pendant la durée de la peine restant à subir, au respect de mesures et de conditions qui lui sont imposées dans la décision de libération conditionnelle (C. pr. pén., art. 732). Les mesures particulières sont notamment choisies parmi celles applicables en cas de sursis avec mise à l'épreuve (C. pr. pén., art. D. 535 et D. 536, v. n° **18.25**). Certaines des ces obligations sont inscrites au FPR (V. n° **13.17B5**).

Au surplus, si la personne est condamnée pour un crime ou un délit passible du suivi socio-judiciaire, le condamné peut être soumis par le JAP ou le TAP aux obligations de surveillance et d'assistance prévues pour cette mesure, avec au surplus une injonction de soins si une expertise psychiatrique conclut en ce sens, outre un placement sous surveillance électronique mobile si la peine est ⩾ 7 ans (C. pr. pén., art. 731-1, C. pén., art. 131-36-2, 131-36-4).

Compte tenu de son caractère contraignant, le condamné peut refuser le bénéfice de la libération conditionnelle (C. pr. pén., art. 730-3, 731, D. 531), sauf dans le cas de la libération conditionnelle conditionnée par l'expulsion de l'étranger décrite ci-après.

6. La libération conditionnée par l'expulsion de l'étranger faisant l'objet d'une mesure d'interdiction du territoire (aménagement expulsion) (C. pr. pén., art. 729-2)

Le JAP peut ordonner une libération conditionnelle, même contre l'accord de la personne, conditionnée par l'exécution d'une mesure d'interdiction du territoire, judiciaire ou administrative, ou d'une mesure d'obligation de quitter le territoire français (OQTF), d'interdiction de retour, de circulation, d'expulsion, d'extradition ou d'exécution d'un mandat d'arrêt européen (C. pr. pén., art. 729-2, D. 541) (sur les mesures d'éloignement concernant l'étranger, v. n° **27.4**).

« *Il ne résulte pas de ces textes, ni de leur interprétation par la* **C. cass.**, *que, pour un condamné de nationalité étrangère, qui purge une peine privative de liberté et qui fait l'objet d'une interdiction du territoire français, l'obtention d'une mesure de libération conditionnelle, lorsque les conditions tenant à la durée de sa peine restant à accomplir sont remplies, soit un droit* » (§ 13) (Crim. 27 mai 2021, n° 20-82.727, § 13, P).

« *la situation d'un étranger, qui a été condamné à une peine privative de liberté et dont la libération conditionnelle est subordonnée à l'exécution d'une mesure d'interdiction du territoire français, de reconduite à la frontière, d'expulsion ou d'extradition, n'a pas à être examinée au regard des critères personnels, familiaux et sociaux* » énoncés au C. pr. pén., art. 729 (Crim. 6 mars 2002, n° 01-85.914, P n° 59).

« *lorsqu'un étranger condamné à une peine privative de liberté est l'objet d'une mesure d'interdiction du territoire français, d'obligation de quitter le territoire français, d'interdiction de retour sur le territoire français, de reconduite à la frontière, d'expulsion, d'extradition ou de remise sur le fondement d'un mandat d'arrêt européen, sa libération conditionnelle est subordonnée à la condition que cette mesure soit exécutée ; qu'il en résulte que la libération conditionnelle d'un étranger condamné, qui n'est pas l'objet d'une telle mesure d'éloignement du territoire, doit répondre aux conditions de forme et de fond de droit commun, applicables à tout condamné, quelle que soit sa nationalité* » (Crim. 4 avr. 2013, n° 13-80.447, P n° 80).

Précisons qu'en raison de l'abrogation par le Cons. const., des dispositions de C. pr. pén., art. 730-2-1, qui subordonnaient la libération conditionnelle d'une personne condamnée pour des faits de terrorisme à une période probatoire de semi-liberté, de placement extérieur ou de surveillance électronique, « *les personnes de nationalité étrangère, même condamnées pour des infractions à caractère terroriste, qui font l'objet d'une mesure d'éloignement du territoire français, peuvent solliciter une libération conditionnelle sur le fondement de C. pr. pén., art. 729-2* » (§ 16) (Crim. 20 oct. 2021, n° 20-84.240, D).

7. La révocation ou l'exécution sans incident de la libération conditionnelle

La libération conditionnelle peut être révoquée selon les cas par le JAP ou le TAP après débat contradictoire (C. pr. pén., art. 712-6 et 712-7) en cas de nouvelle condamnation, d'inconduite notoire ou de non-respect des conditions imposées par la mesure (C. pr. pén., art. 733), dans les 15 jours (ou le mois si le TAP est compétent) d'une éventuelle décision d'**incarcération provisoire** préalablement prise par le JAP après avis du parquet (C. pr. pén., art. 712-19). Le JAP est compétent pour prononcer la révocation de la libération conditionnelle, même prononcée par le TAP, lorsque la durée de la détention restant à subir est < 3 ans (C. pr. pén., art. 730, Crim. 15 juin 2022, n° 21-85.520, P). Notons qu'aucun texte ne confie ce pouvoir de révocation à la juridiction statuant sur une infraction commise durant le délai de la libération conditionnelle.

La décision de révocation impose au condamné d'exécuter tout ou partie de la peine qui restait à subir au moment de la libération conditionnelle (C. pr. pén., art. 733). Si la révocation n'est pas intervenue dans le délai de la mesure, « *la peine est réputée terminée depuis le jour de la libération conditionnelle* » (C. pr. pén., art. 733). Cette fixation rétroactive de la fin de peine a une incidence importante sur le point de départ du délai de récidive, puisque celui-ci, en l'absence d'incident, débutera à l'expiration de la peine, soit le jour de la libération conditionnelle et non le jour de la fin de la peine qui restait à subir (v. n° **18.5D**).

La notion « *d'inconduite notoire* », qui « *laisse au juge, dont c'est l'office, le soin de qualifier des comportements que le législateur ne peut énumérer a priori de façon exhaustive, est rédigée en des termes suffisamment clairs et précis pour permettre que son interprétation se fasse sans risque d'arbitraire et dans des conditions garantissant le respect des droits de la défense* » (Crim. 15 janv. 2014, n° 13-83.542 QPC, D).

I. La libération sous contrainte (C. pr. pén., art. 720)

1. Le régime facultatif applicable au reliquat du tiers de la peine ⩽ 5 ans (C. pr. pén., art. 720 I)

Sauf si elle a fait préalablement connaître son refus de cette mesure, toute personne exécutant une ou plusieurs peines privatives de liberté d'une **durée totale ⩽ 5 ans** est libérée au 2/3 de sa peine afin d'exécuter le reliquat de sa peine « *sous le régime de la libération conditionnelle, de la détention à domicile sous surveillance électronique, du placement à l'extérieur ou de la semi-liberté* » (C. pr. pén., art. 720 I) (sur la libération conditionnelle, v. **H7** ci-dessus ; sur la surveillance électronique, le placement à l'extérieur ou la semi liberté, prononcés *ab initio* par le tribunal, v. n° **18.13**).

La durée maximale de 5 ans est celle de la **peine prononcée**, tandis que le calcul de la durée écoulée (2/3 de la peine) et de la durée restant à exécuter (1/3 de la peine) tient compte des **réductions de peine** (crédit de réduction de peine et réductions supplémentaires et exceptionnelles de peines pour les peines portées à l'écrou avant le 1er jan. 2023, réductions de peine pour celles portées à l'écrou à compter du 1er janv. 2023) (v. **C** et **D** ci-dessus). Ainsi, dans le régime antérieur à L. n° 2021-1728, 22 déc. 2021, applicable aux peines portées à l'écrou avant le 1er janv. 2023, hors remises supplémentaires de peines, la libération sous contrainte intervient à 6 mois pour une peine de 1 an d'emprisonnement, à 12,6 mois pour une peine de 2 années d'emprisonnement (v. tableau au **I** ci-dessous).

Depuis L. n° 2019-222, 23 mars 2019, en vigueur à compter du 1 er juin 2019, le consentement de la personne détenue n'est plus une condition préalable, en effet « *toute personne détenue est désormais éligible à la libération sous contrainte tant qu'elle n'a pas indiqué refuser une telle mesure* » (Circ. Crim. n° 2019-15/E3, 27 mai 2019, JUSD1915420C, n° 1.1.1). À cet effet, la personne condamnée est informée en temps utile par l'administration pénitentiaire du dispositif de la libération sous contrainte et « *s'il y a lieu, de l'intérêt et de la faisabilité d'une telle mesure* » (C. pr. pén., art. D. 147-17). Son refus éventuel est constaté par le SPIP (C. pr. pén., art. D. 147-17-1).

En conséquence, « *Pour les personnes condamnées à une peine ⩽ 5 ans,* [le] *parcours d'exécution de peine doit désormais, par principe, inclure une période de libération sous contrainte pour l'exécution du dernier tiers de la peine restant à subir* » (Circ. Crim. n° 2019-15/E3, 27 mai 2019, JUSD1915420C, n° 1).

La libération sous contrainte ne peut être refusée que par une « *ordonnance spécialement motivée* » constatant qu'il est impossible de mettre en œuvre l'une des mesures d'aménagement ci-dessus prévues (C. pr. pén., art. 720 I).

« *La libération sous contrainte ne doit pas, en effet, être considérée comme un aménagement de la peine soumis à la construction d'un projet de sortie mais comme une étape normale du parcours d'exécution de peine. Dans cette optique, le comportement en détention, le rejet ou le retrait d'une précédente demande d'aménagement de peine, l'absence d'emploi à la sortie ou encore l'existence d'antécédents judiciaires ne doivent constituer un motif d'opposition à la mesure que s'ils témoignent de l'impossibilité de mettre en place des modalités de libération sous contrainte .../...en caractérisant dans le cas d'espèce, des risques avérés pour la sûreté des victimes ou de récidive* » (Circ. Crim. n° 2019-15/E3, 27 mai 2019, JUSD1915420C, n° 1.2).

« *la libération sous contrainte est décidée par le JAP .../... après avis de la commission d'application des peines* » (C. pr. pén., art. 720 I). S'il n'est pas procédé en temps utile à l'examen de la situation du condamné, la chambre d'appplication des peines peut, d'office ou sur saisine du condamné ou du parquet, prononcer la mesure de libération sous contrainte (C. pr. pén., art. 720 I et D. 49-33).

La personne bénéficiaire d'une libération sous contrainte se voit remettre, au plus tard le jour de sa libération, une convocation à comparaître dans les 5 jours auprès du SPIP compétent pour suivre l'intéressé après sa sortie (C. pr. pén., art. D. 147-17-5).

Les conséquences de l'inobservation de la libération sous contrainte sont celles prévues, selon la mesure d'aménagement choisie par le juge, pour la libération conditionnelle (C. pr. pén., art. 733, v. **H7** ci-dessus), la DDSE (C. pr. pén., art. 713-44, en vigueur le 24 mars 2020, v. n° **18.15D5**), le placement à l'extérieur (C. pr. pén., art. 723-2, v. n° **18.13D**) ou la semi-liberté (C. pr. pén., art. 723-2, v. n° **18.13D**).

2. LE RÉGIME APPLICABLE DE PLEIN DROIT AU RELIQUAT DE 3 MOIS DE LA PEINE ⩽ 2 ANS (C. PR. PÉN., ART. 720 II, ISSU L. N° 2021-1729, 22 DÉC. 2021, EN VIGUEUR LE 1ER JANV. 2023)

Depuis L. n° 2021-1729, 22 déc. 2021, pour la confiance dans l'institution judiciaire, « *la libération sous contrainte s'applique de plein droit, sauf en cas d'impossibilité matérielle résultant de l'absence d'hébergement* », « *lorsqu'il reste au condamné exécutant une ou plusieurs peines privatives de liberté d'une durée totale ⩽ 2 ans un reliquat de peine à exécuter qui est ⩽ 3 mois* » ; il revient alors au JAP, après avis de la CAP, de déterminer « *la mesure applicable* » (C. pr. pén., art. 720 II, issu L. n° 2021-1729, 22 déc. 2021).

Ces dispositions sont applicables « *à l'ensemble des personnes condamnées exécutant une ou plusieurs peines privatives de liberté à compter du 1er janv. 2023, quelle que soit la date de commission de l'infraction* » (L. n° 2021-1729, 22 déc. 2021, art. 59 VII).

« *En cas de non-respect de la mesure et des obligations et interdictions le cas échéant fixées* », le JAP peut ordonner, après débat contradictoire tenu dans les conditions prévues par C. pr.pén., art. 712-6, « *le retrait ou la révocation de la mesure et la réincarcération de la personne pour une durée égale au plus au cumul de la peine qu'il lui restait à exécuter au moment de la décision et des réductions de peine octroyées qui n'avaient pas fait l'objet d'un retrait* » (C. pr. pén., art. 720 II, issu L. n° 2021-1729, 22 déc. 2021).

Ces dispositions ne sont pas applicables en cas de condamnation pour crime, pour infractions de terrorisme (C. pén., art. 421-1 à 421-6), pour les infractions d'atteinte à la personne prévues par C. pén., art. 221-1 à 227-33, lorsqu'elles ont été commises sur un mineur < 15 ans ou sur une personne dépositaire de l'autorité publique, ou pour les infractions aggravées par la circonstance de commission sur la victime par son conjoint, concubin ou partenaire de PACS (circonstance aggravante prévue par C. pén., art. 132-80).

Elles ne sont pas non plus applicables « *aux personnes détenues ayant fait l'objet, pendant la durée de leur détention, d'une sanction disciplinaire* » pour des faits de violence sur le personnel pénitentiaire, un visiteur ou un détenu, ou pour rebellion ou une action collective dans l'établissement (C. pr. pén., art. 720 II, issu L. nº 2021-1729, 22 déc. 2021).

J. Tableau prévisionnel de la peine d'emprisonnement ferme hors période de sûreté : crédit de réduction de peine, libération conditionnelle et libération sous contrainte (écrous < 1er janv. 2023)

Avertissement : le tableau ci-après rend compte du régime antérieur à L. nº 2021-1729, 22 déc. 2021, supprimant le crédit de réduction de peine et les réductions supplémentaires de peine. Il concerne en conséquence les peines portées à l'écrou avant le 1er janv. 2023 (sur l'application dans le temps de L. nº 2021-1729, 22 déc. 2021, v. **C1**, **D1** et **E1**. Il fait abstraction d'une éventuelle période de sûreté et des remises supplémentaires ou exceptionnelles de peine. Rappelons que crédit de réduction de peine et réductions supplémentaires de peines ne sont imputés que sur la partie de la peine excédant la période de sûreté (C. pr. pén., art. 132-23, sur la période de sûreté, v. nº **18.7C1**).

Tableau 46 : Durée prévisionnelle de la peine d'emprisonnement ferme hors période de sûreté : crédit de réduction de peine, libération conditionnelle et libération sous contrainte (écrous < 1er janv. 2023)

Peine prononcée	Crédit de réduction de peine	Peine à exécuter après CRP (C. pr. pén., art. 721)	Temps d'épreuve pour libération conditionnelle ou libération sous contrainte (hors RSP) (C. pr. pén., art. 729 et 720)
1 an (12 mois)	3 mois	9 mois	4,5 mois 6 mois pour la libération sous contrainte
2 ans (24 mois)	5 mois	1 an et 7 mois (19 mois)	9,5 mois 1 an et 0,6 mois (12,6 mois) pour la libération sous contrainte
3 ans (36 mois)	7 mois	2 ans et 5 mois (29 mois)	1 an et 2,5 mois (14,5 mois) 1 an et 7,3 mois (19,3 mois) pour la libération sous contrainte
4 ans (48 mois)	9 mois	3 ans et 3 mois (39 mois)	1 an et 7,5 mois (19,5 mois) 2 ans et 2 mois (26 mois) pour la libération sous contrainte
5 ans (60 mois)	11 mois	4 ans et 1 mois (49 mois)	2 ans et 0,5 mois (24,5 mois) 2 ans et 8,6 mois (32,6 mois) pour la libération sous contrainte. Cette mesure n'est plus applicable pour une peine > 5 ans
6 ans (72 mois)	1 an et 1 mois (13 mois)	4 ans et 11 mois (59 mois)	2 ans et 5,5 mois (29,5 mois)

7 ans (84 mois)	1 an et 3 mois (15 mois)	5 ans et 9 mois (69 mois)	2 ans et 10,5 mois (34,5 mois)
8 ans (96 mois)	1 an et 5 mois (17 mois)	6 ans et 7 mois (79 mois)	3 ans et 3,5 mois (39,5 mois)
9 ans (108 mois)	1 an et 7 mois (19 mois)	7 ans et 5 mois (89 mois)	3 ans et 8,5 mois (44,5 mois)
10 ans (120 mois)	1 an et 9 mois (21 mois)	8 ans et 3 mois (99 mois)	4 ans et 1,5 mois (49,5 mois)
11 ans (132 mois)	1 an et 11 mois (23 mois)	9 ans et 1 mois (109 mois)	4 ans et 6,5 mois (54,5 mois)
12 ans (144 mois)	2 ans et 1 mois (25 mois)	9 ans et 11 mois (119 mois)	4 ans et 11,5 mois (59,5 mois)
13 ans (156 mois)	2 ans et 3 mois (27 mois)	10 ans et 9 mois (129 mois)	5 ans et 4,5 mois (64,5 mois)
14 ans (168 mois)	2 ans et 5 mois (29 mois)	11 ans et 7 mois (139 mois)	5 ans et 9,5 mois (69,5 mois)
15 ans (180 mois)	2 ans et 7 mois (31 mois)	12 ans et 5 mois (149 mois)	6 ans et 2,5 mois (74,5 mois)
16 ans (192 mois)	2 ans et 9 mois (33 mois)	13 ans et 3 mois (159 mois)	6 ans et 7,5 mois (79,5 mois)
17 ans (204 mois)	2 ans et 11 mois (35 mois)	14 ans et 1 mois (169 mois)	7 ans et 0,5 mois (84,5 mois)
18 ans (216 mois)	3 ans et 1 mois (37 mois	14 ans et 11 mois (179 mois)	7 ans et 5,5 mois (89,5 mois)
19 ans (228 mois)	3 ans et 3 mois (39 mois)	15 ans et 9 mois (189 mois)	7 ans et 10,5 mois (94,5 mois)
20 ans (240 mois)	3 ans et 5 mois (41 mois)	16 ans et 7 mois (199 mois)	8 ans et 3,5 mois (99,5 mois)
21 ans (252 mois)	3 ans et 7 mois (43 mois)	17 ans et 5 mois (209 mois)	8 ans et 8,5 mois (104,5 mois)
22 ans (264 mois)	3 ans et 9 mois (45 mois)	18 ans et 3 mois (219 mois)	9 ans et 1,5 mois (109,5 mois)
23 ans (276 mois)	3 ans et 11 mois (47 mois)	19 ans et 1 mois (229 mois)	9 ans et 6,5 mois (114,5 mois)
24 ans (288 mois)	4 ans et 1 mois (49 mois)	19 ans et 11 mois (239 mois)	9 ans et 11,5 mois (119,5 mois)
25 ans (300 mois)	4 ans et 3 mois (51 mois)	20 ans et 9 mois (249 mois)	10 ans et 4,5 mois (124,5 mois)
26 ans (312 mois)	4 ans et 5 mois (53 mois)	21 ans et 7 mois (259 mois)	10 ans et 9,5 mois (129,5 mois)

Peine prononcée	Crédit de réduction de peine	Peine à exécuter après CRP (C. pr. pén., art. 721)	Temps d'épreuve pour libération conditionnelle ou libération sous contrainte (hors RSP) (C. pr. pén., art. 729 et 720)
27 ans (324 mois)	4 ans et 7 mois (55 mois)	22 ans et 5 mois (269 mois)	11 ans et 2,5 mois (134,5 mois)
28 ans (336 mois)	4 ans et 9 mois (57 mois)	23 ans et 3 mois (279 mois)	11 ans et 7,5 mois (139,5 mois)
29 ans (348 mois)	4 ans et 11 mois 59 mois	24 ans et 1 mois (289 mois)	12 ans et 0,5 mois (144,5 mois)
30 ans (360 mois)	5 ans et 1 mois 61 mois	24 ans et 11 mois (299 mois	12 ans et 5,5 mois (149,5 mois)
Perpétuité	Réduction du temps d'épreuve de la libération conditionnelle d'un mois par année d'incarcération, ou de 20 jours en cas de récidive, accordée par le JAP après avis de la CAP (C. pr. pén., art. 721-1 et 729-1).		Temps d'épreuve de 18 ans ou de 22 ans en cas de récidive (C. pr. pén., art. 729-1), sauf réductions de temps d'épreuve (v. colonne gauche).

18.11 L'exécution immédiate de la peine privative de liberté : le mandat de dépôt ou d'arrêt, le maintien en détention ou l'ordre d'incarcération immédiate

A. L'incarcération et le mandat d'arrêt par la cour d'assises (C. pr. pén., art. 367)

1. Le cas où la personne est détenue lorsque l'arrêt de condamnation est rendu

Dans la procédure criminelle, si la personne **déjà détenue** pour l'affaire concernée est condamnée pour crime ou délit, sa détention se poursuit sans que la cour d'assises n'ait à l'ordonner, le mandat de dépôt continuant à produire ses effets durant le délai d'appel et nonobstant appel, ceci jusqu'à la fin de la peine (C. pr. pén., art. 367 et 380-4) (sur l'appel en matière criminelle, v. nº **19.12**). Ainsi « *l'arrêt de la cour d'assises vaut titre de détention [...] lorsque : l'accusé est détenu au moment où l'arrêt est rendu et il est condamné, pour crime ou pour délit, à une peine de réclusion criminelle ou à une peine d'emprisonnement ferme* » (C. pr. pén., art. D. 45-2-1 *bis*, issu D. nº 2022-246, 25 févr. 2022).

Précisons que si l'accusé n'est pas détenu au moment où il comparaît, la cour peut décerner « *mandat de dépôt* » à son encontre pendant le déroulement de l'audience (C. pr. pén., art. 272-1), mandat qui continuera de produire ses effets après la condamnation (C. pr. pén., art. 367).

Au sens de C. pén., art. 367, « *est considéré comme détenu l'accusé qui est détenu dans le cadre de la procédure dont est saisie la cour d'assises* » (C. pr. pén., art. D. 45-2-1 *bis*, issu D. nº 2022-246, 25 févr. 2022).

2. Le cas où la personne est libre lorsque l'arrêt de condamnation est rendu

• **S'agissant de l'accusé libre condamné pour crime**, depuis L. nº 2011-525 modifiant C. pr. pén., art. 367, al. 2, jusqu'à la L. nº 2021-1729, 22 déc. 2021, l'arrêt de la cour d'assises valait titre de détention, jusqu'à ce que la durée de la détention ait atteint celle de la peine prononcée, que la cour prononce une peine de réclusion (peine criminelle) ou une peine d'emprisonnement ferme (peine correctionnelle). Il n'était plus nécessaire pour la cour de décerner mandat de dépôt. Désormais, depuis L. nº 2021-1729, 22 déc.

2021, l'arrêt de condamnation ne vaut titre de détention que dans le cas du prononcé d'une peine de réclusion criminelle.

Ainsi « *l'arrêt de la cour d'assises vaut titre de détention [...] lorsque : l'accusé n'est pas détenu au moment où l'arrêt est rendu et il est condamné pour une peine de réclusion criminelle* » (C. pr. pén., art. D. 45-2-1 *bis*, issu D. n° 2022-246, 25 févr. 2022). En revanche, « *l'arrêt de la cour d'assises ne vaut pas titre de détention [...] lorsque : l'accusé n'est pas détenu au moment où l'arrêt est rendu et il est condamné, pour crime, à une peine d'emprisonnement ferme* » (C. pr. pén., art. D. 45-2-1 *bis*, issu D. n° 2022-246, 25 févr. 2022). Le mandat de dépôt est dans ce cas prononcé « *par la cour, par décision spéciale et motivée [...], si les éléments de l'espèce justifient une mesure particulière de sûreté* » (C. pr. pén., art. 367 issu L. n° 2021-1729, 22 déc. 2021, et D. 45-2-1 *bis*, issu D. n° 2022-246, 25 févr. 2022).

Soulignons qu'en application de C. pén., art. 132-18, la peine d'emprisonnement est au minimum d'un an lorsqu'elle est prononcée pour crime, ou de 2 ans lorsque la perpétuité est encourue.

L'arrêt de la cour d'assises continue de produire ses effets nonobstant appel (C. pr. pén., art. 380-4).

• **S'agissant de l'accusé libre condamné pour délit**, y compris lorsque la cour d'assises requalifie des faits criminels en faits délictuels, si la peine prononcée est ⩾ 1 an, la cour peut décider par décision spéciale et motivée, de décerner mandat de dépôt à son encontre si les éléments de l'espèce justifient une mesure particulière de sûreté (C. pr. pén., art. 367, al. 3). Ces dispositions, à cet égard non modifiées par L. n° 2021-1729, 22 déc. 2021, sont aussi applicables devant la cour d'assises des mineurs (Ord. n° 45-174, 2 févr. 1945, art. 9 et 20 devenu CJPM, art. L. 231-7).

La L. n° 2021-1729, 22 déc. 2021, a toutefois ajouté que « *si la peine prononcée est supérieure à 6 mois, la cour peut également prononcer un mandat de dépôt à effet différé* » (C. pr. pén., art. 367), sous les précisions apportées par C. pr. pén., art. D. 45-2-1 *bis*, issu D. n° 2022-246, 25 févr. 2022 : « *le mandat de dépôt à effet différé ne peut être délivré que si la peine d'emprisonnement est d'au moins 6 mois* ». Ce mandat de dépôt à effet différé « *est immédiatement signé par le président de la cour d'assises à l'issue de l'audience et revêtu de son sceau* » (C. pr. pén., art. D. 45-2-1 *bis*, issu D. n° 2022-246, 25 févr. 2022).

3. LA DÉLIVRANCE D'UN MANDAT D'ARRÊT CONTRE L'ACCUSÉ ABSENT

S'agissant de l'accusé absent ne faisant pas déjà l'objet d'un mandat d'arrêt (dans ce cas, v. F ci-dessous), le président lors de son interrogatoire préalable à l'audience, la cour lors du déroulement de l'audience, peuvent décerner mandat d'arrêt (C. pr. pén., art. 272-1).

La cour, « *en cas de condamnation à une peine ferme privative de liberté, décerne mandat d'arrêt contre l'accusé* » (C. pr. pén., art. 379-3).

B. L'INCARCÉRATION FACULTATIVE OU OBLIGATOIRE PAR LE TRIBUNAL CORRECTIONNEL (C. PR. PÉN., ART. 397-4, 464-1, 465 ET 465-1)

Si l'emprisonnement délictuel prononcé est ⩾ 1 an sans sursis, le tribunal peut, par décision spéciale et motivée, lorsque les éléments de l'espèce justifient une mesure particulière de sûreté, décerner contre le prévenu un **mandat de dépôt, ou d'arrêt** s'il est absent (C. pr. pén., art. 465). Toutefois, lorsque le prévenu est en état de **récidive légale**, ces mandats peuvent être décernés quelle que soit la durée de la peine prononcée (C. pr. pén., art. 465-1, L. n° 2005-1549, 12 déc. 2005).

Cependant, le tribunal ne peut décerner un mandat de dépôt ou d'arrêt en cas de condamnation pour une infraction politique (C. pr. pén., art. 465, al. 1 ; sur l'infraction politique, v. n° 10.7A).

Si le prévenu est **déjà détenu** pour l'affaire concernée, le tribunal peut en tout état de cause, par décision spéciale et motivée, lorsque les éléments de l'espèce justifient une mesure particulière de sûreté, le **maintenir en détention**, quelle que soit la durée de la peine prononcée (C. pr. pén., art. 464-1).

Dans le cas d'une procédure de **comparution immédiate** (C. pr. pén., art. 395, v. n° **15.15**), ou de **comparution différée** (C. pr. pén., art. 397-1-1 issu de L. n° 2019-222, 23 mars 2019, v. n° **15.16**), le tribunal correctionnel peut ordonner d'après les éléments de l'espèce et par décision spécialement motivée, **quelle que soit la durée de la peine prononcée**, le placement ou le maintien en détention du prévenu (C. pr. pén., art. 397-4).

Le tribunal peut également, toujours dans le cas d'une procédure de comparution immédiate ou de comparution différée, qu'elle que soit la durée d'emprisonnement ferme prononcée, décerner un **mandat d'arrêt** par décision spéciale et motivée, lorsque les éléments de l'espèce justifient une mesure particulière de sûreté (C. pr. pén., art. 397-4 et 465). Cette hypothèse suppose l'absence de comparution du prévenu à l'audience. Elle se conçoit lorsque ce dernier a été traduit sur-le-champ par le parquet devant le tribunal ou devant le JLD, à l'occasion d'une procédure de comparution immédiate ou de comparution différée, mais a été laissé en liberté avant son jugement sur le fond.

À la différence du **mandat de dépôt à effet différé** (sur ce dispositif issu de L. n° 2019-222, 23 mars 2019, C. pr. pén., art. 464-2 I 3°, en vigueur depuis le 24 mars 2020, v. n° **18.12B**), le condamné placé sous mandat de dépôt ou maintenu en détention est **immédiatement incarcéré** pour l'exécution de sa peine privative de liberté, nonobstant appel (sur l'appel et l'exécution provisoire de la peine privative de liberté, v. n° **19.7B**).

Il résulte de C. pr. pén., art. 464-2 **I 3° et 4°**, en vigueur depuis le 24 mars 2020, issu de L. n° 2019-222, 23 mars 2019, que lorsque le tribunal ne prononce pas d'aménagement d'une peine ferme $\leqslant$ 1 an, il « *doit* » alternativement, soit décerner mandat de dépôt ou d'arrêt lorsque les conditions de mise en œuvre de ces mesures sont réunies (comparution immédiate ou différée, état de récidive, peine égale à 1 an), soit décerner un mandat de dépôt différé si l'emprisonnement est $\geqslant$ 6 mois (v. n° **18.12B**). Il résulte des travaux préparatoires de L. n° 2019-222, 23 mars 2019 « *que le recours accru par la juridiction de jugement à l'aménagement des peines d'emprisonnement > 1 mois et $\leqslant$ 1 an dès leur prononcé a pour contrepartie la saisine résiduelle du juge de l'application des peines à ce stade et l'exécution effective sous le régime de la détention des peines non aménagées* » (§ 35) (Crim. 11 mai 2021, n° 20-85.576, P).

Si la peine est > 1 an, le tribunal peut soit décerner mandat de dépôt ou d'arrêt, soit décerner un mandat de dépôt différé (C. pr. pén., art. 464-2 **III**, issu de L. n° 2019-222, 23 mars 2019, en vigueur le 24 mars 2020) (v. n° **18.12B**).

En cas d'appel, le prévenu placé ou maintenu en détention doit comparaître devant la cour d'appel dans le délai prévu par C. pr. pén., art. 397-4 et 509-1 (v. n° **17B** et tableau **12.46F**). La cour sera compétente pour statuer avant l'audience sur la demande de mise en liberté du prévenu détenu (C. pr. pén., art. 148-1, sur le régime de cette demande, v. n° **12.61**).

Le **juge unique correctionnel** ne peut être saisi lorsque le prévenu est détenu au titre de l'affaire en cause ou s'il est poursuivi sous le régime de la comparution immédiate (C. pr. pén., art. 398-1). En dehors de ces cas, aucune disposition ne paraît lui interdire d'ordonner un mandat de dépôt ou d'arrêt dans les conditions prévues par C. pr. pén., art. 465 et 465-1.

Il convient de souligner qu'en cas de délivrance d'un mandat de dépôt ou d'arrêt, les peines privatives de liberté peuvent être immédiatement aménagées, sans attendre que la condamnation soit exécutoire, sous réserve du droit d'appel suspensif du parquet (C. pr. pén., art. 707, L. n° 2009-1436, 24 nov. 2009, recodifié au 707-5, L. n° 2014-896, 15 août 2014).

« *aucune déclaration des droits ne doit être remise à une personne faisant l'objet d'un mandat de dépôt après avoir été condamné par une juridiction, même si la condamnation n'est pas encore définitive, cette hypothèse ne relevant pas en effet du champ de la directive B* » (Circ. Crim. 2014-12/E8, 23 mai 2014, NOR : JUSD1412016C, n° 4-1, sur la déclaration des droits écrite, v. n° **12.15B**).

C. L'incarcération obligatoire pour les récidivistes de certaines infractions de violence (abrogé depuis le 24 mars 2020, L. n° 2019-222, 23 mars 2019)

Jusqu'au 24 mars 2020, le mandat de dépôt à l'audience était obligatoire, quel que soit la durée de la peine prononcée, pour la personne condamnée à une peine d'emprisonnement ferme pour des faits d'agression ou d'atteinte sexuelle commis en récidive légale, ou pour des violences en récidive ou des délits commis avec la circonstance aggravante de violences en récidive (C. pr. pén., art. 465-1, L. n° 2005-1549, 12 déc. 2005). Le tribunal pouvait néanmoins en décider autrement par une décision spécialement motivée (*ibid*). Ces dispositions ont été abrogées par L. n° 2019-222, 23 mars 2019, en vigueur le 24 mars 2020).

D. L'exécution provisoire de la révocation du sursis simple : l'ordre d'incarcération immédiate (C. pén., art. 132-36, L. n° 2019-222, 23 mars 2019)

Depuis L. n° 2019-222, 23 mars 2019 modifiant C. pén., art. 132-36, la juridiction qui ordonne la révocation d'un sursis simple en prononçant une peine de réclusion ou d'emprisonnement sans sursis peut assortir sa décision de l'exécution provisoire, ce qui se traduit par la délivrance d'un ordre d'incarcération immédiate, ceci quelles que soient les modalités de sa saisine et le quantum des peines prononcées au titre de la décision de révocation ou du sursis révoqué (v. sur ce point n° **18.21C**).

E. L'incarcération par le tribunal pour enfants

Dans le droit antérieur à la L. n° 2017-258, 28 févr. 2017, le tribunal pour enfants pouvait prononcer l'exécution provisoire de sa décision, nonobstant opposition ou appel (Ord. n° 45-174, 2 févr. 1945, art. 22). Cette disposition, de portée générale, s'appliquait non seulement aux mesures de protection ou d'assistance mais également aux peines d'emprisonnement ferme (Crim. 7 mars 2000, n° 99-85.882, P n° 105).

Tirant les conséquences de la décision du Cons. const. 9 déc. 2016, n° 2016-601 QPC, la L. n° 2017-258, 28 févr. 2017 a précisé ces dispositions en les alignant sur celles du C. pr. pén. (Ord. n° 45-174, 2 févr. 1945, art. 22, mod. par L. n° 2017-258, 28 févr. 2017, devenu CJPM, art. L. 123-2).

Lorsque le tribunal pour enfants prononce une peine d'emprisonnement ferme ou assortie d'un sursis partiel, il peut décerner mandat de dépôt ou d'arrêt contre le mineur prévenu dans les conditions prévues au C pr. pén., art. 465 et 465-1 (v. **B** ci-dessus).

Toutefois, pour l'application des dispositions qui autorisent le mandat de dépôt en deçà du quantum d'un an en cas de récidive (C pr. pén., art. 465-1), il ne peut être tenu compte des cas de récidive par assimilation des délits d'agression sexuelle et d'atteintes sexuelles, ou des délits de violence et des autres délits commis avec une circonstance aggravante de violence, prévus au C. pén., art. 132-16-1 et 132-16-4.

Le tribunal pour enfants peut également maintenir le mineur en détention dans les conditions prévues au C pr. pén., art. 464-1 (v. **B** ci-dessus).

De plus, lorsque le tribunal pour enfants statue selon la procédure de présentation immédiate (v. n° **15.28**) (Ord. n° 45-174, 2 févr. 1945, art. 14-2) et qu'il constate, à l'égard d'un mineur < 16 ans placé sous contrôle judiciaire avec obligation de respecter un placement dans un centre éducatif fermé ou à l'égard d'un mineur de ⩾16 ans placé sous contrôle judiciaire ou sous ARSE, que ce mineur n'a pas respecté les obligations de son contrôle judiciaire ou de son ARSE, il peut, par décision spécialement motivée, après avoir constaté la violation de la mesure de sûreté, décerner mandat de dépôt ou d'arrêt contre le mineur, quelle que soit la durée de la peine prononcée. Ces dispositions sont adaptées au CJPM, art. L. 521-4 et L. 521-10.

Mentionnons que le juge des enfants et le tribunal pour enfants peuvent ordonner l'exécution provisoire de leur décision prononçant une mesure éducative, une sanction éducative et, le cas échéant, une peine autre qu'une peine d'emprisonnement ferme ou assortie d'un sursis partiel et qui ne font pas l'objet d'une des mesures d'aménagement prévues aux articles 132-25 à 132-28 du code pénal (Ord. n° 45-174, 2 févr. 1945, art. 22, mod. par L. n° 2017-258, 28 févr. 2017, devenu CJPM, art. L. 123-2).

Enfin, les dispositions relatives à l'exécution provisoire des décisions de révocation de sursis simple (C. pén., art. 132-36, v. D ci-dessus) sont applicables devant le tribunal pour enfants.

F. Le cas de l'accusé ou du prévenu absent faisant l'objet d'un mandat d'arrêt

« *Le mandat d'arrêt décerné par le juge d'instruction reste exécutoire, après la clôture de l'information, tant qu'il n'a pas été rapporté, remplacé ou anéanti par un acte exprès de l'autorité judiciaire* » (Crim. 29 sept. 1992, n° 92-82.584, P n° 290, principe consolidé aux articles 179, 181 et 379-3 du C. pr. pén. et dorénavant étendu aux affaires criminelles (L. n° 2004-204).

Quelle que soit la peine prononcée, les effets du mandat d'arrêt se poursuivent donc de plein droit, sauf si la juridiction en a ordonné la mainlevée. Lorsque la juridiction prononce une relaxe ou une peine autre que d'enfermement, elle aura soin d'ordonner spécialement la mainlevée du mandat d'arrêt, et le ministère public d'en faire cesser la diffusion.

G. La reconduite à l'établissement pénitentiaire pour la levée d'écrou (C. pr. pén., art. D. 314)

Lorsque l'accusé ou le prévenu détenu pour l'affaire considérée a été extrait de l'établissement pénitentiaire pour comparaître devant la juridiction et que la décision rendue doit conduire à sa mise en liberté (ex. acquittement, relaxe, peine couverte par la détention provisoire, application du crédit de réduction de peine), il doit être reconduit à l'établissement pénitentiaire pour la formalité de levée d'écrou. En effet « *l'extraction s'effectue sans radiation de l'écrou car elle comporte obligatoirement la reconduite de l'intéressé à l'établissement pénitentiaire* » (C. pénit., art. D. 215-23, anc[t] C. pr. pén., art. D. 314). La CEDH « *a admis que, dans certaines circonstances, il peut être normal qu'un délai limité s'écoule avant qu'un détenu ne soit libéré. Cependant, il s'agissait de cas où le terme de la détention n'était pas fixé d'avance par la loi et où elle a pris fin en vertu d'une décision judiciaire. Il résulte des nécessités pratiques du fonctionnement des juridictions et de l'accomplissement de formalités particulières que l'exécution d'une telle décision judiciaire peut exiger un certain temps (Quinn c/ France du 22 mars 1995, série A n° 311, p. 17, § 42, et Giulia Manzoni c/ Italie, précité, p. 1191, § 25)* » (§ 45) (CEDH, 27 oct. 2006, n° 73947/01, *Zervudacki c/ France*).

Mentionnons que le président de la juridiction qui a prononcé la condamnation et le parquet peuvent exprimer leur avis sur l'affectation dans l'établissement pénitentiaire qui leur semble la mieux appropriée au condamné, ces avis sont joints à la notice individuelle (C. pénit., D. 211-13, anc[t] C. pr. pén., art. D. 78).

18.12 L'exécution différée de la peine privative de liberté

A. Le principe de l'exécution effective et rapide des peines (C. pr. pén., art. 707)

« *Les peines prononcées par les juridictions pénales sont, sauf circonstances insurmontables, mises à exécution de façon effective et dans les meilleurs délais* » (C. pr. pén., art. 707).

Le maintien en détention, le mandat de dépôt ou d'arrêt ou l'ordre d'incarcération immédiate garantissent l'exécution rapide et effective de la peine d'emprisonnement ferme (v. n° 18.11).

Pour les peines fermes ⩽ 1 an (depuis L. n° 2019-222, 23 mars 2019, en vigueur le 24 mars 2020, auparavant ce seuil était fixé à 2 ans) non assorties de telles mesures, le mandat de dépôt à effet différé (v. B ci-dessous) ou la convocation devant le JAP du condamné présent à l'audience de jugement (v. C ci-dessous) permettent d'assurer sans discontinuité l'exécution de la peine ou son aménagement.

Dans les autres cas, la peine suit un circuit d'exécution non différencié, à l'exception des peines non encore aménagées en amont, qui sont préalablement soumises au JAP (v. D).

Passé un an, la personne peut saisir directement le JAP en vue d'un aménagement lorsque sa peine aménageable n'est pas encore mise à exécution (v. 18.12F).

Le tableau du n° 18.14 dresse la synthèse des règles entourant le prononcé et l'aménagement de la peine ferme selon son *quantum*.

B. Le mandat de dépôt à effet différé (C. pr. pén., art. 464-2, L. n° 2019-222, 23 mars 2019, en vigueur le 24 mars 2020)

1. L'obligation de prononcer un mandat de dépôt à effet différé en cas de refus d'aménagement de la peine

Lorsque le tribunal prononce une peine d'emprisonnement ferme dont la durée totale, en ce compris la révocation de sursis, est ⩾ **6mois** et ⩽ **1 an**, et qu'il considère par décision motivée que cette peine ne peut être aménagée (sur l'obligation de motivation de l'absence d'aménagement, v. n° 18.7A3), il « *doit* » « *décerner un mandat de dépôt à effet différé, en ordonnant que le condamné soit convoqué dans un délai qui ne saurait excéder un mois devant le procureur de la République afin que ce dernier fixe la date à laquelle il sera incarcéré dans un établissement pénitentiaire ; le procureur de la République peut également donner connaissance au condamné de la date de l'incarcération à l'issue de l'audience* » (C. pr. pén., art. 464-2 I 3°, issu de L. n° 2019-222, 23 mars 2019, en vigueur le 24 mars 2020).

Si le mandat de dépôt à effet différé paraît mieux se prêter au cas où le prévenu comparaît, le texte, qui impose d'ailleurs son prononcé, ne requiert toutefois pas la présence du condamné.

Lorsqu'un mandat de dépôt à effet différé est ordonné, il est dérogé à l'application de C. pr. pén., art. 723-15 qui impose au procureur de la République de saisir le JAP avant la mise à exécution des peines dont le *quantum* est aménageable (V. D ci-dessous) (C. pr. pén., art. 723-15 et 464-2 I 3°). De même, le tribunal ne peut faire délivrer au condamné présent une convocation devant le JAP en vue d'un aménagement (V. C ci-dessous). Par hypothèse, c'est en effet lorsque la juridiction exclut l'aménagement de la peine qu'elle est tenue de prononcer un mandat de dépôt à effet différé (C. pr. pén., art. 474, 723-15 et 464-2 I 2°).

En cas de refus d'aménagement, l'obligation de décerner un mandat de dépôt différé est alternative au prononcé d'un mandat de dépôt ou d'arrêt si les conditions de ces mesures sont réunies (C. pr. pén., art. 464-2 I 4°, issu de L. n° 2019-222, 23 mars 2019, en vigueur le 24 mars 2020).

En conclusion, depuis le 24 mars 2020, **toute peine non aménagée ⩽ 1 an doit**, soit faire l'objet d'un **mandat de dépôt ou d'arrêt** si les conditions propres à ces mesures sont réunies (v. n° 18.11B), soit faire l'objet d'un **mandat de dépôt à effet différé** si la peine est ⩾ 6 mois (C. pr. pén., art. 464-2 **I 3° et 4°**), soit donner lieu à une convocation devant le JAP en application de C. pr. pén., art. 474 si la peine est < 6 mois (Crim. 11 mai 2021, n° 20-84.412 (§ 30 et 31), P) (v. Tableau s[s] n° 18.14).

Enfin, le mandat de dépôt à effet différé est également applicable aux peines > 1 an, lesquelles ne sont pas aménageables *ab initio* par le tribunal (C. pr. pén., art. 464-2 **III**, issu de L. n° 2019-222, 23 mars 2019, en vigueur le 24 mars 2020, D. 45-2-2 issu D. n° 2020-81, 3 févr. 2020), en concurrence avec le mandat de dépôt ou d'arrêt (v. n° 18.11B) (v. Tableau s[s] n° 18.14).

Précisons que le mandat de dépôt à effet différé n'est pas applicable au **mineur** (C. pr. pén., art. D. 45-2-3 issu D. n° 2020-81, 3 févr. 2020).

2. Les conséquences du mandat de dépôt à effet différé

Les modalités d'exécution du mandat de dépôt à effet différé sont notamment précisées au C. pr. pén., art. D. 49-2-1 à D. 45-28 s'agissant de la phase de jugement, D. 48-2-3 à

D 48-2-8 s'agissant de la mise à exécution par le parquet, issus D. nº 2020-81, 3 févr. 2020.

Par combinaison des dispositions applicables, le mandat de dépôt à effet différé peut être assorti de l'**exécution provisoire** dans les cas suivants (sur les conditions du mandat de dépôt à l'audience, v. nº **18.11B**) :

– peine ⩾ 1 an prononcée hors comparution immédiate (C. pr. pén., art. 464-2 IV, 465 et D. 45-2-1-1 issu D. nº 2020-81, 3 févr. 2020) ;

– quelle que soit la durée de la peine prononcée, si les faits sont commis en récidive légale (C. pr. pén., art. 464-2 IV, 465-1 et D. 45-2-1-1 issu D. nº 2020-81, 3 févr. 2020) ;

– peine prononcée en comparution immédiate ou en comparution différée (C. pr. pén., art. 464-2 IV, 397-4 et D. 45-2-1-1 issu D. nº 2020-81, 3 févr. 2020).

En cas d'exécution provisoire, la peine pourra être mise à exécution nonobstant appel et le prévenu détenu doit comparaître devant la cour dans le délai prévu par C. pr. pén., art. 397-4 et 509-1 (v. nº **17.1B** et tableau **12.46F**). Précisons que dans le cas d'un mandat de dépôt à effet différé assorti de l'exécution provisoire les obligations de l'ARSE et de l'ARSEM « *demeurent applicables jusqu'à ce que la personne soit incarcérée, au plus tard avant l'expiration du délai d'appel de dix jours. La dépose du dispositif de surveillance électronique par le personnel de l'administration pénitentiaire intervient alors au moment de l'incarcération* », il en est de même pour le dispositif électronique mobile anti-rapprochement (C. pr. pén., art. D. 32-25-1, issu D. 2021-1820, 24 déc. 2021). « *Il en résulte qu'en pratique, il est nécessaire que la date d'incarcération fixée dans le mandat de dépôt soit inférieure à dix jours* » (Circ. Crim. 2022-04-E1, 28 févr. 2022, NOR : JUS D2206691C, nº 4).

En l'absence d'exécution provisoire, le mandat de dépôt à effet différé ne semble pas jouir d'un effet différent de celui de l'extrait pour écrou d'un jugement exécutoire.

Mais ce dispositif impose en toute hypothèse au ministère public de s'assurer, en lien avec l'administration pénitentiaire, de l'exécution sans discontinuité des peines d'emprisonnement fermes ⩾ 6 mois et ⩽ 1 an dont l'aménagement est rejeté par le tribunal. Il est ainsi le support d'une gestion régulée des incarcérations.

Sur l'articulation du mandat de dépôt à effet différé et des règles d'aménagement de la peine ferme, v. le tableau du nº **18.14**.

C. LA REMISE IMMÉDIATE D'UNE CONVOCATION DEVANT LE JAP POUR LES PEINES FERMES ⩽ 1 AN (2 ANS AVANT LE 24 MARS 2020) (C. PR. PÉN., ART. 474)

En cas de condamnation d'une personne **non incarcérée** à une peine d'emprisonnement ⩽ 1 an (2 ans avant le 24 mars 2020, L. nº 2019-222, 23 mars 2019) (ou pour laquelle la durée de détention restant à subir est ⩽ 1 an (⩽ 2 ans avant le 24 mars 2020), il doit être remis au condamné **présent à l'issue de l'audience** un avis de convocation à comparaître, dans un délai ⩽ 30 jours, devant le juge de l'application des peines en vue de déterminer les modalités d'exécution de la peine. Le condamné est également avisé qu'il est convoqué aux mêmes fins devant le Spip dans un délai ⩽ 45 jours (C. pr. pén., art. 474).

Ces dispositions sont exclues lorsque le tribunal a prononcé un mandat de dépôt à effet différé (V. **B** ci-dessus) (C. pr. pén., art. 474, mod. issue L. nº 2019-222, 23 mars 2019, applicable au 24 mars 2020).

L'avis précise que, sauf exercice par le condamné des voies de recours, la peine prononcée contre lui sera mise à exécution en établissement pénitentiaire s'il ne se présente pas, sans excuse légitime, devant le magistrat.

Ces dispositions sont également applicables en cas de peine ferme aménagée *ab initio* par la juridiction (sur l'aménagement *ab initio*, v. nº **18.13**) sous le régime de la semi-liberté, du placement extérieur ou du placement sous surveillance électronique (C. pr. pén., art. 474, L. nº 2004-896, 15 août 2014).

Sur l'articulation des règles d'aménagement de la peine ferme, v. le tableau du n° **18.14**.

D. La saisine du JAP par le procureur de la République pour la mise à exécution des peines aménageables (⩽ 1 an) (C. pr. pén., art. 708 et 723-15)

La peine d'emprisonnement ferme non assortie d'un placement ou d'un maintien en détention est mise à exécution à la requête du ministère public lorsqu'elle est définitive (sur le caractère définitif de la décision v. n° **18.4**) ou lorsqu'elle est exécutoire (C. pr. pén., art. 708). Une condamnation est exécutoire lorsqu'il n'a pas été interjeté appel des dispositions pénales dans les dix jours, du jugement s'il était contradictoire, ou de la signification s'il était contradictoire à signifier ; ou de la signification à la personne même du prévenu s'il était par défaut (sous réserve d'opposition).

Préalablement à la mise à exécution, à l'égard d'une **personne qui n'est pas déjà incarcérée**, ou qui exécute une peine sous le régime de la semi-liberté, du placement extérieur ou du placement sous surveillance électronique (C. pr. pén., art. 723-15, mod par L. n° 2004-896, 15 août 2014), d'une ou plusieurs peines ou reliquats de peines dont le total est ⩽ **1 an** (2 ans jusqu'au 24 mars 2020, L. n° 2019-222, 23 mars 2019) (la durée était également d'1 an avant L. n° 2009-1436, 24 nov. 2009) ~~ou de 1 an si la personne est en état de récidive légale~~ (abrogé par L. n° 2019-222, 23 mars 2019), le parquet doit communiquer les pièces utiles du dossier au JAP afin de déterminer les modalités d'exécution de la peine.

Ces dispositions sont exclues lorsque le tribunal a prononcé un mandat de dépôt différé (V. **B** ci-dessus) (C. pr. pén., art. 723-15, mod. issue L. n° 2019-222, 23 mars 2019, applicable au 24 mars 2020) (sur l'articulation des règles d'aménagement de la peine ferme, v. le tableau du n° **18.14**).

Sauf s'il a déjà été convoqué devant le JAP à l'issue de l'audience (v. **C** ci-dessus), le condamné est convoqué par ce dernier. Le JAP peut ordonner à l'issue de cet entretien l'aménagement ou la conversion de la peine ou saisir le Spip pour proposer les mesures propres à favoriser l'insertion sociale du condamné. Il peut ordonner le cas échéant, après débat contradictoire, le placement à l'extérieur, la semi-liberté, le fractionnement ou la suspension de la peine, le placement sous surveillance électronique. À défaut de décision dans les ~~4 mois~~ 6 mois (L. n° 2016-731, 3 juin 2016) de la communication de la décision au JAP, le parquet ramène la peine à exécution (C. pr. pén., art. 723-15-2).

Sauf motif légitime, si la personne ne se présente pas à la convocation, le JAP en informe le parquet qui ramène la peine à exécution en établissement pénitentiaire (C. pr. pén., art. 723-15-2).

Notons que « *pour apprécier la durée totale des peines d'emprisonnement prononcées ou restant à subir, la juridiction de l'application des peines se détermine en tenant compte de la situation du condamné à la date à laquelle elle statue* » (§ 10), en conséquence, lorsque la CHAP statue en appel contre une décision du JAP, elle doit tenir compte, pour apprécier si la peine est encore aménageable au stade de l'appel, des peines devenues exécutoires depuis la décision rendue en premier ressort, par hypothèse non concernées par la décision d'aménagement ni par l'appel (Crim. 16 févr. 2022, n° 21-84.992, P).

E. La mise à exécution d'office de la peine aménageable en cas d'urgence (C. pr. pén., art. 723-16)

Par dérogation au principe de la saisine préalable du JAP pour la mise à exécution des peines aménageables exposé en **D** ci-dessus, « *en cas d'urgence motivée soit par un risque de danger pour les personnes ou les biens établi par la survenance d'un fait nouveau, soit par l'incarcération de la personne dans le cadre d'une autre procédure, soit d'un "risque avéré de fuite du condamné" [L. n° 2009-1436, 24 nov. 2009], le ministère public peut mettre la peine à exécution en établissement pénitentiaire* », il en informe immédiatement le JAP s'il avait été destinataire de l'extrait de jugement (C. pr. pén., art. 723-16).

« tous les incidents contentieux relatifs à l'exécution des sentences pénales pour lesquels aucune autre procédure n'est prévue par la loi, tels que la contestation de la mise à exécution par le ministère public d'une peine d'emprisonnement, en application de C. pr. pén., art. 723-16, relèvent de C. pr. pén., art. 710 à 712 » (§ 13) (Crim. 23 mars 2022, n° 21-83.549, P).

Il en résulte que la personne ayant fait l'objet de la mise à exécution d'une peine par le parquet sur le fondement de C. pr. pén., art. 723-16 peut contester le bien fondé de cette décision en saisissant le tribunal correctionnel d'un incident contentieux sur le fondement de C. pr. pén., art. 710.

Au visa de cette jurisprudence constante, C. pr. pén., art. 723-16 est jugé conforme à la Constitution (Cons. const. 18 nov. 2022, n° 2022-1024 QPC, §§ 10 et 13).

F. Le droit à l'aménagement des courtes peines d'emprisonnement mises tardivement à exécution (C. pr. pén., art. 723-17 et 723-17-1)

Lorsqu'une ou plusieurs peines ou reliquats de peines dont le total est ⩽ 1 an (⩽ 2 ans avant le 24 mars 2020) n'ont pas été mises à exécution dans le **délai d'un an** à compter de la date à laquelle les condamnations sont devenues définitives, **le condamné peut saisir le JAP** en vue de faire l'objet d'une mesure de placement à l'extérieur, de semi-liberté, de fractionnement et suspension de peine, de placement sous surveillance électronique (devenu DDSE depuis le 24 mars 2020), même s'il s'est vu opposer un refus antérieur. Cette saisine suspend la possibilité pour le parquet de mettre la peine à exécution, sauf urgence motivée soit par un risque de danger pour les personnes ou les biens établi par la survenance d'un fait nouveau, soit par l'incarcération de la personne dans le cadre d'une autre procédure (C. pr. pén., art. 723-17).

Lorsque ces mêmes peines n'ont pas été mises à exécution dans le **délai de trois ans** à compter de la date à laquelle les condamnations sont devenues définitives, le **condamné est convoqué devant le JAP** pour déterminer les modalités d'exécution de sa peine. Cette convocation suspend la mise à exécution par le parquet (C. pr. pén., art. 723-17-1, L. n° 2014-896, 15 août 2014) « *l'hypothèse la plus fréquente sera celle où, dans ce délai de trois ans, la peine a fait l'objet d'un refus d'aménagement par le JAP (par jugement de rejet ou par simple retour de l'extrait pour écrou au parquet) sans que le parquet ne l'ai encore ramenée à exécution. Le parquet devra alors ressaisir le JAP sur le fondement des articles 723-15 et 723-17-1 du code de procédure pénale* » (Circ. Crim. 2014-17/E8, 26 sept. 2014, NOR : JUSD1422849C, n° 2.4.2).

Dans l'un et l'autre cas, les circonstances prévues à C. pr. pén., art. 723-16, permettent toutefois au procureur de la République de mettre à exécution la sanction (v. D ci-dessus).

18.13 L'aménagement de la peine privative de liberté par le tribunal ou par le JAP, semi-liberté, placement à l'extérieur, surveillance électronique, fractionnement de peine

A. L'obligation du tribunal d'aménager *ab initio* la peine d'emprisonnement ferme ⩽ 1 an (C. pén., art. 132-25, issu L. n° 2019-222, 2 mars 2019)

1. La portée de l'obligation d'aménagement *ab initio*

Depuis le 24 mars 2020, date à laquelle C. pén., art. 132-25 issu de L. n° 2019-222, 23 mars 2019 se substitue à l'ancienne rédaction du même article, le tribunal est tenu d'aménager, sous le régime de la détention à domicile sous surveillance électronique (DDSE, sur cette mesure, v. n° 18.14), de la semi-liberté ou du placement extérieur, les peines d'emprisonnement ferme ⩽ **1 an**, le cas échéant en motivant la mesure d'aménagement au regard de la personnalité et de la situation du condamné lorsque la peine d'emprisonnement ferme prononcée > 6 mois ⩽ 1 an (v. ci-dessous).

Ce dispositif se substitue aux règles antérieures décrites au 2 ci-dessous mais dont certains aspects sont maintenus, qui laissaient au tribunal la faculté d'ordonner *ab initio* l'aménagement des peines fermes ⩽ 2 ans (C. pén., art. 132-25 à 132-26-3).

Pour les faits commis avant le 24 mars 2020 mais jugés à partir de cette date, les dispositions anciennes survivent néanmoins dès lors que les dispositions nouvelles ont pour résultat de rendre plus sévères les peines prononcées en interdisant tout aménagement des peines d'emprisonnement sans sursis d'une durée comprise entre un et deux ans (C. pén., art. 112-2 3°, Crim. 20 oct. 2020, n° 19-84.754, P). En revanche, les dispositions relatives à l'aménagement des peines d'emprisonnement sans sursis supérieures à un mois et inférieures ou égales à un an, « *qui n'ont pas pour résultat de rendre plus sévères les peines prononcées, sont applicables au jugement des faits commis antérieurement à leur entrée en vigueur* » (Crim. 11 mai 2021, n° 20-85.576, P).

Les obligations du tribunal se déclinent depuis le 24 mars 2020 selon les deux hypothèses suivantes :

– **peine d'emprisonnement ferme ⩽ 6 mois**, ou peine mixte dont la partie ferme est ⩽ 6 mois ou peine dont le reliquat d'exécution après déduction de la détention provisoire est ⩽ 6 mois : le tribunal « *doit* » aménager **la totalité** de la peine « *sauf impossibilité résultant de la personnalité ou de la situation du condamné* » ;

– **peine d'emprisonnement ferme > 6 mois et ⩽ 1 an,** ou partie ferme de l'emprisonnement comprise dans les mêmes limites : le tribunal « *doit décider, si la personnalité et la situation du condamné le permettent, que la peine sera exécutée en tout ou partie* » sous une forme aménagée.

Autrement dit, « *La juridiction de jugement ne peut écarter l'aménagement que si elle constate que la situation ou la personnalité du condamné ne permettent pas son prononcé ou si elle relève une impossibilité matérielle de le faire* » (§ 40) « *Dans ce cas, elle doit motiver spécialement sa décision, de façon précise et circonstanciée, au regard des faits de l'espèce, de la personnalité et de la situation matérielle, familiale et sociale du condamné* » (§ 40) (Crim. 11 mai 2021, n° 20-85.576, P). À cet égard, la circonstance qu'aucune pièce du dossier ne permette d'évaluer « *la faisabilité technique* » d'une mesure d'aménagement ne suffit pas à établir l'impossibilité matérielle d'aménagement (Crim. 18 mars 2020, n° 18-85.542, P). De surcroît, **si le prévenu est comparant,** « *la juridiction doit l'interroger sur sa situation personnelle et, le cas échéant, peut ordonner un ajournement de la peine aux fins d'investigations sur sa personnalité ou sa situation* » (Crim. 11 mai 2021, n° 20-85.576, P ; v. aussi Crim. 9 avr. 2019, n° 18-83.874, P n° 70). Après avoir tenu une solution contraire en jugeant qu'une cour d'appel « *pouvait refuser l'aménagement de la peine à l'égard du prévenu non comparant qui n'avait fourni, ni fait fournir, à aucun des stades de la procédure, à la juridiction d'éléments sur sa personnalité et sa situation personnelle* » (Crim. 12 déc. 2017, n° 16-87.230, P n° 286), la Ch. crim. juge désormais que **si le prévenu est comparant,** « *la juridiction de jugement ne peut refuser d'aménager la peine en se fondant sur sa seule absence. Il lui appartient alors de rechercher, au vu des pièces de la procédure, si le principe d'un aménagement peut être ordonné* » (Crim. 11 mai 2021, n° 20-85.576, P).

Par hypothèse, quel que soit le quantum prononcé, le tribunal doit tout d'abord déterminer le reliquat de peine à exécuter après déduction de la **durée de la détention provisoire** (C. pr. pén., art. 716-4, sur l'imputation de la détention provisoire sur la peine ferme, v. n° **12.41G1**) ou de l'ARSE (C. pr. pén., art. 142-11, sur l'imputation de l'ARSE sur la peine ferme, v. n° **12.56A4**), afin d'apprécier s'il se situe dans l'un ou l'autre des deux cas ci-dessus décrits.

Ces dispositions figurant au C. pén., art. 132-25 sont complétées par C. pr. pén., art. 464-2, également applicable depuis le 24 mars 2020, qui prévoit que « *lorsque la durée totale de l'emprisonnement prononcé, y compris en tenant compte le cas échéant de la révocation du sursis* » (précision ne figurant pas au C. pén., art. 132-25), est ⩽ **1 an,** « *le tribunal doit* » :

1° « *soit ordonner que l'emprisonnement sera exécuté sous le régime de la DDSE, de la semi liberté ou du placement à l'extérieur, selon des modalités déterminées par le JAP* ». Cette hypothèse suppose que le tribunal dispose d'éléments lui permettant de déterminer la mesure d'aménagement la plus adaptée ;

2° soit, « *s'il ne dispose pas des éléments lui permettant de déterminer la mesure d'aménagement adaptée, ordonner que le condamné soit convoqué devant le JAP et le SPIP* » « *afin que puisse être prononcé une mesure* » d'aménagement. Cette hypothèse permet donc au tribunal, s'il estime que la personnalité et la situation du condamné ne sont pas incompatibles avec l'aménagement, de prononcer toutefois la peine ferme et de renvoyer au JAP la détermination de la mesure d'aménagement adaptée, étant précisé que « *le législateur a entendu limiter la saisine du juge de l'application des peines aux seuls cas où le tribunal ne s'oppose pas à l'aménagement de la peine mais ne dispose pas d'éléments suffisants pour en choisir le mode d'exécution* » (Crim. 11 mai 2021, n° 20-85.576, P). C. pr. pén., art. 464-2 2° n'impose pas au juge de motiver la décision par laquelle il ordonne l'aménagement de la peine dans son principe et laisse au JAP le choix de la mesure d'aménagement (Crim. 14 juin 2023, n° 21-87.352, P). Cette orientation semble proche mais toutefois distincte de celle par laquelle, en application de C. pr. pén., art. 474, une convocation devant le JAP est remise au condamné à l'issue de l'audience en « *vue de déterminer les modalités d'exécution de la peine* » (V. n° **18.12C**).

3° En sus des alternatives précédentes, si l'emprisonnement est **> 6 mois et ⩽ 1 an**, le tribunal peut également « *décerner un mandat de dépôt à effet différé, en ordonnant que le condamné soit convoqué dans un délai qui ne saurait excéder un mois devant le procureur de la République afin que ce dernier fixe la date à laquelle il sera incarcéré dans un établissement pénitentiaire ; le procureur de la République peut également donner connaissance au condamné de la date d'incarcération à l'issue de l'audience* ».

« *Le juge doit nécessairement prendre l'une des décisions énoncées au paragraphe précédent, à l'exclusion de toute autre.* » (Crim. 11 mai 2021, n° 20-85.576, P).

Les seuils précités de 6 mois ou 1 an d'emprisonnement prévus par C. pén., art. 132-19 et 132-25, ainsi que par C. pr. pén., art. 464-2, 474 et 723-15, s'apprécient en tenant compte, le cas échéant, de la **révocation totale ou partielle d'un sursis simple ou d'un sursis probatoire**, décidée par la juridiction de jugement et dont la durée s'ajoute, conformément aux C. pén., art. 132-38 et 132-50, à celle de la peine d'emprisonnement pouvant être exécutée, et de la **durée de la détention provisoire** qui s'impute sur la peine prononcée en application de C. pr. pén., art. 716-4 (sur l'imputation de la détention provisoire sur la peine ferme, v. n° **12.41G**) (C. pr. pén., art. D. 48-1-1, issu D. n° 2020-187, 3 mars 2020 ; « *dispositions applicables immédiatement, s'agissant d'une loi de procédure* » (§ 26) (Crim. 11 mai 2021, n° 20-85.576, P)). Si ce texte n'évoque pas l'**ARSE**, soulignons que sa durée s'impute sur la peine ferme comme la détention provisoire (C. pén., art. 132-11 et C. pr. pén., art. 716-4, sur l'imputation de l'ARSE sur la peine ferme, v. n° **12.56A4**).

La synthèse des obligations et possibilités d'aménagement en fonction des seuils de la peine est présentée au tableau n° **18.14**.

Rappelons que le tribunal peut également ajourner le prononcé de la peine et ordonner des investigations « *de nature à permettre le prononcé d'une peine adaptée* » et s'il y a lieu, dans l'attente du prononcé de la sanction, une mesure de sûreté : contrôle judiciaire, ARSE, ou détention si la personne comparaît détenue ou selon la procédure de comparution immédiate (C. pén., art. 132-70-1, mod. par L. n° 2019-222, 23 mars 2019) (sur l'ajournement du prononcé de la peine, v. n° **18.6B2**).

2. Les modalités de l'aménagement *ab initio* de la peine ferme sous le régime de la semi-liberté, du placement à l'extérieur ou de la DDSE (C. pén., art. 132-25)

Jusqu'au 24 mars 2020, lorsque la juridiction prononçait une peine ⩽ 2 ans, ou lorsque la partie ferme de la peine était ⩽ 2 ans, ou lorsqu'elle prononçait, pour une personne en récidive légale, une peine ⩽ 1 an (abrogé par L. n° 2019-222, 23 mars 2019, en vigueur le 24 mars 2020), elle pouvait décider de placer le condamné sous le régime de la semi-liberté, du placement à l'extérieur (C. pén., art. 132-25) ou du placement sous surveillance électronique (devenant DDSE à compter du 25 mars 2020, C. pén., art. 132-26-1), s'il justifiait d'une activité professionnelle, du suivi d'un enseignement ou d'une formation, de sa participation essentielle à la vie de sa famille ou de motifs médicaux, soit de l'existence d'efforts sérieux de réadaptation sociale résultant de son implication durable dans tout autre projet caractérisé d'insertion ou de réinsertion de nature à prévenir les risques de récidive (C. pén., art. 132-25, mod. par L. n° 2009-1436, 24 nov. 2009).

Comme il a été précisé au **A** ci-dessus, ces seuils ont été abaissés à 1 an par L. n° 2019-222, 23 mars 2019, en vigueur le 24 mars 2020, et la circonstance de récidive ne réduit pas le seuil de peine ferme ouvrant droit à aménagement.

Toutefois, les nouvelles dispositions sont considérées comme relevant de la catégorie des lois relatives au régime d'exécution et d'application des peines (C. pén., art. 112-2), en conséquence, pour les faits commis avant le 24 mars 2020, les dispositions anciennes survivent dès lors que les dispositions nouvelles ont pour résultat de rendre plus sévères les peines prononcées (Crim. 20 oct. 2020, n° 19-84.754, P). Il en résulte que pour des faits commis avant cette date mais jugés après, « *le juge qui prononce une peine d'emprisonnement > 1 an et ⩽ 2 ans doit se prononcer sur son éventuel aménagement au regard des dispositions issues de la loi du 23 mars 2019 relatives à l'aménagement des peines > 6 mois et ⩽ 1 an, seule la condition tenant au quantum de la peine aménageable restant régie par la loi ancienne* » (§ 26) (Crim. 11 mai 2021, n° 20-83.507, P).

Les conditions de motivation de l'aménagement, qui imposaient dans le droit antérieur au condamné de justifier des conditions requises, sont désormais remplacées par une obligation de principe d'aménager la peine pesant sur la juridiction, dans les limites de « *la personnalité ou de la situation du condamné* » (C. pén., art. 132-25 réd. issue de L. n° 2019-222, 23 mars 2019, v. **A** ci-dessus).

Ces différentes orientations constituent l'aménagement *ab initio* de la peine ferme. S'il appartenait dans le droit antérieur au juge de déterminer la mesure de son choix, sans reporter cette responsabilité sur le Jap qui n'était compétent que pour en définir les modalités d'application (Crim. 20 avr. 2017, n° 16-80.091, P n° 110), il peut désormais prononcer la peine ferme et ordonner la convocation devant le JAP s'il ne dispose pas « *des éléments lui permettant de déterminer la mesure d'aménagement adaptée* » (C. pr. pén., art. 464-2 I 2°, L. n° 2019-222, 23 mars 2019, en vigueur depuis le 24 mars 2020).

En conséquence, « *si la peine d'emprisonnement ferme est supérieure à un an et inférieure ou égale à deux ans au sens de l'article D. 48-1-1 du code de procédure pénale, et à deux ans lorsque les faits ont été commis avant le 24 mars 2020 (Crim. 20 oct. 2020, n° 19-84.754, P), son aménagement est le principe et le juge ne peut l'écarter que s'il constate que la situation ou la personnalité du condamné ne permettent pas son prononcé ou s'il relève une impossibilité matérielle de le faire. Dans ce cas, le juge doit motiver spécialement sa décision, de façon précise et circonstanciée, au regard des faits de l'espèce, de la personnalité et de la situation matérielle, familiale et sociale du condamné* » (§ 6) ; la juridiction ne peut toutefois se borner à ordonner la convocation devant le JAP « *pour un éventuel aménagement* » car « *il lui appart[ient], d'une part, de l'ordonner explicitement, dans son principe, et, d'autre part, soit de déterminer la forme de cet aménagement si elle obt[ient] les éléments d'appréciation nécessaires à cette fin, en interrogeant le prévenu présent à l'audience, soit, dans le cas inverse, d'ordonner sa convocation devant le JAP pour qu'il en règle les modalités conformément aux dispositions de C. pr. pén., art. 464-2, I, 1° et 2°* » précité (§ 12) (Crim. 6 avr. 2022, n° 21-83.457, P ; dans le même sens : Crim. 22 févr. 2023, n° 21-87.140 D (§ 12) ; Crim. 22 févr. 2023, n° 20-86.691, D (§ 15)) ; Crim. 8 févr. 2023, n° 22-83.080, D (§ 11) ; Crim. 18 janv. 2023, n° 21-82.980, D (§ 10°) ; Crim. 12 oct. 2022, n° 21-85.604, D (§ 9) ; Crim. 28 juin 2022, n° 21-82.981, D (§ 7)). En revanche, C. pr. pén., art. 464-2 2° n'impose pas au juge de motiver la décision par laquelle il ordonne l'aménagement de la peine dans son principe et laisse au JAP le choix de la mesure d'aménagement (Crim. 14 juin 2023, n° 21-87.352, P).

La décision de placement sous **surveillance électronique** ne pouvait être prise qu'avec l'accord du prévenu préalablement informé qu'il pouvait, avant de donner son accord, être assisté par son avocat, le cas échéant désigné d'office par le bâtonnier à sa demande (C. pén., art. 132-26-1 abrogé à compter du 24 mars 2020 par L. n° 2019-222, 23 mars 2019).

La condition du consentement préalable est supprimée depuis le 24 mars 2020 pour la **DDSE** qui se substitue au placement sous surveillance électronique (sur cette mesure, v. n° **18.14**), mais le condamné, à compter de cette date, « *est avisé que l'installation sur sa personne du dispositif* [de surveillance électronique] *ne peut être réalisée sans son consentement, mais que le fait de refuser son installation constitue une violation des obligations qui lui incombent et peut donner lieu à la mise à exécution de l'emprisonnement .../... ou au retrait de la mesure d'aménagement...* » (C. pr. pén., art. 723-8, réd. L. n° 2019-222, 23 mars 2019, applicable le 24 mars 2020).

S'il s'agissait d'un **mineur non émancipé**, cette décision ne pouvait être prise qu'avec l'accord des titulaires de l'autorité parentale (C. pén., art. 132-26-1 abrogé à compter du 24 mars 2020 par L. n° 2019-222, 23 mars 2019). Cette condition ne paraît explicitement subsister que pour la peine de DDSE prononcée à titre principal, et non pour la DDSE prononcée à titre d'aménagement de la peine ferme (CJPM, art. L. 122-6), mais la lecture combinée de CJPM, art. L. 122-6, L. 123-1 et de C. pén., art. 132-26 renvoyant à 131-4-1 permet d'asseoir une interprétation contraire.

La juridiction de jugement peut en outre soumettre le condamné admis au bénéfice de la semi-liberté, du placement à l'extérieur ou sous surveillance électronique aux **mesures générales ou spéciales** (décrites au n° **18.25**) prévues pour le sursis probatoire (anc^t sursis avec mise à l'épreuve) (C. pén., art. 132-26 et 132-26-3, 132-44 et 132-45). Ces modalités sont restées inchangées depuis le 24 mars 2020 (C. pén., art. 132-26, réd. issue L. n° 2019-222, 23 mars 2019, applicable au 24 mars 2020).

Certaines de ces mesures sont inscrites au **FPR** (v. n° **13.17B5**).

Ces aménagements peuvent être assortis de l'**exécution provisoire** (C. pr. pén., art. 471 et 707-5). Ils peuvent donc accompagner une peine assortie d'un **maintien en détention** ou d'un **mandat de dépôt** et dans ce cas le JAP doit statuer dans les 5 jours sur les modalités d'exécution de la mesure d'aménagement (C. pr. pén., art. 723-2 et 723-7-1, v. **C** ci-dessous). Le ministère public dispose d'un droit d'appel suspensif de la décision d'aménagement, qui doit être interjeté dans les 24 h (C. pr. pén., art. 707-5 et 712-14). Précisons que le maintien en détention ou le mandat de dépôt est exclu lorsque le tribunal aménage en totalité, même sous la forme de la DDSE, une peine d'emprisonnement ferme en application de C. pén., art. 132-19 et 132-25 (Crim. 14 avr. 2021, n° 21-80.829, P).

B. L'aménagement par le JAP de la peine ferme ⩽ 2 ans ou l'aménagement probatoire dans le cadre d'une libération conditionnelle

La semi-liberté, le placement à l'extérieur ou le placement sous surveillance électronique (devenu DDSE le 24 mars 2020, v. n° **18.15**) peuvent aussi être accordés par décision motivée prise après débat contradictoire par le Jap pour les mêmes motifs dans deux hypothèses :

• reliquat de peine à subir ⩽ 2 ans (seuil inchangé par L. n° 2019-222, 23 mars 2019, à l'exception du seuil désormais supprimé qui était réduit à 1 an en cas de récidive) (C. pr. pén., art. 723-1, al. 1 et 723-7) ;

• à titre probatoire, dans le cadre d'une libération conditionnelle et pour une durée ⩽ 1 an (C. pr. pén., art. 723-1, al. 2 et 723-7). Précisons que la libération conditionnelle peut être accordée à mi-peine, cette durée étant calculée après déduction des réductions de peines, selon les précisions apportées au n° **18.10H** (C. pr. pén., art. 729).

C. Les obligations imposées au condamné en semi-liberté, placé à l'extérieur ou sous surveillance électronique (C. pén., art. 132-26)

1. La fixation des modalités de la mesure par le JAP

La fixation des modalités d'exécution de la mesure d'aménagement *ab initio* choisies par le tribunal relèvent de la compétence exclusive du Jap (C. pén., art. 132-26 et 132-26-2, devenu 132-26 depuis le 24 mars 2020). Ces modalités sont fixées dans un délai de 4 mois de la date à laquelle la condamnation est exécutoire, ou de 5 jours en cas de mandat de dépôt ou de maintien en détention si le tribunal a déclaré sa décision d'aménagement exécutoire par provision (C. pr. pén., art. 723-2 et 723-7-1).

La mesure emporte pour le condamné l'obligation de répondre aux convocations de toute autorité publique désignée par le JAP (C. pén., art. 132-26, réd. issue L. n° 2019-222, 23 mars 2019).

2. Les obligations résultant de la semi-liberté

Le condamné placé en **semi-liberté** par le tribunal est astreint, selon des modalités ultérieurement fixées par le juge de l'application des peines (C. pr. pén., art. D. 137) à respecter les conditions de bonne tenue et d'assiduité au travail, à l'activité ou au traitement médical, et à rejoindre l'établissement pénitentiaire en fonction de ses activités (C. pén., art. 132-26). Des conditions particulières peuvent lui être imposées, telles l'interdiction de porter ou détenir une arme, de paraître dans certains lieux, d'entrer en relation avec coauteurs, complices ou victimes, de conduire des véhicules nécessitant un permis, l'obligation de suivre des soins, de contribuer aux charges familiales, d'indemniser la victime, d'acquitter l'amende (C. pr. pén., art. D. 138 et D. 536).

Les conditions générales et particulières accompagnant ces mesures sont empruntées à celles prévues à C. pr. pén., art. 132-44 et 132-45 pour le sursis avec mise à l'épreuve (C. pén., art. 132-26, v. n° **18.25**). Certaines d'entre elles sont inscrites au FPR (V. n° **13.17B5**).

3. Les obligations résultant du placement à l'extérieur

Le condamné admis au bénéfice du **placement à l'extérieur** est astreint, sous le contrôle de l'administration, à effectuer des activités ou à faire l'objet d'une prise en charge sanitaire en dehors de l'établissement pénitentiaire (C. pr. pén., art. 723 ; C. pén., art. 132-26). Les structures qui accueillent et accompagnent les personnes faisant l'objet d'un placement extérieur sont agréées par l'État (C. pr. pén., art. 723-6-1).

4. Les obligations résultant de la DDSE

Le **placement sous surveillance électronique** (devenu DDSE le 24 mars 2020, v. n° **18.15**) prononcé à titre d'aménagement de peine emporte interdiction pour le condamné, selon les modalités fixées par le JAP, de s'absenter de son domicile ou de lieux, selon les périodes qu'il précise eu égard à la profession, à l'enseignement ou à la formation suivis ou à tout projet d'insertion ou de réinsertion, à la participation à la vie de famille, à un traitement médical (C. pén., art. 132-26-2, devenu 132-26 et 131-4-1 depuis le 24 mars 2020 ; C. pr. pén., art. 723-7 s.).

D. La révocation de la semi-liberté, du placement à l'extérieur ou sous surveillance électronique

Les conditions et modalités qui suivent n'ont pas été modifiées par L. n° 2019-222, 23 mars 2019.

La semi-liberté peut être révoquée par le Jap, si ses conditions ne sont plus remplies ou si le condamné ne respecte pas les obligations mises à sa charge, dont celle de bonne conduite (C. pr. pén., art. 723-2).

Il en est de même pour le placement extérieur (*ibid.*).

Le placement sous surveillance électronique est révoqué par le JAP si les conditions n'en sont plus remplies ou en cas d'inconduite, ou remplacé par une mesure de semi-liberté ou de placement à l'extérieur (C. pr. pén., art. 723-7-1 et 723-13).

La soustraction au contrôle auquel se trouve soumis le condamné en semi-liberté, sous surveillance électronique ou placé à l'extérieur ou le défaut de réintégration de l'établissement pénitentiaire caractérise également le délit d'évasion prévu par C. pén., art. 434-29 (v. n° **25.60**).

E. Le fractionnement ou la suspension sur une durée ⩽ 3 ans de la peine d'emprisonnement ferme ⩽ 1 an (C. pén., art. 132-27)

Pour un motif (« ~~grave~~ », abrogé par L. nº 2009-1436, 24 nov. 2009) d'ordre médical, familial, professionnel ou social, le tribunal peut décider que la peine d'emprisonnement ferme, si elle est ⩽ 2 ans (L. nº 2009-1436, 24 nov. 2009, auparavant : 1 an), sera exécutée, sur une durée ⩽ 4 ans (L. nº 2009-1436, 24 nov. 2009, auparavant : 3 ans), par fractions non inférieures à deux jours (C. pén., art. 132-27). Le JAP est compétent pour modifier, par décision motivée prise après débat contradictoire, le fractionnement de peine autorisé par le tribunal, notamment si le condamné fait preuve de mauvaise conduite (C. pr. pén., art. 720-1, D. 117-2). Dans les mêmes conditions et formes, le JAP peut non seulement accorder et retirer un fractionnement, mais aussi **suspendre** l'exécution de la peine (C. pr. pén., art. 720-1).

Le JAP peut également soumettre le condamné aux obligations ou interdictions applicables au sursis probatoire prévues au C. pén., art. 132-44 et 132-45 (C. pr. pén., art. 720-1) (v. nº **18.25**). Certaines d'entre elles sont inscrites au FPR (V. nº **13.17B5**).

En cas d'inobservation des obligations qui incombent au condamné, le JAP peut, par ordonnance motivée, révoquer la mesure de fractionnement ou de suspension de peine. Il statue sur la révocation par débat contradictoire (C. pr. pén., art. 712-6), dans les 15 jours d'une éventuelle décision d'**incarcération provisoire** prise après avis du parquet (C. pr. pén., art. 712-19), son curateur ou son tuteur le cas échéant avisé si la personne fait l'objet d'une mesure de protection juridique (C. pr. pén., art. 712-16-3, issu L. nº 2020-1672, 24 déc. 2020, tirant par anticipation les conséquences de Cons. const. 12 févr. 2021, nº 2020-884 QPC).

18.14 Tableau des seuils de la peine ferme et des obligations ou possibilités d'aménagement (depuis le 24 mars 2020)

Le tableau ci-dessous se limite aux dispositions issues de la L. nº 2019-222, 23 mars 2019 applicables depuis le 24 mars 2020.

Il résume les règles, par ailleurs détaillées aux nºs **18.7A**, **18.11B**, **18.12** et **18.13** régissant les obligations de motivation et d'aménagement qui s'imposent au tribunal en fonction du seuil de la peine prononcée, ainsi que le circuit de traitement de la peine aménagée ou non.

Les seuils de durée de la peine ferme s'entendent de « *la durée totale de l'emprisonnement ferme prononcé, y compris en tenant compte le cas échéant de la révocation de sursis* » (C. pr. pén., art. 464-2 I, 464-2 II et D. 48-1-1). Ce qui signifie, d'une part, qu'en cas de peine d'emprisonnement mixte (peine assortie en partie d'un sursis simple ou d'un sursis probatoire), seule la partie ferme de la peine est prise en compte, d'autre part, que les sursis simples ou probatoires révoqués constituent des peines d'emprisonnement ferme soumises à l'obligation d'aménagement et qu'ils s'additionnent à la peine révocante pour déterminer le seuil applicable.

Ces seuils s'apprécient également après déduction de la durée de la **détention provisoire** (C. pr. pén., art. D. 48-1-1) (sur l'imputation de la détention provisoire sur la peine ferme, C. pr. pén., art. 716-4, v. nº **12.41G** et sur l'assimilation de l'**ARSE** à la détention provisoire, C. pén., art. 132-11 et C. pr. pén., art. 716-4, v. nº **12.56A4**

Tableau 47 : Seuils de la peine ferme et des obligations ou possibilités d'aménagement

Seuils	Obligations ou possibilités d'aménagement
⩽ 1 mois	• Prohibition de la peine ferme ⩽ 1 mois (C. pén., art. 132-19, v. n° **18.7A1**).
	• La révocation du sursis ⩽ 1 mois n'est pas prohibée (v. n° **18.21B**), mais cette peine révoquée est soumise à l'obligation d'aménagement selon les seuils ci-dessous.
	• La DDSE prononcée à titre principal, dont le minimum est de 15 jours, est susceptible d'un emprisonnement en cas d'inexécution (C. pén., art. 131-4-1 et C. pr. pén., art. 713-44, v. n° **18.14D5**)
Seuils	**Obligations ou possibilités d'aménagement**
> 1 mois et **⩽ 6 mois**	• Obligation d'aménagement de la « *totalité* » de la peine par le tribunal « *sauf impossibilité résultant de la personnalité ou de la situation du condamné* » (C. pén., art. 132-19 et 132-25, v. n° **18.7A2** et **18.13A**).
	• Le tribunal doit « *justifier les raisons* » « *pour lesquelles il considère que cette peine ne peut être aménagée* » (C. pén., art. 132-19 renvoyant à C. pr. pén., art. 464-2, v. n° **18.7A3**).
	• Il peut prononcer la peine ferme et ordonner la convocation devant le JAP s'il ne dispose pas « *des éléments lui permettant de déterminer la mesure d'aménagement adaptée* » (incompatible avec le mandat de dépôt ou le mandat de dépôt différé) (C. pr. pén., art. 464-2 I 2°, v. n° **18.13A**)
	• Mandat de dépôt différé obligatoire si la peine est **= 6 mois** en cas de refus d'aménagement (C. pr. pén., art. 464-2 I 3°, v. n° **18.12B**), dans ce cas pas de convocation devant le JAP (C. pr. pén., art. 474, v. n° **18.12C**) ni de saisine du JAP par le parquet (C. pr. pén., art. 723-15, v. n° **18.1218.12D**)
	• ou mandat de dépôt ou d'arrêt obligatoire en cas de refus d'aménagement, si les conditions propres à ces mesures sont réunies (état de récidive, comparution immédiate ou comparution différée) (C. pr. pén., art. 464-2 I 4°, v. n° **18.11B**)
	• Possibilité d'aménagement par le JAP de la peine < 6 mois non aménagée par le tribunal et remise immédiate au condamné présent à l'audience d'une convocation devant le JAP à cette fin (C. pr. pén., art. 474, v. n° **18.12C**)
	• Obligation pour le parquet de saisir le JAP aux fins d'aménagement avant la mise à exécution de la peine ⩽ 6 mois non aménagée par le tribunal, sauf en cas de mandat de dépôt différé (C. pr. pén., art. 723-15, v. n° **18.1218.12D**)
	• Possibilité pour le JAP de conversion de la peine ferme non aménagée en DDSE, Tig, jours amende ou sursis probatoire renforcé (C. pr. pén., art. 747-1, v. n° **18.29B**)
	• Possibilité d'aménagement par le JAP si le condamné est détenu (C. pr. pén., art. 723-1 et 723-7, v. n° **18.7C4**)
Seuils	**Obligations ou possibilités d'aménagement**
> 6 mois et **⩽ 1 an**	• Obligation d'aménagement de « *tout ou partie* » de la peine par le tribunal « *si la personnalité et la situation du condamné le permettent, et sauf impossibilité matérielle* » (C. pén., art. 132-19 et 132-25, v. n° **18.7A2** et **18.13A**).
	• Le tribunal doit « *justifier les raisons* » « *pour lesquelles il considère que cette peine ne peut être aménagée* » (C. pén., art. 132-19 renvoyant à C. pr. pén., art. 464-2, v. n° **18.7A3**).
	• Il peut prononcer la peine ferme et ordonner la convocation devant le JAP s'il ne dispose pas « *des éléments lui permettant de déterminer la mesure d'aménagement adaptée* » (incompatible avec le mandat de dépôt ou le mandat de dépôt différé) (C. pr. pén., art. 464-2 I 2°, v. n° **18.13A**)

	• Mandat de dépôt différé obligatoire en cas d'absence d'aménagement (C. pr. pén., art. 464-2 I 3°, v. n° **18.12B**), dans ce cas pas de convocation devant le JAP (C. pr. pén., art. 474, v. n° **18.12C**) ni de saisine du JAP par le parquet (C. pr. pén., art. 723-15, v. n° **18.1218.12D**)
	• ou mandat de dépôt ou d'arrêt obligatoire en cas de refus d'aménagement, si les conditions propres à ces mesures sont réunies (peine = 1 an, état de récidive, comparution immédiate ou comparution différée) (C. pr. pén., art. 464-2 I 4°, v. n° **18.11B**)
	• Obligation pour le parquet de saisir le JAP aux fins d'aménagement avant la mise à exécution de la peine $\leqslant$ 1 an non aménagée par le tribunal, sauf en cas de mandat de dépôt différé (C. pr. pén., art. 723-15, v. n° **18.1218.12D**)
	• Impossibilité de conversion de la peine ferme par le JAP (C. pr. pén., art. 747-1, v. n° **18.29B**)
	• Possibilité d'aménagement par le JAP si le condamné est détenu (C. pr. pén., art. 723-1 et 723-7, v. n° **18.7C4**), sans préjudice des autres dispositifs d'individualisation de la peine ferme que constituent la libération conditionnelle à mi-peine (C. pr. pén., art. 729, v. n° **18.10H**) et la libération sous contrainte au 2/3 de la peine $\leqslant$ 5 ans (C. pr. pén., art. 720, v. n° **18.10I**)

Seuils	Obligations ou possibilités d'aménagement
> 1 an	• Impossibilité d'aménagement par le tribunal (C. pén., art. 132-19 et 132-25, v. n° **18.7A2** et **18.13A**), sauf pour les peines $\leqslant$ 2 ans prononcées pour les faits commis avant le 24 mars 2020, qui restent régies, pour l'appréciation du quantum aménageable, par la loi ancienne (Crim. 11 mai 2021, n° 20-83.507, P, v. n° **18.132**) • Mandat de dépôt différé possible (C. pr. pén., art. 464-2 III, v. n° **18.12B**) • Mandat de dépôt ou d'arrêt possible, si les conditions sont réunies (peine > 1 an, état de récidive, comparution immédiate ou comparution différée) (C. pr. pén., art. 397-4, 464-1, 465, 465-1, v. n° **18.11B**) • Exclusion de la convocation devant le JAP aux fins d'aménagement (C. pr. pén., art. 474, v. n° **18.12C**) • Le parquet met à exécution la peine du condamné libre sans saisine préalable du JAP (C. pr. pén., art. 723-15, v. n° **18.1218.12D**) • Impossibilité de conversion de la peine ferme par le JAP (C. pr. pén., art. 747-1, v. n° **18.29B**) • Le JAP peut aménager la peine du condamné incarcéré pour une ou plusieurs peines dont le total est $\leqslant$ 2 ans ou pour un reliquat de peine de même durée (C. pr. pén., art. 723-1 et 723-7, v. n° **18.7C4**), sans préjudice des autres dispositifs d'individualisation de la peine ferme que constituent la libération conditionnelle à mi-peine (C. pr. pén., art. 729, v. n° **18.10H**) et la libération sous contrainte au 2/3 de la peine $\leqslant$ 5 ans (C. pr. pén., art. 720, v. n° **18.10I**)

18.15 La détention à domicile sous surveillance électronique (C. pén., art. 131-4-1, L. n° 2019-222, 23 mars 2019, en vigueur le 24 mars 2020)

A. L'application dans le temps de la mesure de détention à domicile sous surveillance électronique

La peine de détention à domicile sous surveillance électronique (DDSE), créée par L. n° 2019-222, 23 mars 2019 (C. pén., art. 131-4-1), s'inscrit dans l'échelle des peines correctionnelles fixée au C. pén., art. 131-3. Elle est applicable aux faits commis depuis le 24 mars 2020.

À compter de cette même date, dans tous les textes de nature législative, « *les références au placement sous surveillance électronique sont remplacées par les références à la détention à domicile sous surveillance électronique, sauf lorsqu'il est fait mention du placement sous surveillance électronique mobile* » (L. n° 2019-222, 23 mars 2019, art. 74-X).

Il en résulte qu'à son entrée en vigueur le 24 mars 2020, la DDSE se présente sous trois aspects.

En premier lieu, la détention à domicile sous surveillance électronique prononcée par la juridiction dans les conditions prévues par C. pén., art. 131-3 et 131-4-1 (peine ⩽ 6 mois), ci-après examinées, ne constitue pas une modalité d'aménagement de la peine d'emprisonnement ferme ni un emprisonnement mais une **peine autonome**. Son prononcé n'autorise donc pas la révocation des peines d'emprisonnement avec sursis antérieurs (C. pr. pén., art. 132-36, v. n° **18.21B1**). Elle n'interdit pas le prononcé ultérieur d'un emprisonnement avec sursis simple (C. pr. pén., art. 132-30, v. n° **18.19B1**). Dans le silence des textes, une mesure d'ARSE ne s'impute pas sur la DDSE peine autonome (v. n° **12.56A4**).

En deuxième lieu, la DDSE, qui se substitue au régime du placement sous surveillance électronique (PSE) du condamné auparavant institué à titre d'aménagement *ab initio* de la peine ferme (C. pén., art. 132-25, dans sa rédaction abrogée le 24 mars 2020, sur l'aménagement *ab initio*, v. n° **18.13**), **doit** désormais (à compter du 25 mars 2020) être obligatoirement prononcée par le tribunal (en concurrence avec la semi-liberté et le placement extérieur) à titre **d'aménagement de la peine d'emprisonnement ferme,** sauf impossibilité lorsque la peine est ⩽ 6 mois, et si la personnalité et la situation du condamné le permettent lorsqu'elle est > 6 mois et ⩽ 1 an (C. pr. pén., art. 132-25, réd. issue L. n° 2019-222, 23 mars 2019, applicable au 24 mars 2020) (V. n° **18.13A**). à la différence de la DDSE peine autonome, la mesure d'ARSE s'impute sur la durée de la peine d'emprisonnement ferme aménagée en DDSE (C. pr. pén., art. 142-11 et 716-4, v. n° **12.56A4**).

En troisième lieu, la DDSE, se substituant au PSE, reste une modalité d'aménagement de la peine ou du reliquat de peine ferme à subir ⩽ 2 ans relevant des pouvoirs du JAP, ou une modalité probatoire d'une durée ⩽ 1 an précédant la libération conditionnelle (C. pr. pén., art. 723-7), ainsi qu'une modalité de la libération sous contrainte (C. pr. pén., art. 720, v. n° **18.10I**).

Dans tous les cas, le prononcé de la DDSE n'est pas subordonné à l'accord préalable de la personne. Si cette dernière peut refuser l'installation de l'appareil sur sa personne au stade de l'exécution, ce refus constitue une violation des obligations qui lui incombent (v. D ci-dessous).

B. Les conditions et les modalités de prononcé de la peine de détention à domicile sous surveillance électronique

1. Les conditions communes aux deux modalités de la DDSE

Par hypothèse, la DDSE impose, en premier lieu, que le juge ait l'assurance, avant son prononcé, d'un domicile ou de tout autre lieu dans lequel la personne sera assignée à résider munie d'un dispositif électronique permettant de veiller au respect de cette obligation. En second lieu, elle nécessite la connaissance des périodes, en particulier des plages horaires, dans lesquelles le condamné sera autorisé à s'absenter de son domicile pour le temps nécessaire à sa vie sociale et familiale.

2. La DDSE prononcée à titre de peine autonome (C. pén., art. 131-4-1)

Prononcée « *à la place de l'emprisonnement* », la **peine autonome** de détention à domicile sous surveillance électronique (DDSE) est applicable à tout délit puni d'emprisonnement (C. pén., art. 131-4-1).

Sa durée est ⩾ **15 jours et** ⩽ **6 mois,** sans pouvoir excéder la durée de l'emprisonnement encouru (C. pén., art. 131-4-1).

Elle est également applicable au **mineur > 13 ans.** Elle obéit alors aux conditions prévues par C. pén., art. 131-4-1 (peine punie d'emprisonnement, durée minimale de

15 jours et maximale de 6 mois) mais ne peut être « *supérieure à la moitié de la peine encourue* ». En outre, elle « *ne peut être prononcée sans l'accord des titulaires de l'autorité parentale, sauf carence de ces derniers ou impossibilité de donner leur consentement* » (Ord. n° 45-174, 2 févr. 1945, art. 20-2-1 devenu CJPM, art. L. 122-6).

Prononcée à titre de peine, la DDSE peut être assortie de **l'exécution provisoire** par application de C. pr. pén., art. 471, selon les éclaircissements apportés par L. n° 2019-1480, 28 déc. 2019. L'exécution provisoire est également applicable pour le mineur (Ord. n° 45-174, 2 févr. 1945, art. 22 devenu CJPM, art. L. 123-2). Précisons que lorsque la peine de DDSE est assortie de l'exécution provisoire les obligations de l'ARSE et de l'ARSEM « *demeurent applicables jusqu'à ce que la peine soit effective, au plus tard avant l'expiration du délai d'appel de dix jours* », il en est de même pour le dispositif électronique mobile anti-rapprochement (C. pr. pén., art. D. 32-25-1, issu D. 2021-1820, 24 déc. 2021).

Les modalités d'exécution de la peine sont précisées au C. pr. pén., art. D. 49-82 s., issus D. n° 2020-81, 3 févr. 2020, renvoyant pour une grande part au régime, fixé au C. pr. pén., art. R. 57-10 s., de la DDSE prononcée à titre d'aménagement de la peine ferme, dont la dénomination se substitue à celle du placement sous surveillance électronique.

3. La DDSE prononcée à titre d'aménagement de la peine ferme (C. pén., art. 132-25, C. pr. pén., art. 723-7)

Prononcée à titre d'**aménagement de la peine ferme**, la durée de la DDSE épouse la durée de la peine aménageable, soit une durée ⩽ 1 an lorsqu'elle prononcée *ab initio* en aménagement de peine par la juridiction (C. pén., art. 132-25, v. n° **18.13A** et tableau n° **18.14**), ou ⩽ 2 ans lorsque l'aménagement est décidé par le JAP (C. pr. pén., art. 723-7).

Lorsqu'elle est prononcée à titre d'aménagement de la peine ferme, d'une part, cette dernière peut faire l'objet d'un mandat de dépôt dans les conditions applicables (v. n° **18.11**), d'autre part, la mesure d'aménagement *ab initio* sous la forme d'une DDSE peut également être assortie de l'exécution provisoire (C. pr. pén., art. 471 et 707-5, v. n° **18.13A**). Dans ce dernier cas, les obligations de l'ARSE et de l'ARSEM « *demeurent applicables jusqu'à ce que la peine soit effective, au plus tard avant l'expiration du délai d'appel de dix jours* », il en est de même pour le dispositif électronique mobile anti-rapprochement (C. pr. pén., art. D. 32-25-1, issu D. 2021-1820, 24 déc. 2021).

Les modalités d'exécution de la DDSE prononcée à titre d'aménagement de la peine ferme, dont la dénomination se substitue au placement sous surveillance électronique dont elle continue le régime, sont fixées au C. pr. pén., art. R. 57-10 s.

C. Les obligations mises à la charge du condamné

La DDSE « *emporte pour le condamné l'obligation de demeurer dans son domicile ou tout autre lieu désigné par la juridiction ou le JAP et le port d'un dispositif intégrant un émetteur permettant de vérifier le respect de cette première obligation* » (C. pén., art. 131-4-1 et 132-26 renvoyant à cet article).

La juridiction ou le JAP détermine les périodes durant lesquelles le condamné sera autorisé à s'absenter de son domicile pour l'activité professionnelle, l'enseignement ou la formation, la recherche d'emploi ou tout projet d'insertion, ainsi que la vie de famille (C. pén., art. 131-4-1).

En outre, la juridiction de jugement peut soumettre le condamné aux mesures de contrôle (C. pén., art. 132-44, v. n° **18.25B**) ainsi qu'aux obligations particulières (C. pén., art. 132-45, v. n° **18.25C**) applicables dans le cadre du sursis probatoire (anc[t] sursis avec mise à l'épreuve) (C. pén., art. 132-26, dernier al., qui par sa généralité, paraît applicable aussi bien à la DDSE prononcée à titre de peine initiale qu'à celle prononcée en aménagement de la peine ferme).

Enfin, la juridiction peut décider que le condamné bénéficiera de mesures d'aide, mises en œuvre par le service de probation, pour le seconder dans son reclassement social (C. pén., art. 131-4-1, 132-26, dernier al., 132-43 et 132-46). À la différence du sursis probatoire, dans le cadre duquel le condamné bénéficie de plein droit des mêmes mesures (C. pén., art. 132-43 et 132-46).

S'agissant du mineur, la peine « *doit être assortie d'une mesure éducative confiée à la protection judiciaire de la jeunesse* » (Ord. n° 45-174, 2 févr. 1945, art. 20-2-1 devenu CJPM, art. L. 122-6).

D. L'exécution de la mesure de détention à domicile sous surveillance électronique

1. La mise en place de la mesure et son contrôle par l'administration pénitentiaire et les services de police

L'exécution de la mesure est assurée au moyen d'un procédé homologué permettant de détecter à distance la présence ou l'absence du condamné au lieu fixé par le tribunal (C. pr. pén., art. 713-42 et 723-8).

Le condamné est avisé que l'installation sur sa personne du dispositif « *ne peut être réalisée sans son consentement, mais que le fait de refuser cette installation constitue une violation des obligations qui lui incombent et peut donner lieu à la mise à exécution de l'emprisonnement* » (C. pr. pén., art. 713-42 et 723-8).

Le contrôle à distance de la surveillance électronique est assuré par des fonctionnaires de l'administration pénitentiaire. Ces derniers peuvent, dans les périodes d'assignation au domicile, s'y rendre et demander à rencontrer la personne mais ne peuvent toutefois y pénétrer sans son accord (C. pr. pén., art. 713-42 et 723-9).

Les fonctionnaires de police peuvent également constater l'absence irrégulière du condamné et en faire rapport au JAP (C. pr. pén., art. 713-42 et 723-9). À cet égard, mentionnons que les obligations ou interdictions résultant de la DDSE sont inscrites au FPR (C. pr. pén., art. 230-19 8°, v. n° **13.17B5**).

Les modalités de mise en œuvre du dispositif de surveillance électronique sont précisées au C. pr. pén., art. R. 57-10 s.

2. Le contrôle du juge d'application des peines (C. pr. pén., art. 713-42)

La personne condamnée à la peine de DDSE est placée sous le contrôle du JAP du tribunal dans le ressort duquel elle est assignée (C. pr. pén., art. 713-42). La mesure emporte pour le condamné l'obligation de répondre aux convocations de toute autorité publique désignée par le JAP (C. pén., art. 132-26).

Par application combinée de C. pr. pén., art. 713-42 renvoyant notamment à C. pr. pén., art. 723-10 et 723-11, le JAP peut imposer au condamné les mesures de contrôle (C. pén., art. 132-44, v. n° **18.25B**) et les obligations particulières (C. pén., art. 132-45, v. n° **18.25C**) prévues en matière de sursis probatoire ou modifier ces mesures.

Lorsque la condamnation a été prononcée contre un mineur, les fonctions dévolues au JAP sont assurées par le juge des enfants jusqu'à ce que l'intéressé atteigne l'âge de 21 ans (CJPM, art. L. 611-2).

3. L'exécution sans incident et la fin anticipée de la peine de DDSE (C. pr. pén., art. 713-43)

Si le condamné a satisfait aux obligations imposées pendant une durée ⩾ la moitié de la peine prononcée, que son reclassement paraît acquis et qu'aucun suivi ne paraît plus nécessaire, le JAP peut d'office ou sur demande du condamné, mettre fin de manière anticipée à la peine de DDSE. Il statue par ordonnance ou par jugement après débat contradictoire « ~~publie~~ » (L. n° 2021-1729, 22 déc. 2022) en cas de désaccord du ministère public (C. pr. pén., art. 713-43).

Il peut également, tout en mettant fin dans les mêmes conditions à l'obligation de résidence sous surveillance électronique, soumettre le condamné aux obligations du sursis probatoire jusqu'à la date d'expiration de la peine (C. pr. pén., art. 713-43).

4. La conversion de la peine de DDSE (C. pr. pén., art. 747-1-1)

En cas de modification de la situation du condamné qui ne permet plus la mise à exécution de la peine prononcée, le JAP peut d'office ou à la demande de l'intéressé ou sur réquisitions du ministère public, ordonner par décision motivée rendue après débat contradictoire (ou sans débat en cas d'accord du condamné et du parquet), de convertir la peine de DDSE en Tig ou en jours-amende (C. pr. pén., art. 747-1-1, v. n° 18.29).

5. Les incidents d'exécution de la peine de DDSE (C. pr. pén., art. 713-44 et 723-13)

En cas d'inobservation des interdictions ou obligations imposées, d'inconduite notoire, de nouvelle condamnation ou de refus d'une modification des conditions d'exécution, le JAP peut limiter les autorisations d'absence ou ordonner l'emprisonnement pour la durée de la peine restant à exécuter. Il statue par jugement après débat contradictoire (C. pr. pén., art. 713-44, 723-13, 712-6 et 712-16-3 (issu L. n° 2020-1672, 24 déc. 2020)), dans les 15 jours d'une éventuelle décision d'**incarcération provisoire** prise après avis du parquet (C. pr. pén., art. 712-19, mod. par L. n° 2019-1480, 28 déc. 2019).

Aucun texte ne confie de pouvoir de révocation de la DDSE au tribunal appelé à juger une infraction commise pendant la durée de la mesure.

La soustraction du condamné aux mesures de contrôle auxquelles il est soumis, ainsi que la neutralisation du dispositif de surveillance électronique, matérialisent l'infraction d'évasion incriminée par C. pén., art. 434-29 (v. n° 25.60).

18.16 L'amende et le droit fixe de procédure

A. Le choix du montant et de la durée du paiement de l'amende

1. Les modalités de fixation et de motivation de la peine d'amende (C. pén., art. 132-20 et 132-24)

Lorsque l'infraction est passible d'une peine d'amende, la juridiction peut prononcer un montant inférieur à celui encouru (C. pén., art. 132-20). « *Le montant de l'amende est déterminé en tenant compte des ressources et des charges de l'auteur de l'infraction* » (C. pén., art. 132-20).

Cette prescription impose donc au juge de **motiver** la fixation du montant l'amende au regard de la situation financière personnelle de l'auteur, personne physique ou morale, la seule référence à la gravité des faits n'étant pas suffisante (Crim. 1er févr. 2017, n° 15-83.984, P n° 29 ; Crim. 27 juin 2018, n° 16-87.009, P ; Crim. 30 nov 2022, n° 22-81.374, D). L'obligation de motivation s'impose également pour la personne redevable pécuniairement de l'amende dans le domaine routier (C. route, art. L. 121-3, Crim. 31 mai 2023, n° 22-87.124, P, v. n° 36.6D).

Est ainsi censurée la décision qui s'explique sur les ressources de l'auteur mais non « *sur le montant de ses charges* » (§ 26) (Crim. 7 déc. 2022, n° 21-83.354, P) ; qui ne s'explique pas sur le « *montant des ressources et des charges* » (§ 22) de la personne morale, important opérateur de la distribution de gaz en réseau (Crim. 18 oct. 2022, n° 21-86.965, P) ; « *qui a apprécié les ressources de la société prévenue, non au jour où elle statuait, mais à une date antérieure à l'ouverture à son encontre d'une procédure de liquidation judiciaire* » (§ 12) (Crim. 10 mai 2023, n° 22-80.375, P).

Est en revanche confirmée la décision qui énonce que « *le prévenu exerçait au sein de la banque les fonctions de « chairman de l'executive board », qu'aucune pièce sur l'état actuel de sa fortune n'a été communiquée à la cour, qu'il dispose d'une partie, certes minime, du capital de la banque, qu'aucun empêchement d'ordre financier n'a été documenté ou invoqué en cause d'appel* » (§ 8) et qui s'est ainsi appuyée sur les « *indications qui ont pu apparaître au cours des débats, l'intéressé n'alléguant pas avoir fourni des éléments qui n'auraient pas été pris en compte* »(§ 9) (Crim. 5 janv. 2023, n° 21-83.160, D). De même, est approuvée la censure la décision qui ne s'explique sur les ressources et la charges d'une personne morale qui « *non comparante en appel mais représentée par son avocat, n'a pas contesté l'amende infligée en première instance ni son caractère disproportionné et il n'appartenait pas aux juges de rechercher d'autres éléments que ceux qui leur étaient soumis* » (§ 33) (Crim. 15 févr. 2022, n° 20-81.450, P). Enfin, « *le principe de personnalisation des peines n'interdit pas aux juges de prononcer la même peine contre deux prévenus différents dès lors qu'ils ont estimé que leur responsabilité était identique et que l'amende était proportionnée à leurs revenus et à leurs charges* » (§ 34) (Crim. 15 févr. 2022, n° 20-81.450, P).

Le taux maximum de l'amende applicable aux **personnes morales** est égal au quintuple de celui prévu pour les personnes physiques (C. pén., art. 131-38). La Ch. crim. a rejeté comme dépourvue d'intérêt sérieux la QPC soutenant que cet article méconnaissait le principe d'égalité devant la loi (DDHC, art. 6) et de nécessité et d'individualisation des peines (DDHC, art. 6) (Crim. 19 avr. 2017, n° 17-90.004, NP).

Le tribunal peut, par décision spéciale et motivée, ordonner que le prévenu qui s'est entouré de coauteurs ou de complices insolvables sera **solidairement tenu** des amendes (C. pr. pén., art. 480-1).

L'amende prononcée en matière criminelle, délictuelle ou contraventionnelle, à l'exception des amendes forfaitaires, peut faire l'objet d'une **majoration** maximale de 10 % destinée à financer l'aide aux victimes. Cette majoration est fixée par le juge en fonction des circonstances de l'infraction, de la personnalité de l'auteur, ainsi que de sa situation matérielle, familiale et sociale (C. pén., art. 131-20 et C. pr. pén., art. 707-6, issus de L. n° 2016-731, 3 juin 2016). Elle n'est toutefois pas applicable en cas de majoration de plein droit de l'amende en cas d'infraction de défaut d'assurance (v. n° **36.42**).

Si les poursuites pénales ont été précédées d'une composition pénale partiellement exécutée assortie de l'obligation de payer une amende, il est tenu compte des sommes déjà versées (C. pr. pén., art. 41-2).

L'amende peut être assortie du **sursis simple, total ou partiel** pour les crimes, délits ou contraventions de 5e classe (C. pén., art. 132-31, 132-34, 132-39). Le sursis n'est donc pas possible pour les amendes contraventionnelles des quatre premières classes. Rejet de la QPC soutenant que cette restriction porte atteinte au principe d'égalité devant la loi et d'individualisation de la peine (Crim. 6 juin 2012, n° 12-90.013, D).

2. La réduction de moitié du montant de l'amende pour le mineur

Rappelons que le mineur ⩽ 13 ans n'encourt aucune peine et ne peut donc être condamné au paiement d'une amende (Ord. n° 45-174, 2 févr. 1945, art. 2 devenu CJPM, art. L. 11-4).

L'excuse atténuante de minorité s'applique non seulement à la peine d'emprisonnement (v. n° **18.8B**) mais à l'amende. Le tribunal pour enfants et la cour d'assises des mineurs ne peuvent en effet prononcer à l'encontre du **mineur** > 13 ans d'amende d'un montant supérieur à la moitié de l'amende encourue ou excédant 7 500 € (Ord. n° 45-174, 2 févr. 1945, art. 21 et 20-3 devenu CJPM, art. L. 11-4 et L. 121-6). Cette réduction du plafond de l'amende pour les mineurs, qui n'était pas prévue pour les contraventions des quatre premières classes (Ord. n° 45-174, 2 févr. 1945, art. 21), l'est désormais depuis CJPM, art. L. 121-3.

3. Le cas de l'amende proportionnelle

De nombreuses dispositions, examinées au fil du présent ouvrage, font dépendre le montant maximal de l'amende du pourcentage d'une assiette correspondant, selon la diversité des incriminations, à la valeur de l'instrument de l'infraction, de son objet ou de son produit, ou du chiffre d'affaires de la personne physique ou morale mise en cause.

Il existe une incertitude sur l'application à l'amende proportionnelle de la règle du quintuple applicable aux personnes morales prévue par C. pén., art. 131-38 ou de la règle du doublement de l'amende encourue en cas de récidive.

Notons à cet égard que la L. n° 2021-1104, 22 août 2021 portant lutte contre le dérèglement climatique et renforcement de la résilience face à ses effets a multiplié le nombre d'amendes proportionnelles en matière environnementale, mais a prévu dans ces cas que la règle du quintuple prévue au C. pén., art. 131-38, al. 1 « *s'applique uniquement aux amendes exprimées en valeur absolue* », ce qui signifie qu'elle est exclue en matière d'amende proportionnelle (C. envir., art. L. 173-3-1, L. 218-34, L. 218-48, L. 218-64, L. 218-73, L. 231-4, L. 331-26, L. 331-27, L. 332-25, L. 341-19, L. 415-3-1, L. 436-16, L. 437-22, L. 713-5 ; C. transp., art. L. 1252-5).

4. LE CAS DE L'AMENDE DOUANIÈRE ET DE L'AMENDE FISCALE

- **L'amende douanière**

L'amende douanière, aussi appelée en matière douanière amende fiscale ou pénalité fiscale, ne peut être inférieure à une fois la valeur de l'objet de la fraude (C. douanes art. 414 ou 415 ; Crim. 23 sept. 2009, n° 08-87.977, P n° 159). Eu égard à l'ampleur et à la gravité de l'infraction, ainsi qu'à la personnalité de l'auteur, le tribunal peut toutefois réduire le montant de l'amende fiscale jusqu'à un tiers de son montant minimal (C. douanes, art. 369). Les limites relatives ainsi apportées au principe d'individualisation de la peine ne sont pas contraires aux principes d'égalité devant la loi et de nécessité des peines garantis par DDHC, art. 6 et 8 (Crim. 30 mai 2018, n° 17-86.290, P n° 107).

S'agissant de la motivation de l'amende douanière, il fut d'abord jugé que « *le prononcé, par le juge correctionnel, de l'amende prévue au C. douanes, art. 414 en répression des infractions de contrebande et d'importation ou d'exportation sans déclaration de marchandises prohibées, est soumis aux dispositions spécifiques de C. douanes, art. 369 et échappe, par conséquent, aux prescriptions de C. pén., art. 132-1 et 132-20, al. 2* » relative à la motivation de la peine (Crim. 7 nov. 2018, n° 17-84.616, P n° 187).

Dans le même sens, il résultait de C. douanes, art. 369, « *d'une part que le juge qui prononce une amende fiscale n'est pas tenu de prendre en considération la situation personnelle, familiale et sociale du contrevenant pour en déterminer le montant* » (§ 7), « *d'autre part, s'il peut réduire le montant de cette amende, eu égard à l'ampleur et à la gravité de l'infraction commise, ainsi qu'à la personnalité de son auteur, il ne saurait en dispenser totalement ce dernier* » (§ 8) (sur la dispense de peine, C. pén., art. 132-59, v. n° **18.6C**), pas plus qu'il ne peut en réduire le montant au motif qu'il n'est pas en possession d'éléments relatifs à sa situation financière (§ 16) (Crim. 7 déc. 2022, n° 21-85.993, P), ou au motif que des peines de confiscation et d'emprisonnement ont par ailleurs été prononcées (Crim. 22 mars 2023, n° 21-86.326, D).

La motivation du prononcé de l'amende douanière semble désormais être alignée sur le droit commun de l'amende puisqu'il est jugé « *qu'en matière douanière, toute peine d'amende doit être motivée* » (§ 8) et que « *le juge qui prononce une amende en application de C. douanes, art. 414, en répression des infractions de contrebande et d'importation ou d'exportation sans déclaration de marchandises prohibées, après avoir recherché la valeur de l'objet de fraude et fixé en conséquence les montants minimum et maximum de l'amende encourue, doit motiver sa décision au regard de l'ampleur et de la gravité de l'infraction commise ainsi que de la personnalité de son auteur, quel que soit le montant de l'amende qu'il retient* » (§ 9) (Crim. 5 janv. 2023, n° 21-87.258, P).

La dispense de peine d'amende reste toutefois prohibée, en effet, « *si elle peut réduire l'amende douanière même à un montant symbolique, la cour d'appel ne peut écarter le prononcé de celle-ci* » (§ 13) (Crim. 22 mars 2023, n° 21-86.326, D).

Après avoir statué en sens contraire (Crim. 7 avr. 2004, n° 03-83.985, P n° 91), la Ch. crim. juge que « *les sanctions pénales et douanières prononcées ne formant pas un tout indivisible, la cassation des dispositions relatives aux peines, même sans réserve, ne s'étend pas à l'amende douanière* » (§ 11) (Crim. 9 juin 2022, n° 21-84.748, P).

La majoration de 10 % de l'amende (v. ci-dessus) est aussi applicable à l'amende douanière (C. douanes, art. 409-1, L. n° 2016-731, 3 juin 2016).

• **L'amende fiscale**

Comme pour l'amende douanière, il était jugé que « *le prononcé, par le juge correctionnel, de l'amende fiscale prévue au CGI, art. 1791, en répression des infractions à la législation sur les contributions indirectes est soumis aux dispositions spécifiques de l'article 1800 du même code et échappe par conséquent aux prescriptions du C. pén., art. 132-1 et 132-20, al. 2* » (Crim. 18 juill. 2017, n° 15-86.153, P n° 213 ; dans le même sens : Crim. 7 nov. 2017, n° 16-86.687, D).

Cette jurisprudence a également évolué à la lumière de l'évolution constatée en matière d'amende douanière (Crim. 5 janv. 2023, n° 21-87.258, P, ci-avant précité), d'ailleurs consacrée par CGI, art. 1800, dans sa rédaction issue de L. n° 2016-1918, 28 déc. 2019 : « *en matière de contributions indirectes, [...] le tribunal peut modérer le montant des amendes et pénalités encourues, eu égard à l'ampleur et à la gravité de l'infraction commise, ainsi qu'à la personnalité de son auteur* » (§ 7) (Crim. 5 janv. 2023, n° 22-81.981, P). En revanche, le tribunal ne saurait dispenser totalement le prévenu de l'amende et des pénalités (même décision, § 7 ; dans le même sens, pour la pénalité proportionnelle prévue par CGI, art. 1791 : Crim. 1er févr. 2023, n° 21-82.111, § 9, D), pour l'impossibilité de prononcer une dispense de l'amende douanière : (Crim. 7 déc. 2022, n° 21-85.993, P).

L'amende fiscale prononcée pour le délit de transfert non déclaré de capitaux prévu par CMF, art. L. 152-4 (v. n° **33.41**) obéit au même régime de motivation (Crim. 1er févr. 2023, n° 21-84.059, D).

Observons que « *la pénalité proportionnelle prévue par CGI, 1794 est assise non sur le montant des droits éventuellement fraudés ou compromis, mais sur la valeur des marchandises concernées par l'infraction, et est par conséquent encourue indépendamment de toute manoeuvre ayant pour but ou résultat de frauder ou compromettre des droits ou impositions* » (§ 13) ; cette pénalité peut donc être assise sur la valeur des biens concernés par la tenue irrégulière du registre de police de l'or et des métaux précieux, même si l'administration ne démontre pas que des droits ont été effectivement fraudés (Crim. 1er févr. 2023, n° 21-82.111, § 9, D).

5. Le cas des amendes prononcées à la suite d'une procédure d'amende forfaitaire délictuelle

En cas de requête en exonération (amende forfaitaire, C. pr. pén., art. 495-18) ou de réclamation motivée (amende forfaitaire majorée, C. pr. pén., art. 495-19) contre une amende forfaitaire délictuelle (v. n° **15.47C**), suivie d'une saisine de la juridiction de jugement par le parquet, la condamnation prononcée par le juge ne peut selon les cas être inférieure ou montant de l'amende forfaitaire ou de l'amende forfaitaire majorée, augmenté de 10 % (C. pr. pén., art. 495-21). Toutefois, à titre exceptionnel et par décision motivée, le juge peut ne pas prononcer de peine d'amende ou prononcer une amende d'un montant inférieur à l'amende forfaitaire (C. pr. pén., art. 495-21).

6. Le cas des amendes pour les contraventions

L'amende des contraventions des quatre premières classes ne peut être assortie du sursis simple, total ou partiel (C. pén., art. 132-34 et 132-39).

Lorsque la juridiction est saisie d'une requête ou d'une protestation formulée en matière d'amende forfaitaire ou d'une réclamation en matière d'amende forfaitaire majorée, dispositif applicable aux contraventions des 5 premières classes (C. pr. pén., art. 529 et R. 48-1, sur l'amende forfaitaire contraventionnelle, v. n° **15.46**), l'amende ne peut, en cas de condamnation, être inférieure au montant de l'amende forfaitaire ou de l'amende forfaitaire majorée (C. pr. pén., art. 530-1).

À cet égard, le Cons. cons., pour consacrer la constitutionnalité de C. pr. pén., art. 530-1, considère qu'il n'est pas porté atteinte au principe d'individualisation des peines puisque la loi « *laisse au juge le soin de fixer la peine dans les limites, d'une part, de l'amende forfaitaire ou de l'amende forfaitaire majorée et, d'autre part, du maximum de l'amende encouru* ». Par ailleurs, en imposant « *que l'amende prononcée par le juge en cas de condamnation ne puisse être inférieure au montant, selon le cas, de l'amende forfaitaire ou de l'amende forfaitaire majorée, le législateur a, dans l'intérêt d'une bonne administration de la justice et pour assurer la répression effective des infractions, retenu un dispositif qui fait obstacle à la multiplication des contestations dilatoires ; que l'instauration d'un minimum de peine d'amende applicable aux contraventions les moins graves ne méconnaît pas, en elle-même, le principe de nécessité des peines* » (Cons. const. 16 sept. 2011, n° 2011-162 QPC, § 4 et 5).

7. Le fractionnement de l'amende (C. pén., art. 132-28)

En matière correctionnelle ou contraventionnelle, la juridiction peut, pour motif grave d'ordre médical, familial, professionnel ou social, décider que la peine d'amende sera, pendant une période n'excédant pas trois ans, exécutée par fractions. Il en est de même pour la peine de jours-amende (C. pén., art. 132-28). L'exécution de la peine d'amende pourra également être fractionnée par le ministère public pour les mêmes motifs, si la suspension n'excède pas trois mois. Au-delà, le parquet peut saisir le tribunal, statuant en chambre du conseil, d'une proposition de fractionnement (C. pr. pén., art. 708).

S'agissant des amendes forfaitaires majorées, la personne qui rencontre des difficultés financières peut saisir, non pas l'OMP, mais le comptable du Trésor public, d'une demande de délai de paiement ou de remise gracieuse, qui pourra être partielle ou totale, le cas échéant par application d'une diminution de 20 % des sommes dues (C. pr. pén., art. 530-4, issu L. n° 2008-644, 1er juill. 2008).

B. La redevabilité pécuniaire des amendes pour certaines infractions routières (C. route, art. L. 121-3) (renvoi v. n° 36.2 s.)

Pour certaines infractions au code de la route prévues par C. route, art. R. 121-6, C. route, art. L. 121-3 prévoit que le titulaire de l'immatriculation est « *redevable pécuniairement* » du montant de l'amende encourue. Il s'agit d'une condamnation non pénale, alternative à la condamnation pénale du conducteur lorsque celui-ci n'a pas été identifié, obéissant à un régime particulier décrit aux nos **36.2** à **36.6**.

C. L'accessoire financier de la condamnation : le droit fixe de procédure (DFP)

1. La contribution forfaitaire au paiement des frais de justice : le droit fixe de procédure (DFP) (CGI, art. 1918 A)

Il est de principe que, « *les frais de justice criminelle, correctionnelle et de police sont à la charge de l'État et sans recours contre le condamné ou la partie civile* » (C. pr. pén., art. 800-1).

Toutefois, les décisions des juridictions répressives sont soumises à un droit fixe de procédure dû par chaque condamné, y compris en cas de dispense de peine, dont l'objectif est de couvrir, au moins partiellement, le montant des frais de justice.

Quel que soit le montant des frais de justice engagés par l'État pour étayer l'enquête et la procédure (frais d'expertise, interprète, etc.), ce droit de procédure est forfaitaire.

Il est, devant le tribunal de police ou en cas d'ordonnance pénale contraventionnelle ou délictuelle, de **31 €** ; le tribunal correctionnel, de **127 € (254 €** si le condamné n'a pas comparu personnellement ou n'est pas représenté par son avocat, toutefois cette majoration ne s'applique pas si le condamné s'acquitte volontairement du montant du droit fixe de procédure dans un délai d'un mois à compter de la date où il a eu connaissance de la décision) ; la cour d'appel, de **169 €** ; la cour d'assises, de **527 €** ; la C. cass., de **211 €** (CGI, art. 1018 A, réd. L. n° 2008-644, 1er juill. 2008).

Ce DFP est complété le cas échéant par la majoration de l'amende prévue pour défaut d'assurance ou infraction en matière de chasse.

Il est également complété, par dérogation au caractère forfaitaire du droit fixe, d'une somme de **210 €** destinée à couvrir les frais d'analyse toxicologique en cas d'infraction de conduite après usage de stupéfiants ou d'atteinte involontaire à la vie commise après usage de stupéfiants (CGI, art. 1018 A ; mod. par L. n° 2011-1862, 13 déc. 2011, C. pr. pén., art. A. 38-6, Arr. 29 févr. 2012, NOR : JUSD1205700A, *JO* 8 mars, p. 4320) (v. nos **36.9**, **36.10**, **36.11**, **36.12**).

La diminution pour paiement rapide (v. D ci-dessous) porte sur l'ensemble des sommes dues au Trésor : amende et DFP (C. pr. pén., art. R. 55-3).

2. La contribution au paiement du montant réel des frais de justice par les personnes morales condamnées (C. pr. pén., art. 800-1)

Par dérogation au principe selon lequel les frais de justice criminelle, correctionnelle ou de police sont à la charge de l'État, « *Lorsque la personne condamnée est une personne morale, les frais de justice exposés au cours de la procédure sont mis à sa charge. La juridiction peut toutefois déroger à cette règle et décider de la prise en charge de tout ou partie des frais de justice par l'État* » (C. pr. pén., art. 800-1, réd. issue L. n° 2011-1977, 28 déc. 2011). Cette modification, selon les termes de l'exposé de l'amendement gouvernemental au projet de loi de finances pour 2012 dont elle est issue, « répond à une recommandation de l'Inspection générale des finances et de l'Inspection générale des services judiciaires. Elle se justifie par la capacité contributive des personnes morales concernées et contribue à une meilleure maîtrise des dépenses de frais de justice. ».

Mentionnons que les frais de justice sont également à la charge de la personne morale qui a conclu une CJIP (C. pr. pén., art. 800-1 mod. issue L. n° 2020-1672, 24 déc. 2020) (sur la CJIP, C. pr. pén., art. 41-1-2 et 41-1-3, v. n° **15.58** s).

D. L'incitation au paiement de l'amende et du DFP dans le mois de la décision ou de sa signification

En matière correctionnelle ou de police, toute personne condamnée peut s'acquitter du montant du droit fixe de procédure et, le cas échéant, de l'amende, dans un délai d'un mois à compter du jugement (ou de sa signification, C. pr. pén., art. R. 55-1), au bénéfice d'une **diminution de 20 % plafonnée à 1 500 €** (C. pr. pén., art. 707-2, réd. L. n° 2008-644, 1er juill. 2008, R. 55, D. n° 2009-383, 6 avr. 2009). Il résulte de ce plafonnement que la diminution de 20 % ne s'applique plus à la fraction de l'amende qui excède le **seuil de 7 500 €**.

Ces dispositions sont applicables aux amendes prononcées par toute juridiction répressive pour une contravention ou un délit (sauf devant la cour d'assises si la personne est aussi condamnée pour crime), aux amendes homologuées dans le cadre d'une CRPC, aux jours-amendes, aux amendes forfaitaires majorées contraventionnelles et délictuelles (C. pr. pén., art. R. 49-6 et D. 45-11). Elles ne s'appliquent pas à la composition pénale, aux amendes forfaitaires minorées ou aux amendes forfaitaires non majorées, ainsi qu'aux amendes douanières et fiscales (C. pr. pén., art. R. 55, al. 2 1°, 2° et 3°).

La diminution de l'amende ne s'applique qu'en cas de paiement simultané de l'amende et du droit fixe de procédure (C. pr. pén., art. R. 55-3).

Le président du tribunal en informe la personne condamnée et lui précise que le paiement de l'amende ne fait pas obstacle à l'exercice des voies de recours (C. pr. pén., art. 707-3). Lorsque le jugement doit être signifié, cet avis figure dans la décision ou est joint (C. pr. pén., art. R. 55-1). Cet avis peut également être délivré au condamné par le greffier de la juridiction ou le greffier du bureau de l'exécution des peines (C. pr. pén., art. 707-3 [L. n° 2007-297, 5 mars 2007]).

Si la décision est rendue en présence du condamné ou de son représentant, il lui est remis à l'issue de l'audience, *s'il en fait la demande*, un *relevé de condamnation pénale* dit **RCP** (dont le modèle est annexé à Circ. Crim. 2005-20 E8, 7 sept. 2005, NOR : JUSDO530127C) lui permettant de s'acquitter volontairement auprès du comptable du Trésor, qui est par ailleurs destinataire d'un exemplaire envoyé dans les deux jours par le greffier en chef (C. pr. pén., art. R. 55-4 et R. 55-5). Le condamné peut également demander la délivrance de ce relevé auprès du greffe dans le délai d'un mois à compter du jugement. Lorsque ce dernier doit être signifié, le relevé est joint à la signification (C. pr. pén., art. R. 55-4) et adressé dans le même temps au comptable du trésor (C. pr. pén., art. R. 55-5).

Dans le cas où une voie de recours est exercée contre les dispositions pénales de la décision, les sommes sont restituées sur demande de l'intéressé (C. pr. pén., art. 707-2).

Ces dispositions sont aussi applicables en cas de fractionnement de l'amende, selon des modalités déterminées par le Trésor public (C. pr. pén., art. 707-4).

Soulignons qu'il est fait mention au casier judiciaire, sur l'information donnée par le comptable public, de la date du paiement de l'amende (C. pr. pén., art. 769 et R. 69 6°).

E. Les modalités de garantie du paiement de l'amende

1. Le cautionnement dans le cadre du contrôle judiciaire (C. pr. pén., art. 142)

Selon les modalités exposées au n° 12.49A, le cautionnement ou les sûretés ordonnés dans le cadre du contrôle judiciaire permettent de garantir, selon les précisions apportées par le juge, le paiement de l'amende (C. pr. pén., art. 142).

2. Les mesures conservatoires sur les biens en matière de criminalité organisée et d'atteintes aux biens (C. pr. pén., art. 706-103 et 706-166).

Selon les modalités exposées au n° 11.68A, dans le cadre de l'information judiciaire, des mesures conservatoires sur les biens en matière de criminalité organisée, prises sur le fondement des procédures civiles d'exécution, permettent notamment de « *garantir le paiement des amendes encourues* » (C. pr. pén., art. 706-103). Des dispositions comparables s'appliquent pour les infractions de vol, d'extorsion ou chantage, d'escroquerie, d'abus de confiance, de détournement de gage ou d'organisation frauduleuse d'insolvabilité, lorsqu'elles sont passibles d'au moins 3 ans d'emprisonnement (C. pr. pén., art. 706-166).

Précisons que si les biens confisqués à titre de peine principale ou complémentaire sont dévolus à l'État mais peuvent servir par préférence à l'indemnisation des parties civiles (v. n° 16.20B), ils ne garantissent pas le paiement de l'amende.

3. La consignation de sommes ou la retenue du véhicule pour le paiement des amendes routières (C. route, art. L. 121-4 et L. 121-4-1)

Dans les conditions précisées aux n°s 11.69E, et 11.69F, des sommes peuvent être consignées par le conducteur étranger ou le véhicule être retenu afin de garantir le paiement des amendes encourues pour des infractions routières (C. route, art. L. 121-4 et L. 121-4-1).

4. L'ajournement pour consignation du montant de l'amende (C. pén., art. 132-70-3, L. n° 2014-896, 15 août 2014)

La juridiction peut ajourner le prononcé de la peine en soumettant la personne à l'obligation de consigner une somme d'argent pour garantir le paiement d'une éventuelle amende (C. pén., art. 132-70-3, L. n° 2014-896, 15 août 2014, v. n° 18.6B5).

F. L'interdiction de solliciter des souscriptions pour assurer le paiement des amendes ou de s'assurer pour garantir leur paiement

Il est interdit d'ouvrir ou d'annoncer publiquement des souscriptions (*N* ***2809.co***) ayant pour objet d'indemniser des amendes, frais et dommages-intérêts prononcés par des condamnations judiciaires, y compris pour les amendes forfaitaires, les amendes de composition, les amendes transactionnelles prévues par le code de procédure pénale ou proposées par le Défenseur des droits, et d'annoncer publiquement (*N* ***32361.co***) la prise en charge de ces sommes (infractions de presse passibles de 6 mois d'emprisonnement et de 45 000 € d'amende, L. 29 juill. 1881, art. 40, réd. issue L. n° 2017-86, 27 janv. 2017).

Il est en outre considéré, au visa de C. civ., art. 6 qui prévoit qu'« *on ne peut déroger, par des conventions particulières, aux lois qui intéressent l'ordre public ou les bonnes mœurs* », que les contrats d'assurance garantissant le paiement des amendes sont nuls.

18.17 L'incarcération en cas défaut de paiement de l'amende : la contrainte judiciaire

A. L'exécution forcée de la peine d'amende – La contrainte judiciaire [anc^t contrainte par corps] (C. pr. pén., art. 749 et 750)

1. Le recouvrement de l'amende

Les poursuites pour le recouvrement des amendes sont faites, au nom du procureur de la République, par le comptable public compétent (C. pén., art. 707-1).

Le procureur de la République poursuit également l'exécution des sanctions pécuniaires prononcées par les autorités compétentes des États membres de l'Union européenne (C. pén., art. 707-1 [mod. par L. n° 2007-297, 5 mars 2007]).

Les actes du ministère public, des juridictions de l'application des peines, du Trésor ou de l'Agrasc, qui tendent à l'exécution de la peine d'amende, interrompent sa prescription (sur la prescription de la peine, v. n° **18.5D2**).

« *Le paiement du montant de l'amende doit toujours être recherché. Toutefois, le défaut total ou partiel du paiement de ce montant peut entraîner l'incarcération du condamné* ». Pour le recouvrement de l'amende, la prescription est interrompue par un commandement notifié au condamné ou une saisie qui lui est signifié (C. pr. pén., art. 707-1).

Sous réserve des dispositions relatives au fractionnement du paiement des amendes, les condamnations pécuniaires sont exigibles dès que la décision est exécutoire. Dès réception du titre de recouvrement, le comptable direct du Trésor adresse au débiteur les avertissements l'invitant à se libérer. Le débiteur qui ne s'acquitte pas dès réception de l'avertissement peut être poursuivi. Les poursuites sont exercées soit sur ses biens, soit sur sa personne au moyen de la contrainte par corps (D. n° 64-1333, 22 déc. 1964, art. 3 et 5), dénommée « *contrainte judiciaire* » depuis le 1er janvier 2005 (C. pr. pén., art. 749 s.).

2. Définition et portée de la contrainte judiciaire

Selon la C. cass., la contrainte par corps « *n'est pas une peine mais une voie d'exécution attachée de plein droit aux condamnations pécuniaires prononcées par les juridictions répressives* ». Elle consiste en un « *emprisonnement* » « *dans un établissement pénitentiaire* » (C. pr. pén., art. 749 et 758), dont la durée est fonction du montant cumulé des condamnations qui n'ont pas été exécutées (C. pr. pén., art. 749 et 750).

Le crédit de réduction de peine, les réductions de peines supplémentaires ou exceptionnelles, ne s'appliquent pas à la contrainte judiciaire (C. pr. pén., art. D. 115-5 et D. 116-1) (sur le CRP et la RSP, v. n^os **18.10C** et **D**).

3. Domaine et conditions de fond de la contrainte judiciaire

La contrainte judiciaire n'est pas applicable aux mineurs au moment des faits, ni aux personnes âgées d'au moins 65 ans au moment de la condamnation (C. pr. pén., art. 751).

Elle n'est applicable qu'à l'amende prononcée en matière criminelle ou, en matière correctionnelle, pour un délit passible d'une peine d'emprisonnement, pour les amendes fiscales ou douanières (C. pr. pén., art. 749, C. douanes, art. 382 et 407), ou pour les sommes représentatives de la chose confisquée en valeur (C. pén., art. 131-21), dont le montant cumulé est ⩾ 2 000 € (C. pr. pén., art. 750). Elle est exclue pour les amendes contraventionnelles, même si leur montant cumulé excède 2 000 €.

Elle ne peut être mise en œuvre qu'en cas « *d'inexécution volontaire* » de la condamnation (C. pr. pén., art. 749), et ne peut ainsi être exercée que 5 jours après un commandement fait au condamné, comportant, s'il n'a déjà été signifié, un extrait du jugement contenant le nom des parties et le dispositif (C. pr. pén., art. 754).

La contrainte ne peut non plus être exécutée contre un condamné qui justifie, par tous moyens (ex. certificat de non-imposition), de son insolvabilité (C. pr. pén., art. 752). Elle ne peut être exercée simultanément contre le mari et la femme, même pour le recouvrement de sommes afférentes à des condamnations différentes (C. pr. pén., art. 753).

B. La mise en œuvre de la contrainte judiciaire

Au vu de l'exploit de signification, si ce dernier date de moins d'un an, sur la demande du trésor, le procureur de la République territorialement compétent au lieu d'écrou ou de la résidence habituelle du condamné (C. pr. pén., art. 712-10) peut requérir le JAP de « *prononcer la contrainte judiciaire* », dans la limite des durées prévues par C. pr. pén., art. 750, au terme d'un débat contradictoire.

« *Si l'exploit date de plus d'un an, un nouveau commandement doit être signifié (même si la nouvelle rédaction de l'article 754 ne le rappelle pas expressément)* » (Circ. Crim. 2005-5 E8, 21 mars 2005, NOR : JUSD0530049C, n° 3.1).

Tableau 48 : Durée maximum de la contrainte judiciaire selon l'amende due

Amende due	Durée maximum de la contrainte judiciaire
• 2 000 ⩽ 4 000 €	• 20 jours
• > 4 000 ⩽ 8 000 €	• 1 mois
• > 8 000 ⩽ 15 000 €	• 2 mois
• > 15 000 €	• 3 mois
• >à 100 000 € en matière de stupéfiants ou infractions douanières connexes, (infractions visées au C. pr. pén., art. 706-26 et 706-31)	• 1 an (C. pr. pén., art. 706-31)

« *Il s'agit là des durées maximales prévues par la loi : le JAP peut en conséquence ordonner un emprisonnement d'une durée moindre que celle prévue par l'article 750* » (Circ. Crim. 2005-5 E8, 21 mars 2005, n° 2.1).

Le JAP peut décerner mandat d'amener ou d'arrêt aux fins d'appliquer sa décision, qui est exécutoire par provision et susceptible d'appel. Il peut aussi accorder des délais de paiement si la situation personnelle du condamné le justifie, en ajournant sa décision pour une durée ⩽ 6 mois (C. pr. pén., art. 754).

Les individus contre lesquels la contrainte a été prononcée peuvent en prévenir ou en faire cesser les effets soit en payant ou consignant une somme suffisante pour éteindre leur dette, soit en fournissant une caution reconnue bonne et valable (C. pr. pén., art. 759).

Sous réserve des sommes revenant aux parties civiles ou réclamées par les créanciers d'aliments, le condamné détenu peut demander à ce que les sommes inscrites sur les parts non disponibles de son compte nominatif soient affectées à l'extinction de sa dette (C. pr. pén., art. D. 327).

18.18 Les jours-amende

A. Une peine applicable à tout délit passible d'emprisonnement commis par un majeur (C. pén., art. 131-5)

Pour tout délit passible d'emprisonnement, la juridiction peut prononcer une peine de jours-amendes, sauf contre un mineur (Ord. n° 45-174, 2 févr. 1945, art. 20-4 devenu CJPM, art. L. 121-1 2°).

Cette peine peut également être prononcée dans le cadre d'une ordonnance pénale délictuelle depuis L. n° 2019-222, 23 mars 2019, applicable le 1er sept. 2019 (C. pr. pén., art. 495-1, v. n° **15.49B**). Dans un tel cas, l'ordonnance pénale obéit à un régime spécifique de notification par le procureur ou son délégué (C. pr. pén., art. 495-3 ; v. n° **15.50B2**).

La peine de jours-amende consiste pour le condamné à verser au Trésor une somme dont le montant global résulte de la fixation par le juge d'une contribution quotidienne pendant un certain nombre de jours. Le montant de chaque jour-amende est fixé en tenant compte des ressources et des charges du prévenu, il ne peut excéder 1 000 € (C. pén., art. 131-5). Le nombre de jours-amende est déterminé en tenant compte des circonstances de l'infraction, il ne peut excéder 360 jours (C. pén., art. 131-5). Le montant global (soit au maximum 360 000 €) est exigible à l'expiration du délai correspondant au nombre de jours-amende prononcés. Le défaut total ou partiel de paiement entraîne l'incarcération du condamné pour une durée qui correspond au nombre de jours impayés, soit au maximum 360 jours (C. pén., art. 131-25), sauf conversion de la peine de jours amende en TIG ou en DDSE par le JAP (v. **B** ci-dessous).

La minoration de 20 % pour paiement de l'amende dans le mois de la décision ou de sa signification est applicable (v. nº **18.16**) (C. pr. pén., art. R. 55).

Comme pour l'amende et pour les mêmes motifs (v. **18.16A7)** les jours-amende peuvent faire l'objet d'un fractionnement par le tribunal (C. pén., art. 132-28), ou, dans certaines limites, par le parquet (C. pr. pén., art. 708).

Ils peuvent être assortis du sursis total (C. pén., art. 132-31), mais non partiel (C. pén., art. 132-39 *a contrario*), se cumuler avec l'emprisonnement, les peines complémentaires, mais non avec l'amende, le Tig, ou les peines privatives ou restrictives de droits alternatives à l'emprisonnement ou à l'amende (C. pén., art. 131-9). Amende et jours-amende sont considérés comme des peines de même nature au regard de C. pén., art. 132-3 qui limite le cumul des peines en cas de poursuites concomitantes, ainsi, une juridiction saisie de plusieurs délits ne peut prononcer une peine de jours-amende pour un premier délit et une peine d'amende pour le second (Crim. 11 janv. 2022, nº 21-84.114, P). En raison du cumul possible de l'emprisonnement et des jours-amende, il appartient « *aux magistrats du parquet d'adapter leurs réquisitions de manière que, en cas de non-paiement de jours-amende, la personne poursuivie ne soit pas exposée à subir une privation de liberté d'une durée supérieure au maximum de la peine d'emprisonnement encourue [...]. Le raisonnement ne doit pas être différent lorsqu'est requise une peine d'emprisonnement avec sursis* » (Circ. Crim. 93-9/F1, 14 mai 1993, nº 52).

EXEMPLE D'UNE PERSONNE POURSUIVIE POUR BIZUTAGE

Une personne poursuivie pour bizutage (v. nº **20.94**), infraction passible de 6 mois d'emprisonnement, est condamnée à 5 mois avec sursis simple et 120 jours-amende à 15 € : elle devra payer 1 800 € entre les mains du trésor à l'expiration du délai de 120 jours. Elle sera incarcérée pour cette durée en cas d'inexécution totale, ou, à titre d'exemple, 60 jours si elle n'a payé que 900 €. En cas de révocation de sursis et de non-paiement des jours-amende, l'incarcération totale est donc susceptible de dépasser le maximum de l'emprisonnement prévu.

B. La conversion en jours-amende par le JAP de la peine d'emprisonnement ⩽ 6 mois, du Tig ou du sursis Tig

Le JAP peut convertir une peine d'emprisonnement ferme ⩽ 6 mois en peine de jours amende, après avoir le cas échéant ordonné la suspension de l'exécution de la peine jusqu'à sa décision sur le fond (v. nº **18.13**) (C. pén., art. 132-57 ; C. pr. pén., art. 747-2 et 723-15).

Il pourra également convertir un Tig (v. nº **18.28**), le sursis assorti de l'obligation d'accomplir un Tig (v. nº **18.26**), en peine de jours-amende (C. pr. pén., art. 733-1 et 747-1-1). Inversement, il peut convertir une peine de jours amende en sursis Tig, avec l'accord du condamné (C. pr. pén., art. 747-1-2 ; L. nº 2014-896, 15 août 2014, v. nº **18.26C3**).

Le non-paiement donne lieu à incarcération selon les modalités précisées ci-dessous.

Ces dispositions sont abrogées depuis le 24 mars 2020, pour être remplacées par les dispositions comparables de C. pr. pén., art. 747-1 et 747-1-1, dans leur rédaction issue de L. nº 2010-222, 23 mars 2019) (sur les possibilités de conversion de certaines peines par le JAP, v. nº 18.29). Toutefois, C. pr. pén., art. 733-1 permettant au JAP de convertir un Tig en jours amende n'a pas été modifié par L. nº 2019-222, L. nº 2019-222, 23 mars 2019. Depuis le 24 mars 2020, ces dispositions subsistent donc en concours avec C. pr. pén., art. 747-1-1.

C. L'exécution de la peine de jours-amende

Comme pour les amendes, le recouvrement des jours-amende relève du percepteur. Un mois au plus tard après la date d'exigibilité du montant des jours-amende, le comptable du Trésor met le débiteur en demeure. Si le paiement total n'est pas intervenu dans les cinq jours, il informe le parquet en lui transmettant tous justificatifs utiles, en précisant le cas échéant le montant des paiements partiels (D. nº 64-1333, 22 déc. 1964, art. 3-1).

Sauf conversion de la peine en TIG ou en DDSE (C. pr. pén., art. 747-1-1, dans sa version en vigueur le 24 mars 2020, v. nº 18.29), il est ensuite procédé comme en matière de contrainte judiciaire (nouveau régime de la contrainte par corps, v. nº 18.16), l'incarcération est donc prononcée par le JAP saisi par le parquet, au terme d'un débat contradictoire, le juge pouvant accorder des délais de paiement en ajournant à six mois sa décision (C. pén., art. 131-25 ; C. pr. pén., art. 754). La personne contre qui la mise à exécution de l'emprisonnement a été prononcée par le JAP « *peut prévenir cette mise à exécution ou en faire cesser les effets en payant l'intégralité de l'amende* » (C. pr. pén., art. 762, L. nº 2016-731, 3 juin 2016). Dans un tel cas, le JAP rend une ordonnance motivée constatant que la requête du parquet est devenue sans objet (C. pr. pén., art. D. 49-34-1).

Dans le cas où l'emprisonnement est mis à exécution, si « *la personne s'est intégralement acquittée du montant des jours-amendes prononcés* », le procureur de la République « *ordonne qu'il soit mis fin à l'emprisonnement* [...] et *qu'il soit procédé au remboursement de la portion de jours-amendes correspondant au nombre de l'ensemble des jours de détention subis* » (C. pr. pén., art. D. 569, issu D. nº 2020-91, 6 févr. 2020).

« *Malgré la juridictionnalisation de la procédure de contrainte judiciaire, il ne semble pas que le juge de l'application des peines, s'il décide de mettre à exécution l'emprisonnement sanctionnant le défaut de paiement des jours-amendes, puisse prononcer un emprisonnement moindre que celui prévu par l'article 131-25* » (Circ. Crim. 2005-5/E8, 21 mars 2005, NOR : JUSD0530049C, nº 2.3).

La détention est expressément soumise au régime des peines d'emprisonnement (C. pén., art. 131-25). Le crédit de réduction de peine et les réductions supplémentaires ou exceptionnelles s'appliquent donc, à la différence de la contrainte judiciaire, à l'emprisonnement sanctionnant l'inexécution de jours-amendes (sur les réductions de peines, v. nº 18.10C et 18.10D).

18.19 Le sursis simple pour les personnes physiques, domaine et conditions

A. Le domaine du sursis pour les personnes physiques

1. Les peines qui peuvent être assorties du sursis (C. pén., art. 132-31 et 132-34)

• **Emprisonnement** $\leqslant$ **5 ans** (C. pén., art. 132-31). Le sursis simple ne peut donc s'appliquer à une peine supérieure à cinq ans d'emprisonnement, y compris, en cas de sursis partiel, lorsque la partie ferme n'excède pas cinq ans :

« *La durée maximum de cinq ans prévue par le nouveau code pénal doit s'entendre de celle de la peine d'emprisonnement prononcée et non de celle de la peine assortie du sursis.* » (Circ. Crim. 14 mai 1993, nº 109 et jurisprudence conforme). S'agissant des mineurs, le tribunal pour enfants doit spécialement motiver le choix de la peine d'emprisonnement même assortie du sursis (Ord. nº 45-174, 2 févr. 1945, art. 2 devenu CJPM, art. L. 123-1), sanction d'ailleurs non applicable aux mineurs de moins de 13 ans (Ord. nº 45-174, 2 févr. 1945, art. 15 devenu CJPM, art. L. 11-4).

• **Amende**, sauf celle sanctionnant une contravention des quatre premières classes (C. pén., art. 132-31, 132-34).

• **Jours-amende** (C. pén., art. 132-31).

• **Peines alternatives à l'emprisonnement ou à l'amende** prononcées en application des articles 131-6, 131-7 et 131-14 du code pénal, sauf confiscation (C. pén., art. 132-31 et 132-34).

• **Peines complémentaires** prononcées en application des articles 131-10, 131-16 et 131-17 du code pénal, sauf peines de confiscation, de fermeture d'établissement ou d'affichage (C. pén., art. 132-31 et 132-34). Sous ces restrictions, le sursis simple est donc applicable aux peines complémentaires en matière criminelle, correctionnelle et contraventionnelle (Circ. Crim. 14 mai 1993, n° 109).

2. Les peines exclues du sursis (C. pén., art. 132-31 et 132-34)

– Réclusion ou détention criminelle.

– Emprisonnement > 5 ans.

– Travail d'intérêt général (Tig).

– Amende des contraventions des quatre premières classes (C. pén., art. 132-34).

– Confiscation prononcée à titre principal ou complémentaire (C. pén., art. 132-31, 132-34).

– Fermeture d'établissement ou affichage prononcés à titre complémentaire (C. pén., art. 132-31).

B. Les restrictions tenant au passé pénal de la personne physique

1. La règle 1 : précédente condamnation privative de liberté dans les cinq ans : prohibition de tout sursis simple (C. pén., art. 132-30 et 132-33)

Quelle que soit la sanction délictuelle ou contraventionnelle de 5e classe envisagée (emprisonnement, amende, jours-amende, peine alternative ou complémentaire), le sursis simple ne peut bénéficier au prévenu condamné au cours des cinq années précédant les faits à une peine (définitive) de réclusion ou d'emprisonnement pour crime ou délit de droit commun (C. pén., art. 132-30 et 132-33). La condamnation initiale pourra aussi bien être une peine d'emprisonnement ferme qu'un emprisonnement assorti du sursis simple ou avec mise à l'épreuve, sauf dans ce dernier cas si le délai d'épreuve est expiré lors de la commission de la nouvelle infraction, la condamnation initiale étant alors non avenue. Une condamnation réhabilitée de plein droit (C. pén., art. 133-12 s.) ou par une décision judiciaire (C. pr. pén., art. 782 s.), même si elle peut constituer le premier terme de la récidive (C. pén., art. 133-16, v ; n° **18.5A1**), n'empêche pas le prononcé du sursis simple puisque, par hypothèse, il ne peut plus en être fait mention (C. pén., art. 133-16 renvoyant à C. pén., art. 133-11).

La restriction à l'octroi du sursis simple tenant au passé pénal n'est toutefois pas applicable lorsque la précédente condamnation a été prononcée pour une infraction politique (C. pén., art. 132-30 ; sur l'infraction politique, v. n° **10.7A**).

Une condamnation à une contrainte pénale (L. n° 2014-896, 15 août 2014, v. n° **18.22**) semble ne pas empêcher le bénéfice du sursis, la contrainte n'est pas en effet une modalité de l'emprisonnement mais une peine *sui generis* de probation. À cet égard, C. pén., art. 131-3 distingue bien l'emprisonnement et la contrainte pénale. La mise à exécution de l'emprisonnement en cas d'inexécution de la contrainte (v. n° **18.23B**) paraît toutefois convertir la contrainte en peine d'emprisonnement, et empêcher le bénéfice du sursis simple.

2. La règle 2 : précédente condamnation non privative de liberté dans les cinq ans : sursis simple réservé au seul emprisonnement (C. pén., art. 132-31)

Si le prévenu a été condamné au cours des cinq années précédant les faits à une peine (définitive) autre que la réclusion ou l'emprisonnement, seul l'emprisonnement peut être assorti du sursis simple (C. pén., art. 132-31). Sauf en matière contraventionnelle, une telle restriction n'étant pas apportée, le prévenu pourra donc bénéficier du sursis même si figure à son casier judiciaire une peine non privative de liberté (C. pén., art. 132-33).

18.20 Le sursis simple pour les personnes morales, domaine et conditions

A. Le domaine du sursis pour les personnes morales

1. Les peines qui peuvent être assorties du sursis (C. pén., art. 132-32 et 132-34)

– Amende, sauf celle sanctionnant une contravention des quatre premières classes (C. pén., art. 132-32, 132-34).

– Interdiction d'exercer une activité professionnelle ou sociale (C. pén., art. 131-39 2° et 132-32).

– Exclusion des marchés publics (C. pén., art. 131-39 5° et 132-32).

– Interdiction de *faire appel public à l'épargne* (procéder à une offre au public de titres financiers ou de les faire admettre aux négociations sur un marché réglementé, selon L. n° 2009-80, 22 janv. 2009) (C. pén., art. 131-39 6° et 132-32).

– Interdiction d'émettre des chèques autres que de retrait ou certifiés ou d'utiliser une carte de paiement (C. pén., art. 131-39 7°, 132-32 et 132-34).

2. Les peines exclues du sursis (C. pén., art. 132-32 et 132-34)

– Amende des contraventions des quatre premières classes (C. pén., art. 132-34).
– Dissolution (C. pén., art. 131-39 1° et 132-32).
– Placement sous surveillance judiciaire (C. pén., art. 131-39 3° et 132-32).
– Fermeture d'établissement (C. pén., art. 131-39 4° et 132-32).
– Confiscation (C. pén., art. 131-39 8° et 132-32).
– Affichage (C. pén., art. 131-39 9° et 132-32).

B. Les restrictions tenant au passé pénal de la personne morale

1. La règle 1 : précédente condamnation à une amende > 60 000 € : prohibition de tout sursis (C. pén., art. 132-30)

Quelle que soit la sanction délictuelle ou contraventionnelle envisagée, le sursis ne peut bénéficier à la personne morale condamnée au cours des cinq années précédant les faits à une peine (définitive) d'amende > 60 000 € pour crime ou délit de droit commun (C. pén., art. 132-30).

2. La règle 2 : précédente condamnation à une amende > 15 000 € pour crime ou délit : prohibition de tout sursis pour les contraventions (C. pén., art. 132-33)

Une peine contraventionnelle ne peut être assortie du sursis si la personne morale a été condamnée au cours des cinq années précédant les faits à une peine (définitive) d'amende > 15 000 € pour crime ou délit de droit commun (C. pén., art. 132-33).

18.21 Les effets du sursis simple

A. Les conséquences du sursis simple

La condamnation délictuelle assortie du sursis simple, total ou partiel, est réputée non avenue en tous ses éléments si la révocation totale du sursis n'a pas été prononcée, pour des faits commis dans le délai de **5 ans** à compter de la condamnation (C. pén., art. 132-35 et 132-39) (sur la révocation, v. B et C ci-dessous). La partie de la peine de jours-amende ou d'amende non assortie du sursis reste cependant due (C. pén., art. 132-39). La condamnation non avenue n'est plus inscrite au bulletin n° 2 du casier judiciaire (sauf, pendant la durée de ces mesures, en cas de suivi socio-judiciaire ou d'interdiction d'exercer une activité impliquant un contact habituel avec de mineurs) (C. pr. pén., art. 775 4°).

Dans le cas d'un sursis assortissant une peine contraventionnelle, la condamnation est réputée non avenue si la révocation totale du sursis n'a pas été prononcée pour des faits commis dans le délai de **2 ans** à compter de la condamnation (C. pén., art. 132-37) (sur la révocation, v. B et C ci-dessous).

« *Le délai imposé au bénéficiaire du sursis simple commence à courir du jour où la condamnation prononcée contre lui est définitive. En cas de sursis partiel, le cours de ce délai est suspendu pendant l'exécution de la partie ferme de l'emprisonnement prononcé* » (Circ. Crim. 14 mai 1993, n° 110, Crim. 9 févr. 1988, n° 87-83.853, P n° 65).

Le sursis n'affecte pas le paiement des dommages-intérêts (C. pr. pén., art. 736).

Il ne suspend pas les incapacités, interdictions ou déchéances résultant de la condamnation, mais celles-ci cesseront (sauf le suivi socio-judiciaire ou l'interdiction d'exercer une activité impliquant un contact habituel avec de mineurs) d'avoir effet le jour où cette dernière devient non avenue (C. pr. pén., art. 736).

Le bénéfice du sursis attaché en tout ou en partie à l'une des peines prononcées pour des infractions en concours ne met pas obstacle à l'exécution des peines de même nature non assorties du sursis (C. pén., art. 132-5).

B. Les principes de la révocation

Lorsqu'elle prononce une peine assortie du sursis, la juridiction doit avertir le condamné présent des conséquences pouvant résulter d'une nouvelle condamnation pour des faits commis dans un délai de cinq ans (pour le sursis délictuel), ou de deux ans (pour le sursis contraventionnel) (C. pén., art. 132-29).

1. La règle 1 : Le tribunal qui prononce une peine privative de liberté sans sursis peut révoquer tout sursis (C. pén., art. 132-36)

Depuis L. n° 2014-896, 15 août 2014, la peine ferme ne révoque plus de plein droit les **sursis simples** antérieurs. Le prononcé d'une telle peine reste néanmoins une condition préalable si le tribunal entend faire usage de sa faculté de révocation. La révocation, qui peut être totale ou partielle doit faire l'objet d'une « *décision spéciale* ».

Toutefois, une condamnation pour infraction politique ne peut révoquer un sursis antérieur, car la faculté de révocation n'est ouverte qu'en cas de condamnation pour un délit de « *droit commun* » (C. pén., art. 132-35 ; sur l'infraction politique, v. n° **10.7A**).

Mentionnons que si le prononcé d'une peine ferme ⩽ 1 mois est prohibé depuis le 24 mars 2020 par L. n° 2019-222, 23 mars 2019 (C. pén., art. 132-19 modifié, v. n° **18.7A1**), la révocation d'une peine d'emprisonnement avec sursis ⩽ 1 mois n'est pas exclue par C. pén., art. 132-36.

2. La règle 2 : Le tribunal qui prononce une peine non privative de liberté peut révoquer tout sursis, sauf celui accompagnant l'emprisonnement (C. pén., art. 132-36)

Lorsque le tribunal prononce une condamnation délictuelle à une peine non privative de liberté (amende, jours-amende, travail d'intérêt général, peine alternative ou complémentaire), il peut révoquer, totalement ou partiellement, « *par décision spéciale* », tout sursis accompagnant une peine quelconque non privative de liberté (C. pén., art. 132-36), et le sursis accompagnant une condamnation pour contravention de 5ᵉ classe (C. pén., art. 132-37).

En revanche, comme il est précisé ci-dessus, une peine non privative de liberté interdit la révocation du sursis à l'emprisonnement. Sont ainsi censurés les juges du fond qui prononcent une peine de jours-amende et ordonnent dans le même temps la révocation de sursis à l'emprisonnement (Crim. 4 sept. 2018, n° 17-85.957, P n° 141).

Lorsqu'il prononce une condamnation pour une contravention de 5ᵉ classe, le tribunal peut révoquer le sursis accompagnant une condamnation pour contravention de 5ᵉ classe (C. pén., art. 132-37).

C. La mise en œuvre de la révocation (C. pén., art. 132-38)

En cas de révocation du sursis simple ordonnée par la juridiction, la première peine est exécutée sans qu'elle puisse se confondre avec la seconde (C. pén., art. 132-38).

Lorsque la juridiction de jugement n'a pas statué sur la révocation du sursis parce qu'elle n'avait pas connaissance de la première condamnation, le procureur de la République peut ultérieurement saisir le tribunal correctionnel d'une requête motivée tendant à sa révocation. Le tribunal statue en audience publique, après audition de la personne et, s'il y a lieu, de son avocat (C. pr. pén., art. 735).

Depuis L. n° 2019-222, 23 mars 2019, « *lorsque la juridiction ordonne la révocation du sursis en totalité ou en partie, elle peut, par décision spéciale et motivée, exécutoire par provision, faire incarcérer le condamné* » (C. pén., art. 132-36). Cette exécution provisoire de la révocation, qui prend la forme d'un **ordre d'incarcération immédiate**, n'est pas soumise à une condition de *quantum* de la peine révoquée ou révocante. Elle n'est pas davantage subordonnée au prononcé d'un mandat de dépôt ou d'un maintien en détention au titre de la peine révocante.

18.22 La contrainte pénale (L. n° 2014-896, 15 août 2014, C. pén., art. 131-4-1) – Abrogé depuis le 24 mars 2020 (L. n° 2019-222, 23 mars 2019)

A. L'application dans le temps de la loi L. n° 2019-222, 23 mars 2019 abrogeant la contrainte pénale

La L. n° 2019-222, 23 mars 2019 abroge à compter du 24 mars 2020 les dispositions du code pénal et du code de procédure pénale relatives à la contrainte pénale.

Toutefois, « *Les peines de contrainte pénale prononcées avant Cette date s'exécutent jusqu'à leur terme conformément aux dispositions applicables au jour de leur prononcé* », sous le contrôle du JAP au lieu du président du tribunal (L. n° 2019-222, 23 mars 2019, art. 109-XIX).

Les éléments ci-après décrivent le droit applicable jusqu'au 24 mars 2020, date d'entrée en vigueur des dispositions rénovant le sursis avec mise à l'épreuve. Cette mesure comporte désormais, sous une nouvelle appellation de « *sursis probatoire* », des modalités de suivi renforcé empruntées à la contrainte pénale pour les auteurs dont « *la personnalité et la situation matérielle, familiale et sociale* » « *justifient un accompagnement socio-éducatif individualisé et soutenu* » (cf C. pén., art. 132-41-1 issu L. n° 2019-222, 23 mars 2019 et C. pén., art. 131-4-1 abrogé).

B. La définition et le domaine de la contrainte pénale

La « *contrainte pénale* » est une peine correctionnelle applicable aux personnes physiques (C. pén., art. 131-3). Elle ne doit pas être confondue avec la « *contrainte judiciaire* », qui est une modalité d'exécution forcée, sous forme de jours d'incarcération, de l'amende impayée (v. n° 18.17). À la différence du sursis avec mise à l'épreuve, la contrainte pénale peut s'appliquer aux infractions politiques (sur l'infraction politique, v. n° 10.7A).

La contrainte pénale consiste à soumettre la personne condamnée, pour une **durée ⩾ 6 mois et ⩽ 5 ans**, à des mesures de contrôle et d'assistance ainsi qu'à des obligations ou interdictions, fixées par le tribunal ou par le Jap, destinées à prévenir la récidive en favorisant son insertion ou sa réinsertion (C. pén., art. 131-4-1). « *La durée [...] pourra ainsi être plus longue que celle d'un SME qui n'est supérieure à 3 ans qu'en cas de récidive* » « *il n'est pas prévu que le juge puisse prolonger la durée du suivi* » (Circ. Crim. 2014-17/E8, 26 sept. 2014, NOR : JUSD1422849C, n° 1.2).

Le tribunal fixe la durée maximale de l'emprisonnement qui sera encouru par le condamné en cas d'inobservation des obligations mises à sa charge. Cet **emprisonnement est ⩽ 2 ans et ⩽ peine maximale encourue pour l'infraction poursuivie** (C. pén., art. 131-4-1).

« *Si la contrainte pénale est proposée dans le cadre d'une CRPC, cet emprisonnement, qu'il appartient au procureur de fixer dans sa proposition de peine, ne devra pas excéder un an, compte tenu du plafond fixé par l'article 495-8 du code de procédure pénale* » (Circ. Crim. 2014-18/E8-26 sept. 2014, n° 2.1.4) (sur la CRPC, v. n° **15.55A**).

De manière transitoire, la contrainte pénale n'est applicable qu'aux délits punis d'une peine ⩽ 5 ans. Après le 1er janvier 2017, elle est applicable à tout délit (C. pén., art. 131-4-1).

« *comme les autres peines alternatives, la contrainte pénale devra être prononcée à la place de l'emprisonnement et ne peut se cumuler avec celui-ci (C. pén., art. 131-9)* » (Circ. Crim. 2014-18/E8-26 sept. 2014, n° 1.1).

« *Cette peine ne pourra être prononcée qu'à l'égard des majeurs, son application aux mineurs ayant en effet été exclue par l'article 20-4 de l'ordonnance du 2 février 1945 (les mesures et peines susceptibles d'être prononcées à l'égard des mineurs sont en effet suffisamment diversifiées et l'évaluation de leur situation par les professionnels de la protection judiciaire de la jeunesse étant déjà particulièrement soutenue* » (Circ. Crim. 2014-18/E8-26 sept. 2014, n° 1.1).

« *S'agissant d'une nouvelle peine alternative à l'emprisonnement [...] la contrainte pénale doit être considérée [...] au regard [de] l'article 112-1 du code pénal, comme une disposition moins sévère [...]. Elle peut donc s'appliquer aux auteurs de délits commis avant le 1er octobre 2014.* » (Circ. Crim. 2014-18/E8-26 sept. 2014, n° 1.1).

C. Les régimes comparés de la contrainte pénale et du sursis avec mise à l'épreuve – Tableau

Ces deux peines présentent, dans leur économie générale, une logique commune. Rappelons que le SME est communément appelé sursis probatoire, et que la contrainte pénale emprunte à la peine de probation, telle que dessinée par les règles européennes relatives à la probation adoptées par le conseil des ministres du conseil de l'Europe le 20 janvier 2010. Chacune constitue une peine correctionnelle, par laquelle diverses obligations sont imposées en milieu ouvert à la personne condamnée, durant un certain délai (délai d'épreuve ou délai d'exécution) pendant lequel elle se trouve sous le contrôle d'un Spip et d'un Jap compétent pour contrôler, aménager ou modifier les obligations du condamné. Le non-respect des obligations peut conduire à une mesure de révocation ou de mise à exécution d'une peine et se traduire par une incarcération.

Des modalités sensiblement différentes existent toutefois, exposées dans le tableau ci-dessous.

Tableau 49 : Tableau comparatif de la contrainte pénale et du sursis probatoire (anct SME)

	Contrainte pénale	SME
• Tribunal compétent pour prononcer la mesure	• Cour d'assises ou tribunal correctionnel	• *Idem* + TPE
• Personne physique ou morale	• Applicable aux seules personnes physiques	• *Idem*
• Mineur/Majeur	• Non applicable aux mineurs	• Applicable aux mineurs de 13 ans (art. 2, 20-2 et 20-10, Ord. n° 45-174, 2 févr. 1945 devenu CJPM, art. L. 122-2)
• Passé pénal de la personne	• Aucune condition	• *Idem,* mais limitation des SME successifs pour faits en récidive (C. pén., art. 132-41)
• Infraction concernée	• Délits (délits ⩽ 5 ans jusqu'au 1/1/2017)	• Crimes ou délits de droit commun

• Durée de la mesure	• Min : 6 mois • Max : 5 ans	• Min : 12 mois • Max : 3 ans, ou 5 à 7 si récidive (C. pén., art. 132-42).
• Peine sanctionnant les interdictions ou obligations	• ⩽ maximum encouru et ⩽ 2 ans	• ⩽ maximum encouru et ⩽ 5 ans, ou ⩽ 10 ans si récidive, peut être mixte (partie ferme)
• Cumul avec peine ferme	• Prohibé (peine alternative à l'emprisonnement)	• Possible (peine mixte), dans la limite du maximum encouru. Peine mixte prohibée pour sursis Tig
• Service chargé de la mesure	• SPIP	• SPIP ou toute personne qualifiée ou secteur associatif (C. pr. pén., art. 471)
• Obligations générales	• Art. 132-44 Applicables d'office	• *Idem*
• Obligations particulières	• Art. 132-45 Fixées par le tribunal ou le JAP, modifiées par le JAP	• *Idem*
• Travail d'intérêt général	• Peut compléter les obligations particulières	• Sursis Tig = variété de mise à l'épreuve. obligations générales plus limitées Obligations particulières identiques. Applicable aux mineurs de 16 ans (art. 20-5)
• Injonction de soins	• Peut compléter les obligations particulières	• Non prévu
• Fin anticipée de la mesure	• Au bout d'un an	• *Idem* (sauf sursis Tig)
• Effet du terme du délai de probation	• Fin de la peine	• Condamnation réputée non avenue
• Effet d'une incarcération sur la mesure	• Suspension facultative du délai de probation par le JAP	• Non précisé
• Prolongation du délai de probation	• Pas de prolongation possible	• Possible dans la limite de 3 ans ou de 18 mois pour le sursis Tig Compétence JAP
• Compétence pour modifier, compléter les obligations	• JAP	• JAP
• Compétence pour sanctionner les manquements	• Président du tribunal, ou tribunal saisi d'une autre infraction, après avis du JAP (JAP depuis le 24 mars 2020)	• JAP pour révocation, ou tribunal saisi d'une autre infraction, après avis du JAP
• Modalités de la révocation	• Plusieurs mises à exécution partielles possibles	• Plusieurs révocations partielles possibles

D. Le profil de la personne condamnée à la contrainte pénale et son évaluation

Cette peine vise les auteurs dont « *la personnalité et la situation matérielle, familiale et sociale* », rapportées aux faits de l'espèce, « *justifient un accompagnement socio-éducatif individualisé et soutenu* » (C. pén., art. 131-4-1).

Le tribunal fixe les obligations ou interdictions particulières s'il « *dispose d'éléments d'information suffisants sur la personnalité du condamné et sur sa situation matérielle, familiale et sociale* » (C. pén., art. 131-4-1). À défaut, ces obligations ou interdictions seront fixées par le JAP « *après évaluation de la personnalité et de la situation matérielle, familiale et sociale du condamné par le service pénitentiaire d'insertion et de probation* » (C. pén., art. 131-4-1, v. aussi C. pr. pén., art. 713-42 et 713-43).

« *La particularité de la contrainte pénale tenant notamment à l'évaluation approfondie de la situation de la personne condamnée préalablement à la définition des obligations et interdictions auxquelles celle-ci sera astreinte, la majorité de ces obligations a vocation à être définie par le JAP* » (Circ. Crim. 2014-18/E8, 26 sept. 2014, n° 2.1.3).

L'évaluation est une « *démarche opérationnelle, centrée sur la résolution des difficultés de la personne condamnée, qui s'inspire des règles européennes relatives à la probation (REP)* » (Circ. Crim. 2014-18/E8-26 sept. 2014, n° 1.5). La règle 66 des REP (adoptées par le conseil des ministres du Conseil de l'Europe le 20 janvier 2010) précise que cette évaluation « *analyse de façon systématique et approfondie sa situation particulière, y compris les risques, les facteurs positifs et les besoins, les interventions nécessaires pour répondre à ces besoins ainsi qu'une appréciation de la réceptivité de l'auteur de l'infraction à ces interventions* ».

« *les REP consacrent les principes fondamentaux de la nécessaire adhésion de la personne condamnée et de l'évaluation fondée sur la théorie "risque-besoins-réceptivité"* » (Circ. Crim. 2014-18/E8, 26 sept. 2014, n° 1.5).

« *la contrainte pénale sera particulièrement adaptée aux personnes présentant des problématiques multiples, nécessitant une prise en charge pluridisciplinaire et un contrôle rigoureux. Elle pourra utilement être prononcée envers des personnes désinsérées socialement, des personnes non encore installées dans la délinquance mais pour lesquelles un risque important de récidive a été constaté, ou encore des personnes multirécidivistes à l'encontre desquelles de nombreuses réponses pénales, dont des peines d'emprisonnement avec mises à l'épreuve, ont d'ores et déjà été prononcées* » (Circ. Crim. 2014-18/E8, 26 sept. 2014, n° 2.1.1).

« *Le sursis avec mise à l'épreuve a dès lors vocation à s'adresser aux personnes condamnées nécessitant un suivi plus formel ou davantage axé sur le contrôle du respect des obligations et interdictions, telles que l'obligation de travail, l'obligation de passer l'épreuve du permis de conduire ou encore l'obligation d'indemniser la victime. Le suivi d'une personne condamnée à verser une pension alimentaire pourra par exemple, relever d'un sursis avec mise à l'épreuve lorsque celle-ci ne connaît pas de grandes difficultés* » (Circ. Crim. 2014-18/E8, 26 sept. 2014, n° 2.1.1).

À ces fins, le condamné doit recevoir à l'issue de l'audience **un avis de convocation à comparaître** devant les services du SPIP (C. pr. pén., art. 474). « *Il conviendra de prévoir, en lien avec la juridiction, la remise d'une convocation rapide devant le SPIP dans un délai qui ne saurait excéder huit jours en vue de déterminer les modalités d'exécution de la peine* » (Circ. Crim. 2014-18/E8, 26 sept. 2014, n° 2.1.5). « *Le ministère public transmettra au JAP et au SPIP les pièces nécessaires à la prise en charge effective des condamnés [...] (copie des notes d'audience [...], extrait de décision pénale, [...] bulletin n° 1 du casier judiciaire pour le JAP, enquête de personnalité, copies des rapports d'expertise ou d'examen médical, psychiatrique ou médico-psychologique, identité et coordonnées des victimes, copie de la convocation remise au condamné, copies de tous documents justifiant de la situation personnelle et financière du condamné...* » (Circ. Crim. 2014-18/E8, 26 sept. 2014, n° 2.1.5).

Comme dans le cadre du SME, la personne condamnée bénéficie par ailleurs de mesures d'aide à caractère social mises en œuvre par le service de probation, afin de seconder ses efforts de reclassement social (C. pén., art. 132-46).

E. Les mesures de contrôle auxquelles est astreint le condamné

« *dès le prononcé de la condamnation, la personne condamnée est astreinte, pour toute la durée d'exécution de sa peine, aux mesures de contrôle prévues à l'article 132-44* » (C. pén., art. 131-4-1). Il s'agit des **mesures générales de contrôle du SME** qui s'imposent d'office (v. n° **18.25B**).

En outre, le tribunal, s'il dispose d'éléments d'information suffisants, peut astreindre le condamné aux prescriptions suivantes (C. pén., art. 131-4-1, al. 9) :

– **obligations ou interdictions particulières du SME** prévues par C. pén., art. 132-45 (v. nº **18.25C**). « *En pratique [...], même en l'absence d'évaluation approfondie de la personnalité du prévenu, la juridiction de jugement pourra toujours prononcer immédiatement des obligations ou interdictions présentant un caractère de mesure de sûreté et ayant pour objet de garantir la représentation de la personne et de prévenir la commission d'une nouvelle infraction (obligation de résidence, interdiction de conduire certains véhicules, interdiction de paraître en tel lieu, de rencontrer la victime, voire, si une expertise conclut en ce sens, obligation ou injonction de soins...)* » (Circ. Crim. 2014-18/E8, 26 sept. 2014, nº 2.1.3) ;

– obligation d'effectuer un **travail d'intérêt général**, dans les conditions prévues par C. pén., art. 131-8 (v. nº **18.28**). « *Si le tribunal estime devoir prononcer l'obligation d'accomplir un Tig, il conviendra d'obtenir l'accord du condamné* », conformément à cet article (Circ. Crim. 2014-18/E8, 26 sept. 2014, nº 2.1.3). « *Il demeure que la fixation du nombre d'heures du Tig pourra plus aisément intervenir après évaluation réalisée par le SPIP, ce qui peut conduire à réserver le prononcé de cette obligation par le JAP et non par le tribunal* » (Circ. Crim. 2014-18/E8, 26 sept. 2014, nº 2.1.3) ;

– **injonction de soins**, si la personne a été condamnée pour un délit pour lequel le suivi-socio-judiciaire est encouru et qu'une expertise médicale a conclu qu'elle était susceptible de faire l'objet d'un traitement (v. nº **18.31D**). « *L'injonction de soins permettra notamment de toucher des publics souffrant d'addictions dont un suivi resserré, en lien avec un médecin coordonnateur, facilitera la désistance* » (Circ. Crim. 2014-18/E8, 26 sept. 2014, nº 2.1.3) ;

Lors du prononcé de la décision de condamnation, le président de la juridiction **notifie à la personne condamnée**, lorsqu'elle est présente, les obligations et interdictions qui lui incombent (C. pén., art. 131-4-1). « *Cet acte de notification impliquera en pratique, comme pour le SME, la remise au condamné d'une copie des obligations et interdictions auxquelles il est soumis* » (Circ. Crim. 2014-18/E8, 26 sept. 2014, nº 2.1.5).

La contrainte pénale est d'office « *exécutoire par provision* » (C. pén., art. 131-4-1, dernier alinéa).

Si les obligations particulières n'ont pas été fixées par le tribunal, elles devront l'être dans le **délai maximal de quatre mois** du jugement par le JAP, au vu d'un **rapport d'évaluation** établi par le SPIP (C. pr. pén., art. 713-42), et aux termes d'un débat contradictoire (la présence du ministère public n'est pas requise, mais seulement ses réquisitions écrites) (C. pr. pén., art. 713-43). « *Si la loi ne sanctionne pas le dépassement de ce délai [de 4 mois], il est toutefois essentiel à l'efficience de la mesure qu'il soit respecté* » (Circ. Crim. 2014-18/E8, 26 sept. 2014, nº 2.2.2).

La situation du condamné est réévaluée chaque fois que nécessaire et au moins une fois par an par le SPIP, les obligations sont adaptées en conséquence par le JAP (C. pr. pén., art. 713-4).

Mentionnons que certaines des mesures de contrôle de la contrainte pénale sont inscrites au FPR (V. nº **13.17B5**).

18.23 Les effets de la contrainte pénale : l'exécution et les incidents d'exécution – Abrogé depuis le 24 mars 2020 (L. nº 2019-222, 23 mars 2019)

Sur l'application dans le temps de ces dispositions abrogées depuis le 24 mars 2020 par L. nº 2019-222, 23 mars 2019 et l'exécution des peines de contrainte pénale prononcées avant le 24 mars 2020, v. nº **18.22A**.

A. L'exécution sans incident

Si le condamné satisfait pendant au moins un an à ses obligations et que son reclassement paraît acquis, le JAP peut, avec l'accord du parquet, mettre fin par anticipation à la contrainte pénale. En l'absence d'accord du parquet, le JAP peut aux mêmes fins saisir le président du tribunal, ou son délégué, qui statue en audience publique. Si la requête du JAP est rejetée, elle ne pourra être réitérée avant un an (C. pr. pén., art. 713-45).

Le délai d'exécution de la contrainte peut être suspendu par le JAP en cas d'incarcération du condamné (C. pr. pén., art. 713-46).

B. Les incidents d'exécution de la contrainte pénale (C. pr. pén., art. 713-47 et 713-48)

« *Le législateur a souhaité instaurer un système souple, intégrant dans le suivi de la contrainte pénale le caractère parfois chaotique du parcours de sortie de délinquance* » (Circ. Crim. 2014-18/E8, 26 sept. 2014, NOR : JUSD1422849C, n° 2.1.4).

Si le condamné ne remplit pas ses obligations, le JAP peut les modifier ou les compléter ou les rappeler à la personne (forme de rappel à la loi). « *En pratique, il s'agira d'intensifier le contrôle dont le condamné fait l'objet en renforçant les obligations auxquelles il est tenu* » (Circ. Crim. 2014-18/E8, 26 sept. 2014, n° 2.2.4.1).

Si ces modalités sont insuffisantes, le JAP peut d'office ou sur réquisition du parquet, saisir par requête motivée le président du tribunal (ou son délégué). « *En pratique, et si la taille de la juridiction le permet, le juge délégué pourra être choisi parmi les autres JAP du tribunal. Il sera également possible de désigner un magistrat exerçant les fonctions de JLD* » (Circ. Crim. 2014-18/E8, 26 sept. 2014, n° 2.2.4.2, note n° 6).

S'il l'estime nécessaire, le JAP peut ordonner l'incarcération provisoire (C. pr. pén., art. 713-47 et 712-19) du condamné, qui devra comparaître devant le président du tribunal judiciaire dans les 15 jours (devant le JAP depuis le 24 mars 2020, L. n° 2019-222, 23 mars 2019, art. 109-XIX). Rappelons que le JAP peut décerner à son encontre un mandat d'amener ou d'arrêt (C. pr. pén., art. 712-17), et que le condamné peut être placé en retenue puis déféré (v. n° **12.2B**).

Le **président du tribunal judiciaire** (le JAP depuis le 24 mars 2020, L. n° 2019-222, 23 mars 2019, art. 109-XIX) statue en **audience publique** au terme d'un débat contradictoire, et fixe, dans la limite du quantum déterminé par le tribunal et les mises à exécution déjà intervenues, la durée de l'emprisonnement à exécuter, ceci en tenant compte de la personnalité et de la gravité de l'inobservation des mesures. Si l'intéressé a un total de peines à subir $\leqslant$ 2 ans, le président peut aménager la peine sous le régime de la semi-liberté, du placement à l'extérieur ou de la surveillance électronique. La décision de mise à exécution est susceptible d'appel dans les 10 jours (C. pr. pén., art. 712-11). Depuis L. n° 2016-731, 3 juin 2016, cette décision est **exécutoire par provision**. Le condamné est toutefois mis en liberté si son recours n'a pas été examiné dans les 2 mois (C. pr. pén., art. 713-49).

Au cours du délai d'exécution de la contrainte pénale, le JAP peut saisir à plusieurs reprises le président aux fins de mise à exécution de l'emprisonnement.

Lorsque la durée maximale de l'emprisonnement a été consommée par la ou les mises à exécution, la mesure de contrainte pénale prend fin.

Si le condamné commet, pendant la durée d'exécution de la contrainte pénale, un crime ou un délit de droit commun sanctionné par une peine d'emprisonnement ferme, **le tribunal** qui prononce cette peine peut, après avis du JAP, ordonner la mise à exécution de tout ou partie de l'emprisonnement sanctionnant l'inexécution de la contrainte. Une motivation spéciale n'est pas exigée. La peine se cumulera avec la nouvelle condamnation (C. pr. pén., art. 713-48). Depuis L. n° 2016-731, 3 juin 2016, cette décision de mise à exécution est exécutoire par provision. Le condamné est toutefois mis en liberté si son appel n'est pas être examiné dans les 2 mois.

Dans le cas où l'emprisonnement n'est que partiellement mis à exécution, le délai d'exécution de la contrainte peut être suspendu, exclusivement par le JAP, pour le temps de l'incarcération du condamné. Cette suspension n'est toutefois pas automatique, ce qui a « *pour but de permettre une plus grande souplesse dans l'exécution de la peine, et, partant, une meilleure individualisation de la peine* » ; « *En pratique, une suspension du délai de la contrainte pénale semblera inutile en cas de détention d'une très faible durée* » (C. pr. pén., art. 713-46) (Circ. Crim. 2014-18/E8, 26 sept. 2014, n° 2.2.6).

« *À défaut de précision expresse dans la loi, mais dans la mesure où la suspension fait grief au condamné, cette décision devra être prise [...] par ordonnance motivée, après recueil [...] des observations du condamné et après réquisitions écrites du parquet qui pourra solliciter la tenue d'un débat contradictoire* » (C. pr. pén., art. 713-46) (Circ. Crim. 2014-18/E8, 26 sept. 2014, n° 2.2.6).

18.24 Le sursis probatoire (anc^t SME), conditions et modalités de prononcé (C. pén., art. 132-40 et 132-41)

A. L'application dans le temps de la L. n° 2019-222, 23 mars 2019 transformant le SME en sursis probatoire

La L. n° 2019-222, 23 mars 2019, applicable depuis le 24 mars 2020, rénove certains aspects du sursis avec mise à l'épreuve en le désignant désormais sous l'appellation de « *sursis probatoire* ».

Ces modifications tiennent notamment compte de la suppression, à la même date, de la contrainte judiciaire (v. n° 18.22A) et du sursis Tig (v. n° 18.26A), le Tig devenant une des obligations particulières pouvant être imposées au condamné.

Les développements qui suivent tiennent compte des modifications apportées par L. n° 2019-222, 23 mars 2019. L'appellation « *sursis probatoire* », déjà employée par l'auteur dans les précédentes éditions de l'ouvrage, y est désormais systématisée.

B. Les conditions et limites du prononcé du sursis probatoire

La juridiction qui prononce une peine d'emprisonnement ⩽ 5 ans, ou ⩽ 10 ans si la personne est en état de récidive légale (L. n° 2005-1549, 12 déc. 2005, art. 6), pour un crime ou un délit de droit commun, peut l'assortir, en tout ou en partie (le sursis partiel n'est toutefois pas possible pour le « sursis Tig » (peine abrogée à compter du 24 mars 2019, v. n° 18.26)), du sursis avec mise à l'épreuve (SME appelé « *sursis probatoire* » depuis le 24 mars 2020) (C. pén., art. 132-40, 132-41, 132-42).

Cette peine n'est toutefois pas applicable en cas de délit politique (C. pén., art. 132-41).

Depuis la loi n° 2005-1549, 12 déc. 2005, art. 6, « *afin d'éviter les prononcés successifs de SME au bénéfice de multi récidivistes* » (Circ. Crim. 2006-14 E8, 16 juin 2006, NOR : JUSD0630079C, n° 1.1.2.3), la juridiction ne peut prononcer de sursis probatoire intégral à l'encontre d'une personne déjà condamnée **deux fois** à la même peine pour des délits identiques ou assimilés au regard de la récidive et se trouvant en état de récidive légale (C. pén., art. 132-41). S'il s'agit d'un crime, d'un délit de violences volontaires, d'agressions ou d'atteintes sexuelles ou d'un délit commis avec la circonstance aggravante de violences, la juridiction ne pourra prononcer de sursis probatoire intégral à l'encontre de la personne ayant été condamnée **une fois** à une telle peine pour des infractions identiques ou assimilées et se trouvant en état de récidive légale (C. pén., art. 132-41, sur les infractions assimilées au regard de la récidive v. n° 18.5).

Toutefois le passé pénal du prévenu est indifférent lorsque le tribunal prononce une peine d'emprisonnement dite **mixte**, comportant à la fois une partie ferme et une autre assortie d'une mise à l'épreuve (C. pén., art. 132-41), laquelle ne pourra toutefois être supérieure à cinq ans (C. pén., art. 132-42). Il est également indifférent lorsque le tribunal prononce un suivi renforcé (sursis probatoire renforcé) du condamné par application de C. pén., art. 132-41-1, applicable depuis le 24 mars 2020.

Le sursis probatoire n'est applicable ni aux personnes morales ni en matière de contravention, l'emprisonnement ne pouvant en effet être envisagé dans ces cas.

Enfin, cette mesure ne peut être ordonnée en même temps qu'un suivi socio-judiciaire (C. pén., art. 131-36-6).

C. Le sursis probatoire renforcé (C. pén., art. 132-41-1 et C. pr. pén., art. 741-2, applicables depuis le 24 mars 2020)

Lorsque la « *personnalité et la situation matérielle, familiale et sociale de l'auteur d'un crime ou d'un délit puni d'une peine d'emprisonnement et les faits de l'espèce justifient un accompagnement socio-éducatif individualisé et soutenu, la juridiction peut décider que le sursis probatoire consistera en un suivi renforcé, pluridisciplinaire et évolutif, faisant l'objet d'évaluations régulières par le SPIP, afin de prévenir la récidive en favorisant l'insertion ou la réinsertion de la personne au sein de la société* » (C. pén., art. 132-41-1). Ces dispositions, héritées de la contrainte pénale abrogée au 24 mars 2020, sont applicables aux faits commis à compter de cette date.

Les prohibitions du sursis probatoire tenant au passé pénal de la personne (v. **B** ci-dessus) ne sont pas applicables lorsque le tribunal prononce un suivi renforcé (C. pén., art. 132-41-1).

Le tribunal définit les obligations et interdictions particulières à laquelle le condamné est astreint s'il dispose d'éléments de personnalité suffisants, à défaut elles sont définies par le JAP (C. pén., art. 132-41-1), au vu d'une évaluation pluridisciplinaire opérée par le SPIP (C. pr. pén., art. 741-2).

Il n'est pas prévu de délai de probation, de mesures de contrôle ou d'interdiction ni de modalités de révocation propres au sursis probatoire renforcé. C. pr. pén., art. 741-2 impose toutefois une évaluation pluridisciplinaire du condamné et l'intervention du JAP dans les 4 mois, ainsi qu'une réévaluation au moins annuelle de sa situation. À cette fin, la personne condamnée présente à l'audience reçoit sur-le-champ une convocation à comparaître devant le SPIP et l'élaboration du projet d'exécution et de suivi de la mesure s'inscrit dans un calendrier resserré (sur les modalités d'exécution de ce régime, v. C. pr. pén., art. D. 546-1 s., issu D. n° 2020-81, 3 févr. 2020.)

Le passage du sursis probatoire simple au sursis probatoire renforcé, ainsi que la cessation du suivi renforcé, peuvent être décidés par le JAP, lequel peut également modifier ou supprimer les obligations ou interdictions définies par la juridiction (C. pr. pén., art. 741-2).

Notons que le « *sursis probatoire renforcé* », à l'exclusion du sursis probatoire simple, est l'une des modalités de conversion de la peine ferme ⩽ 6 mois (C. pr. pén., art. 747-1 dans sa rédaction en vigueur le 24 mars 2020, v. n° **18.29**).

D. Les modalités de prononcé du sursis probatoire

La juridiction peut ordonner l'exécution provisoire du sursis probatoire (C. pén., art. 132-41). « *lorsque la juridiction de jugement ne prononce pas l'exécution provisoire, la probation est applicable à l'expiration des délais d'appel du ministère public et du prévenu* » (§ 6) (Crim. 25 janv. 2023, n° 22-83.435, P).

Lorsque le condamné placé sous le régime du sursis probatoire était placé sous contrôle judiciaire, le tribunal correctionnel (ou ultérieurement le JAP) peut désigner, pour veiller au respect des obligations, la personne physique ou morale qui était chargée de suivre l'intéressé dans le cadre du contrôle judiciaire (C. pr. pén., art. 471).

La juridiction fixe le délai d'épreuve (délai de probation), qui ne peut être inférieur à **12 mois** (18 mois avant le 31 déc. 2006, C. pén., art. 132-42) ni supérieur à **trois ans** (C. pén., art. 132-42). En cas de récidive légale, ce délai peut être porté à **cinq ans**, voire sept si la personne en récidive était aussi en récidive lors de la précédente condamnation (C. pén., art. 132-42).

Le délai de probation est suspendu durant l'incarcération (C. pén., art. 132-43). Mais « *les interdictions de contact ou de paraître* » mentionnées au C. pr. pén., art. D. 49-86 (issues D. n° 2021-1820, 24 déc. 2021) subsistent et encadrent donc la correspondance, notamment téléphonique, les autorisations de visite ou les permissions de sortir (C. pén., art. 132-43, mod. par L. n° 2020-936, 30 juill. 2020, v. n° **18.25C**).

Avant le 24 mars 2020, si la mise à l'épreuve consiste en l'exécution d'un Tig (« sursis Tig », v. n° **18.26**), le délai ne peut être supérieur à 18 mois (C. pén., art. 131-22 et 132-54 ; C. pr. pén., art. 747-1). La juridiction peut décider que les obligations imposées au condamné perdureront au-delà de l'accomplissement du Tig, sans excéder 12 mois (C. pén., art. 132-54 ; mod. par L. n° 2004-204, 9 mars 2004, art. 178 et 207-VI). À partir du 24 mars 2020, le Tig devient une des obligations particulières possibles du sursis probatoire (C. pén., art. 132-45 21°) et ses modalités (nombre d'heures et délai d'exécution) sont empruntées au C. pén., art. 131-8 (v. n° **18.283**) ; le délai de probation est ainsi découplé du délai d'exécution du Tig.

Le tribunal doit informer le condamné présent des conséquences qu'entraînerait une nouvelle condamnation commise durant le délai d'épreuve ou un manquement aux obligations qui lui sont imposées, et de la possibilité (sauf pour le « sursis Tig » v. n° **18.26**), à l'expiration du délai d'un an suivant le jour où elle est définitive, de voir déclarer la condamnation non avenue par anticipation (C. pén., art. 132-40 ; C. pr. pén., art. 743).

Il lui notifie également, lorsqu'il est présent, les obligations à respecter durant le sursis avec mise à l'épreuve (C. pr. pén., art. 132-40). Cet avertissement n'est pas prescrit à peine de nullité et son défaut « *a pour seule sanction l'inopposabilité de ces obligations au condamné jusqu'à leur notification régulière à l'intéressé* », par le JAP et le SPIP, selon les modalités prévues par C. pr. pén., art. R. 59 (Crim. 18 oct. 2017, n° 16-87.123, P). Soulignons que « *l'avertissement prévu par C. pén., art. 132-40 ayant été donné par le président du tribunal de grande instance, il n'importe qu'il n'ait pas été réitéré en cause d'appel* » (Crim. 10 oct. 1996, n° 95-85.347, D).

Si l'intéressé est présent à l'audience de condamnation, la notification des obligations par la juridiction suffit à leur conférer un effet contraignant : immédiat si l'exécution provisoire est prononcée, à l'expiration du délai d'appel si l'exécution provisoire n'a pas été prononcée. Il est ainsi jugé dans une espèce où l'exécution provisoire n'avait pas été prononcée, que dès lors que « *les obligations auxquelles le condamné était astreint ont été portées à sa connaissance lors du prononcé du jugement de condamnation [...] et sont devenues exécutoires à l'expiration du délai d'appel* » (§ 10), les manquements postérieurs à cette date peuvent donner lieu à révocation ou prolongation du délai d'épreuve « *indépendamment de la notification qui lui a été faite de nouveau [...] par le JAP* » (§ 10) en application de C. pr. pén., art. R. 59 (Crim. 25 janv. 2023, n° 22-83.435, P) (sur la révocation du sursis probatoire ou la prolongation du délai d'épreuve, v. n° **18.27C**).

Il doit être remis au condamné présent à l'issue de l'audience un avis de convocation à comparaître dans un délai 45 jours devant le SPIP, qui se trouve ainsi saisi de la mesure, en vue de déterminer les modalités d'exécution de la peine (C. pr. pén., art. 474).

18.25 Les obligations générales et particulières de la personne condamnée au sursis probatoire

A. La portée des obligations applicables en matière de sursis probatoire

Au cours du délai d'épreuve, le condamné doit satisfaire à l'ensemble des obligations ci-dessous, qui lui sont d'abord notifiées par la juridiction (sur ce point, v. n° **18.24D**) s'il est présent, puis par le Jap du ressort où il réside habituellement, par procès-verbal dont copie est remise après émargement (C. pr. pén., art. 739, R. 58 et R. 59).

Des mesures d'aide à caractère social sont par ailleurs mises en œuvre par le service de probation, afin de seconder les efforts de reclassement social du condamné (C. pén., art. 132-46).

La portée pratique des obligations générales et particulières décrites au C. pén., art. 132-44 et 132-45 est à souligner. Ces obligations sont en effet communes aux mesures de suivi imposées dans le cadre de l'ajournement avec mise à l'épreuve (C. pén., art. 132-63, v. nº **18.6B3**), de la contrainte pénale (C. pén., art. 131-4-1, v. nº **18.22E**), du suivi socio-judiciaire (C. pén., art. 131-36-2, v. nº **18.31C**), de la libération conditionnelle (C. pr. pén., art. 732, D. 536, v. nº **18.10H5**), du suivi post libération (C. pr. pén., art. 721-2, v. nº **18.10G1**), de la peine de détention à domicile sous surveillance électronique (C. pén., art. 131-4-1 et 132-26, issus L. nº 2019-222, 23 mars 2019 applicable au 24 mars 2020, v. nº **18.14C**), du Tig prononcé à titre de peine principale ou complémentaire (C. pén., art. 131-22 dans sa réaction issue de L. nº 2019-222, 23 mars 2019 applicable au 24 mars 2020, v. nº **18.28C**), de la semi-liberté, du placement à l'extérieur et du placement sous surveillance électronique (C. pén., art. 132-26, v. nº **18.13C**), de la surveillance judiciaire ou de la surveillance de sûreté (v. nº **18.31A**), du fractionnement ou de la suspension de la peine ferme (C. pr. pén., art. 720-1, v. nº **18.13E**), et le cas échéant, selon le type de mesure d'aménagement choisi par le juge, de la libération sous contrainte (C. pr. pén., art. 720, v. nº **18.10I**).

Quel que soit le fondement de ces obligations, elles sont, pour celles dont la violation peut notamment être constatée à l'occasion d'un contrôle de police ou d'une enquête, inscrites au FPR (V. nº **13.17B5**) (C. pr. pén., art. 230-19 8°, v. **B** et **C** ci-dessous).

B. Les mesures générales de contrôle applicables d'office (C. pén., art. 132-44)

Ces obligations s'imposent de plein droit à tout condamné (C. pén., art. 132-44). Il n'existe pas d'obligations propres au sursis probatoire renforcé. Les obligations sont « *rappelées* » au condamné par le Jap (C. pr. pén., art. R. 59) :

• 132-44 1° : répondre aux convocations du Jap ou du SPIP. Le condamné est tenu de se présenter, chaque fois qu'il en est requis, devant le Jap. À défaut, celui-ci peut ordonner qu'il sera conduit devant lui par la force publique (C. pr. pén., art. 741). Si le condamné est en fuite, le Jap peut décerner un ordre de recherche (C. pr. pén., art. 741-1) ;

• 132-44 2° : recevoir les visites du SPIP et lui communiquer renseignements et documents ;

• 132-44 3° et 4° : prévenir le SPIP de ses changements d'emploi, de résidence, ou de tout déplacement excédant quinze jours ;

• 132-44 4° : obtenir l'autorisation préalable du JAP pour tout changement d'emploi ou de résidence, lorsque ce changement est de nature à mettre obstacle à l'exécution de ses obligations (L. nº 2014-896, 15 août 2014) ;

• 132-44 5° (FPR) : obtenir l'autorisation préalable du JAP pour tout changement d'emploi ou de résidence de nature à mettre obstacle à l'exécution de ses obligations ;

• 132-44 6° (FPR) : informer préalablement le JAP de tout déplacement à l'étranger. L'autorisation préalable du JAP, applicable de plein droit avant L. nº 2014-896, 15 août 2014, peut toutefois être imposée à titre d'obligation particulière (V. plus bas, C. pén., art. 132-45 19°).

Les deux dernières obligations sont inscrites, au titre des décisions judiciaires, au FPR (v. nº **13.17**) (C. pr. pén., art. 230-19, 8°).

C. Les obligations particulières spécialement imposées au condamné (C. pén., art. 132-45)

Une ou plusieurs des obligations ci-après peuvent être prévues par le tribunal. Il n'existe pas d'obligations particulières propres au sursis probatoire renforcé.

Notons que l'exigence de motivation de la peine « *s'applique au prononcé de cette peine [le SME], et non au choix de ses modalités [...] lesquelles sont susceptibles d'être modifiées par le juge de l'application des peines* » (Crim. 22 nov. 2017, n° 16-83.549, P). Consacrant cette jurisprudence, la L. n° 2019-222, 23 mars 2019, applicable au 24 mars 2020, prévoit que « *les obligations particulières du sursis probatoire n'ont pas à être motivées* » (C. pr. pén., art. 485-1 et 365-1, sur l'obligation de motivation des peines, v. n° **18.6A2** et **18.6A3**).

Ces obligations particulières du sursis probatoire pourront être imposées, aménagées ou supprimées à tout moment par le Jap (C. pén., art. 132-45 ; C. pr. pén., art. 739) :

• 132-45 1° : exercer une **activité professionnelle** ou suivre un enseignement ou une formation ;

• 132-45 2° : établir sa **résidence** en un lieu déterminé ;

• 132-45 3° : se soumettre à des mesures d'examen médical, de **traitement ou de soins**, même sous le régime de l'hospitalisation. Ces mesures peuvent consister en l'injonction thérapeutique prévue par les articles L. 3413-1 à L. 3413-4 du code de la santé publique (v. n° **28.11**), lorsqu'il apparaît que le condamné fait usage de stupéfiants ou fait une consommation habituelle et excessive de boissons alcooliques (L. n° 2007-297, 5 mars 2007) ;

• 132-45 4° : justifier qu'il contribue aux **charges familiales** ou acquitte régulièrement les pensions alimentaires dont il est débiteur ;

• 132-45 5° : réparer en tout ou en partie, en fonction de ses facultés contributives, les **dommages causés par l'infraction**, même en l'absence de décision sur l'action civile ;

• 132-45 6° : justifier qu'il acquitte en fonction de ses facultés contributives les **sommes dues au Trésor public** à la suite de la condamnation ;

• 132-45 7° (**FPR**) : s'abstenir de **conduire certains véhicules** déterminés en fonction des catégories de permis prévues par le code de la route « *ou de conduire un véhicule qui ne soit pas équipé.../...d'un dispositif homologué d'anti-démarrage par éthylotest électronique* » (L. n° 2016-1547, 18 nov. 2016). L'interdiction est inscrite au **FPR** (v. n° **13.17**) (C. pr. pén., art. 230-19 8°). Mentionnons que la conduite d'un véhicule non équipé d'un dispositif antidémarrage (EAD) constitue un délit réprimé par C. route, art. **L. 234-16** (v. n° **36.33**), tandis que l'utilisation irrégulière du dispositif EAD équipant le véhicule en exécution de la décision est sanctionnée par C. route, art. **R. 234-5** (contrav. 5e cl., v. n° **36.34**) ;

• 132-45 ***7 bis*** (**FPR**) : sous réserve de son accord, s'inscrire et se présenter aux **épreuves du permis de conduire**, le cas échéant après avoir suivi les leçons de conduite (L. n° 2014-896, 15 août 2014) ; les frais qui en découlent sont à la charge de l'intéressé (Circ. Crim. 2014-17/E8, 26 sept. 2014, NOR : JUSD1422849C, n° 1.6.2) ;

• 132-45 8° (**FPR**) : ne pas se livrer à **l'activité professionnelle** dans l'exercice ou à l'occasion de laquelle l'infraction a été commise « *ou ne pas exercer une activité impliquant un contact habituel avec des mineurs* » (L. n° 2010-242, 10 mars 2010) ;

• 132-45 9° (**FPR**) : s'abstenir de **paraître en tout lieu**, « *toute catégorie de lieux ou de toute zone spécialement désignés* » (L. n° 2010-242, 10 mars 2010). Une telle interdiction peut aussi être prononcée en même temps que l'emprisonnement en dehors du cadre du sursis probatoire depuis L. n° 2020-936, 30 juill. 2020, sur le fondement de C. pén., art. 131-6 modifié (v. n° **18.32**). Le prononcé de cette interdiction conditionne celui du dispositif anti-rapprochement prévu plus bas par C. pén., art. 132-45 **18°*bis*** (L. n° 2019-1480, 28 déc. 2019) (C. pén., art. 132-45-1 et C. pr. pén., art. R. 60-1, v. **D** ci-dessous) ;

• 132-45 10° (**FPR**) : ne pas **engager de paris**, notamment dans les organismes de paris mutuels, « *et ne pas prendre part à des jeux d'argent et de hasard* » (L. n° 2014-896, 15 août 2014) ;

• 132-45 **11°** (**FPR**) : ne pas fréquenter les **débits de boissons** ;

• 132-45 **12°** (**FPR**) : ne pas **fréquenter certains condamnés**, notamment les auteurs ou complices de l'infraction. Cette interdiction peut aussi être prononcée en même temps que l'emprisonnement en dehors du cadre du sursis probatoire depuis L. n° 2020-936, 30 juill. 2020, sur le fondement de C. pén., art. 131-6 modifié (v. n° **18.32**) ;

• 132-45 **13°** (FPR) : s'abstenir **d'entrer en relation** avec certaines personnes, dont la **victime**, « *ou certaines catégories de personnes, et notamment des mineurs, à l'exception, le cas échéant, de ceux désignés par la juridiction* » (L. n° 2010-242, 10 mars 2010). Cette interdiction peut aussi être prononcée en même temps que l'emprisonnement en dehors du cadre du sursis probatoire depuis L. n° 2020-936, 30 juill. 2020, sur le fondement de C. pén., art. 131-6 modifié (v. n° **18.32**) Le prononcé de cette interdiction conditionne celui du dispositif anti-rapprochement prévu plus bas par C. pén., art. 132-45 **18°*bis*** (L. n° 2019-1480, 28 déc. 2019) (C. pén., art. 132-45-1 et C. pr. pén., art. R. 60-1, v. **D** ci-dessous) ;

• 132-45 **14°** (FPR) : ne pas **détenir ou porter une arme.** Cette interdiction peut aussi être prononcée en même temps que l'emprisonnement en dehors du cadre du sursis probatoire depuis L. n° 2020-936, 30 juill. 2020, sur le fondement de C. pén., art. 131-6 modifié (v. n° **18.32**). L'interdiction est inscrite au **FPR** (v. n° **13.17**) (C. pr. pén., art. 230-19 8°) ;

• 132-45 **15°** : accomplir à ses frais un des **stages** prévus par C. pén., art. 131-5-1 (applicable depuis le 24 mars 2020, en remplacement des anciennes dispositions relatives au stage de sécurité routière (anc^{t} 132-45 15°), de citoyenneté (anc^{t} 132-45 18°), de responsabilisation contre les violences au sein du couple et sexistes (anc^{t} 132-45 20°)) ;

• 132-45 **16°** : s'abstenir, en cas de condamnation pour crimes ou délits d'atteintes volontaires à la vie, d'agressions sexuelles ou d'atteintes sexuelles, de **diffuser tout ouvrage** ou œuvre audiovisuelle, dont il serait l'auteur ou le coauteur, portant, en tout ou partie, sur l'infraction commise et s'abstenir de toute intervention publique relative à cette infraction ;

• 132-45 **17°** : **remettre ses enfants** entre les mains de ceux auxquels la garde a été confiée par décision de justice. « *les décisions statuant sur le droit de visite et d'hébergement de l'un des parents entrent dans les prévisions de C. pén., art. 132-45 17°* » (Crim. 23 mars 2022, n° 21-80.885, D) ;

• ~~132-45 18° : accomplir un stage de citoyenneté~~ (abrogé à compter du 24 mars 2020, v. après cette date 132-45 **15°**) ;

• 132-45 **18°** (anc^{t} **19°**) (**FPR**) : en cas d'infraction commise contre l'actuel ou l'ancien conjoint, concubin ou partenaire lié par un Pacs, ou contre ses enfants ou ceux du conjoint, concubin ou partenaire, résider **hors de son domicile ou de la résidence du couple** et le cas échéant, s'abstenir de paraître dans ce domicile ou dans cette résidence ou aux abords immédiats et faire l'objet, si nécessaire, d'une prise en charge sanitaire, sociale ou psychologique (L. n° 2006-399, 4 avr. 2006, art. 12 IV). L'interdiction est inscrite au **FPR** (v. n° **13.17**) (C. pr. pén., art. 230-19 8°) ;

• 132-45 **18°*bis*** (L. n° 2019-1480, 28 déc. 2019) : interdiction de se rapprocher d'une victime de violences commises au sein du couple contrôlée par un dispositif électronique mobile anti-rapprochement, à condition que les mesures prévues ci-dessus par C. pén., art. 132-4 9° et 132-45 13° soient simultanément prononcées (C. pén., art. 132-45-1 et C. pr. pén., art. R. 60-1, v. **D** ci-dessous) ;

• ~~132-45 20° : accomplir à ses frais un stage de responsabilisation pour la prévention et la lutte contre les **violences au sein du couple** et sexistes (L. n° 2014-873, 4 août 2014)~~ (abrogé à compter du 24 mars 2020, v. après cette date 132-45 15°) ;

• 132-45 **19°** (anc^{t} **21°**) (**FPR**) : obtenir l'autorisation préalable du JAP pour tout **déplacement à l'étranger** (L. n° 2014-896, 15 août 2014). L'obligation est inscrite au **FPR** (v. n° **13.17**) (C. pr. pén., art. 230-19 8°) ;

• 132-45 **20°** (anc^{t} **22°**) : respecter les conditions d'une **prise en charge sanitaire, sociale**, éducative ou psychologique, destinée à permettre sa réinsertion et l'acquisition des valeurs de la citoyenneté, le cas échéant au sein d'un établissement d'accueil adapté dans lequel le condamné est tenu de résider (L. n° 2016-731, 3 juin 2016) ;

• 132-45 **21°** : obligation d'**accomplir un Tig** selon les modalités prévues par C. pén., art. 131-8 (v. n° **18.28**) (applicable depuis le 24 mars 2020, date correspondant à la suppression du sursis Tig, L. n° 2019-222, 23 mars 2019, v. n° **18.26A**), dispositions applicables au mineur âgé d'au moins 16 ans au moment de la décision et d'au moins 13 ans au moment des faits (CJPM, art. L. 122-1) ;

• 132-45 **22°** : **injonction de soins**, dans les conditions prévues par CSP, art. L. 3711-1 à L. 3711-5, si la personne est condamnée pour une infraction passible du suivi socio-judiciaire et qu'une expertise médicale conclu qu'elle peut faire l'objet d'un traitement (applicable depuis le 24 mars 2020, L. n° 2019-222, 23 mars 2019) ;

• 132-45 **23°** : obligation de justifier de la **remise d'un bien confisqué** (applicable aux faits commis depuis le 24 mars 2020, L. n° 2019-222, 23 mars 2019) (sur la confiscation, v. n° **18.35**) ;

• 132-45 **24°** : obligation de justifier du **paiement régulier des impôts** (applicable aux faits commis depuis le 24 mars 2020, L. n° 2019-222, 23 mars 2019) (V. notamment l'infraction de fraude fiscale au n° **33.34** et **33.35**) ;

• 132-45 **25°** : obligation de justifier de la **tenue d'une comptabilité régulière certifiée** par un commissaire aux comptes (applicable aux faits commis depuis le 24 mars 2020, L. n° 2019-222, 23 mars 2019) (V. notamment l'infraction de fraude fiscale par absence de comptabilité ou comptabilité inexacte ou fictive au n° **33.35**).

Ces mesures et interdictions « *cessent de s'appliquer et le délai de probation est suspendu pendant le temps où le condamné est incarcéré* » (C. pén., art. 132-43). Toutefois, depuis L. n° 2020-936, 30 juill. 2020, « *les interdictions de contact ou de paraître prévues* » par C. pén., art. 132-45 continuent de s'appliquer pendant le temps où le condamné est incarcéré, « *même si le délai d'exécution de ces mesures est suspendu pendant la durée d'incarcération* » (C. pr. pén., art. D. 51, issu D. n° 2021-1820, 24 déc. 2021). En conséquence, « *le maintien de ces interdictions spécifiques n'a pas d'incidence sur la durée de la mesure* » (Circ. Crim. 2022-04-E1, 28 févr. 2022, NOR : JUS D2206691C, n° 5.2). « *Il s'agit ainsi des interdictions [...] prévues par les 9°, 11°, 12°, 13°, 18° et 18°bis de l'article 132-45* » « *Il en découle en pratique que, pendant la durée de son incarcération, la personne condamnée à de telles interdictions dans le cadre d'un sursis probatoire :*

– ne pourra correspondre, par écrit ou par téléphone, avec les personnes avec qui elle est interdite de contact ;

– ne pourra recevoir des visites de ces personnes, lesquelles se verront opposer un refus de délivrance de permis de visite par le juge d'instruction ou le procureur de la République s'agissant des mis en examen ou des prévenus, et par le chef d'établissement s'agissant des condamnés ;

– ne pourra, s'il s'agit d'un condamné bénéficiant d'une permission de sortir, se rendre dans les lieux qui lui sont interdits, ou entrer en relation avec les personnes concernées par l'interdiction.

En particulier, s'il s'agit d'une personne condamnée pour des violences au sein du couple faisant l'objet d'une interdiction de contact avec sa victime, le chef d'établissement ne pourra faire droit à sa demande de permis de visite, et ce afin de ne pas méconnaître l'interdiction de rentrer en contact avec une personne prononcée par l'autorité judiciaire » (Circ. Crim. 2020-17-H2, 3 août 2020, NOR : JUSD2020619C, n° 2.3).

« *Il en est notamment ainsi pour les interdictions prononcées dans le cadre d'une ARSE ou d'une ARSEM, d'une DDSE ou d'un dispositif électronique mobile anti-rapprochement, même si l'obligation de port du dispositif électronique est suspendue pendant le temps d'incarcération de la personne. Dans cette hypothèse, le personnel de l'administration pénitentiaire procède à la dépose du dispositif au moment de l'incarcération. La pose du bracelet anti-rapprochement [...] doit de nouveau intervenir [...] au moment de la libération de la personne détenue ou d'une cessation, même temporaire, de son incarcération* » « *telle qu'une permission de sortir sous réserve que la mesure support du dispositif n'ait pas pris fin* » (Circ. Crim. 2022-04-E1, 28 févr. 2022, NOR : JUS D2206691C, n° 5.2) (C. pr. pén., art. D. 51, issu D. n° 2021-1820, 24 déc. 2021).

D. Le dispositif du bracelet anti-rapprochement (BAR) en cas d'infraction commise au sein du couple (C. pr. pén., art. 132-45 18° bis et 132-45-1, L. n° 2019-1480, 28 déc. 2019)

En cas d'infraction punie d'une peine ⩾ 3 ans d'emprisonnement « *commise contre son conjoint, son concubin ou son partenaire lié par un pacte civil de solidarité, y compris lorsqu'ils ne cohabitent pas, ou commise par l'ancien conjoint ou concubin de la victime ou par le partenaire ayant été lié à elle par un pacte civil de solidarité, la juridiction peut, à la demande ou avec le consentement exprès de la victime, qui peut être recueilli par tout moyen :*

1° Interdire au condamné de se rapprocher de la victime à moins d'une certaine distance fixée par la décision ;

2° Et, afin d'assurer le respect de cette interdiction, astreindre le condamné au port, pendant toute la durée de la mesure, d'un bracelet intégrant un émetteur permettant à tout moment de déterminer à distance sa localisation sur l'ensemble du territoire national et permettant de déterminer s'il s'approche de la victime à qui a été attribué un dispositif électronique permettant également de déterminer sa localisation » (C. pr. pén., art. 132-45-1 issu L. n° 2019-1480, 28 déc. 2019).

Cette disposition est applicable « *sans qu'il soit nécessaire que la qualité de la victime soit visée comme circonstance aggravante par la décision de condamnation* » (§ 12) (Crim. 11 mai 2023, n° 22-84.480, P ; dans le même sens : Crim. 4 avr. 2023, n° 22-82.585, P).) ; tel est le cas, à titre d'exemple, pour l'infraction de destruction du bien d'autrui par moyen dangereux ou incendie, pour laquelle la circonstance aggravante de commission sur les biens du conjoint ou ancien conjoint n'est pas prévue par le législateur, la maximum de l'emprisonnement correctionnel étant déjà atteint (C. pén., art. 322-6, v. n° **22.67**).

Cette interdiction de rapprochement et le dispositif électronique anti-rapprochement (dit « bracelet anti-rapprochement » (BAR)) qui lui est associé constituent une modalité du sursis probatoire (C. pr. pén., art. 132-45 18° *bis*). La mesure ne peut être ordonnée que si sont également prononcées, d'une part, au titre de C. pén., art. 132-45 9°, l'interdiction de se rendre dans certains lieux déterminés, dans lesquels réside, travaille, ou se trouve habituellement la victime, d'autre part, au titre de C. pén., art. 132-45 13°, l'interdiction de recevoir ou de rencontrer la victime ainsi que d'entrer en relation avec elle, de quelque façon que ce soit (C. pr. pén., art. R. 60-1, issu D. n° 2020-1161, 23 sept. 2020).

Comme en matière de placement sous ARSE (C. pr. pén., art. 142-5, v. n° **12.54C**) ou sous contrôle judiciaire avec dispositif anti-rapprochement (C. pr. pén., art. 138 17° *bis* et 138-3, mod. par L. n° 2019-1480, 28 déc. 2019, v. n° **12.48C2**), le prononcé de cette modalité du sursis probatoire n'est pas subordonné à l'accord du mis en cause mais la pose de l'équipement ne peut se faire sans son consentement. Dès lors, « *Le condamné est avisé que la pose du bracelet ne peut être effectuée sans son consentement mais que le fait de la refuser constitue une violation des obligations qui lui incombent et peut donner lieu à la révocation de la mesure* » (C. pr. pén., art. 132-45-1).

Les modalités de cette mesure sont précisées au C. pr. pén., art. R. 60-1 (issu D. n° 2020-1161, 23 sept. 2020) renvoyant au C. pr. pén., art. R. 24-16 à R. 24-23.

Précisons que les obligations du dispositif électronique mobile anti-rapprochement ordonné avant jugement demeurent applicables lorsque la personne est condamnée, avec exécution provisoire, à un sursis probatoire comportant ce dispositif (C. pr. pén., art. D. 32-25-1, issu D. 2021-1820, 24 déc. 2021).

La mesure est inscrite au **FPR** (C. pr. pén., art. 230-19 8°, v. n° **13.17B5**).

Il est considéré que les dispositions relatives au bracelet anti-rapprochement issues de L. n° 2019-1480, 28 déc. 2019, en ce « *qu'elles permettent l'aménagement d'une peine d'emprisonnement en cours d'exécution [...] n'ont pas pour résultat d'aggraver la situation du condamné. Elles s'appliquent donc aux condamnations prononcées pour des faits commis avant leur entrée en vigueur* » (§ 5) (Avis C. cass., 22 sept. 2021, n° 21-96.001). Il est en revanche jugé qu'en ce qu'elles « *permettent l'ajout, par le JAP, de l'obligation de porter un dispositif anti-rapprochement dans le cadre d'un sursis probatoire [...]. Elles ont pour résultat d'aggraver la situation du condamné et ne s'appliquent donc pas aux condamnations prononcées pour des faits commis avant leur entrée en vigueur* » (§ 14) (Crim. 25 janv. 2023, n° 22-82.432, P).

18.26 Le sursis Tig, variété du sursis avec mise à l'épreuve (C. pén., art. 132-54) – Abrogé depuis le 24 mars 2020

A. Avertissement : application dans le temps de la L. n° 2019-222, 23 mars 2019 relative au Tig modalité du sursis probatoire

La L. n° 2019-222, 23 mars 2019, qui a modifié à compter du 25 mars 2019 la durée maximale du Tig (400 h au lieu de 280 h) prononcé à titre de peine alternative à l'emprisonnement ou de peine complémentaire et modifié les conditions de prononcé de cette peine en cas d'absence du prévenu (v. n° 18.28), n'a pas modifié le plafond horaire de 280 h du sursis Tig fixé par C pén., art. 132-54.

Depuis le 24 mars 2020, les dispositions relatives au sursis Tig (C. pén., art. 132-54 à 132-56) sont abrogées et le Tig devient l'une des modalités particulières (C. pén., art. 132-45 21°) du « *sursis probatoire* », nouvelle appellation du sursis avec mise à l'épreuve (sur les modalités particulières du sursis probatoire, v. n° 18.25C).

Pour les infractions commises à compter du 24 mars 2020, les modalités du Tig prononcé dans le cadre du sursis probatoire (durée maximale de 400 h, prononcé en l'absence du prévenu) sont empruntées à celles du Tig prononcé à titre de peine principale ou complémentaire fixées par renvoi de C. pén., art. 132-44 21° au C. pén., art. 131-8 (v. n° 18.28).

Pour les infractions commises avant le 24 mars 2020 mais jugées à partir de cette date, il résulte du principe de non-rétroactivité de la loi pénale plus sévère que le Tig prononcé comme obligation particulière du sursis probatoire ne peut dépasser la durée de 280 h.

Les développements qui suivent décrivent le régime antérieur, désormais abrogé, du sursis TIG.

B. L'obligation d'accomplir un travail d'intérêt général (Tig), obligation particulière du sursis avec mise à l'épreuve (C. pén., art. 132-56)

La juridiction peut assortir une condamnation d'emprisonnement avec sursis de l'obligation d'accomplir un travail d'intérêt général (Tig) d'une durée de **20h** (L. n° 2010-1436, 24 nov. 2009, auparavant 40 h) à **280 h** (**240 h** avant L. n° 2014-896, 15 août 2014), si le condamné l'accepte et s'il est présent (C. pén., art. 132-54).

Le sursis Tig peut toutefois être prononcé « *lorsque le prévenu, absent à l'audience, a fait connaître par écrit son accord et qu'il est représenté par un avocat* » (C. pén., art. 132-54, mod. L. n° 2016-731, 3 juin 2016).

Cette peine n'est toutefois pas applicable en cas de délit politique (C. pén., art. 132-41 et 132-54 combinés).

Si les poursuites pénales ont été précédées d'une composition pénale partiellement exécutée assortie de l'obligation d'accomplir un travail d'intérêt général, il est tenu compte du travail déjà accompli (C. pr. pén., art. 41-2).

Il doit être remis au condamné présent à l'issue de l'audience un avis de convocation à comparaître, dans un délai ⩽ 45 jours, devant le Spip en vue de déterminer les modalités d'exécution de la peine (C. pr. pén., art. 474, mod. par L. n° 2009-1436, 24 nov. 2009).

Ce sursis, qui peut être prononcé contre un mineur de 16 à 18 ans (Ord. n° 45-174, 2 févr. 1945, art. 20-5), est nommé « sursis Tig » par les praticiens. Il suit les mêmes règles que celles du sursis avec mise à l'épreuve : les conditions d'octroi sont identiques (C. pén., art. 132-54, 132-40 et 132-41), l'obligation d'accomplir le Tig est assimilée à une obligation particulière du SME (C. pén., art. 132-56 ; C. pr. pén., art. 747-1).

Quelques **particularités** sont cependant aménagées : l'intégralité de la peine d'emprisonnement doit être assortie du sursis, la juridiction ne pouvant en effet prononcer dans ce cas un sursis partiel (C. pén., art. 132-56 et 132-42) ; le délai d'exécution du Tig, assimilé au délai d'épreuve (C. pén., art. 132-56) ne peut être supérieur à 18 mois (C. pén., art. 131-22 et 132-54 ; C. pr. pén., art. 747-1), la déclaration anticipée de non avenu n'est pas autorisée (C. pr. pén., art. 747-1).

Les mesures générales de contrôle sont comparables à celles prévues pour la mise à l'épreuve, mais spécialement axées sur l'exécution du Tig. Elles sont identiques à celles imposées pour les Tig prononcés à titre de peine alternative à l'emprisonnement ou de peine complémentaire (C. pén., art. 132-55 ; v. n° **18.28**). Certaines de ces obligations sont inscrites au FPR (V. n° **13.17B5**).

L'organisation du travail d'intérêt général obéit aux règles relatives au Tig peine alternative ou complémentaire (v. n° **18.28**).

Les conséquences de l'exécution ou de l'inexécution du sursis Tig sont celles prévues pour le sursis avec mise à l'épreuve (v. n° **18.27B**). Le non-respect de l'obligation d'accomplir le Tig ne fait dès lors pas l'objet de poursuites pour l'infraction définie au n° **25.76**, mais d'une mesure de révocation de sursis probatoire.

C. Les conversions de peines en sursis Tig ou la conversion du sursis Tig

1. Avertissement : application dans le temps des dispositions relatives aux conversions de peine de la L. n° 2019-222, 23 mars 2019

Les dispositions ci-dessous de C. pén., art. 132-57 relatives à la conversion des peines ferme ⩽ 6 mois en sursis Tig et de C. pr. pén., art. 747-1-2 relatives à la conversion des peines de jours amende en sursis Tig sont abrogées à compter du 24 mars 2020 par L. n° 2019-222, 23 mars 2019.

Elles sont à compter de cette date remplacées par les dispositions du C. pr. pén. étendant les possibilités de conversion des peines confiées au JAP, parmi lesquelles figurent notamment celle de convertir une peine ferme ⩽ 6 mois en Tig (ou en détention à domicile sous surveillance électronique, en jours-amende ou en sursis probatoire renforcé) (C. pr. pén., art. 747-1), ou celle de convertir en jours-amende (ou en détention à domicile sous surveillance électronique) un Tig ou un sursis probatoire comportant l'obligation d'accomplir un Tig (C. pr. pén., art. 747-1-1) (sur les modalités de conversion de certaines peines par le JAP depuis le 24 mars 2020, v. n° **18.29**).

2. La conversion d'une peine d'emprisonnement ferme ⩽ 6 mois en sursis Tig par le JAP (C. pén., art. 132-57)

Une peine d'emprisonnement ferme ⩽ 6 mois prononcée pour un délit de droit commun peut, lorsqu'elle n'est plus susceptible d'une voie de recours par le condamné, « *dans la mesure du possible et si* [sa] *personnalité et* [sa] *situation le permettent* », être convertie par le JAP en emprisonnement avec sursis avec obligation d'accomplir un Tig de 20 à **280 h** (**210 h** avant L. n° 2014-896, 15 août 2014) (C. pén., art. 132-57, C. pr. pén., art. 723-15). Dans l'attente de sa décision, le JAP peut d'ailleurs ordonner la suspension de l'exécution de la peine (C. pén., art. 132-57 ; C. pr. pén., art. 747-2).

Ces dispositions sont également applicables aux peines mixtes dans lesquelles la partie ferme est ⩽ 6 mois ou aux peines d'emprisonnement ferme ⩽ 6 mois résultant de la révocation d'un sursis simple ou avec mise à l'épreuve (L. n° 2009-1436, 24 nov. 2009).

Ces dispositions sont abrogées depuis le 24 mars 2020, pour être remplacées par les dispositions comparables de C. pr. pén., art. 747-1, dans sa rédaction issue de L. n° 2010-222, 23 mars 2019) (sur les modalités de conversion de certaines peines par le JAP depuis le 24 mars 2020, v. n° **18.29**).

3. La conversion d'une peine de jours amende en sursis Tig par le JAP (C. pr. pén., art. 747-1-2)

Le JAP peut, d'office ou à la demande du parquet, avant l'expiration du délai de paiement ou en cas de défaut total ou partiel de ce paiement, convertir par décision motivée une peine de jours amende (v. n° **18.18**) en sursis Tig, à l'issue d'un débat contradictoire et avec l'accord du condamné. La peine d'emprisonnement avec sursis ne peut excéder celle qui serait résultée de l'inexécution du paiement de l'amende (C. pr. pén., art. 747-1-2 ; L. nº 2014-896, 15 août 2014).

Ces dispositions sont abrogées depuis le 24 mars 2020, pour être remplacées par les dispositions comparables de C. pr. pén., art. 747-1-1, dans sa rédaction issue de L. nº 2010-222, 23 mars 2019) (sur les modalités de conversion de certaines peines par le JAP depuis le 24 mars 2020, v. nº **18.29**).

4. La conversion du sursis Tig en jours-amende par le JAP (C. pr. pén., art. 747-1-1 (v. nº 18.18))

Ces dispositions sont abrogées depuis le 24 mars 2020, pour être remplacées par les dispositions comparables de C. pr. pén., art. 747-1-1, dans sa rédaction issue de L. nº 2010-222, 23 mars 2019. (sur les modalités de conversion de certaines peines par le JAP depuis le 24 mars 2020, v. nº **18.29**).

18.27 Les effets du sursis probatoire : l'exécution sans incident et la révocation

A. L'exécution sans incident du sursis probatoire

Le sursis avec mise à l'épreuve n'affecte pas le paiement des dommages-intérêts (C. pr. pén., art. 746).

Il ne suspend pas les incapacités, interdictions ou déchéances résultant de la condamnation, mais celles-ci cesseront d'avoir effet (sauf l'interdiction d'exercer une activité impliquant un contact habituel avec de mineurs) le jour où cette dernière est non avenue (C. pr. pén., art. 746).

La condamnation assortie du sursis probatoire, total ou partiel, est **de plein droit réputée non avenue** « *dans tous ses éléments* » (y compris donc la partie ferme de la condamnation s'il s'agit d'une peine mixte) si le condamné n'a pas fait l'objet, pour des faits survenus durant le délai d'épreuve, d'une décision ordonnant l'exécution de la totalité de l'emprisonnement (C. pén., art. 132-52). Le caractère non avenu ne fait pas obstacle à la révocation totale ou partielle de la mise à l'épreuve dès lors que le manquement ou l'infraction a été commis avant l'expiration du délai d'épreuve (C. pén., art. 132-52, compl. par L. nº 2014-896, 15 août 2014). Ainsi, « *une condamnation avec sursis et mise à l'épreuve réputée non avenue à l'échéance du délai d'épreuve perd son caractère exécutoire à partir de cette date à moins qu'elle ne fasse l'objet d'une décision ordonnant la révocation totale du sursis* » (Crim. 28 avr. 2011, nº 10-87.986, P nº 84 ; dans le même sens : Crim. 28 avr. 2011, nº 10-87.978, P nº 85).

La condamnation peut également (sauf pour le « sursis Tig » C. pr. pén., art. 747-1 ; v. nº **18.26**) être déclarée **non avenue par anticipation** par le JAP, avant l'expiration du délai d'épreuve, mais au moins un an après le jour où elle est devenue définitive, si le condamné a satisfait aux obligations mises à sa charge et si son reclassement paraît acquis (C. pr. pén., art. 743 devenu 744, L. nº 2004-204, 9 mars 2004).

La condamnation non avenue n'est plus inscrite au bulletin nº 2 du casier judiciaire (sauf, pendant la durée de ces mesures, en cas de suivi socio-judiciaire ou d'interdiction d'exercer une activité impliquant un contact habituel avec de mineurs) (C. pr. pén., art. 775 4°).

B. La révocation facultative par la juridiction de jugement à l'occasion du prononcé d'une peine ferme (C. pén., art. 132-48)

Si le condamné, après que la condamnation a acquis un caractère définitif (sur le caractère définitif v. nº **18.4**), commet au cours du délai de probation un crime ou un délit de droit commun suivi d'une condamnation privative de liberté sans sursis, la juridiction statuant sur cette nouvelle infraction peut, après avis du Jap, ordonner la révocation de tout ou partie des sursis probatoires antérieurement accordés (C. pén., art. 132-48). Par décision spéciale et motivée, exécutoire par provision, la juridiction peut faire incarcérer le condamné (C. pén., art. 132-51). Depuis L. n° 2014-896, 15 août 2014, plusieurs révocations partielles d'un même sursis sont admises (C. pén., art. 132-49).

Toutefois, une condamnation pour infraction politique ne permet pas de révoquer un sursis probatoire antérieur (C. pén., art. 132-48 ; sur l'infraction politique, v. n° **10.7A**).

La révocation peut être ordonnée même si la condamnation n'est pas encore définitive, cependant la décision de révocation est caduque si la condamnation est ultérieurement infirmée ou annulée (C. pén., art. 132-47).

Il revient au ministère public, lorsqu'il exerce des poursuites contre une personne faisant l'objet d'un sursis probatoire, ou à la juridiction de jugement lors de l'examen du dossier, de solliciter préalablement l'avis du Jap sur la révocation, de manière à apprécier le sort de cette condamnation.

La juridiction qui prononce la révocation n'a pas « *à inviter le prévenu à s'expliquer à l'audience sur son éventualité* », dès lors que le prévenu, lors du prononcé du sursis probatoire, a été averti des conséquences de la commission d'un nouveau délit conformément à C. pén., art. 132-40 (sur cet avertissement, v. n° **18.24D**) (Crim. 19 juin 2019, n° 18-84.069).

Notons qu'il n'existe pas de modalités particulières de révocation par le tribunal du sursis probatoire renforcé.

C. La révocation ou la prolongation du délai de probation par le JAP (C. pr. pén., art. 742)

1. La révocation

Lorsque le condamné ne se soumet pas aux mesures de contrôle ou aux obligations particulières qui lui sont imposées, ou lorsqu'il a commis une infraction suivie d'une condamnation à l'occasion de laquelle la révocation du sursis probatoire n'a pas été prononcée par le tribunal (v. **B** ci-dessus), le JAP peut, par ordonnance motivée, révoquer tout ou partie du sursis probatoire. Ceci même lorsque le délai d'épreuve a expiré, si le motif de révocation s'est produit durant ce délai (C. pr. pén., art. 742 et C. pén., art. 132-47), à condition que le JAP « *a été saisi ou s'est saisi à cette fin au plus tard dans le délai d'un mois après* » l'expiration du délai de probation (C. pr. pén., art. 712-20). Le JAP statue sur la révocation par débat contradictoire (C. pr. pén., art. 712-6 et 712-16-3 (issu L. n° 2020-1672, 24 déc. 2020)), dans les 15 jours d'une éventuelle décision d'**incarcération provisoire** prise après avis du parquet (C. pr. pén., art. 712-19). Rappelons que si l'intéressé est présent à l'audience de condamnation, la notification des obligations par la juridiction suffit à leur conférer un effet contraignant : immédiat si l'exécution provisoire est prononcée, à l'expiration du délai d'appel si l'exécution provisoire n'a pas été prononcée (sur ce point, v. n° **18.24D**).

Le sursis probatoire peut faire l'objet de plusieurs révocations partielles depuis L. n° 2014-896, 15 août 2016 (C. pén., art. 132-49 ; C. pr. pén., art. 742). Il n'existe pas de modalités particulières de révocation par le JAP du sursis probatoire renforcé.

2. La prolongation du délai de probation

Pour les motifs exposés ci-dessus, le JAP peut ne pas révoquer mais prolonger le délai d'épreuve (C. pr. pén., art. 742). Le délai total ne doit pas dépasser trois années (C. pr. pén., art. 743), ou 18 mois en cas de « *sursis Tig* » (C. pr. pén., art. 747-1). Il n'existe pas de modalités particulières de prolongation du sursis probatoire renforcé.

Il résulte de la combinaison de C. pén., art. 132-52 et C. pr. pén., art. 742 que cette prolongation peut intervenir lorsque la peine est non avenue, si « *le motif de cette prolongation s'est produit pendant* »[le délai d'épreuve] (Crim. 22 mai 2019, n° 18-84.220, P ; revirant sur Crim. 7 mai 2014, n° 13-86.436, P n° 129), à condition que le JAP « *a été saisi ou s'est saisi à cette fin au plus tard dans le délai d'un mois après* » l'expiration du délai de probation (C. pr. pén., art. 712-20). Consacrant cette jurisprudence, la L. n° 2019-22, 23 mars 2019, en vigueur le 24 mars 2020, modifiant C. pén., art. 132-52, a étendu à la prolongation du sursis probatoire la prise en compte des incidents intervenus avant l'expiration de la mesure mais traités après le non avenu, issue auparavant limitée à la révocation totale ou partielle (pour une application : Crim. 5 janv. 2022, n° 21-83.378, P). Il est enfin jugé, que « *la prolongation du délai de probation, y compris lorsqu'elle est prononcée [...] après l'expiration du délai de probation mais à raison d'un manquement ou d'une infraction commis avant, a pour effet de repousser à la fin du délai ainsi prolongé le caractère non avenu de la condamnation, sans qu'il soit fait une distinction selon que ladite condamnation a été prononcée intégralement ou partiellement sous le bénéfice du sursis probatoire* » (Crim. 13 avr. 2023, n° 22-85.457, P).

18.28 Le travail d'intérêt général (Tig), peine alternative à l'emprisonnement ou peine complémentaire

A. Le domaine et les conditions, délit passible d'emprisonnement ou peine complémentaire prévue par la loi, passé pénal indifférent

1. Le travail d'intérêt général (Tig), peine alternative à l'emprisonnement (C. pén., art. 131-8)

Lorsqu'un délit est puni d'une peine d'emprisonnement, la juridiction peut prescrire que le condamné, quel que soit son passé pénal, accomplira à la place de l'emprisonnement un travail d'intérêt général (Tig), activité non rémunérée exécutée au profit d'une personne morale de droit public ou d'une personne morale de droit privé chargée d'une mission de service public ou d'une association habilitée à mettre en œuvre des travaux d'intérêt généraux (C. pén., art. 131-8). Soulignons que le Tig peut également être prononcé dans le cadre d'une ordonnance pénale délictuelle depuis L. n° 2019-222, 23 mars 2019, applicable le 1er sept. 2019 (C. pr. pén., art. 495-1, v. n° **15.49B**).

Mentionnons enfin que le Tig pouvait constituer une modalité de la peine d'emprisonnement avec sursis et obéissait alors au régime particulier du « sursis Tig » (C. pén., art. 132-54, v. n° **18.26**). Ce régime est abrogé depuis le 24 mars 2020 par L. n° 2019-222, 23 mars 2019, date à laquelle le Tig devient une des modalités particulières du sursis probatoire, nouvelle appellation du sursis avec mise à l'épreuve (C. pén., art. 132-45 21°, v. n° **18.26A**).

2. Le Tig, peine complémentaire ou peine complémentaire prononcée à titre principal

Pour certains délits et pour certaines contraventions de 5e classe (C. pén., art. 131-17), le législateur prévoit le travail d'intérêt général à titre de peine complémentaire (ex. : conduite en état alcoolique ou d'ivresse, n° **36.7** ; homicide involontaire ou blessures en état alcoolique ou d'ivresse, ou avec refus de vérification de l'état alcoolique ou délit de fuite, nos **36.10**, **36.11**, **36.12** ; délit de fuite, n° **36.13** ; refus de vérification de l'état alcoolique, n° **36.17** violences volontaires contraventionnelles, n° **20.23** ; blessures involontaires contraventionnelles, n° **20.66**). Par le jeu des articles 131-11 et 131-18 du code pénal, ce Tig encouru à titre de peine complémentaire peut également être prononcé à titre de peine principale.

3. Les règles communes (C. pén., art. 131-8 et 131-22)

En raison du principe de prohibition du travail forcé, le Tig peut être refusé par le prévenu. Le président du tribunal, avant le prononcé du jugement, doit donc l'informer de son droit de refuser l'accomplissement du travail d'intérêt général et recevoir préalablement sa réponse (C. pén., art. 131-8).

L'absence de motivation de la peine de TIG ne fait pas grief, « *dès lors que le prononcé d'une telle peine étant subordonné à l'accord préalable de l'intéressé, il implique nécessairement la prise en compte de la gravité des faits, de la personnalité de leur auteur et de la situation personnelle de celui-ci* » (Crim. 16 avr. 2019, n° 18-83.434, P).

La peine de travail d'intérêt général peut toutefois être prononcée « *lorsque le prévenu, absent à l'audience, a fait connaître par écrit son accord et qu'il est représenté par un avocat* » (C. pén., art. 131-8, mod. L. n° 2016-731, 3 juin 2016).

Depuis L. n° 2019-222, 23 mars 2019, lorsque le prévenu n'est ni présent ni représenté par un avocat et n'a pas fait connaître son accord pour le prononcé d'un Tig, le tribunal peut prononcer cette peine à son encontre à condition de fixer dans sa décision la durée maximum de l'emprisonnement ou de l'amende dont le JAP pourra ordonner l'exécution en cas de manquement à l'obligation d'exécuter le Tig prononcé à titre de peine alternative à l'emprisonnement (C. pén., art. 131-8, applicable aux faits commis à compter du 25 mars 2019, v. **E** ci-dessous). Dans ce cas, le consentement est recueilli de façon différée par le JAP qui, avant la mise à exécution de la peine de Tig, « *informe le condamné de son droit de refuser l'accomplissement d'un travail et reçoit sa réponse* » et, en cas de refus, met à exécution tout ou partie de l'emprisonnement ou de l'amende fixée par la juridiction, sauf possibilité de conversion (C. pén., art. 131-8, dernier al.). Ces dispositions ne sont toutefois pas applicables au mineur (CJPM, art. L. 122-1).

Par dérogation à ces dispositions, le Tig ne pourra être prononcé par ordonnance pénale « *que si la personne a déclaré, au cours de l'enquête, qu'elle accepterait l'accomplissement d'un tel travail* » (C pr. pén., art. 495-1). « *le législateur n'a en effet pas estimé opportun de prévoir, dans le cadre de l'ordonnance pénale, que cette peine puisse être prononcée sans l'accord préalable de la personne, dont le consentement serait ensuite recueilli de façon différée avant la mise à exécution du travail, comme le permet désormais C. pén., art. 131-8, dernier al.* » (Circ. Crim. 2019-18/H2, 2 août 2019, JUSD1923026C, n° 2.2.2).

Le Tig peut être prononcé contre le **mineur de 16 à 18 ans** (Ord. n° 45-174, 2 févr. 1945, art. 20-5 devenu CJPM, art. L. 122-1), s'il est âgé « *d'au moins 13 ans à la date de commission de l'infraction* » (réd. issue L. n° 2019-222, 23 mars 2019). Sont également applicables au mineur les dispositions relatives au sursis probatoire comportant l'obligation d'accomplir un Tig (C. pén., art. 132-45 21°, en vigueur le 24 mars 2020, v. n° **18.25C**). Dans tous les cas le Tig doit être adapté au mineur et présenter un caractère formateur ou être de nature à favoriser son insertion sociale (Ord. n° 45-174, 2 févr. 1945, art. 20-5 devenu CJPM, art. L. 122-1).

Le tribunal fixe la durée du Tig, entre **20 h** (L. n° 2009-1436, 24 nov. 2009, auparavant : 40 h) et **400 h** (depuis L. n° 2019-222, 23 mars 2019, applicable aux faits commis depuis le 25 mars 2019, auparavant **280 h** depuis L. n° 2014-896, 15 août 2014, auparavant 210 h) pour les **délits** (C. pén., art. 131-8), entre 20h et 120 h pour les contraventions (C. pén., art. 131-17).

Il fixe également sa **durée d'exécution**, qui ne peut excéder 18 mois (C. pén., art. 131-22). Qu'il soit prononcé à titre de peine alternative à l'emprisonnement, de peine complémentaire, ou de peine complémentaire prononcée à titre principal, le Tig peut être assorti de l'exécution provisoire (C. pr. pén., art. 471), y compris pour les mineurs (Ord. n° 45-174, 2 févr. 1945, art. 22 devenu CJPM, art. L. L. 123-2). Mentionnons que si le sursis TIG (peine abrogée depuis le 24 mars 2020) est exclu pour les infractions politiques (C. pén., art. 132-41 et 132-54 combinés, v. n° **18.26A** ; sur l'infraction politique, v. n° **10.7A**) il ne l'est pas lorsqu'il est prononcé en peine alternative à l'emprisonnement ou à titre de peine complémentaire prononcée à titre principal.

Sauf pour les mineurs (CJPM, art. L. 122-1), le tribunal **peut** également fixer le maximum de la peine d'emprisonnement ou d'amende dont le JAP pourra ordonner la mise à exécution contre le condamné en cas d'inexécution de la peine de Tig prononcée à titre d'alternative à l'emprisonnement (C. pén., art. 131-9) (v. **E** ci-dessous). En cas d'inobservation des obligations qui incombent au condamné, le JAP peut ordonner son **incarcération provisoire** après avis du parquet (C. pr. pén., art. 712-19, mod. par L. n° 2021-1729, 22 déc. 2021).

Toutefois, lorsque le Tig est prononcé dans le cadre d'une ordonnance pénale (v. n° **15.49B**), l'interdiction de prononcer une peine d'emprisonnement paraît prohiber la fixation d'une telle peine pour sanctionner son inexécution. Dans ce cadre procédural, seule une peine d'amende peut donc être fixée par le juge (Circ. Crim. 2019-18/H2, 2 août 2019, JUSD1923026C, n° 2.2.1).

Devant le tribunal, il est remis au condamné présent à l'issue de l'audience un avis de convocation à comparaître, dans un délai ⩽ 45 jours, devant le Spip en vue de déterminer les modalités d'exécution de la peine (C. pr. pén., art. 474, mod. par L. n° 2009-1436, 24 nov. 2009). S'il s'agit d'une peine prononcée dans le cadre d'une ordonnance pénale, cette dernière obéit à un régime spécifique de notification par le procureur ou son délégué (C. pr. pén., art. 495-3 ; v. n° **15.50B2**).

B. Les incompatibilités avec l'emprisonnement, l'amende, les jours-amende et les autres peines alternatives à l'emprisonnement (C. pén., art. 131-9)

Le travail d'intérêt général prononcé en application de l'article 131-8 du code pénal, soit à titre de peine alternative à l'emprisonnement, ne peut se cumuler avec l'emprisonnement ou avec une autre peine alternative à l'emprisonnement prononcée en application de l'article 131-9 du code pénal, ni avec une peine d'amende ou de jours-amende (C. pén., art. 131-9).

A contrario, le Tig peut se cumuler avec une ou plusieurs des peines complémentaires prévues pour l'infraction reprochée, sauf à ne pas cumuler un Tig prononcé à titre alternatif à l'emprisonnement en application de l'article 131-8, et un Tig à titre de peine complémentaire (ex. : conduite en état alcoolique, n° **36.7**). En effet, si l'article 132-3 du code pénal prohibe le cumul de peines de même nature en cas d'infractions multiples en concours, *a fortiori* doit-on considérer le cumul comme prohibé en cas d'infraction unique.

Le Tig prononcé à titre de peine complémentaire peut se cumuler avec l'emprisonnement, l'amende ou les jours-amende.

Ex. : outrage à dépositaire de l'autorité publique (C. pén., art. 433-5 ; v. n° **25.8**) : le Tig peut être prononcé en substitut à la peine d'emprisonnement, ne pourra se cumuler avec l'amende, pourra s'accompagner d'une interdiction des droits civiques et de famille, peine complémentaire prévue par l'article 433-22, mais ne pourra être assorti d'une suspension de permis de conduire, qui ne figure pas parmi les peines complémentaires et qui ne pourrait être prononcée qu'en substitut à l'emprisonnement en application de l'article 131-6 du code pénal.

C. La mise en œuvre du Tig (C. pén., art. 131-22)

Créée par D. n° 2018-1098, 7 déc. 2018 (codifié au C. pénit., art. D. 112-39 s.), l'Agence du travail d'intérêt général et de l'insertion professionnelle des personnes placées sous main de justice, service à compétence nationale placé sous l'autorité du ministère de la justice et rattaché à l'administration pénitentiaire, est notamment chargé de promouvoir le Tig et de rechercher les structures et les partenaires permettant d'en développer l'offre, au moyen notamment d'une plateforme numérique permettant de visualiser les postes disponibles.

Depuis L. n° 2021-401, 8 avr. 2021, la liste des postes de travail d'intérêt général offerts par les collectivités publiques, établissements publics ou les associations préalablement habilitées est établie par le directeur du SPIP (au lieu du Jap auparavant compétent), après avis du ministère public et du Jap et après consultation de tout organisme public compétent en matière de prévention de la délinquance (C. pén., art. 131-36, mod. par L. n° 2021-401, 8 avr. 2021, R. 131-17 à R. 131-20).

De même, sauf si le Jap décide d'exercer cette compétence, les modalités d'exécution du travail d'intérêt général, qui étaient auparavant fixées par le Jap, sont désormais décidées par le directeur du SPIP ou son représentant (C. pén., art. 131-22, mod. par

L. nº 2021-401, 8 avr. 2021), du lieu de résidence habituelle du condamné (C. pén., art. R. 131-23).

Pour le mineur, ces modalités sont fixées par le juge des enfants (Ord. nº 45-174, 2 févr. 1945, art. 20-5 devenu CJPM, art. L. 611-2).

Le Jap (ou le juge des enfants) notifie à l'intéressé les modalités d'exécution du travail d'intérêt général (C. pén., art. R. 131-27). Le condamné doit répondre aux convocations du magistrat, ~~se soumettre à un examen médical d'aptitude préalable à l'exécution de la peine~~ (condition supprimée par L. nº 2021-401, 8 avr. 2021, modifiant C. pén., art. 131-22, 131-36 et 132-45 21°, l'examen devenant facultatif sauf cas particuliers fixés par décret), justifier de ses motifs de changement d'emploi, de résidence ou de déplacement lorsqu'ils empêchent l'exécution du Tig, recevoir les visites du travailleur social et lui communiquer tous documents utiles (C. pén., art. 131-22 et 132-55).

Depuis le 24 mars 2020, le condamné est soumis aux mesures de contrôle et aux obligations applicables au sursis probatoire, prévues par C. pén., art. 132-44 (sur ces obligations, v. nº **18.25**) (C. pén., art. 131-22 dernier al., issu L. nº 2019-222, 23 mars 2019).

Sur décision du Jap, le délai d'exécution du Tig « *peut être suspendu provisoirement pour motif grave, d'ordre médical, familial, professionnel ou social* » (C. pén., art. 131-22).

Le condamné exécutant un Tig est couvert au titre du risque accidents du travail et maladies professionnelles (CSS, art. L. 412-8 5°).

Le Jap (ou le juge des enfants) s'assure, soit par lui-même, soit par l'intermédiaire d'un agent de probation, de l'exécution du Tig (C. pén., art. R. 131-29 et R. 131-31). Un responsable est désigné au sein de l'organisme où s'exécute le Tig, qui en assure la direction et le contrôle technique (C. pén., art. R. 131-30).

L'organisme ou s'exécute le Tig délivre au Jap (ou au juge des enfants) ou à l'agent de probation un document attestant de l'exécution de la peine (C. pén., art. R. 131-34).

D. La conversion du Tig en jours-amende par le JAP (C. pr. pén., art. 733-1) (v. nº 18.18)

Le JAP peut convertir un Tig en peine de jours-amende (C. pr. pén., art. 733-1, v. nº **18.18**) (sur les possibilités de conversion de certaines peines par le JAP, v. nº **18.29**).

E. La sanction de l'inexécution du Tig (C. pén., art. 434-42 et 131-9)

Le responsable désigné au sein de l'organisme où s'exécute le Tig informe sans délai le Jap ou l'agent de probation de toute violation de l'obligation de travail ou de tout incident causé par le condamné (C. pén., art. R. 131-30 et R. 131-32).

La violation des obligations résultant de la peine de Tig, prononcée à titre principal ou complémentaire, matérialise l'infraction définie au C. pén., art. 434-42 (v. nº **25.76**). L'infraction est poursuivie selon les règles d'usage par le parquet, qui rassemblera les preuves de l'infraction (ex. : notification des obligations définies par le Jap, rapport d'incident, rapport du Jap, audition). La condamnation prononcée par le tribunal est sans effet sur la peine initiale de Tig. Cette dernière, contrairement au sursis avec mise à l'épreuve assorti d'un Tig (v. nº **18.26**) devenu depuis le 24 mars 2020 le sursis probatoire assorti de l'obligation particulière d'accomplir un TIG (v. nº **18.25C**), ne peut en effet être révoquée et doit être exécutée. En cas de nouvel incident, il pourrait être toutefois soutenu que la règle *non bis in idem* interdit de nouvelles poursuites : Conv. EDH, protocole nº 7, art. 4 : « *Nul ne peut être poursuivi ou puni pénalement [...] en raison d'une infraction pour laquelle il a déjà été acquitté ou condamné par un jugement définitif.* ».

Le tribunal peut fixer, dans la limite des peines encourues pour le délit dont il est saisi et celles de deux ans et 30 000 €, le maximum de la peine d'emprisonnement et d'amende encourue par le condamné en cas d'inexécution du Tig (C. pén., art. 131-9 et 131-22). Le président de la juridiction avertit le condamné des peines ainsi prévues s'il ne respecte pas ses obligations. Les sanctions sont mises à exécution, en tout ou en partie, par le JAP, après débat contradictoire (C. pén., art. 131-9, C. pr. pén., art. 733-2), le cas échéant après avoir ordonné l'**incarcération provisoire** du condamné après avis du parquet (C. pr. pén., art. 712-19, mod. par L. nº 2021-1729, 22 déc. 2021).

18.29 La conversion de certaines peines par le juge d'application des peines (C. pr. pén., art. 747-1 et 747-1-1, L. nº 2019-222, 23 mars 2019, applicable depuis le 24 mars 2020)

A. L'application dans le temps des dispositions relatives à la conversion des peines issues de L. nº 2019-222, 23 mars 2019

Dans la continuité des dispositions, abrogées depuis le 24 mars 2020, permettant au JAP de convertir une peine :

– d'emprisonnement ferme ⩽ 6 mois en sursis Tig (C. pén., art. 132-57, v. nº **18.26C2**) ;

– d'emprisonnement ferme ⩽ 6 mois en jours amende (C. pén., art. 132-57, v. nº **18.18B**) ;

– de jours amende en sursis Tig (C. pr. pén., art. 747-1-2, v. nº **18.26C3**) ;

– de sursis Tig en jours amende (C. pr. pén., art. 747-1-1, v. nº **18.18B**) ;

un nouveau chapitre intitulé « *des conversions de peine* », issu de L. nº 2019-222, 23 mars 2019, entré en vigueur au 24 mars 2020, élargit et réunit au sein de C. pr. pén., art. 747-1 et 747-1-1 les pouvoirs du JAP en la matière.

Il est à noter que les dispositions permettant au JAP de convertir un Tig en jours amende n'ont pas été modifiées par L. nº 2019-222, 23 mars 2019 (C. pr. pén., art. 733-1, v. nº **18.18B**). Elles subsistent donc en concours avec nouvelles dispositions examinées dans le tableau ci-après.

En vertu de C. pén., art. 112-2 3°, les dispositions nouvelles de C. pr. pén., art. 747-1, dans sa rédaction issue de la loi nº 2019-222, 23 mars 2019, « *étendent les mesures qui peuvent être prises par la juridiction de l'application des peines pour convertir une peine d'emprisonnement sans sursis inférieure ou égale à six mois ne sont pas plus sévères que les dispositions anciennes, et s'appliquent immédiatement à la conversion des peines prononcées avant leur entrée en vigueur* » (§ 9) (Crim. 12 mai 2021, nº 20-84.013, P).

B. Les possibilités de conversion des peines par le JAP depuis le 24 mars 2020

1. Les modalités de calcul du quantum de la peine ⩽ 6 mois

Sous l'empire du texte antérieur (C. pén, art. 132-57), la Ch. crim. a dégagé plusieurs règles de calcul du quantum de la peine éligible à la conversion.

Compte tenu de la continuité des rédactions de C. pén., art. 132-57 ancien et de C. pr. pén., art. 747-1 nouveau, ces solutions paraissent transposables à ce dernier texte. « *peuvent prétendre au bénéfice d'une conversion les personnes condamnées à une ou plusieurs peines d'emprisonnement dont la durée totale restant à subir, après déduction de la durée de la détention provisoire et du crédit de réduction de peine, n'excède pas six mois* » (Crim. 5 sept. 2018, nº 17-87.303, P nº 151). Soulignons que le décompte de la détention provisoire sur la peine à subir résulte de C. pr. pén., art. 716-4, celui du crédit de réduction de peine de C. pr. pén., art. 721 et D. 147-12 (sur le CRP, v. nº **18.10C**).

La Ch. crim. a également précisé que « *lorsque plusieurs peines d'emprisonnement ferme ont été prononcées, [...], leur conversion en sursis avec obligation d'accomplir un travail d'intérêt général ou en jours-amende n'est possible que si leur durée totale n'excède pas six mois* » (Crim. 3 sept. 2014, nº 13-80.045, P nº 180) et qu'« *en cas de cumul de condamnations à des peines d'emprisonnement dont la durée totale n'excède pas six mois, la juridiction de l'application des peines qui prononce la conversion desdites peines doit statuer distinctement sur chacune d'elles* » (Crim. 10 févr. 2016, nº 15-82.431, P nº 46).

2. Les conditions de motivation de la décision de conversion

C. pr. pén., art. 747-1, qui prévoit que le JAP « *peut* » ordonner la conversion lorsqu'elle « *lui paraît de nature à assurer la réinsertion du condamné et à prévenir sa récidive* », « *ouvre, à la juridiction de l'application des peines, une simple faculté d'ordonner la conversion de la peine si elle constate que cette mesure lui paraît de nature à assurer la réinsertion du condamné et à prévenir sa récidive. Il en résulte que, si l'octroi d'une conversion doit être justifié par référence à l'existence de l'une de ces deux conditions, son refus n'est pas soumis à une obligation spéciale de motivation faisant référence à ces critères particuliers, ce refus devant néanmoins, comme toute décision juridictionnelle, être motivé* » (§ 10) (Crim. 12 mai 2021, n° 20-84.013, P).

De même, la juridiction d'application des peines n'est pas « *tenue de motiver sa décision par référence aux critères de C. pr. pén., art. 723-15 du même code, lequel se rapporte au régime de l'aménagement des peines mais est étranger à celui de leur conversion* » (§ 12) (Crim. 12 oct. 2022, n° 21-85.413, P ; dans le même sens : Crim. 19 janv. 2022, n° 21-82.446, D).

Enfin, « *saisie d'une demande d'aménagement ou de conversion de peine par le condamné, la juridiction de l'application des peines n'a pas l'obligation de se prononcer d'office sur l'opportunité de prononcer une mesure qui ne lui est pas demandée* » » (§ 11) (Crim. 12 oct. 2022, n° 21-85.413, P).

3. Tableau des possibilités de conversion des peines par le JAP depuis le 24 mars 2020

Tableau 50 : Possibilités de conversion des peines par le JAP depuis le 24 mars 2020 (L. n° 2019-222, 23 mars 2019)

Peine prononcée et conditions de la conversion	Possibilité de conversion de la peine par le JAP
• **emprisonnement ferme ⩽ 6 mois** ou dont la partie ferme est ⩽ 6 mois, y compris révocation de sursis Conversion possible lorsque la condamnation est définitive si « *la conversion lui paraît de nature à assurer la réinsertion du condamné et à prévenir sa récidive* » Décision du Jap prise d'office ou sur demande du condamné, après débat contradictoire (C. pr. pén., art. 712-6 ou 723-15-1)	• **détention à domicile sous surveillance électronique** pour une durée = à la peine prononcée ou à son reliquat (C. pr. pén., art. 747-1) Sur la DDSE, v. n° *18.14*
	• **travail d'intérêt général**, sauf refus du condamné informé de son droit. Le texte ne fixe pas la durée minimale et maximale du Tig ni ne renvoie au C. pén., art. 131-8. En l'absence d'accomplissement du Tig, la durée de la peine d'emprisonnement convertie peut être mise à exécution par le JAP (C. pr. pén., art. 747-1) Les dispositions relatives à la conversion de la peine ferme en Tig sont applicables au mineur (Ord. n° 45-174, 2 févr. 1945, art. 20-5 2° devenu CJPM, art. L. 621-1). Sur le Tig, v. n° *18.28*
	• **jours-amende**, pour un nombre de jours = à celui de l'emprisonnement prononcé ou à son reliquat (C. pr. pén., art. 747-1) Sur les jours-amende, v. n° *18.18*
	• **emprisonnement avec sursis probatoire renforcé** (C. pr. pén., art. 747-1) Sur le sursis probatoire, v. n° *18.24*

• Tig ou sursis probatoire comportant l'obligation d'accomplir un Tig Conversion possible « *en cas de modification de la situation du condamné depuis la décision de condamnation qui ne permet pas la mise à exécution de la peine prononcée* » Décision motivée du Jap prise d'office ou sur demande de l'intéressé ou réquisitions du parquet, après débat contradictoire (C. pr. pén., art. 747-1-1 1° et 712-6)	**• jours-amende**. Le texte ne fixe pas le nombre maximal de jours-amende ni les déterminants de la conversion (C. pr. pén., art. 747-1-1 1° et 733-1) Sur les jours-amende, v. n° **18.18** **• détention à domicile sous surveillance électronique**. Le texte ne fixe pas la durée maximale de la détention à domicile ni les déterminants de la conversion (C. pr. pén., art. 747-1-1 1°) Sur la DDSE, v. n° **18.14**.
• détention à domicile sous surveillance électronique Conditions et modalités de la décision : *idem* ci-dessus. (C. pr. pén., art. 747-1-1 2° et 712-6)	**• travail d'intérêt général**, sauf refus du condamné informé de son droit. Le texte ne fixe pas la durée minimale et maximale du Tig ni ne renvoie au C. pén., art. 131-8. (C. pr. pén., art. 747-1-1 2°) Sur le Tig, v. n° **18.28** **• jours-amende**. Le texte ne fixe pas le nombre maximal de jours-amende ni les déterminants de la conversion (C. pr. pén., art. 747-1-1 2°) Sur les jours-amende, v. n° **18.18**
• jours amende Conditions et modalités de la décision : *idem* ci-dessus. La décision de conversion peut intervenir à l'expiration du délai correspondant au nombre de jours amende prononcé (C. pr. pén., art. 747-1-1 3° et 712-6)	**• travail d'intérêt général**, sauf refus du condamné informé de son droit. Le texte ne fixe pas la durée minimale et maximale du Tig ni ne renvoie au C. pén., art. 131-8. (C. pr. pén., art. 747-1-1 2°) Sur le Tig, v. n° **18.28** **• détention à domicile sous surveillance électronique**. La durée ne peut excéder celle qui serait résultée de l'inexécution de la peine de jours amende (C. pr. pén., art. 747-1-1 2°) Sur la DDSE, v. n° **18.14**.

18.30 La sanction-réparation (C. pén., art. 131-8-1, L. n° 2007-297, 5 mars 2007)

A. La sanction-réparation consiste à condamner l'auteur à réparer le préjudice de la victime (C. pén., art. 131-8-1)

La sanction-réparation consiste dans l'obligation pour le condamné de procéder, dans le délai et selon les modalités fixés par la juridiction, à l'indemnisation du préjudice de la victime (C. pén., art. 131-8-1). Cette sanction s'inscrit dans la finalité, assignée à la peine, de justice restaurative qui consiste à « *restaurer l'équilibre social* » (C. pén., art. 130-1, C. pr. pén., art. 10-1, L. n° 2014-896, 15 août 2014).

Le législateur n'a pas fixé de borne au délai que doit fixer le juge.

Avec l'accord de la victime et du prévenu, la réparation peut être exécutée en nature. Elle peut alors consister dans la remise en état d'un bien endommagé à l'occasion de la commission de l'infraction. Cette remise en état est réalisée par le condamné lui-même ou par un professionnel qu'il choisit et dont il rémunère l'intervention (C. pén., art. 131-8-1).

L'exécution de la réparation est constatée par le procureur de la République ou son délégué (C. pén., art. 131-8-1, C. pr. pén., art. R. 121-2, 3°). Depuis D. n° 2022-200, 17 févr. 2022, les associations agréées d'aide aux victimes d'infraction peuvent également être déléguées par le procureur de la République afin de constater l'indemnisation de la victime (C. pr. pén., art. D. 1-12-2). « *Cette possibilité, qui s'inscrit dans la mission générale d'assistance aux victimes qui est celle de ces associations, permettra de prononcer et de mettre en œuvre plus fréquemment cette peine […]. Elle permettra ainsi de favoriser l'indemnisation des victimes* » (Notice explicative du décret).

B. La sanction-réparation peut être prononcée à titre principal ou complémentaire pour tout délit ou contravention de 5e classe

La sanction-réparation peut être prononcée à titre principal ou complémentaire pour tout délit passible d'emprisonnement. Il en est de même pour tout délit puni à titre de peine principale d'une seule peine d'amende (C. pén., art. 131-8-1).

Le mécanisme est identique pour toutes les contraventions de 5e classe (C. pén., art. 131-15-1).

Les personnes morales sont également passibles, dans les mêmes conditions, de la peine de sanction-réparation pour les délits et les contraventions de 5e classe (C. pén., art. 131-37, 131-39-1, 131-40 et 131-44-1).

Soulignons que la sanction-réparation peut également être prononcée dans le cadre d'une ordonnance pénale délictuelle depuis L. n° 2019-222, 23 mars 2019, applicable le 1er sept. 2019 (C. pr. pén., art. 495-1, v. n° **15.49B**).

C. L'inexécution de la sanction-réparation est sanctionnée par une peine d'emprisonnement ou d'amende dont le maximum est préalablement fixé par la juridiction

Lorsqu'elle prononce la peine de sanction-réparation, la juridiction fixe, en matière correctionnelle, la durée maximum de l'emprisonnement, qui ne peut excéder six mois, ou le montant maximum de l'amende, dans la limite de 15 000 € (C. pén., art. 131-8-1), ou, en matière de contravention de 5e classe, 1 500 € (C. pén., art. 131-15-1). Le JAP pourra ordonner la mise à exécution en tout ou partie de ces peines dans les conditions prévues par C. pr. pén., art. 712-6 et 712-16-3 (issu L. n° 2020-1672, 24 déc. 2020) si le condamné ne respecte pas l'obligation de réparation (C. pén., art. 131-8-1).

Pour les personnes morales, le montant maximum de l'amende encourue ne peut excéder, en matière délictuelle, l'amende encourue, dans la limite de 75 000 € (C. pén., art. 131-39-1). En matière de contravention de 5e classe, l'amende ne peut excéder 7 500 € (C. pén., art. 131-44-1).

Après le prononcé de la décision, le président de la juridiction avertit le condamné des sanctions encourues en cas d'inexécution de la sanction-réparation (C. pén., art. 131-8-1).

Lorsque la sanction-réparation est prononcée dans le cadre d'une ordonnance pénale (v. n° **15.49B**), l'interdiction de prononcer une peine d'emprisonnement paraît prohiber la fixation d'une telle peine pour sanctionner son inexécution. Dans ce cadre procédural, seule une peine d'amende $\leqslant$ 15 000 € peut donc être fixée par le juge (Circ. Crim. 2019-18/H2, 2 août 2019, JUSD1923026C, n° 2.2.1).

18.31 Le suivi socio-judiciaire

A. Le domaine du suivi socio-judiciaire : les atteintes graves aux personnes et les infractions sexuelles

Dans les seuls cas prévus par la loi, il s'agit des infractions graves à l'intégrité physique des personnes et des infractions de nature sexuelle, la juridiction peut ordonner un suivi socio-judiciaire (C. pén., art. 131-36-1). La possibilité de prononcer cette peine est rappelée dans le présent guide pour chacune des infractions concernées.

S'agissant d'une peine complémentaire, cette mesure peut accompagner une peine privative de liberté sans sursis (C. pén., art. 131-36-5), ou assortir un sursis simple total ou partiel, ou le cas échéant une amende, se cumuler avec d'autres peines complémentaires, ou être prononcée à titre de peine principale mais exclusivement en matière correctionnelle (C. pén., art. 131-36-7). Mais elle ne peut être ordonnée en même temps qu'un sursis avec mise à l'épreuve, total ou partiel (C. pén., art. 131-36-6 ; pour une application : Crim. 3 mars 2021, n° 20-82.399, P).

Le suivi socio-judiciaire est applicable aux mineurs (C. pr. pén., art. 763-8). Néanmoins, cette mesure étant indissociable de la peine d'emprisonnement venant sanctionner son inobservation, elle n'apparaît alors pas applicable aux mineurs de moins de treize ans, qui ne peuvent faire l'objet d'un emprisonnement (Ord. n° 45-174, 2 févr. 1945, art. 15 devenu CJPM, art. L. 11-4).

Il convient de souligner que le TAP peut, à l'encontre de toute personne condamnée à au moins « sept » ans (L. n° 2010-242, 10 mars 2010, auparavant dix ans), pour crime ou délit passible du suivi socio-judiciaire, mais n'ayant pas fait l'objet d'une telle mesure ou d'une libération conditionnelle (C. pr. pén., art. 723-36), ou condamnée à une peine « *d'une durée* $\geqslant$ *5 ans pour un crime ou un délit commis une nouvelle fois en état de récidive légale* » (L. n° 2011-267, 14 mars 2011), ordonner son placement sous **surveillance judiciaire** à partir de sa libération, pour une durée n'excédant pas les réductions de peine dont il a bénéficié (C. pr. pén., art. 723-29) (sur les réductions de peines et la surveillance judiciaire, v. n° **18.10**). Ce régime comporte diverses obligations, dont celle, de plein droit, de l'injonction de soins, ainsi que **l'assignation à domicile** si la personne relève des cas où la rétention de sûreté est applicable (C. pr. pén., art. 723-30 et 706-53-13, L. n° 2008-174, 25 févr. 2008). En cas d'inobservation des obligations qui lui incombent, le JAP peut, par ordonnance motivée, révoquer tout ou partie des réductions de peines dont le condamné a bénéficié et ordonner sa réincarcération (C. pr. pén., art. 723-35). Il statue sur la révocation par débat contradictoire (C. pr. pén., art. 712-6 et 712-16-3 (issu L. n° 2020-1672, 24 déc. 2020)), dans les 15 jours d'une éventuelle décision d'**incarcération provisoire** prise après avis du parquet (C. pr. pén., art. 712-19).

La personne peut également faire l'objet d'une **surveillance de sûreté**, prolongeant les obligations imposées dans la surveillance judiciaire, ordonnée par la juridiction régionale de la rétention de sûreté, ce pour une durée de « *deux* » (L. n° 2010-242, 10 mars 2010, auparavant un an) ans renouvelable (C. pr. pén., art. 723-37, L. n° 2008-174, 25 févr. 2008). Il en est de même à l'égard d'une personne placée sous surveillance judiciaire, à laquelle toutes les réductions de peine ont été retirées à la suite de violation de ses obligations dans des conditions qui font apparaître des risques qu'elle commette à nouveau l'une des infractions pour lesquelles la rétention de sûreté est applicable (C. pr. pén., art. 723-37, L. n° 2010-242, 10 mars 2010) (sur le retrait de réductions de peines, v. n° **18.10C5**, **C6** et **D1**).

B. Le mécanisme du suivi socio-judiciaire

Le suivi socio-judiciaire emporte l'obligation pour le condamné, sous la sanction d'une incarcération $\leqslant$ à celle fixée par le tribunal, de se soumettre à des mesures de surveillance et d'assistance destinées à prévenir la récidive, sous le contrôle du Jap, qui peut modifier ou compléter les mesures de suivi (C. pén., art. 131-36-1 ; C. pr. pén., art. 763-3).

La juridiction de jugement fixe la durée du suivi socio-judiciaire : $\leqslant$ 10 ans pour les délits, $\leqslant$ 20 ans pour les crimes.

Pour les faits commis depuis le 10 mars 2004, la durée peut être portée, en matière correctionnelle, à vingt ans par décision spécialement motivée. Elle est de trente ans pour les crimes punis de trente ans de réclusion criminelle. Pour les crimes punis de la réclusion criminelle à perpétuité, la cour d'assises peut décider que le suivi socio-judiciaire s'appliquera sans limitation de durée, sous réserve de la possibilité pour le tribunal de l'application des peines de mettre fin à la mesure à l'issue d'un délai de trente ans (C. pén., art. 131-36-1).

Lorsqu'un suivi socio-judiciaire a été prononcé à l'encontre d'une personne susceptible de relever de la rétention de sûreté (C. pr. pén., art. 706-53-13), la juridiction régionale de la rétention de sûreté peut prolonger tout ou partie de ses effets en le plaçant sous le régime de la **surveillance de sûreté** pour une durée de un an renouvelable (C. pr. pén., art. 763-8 et 723-37).

La juridiction fixe également la durée maximum de l'emprisonnement encouru par le condamné en cas d'inobservation de ses obligations : ⩽ 3 ans pour un délit (⩽ 2 pour les faits commis avant le 10 mars 2004 ; C. pén., art. 131-36-1), et ⩽ 7 ans pour un crime (⩽ 5 ans pour les faits commis avant le 10 mars 2004, C. pén., art. 131-36-1). Pour les mineurs, par application de Ord. n° 45-174, 2 févr. 1945, art. 20-2, devenu CJPM, art. L. 121-5 et L. 121-7, la durée de l'emprisonnement paraît devoir être limitée à 3 ans 1/2 en cas de crime, 1 an 1/2 pour les délits, sauf décision contraire pour le mineur âgé de plus de 16 ans.

Le président de la juridiction « *avertit le condamné des obligations* » résultant du suivi socio-judiciaire et des conséquences de leur inobservation (C. pén., art. 131-36-1). Pour le sursis simple (C. pén., art. 132-29), ou le sursis avec mise à l'épreuve (C. pén., art. 132-40), rappelons que le président « *avertit le condamné, lorsqu'il est présent* ». Pour le suivi socio-judiciaire, la loi ne prévoit pas l'hypothèse du condamné absent (C. pén., art. 131-36-1) et C. pr. pén., art. R. 61 indique que le Jap « rappelle » au condamné ses obligations. Il pourrait donc être soutenu que le suivi socio-judiciaire ne peut être prononcé contre un absent. À quoi il peut être répondu que la formalité de l'avertissement n'est que le préalable de l'exécution du suivi socio-judiciaire, mais que le prononcé de cette peine n'est subordonné ni à l'accord du condamné, ni en conséquence à sa présence.

Par application combinée de C. pén., art. 131-10, 131-11 et C. pr. pén., art. 471, l'exécution provisoire paraît applicable au suivi socio-judiciaire. Les mesures modificatives prises par le Jap seront quant à elles exécutoires de droit par provision (C. pr. pén., art. 763-3).

C. Les mesures de surveillance imposées au condamné

Les **mesures générales de surveillance** qui s'imposent d'office au condamné sont celles applicables en cas de sursis probatoire (C. pén., art. 131-36-2, v. n° **18.25B**).

Les **obligations spéciales** qui peuvent être imposées au condamné, tant par la juridiction que par le Jap, sont aussi celles applicables en cas de sursis probatoire (C. pén., art. 131-36-2, v. n° **18.25C**).

Afin d'en mieux assurer la surveillance par les administrations le cas échéant concernées, la décision de suivi socio-judiciaire continue de figurer au bulletin n° 2 du casier judiciaire pendant la durée de la mesure (C. pr. pén., art. 775). En outre, certaines des obligations imposées dans le cadre du suivi socio-judiciaire sont inscrites au FPR (V. n° **13.17B5**).

D. L'injonction de soins : modalité de principe du suivi socio-judiciaire

Sauf décision contraire de la juridiction, la personne condamnée à un suivi socio-judiciaire est soumise à une injonction de soins mise en œuvre dans les conditions de CSP, art. L. 3711-1, s'il est établi après expertise médicale que la personne poursuivie est susceptible de faire l'objet d'un traitement (C. pén., art. 131-36-4 [réd. L. n° 2007-1198, 10 août 2007, art. 7 et 12, applicable à partir du 1er mars 2008] ; jusqu'à cette date, l'injonction de soin est facultative).

Cette expertise médicale préalable au jugement est obligatoire pour les infractions passibles du suivi socio-judiciaire et peut être ordonnée dès le stade de l'enquête par le procureur de la République (C. pr. pén., art. 706-47-1). L'expert doit être spécialement interrogé « *sur l'opportunité d'une injonction de soins* » (C. pr. pén., art. 706-47-1).

Toutefois la juridiction n'est « *pas tenue par les conclusions du rapport d'expertise médicale figurant au dossier* » (§ 13), lequel excluait en l'espèce l'opportunité d'une injonction de soins qui fut pourtant prononcée (Crim. 16 oct. 2019, n° 18-84.374, P).

Si la personne condamnée à un suivi socio-judiciaire n'a pas été soumise à une injonction de soins, le JAP ordonne en vue de sa libération une expertise médicale afin de déterminer si elle est susceptible de faire l'objet d'un traitement. Il peut « *également ordonner cette expertise à tout moment au cours de l'exécution du suivi socio-judiciaire* » (L. n° 2019-222, 23 mars 2019). « *S'il est établi à la suite de cette expertise la possibilité d'un traitement, la personne condamnée est soumise à une injonction de soins, sauf décision contraire du JAP* » (C. pr. pén., art. 763-3 [mod. par L. n° 2007-1198, 10 août 2007]).

En cas de prononcé d'un suivi socio-judiciaire avec injonction de soins, le président de la juridiction avertit le condamné qu'aucun traitement ne pourra être entrepris sans son consentement, mais que s'il refuse les soins proposés, l'emprisonnement sanctionnant l'inobservation du suivi socio-judiciaire pourra être mis à exécution (C. pén., art. 131-36-4). Il résulte de cet article que le traitement ne pourra être exécuté contre le gré de l'intéressé, mais que le prononcé du suivi socio-judiciaire avec injonction de soins n'est pour autant pas conditionné par son accord. Le législateur n'a en effet pas subordonné le prononcé de cette peine, à la différence du Tig (C. pén., art. 131-8 et 132-5), à l'assentiment du condamné. Le défaut de consentement aux soins se traduira donc par la mise à exécution de la peine fixée par la juridiction.

Le président avise s'il y a lieu le condamné de la possibilité de commencer le traitement pendant l'exécution de l'incarcération (C. pén., art. 131-36-4). La personne qui refuse de suivre le traitement durant son incarcération n'est pas considérée comme « *manifestant des efforts sérieux de réadaptation sociale* » et n'est donc pas susceptible de bénéficier des **réductions de peines supplémentaires** (sur les réductions de peine supplémentaires, v. n° **18.10D1**), sauf décision particulière du Jap prise après avis de la commission d'application des peines (C. pr. pén., art. 721-1). De même, une **libération conditionnelle** ne peut être accordée à la personne condamnée qui refuse de se soumettre durant son incarcération à l'obligation de soins proposée au titre du suivi socio-judiciaire (C. pr. pén., art. 729, sur la libération conditionnelle, v. n° **18.10H**).

La mesure est mise en œuvre au plan médical par un médecin coordonnateur désigné par le Jap sur une liste de psychiatres, ou de médecins ayant suivi une formation appropriée, établie par le procureur de la République (CSP, art. L. 3711-1 et R. 3711-1). Le médecin traitant peut prescrire un traitement inhibiteur de libido (C. pr. pén., art. 706-47-1, CSP, art. L. 3711-3, L. n° 2010-242, 10 mars 2002).

E. Le placement sous surveillance électronique mobile (PSEM) : modalité supplémentaire du suivi socio-judiciaire (L. n° 2005-1549, 12 déc. 2005)

Pour prévenir la récidive à compter du jour où la privation de liberté prend fin, le suivi socio-judiciaire peut également comprendre, à titre de mesure de sûreté, le placement sous surveillance électronique mobile (PSEM) de la personne condamnée à une peine privative de liberté ⩾ **7 ans ou** condamné « *pour un crime ou un délit commis une nouvelle fois en état de récidive légale* [à une peine] *d'une durée* ⩾ *5 à cinq ans* » (L. n° 2011-267, 14 mars 2011) (C. pén., art. 131-36-9 et 131-36-10). Une infraction est en **double récidive** lorsque le premier terme de la récidive est constituée d'une infraction déjà commise en récidive.

Pour les **violences intra familiales** ou commises par un ancien conjoint, concubin ou partenaire, le plancher de 7 ans, auparavant réduit à 5 ans sans exigence de récidive par L. n° 2010-769, 9 juill. 2010, est désormais réduit à 2 ans par L. n° 2019-222, 23 mars 2019, applicable aux infractions commises à partir du 25 mars 2019 (C. pén., art. 131-36-12-1).

Dans tous les cas, peine ⩾ 7 ans, ⩾ 5 ans en double récidive ou ⩾ 2 ans pour violences intra familiales, le PSEM ne peut être prononcé qu'à l'encontre d'une **personne majeure** dont la **dangerosité** est constatée par une **expertise médicale** (C. pén., art. 131-36-10 et 131-36-12-1).

Le prononcé de cette mesure devait être spécialement motivé par le tribunal correctionnel, ou faire l'objet d'un vote à majorité qualifiée par la cour d'assises (C. pén., art. 131-36-11), mais ces conditions ont été supprimées par la loi n° 2011-939 du 10 août 2011 afin d'assouplir les conditions de prononcé d'un PSEM dans le cadre d'un suivi socio-judiciaire.

Toutefois, la « *juridiction ne peut ordonner le placement sous surveillance électronique mobile qu'après avoir fait vérifier la faisabilité technique de la mesure et la disponibilité du dispositif technique devant être utilisé* » (C. pén., art. 131-36-11 issu L. n° 2019-222, 23 mars 2019).

La mesure emporte pour le condamné l'obligation de porter, pour une durée de deux ans, renouvelable une fois en matière délictuelle, deux fois en matière criminelle, un émetteur permettant à tout moment de le localiser (C. pén., art. 131-36-12).

Le président de la juridiction avise le condamné que la mesure ne pourra être mise en œuvre sans son consentement, mais qu'à défaut, l'emprisonnement prononcé pourra être mis à exécution (C. pén., art. 131-36-12).

La durée totale du placement sous surveillance électronique mobile ne peut, compte tenu des renouvellements, excéder la durée du suivi socio-judiciaire (C. pr. pén., art. R. 61-32).

F. La centralisation des éléments de personnalité des personnes poursuivies pour une infraction passible du suivi socio-judiciaire

Le répertoire des données à caractère personnel (fichier **Redex**, v. n° **13.41**), tenu par le service du casier judiciaire sous l'autorité du ministre de la justice et placé sous le contrôle d'un magistrat, est destiné à la centralisation, pour une durée de trente ans, des expertises, évaluations et examens réalisés aux différentes phases du processus judiciaire, pour les personnes poursuivies ou condamnées pour l'une des infractions pour lesquelles le suivi socio-judiciaire est encouru (C. pr. pén., art. 706-56-2, L. n° 2010-242, 10 mars 2010).

G. La sanction de l'inobservation du suivi socio-judiciaire

Le Jap peut d'office, ou sur réquisitions du procureur de la République, ordonner par décision motivée la mise à exécution de l'emprisonnement, préalablement fixé par la juridiction, qui sanctionne l'inobservation du suivi socio-judiciaire (C. pr. pén., art. 763-5). La décision est prise après débat contradictoire tenu en chambre du conseil, le procureur de la République, le condamné et son conseil entendus (C. pr. pén., art. 763-5), dans les 15 jours d'une éventuelle décision d'**incarcération provisoire** préalablement prise par le JAP après avis du parquet (C. pr. pén., art. 712-19). L'audience donnant lieu à rédaction d'un procès-verbal signé par le juge et son greffier (C. pr. pén., art. R. 61-1). L'ordonnance précise la durée de l'emprisonnement à subir et vaut ordre au chef d'établissement pénitentiaire de recevoir et de détenir le condamné (C. pr. pén., art. R. 61-1).

Elle est susceptible d'appel dans les dix jours devant la CHAP (C. pr. pén., art. 763-5). En cas d'absence de la personne au débat contradictoire, « *s'il n'est pas établi que le condamné a eu connaissance de la notification et que le jugement a ordonné la révocation ou le retrait de la mesure dont il bénéficiait, l'appel reste recevable jusqu'à l'expiration des délais de prescription de la peine et le délai d'appel court à compter de la date à laquelle le condamné a eu connaissance du jugement* » (§ 9), en effet, en application de C. pr. pén., art. 712-9, al. 2, « *la mise à exécution de l'emprisonnement prononcé en cas d'inobservation des obligations d'un suivi socio-judiciaire doit être assimilée à la mesure de révocation ou au retrait d'une mesure dont le condamné bénéficiait, s'agissant du point de départ du délai d'appel* » (§ 14) (Crim. 16 févr. 2022, n° 21-81.126, P).

Le Jap peut décider par ordonnance motivée de mettre fin à l'emprisonnement s'il lui apparaît que le condamné est en mesure de respecter les obligations du suivi socio-judiciaire (C. pr. pén., art. R. 61-2).

L'accomplissement de l'emprisonnement ne dispense pas le condamné de l'exécution du suivi socio-judiciaire. En cas de nouveau manquement, une nouvelle incarcération pourra avoir lieu, sans que la durée cumulée des incarcérations ne puisse cependant excéder celle fixée par la juridiction (C. pr. pén., art. 763-5).

18.32 Les peines privatives ou restrictives, alternatives à l'emprisonnement ou à l'amende

A. Les peines alternatives en matière délictuelle (C. pén., art. 131-6 et 131-7)

1. Le régime de la peine alternative

Pour tout délit passible de l'emprisonnement ou de l'amende, la juridiction peut prononcer à titre de peine, à la place de l'emprisonnement ou de l'amende, le cas échéant avec **exécution provisoire** (C. pr. pén., art. 471), éventuellement avec **sursis** (sauf la confiscation, C. pén., art. 132-31 et 132-34), une ou plusieurs des mesures énumérées au A2 ci-dessous (C. pén., art. 131-6, 131-7).

Dans le cas où le délit est passible d'emprisonnement, ces peines ne peuvent en principe être prononcées en même temps que l'emprisonnement, auquel elles sont donc alternatives (C. pén., art. 131-9). Mais l'amende, si elle est également encourue, peut être prononcée en concours. Par dérogation au caractère alternatif à l'emprisonnement de ces peines, certaines d'entre elles, selon les précisions apportées au A2 ci-dessous, peuvent depuis L. n° 2020-936, 30 juill. 2020, être prononcées en plus de l'emprisonnement (C. pén., art. 131-6, mod. par L. n° 2020-936, 30 juill. 2020) : « *L'objectif de ces modifications est de faciliter le prononcé de ces interdictions, notamment en cas de violences au sein du couple, y compris en cas de prononcé d'une peine privative de liberté, lorsqu'il n'apparaît pas justifié de prononcer un sursis probatoire qui nécessiterait un suivi du condamné par le juge de l'application des peines et les services pénitentiaires d'insertion et de probation* » (Circ. Crim. 2020-17-H2, 3 août 2020, NOR : JUSD2020619C, n° 2.2).

Dans le cas où le délit n'est passible que d'amende, ces peines ne peuvent être prononcées en même temps que l'amende, à laquelle elles sont donc alternatives (C. pén., art. 131-9).

En toute hypothèse, ces peines ne peuvent être prononcées en même temps que le Tig (C. pén., art. 131-9) ou que les jours-amende (Circ. Crim. 93-9/F1, 14 mai 1993, n° 52, 4°).

Ces mesures, qui concernent la généralité des délits et qui ont vocation à se substituer aux peines principales d'emprisonnement ou d'amende, ne doivent pas être confondues avec les peines complémentaires, souvent de même nature, prévues spécialement pour l'infraction considérée (v. n° 18.34). Le prononcé d'une ou plusieurs peines alternatives n'exclut pas celui d'une ou plusieurs peines complémentaires, à condition toutefois de ne pas cumuler deux peines de même nature, une telle combinaison paraissant prohibée par l'article 132-3 du code pénal.

Soulignons que ces peines peuvent également être prononcées dans le cadre d'une ordonnance pénale délictuelle depuis L. n° 2019-222, 23 mars 2019, applicable le 1er sept. 2019 (C. pr. pén., art. 495-1, v. n° 15.49B).

Le tribunal **peut** également fixer le maximum de la peine d'emprisonnement ou d'amende dont le JAP pourra ordonner la mise à exécution par le condamné en cas d'inexécution de la peine privative ou restrictive de droits prononcée à titre d'alternative à l'emprisonnement (C. pén., art. 131-9). En cas d'inobservation des obligations qui incombent au condamné, le JAP peut ordonner son **incarcération provisoire** après avis du parquet (C. pr. pén., art. 712-19, mod. par L. n° 2021-1729, 22 déc. 2021).

Toutefois, lorsque cette peine est prononcée dans le cadre d'une ordonnance pénale (v. n° 15.49B), l'interdiction de prononcer une peine d'emprisonnement paraît prohiber la fixation d'une telle peine pour sanctionner son inexécution. Dans ce cadre procédural, seul le maximum de la peine d'amende peut donc être fixé par le juge (Circ. Crim. 2019-18/H2, 2 août 2019, JUSD1923026C, n° 2.2.1).

Certaines des peines alternatives ci-dessous sont inscrites au FPR (V. n° **13.17B4**).

2. LA TYPOLOGIE DES PEINES ALTERNATIVES DÉLICTUELLES

a. Suspension ⩽ 5 ans du permis de conduire, suspension pouvant être limitée à la conduite en dehors de l'activité professionnelle, sauf prohibition légale (C. pén., art. 131-6 1°).

b. Interdiction ⩽ 5 ans de conduire certains véhicules (C. pén., art. 131-6 2°).

c. Annulation du permis de conduire avec interdiction ⩽ 5 ans de solliciter la délivrance d'un nouveau permis (C. pén., art. 131-6 3°) ;

d. Immobilisation ⩽ 1 an d'un ou plusieurs véhicules appartenant au condamné (C. pén., art. 131-6 5°). La durée de l'immobilisation conservatoire ordonnée par le procureur de la République en application du code de la route, art. L. 325-1-1 (v. n° **11.69**) s'impute sur la durée de la peine (C. pén., art. R. 131-10-1, D. n° 2005-320, 30 mars 2005) ;

e. Interdiction ⩽ 5 ans de la conduite d'un véhicule **non équipé** d'un dispositif homologué **d'anti-démarrage par éthylotest électronique.** Lorsque cette interdiction est prononcée en même temps que la peine d'annulation ou de suspension du PC, elle s'applique à l'issue de l'exécution de cette peine (C. pén., art. 131-6, 5° *bis*, L. n° 2014-896, 15 août 2014) ;

f. Confiscation :

– d'un ou plusieurs **véhicules** appartenant au condamné (C. pén., art. 131-6 4°) ;

– d'une ou plusieurs **armes** dont le condamné est propriétaire ou dont il a la libre disposition (sur la notion de « *libre disposition* » d'un bien, v. n° **18.35B7**) (C. pén., art. 131-6 7°). Depuis L. n° 2020-936, 30 juill. 2020, cette peine peut être prononcée **en même temps** que l'emprisonnement (v. **A1** ci-dessus) ;

– de la **chose** qui a servi ou était destinée à commettre l'infraction ou de la chose qui en est le **produit** (sauf en matière de presse) (C. pén., art. 131-6 10°). Depuis L. n° 2020-936, 30 juill. 2020, cette peine peut être prononcée **en même temps** que l'emprisonnement (v. **A1** ci-dessus).

Le champ de la confiscation prononcée à titre d'alternative à l'emprisonnement ou l'amende est moins étendu que celui le cas échéant prévu pour la confiscation à titre de peine complémentaire (v. la peine complémentaire de confiscation, n° **18.35**).

g. Interdiction ⩽ 5 ans de détenir ou de porter une **arme** soumise à autorisation (C. pén., art. 131-6 6°). Depuis L. n° 2020-936, 30 juill. 2020, cette peine peut être prononcée **en même temps** que l'emprisonnement (v. **A1** ci-dessus) ;

h. Retrait du permis de chasser avec interdiction **⩽ 5 ans** de solliciter la délivrance d'un nouveau permis (C. pén., art. 131-6 8°) ;

i. Interdiction ⩽ 5 ans d'émettre des **chèques** autres que de retrait ou certifiés et d'utiliser des **cartes de paiement** (C. pén., art. 131-6 9°) ;

j. Interdiction (sauf en matière de presse) ⩽ 5 ans d'exercer une **activité professionnelle ou sociale**, sauf mandat électif ou responsabilité syndicale, dont les facilités ont été sciemment utilisées pour préparer ou pour commettre l'infraction (C. pén., art. 131-6 11°) ;

k. Interdiction ⩽ 3 ans de **paraître dans certains lieux** ou catégories de lieux fixés par la juridiction et dans lesquels l'infraction a été commise (C. pén., art. 131-6 12°) Depuis L. n° 2020-936, 30 juill. 2020, cette peine peut être prononcée **en même temps** que l'emprisonnement (v. **A1** ci-dessus) ;

l. Interdiction ⩽ 3 ans de **fréquenter certains condamnés** spécialement désignés par la juridiction, notamment les auteurs ou complices de l'infraction (C. pén., art. 131-6 13°).

Depuis L. n° 2020-936, 30 juill. 2020, cette peine peut être prononcée **en même temps** que l'emprisonnement (v. **A1** ci-dessus) ;

m. Interdiction ⩽ **3** ans d'entrer en **relation avec certaines personnes spécialement désignées par la juridiction, notamment la victime** de l'infraction (C. pén., art. 131-6 14°). Depuis L. n° 2020-936, 30 juill. 2020, cette peine peut être prononcée **en même temps** que l'emprisonnement (v. **A1** ci-dessus) ;

n. Interdiction ⩽ **5 ans** d'exercer une **profession commerciale ou industrielle, de diriger, d'administrer, de gérer ou de contrôler** à un titre quelconque, directement ou indirectement, pour son propre compte ou le compte d'autrui, une entreprise commerciale ou industrielle ou une société commerciale (C. pén., art. 131-6 15°) ;

o. Travail d'intérêt général (C. pén., art. 131-8), sur le régime du Tig prononcé à titre de peine principale v. n° **18.28** ;

p. Sanction-réparation (L. n° 2007-297, 5 mars 2007, C. pén., art. 131-8-1, 131-37 et 131-39-1, R. 131-45), qui consiste dans l'obligation pour le condamné de procéder, dans le délai et selon les modalités fixés par la juridiction, à l'indemnisation du préjudice de la victime. Cette peine peut être prononcée en même temps que l'emprisonnement (v. n° **18.30**) ;

q. Toute peine complémentaire prévue pour l'infraction peut aussi être prononcée à titre principal (v. n° **18.34B**).

3. La violation des peines alternatives : la faculté pour le tribunal de prévoir la sanction encourue (C. pén., art. 131-9)

Le tribunal peut fixer, dans la limite des peines encourues pour le délit dont il est saisi et celles de 2 ans et 30 000 €, le maximum de la peine d'emprisonnement et d'amende encourue par le condamné en cas d'inexécution de la peine alternative ou complémentaire prononcée an application de C. pén., art. 131-6. Le président de la juridiction avertit le condamné des peines ainsi prévues s'il ne respecte pas ses obligations. En cas d'inobservation des obligations qui incombent au condamné, les sanctions sont mises à exécution en tout ou en partie par le JAP, après débat contradictoire (C. pén., art. 131-9), le cas échéant après avoir ordonné son **incarcération provisoire** après avis du parquet (C. pr. pén., art. 712-19, mod. par L. n° 2021-1729, 22 déc. 2021).

Pour la sanction-réparation, le maximum des pénalités est de 6 mois et 15 000 € (v. ci-dessus).

Par ailleurs, la violation des obligations ou des restrictions résultant des peines alternatives caractérise les infractions définies aux n^os^ **25.73** à **25.75**. Mais les poursuites ne peuvent être engagées de ce chef si le tribunal a fait usage de la faculté de prévoir les peines encourues, seule la mise à exécution par le JAP pouvant alors être envisagée (C. pén., art. 131-9).

Un régime identique s'applique pour les peines complémentaires prononcées à titre principal (C. pén., art. 131-11, v. n° **18.34**).

Sur les particularités de la sanction de l'inexécution du Tig prononcé à titre de peine principale v. n° **18.28**.

B. Les peines alternatives en matière contraventionnelle, C. pén., art. 131-14

1. Le régime de la peine alternative contraventionnelle

Pour toute contravention de 5e classe, la juridiction peut prononcer à titre de peine principale une ou plusieurs des mesures ci-dessous (C. pén., art. 131-14). Le prononcé de ces peines exclut celui de l'amende. Elles lui sont donc alternatives (C. pén., art. 131-15). Aucune disposition n'autorise le juge à les assortir de l'exécution provisoire (v. C. pr. pén., art. 471).

La violation des obligations ou des restrictions résultant de ces peines caractérise les infractions définies sous n^os^ **25.73** à **25.75**.

2. Les peines alternatives contraventionnelles

a. Suspension ⩽ 1 an du **permis de conduire**, suspension pouvant être limitée à la conduite en dehors de l'activité professionnelle.

b. Immobilisation ⩽ 6 mois d'un ou plusieurs **véhicules** appartenant au condamné (sur l'imputation de la durée de l'immobilisation conservatoire, v. A ci-dessus).

c. Confiscation :

– d'une ou plusieurs **armes** dont le condamné est propriétaire ou dont il a la libre disposition (sur la notion de « *libre disposition* » d'un bien, v. n° 18.35B7) ;

– (sauf en matière de presse) de la **chose** qui a servi ou était destinée à commettre l'infraction ou de la chose qui en est le **produit.**

d. Retrait du permis de chasser avec interdiction **⩽ 1 an** de solliciter la délivrance d'un nouveau permis.

e. Interdiction ⩽ 1 an d'émettre des **chèques** autres que de retrait ou certifiés et d'utiliser des **cartes de paiement.**

f. Sanction-réparation (L. n° 2007-297, 5 mars 2007, C. pén., art. 131-12, 131-15-1, 131-40 et 131-44-1), selon les modalités prévues par C. pén., art. 131-8-1 et R. 131-45 (v. n°s 18.30 et 18.32). Cette mesure peut être cumulée avec l'amende ;

g. Toute peine complémentaire prévue pour l'infraction peut aussi être prononcée à titre principal (v. n° 18.34B).

18.33 La peine de stage – L'harmonisation issue de L. n° 2019-222, 23 mars 2019) (C. pén., art. 131-5-1 et 131-16, en vigueur le 24 mars 2020)

A. L'application dans le temps de la L. n° 2019-22, 23 mars 2019 unifiant le régime des peines de stage

1. L'unification du régime des stages (C. pén., art. 131-5-1)

La L. n° 2019-222, 23 mars 2019 a inscrit la peine de stage dans l'échelle des peines correctionnelles (C. pén., art. 131-3 6°) et unifié et harmonisé le régime des peines de stage auparavant prévues à titre de peine complémentaire par diverses incriminations (C. pén., art. 131-5-1). Ces dispositions sont en vigueur le 24 mars 2020. À la même date, sont supprimées les peines complémentaires de stage dispersées dans ces multiples incriminations et dont l'objet était en lien avec l'intérêt social protégé par l'infraction. Sont également abrogés C. pén., art. 131-35-1 et 131-35-2 qui régissait le régime de certains stages.

Le règlement qui réprime une contravention peut également prévoir que les peines de stage énoncées au C. pén., art. 131-5-1 puissent être prononcées pour une contravention à l'encontre d'une personne physique (C. pén., art. 131-16 7°, en vigueur le 24 mars 2020).

Désormais, les différentes formes de stage obéissent au régime commun de la peine de stage.

Cette peine est applicable à **tout délit puni d'emprisonnement** et peut être prononcée en alternative à l'emprisonnement ou en complément de cette peine. Elle est également applicable à titre de peine complémentaire en **matière contraventionnelle**, lorsque le règlement le prévoit.

La **durée du stage** est ⩽ 1 mois et son **délai d'exécution** est au plus de 6 mois à compter de la date à laquelle la condamnation est définitive, sauf impossibilité résultant du comportement ou de la situation du condamné.

Sauf décision contraire de la juridiction, le **coût du stage** est à la charge du condamné. Il ne peut être supérieur à celui de l'amende contraventionnelle de 3e classe, qui est de **450 €** (C. pén., art. 131-13).

Au-delà du seul stage de citoyenneté auparavant prévu, la peine de stage est désormais applicable au mineur ⩾ 13 ans par renvoi au C. pén., art. 131-5-1. Dans la continuité des dispositions antérieures prévues pour le stage de citoyenneté du mineur, « *le contenu du stage est alors adapté à l'âge du condamné. La juridiction ne peut ordonner que ce stage soit effectué aux frais du mineur.* » (Ord. n° 45-174, 2 févr. 1945, art. 20-4-1, mod. par L. n° 2019-222, 23 mars 2019, devenu CJPM, art. L. 122-5).

« *eu égard à la nature du délit et aux circonstances dans lesquelles il a été commis* », la juridiction précise « *la nature, les modalités et le contenu* » de la peine de stage qu'il choisit parmi les peines détaillées au **B** ci-dessous.

La peine de stage peut également être prononcée dans le cadre d'une ordonnance pénale délictuelle depuis L. n° 2019-222, 23 mars 2019, applicable le 1er sept. 2019 (C. pr. pén., art. 495-1, v. n° **15.49B**).

Comme en matière de peines alternatives (v. n° **18.32A**), le tribunal peut fixer le maximum de la peine d'emprisonnement ou d'amende dont le JAP pourra ordonner la mise à exécution contre le condamné en cas d'inexécution de la peine de stage (C. pén., art. 131-9). En cas d'inobservation des obligations qui incombent au condamné, les sanctions sont mises à exécution en tout ou en partie par le JAP, après débat contradictoire (C. pén., art. 131-9), le cas échéant après avoir ordonné son **incarcération provisoire** après avis du parquet (C. pr. pén., art. 712-19, mod. par L. n° 2021-1729, 22 déc. 2021).

Toutefois, lorsque le stage est prononcé dans le cadre d'une ordonnance pénale (v. n° **15.49B**), l'interdiction de prononcer une peine d'emprisonnement paraît prohiber la fixation d'une telle peine pour sanctionner son inexécution. Dans ce cadre procédural, seul le maximum de la peine d'amende peut donc être fixé par le juge (Circ. Crim. 2019-18/H2, 2 août 2019, JUSD1923026C, n° 2.2.1).

À défaut de fixation *ab initio* de la peine qui sanctionnera l'inexécution de la peine de stage, sa violation sera poursuivie sur le fondement de C. pén., art. 434-41 (sur cette infraction, v. n° **25.73**).

2. Les effets de droit transitoire

Lorsque des faits commis avant le 24 mars 2020 sont jugés à partir de cette date, la peine de stage est fixée par application *in mitius* (en faveur du prévenu) de la disposition antérieure plus douce abrogée prévoyant la peine de stage et des dispositions nouvelles de C. pén., art. 131-5-1 qui s'y substituent (sur l'application dans le temps de la loi pénale, v. n° **10.4**).

EXEMPLE D'UNE PERSONNE POURSUIVIE POUR DISCRIMINATION

Des faits de discrimination (C. pén., art, 225-2, v. n° **23.2**) commis avant le 24 mars 2020 et jugés à partir de cette date relèvent de la peine complémentaire de stage de citoyenneté en application de C. pén., art. 225-19 6° et 131-5-1. Cette peine désormais prévue par C. pén., art. 131-5-1 1° dans sa nouvelle rédaction peut toujours être prononcée, mais à l'exclusion des autres peines de stage désormais applicables à toute infraction passible d'emprisonnement. Pour cette infraction, le tribunal ne peut ainsi prononcer de stage de lutte contre le sexisme et de sensibilisation à l'égalité entre les femmes et les hommes (C. pén., art. 131-5-1 7°) que pour les faits commis à partir du 24 mars 2020. En outre, les règles plus douces prévoyant que le stage de citoyenneté ne pouvait être prononcé contre le prévenu qui la refuse ou qui n'est pas présent à l'audience, abrogées à compter du 24 mars 2020, survivent au titre de la loi pénale plus douce pour les infractions commises jusqu'au 23 mars 2020 mais jugées après. À défaut de précision du jugement, les frais du stage sont à la charge de l'État pour les faits commis avant le 24 mars 2020, à la charge du condamné à partir de cette date, sauf exonération prononcée par le tribunal.

B. Les différentes peines de stage

Les stages que peut prononcer la juridiction sont, depuis L. nº 2019-222, 23 mars 2019, applicable au 24 mars 2020, exhaustivement rassemblées au C. pén., art. 131-5-1 dans sa nouvelle rédaction.

Mentionnons que ces différents stages peuvent également être proposés par le procureur de la République dans le cadre d'une mesure alternative aux poursuites : classement sous condition (C. pr. pén., art. 41-1 2°, v. nº **15.39C**) ou composition pénale (C. pr. pén., art. 41-2, v. nº **15.44B2**).

1. Le stage de citoyenneté

Le stage de citoyenneté a pour objet « *l'apprentissage des valeurs de la République et des devoirs du citoyen* » (C. pén., art. 131-5-1, réd. issue L. nº 2017-86, 27 janv. 2017). Son contenu est désormais précisé par C. pr. pén., art. R. 131-35 1°, D. nº 2020-128, 18 févr. 2020, « *Le stage de citoyenneté a pour objet de rappeler au condamné les valeurs républicaines de tolérance et de respect de la dignité de la personne humaine et de lui faire prendre conscience de sa responsabilité pénale et civile ainsi que des devoirs qu'implique la vie en société. Il vise également à favoriser son insertion sociale. Lorsqu'il concerne une personne condamnée pour une infraction commise avec la circonstance aggravante prévue par l'article 132-76, il rappelle en outre à l'intéressé l'existence des crimes contre l'humanité, notamment ceux commis pendant la Seconde Guerre mondiale* ».

La juridiction précise si le stage, dont le coût ne peut excéder le montant de la contravention de 3e classe (450 €), doit être effectué aux frais du condamné (C. pén., art. 131-5-1 et 131-35-2 (L. nº 2016-731, 3 juin 2016)). Cette peine est applicable aux mineurs de 13 à 18 ans, le contenu du stage est alors adapté, la juridiction ne peut ordonner qu'il soit effectué aux frais du mineur (Ord. nº 45-174, 2 févr. 1945, art. 20-4-1 devenu CJPM, art. L. 122-5) ; lorsqu'il est prononcé pour une infraction commise dans le cadre de la scolarité, le stage de citoyenneté « *peut comporter un volet spécifique de sensibilisation aux risques liés au harcèlement scolaire* » (CJPM, art. L. 122-5, mod. par L. nº 2022-299, 2 mars 2022). Cette peine ne peut être prononcée contre le prévenu qui la refuse ou qui n'est pas présent à l'audience, fût-ce en matière contraventionnelle (C. pén., art. 131-5-1, dernier al., Crim. 5 mars 2013, nº 12-80.891, P nº 54). Le stage de citoyenneté peut toutefois être prononcé « *lorsque le prévenu, absent à l'audience, a fait connaître par écrit son accord et qu'il est représenté par un avocat* » (C. pén., art. 131-5-1, mod. L. nº 2016-731, 3 juin 2016).

La condition du consentement au stage de citoyenneté est supprimée depuis le 24 mars 2020 par la nouvelle rédaction de C. pén., art. 131-5-1 issue de L. nº 2019-222, 23 mars 2019. Elle reste applicable aux faits antérieurs au 24 mars 2020 jugés à partir de cette date.

2. Le stage de sensibilisation à la sécurité routière

Il « *est destiné à éviter la réitération des comportements dangereux par les conducteurs* » (C. pén., art. R. 131-35 2°, D. nº 2020-128, 18 févr. 2020).

3. Le stage de sensibilisation aux dangers de l'usage de produits stupéfiants

Il « *a pour objet de faire prendre conscience au condamné des conséquences dommageables pour la santé humaine et pour la société de l'usage de tels produits* » (C. pén., art. R. 131-35 3°, D. nº 2020-128, 18 févr. 2020).

Les modules du stage peuvent être élaborés avec le concours des personnes privées dont l'activité est d'assister ou d'aider les usagers de stupéfiants, telles que les associations de lutte contre la toxicomanie et le trafic de stupéfiants prévues au C. pr. pén., art. 2-16 (C. pén., art. R. 131-38°, D. nº 2020-128, 18 févr. 2020).

4. Le stage de responsabilité parentale

Il « *a pour objet de rappeler au condamné les obligations juridiques, économiques, sociales et morales qu'implique l'éducation d'un enfant* » (C. pén., art. R. 131-35 4°, D. nº 2020-128, 18 févr. 2020).

Ses modules peuvent être élaborés avec le concours des personnes publiques ou privées mettant en œuvre les accompagnements parentaux prévus par CASF, art. L. 141-1 (C. pén., art. R. 131-38°, D. n° 2020-128, 18 févr. 2020).

5. Le stage de responsabilisation pour la prévention et la lutte contre les violences au sein du couple et sexistes

Il « *doit permettre de rappeler au condamné le principe républicain d'égalité entre les femmes et les hommes, la gravité des violences, quelle que soit leur forme, au sein du couple ou à caractère sexiste et, le cas échéant, le devoir de respect mutuel qu'implique la vie en couple. Il vise également à lui faire prendre conscience de sa responsabilité pénale et civile pour les faits commis* » (C. pén., art. R. 131-35 5°, D. n° 2020-128, 18 févr. 2020).

Ses modules peuvent être élaborés avec le concours des personnes publiques ou privées dont l'activité est d'assister ou d'aider les victimes (C. pén., art. R. 131-38°, D. n° 2020-128, 18 févr. 2020).

6. Le stage de sensibilisation à la lutte contre l'achat d'actes sexuels

Il « *doit permettre de rappeler au condamné ce que sont les réalités de la prostitution et les conséquences de la marchandisation du corps. Il vise également à lui faire prendre conscience de sa responsabilité pénale et civile pour les faits commis.* » » (C. pén., art. R. 131-35 6°, D. n° 2020-128, 18 févr. 2020).

7. Le stage de lutte contre le sexisme et de sensibilisation à l'égalité entre les femmes et les hommes

Son contenu « *doit permettre au condamné de prendre conscience de la gravité des conséquences de toute forme de violence sexuelle ou sexiste dans l'espace public comme dans l'espace privé, notamment dans le monde du travail. Le stage a pour objet de favoriser la compréhension des interdits en soulignant le caractère discriminatoire et dégradant pour les victimes des comportements sexistes. Il comporte notamment des éléments sur l'histoire du mouvement d'émancipation des femmes et du principe républicain d'égalité.* » (C. pén., art. R. 131-35 7°, D. n° 2020-128, 18 févr. 2020).

Ses modules peuvent être élaborés avec le concours des personnes publiques ou privées dont l'activité est d'assister ou d'aider les victimes de violences sexuelles et sexistes ou de harcèlement, telles que les associations prévues au C. pr. pén., art. 2-2 et 2-6 (C. pén., art. R. 131-38°, D. n° 2020-128, 18 févr. 2020).

8. Le stage de sensibilisation à la prévention et à la lutte contre la maltraitance animale (L. n° 2021-1539, 30 nov. 2021)

Cette peine de stage a été instituée par L. n° 2021-1539, 30 nov. 2021, visant à lutter contre la maltraitance animale et conforter le lien entre les animaux et les hommes (C. pén., art. 131-5-1 8°).

18.34 Les peines complémentaires

A. La peine complémentaire accessoire de la peine principale (C. pén., art. 131-10 et 131-16)

1. La peine complémentaire en matière criminelle ou délictuelle

Pour chaque crime ou délit, la loi prévoit généralement une ou plusieurs peines complémentaires qui emportent interdiction, déchéance, incapacité ou retrait d'un droit, injonction de soins ou obligation de faire, immobilisation ou confiscation d'un objet, fermeture d'un établissement, affichage de la décision ou diffusion (C. pén., art. 131-10). Le législateur reste toujours libre de définir de nouvelles peines complémentaires, d'en ajuster le régime pour chaque infraction, ou de sortir de la distinction indicative donnée par le code pénal entre peines principales et complémentaires, à condition toutefois de ne pas conférer à cette peine complémentaire un caractère automatique, ce qui heurterait le principe d'individualisation des peines (Cons. const. 11 juin 2010, n° 2010-6/7 QPC, § 4 et 5 ; sur l'exigence de motivation de la peine, v. n° **18.6A2**).

Ces peines peuvent être prononcées en complément de toutes les peines principales ou de leurs alternatives, éventuellement avec **sursis** (sauf la confiscation, la fermeture d'établissement ou l'affichage, C. pén., art. 132-31).

Elles peuvent être assorties de l'**exécution provisoire** (C. pr. pén., art. 471).

La violation des obligations ou des restrictions résultant de ces peines caractérise les infractions définies sous les n^os^ **25.72** à **25.75**. Certaines des peines complémentaires sont inscrites au FPR (V. n° **13.17B4**).

Lorsque la peine complémentaire a été prononcée à titre principal, le tribunal peut, selon des règles identiques à celles décrites pour les peines principales (v. n° **18.32**), fixer la peine encourue en cas de non-respect des obligations prévues. Les sanctions seront alors mise à exécution par le JAP, en tout ou en partie, dans les limites fixées par le tribunal (C. pén., art. 131-11), le cas échéant après avoir ordonné l'**incarcération provisoire** après avis du parquet (C. pr. pén., art. 712-19, mod. par L. n° 2021-1729, 22 déc. 2021).

2. LA PEINE COMPLÉMENTAIRE EN MATIÈRE CONTRAVENTIONNELLE

En matière contraventionnelle, des peines complémentaires peuvent être prévues par le règlement, mais dans le cadre strict des pénalités autorisées par le législateur (C. pén., art. 131-16 et 131-17).

Il peut arriver que le législateur légifère lui-même en matière contraventionnelle (ex. : création d'une contravention de 5e classe en matière de *rave parties*, L. n° 95-73, 21 janv. 1995, art. 23-1 (L. n° 2001-1062, 15 nov. 2001, v. n° **23.20**) ; contravention de fourniture d'une adresse ou d'une identité fausse en matière de chemins de fer, v. n° **25.58**). Des peines complémentaires contraventionnelles autres que celles prévues par C. pén., art. 131-16 et 131-17 peuvent alors être prévues par la loi.

Ces peines peuvent être prononcées en complément de toutes les peines principales ou de leurs alternatives, éventuellement avec **sursis** (sauf la confiscation, C. pén., art. 132-34).

Elles ne peuvent, sauf dispositions spéciales (ex. suspension de permis en matière de contraventions routières, C. route, art. L. 224-13), être assorties de l'exécution provisoire (C. pr. pén., art. 471).

Selon les termes comparés des articles 131-5, 131-6, 131-10, 131-14, 131-15 et 131-17 du code pénal l'interdiction des droits civiques, civils et de famille, l'interdiction d'exercer une fonction publique ou une activité professionnelle, l'interdiction de séjour, l'interdiction du territoire, l'affichage ou la diffusion de la condamnation, la fermeture d'établissement, l'interdiction de détenir ou porter une arme, l'annulation du permis, la confiscation de véhicule, ne peuvent être prévus par le règlement réprimant une contravention. L'immobilisation du véhicule ne peut être prévue comme peine complémentaire (C. pén., art. 131-16 et 131-17), mais pourra être prononcée comme peine alternative à l'amende (C. pén., art. 131-14).

En matière contraventionnelle, le travail d'intérêt général ne peut excéder 120 h, la suspension du permis de conduire 1 an, le retrait du permis de chasser 1 an, l'interdiction d'émettre des chèques ou d'utiliser une carte de paiement 1 an ; durées inférieures à celles prévues pour les délits.

La violation des obligations ou des restrictions résultant de ces peines caractérise les infractions définies sous n^os^ **25.72** à **25.75**.

B. LA PEINE COMPLÉMENTAIRE PRONONCÉE À TITRE PRINCIPAL (C. PÉN., ART. 131-11 ET 131-18)

En matière délictuelle et contraventionnelle, la juridiction peut ne prononcer, à titre de peine principale, que l'une ou plusieurs des peines complémentaires encourues (C. pén., art. 131-11 et 131-18). Là encore l'**exécution provisoire** est possible pour les délits, non pour les contraventions (C. pr. pén., art. 471).

La peine complémentaire ainsi prononcée à titre principal obéit au régime décrit au titre des peines alternatives (v. n° 18.32).

18.35 Le régime de la peine complémentaire de confiscation (C. pén., art. 131-21 et 131-39 8°)

La peine complémentaire de confiscation, et les opérations de saisie qui en constituent le préalable (v. le droit commun des saisies, n° 11.61, et les saisies pénales spéciales à but confiscatoire n° 11.63), ont fait l'objet de réformes récentes qui en ont étendu le champ, défini des procédures adaptées pour la saisie de certains biens et organisé la gestion de certains avoirs confisqués (L. n° 2010-768, 9 juill. 2010, compl. par L. n° 2012-409, 27 mars 2012).

Le régime de la confiscation pour les personnes morales a en outre été aligné sur celui des personnes physiques (C. pén., art. 131-39, 8°, L. n° 2010-768, 9 juill. 2010).

Lorsque la juridiction a omis de statuer sur la confiscation du bien, le régime de sa conservation ou de sa restitution obéit à celui prévu par C. pr. pén., art. 41-4, décrit au n° 11.62B.

A. Les infractions passibles de la peine complémentaire de confiscation

La peine complémentaire de confiscation est encourue dans les cas suivants :

– dans les cas prévus par la loi ou le règlement : ces cas sont systématiquement visés au titre des peines complémentaires recensées au fil du présent ouvrage (C. pén., art. 131-21, al. 1) ;

– sans précision expresse de la loi : pour tout crime ou pour tout délit passible d'une peine > un an, à l'exception des délits de presse (C. pén., art. 131-21, al. 1 pour les personnes physiques, et 131-39 pour les personnes morales).

Eu égard aux conditions de gravité des infractions pour lesquelles les peines de confiscation sont applicables (tout délit passible d'une peine > un an) et aux biens qui peuvent en faire l'objet, les peines de confiscation instituées par C. pén., art. 131-21 n'ont pas été considérées comme manifestement disproportionnées par le Cons. const., qui a en conséquence déclaré cette disposition constitutionnelle (Cons. const. 26 nov. 2010, n° 2010-66 QPC, § 6).

La régime spécifique de la **confiscation douanière** est décrit au n° 33.36 (v. Orienteur/Régime des peines).

B. Les biens susceptibles de confiscation et les exigences de motivation de cette peine

1. La nécessité de préciser la nature, l'origine et l'identification du bien confisqué

Les développements qui suivent relatifs aux conditions de la confiscation sont transposables au contentieux des mesures provisoires de saisie ordonnées dans le cours de l'enquête et de l'instruction, qui en constituent le préalable (sur les saisies pénales, v. n° 11.61 à 11.64).

Au-delà des exigences particulières de motivation accompagnant, selon son fondement et la nature du bien, le prononcé de la confiscation, le juge doit en toute hypothèse indiquer la nature et l'origine des objets confisqués ainsi que le fondement légal de cette peine, afin de mettre la juridiction supérieure en mesure d'en contrôler la légalité (Crim. 16 déc. 2020, n° 19-87.622 (§ 15), P).

De même, le juge correctionnel doit également clairement identifier le bien confisqué. Il se doit en effet « *de préciser la nature et l'origine de ce bien ainsi que le fondement de la mesure* » (Crim. 12 mai 2021, n° 20-81.014 (§ 31), P ; Crim. 29 nov. 2022, n° 21-85.579 (§ 36)), « *d'identifier tous les biens confisqués* » (§ 9) (Crim. 14 déc. 2022, n° 19-85.719, D (§ 9, de « *préciser sur quels biens portait cette mesure* » (§ 15) (Crim. 18 janv. 2023, n° 21-82.838, D),) ou, en cas de confiscation en valeur, « *de préciser quel est le fondement du caractère confiscable du bien auquel le bien confisqué se substitue* » (§ 17) (Crim. 5 janv. 2023, n° 21-86.237, D).

Il en est de même pour la cour d'assises ou la cour criminelle départementale (Crim. 16 déc. 2020, n° 19-87.622, P (§ 13 et 15) ; dans le même sens : Crim. 14 déc. 2022, n° 21-87.221, D (§ 14)).

Précisons toutefois que « *la confiscation de l'ensemble des scellés* » (§ 3), sans identification plus précise des biens concernés, semble admissible au titre de « *la confiscation générale du patrimoine prévue par C. pén., art. 222-49* » (§ 18), (Crim. 11 janv. 2023, n° 22-81.056, D).

Notons que, quel que soit le fondement de la décision, toute condamnation à la confiscation de matériel de guerre, d'armes, de munitions et de leurs éléments dont la personne est propriétaire ou dont elle a la libre disposition emporte de plein droit interdiction d'acquisition et de détention d'armes, de munitions et de leurs éléments des catégories A, B et C (CSI, art. L. 312-3 2°).

2. La confiscation de l'instrument de l'infraction

« *La confiscation porte sur tous les biens meubles ou immeubles, quelle qu'en soit la nature, divis ou indivis, ayant servi à commettre l'infraction ou qui étaient destinés à la commettre* [autrement dit l'instrument de l'infraction], *et dont le condamné est propriétaire ou, « sous réserve des droits du propriétaire de bonne foi, dont il a la libre disposition* » (C. pén., art. 131-21, al. 2) (sur la notion de « *libre disposition* » d'un bien, v. **B7** ci-dessous).

Un **immeuble** servant de cadre à la vente de biens mobiliers faussement présentés comme anciens constitue **l'instrument de l'infraction** de tromperie au sens de C. pén., art. 131-21 (Crim. 24 juin 2020, n° 19-85.874, P). De même, est approuvée la saisie d'un appartement dans lequel l'auteur procédait à des viols, car « *il avait permis la commission des infractions poursuivies, peu important que son usage n'ait pas été déterminant de leur commission* » (Crim. 24 oct. 2018, n° 18-82.370, P n° 177).

Le **véhicule** conduit en état d'ivresse ne constitue « *pas l'objet de l'infraction mais le bien ayant servi à commettre cette dernière* » (§ 20) (Crim. 8 nov. 2022, n° 21-86.096, D). Il en est de même pour un véhicule conduit après perte totale de points du permis de conduire (Crim. 17 mai 2022, n° 21-85.611, P). De même, le véhicule constitue l'instrument de l'infraction de proposition sexuelle à un mineur par voie électronique suivie d'une rencontre prévue par C. pén., art. 227-22-1 (v. n° **21.31**), dès lors qu'il a servi au transport de l'auteur au rendez-vous fixé avec la victime, « *peu important que l'usage de ce bien n'ait pas été déterminant de la commission des faits* » (§ 13) (Crim. 25 janv. 2023, n° 22-83.997, P).

Lorsque l'infraction « *a été commise en utilisant un service de communication au public en ligne, l'instrument utilisé pour avoir accès à ce service est considéré comme un bien meuble ayant servi à commettre l'infraction et peut être confisqué* » (C. pén., art. 131-21, al. 1, mod. issue L. n° 2022-299, 2 mars 2022).

Dans le cas de la confiscation de l'instrument de l'infraction, à la différence de la confiscation du produit direct ou indirect de l'infraction, la juridiction est tenue de motiver « *la nécessité et la proportionnalité de l'atteinte portée au droit de propriété du prévenu* » au regard de sa personnalité et des faits (Crim. 24 juin 2020, n° 19-85.874 (§ 19 et 20), P ; Crim. 13 nov. 2018, n° 18-80.027, D ; Crim. 8 nov. 2022, n° 21-86.096, D ; Crim. 12 juin 2019, n° 18-83.396, P n° 105 ; Crim. 27 juin 2018, n° 16-87.009, P n° 128).

3. La confiscation de l'objet ou du produit direct ou indirect de l'infraction

La confiscation porte également sur tous les biens qui sont **l'objet ou le produit direct ou indirect de l'infraction**, à l'exception des biens susceptibles de restitution à la victime. Consacrant la jurisprudence (Crim. 5 janv. 2017, n° 16-80.275, P n° 7), la L. n° 2019-222, 23 mars 2019, applicable au 24 mars 2020, prévoit qu'il n'y a pas lieu de motiver « *la confiscation du produit ou de l'objet de l'infraction* » (C. pr. pén., art. 485-1 et 365-1) (sur la motivation de la peine, v. n° **18.6A2**) et **18.6A3**).

Si le produit de l'infraction a été mêlé à des fonds d'origine licite pour l'acquisition d'un ou de plusieurs biens, la confiscation peut ne porter sur ces biens qu'à concurrence de la valeur estimée de ce produit (C. pén., art. 131-21, al. 3).

Le juge n'est pas tenu de motiver la confiscation de l'objet ou du produit de l'infraction au regard de la gravité des faits, de la personnalité, des ressources et des charges de l'auteur, (sur l'obligation de motivation de la peine, v. n° **18.6A2**).

De même, « *le principe de proportionnalité ne peut s'appliquer à la confiscation d'un bien qui, dans sa totalité, est le produit ou l'objet des infractions dont le prévenu a été déclaré coupable* » (Crim. 7 déc. 2016, n° 16-80.879, P n° 331, dans le même sens : Crim. 24 juin 2020, (§ 14) n° 19-85.074, P ; Crim. 31 janv. 2018, n° 17-81.876, P n° 29), y compris lorsqu'il s'agit d'une confiscation en valeur, la jurisprudence ayant toutefois évolué (sur la confiscation en valeur, v. **D2** ci-dessous), dès lors que cette dernière n'excède pas le montant du produit de l'infraction (Crim. 3 mai 2018, n° 17-82.098, P n° 79 ; dans le même sens : Crim. 25 oct. 2017, n° 16-87.113) ou lorsque « *la confiscation, qu'elle soit en nature ou en valeur, porte sur un bien qui, dans sa totalité, constitue le produit de l'infraction* », (Crim. 27 juin 2018, n° 16-87.009, P n° 128 ; dans le même sens : Crim. 25 sept. 2019, n° 18-85.216, D).

En revanche, lorsque le bien saisi a été « *acquis, pour partie, avec des fonds d'origine licite* », le juge doit motiver la confiscation au regard du principe de proportionnalité (Crim. 27 juin 2018, n° 17-84.280, P n° 127 ; Crim. 22 mars 2017, n° 16-82.051, P n° 80), de même pour un immeuble qui « *a bénéficié de travaux d'amélioration financés par le produit* » de l'infraction (Crim. 7 déc. 2022, n° 20-87.111, P), de sorte que « *lorsque le juge ordonne une mesure de confiscation en valeur du produit, direct ou indirect, de l'infraction, il est tenu de préalablement s'assurer que la valeur du bien confisqué n'excède pas le montant du produit de l'infraction* » (Crim. 5 mai 2021, n° 20-86.529, D). Le droit au respect de la vie privée et familiale est une composante du contrôle de proportionnalité lorsque le bien pour partie acquis avec des fonds licites constitue le domicile (Crim. 1er juin 2023, n° 22-86.463, P ; Crim. 22 mars 2017, n° 16-82.051, P n° 80). Si la valeur du bien qui provient pour partie de fonds d'origine licite excède le produit de l'infraction, la confiscation ne porte sur le bien « *qu'à concurrence de la valeur estimée de ce produit* » (C. pén., art. 131-21).

Les principes qui précèdent sont ainsi résumés par la Ch. crim : « *Hormis le cas où la confiscation, qu'elle soit en nature ou en valeur, porte sur un bien qui, dans sa totalité, constitue l'objet ou le produit de l'infraction, le juge, en ordonnant une telle mesure, doit apprécier le caractère proportionné de l'atteinte portée au droit de propriété de l'intéressé lorsqu'une telle garantie est invoquée ou procéder à cet examen d'office lorsqu'il s'agit d'une confiscation de tout ou partie du patrimoine* » (§ 34) ; « *Il incombe en conséquence au juge qui décide de confisquer un bien, après s'être assuré de son caractère confiscable en application des conditions légales, de préciser la nature et l'origine de ce bien ainsi que le fondement de la mesure et, le cas échéant, de s'expliquer sur la nécessité et la proportionnalité de l'atteinte portée au droit de propriété du prévenu.* » (§ 35) (Crim. 29 janv. 2020, n° 17-83.577, P). Et « *si certaines infractions sont susceptibles de faire encourir à leur auteur, outre la confiscation en valeur du produit, direct ou indirect, de l'infraction, la confiscation de tout ou partie de ses biens définie par l'article 131-21, alinéa 6, du code pénal, et si le juge répressif qui ordonne une telle mesure est tenu de contrôler, au besoin d'office, le caractère proportionné de l'atteinte portée au droit de propriété du condamné, l'option ainsi ouverte ne méconnaît pas les principes d'égalité devant la loi et la justice, dès lors que cette différence de traitement se trouve justifiée par le fait que la confiscation encourue sur le fondement du texte précité [...], est susceptible de porter, de manière illimitée, sur l'ensemble des biens composant le patrimoine du condamné* » (Crim. 5 mai 2021, n° 20-86.529, NP).

S'agissant de la quantification du produit de la fraude, mentionnons que « *le produit du délit de travail dissimulé correspond à la seule économie réalisée par la fraude* » (Crim. 6 nov. 2019, n° 18-85.070, D) ; « *et non aux montant des recettes dissimulées* » (§ 13) (Crim. 22 mars 2022, n° 21-84.056, D). Un tel raisonnement paraît transposable au produit de la fraude fiscale.

Notons que le régime de la preuve peut affecter le périmètre de la confiscation. Ainsi, en matière de blanchiment, la présomption instituée par C. pén., art. 324-1-1 est susceptible de faire de fonds dont l'origine est inconnue « *le produit direct ou indirect d'un crime ou d'un délit et, dès lors, l'objet de l'infraction de blanchiment* » (§ 32) (Crim. 15 févr. 2023, n° 22-81.326, D ; sur cette présomption, v. n° **22.49**).

4. La confiscation des biens sans relation directe ou indirecte avec l'infraction

Lorsque la loi le prévoit, la confiscation peut en outre porter sur tout bien meuble ou immeuble défini par la loi ou le règlement qui réprime l'infraction (C. pén., art. 131-21, al. 4), ou sur tout (confiscation du patrimoine) ou partie des biens appartenant au condamné ou de ceux **dont il a la libre disposition**, sous réserve des droits du propriétaire de bonne foi (C. pén., art. 131-21, al. 6) (sur la notion de « *libre disposition* » d'un bien, v. **B7** ci-dessous).

Dans cette dernière hypothèse, la Ch. crim. impose au juge de motiver la sanction « *sur la nécessité et la proportionnalité de l'atteinte portée au droit de propriété de l'intéressé par la mesure de confiscation de <u>tout ou partie du patrimoine</u>, au regard de sa situation personnelle et de la gravité concrète des faits* » (Crim. 7 déc. 2016, n° 15-85.136, P n° 330), ajoutant qu'il incombe « *au juge qui décide de confisquer un bien, après s'être assuré de son caractère confiscable en application des conditions légales, de préciser la nature et l'origine de ce bien ainsi que le fondement de la mesure et, le cas échéant, de s'expliquer sur la nécessité et la proportionnalité de l'atteinte portée au droit de propriété du prévenu* » (Crim. 16 janv. 2019, n° 17-86.581, P n° 14 ; dans le même sens : Crim. 24 juin 2020, (§ 14) n° 19-85.074, P).

Dans le même sens « *hormis le cas où la confiscation, qu'elle soit en nature ou en valeur, porte sur un bien qui, dans sa totalité, constitue le produit ou l'objet de l'infraction, le juge, en ordonnant une telle mesure, doit apprécier le caractère proportionné de l'atteinte portée au droit de propriété de l'intéressé lorsqu'une telle garantie est invoquée ou procéder à cet examen d'office lorsqu'il s'agit d'une confiscation de tout ou partie du patrimoine* » (§ 14) (Crim. 24 juin 2020, n° 19-85.074, D). Est toutefois justifiée la décision de confiscation, « *dès lors que le prévenu n'a invoqué, devant les juges du fond, aucun élément de nature à démontrer que la confiscation de l'immeuble qu'il critiquait en ce qu'il constituait son domicile, portait une atteinte excessive à sa vie privée et familiale* » (§ 10) (Crim. 29 juin 2022, n° 21-84.741, D).

Au visa de l'art. 1 du protocole additionnel n° 1 à la Conv. EDH (« *toute personne physique ou morale a droit au respect de ses biens* »), l'exigence de proportionnalité s'étend à la confiscation prononcée au détriment du tiers de mauvaise foi propriétaire indivis apparent du bien confisqué. Ainsi, le juge ne peut prononcer la confiscation de la totalité d'un bien indivis (en l'espèce un immeuble) à la libre disposition du prévenu co-indivisaire (poursuivi pour trafic de stupéfiants), sa compagne, autre co-indivisaire non poursuivie et tiers intervenante ayant été jugée de mauvaise foi pour avoir eu connaissance des activités délictueuses de son conjoint, « *qu'après s'être assuré, au besoin d'office, de la proportionnalité de l'atteinte portée au droit de propriété de chacun des indivisaires au regard de la gravité concrète des faits et de leur situation personnelle* » (§ 38) (Crim. 25 nov. 2020, n° 19-86.979, P ; sur la saisie du bien indivis, v. **B6** ci-dessous). Notons que dans un contexte comparable, il est énoncé que le prévenu « *n'a pas qualité pour contester la confiscation de la part indivise de son épouse dans l'immeuble confisqué, seule celle-ci pouvant établir qu'elle est propriétaire de bonne foi* » (Crim. 27 juin 2018, n° 17-82.467, D) ou qu'il est également « *sans qualité à invoquer les droits d'un tiers* » (Crim. 15 mars 2017, n° 16-80.801, P n° 74). De même « *le moyen tiré de la violation du principe de proportionnalité est irrecevable, la société X étant sans qualité à invoquer les conséquences de la saisie pour la société Y* » (Crim. 10 mars 2021, n° 20-84.117, P).

Est approuvée la confiscation de biens détenus par des tiers qui savaient que le prévenu « *était le propriétaire économique réel des biens confisqués* » (§ 22), ce qui démontre qu'ils n'étaient pas de bonne foi, un telle confiscation ne portant pas une atteinte disproportionnée à leur droit de propriété puisqu'ils « *n'étaient pas les propriétaires économiques réels des biens confisqués* » (§ 23) (Crim. 28 juin 2023, nº 22-85.091, P).

Notons qu'il a été jugé que la juridiction n'est tenue de procéder à l'examen de proportionnalité de l'atteinte portée au droit de propriété que « *lorsqu'une telle garantie est invoquée* » (Crim. 14 juin 2023, nº 22-84.974, D).

5. La confiscation des biens sans justification d'origine

Pour les infractions passibles d'une **peine ⩾ 5 ans** d'emprisonnement et ayant procuré un profit direct ou indirect, la confiscation porte également sur les **biens meubles ou immeubles**, quelle qu'en soit la nature, divis ou indivis, appartenant au condamné, ainsi que sur ceux dont il a la libre disposition (sur la notion de « *libre disposition* » d'un bien, v. **B7** ci-dessous), lorsque ni le condamné, ni le propriétaire, n'ont pu en justifier l'origine (C. pén., art. 131-21, al. 5).

6. La confiscation du bien indivis ou dont la propriété est démembrée

• **Le bien indivis et le bien de la communauté conjugale.** L'arrêt ci-dessous résume clairement l'incidence de la situation d'indivision d'un bien, notamment d'un bien commun à deux époux, lorsque sa confiscation est prononcée. L'indivision ne fait pas obstacle à la confiscation du bien et cette dernière préserve les droits du tiers indivisaire. En effet : « *Lorsque le bien confisqué constitue un bien indivis appartenant à la personne condamnée et à un tiers, ce bien est dévolu en situation d'indivision à l'État, de sorte que les droits du tiers de bonne foi sont préservés (Crim. 3 nov. 2016, nº 15-85.751, P nº 289).* » (§ 9) ; en application de C. civ., art. 1413, « *Lorsque le bien confisqué constitue un bien commun à la personne condamnée et à son conjoint, [...] le paiement des dettes dont chaque époux est tenu, pour quelque cause que ce soit, pendant la communauté, peut toujours être poursuivi sur les biens communs, à moins qu'il n'y ait eu fraude de l'époux débiteur et mauvaise foi du créancier, sauf la récompense due à la communauté s'il y a lieu. Il en est ainsi des dettes nées d'une infraction commise par un époux seul* » (§ 10) ; « *Il s'en déduit que la confiscation d'un bien commun prononcée en répression d'une infraction commise par l'un des époux ne peut qu'emporter sa dévolution pour le tout à l'État, sans qu'il demeure grevé des droits de l'époux non condamné pénalement, y compris lorsque ce dernier est de bonne foi* » (§ 12) « *Cette dévolution ne méconnaît pas les droits de l'époux non condamné pénalement, dès lors que la confiscation, qui constitue une pénalité évaluable en argent, est susceptible de faire naître un droit à récompense pour la communauté lors de la dissolution de celle-ci, déduction faite du profit retiré par elle, en application de l'article 1417 du code civil, au même titre qu'une amende encourue par un seul époux et payée par la communauté.* » (§ 13) (Crim. 9 sept. 2020, nº 18-84.619, P).

« *lorsque le bien dont la confiscation est envisagée est en état d'indivision entre la personne condamnée et son époux de bonne foi, cette peine ne peut porter que sur la part indivise de la personne condamnée, les droits de l'époux de bonne foi devant lui être restitués, y compris lorsque le bien constitue le produit direct ou indirect de l'infraction (Crim. 7 nov. 2018, nº 17-87.424, P nº 188)* » (§ 13) (Crim. 30 mars 2022, nº 21-82.217, P). En revanche, « *lorsque le bien dont la confiscation est envisagée est commun à des époux mariés sous le régime de la communauté légale réduite aux acquêts et que l'époux non condamné pénalement est de bonne foi, la confiscation ne peut qu'emporter sa dévolution pour le tout à l'État, sans qu'il puisse demeurer grevé des droits de l'époux de bonne foi, la confiscation faisant naître un droit à récompense pour la communauté lors de la dissolution de celle-ci (Crim. 9 sept. 2020, nº 18-84.619)* » (§ 14) (Crim. 30 mars 2022, nº 21-82.217, P).

Compte tenu de ces différences de régime et afin de mettre la C. cass. en mesure d'exercer son contrôle, il appartient au juge du fond de rechercher si le bien confisqué est en état d'indivision ou bien s'il appartient à la communauté conjugale (§ 12) (Crim. 30 mars 2022, nº 21-82.217, P).

• **Le bien dont la propriété est démembrée (usufruit).** À la différence du bien indivis, dont chaque indivisaire est propriétaire, dans la proportion de sa part indivise, de la totalité des attributs de la propriété (*usus* (droit de jouir du bien) *fructus* (droit d'en percevoir les revenus) et *abusus* (droit d'aliéner le bien)), le bien dont la propriété est démembrée est divisé entre, d'une part, l'usufruit (*usus* et *fructus*), d'autre part, la nue propriété (*abusus*). Sauf à constater que le titulaire de l'usufruit d'un bien en a en réalité la libre disposition (sur la notion de « *libre disposition* » d'un bien, v. **B7** ci-dessous) dudit bien, le juge (qui constate dans cette espèce que le démembrement de la propriété ne présente pas un caractère frauduleux) ne peut « *dès lors ordonner que la seule confiscation des droits d'usufruit et non la confiscation en pleine propriété de ce bien, fût-ce en ordonnant la restitution aux nus-propriétaires des sommes représentant la valeur de leurs droits* » (§ 33) (Crim. 30 juin 2021, n°s 16-80.657, 20-83.355, P).

La confiscation « *limitée à la seule nue-propriété appartenant à [la prévenue], n'a pas d'incidence sur le droit de propriété de [sa mère] sur l'usufruit du bien, ce qui exclut toute atteinte à sa vie privée et familiale* » (§ 14) (Crim. 15 déc. 2021, n° 20-85.196, D).

• **Le bien grevé d'une clause de tontine (ou clause d'accroissement).**

« *La clause de tontine, ou clause d'accroissement, est celle par laquelle, lorsque plusieurs personnes acquièrent un bien, le survivant des acquéreurs est réputé avoir été seul propriétaire depuis l'acquisition* » (§ 2), « *tant que la condition de survie demeure pendante, un acquéreur en tontine a, sous la réserve de stipulations contraires, la possibilité d'aliéner seul les droits qu'il tient du pacte tontinier et qui consistent, d'une part, en la jouissance indivise du bien, d'autre part, en la propriété du bien conditionnée au prédécès de ses coacquéreurs* » (§ 3) (avis Civ. 1ère, 15 juin 2022, n° 22-70.002, P).

En conséquence, « *les acquéreurs d'un immeuble grevé d'une clause de tontine aux termes de laquelle celui-ci appartiendra en totalité au survivant d'entre eux, ne sont pas titulaires d'un droit privatif de propriété sur le bien ou partie de ce bien tant que la condition suspensive de survie n'est pas réalisée* » (§ 11), toutefois « *les droits concurrents sur un immeuble grevé d'une telle clause, dont est titulaire la personne mise en cause, constituent un bien dont la confiscation est prévue par C. pén., art. 131-21 du code pénal et dont la saisie, qui ne suspend ni l'usage du bien ni le droit d'en percevoir les fruits, s'étend nécessairement à la totalité de l'immeuble en application de C. pr. pén., art. 706-151, al 2* » (§ 12), enfin « *la confiscation [...] des droits concurrents du condamné ne porte pas atteinte aux droits du coacquéreur du bien grevé de la clause de tontine, dès lors que ce dernier demeure titulaire de ses propres droits, la condition de survie continuant à devoir être appréciée en la personne des coacquéreurs* » (§ 13), en revanche, un tel bien est « *confiscable dans sa totalité dans le cas où il est à la libre disposition du condamné, le coacquéreur n'étant pas de bonne foi* » (§ 14) (Crim. 7 déc. 2022, n° 21-80.743, P ; dans le même sens, v. l'avis précité rendu dans cette affaire par Civ. 1ère, 15 juin 2022, n° 22-70.002, P).

7. L'EXTENSION DE LA CONFISCATION AUX BIENS DONT LE CONDAMNÉ A « LA LIBRE DISPOSITION »

Par hypothèse et par application du principe de personnalité des peines, la confiscation ne peut porter dans tous les cas qui précèdent que sur les biens ou droits dont la personne condamnée est propriétaire, à l'exception de la confiscation des objets qualifiés dangereux ou nuisibles par la loi ou le règlement, qui sont obligatoirement confisqués « *que ces biens soient ou non la propriété du condamné* » (C. pén., art. 131-21).

Mais le législateur étend aux biens dont la personne condamnée « *a la libre disposition* » (C. pén., art. 131-21) le domaine de la confiscation, quel que soit le fondement de cette dernière, à savoir l'instrument de l'infraction (v. **B2** ci-dessus), l'objet ou le produit direct ou indirect de l'infraction, sauf s'il peut être restitué à la victime (v. **B3** ci-dessus), les biens sans relation directe ou indirecte avec l'infraction (v. **B4** ci-dessus), les biens sans justification d'origine (v. **B5** ci-dessus), y compris lorsque la propriété du bien est démembrée (v. **B6** ci-dessus) ou lorsque la confiscation est faite en valeur (sur la confiscation en valeur, v. **D2** ci-dessous. Dans le cas où la propriété du bien dont le prévenu a la libre disposition est démembrée ou fait l'objet d'une clause de tontine, il est confiscable dans sa totalité (Crim. 7 déc. 2022, n° 21-80.743, P).

Selon la jurisprudence, la « *libre disposition d'un bien* » se caractérise par « *le fait, pour une personne, de posséder la totalité ou une majorité des parts de la société qui en est propriétaire* (Crim. 23 mai 2013, nº 12-87.473, P nº 113 ; Crim. 29 janv. 2014, nº 13-80.062, P nº 32), *d'interposer une société immobilière, dont elle assure la gestion de fait, entre son patrimoine et elle, en recourant à des prête-noms de l'entourage familial pour exercer les fonctions ou les rôles de dirigeant de droit, d'administrateurs et d'associés* (Crim. 8 nov. 2017, nº 17-82.632, P nº 250 ; Crim. 23 oct. 2019, nº 18-87.097, P), *de bénéficier de la signature bancaire du compte d'une société et d'en user librement* (Crim. 3 avr. 2019, nº 18-83.052) *ou encore le fait, sans être titulaire de parts au sein de la société propriétaire du bien immobilier, de faire de ce dernier sa résidence principale sans payer aucun loyer et gérer ladite société constituée pour les besoins de la cause entre ses deux filles* (Crim. 19 nov. 2014, nº 13-88.331) » (§ 10) (précédents résumés par Crim. 5 oct. 2022, nº 21-86.043, P).

À titre d'exemple, relevons que « *les héritiers indivisaires susceptibles d'être mis en examen du chef de blanchiment, qui détiennent 99,5 % des parts de la société civile immobilière, ont le pouvoir de décider de l'affectation de l'actif net social résultant de la vente de l'immeuble de cette société, de sorte qu'ils ont la libre disposition de cet élément d'actif* », leur créance sur la société peut ainsi être saisie (Crim. 23 mai 2013, nº 12-87.473, P nº 113).

La confiscation des biens dont le condamné a la libre disposition ne peut toutefois intervenir lorsqu'un tiers de bonne foi en est propriétaire, selon les précisions apportées en **C** ci-après.

C. Les droits du propriétaire de bonne foi

1. La requête en restitution du tiers de bonne foi formée à l'audience (C. pr. pén., art. 373 et 479)

Au stade du jugement, « *Toute personne autre que le prévenu, la partie civile ou la personne civilement responsable qui prétend avoir droit sur des objets placés sous la main de la justice, peut également en réclamer la restitution au tribunal saisi de la poursuite. Seuls, les procès-verbaux relatifs à la saisie des objets peuvent lui être communiqués. Le tribunal statue par jugement séparé, les parties entendues* » (C. pr. pén., art. 479). Ces dispositions sont également applicables devant le tribunal de police (C. pr. pén., art. 54). Des dispositions comparables sont applicables devant la cour d'assises et la cour criminelle départementale, le texte autorisant toutefois la cour à refuser la restitution lorsqu'elle « *présente un danger pour les personnes ou les biens ou lorsque le bien saisi est l'instrument ou le produit direct ou indirect de l'infraction* » (C. pr. pén., art. 373).

Ces dispositions complètent celles, de droit commun, qui organisent les demandes de restitution du tiers de bonne foi dont le bien a été saisi au cours de l'enquête (C. pr. pén., art. 41-4), de l'instruction (C. pr. pén., art. 99), ou après jugement, lorsque le tribunal a omis de statuer sur le sort des biens saisis (C. pr. pén., art. 41-4) ou lorsque le bien a été confisqué à l'insu de son propriétaire (C. pr. pén., art. 710, v. **C2** ci-après). Les solutions dégagées à ce titre, exposées aux nºs **11.62B**, sont ici transposables. Sont aussi utiles les règles dégagées dans le contentieux de la contestation ou de la restitution des saisies pénales spéciales, exposées au nº **11.63F**.

C. pr. pén., art. 479, permet en pratique au pro priétaire de faire valoir à l'audience de jugement du prévenu, d'une part, son titre, d'autre part, sa bonne foi , sur un bien saisi dans le cours de la procédure lorsque ce dernier est confiscable parce qu'il est l'instrument de l'infraction et que l'auteur en avait la libre disposition (sur la notion de « *libre disposition* » d'un bien, v. **B7** ci-dessus), l'objet ou le produit direct ou indirect de l'infraction alors qu'il est susceptible de restitution à la victime (C. pr. pén., art. 131-21, al. 2, v. **B2** ci-dessus), ou parce qu'il s'agit de tout autre bien dont l'auteur a la libre disposition (C. pr. pén., art. 131-21, al. 6, v. **B4** ci-dessus), ou d'un bien dont l'auteur a la libre disposition et qui est dépourvu de justification d'origine (C. pr. pén., art. 131-21, al. 5, v. **B5** ci-dessus).

« *la juridiction correctionnelle qui statue sur la requête en restitution d'un objet placé sous main de justice présentée par un tiers est tenue de s'assurer, si la saisie a été opérée entre ses mains ou s'il justifie être titulaire de droits sur le bien dont la restitution est sollicitée, que lui ont été communiqués en temps utile, outre les procès-verbaux de saisie ou, en cas de saisie spéciale, les réquisitions aux fins de saisie, l'ordonnance et, le cas échéant, la décision de saisie, conformément au C pr. pén., art. 479, al. 2, les pièces précisément identifiées de la procédure sur lesquelles elle se fonde* » (§ 18), « *Au besoin, il appartient à la juridiction correctionnelle de renvoyer l'examen de la demande de restitution à une audience ultérieure après avoir statué sur la culpabilité et sur la peine, sans que puisse être opposée au tiers requérant l'autorité de la chose jugée de la décision ayant éventuellement ordonné la confiscation, ni que puisse être exécutée cette mesure tant qu'il n'a pas été définitivement statué sur la demande de restitution* » (§ 19), au demeurant, est approuvé le rejet de la demande de restitution, au motif que le « *fiduciary agreement* » produit par la requérante « *ne peut lui permettre de justifier la qualité de propriétaire de bonne foi, cet accord ayant précisément pour finalité de permettre une opération de blanchiment dont elle avait parfaitement connaissance pour y avoir participé en la finançant, comportement lui interdisant d'exciper de toute bonne foi au regard des faits poursuivis* » (§ 21) ; dès lors « *elle n'était pas détentrice de l'immeuble au moment de sa saisie, n'a pas justifié être titulaire de droits sur celui-ci, en sorte qu'il n'y avait pas lieu à communication des pièces de la procédure* » (§ 22) (Crim. 21 oct. 2020, nº 19-87.071, P). Il se déduit de cette décision que le demandeur doit d'abord faire la preuve du droit revendiqué sur le bien avant de pouvoir prétendre à la communication des procès-verbaux relatifs à sa saisie. A cet égard, « *le demandeur est sans intérêt, pour contester la confiscation de biens dont il a la libre disposition et qui ont servi à commettre les infractions dont il a été déclaré coupable, à invoquer la bonne foi de la société propriétaire de ces biens* » (Crim. 8 mars 2017, nº 16-80.614, D).

Notons enfin qu'un bien n'est confiscable que lorsque le prévenu a été déclaré coupable, par conséquent « *les juges ne peuvent ordonner la confiscation de biens saisis à l'encontre des propriétaires de ces biens, tiers intervenants sollicitant leur restitution, en l'absence de décision rendue à l'égard des personnes poursuivies à l'issue de la procédure au cours de laquelle les biens ont été saisis* » (§ 22) (Crim. 18 janv. 2023, nº 21-82.838, D ; dans le même sens : Crim. 13 oct. 2021, nº 20-86.868, P).

2. Les conditions procédurales de la confiscation des biens appartenant à des tiers non poursuivis (C. pén., art. 131-21, mod. par L. nº 2021-1729, 22 déc. 2021)

En matière de proxénétisme (v. nº **20.105** s), C. pén., art. 225-25, prévoit la confiscation, « *sous réserve des droits du propriétaire de bonne foi* », des biens dont l'auteur à « *la libre disposition* » (sur la notion de « *libre disposition* » d'un bien, v. **B7** ci-dessus) (dispositions antérieures à celles, désormais communes à toutes les infractions, prévues par C. pén., art. 131-21, issu L. nº 2007-297, 5 mars 2007). Cette disposition a été déclarée inconstitutionnelle au visa de DDHC, art. 16, en ce que « *ni ces dispositions ni aucune autre disposition ne prévoient que le propriétaire dont le titre est connu ou qui a réclamé cette qualité au cours de la procédure soit mis en mesure de présenter ses observations sur la mesure de confiscation envisagée par la juridiction de jugement aux fins, notamment, de faire valoir le droit qu'il revendique et sa bonne foi* » (§ 12) (Cons. const. 23 avr. 2021, nº 2021-899 QPC ; dans le même sens, statuant sur la constitutionnalité de C. pén., art. 313-7 et 324-7 : Cons. const. 23 sept. 2021, nº 2021-932 QPC).

Ces solutions limitées au C. pén., art. 225-25, puis 313-7 et 324-7, étaient transposables à toute infraction pour laquelle la confiscation était encourue en application des dispositions générales de C. pén., art. 131-21 (ce qui fut en effet jugé : Cons. const. 24 nov. 2021, nº 2021-949/950 QPC), à l'exception des dispositions particulières prévoyant déjà des mesures de publicité et la citation à l'audience du propriétaire dont le bien est susceptible de confiscation, qui semblent donc remplir les exigences fixées par le Cons. const. Tel est le cas par exemple en matière de proxénétisme hôtelier, pour le propriétaire du fonds de commerce susceptible de confiscation (C. pr. pén., art. 706-37 et 706-38, v. nº **20.110**).

Tirant les conséquences des décisions QPC précitées, la L. n° 2021-1729, 22 déc. 2021, complétée par L. n° 2022-299, 2 mars 2022, a clarifié le statut procédural du tiers non poursuivi dont le bien est confiscable. Désormais, hors le cas des objets dangereux ou nuisibles ou dont la détention est illicite, « *lorsque la peine de confiscation porte sur des biens sur lesquels toute personne autre que le condamné dispose d'un droit de propriété, elle ne peut être prononcée si cette personne dont le titre est connu ou qui a réclamé cette qualité au cours de la procédure n'a pas été mis en mesure de présenter ses observations sur la mesure de confiscation envisagée par la juridiction de jugement aux fins, notamment, de faire valoir le droit qu'elle revendique et sa bonne foi* » (C. pén., art. 131-21, mod. par L. n° 2021-1729, 22 déc. 2021, puis par L. n° 2022-299, 2 mars 2022). Dans le cas où le tiers intervient à l'audience et réclame la restitution, C. pr. pén., art. 373 et 479 examinés ci-avant ainsi que la jurisprudence qui les interprète seront applicables à sa demande.

Afin que la personne soit en mesure de présenter ses observations, « *la juridiction correctionnelle qui statue sur la mesure de confiscation est tenue de s'assurer que lui ont été communiqués en temps utile outre les procès-verbaux de saisie, en cas de saisie spéciale, les réquisitions aux fins de saisie, l'ordonnance et les pièces précisément identifiées de la procédure sur lesquelles elle se fonde dans ses motifs décisoires* » (§ 49) (Crim. 7 sept. 2022, n° 21-84.322, P).

De même est-il jugé que « *les personnes dont le titre est connu ou qui ont réclamé cette qualité au cours de la procédure sont recevables à interjeter appel ou à former un pourvoi en cassation contre la décision ordonnant la confiscation d'un bien leur appartenant* » (§ 16) (Crim. 7 sept. 2022, n° 21-84.322, P). Cet arrêt reçoit donc le pourvoi de personnes qui se réclamaient propriétaires des biens confisqués et qui n'étaient pas intimées en appel.

C. pr. pén., art. D. 45-2 *bis* pour la cour d'assises, ainsi que D. 45-2-1 *bis* pour le tribunal correctionnel, également applicable devant le tribunal de police (C. pr. pén., art. D. 46-1-4) et la chambre des appels correctionnels (C. pr. pén., art. D. 45-27), dispositions issues du D. n° 2021-1794, 23 déc. 2021, organisent en termes comparables les modalités d'avis de la personne concernée par le ministère public, au plus tard un mois avant l'audience pour la cour d'assises, ou 10 jours pour les juridictions de police ou correctionnelles. Dans tous les cas, ces dispositions ne sont pas applicables « *en ce qui concerne la confiscation obligatoire des objets qualifiés de dangereux ou nuisibles par la loi ou le règlement, ou dont la détention est illicite* ».

Ces dispositions et la jurisprudence sont désormais en accord avec le droit de l'Union. En effet, « *l'article 4 de la décision-cadre 2005/212* [relative à la confiscation des produits, des instruments et des biens en rapport avec le crime], *lu à la lumière de l'article 47 de la Charte, doit être interprété en ce sens qu'il s'oppose à une règlementation nationale qui permet la confiscation, dans le cadre d'une procédure pénale, d'un bien appartenant à une personne autre que celle qui a commis l'infraction pénale, sans que cette première personne dispose d'une voie de recours effective* » (§ 68) (CJUE, 14 janv. 2021, n° C-393/19, *Okrazhna prokuratura – Haskovo, Apelativna prokuratura – Plovdiv (parquet du tribunal régional d'Haskovo, Bulgarie – Parquet d'appel de Plovdiv, Bulgarie)*. La CJUE a en outre précisé que l'art. 8 de la directive 2014/42/UE, 3 avr. 2014, concernant le gel et la confiscation des instruments et des produits du crime dans l'UE, lu à la lumière de l'art. 47 de la CDFU, « *s'oppose à une règlementation nationale qui permet la confiscation, au profit de l'État, d'un bien dont il est allégué qu'il appartient à une personne différente de l'auteur de l'infraction pénale, sans que cette personne ait la faculté de se constituer partie à la procédure de confiscation* » (§ 85) (CJUE, 21 oct. 2021, aff. C-845/19 et C-863/19).

Elles sont également en accord avec la jurisprudence de la CEDH, selon laquelle « *les personnes dont les biens sont menacés de confiscation doivent se voir conférer le statut de partie au procès dans le cadre duquel la confiscation peut être ordonnée* » (CEDH, 16 avr. 2019, *Bokova c/ Russie*, n° 27879/13, § 55 ; 10 avr. 2012, *Silickiene c/ Lituanie*, n° 20496/02, § 50) (arrêts ainsi cités par Crim. 7 sept. 2022, n° 21-84.322 (§ 14), P).

3. La demande de restitution du propriétaire de bonne foi d'un bien définitivement confisqué (C. pén., art. 131-21 et C. pr. pén., art. 710)

• **En premier lieu**, dans le cas où un bien qui constitue le produit direct ou indirect de l'infraction a été confisqué, la jurisprudence admet que son propriétaire de bonne foi, qui est dans cette hypothèse un tiers, puisse solliciter sa restitution sur le fondement de C. pén., art. 131-21 « *sans que puisse lui être opposée l'autorité de la chose jugée de la décision ordonnant la confiscation* » ; en effet, « *conformément aux dispositions précises et inconditionnelles de l'article 6, § 2, de la directive 2014/42/UE du Parlement européen et du Conseil du 3 avril 2014, les droits du propriétaire de bonne foi doivent être réservés, même lorsque le bien constitue le produit direct ou indirect de l'infraction* » (Crim. 7 nov 2018, n° 17-87.424, P n° 188 ; dans le même sens, Crim. 21 oct. 2020, n° 19-87.071 (§ 19), P). En l'espèce, il s'agissait des biens (véhicule, studio et appartement) acquis par une personne au moyen de chèques tirés sur le compte personnel de l'auteur de détournements. Si ces biens étaient effectivement le produit direct ou indirect de l'infraction et avait été définitivement confisqués à l'encontre de l'auteur, leur propriétaire, qui avait bénéficié d'un non-lieu, était présumé de bonne foi et pouvait donc réclamer devant la cour d'appel la restitution qui lui avait été refusée en première instance.

• **En second lieu**, en dehors de cette hypothèse d'un appel d'une décision de refus de restitution, « *toute personne visée par une mesure d'exécution d'une décision pénale est recevable à présenter une requête soulevant des incidents relatifs à cette exécution* » sur le fondement de C. pr. pén., art. 710 (Crim. 21 nov. 2006, n° 05-85.985, P n° 292). En conséquence, si le bien définitivement confisqué appartenait en tout ou en partie à un tiers de bonne foi qui n'a pas été appelé dans la procédure et qui n'a donc pas été en mesure d'en réclamer la restitution, il lui est loisible de saisir le tribunal ou la cour qui a prononcé la décision en incident contentieux relatif à l'exécution (Crim. 20 mai 2015, n° 14-81.741, P n° 121). Dans cette affaire, le tribunal ayant prononcé la confiscation d'un immeuble acquis en commun par deux époux dont l'un avait été condamné, l'autre avait donc saisi la juridiction en incident d'exécution pour réclamer la restitution des droits indivis qu'il détenait sur l'immeuble.

Plus clairement affirmé, « *les droits du propriétaire de bonne foi doivent être réservés, même lorsque le bien constitue le produit direct ou indirect de l'infraction* » (§ 5), par conséquent, « *l'autorité de chose jugée de la décision prononçant la confiscation du bien dont la restitution est demandée [en application de C. pr. pén., art. 710] n'est pas opposable au propriétaire de bonne foi, sans rechercher si la requérante pouvait ou non être considérée comme tel* » (§ 7) (Crim. 4 nov. 2021, n° 21-80.487, D).

« *est seul recevable à agir en application de C. pr. pén., art. 710 en incident d'exécution d'une décision de confiscation définitive, le propriétaire juridique ou légal du bien concerné, non condamné pénalement, qui conserve entier son droit de propriété sur celui-ci, nonobstant la libre disposition dont peut bénéficier une tierce personne* » (§ 15) ; est donc rejetée la demande en restitution d'un bien émanant des syndics de faillite de la succession de la personne qui en avait la libre disposition (sur la notion de « *libre disposition* » d'un bien, v. B7 ci-dessus), décédée et contre laquelle l'action publique était éteinte, car la confiscation de ce bien avait été prononcée à l'encontre de la personne morale qui en était juridiquement propriétaire (Crim. 5 oct. 2022, n° 21-86.043, P).

D. Les modalités de la confiscation

1. La confiscation obligatoire

La confiscation est **obligatoire** pour les biens qualifiés de dangereux ou nuisibles par la loi ou le règlement (C. pén., art. 131-21, al. 7). Dans un tel cas la peine de confiscation n'a pas à être motivée (C. pr. pén., art. 365-1 et 485-1). Est toutefois censurée la confiscation, malgré la relaxe de l'auteur, d'un véhicule muni de faux numéros au motif qu'il était jugé dangereux ou nuisible, car « *la confiscation obligatoire, peine complémentaire encourue dans* *les cas prévus par la loi, ne peut être prononcée que lorsque le prévenu est déclaré coupable* » (Crim. 13 oct. 2021, n° 20-86.868, P). Il en est de même pour la confiscation facultative car « *la confiscation, peine complémentaire encourue dans les cas prévus par la loi , ne peut être prononcée que lorsque le prévenu est déclaré coupable* » (§ 21), ainsi « *les juges ne peuvent ordonner la confiscation de biens saisis à l'encontre des propriétaires de ces biens, tiers intervenants sollicitant leur restitution, en l'absence de décision rendue à l'égard des personnes poursuivies à l'issue de la procédure au cours de laquelle les biens ont été saisis* » (§ 22) (Crim. 18 janv. 2023, n° 21-82.838, D).

2. La confiscation en valeur

« *La confiscation en valeur peut être exécutée sur tous biens, quelle qu'en soit la nature, appartenant au condamné, ou sous réserve des droits du propriétaire de bonne foi, dont il a la libre disposition* » (sur la notion de « *libre disposition* » d'un bien, v. **B7** ci-dessus) (C. pén., art. 131-21, réd. issue L. n° 2013-1117, 6 déc. 2013).

La notion de confiscation en **valeur** n'est pas définie par C. pén., art. 131-21. La circulaire Crim. 2012-14/G3, 16 juill. 2012, NOR : JUSD1229412C, n° I précise qu'elle « *consiste à confisquer un bien dont la valeur équivaut au produit de l'infraction, mais qui ne constitue pas lui-même le produit direct ou indirect de cette infraction* ».

Cette confiscation en valeur peut être ordonnée dans tous les cas, « *sans qu'il soit dorénavant nécessaire de justifier que le bien n'avait pu être préalablement saisi ou qu'il ne pouvait être représenté* ». Elle « *peut ainsi porter sur tout bien du condamné, quelle que soit son origine licite ou illicite et quelle que soit sa date d'acquisition par rapport à la date de commission de l'infraction. La juridiction de jugement peut ainsi, après avoir évalué le produit de l'infraction d'après les éléments du dossier, prononcer la confiscation de tout bien du condamné dont la valeur équivaut, en tout ou en partie à la valeur du produit généré par l'infraction, identifié au cours de la procédure, que ce bien ait été préalablement saisi ou non* » (Circ. Crim. 2012-14/G3, 16 juill. 2012, NOR : JUSD1229412C, n° I).

Un raisonnement identique peut être tenu pour la confiscation en valeur d'un bien ayant servi à commettre l'infraction ou destiné à la commettre (instrument de l'infraction), la loi n'excluant pas le prononcé d'une confiscation en valeur pour cette catégorie de biens confiscables.

Dès le stade de l'enquête ou de l'information, il appartient en effet « *au juge, d'une part, de s'assurer que les conditions de la confiscation de l'instrument de l'infraction prévues par C. pén., art. 131-21, al. 2 étaient réunies au moment de la commission des faits, d'autre part, de vérifier que la valeur du bien saisi n'excède pas celle de l'instrument de l'infraction, enfin, lorsqu'une telle garantie est invoquée, d'apprécier le caractère proportionné de l'atteinte portée au droit de propriété de l'intéressé au regard de la gravité concrète des faits et de sa situation personnelle* » (Crim. 6 nov. 2019, n° 19-82.683, P). Notons que la confiscation du produit de l'infraction n'a pas à être motivée, il en était également ainsi pour la confiscation **en valeur** de ce même produit (Crim. 3 mai 2018, n° 17-82.098, v. **B3** ci-dessus). Toutefois, le contrôle de proportionnalité est désormais imposé : « *la confiscation du produit de l'infraction, lorsqu'elle est ordonnée en valeur, doit être motivée* » (§ 8) « *en tenant compte de la gravité des faits, de la personnalité de leur auteur et de sa situation personnelle* » (§ 7) (Crim. 19 avr. 2023, n° 22-82.994, P).

En toute hypothèse, il incombe « *au juge qui décide de confisquer un bien en valeur, notamment, de s'assurer que celle-ci n'excède pas celle de l'instrument, de l'objet ou du produit de l'infraction* » (§ 7), pour ce faire, s'agissant d'un immeuble, il est tenu de « *rechercher, pour déduire de la valeur de l'immeuble confisqué le capital restant dû à l'établissement bancaire prêteur, si ce bien se trouvait grevé d'un privilège ou d'une hypothèque opposable par celui-ci à l'État à la suite de sa dévolution à ce dernier* » (§ 11) (Crim. 23 nov. 2022, n° 21-85.668, P).

Les poursuites pour l'exécution des confiscations en valeur sont faites au nom du procureur de la République par le comptable public compétent, où, dans le cas où la confiscation en valeur s'exécute sur des biens préalablement saisis, par l'Agrasc (C. pr. pén., art., 707-1).

3. La saisie conservatoire prononcée par le tribunal

Les saisies effectuées dans le cadre de l'enquête ou de l'information, lorsqu'elles portent sur des biens confiscables au titre de C. pén., art. 131-21, constituent une mesure conservatoire préalable à la décision de confiscation (v. le droit commun des saisies nº **11.61** et les saisies pénales spéciales à but confiscatoire nº **11.63**).

Lorsque le bien dont la confiscation est prononcée par le tribunal n'a pas fait l'objet d'une saisie préalable, le tribunal correctionnel peut, afin de garantir l'exécution de cette peine, ordonner la saisie, aux frais avancés du Trésor, du bien confisqué. Cette décision est exécutoire nonobstant appel ou opposition (C. pr. pén., art. 484-1).

Il convient de préciser que la saisie pénale, prononcée au stade de l'enquête ou de l'information, ou par le tribunal au moment du jugement, conditionne la saisine de l'Agrasc aux fins d'exécution de la confiscation (v. ci-dessous). Cet établissement public n'a en effet pas le pouvoir de placer sous main de justice le bien mais seulement d'en assurer la conservation et la valorisation aux fins d'aliénation ou de destruction, sur la base d'un acte de saisie pénale préalablement formalisé par l'autorité judiciaire ou, sous son contrôle, par un enquêteur (C. pr. pén., art. 706-160 et 707-1).

4. L'autorisation de remise immédiate des avoirs à l'Agrasc aux fins d'aliénation

Le tribunal peut autoriser la remise à l'Agrasc des avoirs saisis et confisqués, en vue de leur aliénation, des biens meubles confisqués dont il ordonne la saisie, lorsque ces biens ne sont plus nécessaires à la manifestation de la vérité et que leur conservation serait de nature à en diminuer la valeur. Cette décision est exécutoire nonobstant appel ou opposition. Ces avoirs, ou le produit consigné de leur vente, pourront être restitués au propriétaire, s'il en fait la demande, en cas d'arrêt de relaxe ou de non-confirmation de la confiscation (C. pr. pén., art. 484-1).

E. L'exécution de la confiscation

Depuis le 24 mars 2020, le tribunal peut, lorsqu'il prononce un sursis probatoire, imposer à la personne condamnée l'obligation particulière de justifier de la remise d'un bien confisqué (C. pén., art. 132-45 **23°**, réd. issue L. nº 2019-222, 23 mars 2019, en vigueur au 24 mars 2019) (sur les obligations particulières du sursis probatoire, v. nº **18.25C**).

La chose confisquée est, sauf disposition particulière prévoyant sa destruction ou son attribution, dévolue à l'État, mais elle demeure cependant grevée, à concurrence de sa valeur, des droits réels licitement constitués au profit des tiers (C. pén., art. 131-21, al. 10).

L'exécution des confiscations en valeur est faite au nom du procureur de la République par le comptable public compétent ou, dans les cas où la confiscation en valeur s'exécute sur des biens préalablement saisis, par l'Agrasc (C. pr. pén., art. 707-1).

L'Agrasc a également compétence pour exécuter les confiscations portant sur tous les biens meubles ou immeubles saisis qui nécessitent, pour leur conservation ou leur valorisation, des actes d'administration, ou pour toutes les sommes saisies, même si ces biens ne lui ont pas été préalablement confiés au stade de l'enquête ou de l'instruction (C. pr. pén., art. 707-1 et 706-160).

Soulignons que selon les précisions apportées au nº **16.20B**, la partie civile peut dans certaines conditions obtenir de l'Agrasc le paiement de ses dommages-intérêts sur les biens confisqués (C. pr. pén., art. 706-164).

La destruction, le détournement ou la tentative de destruction ou de détournement de l'objet confisqué, ainsi que le refus de sa remise à l'autorité chargée de l'exécution de la mesure, sont incriminés par C. pén., art. 434-41 (v. nº **25.74** et **25.75**).

F. La dévolution des biens confisqués à l'État

« *Les biens, à caractère mobilier ou immobilier, dont la confiscation a été prononcée par décision de justice sont, sauf disposition particulière prévoyant leur destruction ou leur attribution, dévolus à l'État* » (CGPPP, art. L. 1124-1).

« *Les biens mobiliers dont, à l'occasion d'une procédure pénale, la propriété a été transférée à l'État suite à une décision judiciaire définitive peuvent être affectés, à titre gratuit, dans les conditions déterminées par arrêté interministériel, à des services de police, des unités de gendarmerie ou des services de l'administration des douanes lorsque ces services ou unités effectuent des missions de police judiciaire* » (CGPPP, art. L. 2222-9).

« *En l'absence de disposition prévoyant l'attribution du bien confisqué, il ne relève pas de l'office du juge qui prononce une mesure de confiscation de décider de l'attribution dudit bien* » (§ 13) et « *l'affectation du bien confisqué relève de l'exécution de la mesure de confiscation* » (§ 14), est ainsi censurée la décision de confiscation et d'attribution du bien à la Mildeca (Crim. 1er juin 2023, nº 22-81.075, P). Excède aussi ses pouvoirs la cour d'appel qui a prononcé la confiscation d'une somme saisie et « *a ordonné son affectation aux pénalités douanières auxquelles elle a condamné le prévenu* » (Crim. 15 mai 1997, nº 96-81.046, P). De même, si en application de C. pr. pén., art. 710 les « *juridictions répressives peuvent statuer sur les incidents contentieux relatifs à l'exécution des sentences qu'elles ont prononcées [...], ces dispositions ne leur donnent pas le pouvoir d'autoriser l'aliénation des biens saisis au cours de la procédure* » (§ 10), excède ainsi ses pouvoirs la cour d'appel qui autorise la vente de biens saisis dans un pays étranger qu'elle avait confisqués (Crim. 15 févr. 2023, nº 21-87.146, P).

18.36 Le cas particulier de la confiscation d'un animal (C. pén., art. 131-21-1)

A. Le domaine de la confiscation de l'animal (C. pén., art. 131-21-1)

Lorsque la confiscation d'un animal est encourue à titre de peine complémentaire, elle porte sur « *l'animal qui a été utilisé pour commettre ou tenter de commettre l'infraction ou à l'encontre duquel l'infraction a été commise* » « *Elle concerne également les animaux dont le condamné est propriétaire ou dont il a la libre disposition, si ces animaux étaient susceptibles d'être utilisés pour commettre l'infraction ou si l'infraction aurait pu être commise à leur encontre* » (C. pr. pén., art. 131-21-1) (sur la notion de « *libre disposition* » d'un bien, v. nº **18.35B7** ci-dessus).

Par renvoi au C. pén., art. 131-21, al. 4, la confiscation d'un animal peut également être prononcée si elle est prévue par la loi ou le règlement qui réprime l'infraction, sans qu'il soit nécessaire, sous réserve des dispositions concernées, que l'animal constitue le moyen ou l'objet effectif ou potentiel de l'infraction (C. pén., art. 131-21-1).

B. Les modalités de prononcé et d'exécution de la peine de confiscation d'un animal (C. pén., art. 131-21-1)

La juridiction qui prononce la confiscation de l'animal « *prévoit qu'il sera remis à une fondation ou à une association de protection animale reconnue d'utilité publique ou déclarée, qui pourra librement en disposer* ».

Lorsque la juridiction n'a pas précisé la fondation ou l'association auprès de laquelle l'animal confisqué doit être remis, « *le procureur de la République met à exécution cette peine auprès de la personne morale qu'il détermine* » (C. pén., art. R. 131-50).

« *Lorsqu'il s'agit d'un animal dangereux, la juridiction peut ordonner qu'il soit procédé à son euthanasie, le cas échéant aux frais du condamné* ».

Lorsque l'animal a été placé en cours de procédure (sur la saisie et le placement de l'animal vivant, C. pr. pén., art. 99-1, v. nº **11.61H**), la juridiction qui ordonne la confiscation « *peut mettre les frais de placement à la charge du condamné* ».

Lorsque la procédure est dirigée contre une personne qui n'est pas le propriétaire de l'animal, « *la juridiction se prononce sur la mise à la charge du condamné des frais de placement* » (C. pén., art. R. 131-50).

Lorsque l'animal n'a pas été placé en cours de procédure, « *le condamné doit, sur injonction qui lui est faire par le ministère public, le remettre à l'organisme* » désigné pour recevoir l'animal confisqué.

La destruction, le détournement ou la tentative de destruction ou de détournement de l'animal confisqué, ainsi que le refus de sa remise à l'autorité chargée de l'exécution de la mesure, sont incriminés par C. pén., art. 434-41 (v. n° 25.74 et 25.75).

19. L'appel et le pourvoi en cassation

19.1 L'appel : le double degré de juridiction, expression du droit à un recours effectif

A. Les dispositions de principe

1. Le principe du droit au recours

« *Droit à un double degré de juridiction en matière pénale. 1. Toute personne déclarée coupable d'une infraction pénale par un tribunal a le droit de faire examiner par une juridiction supérieure la déclaration de culpabilité ou la condamnation. L'exercice de ce droit, y compris les motifs pour lesquels il peut être exercé, sont régis par la loi. 2. Ce droit peut faire l'objet d'exceptions pour des infractions mineures telles qu'elles sont définies par la loi ou lorsque l'intéressé a été jugé en première instance par la plus haute juridiction ou a été déclaré coupable et condamné à la suite d'un recours contre son acquittement* » (Protocole n° 7 du 22 nov. 1984 à la convention de sauvegarde des droits de l'homme et des libertés fondamentales, art. 2). Selon les réserves exprimées par le gouvernement français lors de la ratification de ce protocole additionnel « *l'examen par une juridiction supérieure peut se limiter à un contrôle de l'application de la loi, tel que le recours en cassation* ».

« *Toute personne déclarée coupable d'une infraction a le droit de faire examiner par une juridiction supérieure la déclaration de culpabilité et la condamnation, conformément à la loi* » (Pacte international relatif aux droits civils et politiques, 19 déc. 1966, art. 14 § 5). Selon les réserves exprimées par le gouvernement français lors de la ratification de cet instrument « *Le gouvernement de la République interprète l'article 14, paragraphe 5, comme posant un principe général auquel la loi peut apporter des exceptions limitées. Il en est ainsi, notamment, pour certaines infractions relevant en premier et dernier ressort du tribunal de police [...]. Au demeurant les décisions rendues en dernier ressort peuvent faire l'objet d'un recours devant la* **C. cass.** *qui statue sur la légalité de la décision intervenue* ».

« *Toute personne condamnée a le droit de faire examiner sa condamnation par une autre juridiction* » (C. pr. pén., art. préliminaire).

Si le Conseil constitutionnel estime que « *le principe du double degré de juridiction n'a pas, en lui-même, valeur constitutionnelle* » (Cons. const. 14 mai 2012, n°s 2012-243/244/245/246 QPC, § 13 ; 13 sept. 2013, n° 2013-228/229 DC, § 8 et 12 févr. 2004, n° 2004-491 DC, § 4), il juge également de manière constante au visa de l'article 16 de la DDHC de 1789 instituant « *la garantie des droits* » qu'il « *ne doit pas être porté d'atteintes substantielles au droit des personnes intéressées d'exercer un recours effectif devant une juridiction* » (Cons const. 23 juill. 1999, n° 99-416 DC, § 83). Il en résulte que le droit à un recours juridictionnel effectif exige que la personne concernée puisse disposer de « *moyens de procédure* », notamment, mais pas exclusivement, celui de l'appel, « *lui permettant de contester utilement et dans des délais appropriés les dispositions* » de la décision concernée (Cons. const. 13 juill. 2011, n° 2011-153 QPC, § 5).

2. L'encadrement du droit au recours par le formalisme procédural et la prohibition du formalisme excessif

« *Le « droit à un tribunal », dont le droit d'accès constitue un aspect, n'est pas absolu et se prête à des limitations implicitement admises, notamment en ce qui concerne les conditions de recevabilité d'un recours, car il appelle de par sa nature même une règlementation par l'État, lequel jouit à cet égard d'une certaine marge d'appréciation (voir, entre autres, Garcia Manibardo c/ Espagne, n° 38695/97, § 36, CEDH 2000-II, et Zvolský et Zvolská c/ République tchèque, n° 46129/99, § 47, 12 nov. 2002). Néanmoins, les limitations appliquées ne doivent pas restreindre l'accès ouvert à l'individu d'une manière ou à un point tel que le droit s'en trouve atteint dans sa substance même. En outre, ces limitations ne se concilient avec l'article 6 § 1 que si elles poursuivent un but légitime et s'il existe un rapport raisonnable de proportionnalité entre les moyens employés et le but visé (Nedzela c/ France, n° 73695/01, § 45, 27 juill.*

2006, et Guérin c/ France, 29 juill . 1998, Recueil 1998-V, § 37) » (§ 28). « *Il résulte de ces principes que si le droit d'exercer un recours est bien entendu soumis à des conditions légales, les tribunaux doivent, en appliquant des règles de procédure, éviter à la fois un excès de formalisme qui porterait atteinte à l'équité de la procédure, et une souplesse excessive qui aboutirait à supprimer les conditions de procédure établies par les lois* » (§ 29) (CEDH, 26 juill. 2007, *Walchli c/ France*, n° 35787/03 ; dans un sens comparable : CEDH, 30 juin 2016, *Duceau c/ France*, n° 29151/11, § 42 ; CEDH, 2 févr. 2023, n° 74530/17, *Rocchia c/ France*).

Dans la continuité de ces critères, il est jugé au visa de Conv. EDH, art. 6 § 1 garantissant le caractère équitable de la procédure pénale, que « *si le droit d'exercer un recours peut être soumis à des conditions légales, les tribunaux doivent, en appliquant des règles de procédure, éviter un excès de formalisme qui porterait atteinte à l'équité de la procédure* » (§ 17), est ainsi censurée la décision qui déclare irrecevable l'appel formé par un avocat au motif qu'il n'avait jamais été désigné par la partie civile, alors que la copie du dossier d'information, l'avis de fin d'information, le réquisitoire définitif et l'ordonnance de règlement lui avaient été délivrés ou notifiés, ce dont il fallait déduire « *que le juge d'instruction a considéré que cet avocat avait été personnellement choisi par la partie civile, la CHINS, en opposant à cette dernière, au stade de l'appel, l'irrégularité de la désignation de [l'avocat], a fait preuve d'un formalisme excessif* » (§ 19) (Crim. 19 avr. 2023, n° 23-80.675, P ; dans le même sens : Crim. 16 févr. 2021, n° 20-84.445, § 11).

3. La personne qui se dérobe à un mandat d'arrêt peut exercer un recours

La Ch. crim. a d'abord considéré que le pourvoi d'une personne qui faisait l'objet d'un mandat d'arrêt était irrecevable et qu'elle ne pouvait se faire représenter devant la C. cass. « *sans se soumettre à l'exécution de ce mandat* » (Crim. 16 mars 1987, n° 86-92.932, P n° 124 ; 10 mars 1993, n° 91-80.936, P n° 106), ou « *qu'il résulte des principes généraux de la procédure pénale que le condamné qui se dérobe à l'exécution d'un mandat de justice n'est pas en droit de se faire représenter pour se pourvoir en cassation ; qu'il n'en serait autrement que s'il justifiait de circonstances l'ayant mis dans l'impossibilité absolue de se soumettre en temps utile à l'action de la justice* » (Crim. 19 janv. 1994, n° 93-80.163, P n° 27).

La CEDH jugeait a jugé au contraire que « *l'irrecevabilité du pourvoi, pour des raisons liées à la fuite du requérant, s'analysait (...) en une sanction disproportionnée, eu égard à la place primordiale que les droits de la défense et le principe de la prééminence du droit occupent dans une société démocratique* » (CEDH, *Poitrimol c/ France*, 23 nov. 1993, (série A n° 277-A, § 38). « *On porte ainsi atteinte à la substance même du droit de recours, en imposant au demandeur une charge disproportionnée, rompant le juste équilibre qui doit exister entre, d'une part, le souci légitime d'assurer l'exécution des décisions de justice et, d'autre part, le droit d'accès au juge de cassation et l'exercice des droits de la défense* » (CEDH, 29 juill. 1998, n° 51/1997/835/1041, *Guérin c/ France*, § 43 ; dans le même sens : CEDH, 29 juill. 1998, *Omar c/ France*, n° 43/1997/827/1033).

La Ch. crim. a tiré les conséquences de ces décisions et considère désormais « *qu'en l'absence de dispositions expresses de la loi dérogeant, en cas de délivrance d'un mandat de justice, à l'application des conditions de forme prévues* » par C. pr. pén., art. 502, doit être censurée la décision qui déclare irrecevable l'appel de la personne qui ne s'est pas soumise à l'exécution du mandat d'arrêt (Crim. 24 nov. 1999, n° 97-85.694, P n° 273).

B. L'information sur le droit au recours et ses modalités en matière pénale

1. L'information lors du prononcé de la décision

Si la loi impose au président de la cour d'assises, lors du prononcé de l'arrêt, d'avertir l'accusé de sa faculté d'interjeter appel de la décision de premier ressort ou de se pourvoir en cassation en cas de décision rendue en appel, et de lui faire connaître le délai d'appel ou de pourvoi (C. pr. pén., art. 370), aucune disposition n'impose au président du tribunal correctionnel d'informer le prévenu sur la faculté de faire appel et sur le délai d'appel lorsqu'il donne lecture du jugement (C. pr. pén., art. 462 et 485). Il en est de même pour le tribunal de police (C. pr. pén., art. 536 et 543).

En revanche, « *lorsqu'une décision prise à l'égard d'un mineur peut faire l'objet d'un des recours mentionnés par* [CJPM, art. L. 12-6 : opposition, appel et pourvoi en cassation], *le mineur et ses représentants légaux sont informés de l'existence de ce recours et du délai dans lequel il peut être formé* » (C. pr. pén., art. D. 594-18 VI issu D. n° 2019-507, 24 mai 2019, devenu CJPM, art. **D. 12-1**). L'adulte approprié au sens de Ord. n° 45-174, 2 févr. 1945, art. 6-2 devenu CJPM, art. L. 311-3, en est également informé (sur le droit du mineur à l'accompagnement par un « *adulte approprié* » en cas de défaillance de ses représentants légaux, v. n° **11.75C**) (C. pr. pén., art. D. 594-18 VII issu D. n° 2019-507, 24 mai 2019, devenu **D. 311-1**).

2. L'information lors de la signification ou notification de la décision.

À la différence de la procédure civile, où une disposition générale (C. pr. civ., art. 680) prévoit que « *L'acte de notification d'un jugement à une partie doit indiquer de manière très apparente le délai d'opposition, d'appel ou de pourvoi en cassation dans le cas où l'une de ces voies de recours est ouverte, ainsi que les modalités selon lesquelles le recours peut être exercé* », aucun texte de portée générale n'impose en procédure pénale, lors de la signification ou notification de la décision, d'informer la personne sur les voies de recours dont elle dispose.

Ainsi, « *en l'état des textes régissant les règles de la procédure suivie devant les juridictions répressives, aucune disposition légale n'impose aux huissiers* [commissaires de justice] *de faire figurer dans l'acte de signification d'une décision de la juridiction pénale l'indication des modalités de l'exercice du droit d'appel, hormis le cas prévu par l'article 558, alinéa 3 du code de procédure pénale pour la signification en mairie d'un jugement rendu par itératif défaut* » (Crim. 15 nov. 1982, n° 80-94.248, P n° 253) (sur les modalités de signification du jugement par itératif défaut, v. n° **19.5B2**). Autrement dit, « *aucune disposition légale n'impose que les conditions de forme et de délai de l'appel soient portées à la connaissance de la personne concernée* » (Crim. 24 mai 2011, n° 10-87.892, P n° 103 ; Crim. 25 nov. 1997, n° 96-86.315, P n° 398), ceci « *sans méconnaître l'article 6 de la Convention européenne des droits de l'homme qui ne comprend pas le droit à être informé des voies et délais de recours* » (Crim. 14 nov. 2002, n° 01-88.623, NP). De même est-il jugé que, « *hormis le cas où l'exploit est une signification de jugement rendu par itératif défaut, aucune disposition du code de procédure pénale n'exige que l'huissier de justice mentionne dans l'acte de signification la nature de l'acte signifié* » (§ 15) (Ass. plén., 3 mars 2023, n° 22-81.097, P).

Si la directive 2012/13/UE du parlement européen et du conseil du 22 mai 2012 (directive B) relative au droit à l'information dans le cadre des procédures pénales s'applique « *dès le moment où des personnes sont informées [...] qu'elles sont soupçonnées d'avoir commis une infraction pénale ou qu'elles sont poursuivies à ce titre, et jusqu'au terme de la procédure [...], y compris, le cas échéant, la condamnation et la décision rendue sur tout appel* » (art. 2), aucune des dispositions de ce texte n'impose toutefois aux États membres de l'UE d'informer la personne condamnée sur les voies et modalités de contestation de la décision.

Il est jugé que C. pr. pén., art. 41-4, qui n'impose pas que la notification de la décision de refus de restitution d'un objet placé sous main de justice mentionne les voies et délais de recours, ne porte pas atteinte au droit à un recours juridictionnel effectif car « *la personne est mise à même d'exercer un recours contre la décision de refus de restitution* » (§ 10) (Cons. const. 18 févr. 2022, n° 2021-970 QPC).

Des textes internes récents imposent toutefois l'information de la personne concernée sur les voies et délais de recours ou de rétractation lors de la notification de certaines décisions rendues en matière pénale : en matière d'ordonnance pénale délictuelle (v. n° **15.50B1**) (C. pr. pén., art. 495-3 et 495-3-1) ou contraventionnelle (v. n° **15.52**) (C. pr. pén., art. R. 41-3) ; décisions du JAP et de la CHAP en matière de reconnaissance de décisions de probation émanant des États membres de l'UE (C. pr. pén., art. 764-28 et 764-31) ; décisions du JAP et de la CHINS en matière de reconnaissance de décisions de contrôle judiciaire émanant des États membres de l'UE (C. pr. pén., art. 696-78 et 696-81) ; ordonnance de validation de la CJIP (v. n° **15.59A3**) (C. pr. pén., art. 41-1-2 et R. 15-33-60-5), décisions prises à l'égard d'un mineur (C. pr. pén., art. D. 594-18 VI issu D. nº 2019-507, 24 mai 2019, devenu D. 12-1, exposé ci-avant).

Mentionnons enfin qu'aucune disposition générale n'impose aux parties qui interjettent appel d'informer les autres parties de leur recours (v. nº **19.4B**).

3. L'information portant sur les motifs de la décision, condition de l'exercice éclairé du recours

L'obligation de motivation des décisions, qu'il s'agisse de la culpabilité ou de la peine, a pour corollaire l'obligation de délivrance rapide de la décision.

C'est ainsi qu'en matière correctionnelle, la minute du jugement « *est déposée au greffe du tribunal dans les trois jours au plus tard du prononcé du jugement* » (C. pr. pén., art. 486). Cette disposition est également applicable devant le tribunal de police (C. pr. pén., art. 543) et la cour d'appel (C. pr. pén., art. 512).

Ces prescriptions ne sont pas prescrites à peine de nullité ; leur violation permet toutefois au demandeur au pourvoi de solliciter du président de la chambre criminelle une prorogation du délai de dépôt de son mémoire au visa de C. pr. pén., art. 585-1 (Crim. 27 nov. 2018, nº 18-82.777, NP ; Crim. 15 mars 2017, nº 15-81.363, NP ; Crim. 24 juin 2009, nº 09-81.119, P nº 134).

De même, en matière criminelle, la « *feuille de motivation [...] doit être rédigée, versée au dossier et déposée au greffe de la cour d'assises au plus tard dans un délai de trois jours à compter du prononcé de la décision* » (C. pr. pén., art. 365-1).

« *la Cour considère qu'une personne qui n'a pas connaissance de l'intégralité des motifs du jugement le condamnant n'est pas plus en mesure d'évaluer correctement l'intérêt qu'[elle] pourrait trouver à se désister de son appel [que de] l'intérêt qu'[elle] pourrait avoir à interjeter appel. Or en l'espèce, le requérant n'a pris connaissance de l'intégralité des motifs du jugement de première instance [que] plus d'un mois après son appel. Si, au vu de ces motifs, il avait finalement estimé préférable de se désister de son appel, ce désistement serait intervenu trop tard pour entraîner la caducité de l'appel incident du ministère public et éviter ainsi le risque d'une aggravation de son sort* » (§ 32) ; « *il est d'autant plus essentiel que les motifs des décisions des juridictions soient communiqués rapidement aux parties que de l'accès à l'intégralité des motifs de ces décisions dépendent leur compréhension et, éventuellement, leur acceptation. À l'enjeu du respect des droits des justiciables s'ajoute donc celui de l'acceptabilité de la justice* » (§ 35) (CEDH 9 sept. 2021, *Garcia y Rodriguez c/ France*).

19.2 L'appel : le domaine de l'appel des jugements en matière correctionnelle (C. pr. pén., art. 496)

« *Les jugements rendus en matière correctionnelle peuvent être attaqués par la voie de l'appel* » (C. pr. pén., art. 496).

Cette disposition est interprétée comme une règle générale ouvrant un droit d'appel contre toute décision émanant d'une juridiction correctionnelle dès lors qu'il n'y est pas dérogé par une disposition spéciale. Ainsi, « *dans tous les cas où la loi n'a pas attribué expressément à une juridiction le pouvoir de statuer en dernier ressort, la faculté d'appel subsiste à l'égard de ses décisions et peut être utilement exercée* » (Crim. 29 déc. 1964, nº 64-91.912, P nº 350) et « *aux termes de l'article 496 du code de procédure pénale les jugements rendus en matière correctionnelle peuvent être attaqués par la voie de l'appel, [...] cette règle générale doit recevoir application à moins qu'il n'y soit dérogé par une disposition expresse de la loi* » (Crim. 17 mars 1977, nº 76-93.148, P nº 102).

L'appel peut donc être porté contre les jugements au fond du tribunal correctionnel portant condamnation ou relaxe ou se prononçant sur les intérêts civils (demande de dommages-intérêts), ou contre les décisions suivantes prises avant jugement au fond :

– mesure provisoire de détention ou de contrôle judiciaire ordonnée à titre provisoire et avant jugement au fond par le tribunal correctionnel en matière de comparution immédiate (C. pr. pén., art. 397-3) (v. nº **15.15C**) ;

– jugement statuant sur une demande de mise en liberté en matière correctionnelle (C. pén., art. 148-1 et 148-2), dans ce cas le délai d'appel est de 24 h 00 (C. pr. pén., art. 501) ;

– jugement prolongeant la détention provisoire en matière correctionnelle (C. pr. pén., art. 179 et 464-1) ;

– jugement statuant sur une demande de mainlevée ou de modification du contrôle judiciaire (C. pr. pén., art. 141-1 et 148-2) ou de l'assignation à résidence sous surveillance électronique, dans ce cas le délai d'appel est de 24 h 00 (C. pr. pén., art. 501) ;

– jugement statuant sur une demande de restitution d'objet placé sous main de justice (C. pr. pén., art. 478, 481 et 482) ;

– jugement ne statuant pas sur le fond mais mettant fin à la procédure (ex. jugement statuant sur une exception de nullité et annulant l'acte de poursuite ou la procédure) (C. pr. pén., art. 507). Une telle décision obéit au droit commun de l'appel ;

– jugement ne statuant pas sur le fond et ne mettant pas fin à la procédure (ex. jugement distinct du jugement au fond et rejetant une exception de nullité) (C. pr. pén., art. 507). L'appel de ce jugement obéit au régime particulier décrit au n° **17.27D**.

L'ordonnance d'homologation de la CRPC (v. n° **15.57A**) a les effets d'un jugement de condamnation et peut faire l'objet d'un appel dans les conditions de droit commun (C. pr. pén., art. 495-11). Mentionnons que l'ordonnance de validation de la CJIP (v. n° **15.59A3**), qui n'a quant à elle ni la nature ni les effets d'un jugement de condamnation, n'est pas susceptible de recours mais la personne morale concernée jouit d'une faculté de rétractation dans les 10 jours (C. pr. pén., art. 41-1-2).

Sont aussi susceptibles d'appel les décisions du tribunal correctionnel statuant sur les incidents relatifs à l'exécution de sa décision initiale (rectification d'erreur matérielle, requête en interprétation, requête en confusion) (C. pr. pén., art. 710 et 711) (Crim. 29 déc. 1964, n° 64-91.912, P n° 350).

19.3 L'appel : les titulaires du droit d'appel et l'effet dévolutif de leur recours (C. pr. pén., art. 497 et 509)

A. Le principe de l'effet dévolutif de l'appel

Si « *L'affaire est dévolue à la cour d'appel dans la limite fixée par l'acte d'appel* » (C. pr. pén., art. 509), la qualité de l'appelant détermine au premier chef la recevabilité et l'étendue possible de son recours. Ce principe prévaut sur le pouvoir d'évocation de la cour d'appel décrit au n° **19.9C**, qui ne peut en effet s'exercer que dans les limites des appels interjetés (Crim. 4 oct. 2011, n° 11-84.138, P n° 190).

En premier lieu, le droit d'appel n'est conféré qu'aux parties à l'instance de premier ressort – une victime qui ne s'est pas constituée partie civile en premier ressort ne peut ainsi faire appel – et dans la limite des personnes visées au C. pr. pén., art. 497. Précisons toutefois que, par dérogation à cette règle, l'assureur (C. pr. pén., art. 388-1) et le FGTI (C. pr. pén., art. 706-11) peuvent intervenir pour la première fois en cause d'appel.

En second lieu, l'affaire est dévolue à la cour d'appel « *dans la limite fixée […] par la qualité de l'appelant* » (C. pr. pén., art. 509).

Pour conclure sur le principe de l'effet dévolutif de l'appel, « *la cour d'appel ne peut statuer que dans la limite fixée par l'acte d'appel et la qualité de l'appelant ; que si le jugement entrepris contient des dispositions distinctes et s'il n'y a appel que de certaines d'entre elles, la Cour ne peut réformer celles dont elle n'est pas saisie ; que ce principe général et absolu s'applique à l'appel du ministère public* » (Crim. 25 oct. 1993, n° 92-82.980, P n° 308).

B. La faculté d'appel du prévenu et son étendue

1. La limitation de la portée de son appel par le prévenu (C. pr. pén., art. 502)

« *La faculté d'appeler appartient : .../...1° Au prévenu* » (C. pr. pén., art. 497) et concerne tant l'action publique que l'action civile.

La L. n° 2019-222, 23 mars 2019 a réécrit et précisé les dispositions antérieures qui se bornaient à prévoir que la déclaration d'appel « *peut indiquer que l'appel est limité aux peines prononcées, à certaines d'entre elles ou à leurs modalités d'application* » (C. pr. pén., art. 502).

Désormais, « *la déclaration indique si l'appel porte sur la décision sur l'action publique ou sur la décision sur l'action civile ou sur les deux décisions* ». L'absence de délimitation de l'étendue de l'appel n'est pas une cause d'irrecevabilité, il est dans ce cas « *considéré comme portant sur l'ensemble de la décision* », soit sur l'action publique et l'action civile (C. pr. pén., art. 502).

Faute de précision sur le champ de l'appel, celui-ci est réputé porter, selon une jurisprudence constante (Crim. 12 nov. 1974, n° 74-91.229, P n° 324) ainsi consacrée par L. n° 2019-222, 23 mars 2019, sur l'action publique et les intérêts civils. En limitant son appel à l'action publique, le prévenu condamné sur intérêts civils qui conteste sa responsabilité pénale court le risque d'avoir à exécuter une décision définitive de première instance le condamnant à des dommages et intérêts alors qu'une décision de relaxe peut être prononcée à son égard en appel. En limitant son appel à l'action civile, le prévenu condamné pénalement ne pourra pas voir remis en cause le principe de sa responsabilité civile définitivement acquis, et ne pourra donc discuter que le montant des dommages-intérêts.

S'agissant de l'appel sur **l'action publique** (déclaration de culpabilité et peines prononcées), comme dans le droit antérieur, « *la déclaration indique s'il porte sur l'ensemble de la décision ou s'il est limité aux peines prononcées, à certaines d'entre elles ou à leurs modalités d'application* » (C. pr. pén., art. 502). Le formulaire de déclaration d'appel doit informer le prévenu de la faculté dont il dispose, selon les conditions précisées au B2 ci-dessous, de revenir dans le délai d'un mois ou jusqu'à l'audience sur la limitation de son appel aux seules peines (C. pr. pén., art. D. 45-22, D. n° 2019-508, 24 mai 2019). Précisons que depuis L. n° 2021-1728, 22 déc. 2021, la procédure de CRPC est désormais ouverte au parquet et au prévenu au **stade de l'appel** lorsque ce dernier, lors de la déclaration d'appel ou ultérieurement, a limité la portée de son appel aux peines prononcées (C. pr. pén., art. 495-15) (sur l'initiative de la CRPC, v. n° **15.54A**).

L'affaire étant dévolue à la cour dans les limites de l'acte d'appel (C. pr. pén., art. 502 et 509), la limitation de l'appel aux peines prononcées, faculté dont le prévenu peut faire usage jusqu'à l'audience, exclut donc des débats la question de la culpabilité et empêche le prononcé d'une relaxe. L'absence de débat sur la culpabilité conduit aussi à écarter les exceptions de nullité de la procédure définitivement jugées par les juges du premier ressort (Crim. 26 nov. 2019, n° 18-84.956, P).

Lorsque la décision « *a déclaré le prévenu coupable de plusieurs infractions, l'appel sur cette décision précise s'il concerne l'ensemble des infractions ou certaines d'entre elles* », faculté de limitation dont le prévenu peut faire usage jusqu'à l'audience (C. pr. pén., art. 502). « *S'il a indiqué ne contester que la décision de culpabilité concernant un des délits qui lui étaient reprochés, seule celle-ci sera examinée – ainsi que, par voie de conséquence, les peines prononcées, qui pourront notamment être réduites ou modifiés en cas de relaxe sur ce délit* » (Circ. Crim. 2019-13/H2, 27 mai 2019, JUSD 1915383C, n° 1.2 3)).

Mentionnons que la limitation de l'appel du prévenu « *est sans effet si le ministère public forme appel de l'ensemble de la décision rendue sur l'action publique, y compris lors d'un appel incident* » (C. pr. pén., art. D. 45-22, mod. par D. n° 2020-91, 6 févr. 2020).

« *l'autorité de chose jugée attachée à une relaxe, devenue définitive, prononcée par la juridiction du premier degré, est limitée au prévenu relaxé, seule partie pouvant s'en prévaloir* » (§ 15) ; dès lors, une cour d'appel, saisie de faits commis par un co-prévenu appelant pour sa part condamné, « *pouvait apprécier, au regard des éléments de preuve contradictoirement débattus, toutes les circonstances dans lesquelles ils avaient été commis, y compris la participation d'un autre auteur, même relaxé définitivement* » (§ 14), et pouvait par conséquent retenir la circonstance aggravante de réunion à l'encontre de l'appelant alors que le co-prévenu avait été relaxé (Crim. 29 juin 2022, n° 21-82.318, P).

Soulignons enfin que l'interprétation de la portée de l'acte d'appel entre dans l'office du juge, ainsi un appel sur les « *dispositions civiles et pénales* » d'un jugement comportant à la fois des sanctions douanières au titre de l'action exercée par les douanes et des sanctions pénales au titre de l'action publique exercée par le parquet doit être interprété comme portant « *sur l'intégralité de la décision déférée à la cour d'appel* » (§ 11) (Crim. 10 mars 2021, n°s 16-84.608, 19-84.715).

2. La modification de la portée de l'appel par le prévenu et le désistement de son appel

« *Le prévenu qui a limité la portée de son appel sur l'action publique aux peines prononcée.../...peut.../...revenir sur cette limitation dans un délai d'un mois à compter de la déclaration d'appel ; si l'affaire est audiencée en appel avant ce délai d'un mois, il peut revenir sur cette limitation au moment de l'audience* » (C. pr. pén., art. 502, L. n° 2019-222, 23 mars 2019). Ces dispositions sont applicables aux appels interjetés avant l'entrée en vigueur L. n° 2019-222, 23 mars 2019, mais dont la limitation a été effectuée après cette entrée en vigueur, car si C. pr. pén., art. 112-3 « *prévoit que les recours sont soumis aux règles de forme en vigueur au jour où ils sont exercés, il en est de même de leur limitation* » (Crim. 14 avr. 2021, n° 20-82.529, P).

De plus, lorsque l'appel a été formalisé par l'avocat, ou par le prévenu mais sans la présence de son avocat, cette faculté d'étendre à l'ensemble de l'action publique l'appel initialement limité aux seules peines peut être exercée par le prévenu **jusqu'à l'audience**, donc au-delà du délai d'un mois prévu par C. pr. pén., art. 502 (C. pr. pén., art. 509, L. n° 2019-222, 23 mars 2019).

Ce droit de repentir sur la restriction initiale du champ de l'appel aux seules peines n'est offert qu'au prévenu. Toutefois, lorsque le prévenu revient sur la limitation de son appel dans le délai requis, « *les parties disposent d'un nouveau délai de 5 jours pour former un appel incident* » (C. pr. pén., art. D. 45-22, mod. par D. n° 2020-91, 6 févr. 2020).

« *Le prévenu qui n'a pas limité la portée de son appel lors de la déclaration d'appel peut toujours le faire ultérieurement, jusqu'à l'audience de jugement* », limitation qui peut porter sur les peines ou sur certaines infractions (C. pr. pén., art. 502).

Enfin, le prévenu peut toujours se **désister de son appel** et, si le désistement intervient au moins deux mois avant l'audience d'appel, il entraîne la caducité des appels incidents (C. pr. pén., art. 500-1) (sur le constat du désistement par ordonnance du président de la chambre des appels correctionnels et la faculté de rétractation du désistement, v. n° **19.8B**).

Lorsque le prévenu s'est désisté moins de deux mois avant l'audience, l'appel incident du parquet n'est pas caduc et la cour peut en conséquence aggraver le sort du prévenu, en outre les parties civiles (§ 19), « *avant qu'il ait été statué sur le désistement du prévenu, restaient admises à s'exprimer devant la cour d'appel et à y présenter des demandes sur le fondement de C. pr. pén., art. 475-1* » (§ 7) (Crim. 19 janv. 2022, n° 20-86.255, P ; dans le même sens, sur la recevabilité de la demande fondée sur C. pr. pén., art. 475-1 par la partie civile qui a fait appel incident, lorsque le prévenu s'est désisté de son appel : Crim. 29 janv. 2013, n° 12-83.856, P n° 31).

3. La prohibition de l'aggravation du sort du prévenu seul appelant : la question de la *reformatio in pejus*

Dans le cas où le ministère public n'a pas fait appel principal ou incident, la cour ne peut aggraver le sort du prévenu sur l'action publique (C. pr. pén., art. 515). C'est la prohibition de la *reformatio in pejus* (réformation en défaveur de la partie qui fait seule appel). Il en est de même en cas d'absence d'appel du civilement responsable, de la partie civile ou de l'assureur pour ce qui concerne les intérêts civils (C. pr. pén., art. 515).

Une déclaration de culpabilité pour une infraction dont le prévenu seul appelant avait été relaxé constitue clairement une aggravation de son sort (ex. Crim. 12 oct. 2022, n° 21-82.440 (§ 9), D). En revanche, la modification des modalités de la peine d'emprisonnement, à *quantum* égal, ne constitue pas une aggravation du sort du prévenu seul appelant. Ainsi, « *il n'importe que la cour d'appel ait substitué à un sursis simple un sursis avec mise à l'épreuve, dès lors que de telles mesures relatives aux modalités d'exécution de la peine sont sans incidence sur la durée de la peine elle-même* » (Crim. 4 avr. 2002, n° 01-84.625, P n° 78).

Aggravent le sort de l'appelant les décisions suivantes :

– augmentation du *quantum* de l'emprisonnement : 6 mois au lieu de 9 mois (Crim. 25 mai 2016, n° 15-80.596), 8 mois au lieu de 6, même si la partie ferme de cette peine a été réduite (4 mois au lieu de 6) (Crim. 21 nov. 2001, n° 01-82.335, P n° 242), ou si l'intégralité de la peine, passée de 6 mois fermes à 8 mois, a été assortie d'une mise à l'épreuve (Crim. 31 mars 1993, n° 91-84.172, P n° 137), ou élevée mais intégralement assortie d'un sursis simple (3 ans avec sursis simple au lieu de 2 ans fermes) (Crim. 13 juin 1968, n° 68-90.940, P n° 193) ;

– augmentation de la peine d'amende de 3 000 € sans sursis à 4 000 € avec sursis total (Crim. 16 mars 2021, n° 20-82.174, P) ;

– décision ordonnant la révocation d'une mise à l'épreuve en l'absence d'appel du parquet sur la décision de rejet de la requête en révocation présentée par le JAP (Crim. 9 avr. 1991, n° 91-80.935, P n° 168) ;

– 3 mois d'emprisonnement avec sursis au lieu d'un TIG de 100 H 00 (Crim. 30 mars 2016, n° 14-87.074, D) ;

– 3 mois d'emprisonnement avec sursis au lieu au lieu de 200 jours amendes à 50 euros, car, au visa de C. pén., art. 131-3, « *l'emprisonnement précède le jour-amende dans la hiérarchie des peines correctionnelles* » (Crim. 14 févr. 2023, n° 21-85.689, P).

En revanche, ne constitue pas une aggravation du sort de l'appelant, mais l'expression du pouvoir d'évocation de la cour (sur le pouvoir d'évocation en cas d'annulation du jugement d'irrecevabilité de la partie civile, v. n° **19.10G**), le prononcé d'une peine sur le seul appel de la partie civile contre le jugement déclarant l'action de cette dernière irrecevable car « *lorsque le jugement frappé d'appel a déclaré irrecevable la constitution de partie civile de la victime qui a saisi le tribunal correctionnel par citation directe, la cour d'appel, dans l'hypothèse où elle infirme cette décision, doit statuer tant sur l'action publique que sur l'action civile, alors même que seule la partie civile aurait usé de cette voie de recours* » (Crim. 29 avr. 1996, n° 95-82.081, P n° 167).

L'impossibilité pour la cour de prononcer la solidarité à l'égard de prévenus qui ne sont plus dans la cause ne constitue pas une aggravation du sort du prévenu seul appelant. Ainsi, après une condamnation solidaire en première instance de plusieurs prévenus sur les intérêts civils, la cour qui n'est pas saisie de l'appel de la partie civile mais d'un des prévenus ne peut plus prononcer la solidarité à l'égard des autres car « *la solidarité n'étant qu'un mode d'exécution des réparations civiles, le condamné est sans qualité pour reprocher à la cour d'appel qui, au demeurant, ne pouvait méconnaître les limites de l'effet dévolutif des recours formés, d'aggraver, sur son seul appel, son sort, en n'étendant pas cette solidarité à d'autres prévenus* » non appelants. (Crim. 7 juill. 1993, n° 92-85.591, P n° 244).

Notons que l'appel du prévenu sur les intérêts civils, en raison de son effet dévolutif, donne compétence à la cour pour statuer sur les intérêts civils, même si la partie civile non appelante mais intimée ne comparaît pas (Crim. 6 janv. 2015, n° 13-88.036, P n° 1). En revanche elle ne peut dans ce cas aggraver le sort du prévenu en augmentant les dommages et intérêts. En effet, « *saisie des seuls appels des prévenus et du ministère public, la cour d'appel ne peut modifier, au profit des parties civiles, un jugement contre lequel elles n'ont pas formé appel* » (§ 14) (Crim. 4 nov. 2021, n° 20-87.028, P).

Précisons aussi qu'après cassation, la cour d'appel de renvoi (sur le renvoi après cassation, v. n° **19.34B1**), « *se trouve saisie de la cause dans l'état où elle se trouvait quand elle a été soumise aux juges dont la décision a été cassée, dans les limites fixées par l'acte de pourvoi et dans celles de la cassation intervenue* » (ex. Crim, 16 juin 2020, n° 19-81.477, P). Ainsi, « *sur renvoi après cassation, même intervenue sur le seul pourvoi du prévenu, la cour d'appel est saisie, sauf en ce qui concerne les dispositions non annulées, de la cause telle qu'elle s'était présentée devant la juridiction précédente, de sorte qu'appelée à statuer, non seulement sur l'appel de ce prévenu, mais encore sur celui du ministère public, elle peut aggraver la peine antérieurement prononcée par le tribunal* » (Crim. 8 juill. 2015, n° 14-84.084, P n° 171 ; dans le même sens : Crim. 6 mars 2007, n° 06-84.160, P n° 67 ; Crim. 21 juin 1966, n° 65-91.304, P n° 175). C. pr. pén., art. 609, ainsi constamment interprété par la Ch. crim. en ce sens que « *la cour d'appel de renvoi, statuant sur les appels qui avaient été formés par le prévenu et le ministère public, peut aggraver la peine antérieurement prononcée, y compris lorsque la cassation est intervenue sur le seul pourvoi du prévenu* » (§ 4), est jugé conforme à la Constitution (Cons. const. 1er avr. 2022, n° 2022-985 QPC).

Soulignons enfin que le principe de prohibition de la *reformatio in pejus* connaît des aménagements, tenant à la nature de la demande, en matière d'application des peines. En effet, « *le principe de la prohibition de l'aggravation du sort du condamné, sur son seul appel, ne s'impose à la CHAP qu'en l'absence de changement substantiel de circonstances, imputable au condamné, survenu pendant l'instance d'appel* », n'encourt donc pas la censure la CHAP qui, saisie du seul appel du condamné qui revendiquait une conversion de sa peine en TIG mais qui avait néanmoins acquiescé au placement sous surveillance électronique ordonné par le JAP, constate que l'appelant a révoqué son accord pour le bracelet électronique et rejette en conséquence sa demande d'aménagement (Crim. 10 févr. 2016, n° 15-81.148, P n° 44).

C. La faculté d'appel du ministère public et son étendue

1. L'appel sur l'action publique

« *La faculté d'appeler appartient : .../...4° Au procureur de la République.../...6° Au procureur général près la cour d'appel* » (C. pr. pén., art. 497).

Cet appel ne peut porter que sur l'action publique. Comme le prévenu, le ministère public peut porter son appel sur « *l'ensemble de la décision* » sur l'action publique, ou le limiter « *aux peines prononcées, à certaines d'entre elles ou à leurs modalités d'application* », ou préciser « *s'il concerne l'ensemble des infractions ou certaines d'entre elles* » (C. pr. pén., art. 502, mod. par L. n° 2019-222, 23 mars 2019). À la différence du prévenu, il ne peut toutefois exercer de repentir sur les limitations données à son appel (v. **B2** ci-dessus).

« *lorsque le ministère public a limité son appel d'une décision de condamnation aux peines prononcées et que le prévenu n'a pas lui-même relevé appel de la décision sur sa culpabilité, la cour d'appel n'est pas saisie de cette décision sur la culpabilité, qui est revêtue de l'autorité de la chose jugée* », et ne peut donc qu'écarter les exceptions de nullité soulevées par le prévenu (Crim. 26 nov. 2019, n° 18-84.956, P).

Rappelons que la limitation de l'appel du prévenu « *est sans effet si le ministère public forme appel de l'ensemble de la décision rendue sur l'action publique, y compris lors d'un appel incident* » (C. pr. pén., art. D. 45-22, mod. par D. n° 2020-91, 6 févr. 2020).

« *En cas de jugement de condamnation, le procureur général peut également former son appel dans le délai de vingt jours à compter du prononcé de la décision..../...les autres parties ont alors un délai de cinq jours pour interjeter appel incident. Même en l'absence d'appel incident, la cour d'appel peut, en cas d'appel formé par le seul procureur général .../...prononcer une peine moins importante que celle prononcée par le tribunal correctionnel* » (C. pr. pén., art. 505).

« *La cour peut, sur l'appel du ministère public, soit confirmer le jugement, soit l'infirmer en tout ou en partie dans un sens favorable ou défavorable au prévenu* » (C. pr. pén., art. 515).

Le ministère public est sans qualité pour interjeter appel sur les intérêts civils et son appel est donc limité à l'action publique. En effet, « *l'action civile est indépendante de l'action publique* » et « *l'appel du ministère public est essentiellement étranger aux intérêts civils des parties* »

(Crim. 21 nov. 1972, n° 71-91.942, P n° 347) et « *en vertu des dispositions combinées des articles 509 et 515 du Code de procédure pénale, l'appel du ministère public n'a aucun effet dévolutif quant à l'action civile* » (Crim. 7 juin 1990, n° 89-81.287, P n° 231).

« *sauf indications contraires expressément formulées dans la déclaration d'appel, le recours principal ou incident du ministère public, qui est sans effet sur les intérêts civils, saisit la juridiction de l'intégralité de l'action publique* », quand bien même son appel incident n'intervient qu'après l'appel principal de la partie civile (Crim. 21 sept. 2004, n° 04-81.887, P n° 214).

L'appel du ministère public est principal lorsqu'il est exercé en premier, et, selon l'indication qu'il donne au greffe lors de sa déclaration d'appel, principal ou incident lorsqu'il est effectué après celui d'une autre partie mais dans le délai de dix jours du prononcé de la décision. Lorsque son appel est formé au-delà de ce délai (C. pr. pén., art. 500, sur l'articulation de l'appel principal et incident, v. n° **19.4B**), soit dans le délai de 5 jours supplémentaire accordé aux autres parties en cas d'appel, il est nécessairement qualifié d'incident.

Qu'il s'agisse d'un appel principal ou incident, le ministère public peut se désister de son recours lorsqu'il a été formé après l'appel du prévenu, en cas de désistement de ce dernier (C. pr. pén., art. 500-1). Il se déduit de cet article que « *lorsque le ministère public se désiste de son appel principal, ce désistement n'entraîne pas la caducité des appels incidents* » des parties (Crim. 12 oct. 2021, n° 20-83.360, P).

Lorsqu'il intervient jusqu'à deux mois avant l'audience devant la cour d'appel « *le désistement par le prévenu ou la partie civile de son appel principal entraîne la caducité des appels incidents, y compris celui du ministère public* » (C. pr. pén., art. 500-1). Dans l'hypothèse où il exerce son appel après le prévenu mais dans le délai de 10 jours où il garde la faculté de préciser que son appel est principal, le ministère public a donc avantage à ne pas qualifier d'incident son recours s'il souhaite voir aggraver le sort du prévenu en appel.

L'appel principal ou incident du ministère public permet à la cour d'aggraver le sort du prévenu (C. pr. pén., art. 515). Il en est de même pour la cour de renvoi après cassation, laquelle « *doit statuer non seulement sur l'appel du prévenu mais également sur celui du ministère public et peut aggraver la peine antérieurement prononcée, même si la cassation est intervenue sur le seul pourvoi du prévenu* » (Crim. 13 oct. 2015, n° 14-87.111, P n° 221).

L'appel du parquet permet également à la cour de réparer, par annulation et évocation, les **omissions de statuer sur l'action publique** (sur l'évocation en cas d'omission de statuer sur l'action publique, v. n° **19.10C**).

2. L'APPEL SUR L'ACTION POUR L'APPLICATION DES SANCTIONS FISCALES

Accessoirement à « *l'action pour l'application des peines* » (dite « *action publique* ») dont il a la charge exclusive, le ministère public peut, sans autorisation de l'administration des douanes, exercer « *l'action pour l'application des sanctions fiscales* » (dite « *action fiscale* » ou « *action douanière* ») (C. douanes, art. 343).

L'exercice de l'action fiscale par le parquet ne dépossède pas l'administration des douanes de son droit d'agir. En effet, si « *l'action pour l'application des sanctions fiscales est exercée à titre principal par l'administration des douanes et peut l'être par le ministère public accessoirement à l'action publique* », l'administration des douanes reste néanmoins recevable à former appel des dispositions douanières du jugement rendu en son absence lorsque le ministère public aura exercé l'action fiscale accessoirement à l'action publique (Crim. 16 juin 2011, n° 10-86.808, P n° 138).

Dans les cas où l'enquête a été effectuée par les douanes judiciaires sous sa direction, conformément à C. pr. pén., art. 28-1, le ministère public exerce l'action fiscale, mais il peut également autoriser l'administration des douanes à l'exercer. « *L'administration douanière autorisée à agir en première instance est en droit, sans qu'il soit nécessaire que cette autorisation soit renouvelée, de former appel des dispositions douanières du jugement* » (§ 12) Crim. 17 nov. 2021, n° 20-82.972, P).

Lorque l'appel ne porte que sur l'action fiscale ou douanière, la cour ne peut statuer que sur cette dernière et ne peut prononcer de peine d'emprisonnement. Lorque l'appel ne porte que sur l'action publique, la cour ne peut prononcer les sanctions de nature fiscale ou douanière que sont l'amende ou la confiscation.

Elle est recevable à former un pourvoi lorsqu'elle a été spécialement autorisée par le procureur général à exercer l'action pour l'application des sanctions fiscales devant la cour d'appel (Crim. 7 sept. 2022, n° 21-81.262, §§ 8 et 9, D).

D. La faculté d'appel de la partie civile et son étendue

1. Le domaine de l'appel de la partie civile

« *La faculté d'appeler appartient : .../...3° À la partie civile, quant à ses intérêts civils seulement* » (C. pr. pén., art. 497). « *La partie civile ne peut, en cause d'appel, former aucune demande nouvelle ; toutefois, elle peut demander une augmentation des dommages-intérêts pour le préjudice souffert depuis la décision de première instance* » (C. pr. pén., art. 515).

La partie civile peut faire appel sur l'action civile, non seulement lorsqu'elle n'a pas obtenu le montant de ses demandes en première instance, hypothèse où le tribunal est entré en voie de condamnation et a condamné civilement l'auteur de l'infraction, mais également lorsque le principe même de la responsabilité pénale du mis en cause a été écarté par une décision de relaxe (v. **D2** ci-dessous), hypothèse où le tribunal, par voie de conséquence, déclare l'action civile irrecevable (à l'exception des infractions non intentionnelles, pour lesquelles C. pr. pén., art. 470-1 lui permet de statuer sur les intérêts civils nonobstant une décision de relaxe, sur ce point v. n° **16.13A5**). Il en est également ainsi lorsque la juridiction a constaté l'extinction de l'action publique et a par voie de conséquence déclaré irrecevable la demande de dommages-intérêts (v. **D3** ci-dessous). De même, « *toute partie civile, constituée devant le tribunal correctionnel, peut faire appel d'un jugement qui, après avoir statué sur l'action publique, a, à tort, renvoyé à une audience ultérieure l'examen de la recevabilité de sa constitution* » (§ 19), une solution inverse « *porte[rait] nécessairement atteinte [...], aux intérêts de la partie civile, laquelle se trouve[rait] privée de la possibilité de participer au débat sur l'action publique devant la cour d'appel et de mettre celle-ci en mesure, après évocation, de statuer également sur son action civile* » (§ 18) (Crim. 15 févr. 2022, n° 20-86.486, P) (notons que cette solution ne porte que sur le renvoi de l'examen de la recevabilité de l'action civile, la demande de dommages-intérêts peut quant à elle être renvoyée conformément au C. pr. pén., art. 464, v. n° **16.13A1**).

Comme le prévenu, la partie civile peut toujours se désister de son appel. Si le désistement intervient au moins deux mois avant l'audience d'appel, il entraîne la caducité des appels incidents (C. pr. pén., art. 500-1) (sur le constat du désistement par ordonnance du président de la chambre des appels correctionnels et la faculté de rétractation du désistement, v. n° **19.8B**).

Si la partie civile ne peut faire appel de l'action publique, notons cependant que dans le cas où l'action publique est engagée par la partie civile mais que cette dernière est déclarée irrecevable (défaut d'intérêt à agir, défaut de préjudice direct et certain, C. pr. pén., art. 2), la Ch. crim. considère que le pouvoir d'évocation de la cour s'étend à l'action publique, même lorsqu'il n'aura pas été interjeté appel de ce chef (sur le pouvoir d'évocation de la cour en cas de jugement d'irrecevabilité de la citation directe ou de la constitution de la partie civile, v. n° **19.10G**).

En l'absence d'appel du prévenu ou de la partie civile sur les intérêts civils, la partie civile ne peut plus intervenir devant la cour d'appel, même si elle se borne à vouloir soutenir l'action publique et ne réclame pas de dommages-intérêts. En effet, « *lorsque les dispositions civiles du jugement sont devenues définitives, la partie civile, constituée en première instance, qui n'est plus partie en appel, ne peut comparaître à l'audience ou s'y faire représenter et ne peut être entendue qu'en qualité de témoin* », est donc cassé l'arrêt qui constate que son avocat a eu la parole (Crim. 29 mars 2017, n° 15-86.434, P n° 95, sur l'audition en qualité de témoin, v. également n° **17.29**). Il en est autrement dans la procédure criminelle d'appel où la partie civile non appelante ni intimée peut encore intervenir au soutien de l'action publique (v. n° **19.12A**).

Par application de LPF, art. L. 227 et L. 232 et CGI, art. 1741, l'administration fiscale « *non appelante d'un jugement statuant sur des faits de fraude fiscale qui a reçu sa constitution de partie civile, peut intervenir à l'instance d'appel aux seules fins de corroborer l'action publique en cas de recours formé par le ministère public* » et peut donc déposer des conclusions et plaider (Crim. 29 juin 2016, n° 15-85.759, P n° 207).

Jusqu'à L. n° 2019-222, 23 mars 2019, seule la voie de l'appel permettait à la partie civile de faire réparer une **omission de statuer** sur ces intérêts civils (Crim. 6 déc. 2005, n° 04-87.661, P n° 314). Il était donc essentiel pour la partie civile, en cas d'omission de statuer sur ses demandes, d'interjeter appel de la décision, ou si cette omission était le fait de la cour d'appel, de se pourvoir en cassation au visa de C. pr. pén., art. 593. En effet « *lorsqu'une juridiction d'appel constate que le premier juge, statuant sur l'action civile, a omis de prononcer sur une prétention des parties, elle doit annuler le jugement de ce chef, évoquer, et trancher elle-même la question litigieuse* » (Crim. 16 déc. 1992, n° 91-84.157, P n° 427) (sur le pouvoir d'évocation de la cour en cas d'omission de statuer, v. n° **19.10C**). Désormais, malgré une décision qui semble poursuivre cette jurisprudence (Crim. 10 nov. 2020, n° 19-80.962 (§ 9), P), C. pr. pén., art. 10, mod. par L. n° 2019-222, 23 mars 2019, permet à la partie civile d'agir en omission de statuer devant la juridiction de première instance (v. n° **16.13D**).

« *La cour ne peut.../...sur le seul appel de la partie civile.../...aggraver le sort de l'appelant* » (C. pr. pén., art. 515). Dès lors, dans le cas où le prévenu ne fait pas appel de l'action civile, « *la cour d'appel, qui n'est saisie des intérêts civils que par l'appel de la partie civile, ne peut réformer à cet égard la décision du premier juge que dans un sens favorable à cette dernière* » (Crim. 21 nov. 1972, n° 71-91.942, P n° 347). Dans un tel cas, les dommages-intérêts ne peuvent être inférieurs à ceux alloués en première instance et la partie civile ne peut *a fortiori* être déboutée (Crim. 14 mai 2019, n° 17-87.259, P).

2. La portée de l'appel d'un jugement de relaxe par la partie civile

Si la partie civile peut engager l'action publique en première instance par la voie de la plainte avec constitution de partie civile (v. n° **16.10B**) ou de la citation directe (v. n° **16.10A**), elle ne peut paradoxalement pas exercer de recours contre la décision sur l'action publique prise en première instance et son appel sur les intérêts civils, seul admis, reste sans effet sur l'action publique. Le Cons. const., considère « *que la partie civile n'est pas dans une situation identique à celle de la personne poursuivie ou à celle du ministère public ; qu'il en est notamment ainsi, s'agissant de la personne poursuivie, au regard de l'exercice des droits de la défense et, s'agissant du ministère public, au regard du pouvoir d'exercer l'action publique ; que, par suite, l'interdiction faite à la partie civile d'appeler seule d'un jugement correctionnel dans ses dispositions statuant au fond sur l'action publique, ne méconnaît pas le principe d'égalité devant la justice ; que, d'autre part, la partie civile a la faculté de relever appel quant à ses intérêts civils ; qu'en ce cas, selon la portée donnée par la* **C. cass.** *au 3° de l'article 497 du code de procédure pénale, elle est en droit, nonobstant la relaxe du prévenu en première instance, de reprendre, contre lui, devant la juridiction pénale d'appel, sa demande en réparation du dommage que lui ont personnellement causé les faits à l'origine de la poursuite ; que, par suite, le moyen tiré de la méconnaissance du droit à un recours effectif manque en fait* » (Cons. const. 31 janv. 2014, n° 2913-363 QPC, § 8).

Dans le cas où il n'a pas été fait appel d'une décision de relaxe par le prévenu ou le ministère public et que la partie civile a fait appel sur ses intérêts civils, la cour ne peut plus statuer sur l'action publique, c'est-à-dire statuer sur la culpabilité et prononcer une peine. Dans ce cas particulier, la chose jugée au pénal ne fait toutefois pas autorité sur le plan civil et les juges de la juridiction pénale d'appel, nonobstant la décision de relaxe, vont pouvoir se livrer à un nouvel examen des faits pénalement poursuivis pour déterminer s'ils permettent de qualifier une faute civile.

En effet, « *l'action publique et l'action civile étant indépendantes, les juges du second degré, saisis du seul appel de la partie civile, ne sont nullement liés, en ce qui concerne les intérêts civils, par la décision de relaxe rendue en première instance* » (Crim. 13 avr. 1992, n° 91-84.616, P n° 158) et « *à l'égard des parties civiles appelantes sans restriction, l'autorité de la chose jugée ne s'attache à aucune des dispositions tant pénales que civiles du jugement déféré* » (Crim. 1er juin 2010, n° 09-87.159, P n° 96). Pas plus qu'elle n'est tenue par la décision de relaxe, la cour d'appel reste compétente pour apprécier la faute et le lien de causalité lorsque les premiers juges, en **disqualifiant** des faits de violences ayant entraîné une ITT en violences sans ITT, ont définitivement exonéré le prévenu de sa responsabilité pénale car « *l'évaluation du préjudice reste en discussion devant la cour d'appel pour tous les chefs de dommage qui découlent des faits objet de la poursuite* » (Crim. 25 juin 2019, n° 18-84.825).

Une décision de condamnation du second degré sur les intérêts civils, qui établit que les faits objets de la prévention caractérisent en définitive une faute, est donc de nature à constituer une atteinte à l'innocence du prévenu établie en force de chose jugée en premier ressort. La Ch. crim. juge cependant, en cohérence avec le Cons. const., qui consacre en effet sa jurisprudence (v. décision citée plus haut), dépourvue de caractère sérieux la QPC dirigée contre C. pr. pén., art. 497, 509 et 515 qui permettent au juge d'appel, malgré une décision de relaxe, de statuer sur la faute civile du prévenu en ce que « *le principe de la présomption d'innocence n'est pas remis en cause par l'obligation faite au juge pénal, saisi du seul appel de la partie civile, de rechercher si les faits objet de la prévention caractérisent une faute conférant à cette dernière le droit d'obtenir du prévenu définitivement relaxé réparation du préjudice en découlant* » (Crim. 18 mai 2011, n° 10-87.622, NP). Il en est de même pour une relaxe prononcée par le tribunal de police (C. pr. pén., art. 546, Crim. 28 juin 2011, n° 11-80.483, NP).

La CEDH estime pour sa part que « *si l'acquittement prononcé au pénal ne doit pas être remis en cause dans le cadre de la procédure en réparation, cela ne doit pas faire obstacle à l'établissement, sur la base d'exigences de preuve moins strictes, d'une responsabilité civile emportant obligation de verser une indemnité à raison des mêmes faits* » et que cette décision sur l'action civile, sous réserve de ne pas « *renfermer de déclaration imputant une responsabilité pénale à la partie défenderesse* », ne porte pas atteinte au principe de la présomption d'innocence garanti par Conv. EDH, art. 6 §2 (CEDH 11 févr. 2003, *Ringvold c/ Norvège*, req. n° 34964/97, § 38 ; dans le même sens : CEDH, 12 avr. 2012, *Lagardère c/ France*, n° 18851/07, § 87). La CEDH procède alors à une analyse sémantique du « *langage employé* » par la juridiction civile en soulignant que « *les termes employés dans la décision en cause revêtent une importance cruciale* » (§ 115) et qu'il « *convient d'être particulièrement prudent dans la motivation d'un jugement civil rendu à la suite d'une procédure pénale éteinte* » (en l'espèce par la prescription de l'action publique) (§ 126) ; elle considère néanmoins que la présomption d'innocence n'est pas méconnue dès lors que « *le constat de la responsabilité civile [est] exprimé dans des termes qui ne peuvent raisonnablement être interprétés comme l'imputation au requérant d'une responsabilité pénale* » (§ 126) et elle admet ainsi l'emploi des expressions « *pot-de-vin* » et « *corruption* » puisqu'elles « *ne sont pas réservées à la sphère du droit pénal et qu'elles peuvent également être utilisées dans le droit civil de la responsabilité civile* » (§§ 116 et 117) (CEDH, 9 mars 2023, n° 20148/09, *Rigolio C. Italie*).

Après avoir jugé de manière constante que les juges d'appel, s'ils « *ne peuvent prononcer aucune peine contre le prévenu définitivement relaxé, .../... n'en sont pas moins tenus, au regard de l'action civile, de rechercher si les faits poursuivis sont constitutifs d'une infraction pénale qui engage la responsabilité de son auteur* » (ex. Crim. 7 nov. 2012, n° 11-87.955, NP), la Ch. crim. juge désormais, tirant les conséquences de la jurisprudence *Ringvold* précitée, et de l'arrêt CEDH 12 avr. 2012, n° 18851/07 (§ 87), *Lagardère c/ France*, que « *saisi du seul appel d'un jugement de relaxe formé par la partie civile, le juge répressif ne peut énoncer que les faits qui lui sont déférés constituent une infraction pénale, sans méconnaître le principe de la présomption d'innocence garanti par l'article 6 § 2, de la Convention européenne des droits de l'homme* » (Crim. 13 oct. 2015, n° 14-82.272, P n° 220).

Si elle ne peut donc formellement, en analysant la faute civile, énoncer que les faits poursuivis sont constitutifs d'une infraction pénale, la cour d'appel reste toutefois tenue par les faits visés aux poursuites. En effet, « *le dommage dont la partie civile peut obtenir réparation de la personne relaxée résulte de la faute civile démontrée <u>à partir et dans les limites des faits objet de la poursuite</u>* » (Crim. 4 mai 2016, n° 15-81.244, P n° 137 ; dans des termes identiques : Crim. 5 févr. 2014, n° 12-80.154, P n° 35). La cour d'appel ne peut ainsi retenir une faute civile fondée sur des faits non visés dans la prévention (Crim. 10 mai 2017, n° 15-86.906, P n° 135) ou n'entrant « *pas dans les prévisions* » du texte fondant les poursuites (Crim. 11 mars 2014, n° 12-88.131, P n° 70 ; Crim. 8 nov. 2022, n° 21-86.283, P).

3. La portée de l'appel par la partie civile d'un jugement constatant l'extinction de l'action publique

« *lorsqu'elle est saisie du seul appel de la partie civile formé à l'encontre d'un jugement ayant constaté l'extinction de l'action publique et débouté l'intéressée de ses demandes, la cour d'appel n'est compétente pour prononcer sur le droit à réparation de la partie civile à partir et dans la limite des faits objets de la poursuite, que si elle a préalablement constaté que c'est à tort que les premiers juges ont déclaré l'action publique éteinte* » (Crim. 1er avr. 2020, n° 19-80.069, P).

E. La faculté d'appel du civilement responsable et de l'assureur et leur étendue

« *La faculté d'appeler appartient : .../...2° À la personne civilement responsable quant aux intérêts civils seulement* » (C. pr. pén., art. 497).

Les actes d'appel incident des parties civiles, qui « *n'étaient pas limités, ont remis en cause toutes les dispositions civiles du jugement, ainsi que le prévoit C. pr. pén., art. 509, sans que les limites de l'acte d'appel de la prévenue aient eu d'incidence sur l'étendue du recours des parties civiles* » (Crim. 8 déc. 2021, n° 20-86.224, P).

« *en ce qui concerne [...] les voies de recours, les règles concernant les personnes civilement responsables et les parties civiles sont applicables respectivement à l'assureur du prévenu et à celui de la partie civile* » (C. pr. pén., art. 388-1).

« *Lorsque des poursuites pénales sont exercées, les assureurs appelés à garantir le dommage sont admis à intervenir et peuvent être mis en cause devant la juridiction répressive, même pour la première fois en cause d'appel ; ils doivent se faire représenter par un avocat* » (C. pr. pén., art. 388-1).

Les règles de l'article 388-1 ci-dessus relatives à l'intervention de l'assureur en cas de poursuites pénales sont toutefois exclusivement limitées aux cas d'homicide ou de blessures involontaires : « *les assureurs, appelés à garantir le dommage, ne sont admis à intervenir et ne peuvent être mis en cause devant la juridiction répressive que lorsque des poursuites pénales sont exercées pour homicide ou blessures involontaires* » (Crim. 24 févr. 1993, n° 92-84.437, P n° 89).

« *l'appel de l'assureur produit effet à l'égard de l'assuré en ce qui concerne l'action civile. Il est, dans le délai de trois jours, notifié à l'assuré par lettre recommandée avec demande d'avis de réception adressée par l'assureur* » (C. pr. pén., art. 509). Cette formalité de la notification à l'assuré n'est cependant pas prescrite à peine d'irrecevabilité de l'appel de l'assureur (Crim. 3 nov. 1988, n° 86-91.143, P n° 368) et seul l'assuré peut se prévaloir de son inexécution (Crim. 10 avr. 1986, n° 85-93.805, P n° 123).

Il en résulte que même en l'absence d'appel du prévenu assuré sur les intérêts civils, l'appel de son assureur est recevable et la cour d'appel bien fondée à réexaminer la demande de dommages-intérêts (Crim. 3 nov. 1988, n° 86-91.143, P n° 368) dans un sens défavorable aux parties civiles également appelantes (Crim. 29 sept. 1993, n° 92-85.713, P n° 270).

Mentionnons que, comme l'assureur (C. pr. pén., art. 388-1), le FGTI (C. pr. pén., art. 706-11) peut intervenir pour la première fois en cause d'appel.

F. La faculté d'appel de certaines administrations publiques et leur étendue

« *La faculté d'appeler appartient : .../...5° Aux administrations publiques, dans le cas où celles-ci exercent l'action publique* » (C. pr. pén., art. 497).

Mentionnons que la solidarité fiscale fondée sur CGI, art. 1745, est une mesure civile (sur la solidarité fiscale, v. n° **33.34**), elle ne peut donc être prononcée par la cour d'appel lorsque l'administration fiscale poursuivante « *a restreint son appel aux dispositions du jugement relatives aux amendes et aux pénalités fiscales* » (§ 25) (Crim. 16 juin 2021, n° 20-80.911, D).

19.4 L'appel : le délai et la forme de l'appel, conditions de sa recevabilité (C. pr. pén., art. 498)

A. Les règles encadrant le délai et la forme de l'appel sont d'ordre public

Les modalités dont une personne a été convoquée devant le tribunal et celles de sa comparution vont déterminer la nature (également nommée « qualification ») du jugement rendu en premier ressort à son encontre : jugement contradictoire, contradictoire à signifier, défaut ou itératif défaut. La qualification du jugement, qui est dans la pratique systématiquement précisée dans le corps de la décision, détermine à son tour la nature du recours offert à la personne condamnée : appel ou opposition. Dans tous les cas, le délai du recours débute à compter de la date à laquelle la personne a effectivement eu connaissance de la décision, ou est réputée par la loi en avoir eu connaissance.

« *Si la cour estime que l'appel est tardif ou irrégulièrement formé, elle le déclare irrecevable* » (C. pr. pén., art. 514).

« *les dispositions relatives aux formes et délais d'appel, qui sont d'ordre public et dont l'inobservation entraîne une nullité qui peut être invoquée pour la première fois devant la C. cass. ou même suppléée d'office, sont impératives et s'appliquent au ministère public comme à toute autre partie* » (Crim. 14 janv. 2014, n° 12-84.592, P n° 6 ; dans le même sens : Crim. 22 mars 2017, n° 16-80.050, P n° 81 ; Crim. 23 mars 1993, n° 91-81.203, P n° 126). « *les formes et délais d'appel étant d'ordre public, les juges [sont] bien fondés à les relever d'office, sans avoir à provoquer préalablement les explications des parties sur ce point* » (Crim. 25 mai 2004, n° 03-86.245, P n° 135 ; dans le même sens : Crim. 17 févr. 2015, n° 14-80.806, P n° 28).

B. L'articulation des délais de l'appel principal de 10 jours et de l'appel incident de 5 jours

« *L'appel est interjeté dans le délai de dix jours* » (C. pr. pén., art. 498). Ce délai constitue le délai de droit commun, le procureur général dispose toutefois d'un délai de 20 jours (C. pr. pén., art. 505).

S'agissant du jugement correctionnel statuant sur une demande de mise en liberté en matière correctionnelle (C. pén., art. 148-1 et 148-2) ou statuant sur une demande de mainlevée ou de modification du contrôle judiciaire (C. pr. pén., art. 141-1 et 148-2) ou de l'assignation à résidence sous surveillance électronique, le délai d'appel est réduit à 24 h 00 (C. pr. pén., art. 501).

Le point de départ du délai dépend, pour le prévenu, la partie civile, le civilement responsable ou l'assureur, des modalités de leur comparution devant la juridiction ou de signification du jugement (v. n° **19.5**).

Pour le procureur de la République, ce délai court dans tous les cas à compter du prononcé de la décision, laquelle est obligatoirement rendue en sa présence (C. pr. pén., art. 32 et 464). S'agissant du délai d'appel du procureur général, il court également « *à compter du jour du prononcé de la décision* » (C. pr. pén., art. 505).

« *En cas d'appel d'une des parties.../...les autres parties ont un délai supplémentaire de cinq jours pour interjeter appel* » (C. pr. pén., art. 500). « *Constitue un appel incident l'appel formé dans le délai prévu à l'article 500* » (C. pr. pén., art. 500).

Selon l'interprétation constante de la Ch. crim., dès lors qu'une des parties a fait appel dans le délai de dix jours de la décision, les parties, y compris le ministère public, jouissent d'un délai supplémentaire de 5 jours pour faire appel, soit un délai global de 15 jours : « *dans le cas où l'une des parties a interjeté appel pendant le délai de dix jours prévu par l'article 498, alinéa 1er, du code de procédure pénale, il est imparti, pour faire appel incident, à toutes les parties qui auraient été admises à former un appel principal un délai global de quinze jours après celui où le jugement entrepris a été rendu contradictoirement* » (Crim. 6 janv. 2009, n° 08-84.141, P n° 2).

La loi et la jurisprudence qui l'interprète ne faisant pas de distinction entre les auteurs de l'appel initial, il en résulte à titre d'exemple qu'un prévenu dispose d'un délai de 15 jours pour faire appel lorsqu'un co-prévenu a fait appel dans le délai de 10 jours (Crim. 2 avr. 2008, n° 08-80.067, P n° 92), et que le ministère public peut faire appel d'une décision de relaxe dans les 15 jours de la décision ou dans le délai supplémentaire de 5 jours si la partie civile a seule interjeté appel sur ces intérêts civils dans les 10 jours de la décision ou de la signification du jugement. S'il n'a pas estimé devoir prendre l'initiative de l'appel sur l'action publique dans le cas d'une relaxe, notamment lorsque l'action publique a été engagée par la victime, le parquet peut ainsi juger utile aux intérêts de la partie civile de faire appel incident sur l'action publique si la victime manifeste, par son recours, son désaccord avec la décision de première instance.

Dans tous les cas, le terme du délai d'appel se calcule par référence à C. pr. pén., art. 801 qui prévoit que le délai est prorogé jusqu'au premier jour ouvrable suivant s'il expire un samedi ou un dimanche ou un jour férié ou chômé (sur les modalités d'application de cette disposition, v. n° **15.15B2**, C. pr. pén., art. 509), aucune disposition n'impose aux parties et au ministère public de notifier leur appel aux autres parties (ex. Crim. 2 sept. 2004, n° 04-80.804, P n° 194). Il en résulte que l'exercice en temps utile d'un appel incident par les parties qui n'ont pas pris l'initiative d'un appel ne peut reposer que sur la consultation, à leur initiative, du greffe et du registre public des appels tenu par ce dernier (v. n° **19.6A**).

Ce défaut d'information est toutefois tempéré par le fait que, si leurs intérêts sont concernés par l'appel, les parties prenantes seront nécessairement intimées au stade de l'appel et pourront ainsi faire valoir leurs arguments (ex. en cas d'appel du prévenu sur les intérêts civils la partie civile non appelante est nécessairement intimée). Faute d'avoir fait appel incident contre l'appelant, elles ne pourront toutefois obtenir l'aggravation de son sort en vertu du principe de prohibition de la *reformatio in pejus* énoncé au C. pr. pén., art. 515). Mentionnons aussi que la partie civile non appelante ne pourra plaider au soutien de l'action publique si le prévenu n'a pas fait appel des intérêts civils (v. n° **19.3D1**), ce qui n'est pas le cas en matière criminelle (v. n° **19.12A1**).

19.5 L'appel : le point de départ du délai d'appel

A. Le délai d'appel court à compter de la décision en cas du jugement contradictoire

« *L'appel est interjeté dans le délai de dix jours à compter du prononcé du jugement contradictoire* » (C. pr. pén., art. 498).

On entend par jugement contradictoire celui qui a été rendu en présence de la personne concernée ou celui dans lequel la personne a comparu aux débats et a été avisée de la date à laquelle la décision, mise en délibéré, a été rendue. Dans ces circonstances, le délai d'appel court donc à compter de la date de la décision qui n'a donc pas à être signifiée puisque cette diligence ne doit être effectuée que dans le cas où elle est nécessaire, ceci à la requête du parquet ou de la partie civile (C. pr. pén., art. 554).

L'information des parties au procès résulte de la lecture obligatoire du jugement à l'audience par le président ou l'un de ses juges, laquelle peut être limitée au dispositif de la décision, qui « *énonce les infractions dont les personnes citées sont déclarées coupables ou responsables, ainsi que la peine, les textes de loi appliqués, et les condamnations civiles* » (C. pr. pén., art. 485).

Il est à noter que si le jugement n'est pas rendu à l'audience même à laquelle les débats ont eu lieu, le président informe les parties présentes du jour où le jugement mis en délibéré sera prononcé (C. pr. pén., art. 462). Dans le cas où le jugement ne mentionne pas cet avis, « *le délai d'appel ne court qu'à compter de la signification du jugement, quel qu'en soit le mode, pour la partie qui, après débats contradictoires, n'était pas présente ou représentée à l'audience où le jugement a été prononcé dans le cas où elle-même ou son représentant n'ont pas été informés du jour où le jugement serait prononcé* » (Crim. 23 nov. 1999, n° 99-81.789, P n° 267 et Crim. 13 oct. 2010, n° 10-81.511, P n° 158).

Dans le cas où le jugement mentionne que l'avis a été donné de la date du délibéré et que celui-ci a été prorogé, il n'importe que les parties, averties de l'audience à laquelle la décision serait initialement prononcée, aient été absentes à la date où elle a été effectivement rendue, laquelle constitue le point de départ du délai d'appel (Crim. 7 févr. 1996, n° 95-81.751, P n° 65).

B. Le délai d'appel court à compter de la signification du jugement lorsqu'il n'est pas contradictoire

Dans le cas où le jugement n'a pas été rendu contradictoirement, il doit être signifié à la requête du ministère public ou de la partie civile (C. pr. pén., art. 554). Le commissaire de justice [huissier] doit accomplir ses diligences dans un délai maximal de 45 jours à compter de leur requête mais le parquet peut porter ce délai à 3 mois. À l'issue du délai, le commissaire de justice doit informer le ministère public s'il n'a pu accomplir la signification. Le parquet peut alors saisir un OPJ ou un APJ aux fins de rechercher l'intéressé et de porter l'exploit à sa connaissance, ce qui produit alors les mêmes effets que s'il avait été signifié à personne (C. pr. pén., art. 559-1 et 560).

1. Le cas du jugement réputé contradictoire ou contradictoire à signifier

Dans les cas ci-dessous, sous réserve du tempérament apporté par C. pr. pén., art. 498-1 en cas de prononcé d'une peine ferme (v. **B3** ci-dessous), le délai d'appel de 10 jours du prévenu court à compter de la signification du jugement « *quel qu'en soit le mode* » (C. pr. pén., art. 498) (par exploit de commissaire de justice signifié à personne, à domicile, à parquet ou à étude du commissaire de justice (C. pr. pén., art. 555 à 559-1), par notification du chef d'établissement pénitentiaire si le prévenu est détenu (C. pr. pén., art. 555-1), par notification par un magistrat ou un greffier si la personne se trouve dans les locaux d'une juridiction pénale (C. pr. pén., art. 555-1), par notification par un OPJ ou un APJ si le commissaire de justice n'a pu accomplir sa signification (C. pr. pén., art. 560) :

– cas où la personne ou son représentant étaient présents lors des débats mais n'ont pas été informés du jour où le jugement serait rendu (C. pr. pén., art. 498 1°) ;

– cas où le prévenu a été jugé en son absence, mais après audition d'un avocat qui s'est présenté pour assurer sa défense sans cependant être titulaire d'un mandat de représentation signé du prévenu (sur la représentation par avocat, v. n° **17.10F**) (C. pr. pén., art. 498 2°) ;

– cas où l'avocat du prévenu est absent alors que ce dernier, par lettre adressée au président du tribunal et jointe au dossier, a demandé à être jugé en son absence mais en étant représenté par son avocat ou un avocat commis d'office, le jugement étant dans ce cas contradictoire à signifier (sur la représentation par avocat, v. n° **17.10F**) (C. pr. pén., art. 498 3° et 411) ;

– cas dans lequel le prévenu non comparant a été régulièrement cité à personne, le jugement étant dans ce cas contradictoire à signifier (C. pr. pén., art. 498 3° et 410) (sur les modalités de la citation, v. tableau ss n° **15.8**) ;

– cas dans lequel le prévenu n'a pas comparu alors qu'il a été cité à la dernière adresse déclarée au juge d'instruction, cette signification étant alors « *réputée faite à sa personne* » (C. pr. pén., art. 116 et 148-3) (sur la notification des effets de l'adresse déclarée dans l'ORTC, v. n° 15.37C). En effet, « *lorsque la citation est faite à la dernière adresse déclarée devant le juge d'instruction, les articles 556 et 557 du Code de procédure pénale sont inapplicables* » (Crim. 11 déc. 2001, n° 00-85.212, P n° 263). Il en résulte que toute remise de l'exploit à une personne présente dans ce domicile élu vaut citation à personne. Cette interprétation prévaut aussi en matière de déclaration d'adresse durant la procédure d'appel (C. pr. pén., art. 503-1, v. n° 19.6C2) : « *la citation faite à l'adresse déclarée par un prévenu libre formant appel et qui n'a pas signalé de changement d'adresse est réputée faite à sa personne* » (Crim. 25 avr. 2006, n° 06-80.599, P n° 107) ;

– cas dans lequel le prévenu a fait opposition à un précédent jugement par défaut et n'a pas comparu alors qu'une nouvelle convocation avait été délivrée à sa personne (itératif défaut) (C. pr. pén., art. 498 3° et 494-1).

Soulignons qu'en cas de jugement contradictoire à signifier le délai d'appel court à compter de sa signification « *quel qu'en soit le mode* », par hypothèse, il n'y a donc pas lieu pour le procureur de la République, en cas d'absence d'avis de réception signé de la lettre envoyée par le commissaire de justice ou en cas de signification à parquet, de procéder à la notification du jugement par un OPJ ou un APJ (C. pr. pén., art. 560) (Crim. 21 nov. 1973, n° 72-91.173, P n° 430). Cette démarche peut toutefois s'avérer nécessaire en cas de prononcé d'une peine ferme car dans ce cas particulier le délai d'appel ne court qu'à compter du moment où le prévenu a eu connaissance de la condamnation (C. pr. pén., art. 498-1, v. B3 ci-dessous).

2. Le cas du jugement rendu par défaut ou par itératif défaut : le choix entre l'opposition et l'appel

Le jugement est rendu par défaut lorsque le prévenu ne comparaît pas et qu'il n'est pas établi qu'il a eu personnellement connaissance de la citation par commissaire de justice (citation à parquet, citation à domicile ou à l'étude du commissaire de justice mais sans signature de l'accusé de réception ou du récépissé, sur les modalités de citation, v. n° 15.8) (C. pr. pén., art. 487). Il est également rendu par défaut à l'égard de la partie civile si elle a été citée dans les mêmes conditions (C. pr. pén., art. 493).

Le jugement par défaut est signifié par exploit de commissaire de justice (C. pr. pén., art. 488). Le prévenu peut y faire opposition dans le délai de 10 jours (C. pr. pén., art. 491) à compter du moment où il en aura connaissance selon les modalités suivantes :

– par la signification du jugement à sa personne par commissaire de justice, ou par la signature de l'accusé de réception de la lettre recommandée ou du récépissé envoyé par lettre simple par le commissaire de justice (C. pr. pén., art. 492, 557 et 558) ;

– si les diligences du commissaire de justice sont infructueuses ou en cas de signification à parquet, par la notification par procès-verbal de l'exploit de signification par un OPJ ou un APJ requis par le procureur de la République (C. pr. pén., art. 492 et 560) ;

– si la personne est détenue, par la notification de la décision par le chef de l'établissement pénitentiaire (C. pr. pén., art. 555-1) ;

– si la personne se trouve dans les locaux d'une juridiction pénale, par la notification de la décision par un greffier ou un magistrat (C. pr. pén., art. 555-1) ;

– le délai de 10 jours court également à compter de tout « *acte d'exécution quelconque* » dont il résulte que le prévenu a eu connaissance de la signification (C. pr. pén., art. 492).

En cas d'opposition de la personne condamnée le jugement initial est non avenu dans toutes ses dispositions, ou dans ses dispositions civiles si le prévenu a limité son recours aux intérêts civils, et le prévenu est convoqué devant le tribunal correctionnel pour être de nouveau jugé. Toutefois le mandat d'arrêt continue à produire ses effets, à moins que le tribunal, par décision spéciale et motivée, en décide la mainlevée (C. pr. pén., art. 465). La partie civile est avisée par le ministère public par lettre recommandée avec avis de réception (C. pr. pén., art. 490). « *l'opposition, voie de rétractation, nécessairement portée devant la juridiction ayant rendu la décision de défaut, éventuellement composée des mêmes magistrats, n'est pas en contradiction avec l'obligation d'impartialité édictée par l'article 6-1 de la Convention européenne de sauvegarde des droits de l'homme et des libertés fondamentales* » (Crim. 25 juill. 1989, n° 88-87.658, P n° 296).

Mentionnons que « *lorsque le prévenu fait opposition à un jugement rendu par défaut à son égard, mais frappé d'appel par le ministère public, le tribunal saisi de l'opposition est tenu de surseoir à statuer jusqu'à ce qu'il soit définitivement prononcé sur cet appel* » (Crim. 11 mars 2003, n° 02-82.509, P n° 63).

Le prévenu a également la faculté, plutôt que de faire opposition, de faire appel du jugement rendu par défaut, ceci dans les 10 jours du moment où il aura eu connaissance de la décision selon les modalités ci-dessus (C. pr. pén., art. 499). Toutefois, « *la partie condamnée par défaut a la faculté de choisir la voie de l'appel ou celle de l'opposition, sous cette réserve que si elle opte pour cette dernière elle se ferme, sans possibilité de retour, la voie de l'opposition* » (Crim. 7 févr. 1984, n° 83-91.104, P n° 44).

Dans le cas où il est établi que le prévenu a bien eu personnellement connaissance de la date à laquelle l'affaire allait de nouveau être jugée sur son opposition, soit « *par la notification à lui faite verbalement et constatée par procès-verbal ou moment où l'opposition a été formée, soit par une nouvelle citation délivrée à la personne de l'intéressé* » et qu'il ne comparaît pas, son opposition est déclarée non avenue par un nouveau jugement dit « d'itératif défaut » rendu par le tribunal (C. pr. pén., art. 494). La condamnation antérieure frappée d'opposition retrouve alors sa force, à moins que, « *si des circonstances particulières le justifient* », le tribunal ne la modifie par décision spécialement motivée, sans possibilité toutefois d'aggravation de la peine (C. pr. pén., art. 494-1).

Le jugement d'itératif défaut doit être à son tour signifié et le délai d'appel de 10 jours du prévenu, sous réserve du tempérament apporté par C. pr. pén., art. 498-1 en cas de prononcé d'une peine ferme (v. **B3** ci-dessous), court à compter de la signification du jugement « *quel qu'en soit le mode* » (C. pr. pén., art. 499). Dans ce cas particulier, la lettre recommandée invitant la personne à retirer à l'étude du commissaire de justice la copie de l'exploit de signification du jugement d'itératif défaut doit mentionner « *la nature de l'acte signifié et le délai d'appel* » (C. pr. pén., art. 558) (sur l'information sur les voies de recours au moment de la signification, v. n° **19.1B2**).

Dans le cas où la personne a formé opposition mais qu'il n'est pas établi qu'elle a eu personnellement connaissance de la convocation devant le tribunal, elle est de nouveau jugée par défaut et ce nouveau jugement reste susceptible d'opposition ou d'appel.

3. Le cas particulier du jugement non contradictoire ou par itératif défaut prononçant une peine ferme (C. pr. pén., art. 498-1)

Lorsqu'un jugement contradictoire à signifier prononçant une peine ferme n'a pas été signifié à la personne condamnée, il est **exécutoire** à l'expiration du délai d'appel qui suit la signification quel qu'en soit le mode (à domicile, à étude du commissaire de justice ou à parquet).

À l'expiration de ce délai de 10 jours, la condamnation peut donc être mise à exécution et la personne écrouée.

Néanmoins, la personne jouit encore d'une **faculté d'appel** s'il ne résulte pas des pièces de signification de jugement (signature du recommandé ou du récépissé envoyé par le commissaire de justice) ou « *d'un acte d'exécution quelconque* » qu'elle « *a eu connaissance de la signification* ». Dans ce cas le délai d'appel de 10 jours court « *à compter de la date à laquelle le prévenu a eu connaissance de la condamnation* ». Lorsque la décision est exécutoire (expiration du délai de 10 jours à compter de la signification du jugement quel qu'en soit le mode) et que la personne forme appel, elle « *demeure toutefois détenue, sous le régime de la détention provisoire et sans préjudice de son droit de former des demandes de mise en liberté, jusqu'à l'audience devant la cour d'appel* ».

Ce dispositif tempère donc, mais dans le seul cas de la peine ferme, la règle selon laquelle le délai d'appel contre un jugement contradictoire à signifier court à compter de sa signification « *quel qu'en soit le mode* » (C. pr. pén., art. 498, v. **B1** ci-dessus).

Il est également applicable au jugement d'**itératif défaut** prononçant une peine ferme, jugement dont le délai d'appel court lui aussi à compter de sa signification « *quel qu'en soit le mode* » (C. pr. pén., art. 499, v. **B2** ci-dessus).

C. Les cas particuliers de report du point de départ du délai d'appel

Les raisonnements qui fondent les décisions qui suivent semblent transposables aux différents cas d'appel.

1. Le jugement rendu contre un majeur protégé (C. pr. pén., art. 706-113)

« *le délai d'appel ouvert au prévenu placé sous une mesure de protection judiciaire ne peut commencer à courir lorsque* », le tuteur ou le curateur n'a pas été avisé de la décision de condamnation conformément à C. pr. pén., art. 706-113 (Cour de révision et de réexamen des condamnations pénales, 18 juin 2015, n° 14RE1043, P n° 3) (sur les poursuites contre les majeurs protégés, v. n° **15.11**) (solution identique pour le délai d'action en nullité dans le cadre de la procédure d'instruction prévu par C. pr. pén., art. 173-1 : Crim. 22 juin 2021, n° 21-80.407, P).

2. Le report du délai à la date de notification de la traduction de l'acte

« *la notification en langue étrangère comprise par l'accusé, permettant à celui-ci d'exercer une voie de recours et les droits de la défense, reporte la date à laquelle l'ordonnance devient définitive* », il en résulte que le délai d'appel de cette ordonnance, datée du 21 février, n'a commencé à courir que le 16 mars 2020, date de sa notification dans une langue comprise et parlée par l'intéressé (Crim. 15 juin 2021, n° 21-81.843, P). De même, « *le jugement, qui devait être notifié au demandeur en application d'une disposition du code de procédure pénale, devait donc être traduit, tout comme sa notification, laquelle, informant l'intéressé des modalités d'exercice d'une voie de recours, était une pièce essentielle à l'exercice de sa défense et à la garantie d'un procès équitable, et que ce défaut de traduction n'avait pas fait courir le délai d'appel* » (§ 12) (Crim. 23 mars 2022, n° 21-83.064, P).

19.6 L'appel : les conditions de forme de l'appel

A. La déclaration d'appel de la partie non détenue et du ministère public (C. pr. pén., art. 502)

« *La déclaration d'appel doit être faite auprès du greffier de la juridiction qui a rendu la décision attaquée* » (C. pr. pén., art. 502).

Selon les précisions apportées aux n^{os} **19.3B1** et **19.3C**, la déclaration indique les limitations apportées à leur appel par le prévenu ou le ministère public (C. pr. pén., art. 502).

Par hypothèse, les limitations apportées à l'appel de la décision sur l'action publique ne concernent que l'appel du ministère public, qui ne peut porter que sur l'action publique, et l'appel du prévenu sur les dispositions pénales du jugement, les autres parties étant sans qualité pour interjeter appel de ces dernières.

Le formulaire de la déclaration d'appel du prévenu, dont copie lui est remise (C. pr. pén., art. D. 45-25 issu D. n° 2019-508, 24 mai 2019), doit comporter, s'il déclare limiter son appel, une mention l'informant de son droit de revenir sur la limitation de son appel dans les conditions fixées par C. pr. pén., art. 502 et 509 (C. pr. pén., art. D. 45-22 issu D. n° 2019-508, 24 mai 2019) (sur le repentir du prévenu sur la limitation de son appel initial, v. n° **19.3B2**).

Le formulaire informe également le prévenu, la partie civile ou la personne civilement responsable, lorsque le délit a été jugé par un juge unique en première instance, de son droit d'effectuer dans le mois de son appel une déclaration complémentaire afin que l'affaire soit examinée par une formation collégiale en appel (C. pr. pén., art. D. 45-23 issu D. n° 2019-508, 24 mai 2019).

Le ministère public peut quant à lui, lorsque l'affaire relève de la compétence du juge unique en appel, demander dans son acte d'appel ou dans le délai d'un mois, que l'affaire soit examinée par une formation collégiale (C. pr. pén., art. D. 45-24 issu D. n° 2019-508, 24 mai 2019).

Lorsque le prévenu exerce avant l'audience d'appel son repentir sur la limitation de son appel (v. n° **19.3B2**), il est tenu de le faire dans les mêmes formes auprès du greffe au moyen d'une « *déclaration complémentaire* » (C. pr. pén., art. D. 455-22 issu D. n° 2019-508, 24 mai 2019).

L'avis du ministère public concluant à la confirmation du jugement figurant dans son « *rapport d'appel* », document par lequel le ministère public transmet le dossier au procureur général chargé de veiller à son audiencement et d'assurer l'accusation devant la cour d'appel, « *ne saurait porter atteinte aux pouvoirs de la cour d'appel, lesquels en vertu de l'article 509 du code de procédure pénale, sont uniquement délimités par les termes de l'acte d'appel et par la qualité de l'appelant* » (Crim. 20 févr. 1978, n° 76-93.547, P n° 61).

La déclaration d'appel « *doit spécifier le jugement contre lequel cette voie de recours est exercée, ou en cas de pluralité de décisions, chacune de celles-ci* » (Crim. 23 mars 1993, n° 91-81.203, P n° 126).

Lorsque la partie fait appel dans le délai qui lui est imparti, et non dans le délai supplémentaire de 5 jours qui lui est donné par C. pr. pén., art. 500 ou 505 en cas d'appel d'une autre partie ou du procureur général, elle a la faculté de préciser qu'il s'agit d'un appel principal ou, si une autre partie a fait préalablement appel, d'un appel incident (C. pr. pén., art. 500-1).

L'appel doit être signé par le greffier et par l'appelant. Si ce dernier ne peut signer, il en est fait mention par le greffier. « *l'acte d'appel, dûment signé .../...fait foi jusqu'à inscription de faux* » (Crim. 25 juin 2013, n° 12-86.537, P n° 161) et « *les mentions rectificatives portées sur un acte d'appel doivent avoir date certaine et être approuvées par le greffier et le déclarant* » (Crim. 10 sept. 2003, n° 02-84.181, P n° 156).

L'appel peut également être signé par un avocat, dans ce cas « *l'avocat qui fait une déclaration d'appel, quel que soit le barreau dont il relève, n'est pas tenu de produire un pouvoir spécial* » de la partie qu'il représente (Crim. 9 nov. 2004, n° 04-84.236, P n° 275) ni tenu de mentionner, s'il est l'avocat d'une personne morale, « *l'organe qui la représente* » (Crim. 10 mars 1999, n° 97-86.546, P n° 35).

Enfin, l'appel peut être signé par un fondé de pouvoir spécial, dans ce dernier cas, le pouvoir est annexé à l'acte dressé par le greffier. À défaut de pouvoir spécial, est irrecevable l'appel interjeté sur l'action publique par la mère « *en sa qualité de représentante légale de son fils devenu majeur au moment de l'exercice de cette voie de recours* » (Crim. 29 mai 2013, n° 12-83.326, P n° 123). L'exigence d'un pouvoir spécial en cas d'appel par l'intermédiaire d'un tiers « *vise à s'assurer avec certitude, au moment de l'appel, de la volonté de l'appelant de remettre en cause une décision judiciaire donnée et de la qualité pour agir de son mandataire. [...] cette formalité est de nature à contribuer à la bonne administration de la justice et à garantir la sécurité juridique* » (§ 27), précisons que témoigne d'un « *formalisme excessif* » la décision d'irrecevabilité d'un appel fondée sur l'absence du pouvoir spécial annexé à l'acte d'appel, alors que ce dernier, établi par le greffe, en mentionne l'existence (§ 30) (CEDH, 2 févr. 2023, n° 74530/17, *Rocchia c/ France*).

Mentionnons que lorsque l'appel est effectué par l'avocat ou par un fondé de pouvoir spécial et limite l'appel sur l'action publique aux peines prononcées, le prévenu peut revenir sur cette limitation jusqu'à l'audience (C. pr. pén., art. 509, v. n° **19.3B2**).

Lorsque l'appel est effectué par le prévenu en personne, la déclaration d'appel précise si elle a été faite en présence ou non de l'avocat (C. pr. pén., art. D. 455-22 issu

D. n° 2019-508, 24 mai 2019). C. pr. pén., art. 509 permet en effet au prévenu de revenir jusqu'à l'audience sur la limitation de son appel lorsqu'il a exercé son recours hors présence de son avocat (v. n° **19.3B2**).

Notons qu'« *aucun texte n'impose au greffier d'examiner la recevabilité d'un appel et, à supposer cet acte irrégulier, d'inviter l'avocat du prévenu à le réitérer dans les formes prescrites par la loi* » (Crim. 6 mai 2008, n° 07-86.304, P n° 101).

L'acte d'appel est inscrit sur un **registre public des appels** tenu par le greffe et toute personne a le droit de s'en faire délivrer copie. « *le défaut de transcription [...] sur le registre [...] n'affecte pas la validité de l'acte mais a pour seul effet de retarder, jusqu'à l'accomplissement de cette formalité, le point de départ du délai supplémentaire de cinq jours accordé, par l'article 500 [du C. pr. pén.], aux autres parties pour interjeter appel* » (Crim. 4 déc. 2007, n° 07-81.830, P n° 294).

Est irrecevable l'appel formé par tout autre moyen que la comparution devant le greffier de la juridiction qui a rendu la décision. Il en est ainsi dans les cas suivants : lettre envoyée au greffier (Crim. 29 nov. 1983, n° 82-90.287, P n° 320) ; lettre recommandée (Crim. 14 nov. 2002, n° 01-88.623, NP ; Crim. 10 juin 2015, n° 14-83.859, NP) ; télécopie (Crim. 14 janv. 2014, n° 12-84.592, P n° 6) ; déclaration reçue par procès-verbal dans le cadre du processus d'exécution de la peine, en effet « *l'indication donnée par le prévenu au procureur de la République, à l'occasion de l'exécution d'un mandat d'arrêt, de sa volonté d'interjeter appel du jugement constitue une simple déclaration d'intention et non une modalité d'exercice de cette voie de recours* » (Crim. 6 mai 2008, n° 07-86.304, P n° 101) ; « *simple déclaration verbale d'intention* » (Crim. 25 nov. 1970, n° 70-90.569, P n° 308), déclaration orale du prévenu à la barre lors de la lecture du délibéré, déclaration d'appel devant une autre juridiction, etc. En revanche, lors de la notification d'une remise de copie d'une ordonnance de placement en détention du JLD effectuée à l'issue du débat contradictoire, « *en ajoutant, à côté de sa signature, la mention « je fais appel », l'intéressé a manifesté sans équivoque sa volonté de faire appel, devant ce greffier, qui devait, dès lors, en tirer les conséquences en enregistrant cet appel* » (Crim. 15 nov. 2022, n° 22-85.097, P) (sur les formalités à l'issue du débat contradictoire, v. n° **12.40A1**), sur les formes de l'appel en matière de mesures de sûreté sur la personne, v. n° **12.63B**).

B. L'appel de la partie détenue (C. pr. pén., art. 503)

Lorsque l'appelant est détenu, il peut soit faire appel par l'intermédiaire d'un avocat ou d'un mandataire spécial selon les modalités décrites ci-dessus au **A** ci-dessus, soit faire appel « *au moyen d'une déclaration auprès du chef de l'établissement pénitentiaire* » (C. pr. pén., art. 503).

Cette disposition « *a une portée générale à l'égard de tout appelant détenu* » et s'applique donc aussi à la partie civile détenue (Crim. 10 févr. 1977, n° 76-90.979, P n° 56).

La « *déclaration est constatée, datée et signée par le chef d'établissement pénitentiaire. Elle est également signée par l'appelant ; si celui-ci ne peut signer, il en est fait mention par le chef d'établissement.* » (C. pr. pén., art. 503). Seule la date d'enregistrement par le greffe de l'établissement pénitentiaire de la demande en vue d'une déclaration d'appel lui confère une date certaine permettant de déterminer si le recours est effectué dans le délai, la date figurant sur la demande est à cet égard inopérante (Crim. 15 nov. 2022, n° 22-85.114, P).

Une lettre « *ne saurait, à elle seule, constituer la déclaration prévue par l'article 503* » (Crim. 3 sept. 2003, n° 03-81.518, D). Il en est de même pour le courrier adressé par le détenu au greffe de l'établissement pénitentiaire : « *l'appelant détenu ne peut déroger aux modalités de la déclaration d'appel prévues par les articles 502 et 503, par l'envoi d'une lettre, qui, sauf circonstances exceptionnelles, ne constitue pas une modalité de l'exercice de cette voie de recours soumise à des formalités d'ordre public* » (Crim. 28 janv. 2020, n° 19-86.863, D ; dans le même sens : Crim. 19 janv. 2016, n° 15-86.520, D). L'appel est irrecevable « *dès lors que le détenu a bien été conduit au greffe pénitentiaire dans un délai lui permettant d'exercer utilement la voie de recours et que le courrier [...] par lequel le demandeur a manifesté son intention d'interjeter appel, ne pouvait, à lui seul, constituer la déclaration prévue par C. pr. pén., art. 503, à laquelle il ne peut être dérogé qu'en cas d'impossibilité de s'y conformer* » (§ 13) (Crim. 8 sept. 2020, nº 20-82.804, D).

En revanche, « *si le courrier réceptionné au greffe de l'établissement pénitentiaire [...] par lequel le demandeur a manifesté son intention d'interjeter appel, ne pouvait, à lui seul, constituer la déclaration prévue par C. pr. pén., art. 503, l'appelant détenu n'ayant pas été conduit à ce greffe dans un délai lui permettant d'exercer utilement la voie de recours, s'est trouvé dans l'impossibilité de s'y conformer de sorte que compte tenu de ces circonstances, la lettre d'intention d'appel reçue au greffe de l'établissement pénitentiaire a produit les mêmes effets qu'une déclaration d'appel* » (§ 17) (Crim. 8 avr. 2021, nº 21-80.843, D). Encore faut-il que la manifestation du détenu réponde aux exigences d'une lettre d'intention d'appel. Ainsi « *la mention « je veux faire appel du rejet », qui n'a été apposée, ni au pied de l'ordonnance contestée, ni en présence du greffier du juge saisi, mais sur un imprimé dédié à la notification de la décision, ne saurait valoir appel* » (§ 13), car « *cet imprimé était destiné, non au greffe de l'établissement pénitentiaire, saisi pour seule exécution de la formalité, mais à celui du juge d'instruction, de sorte qu'il ne valait pas lettre d'intention* » (§ 14) (Crim. 13 déc. 2022, nº 22-85.602, D). Dans le même sens, ne peut être regardée comme un appel recevable la « *seule mention manuscrite qu'il a apposée sur le formulaire de notification de l'ordonnance de rejet de demande de mise en liberté* » (§ 9) (Crim. 18 janv. 2022, nº 21-86.329, D).

En toute hypothèse, la lettre d'intention d'appel ne peut faire effet que si elle a eu l'appel pour unique objet et non plusieurs demandes. Ainsi, « *il ne peut être reproché au greffe pénitentiaire de ne pas considérer qu'un courrier manifeste clairement l'intention de faire appel lorsque celui-ci comporte des demandes distinctes* » (§ 13) et la CHINS juge donc à bon droit l'appel irrecevable comme tardif dans le cas où le greffe pénitentiaire a été destinataire d'une lettre portant d'abord sur une toute autre demande puis exprimant *in fine* le souhait de faire appel, car « *il ne saurait [...] être reproché à l'administration pénitentiaire de n'avoir pas conduit l'intéressé au greffe pour y établir la déclaration prévue par C. pr. pén., art. 503 dans le délai lui permettant d'exercer utilement cette voie de recours* » (§ 11), (Crim. 25 mai 2022, nº 22-81.572, P). De même, « *le courrier adressé par le demandeur au greffe de l'établissement pénitentiaire, qui n'annonçait pas clairement son objet et était rédigé dans des termes ambigus, ne pouvait être regardé comme manifestant l'intention [...] de faire appel* » (Crim. 11 mai 2022, nº 22-81.215, D), ou encore, « *le courrier adressé dans le délai légal d'appel par la personne détenue au greffe pénitentiaire et qui n'y a pas été conduite en temps utile pour lui permettre de former la déclaration d'appel ne produit les mêmes effets que celle-ci que s'il a pour unique objet d'exercer cette voie de recours* » (§ 7) ; ne produit donc pas les effets de l'appel le courrier adressé au greffe pénitentiaire énonçant « *je vous écrit ce jour car j'ai besoin d'un certificat d'incarcération pour de l'administratif et je souhaite faire appel de mon refus de mise en liberté* » (§ 8) (Crim. 6 sept. 2022, nº 22-84.048, P).

Notons que « *la procédure mise en place au sein de l'établissement pénitentiaire pour faciliter les voies de recours n'emporte aucune conséquence sur la recevabilité d'un appel formulé au moyen d'une déclaration auprès du chef de l'établissement pénitentiaire conformément aux dispositions de l'article 503* » (Crim. 8 avr. 2021, nº 21-80.843, D).

Les **mentions d'information du formulaire** de déclaration d'appel détaillées au **A** ci-dessus portant sur le droit du prévenu de revenir sur la limitation de son appel (C. pr. pén., art. D. 45-22) ou de demander que l'appel soit examiné par une formation collégiale si elle relève de la compétence du juge unique (C. pr. pén., art. D. 45-23) s'imposent également. La copie de la déclaration d'appel est également remise à l'appelant (C. pr. pén., art. D. 45-25).

L'acte d'appel « *est adressé sans délai, en original ou en copie, au greffe de la juridiction qui a rendu la décision attaquée* » (C. pr. pén., art. 503). La déclaration « *est transmise le même jour ou le premier jour ouvrable suivant par le chef de l'établissement pénitentiaire au greffe de la juridiction qui a rendu la décision attaquée* » (C. pr. pén., art. D. 46). Il en est de même pour les déclarations complémentaires relatives à la limitation de l'appel ou à la demande de formation collégiale (C. pr. pén., art. D. 46, mod. par D. nº 2019-508, 24 mai 2019).

L'appel est alors transcrit sur le registre public décrit au A ci-dessus et annexé à l'acte dressé par le greffier. Les modalités de transmission de l'acte d'appel par le greffe de l'établissement pénitentiaire au greffe de la juridiction ne sont pas limitées par le texte. Il peut donc s'agir d'une transmission par voie dématérialisée comme la télécopie (Crim. 4 avr. 2007, n° 07-80.929, P n° 107).

Au sein de l'établissement pénitentiaire, le chef d'établissement doit tenir, ou faire tenir sous son autorité par le fonctionnaire pénitentiaire chargé du greffe, un registre des déclarations d'opposition, d'appel et de pourvoi (C. pr. pén., art. D. 152), dans lequel « *sont conservées les déclarations.../...qu'il est appelé à recevoir et à transmettre* ». Ce registre « *est composé de la copie des exemplaires numérotés desdites déclarations* » (C. pr. pén., art. D. 153).

C. La déclaration d'adresse lors de la déclaration d'appel (C. pr. pén., art. 503-1)

1. La formalité de la déclaration d'adresse

Le prévenu libre qui forme appel doit « *déclarer son adresse personnelle. Il peut toutefois lui substituer l'adresse d'un tiers chargé de recevoir les citations, rectifications et significations qui lui seront destinées s'il produit l'accord de ces derniers. Cette déclaration est faite par l'avocat du prévenu si c'est celui-ci qui forme appel. À défaut d'une telle déclaration, est considérée comme adresse déclarée du prévenu celle figurant dans le jugement rendu en premier ressort* » (C. pr. pén., art. 503-1).

Le prévenu détenu au moment de l'appel mais remis en liberté avant l'examen de son affaire par la cour d'appel doit faire cette même déclaration d'adresse auprès du chef d'établissement pénitentiaire préalablement à sa mise en liberté (C. pr. pén., art. 503-1).

Le prévenu ou son avocat doit signaler au procureur de la République « *tout changement de l'adresse déclarée par lettre recommandée avec demande d'avis de réception* » (C. pr. pén., art. 503-1), y compris dans le cas où, initialement libre, il est placé en détention dans le cadre d'une autre affaire (Crim. 21 juin 2011, n° 10-84.301, P n° 142 et Crim. 15 juin 2016, n° 14-88.404, P n° 182). Une déclaration de changement d'adresse par télécopie ne satisfait par aux exigences de C. pr. pén., art. 503-1 qui n'admet en effet que la LRAR (Crim. 30 juin 2021, n° 20-86.519, D). « *Tant l'obligation faite au prévenu appelant ou son avocat de signaler au procureur de la République par le seul moyen d'une LRAR jusqu'au jugement définitif de l'affaire, tout changement de l'adresse qu'il a déclarée au moment où il a formé son appel, que les conséquences d'une omission de cette formalité, conformes à l'objectif de valeur constitutionnelle d'une bonne administration de la justice, ne sauraient porter une atteinte disproportionnée aux droits de la défense et au droit à un recours effectif au juge* » (§ 4) (Crim. 5 mai 2021, n° 20-86.519, D (QPC)).

2. Les effets de la déclaration d'adresse

« *Toute citation, notification ou signification faire à la dernière adresse déclarée est réputée faite à sa personne et le prévenu qui ne comparaît pas à l'audience sans excuse reconnue valable par la cour d'appel est jugé par arrêt contradictoire à signifier* » (C. pr. pén., art. 503-1). Il en résulte que lorsque les modalités de citation à l'adresse déclarée ont été respectées, l'arrêt ne sera pas susceptible d'opposition, y compris lorsque la preuve ne peut être apportée qu'il ait eu connaissance de la citation, mais uniquement d'un pourvoi en cassation dans les 5 jours de la signification de la décision à l'adresse déclarée (Crim. 19 mars 2014, n° 13-81.850, P n° 87 ; sur les délais du pourvoi, v. n° **19.18B1**). En effet, un arrêt régulièrement qualifié contradictoire à signifier en application de C. pr. pén., art. 503-1 n'est « *susceptible que d'un pourvoi en cassation* » (Crim. 21 mai 2008, n° 08-80.735, P n° 127). Toutefois, selon les précisions ici apportées, « *si le prévenu appelant peut être jugé en son absence par arrêt contradictoire à signifier, c'est à la condition d'avoir été cité à la dernière adresse qu'il a déclarée* » (Crim. 1er déc. 2009, n° 09-83.547, D).

« *Cette différence, quant aux modalités de signification de la citation à comparaître, entre le prévenu cité devant le tribunal correctionnel ou le tribunal de police et le prévenu appelant, repose sur leur situation objectivement différente, le premier pouvant légitimement ignorer qu'une procédure pénale a été diligentée à son encontre alors qu'il est attendu du second, en raison de son rôle dans la saisine de la juridiction, qu'il fasse preuve de diligence* » (§ 13) ; ces dispositions « *permettent aux prévenus appelants ayant déclaré une adresse exacte d'être effectivement atteints par l'exploit, dans un temps très proche de la signification de l'acte à l'étude, tout en faisant échec à la mauvaise foi ou à la négligence de ceux d'entre eux qui déclarent une adresse inexacte ou ne retirent pas la lettre recommandée qui leur a été envoyée* » (§ 22) (Cass., Ass. plén., 3 mars 2023, n° 22-81.097, P).

Ces dispositions « *qui, d'une part, laissent au prévenu appelant le choix de l'adresse à laquelle il entend recevoir les citations et significations lui étant destinées, d'autre part, imposent à la cour d'appel de vérifier que l'huissier de justice s'est transporté à cette adresse et, n'y ayant trouvé personne, a accompli les diligences prévues par C. pr. pén. art. 558, al. 2 et 4, [...] sont conformes à l'objectif de valeur constitutionnelle d'une bonne administration de la justice et ne portent pas une atteinte disproportionnée aux droits de la défense* » (§ 5) (Crim. 21 avr. 2022, n° 21-86.170, D (QPC)).

La citation faite à une autre adresse que celle déclarée ne saisit pas régulièrement la cour qui doit inviter le ministère public à faire citer le prévenu à son adresse déclarée (Crim. 24 juin 2015, n° 14-81.452, P n° 164 ; dans le même sens : Crim. 20 févr. 2007, n° 06-86.179, P n° 49 ; Crim. 11 mai 2016, n° 15-85.048, D).

« *l'huissier* [commissaire de justice] *qui délivre une citation à la dernière adresse déclarée du prévenu appelant, conformément à l'article 503-1 du code de procédure pénale, est tenu d'effectuer les diligences prévues par les articles 555, 556, 557 et 558, alinéas 2 et 4, dudit code, que l'intéressé demeure ou non à l'adresse dont il a fait le choix, cette citation étant réputée faite à personne* », à défaut, l'arrêt ne peut recevoir la qualification de contradictoire à signifier (Crim. 2 mars 2011, n° 10-81.945, P n° 43 ; dans le même sens : Crim. 30 mars 2011, n° 10-87.198, P n° 66). En conséquence, le commissaire de justice doit faire toutes diligences pour parvenir à la délivrance de son exploit à la personne même de son destinataire (C. pr. pén., art. 555), remettre la copie de l'exploit à toute personne résidant au domicile déclaré (C. pr. pén., art. 556), dans le cas où il a pu remettre l'exploit à une personne présente au domicile déclaré, envoyer à l'appelant une LRAR ou une lettre simple avec récépissé à retourner (C. pr. pén., art. 557), ou effectuer ces mêmes formalités s'il n'a trouvé personne au domicile déclaré (C. pr. pén., art. 558, al. 2 et 4) (sur les diligences qui incombent au commissaire de justice lors de la délivrance d'une citation, v. tableau sous n° **15.8**).

« *le choix fait par l'huissier de justice d'envoyer à la personne qu'il n'a pu rencontrer à son adresse déclarée la lettre simple prévue par C. pr. pén., art. 558, al. 4, , plutôt que la LRAR prévue par l'al. 2 du même article, n'affecte pas les droits du destinataire et ne porte pas atteinte au principe d'égalité* » (§ 6) (Crim. 21 avr. 2022, n° 21-86.170, D (QPC)).

La cour d'appel doit vérifier l'accomplissement des formalités précitées et, en leur absence, « *constater l'irrégularité de la citation* » (§ 7) et « *inviter le ministère public à faire citer à nouveau* » le prévenu (§ 10) (Crim. 21 févr. 2023, n° 22-82.550, D). La Ch. crim. s'assure, au vu des motifs de l'arrêt d'appel, que ces vérifications ont été opérées par les juges du fond (ex. Crim. 11 janv. 2023, n° 21-87.303, D, § 6)). Elle admet toutefois que la cour d'appel n'est « *pas tenue de constater explicitement dans sa décision l'accomplissement des diligences de l'huissier de justice qui résultent des mentions figurant sur l'exploit* » (§ 17), tout en substituant son propre examen des pièces de signification à celui des juges du fond (§ 18) (Cass., Ass. plén., 3 mars 2023, n° 22-81.097, P).

Si ces diligences sont effectuées, la cour statue par arrêt contradictoire à signifier, donc non susceptible d'opposition, « *peu important que la lettre recommandée n'ait pas été remise à son destinataire* » (Crim. 17 janv. 2012, n° 11-84.778, P n° 13 ; dans le même sens : Cass., Ass. plén., 3 mars 2023, n° 22-81.097, P (§ 10) ; Crim. 5 oct. 2011, n° 10-88.851, P n° 194). « *la citation à l'adresse déclarée par le prévenu appelant est réputée faite à sa personne, à charge pour l'huissier de justice qui ne le trouve pas au domicile de mentionner dans l'exploit ses diligences et constatations, puis d'informer sans délai l'intéressé, soit par lettre recommandée, soit par avis de passage ou lettre simple accompagnés d'un récépissé à retourner signé* » (Crim. 6 avr. 2022, n° 21-83.849, D). De même, « *la qualification d'arrêt contradictoire à signifier est attachée à l'envoi sans délai par l'huissier de justice de la LRAR informant l'intéressé qu'il doit retirer dans les plus brefs délais la copie de l'exploit signifié à l'étude, la correcte exécution de cette diligence à l'adresse déclarée faisant présumer, sauf cas de force majeure, la connaissance effective par l'intéressé de la citation* » (§ 11) (Cass., Ass. plén., 3 mars 2023, nº 22-81.097, P).

Les considérations qui précèdent s'appliquent également lorsque l'appelant, initialement libre, se trouve détenu dans le cadre d'une autre affaire lorsqu'il est cité à son adresse déclarée, puisqu'il lui incombe de notifier au procureur de la République tout changement d'adresse (Crim. 21 juin 2011, nº 10-84.301, P nº 142 et Crim. 15 juin 2016, nº 14-88.404, P nº 182).

En toute hypothèse, le commissaire de justice (anc[t] huissier) n'a pas à rechercher si l'appelant demeure effectivement à l'adresse déclarée (Crim. 19 mars 2014, nº 13-81.850, P nº 87 ; Crim. 14 févr. 2012, nº 11-83.556, P nº 40). S'il lui apparaît que l'appelant est « *sans domicile ou résidence connus malgré les recherches effectuées* » le commissaire de justice ne peut s'abstenir d'effectuer les diligences précitées (notamment envoi d'une LRAR et d'une lettre simple à l'adresse déclarée) et se borner à remettre copie de l'exploit au parquet car cette modalité de citation (citation « à parquet »), prévue par C. pr. pén., art. 559, est irrégulière au regard des effets prêtés à la déclaration d'adresse par C. pr. pén., art. 503-1 (Crim. 26 juin 2013, nº 12-80.792, P nº 162 ; dans le même sens : Crim. 23 févr. 2022, nº 20-85.189, D). De même, il n'y a pas lieu pour le parquet de faire des recherches en vue de découvrir l'adresse de l'intéressé et de faire notifier l'exploit par un OPJ ou APJ (C. pr. pén., art. 560).

« *Dans le cas où plusieurs adresses sont déclarées, il suffit, pour que la citation soit réputée faite à personne, que les formalités [de citation] soient accomplies à l'une des adresses déclarées* » (§ 12) (Crim. 14 juin 2023, nº 22-83.322, P).

Notons que par un arrêt du 20 févr. 2019, nº 18-82.254, P nº 45, la Ch. crim. semble être momentanément revenue sur certains effets auparavant prêtés à la citation au domicile déclaré dans l'acte d'appel, jugeant que l'absence de récépissé signé, jointe à l'absence du prévenu appelant, ne permet pas de qualifier l'arrêt de contradictoire à signifier, mais elle a depuis réaffirmé que tel est le cas « *dès lors qu'il résulte de l'acte lui-même que les formalités prévues par C. pr. pén., art. 558 ont été accomplies, peu important qu'il n'ait pas été fait retour du récépissé prévu par l'alinéa 4 de ce texte* » (Crim. 15 juin 2021, nº 20-84.271, P).

Soulignons enfin qu'en cas de déclaration d'adresse à l'étranger, il semble difficile de concilier les exigences de citation applicables sur le territoire et celles mises en œuvre à l'étranger, dès lors, si la personne « *ne comparait pas et n'est pas représentée, et qu'il n'est pas établi qu'elle a eu connaissance de la citation délivrée [à l'étranger en application de C. pr. pén., art. 562], la décision est rendue par défaut, C. pr. pén., art. 503-1, al. 4 ne trouvant pas à s'appliquer* » (Crim. 12 mars 2019, nº 18-86.409).

19.7 L'appel : l'effet suspensif du délai d'appel et de l'appel

A. Le principe de l'effet suspensif de l'appel

« *Pendant les délais d'appel et durant l'instance d'appel, il est sursis à l'exécution du jugement* » (C. pr. pén., art. 506). Tant que le jugement est susceptible d'appel et tant qu'il n'a pas été statué par la cour d'appel en cas d'appel, aucune des dispositions pénales ou civiles du jugement correctionnel ne peut donc être mise à exécution. Toutefois le délai d'appel de 20 jours accordé au procureur général ne fait pas obstacle à l'exécution de la peine si le délai d'appel du prévenu et du procureur de la République sont écoulés, la condamnation étant alors exécutoire, faute d'être encore définitive (C. pr. pén., art. 708).

Dans le cas où le prévenu détenu fait l'objet d'une condamnation autre qu'à une peine d'emprisonnement ferme, il est « *mis en liberté immédiatement après le jugement* » nonobstant appel du prévenu ou du ministère public (C. pr. pén., art. 471).

Il en est de même en cas de condamnation à une peine d'emprisonnement ferme, « *si la durée de la détention a atteint celle de la peine prononcée* » (C. pr. pén., art. 471).

B. Les tempéraments à l'effet suspensif : l'exécution provisoire de la peine d'emprisonnement ferme

Si l'appel suspend l'exécution de la condamnation pénale et civile, il en est autrement pour les éléments de la décision qui ont été assortis de l'exécution provisoire. Pour ce qui concerne la peine privative de liberté, cette exécution provisoire se matérialise par le prononcé d'un maintien en détention ou un mandat de dépôt ou d'arrêt, mis à exécution avant l'écoulement du délai d'appel et malgré l'appel.

1. L'exécution provisoire de la peine privative de liberté

Dans les conditions précisées au n° **18.11B**, le tribunal peut, au moment où il prononce la peine, maintenir la personne condamnée en détention si elle est déjà détenue (C. pr. pén., art. 464-1) ou, si elle est libre et si la peine est ⩾ 1 an d'emprisonnement ou s'il statue dans le cadre d'une procédure de comparution immédiate (v. n° **15.15**), décerner mandat de dépôt ou d'arrêt à son encontre (C. pr. pén., art. 465). Notons que dans certains cas, l'incarcération était obligatoire (C. pr. pén., art. 465-1, abrogé par L. n° 2019-222, 23 mars 2019, en vigueur le 24 mars 2020), v. n° **18.11C**).

Sous certaines nuances, des dispositions comparables s'appliquent pour les mineurs devant le tribunal pour enfants (Ord. n° 45-174, 2 févr. 1945, art. 22, v. n° **18.11E**).

Le mandat d'arrêt ou de dépôt produit immédiatement son effet nonobstant appel, ce jusqu'à la décision du second degré et même si la cour d'appel réduit la peine à moins d'une année d'emprisonnement. La cour peut toutefois ordonner la mainlevée du mandat par décision spéciale et motivée (C. pr. pén., art. 465).

Si la personne est écrouée au stade de la signification du jugement « *elle demeure toutefois détenue, sous le régime de la détention provisoire et sans préjudice de son droit de former des demandes de mise en liberté, jusqu'à l'audience devant la cour d'appel* » ; il en est de même en cas d'itératif défaut (C. pr. pén., art. 498-1).

Depuis L. n° 2019-222, 23 mars 2019, la cour d'appel est tenue de statuer dans un délai déterminé si l'appelant jugé au fond est détenu dans l'affaire concernée (C. pr. pén., art. 509-1, en vigueur depuis le 1er juin 2019) (sur les délais de comparution de l'appelant en détention provisoire en matière correctionnelle, v. n° **12.46E1** et tableau n° **12.4612.46F**. En tout état de cause la personne est mise en liberté « *aussitôt que la durée de la détention a atteint celle de la peine prononcée* » (C. pr. pén., art. 471).

Il résulte de C. pr. pén., art. 465 et 471 « *qu'après la mise à exécution, sur mandat d'arrêt, de la peine d'emprisonnement ferme prononcée à son encontre, et le maintien en détention ordonné par la cour d'appel à l'issue de la première audience au fond, le prévenu se trouve placé sous le régime de la détention provisoire dans la limite de la durée de la peine prononcée en première instance, et que le renvoi de l'affaire à une audience ultérieure ne nécessite dès lors pas que la détention soit prolongée par une décision spéciale et motivée* » (Crim. 4 déc. 2019, n° 19-86.128, P).

Notons que lorsque la juridiction assortit la peine d'emprisonnement ferme d'un maintien en détention ou d'un mandat de dépôt, elle peut procéder à son aménagement *ab initio* sous forme d'une semi-liberté (C. pén., art. 132-25), d'un placement à l'extérieur (C. pén., art. 132-25) ou du placement sous surveillance électronique (C. pén., art. 132-26-1) (sur l'aménagement *ab initio* de la peine privative de liberté par le tribunal, v. n° **18.13A**) (C. pén., art. 132-25). Cet aménagement peut également être assorti de l'exécution provisoire (C. pr. pén., art. 465).

Mentionnons enfin que si la peine d'emprisonnement ferme ayant donné lieu à délivrance d'un mandat de dépôt ou d'arrêt peut être immédiatement aménagée par le JAP ou la CHAP sans attendre que la condamnation soit exécutoire (C. pr. pén., art. 707-5), le ministère public jouit à cet égard d'un pouvoir d'appel suspensif s'il est formé dans les 24 h 00 de la décision d'aménagement (C. pr. pén., art. 712-14).

2. Le recours contre les effets de l'exécution provisoire de la peine ferme : la demande de mise en liberté

La mesure privative de liberté immédiate prononcée par la juridiction de première instance (maintien en détention, mandat de dépôt, mandat d'arrêt) est assimilée à une mesure de détention provisoire tant que la condamnation n'est pas définitive. « *la mise en liberté peut [...] être demandée en tout état de cause par toute personne mise en examen, tout prévenu ou accusé, et en toute période de la procédure* » « *Lorsqu'une juridiction de jugement est saisie, il lui appartient de statuer sur la détention provisoire* » (C. pr. pén., art. 148-1). Sur ce fondement, l'appelant détenu au titre d'un jugement correctionnel de première instance peut donc demander sa mise en liberté devant la chambre correctionnelle de la cour d'appel, saisie par l'effet dévolutif de son appel (sur le régime de cette demande de mise en liberté, v. nº **12.61**). Si cette demande de mise en liberté ne s'analyse pas *stricto sensu* comme un appel contre la décision d'incarcération, puisqu'elle n'est encadrée par aucune condition de délai et qu'elle peut être formulée à plusieurs reprises sans que puisse être opposée l'autorité de la chose jugée, elle n'en constitue pas moins une modalité de recours contre les effets provisoires de la décision de la juridiction inférieure. Notons qu'en matière criminelle, c'est la CHINS qui est compétente pour statuer sur la demande de mise en liberté en cas d'appel (C. pr. pén., art. 148-1, v. nº **19.12C1**).

« *Lorsque la personne a déjà été jugée en premier ressort et qu'elle est en instance d'appel, la juridiction statue dans les deux mois de la demande* » de mise en liberté (C. pr. pén., art. 148-2).

La décision de la cour d'appel doit être motivée par référence aux exigences de C. pr. pén., art. 144. Par l'effet dévolutif de l'appel, elle peut en toute hypothèse substituer son appréciation à celle de la juridiction de première instance, quels qu'en soient les vices – absence ou insuffisance de motifs au regard de la nécessité d'une « *décision spéciale et motivée* » imposée par C. pr. pén., art. 465 – ou statuer, sans être limitée par la règle jurisprudentielle dite de « *l'unique objet* », sur la régularité du mandat de dépôt (analyse *a contrario* de Crim. 29 nov. 2016, nº 16-85.550, P nº 311).

C. Les tempéraments à l'effet suspensif : l'exécution provisoire des peines non privatives de liberté

Le **sursis probatoire** (anc^{t} sursis avec mise à l'épreuve) peut être assorti de l'exécution provisoire (C. pén., art. 132-41 et C. pr. pén., art. 471, sur le sursis probatoire, v. nº **18.24** s.). La **contrainte pénale** (abrogée par L. nº 2019-222, 23 mars 2019, à effet au 24 mars 2020) était d'office « *exécutoire par provision* » (C. pén., art. 131-4, sur la contrainte pénale, v. nº **18.22** s.).

Il n'est pas prévu d'exécution provisoire pour la condamnation à **l'amende**, mais la décision de fractionnement du paiement de l'amende peut être assortie de l'exécution provisoire (C. pén., art. 132-28 et C. pr. pén., art. 471, sur le fractionnement du paiement de l'amende, v. nº **18.16A7**).

Les **peines alternatives à l'emprisonnement ou à l'amende** peuvent être assorties de l'exécution provisoire en matière délictuelle (C. pén., art. 131-6 et 131-7 et C. pr. pén., art. 471, sur ces peines, v. nº **18.32**). Il en est de même des **peines complémentaires** accessoires à la peine principale d'emprisonnement ou d'amende (C. pén., art. 131-10 et 131-16 et C. pr. pén., art. 471, sur ces peines, v. nº **18.34**).

La **confiscation** prononcée à titre de peine complémentaire sur le fondement de C. pén., art. 131-21 (sur la peine complémentaire de confiscation, v. nº **18.35**) n'entre pas dans les cas limitativement énumérés au C. pr. pén., art. 471 autorisant l'exécution provisoire. Toutefois la décision de saisie ordonnée par le tribunal, lorsque le bien n'a pas été préalablement placé sous main de justice dans le cadre de l'enquête ou de l'instruction, est exécutoire nonobstant appel ou opposition (C. pr. pén., art. 484-1). En revanche, la confiscation prononcée en alternative à l'emprisonnement ou à l'amende sur le fondement plus étroit de C. pén., art. 131-6 peut être assortie de l'exécution provisoire (C. pr. pén., art. 471, sur ces peines, v. nº **18.32**), il en est de même pour la peine complémentaire de confiscation prononcée à titre principal sur le fondement de C. pén., art. 131-11 (C. pr. pén., art. 471, v. nº **18.32A**).

Aucune disposition générale n'autorise le prononcé de l'exécution provisoire en matière de **peines alternatives ou complémentaires contraventionnelles.** Des dispositions particulières peuvent toutefois prévoir cette faculté (ex. C. route, art. L. 224-13 pour la suspension, l'annulation ou l'interdiction de délivrance du permis de conduire, ainsi que l'interdiction de se présenter à l'examen du permis de conduire (L nº 2019-1428, 24 déc. 2019), applicable aux contraventions routières).

Notons qu'il n'existe aucun fondement textuel pour saisir la cour d'appel, avant qu'elle ne statue au fond, d'une demande de suspension des effets de l'exécution provisoire des peines non privatives de liberté ci-dessus décrites.

D. Les tempéraments à l'effet suspensif : l'exécution provisoire des intérêts civils

Le tribunal « *peut ordonner le versement provisoire, en tout ou en partie, des dommages-intérêts alloués. Il a aussi la faculté, s'il ne peut se prononcer en l'état sur la demande en dommages-intérêts, d'accorder à la partie civile une provision, exécutoire nonobstant opposition ou appel* » (C. pr. pén., art. 464) (sur la demande de dommages et intérêts, v. nº **16.12**).

« *Lorsque l'exécution provisoire a été refusée par le tribunal statuant sur l'action civile ou lorsque l'exécution provisoire n'a pas été demandée, ou si, l'ayant été, le tribunal a omis de statuer, elle peut être accordée, en cas d'appel, par le premier président statuant en référé* » (C. pr. pén., art. 515-1). Cette action qui émane par hypothèse de la partie civile est subordonnée à l'exercice de son appel sur les intérêts civils.

L'exécution provisoire prononcée en première instance « *peut être arrêtée, en cause d'appel, par le premier président statuant en référé si elle risque d'entraîner des conséquences manifestement excessives. Le premier président peut subordonner la suspension de l'exécution provisoire à la constitution d'une garantie, réelle ou personnelle, suffisante pour répondre de toutes restitutions ou réparations* » (C. pr. pén., art. 515-1). Cette action qui émane par hypothèse de la personne condamnée est subordonnée à l'exercice de son appel sur les intérêts civils.

19.8 L'appel : la compétence et la procédure devant la cour d'appel

A. La compétence et la composition de la cour d'appel

1. Les dispositions générales relatives à la chambre des appels correctionnels

« *L'appel est porté devant la cour d'appel* » (C. pr. pén., art. 496), juridiction du second degré qui « *connaît [...] des décisions judiciaires [...] pénales, rendues en premier ressort* » (COJ, art. L. 311-1). Le siège des cours d'appel et la liste des tribunaux judiciaires relevant de leur ressort sont fixés à l'article D. 311-1 du COJ et dans le tableau IV figurant en annexe de ce code.

« *Les règles relatives à la compétence de la chambre [...] des appels correctionnels sont fixées par le code de procédure pénale* » (COJ, art. L. 311-8), ainsi que celles « *relatives à l'organisation et au fonctionnement [...] de la chambre des appels correctionnels* » (COJ, art. L. 312-4).

« *La chambre des appels correctionnels est composée d'un président de chambre et de deux conseillers. Les fonctions du ministère public sont exercées par le procureur général ou par un de ses avocats généraux ou substituts ; celles du greffe par un greffier de la cour d'appel* » (C. pr. pén., art. 510). Soulignons qu'« *aucun texte légal ou conventionnel n'interdit à un magistrat du ministère public, qui ne décide pas du bien-fondé de l'accusation en matière pénale, de requérir successivement, dans la même affaire, devant le tribunal correctionnel puis devant la cour d'appel* » (Crim. 12 déc. 2018, nº 17-81.034, D) (v. également nº **17.35C**).

2. Les dispositions particulières relatives à la formation correctionnelle à juge unique

Lorsque le jugement attaqué a été rendu par un juge unique correctionnel (C. pr. pén., art. 398, al. 3, sur la compétence du juge unique correctionnel, v. nº **17.15D**), « *la* *chambre des appels correctionnels est composée d'un seul de ces magistrats exerçant les pouvoirs confiés au président de chambre, sauf si le prévenu est en détention provisoire pour les faits qui lui sont reprochés ou si l'appelant demande expressément que l'affaire soit examinée par une formation collégiale* », la chambre peut également, « *si ce renvoi lui paraît justifié en raison de la complexité des faits ou en raison de l'importance de la peine susceptible d'être prononcée, décider, d'office ou à la demande des parties ou du ministère public, de renvoyer l'affaire devant la chambre des appels correctionnels siégeant en formation collégiale* » (C. pr. pén., art. 510, mod. L. nº 2019-222, 23 mars 2019). « *la juridiction du second degré qui statue sur appel d'un jugement rendu en formation collégiale ne peut statuer à juge unique* » (§ 11) (Crim. 15 déc. 2020, nº 20-81.563, P). Il en est de même lorsque la cour d'appel est saisie des seuls intérêts civils (Crim. 1er sept. 2020, nº 19-85.495, P ; Crim. 4 janv. 2022, nº 21-82.463, D). Après avoir jugé que le demandeur au pourvoi ne pouvait faire grief à la cour d'appel d'avoir statué à tort à juge unique faute d'avoir soulevé l'incompétence alors qu'il était assisté d'un avocat (Crim. 16 déc. 2020, nº 19-86.768, P (§ 6)), la C. cass. considère désormais que « *les règles sur la composition et la compétence des juridictions sont d'ordre public [...], les parties, même assistées d'un avocat, ne pouvant y renoncer* » (§ 8) (Crim. 28 mars 2023, nº 22-82.032, P).

Ces dispositions instituant le juge unique au stade de l'appel correctionnel, issues de L. nº 2019-222, 23 mars 2019, applicables depuis le 1er juin 2019, ont été jugées conformes à la Constitution (Cons. const. 21 mars 2019, nº 2019-778 DC, § 298). Elles « *constituent une loi de procédure pénale fixant les modalités de poursuites et les formes de la procédure, relative en l'espèce à la composition d'une juridiction, relevant du 2° de l'article 112-2 du code pénal, et qui est donc immédiatement applicable aux procédures en cours, et non une loi de compétence et d'organisation judiciaire relevant du 1° de cet article, qui ne s'applique pas si est déjà intervenu un jugement sur le fond en première instance* », « *il en résulte qu'à compter du 1er juin 2019, tous les dossiers ayant été jugés en juge unique en première instance devront être examinés en appel par un juge unique* » (Circ. Crim. 2019-13/H2, 27 mai 2019, JUSD 1915383C, nº 1.3 2)), solution confirmée par Crim. 10 nov. 2020, nº 19-86.750, P.

« *Il convient de souligner que le critère principal de compétence du juge unique en appel n'est pas, comme en premier ressort, lié à la qualification du délit, mais au fait que ce délit a été jugé en juge unique en premier ressort. Devra ainsi être jugé en formation collégiale en appel un délit relevant de la compétence du juge unique en application de l'article 398-1 du code de procédure pénale mais qui a été jugé par le tribunal correctionnel en formation collégiale, parce que le prévenu était en détention provisoire lors de sa comparution, parce qu'il était poursuivi selon la procédure de comparution immédiate, parce qu'il était également jugé pour des délits connexes ne relevant pas du juge unique, ou parce que le tribunal correctionnel, en raison notamment de la complexité des faits, avait renvoyé l'affaire à la collégialité* » (Circ. Crim. 2019-13/H2, 27 mai 2019, JUSD 1915383C, nº 1.3 1) a)). En revanche, lorsque le jugement en premier ressort a été à tort rendu en juge unique alors qu'il aurait dû relever de la formation collégiale, la cour d'appel ne peut être composée d'un seul magistrat (Crim. 28 mars 2023, nº 22-82.032, P).

Le Cons. const., relevant que le législateur avait « *prévu que l'affaire soit examinée de plein droit dans une formation collégiale, à la demande du prévenu* », a censuré, en ce qu'elles portaient une « *atteinte excessive à la garantie des droits* », les dispositions qui limitaient « *les conditions de l'accès à une formation collégiale en appel correctionnel* » au seul cas où le prévenu formait sa demande « *dans l'acte d'appel* » (Cons. const. 21 mars 2019, nº 2019-778 DC, § 297).

Tirant les conséquences de cette censure qui laissait en suspens la question des modalités d'exercice de la demande, C. pr. pén., art. D. 45-23 issu D. nº 2019-508, 24 mai 2019, prévoit que le formulaire de déclaration d'appel informe le prévenu, la partie civile ou le civilement responsable appelant d'un jugement correctionnel rendu à juge unique, de son droit de demander dans le mois de son appel, par une déclaration complémentaire, que l'affaire soit examinée par une formation collégiale (C. pr. pén., art. D. 45-23, D. nº 2019-508, 24 mai 2019, sur le formalisme de la déclaration d'appel,

v. n° **19.6A**). Si cette mention ne figure pas dans la déclaration d'appel, le président de la chambre correctionnelle doit, en début d'audience, informer la partie appelante de son droit de demander le renvoi de l'affaire à une formation collégiale (C. pr. pén., art. D. 45-23, D. n° 2019-508, 24 mai 2019), toutefois, « *le demandeur ne saurait se faire un grief de ce qu'il n'a pas reçu cette information, dès lors qu'il était assisté de son avocat à l'audience* » (§ 11) (Crim. 5 janv. 2021, n° 20-80.569, D). « *En application de l'article D. 45-24, le procureur de la République est également tenu par le délai d'un mois pour demander la collégialité* » (Circ. Crim. 2019-13/H2, 27 mai 2019, JUSD 1915383C, n° 1.3 1) b)).

C. pr. pén., art. 410 ne prévoyait toutefois pas de délai pour l'exercice du droit de demander la formation collégiale ni ne renvoyait à un décret d'application. La L. n° 2020-1672, 24 déc. 2020, a remédié à la fragilité normative de C. pr. pén., art. D. 45-23 en prévoyant désormais que la « *demande peut être formée pendant un délai d'un mois à compter de la déclaration d'appel* » (C. pr. pén., art. 510 modifié).

L'examen de l'appel en juge unique alors que l'appelant a demandé la formation collégiale est un motif de cassation (Crim. 14 déc. 2022, n° 22-80.249, P).

B. La procédure devant la cour d'appel

« *Les règles édictées pour le tribunal correctionnel sont applicables devant la cour d'appel* » sous réserve des quelques dispositions qui suivent (C. pr. pén., art. 512).

L'**audiencement** des affaires est régi selon les règles d'organisation décrites au n° **17** et par les délais de comparution précisés au n° **12.46** en cas de détention provisoire et **12.56A** en cas d'ARSE.

« *L'appel est jugé à l'audience sur le rapport oral d'un conseiller* », formalité jugée substantielle (C. pr. pén., art. 513).

Si les **témoins** peuvent être entendus selon les règles décrites au n° **17.29C**, le ministère public peut toutefois « *s'y opposer si ces témoins ont déjà été entendus par le tribunal* » (C. pr. pén., art. 513). Il revient à la cour de trancher cette question avant tout débat au fond, l'opposition du ministère public ne paraissant pas devoir présenter un caractère itératif au regard du principe d'« *équilibre des droits des parties* » (principe d'égalité des armes) (C. pr. pén., art. préliminaire). En revanche, l'audition de nouveaux témoins qui n'avaient pas été cités en première instance est de droit, en effet, « *dès lors que les témoins, régulièrement cités devant la cour d'appel, n'avaient pas été entendus par le tribunal, ils devaient l'être par la juridiction du second degré, peu important qu'ils n'aient pas été cités en première instance, [C. pr. pén., art. 513] ne prévoyant pas une telle restriction* » (§ 8) (Crim. 29 juin 2022, n° 21-85.470, P). Il en est de même pour l'audition de la victime en qualité de témoin, dès lors qu'elle était réclamée par le prévenu, qu'elle n'avait pas été entendue par le tribunal et qu'il n'était « *pas constaté de difficultés particulières rendant matériellement impossible cette audition* » (Crim. 1er juin 2016, n° 15-83.059, P n° 169). Plus généralement, au visa de Conv. EDH, art. 6 § 3 d, selon lequel « *tout accusé a droit notamment à interroger ou faire interroger les témoins à charge* », « *sauf impossibilité, dont il leur appartient de préciser les causes, les juges d'appel sont tenus, lorsqu'ils en sont légalement requis, d'ordonner l'audition contradictoire des témoins à charge qui n'ont, à aucun stade de la procédure, été confrontés avec le prévenu* » (Crim. 12 janv. 1989, n° 88-81.592, P n° 13).

Précisons que « *lorsque seule l'action civile est dévolue à la cour d'appel, les dispositions [prévues par C. pr. pén., art. 513] ne sont pas applicables. L'opportunité de procéder à l'audition d'un témoin, compte tenu des indications qui lui sont données par les parties, relève de son appréciation souveraine* » (§ 10) (Crim. 20 oct. 2021, n° 19-86.294, P).

Soulignons que les **exceptions de nullité** qui n'ont pas été soulevées avant toute défense au fond devant le tribunal correctionnel (C. pr. pén., art. 385) sont irrecevables au stade de l'appel (Crim. 13 févr. 2013, n° 12-84.311, P n° 40), de même, le pourvoi contre un arrêt ayant répondu à un moyen de nullité qui n'avait pas été soulevé en première instance ne pourra être admis (Crim. 12 oct. 2022, n° 21-87.534, P) (sur le régime procédural de l'exception de nullité, v. n° **17.27B**).

Le président de la chambre des appels correctionnels a le pouvoir de rendre « *d'office une ordonnance de non-admission de l'appel* » (C. pr. pén., art. 505-1) lorsque l'appel est effectué hors délai ou sans respecter les formes imposées (sur les conditions de délai et de forme de l'appel, v. n[os] **19.4** à **19.6**) ou si l'appel est devenu sans objet ou lorsque l'appelant s'est désisté de son appel. Si cette ordonnance de non-admission « *n'est pas susceptible de recours* » (C. pr. pén., art. 505-1), un pourvoi en cassation à son encontre est toutefois admis par la Ch. crim. « *lorsque son examen fait apparaître un excès de pouvoir* » (sur ce point, v. aussi n° **19.16C**). Il en est ainsi lorsque l'appel est jugé à tort tardif (Crim. 2 avr. 2008, n° 08-80.067, P n° 92) ou « *lorsque la déclaration d'irrecevabilité [...] n'entre pas dans les prévisions limitatives de l'article 505-1 [...] mais relève de la seule formation de jugement* » (Crim. 11 oct. 2011, n° 11-85.042, P n° 199), ou lorsque l'appel a été déclaré sans objet « *aucune peine ne restant à exécuter en France* » alors que l'appelant « *était en droit de soumettre la décision des premiers juges à l'examen de la cour d'appel* » (Crim. 25 nov. 2009, n° 09-84.522, P n° 196).

Il convient de souligner que tant que « *le désistement d'appel [n'a] pas été constaté par une ordonnance du président de la chambre des appels correctionnels* » par application de C. pr. pén., art. 505-1, il « *peut être rétracté et ne dessaisit pas le juge d'appel tant que sa régularité n'a pas été constatée et qu'il n'en n'a pas été donné acte* » par la chambre des appels correctionnels (Crim. 28 mai 2013, n° 12-86.319, P n° 117). En revanche, « *aucune disposition n'impose que l'ordonnance du président de la chambre des appels correctionnels constatant un désistement d'appel, qui est insusceptible de recours sauf excès de pouvoir, soit notifiée, [...] une telle décision produit effet dès sa signature* » (§ 15) (Crim. 8 déc. 2021, n° 21-83.220, P).

La chambre des appels correctionnels peut constater l'irrecevabilité de l'appel irrégulier ou tardif (C. pr. pén., art. 514) (sur les conditions de délai et de forme de l'appel, v. n[os] **19.4** à **19.6** ; sur la qualité pour interjeter appel, v. n° **19.3**), confirmer le jugement attaqué, ou l'infirmer en tout ou en partie mais dans les limites de l'effet dévolutif de chacun des appels interjetés et de la prohibition de la *reformatio in pejus* (C. pr. pén., art. 515) (sur le droit de faire appel de chacune des parties et l'effet dévolutif de leur recours, v. n° **19.3**).

19.9 L'appel : les principes et la portée du pouvoir d'évocation de la cour d'appel

A. La définition et les finalités du pouvoir d'évocation (C. pr. pén., art. 520)

C. pr. pén., art. 520 fonde en ces termes le pouvoir d'évocation de la cour d'appel : « *Si le jugement est annulé pour omission non réparée de formes prescrites par la loi à peine de nullité, la cour évoque et statue sur le fond* ».

Selon l'expression consacrée par la Ch. crim., les juges d'appel sont ainsi tenus, lorsqu'ils annulent le jugement de 1re instance, de « *remplir directement la mission des premiers juges* ».

Ce pouvoir se justifie, dans un objectif de bonne administration de la justice, par la nécessité de limiter les recours pour une même affaire. L'évocation permet en effet à la cour de trancher le fond sans faire retour du dossier devant les premiers juges, même si ces derniers n'ont tranché sur incident qu'un point accessoire de l'affaire, ou d'éviter de mettre ceux-ci en opposition avec leur précédente décision.

B. L'évocation n'est pas contraire au principe du double degré de juridiction

Si le pouvoir d'évocation reste dans la nature de la mission de la juridiction du second degré, appelée à juger de nouveau l'affaire lorsque tous ses éléments de fond ont déjà été examinés par les premiers juges, il peut toutefois prêter à discussion lorsque ces derniers n'ont pas statué sur le fond. Il en est ainsi lorsque la procédure a été annulée ou que les actes de poursuites ont été déclarés nuls en premier ressort et que la cour d'appel valide au contraire la procédure ou les poursuites. Dans ce cas la cour est en effet tenue d'évoquer le fond et ne peut renvoyer son examen devant la juridiction du premier degré (ex. Crim. 31 mai 1989, n° 88-83.151, P n° 228). La personne paraît alors privée en pratique, au moins pour l'appréciation du fond de l'affaire, du double degré de juridiction (sur le principe du double degré de juridiction, v. n° **19.1**).

Pour rejeter une QPC portant sur la conformité à la Constitution de C. pr. pén., art. 520, le Ch. crim. juge que si cette disposition « *impose à la cour d'appel d'évoquer et de statuer au fond après annulation du jugement, c'est dans tous les cas et par un arrêt susceptible d'un pourvoi en cassation, et qu'il n'est pas ainsi porté atteinte ni au droit du prévenu à un recours juridictionnel effectif ni à son droit à un procès équitable garantis par l'article 16 de la DDHC* » (Crim. 15 févr. 2011, n° 10-91.123, P n° 26).

Elle estime également que les dispositions de C. pr. pén., art. 520 « *ne sont pas contraires à la Convention européenne des droits de l'homme* » (Crim. 7 déc. 2010, n° 10-87.339, P n° 194) et, plus largement, qu'elles « *ne sont contraires ni aux dispositions de l'article préliminaire du Code de procédure pénale dans sa rédaction issue de la loi du 15 juin 2000, ni à celles de l'article 2-1 du Protocole n° 7 de la Convention européenne des droits de l'homme, et que, d'autre part, les décisions de la cour d'appel sont soumises au contrôle juridictionnel de la* C. cass. » (Crim. 27 mars 2002, n°s 00-81.712, 00-88.111, P n° 70) (sur le protocole n° 7, art. 2-1, v. n° **19.1A**).

La CEDH, dans une affaire où le requérant français se plaignait de n'avoir pu jouir du double degré de juridiction en ce que la cour d'appel avait annulé le jugement de première instance (lequel – il faut le souligner – avait statué sur la culpabilité et la peine) et évoqué le fond, a considéré que ce grief était manifestement mal fondé et la requête irrecevable car il n'avait été porté atteinte, ni au droit à un procès équitable défini par Conv. EDH, art. 6, ni au droit au double degré de juridiction énoncé par l'article 2 du protocole 7, le demandeur ayant pu en effet, devant la cour d'appel puis la C. cass. saisie d'un pourvoi (Crim. 10 avr. 2002, n° 01-84.286, P n° 84), « *faire examiner la déclaration de culpabilité et la condamnation par deux juridictions successives répondant aux exigences de l'article 6 de la convention* » (CEDH 26 avr. 2005, *Mosconi c/ France*, req. n° 36190/02, décision d'irrecevabilité).

C. Le pouvoir d'évocation s'exerce dans les limites de l'effet dévolutif de l'appel

L'évocation s'exerce dans les limites de l'effet dévolutif des appels interjetés par chacune des parties, découlant de C. pr. pén., art. 509 et 515, analysé au n° **19.3**. En effet, « *l'évocation prononcée en vertu des dispositions de l'article 520 du code de procédure pénale permet aux juges du second degré de remplir directement, dans la limite de leur saisine par les actes d'appel, la mission des premiers juges* » (Crim. 6 janv. 2015, n° 13-88.036, P n° 1). « *si l'évocation [...] permet aux juges du second degré de remplir directement la mission des premiers juges, elle ne saurait cependant, lorsque ces derniers ont déjà statué au fond, faire échec aux principes qui, découlant des articles 509 et 515 du même Code, régissent l'effet dévolutif de l'appel* » (Crim. 27 mai 1988, n° 86-94.075, P n° 229). « *si, lorsqu'elle annule le jugement, la cour d'appel doit évoquer et statuer sur le fond conformément à l'article 520 du code de procédure pénale, celui-ci ne fait pas exception aux articles 509 et 515 du même code relatifs à l'effet dévolutif de l'appel* », il en résulte à titre d'exemple qu'en l'absence d'appel de certains prévenus et du ministère public sur l'action publique, la cour ne peut évoquer l'affaire en ce qui les concerne (Crim. 4 oct. 2011, n° 11-84.138, P n° 190).

De même, le pouvoir d'évocation « *ne lui permet pas de se prononcer à l'égard d'une partie qui ne se trouvait pas en cause en première instance* » (Crim. 8 nov. 1983, n° 81-93.797, P n° 292) ou sur des faits qui ont été exclus de l'acte d'appel car « *si un jugement contient des dispositions distinctes et s'il n'y a appel que de certaines d'entre elles, la cour ne peut réformer que celles dont elle est saisie ; que ce principe général s'applique à l'appel du ministère public* » (Crim. 2 mars 1976, n° 75-91.126, P n° 75). « *la cour d'appel est incompétente pour statuer sur des faits étrangers à la prévention soumise aux premiers juges* » et elle ne peut donc évoquer ces faits en se fondant sur la comparution volontaire du prévenu (Crim. 21 mars 1979, n° 78-92.998, P n° 115).

« *la cour d'appel ne peut évoquer les points du litige relatif à l'action civile, qui n'ont pas été tranchés par les premiers juges, que lorsque le renvoi devant ces derniers les exposerait à se contredire sur ce qu'ils avaient décidé* », il en résulte que si les premiers juges ont déclaré le prévenu coupable des faits reprochés et responsable du préjudice subi par la partie civile et qu'ils ont renvoyé l'affaire sur les intérêts civils à une audience ultérieure, la cour d'appel qui abouti à la même solution ne peut statuer sur les intérêts civils au titre de son pouvoir d'évocation car ceux-ci n'ont pas encore été tranchés par le juge (Crim. 2 nov. 2016, n° 15-83.473, P n° 279).

D. L'annulation du jugement de première instance est la condition de l'évocation

1. L'évocation est le corollaire obligatoire de l'annulation du jugement

L'annulation du jugement, qui conditionne selon les termes de C. pr. pén., art. 520 l'exercice du pouvoir d'évocation, semble devoir être distinguée de celle de son infirmation décrite au C. pr. pén., art. 515. Toutefois, la jurisprudence n'introduit pas de distinction tranchée entre ces deux cas de figure et paraît également admettre l'exercice du pouvoir d'évocation en cas d'infirmation.

En tout cas l'évocation n'est pas subordonnée à l'annulation intégrale de la décision de première instance : « *aucune disposition des articles 174 et 520 du code de procédure pénale dont il a été fait application n'exige de la cour d'appel qu'elle annule intégralement un acte de procédure ou un jugement dont elle constate l'irrégularité, avant d'évoquer l'affaire au fond lorsqu'elle y est tenue* » (Crim. 25 juin 1984, n° 83-94.199, P n° 240).

Au surplus, l'annulation du jugement peut être implicite : « *l'évocation opérée par la cour d'appel en application de l'article 520 du Code de procédure pénale impliquait nécessairement l'annulation du jugement entrepris* » (Crim. 26 juill. 1989, n° 89-82.795, P n° 297). En statuant sur des faits sur lesquels les premiers juges avaient omis de se prononcer la cour d'appel « *a implicitement, mais nécessairement évoqué le fond de l'affaire, comme elle y était tenue* » (Crim. 9 nov. 1977, n° 76-93.624, P n° 342).

L'évocation est lc corollaire nécessaire de l'annulation, ainsi la cour ne peut sans contradiction évoquer et ordonner une mesure d'instruction alors qu'elle a confirmé le jugement qui a annulé la procédure (Crim. 8 août 1981, n° 81-92.535, P n° 239). De même, « *les juges d'appel ne peuvent confirmer, après évocation, un jugement qu'ils ont annulé* », en renvoyant aux motifs de cette dernière décision (Crim. 31 mars 2010, n° 09-82.795, P n° 58, Crim. 19 déc. 1995, n° 95-80.727, P n° 385).

La cour d'appel est fondée à évoquer l'affaire si elle annule un jugement avant dire droit « *ayant ordonné la disjonction des poursuites et un supplément d'information* », car « *les dispositions de l'article 520 du Code de procédure pénale doivent s'appliquer lorsque la juridiction du second degré, statuant sur un incident, est en opposition avec les premiers juges* » (Crim. 23 janv. 1990, n° 89-84.517, P n° 40), de façon plus générale, il revient à la cour d'évoquer, car « *le premier juge ne peut, après infirmation de sa décision [...], être à nouveau saisi [...] et être ainsi exposé à se trouver en opposition avec le jugement qu'il a rendu* » (Crim. 30 janv. 1975, n° 73-90.341, P n° 37) et ce principe est d'ordre public (Crim. 24 oct. 1973, n° 73-90.410, P n° 374).

2. Les cas d'annulation du jugement ne sont pas limitatifs

Selon une jurisprudence constante, « *aux termes de l'article 520 du code de procédure pénale qui ne sont pas limitatifs, les cours d'appel doivent évoquer et statuer au fond, non seulement lorsqu'elles annulent un jugement correctionnel pour violation des formalités prescrites par la loi à peine de nullité, mais encore lorsqu'elles l'annulent pour toute autre cause que celle d'incompétence* » (Crim. 11 mai 1977, n° 76-91.964, P n° 170).

3. L'absence d'évocation est susceptible de mettre fin à l'action publique

« *l'autorité de chose jugée, fût-ce en méconnaissance de la loi, met obstacle à ce que des poursuites soient reprises devant une juridiction qui a précédemment épuisé sa saisine par une décision devenue définitive* », ainsi, une cour d'appel qui a omis de faire usage de son pouvoir d'évocation en annulant un jugement en toutes ses dispositions et en renvoyant « *le ministère public à mieux se pourvoir* » ne saurait « *même avec l'accord des parties, procéder à un nouvel examen des poursuites définitivement jugées* » pour remédier par un « *arrêt complémentaire* » à la violation des dispositions de C. pr. pén., art. 520 qui lui imposaient d'évoquer (Crim. 18 déc. 1989, n° 88-83.519, P n° 483). Seul le pourvoi en cassation et l'évocation par la cour d'appel de renvoi après cassation permettent donc de pallier les conséquences sur l'action publique d'un arrêt qui a omis à tort d'évoquer au fond.

4. Il n'y a pas lieu à évocation en cas d'incompétence des premiers juges

Selon une jurisprudence constante, « *la cour d'appel ne peut évoquer et statuer au fond que si elle annule un jugement pour une cause autre que celle d'incompétence* » (ex. Crim. 8 août 1981, n° 81-92.535, P n° 239). Ainsi, lorsqu'elle annule le jugement d'un tribunal ayant omis de décliner sa compétence et constaté l'incompétence des premiers juges, la cour se déclare à bon droit incompétente pour statuer sur la poursuite (Crim. 7 janv. 1975, n°s 73-92.300, 73-93.289, P n° 3). De même, si elle confirme un jugement par lequel une juridiction a décliné sa compétence, elle ne peut à la fois confirmer ce jugement et évoquer au fond. Faute pour le juge compétent d'avoir pu statuer en premier ressort, le cour ne peut en effet remplir l'office d'un premier juge incompétent (Crim. 18 nov. 2015, n° 14-82.805, P n° 264).

Refuse à bon droit d'exercer son pouvoir d'évocation et renvoie à juste titre le ministère public à mieux se pourvoir la cour d'appel qui constate, dans un cas où le ministère public n'avait pas le pouvoir de poursuivre, que « *le tribunal étant incompétent pour statuer, la règle de l'évocation, prévue par l'article 520 du code de procédure pénale, ne peut recevoir application* » (Crim. 14 oct. 2008, n° 08-82.195, P n° 208).

« *la cour d'appel, dès lors qu'elle confirme un jugement du tribunal correctionnel s'étant à bon droit déclaré incompétent au motif que l'infraction visée dans la prévention était une contravention, ne saurait, sous peine de porter atteinte à la règle du double degré de juridiction, statuer elle-même sur ladite infraction après lui avoir donné une qualification délictuelle* », elle ne peut donc, sur le seul appel de la partie civile, procéder à l'examen d'une demande de requalification (Crim. 28 juin 1990, n° 89-83.901, P n° 270).

Toutefois, dans l'hypothèse où le juge territorialement incompétent a statué au fond, la cour qui fait droit à une exception d'incompétence – laquelle peut être soulevée en tout état de cause – peut évoquer dès lors qu'elle est « *compétente territorialement pour connaître des poursuites* » (Crim. 20 oct. 2009, n° 09-81.721, P n° 172). Dans cette affaire particulière, le prévenu avait été jugé au fond en première instance par un juge de proximité territorialement incompétent, l'exception d'incompétence avait été soulevée en cause d'appel et reçue par la cour, laquelle avait évoqué car le juge de proximité compétent se trouvait aussi sur son ressort.

19.10 L'appel : les cas de mise en œuvre du pouvoir d'évocation

A. L'annulation pour non-respect des formes prescrites pour les débats et le jugement

Si la jurisprudence estime que les cas de nullité du jugement ne se réduisent pas aux cas, prévus par C. pr. pén., art. 420 (v. ci-dessus n° **19.9D2**), de la violation « *des formes prescrites par la loi à peine de nullité* », les hypothèses suivantes tirent leur source de la lettre du texte :

– absence de motivation (C. pr. pén., art. 485) (Crim. 6 janv. 2015, n° 13-88.036, P n° 1) ;

– prévenu n'ayant pas eu la parole en dernier malgré sa demande (C. pr. pén., art. 460) (Crim. 11 déc. 1990, n° 89-84.772, P n° 425) ;

– jugement qui a statué par itératif défaut alors que les juges n'ont pas fait extraire le prévenu qu'ils savaient détenu, « *en violation du droit du prévenu de faire valoir devant le tribunal ses moyens de défense* » (Crim. 23 juin 1981, n° 80-91.090, P n° 216).

– absence de mention sur la minute du jugement, malgré les dispositions substantielles de C. pr. pén., art. 486, alinéa 1er, du nom des magistrats qui l'ont rendu, les mentions des notes d'audience ne permettant pas de réparer le vice constaté (Crim. 31 janv. 1994, nº 93-81.724, P nº 40 ; Crim. 14 mai 1990, nº 89-83.945, P nº 191).

B. L'orientation illégale ou inopportune de la procédure

L'évocation est obligatoire dans les cas suivants, qui justifient l'annulation ou l'infirmation du jugement :

– prohibition du renvoi *sine die* (sans date) : décision de sursis à statuer prise à bon droit mais jugement annulé car « *le tribunal n'avait pas fixé la date à laquelle les débats devraient être repris et qu'ainsi le cours de la justice avait été interrompu* » (Crim. 3 nov. 1983, nº 82-94.455, P nº 275) ;

– « *la cour d'appel, qui annule un jugement ayant à tort ordonné un sursis à statuer et renvoyé l'examen de l'affaire à une audience ultérieure, a l'obligation d'évoquer et de statuer tant sur l'incident que sur le fond* » et ne peut se borner « *à renvoyer l'affaire au tribunal saisi pour qu'il soit jugé tant sur l'exception que sur le fond* » (Crim. 11 déc. 1989, nº 89-85.368, P nº 472) ;

– renvoi de la procédure au ministère public aux fins de saisine du juge d'instruction en cas de convocation par procès-verbal, alors que cette option n'est autorisée que pour la comparution immédiate (Crim. 10 juill. 2013, nº 13-81.599, P nº 173) (sur la CPPV et la CI, v. nº **15.13** à **15.15**) ;

– nullité du jugement au motif que « *les premiers juges n'ont pas respecté le délai de renvoi de l'affaire qui leur était soumise selon la procédure de comparution immédiate* » (Crim. 28 avr. 1998, nº 96-81.539, P nº 141). Précisons que la cour, saisie de l'appel contre le jugement ordonnant le placement en détention provisoire dans le cadre d'une procédure de comparution immédiate (sur les mesures provisoires en cas de comparution immédiate, v. nº **15.15B**), peut non seulement « *examiner le bien-fondé de la détention provisoire et [...] statuer sur la nécessité de cette mesure, au besoin en substituant aux motifs insuffisants voire erronés de la décision rendue en première instance des motifs répondant aux exigences légales* » mais également évoquer et statuer au fond lorsqu'elle constate que les premiers juges « *n'ont pas respecté les délais de renvoi de l'affaire prévus en matière de comparution immédiate* » (Crim. 13 nov. 2012, nº 12-85.664, P nº 244) ;

– le pouvoir d'évocation s'étend au cas où le tribunal s'est dessaisi, même légalement, des poursuites, mais à tort selon l'appréciation divergente de la cour en opportunité (sursis à statuer et renvoi pour règlement transactionnel devant le directeur départemental, orientation que la cour juge inapproprié en raison de la gravité des faits qui lui paraissent mériter une sanction judiciaire) (Crim. 11 juin 1974, nº 72-90.388, P nº 210).

C. L'omission de statuer ou de vider clairement la saisine

C. pr. pén., art. 485 fait obligation au juge d'énoncer dans son jugement les infractions dont les personnes citées sont déclarées coupables, les textes de loi appliqués et les condamnations civiles. C. pr. pén., art. 458 et 459 le contraignent en outre à répondre aux réquisitions écrites du ministère public ainsi qu'aux conclusions régulièrement déposées du prévenu et des autres parties, qu'il s'agisse du fond de l'affaire ou des incidents de procédure (sur les écritures des parties, v. nº **17.13E**).

À la différence de la matière civile (C. pr. civ., art. 463), il n'existe pas en matière pénale de procédure permettant au juge initialement saisi de réparer, tant sur l'action publique que l'action civile (sous réserve, pour ce qui concerne l'action civile, des améliorations apportées par L. nº 2019-222, 23 mars 2019, C. pr. pén., art. 10, examinées ci-dessous), les conséquences d'une omission de statuer. Une telle omission ne peut pas être examinée dans le cadre d'une requête en « *rectification des erreurs purement matérielles* » contenues dans la décision, fondée sur C. pr. pén., art. 710. Seule la voie de l'appel, l'annulation du jugement et l'évocation, permettent donc de remédier à une omission de statuer du juge de première instance. L'omission de statuer du juge du second degré ne peut quant à elle être réparée que par un pourvoi en cassation « *lorsqu'il a été omis ou refusé de prononcer soit sur une ou plusieurs demande des parties, soit sur une ou plusieurs réquisitions du ministère public* » (C. pr. pén., art. 593).

Selon la jurisprudence, il y a donc lieu à annulation et évocation dans les hypothèses suivantes :

– « *cas où le tribunal, contrairement aux prescriptions de l'article 485 [c. pr. pén.], n'a pas énoncé, ou a laissé incertaines les infractions dont les personnes citées ont été déclarées coupables* » (Crim. 5 nov. 1977, n° 69-91.154, P n° 291) ;

– annulation du jugement parce qu'il « *contient [...] tant dans ses motifs que dans son dispositif de nombreuses erreurs* » (Crim. 16 févr. 1972, P n° 60) ;

– omission de statuer sur l'action publique : la cour d'appel qui relève que les premiers juges « *n'ont pas examiné tous les faits qui leur étaient soumis, et énonce qu'il convient de réparer cette omission ; .../... saisie par l'acte d'appel du ministère public de l'ensemble des poursuites déférées aux premiers juges [...], a implicitement, mais nécessairement évoqué le fond de l'affaire, comme elle y était tenue* » en statuant sur les faits concernés par l'omission de statuer (Crim. 9 nov. 1977, n° 76-93.624, P n° 342).

– omission de statuer sur les sanctions fiscales encourues au titre du C. douanes (Crim. 11 juill. 2012, n° 11-86.617, P n° 165) : « *alors que le ministère public avait en première instance exercé l'action fiscale concurremment avec l'action publique et avait fait appel de l'ensemble du jugement, la cour d'appel, qui avait l'obligation d'évoquer, après annulation du jugement en ce qu'il avait omis de statuer sur l'action fiscale, a méconnu l'étendue de sa saisine* » et la portée de C. pr. pén., art. 520 (Crim. 16 nov. 1992, n° 92-81.195, P n° 374) ;

– omission de statuer sur les intérêts civils : « *lorsqu'une juridiction d'appel constate que le premier juge, statuant sur l'action civile, a omis de prononcer sur une prétention des parties, elle doit annuler le jugement de ce chef, évoquer, et trancher elle-même la question litigieuse* » (Crim. 16 déc. 1992, n° 91-84.157, P n° 427). Il est de même en cas d'absence d'appel de la partie civile lorsque « *la cour, saisie des appels du prévenu et du ministère public, s'est prononcée sur les intérêts civils bien que les premiers juges aient omis de le faire .../...la cour d'appel a statué, a bon droit, sur les intérêts civils malgré l'omission commise par les premiers juges en le seul dispositif de leur jugement ; qu'en effet elle n'a en cela fait qu'user du pouvoir d'évoquer* » (Crim. 12 mars 1984, n° 82-93.863, P n° 98). Si ces jurisprudences restent pertinentes lorsque l'affaire est dévolue à la cour d'appel par une partie (v. Crim. 10 nov. 2020, n° 19-80.962, P), désormais la L. n° 2019-222, 23 mars 2019, modifiant C. pr. pén., art. 10, permet aussi à la partie civile de ressaisir la juridiction qui a omis de statuer sur ses demandes civiles (sur l'omission de statuer sur les intérêts civils, v. n^{os} **16.13D** et **19.3D1**).

D. L'annulation ou l'infirmation du jugement tranchant un incident

1. Les incidents portant sur la nullité de l'enquête ou de l'instruction

De jurisprudence constante, la cour a l'obligation d'évoquer lorsqu'il a « *été mal jugé sur incident* ». Ce cas recouvre les incidents soulevés en première instance comme la nullité de l'enquête ou de l'instruction. Le pouvoir d'évocation impose à la cour, même dans le cas où elle confirme une décision d'annulation de pièces de la procédure, de cantonner les effets de cette dernière si les juges du fond n'y ont pas procédé :

– « *la disposition de l'article 520 [...] s'étend aux cas où l'irrégularité s'attache à l'enquête et affecte l'acte par lequel le tribunal a été saisi* », en conséquence, comme il résulte « *des dispositions combinées des articles 174 et 802 du code de procédure pénale que, lorsqu'une irrégularité constitue une cause de nullité de la procédure, seuls doivent être annulés les actes affectés par cette irrégularité et ceux dont ils sont le support nécessaire* », il revenait donc à la cour, non de confirmer en toutes ses dispositions la décision d'annulation de l'ensemble de la procédure critiquée mais « *d'une part, de cantonner l'annulation à l'acte entaché d'irrégularité et à ceux dont il constituait le support nécessaire, d'autre part, d'user du pouvoir d'évoquer qu'elle tient de l'article 520 du code de procédure pénale et de statuer au fond* » (Crim. 3 avr. 2007, n° 06-87.264, P n° 104) ;

– violent C. pr. pén., art. 520 les juges du second degré en ce qu'ils « *ont constaté la nullité de la garde à vue [...] et des actes accomplis au cours de cette mesure ; qu'ils se sont bornés à ordonner le retrait, de la procédure, des pièces annulées et le dépôt de celles-ci au greffe* » « *alors qu'il [la cour] lui appartenait d'user du pouvoir d'évoquer qu'elle tient de l'article 520 du Code de procédure pénale et de statuer au fond* » (Crim. 21 nov. 2000, n° 00-83.693, P n° 344) ;

– « *la cour d'appel est tenue dans tous les cas, sauf celui d'incompétence, d'évoquer et de statuer au fond [...] lorsqu'il a été mal jugé sur un incident* », la cour d'appel ne peut donc se borner à annuler un jugement annulant des procès-verbaux de comparution immédiate et renvoyer l'affaire devant le tribunal correctionnel « *en se fondant sur le principe du double degré de juridiction* » alors qu'elle était tenue « *d'évoquer en application de l'article 520 du code de procédure pénale [...], et de statuer elle-même sur le fond de la poursuite* » (Crim. 7 déc. 2010, n° 10-87.339, P n° 194).

– « *les dispositions de [C. pr. pén., art. 520] [...] s'étendent aux cas où il a été mal jugé sur un incident* », il revient donc à la cour d'évoquer le fond lorsqu'elle infirme un jugement ayant annulé l'ordonnance de renvoi du juge d'instruction saisissant le tribunal (Crim. 2 mars 2011, n° 10-86.940, P n° 47). Toutefois, lorsque l'ordonnance du juge d'instruction ou l'arrêt de renvoi de la CHINS n'a pas été porté à la connaissance des parties ou lorsque l'ordonnance n'est pas motivée ou ne répond pas aux exigences formelles (application de C. pr. pén., art. 385, al. 2 dans sa rédaction issue de la L. n° 93-4, 4 janv. 1993), « *lorsque la cour d'appel constate la nullité de l'ordonnance de renvoi du juge d'instruction, elle doit, par dérogation à l'article 520 dudit Code, renvoyer la procédure au ministère public pour lui permettre de saisir à nouveau la juridiction d'instruction* » afin que la procédure soit régularisée (Crim. 20 oct. 1998, n° 97-81.276, P n° 266), étant précisé que « *ces dispositions sont applicables devant les juridictions des mineurs saisies par l'ordonnance de renvoi du juge des enfants* » (Crim. 7 oct. 1997, n° 96-85.599, P n° 327) ; il en est de même en lorsque la personne a été renvoyée « *en partie pour des faits pour lesquels elle n'a pas fait l'objet d'une mise en examen* » (§ 15) (Crim. 5 oct. 2021, n° 20-85.710, D) (sur ce point, **17.27B**).

2. LES INCIDENTS PORTANT SUR LA NULLITÉ DE LA SAISINE DU TRIBUNAL

Ce cas recouvre deux situations principales : en premier lieu, lorsque les juges du premier degré ont considéré à tort qu'ils n'étaient pas valablement saisis, la cour est tenue d'évoquer ; en second lieu, lorsque la cour constate que le juge n'était pas saisi, elle ne peut évoquer car elle ne peut exercer l'office d'un juge qui n'a pas été saisi.

– la cour qui a « *infirmé la décision entreprise en ce que le tribunal s'était déclaré non saisi, était tenue d'évoquer l'affaire et de statuer au fond* » (Crim. 20 févr. 2007, n° 06-84.607, P n° 50) ;

– les nullités visées par C. pr. pén., art. 520 « *s'étendent au cas où l'irrégularité affecte l'acte par lequel le tribunal compétent est saisi* ». S'agissant du non-respect des délais de citation, « *la nullité relevée étant de celles qu'une défense au fond aurait pu couvrir et l'action publique ayant été mise en mouvement devant la juridiction compétente* », il revient à la cour d'appel d'évoquer au lieu de renvoyer le ministère public à se pourvoir (Crim. 12 avr. 2005, n° 05-80.870, P n° 120 et Crim. 10 nov. 1976, n° 76-90.943, P n° 322) ; dans le même sens sur les délais de citation : Crim. 27 avr. 2004, n° 04-80.645, P n° 97. Il en est de même lorsque la cour d'appel « *relève une irrégularité dans la convocation des parties à l'audience du juge des enfants, saisi d'une poursuite en application de l'article 5 de l'ordonnance du 2 février 1945* » (Crim. 19 déc. 1995, n° 94-82.442, P n° 389) ;

– la cour d'appel qui infirme le jugement ayant déclaré nulles les citations délivrées par l'administration des douanes au titre de l'action fiscale évoque à bon droit car « *la disposition de l'article 520 [...] s'étend notamment au cas où le tribunal s'est dessaisi à tort de la poursuite* » (Crim. 4 oct. 1993, n° 93-82.512, P n° 274).

– encourt la censure la cour d'appel qui a « *annulé le jugement entrepris en validant les citations délivrées aux demandeurs, [et] renvoyé pour être statué au fond le dossier de la procédure devant le tribunal correctionnel dont elle venait d'infirmer la décision [...] alors qu'elle était tenue, en vertu de l'évocation que lui imposait l'article 520 susvisé, de remplir directement le rôle des juges du premier degré et de se prononcer elle-même sur le fond de la poursuite* » (Crim. 31 mai 1989, n° 88-83.151, P n° 228) ;

– applique à bon droit C. pr. pén., art. 520 la cour d'appel saisie de l'appel d'une décision déclarant une opposition recevable et statuant de nouveau au fond qui, « *constatant que l'opposition n'aurait pas dû être déclarée recevable, annule le jugement déféré, puis, évoquant, déclare l'opposition irrecevable et dit en conséquence que le jugement de défaut produira son plein effet* » (Crim. 3 nov. 1999, n° 98-86.019, P n° 240) ;

– « *c'est à tort que la cour d'appel a évoqué alors que le premier juge n'avait pas été saisi de la poursuite* » (citation nulles (défaut d'élection de domicile en matière d'infraction de presse) de surcroît devant un tribunal matériellement incompétent (tribunal de police en matière délictuelle) (Crim. 15 déc. 1998, n° 96-82.166, P n° 341) ;

– « *si les dispositions de l'article 520 du Code de procédure pénale font obligation à la cour d'appel d'évoquer le fond lorsque le jugement est annulé pour violation ou omission des formes prescrites par la loi, il en va différemment lorsque le prévenu n'a pas été cité devant la juridiction qui a statué et que le jugement lui est ainsi inopposable, ce qui prohibe toute évocation* » « *la cour d'appel qui aurait dû annuler cette décision pour ce motif et renvoyer le ministère public à se pourvoir, a méconnu le texte et le principe susvisés* ». Dans cette affaire, le prévenu avait été cité – sans doute par suite d'une erreur matérielle – devant le tribunal correctionnel, mais condamné par le tribunal de police pour les mêmes faits de nature contraventionnelle, jugement dont le prévenu avait interjeté appel (Crim. 5 juin 1991, n° 90-83.361, P n° 239).

3. Les autres incidents ou moyens de réformation

L'interprétation du C. pr. pén., art. 520 ne se réduisant pas aux vices de forme affectant le jugement, d'autres incidents ou moyens soulevés par les parties ou d'office par le tribunal peuvent donner lieu à annulation puis évocation. Ainsi, la cour d'appel qui infirme une décision des premiers juges qui ont constaté la prescription de l'action publique évoque à bon droit car « *les dispositions de l'article 520 [...] s'étendent notamment au cas où le tribunal a déclaré, à tort, l'action prescrite* » (Crim. 27 mars 2002, n°s 00-81.712, 00-88.111, P n° 70). Il en est de même pour un moyen de preuve refusé par le tribunal car « *l'article 520 du code de procédure pénale [...] s'étend au cas où le tribunal, saisi d'une poursuite pour diffamation publique, a repoussé l'offre de preuve du prévenu, tendant à démontrer sa bonne foi* » (Crim. 9 juill. 1970, n° 68-93.459, P n° 235).

E. La qualification erronée du jugement

– « *c'est à bon droit que l'arrêt attaqué a annulé la décision que les premiers juges avaient à tort déclarée contradictoire* » alors qu'il s'agissait d'un défaut, et évoqué l'affaire (Crim. 11 mai 1977, n° 76-91.964, P n° 170, Crim. 22 janv. 1963, n° 62-92.242, P n° 32) ;

– « *faute pour le prévenu d'avoir été informé de la date à laquelle les débats seraient repris, la décision des premiers juges ne pouvait être rendue contradictoirement à son égard, mais seulement par défaut, et que l'annulation du jugement prononcée à ce seul titre devait conduire la cour d'appel à évoquer et statuer à nouveau sur le fond* » (Crim. 7 déc. 2010, n° 09-88.369, P n° 196, dans le même sens : Crim. 18 janv. 1995, n° 94-80.898, P n° 24). Dans ces affaires, si le prévenu avait été correctement cité en première instance, il n'avait pas comparu et les mesures avant dire droit prises par la juridiction (fixation de la consignation de la partie civile et renvoi, expertise médicale pour apprécier l'excuse avancée par le prévenu pour ne pas comparaître et sursis à statuer sur l'appréciation de cette excuse jusqu'à la date de renvoi) ne lui avaient pas été signifiées et il n'avait pas davantage été récité lors de l'audience de fond, la décision devait donc être qualifiée de jugement par défaut.

F. La nullité du jugement statuant sur une demande de mise en liberté

La cour examinant en appel une décision du tribunal correctionnel statuant sur une demande de mise en liberté « *entachée d'une irrégularité non réparée [...] se devait, en application de l'article 520 du C. pr. pén., de la déclarer nulle ; qu'étant dans l'obligation d'évoquer elle se trouvait dès lors saisie de la demande de mise en liberté sur laquelle il lui appartenait de se prononcer faute de quoi le prévenu eût été remis d'office en liberté* » (Crim. 18 juill. 1985, n° 84-95.325, P n° 268).

G. La nullité du jugement d'irrecevabilité de la partie civile

Le jugement qui déclare à tort une constitution de partie civile irrecevable permet à la cour d'évoquer l'affaire dans tous ses aspects, y compris celui de l'action publique même s'il n'a pas été interjeté appel de ce chef (sur l'effet dévolutif de l'appel de la partie civile et ses limites, v. n° **19.3D**).

Ainsi, « *la disposition [de C. pr. pén., art. 520], s'étend au cas où le tribunal déclare à tort la constitution de partie civile irrecevable* » (Crim. 15 nov. 1978, n° 77-93.181, P n° 316).

Au surplus, « *lorsque le jugement frappé d'appel a déclaré irrecevable la constitution de partie civile de la victime qui a saisi le tribunal correctionnel par citation directe, la cour d'appel, dans l'hypothèse où elle infirme cette décision, doit statuer tant sur l'action publique que sur l'action civile, alors même que seule la partie civile aurait usé de cette voie de recours* » (Crim. 29 avr. 1996, n° 95-82.081, P n° 167).

« *après avoir, à bon droit, infirmé sur le seul appel des parties civiles le jugement déclarant à tort l'incompétence des juridictions correctionnelles pour connaître des poursuites exercées directement à la requête desdites parties, les juges du second degré étaient tenus, comme ils l'ont fait, de statuer au fond sur ces mêmes poursuites, nonobstant l'inaction du ministère public* » (Crim. 10 mai 1994, n° 92-81.850, P n° 177). « *lorsque la cour d'appel infirme le jugement qui a déclaré nul l'exploit introductif d'instance, elle doit statuer sur l'action publique comme sur l'action civile alors même que seule la partie civile aurait usé de la voie de l'appel* » (Crim. 12 oct. 1993, n° 92-84.409, P n° 284).

« *si aux termes de l'article 497 du code de procédure pénale, la faculté d'appel n'appartient à la partie civile que pour ses intérêts civils, cette restriction n'a d'effet qu'à l'égard des décisions par lesquelles les premiers juges ont statué au fond ; que dans le cas où comme en l'espèce, ils se sont bornés à prononcer l'irrecevabilité des constitutions de parties civiles, la cour d'appel se trouve, en vertu de l'évocation qui lui est imposée par l'article 520 précité, tenue de remplir directement le rôle des premiers juges, et, par suite, investie comme eux, même en l'absence d'appel du ministère public, du pouvoir de statuer aussi bien sur l'action publique que sur l'action civile* » (Crim. 17 févr. 1976, n° 75-91.821, P n° 59). Même solution lorsque le premier juge « *a décidé à tort de surseoir à statuer et a renvoyé l'affaire sine die* » (Crim. 10 juill. 1963, n° 62-91.623, P n° 248).

Notons enfin que lorsque la cour constate que « *le tribunal a déclaré à tort irrecevable une constitution de partie civile* » au motif que la consignation ordonnée n'avait pas été payée alors qu'elle l'avait été dans le temps imparti, elle doit évoquer et ne peut « *renvoyer la cause et les parties devant le tribunal pour être statué au fond* » (Crim. 28 mars 1990, n° 89-84.509, P n° 136).

H. L'appel de l'ordonnance d'homologation d'une CRPC (C. pr. pén., art. 520-1).

Ce cas d'évocation déroge aux cas évoqués ci-dessus de nullité affectant le jugement de première instance. Par hypothèse, la CRPC ne donne pas lieu à débats sur le fond en premier ressort (v. n° **15.56B**). En cas d'appel contre une ordonnance homologuant l'accord entre le prévenu et le ministère public (v. n° **15.57A**), la cour est investie du pouvoir d'appréciation de l'affaire au titre du pouvoir d'évocation qui lui est attribué par C. pr. pén., art. 520-1.

La procédure de CRPC au stade de l'appel, instituée par L. n° 2021-1729, 22 déc. 2021 (C. pr. pén., art. 495-15, dernier al., v. n° **15.54A**) « *n'est applicable qu'au prévenu qui relève appel, en le limitant aux peines, d'un jugement de condamnation prononcé par le tribunal correctionnel, ce que n'est pas une ordonnance d'homologation de peine rendue par le président du tribunal judiciaire ou le juge délégué par lui* » (§ 8) (Crim. 6 juin 2023, n° 22-86.165, P).

19.11 L'appel en matière contraventionnelle

A. Le domaine de l'appel en matière de police (C. pr. pén., art. 546)

1. Les cas dans lesquels l'appel peut être interjeté

L'appel en matière de police n'est possible que « *lorsque l'amende encourue est celle prévue pour les contraventions de 5e classe* » (soit 1 500 €, C. pén., art. 131-13), ou « *lorsque la peine d'amende prononcée est supérieure au maximum de l'amende encourue pour les contraventions de 2e classe* » (soit 150 €, C. pén., art. 131-13), ou lorsque la peine de suspension de permis de conduite est prononcée (C. pén., art. 131-16 1°).

L'impossibilité de faire appel des condamnations de police dont le montant est inférieur ou égal à 150 euros, qui ne sont donc susceptibles que de pourvoi en cassation, est jugée compatible avec Conv. EDH, art. 6 en ce que « *selon le paragraphe 2 de l'article 2 du Protocole n° 7 additionnel à la Convention européenne des droits de l'homme, le droit de faire examiner par une juridiction supérieure la déclaration de culpabilité ou la condamnation peut faire l'objet d'exceptions pour les infractions mineures* » (Crim. 6 févr. 2002, n° 01-84.216, P n° 23) (sur le droit au recours effectif et le double degré de juridiction, v. n° **19.1A**).

La Ch. crim. juge de manière constante que l'appel est également recevable lorsque le **total de plusieurs amendes encourues** atteint l'amende prévue pour les contraventions de 5e classe. Ainsi le jugement est susceptible d'appel dans le cas où le prévenu est poursuivi pour deux contraventions de 4e classe (soit une peine encourue de 2X750 =1 500 €), même si l'une d'entre elle a donné lieu à une relaxe, car si « *la faculté d'appeler contre un jugement de police appartient au prévenu, notamment lorsque la peine d'amende encourue est celle prévue pour les contraventions de la cinquième classe [...], pour déterminer l'amende encourue, il y a lieu, lorsque le prévenu est poursuivi pour plusieurs contraventions, de totaliser les amendes dont il est passible* » (Crim. 4 févr. 2009, n° 08-85.939, P n° 27). Dans le même sens, « *pour déterminer l'amende encourue, il y a lieu, lorsque le prévenu est poursuivi pour plusieurs contraventions, de totaliser les amendes dont il est passible* » (Crim. 23 nov. 2011, n° 11-83.954, P n° 238 ; Crim. 30 avr. 2002, n° 01-86.725, P n° 90 ; Crim. 21 mars 2000, n° 99-84.087, P n° 124).

En cohérence avec la jurisprudence qui précède, la Ch. crim. juge aussi, s'agissant du critère du **montant total des amendes prononcées**, que si « *la faculté d'appeler contre un jugement de police appartient au prévenu, notamment lorsque la peine d'amende prononcée est supérieure au maximum de l'amende encourue pour les contraventions de la deuxième classe [...], lorsque le tribunal est saisi de plusieurs contraventions lui permettant de prononcer plusieurs amendes, il y a lieu de totaliser les amendes prononcées pour déterminer si le jugement est susceptible d'appel* » (Crim. 6 mars 2012, n° 11-85.333, P n° 59 ; Crim. 7 oct. 1997, n° 96-84.283, NP ; Crim. 29 juin 1999, n° 98-85.043, NP).

L'appréciation des seuils qui précèdent est également applicable aux personnes morales, sans égard aux dispositions de C. pén., art. 131-41 qui prévoient en ce qui les concerne le quintuplement des amendes encourues (Crim. 10 mars 2020, n° 19-83.218, D).

L'appel est toutefois réservé au prévenu, à la personne civilement responsable, et au ministère public (procureur de la République, procureur général, OMP pour les contraventions des quatre premières classes).

Enfin, lorsque le directeur régional de l'administration chargée des forêts, auquel sont assimilés les agents de l'Office national de la chasse et de la faune sauvage (D. n° 95-1272, 6 déc. 1995, art. 2, Crim. 14 mai 2008, n° 07-87.168, P n° 110 ; NB : le décret fondant cette décision a été annulé par arrêt du Conseil d'État et la disposition visée a été codifiée dans C. envir., art. R. 421-18 dans une autre rédaction), sont à l'origine des poursuites, l'appel est dans tous les cas possible de la part de toutes les parties.

De surcroît, dans tous les cas et quelle que soit la classe de la contravention, le prévenu et le civilement responsable peuvent toujours interjeter appel « *si des dommages-intérêts ont été alloués* », ainsi que la partie civile, « *quant à ses intérêts civils seulement* ». Ainsi, « *le jugement du tribunal de police contenant des dispositions pénales et civiles entre dans la catégorie des décisions rendues en premier ressort susceptibles d'appel de la part du prévenu quelle que soit la peine prononcée ou encourue* », et l'appel du prévenu sur l'action publique est recevable même s'il n'a pas fait appel des dispositions civiles du jugement (Crim. 18 juill. 1990, n° 88-80.211, P n° 290 ; dans le même sens : Crim. 14 mars 2023, n° 22-86.093, D).

2. La question de la qualification erronée du jugement de police

La classe de l'infraction poursuivie, le total des amendes encourues ou prononcées ou la nature de la peine s'il s'agit de contraventions des quatre premières classes, la qualité de l'autorité de poursuite, et enfin l'allocation ou la demande de dommages-intérêts, sont autant de variables qui vont déterminer la qualification du jugement rendu. S'il est qualifié de jugement en premier ressort, il sera susceptible d'appel, rendu en dernier ressort, il relèvera du seul pourvoi en cassation selon C. pr. pén., art. 567, chacune de ces voies excluant l'autre.

La question, complexe, de la nature du jugement de police nourrit en conséquence le contentieux de l'irrecevabilité des recours qui ont été formés à mauvais escient en raison d'une qualification erronée de la décision.

Ainsi, lorsqu'il est « *mentionné à tort que le jugement était rendu en dernier ressort [...], cette mention erronée ayant été de nature à induire les parties en erreur sur la voie de recours qui leur était ouverte, il y a lieu de reporter le point de départ du délai d'appel au jour de la notification* » de l'arrêt de la Ch. crim. rejetant comme irrecevable le pourvoi induit par une qualification erronée du jugement (Crim. 4 févr. 2009, n° 08-85.939, P n° 27 ; Crim. 23 nov. 2011, n° 11-83.954, P n° 238, Crim. 3 mars 1993, n° 92-85.500, P n° 98). De même, dans le cas où la cour d'appel a été saisie d'un jugement improprement qualifié de dernier ressort, il n'importe que « *le jugement ait déclaré à tort être rendu en dernier ressort, dès lors qu'à la demande du prévenu, la cour d'appel avait examiné son bien-fondé* » (Crim. 8 févr. 2000, n° 99-81.218, P n° 57).

B. Les conditions de mise en œuvre de l'appel et la procédure devant la cour d'appel (C. pr. pén., art. 547 et 549)

1. Le délai d'appel et la forme de la déclaration d'appel (C. pr. pén., art. 547)

Le délai d'appel et son point de départ sont identiques à ceux prévus en matière correctionnelle : 10 jours à compter du prononcé ou de la signification ou notification et 5 jours pour l'appel incident (C. pr. pén., art. 547 renvoyant à C. pr. pén., art. 498 et 500, v. n° **19.5**).

La déclaration d'appel est faite devant le greffier de la juridiction qui a rendu la décision attaquée, selon les mêmes formes que celles prévues en matière correctionnelle (C. pr. pén., art. 547 renvoyant à C. pr. pén., art. 502 à 504, v. n° **19.6**).

2. Les règles de procédure devant la cour d'appel (C. pr. pén., art. 549)

La cour est composée du seul président de la chambre des appels correctionnels siégeant à juge unique (C. pr. pén., art. 547). Si « *l'appel et suivi et jugé dans la même forme que les appels des jugements correctionnels* » (C. pr. pén., art. 547), la formalité du rapport oral prévue en matière correctionnelle (C. pr. pén., art. 513) n'est toutefois pas requise (C. pr. pén., art. 549 et Crim. 15 mai 2012, n° 11-84.907, P n° 119).

L'audiencement des affaires est régi selon les règles d'organisation décrites au n° **17A1**.

Les règles suivantes de la procédure d'appel correctionnelle sont également applicables (C. pr. pén., art. 549 renvoyant aux dispositions relatives à l'appel correctionnel) :

– C. pr. pén., art. 505 : délai d'appel du procureur général de 20 jours et délai d'appel incident des parties de 5 jours(v. n° **19.4B**) ;

– C. pr. pén., art. 505-1 : ordonnance de non-admission de l'appel prononcée par le président de la chambre correctionnelle en cas d'expiration des délais d'appel ou hors les cas autorisant l'appel (v. n° **19.8B**) ;

– C. pr. pén., art. 506 : sursis à l'exécution du jugement pendant les délais et durant l'instance d'appel, sous réserve des dispositions assorties de l'exécution provisoire (v. n[os] **19.7C** et **19.7D**) ;

– C. pr. pén., art. 515-1 : pouvoirs du premier président en matière d'exécution provisoire sur les intérêts civils (v. nº 19.7D) ;

– C. pr. pén., art. 509 : effet dévolutif déterminé par l'acte d'appel et par la qualité de l'appelant (v. nº 19.3) ;

– C. pr. pén., art. 514 : irrecevabilité de l'appel tardif ou irrégulièrement formé (v. nº 19.8B) ;

– C. pr. pén., art. 515 : prohibition de la *reformatio in pejus* (v. nºs 19.3B et 19.3D) ;

– C. pr. pén., art. 520 : pouvoir d'évocation de la cour en cas d'annulation du jugement (v. nº 19.9). Avec cette précision que si la cour, saisie de l'appel d'un jugement d'incompétence du tribunal de police, constate que le fait poursuivi constitue un délit, elle prononce la peine et statue sur les dommages-intérêts. La cour ne peut donc se borner à confirmer un jugement d'incompétence matérielle et doit évoquer le fond (Crim. 2 mai 2001, nº 00-85.493, P nº 103).

19.12 L'appel en matière criminelle

A. Les titulaires du droit d'appel et l'effet dévolutif de leur recours

1. Le droit d'appel et son effet dévolutif

Depuis L. nº 2000-516, 15 juin 2000, « *Les arrêts de condamnation rendus par la cour d'assises en premier ressort peuvent faire l'objet d'un appel* » (C. pr. pén., art. 380-1).

« *L'appel des décisions de la cour criminelle départementale est examiné par la cour d'assises statuant dans les conditions prévues [...] pour l'appel des arrêts rendus par les cours d'assises en premier ressort* » (C. pr. pén., art. 380-21, issu L. nº 2021-1729, 22 déc. 2021). Il n'existe pas de dispositions dérogatoires pour l'appel contre les arrêts de **la cour criminelle départementale** (sur la cour criminelle départementale, v. nº 17.15B2).

Cette faculté d'appel appartient, dans des conditions comparables à celles prévues en matière correctionnelle, à l'accusé, au ministère public, au civilement responsable et à la partie civile, quant à leurs intérêts civils, en cas d'appel du ministère public, par les administrations publiques dans les cas où celles-ci exercent l'action publique, et au procureur général, qui est seul compétent, à peine d'irrecevabilité, pour interjeter appel des arrêts d'**acquittement** (C. pr. pén., art. 380-2). Ainsi, en cas d'acquittement partiel, si le procureur de la République peut faire appel principal ou incident de la décision de condamnation, le procureur général reste exclusivement compétent pour l'appel de la décision d'acquittement.

À la différence de la procédure correctionnelle, dans laquelle le prévenu condamné par défaut peut choisir entre l'opposition et l'appel (v. nº 19.5B2), la voie de l'appel est fermée à l'accusé jugé selon la procédure du défaut criminel (C. pr. pén., art. 379-5) ; la voie du pourvoi lui est également fermée (Crim. 7 juin 2023, nº 23-81.655, P) (sur le défaut criminel, v. C. pr. pén., art. 379-2 s.).

L'accusé jugé peut se désister de son appel jusqu'à son interrogatoire par le président de la cour d'assises, préalable à l'audience, prévu au C. pr. pén., art. 272. Ce **désistement d'appel**, constaté par ordonnance du président, rend d'office caducs les appels incidents des autres parties et du ministère public (C. pr. pén., art. 380-11). Si le désistement de l'accusé intervient après la date de l'interrogatoire préalable il n'entraîne pas la caducité des appels incidents mais reste recevable. S'agissant au moins de l'action publique, « *le ministère public peut dans tous les cas se désister de son appel formé après celui de l'accusé en cas de désistement de celui-ci* » (C. pr. pén., art. 380-11), ce qui permet de considérer que l'accusé peut en effet se désister à tout moment, y compris au cours de l'audience d'appel.

Mentionnons que depuis L. nº 2021-401, 8 avr. 2021, le premier président de la cour d'appel et le président de la Ch. crim. de la C. cass., saisis aux fins de désignation de la cour d'assises d'appel en application de C. pr. pén., art. 380-14, sont également compétents pour constater par ordonnance le désistement d'appel (C. pr. pén., art. 380-11, mod par L. n° 2021-401, 8 avr. 2021) (sur la désignation de la cour d'assises d'appel, v. **D1** ci-dessous).

Le principe de la prohibition de la *reformatio in pejus* (v. n° **19.3B**) s'applique également en matière criminelle. Sur son seul appel, l'accusé ne peut donc voir son sort aggravé sur l'action publique (C. pr. pén., art. 380-3) ainsi que sur l'action civile (C. pr. pén., art. 380-6). Si la partie civile peut demander une augmentation de ses dommages-intérêts pour le préjudice subi depuis la première décision (Crim. 10 juin 2015, n° 14-84.345), l'arrêt civil de la cour d'assises statuant en appel qui accorde à une partie civile des dommages et intérêts doit préciser, à peine de cassation, « *qu'ils réparent un préjudice souffert depuis la décision de première instance* » (Crim. 10 mai 2012, n° 11-81.437, P n° 114 ; Crim. 15 avr. 2015, n° 13-88.519, D) (arrêts cités par Crim. 22 janv. 2020, n° 19-80.122 (§ 41), P). De même faut-il avoir à l'esprit que, « *lorsqu'un arrêt pénal d'une cour d'assises a seul été frappé de pourvoi, la cassation de cet arrêt n'entraîne pas celle de l'arrêt statuant sur les intérêts civils, lequel a acquis l'autorité de la chose jugée (Ch. mixte, 19 mars 1982, n° 79-15.560, P n° 81 ; Crim. 10 mai 2012, n° 11-81.437, P n° 114)* » (Crim. 14 sept. 2022, n° 22-80.118 (§ 21), P).

Lorsque l'accusé n'a pas fait appel sur l'action civile, la partie civile ou le civilement responsable seul appelant ne peut également voir son sort aggravé sur son seul appel, par conséquent ses indemnités allouées en première instance ne peuvent être réduites en appel (C. pr. pén., art. 380-6).

La partie civile qui s'est constituée en premier ressort jouit d'une faveur particulière lorsque ni elle ni l'accusé n'ont interjeté appel de l'action civile. En premier lieu, « *même lorsqu'elle n'a pas interjeté appel, la partie civile est avisée [...] de la date à laquelle l'affaire est appelée à l'audience* » (C. pr. pén., art. 380-2-1). En second lieu, à la différence de la procédure d'appel correctionnel dans laquelle la position de la partie civile non appelante ni intimée se limite à celle de témoin (v. n° **19.3D1**), elle peut « *exercer devant la cour d'assises statuant en appel les droits reconnus à la partie civile jusqu'à la clôture des débats* » (C. pr. pén., art. 380-6). En conséquence, elle peut durant l'audience poser des questions aux témoins, aux experts et à l'accusé, soulever et plaider des incidents, plaider au soutien de l'action publique pour ainsi la corroborer, demander une augmentation de ses dommages-intérêts pour le préjudice souffert depuis la première décision, et enfin réclamer la condamnation de l'auteur au paiement de ses frais, notamment d'avocat, exposés pour l'audience d'appel (C. pr. pén., art. 375, Crim. 7 févr. 2005, n° 05-80.988 ; Crim. 9 janv. 2019, n° 17-87.070, P n° 7). Notons que la partie civile qui ne s'est pas constituée en première instance est irrecevable à le faire en appel, toutefois le moyen tiré de cette irrégularité est irrecevable devant la C. cass. « *à défaut pour le demandeur au pourvoi ou toute autre partie au procès de s'être opposé à cette constitution de partie civile par une demande de donner acte ou en soulevant un incident* » (§ 14) (Crim. 2 févr. 2022, n°s 21-82.065, 21-82.009, P).

Précisons qu'en matière d'action civile, « *la cour d'assises, statuant en appel, procède à un réexamen de l'affaire* » (§ 5), en conséquence, « *la cour doit statuer elle-même sur les demandes qui lui sont faites au titre de l'action civile ; elle ne peut ni confirmer ni infirmer la décision rendue en premier ressort, ni renvoyer aux premiers juges l'examen d'une demande sur laquelle ils n'avaient pas définitivement statué* » (§ 6) (Crim. 2 févr. 2022, n° 21-80.310, P ; dans le même sens : Crim. 2 févr. 2005, n° 04-82.436, D).

2. La limitation de l'appel à la peine (C. pr. pén., art. 380-2-1 A, L. n° 2019-222, 23 mars 2019)

Depuis L. n° 2019-222, 23 mars 2019, applicable depuis le 1er juin 2019, « *l'appel formé par l'accusé ou le ministère public peut indiquer qu'il ne conteste pas les réponses données par la cour d'assises sur la culpabilité et qu'il est limité à la décision sur la peine* » (C. pr. pén., art. 380-2-1 A). Il n'est pas prévu de droit et de délai de repentir sur la limitation de l'appel à la peine, à la différence des dispositions applicables à l'appel en matière correctionnelle (C. pr. pén., art. 502 issu L. nº 2019-222, 23 mars 2019 et D. 45-22 issu D. nº 2019-508, 24 mai 2019, v. nº **19.3B2**).

En cas d'appel initial sur la culpabilité et la peine, la jurisprudence pourrait avoir à examiner la question des effets, notamment sur l'appel incident du ministère public, d'un désistement limité à la culpabilité et d'un appel maintenu sur la peine, que ne paraît pas exclure la lecture combinée de C. pr. pén., art. 380-11 et 380-2-1 A.

Précisons d'ailleurs que dans le cadre de l'interrogatoire préalable de l'accusé, le président peut demander à ce dernier « *s'il entend limiter son appel à la décision sur la peine* », selon les précisions apportées au nº **17.31A1** (C. pr. pén., art. D. 45-1, issu D. nº 2022-546, 13 avr. 2022).

L'affaire étant dévolue à la cour d'assises d'appel dans les limites de l'acte d'appel « *les dispositions relatives aux questions sur la culpabilité ne sont pas applicables* » dans le cas d'un appel limité à la peine (sur les questions devant la cour d'assises, v. nº **17.33A**) (C. pr. pén., art. 380-2-1 A), ce qui exclut donc le prononcé d'un acquittement. « *il est possible à l'accusé ayant été condamné pour plusieurs crimes (ou délits connexes) de ne déclarer reconnaître sa culpabilité que pour certains faits, et c'est alors pour ces seuls faits que les débats en appel pourront être simplifiés* » (Circ. Crim. 2019-13/H2, 27 mai 2019, JUSD 1915383C, nº 2.3 1).

La prestation de serment des jurés est alors adaptée à l'objet des débats et écarte en conséquence les éléments portant sur l'appréciation des charges, le rôle de la présomption d'innocence ainsi que la portée du doute (C. pr. pén., art. 304-1, issu L. nº 2021-1729, 22 déc. 2021).

La question de la culpabilité ne pouvant plus être débattue, « *seuls sont entendus devant la cour d'assises statuant en appel les témoins et experts dont la déposition est nécessaire afin d'éclairer les assesseurs et les jurés sur les faits commis et la personnalité de l'accusé, sans que soient entendues les personnes dont la déposition ne serait utile que pour établir la culpabilité* » (C. pr. pén., art. 380-2-1 A). L'établissement de cette liste de témoins et d'experts est notamment discutée lors de la réunion préparatoire criminelle instituée par C. pr. pén., art. 276-1 issu L. nº 2021-1729, 22 déc. 2021, pour la confiance dans l'institution judiciaire (sur cette réunion préparatoire, v. nº **17.31A2**).

B. Les conditions de délai et de forme de l'appel en matière criminelle

Les exigences qui suivent conditionnent la validité de l'appel. Le moyen qui invoque la nullité de l'acte d'appel, « *en ce qu'il affecte un acte antérieur à l'ouverture des débats devant la cour d'assises statuant en appel [doit], par application de C. pr. pén., art. 305-1, être présenté au plus tard à l'ouverture des débats devant cette juridiction* » (§ 10) (Crim. 11 mai 2023, nº 22-82.664, P) (sur les exceptions de nullité devant la cour d'assises et la cour criminelle départementale, v. nº **17.27B3**).

1. Les conditions de délai (C. pr. pén., art. 380-9 et 380-10)

Les délais des appels principaux et incidents et leur point de départ sont identiques à ceux prévus en matière correctionnelle (v. nº **19.4B** et **19.5**), sauf à préciser que le délai ne court qu'à compter de la signification de l'arrêt pour la partie qui n'était pas présente ou représentée à l'audience où la décision a été prononcée, mais seulement dans le cas où elle-même ou son représentant n'ont pas été informés du jour de son prononcé (C. pr. pén., art. 380-9).

2. Les conditions de forme (C. pr. pén., art. 380-12 et 380-13)

Les conditions de forme de l'appel, qui doit être interjeté « *au greffe de la cour d'assises qui a rendu la décision attaquée* », sont identiques à celles imposées en matière correctionnelle, selon que la personne est détenue ou libre (v. nº **19.6**) (C. pr. pén., art. 380-12 et 380-13). Mentionnons toutefois que la déclaration d'appel du procureur général, lorsque la cour n'a pas son siège au lieu de la cour d'assises, est signée par le procureur général puis

« *adressée sans délai, en original ou en copie, au greffe de la cour d'assises* » qui a statué, pour être transcrite par le greffe dans le registre prévu à cet effet (C. pr. pén., art. 380-12).

L'appel limité à la peine doit « *indiquer qu'il ne conteste pas les réponses données par la cour d'assises sur la culpabilité et qu'il est limité à la décision sur la peine* » (C. pr. pén., art. 380-2-1 A, issu L. n° 2019-222, 23 mars 2019, applicable depuis le 1er juin 2019, v. **A2** ci-dessus).

C. L'effet suspensif de l'appel en matière criminelle

1. L'effet suspensif concernant l'exécution de la peine

Si le délai d'appel et l'appel suspendent l'exécution de l'arrêt sur l'action publique, l'arrêt continue toutefois à produire ses effets pour l'exécution de la peine privative de liberté (C. pr. pén., art. 380-4), selon les distinctions décrites au n° **18.11A** pour ce qui concerne, d'une part, les condamnations pour crime, d'autre part, les condamnations pour délit.

Ainsi, « *l'arrêt de cour d'assises vaut titre de détention jusqu'à ce que la durée de détention ait atteint celle de la peine prononcée, sans préjudice pour l'accusé de son droit à demander sa mise en liberté conformément aux dispositions des articles 148-1 et 148-2* » (C. pr. pén., art. 367). La demande de mise en liberté relève de la compétence de la CHINS si elle est formée dans l'attente de l'audiencement de l'appel, ou de la cour d'assises si elle est formée durant la session au cours de laquelle elle doit juger l'accusé (C. pr. pén., art. 148-1) (sur la demande de mise en liberté dans l'attente de l'audience, v. n° **12.61**).

S'agissant des peines non privatives de liberté, elles peuvent être exécutoires par provision selon les précisions apportées au n° **19.7C** (C. pr. pén., art. 367).

2. L'effet suspensif concernant les intérêts civils

La décision de première instance est également suspendue pour ce qui concerne les intérêts civils (C. pr. pén., art. 380-7), sous réserve des effets de l'exécution provisoire prononcée en application de C. pr. pén., art. 374. L'exécution provisoire peut toutefois être suspendue par le premier président de la cour d'appel statuant en référé (C. pr. pén., art. 380-8). Ce dernier peut également prononcer en référé cette exécution provisoire si elle a été refusée, omise, ou non réclamée en première instance (C. pr. pén., art. 380-8).

D. La procédure devant la cour d'assises d'appel

1. La désignation de la cour d'assises compétente (C. pr. pén., art. 380-14)

« *Les règles relatives à l'institution, la compétence, l'organisation et au fonctionnement de la cour d'assises statuant en appel sont fixées par le code de procédure pénale* » (COJ, art. L. 321-1).

Depuis L. n° 2016-731, 3 juin 2016, la cour d'assises statuant en appel est désignée, non plus par la Ch. crim. de la C. cass., mais par le premier président de la cour d'appel, les parties et le ministère public reçus en leurs observations écrites (C. pr. pén., art. 380-14).

Toutefois, la Ch. crim. procède à cette désignation si l'une des parties ou le ministère public le demande ou si le premier président estime nécessaire de désigner une cour d'assises située hors du ressort de la cour d'appel (C. pr. pén., art. 380-14).

Le premier président de la cour d'appel ou le président de la Ch. crim. de la C. cass., lorsqu'il est saisi aux fins de désignation de la cour d'assises d'appel, peut dire n'y avoir à désignation lorsque l'appel est formé hors délai ou porte sur un arrêt qui n'est pas susceptible d'appel (C. pr. pén., art. 380-15).

Lorsqu'il n'a été fait appel que de l'action civile, l'appel est porté devant la chambre des appels correctionnels de la cour d'appel (C. pr. pén., art. 380-5), il n'y a donc pas lieu à désignation d'une cour d'assises par le premier président.

Mentionnons que depuis L. n° 2021-401, 8 avr. 2021, le premier président de la cour d'appel, ou le président de la Ch. crim. de la C. cass., lorsqu'il est saisi aux fins de désignation de la cour d'assises d'appel, est compétent pour constater par ordonnance le désistement d'appel (C. pr. pén., art. 380-11, mod par L. n° 2021-401, 8 avr. 2021) (sur le désistement d'appel en matière criminelle, v. **A1** ci-dessus).

Notons que si la cour d'assises des mineurs est également compétente au stade de l'appel, « *l'appel de l'arrêt pénal de la cour d'assises des mineurs est porté devant la cour d'assises de droit commun, lorsque, par l'effet des appels, seuls restent à juger des accusés majeurs à la date des faits* » (§ 12) (Crim. 16 févr. 2022, n° 21-82.643, P).

2. Les règles encadrant l'audiencement des affaires

L'audiencement des affaires est régi par les règles d'organisation décrites au n° **17A2** (C. pr. pén., art. 236 et 238) et par les délais de comparution précisés au n° **12.46** en cas de détention provisoire (C. pr. pén., art. 380-3-1, issu L. n° 2019-222, 23 mars 2019, applicable aux appels interjetés à compter du 1 er juin 2019) et au n° **12.56A** en cas d'ARSE.

3. Les particularismes de l'audience criminelle d'appel (C. pr. pén., art. 380-1)

• **Le principe** est que la cour d'assises d'appel procède au réexamen de l'affaire selon les modalités et les conditions prévues pour le jugement en premier ressort des affaires criminelles (C. pr. pén., art. 380-1). L'appel des décisions de la cour criminelle départementale est examiné selon ces mêmes règles (C. pr. pén., art. 380-21, issu L. n° 2021-1729, 22 déc. 2021).

Soulignons que la cour d'assises d'appel délibère en possession de la feuille de motivation de première instance et qu'il peut être procédé à la lecture du procès-verbal des débats de première instance ainsi qu'à l'écoute, s'il y a été procédé, de l'enregistrement de ces débats. Il s'en déduit que « *le réexamen de l'affaire auquel doit procéder la cour d'assises statuant en appel n'implique pas que celle-ci doive forger sa conviction sans se référer à aucun des éléments recueillis au cours des débats qui se sont déroulés devant la juridiction qui a statué en premier ressort* » (§ 11) (Crim. 9 mars 2022, n° 21-80.345, P).

• **Les aménagements de procédure suivants** sont toutefois apportés devant la cour d'assises d'appel :

– si **l'accusé absent sans excuse valable** peut être jugé en cause d'appel en présence de son avocat selon la procédure habituelle, à l'exception des dispositions relatives à l'interrogatoire et à la présence de l'accusé, seul le pourvoi en cassation lui sera possible à compter de la date à laquelle l'arrêt sera porté à sa connaissance (C. pr. pén., art. 379-7, réd. issue L. n° 2016-731, 3 juin 2016). En effet, « *la procédure de défaut en matière criminelle n'est pas applicable devant la cour d'assises statuant en appel, lorsque l'accusé, absent sans excuse valable, est appelant* » (§ 13), « *l'arrêt rendu par la cour d'assises, dans une telle hypothèse, doit donc être qualifié de contradictoire à signifier et ne peut faire l'objet que d'un pourvoi en cassation* » (§ 14) (Crim. 8 févr. 2023, n° 22-84.280, P). Dans un tel cas, il résulte de la combinaison de C. pr. pén., art. 274, 317 et 379-7, que « *le président de la cour d'assises doit désigner d'office un avocat à l'accusé appelant en fuite, qui n'a ni fait le choix ni sollicité la désignation d'un défenseur* » (§ 15), « *cette désignation d'office, sans effet sur la qualification de l'arrêt, ne prive pas l'accusé du bénéfice d'une voie de recours* » (§ 16) (Crim. 8 févr. 2023, n° 22-84.280, P) (sur la désignation d'office de l'avocat devant la cour d'assises, v. n° **17.7A**). Les dispositions de C. pr. pén., art. 379-7, « *ne portent pas atteinte au droit à un procès équitable, au droit d'exercer un recours effectif ainsi qu'au principe d'égalité devant la loi et ne constituent pas une méconnaissance par le législateur de sa compétence* » (§ 7) (Crim. 11 janv. 2023, n° 22-84.280, D) ;

– pour permettre le tirage au sort d'un nombre supérieur de jurés et garantir l'exercice de leurs droits de récusation par l'accusé et le ministère public, la **liste de session** des jurés doit comporter, après révision, au moins 23 jurés, contre 20 en première instance (C. pr. pén., art. 289-1) ;

– le **jury** est composé de 9 jurés au lieu de 6 (C. pr. pén., art. 296) ;

– s'agissant du **pouvoir de récusation**, l'accusé peut récuser jusqu'à 5 jurés au lieu de 4, le ministère public jusqu'à 4 jurés au lieu de 3 (C. pr. pén., art. 298) (sur la récusation des jurés, v. n° **17.35D**) ;

– les débats font obligatoirement l'objet d'un **enregistrement sonore** sous le contrôle du président, sauf renonciation expresse de l'ensemble des accusés, alors que cet enregistrement est facultatif pour le premier ressort (C. pr. pén., art. 308) (sur l'enregistrement sonore des débats, v. n° **17.13A4**) ;

– les **arrêts sur incident** ne peuvent être attaqués que par la voie du recours en cassation, en même temps que l'arrêt au fond, tandis que les arrêts sur incident rendus en premier ressort ne peuvent faire l'objet d'aucun recours et n'ont pas autorité de la chose jugée devant la cour d'appel de renvoi (C. pr. pén., art. 316) ;

– lors de sa **présentation préliminaire** de l'affaire, le président donne en outre connaissance du sens de la **décision rendue en premier ressort**, de sa motivation, et le cas échéant de la condamnation prononcée (C. pr. pén., art. 327). Lorsque la cour d'assises statue sur renvoi après cassation d'un précédent arrêt statuant en appel, le président « *ne peut donner connaissance du sens de la décision annulée, de sa motivation et de la condamnation prononcée* » en appel (Crim. 15 avr. 2015, n° 13-88.519, D, arrêt cité par Crim. 22 janv. 2020, n° 19-80.122 (§ 9), P). En revanche, C. pr. pén., art. 327 « *n'empêche pas le président de la cour d'assises de se borner à rappeler l'existence de la décision annulée* » (§ 9) (Crim. 22 janv. 2020, n° 19-80.122, P).

– l'arrêt du premier ressort ainsi que la feuille de motivation sont conservés par le président en vue de la **délibération** (C. pr. pén., art. 347) ;

– toute décision défavorable à l'accusé se forme à la **majorité** de huit voix au moins, au lieu de « ~~six~~ » « *sept* » (C. pr. pén., art. 359, mod. par L. n° 2021-1729, 22 déc. 2021, rétablissant la « *minorité de faveur* » supprimée en 1re instance depuis L. n° 2011-939,10 août 2011) (sur la minorité de faveur dans la procédure criminelle, v. n° **18.7B2**) ;

– le maximum de la peine privative de liberté encourue ne peut être prononcé qu'à la **majorité** de huit voix au moins, au lieu de « ~~six~~ » « *sept* » (C. pr. pén., art. 362, mod. par L. n° 2021-1729, 22 déc. 2021) (sur la fixation de la peine dans la procédure criminelle, v. n° **18.7B2**) ;

– lors du prononcé de l'arrêt, le président avertit s'il y a lieu l'accusé de la faculté de se **pourvoir en cassation** et lui fait connaître le délai de pourvoi, qui est de 5 jours francs (C. pr. pén., art. 370 et 568).

19.13 Le pourvoi en cassation, expression du droit à un recours effectif

A. Le principe du droit au pourvoi en cassation

« *Droit à un double degré de juridiction en matière pénale. 1. Toute personne déclarée coupable d'une infraction pénale par un tribunal a le droit de faire examiner par une juridiction supérieure la déclaration de culpabilité ou la condamnation. L'exercice de ce droit, y compris les motifs pour lesquels il peut être exercé, sont régis par la loi* » (Protocole n° 7 du 22 nov. 1984 à la Conv. EDH, art. 2). Le gouvernement français a formulé des réserves lors de la ratification de ce protocole, aux termes desquelles le double degré de juridiction, qui implique le droit de faire examiner une décision de condamnation par une juridiction supérieure, « *peut se limiter à un contrôle de l'application de la loi, tel que le recours en cassation* » (Crim. 23 juin 1999, n° 98-80.561, P n° 147).

Le « droit au pourvoi », c'est-à-dire le droit de contester une décision de justice devant la C. cass. constitue donc l'un des aspects du « *droit à un tribunal* », reconnu par la CEDH comme l'une des composantes du droit au recours effectif (CEDH 9 janv. 2014, *Viard c/ France*, n° 71658/10, § 29, et les décisions citées).

B. Les limitations admises au droit au pourvoi en cassation

Tout en reconnaissant le « *rôle crucial de l'instance en cassation* » (CEDH 29 juill. 1998, *Guérin c/ France*, nº 51/1997/835/1041, § 44), la CEDH juge que « *le " droit à un tribunal ", dont le droit d'accès constitue un aspect, n'est pas absolu et se prête à des limitations implicitement admises, notamment en ce qui concerne les conditions de la recevabilité d'un recours, car il appelle de par sa nature même une règlementation par l'État, lequel jouit à cet égard d'une certaine marge d'appréciation* » (CEDH 9 janv. 2014, *Viard c/ France*, nº 71658/10, § 29, et les décisions citées). La CEDH considère en particulier que les conditions de recevabilité d'un pourvoi peuvent « *être plus rigoureuses que pour un appel* », dès lors que ces limitations au droit d'accès à la C. cass. se justifient au regard « *des particularités de la procédure en cause* », dont l'identification implique de « *prendre en compte l'ensemble du procès mené dans l'ordre juridique interne et le rôle qu'y a joué la Cour suprême* » (CEDH 9 janv. 2014, *Viard c/ France*, préc., § 30).

De même, si le Cons. const., déduit de l'art. 16 DDHC qu'« *en principe, il ne doit pas être porté d'atteintes substantielles au droit des personnes intéressées d'exercer un recours effectif devant une juridiction* » (Cons. const. 9 avr. 1996, nº 96-373, *Loi organique portant statut d'autonomie de la Polynésie française*, § 83), il n'a jamais reconnu le caractère d'une exigence constitutionnelle au droit de recours contre une décision d'un juge.

Le « droit au pourvoi » peut donc subir des restrictions légitimes et proportionnées liées, notamment, aux décisions susceptibles de pourvoi (v. nº **19.14**), aux délais pour former un pourvoi (v. nº **19.17**), aux personnes susceptibles de former un pourvoi (v. nº **19.19**) ou au filtrage des recours (v. nº **19.29**).

En revanche, il est exclu de soumettre la recevabilité du pourvoi à une obligation disproportionnée, d'une rigueur telle qu'elle revient à priver le droit au recours de sa substance, par exemple en imposant au demandeur au pourvoi, à peine d'irrecevabilité, de se constituer prisonnier en exécution d'une décision de justice frappée de pourvoi (CEDH 29 juill. 1998, *Guérin c/ France*, nº 51/1997/835/1041).

19.14 Le domaine du pourvoi : les décisions statuant sur le fond

A. L'irrecevabilité du pourvoi contre les décisions susceptibles d'appel (C. pr. pén., art. 567)

Le pourvoi en cassation n'est ouvert qu'à l'encontre des « *arrêts de la CHINS et les arrêts et jugements rendus en dernier ressort en matière criminelle, correctionnelle et de police* » (C. pr. pén., art. 567), c'est-à-dire les décisions « *qui ne sont plus susceptibles d'être attaquées par les voies ordinaires au moment où le recours est formé* » (Crim. 4 janv. 1988, nº 87-81.572, P nº 2). Il s'ensuit que le pourvoi formé contre une décision susceptible d'appel est **irrecevable**. Tel est le cas du pourvoi formé contre une ordonnance d'un magistrat ayant procédé au remplacement d'un expert, laquelle « *n'est pas rendue en dernier ressort* » (Crim. 28 sept. 2005, nº 05-84.275, P nº 240), ou du pourvoi contre un jugement de police lorsque le montant total des amendes infligées au prévenu est supérieur à 150 euros, cette décision étant susceptible d'appel (Crim. 9 janv. 2018, nº 17-81.953 ; v. aussi Crim. 31 janv. 2012, nº 11-86.178, P nº 26 ; Crim. 11 avr. 1991, nº 91-8°.133, P nº 174). Une telle irrecevabilité s'impose quand bien même la juridiction de jugement aurait « *mentionné à tort que le jugement était rendu en dernier ressort* », cette mention erronée ayant seulement pour effet « *de reporter le point de départ du délai d'appel* » au jour de la notification de la décision de la Ch. crim. déclarant le pourvoi irrecevable (Crim. 1er avr. 2015, nº 14-85.223 ; sur le domaine de l'appel en matière de jugement du tribunal de police, C. pr. pén., art. 546, v. nº **19.11**).

« *à défaut de texte législatif contraire, l'ordonnance du président de la CHINS statuant sur une requête portant sur les conditions de détention d'une personne placée en détention provisoire entre dans les prévisions de C. pr. pén., art. 567* » (§ 9), « *dès lors, le pourvoi formé contre une telle décision est recevable* »

(§ 10) (Crim. 31 mai 2022, nº 22-81.770, P ; dans le même sens, pour la décision du président de la CHAP lorsque la personne détenue est en cours d'exécution de peine : Crim. 16 nov. 2022, nº 22-80.807, P) (sur l'appel devant le président de la CHINS en matière de conditions de détention indignes, C. pr. pén., art. 803-8, v. nº **12.42B7**).

B. L'irrecevabilité du pourvoi contre certaines décisions rendues en dernier ressort en matière criminelle (C. pr. pén., art. 572, 596 et 597)

En principe, les décisions rendues en dernier ressort et statuant au moins partiellement sur le fond sont susceptibles de pourvoi. Le législateur restreint cependant la recevabilité du pourvoi contre les décisions de dernier ressort rendues en matière criminelle, en application du principe d'irrévocabilité des décisions du jury. Il en est ainsi des **arrêts d'acquittement** prononcés par les cours d'assises, qui « *ne peuvent faire l'objet d'un pourvoi que dans le seul intérêt de la loi, et sans préjudicier à la partie acquittée* » (C. pr. pén., art. 572), étant précisé qu'« *en application des articles 620 et 621 du code de procédure pénale, le droit de se pourvoir dans l'intérêt de la loi n'appartient qu'au procureur général près la C. cass.* » (Crim. 21 févr. 2007, nº 06-81.713, P nº 53 ; sur le pourvoi dans l'intérêt de la loi, v. nº **19.36**). Il en résulte qu'en cas d'acquittement partiel du demandeur au pourvoi, la cassation des décisions de condamnations n'entraîne pas celle des acquittements prononcés, « *qui ne sont pas indivisibles des décisions de condamnation* » (Crim. 16 juill. 1997, nº 96-82.945, P nº 297). Par exception, le procureur général près la cour d'appel peut également se pourvoir contre un arrêt d'acquittement « *si la décision a été prononcée sur la base de la non-existence d'une loi pénale qui pourtant aurait existé* » (C. pr. pén., art. 597).

Dans une perspective identique, l'annulation des **arrêts de condamnation** ne peut être poursuivie par le ministère public ou par la partie condamnée que « *si l'arrêt a prononcé une peine autre que celle appliquée par la loi à la nature du crime* » (C. pr. pén., art. 596). En dehors de cette hypothèse, c'est-à-dire lorsque « *les peines prononcées ne sont pas autres que celles appliquées par la loi à la nature des crimes et délits dont les accusés ont été déclarés coupables* » (Crim. 21 févr. 2007, nº 06-81.713, P nº 53), le pourvoi ne peut être formé que dans l'intérêt de la loi, par le procureur général près la C. cass. (Crim. 20 nov. 1985, nº 85-91.622, P nº 366), de sorte que le procureur général près la cour d'appel est sans qualité pour se pourvoir contre l'arrêt de condamnation et son pourvoi est irrecevable (mêmes arrêts).

C. L'irrecevabilité du pourvoi contre les décisions dont la chambre criminelle a déjà été saisie (C. pr. pén., art. 618)

En application du principe d'autorité de la chose jugée, « *Lorsqu'une demande en cassation a été rejetée, la partie qui l'avait formée ne peut plus se pourvoir en cassation contre le même arrêt ou jugement, sous quelque prétexte et par quelque moyen que ce soit* » (C. pr. pén., art. 618). Il en résulte que le pourvoi formé contre une décision dont la Ch. crim. a déjà été saisie et sur lequel elle a déjà statué est irrecevable (par ex., Crim. 14 déc. 2016, nº 16-81.719, NP). Il s'en évince également que lorsque deux pourvois sont formés contre une même décision, successivement (Crim. 30 mars 2021, nº 20-85.556, P) voire le même jour (Crim. 31 mars 2020, nº 19-85.756, P), seul le premier pourvoi est recevable (mêmes arrêts). Par conséquent, lorsqu'une personne condamnée use d'abord de son droit de se pourvoir personnellement contre une décision (v. nº **19.23**), elle est « *irrecevable à se pourvoir à nouveau le même jour par l'intermédiaire de son avocat contre la même décision* » (Crim. 14 avr. 2021, nº 20-82.529 ; v. aussi Crim. 2 déc. 2020, nº 19-87.124, P ; Crim. 14 nov. 2019, nº 19-80.420, P). Réciproquement, lorsqu'un demandeur épuise « *son droit de se pourvoir en cassation contre l'arrêt attaqué, la déclaration de pourvoi qu'il a faite personnellement* » est irrecevable (Crim. 11 déc. 2019, nº 19-80.059, P).

19.15 Le domaine du pourvoi : les décisions ne statuant pas sur le fond

A. L'irrecevabilité du pourvoi contre les arrêts de renvoi devant le tribunal correctionnel ou de police (C. pr. pén., art. 574)

À la différence des arrêts de renvoi devant une cour d'assises, qui peuvent faire l'objet d'un pourvoi (Crim. 13 janv. 2021, n° 20-85.791, P ; Crim. 27 nov. 1997, n° 97-81.901, P n° 406), les **arrêts de renvoi devant le tribunal correctionnel ou de police** sont insusceptibles de pourvoi (C pr. pén., art. 574), dès lors que ces décisions ne s'imposent pas aux juges du fond et ne contiennent « *aucune disposition que le tribunal saisi de la poursuite n'aurait pas le pouvoir de modifier* » (Crim. 11 mars 2009, n° 08-82.661 ; Crim. 5 sept. 2006, n° 05-87.407, P n° 204). Il n'en est autrement que si l'arrêt de renvoi « *statue, d'office ou sur déclinatoire des parties, sur la compétence ou qu'il présente des dispositions définitives que le tribunal, saisi de la prévention, n'a pas le pouvoir de modifier* » (C. pr. pén., art. 574). S'entend d'une décision de renvoi **statuant sur la compétence**, susceptible d'un pourvoi, l'arrêt d'une CHINS renvoyant l'affaire devant le tribunal correctionnel alors que le juge d'instruction avait choisi une autre juridiction, par exemple lorsqu'elle estime que les faits dont elle est saisie constituent un délit et non un crime (Crim. 21 oct. 1997, n° 96-85.907, P n° 342). S'entend d'une décision **contenant des dispositions définitives**, c'est-à-dire des dispositions que « *le tribunal saisi de la poursuite n'aurait pas le pouvoir de modifier* » (Crim. 11 mars 2009, n° 08-82.661, NP), l'arrêt d'une chambre d'instruction qui, « *infirmant, sur le seul appel de la partie civile, une ordonnance de non-lieu, renvoie la personne mise en examen devant la juridiction correctionnelle, sans que le prévenu, placé dans cette situation, puisse contester la recevabilité de la constitution de partie civile et sa qualité à agir, en tant que cette constitution a déterminé la saisine de la juridiction sur l'action publique* » (Crim. 20 juin 2017, n° 17-82.215 QPC, P n° 171). En revanche, l'arrêt d'une CHINS qui, « *saisie d'une exception de prescription de l'action publique, renvoie la personne mise en examen devant le tribunal correctionnel* », est insusceptible de pourvoi, « *une telle décision ne s'imposant pas aux juges du fond devant qui les droits du prévenu demeurent entiers* » (Crim. 3 avr. 2013, n° 11-87.996).

Par **exception**, le pourvoi contre un arrêt de renvoi devant le tribunal correctionnel est possible, quand bien même il ne comporterait aucune disposition définitive ou n'aurait pas, d'office ou sur déclinatoire, statué sur la compétence, lorsque l'arrêt « *ne satisfait pas aux conditions de son existence légale* » (Crim. 1er oct. 2019, n° 18-86.428, NP). Par exemple, est recevable le pourvoi formé contre un arrêt de renvoi n'ayant pas donné la parole en dernier à l'avocat de la personne mise en examen (Crim. 7 juill. 2005, n° 05-80.914, P n° 202), ou ayant omis de répondre aux articulations essentielles du mémoire de la partie civile (Crim. 26 juin 1996, n° 95-84.987, P n° 276). En revanche, est irrecevable le pourvoi qui, sous couvert d'un grief tiré de la méconnaissance des conditions essentielles de l'existence légale de l'arrêt, se borne en réalité « *à critiquer les énonciations de l'arrêt relatives aux charges que la CHINS a retenues contre le prévenu et à la qualification qu'elle a donnée aux faits poursuivis* », alors que les énonciations de l'arrêt ne présentaient « *aucune disposition que le tribunal saisi de la poursuite n'aurait pas le pouvoir de modifier* » (Crim. 20 juin 2017, n° 17-82.215). En somme, la Ch. crim réserve aux pourvois contre les arrêts de renvoi devant le tribunal de police ou correctionnel des solutions analogues à celles qu'elle applique aux pourvois contre les décisions avant-dire droit (v. **B** et **C** ci-dessous).

Les dispositions de C. pr. pén., art. 574 ont été jugées conformes à la Const. par la Ch. crim., en ce que « *ces dispositions claires et précises assurent un accès effectif au juge et garantissent le respect des droits de la défense, lors de débats publics à l'audience* » (Crim. 15 déc. 2010, n° 10-84.112 QPC, P n° 209), et assurent « *des droits équivalents entre les prévenus, à partir de situations procédurales distinctes, et garantir le respect des droits de la défense, dès lors que le pourvoi est recevable lorsque les dispositions de l'arrêt de la CHINS ne peuvent pas être modifiées par le tribunal devant lequel le prévenu est renvoyé* » (Crim. 20 juin 2017, n° 17-82.215 QPC, P n° 171).

B. L'irrecevabilité temporaire du pourvoi contre les décisions avant-dire droit ne mettant pas fin à la procédure (C. pr. pén., art. 571)

Les **décisions statuant au fond** peuvent toujours faire l'objet d'un pourvoi lorsqu'elles sont rendues en dernier ressort. Il en est par exemple ainsi des décisions statuant « *sur le principe de la culpabilité du prévenu* » (Crim. ord., 7 avr. 1976, n° 76-90.780), mais également des décisions contenant, d'une part, des dispositions avant-dire droit, d'autre part, des dispositions définitives (Crim. ord., 17 nov. 1988, n° 88-83.159, P n° 391), les moyens de cassation pouvant alors porter « *tant sur les dispositions de l'arrêt touchant au fond ou mettant fin à la procédure que sur les dispositions avant dire droit* » (*ibid.*).

En revanche, les **décisions avant-dire droit**, c'est-à-dire les décisions ne statuant pas au fond, même partiellement, sont insusceptibles de faire l'objet d'un pourvoi immédiat **lorsqu'elles ne mettent pas fin à la procédure** (C. pr. pén., art. 570 ; sur les décisions avant-dire droit mettant fin à la procédure, v. C ci-dessous). Le pourvoi contre les décisions de ce type est donc « *irrecevable en l'état* » (Crim. 14 janv. 2014, n° 12-88.212, P n° 7) et la Ch. crim. ne peut en connaître « *qu'en même temps que le pourvoi formé contre le jugement ou l'arrêt sur le fond* » (C. pr. pén., art. 571). Par conséquent, le pourvoi contre les décisions avant dire droit ne peut être soumis à son examen tant que la décision statuant sur le fond n'a pas été rendue (Crim. 20 févr. 2019, n° 17-86.951).

Ces dispositions ne portent pas atteinte au « *droit au juge* » puisqu'elles « *n'ont pour effet que de différer, dans certains cas, dans l'intérêt de l'ordre public ou d'une bonne administration de la justice, l'examen du pourvoi, et ne font pas obstacle à l'accès au juge* » (Crim. 31 mai 2010, n° 10-80.637).

Précisons cependant que ces restrictions ne concernent que l'examen du pourvoi, et ne font donc pas obstacle à l'application des règles de droit commun relatives à **la forme et au délai** du pourvoi. La Ch. crim. juge en effet que « *les articles 570 et 571 du Code de procédure pénale, qui déterminent les règles selon lesquelles le pourvoi formé contre une décision qui ne met pas fin à la procédure peut être admis immédiatement, ne dérogent pas aux dispositions générales de l'article 568, lequel fixe à cinq jours francs, après celui où la décision attaquée a été prononcée, le délai pour se pourvoir en cassation* » (Crim. 27 nov. 2002, n° 01-85.896, NP ; Crim. 14 déc. 1999, n° 99-82.023, NP ; Crim. 29 avr. 1996, n° 95-85.079, P n° 169 ; v. aussi Crim. 13 déc. 2017, n° 15-84.251 ; Crim. 10 avr. 2013, n° 12-81.868, P n° 83).

À peine d'irrecevabilité, le pourvoi contre une décision avant-dire droit doit donc être déposé dans un délai de **5 jours** à compter de la décision attaquée (sur ce point, v. n° 19.17A), quand bien même il ne fait pas l'objet d'un examen immédiat.

Par exception cependant, **en matière de presse**, « *le pourvoi contre les arrêts des cours d'appel qui auront statué sur les incidents et exceptions autres que les exceptions d'incompétence ne sera formé, à peine de nullité, qu'après le jugement ou l'arrêt définitif et en même temps que l'appel ou le pourvoi contre ledit jugement ou arrêt* » (art. 59, L. 29 juill. 1881). Doit donc être déclaré nul « *le pourvoi formé contre l'arrêt attaqué, qui a confirmé l'ordonnance du juge d'instruction ayant dit n'y avoir lieu à constater l'irrecevabilité de la constitution de partie civile* » (Crim. 17 déc. 2013, n° 12-87.133).

C. La recevabilité immédiate du pourvoi contre les décisions avant dire droit mettant fin à la procédure (C. pr. pén., art. 570)

À rebours des solutions précédentes, « *Lorsque le tribunal ou la cour d'appel statue par jugement ou arrêt distinct de l'arrêt sur le fond, le pourvoi en cassation est immédiatement recevable si cette décision met fin à la procédure* » (C. pr. pén., art. 570). Dans ces hypothèses, le pourvoi est immédiatement admis contre la décision avant-dire droit, sans qu'il soit besoin au demandeur au pourvoi de présenter une requête tendant à l'examen immédiat du pourvoi devant la Ch. crim. (sur cette requête, v. D ci-dessous).

Il est donc essentiel de déterminer si la décision avant-dire droit faisant l'objet du pourvoi met, ou non, fin à la procédure. En l'état du droit positif, les décisions avant-dire droit **mettant fin à la procédure** et, de ce fait, susceptibles de faire l'objet d'un pourvoi immédiat, s'entendent par exemple de :

– l'arrêt d'une cour d'appel constatant l'extinction de l'action publique du fait de la prescription (Crim. 25 févr. 2003, n° 02-81.638, P n° 51) ;

– l'arrêt d'une CHINS admettant la recevabilité de la constitution de partie civile (Crim. 13 janv. 2004, n° 02-88.025, P n° 8 ; Crim. 6 mars 1990, n° 88-81.385, P n° 104), ou déclarant l'irrecevabilité de cette constitution (Crim. 12 mars 2019, n° 18-80.911, P n° 53), puisqu'une telle décision met fin au contentieux de l'irrecevabilité de la constitution de partie civile ;

– l'arrêt d'une CHINS confirmant l'ordonnance d'un JLD autorisant une saisie pénale (Crim. 16 mai 2018, n° 17-83.584, P n° 96), puisqu'une telle décision met fin au contentieux de la demande de restitution élevé devant les juges du premier et du second degré.

En revanche, sont assimilés à des **décisions ne mettant pas fin à la procédure**, et, de ce fait, insusceptibles de faire l'objet d'un pourvoi immédiat (sur ce point, **B** ci-dessus) :

– « *les arrêts préparatoires, interlocutoires ou d'instruction rendus par les chambres de l'instruction* » (C. pr. pén., art. 571) ; par exemple, l'arrêt d'une CHINS, alors chambre d'accusation, fixant le montant de la consignation due par la partie civile (Crim. 3 nov. 1999, n° 99-81.173, NP) ;

– l'arrêt d'une CHINS statuant sur une demande d'annulation d'actes et de pièces de la procédure (Crim. 19 mai 2020, n° 18-82.844, P ; Crim. 11 juill. 2017, n° 08-84.989, P n° 202 ; Crim. 7 mars 2017, n° 13-81.300), sauf lorsque la décision comprend des dispositions mettant fin à la procédure, par si elle se prononce sur la compétence du juge d'instruction pour connaître de certains faits et se déclare non saisie pour d'autres faits (Crim. ord., 17 nov. 1988, n° 88-83.159, P n° 391) ;

– l'arrêt d'une cour d'appel rejetant une exception de prescription de l'action publique (Crim. 3 févr. 1993, n° 92-86.673, P n° 59) ;

– l'arrêt d'une CHINS confirmant l'ordonnance d'un juge d'instruction renvoyant la personne mise en examen devant le tribunal correctionnel (Crim. 20 févr. 2019, n° 17-86.951, P n° 42).

D. L'examen immédiat exceptionnel du pourvoi contre la décision avant dire droit ne mettant pas fin à la procédure (C. pr. pén., art. 570)

Par exception, bien que la décision attaquée ne mette pas fin à l'instance, le pourvoi peut être immédiatement soumis à l'examen de la Ch. crim. lorsque le demandeur présente « *un moyen sérieux touchant aux conditions essentielles de l'existence légale de cette décision* » (Crim. 9 juin 1987, n° 87-83.119, P n° 237). Il en est ainsi lorsque la décision attaquée contrevient à certaines conditions de formes essentielles, par exemple lorsque « *l'arrêt attaqué ne précise, en aucune de ses mentions, ni le caractère public de l'audience des débats (...), ni la présence à cette audience du ministère public, ni l'ordre dans lequel les parties ou leurs conseils ont été entendus* » (Crim. 13 oct. 1993, n° 93-81.467). La Ch. crim. réserve donc aux pourvois contre les décisions avant-dire droit ne mettant pas fin à la procédure des solutions analogues à celles qu'elle applique à l'égard des arrêts de renvoi devant le tribunal correctionnel ou de police (v. **A** ci-dessus).

Dans cette configuration particulière, malgré les caractéristiques de la décision objet du pourvoi, « *Le demandeur en cassation peut déposer au greffe, avant l'expiration des délais de pourvoi, une requête adressée au président de la chambre criminelle de la* **C. cass.** *et tendant à faire déclarer son pourvoi immédiatement recevable* » (C. pr. pén., art. 570). Cette admission immédiate ne peut « *être décidée que par le président de la chambre criminelle, qui statue par une ordonnance fondée sur l'intérêt de l'ordre public ou d'une bonne administration de la justice* » (Crim. 6 mai 2015, n° 17-80.076), d'office ou à la suite d'une requête tendant à l'examen immédiat du pourvoi, présentée par le demandeur. Lorsque le demandeur au pourvoi ne présente pas « *la requête prévue par l'article 571 et le président de la chambre criminelle n'ayant pas d'office ordonné l'admission immédiate du pourvoi, celui-ci ne saurait être examiné* » (Crim. 3 nov. 1999, n° 99-81.173).

En revanche, en application de C. pr. pén., art. 570, al. 3 et 571, al. 7, l'exception à l'examen différé des pourvois formés contre une décision ne mettant pas fin à la procédure **est écartée** pour les arrêts de CHINS rendus soit sur appel d'une ordonnance du juge d'instruction statuant sur une demande d'actes dans les conditions prévues par C. pr. pén., art. 81, al. 9, 82-1, al. 2, sur une demande d'expertise en application de C. pr. pén., art. 156, al. 2. ou sur une demande d'expertise ou de contre-expertise sur le fondement de C. pr. pén., art. 167, al 4, soit « *en raison du défaut, pour le juge d'instruction, d'avoir rendu une telle ordonnance* » (C. pr. pén., art. 571). En effet, ce type de décision « *ne peut, en aucun cas, donner lieu à un examen immédiat* » (Crim. ord., 23 déc. 1993, n° 93-85.234, P n° 396).

E. Le principe de la recevabilité immédiate des pourvois contre les décisions rendues en matière de détention provisoire

Par dérogation aux solutions susvisées (v. C et D ci-dessus), notons que **le contentieux de la détention provisoire**, « *dans son ensemble, échappe aux prévisions des articles 570 et 571 du Code de procédure pénale en raison des brefs délais auxquels il est soumis* » (Crim. 26 juill. 1989, n° 89-83.113). Ainsi, l'arrêt de la chambre des appels correctionnels annulant un jugement, ordonnant le placement en détention provisoire du prévenu et fixant la date de l'audience est « *de droit, immédiatement soumis à la chambre criminelle* » (Crim. ord., 29 août 2012, n° 12-85.664, P n° 176), sans qu'une requête tendant à l'examen immédiat du pourvoi soit nécessaire.

En revanche, l'examen immédiat du pourvoi contre une ordonnance du président de la CHINS statuant sur la mise à l'isolement d'une personne placée en détention est « *subordonné à une décision en ce sens du président de la chambre criminelle* » (§ 3) (Crim. 7 juin 2021, n° 21-81.934, P) (sur cette mesure, C. pr. pén., art. 145-4-1, v. n° **12.41D2**).

F. L'irrecevabilité temporaire du pourvoi contre les décisions refusant de transmettre une QPC (Ord. n° 58-1067, 7 nov. 1958, art. 23-2)

Dans une perspective identique aux solutions retenues à l'égard du pourvoi contre les décisions avant-dire droit ne mettant pas fin à la procédure (v. B ci-dessus), la décision par laquelle **une juridiction refuse de transmettre une QPC** au CE ou à la C. cass. ne peut être contestée « *qu'à l'occasion d'un recours contre la décision réglant tout ou partie du litige* » (Ord. n° 58-1067, 7 nov. 1958, art. 23-2). En revanche, le pourvoi contre la décision de refus de transmission de la QPC, irrecevable « *en l'état* », ne semble pas obéir aux conditions de forme et de délai applicables aux pourvois de droit commun, de sorte que comme en matière de presse (v. B ci-dessus), le pourvoi doit être formé en même temps que celui contre la décision définitive.

19.16 Le domaine du pourvoi : les décisions normalement insusceptibles de recours

A. Les mesures d'administration judiciaire, décisions normalement insusceptibles de recours

Bien qu'ayant été rendues en dernier ressort, certaines décisions sont d'une nature telle qu'elles ne peuvent faire l'objet d'un pourvoi. Il en est ainsi des **mesures d'administration judiciaire**, qui s'entendent des mesures de gestion administrative dépourvues de caractère juridictionnel, dont la nature exclut qu'elles puissent faire l'objet d'un pourvoi.

Le législateur qualifie parfois expressément une décision de « *mesure d'administration judiciaire* » insusceptible de recours. Par exemple :

– la décision du procureur général de « *transmettre la procédure au procureur de la République auprès du tribunal judiciaire le plus proche du ressort de la cour d'appel* » dans les conditions de C. pr. pén., art. 43 (procédure dite de « dépaysement », v. n° **17.36B**) ;

– la désignation, par « *le président du tribunal ou, en cas d'empêchement, le magistrat qui le remplace* », du juge d'instruction chargé d'une information (C. pr. pén., art. 83 ; sur cette mesure, v. n° **15.32C1**) ;

– la décision du juge d'instruction accordant au procureur de la République « *un délai supplémentaire de trois mois pour permettre la poursuite des investigations avant de faire connaître ses réquisitions* » (C. pr. pén., art. 86) ;

– la décision d'un tribunal correctionnel siégeant en juge unique de renvoyer l'affaire devant la formation collégiale (C. pr. pén., art. 398-2 et 702-1, v. nº **17.15D1**).

À défaut de dispositions légales, la Ch. crim. qualifie parfois elle-même une décision de mesure d'administration judiciaire insusceptible de recours et, corollairement, contrôle le recours à cette qualification par les juges du fond. Elle confère ainsi cette qualification aux décisions de CHINS ordonnant la comparution personnelle du mis en examen placé en détention, dans les conditions prévues par C. pr. pén., art. 199 (Crim. 1er oct. 2014, nº 14-84.823, P nº 200, sur ce point, v. nº **12.65B**), à « *la décision de disjonction des poursuites* » rendue par le juge d'instruction (Crim. 18 nov. 2009, nº 08-87.733), ou encore à « *la décision de joindre au fond un incident* » (Crim. 2 juin 2010, nº 09-87.147, P nº 98 ; v. aussi Crim. 10 mai 2007, nº 06-87.379, P nº 122, sur la jonction au fond des exceptions, v. nº **17.27D**). Elle refuse en revanche cette qualification aux décisions motivées ne constituant pas une mesure administrative accessoire à un arrêt ou à un jugement. Il en est par exemple ainsi de la décision de retrait de l'habilitation d'un OPJ, qui est une décision de nature disciplinaire rendue par arrêt motivé du procureur général compétent (Crim. 21 juin 2016, nº 15-84.172, P. nº 191).

B. Les décisions dont le recours n'est pas prévu ou est exclu par le législateur

Lorsque le législateur **ne prévoit aucune voie de recours contre une décision,** ces dernières ne sont pas non plus susceptibles d'un pourvoi. Par exemple, l'ordonnance de placement en *DP* rendue par le JLD dans une procédure de comparution immédiate, « *est une décision, rendue par une juridiction de premier degré, qui, en l'absence de toute disposition le prévoyant, n'est pas susceptible de recours* », ce qui exclut l'admission du pourvoi dirigé contre elle (Crim. 1er févr. 2006, nº 06-80.697, sur ce point, v. nº **12.62A2**). De même, « *Aucun texte n'envisageant la possibilité d'un recours contre l'ordonnance de refus d'homologation des peines proposées par le procureur de la République dans le cadre d'une procédure de comparution sur reconnaissance préalable de culpabilité* », de sorte qu'« *un pourvoi en cassation contre une telle décision n'est possible que si son examen fait apparaître un risque d'excès de pouvoir relevant du contrôle de la* **C. cass.** » (Crim. 30 mars 2021, nº 20-86.358, P).

Il arrive également que le législateur exclue expressément l'exercice d'un recours à l'encontre de certaines décisions autres que des mesures d'administration judiciaire. Il en est ainsi, par exemple, des ordonnances du président de la CHINS, telles que :

– l'ordonnance motivée du président de la CHINS statuant sur « *une demande de mainlevée du contrôle judiciaire ou de mise en liberté manifestement irrecevable* » (C. pr. pén., art. 148-8, v. nº **12.59B1**) ;

– l'« *ordonnance de non-admission de l'appel* » (C. pr. pén., art. 186, v. nº **12.64B**) ;

– l'« *ordonnance non motivée* » statuant sur un référé-liberté (C. pr. pén., art. 187-1, v. nº **12.67B**) ;

– les ordonnances du premier président de la cour d'appel ou du magistrat statuant sur un référé-détention (C. pr. pén., art. 187-3, v. nº **12.68B**) ;

– les ordonnances de non-admission de l'appel du président de la chambre des appels correctionnels (C. pr. pén., art. 505-1, v. nº **19.8B**).

C. Le droit exceptionnel au recours en cas d'excès de pouvoir

« *Si le président de la chambre criminelle constate qu'il a été formé un pourvoi contre une décision qui n'est pas susceptible de voie de recours, il rend une ordonnance de non-admission du pourvoi. Sa décision n'est pas susceptible de recours* » (C. pr. pén., art. 567-1). La Ch. crim. admet cependant le pourvoi contre les décisions normalement insusceptibles de recours en cas d'excès de pouvoir (Crim. 9 janv. 2020, nº 18-19.301, P), dont la caractérisation implique d'établir que le juge a méconnu l'étendue de ses pouvoirs.

• Le demandeur au pourvoi peut d'abord caractériser l'excès de pouvoir en établissant que le juge saisi a **excédé l'étendue de ses compétences** en empiétant sur celles d'un autre magistrat ou d'une autre formation. Il en est ainsi, par exemple :

– du JLD qui « *empiète sur les attributions de la CHINS* » en substituant une nouvelle ordonnance de prolongation de la *DP* à une autre qu'il estime entachée de nullité (Crim. 13 oct. 2004, nº 04-84.922, P nº 242) ;

– du juge d'instruction qui « *empiète sur les attributions de la CHINS, seule compétente, pendant l'information judiciaire* », pour apprécier la régularité de l'interrogatoire de première comparution (Crim. 19 sept. 2017, nº 17-81.016, P nº 224) ;

– du président de la chambre correctionnelle prononçant d'office la non-admission d'un appel pour un motif qui « *n'entre pas dans les prévisions limitatives de l'article 505-1 du même code mais relève de la seule formation de jugement* » (Crim. 11 oct. 2011, nº 11-85.042, P nº 199).

• De même, excède ses pouvoirs le juge s'octroyant un pouvoir que la loi ne lui reconnaît pas. Par exemple :

– une CHINS méconnaissant les règles de compétences des juridictions répressives en infirmant une ordonnance de non-lieu et, n'usant pas de la faculté d'évoquer, en renvoyant le dossier au juge d'instruction en lui donnant « *injonction quant à la conduite de cette information* » (Crim. 4 janv. 2021, nº 21-81.279, P ; et 18-86.741, D ; Crim. 31 oct. 2017, nº 16-86.897, P nº 8 ; Crim. 27 mars 2001, nº 00-88.237) ;

– le président d'une CHINS tirant du dépassement du délai pour statuer sur un référé-liberté « *la faculté de mettre en liberté la personne mise en examen* », alors qu'aucun texte ne lui reconnaît ce pouvoir (Crim. 16 janv. 2013, nº 12-86.856, P nº 15) ;

– une CHINS ordonnant un supplément d'information dont elle confie l'exécution à une CHINS d'une autre juridiction, quand C. pr. pén., art. 205 ne lui permet de déléguer l'exécution du supplément d'information qu'à « *l'un de ses membres ou un juge d'instruction du ressort de sa juridiction* » (Crim. 3 mai 2012, nº 11-89.173, P nº 104) ;

– le juge d'instruction substituant « *une nouvelle ordonnance de prolongation de la détention à celle précédemment prise, qu'il estime entachée de nullité* », alors que la CHINS est seule compétente « *pendant la durée de l'information, pour en apprécier la régularité, sous le contrôle de la **C. cass.*** » (Crim. 4 nov. 1986, nº 86-94.653, P nº 320) ;

– le JLD « ordonnant le versement, au dossier de l'information, de documents saisis au cours d'une perquisition irrégulière » (Crim. 8 juill. 2020, nº 19-85.491, P). En revanche, « *Il ne peut être reproché au JLD d'avoir commis un excès de pouvoir en ordonnant le versement, au dossier de l'information, de documents saisis par le juge d'instruction au cabinet de la demanderesse au pourvoi, avocat au barreau de Paris, malgré un conflit qui opposerait ce juge d'instruction à un associé de cet avocat, exerçant dans le même cabinet, qui aurait mis en cause l'inaction de ce juge d'instruction dans la conduite d'une information, dans une affaire distincte* », dès lors que « *chargé de statuer sur les contestations élevées à l'occasion de la saisie de documents, effectuée lors d'une perquisition pratiquée par le juge d'instruction dans un cabinet d'avocat, le JLD n'est pas juge de la récusation du juge d'instruction* » (ibid).

• En application de la théorie de l'incompétence négative, l'excès de pouvoir est également caractérisé lorsque le juge saisi **refuse de statuer sur une demande relevant de sa compétence**. Par exemple :

– le président d'une CHINS qui, directement saisi par une personne détenue lorsque le JLD n'a pas statué sur sa demande de mise en liberté dans le délai imparti par la loi, s'abstient de statuer aux motifs que depuis sa saisine, le JLD a rejeté la demande initiale, de sorte que sa saisine serait devenue sans objet (Crim. 10 avr. 2019, nº 19-80.498, D ; sur la saisine directe de la CHINS, v. nº **12.59B1**) ;

– le président d'une CHINS directement saisi par le mis en examen d'une demande d'acte dans les conditions de C. pr. pén., art. 81, refusant de saisir la CHINS « *par la seule référence à des difficultés de fonctionnement de la juridiction et à la nécessité pour lui d'opérer des choix entre les contentieux* », au lieu de « *motiver sa décision au regard des spécificités de l'information en cause* » (Crim. 8 janv. 2013, n° 12-84.953, P n° 2) ;

– le JLD refusant « *de statuer sur la contestation faisant suite à l'opposition du bâtonnier de l'ordre des avocats à la saisie de documents ou de données informatiques effectuée au cabinet ou au domicile d'un avocat* », violant ainsi C. pr. pén., art. 56 et 56-1 (Crim. 8 août 2007, n° 97-84.252, P n° 188).

• Excède également ses pouvoirs le juge déclarant à tort irrecevable l'action dont il est valablement saisi. Par exemple :

– le président d'une CHINS déclarant à tort irrecevable l'appel formé par la personne mise en examen contre l'ordonnance du juge d'instruction la renvoyant devant le tribunal correctionnel (Crim. 4 juin 2014, n° 14-80.544, P n° 148 ; Crim. 25 nov. 2009, n° 09-84.814, P n° 195) ;

– le président d'une CHINS déclarant un appel irrecevable aux motifs erronés que l'ordonnance en cause n'entre pas dans les prévisions de C. pr. pén., art. 186 (sur ce point, v. n° **12.64B**). Il en est ainsi lorsqu'il déclare irrecevable, à tort, l'appel contre une ordonnance par laquelle le juge d'instruction a statué sur sa compétence (Crim. 4 déc. 2013, n° 13-85.565, P n° 247 ; Crim. 16 févr. 2005, n° 04-86.948, n° 66) ; contre une ordonnance du juge d'instruction désignant un administrateur *ad hoc* (Crim. 16 mars 2005, n° 04-83.300, P n° 93) ; ou encore l'appel formé par la partie civile dans les conditions de C. pr. pén., art. 186, al. 2 (Crim. 6 déc. 2005, n° 05-85.811, P n° 316) ;

– l'ordonnance du président de la chambre des appels correctionnels qui, pour refuser d'admettre un appel, énonce à tort que ce dernier est tardif (Crim. 2 avr. 2008, n° 08-80.067, P n° 92) ;

– l'ordonnance du président d'une CHINS déclarant à tort tardif l'appel formé contre une ordonnance d'un juge d'instruction par une partie civile (Crim. 30 mai 2007, n° 07-81.923, P n° 141), ou par une personne mise en examen (Crim. 4 avr. 2007, n° 07-80.599, P n° 106) ;

– l'ordonnance du président d'une CHINS déclarant à tort irrecevable la requête aux fins d'annulation d'acte ou de pièce de la procédure d'une personne mise en examen (Crim. 8 nov. 2011, n° 11-84.544, P n° 228 ; Crim. 4 avr. 2006, n° 06-80.732, P n° 101) ;

– l'ordonnance du président de la CHINS déclarant à tort sa saisine directe irrecevable (Crim. 25 mai 2005, n° 05-81.628, P n° 157) ; sur la saisine directe de la CHINS, v. n° **12.59B** pour la détention provisoire et n° **12.60A2** pour le contrôle judiciaire et l'ARSE.

• Excède enfin ses pouvoirs le juge qui **méconnaissant les exigences procédurales** auxquelles il est soumis. Par exemple l'ordonnance du président d'une CHINS disant n'y avoir lieu de saisir la CHINS de l'appel formé contre une ordonnance refusant au mis en examen une demande d'acte, sans mettre la Ch. crim. « *en mesure de s'assurer que le président de la CHINS a statué au vu de l'avis motivé du procureur de la république* », dans les conditions prévues par C. pr. pén., art. 186-1 (Crim. 1er oct. 2013, n° 13-81.813, P n° 182).

• **La sanction de l'excès de pouvoir.** Lorsque l'examen de la décision normalement insusceptible de recours fait apparaître « *un risque d'excès de pouvoir relevant du contrôle de la C. cass.* », le président de la Ch. crim. ordonne la transmission des pièces de la procédure à la Ch. crim. (Ord., 5 mai 1997, n° 97-80.869, P n° 160 ; Ord., 29 oct. 1996, n° 96-80.440, P n° 377 ; Ord., 26 nov. 1993, n° 93-84.406, P n° 360). Celle-ci demeure alors libre de juger que la décision attaquée par le pourvoi n'est entachée d'aucun excès de pouvoir et, par conséquent, de déclarer ce pourvoi irrecevable (Crim. 15 mars 2006, n° 05-87.299,

P nº 79 ; Crim. 4 janv. 2005, nº 04-86.215, P nº 2 ; Crim. 15 oct. 2003, nº 03-84.578, NP ; Crim. 27 déc. 2002, nº 02-86.393, P nº 228).

La Ch. crim. peut également examiner directement le grief tiré de l'excès de pouvoir et conclure, le cas échéant, à la recevabilité du pourvoi. Dans cette configuration procédurale, l'arrêt de la Ch. crim. n'est pas précédé d'une ordonnance de son président ordonnant la transmission de la procédure à la chambre (Crim. 18 déc. 2013, nº 12-87.281, P nº 266 ; Crim. 12 nov. 2009, nº 09-82.946, P nº 190 ; Crim. 2 avr. 2008, nº 08-80.067, P nº 92).

19.17 Le délai pour se pourvoir en cassation

A. Le délai de droit commun est de 5 jours francs (C. pr. pén., art. 568)

« *Le ministère public et toutes les parties ont cinq jours francs après celui où la décision attaquée a été prononcée pour se pourvoir en cassation* » (C. pr. pén., art. 568). En application de C. pr. pén., art. 801, ce délai de **5 jours francs** expire « *le dernier jour à vingt-quatre heures* ». Par conséquent, le délai pour se pourvoir contre une décision prononcée un jeudi commence à courir le lendemain, soit le vendredi, et expire le mercredi suivant à minuit (sur le point de départ du délai, v. nº 19.18).

Cependant, « *Le délai qui expirerait normalement un samedi ou un dimanche ou un jour férié ou chômé est prorogé jusqu'au premier jour ouvrable suivant* » (C. pr. pén., art. 801, sur les modalités d'application de cette disposition, v. nº 15.15B2). Par exemple, un délai expirant normalement un samedi est prorogé jusqu'au lundi suivant, à minuit (Crim. 4 sept. 2018, nº 17-87.276, NP). Lorsqu'une décision est rendue un lundi, le délai de 5 jours francs, qui ne commence à courir que le mardi suivant en application de C. pr. pén., art. 801, expire donc normalement le samedi à minuit, mais se voit prorogé jusqu'au lundi suivant à minuit en application du même article.

B. Les délais particuliers applicables à certaines procédures

Le législateur impose parfois des délais de pourvois plus courts, dérogatoires au délai de droit commun de 5 jours. Ainsi, lorsque la décision attaquée est un arrêt d'une CHINS statuant sur la remise, à un État requérant, d'une personne recherchée **en vertu d'un MAE** et s'opposant à sa remise (C. pr. pén., art. 695-31, al. 4) ou sur une demande d'un État ayant émis un MAE tendant à l'extension des effets dudit mandat à d'autres infractions (C. pr. pén., art. 695-46, al. 4), « *le délai de pourvoi mentionné au premier alinéa de l'article 568 est ramené à trois jours francs* » (C. pr. pén., art. 568-1).

De même, **en matière de presse**, le pourvoi doit être formé « *dans les trois jours* » (art. 59, L. 29 juill. 1881). La C. cass. a de surcroît jugé qu'il s'agissait là d'un **délai non franc** (Crim. 7 janv. 2020, nº 18-85.991). Par conséquent, lorsqu'une décision est notifiée un lundi, le délai de 3 jours commence à courir dès le lundi et expire le mercredi à minuit. Lorsque le délai expire un samedi ou un dimanche, il est prorogé jusqu'au premier jour ouvrable suivant selon les règles de C. pr. pén., art. 801 déjà examinées (Crim. 19 févr. 2019, nº 18-80.195, P nº 34). Notons également que « *lorsqu'un même arrêt a statué à la fois sur deux infractions respectivement prévues par la loi sur la liberté de la presse et par un autre texte, le délai de pourvoi en cassation est de trois jours non francs en ce qui concerne les dispositions de l'arrêt relatives à la première de ces infractions et de cinq jours pour le surplus* » (*ibid* ; Crim. 25 févr. 2003, nº 02-81.907, P nº 48).

19.18 Le point de départ du délai de pourvoi en cassation

A. La fixation du point de départ à la date du prononcé de la décision attaquée (C. pr. pén., art. 508)

Le législateur prévoit que le point de départ du délai de pourvoi de droit commun commence à courir à compter du lendemain du jour « *où la décision attaquée a été prononcée* » (C. pr. pén., art. 508). La date du prononcé de la décision s'entend de la date à laquelle la décision est intervenue, à la condition toutefois que « *la partie présente ou représentée à l'audience* » en ait été informée après débat contradictoire (Crim. 10 déc. 2019, n° 18-85.833, P ; Crim. 13 nov. 2018, n° 17-81.109, NP).

La preuve de cette information est rapportée, par exemple, lorsqu'il « *résulte des notes d'audience et des dires du demandeur dans son mémoire* » que la date à laquelle l'affaire était mise en délibéré avait été indiquée à l'intéressé (Crim. 13 déc. 2016, n° 16-82.380, NP).

Précisons enfin que lorsque la preuve de l'information de la date du prononcé de l'arrêt est rapportée, mais que l'arrêt a finalement été rendu à une date postérieure à la date annoncée, le délai de 5 jours francs court à la date du prononcé de l'arrêt contradictoire, et non à compter de la date annoncée initialement (Crim. 29 nov. 2017, n° 13-86.977).

B. Le report du point de départ à la date de signification ou de notification de la décision attaquée

Dans certaines configurations particulières, tenant à la nature de la décision faisant l'objet du pourvoi ou à l'existence d'une incertitude objective sur la connaissance du prononcé de la décision attaquée par la partie intéressée, le législateur ou la Ch. crim. reportent le point de départ du délai de pourvoi à une date ultérieure à celle du prononcé de la décision attaquée (sur le point de départ de droit commun, v. **A** ci-dessus).

Le **défaut de notification ou de signification** de ces décisions, soumises à un régime particulier, a pour conséquence « *de reculer le point de départ du pourvoi en cassation* » jusqu'à la notification ou la signification de la décision litigieuse (Crim. 29 janv. 2003, n° 02-87.470).

1. Le report du point de départ à la date de la signification de la décision attaquée

Afin de tenir compte du défaut de connaissance de la date du prononcé de la décision attaquée par la partie intéressée, C. pr. pén., art. 568 prévoit quatre hypothèses dans lesquelles le délai de pourvoi court non pas à compter du lendemain du prononcé de la décision, mais « *à compter de la signification de l'arrêt, quel qu'en soit le mode* ». Il s'agit des hypothèses dans lesquelles :

– le demandeur au pourvoi n'était pas présent ou représenté à l'audience où l'arrêt a été prononcé, après débat contradictoire, et n'avait pas été informé de la date à laquelle l'arrêt serait prononcé (C. pr. pén., art. 568 1°) ;

– l'avocat du prévenu jugé en son absence « *s'est présenté pour assurer sa défense, sans cependant être titulaire d'un mandat de représentation signé du prévenu* » (C. pr. pén., art. 568 2°) ;

– le prévenu, demandeur au pourvoi, régulièrement cité à comparaître mais non comparant ou ayant demandé à être jugé en son absence, est jugé par arrêt contradictoire à signifier (C. pr. pén., art. 568 3°). Notons toutefois que ces dispositions, « *qui ne font courir le délai qu'à compter de la signification de l'arrêt, ne s'appliqu[e]nt pas aux décisions rendues après audition de l'avocat représentant le prévenu* » (Crim. 13 mai 2003, n° 00-87.553, P n° 95 ; v. aussi Crim. 19 avr. 2017, n° 16-86.140, NP). Soulignons que lorsque la décision mentionne de manière erronée que l'arrêt est contradictoire à signifier, alors que la partie était présente à l'audience et avait été informée de la date du prononcé de la décision, le point de départ court à compter de cette date, et non à compter de la signification de l'arrêt (Crim. 22 nov. 2016, n° 15-86.332, NP) ;

– le prévenu est jugé par itératif défaut (C. pr. pén., art. 568 4°).

La Ch. crim. juge également que le délai imparti à **une personne détenue** pour se pourvoir ne court qu'à compter de la signification de la décision, alors même que la personne était présente aux débats, lorsque « *la décision a été prononcée contradictoirement en l'absence du prévenu qui n'avait pas été extrait de la maison d'arrêt et qui n'était pas représenté par son avocat* » lors du prononcé de la décision (Crim. 7 févr. 2007, n° 06-84.427, P n° 36).

Enfin, mentionnons que lorsque le point de départ du délai de pourvoi est celui de la signification de la décision, la Ch. crim. fait courir le délai de 5 jours francs soit, si le commissaire de justice [huissier] a adressé à l'intéressé une LRAR, à compter de la date de signature de cet accusé de réception (Crim. 25 mars 2020, n° 20-80.412), soit, si le commissaire de justice s'est présenté au domicile de l'intéressé, à compter de cette date (Crim. 4 mai 2016, n° 15-82.868, NP). Lorsque le commissaire de justice ne joint personne à l'adresse déclarée lors de l'appel (sur la formalité de la déclaration d'adresse en cas d'appel, C. pr. pén. art. 503-1, v. n° **19.6C**), il n'a pas à vérifier que la partie y demeure effectivement, et le point de départ du délai de pourvoi court à compter de la LRAR « *lui faisant connaître qu'il doit retirer dans les plus brefs délais la copie de l'exploit signifié à l'étude du* ***commissaire de justice*** » (C. pr. pén., art. 558 ; Crim. 19 mars 2014, n° 13-81.850, P n° 87).

2. Le report du point de départ à la date de la signification ou de la notification des arrêts de la CHINS ou de l'ordonnance de son président

À l'égard de ces décisions, « *le délai de cinq jours francs, prévu par l'article 568 du Code de procédure pénale, commence à courir à compter de la signification ou de la notification de l'arrêt aux parties conformément aux dispositions de l'article 217, alinéa 3, du Code de procédure pénale* » (Crim. 15 févr. 2005, n° 04-87.040, P n° 54 ; v. aussi Crim. 17 mars 1998, n° 97-80.009, P n° 101). Deux cas de figures doivent alors être distingués pour déterminer si le point de départ du délai de pourvoi court à compter de la signification de la décision attaquée ou de sa notification :

– lorsque l'arrêt est rendu **avant la clôture de l'information** par le juge d'instruction, le délai de pourvoi commence à courir à compter de sa **notification.** La date à prendre en compte est alors la date effective d'envoi à la partie intéressée, et non la date de notification inscrite sur la décision. La CEDH a en effet jugé que « *la prise en compte de la date de notification inscrite sur l'arrêt d'appel, qui ne correspondait pas à la date effective d'envoi telle qu'attestée par le cachet de la Poste* » avait « *pour effet de réduire le délai particulièrement bref (cinq jours francs, soit six jours au maximum) dont disposaient les requérants pour former leur pourvoi* », ce qui revenait à méconnaître « *le droit d'accès à un tribunal au sens de l'article 6 § 1 de la Convention* », et en particulier le « *droit d'accès des justiciables à la* ***C. cass.*** » (CEDH 9 janv. 2014, *Viard c/ France*, n° 71658/10, § 37 et 38) ;

– lorsque l'arrêt est rendu **après la clôture de l'information** par le juge d'instruction, le délai de pourvoi commence à courir à compter de sa **signification**, et non de sa notification. Le délai de pourvoi ne commence donc à courir qu'à compter de la signification de l'arrêt d'une CHINS déclarant irrecevable une constitution de partie civile, sans que sa notification ait pour effet de faire courir ce délai (Crim. 13 nov. 2019, n° 18-86.442, P).

S'agissant de **l'ordonnance du président d'une CHINS**, la Ch. crim. juge que le délai de pourvoi court à compter de la notification de cette décision (Crim. 29 avr. 1997, n° 96-82.089, P n° 154, sol. imp.), et non de son prononcé.

3. Les solutions particulières applicables aux décisions rendues par défaut

Notons enfin que le législateur réserve un régime particulier aux pourvois contre les décisions rendues par défaut, en prévoyant que « *Le délai de pourvoi contre les arrêts ou les jugements par défaut ne court, à l'égard du prévenu, que du jour où ils ne sont plus susceptibles d'opposition. À l'égard du ministère public, le délai court à compter de l'expiration du délai de dix jours qui suit la signification* » (C. pr. pén., art. 568, al. 7), si bien que le pourvoi formé avant la signification de l'arrêt ou l'expiration du délai de dix jours « *est irrecevable comme prématuré* » (Crim. 11 juill. 1990, n° 89-86.483, P n° 280). De même, le point de départ du délai de pourvoi contre une décision de condamnation à une peine d'emprisonnement ferme ou partiellement assortie d'un sursis rendue à l'encontre d'une personne régulièrement citée à comparaître et n'ayant pas été signifié à personne court « *à compter de la signification* » de la décision « *faite à domicile, à étude du* ***commissaire de justice*** *ou à parquet* », dans les conditions de C. pr. pén., art. 498-1. Il en résulte que le pourvoi est recevable jusqu'à l'expiration de la prescription de la peine tant que le prévenu n'en a pas eu connaissance, selon les précisions apportées, s'agissant de l'appel, au n° **19.5B3** (C. pr. pén., art. 568 et 498-1).

4. Les conditions d'information de la personne lors de la signification ou de la notification de la décision

Dans les hypothèses susvisées, le délai pour se pourvoir ne court à compter de l'acte de notification ou de signification que si celui-ci **mentionne avec exactitude le délai** ouvert à la partie intéressée pour former un pourvoi. En effet, « *si le délai de pourvoi court à compter de la notification d'un arrêt, quel qu'en soit le mode, c'est, sauf à priver le prévenu de son droit d'accès au juge de cassation garanti par l'article 6 de la Convention européenne des droits de l'homme, à condition que l'information relative au délai dans lequel peut être formé un pourvoi, telle qu'elle est donnée dans l'acte de notification, soit exacte* » (Crim. 7 janv. 2020, n° 18-85.991, NP). La C. cass. vérifie donc que la décision attaquée par le pourvoi a été notifiée « *par un document lui indiquant le délai pour se pourvoir en cassation et les modalités d'exercice de ce recours* » (Crim. 5 sept. 2018, n° 17-86.733, NP). En revanche, lorsque le point de départ du délai de pourvoi court à compter de la date du prononcé de la décision et non de sa notification ou signification, la mention d'un délai erroné dans l'acte de signification ou de notification demeure donc sans incidence. Par voie de conséquence, si le prévenu, présent lors de l'audience et assisté de son avocat, a été informé de la date du prononcé de la décision, la mention d'un délai de pourvoi erroné sur l'acte de signification n'a pas « *pour conséquence de faire renaître un délai qui était expiré à la date à laquelle cette signification a été effectuée* » (Crim. 9 déc. 2015, n° 14-84.350).

C. L'allongement exceptionnel du délai de pourvoi en cas de force majeure

À titre exceptionnel, il peut être dérogé au délai de 5 jours francs prévu par C. pr. pén., art. 568 (sur ce délai, v. n° **19.17A** ci-dessus) lorsque « *par un événement de force majeure ou par un obstacle insurmontable et indépendant de sa volonté, le demandeur [s'est] trouvé dans l'impossibilité de s'y conformer* » (Crim. 13 janv. 2015, n° 13-87.188, P n° 14).

L'événement assimilable à un cas de force majeure, justifiant la prorogation du délai de 5 jours francs pour déposer le pourvoi s'entend de l'événement imprévisible plaçant le demandeur « *dans l'impossibilité absolue d'exercer son recours en temps utile* » (Crim. 14 févr. 2007, n° 06-82.283, P n° 48). Il en est ainsi de la fermeture des locaux du greffe aux heures d'ouverture (même arrêt).

Dans ce cadre, ne sauraient être assimilés à un cas de force majeure justifiant la prorogation du délai de pourvoi :

– la seule fermeture des locaux du greffe aux horaires indiqués, faute pour le demandeur d'établir s'être trouvé dans l'impossibilité absolue d'exercer son recours en temps utile (Crim. 10 déc. 2019, n° 18-85.833, P ; Crim. 12 sept. 2018, n° 17-80.080, NP ; Crim. 13 janv. 2015, n° 13-87.188, P n° 14), c'est-à-dire « *dans le délai aux heures réglementaires d'ouverture* » (Crim. 2 déc. 1991, n° 91-83.724, P n° 448) ;

– l'hospitalisation de la demanderesse au pourvoi, cette dernière « *n'établissant pas qu'elle ait été dans l'impossibilité de manifester elle-même, ou par l'intermédiaire de son avocat, son intention de se pourvoir, fût-ce à titre conservatoire* » (Crim. 23 oct. 2013, n° 12-87.611, NP) ;

– « *l'inexécution des instructions de formaliser ce pourvoi* » pourtant données antérieurement à l'expiration du délai légal mais « *non suivies d'effet en raison de la défaillance [de l'avoué] ou de difficultés techniques de transmission* » (Crim. 25 avr. 2007, n° 06-86.199, NP).

Notons qu'il incombe au requérant se prévalant d'une impossibilité absolue de déposer son pourvoi en temps utile de constituer les preuves de cette impossibilité, par exemple en faisant constater la fermeture des locaux du greffe aux horaires d'ouverture. À défaut, son argumentation demeurerait « *à l'état d'allégations* » et le pourvoi serait déclaré irrecevable comme tardif, faute de preuve de la survenance d'un cas de force majeure (Crim. 13 nov. 2018, n° 17-81.109).

19.19 Les parties à l'instance sont seules admises à se pourvoir en cassation (C. pr. pén., art. 567)

A. Les parties admises à se pourvoir

Le pourvoi en cassation peut être formé « *par le ministère public ou par la partie à laquelle il est fait grief, suivant les distinctions qui vont être établies* » (C. pr. pén., art. 567). Il résulte de ce texte que seules les **parties à l'instance**, auxquelles la décision doit en outre faire grief (v. n° 19.20), ont qualité pour se pourvoir en cassation, à peine d'irrecevabilité du pourvoi. En effet, « *nul ne peut se pourvoir ni intervenir devant la C. cass. contre un jugement ou un arrêt rendu en dernier ressort s'il n'a pas été partie à l'instance* » (Crim. 19 déc. 1991, n° 90-86.037, NP ; Crim. 29 janv. 1979, n° 77-92.775, P n° 38). Par conséquent, hors dispositions spécifiques et particulières (sur ce point, v. C ci-dessous), le pourvoi en cassation n'est recevable que lorsqu'il émane de la personne poursuivie, du ministère public ou de la partie civile.

B. Les personnes dont le pourvoi est irrecevable

Il résulte d'une lecture *a contrario* de C. pr. pén., art. 567 **qu'une personne n'ayant jamais eu la qualité de partie à l'instance** ne peut se pourvoir en cassation. Ainsi, un arrêt d'une CHINS concernant deux prévenus ne peut faire l'objet d'un pourvoi par les sociétés représentées par ces deux prévenus, « *restées étrangères aux débats devant la chambre d'accusation* » (Crim. 22 avr. 1992, n° 92-80.594, P n° 171). Réciproquement, « *le représentant légal d'une société, qui n'invoque aucune atteinte à un intérêt qui lui serait personnel, est irrecevable à se pourvoir en cassation en son nom personnel* » (Crim. 20 nov. 2019, n° 18-82.066, P). De même, l'arrêt relaxant deux prévenus du chef d'entrave à la constitution d'un comité d'hygiène, de sécurité et des conditions de travail ne peut être attaqué par un pourvoi du ministre des affaires sociales et de l'emploi, ce dernier n'étant « *pas partie à l'instance dans les poursuites exercées à la requête du ministère public* » (Crim. 11 févr. 1992, n° 88-84.623, NP). Pareillement, les demandeurs n'« *ayant pas été parties à l'instance d'appel* », n'ont « *pas qualité pour se pourvoir en cassation* » (Crim. 13 nov. 2019, n° 18-82.718, NP).

Est également irrecevable le pourvoi formé par **une personne dont l'action a été jugée à bon droit irrecevable**. Il en est par exemple ainsi du pourvoi formé par l'auteur d'une constitution de **partie civile** à l'encontre d'un arrêt d'une cour d'appel ayant à bon droit déclaré irrecevable cette constitution de partie civile, le demandeur au pourvoi n'ayant, de ce fait, pas la qualité de partie civile (Crim. 11 sept. 2019, n° 18-83.484, P ; Cass., ass. plén., 12 juill. 2000, n° 00-83.577 ; Crim. 4 nov. 1969, n° 68-92.364, P n° 279), ou le pourvoi formé par une partie civile dont la Ch. crim. constate l'irrecevabilité de la constitution (Crim. 11 sept. 2001, n° 00-86.641, P n° 175).

De la même manière, **une personne ayant perdu la qualité de partie en cours d'instance** ne peut se pourvoir en cassation. Est donc irrecevable le pourvoi formé par des personnes à l'encontre desquelles les poursuites ont été abandonnées en cours de procédure (Crim. 6 nov. 2019, n° 18-82.724, NP), quand bien même auraient-elles un intérêt à contester la décision. Est également irrecevable le pourvoi des ayants-droit d'un prévenu décédé au cours de l'instance d'appel, lorsque ces ayants-droit n'ont « *pas usé de leur droit d'intervenir à l'instance d'appel* » (Crim. 21 nov. 2018, n° 18-80.092).

Dans une perspective identique, le pourvoi d'une partie qui **n'est pas encore partie à la procédure** est irrecevable. Il en est ainsi du pourvoi contre une décision intervenue alors que le demandeur n'était pas encore mis en examen, la seule circonstance que cette personne ait été nommément citée dans les réquisitions du ministère public ne lui conférant pas la qualité de partie (Cass., ass. plén., 13 oct. 2017, n° 17-83.620, P), ou du pourvoi formé par une personne « *n'ayant pas la qualité de gérant de la [personne morale représentée] au moment de la déclaration de pourvoi* » (Crim. 14 nov. 2019, n° 18-84.565, P).

Enfin, est également irrecevable le pourvoi d'une **personne en fuite** faisant l'objet d'un mandat d'arrêt, cette personne n'ayant pas non plus la qualité de partie (Crim. 5 mars 2014, n° 13-84.705, P n° 66 ; Crim. 20 nov. 2012, n° 12-83.934, NP ; Crim. 19 janv. 2010, n° 09-84.818, P n° 9).

C. Les solutions particulières applicables au pourvoi du témoin assisté

1. Le principe : le témoin assisté n'est pas une partie à la procédure

Le témoin assisté « *n'ayant pas été partie à la procédure* » (sur les droits limités du témoin assisté, v. n° **11.77D**), il ne peut normalement se pourvoir en cassation. La Ch. crim. rappelle ainsi que, « *si la personne nommément visée par une plainte avec constitution de partie civile bénéficie, en vertu de l'article 104 du Code de procédure pénale, de certains des droits reconnus aux personnes mises en examen, ceux-ci ne s'exercent que lors de son audition en qualité de témoin ; que, n'étant pas partie à la procédure, cette personne ne tire d'aucune disposition légale la faculté d'exercer des voies de recours contre les décisions des juridictions d'instruction* » (Crim. 20 mars 1995, n° 93-84.714, P n° 112).

Le témoin assisté ne peut donc se pourvoir contre un l'arrêt d'une CHINS ordonnant un supplément d'information (Crim. 6 nov. 2007, n° 05-83.702, NP ; v. aussi : Crim. 21 juin 2005, n° 05-81.964, P n° 181), y compris si ce supplément d'information a pour objet sa mise en examen (Crim. 20 oct. 2015, n° 14-84.827, NP ; Crim. 13 nov. 2001, n° 01-85.506, P n° 232), ou déclare recevable l'appel d'une partie civile (Crim. 15 mai 2019, n° 18-80.121, P n° 94) et ordonnant un supplément d'information (Crim. 21 juin 2005, n° 04-87.797, P n° 181).

2. Les tempéraments au principe : les cas dans lesquels le témoin assisté peut se pourvoir en cassation

La Ch. crim admet cependant la recevabilité du pourvoi du témoin assisté dans deux hypothèses, s'expliquant par la spécificité de son statut. D'abord, lorsque le témoin assisté est lui-même **à l'origine la saisine de la juridiction** ayant rendu la décision attaquée, la Ch. crim. juge que « *le droit reconnu au témoin assisté, par l'article 173, alinéa 3, du Code de procédure pénale dans sa rédaction issue de la loi du 9 mars 2004, de saisir la CHINS d'une requête aux fins d'annulation d'actes de la procédure implique que, bien que n'étant pas partie à la procédure, celui-ci soit recevable à se pourvoir contre l'arrêt statuant sur une demande d'annulation* » (Crim. 21 juin 2005, n° 05-81.491, P n° 181).

Le témoin assisté est également admis à se pourvoir lorsque la décision attaquée, rendue par **une juridiction excédant ses pouvoirs, porte atteinte à ses intérêts**. La Ch. crim. a ainsi jugé que « *bien que n'étant pas partie à la procédure, le témoin assisté est recevable à se pourvoir en cassation contre l'arrêt d'une CHINS qui, excédant ses pouvoirs par la méconnaissance des règles de compétence des juridictions d'instruction, porte atteinte à ses intérêts* » (Crim. 31 oct. 2017, n° 16-86.897, P n° 237 ; v. aussi Crim. 3 mai 2012, n° 11-89.173, P n° 104).

D. Les solutions particulières applicables aux actions en restitution d'objets saisis

La Ch. crim. admet également le pourvoi des tiers sollicitant, sur le fondement de C. pr. pén., art. 99 et 99-2 au stade de l'instruction et de C. pr. pén., art. 373 et 579 au stade du jugement, la restitution d'un objet placé sous main de justice, aux motifs que ces dispositions instituent « *en faveur de tout tiers qui prétend avoir un droit sur un objet saisi une procédure particulière lui permettant d'en demander la restitution à la juridiction d'instruction* », ce dont il résulte « *que le pourvoi de cette partie intervenante contre la décision statuant sur sa requête en restitution est immédiatement recevable devant la* **C. cass.** » (Crim. 16 juin 1992, n° 91-86.829 ; dans le même sens, pour le recevabilité de l'appel du tiers saisi : Crim. 8 juill. 1997, n° 96-84.306, P n° 268). On retrouve là le régime de faveur réservé par la Ch. crim. aux personnes qui, tout en n'ayant pas la qualité de partie à la procédure, sont à l'origine de la saisine de la juridiction (sur le pourvoi du témoin assisté, v. C ci-dessus).

De même est-il jugé que « *les personnes dont le titre est connu ou qui ont réclamé cette qualité au cours de la procédure sont recevables à interjeter appel ou à former un pourvoi en cassation contre la décision ordonnant la confiscation d'un bien leur appartenant* » (§ 16) (Crim. 7 sept. 2022, n° 21-84.322, P). Cet arrêt reçoit donc le pourvoi de personnes qui se réclamaient propriétaires des biens confisqués et qui n'étaient pas intimées en appel (sur les droits du tiers de bonne foi dont le bien a été saisi ou confisqué, v. n° 18.35C).

19.20 Le pourvoi ne peut être formé que par une partie à qui la décision attaquée fait grief

A. La faculté de pourvoi de la personne condamnée et son étendue

Le pourvoi de la personne condamnée peut porter sur l'ensemble des dispositions de la décision lui faisant directement grief, aussi bien pénales que civiles. La personne condamnée ne peut cependant se pourvoir contre les dispositions de l'arrêt concernant d'autres parties, quand bien même celles-ci lui feraient indirectement grief.

Il en est ainsi des dispositions d'une décision relaxant des coprévenus et excluant en conséquence leur contribution solidaire à la réparation du dommage (sur la solidarité entre personnes condamnées pour la même infraction, C. pr. pén., art. 480-1 et 375-2, v. n° 16.12D), qui ne sont pas susceptibles d'être attaquées par le prévenu condamné, alors même qu'elles ont pour effet de le déclarer seul débiteur des réparations (Crim. 2 déc. 1964, n° 64-91.175, P n° 323).

B. La faculté de pourvoi de la partie civile et son étendue

1. L'abrogation du régime applicable aux pourvois des parties civiles contre les arrêts de CHINS

Jusqu'au 24 juill. 2010, date de l'abrogation de cette disposition par le Conseil constitutionnel, C. pr. pén., art. 575 prévoyait qu'en dehors de certaines hypothèses particulières limitativement énumérées, « *la partie civile ne peut se pourvoir en cassation contre les arrêts de la CHINS que s'il y a pourvoi du ministère public* ». En application de ce texte, la Ch. crim. jugeait donc irrecevable le pourvoi formé par une partie civile ne justifiant « *d'aucun des griefs que l'article 575 du Code de procédure pénale autorise la partie civile à formuler à l'appui de son pourvoi contre un arrêt de CHINS en l'absence de recours du ministère public* » (Crim. 14 nov. 2002, n° 02-80.710, P n° 205).

Cette disposition a été déclarée contraire à la Constitution et abrogée, aux motifs que « *la disposition contestée a pour effet, en l'absence de pourvoi du ministère public, de priver la partie civile de la possibilité de faire censurer, par la* **C. cass.**, *la violation de la loi par les arrêts de la CHINS statuant sur la constitution d'une infraction, la qualification des faits poursuivis et la régularité de la procédure* » et qu'« *en privant ainsi une partie de l'exercice effectif des droits qui lui sont garantis par le code de procédure pénale devant la juridiction d'instruction, cette disposition apporte une restriction injustifiée aux droits de la défense* » (Cons. const. 23 juill. 2010, n° 2010-15/23 QPC, § n° 8).

Désormais, la recevabilité du pourvoi de la partie civile à l'encontre des arrêts de CHINS n'est donc plus subordonnée à celui du ministère public.

2. Les règles applicables aux pourvois des parties civiles

Sur le fondement de C. pr. pén., art. 567, la Ch. crim. limite la recevabilité du pourvoi des parties civiles aux seules **dispositions affectant leurs intérêts**, ce qui n'est par exemple pas le cas des dispositions d'un arrêt recevant une constitution de partie civile « *au seul soutien de l'action publique* » (Crim. 4 nov. 2012, n° 11-83.712, NP). Il s'en déduit que la partie civile est « *irrecevable à se prévaloir d'un moyen de cassation fondé sur des irrégularités insusceptibles de préjudicier à ses intérêts, dès lors que l'arrêt attaqué a déclaré la constitution de partie civile de la demanderesse irrecevable et que son moyen ne porte pas sur sa constitution* » (Crim. 23 janv. 2018, n° 17-81.369, NP ; v. aussi Crim. 17 oct. 2017, n° 16-84.541, NP ; Crim. 15 nov. 2016, n° 15-85.788, NP), et « *est sans qualité pour critiquer les mesures énumérées à l'article 137 du code de procédure pénale, relatives à la détention provisoire, au contrôle judiciaire et au placement sous surveillance électronique* » (Crim. 14 mars 2012, n° 12-80.294, P n° 71). En revanche,

« *l'annulation des mises en examen fait grief aux parties civiles* », de sorte que le pourvoi d'une partie civile contre l'arrêt d'une CHINS annulant une mise en examen sur le fondement de C. pr. pén., art. 173 est recevable (Crim. 26 juin 2012, n° 12-80.319, P n° 158).

Dans cette perspective, les parties civiles peuvent se pourvoir contre les dispositions de l'arrêt statuant sur l'action civile mais sont sans qualité pour « *contester le bien-fondé d'une décision portant sur la seule action publique* » (Crim. 7 mars 2017, n° 16-85.789 ; v. aussi Crim. 23 nov. 1988, n° 87-81.482, NP), pour « *se pourvoir contre l'arrêt d'une cour d'assises statuant sur l'action publique* » (Crim. 25 juin 1975, n° 75-90.156, P n° 164) ou, plus généralement, « *pour critiquer la qualification retenue par le juge pénal à l'appui de la condamnation qu'il prononce* » (Crim. 13 juin 2017, n° 16-85.742, NP). Ainsi la partie civile est-elle irrecevable à se prévaloir de la violation d'obligations légales lorsque ces irrégularités ne sont « *pas susceptibles de préjudicier à ses intérêts* » (Crim. 17 oct. 2017, n° 16-84.541, NP).

Notons que la Ch. crim. a refusé de renvoyer une QPC contestant la conformité de cette restriction à la Constitution, en particulier « *au droit d'accès à la justice de la partie civile* », aux motifs que « *D'une part, la partie civile n'est pas dans une situation identique à celle du ministère public au regard du pouvoir d'exercer l'action publique ; D'autre part, en cas de cassation, sur le pourvoi de la seule partie civile, d'une décision ayant relaxé un prévenu, cette partie civile a le droit, nonobstant le caractère définitif de cette relaxe, de reprendre contre lui sa demande en réparation devant la juridiction pénale de renvoi qui doit alors apprécier, dans la limite des faits objet de la poursuite, si une faute civile a entraîné un préjudice direct et personnel ouvrant droit à réparation* » (Crim. 3 mars 2020, n° 19-86.164, NP).

C. La faculté de pourvoi du ministère public et son étendue

1. Les règles générales : le pourvoi du parquet ne peut porter que sur une décision entachée d'illégalité concernant l'action publique

L'exercice du pourvoi du ministère public est limité par **les dispositions générales relatives à ses attributions**, circonscrites à l'exercice de l'action publique et à l'application de la loi (C. pr. pén., art. 31). Le pourvoi du ministère public doit donc être dirigé contre les dispositions de la décision **concernant l'action publique**, ce dont il résulte qu'il ne peut se pourvoir en cassation contre des décisions de justice « *qu'autant qu'elles affectent l'intérêt général* » (Crim. 20 oct. 1999, n° 99-81.562, NP ; Crim. 27 sept. 1995, n° 94, 84.404, NP). Est ainsi recevable le pourvoi du ministère public dirigé contre un arrêt de condamnation d'une chambre correctionnelle ayant écarté l'existence d'une circonstance aggravante (Crim. 6 déc. 2000, n° 00-80.687, NP) ; ayant déclaré irrecevable l'appel du prévenu (Crim. 18 mars 1991, n° 90-83.752, P n° 131) ; ou ayant constaté, sur le seul appel de la partie civile, la nullité d'un jugement de relaxe devenu définitif en ce qui concerne l'action publique (Crim. 22 oct. 1986, n° 85-93.876, n° 297).

Sous ces réserves, le ministère public « *puise dans les articles 567 et 591 du code de procédure pénale le droit de se pourvoir en cassation, afin de poursuivre l'annulation d'une décision qui lui apparaît entachée d'illégalité* » (Crim. 29 janv. 1975, n° 74-92.064, P n° 33). Il est donc recevable, par exemple, à se pourvoir contre l'arrêt d'une CHINS rejetant une requête en nullité d'actes de la procédure (Crim. 3 juin 2003, n° 02-87.500, NP).

Notons toutefois que les conditions de recevabilité du pourvoi du ministère public obéissent à un régime différent, selon que la décision frappée de pourvoi est, ou non, conforme à ses réquisitions. Ainsi, lorsque la décision frappée de pourvoi par le ministère public est **conforme à ses réquisitions** et a prononcé « *une peine qui est celle appliquée par la loi à la nature de l'infraction* » dont le prévenu a été reconnu coupable, le pourvoi est irrecevable (par ex : Crim. 7 juin 2001, n° 00-87.157, P n° 141 ; Crim. 24 oct. 1991, n° 91-81.573, NP ; Crim. 26 juin 1963, n° 63-12.000, P n° 229). Il résulte cependant d'une lecture *a contrario* de ces décisions que le ministère public peut se pourvoir contre une décision conforme à ses réquisitions, lorsqu'il estime que la peine prononcée ne correspond pas à la peine édictée par la loi. Le ministère public est donc recevable à se pourvoir « *quelles que* *soient les réquisitions orales qu'il ait pu prendre au cours des débats en vertu des dispositions de l'article 33 du code de procédure pénale et qui ne sauraient le lier* », « *afin de poursuivre l'annulation d'une décision, qui lui apparaît entachée d'illégalité* » (Crim. 20 oct. 1964, n° 62-92.075, P n° 268). Par exemple, le ministère public peut se pourvoir contre les arrêts « *déclarant l'action publique éteinte par le fait de la prescription* », « *quel qu'ait été le sens de ses réquisitions devant la chambre d'accusation* » (Crim. 30 oct. 1989, n° 89-81.577, NP).

A contrario, le ministère public se trouve « *sans qualité pour attaquer un arrêt qui (...) ne se rapporte qu'aux intérêts civils* » (Crim. 20 oct. 1999, n° 99-81.562, NP), lorsqu'il « *n'invoque aucune violation affectant l'intérêt général dont il a la garde* » (Crim. 25 oct. 2006, n° 05-85.998, P n° 254), dès lors que « *l'action publique et l'action civile sont indépendantes* » (Crim. 3 mai 1994, n° 94-80.823, P n° 161). De même, le ministère public est irrecevable à se pourvoir contre une décision fixant la taxe due à un médecin à une somme inférieure aux honoraires auxquels il aurait pu prétendre, dès lors que le ministère public se prévaut alors « *d'une erreur qui ne pourrait être soumise à la censure de la* ***C. cass.*** *que dans l'intérêt de la loi et par le pourvoi du procureur général de cette Cour* » (Crim. 20 nov. 2007, n° 07-82.884, P n° 284 ; sur le pourvoi dans l'intérêt de la loi, v. n° **19.36**).

2. Les limitations particulières en matière d'arrêts d'assises

Le législateur et la jurisprudence adoptent enfin des solutions particulières **en matière criminelle**, et distinguent selon que la décision en cause est un arrêt de condamnation ou d'acquittement.

S'agissant, en premier lieu, des **arrêts de condamnation prononcés par une cour d'assises statuant en appel**, C. pr. pén., art. 596 dispose qu'« *En matière criminelle et dans le cas où l'accusé a été condamné, si l'arrêt a prononcé une peine autre que celle appliquée par la loi à la nature du crime, l'annulation de l'arrêt pourra être poursuivie tant par le ministère public que par la partie condamnée* ». Il en résulte que « *le ministère public ne peut se pourvoir contre la décision de condamnation d'une cour d'assises que si l'arrêt a prononcé une peine autre que celle appliquée par la loi à la nature du crime* », de sorte que le procureur général près la cour d'appel ne se prévalant pas d'un tel grief « *est sans qualité pour se pourvoir contre l'arrêt attaqué* » (Crim. 21 févr. 2007, n° 06-81.713, P n° 53 ; v. aussi Crim. 20 nov. 1985, n° 85-91.622, P n° 366 ; comp. Crim. 23 janv. 1985, n° 84-92.788, P n° 35).

S'agissant, en second lieu, des **arrêts d'acquittement prononcés par la cour d'assises statuant en appel**, il résulte de C. pr. pén., art. 572 que « *Les arrêts d'acquittement prononcés par la cour d'assises ne peuvent faire l'objet d'un pourvoi que dans le seul intérêt de la loi, et sans préjudicier à la partie acquittée* » (sur le pourvoi dans l'intérêt de la loi, v. n° **19.36**), étant précisé que selon la Ch. crim., « *en application des articles 620 et 621 du code de procédure pénale, le droit de se pourvoir dans l'intérêt de la loi n'appartient qu'au procureur général près la* ***C. cass.*** » (Crim. 21 févr. 2007, n° 06-81.713, P n° 53 ; v. aussi Crim. 7 juin 2001, n° 00-87.157, P n° 141).

19.21 La formalisation du pourvoi : la déclaration de pourvoi

A. La personne habilitée à déclarer le pourvoi (C. pr. pén., art. 576, al. 2)

1. L'avocat « près la juridiction qui a statué » ou le demandeur en cassation

La personne souhaitant attaquer une décision susceptible de pourvoi doit « déclarer » son pourvoi. Cette déclaration, qui constitue l'acte introductif de la procédure devant la Ch. crim., « *doit être signée par le greffier et par le demandeur en cassation lui-même ou par un avocat près la juridiction qui a statué, ou par un fondé de pouvoir spécial* » (C. pr. pén., art. 576). Aux termes de ce texte, outre **le demandeur au pourvoi, l'avocat près la juridiction ayant statué**, c'est-à-dire l'avocat inscrit au barreau de la juridiction ayant rendu la décision attaquée, admis à y postuler est « *comme tel, dispensé de la production d'un pouvoir spécial* » (Crim. 18 oct. 2016, n° 15-80.682, NP), de sorte qu'il, peut signer lui-même la déclaration de pourvoi qui déclenchera alors valablement la procédure (sur ce pouvoir, v. **A2** ci-dessous).

2. La personne munie d'un pouvoir spécial

Lorsque la personne déclarant le pourvoi n'est ni « *le demandeur en cassation lui-même* », ni « *un avocat près la juridiction qui a statué* » (C. pr. pén., art. 576), elle doit être munie d'un pouvoir spécial. À défaut, la déclaration est dépourvue d'effet et le pourvoi est irrecevable (Crim. 11 sept. 2019, n° 18-83.484, P ; Crim. 27 oct. 2015, n° 15-80.565, NP).

Il en résulte qu'en présence de plusieurs demandeurs au pourvoi et à défaut pour l'un d'eux de disposer d'un pouvoir spécial, seul le pourvoi formé pour son compte par chaque demandeur est recevable, sans que l'un d'eux ne puisse former un pourvoi au nom des autres (Crim. 2 nov. 2017, n° 16-86.853, NP). De même, à défaut de pouvoir spécial, un avocat inscrit au barreau de Bordeaux n'a pas qualité pour déclarer un pourvoi à l'encontre de l'arrêt d'une CHINS de la cour d'appel de Paris, faute d'être un avocat « *près la juridiction qui a statué* » au sens de C. pr. pén., art. 576 (Crim. 21 juin 2016, n° 16-82.258, NP). Et un avocat au barreau de Clermont-Ferrand ne peut, à défaut de pouvoir spécial, déclarer un pourvoi contre un arrêt de la cour d'appel de Nîmes (Crim. 27 oct. 2015, n° 15-80.565, NP), dans le même sens, pour un avocat du barreau de Paris, démuni de pouvoir, déclarant un pourvoi contre un arrêt de la CHINS de Versailles (Crim. 23 mai 2023, n° 22-83.462 (§ 7), P).

3. La forme et le contenu du pouvoir spécial

Le pouvoir spécial nécessaire à la déclaration de pourvoi obéit à des conditions de forme imposées à peine d'irrecevabilité.

Le pouvoir spécial doit d'abord être **signé par le demandeur** (Crim. 7 mars 2012, n° 11-89.132, NP ; Crim. 16 mars 2011, n° 10-83.202, P n° 55 ; Crim. 28 janv. 1988, n° 87-81.225, P n° 43), et être « *annexé à l'acte dressé par le greffier* » (C. pr. pén., art. 576), c'est-à-dire « *à l'acte de pourvoi* » (Crim. 8 févr. 1995, n° 93-80.811, NP ; Crim. 22 mars 1988, n° 85-96.001, P n° 137).

Ce pouvoir, « *annexé à la déclaration de pourvoi formée par un fondé de pouvoir spécial* », doit en outre « *faire preuve du mandat dont il est investi* » (Crim. 16 mars 2011, n° 10-83.202, P n° 55). Une telle preuve implique d'abord d'**établir sans équivoque la volonté du demandeur** au pourvoi d'exercer un recours en cassation (Crim. 25 févr. 1998, n° 97-80.801, NP ; Crim. 22 mars 1988, n° 85-96.001, P n° 137), « *contre une décision déterminée* » (Crim. 5 févr. 2013, n° 11-88.802, NP). Par conséquent, la décision attaquée doit être spécialement visée par le pouvoir, et le demandeur ne saurait, à peine d'irrecevabilité de son pourvoi, se borner à donner « *mandat à son conjoint "pour faire un recours en cassation"* », cette rédaction, trop vague, ne suffisant pas à établir la volonté non équivoque du mandant de se pourvoir en cassation (Crim. 5 févr. 2013, n° 11-88.802, NP).

Pour les mêmes raisons, le pouvoir ne saurait viser « *une décision de justice non encore prononcée, partant indéterminée* » (Crim. 26 sept. 2012, n° 11-86.050, NP), ce dont il résulte qu'« *un pouvoir ne peut être établi antérieurement à la décision que lorsque des circonstances particulières font obstacle à ce que le demandeur puisse prendre connaissance de celle-ci dans le délai du pourvoi* » (Crim. 17 oct. 2017, NP ; Crim. 29 mars 2017, n° 17-80.020, P n° 98).

Pour être valable, le pouvoir spécial doit également **désigner personnellement le mandataire** (Crim. 5 mars 2014, n° 12-85.636, NP), ce qui implique que la déclaration de pourvoi ou le mandat comportent « *la désignation nominative du mandataire qui s'est effectivement pourvu* » (Crim. 13 mars 2012, n° 11-85.205, NP ; v. aussi Crim. 1er sept. 2011, n° 11684.262, NP). Lorsque le mandant le prévoit expressément, le pouvoir spécial peut également bénéficier aux autres avocats appartenant à la même société civile professionnelle que l'avocat expressément désigné (Crim. 5 mars 2014, n° 12-85.636, NP), à condition qu'ils aient la qualité d'associés (Crim. 13 juin 2012, n° 11-85.198, NP ; Crim. 17 août 2011, n° 11-84.047, NP), et non celle de collaborateur (Crim. 30 sept. 2008, n° 07-82.249, P n° 197). En revanche, le mandant ne peut autoriser « *son avocat à* *se faire substituer par un confrère n'appartenant pas à la même société civile professionnelle* » (Crim. 12 mai 2010, n° 09-81.757, NP ; Crim. 4 oct. 2000, n° 99-84.938, NP), « *en fût-il un collaborateur* » (Crim. 30 juin 2010, n° 09-85.481, NP).

4. Les exceptions à l'exigence du pouvoir spécial

Par dérogation, le législateur ou la Ch. crim. exonèrent certaines personnes de l'obligation d'être munies d'un pouvoir spécial pour déclarer le pourvoi. Il en est ainsi de :

– l'**avocat de l'accusé en matière criminelle**, dès lors qu'il « *doit être assimilé à l'accusé lui-même et a, par suite, qualité pour former au nom de celui-ci un pourvoi en cassation contre l'arrêt civil sans avoir à justifier du pouvoir spécial prévu par l'article 576 du code de procédure pénale* » (Crim. 8 mars 1989, n° 87-91.973, P n° 113). En revanche, l'avocat de la partie civile doit être muni d'un mandat spécial pour déclarer le pourvoi (Crim. 14 déc. 1994, n° 94-80.864, P n° 407) ;

– **l'avocat exerçant dans le ressort de la cour d'appel de la juridiction ayant rendu la décision attaquée**. Tirant les conséquences de la L. n° 2015-990, 6 août 2015, la Ch. crim. juge que les avocats inscrits à « *l'un des barreaux d'une cour d'appel* » ont « *qualité pour former un pourvoi en cassation dans l'ensemble du ressort de cette cour* » sans avoir à justifier d'un pouvoir spécial (Crim. 12 janv. 2021, n° 18-86.757, P ; Crim. 11 avr. 2018, n° 16-87.622, P n° 5). Cette dérogation est d'interprétation stricte, de sorte que si un avocat peut former un pourvoi en cassation contre l'arrêt de la cour d'appel de son ressort ou contre les décisions rendues par les juridictions situées dans le ressort de cette cour d'appel, il ne peut en revanche former un pourvoi en cassation contre une décision rendue par une autre cour d'appel (sous réserve du régime spécial accordé aux avocats postulants inscrits aux barreaux de Paris, Bobigny, Créteil et Nanterre, v. *infra*). Ainsi, un avocat inscrit à l'un des barreaux de la cour d'appel de Grenoble n'a pas qualité, à défaut de pouvoir spécial, pour former un pourvoi contre une décision rendue par la cour d'appel de Nîmes (Crim. 19 mai 2015, n° 15-81.383, NP). De surcroît, la Ch. crim. a restreint le champ de cette dérogation aux seuls **avocats plaidant**, c'est-à-dire ceux ayant assisté ou représenté le demandeur au pourvoi devant la juridiction ayant statué (Crim. 24 mars 2020, n° 19-84.071, NP) ;

– **l'avocat bénéficiant des dispositions dérogatoires de L. n° 71-1130, 31 déc. 1971, art. 5-1**. Aux termes de l'art. l'article 1er, III, devenu l'art. 5-1 du même texte, « *les avocats inscrits au barreau de l'un des tribunaux judiciaires de Paris, Bobigny, Créteil et Nanterre peuvent postuler auprès de chacune de ces juridictions. Ils peuvent postuler auprès de la cour d'appel de Paris quand ils ont postulé devant l'un des tribunaux judiciaires de Paris, Bobigny et Créteil, et auprès de la cour d'appel de Versailles quand ils ont postulé devant le tribunal judiciaire de Nanterre* ». Tirant les conséquences de ce régime spécial, réservé aux seuls avocats inscrits aux barreaux de Paris, Bobigny, Créteil et Nanterre, la Ch. crim. juge qu'un avocat inscrit au barreau de Paris peut effectuer une déclaration de pourvoi contre un arrêt rendu par la cour d'appel de Versailles à condition qu'il ait « *assisté les prévenus devant le tribunal correctionnel de Nanterre dans l'instance ayant donné lieu à l'arrêt attaqué* » (Crim. 5 juin 2013, n° 12-86.022, P n° 129). Cette dérogation est réservée à l'« **avocat plaidant** » devant les juridictions de première instance, de sorte qu'à défaut de pouvoir spécial, un avocat inscrit au barreau de Paris ne peut effectuer une déclaration de pourvoi contre un arrêt de la CHINS de Versailles s'il n'a pas « *assisté ou représenté l'association demanderesse devant le tribunal correctionnel de Nanterre* » (Crim. 8 janv. 2019, n° 17-81.396, NP).

B. La forme de la déclaration de pourvoi

1. La déclaration de pourvoi par le déclarant non détenu (C. pr. pén., art. 576)

La déclaration de pourvoi « *doit être faite au greffier de la juridiction qui a rendu la décision attaquée* » (C. pr. pén., art. 576). Il en résulte en premier lieu que **la déclaration de pourvoi doit être faite oralement devant le greffier de la juridiction** ayant rendu la décision attaquée, lequel dresse alors l'acte de pourvoi.

La Ch. crim. juge que « *la formalité prévue par l'article 576 du code de procédure pénale qui dispose que la déclaration de pourvoi doit être faite au greffier de la juridiction qui a rendu la décision attaquée* », est « *une formalité substantielle* », de sorte « *qu'il ne peut y être suppléé par une lettre missive alors que la personne condamnée ne justifie pas avoir été dans l'impossibilité absolue de satisfaire aux prescriptions légales* » (Crim. 21 mars 1988, n° 88-80.689, P n° 132). Par voie de conséquence, lorsque la déclaration de pourvoi est « *faite par lettre recommandée adressée au greffe de la cour d'appel* » le pourvoi est irrecevable (Crim. 19 juin 2018, n° 17-87.007, NP ; v. aussi Crim. 5 juill. 1995, n° 95-82.021, NP ; Crim. 22 janv. 1990, n° 89-84.160, NP). Il en va de même lorsque la déclaration de pourvoi est « *faite par lettre* » adressée au greffier (Crim. 16 janv. 2019, n° 17-85.414, NP ; Crim. 12 déc. 2012, n° 12-83.240, P n° 280 ; v. aussi Crim. 20 juin 1988, n° 88-80.037, NP), y compris lorsque cette lettre, recommandée ou non, est « *enregistrée au greffe* » par procès-verbal (Crim. 25 oct. 1994, n° 94-81.548, NP ; v. aussi Crim. 13 févr. 1991, n° 90-84.629, NP ; Crim. 29 mai 1973, n° 73-91.249, P n° 244), ou « *transcrite sur les registres du greffe* » (Crim. 7 nov. 1989, n° 89-85.723, P n° 396). Il n'est dérogé à l'exigence de déclaration orale imposée par C. pr. pén., art. 576 que si « *le demandeur, non détenu, justifie s'être trouvé en raison d'une circonstance indépendante de sa volonté dans l'impossibilité absolue de déclarer son pourvoi au greffe ou de s'y faire représenter, dans le délai légal* » (Crim. 30 oct. 2018, n° 17-87.537, P n° 179), ce qui n'est pas le cas lorsque le demandeur se borne à se prévaloir de sa domiciliation à l'étranger (Crim. 5 sept. 2007, n° 06-89.003, NP).

2. La déclaration de pourvoi par le déclarant détenu (C. pr. pén., art. 577)

Par exception, **lorsque le demandeur est détenu**, le pourvoi peut également être formé « *au moyen d'une déclaration auprès du chef de l'établissement pénitentiaire* » et non auprès du greffier de la juridiction ayant rendu la décision (C. pr. pén., art. 577). Il s'agit là encore de « *formes substantielles auxquelles il ne peut être dérogé, sauf impossibilité absolue* » (Crim. 7 nov. 1989, n° 89-85.723, P n° 396). Par conséquent, lorsque la déclaration de pourvoi d'une personne détenue est faite par lettre recommandée et non par déclaration orale auprès du chef d'établissement pénitentiaire, le pourvoi est irrecevable (Crim. 4 déc. 1991, n° 91-83.729, NP).

Mentionnons cependant qu'en application de l'Ord. n° 2020-303 du 25 mars 2020 portant adaptation des règles de procédure pénale sur le fondement de la L. n° 2020-290, 23 mars 2020, **d'urgence pour faire face à l'épidémie de Covid-19**, applicable « *jusqu'à l'expiration d'un délai d'un mois à compter de la date de cessation de l'état d'urgence sanitaire déclaré dans les conditions de l'article 4 de la loi du 23 mars 2020* » (art. 2), soit jusqu'au 10 août 2020 et non reconduite par l'Ord. n° 2020-1401 du 18 nov. 2020 portant adaptation des règles applicables aux juridictions de l'ordre judiciaire statuant en matière pénale, « *l'appel et le pourvoi en cassation peuvent être formés par lettre recommandée avec accusé de réception. Ils peuvent également être formés par courriel à l'adresse électronique communiquée à cette fin par la juridiction de première instance ou d'appel* » (art. 4). La déclaration de pourvoi par courriel n'a pas à être signée, mais le mémoire transmis par ce même moyen est en revanche irrecevable (Crim. 16 juin 2020, n° 20-81.985, P ; sur le dépôt du mémoire, v. n° **19.24**).

C. L'enregistrement de la déclaration de pourvoi

La déclaration de pourvoi établie par le greffier à la suite de la demande orale dont il est saisi « *doit être signée par le greffier et par le demandeur en cassation lui-même ou par un avocat près la juridiction qui a statué, ou par un fondé de pourvoir spécial* » (C. pr. pén., art. 576). Elle doit donc « *comporte[r] la signature du demandeur* » (Crim. 31 oct. 2017, n° 16-85.048, NP) lorsqu'elle est faite par le demandeur lui-même, ou, dans l'hypothèse inverse, « *désigner, sans équivoque, la personne au nom de laquelle le pourvoi est formé* » (Crim. 29 oct. 2013, n° 13-85.710, NP) et comporter la signature de l'avocat ou du fondé de pouvoir spécial.

La déclaration est ensuite « *inscrite sur un registre public, à ce destiné et toute personne a le droit de s'en faire délivrer une copie* » (C. pr. pén., art. 576).

D. La notification de la déclaration de pourvoi aux autres parties et au ministère public (C. pr. pén., art. 578)

« *Le demandeur en cassation doit notifier son recours au ministère public et aux autres parties par lettre recommandée avec demande d'avis de réception, dans un délai de trois jours* » (C. pr. pén., art. 568), à défaut de quoi la partie à laquelle le pourvoi n'a pas été notifié pourra « *former opposition à l'arrêt rendu par la C. cass., par déclaration au greffe de la juridiction qui a rendu la décision* » (C. pr. pén., art. 579 ; sur l'opposition contre les arrêts de la Ch. crim., v. nº **19.35B**).

19.22 Les effets du pourvoi

A. L'effet suspensif du pourvoi contre la décision mettant fin à la procédure (C. pr. pén., art. 569)

1. Le principe de l'effet suspensif du pourvoi

« *Le recours est porté devant la chambre criminelle de la* **C. cass.** » (C. pr. pén., art. 567). « *Pendant les délais du recours en cassation et, s'il y a eu recours, jusqu'au prononcé de l'arrêt de la* **C. cass.**, *il est sursis à l'exécution de l'arrêt de la cour d'appel* » (C. pr. pén., art. 569). Il en résulte qu'une peine ne peut être mise à exécution à moins qu'elle ait été assortie de l'exécution provisoire, ou s'il s'agit d'une peine d'emprisonnement, qu'elle ne s'accompagne d'un mandat de dépôt ou d'un maintien en détention. Si le pourvoi est rejeté, la décision attaquée devient exécutoire « *le jour du prononcé de l'arrêt de la* **C. cass.** » (Crim. 2 juin 2004, nº 03-87.839, NP). Précisons cependant que le principe de l'effet suspensif du pourvoi ne s'applique que si la décision attaquée est **un arrêt ou un jugement**, ce qui n'est pas le cas, par exemple, d'une décision de retrait ou de suspension d'habilitation d'un OPJ (Crim. 21 juin 2016, nº 15-84.172, P nº 191), ou d'un arrêt d'une CHINS statuant en matière de contrôle judiciaire, qui est une décision rendue par une juridiction d'instruction et non de jugement (Crim. 8 avr. 2014, nº 14-80.741, NP).

2. Les exceptions au principe de l'effet suspensif

Par dérogation, le pourvoi est dépourvu d'effet suspensif dans **cinq hypothèses** :

– à l'égard des « *condamnations civiles* » (C. pr. pén., art. 569) prononcées par la décision attaquée ;

– « *en cas d'acquittement, d'exemption de peine ou de condamnation soit à l'emprisonnement assorti du sursis simple ou du sursis avec mise à l'épreuve, soit à l'amende* » puisque le prévenu est alors, « *nonobstant pourvoi, mis en liberté immédiatement après l'arrêt* » (C. pr. pén., art. 569) ;

– lorsque la cour d'appel a décerné un **mandat d'arrêt ou de dépôt**, ou prescrit le **maintien en détention**, la peine d'emprisonnement est immédiatement exécutoire malgré le pourvoi mais prend fin « *aussitôt que la durée de la détention aura atteint celle de la peine prononcée* » (C. pr. pén., art. 569). Précisons toutefois que pour l'application d'un décret de grâce, la peine d'emprisonnement ferme n'est réputée exécutoire qu'au « *jour où la* **C. cass.** *rend sa décision* », quand bien même la cour d'appel aurait prescrit le maintien en détention (Crim. 20 oct. 1992, 92-83.285, P nº 328).

– lorsque la décision attaquée est un arrêt d'une CHINS ou d'une « *chambre correctionnelle de la cour d'appel* » (mod. issue L. nº 2021-401, 8 avr. 2021) rendu en matière de **détention provisoire**. C. pr. pén., art. 567-2 dispose en effet que la Ch. crim. « *doit statuer dans les trois mois qui suivent la réception du dossier à la* **C. cass.**, *faute de quoi l'inculpé est mis d'office en liberté* », ce dont il résulte que le pourvoi en cassation n'a pas d'effet suspensif sur les mesures de détention provisoire (par ex : Crim. 16 juin 1999, nº 99-82.090, NP ; sur le pourvoi contre les arrêts de la CHINS en matière de détention provisoire, v. nº **12.69D**) ;

– lorsque le pourvoi a été formé **dans l'intérêt de la loi par le procureur général près la C. cass.**, dans les conditions prévues par C. pr. pén., art. 620 (sur ce pourvoi spécial, v. nº **19.36**). En effet, « *une décision définitive, frappée d'un pourvoi dans l'intérêt de la loi, continue* *à être exécutoire tant qu'il n'a pas été prononcé sur ce pourvoi par la* **C. cass.** » (Crim. 28 mars 2001, n° 01-80.390, P n° 86).

B. Les effets du pourvoi contre la décision ne mettant pas fin à la procédure (C. pr. pén., art. 570)

« *Dans le cas où la décision n'a pas mis fin à la procédure et jusqu'à l'expiration des délais de pourvoi, l'arrêt n'est pas exécutoire et la cour d'appel ne peut statuer au fond* » (C. pr. pén., art. 570). La décision attaquée ne revêt donc un caractère exécutoire qu'à l'expiration du délai de pourvoi, lorsqu'aucune requête tendant à l'examen immédiat du pourvoi n'a été déposée par le demandeur, ou lorsqu'une telle requête a été déposée, à la date de l'ordonnance de rejet par le président « *dans les huit jours de la réception* » de la requête (C. pr. pén., art. 571). À l'expiration de ces délais en effet, « *le jugement ou l'arrêt est exécutoire et le tribunal ou la cour d'appel se prononce au fond* » (C. pr. pén., art. 571), ce dont il résulte que le pourvoi n'a pas d'effet suspensif et la décision est exécutoire à défaut d'examen immédiat du pourvoi (Crim. 4 nov. 1992, n° 92-84.972, P n° 356 ; v. aussi Crim. 29 mai 2001, n° 00-86.591, NP ; sur l'examen immédiat du pourvoi, v. n° **19.15D** et **E**).

À l'inverse, si le président fait droit à la requête tendant à l'examen immédiat du pourvoi, « *L'exécution du jugement ou de l'arrêt est suspendue jusqu'à ce qu'intervienne l'arrêt de la chambre criminelle* » (C. pr. pén., art. 571). L'effet suspensif du pourvoi fait cependant « *seulement obstacle à ce que, lorsqu'un tel arrêt ne mettant pas fin à la procédure a été frappé de pourvoi, la décision sur le fond intervienne avant qu'il ait été prononcé définitivement sur l'objet du pourvoi* » (Crim. 6 mars 2018, n° 17-81.459, NP). Ainsi, l'effet suspensif du pourvoi « *ne s'attache qu'aux arrêts qui peuvent donner lieu à des actes d'exécution et ne fait pas obstacle à la poursuite de l'information* » (Crim. 29 avr. 1996, n° 95-81.948, P n° 170 ; v. aussi Crim. 8 juin 2010, n° 09-82.732, P n° 101). Le pourvoi contre l'arrêt d'une CHINS rejetant une requête n'a par exemple « *aucune incidence sur l'instruction en cours* » (Crim. 29 avr. 1996, préc.). Il n'en est autrement que si le président de la Ch. crim., faisant ainsi usage de la faculté qui lui est offerte par la loi, ordonne « *au juge d'instruction saisi de suspendre son information, à l'exception des actes urgents* » (C. pr. pén., art. 571).

C. Les effets du désistement du pourvoi sur le caractère exécutoire de la décision attaquée

Lorsque le demandeur se désiste de son pourvoi, il lui en est donné acte « *par ordonnance du président de la chambre criminelle* » (C. pr. pén., art. 571-1) ou par arrêt de la Ch. crim. (C. pr. pén., art. 608, v. n° **19.31A4**), constatant qu'il n'y a plus lieu à statuer sur le pourvoi. Lorsque le pourvoi était doté d'un effet suspensif (v. **A** et **B** ci-dessus), ce désistement rend exécutoire la décision frappée de pourvoi. Seule la date à laquelle il est donné acte du désistement du pourvoi doit être prise en compte pour déterminer la date à compter de laquelle la décision devient exécutoire (Crim. 24 oct. 1991, n° 91-81.675, P n° 373), étant précisé qu'une date antérieure peut être retenue lorsque le défaut de transmission du désistement à la Ch. crim. est « *non imputable à l'intéressé* » (Ord. crim. 12 juill. 1996, n° 96-82.933, P n° 296). Par conséquent, si le demandeur se rétracte de son désistement avant qu'il en ait été donné acte, par exemple en produisant des moyens de cassation après son désistement mais avant l'ordonnance du président de la Ch. crim., les effets du pourvoi subsistent jusqu'au jour du prononcé de l'arrêt de la C. cass. (Ord. crim. 7 mars 1994, n° 93-81.052, P n° 88).

Notons enfin qu'après avoir refusé l'exercice de ce droit au **ministère public**, aux motifs que ce dernier « *n'a pas le droit de se désister d'un pourvoi qu'il a formé et d'anéantir, de sa propre autorité, l'effet d'un acte qui, dans un intérêt d'ordre public, a saisi la* **C. cass.** » (Crim. 11 avr. 1991, n° 91-80.133, P n° 174), la Ch. crim. admet désormais que « *le ministère public a la faculté de se désister de son pourvoi* », « *aucune disposition légale ne le lui interdisant* » (Crim. 2 mai 2002, n° 01-87.488, P n° 96).

19.23 La représentation facultative ou obligatoire par un avocat aux conseils devant la cour de cassation

A. Pour le demandeur au pourvoi, le ministère d'un avocat aux conseils est facultatif durant un délai de 10 jours après sa déclaration de pourvoi (C. pr. pén., art. 584)

La représentation du demandeur au pourvoi par un avocat aux conseils **n'est pas obligatoire** devant la Ch. crim. durant un délai de dix jours à compter de la déclaration de pourvoi. En effet, le demandeur, « *soit en faisant sa déclaration, soit dans les dix jours suivants, peut déposer, au greffe de la juridiction qui a rendu la décision attaquée, un mémoire, signé par lui, contenant ses moyens de cassation* » (C. pr. pén., art. 584). Passé ce délai, et à défaut de saisine d'un avocat aux conseils, le demandeur est déchu de son pourvoi, dans les conditions prévues par C. pr. pén., art. 590-2 (v. n° **19.29B**). Il en résulte qu'au-delà de dix jours après la déclaration de pourvoi, le mémoire personnel d'un demandeur au pourvoi non condamné pénalement (sur les délais applicables au demandeur condamné pénalement, v. **B** ci-dessous) ne peut être « *transmis directement à la C. cass., sans le ministère d'un avocat [aux Conseils]* » (Crim. 29 janv. 2014, n° 13-84.832, P n° 28 ; v. aussi Crim. 5 mai 2021, n° 21-81.124, NP ; Crim. 11 mai 2016, n° 15-86.060, P n° 145).

Ce mémoire personnel doit, à peine d'irrecevabilité, être signé par le demandeur lui-même. Ainsi, le mémoire personnel comportant une signature distincte de celle figurant sur la carte d'identité du demandeur au pourvoi et sur le pouvoir donné par ce dernier à son conseil pour déclarer le pourvoi, « *ne saisit pas la C. cass. des moyens qu'il peut contenir* », de sorte que le pourvoi est irrecevable (Crim. 25 févr. 2020, n° 20-80.532).

La signature du demandeur au pourvoi doit en outre **être apposée sur le mémoire** (Crim. 16 janv. 2019, n° 18-87.134, P n° 17 ; Crim. 22 juill. 2004, n° 04-84.158, P n° 183).

Ainsi, est irrecevable le mémoire personnel composé d'un ensemble de feuillets, ne comportant la signature du demandeur que « *sur une feuille manuscrite placée en tête et distincte des feuillets supportant le texte dactylographié, présentant l'argumentation du demandeur et se terminant par la mention "fait pour [le demandeur]"* » (Crim. 21 janv. 2020, n° 20-80.008, NP ; v. aussi, Crim. 22 août 2017, n° 17-85.031, P n° 216), ou le mémoire sur lequel figure seulement « *la reproduction de la signature* » du demandeur (Crim. 20 déc. 2006, n° 05-84.314, P n° 324). Il en va de même du « *mémoire personnel en plusieurs exemplaires dont aucun n'est signé* », accompagné d'une lettre qui, elle, est signée, puisque « *le mémoire, qui contient un moyen, et la lettre d'accompagnement, qui n'en contient pas, ne sauraient être regardés comme formant un tout indissociable au sens de l'article 584 du code de procédure pénale, lequel ne méconnaît pas l'article 6 de la Convention européenne des droits de l'homme* » (Crim. 30 mars 2016, n° 14-88.191, P n° 106).

Enfin, notons qu'en application de C. pr. pén., art. 584 et Ord. n° 45-174, 2 févr. 1945, art. 24 (devenu CJPM, art. L. 12-6), **lorsque le demandeur au pourvoi est mineur**, « *le mémoire personnel doit être signé soit par ce dernier, soit par son représentant légal* », à peine d'irrecevabilité (Crim. 14 nov. 2017, n° 17-80.893, P n° 9).

B. Pour le demandeur condamné pénalement, le ministère d'un avocat aux conseils est facultatif durant un délai de 1 mois après la déclaration de pourvoi (C. pr. pén., art. 585-1)

À l'expiration du délai de dix jours précité visé au C. pr. pén., art. 584, et jusqu'à « *un mois au plus tard après la déclaration du pourvoi* » (C. pr. pén., art. 585-1) le recours à un avocat aux Conseils demeure facultatif à l'égard « *demandeur condamné pénalement* », qui doit cette fois-ci transmettre son mémoire personnel « *directement au greffe de la C. cass.* » (C. pr. pén., art. 585, sur le dépôt au greffe de la juridiction ayant rendu la décision attaquée, v. **A** ci-dessus), et non au greffe de la juridiction ayant rendu la décision attaquée (C. pr. pén., art. 584), à peine de déchéance du pourvoi (C. pr. pén., art. 590-2, v. n° **19.29B**).

Cette disparité de traitement se justifie, selon la Ch. crim., « *par des raisons d'intérêt général tenant à une différence objective de situation* » (Crim. 9 janv. 2013, n° 12-86.753, NP) et par « *la différence de situation où se trouve* » la personne condamnée pénalement « *par rapport à une personne non condamnée* » (Crim. 16 avr. 2013, n° 13-81.560, NP).

Passé ce délai d'un mois, la constitution d'un avocat aux conseils est obligatoire pour la personne condamnée pénalement, puisqu'elle est une condition *sine qua non* du dépôt de son mémoire et, partant, de ses moyens (sur la constitution d'un avocat aux conseils, v. C ci-dessous ; sur la présentation du mémoire ampliatif, v. ° 19.25A ; sur les moyens de cassation, v. n° 19.32).

La « *déclaration de l'avocat qui se constitue* » doit alors parvenir au greffe de la Ch. crim. dans un délai d'« *un mois au plus tard après la date du pourvoi* » (C. pr. pén., art. 585-1). La constitution d'un avocat aux Conseils dans le délai d'un mois a pour effet d'écarter les exigences du dépôt d'un mémoire dans le délai de 10 jours ou d'1 mois, la date limite de dépôt du mémoire devenant alors celle imposée par le « ~~*conseiller rapporteur*~~ *"président de la chambre criminelle* » (depuis L. n° 2021-401, 8 avr. 2021, modifiant C. pr. pén., art. 588), selon les précisions apportées au n° 19.24B2. La constitution de l'avocat aux Conseils peut être établie et transmise à la Ch. crim. « *sous format numérique* » (C. pr. pén., art. D. 593-1, issu D. n° 2921-1794, 23 déc. 2021).

Par **dérogation** à la règle impartissant un délai d'1 mois pour la constitution d'un avocat aux conseils, le demandeur au pourvoi condamné pénalement qui n'est « *pas en mesure de faire valoir ses moyens de défense dans le délai d'un mois à compter de la date du pourvoi* », par exemple lorsque la minute de l'arrêt attaqué n'a pas été déposée au greffe dans le délai de 3 jours prévu par C. pr. pén., art. 486, peut solliciter du président de la Ch. crim. une dérogation tendant à l'allongement du délai dont il dispose (C. pr. pén., art. 585-1 ; Crim. 27 nov. 2018, n° 18-82.777, NP ; Crim. 15 mars 2017, n° 15-81.363, NP ; Crim. 24 juin 2009, n° 09-81.119, P n° 134). Lorsqu'une telle dérogation ne lui est pas accordée, le demandeur au pourvoi qui « *n'a pas constitué avocat ni déposé de mémoire personnel dans le délai légal* » est déchu de son pourvoi (C. pr. pén., art. 590-1 ; Crim. 29 janv. 2020, n° 17-83.577, P ; Crim. 25 juin 2019, n° 17-84.753, NP ; Crim. 19 févr. 2019, n° 18-85.131, P n° 35).

C. Le ministère d'un avocat aux conseils est obligatoire dans les autres hypothèses

Il résulte implicitement de C. pr. pén., art. 584 que le ministère d'un avocat à la C. cass. est toujours obligatoire pour le **défendeur au pourvoi** (sur la présentation du mémoire en défense, v. n° 19.25C). Il ne peut donc déposer de mémoire personnel devant la Ch. crim., et son mémoire doit être signé par un avocat aux conseils, à peine d'irrecevabilité (Crim. 25 mai 2016, n° 15-86.311, NP ; Crim. 4 juin 2014, n° 13-85.742, NP ; Crim. 19 oct. 2010, n° 10-85.051, P n° 165).

À l'égard du **demandeur au pourvoi**, comme il vient d'être précisé, il est obligatoire au-delà d'un délai de 10 jours à compter de la date de la déclaration de pourvoi pour le demandeur en cassation qui n'est pas condamné pénalement lorsque le demandeur n'a pas été pénalement condamné par la décision attaquée (C. pr. pén., art. 584) et au-delà d'un délai d'un mois pour la personne condamnée pénalement (C. pr. pén., art. 585 ; v. A et B ci-dessus), dates à compter desquelles le mémoire personnel déposé à l'appui du pourvoi est irrecevable et ne saisit donc pas la Ch. crim. des moyens qu'il pourrait contenir.

Le demandeur n'ayant fait l'objet d'aucune condamnation pénale, irrecevable à déposer un mémoire personnel au-delà de dix jours à compter de la déclaration de pourvoi, doit donc constituer un avocat aux conseils dans un délai d'« *un mois au plus tard après la date du pourvoi* » (C. pr. pén., art. 585-1), ce qui implique qu'il prenne attache avec un avocat aux conseils, lequel déclare alors à la Ch. crim. se constituer pour son compte. La constitution d'un avocat aux conseils dans ce délai d'un mois conduit alors à écarter les exigences du dépôt d'un mémoire dans le délai de 10 jours ou d'1 mois, la date limite de dépôt du mémoire devenant alors celle imposée par le [~~conseiller rapporteur~~] président de la Ch. crim. (depuis L. n° 2021-401, 8 avr. 2021), selon les précisions apportées au n° **19.24B2**.

Notons cependant qu'à l'expiration du délai de 10 jours pour les parties autres que le demandeur condamné pénalement, et d'1 mois pour ce dernier, il est toujours possible de déposer un mémoire rédigé par toute personne de son choix, sous réserve qu'il soit « *signé par un avocat à la C. cass.* », à peine d'irrecevabilité (Crim. 13 janv. 2016, n° 14-84.072, P n° 11).

D. La demande d'aide juridictionnelle devant la Cour de cassation

La demande d'aide juridictionnelle, dont l'octroi a pour effet la prise en charge, par l'État, des frais de la procédure devant la Ch. crim., doit être adressée au bureau d'aide juridictionnelle de la Ch. crim., dans les conditions prévues par les articles 33 et s. du D. n° 91-1266 du 19 déc. 1991, portant application de la L. n° 91-647 du 10 juill. 1991 relative à l'aide juridique. Son octroi repose sur des considérations liées à « *la situation financière du demandeur et de ses chances de succès dans la procédure* », ce qui « *a pour objet de rendre effectif le principe à valeur constitutionnelle du droit d'exercer un recours* » (Crim. 25 sept. 2019, n° 19-84.569, NP) (sur l'aide juridictionnelle, v. n^{os} **16.6C** et **17.9**).

19.24 L'instruction du pourvoi par les parties : le calendrier de dépôt du mémoire

A. Les personnes admises à déposer un mémoire

Le dépôt d'un mémoire devant la Ch. crim. n'est ouvert qu'aux parties à la procédure, ce qui laisse pendante la question de la possibilité, pour le témoin assisté, de déposer un mémoire (sur les droits limités du témoin assisté, v. n° **11.77D**). Lorsque la **qualité de demandeur au pourvoi** lui est reconnue, la faculté du **témoin assisté** de déposer un mémoire n'est pas discutable, puisqu'elle est la condition d'exercice de son recours (sur ce point, v. n° **19.19C**).

À l'inverse, lorsqu'il n'est **pas demandeur au pourvoi**, « *n'étant pas partie à la procédure, le témoin assisté ne tire d'aucune disposition légale la faculté de déposer un mémoire* » dans le cadre du pourvoi formé par une partie à l'instance, et son mémoire est irrecevable (Crim. 18 mai 2011, n° 10-85.715, NP ; Crim. 8 sept. 2010, n° 09-86.213, NP ; Crim. 1er sept. 2010, n° 08-87.624, P n° 126 ; Crim. 30 sept. 2008, n° 08-80.159, NP).

La Ch. crim. ouvre cependant au témoin assisté la possibilité de déposer un mémoire lorsque la décision à intervenir est susceptible de lui faire grief. Elle a ainsi jugé que « *le témoin assisté peut déposer un mémoire devant la* **C. cass.** *saisie d'un pourvoi contre l'arrêt de la CHINS ayant confirmé l'ordonnance de non-lieu rendue par le juge d'instruction, la décision à intervenir étant susceptible de lui faire grief* » (Crim. 16 juin 2011, n° 10-85.079, P n° 134). On notera qu'à défaut de dispositions légales sur ce point, il apparaît que le ministère d'un avocat à la C. cass. s'impose au témoin assisté.

B. Le délai et le lieu pour déposer le mémoire, conditions de sa recevabilité

1. Le délai pour déposer un mémoire ampliatif personnel devant la Chambre criminelle (C. pr. pén., art. 584 et 585-1)

Lorsque le demandeur au pourvoi n'a pas constitué d'avocat aux Conseils, il doit, dans **un délai de 10 jours** suivant la déclaration de pourvoi, « *déposer, au greffe de la juridiction qui a rendu la décision attaquée, un mémoire signé par lui, contenant ses moyens de cassation* » (C. pr. pén., art. 584). Passé ce délai de 10 jours, et sous réserve du cas de la personne condamnée pénalement, admise à déposer un mémoire dans le délai d'**1 mois** « *au greffe de la* **C. cass.** » (C. pr. pén., art. 585 et 585-1, v. n° **19.23B**), il n'est pas possible de déposer de mémoire « *sans le ministère d'un avocat à la* **C. cass.** » (C. pr. pén., art. 585). Est donc irrecevable le mémoire n'ayant pas été rédigé et signé par un avocat aux conseils, transmis plus de dix jours après la déclaration de pourvoi par la personne poursuivie n'ayant pas fait l'objet d'une condamnation pénale (Crim. 28 janv. 2020, nº 19-83.724, NP), ou par une partie civile (Crim. 24 mars 2020, nº 19-80.649, NP).

S'agissant des **modalités de calcul du délai**, précisons que « *lorsqu'un délai est exprimé en mois, ce délai expire le jour du dernier mois qui porte le même quantième que le jour de l'acte, de l'événement, de la décision, ou de la notification qui fait courir le délai* » (Crim. 5 févr. 2013, nº 12-83.577, P nº 36). Par voie de conséquence, lorsqu'un pourvoi est formé le 10 avril, le délai du demandeur condamné pénalement pour déposer son mémoire personnel expire le 10 mai, et non le 11.

2. Le dépôt du mémoire ampliatif par un avocat aux conseils

Lorsque les parties ont constitué un avocat à la C. cass., « *le ~~conseiller rapporteur~~ "président de la chambre criminelle"* [Depuis L. nº 2021-401, 8 avr. 2021] *fixe un délai pour le dépôt des mémoires entre les mains du greffier de la chambre criminelle* » (C. pr. pén., art. 588). Il résulte de ces dispositions que les parties choisissant de ne pas déposer un mémoire personnel devant la Ch. crim. et de solliciter les services d'un avocat aux conseils, ou les défendeurs au pourvoi, qui n'ont pas la possibilité de se dispenser du ministère d'un tel avocat (v. nº **19.23C**), ne sont soumises à aucun délai par le législateur, et doivent seulement respecter celui qui leur est imparti par le [~~conseiller rapporteur~~] président de la Ch. crim. (depuis L. nº 2021-401, 8 avr. 2021). Cependant, le demandeur n'ayant pas « *déposé dans le délai légal, personnellement ou par son avocat, un mémoire exposant ses moyens de cassation* » est **déchu de son pourvoi** (Crim. 6 janv. 2021, nº 19-87.422, NP ; Crim. 10 nov. 2020, nº 19-80.962, P ; Crim. 6 nov. 2019, nº 18-80.702, NP ; Crim. 30 oct. 2019, nº 18-82.920, P ; Crim. 25 sept. 2018, nº 17-84.890, NP).

Ces dispositions, qui accordent à l'avocat à la C. cass. un délai plus long pour déposer un mémoire ampliatif que le demandeur lui-même, ne méconnaissent pas le principe d'égalité et s'expliquent par la prise en compte de la nécessité, pour ce conseil, « *de prendre connaissance du dossier de son client et d'évaluer la pertinence des moyens de défense invoqués par ce dernier, tout en assurant la gestion de l'ensemble de son cabinet* » (Crim. 25 sept. 2019, nº 19-85.371, NP).

Soulignons que le mémoire déposé par l'avocat aux Conseils doit être **signé** de ce dernier, à peine d'irrecevabilité (Crim. 13 janv. 2016, nº 14-84.072, P nº 11 ; Crim. 28 janv. 2014, nº 12-86.497, P nº 24). Le mémoire de l'avocat aux Conseils, ainsi que les pièces qui lui sont associées, peut être établi et transmis à la Ch. crim. « *sous format numérique* » (C. pr. pén., art. D. 593-1, issu D. nº 2921-1794, 23 déc. 2021).

Qu'un avocat à la C. cass. ait été ou non désigné par le demandeur au pourvoi, le mémoire déposé par ce dernier « *doit être accompagné d'autant de copies qu'il y a de parties en cause* » (C. pr. pén., art. 585), afin de permettre aux parties intéressées de présenter leurs observations en défense. À défaut, « *La partie intéressée au pourvoi qui n'aurait pas reçu copie des mémoires produits à l'appui du pourvoi pourra former opposition à l'arrêt rendu par la* **C. cass.**, *par déclaration au greffe de la juridiction qui a rendu la décision, dans les cinq jours de la notification prévue à l'article 614* » du C. pr. pén. (C. pr. pén., art. 589 ; sur l'opposition aux décisions de la Ch. crim., v. nº **19.35B**).

Enfin, quoique le législateur ne le lui impose pas, il incombe au demandeur de **notifier** son mémoire aux défendeurs au pourvoi. À défaut, il s'expose à ce que ces derniers forment opposition à la décision rendue par la chambre criminelle en application de C. pr. pén., art. 589 (sur la procédure d'opposition, v. nº **19.35B**).

3. Le dépôt du mémoire du ministère public demandeur au pourvoi (C. pr. pén., art. 585-2)

Antérieurement à la L. nº 2007-291 du 5 mars 2007, à défaut de texte impartissant un délai au procureur général, demandeur au pourvoi, pour déposer son mémoire, la Ch. crim. jugeait ce dernier irrecevable « *lorsque sa tardiveté a pour effet de porter atteinte aux principes du procès équitable, de l'équilibre des droits des parties et du délai raisonnable de jugement des affaires pénales consacrés, tant par l'article préliminaire du code de procédure pénale, que par l'article 6 de la Convention européenne des droits de l'homme* » (Crim. 10 oct. 2006, nº 06-81.833, P nº 246 ; Crim. 10 déc. 2002, nº 02-82.540, P nº 221), ce qui n'était pas le cas, par exemple, d'un mémoire produit 34 jours après la déclaration de pourvoi (Crim. 10 oct. 2006, nº 06-81.833, préc.).

Depuis la L. nº 2007-291 du 5 mars 2007, le délai dont dispose le ministère public pour déposer son mémoire lorsqu'il se pourvoit en cassation est identique à celui imparti au demandeur au pourvoi condamné pénalement pour déposer son mémoire personnel. Ainsi, lorsque le ministère public « *se pourvoit en cassation* », son mémoire « *doit parvenir au greffe de la **C. cass.** au plus tard un mois après la date du pourvoi* » (C. pr. pén., art. 585-2), à peine de déchéance du pourvoi (C. pr. pén., art. 590-2, v. nº **19.29B**).

Cependant, comme le demandeur au pourvoi condamné pénalement, le ministère public peut se voir accorder une dérogation par le président de la Ch. crim. lui permettant de déposer son mémoire une fois expiré ce délai d'un mois (C. pr. pén., art. 585-2 ; sur cette dérogation, v. nº **19.23B**).

Lorsqu'aucune dérogation n'a été sollicitée du président de la Ch. crim. ou que celle-ci a été rejetée, le mémoire du ministère public demandeur au pourvoi n'ayant pas été déposé dans un délai d'un mois au greffe de la C. cass. est irrecevable et ne saisit donc pas la C. cass. des moyens qu'il pourrait contenir (par ex : Crim. 23 janv. 2008, nº 07-85.900, P nº 17 ; Crim. 22 janv. 2008, nº 07-86.458, P nº 16). Il en est de même du mémoire déposé dans le délai d'un mois au service pénal du parquet général, qui est un service « *distinct du greffe de la **C. cass.** en ce qu'il est placé sous la direction du secrétaire en chef du parquet, en application de l'article R. 123-3 du code de l'organisation judiciaire* » (Crim. 13 mars 2018, nº 17-82.964, P nº 44).

4. Le dépôt d'un mémoire additionnel devant la chambre criminelle (C. pr. pén., art. 590)

En matière criminelle, les parties, ou leur avocat à la C. cass. passé le délai leur étant imparti (sur ce délai, v. **B1** à **B3** ci-dessus) ont la possibilité de déposer un mémoire additionnel complétant un premier mémoire déposé, lui, dans le délai légal ou fixé par le [~~conseiller rapporteur~~] président de la Ch. crim. (depuis L. nº 2021-401, 8 avr. 2021). Ce mémoire additionnel, comprenant des moyens nouveaux ou des observations complémentaires, peut être déposé au greffe de la C. cass., jusqu'au « *dépôt de son rapport par le conseiller commis* » (C. pr. pén., art. 590). Le mémoire comprenant « *des moyens additionnels* » déposé postérieurement au dépôt du rapport « *peut* » être déclaré irrecevable (C. pr. pén., art. 590). Il en résulte d'abord que seuls les mémoires comprenant des « *moyens additionnels* », et non ceux qui se bornent à présenter des observations complémentaires, encourent l'irrecevabilité. Il s'en déduit ensuite que la Ch. crim. n'est pas tenue de constater une telle irrecevabilité, le législateur ayant seulement entendu lui en offrir la faculté.

5. Les délais particuliers applicables à certaines procédures

- **Les délais allongés**

Le législateur peut modifier le délai imparti au demandeur au pourvoi pour déposer son mémoire, ou le point de départ de ce délai, en fonction de **l'objet de la décision frappée de pourvoi.**

Ainsi, le législateur reporte le point de départ du délai ouvert au demandeur au pourvoi pour déposer son mémoire personnel lorsque la décision attaquée est un « *arrêt portant mise en accusation ou ordonnant le renvoi devant le tribunal correctionnel* », « *Le demandeur en cassation ou son avocat doit, à peine de déchéance, déposer son mémoire exposant les moyens de cassation dans le délai d'un mois à compter de la <u>réception du dossier</u> à la **C. cass.*** » (C. pr. pén., art. 574-1), voire un mois et huit jours en cas de « *décision du président de la chambre criminelle prorogeant, à titre exceptionnel, le délai* » si le demandeur le sollicite (C. pr. pén., art. 574-1). Observons que si le législateur prévoit que « *La transmission du mémoire peut être effectuée par tout moyen permettant d'en conserver une trace écrite* » lorsque le pourvoi est formé dans les conditions de C. pr. pén., art. 574-2 (v. *infra*), il demeure silencieux sur le mode de transmission du mémoire déposé dans les conditions prévues par C. pr. pén., art. 574-1.

Il en va de même pour le demandeur au pourvoi formé « *en matière de détention provisoire* » « *contre un arrêt de la CHINS* » ou de « *la chambre correctionnelle de la cour d'appel* » (mod. issue L. n° 2021-401, 8 avr. 2021), qui peut également déposer un mémoire personnel jusqu'à « *un mois à compter de la réception du dossier* » à la C. cass. (C. pr. pén., art. 567-2), voire un mois et huit jours en cas de « *décision du président de la chambre criminelle prorogeant, à titre exceptionnel, le délai* » (C. pr. pén., art. 567-2).

De même, après avoir jugé le contraire (Crim. 29 janv. 2014, n° 13-84.832, P n° 28), la Ch. crim. considère désormais qu'en matière d'**infractions de presse**, à l'égard des pourvois formés dans les conditions d'art. 59, L. 29 juill. 1881, « *le prévenu non condamné pénalement peut, comme la partie civile, quand il est demandeur au pourvoi, user du bénéfice de l'article 585 du code de procédure pénale* », de sorte que « *le mémoire personnel déposé dans le mois du pourvoi au greffe de la* **C. cass.** *sans le ministère d'un avocat à la* **C. cass.** *est, en conséquence, recevable* » (Crim. 13 déc. 2016, n° 16-80.812, P).

• **Les délais raccourcis avec report de leur point de départ**

De même qu'il réduit en la matière le délai de pourvoi (v. n° **19.17B**), le législateur raccourcit à peine de déchéance du pourvoi (C. pr. pén., art. 590-2, v. n° **19.29B**) le délai de dépôt du mémoire du demandeur en cassation lorsque la décision attaquée est un arrêt d'une CHINS, statuant sur la remise, à un État requérant, d'une personne recherchée en vertu d'un MAE et qui s'oppose à sa remise (C. pr. pén., art. 695-31, al. 4) ou sur une demande d'un État ayant émis un MAE tendant à l'extension des effets dudit mandat à d'autres infractions (C. pr. pén., art. 695-46, al. 4). Dans cette hypothèse en effet, « *le demandeur en cassation ou son avocat doit, à peine de déchéance, déposer son mémoire exposant les moyens de cassation dans le délai de cinq jours à compter de la réception du dossier à la* **C. cass.** » (C. pr. pén., art. 574-2), sans qu'aucune possibilité de déroger au délai ne puisse lui être accordé. À l'expiration de ces délais, courant à compter de la réception du dossier à la C. cass. et non de la déclaration de pourvoi comme c'est le cas normalement, « *aucun moyen nouveau ne peut être soulevé par lui et il ne peut plus être déposé de mémoire* » (C. pr. pén., art. 574-2). Par conséquent, « *le moyen produit dans un mémoire additionnel, après l'expiration du délai de 1 mois imparti par l'article 574-1 du code de procédure pénale, est irrecevable* » (Crim. 18 juin 1991, n° 91-82.028, P n° 263).

La Ch. crim. a refusé de renvoyer devant le Cons. const., une QPC relative à la conformité de cette disposition à la Constitution, aux motifs que « *seraient-ils brefs, les délais posés par les articles 695-29 et 574-2, alinéa 2, du code de procédure pénale, ne portent pas atteinte à l'exercice effectif, par la personne recherchée, de ses droits de la défense* » (Crim. 29 sept. 2010, n° 10-84.995, P n° 3). Lorsque le ministère public forme lui-même le pourvoi dans les conditions de C. pr. pén., art. 574-2, il dispose également d'un délai de cinq jours à compter de la réception du dossier à la C. cass. pour déposer son mémoire, « *à la condition que, à peine de déchéance, il ait lui-même, sauf circonstances insurmontables, transmis ce dossier au greffe de la chambre criminelle dans les 48 heures à compter de sa déclaration de pourvoi, ainsi que le lui impose le 2e alinéa de l'article 568-1* » (Crim. 23 janv. 2013, n° 13-80.444, P n° 30).

Précisons que la « *réception du dossier à la* **C. cass.** » visée par C. pr. pén., art. 567-2, 574-2 et 574-1 (v. *supra*) est matérialisée par une ordonnance, dont la nullité entraîne le prononcé d'une nouvelle ordonnance déclarant nulle et non avenue la précédente, et constituant le nouveau point de départ du délai de dépôt du mémoire (par ex : Crim. 17 janv. 2018, n° 17-86.685, NP).

• **Les délais raccourcis sans report de leur point de départ**

Le législateur peut également modifier le délai imparti au demandeur au pourvoi pour déposer son mémoire en fonction de **la nature de la décision** frappée de pourvoi. Ainsi, lorsque le pourvoi est dirigé contre une décision ne mettant pas fin à la procédure, le délai pour déposer une requête tendant à l'examen immédiat du pourvoi (sur cette procédure particulière, v. nº **19.15D**) est également dérogatoire au délai de droit commun, puisqu'elle doit être déposée « *avant l'expiration des délais de pourvoi* » (C. pr. pén., art. 570), c'est-à-dire dans un délai de « *cinq jours francs après celui où la décision attaquée a été prononcée* » (C. pr. pén., art. 568). Cependant, le dépassement de ce délai entraîne seulement le caractère exécutoire de l'arrêt ne mettant pas fin à la procédure et n'est pas prévu à peine d'irrecevabilité, de sorte qu'il est dépourvu d'effets véritables lorsque la décision attaquée ne donne pas lieu à des actes d'exécution. Par voie de conséquence, le défaut de respect de ce délai n'a d'effets véritables que lorsque la décision attaquée donne lieu à des actes d'exécution. Il en est d'autant plus ainsi que, rappelons-le, l'examen immédiat du pourvoi ne fait pas obstacle à la poursuite de l'information mais seulement à la décision sur le fond (v. nº **19.22B**).

6. Le dépôt du mémoire en défense

De même que pour le délai applicable au dépôt du mémoire ampliatif par un avocat aux conseils (v. **B2** ci-dessus), le délai imparti au défendeur au pourvoi pour présenter son mémoire, rédigé par un avocat aux conseils (sur l'impossibilité, pour le défendeur, de présenter un mémoire personnel, v. nº **19.23C** ; sur le mémoire en défense, v. nº **19.25C**) n'est pas fixé par le législateur. Il revient donc au « *~~conseiller rapporteur~~ président de la chambre criminelle* » (depuis L. nº 2021-401, 8 avr. 2021, modifiant C. pr. pén., art. 588), d'impartir un délai au défendeur au pourvoi pour présenter son mémoire après le dépôt du mémoire ampliatif.

Comme pour le mémoire ampliatif, le mémoire en défense de l'avocat aux Conseils ainsi que les pièces qui lui sont associées peuvent être établis et transmis à la Ch. crim. « *sous format numérique* » (C. pr. pén., art. D. 593-1, issu D. nº 2921-1794, 23 déc. 2021).

Le dépassement du délai fixé par le président de la chambre criminelle n'est pas sanctionné par l'irrecevabilité du mémoire. Il est toutefois déconseillé, dans la mesure où passé ce délai, le conseiller rapporteur entreprend généralement de rédiger son rapport, qu'il établira par conséquent sans avoir recueilli les observations préalables du défendeur si celles-ci ne lui ont pas été communiquées. De surcroît, la demande en **remboursement des frais irrépétibles**, prévue par C. pr. pén., art. 618-1 et accordée au défendeur au pourvoi lorsque ce dernier a été rejeté totalement ou partiellement, est irrecevable lorsqu'elle est présentée postérieurement au délai imparti pour le dépôt du mémoire en défense (Crim. 21 févr. 2001, nº 99-88.006, NP ; Crim. 20 déc. 2000, nº 00-82.779, P nº 385 ; sur les frais irrépétibles, v. nºs **19.25C** et **19.31B**).

19.25 L'instruction du pourvoi par les parties : les moyens soulevés dans le mémoire

A. La présentation du mémoire ampliatif, des moyens et des branches du moyen

Les règles exposées dans le présent paragraphe sont issues de conventions de présentation des mémoires et des moyens, et ne s'imposent pas à peine d'irrecevabilité (sur les conditions de recevabilité des moyens, v. **B** ci-dessous).

La Ch. crim. demande désormais aux requérants d'introduire leur mémoire ampliatif, c'est-à-dire le mémoire en demande, par **une analyse succincte**, intitulée « **Présentation** », exposant brièvement les points de droit à juger. Cette présentation rapide doit préciser, notamment, si la question de droit posée par le pourvoi est nouvelle ou, au contraire, si elle se fonde sur une jurisprudence constante, ou encore si un revirement de jurisprudence ou un assouplissement est sollicité. Enfin, cette courte présentation peut indiquer si une cassation sans renvoi est envisageable (sur la cassation sans renvoi, v. n° **19.34D**).

Cette brève analyse opérée, il revient au rédacteur du mémoire de présenter un **exposé synthétique des faits et de la procédure.**

Le mémoire ampliatif se poursuit par l'exposé des **moyens de cassation**, c'est-à-dire des chefs de dispositifs attaqués. Cette partie du mémoire est normalement introduite par la mention « *Il est fait grief/reproché à l'arrêt attaqué d'avoir* [chef(s) de dispositif attaqué(s) (par ex : *d'avoir déclaré X coupable de... ; ou : d'avoir rejeté la demande de M. X tendant à la réparation de...* »)] » ou, plus directement, par « *Le requérant] fait grief à l'arrêt attaqué d'avoir [chef(s) de dispositif attaqué(s)* ». Le demandeur au pourvoi n'est nullement tenu d'attaquer tous les chefs de dispositif de l'arrêt attaqué, et peut circonscrire son recours « *à tel chef ou à telle disposition dudit arrêt ; que dans ce dernier cas, la Cour n'est saisie que des chefs ou dispositions indiquées dans l'acte de pourvoi* » (Crim. 13 oct. 1980, n° 79-90.780, P n° 256 ; Crim. 14 déc. 1965, n° 65-91.399, P n° 274). Il doit cependant faire apparaître clairement les chefs de dispositif dont l'annulation est poursuivie, et ces derniers doivent faire grief au demandeur (sur l'exigence d'un tel grief, v. n° **19.20**). Dans cette perspective, la branche du moyen (v. *infra*) dirigée contre une partie du dispositif de l'arrêt non visée par le mémoire ampliatif est **irrecevable** (mêmes arrêts), sauf lorsque le chef de dispositif dont l'annulation est poursuivie se déduit « *sans ambiguïté* » de la lecture de la critique (Crim. 11 déc. 2019, n° 19-80.272, P). Les motifs de la décision attaquée n'ont pas à être reproduits dans le mémoire. Lorsque **plusieurs « chefs de dispositifs indépendants** sont attaqués et critiqués de manière distincte – par exemple, le chef de dispositif concernant la culpabilité, et celui concernant la peine– il est préférable, pour faciliter la lecture du mémoire et en privilégier la clarté, de diviser le mémoire en plusieurs moyens, concernant chacun un chef de dispositif ou un groupe de chefs de dispositifs, et de les exposer de manière indépendante dans le corps du mémoire. Après la brève introduction et l'exposé des faits et de la procédure, le mémoire est donc articulé de la manière suivante : « *Premier moyen de cassation* » et l'exposé des branches, puis du droit et l'application à l'espèce ; « *Deuxième moyen de cassation* », et l'exposé des branches (v. *infra*), puis du droit et l'application à l'espèce, etc.

Viennent ensuite les **branches du moyen**, c'est-à-dire les critiques formulées à l'appui des moyens dirigés contre l'arrêt attaqué, introduites par la mention « *Alors que* [exposé du moyen] ». Le moyen est divisé en autant de branches que de critiques faites à l'arrêt. Devant la chambre criminelle, les moyens sont rédigés dans un style direct et l'exposé de la règle de droit dont la violation est invoquée ne s'impose pas. Il est cependant recommandé, lorsqu'il est demandé à la chambre criminelle de consacrer un nouveau principe ou lorsque la règle invoquée présente un degré de complexité particulier, afin de favoriser la compréhension de la branche par la juridiction. Sous cette réserve, les moyens peuvent donc exposer directement en quoi les motifs critiqués sont contraires aux textes de droit rappelés à la fin du moyen. La branche est donc rédigée de la sorte : « *Alors qu'en* [critique de l'arrêt attaqué], *la cour d'appel a violé* [les articles ...] » (sur les cas d'ouverture à cassation, v. n° **19.32**).

Précisons que dans la perspective éventuelle du rejet du pourvoi et d'un recours ultérieur devant la CEDH, il est nécessaire de viser, en fin de moyen, les **dispositions de la Conv. EDH** dont la violation pourrait être invoquée à l'appui de la requête devant la CEDH. La CEDH impose en effet, à peine d'irrecevabilité de la requête, de soulever devant les juridictions internes « *au moins en substance et dans les formes et délais prescrits par le droit interne, les griefs que l'on entend formuler par la suite à Strasbourg* » (CEDH 19 mars 1991, *Cardot c/ France*, n° 11069/84, § 35). Cependant, « *Si une requête est néanmoins introduite par la suite à Strasbourg, la Cour européenne doit pouvoir tirer profit des avis de ces tribunaux, lesquels* *sont en contact direct et permanent avec les forces vives de leurs pays* » (CEDH 29 avr. 2008, *Burden c/ Royaume-Uni*, n° 13378/05, § 42).

Le mémoire ampliatif contient ensuite **l'exposé de droit** présenté au soutien des branches des moyens soulevées à l'encontre de la décision attaquée, puis **l'application à l'espèce**, dont il doit résulter que les motifs de la décision contreviennent aux règles de droit analysées précédemment.

L'ensemble des moyens exposés, le mémoire ampliatif s'achève en **récapitulant les demandes** formulées par le demandeur au pourvoi de la manière suivante : « *Par ces motifs, M. X...conclut qu'il plaise à la C. cass.* : [saut de ligne] *Casser et annuler l'arrêt attaqué / Casser et annuler l'arrêt attaqué en ce qu'il a...* ».

Le demandeur au pourvoi n'est pas admis à formuler une demande en paiement des frais irrépétibles, dès lors que C. pr. pén., art. 618-1 réserve cette possibilité au seul défendeur au pourvoi, lorsque celui-ci a été rejeté (sur la demande en paiement des frais irrépétibles présentée par le défendeur en cas de rejet du pourvoi, v. **C** ci-dessous et n° **19.31B**).

À la différence des mémoires ampliatifs produits devant les chambres civiles, le mémoire présenté devant la chambre criminelle ne doit être accompagné d'**aucune production obligatoire**, la chambre criminelle disposant du dossier de la procédure. Il est cependant toujours possible de produire les pièces non comprises dans le dossier de la procédure, que le demandeur au pourvoi estime utile pour emporter la conviction des magistrats, étant toutefois précisé qu'aucun élément de fait nouveau, c'est-à-dire qui n'aurait pas déjà été soumis aux juges du fond et discuté devant eux, ne peut être soumis à la Ch. crim. Précisons que les pièces (ou productions) qui sont associées au mémoire peuvent être transmises comme ce dernier « *sous format numérique* » à la Ch. crim. (C. pr. pén., art. D. 593-1, issu D. n° 2921-1794, 23 déc. 2021).

Lorsque les conditions le permettent, le demandeur peut également solliciter **la cassation sans renvoi** de la décision attaquée (sur ces conditions, v. n° **19.34D**). Une telle demande pourra utilement figurer en fin de mémoire, avant les demandes récapitulatives. Ces dernières devront alors demander à la chambre criminelle de « *Casser et annuler sans renvoi...* » ou de « *Casser et annuler sans renvoi l'arrêt attaqué et, statuant à nouveau... [chefs de demande]* ».

B. Les conditions de recevabilité des moyens de cassation

1. L'irrecevabilité des moyens n'invoquant la violation d'aucun texte de loi (C. pr. pén., art. 567 et 591)

« *Les arrêts de la CHINS ainsi que les arrêts et jugements rendus en dernier ressort par les juridictions de jugement, lorsqu'ils sont revêtus des formes prescrites par la loi, ne peuvent être cassés que pour violation de la loi* » (C. pr. pén., art. 591). En application de ce texte et des dispositions de C. pr. pén., art. 567, le pourvoi n'invoquant « *la violation d'aucun texte de loi* » est « *sans objet* » et doit donc être rejeté (Crim. 29 nov. 1982, n° 81-93.489, P n° 269). De même, le mémoire ne visant « *aucun texte de loi* » et n'offrant « *à juger aucun moyen de droit* » ne remplit pas les conditions exigées par C. pr. pén., art. 590, ce qui le rend irrecevable (Crim. 13 nov. 2019, n° 18-85.700, NP ; Crim. 19 juin 2019, n° 18-82.843, NP ; Crim. 15 janv. 2019, n° 18-86.247, P n° 13 ; Crim. 11 déc. 2012, n° 12-86.576, P n° 273).

2. L'irrecevabilité des moyens se prévalant d'une atteinte aux intérêts des autres parties (C. pr. pén., art. 600)

« *Nul ne peut, en aucun cas, se prévaloir contre la partie poursuivie de la violation ou omission des règles établies pour assurer la défense de celle-ci* » (C. pr. pén., art. 600). En application de ce texte, le moyen du demandeur au pourvoi est irrecevable lorsqu'il fait grief à la décision attaquée d'avoir porté atteinte aux intérêts d'une autre partie. Il en résulte que les parties civiles « *ne sauraient se faire un grief des mentions contenues dans l'arrêt qui concernent la seule défense des prévenus* » (Crim. 9 déc. 2014, n° 13-84.143, P n° 261), de sorte que « *les parties civiles demanderesses ne sauraient se faire un grief d'une prétendue violation des dispositions du dernier alinéa de l'article 513 du code de procédure pénale* », selon lesquelles le prévenu doit avoir la parole en dernier, dès lors que ces dispositions « *ne concernent que le prévenu* » (Crim. 2 juin 1980, n° 78-93.482, P n° 168). Dans le même sens, « *la partie civile est sans qualité pour se prévaloir du défaut de notification à la personne qui comparaît devant la CHINS, saisie d'une ordonnance de transmission de pièces pour cause de trouble mental, de son droit* » au silence (§ 8), car Conv. EDH, art. 6, §§ 1 et 3 a « *pour objet la protection de l'accusé* » (§ 7) (Crim. 26 oct. 2022, n° 21-85.850, P).

3. L'irrecevabilité des moyens nouveaux, mélangés de fait et de droit

Il est de jurisprudence constante que le moyen de droit « *présenté pour la première fois devant la* **C. cass.**, *est nouveau, mélangé de fait et comme tel irrecevable* » (par ex : Crim. 29 avr. 2014, n° 14-80.980, P n° 115 ; Crim. 24 janv. 1996, n° 95-80.855, P n° 41 ; v. aussi Crim. 2 déc. 2020, n° 19-87.124, P ; Crim. 30 oct. 2019, n° 19-80.086, NP). Le demandeur au pourvoi ne saurait donc « *se prévaloir, pour la première fois devant la* **C. cass.**, *d'une erreur de droit* » qu'il n'avait pas invoquée devant les juges du fond (Crim. 17 déc. 2019, n° 18-86.358, P).

Des **dispositions spéciales** rappellent expressément l'application de cette règle générale. S'agissant des **exceptions de nullité**, il est ainsi prévu qu'« *En matière correctionnelle, le prévenu n'est pas recevable à présenter comme moyen de cassation les nullités commises en première instance s'il ne les a pas opposées devant la cour d'appel, à l'exception de la nullité pour cause d'incompétence lorsqu'il y a eu appel du ministère public. En matière criminelle, l'accusé n'est pas recevable à présenter comme moyen de cassation les nullités qu'il n'a pas soulevées devant la cour d'assises statuant en appel conformément aux prescriptions de l'article 305-1* » (C. pr. pén., art. 599). En application de ce texte, le moyen « *fondé sur une prétendue nullité commise en première instance* » est irrecevable lorsqu'il « *n'a pas été opposé devant la cour d'appel* » (Crim. 22 mars 1966, n° 65-91.171, P n° 106). Sur le fondement du même texte, est irrecevable le moyen invoquant pour la première fois l'**irrecevabilité de la constitution de partie civile** (Crim. 27 juin 2017, n° 16-83.534, NP) ; de même que le moyen d'une personne condamnée, tiré de « *l'inobservation du délai de signification de la liste des jurés de session ou des opérations de révision de cette liste, dès lors qu'il n'a pas soulevé cette exception devant la cour d'assises, après la constitution définitive du jury de jugement* » (Crim. 10 déc. 1997, n° 97-81.726, NP).

Il est dérogé au principe qui précède pour les **moyens nouveaux d'ordre public**. Le moyen nouveau n'est donc pas irrecevable lorsqu'il est d'ordre public et un tel moyen, de pur droit, peut être soulevé pour la première fois devant la Ch. crim. Par exemple, « *l'exception d'incompétence est d'ordre public et peut être soulevée pour la première fois devant la* **C. cass.** » (Crim. 9 janv. 2013, n° 12-83.047, P n° 12 ; Crim. 28 févr. 2006, n° 05-85.840, P n° 57). De même, le moyen tiré de la méconnaissance des « *dispositions relatives aux formes et délais d'appel, qui sont d'ordre public* », peut être soulevé pour la première fois devant la Ch. crim. (Crim. 14 janv. 2014, n° 12-84.592, P n° 6 ; Crim. 27 nov. 1963, n° 63-92.583, P n° 333).

Restent également recevables les **moyens nés de la décision attaquée**. Peut ainsi être soulevé pour la première fois devant la Ch. crim. le grief né de la décision attaquée ou le moyen ne nécessitant pas la prise en considération d'éléments ne résultant pas des constatations de l'arrêt attaqué. Ainsi, un moyen tiré du caractère disproportionné « *aux droits garantis par un texte conventionnel* », peut être soulevé pour la première fois devant la Ch. crim. si son examen ne nécessite pas « *la prise en considération d'éléments de fait qui ne résultent pas des constatations de l'arrêt attaqué* » (Crim. 16 févr. 2016, n° 15-82.732, P n° 48 ; sur le **contrôle de proportionnalité**, v. n° **19.32E**). Il en résulte par exemple que « *le moyen, nouveau et mélangé de fait et, comme tel, irrecevable, en ce qu'il invoque pour la première fois devant la* **C. cass.** *le caractère disproportionné de l'atteinte spécifique portée au droit de l'intéressée au respect de sa vie privée et familiale par la mesure d'interdiction de gérer prononcée par le tribunal correctionnel et confirmée par la cour d'appel, en violation de l'article 8 de la Convention européenne des droits de l'homme* » (Crim. 20 juin 2017, n° 16-80.982, P n° 169). Il en va de même du moyen invoquant la violation d'une disposition du droit de l'Union (Crim. 13 mars 1989, n° 88-82.335, NP). En revanche, une QPC peut toujours être soulevée pour la première fois devant la Ch. crim. (sur les QPC formées à l'occasion d'un pourvoi, v. n° **19.26A**).

C. La présentation du mémoire en défense

Le mémoire en défense rédigé par chaque défendeur au pourvoi aura pour objet de répondre aux moyens du demandeur, dans le but d'obtenir le rejet du pourvoi. Le défendeur au pourvoi pourra utilement procéder à un bref résumé des différents moyens et branches rédigés par le demandeur, afin de faciliter la lecture de son mémoire.

Il pourra également formuler une demande tendant au remboursement « *des frais non payés par l'État et exposés* » (C. pr. pén., art. 618-1), demande à laquelle il pourra être fait droit en cas de rejet total ou partiel du pourvoi (Crim. 16 mai 2018, n° 17-81.151, P. n° 94)., à condition de formuler cette demande **dans les délais impartis au défendeur pour déposer son mémoire** (v. **19.24B6**). À cet égard, la Ch. crim. juge que « *la condamnation prévue par l'article 618-1 du code de procédure pénale ne [peut] être prononcée que contre l'auteur de l'infraction et au profit de la seule partie civile* » (Crim. 29 mai 2001, n° 00-86.752, P n° 135), mais peut être accordée « *en cas de rejet du pourvoi, qu'il soit total ou partiel* » (Crim. 21 mars 2018, n° 16-87.296, P n° 50). Précisons enfin que si le texte vise l'hypothèse du rejet du pourvoi, ce qui paraît *a priori* exclure d'en solliciter utilement le bénéfice lorsque le pourvoi est irrecevable, la Ch. crim. admet également de condamner le demandeur au paiement de ces frais lorsque son pourvoi est irrecevable (par ex : Crim. 3 avr. 2013, n° 11-87.996, NP).

Lorsque la cassation de la décision attaquée lui paraît inévitable et qu'il souhaite faire l'économie d'une nouvelle procédure devant une juridiction de renvoi, le défendeur peut également solliciter de la Ch. crim. **la cassation sans renvoi** de la décision attaquée (sur cette procédure, v. n° **19.34D**).

De même que pour le demandeur au pourvoi aucune production obligatoire ne s'impose au défendeur au pourvoi (sur la présentation du mémoire ampliatif, v. **A** ci-dessus), mais il lui est aussi loisible de produire les pièces qu'il estime utile à son argumentation et dont la Ch. crim. ne disposerait pas déjà.

Une fois ce mémoire rédigé et déposé au greffe de la C. cass., il appartient à l'avocat aux conseils de le **notifier** au demandeur ou, le cas échéant, à son avocat aux conseils.

19.26 La question prioritaire de constitutionnalité formée à l'occasion du pourvoi

A. Le régime procédural de la QPC formée à l'occasion d'un pourvoi

Il convient de distinguer la QPC formée devant les juridictions du fond (sur le régime général de la QPC, v. n° **17.25**), qui peut seulement « *être reformulée par le juge à effet de la rendre plus claire ou de lui restituer son exacte qualification* », sous réserve que son objet ou sa portée ne s'en trouvent pas modifiés (Civ. 2e, 21 nov. 2013, n° 13-40.058, NP), et qui est insusceptible, une fois renvoyée devant la C. cass. d'être modifiée « *par voie de mémoire devant la C. cass.* » (Crim. 22 janv. 2013, n° 12-90.065, P n° 23), de la QPC formée à l'occasion d'un pourvoi, obéissant à un régime procédural distinct.

En effet, lorsque « *la QPC [est] présentée à l'occasion de l'examen d'un pourvoi* », « *le mémoire la contenant obéit aux règles procédurales applicables en matière de pourvoi* » (Crim. 3 oct. 2018, n° 18-84.422, NP ; v. aussi. Crim. 24 mai 2014, n° 14-81.664, NP). La QPC formée à l'occasion d'un pourvoi doit donc être formée dans les délais applicables au pourvoi principal, lesquels dépendent du statut du demandeur au pourvoi et de son recours, ou non, à un avocat aux Conseils (sur ce point, v. n° **19.24B**).

Il en résulte en premier lieu que la recevabilité d'une QPC formée à l'occasion d'un pourvoi implique que ce dernier soit effectivement soumis à l'examen de la Ch. crim.

Dès lors, l'irrecevabilité du pourvoi « *entraîne, par voie de conséquence, celle de la QPC* » (Crim. 29 mars 2017, n° 17-80.020, NP), « *en l'absence d'instance devant la **C. cass.*** » (Crim. 6 déc. 2011, n° 11-87.619, NP). Il en va de même lorsque la Ch. crim. constate la déchéance du pourvoi principal (Crim. 16 avr. 2019, n° 19-81.649, NP), ou sa nullité (Crim. 14 mars 2017, n° 17-80.376, NP). Pareillement, lorsque la Ch. crim. déclare qu'un pourvoi est devenu sans objet, le mémoire spécial soulevant la QPC formée à l'occasion de ce pourvoi « *est irrecevable et ne saisit pas la **C. cass.** de la question qu'il contient* » (Crim. 26 mai 2020, n° 20-81.940, NP).

Il en résulte en second lieu que « *Lorsque la QPC est soulevée à l'occasion d'un pourvoi, le mémoire qui la présente doit être déposé dans le délai d'instruction de ce pourvoi* » (Crim. 17 avr. 2019, n° 17-85.936, NP), sous réserve d'un raccourcissement du délai ordonné par « *Le président de la formation à laquelle l'affaire est distribuée ou son délégué* », « *en cas d'urgence* » (C. pr. pén., art. R. 49-32). Ainsi, par exemple, la QPC soulevée dans un mémoire personnel par une partie non condamnée pénalement doit être déposée au greffe de la C. cass. dans un délai de 10 jours après la déclaration de pourvoi (Crim. 8 oct. 2019, n° 19-85.687, NP, sur les délais pour présenter un mémoire ampliatif personnel, v. n° **19.24B1**). De même, en application de C. pr. pén., art. 567-2, lorsque le pourvoi est formé contre un arrêt d'une CHINS ou de « *la chambre correctionnelle de la cour d'appel* » (mod. issue L. n° 2021-401, 8 avr. 2021) rendu en matière de détention provisoire, la QPC formée à l'occasion de ce pourvoi doit être déposée « *dans le délai d'un mois à compter de la réception du dossier par la **C. cass.**, sauf délai supplémentaire de huit jours accordé à titre exceptionnel par le président de la chambre criminelle* » (Crim. 3 oct. 2018, n° 18-84.422, NP ; sur l'allongement du délai de pourvoi contre un arrêt de CHINS rendu en matière de détention provisoire, v. n° **19.24B5**).

Mentionnons qu'après avoir statué en sens contraire (Crim. 16 déc. 2014, n° 14-88.038, P n° 274), la C. cass. admet qu'une QPC puisse être soulevée devant elle à l'occasion d'une requête, en l'espèce une requête en suspicion légitime (Crim. 16 nov. 2022, n° 22-85.167, P) (sur la requête en suspicion légitime, C. pr. pén., art. 662, v. n° **17.36A2**).

B. Les conditions de forme de la QPC formée à l'occasion d'un pourvoi

La QPC doit, à peine d'irrecevabilité relevée d'office, être soumise à la Ch. crim. « *dans un écrit distinct et motivé* », (C. pr. pén., art. R. 49-21 ; Ord. n° 58-1067, 7 nov. 1958, art. 23-5), portant « *la mention : QPC* » (C. pr. pén., art. R. 49-31). Il résulte de l'exigence de motivation qu'une QPC ne précisant pas en quoi la disposition contestée porte atteinte aux droits et libertés garantis par la Const. est irrecevable (Crim. 18 déc. 2013, n° 13-86.882, NP).

Retenons aussi que la QPC est par hypothèse « *prioritaire* ». Par conséquent, lorsqu'elle « *est présentée à titre subsidiaire, alors qu'elle ne peut être examinée après les moyens du pourvoi formé par le demandeur, [elle] n'est pas recevable* » (Crim. 5 oct. 2022, n° 22-84.513, D).

Le mémoire déposé à l'appui de la QPC obéit de surcroît aux conditions de forme s'imposant au mémoire produit à l'appui du pourvoi principal (Crim. 8 oct. 2019, n° 19-85.687, NP), et doit donc, selon les cas et dans les mêmes conditions que celles du pourvoi principal (sur ce point, v. n° **19.24**), être signé par le demandeur ou l'avocat aux Conseils saisi du dossier (C. pr. pén., art. R. 49-30).

C. Les conditions de fond de la QPC formée à l'occasion d'un pourvoi

1. Seules les dispositions législatives peuvent faire l'objet d'une QPC (Const., art. 61-1)

En application de Ord., n° 58-1067, 7 nov. 1958, art. 23-5, « *Le moyen tiré de ce qu'une disposition législative porte atteinte aux droits et libertés garantis par la Constitution peut être soulevé, y compris pour la première fois en cassation* ».

La QPC doit avoir pour objet de contester la conformité d'**une disposition législative** aux « *droits et liberté garantis par la Constitution* » (Constitution du 4 oct. 1958, mod. par L. n° 2008-724, 23 juill. 2008, art. 61-1). Il en résulte qu'une QPC qui, sous couvert de critiquer des dispositions législatives, tend en réalité à contester des dispositions de nature réglementaire, est irrecevable (par ex : 3e Civ., 14 juin 2018, n° 18-40.013, P ; Civ. 2e, 20 oct. 2016, n° 16-14.721, NP ; Civ. 3e, 7 oct. 2015, n° 15-40.032, P ; Crim. 22 févr. 2012, n° 11-90.122, P n° 54 ; Civ. 1re, 17 mars 2011, n° 10-40.077, NP).

Est donc irrecevable la QPC contestant la conformité à la Constitution de dispositions issues d'un arrêté (Crim. 2 oct. 2013, n° 13-90.026, NP).

Il en est de même pour celle portant sur une ordonnance non ratifiée par le législateur (Crim. 8 janv. 2013, n° 12-86.537, NP), sauf « *si le délai de l'habilitation est expiré au jour où la **C. cass.** statue et [que la QPC] porte sur la contestation, au regard des droits et libertés que la Constitution garantit, de dispositions de l'ordonnance qui relèvent du domaine de la loi* » (double condition) (Crim. 2 mars 2021, n° 21-90.001, P). La Ch. crim. revirant sur sa jurisprudence antérieure, a ainsi tiré les conséquences des décisions du Cons. const. (revenant lui aussi sur sa jurisprudence Cons. const. 10 févr. 2012, n° 2011-219 QPC, § 3) déclarant qu'à l'expiration du délai d'habilitation, les dispositions d'une ordonnance non ratifiée touchant au domaine législatif « *doivent être regardées comme des dispositions législatives* » (§ 11) (Cons. const. 28 mai 2020, n° 2020-843 QPC), ou considérant que « *si les dispositions d'une ordonnance acquièrent valeur législative à compter de sa signature lorsqu'elles ont été ratifiées par le législateur, elles doivent être regardées, dès l'expiration du délai de l'habilitation et dans les matières qui sont du domaine législatif, comme des dispositions législatives* » (§ 11) (Cons. const. 3 juill. 2020, n° 2020-851/852 QPC).

De même, la C. cass. déclare irrecevable une QPC tendant en réalité à contester la conformité à la Constitution de l'interprétation jurisprudentielle d'une règle du droit international coutumier (Civ. 1re, 29 nov. 2017, n° 17-40.056, NP), ou d'une clause conventionnelle (Crim. 4 mars 2014, n° 13-90.038, NP ; Crim. 17 mai 2011, n° 10-82.938, P n° 98).

La C. cass. admet cependant que la QPC porte sur **l'interprétation jurisprudentielle constante d'une disposition législative**, et juge que « *tout justiciable a le droit de contester la constitutionnalité de la portée effective qu'une interprétation jurisprudentielle constante confère à une disposition législative, à la condition qu'une telle interprétation ait été soumise à la Cour suprême compétente* » (Crim. 27 juin 2018, n° 18-80.684, NP). Il s'en déduit que la QPC contestant une jurisprudence qui n'est pas constante est irrecevable (Crim. 16 janv. 2019, n° 18-80.040, NP).

2. Les dispositions législatives contestées par la question posée doivent être applicables au litige (Ord., n° 56-1067, 7 nov. 1958, art. 23-2 et 23-4)

Il résulte de Ord., n° 56-1067, 7 nov. 1958, art. 23-2 et 23-4 qu'une QPC « *ne peut être renvoyée au Conseil constitutionnel que lorsque la disposition contestée est applicable au litige ou constitue le fondement des poursuites* » (Crim. 10 févr. 2021, n° 20-86.327, NP ; Crim. 14 oct. 2020, n° 20-84.167, NP ; Crim. 24 juin 2020, n° 20-90.009, P), de sorte qu'il n'y a pas lieu de renvoyer la QPC dirigée contre une disposition législative qui n'est pas applicable à la procédure ou qui ne constitue pas le fondement des poursuites.

3. La question posée doit être nouvelle ou présenter un caractère sérieux (Ord., n° 56-1067, 7 nov. 1958, art. 23-2 et 23-5)

Les conditions du renvoi de la QPC devant le Cons. const., se distinguent partiellement de celles qui s'appliquent à la transmission des QPC à la C. cass. ou au CE par les juridictions du fond (sur ce point, v. n° **17.25**). La transmission de la QPC obéit certes en partie à des conditions identiques, la disposition contestée devant, pour entraîner la transmission de la QPC, « *être applicable au litige ou à la procédure* » (v. **C2** ci-dessus), et ne pas porter sur une disposition ayant « *déjà été déclarée conforme à la Constitution dans les motifs et le dispositif d'une décision du Conseil constitutionnel, sauf changement de circonstance* » (Ord., n° 58-1067, 7 nov. 1958, art. 23-2 et 23-5).

Une QPC ne peut être transmise au Cons. const., que si elle « *est nouvelle ou présente un caractère sérieux* » (Ord., n° 58-1067, 7 nov. 1958, art. 23-5), quand la transmission d'une QPC à la C. cass. ou au CE par les juridictions du fond implique seulement que la question ne soit pas « *dépourvue de caractère sérieux* » (Ord., n° 58-1067, 7 nov. 1958, art. 23-2). Les conditions de transmission de la QPC sont donc plus exigeantes devant la C. cass. et le CE que devant les juridictions du fond.

• **La disposition n'a pas déjà été déclarée conforme à la Constitution, sauf changement de circonstance**

A cet égard, sont à prendre en considération toutes les décisions rendues par le Cons. const., dans son office de juge de la constitutionnalité des lois. Exceptionnellement, une précédente décision pourra ne pas constituer un obstacle en raison des « *changements intervenus, depuis la précédente décision, dans les normes de constitutionnalité applicables ou dans les circonstances, de droit ou de fait, qui affectent la portée de la disposition législative critiquée* » (Cons. const. 3 déc. 2009, n° 2009-595 DC).

Le changement de circonstances peut en outre résulter de l'évolution jurisprudentielle. Ainsi, en dépit de sa validation par le Cons. const., (Cons. const. 26 nov., 2010, n° 2010-66 QPC), C. pén., art. 131-21, lui a été de nouveau soumis par la Ch. crim. en raison de sa nouvelle jurisprudence (Crim. 9 sept. 2020, n° 18-84.619, P), qui était « *de nature à constituer un changement de circonstances de droit* » (Crim. 24 nov. 2021, n° 21-90.029 et n° 21-82.389).

Lorsque le texte a été modifié depuis son précédent examen, il y a « *lieu de procéder à l'examen des dispositions contestées, sans qu'il soit besoin de justifier d'un changement de circonstances* » (Cons. const. 23 sept. 2021, n° 2021-930 QPC, § 8).

• **La question doit être nouvelle**

La condition tenant à **la nouveauté** d'une QPC soumise à la C. cass. et au CE, qui constitue, avec son caractère sérieux, une condition alternative de sa transmission au Cons. const., ne se confond pas avec la condition, cumulative, selon laquelle la disposition législative contestée ne doit pas avoir déjà été déclarée conforme à la Constitution, prévue par Ord., n° 58-1067, 7 nov. 1958, art. 23-2. La Ch. crim. juge en effet qu'une QPC n'est « *nouvelle* » au sens de Ord., n° 58-1067, 7 nov. 1958, art. 23-5 que si elle porte « *sur l'interprétation d'une disposition constitutionnelle dont le Conseil constitutionnel n'aurait pas encore eu l'occasion de faire application* » (Crim. 3 févr. 2021, n° 20-84.441, NP ; Crim. 29 avr. 2020, n° 20-80.882, NP ; Crim. 21 avr. 2020, n° 19-86.979, NP ; Crim. 23 oct. 2018, n° 17-85.871, NP). Autrement dit, une QPC est nouvelle lorsqu'elle ne se réclame pas de l'application d'une disposition du bloc de constitutionnalité dont le Cons. const. n'aurait encore jamais fait application, ce qui est rarement le cas en pratique.

La discussion porte donc en réalité sur le caractère sérieux de la QPC.

• **La question doit présenter un caractère sérieux**

Une question **présente un caractère sérieux** lorsqu'elle fait apparaître que la disposition législative contestée porte effectivement atteinte « *aux droits et libertés que la Constitution garantit* » (Constitution du 4 oct. 1958, mod. par L. n° 2008-724, 23 juill. 2008, art. 61-1). Il en résulte que le grief tiré de la méconnaissance d'un objectif de valeur constitutionnelle (OVC, sur ce point, v. n° **17.25A3**), par exemple l'objectif d'accessibilité et d'intelligibilité de la loi est irrecevable, dès lors que ce principe « *se rattache à la compétence du législateur et ne peut être regardé comme un droit ou une liberté* » au sens de l'art. 61-1 de la Const. (Crim. 25 mars 2020, n° 19-90.037, NP). Il en va de même du grief tiré de la méconnaissance de « *la prescription de l'action publique* », qui « *ne constitue pas un principe fondamental reconnu par les lois de la République, ainsi que l'a jugé le Conseil constitutionnel (CC n° 2019-785, QPC du 24 mai 2019, § 6* » (Crim. 25 mars 2020, n° 19-86.509, NP).

La seule atteinte, par la disposition législative contestée, aux droits et libertés garantis par la Constitution ne détermine de surcroît pas, à elle-seule, son caractère sérieux. Il importe en effet qu'une telle atteinte ne soit ni nécessaire, ni proportionnée à l'objectif poursuivi par le législateur (par ex : Crim. 21 avr. 2020, n° 19-86.979, NP ; Crim. 25 mars 2020, n° 19-86.572, NP).

Enfin, ajoutons que « *La C. cass. n'est pas tenue de renvoyer au Conseil constitutionnel une QPC mettant en cause, par les mêmes motifs, une disposition législative dont le Conseil constitutionnel est déjà saisi. En cas d'absence de transmission pour cette raison, elle diffère sa décision jusqu'à l'intervention de la décision du Conseil constitutionnel* » (C. pr. pén., art. R. 49-33). Lorsque la C. cass. décide sur ce fondement de ne pas transmettre la QPC au motif que le Cons. const., est déjà saisi mais qu'elle ne peut surseoir à statuer parce que l'intéressé est privé de liberté à raison de l'instance et que la loi prévoit qu'elle doit statuer dans un délai déterminé (Sur les délais impartis à la Ch. Crim. pour statuer, v. n° **19.28D**), elle statue sans attendre mais, empruntant à la décision Cons. const. 3 déc. 2009, n° 2009-595 DC § 18) ; ces dispositions « *ne sauraient priver le justiciable de la faculté d'introduire une nouvelle instance pour qu'il puisse être tenu compte de la décision du Conseil constitutionnel* » (§ 9 et 10) (Crim. 24 févr. 2021, n° 20-86.537, P). Lorsqu'une QPC portent sur plusieurs dispositions combinées, dont une partie seulement est déjà en cours d'examen par le Cons. const., la C. cass. peut refuser de renvoyer la question sur ces dispositions et y procéder pour les autres (ex. Crim. 20 avr. 2022, n° 22-90.003, D).

D. L'instruction de la QPC et le délai pour statuer

Une fois déposé le mémoire présenté à l'appui de la QPC formée à l'occasion du pourvoi, « *les autres parties au pourvoi disposent d'un délai d'un mois pour remettre un mémoire en réponse sur la QPC* » (C. pr. pén., art. R. 49-31). Pour le reste, le mémoire en réponse est « *établi, remis et communiqué suivant les règles régissant le pourvoi* » (C. pr. pén., art. R. 49-31 ; sur le mémoire en défense, v. n° **19.25C**).

« *Lorsque le ministère public n'est pas partie à l'instance, l'affaire lui est communiquée dès que le moyen est soulevé afin qu'il puisse faire connaître son avis* » (Ord. n° 58-1067, 7 nov. 1958, art. 23-1).

Le législateur a cependant ouvert au « *président de la formation à laquelle l'affaire est distribuée ou son délégué* » la possibilité de **raccourcir le délai** normalement imparti à la partie ayant soulevé la QPC ainsi qu'aux autres parties (C. pr. pén., art. R. 49-32). Dans ces deux hypothèses, le greffe « *notifie aux parties la décision prise par le président de la formation ou son délégué* » (C. pr. pén., art. R. 49-34).

Le « *président de la formation à laquelle l'affaire est distribuée ou son délégué* » fixe également « *la date de l'audience au cours de laquelle sera examinée la QPC* », et en avise le procureur général « *pour lui permettre de faire connaître son avis* » (C. pr. pén., art. 49-32). Le greffe notifie alors aux parties « *la date de l'audience* » fixée dans ces conditions (C. pr. pén., art. 49-34), la Ch. crim. étant tenue de statuer dans un **délai de 3 mois** à compter du dépôt de la QPC (Ord., n° 58-1067, 7 nov. 1958, art. 23-2).

Lorsqu'elle juge que la QPC qui lui est soumise répond aux conditions de Ord., n° 58-1067, 7 nov. 1958, art. 23-5, la Ch. crim. la renvoie devant le Cons. const., (Constitution du 4 oct. 1958, mod. par L. n° 2008-724, 23 juill. 2008, art. 61-1). Elle surseoit alors à statuer « *jusqu'à la décision du Conseil constitutionnel* » (Ord., n° 58-1067, 7 nov. 1958, art. 23-3). Dans le cas contraire, la Ch. crim. « *dit n'y avoir lieu de renvoyer au Conseil constitutionnel la QPC* » (par ex : Crim. 29 janv. 2020, n° 19-82.263, NP).

19.27 La demande de renvoi préjudiciel à la CJUE formée à l'occasion du pourvoi

A. Le régime procédural de la question préjudicielle posée à l'occasion d'un pourvoi

1. Les conditions du renvoi de la question préjudicielle devant la CJUE

Lorsqu'une norme de droit de l'Union européenne pose une difficulté d'interprétation et qu'une question préjudicielle est « *soulevée dans une affaire pendante* » devant la C. cass., celle-ci « *est tenue de saisir* » la CJUE, à la différence des juridictions du fond qui n'en ont pas l'obligation (TFUE, art. 267) (Sur la question préjudicielle à la CJUE devant les juridictions du fond, v. n° **17.26B**).

Une telle obligation de renvoi ne s'impose cependant à la C. Cass. que si la question posée soulève effectivement une difficulté d'interprétation du droit communautaire. « *Il ne suffit donc pas qu'une partie soutienne que le litige pose une question d'interprétation du droit communautaire pour que la juridiction concernée soit tenue de considérer qu'il y a question soulevée au sens de cet article* » (CJCE 6 oct. 1982, *Cilfit*, n° 283/81, § 2). La C. cass. jouit ainsi « *du même pouvoir d'appréciation que toutes autres juridictions nationales en ce qui concerne le point de savoir si une décision sur un point de droit communautaire est nécessaire pour lui permettre de rendre leur décision* » (même arrêt). Il en résulte que la Ch. crim. n'est pas tenue de renvoyer une question préjudicielle :

– lorsque sa solution serait en toute hypothèse dépourvue d'incidence sur le litige (CJCE 6 oct. 1982, *Cilfit*, préc., § 2) ;

– lorsque la question préjudicielle qui lui est soumise « *est matériellement identique à une question ayant déjà fait l'objet d'une décision à titre préjudiciel dans une espèce analogue ou que le point de droit en cause a été résolu par une jurisprudence établie de la Cour, quelle que soit la nature des procédures qui ont donné lieu à cette jurisprudence, même à défaut d'une stricte identité des questions en litige* » (CJCE 6 oct. 1982, Cilfit, préc., § 4) ;

– lorsque « *l'application correcte du droit communautaire s'impose avec une telle évidence qu'elle ne laisse place à aucun doute raisonnable* », étant précisé que « *l'existence d'une telle éventualité doit être évaluée en fonction des caractéristiques propres au droit communautaire, des difficultés particulières que présente son interprétation et du risque de divergences de jurisprudence à l'intérieur de la Communauté* » (CJCE 6 oct. 1982, *Cilfit*, préc., § 5) ;

– lorsque la question préjudicielle a déjà été posée devant les premiers juges et que ces derniers ont refusé de la transmettre par une décision devenue irrévocable, compte-tenu de l'autorité attachée à la chose jugée (Crim. 18 déc. 2019, n° 18-83.062, P).

Précisons qu'en application de TFUE, art. 258, le fait, pour la C. cass., de refuser de manière injustifiée de transmettre une question préjudicielle, ou de s'abstenir à tort d'en poser une d'office, peut donner lieu à la condamnation de la France par la CJUE (par ex. : condamnant la France à la suite du refus injustifié du CE de renvoyer une question préjudicielle devant la CJUE, v. CJUE, 4 oct. 2018, n° C-416/17). Dans une perspective identique, la CEDH a récemment jugé que le défaut de motivation, par la C. cass., de la décision de rejet d'une demande de renvoi de questions préjudicielles devant la CJUE constituait une violation de l'article 6 § 1 de la Conv. EDH (CEDH 13 févr. 2020, *Sanofi Pasteur c/ France*, n° 25137/16, § 78 ; 16 avr. 2019, *Baltic Master LTD. c/ Lituanie*, n° 55092/16, § 43).

Lorsqu'elle considère que les conditions de renvoi de la question préjudicielle qui lui est soumise sont réunies ou qu'elle décide d'office de renvoyer une question préjudicielle en raison d'une difficulté posée par l'interprétation communautaire, la Ch. crim. doit surseoir à statuer et renvoyer la question préjudicielle à la CJUE (par ex : Civ. 1re, 20 févr. 2019, n° 17-21.006, P ; Com. 14 déc. 2004, n° 02-31.241, P IV, n° 224).

2. L'articulation de la question préjudicielle et de la QPC posées à l'occasion d'un pourvoi

Si la C. cass. est simultanément saisie de la question de la conformité d'un texte à la Constitution et de « *moyens contestant la conformité d'une disposition législative* » « *aux engagements internationaux de la France* », elle est tenue de « *se prononcer par priorité sur le renvoi de la question de constitutionnalité au Conseil constitutionnel* » (Ord. n° 58-1067, 7 nov. 1958, art. 23-5). Cette priorité, d'ordre chronologique, ne remet cependant pas en cause l'obligation de la C. cass. de renvoyer une question préjudicielle à la CJUE lorsque la question qui lui est soumise satisfait aux conditions de sa transmission (sur ce point, v. A1 ci-dessus), malgré la transmission préalable de la QPC au Cons. const., (Cons. const. 12 mai 2010, n° 2010-605 DC, § 15 ; CJUE, 22 juin 2010, aff. C-188/10 et C-189/10, § 45).

B. La formalisation de la question préjudicielle

La partie souhaitant solliciter la transmission d'une question préjudicielle à la CJUE doit, dans le dispositif du mémoire déposé devant la Ch. crim., solliciter que cette dernière sursoie à statuer et pose la question préjudicielle suggérée, dont il est conseillé de proposer le libellé dans le mémoire (sur le mémoire en demande et en défense, v. n° **19.25**).

19.28 La mise en état du dossier par la juridiction dont la décision est attaquée et par la chambre criminelle

A. La mise en état du dossier par le greffier de la juridiction ayant rendu la décision frappée de pourvoi (C. pr. pén., art. 586)

« *Le greffier, dans le délai maximum de vingt jours à dater de la déclaration de pourvoi, cote et paraphe les pièces du dossier, auquel il joint une expédition de la décision attaquée, une expédition de l'acte de pourvoi et, s'il y a lieu, le mémoire du demandeur. Du tout, il dresse inventaire* » (C. pr. pén., art. 586).

La mise en état du dossier par le greffier de la juridiction ayant rendu la décision frappée de pourvoi est primordiale puisque la transmission d'un dossier incomplet à la Ch. crim. ne la met « *pas en mesure d'exercer son contrôle* » (Crim. 10 avr. 2019, n° 18-84.327, NP ; v. aussi Crim. 24 juill. 1991, n° 91-83.199, P n° 305).

Le non-respect du délai de 20 jours imparti au greffier pour mettre le dossier en état peut être sanctionné par une amende civile (Crim. 21 nov. 1990, n° 90-80.813, NP ; Crim. 27 avr. 1971, n° 70-92.384, P n° 123 ; Crim. 13 nov. 1968, n° 68-92.081, P n° 293), mais demeure cependant « *sans incidence sur la validité de la procédure et n'a pas porté atteinte aux droits de la défense* » (Crim. 21 nov. 1990, n° 90-80.813, NP). Le dépassement de ce délai n'est pas sanctionné par la mise en liberté d'office en cas de détention provisoire (Crim. 4 janv. 2022, n° 21-85.813, D).

« *Lorsque le dossier est ainsi en état, le greffier le remet au magistrat du ministère public, qui l'adresse immédiatement au procureur général près la C. cass.* » (C. pr. pén., art. 586). Est rejetée la QPC qui soutient que cette disposition ne prévoit pas de délai maximum impératif pour la transmission du dossier au procureur général près la C. cass. (Crim. 4 janv. 2022, n° 21-85.813, D).

B. L'instruction du dossier par le président de la chambre criminelle et le conseiller rapporteur

1. La fixation du calendrier du dépôt des mémoires par le président de la chambre criminelle

Le dossier arrivé au parquet général de la C. cass. « *celui-ci le transmet, à son tour, au greffe de la chambre criminelle* » (C. pr. pén., art. 587).

Lorsqu'un ou plusieurs avocats aux conseils se sont constitués, le « *président de la chambre criminelle* » « ~~*conseiller rapporteur*~~ » (depuis L. n° 2021-401, 8 avr. 2021 modifiant C. pr. pén., art. 587 et 588, auparavant ce rôle était dévolu au conseiller rapporteur désigné par le président de la Ch. Crim. dès l'arrivée du dossier), décide de la date de dépôt des mémoires en demande et en défense (C. pr. pén., art. 588 ; sur le délai légal imparti au demandeur pour déposer un mémoire personnel, v. n° **19.24B1** ; sur le délai imparti au défendeur, v. n° **19.24B6**).

2. La désignation et le rapport du conseiller rapporteur

Alors que le conseiller rapporteur était auparavant désigné par le président de la Ch. Crim. dès l'arrivée du dossier au greffe (C. pr. pén., art. 587), il n'est désormais désigné qu'après le dépôt des mémoires des avocats dans le délai qui leur est imparti par le président (C. pr. pén., art. 588 mod. par L. n° 2021-401, 8 avr. 2021).

Sur le fondement des mémoires échangés entre les parties, le conseiller rapporteur dépose **un rapport** dans un délai qu'il annonce aux parties, mais qu'il détermine librement.

La Ch. crim. rappelle à cet égard que « *Le moment du dépôt de son rapport, par le conseiller rapporteur, dépend de la complexité des questions de droit posées* », sous réserve du respect d'un délai raisonnable (Crim. 23 oct. 2018, n° 17-85.871, NP).

Ce rapport était antérieurement communiqué au seul avocat général et non aux avocats des parties, mais ce dispositif a été jugé non-conforme à la Conv. EDH (CEDH 31 mars 1998, *Reinhardt et Slimane-Laïd c/ France,* § 105). Le rapport est désormais adressé aux conseils des parties ou à la partie n'ayant pas désigné d'avocat. Il comporte l'exposé des faits et de la procédure, l'analyse des moyens, identifie les questions de droit à juger et cite les jurisprudences et doctrines essentielles à sa résolution, ainsi que, le cas échéant, le nombre de projets d'arrêts rédigés. En revanche, en application du principe de secret des délibérés, le projet d'arrêt n'est pas communiqué aux parties ou à leurs conseils, pas davantage que le sens de la décision à venir, à l'exception toutefois de l'hypothèse dans laquelle le conseiller rapporteur entend proposer la non-admission du pourvoi (sur cette procédure, v. n° **19.29A**).

C. L'avis de l'avocat général

Le parquet général près la C. cass. « *rend des avis dans l'intérêt de la loi et du bien commun. Il éclaire la cour sur la portée de la décision à intervenir* » (COJ, art. L. 432-1).

À ce titre, l'avocat général établi **un avis** sur les mérites du pourvoi. De la même manière que le rapport du conseiller rapporteur, cet avis n'était à l'origine pas communiqué aux parties, mais le dispositif a également été jugé non-conforme à la Conv. EDH (CEDH, *Reinhardt et Slimane-Laïd c/ France,* 31 mars 1998, § 106). L'avis est désormais communiqué aux conseils des parties ou à la partie ayant choisi de se défendre seule. À la différence du rapport du conseiller rapporteur, l'avis contient le sens des conclusions de l'avocat général, et indique donc aux parties s'il proposera lors de l'audience (v. n° **19.30A**) le rejet du pourvoi ou au contraire la cassation totale ou partielle de la décision attaquée.

Mentionnons que « *Dans les affaires importantes, les conclusions du premier avocat général, de l'avocat général ou de l'avocat général référendaire sont communiquées au procureur général. Si le procureur général n'approuve pas les conclusions et que le premier avocat général, l'avocat général ou l'avocat général référendaire persiste, le procureur général délègue un autre magistrat du parquet général ou porte lui-même la parole à l'audience* » (COJ, art. R. 432-3).

D. Le délai imparti à la chambre criminelle pour statuer

En règle générale, le législateur n'impose pas à la Ch. crim. de délai strict pour statuer sur le pourvoi dont elle est saisie, le délai dépendant alors du calendrier de procédure fixé par le président de la chambre criminelle (rôle qui était dévolu au conseiller rapporteur avant L. n° 2021-401, 8 avr. 2021, sur ce calendrier, v. **B1** ci-dessus). Toutefois, à l'égard de certaines procédures particulières, et afin de tenir compte de la nature spécifique de la décision attaquée, le législateur impose à la Ch. crim. un délai fixe pour statuer.

Ainsi, lorsque la décision attaquée est une décision d'une CHINS « *portant mise en accusation ou ordonnant le renvoi devant le tribunal correctionnel* », la Ch. crim. doit statuer dans les **3 mois** à compter « *de la réception du dossier à la* **C. cass.** » (C. pr. pén., art. 574-2 et 604). À défaut, « *le prévenu est mis d'office en liberté* » (C. pr. pén., art. 574-2 ; sur le délai de pourvoi contre ces décisions, v. n° **19.24B5**).

De même, lorsque la décision attaquée est un arrêt d'une CHINS ou de « *la chambre correctionnelle de la cour d'appel* » (mod. issue L. n° 2021-401, 8 avr. 2021) rendu en matière de détention provisoire, la Ch. crim. « *doit statuer dans les trois mois qui suivent la réception du dossier à la* **C. cass.** ». À défaut, « *la personne mise en examen est mise d'office en liberté* » (C. pr. pén., art. 567-2 ; sur le délai de pourvoi contre ces décisions, v. n° **19.24B5**).

Lorsqu'une requête tendant à l'examen immédiat du pourvoi est déposée par le demandeur au pourvoi et que le président de la Ch. crim. y fait droit, cette dernière doit statuer dans les **2 mois** « *qui suivent l'ordonnance du président* » (C. pr. pén., art. 571571 ;

sur ces requêtes, v. nº 19.15D ; sur leur exclusion dans le cadre du contentieux de la détention provisoire, v. nº 19.15E).

Lorsque la décision attaquée est un arrêt d'une CHINS, statuant sur la remise, à un État requérant, d'une personne recherchée **en vertu d'un MAE** et qui s'oppose à sa remise (C. pr. pén., art. 695-31, al. 4) ou sur une demande d'un État ayant émis un MAE tendant à l'extension des effets dudit mandat à d'autres infractions (C. pr. pén., art. 695-46, al. 4), la Ch. crim. doit statuer dans un délai de **40 jours** « *à compter de la date du pourvoi* » (C. pr. pén., art. 574-2 ; sur le délai de pourvoi contre ces décisions, v. nº 19.24B5).

Enfin, **en matière de presse**, la Ch. crim. est tenue de statuer « *d'urgence* » dans les **10 jours** à partir de la réception des pièces par la C. cass. (art. 59, L. 29 juill. 1881), bien que le législateur n'ait pas précisé les conséquences du dépassement de ce délai.

19.29 Les modes de filtrage du pourvoi et le choix de la formation de jugement de la chambre criminelle

A. L'ordonnance de non-admission du pourvoi prononcée par le président de la chambre criminelle (C. pr. pén., art. 567-1)

« *Si le président de la chambre criminelle constate qu'il a été formé un pourvoi contre une décision qui n'est pas susceptible de voie de recours, il rend une ordonnance de non-admission du pourvoi. Sa décision n'est pas susceptible de recours.* » (C. pr. pén., art. 567-1).

Relèvent de cette procédure de non-admission les pourvois interjetés contre des décisions non susceptibles de pourvoi en cassation, non susceptibles de recours, ou qui échappent au contrôle de la C. cass., sous réserve des hypothèses d'excès de pouvoir (sur les décisions susceptibles de pourvoi, v. nº 19.14 à 19.16).

B. L'ordonnance de déchéance du pourvoi prononcée par le président de la chambre criminelle (C. pr. pén., art. 590-2)

La déchéance du pourvoi est « *prononcée par ordonnance du président de la chambre criminelle ou du conseiller par lui désigné* » (C. pr. pén., art. 590-2) dans les hypothèses suivantes :

• lorsque le demandeur en cassation ou son avocat n'a pas déposé son mémoire dans le délai d'un mois (qui peut être exceptionnellement prorogé de 8 jours par décision du président) à compter de la réception du dossier en cas de pourvoi :

– contre un arrêt de la CHINS ou de « *la chambre correctionnelle de la cour d'appel* » (mod. issue L. nº 2021-401, 8 avr. 2021) statuant en matière de détention provisoire (C. pr. pén., art. 567-2 et 590-2, sur ce délai spécial, v. nº 19.24B5) ;

– contre un arrêt de mise en accusation ou de renvoi devant le tribunal correctionnel (C. pr. pén., art. 574-1 et 590-2, sur ce délai spécial, v. nº 19.24B5) ;

• lorsque le demandeur en cassation ou son avocat n'a pas déposé son mémoire dans le délai de 5 jours (qui ne peut pas être prorogé) à compter de la réception du dossier en cas de pourvoi contre l'arrêt d'une CHINS statuant sur la remise, à un État requérant, d'une personne recherchée **en vertu d'un MAE** et s'opposant à sa remise (C. pr. pén., art. 695-31, al. 4) ou sur une demande d'un État ayant émis un MAE tendant à l'extension des effets dudit mandat à d'autres infractions (C. pr. pén., art. 695-46, al. 4) (C. pr. pén., art. 568-1 et 590-2, sur ce délai spécial, v. nºs 19.17B et nº 19.24B5) ;

• lorsque le demandeur en cassation qui n'est pas condamné pénalement et qui n'a pas constitué avocat n'a pas déposé son mémoire personnel devant la juridiction qui a rendu la décision attaquée dans le délai de 10 jours imparti par C. pr. pén., art. 584 et n'a pas constitué avocat (C. pr. pén., art. 584, 590-1 et 590-2 ; sur ce délai, v. nº 19.23A) ;

• lorsque le demandeur en cassation condamné pénalement qui n'a pas constitué avocat n'a pas déposé son mémoire personnel devant la C. cass. dans le délai d'1 mois imparti par C. pr. pén., art. 585-1, sauf dérogation accordée par le président de la Ch. crim. (C. pr. pén., art. 585-1, 590-1 et 590-2 ; sur ce délai, v. nº 19.23B). Toutefois le demandeur au pourvoi condamné à une peine non prévue par la loi ne peut être déchu de son pourvoi (C. pr. pén., art. 590-1) ;

• lorsque le ministère public demandeur au pourvoi n'a pas fait parvenir au greffe de la C. cass. son mémoire dans le mois de son pourvoi, sauf dérogation accordée par le président de la Ch. crim. (C. pr. pén., art. 585-2, 590-1 et 590-2 ; sur ce délai, v. n° **19.24B3**).

C. La décision de non-admission du pourvoi ou des moyens irrecevables ou dénués de sérieux rendue par la formation de jugement (C. pr. pén., art. 567-1-1)

« *La formation déclare non admis les pourvois irrecevables ou non fondés sur un moyen sérieux de cassation* » (C. pr. pén., art. 567-1-1).

Lorsqu'elle estime que l'un ou la totalité des moyens soulevés à l'appui du pourvoi est dénué de caractère sérieux et manifestement voué à l'échec, la formation de jugement de la Ch. crim. (v. **D** ci-dessous), peut décider de ne pas admettre le pourvoi ou la critique, c'est-à-dire de rejeter le moyen ou la critique sans exposer, dans sa décision, les motifs de ce rejet. Tel est le cas lorsque les moyens déposés à l'appui du pourvoi remettent en question l'application d'une jurisprudence constante dont le conseiller rapporteur estime la modification non pertinente, ou se heurtent au pouvoir souverain des juges du fond.

Cette procédure de « **non-admission du pourvoi** », appelée de « rejet non spécialement motivé » devant les chambres civiles, constitue un mode de filtrage des pourvois ou de certains des moyens qu'ils contiennent. La phase d'instruction des pourvois faisant l'objet d'une non-admission est identique à celle des autres pourvois. Cependant, dans son rapport, le conseiller rapporteur est tenu d'aviser les parties de sa proposition tendant à la non-admission du pourvoi ou d'un des moyens qu'il contient.

Lorsque la non-admission du pourvoi leur apparaît méconnaître les règles de droit dont ils sollicitent l'application, le demandeur au pourvoi lorsqu'il a déposé un mémoire personnel (sur ce mémoire, v. n° **19.24B1**), ou son avocat (sur la représentation des parties par un avocat aux conseils, v. n° **19.23**), peut présenter un mémoire complémentaire, souvent intitulé « Observations sur rapport », exposant pourquoi le pourvoi ne doit pas être rejeté ou la critique écartée, et *a fortiori* de manière non spécialement motivée. Lorsque la formation de jugement de la Ch. crim. ne s'estime pas convaincue par cette argumentation, elle déclare le pourvoi non admis, par une décision non spécialement motivée.

Ce mode de filtrage des pourvois, qui permet une instruction plus rapide des dossiers, « *est conforme aux dispositions de l'article 6 de la Convention européenne des droits de l'homme, est fondée sur l'absence de moyen sérieux de cassation dans les termes de l'article 567-1-1 du code de procédure pénale, laquelle est explicitée par le rapporteur, pour permettre le respect du contradictoire, avant que la formation collégiale ne se prononce* » (Crim. 1er sept. 2015, n° 15-83.533, P n° 186). La CEDH juge que les procédures de filtrage des pourvois sont conformes à l'art. 6 § 1 Conv. EDH lorsqu'elles ont pour objet de permettre aux cours suprêmes « *de se concentrer sur leur tâche principale, consistant à unifier l'application de la loi au sein du système judiciaire au sommet duquel elles se trouvent* » (traduction de l'auteur) (CEDH 21 janv. 2014, *Atanas Vasilev Valchev against Bulgaria*, n° 47450/11, 26659/12 et 53966/12, § 88 ; v. aussi CEDH 9 janv. 2014, *Viard c/ France*, n° 71658/10, § 31).

D. L'orientation devant les différentes formations de jugement de la chambre criminelle

Le ***quorum* normal** de la Ch. crim. est de 5 conseillers. Elle peut également siéger en **formation restreinte** « *Lorsque la solution d'une affaire soumise à la chambre criminelle lui paraît s'imposer, le premier président ou le président de la chambre criminelle peut décider de faire juger l'affaire par une formation de trois magistrats* » (C. pr. pén., art. 567-1-1), comprenant « 1° *Le président, selon les modalités prévues au troisième alinéa de l'article R. 431-1 ;* 2° *Le doyen de section, ou, à défaut, un conseiller de la section pris dans l'ordre du rang, [ou] à défaut, un conseiller de la section ;* 3° *Le rapporteur* » (COJ, art. R. 421-4-3).

« *Le président de chambre détermine, à l'intérieur de chaque chambre, le nombre de sections et les règles de répartition des affaires entre elles. Il affecte chaque affaire à la section compétente ou décide, le cas échéant, de son examen en formation plénière* » (COJ, art. R. 431-2).

Lorsque l'affaire en cause présente au contraire une difficulté ou un intérêt particulier, la Ch. crim. statue en **formation de section** (COJ, art. R. 421-4-2), c'est-à-dire entre 9 et 15 magistrats. Exceptionnellement, pour les affaires les plus délicates, la Ch. crim. statue en **formation plénière**, avec l'ensemble des magistrats qui la composent, ou au moins 5 de ses membres ayant voix délibérative (COJ, art. R. 431-5). Lorsque la Ch. crim. siège en formation plénière ou de section et que « *par l'effet des absences ou des empêchements, le nombre des membres ayant voix délibérative est inférieur à cinq, il peut être fait appel, en suivant l'ordre du rang, à des conseillers appartenant à d'autres chambres* » (COJ, art. R. 431-6).

Mentionnons que « *Ne peut faire partie d'une formation de jugement de la* C. cass. *le juge qui a précédemment connu de l'affaire en premier ou en dernier ressort* » (COJ, art. L. 111-9).

19.30 L'audience devant la chambre criminelle (C. pr. pén., art. 601 et 602)

« *Les règles concernant la publicité, la police et la discipline des audiences doivent être observées devant la* C. cass. » (C. pr. pén., art. 601). « *Les rapports sont faits à l'audience* » (C. pr. pén., art. 602 ; par ex : Crim. 10 avr. 2019, n° 18-82.409, NP).

A. La plaidoirie facultative des avocats aux conseils et les observations du ministère public

Les avocats aux Conseils ne sont pas tenus de plaider mais peuvent demander que l'affaire soit plaidée. Dans ce cas, « *Les avocats des parties sont entendus dans leurs observations après le rapport, s'il y a lieu. Le ministère public présente ses observations* » (C. pr. pén., art. 602).

« *les réquisitions de l'avocat général, dont le rôle, devant la chambre criminelle, n'est pas de soutenir l'accusation, au sens des dispositions conventionnelles invoquées, mais de veiller, en toute indépendance, à l'exacte application de la loi pénale, ne sont, selon l'article 602 du code de procédure pénale, présentées qu'oralement à l'audience, après les observations des avocats à la* C. cass. *représentant les parties, lorsqu'ils ont demandé à être entendus* » (Crim. 5 nov. 1997, n° 96-86.380, P n° 377). Les avocats ayant demandé à être entendus « *sont ensuite invités par le président, pour satisfaire aux exigences du débat contradictoire, à reprendre la parole après l'intervention de l'avocat général* » (même arrêt).

B. L'audition des parties sur autorisation de la Cour

Le demandeur ayant choisi de se défendre seul, sans l'assistance d'un avocat à la C. cass., ne peut normalement prendre la parole devant la Ch. crim. En effet, « *les particularités du recours en cassation justifient que seuls les avocats spécialistes de cette technique soient admis à présenter des observations orales à l'audience* », quand bien même le demandeur au pourvoi aurait déposé un mémoire personnel devant la C. cass., et aurait donc été admis à présenter par écrit son argumentation (Crim. 25 sept. 2019, n° 19-84.569, NP ; Crim. 15 janv. 2014, n° 13-87.328, P n° 15) (sur la faculté du demandeur au pourvoi de ne pas être représenté par un avocat aux conseils et de déposer un mémoire ampliatif personnel, v. n^os^ **19.23A**, **19.23B** et **19.24B1**).

Toutefois, par exception, l'Ord., 15 janv. 1826, art. 37, « *non abrogé en ce qu'il concerne la procédure applicable devant la chambre criminelle* » (Crim. 5 nov. 1997, n° 96-86.380, P n° 377 ; Crim. 4 nov. 1992, n° 92-84.972, P n° 356) dispose que « *les parties peuvent aussi être entendues, après en avoir obtenu la permission de la cour* ». La Ch. crim. demeure cependant libre de refuser la comparution personnelle de la partie qui en fait la demande, et peut par exemple la refuser à un demandeur ayant déjà présenté ses critiques dans un mémoire personnel, sa comparution n'apparaissant alors « *pas nécessaire* » (Crim. 5 nov. 1997, n° 96-86.380, P n° 377 ; Crim. 4 nov. 1992, n° 92-84.972, P n° 356).

C. L'invitation par la Cour de toute personne compétente afin de présenter des observations d'ordre général (amicus curiae) (COJ, art. L. 431-3-1)

À l'instar du Conseil d'État (CJA, art. R. 625-3), « *Lors de l'examen du pourvoi, la C. cass. peut inviter toute personne dont la compétence ou les connaissances sont de nature à l'éclairer utilement sur la solution à donner à un litige à produire des observations d'ordre général sur les points qu'elle détermine* » (COJ, art. L. 431-3-1).

19.31 Les arrêts d'irrecevabilité, de non-lieu à statuer ou de rejet de la chambre criminelle

A. Les arrêts constatant l'irrecevabilité, l'absence d'objet ou le désistement du pourvoi

Si le président de la Ch. crim. ne s'est pas déjà prononcé par ordonnance sur la non-admission du pourvoi (C. pr. pén., art. 567-1, v. nº **19.29A**) ou sur la déchéance du pourvoi (C. pr. pén., art. 590-2, v. nº **19.29B**), « *La C. cass., avant de statuer au fond, recherche si le pourvoi a été régulièrement formé. Si elle estime que les conditions légales ne sont pas remplies, elle rend, suivant les cas, un arrêt d'irrecevabilité, ou un arrêt de déchéance* » (C. pr. pén., art. 605).

Dans l'ensemble de ces hypothèses, **la décision attaquée par le pourvoi devient définitive** et doit donc être exécutée (sur les effets du pourvoi sur l'exécution de la décision attaquée, v. nº **19.22**).

1. L'arrêt constatant l'irrecevabilité du pourvoi prononcée par la formation de jugement (C. pr. pén., art. 605)

L'irrecevabilité du pourvoi peut-être constatée par la formation de jugement lorsque le pourvoi est dirigé contre une décision insusceptible de pourvoi (sur ce point, v. nºˢ **19.14** à **19.16**, ou a été formé de manière tardive (sur ce point, v. nº **19.17**), ou par une personne dépourvue de qualité (v. nº **19.19**) ou de pouvoir (v. nº **19.21A**).

2. L'arrêt constatant la déchéance du pourvoi prononcée par la formation de jugement (C. pr. pén., art. 605)

« *Le demandeur en cassation qui n'a pas constitué avocat et n'a pas déposé son mémoire dans le délai prévu à l'article 584 est déchu de son pourvoi.* » (C. pr. pén., art. 590-1 ; sur le délai pour constituer avocat aux Conseils, v. nº **19.23**). « *Il en est de même, sauf dérogation accordée par le président de la chambre criminelle, du demandeur condamné pénalement n'ayant pas constitué avocat et du ministère public qui n'ont pas fait parvenir leur mémoire au greffe de la C. cass. dans les délais prévus, respectivement, au premier alinéa de l'article 585-1 et à l'article 585-2* » (C. pr. pén., art. 590-1 ; sur le délai pour déposer un mémoire ampliatif, v. nº **19.24B1**). Ainsi, lorsque « *le demandeur n'a pas déposé dans le délai légal, personnellement ou par son conseil, un mémoire exposant ses moyens de cassation* », « *il y a lieu, en conséquence, de le déclarer déchu de son pourvoi par application de l'article 590-1 du code de procédure pénale* » (Crim. 20 mars 2019, nº 17-86.319, P ; Crim. 15 janv. 2019, nº 17-87.185, P nº 11 ; v. aussi Crim. 10 nov. 2020, nº 19-80.962, P ; Crim. 18 mars 2020, nº 18-85.542, P). De même, il y a lieu de prononcer la déchéance du pourvoi de celui qui ne produit « *aucun moyen* » à l'appui de son pourvoi (Crim. 8 sept. 2020, nº 19-82.761).

3. Le non-lieu à statuer lorsque le pourvoi est devenu sans objet (C. pr. pén., art. 606)

Le **non-lieu à statuer** est constaté par un arrêt de la Ch. crim. « *si le pourvoi est devenu sans objet* » (C. pr. pén., art. 606). Par exemple, est dépourvu d'objet le pourvoi d'un procureur général fondé sur des dispositions légales abrogées depuis le pourvoi (Crim. 23 févr. 1987, nº 86-90.647, P nº 87). Il n'y a pas non plus lieu de statuer sur le pourvoi, devenu sans objet, d'un mis en examen qui, postérieurement à l'exercice de cette voie de recours, a fait l'objet d'une ordonnance de non-lieu devenue définitive (Crim. 11 mars 2014, nº 13-86.965, P nº 71), ou sur le pourvoi contre un arrêt d'une CHINS de prolongation de *DP*, lorsque la *DP* a pris fin durant la procédure devant la Ch. crim (Crim. 15 sept. 2020, nº 20-82.134, NP ; Crim. 17 juin 2020, nº 20-81.727, NP), ou sur le pourvoi en matière de conditions de détention indignes lorsque la personne a été transférée dans un autre établissement pénitentiaire (C. pr. pén., art. 803-8, Crim. 14 juin 2022, nº 22-80.023, P, v. nº **12.42B7**). De même, en cas de décès du prévenu, il y a lieu de déclarer l'action publique éteinte et le pourvoi de la partie civile sans objet lorsque cette dernière « *en dépit de l'invitation qui lui était faite par l'arrêt avant-dire droit* » de la Ch. crim., « *n'a pas manifesté son intention* » de poursuivre l'instance à l'encontre des ayants-droit du prévenu décédé (Crim. 29 nov. 2016, nº 15-80.229, P nº 9). Dans cette perspective, lorsque la personne condamnée a « *perdu son existence juridique en qualité de personne morale, l'action publique à son égard est éteinte* » de sorte qu'il n'y a pas lieu de statuer sur son pourvoi (Crim. 7 janv. 2020, nº 18-86.293, P).

4. L'ARRÊT CONSTATANT LE DÉSISTEMENT D'UNE PARTIE (C. PR. PÉN., ART. 608)

S'il n'a déjà été constaté par ordonnance du président (C. pr. pén., art. 571-1), le désistement d'une partie peut être constaté par un arrêt de la Ch. crim. (C. pr. pén., art. 608).

B. LA DÉCISION REJETANT LE POURVOI APRÈS EXAMEN AU FOND (C. PR. PÉN., ART. 607).

« *Lorsque le pourvoi est recevable, la C. cass., si elle le juge mal fondé, rend un arrêt de rejet* » (C. pr. pén., art. 607).

« *Lorsqu'une demande en cassation a été rejetée, la partie qui l'avait formée ne peut plus se pourvoir en cassation contre le même arrêt ou jugement, sous quelque prétexte et par quelque moyen que ce soit* » (C. pr. pén., art. 618). Le rejet du pourvoi rend donc la décision attaquée définitive, et cette dernière doit être exécutée (sur l'effet suspensif du pourvoi en cassation sur l'exécution de la décision attaquée, v. nº **19.22A**).

La décision de rejet peut également entraîner la condamnation du demandeur au pourvoi à payer aux défendeurs une somme que la Ch. crim. détermine, « *au titre des frais non payés par l'État et exposés par celle-ci. La cour tient compte de l'équité ou de la situation économique du demandeur pour décider du prononcé de cette condamnation et en fixer le montant* » (C. pr. pén., art. 618-1). Une telle demande doit cependant avoir été formulée par le défendeur (v. nº **19.25C**), dans les délais impartis par le conseiller-rapporteur (v. nº **19.24B6**). Cette condamnation peut être prononcée alors même que le pourvoi n'aurait été que partiellement rejeté, c'est-à-dire lorsque l'arrêt attaqué est partiellement annulé (sur l'étendue de la cassation, v. nº **19.33**).

19.32 Les motifs de cassation de la décision attaquée

A. LES GRIEFS RÉVÉLÉS LORS DE LA LECTURE DES « MENTIONS » DE LA DÉCISION

1. L'IRRÉGULARITÉ DE LA COMPOSITION DE LA JURIDICTION (C. PR. PÉN., ART. 592)

Les décisions susceptibles de pourvoi (sur le domaine du pourvoi, v. nº **19.14** à **19.16** « *sont déclarées nulles lorsqu'elles ne sont pas rendues par le nombre de juges prescrit ou qu'elles ont été rendues par des juges qui n'ont pas assisté à toutes les audiences de la cause* » (C. pr. pén., art. 592). En application de ce texte, « *tout jugement ou arrêt doit contenir la preuve de la composition régulière de la juridiction dont il émane* » (Crim. 15 mai 2013, nº 12-84.811, P nº 107). Il en résulte que la décision doit mentionner **le nom** des magistrats et assesseurs composant la juridiction (Crim. 18 oct. 2016, nº 15-86.579, NP ; Crim. 21 mai 2014, nº 13-83.822, NP ; Crim. 15 mai 2013, nº 12-84.811, P. nº 107) et, le cas échéant, celui des jurés composant une cour d'assises (Crim. 8 juin 2017, nº 16-83.263, P nº 161 ; Crim. 29 janv. 2014, nº 13-82.525, NP), étant précisé que l'erreur commise au sujet du prénom d'un juré demeure sans incidence dès lors qu'un seul juré de ce nom figure dans la liste (Crim. 22 nov. 1967, nº 67-92.292, P nº 300).

Précisons toutefois que « *Lorsque plusieurs audiences ont été consacrées à la même affaire, les juges qui ont concouru à la décision sont présumés avoir assisté à toutes ces audiences* » (C. pr.

pén., art. 592), », sauf lorsque « *l'un des juges a été remplacé à l'une des audiences par suite d'un empêchement* » (Crim. 26 sept. 2006, nº 05-87.568, P nº 238).

En application de C. pr. pén., art. 485, les mentions de l'arrêt doivent également mettre « *la C. cass. en mesure de s'assurer qu'un rapport a été présenté, que ce sont les mêmes magistrats qui ont participé aux débats et au délibéré et que l'arrêt a été lu par l'un d'eux, en application de l'article 485 du code de procédure pénale* » (Crim. 27 oct. 2015, nº 14-85.686, NP). Cependant, l'erreur matérielle par laquelle un magistrat est tantôt appelé « M. X... » et « Mme X... » dans la même décision ne prive pas la C. cass. de la possibilité de s'assurer de la composition régulière de la juridiction, de sorte qu'elle n'entraîne pas la nullité de la décision (Crim. 19 mai 2010, nº 09-85.041, NP), et ne peut être rectifiée que suivant les procédures de rectification d'erreur matérielle prévue par C. pr. pén., art. 710 et 711 (Crim. 13 janv. 2010, nº 08-83.216, P nº 6).

Les décisions susceptibles de pourvoi « *sont également déclarées nulles lorsqu'elles ont été rendues sans que le ministère public ait été entendu* » (C. pr. pén., art. 592). Ces dispositions ne s'appliquent cependant pas lorsque le débat ne porte plus que sur l'action civile (Crim. 26 janv. 2010, nº 09-81.246, NP). De surcroît, le ministère public est « *présumé avoir assisté à toutes les audiences de la cause, dès lors qu'il a été entendu en ses réquisitions à celle des débats* », quand bien même la minute de l'arrêt ne mentionnerait pas la présence du ministère public lors de son prononcé (Crim. 7 mars 2018, nº 16-84.303, NP ; Crim. 25 avr. 2017, nº 16-81.793, P nº 122 ; Crim. 26 mars 1996, nº 93.84.306, P nº 134).

Encourent également la nullité les décisions qui, « *sous réserve des exceptions prévues par la loi, n'ont pas été rendues ou dont les débats n'ont pas eu lieu en audience publique* » (C. pr. pén., art. 592).

Les décisions juridictionnelles faisant foi jusqu'à inscription de faux, un moyen soutenant que la juridiction était irrégulièrement composée est voué à l'échec lorsque l'irrégularité alléguée ne résulte pas des mentions de la décision (Crim. 14 mars 2006, nº 05-83.404, NP ; Crim. 26 juill. 2000, nº 00-83.252, NP ; Crim. 27 oct. 1999, nº 98-80.874, NP ; Crim. 3 mars 1999, nº 98-83.183, NP).

Relevons enfin que « *la procédure pénale relevant, selon l'article 34 de la Constitution, du domaine de la loi, la méconnaissance éventuelle des dispositions réglementaires du Code de l'organisation judiciaire, relatives à la composition des juridictions répressives, ne saurait entraîner la nullité des décisions qu'elles rendent* » (Crim. 9 avr. 1997, nº 96-84.431, D).

2. Le défaut de notification des droits au cours du procès pénal

• **Irrégularités faisant nécessairement grief.** Dès le début des débats devant le tribunal correctionnel ou de police ou la cour d'appel (C. pr. pén., art. 406, 407 et 512), ou devant une cour d'assises (C. pr. pén., art. 273 et 328), la personne poursuivie doit être informée sur l'étendue des droits dont elle dispose, dans tous les cas du droit au silence (sur ce point, v. nº **17.5**), et du droit à l'interprétariat s'il y a lieu (sur ce point, v. nº **17.4**). Encourt donc la cassation la décision dont les mentions ne permettent pas de s'assurer que le prévenu a été informé de ses droits. Il en est ainsi, par exemple :

– de « *la méconnaissance de l'obligation d'informer le prévenu du droit de se taire* » dès le début de l'audience devant la cour d'appel, qui « *lui fait nécessairement grief* » (Crim. 20 janv. 2021, nº 20-83.532, NP ; Crim. 21 avr. 2020, nº 19-85.114, NP ; Crim. 11 mars 2020, nº 19-81.068 ; Crim. 8 juill. 2015, nº 14-85.699, P nº 178), ou lorsqu'« *il ne résulte pas de l'arrêt attaqué que ce dernier ait été informé du droit de se taire au cours des débats* » (Crim. 2 mars 2021, nº 20-80.271, NP) ; toutefois, « *les notes d'audience versées à la procédure, régulièrement signées par le greffier et le président* » complètent l'arrêt qui ne mentionne pas que le prévenu a été informé de son droit de se taire (§ 8 et 9) (Crim. 9 juin 2021, nº 20-80.533, D).

– le cas échéant, du défaut de mention de ce que « *l'interprète ait prêté serment ou qu'[il] fut assermenté* » (Crim. 28 sept. 2010, nº 09-88.107, NP).

• **Irrégularités ne faisant pas nécessairement grief.** En revanche, « *la disposition de l'article 406 du code de procédure pénale rendue applicable à la cour d'appel par l'article 512 du même Code, aux termes de laquelle "le président constate l'identité du prévenu" n'est qu'une simple recommandation, dont la méconnaissance ne saurait être une cause de nullité alors qu'il ne résulte pas des énonciations de l'arrêt qu'une contestation se soit élevée à ce sujet* » (Crim. 1er mars 1990, n° 89-83.719, NP ; Crim. 6 mai 1969, n° 68-93.194, P n° 152).

• **Preuve de l'irrégularité.** Là encore (sur la preuve des irrégularités relatives à la composition de la juridiction, v. **A1** ci-dessus), les mentions de la décision font foi jusqu'à inscription de faux, de sorte qu'un moyen faisant grief à un arrêt de n'avoir pas avisé un prévenu de ses droits au début de l'audience sera rejeté lorsque les mentions de la décision, même contredites par les notes d'audience, n'en apportent pas la preuve (par ex : Crim. 21 janv. 2020, n° 19-80.257, NP ; Crim. 7 févr. 2017, n° 16-87.081, NP).

3. Les mentions relatives à la prise de parole des parties et du ministère public

Au visa de C. pr. pén., art. 513 et 460, est irrégulier l'arrêt qui ne mentionne pas que les avocats de la partie civile ont eu la parole, même si des conclusions ont été régulièrement déposées (Crim. 11 mai 2021, n° 19-86.308, P).

Au visa de Conv. EDH, art. 6 et C. pr. pén., art. 199, « *devant la CHINS, la personne mise en examen ou son avocat doivent avoir la parole les derniers* » (§ 14), est donc censuré l'arrêt qui ne mentionne pas que l'avocat des demandeurs au pourvoi a eu la parole en dernier (Crim. 25 août 2021, n° 21-83.238, P ; Crim. 12 oct. 2022, n° 21-86.138 (§ 19), P), y compris pour un incident qui n'a pas été joint au fond : Crim. 18 janv. 2022, n° 21-86.165, P).

La mention que le ministère public a eu la parole en dernier lors d'une audience d'appel statuant sur les intérêts civils sur le seul appel de la partie civile ne fait pas grief (Crim. 12 janv. 2010, n° 09-82.171, P n° 4).

S'il « *résulte des mentions de l'arrêt qu'au cours des débats, les exceptions de nullité ont été évoquées sans que l'avocat du prévenu n'ait eu la parole en dernier* » (§ 8), « *l'arrêt n'encourt néanmoins pas la censure, dès lors que, après jonction de l'incident au fond et poursuite des débats, les avocats des prévenus ont eu la parole en dernier, avant que la cour d'appel ne se prononce sur l'ensemble de l'affaire* » (§ 9) (Crim. 9 juin 2021, n° 20-80.533, D).

La mention que l'assureur de la société prévenue à eu la parole en dernier ne fait pas grief « *dès lors qu'il n'est ni établi ni même allégué que la société [d'assurances], qui ne soulevait aucune exception de non-garantie, ait eu des intérêts contraires à ceux de celle-ci* » (§ 12) (Crim. 19 oct. 2021, n° 21-80.146, P).

B. Les griefs tenant à la qualité des motifs : la violation de l'obligation de motivation (C. pr. pén., art. 593)

1. Le défaut ou l'insuffisance de motifs

En application de C. pr. pén., art. 593, encourent la cassation les décisions susceptibles de pourvoi qui, soit « *ne contiennent pas des motifs* », soit contiennent des motifs « *insuffisants et ne permettent pas à la* **C. cass.** *d'exercer son contrôle et de reconnaître si la loi a été respectée dans le dispositif* » (sur l'exigence de motivation de la déclaration de culpabilité, v. n° **17.28C1** ; de la peine, v. n° **18.6A1** ; de la peine ferme, v. n° **18.7A1**). Tel est le cas lorsque la décision caractérise insuffisamment l'existence d'un délit et de ses éléments constitutifs. La Ch. crim. rappelle ainsi régulièrement que « *l'insuffisance ou la contradiction des motifs équivaut à leur absence* » (Crim. 5 nov. 2019, n° 18-86.669, NP ; Crim. 15 janv. 2019, n° 17-87.480, P n° 9 ; Crim. 5 déc. 2018, n° 17-86.798, NP), ou que « *La contradiction entre les motifs et le dispositif d'un arrêt équivaut à un défaut de motifs* » (Crim. 12 mai 2021, n° 20-81.720, NP). On notera que le moyen tiré de l'insuffisance de motivation de la décision attaquée peut être fondé sur la violation de C. pr. pén., art. 593, mais également, plus directement, sur le manque de base légale de la décision au regard du texte de fond applicable au litige. De même peut-il être fondé sur C. pr. pén., art. 485, au visa duquel il est rappelé que « *tout jugement de condamnation doit constater, à la charge du prévenu, l'existence de* *chacun des éléments constitutifs de chacune des infractions dont il le déclare coupable* » (§ 9) (Crim. 25 janv. 2023, n° 22-83.344, P).

Limite tenant au pouvoir souverain des juges du fond. Sous réserve du respect de cette obligation de motivation, les juges du fond apprécient souverainement, « *au point de vue du fait, l'existence des charges* » (Crim. 27 sept. 2000, n° 00-84.635, P n° 281), de sorte qu'un moyen dirigé contre une décision dûment motivée se heurte nécessairement au pouvoir souverain des juges du fond et doit donc, comme tel, être écarté.

2. Le défaut de réponse aux conclusions des parties

Est également insuffisamment motivée et encourt à ce titre la cassation la décision ayant « *omis ou refusé de prononcer soit sur une ou plusieurs demandes des parties, soit sur une ou plusieurs réquisitions du ministère public* » (C. pr. pén., art. 593) (sur les écritures des parties et du ministère public lors du procès pénal, v. n° **17.13E**). La C. cass. juge ainsi que « *tout jugement ou arrêt doit comporter les motifs propres à justifier la décision et répondre aux chefs péremptoires des conclusions des parties* » (Crim. 1er déc. 2020, n° 19-82.066, NP ; Crim. 23 juin 2020, n° 19-83.953, NP ; Crim. 10 avr. 2019, n° 18-82.409, NP), étant précisé que les juges sont tenus de statuer sur les demandes formées par les parties « *dans les motifs de leurs conclusions d'appel* », même non reprises dans les chefs de dispositif (Crim. 8 déc. 2020, n° 19-84.245, P, s'agissant des demandes indemnitaires d'une partie civile).

Le demandeur au pourvoi ne peut en revanche se prévaloir du défaut de réponse aux conclusions d'une autre partie. Ainsi, « *en l'absence de pourvoi formé par les parties civiles, et alors que le ministère public n'a pas pris de réquisitions écrites en application de l'article 458 du code de procédure pénale, le moyen, qui invoque un défaut de réponse aux conclusions déposées par celles-ci devant la cour d'appel, est irrecevable* » (Crim. 15 nov. 2005, n° 04-87.813, P n° 295).

C. Les griefs tenant au bien-fondé des motifs : la sanction de l'erreur de droit

Encourent également la cassation les arrêts violant **une règle de procédure**, par exemple une règle relative à la procédure d'enquête et au recueil des preuves (sur ce point, v. chap. **11**) ou une **règle de compétence** (v. n° **17.15**), une **règle de droit pénal de fond**, par exemple relative à la caractérisation de l'élément matériel ou intentionnel d'une infraction (sur ce point, v. chap. **10**).

D. Les griefs tirés du défaut de conformité à la Constitution des dispositions appliquées par les juges du fond

Le demandeur au pourvoi ayant, à l'occasion de ce dernier, formé une QPC par un mémoire spécial (sur ce point, v. n° **19.26**) formule, dans le cadre de son mémoire ampliatif, une critique tirée de l'application, par les juges du fond, d'une disposition abrogée par le Cons. const., Le succès d'une telle critique suppose naturellement la transmission de la QPC devant le Cons. const., et l'abrogation des dispositions contestées. À défaut, la critique devient sans objet (Crim. 30 mars 2021, n° 20-84.472, NP).

E. Les griefs tirés de la violation des droits et libertés protégés par la Conv. EDH

Encourent encore la cassation les décisions frappées de pourvoi qui, en faisant application d'une règle de droit interne, ont porté **une atteinte disproportionnée à des droits ou libertés protégés** par la Conv. EDH et ainsi violé les textes leur servant de fondement. Plus indirectement, il peut également être reproché aux juges du fond d'avoir privé leur décision de base légale au regard des dispositions conventionnelles invoquées ou violé C. pr. pén., art. 593 relatif à l'obligation de motivation des décisions en ne recherchant pas, ainsi qu'il le leur était demandé, si l'application d'une règle de droit interne portait une atteinte disproportionnée aux droits et libertés susvisés. Il peut ainsi être fait grief à la décision attaquée de n'avoir pas vérifié si l'ingérence portée à l'exercice de l'un de ces droits ou libertés poursuivait un but légitime au regard de la Conv. EDH et de la jurisprudence de la CEDH, et si cette ingérence était proportionnée au regard du but poursuivi.

Sous réserve des solutions particulières applicables aux moyens nés de la décision attaquée, la recevabilité du grief tiré de la disproportion d'une atteinte portée à la Conv. EDH suppose cependant que l'exercice du contrôle de proportionnalité ait été demandé aux juges du fond ou ne suppose pas la prise en considérations d'éléments de fait ne résultant pas de la décision attaquée (Crim. 20 juin 2017, n° 16-80.982, P ; sur ce point et sur l'irrecevabilité des moyens nouveaux, v. n° **19.25B3**). La reconnaissance de son bien-fondé implique en outre que l'atteinte alléguée relève du champ d'application des droits ou libertés protégés par la Conv. EDH, et, corollairement, que le texte ou la mesure contestés soient de nature à causer une ingérence dans l'exercice de ces droits ou libertés.

Sur des illustrations du contrôle de proportionnalité conduisant au prononcé de l'irresponsabilité pénale du prévenu, notamment en cas d'ingérence disproportionnée dans l'exercice de la liberté d'expression : v. n° **10.13E**.

F. Les moyens relevés d'office par la chambre criminelle

Aux termes de C. pr. pén., art. 595, la Ch. crim. peut **relever d'office** tous moyens relatifs aux **nullités de l'information**, quand bien même aucun moyen de ce type n'aurait été soulevé en temps utile devant la CHINS par les personnes intéressées.

En dehors de cette hypothèse particulière, la Ch. crim. se reconnaît le pouvoir de relever d'office les **moyens d'ordre public**, et, le cas échéant, « *de substituer un motif de pur droit à un motif erroné ou inopérant sur lequel se fonde une décision attaquée, et de justifier ainsi ladite décision* » (Crim. 27 févr. 1968, n° 66-92.668, P n° 61). Elle juge par exemple que « *les dispositions relatives aux formes et délais d'appel, qui sont d'ordre public et dont l'inobservation entraîne une nullité qui peut être invoquée pour la première fois devant la* **C. cass.** *ou même suppléée d'office, sont impératives et s'appliquent au ministère public comme à toute autre partie* » (Crim. 14 janv. 2014, n° 12-84.592, P n° 6). En revanche, la Ch. crim. ne se reconnaît la possibilité de relever un moyen d'office « *contre les dispositions d'un arrêt relatives à l'action civile* » que si « *lesdites dispositions touchent en même temps à l'ordre public* » (Crim. 22 nov. 2005, n° 05-84.826, P n° 302).

Notons enfin que contrairement aux chambres civiles auxquelles s'applique C. pr. civ., art. 1015, la chambre criminelle n'est pas tenue par une disposition spéciale de recueillir les observations des parties lorsqu'elle envisage de soulever d'office un moyen d'ordre public, soit pour casser et annuler l'arrêt frappé de pourvoi, soit pour en éviter la censure. Toutefois le principe du contradictoire énoncé au C. pr. pén., art. préliminaire lui impartit d'inviter les parties à présenter leurs observations.

19.33 Les décisions d'annulation totale ou partielle de la décision attaquée

A. Les décisions annulant totalement la décision attaquée

Lorsque l'arrêt attaqué fait l'objet d'une annulation totale, « *aucune disposition de cet arrêt n'a pu acquérir l'autorité de la chose jugée, quelle qu'ait été la portée des moyens qui ont servi de base à la cassation* » (Crim. 17 mai 1978, n° 77-92.569, P n° 151). L'annulation sans réserve de la décision entraîne donc « *l'annulation de tout ce qui a été la suite ou l'exécution des dispositions censurées* » (Crim. 4 janv. 2017, n° 15-87.192, NP ; Crim. 6 juill. 2011, n° 11-82.370, P n° 156). Par exemple, la cassation de l'arrêt d'une CHINS rejetant les exceptions de nullité des coprévenus entraîne la cassation, par voie de conséquence, de l'arrêt « *portant déclaration de culpabilité des prévenus* » sur le fondement des éléments annulés (Crim. 28 mai 2002, n° 01-85.684, P n° 119 ; sur les pourvois contre les décisions avant-dire droit, v. n° **19.15B**, **D** et **E**). En revanche, l'annulation des décisions constituant la suite ou l'exécution des dispositions censurées n'est pas automatique, ce dont il résulte que la décision subséquente doit faire l'objet d'un pourvoi pour être annulée (Crim. 13 avr. 1988, n° 87-90.447, P n° 156).

L'annulation totale de la décision attaquée implique qu'aucune de ses dispositions n'acquiert autorité de la chose jugée, y compris à l'égard **des parties n'ayant pas été attraites devant la Ch. crim.** Ainsi, l'annulation sans réserve d'une décision ayant prononcé une condamnation pénale et statué sur les intérêts civils fait obstacle à l'autorité de la chose jugée de la décision à l'égard de la partie civile (Crim. 17 mai 1978, n° 77-92.569, P n° 151), y compris lorsqu'elle n'a été attraite ni devant la Ch. crim., ni devant la juridiction de renvoi (Com. 21 oct. 1970, n° 69-11.054, P n° 274).

B. Les décisions annulant partiellement la décision attaquée

1. La cassation partielle expressément prononcée par la chambre criminelle

Lorsque « *l'arrêt et la procédure sont annulés pour cause d'incompétence* », le législateur reconnaît expressément à la Ch. crim. la possibilité de « *n'annuler qu'une partie de la décision lorsque la nullité ne vicie qu'une ou quelques-unes de ces dispositions* » (C. pr. pén., art. 612).

Mais en toute matière, la Ch. crim. peut limiter expressément la portée de sa décision en n'annulant que certains chefs de dispositifs de la décision attaquée. Cette annulation partielle est généralement signalée par les mentions « *Casse et annule, mais seulement en ce qu'il* [chef de dispositif attaqué] » et « *pour qu'il soit à nouveau statué, conformément à la loi, dans les limites de la cassation ainsi prononcée, renvoie la cause et les parties devant* [la juridiction de renvoi] ». Elle a pour effet de rendre définitifs et, partant, exécutoires, les chefs de dispositifs non expressément visés par la décision d'annulation.

Extension des effets de l'annulation partielle en cas d'indivisibilité : l'annulation expresse de certains chefs de dispositifs peut entraîner l'annulation d'autres chefs de dispositifs lorsqu'il existe entre eux un lien d'indivisibilité. Il en est ainsi des chefs concernant les circonstances aggravantes et de ceux concernant les faits principaux, dès lors que les premières ne sont que l'accessoire des derniers (par ex : Crim. 25 mai 1965, n° 64-93.749, P n° 143). De même, s'agissant des conséquences civiles d'une condamnation du chef de blessures involontaires, « *la cassation des dispositions de l'arrêt relatives à la perte de gains professionnels futurs compren[d] nécessairement celle des dispositions incluant le montant erroné dans la détermination du préjudice de la victime* » (Crim. 4 janv. 2017, n° 15-87.192, NP). En revanche, la cassation du seul chef de dispositif concernant la peine demeure sans effet sur celui relatif à la déclaration de culpabilité, lequel devient donc définitif, faute de lien d'indivisibilité (v. Crim. 9 mars 2016, n° 15-83.927, P n° 75). Notons cependant que la réciproque est inexacte, la cassation du chef de dispositif concernant la déclaration de culpabilité emporte, par hypothèse, celui concernant la peine.

2. La cassation partielle induite par la qualité du demandeur ou par l'acte de pourvoi

« *si le pourvoi a pour effet de déférer à la* **C. cass.** *la décision attaquée dans son intégralité, cet effet est limité par la qualité du demandeur, par sa volonté ou par son intérêt à agir* » (Crim. 16 juin 2020, n° 19-81.477, P). Ainsi, lorsqu'un prévenu est **seul demandeur au pourvoi**, l'annulation de l'arrêt ne peut « *s'appliquer qu'aux dispositions de l'arrêt* » le concernant, de sorte que les dispositions de l'arrêt relatives aux autres coprévenus, non demandeurs au pourvoi, deviennent définitives et ne peuvent plus être remises en cause devant la cour d'appel (Crim. 7 juin 1995, n° 94-85.153, P n° 205) ou la CHINS de renvoi (Crim. 4 déc. 1984, n° 83-93.133, P n° 382).

Dans une perspective similaire, lorsque **seule la partie civile est demanderesse au pourvoi** d'une décision ayant relaxé un prévenu, son pourvoi doit demeurer sans effet sur l'action publique. En revanche, « *cette partie civile a le droit, nonobstant le caractère définitif de cette relaxe, de reprendre contre lui sa demande en réparation devant la juridiction pénale de renvoi qui doit alors apprécier, dans la limite des faits objet de la poursuite, si une faute civile a entraîné un préjudice direct et personnel ouvrant droit à réparation* » (Crim. 3 mars 2020, n° 19-86.164, NP).

Exceptions. « *En toute matière, lorsque l'intérêt de l'ordre public ou d'une bonne administration de la justice le commande, la* **C. cass.** *peut ordonner que l'annulation qu'elle prononce aura effet à l'égard* *des parties à la procédure qui ne se sont pas pourvues* » (C. pr. pén., art. 612-1). Toutefois, « *Le condamné qui ne s'est pas pourvu et au profit duquel l'annulation de la condamnation a été étendue en application des dispositions du premier alinéa ne peut être condamné à une peine supérieure à celle prononcée par la juridiction dont la décision a été annulée* » (C. pr. pén., art. 612-1). Il en résulte qu'une cour d'assises de renvoi, bien qu'ayant « *plénitude de juridiction pour juger l'accusé renvoyé devant elle* », ne peut aggraver la peine prononcée contre l'intéressé (Crim. 29 févr. 2000, n° 97-86.706, P n° 90).

De même, « *après cassation l'affaire est dévolue à la cour d'appel de renvoi dans les limites fixées par l'acte de pourvoi* » (Crim. 6 mars 2007, n° 06-84.160, P n° 67). Il en résulte que lorsqu'un prévenu est relaxé par le tribunal correctionnel pour un délit mais condamné pour un autre et que la cour d'appel confirme cette décision, l'annulation de l'arrêt à la suite du pourvoi du prévenu ne remet pas en cause la relaxe confirmée par la première cour d'appel, et la cour d'appel de renvoi ne peut le condamner de ce chef (même arrêt).

19.34 La désignation et la compétence de la juridiction de renvoi en cas d'annulation de la décision attaquée

A. La désignation de la juridiction de renvoi

1. Les règles relatives à la désignation d'une juridiction de renvoi

« *En cas de cassation, l'affaire est renvoyée, sous réserve des dispositions de l'article L. 411-3, devant une autre juridiction de même nature que celle dont émane l'arrêt ou le jugement cassé ou devant la même juridiction composée d'autres magistrats* » (COJ, art. 431-4).

Outre ces dispositions générales, des dispositions particulières régissent les modalités de désignation de la juridiction de renvoi par la Ch. crim.

• **En matière criminelle,** le législateur distingue ainsi trois hypothèses :

– lorsque la Ch. crim. annule une décision d'une CHINS, elle est tenue de renvoyer l'affaire « *devant une CHINS autre que celle qui a prononcé la mise en accusation* » (C. pr. pén., art. 610) ;

– lorsque la Ch. crim. annule l'arrêt d'une cour d'assises « *pour cause de nullité* », elle prononce le renvoi du procès « *devant une cour d'assises autre que celle qui a rendu l'arrêt* » (C. pr. pén., art. 610). On précisera à cet égard que « *lorsqu'une cour d'assises est saisie sur renvoi après cassation, la chambre d'accusation compétente pour statuer sur la demande de mise en liberté de l'accusé en application de l'article 148-1 du Code de procédure pénale, est celle dans le ressort de laquelle se trouve ladite cour d'assises* » (Crim. 26 oct. 1993, n° 93-82.574, P n° 310) ;

– lorsque la Ch. crim. annule l'arrêt d'une cour d'assises « *seulement du chef des intérêts civils* », elle prononce le renvoi du procès « *devant une cour d'appel autre que celle dans le ressort de laquelle siège la cour d'assises qui a rendu l'arrêt* » (C. pr. pén., art. 610). On notera que le législateur impose le renvoi vers une juridiction du ressort d'une autre cour d'appel, ce qui n'est pas le cas dans les deux hypothèses susvisées.

• **En matière correctionnelle ou de police**, la Ch. crim. « *renvoie le procès et les parties devant une juridiction de même ordre et degré que celle qui a rendu la décision annulée* » (C. pr. pén., art. 609). En particulier, « *si l'arrêt et la procédure sont annulés pour cause d'incompétence, la* **C. cass.** *renvoie le procès devant les juges qui doivent en connaître et les désigne* » (C. pr. pén., art. 612).

• **En matière d'instruction,** « *Lorsque la* **C. cass.** *annule un arrêt d'une CHINS statuant sur un appel d'une ordonnance de règlement, elle renvoie le procès et les parties devant une autre CHINS qui devient compétente pour la poursuite de l'ensemble de la procédure* » (C. pr. pén., art. 609-1). Le cas échéant, il appartiendra donc à la CHINS de renvoi de désigner « *dans son ressort, la juridiction de jugement. Toutefois, la* **C. cass.** *peut désigner par avance, même dans un autre ressort, la juridiction criminelle devant laquelle doit, le cas échéant, être renvoyé l'accusé* » (C. pr. pén., art. 611). Il en résulte que « *lorsque l'arrêt de la* **C. cass.** *qui l'a saisie comme cour de renvoi n'a pas réglé de juges par avance, la CHINS ne peut renvoyer l'affaire que devant une juridiction de jugement de son ressort* »

(Crim. 27 juin 2012, n° 12-82.660, P n° 161), étant précisé que la CHINS saisie à tort doit relever d'office son incompétence (Crim. 23 juin 2009, n° 07-84.531, P n° 129).

On précisera enfin que, « *Dans tous les cas où la* C. cass. *est autorisée à choisir une cour ou un tribunal pour le jugement d'une affaire renvoyée, ce choix ne peut résulter que d'une délibération spéciale prise immédiatement en la chambre du conseil ; il en est fait mention expresse dans l'arrêt* » (C. pr. pén., art. 613). En application de ce texte, l'arrêt de la Ch. crim. renvoyant la cause devant une CHINS d'une autre cour d'appel que celle de la CHINS initialement saisie doit préciser que la juridiction de renvoi a été « *désignée par délibération spéciale prise en chambre du conseil* » (Crim. 4 mai 2021, n° 20-86.284, NP ; Crim. 23 juin 2020, n° 16-87.709, NP ; Crim. 7 août 2019, n° 18-86.418, P).

2. La saisine de la juridiction de renvoi (C. pr. pén., art. 613 et 614)

Une fois le choix de la juridiction de renvoi opéré, « *Une expédition de l'arrêt qui a admis la demande en cassation et ordonné le renvoi devant une nouvelle juridiction est délivrée au procureur général près la* C. cass. *dans les trois jours* » (C. pr. pén., art. 614). Il appartient ensuite à ce magistrat d'adresser cette décision « *avec le dossier de la procédure, au magistrat chargé du ministère public près la cour ou le tribunal de renvoi* » (C. pr. pén., art. 614). À la différence de la procédure applicable en matière civile, il n'appartient donc pas aux parties de saisir elles-mêmes la juridiction de renvoi, mais au ministère public.

B. L'étendue de la saisine de la juridiction de renvoi

1. L'étendue de la saisine en cas d'annulation totale ou partielle de la décision attaquée

• **En cas d'annulation totale de la décision attaquée,** « *la juridiction de renvoi se trouve saisie de la cause dans l'état où elle se trouvait quand elle a été soumise aux juges dont la décision a été cassée, dans les limites fixées par l'acte de pourvoi et dans celles de la cassation intervenue* » (Crim. 16 juin 2020, n° 19-81.477, P). Par voie de conséquence, la juridiction de renvoi recouvre tous les pouvoirs et devoirs dont était dotée la juridiction initiale, y compris celui de requalifier les faits qui lui sont soumis. Ainsi, « *le nouveau débat embrasse tous les faits qui ont été l'objet du premier, et les nouveaux juges qui ne sont pas liés par la qualification retenue par la décision frappée d'appel ont le droit et le devoir de rechercher la qualification légale que ces faits doivent recevoir* » (Crim. 16 févr. 1966, n° 65-91.820, P n° 50).

• **En cas d'annulation partielle de la décision attaquée,** la cour d'appel de renvoi excède les limites de sa compétence lorsqu'elle statue sur des dispositions de l'arrêt pourtant devenue définitives (sur l'effet de l'annulation partielle d'une décision, v. n° **19.33B**). Par voie de conséquence, une cour d'appel ou une CHINS qui, statuant sur renvoi, se prononce sur une disposition devenue définitive excède les limites de sa saisine et commet un excès de pouvoir (Crim. 19 mars 2002, n° 01-88.240, P n° 63 ; Crim. 7 juin 1995, n° 94-85.153, P n° 205).

• **Portée de la prohibition de la *reformatio un pejus*.** Selon les précisions apportées au n° **19.3B3**, dans les limites résultant de l'appel, du pourvoi et de l'arrêt de cassation, la cour d'appel de renvoi peut aggraver le sort du prévenu même si la cassation est intervenue sur son seul pourvoi.

2. Les solutions particulières applicables à l'étendue de la saisine de la CHINS de renvoi (C. pr. pén., art. 609-1)

• **L'étendue de la saisine.** De même que la cour d'appel de renvoi, la CHINS de renvoi « *se trouve saisie de la cause dans l'état où elle se trouvait quand elle a été soumise aux juges dont la décision a été cassée* » (Crim. 23 avr. 2013, n° 13-82.431, P n° 96). Par voie de conséquence, la CHINS de renvoi est tenue de statuer « *tant sur les exceptions soulevées par la personne recherchée que sur les conditions légales d'exécution du mandat européen* » (même arrêt). En revanche, il résulte des principes qui précèdent que la CHINS de renvoi, dont l'étendue de la saisine dépend de celle de la CHINS initiale, ne peut statuer sur une exception de nullité soulevée pour la première fois devant elle (Crim. 24 mai 2000, n° 99-87.839, P n° 201).

Notons cependant que le principe selon lequel la CHINS de renvoi se trouve saisie de la cause dans l'état où elle se trouvait devant la CHINS initialement saisie ne fait pas obstacle à l'application des règles de droit commun relatives à l'annulation des actes de procédure, prévues par C. pr. pén., art. 174. La Ch. crim. juge en effet que « *la CHINS de renvoi qui, prononçant sur la requête en nullité initialement soumise à la juridiction primitivement saisie, annule une pièce de procédure, doit procéder également aux annulations de conséquence qui s'imposent, peu important que les pièces concernées n'aient pas été, le cas échéant, versées au dossier soumis à la précédente juridiction* » (Crim. 19 mai 2020, nº 18-82.844, P).

• **Les parties à l'instance de renvoi.** En cas de cassation partielle, « *l'affaire est dévolue à la CHINS de renvoi dans les limites de l'acte de pourvoi et dans celles fixées par l'arrêt rendu sur le pourvoi. En conséquence, seules sont recevables à proposer des moyens de nullité devant la CHINS de renvoi les parties sur le pourvoi desquelles la cassation a été prononcée* » (Cass., ass. plén., 9 déc. 2019, nº 18-86.767, P ; Crim. 19 mars 2002, 01-88.240, P nº 63).

• **La poursuite de la procédure.** L'étendue de la saisine de la CHINS de renvoi dépend de la nature de la décision cassée par la Ch. crim. Ainsi, « *Lorsque la* **C. cass.** *annule un arrêt d'une CHINS statuant sur un appel d'une ordonnance de règlement, elle renvoie le procès et les parties devant une autre CHINS qui devient compétente pour la poursuite de l'ensemble de la procédure* » (C. pr. pén., art. 609-1 ; sur la désignation de la juridiction de renvoi en cas d'annulation d'un arrêt de règlement, v. **A1** ci-dessus).

En revanche, lorsque la C. cass. annule un arrêt de CHINS autre que statuant sur l'appel d'une ordonnance de règlement, « *la compétence de la CHINS de renvoi est limitée, sauf si la* **C. cass.** *en décide autrement, à la solution du contentieux qui a motivé sa saisine* » (C. pr. pén., art. 609-1). Par conséquent, dans cette dernière hypothèse, « *après décision définitive, sous la réserve des dispositions du premier alinéa de l'article 207, il est fait retour du dossier à la CHINS primitivement saisie, aux fins prévues, s'il y a lieu, par le deuxième alinéa dudit article ou par le troisième alinéa de l'article 206* » (C. pr. pén., art. 609-1). Il en résulte que « *le désistement de l'appel du prévenu concernant* » le contentieux soumis à la CHINS de renvoi « *entraîne, par voie de conséquence, la fin de la procédure* » devant la CHINS de renvoi (Crim. 24 avr. 2013, nº 13-81.318, NP). Corollairement, la cassation d'un arrêt d'une CHINS statuant, par exemple, en matière de détention provisoire « *n'entraîne le dessaisissement de la chambre d'accusation qu'en ce qui concerne l'instance particulière qui lui était soumise et ne lui interdit pas, serait-ce dans la même composition, de se prononcer dans les autres instances relatives à cette information* » (Crim. 28 juin 1995, nº 95-82.120, P nº 239).

C. Le pourvoi contre la décision rendue par la juridiction de renvoi

Lorsque la juridiction de renvoi **statue conformément à l'arrêt de la Ch. crim.** l'ayant saisie, les moyens dirigés contre de tels motifs conformes sont irrecevables. Cependant, après avoir appliqué ce principe aux hypothèses dans lesquelles le moyen se fondait sur une jurisprudence postérieure à la première décision de la Ch. crim., aux motifs que la juridiction de renvoi ne peut « *être appelée à revenir sur la doctrine affirmée dans un premier arrêt lorsque la juridiction de renvoi s'y est conformée* » (Crim. 17 nov. 1992, nº 91-86.708, NP ; Crim. 3 mai 1988, nº 87-84.365, P nº 188), la Ch. crim. juge désormais qu'« *il y a lieu d'admettre la recevabilité d'un moyen critiquant la décision par laquelle la juridiction s'est conformée à la doctrine de l'arrêt de cassation qui l'avait saisie, lorsqu'est invoqué un changement de norme intervenu postérieurement à cet arrêt, et aussi longtemps qu'un recours est ouvert contre la décision sur renvoi* » (Cass., ass. plén., 2 avr. 2021, nº 19-18.814, P).

La juridiction de renvoi n'est cependant **pas tenue de se conformer** à la décision rendue par la Ch. crim. Dans ce cas, « *Lorsque, après cassation d'un premier arrêt ou jugement rendu en dernier ressort, le deuxième arrêt ou jugement rendu dans la même affaire, entre les mêmes parties, procédant en la même qualité, est attaqué par les mêmes moyens, l'affaire est portée devant l'assemblée plénière* » (C. pr. pén., art. 619). En cas de résistance de la juridiction de renvoi, le demandeur au pourvoi est donc autorisé à se pourvoir de nouveau devant la Ch. crim., siégeant alors en assemblée plénière.

Cependant, lorsque l'une des conditions requises par C. pr. pén., art. 619 n'est pas remplie, par exemple lorsque la décision de la juridiction de renvoi n'est pas fondée sur les mêmes motifs et n'est pas attaquée par les mêmes moyens, la formation plénière ne s'impose pas (Crim. 4 juin 1971, nº 69-93.144, P nº 177).

En revanche, « *Lorsque le renvoi est ordonné par l'assemblée plénière, la juridiction de renvoi doit se conformer à la décision de cette assemblée sur les points de droit jugés par celle-ci* » (COJ, art. L. 431-4).

D. La cassation sans renvoi (COJ, art. L. 411-3)

1. Les conditions de la cassation sans renvoi

La Ch. crim. dispose également de la possibilité de « *casser sans renvoi* » la décision attaquée, « *lorsque la cassation n'implique pas qu'il soit à nouveau statué sur le fond* », ce qui rend le renvoi inutile, ou « *lorsque les faits, tels qu'ils ont été souverainement constatés et appréciés par les juges du fond, lui permettent d'appliquer la règle de droit appropriée* » (COJ, art. L. 411-3, anc^{t}., art. L. 131-5). « *En ces cas, elle se prononce sur la charge des dépens afférents aux instances civiles devant les juges du fond* » (même article).

La cassation sans renvoi peut être prononcée d'office par la Ch. crim. Elle peut aussi être demandée par le demandeur au pourvoi (v. nº **19.25A**), mais également par le défendeur, à titre subsidiaire, lorsque la cassation de la décision attaquée lui paraît inévitable et qu'il souhaite faire l'économie d'une nouvelle procédure devant une juridiction de renvoi (v. nº **19.25C**). Dans ce cas, il appartient à la partie sollicitant la cassation sans renvoi d'établir que les conditions requises par COJ, art. L. 411-3 sont réunies, ce qui suppose soit de démontrer que le litige n'implique pas qu'il soit de nouveau statué au fond, soit que la Ch. crim. dispose des éléments nécessaires, sur le fondement des constatations souveraines opérées par la décision attaquée, pour trancher le litige conformément aux règles de droit applicables.

La cassation sans renvoi ne fait pas revivre la décision de première instance. S'agissant des dispositions de l'arrêt ayant fait l'objet d'une cassation sans renvoi, « *seule importe, dans ce cas, la décision définitivement rendue par la Cour de cassation, qui acquiert alors l'autorité de la chose jugée, la décision de première instance perdant toute force exécutoire* » (Crim. 15 déc. 2015, nº 14-84.270, P nº 288).

2. Typologie jurisprudentielle des cas de cassation sans renvoi

La cassation sans renvoi trouve à s'illustrer dans les cas suivants où la Ch. crim. :

• **Prononcé de peines illégales** : censure la condamnation à une peine d'amende supérieure au maximum légal mais, « *en mesure de faire application de la règle de droit appropriée* », casse sans renvoi et « *fixe le montant de l'amende au maximum prévue par la loi* » (Crim. 16 janv. 1997, nº 96-80.952, P nº 15 ; Crim. 28 mai 1997, nº 96-83.373, D) ; substitue une peine de suspension du permis à celle d'annulation illégalement prononcée (Crim. 13 févr. 2007, nº 06-83.564, P nº 42) ; détermine les modalités d'imputation de la durée de la suspension administrative du permis de conduire sur la suspension judiciaire (Crim. 14 avril 2021, nº 20-83.607, P) ; dit que le prévenu est condamné à 8 amendes au lieu de 12 (Crim. 2 mars 1999, nº 98-80.231, D) ; constate qu'un mineur a été condamné comme majeur par la cour d'assises, annule sa condamnation, constate que l'arrêt de renvoi s'applique à lui, dit qu'il sera jugé par la cour d'assises des mineurs (Crim. 11 sept. 2002, nº 02-80.906, P nº 164) ; diminue au maximum légal de 20 ans de réclusion criminelle la peine de 30 ans illégalement prononcée (Crim. 10 nov. 1998, nº 98-81.490, P nº 294 ; dans le même sens : Crim. 11 oct. 2000, nº 00-81.422, D ; Crim. 11 oct. 2000, nº 00-82.257, D ; Crim. 3 sept. 2003, nº 03-81.545, D) ; dit que les peines de 6 et 8 ans prononcées par la cour d'assises sont des peines d'emprisonnement et non des peines de réclusion criminelle (Crim. 3 mars 1999, nº 98-81.633, D ; dans le même sens : Crim. 18 déc. 2002, nº 02-81.666, P nº 236) ; diminue la peine d'emprisonnement de 18 mois au maximum légal de un an (Crim. 9 juin 2004, nº 04-80.373, D) ; diminue le délai d'épreuve d'un sursis avec mise à l'épreuve à hauteur du maximum prévu par la loi (Crim. 21 août 1991, nº 90-86.505, D ; Crim. 20 nov. 1991, nº 90-83.466, P nº 420) ; fixe au maximum légal de 5 ans l'interdiction définitive illégalement prononcée (Crim. 25 oct. 2000, nº 00-82.152, P nº 318), ou au maximum de 3 ans celle de 5 ans prononcée (Crim. 11 déc. 2002, nº 02-81.655, D) ; dit que les frais de publication sont à la charge de la personne condamnée et non du Trésor public (Crim. 12 oct. 1995, nº 94-80.186, P nº 306) ;

• **Pénalités fiscales illégales** : dans ce contentieux particulier, la cassation sans renvoi permet de corriger des erreurs de droit portant sur les pénalités fiscales : fixe et condamne au paiement des droits fiscaux fraudés (Crim. 29 avr. 1985, nº 84-93.137, P nº 161 ; Crim. 8 avr. 1991, nº 88-87.535, D ; Crim. 30 nov. 1992, nº 91-86.211, P nº 395) ; fixe la condamnation au titre de la confiscation en matière de contributions indirectes (Crim. 30 janv. 1997, nº 96-82.141, D) ; prononce la solidarité en matière d'amendes fiscales (Crim. 4 oct. 1993, nº 93-80.465, D) ; dit que la contrainte par corps s'exercera pour le recouvrement des impôts directs fraudés (Crim. 14 févr. 1994, nº 93-82.826, D) ;

• **Exécution de peines** : ici, la Ch. statue sans renvoi le plus souvent en matière de confusion de peines, ces arrêts publiés dans la plupart des cas fixe le droit applicable dans un domaine essentiellement construit par la jurisprudence : **confusion des peines** (Crim. 3 mars 1986, nº 86-90.158, P nº 83 ; Crim. 26 janv. 1988, nº 87-84.853, P nº 37 ; Crim. 11 avr. 1994, nº 94-80.216 ; Crim. 16 nov. 1994, nº 94-82.548, P nº 367 ; Crim. 16 janv. 1996, nº 95-81.722, P nº 25 ; Crim. 26 sept 1996, nº 96-81.284, P nº 336 ; Crim. 4 nov. 1997, nº 96-86.100, P nº 368 ; Crim. 19 janv. 1999, nº 98-82.035, P nº 10 ; Crim. 7 juin 2001, nº 00-87.828, D ; Crim. 12 févr. 2003, nº 02-81.800, P nº 38 ; Crim. 17 mars 2004, nº 03-83.411, P nº 71) ; **effets d'une condamnation prononcée par un État membre de l'UE** ; C. pén., art. 132-23-1 (Crim. 8 janv. 2020, nº 19-80.349, P) ; **imputation d'une mesure disciplinaire militaire sur l'emprisonnement** ; CJM, art. 357 (Crim. 28 oct. 1985, nº 84-94.203, P nº 328) ; **révocation de plein droit du sursis simple** (Crim. 17 mai 1988, nº 87-90.067, P nº 213) ; **caractère non avenu d'une condamnation** (Crim. 12 janv. 1988, nº 87-84.505, P nº 13) ;

• **Avis défavorable en matière d'extradition** : (Crim. 19 juin 2019, nº 19-80.182, P nº 127 ; Crim. 5 oct. 2016, nº 16-84.717, D ; Crim. 14 oct. 2015, nº 15-84.420, D ; Crim. 26 févr. 2014, nº 13-87.846 ; Crim. 26 févr. 2014, nº 13-87.888, P nº 60) ;

• **Extinction de l'action publique ou nullité des poursuites** : constate l'extinction de l'action publique (Crim. 12 sept. 2007, nº 07-84.184, D) et la prescription de l'action publique (Crim. 7 mai 1996, nº 95-83.992, P nº 196 ; Crim. 13 févr. 2001, nº 00-85.059, D) ; constate l'extinction de l'extinction de l'action publique pour les faits délictuels connexes aux faits criminels renvoyés devant la cour d'assises (Crim. 17 nov. 1999, nº 99-85.940, P nº 266 ; Crim. 19 déc. 2000, nº 00-86.587, D ; Crim. 10 juillet 2002, nº 02-83.179, P nº 152) ; constate l'absence de prescription de l'action publique et confirme l'ordonnance de mise en accusation du juge d'instruction (Crim. 23 juin 2004, nº 04-80.469, D) ; constate l'amnistie pour certains faits mais dit la peine justifiée par les autres (Crim. 9 déc. 1997, nº 96-85.958, P nº 419) ; constate la nullité de la poursuite en matière de presse (Crim. 17 mars 1981, nº 79-94.121, P nº 96) ; constate l'illégalité d'un arrêté préfectoral base des poursuites (Crim. 3 déc. 1991, nº 90-87.131, D) ;

• **Recevabilité de l'appel** : déclare irrecevables l'appel principal du prévenu et l'appel incident du ministère public (Crim. 23 mars 1993, nº 91-81.203, P nº 126), de l'administration chargée des forêts (Crim. 20 oct. 1993, nº 92-85.999, P nº 302) ; déclare irrecevable l'appel de l'inculpé contre l'ordonnance de renvoi et constate que le tribunal correctionnel est saisi (Crim. 30 nov. 1999, nº 99-80.679, P nº 279) ; déclare irrecevable un appel irrégulier en la forme (Crim. 28 avr. 1998, nº 97-80.939, D) ;

• **Instruction préparatoire et contentieux de la nullité** : constate la nullité des procès-verbaux base des poursuites et de la procédure subséquente (Crim. 30 janv. 1997, n° 96-82.739, P n° 43) ; désigne la cour d'assises de renvoi (Crim. 27 sept. 2017, n° 17-84.444, D) ou compétente (Crim. 6 mars 1996, n° 95-86.216, P n° 103 ; Crim. 5 déc. 2000, n° 00-85.974, D) ; renvoie au procureur de la République pour qu'il saisisse à nouveau le juge des enfants (Crim. 7 oct. 1997, n° 96-85.599, n° 327) ; dit n'y avoir lieu à informer sur une plainte avec constitution de partie civile (Crim. 26 nov. 1996, n° 96-83.258, P n° 390) ; annule l'ordonnance d'un juge d'instruction (Crim. 24 févr. 1981, n° 79-93.193, P n° 69) ; confirme une ordonnance du juge d'instruction (Crim. 16 juin 1992, n° 91-86.362, D) ; dit n'y avoir lieu à l'annulation d'une ordonnance de non-lieu du juge d'instruction (Crim. 27 févr. 2001, n° 00-86.747, P n° 50) ; déclare irrecevable une requête en nullité (Crim. 11 juillet 2001, n° 01-83.408, D) ; annule des mises en examen et dit que les personnes concernées sont considérées comme témoins assistés, dit que l'annulation n'entraîne aucune cancellation ni retrait de pièces (Crim. 1er oct. 2003, n° 03-82.909, P n° 177) ; annule des avis de fin d'information émanant d'un juge d'instruction qui n'était plus saisi (Crim. 12 mai 2004, n° 04-80.144, D) ; rejette une demande de restitution de scellé (Crim. 13 janv. 1986, n° 85-93.061, P n° 20) ; ordonne la mainlevée d'un contrôle judiciaire (Crim. 16 juill. 1986, n° 86-91.103, n° 235) ; déclare irrecevable une demande de mise en liberté (Crim. 7 mai 1987, n° 87-80.821, P n° 87) ; dit n'y avoir lieu à annulation de pièces de l'information (Crim. 9 mai 1990, n° 90-81.461, D ; Crim. 25 juill. 1990, n° 90-81.329, P n° 293 ; Crim. 30 oct. 2001, n° , P n° 223) ; annule des actes de procédure relatifs à la garde à vue et ordonne la cancellation d'un procès-verbal (Crim. 2 févr. 2005, n° 04-86.805, P 2005, n° 41) ;

• **Recevabilité de la constitution de partie civile** : déclare irrecevable une constitution de partie civile (Crim. 14 janv. 2020, n° 19-80.186, P ; Crim. 25 sept. 2012, n° 10-82.938, P n° 198 ; Crim. 12 mars 1985, n° 84-92.284, P n° 107 ; Crim. 27 oct. 1992, n° 92-84.511, P n° 344 ; Crim. 11 mars 1998, n° 97-81.584 ; Crim. 27 févr. 2001, n° 00-86.747, P n° 50) ; déclare recevable une constitution de partie civile, l'information devant être poursuivie par le juge d'instruction (Crim. 28 févr. 1995, n° 94-82.040, P n° 88) ; constate que la partie civile bénéficiait de l'aide juridictionnelle et la dispense de consignation (Crim. 4 févr. 1998, n° 97-84.324, D) ; déclare irrecevable une demande de frais irrépétibles (Crim. 20 nov. 2007, n° 07-80.405, P n° 285) ;

• **Dommages-intérêts et garantie de l'assureur** : dit n'y avoir lieu à l'allocation de dommages-intérêts (Crim. 1er oct. 1979, n° 78-93.673, P n° 261) ; déduit des dommages-intérêts les sommes versées par la caisse d'assurance maladie (Crim. 19 mars 1980, n° 79-91.396, P n° 95 ; Crim. 15 févr. 1983, n° 82-90.369, P n° 55) ; condamne au paiement de dommages-intérêts omis par la cour d'appel (Crim. 14 oct. 1981, n° 80-93.751, P n° 274) ; réduit les dommages-intérêts à ceux alloués en première instance, la cour d'appel n'ayant pas respecté la prohibition de la *reformatio in pejus* (Crim. 13 mars 1996, n° 95-82.551, D) ; dit que l'assureur est tenu à garantie (Crim. 26 sept. 1989, n° 89-80.644, P n° 327) ; met hors de cause l'assureur compte tenu de l'annulation du contrat d'assurance définitivement prononcée (Crim. 29 juin 2004, n° 03-83.352, P n° 174) ; dit qu'une société est civilement responsable de ses préposés et la condamne solidairement avec eux (Crim. 19 mars 1992, n° 89-85.403, D) ; dit qu'il sera sursis à statuer sur une demande de dommages-intérêts (Crim. 14 oct. 1986, n° 82-93.764, P n° 85) ;

• **Erreur matérielle et omission de statuer** : rectifie l'arrêt de condamnation non conforme à la feuille de questions (Crim. 29 oct. 1997, n° 96-86.199, P n° 358) ; rectifie une erreur matérielle portant sur la liquidation du préjudice (Crim. 25 févr. 1991, n° 89-85.863, P n° 93 ; Crim. 11 mars 1998, n° 97-81.505, D) ; condamne au paiement de dommages-intérêts omis par la cour d'appel (Crim. 14 oct. 1981, nº 80-93.751, P nº 274).

19.35 La notification des arrêts de la chambre criminelle

A. La notification des décisions de la chambre criminelle (C. pr. pén., art. 614)

1. La notification de l'arrêt de cassation avec renvoi (C. pr. pén., art. 614)

L'arrêt de la Ch. crim. « *ayant admis la demande en cassation et ordonné le renvoi devant une nouvelle juridiction* » « *est notifié aux parties, à la diligence* » du « *magistrat chargé du ministère public près la cour ou le tribunal de renvoi* ». La notification de l'arrêt prévue par ce texte n'est toutefois pas prescrite à peine de nullité (Crim. 10 janv. 1989, nº 87-84.973, P nº 6).

2. La notification facultative de l'arrêt de rejet (C. pr. pén., art. 617)

L'arrêt de rejet « *est délivré, dans les trois jours, au procureur général près la C. cass., par extrait signé du greffier, lequel extrait est adressé au magistrat chargé du ministère public près la Cour ou le tribunal qui a rendu l'arrêt ou le jugement attaqué. Il est notifié aux parties, à la diligence de ce magistrat, par lettre recommandée avec demande d'avis de réception* ».

La Ch. crim. juge cependant que la « *notification aux parties des arrêts de rejet et des arrêts de déchéance n'est pas prescrite à peine de nullité et n'a pas le caractère d'une formalité substantielle de la procédure* » (Crim. 17 mars 1993, nº 92-83.816, P nº 120).

Dans les deux hypothèses qui précèdent, aucun délai n'est imparti au parquet chargé de notifier la décision aux parties.

B. L'opposition formée contre les arrêts de la chambre criminelle (C. pr. pén., art. 579)

1. Les personnes admises à former opposition

Les parties n'ayant pas été informées de la procédure diligentée devant la C. cass. et, partant, de la décision rendue par celle-ci, peuvent former opposition contre cette décision afin de la contester.

Le législateur distingue deux catégories de parties admises à former opposition.

- **Le défaut de notification du pourvoi**

En premier lieu, les parties auxquelles le demandeur en cassation n'a pas notifié son pourvoi par LRAR dans un délai de trois jours, qui ont « *le droit de former opposition à l'arrêt rendu par la **C. cass.**, par déclaration au greffe de la juridiction qui a rendu la décision* » déférée à la censure de la C. cass. (C. pr. pén., art. 579 et 578).

- **Le défaut de transmission du mémoire**

En second lieu, « *La partie intéressée au pourvoi qui n'aurait pas reçu copie des mémoires produits à l'appui du pourvoi pourra former opposition à l'arrêt rendu par la **C. cass.**, par déclaration au greffe de la juridiction qui a rendu la décision, dans les cinq jours de la notification prévue à l'article 614* » (C. pr. pén., art. 589). En application de ce dernier texte, l'opposition est donc recevable dès lors qu'il « *ne résulte d'aucune pièce de la procédure* » que l'intéressé « *ait reçu copie du mémoire du procureur général* » ayant formé le pourvoi (Crim. 14 nov. 2001, nº 00-88.017, P nº 236).

2. Les personnes irrecevables à former opposition

Sont **irrecevables** à former opposition :

– le demandeur au pourvoi, dès lors qu'il résulte des dispositions combinées de C. pr. pén., art. 579 et 589 que « *la procédure d'opposition aux arrêts rendus par la chambre criminelle de la **C. cass.** n'est ouverte qu'au seul défendeur au pourvoi* » (Crim. 8 avr. 2021, nº 21-80.916, NP ; Crim. 16 janv. 2019, nº 17-86.232, NP ; Crim. 30 oct. 2018, nº 18-80.635, NP ; Ord., 11 déc. 1997, nº 97-85.789, P nº 423), quand bien même le pourvoi du demandeur aurait fait l'objet d'un arrêt d'irrecevabilité (Crim. 4 avr. 2001, nº 00-87.886, P nº 94) ;

– la partie à laquelle le demandeur au pourvoi a notifié « *son recours et son mémoire en demande par lettres recommandées avec avis de réception* », quand bien même ces lettres seraient « *revenues à l'expéditeur avec la mention non réclamé* » (Crim. 29 mai 2001, nº 00-86.752, P nº 135).

3. Le délai de 5 jours à compter de la notification de l'arrêt pour former opposition (C. pr. pén., art. 579)

« *La partie qui n'a pas reçu la notification prévue à l'article 578 a le droit de former opposition à l'arrêt rendu par la* **C. cass.**, *par déclaration au greffe de la juridiction qui a rendu la décision, dans les cinq jours de la notification prévue à l'article 614* » (C. pr. pén., art. 579).

À défaut de notification de la décision de la Ch. crim. (sur cette notification, v. A ci-dessus), le délai d'opposition de 5 jours court à compter de **la date de la connaissance de l'arrêt de cassation** en vertu duquel la juridiction de renvoi est saisie. Cette connaissance peut résulter, par exemple, de la circonstance que la partie intéressée ait été citée à comparaître devant la juridiction de renvoi (Crim. 10 janv. 1989, n° 87-84.973, P n° 6).

Lorsqu'aucune opposition n'a été formée contre la décision de la Ch. crim. dans les délais impartis par la loi, celle-ci devient définitive et la décision attaquée ne peut plus faire l'objet d'un nouveau pourvoi. La juridiction de renvoi est donc valablement saisie.

4. La forme et les effets de l'opposition (C. pr. pén., art. 589)

L'opposition doit être formée « *par déclaration au greffe de la juridiction qui a rendu la décision* » frappée de pourvoi (C. pr. pén., art. 589), ce qui exclut qu'elle puisse être valablement formée « *par lettre recommandée au greffe* » (Crim. 24 juin 1987, n° 87-80.880, P n° 264), ou « *par lettre recommandée adressée à la* **C. cass.** » (Crim. 19 juin 2019, n° 18-87.105, NP), et implique que la personne souhaitant faire opposition se déplace au greffe de la juridiction concernée (et non au greffe de la C. cass), sauf impossibilité absolue (sur les modalités de la déclaration au greffe, v. n° **19.21B**).

Soulignons que le greffe considéré n'est pas celui de la C. cass, mais celui « *de la juridiction ayant rendu la décision déférée à la censure de la C. cass.* » (Crim. 31 mai 1967, n° 67-90.869, P n° 168).

« *Il se déduit des articles 579 et 589 du code de procédure pénale que le dépôt du mémoire produit à l'appui de l'opposition à un arrêt rendu par la chambre criminelle doit avoir lieu dans les formes et délais prescrits au demandeur en cassation par les articles 584, 585, 585-1, 588 et 590 du même code* », à défaut, l'intéressé est déchu de son opposition par application de C. pr. pén., art. 590-1 (Crim. 1er févr. 2023, n° 21-80.601, P).

Lorsque les moyens présentés par la partie ayant formé opposition lui paraissent pertinents, la Ch. crim. examine de nouveau les moyens qui lui sont présentés, et le cas échéant, casse l'arrêt attaqué par le pourvoi (par ex : Crim. 29 mars 2000, n° 98-85.887, P n° 145). Au contraire, elle déboute la partie en son opposition lorsqu'aucun moyen ne lui paraît fondé (par ex : Crim. 31 oct. 2018, n° 14-80.167, NP ; Crim. 15 juin 1987, n° 85-95.421, P n° 248 ; Crim. 16 juill. 1969, n° 69-90.379, P n° 227).

19.36 Le cas particulier du pourvoi dans l'intérêt de la loi réservé au procureur général près la Cour de cassation.

A. Les conditions du pourvoi dans l'intérêt de la loi (C. pr. pén., art. 620 et 621)

« *Lorsque, sur l'ordre formel à lui donné par le ministre de la justice, le procureur général près la* **C. cass.** *dénonce à la chambre criminelle des actes judiciaires, arrêts ou jugements contraires à la loi, ces actes, arrêts ou jugements peuvent être annulés* » (C. pr. pén., art. 620).

De son propre chef, en l'absence d'ordre formel du garde des sceaux, « *Lorsqu'il a été rendu par une cour d'appel ou d'assises ou par un tribunal correctionnel ou de police, un arrêt ou jugement en dernier ressort, sujet à cassation, et contre lequel néanmoins aucune des parties ne s'est pourvue dans le délai déterminé, le procureur général près la* **C. cass.** *peut d'office et nonobstant l'expiration du délai se pourvoir, mais dans le seul intérêt de la loi, contre ledit jugement ou arrêt* » (C. pr. pén., art. 621). Cette faculté de se pourvoir spontanément contre une décision rendue en dernier ressort revêt alors un caractère subsidiaire puisqu'elle est subordonnée à l'absence du pourvoi des parties « *dans le délai déterminé* » (*ibid*), condition qui n'est pas exigée dans le cadre du pourvoi formé sur ordre formel du garde des Sceaux, dans les conditions prévues par C. pr. pén., art. 620). Le caractère subsidiaire de ce recours implique en outre que la décision frappée de pourvoi ait été susceptible de l'être par les parties, sauf en cas de dispositions spéciales du législateur sur ce point (sur le pourvoi dirigé contre les arrêts d'acquittement, v. B ci-dessous).

Le pourvoi dans l'intérêt de la loi, qui n'est pas réservé à la matière pénale (par ex : Cass., ass. plén., 16 mars 1990, n° 89-45.730, P. Ass. plén., n° 4) a pour objet, comme tout autre pourvoi, de **sanctionner la violation de la loi** (Crim. 9 janv. 2019, n° 18-84.592, NP ; Crim. 29 nov. 2017, n° 17-86.756, NP ; Crim. 31 mars 2016, n° 15-86.076 ; sur les motifs de cassation, v. n° **19.32**), lorsque la décision entachée d'illégalité n'est pas frappée de pourvoi ou n'est pas susceptible de l'être par le ministère public ou les parties (sur les décisions susceptibles d'un pourvoi dans l'intérêt de la loi, v. B ci-dessous).

Compte-tenu de la spécificité de ce pourvoi, il est **expressément réservé** au « *procureur général près la C. cass.* » (C. pr. pén., art. 620 et 621), ce qui exclut par exemple le procureur général près la cour d'appel, « *sans qualité pour se pourvoir* » dans l'intérêt de la loi (Crim. 21 févr. 2007, n° 06-81.713, P n° 53 ; Crim. 20 nov. 1985, n° 85-91.622, P n° 366 ; Crim. 11 déc. 1963, n° 63-91-803, P n° 356), ce qui ne fait pas obstacle à la possibilité du procureur général près la C. cass. de régulariser la procédure en formant un pourvoi en même temps que le procureur général près la cour d'appel, dans l'intérêt de la loi (Crim. 23 sept. 2010, n° 10-81.245, P n° 140), y compris sur réquisitions orales prises à l'audience devant la C. cass. (Crim. 2 déc. 1998, n° 97-83.947, P n° 327 ; Crim. 30 avr. 1996, n° 95-82.500, P n° 178).

Pour des raisons identiques relatives à la spécificité de ce pourvoi spécial, le pourvoi dans l'intérêt de la loi n'est soumis à aucune condition de forme particulière.

B. Les décisions susceptibles d'un pourvoi dans l'intérêt de la loi (C. pr. pén., art. 596, 620 et 621)

Le pourvoi dans l'intérêt de la loi peut être formé sur ordre formel du garde des Sceaux à l'encontre « *des actes judiciaires, arrêts ou jugements* » (C. pr. pén., art. 620) et, spontanément, par le procureur général près la C. cass., contre « *un arrêt ou jugement en dernier ressort* », « *rendu par une cour d'appel ou d'assises ou par un tribunal correctionnel ou de police* » (C. pr. pén., art. 621), c'est-à-dire à l'encontre de tout type de décision, dès lors qu'elles ont été rendues en dernier ressort, y compris à l'encontre des « *jugements des juridictions des forces armées* » (CJM, art. L. 232-1).

Le pourvoi dans l'intérêt de la loi est également admis à l'égard **de décisions normalement insusceptibles de pourvoi**, tels que « *Les arrêts d'acquittement prononcés par la cour d'assises* », qui « *ne peuvent faire l'objet d'un pourvoi que dans le seul intérêt de la loi, et sans préjudicier à la partie acquittée* » (C. pr. pén., art. 572), « *en application des articles 620 et 621 du code de procédure pénale* » (Crim. 21 févr. 2007, n° 06-81.713, P n° 53 ; v. aussi Crim. 9 sept. 2015, n° 14-81.679, NP ; Crim. 7 juin 2001, n° 00-87.157, P n° 141).

Ce pourvoi, qui n'est soumis à aucune condition de délai maximum (en revanche, sur le délai minimum de ce pourvoi, en raison du caractère subsidiaire du pourvoi fondé sur C. pr. pén., art. 621, v. A ci-dessus), est encore ouvert contre les **décisions n'étant plus susceptibles de pourvoi** parce qu'elles ont « *acquis un caractère définitif* », par exemple une ordonnance du JLD refusant un placement *DP* (Crim. 12 janv. 2016, n° 15-86.514, P n° 4), à condition toutefois que la C. cass. n'ait pas « *déjà statué sur le moyen proposé* » (Crim. 13 nov. 1996, n° 96-82.434, P n° 400). Il peut encore porter « *sur des motifs de l'arrêt attaqué qui sont sans influence sur le dispositif* », « *sur ordre du garde des sceaux, dans les termes de l'article 620 du code de procédure pénale* » (Crim. 20 mars 2019, n° 17-81.975, P n° 57).

Il offre également la possibilité au procureur général près la C. cass. de se pourvoir contre des **décisions à l'égard desquelles le ministère public n'est normalement pas recevable à se pourvoir**, par exemple contre une ordonnance de taxe (Crim. 20 nov. 2007, nº 07-82.884, P nº 284 ; sur la faculté de pourvoi du ministère public et son étendue, v. nº **19.20C**).

Cette voie de recours particulière est aussi ouverte lorsque les conditions de fond requises pour frapper certaines décisions de pourvoi ne sont pas remplies. Par exemple, les **arrêts de condamnation des cours d'assises**, qui ne peuvent normalement être frappés de pourvoi par le ministère public ou la personne condamnée que « *si l'arrêt a prononcé une peine autre que celle appliquée par la loi à la nature du crime* » (C. pr. pén., art. 596 ; sur ce point, v. nº **19.20C2**), sont susceptibles d'être frappées d'un pourvoi dans l'intérêt de la loi lorsque cette dernière condition n'est pas caractérisée (Crim. 22 févr. 2011, nº 10-86.141, NP ; Crim. 7 juin 2001, nº 00-87.157, P nº 141 ; Crim. 11 mai 1988, nº 87-92.056, P nº 206).

En revanche, les « *les dispositions purement civiles* » d'un arrêt « *ne sont pas de celles qui peuvent être attaquées par la voie du pourvoi en annulation d'ordre du Garde des Sceaux, le recours prévu, dans un intérêt public, par l'article 620 du Code de procédure pénale, ne pouvant, d'aucune façon, préjudicier aux droits définitivement acquis par la partie civile* » (Crim. 1er oct. 1980, nº 79-92.092, P nº 238).

C. Les effets du pourvoi dans l'intérêt de la loi

Le pourvoi formé dans l'intérêt de la loi est **dépourvu d'effet suspensif**, et ne fait pas obstacle à l'exécution de la décision frappée de pourvoi (sur les effets normalement attachés au pourvoi, v. nº **19.22**), et la Ch. crim. juge qu'« *une décision définitive, frappée d'un pourvoi dans l'intérêt de la loi, continue à être exécutoire tant qu'il n'a pas été prononcé sur ce pourvoi par la C. cass.* » (Crim. 28 mars 2001, nº 01-80.390, P nº 86).

Il est de surcroît normalement **dépourvu d'effets pour les parties**, de sorte que « *celles-ci sont non recevables à intervenir dans le débat* » (Crim. 14 mars 1940, D.1940.132). Ainsi, « *La Cour se prononce sur la recevabilité et le bien-fondé de ce pourvoi. Si le pourvoi est accueilli, la cassation est prononcée, sans que les parties puissent s'en prévaloir et s'opposer à l'exécution de la décision annulée* » (C. pr. pén., art. 621). Sur ce fondement, la Ch. crim. rappelle que « *la voie de recours instituée par les articles 620 et 621 du code de procédure pénale ne [peut] ni profiter, ni nuire aux parties* » (Crim. 26 juin 1963, nº 63-90.829, P nº 228), ce dont il résulte que la cassation dans l'intérêt de la loi ne peut « *préjudicier aux droits acquis par les parties civiles à l'égard desquelles les jugements subsistent et conservent l'autorité de la chose jugée* » (Crim. 23 févr. 1988, nº 87-90.532, P nº 88), et demeure « *sans effet sur la situation du condamné* » (Crim. 2 avr. 2014, nº 13-80.474, P nº 101). Par voie de conséquence, « *la cassation prononcée en vertu de l'article 620 du code de procédure pénale ne peut jamais porter préjudice à l'inculpé* », si bien que la cassation de l'arrêt de relaxe, prononcée « *dans l'intérêt de la loi seulement* » (Crim. 24 nov. 1974, nº 74-91.533, P nº 265) ou « *dans le seul intérêt de la loi* » (Crim. 13 oct. 2020, nº 20-80.150, P) ne doit pas donner lieu à renvoi. Il en va de même de la cassation de l'arrêt de relaxe prononcée sur le fondement de C. pr. pén., art. 621, « *dans le seul intérêt de la loi* », demeurant sans effet sur la personne relaxée (Crim. 20 nov. 2018, nº 18-81.661, NP). Pareillement, la décision censurant un arrêt ayant imputé à tort une peine prescrite sur la durée d'une autre peine, ne donne pas lieu à renvoi dès lors qu'elle ne peut préjudicier à la personne condamnée (Crim. 11 juin 2008, nº 07-88.426, P nº 146).

Cependant, lorsque l'arrêt est cassé « *tant dans l'intérêt de la loi que dans celui du condamné* », le pourvoi dans l'intérêt de la loi profite à ce dernier, et la cause est soit renvoyée pour être de nouveau jugée conformément à la loi, dans la limite de la cassation prononcée (Crim. 29 nov. 2017, nº 17-86.758, NP ; Crim. 16 déc. 2015, nº 15-82.306, NP ; Crim. 12 oct. 1994, nº 94-82.291, P nº 327), soit jugée sans renvoi par la Ch. crim. (Crim. 9 janv. 2019, nº 18-84.592, NP ; Crim. 6 nov. 2013, nº 13-83.798, P nº 221).

2. Le guide des infractions

20. Les atteintes aux personnes

20.1 Homicide volontaire – Meurtre

■ **PEINES**

PERSONNE PHYSIQUE

PP Crime. 30 ans de réclusion (C. pén., art. 221-1).

PC 1. Interdiction, définitive ou ⩽ 5 ans, d'exercer l'activité professionnelle ou sociale en relation avec l'infraction, ou une fonction publique (sauf mandat électif ou syndical) *et/ou* définitive ou ⩽ 15 ans (10 ans avant L. n° 2013-1117, 6 déc. 2013) d'exercer une profession commerciale ou industrielle, de diriger, d'administrer, de gérer ou de contrôler à un titre quelconque, directement ou indirectement, pour son propre compte ou pour le compte d'autrui, une entreprise commerciale ou industrielle ou une société commerciale (L. n° 2008-776, 4 août 2008) (C. pén., art. 221-8, 221-9 et 131-27) ;

2. Interdiction, ⩽ 10 ans, des droits civiques, civils et de famille (vote, éligibilité, fonction juridictionnelle, expert, témoin, tuteur, curateur) (C. pén., art. 221-9 et 131-26). Sauf dispense spécialement motivée, la peine d'inéligibilité est obligatoirement prononcée (C. pén., art. 131-26-2, L. n° 2017-1339, 15 sept. 2017) ;

3. Interdiction obligatoire, ⩽ 15 ans, de détention ou port d'arme soumise à autorisation (L. n° 2012-304, 6 mars 2012, auparavant interdiction facultative ⩽ 5 ans) (C. pén., art. 221-8) ;

4. Suspension, annulation, ⩽ 5 ans, du PC (C. pén., art. 221-8) ;

4 *bis.* Stage de sensibilisation aux dangers de l'usage de produits stupéfiants. La juridiction précise si le stage est exécuté aux frais du condamné (C. pén., art. 131-35-1 et 221-8, L. n° 2007-297, 5 mars 2007) (pour les faits commis avant le 24 mars 2020 et jugés après cette date, L. n° 2019-222, 23 mars 2019, en vigueur le 24 mars 2020. Pour les faits commis à partir du 24 mars 2020, v. nouvelle réd. C. pén., art. 131-5-1 et n° 18.33) ;

5. Confiscation obligatoire d'une ou plusieurs armes dont le condamné est propriétaire ou dont il a la libre disposition (L. n° 2012-304, 6 mars 2012, auparavant peine facultative) (C. pén., art. 221-8) ;

6. Retrait, obligatoire, ⩽ 15 ans, du permis de chasser (L. n° 2012-304, 6 mars 2012, auparavant retrait facultatif ⩽ 5 ans) (C. pén., art. 221-8) ;

7. Confiscation de la chose ayant servi à l'infraction ou destinée à la commettre, ou de son produit (obligatoire pour objets qualifiés dangereux ou nuisibles par loi ou règlement ou dont la détention est illicite) (C. pén., art. 221-9 et 131-21) ;

8. Interdiction de séjour, ⩽ 10 ans (C. pén., art. 221-9, 131-31 et 131-32 ; C. pr. pén., art. 762-1 à 763) ;

9. Auteur étranger : interdiction du territoire, définitive ou ⩽ 10 ans (C. pén., art. 221-11, 131-30, 131-30-1 et 131-30-2) ;

10. **Suivi socio-judiciaire** [L. n° 2005-1549, 12 déc. 2005] ⩽ 30 ans (C. pén., art. 131-36-1 et **221-9-1**) avec injonction de soins si l'expertise médicale conclut au traitement (C. pén., art. 131-36-4). La juridiction fixe la peine encourue (⩽ 7 ans) en cas d'inobservation (C. pén., art. 131-36-1) (v. n° 18.31) ;

11. interdiction **obligatoire**, sauf dispense motivée, de percevoir la pension due au conjoint survivant ou divorcé en application des dispositions du CSS ou du C. rur. lorsque les faits ont été commis à l'encontre de l'époux assuré (C. pén., art. 221-9-2 ; issu L. n° 2020-1576, 14 déc. 2020) (v. orienteur, régime des peines).

PERSONNE MORALE

PP Crime. 1 000 000 € (C. pén., art. 221-5-2 ; 131-38, al. 2 [L. n° 2004-204, 9 mars 2004, art. 55-I]).

PC 1. Dissolution (sauf personnes morales de droit public, partis, groupements politiques, syndicats, institutions représentatives du personnel) si la personne morale a été créée ou détournée de son objet pour commettre l'infraction (C. pén., art. 221-5-2, 131-39 1° et 131-45) ;

2. Interdiction, définitive ou ⩽ 5 ans, d'une ou plusieurs activités professionnelles ou sociales en relation avec l'infraction (C. pén., art. 221-5-2, 131-39 2°) ;

3. Surveillance judiciaire, ⩽ 5 ans, sauf personnes morales de droit public, partis, groupements politiques, syndicats (C. pén., art. 221-5-2, 131-39 3° et 131-46) ;

4. Fermeture, définitive ou ⩽ 5 ans, un ou plusieurs établissements en relation avec l'infraction (C. pén., art. 221-5-2, 131-39 4°) ;

5. Exclusion, définitive ou ⩽ 5 ans, marchés publics (C. pén., art. 221-5-2, 131-39 5°) ;

6. Interdiction, définitive ou ⩽ 5 ans, de *faire appel public à l'épargne* (procéder à une offre au public de titres financiers ou de les faire admettre aux négociations sur un marché réglementé, selon L. n° 2009-80, 22 janv. 2009) (C. pén., art. 221-5-2, 131-39 6°) ;

7. Interdiction, ⩽ 5 ans, d'utiliser des cartes de paiement ou d'émettre des chèques autres que de retrait ou certifiés (C. pén., art. 221-5-2, 131-39 7°) ;

8. Confiscation de la chose ayant servi à l'infraction ou destinée à la commettre, ou de son produit (obligatoire pour objets qualifiés dangereux ou nuisibles par loi ou règlement ou dont la détention est illicite) (C. pén., art. 221-5-2, 131-39 8° et 131-21) ;

9. Affichage, ⩽ 2 mois, *et/ou* (L. n° 2011-525, 17 mai 2011) diffusion de la décision ou d'extraits aux frais (⩽ amende encourue) du condamné (C. pén., art. 221-5-2, 131-39 9°, 131-48 et 131-35).

▪ ORIENTEUR

AUTRE QUALIFICATION

▪ **Coups mortels.** V. n° 20.15 si la preuve de l'intention homicide n'est pas rapportée.

▪ **Homicide volontaire – Assassinat.** V. n° 20.4 en cas de préméditation.

ÉLÉMENT MATÉRIEL

▪ **Médecine légale. • Notion de mort.** Sur la notion de mort en médecine légale, v. n° 14.3.

ÉLÉMENT INTENTIONNEL

▪ **Intention homicide.** La Ch. crim. estime que l'emploi d'une arme létale en direction d'une zone vitale caractérise l'intention homicide. Elle censure ainsi une CHINS qui avait retenu la qualification de coups mortels alors qu'elle avait constaté « *d'une part, que X a utilisé un couteau dont la lame, par sa longueur, pouvait provoquer la mort, d'autre part, que l'intéressé a frappé sciemment au niveau du thorax, qui constitue une zone vitale* » (Crim. 15 mars 2017, n° 16-87.694, P n° 71).

RÉGIME PROCÉDURAL

▪ **Régime des infractions sexuelles.** Applicable si les faits sont commis sur un mineur (~~et précédés ou accompagnés d'un viol, de tortures ou d'actes de barbarie~~, condition supprimée par L. n° 2018-703, 3 août 2018), ou commis en état de récidive légale (C. pr. pén., art. 706-47 1°, v. n° 11.23).

▪ **Régime complet de la criminalité organisée.** Applicable depuis L. n° 2023-22, 24 janv. 2023, en cas de « *meurtre commis en concours, au sens de C. pén., art. 132-2, avec un ou plusieurs autres meurtres* » (C. pr. pén., art. **706-73 1°***bis*, v. n° 11.21). Cette extension est jugée conforme à la constitution (Cons. const. 19 janv. 2023, n° 2022-846 DC, § 75).

▪ **Prescription de l'action publique.** Lorsque les faits sont commis sur un mineur, le délai de prescription de l'action publique est de 30 ans à compter de la majorité de la victime depuis L. n° 2018-703, 3 août 2018 (C. pr. pén., art. 7). Auparavant, ce délai était de 20 ans à compter de la majorité, durée momentanément alignée, s'agissant des mineurs, sur le délai de droit commun par L. n° 2017-242, 27 févr. 2017 portant de 10 à 20 ans la prescription en matière criminelle (sur les délais et points de départ des prescriptions, v. n° 17.19).

▪ **Procédure devant la juridiction criminelle. • Question de l'abolition du discernement.** Lorsque, en application C. pr. pén., art. 351, la question de l'abolition du discernement prévue par C. pén., art. 122-1, al. 1 est posée devant la juridiction criminelle (sur les questions, v. n° 17.33), le président est tenu de poser la question subsidiaire portant sur la qualification d'atteinte à la vie commise sous l'empire de substances psychoactives ayant aboli le discernement de l'auteur (C. pén., art. 221-5-6, sur cette qualification issue L. n° 2022-52, 24 janv. 2022, v. n° 20.5), « *s'il apparaît que l'abolition du discernement de la personne ou du contrôle de ses actes est susceptible de résulter d'une consommation volontaire de substances psychoactives* » (C pr. pén., art. 706-139-2 issu L. n° 2022-52,

24 janv. 2022 ; sur l'irresponsabilité pénale pour cause de trouble mental, C. pén., art. 122-1, al. 1, v. nº 14.28).

▪ **Obligation de communication du contrôle judiciaire à l'employeur public ou l'autorité de contrôle.** Le parquet doit informer l'employeur ou l'autorité de contrôle de la décision de contrôle judiciaire comportant « *obligation de ne pas exercer une activité impliquant un contact habituel avec des mineurs* » prévue par C. pr. pén., art. 138, 12° *bis* (issu de L. nº 2016-457, 14 avr. 2016) (C. pr. pén., art. 706-47-4, L. nº 2016-457, 14 avr. 2016) (v. nº 11.23D).

▪ **Prélèvement des empreintes génétiques** de la personne suspectée ou condamnée (C. pr. pén., art. 706-54 et 706-55 2°, v. nºs 13.23 et 13.25). Sur la **sanction** du refus de prélèvement, v. nº 25.35.

▪ **Alimentation du Redex.** Centralisation des examens de personnalité au fichier Redex à tous les stades de la procédure (C. pr. pén., art. 706-56-2) (v. nº 13.41).

▪ **Nettoyage de la scène de crime au titre des frais de justice.** Si la scène de crime est un local privé d'habitation, le procureur de la République (C. pr. pén., art. D. 15-3-3) ou le juge d'instruction (C. pr. pén., art. D. 32-2-4), dès lors qu'il n'est plus nécessaire de laisser les lieux en état pour les besoins de la procédure, notamment après qu'il a été procédé à une reconstitution, peuvent requérir une entreprise pour nettoyer les lieux, prestation qui sera dans ce cas payée par l'État au titre des frais de justice (dispositions issues D. nº 2022-656, 25 avr. 2022) (sur la scène d'infraction et les opérations de police technique, v. nº 11.56).

MESURE CIVILE

▪ **Retrait de l'autorité parentale.** Lorsque les faits sont commis par le père ou la mère sur la personne de son enfant ou de l'autre parent, la juridiction de jugement **est tenue** de se prononcer sur le retrait total ou partiel de l'autorité parentale en application de C. civ., art. 378, 379 (L. nº 2016-297, 14 mars 2016) et 379-1 (C. pén., art. 221-5-5, L. nº 2014-873, 4 août 2014). Depuis L. nº 2016-297, 14 mars 2016, ce retrait de l'autorité parentale « *s'étend à tous les enfants mineurs nés au moment du jugement, et donc concerne les frères et sœurs mineurs de la victime, sauf s'il en est déterminé autrement par la juridiction* » (Circ. CRIM 2016-297, 14 mars 2016, nº 2.1). Depuis L. nº 2019-1480, 28 déc. 2019, le retrait peut se limiter à « *l'exercice de l'autorité parentale* ». Si les poursuites ont lieu devant la cour d'assises, celle-ci statue sur cette question sans l'assistance des jurés (C. pén., art. 221-5-5). Sur la suspension et le retrait de l'autorité parentale en cas de violences au sein de la famille, v. nº 16.8F.

▪ **Retrait du droit à pension du conjoint survivant auteur des faits.** Selon les dispositions issues de L. nº 2019-1480, 28 déc. 2019, la pension de veuf ou de veuve dont le conjoint survivant est créancier au titre des assurances sociales n'était « *pas due dans le cas où le conjoint survivant est ou a été condamné pour avoir commis à l'encontre de l'époux assuré un crime ou un délit* » prévu par les présentes dispositions (CSS, art. L. 342-1-1 et L. 353-1-1 ; C. rur., art. L. 732-41-1 et L. 732-62 ; C. pens. civ. mil., art. L. 38-1). Depuis L. nº 2020-1576, 14 déc. 2020, ce retrait du droit à pension ne résulte plus de plein droit de la loi mais constitue une peine complémentaire que la juridiction doit obligatoirement prononcer, sauf dispense motivée (C. pén., art. **221-9-2** ; issu L. nº 2020-1576, 14 déc. 2020) (v. peines complémentaires ci-dessus).

RÉGIME DES PEINES

▪ **Rétention de sûreté.** Si les faits ont été commis sur un mineur, ou s'ils sont commis en récidive (L. nº 2010-242, 10 mars 2010), et si elle prononce une peine de réclusion ⩾ 15 ans, la cour d'assises peut expressément prévoir que la personne pourra faire l'objet, en fin de peine, d'un **réexamen de sa situation** en vue d'une éventuelle **rétention de sûreté**. Ce n'est qu'à cette condition préalable qu'une telle mesure pourra être prononcée, en fin de peine, par la **juridiction régionale de la rétention de sûreté**, à l'égard de la personne présentant une particulière dangerosité caractérisée par une probabilité très élevée de récidive résultant d'un trouble grave de la personnalité (C. pr. pén., art. 706-53-13, L. nº 2008-174, 25 févr. 2008).

▪ **Inscription au Fijais.** Si le régime des infractions sexuelles est applicable (v. ci-dessus, régime procédural) : inscription de plein droit au **Fijais**, suivi renforcé, durée 30 ans (v. nºs 13.32 s.) (C. pr. pén., art. 706-47, 706-53-2, 706-53-4).

▪ **Obligation de communication de la condamnation à l'employeur public ou l'autorité de contrôle.** Le parquet doit informer l'employeur ou l'autorité de contrôle de la condamnation prononcée en cas d'activité impliquant un contact habituel avec des mineurs (C. pr. pén., art. 706-47-4, L. n° 2016-457, 14 avr. 2016) (v. n° 11.23D).

■ ÉLÉMENTS CONSTITUTIFS – QUALIFICATION

✧ Pour avoir à .... [¤ lieu], le .... [¤ date], volontairement donné la mort à .... [¤ nom de la victime].

Faits prévus et réprimés par les articles : **PERSONNES PHYSIQUES.** 221-1, 221-5-5, 221-8, 221-9, 221-9-1 et 221-11 du code pénal (*N 5169.cr*). **PERSONNES MORALES.** 221-1 et 221-5-2 du code pénal (*N #.cr*). ✧

20.2 Homicide volontaire concomitant ou lié à un autre crime ou délit

■ PEINES

PERSONNE PHYSIQUE

PP Crime. Réclusion à perpétuité (C. pén., art. 221-2).

PC 1. *Idem* n° 20.1.

2. Suivi socio-judiciaire [L. n° 2005-1549, 12 déc. 2005] à temps ou sans limitation de durée (C. pén., art. 131-36-1 et 221-9-1) avec injonction de soins si l'expertise médicale (2 experts en cas de meurtre ou d'assassinat d'un mineur suivi de viol, tortures ou actes de barbarie) conclut au traitement (C. pén., art. 131-36-4). La juridiction fixe la peine encourue (⩽ 7 ans) en cas d'inobservation (C. pén., art. 131-36-1) (v. n° 18.31). Jusqu'à L. n° 2005-1549, 12 déc. 2005, le suivi socio-judiciaire n'était applicable qu'en cas d'homicide volontaire précédé ou accompagné d'un viol, de tortures ou d'actes de barbarie.

PERSONNE MORALE

PP PC *Idem* n° 20.1.

■ ORIENTEUR

AUTRE QUALIFICATION

▪ **Vol avec violence – Ayant entraîné la mort ou avec actes de tortures ou de barbarie.** V. n° 22.13.

ÉLÉMENT MATÉRIEL

▪ **Médecine légale. • Notion de mort.** *Idem* n° 20.1.

RÉGIME PROCÉDURAL

▪ **Régime des infractions sexuelles.** Applicable selon les conditions visées au n° 20.1.

▪ **Prescription de l'action publique.** *Idem* n° 20.1.

▪ **Procédure devant la juridiction criminelle. • Question de l'abolition du discernement.** *Idem* n° 20.1 (C. pén., art. 221-5-6 et C pr. pén., art. 706-139-2 issus L. n° 2022-52, 24 janv. 2022 ; sur l'irresponsabilité pénale pour cause de trouble mental, C. pén., art. 122-1, al. 1, v. n° 14.28).

▪ **Obligation de communication du contrôle judiciaire à l'employeur public ou l'autorité de contrôle.** *Idem* n° 20.1 (C. pr. pén., art. 706-47-4).

▪ **Prélèvement des empreintes génétiques** de la personne suspectée ou condamnée (C. pr. pén., art. 706-54 et 706-55 2°, v. n°s 13.23 et 13.25). Sur la **sanction** du refus de prélèvement, v. n° 25.35.

▪ **Alimentation du Redex.** *Idem* n° 20.1 (C. pr. pén., art. 706-56-2).

▪ **Nettoyage de la scène de crime au titre des frais de justice.** *Idem* n° 20.1, C. pr. pén., art. D. 15-3-3 et D. 32-2-4).

MESURE CIVILE

▪ **Retrait de l'autorité parentale.** *Idem* n° 20.1 (C. pén., art. 221-5-5, L. n° 2014-873, 4 août 2014, mod. par L. n° 2016-297, 14 mars 2016 et L. n° 2019-1480, 28 déc. 2019).

▪ **Retrait du droit à pension du conjoint survivant auteur des faits.** *Idem* n° 20.1 (CSS, art. L. 342-1-1 et L. 353-1-1 ; C. rur., art. L. 732-41-1 et L. 732-62 ; C. pens. civ. mil., art. L. 38-1 ; dispositions issues de L. n° 2019-1480, 28 déc. 2019, devenu peine complémentaire prévue par C. pén., art. **221-9-2**, issu L. n° 2020-1576, 14 déc. 2020).

RÉGIME DES PEINES

▪ **Période de sûreté.** Si peine ferme ⩾ 10 ans ⟶ a) de plein droit = 1/2 de la peine ou 18 ans si perpétuité, ou < sur décision spéciale ; b) sur décision spéciale = 2/3 de la peine ou 22 ans si perpétuité (C. pén., art. **221-2** et 132-23, al. 1 et 2 ;). Sur la période de sûreté, v. n^o^ **18.7C1**.

▪ **Rétention de sûreté.** *Idem* n^o^ **20.1**. Compte tenu des circonstances aggravantes, le régime de la rétention de sûreté est ici également applicable lorsque la victime est majeure (C. pr. pén., art. 706-53-13, al. 2).

▪ **Inscription au Fijais.** Si le régime des infractions sexuelles est applicable (v. ci-dessus, régime procédural) : inscription de plein droit au **Fijais**, suivi renforcé, durée 30 ans (v. n°s 13.32 s.) (C. pr. pén., art. 706-47, 706-53-2, 706-53-4).

▪ **Obligation de communication de la condamnation à l'employeur public ou l'autorité de contrôle.** *Idem* n° 20.1 (C. pr. pén., art. 706-47-4).

▪ ÉLÉMENTS CONSTITUTIFS – QUALIFICATION

✧ Pour avoir à .... [¤ lieu], le .... [¤ date], volontairement donné la mort à .... [¤ nom de la victime], avec cette circonstance que les faits [⇨A ou B :]

A. ont précédé, accompagné ou suivi un autre crime (A : *N* ***5018****.cr)* ;

B. avaient pour objet de préparer ou faciliter un délit ou de favoriser la fuite ou d'assurer l'impunité de l'auteur ou du complice (B : *N* ***5019****.cr)*.

Faits prévus et réprimés par les articles : **PERSONNES PHYSIQUES.** 221-2, 221-5-5, 221-8, 221-9, 221-9-1, 221-9-1 et 221-11 du code pénal. **PERSONNES MORALES.** 221-2 et 221-5-2 du code pénal (*N #.cr*). ✧

20.3 Homicide volontaire aggravé

▪ PEINES

PERSONNE PHYSIQUE

PP Crime. Réclusion à perpétuité (C. pén., art. 221-4) ;

Cas L, C. pén., art. 132-76 et 221-1 depuis L. n° 2017-86, 27 janv. 2017.

Cas M, C. pén., art. 132-77 et 221-1 depuis L. n° 2017-86, 27 janv. 2017.

PC *Idem* n° 20.2 +

Cas P : Interdiction ⩽ 10 ans de quitter le territoire national (C. pén., art. 221-11-1, L. n° 2013-711, 5 août 2013).

PERSONNE MORALE

PP PC *Idem* n° 20.1.

▪ ORIENTEUR

AUTRE QUALIFICATION

▪ **Atteinte à la vie commise sous l'empire de substances psychoactives ayant aboli le discernement de l'auteur (L. n° 2022-52, 24 janv. 2022).** C. pén., art. 221-5-6, issu L. n° 2022-52, 24 janv. 2022, v. n° 20.5, lorsque l'état d'ivresse manifeste ou l'emprise manifeste de stupéfiants (cas Q) a entraîné l'abolition du discernement et une déclaration d'irresponsabilité pénale (sur cette qualification alternative, v. n° 14.28D).

ÉLÉMENT LÉGAL

▪ **Constitutionnalité.** Les dispositions étendant au cas D la peine de sûreté ont été jugées conformes à la Constitution en ce que le tribunal de l'application des peines, par application de C. pr. pén., art. 720-4, peut accorder une mesure d'aménagement de peine quand la durée de l'incarcération a atteint 30 ans (Cons. const. 10 mars 2011, n° 2011-625 DC, § 28 à 31).

▪ **Application de la loi dans l'espace : Cas** P, dans le cas où le crime est commis à l'étranger à l'encontre d'une personne résidant habituellement sur le territoire français, la loi française est applicable par dérogation à C. pén., art. 113-7 (v. n° 10.5B) (C. pén., art. 221-5-4, L. n° 2010-769, 9 juill. 2010).

▪ **Définition. Bande organisée,** V. n° 11.20 (C. pén., art. 132-71).

▪ **Application de la loi pénale dans le temps. • Aggravation résultant de la motivation raciste ou sexiste. Cas L** et **M** : la L. n° 2017-86, 27 janv. 2017 a supprimé du texte de l'incrimination les circonstances aggravantes tenant à la finalité raciste ou sexiste des faits. Désormais ces circonstances constituent en effet une cause générale d'aggravation de tous les crimes ou délits, sauf exceptions (C. pén., art. 132-76 et 132-77, v. n° **18.9**). Les circonstances aggravantes visées aux **cas L** et **M**, ici maintenues pour des raisons pratiques, tirent désormais leurs fondements et pénalités de C. pén., art. **132-76**, **132-77** et **221-1** (v. aussi ÉLÉMENT MATÉRIEL ci-dessous). **• Aggravation résultant de l'ivresse ou de l'emprise manifeste de stupéfiants. Cas Q** : circonstance aggravante créée par L. n° 2022-52, 24 janv. 2022 relative à la responsabilité pénale et à la sécurité intérieure.

ÉLÉMENT MATÉRIEL

▪ **Médecine légale. • Notion de mort.** *Idem* n° **20.1**.

▪ **Aggravation résultant de la motivation raciste de l'acte. Cas M** : l'aggravation est constituée lorsque l'infraction est précédée, accompagnée ou suivie de propos, écrits, images, objets ou actes de toute nature portant atteinte à l'honneur ou à la considération de la victime ou d'un groupe de personnes dont fait partie la victime à raison de son appartenance ou de sa non-appartenance, vraie ou supposée, à une ethnie, une nation, une « *prétendue* » (L. n° 2017-86, 27 janv. 2017) race ou une religion déterminée (C. pén., art. 132-76 [L. n° 2003-88, 3 févr. 2003, art. 1]) (v. n° **18.9B**).

▪ **Aggravation résultant de la motivation sexiste de l'acte. Cas L** : l'aggravation est constituée lorsque l'infraction est précédée, accompagnée ou suivie de propos, écrits, images, objets ou actes de toute nature portant atteinte à l'honneur ou à la considération de la victime ou d'un groupe de personnes dont fait partie la victime à raison de « *son sexe, son orientation sexuelle ou identité de genre vraie ou supposée* » (L. n° 2017-86, 27 janv. 2017) (au lieu de « *leur orientation "ou identité"* (L. n° 2012-954, 6 août 2012) *sexuelle vraie ou supposée* » (C. pén., art. 132-77 [L. n° 2003-239, 18 mars 2003, art. 47]) (v. n° **18.9C**).

▪ **Aggravation résultant de la qualité de conjoint ou de concubin de la victime. Cas O** : « *dans les cas respectivement prévus par la loi ou le règlement, les peines encourues pour un crime, un délit ou une contravention sont aggravées lorsque l'infraction est commise par le conjoint, le concubin ou le partenaire lié à la victime par un pacte civil de solidarité, "y compris lorsqu'ils ne cohabitent pas"* (réd. issue L. n° 2018-703, 3 août 2018) (C. pén., art. 132-80). L'aggravation « *est également constituée lorsque les faits sont commis par l'ancien conjoint, l'ancien concubin ou l'ancien partenaire lié à la victime par un pacte civil de solidarité.../...dès lors que l'infraction est commise en raison des relations ayant existé entre l'auteur des faits et la victime* » (C. pén., art. 132-80). Selon C. civ., art. 515-8, « *le concubinage est une union de fait, caractérisée par une vie commune présentant un caractère de stabilité et de continuité, entre deux personnes, de même sexe ou de sexe différent, qui vivent en couple* » (§ 12) ; ne justifie pas sa décision la CHINS qui retient cette circonstance aggravante « *sans avoir caractérisé l'existence, entre le demandeur et la victime, dans le passé, d'une relation de concubinage, ni indiqué les éléments d'où il résultait que les faits avaient pu avoir été commis en raison des relations ayant existé entre eux* » (§ 15) (Crim. 27 mai 2021, n° 21-81.826, P). « *le juge pénal, pour apprécier l'existence d'une situation de concubinage, actuelle ou passée, doit faire application de C. civ., art. 515-8 qui définit le concubinage comme une union de fait, caractérisée par une vie commune présentant un caractère de stabilité et de continuité entre deux personnes de sexe différent ou de même sexe, qui vivent en couple, ce dont il résulte que la circonstance aggravante en cause est définie dans des conditions de précision qui respectent les principes de légalité, de sécurité et de prévisibilité juridique invoqués par le demandeur et écartent tout risque d'arbitraire* » (§ 4) (Crim. 12 mai 2021, n° 21-81.443, D). « *Le concubinage est une union de fait, caractérisée par une vie commune présentant un caractère de stabilité et de continuité, entre deux personnes, de sexe différent ou de même sexe, qui vivent en couple* » (C. civ., art. 8).

ÉLÉMENT INTENTIONNEL

▪ **Dol spécial.** La **vulnérabilité**, la **qualité de la victime** (magistrat, juré, avocat...) doit être apparente ou connue de l'auteur.

▪ **Altération du discernement. Cas Q** : la diminution de peine prévue par C. pén., art. 122-1, al. 2 en cas d'altération du discernement n'est pas applicable lorsque « *cette altération résulte d'une consommation volontaire, de façon illicite ou manifestement excessive, de substances psycho-actives* » (C. pén., art. 122-1-2, issu L. n° 2022-52, 24 janv. 2022, sur l'altération du discernement, v. n° **14.29**).

RÉGIME PROCÉDURAL

▪ **Régime des infractions sexuelles.** Applicable selon les conditions visées au n° **20.1**.

▪ **Prescription de l'action publique.** *Idem* n° **20.120**.

▪ **Procédure devant la juridiction criminelle. • Question de l'abolition du discernement.** *Idem* nº **20.1** (C. pén., art. **221-5-6** et C pr. pén., art. 706-139-2 issus L. nº 2022-52, 24 janv. 2022 ; sur l'irresponsabilité pénale pour cause de trouble mental, C. pén., art. 122-1, al. 1, v. nº **14.28**).

▪ **Obligation de communication du contrôle judiciaire à l'employeur public ou l'autorité de contrôle.** *Idem* nº **20.1** (C. pr. pén., art. 706-47-4).

▪ **Meurtre au sein du couple. • Cas O : obligation de vérifier si les faits ont été commis en présence d'un mineur et de veiller à la protection de ses intérêts.** En cas de meurtre commis au sein du couple au sens de C. pén., art. 132-80, le procureur de la République vérifie, avant de mettre l'action publique en mouvement, si ces violences ont été commises en présence d'un mineur, même si cette circonstance aggravante n'est pas prévue par C. pén., art. 221-4 (C. pr. pén., art. D. 1-11-1, issu D. nº 2021-1516, 23 nov. 2021). Si c'est le cas, il veille à la désignation d'un administrateur *ad hoc* selon les précisions apportées au nº **16.8C** (C. pr. pén., art. D. 1-11-1). Le juge d'instruction avise le représentant légal ou l'administrateur *ad hoc* de son droit de se constituer partie civile au nom du mineur (C. pr. pén., art. D. 1-11-1). Le procureur de la République réunit en outre les éléments permettant à la juridiction de jugement d'apprécier l'importance du préjudice subi par le mineur et de se prononcer sur l'autorité parentale, selon les précisions apportées au nº **16.8F** (C. pr. pén., art. D. 1-11-1). **• Cas O : avis à la victime en cas de libération.** Selon les précisions apportées au nº **16.5D6**, l'avis à la victime d'infractions commises au sein du couple au sens de C. pén., art. 132-80 est obligatoire avant toute libération de l'auteur provisoirement détenu ou condamné (C. pr. pén., art. D. 1-11-2, issu D. nº 2021-1820, 24 déc. 2021).

▪ **Régime complet de la criminalité organisée.** Applicable au **cas N** (C. pr. pén., art. **706-73 1°**, v. nº **11.21**) et, depuis L. nº 2023-22, 24 janv. 2023, en cas de « *meurtre commis en concours, au sens de C. pén., art. 132-2, avec un ou plusieurs autres meurtres* » (C. pr. pén., art. **706-73 1°*bis***, v. nº **11.21**).

▪ **Prélèvements des empreintes génétiques.** *Idem* nº **20.2**.

▪ **Alimentation du Redex.** *Idem* nº **20.1** (C. pr. pén., art. 706-56-2).

▪ **Nettoyage de la scène de crime au titre des frais de justice.** *Idem* nº **20.1**, C. pr. pén., art. D. 15-3-3 et D. 32-2-4).

MESURE CIVILE

▪ **Retrait de l'autorité parentale.** *Idem* nº **20.1** (C. pén., art. 221-5-5, L. nº 2014-873, 4 août 2014, mod. par L. nº 2016-297, 14 mars 2016 et L. nº 2019-1480, 28 déc. 2019).

▪ **Retrait du droit à pension du conjoint survivant auteur des faits.** *Idem* nº **20.1** (CSS, art. L. 342-1-1 et L. 353-1-1 ; C. rur., art. L. 732-41-1 et L. 732-62 ; C. pens. civ. mil., art. L. 38-1 ; dispositions issues de L. nº 2019-1480, 28 déc. 2019, devenu peine complémentaire prévue par C. pén., art. **221-9-2**, issu L. nº 2020-1576, 14 déc. 2020).

RÉGIME DES PEINES

▪ **Période de sûreté.** Si peine ferme ⩾ 10 ans → a) de plein droit = **1/2 de la peine** ou **18 ans** si perpétuité, ou b) sur décision spéciale = **2/3 de la peine** ou **22 ans** si perpétuité (C. pén., art. 132-23, al. 1 et 2). Si victime ⩽ 15 ans et meurtre accompagné de viol, tortures ou actes de barbarie (**cas A2**), ou lorsque meurtre commis « ~~en bande organisée~~ » (L. nº 2021-1729, 22 déc. 2021) sur une personne dépositaire de l'autorité publique (**cas D**), ajouté par L. nº 2011-267, 14 mars 2011, période de sûreté = sur décision spéciale de la cour → jusqu'à **30 ans**, ou, si **perpétuité** → interdiction suspension, fractionnement, placement à l'extérieur, permission de sortir, semi-liberté et libération conditionnelle (perpétuité réelle ou peine incompressible) (C. pén., art. 221-4). (NB. Le tribunal de l'application des peines peut accorder l'une de ces mesures après une incarcération ⩾ 30 ans (C. pr. pén., art. 720-4)). Sur la période de sûreté, v. nº **18.7C1**.

▪ **Rétention de sûreté.** *Idem* nº **20.2**.

▪ **Obligation de communication de la condamnation à l'employeur public ou l'autorité de contrôle.** *Idem* nº **20.1** (C. pr. pén., art. 706-47-4).

▪ **Régime spécifique des réductions de peine.** Depuis L. nº 2021-646, 25 mai 2021, le dispositif de droit commun du crédit de réduction de peine (CRP) prévu par C. pr. pén., art. 721 n'est pas applicable à la personne condamnée pour les faits d'homicide volontaire aggravé prévus par C. pén., art. **221-4** commis sur une personne dépositaire de l'autorité publique, selon les précisions apportées au nº **18.10C4** (C. pr. pén., art. 721-1-2 issu L. nº 2021-646, 25 mai 2021). Depuis L. nº 2021-1729, 22 déc. 2021, abrogeant le régime du crédit de réduction de peine, le quantum maximum de la réduction de peine est limité à sa moitié en cas de condamnation pour les mêmes faits lorsqu'ils sont commis sur une personne dépositaire de l'autorité publique, selon les précisions apportées au nº **18.10E5** (C. pr. pén., art. 721-1-2 réécrit par L. nº 2021-1729, 22 déc. 2021, applicable le 24 déc. 2021).

■ ÉLÉMENTS CONSTITUTIFS – QUALIFICATION

✧ Pour avoir à .... [¤ lieu], le .... [¤ date], volontairement donné la mort à .... [¤ nom de la victime], avec cette circonstance que les faits ont été commis [⇨A à Q :]

A. sur un mineur de moins de 15 ans (A1 : *N **10881**.cr*) ; [• Préciser le cas échéant] et accompagnés de viol, tortures ou actes de barbarie (A2 : *N #.cr*) ;

B. sur un ascendant légitime ou naturel, ou père ou mère adoptifs (B : *N **5016**.cr*) ;

C. sur une personne qu'il (elle) savait particulièrement vulnérable en raison de son état physique ou mental (C : *N **10882**.cr*) ;

D. sur – un magistrat ou un juré (D1 : *N **10883**.cr*) – un avocat (D2 : *N **10884**.cr*) – un officier public ou ministériel (D3 : *N **10885**.cr*) – un militaire de la gendarmerie nationale, un fonctionnaire de la police nationale, des douanes, de l'administration pénitentiaire (D4 : *N **10886**.cr*) – une personne dépositaire de l'autorité publique (D5 : *N **10886**.cr*), dans l'exercice ou du fait de ses fonctions ;

E. un sapeur-pompier professionnel ou volontaire, dans l'exercice ou du fait de ses fonctions (aggravation créée par L. nº 2003-239, 18 mars 2003, art. 60) (E : *N **23980**.cr*) ;

F. sur un gardien assermenté d'immeuble ou de groupe d'immeubles, dans l'exercice ou du fait de ses fonctions (aggravation créée par L. nº 2003-239, 18 mars 2003, art. 60) (F : *N **23987**.cr*) ;

G. sur un agent exerçant pour le compte d'un bailleur des fonctions de gardiennage et de surveillance d'un immeuble à usage d'habitation soumis à l'obligation de gardiennage par application de l'article L. 127-1 du code de la construction et de l'habitation, dans l'exercice ou du fait de ses fonctions (aggravation créée par L. nº 2003-239, 18 mars 2003, art. 60) (G : *N **23987**.cr*) ;

H. « sur un enseignant ou tout membre des personnels travaillant dans les établissements d'enseignement scolaire » (L. nº 2010-201, 2 mars 2010) (H1 : *N #.cr*) – un agent d'un exploitant de réseau de transport public de voyageurs (H2 : *N #.cr*) – une personne chargée d'une mission de service public (H3 : *N **10887**.cr*) ; dans l'exercice « ou du fait » (L. nº 2010-201, 2 mars 2010) de ses fonctions ;

I. sur un professionnel de santé dans l'exercice « ou du fait » (L. nº 2010-201, 2 mars 2010) de ses fonctions (aggravation créée par L. nº 2003-239, 18 mars 2003, art. 60) (I : *N **23973**.cr*).

J. sur le conjoint, l'ascendant, le descendant en ligne directe, ou vivant habituellement avec .... [¤ nom et fonctions de la personne exerçant une des missions protégées D à I ci-dessus], [⇨J1 à J8 :]

J1. magistrat ou juré (J1 : *N **24092**.cr*)...

J2. avocat (J2 : *N **24093**.cr*)...

J3. officier public ou ministériel (J3 : *N **24094**.cr*)...

J4. militaire de la gendarmerie nationale, fonctionnaire de la police nationale, des douanes ou de l'administration pénitentiaire (J4 : *N **24095**.cr*)...

J5. dépositaire de l'autorité publique (J5 : *N **24095**.cr*)...

J6. sapeur-pompier professionnel ou volontaire (J6 : *N **24096**.cr*)...

J7. gardien assermenté d'immeuble ou de groupe d'immeubles (J7 : *N **24097**.cr*)...

J8. agent exerçant pour le compte d'un bailleur des fonctions de gardiennage et de surveillance d'un immeuble à usage d'habitation (J8 : *N **24097**.cr*)...

J9. enseignant ou membre des personnels travaillant dans les établissements d'enseignement scolaire (L. nº 2010-201, 2 mars 2010) (J9 : *N #.cr*)...

J10. agent d'un exploitant de réseau de transport public de voyageurs (L. nº 2010-201, 2 mars 2010) (J10 : *N #.cr*)...

J11. personne chargée d'une mission de service public (L. nº 2010-201, 2 mars 2010) (J11 : *N **27579**.cr*)...

J12. professionnel de santé (L. nº 2010-201, 2 mars 2010) (J12 : *N **27585**.cr*)...

... en raison des fonctions exercées par ce dernier (aggravation créée par L. nº 2003-239, 18 mars 2003, art. 60) ;

K. sur – un témoin (**K1** : *N* ***10888.cr***) – une victime (**K2**, *N* ***10889.cr***) – une partie civile (**K3** : *N* ***10890.cr***), pour l'influencer ou par représailles ;

L. à raison « du sexe (**L1** : *N* ***32328.cr***), de l'orientation sexuelle ou de l'identité de genre » (**L2** : *N* ***23952.cr***) (L. nº 2017-86, 27 janv. 2017) [au lieu de « l'orientation « ou identité » sexuelle (L. nº 2012-954, 6 août 2012)] de la victime (L. nº 2003-239, 18 mars 2003, art. 47) (C. pén., art. **132-77** et **221-1**, anc^t^ 221-4, L. nº 2017-86, 27 janv. 2017) ;

M. à raison de l'appartenance ou de la non-appartenance, vraie ou supposée, de la victime à une ethnie ou une nation, une « prétendue » (L. nº 2017-86, 27 janv. 2017) race ou une religion déterminée (L. nº 2003-88, 3 févr. 2003, art. 2) (C. pén., art. **132-76** et **221-1**, anc^t^ 221-4, L. nº 2017-86, 27 janv. 2017) (**M** : *N* ***32260.cr***) ;

N. par plusieurs personnes agissant en bande organisée (L. nº 2004-204, 9 mars 2004, art. 6-1) (**N** : *N* ***25096.cr***) ;

O. « par le conjoint ou le concubin de la victime ou le partenaire lié à la victime par un pacte civil de solidarité » [L. nº 2006-399, 4 avr. 2006] ou par l'ancien conjoint, concubin ou partenaire (C. pén., art. 132-80) (**O** : *N* ***25832.cr***) ;

P. « contre la victime en raison de son refus de contracter un mariage ou de conclure une union » [L. nº 2010-769, 9 juill. 2010] (**P** : *N* ***27766.cr***) ;

Q. « par une personne agissant en état d'ivresse manifeste (**Q1** : *N* ***34465.cr***) ou sous l'emprise manifeste de produits stupéfiants (**Q2** : *N* ***34466.cr***) » [circ. aggr. créées par L. nº 2022-52, 24 janv. 2022].

Faits prévus et réprimés par les articles : **PERSONNES PHYSIQUES.** **221-4**, 221-5-5, 221-8, 221-9-1, 221-9-1 et 221-11 du code pénal. **PERSONNES MORALES.** **221-4** et **221-5-2** du code pénal (*N #.cr*). ✧

20.4 Homicide volontaire – Assassinat

▪ PEINES

PERSONNE PHYSIQUE

PP Crime. Réclusion à **perpétuité** (C. pén., art. **221-3**).

PC *Idem* nº **20.2**.

PERSONNE MORALE

PP PC Crime. *Idem* nº **20.1**.

▪ ORIENTEUR

AUTRE QUALIFICATION

▪ **Mandat non suivi d'effet de commettre un assassinat ou un empoisonnement** C. pén., art. 221-5-1, v. nº **20.6**.

ÉLÉMENT LÉGAL

▪ **Constitutionnalité.** Les dispositions étendant la peine de sûreté dans le cas où les faits ont été commis sur une personne dépositaire de l'autorité publique ont été jugées conformes à la Constitution en ce que le tribunal de l'application des peines, par application de C. pr. pén., art. 720-4, peut accorder une mesure d'aménagement de peine quand la durée de l'incarcération a atteint 30 ans (Cons. const. 10 mars 2011, nº 2011-625 DC, § 28 à 31).

▪ **Application de la loi pénale dans le temps.** Cas **B2** : circonstance aggravante créée par L. nº 2011-267, 14 mars 2011.

▪ **Définition.** • **Guet-apens.** Il « *consiste dans le fait d'attendre un certain temps une ou plusieurs personnes dans un lieu déterminé pour commettre à leur encontre une ou plusieurs infractions* » (C. pén., art. 132-71-1). • **Préméditation.** « *La préméditation est le dessein formé avant l'action de commettre un crime ou un délit déterminé.* » (C. pén., art. 132-72). Cette disposition « *n'exige pas que la victime d'un crime ou d'un délit prémédité soit, par avance, déterminée* » (Crim. 21 oct. 1998, nº 98-81.238, P nº 269). « *Le mot "préméditation" exprime par lui-même qu'un dessein a été formé avant l'action et [...] cette expression a été définie par l'article 297 [devenu art. 132-72] du code pénal qui lui donne un sens précis sur lequel les jurés ne sauraient se méprendre* » (Crim. 3 déc. 1980, nº 80-93.154, P nº 331).

ÉLÉMENT MATÉRIEL

▪ **Médecine légale. • Notion de mort.** *Idem* n° 20.1.

RÉGIME PROCÉDURAL

▪ **Régime des infractions sexuelles.** Applicable selon les conditions visées au n° 20.1.

▪ **Prescription de l'action publique.** *Idem* n° 20.1.

▪ **Procédure devant la juridiction criminelle. • Question de l'abolition du discernement.** *Idem* n° 20.1 (C. pén., art. 221-5-6 et C pr. pén., art. 706-139-2 issus L. n° 2022-52, 24 janv. 2022 ; sur l'irresponsabilité pénale pour cause de trouble mental, C. pén., art. 122-1, al. 1, v. n° 14.28).

▪ **Obligation de communication du contrôle judiciaire à l'employeur public ou l'autorité de contrôle.** *Idem* n° 20.1 (C. pr. pén., art. 706-47-4).

▪ **Prélèvements des empreintes génétiques.** *Idem* n° 20.2.

▪ **Nettoyage de la scène de crime au titre des frais de justice.** *Idem* n° 20.1, C. pr. pén., art. D. 15-3-3 et D. 32-2-4).

▪ **Alimentation du Redex.** *Idem* n° 20.1 (C. pr. pén., art. 706-56-2).

MESURE CIVILE

▪ **Retrait de l'autorité parentale.** *Idem* n° 20.1 (C. pén., art. 221-5-5, L. n° 2014-873, 4 août 2014, mod. par L. n° 2016-297, 14 mars 2016 et L. n° 2019-1480, 28 déc. 2019).

▪ **Retrait du droit à pension du conjoint survivant auteur des faits.** *Idem* n° 20.1 (CSS, art. L. 342-1-1 et L. 353-1-1 ; C. rur., art. L. 732-41-1 et L. 732-62 ; C. pens. civ. mil., art. L. 38-1 ; dispositions issues de L. n° 2019-1480, 28 déc. 2019, devenu peine complémentaire prévue par C. pén., art. **221-9-2**, issu L. n° 2020-1576, 14 déc. 2020).

RÉGIME DES PEINES

▪ **Exemption ou réduction de peine.** Applicable au **repenti** (C. pén., art. 132-78 et 221-5-3, v. n° 18.8D).

▪ **Période de sûreté.** = Si peine ferme ⩾ 10 ans → a) de plein droit = 1/2 de la peine ou 18 ans si perpétuité, ou < sur décision spéciale ; b) sur décision spéciale = 2/3 de la peine ou 22 ans si perpétuité (C. pén., art. 132-23, al. 1 et 2). Si victime ⩽ 15 ans et crime accompagné de viol, tortures ou actes de barbarie (**Cas** B1), ou commis sur une personne dépositaire de l'autorité publique (**Cas** B2 ajouté par L. n° 2011-267, 14 mars 2011) période de sûreté = sur décision spéciale de la cour → jusqu'à 30 ans, ou, si perpétuité → interdiction suspension, fractionnement, placement à l'extérieur, permission de sortir, semi-liberté et libération conditionnelle (perpétuité réelle ou peine incompressible) (C. pén., art. 221-3). (NB. Le tribunal de l'application des peines peut accorder l'une de ces mesures après une incarcération ⩾ 30 ans (C. pr. pén., art. 720-4)). Sur la période de sûreté, v. n° 18.7C1.

▪ **Rétention de sûreté.** *Idem* n° 20.2.

▪ **Inscription au Fijais.** Si le régime des infractions sexuelles est applicable (v. ci-dessus, régime procédural) : inscription de plein droit au **Fijais**, suivi renforcé, durée 30 ans (v. n°s 13.32 s.) (C. pr. pén., art. 706-47, 706-53-2, 706-53-4).

▪ **Obligation de communication de la condamnation à l'employeur public ou l'autorité de contrôle.** *Idem* n° 20.1 (C. pr. pén., art. 706-47-4).

▪ **Régime spécifique des réductions de peine.** Depuis L. n° 2021-1729, 22 déc. 2021, abrogeant le régime du crédit de réduction de peine, le quantum maximum de la réduction de peine est limité à sa moitié en cas de condamnation pour des faits d'assassinat prévus par C. pén., art. 221-3 lorsqu'ils sont commis sur une personne dépositaire de l'autorité publique, selon les précisions apportées au n° 18.10E5 (C. pr. pén., art. 721-1-2 réécrit par L. n° 2021-1729, 22 déc. 2021, applicable le 24 déc. 2021).

▪ ÉLÉMENTS CONSTITUTIFS – QUALIFICATION

✧ Pour avoir à .... [¤ lieu], le .... [¤ date], [⇨A puis le cas échéant B :]

A. avec préméditation *ou guet-apens* (L. n° 2011-525, 17 mai 2011) volontairement donné la mort à .... [¤ nom de la victime] (A : *N* ***5014.cr***) ;

B. [• Préciser le cas échéant dans le cas A] avec cette circonstance que les faits ont été commis sur [⇨B1 ou B2 :]

B1. un mineur de moins de 15 ans et accompagnés de viol, tortures ou actes de barbarie (**B1** : *N #.cr*) ;

B2. une personne dépositaire de l'autorité publique, à l'occasion de l'exercice ou en raison de ses fonctions (**B2** : *N #.cr*).

Faits prévus et réprimés par les articles : **PERSONNES PHYSIQUES.** 221-3, 221-5-5, 221-8, 221-9, 221-9-1 et 221-11 du code pénal. **PERSONNES MORALES.** 221-3 et 221-5-2 du code pénal (*N #.cr*). ✧

20.5 Atteinte à la vie commise sous l'empire de substances psychoactives ayant aboli le discernement de l'auteur (L. nº 2022-52, 24 janv. 2022)

▪ PEINES

PERSONNE PHYSIQUE

PP Délit. Cas **A** : **10 ans** d'emprisonnement, **150 000 €** (C. pén., art. 221-5-6 [incrimination créée par L. nº 2022-52, 24 janv. 2022]).

Crime. Cas B : **15 ans** de réclusion criminelle (C. pén., art. 221-5-6 [incrimination créée par L. nº 2022-52, 24 janv. 2022]).

PC *Idem* nº **20.1**, **sauf**, dans le **cas A** : suivi socio judiciaire (PC 10) et retrait du droit à pension du conjoint survivant (PC 11).

PERSONNE MORALE

PP Délit. Cas **A** : **750 000 €** (C. pén., art. 221-5-6 [incrimination créée par L. nº 2022-52, 24 janv. 2022], C. pén., art. 131-38) ;

Crime. Cas **B** : **1 000 000 €** (C. pén., art. 221-5-6 [incrimination créée par L. nº 2022-52, 24 janv. 2022], C. pén., art. 131-38).

PC Néant.

▪ ORIENTEUR

AUTRE QUALIFICATION

▪ **Homicide volontaire aggravé.** C. pén., art. 221-4, v. nº **20.6**, lorsque les faits sont aggravés par l'état d'ivresse manifeste ou l'emprise manifeste de stupéfiants (circ. aggr. créée par L. nº 2022-52, 24 janv. 2022) et que l'abolition du discernement n'a pas été retenue.

ÉLÉMENT LÉGAL

▪ **Application de la loi pénale dans le temps.** Incrimination créée par L. nº 2022-52, 24 janv. 2022, relative à la responsabilité pénale et à la sécurité intérieure.

▪ **Condition préalable.** L'infraction suppose qu'à raison de faits matériels d'homicide volontaire visés dans la prévention, le mis en cause a préalablement fait l'objet, en application de C. pén., art. 122-1, al. 1, d'une déclaration d'irresponsabilité pénale en raison de l'abolition temporaire de son discernement résultant de sa consommation volontaire de substances psychoactives (sur l'abolition du discernement et la déclaration d'irresponsabilité pénale, v. nº **14.28**).

ÉLÉMENT MATÉRIEL

▪ **Médecine légale.** • **Notion de mort.** *Idem* nº **20.1**.

▪ **Réitération de la déclaration d'irresponsabilité.** Cas **B** : la réitération d'une déclaration d'irresponsabilité pénale pour des faits d'homicide volontaire commis sous l'empire de substances psychoactives constitue une circonstance aggravante transformant le délit en crime. La loi ne fixe pas de condition de délai entre la première décision et les nouveaux faits. Il y a lieu de considérer que la première décision doit avoir acquis un caractère définitif pour constituer le premier terme de la réitération. En revanche, l'aggravation résultant de la récidive est exclue dans ce cas (v. régime des peines).

ÉLÉMENT INTENTIONNEL

▪ **Connaissance des propriétés de la substance psychoactive.** La personne doit avoir eu « *connaissance du fait que cette consommation est susceptible de la conduire à mettre délibérément autrui en danger* » (C. pén., art. 221-5-6). Sur la notion de substance psychoactive et la connaissance de ses propriétés par l'auteur, v. nº **14.28D4**.

RÉGIME PROCÉDURAL

▪ **Régime des infractions sexuelles.** Ce régime n'est **pas applicable**, l'infraction réprimée par C. pén., art. 221-5-6 ne figurant pas dans la liste prévue par C. pr. pén., art. 706-47 2 (sur le régime des infractions sexuelles et de grande violence, v. n° **11.23**).

▪ **Règlement de l'information.** Le juge d'instruction est tenu de préalablement déclarer dans son ordonnance de règlement que la personne est pénalement irresponsable de l'infraction d'homicide volontaire en raison de la consommation volontaire de substances psychoactives ayant aboli son discernement (C. pr. pén., art. 706-39-1, issu L. n° 2022-52, 24 janv. 2022, v. n° **14.28D2**).

▪ **Absence d'obligation de communication du contrôle judiciaire à l'employeur public ou l'autorité de contrôle.** L'obligation du parquet d'informer l'employeur ou l'autorité de contrôle de la décision de contrôle judiciaire comportant « *obligation de ne pas exercer une activité impliquant un contact habituel avec des mineurs* » prévue par C. pr. pén., art. 138, 12° *bis* (issu de L. n° 2016-457, 14 avr. 2016) (C. pr. pén., art. 706-47-4, L. n° 2016-457, 14 avr. 2016) (v. n° **11.23D**) n'est pas applicable pour l'infraction prévue par C. pén., art. 221-5-6. Elle l'est en revanche dans le cours de l'information pour l'infraction principale tant qu'elle n'a pas encore donné lieu à un déclaration d'irresponsabilité (v. sur ce point n° **20.1**).

▪ **Prélèvement des empreintes génétiques** de la personne suspectée ou condamnée (C. pr. pén., art. 706-54 et 706-55 2° (mod. par L. n° 2022-52, 24 janv. 2022), v. n^os^ **13.23** et **13.25**). Sur la **sanction** du refus de prélèvement, v. n° **25.35**.

▪ **Alimentation du Redex. Cas B** : *idem* n° **20.1**. **Cas A** : s'agissant d'une infraction délictuelle pour laquelle le suivi socio-judiciaire n'est pas encouru (v. C. pén., art. 221-9-1), il n'y a pas lieu à centralisation des examens de personnalité au fichier **Redex** (sur le Redex, C. pr. pén., art. 706-56-2, v. n° **13.41**).

▪ **Procédure d'assises. • Cas B : compétence de la cour criminelle départementale**. Sauf si l'auteur est en récidive ou si l'un des accusés est poursuivi pour un crime ne relevant pas de sa compétence, les faits commis par un majeur relèvent en premier ressort de la cour criminelle départementale à compter du 1er janv. 2023, selon les précisions apportées au n° **17.15A** (C. pr. pén., art. 380-16, issu L. n° 2021-1729, 22 déc. 2021).

RÉGIME DES PEINES

▪ **Neutralisation des règles relatives à la récidive. Cas B** : les dispositions relatives à la récidive générale et perpétuelle (C. pén., art. 132-8) et à la récidive générale et temporaire (C. pén., art. 132-9) ne sont pas applicables en cas de réitération (C. pén., art. 221-5-6) (sur ces règles, v. n° **18.5B**).

▪ **Inscription au Fijais.** L'infraction prévue par C. pén., art. 221-5-6 ne donne pas lieu en tant que telle à une inscription au Fijais car elle ne figure pas dans la liste prévue par C. pr. pén., art. 706-47. En revanche, lorsque le fait principal est un crime de meurtre ou d'assassinat commis sur un mineur ou en état de récidive légale (C. pr. pén., art. 706-47 1°), la déclaration d'irresponsabilité pour cause de trouble mental portant sur ces faits est inscrite de plein droit au Fijais (C. pr. pén., art. 706-53-2 4°) et donne en conséquence lieu à un suivi renforcé d'une durée de 30 ans (C. pr. pén., art. 706-53-4 et 706-53-5, v. n^os^ **13.32** s.).

▪ **Absence d'obligation de communication de la condamnation à l'employeur public ou à l'autorité de contrôle.** L'infraction prévue par C. pén., art. 221-5-6 n'entre pas dans la liste des infractions donnant lieu, en cas d'activité impliquant un contact habituel avec des mineurs, à l'information par le parquet de l'employeur ou de l'autorité de contrôle, de la condamnation prononcée contre la personne (C. pr. pén., art. 706-47-4, sur ce point, v. n° **11.23D**).

▪ **ÉLÉMENTS CONSTITUTIFS – QUALIFICATION**

✧ Pour avoir à ……… [¤ lieu], le ……… [¤ date], [⇨A puis le cas échéant B :]

A. consommé volontairement, de façon illicite ou manifestement excessive, des substances psychoactives, en l'espèce ……… [¤ substances consommées] en ayant connaissance du fait que cette consommation était susceptible de le conduire à mettre délibérément autrui en danger, alors que cette consommation a entraîné un trouble psychique ou neuropsychique temporaire sous l'empire duquel il a commis sur la personne de ……… [¤ nom de la victime] un homicide volontaire dont il a été déclaré pénalement irresponsable, en raison de l'abolition de son discernement, par décision rendue le ……… [¤ date de la décision] par ……… [¤ juridiction concernée] (A : *N 34473.co*).

B. [• Préciser le cas échéant dans la cas A] avec cette circonstance qu'il a été précédemment déclaré pénalement irresponsable d'un homicide volontaire par décision rendue le .... [¤ date de la décision] par .... [¤ juridiction concernée] en raison de l'abolition de son discernement provoqué par la consommation volontaire de substances psychoactives (B : *N* ***34474.cc***)
Faits prévus et réprimés par les articles : **PERSONNES PHYSIQUES.** 221-5-6, 221-5-5, 221-8, 221-9, (+ 221-9-1 dans le cas B) et 221-11 du code pénal. **PERSONNES MORALES.** 221-5-6 du code pénal (*N #.cr*). ✧

20.6 Mandat non suivi d'effet de commettre un assassinat ou un empoisonnement

■ PEINES

PERSONNE PHYSIQUE

PP Délit. Cas A : 10 ans d'emprisonnement, 150 000 € (C. pén., art. 221-5-1 [L. n° 2004-204, 9 mars 2004, art. 6-II]).

PC *Idem* n° 20.1, **sauf** interdiction d'exercer une profession commerciale ou industrielle, de diriger, d'administrer, de gérer ou de contrôler à un titre quelconque, directement ou indirectement, pour son propre compte ou pour le compte d'autrui, une entreprise commerciale ou industrielle ou une société commerciale (C. pén., art. 221-8 1°) (PC 1), **sauf** suivi socio judiciaire (C. pr. pén., art. 221-9-1) (PC 10) et **sauf** retrait du droit à pension du conjoint survivant (C. pr. pén., art. 221-9-2) (PC 11).

PERSONNE MORALE

PP Délit. 750 000 € (C. pén., art. 221-5-1 et 221-5-2 ; 131-38).**PC** *Idem* n° 20.1.

■ ORIENTEUR

AUTRE QUALIFICATION

▪ **Assassinat.** V. n° 20.4 si le mandat est suivi d'effet (complicité d'assassinat).

▪ **Empoisonnement.** V. n° 20.37 si le mandat est suivi d'effet (complicité d'empoisonnement).

▪ **Autres cas de mandats criminels. • Mandat non suivi d'effet de commettre des actes de torture ou de barbarie (L. n° 2020-936, 30 juill. 2020)** (C. pén., art. 222-6-4), v. n° 20.8. **• Mandat non suivi d'effet de commettre un viol (L. n° 2020-936, 20 juill. 2020)** (C. pén., art. 222-26-1), v. n° 20.73. **• Mandat non suivi d'effet de commettre une agression sexuelle (L. n° 2020-936, 20 juill. 2020)** (C. pén., art. 222-30-2), v. n° 20.80. **• Mandat non suivi d'effet de commettre une infraction sexuelle contre un mineur** (C. pén., art. 227-28-3), v. n° 21.37.

ÉLÉMENT LÉGAL

▪ **Application de la loi pénale dans l'espace.** Depuis L. n° 2020-936, 30 juill. 2020, les faits sont punissables même si le fait principal doit être commis hors du territoire national (C. pén., art. 221-5-1, mod. par L. n° 2020-936, 30 juill. 2020).

MESURE CIVILE

▪ **Retrait de l'autorité parentale.** *Idem* n° 20.1 (C. pén., art. 221-5-5, L. n° 2014-873, 4 août 2014, mod. par L. n° 2016-297, 14 mars 2016 et L. n° 2019-1480, 28 déc. 2019).

▪ **Retrait du droit à pension du conjoint survivant auteur des faits.** *Idem* n° 20.1 (CSS, art. L. 342-1-1 et L. 353-1-1 ; C. rur., art. L. 732-41-1 et L. 732-62 ; C. pens. civ. mil., art. L. 38-1 ; dispositions issues de L. n° 2019-1480, 28 déc. 2019, devenu peine complémentaire prévue par C. pén., art. 221-9-2, issu L. n° 2020-1576, 14 déc. 2020).

▪ **Retrait du droit à pension du conjoint survivant auteur des faits.** Cette peine complémentaire prévue par C. pén., art. **221-9-2**, issu L. n° 2020-1576, 14 déc. 2020 n'est pas applicable en cas de délit (v. n° 20.1).

■ ÉLÉMENTS CONSTITUTIFS – QUALIFICATION

✧ Pour avoir à .... [¤ lieu], le .... [¤ date], fait à une personne des offres ou des promesses ou proposé des dons, présents ou avantages quelconques afin qu'elle commette « *y compris hors du territoire national* » (L. n° 2020-936, 30 juill. 2020) un [⇨A ou B :]

A. assassinat, qui n'a été ni commis ni tenté (A : *N* ***25121.co***).

B. empoisonnement, qui n'a été ni commis ni tenté (B : *N* ***25122.co***).

Faits prévus et réprimés par les articles : **PERSONNES PHYSIQUES.** 221-5-1, 221-5-5, 221-8, 221-9 et 221-11 du code pénal. **PERSONNES MORALES.** 221-5-1 et 221-5-2 du code pénal (*N #.co*). ✧

20.7 Actes de torture ou de barbarie

■ **PEINES**

PERSONNE PHYSIQUE

PP Crime. 15 ans de réclusion (C. pén., art. 222-1).

PC 1. Interdiction, définitive ou ⩽ 5 ans, de l'activité professionnelle ou sociale en relation avec l'infraction, fonction publique (sauf mandat électif ou syndical) *et/ou* définitive ou ⩽ 15 ans (10 ans avant L. n° 2013-1117, 6 déc. 2013) d'exercer une profession commerciale ou industrielle, de diriger, d'administrer, de gérer ou de contrôler à un titre quelconque, directement ou indirectement, pour son propre compte ou pour le compte d'autrui, une entreprise commerciale ou industrielle ou une société commerciale (C. pén., art. 222-44, 222-45 et 131-27 [mod. par L. n° 2008-776, 4 août 2008]) ;

2. Interdiction, ⩽ 10 ans, des droits civiques civils et de famille (vote, éligibilité, fonction juridictionnelle, expert, témoin, tuteur, curateur) (C. pén., art. 222-45 et 131-26). Sauf dispense spécialement motivée, la peine d'inéligibilité est obligatoirement prononcée (C. pén., art. 131-26-2, L. n° 2017-1339, 15 sept. 2017) ;

3. Interdiction, ⩽ 5 ans, de détention, ou de port d'arme soumise à autorisation (C. pén., art. 222-44) ;

4. Interdiction, définitive ou ⩽ 10 ans, d'exercer une activité professionnelle ou bénévole impliquant un contact habituel avec des mineurs (C. pén., art. 222-45) ;

5. Suspension, annulation, ⩽ 5 ans, du PC (C. pén., art. 222-44) ;

6. Confiscation des véhicule(s) (C. pén., art. 222-44) ;

7. Confiscation d'une ou plusieurs armes dont le condamné est propriétaire ou dont il a la libre disposition (C. pén., art. 222-44) ;

8. Confiscation de la chose ayant servi à l'infraction ou destinée à la commettre, ou de son produit (obligatoire pour objets qualifiés dangereux ou nuisibles par loi ou règlement ou dont la détention est illicite) (C. pén., art. 222-44 et 131-21) ;

9. Stage de sensibilisation aux dangers de l'usage de produits stupéfiants. La juridiction précise si le stage est exécuté aux frais du condamné (C. pén., art. 131-35-1 et 222-44 [L. n° 2007-297, 5 mars 2007]) (pour les faits commis avant le 24 mars 2020 et jugés après cette date, L. n° 2019-222, 23 mars 2019, en vigueur le 24 mars 2020. Pour les faits commis à partir du 24 mars 2020, v. nouvelle réd. C. pén., art. 131-5-1 et n° 18.33) ;

10. Confiscation de l'animal utilisé pour commettre l'infraction ou de la chose ayant servi à l'infraction, la juridiction prévoit que l'animal sera remis à une fondation ou une association de protection animale reconnue d'utilité publique ou déclarée. Lorsqu'il s'agit d'un animal dangereux, la juridiction peut ordonner qu'il soit procédé à son euthanasie, le cas échéant aux frais du condamné (C. pén., art. 222-44, 131-21-1 [L. n° 2007-297, 5 mars 2007]). Sur la peine de confiscation d'un animal (C. pén., art. 131-21-1), v. n° 18.36 ;

11. Interdiction, définitive ou ⩽ 5 ans de détenir certains animaux ou certaines catégories d'animaux (C. pén., art. 222-44, 131-21-2 [L. n° 2007-297, 5 mars 2007]) ;

12. Stage, aux frais du condamné, de responsabilisation pour la prévention et la lutte contre les violences au sein du couple et sexistes (C. pén., art. 222-44 15°, L. n° 2014-873, 4 août 2014) ;

13. Interdiction de séjour, ⩽ 10 ans (C. pén., art. 222-47, 131-31 et 131-32 ; C. pr. pén., art. 762-1 à 763) ;

14. Auteur étranger : interdiction du territoire, définitive ou ⩽ 10 ans (C. pén., art. 222-48, 131-30, 131-30-1 et 131-30-2) ;

15. Stage de citoyenneté (C. pén., art. 131-5-1 et 222-45 ; L. n° 2004-204, 9 mars 2004, art. 44-X, en vigueur depuis le 1er oct. 2004) (pour les faits commis avant le 24 mars 2020 et jugés après cette date, L. n° 2019-222, 23 mars 2019, en vigueur le 24 mars 2020. Pour les faits commis à partir du 24 mars 2020, v. nouvelle réd. C. pén., art. 131-5-1 et n° 18.33) ;

16. Stage de responsabilité parentale (C. pén., art. 131-5-1 et 222-45 [L. nº 2007-297, 5 mars 2007]) ;

17. Suivi socio-judiciaire [L. nº 2005-1549, 12 déc. 2005] ⩽ 20 ans (C. pén., art. 131-36-1 et 222-48-1) avec injonction de soins si l'expertise médicale conclut au traitement (C. pén., art. 131-36-4). La juridiction fixe la peine encourue (⩽ 7 ans) en cas d'inobservation (C. pén., art. 131-36-1) (v. nº 18.31).

PERSONNE MORALE

PP Crime. 1 000 000 € (C. pén., art. 222-6-1, 131-38, al. 2 [L. nº 2004-204, 9 mars 2004, art. 55-I]).

PC 1. Dissolution (sauf personnes morales de droit public, partis, groupements politiques, syndicats, institutions représentatives du personnel) si la personne morale a été créée ou détournée de son objet pour commettre l'infraction (C. pén., art. 222-6-1, 131-39 1º et 131-45) ;

2. Interdiction, définitive ou ⩽ 5 ans, d'une ou plusieurs activités professionnelles ou sociales en relation avec l'infraction (C. pén., art. 222-6-1, 131-39 2º) ;

3. Surveillance judiciaire, ⩽ 5 ans, sauf personnes morales de droit public, partis, groupements politiques, syndicats (C. pén., art. 222-6-1, 131-39 3º et 131-46) ;

4. Fermeture, définitive ou ⩽ 5 ans, un ou plusieurs établissements en relation avec l'infraction (C. pén., art. 222-6-1, 131-39 4º) ;

5. Exclusion, définitive ou ⩽ 5 ans, marchés publics (C. pén., art. 222-6-1, 131-39 5º) ;

6. Interdiction, définitive ou ⩽ 5 ans, de *faire appel public à l'épargne* (procéder à une offre au public de titres financiers ou de les faire admettre aux négociations sur un marché réglementé, selon L. nº 2009-80, 22 janv. 2009) (C. pén., art. 222-6-1, 131-39 6º) ;

7. Interdiction, ⩽ 5 ans, d'utiliser des cartes de paiement ou d'émettre des chèques autres que de retrait ou certifiés (C. pén., art. 222-6-1, 131-39 7º) ;

8. Confiscation de la chose ayant servi à l'infraction ou destinée à la commettre, ou de son produit (obligatoire pour objets qualifiés dangereux ou nuisibles par loi ou règlement ou dont la détention est illicite) (C. pén., art. 222-6-1, 131-39 8º et 131-21) ;

9. Affichage, ⩽ 2 mois, *et/ou* (L. nº 2011-525, 17 mai 2011) diffusion de la décision ou d'extraits aux frais (⩽ amende encourue) du condamné (C. pén., art. 222-6-1, 131-39 9º, 131-48 et 131-35).

■ ORIENTEUR

AUTRE QUALIFICATION

▪ **Complicité par enregistrement d'image de l'infraction.** C. pén., art. 222-33-3, v. nº 35.33.

▪ **Diffusion d'image de l'infraction.** V. nº 35.33.

▪ **Mandat non suivi d'effet de commettre des actes de torture ou de barbarie (L. nº 2020-936, 30 juill. 2020).** C. pén., art. 222-6-4, v. nº 20.8.

ÉLÉMENT LÉGAL

▪ **Constitutionnalité.** La QPC soutenant que C. pén., art. 222-1 et 224-2, en ce qu'ils punissent les tortures et les actes de barbarie sans en définir les éléments constitutifs, méconnaissent l'article 34 de la Constitution du 4 octobre 1958 et le principe de légalité des délits et des peines résultant de l'article 8 de la DDHC, faisant obligation au législateur de fixer lui-même le champ d'application de la loi pénale et de définir les crimes et délits en des termes suffisamment clairs et précis, est dépourvue de caractère sérieux « ***dès lors que les actes relevant de la torture ou de la barbarie sont définis par l'article premier de la Convention de New-York du 10 décembre 1984 contre la torture et autres peines ou traitements cruels, inhumains ou dégradants, ratifiée par la France le 18 février 1986*** » (Crim. 21 juin 2017, nº 17-82.068 QPC).

▪ **Définition.** La torture est définie comme « ***tout acte par lequel une douleur ou des souffrances aiguës, physiques ou mentales, sont intentionnellement infligées à une personne*** » (art. 1, § 1, Convention de New-York, 10 déc. 1984 contre la torture et autres peines ou traitements cruels, inhumains ou dégradants, ratifiée par la France le 18 février 1986) (v. ci-dessus Crim. 21 juin 2017, nº 17-82.068 QPC, assimilant la définition de l'acte de torture et de l'acte de barbarie).

ÉLÉMENT MATÉRIEL

▪ **Illustration.** • **Simulacre d'exécution.** Le juge est tenu de rechercher si « *le fait de subir un simulacre d'exécution, [...] pris en lui-même ou cumulé aux violences dont [le plaignant] a signalé l'existence, ne caractérisait pas un acte de torture au sens de l'article 1er de la Convention de New-York et de C. pén., art. 222-1* » (Crim. 23 janv. 2019, nº 18-80.842, D).

RÉGIME PROCÉDURAL

▪ **Prescription de l'action publique.** Lorsque les faits sont commis sur un mineur, le délai de prescription de l'action publique est de 30 ans à compter de la majorité de la victime depuis L. nº 2018-703, 3 août 2018 (C. pr. pén., art. 7). Auparavant, ce délai était de 20 ans à compter de la majorité, durée momentanément alignée, s'agissant des mineurs, sur le délai de droit commun par L. nº 2017-242, 27 févr. 2017 portant de 10 à 20 ans la prescription en matière criminelle (sur les délais et points de départ des prescriptions, v. nº 17.19).

▪ **Régime des infractions sexuelles.** Applicable (C. pr. pén., art. 706-47 2°, v. nº 11.23).

▪ **Prélèvement des empreintes génétiques** de la personne suspectée ou condamnée (C. pr. pén., art. 706-54 et 706-55 2°, v. nos 13.23 et 13.25). Sur la **sanction** du refus de prélèvement, v. nº 25.35.

▪ **Procédure devant la juridiction criminelle.** • **Compétence de la cour criminelle départementale.** Sauf si l'auteur est en récidive ou si l'un des accusés est poursuivi pour un crime ne relevant pas de sa compétence, les faits commis par un majeur relèvent en premier ressort de la cour criminelle départementale à compter du 1er janv. 2023, selon les précisions apportées au nº 17.15A (C. pr. pén., art. 380-16, issu L. nº 2021-1729, 22 déc. 2021). • **Question de l'abolition du discernement.** Lorsque, en application C. pr. pén., art. 351, la question de l'abolition du discernement prévue par C. pén., art. 122-1, al. 1 est posée devant la juridiction criminelle (sur les questions, v. nº 17.33), le président est tenu de poser la question subsidiaire portant sur la qualification d'atteinte à l'intégrité de la personne sous l'empire de substances psychoactives ayant aboli le discernement de l'auteur prévue par C. pén., art. 222-18-4 (issu L. nº 2022-52, 24 janv. 2022) (sur cette qualification, v. nº 20.14), « *s'il apparaît que l'abolition du discernement de la personne ou du contrôle de ses actes est susceptible de résulter d'une consommation volontaire de substances psychoactives* » (C pr. pén., art. 706-139-2 issu L. nº 2022-52, 24 janv. 2022 ; sur l'irresponsabilité pénale pour cause de trouble mental, C. pén., art. 122-1, al. 1, v. nº 14.28).

▪ **Alimentation du Redex.** Centralisation des examens de personnalité au fichier Redex à tous les stades de la procédure (C. pr. pén., art. 706-56-2) (v. nº 13.41).

▪ **Nettoyage de la scène de crime au titre des frais de justice.** *Idem* nº 20.1, C. pr. pén., art. D. 15-3-3 et D. 32-2-4).

MESURE CIVILE

▪ **Retrait de l'autorité parentale.** Lorsque les faits sont commis par le père ou la mère sur la personne **de son enfant ou de l'autre parent**, la juridiction de jugement **est tenue** de se prononcer sur le retrait total ou partiel de l'autorité parentale en application des articles 378, 379 (L. nº 2016-297, 14 mars 2016) et 379-1 du code civil (C. pén., art. 222-48-2, L. nº 2014-873, 4 août 2014). Depuis L. nº 2016-297, 14 mars 2016, ce retrait de l'autorité parentale « *s'étend à tous les enfants mineurs nés au moment du jugement, et donc concerne les frères et sœurs mineurs de la victime, sauf s'il en est déterminé autrement par la juridiction* » (Circ. CRIM 2016-297, 14 mars 2016, nº 2.1). Depuis L. nº 2019-1480, 28 déc. 2019, le retrait peut se limiter à « *l'exercice de l'autorité parentale* ». Si les poursuites ont lieu devant la cour d'assises, celle-ci statue sur cette question sans l'assistance des jurés (C. pén., art. 222-48-2).

Sur la suspension et le retrait de l'autorité parentale en cas de violences au sein de la famille, v. nº 16.8F.

▪ **Retrait du droit à pension du conjoint survivant auteur des faits.** *Idem* nº 20.1 (CSS, art. L. 342-1-1 et L. 353-1-1 ; C. rur., art. L. 732-41-1 et L. 732-62 ; C. pens. civ. mil., art. L. 38-1 ; dispositions issues de L. nº 2019-1480, 28 déc. 2019).

RÉGIME DES PEINES

▪ **Exemption ou réduction de peine applicable au repenti** (C. pén., art. 132-78 et 222-6-2, v. nº 18.8D).

▪ **Période de sûreté.** Si peine ferme ⩾ 10 ans → a) de plein droit = 1/2 de la peine, ou < sur décision spéciale ; b) sur décision spéciale = 2/3 de la peine (C. pén., art. 132-23, al. 1 et 2 et 222-1). Sur la période de sûreté, v. n° 18.7C1.

▪ **Rétention de sûreté.** Si les faits ont été commis sur un mineur, ou s'ils sont commis en récidive (L. n° 2010-242, 10 mars 2010), et si elle prononce une peine de réclusion ⩾ 15 ans, la cour d'assises peut expressément prévoir que la personne pourra faire l'objet, en fin de peine, d'un **réexamen de sa situation** en vue d'une éventuelle **rétention de sûreté**. Ce n'est qu'à cette condition préalable qu'une telle mesure pourra être prononcée, en fin de peine, par la **juridiction régionale de la rétention de sûreté**, à l'égard de la personne présentant une particulière dangerosité caractérisée par une probabilité très élevée de récidive résultant d'un trouble grave de la personnalité (C. pr. pén., art. 706-53-13, L. n° 2008-174, 25 févr. 2008).

▪ **Inscription au Fijais.** Inscription de plein droit au **Fijais**, suivi renforcé, durée 30 ans (v. n°s 13.32 s.) (C. pr. pén., art. 706-47, 706-53-2, 706-53-4).

▪ ÉLÉMENTS CONSTITUTIFS – QUALIFICATION

✧ Pour avoir à .... [¤ lieu], le .... [¤ date], soumis .... [¤ nom de la victime] à des actes de tortures ou de barbarie, en l'espèce en .... [¤ matérialiser l'infraction].

Faits prévus et réprimés par les articles : **PERSONNES PHYSIQUES.** 222-1, 222-44, 222-45, 222-47, 222-48, 22-48-1 et 222-48-2 du code pénal (*N 20265.cc*). **PERSONNES MORALES.** 222-1, et 222-6-1 du code pénal (*N #.cr*). ✧

20.8 Mandat non suivi d'effet de commettre des actes de torture ou de barbarie (L. n° 2020-936, 30 juill. 2020)

▪ PEINES

PERSONNE PHYSIQUE

PP Délit. 10 ans d'emprisonnement, 150 000 € (C. pén., art. 222-6-4, L. n° 2020-936, 30 juill. 2020).

PC *Idem* n° 20.7, **sauf** interdiction d'exercer une profession commerciale ou industrielle, de diriger, d'administrer, de gérer ou de contrôler à un titre quelconque, directement ou indirectement, pour son propre compte ou pour le compte d'autrui, une entreprise commerciale ou industrielle ou une société commerciale (C. pén., art. 222-44 1°) (PC 1) et **sauf** suivi socio judiciaire (C. pr. pén., art. 222-48-1) (PC 17).

PERSONNE MORALE

PP Délit. 750 000 € (C. pén., art. 222-6-4, L. n° 2020-936, 30 juill. 2020).

PC *Idem* n° 20.7.

▪ ORIENTEUR

AUTRE QUALIFICATION

▪ **Complicité d'actes de tortures ou de barbarie.** Dans le cas où le mandat de commettre des actes de tortures ou de barbarie a été suivi d'effet, v. n° 20.7.

▪ **Complicité par enregistrement d'image de l'infraction.** C. pén., art. 222-33-3, v. n° 35.33.

▪ **Diffusion d'image de l'infraction.** V. n° 35.33.

▪ **Autres cas de mandats criminels. • Mandat non suivi d'effet de commettre un assassinat ou un empoisonnement** (C. pén., art. 221-5-3), v. n° 20.6. **• Mandat non suivi d'effet de commettre un viol (L. n° 2020-936, 20 juill. 2020)** (C. pén., art. 222-26-1), v. n° 20.73. **• Mandat non suivi d'effet de commettre une agression sexuelle (L. n° 2020-936, 20 juill. 2020)** (C. pén., art. 222-30-2), v. n° 20.80. **• Mandat non suivi d'effet de commettre une infraction sexuelle contre un mineur** (C. pén., art. 227-28-3), v. n° 21.37.

ÉLÉMENT LÉGAL

▪ **Application de la loi pénale dans le temps.** Incrimination créée par L. n° 2020-936, 30 juill. 2020.

▪ **Application de la loi pénale dans l'espace.** Les faits sont punissables même si le fait principal doit être commis hors du territoire national (C. pén., art. 222-6-4).

RÉGIME PROCÉDURAL

▪ **Régime des infractions sexuelles.** Ce régime n'est **pas applicable** (C. pr. pén., art. 706-47 2°, v. n° 11.23).

▪ **Prélèvement des empreintes génétiques** de la personne suspectée ou condamnée (C. pr. pén., art. 706-55 2°, v. n°s 13.23 et 13.25).

MESURE CIVILE

▪ **Retrait de l'autorité parentale.** *Idem* n° 20.7 (C. pén., art. 222-48-2).

▪ **Retrait du droit à pension du conjoint survivant auteur des faits.** *Idem* n° 20.1 (CSS, art. L. 342-1-1 et L. 353-1-1 ; C. rur., art. L. 732-41-1 et L. 732-62 ; C. pens. civ. mil., art. L. 38-1).

▪ ÉLÉMENTS CONSTITUTIFS – QUALIFICATION

✧ Pour avoir à .... [¤ lieu], le .... [¤ date], fait à une personne des offres ou des promesses ou proposé des dons, présents ou avantages quelconques afin qu'elle commette, y compris hors du territoire national, le crime de tortures ou d'actes de barbarie, ce crime n'ayant été ni commis ni tenté.

Faits prévus et réprimés par les articles : **PERSONNES PHYSIQUES.** 222-6-4, 222-44, 222-45, 222-47, 222-48 et 222-48-2 du code pénal (*N 33675.cr*). **PERSONNES MORALES.** 222-6-4 et 222-6-1 du code pénal (*N #.cr*). ✧

20.9 Actes de torture ou de barbarie concomitants à un crime autre que le meurtre ou le viol

▪ PEINES

PERSONNE PHYSIQUE

PP Crime. Réclusion à perpétuité (C. pén., art. 222-2).

PC *Idem* n° 20.7, suivi socio-judiciaire à temps ou sans limitation de durée (C. pén., art. 131-36-1 et 222-48-1).

PERSONNE MORALE

PP PC Crime. *Idem* n° 20.7.

▪ ORIENTEUR

AUTRE QUALIFICATION

▪ **Homicide volontaire concomitant ou lié à un autre crime ou délit.** C. pén., art. 221-2, v. n° 20.2.

▪ **Viol accompagné de tortures ou d'actes de barbarie.** C. pén., art. 222-26, v. n° 20.77.

▪ **Complicité par enregistrement d'image de l'infraction.** C. pén., art. 222-33-3, v. n° 35.33.

▪ **Diffusion d'image de l'infraction.** V. n° 35.33.

ÉLÉMENT LÉGAL

▪ **Constitutionnalité. Constitutionnalité de l'incrimination d'acte de torture ou de barbarie.** V. n° 20.7.

▪ **Définition. Définition de l'acte de torture ou de barbarie.** V. n° 20.7.

RÉGIME PROCÉDURAL

▪ **Prescription de l'action publique.** *Idem* n° 20.7.

▪ **Régime des infractions sexuelles.** Applicable (C. pr. pén., art. 706-47 2°, v. n° 11.23).

▪ **Prélèvement des empreintes génétiques.** *Idem* n° 20.7.

▪ **Alimentation du** Redex. *Idem* n° 20.7 (C. pr. pén., art. 706-56-2).

▪ **Procédure devant la juridiction criminelle. • Question de l'abolition du discernement.** *Idem* n° 20.7 (C. pén., art. 222-18-4 et C pr. pén., art. 706-139-2 issus L. n° 2022-52, 24 janv. 2022 ; sur l'irresponsabilité pénale pour cause de trouble mental, C. pén., art. 122-1, al. 1, v. n° 14.28).

▪ **Nettoyage de la scène de crime au titre des frais de justice.** *Idem* n° 20.1, C. pr. pén., art. D. 15-3-3 et D. 32-2-4).

MESURE CIVILE

▪ **Retrait de l'autorité parentale.** *Idem* n° 20.7 (C. pén., art. 222-48-2, L. n° 2014-873, 4 août 2014, mod. par L. n° 2016-297, 14 mars 2016 et L. n° 2019-1480, 28 déc. 2019).

▪ **Retrait du droit à pension du conjoint survivant auteur des faits.** *Idem* n° 20.1 (CSS, art. L. 342-1-1 et L. 353-1-1 ; C. rur., art. L. 732-41-1 et L. 732-62 ; C. pens. civ. mil., art. L. 38-1 ; dispositions issues de L. n° 2019-1480, 28 déc. 2019).

RÉGIME DES PEINES

▪ **Exemption ou réduction de peine du repenti.** *Idem* n° 20.7.

▪ **Période de sûreté.** Si peine ferme ⩾ 10 ans → a) de plein droit = 1/2 de la peine ou 18 ans si perpétuité, ou < sur décision spéciale ; b) sur décision spéciale = 2/3 de la peine ou 22 ans si perpétuité (C. pén., art. 132-23, al. 1 et 2). Sur la période de sûreté, v. n° 18.7C1.

▪ **Rétention de sûreté.** *Idem* n° 20.7. Compte de tenu des circonstances aggravantes, le régime de la rétention de sûreté est ici également applicable lorsque la victime est majeure (C. pr. pén., art. 706-53-13, al. 2).

▪ **Inscription au Fijais.** *Idem* n° 20.7.

▪ ÉLÉMENTS CONSTITUTIFS – QUALIFICATION

✧ Pour avoir à .... [¤ lieu], le .... [¤ date], soumis .... [¤ nom de la victime] à des actes de tortures ou de barbarie, en l'espèce en .... [¤ matérialiser l'infraction], avec cette circonstance que les faits ont précédé, accompagné ou suivi un crime autre que le meurtre ou le viol, en l'espèce .... [¤ préciser le crime concomitant].
Faits prévus et réprimés par les articles : **PERSONNES PHYSIQUES.** 222-1, 222-2, 222-44, 222-45, 222-47, 222-48 et 222-48-1 du code pénal (*N 5021.cr*). **PERSONNES MORALES.** 222-1, 222-2 et 222-6-1 du code pénal (*N #.cr*). ✧

20.10 Actes de torture ou de barbarie aggravés

▪ PEINES

PERSONNE PHYSIQUE

PP Crime. 20 ans de réclusion (C. pén., art. 222-3) ;

Cas A2 : 30 ans (C. pén., art. 222-3) ;

Cas Q : 20 ans de réclusion (C. pén., art. 132-77 et 222-1, L. n° 2017-86, 27 janv. 2017, anc[t] 222-3) ;

Cas R : 20 ans de réclusion (C. pén., art. 132-76 et 222-1, L. n° 2017-86, 27 janv. 2017, anc[t] 222-3).

PC *Idem* n° 20.7, suivi socio-judiciaire ⩽ 20 ans ou, pour le cas A2, ⩽ 30 ans (C. pén., art. 131-36-1, 222-48-1) +

1. Cas P : confiscation **obligatoire** (L. n° 2012-304, 6 mars 2012, auparavant confiscation facultative) d'une ou plusieurs armes dont le condamné est propriétaire ou dont il a la libre disposition (C. pén., art. 222-44) ;

2. Cas P : interdiction **obligatoire**, ⩽ 15 ans, de détention, ou de port d'arme soumise à autorisation (L. n° 2012-304, 6 mars 2012, auparavant interdiction facultative ⩽ 5 ans) (C. pén., art. 222-44) ;

3. Cas T : interdiction ⩽ 5 ans de quitter le territoire de la République (C. pén., art. 222-47, L. n° 2013-711, 5 août 2013).

PERSONNE MORALE

PP PC Crime. *Idem* n° 20.7.

▪ ORIENTEUR

AUTRE QUALIFICATION

▪ **Atteinte à l'intégrité de la personne commise sous l'empire de substances psychoactives ayant aboli le discernement de l'auteur (L. n° 2022-52, 24 janv. 2022).** C. pén., art. 222-18-4, issu L. n° 2022-52, 24 janv. 2022, v. n° 20.14, lorsque l'état d'ivresse manifeste ou l'emprise manifeste de stupéfiants (cas U) a entraîné l'abolition du discernement et une déclaration d'irresponsabilité pénale (sur cette qualification alternative, v. n° 14.28D).

▪ **Complicité par enregistrement d'image de l'infraction.** C. pén., art. 222-33-3, v. n° 35.33.

▪ **Diffusion d'image de l'infraction,** v. n° 35.33.

ÉLÉMENT LÉGAL

▪ **Définition. • Guet-apens.** V. orienteur n° 20.4 (C. pén., art. 132-71-1). • **Préméditation.** V. orienteur n° 20.4 (C. pén., art. 132-72).

▪ **Application de la loi pénale dans le temps. • Aggravation résultant de la motivation raciste ou sexiste. Cas Q et R** : la L. n° 2017-86, 27 janv. 2017 a supprimé du texte de l'incrimination les circonstances aggravantes tenant à la finalité raciste ou sexiste des faits. Désormais ces circonstances constituent en effet une cause générale d'aggravation de tous les crimes ou délits, sauf exceptions (C. pén., art. 132-76 et 132-77, v. n° 18.9). Les circonstances aggravantes visées aux **cas Q** et **R**, ici maintenues pour des raisons pratiques, tirent désormais leurs fondements et pénalités de C. pén., art. 132-76, 132-77 et 222-1 (v. aussi ÉLÉMENT MATÉRIEL ci-dessous). • **Aggravation résultant de l'ivresse ou de l'emprise manifeste de stupéfiants. Cas U** : circonstance aggravante créée par L. n° 2022-52, 24 janv. 2022 relative à la responsabilité pénale et à la sécurité intérieure.

▪ **Constitutionnalité. Constitutionnalité de l'incrimination d'acte de torture ou de barbarie.** V. n° 20.7.

▪ **Définition. Définition de l'acte de torture ou de barbarie.** V. n° 20.7.

▪ **Application de la loi dans l'espace. Cas T,** dans le cas où le crime est commis à l'étranger à l'encontre d'une personne résidant habituellement sur le territoire français, la loi française est applicable par dérogation à C. pén., art. 113-7 (v. n° 10.5B) (C. pén., art. 222-16-3, L. n° 2010-769, 9 juill. 2010).

ÉLÉMENT MATÉRIEL

▪ **Aggravation résultant de la motivation raciste de l'acte. Cas R,** C. pén., art. 132-76, V. n° 20.3 et 18.9.

▪ **Aggravation résultant de la motivation sexiste de l'acte. Cas Q,** C. pén., art. 132-77, V. n° 20.3 et 18.9

▪ **Aggravation résultant de la qualité de conjoint ou de concubin de la victime. Cas L** : *idem* Orienteur/élément matériel n° 20.3 (C. pén., art. 132-80).

ÉLÉMENT INTENTIONNEL

▪ **Dol spécial.** La vulnérabilité, la **qualité de la victime** (magistrat, juré, avocat...) doit être apparente ou connue de l'auteur.

▪ **Altération du discernement. Cas U** : la diminution de peine prévue par C. pén., art. 122-1, al. 2 en cas d'altération du discernement n'est pas applicable lorsque « *cette altération résulte d'une consommation volontaire, de façon illicite ou manifestement excessive, de substances psycho-actives* » (C. pén., art. 122-1-2, issu L. n° 2022-52, 24 janv. 2022, sur l'altération du discernement, v. n° 14.29).

RÉGIME PROCÉDURAL

▪ **Prescription de l'action publique.** *Idem* n° 20.7.

▪ **Régime des infractions sexuelles.** Applicable (C. pr. pén., art. 706-47 2°, v. n° 11.23).

▪ **Prélèvement des empreintes génétiques.** *Idem* n° 20.7.

▪ **Alimentation du Redex.** *Idem* n° 20.7 (C. pr. pén., art. 706-56-2).

▪ **Procédure devant la juridiction criminelle. • Compétence de la cour criminelle départementale. Sauf cas A2** : *idem* n° 20.7 (C. pr. pén., art. 380-16, issu L. n° 2021-1729, 22 déc. 2021). • **Question de l'abolition du discernement.** *Idem* n° 20.7 (C. pén., art. 222-18-4 et C pr. pén., art. 706-139-2 issus L. n° 2022-52, 24 janv. 2022 ; sur l'irresponsabilité pénale pour cause de trouble mental, C. pén., art. 122-1, al. 1, v. n° 14.28).

▪ **Nettoyage de la scène de crime au titre des frais de justice.** *Idem* n° 20.1, C. pr. pén., art. D. 15-3-3 et D. 32-2-4).

MESURE CIVILE

▪ **Retrait de l'autorité parentale.** *Idem* n° 20.7 (C. pén., art. 222-48-2, L. n° 2014-873, 4 août 2014, mod. par L. n° 2016-297, 14 mars 2016 et L. n° 2019-1480, 28 déc. 2019).

▪ **Retrait du droit à pension du conjoint survivant auteur des faits.** *Idem* n° 20.1 (CSS, art. L. 342-1-1 et L. 353-1-1 ; C. rur., art. L. 732-41-1 et L. 732-62 ; C. pens. civ. mil., art. L. 38-1 ; dispositions issues de L. n° 2019-1480, 28 déc. 2019).

RÉGIME DES PEINES

▪ **Exemption ou réduction de peine du repenti.** *Idem* n° 20.7.

▪ **Période de sûreté.** Si peine ferme ⩾ 10 ans → a) de plein droit = 1/2 de la peine, ou < sur décision spéciale ; b) sur décision spéciale = 2/3 de la peine (C. pén., art. 132-23, al. 1 et 2). Sur la période de sûreté, v. n° 18.7C1.

▪ **Rétention de sûreté.** *Idem* n° 20.9.

▪ **Inscription au Fijais.** *Idem* n° 20.7.

▪ **Régime spécifique des réductions de peine.** Depuis L. n° 2021-646, 25 mai 2021, le dispositif de droit commun du crédit de réduction de peine (CRP) prévu par C. pr. pén., art. 721 n'est pas applicable à la personne condamnée pour des actes de torture ou de barbarie aggravés prévus par C. pén., art. 222-3 commis sur une personne dépositaire de l'autorité publique, selon les précisions apportées au n° 18.10C4 (C. pr. pén., art. 721-1-2 issu L. n° 2021-646, 25 mai 2021). Depuis L. n° 2021-1729, 22 déc. 2021, abrogeant le régime du crédit de réduction de peine, le quantum maximum de la réduction de peine est réduit de moitié pour les mêmes faits, selon les précisions apportées au n° 18.10E5 (C. pr. pén., art. 721-1-2 réécrit par L. n° 2021-1729, 22 déc. 2021, applicable le 24 déc. 2021).

▪ ÉLÉMENTS CONSTITUTIFS – QUALIFICATION

✧ Pour avoir à .... [¤ lieu], le .... [¤ date], soumis .... [¤ nom de la victime] à des actes de tortures ou de barbarie, en l'espèce en .... [¤ matérialiser l'infraction], avec cette circonstance que les faits ont été [⇨A à U :]

A. commis sur un mineur de moins de 15 ans (A1 : *N **20682.cc***) (si faits commis de manière habituelle, v. n° 20.11) ; [• Préciser le cas échéant] par un ascendant ou par une personne ayant autorité sur la victime (A2 : *N **20699.cr***) ;

B. commis sur une personne qu'il (elle) savait particulièrement vulnérable en raison de son état physique ou mental (B : *N **20683.cc***) (si faits commis de manière habituelle, v. n° 20.11) ;

C. commis sur un ascendant légitime ou naturel, ou sur les père ou mère adoptifs (C : *N **20684.cc***) ;

D. commis sur : un magistrat (D1 : *N **20685.cc***) ; un juré (D2 : *N **20686.cc***) ; un avocat (D3 : *N **20687.cc***) ; un officier public ou ministériel (D4 : *N **20689.cc***) ; un militaire de la gendarmerie nationale, un fonctionnaire de la police nationale, des douanes, de l'administration pénitentiaire ; une personne dépositaire de l'autorité publique (D5 : *N **20688.cc***), dans l'exercice ou du fait de ses fonctions ;

E. commis sur un sapeur-pompier professionnel ou volontaire, dans l'exercice ou du fait de ses fonctions (aggravation créée par L. n° 2003-239, 18 mars 2003, art. 60) (E : *N #.cc*) ;

F. commis sur un gardien assermenté d'immeuble ou de groupe d'immeubles, dans l'exercice ou du fait de ses fonctions (aggravation créée par L. n° 2003-239, 18 mars 2003, art. 60) (F : *N #.cc*) ;

G. commis sur un agent exerçant pour le compte d'un bailleur des fonctions de gardiennage et de surveillance d'un immeuble à usage d'habitation soumis à l'obligation de gardiennage par application de l'article L. 127-1 du code de la construction et de l'habitation, dans l'exercice ou du fait de ses fonctions (aggravation créée par L. n° 2003-239, 18 mars 2003, art. 60) (G : *N #.cc*) ;

H. commis « *sur un enseignant ou tout membre des personnels travaillant dans les établissements d'enseignement scolaire* » (L. n° 2010-201, 2 mars 2010) (H1 : *N #.cc*) – un agent d'un exploitant de réseau de transport public de voyageurs (H2 : *N #.cc*) – une personne chargée d'une mission de service public (H3 : *N **20689.cc***) ; dans l'exercice « *ou du fait* » (L. n° 2010-201, 2 mars 2010) de ses fonctions ;

I. commis sur un professionnel de santé dans l'exercice « *ou du fait* » (L. n° 2010-201, 2 mars 2010) de ses fonctions (aggravation créée par L. n° 2003-239, 18 mars 2003, art. 60) (I : *N #.cc*).

J. commis sur le conjoint, l'ascendant, le descendant en ligne directe, ou vivant habituellement avec .... [¤ nom et fonctions de la personne exerçant une des missions protégées D à I ci-dessus], [⇨J1 à J12 :]

J1. magistrat ou juré (J1 : *N #.cc*)...

J2. avocat (J2 : *N #.cc*)...

J3. officier public ou ministériel (J3 : *N #.cc*)...

J4. militaire de la gendarmerie nationale, fonctionnaire de la police nationale, des douanes ou de l'administration pénitentiaire (J4 : *N #.cc*)...

J5. dépositaire de l'autorité publique (J5 : *N #.cc*)...

J6. sapeur-pompier professionnel ou volontaire (J6 : *N #.cc*)...

J7. gardien assermenté d'immeuble ou de groupe d'immeubles (J7 : *N #.cc*)...

J8. agent exerçant pour le compte d'un bailleur des fonctions de gardiennage et de surveillance d'un immeuble à usage d'habitation (J8 : *N #.cc*)...

J9. enseignant ou membre des personnels travaillant dans les établissements d'enseignement scolaire (L. n° 2010-201, 2 mars 2010) (J8 : *N #.cc*)...

J10. agent d'un exploitant de réseau de transport public de voyageurs (L. n° 2010-201, 2 mars 2010) (J10 : *N #.cc*)...

J11. personne chargée d'une mission de service public (L. n° 2010-201, 2 mars 2010) (J11 : *N #.cc*)...

J12. professionnel de santé (L. n° 2010-201, 2 mars 2010) (J12 : *N #.cc*)...

... en raison des fonctions exercées par ce dernier (aggravation créée par L. n° 2003-239, 18 mars 2003, art. 60) ;

K. commis sur – un témoin (K1 : *N* ***20690.cc***) – une victime (K2 : *N* ***20691.cc***) – une partie civile (K3 : *N* ***20692.cc***), pour l'influencer ou par représailles ;

K *bis.* commis sur une personne qui se livre à la prostitution, y compris de façon occasionnelle, les faits ayant été commis dans l'exercice de cette activité (aggravation créée par L. n° 2016-444, 13 avr. 2016, *JO* 15 avr. 2016) (K*bis* : *N* ***31572.cc***) ;

L. commis par le conjoint ou le concubin de la victime « ou le partenaire lié à la victime par un pacte civil de solidarité » [L. n° 2006-399, 4 avr. 2006] ou par l'ancien conjoint, concubin ou partenaire (C. pén., art. 132-80) (L : *N* ***20693.cc***) ;

M. commis par une personne – dépositaire de l'autorité publique (M1 : *N* ***20694.cc***) – chargée d'une mission de service public (M2 : *N* ***20695.cc***), dans l'exercice ou à l'occasion de l'exercice de ses fonctions ou de sa mission ;

N. commis en réunion (N : *N* ***20696.cc***) ;

O. commis avec préméditation *ou avec guet-apens* (L. n° 2007-297, 5 mars 2007) (O : *N* ***20697.cc***) ;

P. commis avec usage ou menace d'une arme (P : *N* ***20698.cc***) ;

Q. commis à raison « du sexe (Q1 : *N* ***32329.cc***), de l'orientation sexuelle ou de l'identité de genre » (Q2 : *N* ***23803.cc***) (L. n° 2017-86, 27 janv. 2017) [au lieu de « l'orientation « ou identité » sexuelle (L. n° 2012-954, 6 août 2012)] de la victime (L. n° 2003-239, 18 mars 2003, art. 47) (C. pén., art. 132-77 et 222-1, anc[t] 222-3, L. n° 2017-86, 27 janv. 2017) ;

R. commis à raison de l'appartenance ou de la non-appartenance, vraie ou supposée, de la victime à une ethnie ou une nation, une « *prétendue* » (L. n° 2017-86, 27 janv. 2017) race ou une religion déterminée (L. n° 2003-88, 3 févr. 2003, art. 5) (C. pén., art. 132-76 et 221-1, anc[t] 222-3, L. n° 2017-86, 27 janv. 2017) (R : *N* ***32262.cc***) ;

S. accompagnés d'agressions sexuelles autres que le viol (S : *N* ***1136.cc***).

T. commis « contre la victime afin de la contraindre à contracter un mariage ou à conclure une union ou en raison de son refus de contracter un mariage ou de conclure une union » [L. n° 2010-769, 9 juill. 2010] (T : *N* ***27767.cc***) ;

U. « commis par une personne agissant en état d'ivresse manifeste (U1 : *N* ***34467.cr***) ou sous l'emprise manifeste de produits stupéfiants (U2 : *N* ***34468.cr***) » [circ. aggr. créée par L. n° 2022-52, 24 janv. 2022].

Faits prévus et réprimés par les articles : **PERSONNES PHYSIQUES.** 222-1, 222-3, 222-44, 222-45, 222-47, 222-48, 222-48-1 et 222-48-2 du code pénal. **PERSONNES MORALES.** 222-1, 222-3 et 222-6-1 du code pénal (*N #.cr*). ✧

20.11 Actes de torture ou de barbarie en bande organisée ou habituels sur personne vulnérable

■ PEINES

PERSONNE PHYSIQUE

PP Crime. 30 ans de réclusion (C. pén., art. 222-4).

PC *Idem* nº 20.7, suivi socio-judiciaire ⩽ 30 ans (C. pén., art. 131-36-1, 222-48-1).

PERSONNE MORALE

PP PC Crime. *Idem* nº 20.7.

■ ORIENTEUR

AUTRE QUALIFICATION

▪ **Complicité par enregistrement d'image de l'infraction.** C. pén., art. 222-33-3, v. nº 35.33.

▪ **Diffusion d'image de l'infraction.** V. nº 35.33.

ÉLÉMENT LÉGAL

▪ **Définition. Bande organisée. Cas A.** V. nº 11.20 (C. pén., art. 132-71).

▪ **Constitutionnalité. Constitutionnalité de l'incrimination d'acte de torture ou de barbarie.** V. nº 20.7.

▪ **Définition. Définition de l'acte de torture ou de barbarie.** V. nº 20.7.

ÉLÉMENT INTENTIONNEL

▪ **Dol spécial.** La vulnérabilité de la victime doit être apparente ou connue de l'auteur.

RÉGIME PROCÉDURAL

▪ **Prescription de l'action publique.** *Idem* nº 20.7.

▪ **Procédure devant la juridiction criminelle. • Question de l'abolition du discernement.** *Idem* nº 20.7 (C. pén., art. 222-18-4 et C pr. pén., art. 706-139-2 issus L. nº 2022-52, 24 janv. 2022 ; sur l'irresponsabilité pénale pour cause de trouble mental, C. pén., art. 122-1, al. 1, v. nº 14.28).

▪ **Régime des infractions sexuelles.** Applicable (C. pr. pén., art. 706-47 2°, v. nº 11.23).

▪ **Régime complet de la criminalité organisée** applicable au cas A (C. pr. pén., art. 706-73 2°, v. nº 11.21).

▪ **Prélèvement des empreintes génétiques.** *Idem* nº 20.7.

▪ **Alimentation du Redex.** *Idem* nº 20.7 (C. pr. pén., art. 706-56-2).

▪ **Nettoyage de la scène de crime au titre des frais de justice.** *Idem* nº 20.1, C. pr. pén., art. D. 15-3-3 et D. 32-2-4).

MESURE CIVILE

▪ **Retrait de l'autorité parentale.** *Idem* nº 20.7 (C. pén., art. 222-48-2, L. nº 2014-873, 4 août 2014, mod. par L. nº 2016-297, 14 mars 2016 et L. nº 2019-1480, 28 déc. 2019).

▪ **Retrait du droit à pension du conjoint survivant auteur des faits.** *Idem* nº 20.1 (CSS, art. L. 342-1-1 et L. 353-1-1 ; C. rur., art. L. 732-41-1 et L. 732-62 ; C. pens. civ. mil., art. L. 38-1 ; dispositions issues de L. nº 2019-1480, 28 déc. 2019).

RÉGIME DES PEINES

▪ **Exemption ou réduction de peine du repenti.** *Idem* nº 20.7.

▪ **Période de sûreté.** Si peine ferme ⩾ 10 ans → a) de plein droit = 1/2 de la peine, ou < sur décision spéciale ; b) sur décision spéciale = 2/3 de la peine (C. pén., art. 132-23, al. 1 et 2). Sur la période de sûreté, v. nº 18.7C1.

▪ **Rétention de sûreté.** *Idem* nº 20.9.

▪ **Inscription au Fijais.** *Idem* nº 20.7.

■ ÉLÉMENTS CONSTITUTIFS – QUALIFICATION

✧ Pour avoir à .... [¤ lieu], le .... [¤ date], soumis .... [¤ nom de la victime] à des actes de tortures ou de barbarie, en l'espèce en .... [¤ matérialiser l'infraction], avec cette circonstance que les faits ont été commis [⇨A ou B :]

A. en bande organisée (L. nº 2004-204, 9 mars 2004, art. 6-III) (A : *N 25098.cr*).

B. de manière habituelle [⇨B1 ou B2 :]

B1. sur un mineur de moins de 15 ans (B1 : *N 20700.cr*) ;

B2. sur une personne qu'il (elle) savait particulièrement vulnérable en raison de son état physique ou mental (B2 : *N 20701.cr*).

Faits prévus et réprimés par les articles : **PERSONNES PHYSIQUES.** 222-1, 222-4, 222-44, 222-45, 222-47, 222-48, 222-48-1 et 222-48-2 du code pénal. **PERSONNES MORALES.** 222-1, 222-4, et 222-6-1 du code pénal (*N #.cr*). ✧

20.12 Actes de torture ou de barbarie ayant entraîné une mutilation ou infirmité permanente

■ PEINES

PERSONNE PHYSIQUE

PP Crime. 30 ans de réclusion (C. pén., art. 222-5).

PC *Idem* n° 20.7, suivi socio-judiciaire ⩽ 30 ans (C. pén., art. 131-36-1, 222-48-1).

PERSONNE MORALE

PP PC Crime. *Idem* n° 20.7.

■ ORIENTEUR

AUTRE QUALIFICATION

▪ **Complicité par enregistrement d'image de l'infraction.** C. pén., art. 222-33-3, v. n° 35.33.

▪ **Diffusion d'image de l'infraction.** V. n° 35.33.

ÉLÉMENT LÉGAL

▪ **Constitutionnalité. Constitutionnalité de l'incrimination d'acte de torture ou de barbarie.** V. n° 20.7.

▪ **Définition. Définition de l'acte de torture ou de barbarie.** V. n° 20.7.

ÉLÉMENT MATÉRIEL

▪ **Médecine légale. • Notion de mutilation et d'infirmité permanente.** Sur la notion de mutilation et d'infirmité permanente en médecine légale, v. n° 14.2B.

RÉGIME PROCÉDURAL

▪ **Prescription de l'action publique.** *Idem* n° 20.7.

▪ **Procédure devant la juridiction criminelle. • Question de l'abolition du discernement.** *Idem* n° 20.7 (C. pén., art. 222-18-4 et C pr. pén., art. 706-139-2 issus L. n° 2022-52, 24 janv. 2022 ; sur l'irresponsabilité pénale pour cause de trouble mental, C. pén., art. 122-1, al. 1, v. n° 14.28).

▪ **Régime des infractions sexuelles.** Applicable (C. pr. pén., art. 706-47 2°, v. n° 11.23).

▪ **Prélèvement des empreintes génétiques.** *Idem* n° 20.7.

▪ **Alimentation du Redex.** *Idem* n° 20.7 (C. pr. pén., art. 706-56-2).

▪ **Nettoyage de la scène de crime au titre des frais de justice.** *Idem* n° 20.1, C. pr. pén., art. D. 15-3-3 et D. 32-2-4).

MESURE CIVILE

▪ **Retrait de l'autorité parentale.** *Idem* n° 20.7 (C. pén., art. 222-48-2, L. n° 2014-873, 4 août 2014, mod. par L. n° 2016-297, 14 mars 2016 et L. n° 2019-1480, 28 déc. 2019).

▪ **Retrait du droit à pension du conjoint survivant auteur des faits.** *Idem* n° 20.1 (CSS, art. L. 342-1-1 et L. 353-1-1 ; C. rur., art. L. 732-41-1 et L. 732-62 ; C. pens. civ. mil., art. L. 38-1 ; dispositions issues de L. n° 2019-1480, 28 déc. 2019).

RÉGIME DES PEINES

▪ **Exemption ou réduction de peine du repenti.** *Idem* n° 20.7.

▪ **Période de sûreté.** Si peine ferme ⩾ 10 ans → a) de plein droit = 1/2 de la peine, ou b) sur décision spéciale = 2/3 de la peine (C. pén., art. 132-23, al. 1 et 2). Sur la période de sûreté, v. n° 18.7C1.

▪ **Rétention de sûreté.** *Idem* n° 20.9.

▪ **Inscription au Fijais.** *Idem* n° 20.7.

■ ÉLÉMENTS CONSTITUTIFS – QUALIFICATION

✧ Pour avoir à .... [¤ lieu], le .... [¤ date], soumis .... [¤ nom de la victime] à des actes de tortures ou de barbarie, en l'espèce en .... [¤ matérialiser l'infraction], avec cette circonstance que les faits ont entraîné une mutilation ou une infirmité permanente.

Faits prévus et réprimés par les articles : **PERSONNES PHYSIQUES.** 222-1, 222-5, 222-44, 222-45, 222-47, 222-48, 222-48-1 et 222-48-2 du code pénal (*N 20702.cr*). **PERSONNES MORALES.** 222-1, 222-5, et 222-6-1 du code pénal (*N #.cr*). ✧

20.13 Actes de torture ou de barbarie ayant entraîné la mort sans intention de la donner

■ PEINES

PERSONNE PHYSIQUE

PP Crime. Réclusion à perpétuité (C. pén., art. 222-6).

PC *Idem* nº 20.7, suivi socio-judiciaire à temps ou sans limitation de durée (C. pén., art. 131-36-1, 222-48-1).

PERSONNE MORALE

PP PC Crime. *Idem* nº 20.7.

■ ORIENTEUR

AUTRE QUALIFICATION

▪ **Complicité par enregistrement d'image de l'infraction.** C. pén., art. 222-33-3, v. nº 35.33.

▪ **Diffusion d'image de l'infraction.** V. nº 35.33.

▪ **Homicide volontaire concomitant ou lié à un autre Crime.** Dans le cas où l'intention de donner la mort est démontrée, v. nº 20.2.

ÉLÉMENT MATÉRIEL

▪ **Médecine légale. • Notion de mort.** *Idem* nº 20.1.

ÉLÉMENT LÉGAL

▪ **Constitutionnalité. Constitutionnalité de l'incrimination d'acte de torture ou de barbarie.** V. nº 20.7.

▪ **Définition. Définition de l'acte de torture ou de barbarie.** V. nº 20.7.

RÉGIME PROCÉDURAL

▪ **Prescription de l'action publique.** *Idem* nº 20.7.

▪ **Procédure devant la juridiction criminelle. • Question de l'abolition du discernement.** *Idem* nº 20.7 (C. pén., art. 222-18-4 et C pr. pén., art. 706-139-2 issus L. nº 2022-52, 24 janv. 2022 ; sur l'irresponsabilité pénale pour cause de trouble mental, C. pén., art. 122-1, al. 1, v. nº 14.28).

▪ **Régime des infractions sexuelles.** Applicable (C. pr. pén., art. 706-47 2°, v. nº 11.23).

▪ **Prélèvement des empreintes génétiques.** *Idem* nº 20.7.

▪ **Alimentation du Redex.** *Idem* nº 20.7 (C. pr. pén., art. 706-56-2).

▪ **Nettoyage de la scène de crime au titre des frais de justice.** *Idem* nº 20.1, C. pr. pén., art. D. 15-3-3 et D. 32-2-4).

MESURE CIVILE

▪ **Retrait de l'autorité parentale.** *Idem* nº 20.7 (C. pén., art. 222-48-2, L. nº 2014-873, 4 août 2014, mod. par L. nº 2016-297, 14 mars 2016 et L. nº 2019-1480, 28 déc. 2019).

▪ **Retrait du droit à pension du conjoint survivant auteur des faits.** *Idem* nº 20.1 (CSS, art. L. 342-1-1 et L. 353-1-1 ; C. rur., art. L. 732-41-1 et L. 732-62 ; C. pens. civ. mil., art. L. 38-1 ; dispositions issues de L. nº 2019-1480, 28 déc. 2019).

RÉGIME DES PEINES

▪ Exemption ou réduction de peine du repenti. *Idem* n° 20.7.

▪ Période de sûreté. Si peine ferme ⩾ 10 ans → a) de plein droit = 1/2 de la peine, ou b) sur décision spéciale = 2/3 de la peine (C. pén., art. 132-23, al. 1 et 2). Sur la période de sûreté, v. n° 18.7C1.

▪ Rétention de sûreté. *Idem* n° 20.9.

▪ Inscription au Fijais. *Idem* n° 20.7.

▪ ÉLÉMENTS CONSTITUTIFS – QUALIFICATION

✧ Pour avoir à .... [¤ lieu], le .... [¤ date], soumis .... [¤ nom de la victime] à des actes de tortures ou de barbarie, en l'espèce en .... [¤ matérialiser l'infraction], avec cette circonstance que les faits ont entraîné la mort sans intention de la donner.
Faits prévus et réprimés par les articles : **PERSONNES PHYSIQUES.** 222-1, 222-6, 222-44, 222-45, 222-47, 222-48, 222-48-1 et 222-48-2 du code pénal (*N 20703.cr*). **PERSONNES MORALES.** 222-1, 222-6, et 222-6-1 du code pénal (*N #.cr*). ✧

20.14 Atteinte à l'intégrité de la personne commise sous l'empire de substances psychoactives ayant aboli le discernement de l'auteur (L. n° 2022-52, 24 janv. 2022)

▪ PEINES

PERSONNE PHYSIQUE

PP Délit. Cas A : 7 ans d'emprisonnement, 100 000 € (C. pén., art. 222-18-4 [incrimination créée par L. n° 2022-52, 24 janv. 2022]).

Cas B : 5 ans d'emprisonnement, 75 000 € (C. pén., art. 222-18-4 [incrimination créée par L. n° 2022-52, 24 janv. 2022]).

Cas C : 2 ans d'emprisonnement, 30 000 € (C. pén., art. 222-18-4 [incrimination créée par L. n° 2022-52, 24 janv. 2022]).

Cas AD : 10 ans d'emprisonnement, 150 000 € (C. pén., art. 222-18-4 [incrimination créée par L. n° 2022-52, 24 janv. 2022]).

Cas BD : 7 ans d'emprisonnement, 75 000 € (C. pén., art. 222-18-4 [incrimination créée par L. n° 2022-52, 24 janv. 2022]).

Cas CD : 3 ans d'emprisonnement, 45 000 € (C. pén., art. 222-18-4 [incrimination créée par L. n° 2022-52, 24 janv. 2022]).

PC 1. *Idem* n° 20.21, sauf, interdiction de séjour (PC 13) et interdiction du territoire (PC 16) (C. pén., art. 222-44 et 222-45) ;

2. Suivi socio-judiciaire (C. pén., art. 222-48-1 [mod L. n° 2022-52, 24 janv. 2022] ; 131-36-1 à 131-36-13).

PERSONNE MORALE

PP Délit. Amende encourue égale au quintuple du montant prévu pour les personnes physiques (C. pén., art. 222-18-4 et 131-38)

PC Néant.

▪ ORIENTEUR

AUTRE QUALIFICATION

▪ Coups mortels aggravés (C. pén., art. 222-8, v. n° 20.16), ▪ Actes de torture ou de barbarie aggravés (C. pén., art. 221-3, v. n° 20.10), ▪ Violences aggravées ayant entraîné une mutilation ou une infirmité permanente (C. pén., art. 222-10, v. n°s 20.19 et 20.20), ▪ Violences volontaires aggravées – ITT > 8 jours (C. pén., art. 222-12, v. n° 20.25), lorsque les faits sont aggravés par l'état d'ivresse manifeste ou l'emprise manifeste de stupéfiants et que l'abolition du discernement n'a pas été retenue.

▪ Atteinte à la vie commise sous l'empire de substances psychoactives ayant aboli le discernement. C. pén., art. 221-5-6, v. n° 20.5.

ÉLÉMENT LÉGAL

▪ **Application de la loi pénale dans le temps.** Incrimination créée par L. nº 2022-52, 24 janv. 2022, relative à la responsabilité pénale et à la sécurité intérieure.

▪ **Condition préalable.** L'infraction suppose qu'à raison de faits matériels de tortures, d'actes de barbarie ou de violences avec ITT > 8 jours visés dans la prévention, le mis en cause a préalablement fait l'objet, en application de C. pén., art. 122-1, al. 1, d'une déclaration d'irresponsabilité pénale en raison de l'abolition temporaire de son discernement résultant de sa consommation volontaire de substances psychoactives (sur l'abolition du discernement et la déclaration d'irresponsabilité pénale, v. nº 14.28B).

▪ **Définition. Définition de l'acte de torture ou de barbarie.** V. nº 20.7.

ÉLÉMENT MATÉRIEL

▪ **Réitération de la déclaration d'irresponsabilité. Cas D** : l'existence d'une précédente déclaration d'irresponsabilité pénale pour des faits d'homicide volontaire commis sous l'empire de substances psychoactives constitue une circonstance aggravante. La loi ne fixe pas de condition de délai entre la première décision et les nouveaux faits. Il y a lieu de considérer que la première décision doit avoir acquis un caractère définitif pour constituer le premier terme de la réitération. En revanche, l'aggravation résultant de la récidive est exclue dans ce cas (v. régime des peines).

ÉLÉMENT INTENTIONNEL

▪ **Connaissance des propriétés de la substance psychoactive.** La personne doit avoir eu « *connaissance du fait que cette consommation est susceptible de la conduire à mettre délibérément autrui en danger* » (C. pén., art. 222-18-4). Sur la notion de substance psychoactive et la connaissance de ses propriétés par l'auteur, v. nº 14.28D4.

RÉGIME PROCÉDURAL

▪ **Régime des infractions sexuelles.** Ce régime n'est **pas applicable**, l'infraction réprimée par C. pén., art. 222-18-4 ne figurant pas dans la liste prévue par C. pr. pén., art. 706-47 2 (sur le régime des infractions sexuelles et de grande violence, v. nº 11.23).

▪ **Règlement de l'information.** Le juge d'instruction est tenu de préalablement déclarer dans son ordonnance de règlement que la personne est pénalement irresponsable de l'infraction de tortures, d'actes de barbarie ou de violences en raison de la consommation volontaire de substances psychoactives ayant aboli son discernement (C. pr. pén., art. 706-39-1, issu L. nº 2022-52, 24 janv. 2022, v. nº 14.28D2).

▪ **Absence d'obligation de communication du contrôle judiciaire à l'employeur public ou l'autorité de contrôle.** L'obligation du parquet d'informer l'employeur ou l'autorité de contrôle de la décision de contrôle judiciaire comportant « *obligation de ne pas exercer une activité impliquant un contact habituel avec des mineurs* » prévue par C. pr. pén., art. 138, 12° *bis* (issu de L. nº 2016-457, 14 avr. 2016) (C. pr. pén., art. 706-47-4, L. nº 2016-457, 14 avr. 2016) (v. nº 11.23D) n'est pas applicable pour l'infraction prévue par C. pén., art. 222-18-4. Elle l'est en revanche dans le cours de l'information pour l'infraction principale de tortures ou d'actes de barbarie tant qu'elle n'a pas encore donné lieu à une déclaration d'irresponsabilité (v. sur ce point nº 11.23).

▪ **Prélèvement des empreintes génétiques** de la personne suspectée ou condamnée (C. pr. pén., art. 706-54 et 706-55 2° (mod. par L. nº 2022-52, 24 janv. 2022), v. nºs 13.23 et 13.25). Sur la **sanction** du refus de prélèvement, v. nº 25.35.

▪ **Alimentation du Redex.** Centralisation des examens de personnalité au fichier Redex à tous les stades de la procédure (C. pr. pén., art. 706-56-2 ; C. pén., art. 222-48-1) (v. nº 13.41).

RÉGIME DES PEINES

▪ **Neutralisation des règles relatives à la récidive. Cas D** : les dispositions relatives à la récidive générale et perpétuelle (C. pén., art. 132-8) et à la récidive générale et temporaire (C. pén., art. 132-9) ne sont pas applicables en cas de réitération (C. pén., art. 221-5-6) (sur ces règles, v. nº 18.5B).

▪ **Inscription au Fijais.** L'infraction prévue par C. pén., art. 222-18-4 ne donne pas lieu en tant que telle à une inscription au Fijais car elle ne figure pas dans la liste prévue par C. pr. pén., art. 706-47. En revanche, lorsque le fait principal est un crime de tortures ou d'actes de barbarie (C. pr. pén., art. 706-47 2°), la déclaration d'irresponsabilité pour cause de trouble mental portant sur ces faits est inscrite de plein droit au Fijais (C. pr. pén., art. 706-53-2 4°) et donne en conséquence lieu à un suivi renforcé d'une durée de 30 ans (C. pr. pén., art. 706-53-4 et 706-53-5, v. n°s 13.32 s.).

▪ **Absence d'obligation de communication de la condamnation à l'employeur public ou à l'autorité de contrôle.** L'infraction prévue par C. pén., art. 222-18-4 n'entre pas dans la liste des infractions donnant lieu, en cas d'activité impliquant un contact habituel avec des mineurs, à l'information par le parquet de l'employeur ou de l'autorité de contrôle, de la condamnation prononcée contre la personne (C. pr. pén., art. 706-47-4, sur ce point, v. n° 11.23D).

▪ **ÉLÉMENTS CONSTITUTIFS – QUALIFICATION**

✧ Pour avoir à .... [¤ lieu], le .... [¤ date], consommé volontairement, de façon illicite ou manifestement excessive, des substances psychoactives, en l'espèce .... [¤ substances consommées], en ayant connaissance du fait que cette consommation était susceptible de le conduire à mettre délibérément autrui en danger, alors que cette consommation a entraîné un trouble psychique ou neuropsychique temporaire sous l'empire duquel il a commis sur la personne de .... [¤ nom de la victime], [⇨1 ou 2 puis A à C puis le cas échéant D :]

1. des tortures ou actes de barbarie ayant entraîné .../...

2. des violences ayant entraîné .../...

A. la mort (1A : *N 34477.co* ; 2A : *N 34476.co*) .../...

B. une mutilation ou une infirmité permanente (1B : *N 34477.co* ; 2B : *N 34478.co*) .../...

C. une incapacité totale de travail pendant plus de huit jours (1C : *N 34479.co* ; 2C : *N 34480.co*) .../...

.../...dont il a été déclaré pénalement irresponsable, en raison de l'abolition de son discernement, par décision rendue le .... [¤ date de la décision] par .... [¤ juridiction concernée].

D. [• Préciser le cas échéant dans les cas A à C :] avec cette circonstance qu'il a été précédemment déclaré pénalement irresponsable d'un homicide volontaire par décision rendue le .... [¤ date de la décision] par .... [¤ juridiction concernée] en raison de l'abolition de son discernement provoqué par la consommation volontaire de substances psychoactives (AD : *N 34481.co* ; BD : *N 34482.co* ; CD : *N 34483.co*).

Faits prévus et réprimés par les articles : **PERSONNES PHYSIQUES.** 222-18-4, 222-44, 222-45, 222-48-1 du code pénal. **PERSONNES MORALES.** 222-18-4 du code pénal (*N #.cr*). ✧

20.15 Coups mortels

▪ **PEINES**

PERSONNE PHYSIQUE

PP Crime. 15 ans de réclusion (C. pén., art. 222-7).

PC 1. Interdiction, définitive ou ⩽ 5 ans, d'exercer l'activité professionnelle ou sociale en relation avec l'infraction, ou une fonction publique (sauf mandat électif ou syndical) *et/ou* définitive ou ⩽ 15 ans (10 ans avant L. n° 2013-1117, 6 déc. 2013) d'exercer une profession commerciale ou industrielle, de diriger, d'administrer, de gérer ou de contrôler à un titre quelconque, directement ou indirectement, pour son propre compte ou pour le compte d'autrui, une entreprise commerciale ou industrielle ou une société commerciale (C. pén., art. 222-44, 222-45 et 131-27 ; mod. par L. n° 2008-776, 4 août 2008) ;

2. Interdiction, ⩽ 10 ans, des droits civiques civils et de famille (vote, éligibilité, fonction juridictionnelle, expert, témoin, tuteur, curateur) (C. pén., art. 222-45 et 131-26). Sauf dispense spécialement motivée, la peine d'inéligibilité est obligatoirement prononcée (C. pén., art. 131-26-2, L. n° 2017-1339, 15 sept. 2017) ;

3. Interdiction, définitive ou ⩽ 10 ans, d'exercer une activité professionnelle ou bénévole impliquant un contact habituel avec des mineurs (C. pén., art. 222-45) ;

4. Interdiction, ⩽ 5 ans, de détention ou de port d'arme soumise à autorisation (C. pén., art. 222-44) ;

5. Suspension ou annulation, ⩽ 5 ans, du PC (C. pén., art. 222-44) ;

6. Confiscation d'un ou plusieurs véhicules (C. pén., art. 222-44) ;

7. Confiscation d'une ou plusieurs arme(s) (C. pén., art. 222-44) ;

8. Confiscation de la chose ayant servi à l'infraction ou destinée à la commettre, de l'objet de l'infraction ou de son produit direct ou indirect (obligatoire pour objets qualifiés dangereux ou nuisibles par la loi ou le règlement) (C. pén., art. 222-44 et 131-21) ;

9. Confiscation de l'animal utilisé pour commettre l'infraction ou de la chose ayant servi à l'infraction, la juridiction prévoit que l'animal sera remis à une fondation ou une association de protection animale reconnue d'utilité publique ou déclarée. Lorsqu'il s'agit d'un animal dangereux, la juridiction peut ordonner qu'il soit procédé à son euthanasie, le cas échéant aux frais du condamné (C. pén., art. 222-44, 131-21-1 [L. n° 2007-297, 5 mars 2007]). Sur la peine de confiscation d'un animal (C. pén., art. 131-21-1), v. n° **18.36** ;

10. Interdiction, définitive ou ⩽ 5 ans de détenir certains animaux ou certaines catégories d'animaux (C. pén., art. 222-44, 131-21-2 [L. n° 2007-297, 5 mars 2007]) ;

11. Stage de sensibilisation aux dangers de l'usage de produits stupéfiants. La juridiction précise si le stage est exécuté aux frais du condamné (C. pén., art. 131-35-1 et 222-44 [L. n° 2007-297, 5 mars 2007]) (pour les faits commis avant le 24 mars 2020 et jugés après cette date, L. n° 2019-222, 23 mars 2019, en vigueur le 24 mars 2020. Pour les faits commis à partir du 24 mars 2020, v. nouvelle réd. C. pén., art. 131-5-1 et n° **18.33**) ;

12. Stage, aux frais du condamné, de responsabilisation pour la prévention et la lutte contre les violences au sein du couple et sexistes (C. pén., art. 222-44 15°, L. n° 2014-873, 4 août 2014) ;

13. Interdiction de séjour, ⩽ 10 ans (C. pén., art. 222-47, 131-31 et 131-32 ; C. pr. pén., art. 762-1 à 763) ;

14. Auteur étranger : interdiction du territoire, définitive ou ⩽ 10 ans (C. pén., art. 222-48, 131-30, 131-30-1 et 131-30-2) ;

15. Interdiction, ⩽ 3 ans, de participer à des manifestations sur la voie publique aux lieux fixés par la juridiction si les faits ont été commis lors du déroulement de manifestations sur la voie publique (C. pén., art. 222-47 et 131-32-1 (L. n° 2019-290, 10 avr. 2019, anc^t CSI, art. L. 211-13, anc^t L. n° 95-73, 21 janv. 1995, art. 18)). Inscription de l'interdiction au FPR (C. pr. pén., art. 230-19 17°, L. n° 2019-290, 10 avr. 2019, sur le FPR, v. n° **13.17B4**) ; sanction du non-respect de cette interdiction : C. pén., art. 434-38-1, v. n° **25.68** (L. n° 2019-290, 10 avr. 2019, anc^t CSI, art. L. 211-13) ;

16. Stage de citoyenneté (C. pén., art. 131-5-1 et 222-45 [L. n° 2004-204, 9 mars 2004, art. 44-X, en vigueur depuis le 1er oct. 2004]) (pour les faits commis avant le 24 mars 2020 et jugés après cette date, L. n° 2019-222, 23 mars 2019, en vigueur le 24 mars 2020. Pour les faits commis à partir du 24 mars 2020, v. nouvelle réd. C. pén., art. 131-5-1 et n° **18.33**) ;

17. Stage de responsabilité parentale (C. pén., art. 131-5-1 et 222-45 [L. n° 2007-297, 5 mars 2007]) ;

PERSONNE MORALE

PP Crime. **1 000 000 €** (C. pén., art. **222-16-1**, 131-38 [L. n° 2004-204, 9 mars 2004, art. 55-I]).

PC 1. Dissolution (sauf personnes morales de droit public, partis, groupements politiques, syndicats, institutions représentatives du personnel) si la personne morale a été créée ou détournée de son objet pour commettre l'infraction (C. pén., art. 222-16-1, 131-39 1° et 131-45) ;

2. Interdiction, définitive ou ⩽ 5 ans, d'exercer une ou plusieurs activités professionnelles ou sociales en relation avec l'infraction (C. pén., art. 222-16-1, 131-39 2°) ;

3. Surveillance judiciaire, ⩽ 5 ans, sauf personnes morales de droit public, partis, groupements politiques, syndicats (C. pén., art. 222-16-1, 131-39 3° et 131-46) ;

4. Fermeture, définitive ou ⩽ 5 ans, un ou plusieurs établissements en relation avec l'infraction (C. pén., art. 222-16-1, 131-39 4°) ;

5. Exclusion, définitive ou ⩽ 5 ans, marchés publics (C. pén., art. 222-16-1, 131-39 5°) ;

6. Interdiction, définitive ou ⩽ 5 ans, de *faire appel public à l'épargne* (procéder à une offre au public de titres financiers ou de les faire admettre aux négociations sur un marché réglementé, selon L. n° 2009-80, 22 janv. 2009) (C. pén., art. 222-16-1, 131-39 6°) ;

7. Interdiction, ⩽ 5 ans, d'utiliser des cartes de paiement ou d'émettre des chèques autres que de retrait ou certifiés (C. pén., art. 222-16-1, 131-39 7°) ;

8. Confiscation de la chose ayant servi à l'infraction ou destinée à la commettre, ou de son produit (obligatoire pour objets qualifiés dangereux ou nuisibles par loi ou règlement ou dont la détention est illicite) (C. pén., art. 222-16-1, 131-39 8º et 131-21) ;

9. Affichage, ⩽ 2 mois, *et/ou* (L. nº 2011-525, 17 mai 2011) diffusion de la décision ou d'extraits aux frais (⩽ amende encourue) du condamné (C. pén., art. 222-16-1, 131-39 9º, 131-48 et 131-35).

■ ORIENTEUR

AUTRE QUALIFICATION

▪ **Homicide volontaire – Meurtre.** V. nº 20.1 si la preuve de l'intention homicide est rapportée.

▪ **Complicité par enregistrement d'image de l'infraction.** C. pén., art. 222-33-3, v. nº 35.33.

▪ **Diffusion d'image de l'infraction.** V. nº 35.33.

ÉLÉMENT MATÉRIEL

▪ **Médecine légale. • Notion de mort.** *Idem* nº 20.1.

ÉLÉMENT INTENTIONNEL

▪ **Intention homicide.** La Ch. crim. estime que l'emploi d'une arme létale en direction d'une zone vitale caractérise l'intention homicide. Elle censure ainsi une CHINS qui avait retenu la qualification de coups mortels alors qu'elle avait constaté « *d'une part, que X a utilisé un couteau dont la lame, par sa longueur, pouvait provoquer la mort, d'autre part, que l'intéressé a frappé sciemment au niveau du thorax, qui constitue une zone vitale* » (Crim. 15 mars 2017, nº 16-87.694, P nº 71).

RÉGIME PROCÉDURAL

▪ **Prélèvement des empreintes génétiques** de la personne suspectée ou condamnée (C. pr. pén., art. 706-54 et 706-55 2°, v. nºs 13.23 et 13.25). Sur la **sanction** du refus de prélèvement, v. nº 25.35.

▪ **Obligation de communication du contrôle judiciaire à l'employeur public ou l'autorité de contrôle.** Le parquet doit informer l'employeur ou l'autorité de contrôle de la décision de contrôle judiciaire comportant « *l'obligation de ne pas exercer une activité impliquant un contact habituel avec des mineurs* » prévue par C. pr. pén., art. 138, 12° *bis* (issu de L. nº 2016-457, 14 avr. 2016) (C. pr. pén., art. 706-47-4, L. nº 2016-457, 14 avr. 2016) (v. nº 11.23D).

▪ **Procédure devant la juridiction criminelle. • Compétence de la cour criminelle départementale.** *Idem* nº 20.7 (C. pr. pén., art. 380-16, issu L. nº 2021-1729, 22 déc. 2021). **• Question de l'abolition du discernement.** *Idem* nº 20.7 (C. pén., art. 222-18-4 et C pr. pén., art. 706-139-2 issus L. nº 2022-52, 24 janv. 2022 ; sur l'irresponsabilité pénale pour cause de trouble mental, C. pén., art. 122-1, al. 1, v. nº 14.28).

▪ **Nettoyage de la scène de crime au titre des frais de justice.** *Idem* nº 20.1, C. pr. pén., art. D. 15-3-3 et D. 32-2-4).

MESURE CIVILE

▪ **Retrait de l'autorité parentale.** *Idem* nº 20.7 (C. pén., art. 222-48-2, L. nº 2014-873, 4 août 2014, mod. par L. nº 2016-297, 14 mars 2016 et L. nº 2019-1480, 28 déc. 2019).

▪ **Retrait du droit à pension du conjoint survivant auteur des faits.** *Idem* nº 20.1 (CSS, art. L. 342-1-1 et L. 353-1-1 ; C. rur., art. L. 732-41-1 et L. 732-62 ; C. pens. civ. mil., art. L. 38-1 ; dispositions issues de L. nº 2019-1480, 28 déc. 2019).

RÉGIME DES PEINES

▪ **Obligation de communication de la condamnation à l'employeur public ou l'autorité de contrôle.** Le parquet doit informer l'employeur ou l'autorité de contrôle de la condamnation prononcée en cas d'activité impliquant un contact habituel avec des mineurs (C. pr. pén., art. 706-47-4, L. nº 2016-457, 14 avr. 2016) (v. nº 11.23D).

■ ÉLÉMENTS CONSTITUTIFS – QUALIFICATION

✧ Pour avoir à .... [¤ lieu], le .... [¤ date], [⇨A puis le cas échéant B :]

A. volontairement commis des violences ayant entraîné, sans intention de la donner, la mort de .... [¤ nom de la victime] (A : *N 7177.cc*) ;

B. [• Préciser le cas échéant] ..., les faits ayant été commis lors du déroulement de manifestations sur la voie publique (B : *N 20998.cc*).

Faits prévus et réprimés par les articles : **PERSONNES PHYSIQUES.** 222-7, 222-44, 222-45, 222-47, 222-48 et 222-48-2 du code pénal, + cas B : L. nº 95-73, 21 janv. 1995, art. 18. **PERSONNES MORALES.** 222-7 et 222-16-1 du code pénal, + cas B : L. nº 95-73, 21 janv. 1995, art. 18 (*N #.cr*). ✧

20.16 Coups mortels aggravés

▪ PEINES

PERSONNE PHYSIQUE

PP Crime. 20 ans de réclusion. Cas A2, A*bis* et L2 : 30 ans (C. pén., art. 222-8).

Cas Q, 20 ans de réclusion, C. pén., art. 132-77 et 222-7, L. nº 2017-86, 27 janv. 2017, anc[t] 222-8.

Cas R, 20 ans de réclusion, C. pén., art. 132-76 et 222-7, L. nº 2017-86, 27 janv. 2017, anc[t] 222-8.

PC *Idem* nº 20.15. +

1. sur délibéré spécifique de la cour d'assises, **suivi socio-judiciaire** si l'infraction est commise soit par le conjoint, le concubin ou le partenaire lié à la victime par un Pacs, ou par son ancien conjoint, concubin ou partenaire lié à elle par un Pacs, soit, sur un mineur de quinze ans, par un ascendant ou toute autre personne ayant autorité sur la victime (C. pén., art. 222-48-1 [mod L. nº 2007-297, 5 mars 2007] ; 131-36-1 à 131-36-13) ;

2. Cas P : Confiscation **obligatoire** (L. nº 2012-304, 6 mars 2012, auparavant confiscation facultative) d'une ou plusieurs armes dont le condamné est propriétaire ou dont il a la libre disposition (C. pén., art. 222-44) ;

3. Cas P : Interdiction **obligatoire**, ⩽ 15 ans, de détention, ou de port d'arme soumise à autorisation (L. nº 2012-304, 6 mars 2012, auparavant interdiction facultative ⩽ 5 ans) (C. pén., art. 222-44).

4. Cas S : Interdiction ⩽ 5 ans de quitter le territoire de la République (C. pén., art. 222-47, L. nº 2013-711, 5 août 2013).

PERSONNE MORALE

PP PC Crime. *Idem* nº 20.15.

▪ ORIENTEUR

AUTRE QUALIFICATION

▪ **Atteinte à l'intégrité de la personne commise sous l'empire de substances psychoactives ayant aboli le discernement de l'auteur (L. nº 2022-52, 24 janv. 2022).** C. pén., art. 222-18-4, issu L. nº 2022-52, 24 janv. 2022, v. nº 20.14, lorsque l'état d'ivresse manifeste ou l'emprise manifeste de stupéfiants (**cas** T) a entraîné l'abolition du discernement et une déclaration d'irresponsabilité pénale (sur cette qualification alternative, v. nº 14.28D).

▪ **Complicité par enregistrement d'image de l'infraction.** C. pén., art. 222-33-3, v. nº 35.33.

▪ **Diffusion d'image de l'infraction.** V. nº 35.33.

ÉLÉMENT LÉGAL

▪ **Définition.** • **Guet-apens.** V. orienteur nº 20.4 (C. pén., art. 132-71-1). • **Préméditation.** V. orienteur nº 20.4 (C. pén., art. 132-72).

▪ **Application de la loi dans l'espace.** Par exception au principe qui suppose que la victime jouisse de la nationalité française si les faits ont été commis à l'étranger, la loi française est applicable à l'auteur si la victime est mineure et réside sur le territoire. (C. pén., art. 113-6, 113-8 et 222-16-2 [L. nº 2006-399, 4 avr. 2006, art. 14], v. nº 10.5). De plus, dans le **Cas** S, si le crime est commis à l'étranger à l'encontre d'une personne résidant habituellement sur le territoire français, la loi française est applicable par dérogation à C. pén., art. 113-7 (v. nº 10.5B) (C. pén., art. 222-16-3, L. nº 2010-769, 9 juill. 2010) ;

▪ **Application de la loi pénale dans le temps.** • **Cas** A*bis* et L2 : aggravations créées par L. nº 2018-703, 3 août 2018. • **Cas** D6 et M3 : aggravations créées par L. nº 2021-646, 25 mai 2021. • **Aggravation résultant de la motivation raciste ou sexiste. Cas** Q et R : la L. nº 2017-86, 27 janv. 2017 a supprimé du texte de l'incrimination les circonstances aggravantes tenant à la finalité raciste ou sexiste des faits. Désormais ces circonstances constituent en effet une cause générale d'aggravation de tous les crimes ou délits, sauf exceptions (C. pén., art. 132-76 et 132-77,

v. n° 18.9). Les circonstances aggravantes visées aux cas Q et R, ici maintenues pour des raisons pratiques, tirent désormais leurs fondements et pénalités de C. pén., art. 132-76, 132-77 et 222-7 (v. aussi ÉLÉMENT MATÉRIEL ci-dessous). • **Aggravation résultant de l'ivresse ou de l'emprise manifeste de stupéfiants.** Cas T : circonstance aggravante créée par L. n° 2022-52, 24 janv. 2022 relative à la responsabilité pénale et à la sécurité intérieure.

ÉLÉMENT MATÉRIEL

▪ **Médecine légale.** • **Notion de mort.** *Idem* n° 20.1.

▪ **Aggravation résultant de la motivation raciste de l'acte.** Cas R, C. pén., art. 132-76, V. n° 20.3 et 18.9.

▪ **Aggravation résultant de la motivation sexiste de l'acte.** Cas Q, C. pén., art. 132-77, V. n° 20.3 et 18.9.

▪ **Aggravation résultant de la qualité de conjoint ou de concubin de la victime.** Cas L : *idem* Orienteur/élément matériel n° 20.3 (C. pén., art. 132-80).

ÉLÉMENT INTENTIONNEL

▪ **Dol spécial.** La **vulnérabilité**, la **qualité de la victime** (magistrat, juré, avocat...) doit être apparente ou connue de l'auteur.

▪ **Altération du discernement.** Cas T : la diminution de peine prévue par C. pén., art. 122-1, al. 2 en cas d'altération du discernement n'est pas applicable lorsque « *cette altération résulte d'une consommation volontaire, de façon illicite ou manifestement excessive, de substances psycho-actives* » (C. pén., art. 122-1-2, issu L. n° 2022-52, 24 janv. 2022, sur l'altération du discernement, v. n° 14.29).

RÉGIME PROCÉDURAL

▪ **Obligation de communication du contrôle judiciaire à l'employeur public ou l'autorité de contrôle.** *Idem* n° 20.15 (C. pr. pén., art. 706-47-4).

▪ **Prélèvement des empreintes génétiques** de la personne suspectée ou condamnée (C. pr. pén., art. 706-54 et 706-55 2°, v. n°s 13.23 et 13.25). Sur la **sanction** du refus de prélèvement, v. n° 25.35.

▪ **Violences commises au sein du couple.** Cas L : **obligation de vérifier si les faits ont été commis en présence d'un mineur et de veiller à la protection de ses intérêts.** En cas de violences au sein du couple relevant de C. pén., art. 132-80, le procureur de la République vérifie, avant de mettre l'action publique en mouvement, si ces violences ont été commises en présence d'un mineur et si la circonstance aggravante prévue est caractérisée, afin que les poursuites soient engagées sur le fondement de ces dispositions (C. pr. pén., art. D. 1-11-1, issu D. n° 2021-1516, 23 nov. 2021). Si c'est le cas, il veille à la désignation d'un administrateur *ad hoc* selon les précisions apportées au n° 16.8C (C. pr. pén., art. D. 1-11-1). Le juge d'instruction avise le représentant légal ou l'administrateur *ad hoc* de son droit de se constituer partie civile au nom du mineur (C. pr. pén., art. D. 1-11-1). Le procureur de la République réunit en outre les éléments permettant à la juridiction de jugement de se prononcer sur l'autorité parentale, selon les précisions apportées au n° 16.8F (C. pr. pén., art. D. 1-11-1). • **Cas L : avis à la victime en cas de libération.** Selon les précisions apportées au n° 16.5D6, l'avis à la victime d'infractions commises au sein du couple au sens de C. pén., art. 132-80 est obligatoire avant toute libération de l'auteur provisoirement détenu ou condamné (C. pr. pén., art. D. 1-11-2, issu D. n° 2021-1820, 24 déc. 2021).

▪ **Procédure devant la juridiction criminelle.** • **Compétence de la cour criminelle départementale.** Sauf cas A2, *Abis* et L2 : *idem* n° 20.7 (C. pr. pén., art. 380-16, issu L. n° 2021-1729, 22 déc. 2021). • **Question de l'abolition du discernement.** *Idem* n° 20.7 (C. pén., art. 222-18-4 et C pr. pén., art. 706-139-2 issus L. n° 2022-52, 24 janv. 2022 ; sur l'irresponsabilité pénale pour cause de trouble mental, C. pén., art. 122-1, al. 1, v. n° 14.28).

▪ **Nettoyage de la scène de crime au titre des frais de justice.** *Idem* n° 20.1, C. pr. pén., art. D. 15-3-3 et D. 32-2-4).

MESURE CIVILE

▪ **Retrait de l'autorité parentale.** *Idem* n° 20.7 (C. pén., art. 222-48-2, L. n° 2014-873, 4 août 2014, mod. par L. n° 2016-297, 14 mars 2016 et L. n° 2019-1480, 28 déc. 2019).

▪ **Retrait du droit à pension du conjoint survivant auteur des faits.** *Idem* n° 20.1 (CSS, art. L. 342-1-1 et L. 353-1-1 ; C. rur., art. L. 732-41-1 et L. 732-62 ; C. pens. civ. mil., art. L. 38-1 ; dispositions issues de L. n° 2019-1480, 28 déc. 2019).

RÉGIME DES PEINES

▪ **Période de sûreté.** Si peine ferme ⩾ 10 ans ⟶ a) de plein droit = 1/2 de la peine, ou b) sur décision spéciale = 2/3 de la peine (C. pén., art. 132-23, al. 1 et 2). Sur la période de sûreté, v. n° **18.7C1**.

▪ **Obligation de communication de la condamnation à l'employeur public ou l'autorité de contrôle.** *Idem* n° **20.15** (C. pr. pén., art. 706-47-4).

▪ **Régime spécifique des réductions de peine.** Depuis L. n° 2021-646, 25 mai 2021, le dispositif de droit commun du crédit de réduction de peine (CRP) prévu par C. pr. pén., art. 721 n'est pas applicable à la personne condamnée pour les coups mortels aggravés prévus par C. pén., art. **222-8** commis sur une personne dépositaire de l'autorité publique, selon les précisions apportées au n° **18.10C4** (C. pr. pén., art. 721-1-2 issu L. n° 2021-646, 25 mai 2021). Depuis L. n° 2021-1729, 22 déc. 2021, abrogeant le régime du crédit de réduction de peine, le quantum maximum de la réduction de peine est limité à sa moitié en cas de condamnation pour les mêmes faits lorsqu'ils sont commis sur une personne dépositaire de l'autorité publique, selon les précisions apportées au n° **18.10E5** (C. pr. pén., art. 721-1-2 réécrit par L. n° 2021-1729, 22 déc. 2021, applicable le 24 déc. 2021).

▪ ÉLÉMENTS CONSTITUTIFS – QUALIFICATION

✧ Pour avoir à .... [¤ lieu], le .... [¤ date], volontairement commis des violences ayant entraîné, sans intention de la donner, la mort de .... [¤ nom de la victime] avec cette circonstance que les faits ont été commis [⇨A à T :]

A. sur un mineur de moins de 15 ans (A1 : *N 7187.cc*) ; [• Préciser le cas échéant dans le cas A1] : par un ascendant légitime, naturel ou adoptif ou par une personne ayant autorité sur le mineur (A2 : *N 7190.cr*) ;

A *bis.* sur un mineur et en présence d'un autre mineur, par un ascendant légitime, naturel ou adoptif ou par toute autre personne ayant autorité sur le mineur victime (aggravation créée par L. n° 2018-703, 3 août 2018) (A*bis* : *N 32897.cr*) ;

B. sur une personne qu'il (elle) savait particulièrement vulnérable en raison de son état physique ou mental (B : *N 5182.cc*) ;

C. sur un ascendant légitime ou naturel, ou sur les père ou mère adoptifs (C : *N 5183.cc*) ;

D. sur – un magistrat (D1 : *N 5188.cc*) – un juré (D2 : *N 5188.cc*) – un avocat (D3 : *N 10847.cc*) – un officier public ou ministériel (D4 : *N 10848.cc*) – un militaire de la gendarmerie nationale, un fonctionnaire de la police nationale, des douanes, de l'administration pénitentiaire – une personne dépositaire de l'autorité publique (D5 : *N 10849.cc*) – une personne exerçant une activité de sécurité privée (D6 : *N 34017.cc ;* aggravation créée par L. n° 2021-646, 25 mai 2021), dans l'exercice ou du fait de ses fonctions ;

E. sur un sapeur-pompier professionnel ou volontaire, dans l'exercice ou du fait de ses fonctions (aggravation créée par L. n° 2003-239, 18 mars 2003, art. 60) (E : *N 23976.cc*) ;

F. sur un gardien assermenté d'immeuble ou de groupe d'immeubles, dans l'exercice ou du fait de ses fonctions (aggravation créée par L. n° 2003-239, 18 mars 2003, art. 60) (F : *N 23983.cc*) ;

G. sur un agent exerçant pour le compte d'un bailleur des fonctions de gardiennage et de surveillance d'un immeuble à usage d'habitation soumis à l'obligation de gardiennage par application de l'article L. 127-1 du code de la construction et de l'habitation, dans l'exercice ou du fait de ses fonctions (aggravation créée par L. n° 2003-239, 18 mars 2003, art. 60) (G : *N 23983.cc*) ;

H. « sur un enseignant ou tout membre des personnels travaillant dans les établissements d'enseignement scolaire » (L. n° 2010-201, 2 mars 2010) (H1 : *N #.cr*) – un agent d'un exploitant de réseau de transport public de voyageurs (H2 : *N #.cr*) – une personne chargée d'une mission de service public (H3, *N 10850.cc*) ; dans l'exercice « ou du fait » (L. n° 2010-201, 2 mars 2010) de ses fonctions ;

I. sur un professionnel de santé dans l'exercice « ou du fait » (L. n° 2010-201, 2 mars 2010) de ses fonctions (aggravation créée par L. n° 2003-239, 18 mars 2003, art. 60) (I : *N 23967.cc*).

J. sur le conjoint, l'ascendant, le descendant en ligne directe, ou vivant habituellement avec .... [¤ nom et fonctions de la personne exerçant une des missions protégées D à I ci-dessus], [⇨J1 à J12 :]

J1. magistrat ou juré (J1 : *N* ***24070.cc***)...

J2. avocat (J2 : *N* ***24071.cc***)...

J3. officier public ou ministériel (J3 : *N* ***24072.cc***)...

J4. militaire de la gendarmerie nationale, fonctionnaire de la police nationale, des douanes ou de l'administration pénitentiaire (J4 : *N* ***24073.cc***)...

J5. dépositaire de l'autorité publique (J5 : *N* ***24073.cc***)...

J6. sapeur-pompier professionnel ou volontaire (J6 : *N* ***24074.cc***)...

J7. gardien assermenté d'immeuble ou de groupe d'immeubles (J7 : *N* ***24075.cc***)...

J8. agent exerçant pour le compte d'un bailleur des fonctions de gardiennage et de surveillance d'un immeuble à usage d'habitation (J8 : *N* ***24075.cc***)...

J9. enseignant ou membre des personnels travaillant dans les établissements d'enseignement scolaire (L. n° 2010-201, 2 mars 2010) (J9 : *N* ***#.cc***)...

J10. agent d'un exploitant de réseau de transport public de voyageurs (L. n° 2010-201, 2 mars 2010) (J10 : *N* ***#.cc***)...

J11. personne chargée d'une mission de service public (L. n° 2010-201, 2 mars 2010) (J11 : *N* ***27580.cc***)...

J12. professionnel de santé (L. n° 2010-201, 2 mars 2010) (J12 : *N* ***27586.cc***)...

... en raison des fonctions exercées par ce dernier (aggravation créée par L. n° 2003-239, 18 mars 2003, art. 60) ;

K. sur – un témoin (K1 : *N* ***10865.cc***) – une victime (K2 : *N* ***10866.cc***) – une partie civile (K3 : *N* ***10867.cc***), pour l'influencer ou par représailles ;

K *bis.* sur une personne qui se livre à la prostitution, y compris de façon occasionnelle, les faits ayant été commis dans l'exercice de cette activité (aggravation créée par L. n° 2016-444, 13 avr. 2016, *JO* 15 avr. 2016) (K*bis* : *N* ***31573.cc***) ;

L. par le conjoint ou le concubin de la victime « ou le partenaire lié à la victime par un pacte civil de solidarité » [L. n° 2006-399, 4 avr. 2006] ou par l'ancien conjoint, concubin ou partenaire (C. pén., art. 132-80) (L1 : *N* ***10868.cc***) [• Préciser le cas échéant dans le cas L1] : et en présence d'un mineur (aggravation créée par L. n° 2018-703, 3 août 2018) (L2 : *N* ***32896.cr***) ;

M. par une personne – dépositaire de l'autorité publique (M1 : *N* ***10869.cc***) – chargée d'une mission de service public (M2 : *N* ***10870.cc***) – une personne exerçant une activité de sécurité privée (M3 : *N* ***34022.cc*** ; aggravation créée par L. n° 2021-646, 25 mai 2021), dans l'exercice ou à l'occasion de l'exercice de ses fonctions ou de sa mission ;

N. en réunion (N : *N* ***10871.cc***) ;

O. avec préméditation *ou avec guet-apens* (L. n° 2007-297, 5 mars 2007) (O : *N* ***5186.cc***) ;

P. avec usage ou menace d'une arme (P : *N* ***5187.cc***) ;

Q. à raison « du sexe (Q1 : *N* ***32330.cc***), de l'orientation sexuelle ou de l'identité de genre » (Q2 : *N* ***23804.cc***) (L. n° 2017-86, 27 janv. 2017) [au lieu de « l'orientation « ou identité » sexuelle (L. n° 2012-954, 6 août 2012)] de la victime (L. n° 2003-239, 18 mars 2003, art. 47) (C. pén., art. 132-77 et 222-7, anc^t 222-8, L. n° 2017-86, 27 janv. 2017) ;

R. à raison de l'appartenance ou de la non-appartenance, vraie ou supposée, de la victime à une ethnie ou une nation, une « *prétendue* » (L. n° 2017-86, 27 janv. 2017) race ou une religion déterminée (L. n° 2003-88, 3 févr. 2003, art. 5) (C. pén., art. 132-76 et 222-7, anc^t 222-8, L. n° 2017-86, 27 janv. 2017) (R : *N* ***32263.cc***) ;

S. « contre la victime afin de la contraindre à contracter un mariage ou à conclure une union ou en raison de son refus de contracter un mariage ou de conclure une union » [L. n° 2010-769, 9 juill. 2010] (S : *N* ***27768.cc***) ;

T. « par une personne agissant en état d'ivresse manifeste (T1 : *N* ***34469.cc***) ou sous l'emprise manifeste de produits stupéfiants (T2 : *N* ***34470.cc***) » [circ. aggr. créée par L. n° 2022-52, 24 janv. 2022].

Faits prévus et réprimés par les articles : **PERSONNES PHYSIQUES.** 222-7, 222-8, 222-44, 222-45, 222-47, 222-48, 222-48-1 et 222-48-2 du code pénal. **PERSONNES MORALES.** 222-7, 222-8 et 222-16-1 du code pénal (*N* ***#.cr***). ✧

20.17 Coups mortels aggravés lors d'une manifestation publique

■ PEINES

PERSONNE PHYSIQUE

PP Crime. 20 ans de réclusion (C. pén., art. 222-8).

Cas N, 20 ans de réclusion, C. pén., art. 132-77 et 222-7, L. n° 2017-86, 27 janv. 2017, anc[t] 222-8.

Cas O, 20 ans de réclusion, C. pén., art. 132-76 et 222-7, L. n° 2017-86, 27 janv. 2017, anc[t] 222-8.

PC *Idem* n° 20.15.

PERSONNE MORALE

PP PC Crime. *Idem* n° 20.15.

■ ORIENTEUR

ÉLÉMENT LÉGAL

▪ **Définition.** • **Guet-apens.** V. orienteur n° 20.4 (C. pén., art. 132-71-1). • **Préméditation.** V. orienteur n° 20.4 (C. pén., art. 132-72).

▪ **Application de la loi pénale dans le temps.** • **Causes d'aggravation.** *Idem* n° 20.16.

ÉLÉMENT MATÉRIEL

▪ **Médecine légale.** • **Notion de mort.** *Idem* n° 20.1.

▪ **Aggravation résultant de la motivation raciste de l'acte.** Cas O, C. pén., art. 132-76, V. n° 20.3 et 18.9.

▪ **Aggravation résultant de la motivation sexiste de l'acte.** Cas N, C. pén., art. 132-77, V. n° 20.3 et 18.9.

▪ **Autres circonstances aggravantes.** Certaines **circonstances aggravantes,** théoriquement prévues par la loi mais non pertinentes dans le contexte des manifestations publiques, **ne sont pas mentionnées** (ex. coups mortels sur magistrat, avocat, conjoint...).

ÉLÉMENT INTENTIONNEL

▪ **Dol spécial.** La **vulnérabilité, la qualité** de la victime (magistrat, juré, avocat...) doit être apparente ou connue de l'auteur.

RÉGIME PROCÉDURAL

▪ **Obligation de communication du contrôle judiciaire à l'employeur public ou l'autorité de contrôle.** *Idem* n° 20.15 (C. pr. pén., art. 706-47-4).

▪ **Prélèvement des empreintes génétiques** de la personne suspectée ou condamnée (C. pr. pén., art. 706-54 et 706-55 2°, v. n°s 13.23 et 13.25). Sur la **sanction** du refus de prélèvement, v. n° 25.35.

▪ **Procédure devant la juridiction criminelle.** • **Compétence de la cour criminelle départementale.** *Idem* n° 20.7 (C. pr. pén., art. 380-16, issu L. n° 2021-1729, 22 déc. 2021). • **Question de l'abolition du discernement.** *Idem* n° 20.7 (C. pén., art. 222-18-4 et C pr. pén., art. 706-139-2 issus L. n° 2022-52, 24 janv. 2022 ; sur l'irresponsabilité pénale pour cause de trouble mental, C. pén., art. 122-1, al. 1, v. n° 14.28).

RÉGIME DES PEINES

▪ **Période de sûreté.** Si peine ferme ⩾ 10 ans → a) de plein droit = 1/2 de la peine, ou < sur décision spéciale ; b) sur décision spéciale = 2/3 de la peine (C. pén., art. 132-23, al. 1 et 2). Sur la période de sûreté, v. n° 18.7C1.

▪ **Obligation de communication de la condamnation à l'employeur public ou l'autorité de contrôle.** *Idem* n° 20.15 (C. pr. pén., art. 706-47-4).

■ ÉLÉMENTS CONSTITUTIFS – QUALIFICATION

✧ Pour avoir à .... [¤ lieu], le .... [¤ date], lors du déroulement de manifestations sur la voie publique, volontairement commis des violences ayant entraîné, sans intention de la donner, la mort de .... [¤ nom de la victime] avec cette circonstance que les faits ont été commis [⇨A à P :]

A. sur un mineur de moins de 15 ans (A1 : *N 20999.cc*) ;

B. sur une personne qu'il (elle) savait particulièrement vulnérable en raison de son état physique ou mental (B : *N 21000.cc*) ;

C. sur un militaire de la gendarmerie nationale, un fonctionnaire de la police nationale, des douanes, de l'administration pénitentiaire – une personne dépositaire de l'autorité publique (C : *N 21001.cc*), dans l'exercice ou du fait de ses fonctions ;

D. sur un sapeur-pompier professionnel ou volontaire, dans l'exercice ou du fait de ses fonctions (aggravation créée par L. n° 2003-239, 18 mars 2003, art. 60) (D : *N 26668.cc*) ;

E. sur un gardien assermenté d'immeuble ou de groupe d'immeubles, dans l'exercice ou du fait de ses fonctions (aggravation créée par L. n° 2003-239, 18 mars 2003, art. 60) (E : *N #.cc*) ;

F. sur un agent exerçant pour le compte d'un bailleur des fonctions de gardiennage et de surveillance d'un immeuble à usage d'habitation soumis à l'obligation de gardiennage par application de l'article L. 127-1 du code de la construction et de l'habitation, dans l'exercice ou du fait de ses fonctions (aggravation créée par L. n° 2003-239, 18 mars 2003, art. 60) (F : *N #.cc*) ;

G. sur le conjoint, l'ascendant, le descendant en ligne directe, ou vivant habituellement avec .... [¤ nom et fonctions de la personne exerçant une des missions protégées C à F ci-dessus], en raison des fonctions exercées par ce dernier (aggravation créée par L. n° 2003-239, 18 mars 2003, art. 60) (G : *N #.cc*) ;

H. sur une personne chargée d'une mission de service public (H1 : *N 21002.cc*) – un agent d'un exploitant de réseau de transport public de voyageurs (H2 : *N #.cc*), dans l'exercice de ses fonctions ;

I. sur un professionnel de santé dans l'exercice de ses fonctions (aggravation créée par L. n° 2003-239, 18 mars 2003, art. 60) (I : *N #.cc*) ;

J. par une personne – dépositaire de l'autorité publique (J1 : *N 21003.cc*) – chargée d'une mission de service public (J2 : *N 21004.cc*), dans l'exercice ou à l'occasion de l'exercice de ses fonctions ou de sa mission ;

K. en réunion (K : *N 21005.cc*) ;

L. avec préméditation *ou avec guet-apens* (L. n° 2007-297, 5 mars 2007) (L : *N 21006.cc*) ;

M. avec usage ou menace d'une arme (M : *N 21007.cc*) ;

N. à raison « du sexe, de l'orientation sexuelle ou de l'identité de genre » (L. n° 2017-86, 27 janv. 2017) [au lieu de « l'orientation » « ou identité » sexuelle (L. n° 2012-954, 6 août 2012)] de la victime (L. n° 2003-239, 18 mars 2003, art. 47) (C. pén., art. 132-77 et 222-7, anc^t 222-8, L. n° 2017-86, 27 janv. 2017) (N : *N 26663.cc*) ;

O. à raison de l'appartenance ou de la non-appartenance, vraie ou supposée, de la victime à une ethnie ou une nation, une « *prétendue* » (L. n° 2017-86, 27 janv. 2017) race ou une religion déterminée (L. n° 2003-88, 3 févr. 2003, art. 5) (C. pén., art. 132-76 et 222-7, anc^t 222-8, L. n° 2017-86, 27 janv. 2017) (O : *N 32264.cc*) ;

P. « par une personne agissant en état d'ivresse manifeste (P1 : *N #.cc*) ou sous l'emprise manifeste de produits stupéfiants (P2 : *N #.cc*) » [circ. aggr. créée par L. n° 2022-52, 24 janv. 2022].

Faits prévus et réprimés par les articles : **PERSONNES PHYSIQUES.** 222-7, 222-8, 222-44, 222-45, 222-47, 222-48, 222-28-1 du code pénal, L. n° 95-73, 21 janv. 1995, art. 18. **PERSONNES MORALES.** 222-7, 222-8 et 222-16-1 du code pénal, L. n° 95-73, 21 janv. 1995, art. 18 (*N #.cr*). ✧

20.18 Violences ayant entraîné une mutilation ou une infirmité permanente

■ PEINES

PERSONNE PHYSIQUE

PP Délit. 10 ans d'emprisonnement, 150 000 € (C. pén., art. 222-9).

PC 1. Interdiction, définitive ou ⩽ 5 ans, d'exercer l'activité professionnelle ou sociale, en relation avec l'infraction, ou une fonction publique (sauf mandat électif ou syndical) (C. pén., art. 222-44, 222-45 ; 131-27) ;

2. Interdiction, ⩽ 5 ans, des droits civiques civils et de famille (vote, éligibilité, fonction juridictionnelle, expert, témoin, tuteur, curateur) (C. pén., art. 222-45 ; 131-26). Sauf dispense

spécialement motivée, la peine d'inéligibilité est obligatoirement prononcée (C. pén., art. 131-26-2, L. n° 2017-1339, 15 sept. 2017), v. Orienteur/Régime des peines ;

3. Interdiction, définitive ou ⩽ 10 ans, d'exercer une activité professionnelle ou bénévole impliquant un contact habituel avec des mineurs (C. pén., art. 222-45) ;

4. Interdiction, ⩽ 5 ans, de détention ou de port d'arme soumise à autorisation (C. pén., art. 222-44) ;

5. Suspension ou annulation, ⩽ 5 ans, du PC (C. pén., art. 222-44) ;

6. Confiscation d'un ou plusieurs véhicules (C. pén., art. 222-44) ;

7. Confiscation d'une ou plusieurs arme(s) (C. pén., art. 222-44) ;

8. Confiscation de la chose ayant servi à l'infraction ou destinée à la commettre, de l'objet de l'infraction ou de son produit direct ou indirect (obligatoire pour objets qualifiés dangereux ou nuisibles par la loi ou le règlement) (C. pén., art. 222-44 ; 131-21) ;

9. Stage de sensibilisation aux dangers de l'usage de produits stupéfiants. La juridiction précise si le stage est exécuté aux frais du condamné (C. pén., art. 131-35-1 et 222-44 [L. n° 2007-297, 5 mars 2007]) (pour les faits commis avant le 24 mars 2020 et jugés après cette date, L. n° 2019-222, 23 mars 2019, en vigueur le 24 mars 2020. Pour les faits commis à partir du 24 mars 2020, v. nouvelle réd. C. pén., art. 131-5-1 et n° **18.33**) ;

10. Confiscation de l'animal utilisé pour commettre l'infraction ou de la chose ayant servi à l'infraction, la juridiction prévoit que l'animal sera remis à une fondation ou une association de protection animale reconnue d'utilité publique ou déclarée. Lorsqu'il s'agit d'un animal dangereux, la juridiction peut ordonner qu'il soit procédé à son euthanasie, le cas échéant aux frais du condamné (C. pén., art. 222-44, 131-21-1 [L. n° 2007-297, 5 mars 2007]). Sur la peine de confiscation d'un animal (C. pén., art. 131-21-1), v. n° **18.36** ;

11. Interdiction, définitive ou ⩽ 5 ans de détenir certains animaux ou certaines catégories d'animaux (C. pén., art. 222-44, 131-21-2 [L. n° 2007-297, 5 mars 2007]) ;

12. Stage, aux frais du condamné, de responsabilisation pour la prévention et la lutte contre les violences au sein du couple et sexistes (C. pén., art. 222-44 15°, L. n° 2014-873, 4 août 2014) ;

13. Interdiction de séjour, ⩽ 10 ans (C. pén., art. 222-47, 131-31 et 131-32 ; C. pr. pén., art. 762-1 à 763) ;

14. Interdiction, ⩽ 3 ans, de participer à des manifestations sur la voie publique aux lieux fixés par la juridiction si les faits ont été commis lors du déroulement de manifestations sur la voie publique (C. pén., art. 222-47 et 131-32-1 (L. n° 2019-290, 10 avr. 2019, anc[t] CSI, art. L. 211-13, anc[t] L. n° 95-73, 21 janv. 1995, art. 18)). Inscription de l'interdiction au FPR (C. pr. pén., art. 230-19 17°, L. n° 2019-290, 10 avr. 2019, sur le FPR, v. n° **13.17B4**) ; sanction du non-respect de cette interdiction : C. pén., art. 434-38-1, v. n° **25.68** (L. n° 2019-290, 10 avr. 2019, anc[t] CSI, art. L. 211-13) ;

15. Stage de citoyenneté (C. pén., art. 131-5-1 et 222-45 [L. n° 2004-204, 9 mars 2004, art. 44-X, en vigueur depuis le 1er oct. 2004]) (pour les faits commis avant le 24 mars 2020 et jugés après cette date, L. n° 2019-222, 23 mars 2019, en vigueur le 24 mars 2020. Pour les faits commis à partir du 24 mars 2020, v. nouvelle réd. C. pén., art. 131-5-1 et n° **18.33**) ;

16. Stage de responsabilité parentale (C. pén., art. 131-5-1, 222-45 [L. n° 2007-297, 5 mars 2007]) ;

17. Auteur étranger : interdiction du territoire, définitive ou ⩽ 10 ans (C. pén., art. 222-48, 131-30, 131-30-1 et 131-30-2, depuis L. n° 2018-778, 10 sept. 2018).

PERSONNE MORALE

PP Délit. **750 000 €** (C. pén., art. 222-16-1, 131-38).

PC *Idem* n° **20.15**.

▪ ORIENTEUR

AUTRE QUALIFICATION

- **Complicité par enregistrement d'image de l'infraction.** C. pén., art. 222-33-3, v. n° **35.33**.
- **Diffusion d'image de l'infraction.** V. n° **35.33**.

ÉLÉMENT MATÉRIEL

▪ **Médecine légale. • Notion de mutilation et d'infirmité permanente.** *Idem* n° 20.12.

ÉLÉMENT INTENTIONNEL

▪ **Indifférence du mobile.** « *le délit de coups ou violences volontaires aggravés est constitué dès qu'il existe un acte volontaire de violence, quel que soit le mobile qui l'ait inspiré et alors même que son auteur n'aurait pas voulu causer le dommage qui en est résulté* » (§ 6) (Crim. 18 nov. 2020, n° 19-86.084, D).

RÉGIME PROCÉDURAL

▪ **Procédure devant la juridiction criminelle. • Question de l'abolition du discernement.** *Idem* n° 20.7 (C. pén., art. 222-18-4 et C pr. pén., art. 706-139-2 issus L. n° 2022-52, 24 janv. 2022 ; sur l'irresponsabilité pénale pour cause de trouble mental, C. pén., art. 122-1, al. 1, v. n° 14.28).

▪ **Prélèvement des empreintes génétiques** de la personne suspectée ou condamnée (C. pr. pén., art. 706-54 et 706-55 2°, v. n°s 13.23 et 13.25). Sur la **sanction** du refus de prélèvement, v. n° 25.35.

▪ **CRPC.** Cette infraction est exclue du champ de la CRPC (C. pr. pén., art. 495-7). Sur le domaine de la CRPC, v. n° 15.53A.

▪ **Nettoyage de la scène de crime au titre des frais de justice.** *Idem* n° 20.1, C. pr. pén., art. D. 15-3-3 et D. 32-2-4).

MESURE CIVILE

▪ **Retrait de l'autorité parentale.** *Idem* n° 20.7 (C. pén., art. 222-48-2, L. n° 2014-873, 4 août 2014, mod. par L. n° 2016-297, 14 mars 2016 et L. n° 2019-1480, 28 déc. 2019).

▪ **Retrait du droit à pension du conjoint survivant auteur des faits.** *Idem* n° 20.1 (CSS, art. L. 342-1-1 et L. 353-1-1 ; C. rur., art. L. 732-41-1 et L. 732-62 ; C. pens. civ. mil., art. L. 38-1 ; dispositions issues de L. n° 2019-1480, 28 déc. 2019).

RÉGIME DES PEINES

▪ **Peine plancher.** ~~Peine plancher de 2 ans applicable hors récidive (C. pén., art. 132-19-2, L. n° 2011-267, 14 mars 2011)~~ (dispositions abrogées par L. n° 2014-896, 15 août 2014).

▪ **Inéligibilité obligatoire. • Inscription au bulletin n° 2.** La peine complémentaire obligatoire d'inéligibilité est mentionnée au bulletin n° 2 du casier judiciaire pendant toute la durée de l'inéligibilité (C. pén., art. 131-26-2, L. n° 2017-1339, 15 sept. 2017). **• Réserve d'interprétation.** Le Cons. const. a jugé les dispositions de C. pén., art. 131-26-2 issues de L. n° 2017-1339, 15 sept. 2017, imposant le prononcé obligatoire de l'inéligibilité, conformes à la Constitution (§ 8 à 10) sous réserve qu'elles « *ne sauraient, sans méconnaître ce principe [de proportionnalité des peines], être interprétées, s'agissant des délits* [relevant de l'inéligibilité obligatoire] *comme entraînant de plein droit l'interdiction ou l'incapacité d'exercer une fonction publique* » (effet pourtant attaché par C. pén., art. 131-26, au prononcé de toute peine d'interdiction du droit de vote ou d'inéligibilité) (Cons. const. 8 sept. 2017, n° 2017-752 DC, § 11).

▪ ÉLÉMENTS CONSTITUTIFS – QUALIFICATION

✧ Pour avoir à .... [¤ lieu], le .... [¤ date], [⇨A puis le cas échéant B :]

A. volontairement commis des violences ayant entraîné une mutilation ou une infirmité permanente sur la personne de .... [¤ nom de la victime] (A : *N 10836.co*) ;

B. [• Préciser le cas échéant] ..., les faits ayant été commis lors du déroulement de manifestations sur la voie publique (B : *N 21008.co*).

Faits prévus et réprimés par les articles : **PERSONNES PHYSIQUES.** 222-9, 222-44, 222-45, 222-47, 222-48 et 222-48-2 du code pénal, + cas B : L. n° 95-73, 21 janv. 1995, art. 18. **PERSONNES MORALES.** 222-9 et 222-16-1 du code pénal, + cas B : L. n° 95-73, 21 janv. 1995, art. 18 (*N #.co*). ✧

20.19 Violences aggravées ayant entraîné une mutilation ou une infirmité permanente

▪ PEINES

PERSONNE PHYSIQUE

PP Crime. 15 ans de réclusion. Cas A2, *Abis* et L2 : 20 ans (C. pén., art. 222-10).

Cas Q, **15 ans** de réclusion (C. pén., art. 132-77 et 222-9, L. n° 2017-86, 27 janv. 2017, anc[t] 222-10).

Cas R, **15 ans** de réclusion (C. pén., art. 132-76 et 222-9, L. n° 2017-86, 27 janv. 2017, anc[t] 222-10).

PC *Idem* n° 20.18 +

1. Interdiction définitive ou ⩽ 15 ans (10 ans avant L. n° 2013-1117, 6 déc. 2013) d'exercer une profession commerciale ou industrielle, de diriger, d'administrer, de gérer ou de contrôler à un titre quelconque, directement ou indirectement, pour son propre compte ou pour le compte d'autrui, une entreprise commerciale ou industrielle ou une société commerciale (C. pén., art. 222-44, 131-27 [mod. par L. n° 2008-776, 4 août 2008]) ;

2. Interdiction, ⩽ 10 ans, des droits civiques civils et de famille (vote, éligibilité, fonction juridictionnelle, expert, témoin, tuteur, curateur) (C. pén., art. 222-45 et 131-26). Sauf dispense spécialement motivée, la peine d'inéligibilité est obligatoirement prononcée (C. pén., art. 131-26-2, L. n° 2017-1339, 15 sept. 2017) ;

3. Auteur étranger : interdiction du territoire, définitive ou ⩽ 10 ans (C. pén., art. 222-48, 131-30, 131-30-1 et 131-30-2) ;

4. Cas A2 et L : **suivi socio-judiciaire** sur délibéré spécifique de la cour d'assises si l'infraction est commise soit par le conjoint, le concubin ou le partenaire lié à la victime par un Pacs, ou par son ancien conjoint, concubin ou partenaire lié à elle par un Pacs, soit, sur un mineur de quinze ans, par un ascendant ou toute autre personne ayant autorité sur la victime (C. pén., art. 222-48-1 [mod L. n° 2007-297, 5 mars 2007], 131-36-1 à 131-36-13) ;

5. Cas P : Confiscation **obligatoire** (L. n° 2012-304, 6 mars 2012, auparavant confiscation facultative) d'une ou plusieurs armes dont le condamné est propriétaire ou dont il a la libre disposition (C. pén., art. 222-44) ;

6. Cas P : Interdiction **obligatoire**, ⩽ 15 ans, de détention, ou de port d'arme soumise à autorisation (L. n° 2012-304, 6 mars 2012, auparavant interdiction facultative ⩽ 5 ans) (C. pén., art. 222-44) ;

7. Cas S : Interdiction ⩽ 5 ans de quitter le territoire de la République (C. pén., art. 222-47, L. n° 2013-711, 5 août 2013).

8. Cas L : Obligation, ⩽ 5 000 €, de remboursement du prêt alloué à la victime au titre de l'aide universelle d'urgence (CASF, art. L. 214-9, issu L. n° 2023-140, 28 févr. 2023, sur cette aide, v. n° 16.5D3), peine complémentaire obligatoire, sauf dispense motivée (C. pén., art. 222-44-1, issu L. n° 2023-140, 28 févr. 2023).

PERSONNE MORALE

PP PC Crime. *Idem* n° 20.15.

▪ ORIENTEUR

AUTRE QUALIFICATION

▪ **Atteinte à l'intégrité de la personne commise sous l'empire de substances psychoactives ayant aboli le discernement de l'auteur (L. n° 2022-52, 24 janv. 2022).** C. pén., art. 222-18-4, issu L. n° 2022-52, 24 janv. 2022, v. n° 20.14, lorsque l'état d'ivresse manifeste ou l'emprise manifeste de stupéfiants (**cas** T) a entraîné l'abolition du discernement et une déclaration d'irresponsabilité pénale (sur cette qualification alternative, v. n° 14.28D).

▪ **Complicité par enregistrement d'image de l'infraction.** C. pén., art. 222-33-3, v. n° 35.33.

▪ **Diffusion d'image de l'infraction.** V. n° 35.33.

ÉLÉMENT LÉGAL

▪ **Application de la loi dans l'espace.** Par exception au principe qui suppose que la victime jouisse de la nationalité française si les faits ont été commis à l'étranger, la loi française est applicable à l'auteur si la victime est mineure et réside sur le territoire. (C. pén., art. 113-6, 113-8 et 222-16-2 [L. n° 2006-399, 4 avr. 2006, art. 14], v. n° 10.5). De plus, dans le **Cas** S, si le crime est commis à l'étranger à l'encontre d'une personne résidant habituellement sur le territoire français, la loi française est applicable par dérogation à C. pén., art. 113-7 (v. n° 10.5B) (C. pén., art. 222-16-3, L. n° 2010-769, 9 juill. 2010).

▪ **Application de la loi pénale dans le temps.** • **Cas** *Abis* et L2 : circonstances aggravantes créées par L. n° 2018-703, 3 août 2018. • **Cas** D6 et M3 : aggravations créées par L. n° 2021-646,

25 mai 2021. • **Aggravation résultant de la motivation raciste ou sexiste. Cas** Q et R : la L. nº 2017-86, 27 janv. 2017 a supprimé du texte de l'incrimination les circonstances aggravantes tenant à la finalité raciste ou sexiste des faits. Désormais ces circonstances constituent en effet une cause générale d'aggravation de tous les crimes ou délits, sauf exceptions (C. pén., art. 132-76 et 132-77, v. nº 18.9). Les circonstances aggravantes visées aux **cas** Q et R, ici maintenues pour des raisons pratiques, tirent désormais leurs fondements et pénalités de C. pén., art. 132-76, 132-77 et 222-9 (v. aussi ÉLÉMENT MATÉRIEL ci-dessous). • **Aggravation résultant de l'ivresse ou de l'emprise manifeste de stupéfiants. Cas** T : circonstance aggravante créée par L. nº 2022-52, 24 janv. 2022 relative à la responsabilité pénale et à la sécurité intérieure.

▪ **Définition.** • **Guet-apens.** V. orienteur nº 20.4 (C. pén., art. 132-71-1). • **Préméditation.** V. orienteur nº 20.4 (C. pén., art. 132-72).

ÉLÉMENT MATÉRIEL

▪ **Médecine légale.** • **Notion de mutilation et d'infirmité permanente.** *Idem* nº 20.12.

▪ **Aggravation résultant de la motivation raciste de l'acte. Cas** R, C. pén., art. 132-76, V. nº 20.3 et 18.9.

▪ **Aggravation résultant de la motivation sexiste de l'acte. Cas** Q, C. pén., art. 132-77, V. nº 20.3 et 18.9.

▪ **Aggravation résultant de la qualité de conjoint ou de concubin de la victime. Cas** L : *idem* Orienteur/élément matériel nº 20.3 (C. pén., art. 132-80).

ÉLÉMENT INTENTIONNEL

▪ **Dol spécial.** La **vulnérabilité**, la **qualité de la victime** (magistrat, juré, avocat...) doit être apparente ou connue de l'auteur.

▪ **Altération du discernement. Cas** T : la diminution de peine prévue par C. pén., art. 122-1, al. 2 en cas d'altération du discernement n'est pas applicable lorsque « *cette altération résulte d'une consommation volontaire, de façon illicite ou manifestement excessive, de substances psycho-actives* » (C. pén., art. 122-1-2, issu L. nº 2022-52, 24 janv. 2022, sur l'altération du discernement, v. nº 14.29).

RÉGIME PROCÉDURAL

▪ **Prescription de l'action publique.** 30 ans à compter de la majorité de la victime dans le **Cas** A depuis L. nº 2018-703, 3 août 2018, ajoutant ce crime à la liste des infractions sexuelles et de grande violence prévue par C. pr. pén., art. 706-47 (v. liste au 11.23A) et relevant à 30 ans la prescription des crimes de cette liste lorsqu'ils sont commis sur des mineurs (C. pr. pén., art. 7). Auparavant 20 ans à compter de la majorité de la victime (C. pr. pén., art. 7 et 8, réd. issue L. nº 2006-399, 4 avr. 2006), délai et point de départ non modifiés par L. nº 2017-242, 27 févr. 2017 réformant la prescription (v. nºs 11.23 et 17.19A).

▪ **Régime des infractions sexuelles.** Applicable au **Cas** A depuis L. nº 2018-703, 3 août 2018, ajoutant ce crime à la liste des infractions sexuelles et de grande violence (C. pr. pén., art. 706-47 2°, v. nº 11.23).

▪ **Obligation de communication du contrôle judiciaire à l'employeur public ou l'autorité de contrôle.** Le parquet doit informer l'employeur ou l'autorité de contrôle de la décision de contrôle judiciaire comportant « *l'obligation de ne pas exercer une activité impliquant un contact habituel avec des mineurs* » prévue par C. pr. pén., art. 138, 12° *bis* (issu L. nº 2016-457, 14 avr. 2016) (C. pr. pén., art. 706-47-4, L. nº 2016-457, 14 avr. 2016) (v. nº 11.23D).

▪ **Prélèvement des empreintes génétiques** de la personne suspectée ou condamnée (C. pr. pén., art. 706-54 et 706-55 2°, v. nºs 13.23 et 13.25). Sur la **sanction** du refus de prélèvement, v. nº 25.35.

▪ **Violences commises au sein du couple. Cas** L **: obligation de vérifier si les faits ont été commis en présence d'un mineur et de veiller à la protection de ses intérêts.** *Idem* nº 20.16 (C. pén., art. 132-80, C. pr. pén., art. D. 1-11-1, issu D. nº 2021-1516, 23 nov. 2021).

• **Cas** L **: avis à la victime en cas de libération.** *Idem* nº 20.16 (C. pr. pén., art. D. 1-11-2, issu D. nº 2021-1820, 24 déc. 2021).

▪ **Procédure devant la juridiction criminelle.** • **Compétence de la cour criminelle départementale.** *Idem* nº 20.7 (C. pr. pén., art. 380-16, issu L. nº 2021-1729, 22 déc. 2021). • **Question de l'abolition du discernement.** *Idem* nº 20.7 (C. pén., art. 222-18-4 et C pr. pén., art. 706-139-2 issus L. nº 2022-52, 24 janv. 2022 ; sur l'irresponsabilité pénale pour cause de trouble mental, C. pén., art. 122-1, al. 1, v. nº 14.28).

▪ **Alimentation du Redex. Cas A2 et L** : Centralisation des examens de personnalité au fichier Redex à tous les stades de la procédure (C. pr. pén., art. 706-56-2) (v. nº 13.41).

▪ **Nettoyage de la scène de crime au titre des frais de justice.** *Idem* nº 20.1, C. pr. pén., art. D. 15-3-3 et D. 32-2-4).

MESURE CIVILE

▪ **Retrait de l'autorité parentale.** *Idem* nº 20.7 (C. pén., art. 222-48-2, L. nº 2014-873, 4 août 2014, mod. par L. nº 2016-297, 14 mars 2016 et L. nº 2019-1480, 28 déc. 2019).

▪ **Retrait du droit à pension du conjoint survivant auteur des faits.** *Idem* nº 20.1 (CSS, art. L. 342-1-1 et L. 353-1-1 ; C. rur., art. L. 732-41-1 et L. 732-62 ; C. pens. civ. mil., art. L. 38-1 ; dispositions issues de L. nº 2019-1480, 28 déc. 2019).

RÉGIME DES PEINES

▪ **Période de sûreté.** Si peine ferme ⩾ 10 ans → a) de plein droit = 1/2 de la peine ou b) sur décision spéciale = 2/3 de la peine (C. pén., art. 132-23, al. 1 et 2). Sur la période de sûreté, v. nº 18.7C1.

▪ **Obligation de communication de la condamnation à l'employeur public ou l'autorité de contrôle.** Le parquet doit informer l'employeur ou l'autorité de contrôle de la condamnation prononcée en cas d'activité impliquant un contact habituel avec des mineurs (C. pr. pén., art. 706-47-4, L. nº 2016-457, 14 avr. 2016) (v. nº 11.23D).

▪ **Régime spécifique des réductions de peine.** Depuis L. nº 2021-646, 25 mai 2021, le dispositif de droit commun du crédit de réduction de peine (CRP) prévu par C. pr. pén., art. 721 n'est pas applicable à la personne condamnée pour des violences aggravées ayant entraîné une mutilation ou infirmité permanente prévues par C. pén., art. 222-10 commis sur une personne dépositaire de l'autorité publique, selon les précisions apportées au nº 18.10C4 (C. pr. pén., art. 721-1-2 issu L. nº 2021-646, 25 mai 2021). Depuis L. nº 2021-1729, 22 déc. 2021, abrogeant le régime du crédit de réduction de peine, le quantum maximum de la réduction de peine est limité à sa moitié en cas de condamnation pour les mêmes faits lorsqu'ils sont commis sur une personne dépositaire de l'autorité publique, selon les précisions apportées au nº 18.10E5 (C. pr. pén., art. 721-1-2 réécrit par L. nº 2021-1729, 22 déc. 2021, applicable le 24 déc. 2021).

▪ ÉLÉMENTS CONSTITUTIFS – QUALIFICATION

✧ Pour avoir à .... [¤ lieu], le .... [¤ date], volontairement commis des violences ayant entraîné une mutilation ou une infirmité permanente sur la personne de .... [¤ nom de la victime], avec cette circonstance que les faits ont été commis [⇨A à T :]

A. sur un mineur de moins de 15 ans (A1 : *N 7186.cc*) ; [• Préciser le cas échéant dans le cas A1] : par un ascendant légitime, naturel ou adoptif ou par une personne ayant autorité sur la victime (A2 : *N 7189.cc*) ;

A *bis.* sur un mineur et en présence d'un autre mineur, par un ascendant légitime, naturel ou adoptif ou par toute autre personne ayant autorité sur le mineur victime (aggravation créée par L. nº 2018-703, 3 août 2018) (A*bis* : *N 32899.cc*) ;

B. sur une personne qu'il (elle) savait particulièrement vulnérable en raison de son état physique ou mental (B : *N 5519.cc*) ;

C. sur un ascendant légitime ou naturel, ou sur les père ou mère adoptifs (C : *N 5521.cc*) ;

D. sur – un magistrat (D1 : *N 7178.cc*) – un juré (D2 : *N 7178.cc*) – un avocat (D3 : *N 10846.cc*) – un officier public ou ministériel (D4 : *N 10845.cc*) – un militaire de la gendarmerie nationale, un fonctionnaire de la police nationale, des douanes, de l'administration pénitentiaire – une personne dépositaire de l'autorité publique (D5 : *N 10877.cc*) – une personne exerçant une activité de sécurité privée (D6 : *N 34016.cc* ; aggravation créée par L. nº 2021-646, 25 mai 2021), dans l'exercice ou du fait de ses fonctions ;

E. sur un sapeur-pompier professionnel ou volontaire, dans l'exercice ou du fait de ses fonctions (aggravation créée par L. nº 2003-239, 18 mars 2003, art. 60) (E : *N 23977.cc*) ;

F. sur un gardien assermenté d'immeuble ou de groupe d'immeubles, dans l'exercice ou du fait de ses fonctions (L. nº 2003-239, 18 mars 2003, art. 60) (F : *N 23984.cc*) ;

G. sur un agent exerçant pour le compte d'un bailleur des fonctions de gardiennage et de surveillance d'un immeuble à usage d'habitation soumis à l'obligation de gardiennage par application de l'article L. 127-1 du code de la construction et de l'habitation, dans l'exercice ou du fait de ses fonctions (L. n° 2003-239, 18 mars 2003, art. 60) (G : *N* ***23984.cc***) ;

H. « *sur un enseignant ou tout membre des personnels travaillant dans les établissements d'enseignement scolaire* » (L. n° 2010-201, 2 mars 2010) (H1 : *N* ***#.cr***) – un agent d'un exploitant de réseau de transport public de voyageurs (H2 : *N* ***#.cr***) – une personne chargée d'une mission de service public (H3 : *N* ***10878.cc***) ; dans l'exercice « ou du fait » (L. n° 2010-201, 2 mars 2010) de ses fonctions ;

I. sur un professionnel de santé dans l'exercice « *ou du fait* » (L. n° 2010-201, 2 mars 2010) de ses fonctions (aggravation créée par L. n° 2003-239, 18 mars 2003, art. 60) (I : *N* ***23968.cc***) ;

J. sur le conjoint, l'ascendant, le descendant en ligne directe, ou vivant habituellement avec........ [¤ nom et fonctions de la personne exerçant une des missions protégées D à I ci-dessus], [⇨J1 à J12 :]

J1. magistrat ou juré (J1 : *N* ***24061.cc***)...

J2. avocat (J2 : *N* ***24066.cc***)...

J3. officier public ou ministériel (J3 : *N* ***24063.cc***)...

J4. militaire de la gendarmerie nationale, fonctionnaire de la police nationale, des douanes ou de l'administration pénitentiaire (J4 : *N* ***24067.cc***)...

J5. dépositaire de l'autorité publique (J5 : *N* ***24067.cc***)...

J6. sapeur-pompier professionnel ou volontaire (J6 : *N* ***24068.cc***)...

J7. gardien assermenté d'immeuble ou de groupe d'immeubles (J7 : *N* ***24069.cc***)...

J8. agent exerçant pour le compte d'un bailleur des fonctions de gardiennage et de surveillance d'un immeuble à usage d'habitation (J8 : *N* ***24069.cc***)...

J9. enseignant ou membre des personnels travaillant dans les établissements d'enseignement scolaire (L. n° 2010-201, 2 mars 2010) (J9 : *N* ***#.cc***)...

J10. agent d'un exploitant de réseau de transport public de voyageurs (L. n° 2010-201, 2 mars 2010) (J10 : *N* ***#.cc***)...

J11. personne chargée d'une mission de service public (L. n° 2010-201, 2 mars 2010) (J11 : *N* ***27581.cc***)...

J12. professionnel de santé (L. n° 2010-201, 2 mars 2010) (J12 : *N* ***27587.cc***)...

... en raison des fonctions exercées par ce dernier (aggravation créée par L. n° 2003-239, 18 mars 2003, art. 60) ;

K. sur : un témoin (K1 : *N* ***10857.cc***) ; une victime (K2 : *N* ***10858.cc***) ; une partie civile (K3 : *N* ***10859.cc***), pour l'influencer ou par représailles ;

K *bis*. commis sur une personne qui se livre à la prostitution, y compris de façon occasionnelle, les faits ayant été commis dans l'exercice de cette activité (aggravation créée par L. n° 2016-444, 13 avr. 2016, *JO* 15 avr. 2016) (K*bis* : *N* ***31574.cc***) ;

L. par le conjoint ou le concubin de la victime « ou le partenaire lié à la victime par un pacte civil de solidarité » [L. n° 2006-399, 4 avr. 2006] ou par l'ancien conjoint, concubin ou partenaire (C. pén., art. 132-80) (L1 : *N* ***10860.cc***) [• Préciser le cas échéant dans le cas L1] : et en présence d'un mineur (aggravation créée par L. n° 2018-703, 3 août 2018) (L2 : *N* ***32898.cc***) ;

M. par une personne : dépositaire de l'autorité publique (M1 : *N* ***10861.cc***) ; chargée d'une mission de service public (M2 : *N* ***10862.cc***), exerçant une activité de sécurité privée (M3 : *N* ***34021.cc*** ; aggravation créée par L. n° 2021-646, 25 mai 2021), dans l'exercice ou à l'occasion de l'exercice de ses fonctions ou de sa mission ;

N. en réunion (N : *N* ***10863.cc***) ;

O. avec préméditation ou avec *guet-apens* (L. n° 2007-297, 5 mars 2007) (O : *N* ***5527.cc***) ;

P. avec usage ou menace d'une arme (P : *N* ***5529.cc***) ;

Q. à raison « du sexe (Q1 : *N* ***32331.cc***), de l'orientation sexuelle ou de l'identité de genre » (Q2 : *N* ***23806.cc***) (L. n° 2017-86, 27 janv. 2017) [au lieu de « l'orientation « ou identité » sexuelle (L. n° 2012-954, 6 août 2012)] de la victime (L. n° 2003-239, 18 mars 2003, art. 47) (C. pén., art. 132-77 et 222-9, anc[t] 222-10, L. n° 2017-86, 27 janv. 2017) ;

R. à raison de l'appartenance ou de la non-appartenance, vraie ou supposée, de la victime à une ethnie ou une nation, une « *prétendue* » (L. n° 2017-86, 27 janv. 2017) race ou une religion déterminée (L. n° 2003-88, 3 févr. 2003, art. 5) (C. pén., art. 132-76 et 222-9, anc[t] 222-10, L. n° 2017-86, 27 janv. 2017) (R : *N* ***32265.cc***) ;

S. « *contre la victime afin de la contraindre à contracter un mariage ou à conclure une union ou en raison de son refus de contracter un mariage ou de conclure une union* » [L. n° 2010-769, 9 juill. 2010] (S : *N* ***27769.cc***) ;

T. « par une personne agissant en état d'ivresse manifeste (T1 : *N* ***34471.cc***) ou sous l'emprise manifeste de produits stupéfiants (T2 : *N* ***34472.cc***) » [circ. aggr. créée par L. n° 2022-52, 24 janv. 2022].

Faits prévus et réprimés par les articles : **PERSONNES PHYSIQUES.** 222-10, 222-44, 222-45, 222-47, 222-48, 222-48-1 et 222-48-2 du code pénal. **PERSONNES MORALES.** 222-10 et 222-16-1 du code pénal. ✧

20.20 Violences aggravées ayant entraîné une mutilation ou une infirmité permanente lors d'une manifestation publique

■ PEINES

PERSONNE PHYSIQUE

PP Crime. 15 ans de réclusion (C. pén., art. 222-10).

Cas N, 15 ans de réclusion, C. pén., art. 132-77 et 222-9, L. n° 2017-86, 27 janv. 2017, anc[t] 222-10.

Cas O, 15 ans de réclusion, C. pén., art. 132-76 et 222-9, L. n° 2017-86, 27 janv. 2017, anc[t] 222-10.

PC *Idem* n° 20.19

Cas M : Confiscation **obligatoire** (L. n° 2012-304, 6 mars 2012, auparavant confiscation facultative) d'une ou plusieurs armes dont le condamné est propriétaire ou dont il a la libre disposition (C. pén., art. 222-44) ;

Cas M : Interdiction **obligatoire**, ⩽ 15 ans, de détention, ou de port d'arme soumise à autorisation (L. n° 2012-304, 6 mars 2012, auparavant interdiction facultative ⩽ 5 ans) (C. pén., art. 222-44).

PERSONNE MORALE

PP PC Crime. *Idem* n° 20.15.

■ ORIENTEUR

ÉLÉMENT LÉGAL

▪ **Définition.** • **Guet-apens.** V. orienteur n° 20.4 (C. pén., art. 132-71-1). • **Préméditation.** V. orienteur n° 20.4 (C. pén., art. 132-72).

▪ **Application de la loi pénale dans le temps. Causes d'aggravation.** *Idem* n° 20.19.

ÉLÉMENT MATÉRIEL

▪ **Médecine légale.** • **Notion de mutilation et d'infirmité permanente.** *Idem* n° 20.12.

▪ **Aggravation résultant de la motivation raciste de l'acte.** Cas O, C. pén., art. 132-76, V. n° 20.3 et 18.9.

▪ **Aggravation résultant de la motivation sexiste de l'acte.** Cas N, C. pén., art. 132-77, V. n° 20.3 et 18.9.

▪ **Autres circonstances aggravantes. Certaines circonstances aggravantes,** théoriquement prévues par la loi mais non pertinentes dans le contexte des manifestations publiques, **ne sont pas mentionnées** (ex. coups mortels sur magistrat, avocat, conjoint...).

RÉGIME PROCÉDURAL

▪ **Obligation de communication du contrôle judiciaire à l'employeur public ou l'autorité de contrôle.** *Idem* n° 20.19 (C. pr. pén., art. 706-47-4).

▪ **Prélèvement des empreintes génétiques** de la personne suspectée ou condamnée (C. pr. pén., art. 706-54 et 706-55 2°, v. n°s 13.23 et 13.25). Sur la **sanction** du refus de prélèvement, v. n° 25.35.

▪ **Prescription de l'action publique.** D'une durée de 20 ans lorsque l'infraction est commise contre un mineur, elle ne commence à courir qu'à la majorité de la victime (C. pr. pén., art. 7 et 8 [L. nº 2006-399, 4 avr. 2006, art. 14], v. nº **11.23**).

▪ **Procédure devant la juridiction criminelle. • Compétence de la cour criminelle départementale.** *Idem* nº **20.7** (C. pr. pén., art. 380-16, issu L. nº 2021-1729, 22 déc. 2021). **• Question de l'abolition du discernement.** *Idem* nº **20.7** (C. pén., art. **222-18-4** et C pr. pén., art. 706-139-2 issus L. nº 2022-52, 24 janv. 2022 ; sur l'irresponsabilité pénale pour cause de trouble mental, C. pén., art. 122-1, al. 1, v. nº **14.28**).

RÉGIME DES PEINES

▪ **Période de sûreté.** Si peine ferme ⩾ 10 ans → a) de plein droit = 1/2 de la peine, ou b) sur décision spéciale = 2/3 de la peine (C. pén., art. 132-23, al. 1 et 2). Sur la période de sûreté, v. nº **18.7C1**.

▪ **Obligation de communication de la condamnation à l'employeur public ou l'autorité de contrôle.** *Idem* nº **20.19** (C. pr. pén., art. 706-47-4).

▪ ÉLÉMENTS CONSTITUTIFS – QUALIFICATION

✧ Pour avoir à .... [¤ lieu], le .... [¤ date], lors du déroulement de manifestations sur la voie publique, volontairement commis des violences ayant entraîné une mutilation ou une infirmité permanente sur la personne de .... [¤ nom de la victime], avec cette circonstance que les faits ont été commis [⇨A à P :]

A. sur un mineur de moins de 15 ans (A : *N **21009.cc***) ;

B. sur une personne qu'il (elle) savait particulièrement vulnérable en raison de son état physique ou mental (B : *N **21010.cc***) ;

C. sur un militaire de la gendarmerie nationale, un fonctionnaire de la police nationale, des douanes, de l'administration pénitentiaire – une personne dépositaire de l'autorité publique (C : *N **21011.cc***), dans l'exercice ou du fait de ses fonctions ;

D. sur un sapeur pompier professionnel ou volontaire, dans l'exercice ou du fait de ses fonctions (aggravation créée par L. nº 2003-239, 18 mars 2003, art. 60) (D : *N **26667.cc***) ;

E. sur un gardien assermenté d'immeuble ou de groupe d'immeubles, dans l'exercice ou du fait de ses fonctions (aggravation créée par L. nº 2003-239, 18 mars 2003, art. 60) (E : *N #.cc*) ;

F. sur un agent exerçant pour le compte d'un bailleur des fonctions de gardiennage et de surveillance d'un immeuble à usage d'habitation soumis à l'obligation de gardiennage par application de l'article L. 127-1 du code de la construction et de l'habitation, dans l'exercice ou du fait de ses fonctions (aggravation créée par L. nº 2003-239, 18 mars 2003, art. 60) (F : *N #.cc*) ;

G. sur le conjoint, l'ascendant, le descendant en ligne directe, ou vivant habituellement avec......... [¤ nom et fonctions de la personne exerçant une des missions protégées C à F ci-dessus], en raison des fonctions exercées par ce dernier (aggravation créée par L. nº 2003-239, 18 mars 2003, art. 60) (G : *N #.cc*) ;

H. sur une personne chargée d'une mission de service public (H1 : *N **21012.cc***) – un agent d'un exploitant de réseau de transport public de voyageurs (H2 : *N #.cc*), dans l'exercice de ses fonctions ;

I. sur un professionnel de santé dans l'exercice de ses fonctions (aggravation créée par L. nº 2003-239, 18 mars 2003, art. 60) (I : *N #.cc*) ;

J. par une personne – dépositaire de l'autorité publique (J1 : *N **21013.cc***) – chargée d'une mission de service public (J2 : *N **21014.cc***), dans l'exercice de ses fonctions ou de sa mission ;

K. en réunion (K : *N **21015.cc***) ;

L. avec préméditation ou avec *guet-apens* (L. nº 2007-297, 5 mars 2007) (L : *N **21016.cc***) ;

M. avec usage ou menace d'une arme (M : *N **21017.cc***) ;

N. à raison « *du sexe, de l'orientation sexuelle ou de l'identité de genre* » (L. nº 2017-86, 27 janv. 2017) [au lieu de « l'orientation « ou identité » sexuelle (L. nº 2012-954, 6 août 2012)] de la victime (L. nº 2003-239, 18 mars 2003, art. 47) (C. pén., art. **132-77** et **222-9**, anc^{t} 222-10, L. nº 2017-86, 27 janv. 2017) (N : *N **26662.cc***) ;

O. à raison de l'appartenance ou de la non-appartenance, vraie ou supposée, de la victime à une ethnie ou une nation, une « prétendue » (L. nº 2017-86, 27 janv. 2017) race ou une religion déterminée (L. n° 2003-88, 3 févr. 2003, art. 5) (C. pén., art. 132-76 et 222-9, anc[t] 222-10, L. n° 2017-86, 27 janv. 2017) (O : *N 32266.cc*) ;

P. « par une personne agissant en état d'ivresse manifeste (P1 : *N #.cc*) ou sous l'emprise manifeste de produits stupéfiants (P2 : *N #.cc*) » [circ. aggr. créée par L. n° 2022-52, 24 janv. 2022].

Faits prévus et réprimés par les articles : **PERSONNES PHYSIQUES.** 222-10, 222-44, 222-45, 222-47, 222-48 et 222-48-1 du code pénal, L. n° 95-73, 21 janv. 1995, art. 18. **PERSONNES MORALES.** 222-10 et 222-16-1 du code pénal, L. n° 95-73, 21 janv. 1995, art. 18 (*N #.cr*). ✧

20.21 Violences volontaires – ITT > 8 jours

■ PEINES

PERSONNE PHYSIQUE

PP Délit. 3 ans d'emprisonnement, 45 000 € (C. pén., art. 222-11).

PC 1. Interdiction, définitive ou ⩽ 5 ans, d'exercer l'activité professionnelle ou sociale en relation avec l'infraction, ou une fonction publique (sauf mandat électif ou syndical) (C. pén., art. 222-44, 222-45 ; 131-27) ;

2. Interdiction, ⩽ 5 ans, des droits civiques civils et de famille (vote, éligibilité, fonction juridictionnelle, expert, témoin, tuteur, curateur) (C. pén., art. 222-45 ; 131-26)). Sauf dispense spécialement motivée, la peine d'inéligibilité est obligatoirement prononcée (C. pén., art. 131-26-2, L. n° 2017-1339, 15 sept. 2017), v. Orienteur/Régime des peines ;

3. Interdiction, définitive ou ⩽ 10 ans, d'exercer une activité professionnelle ou bénévole impliquant un contact habituel avec des mineurs (C. pén., art. 222-45) ;

4. Interdiction, ⩽ 5 ans, de détention ou de port d'arme soumise à autorisation (C. pén., art. 222-44) ;

5. Suspension ou annulation, ⩽ 5 ans, du PC (C. pén., art. 222-44) ;

6. Confiscation d'un ou plusieurs véhicules (C. pén., art. 222-44) ;

7. Confiscation d'une ou plusieurs arme(s) (C. pén., art. 222-44) ;

8. Confiscation de la chose ayant servi à l'infraction ou destinée à la commettre, de l'objet de l'infraction ou de son produit direct ou indirect (obligatoire pour objets qualifiés dangereux ou nuisibles par la loi ou le règlement) (C. pén., art. 222-44 ; 131-21) ;

9. Stage de sensibilisation aux dangers de l'usage de produits stupéfiants. La juridiction précise si le stage est exécuté aux frais du condamné (C. pén., art. 131-35-1 et 222-44 [L. n° 2007-297, 5 mars 2007]) (pour les faits commis avant le 24 mars 2020 et jugés après cette date, L. n° 2019-222, 23 mars 2019, en vigueur le 24 mars 2020. Pour les faits commis à partir du 24 mars 2020, v. nouvelle réd. C. pén., art. 131-5-1 et n° 18.33) ;

10. Confiscation de l'animal utilisé pour commettre l'infraction ou de la chose ayant servi à l'infraction, la juridiction prévoit que l'animal sera remis à une fondation ou une association de protection animale reconnue d'utilité publique ou déclarée. Lorsqu'il s'agit d'un animal dangereux, la juridiction peut ordonner qu'il soit procédé à son euthanasie, le cas échéant aux frais du condamné (C. pén., art. 222-44, 131-21-1 [L. n° 2007-297, 5 mars 2007]). Sur la peine de confiscation d'un animal (C. pén., art. 131-21-1), v. n° 18.36 ;

11. Interdiction, définitive ou ⩽ 5 ans de détenir certains animaux ou certaines catégories d'animaux (C. pén., art. 222-44, 131-21-2 [L. n° 2007-297, 5 mars 2007]) ;

12. Stage, aux frais du condamné, de responsabilisation pour la prévention et la lutte contre les violences au sein du couple et sexistes (C. pén., art. 222-44 15°, L. n° 2014-873, 4 août 2014) ;

13. Interdiction de séjour, ⩽ 10 ans (C. pén., art. 222-47, 131-31 et 131-32 ; C. pr. pén., art. 762-1 à 763) ;

14. Stage de citoyenneté (C. pén., art. 131-5-1 et 222-45 [L. n° 2004-204, 9 mars 2004, art. 44-X, en vigueur depuis le 1er oct. 2004]) (pour les faits commis avant le 24 mars 2020 et jugés après cette date, L. n° 2019-222, 23 mars 2019, en vigueur le 24 mars 2020. Pour les faits commis à partir du 24 mars 2020, v. nouvelle réd. C. pén., art. 131-5-1 et n° 18.33) ;

15. Stage de responsabilité parentale (C. pén., art. 131-5-1 et 222-45 [L. n° 2007-297, 5 mars 2007]) ;

16. Auteur étranger : interdiction du territoire, définitive ou ⩽ 10 ans (C. pén., art. 222-48, 131-30, 131-30-1 et 131-30-2, depuis L. n° 2018-778, 10 sept. 2018).

PERSONNE MORALE

PP Délit. 225 000 € (C. pén., art. 222-16-1, 131-38).

PC *Idem* n° 20.15.

■ ORIENTEUR

AUTRE QUALIFICATION

▪ **Complicité par enregistrement d'image de l'infraction.** C. pén., art. 222-33-3, v. n° 35.33.

▪ **Diffusion d'image de l'infraction.** V. n° 35.33.

▪ **Violences volontaires – ITT > 8 jours – Dans une enceinte sportive ou lors d'une manifestation publique.** V. n° 20.22.

▪ **Violences volontaires aggravées – ITT > 8 jours.** V. n° 20.25.

▪ **Violences volontaires aggravées – ITT > 8 jours – Dans une enceinte sportive ou lors d'une manifestation publique.** V. n° 20.26.

▪ **Violences volontaires sur les forces de sécurité intérieure (L. n° 2022-52, 24 janv. 2022).** C. pén., art. 222-14-5 I, v. n° 20.27.

▪ **Violences volontaires sur l'entourage d'un membre des forces de sécurité intérieure (L. n° 2022-52, 24 janv. 2022).** C. pén., art. 222-14-5 II, v. n° 20.28.

ÉLÉMENT MATÉRIEL

▪ **Médecine légale. • Notion d'incapacité totale de travail.** Sur la notion d'ITT, v. n° 14.2C.

▪ **Violences psychologiques. • Principe.** Les violences sont réprimées quelle que soit leur nature, y compris s'il s'agit de violences psychologiques (C. pén., art. 222-14-3, issu L. n° 2010-769, 9 juill. 2010, consacrant la jurisprudence). **• Illustrations.** « *le délit de violences peut être constitué, en dehors de tout contact matériel avec le corps de la victime, par tout acte ou comportement de nature à causer sur la personne de celle-ci une atteinte à son intégrité physique ou psychique caractérisée par un choc émotif ou une perturbation psychologique* », est ainsi incriminé le fait, par plusieurs personnes, d'en entourer une autre afin de l'impressionner (Crim. 2 sept. 2005, n° 04-87.046, P n° 21). « *le délit de violences est constitué, même sans atteinte physique de la victime, par tout acte de nature à impressionner vivement celle-ci et à lui causer un choc émotif* », est ainsi incriminé le fait, pour un automobiliste, d'en poursuivre et de dépasser un autre et de le contraindre à s'arrêter, de descendre de son véhicule avec une barre de fer à la main et d'en frapper l'arrière du véhicule (Crim. 18 mars 2008, n° 07-86.075, P n° 65). « *la captation d'images ou la simulation de captation d'images effectuée, de manière répétitive et sur une longue durée, caractérise des violences psychologiques* », est ainsi condamnée la personne qui s'est positionnée à plusieurs reprises et pendant plusieurs heures devant des commissariats, en faisant semblant de photographier ou de filmer des policiers en plaçant son téléphone au niveau de leur visage ou dans leur direction, en prenant une photographie du véhicule personnel d'une fonctionnaire de police sortant du commissariat qu'elle a diffusé sur son site Facebook, et en suivant des policiers dans la rue à leur sortie du commissariat à la fin de leur service, dont l'un jusque dans le train emprunté pour rentrer chez lui (Crim. 16 nov. 2021, n° 20-84.346, D). En revanche ne constituent pas des violences le fait d'utiliser un miroir pour regarder à leur insu des femmes qui se changent dans les cabines d'une piscine (Crim. 5 oct. 2010, n° 10-80.050, D) (sur l'infraction de voyeurisme issue L. n° 2018-703, 3 août 2018, C. pén., art. 226-3-1, v. n° 35.47).

RÉGIME PROCÉDURAL

▪ **Prélèvement des empreintes génétiques** de la personne suspectée ou condamnée (C. pr. pén., art. 706-54 et 706-55 2°, v. n°s 13.23 et 13.25). Sur la **sanction** du refus de prélèvement, v. n° 25.35.

▪ **Compétence juridictionnelle. Juge unique** (C. pr. pén., art. 398-1 1°, v. n° 17.15D2).

▪ **Procédure devant la juridiction criminelle. • Question de l'abolition du discernement.** *Idem* n° 20.7 (C. pén., art. 222-18-4 et C pr. pén., art. 706-139-2 issus L. n° 2022-52, 24 janv. 2022 ; sur l'irresponsabilité pénale pour cause de trouble mental, C. pén., art. 122-1, al. 1, v. n° 14.28).

▪ **Ordonnance pénale. Exclue** (C. pr. pén., art. 495-II, v. n° 15.48B1 et tableau n° 17.15D2).

MESURE CIVILE

- **Retrait de l'autorité parentale.** *Idem* n° **20.7** (C. pén., art. 222-48-2, L. n° 2014-873, 4 août 2014, mod. par L. n° 2016-297, 14 mars 2016 et L. n° 2019-1480, 28 déc. 2019).
- **Retrait du droit à pension du conjoint survivant auteur des faits.** *Idem* n° **20.1** (CSS, art. L. 342-1-1 et L. 353-1-1 ; C. rur., art. L. 732-41-1 et L. 732-62 ; C. pens. civ. mil., art. L. 38-1 ; dispositions issues de L. n° 2019-1480, 28 déc. 2019).

RÉGIME DES PEINES

- **Inéligibilité obligatoire. Inscription au bulletin n° 2. Réserve d'interprétation.** *Idem* n° **20.18**.

■ ÉLÉMENTS CONSTITUTIFS – QUALIFICATION

✧ Pour avoir à .... [¤ lieu], le .... [¤ date], volontairement commis des violences ayant entraîné une incapacité totale de travail supérieure à huit jours sur la personne de .... [¤ nom de la victime].

Faits prévus et réprimés par les articles : **PERSONNES PHYSIQUES.** **222-11**, 222-44, 222-45, 222-47, 222-48 et 222-48-2 du code pénal (*N 7183.ju*). **PERSONNES MORALES.** **222-11** et **222-16-1** du code pénal (*N #.ju*). ✧

20.22 Violences volontaires – ITT > 8 jours – Dans une enceinte sportive ou lors d'une manifestation publique

■ PEINES

PERSONNE PHYSIQUE

PP Délit. 3 ans d'emprisonnement, 45 000 € (C. pén., art. **222-11**).

PC *Idem* n° **20.21** +

1. Cas A : interdiction ⩽ 5 ans de pénétrer ou de se rendre aux abords d'une ou plusieurs enceintes où se déroule une manifestation sportive (avec astreinte à répondre, lors des manifestations sportives, aux convocations de toute personne qualifiée que la juridiction désigne dans sa décision. Le tribunal peut prévoir que cette obligation s'applique pour certaines manifestations sportives, qu'elle désigne, se déroulant sur un territoire étranger) (**Sanction** du non-respect de l'interdiction de stade, v. n° **25.69**) (C. sport, art. L. 332-11).

2. Cas A : auteur étranger non domicilié en France : interdiction du territoire français ⩽ 2 ans (peine alternative à l'interdiction de stade) (C. sport, art. L. 332-14 ; C. pén., art. 131-30 à 131-30-2) ;

3. Cas B : interdiction, ⩽ 3 ans, de participer à des manifestations sur la voie publique aux lieux fixés par la juridiction si les faits ont été commis lors du déroulement de manifestations sur la voie publique (C. pén., art. 222-47 et 131-32-1 (L. n° 2019-290, 10 avr. 2019, anc[t] CSI, art. L. 211-13, anc[t] L. n° 95-73, 21 janv. 1995, art. 18)). Inscription de l'interdiction au FPR (C. pr. pén., art. 230-19 17°, L. n° 2019-290, 10 avr. 2019, sur le FPR, v. n° **13.17B4**) (sanction du non-respect de cette interdiction : C. pén., art. 434-38-1, v. n° **25.68** (L. n° 2019-290, 10 avr. 2019, anc[t] CSI, art. L. 211-13) ;

4. Cas B : auteur étranger : interdiction du territoire français ⩽ 3 ans si les faits ont été commis lors du déroulement de manifestations sur la voie publique (CSI, art. L. 211-14, C. pén., art. 131-30 à 131-30-2).

PERSONNE MORALE

PP 225 000 € (C. pén., art. **222-16-1** ; 131-38).

PC *Idem* n° **20.15**.

■ ORIENTEUR

AUTRE QUALIFICATION

- **Violences volontaires – ITT > 8 jours.** V. n° **20.21**.
- **Violences volontaires aggravées – ITT > 8 jours.** V. n° **20.25**.
- **Violences volontaires aggravées – ITT > 8 jours – Dans une enceinte sportive ou lors d'une manifestation publique.** V. n° **20.26**.

▪ **Atteintes à la sécurité des manifestations sportives.** C. sport, art. L. 332-6 (incitation à la haine), L. 332-7 (port de symboles incitant à la haine), L. 332-8 (introduction d'artifice ou d'arme), L. 332-9 (jet de projectile), L. 332-10 (intrusion sur l'aire de compétition), v. n° 23.16.

▪ **Violation d'une interdiction judiciaire de stade – enceinte sportive.** V. n° 25.69.

▪ **Violation d'une mesure administrative collective ou individuelle de restriction des déplacements des supporters.** V. n° 25.70

ÉLÉMENT MATÉRIEL

▪ **Médecine légale. • Notion d'incapacité totale de travail.** *Idem* n° 20.21.

RÉGIME PROCÉDURAL

▪ **Prélèvement des empreintes génétiques** de la personne suspectée ou condamnée (C. pr. pén., art. 706-54, 706-55 2°, v. n°s 13.23 et 13.25). Sur la **sanction** du refus de prélèvement, v. n° 25.35.

▪ **Compétence juridictionnelle. Juge unique** (C. pr. pén., art. 398-1 1°, v. n° 17.15D2).

▪ **Procédure devant la juridiction criminelle. • Question de l'abolition du discernement.** *Idem* n° 20.7 (C. pén., art. 222-18-4 et C pr. pén., art. 706-139-2 issus L. n° 2022-52, 24 janv. 2022 ; sur l'irresponsabilité pénale pour cause de trouble mental, C. pén., art. 122-1, al. 1, v. n° 14.28).

▪ **Ordonnance pénale. Exclue** (C. pr. pén., art. 495-II, v. n° 15.48B1 et tableau n° 17.15D2).

RÉGIME DES PEINES

▪ **Inéligibilité obligatoire. Inscription au bulletin n° 2. Réserve d'interprétation.** *Idem* n° 20.18.

▪ **Violences volontaires sur les forces de sécurité intérieure.** La peine complémentaire d'interdiction de stade et celle, alternative, d'interdiction du territoire, prévues par C. sport, art. L. 332-11 et L. 332-14, ne paraissent pas applicables à l'infraction de violences volontaires sur les forces de sécurité intérieure figurant au C. pén., art. 222-14-5 issue de L. n° 2022-52, 24 janv. 2022, faute de renvoi à ces nouvelles dispositions (v. n° 20.27). Il en est de même pour l'interdiction du territoire français contre l'auteur étranger si cette infraction a été commise lors du déroulement de manifestations sur la voie publique (CSI, art. L. 211-14).

▪ ÉLÉMENTS CONSTITUTIFS – QUALIFICATION

✧ Pour avoir à .... [¤ lieu], le .... [¤ date], [⇨A ou B :]

A. dans une enceinte où se déroule une manifestation, ou, à l'extérieur de l'enceinte, en relation directe avec une manifestation sportive (A : *N **21053.ju***) ...

B. lors du déroulement de manifestations sur la voie publique (B : *N **21018.ju***) ...

... volontairement commis des violences ayant entraîné une incapacité totale de travail supérieure à huit jours sur la personne de .... [¤ nom de la victime].

Faits prévus et réprimés par les articles : **PERSONNES PHYSIQUES.** 222-11, 222-44, 222-45 et 222-47 du code pénal + : cas A : C. sport, art. L. 332-11 et L. 332-14 ; cas B : CSI, art. L. 211-14. **PERSONNES MORALES.** 222-11 et 222-16-1 du code pénal ✧

20.23 Violences volontaires – ITT ⩽ 8 jours

▪ PEINES

PERSONNE PHYSIQUE

PP Contrav. 5e cl. 1 500 € (C. pén., art. R. 625-1 ; 131-13).

PC 1. Suspension, ⩽ 3 ans, du PC ;

2. Interdiction, ⩽ 3 ans, de détention, ou de port d'arme soumise à autorisation ;

3. Confiscation d'une ou plusieurs arme(s) ;

4. Retrait, ⩽ 3 ans, du permis de chasser ;

5. Confiscation de la chose ayant servi à l'infraction ou destinée à la commettre, ou de son produit (obligatoire pour objets qualifiés dangereux ou nuisibles par loi ou règlement ou dont la détention est illicite) (C. pén., art. 131-21) ;

6. Tig de 20 à 120 h.

PERSONNE MORALE

PP 7 500 € (C. pén., art. 131-41).

PC Néant.

■ ORIENTEUR

AUTRE QUALIFICATION

▪ Violences – Sans ITT. V. n° 20.24.

▪ Violences volontaires aggravées – Sans ITT ou ITT ⩽ 8 jours. V. n° 20.29.

▪ Violences volontaires aggravées – Sans ITT ou ITT ⩽ 8 jours – Dans une enceinte sportive ou lors d'une manifestation publique. V. n° 20.30.

▪ Violences volontaires sur les forces de sécurité intérieure (L. n° 2022-52, 24 janv. 2022). C. pén., art. 222-14-5 I, v. n° 20.27.

▪ Violences volontaires sur l'entourage d'un membre des forces de sécurité intérieure (L. n° 2022-52, 24 janv. 2022). C. pén., art. 222-14-5 II, v. n° 20.28.

ÉLÉMENT MATÉRIEL

▪ Médecine légale. • Notion d'incapacité totale de travail. *Idem* n° 20.21.

▪ Complicité. Punissable par aide ou assistance (C. pén., art. R. 625-1).

RÉGIME PROCÉDURAL

▪ Inscription au fichier TAJ. Contravention donnant lieu à inscription de la personne au fichier de traitement des antécédents judiciaires (TAJ), C. pr. pén., art. R. 40-25, v. n° 13.12B.

■ ÉLÉMENTS CONSTITUTIFS – QUALIFICATION

✧ Pour avoir à .... [¤ lieu], le .... [¤ date], volontairement commis des violences n'ayant pas entraîné une incapacité totale de travail supérieure à huit jours sur la personne de .... [¤ nom de la victime].

Faits prévus et réprimés par l'article R. 625-1 du code pénal (*N 23.c5*). ✧

20.24 Violences – Sans ITT

■ PEINES

PERSONNE PHYSIQUE

PP Contrav. 4e cl. 750 € (C. pén., art. R. 624-1 ; 131-13).

PC 1. Suspension, ⩽ 3 ans, du PC ;

2. Interdiction, ⩽ 3 ans, de détention ou de port d'arme soumise à autorisation ;

3. Confiscation d'une ou plusieurs arme(s) ;

4. Retrait, ⩽ 3 ans, du permis de chasser ;

5. Confiscation de la chose ayant servi à l'infraction ou destinée à la commettre, ou de son produit (obligatoire pour objets qualifiés dangereux ou nuisibles par loi ou règlement ou dont la détention est illicite) (C. pén., art. 131-21).

PERSONNE MORALE

PP 3 750€ (C. pén., art. 131-41).

PC Néant.

■ ORIENTEUR

AUTRE QUALIFICATION

▪ Violences volontaires – ITT ⩽ 8 jours. V. n° 20.23.

▪ Violences volontaires aggravées – Sans ITT ou ITT ⩽ 8 jours. V. n° 20.29.

▪ Violences volontaires aggravées – Sans ITT ou ITT ⩽ 8 jours – Dans une enceinte sportive ou lors d'une manifestation publique. V. n° 20.30.

▪ Violences volontaires sur les forces de sécurité intérieure (L. n° 2022-52, 24 janv. 2022). C. pén., art. 222-14-5 I, v. n° 20.27.

▪ Violences volontaires sur l'entourage d'un membre des forces de sécurité intérieure (L. n° 2022-52, 24 janv. 2022). C. pén., art. 222-14-5 II, v. n° 20.28.

ÉLÉMENT MATÉRIEL

- Médecine légale. • Notion d'incapacité totale de travail. *Idem* n° 20.21.
- Complicité. Punissable par aide ou assistance (C. pén., art. R. 624-1).

■ ÉLÉMENTS CONSTITUTIFS – QUALIFICATION

✧ Pour avoir à .... [¤ lieu], le .... [¤ date], volontairement commis des violences n'ayant pas entraîné d'incapacité totale de travail sur la personne de .... [¤ nom de la victime].
Faits prévus et réprimés par l'article R. 624-1 du code pénal (*N 227.c4*). ✧

20.25 Violences volontaires aggravées – ITT > 8 jours

■ PEINES

PERSONNE PHYSIQUE

PP Délit. 1. Une circonstance aggravante (hors Cas U et V) : 5 ans d'emprisonnement, 75 000 € (C. pén., art. 222-12) ;

2. Deux circonstances aggravantes (hors Cas U et V) : 7 ans, 100 000 € (C. pén., art. 222-12) ;

3. Trois circonstances aggravantes (hors Cas U et V), ou cas A2, *Abis* et L2 : 10 ans d'emprisonnement, 150 000 € (C. pén., art. 222-12) ;

4. Cas U et V : 6 ans, 45 000 € (C. pén., art. 132-76, 132-77 et 222-11, depuis L. n° 2017-86, 27 janv. 2017, auparavant 5 ans et 75 000 € si seule circonstance aggravante, anc[t] 222-12) ;

5. Cas U1 et V1 : 7 ans, 75 000 € (C. pén., art. 132-76, 132-77 et 222-12, depuis L. n° 2017-86, 27 janv. 2017) ;

6. Cas U2 et V2 : 10 ans, 100 000 € (C. pén., art. 132-76, 132-77 et 222-12, depuis L. n° 2017-86, 27 janv. 2017) ;

7. Cas U3 et V3 Crime : 15 ans réclusion criminelle, 150 000 € (C. pén., art. 132-76, 132-77 et 222-12, depuis L. n° 2017-86, 27 janv. 2017) ;

PC 1. *Idem* n° 20.21 ;

2. Cas A2 et L : **suivi socio-judiciaire** si l'infraction est commise soit par le conjoint, le concubin ou le partenaire lié à la victime par un Pacs, ou par son ancien conjoint, concubin ou partenaire lié à elle par un Pacs, soit, sur un mineur de quinze ans, par un ascendant ou toute autre personne ayant autorité sur la victime. **Peine obligatoire** en cas de violences habituelles commises sur une mineur de 15 ans par un ascendant ou par une personne ayant autorité sur la victime, sauf en cas de condamnation à une peine d'emprisonnement assortie du sursis probatoire (anc[t] sursis avec mise à l'épreuve) ou si le tribunal correctionnel considère, par décision spécialement motivée, qu'il n'y a pas lieu de prononcer cette mesure (C. pén., art. 222-48-1 [mod L. n° 2007-297, 5 mars 2007 et L. n° 2010-769, 9 juill. 2010], 131-36-1 à 131-36-13) ;

3. Cas L : Obligation, ⩽ 5 000 €, de remboursement du prêt alloué à la victime au titre de l'aide universelle d'urgence (CASF, art. L. 214-9, issu L. n° 2023-140, 28 févr. 2023, sur cette aide, v. n° 16.5D3), peine complémentaire obligatoire, sauf dispense motivée (C. pén., art. 222-44-1, issu L. n° 2023-140, 28 févr. 2023).

4. Cas P : Confiscation **obligatoire** (L. n° 2012-304, 6 mars 2012, auparavant confiscation facultative) d'une ou plusieurs armes dont le condamné est propriétaire ou dont il a la libre disposition (C. pén., art. 222-44) ;

5. Cas P : Interdiction **obligatoire**, ⩽ 15 ans, de détention, ou de port d'arme soumise à autorisation (L. n° 2012-304, 6 mars 2012, auparavant interdiction facultative ⩽ 5 ans) (C. pén., art. 222-44) ;

6. Cas Y : Interdiction ⩽ 5 ans de quitter le territoire de la République (C. pén., art. 222-47, L. n° 2013-711, 5 août 2013) ;

7. Auteur étranger : interdiction du territoire français, définitive ou ⩽ 10 ans (C. pén., art. 222-48, 131-30 à 131-30-2, depuis L. n° 2018-778, 10 sept. 2018) ;

8. Cas H3 : Interdiction « obligatoire » (depuis L. n° 2019-1428, 24 déc. 2019) de se présenter à l'examen du permis de conduire ⩽ 3 ans, sauf dispense spécialement motivée, si les faits sont commis « *contre un inspecteur du permis de conduire et de la sécurité routière dans l'exercice ou à l'occasion de l'exercice de ses fonctions* » (C. route, art. L. 211-1).

PERSONNE MORALE

PP Délit. 1. Une circonstance aggravante : 375 000 € (C. pén., art. 222-16-1, 131-38).

2. Deux circonstances aggravantes : 500 000 €.

3. Trois circonstances aggravantes, ou cas A2 : 750 000 €.

PC *Idem* n° 20.15.

■ ORIENTEUR

AUTRE QUALIFICATION

▪ **Atteinte à l'intégrité de la personne commise sous l'empire de substances psychoactives ayant aboli le discernement de l'auteur (L. n° 2022-52, 24 janv. 2022).** C. pén., art. 222-18-4, issu L. n° 2022-52, 24 janv. 2022, v. n° 20.14, lorsque l'état d'ivresse manifeste ou l'emprise manifeste de stupéfiants (cas W et X) a entraîné l'abolition du discernement et une déclaration d'irresponsabilité pénale (sur cette qualification alternative, v. n° 14.28D).

▪ **Violences volontaires – ITT > 8 jours.** V. n° 20.21.

▪ **Violences volontaires – ITT > 8 jours – Dans une enceinte sportive ou lors d'une manifestation publique.** V. n° 20.22.

▪ **Violences volontaires aggravées – ITT > 8 jours – Dans une enceinte sportive ou lors d'une manifestation publique.** V. n° 20.26.

▪ **Violences volontaires sur les forces de sécurité intérieure (L. n° 2022-52, 24 janv. 2022).** C. pén., art. 222-14-5 I, v. n° 20.27.

▪ **Violences volontaires sur l'entourage d'un membre des forces de sécurité intérieure (L. n° 2022-52, 24 janv. 2022).** C. pén., art. 222-14-5 II, v. n° 20.28.

▪ **Violences avec arme en bande organisée ou avec guet-apens sur dépositaire de l'autorité publique ou chargé de service public ou son entourage (L. n° 2007-297, 5 mars 2007).** V. n° 20.33.

▪ **Embuscade sur dépositaire de l'autorité publique ou chargé de service public (L. n° 2007-297, 5 mars 2007).** C. pén., art. 222-15-1, v. n° 20.36.

▪ **Rébellion.** C. pén., art. 433-7 et 433-8, V. n° 25.12.

▪ **Complicité par enregistrement d'image de l'infraction.** C. pén., art. 222-33-3, v. n° 35.33.

▪ **Diffusion d'image de l'infraction.** V. n° 35.33.

ÉLÉMENT LÉGAL

▪ **Application de la loi dans l'espace.** Par exception au principe qui suppose que la victime jouisse de la nationalité française si les faits ont été commis à l'étranger, la loi française est applicable à l'auteur si la victime est mineure et réside sur le territoire. (C. pén., art. 113-6, 113-8 et 222-16-2, L. n° 2006-399, 4 avr. 2006, art. 14, v. n° 10.5). De plus, dans le **Cas Y**, si le délit est commis à l'étranger à l'encontre d'une personne résidant habituellement sur le territoire français, la loi française est applicable par dérogation à C. pén., art. 113-7 (v. n° 10.5B) (C. pén., art. 222-16-3, L. n° 2010-769, 9 juill. 2010). La poursuite ne peut être exercée que par le ministère public, mais, par dérogation à C. pén., art. 113-8, la plainte de la victime ou de ses ayants droit ou une dénonciation officielle de l'autorité du pays où le fait a été commis n'est pas nécessaire (C. pén., art. 222-16-3).

▪ **Application de la loi dans le temps.** • **Cas** *Abis* et L2 : circonstances aggravantes créées par L. n° 2018-703, 3 août 2018. • **Cas** D6 et M3 : aggravations créées par L. n° 2021-646, 25 mai 2021. • **Violences contre les forces de sécurité intérieure.** La L. n° 2022-52, 24 janv. 2022, relative à la responsabilité pénale et à la sécurité intérieure, en aggravant les peines encourues, a érigé les violences commises contre les forces de sécurité intérieure (militaires de la gendarmerie nationale ou déployés dans le cadre des réquisitions prévues au C. défense, art. L. 1321-1, fonctionnaires de la police nationale, agents de police municipale et gardes champêtres, agents des douanes, sapeurs-pompiers professionnels ou volontaires, agents de l'administration pénitentiaire), en délit autonome prévu par le nouvel article C. pén., art. 222-14-5 I. La circonstance aggravante de faits commis sur une personne dépositaire de l'autorité publique, maintenue au C. pén., art. 222-12 4° mod. par L. n° 2022-52, 24 janv. 2022, exclut les forces de sécurité intérieure précitées, désormais spécialement protégées par C. pén., art. 222-14-5 (v. n° 20.27). • **Violences contre l'entourage des forces de sécurité intérieure.** La L. n° 2022-52, 24 janv. 2022, tout en aggravant les peines encourues, a érigé les violences commises contre l'entourage des membres des forces de sécurité intérieure précitées en délit autonome prévu par le nouvel article C. pén., art. 222-14-5 II. Ces faits constituaient auparavant des circonstances aggravantes des violences incriminées par C. pén., art. 222-12 (ITT > 8 jours, v. n° 20.25) ou par C. pén., art. 222-13 (absence d'ITT ou ITT ⩽ 8 jours, v. n° 20.29). Les circonstances aggravantes prévues par ces derniers articles, en ce qu'elles continuent à protéger de façon générique les membres de l'entourage des personnes dépositaires de l'autorité publique (C. pén., art. 222-12 4° et 222-12 4°*ter*, 222-132 4° et 222-132 4°*ter*, mod. par L. n° 2022-52, 24 janv. 2022), ne concernent plus l'entourage des forces de sécurité intérieure précitées, désormais spécialement protégées par C. pén., art. 222-14-5 II (v. n° 20.28).

▪ **Définition.** • **Guet-apens.** V. orienteur n° 20.4 (C. pén., art. 132-71-1). • **Préméditation.** V. orienteur n° 20.4 (C. pén., art. 132-72).

▪ **Causes d'aggravation. Aggravation résultant de la motivation raciste ou sexiste.** (V. aussi ÉLÉMENT MATÉRIEL ci-dessous) La L. n° 2017-86, 27 janv. 2017 a supprimé du texte de l'incrimination les circonstances aggravantes tenant à la finalité raciste ou sexiste des faits. Désormais ces circonstances constituent en effet une cause générale d'aggravation de tous les crimes ou délits, sauf exceptions (C. pén., art. 132-76 et 132-77, v. n° 18.9). Les circonstances aggravantes visées aux **cas** U et V, ici maintenues pour des raisons pratiques, tirent désormais leurs fondements et pénalités de C. pén., art. 132-76, 132-77 et 222-11.

TEXTE DE RÉFÉRENCE

▪ **Violences éducatives.** Cas A2 et *Abis* : « *L'autorité parentale s'exerce sans violences physiques ou psychologiques* » (C. civ., art. 371-1, mod. par L. n° 2019-721, 10 juill. 2019).

ÉLÉMENT MATÉRIEL

▪ **Médecine légale.** • **Notion d'incapacité totale de travail.** *Idem* n° 20.21.

▪ **Aggravation résultant de la motivation raciste de l'acte.** Cas V, C. pén., art. 132-76, V. n° 20.3 et 18.9.

▪ **Aggravation résultant de la motivation sexiste de l'acte.** Cas U, C. pén., art. 132-77, V. n° 20.3 et 18.9.

▪ **Aggravation résultant de la qualité de conjoint ou de concubin de la victime.** Cas L : *idem* Orienteur/élément matériel n° 20.3 (C. pén., art. 132-80).

▪ **Aggravation résultant de la commission dans un local d'enseignement.** Cas *Qbis*, v. orienteur/élément matériel du n° 20.29 (Crim. 14 oct. 2020, n° 19-86.759, D).

▪ **Violences psychologiques.** *Idem* n° 20.21 (C. pén., art. 222-14-3).

ÉLÉMENT INTENTIONNEL

▪ **Dol spécial.** La **vulnérabilité**, la **qualité de la victime** (magistrat, juré, avocat...) doit être apparente ou connue de l'auteur.

▪ **Altération du discernement.** Cas W et X : la diminution de peine prévue par C. pén., art. 122-1, al. 2 en cas d'altération du discernement n'est pas applicable lorsque « *cette altération résulte d'une consommation volontaire, de façon illicite ou manifestement excessive, de substances psycho-actives* » (C. pén., art. 122-1-2, issu L. n° 2022-52, 24 janv. 2022, sur l'altération du discernement, v. n° 14.29).

RÉGIME PROCÉDURAL

▪ **Prescription de l'action publique.** Lorsque les faits sont commis contre un mineur, l'action publique se prescrit par 20 ans à compter de la majorité de la victime (C. pr. pén., art. 8, L. n° 2006-399, 4 avr. 2006 et art. 9-1 dans sa réd. issue de L. n° 2017-242, 27 févr. 2017 modifiée par L. n° 2018-703, 3 août 2018). Délai et point de départ inchangés par L. n° 2017-242, 27 févr. 2017 et L. n° 2018-703, 3 août 2018 modifiant réd. C. pr. pén., art. 9-1. Sur les délais de prescription de l'action publique, v. n° 17.19.

▪ **Compétence juridictionnelle. Juge unique** si peine encourue ⩽ 5 ans. Toutefois, « *pour l'appréciation du seuil de 5 ans d'emprisonnement* » au-delà duquel le juge unique est incompétent, « *il n'est pas tenu compte des aggravations* » U (C. pén., art. 132-77) et V (C. pén., art. 132-76) qui élèvent le quantum à 6 ans d'emprisonnement, ou à 7 ans en cas de concours avec une autre circonstance aggravante (Cas U1 et V1) (C. pr. pén., art. 398-1 1°, v. n° 17.15D2).

▪ **Violences commises au sein du couple. Cas L : obligation de vérifier si les faits ont été commis en présence d'un mineur et de veiller à la protection de ses intérêts.** *Idem* n° 20.16 (C. pén., art. 132-80, C. pr. pén., art. D. 1-11-1, issu D. n° 2021-1516, 23 nov. 2021). • **Cas L : avis** à la victime en cas de libération. *Idem* n° **20.16** (C. pr. pén., art. D. 1-11-2, issu D. n° 2021-1820, 24 déc. 2021).

▪ **Procédure devant la juridiction criminelle. • Compétence de la cour criminelle départementale. Cas U3** et **V3** : *idem* n° **20.7** (C. pr. pén., art. 380-16, issu L. n° 2021-1729, 22 déc. 2021). • **Question de l'abolition du discernement.** *Idem* n° **20.7** (C. pén., art. **222-18-4** et C pr. pén., art. 706-139-2 issus L. n° 2022-52, 24 janv. 2022 ; sur l'irresponsabilité pénale pour cause de trouble mental, C. pén., art. 122-1, al. 1, v. n° **14.28**).

▪ **Ordonnance pénale. Exclue** (C. pr. pén., art. 495-II, v. n° **15.48B1** et tableau n° **17.15D2**).

▪ **CRPC. Exclue** dans le **Cas A2** ou si deux circonstances aggravantes ou plus (C. pr. pén., art. 495-7). Sur le domaine de la CRPC, v. n° **15.53A**.

▪ **Obligation de communication du contrôle judiciaire à l'employeur public ou l'autorité de contrôle.** Si les faits sont commis sur un mineur de 15 ans (**Cas A**), le parquet doit informer l'employeur ou l'autorité de contrôle de la décision de contrôle judiciaire comportant « *l'obligation de ne pas exercer une activité impliquant un contact habituel avec des mineurs* » prévue par C. pr. pén., art. 138, 12° *bis* (issu de L. n° 2016-457, 14 avr. 2016) (C. pr. pén., art. 706-47-4, L. n° 2016-457, 14 avr. 2016) (v. n° **11.23D**).

▪ **Prélèvement des empreintes génétiques** de la personne suspectée ou condamnée (C. pr. pén., art. 706-54 et 706-55 2°, v. n^os^ **13.23** et **13.25**). Sur la **sanction** du refus de prélèvement, v. n° **25.35**.

▪ **Alimentation du Redex. Cas A2** et **L** : Centralisation des examens de personnalité au fichier **Redex** à tous les stades de la procédure (C. pr. pén., art. 706-56-2) (v. n° **13.41**).

MESURE ADMINISTRATIVE

▪ **Interdiction préfectorale provisoire de se présenter à l'examen du permis de conduire. Cas H3** : si les faits sont commis à l'encontre « *d'un inspecteur du permis de conduire et de la sécurité routière ou d'un examinateur, agent public ou contractuel, dans l'exercice ou à l'occasion de l'exercice de ses fonctions* », le préfet peut à titre provisoire et pour une durée ⩽ 6 mois interdire à l'auteur de se présenter à l'examen du permis de conduire. Cette durée s'impute le cas échéant sur la peine d'interdiction de se présenter à l'examen du permis de conduire prononcée par le tribunal (C. route, art. L. 211-1 A, issu L. n° 2019-1428, 24 déc. 2019 ; C. route, art. R. 211-7, issu D. n° 2020-605, 18 mai 2020).

MESURE CIVILE

▪ **Ordonnance de protection.** Sur l'**ordonnance de protection** et les obligations pouvant être imposées par le juge civil au **conjoint violent**, v. n° **16.4**.

▪ **Retrait de l'autorité parentale.** *Idem* n° **20.7** (C. pén., art. 222-48-2, L. n° 2014-873, 4 août 2014, mod. par L. n° 2016-297, 14 mars 2016 et L. n° 2019-1480, 28 déc. 2019).

▪ **Retrait du droit à pension du conjoint survivant auteur des faits.** *Idem* n° **20.1** (CSS, art. L. 342-1-1 et L. 353-1-1 ; C. rur., art. L. 732-41-1 et L. 732-62 ; C. pens. civ. mil., art. L. 38-1 ; dispositions issues de L. n° 2019-1480, 28 déc. 2019).

RÉGIME DES PEINES

▪ **Période de sûreté.** Si peine ferme = 10 ans → a) de plein droit = 1/2 de la peine, ou < sur décision spéciale ; b) sur décision spéciale = 2/3 de la peine (C. pén., art. 132-23, al. 1 et 2 et 222-10). Sur la période de sûreté, v. n° **18.7C1**.

▪ **Concours des circonstances aggravantes. Infractions à finalité raciste ou sexiste.** Depuis L. n° 2017-86, 27 janv. 2017, les circonstances aggravantes **U** et **V** ne se cumulent plus entre elles ni avec celles de C. pén., art. 222-12 pour permettre l'aggravation des pénalités prévue par cet article. Mais ces circonstances, en concours avec une, deux ou trois des autres circonstances **A** à **Z**, augmentent les peines encourues à hauteur de 7 ans (une autre circonstance) (**Cas U1** et **V1**), 10 ans (deux autres circonstances) (**Cas U1** et **V1**), 15 ans de réclusion criminelle (trois autres circonstances ou cas **A2**) par l'effet de C. pén., art. 132-7 ou 132-77.

▪ **Obligation de communication de la condamnation à l'employeur public ou l'autorité de contrôle.** Si les faits sont commis sur un mineur de 15 ans (**Cas A**), le parquet doit informer l'employeur ou l'autorité de contrôle de la condamnation prononcée en cas d'activité impliquant un contact habituel avec des mineurs (C. pr. pén., art. 706-47-4, L. n° 2016-457, 14 avr. 2016) (v. n° **11.23D**).

▪ **Peine plancher.** ~~Peine plancher applicable hors récidive : 18 mois si deux circonstances aggravantes, 2 ans si trois circonstances aggravantes ou cas A2 (C. pén., art. 132-19-2, L. n° 2011-267, 14 mars 2011)~~. (dispositions abrogées par L. n° 2014-896, 15 août 2014).

▪ **Inéligibilité obligatoire. Inscription au bulletin n° 2. Réserve d'interprétation.** *Idem* n° 20.18.

▪ **Régime spécifique des réductions de peine.** Depuis L. n° 2021-646, 25 mai 2021, le dispositif de droit commun du crédit de réduction de peine (CRP) prévu par C. pr. pén., art. 721 n'est pas applicable à la personne condamnée pour des violences aggravées ayant entraîné une ITT > 8 jours prévues par C. pén., art. 222-12 commis sur une personne dépositaire de l'autorité publique, selon les précisions apportées au n° 18.10C4 (C. pr. pén., art. 721-1-2 issu L. n° 2021-646, 25 mai 2021). Depuis L. n° 2021-1729, 22 déc. 2021, abrogeant le régime du crédit de réduction de peine, le quantum maximum de la réduction de peine est limité en cas de condamnation pour les mêmes faits lorsqu'ils sont commis sur une personne dépositaire de l'autorité publique, selon les précisions apportées au n° 18.10E5 (C. pr. pén., art. 721-1-2 réécrit par L. n° 2021-1729, 22 déc. 2021, applicable le 24 déc. 2021).

▪ ÉLÉMENTS CONSTITUTIFS – QUALIFICATION

✧ Pour avoir à .... [¤ lieu], le .... [¤ date], volontairement commis des violences ayant entraîné une incapacité totale de travail supérieure à huit jours sur la personne de .... [¤ nom de la victime], avec cette (ces) circonstance(s) que les faits ont été commis [⇨A à Z :]

A. sur un mineur de moins de 15 ans (A1 : *N 7185.ju*) ; [• préciser le cas échéant dans le cas A1] ..., par un ascendant légitime, naturel ou adoptif ou par une personne ayant autorité sur la victime (A2 : *N 7188.co*) ;

A bis. sur un mineur et en présence d'un autre mineur, par un ascendant légitime, naturel ou adoptif ou par toute autre personne ayant autorité sur le mineur victime (aggravation créée par L. n° 2018-703, 3 août 2018) (A*bis* : *N 32901.co*) ;

B. sur une personne qu'il (elle) savait particulièrement vulnérable en raison de son état physique ou mental (B : *N 7181.ju*) ;

C. sur un ascendant légitime ou naturel, ou sur les père ou mère adoptifs (C : *N 7144.ju*) ;

D. sur – un magistrat (D1 : *N 10841.ju*) – un juré (D2 : *N 10841.ju*) – un avocat (D3 : *N 9842.ju*) – un officier public ou ministériel (D4 : *N 9841.ju*) – « ~~un militaire de la gendarmerie nationale, un fonctionnaire de la police nationale, des douanes, de l'administration pénitentiaire~~ » (incrimination transférée au C pén., art. 222-14-5 depuis L. n° 2022-52, 24 janv. 2022, v. n° 20.27),– une personne dépositaire de l'autorité publique (D5 : *N 9845.ju*) – une personne exerçant une activité de sécurité privée (D6 : *N 34015.ju ;* aggravation créée par L. n° 2021-646, 25 mai 2021), dans l'exercice ou du fait de ses fonctions ;

E. « ~~sur un sapeur-pompier professionnel ou volontaire, dans l'exercice ou du fait de ses fonctions~~ » (aggravation créée par L. n° 2003-239, 18 mars 2003, art. 60, incrimination transférée au C pén., art. 222-14-5 depuis L. n° 2022-52, 24 janv. 2022, v. n° 20.27) (E : *N 23975.ju*) ;

F. sur un gardien assermenté d'immeuble ou de groupe d'immeubles, dans l'exercice ou du fait de ses fonctions (aggravation créée par L. n° 2003-239, 18 mars 2003, art. 60) (F : *N 23982.ju*) ;

G. sur un agent exerçant pour le compte d'un bailleur des fonctions de gardiennage et de surveillance d'un immeuble à usage d'habitation soumis à l'obligation de gardiennage par application de l'article L. 127-1 du code de la construction et de l'habitation, dans l'exercice ou du fait de ses fonctions (aggravation créée par L. n° 2003-239, 18 mars 2003, art. 60) (G : *N 23982.ju*) ;

H. « *sur un enseignant ou tout membre des personnels travaillant dans les établissements d'enseignement scolaire* » (L. n° 2010-201, 2 mars 2010) (H1 : *N #.ju*) – un agent d'un exploitant de réseau de transport public de voyageurs (H2 : *N #.ju*) – une personne chargée d'une mission de service public (H3 : *N 10844.ju*) ; dans l'exercice « *ou du fait* » (L. n° 2010-201, 2 mars 2010) de ses fonctions ;

I. sur un professionnel de santé dans l'exercice « *ou du fait* » (L. n° 2010-201, 2 mars 2010) de ses fonctions (aggravation créée par L. n° 2003-239, 18 mars 2003, art. 60) (I : *N 23960.ju*).

J. sur le conjoint, l'ascendant, le descendant en ligne directe, ou vivant habituellement avec .... [¤ nom et fonctions de la personne exerçant une des missions protégées D à I ci-dessus], [⇨J1 à J12 :]

J1. magistrat ou juré (J1 : *N* ***24047.ju***)...

J2. avocat (J2 : *N* ***24045.ju***)...

J3. officier public ou ministériel (J3 : *N* ***24042.ju***)...

J4. « ~~militaire de la gendarmerie nationale, fonctionnaire de la police nationale, des douanes ou de l'administration pénitentiaire~~ » (incrimination transférée au C pén., art. 222-14-5 II depuis L. nº 2022-52, 24 janv. 2022, v. nº 20.28) (J4 : *N #.ju*)...

J5. dépositaire de l'autorité publique (J5 : *N* ***24046.ju***)...

J6. « ~~sapeur-pompier professionnel ou volontaire~~ » (incrimination transférée au C pén., art. 222-14-5 II depuis L. nº 2022-52, 24 janv. 2022, v. nº 20.28) (J6 : *N* ***24046.ju***)...

J7. gardien assermenté d'immeuble ou de groupe d'immeubles (J7 : *N* ***24049.ju***)...

J8. agent exerçant pour le compte d'un bailleur des fonctions de gardiennage et de surveillance d'un immeuble à usage d'habitation (J8 : *N* ***24049.ju***)...

J9. enseignant ou membre des personnels travaillant dans les établissements d'enseignement scolaire (L. nº 2010-201, 2 mars 2010) (J9 : *N #.ju*)...

J10. agent d'un exploitant de réseau de transport public de voyageurs (L. nº 2010-201, 2 mars 2010) (J10 : *N #.ju*)...

J11. personne chargée d'une mission de service public (L. nº 2010-201, 2 mars 2010) (J11 : *N* ***27582.ju***)...

J12. professionnel de santé (L. nº 2010-201, 2 mars 2010) (J12 : *N* ***27588.ju***)...

... en raison des fonctions exercées par ce dernier (aggravation créée par L. nº 2003-239, 18 mars 2003, art. 60) ;

K. sur – un témoin (K1 : *N* ***10851.ju***) – une victime (K2 : *N* ***10852.ju***) – une partie civile (K3 : *N* ***10853.ju***), pour l'influencer ou par représailles ;

K *bis.* commis sur une personne qui se livre à la prostitution, y compris de façon occasionnelle, les faits ayant été commis dans l'exercice de cette activité (aggravation créée par L. nº 2016-444, 13 avr. 2016, *JO* 15 avr. 2016) (K*bis* : *N* ***31575.ju***) ;

L. par le conjoint ou le concubin de la victime « ou le partenaire lié à la victime par un pacte civil de solidarité » [L. nº 2006-399, 4 avr. 2006] ou par l'ancien conjoint, concubin ou partenaire (C. pén., art. 132-80) (L1a : *N* ***10854.ju*** *;* avec une autre circonstance : L1b : *N* ***33834.ju*** *;* avec deux autres circonstances : L1c : *N* ***33835.co***) [• Préciser le cas échéant dans le cas L] : et en présence d'un mineur (aggravation créée par L. nº 2018-703, 3 août 2018) (L2 : *N* ***32900.co***) ;

M. par une personne – dépositaire de l'autorité publique (M1 : *N* ***10855.ju***) – chargée d'une mission de service public (M2 : *N* ***10856.ju***) – exerçant une activité de sécurité privée (M3 : *N* ***34020.ju*** *;* aggravation créée par L. nº 2021-646, 25 mai 2021), dans l'exercice ou à l'occasion de l'exercice de ses fonctions ou de sa mission ;

N. en réunion (N : *N* ***10864.ju***) ;

O. avec préméditation ou avec *guet-apens* (L. nº 2007-297, 5 mars 2007) (O : *N* ***7141.ju***) ;

P. avec usage ou menace d'une arme (P : *N* ***7140.ju***) ;

Q. dans un établissement d'enseignement ou d'éducation ou, lors des entrées ou sorties des élèves ou dans un temps très voisin de celles-ci, aux abords de cet établissement (réd. L. nº 2007-297, 5 mars 2007) (Q : *N* ***21709.ju***) ;

Q *bis.* dans un local administratif d'un établissement d'enseignement ou d'éducation ou, lors des entrées ou sorties du public ou dans un temps très voisin de celles-ci, aux abords de ce local (L. nº 2007-297, 5 mars 2007) (Q*bis* : *N* ***26320.ju***) ;

R. par un majeur agissant avec l'aide ou l'assistance d'un mineur (L. nº 2002-1138, 9 sept. 2002, art. 25) (R : *N* ***23442.ju***) ;

S. dans un moyen de transport collectif de voyageurs (L. nº 2003-239, 18 mars 2003, art. 78) (S : *N* ***23892.ju***) ;

T. dans un lieu destiné à l'accès à un moyen de transport collectif de voyageurs (L. nº 2003-239, 18 mars 2003, art. 78) (T : *N* ***23893.ju***) ;

U. à raison « du sexe (Ua : *N* ***32332.ju***), de l'orientation sexuelle ou de l'identité de genre » (Ub : *N* ***23808.ju***) (L. nº 2017-86, 27 janv. 2017) [au lieu de « l'orientation « ou identité » sexuelle

(L. n° 2012-954, 6 août 2012)] de la victime (L. n° 2003-239, 18 mars 2003, art. 47) (C. pén., art. 132-77 et 222-11, anc[t] 222-12, L. n° 2017-86, 27 janv. 2017) [⇨ U1 à U3 :] ;

U1. [préciser le cas échéant dans le cas U] : les faits ayant été commis avec **une** autre circonstance aggravante, en l'espèce [sélectionner l'un des cas A à Z, sauf U ou V] (Ua1 : *N 32335.ju*, Ub1 : *N 32303.ju*) ;

U2. [préciser le cas échéant dans le cas U] : les faits ayant été commis avec **deux** autres circonstances aggravantes, en l'espèce [sélectionner deux des cas A à Z, sauf U ou V] (Ua2 : *N 32336.co*, Ub2 : *N 32305.co*) ;

U3. [préciser le cas échéant dans le cas U] : les faits ayant été commis avec **trois** autres circonstances aggravantes, en l'espèce [sélectionner trois des cas A à Z, sauf U ou V] (Ua3 : *N 32337.cc*, Ub3 : *N 32323.cc*) ;

V. à raison de l'appartenance ou de la non-appartenance, vraie ou supposée, de la victime à une ethnie ou une nation, une « *prétendue* » (L. n° 2017-86, 27 janv. 2017) race ou une religion déterminée (L. n° 2003-88, 3 févr. 2003, art. 5) (C. pén., art. 132-76 et 222-11, anc[t] 222-12, L. n° 2017-86, 27 janv. 2017) (V : *N 32267.ju*) [⇨ V1 à V3 :] ;

V1. [préciser le cas échéant dans le cas V] : les faits ayant été commis avec **une** autre circonstance aggravante, en l'espèce [sélectionner l'un des cas A à Z, sauf U ou V] (V1 : *N 32302.ju*) ;

V2. [préciser le cas échéant dans le cas V] : les faits ayant été commis avec **deux** autres circonstances aggravantes, en l'espèce [sélectionner deux des cas A à Z, sauf U ou V] (V2 : *N 32304.co*) ;

V3. [préciser le cas échéant dans le cas V] : les faits ayant été commis avec **trois** autres circonstances aggravantes, en l'espèce [sélectionner trois des cas A à Z, sauf U ou V] (V3 : *N 32322.cc*) ;

W. par une personne agissant en état d'ivresse manifeste (L. n° 2007-297, 5 mars 2007) (W : *N 26252.ju*) ;

X. par une personne agissant sous l'emprise manifeste de produits stupéfiants (L. n° 2007-297, 5 mars 2007) (X : *N 26323.ju*) ;

Y. « contre la victime afin de la contraindre à contracter un mariage ou à conclure une union ou en raison de son refus de contracter un mariage ou de conclure une union » [L. n° 2010-769, 9 juill. 2010] (Y : *N 27770.ju*) ;

Z. « par une personne dissimulant volontairement en tout ou en partie son visage afin de ne pas être identifiée » [L. n° 2010-201, 2 mars 2010] (Z : *N 27554.ju*).

Faits prévus et réprimés par les articles : **PERSONNES PHYSIQUES.** 222-12, 222-44, 222-45, 222-47, 222-48, 222-48-1 et 222-48-2 du code pénal (*N* [• du cas sélectionné] ou, si **deux circonstances aggravantes** : *N 20739.co* ; trois : *N 20740.co*). **PERSONNES MORALES.** 222-12 et 222-16-1 du code pénal. ✧

20.26 Violences volontaires aggravées – ITT > 8 jours – Dans une enceinte sportive ou lors d'une manifestation publique

■ PEINES

PERSONNE PHYSIQUE

PP Délit. 1. Une circonstance aggravante : 5 ans d'emprisonnement, 75 000 € (C. pén., art. 222-12).

2. Deux circonstances aggravantes : 7 ans, 100 000 €.

3. Trois circonstances aggravantes, ou cas A2 : 10 ans, 150 000 €.

4. Cas 16 et 17 : 6 ans (C. pén., art. 132-76, 132-77 et 222-11, depuis L. n° 2017-86, 27 janv. 2017, auparavant 5 ans si seule circonstance aggravante, anc[t] 222-12). Sur le concours des circonstances 16 et 17 avec des autres circonstances, v. Orienteur/Régime des peines.

PC *Idem* n° 20.22 +

1. Cas 13 : Confiscation **obligatoire** (L. n° 2012-304, 6 mars 2012, auparavant confiscation facultative) d'une ou plusieurs armes dont le condamné est propriétaire ou dont il a la libre disposition (C. pén., art. 222-44) ;

2. Cas 13 : Interdiction **obligatoire**, ⩽ 15 ans, de détention, ou de port d'arme soumise à autorisation (L. n° 2012-304, 6 mars 2012, auparavant interdiction facultative ⩽ 5 ans) (C. pén., art. 222-44).

PERSONNE MORALE

PP Délit. 1. Une circonstance aggravante : **375 000 €** (C. pén., art. 222-16-1, art. 131-38).

2. Deux circonstances aggravantes : **500 000 €**.

3. Trois circonstances aggravantes, ou cas A2 : **750 000 €**.

PC *Idem* n° 20.15.

■ ORIENTEUR

AUTRE QUALIFICATION

▪ **Violences volontaires – ITT > 8 jours.** V. n° 20.21.

▪ **Violences volontaires – ITT > 8 jours – Dans une enceinte sportive ou lors d'une manifestation publique.** V. n° 20.22.

▪ **Violences volontaires aggravées – ITT > 8 jours.** V. n° 20.25.

▪ **Violences volontaires sur les forces de sécurité intérieure (L. n° 2022-52, 24 janv. 2022).** C. pén., art. 222-14-5 I, v. n° 20.27.

▪ **Atteintes à la sécurité des manifestations sportives.** C. sport, art. L. 332-6 (incitation à la haine), L. 332-7 (port de symboles incitant à la haine), L. 332-8 (introduction d'artifice ou d'arme), L. 332-9 (jet de projectile), L. 332-10 (intrusion sur l'aire de compétition), v. n° 23.16.

▪ **Violation d'une interdiction judiciaire de stade – enceinte sportive.** V. n° 25.69.

▪ **Violation d'une mesure administrative collective ou individuelle de restriction des déplacements des supporters.** V. n° 25.70.

▪ **Alcool, ivresse publique et manifeste – Lieux publics ou stades et manifestations sportives – Délits et contraventions.** V. n° 28.16.

ÉLÉMENT LÉGAL

▪ **Définition.** • **Guet-apens.** V. orienteur n° 20.4 (C. pén., art. 132-71-1). • **Préméditation.** V. orienteur n° 20.4 (C. pén., art. 132-72).

▪ **Causes d'aggravation. Aggravation résultant de la motivation raciste ou sexiste.** *Idem* n° 20.25.

ÉLÉMENT MATÉRIEL

▪ **Médecine légale.** • **Notion d'incapacité totale de travail.** *Idem* n° 20.21.

▪ **Aggravation résultant de la motivation raciste de l'acte. Cas** 17, C. pén., art. 132-76, V. n° 20.3 et 18.9.

▪ **Aggravation résultant de la motivation sexiste de l'acte. Cas** 16, C. pén., art. 132-77, V. n° 20.3 et 18.9.

▪ **Aggravation résultant de la commission dans un local d'enseignement. Cas** 19, v. orienteur/élément matériel du n° 20.29 (Crim. 14 oct. 2020, n° 19-86.759, D).

▪ **Autres circonstances aggravantes.** Certaines **circonstances aggravantes,** théoriquement prévues par la loi mais non pertinentes dans le contexte des manifestations publiques, **ne sont pas mentionnées** (ex. coups mortels sur magistrat, avocat, conjoint...).

RÉGIME PROCÉDURAL

▪ **Obligation de communication du contrôle judiciaire à l'employeur public ou l'autorité de contrôle.** *Idem* n° 20.25 si les faits sont commis sur un mineur de 15 ans (**Cas** 1) (C. pr. pén., art. 706-47-4).

▪ **Prélèvement des empreintes génétiques** de la personne suspectée ou condamnée (C. pr. pén., art. 706-54 et 706-55 2°, v. n°s 13.23 et 13.25). Sur la **sanction** du refus de prélèvement, v. n° 25.35.

▪ **Compétence juridictionnelle. Juge unique** si peine encourue ⩽ 5 ans. Toutefois, « *pour l'appréciation du seuil de 5 ans d'emprisonnement* » au-delà duquel le juge unique est incompétent, « *il n'est pas tenu compte des aggravations* » des cas 16 (C. pén., art. 132-77) et 17 (C. pén., art. 132-76) qui élèvent le quantum à 6 ans d'emprisonnement (C. pr. pén., art. 398-1 1°, v. n° 17.15D2).

▪ **Procédure devant la juridiction criminelle. • Question de l'abolition du discernement.** *Idem* n° 20.7 (C. pén., art. 222-18-4 et C pr. pén., art. 706-139-2 issus L. n° 2022-52, 24 janv. 2022 ; sur l'irresponsabilité pénale pour cause de trouble mental, C. pén., art. 122-1, al. 1, v. n° 14.28).

▪ **Ordonnance pénale.** Exclue (C. pr. pén., art. 495-II, v. n° 15.48B1 et tableau n° 17.15D2).

▪ **CRPC.** Exclue dans les Cas A1-1 et B1-1 ou si deux circonstances aggravantes ou plus (C. pr. pén., art. 495-7). Sur le domaine de la CRPC, v. n° 15.53A.

RÉGIME DES PEINES

▪ **Période de sûreté.** Si peine ferme = 10 ans → a) de plein droit = 1/2 de la peine, ou < sur décision spéciale ; b) sur décision spéciale = 2/3 de la peine (C. pén., art. 132-23, al. 1 et 2). Sur la période de sûreté, v. n° 18.7C1.

▪ **Concours des circonstances aggravantes. Infractions à finalité raciale ou discriminatoire.** Cas 16 et 17 : v. n° 20.25

▪ **Obligation de communication de la condamnation à l'employeur public ou l'autorité de contrôle.** *Idem* n° 20.25 si les faits sont commis sur un mineur de 15 ans (**Cas** 1) (C. pr. pén., art. 706-47-4).

▪ **Peine plancher.** ~~Peine plancher applicable hors récidive : 18 mois si deux circonstances aggravantes, 2 ans si trois circonstances aggravantes ou cas A1-1 ou B1-1 (C. pén., art. 132-19-2, L. n° 2011-267, 14 mars 2011)~~ (dispositions abrogées par L. n° 2014-896, 15 août 2014).

▪ **Inéligibilité obligatoire. Inscription au bulletin n° 2. Réserve d'interprétation.** *Idem* n° 20.18.

▪ **Violences volontaires sur les forces de sécurité intérieure.** La peine complémentaire d'interdiction de stade et celle, alternative, d'interdiction du territoire, prévues par C. sport, art. L. 332-11 et L. 332-14, ne paraissent pas applicables à l'infraction de violences volontaires sur les forces de sécurité intérieure figurant au C. pén., art. 222-14-5 issue de L. n° 2022-52, 24 janv. 2022, faute de renvoi à ces nouvelles dispositions (v. n° 20.27). Il en est de même pour l'interdiction du territoire français contre l'auteur étranger si cette infraction a été commise lors du déroulement de manifestations sur la voie publique (CSI, art. L. 211-14). Il en est de même pour l'interdiction du territoire français contre l'auteur étranger si cette infraction a été commise lors du déroulement de manifestations sur la voie publique (CSI, art. L. 211-14).

▪ ÉLÉMENTS CONSTITUTIFS – QUALIFICATION

✧ Pour avoir à .... [¤ lieu], le .... [¤ date], [⇨A ou B puis 1 à 22 :]

A. dans une enceinte où se déroule une manifestation sportive ou, à l'extérieur de l'enceinte, en relation avec une manifestation sportive...

B. lors du déroulement de manifestations sur la voie publique ...

... volontairement commis des violences ayant entraîné une incapacité totale de travail supérieure à huit jours sur la personne de .... [¤ nom de la victime], avec cette (ces) circonstance(s) que les faits ont été commis [⇨1 à 22 :]

1. sur un mineur de moins de 15 ans (A1 : *N **21054.ju** ;* B1 : *N **21019.ju***) [• Préciser le cas échéant] ..., par un ascendant ou par une personne ayant autorité sur la victime (A1-1 : *N #.ju* ; B1-1 : *N #.ju*) ;

2. sur une personne qu'il (elle) savait particulièrement vulnérable en raison de son état physique ou mental (A2 : *N **21055.ju** ;* B2 : *N **21020.ju***) ;

3. sur « ~~un militaire de la gendarmerie nationale, un fonctionnaire de la police nationale, des douanes, de l'administration pénitentiaire~~ » (incrimination transférée au C pén., art. 222-14-5 depuis L. n° 2022-52, 24 janv. 2022, v. n° 20.27) – une personne dépositaire de l'autorité publique (A3 : *N **21056.ju** ;* B3 : *N **21021.ju***), dans l'exercice ou du fait de ses fonctions ;

4. « ~~sur un sapeur-pompier professionnel ou volontaire, dans l'exercice ou du fait de ses fonctions~~ » (aggravation créée par L. n° 2003-239, 18 mars 2003, art. 60, incrimination transférée au C pén., art. 222-14-5 depuis L. n° 2022-52, 24 janv. 2022, v. n° 20.27) (4 : *N **26666.ju***) ;

5. sur un gardien assermenté d'immeuble ou de groupe d'immeubles, dans l'exercice ou du fait de ses fonctions (aggravation créée par L. n° 2003-239, 18 mars 2003, art. 60) (5 : *N #.ju*) ;

6. sur un agent exerçant pour le compte d'un bailleur des fonctions de gardiennage et de surveillance d'un immeuble à usage d'habitation soumis à l'obligation de gardiennage par application de l'article

L. 127-1 du code de la construction et de l'habitation, dans l'exercice ou du fait de ses fonctions (aggravation créée par L. nº 2003-239, 18 mars 2003, art. 60) (6 : *N #.ju*) ;

7. sur le conjoint, l'ascendant, le descendant en ligne directe, ou vivant habituellement avec......... [¤ nom et fonctions de la personne exerçant une des missions protégées 3 à 6 ci-dessus], en raison des fonctions exercées par ce dernier (aggravation créée par L. nº 2003-239, 18 mars 2003, art. 20 *bis*) (7 : *N #.ju*) ;

8. une personne chargée d'une mission de service public (A8a : *N* ***21057.ju*** ; B8a : *N* ***21022.ju***) – un agent d'un exploitant de réseau de transport public de voyageurs (A8b : *N #.ju* ; B8b : *N #.ju*), dans l'exercice de ses fonctions ;

9. sur un professionnel de santé dans l'exercice de ses fonctions (aggravation créée par L. nº 2003-239, 18 mars 2003, art. 60) (9 : *N #.ju*) ;

10. par une personne – dépositaire de l'autorité publique (A10a : *N* ***21058.ju*** ; B10a : *N* ***21023.ju***) – chargée d'une mission de service public (A10b : *N* ***21059.ju*** ; B10b : *N* ***21024.ju***), dans l'exercice ou à l'occasion de l'exercice de ses fonctions ou de sa mission ;

11. en réunion (A11 : *N* ***21062.ju*** ; B11 : *N* ***21025.ju***) ;

12. avec préméditation *ou avec guet-apens* (L. nº 2007-297, 5 mars 2007) (A12 : *N* ***21063.ju*** ; B12 : *N* ***21026.ju***) ;

13. avec usage ou menace d'une arme (A13 : *N* ***21065.ju*** ; B13 : *N* ***21027.ju***) ;

14. par un majeur agissant avec l'aide ou l'assistance d'un mineur (L. nº 2002-1138, 9 sept. 2002, art. 25) (14 : *N #.ju*) ;

15. dans un moyen de transport collectif de voyageurs ou dans un lieu destiné à l'accès à un moyen de transport collectif de voyageurs (L. nº 2003-239, 18 mars 2003, art. 78) (15 : *N #.ju*) ;

16. à raison « *du sexe, de l'orientation sexuelle ou de l'identité de genre* » (L. nº 2017-86, 27 janv. 2017) [au lieu de « l'orientation « ou identité » sexuelle (L. nº 2012-954, 6 août 2012)] de la victime (L. nº 2003-239, 18 mars 2003, art. 47) (C. pén., art. 132-77 et 222-11, anc^{t} 222-12, L. nº 2017-86, 27 janv. 2017) (A16 : *N* ***26625.ju*** ; B16 : *N* ***26661.ju***) ;

17. à raison de l'appartenance ou de la non-appartenance, vraie ou supposée, de la victime à une ethnie ou une nation, une « *prétendue* » (L. nº 2017-86, 27 janv. 2017) race ou une religion déterminée (L. nº 2003-88, 3 févr. 2003, art. 5) (C. pén., art. 132-76 et 222-11, anc^{t} 222-12, L. nº 2017-86, 27 janv. 2017) (A17 : *N* ***32268.ju*** ; B17 : *N* ***32269.ju***) ;

18. dans un établissement d'enseignement ou d'éducation ou, lors des entrées ou sorties des élèves ou dans un temps très voisin de celles-ci, aux abords de cet établissement (L. nº 2007-297, 5 mars 2007) (18 : *N #.ju*) ;

19. dans un local administratif d'un établissement d'enseignement ou d'éducation ou, lors des entrées ou sorties du public ou dans un temps très voisin de celles-ci, aux abords de ce local (L. nº 2007-297, 5 mars 2007) (19 : *N #.ju*) ;

20. par une personne agissant en état d'ivresse manifeste (L. nº 2007-297, 5 mars 2007) (A20 : *N* ***26640.ju*** ; B20 : *N* ***26671.ju***) ;

21. par une personne agissant sous l'emprise manifeste de produits stupéfiants (L. nº 2007-297, 5 mars 2007) (A21 : *N* ***26643.ju*** ; B21 : *N* ***26674.ju***) ;

22. « par une personne dissimulant volontairement en tout ou en partie son visage afin de ne pas être identifiée » [L. nº 2010-201, 2 mars 2010] (A22 : *N* ***27573.ju*** ; B22 : *N* ***27574.ju***).

Faits prévus et réprimés par les articles : **PERSONNES PHYSIQUES.** 222-12, 222-44, 222-45, 222-47 et 222-48-1 du code pénal et. cas A : C. sport, art. L. 332-11 et L. 332-14 ; cas B : CSI, art. L. 211-14 (*N* [• du cas sélectionné] ou, si **deux circonstances aggravantes** : cas A : *N* ***21069.co*** ; cas B : *N* ***21029.co*** ; **trois circonstances aggravantes** : cas A : *N* ***21070.co*** ; cas B : *N* ***21030.co***). **PERSONNES MORALES.** 222-12 et 222-16-1 du code pénal. ✧

20.27 Violences volontaires sur les forces de sécurité intérieure (L. nº 2022-52, 24 janv. 2022)

■ PEINES

PERSONNE PHYSIQUE

PP Délit. Cas A : **7 ans, 100 000 €** (C. pén., art. 222-14-5, depuis L. nº 2022-52, 24 janv. 2022, auparavant 5 ans, 75 000 € (C. art. 222-12)) ;

Cas B et C : **5 ans, 75 000 €** (C. pén., art. 222-14-5, depuis L. nº 2022-52, 24 janv. 2022, auparavant 3 ans, 45 000 € (C. art. 222-13)) ;

Cas AD : **10 ans, 150 000 €** (C. pén., art. 222-14-5, depuis L. nº 2022-52, 24 janv. 2022, auparavant 7 ans, 100 000 € (C. art. 222-12)) ;

Cas BD et CD : **7 ans, 100 000 €** (C. pén., art. 222-14-5, depuis L. nº 2022-52, 24 janv. 2022, auparavant 5 ans, 75 000 € (C. art. 222-13)) ;

Cas BE et CE : **10 ans, 150 000 €** (C. pén., art. 222-14-5, depuis L. nº 2022-52, 24 janv. 2022, auparavant 7 ans, 100 000 € (C. art. 222-13)).

PC *Idem* nº 20.18, sauf interdiction du territoire (C. pén., art. 222-44, 222-45 et 222-47).

PERSONNE MORALE

PP Délit. Amende encourue égale au quintuple du montant prévu pour les personnes physiques (C. pén., art. 222-14-5 et 131-38).

PC *Idem* nº 20.15 (C. pén., art. 222-16-1).

■ ORIENTEUR

AUTRE QUALIFICATION

▪ **Atteinte à l'intégrité de la personne commise sous l'empire de substances psychoactives ayant aboli le discernement de l'auteur (L. nº 2022-52, 24 janv. 2022).** C. pén., art. 222-18-4, issu L. nº 2022-52, 24 janv. 2022, v. nº 20.14, lorsque l'état d'ivresse manifeste ou l'emprise manifeste de stupéfiants (cas D9 et D10) a entraîné l'abolition du discernement et une déclaration d'irresponsabilité pénale (sur cette qualification alternative, v. nº 14.28D).

▪ **Violences volontaires – ITT > 8 jours.** V. nº 20.21.

▪ **Violences volontaires – ITT > 8 jours – Dans une enceinte sportive ou lors d'une manifestation publique.** V. nº 20.22.

▪ **Violences volontaires aggravées – ITT > 8 jours – Dans une enceinte sportive ou lors d'une manifestation publique.** V. nº 20.26.

▪ **Violences volontaires sur l'entourage d'un membre des forces de sécurité intérieure (L. nº 2022-52, 24 janv. 2022).** C. pén., art. 222-14-5 II, v. nº 20.28.

▪ **Violences avec arme en bande organisée ou avec guet-apens sur dépositaire de l'autorité publique ou chargé de service public ou son entourage (L. nº 2007-297, 5 mars 2007).** V. nº 20.33.

▪ **Embuscade sur dépositaire de l'autorité publique ou chargé de service public (L. nº 2007-297, 5 mars 2007).** C. pén., art. 222-15-1, v. nº 20.36.

▪ **Rébellion.** C. pén., art. 433-7 et 433-8, V. nº 25.12.

▪ **Complicité par enregistrement d'image de l'infraction.** C. pén., art. 222-33-3, v. nº 35.33.

▪ **Diffusion d'image de l'infraction.** C. pén., art. 222-33-3, v. nº 35.33.

ÉLÉMENT LÉGAL

▪ **Application de la loi pénale dans le temps. • Violences contre les forces de sécurité intérieure.** La L. nº 2022-52, 24 janv. 2022, relative à la responsabilité pénale et à la sécurité intérieure, tout en aggravant les peines encourues, a érigé les violences commises contre les forces de sécurité intérieure, à savoir les militaires de la gendarmerie nationale, les militaires déployés sur le territoire national dans le cadre des réquisitions prévues au C. défense, art. L. 1321-1, les fonctionnaires de la police nationale, les agents de police municipale et gardes champêtres, les agents des douanes, les sapeurs-pompiers professionnels ou volontaires ainsi que les agents de l'administration pénitentiaire, en délit autonome prévu par le nouvel article C. pén., art. 222-14-5 I. Ces fonctions constituaient auparavant des circonstances aggravantes des violences incriminées par C. pén., art. 222-12 (ITT > 8 jours, v. nº 20.25) ou par C. pén., art. 222-13 (absence d'ITT ou ITT ⩽ 8 jours, v. nº **20.29**). Les circonstances aggravantes prévues par ces derniers articles, en ce qu'elles continuent à protéger de façon générique les personnes dépositaires de l'autorité publique (C. pén., art. 222-12 4° et 222-132 4°, mod. par L. nº 2022-52, 24 janv. 2022), ne concernent plus les forces de sécurité intérieure précitées, désormais spécialement protégées par C. pén., art. **222-14-5**. • **Violences contre l'entourage des forces de sécurité intérieure.** La L. nº 2022-52, 24 janv. 2022, tout en aggravant les peines encourues, a également érigé les violences commises contre l'entourage des membres des forces de sécurité intérieure précitées en délit autonome prévu par le nouvel article C. pén., art. **222-14-5 II**, selon les précisions apportées au nº **20.28**.

▪ **Définition.** • **Guet-apens.** V. orienteur nº **20.4** (C. pén., art. 132-71-1). • **Préméditation.** V. orienteur nº **20.4** (C. pén., art. 132-72).

ÉLÉMENT MATÉRIEL

▪ **Médecine légale.** • **Notion d'incapacité totale de travail.** *Idem* nº **20.21**.

▪ **Aggravation résultant de la commission dans un local d'enseignement. Cas D5**, v. orienteur/élément matériel du nº **20.29** (Crim. 14 oct. 2020, nº 19-86.759, D).

▪ **Violences psychologiques.** *Idem* nº **20.21** (C. pén., art. 222-14-3).

ÉLÉMENT INTENTIONNEL

▪ **Dol spécial.** La **qualité de la victime** doit être apparente ou connue de l'auteur (C. pén., art. 222-14-5).

▪ **Altération du discernement.** Cas **D9** et **D10** : la diminution de peine prévue par C. pén., art. 122-1, al. 2 en cas d'altération du discernement n'est pas applicable lorsque « *cette altération résulte d'une consommation volontaire, de façon illicite ou manifestement excessive, de substances psycho-actives* » (C. pén., art. 122-1-2, issu L. nº 2022-52, 24 janv. 2022, sur l'altération du discernement, v. nº **14.29**).

RÉGIME PROCÉDURAL

▪ **Compétence juridictionnelle. Juge unique** si peine encourue ⩽ 5 ans (Cas **B** et **C** sans circonstance aggravante) (C. pr. pén., art. 398-1 1°, mod. par L. nº 2022-52, 24 janv. 2022, v. nº **17.15D2**).

▪ **Ordonnance pénale. Exclue** (C. pr. pén., art. 495-II, v. nº **15.48B1** et tableau nº **17.15D2**).

▪ **CRPC.** Possible dans les **cas B** et **C** sans circonstance aggravante, **exclue** dans les cas où la peine encourue > 5 ans (C. pr. pén., art. 495-7). Sur le domaine de la CRPC, v. nº **15.53A**.

▪ **Prélèvement des empreintes génétiques** de la personne suspectée ou condamnée (C. pr. pén., art. 706-54 et 706-55 2°, v. nºs **13.23** et **13.25**). Sur la **sanction** du refus de prélèvement, v. nº **25.35**.

RÉGIME DES PEINES

▪ **Période de sûreté.** Encourue si la peine encourue est ⩾ 10 ans (**cas AD**, **BE** et **CE**) : si peine ferme = 10 ans ⟶ a) de plein droit = 1/2 de la peine, ou < sur décision spéciale ; b) sur décision spéciale = 2/3 de la peine (C. pén., art. 132-23, al. 1 et 2 et 222-14-5 III). Sur la période de sûreté, v. nº **18.7C1**.

▪ **Inéligibilité obligatoire. Inscription au bulletin nº 2. Réserve d'interprétation.** *Idem* nº **20.18** (C. pén., art. 131-26-2, mod. par L. nº 2022-52, 24 janv. 2022).

▪ **Régime spécifique des réductions de peine.** Depuis L. nº 2021-646, 25 mai 2021, le dispositif de droit commun du crédit de réduction de peine (CRP) prévu par C. pr. pén., art. 721 n'est pas applicable à la personne condamnée pour des violences aggravées ayant entraîné une ITT > 8 jours prévues par C. pén., art. **222-12** commis sur une personne dépositaire de l'autorité publique, selon les précisions apportées au nº **18.10C4** (C. pr. pén., art. 721-1-2 issu L. nº 2021-646, 25 mai 2021). Depuis L. nº 2021-1729, 22 déc. 2021, abrogeant le régime du crédit de réduction de peine, le quantum maximum de la réduction de peine est limité en cas de condamnation pour les mêmes faits lorsqu'ils sont commis sur une personne dépositaire de l'autorité publique, selon les précisions apportées au nº **18.10E5** (C. pr. pén., art. 721-1-2 réécrit par L. nº 2021-1729, 22 déc. 2021, applicable le 24 déc. 2021).

▪ **Faits commis lors d'une manifestation sportive ou publique.** La peine complémentaire d'interdiction de stade et celle qui lui est alternative d'interdiction du territoire, prévues par C. sport, art. L. 332-11 et L. 332-14, lorsque les faits sont commis dans une enceinte où se déroule une manifestation sportive, ou, à l'extérieur de l'enceinte, en relation directe avec une manifestation sportive, ne paraissent pas, faute de renvoi à ces nouvelles dispositions, applicables à l'infraction de violences volontaires sur les forces de sécurité intérieure figurant au C. pén., art. 222-14-5. Il en est de même pour l'interdiction du territoire français contre l'auteur étranger si les faits ont été commis lors du déroulement de manifestations sur la voie publique (CSI, art. L. 211-14).

■ ÉLÉMENTS CONSTITUTIFS – QUALIFICATION

✧ Pour avoir à .... [¤ lieu], le .... [¤ date], alors qu'il connaissait la qualité de la victime ou qu'elle était apparente, du fait des fonctions de la victime ou alors qu'elle était dans l'exercice de ses fonctions, volontairement commis des violences [⇨A à C puis 1 à 7, puis le cas échéant D, ou E dans les seuls **cas** B et C :]

A. ayant entraîné une incapacité totale de travail **supérieure à huit jours** sur la personne de .... [¤ nom de la victime], [⇨1 à 7 puis le cas échéant D :]

B. ayant entraîné une incapacité totale de travail **inférieure ou égale à huit jours** sur la personne de .... [¤ nom de la victime], [⇨1 à 7 puis le cas échéant D ou E :]

C. n'ayant **pas entraîné d'incapacité** totale de travail sur la personne de .... [¤ nom de la victime], [⇨1 à 7 puis le cas échéant D, ou E :]

1. militaire de la gendarmerie nationale (A1 : *N 34411.co* ; B1 : *N 34417.ju* ; C1 : *N 34423.ju*) ;

2. militaire déployé sur le territoire national dans le cadre des réquisitions prévues à l'article L. 1321-1 du code de la défense (A2 : *N 34412.co* ; B2 : *N 34418.ju* ; C2 : *N 34424.ju*) ;

3. fonctionnaire de la police nationale (A3 : *N 34413.co* ; B3 : *N 34419.ju* ; C3 : *N 34425.ju*) ;

4. agent de police municipale ou garde champêtre (A4 : *N 34414.co* ; B4 : *N 34420.ju* ; C4 : *N 34426.ju*) ;

5. agent des douanes (A5 : *N 34415.co* ; B5 : *N 34421.ju* ; C5 : *N 34427.ju*) ;

6. sapeur-pompier professionnel ou volontaire (A6 : *N 23975.co* ; B6 : *N 23974.ju* ; C6 : *N 23978.ju*) ;

7. agent de l'administration pénitentiaire (A7 : *N 34416.co* ; B7 : *N 34422.ju* ; C7 : *N 34428.ju*) ;

D. [• préciser le cas échéant dans les **cas** A à C :] les faits ayant été commis avec **une circonstance aggravante**, en l'espèce [⇨D1 à D10 :] (A1D : *N 34429.co* ; A2D : *N 34430.co* ; A3D : *N 34431.co* ; A4D : *N 34432.co* ; A5D : *N 34433.co* ; A6D : *N 34442.co* ; A7D : *N 34434.co* ; B1D : *N 34435.co* ; B2D : *N 34436.co* ; B3D : *N 34437.co* ; B4D : *N 34438.co* ; B5D : *N 34439.co* ; B6D : *N 34443.co* ; B7D : *N 34440.co* ; C1D : *N 34451.co* ; C2D : *N 34452.co* ; C3D : *N 34453.co* ; C4D : *N 34454.co* ; C5D : *N 34455.co* ; C6D : *N 34457.co* ; C7D : *N 34456.co*)

D1. en réunion ;

D2. avec préméditation ou avec guet-apens ;

D3. avec usage ou menace d'une arme ;

D4. dans un établissement d'enseignement ou d'éducation ou, lors des entrées ou sorties des élèves ou dans un temps très voisin de celles-ci, aux abords de cet établissement ;

D5. dans un local administratif d'un établissement d'enseignement ou d'éducation ou, lors des entrées ou sorties du public ou dans un temps très voisin de celles-ci, aux abords de ce local ;

D6. par un majeur agissant avec l'aide ou l'assistance d'un mineur ;

D7. dans un moyen de transport collectif de voyageurs ;

D8. dans un lieu destiné à l'accès à un moyen de transport collectif de voyageurs ;

D9. par une personne agissant en état d'ivresse manifeste ;

D10. par une personne agissant sous l'emprise manifeste de produits stupéfiants ;

E. [• préciser le cas échéant dans les seuls **cas** B et C :] les faits ayant été commis avec **deux circonstances aggravantes**, en l'espèce [sélectionner **deux** circonstances aggravantes D1 à D10 :] (B1e : *N 34444.co* ; B2e : *N 34445.co* ; B3e : *N 34446.co* ; B4e : *N 34447.co* ; B5e : *N 34448.co* ; B6e : *N 34450.co* ; B7e : *N 34449.co* ; C1e : *N 34458.co* ; C2e : *N 34459.co* ; C3e : *N 34460.co* ; C4e : *N 34461.co* ; C5e : *N 34462.co* ; C6e : *N 34463.co* ; C7e : *N 34464.co*) ;

Faits prévus et réprimés par les articles : **PERSONNES PHYSIQUES.** 222-14-5, 222-44, 222-45, 222-47 du code pénal. **PERSONNES MORALES.** 222-14-5 et 222-16-1 du code pénal. ✧

20.28 Violences volontaires sur l'entourage d'un membre des forces de sécurité intérieure (L. nº 2022-52, 24 janv. 2022)

▪ PEINES

PERSONNE PHYSIQUE

PP Délit. Cas A : 7 ans, 100 000 € (C. pén., art. 222-14-5, depuis L. nº 2022-52, 24 janv. 2022, auparavant 5 ans, 75 000 € (C. art. 222-12)) ;

Cas B et C : 5 ans, 75 000 € (C. pén., art. 222-14-5, depuis L. nº 2022-52, 24 janv. 2022, auparavant 3 ans, 45 000 € (C. art. 222-13)) ;

Cas AD : 10 ans, 150 000 € (C. pén., art. 222-14-5, depuis L. nº 2022-52, 24 janv. 2022, auparavant 7 ans, 100 000 € (C. art. 222-12)) ;

Cas BD et CD : 7 ans, 100 000 € (C. pén., art. 222-14-5, depuis L. nº 2022-52, 24 janv. 2022, auparavant 5 ans, 75 000 € (C. art. 222-13)) ;

Cas BE et CE : 10 ans, 150 000 € (C. pén., art. 222-14-5, depuis L. nº 2022-52, 24 janv. 2022, auparavant 7 ans, 100 000 € (C. art. 222-13)).

PC *Idem* nº 20.18, sauf interdiction du territoire (C. pén., art. 222-44, 222-45 et 222-47).

PERSONNE MORALE

PP Délit. Amende encourue égale au quintuple du montant prévu pour les personnes physiques (C. pén., art. 222-14-5 et 131-38).

PC *Idem* nº 20.15 (C. pén., art. 222-16-1).

▪ ORIENTEUR

AUTRE QUALIFICATION

▪ **Atteinte à l'intégrité de la personne commise sous l'empire de substances psychoactives ayant aboli le discernement de l'auteur (L. nº 2022-52, 24 janv. 2022).** C. pén., art. 222-18-4, issu L. nº 2022-52, 24 janv. 2022, v. nº 20.14, lorsque l'état d'ivresse manifeste ou l'emprise manifeste de stupéfiants (cas D9 et D10) a entraîné l'abolition du discernement et une déclaration d'irresponsabilité pénale (sur cette qualification alternative, v. nº 14.28D).

▪ **Violences volontaires – ITT > 8 jours.** V. nº 20.21.

▪ **Violences volontaires – ITT > 8 jours – Dans une enceinte sportive ou lors d'une manifestation publique.** V. nº 20.22.

▪ **Violences volontaires aggravées – ITT > 8 jours – Dans une enceinte sportive ou lors d'une manifestation publique.** V. nº 20.26.

▪ **Violences volontaires sur les forces de sécurité intérieure (L. nº 2022-52, 24 janv. 2022).** C. pén., art. 222-14-5 I, v. nº 20.27.

▪ **Violences avec arme en bande organisée ou avec guet-apens sur dépositaire de l'autorité publique ou chargé de service public ou son entourage (L. nº 2007-297, 5 mars 2007).** C. pén., art. 222-14-1, v. nº 20.33.

▪ **Embuscade sur dépositaire de l'autorité publique ou chargé de service public (L. nº 2007-297, 5 mars 2007).** L'incrimination prévue par C. pén., art. 222-15-1 (v. nº 20.36) s'applique également à l'entourage des personnes dépositaires de l'autorité publique ou chargées de service public.

▪ **Complicité par enregistrement d'image de l'infraction.** C. pén., art. 222-33-3, v. nº 35.33.

▪ **Diffusion d'image de l'infraction.** C. pén., art. 222-33-3, v. nº 35.33.

ÉLÉMENT LÉGAL

▪ **Application de la loi pénale dans le temps.** La L. nº 2022-52, 24 janv. 2022, relative à la responsabilité pénale et à la sécurité intérieure, tout en aggravant les peines encourues, a érigé les violences commises contre l'entourage des membres des forces de sécurité intérieure, à savoir des militaires de la gendarmerie nationale, des militaires déployés sur le territoire national dans le cadre des réquisitions prévues au C. défense, art. L. 1321-1, des fonctionnaires de la police nationale, des agents de police municipale et gardes champêtres, des agents des douanes, des sapeurs-pompiers professionnels ou volontaires ainsi que des agents de l'administration pénitentiaire, en délit autonome prévu par le nouvel article C. pén., art. 222-14-5 II. Ces faits constituaient auparavant des circonstances aggravantes des violences incriminées par C. pén., art. 222-12 (ITT >

8 jours, v. nº **20.25**) ou par C. pén., art. **222-13** (absence d'ITT ou ITT ⩽ 8 jours, v. nº **20.29**). Les circonstances aggravantes prévues par ces derniers articles, en ce qu'elles continuent à protéger de façon générique les membres de l'entourage des personnes dépositaires de l'autorité publique (C. pén., art. 222-12 4° et 222-132 4°, mod. par L. nº 2022-52, 24 janv. 2022), ne concernent plus l'entourage des forces de sécurité intérieure précitées, désormais spécialement protégées par C. pén., art. **222-14-5 II**.

▪ **Champ d'application.** La L. nº 2022-52, 24 janv. 2022, a étendu l'incrimination aux violences commises « *dans l'exercice ou du fait de ses fonctions sous l'autorité* [des membres des forces de sécurité intérieure visés par C. pén., art. 222-14-5], *sur une personne affectée dans les services de police nationale ou de gendarmerie nationale, de police municipale ou de l'administration pénitentiaire et dont la qualité est apparente ou connue de l'auteur* » (C. pén., art. 222-14-5 II 2°). Ces dispositions entendent ainsi également protéger, du fait de leurs fonctions, le personnel administratif des forces de sécurité intérieure, à l'exclusion du personnel administratif travaillant sous l'autorité des services des douanes et des pompiers.

▪ **Définition. • Guet-apens.** V. orienteur nº **20.4** (C. pén., art. 132-71-1). • **Préméditation.** V. orienteur nº **20.4** (C. pén., art. 132-72).

ÉLÉMENT MATÉRIEL

▪ **Médecine légale. • Notion d'incapacité totale de travail.** *Idem* nº **20.21**.

▪ **Aggravation résultant de la commission dans un local d'enseignement. Cas D5**, v. orienteur/élément matériel du nº **20.29** (Crim. 14 oct. 2020, nº 19-86.759, D).

▪ **Violences psychologiques.** *Idem* nº **20.21** (C. pén., art. 222-14-3).

ÉLÉMENT INTENTIONNEL

▪ **Dol spécial.** La **qualité de la victime** doit être apparente ou connue de l'auteur (C. pén., art. 222-14-5).

▪ **Altération du discernement. Cas D9** et **D10** : la diminution de peine prévue par C. pén., art. 122-1, al. 2 en cas d'altération du discernement n'est pas applicable lorsque « *cette altération résulte d'une consommation volontaire, de façon illicite ou manifestement excessive, de substances psycho-actives* » (C. pén., art. 122-1-2, issu L. nº 2022-52, 24 janv. 2022, sur l'altération du discernement, v. nº **14.29**).

RÉGIME PROCÉDURAL

▪ **Compétence juridictionnelle. Juge unique** si peine encourue ⩽ 5 ans (Cas **B** et **C** sans circonstance aggravante) (C. pr. pén., art. 398-1 1°, mod. par L. nº 2022-52, 24 janv. 2022, v. nº **17.15D2**).

▪ **Ordonnance pénale. Exclue** (C. pr. pén., art. 495-II, v. nº **15.48B1** et tableau nº **17.15D2**).

▪ **CRPC.** Possible dans les **cas B** et **C** sans circonstance aggravante, **exclue** dans les cas où la peine encourue > 5 ans (C. pr. pén., art. 495-7). Sur le domaine de la CRPC, v. nº **15.53A**.

▪ **Prélèvement des empreintes génétiques** de la personne suspectée ou condamnée (C. pr. pén., art. 706-54 et 706-55 2°, v. nºs **13.23** et **13.25**). Sur la **sanction** du refus de prélèvement, v. nº **25.35**.

RÉGIME DES PEINES

▪ **Période de sûreté.** Encourue si la peine encourue est ⩾ 10 ans (**cas AD**, **BE** et **CE**) : si peine ferme = 10 ans ⟶ a) de plein droit = 1/2 de la peine, ou < sur décision spéciale ; b) sur décision spéciale = 2/3 de la peine (C. pén., art. 132-23, al. 1 et 2 et 222-14-5 III). Sur la période de sûreté, v. nº **18.7C1**.

▪ **Inéligibilité obligatoire. Inscription au bulletin nº 2. Réserve d'interprétation.** *Idem* nº **20.18** (C. pén., art. 131-26-2, mod. par L. nº 2022-52, 24 janv. 2022).

▪ **Régime spécifique des réductions de peine.** Depuis L. nº 2021-646, 25 mai 2021, le dispositif de droit commun du crédit de réduction de peine (CRP) prévu par C. pr. pén., art. 721 n'est pas applicable à la personne condamnée pour des violences aggravées ayant entraîné une ITT > 8 jours prévues par C. pén., art. **222-12** commis sur une personne dépositaire de l'autorité publique, selon les précisions apportées au nº **18.10C4** (C. pr. pén., art. 721-1-2 issu L. nº 2021-646, 25 mai 2021). Depuis L. nº 2021-1729, 22 déc. 2021, abrogeant le régime du crédit de réduction de peine, le quantum maximum de la réduction de peine est limité en cas de condamnation pour les mêmes faits lorsqu'ils sont commis sur une personne dépositaire de l'autorité publique, selon les précisions apportées au nº 18.10E5 (C. pr. pén., art. 721-1-2 réécrit par L. nº 2021-1729, 22 déc. 2021, applicable le 24 déc. 2021).

■ **ÉLÉMENTS CONSTITUTIFS – QUALIFICATION**

✧ Pour avoir à .... [¤ lieu], le .... [¤ date], volontairement commis des violences [⇨A à C puis 1 à 7, puis le cas échéant D, ou E dans les seuls **cas** B et C :]

A. ayant entraîné une incapacité totale de travail **supérieure à huit jours** sur la personne de .... [¤ nom de la victime], conjoint, ascendant, descendant en ligne directe ou vivant habituellement au domicile de .... [¤ nom du membre des forces de sécurité dont la victime est dans l'entourage], en raisons de fonctions exercées par ce dernier de [⇨1 à 7 puis le cas échéant D :]

B. ayant entraîné une incapacité totale de travail **inférieure ou égale à huit jours** sur la personne de .... [¤ nom de la victime], conjoint, ascendant, descendant en ligne directe ou vivant habituellement au domicile de .... [¤ nom du membre des forces de sécurité dont la victime est dans l'entourage], en raisons de fonctions exercées par ce dernier de [⇨1 à 7 puis le cas échéant D ou E :]

C. n'ayant **pas entraîné d'incapacité** totale de travail sur la personne de .... [¤ nom de la victime], conjoint, ascendant, descendant en ligne directe ou vivant habituellement au domicile de .... [¤ nom du membre des forces de sécurité dont la victime est dans l'entourage], en raisons de fonctions exercées par ce dernier de [⇨1 à 7 puis le cas échéant D, ou E :]

1. militaire de la gendarmerie nationale (A1 : *N 34491.co* ; B1 : *N 34495.ju* ; C1 : *N 34499.ju*) ;

2. militaire déployé sur le territoire national dans le cadre des réquisitions prévues à l'article L. 1321-1 du code de la défense (A2 : *N #.co* ; B2 : *N #.ju* ; C2 : *N #.ju*) ;

3. fonctionnaire de la police nationale (A3 : *N 34492.co* ; B3 : *N 34496.ju* ; C3 : *N 34500.ju*) ;

4. agent de police municipale ou garde champêtre (A4 : *N 34493.co* ; B4 : *N 34497.ju* ; C4 : *N 34501.ju*) ;

5. agent des douanes (A5 : *N #.co* ; B5 : *N #.ju* ; C5 : *N #.ju*) ;

6. sapeur-pompier professionnel ou volontaire (A6 : *N 24048.co* ; B6 : *N 24038.ju* ; C6 : *N 24039.ju*) ;

7. agent de l'administration pénitentiaire (A7 : *N 34494.co* ; B7 : *N 34498.ju* ; C7 : *N 34502.ju*) ;

D. [• préciser le cas échéant dans les **cas** A à C :] les faits ayant été commis avec **une circonstance aggravante**, en l'espèce [⇨D1 à D10 :] (AD : *N #.co* ; BD : *N #.co* ; CD : *N #.co*)

D1. en réunion ;

D2. avec préméditation ou avec guet-apens ;

D3. avec usage ou menace d'une arme ;

D4. dans un établissement d'enseignement ou d'éducation ou, lors des entrées ou sorties des élèves ou dans un temps très voisin de celles-ci, aux abords de cet établissement ;

D5. dans un local administratif d'un établissement d'enseignement ou d'éducation ou, lors des entrées ou sorties du public ou dans un temps très voisin de celles-ci, aux abords de ce local ;

D6. par un majeur agissant avec l'aide ou l'assistance d'un mineur ;

D7. dans un moyen de transport collectif de voyageurs ;

D8. dans un lieu destiné à l'accès à un moyen de transport collectif de voyageurs ;

D9. par une personne agissant en état d'ivresse manifeste ;

D10. par une personne agissant sous l'emprise manifeste de produits stupéfiants ;

E. [• préciser le cas échéant dans les seuls **cas** B et C :] les faits ayant été commis avec **deux circonstances aggravantes**, en l'espèce [sélectionner **deux** circonstances aggravantes D1 à D10 :] (AD : *N #.co* ; BD : *N #.co* ; CD : *N #.co*).

Faits prévus et réprimés par les articles : **PERSONNES PHYSIQUES.** 222-14-5, 222-44, 222-45, 222-47 du code pénal. **PERSONNES MORALES.** 222-14-5 et 222-16-1 du code pénal. ✧

20.29 Violences volontaires aggravées – Sans ITT ou ITT ⩽ 8 jours

■ **PEINES**

PERSONNE PHYSIQUE

PP Délit. 1. Une circonstance aggravante : 3 ans d'emprisonnement, 45 000 € (C. pén., art. 222-13).

2. Deux circonstances aggravantes + ITT, ou cas A2, *Abis* et L2 : 5 ans d'emprisonnement, 75 000 €.

3. Trois circonstances aggravantes + ITT : 7 ans d'emprisonnement, 100 000 €.

PC 1. *Idem* n° 20.21, sauf interdiction du territoire (**PC** n° 16), mais + :

2. Cas 1A2, 2A2 et L : suivi socio-judiciaire si l'infraction est commise soit par le conjoint, le concubin ou le partenaire lié à la victime par un Pacs, ou par son ancien conjoint, concubin ou partenaire lié à elle par un Pacs, soit, sur un mineur de quinze ans, par un ascendant ou toute autre personne ayant autorité sur la victime. **Peine obligatoire** en cas de violences habituelles, sauf en cas de condamnation à une peine d'emprisonnement assortie du sursis probatoire (anc[t] sursis avec mise à l'épreuve) ou si la juridiction considère, par décision spécialement motivée, qu'il n'y a pas lieu de prononcer cette mesure (C. pén., art. 222-48-1 [mod L. n° 2007-297, 5 mars 2007], 131-36-1 à 131-36-13) ;

3. Cas L : Obligation, ⩽ 5 000 €, de remboursement du prêt alloué à la victime au titre de l'aide universelle d'urgence (CASF, art. L. 214-9, issu L. n° 2023-140, 28 févr. 2023, sur cette aide, v. n° 16.5D3), peine complémentaire obligatoire, sauf dispense motivée (C. pén., art. 222-44-1, issu L. n° 2023-140, 28 févr. 2023).

4. Cas P : Confiscation **obligatoire** (depuis L. n° 2012-304, 6 mars 2012, auparavant confiscation facultative) d'une ou plusieurs armes dont le condamné est propriétaire ou dont il a la libre disposition (C. pén., art. 222-44) ;

5. Cas P : Interdiction **obligatoire**, ⩽ 15 ans, de détention, ou de port d'arme soumise à autorisation (depuis L. n° 2012-304, 6 mars 2012, auparavant interdiction facultative ⩽ 5 ans) (C. pén., art. 222-44) ;

6. Cas Y : Interdiction ⩽ 5 ans de quitter le territoire de la République (C. pén., art. 222-47, L. n° 2013-711, 5 août 2013) ;

7. Cas H1 : Interdiction « **obligatoire** » (depuis L. n° 2019-1428, 24 déc. 2019) de se présenter à l'examen du permis de conduire ⩽ 3 ans, sauf dispense spécialement motivée, si les faits sont commis « *contre un inspecteur du permis de conduire et de la sécurité routière dans l'exercice ou à l'occasion de l'exercice de ses fonctions* » (C. route, art. L. 211-1).

PERSONNE MORALE

PP Délit. 1. Une circonstance aggravante : 225 000 € (C. pén., art. 222-16-1, 131-38).

2. Deux circonstances aggravantes + ITT, ou, si faits commis sur mineur de moins de 15 ans par ascendant ou personne ayant autorité : 375 000 €.

3. Trois circonstances aggravantes + ITT : 500 000 €.

PC *Idem* n° 20.15.

■ **ORIENTEUR**

AUTRE QUALIFICATION

▪ Violences volontaires – ITT ⩽ 8 jours. V. n° 20.23.

▪ Violences – Sans ITT. V. n° 20.24.

▪ Violences volontaires aggravées – Sans ITT ou ITT ⩽ 8 jours – Dans une enceinte sportive ou lors d'une manifestation publique. V. n° 20.30.

▪ Violences volontaires sur les forces de sécurité intérieure (L. n° 2022-52, 24 janv. 2022). C. pén., art. 222-14-5 I, v. n° 20.27.

▪ Violences volontaires sur l'entourage d'un membre des forces de sécurité intérieure (L. n° 2022-52, 24 janv. 2022). C. pén., art. 222-14-5 II, v. n° 20.28.

▪ Violences volontaires sur l'entourage d'un membre des forces de sécurité intérieure (L. n° 2022-52, 24 janv. 2022). C. pén., art. 222-14-5 II, v. n° 20.28.

▪ **Violences avec arme en bande organisée ou avec guet-apens sur dépositaire de l'autorité publique ou chargé de service public ou son entourage (L. n° 2007-297, 5 mars 2007).** V. n° 20.33.

▪ **Embuscade sur dépositaire de l'autorité publique ou chargé de service public (L. n° 2007-297, 5 mars 2007).** C. pén., art. 222-15-1, v. n° 20.36.

▪ **Rébellion.** C. pén., art. 433-7 et 433-8, V. n° 25.12.

▪ **Complicité par enregistrement d'image de l'infraction.** C. pén., art. 222-33-3, v. n° 35.33.

▪ **Diffusion d'image de l'infraction.** V. n° 35.33.

ÉLÉMENT LÉGAL

▪ **Application de la loi dans l'espace. Cas Y,** si le délit est commis à l'étranger à l'encontre d'une personne résidant habituellement sur le territoire français, la loi française est applicable par dérogation à C. pén., art. 113-7 (v. n° 10.5B) (C. pén., art. 222-16-3, L. n° 2010-769, 9 juill. 2010). La poursuite ne peut être exercée que par le ministère public, mais, par dérogation à C. pén., art. 113-8, la plainte de la victime ou de ses ayants droit ou une dénonciation officielle de l'autorité du pays où le fait a été commis n'est pas nécessaire (C. pén., art. 222-16-3) ;

▪ **Application de la loi dans le temps. • Cas A*bis* et L2** : circonstances aggravantes créées par L. n° 2018-703, 3 août 2018. **• Cas D6 et M3** : aggravations créées par L. n° 2021-646, 25 mai 2021. **• Violences contre les forces de sécurité intérieure.** La L. n° 2022-52, 24 janv. 2022, relative à la responsabilité pénale et à la sécurité intérieure, en aggravant les peines encourues, a érigé les violences commises contre les forces de sécurité intérieure (militaires de la gendarmerie nationale ou déployés dans le cadre des réquisitions prévues au C. défense, art. L. 1321-1, fonctionnaires de la police nationale, agents de police municipale et gardes champêtres, agents des douanes, sapeurs-pompiers professionnels ou volontaires, agents de l'administration pénitentiaire), en délit autonome prévu par le nouvel article C. pén., art. 222-14-5 I. La circonstance aggravante de faits commis sur une personne dépositaire de l'autorité publique, maintenue au C. pén., art. 222-13 4° mod. par L. n° 2022-52, 24 janv. 2022, exclut les forces de sécurité intérieure précitées, désormais spécialement protégées par C. pén., art. 222-14-5 I (v. n° 20.27). **• Violences contre l'entourage des forces de sécurité intérieure.** La L. n° 2022-52, 24 janv. 2022, tout en aggravant les peines encourues, a érigé les violences commises contre l'entourage des membres des forces de sécurité intérieure précitées en délit autonome prévu par le nouvel article C. pén., art. 222-14-5 II. Ces faits constituaient auparavant des circonstances aggravantes des violences incriminées par C. pén., art. 222-12 (ITT > 8 jours, v. n° 20.25) ou par C. pén., art. 222-13 (absence d'ITT ou ITT ⩽ 8 jours, v. n° 20.29). Les circonstances aggravantes prévues par ces derniers articles, en ce qu'elles continuent à protéger de façon générique les membres de l'entourage des personnes dépositaires de l'autorité publique (C. pén., art. 222-12 4° et 222-12 4°*ter*, 222-132 4° et 222-132 4°*ter*, mod. par L. n° 2022-52, 24 janv. 2022), ne concernent plus l'entourage des forces de sécurité intérieure précitées, désormais spécialement protégées par C. pén., art. 222-14-5 II (v. n° 20.28).

▪ **Définition. • Guet-apens.** V. orienteur n° 20.4 (C. pén., art. 132-71-1). **• Préméditation.** V. orienteur n° 20.4 (C. pén., art. 132-72).

▪ **Causes d'aggravation. • Finalité raciste ou sexiste.** Les causes générales d'aggravation des peines en cas d'infraction à finalité raciste ou sexiste créées par L. n° 2017-86, 27 janv. 2017 (C. pén., art. 132-76 et 132-77°) (v. n° 18.9) ne sont pas applicables à cette infraction. Les circonstances aggravantes des cas U et V relèvent donc des peines fixées au C. pén., art. 222-13. **• Circonstance de réunion.** Retient à bon droit la circonstance de réunion la décision qui retient que l'auteur « *a agi "sur l'instigation expresse"* » d'une autre personne, non identifiée de manière formelle, « *qui se tenait alors à ses côtés, les bras croisés* » (Crim. 16 déc. 2020, n° 19-86.798, D). Il en est de même lorsque les violences sont commises, à l'occasion d'un mouvement social, « *durant le temps de séquestration* » de cadres de l'entreprise par d'autres personnes, « *action à laquelle ils adhéraient* » (Crim. 24 janv. 2018, n° 17-80.940, D).

TEXTE DE RÉFÉRENCE

▪ **Violences éducatives. Cas A2 et A*bis*** : « *L'autorité parentale s'exerce sans violences physiques ou psychologiques* » (C. civ., art. 371-1, mod. par L. n° 2019-721, 10 juill. 2019).

ÉLÉMENT MATÉRIEL

▪ **Médecine légale. • Notion d'incapacité totale de travail.** *Idem* n° 20.21.

▪ **Aggravation résultant de la motivation sexiste de l'acte.** V. n° 20.3.

▪ **Aggravation résultant de la motivation raciste de l'acte.** V. n° 20.3.

▪ **Aggravation résultant de la qualité de conjoint ou de concubin de la victime.** Cas L : *idem* Orienteur/élément matériel n° 20.3 (C. pén., art. 132-80).

▪ **Aggravation résultant de la commission dans un local d'enseignement.** Cas *Qbis* : l'expression « *dans les locaux de l'administration* » prévue par C. pén., art. 222-13 11°, s'entend exclusivement des locaux administratifs des établissements d'enseignement et d'éducation et non des locaux administratifs pouvant dépendre d'autres administrations (Crim. 14 oct. 2020, n° 19-86.759, D).

▪ **Violences psychologiques.** *Idem* n° 20.21 (C. pén., art. 222-14-3).

RÉGIME PROCÉDURAL

▪ **Compétence juridictionnelle. Juge unique** si peine encourue ⩽ 5 ans (C. pr. pén., art. 398-1 1°, v. n° 17.15D2).

▪ **Ordonnance pénale. Exclue** (C. pr. pén., art. 495-II, v. n° 15.48B1 et tableau n° 17.15D2).

▪ **Prélèvement des empreintes génétiques** de la personne suspectée ou condamnée (C. pr. pén., art. 706-54 et 706-55 2°, v. n°s 13.23 et 13.25). Sur la **sanction** du refus de prélèvement, v. n° 25.35.

▪ **Alimentation du Redex.** Cas 1A2, 2A2 et L : centralisation des examens de personnalité au fichier Redex à tous les stades de la procédure (C. pr. pén., art. 706-56-2) (v. n° 13.41).

▪ **CRPC. Exclue** si **trois** circonstances aggravantes ou plus (C. pr. pén., art. 495-7). Sur le domaine de la CRPC, v. n° 15.53A.

MESURE ADMINISTRATIVE

▪ **Interdiction préfectorale provisoire de se présenter à l'examen du permis de conduire.** Cas H1 : si les faits sont commis à l'encontre d'un inspecteur du permis de conduire et de la sécurité routière ou d'un examinateur, *idem* n° 20.25 (C. route, art. L. 211-1 A, issu L. n° 2019-1428, 24 déc. 2019 ; C. route, art. R. 211-7, issu D. n° 2020 605, 18 mai 2020).

MESURE CIVILE

▪ **Ordonnance de protection.** Sur **l'ordonnance de protection** et les obligations pouvant être imposées par le juge civil au **conjoint violent**, v. n° 16.4.

▪ **Retrait de l'autorité parentale.** *Idem* n° 20.7 (C. pén., art. 222-48-2, L. n° 2014-873, 4 août 2014, mod. par L. n° 2016-297, 14 mars 2016 et L. n° 2019-1480, 28 déc. 2019).

▪ **Retrait du droit à pension du conjoint survivant auteur des faits.** *Idem* n° 20.1 (CSS, art. L. 342-1-1 et L. 353-1-1 ; C. rur., art. L. 732-41-1 et L. 732-62 ; C. pens. civ. mil., art. L. 38-1 ; dispositions issues de L. n° 2019-1480, 28 déc. 2019).

RÉGIME DES PEINES

▪ **Peine plancher.** ~~Peine plancher de 18 mois applicable hors récidive si trois circonstances aggravantes (C. pén., art. 132-19-2, L. n° 2011-267, 14 mars 2011)~~ (dispositions abrogées par L. n° 2014-896, 15 août 2014).

▪ ÉLÉMENTS CONSTITUTIFS – QUALIFICATION

✧ Pour avoir à .... [¤ lieu], le .... [¤ date], volontairement commis des violences n'ayant pas entraîné [⇨1 ou 2 puis A à Z :]

1. une incapacité de travail supérieure à huit jours...

2. d'incapacité de travail...

... sur la personne de .... [¤ nom de la victime] avec cette (ces) circonstance(s) que les faits ont été commis [⇨A à Z :]

A. sur un mineur de moins de 15 ans (1A1 : *N* ***7184.ju*** *;* 2A1 : *N* ***20724.ju***) ; [• préciser le cas échéant dans le cas A1] ..., par un ascendant légitime, naturel ou adoptif ou par une personne ayant autorité sur la victime (1A2 : *N* ***10879.ju*** *;* 2A2 : *N* ***20741.ju***) ;

A *bis.* sur un mineur et en présence d'un autre mineur, par un ascendant légitime, naturel ou adoptif ou par toute autre personne ayant autorité sur le mineur victime (aggravation créée par L. n° 2018-703, 3 août 2018) (1A*bis* : *N* ***32904.ju*** *;* 2A*bis* : *N* ***32905.ju***) ;

B. sur une personne qu'il (elle) savait particulièrement vulnérable en raison de son état physique ou mental (1B : *N 7182.ju* ; 2B : *N 20723.ju*) ;

C. sur un ascendant légitime ou naturel, ou sur les père ou mère adoptifs (1C : *N 7149.ju* ; 2C : *N 20722.ju*) ;

D. sur : un magistrat (1D1 : *N 10842.ju* ; 2D1 : *N 20728.ju*) ; un juré (1D2 : *N 10842.ju* ; 2D2 : *N 20728.ju*) ; un avocat (1D3 : *N 9844.ju* ; 2D3 : *N 20726.ju*) ; un officier public ou ministériel (1D4 : *N 9843.ju* ; 2D4 : *N 20725.ju*) ; « ~~un militaire de la gendarmerie nationale, un fonctionnaire de la police nationale, des douanes, de l'administration pénitentiaire~~ » (incrimination transférée au C pén., art. 222-14-5 depuis L. n° 2022-52, 24 janv. 2022, v. n° 20.27) ; une personne dépositaire de l'autorité publique (1D5 : *N 9846.ju* ; 2D5 : *N 20727.ju*) ; une personne exerçant une activité de sécurité privée (1D6 : *N 34014.ju* ; 2D6 : *N 34013.ju* ; aggravation créée par L. n° 2021-646, 25 mai 2021), dans l'exercice ou du fait de ses fonctions ;

E. « ~~sur un sapeur-pompier professionnel ou volontaire, dans l'exercice ou du fait de ses fonctions~~ » (aggravation créée par L. n° 2003-239, 18 mars 2003, art. 60, incrimination transférée au C pén., art. 222-14-5 depuis L. n° 2022-52, 24 janv. 2022, v. n° 20.27)) (1E : *N 23974.ju* ; 2E : *N 23978.ju*) ;

F. sur un gardien assermenté d'immeuble ou de groupe d'immeubles, dans l'exercice ou du fait de ses fonctions (aggravation créée par L. n° 2003-239, 18 mars 2003, art. 60) (1F : *N 23981.ju* ; 2F : *N 23985.ju*) ;

G. sur un agent exerçant pour le compte d'un bailleur des fonctions de gardiennage et de surveillance d'un immeuble à usage d'habitation soumis à l'obligation de gardiennage par application de l'article L. 127-1 du code de la construction et de l'habitation, dans l'exercice ou du fait de ses fonctions (aggravation créée par L. n° 2003-239, 18 mars 2003, art. 60) (1G : *N 23981.ju* ; 2G : *N 23985.ju*) ;

H. « *sur un enseignant ou tout membre des personnels travaillant dans les établissements d'enseignement scolaire* » (L. n° 2010-201, 2 mars 2010) (H1 : *N #.ju*) – un agent d'un exploitant de réseau de transport public de voyageurs (H2 : *N #.ju*) – une personne chargée d'une mission de service public (1H1 : *N 10843.ju* ; 2H1 : *N 20729.ju*) ; dans l'exercice « *ou du fait* » (L. n° 2010-201, 2 mars 2010) de ses fonctions ;

I. sur un professionnel de santé dans l'exercice « *ou du fait* » (L. n° 2010-201, 2 mars 2010) de ses fonctions (aggravation créée par L. n° 2003-239, 18 mars 2003, art. 60) (1I : *N 23966.ju* ; 2I : *N 23970.ju*).

J. sur le conjoint, l'ascendant, le descendant en ligne directe, ou vivant habituellement avec .... [¤ nom et fonctions de la personne exerçant une des missions protégées D à I ci-dessus], [⇨J1 à J12 :]

J1. magistrat ou juré (1J1 : *N 24033.ju* ; 2J1 : *N 24037.ju*)...

J2. avocat (1J2 : *N 24031.ju*, 2J2 : *N 24035.ju*)...

J3. officier public ou ministériel (1J3 : *N 24025.ju* ; 2J3 : *N 24034.ju*)...

J4. « ~~militaire de la gendarmerie nationale, fonctionnaire de la police nationale, des douanes ou de l'administration pénitentiaire~~ » (incrimination transférée au C pén., art. 222-14-5 II depuis L. n° 2022-52, 24 janv. 2022, v. n° 20.28) (1J4 : *N ~~24032.ju~~* ; 2J4 : *N ~~24036.ju~~*)...

J5. dépositaire de l'autorité publique (1J5 : *N 24032.ju* ; 2J5 : *N 24036.ju*)...

J6. « ~~sapeur-pompier professionnel ou volontaire~~ » (incrimination transférée au C pén., art. 222-14-5 II depuis L. n° 2022-52, 24 janv. 2022, v. n° 20.28) (1J6 : *N 24038.ju* ; 2J6 : *N 24039.ju*)...

J7. gardien assermenté d'immeuble ou de groupe d'immeubles (1J7 : *N 24040.ju* ; 2J7 : *N 24041.ju*)...

J8. agent exerçant pour le compte d'un bailleur des fonctions de gardiennage et de surveillance d'un immeuble à usage d'habitation (1J8 : *N 24040.ju* ; 2J8 : *N 24041.ju*)...

J9. enseignant ou membre des personnels travaillant dans les établissements d'enseignement scolaire (L. n° 2010-201, 2 mars 2010) (J9 : *N #.ju*)...

J10. agent d'un exploitant de réseau de transport public de voyageurs (L. n° 2010-201, 2 mars 2010) (J10 : *N #.ju*)...

J11. personne chargée d'une mission de service public (L. n° 2010-201, 2 mars 2010) (1J11 : *N 27583.ju* ; 2J11 : *N 27584.ju*)...

J12. professionnel de santé (L. n° 2010-201, 2 mars 2010) (1J12 : *N 27589.ju* ; 2J12 : *N 27590.ju*)...

... en raison des fonctions exercées par ce dernier (aggravation créée par L. n° 2003-239, 18 mars 2003, art. 60) ;

K. sur – un témoin (1K1 : *N 11629.ju* ; 2K1 : *N 20735.ju*) – une victime (1K2 : *N 11630.ju* ; 2K2 : *N 20736.ju*) – une partie civile (1K3 : *N 10876.ju* ; 2K3 : *N 20734.ju*), pour l'influencer ou par représailles ;

K *bis.* commis sur une personne qui se livre à la prostitution, y compris de façon occasionnelle, les faits ayant été commis dans l'exercice de cette activité (aggravation créée par L. n° 2016-444, 13 avr. 2016, *JO* 15 avr. 2016) (1K*bis* : *N 31576.ju* ; 2K*bis* : *N 31577.ju*) ;

L. par le conjoint ou le concubin de la victime « ou le partenaire lié à la victime par un pacte civil de solidarité » [L. n° 2006-399, 4 avr. 2006] ou par l'ancien conjoint, concubin ou partenaire (C. pén., art. 132-80) (1L1a : *N 10872.ju* ; avec une autre circonstance : 1L1b : *N 33832.ju* ; avec deux autres circonstances : 1L1c : *N 33833.co* ; 2L1 : *N 20730.ju*) [• Préciser le cas échéant dans le cas L] : et en présence d'un mineur (aggravation créée par L. n° 2018-703, 3 août 2018) (1L2 : *N 32902.ju* ; 2L2 : *N 32903.ju*) ;

M. par une personne – dépositaire de l'autorité publique (1M1 : *N 10874.ju* ; 2M1 : *N 20732.ju*) – chargée d'une mission de service public (1M2 : *N 10875.ju* ; 2M2 : *N 20733.ju*) – exerçant une activité de sécurité privée (1M3 : *N 34019.ju* ; 2M3 : *N 34018.ju* ; aggravation créée par L. n° 2021-646, 25 mai 2021), dans l'exercice ou à l'occasion de l'exercice de ses fonctions ou de sa mission ;

N. en réunion (1N : *N 10873.ju* ; 2N : *N 20731.ju*) ;

O. avec préméditation *ou avec guet-apens* (L. n° 2007-297, 5 mars 2007) (1O : *N 7146.ju* ; 2O : *N 20721.ju*) ;

P. avec usage ou menace d'une arme (1P : *N 7145.ju* ; 2P : *N 20720.ju*) ;

Q. dans un établissement d'enseignement ou d'éducation ou, lors des entrées ou sorties des élèves ou dans un temps très voisin de celles-ci, aux abords de cet établissement (réd. L. n° 2007 297, 5 mars 2007) (L. n° 98-468, 17 juin 1998) (1Q : *N 21710.ju* ; 2Q : *N 21711.ju*) ;

Q *bis.* dans un local administratif d'un établissement d'enseignement ou d'éducation ou, lors des entrées ou sorties du public ou dans un temps très voisin de celles-ci, aux abords de ce local (L. n° 2007-297, 5 mars 2007) (1Q *bis* : *N 26321.ju* ; 2Q *bis* : *N 26322.ju*) ;

R. par un majeur agissant avec l'aide ou l'assistance d'un mineur (L. n° 2002-1138, 9 sept. 2002, art. 25) (1R : *N 23443.ju* ; 2R : *N 23444.ju*) ;

S. dans un moyen de transport collectif de voyageurs (L. n° 2003-239, 18 mars 2003, art. 78) (1S : *N 23894.ju* ; 2S : *N 23896.ju*) ;

T. dans un lieu destiné à l'accès à un moyen de transport collectif de voyageurs (L. n° 2003-239, 18 mars 2003, art. 78) (1T : *N 23895.ju* ; 2T : *N 23897.ju*) ;

U. à raison « du sexe, de l'orientation sexuelle ou de l'identité de genre » (L. n° 2017-86, 27 janv. 2017) [au lieu de « l'orientation « ou identité » (L. n° 2012-954, 6 août 2012)] sexuelle de la victime (L. n° 2003-239, 18 mars 2003, art. 47) (1U : *N 23810.ju* ; 2U : *N 23811.ju*) ;

V. à raison de l'appartenance ou de la non-appartenance, vraie ou supposée, de la victime à une [⇨V1 à V3 :]

V1. ethnie ou une nation (1V1 : *N 23663.ju* ; 2V1 : *N 23666.ju*)...

V2. « prétendue » (L. n° 2017-86, 27 janv. 2017) race (1V2 : *N 23661.ju* ; 2V2 : *N 23664.ju*)...

V3. religion (1V3 : *N 23662.ju* ; 2V3 : *N 23665.ju*)...

... déterminée (L. n° 2003-88, 3 févr. 2003, art. 7).

W. par une personne agissant en état d'ivresse manifeste (L. n° 2007-297, 5 mars 2007) (1W : *N 26250.ju* ; 2W : *N 26251.ju*) ;

X. par une personne agissant sous l'emprise manifeste de produits stupéfiants (L. n° 2007-297, 5 mars 2007) (1X : *N 26324.ju* ; 2X : *N 26325.ju*) ;

Y. « contre la victime afin de la contraindre à contracter un mariage ou à conclure une union ou en raison de son refus de contracter un mariage ou de conclure une union » [L. n° 2010-769, 9 juill. 2010] (1Y : *N 27771.ju* ; 2Y : *N 27772.ju*) ;

Z. « par une personne dissimulant volontairement en tout ou en partie son visage afin de ne pas être identifiée » [L. nº 2010-201, 2 mars 2010] (1Z : *N 27556.ju* ; 2Z : *N 27555.ju*).

Faits prévus et réprimés par les articles : **PERSONNES PHYSIQUES.** 222-13, 222-44, 222-45, 222-47, 222-48-1 et 222-48-2 du code pénal (*N* [• du cas sélectionné] ou, si **deux circonstances aggravantes** + ITT : *N 20737.ju* ; **trois circonstances aggravantes** + ITT : *N 20738.co*). **PERSONNES MORALES.** 222-13 et 222-16-1 du code pénal. ✧

20.30 Violences volontaires aggravées – Sans ITT ou ITT ⩽ 8 jours – Dans une enceinte sportive ou lors d'une manifestation publique

▪ PEINES

PERSONNE PHYSIQUE

PP Délit. 1. Une circonstance aggravante : 3 ans d'emprisonnement, 45 000 € (C. pén., art. 222-13).

2. Deux circonstances aggravantes + ITT, ou, si faits commis sur mineur de moins de 15 ans par ascendant ou personne ayant autorité : 5 ans d'emprisonnement, 75 000 €.

3. Trois circonstances aggravantes + ITT : 7 ans d'emprisonnement, 100 000 €.

PC *Idem* nº 20.22, sauf interdiction du territoire (**PC** nº 16 au nº 20.21), mais + :

Cas 13 : Confiscation **obligatoire** (L. nº 2012-304, 6 mars 2012, auparavant confiscation facultative) d'une ou plusieurs armes dont le condamné est propriétaire ou dont il a la libre disposition (C. pén., art. 222-44) ;

Cas 13 : Interdiction **obligatoire,** ⩽ 15 ans, de détention, ou de port d'arme soumise à autorisation (L. nº 2012-304, 6 mars 2012, auparavant interdiction facultative ⩽ 5 ans) (C. pén., art. 222-44).

PERSONNE MORALE

1. Délit. Une circonstance aggravante : 225 000 € (C. pén., art. 222-16-1 ; art. 131-38).

2. Deux circonstances aggravantes + ITT : 375 000 €.

3. Trois circonstances aggravantes + ITT : 500 000 €.

PC *Idem* nº 20.15.

▪ ORIENTEUR

AUTRE QUALIFICATION

- **Violences volontaires – ITT ⩽ 8 jours.** V. nº 20.23.
- **Violences – Sans ITT.** V. nº 20.24.
- **Violences volontaires aggravées – Sans ITT ou ITT ⩽ 8 jours.** V. nº 20.29.
- **Violences volontaires sur les forces de sécurité intérieure (L. nº 2022-52, 24 janv. 2022).** C. pén., art. 222-14-5 I, v. nº 20.27.
- **Atteintes à la sécurité des manifestations sportives.** C. sport, art. L. 332-6 (incitation à la haine), L. 332-7 (port de symboles incitant à la haine), L. 332-8 (introduction d'artifice ou d'arme), L. 332-9 (jet de projectile), L. 332-10 (intrusion sur l'aire de compétition), v. nº 23.16.
- **Violation d'une interdiction judiciaire de stade – enceinte sportive.** V. nº 25.69
- **Violation d'une mesure administrative collective ou individuelle de restriction des déplacements des supporters.** V. nº 25.70
- **Violences avec ITT ⩽ 8 jours par personne ivre dans enceinte ou manifestation sportive.** Cas 18 : ces faits sont également incriminés par C. sport., art. L. 332-4, qui les réprime de peines plus douces (1 an, 15 000 €) (sur les infractions d'ivresse ou d'introduction d'alcool dans les enceintes sportives, V. nº 28.16).
- **Alcool, ivresse publique et manifeste – Lieux publics ou stades et manifestations sportives – Délits et contraventions.** V. nº 28.16.

ÉLÉMENT LÉGAL

- **Définition.** • **Guet-apens.** V. orienteur nº 20.4 (C. pén., art. 132-71-1). • **Préméditation.** V. orienteur nº 20.4 (C. pén., art. 132-72).

ÉLÉMENT MATÉRIEL

▪ **Médecine légale. • Notion d'incapacité totale de travail.** *Idem* n° 20.21.

▪ **Aggravation résultant de la motivation sexiste de l'acte.** V. n° 20.3.

▪ **Aggravation résultant de la motivation raciste de l'acte.** V. n° 20.3.

▪ **Autres circonstances aggravantes. Certaines circonstances aggravantes,** théoriquement prévues par la loi mais non pertinentes dans le contexte des manifestations publiques, **ne sont pas mentionnées** (ex. coups mortels sur magistrat, avocat, conjoint…).

RÉGIME PROCÉDURAL

▪ **Compétence juridictionnelle. Juge unique** si peine encourue ⩽ 5 ans (C. pr. pén., art. 398-1 1°, v. n° 17.15D2).

▪ **Ordonnance pénale. Exclue** (C. pr. pén., art. 495-II, v. n° 15.48B1 et tableau n° 17.15D2).

▪ **Obligation de communication du contrôle judiciaire à l'employeur public ou l'autorité de contrôle.** *Idem* n° 20.25 si les faits sont commis sur un mineur de 15 ans (**Cas** 1) (C. pr. pén., art. 706-47-4).

▪ **Prélèvement des empreintes génétiques** de la personne suspectée ou condamnée (C. pr. pén., art. 706-54 et 706-55 2°, v. n°s 13.23 et 13.25). Sur la **sanction** du refus de prélèvement, v. n° 25.35.

▪ **CRPC. Exclue** si trois circonstances aggravantes ou plus + ITT (C. pr. pén., art. 495-7). Sur le domaine de la CRPC, v. n° 15.53A.

RÉGIME DES PEINES

▪ **Obligation de communication de la condamnation à l'employeur public ou l'autorité de contrôle.** *Idem* n° 20.25 si les faits sont commis sur un mineur de 15 ans (**Cas** 1) (C. pr. pén., art. 706-47-4).

▪ **Peine plancher.** ~~Peine plancher de 18 mois applicable hors récidive si trois circonstances aggravantes (C. pén., art. 132-19-2, L. n° 2011-267, 14 mars 2011)~~ (dispositions abrogées par L. n° 2014-896, 15 août 2014).

▪ **Violences volontaires sur les forces de sécurité intérieure.** La peine complémentaire d'interdiction de stade et celle, alternative, d'interdiction du territoire, prévues par C. sport, art. L. 332-11 et L. 332-14, ne paraissent pas applicables à l'infraction de violences volontaires sur les forces de sécurité intérieure figurant au C. pén., art. 222-14-5 issue de L. n° 2022-52, 24 janv. 2022, faute de renvoi à ces nouvelles dispositions (v. n° 20.27).

▪ ÉLÉMENTS CONSTITUTIFS – QUALIFICATION

✧ Pour avoir à .... [¤ lieu], le .... [¤ date], [⇨1 ou 2 puis A ou B :]

1. dans une enceinte où se déroule une manifestation sportive ou, à l'extérieur de l'enceinte, en relation avec une manifestation sportive ...

2. lors du déroulement de manifestations sur la voie publique ...

... volontairement commis des violences n'ayant pas entraîné, [⇨A ou B :]

A. une incapacité de travail supérieure à huit jours...

B. d'incapacité de travail...

... sur la personne de .... [¤ nom de la victime] avec cette (ces) circonstance(s) que les faits ont été commis [⇨1 à 20 :]

1. sur un mineur de moins de 15 ans (1A1 : *N 21071.ju* ; 1B1 : *N 21088.ju* ; 2A1 : *N 21044.ju* ; 2B1 : *N 21031.ju*) ;

2. sur une personne qu'il (elle) savait particulièrement vulnérable en raison de son état physique ou mental (1A2 : *N 21072.ju* ; 1B2 : *N 21089.ju* ; 2A2 : *N 21032.ju* ; 2B2 : *N 21045.ju*) ;

3. « ~~sur un militaire de la gendarmerie nationale, un fonctionnaire de la police nationale, des douanes, de l'administration pénitentiaire~~ » (incrimination transférée au C pén., art. 222-14-5 depuis L. n° 2022-52, 24 janv. 2022, v. n° 20.27)– une personne dépositaire de l'autorité publique (1A3 : *N 21079.ju* ; 1B3 : *N 21090.ju* ; 2A3 : *N 21033.ju* ; 2B3 : *N 21046.ju*), dans l'exercice ou du fait de ses fonctions ;

4. « ~~sur un sapeur-pompier professionnel ou volontaire, dans l'exercice ou du fait de ses fonctions~~ » (aggravation créée par L. n° 2003-239, 18 mars 2003, art. 60, incrimination transférée au C pén., art. 222-14-5 depuis L. n° 2022-52, 24 janv. 2022, v. n° 20.27) (4 : *N 26665.ju*) ;

5. sur un gardien assermenté d'immeuble ou de groupe d'immeubles, dans l'exercice ou du fait de ses fonctions (aggravation créée par L. n° 2003-239, 18 mars 2003, art. 60) (5 : *N #.ju*) ;

6. sur un agent exerçant pour le compte d'un bailleur des fonctions de gardiennage et de surveillance d'un immeuble à usage d'habitation soumis à l'obligation de gardiennage par application de l'article L. 127-1 du code de la construction et de l'habitation, dans l'exercice ou du fait de ses fonctions (aggravation créée par L. n° 2003-239, 18 mars 2003, art. 20 *bis*) (6 : *N #.ju*) ;

7. sur le conjoint, l'ascendant, le descendant en ligne directe, ou vivant habituellement avec .... [¤ nom et fonctions de la personne exerçant une des missions protégées 3 à 6 ci-dessus], en raison des fonctions exercées par ce dernier (aggravation créée par L. n° 2003-239, 18 mars 2003, art. 60) (7 : *N #.ju*) ;

8. une personne chargée d'une mission de service public (1A8a : *N 21080.ju* ; 1B8a : *N 21091.ju* ; 2A8a : *N 21034.ju* ; 2B8a : *N 21047.ju*) – un agent d'un exploitant de réseau de transport public de voyageurs (1A8b : *N #.ju* ; 1B8b : *N #.ju* ; 2A8b : *N #.ju* ; 2B8b : *N #.ju*), dans l'exercice de ses fonctions ;

9. sur un professionnel de santé dans l'exercice de ses fonctions (aggravation créée par L. n° 2003-239, 18 mars 2003, art. 60) (9 : *N #.ju*) ;

10. par une personne – dépositaire de l'autorité publique (1A10a : *N 21081.ju* ; 1B10a : *N 21092.ju* ; 2A10a : *N 21035.ju* ; 2B10a : *N 21048.ju*) – chargée d'une mission de service public (1A10b : *N 21082.ju* ; 1B10b : *N 21093.ju* ; 2A10b : *N 21036.ju* ; 2B10b : *N 21049.ju*), dans l'exercice ou à l'occasion de l'exercice de ses fonctions ou de sa mission ;

11. en réunion (1A11 : *N 21083.ju* ; 1B11 : *N 21094.ju* ; 2A11 : *N 21039.ju* ; 2B11 : *N 21050.ju*) ;

12. avec préméditation *ou avec guet-apens* (L. n° 2007-297, 5 mars 2007) (*N* 1A12 : *21084.ju* ; 1B12 : *21095.ju* ; 2A12 : *21040.ju* ; 2B12 : *21051.ju*) ;

13. avec usage ou menace d'une arme (1A13 : *N 21085.ju* ; 1B13 : *N 21096.ju* ; 2A13 : *N 21041.ju* ; 2B13 : *N 21052.ju*) ;

14. par un majeur agissant avec l'aide ou l'assistance d'un mineur (L. n° 2002-1138, 9 sept. 2002, art. 25) (14 : *N #.ju*) ;

15. dans un moyen de transport collectif de voyageurs ou dans un lieu destiné à l'accès à un moyen de transport collectif de voyageurs (L. n° 2003-239, 18 mars 2003, art. 78) (15 : *N #.ju*) ;

16. à raison de l'orientation « *ou identité* » (L. n° 2012-954, 6 août 2012) sexuelle de la victime (L. n° 2003-239, 18 mars 2003, art. 47) (16 : *N 26660.ju*) ;

17. à raison de l'appartenance ou de la non-appartenance, vraie ou supposée, de la victime à une ethnie, une nation (17-1 : *N 26645.ju*), une « *prétendue* » (L. n° 2017-86, 27 janv. 2017) race (17-2 : *N 26650.ju*), ou une religion (17-3 : *N 26655.ju*), déterminée (L. n° 2003-88, 3 févr. 2003, art. 7) ;

18. par une personne agissant en état d'ivresse manifeste (L. n° 2007-297, 5 mars 2007) (1A18 : *N 26639.ju* ; 1B18 : *N 26638.ju* ; 2A18 : *N 26670.ju* ; 2B18 : *N 26669.ju*) ;

19. par une personne agissant sous l'emprise manifeste de produits stupéfiants (L. n° 2007-297, 5 mars 2007) (1A19 : *N 26642.ju* ; 1B19 : *N 26641.ju* ; 2A19 : *N 26673.ju* ; 2B19 : *N 26672.ju*) ;

20. « *par une personne dissimulant volontairement en tout ou en partie son visage afin de ne pas être identifiée* » [L. n° 2010-201, 2 mars 2010] (1A20 : *N 27576.ju* ; 1B20 : *N 27575.ju* ; 2A20 : *N 27578.ju* ; 2B20 : *N 27577.ju*).

Faits prévus et réprimés par les articles : **PERSONNES PHYSIQUES.** 222-13, 222-44, 222-45, 222-47 et 222-48-1 du code pénal et. Cas 1 : C. sport, art. L. 332-11 et L. 332-14 ; cas 2 : CSI, art. L. 211-14 (*N* [• du cas sélectionné] ou, si deux circonstances aggravantes + ITT : cas 1 : *N 21086.ju* ; cas 2 : *N 21042.ju* ; trois circonstances aggravantes + ITT : cas 1 : *N 21087.co* ; cas 2 : *N 21043.co*). **PERSONNES MORALES.** 222-13 et 222-16-1 du code pénal. ✧

20.31 Violences habituelles sur une personne vulnérable ou sur le conjoint, suivies de mort ou d'une infirmité permanente

▪ PEINES

PERSONNE PHYSIQUE

PP Crime. Cas A : 30 ans de réclusion. Cas B : 20 ans (C. pén., art. 222-14).

PC 1. *Idem* n° 20.19 ;

2. Cas 1 et 3 : **suivi socio-judiciaire**, par délibération spécifique de la cour d'assises, si l'infraction est commise soit par le conjoint, le concubin ou le partenaire lié à la victime par un Pacs, ou par son ancien conjoint, concubin ou partenaire lié à elle par un Pacs, soit, sur un mineur de quinze ans, par un ascendant ou toute autre personne ayant autorité sur la victime. (C. pén., art. 222-48-1 [mod L. n° 2007-297, 5 mars 2007 et L. n° 2010-769, 9 juill. 2010], 131-36-1 à 131-36-13).

3. Cas 3 : Obligation, ⩽ 5 000 €, de remboursement du prêt alloué à la victime au titre de l'aide universelle d'urgence (CASF, art. L. 214-9, issu L. n° 2023-140, 28 févr. 2023, sur cette aide, v. n° 16.5D3), dans le cas prévu par C. pén. art. 222-13, cette peine complémentaire n'est pas obligatoire (C. pén., art. 222-44-1, issu L. n° 2023-140, 28 févr. 2023).

PERSONNE MORALE

PP PC Crime. *Idem* n° 20.15.

▪ ORIENTEUR

AUTRE QUALIFICATION

▪ **Complicité par enregistrement d'image de l'infraction.** C. pén., art. 222-33-3, v. n° 35.33.

▪ **Diffusion d'image de l'infraction.** V. n° 35.33.

ÉLÉMENT INTENTIONNEL

▪ **Dol spécial.** Si l'**intention** de donner la mort ou d'occasionner mutilation ou infirmité est démontrée v. homicide volontaire concomitant ou lié à un crime n° 20.2, homicide volontaire aggravé n° 20.3, actes de tortures n°s 20.10 à 20.13.

ÉLÉMENT MATÉRIEL

▪ **Médecine légale. • Notion de mort, de mutilation et d'infirmité permanente.** *Idem* n°s 20.1 et 20.12.

▪ **Aggravation résultant de la qualité de conjoint ou de concubin de la victime.** Cas 3 : *idem* Orienteur/élément matériel n° 20.3 (C. pén., art. 132-80).

▪ **Violences psychologiques.** *Idem* n° 20.21 (C. pén., art. 222-14-3).

RÉGIME PROCÉDURAL

▪ **Obligation de communication du contrôle judiciaire à l'employeur public ou l'autorité de contrôle.** Le parquet doit informer l'employeur ou l'autorité de contrôle de la décision de contrôle judiciaire comportant « *l'obligation de ne pas exercer une activité impliquant un contact habituel avec des mineurs* » prévue par C. pr. pén., art. 138, 12° *bis* (issu de L. n° 2016-457, 14 avr. 2016) (C. pr. pén., art. 706-47-4, L. n° 2016-457, 14 avr. 2016) (v. n° 11.23D).

▪ **Prélèvement des empreintes génétiques** de la personne suspectée ou condamnée (C. pr. pén., art. 706-54 et 706-55 2°, v. n°s 13.23 et 13.25). Sur la **sanction** du refus de prélèvement, v. n° 25.35.

▪ **Alimentation du Redex.** Cas 1 et 3 : centralisation des examens de personnalité au fichier Redex à tous les stades de la procédure (C. pr. pén., art. 706-56-2) (v. n° 13.41).

▪ **Procédure d'assises. • Compétence de la cour criminelle départementale.** Cas B3 : *idem* n° 20.7 (C. pr. pén., art. 380-16, issu L. n° 2021-1729, 22 déc. 2021).

POLITIQUE PUBLIQUE

▪ **Devoir de diligence des pouvoirs publics.** « *S'agissant notamment des enfants, eu égard au caractère fondamental des droits garantis par [Conv. EDH, art. 3] et à leur vulnérabilité particulière, les pouvoirs publics ont l'obligation, inhérente à leur mission, de protéger ceux-ci contre des mauvais traitements* » (§ 157), la cour relève ainsi, à la suite du classement d'un « *signalement pour suspicion de maltraitance* » que l'enfant n'avait pas dénoncé lors de son audition mais que « *celle-ci a été réalisée sans la participation d'un psychologue. Or, sans être obligatoire, la présence d'un tel expert aurait pu être appropriée en l'espèce pour écarter tout doute face aux questionnements que soulevaient le signalement et le rapport du médecin légiste* » (§ 172), ainsi la cour « *estime que, au regard des éléments dont elles disposaient [les autorités nationales] – tels que le "nombre fortement suspect [des] très nombreuses lésions" rapporté par le médecin légiste [...], ainsi qu'un nouveau déménagement de la famille concomitamment à la clôture de l'enquête [...] – les autorités auraient dû s'entourer de certaines précautions lorsque la décision de classer l'affaire sans suite avait été prise et non se contenter d'un classement sans suite pur et simple* » (§173) (CEDH 4 juin 2020, n° 14343/15, *association Innocence en danger et association Enfance et partage c/ France*).

MESURE CIVILE

▪ **Retrait de l'autorité parentale.** *Idem* n° 20.7 (C. pén., art. 222-48-2, L. n° 2014-873, 4 août 2014, mod. par L. n° 2016-297, 14 mars 2016 et L. n° 2019-1480, 28 déc. 2019).

▪ **Retrait du droit à pension du conjoint survivant auteur des faits.** *Idem* n° 20.1 (CSS, art. L. 342-1-1 et L. 353-1-1 ; C. rur., art. L. 732-41-1 et L. 732-62 ; C. pens. civ. mil., art. L. 38-1 ; dispositions issues de L. n° 2019-1480, 28 déc. 2019).

RÉGIME DES PEINES

▪ **Période de sûreté.** Si peine ferme = 10 ans → a) de plein droit = 1/2 de la peine, ou < sur décision spéciale ; b) sur décision spéciale = 2/3 de la peine (C. pén., art. 132-23, al. 1 et 2). Sur la période de sûreté, v. n° 18.7C1.

▪ **Obligation de communication de la condamnation à l'employeur public ou l'autorité de contrôle.** Le parquet doit informer l'employeur ou l'autorité de contrôle de la condamnation prononcée en cas d'activité impliquant un contact habituel avec des mineurs (C. pr. pén., art. 706-47-4, L. n° 2016-457, 14 avr. 2016) (v. n° 11.23D).

▪ ÉLÉMENTS CONSTITUTIFS – QUALIFICATION

✧ Pour avoir à .... [¤ lieu], le .... [¤ date], volontairement commis des violences habituelles ayant entraîné, sans intention de la provoquer, [⇨A ou B puis 1 à 3 :]

A. la mort de .... [¤ nom de la victime], [⇨1 à 3 :]

B. une mutilation ou une infirmité permanente sur la personne de .... [¤ nom de la victime], [⇨1 à 3 :]

1. mineur de moins de 15 ans (A1 : *N* ***7197.cr*** ; B1 : *N* ***7196.cc***) ;

2. personne particulièrement vulnérable en raison de son état physique ou mental (A2 : *N* ***10837.cr*** ; B2 : *N* ***10838.cc***).

3. alors qu'il était l'actuel ou l'ancien conjoint, concubin de la victime ou partenaire liée à celle-ci par un pacte civil de solidarité (C. pén., art. 132-80) (A3 : *N* ***27762.cr*** ; B3 : *N* ***27763.cc***) (aggravation créée par L. n° 2010-769, 9 juill. 2010).

Faits prévus et réprimés par les articles : **PERSONNES PHYSIQUES.** 222-14, 222-44, 222-45, 222-47, 222-48, 222-48-1 et 222-48-2 du code pénal. **PERSONNES MORALES.** 222-14 et 222-16-1 du code pénal (*N* ***#.cr***). ✧

20.32 Violences habituelles sur une personne vulnérable ou sur le conjoint – ITT > ou ⩽ 8 jours

▪ PEINES

PERSONNE PHYSIQUE

PP Délit. Cas A : 10 ans d'emprisonnement, 150 000 €. Cas B : 5 ans, 75 000 € (C. pén., art. 222-14).

PC 1. *Idem* n° 20.25 ;

2. Cas 1 et 3 : **suivi socio-judiciaire** si l'infraction est commise soit par le conjoint, le concubin ou le partenaire lié à la victime par un Pacs, ou par son ancien conjoint, concubin ou partenaire lié à elle par un Pacs, soit, sur un mineur de quinze ans, par un ascendant ou toute autre personne ayant autorité sur la victime. **Peine obligatoire** en cas de violences habituelles, sauf en cas de condamnation à une peine d'emprisonnement assortie du sursis probatoire (anc[t] sursis avec mise à l'épreuve) ou si le tribunal correctionnel considère, par décision spécialement motivée, qu'il n'y a pas lieu de prononcer cette mesure (C. pén., art. 222-48-1 [mod L. n° 2007-297, 5 mars 2007], 131-36-1 à 131-36-13) ;

3. interdiction définitive ou ⩽ 15 ans (10 ans avant L. n° 2013-1117, 6 déc. 2013) d'exercer une profession commerciale ou industrielle, de diriger, d'administrer, de gérer ou de contrôler à un titre quelconque, directement ou indirectement, pour son propre compte ou pour le compte d'autrui, une entreprise commerciale ou industrielle ou une société commerciale (C. pén., art. 222-44, 131-27 [mod. par L. n° 2008-776, 4 août 2008]). L'interdiction du territoire est applicable depuis L. n° 2018-778, 10 sept. 2018 (C. pén., art. 222-48).

PERSONNE MORALE

PP Cas A : 750 000 € ; cas B : 375 000 € (C. pén., art. 222-16-1 ; 131-38).
PC *Idem* n° 20.15.

▪ ORIENTEUR

AUTRE QUALIFICATION

▪ **Complicité par enregistrement d'image de l'infraction.** C. pén., art. 222-33-3, v. n° 35.33.

▪ **Diffusion d'image de l'infraction.** V. n° 35.33.

ÉLÉMENT MATÉRIEL

▪ **Médecine légale. • Notion d'incapacité totale de travail.** *Idem* n° 20.21.

▪ **Aggravation résultant de la qualité de conjoint ou de concubin de la victime. Cas 3** : *idem* Orienteur/élément matériel n° 20.3 (C. pén., art. 132-80).

▪ **Violences psychologiques.** *Idem* n° 20.21 (C. pén., art. 222-14-3).

RÉGIME PROCÉDURAL

▪ **Obligation de communication du contrôle judiciaire à l'employeur public ou l'autorité de contrôle.** *Idem* n° 20.31 si les faits sont commis sur un mineur de 15 ans (**Cas** 1) (C. pr. pén., art. 706-47-4).

▪ **Prélèvement des empreintes génétiques** de la personne suspectée ou condamnée (C. pr. pén., art. 706-54, 706-55 2°, v. n°s 13.23, 13.25). Sur la **sanction** du refus de prélèvement, v. n° 25.35.

▪ **Alimentation du Redex. Cas 1** et **3** : centralisation des examens de personnalité au fichier Redex à tous les stades de la procédure (C. pr. pén., art. 706-56-2) (v. n° 13.41).

▪ **CRPC. Exclue** dans le **Cas** A (C. pr. pén., art. 495-7). Sur le domaine de la CRPC, v. n° 15.53A.

MESURE CIVILE

▪ **Retrait de l'autorité parentale.** *Idem* n° 20.7 (C. pén., art. 222-48-2, L. n° 2014-873, 4 août 2014, mod. par L. n° 2016-297, 14 mars 2016 et L. n° 2019-1480, 28 déc. 2019).

▪ **Retrait du droit à pension du conjoint survivant auteur des faits.** *Idem* n° 20.1 (CSS, art. L. 342-1-1 et L. 353-1-1 ; C. rur., art. L. 732-41-1 et L. 732-62 ; C. pens. civ. mil., art. L. 38-1 ; dispositions issues de L. n° 2019-1480, 28 déc. 2019).

RÉGIME DES PEINES

▪ **Obligation de communication de la condamnation à l'employeur public ou l'autorité de contrôle.** *Idem* n° 20.31 si les faits sont commis sur un mineur de 15 ans (**Cas** 1) (C. pr. pén., art. 706-47-4).

▪ **Peine plancher.** ~~Cas A : peine plancher de 2 ans applicable hors récidive (C. pén., art. 132-19-2, L. n° 2011-267, 14 mars 2011)~~ (dispositions abrogées par L. n° 2014-896, 15 août 2014).

▪ **Inéligibilité obligatoire. Inscription au bulletin n° 2. Réserve d'interprétation.** *Idem* n° 20.18.

▪ ÉLÉMENTS CONSTITUTIFS – QUALIFICATION

✧ Pour avoir à .... [¤ lieu], le .... [¤ date], volontairement commis des violences habituelles ayant entraîné une incapacité totale de travail [⇨A ou B puis 1 à 3 :]

A. supérieure à huit jours sur la personne de .... [¤ nom de la victime], [⇨1 à 3 :]
B. n'excédant pas huit jours sur la personne de .... [¤ nom de la victime], [⇨1 à 3 :]
1. mineur de moins de 15 ans (A1 : *N* ***7195.co*** *;* B1 : *N* ***7194.co***) ;
2. personne particulièrement vulnérable en raison de son état physique ou mental (A2 : *N* ***10839.co*** *;* B2 : *N* ***10840.co***).

3. alors qu'il était l'actuel ou l'ancien conjoint, concubin de la victime ou partenaire liée à celle-ci par un pacte civil de solidarité (C. pén., art. 132-80) (A3 : *N 27764.co* ; B3 : *N 27765.co*) (aggravation créée par L. nº 2010-769, 9 juill. 2010).

Faits prévus et réprimés par les articles : **PERSONNES PHYSIQUES.** 222-14, 222-44, 222-45, 222-47, 222-48-1 et 222-48-2 du code pénal **PERSONNES MORALES.** 222-14 et 222-16-1 du code pénal (*N #.co*). ✧

20.33 Violences avec arme en bande organisée ou avec guet-apens sur dépositaire de l'autorité publique ou chargé de service public ou son entourage (L. nº 2007-297, 5 mars 2007)

▪ PEINES

PERSONNE PHYSIQUE

PP Cas A1 et B1 : crime, 30 ans de réclusion (C. pén., art. 222-14-1). Cas A2 et B2 : crime, 20 ans (C. pén., art. 222-14-1). Cas A3 et B3 : crime, 15 ans (C. pén., art. 222-14-1). Cas A4 et B4 : délit, 10 ans d'emprisonnement, 150 000 € (C. pén., art. 222-14-1).

PC *Idem* nº 20.18 +

1. Cas A1 à A3, B1 à B3 : interdiction définitive ou ⩽ 15 ans (10 ans avant L. nº 2013-1117, 6 déc. 2013) d'exercer une profession commerciale ou industrielle, de diriger, d'administrer, de gérer ou de contrôler à un titre quelconque, directement ou indirectement, pour son propre compte ou pour le compte d'autrui, une entreprise commerciale ou industrielle ou une société commerciale (C. pén., art. 222-44, 131-27 [mod. par L. nº 2008-776, 4 août 2008]) ;

2. Interdiction, ⩽ 10 ans (⩽ 5 ans dans les cas A4 et B4), des droits civiques civils et de famille (vote, éligibilité, fonction juridictionnelle, expert, témoin, tuteur, curateur) (C. pén., art. 222-45 et 131-26). Sauf dispense spécialement motivée, la peine d'inéligibilité est obligatoirement prononcée (C. pén., art. 131-26-2, L. nº 2017-1339, 15 sept. 2017), v. Orienteur/Régime des peines ;

3. Confiscation **obligatoire** (L. nº 2012-304, 6 mars 2012, auparavant confiscation facultative) d'une ou plusieurs armes dont le condamné est propriétaire ou dont il a la libre disposition (C. pén., art. 222-44) ;

4. Interdiction **obligatoire**, ⩽ 15 ans, de détention, ou de port d'arme soumise à autorisation (L. nº 2012-304, 6 mars 2012, auparavant interdiction facultative ⩽ 5 ans) (C. pén., art. 222-44) ;

5. Auteur étranger : interdiction du territoire français, définitive ou ⩽ 10 ans (C. pén., art. 222-48, 131-30 à 131-30-2, depuis L. nº 2018-778, 10 sept. 2018).

PERSONNE MORALE

PC *Idem* nº 20.15.

▪ ORIENTEUR

AUTRE QUALIFICATION

▪ **Violences volontaires sur les forces de sécurité intérieure (L. nº 2022-52, 24 janv. 2022).** C. pén., art. 222-14-5 I, v. nº 20.27.

▪ **Violences volontaires sur l'entourage d'un membre des forces de sécurité intérieure** (L. nº 2022-52, 24 janv. 2022). C. pén., art. 222-14-5 II, v. nº 20.28.

▪ **Embuscade sur dépositaire de l'autorité publique ou chargé de service public** (L. nº 2007-297, 5 mars 2007). C. pén., art. 222-15-1, v. nº 20.36.

▪ **Complicité par enregistrement d'image de l'infraction.** C. pén., art. 222-33-3, v. nº 35.33.

▪ **Diffusion d'image de l'infraction.** V. nº 35.33.

ÉLÉMENT LÉGAL

▪ **Application de la loi pénale dans le temps.** **Cas A** : incrimination créée par L. nº 2007-297, 5 mars 2007. **Cas B** : incrimination créée par L. nº 2021-646, 25 mai 2021, pour une sécurité globale préservant les libertés.

▪ **Définition. Bande organisée.** V. nº 11.20 (C. pén., art. 132-71). **Guet-apens** (C. pén., art. 132-71-1, v. nº 20.10).

RÉGIME PROCÉDURAL

▪ **Prélèvement des empreintes génétiques** de la personne suspectée ou condamnée (C. pr. pén., art. 706-54 et 706-55 2°, v. n°s 13.23 et 13.25). Sur la **sanction** du refus de prélèvement, v. n° 25.35.

▪ **CRPC. Exclue** pour les délits des **cas** A4 et B4 (C. pr. pén., art. 495-7). Sur le domaine de la CRPC, v. n° 15.53A.

▪ **Procédure d'assises.** • **Compétence de la cour criminelle départementale. Cas** A2 et A3, B2 et B3 : *idem* n° 20.7 (C. pr. pén., art. 380-16, issu L. n° 2021-1729, 22 déc. 2021).

RÉGIME DES PEINES

▪ **Période de sûreté.** Si peine ferme ⩾ 10 ans → a) de plein droit = 1/2 de la peine, ou < sur décision spéciale ; b) sur décision spéciale = 2/3 de la peine (C. pén., art. 132-23, al. 1 et 2). Sur la période de sûreté, v. n° 18.7C1.

▪ **Peine plancher.** ~~Cas D : peine plancher de 2 ans applicable hors récidive (C. pén., art. 132-19-2, L. n° 2011-267, 14 mars 2011)~~ (dispositions abrogées par L. n° 2014-896, 15 août 2014).

▪ **Inéligibilité obligatoire. Inscription au bulletin n° 2. Réserve d'interprétation.** *Idem* n° 20.18.

▪ **Régime spécifique des réductions de peine.** Depuis L. n° 2021-1729, 22 déc. 2021, abrogeant le régime du crédit de réduction de peine, le quantum maximum de la réduction de peine est limité en cas de condamnation pour les faits prévus par C. pén., art. 222-14-1 lorsqu'ils sont commis sur une personne dépositaire de l'autorité publique, selon les précisions apportées au n° 18.10E5 (C. pr. pén., art. 721-1-2 réécrit par L. n° 2021-1729, 22 déc. 2021, applicable le 24 déc. 2021).

▪ ÉLÉMENTS CONSTITUTIFS – QUALIFICATION

✧ Pour avoir à .... [¤ lieu], le .... [¤ date], avec usage ou menace d'une arme et [⇨1 ou 2 puis A ou B :]

1. en bande organisée ... [⇨A ou B :]

2. avec guet-apens ... [⇨A ou B :]

A. **VIOLENCES AVEC ARME EN BANDE ORGANISÉE OU GUET-APENS SUR DÉPOSITAIRE DE L'AUTORITÉ PUBLIQUE OU CHARGÉ DE SERVICE PUBLIC**

..., commis des violences sur la personne de .... [¤ nom et qualité de la victime], à l'occasion de l'exercice ou en raison de ses fonctions ou de sa mission [⇨ a à e puis A1 à A4 :]

a. de fonctionnaire de la police nationale ou militaire de la gendarmerie...

b. de membre du personnel de l'administration pénitentiaire ...

c. de dépositaire de l'autorité publique...

d. de sapeur-pompier civil ou militaire...

e. d'agent d'un exploitant de réseau de transport public de voyageurs...

... les dites violences [⇨A1 à A4 :]

A1. ayant entraîné la mort de la victime, sans intention de la donner (1aA1 : *N #.cr* ; 2aA1 : *N 2#.cr* ; 1bA1 : *N #.cr* ; 2bA1 : *N #.cr* ; 1cA1 : *N **26402**.cr* ; 2cA1 : *N **33983**.cr* ; 1dA1 : *N **33987**.cr* ; 2dA1 : *N **33991**.cr* ; 1eA1 : *N #.cr* ; 2eA1 : *N #.cr*) ;

A2. ayant entraîné une mutilation ou une infirmité permanente (1aA2 : *N #.cc* ; 2aA2 : *N 2#.cc* ; 1bA2 : *N #.cc* ; 2bA2 : *N #.cc* ; 1cA2 : *N **26403**.cc* ; 2cA2 : *N **33982**.cc* ; 1dA2 : *N **33986**.cc* ; 2dA2 : *N **33990**.cc* ; 1eA2 : *N #.cc* ; 2eA2 : *N #.cc*) ;

A3. ayant entraîné une incapacité totale de travail pendant plus de 8 jours (1aA3 : *N #.cc* ; 2aA3 : *N 2#.cc* ; 1bA3 : *N #.cc* ; 2bA3 : *N #.cc* ; 1cA3 : *N **26404**.cc* ; 2cA3 : *N **33981**.cc* ; 1dA3 : *N **33985**.cc* ; 2dA3 : *N **33989**.cc* ; 1eA3 : *N #.cc* ; 2eA3 : *N #.cc*) ;

A4. n'ayant pas entraîné une incapacité totale de travail pendant plus de 8 jours (1aA4 : *N #.co* ; 2aA4 : *N 2#.co* ; 1bA4 : *N #.co* ; 2bA4 : *N #.co* ; 1cA4 : *N **26405**.co* ; 2cA4 : *N **26509**.co* ; 1dA4 : *N **33984**.co* ; 2dA4 : *N **33988**.co* ; 1eA4 : *N #.co* ; 2eA4 : *N #.co*).

B. **VIOLENCES AVEC ARME EN BANDE ORGANISÉE OU GUET-APENS SUR L'ENTOURAGE DE DÉPOSITAIRE DE L'AUTORITÉ PUBLIQUE OU CHARGÉ DE SERVICE PUBLIC (L. n° 2021-646, 25 MAI 2021)**

..., commis des violences à l'encontre de .... [¤ nom de la victime], conjoint, ascendant ou descendant en ligne directe ou personne vivant habituellement au domicile de .... [¤ nom du dépositaire de l'autorité publique ou chargé de service public] en raison des fonctions exercées par ce dernier [⇨ a à e puis B1 à B4 :]

a. de fonctionnaire de la police nationale ou militaire de la gendarmerie...

b. de membre du personnel de l'administration pénitentiaire ...

c. de dépositaire de l'autorité publique...

d. de sapeur-pompier civil ou militaire...

e. d'agent d'un exploitant de réseau de transport public de voyageurs...

... les dites violences [⇨B1 à B4 :]

B1. ayant entraîné la mort de la victime, sans intention de la donner (1aB1 : *N #.cr* ; 2aB1 : *N 2#.cr* ; 1bB1 : *N #.cr* ; 2bB1 : *N #.cr* ; 1cB1 : *N 33996.cr* ; 2cB1 : *N 34008.cr* ; 1dB1 : *N 34004.cr* ; 2dB1 : *N 34012.cr* ; 1eB1 : *N #.cr* ; 2eB1 : *N #.cr*) ;

B2. ayant entraîné une mutilation ou une infirmité permanente (1aB2 : *N #.cc* ; 2aB2 : *N #.cc* ; 1bB2 : *N #.cc* ; 2bB2 : *N #.cc* ; 1cB2 : *N 33995.cc* ; 2cB2 : *N 34007.cc* ; 1dB2 : *N 34003.cc* ; 2dB2 : *N 34011.cc* ; 1eB2 : *N #.cc* ; 2eB2 : *N #.cc*) ;

B3. ayant entraîné une incapacité totale de travail pendant plus de 8 jours (1aB3 : *N #.cc* ; 2aB3 : *N 2#.cc* ; 1bB3 : *N #.cc* ; 2bB3 : *N #.cc* ; 1cB3 : *N 33994.cc* ; 2cB3 : *N 34006.cc* ; 1dB3 : *N 34002.cc* ; 2dB3 : *N 34010.cc* ; 1eB3 : *N #.cc* ; 2eB3 : *N #.cc*) ;

B4. n'ayant pas entraîné une incapacité totale de travail pendant plus de 8 jours (1aB4 : *N #.co* ; 2aB4 : *N 2#.co* ; 1bB4 : *N #.co* ; 2bB4 : *N #.co* ; 1cB4 : *N 33993.co* ; 2cB4 : *N 34005.co* ; 1dB4 : *N 34001.co* ; 2dB4 : *N 34009.co* ; 1eB4 : *N #.co* ; 2eB4 : *N #.co*).

Faits prévus et réprimés par les articles : **PERSONNES PHYSIQUES.** 222-14-1, 222-44, 222-45, 222-48 et 222-47 du code pénal. **PERSONNES MORALES.** 222-14-1 et 222-16-1 du code pénal. ✧

20.34 Participation à un groupement préparant des violences ou dégradations (L. n° 2010-201, 2 mars 2010)

■ PEINES

PERSONNE PHYSIQUE

PP Délit. 1 an d'emprisonnement, 15 000 €. (C. pén., art. 222-14-2).

PC *Idem* n° 20.18, sauf interdiction du territoire (**PC** n° 17) +

Cas B : depuis L. n° 2019-290, 10 avr. 2019 : interdiction, ⩽ 3 ans, de participer à des manifestations sur la voie publique aux lieux fixés par la juridiction si les faits ont été commis lors du déroulement de manifestations sur la voie publique (C. pén., art. 222-47 et 131-32-1 (L. n° 2019-290, 10 avr. 2019)). Inscription de l'interdiction au FPR (C. pr. pén., art. 230-19 17°, L. n° 2019-290, 10 avr. 2019, sur le FPR, v. n° 13.17B4) ; sanction du non-respect de cette interdiction : C. pén., art. 434-38-1, v. n° 25.68 (L. n° 2019-290, 10 avr. 2019).

PERSONNE MORALE

PP Délit. 75 000 €. (C. pén., art. 222-14-2, 222-16-1 ;131-38).

PC *Idem* n° 20.15.

■ ORIENTEUR

AUTRE QUALIFICATION

▪ Embuscade sur agent public. V. n° 20.36.

ÉLÉMENT LÉGAL

▪ **Application de la loi pénale dans le temps.** Cas A : incrimination créée par L. n° 2010-201, 2 mars 2010. Cas B : circonstance aggravante créée par L. n° 2019-290, 10 avr. 2019.

RÉGIME PROCÉDURAL

▪ **Prélèvement des empreintes génétiques** de la personne suspectée ou condamnée (C. pr. pén., art. 706-54, 706-55 2°, v. n°s 13.23 et 13.25). Sur la sanction du refus de prélèvement, v. n° 25.35.

■ ÉLÉMENTS CONSTITUTIFS – QUALIFICATION

✧ Pour avoir à .... [¤ lieu], le .... [¤ date], [⇨A puis le cas échéant B :]

A. participé sciemment à un groupement, même formé de façon temporaire, en vue de la préparation, caractérisée par un ou plusieurs faits matériels, de violences volontaires contre les personnes ou de destructions ou dégradations de biens (A : *N 27549.co*) ;

B. [• Préciser le cas échéant] ..., avec cette circonstance que les faits ont été commis lors du déroulement de manifestations sur la voie publique (B : *N 33265.co*) (L. nº 2019-290, 10 avr. 2019).

Faits prévus et réprimés par les articles : **PERSONNES PHYSIQUES.** 222-14-2, 222-44, 222-45 et 222-47 du code pénal. **PERSONNES MORALES.** 222-14-2 et 222-16-1 du code pénal (*N #.co*). ✧

20.35 Manœuvres dolosives pour contraindre une personne à quitter le territoire pour se marier à l'étranger (L. nº 2013-711, 5 août 2013)

■ PEINES

PERSONNE PHYSIQUE

PP Délit. 3 ans d'emprisonnement, 45 000 €. (C. pén., art. 222-14-4, L. nº 2013-711, 5 août 2013).

PC *Idem* nº 20.18 + Interdiction ⩽ 5 ans de quitter le territoire de la République (C. pén., art. 222-47, L. nº 2013-711, 5 août 2013).

PERSONNE MORALE

PP Délit. 225 000 €. (C. pén., art. 222-14-4, 222-16-1 ; 131-38).

PC *Idem* nº 20.15.

■ ORIENTEUR

ÉLÉMENT LÉGAL

▪ **Application de la loi pénale dans le temps.** Incrimination créée par L. nº 2007-297, 5 mars 2007.

RÉGIME PROCÉDURAL

▪ **Prélèvement des empreintes génétiques** de la personne suspectée ou condamnée (C. pr. pén., art. 706-54 et 706-55 2°, v. nºs 13.23 et 13.25). Sur la **sanction** du refus de prélèvement, v. nº 25.35.

MESURE CIVILE

▪ **Retrait de l'autorité parentale.** *Idem* nº 20.7 (C. pén., art. 222-48-2, L. nº 2014-873, 4 août 2014, mod. par L. nº 2016-297, 14 mars 2016 et L. nº 2019-1480, 28 déc. 2019).

▪ **Retrait du droit à pension du conjoint survivant auteur des faits.** *Idem* nº 20.1 (CSS, art. L. 342-1-1 et L. 353-1-1 ; C. rur., art. L. 732-41-1 et L. 732-62 ; C. pens. civ. mil., art. L. 38-1 ; dispositions issues de L. nº 2019-1480, 28 déc. 2019).

RÉGIME DES PEINES

▪ **Inéligibilité obligatoire. Inscription au bulletin nº 2. Réserve d'interprétation.** *Idem* nº 20.18.

■ ÉLÉMENTS CONSTITUTIFS – QUALIFICATION

✧ Pour avoir à .... [¤ lieu], le .... [¤ date], dans le but de contraindre ...... [¤ nom de la victime] à contracter mariage ou à conclure une union à l'étranger, usé à son égard de manœuvres dolosives afin de le déterminer à quitter le territoire de la République.

Faits prévus et réprimés par les articles : **PERSONNES PHYSIQUES.** 222-14-4, 222-44, 222-45, 222-47 et 22-48-2 du code pénal (*N 30140.co*). **PERSONNES MORALES.** 222-14-4 et 222-16-1 du code pénal (*N #.co*). ✧

20.36 Embuscade sur dépositaire de l'autorité publique ou chargé de service public (L. n° 2007-297, 5 mars 2007)

■ PEINES

PERSONNE PHYSIQUE

PP Délit. Cas A1 et B1 : 5 ans d'emprisonnement, 75 000 €. Cas A2 et B2 : 7 ans, 100 000 € (C. pén., art. 222-15-1).

PC *Idem* n° 20.18 + Interdiction, ⩽ 10 ans, des droits civiques civils et de famille (vote, éligibilité, fonction juridictionnelle, expert, témoin, tuteur, curateur) (C. pén., art. 222-45, 131-26) ;

PERSONNE MORALE

PC *Idem* n° 20.15.

■ ORIENTEUR

AUTRE QUALIFICATION

▪ **Violences volontaires sur les forces de sécurité intérieure (L. n° 2022-52, 24 janv. 2022).** C. pén., art. 222-14-5 I, v. n° 20.27.

▪ **Violences volontaires sur l'entourage d'un membre des forces de sécurité intérieure (L. n° 2022-52, 24 janv. 2022).** C. pén., art. 222-14-5 II, v. n° 20.28.

▪ **Violences avec arme en bande organisée ou avec guet-apens sur dépositaire de l'autorité publique ou chargé de service public ou son entourage (L. n° 2007-297, 5 mars 2007).** C. pén., art. 222-14-1, v. n° 20.33.

▪ **Groupement préparant des violences ou dégradations.** V. n° 20.34.

ÉLÉMENT LÉGAL

▪ **Application de la loi pénale dans le temps. Cas A** : incrimination créée par L. n° 2007-297, 5 mars 2007. **Cas B** : incrimination créée par L. n° 2021-646, 25 mai 2021, pour une sécurité globale préservant les libertés.

RÉGIME PROCÉDURAL

▪ **Prélèvement des empreintes génétiques** de la personne suspectée ou condamnée (C. pr. pén., art. 706-54 et 706-55 2°, v. n°s 13.23 et 13.25). Sur la **sanction** du refus de prélèvement, v. n° 25.35.

▪ **CRPC.** Exclue dans les cas A2 et B2 (C. pr. pén., art. 495-7). Sur le domaine de la CRPC, v. n° 15.53A.

RÉGIME DES PEINES

▪ **Peine plancher.** ~~Cas A2 : peine plancher de 18 mois applicable hors récidive (C. pén., art. 132-19-2, L. n° 2011-267, 14 mars 2011)~~ (dispositions abrogées par L. n° 2014-896, 15 août 2014).

▪ **Inéligibilité obligatoire. Inscription au bulletin n° 2. Réserve d'interprétation.** *Idem* n° 20.18.

▪ **Régime spécifique des réductions de peine.** Depuis L. n° 2021-1729, 22 déc. 2021, abrogeant le régime du crédit de réduction de peine, le quantum maximum de la réduction de peine est limité en cas de condamnation pour des faits d'embuscade prévus par C. pén., art. 222-15-1 lorsqu'ils sont commis sur une personne dépositaire de l'autorité publique, selon les précisions apportées au n° 18.10E5 (C. pr. pén., art. 721-1-2 réécrit par L. n° 2021-1729, 22 déc. 2021, applicable le 24 déc. 2021).

■ ÉLÉMENTS CONSTITUTIFS – QUALIFICATION

✧ Pour avoir à .... [¤ lieu], le .... [¤ date], [⇨A ou B :]

A. **EMBUSCADE SUR DÉPOSITAIRE DE L'AUTORITÉ PUBLIQUE OU CHARGÉ DE SERVICE PUBLIC**

A1. ... dans le but, caractérisé par un ou plusieurs faits matériels, de commettre à son encontre, ~~à l'occasion de l'exercice de ses fonctions ou de sa mission~~, « *soit à l'occasion de l'exercice de ses fonctions ou de sa mission, soit en raison de sa qualité, que l'auteur connaissait ou ne pouvait ignorer* » (réd. issue (L. n° 2021-646, 25 mai 2021), des violences avec usage ou menace d'une arme, en l'espèce en [• matérialiser l'embuscade], attendu un certain temps dans un lieu déterminé......... [¤ nom de la victime], (A1 : *N 26248.co*) [⇨ a à e puis le cas échéant A2 :]

a. fonctionnaire de la police nationale ou militaire de la gendarmerie, ...

b. membre du personnel de l'administration pénitentiaire, ...

c. dépositaire de l'autorité publique, ...

d. sapeur-pompier civil ou militaire, ...

e. agent d'un exploitant de réseau de transport public de voyageurs, ...

A2. [• Préciser le cas échéant dans le cas A1 :] avec cette circonstance que les faits ont été commis en réunion (A2 : *N 26249.co*).

B. **Embuscade sur l'entourage d'un dépositaire de l'autorité publique ou chargé de service public (L. n° 2021-646, 25 mai 2021)**

B1. dans le but, caractérisé par un ou plusieurs faits matériels, de commettre à son encontre des violences avec usage ou menace d'une arme, en l'espèce en [• matérialiser l'embuscade], attendu un certain temps dans un lieu déterminé .... [¤ nom de la victime], conjoint, ascendant ou descendant en ligne directe ou personne vivant habituellement au domicile de .... [¤ nom du dépositaire de l'autorité publique ou chargé de service public], en raison des fonctions exercées par ce dernier (B1 : *N #.co*) [⇨ a à e puis le cas échéant B2 :]

a. de fonctionnaire de la police nationale ou de militaire de la gendarmerie...

b. de membre du personnel de l'administration pénitentiaire ...

c. de dépositaire de l'autorité publique...

d. de sapeur-pompier civil ou militaire...

e. d'agent d'un exploitant de réseau de transport public de voyageurs...

B2. [• Préciser le cas échéant dans le cas B1 :] avec cette circonstance que les faits ont été commis en réunion (B2 : *N #.co*).

Faits prévus et réprimés par les articles : **PERSONNES PHYSIQUES.** 222-15-1, 222-44, 222-45 et 222-47 du code pénal. **PERSONNES MORALES.** 222-15-1 et 222-16-1 du code pénal. ✧

20.37 Empoisonnement

■ PEINES

PERSONNE PHYSIQUE

PP Crime. Cas A : 30 ans de réclusion (C. pén., art. 221-5). Cas B à W : réclusion à perpétuité (C. pén., art. 221-5).

Cas U, C. pén., art. 132-77 et 221-5 depuis L. n° 2017-86, 27 janv. 2017 ;

Cas V, C. pén., art. 132-76 et 221-5 depuis L. n° 2017-86, 27 janv. 2017.

PC 1. Interdiction, définitive ou ⩽ 5 ans, d'exercer l'activité professionnelle ou sociale en relation avec l'infraction, ou une fonction publique (sauf mandat électif ou syndical) (C. pén., art. 221-8, 221-9 et 131-27) ;

2. Interdiction, ⩽ 10 ans, des droits civiques civils et de famille (vote, éligibilité, fonction juridictionnelle, expert, témoin, tuteur, curateur) (C. pén., art. 221-9 et 131-26). Sauf dispense spécialement motivée, la peine d'inéligibilité est obligatoirement prononcée (C. pén., art. 131-26-2, L. n° 2017-1339, 15 sept. 2017) ;

3. Interdiction obligatoire, ⩽ 15 ans, de détention ou port d'arme soumise à autorisation (L. n° 2012-304, 6 mars 2012, auparavant interdiction facultative ⩽ 5 ans) (C. pén., art. 221-8) ;

4. Suspension ou annulation, ⩽ 5 ans, du PC (C. pén., art. 221-8) ;

4 *bis.* Stage de sensibilisation aux dangers de l'usage de produits stupéfiants. La juridiction précise si le stage est exécuté aux frais du condamné (C. pén., art. 131-35-1 et 221-8 [L. n° 2007-297, 5 mars 2007]) (pour les faits commis avant le 24 mars 2020 et jugés après cette date, L. n° 2019-222, 23 mars 2019, en vigueur le 24 mars 2020. Pour les faits commis à partir du 24 mars 2020, v. nouvelle réd. C. pén., art. 131-5-1 et n° 18.33) ;

5. Confiscation obligatoire d'une ou plusieurs armes dont le condamné est propriétaire ou dont il a la libre disposition (L. n° 2012-304, 6 mars 2012, auparavant peine facultative) (C. pén., art. 221-8) ;

6. Retrait, obligatoire, ⩽ 15 ans, du permis de chasser (L. n° 2012-304, 6 mars 2012, auparavant retrait facultatif ⩽ 5 ans) (C. pén., art. 221-8) ;

7. Confiscation de la chose ayant servi à l'infraction ou destinée à la commettre, ou de son produit (obligatoire pour objets qualifiés dangereux ou nuisibles par loi ou règlement ou dont la détention est illicite) (C. pén., art. 221-9 et 131-21) ;

8. Interdiction de séjour, ⩽ 10 ans (C. pén., art. 221-9, 131-31 et 131-32 ; C. pr. pén., art. 762-1 à 763) ;

9. Auteur étranger : interdiction du territoire, définitive ou ⩽ 10 ans (C. pén., art. 221-11, 131-30, 131-30 à 131-30-2) ;

10. Suivi socio-judiciaire [L. nº 2005-1549, 12 déc. 2005] **Cas** A. ⩽ 30 ans ; **Cas** B à W : à temps ou sans limitation de durée (C. pén., art. 131-36-1 et 221-9-1) ; avec injonction de soins si l'expertise médicale conclut au traitement (C. pén., art. 131-36-4). La juridiction fixe la peine encourue (⩽ 7 ans) en cas d'inobservation (C. pén., art. 131-36-1) (v. nº 18.31).

PERSONNE MORALE

PP PC Crime. *Idem* nº 20.1.

▪ ORIENTEUR

AUTRE QUALIFICATION

Homicide volontaire – Meurtre. V. nº 20.1.

▪ **Homicide volontaire concomitant ou lié à un autre crime ou délit.** V. nº 20.2.

▪ **Homicide volontaire aggravé.** V. nº 20.3.

▪ **Homicide volontaire – Assassinat.** V. nº 20.4.

▪ **Mandat non suivi d'effet de commettre un assassinat ou un empoisonnement (C. pén., art. 221-5-1).** V. nº 20.6.

ÉLÉMENT LÉGAL

▪ **Définition.** • **Guet-apens.** V. orienteur nº 20.4 (C. pén., art. 132-71-1). • **Préméditation.** V. orienteur nº 20.4 (C. pén., art. 132-72).

▪ **Causes d'aggravation. Emprunt des causes d'aggravation prévues pour l'homicide volontaire.** Le crime d'empoisonnement est aggravé selon les mêmes circonstances que celles prévues en matière d'homicide volontaire (C. pén., art. 221-5 renvoyant à C. pén., art. 221-2, 221-3 et 221-4). Il est donc ici renvoyé à l'orienteur des nºs 20.2 (Homicide volontaire concomitant ou lié à un autre crime ou délit, C. pén., art. 221-2), 20.3 (Homicide volontaire aggravé, C. pén., art. 221-4), 20.4 (Homicide volontaire – Assassinat, C. pén., art. 221-3).

▪ **Causes d'aggravation. Aggravation résultant de la motivation raciste ou sexiste. Cas** U et V : *idem* Orienteur nº 20.3 (C. pén., art. 221-5 renvoyant aux circonstances aggravantes prévues en matière d'homicide volontaire par 221-4).

ÉLÉMENT MATÉRIEL

▪ **Acte d'emploi ou d'administration. Remise de la substance à la victime.** Caractérisent à bon droit « *la volonté criminelle du demandeur [au pourvoi], les juges [qui] retiennent que celui-ci connaissait l'effet mortifère de la prise massive des produits remis à la victime* » aux fins, concertées avec cette dernière, de simuler une tentative de suicide en absorbant ces produits et en laissant un écrit à cette fin, alors que l'intention de l'auteur était en réalité d'attenter à sa vie (Crim. 8 juin 1993, nº 93-81.372, P nº 203) (dans le même sens, pour l'administration de substances nuisibles par le remise à la victime d'une infusion toxique : Crim. 23 mars 2021, nº 20-81.713, P, v. nº 20.38.

ÉLÉMENT INTENTIONNEL

▪ **Intention homicide.** « *le crime d'empoisonnement ne peut être caractérisé que si l'auteur a agi avec l'intention de donner la mort, élément moral commun à l'empoisonnement et aux autres crimes d'atteinte volontaire à la vie de la personne* », est ainsi confirmée la relaxe de médecins qui ont prescrit l'administration de produits sanguins contaminé car « *la preuve n'est pas rapportée qu'ils aient eu connaissance du caractère nécessairement mortifère* » de ces produits » (Crim. 18 juin 2003, nº 02-85.199, P nº 127).

RÉGIME PROCÉDURAL

▪ **Prélèvement des empreintes génétiques** de la personne suspectée ou condamnée (C. pr. pén., art. 706-54 et 706-55 2°, v. nºs 13.23 et 13.25). Sur la **sanction** du refus de prélèvement, v. nº 25.35.

▪ **Obligation de communication du contrôle judiciaire à l'employeur public ou l'autorité de contrôle.** Le parquet doit informer l'employeur ou l'autorité de contrôle de la décision de contrôle judiciaire comportant « *l'obligation de ne pas exercer une activité impliquant un contact habituel avec des mineurs* » prévue par C. pr. pén., art. 138, 12° *bis* (issu de L. n° 2016-457, 14 avr. 2016) (C. pr. pén., art. 706-47-4, L. n° 2016-457, 14 avr. 2016) (v. n° 11.23D).

▪ **Alimentation du Redex.** Centralisation des examens de personnalité au fichier Redex à tous les stades de la procédure (C. pr. pén., art. 706-56-2) (v. n° 13.41).

MESURE CIVILE

▪ **Retrait de l'autorité parentale.** *Idem* n° 20.1 (C. pén., art. 221-5-5, L. n° 2014-873, 4 août 2014, mod. par L. n° 2016-297, 14 mars 2016 et L. n° 2019-1480, 28 déc. 2019).

▪ **Retrait du droit à pension du conjoint survivant auteur des faits.** *Idem* n° 20.1 (CSS, art. L. 342-1-1 et L. 353-1-1 ; C. rur., art. L. 732-41-1 et L. 732-62 ; C. pens. civ. mil., art. L. 38-1 ; dispositions issues de L. n° 2019-1480, 28 déc. 2019).

RÉGIME DES PEINES

▪ **Exemption ou réduction de peine.** Applicable au **repenti** (C. pén., art. 132-78 et 221-53, v. n° 18.8D).

▪ **Période de sûreté.** Si peine ferme ⩾ 10 ans ⟶ a) de plein droit = 1/2 de la peine ou 18 ans si perpétuité, ou < sur décision spéciale ; b) sur décision spéciale = 2/3 de la peine ou 22 ans si perpétuité (C. pén., art. 132-23, al. 1 et 2). Si victime ⩽ 15 ans et empoisonnement accompagné de viol, tortures ou actes de barbarie (cas E2), période de sûreté = sur décision spéciale de la cour ⟶ jusqu'à 30 ans, ou, si perpétuité ⟶ interdiction suspension, fractionnement, placement à l'extérieur, permission de sortir, semi-liberté et libération conditionnelle (perpétuité réelle ou peine incompressible) (C. pén., art. 221-4) (NB. Le tribunal de l'application des peines peut accorder l'une de ces mesures après une incarcération ⩾ 30 ans (C. pr. pén., art. 720-4)). Sur la période de sûreté, v. n° 18.7C1.

▪ **Obligation de communication de la condamnation à l'employeur public ou l'autorité de contrôle.** Le parquet doit informer l'employeur ou l'autorité de contrôle de la condamnation prononcée en cas d'activité impliquant un contact habituel avec des mineurs (C. pr. pén., art. 706 47 4, L. n° 2016-457, 14 avr. 2016) (v. n° 11.23D).

▪ ÉLÉMENTS CONSTITUTIFS – QUALIFICATION

✧ Pour avoir à .... [¤ lieu], le .... [¤ date], [⇨A puis le cas échéant B à W :]

A. attenté à la vie de .... [¤ nom de la victime] par l'emploi ou l'administration de substance de nature à entraîner la mort (*N 5015.cr*).

[• Préciser le cas échéant] ..., avec cette circonstance que les faits [⇨B à W :]

B. ont précédé, accompagné ou suivi un autre crime (B : *N 10891.cr*) ;

C. avaient pour objet de préparer ou faciliter un délit ou de favoriser la fuite ou d'assurer l'impunité de l'auteur ou du complice (C : *N 10892.cr*) ;

D. ont été commis avec préméditation (D : *N 10893.cr*) ;

E. ont été commis sur un mineur de moins de 15 ans (E1 : *N 10894.cr*) ; [• préciser le cas échéant] et accompagnés de viol, tortures ou actes de barbarie (E2 : *N #.cr*) ;

F. ont été commis sur un ascendant légitime ou naturel, ou père ou mère adoptifs (F : *N 10895.cr*) ;

G. ont été commis sur une personne qu'il (elle) savait particulièrement vulnérable en raison de son état physique ou mental (G : *N 10896.cr*) ;

H. ont été commis sur – un magistrat ou un juré (H1 : *N 10897.cr*) – un avocat (H2 : *N 10898.cr*) – un officier public ou ministériel (H3 : *N 10899.cr*) – un militaire de la gendarmerie nationale, un fonctionnaire de la police nationale, des douanes, de l'administration pénitentiaire (H4 : *N 10590.cr*) – une personne dépositaire de l'autorité publique (H5 : *N 10590.cr*), dans l'exercice ou du fait de ses fonctions ;

I. ont été commis sur un sapeur-pompier professionnel ou volontaire, dans l'exercice ou du fait de ses fonctions (aggravation créée par L. n° 2003-239, 18 mars 2003, art. 60) (I : *N 23979.cr*) ;

J. ont été commis sur un gardien assermenté d'immeuble ou de groupe d'immeubles, dans l'exercice ou du fait de ses fonctions (aggravation créée par L. n° 2003-239, 18 mars 2003, art. 60) (J : *N 23986.cr*) ;

K. ont été commis sur un agent exerçant pour le compte d'un bailleur des fonctions de gardiennage et de surveillance d'un immeuble à usage d'habitation soumis à l'obligation de gardiennage par application de l'article L. 127-1 du code de la construction et de l'habitation, dans l'exercice ou du fait de ses fonctions (aggravation créée par L. n° 2003-239, 18 mars 2003, art. 60) (K : *N* ***23986.cr***) ;

L. ont été commis sur le conjoint, l'ascendant, le descendant en ligne directe, ou vivant habituellement avec......... [¤ nom et fonctions de la personne exerçant une des missions protégées D à G ci-dessus], [⇨L1 à L8 :]

L1. magistrat ou juré (L1 : *N* ***#.cr***)...

L2. avocat (L2 : *N* ***#.cr***)...

L3. officier public ou ministériel (L3 : *N* ***#.cr***)...

L4. militaire de la gendarmerie nationale, fonctionnaire de la police nationale, des douanes ou de l'administration pénitentiaire (L4 : *N* ***#.cr***)...

L5. dépositaire de l'autorité publique (L5 : *N* ***#.cr***)...

L6. sapeur-pompier professionnel ou volontaire (L6 : *N* ***#.cr***)...

L7. gardien assermenté d'immeuble ou de groupe d'immeubles (L7 : *N* ***#.cr***)...

L8. agent exerçant pour le compte d'un bailleur des fonctions de gardiennage et de surveillance d'un immeuble à usage d'habitation (L8 : *N* ***#.cr***)...

... en raison des fonctions exercées par ce dernier (aggravation créée par L. n° 2003-239, 18 mars 2003, art. 60) ;

M. ont été commis sur une personne chargée d'une mission de service public (M1 : *N* ***10591.cr***) – un agent d'un exploitant de réseau de transport public de voyageurs (M2 : *N* ***#.cr***), dans l'exercice de ses fonctions ;

N. ont été commis sur un professionnel de santé dans l'exercice de ses fonctions (aggravation créée par L. n° 2003-239, 18 mars 2003, art. 60) (N : *N* ***23972.cr***) ;

O. ont été commis sur : un témoin (O1 : *N* ***10592.cr***) ; une victime (O2 : *N* ***10593.cr***) ; une partie civile (O3 : *N* ***10594.cr***), pour l'influencer ou par représailles ;

P. par le conjoint ou le concubin de la victime « ou le partenaire lié à la victime par un pacte civil de solidarité » [L. n° 2006-399, 4 avr. 2006] ou par l'ancien conjoint, concubin ou partenaire (C. pén., art. 132-80) (P : *N* ***25833.cr***) ;

Q. par une personne – dépositaire de l'autorité publique (Q1 : *N* ***#.cr***) – chargée d'une mission de service public (Q2 : *N* ***#.cr***), dans l'exercice ou à l'occasion de l'exercice de ses fonctions ou de sa mission ;

R. en réunion (R : *N* ***#.cr***) ;

S. avec préméditation *ou avec guet-apens* (L. n° 2007-297, 5 mars 2007) (S : *N* ***10893.cr***) ;

T. avec usage ou menace d'une arme (T : *N* ***#.cr***) ;

U. ont été commis à raison « du sexe, de l'orientation sexuelle ou de l'identité de genre » (L. n° 2017-86, 27 janv. 2017) [au lieu de « l'orientation « ou identité » sexuelle (L. n° 2012-954, 6 août 2012)] de la victime (L. n° 2003-239, 18 mars 2003, art. 47) (C. pén., art. 132-77 et 221-5, anc^{t} 221-4, L. n° 2017-86, 27 janv. 2017) (U : *N* ***23953.cr***) ;

V. ont été commis à raison de l'appartenance ou de la non-appartenance, vraie ou supposée, de la victime à une ethnie ou une nation, une « *prétendue* » (L. n° 2017-86, 27 janv. 2017) race ou une religion déterminée (L. n° 2003-88, 3 févr. 2003, art. 5) (C. pén., art. 132-76 et 221-5, anc^{t} 221-4, L. n° 2017-86, 27 janv. 2017) (V : *N* ***32261.cr***) ;

W. ont été commis en bande organisée (W : *N* ***25097.cr***).

Faits prévus et réprimés par les articles : **PERSONNES PHYSIQUES.** 221-2, 221-3, 221-4, 221-5, 221-8, 221-9, 221-9-1 et 221-11 du code pénal. **PERSONNES MORALES.** 221-2, 221-3, 221-4, 221-5 et 221-5-2 du code pénal (*N* ***#.cr***). ✧

20.38 Administration de substance nuisible ayant entraîné la mort sans intention de la donner

■ **PEINES**

PERSONNE PHYSIQUE

PP Crime. 15 ans de réclusion (C. pén., art. 222-15).

PC *Idem* nº 20.15. L'interdiction du territoire (**PC** nº 14) n'est applicable que depuis L. nº 2018-778, 10 sept. 2018 (C. pén., art. 222-48).

PERSONNE MORALE

PP PC Crime. *Idem* nº 20.15.

■ **ORIENTEUR**

AUTRE QUALIFICATION

▪ Coups mortels. V. nº 20.15.

ÉLÉMENT LÉGAL

▪ **Causes d'aggravation. Emprunt des distinctions prévues pour les violences volontaires.** L'administration de substances suisibles est réprimée selon les distinctions prévues en matière de violences volontaires (C. pén., art. 222-15 renvoyant notamment à C. pén., art. 222-7). Il est donc ici renvoyé à l'orienteur du nº 20.15 (Coups mortels, C. pén., art. 222-7).

ÉLÉMENT MATÉRIEL

▪ **Médecine légale. • Notion de mort.** *Idem* nº 20.1.

▪ **Nécessité d'un résultat.** L'administration de substance nuisible n'est incriminée qu'à raison de son résultat et sa tentative n'est pas punissable. Ainsi, dans le cas de relations sexuelles régulières et non protégées par un individu ayant dissimulé à son partenaire qu'il était porteur du VIH à un niveau de charge virale indétectable et réputé non contaminante, une CHINS est fondée à confirmer une ordonnance de non-lieu du chef d'administration de substance nuisible, car « *en l'absence de contamination de la partie civile, l'élément matériel de l'infraction faisait défaut et que les faits n'étaient susceptibles d'aucune autre qualification pénale* » (Crim. 5 mars 2019, nº 18-82.704, P nº 50).

▪ **Acte d'administration. Remise de la substance au destinataire.** L'administration de substance nuisible est caractérisée « *par la remise à son destinataire de l'infusion contenant la plante toxique préparée par le prévenu, peu important que l'ingestion de celle-ci ne soit intervenue qu'ultérieurement et hors sa présence* » (§ 9) (Crim. 23 mars 2021, nº 20-81.713, P) (dans le même, pour l'empoisonnement : Crim. 8 juin 1993, nº 93-81.372, P nº 203, v. nº 20.37).

▪ **Illustration.** Caractérise l'infraction la mise à disposition de joueurs de football de bouteilles d'eau minérale dans lesquelles l'auteur a introduit une certaine quantité de valium qui a « *entraîné une diminution de leurs facultés physiques, caractérisant une altération de leur santé* » (Crim. 14 juin 1995, nº 94-83.025, P nº 218). L'infraction est constituée lorsque « *le prévenu a multiplié les relations sexuelles non protégées avec plusieurs jeunes femmes auxquelles il dissimulait volontairement son état de santé, et a ainsi contaminé par la voie sexuelle les deux plaignantes, désormais porteuses d'une affection virale constituant une infirmité permanente* » (Crim. 10 janv. 2006, nº 05-80.787, P nº 11).

ÉLÉMENT INTENTIONNEL

▪ **Dol spécial.** Si **l'intention de donner la mort** est démontrée, v. assassinat nº 20.4, ou empoisonnement nº 20.37. « *L'élément intentionnel [...] résulte de la connaissance, par l'auteur, du caractère nuisible de la substance qu'il administre* » (§ 12) (Crim. 23 mars 2021, nº 20-81.713, P).

RÉGIME PROCÉDURAL

▪ **Prélèvement des empreintes génétiques** de la personne suspectée ou condamnée (C. pr. pén., art. 706-54, 706-55 2°, v. nºs 13.23 et 13.25). Sur la **sanction** du refus de prélèvement, v. nº 25.35.

▪ **Procédure d'assises. • Compétence de la cour criminelle départementale.** *Idem* nº 20.7 (C. pr. pén., art. 380-16, issu L. nº 2021-1729, 22 déc. 2021).

MESURE CIVILE

▪ **Retrait de l'autorité parentale.** *Idem* nº 20.7 (C. pén., art. 222-48-2, L. nº 2014-873, 4 août 2014, mod. par L. nº 2016-297, 14 mars 2016 et L. nº 2019-1480, 28 déc. 2019). ▪ **Retrait du droit à pension du conjoint survivant auteur des faits.** *Idem* nº 20.1 (CSS, art. L. 342-1-1 et

L. 353-1-1 ; C. rur., art. L. 732-41-1 et L. 732-62 ; C. pens. civ. mil., art. L. 38-1 ; dispositions issues de L. n° 2019-1480, 28 déc. 2019).

■ ÉLÉMENTS CONSTITUTIFS – QUALIFICATION

✧ Pour avoir à .... [¤ lieu], le .... [¤ date], volontairement administré des substances nuisibles ayant entraîné, sans intention de la donner, la mort de .... [¤ nom de la victime].
Faits prévus et réprimés par les articles : **PERSONNES PHYSIQUES.** 222-7, 222-15, 222-44, 222-45, 222-47 et 222-48-2 du code pénal (*N 20925.cc*). **PERSONNES MORALES.** 222-7, 222-15 et 222-16-1 du code pénal (*N #.cc*). ✧

20.39 Administration aggravée de substance nuisible ayant entraîné la mort sans intention de la donner

■ PEINES

PERSONNE PHYSIQUE

PP Crime. 20 ans de réclusion (C. pén., art. 222-15). Cas A2 : 30 ans (C. pén., art. 222-15).
Cas R : 20 ans de réclusion, C. pén., art. 132-77 et 222-7, L. n° 2017-86, 27 janv. 2017, anc[t] 222-8.

Cas S : 20 ans de réclusion, C. pén., art. 132-76 et 222-7, L. n° 2017-86, 27 janv. 2017, anc[t] 222-8.

PC *Idem* n° 20.15 (l'interdiction du territoire (**PC** n° 14), n'est applicable que depuis L. n° 2018-778, 10 sept. 2018 (C. pén., art. 222-48)) +

Cas P : Confiscation **obligatoire** (L. n° 2012-304, 6 mars 2012, auparavant confiscation facultative) d'une ou plusieurs armes dont le condamné est propriétaire ou dont il a la libre disposition (C. pén., art. 222-44) ;

Cas P : Interdiction **obligatoire,** ⩽ 15 ans, de détention, ou de port d'arme soumise à autorisation (L. n° 2012-304, 6 mars 2012, auparavant interdiction facultative ⩽ 5 ans) (C. pén., art. 222-44).

PERSONNE MORALE

PP PC Crime. *Idem* n° 20.15.

■ ORIENTEUR

AUTRE QUALIFICATION

▪ Coups mortels aggravés. V. n° 20.16.

ÉLÉMENT LÉGAL

▪ **Définition.** • **Guet-apens.** V. orienteur n° 20.4 (C. pén., art. 132-71-1). • **Préméditation.** V. orienteur n° 20.4 (C. pén., art. 132-72).

▪ **Causes d'aggravation. Emprunt des distinctions prévues pour les violences volontaires.** L'administration de substances suisibles est réprimée selon les distinctions prévues en matière de violences volontaires (C. pén., art. 222-15 renvoyant notamment à C. pén., art. 222-8). Il est donc ici renvoyé à l'orienteur du n° 20.16 (Coups mortels aggravés, C. pén., art. 222-8).

▪ **Causes d'aggravation. Aggravation résultant de la motivation raciste ou sexiste.** Cas R et S : *idem* Orienteur n° 20.3 (C. pén., art. 222-15 renvoyant aux circonstances aggravantes prévues en matière de coups mortels aggravés par 222-8).

ÉLÉMENT MATÉRIEL

▪ **Médecine légale.** • **Notion de mort.** *Idem* n° 20.1.
▪ **Nécessité d'un résultat.** V. n° 20.38.
▪ **Acte d'administration.** V. n° 20.38.
▪ **Illustration.** V. n° 20.38.

ÉLÉMENT INTENTIONNEL

▪ **Dol spécial.** Si **l'intention de donner la mort** est démontrée, v. assassinat n° 20.4, ou empoisonnement n° 20.37. La **vulnérabilité**, la **qualité de la victime** (magistrat, juré, avocat...) doit être apparente ou connue de l'auteur.

▪ **Renvoi.** V. également n° 20.38.

RÉGIME PROCÉDURAL

▪ **Prélèvement des empreintes génétiques** de la personne suspectée ou condamnée (C. pr. pén., art. 706-54 et 706-55 2°, v. n°s 13.23 et 13.25). Sur la **sanction** du refus de prélèvement, v. n° 25.35.

▪ **Procédure d'assises.** • **Compétence de la cour criminelle départementale.** Sauf cas A2 : *idem* n° 20.7 (C. pr. pén., art. 380-16, issu L. n° 2021-1729, 22 déc. 2021).

MESURE CIVILE

▪ **Retrait de l'autorité parentale.** *Idem* n° 20.7 (C. pén., art. 222-48-2, L. n° 2014-873, 4 août 2014, mod. par L. n° 2016-297, 14 mars 2016 et L. n° 2019-1480, 28 déc. 2019).

▪ **Retrait du droit à pension du conjoint survivant auteur des faits.** *Idem* n° 20.1 (CSS, art. L. 342-1-1 et L. 353-1-1 ; C. rur., art. L. 732-41-1 et L. 732-62 ; C. pens. civ. mil., art. L. 38-1 ; dispositions issues de L. n° 2019-1480, 28 déc. 2019).

RÉGIME DES PEINES

▪ **Période de sûreté.** Si peine ferme ⩾ 10 ans ⟶ a) de plein droit = 1/2 de la peine, ou < sur décision spéciale ; b) sur décision spéciale = 2/3 de la peine (C. pén., art. 132-23, al. 1 et 2). Sur la période de sûreté, v. n° 18.7C1.

▪ ÉLÉMENTS CONSTITUTIFS – QUALIFICATION

✧ Pour avoir à .... [¤ lieu], le .... [¤ date], volontairement administré des substances nuisibles ayant entraîné, sans intention de la donner, la mort de .... [¤ nom de la victime] avec cette circonstance que les faits ont été commis [⇨A à S :]

A. sur un mineur de moins de 15 ans (A1 : *N **20406.cc***) ; [• préciser le cas échéant] par un ascendant ou par une personne ayant autorité sur la victime (A2 : *N **20490.cr***) ;

B. sur une personne qu'il (elle) savait particulièrement vulnérable en raison de son état physique ou mental (B : *N **20410.cc***) ;

C. sur un ascendant légitime ou naturel, ou sur les père ou mère adoptifs (B : *N **20411.cc***) ;

D. sur : un magistrat (D1 : *N **20489.cc***) ; un juré (D2 : *N **20489.cc***) ; un avocat (D3 : *N **20927.cc***) ; un officier public ou ministériel (D4 : *N **20928.cc***) ; un militaire de la gendarmerie nationale, un fonctionnaire de la police nationale, des douanes, de l'administration pénitentiaire ; une personne dépositaire de l'autorité publique (D5 : *N **20496.cc***), dans l'exercice ou du fait de ses fonctions ;

E. sur un sapeur-pompier professionnel ou volontaire, dans l'exercice ou du fait de ses fonctions (aggravation créée par L. n° 2003-239, 18 mars 2003, art. 60) (E : *N **#.cc***) ;

F. sur un gardien assermenté d'immeuble ou de groupe d'immeubles, dans l'exercice ou du fait de ses fonctions (aggravation créée par L. n° 2003-239, 18 mars 2003, art. 60) (F : *N **#.cc***) ;

G. sur un agent exerçant pour le compte d'un bailleur des fonctions de gardiennage et de surveillance d'un immeuble à usage d'habitation soumis à l'obligation de gardiennage par application de l'article L. 127-1 du code de la construction et de l'habitation, dans l'exercice ou du fait de ses fonctions (aggravation créée par L. n° 2003-239, 18 mars 2003, art. 60) (G : *N **#.cc***) ;

H. sur le conjoint, l'ascendant, le descendant en ligne directe, ou vivant habituellement avec......... [¤ nom et fonctions de la personne exerçant une des missions protégées D à G ci-dessus], [⇨H1 à H8 :]

H1. magistrat ou juré (H1 : *N **#.cc***)...

H2. avocat (H2 : *N **#.cc***)...

H3. officier public ou ministériel (H3 : *N **#.cc***)...

H4. militaire de la gendarmerie nationale, fonctionnaire de la police nationale, des douanes ou de l'administration pénitentiaire (H4 : *N **#.cc***)...

H5. dépositaire de l'autorité publique (H5 : *N **#.cc***)...

H6. sapeur-pompier professionnel ou volontaire (H6 : *N **#.cc***)...

H7. gardien assermenté d'immeuble ou de groupe d'immeubles (H7 : *N **#.cc***)...

H8. agent exerçant pour le compte d'un bailleur des fonctions de gardiennage et de surveillance d'un immeuble à usage d'habitation (H8 : *N **#.cc***)...

... en raison des fonctions exercées par ce dernier (aggravation créée par L. n° 2003-239, 18 mars 2003, art. 60) (*N **#.cc***)... ;

I. sur une personne chargée d'une mission de service public (I1 : *N 20926.cc*) – un agent d'un exploitant de réseau de transport public de voyageurs (I2 : *N #.cc*), dans l'exercice de ses fonctions ;

J. sur un professionnel de santé dans l'exercice de ses fonctions (aggravation créée par L. n° 2003-239, 18 mars 2003, art. 60) (J : *N #.cc*) ;

K. sur : un témoin (K1 : *N 20929.cc*) ; une victime (K2 : *N 20930.cc*) ; une partie civile (K3 : *N 20931.cc*), pour l'influencer ou par représailles ;

L. par le conjoint ou le concubin de la victime « ou le partenaire lié à la victime par un pacte civil de solidarité » [L. n° 2006-399, 4 avr. 2006] ou par l'ancien conjoint, concubin ou partenaire (C. pén., art. 132-80) (L : *N 20932.cc*) ;

M. par une personne : dépositaire de l'autorité publique (M1 : *N 20933.cc*) ; chargée d'une mission de service public (M2 : *N 20934.cc*), dans l'exercice ou à l'occasion de l'exercice de ses fonctions ou de sa mission ;

N. en réunion (N : *N 20935.cc*) ;

O. avec préméditation ou avec *guet-apens* (L. n° 2007-297, 5 mars 2007) (O : *N 20487.cc*) ;

P. avec usage ou menace d'une arme (P : *N 20488.cc*) ;

Q. « contre la victime afin de la contraindre à contracter un mariage ou à conclure une union ou en raison de son refus de contracter un mariage ou de conclure une union » [L. n° 2010-769, 9 juill. 2010] (Q : *N 27835.cc*).

R. à raison « du sexe, de l'orientation sexuelle ou de l'identité de genre » (L. n° 2017-86, 27 janv. 2017) [au lieu de « l'orientation « ou identité » sexuelle (L. n° 2012-954, 6 août 2012)] de la victime (L. n° 2003-239, 18 mars 2003) (C. pén., art. 132-77 et 222-7, L. n° 2017-86, 27 janv. 2017, anc[t] 222-8) (R : *N 23805.cc*) ;

S. à raison de l'appartenance ou de la non-appartenance, vraie ou supposée, de la victime à une ethnie ou une nation, une « *prétendue* » (L. n° 2017-86, 27 janv. 2017) race ou une religion déterminée (L. n° 2003-88, 3 févr. 2003, art. 5) (C. pén., art. 132-76 et 222-7, anc[t] 222-8, L. n° 2017-86, 27 janv. 2017) (S : *N 32276.cc*).

Faits prévus et réprimés par les articles : **PERSONNES PHYSIQUES.** 222-7, 222-8, 222-15, 222-44, 222-45, 222-47, 222-48 et 222-48-2 du code pénal. **PERSONNES MORALES.** 222-7, 222-8, 222-15 et 222-16-1 du code pénal (*N #.cr*). ✧

20.40 Administration de substance nuisible ayant entraîné une mutilation ou une infirmité permanente

▪ PEINES

PERSONNE PHYSIQUE

PP Délit. 10 ans d'emprisonnement, 150 000 € (C. pén., art. 222-15).

PC *Idem* n° 20.18. L'interdiction du territoire (**PC** n° 14), n'est applicable que depuis L. n° 2018-778, 10 sept. 2018 (C. pén., art. 222-48).

PERSONNE MORALE

PP Délit. 750 000 € (C. pén., art. 222-16-1 ; art. 131-38).

PC *Idem* n° 20.15.

▪ ORIENTEUR

AUTRE QUALIFICATION

▪ Violences ayant entraîné une mutilation ou une infirmité permanente. V. n° 20.18.

ÉLÉMENT LÉGAL

▪ Causes d'aggravation. Emprunt des distinctions prévues pour les violences volontaires. L'administration de substances suisibles est réprimée selon les distinctions prévues en matière de violences volontaires (C. pén., art. 222-15 renvoyant notamment à C. pén., art. 222-9). Il est donc ici renvoyé à l'orienteur du n° 20.18 (Violences ayant entraîné une mutilation ou une infirmité permanente, C. pén., art. 222-9).

ÉLÉMENT MATÉRIEL

- **Médecine légale. • Notion de mutilation et d'infirmité permanente.** *Idem* n° 20.12.
- **Nécessité d'un résultat.** V. n° 20.38.
- **Acte d'administration.** V. n° 20.38.
- **Illustration.** V. n° 20.38.

RÉGIME PROCÉDURAL

- **Prélèvement des empreintes génétiques** de la personne suspectée ou condamnée (C. pr. pén., art. 706-54 et 706-55 2° v. n°s 13.23 et 13.25). Sur la sanction du refus de prélèvement, v. n° 25.35.
- **CRPC.** Exclue (C. pr. pén., art. 495-7). Sur le domaine de la CRPC, v. n° 15.53A.

MESURE CIVILE

- **Retrait de l'autorité parentale.** *Idem* n° 20.7 (C. pén., art. 222-48-2, L. n° 2014-873, 4 août 2014, mod. par L. n° 2016-297, 14 mars 2016 et L. n° 2019-1480, 28 déc. 2019).
- **Retrait du droit à pension du conjoint survivant auteur des faits.** *Idem* n° 20.1 (CSS, art. L. 342-1-1 et L. 353-1-1 ; C. rur., art. L. 732-41-1 et L. 732-62 ; C. pens. civ. mil., art. L. 38-1 ; dispositions issues de L. n° 2019-1480, 28 déc. 2019).

RÉGIME DES PEINES

- **Inéligibilité obligatoire. Inscription au bulletin n° 2. Réserve d'interprétation.** *Idem* n° 20.18.

■ ÉLÉMENTS CONSTITUTIFS – QUALIFICATION

✧ Pour avoir à .... [¤ lieu], le .... [¤ date], volontairement administré des substances nuisibles ayant entraîné une mutilation ou une infirmité permanente sur la personne de .... [¤ nom de la victime].

Faits prévus et réprimés par les articles : **PERSONNES PHYSIQUES.** 222-9, 222-15, 222-44, 222-45, 222-47 et 222-48-2 du code pénal (*N 20936.co*). **PERSONNES MORALES.** 222-9, 222-15 et 222-16-1 du code pénal (*N #.co*). ✧

20.41 Administration aggravée de substance nuisible ayant entraîné une mutilation ou une infirmité permanente

■ PEINES

PERSONNE PHYSIQUE

PP Crime. 15 ans de réclusion (C. pén., art. 222-15). Cas A2 : 20 ans (C. pén., art. 222-15).

Cas R, 15 ans de réclusion, C. pén., art. 132-77 et 222-9, L. n° 2017-86, 27 janv. 2017, anc^t^ 222-10.

Cas S, 15 ans de réclusion, C. pén., art. 132-76 et 222-9, L. n° 2017-86, 27 janv. 2017, anc^t^ 222-10.

PC *Idem* n° 20.19, sauf suivi socio-judiciaire. L'interdiction du territoire (**PC** n° 3), n'est applicable que depuis L. n° 2018-778, 10 sept. 2018 (C. pén., art. 222-48). +

Cas Q : Confiscation **obligatoire** (L. n° 2012-304, 6 mars 2012, auparavant confiscation facultative) d'une ou plusieurs armes dont le condamné est propriétaire ou dont il a la libre disposition (C. pén., art. 222-44) ;

Cas Q : Interdiction **obligatoire,** ⩽ 15 ans, de détention, ou de port d'arme soumise à autorisation (L. n° 2012-304, 6 mars 2012, auparavant interdiction facultative ⩽ 5 ans) (C. pén., art. 222-44).

PERSONNE MORALE

PP PC Crime. *Idem* n° 20.15.

■ ORIENTEUR

AUTRE QUALIFICATION

- **Violences aggravées ayant entraîné une mutilation ou une infirmité permanente.** V. n° 20.19.

ÉLÉMENT LÉGAL

▪ **Définition. • Guet-apens.** V. orienteur n° 20.4 (C. pén., art. 132-71-1). • **Préméditation.** V. orienteur n° 20.4 (C. pén., art. 132-72).

▪ **Causes d'aggravation. Emprunt des distinctions prévues pour les violences volontaires.** L'administration de substances suisibles est réprimée selon les distinctions prévues en matière de violences volontaires (C. pén., art. 222-15 renvoyant notamment à C. pén., art. 222-10). Il est donc ici renvoyé à l'orienteur du n° 20.19 (Violences aggravées ayant entraîné une mutilation ou une infirmité permanente, C. pén., art. 222-10).

▪ **Causes d'aggravation. Aggravation résultant de la motivation raciste ou sexiste.** Cas R et S : *idem* Orienteur n° 20.3 (C. pén., art. 222-15 renvoyant aux circonstances aggravantes prévues en matière de coups mortels aggravés par 222-10).

ÉLÉMENT MATÉRIEL

▪ **Médecine légale. • Notion de mutilation et d'infirmité permanente.** *Idem* n° 20.12.

▪ **Nécessité d'un résultat.** V. n° 20.38.

▪ **Acte d'administration.** V. n° 20.38.

▪ **Illustration.** V. n° 20.38.

RÉGIME PROCÉDURAL

▪ **Prélèvement des empreintes génétiques** de la personne suspectée ou condamnée (C. pr. pén., art. 706-54 et 706-55 2°, v. n°s 13.23 et 13.25). Sur la **sanction** du refus de prélèvement, v. n° 25.35 ;

▪ **Prescription de l'action publique.** D'une durée de 20 ans lorsque l'infraction est commise contre un mineur, elle ne commence à courir qu'à la majorité de la victime (C. pr. pén., art. 7 et 8 [L. n° 2006-399, 4 avr. 2006, art. 14], v. n° 11.23).

▪ **Procédure d'assises. • Compétence de la cour criminelle départementale.** *Idem* n° 20.7 (C. pr. pén., art. 380-16, issu L. n° 2021-1729, 22 déc. 2021).

MESURE CIVILE

▪ **Retrait de l'autorité parentale.** *Idem* n° 20.7 (C. pén., art. 222-48-2, L. n° 2014-873, 4 août 2014, mod. par L. n° 2016-297, 14 mars 2016 et L. n° 2019-1480, 28 déc. 2019).

▪ **Retrait du droit à pension du conjoint survivant auteur des faits.** *Idem* n° 20.1 (CSS, art. L. 342-1-1 et L. 353-1-1 ; C. rur., art. L. 732-41-1 et L. 732-62 ; C. pens. civ. mil., art. L. 38-1 ; dispositions issues de L. n° 2019-1480, 28 déc. 2019).

RÉGIME DES PEINES

▪ **Période de sûreté.** Si peine ferme ⩾ 10 ans → a) de plein droit = 1/2 de la peine, ou < sur décision spéciale ; b) sur décision spéciale = 2/3 de la peine (C. pén., art. 132-23, al. 1 et 2). Sur la période de sûreté, v. n° 18.7C1.

▪ ÉLÉMENTS CONSTITUTIFS – QUALIFICATION

✧ Pour avoir à .... [¤ lieu], le .... [¤ date], volontairement administré des substances nuisibles ayant entraîné une mutilation ou une infirmité permanente sur la personne de .... [¤ nom de la victime], avec cette circonstance que les faits ont été commis [⇨A à S :]

A. sur un mineur de moins de 15 ans (A1 : *N 20407.cc*) ; [• préciser le cas échéant] par un ascendant ou par une personne ayant autorité sur la victime (A2 : *N 20952.cc*) ;

B. sur une personne qu'il (elle) savait particulièrement vulnérable en raison de son état physique ou mental (B : *N 20937.cc*) ;

C. sur un ascendant légitime ou naturel, ou sur les père ou mère adoptifs (C : *N 20938.cc*) ;

D. sur : un magistrat (D1 : *N 20939.cc*) ; un juré (D2 : *N 20939.cc*) ; un avocat (D3 : *N 20940.cc*) ; un officier public ou ministériel (D4 : *N 20941.cc*) ; un militaire de la gendarmerie nationale, un fonctionnaire de la police nationale, des douanes, de l'administration pénitentiaire ; une personne dépositaire de l'autorité publique (D5 : *N 20942.cc*), dans l'exercice ou du fait de ses fonctions ;

E. sur un sapeur-pompier professionnel ou volontaire, dans l'exercice ou du fait de ses fonctions (aggravation créée par L. n° 2003-239, 18 mars 2003, art. 60) (E : *N #.cc*) ;

F. sur un gardien assermenté d'immeuble ou de groupe d'immeubles, dans l'exercice ou du fait de ses fonctions (aggravation créée par L. n° 2003-239, 18 mars 2003, art. 60) (F : *N #.cc*) ;

G. sur un agent exerçant pour le compte d'un bailleur des fonctions de gardiennage et de surveillance d'un immeuble à usage d'habitation soumis à l'obligation de gardiennage par application de l'article L. 127-1 du code de la construction et de l'habitation, dans l'exercice ou du fait de ses fonctions (aggravation créée par L. nº 2003-239, 18 mars 2003, art. 60) (*N #.cc*) ;

H. sur le conjoint, l'ascendant, le descendant en ligne directe, ou vivant habituellement avec .... [¤ nom et fonctions de la personne exerçant une des missions protégées **D** à **G** ci-dessus], [⇨**H1** à **H8** :]

H1. magistrat ou juré (**H1** : *N #.ccc*)...

H2. avocat (**H2** : *N #.cc*)...

H3. officier public ou ministériel (**H3** : *N #.cc*)...

H4. militaire de la gendarmerie nationale, fonctionnaire de la police nationale, des douanes ou de l'administration pénitentiaire (**H4** : *N #.cc*)...

H5. dépositaire de l'autorité publique (**H5** : *N #.cc*)...

H6. sapeur-pompier professionnel ou volontaire (**H6** : *N #.cc*)...

H7. gardien assermenté d'immeuble ou de groupe d'immeubles (**H7** : *N #.cc*)...

H8. agent exerçant pour le compte d'un bailleur des fonctions de gardiennage et de surveillance d'un immeuble à usage d'habitation (**H8** : *N #.cc*)...

... en raison des fonctions exercées par ce dernier (aggravation créée par L. nº 2003-239, 18 mars 2003, art. 60) ;

I. sur une personne chargée d'une mission de service public (**I1** : *N **20903**.cc*) ; un agent d'un exploitant de réseau de transport public de voyageurs (**I2** : *N #.cc*), dans l'exercice de ses fonctions ;

J. sur un professionnel de santé dans l'exercice de ses fonctions (aggravation créée par L. nº 2003-239, 18 mars 2003, art. 60) (**J** : *N #.cc*) ;

K. sur : un témoin (**K1** : *N **20943**.cc*) ; une victime (**K2** : *N **20944**.cc*) ; une partie civile (**K3** : *N **20945**.cc*), pour l'influencer ou par représailles ;

L. par le conjoint ou le concubin de la victime « ou le partenaire lié à la victime par un pacte civil de solidarité » [L. nº 2006-399, 4 avr. 2006] ou par l'ancien conjoint, concubin ou partenaire (C. pén., art. 132-80) (**L** : *N **20946**.cc*) ;

M. « contre la victime en raison de son refus de contracter un mariage ou de conclure une union » [L. nº 2010-769, 9 juill. 2010] (**M** : *N **27836**.cc*) ;

N. par une personne – dépositaire de l'autorité publique (**N1** : *N **20947**.cc*) – chargée d'une mission de service public (**N2** : *N **20948**.cc*), dans l'exercice ou à l'occasion de l'exercice de ses fonctions ou de sa mission ;

O. en réunion (**O** : *N **20949**.cc*) ;

P. avec préméditation ou avec *guet-apens* (L. nº 2007-297, 5 mars 2007) (**P** : *N **20950**.cc*) ;

Q. avec usage ou menace d'une arme (**Q** : *N **20951**.cc*) ;

R. à raison « *du sexe, de l'orientation sexuelle ou de l'identité de genre* » (L. nº 2017-86, 27 janv. 2017) [au lieu de « l'orientation « ou identité » sexuelle (L. nº 2012-954, 6 août 2012)] de la victime (L. nº 2003-239, 18 mars 2003) (C. pén., art. **132-77** et **222-9**, L. nº 2017-86, 27 janv. 2017, anc^{t} 222-10) (**R** : *N **23807**.cc*) ;

S. à raison de l'appartenance ou de la non-appartenance, vraie ou supposée, de la victime à une ethnie ou une nation, une « *prétendue* » (L. nº 2017-86, 27 janv. 2017) race ou une religion déterminée (L. nº 2003-88, 3 févr. 2003, art. 5) (C. pén., art. **132-76 et 222-9**, anc^{t} 222-10, L. nº 2017-86, 27 janv. 2017) (**S** : *N **32277**.cc*) ;

Faits prévus et réprimés par les articles : **PERSONNES PHYSIQUES.** 222-10, **222-15**, 222-44, 222-45, 222-47, 222-48 et 222-48-2 du code pénal. **PERSONNES MORALES.** 222-10, **222-15** et **222-16-1** du code pénal. ✧

20.42 Administration de substance nuisible – ITT > 8 jours

■ **PEINES**

PERSONNE PHYSIQUE

PP Délit. 3 ans d'emprisonnement, 45 000 € (C. pén., art. 222-15).

PC *Idem* n° 20.21.

PERSONNE MORALE

PP Délit. 225 000 € (C. pén., art. 222-16-1 ; 131-38).

PC *Idem* n° 20.15.

■ **ORIENTEUR**

AUTRE QUALIFICATION

▪ Violences volontaires – ITT > 8 jours. V. n° 20.21.

ÉLÉMENT LÉGAL

▪ **Causes d'aggravation. Emprunt des distinctions prévues pour les violences volontaires.** L'administration de substances suisibles est réprimée selon les distinctions prévues en matière de violences volontaires (C. pén., art. 222-15 renvoyant notamment à C. pén., art. 222-11). Il est donc ici renvoyé à l'orienteur du n° 20.21 (Violences volontaires – ITT > 8 jours, C. pén., art. 222-11).

ÉLÉMENT MATÉRIEL

▪ **Médecine légale. • Notion d'incapacité totale de travail.** *Idem* n° 20.21.

▪ **Nécessité d'un résultat.** V. n° 20.38.

▪ **Acte d'administration.** V. n° 20.38.

▪ **Illustration.** V. n° 20.38.

RÉGIME PROCÉDURAL

▪ **Prélèvement des empreintes génétiques** de la personne suspectée ou condamnée (C. pr. pén., art. 706-54 et 706-55 2°, v. n°s 13.23 et 13.25). Sur la **sanction** du refus de prélèvement, v. n° 25.35.

MESURE CIVILE

▪ **Retrait de l'autorité parentale.** *Idem* n° 20.7 (C. pén., art. 222-48-2, L. n° 2014-873, 4 août 2014, mod. par L. n° 2016-297, 14 mars 2016 et L. n° 2019-1480, 28 déc. 2019).

▪ **Retrait du droit à pension du conjoint survivant auteur des faits.** *Idem* n° 20.1 (CSS, art. L. 342-1-1 et L. 353-1-1 ; C. rur., art. L. 732-41-1 et L. 732-62 ; C. pens. civ. mil., art. L. 38-1 ; dispositions issues de L. n° 2019-1480, 28 déc. 2019).

RÉGIME DES PEINES

▪ **Inéligibilité obligatoire. Inscription au bulletin n° 2. Réserve d'interprétation.** *Idem* n° 20.18.

■ **ÉLÉMENTS CONSTITUTIFS – QUALIFICATION**

✧ Pour avoir à .... [¤ lieu], le .... [¤ date], volontairement administré des substances nuisibles ayant entraîné une incapacité totale de travail supérieure à huit jours sur la personne de .... [¤ nom de la victime].
Faits prévus et réprimés par les articles : **PERSONNES PHYSIQUES.** 222-11, 222-15, 222-44, 222-45, 222-47 et 222-48-1 du code pénal (*N 13180.co*). **PERSONNES MORALES.** 222-11, 222-15 et 222-16-1 du code pénal (*N #.co*). ✧

20.43 Administration aggravée de substance nuisible – ITT > 8 jours

■ **PEINES**

PERSONNE PHYSIQUE

PP Délit. 1. Une circonstance aggravante (hors Cas U et V) : 5 ans d'emprisonnement, 75 000 € (C. pén., art. 222-12 et 222-15) ;

2. Deux circonstances aggravantes (hors Cas U et V) : 7 ans, 100 000 € (C. pén., art. 222-12 et 222-15) ;

3. Trois circonstances aggravantes (hors Cas U et V), ou cas A2 : 10 ans d'emprisonnement, 150 000 € (C. pén., art. 222-12 et 222-15) ;

4. Cas U et V : 6 ans, 45 000 € (C. pén., art. 132-76, 132-77, 222-12 et 222-15 depuis L. n° 2017-86, 27 janv. 2017, auparavant 5 ans et 75 000 € si seule circonstance aggravante, anc[t] 222-12) ;

5. Cumul des circonstances aggravantes U ou V avec une, deux ou trois des circonstances de C. pén., art. 222-12, V. n° 20.25.

PC *Idem* n° 20.25 +

1. Si l'auteur est étranger, interdiction du territoire francais, définitive ou ⩽ 10 ans (C. pén., art. 222-48, 131-30 à 131-30-2), s'il y a 2 ou 3 circonstances aggravantes ou **cas** A2 ; depuis L. n° 2018-778, 10 sept. 2018, l'interdiction du territoire est également applicable en cas d'une seule circonstance aggravante (C. pén., art. 222-48) ;

2. Cas P : Confiscation **obligatoire** (L. n° 2012-304, 6 mars 2012, auparavant confiscation facultative) d'une ou plusieurs armes dont le condamné est propriétaire ou dont il a la libre disposition (C. pén., art. 222-44) ;

3. Cas P : Interdiction **obligatoire**, ⩽ 15 ans, de détention, ou de port d'arme soumise à autorisation (L. n° 2012-304, 6 mars 2012, auparavant interdiction facultative ⩽ 5 ans) (C. pén., art. 222-44).

PERSONNE MORALE

PP Délit. 1. **Une circonstance aggravante** : 375 000 € (C. pén., art. 222-16-1 ; art. 131-38).

2. **Deux circonstances aggravantes** : 500 000 €.

3. **Trois circonstances aggravantes** ou cas A2 : 750 000 €.

PC *Idem* n° 20.15.

■ ORIENTEUR

AUTRE QUALIFICATION

▪ **Violences volontaires aggravées – ITT > 8 jours.** V. n° 20.25.

ÉLÉMENT LÉGAL

▪ **Définition.** • **Guet-apens.** V. orienteur n° 20.4 (C. pén., art. 132-71-1). • **Préméditation.** V. orienteur n° 20.4 (C. pén., art. 132-72).

▪ **Causes d'aggravation. Emprunt des distinctions prévues pour les violences volontaires.** L'administration de substances suisibles est réprimée selon les distinctions prévues en matière de violences volontaires (C. pén., art. 222-15 renvoyant notamment à C. pén., art. 222-12). Il est donc ici renvoyé à l'orienteur du n° 20.19 (Violences volontaires aggravées – ITT > 8 jours, C. pén., art. 222-12).

▪ **Causes d'aggravation. Aggravation résultant de la motivation raciste ou sexiste. Cas** T et U : *idem* Orienteur n° 20.3 (C. pén., art. 222-15 renvoyant aux circonstances aggravantes prévues en matière de violences volontaires aggravées avec ITT > 8 jours par C. pén., art. 222-12).

ÉLÉMENT MATÉRIEL

▪ **Médecine légale.** • **Notion d'incapacité totale de travail.** *Idem* n° 20.21.

▪ **Nécessité d'un résultat.** V. n° 20.38.

▪ **Acte d'administration.** V. n° 20.38.

▪ **Illustration.** V. n° 20.38.

RÉGIME PROCÉDURAL

▪ **Prélèvement des empreintes génétiques** de la personne suspectée ou condamnée (C. pr. pén., art. 706-54 et 706-55 2°, v. n°s 13.23 et 13.25). Sur la **sanction** du refus de prélèvement, v. n° 25.35.

▪ **CRPC. Exclue** dans le **Cas** A2 ou si deux circonstances aggravantes ou plus (C. pr. pén., art. 495-7). Sur le domaine de la CRPC, v. n° 15.53A.

MESURE CIVILE

▪ **Retrait de l'autorité parentale.** *Idem* n° 20.7 (C. pén., art. 222-48-2, L. n° 2014-873, 4 août 2014, mod. par L. n° 2016-297, 14 mars 2016 et L. n° 2019-1480, 28 déc. 2019).

▪ **Retrait du droit à pension du conjoint survivant auteur des faits.** *Idem* n° 20.1 (CSS, art. L. 342-1-1 et L. 353-1-1 ; C. rur., art. L. 732-41-1 et L. 732-62 ; C. pens. civ. mil., art. L. 38-1 ; dispositions issues de L. n° 2019-1480, 28 déc. 2019).

RÉGIME DES PEINES

▪ **Période de sûreté.** Si peine ferme = 10 ans → a) de plein droit = 1/2 de la peine, ou < sur décision spéciale ; b) sur décision spéciale = 2/3 de la peine (C. pén., art. 132-23, al. 1 et 2). Sur la période de sûreté, v. n° 18.7C1.

▪ **Concours des circonstances aggravantes. Infractions à finalité raciste ou sexiste.** Cumul des circonstances aggravantes T ou U avec une, deux ou trois des autres circonstances depuis L. n° 2017-86, 27 janv. 2017 (C. pén., art. 132-76 et 132-77), v. Orienteur/régime des peines du n° 20.25.

▪ **Inéligibilité obligatoire. Inscription au bulletin n° 2. Réserve d'interprétation.** *Idem* n° 20.18.

▪ ÉLÉMENTS CONSTITUTIFS – QUALIFICATION

✧ Pour avoir à .... [¤ lieu], le .... [¤ date], volontairement administré des substances nuisibles ayant entraîné une incapacité totale de travail supérieure à huit jours sur la personne de .... [¤ nom de la victime], avec cette (ces) circonstance(s) que les faits ont été commis [⇨A à U :]

A. sur un mineur de moins de 15 ans (A1 : *N* ***20408.co***) ; [• préciser le cas échéant] par un ascendant ou par une personne ayant autorité sur la victime (A2 : *N* ***20975.co***) ;

B. sur une personne qu'il (elle) savait particulièrement vulnérable en raison de son état physique ou mental (B : *N* ***20959.co***) ;

C. sur un ascendant légitime ou naturel, ou sur les père ou mère adoptifs (C : *N* ***20960.co***) ;

D. sur : un magistrat (D1 : *N* ***20961.co***) ; un juré (D2 : *N* ***20961.co***) ; un avocat (D3 : *N* ***20962.co***) ; un officier public ou ministériel (D4 : *N* ***20963.co***) ; un militaire de la gendarmerie nationale, un fonctionnaire de la police nationale, des douanes, de l'administration pénitentiaire ; une personne dépositaire de l'autorité publique (D5 : *N* ***20964.co***), dans l'exercice ou du fait de ses fonctions ;

E. sur un sapeur-pompier professionnel ou volontaire, dans l'exercice ou du fait de ses fonctions (aggravation créée par L. n° 2003-239, 18 mars 2003, art. 60) (E : *N* ***#.co***) ;

F. sur un gardien assermenté d'immeuble ou de groupe d'immeubles, dans l'exercice ou du fait de ses fonctions (aggravation créée par L. n° 2003-239, 18 mars 2003, art. 60) (F : *N* ***#.co***) ;

G. sur un agent exerçant pour le compte d'un bailleur des fonctions de gardiennage et de surveillance d'un immeuble à usage d'habitation soumis à l'obligation de gardiennage par application de l'article L. 127-1 du code de la construction et de l'habitation, dans l'exercice ou du fait de ses fonctions (aggravation créée par L. n° 2003-239, 18 mars 2003, art. 60) (G : *N* ***#.co***) ;

H. sur le conjoint, l'ascendant, le descendant en ligne directe, ou vivant habituellement avec .... [¤ nom et fonctions de la personne exerçant une des missions protégées D à G ci-dessus], [⇨H1 à H8 :]

H1. magistrat ou juré (H1 : *N* ***#.co***)...

H2. avocat (H2 : *N* ***#.co***)...

H3. officier public ou ministériel (H3 : *N* ***#.co***)...

H4. militaire de la gendarmerie nationale, fonctionnaire de la police nationale, des douanes ou de l'administration pénitentiaire (H4 : *N* ***#.co***)...

H5. dépositaire de l'autorité publique (H5 : *N* ***#.co***)...

H6. sapeur-pompier professionnel ou volontaire (H6 : *N* ***#.co***)...

H7. gardien assermenté d'immeuble ou de groupe d'immeubles (H7 : *N* ***#.co***)...

H8. agent exerçant pour le compte d'un bailleur des fonctions de gardiennage et de surveillance d'un immeuble à usage d'habitation (H8 : *N* ***#.co***)...

... en raison des fonctions exercées par ce dernier (aggravation créée par L. n° 2003-239, 18 mars 2003, art. 60) ;

I. sur une personne chargée d'une mission de service public (I1 : *N* ***20965.co***) ; un agent d'un exploitant de réseau de transport public de voyageurs (I2 : *N* ***#.co***), dans l'exercice de ses fonctions ;

J. sur un professionnel de santé dans l'exercice de ses fonctions (aggravation créée par L. n° 2003-239, 18 mars 2003, art. 60) (J : *N* ***28036.co***) ;

K. sur : un témoin (K1 : *N* ***20966.co***) ; une victime (K2 : *N* ***20967.co***) ; une partie civile (K3 : *N* ***20968.co***), pour l'influencer ou par représailles ;

L. par le conjoint ou le concubin de la victime « ou le partenaire lié à la victime par un pacte civil de solidarité » [L. n° 2006-399, 4 avr. 2006] ou par l'ancien conjoint, concubin ou partenaire (C. pén., art. 132-80) (L : *N* ***20969.co***) ;

M. par une personne : dépositaire de l'autorité publique (M1 : *N* ***20970.co***) ; chargée d'une mission de service public (M2 : *N* ***20971.co***), dans l'exercice ou à l'occasion de l'exercice de ses fonctions ou de sa mission ;

N. en réunion (N : *N* ***20972.co***) ;

O. avec préméditation *ou avec guet-apens* (L. n° 2007-297, 5 mars 2007) (O : *N* ***20973.co***) ;

P. avec usage ou menace d'une arme (P : *N* ***20974.co***) ;

Q. à l'intérieur d'un établissement scolaire ou éducatif, ou aux abords d'un tel établissement, à l'occasion des entrées ou des sorties des élèves (Q : *N* ***23205.co***) ;

R. par un majeur agissant avec l'aide ou l'assistance d'un mineur (L. n° 2002-1138, 9 sept. 2002, art. 25) (R : *N* #.co) ;

S. dans un moyen de transport collectif de voyageurs ou dans un lieu destiné à l'accès à un moyen de transport collectif de voyageurs (L. n° 2003-239, 18 mars 2003, art. 78) (S : *N* #.co) ;

T. à raison « du sexe, de l'orientation sexuelle ou de l'identité de genre » (L. n° 2017-86, 27 janv. 2017) [au lieu de « l'orientation « ou identité » sexuelle (L. n° 2012-954, 6 août 2012)] de la victime (L. n° 2003-239, 18 mars 2003) (C. pén., art. 132-77, 222-12 et 222-15 depuis L. n° 2017-86, 27 janv. 2017, anc^{t} 222-12) (T : *N* ***23809.co***) ;

U. à raison de l'appartenance ou de la non-appartenance, vraie ou supposée, de la victime à une ethnie ou une nation, une « *prétendue* » (L. n° 2017-86, 27 janv. 2017) race ou une religion déterminée (L. n° 2003-88, 3 févr. 2003, art. 5) (C. pén., art. 132-76, 222-12 et 222-15 depuis L. n° 2017-86, 27 janv. 2017, anc^{t} 222-12) (U : *N* ***32278.co***).

Faits prévus et réprimés par les articles : **PERSONNES PHYSIQUES.** 222-12, 222-15, 222-44, 222-45, 222-47, 222-48 et 222-48-2 du code pénal (*N* [• du cas sélectionné] ou, si deux circonstances aggravantes : *N* ***20976.co*** ; trois : *N* ***20977.co***). **PERSONNES MORALES.** 222-12, 222-15 et 222-16-1 du code pénal (*N* #.co). ✧

20.44 Administration aggravée de substance nuisible – Sans ITT ou ITT ⩽ 8 jours

■ PEINES

PERSONNE PHYSIQUE

PP Délit. 1. Une circonstance aggravante : 3 ans, 45 000 € (C. pén., art. 222-15).

2. Deux circonstances aggravantes + ITT, ou cas A2 : 5 ans, 75 000 €.

3. Trois circonstances aggravantes + ITT : 7 ans, 100 000 €.

PC *Idem* n° 20.21 +

Cas P : Confiscation obligatoire (L. n° 2012-304, 6 mars 2012, auparavant confiscation facultative) d'une ou plusieurs armes dont le condamné est propriétaire ou dont il a la libre disposition (C. pén., art. 222-44) ;

Cas P : Interdiction obligatoire, ⩽ 15 ans, de détention, ou de port d'arme soumise à autorisation (L. n° 2012-304, 6 mars 2012, auparavant interdiction facultative ⩽ 5 ans) (C. pén., art. 222-44).

PERSONNE MORALE

PP Délit. 1. Une circonstance aggravante : 225 000 € (C. pén., art. 222-16-1 ; art. 131-38).

2. Deux circonstances aggravantes + ITT, ou cas A2 : 375 000 €.

3. Trois circonstances aggravantes + ITT : 500 000 €.

PC *Idem* n° 20.15.

■ ORIENTEUR

AUTRE QUALIFICATION

▪ Violences volontaires aggravées – Sans ITT ou ITT ⩽ 8 jours. V. n° 20.29.

ÉLÉMENT LÉGAL

▪ **Définition.** • **Guet-apens.** V. orienteur n° 20.4 (C. pén., art. 132-71-1). • **Préméditation.** V. orienteur n° 20.4 (C. pén., art. 132-72).

▪ **Causes d'aggravation. Emprunt des distinctions prévues pour les violences volontaires.** L'administration de substances nuisibles est réprimée selon les distinctions prévues en matière de violences volontaires (C. pén., art. 222-15 renvoyant notamment à C. pén., art. 222-13). Il est donc ici renvoyé à l'orienteur du n° 20.29 (Violences volontaires aggravées – Sans ITT ou ITT ⩽ 8 jours, C. pén., art. 222-13).

▪ **Causes d'aggravation. Aggravation résultant de la motivation raciste ou sexiste.** Cas T et U : *idem* Orienteur n° 20.3 (C. pén., art. 222-15 renvoyant aux circonstances aggravantes prévues en matière de violences volontaires aggravées avec ITT > 8 jours par C. pén., art. 222-13).

▪ **Causes d'aggravation. Infraction à finalité raciste ou sexiste.** Les causes générales d'aggravation des peines en cas d'infraction à finalité raciste ou sexiste créées par L. n° 2017-86, 27 janv. 2017 (C. pén., art. 132-76 et 132-77°) (v. n° 18.9) ne sont pas applicables à cette infraction. Les circonstances aggravantes des **cas** T et U relèvent donc des peines fixées au C. pén., art. 222-13. À la différence des faits d'administration de substance nuisible à finalité raciste ou sexiste ayant entraîné une ITT > 8 jours (v. n° 20.43), les circonstances T et U peuvent, en cas d'ITT ⩽ 8 jours, se cumuler entre elles et avec les autres circonstances A à S pour déterminer le seuil d'aggravation de une, deux ou trois circonstances.

ÉLÉMENT MATÉRIEL

▪ **Médecine légale.** • **Notion d'incapacité totale de travail.** *Idem* n° 20.21.

▪ **Nécessité d'un résultat.** V. n° 20.38.

▪ **Acte d'administration.** V. n° 20.38.

▪ **Illustration.** V. n° 20.38.

RÉGIME PROCÉDURAL

▪ **Prélèvement des empreintes génétiques** de la personne suspectée ou condamnée (C. pr. pén., art. 706-54 et 706-55 2°, v. n°s 13.23 et 13.25). Sur la **sanction** du refus de prélèvement, v. n° 25.35.

▪ **CRPC. Exclue** si trois circonstances aggravantes + ITT ou plus (C. pr. pén., art. 495-7). Sur le domaine de la CRPC, v. n° 15.53A.

MESURE CIVILE

▪ **Retrait de l'autorité parentale.** *Idem* n° 20.7 (C. pén., art. 222-48-2, L. n° 2014-873, 4 août 2014, mod. par L. n° 2016-297, 14 mars 2016 et L. n° 2019-1480, 28 déc. 2019).

▪ **Retrait du droit à pension du conjoint survivant auteur des faits.** *Idem* n° 20.1 (CSS, art. L. 342-1-1 et L. 353-1-1 ; C. rur., art. L. 732-41-1 et L. 732-62 ; C. pens. civ. mil., art. L. 38-1 ; dispositions issues de L. n° 2019-1480, 28 déc. 2019).

RÉGIME DES PEINES

▪ **Inéligibilité obligatoire. Inscription au bulletin n° 2. Réserve d'interprétation.** *Idem* n° 20.18.

▪ ÉLÉMENTS CONSTITUTIFS – QUALIFICATION

✧ Pour avoir à .... [¤ lieu], le .... [¤ date], volontairement administré sur la personne de .... [¤ nom de la victime] des substances nuisibles n'ayant pas entraîné d'incapacité de travail mais ayant porté atteinte à son intégrité physique ou n'ayant pas entraîné d'incapacité de travail supérieure à huit jours avec cette (ces) circonstance(s) que les faits ont été commis [⇨A à U :]

A. sur un mineur de moins de 15 ans (A1 : *N **20409.co***) ; [• préciser le cas échéant] par un ascendant ou par une personne ayant autorité sur la victime (A2 : *N **20904.co***) ;

B. sur une personne qu'il (elle) savait particulièrement vulnérable en raison de son état physique ou mental (B : *N 20888.co*) ;

C. sur un ascendant légitime ou naturel, ou sur les père ou mère adoptifs (C : *N **20889.co***) ;

D. sur : un magistrat (D1 : *N **20890.co***) ; un juré (D2 : *N **20890.co***) ; un avocat (D2 : *N **20891.co***) ; un officier public ou ministériel (D3 : *N **20892.co***) ; un militaire de la gendarmerie nationale, un fonctionnaire de la police nationale, des douanes, de l'administration pénitentiaire ; une personne dépositaire de l'autorité publique (D4 : *N **20893.co***), dans l'exercice ou du fait de ses fonctions ;

E. sur un sapeur-pompier professionnel ou volontaire, dans l'exercice ou du fait de ses fonctions (aggravation créée par L. n° 2003-239, 18 mars 2003, art. 60) (E : *N #.co*) ;

F. sur un gardien assermenté d'immeuble ou de groupe d'immeubles, dans l'exercice ou du fait de ses fonctions (aggravation créée par L. n° 2003-239, 18 mars 2003, art. 60) (F : *N #.co*) ;

G. sur un agent exerçant pour le compte d'un bailleur des fonctions de gardiennage et de surveillance d'un immeuble à usage d'habitation soumis à l'obligation de gardiennage par application de l'article L. 127-1 du code de la construction et de l'habitation, dans l'exercice ou du fait de ses fonctions (aggravation créée par L. n° 2003-239, 18 mars 2003, art. 60) (G : *N #.co*) ;

H. sur le conjoint, l'ascendant, le descendant en ligne directe, ou vivant habituellement avec......... [¤ nom et fonctions de la personne exerçant une des missions protégées D à G ci-dessus], [⇨H1 à H8 :]

H1. magistrat ou juré (H1 : *N #.co*)...

H2. avocat (H2 : *N #.co*)...

H3. officier public ou ministériel (H3 : *N #.co*)...

H4. militaire de la gendarmerie nationale, fonctionnaire de la police nationale, des douanes ou de l'administration pénitentiaire (H4 : *N #.co*)...

H5. dépositaire de l'autorité publique (H5 : *N #.co*)...

H6. sapeur-pompier professionnel ou volontaire (H6 : *N #.co*)...

H7. gardien assermenté d'immeuble ou de groupe d'immeubles (H7 : *N #.co*)...

H8. agent exerçant pour le compte d'un bailleur des fonctions de gardiennage et de surveillance d'un immeuble à usage d'habitation (H8 : *N #.co*)...

... en raison des fonctions exercées par ce dernier (aggravation créée par L. n° 2003-239, 18 mars 2003, art. 60) ;

I. sur une personne chargée d'une mission de service public (I1 : *N **20894.co***) ; un agent d'un exploitant de réseau de transport public de voyageurs (I2 : *N #.co*), dans l'exercice de ses fonctions ;

J. sur un professionnel de santé dans l'exercice de ses tonctions (aggravation créée par L. n° 2003-239, 18 mars 2003, art. 60) (J1 : *N **28035.co*** (ITT < 8 jours) ; J2 : ***28034.co*** (sans ITT)) ;

K. sur : un témoin (K1 : *N **20895.co***) ; une victime (K2 : *N **20896.co***) ; une partie civile (K3 : *N **20897.co***), pour l'influencer ou par représailles ;

L. par le conjoint ou le concubin de la victime « ou le partenaire lié à la victime par un pacte civil de solidarité » [L. n° 2006-399, 4 avr. 2006] ou par l'ancien conjoint, concubin ou partenaire (C. pén., art. 132-80) (L : *N **20898.co***) ;

M. par une personne : dépositaire de l'autorité publique (M1 : *N **20899.co***) ; chargée d'une mission de service public (M2 : *N **20900.co***), dans l'exercice ou à l'occasion de l'exercice de ses fonctions ou de sa mission ;

N. en réunion (N : *N **20901.co***) ;

O. avec préméditation ou avec *guet-apens* (L. n° 2007-297, 5 mars 2007) (O : *N **20902.co***) ;

P. avec usage ou menace d'une arme (P : *N **20863.co***) ;

Q. à l'intérieur d'un établissement scolaire ou éducatif, ou aux abords d'un tel établissement, à l'occasion des entrées ou des sorties des élèves (L. n° 98-468, 17 juin 1998) (Q : *N **29367.co***) ;

R. par un majeur agissant avec l'aide ou l'assistance d'un mineur (L. n° 2002-1138, 9 sept. 2002, art. 25) (R : *N #.co*) ;

S. dans un moyen de transport collectif de voyageurs (S1 : *N **27459.co***) ou dans un lieu destiné à l'accès à un moyen de transport collectif de voyageurs (S2 : *N **27460.co***) (L. n° 2003-239, 18 mars 2003, art. 78) ;

T. à raison « *du sexe, de l'orientation sexuelle ou de l'identité de genre* » (L. n° 2017-86, 27 janv. 2017) [au lieu de « l'orientation « ou identité » sexuelle (L. n° 2012-954, 6 août 2012)] de la victime (L. n° 2003-239, 18 mars 2003) (T : *N **23812.co***) ;

U. à raison de l'appartenance ou de la non-appartenance, vraie ou supposée, de la victime à une [⇨U1 à U3 :]

U1. ethnie ou une nation (U1 : *N **23669.co***)...

U2. « *prétendue* » (L. n° 2017-86, 27 janv. 2017) race (U2 : *N **23667.co***)...

U3. religion (U3 : *N 23668.co*)...

... déterminée (L. nº 2003-88, 3 févr. 2003, art. 7).

Faits prévus et réprimés par les articles : **PERSONNES PHYSIQUES.** 222-13, 222-15, 222-44, 222-45, 222-47 et 222-48-2 du code pénal (*N* [• du cas sélectionné] ou, si **deux circonstances aggravantes** + ITT : *N 20869.co* ; trois + ITT : *N 20905.co*). **PERSONNES MORALES.** 222-13, 222-15 et 222-16-1 du code pénal (*N #.co*). ✧

20.45 Administration habituelle de substance nuisible sur une personne vulnérable suivie de mort, mutilation ou infirmité permanente

■ PEINES

PERSONNE PHYSIQUE

PP Crime. Cas A : 30 ans de réclusion. Cas B : 20 ans (C. pén., art. 222-15).

PC *Idem* nº 20.19, sauf suivi socio-judiciaire.

PERSONNE MORALE

PP PC Crime. *Idem* nº 20.15.

■ ORIENTEUR

AUTRE QUALIFICATION

▪ **Violences habituelles sur une personne vulnérable ou sur le conjoint, suivies de mort ou d'une infirmité permanente.** V. nº 20.31.

ÉLÉMENT LÉGAL

▪ **Causes d'aggravation. Emprunt des distinctions prévues pour les violences volontaires.** L'administration de substances suisibles est réprimée selon les distinctions prévues en matière de violences volontaires (C. pén., art. 222-15 renvoyant notamment à C. pén., art. 222-14). Il est donc ici renvoyé à l'orienteur du nº 20.31 (Violences habituelles sur une personne vulnérable ou sur le conjoint, suivies de mort ou d'une infirmité permanente, C. pén., art. 222-14).

ÉLÉMENT MATÉRIEL

▪ **Médecine légale. • Notion de mort, de mutilation et d'infirmité permanente.** *Idem* nºs 20.1 et 20.12.

▪ **Nécessité d'un résultat.** V. nº 20.38.

▪ **Acte d'administration.** V. nº 20.38.

▪ **Illustration.** V. nº 20.38.

▪ **Aggravation résultant de la qualité de conjoint ou de concubin de la victime.** Cas 3 : *idem* Orienteur/élément matériel nº 20.3 (C. pén., art. 132-80).

ÉLÉMENT INTENTIONNEL

▪ **Dol spécial.** Si **l'intention de donner la mort** ou d'occasionner une mutilation ou infirmité est démontrée : v. empoisonnement nº 20.37, ou actes de torture ou de barbarie nºs 20.10 à 20.13.

RÉGIME PROCÉDURAL

▪ **Prélèvement des empreintes génétiques** de la personne suspectée ou condamnée (C. pr. pén., art. 706-54 et 706-55 2º, v. nºs 13.23 et 13.25). Sur la **sanction** du refus de prélèvement, v. nº 25.35.

▪ **Procédure d'assises. • Compétence de la cour criminelle départementale.** Cas B : *idem* nº 20.7 (C. pr. pén., art. 380-16, issu L. nº 2021-1729, 22 déc. 2021).

MESURE CIVILE

▪ **Retrait de l'autorité parentale.** *Idem* nº 20.7 (C. pén., art. 222-48-2, L. nº 2014-873, 4 août 2014, mod. par L. nº 2016-297, 14 mars 2016 et L. nº 2019-1480, 28 déc. 2019).

▪ **Retrait du droit à pension du conjoint survivant auteur des faits.** *Idem* nº 20.1 (CSS, art. L. 342-1-1 et L. 353-1-1 ; C. rur., art. L. 732-41-1 et L. 732-62 ; C. pens. civ. mil., art. L. 38-1 ; dispositions issues de L. nº 2019-1480, 28 déc. 2019).

RÉGIME DES PEINES

▪ **Période de sûreté.** Si peine ferme = 10 ans → a) de plein droit = 1/2 de la peine, ou < sur décision spéciale ; b) sur décision spéciale = 2/3 de la peine (C. pén., art. 132-23, al. 1 et 2). Sur la période de sûreté, v. nº 18.7C1.

▪ ÉLÉMENTS CONSTITUTIFS – QUALIFICATION

✧ Pour avoir à .... [¤ lieu], le .... [¤ date], volontairement et habituellement administré des substances nuisibles ayant entraîné, sans intention de la provoquer, [⇨A ou B puis 1 à 3 :]

A. la mort de .... [¤ nom de la victime] ...

B. une mutilation ou une infirmité permanente sur la personne de .... [¤ nom de la victime] ...

... [⇨1 à 3 :]

1. mineur de moins de 15 ans (A1 : *N 27254.cr ;* B1 : *N #.cc*) ;

2. personne particulièrement vulnérable en raison de son état physique ou mental (A2 : *N #.cr ;* B2 : *N #.cc*) ;

3. alors qu'il était l'actuel ou l'ancien conjoint, concubin de la victime ou partenaire liée à celle-ci par un pacte civil de solidarité (C. pén., art. 132-80) (A3 : *N 27839.cr ;* B3 : *N 27840.cc*) (incrimination créée par L. nº 2010-769, 9 juill. 2010).

Faits prévus et réprimés par les articles : **PERSONNES PHYSIQUES.** 222-14, 222-15, 222-44, 222-45, 222-47, 222-48 et 222-48-2 du code pénal. **PERSONNES MORALES.** 222-14, 222-15 et 222-16-1 du code pénal (*N #.cr*). ✧

20.46 Administration habituelle de substance nuisible sur une personne vulnérable – ITT > ou ⩽ 8 jours

▪ PEINES

PERSONNE PHYSIQUE

PP Délit. Cas A : 10 ans d'emprisonnement, 150 000 €. Cas B : 5 ans, 75 000 € (C. pén., art. 222-15).

PC *Idem* nº 20.21.

PERSONNE MORALE

PP Délit. Cas A : 750 000 €. Cas B : 375 000 € (C. pén., art. 222-16-1 ; 131-38).

PC *Idem* nº 20.15.

▪ ORIENTEUR

AUTRE QUALIFICATION

▪ **Violences habituelles sur une personne vulnérable ou sur le conjoint – ITT > ou ⩽ 8 jours.** V. nº 20.32.

ÉLÉMENT LÉGAL

▪ **Causes d'aggravation. Emprunt des distinctions prévues pour les violences volontaires.** L'administration de substances suisibles est réprimée selon les distinctions prévues en matière de violences volontaires (C. pén., art. 222-15 renvoyant notamment à C. pén., art. 222-14). Il est donc ici renvoyé à l'orienteur du nº 20.32 (Violences habituelles sur une personne vulnérable ou sur le conjoint, suivies de mort ou d'une infirmité permanente, C. pén., art. 222-14).

ÉLÉMENT MATÉRIEL

▪ **Médecine légale. • Notion d'incapacité totale de travail.** *Idem* nº 20.21.

▪ **Nécessité d'un résultat.** V. nº 20.38.

▪ **Acte d'administration.** V. nº 20.38.

▪ **Illustration.** V. nº 20.38.

▪ **Aggravation résultant de la qualité de conjoint ou de concubin de la victime.** Cas 3 : *idem* Orienteur/élément matériel nº 20.3 (C. pén., art. 132-80).

RÉGIME PROCÉDURAL

▪ **Prélèvement des empreintes génétiques** de la personne suspectée ou condamnée (C. pr. pén., art. 706-54, 706-55 2°, v. nºs 13.23 et 13.25). **Sanction** du refus de prélèvement, v. nº 25.35.

▪ **CRPC.** Exclue dans le Cas A (C. pr. pén., art. 495-7). Sur le domaine de la CRPC, v. nº 15.53A.

MESURE CIVILE

▪ **Retrait de l'autorité parentale.** *Idem* nº 20.7 (C. pén., art. 222-48-2, L. nº 2014-873, 4 août 2014, mod. par L. nº 2016-297, 14 mars 2016 et L. nº 2019-1480, 28 déc. 2019).

▪ **Retrait du droit à pension du conjoint survivant auteur des faits.** *Idem* nº 20.1 (CSS, art. L. 342-1-1 et L. 353-1-1 ; C. rur., art. L. 732-41-1 et L. 732-62 ; C. pens. civ. mil., art. L. 38-1 ; dispositions issues de L. nº 2019-1480, 28 déc. 2019).

RÉGIME DES PEINES

▪ **Inéligibilité obligatoire. Inscription au bulletin nº 2. Réserve d'interprétation.** *Idem* nº 20.18.

▪ ÉLÉMENTS CONSTITUTIFS – QUALIFICATION

✧ Pour avoir à .... [¤ lieu], le .... [¤ date], volontairement et habituellement administré des substances nuisibles ayant entraîné une incapacité totale de travail [⇨A ou B puis 1 à 3 :]

A. supérieure à huit jours sur la personne de .... [¤ nom de la victime] ...

B. n'excédant pas huit jours sur la personne de .... [¤ nom de la victime] ...

... [⇨1 à 3 :]

1. mineur de moins de 15 ans (A1 : *N #.co ;* B1 : *N #.co*) ;

2. personne particulièrement vulnérable en raison de son état physique ou mental (A2 : *N 13179.co* ; B2 : *N #.co*) ;

3. alors qu'il était l'actuel ou l'ancien conjoint, concubin de la victime ou partenaire liée à celle-ci par un pacte civil de solidarité (C. pén., art. 132-80) (A3 : *N 27841.co* ; B3 : *N 27842.co*) (incrimination créée par L. nº 2010-769, 9 juill. 2010).

Faits prévus et réprimés par les articles : **PERSONNES PHYSIQUES.** 222-14, 222-15, 222-44, 222-45, 222-47 et 222-48-2 du code pénal. **PERSONNES MORALES.** 222-14, 222-15 et 222-16-1 du code pénal (*N #.co*). ✧

20.47 Harcèlement téléphonique ou électronique (cyberharcèlement) – Agression sonore

▪ PEINES

PERSONNE PHYSIQUE

PP Délit. Cas A à C : 1 an d'emprisonnement, 15 000 € ; cas D : 3 ans d'emprisonnement, 45 000 € (C. pén., art. 222-16).

PC 1. Interdiction, définitive ou ⩽ 5 ans, d'exercer l'activité professionnelle ou sociale en relation avec l'infraction, ou une fonction publique (sauf mandat électif ou syndical) (C. pén., art. 222-44, 222-45 et 131-27) ;

2. Interdiction, ⩽ 5 ans, des droits civiques, civils et de famille (vote, éligibilité, fonction juridictionnelle, expert, témoin, tuteur, curateur) (C. pén., art. 222-45 et 131-26) ;

3. Interdiction, ⩽ 5 ans, de détention ou de port d'arme soumise à autorisation (C. pén., art. 222-44) ;

4. Suspension, annulation, ⩽ 5 ans, du PC (C. pén., art. 222-44) ;

5. Confiscation d'un ou plusieurs véhicules (C. pén., art. 222-44) ;

6. Confiscation d'une ou plusieurs arme(s) (C. pén., art. 222-44) ;

7. Confiscation de la chose ayant servi à l'infraction ou destinée à la commettre, ou de son produit (obligatoire pour objets qualifiés dangereux ou nuisibles par loi ou règlement ou dont la détention est illicite) (C. pén., art. 222-44 et 131-21) ;

8. Stage de sensibilisation aux dangers de l'usage de produits stupéfiants. La juridiction précise si le stage est exécuté aux frais du condamné (C. pén., art. 131-35-1 et 222-44 [L. nº 2007-297, 5 mars 2007]) (pour les faits commis avant le 24 mars 2020 et jugés après cette date, L. nº 2019-222, 23 mars 2019, en vigueur le 24 mars 2020. Pour les faits commis à partir du 24 mars 2020, v. nouvelle réd. C. pén., art. 131-5-1 et nº 18.33) ;

9. Confiscation de l'animal utilisé pour commettre l'infraction ou de la chose ayant servi à l'infraction, la juridiction prévoit que l'animal sera remis à une fondation ou une association de protection

animale reconnue d'utilité publique ou déclarée. Lorsqu'il s'agit d'un animal dangereux, la juridiction peut ordonner qu'il soit procédé à son euthanasie, le cas échéant aux frais du condamné (C. pén., art. 222-44, 131-21-1 [L. nº 2007-297, 5 mars 2007]). Sur la peine de confiscation d'un animal (C. pén., art. 131-21-1), v. nº 18.36 ;

10. Interdiction, définitive ou ⩽ 5 ans de détenir certains animaux ou certaines catégories d'animaux (C. pén., art. 222-44, 131-21-2 [L. nº 2007-297, 5 mars 2007]) ;

11. Stage, aux frais du condamné, de responsabilisation pour la prévention et la lutte contre les violences au sein du couple et sexistes (C. pén., art. 222-44 15°, L. nº 2014-873, 4 août 2014) ;

12. Stage de citoyenneté (C. pén., art. 131-5-1 et 222-45 [L. nº 2004-204, 9 mars 2004, art. 44-X, en vigueur depuis le 1er oct. 2004]) (pour les faits commis avant le 24 mars 2020 et jugés après cette date, L. nº 2019-222, 23 mars 2019, en vigueur le 24 mars 2020. Pour les faits commis à partir du 24 mars 2020, v. nouvelle réd. C. pén., art. 131-5-1 et nº 18.33) ;

13. Stage de responsabilité parentale (C. pén., art. 131-5-1 et 222-45 [L. nº 2007-297, 5 mars 2007]).

PERSONNE MORALE

PP Délit. Cas A à C : 75 000 € ; cas D : 225 000 € (C. pén., art. 222-16-1 ; 131-38).

PC *Idem* nº 20.15.

■ ORIENTEUR

AUTRE QUALIFICATION

▪ **Menaces.** En cas de menaces téléphoniques : **contre les personnes**, v. aussi nos 20.49, 20.50 ; **contre les biens**, v. aussi nos 20.55 à 20.58.

▪ **Nuisances sonores.** • Tapage injurieux ou nocturne, C. pén., art. R. 623-2, v. nº 20.48. • Établissement diffusant de la musique (non-respect des prescriptions générales), v. nº 31.4. • Objet bruyant ou dispositif d'insonorisation non-conforme, v. nº 31.5. • Bruits de voisinage, v. nº 31.6 • Bruits irréguliers des véhicules, avertisseur, échappement, v. nº 36.72.

▪ **Harcèlement sexuel – Chantage sexuel (L. nº 2012-954, 6 août 2012).** C. pén., art. 222-33, v. nº 20.87.

▪ **Outrage sexiste (L. nº 2018-703, 3 août 2018 - Incriminations contraventionnelles abrogées à compter du 1er avr. 2023).** C. pén., art. 621-1, v. nº 20.89.

▪ **Harcèlement moral dans le cadre du travail.** C. pén., art. 222-33-2, v. nº 20.90.

▪ **Harcèlement moral sur conjoint, concubin ou partenaire d'un pacs (L. nº 2010-769, 9 juill. 2010).** C. pén., art. 222-33-2, v. nº 20.91.

▪ **Harcèlement moral – Incrimination générale (L. nº 2014-873, 4 août 2014).** Hors travail et hors couple, C. pén., art. 222-33-2-2, v. nº 20.92.

▪ **Harcèlement scolaire (L. nº 2022-299, 2 mars 2022).** C. pén., art. 222-33-2-3, issu L. nº 2022-299, 2 mars 2022, v. nº 20.93.

▪ **Bizutage.** C. pén., art. 225-16-1, v. nº 20.94.

ÉLÉMENT LÉGAL

▪ **Application de la loi pénale dans le temps. • Cas A et C : rédaction antérieure** à L. nº 2003-239, 18 mars 2003, art. 49 : « ***Les appels téléphoniques malveillants ou les agressions sonores, réitérés en vue de troubler la tranquillité d'autrui, sont punis d'un an...*** » Nouvelle rédaction de C. pén., art. 222-16 : « ***Les appels téléphoniques malveillants réitérés ou les agressions sonores en vue de troubler la tranquillité d'autrui, sont punis d'un an...*** ». • **Cas B** : dispositions issues de L. nº 2014-873, 4 août 2014. • **Cas D** : circonstance aggravante créée par L. nº 2020-936, 30 juill. 2020.

ÉLÉMENT MATÉRIEL

▪ **Concours de qualification.** Les faits d'envoi répété de SMS à caractère pornographique à un mineur de 15 ans procèdent « ***de manière indissociable, d'une action unique caractérisée par une même intention coupable*** » et ne peuvent donc d'être reprochés sous la double qualification, d'une part, de diffusion de messages pornographiques accessibles à un mineur (C. pén., art. 227-24, v. nº 21.33), d'autre part, de harcèlement électronique (C. pén., art. 222-16) (Crim. 5 juin 2919, nº 18-84.350).

▪ **Aggravation résultant de la qualité de conjoint ou de concubin de la victime.** Cas D : *idem* Orienteur/élément matériel nº 20.3 (C. pén., art. 132-80).

ÉLÉMENT INTENTIONNEL

▪ **Dol spécial. Cas A** : les appels téléphoniques doivent être « *malveillants* » mais C. pén., art. 222-16 « *n'exige pas, pour réprimer les appels téléphoniques malveillants, qu'ils aient été émis en vue de troubler la tranquillité d'autrui* » (Crim. 28 mars 2018, n° 17-81.232, P). **Cas C** : les agressions sonores doivent être effectuées « *en vue de troubler la tranquillité d'autrui* ». Si le dol spécial n'est pas caractérisé, v. les infractions relatives au bruit ci-dessus Orienteur/autre qualification.

RÉGIME PROCÉDURAL

▪ **Compétence juridictionnelle. Juge unique** (C. pr. pén., art. 398-1 1°, v. n° 17.15D2).

▪ **Ordonnance pénale. Exclue** (C. pr. pén., art. 495-II, v. n° 15.48B1 et tableau n° 17.15D2).

▪ **Prélèvement des empreintes génétiques** de la personne suspectée ou condamnée (C. pr. pén., art. 706-54 et 706-55 2°, v. n°s 13.23 et 13.25). **Sanction** du refus de prélèvement, v. n° 25.35.

▪ **Interceptions téléphoniques.** Par dérogation au C. pr. pén., art. 100 qui exige que l'infraction soit passible d'au moins 3 ans d'emprisonnement pour que le juge d'instruction puisse procéder à des écoutes téléphoniques, il peut en ordonner à la demande de la victime sur sa ligne si l'infraction est commise sur cette dernière (V. n° 11.36B1).

▪ **Prescription de l'action publique. Cas A et B : régime de prescription de l'infraction d'habitude.** V. solution donnée pour le harcèlement moral dans le cadre du travail au n° 20.90 (Crim. 19 juin 2019, n° 18-85.725, P n° 128).

MESURE CIVILE

▪ **Responsabilité du bailleur.** Après mise en demeure dûment motivée, les propriétaires des locaux à usage d'habitation doivent, sauf motif légitime, utiliser les droits dont ils disposent en propre afin de faire cesser les troubles de voisinage causés à des tiers par les personnes qui occupent ces locaux (L. n° 89-462, 6 juill. 1989, art. 6-1 [mod. par L. n° 2007-297, 5 mars 2007]). Le contrat de bail peut comporter une clause prévoyant sa résiliation de plein droit pour non-respect de l'obligation d'user paisiblement des locaux loués, résultant de troubles de voisinage constatés par une décision de justice passée en force de chose jugée (L. n° 89-462, 6 juill. 1989, art. 4 [mod. par L. n° 2007-297, 5 mars 2007]).

▪ **Retrait de l'autorité parentale.** *Idem* n° 20.7 (C. pén., art. 222-48-2, L. n° 2014-873, 4 août 2014, mod. par L. n° 2016-297, 14 mars 2016 et L. n° 2019-1480, 28 déc. 2019).

▪ **Retrait du droit à pension du conjoint survivant auteur des faits.** *Idem* n° 20.1 (CSS, art. L. 342-1-1 et L. 353-1-1 ; C. rur., art. L. 732-41-1 et L. 732-62 ; C. pens. civ. mil., art. L. 38-1 ; dispositions issues de L. n° 2019-1480, 28 déc. 2019).

▪ ÉLÉMENTS CONSTITUTIFS – QUALIFICATION

✧ Pour avoir à .... [¤ lieu], le .... [¤ date], [⇨A à C puis le cas échéant D :]

A. réitéré des appels téléphoniques malveillants (A : *N* ***12030.ju***)...

B. en vue de troubler sa tranquillité, envoyé, par la voie des communications électroniques, des messages malveillants réitérés (L. n° 2014-873, 4 août 2014) (B : *N* ***30568.ju***)...

C. en vue de troubler sa tranquillité, commis des agressions sonores (C : *N* ***12031.ju***)...

... au préjudice de .... [¤ nom de la victime] ;

D. [préciser le cas échéant dans les **cas** A à C :] avec cette circonstance que les faits ont été commis par le conjoint ou le concubin de la victime ou le partenaire lié à la victime par un pacte civil de solidarité ou par l'ancien conjoint, concubin ou partenaire (C. pén., art. 132-80) (AD : *N* ***33604.ju*** ; BD : *N* ***33606.ju*** ; CD : *N* ***33605.ju***) (circ. aggr. créée par L. n° 2020-936, 30 juill. 2020).

Faits prévus et réprimés par les articles : **PERSONNES PHYSIQUES.** 222-16, 222-44, 222-45 et 222-48-2 du code pénal. **PERSONNES MORALES.** 222-16 et 222-16-1 du code pénal (*N* ***#.ju***). ✧

20.48 Tapage injurieux ou nocturne

▪ PEINES

PERSONNE PHYSIQUE

PP Contrav. 3e cl. 450 € (C. pén., art. R. 623-2 ; 131-13).

PC Confiscation de la chose ayant servi à l'infraction ou destinée à la commettre (obligatoire pour objets qualifiés dangereux ou nuisibles par loi ou règlement ou dont la détention est illicite) (C. pén., art. 131-21).

PERSONNE MORALE

PP 2 250 € (C. pén., art. 131-41).

PC Néant.

■ ORIENTEUR

AUTRE QUALIFICATION

▪ **Nuisances sonores.** Établissement diffusant de la musique, v. n° **31.4** ; objet bruyant ou dispositif d'insonorisation non-conforme, v. n° **31.5** ; bruits de voisinage, v. n° **31.6** ; bruits irréguliers des véhicules, avertisseur, échappement, v. n° **36.72**.

ÉLÉMENT MATÉRIEL

▪ **Complicité. Punissable par aide ou assistance** (C. pén., art. R. 623-2). « *se rend complice de la contravention de tapage nocturne, la personne qui, présente à son domicile, laisse se perpétrer des bruits troublant la tranquillité d'autrui* » (Crim. 26 févr. 2020, n° 19-80.641, P). De même, « *doivent être considérés comme coupables de bruits, tapages ou attroupements injurieux ou nocturnes troublant la tranquillité des habitants, non seulement ceux qui prennent une part active aux bruits ou tapages nocturnes ou injurieux, mais encore tous ceux qui, par leur présence ou leur fait, ont favorisé ou facilité la commission de cette contravention* » (Crim. 17 févr. 1988, n° 86-96.819, P n° 80).

▪ **Responsabilité par omission.** Est approuvée la condamnation du propriétaire qui, « *conscient du trouble causé au voisinage par les aboiements de son chien, n'a pris aucune mesure pour y remédier, et dès lors que l'infraction est réalisée même en l'absence de toute volonté de nuire* » (Crim. 11 janv. 2005, n° 04-83.332, D). Il en est de même pour des agriculteurs, en raison des bruits causés par les moto pompes utilisées pour l'arrosage de leur terres, car « *même en l'absence de toute volonté de nuire et même si des bruits peuvent résulter de l'exercice d'une profession, la contravention de tapage nocturne est caractérisée dès lors que le prévenu a eu conscience du trouble causé au voisinage par l'installation dont il était responsable et n'a pris aucune mesure pour y remédier* » (Crim. 17 janv. 1990, n° 89-83.504, P n° 30).

▪ **Fait justificatif. Limites admissibles de la liberté d'expression.** Méconnaît Conv. EDH, art. 10 et 11 relatifs à la liberté d'expression et de réunion la condamnation à une amende de 100 € du prévenu poursuivi du chef de tapage injurieux pour avoir proféré, avec d'autres personnes qui participaient à l'appel d'un parti politique à une manifestation de protestation contre des projets gouvernementaux, le slogan « *CRS au zoo, libérez les animaux* », car « *le prévenu participait, pour exprimer et soutenir des opinions de nature politique et sociale, à une manifestation pacifique sur la voie publique, au cours de laquelle, avec d'autres manifestants, il a scandé un slogan qui n'excédait pas les limites admissibles de la liberté d'expression, de sorte qu'une condamnation pour tapage injurieux ne constituait pas une mesure nécessaire, dans une société démocratique, à la défense de l'ordre ou à la protection des droits et libertés d'autrui* » (§ 8) (Crim. 3 nov. 2020, n° 19-87.418, D) (sur les limites admissibles de la liberté d'expression justifiant la commission d'une infraction, v. n° **10.13E**).

RÉGIME PROCÉDURAL

▪ **Amende forfaitaire applicable.** (C. pr. pén., art. R. 48-1 9°, D. n° 2012-343, 9 mars 2012).

▪ **Agents de constatation de l'infraction.** Les agents de police municipale, les gardes champêtres, les agents de surveillance de Paris ainsi que les agents de la ville de Paris chargés d'un service de police sont compétents pour constater par procès-verbal cette contravention lorsqu'elle est commise sur le territoire communal ou sur le territoire d'assermentation et qu'elle ne nécessite pas de leur part d'actes d'enquête (C. pr. pén., art. R. 15-33-29-3).

POURSUITES CIVILES

▪ **Responsabilité du bailleur.** V. n° **20.47**.

■ ÉLÉMENTS CONSTITUTIFS – QUALIFICATION

✧ Pour avoir à .... [¤ lieu], le .... [¤ date], commis des tapages [⇨A ou B :]

A. injurieux (A1 : *N* ***6084.c3*** ; complicité A2 : *N* ***20794.c3***)...

B. nocturnes (B1 : *N* ***6068.c3*** ; complicité B2 : *N* ***20795.c3***)...

...troublant la tranquillité d'autrui.

Faits prévus et réprimés par l'article R. 623-2 du code pénal. ✧

20.49 Menace de mort, ou de crime ou délit contre les personnes

▪ PEINES

PERSONNE PHYSIQUE

PP Délit. 1. Cas A et B : 6 mois d'emprisonnement, 7 500 € (C. pén., art. 222-17) ;

2. Cas AD, AE, BD ou BE : 1 an, 7 500 € (depuis L. n° 2017-86, 27 janv. 2017, C. pén., art. 132-76, 132-77 et 222-17, auparavant : 2 ans, 30 000 € (C. pén., art. 222-18-1 ancien [L. n° 2004-204, 9 mars 2004, art. 39-II]) ;

3. Cas C : 3 ans, 45 000 € (C. pén., art. 222-17) ;

4. Cas CD ou CE : 6 ans, 45 000 € (depuis L. n° 2017-86, 27 janv. 2017, C. pén., art. 132-76, 132-77 et 222-17, auparavant : 5 ans, 75 000 € (C. pén., art. 222-18-1 ancien [L. n° 2004-204, 9 mars 2004, art. 39-II]).

PC *Idem* n° 20.47 +

1. Interdiction obligatoire ⩽ 5 ans, de détention ou port d'arme soumise à autorisation, si l'infraction a été commise avec une arme (L. n° 2012-304, 6 mars 2012, auparavant interdiction facultative) (C. pén., art. 222-44 II).

2. Confiscation obligatoire d'une ou plusieurs armes dont le condamné est propriétaire ou dont il a la libre disposition, si l'infraction a été commise avec une arme (L. n° 2012-304, 6 mars 2012, auparavant peine facultative) (C. pén., art. 431-7 II).

PERSONNE MORALE

PP Délit. 1. Cas A et B : 37 500 €.

2. Cas C : 225 000 €.

3. Cas AD, AE, BD ou BE : 37 500 € (depuis L. n° 2017-86, 27 janv. 2017, C. pén., art. 132-76, 132-77 et 222-17, auparavant : 150 000 € (L. n° 2004-204, 9 mars 2004, art. 39-II).

4. Cas CD ou CE : 225 000 € (depuis L. n° 2017-86, 27 janv. 2017, C. pén., art. 132-76, 132-77 et 222-17, auparavant : 375 000 € (C. pén., art. 222-18-2 ancien [L. n° 2004-204, 9 mars 2004, art. 39-II] ; art. 131-38).

PC 1. Cas C : Dissolution (sauf personnes morales de droit public, partis, groupements politiques, syndicats, institutions représentatives du personnel) si la personne morale a été créée ou détournée de son objet pour commettre l'infraction (C. pén., art. 222-18-2, art. 131-39 1° et 131-45) ;

2. Interdiction, définitive ou ⩽ 5 ans, d'exercer une ou plusieurs activités professionnelles ou sociales en relation avec l'infraction (C. pén., art. 222-18-2, 131-39 2°) ;

3. Surveillance judiciaire, ⩽ 5 ans, sauf personnes morales de droit public, partis, groupements politiques, syndicats (C. pén., art. 222-18-2, 131-39 3° et 131-46) ;

4. Fermeture, définitive ou ⩽ 5 ans, un ou plusieurs établissements en relation avec l'infraction (C. pén., art. 222-18-2, 131-39 4°) ;

5. Exclusion, définitive ou ⩽ 5 ans, marchés publics (C. pén., art. 222-18-2, 131-39 5°) ;

6. Interdiction, définitive ou ⩽ 5 ans, de *faire appel public à l'épargne* (procéder à une offre au public de titres financiers ou de les faire admettre aux négociations sur un marché réglementé, selon L. n° 2009-80, 22 janv. 2009) (C. pén., art. 222-18-2, 131-39 6°) ;

7. Interdiction, ⩽ 5 ans, d'utiliser des cartes de paiement ou d'émettre des chèques autres que de retrait ou certifiés (C. pén., art. 222-18-2, 131-39 7°) ;

8. Confiscation de la chose ayant servi à l'infraction ou destinée à la commettre, ou de son produit (obligatoire pour objets qualifiés dangereux ou nuisibles par loi ou règlement ou dont la détention est illicite) (C. pén., art. 222-18-2, 131-39 8° et 131-21) ;

9. Affichage, ⩽ 2 mois, *et/ou* (L. n° 2011-525, 17 mai 2011) diffusion de la décision ou d'extraits aux frais (⩽ amende encourue) du condamné (C. pén., art. 222-18-2, 131-39 9°, 131-48 et 131-35).

▪ ORIENTEUR

AUTRE QUALIFICATION

▪ **Menaces.** Menaces ou outrages portant sur les **personnes exerçant une fonction publique ou d'utilité collective**, v. n°s 25.1 à 25.8 ; **menaces sous conditions**, v. n° 20.50, menaces avec ou sans conditions **au sein du couple**, v. n° 20.51 ; menaces visant une **victime**, v. n° 20.52, ou un **témoin** (subornation), v. n° 25.51 ; menaces de **violence légère**, v. n° 20.53 ; menaces de **destruction**, v. n°s 20.55 à 20.58.

ÉLÉMENT LÉGAL

▪ **Causes d'aggravation. Aggravation résultant de la motivation raciste ou sexiste** (v. aussi ÉLÉMENT MATÉRIEL ci-dessous). La L. n° 2017-86, 27 janv. 2017 a supprimé du texte de l'incrimination les circonstances aggravantes tenant à la finalité raciste ou sexiste des faits. Désormais ces circonstances constituent en effet une cause générale d'aggravation de tous les crimes ou délits, sauf exceptions (C. pén., art. 132-76 et 132-77, v. n° 18.9). Les circonstances aggravantes visées aux **cas D** et **E**, ici maintenues pour des raisons pratiques, tirent désormais leurs fondements et pénalités de C. pén., art. 132-76, 132-77 et 222-17.

ÉLÉMENT MATÉRIEL

▪ **Aggravation résultant de la motivation raciste de l'acte. Cas D**, C. pén., art. 132-76, V. n°s 20.3 et 18.9.

▪ **Aggravation résultant de la motivation sexiste de l'acte. Cas E**, C. pén., art. 132-77, V. n°s 20.3 et 18.9.

▪ **Menaces.** • **Pouvoir de principe du juge de rechercher le véritable sens des propos.** « *il appartient* [aux juges du fait] *de rechercher le véritable sens des propos qui leur sont dénoncés et d'en déterminer la portée* » (Crim. 4 juill. 1963, n° 63-90.409, P n° 245). • **Nécessité de qualifier les menaces.** Est censuré le juge qui se borne à relever les menaces « *tant que je t'aurais pas sauté, je ne te laisserai pas tranquille* » (§ 10), « *sans qualifier le délit dont le prévenu aurait menacé la victime, ni s'expliquer sur le caractère punissable de sa tentative* » (§ 12) (Crim. 8 févr. 2023, n° 22-84.567, D), ou à constater que le prévenu a, « *à l'occasion d'un différend de voisinage, couru derrière des voisins en faisant fonctionner une tronçonneuse électrique avec laquelle il venait de couper un arbre* » «(Crim. 29 mars 2017, n° 16-85.958).
• **Menaces implicites.** Constituent des menaces le fait de s'adresser à une personne en lui disant « *qu'il avait chez lui six kilos de plastic et qu'en cas de persistance dans le refus opposé à la satisfaction de ses exigences, "l'établissement serait transformé en charcuterie"* » (Crim. 13 mars 1967, n° 66-92.673, P n° 97 ». Entre à bon droit en voie de condamnation la cour d'appel qui, pour requalifier les faits d'apologie du terrorisme en menaces de commettre un crime ou un délit, retient « *qu'en se prévalant de son appartenance personnelle à une organisation terroriste responsable de plusieurs attentats récemment commis en France* [revendication de l'appartenance à Daesh] *et de son intention de la rejoindre, le prévenu avait pour objectif d'intimider et de menacer ses interlocuteurs par l'annonce de possibles actions de la nature de celles que cette organisation conduit et promeut habituellement, constitutives de crimes ou de délits contre les personnes ou les biens, s'agissant d'homicides ou de destructions* » (Crim. 28 juin 2022, n° 21-85.321, P).

RÉGIME PROCÉDURAL

▪ **Compétence juridictionnelle. Juge unique,** « *pour l'appréciation du seuil de 5 ans d'emprisonnement* » au-delà duquel le juge unique est incompétent, « *il n'est pas tenu compte des aggravations* » D (C. pén., art. 132-76) et E pour le cas C (C. pén., art. 132-77) qui élèvent le quantum à 6 ans d'emprisonnement (C. pr. pén., art. 398-1 1°, v. n° 17.15D2).

▪ **Ordonnance pénale. Exclue** (C. pr. pén., art. 495-II, v. n° 15.48B1 et tableau n° 17.15D2).

▪ **Prélèvement des empreintes génétiques** de la personne suspectée ou condamnée (C. pr. pén., art. 706-54 et 706-55 2°, v. n°s 13.23 et 13.25). **Sanction** du refus de prélèvement, v. n° 25.35.

MESURE CIVILE

▪ **Retrait de l'autorité parentale.** *Idem* n° 20.7 (C. pén., art. 222-48-2, L. n° 2014-873, 4 août 2014, mod. par L. n° 2016-297, 14 mars 2016 et L. n° 2019-1480, 28 déc. 2019).

▪ ÉLÉMENTS CONSTITUTIFS – QUALIFICATION

✧ Pour avoir à .... [¤ lieu], le .... [¤ date], [⇨1 ou 2 puis A à C et le cas échéant D ou E :]

1. de manière réitérée ...

2. par écrit, image ou tout autre objet ...

... menacé .... [¤ nom de la victime] [⇨A à C :]

A. d'un crime, en l'espèce en .... [¤ matérialiser l'infraction] (1A : *N 10190.ju* ; 2A : *N 10191.ju*) ;

B. d'un délit contre les personnes dont la tentative est punissable, en l'espèce en .... [¤ matérialiser l'infraction] (1B : *N 10187.ju* ; 2B : *N 10188.ju*) ;

C. de mort, en l'espèce en .... [¤ matérialiser l'infraction] (1C : *N 7900.ju* ; 2C : *N 7173.ju*).

[• Préciser le cas échéant] avec cette circonstance que les faits ont été commis à raison [⇨D ou E :]

D. de l'appartenance ou de la non-appartenance, vraie ou supposée, de la victime à une ethnie ou une nation, une « *prétendue* » (L. nº 2017-86, 27 janv. 2017) race ou une religion déterminée (L. nº 2003-88, 3 févr. 2003, art. 5) (C. pén., art. 132-76 et 222-17 depuis L. nº 2017-86, 27 janv. 2017, anc^t^ 222-18-1) (1AD : *N 32280.ju* ; 1BD : *N 32282.ju* ; 1CD : *N 32284.ju* ; 2AD : *N 32281.ju* ; 2BD : *N 32283.ju* ; 2CD : *N 32285.ju*) ;

E. « du sexe (E1), de l'orientation sexuelle ou de l'identité de genre » (E2) (L. nº 2017-86, 27 janv. 2017) [au lieu de « l'orientation « ou identité » sexuelle (L. nº 2004-204, 9 mars 2004, art. 39-II) (C. pén., art. 132-77 et 222-17, anc^t^ 222-18-1, L. nº 2017-86, 27 janv. 2017) (1AE1 : *N 32340.ju* ; 1AE2 : *N 25183.ju* ; 1BE1 : *N 32338.ju* ; 1BE2 : *N 25175.ju* ; 1CE1 : *N 32343.ju* ; 1CE2 : *N 25207.ju* ; 2AE1 : *N 32341.ju* ; 2AE2 : *N 25192.ju* ; 2BE1 : *N 25179.ju* ; 2BE2 : *N 32339.ju* ; 2CE1 : *N 32342.ju* ; 2CE2 : *N 25203.ju*) ;

Faits prévus et réprimés par les articles : **PERSONNES PHYSIQUES.** 222-17, (+ articles du cas sélectionné) 222-44, 222-45 et 222-48-2 du code pénal. **PERSONNES MORALES.** 222-17 (+ articles du cas sélectionné) et 222-18-2 du code pénal (*N #.ju*) ✧

20.50 Menace sous condition, de mort, ou de crime ou délit contre les personnes

▪ PEINES

PERSONNE PHYSIQUE

PP Délit. 1. Cas A et B : 3 ans d'emprisonnement, 45 000 € (C. pén., art. 222-18) ;

2. Cas C : 5 ans, 75 000 € (C. pén., art. 222-18) ;

3. Cas AD, AE, BD ou BE : 6 ans, 45 000 € (depuis L. nº 2017-86, 27 janv. 2017, C. pén., art. 132-76, 132-77 et 222-18, auparavant : 5 ans, 75 000 € (C. pén., art. 222-18-1 ancien [L. nº 2004-204, 9 mars 2004, art. 39-II]).

4. Cas CD ou CE : 7 ans, 75 000 € (depuis L. nº 2017-86, 27 janv. 2017, C. pén., art. 132-76, 132-77 et 222-18, auparavant : 7 ans, 100 000 € (C. pén., art. 222-18-1 ancien [L. nº 2004-204, 9 mars 2004, art. 39-II]).

PC *Idem* nº 20.47.

PERSONNE MORALE

PP Délit. 1. Cas A et B : 225 000 €.

2. Cas C : 375 000 €.

3. Cas AD, AE, BD ou BE : 225 000 € (depuis L. nº 2017-86, 27 janv. 2017, C. pén., art. 132-76, 132-77 et 222-18, auparavant : 375 000 € (L. nº 2004-204, 9 mars 2004, art. 39-II).

4. Cas CD ou CE : 375 000 € (depuis L. nº 2017-86, 27 janv. 2017, C. pén., art. 132-76, 132-77 et 222-18, auparavant : 500 000 € (C. pén., art. 222-18-2 ancien [L. nº 2004-204, 9 mars 2004, art. 39-II] ; art. 131-38).

PC *Idem* nº 20.49.

▪ ORIENTEUR

AUTRE QUALIFICATION

▪ Menaces. V. orienteur nº 20.49.

ÉLÉMENT LÉGAL

▪ Causes d'aggravation. Aggravation résultant de la motivation raciste ou sexiste. *Idem* nº 20.49.

ÉLÉMENT MATÉRIEL

▪ Aggravation résultant de la motivation raciste de l'acte. Cas D, C. pén., art. 132-76, V. nº 20.3 et 18.9.

▪ Aggravation résultant de la motivation sexiste de l'acte. Cas E, C. pén., art. 132-77, V. nº 20.3 et 18.9.

RÉGIME PROCÉDURAL

- **Compétence juridictionnelle. Juge unique,** « *pour l'appréciation du seuil de 5 ans d'emprisonnement* » au-delà duquel le juge unique est incompétent, « *il n'est pas tenu compte des aggravations* » des cas D (C. pén., art. 132-76) et E (C. pén., art. 132-77) qui élèvent le quantum à 6 ou 7 ans d'emprisonnement (C. pr. pén., art. 398-1 1°, v. n° 17.15D2).

(C. pr. pén., art. 398-1 1°, v. n° 17.15D2).

- **Ordonnance pénale.** Exclue (C. pr. pén., art. 495-II, v. n° 15.48B1 et tableau n° 17.15D2).
- **Prélèvement des empreintes génétiques.** *Idem* n° 20.49.
- **CRPC.** Exclue dans les cas CD et CE (C. pr. pén., art. 495-7). Sur le domaine de la CRPC, v. n° 15.53A.

MESURE CIVILE

- **Retrait de l'autorité parentale.** *Idem* n° 20.7 (C. pén., art. 222-48-2, L. n° 2014-873, 4 août 2014, mod. par L. n° 2016-297, 14 mars 2016 et L. n° 2019-1480, 28 déc. 2019).

■ ÉLÉMENTS CONSTITUTIFS – QUALIFICATION

✧ Pour avoir à .... [¤ lieu], le .... [¤ date], par quelque moyen que ce soit mais avec l'ordre de remplir une condition, en l'espèce en .... [¤ matérialiser l'infraction], menacé .... [¤ nom de la victime] [⇨A à C puis le cas échéant D ou E :]

A. d'un crime contre les personnes (A : *N 7893.ju*) ;

B. d'un délit contre les personnes (B : *N 7894.ju*) ;

C. de mort (C : *N 10189.ju*) ;

[• Préciser le cas échéant] avec cette circonstance que les faits ont été commis à raison [⇨D ou E :]

D. de l'appartenance ou de la non-appartenance, vraie ou supposée, de la victime à une ethnie ou une nation, une « *prétendue* » (L. n° 2017-86, 27 janv. 2017) race ou une religion déterminée (L. n° 2003-88, 3 févr. 2003, art. 5) (C. pén., art. 132-76 et 222-17 depuis L. n° 2017-86, 27 janv. 2017, anc[t] 222-18-1) (AD : *N 32286.ju* ; BD : *N 32287.ju* ; CD : *N 32288.ju*) ;

E. « du sexe (E1), de l'orientation sexuelle ou de l'identité de genre » (E2) (L. n° 2017-86, 27 janv. 2017) [au lieu de « l'orientation « ou identité » sexuelle (L. n° 2012-954, 6 août 2012)] (C. pén., art. 132-77 et 222-18, anc[t] 222-18-1, L. n° 2017-86, 27 janv. 2017) (AE1 : *N 32344.ju* ; AE2 : *N 25211.ju* ; BE1 : *N 32345.ju* ; BE2 : *N 25216.ju* ; CE1 : *N 32346.ju* ; CE2 : *N 25224.ju*).

Faits prévus et réprimés par les articles : **PERSONNES PHYSIQUES.** 222-18 (+ articles du cas sélectionné), 222-44, 222-45 et 222-48-2 du code pénal. **PERSONNES MORALES.** 222-18 (+ articles du cas sélectionné) et 222-18-2 du code pénal (*N #.ju*). ✧

20.51 Menace simple ou sous condition au sein du couple (L. n° 2010-769, 9 juill. 2010)

■ PEINES

PERSONNE PHYSIQUE

PP Délit. Cas A1 et A2 : 3 ans d'emprisonnement, 45 000 € (depuis L. n° 2019-1480, 28 déc. 2019, auparavant 2 ans et 30 000 € ; C. pén., art. 222-17, al. 1, 222-18-3). Cas A3 : 5 ans, 75 000 € (C. pén., art. 222-17, al. 2, 222-18-3). Cas B1 et B2 : 5 ans, 75 000 € (C. pén., art. 222-18, al. 1, 222-18-3). Cas B3 : 7 ans, 100 000 € (C. pén., art. 222-18, al. 2, 222-18-3).

PC 1. *Idem* n° 20.47 ;

2. Suivi socio-judiciaire (C. pén., art. 222-48-1 [mod L. n° 2010-769, 9 juill. 2010] ; 131-36-1 à 131-36-13).

PERSONNE MORALE

PP Délit. Cas A1 et A2 : 225 000 €. (depuis L. n° 2019-1480, 28 déc. 2019, auparavant 150 000 €) ; Cas A3, B1 et B2 : 375 000 €. Cas B3 : 500 000 € (C. pén., art. 222-18-3 ; 131-38).

PC *Idem* n° 20.49.

■ ORIENTEUR

AUTRE QUALIFICATION

- Autres menaces. V. orienteur n° 20.49.

ÉLÉMENT LÉGAL

- **Application de la loi dans le temps.** A1 et A2 : pénalités aggravées de 2 à 3 ans et de 30 000 € à 45 000 € par L. nº 2019-1480, 28 déc. 2019.

RÉGIME PROCÉDURAL

- **Prélèvement des empreintes génétiques.** *Idem* nº 20.49.
- **Compétence juridictionnelle. Juge unique**, sauf cas B3 (infraction passible d'une peine > 5 ans) (C. pr. pén., art. 398-1 1º, v. nº 17.15D2).
- **Ordonnance pénale.** Exclue (C. pr. pén., art. 495-II, v. nº 15.48B1 et tableau nº 17.15D2).
- **CRPC.** Exclue dans le cas B3 (C. pr. pén., art. 495-7). Sur le domaine de la CRPC, v. nº 15.53A.
- **Alimentation du Redex.** Centralisation des examens de personnalité au fichier Redex à tous les stades de la procédure (C. pr. pén., art. 706-56-2) (v. nº 13.41).

MESURE CIVILE

- **Retrait de l'autorité parentale.** *Idem* nº 20.7 (C. pén., art. 222-48-2, L. nº 2014-873, 4 août 2014, mod. par L. nº 2016-297, 14 mars 2016 et L. nº 2019-1480, 28 déc. 2019).

■ ÉLÉMENTS CONSTITUTIFS – QUALIFICATION

✧ Pour avoir à .... [¤ lieu], le .... [¤ date], étant son actuel ou ancien conjoint ou concubin ou partenaire lié par un pacte civil de solidarité, [⇨A ou B :]

A. (C. pén., art. 222-17) [⇨1 ou 2 puis A1 à A3 :]

1. de manière réitérée ...

2. par écrit, image ou tout autre objet ...

... menacé .... [¤ nom de la victime] [⇨A à C :]

A1. d'un crime, en l'espèce en .... [¤ matérialiser l'infraction] (1A1 : *N 27752.ju* ; 2A1 : *N 27753.ju*) ;

A2. d'un délit contre les personnes dont la tentative est punissable, en l'espèce en .... [¤ matérialiser l'infraction] (1A2 : *N 27750.ju* ; 2A2 : *N 27751.ju*) ;

A3. de mort, en l'espèce en .... [¤ matérialiser l'infraction] (1A3 : *N 27754.ju* ; 2A3 : *N 27755.ju*).

B. (C. pén., art. 222-18) par quelque moyen que ce soit, mais avec l'ordre de remplir une condition, en l'espèce en .... [¤ matérialiser l'infraction], menacé .... [¤ nom de la victime] [⇨B1 à B3 :]

B1. d'un crime contre les personnes (B1 : *N 27757.ju*) ;

B2. d'un délit contre les personnes (B2 : *N 27756.ju*) ;

B3. de mort (B3 : *N 27758.co*).

Faits prévus et réprimés par les articles 132-80, : **PERSONNES PHYSIQUES.** [• du cas sélectionné] et 222-18-3, 222-44, 222-45, 222-48-1 et 222-48-2 du code pénal. **PERSONNES MORALES.** [• du cas sélectionné] et 222-18-3 et 222-18-2 du code pénal. ✧

20.52 Menace et intimidation visant une victime

■ PEINES

PERSONNE PHYSIQUE

PP Délit. 3 ans d'emprisonnement, 45 000 € (C. pén., art. 434-5).

PC Confiscation (réelle ou en valeur) de la chose ayant servi à l'infraction ou destinée à la commettre (obligatoire pour objets qualifiés dangereux ou nuisibles par loi ou règlement ou dont la détention est illicite) (C. pén., art. 434-44 ; 131-21).

PERSONNE MORALE

PP 225 000 € (C. pén., art. 131-38).

PC Néant.

■ ORIENTEUR

AUTRE QUALIFICATION

- **Menaces contre un témoin.** V. nº 25.51.
- **Autres menaces.** V. orienteur nº 20.49.

ÉLÉMENT MATÉRIEL

▪ Forme des menaces. Circ. 14 mai 1993, n° 334. « *L'incrimination [...] vise toutes les formes de menaces, y compris les menaces d'atteintes aux biens, mais aussi tout autre acte d'intimidation ; d'autre part elle concerne également les actes qui sont dirigés non pas directement contre la victime de l'infraction mais contre un tiers, par exemple contre un membre de la famille de la victime.* »

▪ ÉLÉMENTS CONSTITUTIFS – QUALIFICATION

✧ Pour avoir à .... [¤ lieu], le .... [¤ date], commis des menaces ou actes d'intimidation sur .... [¤ victime des menaces ou intimidations] en vue de déterminer .... [¤ nom de la victime du crime ou du délit], victime d'un crime ou d'un délit, à ne pas porter plainte ou à se rétracter. Faits prévus et réprimés par les articles 434-5 et 434-44 du code pénal (*N 12830.co*). ✧

20.53 Menace de violence légère

▪ PEINES

PERSONNE PHYSIQUE

PP Contrav. 3e cl. 450 € (C. pén., art. R. 623-1 ; 131-13).

PC Néant.

PERSONNE MORALE

PP 2 250 € (C. pén., art. 131-41).

PC Néant.

▪ ORIENTEUR

AUTRE QUALIFICATION

▪ Autres menaces. V. orienteur n° 20.49.

▪ ÉLÉMENTS CONSTITUTIFS – QUALIFICATION

✧ Pour avoir à .... [¤ lieu], le .... [¤ date], [⇨A ou B :]

A. de manière réitérée (A : *N 12001.c3*) ...

B. par écrit, image ou tout autre objet (B : *N 12002.c3*) ...

... menacé .... [¤ nom de la victime] de violence contre une personne, en l'espèce en .... [¤ matérialiser l'infraction].
Faits prévus et réprimés par l'article R. 623-1 du code pénal ✧

20.54 Entrave en réunion à l'accès ou au fonctionnement des dispositifs de sécurité dans les immeubles collectifs – Espaces communs – Toits (CSI, art. L. 272-4, ancᵗ CCH, art. L. 126-3)

▪ PEINES

PERSONNE PHYSIQUE

PP Délit. Cas A et B : 2 mois d'emprisonnement, 3 750 €. Cas Aa, Ab, Ba et Bb : 6 mois, 7 500 € (CSI, art. L. 272-4, ancᵗ CCH, art. L. 126-3).

PC Travail d'intérêt général (CSI, art. L. 272-4, ancᵗ CCH, art. 126-3, L. n° 2010-201, 2 mars 2010).

PERSONNE MORALE

PP Cas A et B : 18 750 €. Cas Aa, Ab, Ba et Bb : 37 500 € (CSI, art. L. 272-4, ancᵗ CCH, art. L. 126-3 ; C. pén., art. 131-38).

PC Néant.

▪ ORIENTEUR

AUTRE QUALIFICATION

▪ Menaces. Menaces ou outrages à l'encontre des personnes exerçant une fonction publique ou d'utilité collective (notamment gardiens d'immeubles), v. nos 25.1 à 25.8.

ÉLÉMENT LÉGAL

▪ **Application de la loi pénale dans le temps.** Incrimination créée par L. nº 2003-239, 18 mars 2003, pour la sécurité intérieure. « *Les agents de police municipale seront ainsi mis en mesure, en complément des forces de police et de gendarmerie, de faire cesser les troubles en faisant usage des dispositions de l'article 73 du code de procédure pénale autorisant toute personne à appréhender les auteurs de crime ou délit flagrant puni d'une peine d'emprisonnement aux fins de les conduire aussitôt devant l'officier de police judiciaire le plus proche* » (L. nº 2003-239, 18 mars 2003, exposé des motifs). Les circonstances de voies de fait ou menaces, qui matérialisaient auparavant l'infraction, constituent depuis L. nº 2007-297, 5 mars 2007 des circonstances aggravantes. La peine de complémentaire de TIG est issue de L. nº 2010-201, 2 mars 2010. L'incrimination a été transférée à droit constant du CCH, art. L. 126-3 au CSI, art. L. 272-4, par Ord. nº 2020-71, 29 janv. 2020, applicable au 1er juill. 2021.

ÉLÉMENT INTENTIONNEL

▪ **Caractérisation de l'élément intentionnel.** Le délit est intentionnel au sens de C. pén., art. 121-3, « *il ne suffit donc pas de relever la seule présence d'un groupe de personnes dans les parties communes de l'immeuble. Il faut constater leur volonté d'empêcher l'accès ou la libre circulation des personnes ou le bon fonctionnement des dispositifs de sécurité, et que celle-ci est volontaire, intentionnelle, délibérée. Il s'agit de démontrer comment l'accès est sciemment empêché par l'occupation de l'espace, les gestes, l'attitude, les objets ou meubles déposés, etc.* » (Circ. Crim. 2022-01-E1, 17 janv. 2022, NOR : JUSD2201647 C, nº 3-1).

RÉGIME PROCÉDURAL

▪ **Constatation des infractions. • Compétence des agents de police municipale.** Outre les services de police et de gendarmerie, compétents dans les conditions de droit commun, les **agents de police municipale** sont compétents pour constater le délit « *par rapport* » (CGCT, art. L. 2212-5, CSI, art. L. 511-1). • **Pénétration des enquêteurs dans les parties communes**. Les propriétaires ou exploitants d'immeubles à usage d'habitation ou leurs représentants peuvent accorder à la police et à la gendarmerie nationales, ainsi, le cas échéant, qu'à la police municipale, une autorisation permanente de pénétrer dans les parties communes (CSI, art. L. 272-1, anct CCH, art. L. 126-1). • **Modalités d'intervention dans les parties communes.** Sur le cadre procédural des constatations opérées sur les parkings ou parties communes d'immeubles collectifs d'habitation, v. nº 11.57H.

▪ **Compétence juridictionnelle. Juge unique** (C. pr. pén., art. 398-1 5º).

▪ **Ordonnance pénale. Possible** (C. pr. pén., art. 495 II), sur la procédure d'ordonnance pénale délictuelle, v. nº 15.47.

▪ **Amende forfaitaire délictuelle. Possible** depuis L. nº 2019-222, 23 mars 2019, **y compris en cas de récidive**, si l'infraction est relevée par **procès-verbal électronique** (CSI, art. L. 272-4, anct CCH, art. L. 126-3, C. pr. pén., art. 495-17 et D. 45-3 dans sa rédaction issue de D. nº 2019-507, 24 mai 2019, applicable au lendemain de la publication de l'arrêté modifiant C. pr. pén., art. A. 36-14 à A. 36-16, art. 11 D. nº 2019-507). Amende minorée : **150 €** ; forfaitaire : **200 €** ; majorée : **450 €** (CSI, art. L. 272-4). Sur la procédure d'amende forfaitaire délictuelle, v. nº 15.47. La Circ. Crim. 2022-01-E1, 17 janv. 2022, NOR : JUSD2201647 C définit la doctrine d'emploi de l'amende forfaitaire délictuelle, en soulignant que ce dispositif « *exclut toute prise d'attache avec la permanence du parquet pour assurer l'orientation à la suite de la constatation de l'infraction* », que cette procédure est réservée aux natinfs des cas 1A, 2A et B, exclue lorsque la personne ne dispose pas « *de ses pleines capacités de compréhension et de décision* » (nº 2.4), conteste les faits, cas dans lequel « *il est nécessaire d'apporter des éléments probants plus solide que le simple PVE qui se résume à un procès-verbal de constatation. En effet, en matière délictuelle le PVE ne vaut qu'à titre de simple renseignement en application de C. pr. pén., art. 430* » (nº 2.5), lorsque les faits ne sont pas constatés en flagrance par l'enquêteur (nº 4-1), ou sont commis par des personnes dont l'identité est imprécise, ou qui sont sans domicile connu ou sans domicile fixe (nº 4.2).

▪ **Transaction pénale.** Le dispositif de la transaction par OPJ (v. nº 15.43), institué par L. nº 2014-896, 15 août 2014, a été abrogé par L. nº 2019-222, 23 mars 2019. Il s'appliquait à l'infraction prévue par CCH, art. L. 126-3 devenu CSI, art. L. 272-4.

▪ ÉLÉMENTS CONSTITUTIFS – QUALIFICATION

✧ Pour avoir à .... [¤ lieu], le .... [¤ date], en ~~« entravant »~~ « empêchant » (L. nº 2010-201, 2 mars 2010) délibérément [⇨1 ou 2 puis A ou B :]

1. l'accès ou la libre circulation des personnes...

2. le bon fonctionnement des dispositifs de sécurité et de sûreté...

A. Parties communes des immeubles collectifs d'habitation

...occupé en réunion les espaces communs d'un immeuble collectif (1A : *N 23845.ju* ; 2A : *N 23846.ju*),

[• préciser le cas échéant] avec cette circonstance que les faits ont été accompagnés [⇨a ou b :]

a. de voies de fait, de quelque nature que ce soit, en l'espèce en .... [¤ matérialiser l'infraction] (Aa : *N 23842.ju*) ;

b. de menaces, de quelque nature que ce soit, en l'espèce en .... [¤ matérialiser l'infraction] (Ab : *N 23844.ju*) ;

B. Toits des immeubles collectifs d'habitation

...occupé en réunion le toit d'un immeuble collectif (B : *N 23861.ju*),

[• préciser le cas échéant] avec cette circonstance que les faits ont été accompagnés [⇨a ou b :]

a. de voies de fait, de quelque nature que ce soit, en l'espèce en .... [¤ matérialiser l'infraction] (Ba : *N 23859.ju*) ;

b. de menaces, de quelque nature que ce soit, en l'espèce en .... [¤ matérialiser l'infraction] (Bb : *N 23860.ju*).

Faits prévus et réprimés par l'article L. 272-4 du code de la sécurité intérieure (anc^{t}, CCH, art. L. 126-3). ✧

20.55 Menace de destruction volontaire dangereuse pour les personnes

▪ PEINES

PERSONNE PHYSIQUE

PP Délit. 6 mois d'emprisonnement, 7 500 € (C. pén., art. 322-12).

PC 1. Interdiction, ⩽ 5 ans, des droits civiques, civils et de famille (vote, éligibilité, fonction juridictionnelle, expert, témoin, tuteur, curateur) (C. pén., art. 322-15 et 131-26) ;

2. Interdiction, définitive ou ⩽ 5 ans, d'exercer l'activité professionnelle ou sociale en relation avec l'infraction, ou une fonction publique *et/ou* interdiction définitive ou ⩽ 15 ans (10 ans avant L. n° 2013-1117, 6 déc. 2013) d'exercer une profession commerciale ou industrielle, de diriger, d'administrer, de gérer ou de contrôler à un titre quelconque, directement ou indirectement, pour son propre compte ou pour le compte d'autrui, une entreprise commerciale ou industrielle ou une société commerciale (sauf mandat électif ou syndical) (C. pén., art. 322-15, 131-27 et 131-28 [mod. par L. n° 2008-776, 4 août 2008]) ;

3. Interdiction, ⩽ 5 ans, de détention ou de port d'arme de soumise à autorisation (C. pén., art. 322-15) ;

4. Stage de citoyenneté (C. pén., art. 131-5-1 et 322-15 [L. n° 2004-204, 9 mars 2004, art. 44-XIV]) (pour les faits commis avant le 24 mars 2020 et jugés après cette date, L. n° 2019-222, 23 mars 2019, en vigueur le 24 mars 2020. Pour les faits commis à partir du 24 mars 2020, v. nouvelle réd. C. pén., art. 131-5-1 et n° 18.33) ;

5. Stage de sensibilisation aux dangers de l'usage de produits stupéfiants. La juridiction précise si le stage est exécuté aux frais du condamné (C. pén., art. 131-35-1 et 322-15 [L. n° 2007-297, 5 mars 2007]) (pour les faits commis avant le 24 mars 2020 et jugés après cette date, L. n° 2019-222, 23 mars 2019, en vigueur le 24 mars 2020. Pour les faits commis à partir du 24 mars 2020, v. nouvelle réd. C. pén., art. 131-5-1 et n° 18.33).

PERSONNE MORALE

PP Délit. 37 500 € (C. pén., art. 322-17 ; 131-38).

PC Interdiction, ⩽ 5 ans, d'exercer une ou plusieurs activités professionnelles ou sociales en relation avec l'infraction (C. pén., art. 322-17 et 131-39, 2°).

■ ORIENTEUR

RÉGIME PROCÉDURAL

▪ **Prélèvement des empreintes génétiques** de la personne suspectée ou condamnée (C. pr. pén., art. 706-54 et 706-55 3°, v. n°s 13.23 et 13.25). **Sanction** du refus de prélèvement, v. n° 25.35.

▪ **Compétence juridictionnelle. Juge unique** (C. pr. pén., art. 398-1 1°, v. n° 17.15D2).

▪ **Ordonnance pénale. Possible** (C. pr. pén., art. 495-II, v. n° 15.48B1 et tableau n° 17.15D2).

■ ÉLÉMENTS CONSTITUTIFS – QUALIFICATION

✧ Pour avoir à .... [¤ lieu], le .... [¤ date], menacé .... [¤ nom de la victime] de commettre une [⇨1 ou 2 puis A ou B :]

1. destruction...

2. dégradation ou détérioration...

... dangereuse pour les personnes, [⇨A ou B :]

A. de manière réitérée (1A : *N 10193.ju* ; 2A : *N 10192.ju*)...

B. par écrit, image ou tout autre objet (1B : *N 10195.ju* ; 2B : *N 10194.ju*)...

..., en l'espèce en .... [¤ description des menaces].

Faits prévus et réprimés par les articles : **PERSONNES PHYSIQUES.** 322-12 et 322-15 du code pénal. **PERSONNES MORALES.** 322-12 et 322-17 du code pénal. ✧

20.56 Menace de destruction volontaire sous condition

■ PEINES

PERSONNE PHYSIQUE

PP Délit. Cas A : 1 an d'emprisonnement, 15 000 €. Cas B : 3 ans, 45 000 € (C. pén., art. 322-13).

PC *Idem* n° 20.55.

PERSONNE MORALE

PP Délit. Cas A : 75 000 €. Cas B : 225 000 € (C. pén., art. 322-17 ; 131-38).

PC *Idem* n° 20.55.

■ ORIENTEUR

RÉGIME PROCÉDURAL

▪ **Prélèvement des empreintes génétiques** de la personne suspectée ou condamnée (C. pr. pén., art. 706-54 et 706-55 3°, v. n°s 13.23 et 13.25). **Sanction** du refus de prélèvement, v. n° 25.35.

▪ **Compétence juridictionnelle. Juge unique** (C. pr. pén., art. 398-1 1°, v. n° 17.15D2).

▪ **Ordonnance pénale. Possible** (C. pr. pén., art. 495-II, v. n° 15.48B1 et tableau n° 17.15D2).

■ ÉLÉMENTS CONSTITUTIFS – QUALIFICATION

✧ Pour avoir à .... [¤ lieu], le .... [¤ date], [⇨A puis le cas échéant B :]

A. par quelque moyen que ce soit, et avec l'ordre de remplir une condition, en l'espèce en .... [¤ description des menaces et de la condition imposée], menacé .... [¤ nom de la victime] de commettre une [⇨A1 ou A2 :]

A1. destruction (, [A1 : *N 7899.ju*) ;

A2. dégradation ou détérioration (A2 : *N 7898.ju*) ;

B. [• Préciser le cas échéant] avec cette circonstance que ladite [⇨B1 ou B2 :]

B1. destruction (B1 : *N 7895.ju*)...

B2. dégradation ou détérioration (B2 : *N 7897.ju*)...

... était dangereuse pour les personnes.

Faits prévus et réprimés par les articles : **PERSONNES PHYSIQUES.** 322-13 et 322-15 du code pénal. **PERSONNES MORALES.** 322-13 et 322-17 du code pénal. ✧

20.57 Menace de dégradation légère

▪ PEINES

PERSONNE PHYSIQUE

PP Contrav. 1re cl. 38 € (C. pén., art. R. 631-1 ; 131-13).

PC 1. Interdiction, ⩽ 3 ans, de détention ou de port d'arme soumise à autorisation (C. pén., art. R. 631-1) ;

2. Confiscation d'une ou plusieurs arme(s) (C. pén., art. R. 631-1).

PERSONNE MORALE

PP Contrav. 1re cl. 190 € (C. pén., art. R. 631-1 ; 131-41).

PC Néant.

▪ ORIENTEUR

RÉGIME PROCÉDURAL

▪ **Agents de constatation de l'infraction.** Les agents de police municipale, les gardes champêtres, les agents de surveillance de Paris ainsi que les agents de la ville de Paris chargés d'un service de police sont compétents pour constater par procès-verbal cette contravention lorsqu'elle est commise sur le territoire communal ou sur le territoire d'assermentation, ne nécessite pas de leur part d'actes d'enquête, et lorsqu'elle concerne des biens appartenant à la commune (C. pr. pén., art. R. 15-33-29-3).

▪ ÉLÉMENTS CONSTITUTIFS – QUALIFICATION

✧ Pour avoir à .... [¤ lieu], le .... [¤ date], menacé .... [¤ nom de la victime] de commettre une [⇨A ou B puis 1 ou 2 :]

A. destruction...

B. dégradation ou détérioration...

... n'entraînant qu'un dommage léger, [⇨1 ou 2 :]

1. de manière réitérée (A1 : *N 12294.c1* ; B1 : *N 12295.c1*)...

2. par écrit, image ou tout autre objet (A2 : *N 12296.c1* ; B2 : *N 12297.c1*)...

..., en l'espèce en .... [¤ description des menaces].

Faits prévus et réprimés par l'article R. 631-1 du code pénal. ✧

20.58 Menace de dégradation grave mais ne présentant pas de danger pour les personnes

▪ PEINES

PERSONNE PHYSIQUE

PP Contrav. 4e cl. 750 € (C. pén., art. R. 634-1 ; 131-13).

PC 1. Interdiction, ⩽ 5 ans, de détention ou de port d'arme soumise à autorisation (C. pén., art. R. 634-1) ;

2. Confiscation d'une ou plusieurs arme(s) (C. pén., art. R. 634-1).

PERSONNE MORALE

PP Contrav. 4e cl. 3 750 € (C. pén., art. R. 634-1 ; 131-41).

PC Néant.

▪ ORIENTEUR

RÉGIME PROCÉDURAL

▪ **Agents de constatation de l'infraction.** Les agents de police municipale, les gardes champêtres, les agents de surveillance de Paris ainsi que les agents de la ville de Paris chargés d'un service de police sont compétents pour constater par procès-verbal cette contravention lorsqu'elle est commise sur le territoire communal ou sur le territoire d'assermentation, ne nécessite pas de leur part d'actes d'enquête, et lorsqu'elle concerne des biens appartenant à la commune (C. pr. pén., art. R. 15-33-29-3).

■ **ÉLÉMENTS CONSTITUTIFS – QUALIFICATION**

✧ Pour avoir à .... [¤ lieu], le .... [¤ date], menacé .... [¤ nom de la victime] de commettre une [⇨A ou B puis 1 ou 2 :]

A. destruction...

B. dégradation ou détérioration...

... autre que légère et ne présentant pas de danger pour les personnes, [⇨1 ou 2 :]

1. de manière réitérée (A1 : *N 12298.c4 ;* B2 : *N 12299.c4*)...

2. par écrit, image ou tout autre objet (B1 : *N 12300.c4 ;* B2 : *N 12301.c4*)...

..., en l'espèce en .... [¤ description des menaces].

Faits prévus et réprimés par l'article R. 634-1 du code pénal. ✧

20.59 Mise en danger de la personne

■ **PEINES**

PERSONNE PHYSIQUE

PP Délit. 1 an d'emprisonnement, 15 000 € (C. pén., art. 223-1).

PC 1. Interdiction, définitive ou ⩽ 5 ans, d'exercer l'activité professionnelle ou sociale en relation avec l'infraction, ou une fonction publique (sauf mandat électif ou syndical) (C. pén., art. 223-18 et 131-27) ;

2. Interdiction, ⩽ 5 ans, de détention ou de port d'arme soumise à autorisation (C. pén., art. 223-18) ;

3. Suspension, sans sursis ni aménagement, annulation ⩽ 5 ans du PC, si le délit a été commis à l'occasion de la conduite d'un véhicule (C. pén., art. 223-18) ;

4. Affichage, ⩽ 2 mois, *et/ou* (L. nº 2011-525, 17 mai 2011) diffusion de la décision ou d'extraits aux frais (⩽ amende encourue) du condamné (C. pén., art. 223-20 et 131-35) ;

5. Stage de sensibilisation aux dangers de l'usage de produits stupéfiants. La juridiction précise si le stage est exécuté aux frais du condamné (C. pén., art. 131-35-1 et 223-18 [L. nº 2007-297, 5 mars 2007]) (pour les faits commis avant le 24 mars 2020 et jugés après cette date, L. nº 2019-222, 23 mars 2019, en vigueur le 24 mars 2020. Pour les faits commis à partir du 24 mars 2020, v. nouvelle réd. C. pén., art. 131-5-1 et nº 18.33) ;

6. Stage de responsabilité parentale (C. pén., art. 131-5-1 et 223-18 [L. nº 2007-297, 5 mars 2007]) ;

7. Interdiction ⩽ 5 ans de conduire certains véhicules terrestre à moteur, y compris ceux pour la conduite desquels le permis de conduire n'est pas exigé, si le délit a été commis à l'occasion de la conduite d'un véhicule (C. pén., art. 223-18) ;

8. Stage de sensibilisation à la sécurité routière, aux frais du condamné, si le délit a été commis à l'occasion de la conduite d'un véhicule (C. pén., art. 223-18 et 131-35-1) (pour les faits commis avant le 24 mars 2020 et jugés après cette date, L. nº 2019-222, 23 mars 2019, en vigueur le 24 mars 2020. Pour les faits commis à partir du 24 mars 2020, v. nouvelle réd. C. pén., art. 131-5-1 et nº 18.33) ;

9. Immobilisation ⩽ 1 an véhicule dont le condamné s'est servi, s'il en est propriétaire, si le délit a été commis à l'occasion de la conduite d'un véhicule (C. pén., art. 131-6, 223-18) ;

10. Confiscation du véhicule dont le condamné s'est servi, s'il en est propriétaire, si le délit a été commis à l'occasion de la conduite d'un véhicule (C. pén., art. 131-6, 223-18).

PERSONNE MORALE

PP Délit. 75 000 € (C. pén., art. 223-2 ; 131-38).

PC 1. Interdiction, définitive ou ⩽ 5 ans, d'exercer une ou plusieurs activités professionnelles ou sociales en relation avec l'infraction (C. pén., art. 223-2 et 131-39 2º) ;

2. Surveillance judiciaire, ⩽ 5 ans (C. pén., art. 223-2, 131-39 3º et 131-46) ;

3. Confiscation de la chose ayant servi à l'infraction ou destinée à la commettre, ou de son produit (obligatoire pour objets qualifiés dangereux ou nuisibles par loi ou règlement ou dont la détention est illicite) (C. pén., art. 223-2, 131-39 8º, 131-48 et 131-21) ;

4. Affichage, ⩽ 2 mois, *et/ou* (L. n° 2011-525, 17 mai 2011) diffusion de la décision ou d'extraits aux frais (⩽ amende encourue) du condamné (C. pén., art. 223-2, 131-39 9°, 131-48 et 131-35).

■ ORIENTEUR

AUTRE QUALIFICATION

▪ **Rodéo motorisé : comportement compromettant délibérément la sécurité ou la tranquillité des usagers de la route – Incitation, organisation ou promotion de rodéo motorisé (L. n° 2018-701, 3 août 2018).** V. n° 36.78.

▪ **Divulgation d'informations personnelles pour exposer une personne ou son entourage à un risque d'atteinte aux personnes ou aux biens (L. n° 2021-1109, 24 août 2021).** Cette infraction, comme le délit de mise en danger, figure dans la section du C. pén.« *Des risques causés autrui* », C. pén., art. 223-1-1, v. n° 35.50.

ÉLÉMENT LÉGAL

▪ **Concours de qualifications. • Concours avec l'infraction d'homicide ou de blessures involontaires.** Cette infraction ne peut, pour le même dommage, être poursuivie en concours avec l'infraction d'homicide ou de blessures involontaires, il s'agit donc de qualifications alternatives (Crim. 11 sept. 2001, n° 00-85.473, P n° 176.). Toutefois, lorsqu'une même action fautive aura, d'une part, entraîné des dommages sur certaines personnes, d'autre part, exposé d'autres personnes au risque, ces infractions pourront être poursuivies en concours (Crim. 21 févr. 2017, n° 15-87.811, NP). **• Concours avec les contraventions caractérisant la mise en danger.** « *En retenant contre le demandeur les contraventions au code de la route par la commission desquelles il s'est rendu coupable du délit de mise en danger d'autrui, et en prononçant contre lui, pour lesdites contraventions, trois amendes distinctes des peines correctionnelles, la cour d'appel a fait l'exacte application de la loi, dès lors que, d'une part, le délit et les contraventions considérées diffèrent dans leurs éléments constitutifs, le premier n'étant pas caractérisé par la seule inobservation des prescriptions réglementaires, d'autre part, le délit de mise en danger d'autrui et les contraventions au code de la route protègent des intérêts distincts, le premier visant à préserver les personnes d'une exposition directe à un risque immédiat de mort ou de blessures particulièrement graves, les secondes s'inscrivant dans un ensemble de dispositions réglementaires ayant pour objet la police de la circulation routière* » (Crim. 16 nov. 2016, n° 15-85.949, P n° 299).

▪ **Notion de loi et de règlement. • Notion d'obligation particulière de prudence ou de sécurité et règlement européen.** Le règlement communautaire est directement applicable dans l'ordre interne des États de l'Union (TFUE, art. 288). Il peut donc être la source directe d'une obligation particulière de prudence ou de sécurité. Il en est ainsi du règlement (CE) n° 178/2002 du Parlement européen et du Conseil du 28 janv. 2002, dit règlement « Food law », en particulier de ses articles 14, 17 et 19 relatifs à la procédure de retrait du marché des denrées alimentaires dangereuses (Crim. 31 mars 2020, n° 19-82.171, P). Dans le même sens, s'agissant des dispositions, intégrées dans un manuel d'entretien d'une société de transport aérien, du règlement (CE) n° 2042/203 directement applicables dans les pays de l'UE, concernant les organismes chargés de la maintenance et les normes d'entretien des aéronefs (Crim. 8 sept. 2020, n° 19-82.761, P ; dans le même sens : Crim. 8 sept. 2020, n° 18-82.150, P) ou s'agissant de la prise en compte des dispositions normatives du « Règlement international pour prévenir les abordages en mer » dit RIPAM afin de qualifier la faute d'imprudence (Crim. 13 mars 2007, n° 06-86.210, D). **• Loi ou règlement territorialement applicable.** Si les juges peuvent déduire du dossier « *l'existence d'un lien de subordination* » entre des salariés d'une filiale œuvrant à l'étranger et la société mère ayant son siège en France ou « *une immixtion permanente de la maison mère dans la gestion économique et sociale de la société employeur, conduisant à la perte totale d'autonomie d'action de cette dernière (Soc. 6 juill. 2016, n° 15-15.493, notamment, P n° 147 ; Soc. 25 nov. 2020, n° 18-13.769, P)* » (§ 53), il leur incombe néanmoins d'établir « *l'applicabilité du code du travail français* » (§ 54) en recherchant « *au regard notamment du règlement CE n° 593/2008, 17 juin 2008, sur la loi applicable aux obligations contractuelles (Rome I), dont ses articles 8 et 9, et le cas échéant des autres textes internationaux, quelles étaient les dispositions applicables à la relation de travail entre la société* » mère et les salariés étrangers (§ 55) « *ensuite de déterminer celles de ces dispositions susceptibles de renfermer une obligation particulière de sécurité ou de prudence, au sens de C. pén., art. 223-1, ayant pu être méconnue (Crim. 13 nov. 2019, n° 18-82.718, P)* » (§ 56) (Crim. 7 sept. 2021, n° 19-87.367, P).

ÉLÉMENT MATÉRIEL

▪ **Médecine légale. • Notion de mort, de mutilation et d'infirmité permanente.** *Idem* n°s 20.1 et 20.12.

▪ **Risque immédiat de mort ou de blessures graves.** • **Circulation routière.** Pour être matérialisée, l'infraction doit qualifier un comportement distinct de la contravention qui y contribue le cas échéant. Ainsi les juges ne peuvent condamner « *sans caractériser un comportement particulier, s'ajoutant au dépassement de la vitesse autorisée, ou l'existence de circonstances de fait particulières, exposant directement autrui à un risque immédiat de mort ou de blessures de nature à entraîner une mutilation ou une infirmité permanente* » (Crim. 16 déc. 2015, n° 15-80.916, P n° 310 ; dans le même sens : Crim. 19 avr. 2000, n° 99-87.234, P n° 161). Est également censurée la décision qui retient que le conducteur a brutalement accéléré alors qu'un gardien de la paix « *tenait sa portière ouverte afin de procéder au contrôle des pièces de son véhicule* » « *sans caractériser un comportement particulier, s'ajoutant à la rébellion et au refus de se soumettre aux vérifications, ou l'existence de circonstances de fait exposant autrui à un risque immédiat de mort ou de blessures de nature à entraîner une mutilation ou une infirmité permanente, et sans préciser l'obligation particulière de sécurité ou de prudence imposée par la loi ou le règlement qui aurait été violée en l'espèce* » (Crim. 12 janv. 2016, n° 14-86.503, P n° 5), ou celle qui condamne le conducteur qui circule avec une dameuse sur les pistes de ski « *sans préciser les circonstances de fait, tirées de la configuration des lieux, de la manière de conduire du prévenu, de la vitesse de l'engin, de l'encombrement des pistes, des évolutions des skieurs ou de toute autre particularité de l'espèce, caractérisant le risque immédiat de mort ou de blessures de nature à entraîner une mutilation ou une infirmité permanente auquel le prévenu, par la violation de l'arrêté municipal constatée au procès-verbal, a exposé directement autrui* » (Crim. 3 avr. 2001, n° 00-85.546, n° 90). Caractérise en revanche l'infraction le conducteur qui, « *au volant de son véhicule, un dimanche en début d'après-midi, [...] faisait la course avec deux autres voitures, sur une chaussée en mauvais état, dans une cité où jouaient de nombreux enfants et alors que la vitesse était limitée à 40 km/h* » (Crim. 27 sept. 2000, n° 00-81.635, P n° 284) ; de même « *le fait d'abandonner un véhicule accidenté sur une route nationale, en le laissant dépourvu de signalisation et de feux de détresse et en refusant de faire usage de tout moyen prévu par la loi destiné à informer les autres usagers de la route s'analyse nécessairement en la violation d'une obligation de prudence ou de sécurité, d'autre part, un tel comportement est de nature à exposer les personnes concernées à un risque immédiat de mort ou de blessures de nature à entraîner une mutilation ou une infirmité permanente* » (Crim. 19 juin 2018, n° 17-84.694, D). • **Sécurité des transports de passagers.** Est approuvée la cour d'appel qui juge que le transport de passager en surcharge sur un navire, même par beau temps, matérialise l'infraction au motif que « *l'existence de conditions météorologiques favorables ne saurait exclure, pour des passagers en surnombre confrontés à la survenance toujours possible d'une avarie mécanique, d'un incendie voire d'une collision, le risque majeur de ne pouvoir, tous, disposer d'engins de sauvetage garantissant la sauvegarde de leur vie* » (Crim. 11 févr. 1998, n° 96-84.929, P n° 57) ; ou qui condamne l'exploitant d'un aéronef ayant fait effectuer des « *travaux sensibles portant sur les commandes de vol* » par des techniciens non habilités, et qui n'effectue pas de contrôle réel et effectif de ces travaux (Crim. 8 sept. 2020, n° 19-82.761, P). • **Sécurité du travail.** Compte tenu des dangers avérés de l'inhalation de fibres d'amiante, matérialise l'infraction « *la défaillance dans la mise en œuvre de la protection du public et des salariés contre l'inhalation de poussières d'amiante produites par les travaux entrepris sur le site [qui] entraînait un risque de mort ou de blessures graves lié à l'inhalation de fibres d'amiante* » (Crim. 19 avr. 2017, n° 16-80.695, P n° 107) ; ou l'enfouissement, le stockage à l'air libre et le transport illicite d'amiante exposant directement les salariés ayant travaillé sur le site (Crim. 17 déc. 2019, n° 18-86.800, D). Matérialise l'infraction l'emploi d'un salarié au nettoyage d'un flacon ayant contenu de l'hydrogène sulfuré alors que le débit insuffisant du dispositif de ventilation était la cause d'un malaise provoqué par l'inhalation du produit (Crim. 7 janv. 2015, n° 12-86.653, P n° 13). • **État d'urgence sanitaire.** « *dès lors qu'elle a souverainement apprécié, au terme d'une analyse concrète, que le risque immédiat de mort ou d'infirmité permanente n'était pas avéré* » (§ 12), est approuvée la cour d'appel qui retient que « *si la violation manifestement délibérée de l'obligation de sécurité prévue au D n° 2020-1310, 29 oct. 2020, art. 3, qui interdit les rassemblements de plus de six personnes, est établie, le risque immédiat s'entend d'une haute probabilité de survenance du dommage et non d'une simple possibilité ou éventualité* » (§ 7) (Crim. 8 févr. 2022, n° 21-85.280, D). • **Anesthésie.** Constituent des obligations particulières de sécurité ou de prudence les dispositions réglementaires qui imposent au médecin anesthésiste de participer à l'élaboration de la programmation des interventions (CSP, art. D. 6124-93) et d'assurer durant l'anesthésie une surveillance clinique continue à l'aide des moyens mis à sa disposition par l'établissement (CSP, art. D. 6124-94) (Crim. 8 juin 2022, n° 21-84.643, D).

▪ **Office du juge dans la qualification des faits.** « *il incombe au juge de rechercher, au besoin d'office et sans qu'il soit tenu par les mentions ou l'absence de mention de la citation pour mise en danger sur ce point, l'existence d'une obligation particulière de prudence ou de sécurité imposée par la loi ou le règlement dont la* *violation est susceptible de permettre la caractérisation du délit* ; [...] *il lui appartient ensuite d'apprécier le caractère immédiat du risque créé, puis de rechercher si le manquement relevé ressort d'une violation manifestement délibérée de l'obligation de sécurité* » ; dans cette affaire où les salariés reprochaient à leur employeur l'absence de mesures propres à les prémunir des agents cancérogènes, mutagène et toxique pour la reproduction (agents dits CMR), la Ch. crim. conclut ainsi qu'il incombait à la cour d'appel « *de rechercher celles des obligations particulières de prudence ou de sécurité imposées par la loi ou le règlement régissant l'emploi d'agents CMR, qui, objectives, immédiatement perceptibles et clairement applicables sans faculté d'appréciation personnelle du sujet, étaient susceptibles d'avoir été méconnues, puis, d'apprécier dans cette hypothèse, si compte tenu des modalités de l'exposition aux agents CMR, les plaignants avaient été exposés à un risque immédiat, de mort ou de blessures de nature à entraîner une mutilation ou une infirmité permanente, enfin, de rechercher si le ou les manquements le cas échéant relevés ressortaient à une violation manifestement délibérée de l'obligation de sécurité* » (Crim. 13 nov. 2019, nº 18-82.718, P ; dans le même sens, sanctionnant par la nullité la mise en examen qui ne constate pas l'existence de l'obligation particulière de prudence ou de sécurité imposée par la loi ou le règlement : Ass. plén., 20 janv. 2023, nº 22-82.535, P, v. régime procédural ci-après).

RÉGIME PROCÉDURAL

▪ **Compétence juridictionnelle. Juge unique** si les faits sont commis lors de la **conduite d'un véhicule** (cas B) (C. pr. pén., art. 398-1 1º, v. nº **17.15D2**).

▪ **Ordonnance pénale. Possible** si les faits sont commis lors de la **conduite d'un véhicule** (C. pr. pén., art. 495-II, v. nº **15.48B1** et tableau nº **17.15D2**).

▪ **Prescription de l'action publique.** La mise en danger délibérée de la vie d'autrui (C. pén., art. 223-1) n'est pas une infraction clandestine par nature (Crim. 17 mars 2009, nº 08-80.129, NP). Il s'agit d'une infraction instantanée et l'action publique, sauf manœuvre caractérisée de dissimulation, se prescrit donc à compter du jour où l'infraction a été commise (C. pr. pén., art. 8 et 9-1, réd. issue L. nº 2017-242, 27 févr. 2017). Sur les causes d'allongement de la prescription de l'action publique, v. nº **17.20** s.

▪ **Conditions de la mise en examen.** A peine de nullité de la mise en examen, il résulte de la combinaison de C. pén., art. 223-1 et C. pr. pén., art. 80-1 « *qu'une juridiction d'instruction ne peut procéder à une mise en examen du chef de mise en danger d'autrui sans avoir préalablement constaté l'existence de l'obligation particulière de prudence ou de sécurité imposée par la loi ou le règlement dont la violation manifestement délibérée est susceptible de permettre la caractérisation du délit* » (§ 38) (Ass. plén., 20 janv. 2023, nº 22-82.535, P) (sur la mise en examen, v. nº **11.78**).

MESURE CIVILE

▪ **Constitution de partie civile. Personne morale**. Une association de défense de l'environnement dépourvue d'agrément pour exercer l'action civile au titre de C. envir., art. L. 141-2 est dépourvue d'intérêt à agir pour la défense de son intérêt propre du chef de mise en danger de la vie d'autrui, car une personne morale ne peut personnellement souffrir d'une « *exposition au risque d'atteinte à l'intégrité physique* » (Crim. 8 sept. 2020, nºs 19-84.995, P et nº 19-85.004). Le délit de mise en danger « *qui est éventuellement une conséquence d'une atteinte à l'environnement, ne peut être assimilé à cette atteinte elle-même* » et n'entre pas dans les prévisions de C. envir., art. L. 142-2 qui définit limitativement les infractions pour lesquelles les associations de défense de l'environnement agréées peuvent exercer l'action civile (Crim. 8 sept. 2020, nº 19-85.004).

▪ ÉLÉMENTS CONSTITUTIFS – QUALIFICATION

✧ Pour avoir à .... [¤ lieu], le .... [¤ date], [⇨A puis le cas échéant B :]

A. par la violation manifestement délibérée d'une obligation particulière de prudence ou de sécurité imposée par la loi ou le règlement, en l'espèce en .... [¤ matérialiser l'infraction], exposé autrui [si les victimes sont identifiées, préciser] ... en l'espèce : .... [¤ nom de la victime] à un risque immédiat de mort ou de blessures de nature à entraîner une mutilation ou une infirmité permanente (A : *N* ***12312.co*** ; par personne morale : *N* ***22694.co***) ;

B. [• Préciser le cas échéant dans le cas A], les faits ayant été commis à l'occasion de la conduite d'un véhicule (B : *N* ***24085.ju*** ; par personne morale : *N* ***#.ju***).

Faits prévus et réprimés par les articles : **PERSONNES PHYSIQUES.** 223-1, 223-18 et 223-20 du code pénal. **PERSONNES MORALES.** 223-1 et 223-2 du code pénal. ✧

20.60 Homicide involontaire

▪ PEINES

PERSONNE PHYSIQUE

PP Délit. Cas A : 3 ans d'emprisonnement, 45 000 €. Cas B : 5 ans, 75 000 € (C. pén., art. 221-6).

PC 1. Interdiction, définitive ou ⩽ 5 ans, d'exercer l'activité professionnelle ou sociale en relation avec l'infraction (C. pén., art. 221-8 et 131-27) ;

2. Interdiction, ⩽ 5 ans, de détention ou de port d'arme soumise à autorisation (C. pén., art. 221-8) ;

3. Suspension, annulation, ⩽ 5 ans, du PC (C. pén., art. 221-8) ;

4. Stage de sensibilisation aux dangers de l'usage de produits stupéfiants. La juridiction précise si le stage est exécuté aux frais du condamné (C. pén., art. 131-35-1 et 221-8 [L. nº 2007-297, 5 mars 2007]) (pour les faits commis avant le 24 mars 2020 et jugés après cette date, L. nº 2019-222, 23 mars 2019, en vigueur le 24 mars 2020. Pour les faits commis à partir du 24 mars 2020, v. nouvelle réd. C. pén., art. 131-5-1 et nº 18.33).

5. Confiscation d'une ou plusieurs arme(s) (C. pén., art. 221-8) ;

6. Retrait, ⩽ 5 ans, du permis de chasser (C. pén., art. 221-8) ;

7. Affichage, ⩽ 2 mois, *et/ou* (L. nº 2011-525, 17 mai 2011) diffusion de la décision ou d'extraits aux frais (⩽ amende encourue) du condamné (C. pén., art. 221-10 et 131-35).

PERSONNE MORALE

PP Délit. Cas A : 225 000 €. Cas B : 375 000 € (C. pén., art. 221-7 ; 131-38).

PC 1. Interdiction, définitive ou ⩽ 5 ans, d'exercer une ou plusieurs activités professionnelles ou sociales en relation avec l'infraction (C. pén., art. 221-7 et 131-39 2º) ;

2. Surveillance judiciaire, ⩽ 5 ans (C. pén., art. 221-7, 131-39 3º et 131-46) ;

3. Cas B : Fermeture, définitive ou ⩽ 5 ans, un ou plusieurs établissements en relation avec l'infraction (C. pén., art. 221-7 et 131-39 4º) ;

4. Confiscation de la chose ayant servi à l'infraction ou destinée à la commettre, ou de son produit (obligatoire pour objets qualifiés dangereux ou nuisibles par loi ou règlement ou dont la détention est illicite) (C. pén., art. 221-7, 131-39, 8º, 131-48 et 131-21) ;

5. Affichage, ⩽ 2 mois, *et/ou* (L. nº 2011-525, 17 mai 2011) diffusion de la décision ou d'extraits aux frais (⩽ amende encourue) du condamné (C. pén., art. 221-7, 131-39, 9º, 131-48 et 131-35).

▪ ORIENTEUR

AUTRE QUALIFICATION

▪ **Homicides involontaires spéciaux.** Homicide involontaire commis dans le cadre de la **circulation routière**, v. nº 36.10 ; du **travail (Hygiène et sécurité)**, v. nº 32.46 ; homicide involontaire résultant de l'agression commise par un chien, v. nº 20.61 ; homicide involontaire causé « *sur un chemin de fer ou dans les gares ou stations* » (C. transp., art. L. 2242-3, *N 2229.ju*, infraction relevant du juge unique en application de C. pr. pén., art. 398-1 4º) ; homicide involontaire résultant d'une atteinte volontaire à la sécurité ferroviaire (crime prévu par C. transp., art. 2242-1, v. nº 20.62) ; homicide involontaire résultant d'une atteinte volontaire à la sécurité des installations aéroportuaires (crime prévu par C. transp., art. L. 6372-6, v. nº 20.63).

ÉLÉMENT LÉGAL

▪ **Définition. • Homicide involontaire et enfant à naître.** V. médecine légale, nº 14.3.

ÉLÉMENT MATÉRIEL

▪ **Médecine légale. • Notion de mort.** Sur la notion de mort en médecine légale, v. nº 14.3.

ÉLÉMENT INTENTIONNEL

▪ **Dol spécial. • Faute qualifiée de la personne physique n'ayant pas directement causé le dommage** : « *les personnes physiques qui n'ont pas causé directement le dommage mais qui ont créé ou contribué à créer la situation qui a permis la réalisation du dommage ou qui n'ont pas pris les mesures permettant de l'éviter, sont responsables pénalement s'il est établi qu'elles ont, soit violé de façon manifestement délibérée une obligation particulière de prudence ou de sécurité prévue par la loi ou le règlement, soit commis une faute caractérisée et qui exposait autrui à un risque d'une particulière gravité qu'elles ne pouvaient ignorer* » (C. pén., art. 121-3 ; L. nº 2000-647, 10 juill. 2000) (sur l'élément intentionnel des infractions d'imprudence ayant causé un dommage, v. n° **10.12B**). • **Faute simple de la personne morale.** Dans le cas qui précède, la responsabilité pénale de la personne morale est, à la différence de la personne physique, engagée s'il est établi que l'auteur des faits, en l'espèce son organe ou représentant agissant pour son compte au sens de C. pén., art. 121-2, « *n'a pas accompli les diligences normales compte tenu, le cas échéant, de la nature de ses missions ou de ses fonctions, de ses compétences ainsi que du pouvoir et des moyens dont il disposait* » (C. pén., art. 121-3). Sur la constitutionnalité de cette différence de traitement, v. n° **10.12B**.

RÉGIME PROCÉDURAL

▪ **Composition pénale. Composition pénale exclue** (C. pr. pén., art. 41-2).

▪ **CRPC. Exclue** (C. pr. pén., art. 495-16). Sur le domaine de la CRPC, v. n° **15.53A**.

▪ **Prescription de l'action publique.** L'homicide involontaire (C. pén., art. 221-6) n'est pas une infraction clandestine par nature (Crim. 17 mars 2009, n° 08-80.129, NP). Il s'agit d'une infraction instantanée et l'action publique, sauf manœuvre caractérisée de dissimulation, se prescrit donc à compter du jour où l'infraction a été commise (C. pr. pén., art. 8 et 9-1, réd. issue L. n° 2017-242, 27 févr. 2017), c'est-à-dire à compter de la survenance de la mort, élément constitutif de l'infraction, quelle qu'ait été la date du fait générateur (sur ce point, v. n° **14.2A2**). Sur les causes d'allongement de la prescription de l'action publique, v. n° **17.20** s.

MESURE CIVILE

▪ **Intérêts civils.** En cas de **relaxe**, sur poursuite du parquet ou après instruction, le tribunal reste compétent pour condamner civilement le prévenu ; toutefois, si des tiers responsables doivent être mis en cause, le tribunal renvoie l'affaire devant la juridiction civile compétente (C. pr. pén., art. 470-1, R. 41-2 ; sur ce point v. n° **16.13A5**). Il revient alors au greffe de la juridiction civile de renvoi de convoquer les parties dans les 2 mois en joignant la décision de renvoi, ce qui vaut citation (C. pr. civ., art. 826-1). Notons que C. pr. pén., art. 470-1 est également applicable devant le tribunal de police (C. pr. pén., art. 541).

▪ **Autorité de la chose jugée au pénal sur le civil.** • **Portée de la décision de relaxe.** « *la décision de relaxe, même rendue au bénéfice du doute, a l'autorité de la chose jugée au civil en ce qu'elle n'a pas admis l'existence d'un lien de causalité certain entre les fautes [...] et le décès[...], cette appréciation étant le soutien nécessaire de la décision* » (1re Civ., 24 mars 1981, n° 79-16.118, P n° 98). « *La relaxe du chef de blessures involontaires implique nécessairement l'inexistence d'une faute de conduite à la charge du prévenu* », est donc censurée la condamnation par la juridiction civile sur le fondement d'un faute distincte de celle visée dans la prévention soumise au juge pénal (2e Civ., 3 mars 1993, n° 91-19.193, P n° 81). Est également cassée la condamnation au paiement des conséquences d'un accident routier qui retient le défaut de maîtrise du véhicule alors que le conducteur avait été relaxé pour un excès de vitesse, dès lors « *qu'il n'est pas permis au juge civil de méconnaître ce qui a été jugé par le juge répressif* » (2e Civ., 17 mai 1995, n° 93-18.175, 93-17.939, P n° 139) ; de même pour celle en référé qui accorde une provision en retenant « *qu'il n'est pas sérieusement contestable* » que le mis en cause « *ait porté porté [...] une part importante de responsabilité dans l'accident* », alors qu'il a été relaxé pour homicide involontaire au motif « *qu'aucune faute d'imprudence ne peut [lui être reprochée avec certitude* ». (2e Civ., 27 mai 1998, n° 95-22.066, P n° 164). La décision de relaxe fondée sur le fait que les blessures de la plaignante ont « *été constatées tardivement et que le lien de causalité entre ses blessures et l'accident n'était pas établi* » s'impose au juge civil (2e Civ., 31 mars 1993, n° 91-18.691, P n° 130). • **Portée de la décision de condamnation sur l'évaluation du dommage par le juge civil.** « *une juridiction statuant sur la seule évaluation du dommage éprouvé par la victime d'un délit qui s'était constituée partie civile, dommage dont le principe a été admis par une décision antérieure devenue définitive sur ce point, ne peut, sans méconnaitre l'autorité de la chose jugée, procéder à un partage de responsabilité entre la victime et l'auteur du délit, non retenu par la première décision* » (Crim. 26 oct. 1967, n° 66-93.261, P n° 272). « *une juridiction statuant sur la seule évaluation du dommage éprouvé par la victime d'une infraction, dommage dont l'existence a été constatée par une décision antérieure devenue définitive, ne peut, sans méconnaître l'autorité de la chose jugée, écarter, même partiellement, le principe de sa réparation* » (Crim. 18 nov. 1998, n° 97-85.776, P n° 305). Toutefois, « *si la responsabilité civile du prévenu reconnu définitivement coupable [...] est acquise, le lien de causalité entre [les faits] et les préjudices dont la partie civile demande réparation reste en discussion, dans la limite des faits constatés qui constituent le soutien nécessaire de la condamnation pénale* » (Crim. 5 déc. 2017, n° 17-80.688, P n° 277). « *Si la responsabilité du prévenu reconnu coupable des faits reprochés est acquise, l'évaluation du préjudice en résultant reste en discussion dans la limite des faits constatés qui constituent* *le soutien nécessaire de la condamnation pénale* », est ainsi censuré le juge civil qui s'interdit d'apprécier le montant du dommage qui avait été seulement estimé par la juridiction correctionnelle pour statuer sur l'action publique (Crim. 1er juin 2016, nº 15-80.721, P nº 168). • **Portée des éléments de fait écartés par le juge pénal.** Sont censurés : l'arrêt qui oppose ses fautes de conduite au pilote d'une motocyclette pour exclure son droit à indemnisation alors qu'il « *avait été relaxé des poursuites engagées contre lui au motif que la démonstration n'était nullement rapportée qu'il était bien la personne qui pilotait la motocyclette impliquée dans l'accident* » (2e Civ., 19 juin 2003, nº 00-18.991, P nº 198) ; l'arrêt qui, pour s'affranchir des constatations du juge pénal et en tout cas de sa décision de relaxe, « *énonce que la décision pénale n'est pas motivée, que l'autorité de la chose jugée au pénal ne s'impose au juge civil que sur la base des motifs qui ont déterminé la décision pénale* » (2e Civ., 6 déc. 1995, P nº 93-19.305, P nº 303) ; l'arrêt qui condamne une personne à raison des blessures causées par un chien, alors qu'elle avait été, pour l'animal en cause, relaxée des chefs de blessures involontaires et de divagation d'animal dangereux (2e Civ., 3 déc. 1997, nº 95-22.318, P nº 292). • **Engagement de la responsabilité sur un autre fondement après relaxe.** « *L'autorité de la chose jugée ne s'attache qu'aux éléments constitutifs de l'incrimination poursuivie et ne fait pas obstacle à ce que d'autres éléments étrangers à cette dernière soient soumis à l'appréciation de la juridiction civile* » (2e Civ., 15 nov. 2001, nº 99-21.636, D). Ainsi, alors que M. X avait été définitivement relaxé pour des faits de défaut de maîtrise du véhicule, « *c'est sans méconnaître l'autorité de la chose jugée que la cour d'appel a retenu que M. X en circulant dans la voie de circulation empruntée par M. Y avait commis une faute grave dont elle a souverainement estimé qu'elle avait pour effet d'exclure son droit à indemnisation* » (2e Civ., 20 juin 2002, nº 00-21.414, P nº 137), dans ce cas de figure, les contraventions de défaut de maîtrise et de circulation sur l'autre voie sont en effet bien distinctes dans leur matérialité. « *La déclaration par le juge répressif de l'absence de faute pénale non intentionnelle ne fait pas obstacle à ce que le juge civil retienne une faute civile d'imprudence ou de négligence* » (1re Civ., 30 janv. 2001, nº 98-14.368, P nº 19). La relaxe intervenue du chef d'un « *manquement à une obligation de sécurité ou de prudence imposée par la loi ou le règlement* » ne fait pas obstacle à l'engagement de la responsabilité pour « *toute autre faute résultant d'une maladresse, imprudence, inattention ou négligence* » (2e Civ., 7 mai 2003, nº 01-13.790, P nº 140). • **Mise en œuvre de l'obligation contractuelle de sécurité après relaxe.** En matière d'obligation contractuelle de sécurité, la relaxe fondée sur l'absence de faute anéanti la présomption de responsabilité et la faute dont donc être prouvée. Est donc censuré l'arrêt qui condamne le garage, sur le fondement de son obligation de sécurité, pour les dommages consécutifs à la défaillance d'un véhicule réparé par ses soins, dès lors que « *le garagiste est tenu, envers ses clients qui lui confient un véhicule en réparation, d'une obligation de sécurité dont il peut s'exonérer en prouvant qu'il n'a pas commis de faute* », qu'en conséquence « *le préposé du garage ayant été relaxé, fût-ce au bénéfice du doute, le garagiste pouvait invoquer l'autorité de la chose jugée sur l'absence de faute imputable à son préposé pour s'exonérer de la présomption de responsabilité pesant sur lui* » (1re Civ., 9 juin 1993, nº 91-17.387, P nº 209). « *la responsabilité de l'hôtelier, tenu à l'égard de ses clients d'une obligation contractuelle de sécurité, supposait qu'une faute fût établie à son encontre* », est donc approuvé l'arrêt civil qui, pour débouter le client victime d'une chute dans les locaux de l'hôtel, énonce « *que les éléments invoqués [...] à l'appui de sa demande avaient été considérés par le juge pénal comme insuffisants pour retenir [...] une faute d'imprudence caractérisée* » et que « *la chose jugée [...] ne permettait pas de qualifier de fautifs les faits allégués* » (1re Civ., 22 mai 1991, nº 89-21.791, P nº 163).

■ ÉLÉMENTS CONSTITUTIFS – QUALIFICATION

✧ Pour avoir à .... [¤ lieu], le .... [¤ date], [⇨A ou B :]

A. par maladresse, imprudence, inattention, négligence ou manquement à une obligation de prudence ou de sécurité imposée par la loi ou le règlement (C. pén., art. 221-6, al. 1) (A : *N 1268.co* ; par personne morale : *N 20859.co*)...

B. par la violation manifestement délibérée d'une obligation particulière de prudence ou de sécurité imposée par la loi ou le règlement (C. pén., art. 221-6, al. 2) (B : *N 12279.co* ; par personne morale : *N 23252.co*)...

... en l'espèce en .... [¤ matérialiser la faute commise], involontairement causé la mort de .... [¤ nom de la victime].

Faits prévus et réprimés par les articles : **PERSONNES PHYSIQUES.** 221-6, 221-8, 221-10 du code pénal. **PERSONNES MORALES.** 221-6 et 221-7 du code pénal. ✧

20.61 Homicide involontaire résultant de l'agression par un chien

▪ PEINES

PERSONNE PHYSIQUE

PP Délit. Cas A : 5 ans d'emprisonnement, 75 000 €. Cas B : 7 ans, 100 000 €. Cas C : 10 ans, 150 000 €. (C. pén., art. 221-6-2, L. n° 2008-582, 20 juin 2008).

PC *Idem* n° 20.60.

PERSONNE MORALE

PP Délit. Cas A : 375 000 €. Cas B : 500 000 €. Cas C : 750 000 €. (C. pén., art. 221-6-2 (L. n° 2008-582, 20 juin 2008), 131-38).

PC *Idem* n° 20.60, sauf **PC** n° 3 (C. pén., art. 222-21).

▪ ORIENTEUR

AUTRE QUALIFICATION

▪ **Infractions en matière de chien dangereux.** V. n°s 31.20 s et orienteur/autre qualification du n° 31.20.

ÉLÉMENT LÉGAL

▪ **Application de la loi pénale dans le temps.** Circonstances aggravantes créées par L. n° 2008-582, 20 juin 2008.

ÉLÉMENT MATÉRIEL, INTENTIONNEL, RÉGIME PROCÉDURAL, MESURE CIVILE

Idem n° 20.60.

▪ ÉLÉMENTS CONSTITUTIFS – QUALIFICATION

✧ Pour avoir à .... [¤ lieu], le .... [¤ date], [⇨A, puis le cas échéant B, ou C :],

A. par maladresse, imprudence, inattention, négligence ou manquement à une obligation de prudence ou de sécurité imposée par la loi ou le règlement ... en l'espèce en .... [¤ matérialiser la faute commise], involontairement causé la mort de .... [¤ nom de la victime], l'homicide résultant de l'agression commise par un chien dont il était propriétaire ou gardien au moment des faits (A : *N 26887.co*).

B. [• Préciser le cas échéant dans le cas A] avec cette circonstance que [⇨B1 à B7 ou C :]

B1. la propriété ou la détention du chien était illicite en application de dispositions législatives ou réglementaires (B1a : *N 26888.co*) ou d'une décision judiciaire ou administrative (B1b : *N 26889.co*) ;

B2. le propriétaire ou le détenteur du chien se trouvait en état d'ivresse manifeste ou sous l'emprise manifeste de produits stupéfiants (B2 : *N 26890.co*) ;

B3. le propriétaire ou le détenteur du chien n'avait pas exécuté les mesures prescrites par le maire, conformément à l'article L. 211-11 du code rural, pour prévenir le danger présenté par l'animal (B3 : *N 27230.co*) ;

B4. le propriétaire ou le détenteur du chien n'était pas titulaire du permis de détention prévu à l'article L. 211-14 du code rural (B4 : *N 27240.co*) ;

B5. le propriétaire ou le détenteur du chien ne justifiait pas d'une vaccination antirabique de son animal en cours de validité alors qu'elle était obligatoire (B5 : *N 26891.co*) ;

B6. il s'agissait d'un chien de la première ou de la deuxième catégorie prévues à l'article L. 211-12 du code rural qui n'était pas muselé ou tenu en laisse par une personne majeure conformément aux dispositions prévues au II de l'article L. 211-16 du même code (B6 : *N 26892.co*) ;

B7. il s'agissait d'un chien ayant fait l'objet de mauvais traitements de la part de son propriétaire ou de son détenteur(B7 : *N 26893.co*).

C. [• Préciser le cas échéant dans le cas A] avec ces circonstances que [⇨au moins deux des circonstances aggravantes B1 à B7] (C : *N 26894.co*).

Faits prévus et réprimés par les articles : **PERSONNES PHYSIQUES.** 221-6, 221-6-2, 221-8 et 221-10 du code pénal. **PERSONNES MORALES.** 221-6, 221-6-2 et 221-7 du code pénal. ✧

20.62 Homicide et blessures involontaires résultant d'une atteinte volontaire à la sécurité ferroviaire ou d'une imprudence

▪ PEINES

PERSONNE PHYSIQUE

PP Délit. Cas A1 : réclusion à perpétuité (C. transp., art. L. 2242-1) ;

Cas A2 : 20 ans de réclusion criminelle (C. transp., art. L. 2242-1) ;

Cas B1 : 5 ans d'emprisonnement, 3 750 € (C. transp., art. L. 2242-3).

Cas B2 : 6 mois d'emprisonnement, 3 750 € (C. transp., art. L. 2242-3)

PC Néant.

PERSONNE MORALE

PP Délit. Cas A1 et A2 : 1 000 000 € (C. pén., art. 131-38) ;

Cas B1 et B2 : 18 750 € (C. transp., art. L. 2242-3, C. pén., art. 131-38).

PC Néant.

▪ ORIENTEUR

AUTRE QUALIFICATION

▪ **Détournement de moyen de transport**. C. pén., art. 224-6 et 224-7, (v. nº 20.104).

▪ **Sécurité des installations aéroportuaires – Actes de malveillance – Pénétration non autorisée sur les pistes**. C. transp., art. L. 6372-4, (v. nº 37.20).

▪ **Entrave ou trouble à la circulation ferroviaire ou guidée**. C. transp., art. L. 2242-1 et L. 2242-4 (v. nº 36.24). Le cas A est puni de 10 ans d'emprisonnement lorsqu'il n'en résulte pas de blessures ou de mort (C. transp., art. L. 2242-1, v. nº 36.24, cas A).

ÉLÉMENT LÉGAL

▪ **Champ d'application.** Ces incriminations sont applicables « *à tous les transports publics ferroviaires ou guidés* » (C. transp., art. L. 2240-1).

RÉGIME PROCÉDURAL

▪ **Procédure d'assises. • Compétence de la cour criminelle départementale**. Cas A2 : *idem* nº 20.7 (C. pr. pén., art. 380-16, issu L. nº 2021-1729, 22 déc. 2021).

▪ **Compétence juridictionnelle. Cas B1 et B2 : juge unique** (C. pr. pén., art. 398-1 4°, v. nº 17.15D2).

▪ ÉLÉMENTS CONSTITUTIFS – QUALIFICATION

✧ Pour avoir à .... [¤ lieu], le .... [¤ date], [⇨A ou B :]

A. employé volontairement un moyen quelconque aux fins de faire dérailler un véhicule de transport ferroviaire ou guidé ou de provoquer sa collision, avec cette circonstance qu'il en est résulté (C. transport, art. L. 2242-1) [⇨A1 et/ou A2 :]

A1. la mort de... [¤ nom de la victime] (A1 : *N 7219.cr*) ;

A2. des blessures sur... [¤ nom de la victime] (A2 : *N 7218.cc*).

B. par maladresse, imprudence, inattention, négligence ou inobservation des lois ou règlements, en l'espèce en .... [¤ matérialiser la faute commise], involontairement causé, sur un chemin de fer ou dans les gares ou stations, un accident occasionnant (C. transport, art. L. 2242-3) [⇨B1 et/ou B2 :]

B1. la mort de... [¤ nom de la victime] (B1 : *N 2229.ju*) ;

B2. des blessures sur... [¤ nom de la victime] (B2 : *N 2227.ju*).

Faits prévus et réprimés par l'article [• du cas sélectionné] du code des transports. ✧

20.63 Homicide et blessures involontaires résultant d'une atteinte à la sécurité des installations aéroportuaires

▪ PEINES

PERSONNE PHYSIQUE

PP Délit. Cas B1 : 20 ans de réclusion criminelle (C. transp., art. L. 6372-6) ;

Cas B2 : réclusion à perpétuité (C. transp., art. L. 6372-6).

PC Interdiction, définitive ou ⩽ 5 ans, d'exercer l'activité professionnelle ou sociale en relation avec l'infraction, fonction publique (sauf mandat électif ou syndical) *et/ou* interdiction définitive ou ⩽ 15 ans (10 ans avant L. nº 2013-1117, 6 déc. 2013) d'exercer une profession commerciale ou industrielle, de diriger, d'administrer, de gérer ou de contrôler à un titre quelconque, directement ou indirectement, pour son propre compte ou pour le compte d'autrui, une entreprise commerciale ou industrielle ou une société commerciale (C. transp., art. L. 6372-6, C. pén., art. 131-27).

PERSONNE MORALE

PP Délit. Cas B1 et B2 : 1 000 000 € (C. pén., art. 131-38).

PC Néant.

▪ ORIENTEUR

AUTRE QUALIFICATION

▪ **Détournement de moyen de transport**. C. pén., art. 224-6 et 224-7, (v. nº 20.104).

▪ **Sécurité des installations aéroportuaires – Actes de malveillance – Pénétration non autorisée sur les pistes**. Les incriminations délictuelles prévues par C. transp., art. L. 6372-4 (v. nº 37.20, cas A) constituent l'élément matériel des crimes ici prévus par C. transp., art. L. 6372-6.

RÉGIME PROCÉDURAL

▪ **Pouvoirs des agents de contrôle.** Sans préjudice de la compétence des OPJ et APJ ou d'autres agents spécialisés, les infractions aux dispositions prévues par C. transp., art. L. 6372-4, support de l'incrimination criminelle d'atteinte involontaire aux personnes, peuvent être constatées par des procès-verbaux dressés par tous agents civils et militaires habilités à cet effet et assermentés (C. transp., art. L. 6372-1).

▪ **Avis et intervention à l'audience des autorités spécialisées.** Les représentants locaux de la direction de la sécurité de l'aviation civile ainsi que les commandants de base aérienne militaire, pour l'aérodrome ou la zone relevant de leur autorité, « ***peuvent adresser au ministère public leur avis sur la gravité des faits relevés et présenter des observations devant la juridiction saisie des poursuites*** » (C. transp., art. L. 6372-2).

▪ **Procédure d'assises. • Compétence de la cour criminelle départementale**. Cas B1 : *idem* nº 20.7 (C. pr. pén., art. 380-16, issu L. nº 2021-1729, 22 déc. 2021).

▪ ÉLÉMENTS CONSTITUTIFS – QUALIFICATION

✧ Pour avoir à .... [¤ lieu], le .... [¤ date], [⇨A puis B :]

A. volontairement... [⇨A1 à A5 puis B :]

A1. ...détruit ou endommagé les immeubles ou installations destinés à assurer le contrôle de la circulation des aéronefs, les télécommunications aéronautiques, l'aide à la navigation aérienne ou l'assistance météorologique [⇨B :] ;

A2. ...troublé, par quelque moyen que ce soit, le fonctionnement des installations destinées à assurer le contrôle de la circulation des aéronefs, les télécommunications aéronautiques, l'aide à la navigation aérienne ou l'assistance météorologique [⇨B :] ;

A3. ...détruit ou endommagé un aéronef dans l'emprise d'un aérodrome [⇨B :] ;

A4. entravé, de quelque manière que ce soit, la navigation ou la circulation des aéronefs [⇨B :] ;

A5. ...interrompu à l'aide d'un dispositif matériel, d'une substance ou d'une arme, le fonctionnement des services d'un aérodrome, alors que cet acte a porté atteinte ou était de nature à porter atteinte à la sécurité à l'intérieur de cet aérodrome [⇨B :] ;

B. [⇨B1 et/ou B2 dans l'un ou plusieurs des **cas** A :]

B1. dont il est résulté des blessures ou des maladies (A1B1 : *N **#.cc*** ; A2B1 : *N **5405.cc*** ; A3B1 : *N **5406.cc*** ; A4B1 : *N **5406.cc*** ; A5B1 : *N **10383.cc*** ;) ;

B2. dont il est résulté la mort d'une ou plusieurs personnes (A1B2 : *N **#.cr*** ; A2B2 : *N **20666.cr*** ; A3B2 : *N **20665.cr*** ; A4B2 : *N **20665.cr*** ; A5B2 : *N **10384.cr*** ;) ;

Faits prévus et réprimés par les articles **L. 6372-4** et **L. 6372-6** du code des transports ✧

20.64 Blessures involontaires – ITT > 3 mois

▪ PEINES

PERSONNE PHYSIQUE

PP Délit. Cas A : 2 ans d'emprisonnement, 30 000 €. Cas B : 3 ans, 45 000 € (C. pén., art. 222-19).

PC 1. Interdiction, définitive ou ⩽ 5 ans, d'exercer l'activité professionnelle ou sociale en relation avec l'infraction (sauf mandat électif ou syndical) (C. pén., art. 222-44 et 131-27) ;

2. Interdiction, ⩽ 5 ans, de détention ou de port d'arme soumise à autorisation (C. pén., art. 222-44) ;

3. Suspension, annulation, ⩽ 5 ans, du PC (C. pén., art. 222-44) ;

4. Confiscation d'un ou plusieurs véhicules (C. pén., art. 222-44) ;

5. Confiscation d'une ou plusieurs arme(s) (C. pén., art. 222-44) ;

6. Confiscation de la chose ayant servi à l'infraction ou destinée à la commettre, ou de son produit (obligatoire pour objets qualifiés dangereux ou nuisibles par loi ou règlement ou dont la détention est illicite) (C. pén., art. 222-44 et 131-21) ;

7. Stage de sensibilisation aux dangers de l'usage de produits stupéfiants. La juridiction précise si le stage est exécuté aux frais du condamné (C. pén., art. 131-35-1 et 222-44 [L. nº 2007-297, 5 mars 2007]) (pour les faits commis avant le 24 mars 2020 et jugés après cette date, L. nº 2019-222, 23 mars 2019, en vigueur le 24 mars 2020. Pour les faits commis à partir du 24 mars 2020, v. nouvelle réd. C. pén., art. 131-5-1 et nº 18.33) ;

8. Confiscation de l'animal utilisé pour commettre l'infraction ou de la chose ayant servi à l'infraction, la juridiction prévoit que l'animal sera remis à une fondation ou une association de protection animale reconnue d'utilité publique ou déclarée. Lorsqu'il s'agit d'un animal dangereux, la juridiction peut ordonner qu'il soit procédé à son euthanasie, le cas échéant aux frais du condamné (C. pén., art. 222-44, 131-21-1 [L. nº 2007-297, 5 mars 2007]). Sur la peine de confiscation d'un animal (C. pén., art. 131-21-1), v. nº 18.36 ;

9. Interdiction, définitive ou ⩽ 5 ans de détenir certains animaux ou certaines catégories d'animaux (C. pén., art. 222-44, 131-21-2 [L. nº 2007-297, 5 mars 2007]) ;

10. Stage, aux frais du condamné, de responsabilisation pour la prévention et la lutte contre les violences au sein du couple et sexistes (C. pén., art. 222-44 15°, L. nº 2014-873, 4 août 2014) ;

11. Affichage, ⩽ 2 mois, *et/ou* (L. nº 2011-525, 17 mai 2011) diffusion de la décision ou d'extraits aux frais (⩽ amende encourue) du condamné (C. pén., art. 222-46 et 131-35) ;

PERSONNE MORALE

PP Délit. Cas A : 150 000 €. Cas B : 225 000 € (C. pén., art. 222-21 ; 131-38).

PC 1. Interdiction, définitive ou ⩽ 5 ans, d'exercer une ou plusieurs activités professionnelles ou sociales en relation avec l'infraction (C. pén., art. 222-21 et 131-39 2º) ;

2. Surveillance judiciaire, ⩽ 5 ans (C. pén., art. 222-21, 131-39 3º et 131-46) ;

3. Cas B : Fermeture, définitive ou ⩽ 5 ans, un ou plusieurs établissements en relation avec l'infraction (C. pén., art. 222-21 et 131-39 4° ;

4. Confiscation de la chose ayant servi à l'infraction ou destinée à la commettre, ou de son produit (obligatoire pour objets qualifiés dangereux ou nuisibles par loi ou règlement ou dont la détention est illicite) (C. pén., art. 222-21, 131-39 8º, 131-48 et 131-21) ;

5. Affichage, ⩽ 2 mois, *et/ou* (L. nº 2011-525, 17 mai 2011) diffusion de la décision ou d'extraits aux frais (⩽ amende encourue) du condamné (C. pén., art. 222-21, 131-39 9º, 131-48 et 131-35).

▪ ORIENTEUR

AUTRE QUALIFICATION

▪ **Blessures involontaires spéciales.** Blessures involontaires commises dans le cadre : de la **circulation routière**, v. nºs 36.11s. ; du **travail (Hygiène et sécurité)**, v. nº 32.47 ; causés « *sur un chemin de fer ou dans les gares ou stations* » (C. transp., art. L. 2242-3, *N 2227.ju*, infraction constituant un délit quel que soit le *quantum* de l'ITT et relevant du juge unique en application de C. pr. pén., art. 398-1 4°).

▪ **Blessures involontaires – ITT > 3 mois résultant de l'agression par un chien.** V. nº 20.65.

ÉLÉMENT LÉGAL

▪ **Faute de mise en danger délibérée. Renvoi.** Cas B : v. l'orienteur du n° 20.59 relatif au délit de mise en danger (C. pén., art. 223-1).

ÉLÉMENT MATÉRIEL

▪ **Médecine légale. • Notion d'incapacité totale de travail.** *Idem* n° 20.21.

▪ **Complicité. •** Illustration de la théorie de la complicité par abstention dans l'accomplissement des devoirs d'une fonction, se rend complice du délit de blessures involontaires le médecin qui, lors de séances d'épilation par laser, « *n'est intervenu à aucun moment* [...] *comme il en avait l'obligation* » (Crim. 13 sept. 2016, n° 15-85.046, P n° 238).

ÉLÉMENT INTENTIONNEL

▪ **Dol spécial. • Faute qualifiée de la personne physique n'ayant pas directement causé le dommage** : « *les personnes physiques qui n'ont pas causé directement le dommage mais qui ont créé ou contribué à créer la situation qui a permis la réalisation du dommage ou qui n'ont pas pris les mesures permettant de l'éviter, sont responsables pénalement s'il est établi qu'elles ont, soit violé de façon manifestement délibérée une obligation particulière de prudence ou de sécurité prévue par la loi ou le règlement, soit commis une faute caractérisée et qui exposait autrui à un risque d'une particulière gravité qu'elles ne pouvaient ignorer* » (C. pén., art. 121-3 ; L. n° 2000-647, 10 juill. 2000) (sur l'élément intentionnel des infractions d'imprudence ayant causé un dommage, v. n° 10.12B). • **Faute simple de la personne morale.** Dans le cas qui précède, la responsabilité pénale de la personne morale est, à la différence de la personne physique, engagée s'il est établi que l'auteur des faits, en l'espèce son organe ou représentant agissant pour son compte au sens de C. pén., art. 121-2, « *n'a pas accompli les diligences normales compte tenu, le cas échéant, de la nature de ses missions ou de ses fonctions, de ses compétences ainsi que du pouvoir et des moyens dont il disposait* » (C. pén., art. 121-3). Sur la constitutionnalité de cette différence de traitement, v. n° 10.12B.

RÉGIME PROCÉDURAL

▪ **Compétence juridictionnelle. Juge unique** si les faits sont commis lors de la **conduite d'un véhicule** (C. pr. pén., art. 398-1 2° : v. ces incriminations aux n°s 36.11 s.).

MESURE CIVILE

▪ **Intérêts civils. Jugement sur les intérêts civils en cas de relaxe** : *Idem* n° 20.60.

▪ **Autorité de la chose jugée au pénal sur le civil.** *Idem* n° 20.60.

▪ ÉLÉMENTS CONSTITUTIFS – QUALIFICATION

✧ Pour avoir à .... [¤ lieu], le .... [¤ date], [⇨A ou B :]

A. par maladresse, imprudence, inattention, négligence ou manquement à une obligation de prudence ou de sécurité imposée par la loi ou le règlement (C. pén., art. 222-19, al. 1) (A : *N 1267.co ;* par personne morale : *N 20858.co*)...

B. par la violation manifestement délibérée d'une obligation particulière de prudence ou de sécurité imposée par la loi ou le règlement (C. pén., art. 222-19, al. 2) (B : *N 12280.co ;* par personne morale : *N 23233.co*)...

... en l'espèce en .... [¤ matérialiser la faute], involontairement causé une incapacité totale de travail supérieure à trois mois sur la personne de .... [¤ nom de la victime].

Faits prévus et réprimés par les articles : **PERSONNES PHYSIQUES.** 222-19, 222-44 et 222-46 du code pénal. **PERSONNES MORALES.** 222-19 et 222-21. ✧

20.65 Blessures involontaires – ITT > 3 mois résultant de l'agression par un chien

▪ PEINES

PERSONNE PHYSIQUE

PP Délit. Cas A : 3 ans d'emprisonnement, 45 000 €. Cas B : 5 ans, 75 000 €. Cas C : 7 ans, 100 000 €. (C. pén., art. 222-19-2, L. n° 2008-582, 20 juin 2008).

PC *Idem* n° 20.64.

PERSONNE MORALE

PP Délit. Cas A : 225 000 €. Cas B : 375 000 €. Cas C : 500 000 € (C. pén., art. 222-19-2, 222-21 (L. nº 2008-582, 20 juin 2008) ; 131-38).

PC *Idem* nº 20.64, sauf **PC** nº 3 (C. pén., art. 222-21).

■ ORIENTEUR

AUTRE QUALIFICATION

▪ **Infractions en matière de chien dangereux.** V. nºs 31.20 s. et orienteur/autre qualification du nº 31.20.

▪ **Blessures involontaires – ITT ⩽ 3 mois résultant de l'agression par un chien.** V. nº 20.68.

ÉLÉMENT LÉGAL

▪ **Application de la loi pénale dans le temps.** Circonstances aggravantes créées par L. nº 2008-582, 20 juin 2008.

ÉLÉMENT MATÉRIEL

▪ **Médecine légale. • Notion d'incapacité totale de travail.** *Idem* nº 20.21.

ÉLÉMENT INTENTIONNEL

Idem nº 20.64.

RÉGIME PROCÉDURAL

▪ **Compétence juridictionnelle. Juge unique**, sauf cas C (peine d'emprisonnement encourue > 5 ans) (C. pr. pén., art. 398-1 1º, v. nº 17.15D2).

▪ **Ordonnance pénale. Exclue** (C. pr. pén., art. 495-II, v. nº 15.48B1 et tableau nº 17.15D2).

▪ **CRPC. Exclue** dans le cas C (peine d'emprisonnement encourue > 5 ans) (C. pr. pén., art. 495-7). Sur le domaine de la CRPC, v. nº 15.53A.

MESURE CIVILE

Idem nº 20.64.

■ ÉLÉMENTS CONSTITUTIFS – QUALIFICATION

✧ Pour avoir à .... [¤ lieu], le .... [¤ date], [⇨A, puis le cas échéant B, ou C :],

A. par maladresse, imprudence, inattention, négligence ou manquement à une obligation de prudence ou de sécurité imposée par la loi ou le règlement ... en l'espèce en .... [¤ matérialiser la faute commise], involontairement causé une incapacité totale de travail supérieure à trois mois sur la personne de .... [¤ nom de la victime], l'atteinte résultant de l'agression commise par un chien dont il était propriétaire ou gardien au moment des faits (A : *N 26895.ju*).

B. [• Préciser le cas échéant dans le cas A] avec cette circonstance que [⇨B1 à B1 :]

B1.° la propriété ou la détention du chien était illicite en application de dispositions législatives ou réglementaires (B1a : *N 26896.ju*) ou d'une décision judiciaire ou administrative (B1b : *N 26897.ju*) ;

B2. le propriétaire ou le détenteur du chien se trouvait en état d'ivresse manifeste ou sous l'emprise manifeste de produits stupéfiants (B2 : *N 26898.ju*) ;

B3. le propriétaire ou le détenteur du chien n'avait pas exécuté les mesures prescrites par le maire, conformément à l'article L. 211-11 du code rural, pour prévenir le danger présenté par l'animal (B3 : *N #.ju*) ;

B4. le propriétaire ou le détenteur du chien n'était pas titulaire du permis de détention prévu à l'article L. 211-14 du code rural (B4 : *N 27239.ju*) ;

B5. le propriétaire ou le détenteur du chien ne justifiait pas d'une vaccination antirabique de son animal en cours de validité alors qu'elle était obligatoire (B5 : *N 26899.ju*) ;

B6. il s'agissait d'un chien de la première ou de la deuxième catégorie prévues à l'article L. 211-12 du code rural qui n'était pas muselé ou tenu en laisse par une personne majeure conformément aux dispositions prévues au II de l'article L. 211-16 du même code (B6 : *N 26900.ju*) ;

B7. il s'agissait d'un chien ayant fait l'objet de mauvais traitements de la part de son propriétaire ou de son détenteur (B7 : *N 26901.ju*) ;

C. [• Préciser le cas échéant dans le cas A] avec ces circonstances que les faits ont été commis avec deux circonstances aggravantes, en l'espèce [⇨au moins deux des circonstances aggravantes B1 à B7] (C : *N 26902.co*).

Faits prévus et réprimés par les articles : **PERSONNES PHYSIQUES.** 222-19, 222-19-2, 222-44 et 222-46 du code pénal. **PERSONNES MORALES.** 222-19, 222-19-2, et 222-21 du code pénal. ✧

20.66 Blessures involontaires – ITT ⩽ 3 mois

■ PEINES

PERSONNE PHYSIQUE

PP Contrav. 5ᵉ cl. 1 500 € (C. pén., art. R. 625-2 ; 131-13).

Récidive. 3 000 € (C. pén., art. 132-11).

PC 1. Suspension, ⩽ 3 ans, du PC (C. pén., art. R. 625-4) ;

2. Interdiction, ⩽ 3 ans, de détention ou de port d'arme soumise à autorisation (C. pén., art. R. 625-4) ;

3. Confiscation d'une ou plusieurs arme(s) (C. pén., art. R. 625-4) ;

4. Retrait, ⩽ 3 ans, du permis de chasser (C. pén., art. R. 625-4) ;

5. Confiscation de la chose ayant servi à l'infraction (obligatoire pour objets qualifiés dangereux ou nuisibles par loi ou règlement ou dont la détention est illicite) (C. pén., art. R. 625-4 et 131-21) ;

6. Tig 20 à 120 h (C. pén., art. R. 625-4).

PERSONNE MORALE

PP Contrav. 5ᵉ cl. 7 500 € (C. pén., art. R. 625-5 ; 131-41).

PC Confiscation de la chose ayant servi à l'infraction (obligatoire pour objets qualifiés dangereux ou nuisibles par loi ou règlement ou dont la détention est illicite) (C. pén., art. R. 625-5 ; 131-21).

■ ORIENTEUR

AUTRE QUALIFICATION

▪ **Blessures involontaires spéciales.** Blessures involontaires commises dans le cadre : de la **circulation routière**, v. nᵒ 36.12 ; – du **travail (Hygiène et sécurité)**, v. nᵒ 32.49 ; causés « *sur un chemin de fer ou dans les gares ou stations* » (C. transp., art. L. 2242-3, *N 2227.ju*, infraction constituant un délit même dans le cas où l'ITT est ⩽ 3 mois et relevant du juge unique en application de C. pr. pén., art. 398-1 4°).

▪ **Blessures involontaires – ITT ⩽ 3 mois résultant de l'agression par un chien.** V. nᵒ 20.68.

▪ **Blessures involontaires aggravées.** En cas d'ITT ⩽ 3 mois aggravée par un **manquement délibéré**, v. délit nᵒ 20.67.

▪ **Blessures sans ITT.** > En l'absence d'ITT, v. contrav. 2ᵉ cl. nᵒ 20.70.

ÉLÉMENT MATÉRIEL

▪ **Médecine légale. • Notion d'incapacité totale de travail.** *Idem* nᵒ 20.21.

ÉLÉMENT INTENTIONNEL

▪ **Dol spécial. Auteur indirect.** Distinction de la faute qualifiée de la personne physique et de la faute simple de la personne morale en cas de causalité indirecte (C. pén., art. 121-3 et **R. 610-2**). *Idem* nᵒ 20.64.

RÉGIME PROCÉDURAL

▪ **Inscription au fichier TAJ.** Contravention donnant lieu à inscription de la personne au fichier de traitement des antécédents judiciaires (TAJ), C. pr. pén., art. R. 40-25, v. nᵒ 13.12B.

MESURE CIVILE

▪ **Intérêts civils. Jugement sur les intérêts civils en cas de relaxe** : *Idem* nᵒ 20.60 (C. pr. pén., art. 541 et 470-1).

▪ **Autorité de la chose jugée au pénal sur le civil.** *Idem* nᵒ 20.60.

■ ÉLÉMENTS CONSTITUTIFS – QUALIFICATION

✧ Pour avoir à .... [¤ lieu], le .... [¤ date], par maladresse, imprudence, inattention, négligence ou manquement à une obligation de prudence ou de sécurité imposée par la loi ou le règlement, en l'espèce en .... [¤ matérialiser la faute], involontairement causé une incapacité totale de travail inférieure ou égale à trois mois sur la personne de .... [¤ nom de la victime].

Faits prévus et réprimés par les articles : **PERSONNES PHYSIQUES.** R. 625-2 et R. 625-4 du code pénal (*N 1266.c5*). **PERSONNES MORALES.** R. 625-2, R. 625-5 et 131-41 du code pénal (*N 21264.c5*). ✧

20.67 Blessures involontaires – ITT ⩽ 3 mois – Manquement délibéré à une obligation particulière de sécurité ou de prudence

■ PEINES

PERSONNE PHYSIQUE

PP Délit. 1 an d'emprisonnement, 15 000 € (C. pén., art. 222-20).

PC *Idem* n° 20.64.

PERSONNE MORALE

PP Délit. 75 000 € (C. pén., art. 222-21 ; 131-38).

PC *Idem* n° 20.64.

■ ORIENTEUR

AUTRE QUALIFICATION

▪ Blessures sans ITT. > En l'absence d'ITT, v. contrav. 2e cl. n° 20.70.

ÉLÉMENT LÉGAL

▪ Faute de mise en danger délibérée. Renvoi. V. l'orienteur du n° 20.59 relatif au délit de mise en danger (C. pén., art. 223-1).

ÉLÉMENT MATÉRIEL

▪ Médecine légale. • Notion d'incapacité totale de travail. *Idem* n° 20.21.

ÉLÉMENT INTENTIONNEL

▪ Dol spécial. Auteur indirect. Distinction de la faute qualifiée de la personne physique et de la faute simple de la personne morale en cas de causalité indirecte (C. pén., art. 121-3). *Idem* n° 20.64.

RÉGIME PROCÉDURAL

▪ Compétence juridictionnelle. Juge unique si les faits sont commis lors de la conduite d'un véhicule (C. pr. pén., art. 398-1 2°, v. cette incrimination au n° 36.12).

MESURE CIVILE

▪ Intérêts civils. Jugement sur les intérêts civils en cas de relaxe : *Idem* n° 20.60 (C. pr. pén., art. 541 et 470-1).

▪ Autorité de la chose jugée au pénal sur le civil. *Idem* n° 20.60.

■ ÉLÉMENTS CONSTITUTIFS – QUALIFICATION

✧ Pour avoir à .... [¤ lieu], le .... [¤ date], par la violation manifestement délibérée d'une obligation particulière de prudence ou de sécurité imposée par la loi ou le règlement, en l'espèce en .... [¤ matérialiser la faute], involontairement causé une incapacité totale de travail inférieure ou égale à trois mois sur la personne de .... [¤ nom de la victime].
Faits prévus et réprimés par les articles : **PERSONNES PHYSIQUES.** 222-20, 222-44 et 222-46 du code pénal (*N 12281.co*). **PERSONNES MORALES.** 222-20, 222-21, 131-38 et 131-39 du code pénal (*N 21545.co*). ✧

20.68 Blessures involontaires – ITT ⩽ 3 mois résultant de l'agression par un chien

■ PEINES

PERSONNE PHYSIQUE

PP Délit. Cas A : 2 ans d'emprisonnement, 30 000 €. Cas B : 3 ans, 45 000 €. Cas C : 5 ans, 75 000 € (C. pén., art. 222-20-2, L. n° 2008-582, 20 juin 2008).

PC *Idem* n° 20.64.

PERSONNE MORALE

PP Délit. Cas A : 150 000 €. Cas B : 225 000 €. Cas C : 375 000 € (C. pén., art. 222-20-2, 222-21 (L. n° 2008-582, 20 juin 2008) ; 131-38).

PC *Idem* n° 20.64, sauf **PC** n° 3 (C. pén., art. 222-21).

■ ORIENTEUR

AUTRE QUALIFICATION

▪ **Infractions en matière de chien dangereux.** V. n°s 31.20 s. et orienteur/autre qualification du n° 31.20.

▪ **Blessures involontaires – ITT > 3 mois résultant de l'agression par un chien.** V. n° 20.65.

ÉLÉMENT LÉGAL

▪ **Application de la loi pénale dans le temps.** Circonstances aggravantes créées par L. n° 2008-582, 20 juin 2008.

ÉLÉMENT MATÉRIEL

▪ **Médecine légale. • Notion d'incapacité totale de travail.** *Idem* n° 20.21.

ÉLÉMENT INTENTIONNEL

> *Idem* n° 20.64.

▪ **Compétence juridictionnelle. Juge unique** (C. pr. pén., art. 398-1 1°, v. n° 17.15D2).

▪ **Ordonnance pénale.** Exclue (C. pr. pén., art. 495-II, v. n° 15.48B1 et tableau n° 17.15D2).

MESURE CIVILE

> *Idem* n° 20.64.

■ ÉLÉMENTS CONSTITUTIFS – QUALIFICATION

✧ Pour avoir à .... [¤ lieu], le .... [¤ date], [⇨A, puis le cas échéant B, ou C :],

A. par la violation manifestement délibérée d'une obligation particulière de prudence ou de sécurité imposée par la loi ou le règlement, en l'espèce en .... [¤ matérialiser la faute], involontairement causé une incapacité totale de travail inférieure ou égale à trois mois sur la personne de .... [¤ nom de la victime], l'atteinte résultant de l'agression commise par un chien dont il était propriétaire ou gardien au moment des faits (A : *N 26903.ju*).

B. [• Préciser le cas échéant dans le cas A] avec cette circonstance que [⇨B1 à B7 :]

B1. la propriété ou la détention du chien était illicite en application de dispositions législatives ou réglementaires (B1a : *N 26904.ju*) ou d'une décision judiciaire ou administrative (B1b : *N 26905.ju*) ;

B2. le propriétaire ou le détenteur du chien se trouvait en état d'ivresse manifeste ou sous l'emprise manifeste de produits stupéfiants (B2 : *N 26906.ju*) ;

B3. le propriétaire ou le détenteur du chien n'avait pas exécuté les mesures prescrites par le maire, conformément à l'article L. 211-11 du code rural, pour prévenir le danger présenté par l'animal (B3 : *N #.ju*) ;

B4. le propriétaire ou le détenteur du chien n'était pas titulaire du permis de détention prévu à l'article L. 211-14 du code rural (B4 : *N #.ju*) ;

B5. le propriétaire ou le détenteur du chien ne justifiait pas d'une vaccination antirabique de son animal en cours de validité alors qu'elle était obligatoire (B5 : *N 26907.ju*) ;

B6. il s'agissait d'un chien de la première ou de la deuxième catégorie prévues à l'article L. 211-12 du code rural qui n'était pas muselé ou tenu en laisse par une personne majeure conformément aux dispositions prévues au II de l'article L. 211-16 du même code (B6 : *N 26908.ju*) ;

B7. il s'agissait d'un chien ayant fait l'objet de mauvais traitements de la part de son propriétaire ou de son détenteur (B7 : *N 26909.ju*).

C. [• Préciser le cas échéant dans le cas A] avec ces circonstances que [⇨au moins deux des circonstances aggravantes B1 à B7] (C : *N 26910.ju*).

Faits prévus et réprimés par les articles : **PERSONNES PHYSIQUES.** 222-20, 222-20-2, 222-44 et 222-46 du code pénal. **PERSONNES MORALES.** 222-20, 222-20-2, et 222-21 du code pénal. ✧

20.69 Blessures involontaires – Sans ITT – Manquement délibéré à une obligation de prudence

■ PEINES

PERSONNE PHYSIQUE

PP Contrav. 5e cl. 1 500 € (C. pén., art. R. 625-3 ; 131-13).

PC *Idem* n° 20.66.

PERSONNE MORALE

PP 7 500 € (C. pén., art. R. 625-3 ; 131-41).

PC *Idem* nº 20.66.

■ ORIENTEUR

ÉLÉMENT LÉGAL

▪ **Faute de mise en danger délibérée. Renvoi.** V. l'orienteur du nº 20.59 relatif au délit de mise en danger (C. pén., art. 223-1).

ÉLÉMENT MATÉRIEL

▪ **Médecine légale. • Notion d'incapacité totale de travail.** *Idem* nº 20.21.

ÉLÉMENT INTENTIONNEL

▪ **Dol spécial. Auteur indirect.** Distinction de la faute qualifiée de la personne physique et de la faute simple de la personne morale en cas de causalité indirecte (C. pén., art. 121-3 et R. 610-2). *Idem* nº 20.64.

RÉGIME PROCÉDURAL

▪ **Inscription au fichier TAJ.** Contravention donnant lieu à inscription de la personne au fichier de traitement des antécédents judiciaires (TAJ), C. pr. pén., art. R. 40-25, v. nº 13.12B.

MESURE CIVILE

▪ **Intérêts civils. Jugement sur les intérêts civils en cas de relaxe :** *Idem* nº 20.60 (C. pr. pén., art. 541 et 470-1).

▪ **Autorité de la chose jugée au pénal sur le civil.** *Idem* nº 20.60.

■ ÉLÉMENTS CONSTITUTIFS – QUALIFICATION

✧ Pour avoir à .... [¤ lieu], le .... [¤ date], par la violation manifestement délibérée d'une obligation particulière de prudence ou de sécurité prévue par la loi ou le règlement, en l'espèce en .... [¤ matérialiser la faute], porté atteinte à l'intégrité physique de .... [¤ nom de la victime], sans qu'il en résulte pour elle d'incapacité totale de travail.
Faits prévus et réprimés par les articles : **PERSONNES PHYSIQUES.** R. 625-3 et R. 625-4 du code pénal (*N 12306.c5*). **PERSONNES MORALES.** R. 625-3, R. 625-5 et 131-41 du code pénal (*N 33264.c5*). ✧

20.70 Blessures involontaires sans ITT

■ PEINES

PERSONNE PHYSIQUE

PP Contrav. 2e cl. 150 € (C. pén., art. R. 622-1 ; 131-13).

PC Confiscation de la chose ayant servi à l'infraction (obligatoire pour objets qualifiés dangereux ou nuisibles par loi ou règlement ou dont la détention est illicite) (C. pén., art. R. 622-1 et 131-21).

PERSONNE MORALE

PP Contrav. 2e cl. 750 € (C. pén., art. R. 622-1 ; 131-41).

PC *Idem* **PERSONNE PHYSIQUE.**

■ ORIENTEUR

AUTRE QUALIFICATION

▪ **Existence d'une ITT.** ITT > 3 mois, v. nº 20.64 ; ou ITT ⩽ 3 mois, v. nº 20.66.

ÉLÉMENT MATÉRIEL

▪ **Médecine légale. • Notion d'incapacité totale de travail.** *Idem* nº 20.21.

ÉLÉMENT INTENTIONNEL

▪ **Dol spécial. Auteur indirect.** Distinction de la faute qualifiée de la personne physique et de la faute simple de la personne morale en cas de causalité indirecte (C. pén., art. 121-3 et R. 610-2). *Idem* nº 20.64.

MESURE CIVILE

▪ **Intérêts civils. Jugement sur les intérêts civils en cas de relaxe :** *Idem* nº 20.60 (C. pr. pén., art. 541 et 470-1).

▪ **Autorité de la chose jugée au pénal sur le civil.** *Idem* nº 20.60.

■ ÉLÉMENTS CONSTITUTIFS – QUALIFICATION

✧ Pour avoir à .... [¤ lieu], le .... [¤ date], par maladresse, imprudence, inattention, négligence ou manquement à une obligation de prudence ou de sécurité imposée par la loi ou le règlement, en l'espèce en .... [¤ matérialiser la faute], porté atteinte à l'intégrité de .... [¤ nom de la victime], sans qu'il en soit résulté d'incapacité totale de travail.

Faits prévus et réprimés par l'article : **PERSONNES PHYSIQUES.** R. 622-1 du code pénal (*N* ***12316.c2***). **PERSONNES MORALES.** R. 622-1 et 131-41 du code pénal (*N #.c2*) ✧

20.71 Provocation au suicide suivie d'effet

■ PEINES

PERSONNE PHYSIQUE

PP Délit. 3 ans d'emprisonnement, 45 000 €. Cas B : 5 ans, 75 000 € (C. pén., art. 223-13).

PC 1. Interdiction, ⩽ 5 ans, des droits civiques, civils et de famille (vote, éligibilité, fonction juridictionnelle, expert, témoin, tuteur, curateur) (C. pén., art. 223-16 et 131-26) ;

2. Interdiction définitive ou ⩽ 5 ans, d'exercer l'activité professionnelle ou sociale en relation avec l'infraction (sauf mandat électif ou syndical) (C. pén., art. 223-17 et 131-27) ;

3. Confiscation de la chose ayant servi à l'infraction ou destinée à la commettre, ou de son produit (obligatoire pour objets qualifiés dangereux ou nuisibles par loi ou règlement ou dont la détention est illicite), documents écrits, visuels ou sonores ayant servi à l'infraction (C. pén., art. 223-17 et 131-21) ;

4. Fermeture, définitive, ou ⩽ 5 ans, du ou des établissement(s) ayant servi à commettre l'infraction (C. pén., art. 223-17 et 131-33).

PERSONNE MORALE

PP Délit. Cas A : 225 000 €. Cas B : 375 000 € (C. pén., art. 223-15-1 ; 131-38).

PC 1 Cas B : Dissolution (sauf personnes morales de droit public, partis, groupements politiques, syndicats, institutions représentatives du personnel) si la personne morale a été créée ou détournée de son objet pour commettre l'infraction (C. pén., art. 223-15-1, 131-39 1° et 131-45).

2. Interdiction, définitive ou ⩽ 5 ans, d'exercer une ou plusieurs activités professionnelles ou sociales en relation avec l'infraction (C. pén., art. 223-15-1, 131-39 2°) ;

3. Surveillance judiciaire, ⩽ 5 ans, sauf personnes morales de droit public, partis, groupements politiques, syndicats (C. pén., art. 223-15-1, 131-39 3° et 131-46) ;

4. Fermeture, définitive ou ⩽ 5 ans, un ou plusieurs établissements en relation avec l'infraction (C. pén., art. 223-15-1, 131-39 4°) ;

5. Exclusion, définitive ou ⩽ 5 ans, marchés publics (C. pén., art. 223-15-1, 131-39 5°) ;

6. Interdiction, définitive ou ⩽ 5 ans, de *faire appel public à l'épargne* (procéder à une offre au public de titres financiers ou de les faire admettre aux négociations sur un marché réglementé, selon L. n° 2009-80, 22 janv. 2009) (C. pén., art. 223-15-1, 131-39 6°) ;

7. Interdiction, ⩽ 5 ans, d'utiliser des cartes de paiement ou d'émettre des chèques autres que de retrait ou certifiés (C. pén., art. 223-15-1, 131-39 7°) ;

8. Confiscation de la chose ayant servi à l'infraction ou destinée à la commettre, ou de son produit (obligatoire pour objets qualifiés dangereux ou nuisibles par loi ou règlement ou dont la détention est illicite) (C. pén., art. 223-15-1, 131-39 8° et 131-21) ;

9. Affichage, ⩽ 2 mois, *et/ou* (L. n° 2011-525, 17 mai 2011) diffusion de la décision ou d'extraits aux frais (⩽ amende encourue) du condamné (C. pén., art. 223-15-1, 131-39 9°, 131-48 et 131-35).

■ ORIENTEUR

AUTRE QUALIFICATION

▪ **Propagande ou publicité en faveur de produits ou de méthodes permettant de se donner la mort**, v. n° 35.44.

ÉLÉMENT MATÉRIEL

▪ **Fait justificatif.** • **Droit au respect de la vie privée et prohibition de l'assistance au suicide.** Conv. EDH, art. 2 garantissant le droit à la vie, « *ne saurait, sans distorsion de langage, être interprété comme conférant un droit diamétralement opposé, à savoir un droit à mourir* », « *il ne saurait davantage créer un droit à l'autodétermination en ce sens qu'il donnerait à tout individu le droit de choisir la mort plutôt que la vie* » (§ 39) ; « *la Cour estime donc qu'il n'est pas possible de déduire de l'article 2 de la Convention un droit à mourir, que ce soit de la main d'un tiers ou avec l'assistance d'une autorité publique* » (§ 40) ; en revanche, La prohibition de l'assistance au suicide « *représente une atteinte au droit de l'intéressé au respect de sa vie privée, au sens de l'article 8 § 1 de la Convention* » (§ 67) ; en effet « *la faculté pour chacun de mener sa vie comme il l'entend peut également inclure la possibilité de s'adonner à des activités perçues comme étant d'une nature physiquement ou moralement dommageable ou dangereuse pour sa personne [...] ; même lorsque le comportement en cause représente un risque pour la santé ou lorsque l'on peut raisonnablement estimer qu'il revêt une nature potentiellement mortelle, la jurisprudence des organes de la Convention considère l'imposition par l'État de mesures contraignantes ou à caractère pénal comme attentatoire à la vie privée, au sens de l'article 8 § 1, et comme nécessitant une justification conforme au second paragraphe* » (§ 62) ; ces principes étant rappelés, « *la nature générale de l'interdiction du suicide assisté n'est pas disproportionnée* » au regard de l'ingérence dans la vie privée qu'elle constitue et « *il ne paraît pas arbitraire à la Cour que la législation reflète l'importance du droit à la vie en interdisant le suicide assisté tout en prévoyant un régime d'application et d'appréciation par la justice qui permet de prendre en compte dans chaque cas concret tant l'intérêt public à entamer des poursuites que les exigences justes et adéquates de la rétribution et de la dissuasion* » (§ 76) (CEDH, 29 juill. 2002, *Pretty*, n° 2346/02).

RÉGIME PROCÉDURAL

▪ **Infractions par voie de presse.** Si le délit est commis par voie de presse écrite ou audiovisuelle, les poursuites pourront être engagées contre le responsable tel que déterminé par les articles 42 et 43 de la loi du 29 juillet 1881 sur la presse et 93-3 de la loi du 29 juillet 1982 sur la communication audiovisuelle : responsabilité principale du directeur de publication ou du directeur du service de communication audiovisuelle (sauf émission en direct) et responsabilité dite en « *cascade* » (sur le régime de la responsabilité en matière de presse, v. n° 35.13) (C. pén., art. 223-15).

▪ ÉLÉMENTS CONSTITUTIFS – QUALIFICATION

✧ Pour avoir à .... [¤ lieu], le .... [¤ date], [⇨A puis le cas échéant B :]

A. provoqué .... [¤ nom de la victime] au suicide, en l'espèce en .... [¤ description de la provocation], ladite provocation ayant été suivie du suicide ou d'une tentative de suicide (A : *N 1751.co*) ;

B. [• Préciser le cas échéant] avec cette circonstance que la victime était âgée de moins de 15 ans (B : *N 1752.co*).

Faits prévus et réprimés par les articles : **PERSONNES PHYSIQUES.** 223-13, 223-15, 223-16 et 223-17 du code pénal. **PERSONNES MORALES.** 223-13, 223-15 et 223-15-1 du code pénal. ✧

20.72 Viol

▪ PEINES

PERSONNE PHYSIQUE

PP Crime. 15 ans de réclusion (C. pén., art. 222-23).

PC 1. Interdiction, définitive ou ⩽ 5 ans, d'exercer l'activité professionnelle ou sociale en relation avec l'infraction, fonction publique (sauf mandat électif ou syndical) *et/ou* interdiction définitive ou ⩽ 15 ans (10 ans avant L. n° 2013-1117, 6 déc. 2013) d'exercer une profession commerciale ou industrielle, de diriger, d'administrer, de gérer ou de contrôler à un titre quelconque, directement ou indirectement, pour son propre compte ou pour le compte d'autrui, une entreprise commerciale ou industrielle ou une société commerciale (C. pén., art. 222-44, 222-45 et 131-27 [mod. par L. n° 2008-776, 4 août 2008]) ;

2. Interdiction, ⩽ 10 ans, des droits civiques, civils et de famille (vote, éligibilité, fonction juridictionnelle, expert, témoin, tuteur, curateur) (C. pén., art. 222-45 ; art. 131-26). Sauf dispense spécialement motivée, la peine d'inéligibilité est obligatoirement prononcée (C. pén., art. 131-26-2, L. n° 2017-1339, 15 sept. 2017) ;

3. Interdiction, définitive ou ⩽ 10 ans, d'exercer une activité professionnelle ou bénévole impliquant un contact habituel avec des mineurs (C. pén., art. 222-45 [L. n° 98-468, 17 juin 1998]). L'interdiction définitive est obligatoirement prononcée si l'infraction est commise sur un mineur, sauf décision motivée (C. pén., art. 222-48-4, issu L. n° 2021-478, 21 avr. 2021) ;

4. Interdiction, ⩽ 5 ans, de détention ou de port d'arme soumise à autorisation (C. pén., art. 222-44) ;

5. Suspension, annulation, ⩽ 5 ans, du PC (C. pén., art. 222-44) ;

6. Confiscation d'un ou plusieurs véhicules (C. pén., art. 222-44) ;

7. Confiscation d'une ou plusieurs arme(s) (C. pén., art. 222-44) ;

8. Confiscation de la chose ayant servi à l'infraction ou destinée à la commettre, ou de son produit (obligatoire pour objets qualifiés dangereux ou nuisibles par loi ou règlement ou dont la détention est illicite) (C. pén., art. 222-44 et 131-21) ;

9. Stage de sensibilisation aux dangers de l'usage de produits stupéfiants. La juridiction précise si le stage est exécuté aux frais du condamné (C. pén., art. 131-35-1 et 222-44 [L. n° 2007-297, 5 mars 2007]) (pour les faits commis avant le 24 mars 2020 et jugés après cette date, L. n° 2019-222, 23 mars 2019, en vigueur le 24 mars 2020. Pour les faits commis à partir du 24 mars 2020, v. nouvelle réd. C. pén., art. 131-5-1 et n° 18.33) ;

10. Confiscation de l'animal utilisé pour commettre l'infraction ou de la chose ayant servi à l'infraction, la juridiction prévoit que l'animal sera remis à une fondation ou une association de protection animale reconnue d'utilité publique ou déclarée. Lorsqu'il s'agit d'un animal dangereux, la juridiction peut ordonner qu'il soit procédé à son euthanasie, le cas échéant aux frais du condamné (C. pén., art. 222-44, 131-21-1 [L. n° 2007-297, 5 mars 2007]). Sur la peine de confiscation d'un animal (C. pén., art. 131-21-1), v. n° 18.36 ;

11. Interdiction, définitive ou ⩽ 5 ans de détenir certains animaux ou certaines catégories d'animaux (C. pén., art. 222-44, 131-21-2 [L. n° 2007-297, 5 mars 2007]) ;

12. Stage, aux frais du condamné, de responsabilisation pour la prévention et la lutte contre les violences au sein du couple et sexistes (C. pén., art. 222-44 15°, L. n° 2014-873, 4 août 2014) ;

13. Interdiction de séjour, ⩽ 10 ans (C. pén., art. 222-47, 131-31 et 131-32 ; C. pr. pén., art. 762-1 à 763) ;

14. Auteur étranger : interdiction du territoire français, définitive ou ⩽ 10 ans (C. pén., art. 222-48, 131-30 à 131-30-2) ;

15. Suivi socio-judiciaire, ⩽ 20 ans (C. pén., art. 131-36-1 et 222-48-1) avec injonction de soins si l'expertise médicale conclut au traitement (C. pén., art. 131-36-4). La juridiction fixe la peine encourue (⩽ 7 ans) en cas d'inobservation (C. pén., art. 131-36-1) (v. n° 18.31) ;

16. Stage de citoyenneté (C. pén., art. 131-5-1 et 222-45 ; L. n° 2004-204, 9 mars 2004, art. 44-X, en vigueur depuis 1er oct. 2004) (pour les faits commis avant le 24 mars 2020 et jugés après cette date, L. n° 2019-222, 23 mars 2019, en vigueur le 24 mars 2020. Pour les faits commis à partir du 24 mars 2020, v. nouvelle réd. C. pén., art. 131-5-1 et n° 18.33) ;

17. Stage de responsabilité parentale (C. pén., art. 131-5-1 et 222-45 [L. n° 2007-297, 5 mars 2007]) ;

18. Interdiction de quitter le territoire ⩽ 5 ans si les faits sont commis contre un mineur (C. pén., art. 222-47, L. n° 2006-399, 4 avr. 2006, art. 14) ;

PERSONNE MORALE

PP Crime. 1 000 000 € (C. pén., art. 222-33-1 ; 131-38 [L. n° 2004-204, 9 mars 2004, art. 55-I]).

PC 1. Dissolution (sauf personnes morales de droit public, partis, groupements politiques, syndicats, institutions représentatives du personnel) si la personne morale a été créée ou détournée de son objet pour commettre l'infraction (C. pén., art. 222-33-1 ; art. 131-39 1° et 131-45) ;

2. Interdiction, définitive ou ⩽ 5 ans, d'exercer une ou plusieurs activités professionnelles ou sociales en relation avec l'infraction (C. pén., art. 222-33-1, 131-39 2°) ;

3. Surveillance judiciaire, ⩽ 5 ans, sauf personnes morales de droit public, partis, groupements politiques, syndicats (C. pén., art. 222-33-1, 131-39 3° et 131-46) ;

4. Fermeture, définitive ou ⩽ 5 ans, un ou plusieurs établissements en relation avec l'infraction (C. pén., art. 222-33-1, 131-39 4°) ;

5. Exclusion, définitive ou ⩽ 5 ans, marchés publics (C. pén., art. 222-33-1, 131-39 5°) ;

6. Interdiction, définitive ou ⩽ 5 ans, de *faire appel public à l'épargne* (procéder à une offre au public de titres financiers ou de les faire admettre aux négociations sur un marché réglementé, selon L. n° 2009-80, 22 janv. 2009) (C. pén., art. 222-33-1, 131-39 6°) ;

7. Interdiction, ⩽ 5 ans, d'utiliser des cartes de paiement ou d'émettre des chèques autres que de retrait ou certifiés (C. pén., art. 222-33-1, 131-39 7°) ;

8. Confiscation de la chose ayant servi à l'infraction ou destinée à la commettre, ou de son produit (obligatoire pour objets qualifiés dangereux ou nuisibles par loi ou règlement ou dont la détention est illicite) (C. pén., art. 222-33-1 ; art. 131-39 8° et 131-21) ;

9. Affichage, ⩽ 2 mois, *et/ou* (L. n° 2011-525, 17 mai 2011) diffusion de la décision ou d'extraits aux frais (⩽ amende encourue) du condamné (C. pén., art. 222-33-1 ; 131-39 9°, 131-48 et 131-35).

■ ORIENTEUR

AUTRE QUALIFICATION

▪ **Complicité par enregistrement d'image de l'infraction.** C. pén., art. 222-33-3, v. n° 35.33.

▪ **Diffusion d'image de l'infraction.** V. n° 35.33.

▪ **Agression sexuelle.** V. nos 20.79 s.

▪ **Viol sans contrainte ni surprise commis par un majeur sur un mineur (L. n° 2021-478, 21 avr. 2021).** C. pén., art. 222-23-1 et 222-23-2, v. n° 20.75.

▪ **Atteinte sexuelle sans violence sur mineur.** De moins de 15 ans, v. n° 21.35 ; de plus de 15 ans, v. n° 21.36.

▪ **Infractions incestueuses. Qualifications en concours.** Les infractions sexuelles qualifiées d'incestueuses se superposent aux qualifications existantes à laquelle elles peuvent ou non correspondre (ex. viol par ascendant ou viol par frère ou sœur ne disposant pas d'une autorité de droit ou de fait sur le mineur). La L. n° 2016-297, 14 mars 2016 rétablissant la notion d'inceste n'a pas créé de circonstances aggravantes ni de pénalités nouvelles, introduisant, selon la chancellerie, « *une forme de "surqualification d'inceste"* » ou des « *dispositions "qualificatives"* » (Circ. CRIM 2016-02-H, 7 avr. 2016, n° 1.2 et 1.5). Cette dernière circulaire invite donc les parquets, les juges d'instruction et les juridictions à retenir, y compris pour les « *procédures concernant des faits commis avant la nouvelle loi* » et « *dans le respect du contradictoire* » (n° 1.5), la qualification d'inceste afin de mieux poursuivre « *l'un des objectifs de la loi, de disposer de chiffres fiables sur les poursuites et condamnations en matière d'inceste, ce que ne permettaient pas les dispositions antérieures* ».) (n° 1.3).

▪ **Mandat non suivi d'effet de commettre un viol (L. n° 2020-936, 20 juill. 2020).** C. pén., art. 222-26-1, v. n° 20.73.

ÉLÉMENT LÉGAL

▪ **Constitutionnalité. Inconstitutionnalité de la qualification de viol ou d'agression sexuelle incestueuse résultant de la rédaction de C. pén., art. 222-31-1, issue de L. n° 2010-121, 8 févr. 2010** (devenu C. pén., art. 222-22-3, L. n° 2021-478, 21 avr. 2021). Dans sa rédaction issue de L. n° 2010-121, le viol et les agressions sexuelles étaient qualifiés d'incestueux lorsqu'ils étaient commis au sein de la famille sur la personne d'un mineur par un ascendant, un frère, une sœur ou par toute autre personne, y compris s'il s'agissait d'un concubin d'un membre de la famille, ayant sur la victime une autorité de droit ou de fait (C. pén., art. 222-31-1, L. n° 2010-121, 8 févr. 2010). C. pén., art. **222-31-1** (devenu C. pén., art. 222-22-3, L. n° 2021-478, 21 avr. 2021) a été déclaré inconstitutionnel au motif qu'en s'abstenant « *de désigner précisément les personnes qui doivent être regardées, au sens de cette qualification, comme membres de la famille* » le législateur a méconnu le principe de légalité des délits et des peines énoncé aux articles 34 de la Constitution et 8 de la DDHC de 1789 qui lui imposent de fixer le champ d'application de la loi pénale et de définir les crimes et délits en termes suffisamment clairs et précis (Cons. const. 16 sept. 2011, n° 2011-163 QPC, § 3 et 4).

▪ **Application de la loi pénale dans le temps. • Inconstitutionnalité de la notion d'inceste.** Les dispositions relatives à la notion d'inceste issues de L. n° 2010-121 ayant été déclarées contraires à la Constitution par décision du Cons. const., du 16 septembre 2011, prenant effet à la date de sa publication au *JO* le 17 septembre 2011, aucune condamnation ne peut retenir la qualification de crime ou de délit incestueux prévue par le texte abrogé à compter de cette date (Crim. 12 oct.

2011, n° 10-88.885, P n° 208). C. pén., art. 227-27-2 a été déclaré inconstitutionnel dans les mêmes termes (Cons. const. 17 févr. 2012, n° 2011-222 QPC) (v. n° 21.35). • **Rétablissement de la notion d'inceste.** Tirant les conséquences de ces décisions, la L. n° 2016-297, 14 mars 2016 a rétabli, en la clarifiant, la notion d'inceste, sans toutefois modifier les pénalités existantes : « *La volonté du législateur en adoptant les nouvelles dispositions relatives à l'inceste a été de permettre leur application immédiate, ce qui l'a conduit à ne pas aggraver la répression et à ne retenir que des dispositions "qualificatives". Cette solution évite en effet la coexistence, pendant une durée qui aurait été particulièrement longue du fait des règles spécifiques de prescription applicables aux infractions sexuelles commises sur les mineurs, de deux régimes différents de droit pénal. Elle évite également que soient faussées, pour l'avenir, les statistiques judiciaires concernant les faits d'inceste, au sens du code pénal. Les nouvelles dispositions sont donc immédiatement applicables aux procédures concernant des faits commis avant la nouvelle loi, qu'il s'agisse de procédures en cours ou de procédures qui seront engagées dans l'avenir, notamment à la suite de plaintes déposées par un mineur près de 20 ans après sa majorité* » (Circ CRIM 2016-02-H, 7 avr. 2016, n° 1.5). • **Indifférence de la circonstance d'inceste.** Aucun grief ne résulte du fait que la cour d'assises a posé la question spécifique d'inceste en application des dispositions de C. pr. pén., art. 356, al. 2 pour des faits commis avant L. n° 2016-297, 14 mars 2016, « *dès lors que l'article 222-31-1 du code pénal* [devenu C. pén., art. 222-22-3, L. n° 2021-478, 21 avr. 2021], *introduit par la loi du 14 mars 2016, n'a aggravé ni la définition des infractions ni les peines encourues* » (Crim. 14 nov. 2018, n° 17-86.423).

▪ **Définition.** • **Contrainte et surprise.** La contrainte « *peut être physique ou morale* » (C. pén., art. 222-22-1). « *lorsque les faits sont commis sur la personne d'un mineur, la contrainte morale [...] ou la surprise [...] peuvent résulter de la différence d'âge existant entre la victime et l'auteur des faits et de l'autorité de droit ou de fait que celui-ci "a"* ~~*exerce*~~ [L. n° 2021-478, 21 avr. 2021] *sur la victime, cette autorité de fait pouvant être caractérisée par une différence d'âge significative entre la victime mineure et l'auteur majeur. Lorsque les faits sont commis sur la personne d'un mineur de quinze ans, la contrainte morale ou la surprise sont caractérisées par l'abus de la vulnérabilité de la victime ne disposant pas du discernement nécessaire pour ces actes.* » (C. pén., art. 222-22-1, réd. issue L. n° 2018-703, 3 août 2018). Ancienne rédaction : ~~« La contrainte morale peut résulter de la différence d'âge existant entre une victime mineure et l'auteur des faits et de l'autorité de droit ou de fait que celui-ci exerce sur cette victime »~~ (C. pén., art. 222-22-1, réd. issue L. n° 2010-121, 8 févr. 2010). « *en précisant que la contrainte peut résulter de la différence d'âge existant entre une victime mineure et l'auteur des faits et de l'autorité de droit ou de fait que celui-ci exerce sur cette victime, [C. pén., art. 222-22-1] a pour seul objet de désigner certaines circonstances de fait sur lesquelles la juridiction saisie peut se fonder pour apprécier si, en l'espèce, les agissements dénoncés ont été commis avec contrainte* » et « *n'a en conséquence pas pour objet de définir les éléments constitutifs de l'infraction* » (§ 7) (Cons. const. 6 févr. 2015, n° 2014-448 QPC). Les dispositions de l'article 222-22-1, telles que modifiées par L. n° 2018-703, 3 août 2018, « *sont des dispositions interprétatives, qui sont donc immédiatement applicables aux procédures en cours et aux faits commis avant l'entrée en vigueur de la loi* » (Circ. Crim. 2018-10/H2, 3 sept. 2018, NOR : JUSD1823892C, n° 2.1), position confirmée par Crim. 17 mars 2021, n° 20-86.318 (§ 19) P. Précisons que dans sa rédaction antérieure à L. n° 2018-703, 3 août 2018, C. pén., art. 222-22-1 a déjà été jugé comme une disposition interprétative (Crim. 15 nov. 2017, n° 17-85.272, NP). « *Il découle de ces dispositions que le principal critère devant être pris en compte par les juridictions pour apprécier l'existence d'une contrainte morale ou d'une surprise lorsque les faits ont été commis sur un mineur de quinze ans est celui du discernement de la victime et de sa capacité à consentir ou non à une atteinte sexuelle.../...En pratique, du fait de cette référence à la notion de discernement nécessaire, les qualifications de viol ou d'agression sexuelle devraient normalement être retenues à chaque fois que seront victimes d'atteintes sexuelles les mineurs les plus jeunes* » (Circ. Crim. 2018-10/H2, 3 sept. 2018, NOR : JUSD1823892C, n° 2.1). Sur le délit d'atteinte sexuelle, v. n° 21.35 et 21.36. Ces considérations n'offrent plus d'intérêt dès lors que les faits sont commis par un majeur sur un mineur de 15 ans ou par un ascendant sur un mineur, situations désormais incriminées, sans exigence de violence, de contrainte ou de surprise, par C. pén., art. 222-23-1 et 222-23-2 issus L. n° 2021-478, 21 avr. 2021 (v. n° 20.75). Elles gardent néanmoins leur importance en dehors des cas prévus par ces articles (ex. lorsque la différence d'âge entre l'auteur majeur et le mineur < 15 ans est < 5 ans), ou pour les faits commis avant leur entrée en vigueur ou ceux commis par un mineur sur un mineur. • **Infractions incestueuses.** Selon les dispositions issues de L. n° 2016-297, 14 mars 2016, rétablissant la notion d'inceste, les viols et les agressions sexuelles (C. pén., art. 222-31-1 transposé au C. pén., art. **222-23-3** nouveau par L. n° 2021-478, 21 avr. 2021) ainsi que les atteintes sexuelles (C. pén., art. 227-27-2-1) « *sont qualifiés d'incestueux lorsqu'ils sont commis sur la "victime"* » ~~« personne~~

~~d'un mineur »~~ (L'exigence de minorité a été supprimée par L. nº 2018-703, 3 août 2018, « *cette extension est immédiatement applicable, y compris aux faits commis avant l'entrée en vigueur de la loi, dès lors qu'il ne s'agit que d'une surqualification sans conséquence juridique sur les peines encourues* » (Circ. Crim. 2018-10/H2, 3 sept. 2018, NOR : JUSD1823892C, nº 2.3) par :

1° Un ascendant ;

2° Un frère, une sœur, un oncle, une tante, « *un grand-oncle, une grand-tante* » (extension issue L. nº 2021-478, 21 avr. 2021), un neveu ou une nièce « *Il convient de souligner que dans cette hypothèse la qualification d'inceste n'exige pas que le frère la sœur l'oncle, la tante, le neveu ou la nièce auteur des faits ait une autorité de fait sur la victime* » (Circ. CRIM 2016-02-H, 7 avr. 2016, nº 1.1)) ;

3° Le conjoint, le concubin d'une des personnes mentionnées aux 1° et 2° ou le partenaire lié par un pacte civil de solidarité avec l'une des personnes mentionnées aux mêmes 1° et 2°, s'il a sur ~~le mineur~~ « *la victime* » (réd. issue L. nº 2018-703, 3 août 2018) une autorité de droit ou de fait » (« *Il s'agit là de l'hypothèse, la plus fréquente en pratique, de l'inceste commis par le compagnon de la mère du mineur, mais également des incestes commis par les compagnons d'autres membres de la famille, telles des sœurs ou des tantes. Dans ce cas, l'inceste suppose que la personne exerce une autorité, le plus souvent de fait, sur le mineur. Le texte est rédigé de manière restrictive, ce qui exclut notamment les actes commis, sans lien de famille, par une personne ayant autorité, comme une nourrice ou toute autre personne par qui l'enfant était gardé* » (Circ CRIM 2016-02-H, 7 avr. 2016, nº 1.1)).

▪ **Portée de l'incrimination d'inceste.** « *D'un point de vue juridique, les articles 222-31-1* [devenu C. pén., art. 222-22-3, L. nº 2021-478, 21 avr. 2021] et *227-27-2-1 créent une forme de "surqualification" d'inceste, qui se superpose aux qualifications et circonstances aggravantes existantes en matière de viols, d'agressions sexuelles et d'atteintes sexuelles mais ne constituent nullement de nouvelles incriminations et ne modifient pas les peines encourues. Au demeurant, les articles 222-31-1* [devenu C. pén., art. 222-22-3, L. nº 2021-478, 21 avr. 2021] et *227-27-2-1 ne prévoient aucune peine. Ainsi, selon les hypothèses, la qualification d'inceste s'appliquera :*

– à des agressions ou des atteintes sexuelles aggravées (Ainsi en cas de viol ou agression sexuelle sur mineur de quinze ans (commis par l'une des personnes visées aux 1° à 3 des nouvelles dispositions), de viol ou agression sexuelle par ascendant, de viol ou agression sexuelle par personne ayant autorité (commis par les personnes visées aux 2° ou 3°), ou d'atteinte sexuelle sur mineur de quinze ans commise par un ascendant, ou commise par une personne ayant autorité (et relevant des 2° ou 3°) ;

– à des agressions ou des atteintes sexuelles non aggravées (Ainsi en cas de viol ou agression sexuelle sur mineur de quinze à dix –huit ans, ou d'atteinte sexuelle sur mineur de quinze ans, lorsque ces faits sont commis par les personnes visées aux 2° (frère, sœur, oncle, tante, neveu ou nièce) en l'absence d'autorité de fait) » (Circ CRIM 2016-02-H, 7 avr. 2016, nº 1.2).

ÉLÉMENT MATÉRIEL

▪ **Faits incriminés.** • **Pénétration sexuelle.** Depuis L. nº 2018-703, 3 août 2018, les faits de pénétration sexuelle incriminés sont non seulement ceux imposés par l'auteur sur la personne d'autrui, mais également ceux réalisés par la victime « *sur la personne de l'auteur* » (C. pén., art. 222-23, réd. issue L. nº 2018-703, 3 août 2018). Ainsi « *l'incrimination s'applique non seulement en cas de pénétration commise sur la personne d'autrui, mais également lorsque l'auteur des faits a imposé à la victime de commettre sur lui-même une telle pénétration. Ces actes, que la jurisprudence qualifiait auparavant d'agression sexuelle, relèveront désormais, pour ceux commis à compter de l'entrée en vigueur de la loi, de la qualification criminelle de viol* » (Circ. Crim. 2018-10/H2, 3 sept. 2018, NOR : JUSD1823892C, nº 2.2). • **Acte bucco-génital.** Depuis L. nº 2021-478, 21 avr. 2021, l'incrimination de viol recouvre également « *tout acte bucco-génital* », qu'il s'agisse de celui commis par l'auteur sur la personne d'autrui, mais également celui réalisé par la victime sur la personne de l'auteur, sans exigence d'un acte de pénétration sexuelle (C. pén., art. 222-23, mod. par L. nº 2021-478, 21 avr. 2021). Est approuvée la décision, fondée sur le droit antérieur, qui énonce que la preuve n'est pas rapportée d'une pénétration avec la langue « *au-delà de l'orée du vagin, suffisamment profonde pour caractériser un acte de pénétration* » (§ 8) (Crim. 14 oct. 2020, nº 20-83.273, D). • **Faits commis par un tiers.** Est puni comme le viol et selon les circonstances aggravantes qui l'entourent le fait d'imposer à une personne, par violence contrainte, menace ou surprise, de subir tout acte de pénétration sexuelle ou tout acte bucco-génital de la part d'un tiers (C. pén., art. 222-22-2, issu L. nº 2013-711, 5 août 2013). • **Faits réalisés sur elle-même par la victime contrainte.** Est également puni comme le viol et selon les circonstances aggravantes qui l'entourent le fait d'imposer à une personne, par violence contrainte, menace ou

surprise, de procéder sur elle-même à un acte de pénétration sexuelle ou tout acte bucco-génital (C. pén., art. 222-22-2, extension issue L. n° 2021-478, 21 avr. 2021). Lorsque ces faits, consistent en des atteintes sexuelles autres que le viol, ils constituent le délit d'agression sexuelle (v. n° 20.79).
• **Absence de prise en compte du contexte sexuel pour une pénétration non sexuelle.** « *pour être constitutive d'un viol, la fellation implique une pénétration par l'organe sexuel masculin de l'auteur et non par un objet le représentant* », tel n'est pas le cas pour un médecin qui contraint de jeunes patientes « *à l'occasion de consultations à son cabinet, d'introduire dans leur bouche un objet de forme phallique recouvert d'un préservatif et de lui faire accomplir des mouvements de va-et-vient* », est donc censurée la décision qui énonce que « *l'introduction sous la contrainte d'un objet dans un organe qui n'est pas sexuel par nature est constitutive d'un viol lorsque les faits ont été commis dans un contexte sexuel et que l'auteur a exprimé la volonté d'accomplir un acte sexuel* » (Crim. 21 févr. 2007, n° 06-89.543, P n° 61 ; *contra,* pour la prise en compte du contexte sexuel pour une atteinte autre que le viol : Crim. 3 mars 2021, n° 20-82.399, P, v. n° 20.79).

▪ **Illustrations de la surprise.** V. n° 20.79.

RÉGIME PROCÉDURAL

▪ **Prescription de l'action publique.** • **Délai et point de départ de la prescription pour les faits commis sur un mineur.** Lorsque les faits sont commis sur un mineur, le délai de prescription de l'action publique est de 30 ans à compter de la majorité de la victime depuis L. n° 2018-703, 3 août 2018 (C. pr. pén., art. 7). Auparavant, ce délai était de 20 ans à compter de la majorité, durée momentanément alignée, s'agissant des mineurs, sur le délai de droit commun par L. n° 2017-242, 27 févr. 2017 portant de 10 à 20 ans la prescription en matière criminelle (sur les délais et points de départ des prescriptions, v. n° 17.19). • **Solidarité des prescriptions des infractions sexuelles commises par le même auteur sur plusieurs mineurs.** Sur la solidarité des prescriptions des crimes de viol, d'agression sexuelle ou d'atteinte sexuelle successivement commis par le même auteur sur plusieurs victimes mineures instituée par L. n° 2021-478, 21 avr. 2021 modifiant C. pr. pén., art. 7, 8 et 9-2, v. n° 17.21A.

▪ **Régime des infractions sexuelles.** Applicable (C. pr. pén., art. 706-47 3° ; v. n° 11.23).

▪ **Procédure devant la juridiction criminelle.** • **Compétence de la cour criminelle départementale.** *Idem* n° 20.7 (C. pr. pén., art. 380-16, issu L. n° 2021-1729, 22 déc. 2021). • **Question spécifique pour la qualification d'inceste.** Devant la cour d'assises, la qualification d'inceste fait l'objet, s'il y a lieu, d'une **question spécifique** (C. pr. pén., art. 356, réd. issue de L. n° 2016-297, 14 mars 2016, rétablissant les dispositions L. n° 2010-121, 8 févr. 2010). • **Question de l'abolition du discernement.** Lorsque, en application C. pr. pén., art. 351, la question de l'abolition du discernement prévue par C. pén., art. 122-1, al. 1 est posée devant la juridiction criminelle (sur les questions, v. n° 17.33), le président est tenu de poser la question subsidiaire portant sur la qualification de viol sous l'empire de substances psychoactives ayant aboli le discernement de l'auteur prévue (C. pén., art. 222-26-2, sur cette qualification issue L. n° 2022-52, 24 janv. 2022, v. n° 20.78), « *s'il apparaît que l'abolition du discernement de la personne ou du contrôle de ses actes est susceptible de résulter d'une consommation volontaire de substances psychoactives* » (C pr. pén., art. 706-139-2 issu L. n° 2022-52, 24 janv. 2022 ; sur l'irresponsabilité pénale pour cause de trouble mental, C. pén., art. 122-1, al. 1, v. n° 14.28).

▪ **Alimentation du Redex.** Centralisation des examens de personnalité au fichier Redex à tous les stades de la procédure (C. pr. pén., art. 706-56-2) (v. n° 13.41).

POLITIQUE PUBLIQUE

▪ **Action de sensibilisation.** • **Personnes handicapées.** L'État, les collectivités territoriales et les organismes de protection sociale mettent en œuvre des politiques de prévention comportant notamment « *Des actions de sensibilisation, de prévention et de formation concernant les violences, notamment sexuelles, à destination des professionnels et des personnes en situation de handicap ainsi que leurs aidants* » (CASF, art. L. 114-3 mod. par L. n° 2018-703, 3 août 2018). • **Schéma régional de santé.** Le schéma régional de santé, qui détermine les objectifs opérationnels de l'Agence régionale de santé, « *comprend un programme relatif à la prévention des violences sexuelles et à l'accès aux soins des victimes de ces violences* » (CSP, art. L. 1434-2 mod. par L. n° 2018-703, 3 août 2018). • **Objectifs et missions du service public de l'enseignement.** « *Les écoles, les collèges et les lycées assurent une mission d'information sur les violences et une éducation à la sexualité ainsi qu'une obligation de sensibilisation des personnels enseignants aux violences sexistes et sexuelles et à la formation au respect du non-consentement* » (C. éduc., art. L. 121-1 mod. par L. n° 2018-703, 3 août 2018). • **Missions du service de l'aide sociale à l'enfance.** Le service de l'aide sociale à l'enfance, service non personnalisé placé sous l'autorité du président du conseil départemental, est notamment chargé de « *Veiller au repérage et à l'orientation des mineurs victimes ou menacés de violences sexuelles, notamment des mineures victimes de mutilations sexuelles* » (CASF, art. L. 221-1 mod. par L. n° 2018-703, 3 août 2018).

MESURE CIVILE

▪ **Retrait de l'autorité parentale.** • **Dispositions relatives aux atteintes volontaires aux personnes également applicables aux agressions sexuelles.** Lorsque les faits sont commis par le père ou la mère sur la personne **de son enfant ou de l'autre parent**, la juridiction de jugement **est tenue** de se prononcer sur le retrait total ou partiel de l'autorité parentale en application des articles 378, 379 (L. n° 2016-297, 14 mars 2016) et 379-1 du code civil (C. pén., art. 222-31-2 et 222-48-2, L. n° 2010-121, 8 févr. 2010 et L. n° 2014-873, 4 août 2014). Depuis L. n° 2016-297, 14 mars 2016, ce retrait de l'autorité parentale « *s'étend à tous les enfants mineurs nés au moment du jugement, et donc concerne les frères et sœurs mineurs de la victime, sauf s'il en est déterminé autrement par la juridiction* » (Circ. CRIM 2016-297, 14 mars 2016, n° 2.1). Depuis L. n° 2019-1480, 28 déc. 2019, le retrait peut se limiter à « *l'exercice de l'autorité parentale* ». Si les poursuites ont lieu devant la cour d'assises, celle-ci statue sur cette question sans l'assistance des jurés (C. pén., art. 222-48-2). Sur la suspension et le retrait de l'autorité parentale en cas de violences au sein de la famille, v. n° **16.8F**. • **Dispositions relatives aux agressions sexuelles.** Lorsque le viol « *incestueux* » ou l'agression sexuelle « *incestueuse* » (rédaction rétablie par L. n° 2016-297, 14 mars 2016) est commis contre un mineur par une personne titulaire sur celui-ci de l'autorité parentale, la juridiction de jugement **est tenue** de se prononcer sur le retrait total ou partiel de cette autorité en application des articles 378 et 379-1 du code civil, elle peut aussi statuer sur le retrait de cette autorité pour les frères et sœurs mineurs de la victime. Depuis L. n° 2019-1480, 28 déc. 2019, le retrait peut se limiter à « *l'exercice de l'autorité parentale* ». Si les poursuites ont lieu devant la cour d'assises, celle-ci statue sur cette question sans l'assistance des jurés (C. pén., art. 222-31-2, L. n° 2005-1549, 12 déc. 2005). Sur la suspension et le retrait de l'autorité parentale en cas de violences au sein de la famille, v. n° **16.8F**.

▪ **Retrait du droit à pension du conjoint survivant auteur des faits.** La pension de veuf ou de veuve dont le conjoint survivant est créancier au titre des assurances sociales « *n'est pas due dans le cas où le conjoint survivant est ou a été condamné pour avoir commis à l'encontre de l'époux assuré un crime ou un délit* » prévu par les présentes dispositions (CSS, art. L. 342-1-1 et L. 353-1-1 ; C. rur., art. L. 732-41-1 et L. 732-62 ; C. pens. civ. mil., art. L. 38-1 ; dispositions issues de L. n° 2019-1480, 28 déc. 2019).

▪ **Recevabilité de la constitution de partie civile.** • **Préjudice moral direct des parents.** « *le droit d'exercer l'action civile appartient à tous ceux qui ont personnellement souffert d'un dommage, aussi bien matériel que corporel ou moral, directement causé par l'infraction* », il en résulte que le viol commis sur un mineur est « *de nature à causer directement préjudice non seulement au mineur mais également à ses parents* » (§ 13), la constitution de partie civile des parents est donc recevable, même si l'enfant devenu majeur n'a pas déposé plainte (Crim. 26 févr. 2020, n° 19-82.119, P). • **Préjudice de l'enfant né d'un viol.** « *les proches de la victime d'une infraction sont recevables à rapporter la preuve d'un dommage dont ils ont personnellement souffert et qui découle des faits objet de la poursuite* », est dès lors recevable le demande formée contre son auteur par l'enfant né d'un viol, car « *le préjudice invoqué par la partie civile résultait directement des faits criminels poursuivis* » (Crim. 23 sept. 2010, n° 09-82.438, P n° 139). Il en est de même pour l'enfant né de relations incestueuses imposées par le père (Crim. 23 sept. 2010, n° 09-84.108, P n° 141 ; dans le même sens : Crim. 4 févr. 1998, n° 97-80.305, P n° 43).

RÉGIME DES PEINES

▪ **Rétention de sûreté.** Si les faits ont été commis sur un mineur, ou s'ils sont commis en récidive (L. n° 2010-242, 10 mars 2010), et si elle prononce une peine de réclusion ⩾ 15 ans, la cour d'assises peut expressément prévoir que la personne pourra faire l'objet, en fin de peine, d'un **réexamen de sa situation** en vue d'une éventuelle **rétention de sûreté**. Ce n'est qu'à cette condition préalable qu'une telle mesure pourra être prononcée, en fin de peine, par la **juridiction régionale de la rétention de sûreté**, à l'égard de la personne présentant une particulière dangerosité caractérisée par une probabilité très élevée de récidive résultant d'un **trouble grave de la personnalité** (C. pr. pén., art. 706-53-13, L. n° 2008-174, 25 févr. 2008).

▪ **Inscription au Fijais.** Inscription de plein droit au **Fijais**, suivi renforcé, durée 30 ans (v. n°s 13.32 s.) (C. pr. pén., art. 706-47, 706-53-2, 706-53-4).

▪ ÉLÉMENTS CONSTITUTIFS – QUALIFICATION

✧ Pour avoir à .... [¤ lieu], le .... [¤ date], [⇨A puis le cas échéant B en cas d'infraction incestueuse] :

A. par violence, contrainte, menace ou surprise, commis un acte de pénétration sexuelle ou « *tout acte bucco-génital* » (L. n° 2021-478, 21 avr. 2021) sur la personne de .... [¤ nom de la victime], en l'espèce en .... [¤ description des actes reprochés] (A : *N 1115.cc*) ;

B. [préciser le cas échéant en cas d'infraction incestueuse (L. n° 2016-297, 14 mars 2016)], les faits étant qualifiés d'incestueux comme ayant été commis sur la « victime » (réd. issue L. n° 2018-703, 3 août 2018) ~~personne d'un mineur~~ par un frère, une sœur, un oncle, une tante, « *un grand-oncle, une grand-tante* » (extension issue L. n° 2021-478, 21 avr. 2021), un neveu ou une nièce (NB. Les autres hypothèses de viol incestueux relèvent des cas de viol aggravé) (B : *N 31502.cc*).

Faits prévus et réprimés par les articles : **PERSONNES PHYSIQUES.** 222-22, 222-23, (+ Cas B : 222-31-1 devenu 222-22-3 (L. n° 2021-478, 21 avr. 2021)), 222-31-2, 222-44, 222-45, 222-47, 222-48, 222-48-1 et 222-48-2 du code pénal. **PERSONNES MORALES.** 222-23 et 222-33-1 du code pénal (*N #.cr*). ✧

20.73 Mandat non suivi d'effet de commettre un viol (L. n° 2020-936, 20 juill. 2020)

▪ PEINES

PERSONNE PHYSIQUE

PP Délit. 10 ans d'emprisonnement, 150 000 € (C. pén., art. 222-26-1, L. n° 2020-936, 30 juill. 2020).

PC *Idem* n° 20.72, **sauf** interdiction d'exercer une profession commerciale ou industrielle, de diriger, d'administrer, de gérer ou de contrôler à un titre quelconque, directement ou indirectement, pour son propre compte ou pour le compte d'autrui, une entreprise commerciale ou industrielle ou une société commerciale (C. pén., art. 222-44 1°) (PC 1) et **sauf** suivi socio judiciaire (C. pr. pén., art. 222-48-1) (PC 17).

PERSONNE MORALE

PP Délit. 750 000 € (C. pén., art. 222-26-1, L. n° 2020-936, 30 juill. 2020).

PC *Idem* n° 20.72 (C. pén., art. 222-33-1).

▪ ORIENTEUR

AUTRE QUALIFICATION

▪ **Complicité de viol.** Dans le cas où le mandat de commettre un viol a été suivi d'effet, v. n° 20.72.

▪ **Complicité par enregistrement d'image de l'infraction.** C. pén., art. 222-33-3, v. n° 35.33.

▪ **Diffusion d'image de l'infraction.** V. n° 35.33.

▪ **Autres cas de mandats criminels. • Mandat non suivi d'effet de commettre un assassinat ou un empoisonnement** (C. pén., art. 221-5-1), v. n° 20.6. **• Mandat non suivi d'effet de commettre des actes de torture ou de barbarie (L. n° 2020-936, 30 juill. 2020)** (C. pén., art. 222-6-4), v. n° 20.8. **• Mandat non suivi d'effet de commettre une agression sexuelle (L. n° 2020-936, 20 juill. 2020)** (C. pén., art. 222-30-2), v. n° 20.80. **• Mandat non suivi d'effet de commettre une infraction sexuelle contre un mineur** (C. pén., art. 227-28-3), v. n° 21.37.

ÉLÉMENT LÉGAL

▪ **Application de la loi pénale dans le temps.** Incrimination créée par L. n° 2020-936, 30 juill. 2020.

▪ **Application de la loi pénale dans l'espace.** Les faits sont punissables même si le fait principal doit être commis hors du territoire national (C. pén., art. 222-26-1).

RÉGIME PROCÉDURAL

- **Régime des infractions sexuelles.** Ce régime est **applicable** depuis L. n° 2020-1762, 24 déc. 2020 (C. pr. pén., art. 706-47 3°, v. n° 11.23).

- **Prélèvement des empreintes génétiques.** Le prélèvement des empreintes génétiques de la personne suspectée ou condamnée n'est pas prévu par C. pr. pén., art. 706-55 (v. n°s 13.23 et 13.25).

MESURE CIVILE

- **Retrait de l'autorité parentale.** *Idem* n° 20.72 (C. pén., art. 222-48-2, L. n° 2014-873, 4 août 2014, mod. par L. n° 2016-297, 14 mars 2016 et L. n° 2019-1480, 28 déc. 2019).

- **Retrait du droit à pension du conjoint survivant auteur des faits.** *Idem* n° 20.72 (CSS, art. L. 342-1-1 et L. 353-1-1 ; C. rur., art. L. 732-41-1 et L. 732-62 ; C. pens. civ. mil., art. L. 38-1).

■ ÉLÉMENTS CONSTITUTIFS – QUALIFICATION

✧ Pour avoir à .... [¤ lieu], le .... [¤ date], fait à une personne des offres ou des promesses ou proposé des dons, présents ou avantages quelconques afin qu'elle commette, y compris hors du territoire national, un viol, ce dernier n'ayant été ni commis ni tenté.
Faits prévus et réprimés par les articles : **PERSONNES PHYSIQUES.** 222-26-1, 222-44, 222-45, 222-47, 222-48 et 222-48-2 du code pénal (*N 33640.co*). **PERSONNES MORALES.** 222-26-1 et 222-6-1 du code pénal (*N #.co*). ✧

20.74 Viol aggravé

■ PEINES

PERSONNE PHYSIQUE

PP Crime. 20 ans de réclusion (C. pén., art. 222-24). Cas I : 20 ans (C. pén., art. 132-77, depuis L. n° 2017-86, 27 janv. 2017, anc^{t} art. 222-24 9°).

PC *Idem* n° 20.72 +

Cas G : Confiscation **obligatoire** (L. n° 2012-304, 6 mars 2012, auparavant confiscation facultative) d'une ou plusieurs armes dont le condamné est propriétaire ou dont il a la libre disposition (C. pén., art. 222-44) ;

Cas G : Interdiction **obligatoire,** ⩽ 15 ans, de détention, ou de port d'arme soumise à autorisation (L. n° 2012-304, 6 mars 2012, auparavant interdiction facultative ⩽ 5 ans) (C. pén., art. 222-44).

PERSONNE MORALE

PP PC Crime. *Idem* n° 20.72.

■ ORIENTEUR

AUTRE QUALIFICATION

- **Complicité par enregistrement d'image de l'infraction.** C. pén., art. 222-33-3, v. n° 35.33.
- **Diffusion d'image de l'infraction.** V. n° 35.33.
- **Infractions incestueuses. Qualifications en concours.** V. n° 20.72.
- **Viol sans contrainte ni surprise commis par un majeur sur un mineur (L. n° 2021-478, 21 avr. 2021).** C. pén., art. 222-23-1 et 222-23-2, v. n° 20.75.
- **Administration de substance altérant le discernement en vue d'une agression sexuelle.** Cas Q, v. n° 20.85, la tentative de cette infraction obstacle créée par L. n° 2018-703, 3 août 2018 est également réprimée.
- **Viol commis sous l'empire de substances psychoactives ayant aboli le discernement de l'auteur (L. n° 2022-52, 24 janv. 2022).** C. pén., art. 222-26-2, issu L. n° 2022-52, 24 janv. 2022, v. n° 20.78, lorsque l'état d'ivresse manifeste ou l'emprise manifeste de stupéfiants (**cas** L et M) a entraîné l'abolition du discernement et une déclaration d'irresponsabilité pénale (sur cette qualification alternative, v. n° 14.28D).

ÉLÉMENT LÉGAL

▪ **Constitutionnalité. Inconstitutionnalité de la qualification de viol ou d'agression sexuelle incestueuse résultant de la rédaction de C. pén., art. 222-31-1, issue de L. n° 2010-121, 8 févr. 2010.** V. n° **20.72** (devenu C. pén., art. 222-22-3, L. n° 2021-478, 21 avr. 2021).

▪ **Application de la loi pénale dans le temps. Dispositions relatives aux infractions incestueuses** issues de L. n° 2016-297, 14 mars 2016, modifiée par L. n° 2018-703, 3 août 2018, v. n° **20.72**.

▪ **Application de la loi pénale dans le temps.** Cas *Cbis*, **P** et **Q** : circonstances aggravantes créées par L. n° 2018-703, 3 août 2018.

▪ **Définition. Contrainte et surprise. Infractions incestueuses.** V. n° **20.72**.

▪ **Portée de l'incrimination d'inceste.** V. n° **20.72**.

▪ **Causes d'aggravation. Aggravation résultant de la motivation sexiste de l'acte** (v. aussi ÉLÉMENT MATÉRIEL ci-dessous). La L. n° 2017-86, 27 janv. 2017 a supprimé du texte de l'incrimination la circonstance aggravante tenant à la finalité de discrimination sexuelle des faits. Désormais cette circonstance constitue en effet une cause générale d'aggravation de tous les crimes ou délits, sauf exceptions (C. pén., art. 132-77, v. n° **18.9**). La circonstance aggravante visée au cas **I**, ici maintenue pour des raisons pratiques, tire désormais ses fondements et pénalités de C. pén., art. **132-77** et **222-23**.

ÉLÉMENT MATÉRIEL

▪ **Faits incriminés. • Pénétration sexuelle. • Acte bucco-génital. • Faits commis par un tiers. • Faits réalisés sur elle-même par la victime contrainte.** V. n° **20.72**.

▪ **Aggravation résultant de la motivation sexiste de l'acte. Cas I**, C. pén., art. 132-77, V. n° **20.3** et **18.9**.

▪ **Viol au sein du couple.** Le viol est constitué quelle que soit la nature des relations existant entre l'agresseur et sa victime, y compris s'ils sont unis par les liens du mariage. La présomption selon laquelle « *Dans ce cas, la présomption de consentement des époux à l'acte sexuel ne vaut que jusqu'à preuve contraire* » (C. pén., art. 222-22, L. n° 2006-399, 4 avr. 2006) a été supprimée par L. n° 2010-769, 9 juill. 2010).

ÉLÉMENT INTENTIONNEL

▪ **Dol spécial.** La vulnérabilité, la qualité de la victime (magistrat, juré, avocat...) doit être apparente ou connue de l'auteur.

▪ **Altération du discernement. Cas L** et **M** : la diminution de peine prévue par C. pén., art. 122-1, al. 2 en cas d'altération du discernement n'est pas applicable lorsque « *cette altération résulte d'une consommation volontaire, de façon illicite ou manifestement excessive, de substances psycho-actives* » (C. pén., art. 122-1-2, issu L. n° 2022-52, 24 janv. 2022, sur l'altération du discernement, v. n° **14.29**).

RÉGIME PROCÉDURAL

▪ **Régime des infractions sexuelles.** Applicable (C. pr. pén., art. 706-47 3° ; v. n° **11.23**).

▪ **Régime complet de la criminalité organisée.** Applicable au cas **J** depuis L. n° 2023-22, 24 janv. 2023, en cas de « *viol commis en concours, au sens de C. pén., art. 132-2, avec un ou plusieurs autres viols commis sur d'autres victimes* » (C. pr. pén., art. 706-73 2°*bis*, v. n° **11.21**). Cette extension est jugée conforme à la constitution (Cons. const. 19 janv. 2023, n° 2022-846 DC, § 75).

▪ **Prescription de l'action publique.** *Idem* n° **20.72**.

▪ **Procédure devant la juridiction criminelle. • Compétence de la cour criminelle départementale.** *Idem* n° **20.7** (C. pr. pén., art. 380-16, issu L. n° 2021-1729, 22 déc. 2021). **• Question spécifique pour la qualification d'inceste** (C. pr. pén., art. 356), v. n° **20.72**. **• Question subsidiaire pour la qualification d'atteinte sexuelle** (C. pr. pén., art. 351). **Cas B** : en cas d'accusation d'un majeur pour viol aggravé par la minorité de 15 ans de la victime, « *si l'existence de violences ou d'une contrainte, menace ou surprise a été contestée au cours des débats* », le président est tenu de poser « *la question subsidiaire de la qualification d'atteinte sexuelle sur la personne d'un mineur de quinze ans* » (v. n° **21.35**) (C. pr. pén., art. 351 mod. par L. n° 2018-703, 2 août 2018) (sur les questions subsidiaires dans la procédure d'assises, v. n° **17.33**). **• Question de l'abolition du discernement.** *Idem* n° **20.72** (C. pén., art. **222-26-2** et C pr. pén., art. 706-139-2 issus L. n° 2022-52, 24 janv. 2022 ; sur l'irresponsabilité pénale pour cause de trouble mental, C. pén., art. 122-1, al. 1, v. n° **14.28**).

▪ **Preuve technique et scientifique. Toxicologie.** Cas Q : recherche de molécule de soumission ou de désinhibition, v. nº 14.22A.

▪ **Alimentation du Redex.** *Idem* nº 20.72 (C. pr. pén., art. 706-56-2).

POLITIQUE PUBLIQUE

▪ **Action de sensibilisation. Personnes handicapées. Schéma régional de santé. Objectifs et missions du service public de l'enseignement. Missions du service de l'aide sociale à l'enfance.** V. nº 20.72.

MESURE CIVILE

▪ **Retrait de l'autorité parentale.** *Idem* nº 20.72 (C. pén., art. 222-31-2 et 222-48-2, L. nº 2014-873, 4 août 2014, mod. par L. nº 2016-297, 14 mars 2016 et L. nº 2019-1480, 28 déc. 2019).

▪ **Retrait du droit à pension du conjoint survivant auteur des faits.** *Idem* nº 20.72 (CSS, art. L. 342-1-1 et L. 353-1-1 ; C. rur., art. L. 732-41-1 et L. 732-62 ; C. pens. civ. mil., art. L. 38-1 ; dispositions issues de L. nº 2019-1480, 28 déc. 2019).

RÉGIME DES PEINES

▪ **Rétention de sûreté.** *Idem* nº 20.72. Compte de tenu des circonstances aggravantes, le régime de la rétention de sûreté est ici également applicable lorsque la victime est majeure (C. pr. pén., art. 706-53-13, al. 2).

▪ **Inscription au Fijais.** Inscription de plein droit au **Fijais**, suivi renforcé, durée 30 ans (v. nºs 13.32 s.) (C. pr. pén., art. 706-47, 706-53-2, 706-53-4).

▪ ÉLÉMENTS CONSTITUTIFS – QUALIFICATION

✧ Pour avoir à .... [¤ lieu], le .... [¤ date], par violence, contrainte, menace ou surprise, commis un acte de pénétration sexuelle ou « *tout acte bucco-génital* » (L. nº 2021-478, 21 avr. 2021) sur la personne de .... [¤ nom de la victime], en l'espèce en .... [¤ matérialiser l'infraction], avec cette circonstance que les faits ont [⇨A à Q :]

A. entraîné une mutilation ou infirmité permanente (A : *N **10497.cc***) ;

B. été commis sur un mineur de moins de 15 ans (B : *N **1117.cc***) ;

B1. [préciser le cas échéant dans le cas B en cas d'infraction incestueuse (L. nº 2016-297, 14 mars 2016)], les faits étant qualifiés d'incestueux comme ayant été commis sur la « *victime* » (réd. issue L. nº 2018-703, 3 août 2018) ~~personne d'un mineur~~ par (C. pén., art. 222-31-1 devenu 222-22-3 (L. nº 2021-478, 21 avr. 2021)) (B1 : *N **31501.cc***) [⇨B1.1 à B1.3 :]

B1a. un ascendant ;

B1b. un frère, une sœur, un oncle, une tante, « *un grand-oncle, une grand-tante* » (extension issue L. nº 2021-478, 21 avr. 2021), un neveu ou une nièce ;

B1c. le conjoint, le concubin ou le partenaire lié par un pacte civil de solidarité, ayant sur le mineur une autorité de droit ou de fait, d'un ascendant, d'un frère, d'une sœur, d'un oncle, d'une tante, « *d'un grand-oncle, d'une grand-tante* » (extension issue L. nº 2021-478, 21 avr. 2021), d'un neveu ou d'une nièce de la victime ;

C. été commis sur une personne qu'il (elle) savait particulièrement vulnérable en raison de son état physique ou mental (C : *N **1116.cc***) ;

C bis. été commis sur une personne dont la particulière vulnérabilité ou dépendance résultant de la précarité de sa situation économique ou sociale est apparente ou connue de l'auteur (aggravation créée par L. nº 2018-703, 3 août 2018) (*Cbis* : *N **32906.cc***) ;

D. été commis par un ascendant (D1 : *N **27520.cc***) ou par toute autre personne ayant sur la victime une autorité de droit ou de fait (réd. L. nº 2010-121, 8 févr. 2010) (D2 : *N **27522.cc***) ;

D3. [préciser le cas échéant dans le cas D en cas d'infraction incestueuse (L. nº 2016-297, 14 mars 2016)], les faits étant qualifiés d'incestueux comme ayant été commis sur la « *victime* » (réd. issue L. nº 2018-703, 3 août 2018) ~~personne d'un mineur~~ par (D3-1 : *N **27519.cc*** (viol par ascendant) ou D3-2 : *N **31500.cc*** (viol par personne ayant autorité)) (C. pén., art. 222-31-1 devenu 222-22-3 (L. nº 2021-478, 21 avr. 2021)) [⇨D3a à D3c :]

D3a. un ascendant ;

D3b. un frère, une sœur, un oncle, une tante, « *un grand-oncle, une grand-tante* » (extension issue L. nº 2021-478, 21 avr. 2021), un neveu ou une nièce ;

D3c. le conjoint, le concubin ou le partenaire lié par un pacte civil de solidarité, ayant sur le mineur une autorité de droit ou de fait, d'un ascendant, d'un frère, d'une sœur, d'un oncle, d'une tante, « *d'un grand-oncle, d'une grand-tante* » (extension issue L. n° 2021-478, 21 avr. 2021), d'un neveu ou d'une nièce de la victime ;

E. été commis en abusant de l'autorité conférée par ses fonctions (E : *N 1121.cc*) ;

F. été commis en réunion (F : *N **1119.cc***) ;

G. été commis avec usage ou menace d'une arme (G : *N **1118.cc***) ;

H. été commis sur une victime mise en contact avec l'auteur des faits grâce à l'utilisation d'un réseau de « communication électronique » (réd. L. n° 2011-525, 17 mai 2011) diffusant des messages vers un public non déterminé (L. n° 98-468, 17 juin 1998) (H : *N **21708.cc***) ;

I. été commis à raison « du sexe, de l'orientation sexuelle ou de l'identité de genre » (L. n° 2017-86, 27 janv. 2017) [au lieu de « l'orientation « ou identité » sexuelle (L. n° 2012-954, 6 août 2012)] de la victime (L. n° 2003-239, 18 mars 2003, art. 47) (C. pén., art. 132-77 et 222-23, anc^{t} 222-24, L. n° 2017-86, 27 janv. 2017) (I : *N **23813.cc***) ;

J. été commis en concours avec un ou plusieurs autres viols commis sur d'autres victimes (L. n° 2005-1549, 12 déc. 2005, art. 32) (J : *N **26247.cc***) ;

K. été commis « par le conjoint ou le concubin de la victime ou le partenaire lié à la victime par un pacte civil de solidarité » ou par l'ancien conjoint, concubin ou partenaire (C. pén., art. 132-80) [L. n° 2006-399, 4 avr. 2006] (K : *N **25834.cc***) ;

L. été commis par une personne agissant en état d'ivresse manifeste (L. n° 2007-297, 5 mars 2007) (L : *N **26257.cc***) ;

M. été commis par une personne agissant sous l'emprise manifeste de produits stupéfiants (L. n° 2007-297, 5 mars 2007) (M : *N **26326.cc***) ;

O. été commis sur une personne qui se livre à la prostitution, y compris de façon occasionnelle, les faits ayant été commis dans l'exercice de cette activité (aggravation créée par L. n° 2016-444, 13 avr. 2016, *JO* 15 avr. 2016) (O : *N **31578.cc***) ;

P. été commis en présence d'un mineur (aggravation créée par L. n° 2018-703, 3 août 2018) (P : *N **32907.cc***) ;

Q. été commis alors qu'une substance a été administrée à la victime, à son insu, afin d'altérer son discernement et le contrôle de ses actes (aggravation créée par L. n° 2018-703, 3 août 2018) (Q : *N **32908.cc***).

Faits prévus et réprimés par les articles : **PERSONNES PHYSIQUES.** 222-22, 222-23, (+ 222-31-1 devenu 222-22-3 (L. n° 2021-478, 21 avr. 2021) en cas d'infraction incestueuse), 222-31-2, 222-24, 222-44, 222-45, 222-47, 222-48, 222-48-1 et 222-48-2 du code pénal. **PERSONNES MORALES.** 222-23, 222-24 et 222-33-1 du code pénal (*N #.cr*). ✧

20.75 Viol sans contrainte ni surprise commis par un majeur sur un mineur (L. n° 2021-478, 21 avr. 2021)

■ PEINES

PERSONNE PHYSIQUE

PP Crime. 20 ans de réclusion (C. pén., art. 222-23-3).

PC *Idem* n° 20.72.

PERSONNE MORALE

PP PC Crime. *Idem* n° 20.72.

■ ORIENTEUR

AUTRE QUALIFICATION

- Agression sexuelle sans contrainte ni surprise commise par un majeur sur un mineur (L. n° 2021-478, 21 avr. 2021). En l'absence de pénétration sexuelle ou d'acte bucco-génital, C. pén., art. 222-29-2 et 222-29-3, v. n° 20.82.
- Complicité par enregistrement d'image de l'infraction. C. pén., art. 222-33-3, v. n° 35.33.
- Diffusion d'image de l'infraction. V. n° 35.33.

▪ **Infractions incestueuses. Qualifications en concours.** V. nº 20.72.

ÉLÉMENT LÉGAL

▪ **Application de la loi pénale dans le temps. Incriminations** issues de L. nº 2021-478, 21 avr. 2021 visant à protéger les mineurs des crimes et délits sexuels et de l'inceste, publiée au *JO* le 22 avr. 2021. Pour les faits commis par un majeur sur un mineur avant cette date ou pour les faits commis par un mineur sur un mineur, v. nº 20.72 et 20.74).

▪ **Constitutionnalité.** Cas A : « *le législateur a interdit tout acte de pénétration sexuelle ou bucco-génital entre un majeur et un mineur de quinze ans, lorsque la différence d'âge entre eux est d'au moins cinq ans. D'une part, cette incrimination, dont la caractérisation n'exige pas que ces actes soient commis avec violence, contrainte, menace ou surprise, ne repose pas sur une présomption d'absence de consentement de la victime. D'autre part, il appartient aux autorités de poursuite de rapporter la preuve de l'ensemble de ses éléments constitutifs* » (§ 16) ; « *Dès lors, les dispositions contestées n'ont ni pour objet ni pour effet d'instituer une présomption de culpabilité. Le grief tiré de la méconnaissance du principe de la présomption d'innocence doit donc être écarté* » (§ 17) ; « *Si les faits [...] sont susceptibles d'entrer dans le champ d'application du crime de viol aggravé commis sur un mineur de quinze ans [...], ils sont punis, à la différence de ceux réprimés par cette dernière infraction, même lorsqu'ils sont commis sans violence, contrainte, menace ou surprise et supposent qu'il existe entre l'auteur majeur et la victime mineure une différence d'âge d'au moins cinq ans* » (§ 23) ; « *Il en résulte que ces deux infractions punissent des agissements de nature différente. Le grief tiré de la méconnaissance du principe d'égalité devant la loi pénale doit donc être écarté* » (§ 24) ; enfin, en réprimant ces faits d'une peine de 20 ans de réclusion criminelle « *le législateur, qui a entendu renforcer la protection de ces mineurs victimes d'infractions sexuelles, n'a pas institué une peine manifestement disproportionnée* » (§ 26) (Cons. const. 21 juill. 2023, nº 2023-1058 QPC).

▪ **Portée de l'incrimination d'inceste.** V. nº 20.72.

ÉLÉMENT MATÉRIEL

▪ **Faits incriminés. • Pénétration sexuelle. • Acte bucco-génital. • Faits commis par un tiers. • Faits réalisés sur elle-même par la victime contrainte.** V. nº 20.72. **• Indifférence de la contrainte ou de la surprise.** Si les conditions de majorité de l'auteur et d'âge du mineur victime âgé de moins de 15 ans, d'écart d'âge d'au moins cinq ans entre l'auteur majeur et la victime de moins de 15 ans, de situation prostitutionnelle de la victime âgée de moins de 15 ans, ou du caractère incestueux de la relation sexuelle entre un majeur et un mineur quel que soit l'âge de ce dernier sont réunies, l'incrimination de viol est constituée nonobstant l'absence de violence, de contrainte, de menace ou de surprise et les présomptions de contrainte morale ou de surprise énoncées par C. pén., art. 222-22-1 sont indifférentes. Dans le cas contraire, la contrainte ou la surprise doivent être caractérisées par référence au C. pén., art. 222-23-1 (v. nº 20.72 et 20.74). **• Indifférence de l'âge du mineur ou du majeur en cas d'infraction incestueuse.** Cas C : l'infraction est caractérisée quel que soit l'âge du mineur et quelle que soit l'écart d'âge entre le majeur et le mineur victime lorsque les faits sont qualifiés d'incestueux (C. pén., art. 222-23-2). **• Indifférence du consentement de la victime mineure.** L'infraction est précisément caractérisée par l'absence de violence, de contrainte, de menace ou de surprise et la preuve du consentement de la victime est inopérante pour exonérer l'auteur. Dans les relations sexuelles entre un mineur et un majeur, la loi pose en effet implicitement le principe d'une « majorité sexuelle » à 15 ans, qui est élevée à 18 ans en cas de relation avec un membre du cercle familial, seuils en de ça desquels le mineur est réputé de manière irréfragable ne pouvoir librement consentir. L'auteur majeur extérieur au cercle familial n'est exonéré que lorsque sa différence d'âge avec le mineur de 15 ans est inférieure à 5 ans. Notons que la majorité sexuelle est aussi élevée à l'âge de 18 ans pour les relations entre le mineur et toute personne majeure ayant autorité sur lui (C pén., art. 227-27, v. nº 21.36). Mentionnons enfin que « *l'attribution au consentement d'un mineur de moins de quinze ans d'un poids équivalent à celui d'un adulte ne peut en aucun cas être admissible dans le cadre d'une affaire d'exploitation et d'abus sexuels* » (§ 115) (CEDH 9 févr. 2021, nº 40591/11, *N. Ç. c/ Turquie*).

▪ **Concours de qualifications.** L. nº 2021-478, 21 avr. 2021, répute désormais comme viol ou agression sexuelle les actes sexuels commis sans contrainte ou surprise par un majeur sur un mineur selon les conditions d'âge fixées par 222-23-1 et 222-23-2 ou 222-29-2 et 222-29-3, alors que ces faits restent également qualifiés « d'atteinte sexuelle » par C. pén., art. 227-25 à 227-27 (v. nº 21.35 et 21.36).

RÉGIME PROCÉDURAL

- **Régime des infractions sexuelles.** Applicable (C. pr. pén., art. 706-47 3° ; v. n° 11.23).
- **Prescription de l'action publique.** *Idem* n° 20.72.
- **Procédure devant la juridiction criminelle. • Question spécifique pour la qualification d'inceste** (C. pr. pén., art. 356), v. n° 20.72. **• Question de l'abolition du discernement.** *Idem* n° 20.72 (C. pén., art. 222-26-2 et C pr. pén., art. 706-139-2 issus L. n° 2022-52, 24 janv. 2022 ; sur l'irresponsabilité pénale pour cause de trouble mental, C. pén., art. 122-1, al. 1, v. n° 14.28).
- **Alimentation du Redex.** *Idem* n° 20.72 (C. pr. pén., art. 706-56-2).

POLITIQUE PUBLIQUE

- **Action de sensibilisation. Personnes handicapées. Schéma régional de santé. Objectifs et missions du service public de l'enseignement. Missions du service de l'aide sociale à l'enfance.** V. n° 20.72.

MESURE CIVILE

- **Retrait de l'autorité parentale.** *Idem* n° 20.72 (C. pén., art. 222-31-2 et 222-48-2, L. n° 2014-873, 4 août 2014, mod. par L. n° 2016-297, 14 mars 2016 et L. n° 2019-1480, 28 déc. 2019).
- **Retrait du droit à pension du conjoint survivant auteur des faits.** *Idem* n° 20.72 (CSS, art. L. 342-1-1 et L. 353-1-1 ; C. rur., art. L. 732-41-1 et L. 732-62 ; C. pens. civ. mil., art. L. 38-1 ; dispositions issues de L. n° 2019-1480, 28 déc. 2019).

RÉGIME DES PEINES

- **Période de sûreté.** Si peine ferme ⩾ 10 ans → a) de plein droit = 1/2 de la peine, ou < sur décision spéciale ; b) sur décision spéciale = 2/3 de la peine (C. pén., art. 222-25, 132-23, al. 1 et 2). Sur la période de sûreté, v. n° 18.7C1.
- **Rétention de sûreté.** *Idem* n° 20.74.
- **Inscription au Fijais.** Inscription de plein droit au **Fijais**, suivi renforcé, durée 30 ans (v. n°s 13.32 s.) (C. pr. pén., art. 706-47, 706-53-2, 706-53-4).

■ ÉLÉMENTS CONSTITUTIFS – QUALIFICATION

✧ Pour avoir à .... [¤ lieu], le .... [¤ date], **étant majeur**, commis un acte de pénétration sexuelle ou tout acte bucco-génital, en l'espèce en .... [¤ matérialiser l'infraction], sur la personne de .... [¤ nom de la victime] [⇨A à C :]

A. mineur de moins de 15 ans, alors qu'il existait entre l'auteur et la victime une différence d'âge d'au moins cinq ans (C. pén., art. 222-23-1, al. 1) (A : *N 33919.cr*) ;

B. mineur de moins de 15 ans, les faits ayant été commis en échange d'une rémunération, d'une promesse de rémunération, de la fourniture d'un avantage en nature ou de la promesse d'un tel avantage (C. pén., art. 222-23-1, al. 2) (B : *N 33920.cr*) ;

C. mineur, les faits étant qualifiés d'incestueux comme ayant été commis par (C. pén., art. 222-22-3, 222-23-2) [⇨C1 à C3 :]

C1. un ascendant (C1 : *N 33925.cr*) ;

C2. un frère, une sœur, un oncle ou un grand-oncle, une tante ou une grand-tante, un neveu ou une nièce, ayant sur le mineur une autorité de droit ou de fait (C2 : *N 33926.cr*) ;

C3. le conjoint, le concubin ou le partenaire lié par un pacte civil de solidarité, ayant sur le mineur une autorité de droit ou de fait, d'un ascendant, d'un frère, d'une sœur, d'un oncle ou d'un grand-oncle, d'une tante ou d'une grand-tante, d'un neveu ou d'une nièce de la victime (C3 : *N 33926.cr*).

Faits prévus et réprimés par les articles : **PERSONNES PHYSIQUES.** 222-22, 222-23, 222-23-3, (+ articles de la formule sélectionnée) 222-31-2, 222-44, 222-45, 222-47, 222-48, 222-48-1 et 222-48-2, du code pénal. **PERSONNES MORALES.** 222-22, 222-23, 222-23-3 et 222-33-1 du code pénal (*N #.cr*). ✧

20.76 Viol ayant entraîné la mort

■ PEINES

PERSONNE PHYSIQUE

PP Crime. 30 ans de réclusion (C. pén., art. 222-25).

PC *Idem* n° 20.72.

PERSONNE MORALE

PP PC Crime. *Idem* n° 20.72.

■ ORIENTEUR

AUTRE QUALIFICATION

▪ **Complicité par enregistrement d'image de l'infraction.** C. pén., art. 222-33-3, v. n° 35.33.

▪ **Diffusion d'image de l'infraction.** V. n° 35.33.

▪ **Infractions incestueuses. Qualifications en concours.** V. n° 20.72.

ÉLÉMENT LÉGAL

▪ **Constitutionnalité. Inconstitutionnalité de la qualification de viol ou d'agression sexuelle incestueuse résultant de la rédaction de C. pén., art. 222-31-1, issue de L. n° 2010-121, 8 févr. 2010.** V. n° 20.72 (devenu C. pén., art. 222-22-3, L. n° 2021-478, 21 avr. 2021).

▪ **Application de la loi pénale dans le temps. Dispositions relatives aux infractions incestueuses** issues de L. n° 2016-297, 14 mars 2016, modifiée par L. n° 2018-703, 3 août 2018, v. n° 20.72.

▪ **Définition. Contrainte et surprise. Infractions incestueuses.** V. n° 20.72.

▪ **Portée de l'incrimination d'inceste.** V. n° 20.72.

ÉLÉMENT MATÉRIEL

▪ **Médecine légale. • Notion de mort.** *Idem* n° 20.1.

▪ **Faits incriminés. • Pénétration sexuelle. • Acte bucco-génital. • Faits commis par un tiers. • Faits réalisés sur elle-même par la victime contrainte.** V. n° 20.72.

RÉGIME PROCÉDURAL

▪ **Régime des infractions sexuelles.** Applicable (C. pr. pén., art. 706-47 3° ; v. n° 11.23).

▪ **Prescription de l'action publique.** *Idem* n° 20.72.

▪ **Procédure devant la juridiction criminelle. • Question spécifique pour la qualification d'inceste** (C. pr. pén., art. 356), v. n° 20.72. **• Question de l'abolition du discernement.** *Idem* n° 20.72 (C. pén., art. 222-26-2 et C pr. pén., art. 706-139-2 issus L. n° 2022-52, 24 janv. 2022 ; sur l'irresponsabilité pénale pour cause de trouble mental, C. pén., art. 122-1, al. 1, v. n° 14.28).

▪ **Alimentation du Redex.** *Idem* n° 20.72 (C. pr. pén., art. 706-56-2).

POLITIQUE PUBLIQUE

▪ **Action de sensibilisation. Personnes handicapées. Schéma régional de santé. Objectifs et missions du service public de l'enseignement. Missions du service de l'aide sociale à l'enfance.** V. n° 20.72.

MESURE CIVILE

▪ **Retrait de l'autorité parentale.** *Idem* n° 20.72 (C. pén., art. 222-31-2 et 222-48-2, L. n° 2014-873, 4 août 2014, mod. par L. n° 2016-297, 14 mars 2016 et L. n° 2019-1480, 28 déc. 2019).

▪ **Retrait du droit à pension du conjoint survivant auteur des faits.** *Idem* n° 20.72 (CSS, art. L. 342-1-1 et L. 353-1-1 ; C. rur., art. L. 732-41-1 et L. 732-62 ; C. pens. civ. mil., art. L. 38-1 ; dispositions issues de L. n° 2019-1480, 28 déc. 2019).

RÉGIME DES PEINES

▪ **Période de sûreté.** Si peine ferme ⩾ 10 ans → a) de plein droit = 1/2 de la peine, ou < sur décision spéciale ; b) sur décision spéciale = 2/3 de la peine (C. pén., art. 222-25, 132-23, al. 1 et 2). Sur la période de sûreté, v. n° 18.7C1.

▪ **Rétention de sûreté.** *Idem* n° 20.74.

▪ **Inscription au Fijais.** Inscription de plein droit au **Fijais**, suivi renforcé, durée 30 ans (v. n°s 13.32 s.) (C. pr. pén., art. 706-47, 706-53-2, 706-53-4).

■ ÉLÉMENTS CONSTITUTIFS – QUALIFICATION

✧ Pour avoir à .... [¤ lieu], le .... [¤ date], [⇨A puis le cas échéant B : en cas d'infraction incestueuse] :

A. par violence, contrainte, menace ou surprise, commis un acte de pénétration sexuelle ou « *tout acte bucco-génital* » (L. nº 2021-478, 21 avr. 2021) sur la personne de .... [¤ nom de la victime], en l'espèce en .... [¤ matérialiser l'infraction], avec cette circonstance que les faits ont entraîné la mort de la victime (A : *N 10498.cr*).

B. [préciser le cas échéant en cas d'infraction incestueuse (L. nº 2016-297, 14 mars 2016)], les faits étant qualifiés d'incestueux comme ayant été commis sur la « *victime* » (réd. issue L. nº 2018-703, 3 août 2018) ~~personne d'un mineur~~ par (B : *N 31503.cr*) [⇨B1 à B3 :]

B1.°un ascendant ;

B2.°un frère, une sœur, un oncle, une tante, « *un grand-oncle, une grand-tante* » (extension issue L. nº 2021-478, 21 avr. 2021), un neveu ou une nièce ;

B3.°le conjoint, le concubin ou le partenaire lié par un pacte civil de solidarité, ayant sur le mineur une autorité de droit ou de fait, d'un ascendant, d'un frère, d'une sœur, d'un oncle, d'une tante, « *d'un grand-oncle, d'une grand-tante* » (extension issue L. nº 2021-478, 21 avr. 2021), d'un neveu ou d'une nièce de la victime ;

Faits prévus et réprimés par les articles : **PERSONNES PHYSIQUES.** 222-22, 222-23, 222-25, (+ Cas B : 222-31-1 devenu 222-22-3 (L. nº 2021-478, 21 avr. 2021)), 222-31-2, 222-44, 222-45, 222-47, 222-48, 222-48-1 et 222-48-2, du code pénal. **PERSONNES MORALES.** 222-23, 222-25 et 222-33-1 du code pénal (*N #.cr*). ✧

20.77 Viol accompagné de tortures ou d'actes de barbarie

■ PEINES

PERSONNE PHYSIQUE

PP Crime. Réclusion à perpétuité (C. pén., art. 222-26).

PC *Idem* nº 20.72.

PERSONNE MORALE

PP PC Crime. *Idem* nº 20.72.

■ ORIENTEUR

AUTRE QUALIFICATION

▪ **Complicité par enregistrement d'image de l'infraction.** C. pén., art. 222-33-3, v. nº 35.33.

▪ **Diffusion d'image de l'infraction.** V. nº 35.33.

▪ **Infractions incestueuses. Qualifications en concours.** V. nº 20.72.

ÉLÉMENT LÉGAL

▪ **Constitutionnalité. Inconstitutionnalité de la qualification de viol ou d'agression sexuelle incestueuse résultant de la rédaction de C. pén., art. 222-31-1, issue de L. nº 2010-121, 8 févr. 2010.** V. nº 20.72 (devenu C. pén., art. 222-22-3, L. nº 2021-478, 21 avr. 2021).

▪ **Application de la loi pénale dans le temps. Dispositions relatives aux infractions incestueuses** issues de L. nº 2016-297, 14 mars 2016, modifiée par L. nº 2018-703, 3 août 2018, v. nº 20.72.

▪ **Définition. • Contrainte et surprise. Infractions incestueuses.** V. nº 20.72. **• Acte de torture ou de barbarie.** V. nº 20.7.

▪ **Portée de l'incrimination d'inceste.** V. nº 20.72.

ÉLÉMENT MATÉRIEL

▪ **Faits incriminés. • Pénétration sexuelle. • Acte bucco-génital. • Faits commis par un tiers. • Faits réalisés sur elle-même par la victime contrainte.** V. nº 20.72.

▪ **Tortures ou actes de barbarie et violences.** Justifie sa décision la CHINS qui estime, pour la victime d'un viol, que « *quel que soit l'âge de la victime et son ressenti, le fait pour elle d'être entravée, tout en ayant les yeux bandés, ne saurait s'analyser en une atteinte suffisamment caractérisée à la dignité humaine* » (§ 11) et « *que ces agissements n'établissent pas l'élément matériel de la circonstance aggravante de tortures ou actes de barbarie, et sont l'un des éléments constitutifs du crime de viol, en l'occurrence la violence* » (§ 12), étant relevé que « *le président de la cour d'assises, statuant en première instance comme en appel, garde le pouvoir, si cette circonstance résulte des débats, de la soumettre à la cour et au jury en application de C pr. pén., art. 350* » (§ 14) (Crim. 28 juill. 2021, nº 21-83.027, D) (sur les questions spéciales portant sur les circonstance aggravantes posées devant la cour d'assises ou la cour criminelle départementale, v. nº 17.33).

RÉGIME PROCÉDURAL

▪ **Régime des infractions sexuelles.** Applicable (C. pr. pén., art. 706-47 3° ; v. nº 11.23).

▪ **Prescription de l'action publique.** *Idem* nº 20.72.

▪ **Procédure devant la juridiction criminelle. • Question spécifique pour la qualification d'inceste** (C. pr. pén., art. 356), v. nº 20.72. **• Question de l'abolition du discernement.** *Idem* nº 20.72 (C. pén., art. 222-26-2 et C pr. pén., art. 706-139-2 issus L. nº 2022-52, 24 janv. 2022 ; sur l'irresponsabilité pénale pour cause de trouble mental, C. pén., art. 122-1, al. 1, v. nº 14.28).

▪ **Alimentation du Redex**. *Idem* nº 20.72 (C. pr. pén., art. 706-56-2).

POLITIQUE PUBLIQUE

▪ **Action de sensibilisation. Personnes handicapées. Schéma régional de santé. Objectifs et missions du service public de l'enseignement. Missions du service de l'aide sociale à l'enfance.** V. nº 20.72.

MESURE CIVILE

▪ **Retrait de l'autorité parentale.** *Idem* nº 20.72 (C. pén., art. 222-31-2 et 222-48-2, L. nº 2014-873, 4 août 2014, mod. par L. nº 2016-297, 14 mars 2016 et L. nº 2019-1480, 28 déc. 2019).

▪ **Retrait du droit à pension du conjoint survivant auteur des faits.** *Idem* nº 20.72 (CSS, art. L. 342-1-1 et L. 353-1-1 ; C. rur., art. L. 732-41-1 et L. 732-62 ; C. pens. civ. mil., art. L. 38-1 ; dispositions issues de L. nº 2019-1480, 28 déc. 2019).

RÉGIME DES PEINES

▪ **Période de sûreté.** Si peine ferme ⩾ 10 ans → a) de plein droit = 1/2 de la peine ou 18 ans si perpétuité, ou < sur décision spéciale ; b) sur décision spéciale = 2/3 de la peine ou 22 ans si perpétuité (C. pén., art. 222-26, 132-23, al. 1 et 2). Sur la période de sûreté, v. nº 18.7C1.

▪ **Rétention de sûreté.** *Idem* nº 20.74.

▪ **Inscription au Fijais.** Inscription de plein droit au **Fijais**, suivi renforcé, durée 30 ans (v. nºs 13.32 s.) (C. pr. pén., art. 706-47, 706-53-2, 706-53-4).

▪ ÉLÉMENTS CONSTITUTIFS – QUALIFICATION

✧ Pour avoir à .... [¤ lieu], le .... [¤ date], [⇨A puis le cas échéant B en cas d'infraction incestueuse] :

A. par violence, contrainte, menace ou surprise, commis un acte de pénétration sexuelle ou « *tout acte bucco-génital* » (L. nº 2021-478, 21 avr. 2021) sur la personne de .... [¤ nom de la victime], en l'espèce en .... [¤ matérialiser l'infraction], avec cette circonstance que les faits ont été précédés, accompagnés ou suivis de tortures ou d'actes de barbarie (A : *N* ***10499****.cr*) ;

B. [préciser le cas échéant en cas d'infraction incestueuse (L. nº 2016-297, 14 mars 2016)], les faits étant qualifiés d'incestueux comme ayant été commis sur la « *victime* » (réd. issue L. nº 2018-703, 3 août 2018) ~~personne d'un mineur~~ par (B : *N* ***31503****.cr*) [⇨B1 à B3 :]

B1.°un ascendant ;

B2.°un frère, une sœur, un oncle, une tante, « *un grand-oncle, une grand-tante* » (extension issue L. nº 2021-478, 21 avr. 2021), un neveu ou une nièce ;

B3.°le conjoint, le concubin ou le partenaire lié par un pacte civil de solidarité, ayant sur le mineur une autorité de droit ou de fait, d'un ascendant, d'un frère, d'une sœur, d'un oncle, d'une tante, « *d'un grand-oncle, d'une grand-tante* » (extension issue L. nº 2021-478, 21 avr. 2021), d'un neveu ou d'une nièce du mineur victime ;

Faits prévus et réprimés par les articles : **PERSONNES PHYSIQUES.** 222-22, 222-23, 222-26, (+ Cas B : 222-31-1 devenu 222-22-3 (L. nº 2021-478, 21 avr. 2021)), 222-31-2, 222-44, 222-45, 222-47, 222-48, 222-48-1 et 222-48-2 du code pénal. **PERSONNES MORALES.** 222-23, 222-26, et 222-33-1 du code pénal (*N #.cr*). ✧

20.78 Viol commis sous l'empire de substances psychoactives ayant aboli le discernement de l'auteur (L. nº 2022-52, 24 janv. 2022)

▪ PEINES

PERSONNE PHYSIQUE

PP Délit. Cas A et B 10 ans d'emprisonnement, 150 000 € (C. pén., art. 222-26-2 [incrimination créée par L. nº 2022-52, 24 janv. 2022]).

Cas C : 7 ans d'emprisonnement, 100 000 € (C. pén., art. 222-16-2 [incrimination créée par L. nº 2022-52, 24 janv. 2022]).

Crime. Cas AD et BD : 15 ans réclusion criminelle (C. pén., art. 222-26-2 [incrimination créée par L. nº 2022-52, 24 janv. 2022]).

Cas CD : 10 ans d'emprisonnement, 150 000 € (C. pén., art. 222-26-2 [incrimination créée par L. nº 2022-52, 24 janv. 2022]).

PC *Idem* nº 20.72 (C. pén., art. 222-44, 222-45, 222-47, 222-48 et 222-48-1).

PERSONNE MORALE

PP Délit. Amende encourue égale au quintuple du montant prévu pour les personnes physiques, 1 000 000 € dans les cas AD et BD (C. pén., art. 222-26-2 et 131-38).

PC Néant.

▪ ORIENTEUR

AUTRE QUALIFICATION

▪ **Viol aggravé** (C. pén., art. 222-24, v. nº 20.74), ▪ **Viol ayant entraîné la mort** (C. pén., art. 222-25, v. nº 20.76, ▪ **Viol accompagné de tortures ou d'actes de barbarie** (C. pén., art. 222-26, v. nº 20.77), lorsque les faits sont commis en état d'ivresse manifeste ou sous l'emprise manifeste de stupéfiants et que l'abolition du discernement n'a pas été retenue.

▪ **Atteinte à la vie commise sous l'empire de substances psychoactives ayant aboli le discernement.** C. pén., art. 221-5-6, v. nº 20.5.

ÉLÉMENT LÉGAL

▪ **Application de la loi pénale dans le temps.** Incrimination créée par L. nº 2022-52, 24 janv. 2022, relative à la responsabilité pénale et à la sécurité intérieure.

▪ **Condition préalable.** L'infraction suppose qu'à raison de faits matériels de viol simple ou aggravé visés dans la prévention, le mis en cause a préalablement fait l'objet, en application de C. pén., art. 122-1, al. 1, d'une déclaration d'irresponsabilité pénale en raison de l'abolition temporaire de son discernement résultant de sa consommation volontaire de substances psychoactives (sur l'abolition du discernement et la déclaration d'irresponsabilité pénale, v. nº 14.28B).

▪ **Définition. Définition de l'acte de torture ou de barbarie.** V. nº 20.7.

ÉLÉMENT MATÉRIEL

▪ **Réitération de la déclaration d'irresponsabilité.** Cas B : l'existence d'une précédente déclaration d'irresponsabilité pénale pour des faits d'homicide volontaire commis sous l'empire de substances psychoactives constitue une circonstance aggravante. La loi ne fixe pas de condition de délai entre la première décision et les nouveaux faits. Il y a lieu de considérer que la première décision doit avoir acquis un caractère définitif pour constituer le premier terme de la réitération. En revanche, l'aggravation résultant de la récidive est exclue dans ce cas (v. régime des peines).

ÉLÉMENT INTENTIONNEL

▪ **Connaissance des propriétés de la substance psychoactive.** La personne doit avoir eu « *connaissance du fait que cette consommation est susceptible de la conduire à mettre délibérément autrui en danger* » (C. pén., art. 222-26-2). Sur la notion de substance psychoactive et la connaissance de ses propriétés par l'auteur, v. nº 14.28D4.

RÉGIME PROCÉDURAL

▪ **Régime des infractions sexuelles.** Ce régime n'est **pas applicable**, l'infraction réprimée par C. pén., art. 222-26-2 ne figurant pas dans la liste prévue par C. pr. pén., art. 706-47 (sur le régime des infractions sexuelles et de grande violence, v. nº 11.23).

▪ **Règlement de l'information.** Le juge d'instruction est tenu de préalablement déclarer dans son ordonnance de règlement que la personne est pénalement irresponsable de l'infraction de viol simple ou aggravé en raison de la consommation volontaire de substances psychoactives ayant aboli son discernement (C. pr. pén., art. 706-39-1, issu L. n° 2022-52, 24 janv. 2022, v. n° **14.28D2**).

▪ **Absence d'obligation de communication du contrôle judiciaire à l'employeur public ou l'autorité de contrôle.** L'obligation du parquet d'informer l'employeur ou l'autorité de contrôle de la décision de contrôle judiciaire comportant « *obligation de ne pas exercer une activité impliquant un contact habituel avec des mineurs* » prévue par C. pr. pén., art. 138, 12° *bis* (issu de L. n° 2016-457, 14 avr. 2016) (C. pr. pén., art. 706-47-4, L. n° 2016-457, 14 avr. 2016) (v. n° **11.23D**) n'est pas applicable pour l'infraction prévue par C. pén., art. 222-18-4. Elle l'est en revanche dans le cours de l'information pour l'infraction principale de viol simple ou aggravé tant qu'elle n'a pas encore donné lieu à un déclaration d'irresponsabilité (v. sur ce point n° **11.23**).

▪ **Prélèvement des empreintes génétiques** de la personne suspectée ou condamnée (C. pr. pén., art. 706-54 et 706-55 1° (mod. par L. n° 2022-52, 24 janv. 2022), v. n^os^ **13.23** et **13.25**). Sur la **sanction** du refus de prélèvement, v. n° **25.35**.

▪ **Alimentation du Redex.** Centralisation des examens de personnalité au fichier **Redex** à tous les stades de la procédure (C. pr. pén., art. 706-56-2 ; C. pén., art. 222-48-1) (v. n° **13.41**).

MESURE CIVILE

▪ **Retrait de l'autorité parentale.** *Idem* n° **20.72** (C. pén., art. 222-48-2).

RÉGIME DES PEINES

▪ **Neutralisation des règles relatives à la récidive. Cas D** : les dispositions relatives à la récidive générale et perpétuelle (C. pén., art. 132-8) et à la récidive générale et temporaire (C. pén., art. 132-9) ne sont pas applicables en cas de réitération (C. pén., art. 221-5-6) (sur ces règles, v. n° **18.5B**).

▪ **Inscription au Fijais.** L'infraction prévue par C. pén., art. 222-26-2 ne donne pas lieu en tant que telle à une inscription au Fijais car elle ne figure pas dans la liste prévue par C. pr. pén., art. 706-47. En revanche, lorsque le fait principal est un crime de viol simple ou aggravé (C. pr. pén., art. 706-47 3°), la déclaration d'irresponsabilité pour cause de trouble mental portant sur ces faits est inscrite de plein droit au Fijais (C. pr. pén., art. 706-53-2 4°) et donne en conséquence lieu à un suivi renforcé d'une durée de 30 ans (C. pr. pén., art. 706-53-4 et 706-53-5, v. n^os^ **13.32** s.).

▪ **Absence d'obligation de communication de la condamnation à l'employeur public ou à l'autorité de contrôle.** L'infraction prévue par C. pén., art. 222-26-2 n'entre pas dans la liste des infractions donnant lieu, en cas d'activité impliquant un contact habituel avec des mineurs, à l'information par le parquet de l'employeur ou de l'autorité de contrôle, de la condamnation prononcée contre la personne (C. pr. pén., art. 706-47-4, sur ce point, v. n° **11.23D**).

▪ ÉLÉMENTS CONSTITUTIFS – QUALIFICATION

✧ Pour avoir à .... [¤ lieu], le .... [¤ date], consommé volontairement, de façon illicite ou manifestement excessive, des substances psychoactives, en l'espèce .... [¤ substances consommées], en ayant connaissance du fait que cette consommation était susceptible de le conduire à mettre délibérément autrui en danger, alors que cette consommation a entraîné un trouble psychique ou neuropsychique temporaire sous l'empire duquel il a commis sur la personne de .... [¤ nom de la victime], [⇨A à C puis le cas échéant D :]

A. un viol ayant entraîné la mort (A : *N 34484.co*) .../...

B. un viol avec des tortures ou des actes de barbarie (B : *N 34485.co*) .../...

C. un viol (C : *N 34486.co*) .../...

.../...dont il a été déclaré pénalement irresponsable, en raison de l'abolition de son discernement, par décision rendue le .... [¤ date de la décision] par .... [¤ juridiction concernée].

D. [• Préciser le cas échéant dans les cas A à C :] avec cette circonstance qu'il a été précédemment déclaré pénalement irresponsable d'un homicide volontaire par décision rendue le .... [¤ date de la décision] par .... [¤ juridiction concernée] en raison de l'abolition de son discernement provoqué par la consommation volontaire de substances psychoactives (AD : *N 34487.cc* ; BD : *N 34487.cc* ; CD : *N 34488.co*).

Faits prévus et réprimés par les articles : **PERSONNES PHYSIQUES.** 222-26-2, 222-44, 222-45, 222-47, 222-48, 222-48-1 du code pénal. **PERSONNES MORALES.** 222-26-2 du code pénal (*N #.cr*). ✧

20.79 Agression sexuelle

■ **PEINES**

PERSONNE PHYSIQUE

PP Délit. Cas A, B et D : 5 ans d'emprisonnement, 75 000 € (C. pén., art. 222-27).

Cas C : 7 ans d'emprisonnement, 75 000 € (C. pén., art. 222-27 et 132-77) (L. n° 2017-86, 27 janv. 2017).

PC 1. Interdiction, définitive ou ⩽ 5 ans, d'exercer l'activité professionnelle ou sociale en relation avec l'infraction, fonction publique (sauf mandat électif ou syndical) (C. pén., art. 222-44, 222-45 et 131-27) ;

2. Interdiction, ⩽ 5 ans, des droits civiques, civils et de famille (vote, éligibilité, fonction juridictionnelle, expert, témoin, tuteur, curateur) (C. pén., art. 222-45 et 131-26). Sauf dispense spécialement motivée, la peine d'inéligibilité est obligatoirement prononcée (C. pén., art. 131-26-2, L. n° 2017-1339, 15 sept. 2017), v. Orienteur/Régime des peines ;

3. Interdiction, définitive ou ⩽ 10 ans, d'exercer une activité professionnelle ou bénévole impliquant contact habituel avec mineurs (C. pén., art. 222-45 [L. n° 98-468, 17 juin 1998]). L'interdiction définitive est obligatoirement prononcée si l'infraction est commise sur un mineur, sauf décision motivée (C. pén., art. 222-48-4, issu L. n° 2021-478, 21 avr. 2021) ;

4. Interdiction, ⩽ 5 ans, de détention ou de port d'arme soumise à autorisation (C. pén., art. 222-44) ;

5. Suspension, annulation, ⩽ 5 ans, du PC (C. pén., art. 222-44) ;

6. Confiscation d'un ou plusieurs véhicules (C. pén., art. 222-44) ;

7. Confiscation d'une ou plusieurs armes (C. pén., art. 222-44) ;

8. Confiscation de la chose ayant servi à l'infraction ou destinée à la commettre, ou de son produit (obligatoire pour objets qualifiés dangereux ou nuisibles par loi ou règlement ou dont la détention est illicite) (C. pén., art. 222-44 et 131-21) ;

9. Stage de sensibilisation aux dangers de l'usage de produits stupéfiants. La juridiction précise si le stage est exécuté aux frais du condamné (C. pén., art. 131-35-1 et 222-44 [L. n° 2007-297, 5 mars 2007]) (pour les faits commis avant le 24 mars 2020 et jugés après cette date, L. n° 2019-222, 23 mars 2019, en vigueur le 24 mars 2020. Pour les faits commis à partir du 24 mars 2020, v. nouvelle réd. C. pén., art. 131-5-1 et n° 18.33) ;

10. Confiscation de l'animal utilisé pour commettre l'infraction ou de la chose ayant servi à l'infraction, la juridiction prévoit que l'animal sera remis à une fondation ou une association de protection animale reconnue d'utilité publique ou déclarée. Lorsqu'il s'agit d'un animal dangereux, la juridiction peut ordonner qu'il soit procédé à son euthanasie, le cas échéant aux frais du condamné (C. pén., art. 222-44, 131-21-1 [L. n° 2007-297, 5 mars 2007]). Sur la peine de confiscation d'un animal (C. pén., art. 131-21-1), v. n° 18.36 ;

11. Interdiction, définitive ou ⩽ 5 ans de détenir certains animaux ou certaines catégories d'animaux (C. pén., art. 222-44, 131-21-2 [L. n° 2007-297, 5 mars 2007]) ;

12. Stage, aux frais du condamné, de responsabilisation pour la prévention et la lutte contre les violences au sein du couple et sexistes (C. pén., art. 222-44 15°, L. n° 2014-873, 4 août 2014) ;

13. Interdiction de séjour, ⩽ 5 ans (C. pén., art. 222-47, 131-31 et 131-32 ; C. pr. pén., art. 762-1 à 763) ;

14. Suivi socio-judiciaire, ⩽ 10 ans (C. pén., art. 3 et 222-48-1 [L. n° 98-468, 17 juin 1998]) avec injonction de soins si l'expertise médicale conclut au traitement (C. pén., art. 131-36-4). La juridiction fixe la peine encourue (⩽ 3 ans) en cas d'inobservation (C. pén., art. 131-36-1). Ne peut être prononcé avec un sursis probatoire (anc[t] SME) (C. pén., art. 131-36-6). Peut être ordonné comme peine principale (C. pén., art. 131-37-7). Sur cette peine, v. n° 18.31 ;

15. Stage de citoyenneté (C. pén., art. 131-5-1 et 222-45 [L. n° 2004-204, 9 mars 2004, art. 44-X, en vigueur depuis le 1er oct. 2004]) (pour les faits commis avant le 24 mars 2020 et jugés après cette date, L. n° 2019-222, 23 mars 2019, en vigueur le 24 mars 2020. Pour les faits commis à partir du 24 mars 2020, v. nouvelle réd. C. pén., art. 131-5-1 et n° 18.33) ;

16. Stage de responsabilité parentale (C. pén., art. 131-5-1 et 222-45 [L. n° 2007-297, 5 mars 2007]) ;

17. Interdiction de quitter le territoire ⩽ 5 ans si les faits sont commis contre un mineur (C. pén., art. 222-47, L. n° 2006-399, 4 avr. 2006, art. 14) (Cas B) ;

18. Auteur étranger : interdiction du territoire français, définitive ou ⩽ 10 ans (C. pén., art. 222-48, 131-30 à 131-30-2, depuis L. n° 2018-778, 10 sept. 2018).

PERSONNE MORALE

PP Délit. 375 000 € (C. pén., art. 222-33-1 ; 131-38).

PC *Idem* n° 20.72 (C. pén., art. 222-33-1).

■ ORIENTEUR

AUTRE QUALIFICATION

- **Exhibition sexuelle.** V. n° 20.86.
- **Outrage sexiste (L. n° 2018-703, 3 août 2018 - Incriminations contraventionnelles abrogées à compter du 1er avr. 2023).** V. n° 20.89.
- **Complicité par enregistrement d'image de l'infraction.** C. pén., art. 222-33-3, v. n° 35.33.
- **Diffusion d'image de l'infraction.** V. n° 35.33.
- **Viol. En cas de pénétration sexuelle ou d'acte bucco-génital,** v. n° 20.72.
- **Infractions incestueuses. Qualifications en concours.** V. n° 20.72.
- **Mandat non suivi d'effet de commettre une agression sexuelle (L. n° 2020-936, 20 juill. 2020).** C. pén., art. 222-30-2, v. n° 20.80.
- **Agression sexuelle aggravée.** V. n° 20.81.
- **Agression sexuelle – Sur une personne vulnérable ou sur un mineur de moins de 15 ans.** V. n° 20.83. Si l'infraction est commise sur un mineur de plus de 15 ans, la présente incrimination est applicable (Cas B) et peut dans ce cas donner lieu à l'interdiction de quitter le territoire (V. **PC** n° 17).
- **Agression sexuelle aggravée – Sur une personne vulnérable.** V. n° 20.84.

ÉLÉMENT LÉGAL

- **Constitutionnalité. Inconstitutionnalité de la qualification de viol ou d'agression sexuelle incestueuse résultant de la rédaction de C. pén., art. 222-31-1, issue de L. n° 2010-121, 8 févr. 2010.** V. n° 20.72 (devenu C. pén., art. 222-22-3, L. n° 2021-478, 21 avr. 2021).
- **Application de la loi pénale dans le temps.** Cas D : Dispositions relatives aux infractions incestueuses issues de L. n° 2016-297, 14 mars 2016, modifiée par L. n° 2018-703, 3 août 2018, v. n° 20.72.
- **Application de la loi pénale dans le temps.** Cas C : circonstance aggravante générale créée par L. n° 2017-86, 27 janv. 2017 (v. n °18.9C et E).
- **Définition. Contrainte. Infractions incestueuses.** V. n° 20.72.
- **Portée de l'incrimination d'inceste.** V. n° 20.72.

ÉLÉMENT MATÉRIEL

- **Faits incriminés. • Agression sexuelle autre que le viol.** Avec le viol, l'agression sexuelle autre que le viol constitue une « *atteinte sexuelle* » (C. pén., art. 222-22). Si la matérialité du viol est constituée par « *tout acte de pénétration sexuelle, de quelque nature qu'il soit* » ou, depuis L. n° 2021-478, 21 avr. 2021, par « *tout acte bucco-génital* » (C. pén., art. 222-23), l'élément matériel des « *agressions sexuelles autres que le viol* » n'est pas défini par la loi (cf. C. pén., art. 222-29-1). Néanmoins, « *pour être constitué, le délit d'agression sexuelle suppose l'existence d'un contact corporel entre l'auteur et la victime* » (Crim. 23 mars 2022, n° 21-84.034, D ; dans le même sens : Crim. 7 sept. 2016, n° 15-83.287, P n° 234). **• Faits commis par un tiers.** Est puni comme une agression sexuelle et selon les circonstances aggravantes qui l'entourent le fait d'imposer à une personne, ou de tenter de lui imposer, par violence contrainte, menace ou surprise, de subir une atteinte sexuelle autre que le viol de la part d'un tiers (C. pén., art. 222-22-2, issu L. n° 2013-711, 5 août 2013). **• Faits réalisés sur elle-même par la victime contrainte.** Est également puni comme une agression sexuelle et selon les circonstances aggravantes qui l'entourent le fait d'imposer à une personne, ou de tenter de lui imposer, par violence contrainte, menace ou surprise, de procéder sur elle-même à une atteinte sexuelle autre que le viol (C. pén., art. 222-22-2, extension issue L. n° 2021-478, 21 avr.

2021). Lorsque ces faits consistent en une pénétration ou un acte bucco-génital, ils relèvent de la qualification de viol (v. nº 20.72).

▪ **Caractère sexuel de l'atteinte.** Des atteintes peuvent revêtir « *un caractère sexuel en raison de la manière dont elles ont été effectuées et du contexte dans lequel les faits se sont déroulés* », il en est ainsi de caresses sur des zones non spécifiquement sexuelles, comme les jambes, qui ont été de nature à procurer une excitation sexuelle au prévenu dont le sexe en semi-érection était sorti de sa braguette (Crim. 3 mars 2021, nº 20-82.399, P).

▪ **Illustrations de la surprise. • Sommeil de la victime.** Constitue le délit d'agression sexuelle commise par surprise « *le fait de profiter, en connaissance de cause, du sommeil d'une personne pour pratiquer sur elle des gestes à caractère sexuel comportant un contact corporel* » (Crim. 9 janv. 2019, nº 18-82.829, D). **• Erreur de la victime.** De même « *en l'absence même de toute manœuvre [...] le fait de profiter, en connaissance de cause, de l'erreur d'identification commise par une personne pour pratiquer sur elle des gestes à caractère sexuel comportant un contact corporel* » (Crim. 11 janv. 2017, nº 15-86.680, P nº 15) **• Emploi d'un stratagème.** ou « *l'emploi d'un stratagème destiné à dissimuler l'identité et les caractéristiques physiques de son auteur pour surprendre le consentement d'une personne* » (Crim. 23 janv. 2019, nº 18-82.833, P nº 25 ; dans le même sens : Crim. 4 sept. 2019, nº 18-85.919, D), ou « *de nature à surprendre le consentement d'un adolescent de l'âge de l'intéressé* » (Crim. 22 janv. 1997, nº 96-80.353, P nº 22), ou, pour un médecin, la pratique de « *touchers génital et rectal [...] sous le prétexte fallacieux de réaliser des examens cliniques* » (Cass., ass. plén., 14 févr. 2003, nº 96-80.088, P nº 1). **• Gestes déplacés.** de tenter, par surprise, d'embrasser sur la bouche sa salariée sur son lieu de travail (Crim. 19 juin 2019, nº 18-83.523, D) ; de toucher les fesses par surprise lors d'une journée récréative (Crim. 9 mai 2018, nº 17-83.994, D).

▪ **Illustrations de la violence et de la contrainte. • Gestes imposés à la victime.** Caractérisent la contrainte ou la surprise exercée sur la victime le fait d'avoir « *sans son consentement mis ses mains sur ses cuisses, sa poitrine et son visage en se pressant contre elle et en la retenant par le bras* » (Crim. 8 juin 2017, nº 16-81.247, D) ; de lui pincer les fesses et de tenter de la faire monter de force dans un véhicule (Crim. 15 avr. 1992, nº 91-85.214, D (s'agissant de l'infraction d'attentat à la pudeur autrefois incriminée par C. pén., art. 333)) ; d'avoir bloqué la porte pour l'empêcher de sortir, de l'enserrer avec ses bras et de tenter de l'embrasser sur la bouche (Crim. 2 déc. 2015, nº 14-87.298, D) ; de tenter de l'embrasser, de lui caresser les seins et de la faire tomber sur le lit (Crim. 31 mai 2000, nº 99-81.042, P nº 208). **• Contrainte morale.** Justifie sa décision la cour d'appel qui relève souverainement, à l'encontre d'un adulte qui entretenait des relations sexuelles contre rémunération avec un mineur, le jeune âge de la victime, mineur isolé en situation irrégulière sur le territoire, sa situation de précarité familiale et économique, l'absence de toute ressource et qui « *déduit des conditions d'existence de la victime au moment des faits, la caractérisation d'un élément de contrainte* » (Crim. 4 sept. 2019, nº 18-84.334, D).

▪ **Fait justificatif. • Pratiques sexuelles consenties et droit au respect de la vie privée.** Si cette décision concerne une condamnation pour violences volontaires, elle mérite d'être ici citée sur la question des limites du consentement dans les pratiques sexuelles sadomasochistes : « *le droit pénal ne peut, en principe, intervenir dans le domaine des pratiques sexuelles consenties qui relèvent du libre arbitre des individus. Il faut dès lors qu'il existe des « raisons particulièrement graves » pour que soit justifiée, aux fins de l'article 8 § 2 de la Convention [droit au respect de la vie privée], une ingérence des pouvoirs publics dans le domaine de la sexualité* » (§ 84) ; « *Si une personne peut revendiquer le droit d'exercer des pratiques sexuelles le plus librement possible, une limite qui doit trouver application est celle du respect de la volonté de la « victime » de ces pratiques, dont le propre droit au libre choix quant aux modalités d'exercice de sa sexualité doit aussi être garanti. Ceci implique que les pratiques se déroulent dans des conditions qui permettent un tel respect* » (§ 85) (CEDH, 17 févr. 2005, nºs 42758/98 et 45558/99, *K.A. et A.D. c/ Belgique* ; sur cette question, v. également CEDH, 19 févr. 1997, nº 21627/93, *Laskey et autres c/ Royaume-Uni*).

▪ **Tentative. Punissable** (C. pén., art. 222-31).

RÉGIME PROCÉDURAL

▪ **Prescription de l'action publique. • Délai et point de départ de la prescription.** Lorsque les faits sont commis contre un mineur, le délai de prescription de l'action publique est de 10 ans (au lieu du délai de droit commun de 6 ans en matière délictuelle institué par L. nº 2017-242, 27 févr. 2017) et ne commence à courir qu'à la majorité de la victime (C. pr. pén., art. 7, 8 et 9-1 créé par L. nº 2017-242, 27 févr. 2017) (sur le délai et le point de départ de la prescription, inchangés par L. nº 2017-242, 27 févr. 2017, v. nº 17.19). • **Solidarité des prescriptions des infractions sexuelles commises par le même auteur sur plusieurs mineurs.** Sur la solidarité des prescriptions des crimes de viol, d'agression sexuelle ou d'atteinte sexuelle successivement commis par le même auteur sur plusieurs victimes mineures instituée par L. nº 2021-478, 21 avr. 2021 modifiant C. pr. pén., art. 7, 8 et 9-2, v. nº 17.21A.

▪ **Régime des infractions sexuelles.** Applicable (C. pr. pén., art. 706-47 4° ; v. nº 11.23).

▪ **Procédure d'assises. Question spécifique pour la qualification d'inceste** (C. pr. pén., art. 356), v. nº 20.72.

▪ **Exigence de motivation.** Selon C. pr. pén., art. 485, « *tout jugement de condamnation doit constater, à la charge du prévenu, l'existence de chacun des éléments constitutifs de chacune des infractions dont il le déclare coupable* » (§ 9), en conséquence, la motivation de la décision doit avoir établi « *le caractère intentionnel de l'atteinte* » sexuelle (§ 13), et « *caractérisé en quoi les atteintes sexuelles auraient été commises [...] avec violence, contrainte, menace ou surprise* » (§ 14) (Crim. 25 janv. 2023, nº 22-83.344, P ; dans le même sens : Crim. 17 mars 1999, nº 98-83.799, P nº 49, Crim. 10 mai 2001, nº 00-87.659, P nº 116 ; Crim. 14 nov. 2001, nº 01-80.865, P nº 239).

▪ **Alimentation du Redex.** Centralisation des examens de personnalité au fichier **Redex** à tous les stades de la procédure (C. pr. pén., art. 706-56-2) (v. nº 13.41).

POLITIQUE PUBLIQUE

▪ **Action de sensibilisation. • Personnes handicapées. • Schéma régional de santé. • Objectifs et missions du service public de l'enseignement. • Missions du service de l'aide sociale à l'enfance.** V. nº 20.72.

MESURE CIVILE

▪ **Retrait de l'autorité parentale.** *Idem* nº 20.72 (C. pén., art. 222-31-2 et 222-48-2, L. nº 2014-873, 4 août 2014, mod. par L. nº 2016-297, 14 mars 2016 et L. nº 2019-1480, 28 déc. 2019).

▪ **Retrait du droit à pension du conjoint survivant auteur des faits.** *Idem* nº 20.72 (CSS, art. L. 342-1-1 et L. 353-1-1 ; C. rur., art. L. 732-41-1 et L. 732-62 ; C. pens. civ. mil., art. L. 38-1 ; dispositions issues de L. nº 2019-1480, 28 déc. 2019).

RÉGIME DES PEINES

▪ **Inscription au Fijais.** Inscription de plein droit au **Fijais**, sauf décision contraire spécialement motivée dans les **Cas** A, B et D ; suivi normal, durée 20 ans (v. nºs 13.32 s.) (C. pr. pén., art. 706-47, 706-53-2, 706-53-4).

▪ **Récidive. Délits assimilés** : les délits d'agressions sexuelles et d'atteintes sexuelles sont considérés, au regard de la récidive, comme une même infraction (C. pén., art. 132-16-1) (sur les conditions et les effets de la récidive, v. nº 18.5).

▪ **Inéligibilité obligatoire. Inscription au bulletin nº 2. Réserve d'interprétation.** *Idem* nº 20.18.

▪ **Peines applicables. Cas D** : la circonstance d'infraction incestueuse prévue par C. pén., art. 227-27-2-1, définie comme une « *surqualification* » par la chancellerie, n'induit aucune aggravation des peines.

▪ ÉLÉMENTS CONSTITUTIFS – QUALIFICATION

✧ Pour avoir à .... [¤ lieu], le .... [¤ date], [⇨A puis le cas échéant B à D] :

A. commis ou tenté de commettre une atteinte sexuelle avec violence, contrainte, menace ou surprise sur la personne de .... [¤ nom de la victime] en l'espèce en .... [¤ matérialiser l'infraction ou employer la formule : en procédant sur lui/elle à des attouchements de nature sexuelle] (A : *N 1122.co*) [⇨B à D] :

B. avec cette circonstance que les faits ont été commis sur un mineur de plus de 15 ans (B : *N 27539.co*) ;

C. avec cette circonstance que les faits ont été commis à raison du sexe, de l'orientation sexuelle ou de l'identité de genre de la victime (L. nº 2017-86, 27 janv. 2017) (C. pén., art. 132-77) (C : *N 32301.co*).

D. [préciser le cas échéant en cas d'infraction incestueuse (L. nº 2016-297, 14 mars 2016)], les faits étant qualifiés d'incestueux comme ayant été commis sur la « *victime* » (réd. issue L. nº 2018-703, 3 août 2018) ~~personne d'un mineur~~ par un frère, une sœur, un oncle, une tante, « *un grand-oncle, une grand-tante* » (extension issue L. nº 2021-478, 21 avr. 2021), un neveu ou une nièce C. pén., art. 227-27-2-1) (NB. Les autres hypothèses d'agression sexuelle incestueuse relèvent des cas d'agression sexuelle aggravée (agression sexuelle par ascendant ou par personne ayant autorité)) (D : *N 31509.co*) ;

Faits prévus et réprimés par les articles : **PERSONNES PHYSIQUES.** 222-22, 222-27, (+ articles de la formule sélectionnée) 222-31, 222-31-2, 222-44, 222-45, 222-47, 222-48-1 et 222-48-2 du code pénal. **PERSONNES MORALES.** 222-22, 222-27 et 222-33-1 du code pénal (*N #.co*). ✧

20.80 Mandat non suivi d'effet de commettre une agression sexuelle (L. nº 2020-936, 20 juill. 2020)

■ PEINES

PERSONNE PHYSIQUE

PP Délit. Cas A : 5 ans d'emprisonnement, 75 000 € (C. pén., art. 222-30-2, L. nº 2020-936, 30 juill. 2020). Cas B : 7 ans d'emprisonnement, 100 000 € (C. pén., art. 222-30-2, L. nº 2020-936, 30 juill. 2020).

PC *Idem* nº 20.79, **sauf** : interdiction de séjour (C. pén., art. 222-47) (PC 13) ; interdiction de quitter le territoire (C. pén., art. 222-47) (PC 17) ; suivi socio judiciaire (C. pr. pén., art. 222-48-1) (PC 14).

PERSONNE MORALE

PP Délit. Cas A : 375 000 € (C. pén., art. 222-30-2 et 131-38, L. nº 2020-936, 30 juill. 2020). Cas B : 500 000 € (C. pén., art. 222-30-2 et 131-38, L. nº 2020-936, 30 juill. 2020).

PC *Idem* nº 20.72 (C. pén., art. 222-33-1).

■ ORIENTEUR

AUTRE QUALIFICATION

▪ **Complicité d'agression sexuelle.** Dans le cas où le mandat de commettre une agression sexuelle a été suivi d'effet, v. nº 20.79.

▪ **Complicité par enregistrement d'image de l'infraction.** C. pén., art. 222-33-3, v. nº 35.33.

▪ **Diffusion d'image de l'infraction.** V. nº 35.33.

▪ **Autres cas de mandats criminels. • Mandat non suivi d'effet de commettre un assassinat ou un empoisonnement** (C. pén., art. 221-5-1), v. nº 20.6. **• Mandat non suivi d'effet de commettre des actes de torture ou de barbarie (L. nº 2020-936, 30 juill. 2020)** (C. pén., art. 222-6-4), v. nº 20.8. **• Mandat non suivi d'effet de commettre un viol (L. nº 2020-936, 20 juill. 2020)** (C. pén., art. 222-26-1), v. nº 20.73. **• Mandat non suivi d'effet de commettre une infraction sexuelle contre un mineur** (C. pén., art. 227-28-3), v. nº 21.37.

ÉLÉMENT LÉGAL

▪ **Application de la loi pénale dans le temps.** Incrimination créée par L. nº 2020-936, 30 juill. 2020.

▪ **Application de la loi pénale dans l'espace.** Les faits sont punissables même si le fait principal doit être commis hors du territoire national (C. pén., art. 222-30-2).

RÉGIME PROCÉDURAL

▪ **Régime des infractions sexuelles.** Applicable (C. pr. pén., art. 706-47 4° ; v. nº 11.23).

MESURE CIVILE

▪ **Retrait de l'autorité parentale.** *Idem* nº 20.72 (C. pén., art. 222-48-2).

▪ **Retrait du droit à pension du conjoint survivant auteur des faits.** *Idem* nº 20.72 (CSS, art. L. 342-1-1 et L. 353-1-1 ; C. rur., art. L. 732-41-1 et L. 732-62 ; C. pens. civ. mil., art. L. 38-1).

■ ÉLÉMENTS CONSTITUTIFS – QUALIFICATION

✧ Pour avoir à .... [¤ lieu], le .... [¤ date], fait à une personne des offres ou des promesses ou proposé des dons, présents ou avantages quelconques afin qu'elle commette, y compris hors du territoire national [⇨A puis le cas échéant B :]

A. une agression sexuelle, cette dernière n'ayant été ni commise ni tentée (A : *N 33674.co*) ;

B. [préciser le cas échéant dans le cas A :] avec cette circonstance que l'agression sexuelle devait être commise sur un mineur (B : *N 26990.co*) ;

Faits prévus et réprimés par les articles : **PERSONNES PHYSIQUES.** 222-30-2, 222-44, 222-45, 222-48 et 222-48-2 du code pénal. **PERSONNES MORALES.** 222-30-2 et 222-33-1 du code pénal (*N #.co*). ✧

20.81 Agression sexuelle aggravée

■ PEINES

PERSONNE PHYSIQUE

PP Délit. 7 ans d'emprisonnement, 100 000 € (C. pén., art. 222-28).

PC *Idem* nº 20.79 +

Cas F : confiscation **obligatoire** (L. nº 2012-304, 6 mars 2012, auparavant confiscation facultative) d'une ou plusieurs armes dont le condamné est propriétaire ou dont il a la libre disposition (C. pén., art. 222-44 II) ;

Cas F : interdiction **obligatoire**, ⩽ 15 ans, de détention, ou de port d'arme soumise à autorisation (L. nº 2012-304, 6 mars 2012, auparavant interdiction facultative ⩽ 5 ans) (C. pén., art. 222-44 II).

PERSONNE MORALE

PP Délit. 500 000 € (C. pén., art. 222-33-1 ; 131-38).

PC *Idem* nº 20.72 (C. pén., art. 222-33-1).

■ ORIENTEUR

AUTRE QUALIFICATION

▪ **Complicité par enregistrement d'image de l'infraction.** C. pén., art. 222-33-3, v. nº 35.33.

▪ **Diffusion d'image de l'infraction.** V. nº 35.33.

▪ **Agression sexuelle sans contrainte ni surprise commise par un majeur sur un mineur (L. nº 2021-478, 21 avr. 2021).** C. pén., art. 222-29-2 et 222-29-3, v. nº 20.82.

▪ **Victime âgée de moins de 15 ans.** V. nºˢ 20.83, 20.84.

▪ **Infractions incestueuses. Qualifications en concours.** V. nº 20.72.

▪ **Administration de substance altérant le discernement en vue d'une agression sexuelle.** Cas M, v. nº 20.85, la tentative de cette infraction obstacle créée par L. nº 2018-703, 3 août 2018 est également réprimée.

ÉLÉMENT LÉGAL

▪ **Constitutionnalité. Inconstitutionnalité de la qualification de viol ou d'agression sexuelle incestueuse résultant de la rédaction de C. pén., art. 222-31-1, issue de L. nº 2010-121, 8 févr. 2010.** V. nº 20.72 (devenu C. pén., art. 222-22-3, L. nº 2021-478, 21 avr. 2021).

▪ **Application de la loi pénale dans le temps. • Dispositions relatives aux infractions incestueuses** issues de L. nº 2016-297, 14 mars 2016, modifiée par L. nº 2018-703, 3 août 2018, v. nº 20.72. • **Cas L et M** : circonstances aggravantes créées par L. nº 2018-703, 3 août 2018.

▪ **Définition. Contrainte. Infractions incestueuses.** V. nº 20.72.

▪ **Portée de l'incrimination d'inceste.** V. nº 20.72.

ÉLÉMENT MATÉRIEL

▪ **Médecine légale. • Notion d'incapacité totale de travail.** *Idem* nº 20.21.

▪ **Faits incriminés. • Agression sexuelle au sein du couple.** Les agressions sexuelles sont constituées quelle que soit la nature des relations existant entre l'agresseur et sa victime, y compris s'ils sont unis par les liens du mariage. La présomption selon laquelle « *Dans ce cas, la présomption de consentement des époux à l'acte sexuel ne vaut que jusqu'à preuve contraire* » (C. pén., art. 222-22, L. nº 2006-399, 4 avr. 2006) a été supprimée par L. nº 2010-769, 9 juill. 2010). • **Faits commis par un tiers. • Faits réalisés sur elle-même par la victime contrainte.** C. pén., art. 222-22-2, v. nº 20.79.

▪ **Abus d'autorité. Médecin.** Caractérisent « *la circonstance aggravante d'abus de l'autorité conférée par les fonctions* » les gestes sexuels accomplis par un médecin « *lors d'une consultation médicale, sur des patientes en attente d'une intervention chirurgicale qui se trouvaient dans une relation de confiance* » (Crim. 18 oct. 2017, nº 16-85.186, NP).

▪ **Tentative. Punissable** (C. pén., art. 222-31).

ÉLÉMENT INTENTIONNEL

▪ **Dol spécial.** La **vulnérabilité**, la **qualité de la victime** (magistrat, juré, avocat...) doit être apparente ou connue de l'auteur.

▪ **Altération du discernement. Cas I** et **J** : la diminution de peine prévue par C. pén., art. 122-1, al. 2 en cas d'altération du discernement n'est pas applicable lorsque « *cette altération résulte d'une consommation volontaire, de façon illicite ou manifestement excessive, de substances psycho-actives* » (C. pén., art. 122-1-2, issu L. nº 2022-52, 24 janv. 2022, sur l'altération du discernement, v. nº 14.29).

RÉGIME PROCÉDURAL

▪ **Régime des infractions sexuelles.** Applicable (C. pr. pén., art. 706-47 4° ; v. nº 11.23).

▪ **Prescription de l'action publique.** *Idem* nº 20.79.

▪ **CRPC. Exclue** (C. pr. pén., art. 495-7). Sur le domaine de la CRPC, v. nº 15.53A.

▪ **Procédure d'assises. Question spécifique pour la qualification d'inceste** (C. pr. pén., art. 356), v. nº 20.72.

▪ **Preuve technique et scientifique. Toxicologie** : recherche de molécule de soumission ou de désinhibition (**Cas L**), v. nº 14.22A.

▪ **Alimentation du Redex.** *Idem* nº 20.79 (C. pr. pén., art. 706-56-2).

POLITIQUE PUBLIQUE

▪ **Action de sensibilisation. Personnes handicapées. • Schéma régional de santé. • Objectifs et missions du service public de l'enseignement. • Missions du service de l'aide sociale à l'enfance.** V. nº 20.72.

MESURE CIVILE

▪ **Retrait de l'autorité parentale.** *Idem* nº 20.72 (C. pén., art. 222-31-2 et 222-48-2, L. nº 2014-873, 4 août 2014, mod. par L. nº 2016-297, 14 mars 2016 et L. nº 2019-1480, 28 déc. 2019).

▪ **Retrait du droit à pension du conjoint survivant auteur des faits.** *Idem* nº 20.72 (CSS, art. L. 342-1-1 et L. 353-1-1 ; C. rur., art. L. 732-41-1 et L. 732-62 ; C. pens. civ. mil., art. L. 38-1 ; dispositions issues de L. nº 2019-1480, 28 déc. 2019).

RÉGIME DES PEINES

▪ **Inscription au Fijais.** Inscription de plein droit au **Fijais**, suivi normal, durée 20 ans (v. nºs 13.32 s.) (C. pr. pén., art. 706-47, 706-53-2, 706-53-4).

▪ **Récidive. Délits assimilés.** Les délits d'agressions sexuelles et d'atteintes sexuelles sont considérés, au regard de la récidive, comme une même infraction (C. pén., art. 132-16-1) (sur les conditions et les effets de la récidive, v. nº 18.5).

▪ **Inéligibilité obligatoire. Inscription au bulletin nº 2. Réserve d'interprétation.** *Idem* nº 20.18.

▪ **Peines applicables. Cas N** : la circonstance d'infraction incestueuse prévue par C. pén., art. 227-27-2-1, définie comme une « *surqualification* » par la chancellerie, n'induit aucune aggravation des peines.

▪ ÉLÉMENTS CONSTITUTIFS – QUALIFICATION

✧ Pour avoir à .... [¤ lieu], le .... [¤ date], commis ou tenté de commettre une atteinte sexuelle avec violence, contrainte, menace ou surprise sur la personne de .... [¤ nom de la victime] en l'espèce en .... [¤ matérialiser l'infraction ou employer la formule : en procédant sur lui/elle à des attouchements de nature sexuelle], avec cette circonstance que les faits ont [⇨A à M puis le cas échéant N en cas d'infraction incestueuse :]

A. entraîné une blessure, une lésion « ou une incapacité totale de travail supérieure à huit jours » (réd. issue L. nº 2018-703, 3 août 2018) (A : *N* ***12938.co***) ;

B. été commis par un ascendant (B : *N* ***27528.co***)

C. été commis par une personne ayant sur la victime une autorité de droit ou de fait (C1 : *N* ***27530.co*** ; si la victime est mineure de plus de 15 ans C2 : *N* ***27529.co***) (réd. L. nº 2010-121, 8 févr. 2010) ;

D. été commis par une personne abusant de l'autorité conférée par ses fonctions (D : *N* ***1127.co***) ;

E. été commis en réunion (E : *N* ***1126.co***) ;

F. été commis à l'aide ou sous la menace d'une arme (F : *N* ***1124.co***) ;

G. été commis sur une victime mise en contact avec l'auteur des faits grâce à l'utilisation d'un réseau de « communication électronique » (réd. L. nº 2011-525, 17 mai 2011) diffusant des messages vers un public non déterminé (L. nº 98-468, 17 juin 1998) (G : *N* ***21707.co***) ;

H. été commis « par le conjoint ou le concubin de la victime ou le partenaire lié à la victime par un pacte civil de solidarité » ou par l'ancien conjoint, concubin ou partenaire (C. pén., art. 132-80) [L. nº 2006-399, 4 avr. 2006] (H : *N* ***25835.co***) ;

I. été commis par une personne agissant en état d'ivresse manifeste (L. nº 2007-297, 5 mars 2007) (I : *N* ***26253.co***) ;

J. été commis par une personne agissant sous l'emprise manifeste de produits stupéfiants (L. nº 2007-297, 5 mars 2007) (J : *N* ***26327.co***) ;

K. commis sur une personne qui se livre à la prostitution, y compris de façon occasionnelle, les faits ayant été commis dans l'exercice de cette activité (aggravation créée par L. nº 2016-444, 13 avr. 2016, *JO* 15 avr. 2016) (K : *N* ***31579.co***) ;

L. été commis en présence d'un mineur (aggravation créée par L. nº 2018-703, 3 août 2018) (L : *N* ***32909.co***) ;

M. été commis alors qu'une substance a été administrée à la victime, à son insu, afin d'altérer son discernement et le contrôle de ses actes (aggravation créée par L. nº 2018-703, 3 août 2018) (M : *N* ***32910.co***) ;

N. [préciser le cas échéant en cas d'infraction incestueuse (L. nº 2016-297, 14 mars 2016)] : les faits étant qualifiés d'incestueux comme ayant été commis sur la « *victime* » (réd. issue L. nº 2018-703, 3 août 2018) ~~personne d'un mineur~~ par (N1 : *N* ***27527.co*** (agression sexuelle incestueuse par ascendant sur mineur de plus de 15 ans) ; N2 : *N* ***31511.co*** (agression sexuelle incestueuse par personne ayant autorité sur mineur de plus de 15 ans) ; N3 : *N* ***32978.co*** (agression sexuelle incestueuse par personne ayant autorité sur la victime) + 227-27-2-1 du code pénal) [⇨Na à Nc :]

Na. un ascendant ;

Nb. un frère, une sœur, un oncle, une tante, « *un grand-oncle, une grand-tante* » (extension issue L. nº 2021-478, 21 avr. 2021), un neveu ou une nièce ;

Nc. le conjoint, le concubin ou le partenaire lié par un pacte civil de solidarité, ayant sur le mineur une autorité de droit ou de fait, d'un ascendant, d'un frère, d'une sœur, d'un oncle, d'une tante, « *d'un grand-oncle, d'une grand-tante* » (extension issue L. nº 2021-478, 21 avr. 2021), d'un neveu ou d'une nièce du mineur victime.

Faits prévus et réprimés par les articles : **PERSONNES PHYSIQUES.** 222-22, 222-28, 222-31, 222-31-2, 222-44, 222-45, 222-47, 222-48-1 et 222-48-2 du code pénal. **PERSONNES MORALES.** 222-22, 222-28 et 222-33-1 du code pénal (*N #.co*). ✧

20.82 Agression sexuelle sans contrainte ni surprise commise par un majeur sur un mineur (L. nº 2021-478, 21 avr. 2021)

■ PEINES

PERSONNE PHYSIQUE

PP Délit. 10 ans d'emprisonnement, 15 000 € (Cas A : C. pén., art. 222-29-2 ; Cas B et C : C. pén., art. 222-29-3).

PC *Idem* nº 20.79.

PERSONNE MORALE

PP Délit. 75 000 € (Cas A : C. pén., art. 222-29-2 ; Cas B et C : C. pén., art. 222-29-3 ; C. pén., art. 131-38).

PC *Idem* nº 20.72 (C. pén., art. 222-33-1).

■ ORIENTEUR

AUTRE QUALIFICATION

- Viol sans contrainte ni surprise commis par un majeur sur un mineur (L. nº 2021-478, 21 avr. 2021). En cas de pénétration sexuelle ou d'acte bucco-génital, C. pén., art. 222-23-1 et 222-23-2, v. nº 20.75.
- Complicité par enregistrement d'image de l'infraction. C. pén., art. 222-33-3, v. nº 35.33.

▪ **Diffusion d'image de l'infraction.** V. n° 35.33.

▪ **Victime âgée de moins de 15 ans.** V. également n°s 20.83, 20.84.

▪ **Infractions incestueuses. Qualifications en concours.** V. n° 20.72.

▪ **Administration de substance altérant le discernement en vue d'une agression sexuelle.** Cas M, v. n° 20.85, la tentative de cette infraction obstacle créée par L. n° 2018-703, 3 août 2018 est également réprimée.

ÉLÉMENT LÉGAL

▪ **Application de la loi pénale dans le temps. Incriminations** issues de L. n° 2021-478, 21 avr. 2021 visant à protéger les mineurs des crimes et délits sexuels et de l'inceste, publiée au *JO* le 22 avr. 2021. Pour les faits commis par un majeur sur un mineur avant cette date ou pour les faits commis par un mineur sur un mineur, v. n° 20.79, 20.81 et 20.83.

▪ **Portée de l'incrimination d'inceste.** V. n° 20.72.

ÉLÉMENT MATÉRIEL

▪ **Faits incriminés. • Indifférence de la contrainte ou de la surprise.** Si les conditions de majorité de l'auteur et d'âge du mineur victime âgé de moins de 15 ans, d'écart d'âge d'au moins cinq ans entre l'auteur majeur et la victime de moins de 15 ans, de situation prostitutionnelle de la victime âgée de moins de 15 ans, ou du caractère incestueux de la relation sexuelle entre un majeur et un mineur quel que l'âge de ce dernier sont réunies, l'incrimination d'agression sexuelle est constituée nonobstant l'absence de violence, de contrainte, de menace ou de surprise et les présomptions de contrainte morale ou de surprise énoncées par C. pén., art. 222-22-1 sont indifférentes. Dans le cas contraire, la contrainte ou la surprise doivent être caractérisées par référence au C. pén., art. 222-22, 222-27 et 222-28 (v. n° 20.79 et 20.81). **• Indifférence de l'âge du mineur ou du majeur en cas d'infraction incestueuse. Cas C** : l'infraction est caractérisée quel que soit l'âge du mineur et quelle que soit la différence d'âge entre le mineur et le majeur lorsque les faits sont qualifiés d'incestueux (C. pén., art. 222-23-2). **• Indifférence du consentement de la victime mineure.** *Idem* n° 20.75.

▪ **Concours de qualifications.** *Idem* n° 20.75.

▪ **Tentative. Punissable** (C. pén., art. 222-31).

RÉGIME PROCÉDURAL

▪ **Régime des infractions sexuelles.** Applicable (C. pr. pén., art. 706-47 4° ; v. n° 11.23).

▪ **Prescription de l'action publique.** *Idem* n° 20.72.

▪ **Procédure d'assises. Question spécifique pour la qualification d'inceste** (C. pr. pén., art. 356), v. n° 20.72.

▪ **Alimentation du Redex.** *Idem* n° 20.72 (C. pr. pén., art. 706-56-2).

POLITIQUE PUBLIQUE

▪ **Action de sensibilisation. Personnes handicapées. Schéma régional de santé. Objectifs et missions du service public de l'enseignement. Missions du service de l'aide sociale à l'enfance.** V. n° 20.72.

MESURE CIVILE

▪ **Retrait de l'autorité parentale.** *Idem* n° 20.72 (C. pén., art. 222-31-2 et 222-48-2, L. n° 2014-873, 4 août 2014, mod. par L. n° 2016-297, 14 mars 2016 et L. n° 2019-1480, 28 déc. 2019).

▪ **Retrait du droit à pension du conjoint survivant auteur des faits.** *Idem* n° 20.72 (CSS, art. L. 342-1-1 et L. 353-1-1 ; C. rur., art. L. 732-41-1 et L. 732-62 ; C. pens. civ. mil., art. L. 38-1 ; dispositions issues de L. n° 2019-1480, 28 déc. 2019).

RÉGIME DES PEINES

▪ **Inscription au Fijais.** Inscription de plein droit au **Fijais**, suivi renforcé, durée 30 ans (v. n°s 13.32 s.) (C. pr. pén., art. 706-47, 706-53-2, 706-53-4).

▪ **Récidive. Délits assimilés** : les délits d'agressions sexuelles et d'atteintes sexuelles sont considérés, au regard de la récidive, comme une même infraction (C. pén., art. 132-16-1) (sur les conditions et les effets de la récidive, v. n° 18.5).

▪ **Inéligibilité obligatoire. Inscription au bulletin n° 2. Réserve d'interprétation.** *Idem* n° 20.18.

■ **ÉLÉMENTS CONSTITUTIFS – QUALIFICATION**

✧ Pour avoir à .... [¤ lieu], le .... [¤ date], **étant majeur**, commis une atteinte sexuelle autre qu'un viol, en l'espèce en .... [¤ matérialiser l'infraction], sur la personne de .... [¤ nom de la victime] [⇨A à C :]

A. mineur de moins de 15 ans, alors qu'il existait entre l'auteur et la victime une différence d'âge d'au moins cinq ans (C. pén., art. 222-29-2, al. 1) (A : *N 33921.co*) ;

B. mineur de moins de 15 ans, les faits ayant été commis en échange d'une rémunération, d'une promesse de rémunération, de la fourniture d'un avantage en nature ou de la promesse d'un tel avantage (C. pén., art. 222-29-2, al. 2) (B : *N 33922.co*) ;

C. mineur, les faits étant qualifiés d'incestueux comme ayant été commis par (C. pén., art. 222-22-3, 222-29-3) [⇨C1 à C3 :]

C1. un ascendant (C1 : *N 33923.co*) ;

C2.°un frère, une sœur, un oncle ou un grand-oncle, une tante ou une grand-tante, un neveu ou une nièce, ayant sur le mineur une autorité de droit ou de fait (C2 : *N 33924.co*) ;

C3.°le conjoint, le concubin ou le partenaire lié par un pacte civil de solidarité, ayant sur le mineur une autorité de droit ou de fait, d'un ascendant, d'un frère, d'une sœur, d'un oncle ou d'un grand-oncle, d'une tante ou d'une grand-tante, d'un neveu ou d'une nièce de la victime (C3 : *N 33924.co*).

Faits prévus et réprimés par les articles : **PERSONNES PHYSIQUES.** 222-22, (+ articles de la formule sélectionnée) 222-31, 222-31-2, 222-44, 222-45, 222-47, 222-48-1 et 222-48-2 du code pénal. **PERSONNES MORALES.** 222-22, (+ articles de la formule sélectionnée) et 222-33-1 du code pénal (*N #.co*). ✧

20.83 Agression sexuelle – Sur une personne vulnérable ou sur un mineur de moins de 15 ans

■ **PEINES**

PERSONNE PHYSIQUE

PP Délit. Cas A : 7 ans d'emprisonnement, 100 000 € (C. pén., art. 222-29). Cas B : 10 ans d'emprisonnement, 150 000 € (C. pén., art. 222-29-1, L. n° 2013-711, 5 août 2013, auparavant 7 ans, 100 000 €).

PC *Idem* n° 20.79.

PERSONNE MORALE

PP Délit. Cas A : 500 000 € (C. pén., art. 222-33-1 ; art. 131-38). Cas B : 750 000 € (C. pén., art. 222-29-1 ; 131-38, L. n° 2013-711, 5 août 2013, auparavant 500 000 €).

PC *Idem* n° 20.72 (C. pén., art. 222-33-1).

■ **ORIENTEUR**

AUTRE QUALIFICATION

- **Complicité par enregistrement d'image de l'infraction.** C. pén., art. 222-33-3, v. n° 35.33.
- **Diffusion d'image de l'infraction.** V. n° 35.33.
- **Victime âgée de plus de 15 ans.** V. n° 20.81.
- **Atteinte sexuelle sans violence sur mineur.** De moins de 15 ans, v. n° 21.35 ; de plus de 15 ans, v. n° 21.36.
- **Agression sexuelle sans contrainte ni surprise commise par un majeur sur un mineur (L. n° 2021-478, 21 avr. 2021).** C. pén., art. 222-29-2 et 222-29-3, v. n° 20.82.
- **Agression sexuelle sur mineur de plus de 15 ans.** V. n° 20.79.
- **Infractions incestueuses. Qualifications en concours.** V. n° 20.72.

ÉLÉMENT LÉGAL

- **Application de la loi pénale dans le temps.** La loi n° 2013-711 du 5 août 2013, sans en modifier l'élément matériel, a déplacé la circonstance aggravante d'agression sexuelle imposée à un mineur de 15 ans dans un nouvel article 222-29-1 (cas B), et a aggravé les pénalités (10 ans au lieu de 7, 150 000 € au lieu de 100 000 €). Les faits d'agression sexuelle commis sur mineur de 15 ans aggravés, auparavant incriminés par C. pén., art. 222-30 (10 ans, 150 000 €), sont désormais compris dans le nouvel article 222-29-1 qui ne comporte pas de cas d'aggravation. À titre d'exemple, des faits d'agression sexuelle sur mineur de 15 ans par ascendant (*N* ***27531.co***) reçoivent désormais, à pénalités équivalentes, la qualification d'agression sexuelle sur mineur de 15 ans. Les codes natinf antérieurs à la L. nº 2013-711, 5 août 2013 (v. éditions de cet ouvrage antérieures à la 15e édition) restent utilisés pour le droit transitoire.

▪ **Constitutionnalité. Inconstitutionnalité de la qualification de viol ou d'agression sexuelle** incestueuse résultant de la rédaction de C. pén., art. 222-31-1, issue de L. nº 2010-121, 8 févr. 2010. V. nº 20.72 (devenu C. pén., art. 222-22-3, L. nº 2021-478, 21 avr. 2021).

▪ **Application de la loi pénale dans le temps. Dispositions relatives aux infractions incestueuses** issues de L. nº 2016-297, 14 mars 2016, modifiée par L. nº 2018-703, 3 août 2018, v. nº 20.72.

▪ **Définition. • Contrainte. • Infractions incestueuses.** V. nº 20.72.

▪ **Portée de l'incrimination d'inceste.** V. nº 20.72.

ÉLÉMENT MATÉRIEL

▪ **Faits incriminés. • Faits commis par un tiers. • Faits réalisés sur elle-même par la victime contrainte.** C. pén., art. 222-22-2, v. nº 20.79.

▪ **Tentative. Punissable** (C. pén., art. 222-31).

RÉGIME PROCÉDURAL

▪ **Prescription de l'action publique. • Renvoi.** *Idem* nº 20.79. • **Cas A** : 10 ans à compter de la majorité de la victime (v. nº 20.79). • **Cas B** : 20 ans à compter de la majorité de la victime (C. pr. pén., art. 8). Durée et point de départ inchangés par L. nº 2017-242, 27 févr. 2017. Sur les délais de prescription de l'action publique, v. nº 17.19. • **Effets de la L. nº 2013-711, 5 août 2013.** La loi nº 2013-711, 5 août 2013 a transféré les agressions sexuelles commises contre le mineur de C. pén., art. 222-30 à C. pén., art. 222-29-1. La modification de coordination de C. pr. pén., art. 8 n'a pas été simultanément effectuée. La Ch. crim. a toutefois déjà jugé qu'en cas de transfert, à droit constant, d'une incrimination de référence dans un autre article, l'absence de dispositions de coordination était indifférente, le législateur ayant entendu, dans les dispositions non modifiées, faire référence aux dispositions nouvelles (Crim. 30 juin 1998, nº 97-81.562, P nº 209 ; Crim. 30 juin 1999, nº 97-85.764, P nº 175). Depuis L. nº 2017-242, 27 févr. 2017, l'incrimination est de nouveau explicitement visée au C. pr. pén., art. 8).

▪ **Régime des infractions sexuelles.** Applicable (C. pr. pén., art. 706-47 4° ; v. nº 11.23).

▪ **CRPC. Exclue** (C. pr. pén., art. 495-7). Sur le domaine de la CRPC, v. nº 15.53A.

▪ **Procédure d'assises. Question spécifique pour la qualification d'inceste** (C. pr. pén., art. 356), v. nº 20.72.

▪ **Alimentation du Redex.** *Idem* nº 20.79 (C. pr. pén., art. 706-56-2).

POLITIQUE PUBLIQUE

▪ **Action de sensibilisation. • Personnes handicapées. • Schéma régional de santé. • Objectifs et missions du service public de l'enseignement. • Missions du service de l'aide sociale à l'enfance.** V. nº 20.72.

MESURE CIVILE

▪ **Retrait de l'autorité parentale.** *Idem* nº 20.72 (C. pén., art. 222-31-2 et 222-48-2, L. nº 2014-873, 4 août 2014, mod. par L. nº 2016-297, 14 mars 2016 et L. nº 2019-1480, 28 déc. 2019).

▪ **Retrait du droit à pension du conjoint survivant auteur des faits.** *Idem* nº 20.72 (CSS, art. L. 342-1-1 et L. 353-1-1 ; C. rur., art. L. 732-41-1 et L. 732-62 ; C. pens. civ. mil., art. L. 38-1 ; dispositions issues de L. nº 2019-1480, 28 déc. 2019).

RÉGIME DES PEINES

▪ **Inscription au Fijais.** Inscription de plein droit au **Fijais**, suivi normal, durée 20 ans (v. nºs 13.32 s.) (C. pr. pén., art. 706-47, 706-53-2, 706-53-4).

▪ **Récidive. Délits assimilés** : les délits d'agressions sexuelles et d'atteintes sexuelles sont considérés, au regard de la récidive, comme une même infraction (C. pén., art. 132-16-1) (sur les conditions et les effets de la récidive, v. nº 18.5).

▪ **Inéligibilité obligatoire. Inscription au bulletin nº 2. Réserve d'interprétation.** *Idem* nº 20.18.

▪ **Peines applicables.** Cas C : la circonstance d'infraction incestueuse prévue par C. pén., art. 227-27-2-1, définie comme une « *surqualification* » par la chancellerie, n'induit aucune aggravation des peines.

▪ ÉLÉMENTS CONSTITUTIFS – QUALIFICATION

✧ Pour avoir à .... [¤ lieu], le .... [¤ date], commis ou tenté de commettre une atteinte sexuelle avec violence, contrainte, menace ou surprise sur la personne de .... [¤ nom de la victime] en l'espèce en .... [¤ matérialiser l'infraction ou employer la formule : en procédant sur lui/elle à des attouchements de nature sexuelle], avec cette circonstance que les faits ont été imposés à [⇨A ou B puis le cas échéant C en cas d'infraction incestueuse :]

A. une personne qu'il (elle) savait particulièrement vulnérable en raison de son âge, d'une maladie, d'une infirmité, d'une déficience physique ou psychique, d'un état de grossesse, ou « *de la précarité de sa situation économique et sociale* » (réd. issue L. nº 2018-703, 3 août 2018) (A : *N 1123.co*) ;

B. un mineur de moins de 15 ans (B : *N 1130.co*) ;

C. [préciser le cas échéant en cas d'infraction incestueuse (L. nº 2016-297, 14 mars 2016)] : les faits étant qualifiés d'incestueux comme ayant été commis par (AC : *N 34122.co* (majeur vulnérable) ou *N 34121.co* (mineur de plus de 15 ans vulnérable) ; BC : *N 34118.co*) (+ art. 227-27-2-1 du code pénal) [⇨C1 à C3 :]

C1. un ascendant ;

C2. un frère, une sœur, un oncle, une tante, « *un grand-oncle, une grand-tante* » (extension issue L. nº 2021-478, 21 avr. 2021), un neveu ou une nièce ;

C3. le conjoint, le concubin ou le partenaire lié par un pacte civil de solidarité, ayant sur le mineur une autorité de droit ou de fait, d'un ascendant, d'un frère, d'une sœur, d'un oncle, d'une tante, « *d'un grand-oncle, d'une grand-tante* » (extension issue L. nº 2021-478, 21 avr. 2021), d'un neveu ou d'une nièce du mineur victime ;

Faits prévus et réprimés par les articles : **PERSONNES PHYSIQUES.** 222-22, (+ Cas A : 222-29, cas B : 222-29-1) 222-31, 222-31-2, 222-44, 222-45, 222-47, 222-48-1 et 222-48-2 du code pénal. **PERSONNES MORALES.** 222-22, 222-29 et 222-33-1 du code pénal. ✧

20.84 Agression sexuelle aggravée – Sur une personne vulnérable

▪ PEINES

PERSONNE PHYSIQUE

PP Délit.1. 10 ans d'emprisonnement, 150 000 € (C. pén., art. 222-30).

2. Cas G : 10 ans d'emprisonnement, 150 000 € (C. pén., art. 132-77 et 222-29-1, depuis L. nº 2017-86, 27 janv. 2017, ancᵗ art. 222-30 6°).

PC *Idem* nº 20.79 (L'interdiction du territoire (**PC** nº 18), était applicable avant L. nº 2018-778, 10 sept. 2018, modifiant C. pén., art. 222-48).

Cas F : Confiscation **obligatoire** (L. nº 2012-304, 6 mars 2012, auparavant confiscation facultative) d'une ou plusieurs armes dont le condamné est propriétaire ou dont il a la libre disposition (C. pén., art. 222-44) ;

Cas F : Interdiction **obligatoire**, ⩽ 15 ans, de détention, ou de port d'arme soumise à autorisation (L. nº 2012-304, 6 mars 2012, auparavant interdiction facultative ⩽ 5 ans) (C. pén., art. 222-44).

PERSONNE MORALE

PP Délit. 750 000 € (C. pén., art. 222-33-1 ; 131-38).

PC *Idem* nº 20.72 (C. pén., art. 222-33-1).

▪ ORIENTEUR

AUTRE QUALIFICATION

▪ **Complicité par enregistrement d'image de l'infraction.** C. pén., art. 222-33-3, v. nº 35.33.

▪ **Diffusion d'image de l'infraction.** V. nº 35.33.

▪ **Infractions incestueuses. Qualifications en concours.** V. nº 20.72.

▪ **Agression sexuelle sans contrainte ni surprise commise par un majeur sur un mineur** (L. nº 2021-478, 21 avr. 2021). C. pén., art. 222-29-2 et 222-29-3, v. nº 20.82.

▪ **Administration de substance altérant le discernement en vue d'une agression sexuelle.** Cas K, v. n° 20.85, la tentative de cette infraction obstacle créée par L. n° 2018-703, 3 août 2018 est également réprimée.

ÉLÉMENT LÉGAL

▪ **Application de la loi pénale dans le temps.** La loi n° 2013-711 du 5 août 2013, sans en modifier l'élément matériel, a déplacé la circonstance aggravante d'agression sexuelle imposée à un mineur de 15 ans (qui figurait auparavant au C. pén., art. 222-29), dans un nouvel article 222-29-1, et a aggravé les pénalités (10 ans au lieu de 7, 150 000 € au lieu de 100 000 €) (v. n° 20.83, cas B). Les aggravations ci-dessous, prévues par C. pén., art. 222-30, ne concernent désormais plus que les agressions sexuelles imposées à une personne vulnérable.

▪ **Constitutionnalité. Inconstitutionnalité de la qualification de viol ou d'agression sexuelle incestueuse résultant de la rédaction de C. pén., art. 222-31-1, issue de L. n° 2010-121, 8 févr. 2010.** V. n° 20.72 (devenu C. pén., art. 222-22-3, L. n° 2021-478, 21 avr. 2021).

▪ **Application de la loi pénale dans le temps. Dispositions relatives aux infractions incestueuses** issues de L. n° 2016-297, 14 mars 2016, modifiée par L. n° 2018-703, 3 août 2018, v. n° 20.72.

▪ **Application de la loi pénale dans le temps. Cas K** : circonstances aggravantes créées par L. n° 2018-703, 3 août 2018.

▪ **Définition. Contrainte. Infractions incestueuses.** V. n° 20.72.

▪ **Portée de l'incrimination d'inceste.** V. n° 20.72.

▪ **Causes d'aggravation. Aggravation résultant de la motivation sexiste** (v. aussi ÉLÉMENT MATÉRIEL ci-dessous). La L. n° 2017-86, 27 janv. 2017 a supprimé du texte de l'incrimination la circonstance aggravante tenant à la finalité sexiste des faits. Désormais cette circonstance constitue en effet une cause générale d'aggravation de tous les crimes ou délits, sauf exceptions (C. pén., art. 132-77, v. n° 18.9). La circonstance aggravante visée au **cas G**, ici maintenue pour des raisons pratiques, tire désormais ses fondements et pénalités de C. pén., art. 132-77 et 222-29-1.

ÉLÉMENT MATÉRIEL

▪ **Faits incriminés. • Faits commis par un tiers. • Faits réalisés sur elle-même par la victime contrainte.** C. pén., art. 222-22-2, v. n° 20.79.

▪ **Tentative. Punissable** (C. pén., art. 222-31).

▪ **Aggravation résultant de la motivation sexiste de l'acte. Cas G**, C. pén., art. 132-77, V. n° 20.3 et 18.9.

RÉGIME PROCÉDURAL

▪ **Prescription de l'action publique. • Renvoi.** *Idem* n° 20.79. **• Faits commis sur un mineur.** Lorsque les faits sont commis contre un mineur, le délai de prescription de l'action publique est de 10 ans (au lieu du délai de droit commun de 6 ans en matière délictuelle institué par L. n° 2017-242, 27 févr. 2017) et ne commence à courir qu'à la majorité de la victime (C. pr. pén., art. et 9-1 créé par L. n° 2017-242, 27 févr. 2017) (sur le délai et le point de départ de la prescription, L. n° 2017-242, 27 févr. 2017, v. n° 17.19).

▪ **Régime des infractions sexuelles.** Applicable (C. pr. pén., art. 706-47 4° ; v. n° 11.23).

▪ **Preuve technique et scientifique. Toxicologie** : recherche de molécule de soumission ou de désinhibition (**Cas** K), v. n° 14.22A.

▪ **CRPC. Exclue** (C. pr. pén., art. 495-7). Sur le domaine de la CRPC, v. n° 15.53A.

▪ **Procédure d'assises. Question spécifique pour la qualification d'inceste** (C. pr. pén., art. 356), v. n° 20.72.

▪ **Alimentation du Redex.** *Idem* n° 20.79 (C. pr. pén., art. 706-56-2).

POLITIQUE PUBLIQUE

▪ **Action de sensibilisation. Personnes handicapées. • Schéma régional de santé. • Objectifs et missions du service public de l'enseignement. • Missions du service de l'aide sociale à l'enfance.** V. n° 20.72.

MESURE CIVILE

▪ **Retrait de l'autorité parentale.** *Idem* n° 20.72 (C. pén., art. 222-31-2 et 222-48-2, L. n° 2014-873, 4 août 2014, mod. par L. n° 2016-297, 14 mars 2016 et L. n° 2019-1480, 28 déc. 2019).

▪ **Retrait du droit à pension du conjoint survivant auteur des faits.** *Idem* n° 20.72 (CSS, art. L. 342-1-1 et L. 353-1-1 ; C. rur., art. L. 732-41-1 et L. 732-62 ; C. pens. civ. mil., art. L. 38-1 ; dispositions issues de L. n° 2019-1480, 28 déc. 2019).

RÉGIME DES PEINES

▪ **Inscription au Fijais.** Inscription de plein droit au **Fijais**, suivi renforcé, durée 30 ans (v. nos 13.32 s.) (C. pr. pén., art. 706-47, 706-53-2, 706-53-4).

▪ **Récidive. Délits assimilés** : les délits d'agressions sexuelles et d'atteintes sexuelles sont considérés, au regard de la récidive, comme une même infraction (C. pén., art. 132-16-1) (sur les conditions et les effets de la récidive, v. n° 18.5).

▪ **Inéligibilité obligatoire. Inscription au bulletin n° 2. Réserve d'interprétation.** *Idem* n° 20.18.

▪ **Peines applicables. Cas L** : la circonstance d'infraction incestueuse prévue par C. pén., art. 227-27-2-1, définie comme une « *surqualification* » par la chancellerie, n'induit aucune aggravation des peines.

▪ ÉLÉMENTS CONSTITUTIFS – QUALIFICATION

✧ Pour avoir à .... [¤ lieu], le .... [¤ date], en .... [¤ matérialiser l'infraction ou employer la formule : en procédant sur lui/elle à des attouchements de nature sexuelle] commis ou tenté de commettre une atteinte sexuelle avec violence, contrainte, menace ou surprise sur .... [¤ nom de la victime], qu'il (elle) savait particulièrement vulnérable en raison de son âge, d'une maladie, d'une infirmité, d'une déficience physique ou psychique, d'un état de grossesse, ou « de la précarité de sa situation économique et sociale » (réd. issue L. n° 2018-703, 3 août 2018) avec cette circonstance que les faits ont [⇨A à K puis le cas échéant L en cas d'infraction incestueuse :]

A. entraîné une blessure ou une lésion (A : *N* ***11501.co***) ;

B. été commis par un ascendant (réd. L. n° 2010-121, 8 févr. 2010) (B : *N* ***27535.co***) ;

C. été commis par toute personne ayant sur la victime une autorité de droit ou de fait (réd. L. n° 2010-121, 8 févr. 2010) (C : *N* ***27537.co***) ;

D. été commis par une personne abusant de l'autorité conférée par ses fonctions (D : *N* ***11505.co***) ;

E. été commis en réunion (E : *N* ***11507.co***) ;

F. été commis à l'aide ou sous la menace d'une arme (F : *N* ***11509.co***) ;

G. été commis à raison « *du sexe, de l'orientation sexuelle ou de l'identité de genre* » (L. n° 2017-86, 27 janv. 2017) [au lieu de « l'orientation « ou identité » sexuelle (L. n° 2012-954, 6 août 2012)] de la victime (L. n° 2003-239, 18 mars 2003, art. 47) (C. pén., art. 132-77 et 222-29-1, anct 222-30 6°, L. n° 2017-86, 27 janv. 2017) (G : *N* ***23815.co***) ;

H. été commis par une personne agissant en état d'ivresse manifeste (L. n° 2007-297, 5 mars 2007) (H : *N* ***26255.co***) ;

I. été commis par une personne agissant sous l'emprise manifeste de produits stupéfiants (L. n° 2007-297, 5 mars 2007) (I : *N* ***26329.co***) ;

K. été commis alors qu'une substance a été administrée à la victime, à son insu, afin d'altérer son discernement et le contrôle de ses actes (aggravation créée par L. n° 2018-703, 3 août 2018) (K : *N* ***32911.co***).

L. [préciser le cas échéant en cas d'infraction incestueuse (L. n° 2016-297, 14 mars 2016)] : les faits étant qualifiés d'incestueux comme ayant été commis par (CL : *N* ***32980.co***) (+ art. 227-27-2-1 du code pénal) [⇨L1 à L3 :]

L1. un ascendant (BL1 : *N* ***27535.co***) ;

L2. un frère, une sœur, un oncle, une tante, « *un grand-oncle, une grand-tante* » (extension issue L. n° 2021-478, 21 avr. 2021), un neveu ou une nièce ;

L3. le conjoint, le concubin ou le partenaire lié par un pacte civil de solidarité, ayant sur le mineur une autorité de droit ou de fait, d'un ascendant, d'un frère, d'une sœur, d'un oncle, d'une tante,

« *d'un grand-oncle, d'une grand-tante* » (extension issue L. nº 2021-478, 21 avr. 2021), d'un neveu ou d'une nièce du mineur victime.

Faits prévus et réprimés par les articles : **PERSONNES PHYSIQUES.** 222-22, 222-29, 222-30, 222-31, 222-31-2, 222-44, 222-45, 222-47, 222-48, 222-48-1 et 222-48-2 du code pénal. **PERSONNES MORALES.** 222-22, 222-29, 222-30, 222-31 et 222-33-1 du code pénal (*N #.co*). ✧

20.85 Administration de substance altérant le discernement en vue d'une agression sexuelle

■ PEINES

PERSONNE PHYSIQUE

PP Délit. Cas A : 5 ans d'emprisonnement, 75 000 € (C. pén., art. 222-30-1 issu L. nº 2018-703, 3 août 2018) ;

Cas B et C : 7 ans d'emprisonnement, 100 000 € (C. pén., art. 222-30-1 issu L. nº 2018-703, 3 août 2018) ;

PC *Idem* nº 20.79, sauf **PC** nº 13 (interdiction de séjour) et **PC** nº 17 (interdiction de quitter le territoire) prévues par C. pén., art. 222-47.

PERSONNE MORALE

PP Délit. Cas A : 375 000 € (C. pén., art. 222-30-1 issu L. nº 2018-703, 3 août 2018, 222-33-1 et 131-38) ;

Cas B et C : 500 000 € (C. pén., art. 222-30-1 issu L. nº 2018-703, 3 août 2018, 222-33-1 et 131-38) ;

PC *Idem* nº 20.72.

■ ORIENTEUR

AUTRE QUALIFICATION

▪ **Administration de substance nuisible.** V. nº 20.38 à 20.46.

▪ **Agressions sexuelles. Circonstance aggravante** d'usage d'une substance de nature à altérer le discernement ou le contrôle des actes de la victime, v. nº 20.74 (Viol aggravé), 20.81 (Agression sexuelle aggravée) et 20.84 (Agression sexuelle aggravée – Sur une personne vulnérable).

ÉLÉMENT LÉGAL

▪ **Application de la loi pénale dans le temps.** Incrimination créée par L. nº 2018-703, 3 août 2018, renforçant la lutte contre les violences sexuelles et sexistes.

ÉLÉMENT MATÉRIEL

▪ **Tentative. Punissable** (C. pén., art. 222-31 mod. par L. nº 2018-703, 3 août 2018).

▪ **Faits incriminés.** « *Cette incrimination constitue une infraction obstacle permettant de sanctionner les personnes faisant usage de la "drogue du violeur", un tel usage devenant par ailleurs une circonstance aggravante des agressions sexuelles.* » (V. à cet égard Orienteur/autres qualifications) (Circ. Crim. 2018-10/H2, 3 sept. 2018, NOR : JUSD1823892C, nº 4.3).

RÉGIME PROCÉDURAL

▪ **Régime des infractions sexuelles.** Applicable (C. pr. pén., art. 706-47 4º ; v. nº 11.23).

▪ **CRPC.** Possible dans le cas A, **exclue** dans les cas B et C (C. pr. pén., art. 495-7). Sur le domaine de la CRPC, v. nº 15.53A.

▪ **Preuve technique et scientifique. Toxicologie** : recherche de molécule de soumission ou de désinhibition, v. nº 14.22A.

POLITIQUE PUBLIQUE

▪ **Action de sensibilisation. Personnes handicapées. • Schéma régional de santé. • Objectifs et missions du service public de l'enseignement. • Missions du service de l'aide sociale à l'enfance.** V. nº 20.72.

MESURE CIVILE

▪ **Retrait de l'autorité parentale.** *Idem* nº 20.72 (C. pén., art. 222-48-2, mod. par L. nº 2019-1480, 28 déc. 2019).

▪ **Retrait du droit à pension du conjoint survivant auteur des faits.** *Idem* nº 20.72 (CSS, art. L. 342-1-1 et L. 353-1-1 ; C. rur., art. L. 732-41-1 et L. 732-62 ; C. pens. civ. mil., art. L. 38-1 ; dispositions issues de L. nº 2019-1480, 28 déc. 2019).

RÉGIME DES PEINES

▪ **Récidive. Délits assimilés** : cette incrimination figure, au sein d'une « *Section III Des agressions sexuelles* », dans le « *§ 2. des autres agressions sexuelles* », et entre donc dans les prévisions du C. pén., art. 132-16-1 assimilant les délits d'agressions sexuelles et d'atteintes sexuelles au regard de la récidive (sur les conditions et les effets de la récidive, v. nº 18.5).

▪ **Inéligibilité obligatoire. Inscription au bulletin nº 2. Réserve d'interprétation.** *Idem* nº 20.18.

▪ ÉLÉMENTS CONSTITUTIFS – QUALIFICATION

✧ Pour avoir à .... [¤ lieu], le .... [¤ date], [⇨A puis le cas échéant B ou C :]

A. administré à .... [¤ nom de la victime], à son insu, une substance de nature à altérer son discernement ou le contrôle de ses actes afin de commettre à son égard un viol ou une agression sexuelle (A : *N* ***32837.co***)

[• Préciser le cas échéant dans le **cas** A] avec cette circonstance que les faits ont été commis sur [⇨B ou C :]

B. un mineur de quinze ans (B : *N* ***32838.co***) ;

C. une personne particulièrement vulnérable (C : *N* ***32839.co***).

Faits prévus et réprimés par les articles : **PERSONNES PHYSIQUES.** 222-22, 222-30-1, 222-31, 222-31-2, 222-44, 222-45, 222-48-1 et 222-48-2 du code pénal. **PERSONNES MORALES.** 222-22, 222-30-1, 222-31 et 222-33-1 du code pénal (*N #.co*). ✧

20.86 Exhibition sexuelle

▪ PEINES

PERSONNE PHYSIQUE

PP Délit. Cas A : 1 an d'emprisonnement, 15 000 € (C. pén., art. 222-32). Cas B : 2 ans d'emprisonnement, 30 000 € (C. pén., art. 222-32, aggravation créée par L. nº 2021-478, 21 avr. 2021).

PC 1. Interdiction, définitive ou ⩽ 5 ans, d'exercer l'activité professionnelle ou sociale en relation avec l'infraction, fonction publique (sauf mandat électif ou syndical) (C. pén., art. 222-44, 222-45 et 131-27). Sauf dispense spécialement motivée, la peine d'inéligibilité est obligatoirement prononcée (C. pén., art. 131-26-2, L. nº 2017-1339, 15 sept. 2017), v. Orienteur/Régime des peines ;

2. Interdiction, ⩽ 5 ans, des droits civiques, civils et de famille (vote, éligibilité, fonction juridictionnelle, expert, témoin, tuteur, curateur) (C. pén., art. 222-45 et 131-26) ;

3. Interdiction, définitive ou ⩽ 10 ans, d'exercer une activité professionnelle ou bénévole impliquant un contact habituel avec mineurs (C. pén., art. 222-45 [L. nº 98-468, 17 juin 1998]). L'interdiction définitive est obligatoirement prononcée si l'infraction est commise sur un mineur, sauf décision motivée (C. pén., art. 222-48-4, issu L. nº 2021-478, 21 avr. 2021) ;

4. Interdiction, ⩽ 5 ans, de détention ou de port d'arme soumise à autorisation (C. pén., art. 222-44) ;

5. Suspension, annulation, ⩽ 5 ans, du PC (C. pén., art. 222-44) ;

6. Confiscation d'un ou plusieurs véhicules (C. pén., art. 222-44) ;

7. Confiscation **obligatoire** (L. nº 2012-304, 6 mars 2012, auparavant confiscation facultative) d'une ou plusieurs armes dont le condamné est propriétaire ou dont il a la libre disposition (C. pén., art. 222-44) ;

8. Confiscation de la chose ayant servi à l'infraction ou destinée à la commettre, ou de son produit (obligatoire pour objets qualifiés dangereux ou nuisibles par loi ou règlement ou dont la détention est illicite) (C. pén., art. 222-44 et 131-21) ;

9. Stage de sensibilisation aux dangers de l'usage de produits stupéfiants. La juridiction précise si le stage est exécuté aux frais du condamné (C. pén., art. 131-35-1 et 222-44 [L. nº 2007-297, 5 mars 2007]) (pour les faits commis avant le 24 mars 2020 et jugés après cette date, L. nº 2019-222, 23 mars 2019, en vigueur le 24 mars 2020. Pour les faits commis à partir du 24 mars 2020, v. nouvelle réd. C. pén., art. 131-5-1 et nº **18.33**) ;

10. Confiscation de l'animal utilisé pour commettre l'infraction ou de la chose ayant servi à l'infraction, la juridiction prévoit que l'animal sera remis à une fondation ou une association de protection animale reconnue d'utilité publique ou déclarée. Lorsqu'il s'agit d'un animal dangereux, la juridiction peut ordonner qu'il soit procédé à son euthanasie, le cas échéant aux frais du condamné (C. pén., art. 222-44, 131-21-1 [L. nº 2007-297, 5 mars 2007]). Sur la peine de confiscation d'un animal (C. pén., art. 131-21-1), v. nº **18.36** ;

11. Interdiction, définitive ou ⩽ 5 ans de détenir certains animaux ou certaines catégories d'animaux (C. pén., art. 222-44, 131-21-2 [L. nº 2007-297, 5 mars 2007]) ;

12. Stage, aux frais du condamné, de responsabilisation pour la prévention et la lutte contre les violences au sein du couple et sexistes (C. pén., art. 222-44 15°, L. nº 2014-873, 4 août 2014) ;

13. Suivi socio-judiciaire, ⩽ 10 ans (C. pén., art. 131-36-1 et 222-48-1) avec injonction de soins si expertise médicale conclut au traitement (C. pén., art. 131-36-4). La juridiction fixe la peine encourue (⩽ 3 ans) en cas d'inobservation (C. pén., art. 131-36-1). Ne peut être prononcé avec un sursis probatoire (anc[t] SME) (C. pén., art. 131-36-6). Peut être ordonné comme peine principale (C. pén., art. 131-37-7). Sur cette peine, v. nº **18.31**.

14. Stage de citoyenneté (C. pén., art. 131-5-1 et 222-45 [L. nº 2004-204, 9 mars 2004, art. 44-X], en vigueur depuis le 1er oct. 2004) (pour les faits commis avant le 24 mars 2020 et jugés après cette date, L. nº 2019-222, 23 mars 2019, en vigueur le 24 mars 2020. Pour les faits commis à partir du 24 mars 2020, v. nouvelle réd. C. pén., art. 131-5-1 et nº **18.33**) ;

15. Stage de responsabilité parentale (C. pén., art. 131-5-1 et 222-45 [L. nº 2007-297, 5 mars 2007]).

PERSONNE MORALE

PP Délit. Cas A : **75 000 €** (C. pén., art. **222-32**) ; cas B : **150 000 €** (C. pén., art. **222-32**, aggravation créée par L. nº 2021-478, 21 avr. 2021) ; C. pén., art. 131-38.

PC Néant.

■ ORIENTEUR

AUTRE QUALIFICATION

▪ **Agression sexuelle.** V. nº **20.79**.

▪ **Outrage sexiste (L. nº 2018-703, 3 août 2018 - Incriminations contraventionnelles abrogées à compter du 1er avr. 2023).** V. nº **20.89**.

ÉLÉMENT LÉGAL

▪ **Application de la loi pénale dans le temps.** Cas B : circonstance aggravante par L. nº 2021-478, 21 avr. 2021.

▪ **Constitutionnalité.** À la QPC soulevée par des militantes du mouvement Femen soutenant que C. pén., art. 222-32 porte atteinte au principe de nécessité des peines et d'égalité en ce que ces dispositions, d'une part, « *permettent la répression pénale de la simple nudité des torses féminins dans tout lieu accessible aux regards du public* », d'autre part, « *incriminent la nudité des torses féminins, mais pas celle des torses masculins* », il est répondu que « *le principe d'égalité ne s'oppose ni à ce que le législateur règle de façon différente des situations différentes, ni à ce qu'il déroge à l'égalité pour des raisons d'intérêt général, et C. pén., art. 222-32 s'applique à la fois aux hommes et aux femmes, même si leurs différences anatomiques et les représentations qui y sont associées conduisent à donner un contenu différent à la notion d'exhibition* » (Crim. 16 févr. 2022, nº 21-82.392, D).

ÉLÉMENT MATÉRIEL

▪ **Exhibition sexuelle. • Nécessité d'une partie dénudée du corps.** Sous la jurisprudence antérieure à L. nº 2021-478, 21 avr. 2021 modifiant C. pén., art. 222-32, sont relaxées des personnes mimant ou effectuant des gestes obscènes sous leur vêtement car « *le délit d'exhibition sexuelle suppose que le corps ou la partie du corps volontairement exposé à la vue d'autrui soit ou paraisse dénudé* » (Crim. 4 janv. 2006, nº 05-80.960, P nº 3 ; dans le même sens Crim. 7 déc. 2011, nº 11-85.355,

D). • **Nature sexuelle de la partie dénudée.** L'exhibition des organes génitaux, des fesses (ex. Crim. 10 juin 2015, nº 14-84.438, D) ou de la poitrine féminine (Crim. 10 janv. 2018, nº 17-80.816, D ; Crim. 9 janv. 2019, nº 17-81.618, P nº 6) matérialise le délit. • **Commission réelle ou simulée d'un acte sexuel.** Depuis L. nº 2021-478, 21 avr. 2021, « *Même en l'absence d'exposition d'une partie dénudée du corps, l'exhibition sexuelle est constituée si est imposée à la vue d'autrui, dans un lieu accessible aux regards du public, la commission explicite d'un acte sexuel, réel ou simulé* » (C. pén., art. 222-32, mod. par L. nº 2021-478, 21 avr. 2021).

▪ **Lieu de commission des faits.** L'infraction est caractérisée « *dès lors que, une partie des faits se serait-elle déroulée dans des lieux privés, tous les actes ont été imposés, par surprise, à la vue de témoins involontaires* » (Crim. 12 mai 2004, nº 03-84.592, P nº 119). Dans le même sens, pour des faits commis dans un local d'enregistrement aménagé dans un domicile, dès « *lorsque les faits ont été commis en présence d'un témoin involontaire* » (Crim. 16 mars 2016, nº 15-81.377, D).

▪ **Fait justificatif.** • **Limites admissibles de la liberté d'expression.** • **Indifférence du mobile.** Est censurée la relaxe prononcée au motif que « *l'exposition du torse nu d'une femme à la vue d'autrui, en dehors de tout élément intentionnel de nature sexuelle, ne peut, [...] recouvrir la qualification d'exhibition sexuelle, s'agissant de l'utilisation par la prévenue de sa poitrine dénudée portant un message écrit à des fins de manifestation d'une expression en dehors de toute connotation sexuelle* », alors que cette exposition « *est constitutive d'un délit l'exhibition sexuelle imposée à la vue d'autrui dans un lieu accessible aux regards du public* », « *indépendamment des motifs invoqués par la prévenue, sans effet sur les éléments constitutifs de l'infraction* » (Crim. 10 janv. 2018, nº 17-80.816, D). Dans le même sens, mais sans cassation de la relaxe, v. Crim. 26 févr. 2020, nº 19-81.827, P, ci-dessous. • **Conciliation avec la liberté religieuse.** Est approuvée la cour d'appel qui confirme la condamnation d'une femme dont le casier judiciaire est vierge à la peine d'un mois d'emprisonnement avec sursis pour « *le délit d'exhibition sexuelle commis par Mme X, qui a volontairement dénudé sa poitrine dans une église qu'elle savait accessible aux regards du public, peu importants les mobiles ayant, selon elle, inspiré son action, [...], et dont la décision [de la cour dappel] n'a pas apporté une atteinte excessive à la liberté d'expression de l'intéressée, laquelle doit se concilier avec le droit pour autrui, reconnu par l'article 9 de la Conv. EDH, de ne pas être troublé dans la pratique de sa religion* » (Crim. 9 janv. 2019, nº 17-81.618, P nº 6). Cette décision a donné lieu à la condamnation de la France par la CEDH au motif que « *l'ingérence dans la liberté d'expression de la requérante que constitue la peine d'emprisonnement avec sursis qui a été prononcée à son encontre n'était pas « nécessaire dans une société démocratique »* » (§ 67) car, « *eu égard à son caractère militant, l'action de la requérante, qui cherchait à exprimer ses convictions politiques, dans la ligne des positions défendues par le mouvement des Femen au nom duquel elle agissait, doit être regardée comme constituant une « performance » entrant dans le champ d'application de l'article 10 [garantissant la liberté d'expression]. La mise en scène à laquelle s'est prêtée la requérante, la poitrine dénudée, et qui était organisée selon les modalités arrêtées par le mouvement des Femen, avait en effet pour but de véhiculer, dans un lieu de culte symbolique, un message relatif à un débat public et sociétal portant sur le positionnement de l'Église catholique sur une question sensible et controversée, à savoir le droit des femmes à disposer librement de leur corps, y compris celui de recourir à l'avortement* » (§ 48) (CEDH, 13 oct. 2022, nº 22636/19, *Bouton c/ France*). • **Nudité et liberté d'expression.** La CEDH, déboutant un requérant qui avait passé de nombreuses années en prison pour s'être, de manière répétée, en tous lieux et sans égard pour la loi et les opinions ou perceptions contraires, montré nu pour exprimer le caractère naturellement inoffensif de l'être humain, souligne toutefois : « *La cour admet que le droit à la liberté d'expression peut inclure le droit pour une personne d'exprimer ses idées à travers sa manière de se vêtir ou de se conduire* » (§ 149) (nombreux précédents cités sous ce §), « *La cour estime que la nudité du requérant en public peut être considérée comme une forme d'expression relevant de Conv. EDH, art. 10 et que son arrestation, sa poursuite, sa condamnation et sa détention ont constitué des mesures de répression de cette forme d'expression de l'opinion. Il y a donc eu une atteinte à l'exercice de son droit à la liberté d'expression* » (§ 150) que la cour n'a toutefois pas estimée disproportionnée en l'espèce (CEDH 28 oct. 2014, *Gough c/ Royaume-Uni*, req. nº 49327/11, trad. de l'auteur). Dans ce sens, estimant que si « *C'est à tort que la cour d'appel a énoncé que la seule exhibition de la poitrine d'une femme n'entre pas dans les prévisions du délit prévu à l'article 222-32 du code pénal, si l'intention exprimée par son auteur est dénuée de toute connotation sexuelle* » (§ 14), la Ch. crim., procédant à un contrôle de proportionnalité de l'incrimination dans son contexte factuel, n'a toutefois pas censuré la relaxe du chef d'exhibition sexuelle au motif « *que le comportement de la prévenue s'inscrit dans une démarche de protestation politique, et que son incrimination, compte tenu de la nature et du contexte de l'agissement en cause, constituerait une ingérence disproportionnée* *dans l'exercice de la liberté d'expression* » (§ 15) (Crim. 26 févr. 2020, n° 19-81.827, P) (sur les limites admissibles de la liberté d'expression justifiant la commission d'une infraction, v. n° 10.13E).

RÉGIME PROCÉDURAL

▪ **Compétence juridictionnelle. Juge unique** (C. pr. pén., art. 398-1 1°, v. n° 17.15D2).

▪ **Ordonnance pénale. Possible** (C. pr. pén., art. 495-II, v. n° 15.48B1 et tableau n° 17.15D2).

▪ **Régime des infractions sexuelles.** Cette infraction a tout d'abord été **retirée** du champ et du régime des **infractions sexuelles** (C. pr. pén., art. 706-47 nouv. [L. n° 2004-204, 9 mars 2004, art. 47-III]) puis soumise à ce régime depuis L. n° 2021-478, 21 avr. 2021 modifiant C. pr. pén., art. 706-47 4°) (sur le régime des infractions sexuelles, v. n° 11.23). Toutefois, elle relevait déjà du suivi socio-judiciaire (C pén., art. 222-48-1).

▪ **Prélèvement des empreintes génétiques** de la personne suspectée ou condamnée (C. pr. pén., art. 706-54 et 706-55 1°, v. n°s 13.23 et 13.25). **Sanction** du refus de prélèvement, v. n° 25.35.

▪ **Alimentation du Redex.** Centralisation des examens de personnalité au fichier Redex à tous les stades de la procédure (C. pr. pén., art. 706-56-2) (v. n° 13.41).

MESURE CIVILE

▪ **Retrait de l'autorité parentale.** *Idem* n° 20.72 (C. pén., art. 222-48-2, L. n° 2014-873, 4 août 2014, mod. par L. n° 2016-297, 14 mars 2016 et L. n° 2019-1480, 28 déc. 2019).

RÉGIME DES PEINES

▪ **Inscription au Fijais.** Cette infraction **ne relève pas** de l'inscription au **Fijais** (v. n°s 13.32 s.).

▪ **Inéligibilité obligatoire. Inscription au bulletin n° 2. Réserve d'interprétation.** *Idem* n° 20.18.

▪ ÉLÉMENTS CONSTITUTIFS – QUALIFICATION

✧ Pour avoir à .... [¤ lieu], le .... [¤ date], dans un lieu accessible aux regards du public, [⇨A puis le cas échéant B :]

A. commis une exhibition sexuelle, en l'espèce en .... [¤ matérialiser l'infraction ou employer la formule : en imposant à la vue d'autrui ses parties sexuelles ou la commission explicite d'un acte sexuel, réel ou simulé] (A : *N 61.co*) ;

B. [préciser le cas échéant dans le cas A :] avec cette circonstance que les faits ont été commis sur un mineur de 15 ans (B : *N 33957.co*).

Faits prévus et réprimés par les articles 222-32, 222-44, 222-45, 222-48-1 et 222-48-2 du code pénal. ✧

20.87 Harcèlement sexuel – Chantage sexuel (L. n° 2012-954, 6 août 2012)

▪ PEINES

PERSONNE PHYSIQUE

PP Délit. Cas A et B : 2 ans d'emprisonnement, 30 000 €. Cas C à J : 3 ans d'emprisonnement, 45 000 € (C. pén., art. 222-33).

PC 1. *Idem* n° 20.86, sauf suivi socio-judiciaire (PC n° 9) ;
2. Affichage, ⩽ 2 mois, *et/ou* diffusion de la décision ou d'extraits aux frais (⩽ amende encourue) du condamné (C. pén., art. 222-50-1 et 131-35).

PERSONNE MORALE

PP Cas A et B : 150 000 €. Cas C à J : 225 000€ (C. pén., art. 222-33, 131-38).

PC Affichage, ⩽ 2 mois, *et/ou* diffusion de la décision ou d'extraits aux frais (⩽ amende encourue) du condamné (C. pén., art. 222-50-1 et 131-35).

▪ ORIENTEUR

AUTRE QUALIFICATION

▪ **Harcèlement téléphonique ou électronique (cyberharcèlement) – Agression sonore.** C. pén., art. 222-16, v. n° 20.47.

▪ **Outrage sexiste (L. n° 2018-703, 3 août 2018 - Incriminations contraventionnelles abrogées à compter du 1er avr. 2023).** C. pén., art. 621-1, v. n° 20.89.

▪ **Harcèlement moral dans le cadre du travail**. C. pén., art. 222-33-2, v. n° 20.90.

▪ **Harcèlement moral sur conjoint, concubin ou partenaire d'un pacs (L. n° 2010-769, 9 juill. 2010)**. C. pén., art. 222-33-2, v. n° 20.91.

▪ **Harcèlement moral – Incrimination générale (L. n° 2014-873, 4 août 2014)**. Hors travail et hors couple, C. pén., art. 222-33-2-2, v. n° 20.92.

▪ **Harcèlement scolaire (L. n° 2022-299, 2 mars 2022)**. C. pén., art. 222-33-2-3, issu L. n° 2022-299, 2 mars 2022, v. n° 20.93.

▪ **Bizutage**. C. pén., art. 225-16-1, v. n° 20.94.

▪ **Choix de la qualification la plus haute.** « *Au cours de débats parlementaires, il a été observé que, par le passé, des faits constituant des infractions sexuelles plus graves, et notamment des agressions sexuelles ou des tentatives d'agression sexuelle, avaient pu être poursuivis sous la qualification de harcèlement sexuel. De telles pratiques ne sont évidemment pas satisfaisantes, et les magistrats du ministère public devront veiller à toujours retenir la qualification la plus haute dès lors que les éléments constitutifs de cette qualification seront réunis* » (Circ. Crim. 2012-15/E8, 7 août 2012, n° 1.1.2 b) (sur le pouvoir et le devoir de requalifier, v. n° 17.32).

▪ **Requalification des faits antérieurs au 8 août 2012.** La décision du Cons. const., du 4 mai 2012 (v. ci-dessous élément légal) a provoqué pendant trois mois un vide juridique, « *il convient de rappeler que, si une juridiction d'instruction ou de jugement a été saisie avant la décision.../...de poursuites engagées sur le fondement de l'article 222-33 du code pénal, l'éventuel requalification des faits, si cette requalification s'avère juridiquement possible, constitue non pas une possibilité mais un devoir pour la juridiction.../...celle-ci est en effet tenue, du fait du principe de saisine in rem des juridictions, de rechercher et de retenir la qualification la plus adéquate, sans être liée par celle de la prévention.../...C'est donc uniquement dans le cas où les faits dont elle a été saisie ne peuvent constituer aucune autre infraction pénale, comme par exemple des violences, du harcèlement moral ou des tentatives d'agression sexuelle, que la juridiction doit constater l'extinction de l'action publique)* » (Circ. Crim. 2012-15/E8, 7 août 2012, n° 4.4.2 a).

ÉLÉMENT LÉGAL

▪ **Constitutionnalité. Imprécision de l'incrimination dans sa rédaction antérieure à L. n° 2012-954, 6 août 2012.** Le Cons. const. a déclaré inconstitutionnelle l'ancienne rédaction de C. pén., art. 222-33 incriminant « *le fait de harceler autrui dans le but d'obtenir des faveurs sexuelles* » au motif qu'en méconnaissance du principe de légalité des délits et des peines, les faits étaient punissables « *sans que les éléments constitutifs de l'infraction soient suffisamment définis* » (§ 5), qu'en effet le « *législateur tient de l'article 34 de la Constitution, ainsi que du principe de légalité des délits et des peines qui résulte de l'article 8 de la Déclaration des droits de l'Homme et du citoyen de 1789,* l'obligation *de fixer lui-même le champ d'application de la loi pénale et de définir les crimes et délits en termes suffisamment clairs et précis* » (§ 3) (Cons. const, 4 mai 2012, n° 2012-240 QPC).

▪ **Application de la loi pénale dans le temps. • Disparition de l'ancienne incrimination et entrée en vigueur de la nouvelle** (L. n° 2012-954 du 6 août 2012). Sans préjudice d'autres qualifications en concours (ex. violences, menaces, agression sexuelle), les faits de harcèlement sexuel n'étaient plus punissables depuis le 6 mai 2012, lendemain de la publication au *JO* de la décision du Cons. const. n° 2012-240 QPC du 4 mai 2012 (v. orienteur/constitutionnalité), et jusqu'au 8 août 2012, lendemain de la publication au *JO* de la loi n° 2012-954 du 6 août 2012. À cette date le législateur, en rétablissant le délit de harcèlement sexuel (**Cas A**) dont il a précisé l'élément matériel et aggravé les pénalités (2 ans et 30 000 €, contre 1 an et 15 000 € dans l'incrimination antérieure), a aussi créé une nouvelle infraction, quant à elle instantanée, désignée sous l'expression de « chantage sexuel » dans les travaux parlementaires (**Cas B**). En application du principe de non-rétroactivité de la loi pénale, seuls les faits de harcèlement sexuel commis à compter du 8 août 2012, peuvent être qualifiés pénalement. « *Il convient toutefois d'observer que, s'agissant du délit de harcèlement [Cas A]...qui exige des actes répétés, il suffit, conformément à la jurisprudence traditionnelle relative aux délits d'habitude, qu'un des actes exigés par la loi ait été commis à partir du 8 août pour que l'infraction soit caractérisée* » (Circ. Crim. 2012-15/E8, 7 août 2012, NOR : JUSD1231944C, n° 4.4.1). • **Définition de la répétition**. La L. n° 2018-703, 3 août 2018, renforçant la lutte contre les violences sexuelles et sexistes, a élargi les conditions de la répétition exigée pour qualifier l'infraction (V. ci-dessous Orienteur/élément matériel). • **Cas H à J**. Circonstances aggravantes créées par L. n° 2018-703, 3 août 2018.

ÉLÉMENT MATÉRIEL

▪ **Harcèlement sexuel.** • **Non consentement de la victime.** « *Le non consentement de la victime est ...un des éléments constitutifs du délit, qui suppose des actes imposés par leur auteur, et donc subis et non désirés par la victime. La loi n'exige toutefois nullement que la victime ait fait connaître de façon expresse et explicite à l'auteur des faits qu'elle n'était pas consentante* » (Circ. Crim. 2012-15/E8, 7 août 2012, n° 1.1.1). • **Condition de répétition des actes.** « *La condition de répétition des actes...exige simplement que les faits aient été commis à au moins deux reprises. Elle n'impose pas qu'un délai minimum sépare les actes commis, ces actes pouvant être répétés dans un très court laps de temps* » (Circ. Crim. 2012-15/E8, 7 août 2012, n° 1.1.1). Matérialisent l'infraction les « *faits répétés à connotation sexuelle, peu important que ces faits se soient déroulés dans un court laps de temps* » (§ 7), tel est le cas pour le prévenu qui, « *au cours d'une unique consultation* » (§ 5), « *a déboutonné à deux reprises la blouse d'une étudiante, lui a palpé l'abdomen sans son consentement, ce qui n'était pas nécessaire du point de vue médical, l'a tenue par le cou ou par l'épaule, ces gestes, reproduits dans des temps successifs, ayant été répétés et ayant une connotation sexuelle* » (§ 6) (Crim. 29 mars 2023, n° 22-83.605, D). • **Extension de la notion de répétition.** Comme pour l'infraction de harcèlement moral (v. n° 20.92), la L. n° 2018-703, 3 août 2018, prévoit que la répétition des propos ou comportements peut résulter d'une action collective alors même que l'auteur n'a pris part que de façon isolée au harcèlement : « *L'infraction est également constituée : 1° Lorsque ces propos ou comportements sont imposés à une même victime par plusieurs personnes, de manière concertée ou à l'instigation de l'une d'elles, alors même que chacune de ces personnes n'a pas agi de façon répétée ; 2° Lorsque ces propos ou comportements sont imposés à une même victime, successivement, par plusieurs personnes qui, même en l'absence de concertation, savent que ces propos ou comportements caractérisent une répétition* » (C. pén., art. 222-33, réd. issue L. n° 2018-703, 3 août 2018). « *Cette extension de la notion de répétition a principalement pour objet de réprimer les faits de "cyber-harcèlement", qui sont fréquemment commis par plusieurs personnes dont aucun n'a cependant agi de façon répétée, et que l'on peut alors qualifier de "raid numérique".../...C'est précisément pour mieux réprimer ces faits qu'a été ajoutée une nouvelle circonstance aggravante du harcèlement sexuel.../...lorsqu'il a été fait utilisation d'un service de communication au public en ligne ou par le biais d'un support numérique ou électronique.../...soit lorsque ces envois [de messages sexuels ou sexistes] résultent d'une concertation préalable, soit – ce qui est le plus fréquent – lorsqu'en l'absence de concertation, chaque internaute a nécessairement eu connaissance des précédents envois avant de transmettre lui-même son message.../...Les plaintes de victimes de ces raids numériques devront donner lieu aux investigations nécessaires pour identifier sinon la totalité des auteurs de ces messages, du moins les principaux d'entre eux et notamment ceux qui sont à l'initiative du harcèlement* » (Circ. Crim. 2018-10/H2, 3 sept. 2018, NOR : JUSD1823892C, n° 5) ». • **Connotation sexuelle des actes.** « *Il suffit que les comportements revêtent une connotation sexuelle, ce qui n'exige donc pas qu'ils présentent explicitement et directement un caractère sexuel* » (Circ. Crim. 2012-15/E8, 7 août 2012, n° 1.1.1).

▪ **Chantage sexuel.** • **Notion de pression grave.** « *La notion de pression grave recouvre en pratique des hypothèses très variées, dans lesquelles une personne tente d'imposer un acte de nature sexuelle à la victime en contrepartie : Soit d'un avantage recherché par cette dernière, comme l'obtention d'un emploi, l'obtention d'une augmentation, l'obtention d'un contrat de bail, la réussite à un examen...Soit de l'assurance qu'elle évitera une situation particulièrement dommageable, telle qu'un licenciement ou une mutation dans un emploi non désiré, une augmentation significative du montant d'un loyer payé au noir, un redoublement lors des études.../...Cette pression peut être constituée par un acte unique et n'a pas besoin d'être répétée* » (Circ. Crim. 2012-15/E8, 7 août 2012, n° 1.1.2 a). • **Connotation sexuelle des actes.** « *Il est précisé que la finalité peut être réelle ou apparente afin de ne pas exiger la démonstration d'un dol spécial chez l'auteur des faits, parfois délicat à caractériser. Cela permet de sanctionner les personnes qui agissent sans avoir vraiment l'intention d'obtenir un acte sexuel, par exemple par jeu ou dans le seul but d'humilier la victime, ou afin d'obtenir sa démission, dès lors que, de façon objective et apparente, les pressions ne pouvaient que donner l'impression à la victime comme aux tiers qui ont pu en être les témoins, qu'un acte de nature sexuel était recherché* » (Circ. Crim. 2012-15/E8, 7 août 2012, n° 1.1.2 a).

RÉGIME PROCÉDURAL

▪ **Régime des infractions sexuelles.** Ces infractions relèvent du régime des **infractions sexuelles** depuis L. n° 2021-478, 21 avr. 2021 modifiant C. pr. pén., art. 706-47 4°) (sur le régime des infractions sexuelles, v. n° 11.23).

▪ **Obligation de communication du contrôle judiciaire à l'employeur public ou l'autorité de contrôle.** Le parquet doit informer l'employeur ou l'autorité de contrôle de la décision de contrôle judiciaire comportant « *l'obligation de ne pas exercer une activité impliquant un contact habituel avec des mineurs* » prévue par C. pr. pén., art. 138, 12° *bis* (issu de L. n° 2016-457, 14 avr. 2016) (C. pr. pén., art. 706-47-4, L. n° 2016-457, 14 avr. 2016) (v. n° **11.23D**).

▪ **Pouvoirs des agents de contrôle. Inspecteurs du travail.** L'infraction de harcèlement sexuel dans le cadre des relations du travail peut être constatée par les inspecteurs du travail (C. trav., art. L. 8112-2).

▪ **Prescription de l'action publique. Régime de prescription de l'infraction d'habitude.** V. solution donnée pour le harcèlement moral dans le cadre du travail au n° **20.90** (Crim. 19 juin 2019, n° 18-85.725, P n° 128).

▪ **Compétence nationale du TJ de Paris en cas de discrimination raciste en ligne. Cas H** : en concurrence avec les autres juridictions territorialement compétentes, le TJ de Paris (pôle national de lutte contre la haine en ligne, v. Circ. CRIM-2020-23-E1, 24 nov. 2020, NOR : JUSD2032620C) est compétent (sur cette compétence, v. n° **17.16G**), pour le traitement des infractions de harcèlement sexuel et de chantage sexuel **commises en ligne**, si elles ont fait l'objet d'une **plainte en ligne** (sur la plainte en ligne, C. pr. pén., art. 15-3-1, v. n° **11.3C1**), lorsqu'elles sont aggravées par l'une des circonstances de **discrimination raciste** prévues par C. pén., art. 132-76 (sur ces circonstances, v. n° **18.9B**) (C. pr. pén., art. 15-3-3 et D. 8-2-10).

POLITIQUE PUBLIQUE

▪ **Interdiction d'identifier la victime dans les médias.** Sur l'application de L. 29 juill. 1881, art. **39 *quinquies***, prohibant le diffusion de renseignement d'identification de la victime d'infraction sexuelle, v. n° **35.34**.

▪ **Protection du salarié victime ou témoin de harcèlement sexuel.** « *Aucun salarié, aucune personne en formation ou en stage, aucun candidat à un recrutement, à un stage ou à une formation en entreprise ne peut être sanctionné, licencié ou faire l'objet d'une mesure discriminatoire, directe ou indirecte, notamment en matière de rémunération, de formation, de reclassement, d'affectation, de qualification, de classification, de promotion professionnelle, de mutation ou de renouvellement de contrat pour avoir subi ou refusé de subir des faits de harcèlement sexuel, y compris si les propos ou comportements n'ont pas été répétés* » (C. trav., art. L. 1153-2, réd. issue L. n° 2012-954, 6 août 2012). « *Aucun salarié, aucune personne en formation ou en stage ne peut être sanctionné, licencié ou faire l'objet d'une mesure discriminatoire pour avoir témoigné de faits de harcèlement sexuel ou pour les avoir relatés.* » (C. trav., art. L. 1153-3, réd. issue L. n° 2012-954, 6 août 2012, abrogé et transféré en substance au C. trav., art. L. 1153-2 par L. n° 2022-401, 21 mars 2022). Ces discriminations sont pénalement réprimées par C. pén., art. 225-1-1 et **225-2** (v. n° **23.2**) et par C. trav., art. **1155-2** (v. n° **23.5**).

▪ **Protection du fonctionnaire victime ou témoin de harcèlement sexuel.** Aucune mesure concernant notamment le recrutement, la titularisation, la formation, la notation, la discipline, la promotion, l'affectation et la mutation ne peut être prise à l'égard d'un fonctionnaire : 1° parce qu'il a subi ou refusé de subir les faits de harcèlement sexuel, y compris, si les propos ou comportements n'ont pas été répétés ; 2° Parce qu'il a formulé un recours auprès d'un supérieur hiérarchique ou engagé une action en justice visant à faire cesser ces faits ; 3° Ou bien parce qu'il a témoigné de tels faits ou qu'il les a relatés (CGFP, art. L. 133-3, anc^t L. n° 83-634, 13 juill. 1983, art. 6 *ter*, réd. issue L. n° 2012-954, 6 août 2012). Ces discriminations sont pénalement réprimées par C. pén., art. 225-1-1 et **225-2** (v. n° **23.2**). Sur le dispositif de signalement mis en place dans l'administration, v. CGFP, art. L. 135-6, anc^t L. n° 83-634, 13 juill. 1983, art. 6 *quater A* et D. n° 2020-256, 13 mars 2020.

▪ **Protection du militaire victime.** Aucun militaire ne doit subir les faits de harcèlement ou de chantage sexuel et aucun militaire ne peut être sanctionné parce qu'il a subi ou refusé de subir, engagé un recours ou une action, ou témoigné, à la suite de tels faits (C. défense, art. L. 4123-10-1, L. n° 2014-873, 4 août 2014).

▪ **Prévention des risques par l'employeur.** L'employeur prend toutes dispositions nécessaires en vue de prévenir les faits de harcèlement sexuel. Le texte de l'article 222-33 du code pénal est affiché dans les lieux de travail ainsi que dans les locaux ou à la porte des locaux où se fait l'embauche, et les personnes sont informées des actions contentieuses civiles et pénales ouvertes en matière de harcèlement sexuel et des coordonnées des autorités et services compétents (C. trav., L. 1153-5 et D. 1151-1, issu D. n° 2019-17, 19 déc. 2018). Il met en œuvre des mesures de prévention des risques, il planifie la prévention en y intégrant notamment les risques liés au harcèlement moral et au harcèlement sexuel (C. trav., art. L. 4121-2).

▪ **Prévention des risques par le service de prévention et de santé au travail.** Les services de prévention et de santé au travail conseillent les employeurs, les travailleurs et leurs représentants sur les dispositions et mesures nécessaires afin, notamment, de prévenir le harcèlement sexuel ou moral (C. trav., art. L. 4622-2).

▪ **Rôle d'alerte du délégué du personnel.** Si un délégué du personnel constate, notamment par l'intermédiaire d'un salarié, qu'il existe une atteinte aux droits des personnes, à leur santé physique et mentale ou aux libertés individuelles dans l'entreprise qui ne serait pas justifiée par la nature de la tâche à accomplir, ni proportionnée au but recherché, il en saisit immédiatement l'employeur. Cette atteinte peut notamment résulter de faits de harcèlement sexuel ou moral ou de toute mesure discriminatoire en matière d'embauche, de rémunération, de formation de reclassement, d'affectation, de classification, de qualification, de promotion professionnelle, de mutation, de renouvellement de contrat, de sanction ou de licenciement. En cas de carence de l'employeur ou de divergence, le salarié ou le délégué du personnel si le salarié averti par écrit ne s'y oppose pas, peut saisir en la forme des référés le conseil de prud'hommes (C. trav., art. L. 2313-2).

▪ **Obligations des fournisseurs d'accès à internet et hébergeurs.** Les fournisseurs d'accès à internet et hébergeurs « *doivent concourir à la lutte contre la diffusion des infractions visées* » au C. pén., art. 222-33 (L. n° 2004-575, 21 juin 2004, dite LCEN, art. 6), v. n° 35.22.

▪ **Action de sensibilisation. Personnes handicapées. Schéma régional de santé. Objectifs et missions du service public de l'enseignement. Missions du service de l'aide sociale à l'enfance.** V. n° 20.72.

▪ **Action de sensibilisation. Formation aux outils numériques.** La formation à l'utilisation responsable des outils et des ressources numériques dispensée dans les écoles et les établissements d'enseignement comporte « *une sensibilisation sur l'interdiction du harcèlement commis dans l'espace numérique, la manière de s'en protéger et les sanctions encourues en la matière* » (C. éduc., art. L. 312-9 mod. par L. n° 2018-703, 3 août 2018).

MESURE CIVILE

▪ **Intérêts civils. Compétence des juridictions déjà saisies pour statuer sur les intérêts civils malgré l'abrogation de la loi pénale.** « *Lorsque, en raison de l'abrogation de l'article 222-33 du code pénal résultant de la décision du Conseil constitutionnel n° 2012-240 QPC du 4 mai 2012 (v. orienteur/constitutionnalité et champ d'application), le tribunal correctionnel ou la chambre des appels correctionnels constate l'extinction de l'action publique, la juridiction demeure compétente, sur la demande de la partie civile formulée avant la clôture des débats, pour accorder, en application des règles du droit civil, réparation de tous les dommages résultant des faits qui ont fondé la poursuite ainsi que le paiement d'une somme qu'elle détermine au titre des frais exposés par la partie civile et non payés par l'État* » (L. n° 2012-954, 6 août 2012, art. 12).

▪ **Sanction disciplinaire.** Tout salarié ayant procédé à des faits de harcèlement sexuel est passible d'une sanction disciplinaire (C. trav., art. L. 1153-6). Tout agent public ayant procédé ou enjoint de procéder aux faits de harcèlement sexuel est passible d'une sanction disciplinaire (CGFP, art. L. 135-6 A, anc^t L. n° 83-634, 13 juill. 1983, art. 6 *ter*, réd. issue L. n° 2012-954, 6 août 2012).

▪ **Indemnisation par la Civi. Conditions d'indemnisation.** La circulaire Crim. 2012-15/E8, 7 août 2012, NOR : JUSD1231944C, n° 4.2 souligne que « *Le harcèlement sexuel n'est pas visé par le 2e alinéa du 2° de C. pr. pén., art. 706-3 énumérant les infractions donnant droit à l'indemnisation intégrale de la victime, quelles que soient ses ressources* ». Toutefois, s'agissant de faits « *parfois susceptibles de provoquer une très grave altération de la santé de la victime* » elle rappelle que la victime a droit à l'indemnisation intégrale de son préjudice par la Civi si son incapacité est ⩾ 1 mois (C. pr. pén., art. 706-3) ou, dans le cas où l'incapacité est < 1 mois, si elle se trouve dans une situation matérielle ou psychologique grave et si ses ressources sont inférieures au plafond de l'aide juridictionnelle (C. pr. pén., art. 706-14). Sur les cas d'indemnisation par la Civi, v. n° 16.19A.

▪ **Aide juridictionnelle. Prise en compte des effets exceptionnels de l'abrogation de la loi pénale pour l'octroi de l'aide juridictionnelle.** La décision du Cons. const., du 4 mai 2012 (v. orienteur/constitutionnalité et champ d'application) a provoqué pendant trois mois un vide juridique, « *compte tenu du caractère sans précédent de la situation obligeant des victimes, en raison d'une malfaçon législative de la loi pénale, à engager une procédure devant les juridictions civiles, il conviendra d'appeler* *l'attention des bureaux d'aide juridictionnelle afin qu'ils puissent, en application de l'article 6 de la loi du 11 juillet 1991, accorder à ces personnes l'aide juridictionnelle à titre exceptionnel, quelles que soient leurs ressources, du fait que leur situation "apparaît comme particulièrement digne d'intérêt"* » (Circ. Crim. 2012-15/E8, 7 août 2012, n° 4.4.2 b).

▪ **Retrait de l'autorité parentale.** *Idem* n° **20.72** (C. pén., art. 222-48-2, L. n° 2014-873, 4 août 2014, mod. par L. n° 2016-297, 14 mars 2016 et L. n° 2019-1480, 28 déc. 2019).

▪ **Modalités de l'action en référé ou sur requête engagée par le parquet.** En cas de dommage occasionné par le contenu d'un service de communication au public en ligne (L. n° 2004-575, 21 juin 2004, dite LCEN, art. 6), v. n° **35.22**.

▪ **Autorité de la chose jugée au pénal sur le civil.** « *Les décisions de la juridiction pénale ont au civil l'autorité de chose jugée à l'égard de tous et qu'il n'est pas permis au juge civil de méconnaître ce qui a été jugé par le tribunal répressif* », est en conséquence censuré l'arrêt qui retient, « *pour condamner l'employeur au paiement de dommages-intérêts pour harcèlement sexuel [...], qu'il est établi que le supérieur hiérarchique s'est livré à des manoeuvres de séduction et à des pressions diverses sur la salariée et qu'il n'importe que le tribunal correctionnel ait prononcé sa relaxe du chef de harcèlement sexuel, la qualification correspondant au délit pénalement sanctionné étant différente du comportement fautif de harcèlement sexuel dans des relations de travail et l'appréciation du juge prud'homal étant nécessairement différente de celle du juge pénal* », « *alors qu'il résulte des motifs du jugement correctionnel [...] que la matérialité des faits de harcèlement sexuel et la culpabilité de celui auquel ils étaient imputés n'étaient pas établies* » (Soc., 3 nov. 2005, n° 03-46.839, P n° 307).

RÉGIME DES PEINES

▪ **Causes d'aggravation.** Les causes générales d'aggravation des peines en cas d'infraction à finalité raciste ou sexiste créées par L. n° 2017-86, 27 janv. 2017 (C. pén., art. 132-76 et 132-77°) (v. n° **18.9**) ne sont pas applicables à cette infraction.

▪ **Obligation de communication de la condamnation à l'employeur public ou l'autorité de contrôle.** Le parquet doit informer l'employeur ou l'autorité de contrôle de la condamnation prononcée en cas d'activité impliquant un contact habituel avec des mineurs (C. pr. pén., art. 706-47-4, L. n° 2016-457, 14 avr. 2016) (v. n° **11.23D**).

▪ **Inéligibilité obligatoire. Inscription au bulletin n° 2. Réserve d'interprétation.** *Idem* n° **20.18**.

▪ **Inscription au Fijais.** Cette infraction **relève** de l'inscription au Fijais depuis L. n° 2021-478, 21 avr. 2021 modifiant C. pr. pén., art. 706-47 4°. L'inscription de la condamnation est facultative et doit résulter d'une décision expresse car le quantum encouru est < 5ans, elle est toutefois obligatoire si la victime est mineure, sauf dispense motivée (C. pr. pén., art. 706-53-2) (v. n^{os} **13.32** s.).

▪ ÉLÉMENTS CONSTITUTIFS – QUALIFICATION

✧ Pour avoir à .... [¤ lieu], le .... [¤ date], [⇨A ou B puis le cas échéant C à J :]

A. **HARCÈLEMENT SEXUEL**

imposé à .... [¤ nom de la victime], de façon répétée, des propos ou comportements à connotation sexuelle « ou sexiste » (réd. issue L. n° 2018-703, 3 août 2018) qui ont, soit porté atteinte à sa dignité en raison de leur caractère dégradant ou humiliant, soit créé à son encontre une situation intimidante, hostile ou offensante, en l'espèce en .... [¤ matérialiser l'infraction] (A : *N 29207.co*) ;

[• Préciser le cas échéant dans le **cas** A :] avec cette circonstance que les faits ont été commis [⇨C à J :]

B. **CHANTAGE SEXUEL**

même de manière non répétée, usé de toute forme de pression grave à l'égard de .... [¤ nom de la victime], dans le but réel ou apparent d'obtenir un acte de nature sexuelle, que celui-ci soit recherché au profit de l'auteur des faits ou au profit d'un tiers, en l'espèce en .... [¤ matérialiser l'infraction] (B : *N 29208.co*) ;

[• Préciser le cas échéant dans le **cas** B :] avec cette circonstance que les faits ont été commis [⇨C à J :]

C. par une personne qui abuse de l'autorité que lui confèrent ses fonctions (AC : *N 29209.co* ; BC : *N 29251.co*) ;

D. sur un mineur de quinze ans (AD : *N 29210.co* ; BD : *N 29252.co*) ;

E. sur une personne d'une particulière vulnérabilité, apparente ou connue de l'auteur, due à son âge, une maladie, une infirmité, une déficience physique ou psychique ou un état de grossesse (AE : *N 29211.co* ; BE : *N 29253.co*) ;

F. sur une personne d'une particulière vulnérabilité ou dépendance, apparente ou connue de l'auteur, résultant de la précarité de sa situation économique ou sociale (AF : *N 29212.co* ; BF : *N 29254.co*) ;

G. par plusieurs personnes agissant en qualité d'auteurs ou de complices (AG : *N 29213.co* ; BG : *N 29255.co*) ;

H. par l'utilisation d'un service de communication au public en ligne ou par le biais d'un support numérique ou électronique (aggravation créée par L. n° 2018-703, 3 août 2018) (AH : *N 32912.co* ; BH : *N 32913.co*) ;

I. alors qu'un mineur était présent et y a assisté (aggravation créée par L. n° 2018-703, 3 août 2018) (AI : *N 32914.co* ; BI : *N 32915.co*) ;

J. par un ascendant ou par toute autre personne ayant sur la victime une autorité de droit ou de fait (aggravation créée par L. n° 2018-703, 3 août 2018) (AJ : *N 32916.co* ; BJ : *N 32917.co*).

Faits prévus et réprimés par les articles 222-33, 222-44, 222-45 et 222-48-2 du code pénal. ✧

20.88 Outrage sexiste (Incriminations issues L. n° 2023-22, 24 janv. 2023 et D. n° 2023-227, 30 mars 2023)

▪ PEINES

PERSONNE PHYSIQUE

PP Cas A : Contrav. 5e cl. 1 500 € (C. pén., art. R. 625-8-3 issu D. n° 2023-227, 30 mars 2023, et 131-13) ; **récidive** : v. Cas B (C. pén., art. 222-33-1-1 et 132-11, al. 2).

Cas B : Délit. 3 750 € (C. pén., art. 222-33-1-1 issu L. n° 2023-22, 24 janv. 2023, en vigueur le 1er avr. 2023).

PC 1. Stage de citoyenneté (C. pén., art. R. 625-8-3 (Cas A), 222-48-5 (Cas B), et 131-5-1 1°) ;

2. Stage de responsabilisation pour la prévention et la lutte contre les violences au sein du couple et les violences sexistes (C. pén., art. R. 625-8-3 (Cas A), 222-48-5 (Cas B), et 131-5-1 4°) ;

3. Stage de sensibilisation à la lutte contre l'achat d'actes sexuels (C. pén., art. R. 625-8-3 (Cas A), 222-48-5 (Cas B), et 131-5-1 5°) ;

4. Stage de lutte contre le sexisme et de sensibilisation à l'égalité entre les femmes et les hommes (C. pén., art. R. 625-8-3 (Cas A), 222-48-5 (Cas B), et 131-5-1 7°) ;

5. Tig 20 à 120 h (Cas A) ; 20 à 150 h (Cas B) (C. pén., art. R. 625-8-3 (Cas A), 222-48-5 (Cas B), et 131-17).

PERSONNE MORALE

PP Cas A : Contrav. 5e cl. 7 500 € (C. pén., art. R. 625-8-3 issu D. n° 2023-227, 30 mars 2023, et 131-41) ; **récidive** : v. Cas B (C. pén., art. 222-33-1-1 et 132-11, al. 2).

Cas B : Délit. 18 750 € (C. pén., art. 222-33-1-1 issu L. n° 2023-22, 24 janv. 2023, en vigueur le 1er avr. 2023, C. pén., art. 131-38).

PC Néant.

▪ ORIENTEUR

AUTRE QUALIFICATION

- Violences – Sans ITT, v. n° 20.24.
- Violences volontaires aggravées – Sans ITT ou ITT ⩽ 8 jours, v. n° 20.29.
- Harcèlement téléphonique ou électronique (cyberharcèlement) – Agression sonore. C. pén., art. 222-16, v. n° 20.47.
- Exhibition sexuelle, v. n° 20.86.
- Harcèlement sexuel – Chantage sexuel (L. n° 2012-954, 6 août 2012). C. pén., art. 222-33, v. n° 20.87.

▪ **Outrage sexiste (L. nº 2018-703, 3 août 2018 - Incriminations contraventionnelles abrogées à compter du 1er avr. 2023).** Incrimination contraventionnelle abrogée à compter du 1er avr. 2023, C. pén., art. 621-1, v. nº 20.89.

▪ **Harcèlement moral dans le cadre du travail.** C. pén., art. 222-33-2, v. nº 20.90.

▪ **Harcèlement moral sur conjoint, concubin ou partenaire d'un pacs (L. nº 2010-769, 9 juill. 2010).** C. pén., art. 222-33-2, v. nº 20.91.

▪ **Harcèlement moral – Incrimination générale (L. nº 2014-873, 4 août 2014).** Hors travail et hors couple, C. pén., art. 222-33-2-2, v. nº 20.92.

▪ **Harcèlement scolaire (L. nº 2022-299, 2 mars 2022).** C. pén., art. 222-33-2-3, issu L. nº 2022-299, 2 mars 2022, v. nº 20.93.

▪ **Bizutage.** C. pén., art. 225-16-1, v. nº 20.94.

▪ **Injure publique discriminatoire envers les particuliers.** L. 29 juill. 1881, art. 33, v. nº 35.16.

ÉLÉMENT LÉGAL

▪ **Application de la loi pénale dans le temps.** Cette incrimination d'abord contraventionnelle a été créée par L. nº 2018-703, 3 août 2018, renforçant la lutte contre les violences sexuelles et sexistes. Elle a « *pour principal objet de réprimer le phénomène de harcèlement de rue dont les femmes sont très fréquemment victimes* » (Circ. Crim. 2018-10/H2, 3 sept. 2018, NOR : JUSD1823892C, nº 4.1). Dans sa forme aggravée par l'une des circonstances énoncées dans le texte initial (anct C. pén., art. 621-1 III, v nº 20.89), la contravention de 5ème cl. a été transformée en délit (**Cas B**) désormais incriminé par C. pén., art. 222-33-1-1 (L. nº 2023-22, 24 janv. 2023, art. 14, en vigueur le 1er avr. 2023). En dehors des cas d'aggravation prévus par cet article, les faits d'outrage sexiste non aggravés, qui constituaient auparavant une contravention de 4ème cl. (anct C. pén., art. 621-1 II, v nº 20.89), constituent désormais une contravention de 5ecl. (**Cas A**) maintenant prévue par C. pén., art. R. 625-8-3 (issu du D. nº 2023-227, 30 mars 2023, en vigueur le 1er avr. 2023). L'aggravation des sanctions s'est opérée à droit constant, à l'exception de quelques modifications correspondant au texte souligné de la rubrique ci-dessous « Eléments constitutifs-Qualification », et de la récidive de contravention, qui est désormais délictuelle (**cas B9**).

▪ **Constitutionnalité.** Après avoir écarté les griefs de confusion entre l'incrimination d'outrage sexiste et celles de harcèlement sexuel et d'injure publique sexiste (v. ci-dessous élément matériel/concours de qualification), le Cons. const. a, lors de son contrôle a priori du texte, validé à tous égards le 7° du § I de C. pén., art. 222-33-1-1 (Cons. const. 19 janv. 2023, nº 2022-846 DC, § 60).

ÉLÉMENT MATÉRIEL

▪ **Faits incriminés.** La définition de l'infraction est « *similaire à celle du harcèlement sexuel, à la différence que n'est pas reprise l'exigence de répétition des faits, et qu'un propos ou comportement unique peut donc caractériser l'infraction.../...Pourront par exemple être qualifiés d'outrages sexistes les faits suivants.../... : – Des propositions sexuelles, mais également certaines attitudes non verbales telles que des gestes imitant ou suggérant un acte sexuel, des sifflements ou des bruitages obscènes ou ayant pour finalité d'interpeller la victime de manière dégradante – Des commentaires dégradants sur l'attitude vestimentaire ou l'apparence physique de la victime – Une poursuite insistante de la victime dans la rue.*
Le champ d'application de l'outrage sexiste ne se limite pas à l'espace public. Par conséquent, l'infraction sera constituée quel que soit son lieu de commission, qu'il s'agisse d'un lieu public tel que la rue, les transports en commun ou encore un établissement scolaire, ou d'un lieu privé, tel un espace de travail. » (Circ. Crim. 2018-10/H2, 3 sept. 2018, NOR : JUSD1823892C, nº 4.1).

▪ **Incriminations en concours.** Les législateur fixe les règles applicables lorsque l'infraction d'outrage sexuel entre en concours avec certaines autres incriminations, dont la liste ne peut prétendre à l'exhaustivité. Ces règles expresses ne dérogent pas aux trois principes applicables en matière de qualification en concours : « *specialia generalibus derogant* », « plus haute expression pénale » et « *non bis in idem* » (sur ce point, v. nº 17.32B2). Selon C. pén., art. 222-33-1-1, l'outrage sexiste est en effet punissable « *hors les cas prévus aux articles* » 222-13 (violences aggravées avec ITT ⩽ 8 jours, v. nº 20.29) ; 222-32 (exhibition sexuelle, v. nº 20.86), 222-33 (harcèlement et chantage sexuels, v. nº 20.87), 222-33-2-2 (harcèlement moral, v. nº 20.92) et 222-33-2-3 (harcèlement scolaire, v. nº 20.93). Les exclusions identiques sont reprises par C. pén., art. R. 625-8-3. Ainsi, « *Il résulte des termes mêmes des dispositions [de C. pén., art. 222-33-1-1] que le délit d'outrage sexiste et sexuel* *qu'elles prévoient ne peut s'appliquer qu'en dehors des cas où les faits sont constitutifs du délit de harcèlement sexuel* » (§ 58) (Cons. const. 19 janv. 2023, n° 2022-846 DC). En outre, les faits d'outrage sexiste sont susceptibles d'entrer dans le champ d'application du délit d'injure publique prévu à l'article 33 de la loi du 29 juill. 1881, lorsque l'injure « *est commise à l'encontre, notamment, d'une personne ou d'un groupe de personnes à raison de leur sexe, de leur orientation sexuelle ou de leur identité de genre* » (§ 59) (v. cette incrimination au v. n° **35.16**) ; toutefois, ces faits « *s'en distinguent dès lors que, à la différence de l'injure publique, ils peuvent être commis sans moyen de publicité et prendre la forme non seulement de propos mais aussi de comportements à connotation sexuelle ou sexiste imposés à une personne déterminée. Il doit en outre être établi que l'auteur de l'outrage a voulu, par ces agissements, porter atteinte à la dignité de la victime ou créer à son encontre une situation intimidante, hostile ou offensante* » (§ 60) (Cons. const. 19 janv. 2023, n° 2022-846 DC).

RÉGIME PROCÉDURAL

▪ **Pouvoir des agents de constatation.** Selon les modifications successivement apportées par L. n° 2018-703, 3 août 2018 puis L. n° 2023-22, 24 janv. 2023, la contravention et le délit d'outrage sexiste peuvent être constatés, outre par les OPJ et les APJ, par procès-verbal des APJ adjoints (C. pr. pén., art. 21, v. n° **11.11B**) et par les agents assermentés et missionnés pour la police du transport ferroviaire ou guidé (C. transp., art. L. 2241-1, v. n° **11.23J**).

▪ **Compétence juridictionnelle. Cas B : juge unique correctionnel** (C. pr. pén., art. 398-1, v. n° **17.15D2**).

▪ **Ordonnance pénale délictuelle. Cas B : possible** (C. pr. pén., art. 495-II, v. n° **15.48B1** et tableau n° **17.15D2**).

▪ **Amende forfaitaire. • Amende forfaitaire contraventionnelle. Cas A** : cette contravention peut faire l'objet d'une amende forfaitaire, y compris d'une amende forfaitaire minorée (v. n° **15.46**) (C. pén., art. R. 48-1 2°). • **Amende forfaitaire délictuelle. Cas B** : ce délit peut faire l'objet d'une amende forfaitaire délictuelle, y compris en cas de récidive, si l'infraction est relevée par **procès-verbal électronique** (C. pén., art. 222-33-1-1 II ; C. pr. pén., art. 495-17, D. 45-3, A. 36-14 à A. 36-16). Amende minorée : **250 €** ; forfaitaire : **300 €** ; majorée : **600 €** (C. pén., art. 222-33-1-1 II). Sur la procédure d'amende forfaitaire délictuelle, v. n° **15.47**.

POLITIQUE PUBLIQUE

▪ **Action de sensibilisation. • Personnes handicapées. • Schéma régional de santé. • Objectifs et missions du service public de l'enseignement. • Missions du service de l'aide sociale à l'enfance.** V. n° **20.72**.

RÉGIME DES PEINES

▪ **Récidive. Récidive de la contravention d'outrage sexiste.** La récidive de la contravention d'outrage sexiste (**cas A**), qui matérialise un délit depuis L. n° 2023-22, 24 janv. 2023 (**cas B9**), est caractérisée par la commission de la « *même infraction* » dans le délai de trois ans « *à compter de l'expiration ou de la prescription de la précédente peine* » (C. pén., art. 132-11, al. 2, auquel renvoie 222-33-1-1) (sur les conditions et les effets de la récidive, notamment sur les notions d'expiration ou de prescription de la peine, v. n° **18.5**).

▪ ÉLÉMENTS CONSTITUTIFS – QUALIFICATION

✧ Pour avoir à .... [¤ lieu], le .... [¤ date], [⇨**A** puis le cas échéant **B** :]

A. imposé à... [nom de la victime] un propos ou un comportement à connotation sexuelle ou sexiste ayant porté atteinte à sa dignité en raison de son caractère dégradant ou humiliant, ou ayant créé à son encontre une situation intimidante, hostile ou offensante, en l'espèce en .... [matérialiser le propos ou comportement à connotation sexuelle ou sexiste] (C. pén., art. **R. 625-8-3**, D. n° 2023-227, 30 mars 2023) (**A** : *N 32820.c5*) ;

B. avec cette circonstance que les faits ont été commis... (C. pén., art. **222-33-1-1**, L. n° 2023-22, 24 janv. 2023) [⇨**B1** à **B9** :]

B1. par une personne qui abuse de l'autorité que lui confèrent ses fonctions (**B1** : *N 32821.ju*) ;

B2. sur un mineur « ~~de quinze ans~~ » (L. n° 2023-22, 24 janv. 2023) (**B2** : *N 32822.ju*) ;

B3. sur une personne dont la particulière vulnérabilité, due à son âge, à une maladie, à une infirmité, à une déficience physique ou psychique ou à un état de grossesse, est apparente ou connue de son auteur (**B3** : *N 32823.ju*) ;

B4. sur une personne dont la particulière vulnérabilité ou dépendance résultant de la précarité de sa situation économique ou sociale est apparente ou connue de son auteur (**B4** : *N 32824.ju*) ;

B5. par plusieurs personnes agissant en qualité d'auteur ou de complice (**B5** : *N 32825.ju*) ;

B6. dans un véhicule affecté au transport collectif de voyageurs « ou au transport public particulier » (L. nº 2023-22, 24 janv. 2023) (**B6** : *N 32826.ju*) ;

B7. dans un lieu destiné à l'accès à un moyen de transport collectif de voyageurs (**B7** : *N 32827.ju*) ;

B8. en raison de l'orientation sexuelle « ou de l'identité de genre» (L. nº 2023-22, 24 janv. 2023), vraie ou supposée, de la victime (**B8** : *N 32828.ju*) ;

B9. qu'il avait été déjà condamné le......... [date de la condamnation définitive, v. orienteur/régime des peines] pour la contravention d'outrage sexiste et sexuel (**B9** : *N 35032.ju*).

Faits prévus et réprimés par les articles [¤ de l'infraction sélectionnée]. ✧

20.89 Outrage sexiste (L. nº 2018-703, 3 août 2018 - Incriminations contraventionnelles abrogées à compter du 1er avr. 2023)

▪ PEINES

PERSONNE PHYSIQUE

PP ~~Cas A : Contrav. 4e cl. 750 € (C. pén., art. 621-1 II et 131-13)~~

~~Cas B à I : Contrav. 5e cl. 1 500 € (C. pén., art. 621-1 III et 131-13) ; récidive : 3 000 € (C. pén., art. 621-1 III et 132-11).~~

PC ~~1. Stage de lutte contre le sexisme et de sensibilisation à l'égalité entre les femmes et les hommes (C. pén., art. 621-1 IV, et 131-5-1 pour les faits commis à partir du 24 mars 2020, L. nº 2019-222, 23 mars 2019, en vigueur le 24 mars 2020, v. nº *18.33*) ;~~

~~2. Stage de citoyenneté (C. pén., art. 621-1 IV, et 131-5-1 pour les faits commis à partir du 24 mars 2020, L. nº 2019-222, 23 mars 2019, en vigueur le 24 mars 2020, v. nº *18.33*) ;~~

~~3. Stage de sensibilisation à la lutte contre l'achat d'actes sexuels (C. pén., art. 621-1 IV, et 131-5-1 pour les faits commis à partir du 24 mars 2020, L. nº 2019-222, 23 mars 2019, en vigueur le 24 mars 2020, v. nº *18.33*) ;~~

~~4. Stage de responsabilisation pour la prévention et la lutte contre les violences au sein du couple et les violences sexistes (C. pén., art. 621-1 IV, et 131-5-1 pour les faits commis à partir du 24 mars 2020, L. nº 2019-222, 23 mars 2019, en vigueur le 24 mars 2020, v. nº *18.33*) ;~~

~~5. Cas B à I : Tig 20 à 120 h (C. pén., art. 621-1 IV et 131-17.~~

PERSONNE MORALE

PP ~~Cas A : Contrav. 4e cl. 3 750 € (C. pén., art. 621-1 II et 131-41) ;~~

~~Cas B à I : Contrav. 5e cl. 7 500 € (C. pén., art. 621-1 III et 131-38) ; récidive : 15 000 € (C. pén., art. 621-1 III et 132-15).~~

PC ~~Néant.~~

▪ ORIENTEUR

AUTRE QUALIFICATION

▪ Outrage sexiste (Incriminations issues L. nº 2023-22, 24 janv. 2023 et D. nº 2023-227, 30 mars 2023). C. pén., art. **222-33-1-1** et **R. 625-8-3**, v. nº **20.88**.

ÉLÉMENT LÉGAL

▪ **Application de la loi pénale dans le temps.** Incrimination créée par L. nº 2018-703, 3 août 2018, renforçant la lutte contre les violences sexuelles et sexistes, abrogée par L. nº 2023-22, 24 janv. 2023, art. 14 II et V, transformant à droit constant la contravention de 5ème cl. (Cas **B** à **I**) en délit incriminé par C. pén., art. **222-33-1-1** nouveau. La contravention de 4ème cl. (Cas **A**) a été transformée, également à droit constant, en 5ème cl. par le D. nº 2023-227, 30 mars 2023 créant C. pén., art. **R. 625-8-3** (v. ces nouvelles incriminations au nº **20.88**). Les nouvelles dispositions s'appliquent à compter du 1er avril 2023, les faits commis antérieurement mais non encore jugés peuvent toutefois l'être puisque les éléments constitutifs des infractions entrent dans les prévisions de l'ancienne et de la nouvelle loi et du nouveau décret. En revanche, les peines ne pourront être appliquées que dans la limite du maximum des peines initialement prévues (sur l'application distributive de la loi ancienne et de la loi nouvelle, v. nº **10.4C3**).

ÉLÉMENT MATÉRIEL

▪ Faits incriminés. V. orienteur nº 20.88 (Circ. Crim. 2018-10/H2, 3 sept. 2018, NOR : JUSD1823892C, nº 4.1).

RÉGIME PROCÉDURAL

▪ Pouvoir des agents de constatation. Outre les OPJ et les APJ, la contravention peut, selon les modifications apportées par L. nº 2018-703, 3 août 2018, être constatée par procès-verbal par les APJ adjoints (C. pr. pén., art. 21, v. nº *11.11B*) et par les agents assermentés et missionnés pour la police du transport ferroviaire ou guidé (C. transp., art. L. 2241-1, v. nº *11.23J*).

▪ Amende forfaitaire. Cas A : cette contravention peut faire l'objet d'une amende forfaitaire, y compris d'une amende forfaitaire minorée (v. nº *15.46*) (C. pén., art. 621-1-II).

POLITIQUE PUBLIQUE

▪ Action de sensibilisation. • Personnes handicapées. • Schéma régional de santé. • Objectifs et missions du service public de l'enseignement. • Missions du service de l'aide sociale à l'enfance. V. nº *20.72*.

RÉGIME DES PEINES

▪ Récidive. La récidive des cas B à I (contrav. 5ᵉ cl.) est passible d'une amende de 3 000 € (C. pén., art. 132-11 et L. 621-1). Sur la récidive contraventionnelle, v. nº *18.5B4*.

▪ ÉLÉMENTS CONSTITUTIFS – QUALIFICATION

✧ Pour avoir à .... [¤ lieu], le .... [¤ date], [⇨A puis le cas échéant B à I :]

A. imposé à... [nom de la victime] un propos ou comportement à connotation sexuelle ou sexiste ayant porté atteinte à sa dignité en raison de son caractère dégradant ou humiliant, ou ayant créé à son encontre une situation intimidante, hostile ou offensante, en l'espèce en [matérialiser le propos ou comportement à connotation sexuelle ou sexiste] (A : *N 32820.c4*)

[• Préciser le cas échéant dans le cas A :] avec cette circonstance que les faits ont été commis... [⇨B à I :]

B. par une personne qui abuse de l'autorité que lui confèrent ses fonctions (B : *N 32821.c5*) ;

C. sur un mineur de quinze ans (C : *N 32822.c5*) ;

D. sur une personne dont la particulière vulnérabilité, due à son âge, à une maladie, à une infirmité, à une déficience physique ou psychique ou à un état de grossesse, est apparente ou connue de son auteur (D : *N 32823.c5*) ;

E. sur une personne dont la particulière vulnérabilité ou dépendance résultant de la précarité de sa situation économique ou sociale est apparente ou connue de son auteur (E : *N 32824.c5*) ;

F. par plusieurs personnes agissant en qualité d'auteur ou de complice (F : *N 32825.c5*) ;

G. dans un véhicule affecté au transport collectif de voyageurs (G : *N 32826.c5*) ;

H. dans un lieu destiné à l'accès à un moyen de transport collectif de voyageurs (H : *N 32827.c5*) ;

I. en raison de l'orientation sexuelle, vraie ou supposée, de la victime (I : *N 32828.c5*).

Faits prévus et réprimés par l'article 621-1 du code pénal. ✧

20.90 Harcèlement moral dans le cadre du travail

▪ PEINES

PERSONNE PHYSIQUE

PP Délit. 2 ans d'emprisonnement, 30 000 € (depuis L. nº 2012-954, 6 août 2012, auparavant : 1 an, 15 000 €) (C. pén., art. 222-33-2).

PC 1. Interdiction, définitive ou ⩽ 5 ans, d'exercer l'activité professionnelle ou sociale en relation avec l'infraction, fonction publique (sauf mandat électif ou syndical) (C. pén., art. 222-44 et 131-27) ;

2. Interdiction, ⩽ 5 ans, de détention ou de port d'arme soumise à autorisation (C. pén., art. 222-44) ;

3. Suspension, annulation, ⩽ 5 ans, du PC (C. pén., art. 222-44) ;

4. Confiscation d'un ou plusieurs véhicules appartenant au condamné (C. pén., art. 222-44) ;

5. Confiscation d'une ou plusieurs armes appartenant au condamné ou dont il a la libre disposition (C. pén., art. 222-44) ;

6. Confiscation de la chose ayant servi à l'infraction ou destinée à la commettre, ou de son produit (obligatoire pour objets qualifiés dangereux ou nuisibles par loi ou règlement ou dont la détention est illicite) (C. pén., art. 222-44 et 131-21) ;

7. Peine de stage (C. pén., art. 131-35-1) ;

8. Confiscation de l'animal utilisé pour commettre l'infraction ou de la chose ayant servi à l'infraction, la juridiction prévoit que l'animal sera remis à une fondation ou une association de protection animale reconnue d'utilité publique ou déclarée. Lorsqu'il s'agit d'un animal dangereux, la juridiction peut ordonner qu'il soit procédé à son euthanasie, le cas échéant aux frais du condamné (C. pén., art. 222-44, 131-21-1 [L. n° 2007-297, 5 mars 2007]). Sur la peine de confiscation d'un animal (C. pén., art. 131-21-1), v. n° 18.36 ;

9. Interdiction, définitive ou ⩽ 5 ans de détenir certains animaux ou certaines catégories d'animaux (C. pén., art. 222-44, 131-21-2 [L. n° 2007-297, 5 mars 2007]) ;

10. Affichage, ⩽ 2 mois, *et/ou* (L. n° 2011-525, 17 mai 2011) diffusion de la décision ou d'extraits aux frais (⩽ amende encourue) du condamné (C. pén., art. 222-50-1 et 131-35) (L. n° 2010-769, 9 juill. 2010).

PERSONNE MORALE

PP 75 000 € (C. pén., art. 131-38).

PC Affichage, ⩽ 2 mois, *et/ou* (L. n° 2011-525, 17 mai 2011) diffusion de la décision ou d'extraits aux frais (⩽ amende encourue) du condamné (C. pén., art. 222-50-1 et 131-35) (L. n° 2010-769, 9 juill. 2010).

■ ORIENTEUR

AUTRE QUALIFICATION

▪ **Harcèlement téléphonique ou électronique (cyberharcèlement) – Agression sonore.** C. pén., art. 222-16, v. n° 20.47.

▪ **Harcèlement sexuel – Chantage sexuel (L. n° 2012-954, 6 août 2012).** C. pén., art. 222-33, v. n° 20.87.

▪ **Outrage sexiste (L. n° 2018-703, 3 août 2018 - Incriminations contraventionnelles abrogées à compter du 1er avr. 2023).** C. pén., art. 621-1, v. n° 20.89.

▪ **Harcèlement moral – Incrimination générale (L. n° 2014-873, 4 août 2014).** Hors travail et hors couple, C. pén., art. 222-33-2-2, v. n° 20.92.

▪ **Harcèlement scolaire (L. n° 2022-299, 2 mars 2022).** C. pén., art. 222-33-2-3, issu L. n° 2022-299, 2 mars 2022, v. n° 20.93.

▪ **Bizutage.** C. pén., art. 225-16-1, v. n° 20.94.

ÉLÉMENT LÉGAL

▪ **Constitutionnalité.** L'article 222-33-2 a été déclaré conforme à la Constitution dans le motif et le dispositif de la décision DC n° 2001-455 du 12 janvier 2002 relative à la loi n° 2002-73 du 17 janvier 2002 de modernisation sociale. En l'absence de changement de circonstances ou de normes constitutionnelles depuis intervenu, la QPC dirigée contre cet article a été déclarée irrecevable (Crim. 11 juill. 2012, n° 11-88.114, P n° 170).

▪ **Application de la loi pénale dans le temps.** Incrimination créée par L. n° 2002-73, 17 janv. 2002.

TEXTE DE RÉFÉRENCE

▪ **Pouvoir de direction de l'employeur. • Droits et libertés dans l'entreprise.** « *Nul ne peut apporter aux droits des personnes et aux libertés individuelles et collectives de restrictions qui ne seraient pas justifiées par la nature de la tâche à accomplir ni proportionnées au but recherché* » (C. trav, art. L. 1121-1). « *Aucun salarié ne doit subir les agissements répétés de harcèlement moral qui ont pour objet ou pour effet une dégradation de ses conditions de travail susceptible de porter atteinte à ses droits et à sa dignité, d'altérer sa santé physique ou mentale ou de compromettre son avenir professionnel* » (C. trav, art. L. 1152-1). **• Fonctionnaire ou agent non titulaire de droit public.** « *Aucun agent public ne doit subir les agissements répétés de harcèlement moral qui ont pour objet ou pour effet une dégradation des conditions de travail susceptible de porter atteinte à ses droits et à sa dignité, d'altérer sa santé physique ou mentale ou de compromettre son avenir professionnel* » (CGFP, art.

L. 133-2, anc^{t} L. n° 83-634, 13 juill. 1983, art. 6 *quinquies*). Sur le dispositif de signalement mis en place dans l'administration, v. CGFP, art. L. 135-6, anc^{t} L. n° 83-634, 13 juill. 1983, art. 6 *quater A* et D. n° 2020-256, 13 mars 2020. • **Militaire.** « *Aucun militaire ne doit subir les agissements répétés de harcèlement moral qui ont pour objet ou pour effet une dégradation des conditions de travail susceptible de porter atteinte à ses droits et à sa dignité, d'altérer sa santé physique ou mentale ou de compromettre son avenir professionnel.* » (C. défense, art. L. 4123-10-2).

ÉLÉMENT MATÉRIEL

▪ **Pouvoir de direction de l'employeur.** Pour être pénalement qualifiés, les faits doivent excéder l'exercice normal du pouvoir de direction qu'un employeur ou supérieur hiérarchique détient sur le salarié. Sont ainsi légitimes les faits qui n'ont « *pas outrepassé les limites de l'exercice du pouvoir de direction et de contrôle de l'employeur* » (Crim. 13 nov. 2018, n° 18-80.374). En revanche, les agissements de l'employeur « *consistant notamment en une attitude d'ignorance dévalorisante de la victime, une mise à l'écart professionnelle de celle-ci et l'imputation à cette dernière de comportements attentatoires à sa dignité et à son honnêteté [sont].../...étrangers par leur nature au pouvoir de direction de l'intéressé* » (Crim. 13 nov. 2018, n° 17-85.005). De même, « *la tenue de propos humiliants et vexatoires à un subordonné excède les limites du pouvoir de direction* » (Crim. 19 juin 2018, n° 17-84.007), comme « *les insultes ayant une connotation sexuelle dégradante ou bien traitant par le mépris la religion de certains salariés* » (Crim. 29 nov. 2016, n° 15-87.100), et ne justifie pas sa décision la cour d'appel qui entre en voie de relaxe « *sans rechercher si les faits poursuivis, dont elle a admis qu'ils constituaient un comportement inadapté, n'outrepassaient pas, quelle qu'ait été la manière de servir de la partie civile, les limites du pouvoir de direction du prévenu* » Crim. 27 mai 2015, n° 14-81.489, P n° 129).

▪ **Répétition.** Le juge ajoute « *à la loi des conditions qu'elle ne comporte pas en retenant que la caractérisation du délit de harcèlement moral exige, d'une part, que soient constatés des agissements répétés de nature différente, d'autre part, que ces agissements aient initialement eu pour objet ou pour effet une dégradation des conditions de travail susceptible de porter atteinte à la dignité et à la santé de la victime* » (Crim. 26 janv. 2016, n° 14-80.455, P n° 15).

ÉLÉMENT INTENTIONNEL

▪ **Intention de nuire.** L'incrimination n'exige pas l'intention de nuire (Crim. 13 nov. 2019, n° 18-85.367, D ; dans le même sens : Crim. 24 mai 2011, n° 10-87.100, D). La chambre sociale juge également que « *la caractérisation de faits de harcèlement sexuel en droit du travail, tels que définis au C. trav., art. L. 1153-1 1°, ne suppose pas l'existence d'un élément intentionnel* », ce qui permet à la juridiction prud'homale, sans être liée par l'autorité de la chose jugée au pénal, de caractériser l'existence au civil de faits de harcèlement de la part de l'employeur, bien que ce dernier ait été relaxé au pénal faute d'élément intentionnel (Soc. 25 mars 2020, n° 18-23.682, P).

RÉGIME PROCÉDURAL

▪ **Pouvoirs des agents de contrôle. Inspecteurs du travail.** L'infraction de harcèlement moral commise dans le cadre des relations du travail peut être constatée par les inspecteurs du travail (C. trav., art. L. 8112-2).

▪ **Prescription de l'action publique. Régime de prescription de l'infraction d'habitude.** En matière de harcèlement dans le cadre du travail, la prescription de l'action publique ne commence à courir, « *pour chaque acte de harcèlement incriminé, qu'à partir du dernier* » (Crim. 19 juin 2019, n° 18-85.725, P n° 128). Cette solution est transposable aux autres cas de harcèlement.

POLITIQUE PUBLIQUE

▪ **Protection de la victime.** • **Protection du salarié victime.** Aucun salarié ne peut être sanctionné, licencié ou faire l'objet d'une mesure discriminatoire, directe ou indirecte, notamment en matière de rémunération, de formation, de reclassement, d'affectation, de qualification, de classification, de promotion professionnelle, de mutation ou de renouvellement de contrat pour avoir subi ou refusé de subir des faits de harcèlement moral ou pour avoir témoigné de ces agissements ou pour les avoir relatés (C. trav., art. L. 1152-2). Toute disposition ou tout acte contraire est nul (C. trav., art. L. 1152-3). Est passible de sanctions disciplinaires le salarié ayant procédé à ces faits (C. trav., art. L. 1152-5). Le chef d'entreprise doit prendre toutes dispositions nécessaires pour les prévenir (C. trav., art. L. 1152-4). • **Protection de l'agent public victime.** Aucune mesure concernant notamment le recrutement, la titularisation, la formation, la notation, la discipline, la promotion, l'affectation et la mutation ne peut être prise à l'égard d'un agent public en prenant en considération : 1° le fait qu'il a subi ou refusé de subir les agissements de harcèlement moral ; 2° le fait qu'il a exercé un recours auprès d'un supérieur hiérarchique ou engagé une action en justice visant à faire cesser ces agissements ; 3° ou bien le fait qu'il a témoigné de tels agissements ou qu'il les a relatés. Est passible d'une sanction disciplinaire tout agent ayant procédé à ces agissements (CGFP, art. L. 135-6 A, anc[t] L. n° 83-634, 13 juill. 1983, art. 6 *quinquies*, portant droits et obligations des fonctionnaires de l'État et des collectivités territoriales [mod. par L. n° 2002-73, 17 janv. 2002, art. 178]). Sur le dispositif de signalement mis en place dans l'administration, v. CGFP, art. L. 135-6, anc[t] L. n° 83-634, 13 juill. 1983, art. 6 *quater A* et D. n° 2020-256, 13 mars 2020. • **Protection du militaire victime.** Aucun militaire ne doit subir les faits de harcèlement moral dans le cadre du travail et aucun militaire ne peut être sanctionné parce qu'il a subi ou refusé de subir, engagé un recours ou une action, ou témoigné, à la suite de faits de tels faits (C. défense, art. L. 4123-10-2, L. n° 2014-873, 4 août 2014).

▪ **Protection pénale contre les discriminations. Sanction pénale des discriminations professionnelles** subies par la victime ou le témoin d'un harcèlement moral, v. n° **23.6**.

▪ **Prévention des risques par l'employeur.** V. n° **20.87**, orienteur.

▪ **Prévention des risques par le service de prévention et de santé au travail.** V. n° **20.87**, orienteur.

▪ **Rôle d'alerte du délégué du personnel.** V. n° **20.87**, orienteur.

MESURE CIVILE

▪ **Responsabilité civile de l'employeur.** Est confirmée la décision qui, « *après avoir analysé le contexte et les circonstances dans lesquelles la partie civile a été l'objet d'un harcèlement moral sur son lieu de travail de la part de Mme A, responsable des ressources humaines et de M. B, directeur général, retient que ces derniers ont agi dans le cadre de leurs fonctions* » et a, sur le fondement de C. civ., art. 1384, al. 5 devenu 1242, al. 5, déclaré l'employeur civilement responsable de son préposé déclaré coupable de harcèlement moral dans le cadre du travail « *dès lors que le commettant ne peut s'exonérer de sa responsabilité qu'à la triple condition que son préposé ait agi hors des fonctions auxquelles il était employé, sans autorisation, et à des fins étrangères à ses attributions* » (Crim. 13 nov. 2018, n° 17-81.398, P n° 190).

▪ **Préjudice de l'employeur.** Est fondé à condamner l'auteur à payer des dommages-intérêts à son employeur l'arrêt qui « *relève que le délit de harcèlement moral dont M. B a été déclaré coupable, de même que les agissements fautifs dont il a été reconnu responsable, ont directement causé à ladite société un dommage dès lors que, pour commettre ces faits, l'intéressé a outrepassé les pouvoirs hiérarchiques qui lui avaient été dévolus par son employeur* ; [...] *qu'en agissant ainsi, celui-ci a terni l'image de la compagnie auprès de ses autres salariés* » (Crim. 14 nov. 2017, n° 16-85.161, P n° 252).

▪ **Caractère d'accident du travail.** « *L'élément intentionnel du délit de harcèlement moral dans le cadre du travail ne se confond pas avec la faute intentionnelle, au sens de CSS, art. L. 452-5, qui suppose que soit établi que l'auteur a voulu le dommage survenu à la victime à la suite de ses agissements* » ; dans cette affaire où le caractère inexcusable de la faute avait été retenu par le TASS, la partie civile est dès lors déboutée de sa demande de remboursement de ses débours fondée sur CSS, art. L. 452-5, relatif à la faute intentionnelle (Crim. 13 déc. 2016, n° 15-81.853, P n° 335) (sur le régime de l'accident du travail, la faute inexcusable et intentionnelle, v. n° **16.15**).

▪ **Responsabilité civile de l'agent public.** La juridiction correctionnelle ne peut condamner civilement l'agent public prévenu « *ayant agi dans l'exercice de ses fonctions, sans rechercher si la faute imputée à celui-ci présentait le caractère d'une faute personnelle détachable du service* » (Crim. 19 juin 2018, n° 17-84.007). Sur l'incompétence des juridictions judiciaires pour condamner civilement l'agent public en cas de faute non détachable du service, ou pour condamner un membre de l'enseignement public pour un dommage commis par un élève ou sur un élève, v. n° **16.12E**.

▪ **Retrait de l'autorité parentale.** *Idem* n° **20.72** (C. pén., art. 222-48-2, L. n° 2014-873, 4 août 2014, mod. par L. n° 2016-297, 14 mars 2016 et L. n° 2019-1480, 28 déc. 2019).

RÉGIME DES PEINES

▪ **Inéligibilité obligatoire. Inscription au bulletin n° 2. Réserve d'interprétation.** *Idem* n° **20.18**.

▪ ÉLÉMENTS CONSTITUTIFS – QUALIFICATION

✧ Pour avoir à .... [¤ lieu], le .... [¤ date], harcelé .... [¤ nom de la victime] par des ~~agissements~~ « *propos ou comportements* » (L. n° 2014-873, 4 août 2014) répétés ayant pour objet ou pour effet une dégradation des conditions de travail susceptible de porter atteinte à ses droits et à

sa dignité, d'altérer sa santé physique ou mentale ou de compromettre son avenir professionnel, en l'espèce en .... [¤ matérialiser l'infraction].
Faits prévus et réprimés par les articles 222-33-2, 222-44 et 222-48-2 du code pénal (*N 23208.co*). ✧

20.91 Harcèlement moral sur conjoint, concubin ou partenaire d'un pacs (L. nº 2010-769, 9 juill. 2010)

■ PEINES

PERSONNE PHYSIQUE

PP Délit. Cas A : 3 ans d'emprisonnement, 45 000 €. Cas B et C : 5 ans d'emprisonnement, 75 000 €. Cas D : 10 ans d'emprisonnement, 150 000 € (C. pén., art. 222-33-2-1).

PC *Idem* nº 20.90, sauf affichage (PC 10) (C. pén., art. 222-50-1).

PERSONNE MORALE

PP Cas A : 225 000 €. Cas B et C : 375 000 €. Cas D : 750 000 € (C. pén., art. 222-33-2-1, 131-38).

PC Néant.

■ ORIENTEUR

AUTRE QUALIFICATION

▪ Harcèlement téléphonique ou électronique (cyberharcèlement) – Agression sonore. C. pén., art. 222-16, v. nº 20.47.

▪ Harcèlement sexuel – Chantage sexuel (L. nº 2012-954, 6 août 2012). C. pén., art. 222-33, v. nº 20.87.

▪ Outrage sexiste (L. nº 2018-703, 3 août 2018 - Incriminations contraventionnelles abrogées à compter du 1er avr. 2023). C. pén., art. 621-1, v. nº 20.89.

▪ Harcèlement moral dans le cadre du travail. C. pén., art. 222-33-2, v. nº 20.90.

▪ Harcèlement moral – Incrimination générale (L. nº 2014-873, 4 août 2014). Hors travail et hors couple, C. pén., art. 222-33-2-2, v. nº 20.92.

▪ Harcèlement scolaire (L. nº 2022-299, 2 mars 2022). C. pén., art. 222-33-2-3, issu L. nº 2022-299, 2 mars 2022, v. nº 20.93.

▪ Bizutage. C. pén., art. 225-16-1, v. nº 20.94.

ÉLÉMENT LÉGAL

▪ Application de la loi pénale dans le temps. • Cas A et B : incrimination spéciale de harcèlement moral au sein du couple créée par L. nº 2010-769, 9 juill. 2010. • Cas C : circonstance créée par L. nº 2018-703, 3 août 2018. • Cas D : circonstance aggravante créée par L. nº 2020-936, 30 juill. 2020.

ÉLÉMENT MATÉRIEL

▪ Médecine légale. • Notion d'incapacité totale de travail. *Idem* nº 20.21.

▪ Répétition. « *l'envoi concomitant de courriers identiques ou similaires à des collègues de la victime, sur leur lieu de travail commun, ne caractérise qu'un fait unique* » et non la répétition exigée par C. pén., art. 222-33-2-1 (Crim. 9 mai 2018, nº 17-83.623, P nº 86).

▪ Destinataire des propos ou comportements. « *c'est à bon droit que la cour d'appel a estimé que des propos ou comportements répétés adressés à des tiers caractérisaient le délit de harcèlement moral, dès lors que le prévenu ne pouvait ignorer que ces propos ou comportements parviendraient à la connaissance de la personne qu'ils visaient* » (sms adressés à la fille mais visant la mère, ancienne conjointe du prévenu) (Crim. 9 mai 2018, nº 17-83.623, P nº 86).

RÉGIME PROCÉDURAL

▪ Prescription de l'action publique. Régime de prescription de l'infraction d'habitude. V. solution donnée pour le harcèlement moral dans le cadre du travail au nº 20.90 (Crim. 19 juin 2019, nº 18-85.725, P nº 128).

POLITIQUE PUBLIQUE

▪ **Obligations des fournisseurs d'accès à internet et hébergeurs.** Les fournisseurs d'accès à internet et hébergeurs « *doivent concourir à la lutte contre la diffusion des infractions visées* » au C. pén., art. 222-33-2-1 (L. n° 2004-575, 21 juin 2004, dite LCEN, art. 6, mod. par L. n° 2023-566, 7 juill. 2023, entrée en vigueur différée), v. n° 35.22.

MESURE CIVILE

▪ **Ordonnance de protection.** V. n° 16.4.

▪ **Retrait de l'autorité parentale.** *Idem* n° 20.72 (C. pén., art. 222-48-2, L. n° 2014-873, 4 août 2014, mod. par L. n° 2016-297, 14 mars 2016 et L. n° 2019-1480, 28 déc. 2019).

RÉGIME DES PEINES

▪ **Inéligibilité obligatoire. Inscription au bulletin no 2. Réserve d'interprétation.** *Idem* n° 20.18.

▪ ÉLÉMENTS CONSTITUTIFS – QUALIFICATION

✧ Pour avoir à .... [¤ lieu], le .... [¤ date], étant l'actuel ou l'ancien conjoint, concubin ou partenaire lié par un pacte civil de solidarité de .... [¤ nom de la victime], harcelé cette personne par des ~~agissements~~ « *propos ou comportements* » (L. n° 2014-873, 4 août 2014) répétés ayant pour objet ou pour effet une dégradation des conditions de vie, se traduisant par une altération de sa santé physique ou mentale, en l'espèce en .... [¤ matérialiser l'infraction], lesdits faits [⇨A à C puis le cas échéant D :]

A. lui ayant causé une incapacité totale de travail inférieure ou égale à huit jours (A1 : *N 27759.co*) – ou n'ayant pas entraîné d'incapacité de travail (A2 : *N 27760.co*) ;

B. lui ayant causé une incapacité totale de travail supérieure à huit jours (B : *N 27761.co*) ;

C. ayant été commis alors qu'un mineur était présent et y a assisté (circ. aggr. issue L. n° 2018-703, 3 août 2018) (C : *N 32918.co*) ;

D. [préciser le cas échéant dans les cas A à C :] avec cette circonstance que le harcèlement a conduit la victime à se suicider ou à tenter de se suicider (circ. aggr. issue L. n° 2020-936, 30 juill. 2020) (D : *N 33599.co*).

Faits prévus et réprimés par les articles 132-80, 222-33-2-1, 222-44 et 222-48-2 du code pénal ✧

20.92 Harcèlement moral – Incrimination générale (L. n° 2014-873, 4 août 2014)

▪ PEINES

PERSONNE PHYSIQUE

PP Délit. Cas A : 1 an d'emprisonnement, 15 000 €. Cas B à F : 2 ans d'emprisonnement, 30 000 €. Cas G : 3 ans d'emprisonnement, 45 000 € (C. pén., art. 222-33-2-2).

PC *Idem* n° 20.90, sauf affichage (PC 10) (C. pén., art. 222-50-1).

PERSONNE MORALE

PP. Cas A : 75 000 €. Cas B à F : 150 000 €. Cas G : 225 000 € (C. pén., art. 222-33-2-2).

PC Néant.

▪ ORIENTEUR

AUTRE QUALIFICATION

▪ **Harcèlement téléphonique ou électronique (cyberharcèlement) – Agression sonore.** C. pén., art. 222-16, v. n° 20.47.

▪ **Harcèlement sexuel – Chantage sexuel (L. n° 2012-954, 6 août 2012).** C. pén., art. 222-33, v. n° 20.87.

▪ **Outrage sexiste (L. n° 2018-703, 3 août 2018 - Incriminations contraventionnelles abrogées à compter du 1er avr. 2023).** C. pén., art. 621-1, v. n° 20.89.

▪ **Harcèlement moral dans le cadre du travail.** C. pén., art. 222-33-2, v. n° 20.90.

▪ **Harcèlement moral sur conjoint, concubin ou partenaire d'un pacs (L. n° 2010-769, 9 juill. 2010).** C. pén., art. 222-33-2, v. n° 20.91.

▪ **Harcèlement scolaire (L. nº 2022-299, 2 mars 2022).** C. pén., art. 222-33-2-3, issu L. nº 2022-299, 2 mars 2022, v. nº 20.93.

▪ **Bizutage.** C. pén., art. 225-16-1, v. nº 20.94.

ÉLÉMENT LÉGAL

▪ **Constitutionnalité.** Est rejetée la QPC soulevant, au regard du principe de légalité, l'absence de clarté et d'intelligibilité de l'incrimination, au motif que « *les dispositions légales critiquées, qui exigent des propos ou comportements répétés ayant pour objet ou pour effet une dégradation des conditions de vie de la victime se traduisant par une altération de sa santé physique ou mentale, sont rédigées en des termes suffisamment clairs et précis et dans le strict respect du principe de légalité des délits et des peines pour que l'interprétation de ce texte, qui entre dans l'office du juge pénal, puisse se faire sans risque d'arbitraire* » (Crim. 9 mai 2018, nº 18-90.007, NP).

▪ **Application de la loi pénale dans le temps.** Incrimination créée par L. nº 2014-873, 4 août 2014. **Cas** F : circonstance aggravante créée par L. nº 2018-703, 3 août 2018. **Définition de la répétition.** La L. nº 2018-703, 3 août 2018 a élargi les conditions de la répétition exigée pour qualifier l'infraction (V. ci-dessous Orienteur/élément matériel). **Cas** C : circonstance aggravante élargie à tout mineur (au lieu du mineur de 15 ans) par L. nº 2022-299, 2 mars 2022, visant à combattre le harcèlement scolaire.

ÉLÉMENT MATÉRIEL

▪ **Médecine légale. • Notion d'incapacité totale de travail.** *Idem* nº 20.21.

▪ **Notion de répétition. • Action collective.** Comme pour le harcèlement sexuel (v. nº 20.87) la L. nº 2018-703, 3 août 2018, renforçant la lutte contre les violences sexuelles et sexistes, prévoit que la répétition des propos ou comportements peut résulter d'une action collective alors même que l'auteur n'a pris part que de façon isolée au harcèlement : « *L'infraction est également constituée : a) Lorsque ces propos ou comportements sont imposés à une même victime par plusieurs personnes, de manière concertée ou à l'instigation de l'une d'elles, alors même que chacune de ces personnes n'a pas agi de façon répétée ; b) Lorsque ces propos ou comportements sont imposés à une même victime, successivement, par plusieurs personnes qui, même en l'absence de concertation, savent que ces propos ou comportements caractérisent une répétition* » (C. pén., art. 222-33-2-2, réd. issue L. nº 2018-703, 3 août 2018). Sur la portée de ces précisions pour l'incrimination notamment du « *cyber-harcèlement* » ou « *raid numérique* », v. les extraits de la Circ. Crim. 2018-10/H2, 3 sept. 2018, NOR : JUSD1823892C, nº 5, cités au nº 20.87, Orienteur/élément matériel. • **Action individuelle.** Il est à bon droit jugé que « *les gestes de "doigt d'honneur » [...] adressés, à deux reprises, le [même jour], face aux caméras de vidéosurveillance installées sur la propriété* » de la victime (§ 10) ; « *au regard du nombre et de la nature des actes incriminés, ceux reprochés [...] commis le même jour, ne revêtaient pas le caractère de répétition imposé par la loi* » (§ 14) (Crim. 9 juin 2021, nº 20-85.965, D).

▪ **Fait justificatif. Limites admissibles de la liberté d'expression.** Au visa de Conv. EDH, art. 10 et de C. pr. pén., art. 593 (sur le contrôle par la Ch. crim. de la qualité des motifs de la décision, v. nº 19.32B), il revient à la cour d'appel saisie d'une affaire dans laquelle le prévenu poursuivi pour harcèlement moral avait procédé à une diffusion massive et répétée de tracts et d'affiches ainsi qu'à des démarches diverses auprès de la population et notamment des commerçants de la ville, visant à présenter un commissaire de justice [huissier] comme un auxiliaire de justice véreux, de répondre aux conclusions du prévenu qui soutenait que l'infraction reprochée était justifiée par l'exercice légitime de sa liberté d'expression (Crim. 13 oct. 2020, nº 19-85.632, D) (sur les limites admissibles de la liberté d'expression justifiant la commission d'une infraction, v. nº 10.13E).

RÉGIME PROCÉDURAL

▪ **Prescription de l'action publique. Régime de prescription de l'infraction d'habitude.** V. solution donnée pour le harcèlement moral dans le cadre du travail au nº 20.90 (Crim. 19 juin 2019, nº 18-85.725, P nº 128).

▪ **Compétence nationale du TJ de Paris en cas de discrimination raciste ou sexiste en ligne.** **Cas** E : en concurrence avec les autres juridictions territorialement compétentes, le TJ de Paris (pôle national de lutte contre la haine en ligne, v. Circ. CRIM-2020-23-E1, 24 nov. 2020, NOR : JUSD2032620C) est compétent (sur cette compétence, v. nº 17.16G), pour le traitement des infractions de harcèlement moral **commises en ligne**, si elles ont fait l'objet d'une **plainte en ligne** (sur la plainte en ligne, C. pr. pén., art. 15-3-1, v. nº 11.3C1), lorsqu'elles sont aggravées par l'une des circonstances de **discrimination raciste ou sexiste** prévues par C. pén., art. 132-76 et 132-77 (sur ces circonstances, v. nº 18.9B) et 18.9C (C. pr. pén., art. 15-3-3 et D. 8-2-10).

▪ **Audition du mineur victime. • Enregistrement facultatif de l'audition du mineur victime.** Depuis L. nº 2022-299, 2 mars 2022, l'audition d'un mineur victime de faits de **harcèlement moral** « *peut faire l'objet d'un enregistrement audiovisuel* » (C. pr. pén., art. 706-52, mod. par L. nº 2022-299, 2 mars 2022 ; sur l'enregistrement de l'audition du mineur victime, v. nº 16.8C).

POLITIQUE PUBLIQUE

▪ **Action de sensibilisation. Formation aux outils numériques.** V. nº 20.87, Orienteur/politique publique.

POLITIQUE PUBLIQUE

▪ **Obligations des fournisseurs d'accès à internet et hébergeurs.** Les fournisseurs d'accès à internet et hébergeurs « *doivent concourir à la lutte contre la diffusion des infractions visées* » au C. pén., art. 222-33-2-2 (L. nº 2004-575, 21 juin 2004, dite LCEN, art. 6, mod. par L. nº 2023-566, 7 juill. 2023, entrée en vigueur différée), v. nº 35.22.

MESURE CIVILE

▪ **Ordonnance de protection.** V. nº 16.4.

▪ **Retrait de l'autorité parentale.** *Idem* nº 20.87 (C. pén., art. 222-48-2, L. nº 2014-873, 4 août 2014, mod. par L. nº 2016-297, 14 mars 2016 et L. nº 2019-1480, 28 déc. 2019).

RÉGIME DES PEINES

▪ **Inéligibilité obligatoire. Inscription au bulletin nº 2. Réserve d'interprétation.** *Idem* nº 20.18.

▪ ÉLÉMENTS CONSTITUTIFS – QUALIFICATION

✧ Pour avoir à .... [¤ lieu], le .... [¤ date], harcelé........ [¤ nom de la victime], par des propos ou comportements répétés ayant pour objet ou pour effet une dégradation de ses conditions de vie se traduisant par une altération de sa santé physique ou mentale en l'espèce en .... [¤ matérialiser l'infraction], lesdits faits ayant [⇨A à F ou, si deux circonstances aggravantes, G puis B à F :]

A. causé une incapacité totale de travail inférieure ou égale à huit jours (A : *N* ***30570.co***) – ou n'ayant pas entraîné d'incapacité de travail (*N* ***30571.co***) ;

B. causé une incapacité totale de travail supérieure à huit jours (B : *N* ***30572.co***) ;

C. été commis sur un mineur « ~~*de quinze ans*~~ » (abrogé par L. nº 2022-299, 2 mars 2022) (C : *N* ***30573.co***) ;

D. été commis à l'égard d'une personne qu'il savait particulièrement vulnérable en raison de son âge, de sa maladie, de son infirmité, de sa déficience physique ou psychique ou de son état de grossesse (D : *N* ***30574.co***) ;

E. été commis par l'utilisation d'un service de communication au public en ligne « *ou par le biais d'un support numérique ou électronique* » (réd. issue L. nº 2018-703, 3 août 2018) (E : *N* ***30575.co***) ;

F. été commis alors qu'un mineur était présent et y a assisté (aggravation créée par L. nº 2018-703, 3 août 2018) (F : *N* ***32919.co***).

G. été commis avec les deux circonstances aggravantes suivantes : ... [¤ sélectionner deux des circonstances B à F] (G : *N* ***30576.co***) ;

Faits prévus et réprimés par les articles 222-33-2-2, 222-44 et 222-48-2 du code pénal ✧

20.93 Harcèlement scolaire (L. nº 2022-299, 2 mars 2022)

▪ PEINES

PERSONNE PHYSIQUE

PP Délit. Cas A : 3 ans d'emprisonnement, 45 000 € ; cas B : 5 ans d'emprisonnement, 75 000 € ; cas C : 10 ans d'emprisonnement, 150 000 € (C. pén., art. 222-33-2-3, issu L. nº 2022-299, 2 mars 2022).

PC *Idem* nº 20.90, sauf affichage (PC 10) (C. pén., art. 222-50-1).

PERSONNE MORALE

PP. Délit. Cas A : 225 000 € ; cas B : 375 000 € ; cas C : 750 000 € (C. pén., art. 131-38 et 222-33-2-3, issu L. nº 2022-299, 2 mars 2022) (C. pén., art. 131-38 et 222-33-2-3).

PC Néant.

■ ORIENTEUR

AUTRE QUALIFICATION

▪ **Harcèlement téléphonique ou électronique (cyberharcèlement) – Agression sonore.** C. pén., art. 222-16, v. nº 20.47.

▪ **Harcèlement sexuel – Chantage sexuel (L. nº 2012-954, 6 août 2012).** C. pén., art. 222-33, v. nº 20.87.

▪ **Outrage sexiste (L. nº 2018-703, 3 août 2018 - Incriminations contraventionnelles abrogées à compter du 1er avr. 2023).** C. pén., art. 621-1, v. nº 20.89.

▪ **Harcèlement moral dans le cadre du travail.** C. pén., art. 222-33-2, v. nº 20.90.

▪ **Harcèlement moral – Incrimination générale (L. nº 2014-873, 4 août 2014).** Hors travail et hors couple, C. pén., art. 222-33-2-2, v. nº 20.92.

▪ **Harcèlement scolaire (L. nº 2022-299, 2 mars 2022).** C. pén., art. 222-33-2-3, issu L. nº 2022-299, 2 mars 2022, v. nº 20.93.

▪ **Bizutage.** C. pén., art. 225-16-1, v. nº 20.94.

ÉLÉMENT LÉGAL

▪ **Application de la loi pénale dans le temps.** Incrimination spécifique créée par L. nº 2022-299, 2 mars 2022 visant à combattre le harcèlement scolaire. L'élément matériel du harcèlement est emprunté à celui défini par C. pén., art. 222-33-2-2 (v. nº 20.92), mais les pénalités sont aggravées en raison de la qualité de la victime et de l'auteur (v. élément matériel ci-dessous).

ÉLÉMENT MATÉRIEL

▪ **Médecine légale. • Notion d'incapacité totale de travail.** *Idem* nº 20.21.

▪ **Faits incriminés. • Extension de la notion de répétition.** *Idem* nº 20.92.

▪ **Qualité de la victime et de l'auteur.** Outre les composantes du harcèlement empruntées à l'infraction définie par C. pén., art. 222-33-2-2 (v. nº 20.92), l'infraction se caractérise par la qualité de la victime, qui doit être un « *élève* », ainsi que par la qualité de l'auteur, qui doit être « *toute personne étudiant ou exerçant une activité professionnelle au sein du même établissement d'enseignement* » (C. pén., art. 222-33-2-3). L'infraction reste néanmoins caractérisée lorsqu'elle « *se poursuit alors que l'auteur ou la victime n'étudie plus ou n'exerce plus au sein de l'établissement* » (C. pén., art. 222-33-2-3). Sans préjudice des autres cas de harcèlement, notamment celui prévu par C. pén., art. 222-33-2-2 (v. nº 20.92) ou par C. pén., art. 222-16 (cyberharcèlement, v. nº 20.47), échappent donc à la définition du harcèlement scolaire les faits de harcèlement commis par un élève sur un enseignant ou ceux commis par un enseignant sur un autre enseignant. En relèvent en revanche les faits commis par un élève sur un autre élève ou ceux commis par un enseignant sur un élève. Si la victime et l'auteur doivent appartenir au même établissement d'enseignement, les faits peuvent néanmoins être commis en dehors de l'enceinte de ce dernier.

RÉGIME PROCÉDURAL

▪ **Prescription de l'action publique. • Régime de prescription de l'infraction d'habitude.** V. solution donnée pour le harcèlement moral dans le cadre du travail au nº 20.90 (Crim. 19 juin 2019, nº 18-85.725, P nº 128).

▪ **Audition du mineur victime. • Enregistrement facultatif de l'audition du mineur victime.** L'audition d'un mineur victime de faits de **harcèlement scolaire** « *peut faire l'objet d'un enregistrement audiovisuel* » (C. pr. pén., art. 706-52, mod. par L. nº 2022-299, 2 mars 2022 ; sur l'enregistrement de l'audition du mineur victime, v. nº 16.8C).

POLITIQUE PUBLIQUE

▪ **Action de sensibilisation et de prévention. • Établissements d'éducation.** « *Aucun élève ou étudiant ne doit subir de faits de harcèlement résultant de propos ou comportements, commis au sein de l'établissement d'enseignement ou en marge de la vie scolaire ou universitaire et ayant pour objet ou pour effet de porter atteinte à sa dignité, d'altérer sa santé physique ou mentale ou de dégrader ses conditions d'apprentissage. Ces faits peuvent être constitutifs du délit de harcèlement scolaire prévu au C. pén., art. 222-33-2-3* » ; « *Les* *établissements d'enseignement scolaire et supérieur publics et privés ainsi que le réseau des œuvres universitaires prennent les mesures appropriées visant à lutter contre le harcèlement dans le cadre scolaire et universitaire. Ces mesures visent notamment à prévenir l'apparition de situations de harcèlement, à favoriser leur détection par la communauté éducative afin d'y apporter une réponse rapide et coordonnée et à orienter les victimes, les témoins et les auteurs, le cas échéant, vers les services appropriés et les associations susceptibles de leur proposer un accompagnement* » ; « *Une information sur les risques liés au harcèlement scolaire, notamment au cyberharcèlement, est délivrée chaque année aux élèves et parents d'élèves* » (C. éduc., art. L. 111-6, issu L. n° 2022-299, 2 mars 2022). Ces dispositions sont applicables aux établissements d'enseignement privés sous contrat (C. éduc., art. L. 442-20). « *Le projet d'école ou d'établissement [...] fixe les lignes directrices et les procédures destinées à la prévention, à la détection et au traitement des faits constitutifs de harcèlement au sens de C. pén., art. 222-33-2-3* » (C. éduc., art. L. 543-1, issu L. n° 2022-299, 2 mars 2022). Les visites médicales effectuées au titre de la santé scolaire ont notamment pour objet de détecter les cas d'enfants « *victimes de harcèlement scolaire* » (C. éduc., art. L. 542-2). • **Formation des intervenants.** « *L'ensemble des personnels médicaux et paramédicaux, les travailleurs sociaux, les magistrats, les personnels de l'éducation nationale, les personnels d'animation sportive, culturelle et de loisirs, ainsi que les personnels de la police nationale, des polices municipales et de la gendarmerie nationale reçoivent, dans le cadre de leur formation initiale, une formation à la prévention des faits de harcèlement au sens de C. pén., art. 222-33-2-3 ainsi qu'à l'identification et à la prise en charge des victimes, des témoins et des auteurs de ces faits. Une formation continue relative à la prévention, à la détection et à la prise en charge du harcèlement scolaire et universitaire est proposée à l'ensemble de ces personnes ainsi qu'à toutes celles intervenant à titre professionnel dans les établissements d'enseignement* » (C. éduc., art. L. 111-6, issu L. n° 2022-299, 2 mars 2022).

▪ **Obligations des fournisseurs d'accès à internet et hébergeurs.** Les fournisseurs d'accès à internet et hébergeurs « *doivent concourir à la lutte contre la diffusion des infractions visées* » au C. pén., art. 222-33-2-3 (L. n° 2004-575, 21 juin 2004, dite LCEN, art. 6), v. n° 35.22.

RÉGIME DES PEINES

▪ **Mesures applicables au mineur.** • **Mesure éducative judiciaire.** Le stage de formation civique qui peut être prononcé à titre de peine contre un mineur dans le cadre d'une mesure éducative judiciaire « *peut comporter un volet spécifique de sensibilisation aux risques liés au harcèlement scolaire* » (CJPM, art. L. 112-2 9, mod. par L. n° 2022-299, 2 mars 2022). • **Stage de citoyenneté prononcé à titre de peine.** Lorsqu'il est prononcé par la juridiction pour mineurs pour une infraction commise dans le cadre de la scolarité, le stage de citoyenneté « ***peut comporter un volet spécifique de sensibilisation aux risques liés au harcèlement scolaire*** » (CJPM, art. L. 122-5, mod. par L. n° 2022-299, 2 mars 2022, sur le stage de citoyenneté, v. n° 18.33B1). • **Réponse pénale alternative.** Lorsqu'une l'infraction a été commise dans le cadre de la scolarité, le stage de formation civique proposé dans le cadre d'un classement sous condition (CJPM, art. L. 422-1, mod. par L. n° 2022-299, 2 mars 2022, sur le classement sous condition, C. pr. pén., art. 41-1 2°, v. n° 15.40A) ou d'une composition pénale (CJPM, art. L. 422-3, mod. par L. n° 2022-299, 2 mars 2022, sur la composition pénale, C. pr. pén., art. 41-2, v. n° 15.45) « ***peut comporter un volet spécifique de sensibilisation aux risques liés au harcèlement scolaire*** ».

▪ ÉLÉMENTS CONSTITUTIFS – QUALIFICATION

✧ Pour avoir à .... [¤ lieu], le .... [¤ date], étant étudiant ou exerçant une activité professionnelle au sein du même établissement scolaire, harcelé l'élève .... [¤ nom de la victime], par des propos ou comportements répétés ayant pour objet ou pour effet une dégradation de ses conditions de vie se traduisant par une altération de sa santé physique ou mentale en l'espèce en .... [¤ matérialiser l'infraction], lesdits faits ayant [⇨A à C :]

A. causé une incapacité totale de travail inférieure ou égale à huit jours (A1 : *N* ***34572.co***) – ou n'ayant pas entraîné d'incapacité de travail (A2 : *N* ***34573.co***) ;

B. causé une incapacité totale de travail supérieure à huit jours (B : *N* ***34574.co***) ;

C. conduit la victime à se suicider ou à tenter de se suicider (C : *N* ***34575.co***).

Faits prévus et réprimés par les articles 222-33-2-3, 222-44 et 222-48-2 du code pénal ✧

20.94 Bizutage

■ PEINES

PERSONNE PHYSIQUE

PP Délit. 6 mois d'emprisonnement, 7 500 € (C. pén., art. 225-16-1). Cas B : 1 an, 15 000 € (art. 225-16-2).

PC Néant.

PERSONNE MORALE

PP Délit. 37 500 €. Cas B : 75 000 € (C. pén., art. 225-16-3 ; art. 131-38).

PC 1. Fermeture, définitive ou ⩽ 5 ans, un ou plusieurs établissements en relation avec l'infraction (C. pén., art. 225-16-3 et 131-39, 4°) ;

2. Affichage, ⩽ 2 mois, *et/ou* (L. n° 2011-525, 17 mai 2011) diffusion de la décision ou d'extraits aux frais (⩽ amende encourue) du condamné (C. pén., art. 225-16-3, 131-39, 9°, 131-48 et 131-35).

■ ORIENTEUR

AUTRE QUALIFICATION

▪ **Infractions de contexte.** Violences, n°s 20.21 s. ; menaces, n°s 20.49 s. ; agressions sexuelles, n°s 20.79 s. ; atteintes sexuelles, n°s 21.35 s.

▪ **Harcèlement téléphonique ou électronique (cyberharcèlement) – Agression sonore.** C. pén., art. 222-16, v. n° 20.47.

▪ **Harcèlement sexuel – Chantage sexuel (L. n° 2012-954, 6 août 2012).** C. pén., art. 222-33, v. n° 20.87.

▪ **Outrage sexiste (L. n° 2018-703, 3 août 2018 - Incriminations contraventionnelles abrogées à compter du 1er avr. 2023).** C. pén., art. 621-1, v. n° 20.89.

▪ **Harcèlement moral dans le cadre du travail.** C. pén., art. 222-33-2, v. n° 20.90.

▪ **Harcèlement moral – Incrimination générale (L. n° 2014-873, 4 août 2014).** Hors travail et hors couple, C. pén., art. 222-33-2-2, v. n° 20.92.

▪ **Harcèlement scolaire (L. n° 2022-299, 2 mars 2022).** C. pén., art. 222-33-2-3, issu L. n° 2022-299, 2 mars 2022, v. n° 20.93.

▪ **Provocation de mineur – À la consommation alcoolique.** C. pén., art. 227-19, v. n° 21.27.

■ ÉLÉMENTS CONSTITUTIFS – QUALIFICATION

✧ Pour avoir à .... [¤ lieu], le .... [¤ date], [⇨A puis le cas échéant B :]

A. amené .... [¤ nom de la victime], contre son gré ou non, lors de manifestations ou de réunions liées aux milieux scolaire, « *sportif* » (L. n° 2017-86, 27 janv. 2017) ou socio-éducatif [⇨A1 ou A2 :]

A1. à subir ou à commettre des actes humiliants ou dégradants (A1 : *N* ***21688.co***) ;

A2. « *à consommer de l'alcool de manière excessive* » (L. n° 2016-41, 26 janv. 2016) (A2 : *N* ***31456.co***) ;

B. [• Préciser le cas échéant] avec cette circonstance qu'il (elle) savait la victime particulièrement vulnérable en raison de son état physique ou mental (A1B : *N* ***21689.co***, A2B : *N* ***31457.co***).

Faits prévus et réprimés par les articles : **PERSONNES PHYSIQUES.** 225-16-1 (+ cas B : 225-16-2) du code pénal. **PERSONNES MORALES.** 225-16-1 (+ cas B : 225-16-2) et 225-16-3 du code pénal. ✧

20.95 Enlèvement ou séquestration ⩾ 7 jours ou sans libération volontaire

■ PEINES

PERSONNE PHYSIQUE

PP Crime. Cas A : 20 ans de réclusion (C. pén., art. 224-1). Cas B et C : 30 ans (C. pén., art. 224-5, 224-3). Cas D : perpétuité (C. pén., art. 224-5, 224-3).

PC 1. Interdiction, ⩽ 10 ans, des droits civiques, civils et de famille (vote, éligibilité, fonction juridictionnelle, expert, témoin, tuteur, curateur) (C. pén., art. 224-9 et 131-26). Sauf dispense spécialement motivée, la peine d'inéligibilité est obligatoirement prononcée (C. pén., art. 131-26-2, L. n° 2017-1339, 15 sept. 2017) ;

2. Interdiction, ⩽ 5 ans, d'exercer l'activité professionnelle ou sociale en relation avec l'infraction (sauf mandat électif ou syndical) *et/ou* interdiction définitive ou ⩽ 15 ans (10 ans avant L. n° 2013-1117, 6 déc. 2013) d'exercer une profession commerciale ou industrielle, de diriger, d'administrer, de gérer ou de contrôler à un titre quelconque, directement ou indirectement, pour son propre compte ou pour le compte d'autrui, une entreprise commerciale ou industrielle ou une société commerciale (C. pén., art. 224-9 et 131-27 [mod. par L. n° 2008-776, 4 août 2008]) ;

3. Interdiction obligatoire, ⩽ 10 ans, de détention ou port d'arme soumise à autorisation (L. n° 2012-304, 6 mars 2012, auparavant interdiction facultative ⩽ 5 ans) (C. pén., art. 224-9 II) ;

4. Stage de responsabilité parentale (C. pén., art. 131-5-1 et 224-9 [L. n° 2007-297, 5 mars 2007]) (pour les faits commis avant le 24 mars 2020 et jugés après cette date, L. n° 2019-222, 23 mars 2019, en vigueur le 24 mars 2020. Pour les faits commis à partir du 24 mars 2020, v. nouvelle réd. C. pén., art. 131-5-1 et n° **18.33**).

5. Suivi socio-judiciaire [L. n° 2005-1549, 12 déc. 2005] **Cas A** : ⩽ 20 ans. **Cas B** et **C** : ⩽ 30 ans. **Cas D** : à temps ou sans limitation de durée (C. pén., art. 131-36-1 et 224-10) ; avec injonction de soins si l'expertise médicale conclut au traitement (C. pén., art. 131-36-4). La juridiction fixe la peine encourue (⩽ 7 ans) en cas d'inobservation (C. pén., art. 131-36-1) (v. n° **18.31**) ;

6. Auteur étranger : interdiction du territoire, définitive ou ⩽ 10 ans (C. pén., art. 224-11, 131-30 à 131-30-2 depuis L. n° 2018-778, 10 sept. 2018).

PERSONNE MORALE

PP Crime. Amende applicable : **1 000 000 €** (C. pén., art. 131-38).

PC Néant.

▪ ORIENTEUR

ÉLÉMENT LÉGAL

▪ **Circonstance aggravante.** C. pén., art. **224-5** « *prévoit, lorsque la victime des faits d'arrestation, enlèvement, détention ou séquestration est un mineur de quinze ans, l'aggravation des peines de réclusion criminelle qui seraient encourues. Il s'en déduit que ce texte n'est pas applicable lorsque, comme en l'espèce, la victime ayant été volontairement libérée avant le septième jour accompli, la peine encourue est de nature délictuelle* » (§ 10), « *cette interprétation est conforme à l'intention du législateur, qui, ainsi que cela ressort des débats parlementaires de la L. n° 92-684, 22 juill. 1992, a entendu inciter à la libération de la victime mineure dans un bref délai* » (§ 11) (Crim. 2 juin 2021, n° 21-81.581, P).

ÉLÉMENT MATÉRIEL

▪ **Eléments constitutifs.** • Notion de libération volontaire. Les auteurs ayant, dans l'intention de lui imposer des rapports sexuels, fait monter de force une femme dans un véhicule qui s'était accidenté quelques minutes plus tard en causant la mort de la victime, l'infraction est constituée, peu important que la détention n'ait « *duré que quelques instants* », « *dès lors que les auteurs de la séquestration n'ont pas, [...], volontairement rendu la liberté à leur victime* » (Crim. 12 oct. 1977, n° 77-91.233, P n° 302). De même, est approuvée la CHINS qui, pour prononcer la mise en accusation du chef de tentative d'enlèvement « *énonce qu'étant conducteur d'un véhicule, il se serait arrêté à la hauteur d'une enfant de 12 ans qui attendait l'autobus de ramassage scolaire ; que, sorti de la voiture, il lui aurait donné l'ordre d'y monter en la prenant par le bras et l'aurait menacée de lui donner un coup de couteau si elle ne s'exécutait pas, tandis qu'il ouvrait la portière et basculait le siège du passager ; que devant la résistance de l'enfant, [il] l'aurait empoignée au visage à deux reprises, provoquant sa chute sur le sol et faisant tomber sa paire de lunettes ; qu'à la suite des appels au secours de la fillette, il serait remonté dans le véhicule et aurait pris la fuite* », circonstances excluant la libération volontaire (Crim. 26 avr. 2000, n° 00-80.694, P n° 164). En revanche, « *la libération volontaire [...] peut résulter d'une cessation, par les auteurs de la séquestration, de leur surveillance dans des conditions de nature à permettre à la victime de quitter les lieux où elle a été retenue* » (Crim. 11 août 2021, n° 21-83.172, P). Est également approuvée la CHINS qui renvoie pour enlèvement avec libération volontaire les auteurs qui ont séquestré à leur domicile un couple en les attachant avec des serflex et des câbles avant de quitter les lieux avec leur butin (Crim. 8 juin 2016, n° 16-81.750, D) (notons toutefois que ce point n'était pas en discussion dans le pourvoi). • **Différenciation des éléments constitutifs de l'arrestation, de l'enlèvement, de la détention et de la séquestration.** Les faits « *d'arrestation illégale et de détention ou séquestration, [...] sont des crimes distincts, dont la nature et* *les éléments constitutifs sont différents* » (Crim. 30 juin 1987, nº 86-95.980, P nº 273) ; « *les crimes d'arrestation illégale, d'une part, enlèvement, d'autre part, détention et séquestration illégales, de troisième part, bien que prévus et réprimés par le même texte, n'en constituent pas moins des crimes distincts* » (Crim. 30 oct. 1996, nº 95-85.744, P nº 385). Ainsi, « *c'est à tort que, le demandeur ayant été mis en accusation pour le crime de séquestration, la présidente a posé une question subsidiaire relative au crime distinct d'enlèvement* » (Crim. 22 févr. 2023, nº 21-86.080, P ; dans le même sens : Crim. 30 oct. 1996, nº 95-85.744, P nº 385) (sur les questions en matière de procédure d'assises, v. nº **17.33**).

ÉLÉMENT INTENTIONNEL

▪ **Intention de porter atteinte à la liberté d'aller et venir.** « *L'infraction de détention ou de séquestration ne peut être caractérisée que si l'auteur a agi avec l'intention de porter atteinte à la liberté d'aller et venir d'une personne* » (§ 11), toutefois « *lorsque cette intention est établie à l'égard d'une victime, elle peut caractériser l'élément moral de l'infraction à l'égard de toutes les personnes qui ont été, de fait, privées de leur liberté en conséquence des agissements matériels volontaires de l'auteur des faits* » (§ 12) ; l'infraction de séquestration est ainsi retenue non seulement pour la victime principale ligotée, mais aussi pour une personne présente dans les lieux qui s'était, à l'insu des auteurs, cachée dans une pièce pour leur échapper (Crim. 15 mars 2023, nº 22-87.278, P).

RÉGIME PROCÉDURAL

▪ **Prélèvement des empreintes génétiques** de la personne suspectée ou condamnée (C. pr. pén., art. 706-54 et 706-55 2°, v. nºs **13.23** et **13.25**). **Sanction** du refus de prélèvement, v. nº **25.35**.

▪ **Alimentation du Redex.** Centralisation des examens de personnalité au fichier Redex à tous les stades de la procédure (C. pr. pén., art. 706-56-2) (v. nº **13.41**).

▪ **Prescription de l'action publique. Infraction continue. Point de départ de la prescription.** Est à bon droit rejetée l'exception de prescription de l'action publique d'un acte de séquestration et d'enlèvement d'une victime au motif que « *le sort qui lui a été réservé demeure encore inconnu à ce jour* » car « *la prescription des infractions continues ne court qu'à partir du jour où elles ont pris fin dans leurs actes constitutifs et dans leurs effets, et que ce point de départ, en l'état de la procédure, ne peut être déterminé* » (Crim. 24 mai 2018, nº 17-86.340, P).

▪ **Procédure d'assises. • Compétence de la cour criminelle départementale. Cas A** : (hors circonstance aggravante) : *idem* nº **20.7** (C. pr. pén., art. 380-16, issu L. nº 2021-1729, 22 déc. 2021).

RÉGIME DES PEINES

▪ **Période de sûreté.** Si peine ferme ⩾ 10 ans → a) de plein droit = 1/2 de la peine, ou < sur décision spéciale ; b) sur décision spéciale = 2/3 de la peine (C. pén., art. 132-23, al. 1 et 2). Sur la période de sûreté, v. nº **18.7C1**.

▪ **Rétention de sûreté.** Si les faits ont été commis sur un mineur, ou s'ils sont commis en récidive (L. nº 2010-242, 10 mars 2010), et si elle prononce une peine de réclusion ⩾ 15 ans, la cour d'assises peut expressément prévoir que la personne pourra faire l'objet, en fin de peine, d'un **réexamen de sa situation** en vue d'une éventuelle **rétention de sûreté**. Ce n'est qu'à cette condition préalable qu'une telle mesure pourra être prononcée, en fin de peine, par la **juridiction régionale de la rétention de sûreté**, à l'égard de la personne présentant une particulière dangerosité caractérisée par une probabilité très élevée de récidive résultant d'un trouble grave de la personnalité (C. pr. pén., art. 706-53-13, L. nº 2008-174, 25 févr. 2008).

▪ ÉLÉMENTS CONSTITUTIFS – QUALIFICATION

✧ Pour avoir à .... [¤ lieu], le .... [¤ date], [⇨A puis le cas échéant B à D :]

A. sans ordre des autorités constituées et hors les cas prévus par la loi, arrêté, enlevé, détenu ou séquestré .... [¤ nom de la victime], ladite personne n'ayant pas été libérée volontairement avant le septième jour accompli depuis son appréhension (A : *N 11526.cc*) ;

[• Préciser le cas échéant dans le **cas** A :] avec cette circonstance que les faits ont été commis [⇨B à D :]

B. sur une victime âgée de moins de 15 ans (C. pén., art. **224-5**) (B : *N* ***11539.cr***) ;

C. à l'égard de plusieurs personnes (C. pén., art. **224-3**) (C : *N* ***11530.cr***).

D. à l'égard de plusieurs personnes mineures âgées de moins de 15 ans (C. pén., art. **224-3 et** 224-5) (D : *N* ***11593.cr***).

Faits prévus et réprimés par les articles 224-1 (+ articles du cas sélectionné), 224-9, 224-11 et 224-10 du code pénal. ✧

20.96 Enlèvement ou séquestration ⩾ 7 jours ou sans libération volontaire en bande organisée

▪ PEINES

PERSONNE PHYSIQUE

PP Crime. Cas A : 30 ans de réclusion, 1 000 000 €. Cas B à D : perpétuité, 1 000 000 €. (C. pén., art. 224-5-2).

PC 1. *Idem* n° 20.95.

2. Suivi socio-judiciaire [L. n° 2005-1549, 12 déc. 2005] Cas A : ⩽ 30 ans. Cas B à D : à temps ou sans limitation de durée (C. pén., art. 131-36-1 et 224-10) ; avec injonction de soins si l'expertise médicale conclut au traitement (C. pén., art. 131-36-4). La juridiction fixe la peine encourue (⩽ 7 ans) en cas d'inobservation (C. pén., art. 131-36-1) (v. n° 18.31).

PERSONNE MORALE

PP 7 000 000 € (C. pén., art. 131-38).

PC Néant.

▪ ORIENTEUR

ÉLÉMENT LÉGAL

▪ **Application de la loi pénale dans le temps.** L'incrimination de séquestration en bande organisée a été réécrite par L. n° 2004-204, 9 mars 2004, art. 6-VI.

▪ **Définition. Bande organisée**, v. n° 11.20 (C. pén., art. 132-71).

ÉLÉMENT MATÉRIEL

▪ **Eléments constitutifs.** V. n° 20.95.

ÉLÉMENT INTENTIONNEL

▪ **Intention de porter atteinte à la liberté d'aller et venir.** V. n° 20.95.

RÉGIME PROCÉDURAL

▪ **Régime complet de la criminalité organisée** applicable (C. pr. pén., art. 706-73 4°, v. n° 11.21).

▪ **Prélèvement des empreintes génétiques** de la personne suspectée ou condamnée (C. pr. pén., art. 706-54 et 706-55 2°, v. n°s 13.23 et 13.25). **Sanction du refus de prélèvement**, v. n° 25.35.

▪ **Alimentation du Redex.** *Idem* n° 20.95 (C. pr. pén., art. 706-56-2).

RÉGIME DES PEINES

▪ **Exemption ou réduction de peine.** Applicable au **repenti** (C. pén., art. 132-78, 224-5-1, v. n° 18.8D).

▪ **Période de sûreté.** Si peine ferme ⩾ 10 ans → a) de plein droit = 1/2 de la peine, ou < sur décision spéciale ; b) sur décision spéciale = 2/3 de la peine (C. pén., art. 132-23, al. 1 et 2). Sur la période de sûreté, v. n° 18.7C1.

▪ **Rétention de sûreté.** *Idem* n° 20.95. Compte tenu des circonstances aggravantes, le régime de la rétention de sûreté est ici également applicable lorsque la victime est majeure (C. pr. pén., art. 706-53-13, al. 2).

▪ ÉLÉMENTS CONSTITUTIFS – QUALIFICATION

✧ Pour avoir à .... [¤ lieu], le .... [¤ date], [⇨A puis B à D :]

A. sans ordre des autorités constituées et hors les cas prévus par la loi, arrêté, enlevé, détenu ou séquestré .... [¤ nom de la victime], ladite personne n'ayant pas été libérée volontairement avant le septième jour accompli depuis son appréhension, avec cette circonstance que les faits ont été commis en bande organisée (A : *N 11529.cr*) ; [⇨le cas échéant B à D :]

B. sur une victime âgée de moins de quinze ans (C. pén., art. 224-5) (B : *N 11541.cr*) ;

C. à l'égard de plusieurs personnes (C. pén., art. 224-3) (C : *N 25126.cr*) ;

D. à l'égard de plusieurs personnes mineures âgées de moins de 15 ans (C. pén., art. 224-5) (D : *N #.cr*).

Faits prévus et réprimés par les articles 224-1, 224-5-2 (L. n° 2004-204, 9 mars 2004, art. 6-VI) (+ articles du cas sélectionné) 224-9 et 224-10 du code pénal. ✧

20.97 Enlèvement ou séquestration < 7 jours avec libération volontaire

▪ PEINES

PERSONNE PHYSIQUE

PP Délit. Cas A : 5 ans d'emprisonnement, 75 000 € (C. pén., art. 224-1). Cas B : 10 ans (C. pén., art. 224-3).

PC *Idem* n° 20.95, sauf interdiction d'exercer une profession commerciale ou industrielle et suivi socio-judiciaire, l'interdiction des droits civiques et de famille est ⩽ 5 ans dans le cas A.

PERSONNE MORALE

PP 375 000 € (C. pén., art. 131-38).

PC Néant.

▪ ORIENTEUR

ÉLÉMENT MATÉRIEL

▪ Eléments constitutifs. V. n° 20.95.

▪ Fait justificatif. • Question de l'exercice de l'autorité parentale. L'infraction est matérialisée à l'encontre d'une personne qui, en réponse aux intentions de séparation de sa compagne, menace de s'en prendre aux enfants et se retranche avec eux au domicile qu'il barricade, car « *le délit de séquestration d'enfants mineurs est caractérisé lorsque l'interdiction de sortir faite par son auteur manifeste un abus d'exercice de l'autorité parentale, de surcroît dans un contexte de menaces de violence grave* » (§ 15) (Crim. 14 déc. 2022, n° 21-87.314, D).

ÉLÉMENT INTENTIONNEL

▪ Intention de porter atteinte à la liberté d'aller et venir. V. n° 20.95.

RÉGIME PROCÉDURAL

▪ Prélèvement des empreintes génétiques de la personne suspectée ou condamnée (C. pr. pén., art. 706-54 et 706-55 2°, v. n°s 13.23 et 13.25). Sanction du refus de prélèvement, v. n° 25.35.

RÉGIME DES PEINES

▪ Période de sûreté. Cas B. peine ferme = 10 ans → a) de plein droit = 1/2 de la peine ou < sur décision spéciale ; b) sur décision spéciale = 2/3 de la peine (C. pén., art. 132-23, al. 1 et 2). Sur la période de sûreté, v. n° 18.7C1.

▪ ÉLÉMENTS CONSTITUTIFS – QUALIFICATION

✧ Pour avoir à .... [¤ lieu], le .... [¤ date], [⇨A puis B :]

A. sans ordre des autorités constituées et hors les cas prévus par la loi, arrêté, enlevé, détenu ou séquestré .... [¤ nom de la victime], ladite personne ayant été libérée volontairement avant le septième jour accompli depuis son appréhension (A : *N 7858.co*).

B. [• Préciser le cas échéant] avec cette circonstance que les faits ont été commis à l'égard de plusieurs personnes (C. pén., art. 224-3) (B : *N 11532.co*).
Faits prévus et réprimés par les articles 224-1 (+ articles du cas sélectionné) et 224-9 du code pénal. ✧

20.98 Enlèvement ou séquestration suivi de mutilation, infirmité, torture ou mort

▪ PEINES

PERSONNE PHYSIQUE

PP Crime. Cas A1 : 30 ans de réclusion (C. pén., art. 224-2). Cas A2, B et C : réclusion à perpétuité (C. pén., art. 224-5, 224-2).

PC 1. *Idem* n° 20.95.

2. Suivi socio-judiciaire [L. n° 2005-1549, 12 déc. 2005] **Cas A1** : ⩽ 30 ans. **Cas A2, B** et **C** : à temps ou sans limitation de durée (C. pén., art. 131-36-1 et 224-10) ; avec injonction de soins si l'expertise médicale conclut au traitement (C. pén., art. 131-36-4). La juridiction fixe la peine encourue (⩽ 7 ans) en cas d'inobservation (C. pén., art. 131-36-1) (v. n° **18.31**).

PERSONNE MORALE

PP Amende applicable ⩽ **quintuple** de celle prévue pour les personnes physiques (C. pén., art. 131-38).

PC Néant.

■ ORIENTEUR

ÉLÉMENT MATÉRIEL

▪ **Médecine légale.** • **Notion de mort, de mutilation et d'infirmité permanente.** *Idem* n^os^ **20.1** et **20.12**.

▪ **Eléments constitutifs.** V. n° **20.95**.

▪ **Durée de la séquestration.** La **durée** de la séquestration est **indifférente** dans ce cas.

▪ **Mort de la victime.** Une cour d'assises apprécie souverainement que les violences multiples causées à la victime, la menace d'armes, les lésions corporelles consécutives à une tentative d'évasion, ont contribué à la décision de se suicider prise par la victime une quinzaine de jours après les faits, donc « *que le suicide de la victime était la conséquence de la séquestration* » et « *que la séquestration avait été suivie de la mort de la victime au sens de C. pén., art. 224-2* » (§ 9) (Crim. 29 mars 2023, n° 22-83.214, P). C'est à bon droit que la cour d'assises a déclaré l'accusé « *coupable du crime de séquestration suivie de mort, même s'il n'a pas pris part aux violences qui ont entraîné la mort de la victime, dès lors qu'il résulte de la feuille de motivation que le décès est la conséquence de violences commises sur la victime, pendant qu'elle était séquestrée* » (Crim. 16 nov. 2016, n° 15-84.803, D).

ÉLÉMENT INTENTIONNEL

▪ **Intention de porter atteinte à la liberté d'aller et venir.** V. n° **20.95**.

RÉGIME PROCÉDURAL

▪ **Prélèvement des empreintes génétiques** de la personne suspectée ou condamnée (C. pr. pén., art. 706-54 et 706-55 2°, v. n^os^ **13.23** et **13.25**). **Sanction** du refus de prélèvement, v. n° **25.35**.

▪ **Alimentation du Redex.** *Idem* n° **20.95** (C. pr. pén., art. 706-56-2).

RÉGIME DES PEINES

▪ **Exemption ou réduction de peine.** Applicable au **repenti** (C. pén., art. 132-78, **224-5-1**, v. n° **18.8D**).

▪ **Période de sûreté.** Si peine ferme ⩾ 10 ans → a) de plein droit = 1/2 de la peine ou 18 ans si perpétuité, ou < sur décision spéciale ; b) sur décision spéciale = 2/3 de la peine ou 22 ans si perpétuité (C. pén., art. 132-23, al. 1 et 2). Sur la période de sûreté, v. n° **18.7C1**.

▪ **Rétention de sûreté.** *Idem* n° **20.96**.

■ ÉLÉMENTS CONSTITUTIFS – QUALIFICATION

✧ Pour avoir à .... [¤ lieu], le .... [¤ date], sans ordre des autorités constituées et hors les cas prévus par la loi, arrêté, enlevé, détenu ou séquestré .... [¤ nom de la victime], avec cette circonstance que [⇨A à C :]

A. ladite personne a subi une mutilation ou une infirmité permanente provoquée volontairement ou résultant soit des conditions de détention, soit d'une privation d'aliments ou de soins (A1 : *N 11527.cr*) ;

[• Préciser le cas échéant] avec cette circonstance que la victime était âgée de moins de 15 ans (A2 : *N 11540.cr*) ;

B. les faits ont été précédés ou accompagnés de tortures ou d'actes de barbarie (B : *N 5115.cr*) ;

C. les faits ont été suivis de la mort de la victime (C : *N 11528.cr*).

Faits prévus et réprimés par les articles 224-1, 224-2 (+ cas A2 : C. pén., art. 224-5) 224-9 et 224-10 du code pénal. ✧

20.99 Enlèvement ou séquestration suivi de mutilation, infirmité ou mort, en bande organisée

■ PEINES

PERSONNE PHYSIQUE

PP Crime. Réclusion à perpétuité, 1 000 000 € (C. pén., art. 224-5-2).

PC 1. *Idem* n° 20.95.

2. Suivi socio-judiciaire [L. n° 2005-1549, 12 déc. 2005] à temps ou sans limitation de durée (C. pén., art. 131-36-1 et 224-10) ; avec injonction de soins si l'expertise médicale conclut au traitement (C. pén., art. 131-36-4). La juridiction fixe la peine encourue (⩽ 7 ans) en cas d'inobservation (C. pén., art. 131-36-1) (v. n° 18.31).

PERSONNE MORALE

PP 7 000 000 € (C. pén., art. 131-38).

PC Néant.

■ ORIENTEUR

ÉLÉMENT LÉGAL

▪ **Application de la loi pénale dans le temps.** L'incrimination de séquestration en bande organisée a été réécrite par L. n° 2004-204, 9 mars 2004, art. 6-VI.

▪ **Définition.** • **Bande organisée,** v. n° 11.20 (C. pén., art. 132-71). • **Acte de torture ou de barbarie.** V. n° 20.7.

ÉLÉMENT MATÉRIEL

▪ **Médecine légale.** • **Notion de mort, de mutilation et d'infirmité permanente.** *Idem* n°s 20.1 et 20.12.

▪ **Eléments constitutifs.** V. n° 20.95.

▪ **Durée de la séquestration.** La durée de la séquestration est **indifférente** dans ce cas.

▪ **Mort de la victime.** *Idem* n° 20.98.

ÉLÉMENT INTENTIONNEL

▪ **Intention de porter atteinte à la liberté d'aller et venir.** V. n° 20.95.

RÉGIME PROCÉDURAL

▪ **Prélèvement des empreintes génétiques** de la personne suspectée ou condamnée (C. pr. pén., art. 706-54 et 706-55 2°, v. n°s 13.23 et 13.25). **Sanction** du refus de prélèvement, v. n° 25.35.

▪ **Alimentation du Redex.** *Idem* n° 20.95 (C. pr. pén., art. 706-56-2).

RÉGIME DES PEINES

▪ **Exemption ou réduction de peine.** Applicable au **repenti** (C. pén., art. 132-78, 224-5-1, v. n° 18.8D).

▪ **Période de sûreté.** Si peine ferme ⩾ 10 ans ⟶ a) de plein droit = 1/2 de la peine ou 18 ans si perpétuité, ou < sur décision spéciale ; b) sur décision spéciale = 2/3 de la peine ou 22 ans si perpétuité (C. pén., art. 132-23, al. 1 et 2). Sur la période de sûreté, v. n° 18.7C1.

▪ **Rétention de sûreté.** *Idem* n° 20.96.

■ ÉLÉMENTS CONSTITUTIFS – QUALIFICATION

✧ Pour avoir à .... [¤ lieu], le .... [¤ date], sans ordre des autorités constituées et hors les cas prévus par la loi, arrêté, enlevé, détenu ou séquestré .... [¤ nom de la victime], avec cette circonstance que les faits ont été commis en bande organisée et que [⇨A à C :]

A. ladite personne a subi une mutilation ou une infirmité permanente provoquée volontairement ou résultant soit des conditions de détention, soit d'une privation d'aliments ou de soins (A1 : *N* ***25125.cr***) ; [• Préciser le cas échéant dans le **cas** A1 :] avec cette circonstance que la victime était âgée de moins de 15 ans (A2 : *N #.cr*) ;

B. les faits ont été précédés ou accompagnés de tortures ou d'actes de barbarie (B : *N* ***29362.cr***) ;

C. les faits ont été suivis de la mort de la victime (C : *N* ***32143.cr***).

Faits prévus et réprimés par les articles 224-1, 224-2 (+ cas A2 : C. pén., art. 224-5), 224-5-2, 224-9 et 224-10 du code pénal. ✧

20.100 Enlèvement ou séquestration lié à un autre crime ou délit ou sous condition

■ PEINES

PERSONNE PHYSIQUE

PP Crime. Cas A1, A2, A3 et B4 : 30 ans de réclusion. **Délit.** Cas B1, B2 et B3 : 10 ans d'emprisonnement (C. pén., art. 224-4).

PC 1. *Idem* n° 20.95, sauf cas B1, B2 et B3 : interdiction d'exercer une activité commerciale ou industrielle.
2 la peine encourue (⩽ 7 ans) en cas d'inobservation (C. pén., art. 131-36-1) (v. n° 18.31).

PERSONNE MORALE

PP Amende applicable ⩽ quintuple de celle prévue pour les personnes physiques (C. pén., art. 131-38).

PC Néant.

■ ORIENTEUR

AUTRE QUALIFICATION

▪ **Séquestration accompagnée d'atteintes à l'intégrité physique.** V. n° 20.98.

ÉLÉMENT LÉGAL

▪ **Constitutionnalité.** La circonstance aggravante de prise d'otage « *qu'il appartient au juge d'interpréter à la lumière notamment des travaux parlementaires, est suffisamment claire et précise pour exclure tout risque d'arbitraire* » (Crim. 22 avr. 2020, n° 19-86.987, D).

ÉLÉMENT MATÉRIEL

▪ **Eléments constitutifs.** V. n° 20.95.

ÉLÉMENT INTENTIONNEL

▪ **Intention de porter atteinte à la liberté d'aller et venir.** V. n° 20.95.

RÉGIME PROCÉDURAL

▪ **Prélèvement des empreintes génétiques** de la personne suspectée ou condamnée (C. pr. pén., art. 706-54 et 706-55 2°, v. n°s 13.23 et 13.25). **Sanction** du refus de prélèvement, v. n° 25.35.

▪ **Alimentation du Redex.** Cas A1, A2, A3 et B4 : *Idem* n° 20.95 (C. pr. pén., art. 706-56-2).

RÉGIME DES PEINES

▪ **Exemption ou réduction de peine.** Applicable au **repenti** dans les cas A1, A2, A3 et B4 (C. pén., art. 132-78, 224-5-1, v. n° 18.8D).

▪ **Période de sûreté.** Si peine ferme ⩾ 10 ans → a) de plein droit = 1/2 de la peine ou 18 ans si perpétuité, ou < sur décision spéciale ; b) sur décision spéciale = 2/3 de la peine ou 22 ans si perpétuité (C. pén., art. 132-23, al. 1 et 2). Sur la période de sûreté, v. n° 18.7C1.

▪ **Rétention de sûreté.** Cas A1, A2, A3 et B4 : *Idem* n° 20.96.

■ ÉLÉMENTS CONSTITUTIFS – QUALIFICATION

✧ Pour avoir à .... [¤ lieu], le .... [¤ date], sans ordre des autorités constituées et hors les cas prévus par la loi, arrêté, enlevé, détenu ou séquestré .... [¤ nom de la victime], avec cette circonstance que la victime a été arrêtée, enlevée, détenue ou séquestrée comme otage, [⇨A ou B puis 1 à 4 :]

A. sans libération volontaire avant le septième jour accompli depuis son appréhension, pour [⇨1, 2 ou 3 :] ;

B. avec libération volontaire avant le septième jour accompli depuis son appréhension, pour [⇨1, 2, 3 ou 4 :]

1. préparer ou faciliter la commission d'un crime ou d'un délit (A1 : *N 11533.cr* ; B1 : *N 11536.co*) ;

2. favoriser la fuite ou assurer l'impunité de l'auteur ou du complice d'un crime ou d'un délit (A2 : *N 11534.cr* ; B2 : *N 11537.co*) ;

3. obtenir l'exécution d'un ordre ou d'une condition, notamment le versement d'une rançon (A3 : *N 11535.cr* ; B3 : *N 11538.co*) ;

4. obtenir l'exécution d'un ordre ou d'une condition, notamment le versement d'une rançon, mais libérée après l'exécution de cet ordre ou condition (B4 : *N #.cr*).

Faits prévus et réprimés par les articles 224-1, 224-4 224-9 et 224-10 du code pénal. ✧

20.101 Enlèvement ou séquestration lié à un autre crime ou délit ou sous condition, en bande organisée

■ **PEINES**

PERSONNE PHYSIQUE

PP Crime. Cas A1, A2, A3 et B4 : réclusion à perpétuité, 1 000 000 €. **Délit.** Cas B1, B2 et B3 : 10 ans d'emprisonnement, 1 000 000 € (C. pén., art. 224-4, 224-5-2).

PC 1. *Idem* n° 20.95, sauf cas B1, B2 et B3 : interdiction d'exercer une activité commerciale ou industrielle.

2. Cas A1, A2, A3 et B4 : **suivi socio-judiciaire** [L. n° 2005-1549, 12 déc. 2005] à temps ou sans limitation de durée (C. pén., art. 131-36-1 et 224-10) ; avec injonction de soins si l'expertise médicale conclut au traitement (C. pén., art. 131-36-4). La juridiction fixe la peine encourue (⩽ 7 ans) en cas d'inobservation (C. pén., art. 131-36-1) (v. n° 18.31).

PERSONNE MORALE

PP 7 000 000 € (C. pén., art. 131-38).

PC Néant.

■ **ORIENTEUR**

AUTRE QUALIFICATION

▪ **Séquestration accompagnée d'atteintes à l'intégrité physique.** V. n° 20.99.

ÉLÉMENT LÉGAL

▪ **Application de la loi pénale dans le temps.** L'incrimination de séquestration en bande organisée a été réécrite par L. n° 2004-204, 9 mars 2004, art. 6-VI.

▪ **Définition. Bande organisée**, v. n° 11.20 (C. pén., art. 132-71).

▪ **Constitutionnalité.** Sur la circonstance de prise d'otage, v. n° 20.100.

ÉLÉMENT MATÉRIEL

▪ **Eléments constitutifs.** V. n° 20.95.

ÉLÉMENT INTENTIONNEL

▪ **Intention de porter atteinte à la liberté d'aller et venir.** V. n° 20.95.

RÉGIME PROCÉDURAL

▪ **Prélèvement des empreintes génétiques** de la personne suspectée ou condamnée (C. pr. pén., art. 706-54 et 706-55 2°, v. n°s 13.23 et 13.25). **Sanction** du refus de prélèvement, v. n° 25.35.

▪ **Alimentation du Redex.** Cas A1, A2, A3 et B4 : *Idem* n° 20.95 (C. pr. pén., art. 706-56-2).

RÉGIME DES PEINES

▪ **Exemption ou réduction de peine.** Applicable au **repenti** dans les **cas** A1, A2, A3 et B4 (C. pén., art. 224-5-1, v. n° 18.8D).

▪ **Période de sûreté.** Cas A1, A2, A3 et B4 : si peine ferme ⩾ 10 ans → a) de plein droit = 1/2 de la peine ou 18 ans si perpétuité, ou < sur décision spéciale ; b) sur décision spéciale = 2/3 de la peine ou 22 ans si perpétuité (C. pén., art. 132-23, al. 1 et 2). Sur la période de sûreté, v. n° 18.7C1.

▪ **Rétention de sûreté.** Cas A1, A2, A3 et B4 : *Idem* n° 20.96.

■ **ÉLÉMENTS CONSTITUTIFS – QUALIFICATION**

✧ Pour avoir à .... [¤ lieu], le .... [¤ date], sans ordre des autorités constituées et hors les cas prévus par la loi, arrêté, enlevé, détenu ou séquestré .... [¤ nom de la victime], avec cette circonstance que les faits ont été commis en bande organisée et que la victime a été arrêtée, enlevée, détenue ou séquestrée comme otage, [⇨A ou B :]

A. sans libération volontaire avant le septième jour accompli depuis son appréhension, pour [⇨1, 2 ou 3] ;

B. avec libération volontaire avant le septième jour accompli depuis son appréhension, pour [⇨1, 2, 3 ou 4]

1. préparer ou faciliter la commission d'un crime ou d'un délit (A1 : *N 25127.cr* ; B1 : *N #.co*) ;

2. favoriser la fuite ou assurer l'impunité de l'auteur ou du complice d'un crime ou d'un délit (A2 : *N 25128.cr* ; B2 : *N #.co*) ;

3. obtenir l'exécution d'un ordre ou d'une condition, notamment le versement d'une rançon (A3 : *N 25129.cr* ; B3 : *N #.co*) ;

4. obtenir l'exécution d'un ordre ou d'une condition, notamment le versement d'une rançon, mais libérée après l'exécution de cet ordre ou condition (B4 : *N #.cr*).

Faits prévus et réprimés par les articles 224-1, 224-4, 224-5-2, 224-9 et 224-10 du code pénal. ✧

20.102 Enlèvement ou séquestration lié à un autre crime ou délit ou sous condition – Sur un mineur de moins de 15 ans

■ PEINES

PERSONNE PHYSIQUE

PP Crime. Réclusion à perpétuité (C. pén., art. 224-4, 224-5).

PC 1. *Idem* n° 20.95.

2. **Suivi socio-judiciaire.** À temps ou sans limitation de durée (C. pén., art. 131-36-1 et 224-10) ; avec injonction de soins si l'expertise médicale conclut au traitement (C. pén., art. 131-36-4). La juridiction fixe la peine encourue (⩽ 7 ans) en cas d'inobservation (C. pén., art. 131-36-1) (v. n° 18.31).

PERSONNE MORALE

PP Amende applicable ⩽ quintuple de celle prévue pour les personnes physiques (C. pén., art. 131-38).

PC Néant.

■ ORIENTEUR

AUTRE QUALIFICATION

- **Séquestration accompagnée d'atteintes à l'intégrité physique.** V. n° 20.99.

ÉLÉMENT LÉGAL

- **Constitutionnalité.** Sur la circonstance de prise d'otage, v. n° 20.100.

ÉLÉMENT MATÉRIEL

- **Durée de la séquestration.** La **durée** de la séquestration est **indifférente** dans ce cas.
- **Eléments constitutifs.** V. n° 20.95.

ÉLÉMENT INTENTIONNEL

- **Intention de porter atteinte à la liberté d'aller et venir.** V. n° 20.95.

RÉGIME PROCÉDURAL

- **Prélèvement des empreintes génétiques** de la personne suspectée ou condamnée (C. pr. pén., art. 706-54 et 706-55 2°, v. n°s 13.23 et 13.25). **Sanction** du refus de prélèvement, v. n° 25.35.
- **Alimentation du** Redex. *Idem* n° 20.95 (C. pr. pén., art. 706-56-2).

RÉGIME DES PEINES

- **Exemption ou réduction de peine.** Applicable au **repenti** (C. pén., art. 132-78, 224-5-1, v. n° 18.8D).
- **Période de sûreté.** Si peine ferme ⩾ 10 ans ⟶ a) de plein droit = 1/2 de la peine ou 18 ans si perpétuité, ou < sur décision spéciale ; b) sur décision spéciale = 2/3 de la peine ou 22 ans si perpétuité (C. pén., art. 132-23, al. 1 et 2). Sur la période de sûreté, v. n° 18.7C1.
- **Rétention de sûreté.** *Idem* n° 20.95.

■ ÉLÉMENTS CONSTITUTIFS – QUALIFICATION

✧ Pour avoir à .... [¤ lieu], le .... [¤ date], sans ordre des autorités constituées et hors les cas prévus par la loi, arrêté, enlevé, détenu ou séquestré .... [¤ nom de la victime], âgé(e) de moins de 15 ans, avec cette circonstance que la victime a été arrêtée, enlevée, détenue ou séquestrée comme otage, [⇨A ou B :]

A. sans libération volontaire avant le septième jour accompli depuis son appréhension, pour [⇨1 à 3 :]

1. préparer ou faciliter la commission d'un crime ou d'un délit (A1 : *N 11542.cr*) ;

2. favoriser la fuite ou assurer l'impunité de l'auteur ou du complice d'un crime ou d'un délit (A2 : *N 11543.cr*) ;

3. obtenir l'exécution d'un ordre ou d'une condition, notamment le versement d'une rançon (A3 : *N 11544.cr*) ;

B. pour obtenir l'exécution d'un ordre ou d'une condition, notamment le versement d'une rançon, puis libérée volontairement avant le septième jour accompli depuis son appréhension, mais après l'exécution de cet ordre ou condition (B : *N #.cr*).
Faits prévus et réprimés par les articles 224-1, 224-4, 224-5 224-9 et 224-10 du code pénal. ✧

20.103 Enlèvement ou séquestration lié à un autre crime ou délit ou sous condition – Sur un mineur de moins de 15 ans et en bande organisée

■ PEINES

PERSONNE PHYSIQUE

PP Crime. Réclusion à perpétuité, 1 000 000 € (C. pén., art. 224-4, 224-5, 224-5-2).

PC 1. *Idem* n° 20.95.
2. Suivi socio-judiciaire *Idem* n° 20.102.

PERSONNE MORALE

PP 7 000 000 € (C. pén., art. 131-38).

PC Néant.

■ ORIENTEUR

AUTRE QUALIFICATION

▪ **Séquestration accompagnée d'atteintes à l'intégrité physique.** V. n° 20.99.

ÉLÉMENT LÉGAL

> *Idem* n° 20.96.

▪ **Constitutionnalité.** Sur la circonstance de prise d'otage, v. n° 20.100.

ÉLÉMENT MATÉRIEL

▪ **Eléments constitutifs.** V. n° 20.95.

ÉLÉMENT INTENTIONNEL

▪ **Intention de porter atteinte à la liberté d'aller et venir.** V. n° 20.95.

RÉGIME PROCÉDURAL

▪ **Prélèvement des empreintes génétiques** de la personne suspectée ou condamnée (C. pr. pén., art. 706-54 et 706-55 2°, v. n°s 13.23 et 13.25). **Sanction** du refus de prélèvement, v. n° 25.35.

▪ **Alimentation du Redex.** *Idem* n° 20.95 (C. pr. pén., art. 706-56-2).

RÉGIME DES PEINES

▪ **Exemption ou réduction de peine.** Applicable au **repenti** (C. pén., art. 132-78, 224-5-1, v. n° 18.8D).

▪ **Période de sûreté.** Si peine ferme ⩾ 10 ans → a) de plein droit = 1/2 de la peine ou 18 ans si perpétuité, ou < sur décision spéciale ; b) sur décision spéciale = 2/3 de la peine ou 22 ans si perpétuité (C. pén., art. 132-23, al. 1 et 2). Sur la période de sûreté, v. n° 18.7C1.

▪ **Rétention de sûreté.** *Idem* n° 20.95.

■ ÉLÉMENTS CONSTITUTIFS – QUALIFICATION

✧ Pour avoir à .... [¤ lieu], le .... [¤ date], sans ordre des autorités constituées et hors les cas prévus par la loi, arrêté, enlevé, détenu ou séquestré .... [¤ nom de la victime], âgé(e) de moins de 15 ans, avec cette circonstance que les faits ont été commis en bande organisée et que la victime a été arrêtée, enlevée, détenue ou séquestrée comme otage, [⇨A ou B :]

A. sans libération volontaire avant le septième jour accompli depuis son appréhension, pour [⇨1 à 3 :]

A1. préparer ou faciliter la commission d'un crime ou d'un délit (A1 : *#.cr*) ;

A2. favoriser la fuite ou assurer l'impunité de l'auteur ou du complice d'un crime ou d'un délit (A2 : *N #.cr*) ;

A3. obtenir l'exécution d'un ordre ou d'une condition, notamment le versement d'une rançon (A3 : *N #.cr*) ;

B. pour obtenir l'exécution d'un ordre ou d'une condition, notamment le versement d'une rançon, puis libérée volontairement avant le septième jour accompli depuis son appréhension, mais après l'exécution de cet ordre ou condition (B : *N #.cr*).

Faits prévus et réprimés par les articles 224-1, 224-4, 224-5, 224-5-2, 224-9 et 224-10 du code pénal. ✧

20.104 Détournement de moyen de transport

▪ PEINES

PERSONNE PHYSIQUE

PP Crime. Cas A à D : 20 ans de réclusion (C. pén., art. 224-6). Cas E1 : 30 ans (C. pén., art. 224-6-1). Cas E2 et E3 : perpétuité (C. pén., art. 224-7).

PC 1. Interdiction, ⩽ 10 ans, des droits civiques civils et de famille (vote, éligibilité, fonction juridictionnelle, expert, témoin, tuteur, curateur) *et/ou* interdiction d'exercer une profession commerciale ou industrielle, de diriger, d'administrer, de gérer ou de contrôler à un titre quelconque, directement ou indirectement, pour son propre compte ou pour le compte d'autrui, une entreprise commerciale ou industrielle ou une société commerciale (C. pén., art. 224-9 et 131-26 [mod. par L. n° 2008-776, 4 août 2008]). Sauf dispense spécialement motivée, la peine d'inéligibilité est obligatoirement prononcée (C. pén., art. 131-26-2, L. n° 2017-1339, 15 sept. 2017) ;

2. Interdiction, ⩽ 5 ans, d'exercer l'activité professionnelle ou sociale en relation avec l'infraction (sauf mandat électif ou syndical) (C. pén., art. 224-9 et 131-27) ;

3. Interdiction obligatoire, ⩽ 10 ans, de détention ou port d'arme soumise à autorisation (L. n° 2012-304, 6 mars 2012, auparavant interdiction facultative ⩽ 5 ans) (C. pén., art. 224-9 II) ;

4. Auteur étranger : interdiction du territoire, définitive ou ⩽ 10 ans (C. pén., art. 224-11, 131-30 à 131-30-2 depuis L. n° 2018-778, 10 sept. 2018).

PERSONNE MORALE

PP Amende applicable ⩽ quintuple de celle prévue pour les personnes physiques (C. pén., art. 131-38).

PC Néant.

▪ ORIENTEUR

AUTRE QUALIFICATION

▪ **Fausse alerte concernant avion ou navire.** V. n° 25.32.

▪ **Homicide et blessures involontaires résultant d'une atteinte à la sécurité des installations aéroportuaires.** C. transp., art. L. 6372-4 et L. 6372-6 (v. n° 20.63).

▪ **Sécurité des installations aéroportuaires – Actes de malveillance – Pénétration non autorisée sur les pistes.** C. transp., art. L. 6372-4 et L. 6372-11 (v. n° 37.20).

ÉLÉMENT LÉGAL

▪ **Définition.** • **Acte de torture ou de barbarie.** V. n° 20.7.

▪ **Application de la loi pénale dans le temps** Cas E1 : circonstance aggravante issue L. n° 2011-13, 5 janv. 2011.

RÉGIME PROCÉDURAL

▪ **Prélèvement des empreintes génétiques** de la personne suspectée ou condamnée (C. pr. pén., art. 706-54 et 706-55 2°, v. n°s 13.23 et 13.25). **Sanction** du refus de prélèvement, v. n° 25.35.

▪ **Procédure d'assises.** • **Compétence de la cour criminelle départementale.** Cas A à D (hors circonstance aggravante) : *idem* n° 20.7 (C. pr. pén., art. 380-16, issu L. n° 2021-1729, 22 déc. 2021).

RÉGIME DES PEINES

▪ **Exemption ou réduction de peine.** Applicable au **repenti** (C. pén., art. 132-78, 224-8-1, v. nº 18.8D).

▪ **Période de sûreté.** Si peine ferme ⩾ 10 ans → a) de plein droit = 1/2 de la peine ou 18 ans si perpétuité, ou < sur décision spéciale ; b) sur décision spéciale = 2/3 de la peine ou 22 ans si perpétuité (C. pén., art. 132-23, al. 1 et 2). Sur la période de sûreté, v. nº 18.7C1.

▪ ÉLÉMENTS CONSTITUTIFS – QUALIFICATION

✧ Pour, à .... [¤ lieu], le .... [¤ date], s'être emparé ou avoir pris le contrôle par violence ou menace de violence, [⇨A à D puis le cas échéant E :]

A. d'un aéronef (A : *N* ***11513.cc***) ;

B. d'un navire (B : *N* ***11514.cc***) ;

C. d'un moyen de transport à bord duquel des personnes avaient pris place, en l'espèce .... [¤ moyen de transport concerné] (C : *N* ***11515.cc***) ;

D. d'une plate-forme fixée sur le plateau continental (D : *N* ***11516.cc***).

E. [• Préciser le cas échéant dans les cas A à D :] avec cette circonstance que les faits ont [⇨E1 à E3 :]

E1. été commis en bande organisée (AE1 : *N #.cr ;* BE1 : *N #.cr ;* CE1 : *N #.cr ;* DE1 : *N #.cr*) (C. pén., art. 224-6-1, issu L. nº 2011-13, 5 janv. 2011) ;

E2. été accompagnés de tortures ou d'actes de barbarie (AE2 : *N* ***11521.cr*** *;* BE2 : *N* ***11522.cr*** *;* CE2 : *N* ***11523.cr*** *;* DE2 : *N* ***11524.cr***) (C. pén., art. 224-7) ;

E3. entraîné la mort d'une ou de plusieurs personnes (AE3 : *N* ***11517.cr*** *;* BE3 : *N* ***11518.cr*** *;* CE3 : *N* ***11519.cr*** *;* DE3 : *N* ***11520.cr***) (C. pén., art. 224-7).

Faits prévus et réprimés par les articles [• du cas sélectionné] + 224-6, 224-11 et 224-9 du code pénal. ✧

20.105 Proxénétisme

▪ PEINES

PERSONNE PHYSIQUE

PP Délit. 7 ans d'emprisonnement (auparavant 5 ans [L. nº 2001-1062, 15 nov. 2001, art. 60]), 150 000 € (C. pén., art. 225-5).

PC 1. Interdiction, ⩽ 5 ans, des droits civiques, civils et de famille (vote, éligibilité, fonction juridictionnelle, expert, témoin, tuteur, curateur) (C. pén., art. 225-20 1º et 131-26).

2. Interdiction, définitive ou ⩽ 5 ans, d'exercer l'activité professionnelle ou sociale en relation avec l'infraction, fonction publique (sauf mandat électif ou syndical) *et/ou* interdiction définitive ou ⩽ 15 ans (10 ans avant L. nº 2013-1117, 6 déc. 2013) d'exercer une profession commerciale ou industrielle, de diriger, d'administrer, de gérer ou de contrôler à un titre quelconque, directement ou indirectement, pour son propre compte ou pour le compte d'autrui, une entreprise commerciale ou industrielle ou une société commerciale (C. pén., art. 225-20 2º et 131-27 [mod. par L. nº 2008-776, 4 août 2008]) ;

3. Interdiction de séjour, ⩽ 5 ans (C. pén., art. 225-20 3º, 131-31 et 131-32 ; C. pr. pén., art. 762-1 à 763) ;

4. Interdiction d'exploiter, directement ou indirectement, les établissements ouverts au public ou utilisés par le public spécifiés par le jugement, d'y être employé, ou d'y conserver une participation financière. (C. pén., art. 225-20 4º) ;

5. Interdiction obligatoire, ⩽ 10 ans, de détention ou port d'arme soumise à autorisation (L. nº 2012-304, 6 mars 2012, auparavant interdiction facultative ⩽ 5 ans) (C. pén., art. 225-20 II) ;

6. Interdiction, ⩽ 5 ans, de quitter le territoire (C. pén., art. 225-20 6º) ;

7. Interdiction, définitive ou ⩽ 10 ans, d'exercer une activité professionnelle ou bénévole impliquant un contact habituel avec des mineurs (C. pén., art. 225-20 7º [L. nº 2006-399, 4 avr. 2006, art. 16]) ;

8. Stage de responsabilité parentale (C. pén., art. 131-5-1 et 225-20 8 [L. nº 2007-297, 5 mars 2007]) (pour les faits commis avant le 24 mars 2020 et jugés après cette date, L. nº 2019-222, 23 mars 2019, en vigueur le 24 mars 2020. Pour les faits commis à partir du 24 mars 2020, v. nouvelle réd. C. pén., art. 131-5-1 et nº 18.33) ;

9. Auteur étranger : interdiction du territoire, définitive ou ⩽ 10 ans (C. pén., art. 225-21, 131-30 à 131-30-2) ;

10. Confiscation des biens meubles ou « *immeubles* » (L. nº 2010-768, 9 juill. 2010) ayant servi même indirectement à l'infraction, des produits de l'infraction détenus par une personne autre que celle se livrant à la prostitution (C. pén., art. 225-24 1º) ;

11. Confiscation de tout ou partie des biens du condamné « *ou de ceux dont il a la libre disposition* » L. nº 2012-409, 27 mars 2012 (C. pén., art. 225-25) ;

12. Remboursement des frais de rapatriement des victime(s) (C. pén., art. 225-24 2º).

PERSONNE MORALE

PP Délit. 750 000 € (C. pén., art. 225-12 ; 131-38).

PC 1. Dissolution (sauf personnes morales de droit public, partis, groupements politiques, syndicats, institutions représentatives du personnel) si la personne morale a été créée ou détournée de son objet pour commettre l'infraction (C. pén., art. 225-12 et 131-39 1º) ;

2. Interdiction, définitive ou ⩽ 5 ans, d'exercer une ou plusieurs activités professionnelles ou sociales en relation avec l'infraction (C. pén., art. 225-12 et 131-39 2º) ;

3. Surveillance judiciaire, ⩽ 5 ans (C. pén., art. 225-12, 131-39 3º et 131-46) ;

4. Fermeture, définitive ou ⩽ 5 ans, un ou plusieurs établissements en relation avec l'infraction (C. pén., art. 225-12 et 131-39 4º) ;

5. Exclusion, définitive ou ⩽ 5 ans, marchés publics (C. pén., art. 225-12 et 131-39 5º) ;

6. Interdiction, définitive ou ⩽ 5 ans, de *faire appel public à l'épargne* (procéder à une offre au public de titres financiers ou de les faire admettre aux négociations sur un marché réglementé, selon L. nº 2009-80, 22 janv. 2009) (C. pén., art. 225-12 et 131-39 6º) ;

7. Interdiction, ⩽ 5 ans, d'utiliser des cartes de paiement ou d'émettre des chèques autres que de retrait ou certifiés (C. pén., art. 225-12 et 131-39 7º) ;

8. Confiscation de la chose ayant servi à l'infraction ou destinée à la commettre ou de son produit (C. pén., art. 225-12 et 131-39 8º) ;

9. Confiscation de tout ou partie des biens de la personne morale « *ou de ceux dont elle a la libre disposition* » L. nº 2012-409, 27 mars 2012 (C. pén., art. 225-25) ;

10. Remboursement des frais de rapatriement des victime(s) (C. pén., art. 225-24 2º) ;

11. Affichage, ⩽ 2 mois, *et/ou* (L. nº 2011-525, 17 mai 2011) diffusion de la décision ou d'extraits aux frais (⩽ amende encourue) du condamné (C. pén., art. 225-12, 131-39 9º, 131-48 et 131-35).

■ ORIENTEUR

AUTRE QUALIFICATION

- **Proxénétisme.** C. pén., art. 225-5, v. nº 20.105.
- **Proxénétisme – Infractions assimilées.** C. pén., art. 225-6, v. nº 20.106.
- **Proxénétisme et infractions assimilées aggravés.** C. pén., art. 225-7 et 225-7-1, v. nº 20.107.
- **Proxénétisme aggravé en bande organisée.** C. pén., art. 225-8, v. nº 20.108.
- **Proxénétisme accompagné d'actes de torture ou de barbarie.** C. pén., art. 225-9, v. nº 20.109.
- **Proxénétisme hôtelier – Cas assimilés – Établissement de prostitution – Vente ou location de véhicule servant à la prostitution.** C. pén., art. 225-10, v. nº 20.110.
- **Recours aggravé à la prostitution (achat d'acte sexuel) – récidive, mineur ou personne vulnérable.** C. pén., art. 225-12-1 et 225-12-2, v. nº 20.111.
- **Recours à la prostitution d'un majeur hors récidive (achat d'acte sexuel) (L. nº 2016-444, 13 avr. 2016).** C. pén., art. 611-1, v. nº 20.112.
- **Racolage (infraction abrogée par L. nº 2016-444, 13 avr. 2016).** C. pén., art. 225-10-1, v. nº 20.113.

▪ **Traite des êtres humains** (réd. issue L. n° 2013-711, 5 août 2013). C. pén., anc[t]. art. 225-4-1, 225-4-2, 225-4-3 et 225-4-4, v. n° 20.117.

ÉLÉMENT MATÉRIEL

▪ **Tentative. Punissable** (C. pén., art. 225-11).

▪ **Nécessité d'une activité prostitutionnelle.** La **prostitution** est « *le fait de se prêter, moyennant une rémunération, à des contacts physiques de quelque nature qu'ils soient, afin de satisfaire les besoins sexuels d'autrui* » (Crim. 27 mars 1996, n° 95-82.016, P n° 138). L'infraction de proxénétisme suppose donc des contacts physiques matérialisant la prostitution d'autrui. Ne peut en conséquence relever de la qualification de proxénétisme la fourniture de services en ligne permettant la pratique de l'exhibitionnisme sexuel connue sous le nom de « sexcam » ou « *de "caming", consistant pour des "camgirls" ou "camboys" à proposer, moyennant rémunération, une diffusion d'images ou de vidéos à contenu sexuel, le client pouvant donner à distance des instructions spécifiques sur la nature du comportement ou de l'acte sexuel à accomplir* » (§ 11) (Crim. 18 mai 2022, n° 21-82.283, P).

▪ **Qualifications en concours –** ***Non bis in idem*****. • Proxénétisme et proxénétisme hôtelier.** « *procèdent de manière indissociable d'une action unique caractérisée par une seule intention coupable* » (§ 8) les faits consistant à avoir « *aidé, assisté et protégé la prostitution de plusieurs personnes* [faits de proxénétisme incriminés par C. pén., art. 225-5], *et, d'autre part, d'avoir accepté ou toléré habituellement qu'une ou plusieurs personnes se livrent à la prostitution dans des établissements ouverts au public qu'elle dirigeait* [faits de proxénétisme hôtelier incriminés par C. pén., art. C. pén., art. 225-10, v. n° 20.110] » (§ 9) puisque « *ces deux délits procédaient des mêmes faits d'exploitation de trois salons de massage par la gérante de ces établissements* » (§ 11) (Crim. 28 oct. 2020, n° 19-87.095). Dans le même sens : Crim. 28 mars 2018, n° 17-81.114. **• Proxénétisme et traite des êtres humains.** Les faits « *de proxénétisme aggravé et de traite d'êtres humains aggravée [...] ne procèdent pas de manière indissociable d'une action unique caractérisée par une seule intention coupable* » et peuvent par conséquence faire l'objet d'une double déclaration de culpabilité (Crim. 11 déc. 2019, n° 19-80.372, D). **• Renvoi.** Sur l'application de la règle *non bis in idem* en cas de concours d'infraction, v. n° 17.32B2.

RÉGIME PROCÉDURAL

▪ **Perquisition de nuit** dans les locaux de prostitution ouverts au public (C. pr. pén., art. 706-35) (v. n° 11.58).

▪ **Prélèvement des empreintes génétiques** de la personne suspectée ou condamnée (C. pr. pén., art. 706-54 et 706-55 2°, v. n°s 13.23 et 13.25). **Sanction** du refus de prélèvement, v. n° 25.35.

▪ **Fermeture d'établissement** par le juge d'instruction (C. pr. pén., art. 706-36) (v. n° 11.68).

▪ **Infiltration électronique.** Possible pour les infractions commises par un moyen de communication électronique (C. pr. pén., art. 706-35-1 [L. n° 2007-297, 5 mars 2007]) abrogé le 1er juin 2019). Dispositif désormais applicable à tous crimes ou délits punis d'une peine d'emprisonnement « *commis par la voie des communications électroniques* » (C. pr. pén., art. 230-46, L. n° 2019-222, 23 mars 2019, applicable depuis le 1er juin 2019) (v. n° 11.35).

POLITIQUE PUBLIQUE

▪ **Protection de l'étranger victime ou témoin.** Régularisation administrative possible du séjour de l'**étranger victime ou témoin** (CESEDA, art. L. 425-1 et L. 425-3, anc[t] L. 316-1 et L. 316-1-1 modifiés par L. n° 2016-444, 13 avr. 2016, v. n° 16.2E).

▪ **Protection de la victime.** La victime ayant contribué par son témoignage à la manifestation de la vérité et dont la vie est gravement mise en danger sur le territoire national peut bénéficier du dispositif de **protection applicable aux repentis** (C. pr. pén., art. 706-40-1, L. n° 2016-444, 13 avr. 2016) (v. n° 16.2F). La victime qui fait usage de son droit de ne pas déclarer son domicile peut déclarer comme **domicile l'adresse de son avocat ou d'une association** de lutte contre la traite des êtres humains et le proxénétisme déclarée depuis au moins 5 ans (C. pr. pén., art. 706-40-1, L. n° 2016-444, 13 avr. 2016) (v. n° 16.2B1).

▪ **Politique de prévention.** Un « *fonds pour la prévention de la prostitution et l'accompagnement social et professionnel des personnes prostituées* » est créé au sein du budget de l'État (L. n° 2016-444, 13 avr. 2016, art. 7 I) pour contribuer aux actions de protection et d'assistance des personnes victimes de prostitution, du proxénétisme et de la traite des êtres humains, mis en œuvre dans les départements (« *Parcours de sortie de la prostitution et d'insertion sociale et professionnelle* » CASF, art. L. 121-9, L. n° 2016-444, 13 avr. 2016). Ce fonds est notamment alimenté par « *les recettes* *provenant de la confiscation des biens et produits prévue au 1° de l'article 225-4 du code pénal* » (L. n° 2016-444, 13 avr. 2016, art. 7 II). « *La politique de réduction des risques en direction des personnes prostituées consiste à prévenir les infections sexuellement transmissibles ainsi que les autres risques sanitaires, les risques sociaux et psychologiques liés à la prostitution* » (CSP, art. L. 1181-1, issu L. n° 2016-444, 13 avr. 2016). Un « *référentiel national de réduction des risques en direction des personnes prostituées* », approuvé par décret (CSP, art. D. 1181-1), est reproduit en annexe 11-3 du code de la santé publique. Ce référentiel, dit « RDR », prévoit notamment, que « *Les acteurs, professionnels de santé ou du travail social ou membres d'associations, comme les personnes auxquelles s'adressent ces activités doivent être protégés des incriminations d'usage ou des incitations de recours à la prostitution. Les services de police et de gendarmerie chargés de lutter contre le proxénétisme doivent donc connaître les acteurs et les activités relevant de la réduction des risques. Des contacts sont pris entre les associations et les forces de l'ordre afin de permettre le déploiement de ces actions dans des conditions permettant de venir au contact des personnes* ». L'entrave aux actions de prévention des organismes qualifiés à l'égard des personnes en danger de prostitution ou prostituées est incriminée par C. pén., art. 225-6 (infractions assimilées au proxénétisme, v. n° 20.106).

▪ **Obligations des fournisseurs d'accès à internet et hébergeurs.** Les fournisseurs d'accès à internet et hébergeurs « *doivent concourir à la lutte contre la diffusion des infractions visées* » au C. pén., art. 225-5 et 225-6 (L. n° 2004-575, 21 juin 2004, dite LCEN, art. 6), v. n° 35.22.

MESURE ADMINISTRATIVE

▪ **Situation administrative de l'auteur étranger.** Retrait administratif possible de la **carte de séjour temporaire** ou **pluriannuelle** de l'étranger « *ayant commis les faits qui l'exposent à l'une des condamnations prévues* » aux C. pén., art. 225-5 à 225-10, y compris la tentative de ces infractions (C. pén., art. 225-11) (Ceseda, art. L. 432-6, anc^t L. 313-5, al. 1, réd. L. n° 2016-274, 7 mars 2016).

MESURE CIVILE

▪ **Constitution de partie civile des associations.** Toute association déclarée depuis au moins 5 ans à la date des faits, ayant pour objet la lutte contre l'esclavage, la traite des êtres humains ou le proxénétisme, ou l'action sociale en faveur des personnes prostituées, peut exercer l'action civile si l'action publique a été mise en mouvement par le ministère public ou la victime. Sauf si elle est reconnue d'utilité publique, elle n'est toutefois recevable que si elle justifie avoir reçu l'accord de la victime ou de son représentant légal (C. pén., art. 2-22, L. n° 2016-444, 13 avr. 2016).

▪ **Modalités de l'action en référé ou sur requête.** En cas de dommage occasionné par le contenu d'un service de communication au public en ligne (L. n° 2004-575, 21 juin 2004, dite LCEN, art. 6), v. n° 35.22.

▪ **Modalités de l'action en référé ou sur requête engagée par le parquet.** En cas de dommage occasionné par le contenu d'un service de communication au public en ligne (L. n° 2004-575, 21 juin 2004, dite LCEN, art. 6), v. n° 35.22.

RÉGIME DES PEINES

▪ **Récidive. Délits assimilés.** Les délits de traite des êtres humains et de proxénétisme sont considérés comme la même infraction au regard de la récidive (C. pén., art. 132-16-3, L. n° 2005-1549, 12 déc. 2005, art. 1er) (sur les conditions et les effets de la récidive, v. n° 18.5).

▪ **Exemption ou réduction de peine.** Applicable au **repenti** (C. pén., art. 132-78, 225-11-1, v. n° 18.8D).

▪ **Confiscation. Droits du propriétaire de bonne foi.** C. pén., art. 225-25, qui prévoit la confiscation des biens dont l'auteur « *a la libre disposition* » « *sous réserve des droits du propriétaire de bonne foi* » a été déclaré inconstitutionnel au visa de DDHC, art. 16, au motif que « *ni ces dispositions ni aucune autre disposition ne prévoient que le propriétaire dont le titre est connu ou qui a réclamé cette qualité au cours de la procédure soit mis en mesure de présenter ses observations sur la mesure de confiscation envisagée par la juridiction de jugement aux fins, notamment, de faire valoir le droit qu'il revendique et sa bonne foi* » (§ 12) (Cons. const. 23 avr. 2021, n° 2021-899 QPC) (sur les dispositions générales et comparables de C. pén., art. 131-21, v. n° 18.35B). La L. n° 2021-1729, 22 déc. 2021 a tiré les conséquences de cette censure en modifiant, selon les précisions apportées au n° 18.35C2, C. pén., art. 131-21 ainsi que 225-25 qui y renvoie désormais.

▪ ÉLÉMENTS CONSTITUTIFS – QUALIFICATION

✧ Pour avoir à .... [¤ lieu], le .... [¤ date], de quelque manière que ce soit [⇨A à C :]

A. aidé, assisté, protégé la prostitution de .... [¤ nom de la victime] (A : *N 7261.co*) ;

B. tiré profit ou partagé les produits de la prostitution, ou reçu les subsides de .... [¤ victime], personne se livrant habituellement à la prostitution (B : *N 7262.co*) ;

C. embauché, entraîné, ou détourné .... [¤ victime] en vue de la prostitution, ou exercé sur elle une pression pour qu'elle se prostitue (C : *N 7265.co*).

Faits prévus et réprimés par les articles : **PERSONNES PHYSIQUES.** 225-5, 225-11, 225-20, 225-21, 225-24 et 225-25 du code pénal. **PERSONNES MORALES.** 225-5, 225-11, 225-12, 225-24 et 225-25 du code pénal. ✧

20.106 Proxénétisme – Infractions assimilées

■ PEINES

PERSONNE PHYSIQUE ET PERSONNE MORALE

PP PC *Idem* n° 20.105.

■ ORIENTEUR

▪ Récidive, ▪ Tentative, ▪ Régime procédural, ▪ Politique publique, ▪ Mesure administrative, ▪ Mesure civile, ▪ Régime des peines, *Idem* orienteur n° 20.105.

AUTRE QUALIFICATION

▪ **Proxénétisme.** C. pén., art. 225-5, v. n° 20.105.

▪ **Proxénétisme et infractions assimilées aggravés.** C. pén., art. 225-7 et 225-7-1, v. n° 20.107.

▪ **Proxénétisme aggravé en bande organisée.** C. pén., art. 225-8, v. n° 20.108.

▪ **Proxénétisme accompagné d'actes de torture ou de barbarie.** C. pén., art. 225-9, v. n° 20.109.

▪ **Proxénétisme hôtelier – Cas assimilés – Établissement de prostitution – Vente ou location de véhicule servant à la prostitution.** C. pén., art. 225-10, v. n° 20.110.

▪ **Recours aggravé à la prostitution (achat d'acte sexuel) – récidive, mineur ou personne vulnérable.** C. pén., art. 225-12-1 et 225-12-2, v. n° 20.111.

▪ **Recours à la prostitution d'un majeur hors récidive (achat d'acte sexuel) (L. n° 2016-444, 13 avr. 2016).** C. pén., art. 611-1, v. n° 20.112.

▪ **Racolage (infraction abrogée par L. n° 2016-444, 13 avr. 2016).** C. pén., art. 225-10-1, v. n° 20.113.

▪ **Traite des êtres humains (réd. issue L. n° 2013-711, 5 août 2013).** C. pén., anc[t]. art. 225-4-1, 225-4-2, 225-4-3 et 225-4-4, v. n° 20.117.

■ ÉLÉMENTS CONSTITUTIFS – QUALIFICATION

✧ Pour avoir à .... [¤ lieu], le .... [¤ date], de quelque manière que ce soit [⇨A à E :]

A. fait office d'intermédiaire entre une personne se livrant à la prostitution et une autre exploitant ou rémunérant la prostitution d'autrui (A : *N 7266.co*) ;

B. facilité à .... [¤ personne concernée], proxénète, la justification de ressources fictives B : (*N.145.co*) ;

C. vécu avec .... [¤ victime], personne se livrant habituellement à la prostitution, sans pouvoir justifier de ressources correspondant à son train de vie (C : *N 7859.co*) ;

D. été en relation habituelle avec une ou plusieurs personnes se livrant à la prostitution sans pouvoir justifier de ressources correspondant à son train de vie (D : *N 7264.co*) ;

E. entravé l'action de prévention, de contrôle, d'assistance ou de rééducation de .... [¤ organismes concernés], organisme qualifié à l'égard des personnes en danger de prostitution ou prostituées (E : *N 7267.co*).

Faits prévus et réprimés par les articles : **PERSONNES PHYSIQUES.** 225-5, 225-6, 225-11, 225-20, 225-21, 225-24 et 225-25 du code pénal. **PERSONNES MORALES.** 225-5, 225-6, 225-11, 225-12, 225-24 et 225-25 du code pénal. ✧

20.107 Proxénétisme et infractions assimilées aggravés

■ PEINES

PERSONNE PHYSIQUE

PP Délit. 10 ans d'emprisonnement, 1 500 000 € (C. pén., art. 225-7). Crime. Cas 2 : 20 ans de réclusion (depuis L. n° 2021-478, 21 avr. 2021, auparavant 15 ans), 3 000 000 € (C. pén., art. 225-7-1 [L. n° 2002-305, 4 mars 2002]).

PC *Idem* n° 20.105.

PERSONNE MORALE

PP 7 500 000 € (C. pén., art. 225-12 ; 131-38).

PC *Idem* n° 20.105.

■ ORIENTEUR

▪ Récidive, ▪ Tentative, ▪ Politique publique, ▪ Mesure administrative, ▪ Mesure civile, *Idem* orienteur n° 20.105.

AUTRE QUALIFICATION

▪ Proxénétisme. C. pén., art. 225-5, v. n° 20.105.

▪ Proxénétisme – Infractions assimilées. C. pén., art. 225-6, v. n° 20.106.

▪ Proxénétisme aggravé en bande organisée. C. pén., art. 225-8, v. n° 20.108.

▪ Proxénétisme accompagné d'actes de torture ou de barbarie. C. pén., art. 225-9, v. n° 20.109.

▪ Proxénétisme hôtelier – Cas assimilés – Établissement de prostitution – Vente ou location de véhicule servant à la prostitution. C. pén., art. 225-10, v. n° 20.110.

▪ Recours aggravé à la prostitution (achat d'acte sexuel) – récidive, mineur ou personne vulnérable. C. pén., art. 225-12-1 et 225-12-2, v. n° 20.111.

▪ Recours à la prostitution d'un majeur hors récidive (achat d'acte sexuel) (L. n° 2016-444, 13 avr. 2016). C. pén., art. 611-1, v. n° 20.112.

▪ Racolage (infraction abrogée par L. n° 2016-444, 13 avr. 2016). C. pén., art. 225-10-1, v. n° 20.113.

▪ Traite des êtres humains (réd. issue L. n° 2013-711, 5 août 2013). C. pén., anc[t]. art. 225-4-1, 225-4-2, 225-4-3 et 225-4-4, v. n° 20.117.

ÉLÉMENT LÉGAL

▪ Application de la loi pénale dans le temps. Cas 2 : la L. n° 2021-478, 21 avr. 2021 a élevé de 15 à 20 ans la peine de réclusion criminelle applicable (C. pén., art. 225-7-1, mod. L. n° 2021-478, 21 avr. 2021).

▪ Application de la loi dans l'espace. La loi française est applicable à l'auteur français ou résidant habituellement sur le territoire national pour les faits de proxénétisme commis à l'étranger si la victime est mineure. Par dérogation à C. pén., art. 113-8, la plainte de la victime ou de ses ayants droit n'est pas nécessaire pour l'exercice de l'action publique (C. pén., art. 113-6, 113-8 et 225-11-2 [L. n° 2006-399, 4 avr. 2006, art. 16 et L. n° 2013-711, 5 août 2013], v. n° 10.5B).

RÉGIME PROCÉDURAL

▪ Perquisition de nuit, ▪ Prélèvement des empreintes génétiques, ▪ Fermeture d'établissement, ▪ Infiltration électronique, *Idem* n° 20.105.

▪ Régime complet de la criminalité organisée. Applicable (C. pr. pén., art. 706-73 6°) v. n° 11.21).

▪ Régime des infractions sexuelles. Applicable si les faits sont commis à l'égard d'un mineur (Cas 1 et 2) (C. pr. pén., art. 706-47 6°), v. n° 11.23.

▪ Prescription de l'action publique. Lorsque les faits sont commis à l'égard d'un mineur (Cas 1 et 2), le délai de prescription de l'action publique est de 10 ans (au lieu du délai de droit commun de 6 ans en matière délictuelle institué par L. n° 2017-242, 27 févr. 2017) et ne commence à courir qu'à la majorité de la victime (C. pr. pén., art. et 9-1 créé par L. n° 2017-242, 27 févr. 2017) (sur le délai et le point de départ de la prescription, L. n° 2017-242, 27 févr. 2017, v. n° 17.19).

▪ Procédure d'assises. • Cas 2 : compétence de la cour criminelle départementale. *Idem* n° 20.7 (C. pr. pén., art. 380-16, issu L. n° 2021-1729, 22 déc. 2021).

RÉGIME DES PEINES

- **Exemption ou réduction de peine.** Applicable au **repenti** (C. pén., art. 132-78, 225-11-1, v. n° 18.8D).

- **Inscription au Fijais.** Cas 1 et 2 : inscription de plein droit au **Fijais**, suivi renforcé, durée 30 ans (v. n°s 13.32 s.) (C. pr. pén., art. 706-47, 706-53-2, 706-53-4).

- **Période de sûreté.** Si peine ferme ⩾ 10 ans → a) de plein droit = 1/2 de la peine, ou < sur décision spéciale ; b) sur décision spéciale = 2/3 de la peine (C. pén., art. 132-23, al. 1 et 2 et 225-7). Sur la période de sûreté, v. n° 18.7C1.

■ ÉLÉMENTS CONSTITUTIFS – QUALIFICATION

✧ Pour avoir à .... [¤ lieu], le .... [¤ date], [⇨A à H puis 1 à 12 :]

A. aidé, assisté, protégé la prostitution de .... [¤ victime] ...

B. tiré profit ou partagé les produits de la prostitution, ou reçu les subsides de .... [¤ victime], personne se livrant habituellement à la prostitution...

C. embauché, entraîné, ou détourné .... [¤ victime] en vue de la prostitution, ou exercé sur elle une pression pour qu'elle se prostitue...

D. fait office d'intermédiaire entre une personne se livrant à la prostitution et une autre exploitant ou rémunérant la prostitution d'autrui...

E. facilité à .... [¤ personne concernée], proxénète, la justification de ressources fictives...

F. vécu avec .... [¤ victime], personne se livrant habituellement à la prostitution, sans pouvoir justifier de ressources correspondant à son train de vie...

G. été en relation habituelle avec une ou plusieurs personnes se livrant à la prostitution sans pouvoir justifier de ressources correspondant à son train de vie...

H. entravé l'action de prévention, de contrôle, d'assistance ou de rééducation de .... [¤ organismes concernés], organisme qualifié à l'égard des personnes en danger de prostitution ou prostituées...

... avec cette circonstance que les faits ont été commis [⇨1 à 12 :]

1. à l'égard d'un mineur de quinze ans et plus (C. pén., art. 225-7) (1 : *N 23338.co*) ;

2. à l'égard d'un mineur de moins de quinze ans (C. pén., art. 225-7-1) (2 : *N 23339.cc*) (L. n° 2002-305, 4 mars 2002) ;

3. à l'égard d'une personne qu'il savait particulièrement vulnérable en raison de son âge ou de son état physique ou mental (C. pén., art. 225-7) (3 : *N 10495.co*) ;

4. à l'égard de plusieurs personnes (C. pén., art. 225-7) (4 : *N 1649.co*) ;

5. à l'égard d'une personne incitée à se livrer à la prostitution hors du territoire national (C. pén., art. 225-7) (5 : *N 1648.co*) ;

6. à l'égard d'une personne incitée à se livrer à la prostitution à son arrivée sur le territoire national (C. pén., art. 225-7) (6 : *N 1647.co*) ;

7. par un ascendant ou par une personne ayant autorité sur la victime ou abusant de l'autorité conférée par ses fonctions (C. pén., art. 225-7) (7 : *N 1651.co*) ;

8. par une personne appelée par ses fonctions à participer à la lutte contre la prostitution, à la protection de la santé ou au maintien de l'ordre public (C. pén., art. 225-7) (8 : *N 1650.co*) ;

9. par une personne porteuse d'une arme (C. pén., art. 225-7) (9 : *N 1652.co*) ;

10. avec emploi de la contrainte, de violences ou de manœuvres dolosives (C. pén., art. 225-7) (10 : *N 1653.co*) ;

11. par plusieurs personnes agissant en qualité d'auteur ou de complice, sans qu'elles constituent une bande organisée (C. pén., art. 225-7) (11 : *N 1646.co*) ;

12. Grâce à l'utilisation d'un réseau de « *communication électronique* » (réd. L. n° 2011-525, 17 mai 2011) diffusant des messages vers un public non déterminé (C. pén., art. 225-7) (12 : *N 21712.co*).

Faits prévus et réprimés par les articles : **PERSONNES PHYSIQUES.** [• du cas sélectionné] + 225-5, 225-6, 225-11, 225-20, 225-21, 225-24 et 225-25 du code pénal. **PERSONNES MORALES.** [• du cas sélectionné] + 225-5, 225-6, 225-11, 225-12, 225-24 et 225-25 du code pénal. ✧

20.108 Proxénétisme aggravé en bande organisée

■ PEINES

PERSONNE PHYSIQUE

PP Crime. 20 ans de réclusion, 3 000 000 € (C. pén., art. 225-8).

PC *Idem* n° 20.105.

PERSONNE MORALE

PP Crime. 15 000 000 € (C. pén., art. 225-12 ; 131-38).

PC *Idem* n° 20.105.

■ ORIENTEUR

▪ Récidive, ▪ Tentative, ▪ Politique publique, ▪ Mesure administrative, ▪ Mesure civile, ▪ Régime des peines, *Idem* orienteur n° 20.105.

AUTRE QUALIFICATION

▪ **Proxénétisme.** C. pén., art. 225-5, v. n° 20.105.

▪ **Proxénétisme – Infractions assimilées.** C. pén., art. 225-6, v. n° 20.106.

▪ **Proxénétisme et infractions assimilées aggravés.** C. pén., art. 225-7 et 225-7-1, v. n° 20.107.

▪ **Proxénétisme accompagné d'actes de torture ou de barbarie.** C. pén., art. 225-9, v. n° 20.109.

▪ **Proxénétisme hôtelier – Cas assimilés – Établissement de prostitution – Vente ou location de véhicule servant à la prostitution.** C. pén., art. 225-10, v. n° 20.110.

▪ **Recours aggravé à la prostitution (achat d'acte sexuel) – récidive, mineur ou personne vulnérable.** C. pén., art. 225-12-1 et 225-12-2, v. n° 20.111.

▪ **Recours à la prostitution d'un majeur hors récidive (achat d'acte sexuel) (L. n° 2016-444, 13 avr. 2016).** C. pén., art. 611-1, v. n° 20.112.

▪ **Racolage (infraction abrogée par L. n° 2016-444, 13 avr. 2016).** C. pén., art. 225-10-1, v. n° 20.113.

▪ **Traite des êtres humains (réd. issue L. n° 2013-711, 5 août 2013).** C. pén., anc[t]. art. 225-4-1, 225-4-2, 225-4-3 et 225-4-4, v. n° 20.117.

ÉLÉMENT LÉGAL

▪ **Définition. Bande organisée.** V. n° 11.20 (C. pén., art. 132-71).

▪ **Application de la loi dans l'espace.** *Idem* n° 20.107.

RÉGIME PROCÉDURAL

▪ **Perquisition de nuit,** ▪ **Prélèvement des empreintes génétiques,** ▪ **Fermeture d'établissement,** ▪ **Infiltration électronique,** *Idem* n° 20.105.

▪ **Régime complet de la criminalité organisée.** Applicable (C. pr. pén., art. 706-73 6°, v. n° 11.21).

▪ **Régime des infractions sexuelles.** Applicable si les faits sont commis à l'égard d'un mineur (Cas 1) (C. pr. pén., art. 706-47 6°), v. n° 11.23.

▪ **Prescription de l'action publique.** Lorsque les faits sont commis à l'égard d'un mineur (Cas 1) : *idem* n° 20.107.

▪ **Procédure d'assises.** • **Compétence de la cour criminelle départementale.** *Idem* n° 20.7 (C. pr. pén., art. 380-16, issu L. n° 2021-1729, 22 déc. 2021).

RÉGIME DES PEINES

▪ **Exemption ou réduction de peine.** Applicable au **repenti** (C. pén., art. 132-78, 225-11-1, v. n° 18.8D).

▪ **Période de sûreté.** Si peine ferme ⩾ 10 ans ⟶ a) de plein droit = 1/2 de la peine, ou < sur décision spéciale ; b) sur décision spéciale = 2/3 de la peine (C. pén., art. 132-23, al. 1 et 2 et 225-8). Sur la période de sûreté, v. n° 18.7C1.

▪ **Inscription au Fijais.** Cas 1 : inscription de plein droit au **Fijais**, suivi renforcé, durée 30 ans (v. n°s 13.32 s.) (C. pr. pén., art. 706-47, 706-53-2, 706-53-4).

■ ÉLÉMENTS CONSTITUTIFS – QUALIFICATION

✧ Pour avoir à .... [¤ lieu], le .... [¤ date], [⇨A à H puis 1 à 9 :]

A. aidé, assisté, protégé la prostitution de .... [¤ victime] ...

B. tiré profit ou partagé les produits de la prostitution, ou reçu les subsides de .... [¤ victime], personne se livrant habituellement à la prostitution...

C. embauché, entraîné, ou détourné .... [¤ victime] en vue de la prostitution, ou exercé sur elle une pression pour qu'elle se prostitue...

D. fait office d'intermédiaire entre une personne se livrant à la prostitution et une autre exploitant ou rémunérant la prostitution d'autrui...

E. facilité à .... [¤ personne concernée], proxénète, la justification de ressources fictives...

F. vécu avec .... [¤ victime], personne se livrant habituellement à la prostitution, sans pouvoir justifier de ressources correspondant à son train de vie...

G. été en relation habituelle avec une ou plusieurs personnes se livrant à la prostitution sans pouvoir justifier de ressources correspondant à son train de vie...

H. entravé l'action de prévention, de contrôle, d'assistance ou de rééducation de .... [¤ organisme concerné], organisme qualifié à l'égard des personnes en danger de prostitution ou prostituées...

... avec cette circonstance que les faits ont été commis en bande organisée et [⇨1 à 9 :]

1. à l'égard d'un mineur ;

2. à l'égard d'une personne qu'il savait particulièrement vulnérable en raison de son âge ou de son état physique ou mental ;

3. à l'égard de plusieurs personnes ;

4. à l'égard d'une personne incitée à se livrer à la prostitution hors du territoire national ou à son arrivée sur le territoire national ;

5. par un ascendant ou par une personne ayant autorité sur la victime ou abusant de l'autorité conférée par ses fonctions ;

6. par une personne appelée par ses fonctions à participer à la lutte contre la prostitution, à la protection de la santé ou au maintien de l'ordre public ;

7. par une personne porteuse d'une arme ;

8. avec emploi de la contrainte, de violences ou de manœuvres dolosives ;

9. Grâce à l'utilisation d'un réseau de « *communication électronique* » (réd. L. n° 2011-525, 17 mai 2011) diffusant des messages vers un public non déterminé.

Faits prévus et réprimés par les articles : **PERSONNES PHYSIQUES.** 225-7, 225-8, 225-11, 225-20, 225-21, 225-24 et 225-25 du code pénal (*N 12341.cc*). **PERSONNES MORALES.** 225-7, 225-8, 225-11, 225-12, 225-24 et 225-25 du code pénal (*N #.cc*). ✧

20.109 Proxénétisme accompagné d'actes de torture ou de barbarie

■ PEINES

PERSONNE PHYSIQUE

PP Crime. Réclusion à perpétuité, 4 500 000 € (C. pén., art. 225-9).

PC *Idem* n° 20.105.

PERSONNE MORALE

PP Crime. 22 500 000 € (C. pén., art. 225-12 ; 131-38).

PC *Idem* n° 20.105.

■ ORIENTEUR

▪ Récidive, ▪ Tentative, ▪ Politique publique, ▪ Mesure administrative, ▪ Mesure civile, ▪ Régime des peines, *Idem* orienteur n° 20.105.

AUTRE QUALIFICATION

- **Proxénétisme.** C. pén., art. 225-5, v. n° 20.105.
- **Proxénétisme et infractions assimilées aggravés.** C. pén., art. 225-7 et 225-7-1, v. n° 20.107.
- **Proxénétisme aggravé en bande organisée.** C. pén., art. 225-8, v. n° 20.108.
- **Proxénétisme hôtelier – Cas assimilés – Établissement de prostitution – Vente ou location de véhicule servant à la prostitution.** C. pén., art. 225-10, v. n° 20.110.
- **Recours aggravé à la prostitution (achat d'acte sexuel) – récidive, mineur ou personne vulnérable.** C. pén., art. 225-12-1 et 225-12-2, v. n° 20.111.
- **Recours à la prostitution d'un majeur hors récidive (achat d'acte sexuel) (L. n° 2016-444, 13 avr. 2016).** C. pén., art. 611-1, v. n° 20.112.
- **Racolage (infraction abrogée par L. n° 2016-444, 13 avr. 2016).** C. pén., art. 225-10-1, v. n° 20.113.
- **Traite des êtres humains (réd. issue L. n° 2013-711, 5 août 2013).** C. pén., anc[t]. art. 225-4-1, 225-4-2, 225-4-3 et 225-4-4, v. n° 20.117.

ÉLÉMENT LÉGAL

- **Application de la loi dans l'espace.** *Idem* n° 20.107.
- **Définition. • Acte de torture ou de barbarie.** V. n° 20.7.

RÉGIME PROCÉDURAL

- **Perquisition de nuit,** ▪ **Prélèvement des empreintes génétiques,** ▪ **Fermeture d'établissement,** ▪ **Infiltration électronique,** *Idem* n° 20.105.
- **Régime complet de la criminalité organisée** applicable (C. pr. pén., art. 706-73 6°, v. n° 11.21).

RÉGIME DES PEINES

- **Exemption ou réduction de peine.** Applicable au **repenti** (C. pén., art. 132-78, 225-11-1, v. n° 18.8D).
- **Période de sûreté.** Si peine ferme ⩾ 10 ans → a) de plein droit = 1/2 de la peine ou 18 ans si perpétuité, ou < sur décision spéciale ; b) sur décision spéciale = 2/3 de la peine ou 22 ans si perpétuité (C. pén., art. 132-23, al. 1 et 2 et 225-9). Sur la période de sûreté, v. n° 18.7C1.

▪ ÉLÉMENTS CONSTITUTIFS – QUALIFICATION

✧ Pour avoir à .... [¤ lieu], le .... [¤ date], [⇨A à H :]

A. aidé, assisté, protégé la prostitution de .... [¤ victime]...

B. tiré profit ou partagé les produits de la prostitution, ou reçu les subsides de .... [¤ victime], personne se livrant habituellement à la prostitution...

C. embauché, entraîné, ou détourné .... [¤ victime] en vue de la prostitution, ou exercé sur elle une pression pour qu'elle se prostitue...

D. fait office d'intermédiaire entre une personne se livrant à la prostitution et une autre exploitant ou rémunérant la prostitution d'autrui...

E. facilité à .... [¤ personne concernée], proxénète, la justification de ressources fictives...

F. vécu avec .... [¤ victime], personne se livrant habituellement à la prostitution, sans pouvoir justifier de ressources correspondant à son train de vie...

G. été en relation habituelle avec une ou plusieurs personnes se livrant à la prostitution sans pouvoir justifier de ressources correspondant à son train de vie...

H. entravé l'action de prévention, de contrôle, d'assistance ou de rééducation de .... [¤ organisme concerné], organisme qualifié à l'égard des personnes en danger de prostitution ou prostituées...

... avec cette circonstance que les faits ont été commis en recourant à des tortures ou des actes de barbarie.

Faits prévus et réprimés par les articles : **PERSONNES PHYSIQUES.** 225-9, 225-11, 225-20, 225-21, 225-24 et 225-25 du code pénal (*N 12341.cr*). **PERSONNES MORALES.** 225-9, 225-11, 225-12, 225-24 et 225-25 du code pénal (*N #.cr*). ✧

20.110 Proxénétisme hôtelier – Cas assimilés – Établissement de prostitution – Vente ou location de véhicule servant à la prostitution

▪ PEINES

PERSONNE PHYSIQUE

PP Délit. 10 ans d'emprisonnement, 750 000 € (C. pén., art. 225-10).

PC *Idem* n° 20.105 + 1. Retrait définitif de la licence de débit de boissons ou de restaurant (C. pén., art. 225-22, 1°) ;

2. Fermeture totale ou partielle, définitive ou ⩽ 5 ans, de l'établissement utilisé en vue de la prostitution (C. pén., art. 225-22, 2°), emporte retrait (définitif ou temporaire) de la licence débit de boissons ou restaurant (C. pén., art. 225-23) ;

3. Confiscation du fonds de commerce (C. pén., art. 225-22, 3°). La décision ordonne l'expulsion de toute personne détenant, exploitant ou finançant l'établissement, directement ou non. Elle entraîne transfert de la propriété du fonds à l'État (C. pr. pén., art. 706-39).

PERSONNE MORALE

PP Délit. 3 750 000 € (C. pén., art. 225-12 ; 131-38).

PC *Idem* n° 20.105 + peines complémentaires 1, 2 et 3 ci-dessus.

▪ ORIENTEUR

▪ Récidive, ▪ Tentative, ▪ Politique publique, ▪ Mesure administrative, ▪ Mesure civile, ▪ Régime des peines, V. orienteur n° 20.105.

AUTRE QUALIFICATION

▪ **Proxénétisme.** C. pén., art. 225-5, v. n° 20.105.

▪ **Proxénétisme et infractions assimilées aggravés.** C. pén., art. 225-7 et 225-7-1, v. n° 20.107.

▪ **Proxénétisme aggravé en bande organisée.** C. pén., art. 225-8, v. n° 20.108.

▪ **Proxénétisme accompagné d'actes de torture ou de barbarie.** C. pén., art. 225-9, v. n° 20.109.

▪ **Recours aggravé à la prostitution (achat d'acte sexuel) – récidive, mineur ou personne vulnérable.** C. pén., art. 225-12-1 et 225-12-2, v. n° 20.111.

▪ **Recours à la prostitution d'un majeur hors récidive (achat d'acte sexuel) (L. n° 2016-444, 13 avr. 2016).** C. pén., art. 611-1, v. n° 20.112.

▪ **Racolage (infraction abrogée par L. n° 2016-444, 13 avr. 2016).** C. pén., art. 225-10-1, v. n° 20.113.

▪ **Traite des êtres humains (réd. issue L. n° 2013-711, 5 août 2013).** C. pén., anc[t]. art. 225-4-1, 225-4-2, 225-4-3 et 225-4-4, v. n° 20.117.

ÉLÉMENT MATÉRIEL

▪ **Qualifications en concours – *Non bis in idem*. • Proxénétisme et proxénétisme hôtelier.** V. n° 20.105 (Crim. 28 oct. 2020, n° 19-87.095).

RÉGIME PROCÉDURAL

▪ **Perquisition de nuit, ▪ Prélèvement des empreintes génétiques, ▪ Fermeture d'établissement, ▪ Infiltration électronique,** *Idem* n° 20.105.

▪ **Régime complet de la criminalité organisée** applicable (C. pr. pén., art. **706-73 6°**, v. n° 11.21).

RÉGIME DES PEINES

▪ **Exemption ou réduction de peine.** Applicable au **repenti** (C. pén., art. 132-78, 225-11-1, v. n° 18.8D).

▪ **Période de sûreté.** Cas A et B : si peine ferme = 10 ans → a) de plein droit = 1/2 de la peine, ou < sur décision spéciale ; b) sur décision spéciale = 2/3 de la peine (C. pén., art. 132-23, al. 1 et 2 et 225-10). Sur la période de sûreté, v. n° 18.7C1.

▪ **Fermeture du fonds.** Pour le cas B ci-dessous, le ministère public fait connaître l'engagement des poursuites et la décision au propriétaire de l'immeuble ou du fonds de commerce ou au bailleur de l'établissement concerné, et les fait également mentionner au registre du commerce et au registre des sûretés (C. pr. pén., art. 706-37). Si le titulaire de la licence ou propriétaire du fonds de commerce n'est pas poursuivi, les peines complémentaires **1**, **2** et **3** ci-dessus ne peuvent être prononcées que s'il a été cité à l'audience par le parquet avec indication des poursuites exercées et desdites peines encourues (C. pr. pén., art. 706-38).

■ ÉLÉMENTS CONSTITUTIFS – QUALIFICATION

✧ Pour avoir à .... [¤ lieu], le .... [¤ date], directement ou par personne interposée [⇨A à D :]

A. détenu, géré, exploité, dirigé, fait fonctionner ou financé un établissement de prostitution (A : *N 142.co* ; par personne morale : *N 31333.co*) ;

B. détenant, gérant, exploitant, dirigeant, faisant fonctionner ou finançant un établissement ouvert au public ou utilisé par le public, accepté ou toléré habituellement qu'une ou plusieurs personnes s'y livrent à la prostitution ou y recherchent des clients (B : *N 143.co*) ;

C. vendu (C1 : *N 1655.co*) ou tenu à la disposition (C2 : *N 146.co*) d'une ou plusieurs personnes des locaux ou emplacements non utilisés par le public en sachant qu'elles s'y livreront à la prostitution.

D. (NB. Incrimination créée par L. nº 2003-239, 18 mars 2003, art. 51) [⇨D1 ou D2 :]

D1. vendu à une ou plusieurs personnes (D1 : *N 23823.co*)...

D2. loué ou tenu à la disposition d'une ou plusieurs personnes (D2 : *N 23822.co*)...

...des véhicules de toute nature en sachant qu'elles s'y livreront à la prostitution.

Faits prévus et réprimés par les articles : **PERSONNES PHYSIQUES.** 225-10, 225-11, 225-20, 225-21, 225-22, 225-23, 225-24 et 225-25 du code pénal. **PERSONNES MORALES.** 225-10, 225-11, 225-12, 225-22, 225-23, 225-24 et 225-25 du code pénal. ✧

20.111 Recours aggravé à la prostitution (achat d'acte sexuel) – récidive, mineur ou personne vulnérable

■ PEINES

PERSONNE PHYSIQUE

PP Délit. Cas A : 3 750 € (C. pén., art. 225-12-1, al. 1). Cas B et C : 5 ans d'emprisonnement, 75 000 € (depuis L. nº 2021-478, 21 avr. 2021, auparavant 3 ans et 45 000 € ; C. pén., art. 225-12-1, al. 2). Cas D à H : 7 ans, 100 000 € (depuis L. nº 2021-478, 21 avr. 2021, auparavant 5 ans et 75 000 € ; C. pén., art. 225-12-2). Cas I : 10 ans, 150 000 € (depuis L. nº 2021-478, 21 avr. 2021, auparavant 7 ans et 100 000 € ; C. pén., art. 225-12-2).

PC **1.** Interdiction, ⩽ 5 ans, des droits civiques civils et de famille (vote, éligibilité, fonction juridictionnelle, expert, témoin, tuteur, curateur) (C. pén., art. 225-20 1º et 131-26) ;

2. Interdiction, définitive ou ⩽ 5 ans, d'exercer une activité professionnelle ou sociale en relation avec l'infraction, fonction publique (sauf mandat électif ou syndical) (C. pén., art. 225-20 2º et 131-27) ;

3. Interdiction de séjour, ⩽ 5 ans (C. pén., art. 225-20 3º, 131-31 et 131-32 ; C. pr. pén., art. 762-1 à 763) ;

4. Interdiction d'exploiter, directement ou indirectement, les établissements ouverts au public ou utilisés par le public spécifiés par le jugement, d'y être employé, ou d'y conserver une participation financière (C. pén., art. 225-20 4º) ;

5. Interdiction, ⩽ 5 ans, de détention ou de port d'arme soumise à autorisation (C. pén., art. 225-20 5º) ;

6. Interdiction, ⩽ 5 ans, de quitter le territoire (C. pén., art. 225-20 6º) ;

7. Interdiction, définitive ou ⩽ 10 ans, d'exercer une activité professionnelle ou bénévole impliquant un contact habituel avec des mineurs (C. pén., art. 225-20 7º [L. nº 2006-399, 4 avr. 2006, art. 16]).

8. Stage de responsabilité parentale (C. pén., art. 131-5-1 et 225-20 8º [L. nº 2007-297, 5 mars 2007]) (pour les faits commis avant le 24 mars 2020 et jugés après cette date, L. nº 2019-222, 23 mars 2019, en vigueur le 24 mars 2020. Pour les faits commis à partir du 24 mars 2020, v. nouvelle réd. C. pén., art. 131-5-1 et nº 18.33) ;

9. Stage de sensibilisation à la lutte contre l'achat d'actes sexuels C. pén., art. 131-5-1 et 225-20 8º (L. nº 2016-444, 13 avr. 2016) (pour les faits commis avant le 24 mars 2020 et jugés après cette date, L. n° 2019-222, 23 mars 2019, en vigueur le 24 mars 2020. Pour les faits commis à partir du 24 mars 2020, v. nouvelle réd. C. pén., art. 131-5-1 et n° 18.33).

PERSONNE MORALE

PP Délit. Cas A : 18 750 €. Cas B et C : 225 000 €. Cas D à H : 375 000 €. Cas I : 500 000 € (C. pén., art. 225-12-4 ; 131-38).

PC 1. Dissolution (sauf personnes morales de droit public, partis, groupements politiques, syndicats, institutions représentatives du personnel) si personne morale créée ou détournée de son objet pour commettre l'infraction (C. pén., art. 225-12-4 et 131-39 1°) ;

2. Interdiction, définitive ou ⩽ 5 ans, d'exercer une ou plusieurs activités professionnelles ou sociales en relation avec l'infraction (C. pén., art. 225-12-4 et 131-39 2°) ;

3. Surveillance judiciaire, ⩽ 5 ans (C. pén., art. 225-12-4, 131-39 3° et 131-46) ;

4. Fermeture, définitive ou ⩽ 5 ans, un ou plusieurs établissements en relation avec l'infraction (C. pén., art. 225-12-4 et 131-39 4°) ;

5. Exclusion, définitive ou ⩽ 5 ans, marchés publics (C. pén., art. 225-12-4 et 131-39 5°) ;

6. Interdiction, définitive ou ⩽ 5 ans, de *faire appel public à l'épargne* (procéder à une offre au public de titres financiers ou de les faire admettre aux négociations sur un marché réglementé, selon L. n° 2009-80, 22 janv. 2009) (C. pén., art. 225-12-4 et 131-39 6°) ;

7. Interdiction, ⩽ 5 ans, d'utiliser des cartes de paiement ou d'émettre des chèques autres que de retrait ou certifiés (C. pén., art. 225-12-4 et 131-39 7°) ;

8. Confiscation de la chose ayant servi à l'infraction ou destinée à la commettre ou de son produit (C. pén., art. 225-12-4 et 131-39 8°) ;

9. Affichage, ⩽ 2 mois, *et/ou* (L. n° 2011-525, 17 mai 2011) diffusion de la décision ou d'extraits aux frais (⩽ amende encourue) du condamné (C. pén., art. 225-12-4, 131-39 9°, 131-48 et 131-35).

■ ORIENTEUR

AUTRE QUALIFICATION

▪ **Recours à la prostitution d'un majeur hors récidive (achat d'acte sexuel) (L. n° 2016-444, 13 avr. 2016).** C. pén., art. 611-1, v. n° 20.112.

▪ **Racolage (infraction abrogée par L. n° 2016-444, 13 avr. 2016).** C. pén., art. 225-10-1, v. n° 20.113.

▪ **Traite des êtres humains (réd. issue L. n° 2013-711, 5 août 2013).** C. pén., anc[t]. art. 225-4-1, 225-4-2, 225-4-3 et 225-4-4, v. n° 20.117.

▪ **Viol sans contrainte ni surprise commis par un majeur sur un mineur (L. n° 2021-478, 21 avr. 2021).** En cas de pénétration sexuelle ou d'acte bucco-génital sur un mineur de 15 ans, v. également C. pén., art. 222-23-1 et 222-23-2 issus L. n° 2021-478, 21 avr. 2021, v. n° 20.75.

▪ **Agression sexuelle sans contrainte ni surprise commise par un majeur sur un mineur (L. n° 2021-478, 21 avr. 2021).** En cas d'acte sexuel sur un mineur de 15 ans, autre qu'une pénétration sexuelle ou qu'un acte bucco-génital, v. également C. pén., art. 222-29-2 et 222-29-3 issus L. n° 2021-478, 21 avr. 2021, n° 20.82.

ÉLÉMENT LÉGAL

▪ **Définition. La prostitution** est « *le fait de se prêter, moyennant une rémunération, à des contacts physiques de quelque nature qu'ils soient, afin de satisfaire les besoins sexuels d'autrui* » (Crim. 27 mars 1996, n° 95-82.016, P n° 138).

▪ **Application de la loi pénale dans le temps.** La L. n° 2016-444, 13 avr. 2016, *JO* 14 avr. 2016 a supprimé l'infraction de racolage (v. n° 20.113) et créé l'infraction **d'achat d'acte sexuel ou de recours à la prostitution**, contravention de 5e classe prévue au C. pén., art. 611-1 (v. n° 20.112). Ces faits constituent un délit lorsqu'ils sont commis en récidive (C. pén., art. 225-12-1, al. 1, **Cas** A). Le recours à la prostitution, lorsqu'il est aggravé par la minorité ou la vulnérabilité de la personne qui se prostitue, reste incriminé dans des termes identiques, dans ce qui est devenu le 2e alinéa de C. pén., art. 225-12-1 (**Cas** B et C). Seule ces dernières infractions relèvent des circonstances aggravantes supplémentaires figurant au C. pén., art. 225-12-2 (**Cas** D à I).

▪ **Application de la loi dans l'espace. Faits commis à l'étranger, « tourisme sexuel ».** Dans les cas B à I, lorsque le délit est commis à l'étranger par un Français ou par une personne résidant habituellement sur le territoire français, par dérogation à l'article 113-6 du code pénal, la loi française est applicable même si l'infraction n'est pas punie par la législation du pays où elle a été commise (pas de réciprocité d'incrimination). En outre, par exception à l'article 113-8, les poursuites peuvent être engagées sans plainte préalable de la victime ou dénonciation officielle du pays où le fait a été commis (C. pén., art. 225-12-3).

▪ **Constitutionnalité.** Le Cons. const., saisi par le Conseil d'État de la constitutionnalité de C. pén., art. 225-12-1 et 611-1 (V. n° **20.112**), soulignant qu'il « *n'appartient pas au Conseil constitutionnel de substituer son appréciation à celle du législateur sur les conséquences sanitaires pour les personnes prostituées des dispositions contestées, dès lors que cette appréciation n'est pas, en l'état des connaissances, manifestement inadéquate* » (§ 16), a jugé que le législateur « *a assuré une conciliation qui n'est pas manifestement déséquilibrée entre, d'une part, l'objectif de valeur constitutionnelle de sauvegarde de l'ordre public et de prévention des infractions et la sauvegarde de la dignité de la personne humaine et, d'autre part, la liberté personnelle* » (§ 13) en ce qu'« *en faisant le choix par les dispositions contestées de pénaliser les acheteurs de services sexuels, le législateur a entendu, en privant le proxénétisme de sources de profits, lutter contre cette activité et contre la traite des êtres humains aux fins d'exploitation sexuelle, activités criminelles fondées sur la contrainte et l'asservissement de l'être humain. Il a ainsi entendu assurer la sauvegarde de la dignité de la personne humaine contre ces formes d'asservissement et poursuivi l'objectif de valeur constitutionnelle de sauvegarde de l'ordre public et de prévention des infractions* » (§ 11), et en ce que « *Si le législateur a réprimé tout recours à la prostitution, y compris lorsque les actes sexuels se présentent comme accomplis librement entre adultes consentants dans un espace privé, il a considéré que, dans leur très grande majorité, les personnes qui se livrent à la prostitution sont victimes du proxénétisme et de la traite et que ces infractions sont rendues possibles par l'existence d'une demande de relations sexuelles tarifées. En prohibant cette demande par l'incrimination contestée, le législateur a retenu un moyen qui n'est pas manifestement inapproprié à l'objectif de politique publique poursuivi* » (§ 12) et n'a pas porté atteinte ni au principe de nécessité des peines (§ 15) ni à celui de la liberté d'entreprendre ou de la liberté contractuelle (§ 18) (Cons. const. 1er févr. 2019, n° 2018-761 QPC).

▪ **Conventionnalité.** « *le droit pénal ne peut, en principe, intervenir dans le domaine des pratiques sexuelles consenties qui relèvent du libre arbitre des individus. Il faut dès lors qu'il existe des « raisons particulièrement graves" pour que soit justifiée, aux fins de l'article 8 § 2 de la Convention, une ingérence des pouvoirs publics dans le domaine de la sexualité* » (CEDH 17 févr. 2005, *K.A. et A.D. c/ Belgique*, req. nos 42758/98 et 45558/99, § 84). Au demeurant, « *les États doivent mettre en place un cadre législatif et administratif interdisant et réprimant la traite et prendre des mesures pour protéger les victimes de manière à garantir une approche globale en la matière, comme l'exigent le Protocole de Palerme* [protocole adopté le 15 nov. 2000 par l'AG des Nations unies (résol. A/RES/55/25), ratifié par France le 29 oct. 2002] *et la convention anti-traite* » du Conseil de l'Europe sur la lutte contre la traite des êtres humains (convention de Varsovie (Conv. STCE n° 197) du 16 mai 2005, entrée en vigueur le 1er févr. 2008) (CEDH 17 janv. 2017, *J. et a. c/ Autriche*, n° 58216/12, § 106).

▪ **Droit de l'Union.** La directive 2011/36/UE du Parlement européen et du Conseil, 5 avr. 2011, concernant la prévention de la traite des êtres humains et la lutte contre ce phénomène ainsi que la protection des victimes, établit des règles minimales relatives à la définition des infractions pénales et des sanctions dans le domaine de la traite des êtres humains. Les États membres sont ainsi tenus de prendre les mesures nécessaires pour que certains comportements soient punissables et passibles d'une peine maximale ⩾ 5 ans, pour ne pas poursuivre les victimes de la traite des êtres humains et ne pas leur infliger de sanctions pour avoir pris part à des activités criminelles auxquelles elles ont été contraintes, et pour que des mesures d'assistance et d'aide leur soient apportées.

TEXTE DE RÉFÉRENCE

▪ **Principe.** « *La prostitution des mineurs est interdite sur tout le territoire de la République* » (L. n° 2002-305, 4 mars 2002, art. 13).

ÉLÉMENT MATÉRIEL

▪ **Complicité. Responsabilité des agences de voyages.** « *Ces dispositions peuvent notamment trouver à s'appliquer à des agences de voyages qui organiseraient du "tourisme sexuel" à l'étranger, et qui pourraient être poursuivies pour complicité du délit de recours à la prostitution d'un mineur* » (Circ. Crim. 2002-09 E8, 24 avr. 2002, NOR : JUSD0230073C, n° 1.2.3). Il convient là d'avoir à l'esprit la distinction entre la « *complicité de prostitution* », qui relève des diverses formes de proxénétisme, et la complicité de recours à la prostitution, qui relève de l'incrimination ci-dessous, l'aide ou l'assistance étant dans ce cas donnée non au prostitué mais au client.

▪ **Consommation de l'infraction.** Le délit ne suppose pas un rapprochement sexuel consommé, la **simple sollicitation ou acceptation d'une relation de nature sexuelle suffit**, même si la relation n'a pas encore eu lieu. L'intervention des services de police en flagrant délit est donc possible dès qu'il apparaît qu'un accord a été conclu entre le client et le prostitué mineur (Circ. Crim. 2002-09 E8, 24 avr. 2002, n° 1.1.1). À la différence du délit d'atteinte sexuelle (v. n° 21.35), le délit peut être reproché aussi bien à un mineur qu'à un majeur.

ÉLÉMENT INTENTIONNEL

▪ **Âge apparent de la victime.** Si le prévenu soutient qu'il a été trompé par l'âge de la victime, cette défense n'est recevable que s'il justifie d'une erreur dont il ne serait pas responsable. Le simple fait que le mineur aurait allégué être majeur ne paraît pas pouvoir, sauf circonstance particulière (comme le fait de montrer de faux papiers), être considéré comme un motif raisonnable d'erreur (Circ. Crim. 2002-09 E8, 24 avr. 2002, n° 1.1.1).

RÉGIME PROCÉDURAL

▪ **Perquisition de nuit,** ▪ **Prélèvement des empreintes génétiques,** ▪ **Fermeture d'établissement,** ▪ **Infiltration électronique,** *Idem* n° 20.105 pour la recherche et la constatation des infractions des cas A à I. La L. n° 2016-444, 13 avr. 2016 n'a pas exclu le cas A des infractions relevant de ces particularités procédurales.

▪ **Régime des infractions sexuelles.** Jusqu'à la L. n° 2021-478, 21 avr. 2021, le régime des infractions sexuelles n'était applicable que lorsque les faits étaient commis à l'égard d'un mineur (Cas B et I) ; il l'est désormais pour toutes les infractions réprimées par C. pén., art. 225-12-1 et 225-12-2 (C. pr. pén., art. 706-47 7°, mod. par L. n° 2021-478, 21 avr. 2021), v. n° 11.23.

▪ **Prescription de l'action publique.** Lorsque les faits sont commis à l'égard d'un mineur (**Cas** B et I), le délai de prescription de l'action publique est de 10 ans (au lieu du délai de droit commun de 6 ans en matière délictuelle institué par L. n° 2017-242, 27 févr. 2017) et ne commence à courir qu'à la majorité de la victime (C. pr. pén., art. et 9-1 créé par L. n° 2017-242, 27 févr. 2017) (sur le délai et le point de départ de la prescription, L. n° 2017-242, 27 févr. 2017, v. n° 17.19).

▪ **Compétence juridictionnelle. Juge unique** dans les **cas** A à C (C. pr. pén., art. 398-1 1°, v. n° 17.15D2).

▪ **Ordonnance pénale. Possible** dans les **cas** A à C (C. pr. pén., art. 495-II, v. n° 15.48B1 et tableau n° 17.15D2).

▪ **Garde à vue.** S'agissant du cas A « *cette infraction n'étant pas punie d'une peine d'emprisonnement, elle ne permet donc pas le placement en garde à vue de leur auteur, mais permet de procéder à des contrôles et des vérifications et des contrôles d'identité en application des articles 78-1 et suivants du code de procédure pénale* » (Circ. Crim. 2016-03/H, 18 avr. 2016, JUSD1610555C, n° 1.3).

POLITIQUE PUBLIQUE

▪ **Protection du mineur victime.** En application de l'article 13 II de la loi n° 2002-305 du 4 mars 2002, tout mineur se livrant à la prostitution, même occasionnellement, est réputé en danger et relève de l'assistance éducative. « *Il s'ensuit qu'en cas de poursuites engagées du chef de proxénétisme commis sur un mineur ou du chef de recours à la prostitution d'un mineur, les parquets devront en principe saisir le juge des enfants* » (Circ. Crim. 2002-09 E8, 24 avr. 2002, n° 1).

MESURE ADMINISTRATIVE

▪ **Situation administrative de l'auteur étranger.** Retrait administratif possible de la **carte de séjour temporaire** ou **pluriannuelle** de l'**étranger** « *ayant commis les faits qui l'exposent à l'une des condamnations prévues* » aux C. pén., art. 225-12-1 et 225-12-2 (Ceseda, art. L. 432-6, anc[t] L. 313-5, al. 1, réd. L. n° 2016-274, 7 mars 2016).

MESURE CIVILE

▪ **Constitution de partie civile des associations.** Toute association déclarée depuis au moins 5 ans à la date des faits, ayant pour objet la lutte contre l'esclavage, la traite des êtres humains ou le proxénétisme, ou l'action sociale en faveur des personnes prostituées, peut exercer l'action civile si l'action publique a été mise en mouvement par le ministère public ou la victime. Sauf si elle est reconnue d'utilité publique, elle n'est toutefois recevable que si elle justifie avoir reçu l'accord de la victime ou de son représentant légal (C. pén., art. 2-22, L. n° 2016-444, 13 avr. 2016).

RÉGIME DES PEINES

▪ **Récidive. Récidive de la contravention d'achat d'acte sexuel.** La récidive de contravention d'achat d'acte sexuel, qui matérialise un délit, est caractérisée par la commission de la « *même infraction* » dans le délai de trois ans « *à compter de l'expiration ou de la prescription de la précédente peine* » (C. pén., art. 132-11 auquel renvoie 225-12-1) (sur les conditions et les effets de la récidive, v. n° 18.5).

▪ **Inscription au Fijais. Cas B** : inscription au **Fijais** sur décision expresse, suivi normal 20 ans. **Cas** I : inscription de plein droit, suivi normal 20 ans (v. n°s 13.32 s.) (C. pr. pén., art. 706-47, 706-53-2, 706-53-4).

▪ ÉLÉMENTS CONSTITUTIFS – QUALIFICATION

✧ Pour avoir à .... [¤ lieu], le .... [¤ date], sollicité, accepté ou obtenu, en échange d'une rémunération ou d'une promesse de rémunération, ou « *de la fourniture d'un avantage en nature ou de la promesse d'un tel avantage* » [L. n° 2016-444, 13 avr. 2016, *JO* 14 avr. 2016], des relations de nature sexuelle de la part [⇨A à C **puis** le cas échéant D à I dans le cas B ou D] :

A. d'une personne majeure se livrant même occasionnellement à la prostitution, alors qu'il était en état de récidive légale pour avoir été condamné définitivement pour ces mêmes faits le [¤ date de la condamnation] par [¤ juridiction ayant prononcé la condamnation] [L. n° 2016-444, 13 avr. 2016, *JO* 14 avr. 2016] (A : *N 31581.ju*) ;

B. d'un mineur se livrant même occasionnellement à la prostitution (B : *N 23364.ju*) ;

C. d'une personne présentant une particulière vulnérabilité, apparente ou connue de son auteur, due à une maladie, une infirmité, une déficience physique ou psychique ou un état de grossesse, se livrant même occasionnellement à la prostitution (NB. incrimination créée par L. n° 2003-239, 18 mars 2003, art. 50) (C : *N 23817.ju*) ;

[• Préciser le cas échéant dans les **cas** B ou C avec cette circonstance que [⇨D à I :]]

D. les faits ont été commis de façon habituelle (BD : *N 23369.co* ; CD : *N 23818.co*) ;

E. les faits ont été commis à l'égard de plusieurs personnes (BE : *N 23370.co* ; CE : *N 23819.co*) ;

F. la personne a été mise en contact avec l'auteur des faits grâce à l'utilisation, pour la diffusion de messages à destination d'un public non déterminé, d'un réseau de communication (BF : *N 23371.co* ; CF : *N 23820.co*) ;

G. les faits ont été commis par une personne abusant de l'autorité conférée par ses fonctions (BG : *N 23372.co* ; CG : *N 23821.co*) ;

H. l'auteur des faits a délibérément ou par imprudence mis la vie de la personne en danger ou a commis contre elle des violences (L. n° 2006-399, 4 avr. 2006, art. 16), (BH : *N 29285.co* ; CH : *N 25837.co*) ;

I. les faits ont été commis sur un mineur de moins de 15 ans (I : *N 29284.co*).

Faits prévus et réprimés par les articles : **PERSONNES PHYSIQUES.** (Cas A : 132-11, 225-12-1, al. 1) (Cas B et C : 225-12-1, al. 2) (Cas D à I : 225-12-1, al. 2 et 225-12-2) et 225-20 du code pénal. **PERSONNES MORALES.** 225-12-1 (+ cas D à I : 225-12-2) et 225-12-4 du code pénal. ✧

20.112 Recours à la prostitution d'un majeur hors récidive (achat d'acte sexuel) (L. n° 2016-444, 13 avr. 2016)

▪ PEINES

PERSONNE PHYSIQUE

PP Contrav. 5e cl. 1 500 € (C. pén., art. 611-1 [L. n° 2016-444, 13 avr. 2016, *JO* 14 avr. 2016] ; 131-13).

PC 1. Suspension (aménageable), ⩽ 3 ans, du PC (C. pén., art. 611-1, 131-36 1°) ;

2. Interdiction, ⩽ 3 ans, de détention ou de port d'arme soumise à autorisation (C. pén., art. 611-1, 131-16 2°) ;

3. Confiscation une ou plusieurs armes dont le condamné est propriétaire ou dont il a la libre disposition (C. pén., art. 611-1, 131-16 3°) ;

4. Retrait permis de chasser et interdiction de solliciter la délivrance d'un nouveau permis ⩽ 3 ans (C. pén., art. 611-1, 131-16 4°) ;

5. Confiscation de la chose ayant servi à l'infraction ou destinée à la commettre ou de son produit (C. pén., art. 611-1, 131-16 5°) ;

6. Interdiction ⩽ 3 ans de conduire certains véhicules terrestres à moteur, y compris ceux pour lesquels le permis n'est pas exigé (C. pén., art. 611-1, 131-16 6°) ;

7. Stage de sensibilisation à la sécurité routière, aux frais du condamné (C. pén., art. 611-1, 131-16 7° (devenu C. pén., art. 131-16 7° et 131-5-1 depuis le 24 mars 2020, L. n° 2019-222, 23 mars 2019, v. n° 18.33)) ;

8. Stage de citoyenneté (C. pén., art. 611-1, 131-16 8° (devenu C. pén., art. 131-16 7° et 131-5-1 depuis le 24 mars 2020, L. n° 2019-222, 23 mars 2019, v. n° 18.33)) ;

9. Stage de responsabilité parentale (C. pén., art. 611-1, 131-16 9° (devenu C. pén., art. 131-16 7° et 131-5-1 depuis le 24 mars 2020, L. n° 2019-222, 23 mars 2019, v. n° 18.33) et 131-35-1) ;

10. Stage de sensibilisation à la lutte contre l'achat d'actes sexuels (C. pén., art. 611-1, 131-16 9*bis* (devenu C. pén., art. 131-16 7° et 131-5-1 depuis le 24 mars 2020, L. n° 2019-222, 23 mars 2019, v. n° 18.33) et 131-35-1) ;

11. Interdiction ⩽ 3 ans de détenir un animal (C. pén., art. 611-1, 131-16 10°) ;

12. Retrait ⩽ 1 an, des titres de conduite en mer de bateaux de plaisance français à moteur en mer ou, pour une personne embarquée sur un navire étranger, interdiction ⩽ 1 an de pratiquer la navigation dans les eaux territoriales ou intérieures maritimes françaises (C. pén., art. 611-1, 131-16 11°).

13. Tig 20 à 120 h (C. pén., art. 611-1 et 131-17).

PERSONNE MORALE

PP 7 500 € (C. pén., art. 611-1 [L. n° 2016-444, 13 avr. 2016, *JO* 14 avr. 2016] ; 131-41).

PC Néant.

■ ORIENTEUR

AUTRE QUALIFICATION

▪ **Recours aggravé à la prostitution (achat d'acte sexuel) – récidive, mineur ou personne vulnérable.** C. pén., art. 225-12-1 et 225-12-2, v. n° 20.111.

▪ **Racolage (infraction abrogée par L. n° 2016-444, 13 avr. 2016).** C. pén., art. 225-10-1, v. n° 20.113.

ÉLÉMENT LÉGAL

▪ **Définition. Prostitution**, v. n° 20.111.

▪ **Application de la loi dans le temps.** Contravention créée par L. n° 2016-444, 13 avr. 2016, *JO* 14 avr. 2016. Les mêmes faits étaient déjà incriminés (délit) lorsqu'ils concernaient un mineur ou une personne vulnérable (v. n° 20.111).

▪ **Domaine d'application.** Cette contravention concerne de fait le recours à la prostitution d'un majeur, puisque l'achat d'acte sexuel d'un mineur fait l'objet d'une incrimination délictuelle (v. n° 20.111). Elle peut néanmoins trouver à s'appliquer lorsque l'auteur peut démontrer qu'il a été trompé sur l'âge réel de la personne mineure (v. élément intentionnel n° 20.111).

▪ **Constitutionnalité.** V. n° 20.111.

▪ **Conventionnalité.** V. n° 20.111.

ÉLÉMENT MATÉRIEL

▪ **Complicité.** V. n° 20.111. S'agissant d'une contravention, la complicité ne peut être qualifiée que dans le cas d'une provocation à commettre l'infraction par « *don, menace, ordre, abus d'autorité ou de pouvoir* » (C. pén., art. 121-7, al. 2 et R. 610-2, al. 2).

▪ **Consommation de l'infraction.** V. n° 20.111.

ÉLÉMENT INTENTIONNEL

▪ **Âge apparent de la victime.** V. n° 20.111.

MESURE CIVILE

▪ **Constitution de partie civile des associations.** C. pr. pén., art. 2-22 (issu de L. n° 2016-444, 13 avr. 2016) ne prévoit pas l'intervention des associations pour cette infraction (v. n° 20.111).

■ ÉLÉMENTS CONSTITUTIFS – QUALIFICATION

✧ Pour avoir à .... [¤ lieu], le .... [¤ date], sollicité, accepté ou obtenu, en échange d'une rémunération ou d'une promesse de rémunération, ou de la fourniture d'un avantage en nature ou de la promesse d'un tel avantage, des relations de nature sexuelle de la part d'une personne se livrant même occasionnellement à la prostitution.
Faits prévus et réprimés par les articles : **PERSONNES PHYSIQUES.** 611-1, 131-16 et 131-17du code pénal (*N 31580.c5*). **PERSONNES MORALES.** 611-1 et 131-41 du code pénal (*N #.c5*). ✧

20.113 Racolage (infraction abrogée par L. n° 2016-444, 13 avr. 2016)

■ PEINES

PERSONNE PHYSIQUE

PP Délit. ~~2 mois d'emprisonnement, 3 750 € (C. pén., art. 225-10-1).~~

PC ~~1. Interdiction, ⩽ 5 ans, des droits civiques, civils et de famille (vote, éligibilité, fonction juridictionnelle, expert, témoin, tuteur, curateur) (C. pén., art. 225-20 1° et 131-26) ;~~

~~2. Interdiction, définitive ou ⩽ 5 ans, d'exercer une activité professionnelle ou sociale en relation avec l'infraction, ou une fonction publique (sauf mandat électif ou syndical) *et/ou* interdiction d'exercer une profession commerciale ou industrielle, de diriger, d'administrer, de gérer ou de contrôler à un titre quelconque, directement ou indirectement, pour son propre compte ou pour le compte d'autrui, une entreprise commerciale ou industrielle ou une société commerciale (C. pén., art. 225-20 2° et 131-27 [mod. par L. n° 2008-776, 4 août 2008]) ;~~

~~3. Interdiction de séjour, ⩽ 5 ans (C. pén., art. 225-20 3° et 131-31, C. pr. pén., art. 762-1 à 763) ;~~

~~4. Interdiction d'exploiter, directement ou indirectement, les établissements ouverts au public ou utilisés par le public spécifiés par le jugement, d'y être employé, ou d'y conserver une participation financière (C. pén., art. 225-20 4°) ;~~

~~5. Interdiction, ⩽ 5 ans, de détention ou de port d'arme soumise à autorisation (C. pén., art. 225-20 5°) ;~~

~~6. Interdiction, ⩽ 5 ans, de quitter territoire (C. pén., art. 225-20 6°) ;~~

~~7. Interdiction, définitive ou ⩽ 10 ans, d'exercer une activité professionnelle ou bénévole impliquant un contact habituel avec des mineurs (C. pén., art. 225-20 7 [L. n° 2006-399, 4 avr. 2006, art. 16]) ;~~

~~8. Stage de responsabilité parentale (C. pén., art. 131-5-1, et 225-20 8 [L. n° 2007-297, 5 mars 2007]) ;~~

~~9. Auteur étranger : interdiction du territoire, définitive ou ⩽ 10 ans, avec motivation spéciale si le condamné a liens familiaux et résidence durable en France (C. pén., art. 225-21 et 131-30).~~

PERSONNE MORALE

PP ~~7 500 € (C. pén., art. 131-38, 131-41).~~

PC ~~Néant.~~

■ ORIENTEUR

ÉLÉMENT LÉGAL

▪ **Application de la loi pénale dans le temps.** Cette incrimination était **contraventionnelle** (C. pén., art. R. 625-8, v. n° 20.114) jusqu'à L. n° 2003-239, 18 mars 2003, art. 50, créant le nouvel article 225-10-1 du code pénal érigeant les faits en délit. Elle a été abrogée par la L. n° 2016-444, 13 avr. 2016 visant à renforcer la lutte contre le système prostitutionnel et à accompagner les personnes prostituées.

« *Les procédures en cours doivent donc être classées sans suite, ou, si les poursuites avaient été engagées, donner lieu à des relaxes motivées par l'extinction de l'action publique. Conformément au deuxième alinéa de l'article 112-4 du code pénal, les peines prononcées du chef de racolage, infraction unique ou unique infraction pour laquelle ces peines étaient encourues, ne doivent pas ou plus être exécutées et ne doivent notamment pas être adressées au casier judiciaire.*

Il conviendra de prendre l'attache du chef de l'établissement pénitentiaire de votre ressort aux fins de mise en liberté des personnes écrouées à ce titre, l'attache du directeur départemental de la sécurité publique et du commandant du groupement de gendarmerie afin qu'il soit fait retour au parquet des extraits diffusés, de la préfecture et de la direction des finances publiques le cas échéant.

De même, il conviendra de faire cesser l'inscription des personnes condamnées au FPR.

Une attention particulière devra par ailleurs être apportée aux conséquences de cette loi quant à la révocation des sursis simples ou avec mise à l'épreuve :

– Une peine avec sursis prononcée en répression du délit de racolage, infraction unique ou unique infraction pour laquelle cette peine était encourue, ne peut plus faire l'objet d'une révocation ;

– Une peine prononcée en répression du délit de racolage, infraction unique ou unique infraction pour laquelle cette peine était encourue, ne peut pas justifier, à compter de l'entrée en vigueur de la loi, la révocation du sursis antérieurement accordés. » (Circ. Crim. 2016-03/H, 18 avr. 2016, JUSD1610555C, nº 1.1).

ÉLÉMENT MATÉRIEL

▪ Tentative. ~~Punissable (C. pén., art. 225-11).~~

RÉGIME PROCÉDURAL

▪ Perquisition de nuit, ▪ Fermeture d'établissement, ~~*Idem* nº *20.105*.~~

▪ Compétence juridictionnelle. Juge unique ~~(C. pr. pén., art. 398-1 5 [L. nº 2004-204, 9 mars 2004, art. 129]).~~

MESURE ADMINISTRATIVE

▪ Situation administrative de l'auteur étranger. ~~Retrait administratif possible de la carte de séjour temporaire de l'étranger « passible de poursuites pénales » sur le fondement de C. pén., art. 225-10-1 (Ceseda, art. L. 313-5).~~

RÉGIME DES PEINES

▪ Exemption ou réduction de peine. ~~Applicable au repenti (C. pén., art. 132-78, 225-11-1, v. nº *18.8D*).~~

▪ ÉLÉMENTS CONSTITUTIFS – QUALIFICATION

~~✧ Pour avoir à .... [¤ lieu], le .... [¤ date], par tout moyen, y compris par une attitude même passive, procédé publiquement au racolage d'autrui en vue de l'inciter à des relations sexuelles en échange d'une rémunération ou d'une promesse de rémunération.~~

~~Faits prévus et réprimés par les articles 225-10-1, 225-20 et 225-21, du code pénal (*N 23816.ju*). ✧~~

20.114 Racolage – Ancienne contravention

> Infraction transformée en délit par L. nº 2003-239, 18 mars 2003, art. 50 : v. fiche nº 20.113.

20.115 Exploitation de la mendicité d'autrui

▪ PEINES

PERSONNE PHYSIQUE

PP Délit. Cas A : 3 ans d'emprisonnement, 45 000 € (C. pén., art. 225-12-5). Cas B : 5 ans, 75 000 € (art. 225-12-6). Cas C : 10 ans, 150 000 € (art. 225-12-7).

PC 1. Interdiction, ⩽ 5 ans, des droits civiques, civils et de famille (vote, éligibilité, fonction juridictionnelle, expert, témoin, tuteur, curateur) (C. pén., art. 225-20 1º et 131-26) ;

2. Interdiction, définitive ou ⩽ 5 ans, d'exercer l'activité professionnelle ou sociale en relation avec l'infraction, ou une fonction publique (sauf mandat électif ou syndical) (C. pén., art. 225-20 2º et 131-27) ;

3. Interdiction de séjour, ⩽ 5 ans (C. pén., art. 225-20 3º, 131-31 et 131-32 ; C. pr. pén., art. 762-1 à 763) ;

4. Interdiction d'exploiter, directement ou indirectement, les établissements ouverts au public ou utilisés par le public spécifiés par le jugement, d'y être employé, ou d'y conserver une participation financière (C. pén., art. 225-20 4º) ;

5. Interdiction obligatoire, ⩽ 10 ans, de détention ou port d'arme soumise à autorisation (L. nº 2012-304, 6 mars 2012, auparavant interdiction facultative ⩽ 5 ans) (C. pén., art. 225-20 II) ;

6. Interdiction, ⩽ 5 ans, de quitter le territoire (C. pén., art. 225-20 6º) ;

7. Interdiction, définitive ou ⩽ 10 ans, d'exercer une activité professionnelle ou bénévole impliquant un contact habituel avec des mineurs (C. pén., art. 225-20 [L. n° 2006-399, 4 avr. 2006, art. 16]) ;

8. Stage de responsabilité parentale (C. pén., art. 131-5-1 et 225-20 8 [L. n° 2007-297, 5 mars 2007]) ;

9. Auteur étranger : interdiction du territoire, définitive ou ⩽ 10 ans (C. pén., art. 225-21, 131-30 à 131-30-2).

PERSONNE MORALE

PP Cas A : **2 250 000 €**. Cas B : **3 750 000 €**. Cas C : **750 000 €** (C. pén., art. 131-38).

PC Néant.

■ ORIENTEUR

AUTRE QUALIFICATION

▪ **Mendicité agressive.** Demande de fonds **sous contrainte** sur la voie publique, v. n° **22.16**.

▪ **Mendicité avec un enfant < 6 ans.** V. présomption de privation de soins n° **21.21**.

▪ **Exploitation de la vente à la sauvette.** V. n° **30.36**.

▪ **Législation du travail. Mendicité du mineur.** Est puni de **5 ans** et **75 000 €** le fait par toute personne ayant autorité sur un enfant, y compris l'employeur, ou en ayant la garde, « *de le placer sous la conduite de vagabonds, de personnes sans moyens de subsistance ou se livrant à la mendicité* » (C. trav., art. L. 4153-7 et L. 4743-2, *N #*). « *Le fait d'employer des mineurs à la mendicité habituelle, soit ouvertement, soit sous l'apparence d'une profession, est puni des peines prévues* » au C. pén., art. 225-12-6 (**5 ans** et **75 000 €**) et 227-29 (peines complémentaires du n° **21.19**) (C. trav., art. L. 4741-8, *N 23825.co*).

▪ **Police des transports. Prohibition de la mendicité dans les transports en commun.** La mendicité sur le domaine public ferroviaire et à bord des trains (D. n° 2016-541, 3 mai 2016, art. 11 et 20, *N 32424.c4*) ainsi que dans les gares routières (C. transp., art. R. 3116-8 et R. 3116-29, *N 4098.c4*) constitue une contravention de 4e classe.

ÉLÉMENT LÉGAL

▪ **Application de la loi pénale dans le temps.** Ces incriminations ont été créées par L. n° 2003-239, 18 mars 2003, art. 64, à l'exception de l'infraction de provocation ou d'emploi de mineur à la mendicité, qui figurait auparavant à l'article 227-20 du code pénal. Cette infraction a été réécrite et transposée sous l'article 222-12-5 ici décrit.

▪ **Définition. Bande organisée.** V. n° **11.20** (C. pén., art. 132-71).

TEXTE DE RÉFÉRENCE

▪ **Législation du travail.** Il est interdit aux père, mère, tuteurs ou employeurs, et généralement à toute personne ayant autorité sur un enfant ou en ayant la garde, de le placer sous la conduite de vagabonds, de personnes sans moyens de subsistance ou se livrant à la mendicité (C. trav., art. L. 4153-7) (cf. autre infraction ci-dessus).

RÉGIME PROCÉDURAL

▪ **Régime partiel de la criminalité organisée** applicable au **cas C** (C. pr. pén., art. 706-74) (v. n° **11.22**).

▪ **Prélèvement des empreintes génétiques** de la personne suspectée ou condamnée (C. pr. pén., art. 706-54 et 706-55 2°, v. nos **13.23** et **13.25**). **Sanction** du refus de prélèvement, v. n° **25.35**.

MESURE ADMINISTRATIVE

▪ **Situation administrative de l'auteur étranger.** Retrait administratif possible de la **carte de séjour temporaire** ou **pluriannuelle** de **l'étranger** « *ayant commis les faits qui l'exposent à l'une des condamnations prévues* » aux C. pén., art. 225-12-5 à 225-12-7 (Ceseda, art. L. 432-6, anct L. 313-5, al. 1, réd. L. n° 2016-274, 7 mars 2016).

■ ÉLÉMENTS CONSTITUTIFS – QUALIFICATION

✧ Pour avoir à .... [¤ lieu], le .... [¤ date], [⇨A, puis le cas échéant B ou C :]

A. EXPLOITATION DE LA MENDICITÉ (C. PÉN., ART. 225-12-5)

[⇨A1 à A5 :]

A1. organisé la mendicité d'autrui en vue d'en tirer profit (A1 : *N 23824.co*) ;

A2. tiré profit de la mendicité d'autrui ou partagé les bénéfices ou reçu des subsides d'une personne se livrant habituellement à la mendicité (A2 : *N 23824.co*) ;

A3. embauché, entraîné ou détourné une personne en vue de la livrer à la mendicité, ou exercé sur elle une pression pour qu'elle mendie ou continue de le faire (A3 : *N 23824.co*) ;

A4. à des fins d'enrichissement personnel, embauché, entraîné ou détourné une personne en vue de la livrer à l'exercice, sur la voie publique, d'un service moyennant un don (A4 : *N 23824.co*) ;

A5. alors qu'il exerçait une influence de fait, permanente ou non, sur une ou plusieurs personnes se livrant à la mendicité ou alors qu'il se trouvait en relation habituelle avec une ou plusieurs personnes se livrant à la mendicité, omis de justifier de ressources correspondant à son train de vie (A5 : *N 23824.co*) ;

B. EXPLOITATION DE LA MENDICITÉ AGGRAVÉE (C. PÉN., ART. 225-12-6)

Préciser le cas échéant après l'un des cas A : avec cette circonstance que les faits ont été commis [⇨B1 à B7 :]

B1. à l'égard d'un mineur (B1 : *N 23826.co*) ;

B2. à l'égard d'une personne d'une particulière vulnérabilité, apparente ou connue de l'auteur, due à son âge, une maladie, une infirmité, une déficience physique ou psychique ou un état de grossesse (B2 : *N 23827.co*) ;

B3. à l'égard de plusieurs personnes (B3 : *N 23828.co*) ;

B4. à l'égard d'une personne qui a été incitée à se livrer à la mendicité hors du territoire de la République (B4a : *N 23830.co*) ou à son arrivée sur le territoire de la République (B4b : *N 23829.co*) ;

B5. par un ascendant de la personne qui mendie ou par une personne qui a autorité sur elle ou abuse de l'autorité que lui confèrent ses fonctions (B5 : *N 23831.co*) ;

B6. avec emploi de la contrainte, de violences ou de manœuvres dolosives sur la personne se livrant à la mendicité, ou sur sa famille ou sur une personne en relation habituelle avec elle (B6 : *N 23832.co*) ;

B7. par plusieurs personnes agissant en qualité d'auteurs ou de complices, sans qu'elles constituent une bande organisée (B7 : *N 23833.co*).

C. EXPLOITATION DE LA MENDICITÉ EN BANDE ORGANISÉE (C. PÉN., ART. 225-12-7)

Préciser le cas échéant après l'un des cas A : avec cette circonstance que les faits ont été commis en bande organisée (C : *N 23834.co*).

Faits prévus et réprimés par les articles 225-12-5 [• + cas B : 225-12-6. Cas C : 225-12-7], 225-20 et 225-21 du code pénal. ✧

20.116 Traite des êtres humains (rédaction antérieure à L. nº 2013-711, 5 août 2013)

▪ PEINES

PERSONNE PHYSIQUE

PP Délit. Cas A : 7 ans d'emprisonnement, 150 000 € (C. pén., art. 225-4-1). Cas B : 10 ans, 1 500 000 € (art. 225-4-2). Crime. Cas C : 20 ans de réclusion, 3 000 000 € (art. 225-4-3). Cas D : réclusion à perpétuité, 4 500 000 € (art. 225-4-4).

PC *Idem* nº 20.115 +

1. Confiscation de tout ou partie des biens du condamné « *ou de ceux dont il a la libre disposition* » L. nº 2012-409, 27 mars 2012 (C. pén., art. 225-25).

2. cas C et D : interdiction définitive ou ⩽ 15 ans (10 ans avant L. nº 2013-1117, 6 déc. 2013) d'exercer une profession commerciale ou industrielle, de diriger, d'administrer, de gérer ou de contrôler à un titre quelconque, directement ou indirectement, pour son propre compte ou pour le compte d'autrui, une entreprise commerciale ou industrielle ou une société commerciale (C. pén., art. 225-20, 131-27 [mod. par L. nº 2008-776, 4 août 2008]) ;

PERSONNE MORALE

PP Délit. Cas A : 750 000 €. Cas B : 7 500 000 €. Crime. Cas C : 15 000 000 €. Cas D : 22 500 000 €. (C. pén., art. 225-4-6 ; art. 131-38).

PC 1. Dissolution (sauf personnes morales de droit public, partis, groupements politiques, syndicats, institutions représentatives du personnel) si personne morale créée ou détournée de son objet pour commettre l'infraction (C. pén., art. 225-4-6 et 131-39 1º) ;

2. Interdiction, définitive ou ⩽ 5 ans, d'exercer une ou plusieurs activités professionnelles ou sociales (C. pén., art. 225-4-6 et 131-39 2°) ;

3. Surveillance judiciaire, ⩽ 5 ans (C. pén., art. 225-4-6, 131-39 3° et 131-46) ;

4. Fermeture, définitive ou ⩽ 5 ans, un ou plusieurs établissements en relation avec l'infraction (C. pén., art. 225-4-6 et 131-39 4°) ;

5. Exclusion, définitive ou ⩽ 5 ans, marchés publics (C. pén., art. 225-4-6 et 131-39 5°) ;

6. Interdiction, définitive ou ⩽ 5 ans, de *faire appel public à l'épargne* (procéder à une offre au public de titres financiers ou de les faire admettre aux négociations sur un marché réglementé, selon L. n° 2009-80, 22 janv. 2009) (C. pén., art. 225-4-6 et 131-39 6°) ;

7. Interdiction, ⩽ 5 ans, d'utiliser des cartes de paiement ou d'émettre des chèques autres que de retrait ou certifiés (C. pén., art. 225-4-6 et 131-39 7°) ;

8. Confiscation de la chose ayant servi à l'infraction ou destinée à la commettre ou de son produit (C. pén., art. 225-4-6 et 131-39 8°) ;

9. Confiscation de tout ou partie des biens de la personne morale « *ou de ceux dont elle a la libre disposition* » L. n° 2012-409, 27 mars 2012 (C. pén., art. 225-25) ;

10. Affichage, ⩽ 2 mois, *et/ou* (L. n° 2011-525, 17 mai 2011) diffusion de la décision ou d'extraits aux frais (⩽ amende encourue) du condamné (C. pén., art. 225-4-6, 131-39 9°, 131-48 et 131-35).

■ ORIENTEUR

ÉLÉMENT LÉGAL

▪ **Application de la loi pénale dans le temps. Réécriture de l'incrimination.** L'incrimination de traite des êtres humains a été réécrite par L. n° 2013-711, 5 août 2013, portant notamment transposition de la directive 2011/36/UE concernant la prévention de la traite des êtres humains. Les nouvelles dispositions figurent au n° **20.117**.

▪ **Définition. • Bande organisée,** v. n° **11.20** (C. pén., art. 132-71). **• Acte de torture ou de barbarie**. V. n° **20.7**.

ÉLÉMENT MATÉRIEL

▪ **Tentative. Punissable** (C. pén., art. 225-4-7).

RÉGIME PROCÉDURAL

▪ **Régime complet de la criminalité organisée** applicable dans les **cas B**, **C** et **D** (C. pr. pén., art. **706-73 5°**, v. n° **11.21**).

▪ **Prélèvement des empreintes génétiques** de la personne suspectée ou condamnée (C. pr. pén., art. 706-54 et 706-55 2°, v. n^{os} **13.23** et **13.25**). **Sanction** du refus de prélèvement, v. n° **25.35**.

▪ **Infiltration électronique.** Possible pour les infractions commises par un moyen de communication électronique (C. pr. pén., art. 706-35-1 [L. n° 2007-297, 5 mars 2007] abrogé le 1er juin 2019). Dispositif désormais applicable à tous crimes ou délits punis d'une peine d'emprisonnement « *commis par la voie des communications électroniques* » (C. pr. pén., art. 230-46, L. n° 2019-222, 23 mars 2019, applicable depuis le 1er juin 2019) (v. n° **11.35**).

▪ **Procédure d'assises. • Cas C : compétence de la cour criminelle départementale.** *Idem* n° **20.7** (C. pr. pén., art. 380-16, issu L. n° 2021-1729, 22 déc. 2021).

POLITIQUE PUBLIQUE

▪ **Protection de l'étranger victime ou témoin.** Régularisation administrative possible du séjour de l'étranger **victime ou témoin** (v. n° **16.2**).

MESURE ADMINISTRATIVE

▪ **Situation administrative de l'auteur étranger.** Retrait administratif possible de la **carte de séjour temporaire ou pluriannuelle** de l'**étranger** « *ayant commis les faits qui l'exposent à l'une des condamnations prévues* » par C. pén., art. **225-4-1** à **225-4-4**, y compris la tentative de ces infractions, art. **225-4-7** (Ceseda, art. L. 432-6, anc^{t} L. 313-5, al. 1).

RÉGIME DES PEINES

▪ **Exemption ou réduction de peine.** Applicable au **repenti** (C. pén., art. 132-78, **225-4-9**, v. n° **18.8D**).

▪ **Emprunt des pénalités les plus sévères.** Si le crime ou le délit commis ou qui devait être commis contre la victime, et dont l'auteur a eu connaissance, est passible d'une peine supérieure à celle encourue dans les **cas** A à C, l'infraction est passible des peines attachées à ce crime ou délit (C. pén., art. 225-4-5).

▪ **Récidive. Délits assimilés.** Les délits de traite des êtres humains et de proxénétisme sont considérés comme la même infraction au regard de la récidive (C. pén., art. 132-16-3, L. n° 2005-1549, 12 déc. 2005, art. 1er) (sur les conditions et les effets de la récidive, v. n° 18.5).

▪ **Confiscation. Droits du propriétaire de bonne foi.** C. pén., art. 225-25 et 131-21, v. n° 20.105.

▪ ÉLÉMENTS CONSTITUTIFS – QUALIFICATION

✧ Pour avoir à .... [¤ lieu], le .... [¤ date], [⇨A à D :]

A. **TRAITE DES ÊTRES HUMAINS (C. PÉN., ART. 225-4-1)**

en échange d'une rémunération ou de tout autre avantage ou d'une promesse de rémunération ou d'avantage, recruté, transporté, transféré, hébergé ou accueilli une personne, pour la mettre à disposition d'un tiers même non identifié, afin de permettre la commission contre elle d'infractions de proxénétisme, d'agression ou d'atteintes sexuelles, d'exploitation de la mendicité, de conditions de travail ou d'hébergement contraires à sa dignité, ou de la contraindre à commettre tout crime ou délit, en l'espèce en .... [¤ matérialiser l'infraction] (A : *N 23770.co*) ; [⇨le cas échéant B, C ou D :]

B. **TRAITE AGGRAVÉE DES ÊTRES HUMAINS (C. PÉN., ART. 225-4-2)**

Préciser le cas échéant dans le **cas** A : avec cette circonstance que les faits ont été commis [⇨**B1** à **B9** :]

B1. à l'égard d'un mineur (**B1** : *N 23771.co*) ;

B2. à l'égard d'une personne d'une particulière vulnérabilité, apparente ou connue de l'auteur, due à son âge, une maladie, une infirmité, une déficience physique ou psychique ou un état de grossesse (**B2** : *N 23772.co*) ;

B3. à l'égard de plusieurs personnes (**B3** : *N 23773.co*) ;

B4. à l'égard d'une personne qui se trouvait hors du territoire de la République (**B4a** : *N 23774.co*), ou lors de son arrivée sur le territoire de la République (**B4b** : *N 23775.co*) ;

B5. à l'égard d'une personne mise en contact avec l'auteur des faits grâce à l'utilisation d'un réseau de « *communication électronique* » (réd. L. n° 2011-525, 17 mai 2011) diffusant des messages vers un public non déterminé (**B5** : *N 23776.co*) ;

B6. dans des circonstances exposant directement la victime à un risque immédiat de mort ou de blessures de nature à entraîner une mutilation ou une infirmité permanente (**B6** : *N 23777.co*) ;

B7. avec emploi de menaces, de contraintes, de violences ou de manœuvres dolosives sur la victime, sa famille ou une personne en relation habituelle avec elle (**B7** : *N 23778.co*) ;

B8. par un ascendant de la victime ou par une personne ayant autorité sur elle (**B8a** : *N 23779.co*) ou abusant de l'autorité conférée par ses fonctions (**B8b** : *N 23780.co*) ;

B9. par une personne appelée à participer par ses fonctions à la lutte contre la traite ou au maintien de l'ordre public (**B9** : *N 23781.co*) ;

C. **TRAITE DES ÊTRES HUMAINS EN BANDE ORGANISÉE (C. PÉN., ART. 225-4-3)**

Préciser le cas échéant dans le **cas** A : avec cette circonstance que les faits ont été commis en bande organisée (C : *N 23782.cc*).

D. **TRAITE DES ÊTRES HUMAINS AVEC TORTURE ET ACTES DE BARBARIE (C. PÉN., ART. 225-4-4)**

Préciser le cas échéant dans le **cas** A : avec cette circonstance que les faits ont été commis en recourant à des actes de torture et de barbarie (D : *N 23783.cr*).

Faits prévus et réprimés par les articles : **PERSONNES PHYSIQUES.** 225-4-1 [• + cas B : 225-4-2. Cas C : 225-4-3. Cas D : 225-4-4], 225-20, 225-21 et 225-25 du code pénal. **PERSONNES MORALES.** 225-4-1 [• + cas B : 225-4-2. Cas C : 225-4-3. Cas D : 225-4-4], 225-4-6 et 225-25 du code pénal. ✧

20.117 Traite des êtres humains (réd. issue L. n° 2013-711, 5 août 2013)

■ PEINES

PERSONNE PHYSIQUE

PP Délit. Cas A : 7 ans d'emprisonnement, 150 000 € (C. pén., art. 225-4-1). Cas B et C : 10 ans, 1 500 000 € (art. 225-4-2). Cas D : 10 ans, 1 500 000 € (art. 225-4-1). Crime. Cas E et F : 15 ans de réclusion, 1 500 000 € (art. 225-4-3). Cas G : 20 ans de réclusion, 3 000 000 € (art. 225-4-3). Cas H : réclusion à perpétuité, 4 500 000 € (art. 225-4-4).

PC *Idem* n° 20.115 +

1. Confiscation de tout ou partie des biens du condamné ou de ceux dont il a la libre disposition (C. pén., art. 225-25).

2. Confiscation des biens meubles ou immeubles ayant servi même indirectement à l'infraction, et des produits de l'infraction détenus par une personne autre que celle se livrant à la prostitution (C. pén., art. 225-24 1°) (L. n° 2016-444, 13 avr. 2016) ;

3. Remboursement des frais de rapatriement des victimes (C. pén., art. 225-24 2°) (L. n° 2016-444, 13 avr. 2016) ;

4. Cas G et H : interdiction définitive ou ⩽ 15 ans (10 ans avant L. n° 2013-1117, 6 déc. 2013) d'exercer une profession commerciale ou industrielle, de diriger, d'administrer, de gérer ou de contrôler à un titre quelconque, directement ou indirectement, pour son propre compte ou pour le compte d'autrui, une entreprise commerciale ou industrielle ou une société commerciale (C. pén., art. 225-20, 131-27) ;

PERSONNE MORALE

PP Délit. Cas A : 750 000 €. Cas B, C, D, E et F : 7 500 000 €. Crime. Cas G : 15 000 000 €. Cas H : 22 500 000 €. (C. pén., art. 225-4-6 ; art. 131-38).

PC 1. Dissolution (sauf personnes morales de droit public, partis, groupements politiques, syndicats, institutions représentatives du personnel) si personne morale créée ou détournée de son objet pour commettre l'infraction (C. pén., art. 225-4-6 et 131-39 1°) ;

2. Interdiction, définitive ou ⩽ 5 ans, d'exercer une ou plusieurs activités professionnelles ou sociales (C. pén., art. 225-4-6 et 131-39 2°) ;

3. Surveillance judiciaire, ⩽ 5 ans (C. pén., art. 225-4-6, 131-39 3° et 131-46) ;

4. Fermeture, définitive ou ⩽ 5 ans, un ou plusieurs établissements en relation avec l'infraction (C. pén., art. 225-4-6 et 131-39 4°) ;

5. Exclusion, définitive ou ⩽ 5 ans, marchés publics (C. pén., art. 225-4-6 et 131-39 5°) ;

6. Interdiction, définitive ou ⩽ 5 ans, de faire appel public à l'épargne (procéder à une offre au public de titres financiers ou de les faire admettre aux négociations sur un marché réglementé) (C. pén., art. 225-4-6 et 131-39 6°) ;

7. Interdiction, ⩽ 5 ans, d'utiliser des cartes de paiement ou d'émettre des chèques autres que de retrait ou certifiés (C. pén., art. 225-4-6 et 131-39 7°) ;

8. Confiscation de la chose ayant servi à l'infraction ou destinée à la commettre ou de son produit (C. pén., art. 225-4-6 et 131-39 8°) ;

9. Confiscation de tout ou partie des biens de la personne morale ou de ceux dont elle a la libre disposition (C. pén., art. 225-25) ;

10. Affichage, ⩽ 2 mois, *et/ou* diffusion de la décision ou d'extraits aux frais (⩽ amende encourue) du condamné (C. pén., art. 225-4-6, 131-39 9°, 131-48 et 131-35).

■ ORIENTEUR

AUTRE QUALIFICATION

- **Rétribution contraire à la dignité**. C. pén., art. 225-13, 225-15, v. n° 20.121.
- **Conditions de travail ou d'hébergement contraires à la dignité**. C. pén., art. 225-14, 225-15, v. n° 20.122.
- **Travail forcé et réduction en servitude (L. n° 2013-711, 5 août 2013)**. C. pén., art. 225-14-1, 225-15, v. n° 20.123.

▪ **Réduction en esclavage et exploitation de l'esclavage (L. n° 2013-711, 5 août 2013).** C. pén., art. 224-1 A, 224-1 B, 224-1 C, v. n° 20.124.

ÉLÉMENT LÉGAL

▪ **Application de la loi pénale dans le temps. Réécriture de l'incrimination.** L'incrimination de traite des être humains est issue de la L. n° 2003-239, 18 mars 2003, pour la sécurité intérieure, laquelle tirait notamment les conséquences de la ratification le 29 oct. 2002 par la France de la Convention des Nations Unies contre la criminalité transnationale organisée, adoptée par l'Assemblée générale Nations unies le 15 nov. 2000 (résolution A/RES/55/25), dite convention ou protocole de Palerme, dont l'un des trois protocoles s'y rapportant vise à « *prévenir, réprimer et punir la traite des personnes, en particulier des femmes et des enfants* ». L'incrimination a été réécrite par L. n° 2013-711, 5 août 2013, portant notamment transposition de la directive n° 2011/36/UE du parlement européen et du conseil, 5 avr. 2011, concernant la prévention de la traite des êtres humains et la lutte contre ce phénomène. Les anciennes dispositions figurent au n° 20.116.

▪ **Application de la loi dans l'espace.** Dans le cas où le délit est commis à l'étranger par un Français, par dérogation à l'article 113-6 du code pénal, la loi française est applicable même si l'infraction n'est pas punie par la législation du pays où elle a été commise (pas de réciprocité d'incrimination). En outre, par exception à l'article 113-8, les poursuites peuvent être engagées sans plainte préalable de la victime ou dénonciation officielle du pays où le fait a été commis (C. pén., art. 225-4-8, L. n° 2013-711, 5 août 2013).

▪ **Définition.** • **Bande organisée,** v. n° 11.20 (C. pén., art. 132-71). • **Acte de torture ou de barbarie.** V. n° 20.7. • **Traite des personnes.** Au sens de la convention des Nations Unies contre la criminalité transnationale organisée et de son protocole additionnel dit de Palerme (v. ci-dessus), « *L'expression "traite des personnes" désigne le recrutement, le transport, le transfert, l'hébergement ou l'accueil de personnes, par la menace de recours ou le recours à la force ou à d'autres formes de contrainte, par enlèvement, fraude, tromperie, abus d'autorité ou d'une situation de vulnérabilité, ou par l'offre ou l'acceptation de paiements ou d'avantages pour obtenir le consentement d'une personne ayant autorité sur une autre aux fins d'exploitation. L'exploitation comprend, au minimum, l'exploitation de la prostitution d'autrui ou d'autres formes d'exploitation sexuelle, le travail ou les services forcés, l'esclavage ou les pratiques analogues à l'esclavage, la servitude ou le prélèvement d'organes* » (art. 3 a)). Chaque État adopte les dispositions nécessaires pour conférer le caractère d'infraction pénale à la traite des personnes ainsi définie (art. 5). En cohérence avec cette définition, la directive 2011/36/UE, 5 avr. 2011, concernant la prévention de la traite des êtres humains, impose aux États membres d'incriminer la traite des êtres humains définie comme « *Le recrutement, le transport, le transfert, l'hébergement ou l'accueil de personnes, y compris l'échange ou le transfert du contrôle exercé sur ces personnes, par la menace de recours ou le recours à la force ou d'autres formes de contrainte, par enlèvement, fraude, tromperie, abus d'autorité ou d'une situation de vulnérabilité, ou par l'offre ou l'acceptation de paiements ou d'avantages pour obtenir le consentement d'une personne ayant autorité sur une autre, à des fins d'exploitation* » (art. 2 § 1) « *L'exploitation comprend, au minimum, l'exploitation de la prostitution d'autrui ou d'autres formes d'exploitation sexuelle, le travail ou les services forcés, y compris la mendicité, l'esclavage ou les pratiques analogues à l'esclavage, la servitude, l'exploitation d'activités criminelles, ou le prélèvement d'organes* » (art. 2 § 3). La Convention du Conseil de l'Europe sur la lutte contre la traite des êtres humains, adoptée à Varsovie le 16 mai 2005, entrée en vigueur le 1er févr. 2008 (signée par la France le 22 mai 2006, ratifiée par la L. n° 2007-1162, 1er août 2007 et publiée par D n° 2008-1118, 31 oct. 2008), stipule que « *L'expression « traite des êtres humains » désigne le recrutement, le transport, le transfert, l'hébergement ou l'accueil de personnes, par la menace de recours ou le recours à la force ou d'autres formes de contrainte, par enlèvement, fraude, tromperie, abus d'autorité ou d'une situation de vulnérabilité, ou par l'offre ou l'acceptation de paiements ou d'avantages pour obtenir le consentement d'une personne ayant autorité sur une autre aux fins d'exploitation. L'exploitation comprend, au minimum, l'exploitation de la prostitution d'autrui ou d'autres formes d'exploitation sexuelle, le travail ou les services forcés, l'esclavage ou les pratiques analogues à l'esclavage, la servitude ou le prélèvement d'organes* » (art. 4 a)).

▪ **Constitutionnalité.** Les dispositions de C. pén., art. 225-4-1 « *qui sanctionnent des actions ayant pour finalité soit de permettre la commission contre une personne de différentes infractions précisément définies, avec lesquelles elles ne sauraient se confondre, soit de contraindre cette personne à commettre tout crime ou délit, sont rédigées en des termes suffisamment clairs et précis et dans le strict respect du principe de légalité des délits et des peines pour que l'interprétation de ce texte, qui entre dans l'office du juge pénal, puisse se faire sans risque d'arbitraire.* » (Crim. 19 juin 2019, n° 19-80.372, D).

ÉLÉMENT MATÉRIEL

▪ **Médecine légale. • Notion d'incapacité totale de travail.** *Idem* n° 20.21.

▪ **Tentative. Punissable** (C. pén., art. 225-4-7).

▪ **Concours de qualifications.** Les faits « *de proxénétisme aggravé et de traite d'êtres humains aggravée [...] ne procèdent pas de manière indissociable d'une action unique caractérisée par une seule intention coupable* » et peuvent par conséquence faire l'objet d'une double déclaration de culpabilité (Crim. 11 déc. 2019, n° 19-80.372, D).

▪ **Illustrations. • Déplacement de mineur aux fins de mariage arrangé.** « *l'infraction de traite des êtres humains n'est constituée que si la victime est mise à disposition afin d'être contrainte à commettre tout crime ou délit, ou de permettre la commission envers elle de l'une des infractions prévues, limitativement, au C. pén., art. 225-4-1* » (§ 17), est alors approuvée la décision de relaxe de prévenus qui ont transporté des jeunes filles mineures munies de faux papiers des pays de l'Est de l'Europe vers des pays de l'Ouest en vue de mariages arrangés dans la tradition Rom, faute d'établir qu'elles pouvaient faire l'objet d'atteintes sexuelles en raison de leur âge (sur ce délit, C. pén., art. 227-25, v. n° 21.35) ou d'agressions sexuelles ou contraintes à commettre des crimes ou délits (Crim. 11 mai 2023, n° 22-85.425, P ; dans le même sens : Crim. 11 mai 2023, n° 22-85.427, D). En revanche, dès lors que « *la cour d'appel a constaté que l'achat de la mineure avait pour finalité de la contraindre à commettre des vols* », est censurée sa décision de relaxe d'un père qui paie une somme d'argent en échange de la remise d'une fille mineure en vue de la marier avec son fils et de l'engager dans une équipe de voleuses, motif pris de ce que « *si l'aspect mercantile d'un "mariage arrangé", même correspondant à une pratique culturelle, est choquant, il convient d'éviter de banaliser cette incrimination spécifique* » (celle de traite) (Crim. 16 déc. 2015, n° 14-85.900, P n° 305). Notons que si C. pén., art. 222-14-4 incrimine les manœuvres dolosives pour déterminer une personne à quitter le territoire de la République pour la contraindre à contracter mariage ou conclure une union à l'étranger (v. n° 20.35), il n'existe pas d'incrimination comparable, autre que celle de la traite et aux conditions qu'elle prévoit, pour qualifier les manœuvres dolosives commises à l'étranger pour déterminer une personne à rejoindre le territoire français afin de l'y contraindre au mariage.

RÉGIME PROCÉDURAL

▪ **Régime complet de la criminalité organisée** applicable dans les **cas** B, C et E à H (C. pr. pén., art. 706-73 5°, v. n° 11.21).

▪ **Prélèvement des empreintes génétiques** de la personne suspectée ou condamnée (C. pr. pén., art. 706-54 et 706-55 2°, v. n°s 13.23 et 13.25). **Sanction** du refus de prélèvement, v. n° 25.35.

▪ **Régime des infractions sexuelles.** Applicable si les faits sont commis à l'égard d'un mineur (C. pr. pén., art. 706-47 5°, v. n° 11.23).

▪ **Prescription de l'action publique.** Lorsque les faits sont commis contre un mineur, le délai de prescription de l'action publique est de 10 ans (au lieu du délai de droit commun de 6 ans en matière délictuelle institué par L. n° 2017-242, 27 févr. 2017) et ne commence à courir qu'à la majorité de la victime (C. pr. pén., art. et 9-1 créé par L. n° 2017-242, 27 févr. 2017) (sur le délai et le point de départ de la prescription, L. n° 2017-242, 27 févr. 2017, v. n° 17.19).

▪ **Infiltration électronique.** Possible pour les infractions commises par un moyen de communication électronique (C. pr. pén., art. 706-35-1 abrogé le 1er juin 2019). Dispositif désormais applicable à tous crimes ou délits punis d'une peine d'emprisonnement « *commis par la voie des communications électroniques* » (C. pr. pén., art. 230-46, L. n° 2019-222, 23 mars 2019, applicable depuis le 1er juin 2019) (v. n° 11.35).

▪ **Communication d'éléments de la procédure aux services de renseignement.** Sur la faculté de communication d'éléments de la procédure aux services de renseignements par le parquet ou le juge d'instruction de Paris lorsque la Junalco est saisie, v. n° 35.2A9 (C. pr. pén., art. 706-105-1 II issu L. n° 2021-998, 30 juill. 2021).

▪ **Procédure d'assises. • Cas** E, F et G : **compétence de la cour criminelle départementale.** *Idem* n° 20.7 (C. pr. pén., art. 380-16, issu L. n° 2021-1729, 22 déc. 2021).

POLITIQUE PUBLIQUE

▪ **Politique pénale.** Circulaire de politique pénale en matière de lutte contre la traite des êtres humains, 22 janv. 2015, NOR : JUSD1501974C.

▪ **Protection de l'étranger** victime ou **témoin.** Régularisation administrative possible du séjour de l'**étranger victime ou témoin** (Ceseda, art. L. 425-1 et L. 425-4, anc[t] L. 316-1 et L. 316-1-1 modifiés par L. n° 2016-444, 13 avr. 2016, v. n° 16.2E).

▪ **Protection de la victime.** La victime ayant contribué par son témoignage à la manifestation de la vérité et dont la vie est gravement mise en danger sur le territoire national peut bénéficier du dispositif de protection applicable aux repentis (C. pr. pén., art. 706-40-1, L. n° 2016-444, 13 avr. 2016) (v. n° 16.2F).

▪ **Politique de prévention.** Un « *fonds pour la prévention de la prostitution et l'accompagnement social et professionnel des personnes prostituées* » est créé au sein du budget de l'État (L. n° 2016-444, 13 avr. 2016, art. 7 I) pour contribuer aux actions de protection et d'assistance des personnes victimes de prostitution, du proxénétisme et de la traite des êtres humains, mis en œuvre dans les départements (« *Parcours de sortie de la prostitution et d'insertion sociale et professionnelle* » CASF, art. L. 121-9, L. n° 2016-444, 13 avr. 2016). Ce fonds est notamment alimenté par « *les recettes provenant de la confiscation des biens et produits prévue au 1o de l'article 225-4 du code pénal* » (L. n° 2016-444, 13 avr. 2016, art. 7 II).

▪ **Obligations des fournisseurs d'accès à internet et hébergeurs.** Les fournisseurs d'accès à internet et hébergeurs « *doivent concourir à la lutte contre la diffusion des infractions visées* » au C. pén., art. 225-4-1 (L. n° 2004-575, 21 juin 2004, dite LCEN, art. 6), v. n° 35.22.

MESURE ADMINISTRATIVE

▪ **Situation administrative de l'auteur étranger.** Retrait administratif possible de la **carte de séjour temporaire** ou **pluriannuelle** de l'**étranger** « *ayant commis les faits qui l'exposent à l'une des condamnations prévues* » aux C. pén., art. 225-4-1 à 225-4-4, y compris la tentative de ces infractions, art. 225-4-7 (Ceseda, art. L. 423-6, anc[t] L. 313-5, al. 1, réd. L. n° 2016-274, 7 mars 2016).

MESURE CIVILE

▪ **Constitution de partie civile des associations.** Toute association déclarée depuis au moins 5 ans à la date des faits, ayant pour objet la lutte contre l'esclavage, la traite des êtres humains ou le proxénétisme, ou l'action sociale en faveur des personnes prostituées, peut exercer l'action civile si l'action publique a été mise en mouvement par le ministère public ou la victime. Sauf si elle est reconnue d'utilité publique, elle n'est toutefois recevable que si elle justifie avoir reçu l'accord de la victime ou de son représentant légal (C. pén., art. 2-22, L. n° 2016-444, 13 avr. 2016).

▪ **Modalités de l'action en référé ou sur requête.** En cas de dommage occasionné par le contenu d'un service de communication au public en ligne (L. n° 2004-575, 21 juin 2004, dite LCEN, art. 6), v. n° 35.22.

▪ **Modalités de l'action en référé ou sur requête engagée par le parquet.** En cas de dommage occasionné par le contenu d'un service de communication au public en ligne (L. n° 2004-575, 21 juin 2004, dite LCEN, art. 6), v. n° 35.22.

RÉGIME DES PEINES

▪ **Exemption ou réduction de peine.** Applicable au **repenti** (C. pén., art. 132-78, 225-4-9, v. n° 18.8D).

▪ **Emprunt des pénalités les plus sévères.** Si le crime ou le délit commis ou qui devait être commis contre la victime, et dont l'auteur a eu connaissance, est passible d'une peine supérieure à celle encourue dans les **cas** A à H, l'infraction est passible des peines attachées à ce crime ou délit (C. pén., art. 225-4-5).

▪ **Récidive. Délits assimilés.** Les délits de traite des êtres humains et de proxénétisme sont considérés comme la même infraction au regard de la récidive (C. pén., art. 132-16-3) (sur les conditions et les effets de la récidive, v. n° 18.5).

▪ **Confiscation. Droits du propriétaire de bonne foi.** C. pén., art. 225-25 et 131-21, v. n° 20.105.

▪ ÉLÉMENTS CONSTITUTIFS – QUALIFICATION

✧ Pour avoir à .... [¤ lieu], le .... [¤ date], [⇨A à H :]

A. **TRAITE DES PERSONNES MAJEURES (C. PÉN., ART. 225-4-1)**

[⇨A1 à A4 puis A5 ou A6 :]

A1. avec l'emploi de menace, de contrainte, de violence ou de manœuvre dolosive visant la victime, sa famille ou une personne en relation habituelle avec la victime (**A1** : *N 30236.co*)...

A2. étant un ascendant de la victime, ou ayant autorité sur elle (**A2a** : *N 30237.co*) ou abusant de l'autorité conférée par ses fonctions (**A2b** : *N 30238.co*)...

A3. en abusant d'une situation de vulnérabilité de la victime due à son âge, à une maladie, à une infirmité, à une déficience physique ou psychique ou à un état de grossesse, apparente ou connue de son auteur (**A3** : *N 30239.co*)...

A4. en échange ou par l'octroi d'une rémunération ou de tout autre avantage ou d'une promesse de rémunération ou d'avantage (**A4** : *N 23770.co*)...

...recruté, transporté, transféré, hébergé, accueilli une personne majeure afin de la mettre à sa disposition ou à la disposition d'un tiers, même non identifié, afin de], [⇨**A5** ou **A5** :]

A5. permettre la commission contre la victime des infractions de [⇨**a** à **g** :]

a. proxénétisme, d'agression ou d'atteintes sexuelles ;
b. réduction en esclavage ;
c. soumission à du travail ou à des services forcés ;
d. réduction en servitude ;
e. prélèvement de l'un de ses organes ;
f. exploitation de la mendicité ;
g. conditions de travail ou d'hébergement contraires à sa dignité ;

A6. contraindre la victime à commettre tout crime ou délit.

B. TRAITE AGGRAVÉE DES PERSONNES MAJEURES – 1ER CAS (C. PÉN., ART. 225-4-2)

[⇨ sélectionner **deux des circonstances B1** à **B5**, puis **B6** ou **B7** :]

B1. avec l'emploi de menace, de contrainte, de violence ou de manœuvre dolosive visant la victime, sa famille ou une personne en relation habituelle avec la victime (**B1B4** : *N 31012.co* ; **B1B5** : *N 23778.co*) ...

B2. étant un ascendant de la victime, ou ayant autorité sur elle (**B2B5** : *N 23779.co*)...

B3. abusant de l'autorité conférée sur la victime par ses fonctions (**B3B5** : *N 23780.co*)...

B4. en abusant d'une situation de vulnérabilité de la victime due à son âge, à une maladie, à une infirmité, à une déficience physique ou psychique ou à un état de grossesse, apparente ou connue de son auteur (**B1B4** : *N 31012.co* ; **B4B5** : *N 23772.co*)...

B5. en échange ou par l'octroi d'une rémunération ou de tout autre avantage ou d'une promesse de rémunération ou d'avantage (**B1B5** : *N 23778.co* ; **B2B5** : *N 23779.co* ; **B3B5** : *N 23772.co*)...

...recruté, transporté, transféré, hébergé, accueilli une personne majeure afin de la mettre à sa disposition ou à la disposition d'un tiers, même non identifié, afin de], [⇨**B6** ou **B7** :]

B6. permettre la commission contre la victime des infractions de [⇨**a** à **f** :]

a. proxénétisme, d'agression ou d'atteintes sexuelles...
b. réduction en esclavage...
c. soumission à du travail ou à des services forcés...
d. réduction en servitude...
e. prélèvement de l'un de ses organes...
f. exploitation de la mendicité...
g. conditions de travail ou d'hébergement contraires à sa dignité ;

B7. contraindre la victime à commettre tout crime ou délit.

C. TRAITE AGGRAVÉE DES PERSONNES MAJEURES – 2E CAS (C. PÉN., ART. 225-4-2)

[⇨sélectionner **une des circonstances C1** à **C4**, puis **C5** ou **C6**, puis **une des circonstances I** à **VII** :]

C1. avec l'emploi de menace, de contrainte, de violence ou de manœuvre dolosive visant la victime, sa famille ou une personne en relation habituelle avec la victime ...

C2. étant un ascendant de la victime, ou ayant autorité sur elle ou abusant de l'autorité conférée par ses fonctions ...

C3. en abusant d'une situation de vulnérabilité de la victime due à son âge, à une maladie, à une infirmité, à une déficience physique ou psychique ou à un état de grossesse, apparente ou connue de son auteur ...

C4. en échange ou par l'octroi d'une rémunération ou de tout autre avantage ou d'une promesse de rémunération ou d'avantage ...

...recruté, transporté, transféré, hébergé, accueilli une personne majeure afin de la mettre à sa disposition ou à la disposition d'un tiers, même non identifié, afin de], [⇨C5 ou C6, puis I à VII :]

C5. permettre la commission contre la victime des infractions de [⇨a à f, puis I à VII :]

a. proxénétisme, d'agression ou d'atteintes sexuelles...

b. réduction en esclavage...

c. soumission à du travail ou à des services forcés...

d. réduction en servitude...

e. prélèvement de l'un de ses organes...

f. exploitation de la mendicité...

g. conditions de travail ou d'hébergement contraires à sa dignité ;

C6. contraindre la victime à commettre tout crime ou délit.

...avec cette circonstance que [⇨I à VII :]

I. les faits ont été commis à l'égard de plusieurs personnes (CI : *N 23773.co*) ;

II. les faits ont été commis à l'égard d'une personne qui se trouvait hors du territoire de la République (CIIa : *N 23774.co*) ou lors de son arrivée sur le territoire de la République (CIIb : *N 23775.co*) ;

III. la personne a été mise en contact avec l'auteur des faits grâce à l'utilisation, pour la diffusion de messages à destination d'un public non déterminé, d'un réseau de communication électronique (CIII : *N 23776.co*) ;

IV. les faits ont été commis dans des circonstances qui exposent directement la personne à l'égard de laquelle l'infraction est commise à un risque immédiat de mort ou de blessures de nature à entraîner une mutilation ou une infirmité permanente (CIV : *N 23777.co*) ;

V. les faits ont été commis avec l'emploi de violences qui ont causé à la victime une incapacité totale de travail de plus de huit jours (CV : *N 30240.co*) ;

VI. les faits ont été commis par une personne appelée à participer, par ses fonctions, à la lutte contre la traite (CVIa : *N 23781.co*) ou au maintien de l'ordre public (CVIb : *N 30235.co*) ;

VII. l'infraction a placé la victime dans une situation matérielle ou psychologique grave (CVII : *N 30241.co*).

D. **TRAITE DES PERSONNES MINEURES (C. PÉN., ART. 225-4-1)**

recruté, transporté, transféré, hébergé, accueilli une personne mineure afin de la mettre à sa disposition ou à la disposition d'un tiers, même non identifié, afin de (D : *N 30242.co*) [⇨D1 ou D2 :]

D1. permettre la commission contre la victime des infractions de [⇨a à f :]

a. proxénétisme, d'agression ou d'atteintes sexuelles ;

b. réduction en esclavage ;

c. soumission à du travail ou à des services forcés ;

d. réduction en servitude ;

e. prélèvement de l'un de ses organes ;

f. exploitation de la mendicité ;

g. conditions de travail ou d'hébergement contraires à sa dignité ;

D2. contraindre la victime à commettre tout crime ou délit.

E. **TRAITE AGGRAVÉE DES PERSONNES MINEURES – 1ER CAS (C. PÉN., ART. 225-4-1)**

[⇨E1 à E4 puis E5 ou E6 :] (E : *N 30243.cc*)

E1. avec l'emploi de menace, de contrainte, de violence ou de manœuvre dolosive visant la victime, sa famille ou une personne en relation habituelle avec la victime ...

E2. étant un ascendant de la victime, ou ayant autorité sur elle ou abusant de l'autorité conférée par ses fonctions ...

E3. en abusant d'une situation de vulnérabilité de la victime due à son âge, à une maladie, à une infirmité, à une déficience physique ou psychique ou à un état de grossesse, apparente ou connue de son auteur ...

E4. en échange ou par l'octroi d'une rémunération ou de tout autre avantage ou d'une promesse de rémunération ou d'avantage ...

...recruté, transporté, transféré, hébergé, accueilli une **personne mineure** afin de la mettre à sa disposition ou à la disposition d'un tiers, même non identifié, afin de], [⇨E5 ou E6 :]

E6. permettre la commission contre la victime des infractions de [⇨a à f :]

a. proxénétisme, d'agression ou d'atteintes sexuelles ;

b. réduction en esclavage ;

c. soumission à du travail ou à des services forcés ;

d. réduction en servitude ;

e. prélèvement de l'un de ses organes ;

f. exploitation de la mendicité ;

g. conditions de travail ou d'hébergement contraires à sa dignité ;

E7. contraindre la victime à commettre tout crime ou délit.

F. Traite aggravée des personnes mineures – 2e cas (C. pén., art. 225-4-1)

recruté, transporté, transféré, hébergé, accueilli une personne mineure afin de la mettre à sa disposition ou à la disposition d'un tiers, même non identifié, afin de (F : *N 30243.cc*) [⇨F1 ou F2, puis I à VII :]

F1. permettre la commission contre la victime des infractions de [⇨a à f :]

a. proxénétisme, d'agression ou d'atteintes sexuelles...

b. réduction en esclavage...

c. soumission à du travail ou à des services forcés...

d. réduction en servitude...

e. prélèvement de l'un de ses organes...

f. exploitation de la mendicité...

g. conditions de travail ou d'hébergement contraires à sa dignité ;

F2. contraindre la victime à commettre tout crime ou délit.

...avec cette circonstance que [⇨I à VII :]

I. les faits ont été commis à l'égard de plusieurs personnes ;

II. les faits ont été commis à l'égard d'une personne qui se trouvait hors du territoire de la République ou lors de son arrivée sur le territoire de la République ;

III. la personne a été mise en contact avec l'auteur des faits grâce à l'utilisation, pour la diffusion de messages à destination d'un public non déterminé, d'un réseau de communication électronique ;

IV. les faits ont été commis dans des circonstances qui exposent directement la personne à l'égard de laquelle l'infraction est commise à un risque immédiat de mort ou de blessures de nature à entraîner une mutilation ou une infirmité permanente ;

V. les faits ont été commis avec l'emploi de violences qui ont causé à la victime une incapacité totale de travail de plus de huit jours ;

VI. les faits ont été commis par une personne appelée à participer, par ses fonctions, à la lutte contre la traite ou au maintien de l'ordre public ;

VII. l'infraction a placé la victime dans une situation matérielle ou psychologique grave.

G. Traite des personnes en bande organisée (C. pén., art. 225-4-3)

Préciser le cas échéant dans les cas A ou D : avec cette circonstance que les faits ont été commis en bande organisée (G : *N 23782.cc*).

H. Traite des personnes avec torture et actes de barbarie (C. pén., art. 225-4-4)

Préciser le cas échéant dans les cas A ou D : avec cette circonstance que les faits ont été commis en recourant à des actes de torture et de barbarie (H : *N 23783.cr*).

Faits prévus et réprimés par les articles : **PERSONNES PHYSIQUES.** 225-4-1 [• + cas B, C, E, F : 225-4-2. Cas G : 225-4-3. Cas H : 225-4-4], 225-20, 225-21, 225-24 et 225-25 du code pénal. **PERSONNES MORALES.** 225-4-1 [• + cas B, C, E, F : 225-4-2. Cas G : 225-4-3. Cas H : 225-4-4], 225-4-6 et 225-25 du code pénal. ✧

20.118 Menace ou contrainte pour imposer à une personne la dissimulation de son visage à raison de son sexe (L. nº 2010-1192, 11 oct. 2010)

▪ **PEINES**

PERSONNE PHYSIQUE

PP Délit. Cas A : 1 an d'emprisonnement, 30 000 €. Cas B : 2 ans d'emprisonnement, 60 000 € (C. pén., art. 225-4-10, L. nº 2010-1192, 11 oct. 2010).

PC Néant.

PERSONNE MORALE

PP Délit. Cas A : 150 000 €. Cas B : 300 000 € (C. pén., art. 225-4-10, L. nº 2010-1192, 11 oct. 2010, art. 131-38).

PC Néant.

▪ **ORIENTEUR**

AUTRE QUALIFICATION

▪ **Dissimulation du visage.** Dans l'espace public, v. nº 23.15 ; à l'occasion d'une manifestation sur la voie publique, v. nºˢ 23.12 et 23.14 ; dans un attroupement, v. nº 23.12.

ÉLÉMENT LÉGAL

▪ **Constitutionnalité.** Ces dispositions (C. pén., art. 225-4-10) ont été jugées conformes à la Constitution (Cons. const. 7 oct. 2010, nº 2010-613 DC, § 6).

▪ **Application de la loi pénale dans le temps.** Incrimination créée par L. nº 2010-1192, 11 oct. 2010.

▪ **ÉLÉMENTS CONSTITUTIFS – QUALIFICATION**

✧ Pour avoir à .... [¤ lieu], le .... [¤ date], [⇨A puis le cas échéant B :]

A. par menace, violence, contrainte, abus d'autorité ou abus de pouvoir, imposé à .... [¤ nom de la victime] de dissimuler son visage à raison de son sexe (A : *N 27946.co*) ;

B. [Préciser le cas échéant :] avec cette circonstance que les faits ont été commis à l'égard d'une personne mineure (B : *N 27947.co*).

Faits prévus et réprimés par les articles : **PERSONNES PHYSIQUES.** 225-4-10 du code pénal. **PERSONNES MORALES.** 225-4-10 et 131-38 du code pénal. ✧

20.119 Examen en vue d'attester la virginité (L. nº 2021-1109, 24 août 2021)

▪ **PEINES**

PERSONNE PHYSIQUE

PP Délit. Cas A1 : 1 an d'emprisonnement, 15 000 € ; cas A2 : 1 an d'emprisonnement, 30 000 € (C. pén., art. 225-4-11, issu L. nº 2021-1109, 24 août 2021) ;

Cas B1 : 1 an d'emprisonnement, 15 000 € ; cas B2 : 1 an d'emprisonnement, 30 000 € (C. pén., art. 225-4-12, issu L. nº 2021-1109, 24 août 2021) ;

Cas C : 1 an d'emprisonnement, 15 000 € (CSP, art. L. 1115-3 issu L. nº 2021-1109, 24 août 2021).

PC Néant.

PERSONNE MORALE

PP Délit. Cas A1 : 75 000 € ; cas A2 : 150 000 € (C. pén., art. 225-4-11, issu L. nº 2021-1109, 24 août 2021 ; C. pén., art. 131-38) ;

Cas B1 : 75 000 € ; cas B2 : 150 000 € (C. pén., art. 225-4-12, issu L. nº 2021-1109, 24 août 2021 ; C. pén., art. 131-38) ;

Cas C : 75 000 € (CSP, art. L. 1115-3 issu L. nº 2021-1109, 24 août 2021 ; C. pén., art. 131-38).

PC Néant.

▪ ORIENTEUR

AUTRE QUALIFICATION

▪ Atteinte sexuelle. Cas B : cette incrimination s'applique « *sans préjudice des cas dans lesquels ces faits constituent un viol, une agression sexuelle ou une atteinte sexuelle* » (C. pén., art. 225-4-12).

ÉLÉMENT LÉGAL

▪ Application de la loi pénale dans le temps. Cas A à C : incriminations créées par L. n° 2021-1109, 24 août 2021, confortant le respect des principes de la République.

▪ ÉLÉMENTS CONSTITUTIFS – QUALIFICATION

✧ Pour avoir à .... [¤ lieu], le .... [¤ date], [⇨A à C :]

A. **OFFRES OU PRESSIONS POUR SE SOUMETTRE À UN EXAMEN DE VIRGINITÉ (C. PÉN., ART. 225-4-11)**

[⇨A1 puis le cas échéant A2 :]

A1. fait à .... [¤ nom de la victime] des offres ou des promesses, proposé des dons, présents ou avantages quelconques, usé contre elle de pressions ou de contraintes de toute nature afin qu'elle se soumette à un examen visant à attester de sa virginité (A1 : *N 34175.co*) ;

A2. [Préciser le cas échéant dans le cas A1 :] avec cette circonstance que les faits ont été commis à l'égard d'une personne mineure (A2 : *N 34176.co*).

B. **RÉALISATION D'UN EXAMEN DE VIRGINITÉ (C. PÉN., ART. 225-4-12)**

[⇨B1 puis le cas échéant B2 :]

B1. procédé sur .... [¤ nom de la victime] à un examen visant à attester de sa virginité (B1 : *N 34177.co*) ;

B2. [Préciser le cas échéant dans le cas B1 :] avec cette circonstance que les faits ont été commis à l'égard d'une personne mineure (B2 : *N 34178.co*).

C. **ÉTABLISSEMENT D'UN CERTIFICAT DE VIRGINITÉ PAR UN PROFESSIONNEL DE SANTÉ (CSP, ART. L.1115-3)**

étant professionnel de santé, établi un certificat aux fins d'attester la virginité de .... [¤ nom de la victime] (CSP, art. L. 1110-2-1 et L. 1115-3) (C : *N 34214.co*).
Faits prévus et réprimés par les articles [¤ de l'infraction sélectionnée]. ✧

20.120 Pratiques visant à modifier l'orientation sexuelle ou l'identité de genre (thérapies de conversion) (L. n° 2022-92, 31 janv. 2022)

▪ PEINES

PERSONNE PHYSIQUE

PP Délit. Cas A1 : 2 ans d'emprisonnement, 30 000 € ; cas A2 : 3 ans d'emprisonnement, 45 000 € (C. pén., art. 225-4-13, issu L. n° 2022-92, 31 janv. 2022).

Cas B1 : 2 ans d'emprisonnement, 30 000 € ; cas B2 : 3 ans d'emprisonnement, 45 000 € (CSP, art. L. 4163-11, issu L. n° 2022-92, 31 janv. 2022).

PC Cas A : néant. Cas B : interdiction ⩽ 10 ans d'exercer la profession de médecin (CSP, art. L. 4163-11).

PERSONNE MORALE

PP Délit. Cas A1 : 150 000 € ; cas A2 : 225 000 € (C. pén., art. 225-4-13, issu L. n° 2022-92, 31 janv. 2022 ; C. pén., art. 131-38).

Cas B1 : 150 000 € ; cas B2 : 225 000 € (CSP, art. L. 4163-11, issu L. n° 2022-92, 31 janv. 2022 ; C. pén., art. 131-38).

PC Néant.

■ ORIENTEUR

AUTRE QUALIFICATION

■ **Provocation à la mutilation sexuelle d'un mineur.** C. pén., art. 227-24-1, v. n° 21.34.

■ **Harcèlement moral – Incrimination générale (L. n° 2014-873, 4 août 2014).** C. pén., art. 222-33-2-2, v. n° 20.92.

■ **Violences volontaires.** V. index.

■ **Abus de l'ignorance ou de la faiblesse d'un mineur ou d'un majeur.** C. pén., art. 223-15-2, v. n° 22.30.

■ **Médecin, chirurgien-dentiste, sage-femme – Exercice illégal de la profession.** CSP, art. L. 4161-5, v. n° 33.2.

ÉLÉMENT LÉGAL

■ **Application de la loi pénale dans le temps.** Incriminations créées par L. n° 2022-92, 31 janv. 2022, interdisant les pratiques visant à modifier l'orientation sexuelle ou l'identité de genre d'une personne. Ces pratiques sont communément appelées « *thérapies de conversion* ».

■ **Constitutionnalité. Notion d'identité de genre.** Sur le caractère suffisamment clair et précis de l'expression « *identité de genre* », v. la décision Cons. const. 26 janv. 2017, n° 2016-745 DC, § 89 et 102, exposée au n° 18.9C.

TEXTE DE RÉFÉRENCE

■ **Travaux préparatoires.** « *La rédaction choisie permet d'intégrer dans le champ de l'infraction tant les personnes qui incitent à la conversion que celles qui procèdent aux actes prétendant y parvenir. Ces pratiques ne sont pas restreintes au champ "thérapeutique" et peuvent également consister en des propos ou des comportements encourageant une personne à modifier son orientation sexuelle ou son identité de genre* » (rapport AN n° 4501, commission des lois, 29 sept. 2001).

■ **Résolution du parlement européen.** Le Parlement européen a adopté une motion dans laquelle il « *se félicit[ait] des initiatives interdisant les thérapies de conversion pour les personnes LGBTI et la pathologisation des identités transsexuelles [et] pri[ait] instamment tous les États membres d'adopter des mesures similaires qui respectent et défendent le droit à l'identité de genre et l'expression de genre* » (Résolution Parlement européen, 1er mars 2018, sur la situation des droits fondamentaux dans l'Union européenne en 2016, § 65, citée par le rapport AN n° 4501 ci-dessus).

ÉLÉMENT MATÉRIEL

■ **Fait justificatif.** Cas A : l'infraction « *n'est pas constituée lorsque les propos répétés invitent seulement à la prudence et à la réflexion, eu égard notamment à son jeune âge, la personne qui s'interroge sur son identité de genre et qui envisage un parcours médical tendant au changement de sexe* » (C. pén., art. 225-4-13). Cas B : l'infraction, dont il n'est pas exigé qu'elle ait eu pour effet une dégradation de la santé physique ou mentale de la personne, « *n'est pas constituée lorsque le professionnel de santé invite seulement à la réflexion et à la prudence, eu égard notamment à son jeune âge, la personne qui s'interroge sur son identité de genre et qui envisage un parcours médical tendant au changement de sexe* » (CSP, art. L. 4163-11).

■ **Champ d'application.** Cas B : si cette infraction prévue au CSP est plus particulièrement destinée aux professionnels de santé, qui peuvent en effet seuls se prévaloir du fait justificatif tenant aux conseils de réflexion et de prudence dispensés lors d'un parcours de changement de sexe, elle est toutefois applicable à toute personne.

POLITIQUE PUBLIQUE

■ **Obligations des fournisseurs d'accès à internet et hébergeurs.** Cas A : les fournisseurs d'accès à internet et hébergeurs « *doivent concourir à la lutte contre la diffusion* » de l'infraction visée au C. pén., art. 225-4-13 en mettant à disposition du public un dispositif de signalement de ce type de données et ils sont également tenus d'informer promptement les autorités publiques des activités illicites signalées (L. n° 2004-575, 21 juin 2004, dite LCEN, art. 6 I 7, mod. par L. n° 2022-92, 31 janv. 2022).

MESURE CIVILE

■ **Retrait de l'autorité parentale.** Cas A2c et A2d : la juridiction de jugement est **tenue** de statuer sur le **retrait total ou partiel de l'autorité parentale** si « *l'infraction est commise par une personne titulaire de l'autorité parentale sur le mineur* » (C. pén., art. 225-4-13). Sur la suspension et le retrait de l'autorité parentale, v. n° 16.8F.

▪ Constitution de partie civile. Cas A : association de lutte contre les discriminations sexuelles. Dès lors qu'elle justifie avoir reçu l'accord de la victime ou de son représentant légal, toute association régulièrement déclarée depuis au moins 5 ans à la date des faits et dont l'objet social est la lutte contre les discriminations sexuelles, peut exercer les droits reconnus à la partie civile (C. pr. pén., art. 2-6, mod. par L. nº 2022-92, 31 janv. 2022).

▪ ÉLÉMENTS CONSTITUTIFS – QUALIFICATION

✧ Pour avoir à .... [¤ lieu], le .... [¤ date], [⇨A ou B :]

A. **INCRIMINATION GÉNÉRALE (C. PÉN., ART. 225-4-13)**

A1. par des pratiques, des comportements ou des propos répétés ayant eu pour effet une altération de sa santé physique ou mentale, en l'espèce en .... [¤ matérialiser l'infraction], visé à modifier ou à réprimer l'orientation sexuelle ou l'identité de genre, vraie ou supposée, de .... [¤ nom de la victime] (C. pén., art. 225-4-13) (A1 : *N 34519.co*) ;

A2. [Préciser le cas échéant dans le **cas** A1 :] avec cette circonstance que les faits ont été commis [⇨A2a à A2g :]

A2a. au préjudice d'un mineur (A2a : *N 34520.co*) ;

A2b. lorsqu'un mineur était présent au moment des faits et y a assisté (A2b : *N 34521.co*) ;

A2c. par un ascendant (A2c : *N 34522.co*) ;

A2d. par une personne ayant sur la victime une autorité de droit ou de fait (A2d : *N 34523.co*) ;

A2e. sur une personne dont la particulière vulnérabilité ou dépendance, due à son âge, à une maladie, à une infirmité, à une déficience physique ou psychique, à un état de grossesse ou à la précarité de sa situation économique ou sociale, était apparente ou connue de l'auteur (A2e : *N 34524.co*) ;

A2f. par plusieurs personnes agissant en qualité d'auteurs ou de complices (A2f : *N 34525.co*) ;

A2g. par l'utilisation d'un service de communication au public en ligne ou par le biais d'un support numérique ou électronique (A2g : *N 34526.co*).

B. **PRATIQUES DES PROFESSIONNELS DE SANTÉ (CSP, ART. L. 4163-11)**

B1. donné des consultations (B1a : *N 34531.co*) ou prescrit des traitements (B1b : *N 34532.co*) en prétendant pouvoir modifier ou réprimer l'orientation sexuelle ou l'identité de genre, vraie ou supposée, d'une personne (CSP, art. **L. 4163-11**) ;

B2. [Préciser le cas échéant dans le **cas** B1 :] avec cette circonstance que les faits ont été commis [⇨B2a ou B2b :]

B2a. au préjudice d'un mineur (B1aB2a : *N 34533.co* ; B1bB2a : *N 34535.co*) ;

B2b. sur une personne dont la particulière vulnérabilité ou dépendance, due à son âge, à une maladie, à une infirmité, à une déficience physique ou psychique, à un état de grossesse ou à la précarité de sa situation économique ou sociale, était apparente ou connue de l'auteur (B1aB2b : *N 34534.co* ; B1bB2b : *N 34536.co*).

Faits prévus et réprimés par l'article [¤ de l'infraction sélectionnée]. ✧

20.121 Rétribution contraire à la dignité

▪ PEINES

PERSONNE PHYSIQUE

PP Délit. Cas A : 5 ans d'emprisonnement, 150 000 € (C. pén., art. 225-13 [L. nº 2003-239, 18 mars 2003, art. 33]). Cas B et C : 7 ans, 200 000 € (C. pén., art. 225-15 [L. nº 2003-239, art. 35]). Cas D : 10 ans, 300 000 € (C. pén., art. 225-15 [L. nº 2003-239, art. 35]).

Avant L. nº 2003-239, 18 mars 2003 : Cas A : 2 ans, 75 000 €. Cas B : 5 ans, 150 000 €.

PC 1. Interdiction, ⩽ 5 ans, d'éligibilité, d'exercer une fonction juridictionnelle, d'être expert, et de représentation et assistance judiciaire (C. pén., art. 225-19 et 131-26, 2º et 3º) ;

2. Affichage, ⩽ 2 mois, *et/ou* (L. nº 2011-525, 17 mai 2011) diffusion de la décision ou d'extraits aux frais (⩽ amende encourue) du condamné (C. pén., art. 225-19 et 131-35) ;

3. Fermeture, définitive ou ⩽ 5 ans, un ou plusieurs établissements de l'entreprise appartenant au condamné (C. pén., art. 225-19 et 131-33) ;

4. Exclusion, définitive ou ⩽ 5 ans, marchés publics (C. pén., art. 225-19 et 131-34) ;

5. Confiscation du fonds de commerce destiné à l'hébergement des personnes et ayant servi à commettre l'infraction (C. pén., art. 131-21 et 225-19) ;

6. Stage de citoyenneté (C. pén., art. 131-5-1 et 225-19 [L. n° 2004-204, 9 mars 2004, art. 207-I]) (pour les faits commis avant le 24 mars 2020 et jugés après cette date, L. n° 2019-222, 23 mars 2019, en vigueur le 24 mars 2020. Pour les faits commis à partir du 24 mars 2020, v. nouvelle réd. C. pén., art. 131-5-1 et n° 18.33) ;

7. Interdiction, définitive ou ⩽ 5 ans, de l'activité professionnelle ou sociale en relation avec l'infraction, fonction publique (sauf mandat électif ou syndical) *et/ou* interdiction définitive ou ⩽ 15 ans (10 ans avant L. n° 2013-1117, 6 déc. 2013) d'exercer une profession commerciale ou industrielle, de diriger, d'administrer, de gérer ou de contrôler à un titre quelconque, directement ou indirectement, pour son propre compte ou pour le compte d'autrui, une entreprise commerciale ou industrielle ou une société commerciale (C. pén., art. 131-27, 225-19 [mod. par L. n° 2008-776, 4 août 2008]) ;

PERSONNE MORALE

PP Délit. Cas A : **750 000 €**. Cas B et C : **1 000 000 €**. Cas D : **1 500 000 €** (dep. L. n° 2003-239, 18 mars 2003, art. 33 et 35) (C. pén., art. 225-16) (avant L. n° 2003-239, 18 mars 2003 : cas A : 375 000 €. Cas B : 750 000 € [C. pén., art. 131-38]).

PC 1. Dissolution (sauf personnes morales de droit public, partis, groupements politiques, syndicats, institutions représentatives du personnel) si personne morale créée pour commettre l'infraction (C. pén., art. 225-16 et 131-39, 1°) ;

2. Interdiction, définitive ou ⩽ 5 ans, d'exercer une ou plusieurs activités professionnelles ou sociales en relation avec l'infraction (C. pén., art. 225-16 et 131-39, 2°) ;

3. Surveillance judiciaire ⩽ 5 ans, sauf personnes morales de droit public (C. pén., art. 225-16, 131-39, 3° et 131-46) ;

4. Fermeture, définitive ou ⩽ 5 ans, un ou plusieurs établissements en relation avec l'infraction (C. pén., art. 225-16 et 131-39, 4°) ;

5. Exclusion, définitive ou ⩽ 5 ans, marchés publics (C. pén., art. 225-16 et 131-39, 5°) ;

6. Interdiction, définitive ou ⩽ 5 ans, de *faire appel public à l'épargne* (procéder à une offre au public de titres financiers ou de les faire admettre aux négociations sur un marché réglementé, selon L. n° 2009-80, 22 janv. 2009) (C. pén., art. 225-16 et 131-39, 6°) ;

7. Interdiction, ⩽ 5 ans, d'utiliser des cartes de paiement ou d'émettre des chèques autres que de retrait ou certifiés (C. pén., art. 225-16 et 131-39, 7°) ;

8. Confiscation de la chose ayant servi à l'infraction ou destinée à la commettre, ou de son produit (obligatoire pour objets qualifiés dangereux ou nuisibles par loi ou règlement ou dont la détention est illicite) (C. pén., art. 225-16, 131-39, 8° et 131-21) ;

9. Affichage, ⩽ 2 mois, *et/ou* (L. n° 2011-525, 17 mai 2011) diffusion de la décision ou d'extraits aux frais (⩽ amende encourue) du condamné (C. pén., art. 225-16, 131-39, 9°, 131-48 et 131-35).

▪ ORIENTEUR

AUTRE QUALIFICATION

▪ **Traite des êtres humains (réd. issue L. n° 2013-711, 5 août 2013).** C. pén., art. 225-4-1, 225-4-2, 225-4-3, 225-4-4, v. n° 20.117.

▪ **Conditions de travail ou d'hébergement contraires à la dignité**. C. pén., art. 225-14, 225-15, v. n° 20.122.

▪ **Travail forcé et réduction en servitude (L. n° 2013-711, 5 août 2013)**. C. pén., art. 225-14-1, 225-15, v. n° 20.123.

▪ **Réduction en esclavage et exploitation de l'esclavage (L. n° 2013-711, 5 août 2013)**. C. pén., art. 224-1 A, 224-1 B, 224-1 C, v. n° 20.124.

▪ **Rémunération inférieure au Smic.** V. n° 32.26.

ÉLÉMENT LÉGAL

▪ **Application de la loi pénale dans le temps.** Les articles 33 et 35 de la loi n° 2003-239 du 18 mars 2003 ont aggravé les pénalités, créé de nouvelles circonstances aggravantes (cas C et D), et réécrit l'infraction qui n'exige plus « *l'abus de la vulnérabilité ou de la situation de dépendance* » mais simplement la connaissance par l'auteur de l'état de vulnérabilité ou de dépendance de la victime.

RÉGIME PROCÉDURAL

▪ **Pouvoir des agents de contrôle.** Les **inspecteurs du travail**, en concurrence avec les agents ou officiers de police judiciaire, sont compétents pour constater ces infractions (C. trav., art. L. 8112-1).

▪ **Preuve. Présomption de vulnérabilité.** Sont considérées comme des personnes vulnérables ou en situation de dépendance les mineurs et les personnes qui ont été victimes de ces faits à leur arrivée sur le territoire national (C. pén., art. 225-15-1 [L. n° 2003-239, 18 mars 2003, art. 36]).

MESURE ADMINISTRATIVE

▪ **Situation administrative de l'auteur étranger.** Retrait administratif possible de la **carte de séjour temporaire** ou **pluriannuelle** de l'**étranger** « *ayant commis les faits qui l'exposent à l'une des condamnations prévues* » aux C. pén., art. 225-13 à 225-15, (Ceseda, art. L. 432-6, anc^t L. 313-5, al. 1, réd. L. n° 2016-274, 7 mars 2016).

▪ ÉLÉMENTS CONSTITUTIFS – QUALIFICATION

✧ Pour avoir à .... [¤ lieu], le .... [¤ date], [⇨A puis le cas échéant B à D :]

A. alors que sa vulnérabilité ou son état de dépendance lui étaient apparents ou connus, obtenu de .... [¤ nom de la victime] la fourniture de services non rétribués ou contre une rétribution manifestement sans rapport avec l'importance du travail accompli (A : *N* ***11701.co***) ;

[Préciser le cas échéant dans le cas A :] avec cette circonstance que les faits ont été commis à l'égard [⇨B à D :]

B. de plusieurs personnes (B : *N* ***11704.co***) ;

C. d'un mineur (L. n° 2003-239, 18 mars 2003, art. 35) (C : *N* ***23785.co***) ;

D. de plusieurs personnes parmi lesquelles figuraient un ou plusieurs mineurs (L. n° 2003-239, 18 mars 2003, art. 35) (D : *N* ***23788.co***).

Faits prévus et réprimés par les articles : **PERSONNES PHYSIQUES.** 225-13 [• + cas B à D : 225-15] et 225-19 du code pénal. **PERSONNES MORALES.** 225-13 [• + cas B à D : 225-15] et 225-16 du code pénal. ✧

20.122 Conditions de travail ou d'hébergement contraires à la dignité

▪ PEINES

PERSONNE PHYSIQUE

PP Délit. Cas A : 5 ans d'emprisonnement, 150 000 € (C. pén., art. 225-14). Cas B et C : 7 ans, 200 000 € (art. 225-15). Cas D : 10 ans, 300 000 € (depuis L. n° 2003-239, 18 mars 2003, art. 34 et 35) (art. 225-15).

Avant L. n° 2003-239, 18 mars 2003 : **cas** A : 2 ans, 75 000 €. **Cas** B : 5 ans, 150 000 €.

PC *Idem* n° 20.121.

PERSONNE MORALE

PP Délit. Cas A : 750 000 €. Cas B et C : 1 000 000 €. Cas D : 1 500 000 € (depuis L. n° 2003-239, 18 mars 2003, art. 34 et 35) (C. pén., art. 225-16 ; 131-38).

Avant L. n° 2003-239, 18 mars 2003 : **cas** A : 375 000 €. **Cas** C : 750 000 € (C. pén., art. 131-38).

PC *Idem* n° 20.121 + dans le **cas** A2 : confiscation du fonds de commerce destiné à l'hébergement de personnes et ayant servi à commettre l'infraction (C. pén., art. 225-16 3°).

▪ ORIENTEUR

AUTRE QUALIFICATION

▪ **Traite des êtres humains (réd. issue L. n° 2013-711, 5 août 2013).** C. pén., art. 225-4-1, 225-4-2, 225-4-3, 225-4-4, v. n° **20.117**.

▪ **Rétribution contraire à la dignité**. C. pén., art. 225-13, 225-15, v. n° **20.121**.

▪ **Travail forcé et réduction en servitude** (L. n° 2013-711, 5 août 2013). C. pén., art. 225-14-1, 225-15, v. n° **20.123**.

▪ **Réduction en esclavage et exploitation de l'esclavage** (L. n° 2013-711, 5 août 2013). C. pén., art. 224-1 A, 224-1 B, 224-1 C, v. n° **20.124**.

▪ **Abus de l'ignorance ou de la faiblesse d'un mineur ou d'un majeur.** V. n° **22.30**.

▪ **Habitat indigne – Immeuble insalubre ou en situation d'insécurité (C. constr., art. L. 511-22 issu Ord. nº 2020-1144, 16 sept. 2020).** V. nº 31.50.

▪ **Habitat indigne – Infractions relatives à la protection des occupants (C. constr., art. L. 521-4).** V. nº 31.51.

▪ **Établissements recevant du public (ERP) – Délits.** V. nº 31.52.

▪ **Établissements recevant du public (ERP) – Contraventions.** V. nº 31.53.

ÉLÉMENT LÉGAL

▪ **Application de la loi pénale dans le temps.** Les articles 33 et 35 de la loi nº 2003-239 du 18 mars 2003 ont aggravé les pénalités, créé de nouvelles circonstances aggravantes (cas C et D), et réécrit l'infraction qui n'exige plus « *l'abus de la vulnérabilité ou de la situation de dépendance* » mais simplement la connaissance par l'auteur de l'état de vulnérabilité ou de dépendance de la victime.

ÉLÉMENT MATÉRIEL

▪ **Faits incriminés. • cas A : Normes d'hygiène et de sécurité.** Après avoir jugé que « *l'article 225-14 du code pénal ne subordonne pas la caractérisation de l'indignité* [des] *conditions d'hébergement à la preuve de la violation d'une norme d'hygiène ou de sécurité imposée par une disposition légale ou réglementaire spéciale* » (Crim. 22 juin 2016, nº 14-80.041, P nº 195), la Ch. crim. énonce, pour rejeter une QPC, que « *le juge répressif, pour apprécier si les conditions d'hébergement sont ou non compatibles avec la dignité humaine, doit analyser les données propres du logement dont la mise à disposition est visée par la poursuite, et apprécier, de manière concrète, l'existence d'une atteinte à la dignité humaine au regard des caractéristiques auxquelles les logements doivent répondre en vertu des lois et règlements, tels qu'ils sont précisés, en particulier, par CSP, art. L. 1331-1 à L. 1331-24, C. constr., art. R. 111-1-1 s. et par D. nº 2002-120, 30 janv. 2002 relatif aux caractéristiques du logement décent, ce dont il résulte que l'infraction en cause est définie avec un degré de prévisibilité et de précision suffisant qui excluent tout risque d'arbitraire* » (§ 4) (Crim. 27 mai 2021, nº 20-86.768, D). ▪ **Notions de vulnérabilité et de dépendance. • Absence de définition limitative de la vulnérabilité.** À la différence d'autres incriminations exigeant que la vulnérabilité de la victime, à titre d'élément constitutif de l'infraction ou de circonstance aggravante, soit fondée sur des causes précises comme celles de son âge, de sa maladie, de son infirmité, de sa déficience physique ou psychique, de son état de grossesse, ou de la précarité de sa situation économique et sociale, les éléments caractérisant la vulnérabilité prévue par C. pén., art. 225-14, ne sont pas circonscrits par la loi et sont donc laissés à l'appréciation du juge sous le contrôle de la C. cass. **• Vulnérabilité de l'étranger en situation irrégulière.** Des étrangers en situation irrégulière sont en état de vulnérabilité « *puisqu'ils n'avaient pas d'autre endroit pour se loger en l'absence de titre de séjour* » (§ 32) (Crim. 25 janv. 2022, nº 21-81.032, D). Leur vulnérabilité est à bon droit retenue par le juge du fond en raison « *de l'éloignement de leur pays d'origine et de leur famille, de leur absence de maîtrise de la langue française et de leur défaut d'autorisation de travail en France* » (Crim. 28 mars 2017, nº 16-80.914, D), « *de leur qualité de travailleurs étrangers, démunis d'autorisation de travail, sans famille en France et ne parlant pas la langue française* » (Crim. 7 mai 2018, nº 16-83.994, D), « *de l'irrégularité de leur situation sur le territoire national et de leur grande précarité* » (Crim. 30 janv. 2018, nº 17-81.624, D). **• Situation de grande précarité sociale.** Sont approuvées les motivations qui mêlant notions de vulnérabilité et de dépendance, retient que les locataires de logements insalubres « *se trouvaient dans une situation de grande précarité eu égard à leur absence de ressources ou à la modicité de celles-ci, à leur statut social, à leur nationalité pour certains, à leurs charges de famille, précarité qui les rendait vulnérables et dépendants économiquement* » (Crim. 27 mai 2014, nº 13-83.088, D), ou qui retient que « *l'état de dépendance des hébergés était apparents ou connus du prévenu, qui savait leur état de grande précarité* » (Crim. 4 déc. 2018, nº 17-87.420). **• Vulnérabilité psychologique.** La vulnérabilité « *est caractérisée tant par l'expertise psychiatrique qui révèle notamment son état de domination que par la constatation de son incapacité à dénoncer les conditions qu'il a subies pendant de nombreuses années* » (Crim. 15 juin 2010, nº 09-83.185, D).

▪ **Champ d'application. Cas A :** « *les modalités d'exécution d'une sanction disciplinaire régulièrement prononcée contre des militaires par une autorité légitime* » n'entrent pas dans les prévisions de C. pén., art. 225-14 qui « *ne s'applique qu'à la fourniture d'un logement, moyennant contrepartie, à des personnes qui se trouvent en état de vulnérabilité ou de dépendance* » (Crim. 9 mai 2019, nº 18-81.743, P). Dans le même sens, une CHINS est fondée à confirmer une ordonnance de non-lieu à suivre au motif que « *les dispositions de l'article 225-14 du code pénal, d'interprétation stricte, réprimant le fait de soumettre une personne à des conditions d'hébergement incompatibles avec la dignité humaine, induisent comme contrepartie à* *l'hébergement une forme d'exploitation de la personne hébergée en vue d'un certain enrichissement de l'exploitant des lieux, excluant ainsi la situation du détenu en milieu carcéral* » (Crim. 20 janv. 2009, n° 08-82.807, P n° 18). La contrepartie de l'hébergement est démontrée lorsque « *les prévenus ont acheté de la literie, du matériel nécessaire à la mise en place d'une restauration collective tel que des réfrigérateurs, des congélateurs et des ustensiles de cuisine et qu'ils ont refacturé ces biens aux personnes hébergées sans pour autant qu'ils ne repartent avec dans leur pays* » (Crim. 7 avr. 2021, n° 19-84.808, D).

▪ Qualifications en concours – *Non bis in idem*. Ne sont pas « *incompatibles entre elles* » les condamnations « *pour aide à l'entrée, à la circulation ou au séjour irréguliers d'étrangers en France, travail dissimulé, emploi d'étrangers non munis d'une autorisation de travail et soumission de plusieurs personnes vulnérables à des conditions d'hébergement indignes, [...] dès lors que ces délits n'ont pas les mêmes éléments constitutifs et tendent à la protection d'intérêts distincts, le premier participant de la police des étrangers, les deuxième et troisième, de la régulation du marché du travail ainsi que, pour le deuxième, de la garantie d'une égale et loyale concurrence entre entreprises supportant les mêmes charges, et le quatrième de la protection de la dignité de la personne humaine* » (Crim. 22 juin 2016, n° 14-80.041, P n° 195) (sur l'application de la règle *non bis in idem* en cas de concours d'infraction, v. n° 17.32B2).

RÉGIME PROCÉDURAL

▪ **Pouvoir des agents de contrôle.** Compétence des **inspecteurs du travail**, *idem* n° 20.121.

▪ **Preuve. Présomption de vulnérabilité.** *Idem* n° 20.121.

▪ ÉLÉMENTS CONSTITUTIFS – QUALIFICATION

✧ Pour avoir à .... [¤ lieu], le .... [¤ date], [⇨A puis le cas échéant B à D :]

A. alors que sa vulnérabilité ou son état de dépendance lui étaient apparents ou connus, soumis .... [¤ nom de la victime] à des conditions [⇨A1 ou A2 puis le cas échéant B à D :]

A1. de travail (A1 : *N* ***11702.co***, par personne morale : *N* ***25004.co***)...

A2. d'hébergement (A2 : *N* ***11703.co***, par personne morale : *N* ***25006.co***)...

... incompatibles avec la dignité humaine.

[Préciser le cas échéant dans le cas A :] avec cette circonstance que les faits ont été commis à l'égard [⇨B à D :]

B. de plusieurs personnes (A1B : *N* ***11705.co*** ; A2B : *N* ***11706.co***, par personne morale : *N* ***31818.co***) ;

C. d'un mineur (L. n° 2003-239, 18 mars 2003, art. 35) (A1C : *N* ***23786.co*** ; A2C : *N* ***23787.co***, par personne morale : *N* ***31819.co***) ;

D. de plusieurs personnes parmi lesquelles figuraient un ou plusieurs mineurs (L. n° 2003-239, 18 mars 2003, art. 35) (A1D : *N* ***23789.co*** ; A2D : *N* ***23790.co***, par personne morale : *N* ***31820.co***).

Faits prévus et réprimés par les articles : **PERSONNES PHYSIQUES.** 225-14 [• + cas B à D : 225-15] et 225-19 du code pénal **PERSONNES MORALES.** 225-14 [• + cas B à D : 225-15] et 225-16 du code pénal. ✧

20.123 Travail forcé et réduction en servitude (L. n° 2013-711, 5 août 2013)

▪ PEINES

PERSONNE PHYSIQUE

PP Délit. Cas A : 7 ans d'emprisonnement, 200 000 € (C. pén., art. 225-14-1). Cas AC, AD, et B : 10 ans, 300 000 € (C. pén., art. 225-15).

Crime. Cas AE, BC, BD : 15 ans de réclusion, 400 000 € (C. pén., art. 225-15) Cas BE : 20 ans de réclusion, 500 000 € (C. pén., art. 225-15).

PC *Idem* n° 20.121.

PERSONNE MORALE

PP Délit. Cas A : 1 000 000 € (C. pén., art. 225-14-1). Cas AC, AD, et B : 10 ans, 1 500 000 € (C. pén., art. 225-15).

Crime. Cas AE, BC, BD : 20 000 000 € (C. pén., art. 225-15) ; cas BE : 25 000 000 € (C. pén., art. 225-15) (C. pén., art. 131-38).

PC *Idem* nº 20.121 + dans le cas A2 : confiscation du fonds de commerce destiné à l'hébergement de personnes et ayant servi à commettre l'infraction (C. pén., art. 225-16 3º).

■ ORIENTEUR

AUTRE QUALIFICATION

▪ **Traite des êtres humains (réd. issue L. nº 2013-711, 5 août 2013).** C. pén., art. 225-4-1, 225-4-2, 225-4-3, 225-4-4, v. nº 20.117.

▪ **Rétribution contraire à la dignité.** C. pén., art. 225-13, 225-15, v. nº 20.121.

▪ **Conditions de travail ou d'hébergement contraires à la dignité.** C. pén., art. 225-14, 225-15, v. nº 20.122.

▪ **Réduction en esclavage et exploitation de l'esclavage (L. nº 2013-711, 5 août 2013).** C. pén., art. 224-1 A, 224-1 B, 224-1 C, v. nº 20.124.

ÉLÉMENT LÉGAL

▪ **Application de la loi pénale dans le temps.** Ces incriminations ont été créées par la loi nº 2013-711 du 5 août 2013.

RÉGIME PROCÉDURAL

▪ **Pouvoir des agents de contrôle.** Compétence des **inspecteurs du travail,** *idem* nº 20.121.

▪ **Preuve. Présomption de vulnérabilité.** *Idem* nº 20.121.

▪ **Procédure d'assises.** • **Cas** AE, BC, BD, BE : **compétence de la cour criminelle départementale.** *Idem* nº 20.7 (C. pr. pén., art. 380-16, issu L. nº 2021-1729, 22 déc. 2021).

■ ÉLÉMENTS CONSTITUTIFS – QUALIFICATION

✧ Pour avoir à .... [¤ lieu], le .... [¤ date], [⇨A ou B, puis le cas échéant C à E :]

A. **Travail forcé.** par la violence ou la menace, contraint .... [¤ nom de la victime] à effectuer un travail sans rétribution ou en échange d'une rétribution manifestement sans rapport avec l'importance du travail accompli (A : *N* ***30244.co***) ;

B. **Réduction en servitude.** par la violence ou la menace, contraint de manière habituelle .... [¤ nom de la victime], dont la vulnérabilité ou l'état de dépendance étaient apparents ou connus de l'auteur, à effectuer un travail sans rétribution ou en échange d'une rétribution manifestement sans rapport avec l'importance du travail accompli (B : *N* ***30245.co***),

[Préciser le cas échéant dans les **cas** A ou B :] avec cette circonstance que les faits ont été commis à l'égard [⇨C à E :]

C. de plusieurs personnes (AC : *N* ***30246.co*** ; BC : *N* ***30247.cc***) ;

D. d'un mineur (AD : *N* ***30248.co*** ; BD : *N* ***30249.cc***) ;

E. de plusieurs personnes parmi lesquelles figuraient un ou plusieurs mineurs (AE : *N* ***30250.cc*** ; BE : *N* ***30251.cc***) ;

Faits prévus et réprimés par les articles : **PERSONNES PHYSIQUES.** 225-14-1) [• + cas B : 225-14-2, cas C à E : 225-15] et 225-19 du code pénal **PERSONNES MORALES.** 225-14-1) [• + cas B : 225-14-2, cas C à E : 225-15] et 225-16 du code pénal. ✧

20.124 Réduction en esclavage et exploitation de l'esclavage (L. nº 2013-711, 5 août 2013)

■ PEINES

PERSONNE PHYSIQUE

PP Crime. Cas A : 20 ans de réclusion (C. pén., art. 224-1 A). Cas B : 20 ans de réclusion (C. pén., art. 224-1 B). Cas C : 30 ans de réclusion (C. pén., art. 224-1 C).

PC 1. *Idem* nº 20.95.

2. Suivi socio-judiciaire Cas A et B : ⩽ 20 ans ; cas C : ⩽ 30 ans (C. pén., art. 131-36-1 et 224-10) ; avec injonction de soins si l'expertise médicale conclut au traitement (C. pén., art. 131-36-4). La juridiction fixe la peine encourue (⩽ 7 ans) en cas d'inobservation (C. pén., art. 131-36-1) (v. nº 18.31).

PERSONNE MORALE

PP Crime. Cas A, B, et C : 1 000 000 € (C. pén., art. 131-38).

PC Néant.

■ ORIENTEUR

AUTRE QUALIFICATION

▪ **Traite des êtres humains (réd. issue L. n° 2013-711, 5 août 2013).** C. pén., art. 225-4-1, 225-4-2, 225-4-3, 225-4-4, v. n° 20.117.

▪ **Rétribution contraire à la dignité.** C. pén., art. 225-13, 225-15, v. n° 20.121.

▪ **Conditions de travail ou d'hébergement contraires à la dignité.** C. pén., art. 225-14, 225-15, v. n° 20.122.

▪ **Travail forcé et réduction en servitude (L. n° 2013-711, 5 août 2013).** C. pén., art. 225-14-1, 225-15, v. n° 20.123.

ÉLÉMENT LÉGAL

▪ **Application de la loi pénale dans le temps.** Ces incriminations ont été créées par la loi n° 2013-711 du 5 août 2013.

RÉGIME DES PEINES

▪ **Période de sûreté.** Si peine ferme ⩾ 10 ans → a) de plein droit = 1/2 de la peine, ou < sur décision spéciale ; b) sur décision spéciale = 2/3 de la peine (C. pén., art. 132-23, al. 1 et 2) (C. pén., art. 224-1 A, 224-1 B et 224-1 C). Sur la période de sûreté, v. n° 18.7C1.

■ ÉLÉMENTS CONSTITUTIFS – QUALIFICATION

✧ Pour avoir à .... [¤ lieu], le .... [¤ date], [⇨A ou B, puis le cas échéant C :]

A. **Réduction en esclavage.** exercé à l'encontre de .... [¤ nom de la victime] l'un des attributs du droit de propriété (C. pén., art. 224-1 A) (A : *N 30073.cc*) ;

B. **Exploitation d'une personne réduite en esclavage.** commis une agression sexuelle, séquestré, ou soumis à du travail forcé ou du service forcé à l'encontre de .... [¤ nom de la victime], dont la réduction en esclavage était apparente ou connue de l'auteur (C. pén., art. 224-1 B) (B : *N 30074.cc*)

C. **Circonstances aggravantes.** [Préciser le cas échéant dans les cas A ou B :] avec cette circonstance que les faits ont été (C. pén., art. 224-1 C) [⇨C1 à C8 :]

C1. commis à l'égard d'un mineur (AC1 : *N 30075.cr* ; BC1 : *N 30076.cr*) ;

C2. commis à l'égard d'une personne dont la vulnérabilité due à son âge, à une maladie, à une infirmité, à une déficience physique ou psychique ou à un état de grossesse était apparente ou connue de l'auteur (AC2 : *N 30077.cr* ; BC2 : *N 30078.cr*) ;

C3. commis par un ascendant légitime, naturel ou adoptif (AC3 : *N 30079.cr* ; BC3 : *N 30080.cr*) ;

C4. commis par une personne qui a autorité sur la victime (AC4 : *N 30081.cr* ; BC4 : *N 30082.cr*) ;

C5. commis par une personne qui a abusé de l'autorité que lui confèrent ses fonctions (AC5 : *N 30083.cr* ; BC5 : *N 30084.cr*) ;

C6. commis par une personne appelée à participer, par ses fonctions, à la lutte contre l'esclavage (AC6 : *N 30085.cr* ; BC6 : *N 30086.cr*) ;

C7. commis par une personne appelée à participer, par ses fonctions, au maintien de l'ordre public (AC7 : *N 30087.cr* ; BC7 : *N 30088.cr*) ;

C8. précédés ou accompagnés de tortures ou d'actes de barbarie (AC8 : *N 30089.cr* ; BC8 : *N 30090.cr*).

Faits prévus et réprimés par les articles : **PERSONNES PHYSIQUES.** [¤ de l'infraction sélectionnée], 224-9, 224-10 et 224-11 du code pénal **PERSONNES MORALES.** [¤ de l'infraction sélectionnée], 224-9, 224-10 et 224-11 du code pénal. ✧

20.125 Atteinte à la liberté des funérailles

■ PEINES

PERSONNE PHYSIQUE

PP Délit. 6 mois d'emprisonnement, 7 500 € (C. pén., art. 433-21-1).

PC 1. Interdiction, ⩽ 5 ans, des droits civiques, civils et de famille (vote, éligibilité, fonction juridictionnelle, expert, témoin, tuteur, curateur) (C. pén., art. 433-22 et 131-26) ;

2. Interdiction définitive ou ⩽ 5 ans, d'exercer l'activité professionnelle ou sociale (en relation avec l'infraction), ou une fonction publique, (sauf mandat électif ou syndical) (C. pén., art. 433-22, 131-27 et 131-28) ;

3. Affichage, ⩽ 2 mois, *et/ou* (L. n° 2011-525, 17 mai 2011) diffusion de la décision ou d'extraits aux frais (⩽ amende encourue) du condamné (C. pén., art. 433-22 et 131-35).

PERSONNE MORALE

PP 37 500 € (C. pén., art. 131-38).

PC Néant.

■ ORIENTEUR

ÉLÉMENT MATÉRIEL

▪ **Faits incriminés. Circ. 14 mai 1993, n° 328.** « *Cette infraction permet de réprimer l'organisation de funérailles religieuses auxquelles le défunt s'était opposé de son vivant ou, inversement, l'organisation de funérailles civiles alors que le défunt avait demandé une cérémonie religieuse.* »

RÉGIME PROCÉDURAL

▪ **Compétence juridictionnelle. Juge unique** (C. pr. pén., art. 398-1 1°, v. n° 17.15D2).

▪ **Ordonnance pénale. Possible** (C. pr. pén., art. 495-II, v. n° 15.48B1 et tableau n° 17.15D2).

■ ÉLÉMENTS CONSTITUTIFS – QUALIFICATION

✧ Pour avoir à .... [¤ lieu], le .... [¤ date], en connaissance de cause, donné aux funérailles de .... [¤ personne concernée] un caractère contraire à sa volonté ou à une décision judiciaire. Faits prévus et réprimés par les articles 433-21-1 et 433-22 du code pénal (*N 20924.ju*). ✧

20.126 Atteinte à l'intégrité d'un cadavre – Violation de sépulture

■ PEINES

PERSONNE PHYSIQUE

PP Délit. 1. Cas A et B : 1 an d'emprisonnement, 15 000 € (C. pén., art. 225-17) ;

2. Cas C : 2 ans, 30 000 € (C. pén., art. 225-17). ;

3. Cas AD et BD : 2 ans, 15 000 € depuis L. n° 2017-86, 27 janv. 2017 (C. pén., art. 132-76 et 225-17, auparavant : 3 ans, 45 000 € (C. pén., art. 225-18 ancien)) ;

4. Cas CD : 4 ans, 30 000 € depuis L. n° 2017-86, 27 janv. 2017 (C. pén., art. 132-76 et 225-17, auparavant : 5 ans, 75 000 € (C. pén., art. 225-18 ancien)).

PC Néant.

PERSONNE MORALE

PP Délit. 1. Cas A et B : 75 000 €.

2. Cas C : 150 000 €.

3. Cas AD et BD : 75 000 € depuis L. n° 2017-86, 27 janv. 2017 (C. pén., art. 132-76, auparavant : 225 000 € (C. pén., art. 225-18 ancien))

4. Cas CD : 150 000 € depuis L. n° 2017-86, 27 janv. 2017 (C. pén., art. 132-76, auparavant : 375 000 € (C. pén., art. 225-18 ancien)).

PC 1. Dissolution (sauf personnes morales de droit public, partis, groupements politiques, syndicats, institutions représentatives du personnel) si personne morale créée ou (dans le cas CD) détournée de son objet pour commettre l'infraction (C. pén., art. 225-18-1, mod. L. n° 2017-86, 27 janv. 2017, 131-39 1° et 131-45) ;

2. Interdiction, définitive ou ⩽ 5 ans, d'exercer une ou plusieurs activités professionnelles ou sociales en relation avec l'infraction (C. pén., art. 225-18-1, 131-39 2°) ;

3. Surveillance judiciaire, ⩽ 5 ans, sauf personnes morales de droit public, partis, groupements politiques, syndicats (C. pén., art. 225-18-1, 131-39 3° et 131-46) ;

4. Fermeture, définitive ou ⩽ 5 ans, un ou plusieurs établissements en relation avec l'infraction (C. pén., art. 225-18-1, 131-39 4°) ;

5. Exclusion, définitive ou ⩽ 5 ans, marchés publics (C. pén., art. 225-18-1, 131-39 5°) ;

6. Interdiction, définitive ou ⩽ 5 ans, de *faire appel public à l'épargne* (procéder à une offre au public de titres financiers ou de les faire admettre aux négociations sur un marché réglementé, selon L. n° 2009-80, 22 janv. 2009) (C. pén., art. 225-18-1, 131-39 6°) ;

7. Interdiction, ⩽ 5 ans, d'utiliser des cartes de paiement ou d'émettre des chèques autres que de retrait ou certifiés (C. pén., art. 225-18-1, 131-39 7°) ;

8. Confiscation de la chose ayant servi à l'infraction ou destinée à la commettre, ou de son produit (obligatoire pour objets qualifiés dangereux ou nuisibles par loi ou règlement ou dont la détention est illicite) (C. pén., art. 225-18-1, 131-39 8° et 131-21) ;

9. Affichage, ⩽ 2 mois, *et/ou* (L. n° 2011-525, 17 mai 2011) diffusion de la décision ou d'extraits aux frais (⩽ amende encourue) du condamné (C. pén., art. 225-18-1, 131-39 9°, 131-48 et 131-35).

■ ORIENTEUR

ÉLÉMENT LÉGAL

▪ **Causes d'aggravation. Aggravation résultant de la motivation raciste.** La L. n° 2017-86, 27 janv. 2017 a abrogé C. pén., art. 225-18 incriminant la circonstance aggravante tenant à la finalité raciste des faits. Désormais, cette circonstance constitue en effet une cause générale d'aggravation de tous les crimes ou délits, sauf exceptions (C. pén., art. 132-76, v. n° **18.9**. La circonstance aggravante visée au **cas** D, ici maintenue pour des raisons pratiques, tire désormais son fondement et ses pénalités de C. pén., art. **132-76** et **225-17** (v. aussi ÉLÉMENT MATÉRIEL ci-dessous).

TEXTE DE RÉFÉRENCE

▪ **Respect dû au cadavre.** Les dispositions civiles relatives au respect dû au mort (C. civ., art. 16-1-1 ; CSP, art. R. 4127-2 (code de déontologie médicale)) sont précisées au n° **14.9A**.

▪ **Utilisation médicale et médico-légale du cadavre. • Enseignement médical et recherche.** À l'exception des « *personnes majeures faisant l'objet d'une mesure de protection juridique avec représentation relative à la personne* », « *une personne majeure peut consentir à donner son corps après son décès à des fins d'enseignement médical et de recherche. Le consentement du donneur est exprimé par écrit. Ce don ne peut être effectué qu'au bénéfice d'un établissement de santé, de formation ou de recherche titulaire d'une autorisation* » ; « *les établissements de santé, de formation ou de recherche s'engagent à apporter respect et dignité aux corps qui leur sont confiés* » (CSP, art. L. 1261-1 issu L. n° 2021-1017, 2 août 2021). **• Autopsies médico-légales et médicales.** Les obligations du praticien en matière de restauration du corps après autopsie médico-légale (C. pr. pén., art. 230-29) ou médicale (CSP, art. L. 1232-5) sont précisées au n° **14.9B**.

ÉLÉMENT MATÉRIEL

▪ **Aggravation résultant de la motivation raciste de l'acte. Cas** D, C. pén., art. 132-76, V. n° **20.3** et **18.9**.

MESURE CIVILE

▪ **Action civile. Cas** D. Est approuvé l'arrêt qui déclare irrecevable la constitution de partie civile d'une association au motif que le délit « *de violation de sépultures en raison de la race, l'ethnie, la nation ou la religion [...] n'est pas inclus parmi les infractions pour lesquelles C. pr. pén., art. 2-1 permet aux associations ayant pour objet la lutte contre le racisme ou l'assistance aux victimes de discrimination d'exercer les droits reconnus à la partie civile* » (§ 7), « *dès lors que le délit de violation de sépultures, qui appartient à la catégorie des atteintes à la dignité de la personne, ne relève ni de la catégorie des atteintes à la vie ou à l'intégrité de la personne, ni d'aucune des autres infractions limitativement énumérées par le texte précité* » (§ 8), il en est autrement pour les faits de dégradation de ces mêmes sépultures, même si la circonstance aggravante d'acte raciste n'a pas été relevée dans les poursuites (v. n° **22.61**) (§ 13) (Crim. 4 avr. 2023, n° 22-82.585, P ; dans le même sens : Crim. 11 mai 2023, n° 22-84.480, P).

■ ÉLÉMENTS CONSTITUTIFS – QUALIFICATION

✧ Pour avoir à .... [¤ lieu], le .... [¤ date], par quelque moyen que ce soit, [⇨A à C puis le cas échéant D :]

A. porté atteinte à l'intégrité d'un cadavre (A : *N* ***12336****.co*) ;

B. violé ou profané .... [¤ préciser le monument concerné], un tombeau, une sépulture, *une urne cinéraire* (L. n° 2008-1350, 19 déc. 2008), ou un monument édifié à la mémoire des morts (B : *N* ***184****.co*) ;

C. violé ou profané .... [¤ préciser le monument concerné], un tombeau, une sépulture, *une urne cinéraire* (L. n° 2008-1350, 19 déc. 2008), ou un monument édifié à la mémoire des morts, et porté atteinte à l'intégrité d'un cadavre (C : *N 12337.co*).

D. [¤ Préciser le cas échéant dans les cas A à C :] avec cette circonstance que les faits ont été commis à raison de l'appartenance ou de la non-appartenance, vraie ou supposée, de la ou des personnes décédées à une ethnie, une nation, une « *prétendue* » (L. n° 2017-86, 27 janv. 2017) race ou une religion déterminée (AD : *N 12338.co* ; BD : *N 12339.co* ; CD : *N 12340.co*) (C. pén., art. 132-76 et 225-17, anc[t] 225-18, L. n° 2017-86, 27 janv. 2017).

Faits prévus et réprimés par les articles : **PERSONNES PHYSIQUES.** 225-17 du code pénal. **PERSONNES MORALES.** 225-17 et 225-18-1 du code pénal. ✧

21. Les atteintes à la famille et à l'enfance

21.1 Bigamie ou polygamie

▪ PEINES

PERSONNE PHYSIQUE

PP Délit. 1 an d'emprisonnement, 45 000 € (C. pén., art. 433-20).

PC 1. Interdiction droits civiques civils et de famille ⩽ 5 ans (vote, éligibilité, fonction juridictionnelle, expert, témoin, tuteur, curateur) (C. pén., art. 433-22 et 131-26) ;

2. Interdiction définitive ou ⩽ 5 ans activité professionnelle ou sociale (en relation avec l'infraction), ou fonction publique, (sauf mandat électif ou syndical) (C. pén., art. 433-22, 131-27 et 131-28) ;

3. Affichage, ⩽ 2 mois, *et/ou* (L. n° 2011-525, 17 mai 2011) diffusion de la décision ou d'extraits aux frais (⩽ amende encourue) du condamné (C. pén., art. 433-22 et 131-35).

PERSONNE MORALE

PP 225 000 € (C. pén., art. 131-38).

PC Néant.

▪ ORIENTEUR

TEXTE DE RÉFÉRENCE

▪ **Principe. Prohibition de la bigamie.** « *On ne peut contracter mariage avant la dissolution du premier.* » (C. civ., art. 147).

RÉGIME PROCÉDURAL

▪ **Compétence juridictionnelle. Juge unique** (C. pr. pén., art. 398-1 1°, v. n° 17.15D2).

▪ **Ordonnance pénale. Possible** (C. pr. pén., art. 495-II, v. n° 15.48B1 et tableau n° 17.15D2).

MESURE ADMINISTRATIVE

▪ **Auteur étranger. • Refus ou retrait du titre de séjour.** « *Aucun document de séjour ne peut être délivré à un étranger qui vit en France en état de polygamie. Tout document de séjour détenu par un étranger dans une telle situation est retiré. La situation du conjoint d'un étranger* [vivant en état de polygamie] *fait l'objet d'un examen individuel. Pour statuer sur son droit au séjour, l'autorité administrative tient compte du caractère non consenti de la situation de polygamie* » (Ceseda, art. L. 412-6, issu L. n° 2021-1109, 24 août 2021).

MESURE CIVILE

▪ **Conséquences civiles de l'état de polygamie. • Nullité du mariage.** Tout mariage contracté en contravention de l'article 147 peut être attaqué soit par les **époux** eux-mêmes, soit par tous **ceux qui y ont intérêt**, soit par le **ministère public** (C. civ., art. 184). L'**époux** au préjudice duquel a été contracté un second mariage peut en demander la nullité (C. civ., art. 188). Le procureur de la République peut et doit demander la nullité du mariage, du vivant des deux époux, et les faire condamner à se séparer (C. civ., art. 190). « *Si les nouveaux époux opposent la nullité du premier mariage, la validité ou la nullité de ce mariage doit être jugée préalablement.* » (C. civ., art. 189). Le mariage déclaré nul produit néanmoins ses effets à l'égard de l'époux de bonne foi (C. civ., art. 201). Il en est de même à l'égard des enfants, quand bien même aucun des époux n'aurait été de bonne foi (C. civ., art. 202).

▪ ÉLÉMENTS CONSTITUTIFS – QUALIFICATION

✧ Pour avoir à .... [¤ lieu], le .... [¤ date], étant [⇨A ou B :]

A. déjà engagé dans les liens d'un mariage, contracté un autre mariage avant la dissolution du précédent (A : *N* ***1643.ju***) ;

B. officier public, célébré le mariage de .... [¤ personne concernée], en connaissant l'existence de son précédent mariage non dissous (B : *N* ***1644.ju***).

Faits prévus et réprimés par les articles 433-20 et 433-22 du code pénal. ✧

21.2 Célébration de mariage religieux sans mariage civil préalable

■ PEINES

PERSONNE PHYSIQUE

PP Délit. 1 an d'emprisonnement (depuis L. nº 2021-1109, 24 août 2021, auparavant 6 mois), 7 500 € (C. pén., art. 433-21).

PC *Idem* nº 21 + auteur étranger : interdiction du territoire français définitive ou ⩽ 10 ans (depuis L. nº 2021-1109, 24 août 2021) (C. pén., art. 433-21-2, issu L. nº 2021-1109, 24 août 2021, 131-130 à 131-30-2).

PERSONNE MORALE

PP 37 500 € (C. pén., art. 131-38).

PC Néant.

■ ORIENTEUR

AUTRE QUALIFICATION

▪ **Atteintes à l'ordre public cultuel (police des cultes).** Infractions à la L. 9 déc. 1905 concernant la séparation des Églises et de l'État, v. nº 25.11.

TEXTE DE RÉFÉRENCE

▪ **Modalités de preuve.** La **preuve du mariage** civil s'opère par la présentation d'un « *acte de célébration inscrit sur le registre de l'état civil* » (C. civ., art. 194).

RÉGIME PROCÉDURAL

▪ **Compétence juridictionnelle. Juge unique** (C. pr. pén., art. 398-1 1°, v. nº 17.15D2).

▪ **Ordonnance pénale. Possible** (C. pr. pén., art. 495-II, v. nº 15.48B1 et tableau nº 17.15D2).

■ ÉLÉMENTS CONSTITUTIFS – QUALIFICATION

✧ Pour avoir à .... [¤ lieu], le .... [¤ date], étant ministre du culte, procédé de manière habituelle à des cérémonies religieuses de mariage sans que ne lui ait été justifié l'acte de mariage préalablement reçu par les officiers d'état civil.

Faits prévus et réprimés par les articles 433-21 et 433-22 du code pénal (*N* ***11762.ju***). ✧

21.3 Abandon de famille – Obligations familiales pénalement sanctionnées

L'article 227-3 du code pénal sanctionne le fait de ne pas exécuter une décision judiciaire ou une convention judiciairement homologuée ou une convention de divorce par consentement mutuel par acte sous signature privée contresigné par avocats, déposé au rang des minutes d'un notaire, imposant de verser, au profit d'un enfant mineur, d'un descendant, d'un ascendant ou du conjoint, des prestations de toute nature dues à raison de l'une des obligations familiales prévues « *par le code civil* ». Avant L. nº 2011-525, 17 mai 2011, étaient visées les obligations familiales prévues par le « titre IX » (L. nº 2009-526, 12 mai 2009) du « livre Ier du code civil » (v. Circ. 14 mai 1993, nº 209). Avant L. nº 2009-526, 12 mai 2009, étaient visés les titres V, VI, VII et VIII du livre Ier C. civ.

Les dispositions qui suivent sont rappelées pour mémoire, même si elles n'étaient pas, jusqu'à la L. nº 2019-1446, 24 déc. 2019, précisément visées par C. pén., art. 227-3, lequel renvoyait indistinctement aux « *obligations familiales prévues par le code civil* ».

A. Obligations nées du titre V du livre I du code civil relatif au mariage

C. civ., art. 203. « *Les époux contractent ensemble, par le seul fait du mariage, l'obligation de nourrir, entretenir et élever leurs enfants.* »

C. civ., art. 205. « *Les enfants doivent des aliments à leurs père et mère et autres ascendant qui sont dans le besoin.* »

C. civ., art. 212. *Devoir de secours entre époux* : « *Les époux se doivent mutuellement fidélité, secours, assistance.* »

C. civ., art. 214. *Contribution aux charges du mariage : « Si les conventions matrimoniales ne règlent pas la contribution aux charges du mariage, ils y contribuent à proportion de leurs facultés respectives. »*

B. Obligations nées du titre VI du livre I relatif au divorce

1. Les conséquences du divorce entre les époux

Divorce par consentement mutuel par acte sous signature privée contresigné par avocats, déposé au rang des minutes d'un notaire. « *Lorsque les époux s'entendent sur la rupture du mariage et ses effets, ils constatent, assistés chacun par un avocat, leur accord dans une convention prenant la forme d'un acte sous signature privée contresigné par leurs avocats.../... Cette convention est déposée au rang des minutes d'un notaire.../... Ce dépôt donne ses effets à la convention en lui conférant date certaine et force exécutoire* » (C. civ, art. 229-1, L. n° 2016-1547, 18 nov. 2016).

Divorce par consentement mutuel judiciaire. « *Le divorce peut être demandé conjointement par les époux lorsqu'ils s'entendent sur la rupture du mariage et ses effets en soumettant à l'approbation du juge une convention réglant les conséquences du divorce* » (C. civ., art. 230).

Divorce par consentement mutuel judiciaire – mesures provisoires. « *en cas de refus d'homologation de la convention, le juge peut cependant homologuer les mesures provisoires [...] que les parties s'accordent à prendre jusqu'à la date à laquelle le jugement de divorce passe en force de chose jugée* » (C. civ., art. 250-2).

Divorce par consentement mutuel sous seing privé ou judiciaire – Prestation compensatoire. « *En cas de divorce par consentement mutuel, les époux fixent le montant et les modalités de la prestation compensatoire dans la convention établie par acte sous signature privée contresigné par avocats ou dans la convention qu'ils soumettent à l'homologation du juge.* » (C. civ., art. 278 mod. par L. n° 2016-1547, 18 nov. 2016).

Divorce judiciaire – Mesures provisoires. « *Le juge peut notamment [...] fixer la pension alimentaire et la provision pour frais d'instance que l'un des époux devra verser à son conjoint.* » (C. civ., art. 255).

Conventions entre époux dans les divorces autres que par consentement mutuel. « *Les époux peuvent, pendant l'instance, soumettre à l'homologation du juge des conventions réglant tout ou partie des conséquences du divorce. Le juge [...] homologue les conventions en prononçant le divorce* » (C. civ., art. 268).

Contribution aux charges du mariage en cas de rejet de la demande de divorce judiciaire. « *Lorsqu'il rejette définitivement la demande en divorce, le juge peut statuer sur la contribution aux charges du mariage...* » (C. civ., art. 258).

Dommages-intérêts en cas de divorce judiciaire. « *Des dommages et intérêts peuvent être accordés à un époux en réparation des conséquences d'une particulière gravité qu'il subit du fait de la dissolution du mariage soit lorsqu'il était défendeur à un divorce prononcé pour altération définitive du lien conjugal et qu'il n'avait lui-même formé aucune demande en divorce, soit lorsque le divorce est prononcé aux torts exclusifs de son conjoint.* » (C. civ., art. 266).

Prestation compensatoire en cas de divorce judiciaire. « *Le divorce met fin au devoir de secours entre époux. L'un des époux peut être tenu de verser à l'autre une prestation destinée à compenser [...] la disparité que la rupture du mariage crée dans les conditions de vie respectives. Cette prestation a un caractère provisoire. Elle prend la forme d'un capital dont le montant est fixé par le juge.* » (C. civ., art. 270).

2. Conséquences du divorce ou de la séparation pour les enfants

C. civ., art. 373-2-2. « *En cas de séparation entre les parents, ou entre ceux-ci et l'enfant, la contribution à son entretien et à son éducation prend la forme d'une pension alimentaire versée, selon le cas, par l'un des parents à l'autre, ou à la personne à laquelle l'enfant a été confié. Les modalités et les garanties de cette pension alimentaire sont fixées par :*

1° Une décision judiciaire ;

2° Une convention homologuée par le juge ;

3° Une convention de divorce ou de séparation de corps par consentement mutuel selon les modalités prévues à l'article 229-1 ;

4° Un acte reçu en la forme authentique par un notaire ;

5° Une convention à laquelle l'organisme débiteur des prestations familiales a donné force exécutoire en application de l'article L. 582-2 du code de la sécurité sociale.

6° Une transaction ou un acte constatant un accord issu d'une médiation, d'une conciliation ou d'une procédure participative, lorsqu'ils sont contresignés par les avocats de chacune des parties et revêtus de la formule exécutoire par le greffe de la juridiction compétente en application du 7° de l'article L. 111-3 du code des procédures civiles d'exécution ».

C. pén., art. 227-3 incriminant l'abandon de famille renvoie à cette liste de titres fondant l'obligation alimentaire.

C. civ., art. 373-2-3. « *[...] la pension alimentaire peut être remplacée, en tout ou en partie, [...], sous les modalités et garanties prévues par la convention homologuée ou par le juge, par le versement d'une somme d'argent entre les mains d'un organisme accrédité chargé d'accorder en contrepartie à l'enfant une rente indexée, l'abandon de biens en usufruit ou l'affectation de biens productifs de revenus.* »

C. civ., art. 373-2-5. « *Le parent qui assume à titre principal la charge d'un enfant majeur qui ne peut lui-même subvenir à ses besoins peut demander à l'autre parent de lui verser une contribution à son entretien et à son éducation. Le juge peut décider ou les parents convenir que cette contribution sera versée en tout ou en partie entre les mains de l'enfant.* »

C. civ., art. 373-2-7. « *Les parents peuvent saisir le juge aux affaires familiales afin de faire homologuer la convention par laquelle ils organisent les modalités d'exercice de l'autorité parentale et fixent la contribution à l'entretien et à l'éducation de l'enfant.* » C. civ., art. 373-2-8. « *Le juge peut également être saisi par l'un des parents [...] à l'effet de statuer sur les modalités d'exercice de l'autorité parentale et sur la contribution à l'entretien et à l'éducation de l'enfant.* »

C. Obligations nées du titre VII relatif à la filiation

C. civ., art. 310. « *Tous les enfants dont la filiation est légalement établie ont les mêmes droits et les mêmes devoirs dans leurs rapports avec leur père et mère* » (sur les obligations des parents et de leurs enfants, v. art. 203 et 205 ci-dessus en A).

21.4 Abandon de famille – Titre exécutoire, preuve de l'obligation alimentaire ou des modalités de la garde – Compétence du tribunal

« *Un des éléments essentiels du délit d'abandon de famille [...] est qu'il existe à la base de la poursuite correctionnelle une décision de justice civile définissant l'obligation de famille mise à la charge du prévenu, et que cette décision de justice ait été légalement exécutoire à la date des faits incriminés* » (Crim. 3 nov. 1977, n° 76-91.256, P n° 326). « *Ne peut servir de base à une poursuite pour abandon de famille un jugement qui, se bornant à donner acte de l'offre d'une pension alimentaire, ne présente pas un caractère exécutoire* » (Crim. 13 déc. 2017, n° 16-83.256, D). Sauf acquiescement (v. ci-dessous), même si le prévenu a fait appel de l'ordonnance du JAF, ce qui impliquait qu'il en a eu connaissance au moins à la date de l'appel « *une décision de justice allouant une pension alimentaire ne peut servir de base à une poursuite pour abandon de famille, si à l'époque des faits incriminés elle ne présentait pas un caractère exécutoire* » (Crim. 5 mars 1980, n° 79-92.516, P n° 80).

En conséquence, la décision fixant la pension alimentaire ou les modalités du droit de visite et d'hébergement, le cas échéant son exploit de signification et le certificat de non-appel, sont à produire par le plaignant qui peut les obtenir auprès de son avocat ou du commissaire de justice [huissier] chargé de la signification.

S'agissant du divorce par consentement mutuel par acte sous signature privée contresigné par avocats, sont à produire non seulement la convention mais aussi le justificatif de son dépôt auprès d'un notaire qui lui confère seul force exécutoire.

A. Condition préalable : existence d'une décision judiciaire ou d'une convention de divorce exécutoire

C. pr. civ., art. 500, 501 et 504 : Le jugement est exécutoire dans les cas suivants :

- **Force de chose jugée.** Lorsque le recours contre la décision n'a pas été exercé dans le délai. Toute partie peut se faire délivrer par le secrétaire de la juridiction devant laquelle le recours pourrait être formé un certificat attestant l'absence d'exercice de celui-ci (certificat de non appel) (C. pr. civ., art. 505). La preuve du caractère exécutoire résulte du rapprochement de l'acte de notification de la décision et du dit certificat (C. pr. civ., art. 504) ;
- **Acquiescement** de la partie condamnée (C. pr. civ., art. 504). L'exécution sans réserve d'un jugement non exécutoire vaut acquiescement (C. pr. civ., art. 410) ;

• **Exécution provisoire** (C. pr. civ., art. 504). L'exécution provisoire (exécution avant expiration des délais de recours ou malgré l'exercice d'un recours suspensif), à condition de ne pas être interdite par la loi (cas de la prestation compensatoire – C. pr. civ., art. 1080-1), doit être spécialement ordonnée (C. pr. civ., art. 515), sauf pour les décisions suivantes, qui en bénéficient de plein droit :

– ordonnance de référé ;

– décision prescrivant des mesures provisoires pour le cours de l'instance ou ordonnant des mesures conservatoires : ex : mesures prescrites par le juge pour assurer l'existence des époux et des enfants jusqu'au jugement (C. civ., art. 254 à 256).

– ordonnance du juge de la mise en état accordant une provision au créancier (C. pr. civ., art. 514) ;

– jugement statuant sur la contribution aux charges du mariage (C. pr. civ., art. 1069-5) ;

– jugement du juge aux affaires familiales (JAF) statuant sur la modification des mesures accessoires au divorce (exercice de l'autorité parentale, pension alimentaire) (C. pr. civ., art. 1087).

S'agissant de la **convention de divorce sous seing privé**, seul le dépôt auprès d'un notaire lui confère date certaine et force exécutoire (C. civ, art. 229-1, L. n° 2016-1547, 18 nov. 2016).

B. Élément moral de l'infraction : connaissance de la décision

1. Nécessité d'un titre notifié et connu du débiteur

C. pr. civ., art. 503. « *Les jugements ne peuvent être exécutés contre ceux auxquels ils sont opposés qu'après leur avoir été notifiés, à moins que l'exécution n'en soit volontaire.* » NB. Le jugement rendu par défaut ou sur une citation non délivrée à la personne concernée est non avenu s'il n'a pas été notifié dans les six mois de sa date (C. pr. civ., art. 478).

C. pr. civ., art. 465-1. « *Lorsqu'un jugement fixe une pension alimentaire ou une des créances prévues aux articles 214 [contribution aux charges du mariage], 276 [prestation compensatoire] et 342 [subsides de l'enfant naturel] du code civil, les parties sont informées par un document joint à l'expédition du jugement des modalités de recouvrement, des règles de révision de la créance et des sanctions pénales encourues.* »

Dans le cas où la décision exécutoire n'a pas été notifiée à la personne même de l'intéressé et qu'il ne l'a pas spontanément exécutée (acquiescement, v. ci-dessus, A), il convient de démontrer qu'il en a eu connaissance.

2. Cas de la convention judiciairement homologuée

Il s'agit de l'ordonnance du juge aux affaires familiales attribuant force exécutoire à la **convention** (pension alimentaire, autorité parentale) présentée par les époux lors de l'instance de divorce sur demande conjointe (C. pr. civ., art. 1099). La convention judiciairement homologuée est datée et signée par les époux et leurs avocats (C. pr. civ., art. 1091). Elle est exécutoire du seul fait de son homologation (C. civ., art. 279) et n'est pas signifiée ou notifiée aux parties.

C. Le dispositif de l'intermédiation financière des pensions alimentaires

Lorsque la pension est fixée en tout ou partie en numéraire, son versement par l'intermédiaire de l'organisme débiteur des prestations familiales au parent créancier est mis en place, pour la part en numéraire, dans les conditions et selon les modalités prévues au code de la sécurité sociale et par le code de procédure civile (C. civ., art. 372-2-2 II).

L'intermédiation financière est de principe mais n'est pas mise en place en cas de refus des deux parents, il y est mis fin sur demande de l'un des parents, sous réserve de consentement de l'autre (C. civ., art. 372-2-2 II).

Le parent créancier et le parent débiteur sont tenus de transmettre à l'organisme débiteur des prestations familiales les informations nécessaires à l'instruction et à la mise en œuvre de l'intermédiation financière et de l'informer de tout changement de situation ayant des conséquences sur cette mise en œuvre (CSS, art. L. 582-1 II).

Le parent débiteur est déchargé de l'obligation de verser la pension alimentaire entre les mains du parent créancier à compter de la date de mise en œuvre effective de l'intermédiation financière qui lui est notifiée par l'organisme débiteur des prestations familiales et tant que celle-ci est mise en œuvre (CSS, art. L.582-1 III).

L'intermédiation financière emporte mandat du parent créancier au profit de l'organisme débiteur des prestations familiales de procéder pour son compte au recouvrement de la créance alimentaire (CSS, art. L. 582-1 IV).

D. Procédure, lieu de l'infraction, compétence territoriale du tribunal correctionnel

C. civ., art. 1247, al. 2. « *Les aliments alloués en justice doivent être versés, sauf décision contraire du juge, au domicile ou à la résidence de celui qui doit les recevoir.* », on parle alors d'une créance alimentaire « portable ».

Sans préjudice des autres critères de compétence (lieu de l'infraction, résidence du prévenu, lieu d'arrestation), le tribunal du domicile ou de la résidence du créancier de la pension ou prestation est aussi compétent pour le jugement du délit d'abandon de famille (C. pr. pén., art. 382). Nonobstant le caractère portable de la créance, « *bien que le créancier d'aliments réside à l'étranger, le fait d'abstention volontaire imputable au débiteur de la pension alimentaire s'est trouvé réalisé en France* », où demeure le débiteur de la pension, puisque l'un des faits constitutifs de l'infraction, a en effet eu lieu sur le territoire français au sens de C. pén., art. 113-2 (Crim. 29 janv. 2003, nº 01-88.881, D, et Crim. 12 sept. 2007, nº 06-87.123, D). Autrement formulé, « *l'infraction d'abandon de famille est réputée commise en France lorsque le fait d'abstention volontaire imputable au débiteur de la pension alimentaire s'est trouvé réalisé dans ce pays* » (§ 13) (Crim. 12 janv. 2021, nº 20-87.140, D).

21.5 Abandon de famille

■ **PEINES**

PERSONNE PHYSIQUE

PP Délit. 2 ans d'emprisonnement, 15 000 € (C. pén., art. 227-3).

PC *Idem* nº 21.19.

PERSONNE MORALE

PP Délit. 75 000 € (C. pén., art. 227-4-1 ; 131-38).

PC *Idem* nº 21.19.

■ **ORIENTEUR**

ÉLÉMENT LÉGAL

▪ Constitutionnalité. Est rejetée comme non sérieuse la QPC soulevant le caractère inconstitutionnel de C. pén., art. 227-3, en ce « *que les dispositions légales critiquées n'instaurent pas de présomption de culpabilité, la partie poursuivante ayant la charge de prouver que le prévenu est volontairement demeuré plus de deux mois sans acquitter le montant de la pension alimentaire* » (Crim. 12 juin 2013, nº 13-82.622, NP).

▪ Application de la loi pénale dans le temps. Cas A4 : incrimination créée par L. nº 2016-1547, 18 nov. 2016, créant la convention de divorce sous seing privé. Cas B : incrimination créée par L. nº 2021-1754, 23 déc. 2021.

TEXTE DE RÉFÉRENCE

▪ Obligations familiales pénalement sanctionnées. V. nºs 21.3 et 21.4.

ÉLÉMENT INTENTIONNEL

▪ Connaissance de la décision. V. nº 21.4B. Contrairement aux dispositions antérieures (C. pén., art. 357-2 ancien) le défaut de paiement n'est pas présumé volontaire (Crim. 28 juin 1995, nº 94-84.811, P nº 243). Il incombe donc à la juridiction de caractériser l'élément intentionnel de l'infraction, lequel ne peut se déduire « *de l'existence préalable d'une décision civile qui a apprécié les capacités financières du débiteur* » (Crim. 21 mai 1997, nº 96-83.504, P nº 190). V. également régime de la preuve ci-dessous.

RÉGIME PROCÉDURAL

▪ Compétence juridictionnelle. Juge unique (C. pr. pén., art. 398-1 1º, v. nº 17.15D2).

▪ Ordonnance pénale. Possible (C. pr. pén., art. 495-II, v. nº 15.48B1 et tableau nº 17.15D2).

▪ Compétence territoriale. V. nº 21.4D.

▪ Régime de la preuve. • Preuve de l'insolvabilité. « *Si la partie poursuivante a la charge de prouver que le prévenu est demeuré, en connaissance de cause, plus de deux mois sans acquitter le montant de la pension alimentaire qu'il a été condamné à payer par décision de justice, il appartient au débiteur qui se prévaut d'une impossibilité absolue de paiement d'en rapporter la preuve* » (§ 9) (Crim. 19 janv. 2022, nº 20-84.287, P). « *le fait par le demandeur d'avoir été admis au règlement judiciaire, puis déclaré en état de liquidation de biens ne saurait à lui seul justifier le non-paiement de la pension alimentaire, dès lors qu'il ne résulte pas des constatations des juges du fond que le débiteur ait prouvé que son insolvabilité ait été totale et que par suite il ait été dans l'impossibilité absolue de payer cette pension* » (Crim. 5 nov. 1976, nº 76-90.726, P nº 312). Dans le même sens, « *la mise en redressement judiciaire du débiteur ne constitue nullement une présomption d'une insolvabilité dont la preuve lui incombe* » (Crim. 26 févr. 1992, nº 91-83.913, P nº 88). « *la créance née de la pension alimentaire, qui présente un caractère alimentaire, n'a pas à être déclarée au passif du débiteur soumis à une procédure collective et échappe ainsi à l'extinction, faute de déclaration* », édictée par C. com., art. L. 621-46, est ainsi jugé coupable le débiteur qui s'est mépris sur la portée d'une lettre du représentant des créanciers lui enjoignant de cesser de payer la pension alimentaire (Crim. 7 janv. 2004, nº 03-82.337, P nº 5). En effet, « *la créance née de la prestation compensatoire, qui présente pour partie un caractère alimentaire, n'a pas à être déclarée au passif du débiteur soumis à procédure collective et échappe ainsi à l'extinction faute de déclaration, cette créance, qui est une dette personnelle du débiteur soumis à une procédure collective, doit être payée sur les revenus dont il conserve la disposition, ou bien être recouvrée par la voie de la procédure de paiement direct ou de recouvrement public des pensions alimentaires* » (Com. 1er févr. 2005, nº 01-13.943, P nº 18). Le caractère volontaire du défaut de paiement est établi lorsque le débiteur « *s'est borné à invoquer, lors de l'enquête, une baisse de ses revenus, sans rapporter la preuve qu'il se trouvait dans l'impossibilité absolue de verser la prestation compensatoire* » (Crim. 25 sept. 2002, nº 01-88.556, D).

■ ÉLÉMENTS CONSTITUTIFS – QUALIFICATION

✧ Pour être à .... [¤ lieu : le lieu de l'infraction est le domicile du créancier de la pension alimentaire] le .... [¤ date : de préférence indiquer : entre le .... (date de la première défaillance) et le .... (date où les paiements ont repris ou date de la dernière audition de la victime ou de l'auteur)] en tout cas depuis temps non couvert par la prescription, volontairement resté plus de deux mois sans acquitter intégralement [⇨A ou B :]

A. le montant de la pension, de la contribution, des subsides ou des prestations de toute nature due en raison de ses obligations familiales qu'il devait verser à .... [¤ nom du créancier] en vertu [⇨A1 à A7 :] (A : *N* ***11.ju***).

A1. d'une ordonnance du juge aux affaires matrimoniales ou familiales de ....

A2. d'un jugement du tribunal judiciaire de ....

A3. d'un arrêt de la cour d'appel de ....

... régulièrement notifié(e)/rendu(e) le .... [¤ date de la décision] ;

A4. d'un divorce par consentement mutuel par acte sous signature privée contresigné par avocats, déposé au rang des minutes d'un notaire le .... [¤ date du dépôt] ;

A5.°d'un acte reçu en la forme authentique par un notaire ;

A6. d'une convention à laquelle l'organisme débiteur des prestations familiales a donné force exécutoire ;

A7. d'une transaction ou d'un acte constatant un accord issu d'une médiation, d'une conciliation ou d'une procédure participative, contresignés par les avocats de chacune des parties et revêtus de la formule exécutoire par le greffe de la juridiction compétente.

B. les sommes dues entre les mains de l'organisme débiteur des prestations familiales lorsque l'intermédiation financière des pensions alimentaires est mise en œuvre (cas issu L. nº 2021-1754, 23 déc. 2021).

Faits prévus et réprimés par les articles : **PERSONNES PHYSIQUES.** 227-3 et 227-29 du code pénal, 373 du code civil **PERSONNES MORALES.** 227-3 et 227-4-1 du code pénal (*N #.ju*). ✧

21.6 Violation d'une obligation ou interdiction imposée par une ordonnance de protection (L. nº 2010-769, 9 juill. 2010) ou une mesure de protection en matière civile

■ PEINES

PERSONNE PHYSIQUE

PP Délit. Cas A à C : 2 ans d'emprisonnement, 15 000 € (C. pén., art. 227-4-2). Cas D : 6 mois, 7 500 € (C. pén., art. 227-4-3).

PC *Idem* nº 21.19.

PERSONNE MORALE

PP Cas A à C : 75 000 € (C. pén., art. 227-4-2). Cas D : 37 500 € (C. pén., art. 227-4-3, 131-38).

PC *Idem* n° 21.19.

■ ORIENTEUR

AUTRE QUALIFICATION

▪ **Interdiction de sortie du territoire de l'enfant mineur.** Cas A6 : en cas de non-respect de l'interdiction de sortie du territoire imposée par le JAF dans une ordonnance de protection, v. aussi n° 21.9 et 21.12.

▪ **Violation d'une décision de protection européenne d'une victime.** V. infraction au n° 25.77 et texte de référence au n° 16.2C3.

ÉLÉMENT LÉGAL

▪ **Application de la loi pénale dans le temps.** Cas A, B et D : incriminations créées par L. n° 2010-769, 9 juill. 2010, applicable depuis le 1er oct. 2010 (art. 38). **Cas** C : incrimination créée par L. n° 2019-222, 23 mars 2019.

TEXTE DE RÉFÉRENCE

▪ **Ordonnance de protection.** V. n° 16.4A.

▪ **Interdiction de sortie de l'enfant du territoire.** Cas A6, v. n° 16.4C.

▪ **Inscription au fichier des personnes recherchées.** La personne concernée par l'ordonnance de protection est inscrite au fichier des personnes recherchées pour ce qui concerne les interdictions de recevoir, de rencontrer ou d'entrer en relation (**Cas** A1 et B2, C. civ., art. 515-11 1°), de détention ou de port d'arme ou pour l'obligation de remise des armes (**Cas** B1 et B2, C. civ., art. 515-11 2°) (C. pr. pén., art. 230-19 17°, issu L. n° 2019-222, 23 mars 2019, v. n° 13.17B6). La personne majeure menacée d'un mariage forcé faisant l'objet à sa demande d'une interdiction de sortie du territoire est également inscrite au FPR (**Cas** B3, C. civ., art. 515-13) (C. pr. pén., art. 230-19 14°, v. n° 13.17B6). Il en est de même pour l'interdiction de sortie du territoire prise à titre de mesure de protection au profit de l'enfant mineur par le JAF (C. civ., art. 373-2-6), le parquet à titre provisoire (C. civ., art. 375-5) ou le juge des enfants (C. civ., art. 375-7) (C. pr. pén., art. 230-19 14°, v. n° 13.17B6) ainsi que pour les interdictions prévues par une mesure de protection en matière civile d'un autre État membre de l'Union rendue exécutoire en France (**Cas** C) (C. pr. pén., art. 230-19 17°, v. n° 13.17B6).

ÉLÉMENT INTENTIONNEL

▪ **Information préalable sur les incriminations.** Cas A, B et D : la notification de l'ordonnance de protection reproduit les textes d'incrimination concernés (C. pr. civ., art. 1136-9).

RÉGIME PROCÉDURAL

▪ **Compétence juridictionnelle. Juge unique** (C. pr. pén., art. 398-1 1°, v. n° 17.15D2).

▪ **Ordonnance pénale. Possible** (C. pr. pén., art. 495-II, v. n° 15.48B1 et tableau n° 17.15D2).

▪ **Sauvegarde des intérêts de la victime. • Avis à la victime en cas de libération.** *Idem* n° 20.16 (C. pr. pén., art. D. 1-11-2, issu D. n° 2021-1820, 24 déc. 2021, mod. par D. n° 2022-656, 25 avr. 2022).

■ ÉLÉMENTS CONSTITUTIFS – QUALIFICATION

✧ Pour avoir à .... [¤ lieu], le .... [¤ date], [⇨A à D :]

A. omis de se conformer à une ou plusieurs obligations ou interdictions imposées par une ordonnance de protection notifiée le [date de notification de l'ordonnance de protection], rendue en application de l'article 515-9 du code civil au bénéfice de [¤ victime placée sous protection], en l'espèce en (C. pén., art. 227-4-2) (A : *N* ***27926.ju***) [⇨A1 à A5 :]

A1. recevant ou en rencontrant ou en entrant en relation, de quelque manière que ce soit, avec [¤ personne concernée par l'interdiction] ;

A2. détenant ou en portant une arme ou en omettant de remettre au greffe les armes dont il est détenteur ;

A3. continuant à résider dans le logement conjugal ou en continuant de jouir de la résidence du couple ;

A4. omettant de contribuer aux charges du mariage, pour le couple marié, ou à l'aide matérielle, pour les partenaires d'un pacte civil de solidarité ;

A5. omettant de contribuer à l'entretien et à l'éducation des enfants ;

A6. omettant de respecter les modalités d'exercice de l'autorité parentale ;

B. omis de se conformer à une ou plusieurs obligations ou interdictions imposées par une ordonnance de protection notifiée le [date de notification de l'ordonnance de protection], rendue en application de l'article 515-13 du code civil au bénéfice de [¤ victime placée sous protection], personne majeure menacée d'un mariage forcé, en l'espèce en (C. pén., art. 227-4-2) (B : *N 27926.ju*) [⇨B1 à B3 :]

B1. recevant ou en rencontrant ou en entrant en relation, de quelque manière que ce soit, avec [¤ personne concernée par l'interdiction] ;

B2. détenant ou en portant une arme ou en omettant de remettre au greffe les armes dont il est détenteur ;

B3. omettant de respecter l'interdiction temporaire de sortie du territoire dont la personne protégée faisait l'objet ;

C. violé une mesure de protection en matière civile ordonnée dans un autre État membre de l'Union européenne reconnue et ayant force exécutoire en France en application du règlement (UE) 606/2013 du Parlement européen et du Conseil du 12 juin 2013 relatif à la reconnaissance mutuelle des mesures de protection en matière civile (C. pén., art. 227-4-2, L. n° 2019-222, 23 mars 2019) (C : *N 32231.ju*) ;

D. omis de se conformer à une ou plusieurs obligations ou interdictions imposées par une ordonnance de protection notifiée le [date de notification de l'ordonnance de protection], rendue en application de l'article 515-9 du code civil au bénéfice de [¤ victime placée sous protection], en l'espèce, alors qu'il était tenu de verser une contribution ou des subsides, en omettant de notifier son changement de domicile au créancier dans un délai de six mois à compter de ce changement (C. pén., art. 227-4-3) (D : *N 27927.ju*).

Faits prévus et réprimés par les articles : **PERSONNES PHYSIQUES.** [• du cas sélectionné] et 227-29 du code pénal. **PERSONNES MORALES.** [• du cas sélectionné] et 227-4-1 du code pénal (*N #.ju*). ✧

21.7 Défaut de notification de changement d'adresse par le débiteur d'une pension alimentaire

■ PEINES

PERSONNE PHYSIQUE

PP Délit. 6 mois d'emprisonnement, 7 500 € (C. pén., art. 227-4).

PC *Idem* n° 21.19.

PERSONNE MORALE

PP Délit. 37 500 € (C. pén., art. 227-4-1 ; 131-38).

PC *Idem* n° 21.19.

■ ORIENTEUR

ÉLÉMENT LÉGAL

▪ Application de la loi pénale dans le temps. Cas D : incrimination créée par L. n° 2016-1547, 18 nov. 2016, créant la convention de divorce sous seing privé.

ÉLÉMENT MATÉRIEL

▪ Condition préalable. Nécessité d'un titre exécutoire concernant des obligations familiales pénalement sanctionnées, v. n°s 21.3 et 21.4.

RÉGIME PROCÉDURAL

▪ Compétence juridictionnelle. Juge unique (C. pr. pén., art. 398-1 1°, v. n° 17.15D2).

▪ Ordonnance pénale. Possible (C. pr. pén., art. 495-II, v. n° 15.48B1 et tableau n° 17.15D2).

■ ÉLÉMENTS CONSTITUTIFS – QUALIFICATION

✧ Pour avoir à .... [¤ lieu], le .... [¤ date], étant débiteur d'une pension ou prestation résultant de ses obligations familiales, en vertu [⇨A à D :]

A. d'une ordonnance du juge aux affaires matrimoniales ou familiales de...

B. d'un jugement du tribunal judiciaire de...

C. d'un arrêt de la cour d'appel de ....

... régulièrement notifié(e) rendu(e) le .... [¤ date de la décision], ...

D. d'un divorce par consentement mutuel par acte sous signature privée contresigné par avocats, déposé au rang des minutes d'un notaire le .... [¤ date du dépôt], ...

...omis de notifier dans le délai d'un mois à .... [¤ nom du créancier] son changement de domicile. Faits prévus et réprimés par les articles : **PERSONNES PHYSIQUES.** 227-4 et 227-29 du code pénal (*N 162.ju*). **PERSONNES MORALES.** 227-4 et 227-4-1 du code pénal (*N #.ju*). ✧

21.8 Non-représentation d'enfant

■ PEINES

PERSONNE PHYSIQUE

PP Délit. 1 an d'emprisonnement, 15 000 €. Cas B : 3 ans, 45 000 € (C. pén., art. 227-5).

PC *Idem* n° 21.19.

PERSONNE MORALE

PP 75 000 € (C. pén., art. 131-38).

PC Néant.

■ ORIENTEUR

ÉLÉMENT MATÉRIEL

▪ **Condition préalable.** Circ. 14 mai 1993, n° 212. « *a. La personne qui réclame le mineur peut tout d'abord* tenir son droit d'une décision de justice ou [...] d'une convention *homologuée [...] et ce, quelle que soit la cause de la décision : annulation du mariage, divorce ou séparation de corps, assistance éducative, tutelle, demande des grands-parents de l'enfant sur le fondement de l'article 371-4 du code civil ou de l'un de ses parents naturels sur celui de l'article 374, etc. Toutefois, conformément à la jurisprudence actuelle, les décisions de justice ne peuvent être utilement invoquées que si elles sont exécutoires et si elles ont été portées à la connaissance de la personne qui refuse de représenter l'enfant* [sur le titre exécutoire, v. n° 21.4] *[...]. b. L'article 227-3 vise également le cas des personnes* qui tiennent de la loi elle-même le droit de réclamer l'enfant *[...]. Entrent [...] dans le champ [...] de l'article 227-3 les deux hypothèses suivantes :*

– D'une part, le refus, par un gardien de fait de l'enfant, de le représenter aux personnes investies par la loi de l'autorité parentale, c'est-à-dire, sauf exceptions, ses père et mère ou son tuteur ;

– D'autre part, le refus, par l'un des parents non titulaires de l'autorité parentale ou ayant perdu l'exercice de l'autorité parentale en vertu d'une disposition législative, de représenter l'enfant à l'autre parent. »

ÉLÉMENT INTENTIONNEL

▪ **Concours de qualifications.** Procèdent « *de manière indissociable d'une action unique caractérisée par une seule intention coupable* » les faits commis par les proches qui ont aidé l'auteur principal dans sa fuite avec son enfant, poursuivis sous la double qualification de « *complicité des délits de soustraction d'un enfant mineur par ascendant et de non-représentation d'enfant* », lesquels ne peuvent donc donner lieu qu'à une seule déclaration de culpabilité (Crim. 8 janv. 2020, n° 19-80.809, D).

RÉGIME PROCÉDURAL

▪ **Compétence juridictionnelle. Juge unique** (C. pr. pén., art. 398-1 1°, v. n° 17.15D2).

▪ **Compétence territoriale.** « *le lieu de commission du délit de non-représentation d'enfant est celui où l'enfant doit être remis, et qu'en l'absence de précision sur ce point dans la décision fixant l'obligation de représentation, ce lieu est le domicile du parent en droit de le réclamer (Crim. 14 avr. 1999, n° 98-82.853, P n° 85)* » (§ 13), « *en conséquence, le juge français est compétent lorsque le lieu de remise de l'enfant, ou à défaut de précision le domicile du parent en droit de le réclamer, se situe sur le territoire national, sans qu'il y ait lieu de distinguer selon que le domicile du prévenu, ou l'endroit où est indûment retenu l'enfant se trouve, ou non, sur le territoire national, cette circonstance étant sans effet sur la détermination du lieu de commission de l'infraction* » (§ 14) (Crim. 21 juin 2023, n° 23-80.031, P). Lorsque le droit de visite doit être exercé à l'étranger,

C. pr. pén. art. 693 (devenu C. pén., art. 113-2) aux termes duquel « est réputé commise sur le territoire de la République toute infraction dont un acte caractérisant les éléments constitutifs a été accompli en France » n'est pas applicable car le délit de non-représentation d'enfant n'est pas, par sa nature, un délit complexe. Il s'ensuit que lorsque ce délit a été commis à l'étranger par un étranger les tribunaux français sont incompétents pour en connaître (Crim. 16 juill. 1969, nº 69-90.363, P nº 228).

▪ **Ordonnance pénale. Possible** (C. pr. pén., art. 495-II, v. nº 15.48B1 et tableau nº 17.15D2).

▪ **Allégations de violences ou d'infractions de nature sexuelle commises sur le mineur. Diligences du procureur de la République préalables aux poursuites.** « *Lorsqu'une personne mise en cause pour le délit de non représentation d'enfant [...] soutient que les faits qui lui sont reprochés ont été justifiés par des violences ou toutes autres infractions relevant de C. pr. pén., art. 706-47 commises sur le mineur par la personne qui a le droit de le réclamer, le procureur de la République veille à ce qu'il soit procédé à la vérification de ces allégations avant de décider de mettre ou non l'action publique en mouvement. En cas de citation directe exercée par la victime, il veille à ce que le tribunal correctionnel puisse disposer des éléments lui permettant d'apprécier la réalité de ces violences et l'application éventuelle de C. pén., art. 122-7 relatif à l'état de nécessité* » (C. pr. pén., art. D. 47-11-3, issu D. nº 2021-1516, 23 nov. 2021).

■ ÉLÉMENTS CONSTITUTIFS – QUALIFICATION

✧ Pour avoir à .... [¤ lieu], le .... [¤ date],

A. refusé indûment de représenter l'enfant mineur .... [¤ nom de l'enfant] à .... [¤ nom du titulaire du droit de visite *et/ou* d'hébergement, de la garde de l'enfant ou de l'autorité parentale], qui avait le droit de le réclamer (A : *N **60.ju***).

B. [• Préciser le cas échéant] avec cette circonstance qu'il avait été déchu de l'autorité parentale ou avait « *fait l'objet d'une décision de retrait de l'exercice* » de l'autorité parentale (L. nº 2019-1480, 28 déc. 2019) (B : *N **1687.ju***).

Faits prévus et réprimés par les articles 227-5, 227-10 et 227-29 du code pénal. ✧

21.9 Non-représentation d'enfant – Plus de 5 jours ou pays étranger

■ PEINES

PERSONNE PHYSIQUE

PP Délit. 3 ans d'emprisonnement, 45 000 € (auparavant 2 ans, 30 000 € [L. nº 2002-305, 4 mars 2002]) (C. pén., art. 227-9).

PC *Idem* nº 21.19.

PERSONNE MORALE

PP 225 000 € (C. pén., art. 131-38).

PC Néant.

■ ORIENTEUR

AUTRE QUALIFICATION

▪ **Interdiction de sortie du territoire de l'enfant mineur. Cas B** : en cas de non-respect de l'interdiction de sortie du territoire imposée par le JAF dans une ordonnance de protection, v. aussi nº 21.6.

ÉLÉMENT MATÉRIEL

▪ **Condition préalable.** *Idem* nº 21.8.

RÉGIME PROCÉDURAL

▪ **Compétence juridictionnelle. Juge unique** (C. pr. pén., art. 398-1 1º, v. nº 17.15D2).

▪ **Ordonnance pénale. Possible** (C. pr. pén., art. 495-II, v. nº 15.48B1 et tableau nº 17.15D2).

MESURE CIVILE

▪ **Interdiction de sortie du territoire de l'enfant mineur. Cas B** : sur les modalités de prononcé de l'interdiction de sortie du territoire de l'enfant mineur par le JAF et sa mise en œuvre (inscription au FPR et sorties autorisées), v. nº 16.4C.

■ ÉLÉMENTS CONSTITUTIFS – QUALIFICATION

✧ Pour avoir à .... [¤ lieu], le .... [¤ date], refusé indûment de représenter l'enfant mineur .... [¤ nom de l'enfant] à .... [¤ nom du titulaire du droit de visite *et/ou* d'hébergement, de la garde de l'enfant ou de l'autorité parentale], qui avait le droit de le réclamer, avec cette circonstance [⇨A ou B :]

A. que ce dernier, alors que l'enfant fut retenu plus de 5 jours, n'a pas été informé de l'endroit où il se trouvait (A : *N 11547.ju*) ;

B. que l'enfant a été retenu hors du territoire de la République (B : *N **11549**.ju*).

Faits prévus et réprimés par les articles 227-5, 227-9 et 227-29 du code pénal. ✧

21.10 Défaut de notification de changement d'adresse par le gardien d'un enfant mineur

■ PEINES

PERSONNE PHYSIQUE

PP Délit. 6 mois d'emprisonnement, 7 500 € (C. pén., art. 227-6).

PC *Idem* n° 21.19.

PERSONNE MORALE

PP 37 500 € (C. pén., art. 131-38).

PC Néant.

■ ORIENTEUR

ÉLÉMENT MATÉRIEL

▪ **Condition préalable. Nécessité d'un titre exécutoire**, jugement ou convention judiciaire homologuée, régissant le droit de visite ou d'ébergement, v. n° 21.4.

RÉGIME PROCÉDURAL

▪ **Compétence juridictionnelle. Juge unique** (C. pr. pén., art. 398-1 1°, v. n° 17.15D2).

▪ **Ordonnance pénale. Possible** (C. pr. pén., art. 495-II, v. n° 15.48B1 et tableau n° 17.15D2).

■ ÉLÉMENTS CONSTITUTIFS – QUALIFICATION

✧ Pour avoir à .... [¤ lieu], le .... [¤ date], alors que les enfants .... [¤ nom des enfants mineurs concernés] résidaient habituellement avec elle/lui, omis dans le délai d'un mois de notifier son changement de domicile à .... [¤ nom du titulaire du droit de visite ou d'hébergement], titulaire d'un droit de visite ou d'hébergement en vertu d'un jugement, d'une convention judiciairement homologué, ou d'un divorce par consentement mutuel par acte sous signature privée contresigné par avocats et déposé au rang des minutes d'un notaire.

Faits prévus et réprimés par les articles 227-6 et 227-29 du code pénal (*N 2381.ju*). ✧

21.11 Soustraction de mineur par un ascendant

■ PEINES

PERSONNE PHYSIQUE

PP Délit. 1 an d'emprisonnement, 15 000 € (C. pén., art. 227-7). Cas D : 3 ans, 45 000 € (C. pén., art. 227-10).

PC *Idem* n° 21.19.

PERSONNE MORALE

PP 75 000 € (C. pén., art. 131-38).

PC Néant.

ORIENTEUR

ÉLÉMENT MATÉRIEL

- **Tentative. Punissable** (C. pén., art. 227-11).

- **Condition préalable. Dispositions fondant les droits de la victime sur l'enfant** : Circ. 14 mai 1993, n° 213. « *Les infractions prévues par les articles 227-7 et 227-8 sont [...] constituées sans qu'il y ait à distinguer selon que la victime tient ses droits sur la personne de l'enfant d'une décision de justice, d'une convention judiciairement homologuée ou de la loi. Il convient de se reporter [...] aux observations effectuées [...] à propos de la non-représentation* » (v. n° 21.8).

- **Modalités de la soustraction.** Les dispositions de C. pén., art. 227-7 « *ne sauraient être interprétées comme imposant que le mineur ait été soustrait des seules mains du titulaire de l'autorité parentale* » (Crim. 16 févr. 2005, n° 04-82.955, D). Dans le même sens, la soustraction de l'enfant des mains du père chez lequel « *il avait sa résidence habituelle* » caractérise la soustraction, même si, comme en l'espèce, le père n'avait pas l'autorité parentale sur l'enfant et avait lui-même précédemment soustrait l'enfant des mains de la mère (Crim. 1er juin 2022, n° 21-81.813, P). La soustraction est également matérialisée lorsque le parent, qui avait jusqu'alors la garde, quitte son domicile avec les enfants après avoir eu connaissance de l'ordonnance du JAF fixant désormais la résidence des enfants auprès de l'autre parent (Crim. 25 janv. 2023, n° 21-86.595, D). De même lorsque le parent, à l'issue de l'exercice de son droit d'hébergement, ne se présente pas pour remettre l'enfant à l'autre parent (Crim. 21 mai 2014, n° 12-87.713, D).

- **Infraction continue.** « *le délit de soustraction de mineur présente le caractère d'un délit continu qui se poursuit aussi longtemps que son auteur persévère dans sa volonté de porter atteinte à l'exercice de l'autorité parentale* » (Crim. 23 févr. 2000, n° 99-84.739, P n° 83).

ÉLÉMENT INTENTIONNEL

- **Concours de qualifications.** Sur le concours de qualification de « *complicité des délits de soustraction d'un enfant mineur par ascendant et de non-représentation d'enfant* » (Crim. 8 janv. 2020, n° 19-80.809, D), v. Orienteur n° 21.8.

RÉGIME PROCÉDURAL

- **Compétence juridictionnelle. Juge unique** (C. pr. pén., art. 398-1 1°, v. n° 17.15D2).
- **Ordonnance pénale. Possible** (C. pr. pén., art. 495-II, v. n° 15.48B1 et tableau n° 17.15D2).

ÉLÉMENTS CONSTITUTIFS – QUALIFICATION

✧ Pour avoir à .... [¤ lieu], le .... [¤ date], étant ascendant du mineur .... [¤ nom de l'enfant], soustrait ou tenté de soustraire celui-ci des mains de .... [¤ nom du parent ou gardien] [⇨A à D :]

A. titulaire de l'autorité parentale (A : *N 7901.ju*) ;
B. auquel il avait été confié (B : *N 7901.ju*) ;
C. chez qui il avait sa résidence habituelle (C : *N 7901.ju*).
D. [• Préciser le cas échéant dans les cas A à C :] avec cette circonstance qu'il avait été déchu de l'autorité parentale ou avait « *fait l'objet d'une décision de retrait de l'exercice* » de l'autorité parentale (L. n° 2019-1480, 28 déc. 2019) (D : *N 7903.ju*).

Faits prévus et réprimés par les articles 227-7, 227-10, 227-11 et 227-29 du code pénal. ✧

21.12 Soustraction de mineur par un ascendant – Circonstance aggravante

PEINES

PERSONNE PHYSIQUE

PP Délit. 3 ans d'emprisonnement, 45 000 € (C. pén., art. 227-7 ; 227-9).

PC *Idem* n° 21.19.

ORIENTEUR

ÉLÉMENT MATÉRIEL, RÉGIME PROCÉDURAL

- **Renvoi.** *Idem* n° 21.11.

MESURE CIVILE

▪ **Mesure conservatoire.** Sur les modalités d'opposition ou d'interdiction de sortie du territoire de l'enfant mineur, v. n° 16.5.

▪ ÉLÉMENTS CONSTITUTIFS – QUALIFICATION

✧ Pour avoir à .... [¤ lieu], le .... [¤ date], étant ascendant du mineur .... [¤ nom de l'enfant], soustrait ou tenté de soustraire celui-ci des mains de .... [¤ nom du parent ou gardien] [⇨1 à 3 puis A ou B :]

1. titulaire de l'autorité parentale...
2. auquel il avait été confié...
3. chez qui il avait sa résidence habituelle...

... avec cette circonstance [⇨A ou B :]

A. que ce dernier, alors que l'enfant était retenu plus de 5 jours, n'a pas été informé de l'endroit où il se trouvait (A : *N* ***11548.ju***) ;

B. que l'enfant a été retenu hors du territoire de la République (A : *N* ***11550.ju***).

Faits prévus et réprimés par les articles 227-7, 227-9, 227-11 et 227-29 du code pénal. ✧

21.13 Soustraction de mineur sans fraude ni violence par un tiers

▪ PEINES

PERSONNE PHYSIQUE

PP Délit. 5 ans d'emprisonnement, 75 000 € (C. pén., art. 227-8).

PC *Idem* n° 21.19.

PERSONNE MORALE

PP 375 000 € (C. pén., art. 131-38).

PC Néant.

▪ ORIENTEUR

ÉLÉMENT MATÉRIEL, RÉGIME PROCÉDURAL

▪ Renvoi. *Idem* n° 21.11.

AUTRE QUALIFICATION

▪ **Fraude ou violence.** Dans ce cas, v. crime ou délit d'enlèvement et séquestration, n°s 20.95 à 20.102.

▪ **Auteur ascendant.** Si l'auteur est un **ascendant de l'enfant**, v. n°s 21.11 et 21.12.

▪ ÉLÉMENTS CONSTITUTIFS – QUALIFICATION

✧ Pour avoir à .... [¤ lieu], le .... [¤ date], sans fraude ni violence, soustrait ou tenté de soustraire l'enfant mineur .... [¤ nom de l'enfant] des mains de .... [¤ nom du parent ou gardien], [⇨A à C :]

A. titulaire de l'autorité parentale ;

B. auquel il avait été confié ;

C. chez qui il avait sa résidence habituelle.

Faits prévus et réprimés par les articles 227-8, 227-11 et 227-29 du code pénal (*N* ***7902.ju***). ✧

21.14 Provocation à l'abandon d'enfant

▪ PEINES

PERSONNE PHYSIQUE

PP Délit. 6 mois d'emprisonnement, 7 500 € (C. pén., art. 227-12).

PC 1. Interdiction droits civiques civils et de famille ⩽ 5 ans (vote, éligibilité, fonction juridictionnelle, expert, témoin, tuteur, curateur) (C. pén., art. 227-29 et 131-26) ;

2. Suspension, annulation, ⩽ 5 ans, du PC (C. pén., art. 227-29) ;

3. Interdiction ⩽ 5 ans quitter territoire (C. pén., art. 227-29) ;

4. Confiscation de la chose ayant servi à l'infraction ou destinée à la commettre, ou son produit (obligatoire pour objets qualifiés dangereux ou nuisibles par loi ou règlement ou dont la détention est illicite) (C. pén., art. 227-29 et 131-21) ;

5. Interdiction, définitive ou ⩽ 10 ans, activité professionnelle ou bénévole impliquant contact habituel avec mineurs (C. pén., art. 227-29) ;

6. Affichage, ⩽ 2 mois, *et/ou* (L. n° 2011-525, 17 mai 2011) diffusion de la décision ou d'extraits aux frais (⩽ amende encourue) du condamné (C. pén., art. 227-30 et 131-35).

PERSONNE MORALE

PP Délit. 37 500 € (C. pén., art. 227-14 ; 131-38).

PC 1. Dissolution (sauf personnes morales de droit public, partis, groupements politiques, syndicats, institutions représentatives du personnel) si personne morale créée pour commettre l'infraction (C. pén., art. 227-14 et 131-39 1°) ;

2. Interdiction, définitive ou ⩽ 5 ans, d'exercer une ou plusieurs activités professionnelles ou sociales en relation avec l'infraction (C. pén., art. 227-14 et 131-39 2°) ;

3. Surveillance judiciaire ⩽ 5 ans, sauf personnes morales de droit public (C. pén., art. 227-14, 131-39 3° et 131-46) ;

4. Confiscation de la chose ayant servi à l'infraction ou destinée à la commettre, ou son produit (obligatoire pour objets qualifiés dangereux ou nuisibles par loi ou règlement ou dont la détention est illicite) (C. pén., art. 227-14, 131-39 8° et 131-21) ;

5. Affichage, ⩽ 2 mois, *et/ou* (L. n° 2011-525, 17 mai 2011) diffusion de la décision ou d'extraits aux frais (⩽ amende encourue) du condamné (C. pén., art. 227-14, 131-39 9°, 131-48 et 131-35).

■ ÉLÉMENTS CONSTITUTIFS – QUALIFICATION

✧ Pour avoir à .... [¤ lieu], le .... [¤ date], [⇨A ou B :]

A. dans un but lucratif ...

B. par don, promesse, menace ou abus d'autorité ...

... provoqué des parents ou l'un d'entre eux à abandonner un enfant né ou à naître.

Faits prévus et réprimés par les articles : **PERSONNES PHYSIQUES.** 227-12, 227-29 et 227-30 du code pénal (*N 12344.co*). **PERSONNES MORALES.** 227-12 et 227-14 du code pénal (*N #.co*). ✧

21.15 Entremise lucrative pour l'abandon et l'adoption d'enfant – Mère porteuse

■ PEINES

PERSONNE PHYSIQUE

PP Délit. Cas A et B : 1 an d'emprisonnement, 15 000 €. Cas C : 2 ans, 30 000 € (C. pén., art. 227-12).

PC *Idem* n° 21.14.

PERSONNE MORALE

PP Délit. Cas A et B : 75 000 €. Cas C : 150 000 € (C. pén., art. 227-14 ; 131-38).

PC *Idem* n° 21.14.

■ ORIENTEUR

ÉLÉMENT MATÉRIEL

▪ Tentative. Punissable (C. pén., art. 227-12, al. 3).

■ ÉLÉMENTS CONSTITUTIFS – QUALIFICATION

✧ Pour s'être à .... [¤ lieu], le .... [¤ date], [⇨A à C :]

A. dans un but lucratif, entremis entre une personne désireuse d'adopter un enfant et un parent désireux d'abandonner son enfant, né ou à naître (A : *N 1686.co*) ;

B. entremis entre une personne ou un couple désireux d'accueillir un enfant et une femme acceptant de porter en elle cet enfant en vue de le leur remettre (B : *N 20075.co*) ;

C. [• Préciser le cas échéant dans le cas B] avec cette circonstance que les faits ont été commis à titre habituel (C1 : *N 20077.co*) ou dans un but lucratif (C2 : *N 20076.co*).

Faits prévus et réprimés par les articles : **PERSONNES PHYSIQUES.** 227-12, 227-29 et 227-30 du code pénal. **PERSONNES MORALES.** 227-12 et 227-14 du code pénal. ✧

21.16 Substitution d'enfants – Simulation d'enfant – Dissimulation d'enfant

▪ PEINES

PERSONNE PHYSIQUE

PP Délit. 3 ans d'emprisonnement, 45 000 € (C. pén., art. 227-13).

PC *Idem* nº 21.14.

PERSONNE MORALE

PP Délit. 225 000 € (C. pén., art. 227-14 ; 131-38).

PC 1. Dissolution (sauf personnes morales de droit public, partis, groupements politiques, syndicats, institutions représentatives du personnel) si personne morale créée ou détournée de son objet pour commettre l'infraction (C. pén., art. 227-14 et 131-39 1º) ;

2. Autres peines complémentaires, *idem* nº 21.13.

▪ ORIENTEUR

AUTRE QUALIFICATION

▪ **Atteintes à l'état civil – Non déclaration d'enfant dans le délai – Modification illicite du nom.** V. nº 25.56, Cas A.

ÉLÉMENT LÉGAL

▪ **Définition. Substitution, supposition, simulation, dissimulation d'enfant.** Circ. 14 mai 1993, nº 216 : « *La substitution d'enfant consiste à le remplacer par un autre enfant dont une femme a accouché. La simulation et la dissimulation constituent […] les deux aspects des faits […] qualifiés […] de supposition d'enfant […] la supposition, qui consiste à attribuer la maternité d'un enfant à une femme qui n'a pas accouché, implique, pour la mère fictive, de simuler la naissance de l'enfant et, pour la mère biologique, de dissimuler sa maternité […] la dissimulation d'un enfant peut être réprimée même en l'absence de simulation et inversement.* »

ÉLÉMENT MATÉRIEL

▪ **Tentative. Punissable** (C. pén., art. 227-13).

RÉGIME PROCÉDURAL

▪ **Prescription de l'action publique. Infraction occulte par nature.** Selon la jurisprudence (Crim. 23 juin 2004, nº 03-82.371, P, nº 173), consacrée par L. nº 2017-242, 27 févr. 2017 créant C. pr. pén., art. 9-1, l'infraction de simulation ou de dissimulation d'enfant est une infraction occulte par nature. Le point de départ de la prescription est « *le jour ou l'infraction est apparue et a pu être constatée dans des conditions permettant la mise en mouvement ou l'exercice de l'action publique, sans toutefois que le délai de prescription puisse dépasser 12 années révolues à compter du jour où l'infraction a été commise* » (C. pr. pén., art. 9-1, L. nº 2017-242, 27 févr. 2017). Sur les causes d'allongement de la prescription de l'action publique, v. nº 17.20 s.

▪ ÉLÉMENTS CONSTITUTIFS – QUALIFICATION

✧ Pour avoir à .... [¤ lieu], le .... [¤ date], volontairement [⇨A à C :]

A. substitué (A : *N 12333.co*)...

B. simulé (B : *N 12334.co*)...

C. dissimulé (C : *N 12335.co*)...

... un enfant, lesdits faits ayant entraîné une atteinte à son état civil.

Faits prévus et réprimés par les articles : **PERSONNES PHYSIQUES.** 227-13, 227-29 et 227-30 du code pénal. **PERSONNES MORALES.** 227-13 et 227-14 du code pénal. ✧

21.17 Délaissement – D'une personne hors d'état de se protéger

▪ PEINES

PERSONNE PHYSIQUE

PP Délit. 5 ans d'emprisonnement, 75 000 € (C. pén., art. 223-3).

PC 1. Interdiction définitive ou ⩽ 5 ans activité professionnelle ou sociale en relation avec l'infraction (sauf mandat électif ou syndical) (C. pén., art. 223-17 et 131-27) ;

2. Interdiction droits civiques civils et de famille ⩽ 5 ans (vote, éligibilité, fonction juridictionnelle, expert, témoin, tuteur, curateur) (C. pén., art. 223-16 et 131-26) ;

3. Confiscation de la chose ayant servi à l'infraction ou destinée à la commettre, ou son produit (obligatoire pour objets qualifiés dangereux ou nuisibles par loi ou règlement ou dont la détention est illicite) (C. pén., art. 223-17 et 131-21) ;

4. Fermeture, définitive ou ⩽ 5 ans, établissement(s) ayant servi à commettre l'infraction (C. pén., art. 223-17 et 131-33).

PERSONNE MORALE

PP Délit. 375 000 € (C. pén., art. 223-7-1 ; 131-38).

PC 1. Interdiction, définitive ou ⩽ 5 ans, d'exercer une ou plusieurs activités professionnelles ou sociales en relation avec l'infraction (C. pén., art. 223-7-1, 131-39 2°) ;

2. Surveillance judiciaire ⩽ 5 ans, sauf personnes morales de droit public, partis, groupements politiques, syndicats (C. pén., art. 223-7-1, 131-39 3° et 131-46) ;

3. Fermeture, définitive ou ⩽ 5 ans, un ou plusieurs établissements en relation avec l'infraction (C. pén., art. 223-7-1, 131-39 4°) ;

4. Exclusion, définitive ou ⩽ 5 ans, marchés publics (C. pén., art. 223-7-1, 131-39 5°) ;

5. Interdiction, définitive ou ⩽ 5 ans, de *faire appel public à l'épargne* (procéder à une offre au public de titres financiers ou de les faire admettre aux négociations sur un marché réglementé, selon L. n° 2009-80, 22 janv. 2009) (C. pén., art. 223-7-1, 131-39 6°) ;

6. Interdiction, ⩽ 5 ans, d'utiliser des cartes de paiement ou d'émettre des chèques autres que de retrait ou certifiés (C. pén., art. 223-7-1, 131-39 7°) ;

7. Confiscation de la chose ayant servi à l'infraction ou destinée à la commettre, ou son produit (obligatoire pour objets qualifiés dangereux ou nuisibles par loi ou règlement ou dont la détention est illicite) (C. pén., art. 223-7-1, 131-39 8° et 131-21) ;

8. Affichage, ⩽ 2 mois, *et/ou* (L. n° 2011-525, 17 mai 2011) diffusion de la décision ou d'extraits aux frais (⩽ amende encourue) du condamné (C. pén., art. 223-7-1, 131-39 9°, 131-48 et 131-35).

▪ ORIENTEUR

ÉLÉMENT LÉGAL

▪ **Définition. Délaissement :** « *le délit de délaissement suppose un acte positif, exprimant de la part de son auteur la volonté d'abandonner définitivement la victime* » (Crim. 9 oct. 2012, n° 12-80.412, P n° 213). Il ne « *peut être constitué qu'à l'encontre d'une personne qui assume déjà la responsabilité de la prise en charge de la victime* » (Crim. 23 mai 2018, n° 17-84.067, P).

▪ ÉLÉMENTS CONSTITUTIFS – QUALIFICATION

✧ Pour avoir à .... [¤ lieu], le .... [¤ date], délaissé .... [¤ nom de la victime], personne hors d'état de se protéger en raison de son âge ou de son état physique ou psychique.

Faits prévus et réprimés par les articles : **PERSONNES PHYSIQUES.** 223-3, 223-16, 223-17 du code pénal (*N 10596.co*). **PERSONNES MORALES.** 223-3 et 223-7-1 du code pénal (*N #.co*). ✧

21.18 Délaissement aggravé – D'une personne hors d'état de se protéger

▪ PEINES

PERSONNE PHYSIQUE

PP Crime. Cas A : 15 ans de réclusion. Cas B : 20 ans (C. pén., art. 223-4).

PC *Idem* n° 21.17, mais interdiction droits civiques civils et de famille jusqu'à 10 ans.

PERSONNE MORALE

PP PC Crime. *Idem* n° 21.17.

■ ORIENTEUR

ÉLÉMENT MATÉRIEL

▪ **Médecine légale. • Notion de mort, de mutilation et d'infirmité permanente.** Sur ces notions en médecine légale, v. n°s 14.3 (mort) et 14.2B (mutilation et infirmité permanente).

RÉGIME PROCÉDURAL

▪ **Procédure d'assises. • Compétence de la cour criminelle départementale.** Sauf si l'auteur est en récidive ou si l'un des accusés est poursuivi pour un crime ne relevant pas de sa compétence, les faits commis par un majeur relèvent en premier ressort de la cour criminelle départementale à compter du 1er janv. 2023, selon les précisions apportées au n° 17.15A (C. pr. pén., art. 380-16, issu L. n° 2021-1729, 22 déc. 2021).

■ ÉLÉMENTS CONSTITUTIFS – QUALIFICATION

✧ Pour avoir à .... [¤ lieu], le .... [¤ date], délaissé .... [¤ nom de la victime], personne hors d'état de se protéger en raison de son âge ou de son état physique ou psychique, avec cette circonstance que les faits ont entraîné [⇨A ou B :]

A. une mutilation ou une infirmité permanente (A : *N 10597.cc*) ;

B. sa mort (B : *N 10598.cc*).

Faits prévus et réprimés par les articles : **PERSONNES PHYSIQUES.** 223-3, 223-4, 223-16, 223-17 du code pénal. **PERSONNES MORALES.** 223-3, 223-4 et 223-7-1 du code pénal (*N #.cr*). ✧

21.19 Délaissement – De mineur

■ PEINES

PERSONNE PHYSIQUE

PP Délit. 7 ans d'emprisonnement, 100 000 € (C. pén., art. 227-1).

PC 1. Interdiction droits civiques civils et de famille ⩽ 5 ans (vote, éligibilité, fonction juridictionnelle, expert, témoin, tuteur, curateur) (C. pén., art. 227-29 et 131-26) ;

2. Suspension, annulation, ⩽ 5 ans, du PC (C. pén., art. 227-29) ;

3. Interdiction ⩽ 5 ans quitter territoire (C. pén., art. 227-29) ;

4. Confiscation de la chose ayant servi à l'infraction ou destinée à la commettre, ou son produit (obligatoire pour objets qualifiés dangereux ou nuisibles par loi ou règlement ou dont la détention est illicite) (C. pén., art. 227-29 et 131-21) ;

5. Interdiction, définitive ou ⩽ 10 ans, activité professionnelle ou bénévole impliquant contact habituel avec mineurs (C. pén., art. 227-29) ;

6. Stage de responsabilité parentale (C. pén., art. 131-5-1 et 227-29 7 [L. n° 2007-297, 5 mars 2007]) (pour les faits commis avant le 24 mars 2020 et jugés après cette date, L. n° 2019-222, 23 mars 2019, en vigueur le 24 mars 2020. Pour les faits commis à partir du 24 mars 2020, v. nouvelle réd. C. pén., art. 131-5-1 et n° 18.33).

PERSONNE MORALE

PP Délit. 500 000 € (C. pén., art. 227-4-1 ; 131-38).

PC 1. Interdiction, définitive ou ⩽ 5 ans, une ou plusieurs activités professionnelles ou sociales en relation avec l'infraction (C. pén., art. 227-4-1, 131-39 2°) ;

2. Surveillance judiciaire ⩽ 5 ans, sauf personnes morales de droit public, partis, groupements politiques, syndicats (C. pén., art. 227-4-1, 131-39 3° et 131-46) ;

3. Fermeture, définitive ou ⩽ 5 ans, un ou plusieurs établissements en relation avec l'infraction (C. pén., art. 227-4-1, 131-39 4°) ;

4. Exclusion, définitive ou ⩽ 5 ans, marchés publics (C. pén., art. 227-4-1, 131-39 5°) ;

5. Interdiction, définitive ou ⩽ 5 ans, de *faire appel public à l'épargne* (procéder à une offre au public de titres financiers ou de les faire admettre aux négociations sur un marché réglementé, selon L. n° 2009-80, 22 janv. 2009) (C. pén., art. 227-4-1, 131-39 6°) ;

6. Interdiction, ⩽ 5 ans, d'utiliser des cartes de paiement ou d'émettre des chèques autres que de retrait ou certifiés (C. pén., art. 227-4-1, 131-39 7°) ;

7. Confiscation de la chose ayant servi à l'infraction ou destinée à la commettre, ou son produit (obligatoire pour objets qualifiés dangereux ou nuisibles par loi ou règlement ou dont la détention est illicite) (C. pén., art. 227-4-1, 131-39 8° et 131-21) ;
8. Affichage, ⩽ 2 mois, *et/ou* (L. n° 2011-525, 17 mai 2011) diffusion de la décision ou d'extraits aux frais (⩽ amende encourue) du condamné (C. pén., art. 227-4-1, 131-39 9°, 131-48 et 131-35).

■ ORIENTEUR

AUTRE QUALIFICATION

▪ **Délaissement aggravé.** Si le délaissement a entraîné la mort ou une mutilation ou une infirmité permanente, v. n° 21.20.

ÉLÉMENT MATÉRIEL

▪ **Circonstances du délaissement.** L'infraction n'est **pas constituée** si « *les circonstances du délaissement ont permis d'assurer la santé et la sécurité* » **du mineur** (C. pén., art. 227-1).

POLITIQUE PUBLIQUE

▪ **Prévention de l'infraction. Accouchement « sous X »** : « *Lors de l'accouchement, la mère peut demander que le secret de son identité et de son admission soit préservé.* » (C. civ., art. 326). La femme peut toutefois, lors de l'accouchement ou à tout moment, remettre son identité sous pli fermé. Elle est informée de ce droit et elle est également informée qu'elle a à tout moment la possibilité de lever le secret de son identité (CASF, art. L. 222-6).

■ ÉLÉMENTS CONSTITUTIFS – QUALIFICATION

✧ Pour avoir à .... [¤ lieu], le .... [¤ date], délaissé en un lieu quelconque .... [¤ nom du mineur], mineur de moins de 15 ans.

Faits prévus et réprimés par les articles : **PERSONNES PHYSIQUES.** 227-1 et 227-29 du code pénal (*N 10599.co*). **PERSONNES MORALES.** 227-1 et 227-4-1 du code pénal (*N #.co*). ✧

21.20 Délaissement aggravé – De mineur

■ PEINES

PERSONNE PHYSIQUE

PP Crime. Cas A : 20 ans de réclusion. Cas B : 30 ans (C. pén., art. 227-2).

PC 1. Interdiction droits civiques civils et de famille ⩽ 10 ans (vote, éligibilité, fonction juridictionnelle, expert, témoin, tuteur, curateur) (C. pén., art. 227-29 et 131-26). Sauf dispense spécialement motivée, la peine d'inéligibilité est obligatoirement prononcée (C. pén., art. 131-26-2, L. n° 2017-1339, 15 sept. 2017) ;
2. Interdiction, définitive ou ⩽ 5 ans, d'exercer une activité professionnelle ou sociale en relation avec l'infraction, ou une fonction publique (sauf mandat électif ou syndical) *et/ou* interdiction définitive ou ⩽ 15 ans (10 ans avant L. n° 2013-1117, 6 déc. 2013) d'exercer une profession commerciale ou industrielle, de diriger, d'administrer, de gérer ou de contrôler à un titre quelconque, directement ou indirectement, pour son propre compte ou pour le compte d'autrui, une entreprise commerciale ou industrielle ou une société commerciale (C. pén., art. 227-29 et 131-27 [mod. par L. n° 2008-776, 4 août 2008]) ;
3. *Idem* n° 21.19, **PC** 2 à 6.

PERSONNE MORALE

PP Crime. 1 000 000 € (C. pén., art. 227-4-1 ; 131-38 [L. n° 2004-204, 9 mars 2004, art. 55-I]).

PC *Idem* n° 21.19.

■ ORIENTEUR

ÉLÉMENT MATÉRIEL

▪ **Médecine légale. • Notion de mort, de mutilation et d'infirmité permanente.** *Idem* n° 21.18.

RÉGIME PROCÉDURAL

▪ **Procédure d'assises. • Compétence de la cour criminelle départementale.** Cas A : *idem* n° 21.18 (C. pr. pén., art. 380-16, issu L. n° 2021-1729, 22 déc. 2021).

■ ÉLÉMENTS CONSTITUTIFS – QUALIFICATION

✧ Pour avoir à .... [¤ lieu], le .... [¤ date], délaissé en un lieu quelconque .... [¤ nom du mineur], mineur de moins de 15 ans, avec cette circonstance que les faits [⇨A ou B :]

A. ont entraîné une mutilation ou une infirmité permanente de celui-ci (A : *N 10487.cc*) ;

B. ont été suivis de la mort de celui-ci (B : *N 10488.cr*).

Faits prévus et réprimés par les articles : **PERSONNES PHYSIQUES.** 227-2 et 227-29 du code pénal. **PERSONNES MORALES.** 227-2 et 227-4-1 du code pénal. ✧

21.21 Privation de soins et d'aliments par ascendant sur un mineur

■ PEINES

PERSONNE PHYSIQUE

PP Délit. Cas A : 7 ans d'emprisonnement, 100 000 € (C. pén., art. 227-15). Crime. Cas B : 30 ans réclusion criminelle (art. 227-16).

PC 1. Interdiction droits civiques civils et de famille ⩽ 5 ans (cas A) ou 10 ans (cas B) (vote, éligibilité, fonction juridictionnelle, expert, témoin, tuteur, curateur) (C. pén., art. 227-29 et 131-26). Cas B : sauf dispense spécialement motivée, la peine d'inéligibilité est obligatoirement prononcée (C. pén., art. 131-26-2, L. n° 2017-1339, 15 sept. 2017) ;

2. Suspension, annulation, ⩽ 5 ans, du PC (C. pén., art. 227-29) ;

3. Interdiction ⩽ 5 ans quitter territoire (C. pén., art. 227-29) ;

4. Confiscation de la chose ayant servi à l'infraction ou destinée à la commettre, ou son produit (obligatoire pour objets qualifiés dangereux ou nuisibles par loi ou règlement ou dont la détention est illicite) (C. pén., art. 227-29 et 131-21) ;

5. Interdiction, définitive ou ⩽ 10 ans, activité professionnelle ou bénévole impliquant contact habituel avec mineurs (C. pén., art. 227-29) ;

6. Stage de responsabilité parentale (C. pén., art. 131-5-1 et 227-29 7 [L. n° 2007-297, 5 mars 2007]) (pour les faits commis avant le 24 mars 2020 et jugés après cette date, L. n° 2019-222, 23 mars 2019, en vigueur le 24 mars 2020. Pour les faits commis à partir du 24 mars 2020, v. nouvelle réd. C. pén., art. 131-5-1 et n° 18.33).

7. Cas B. Interdiction, définitive ou ⩽ 5 ans, d'exercer une activité professionnelle ou sociale en relation avec l'infraction, ou une fonction publique (sauf mandat électif ou syndical) *et/ou* interdiction définitive ou ⩽ 15 ans (10 ans avant L. n° 2013-1117, 6 déc. 2013) d'exercer une profession commerciale ou industrielle, de diriger, d'administrer, de gérer ou de contrôler à un titre quelconque, directement ou indirectement, pour son propre compte ou pour le compte d'autrui, une entreprise commerciale ou industrielle ou une société commerciale (C. pén., art. 227-29 et 131-27 [mod. par L. n° 2008-776, 4 août 2008]) ;

PERSONNE MORALE

PP Délit. Cas A : 500 000 €. Crime. Cas B : 1 000 000 € (C. pén., art. 227-17-2 ; 131-38 [L. n° 2004-204, 9 mars 2004, art. 55-I]).

PC 1. Dissolution (sauf personnes morales de droit public, partis, groupements politiques, syndicats, institutions représentatives du personnel) si personne morale créée ou détournée de son objet pour commettre l'infraction (C. pén., art. 227-17-2, 131-39 1° et 131-45) ;

2. Interdiction, définitive ou ⩽ 5 ans, d'exercer une ou plusieurs activités professionnelles ou sociales en relation avec l'infraction (C. pén., art. 227-17-2, 131-39 2°) ;

3. Surveillance judiciaire ⩽ 5 ans, sauf personnes morales de droit public, partis, groupements politiques, syndicats (C. pén., art. 227-17-2, 131-39 3°, 131-46) ;

4. Fermeture, définitive ou ⩽ 5 ans, un ou plusieurs établissements en relation avec l'infraction (C. pén., art. 227-17-2, 131-39 4°) ;

5. Exclusion, définitive ou ⩽ 5 ans, marchés publics (C. pén., art. 227-17-2, 131-39 5°) ;

6. Interdiction, définitive ou ⩽ 5 ans, de *faire appel public à l'épargne* (procéder à une offre au public de titres financiers ou de les faire admettre aux négociations sur un marché réglementé, selon L. n° 2009-80, 22 janv. 2009) (C. pén., art. 227-17-2, 131-39 6°) ;

7. Interdiction, ⩽ 5 ans, d'utiliser des cartes de paiement ou d'émettre des chèques autres que de retrait ou certifiés (C. pén., art. 227-17-2, 131-39 7°) ;
8. Confiscation de la chose ayant servi à l'infraction ou destinée à la commettre, ou son produit (obligatoire pour objets qualifiés dangereux ou nuisibles par loi ou règlement ou dont la détention est illicite) (C. pén., art. 227-17-2, 131-39 8° et 131-21) ;
9. Affichage, ⩽ 2 mois, *et/ou* (L. n° 2011-525, 17 mai 2011) diffusion de la décision ou d'extraits aux frais (⩽ amende encourue) du condamné (C. pén., art. 227-17-2, 131-39 9°, 131-48 et 131-35).

■ ORIENTEUR

AUTRE QUALIFICATION

▪ **Mendicité agressive.** V. n° 22.16 ;

▪ **Exploitation de la mendicité.** V. n° 20.115.

ÉLÉMENT MATÉRIEL

▪ **Médecine légale. • Notion de mort.** Sur la notion de mort en médecine légale, v. n° 14.3.

RÉGIME PROCÉDURAL

▪ **Preuve. Présomption de privation de soins, mendicité avec un enfant < 6 ans :** constitue notamment une privation de soins le fait de maintenir un enfant < 6 ans sur la voie publique ou dans un espace affecté au transport collectif de voyageurs, dans le but de solliciter la générosité des passants (C. pén., art. 227-15 [L. n° 2003-239, 18 mars 2003, art. 44]). Cette présomption n'est pas irréfragable et l'infraction de privation de soins n'est pas caractérisée si les pièces produites révèlent que l'enfant est en bonne santé et que la mendicité n'a pas compromis sa santé (Crim. 12 oct. 2005, n° 05-81.191, P n° 257).

■ ÉLÉMENTS CONSTITUTIFS – QUALIFICATION

✧ Pour avoir à .... [¤ lieu], le .... [¤ date], [⇨A puis le cas échéant B :]

A. (C. pén., art. 227-15 et 227-29) (A : *N* ***10880.co***) [⇨A1 à A3 :]

A1. étant ascendant de l'enfant mineur...

A2. exerçant l'autorité parentale à l'égard du mineur...

A3. ayant autorité sur le mineur ....

[¤ nom du mineur], âgé de moins de 15 ans, privé celui-ci d'aliments ou de soins au point de compromettre sa santé.

B. [• Préciser le cas échéant dans le cas A] lesdits faits ayant entraîné la mort de la victime (C. pén., art. 227-15, 227-16 et 227-29) (B : *N* ***7193.cr***

Faits prévus et réprimés par les articles [¤ de l'infraction sélectionnée]. ✧

21.22 Abandon moral ou matériel – D'un mineur

■ PEINES

PERSONNE PHYSIQUE

PP Délit. 2 ans d'emprisonnement, 30 000 € (C. pén., art. 227-17).

PC 1. *Idem* n° 21.21 (interdiction droits civiques civils et de famille ⩽ 5 ans).

PERSONNE MORALE

PP Délit. 150 000 € (C. pén., art. 227-17-2 ; 131-38).

PC *Idem* n° 21.21, la dissolution n'est cependant encourue que dans le cas où la personne morale a été créée pour commettre l'infraction (C. pén., art. 227-17-2, 131-39 1° et 131-45).

■ ORIENTEUR

TEXTE DE RÉFÉRENCE

▪ **Définition. Contenu de l'autorité parentale.** « *L'autorité parentale est un ensemble de droits et de devoirs ayant pour finalité l'intérêt de l'enfant. Elle appartient aux parents jusqu'à la majorité ou l'émancipation de l'enfant pour le protéger dans sa sécurité, sa santé et sa moralité, pour assurer son éducation et permettre son développement, dans le respect dû à sa personne. "L'autorité parentale s'exerce sans violences physiques ou psychologiques"* [mod. issue L. n° 2019-721, 10 juill. 2019]. *Les parents associent l'enfant aux décisions qui le concernent, selon son âge et son degré de maturité* » (C. civ., art. 371-1).

ÉLÉMENT MATÉRIEL

▪ **Illustration.** A souverainement apprécié que la santé, la sécurité, la moralité ou l'éducation des enfants avaient été compromises par leur mère qui avait adhéré à une idéologie radicale et rejoint des combattants islamistes en Syrie, la cour qui « *retient qu'elle a exposé ses trois enfants mineurs, [...], à un environnement d'une extrême dangerosité en les faisant séjourner dans des zones de combat en Syrie, qu'elle a compromis leur équilibre par leur déscolarisation et par leur rupture avec leur environnement familial et social, que le mineur [...], qui lui avait été confié, a ainsi été interpellé sur la voie publique, trois jours après les attentats du vendredi 13 novembre 2015, avec une arme automatique factice, qu'enfin, elle s'est totalement désintéressée du mineur [...], resté en France* » (Crim. 20 juin 2018, n° 17-84.128, P n° 122).

MESURE CIVILE

▪ **Privation de l'autorité parentale.** L'infraction est assimilée à un abandon de famille pour l'application du 3° de l'article 373 du code civil (C. pén., art. 227-17). C. civ., art. 373 : « *Perd l'exercice de l'autorité parentale ou en est provisoirement privé celui des père et mère qui se trouve dans l'un des cas suivants : [...] 3o S'il a été condamné sous l'un des divers chefs de l'abandon de famille, tant qu'il n'a pas recommencé à assumer ses obligations pendant une durée de six mois au moins.* »

▪ ÉLÉMENTS CONSTITUTIFS – QUALIFICATION

✧ Pour s'être à .... [¤ lieu], le .... [¤ date], étant père ou mère de l'enfant mineur .... [¤ nom de l'enfant], soustrait sans motif légitime à ses obligations légales au point de compromettre (gravement, supprimé par L. n° 2002-1138, 9 sept. 2002, art. 27) sa santé, sa sécurité, sa moralité ou son éducation, en l'espèce en .... [¤ matérialiser l'infraction].

Faits prévus et réprimés par les articles : **PERSONNES PHYSIQUES.** 227-17 et 227-29 du code pénal (*N 7857.co*). **PERSONNES PHYSIQUES.** 227-17 et 227-17-2 du code pénal (*N #.co*). ✧

21.23 Manquement à l'obligation scolaire – Manquements des établissements d'enseignement privé à leurs obligations

▪ PEINES

PERSONNE PHYSIQUE

PP Délit. Cas A : 6 mois d'emprisonnement, 7 500 € (C. pén., art. 227-17-1).

Cas B à D : 1 an d'emprisonnement (depuis L. n° 2021-1109, 24 août 2021, auparavant 6 mois), 15 000 € (depuis L. n° 2018-266, auparavant 7 500 €) (C. pén., art. 227-17-1) ;

Cas E : 1 an d'emprisonnement, 15 000 € (depuis L. n° 2021-1109, 24 août 2021, auparavant amende seule encourue) (C. éduc., art. L. 441-4, réd. issue L. n° 2021-1109, 24 août 2021) ;

Cas F : 1 an d'emprisonnement, 15 000 € (depuis L. n° 2021-1109, 24 août 2021, auparavant amende seule encourue) (C éduc., art. L. 914-5).

PC Cas A à D : *Idem* n° 21.21 (interdiction droits civiques civils et de famille ⩽ 5 ans).

Cas B à D : fermeture d'établissement pour les faits commis avant le 25 août 2021 (C. pén., art. 227-17-1, L. n° 2021-1109, 24 août 2021, art. 55 II).

Cas E : interdiction définitive ou ⩽ 5 ans d'ouvrir et de diriger un établissement scolaire et d'y enseigner (C. éduc., art. L. 441-4) ; fermeture d'établissement pour les faits commis avant le 25 août 2021 (C. éduc., art. L. 441-4 ; L. n° 2021-1109, 24 août 2021, art. 53 II).

Cas F : interdiction définitive ou ⩽ 5 ans de diriger un établissement scolaire et d'y enseigner (C. éduc., art. L. 914-5) ; fermeture d'établissement pour les faits commis avant le 25 août 2021 (C. éduc., art. L. 914-5, L. n° 2021-1109, 24 août 2021, art. 53 II).

PERSONNE MORALE

PP Cas A : 37 500 € (C. pén., art. 227-17-2 ; 131-38) ;

Cas B à D : 75 000 € (depuis L. n° 2018-266, auparavant 37 500 €) (C. pén., art. 227-17-1) (C. pén., art. 227-17-2 ; 131-38) ;

Cas E : 75 000 € (C. éduc., art. L. 441-4 ; C. pén., art. 131-38) ;

Cas F : 75 000 € (C. éduc., art. L. 914-5 ; C. pén., art. 131-38) ;

PC Cas A à D : *idem* n° 21.21, la dissolution n'est cependant encourue que dans le cas où la personne morale a été créée pour commettre l'infraction (C. pén., art. 227-17-2, 131-39 1° et 131-45).

■ **ORIENTEUR**

AUTRE QUALIFICATION

▪ **Non-respect de l'assiduité scolaire. Contravention**, V. nº 21.24.

ÉLÉMENT LÉGAL

▪ **Application de la loi pénale dans le temps. Cas B** : incrimination réécrite par L. nº 2021-1109, 24 août 2021, confortant le respect des principes de la République, v. **cas B1** pour la rédaction initiale et **cas B2** pour la nouvelle rédaction. La peine d'emprisonnement a été élevée de 6 mois à 1 an par la même loi. **Cas E** et **F** : peine d'emprisonnement d'un an prévue depuis L. nº 2021-1109, 24 août 2021, auparavant seule l'amende de 15 000 € était encourue.

TEXTE DE RÉFÉRENCE

▪ **Principe de l'obligation scolaire. • Principe.** « *L'instruction est obligatoire pour "~~les enfants des deux sexes, français et étrangers, entre 6 et 16 ans~~" chaque enfant dès l'âge de 3 ans et jusqu'à l'âge de 16 ans* » (C. éduc., art. L. 131-1, mod. par L. nº 2019-791, 26 juill. 2019). Elle peut être donnée soit dans les établissements scolaires, soit dans les familles par les parents, ou toute personne de leur choix (C. éduc., art. L. 131-2). Les personnes responsables d'un enfant soumis à l'obligation scolaire doivent le faire inscrire dans un établissement scolaire, ou bien déclarer au maire et à l'inspecteur d'académie qu'elles lui feront donner l'instruction dans la famille (C. éduc., art. L. 131-5). • **Règles applicables à l'instruction en famille.** La L. nº 2021-1109, 24 août 2021, art. 49, confortant le respect des principes de la République, dont l'entrée en vigueur est prévue « *à la rentrée scolaire 2022* » (L. nº 2021-1109, 24 août 2021, art. 49 IV), prévoit désormais que l'instruction en famille est subordonnée à une **autorisation** préalable (C. éduc., art. L. 131-2) délivrée par l'autorité de l'État compétente en matière d'éducation, valable un an, sous des conditions précises fondées sur « *l'intérêt supérieur de l'enfant* » et la justification de la capacité des personnes chargées d'instruire l'enfant et la présentation écrite d'un projet éducatif (C. éduc., art. L. 131-5). • **Constitutionnalité de l'autorisation préalable pour l'instruction en famille.** L'instruction en famille n'est qu'une simple modalité de mise en œuvre de l'instruction obligatoire instituée par L. 28 mars 1882, art. 4, et n'est pas considérée comme « *une composante du principe fondamental reconnu par les lois de la République de la liberté de l'enseignement* » (§ 72) ; sous réserve que les autorités administratives fondent leur autorisation d'instruction en famille sur la vérification de la « *capacité…d'instruire* » et « *sur l'existence d'une situation propre à l'enfant motivant le projet éducatif* », en « *excluant toute discrimination de quelque nature que ce soit* » (§76), le dispositif d'autorisation institué par C. éduc., art. L. 131-5 (issu L. nº 2021-1109, 24 août 2021) est jugé conforme à la Constitution (§ 79) en ce qu'il ne méconnaît ni l'objectif d'accessibilité et d'intelligibilité de la loi (§ 77), ni la liberté de conscience ou d'opinion (§ 78), ni le droit au respect de la vie privée ni aucune autre exigence constitutionnelle (§ 79) (Cons. const. 13 août 2021, nº 2021-823 DC).

▪ **Établissement d'enseignement privé. • Déclaration d'ouverture et conditions.** Toute personne respectant les conditions de capacité et de nationalité fixées par C. éduc., art. L. 914-3 peut ouvrir un établissement d'enseignement scolaire privé à condition de déclarer, en déposant un dossier de déclaration d'ouverture comportant les pièces énumérées au C. éduc., art. L. 441-2, dont il est accusé réception, son intention à l'autorité compétente de l'État en matière d'éducation, laquelle transmet la déclaration au maire, au préfet et au procureur de la République (C. éduc., art. L. 441-1 I). Pour les motifs précisés au C. éduc., art. L. 441-1 II, ces autorités peuvent former opposition à l'ouverture de l'établissement, lequel ne peut ouvrir avant l'expiration d'un délai de 3 mois nécessaire à l'instruction du dossier de déclaration. • **Contrôle des établissements d'enseignement privé.** Ils sont soumis à des contrôles différenciés selon qu'ils sont liés (C. éduc., art. L. 442-1) ou non (C. éduc., art. L. 442-2) à l'État par contrat.

RÉGIME PROCÉDURAL

▪ **Saisine du parquet.** L'autorité de l'État compétente en matière d'éducation ou le maire saisit le procureur de la République des faits constitutifs d'infraction (C. éduc., art. L. 131-9).

POLITIQUE PUBLIQUE

▪ **Contrôle de l'obligation scolaire. • Recensement annuel des enfants soumis à l'obligation d'instruction.** Chaque année, à la rentrée scolaire, le **maire** dresse la liste de tous les enfants résidant dans sa commune soumis à l'obligation scolaire (C. éduc., art. R. 131-3). Il fait connaître sans délai à **l'inspecteur d'académie** les manquements à l'obligation d'inscription dans une école (C. éduc., art. R. 131-4). Si l'enseignement est assuré dans la famille ou dans un établissement hors contrat, un contrôle annuel est organisé par l'inspection académique pour vérifier que l'enseignement assuré est conforme au droit de l'enfant à l'instruction (C. éduc., art. L. 131-10). • **Identifiant national des enfants soumis à l'obligation d'instruction.** « *Afin notamment de renforcer le suivi de l'obligation d'instruction par le maire et l'autorité de l'État compétente en matière d'éducation et de s'assurer ainsi qu'aucun enfant n'est privé de son droit à l'instruction, chaque enfant soumis à l'obligation d'instruction [...] se voit attribuer un identifiant national* » (C. éduc., art. L. 131-6-1, issu L. nº 2021-1109, 24 août 2021).

▪ **Prévention de l'infraction de manquement à l'obligation scolaire. • Proposition d'accompagnement parental par le maire.** Lorsqu'il ressort de ses constatations ou d'informations portées à sa connaissance que l'ordre, la sécurité ou la tranquillité publics sont menacés à raison du défaut de surveillance ou d'assiduité scolaire d'un mineur, le maire peut proposer aux parents ou au représentant légal du mineur concerné un accompagnement parental, qui consiste en un suivi individualisé au travers d'actions de conseil et de soutien à la fonction éducative (CASF, art. L. 142-2 [L. nº 2007-297, 5 mars 2007]). • **Information et mise en demeure par l'autorité de l'État compétente en matière d'éducation.** L'autorité compétente invite les personnes responsables de l'enfant à se conformer à la loi et leur fait connaître les sanctions encourues (C. éduc., art. L. 131-7). Lorsque l'enfant reçoit l'instruction dans la famille sans l'autorisation instituée par C. éduc., art. L. 131-2 et L. 131-5 (L. nº 2021-1109, 24 août 2021, art. 49, en vigueur à compter de la rentrée scolaire 2022) l'autorité de l'État compétente en matière d'éducation met en demeure les parents de l'inscrire dans un établissement scolaire (C. éduc., art. L. 131-5-1, issu L. nº 2021-1109, 24 août 2021).

▪ **Incapacités. • Instruction en famille.** « *Ne peuvent être chargées de l'instruction en famille d'un enfant les personnes qui ont été définitivement condamnées par le juge pénal pour crime ou délit à caractère terroriste ni les personnes inscrites au fichier judiciaire national automatisé des auteurs d'infractions sexuelles ou violentes pour une condamnation définitive* » (C. éduc., art. L. 131-11-1, issu L. nº 2021-1109, 24 août 2021). • **Établissement d'enseignement privé.** Les incapacités professionnelles applicables aux directeurs et employés à quelque titre que ce soit d'un établissement d'enseignement public ou privé sont fixées au C. éduc., art. L. 911-5. Les conditions de nationalité et de capacité professionnelle applicables aux directeurs et enseignants des établissements d'enseignement scolaire privés sont fixées au C. éduc., art. L. 914-3. Ces établissements communiquent chaque année à l'autorité de l'État compétente en matière d'éducation les noms des personnels ainsi que les pièces attestant leur identité, leur âge, leur nationalité et, pour les enseignants, leurs titres (L. 442-2 II).

MESURE ADMINISTRATIVE

▪ **Fermeture administrative. • Établissement d'enseignement privé non déclaré.** « *Lorsqu'il constate que des enfants sont accueillis aux fins de leur dispenser des enseignements scolaires sans qu'ait été faite la déclaration prévue* [par C. éduc., art. L.441-1, v. ci-dessus] *le représentant de l'État dans le département prononce, après avis de l'autorité compétente de l'État en matière d'éducation, l'interruption de cet accueil et la fermeture des locaux utilisés* » (C. éduc., art. **L. 441-3-1**, issu L. nº 2021-1109, 24 août 2021). • **Manquements d'un établissement d'enseignement privé hors contrat à ses obligations.** En cas de manquement d'un établissement d'enseignement privé hors contrat aux obligations énumérées au C. éduc., art. L. 442-2 IV (v. ces manquements au **cas B2**), le préfet ou l'autorité compétente en matière d'éducation peut adresser au directeur ou à son représentant légal une **mise en demeure** de mettre fin à ces manquements (C. éduc., art. **L. 442-2 IV**, réd. issue L. nº 2021-1109, 24 août 2021). S'il n'a pas été remédié à ces manquements dans le délai imparti par la mise en demeure, le préfet peut prononcer, « *par arrêté motivé, la fermeture temporaire ou définitive de l'établissement ou des classes concernées* » (C. éduc., art. **L. 442-2 IV**, réd. issue L. nº 2021-1109, 24 août 2021). • **Obstacle au contrôle par un établissement d'enseignement privé déclaré.** S'agissant des établissements hors contrat, « *En cas de refus de se soumettre au contrôle des autorités compétentes ou d'obstacle au bon déroulement de celui-ci, le représentant de l'État dans le département peut prononcer, après avis de l'autorité compétente de l'État en matière d'éducation, la fermeture temporaire ou définitive de l'établissement sans mise en demeure préalable* » (C. éduc., art. **L. 442-2 V**, réd. issue L. nº 2021-1109, 24 août 2021).

MESURE CIVILE

▪ **Prestations familiales.** « *Le versement des prestations familiales afférentes à un enfant soumis à l'obligation scolaire est subordonné à la présentation soit du certificat d'inscription dans un établissement d'enseignement public ou privé, "~~soit d'un certificat de l'autorité compétente de l'État attestant que l'enfant est instruit dans~~*

~~*sa famille, soit d'un certificat médical attestant qu'il ne peut fréquenter régulièrement aucun établissement d'enseignement en raison de son état de santé"*~~ *soit de l'autorisation délivrée par l'autorité compétente de l'État en application de* [C. éduc., art. L. 131-5] » (modifications en vigueur à compter de la rentrée scolaire 2022, L. n° 2021-1109, 24 août 2021, art. 49) (CSS, art. L. 522-4).

RÉGIME DES PEINES

▪ **Survie de la loi pénale ancienne. Cas B à D** : la peine de fermeture d'établissement auparavant prévue au C. pén., art. 227-17-1, dans sa rédaction en vigueur à la publication (*JO* 24 août 2021) de L. n° 2021-1109, 24 août 2021, demeure applicable aux infractions commises avant cette date (L. n° 2021-1109, 24 août 2021, art. 55 II). Il en est de même pour le **cas E** (C. éduc., art. L. 441-4 ; L. n° 2021-1109, 24 août 2021, art. 53 II) et pour le **cas F** (C. éduc., art. L. 914-5, L. n° 2021-1109, 24 août 2021, art. 53 II).

▪ **Amende. Cas F** : lorsque l'ouverture d'un établissement a fait l'objet d'une décision d'opposition, la peine d'amende ne peut être prononcée qu'après que cette décision est devenue définitive (C. éduc., art. L. 914-5).

▪ ÉLÉMENTS CONSTITUTIFS – QUALIFICATION

✧ Pour avoir à .... [¤ lieu], le .... [¤ date], [⇨A à F :]

A. étant parent de l'enfant .... [¤ nom de l'enfant], ou exerçant à son égard l'autorité parentale ou une autorité de fait de façon continue, sans excuse valable et en dépit d'une mise en demeure de l'autorité compétente de l'État en matière d'éducation, omis de l'inscrire dans un établissement d'enseignement (A : *N* ***21941.co***) ;

B. étant directeur d'un établissement privé accueillant des classes hors contrat, [⇨B1 ou B2 :]

B1. malgré la mise en demeure de l'autorité compétente de l'État en matière d'éducation, omis de prendre, alors qu'il n'avait pas procédé à la fermeture de ces classes, les dispositions nécessaires pour que l'enseignement qui y était dispensé soit conforme à l'objet de l'instruction obligatoire, tel que défini par les articles L. 131-1-1 et L. 122-1-1 du code de l'éducation (C. éduc., art. L. 131-1-1, L. 122-1-1, C. pén., art. 227-17-1, réd. antérieure à L. n° 2021-1109, 24 août 2021) ;

B2. ou son représentant légal, omis de prendre dans le délai fixé par la mise en demeure des autorités compétentes de l'État en matière d'éducation, les dispositions nécessaires pour remédier aux manquements relevés en matière (C. éduc., art. **L. 442-2 IV**, C. pén., art. 227-17-1, réd. issue L. n° 2021-1109, 24 août 2021) [⇨B2a à B2e :]

B2a. de risques pour l'ordre public, la santé et la sécurité physique ou morale des mineurs que présentent les conditions de fonctionnement de l'établissement (B2a : *N* ***33304.co***) ;

B2b. de conformité de l'enseignement à l'objet de l'instruction obligatoire (C. éduc., art. L. 131-1-1, L. 122-1-1) (B2b : *N* ***21942.co***) ;

B2c. de contrôle de l'obligation scolaire et d'assiduité des élèves (B2c : *N* ***34232.co***) ;

B2d. de capacité du directeur ou de ses employés, de nationalité et de connaissances professionnelles du directeur ou des personnes chargées de l'enseignement, ou de vacance de la fonction de directeur (C. éduc., art. L. 911-5, L. 914-3 à L. 914-6) (B2d : *N* ***34233.co***) ;

B2e. d'obligation de déclaration de changement de locaux, de direction ou de représentant légal, de projet pédagogique, ou de déclaration annuelle de l'identité et des titres du personnel et des enseignants, ou de transmission, à la demande du représentant de l'État dans le département ou des autorités compétentes en matière d'éducation, des documents budgétaires, comptables et financiers qui précisent l'origine, le montant et la nature des ressources de l'établissement (C. éduc., art. L. 441-3, L. 442-2 II) (B2e : *N* ***34234.co***) ;

C. étant directeur d'un établissement privé accueillant des classes hors contrat ou son représentant légal, omis de procéder à la fermeture des classes ou de l'établissement faisant l'objet d'une mesure de fermeture temporaire ou définitive prononcée par le représentant de l'État, ou fait obstacle à l'exécution d'une telle mesure, prise (C : *N* ***34235.co***) [⇨C1 ou C2 :]

C1. après mise en demeure infructueuse des autorités compétentes de l'État en matière d'éducation de remédier dans le délai fixé aux manquements aux obligations applicables (C. éduc., art. **L. 442-2 IV**, C. pén., art. 227-17-1, réd. issue L. n° 2021-1109, 24 août 2021) ;

C2. sans mise en demeure préalable en cas de refus de se soumettre au contrôle des autorités compétentes ou d'obstacle au bon déroulement de celui-ci (C. éduc., art. L. 442-2 V, C. pén., art. 227-17-1, réd. issue L. n° 2021-1109, 24 août 2021) ;

D. omis de procéder à la fermeture des classes ou de l'établissement malgré la décision d'interruption de l'accueil et de fermeture des locaux utilisés, prononcée par le représentant de l'État, ou fait obstacle à l'exécution d'une telle mesure, alors qu'il accueillait des enfants aux fins de leur dispenser des enseignements scolaires (C. éduc., art. L. 441-1, **L. 441-3-1**, C. pén., art. 227-17-1, réd. issue L. n° 2021-1109, 24 août 2021) (D : *N #.co*) [⇨D1 à D3 :]

D1. sans avoir procédé à une déclaration préalable auprès de l'autorité compétente de l'État en matière d'éducation ;

D2. avant l'expiration du délai de trois mois suivant la déclaration préalable de l'établissement auprès de l'autorité compétente de l'État en matière d'éducation ;

D3. malgré l'opposition à l'ouverture de l'établissement formée par l'autorité compétente de l'État en matière d'éducation, le maire, le représentant de l'État dans le département ou le procureur de la République.

E. dirigé un établissement privé d'enseignement scolaire (C. éduc., art. L. 441-1, L. 441-4, réd. issue L. n° 2021-1109, 24 août 2021) (E : ***N 32699.co***) [⇨E1 ou E2 :]

E1. en dépit d'une opposition formulée par les autorités compétentes ;

E2. sans remplir les conditions et formalités prescrites au chapitre Ier du titre IV du livre V du code de l'éducation ;

F. dirigé un établissement privé d'enseignement scolaire (C. éduc., art. L. 914-5) [⇨F1 à F4 :].

F1. sans déclarer préalablement son intention à l'autorité compétente de l'État en matière d'éducation (C. éduc., art. L. 441-1) (F1 : *N #.co*) ;

F2. en dépit d'une opposition formulée par les autorités compétentes (C. éduc., art. L. 441-1) (F2 : ***N 32700.co***) ;

F3. en étant frappé d'une incapacité (C. éduc., art. L. 911-5, L. 914-3 1°) (F3 : ***N 32701.co***)

F4. sans remplir les conditions de nationalité ou de capacité professionnelle (C. éduc., art. L. 914-3) (F4 : *N #.co*)

Faits prévus et réprimés par les articles [¤ de l'infraction sélectionnée]. ✧

21.24 Assiduité scolaire – Non-respect – Parent

■ PEINES

PERSONNE PHYSIQUE

PP Contrav. 4e cl. 750 € (C. pén., art. R. 624-7 ; 131-13).

PC Néant.

PERSONNE MORALE

PP Contrav. 4e cl. 3 750 € (C. pén., art. R. 624-7 ; 131-41).

PC Néant.

■ ORIENTEUR

AUTRE QUALIFICATION

▪ **Non respect de l'assiduité scolaire. Délit**, v. n° 21.23.

ÉLÉMENT LÉGAL

▪ **Application de la loi pénale dans le temps.** Incrimination créée par D. n° 2004-162, 20 févr. 2004.

RÉGIME PROCÉDURAL

▪ **Saisine du parquet.** Sauf dans le cas où il a sollicité du président du conseil général la mise en œuvre d'un contrat de responsabilité parentale, **l'inspecteur d'académie saisit le procureur de la République** des faits constitutifs d'infraction s'il constate la poursuite de l'absentéisme (C. éduc., art. L. 131-9 mod. par L. n° 2007-297, 5 mars 2007, R. 131-7). Il informe de cette saisine les personnes responsables de l'enfant (C. éduc., art. R. 131-7).

POLITIQUE PUBLIQUE

▪ **Contrôle de l'assiduité scolaire.** Il est tenu, dans chaque établissement scolaire public ou privé, un registre d'appel. Tout personnel responsable signale les élèves absents et toute absence est « *immédiatement signalée aux personnes responsables de l'enfant qui doivent sans délai en faire connaître les motifs au chef d'établissement* » (C. éduc., art. R. 131-5). Lorsqu'un enfant manque momentanément la classe, les personnes responsables doivent, sans délai, faire connaître au directeur les motifs de cette absence (C. éduc., art. L. 131-8). En cas d'absences répétées, le responsable d'établissement engage un dialogue sur la situation avec les responsables de l'enfant (C. éduc., art. R. 131-6).

▪ **Prévention de l'infraction. Avertissement aux parents, signalement au maire et au président du conseil général :** le directeur ou la directrice de l'établissement saisit l'inspecteur d'académie pour qu'il adresse un avertissement aux personnes responsables de l'enfant lorsque, malgré l'invitation du directeur d'établissement, ils n'ont pas fait connaître les motifs d'absence de l'enfant ou qu'ils ont donné des motifs d'absence inexacts, ou lorsque l'enfant a manqué la classe sans motif légitime ni excuse valable au moins quatre demi-journées dans le mois (C. éduc., art. L. 131-8). L'inspecteur d'académie leur rappelle les sanctions pénales auxquelles ils s'exposent.

▪ **Prévention de l'infraction. Proposition d'accompagnement parental par le maire :** v. n° **21.23**.

▪ ÉLÉMENTS CONSTITUTIFS – QUALIFICATION

✧ Pour avoir à .... [¤ lieu], le .... [¤ date], [⇨A ou B :]

A. étant parent de l'enfant .... [¤ nom de l'enfant], ou exerçant à son égard l'autorité parentale ou une autorité de fait de façon continue, sans faire connaître de motif légitime ou d'excuse valable ou en donnant des motifs d'absence inexacts, omis de lui imposer l'obligation d'assiduité scolaire, et ce après avertissement donné par l'inspecteur d'académie (A : *N* ***25361.c4***) ;

B. par aide et assistance, en l'espèce en .... [• matérialiser l'infraction], facilité la contravention d'omission d'imposer l'obligation d'assiduité scolaire à l'enfant .... [¤ nom de l'enfant], commise par ...., parent ou exerçant à son égard l'autorité parentale ou une autorité de fait de façon continue (B : *N* ***25362.c4***).

Faits prévus et réprimés par l'article R. 624-7 du code pénal. ✧

21.25 Provocation de mineur – À l'usage de stupéfiants

▪ PEINES

PERSONNE PHYSIQUE

PP Délit. Cas A : 5 ans d'emprisonnement, 100 000 €. Cas B à D : 7 ans, 150 000 € (C. pén., art. 227-18).

PC 1. *Idem* n° 21.21 (interdiction droits civiques civils et de famille ⩽ 5 ans).

2. Stage de sensibilisation aux dangers de l'usage de produits stupéfiants. La juridiction précise si le stage est exécuté aux frais du condamné (C. pén., art. 131-35-1 et 227-32, L. n° 2007-297, 5 mars 2007]) (pour les faits commis avant le 24 mars 2020 et jugés après cette date, L. n° 2019-222, 23 mars 2019, en vigueur le 24 mars 2020. Pour les faits commis à partir du 24 mars 2020, v. nouvelle réd. C. pén., art. 131-5-1 et n° 18.33).

PERSONNE MORALE

PP Délit. Cas A : 500 000 €. Cas B à D : 7 ans, 750 000 € (C. pén., art. 227-28-1 ; 131-38).

PC 1. Interdiction, définitive ou ⩽ 5 ans, d'exercer une ou plusieurs activités professionnelles ou sociales en relation avec l'infraction (C. pén., art. 227-28-1, 131-39 2°) ;

2. Surveillance judiciaire ⩽ 5 ans, sauf personnes morales de droit public (C. pén., art. 227-28-1, 131-39 3°, 131-46) ;

3. Fermeture, définitive ou ⩽ 5 ans, un ou plusieurs établissements en relation avec l'infraction (C. pén., art. 227-28-1, 131-39 4°) ;

4. Exclusion, définitive ou ⩽ 5 ans, marchés publics (C. pén., art. 227-28-1 et 131-39 5°) ;

5. Interdiction, ⩽ 5 ans, d'utiliser des cartes de paiement ou d'émettre des chèques autres que de retrait ou certifiés (C. pén., art. 227-28-1, 131-39 7°) ;

6. Confiscation de la chose ayant servi à l'infraction ou destinée à la commettre, ou son produit (obligatoire pour objets qualifiés dangereux ou nuisibles par loi ou règlement ou dont la détention est illicite) (C. pén., art. 227-28-1, 131-39 8°, 131-21) ;

7. Affichage, ⩽ 2 mois, *et/ou* (L. n° 2011-525, 17 mai 2011) diffusion de la décision ou d'extraits aux frais (⩽ amende encourue) du condamné (C. pén., art. 227-28-1, 131-39 9°, 131-48 et 131-35) ;

■ ORIENTEUR

AUTRE QUALIFICATION

▪ **Provocation à l'usage de stupéfiants.** CSP, art. L. 3421-4, v. n° 28.12.

▪ **Provocation de mineur – À la consommation alcoolique.** C. pén., art. 227-19, v. n° 21.27.

▪ **Provocation de mineur – À l'usage détourné de produit de consommation courante à des fins psychoactives.** CSP, art. L. 3611-1 issu L. n° 2021-695, 1er juin 2021, v. n° 21.28.

ÉLÉMENT MATÉRIEL

▪ **Aggravation résultant de la commission dans un local d'enseignement.** Cas D, v. orienteur/élément matériel du n° 20.29 (Crim. 14 oct. 2020, n° 19-86.759, D).

RÉGIME PROCÉDURAL

▪ **Infractions par voie de presse.** Si le délit est commis par voie de presse écrite ou audiovisuelle, les poursuites pourront être engagées contre le responsable tel que déterminé par les articles 42 et 43 de la loi du 29 juillet 1881 sur la presse et 93-3 de la loi du 29 juillet 1982 sur la communication audiovisuelle : responsabilité principale du directeur de publication ou du directeur du service de communication audiovisuelle (sauf émission en direct) et responsabilité dite en « *cascade* » (sur le régime de la responsabilité en matière de presse, v. n° 35.13) (C. pén., art. 227-28).

▪ **Obligation de communication du contrôle judiciaire à l'employeur public ou l'autorité de contrôle.** Le parquet doit informer l'employeur ou l'autorité de contrôle de la décision de contrôle judiciaire comportant « *l'obligation de ne pas exercer une activité impliquant un contact habituel avec des mineurs* » prévue par C. pr. pén., art. 138, 12° *bis* (issu de L. n° 2016-457, 14 avr. 2016) (C. pr. pén., art. 706-47-4, L. n° 2016-457, 14 avr. 2016) (v. n° 11.23D).

▪ **Prélèvement des empreintes génétiques** de la personne suspectée ou condamnée (C. pr. pén., art. 706-54 et 706-55 2°, v. nos 13.23 et 13.25). **Sanction** du refus de prélèvement, v. n° 25.35.

▪ **Infiltration électronique.** Possible pour les infractions commises par un moyen de communication électronique (C. pr. pén., art. 706-47-3 [L. n° 2007-297, 5 mars 2007] abrogé le 1er juin 2019). Dispositif désormais applicable à tous crimes ou délits punis d'une peine d'emprisonnement « *commis par la voie des communications électroniques* » (C. pr. pén., art. 230-46, L. n° 2019-222, 23 mars 2019, applicable depuis le 1er juin 2019) (v. n° 11.35).

RÉGIME DES PEINES

▪ **Obligation de communication de la condamnation à l'employeur public ou l'autorité de contrôle.** Le parquet doit informer l'employeur ou l'autorité de contrôle de la condamnation prononcée en cas d'activité impliquant un contact habituel avec des mineurs (C. pr. pén., art. 706-47-4, L. n° 2016-457, 14 avr. 2016) (v. n° 11.23D).

■ ÉLÉMENTS CONSTITUTIFS – QUALIFICATION

✧ Pour avoir à .... [¤ lieu], le .... [¤ date], [⇨A puis le cas échéant B à D :]

A. provoqué directement un mineur, en l'espèce .... [¤ nom du mineur concerné], à faire usage de stupéfiants (A : *N* ***12324.co***).

[• Préciser le cas échéant] avec cette circonstance [⇨B à D :]

B. qu'il était âgé de moins de 15 ans (B : *N* ***12325.co***) ;

C. que les faits ont été commis dans un établissement d'enseignement ou d'éducation ou, lors des entrées ou sorties des élèves ou dans un temps très voisin de celles-ci, aux abords de cet établissement (réd. L. n° 2007-297, 5 mars 2007) (C : *N* ***21690.co***) ;

D. que les faits ont été commis dans un local administratif d'un établissement d'enseignement ou d'éducation ou, lors des entrées ou sorties du public ou dans un temps très voisin de celles-ci, aux abords de ce local (L. n° 2007-297, 5 mars 2007) (D : *N* ***26843.co***) ;

Faits prévus et réprimés par les articles : **PERSONNES PHYSIQUES.** 227-18, 227-28 et 227-29 du code pénal. **PERSONNES MORALES.** 227-18, 227-28 et 227-28-1 du code pénal. ✧

21.26 Provocation de mineur – Au trafic de stupéfiants

▪ **PEINES**

PERSONNE PHYSIQUE

PP Délit. Cas A : 7 ans d'emprisonnement, 150 000 €. Cas B à D : 10 ans, 300 000 € (C. pén., art. 227-18-1).

PC *Idem* n° 21.25.

PERSONNE MORALE

PP Délit. Cas A : 750 000 €. Cas B à D : 1 500 000 € (C. pén., art. 227-28-1 ; 131-38).

PC *Idem* n° 21.25.

▪ **ORIENTEUR**

ÉLÉMENT MATÉRIEL

▪ Aggravation résultant de la commission dans un local d'enseignement. Cas D, v. orienteur/élément matériel du n° 20.29 (Crim. 14 oct. 2020, n° 19-86.759, D).

RÉGIME PROCÉDURAL

▪ Renvoi. *Idem* n° 21.25.

RÉGIME DES PEINES

▪ Renvoi. *Idem* n° 21.25.

▪ **ÉLÉMENTS CONSTITUTIFS – QUALIFICATION**

✧ Pour avoir à .... [¤ lieu], le .... [¤ date], [⇨A puis B à D :]

A. provoqué directement un mineur, en l'espèce .... [¤ nom du mineur concerné], à transporter, détenir, offrir ou céder des stupéfiants (A : *N 20980.co*).

[• Préciser le cas échéant] avec cette circonstance [⇨B à D :]

B. qu'il était âgé de moins de 15 ans (B : *N 20981.co*) ;

C. que les faits ont été commis dans un établissement d'enseignement ou d'éducation ou, lors des entrées ou sorties des élèves ou dans un temps très voisin de celles-ci, aux abords de cet établissement (réd. L. n° 2007-297, 5 mars 2007) (C : *N 21691.co*) ;

D. que les faits ont été commis dans un administratif d'un établissement d'enseignement ou d'éducation ou, lors des entrées ou sorties du public ou dans un temps très voisin de celles-ci, aux abords de ce local (L. n° 2007-297, 5 mars 2007) (D : *N 26844.co*) ;

Faits prévus et réprimés par les articles : **PERSONNES PHYSIQUES.** 227-18-1, 227-28 et 227-29 du code pénal. **PERSONNES MORALES.** 227-18-1, 227-28 et 227-28-1 du code pénal. ✧

21.27 Provocation de mineur – À la consommation alcoolique

▪ **PEINES**

PERSONNE PHYSIQUE

PP Délit. Cas A : 1 an d'emprisonnement, 15 000 € (depuis L. n° 2016-41, 26 janv. 2016, auparavant 2 ans, 45 000 €). Cas A avec circ. aggr. : 2 ans d'emprisonnement, 30 000 € (depuis L. n° 2016-41, 26 janv. 2016, auparavant 3 ans, 75 000 €) (C. pén., art. 227-19).

Cas B : 2 ans d'emprisonnement, 45 000 € (L. n° 2016-41, 26 janv. 2016). Cas B avec circ. aggr. : 4 ans d'emprisonnement, 90 000 € (L. n° 2016-41, 26 janv. 2016) (C. pén., art. 227-19).

PC *Idem* n° 21.21 (interdiction droits civiques civils et de famille ⩽ 5 ans). + affichage du jugement dans les lieux indiqués par le tribunal correctionnel (CSP, art. L. 3353-6).

PERSONNE MORALE

PP Délit.

Cas A : **75 000 €** (depuis L. n° 2016-41, 26 janv. 2016, auparavant **225 000 €**). Cas A avec circ. aggr. : **150 000 €** (depuis L. n° 2016-41, 26 janv. 2016, auparavant **375 000 €**) (C. pén., art. 227-28-1 ; 131-38).

Cas B : **225 000 €** (L. n° 2016-41, 26 janv. 2016). **Cas B avec circ. aggr.** : **450 000 €** (L. n° 2016-41, 26 janv. 2016) (C. pén., art. 227-19).

PC *Idem* n° 21.25 + affichage du jugement dans les lieux indiqués par le tribunal correctionnel (CSP, art. L. 3353-6).

■ ORIENTEUR

AUTRE QUALIFICATION

▪ **Provocation de mineur – À l'usage de stupéfiants.** C. pén., art. 227-18, v. n° 21.25.

▪ **Provocation de mineur – À l'usage détourné de produit de consommation courante à des fins psychoactives.** CSP, art. L. 3611-1 issu L. n° 2021-695, 1er juin 2021, v. n° 21.28.

▪ **Exploitation illicite d'un débit de boissons.** code des débits de boissons intégré au code de la santé publique, protection des mineurs, v. n° 28.15. **Cas J** et **K**.

ÉLÉMENT LÉGAL

▪ **Application de la loi pénale dans le temps. Cas A** : la L. n° 2016-41, 26 janv. 2016 a supprimé la condition de consommation habituelle mais réduit les peines de 2 ans à 1 an d'emprisonnement, et de 45 000 € à 15 000 € d'amende. Elle crée un nouveau cas de provocation à la consommation habituelle d'alcool (**Cas B**), dans lequel la condition d'excès n'est plus exigée, et double les peines en cas de circonstance aggravante pour chacun des **cas A** et **B**.

ÉLÉMENT MATÉRIEL

▪ **Aggravation résultant de la commission dans un local d'enseignement. Cas E**, v. orienteur/élément matériel du n° 20.29 (Crim. 14 oct. 2020, n° 19-86.759, D).

RÉGIME PROCÉDURAL

▪ **Renvoi.** *Idem* n° 21.25.

RÉGIME DES PEINES

▪ **Renvoi.** *Idem* n° 21.25.

■ ÉLÉMENTS CONSTITUTIFS – QUALIFICATION

✧ Pour avoir à .... [¤ lieu], le .... [¤ date], provoqué directement un mineur, en l'espèce .... [¤ nom du mineur concerné], à faire une consommation [⇨A ou B, puis C à E :]

A. ~~habituelle et~~ (L. n° 2016-41, 26 janv. 2016) excessive d'alcool (A : *N 31424.co*) ;

B. habituelle d'alcool (L. n° 2016-41, 26 janv. 2016) (B : *N 31425.co*) ;

[• Préciser le cas échéant dans les cas A ou B :] avec cette circonstance [⇨C à E :]

C. qu'il était âgé de moins de 15 ans (AC : *N 31426.co* ; BC : *N 31429.co*) ;

D. que les faits ont été commis dans un établissement d'enseignement ou d'éducation ou, lors des entrées ou sorties des élèves ou dans un temps très voisin de celles-ci, aux abords de cet établissement (réd. L. n° 2007-297, 5 mars 2007) (AD : *N 31427.co* ; BD : *N 31430.co*) ;

E. que les faits ont été commis dans un local administratif d'un établissement d'enseignement ou d'éducation ou, lors des entrées ou sorties du public ou dans un temps très voisin de celles-ci, aux abords de ce local (L. n° 2007-297, 5 mars 2007) (AE : *N 31428.co* ; BE : *N 31431.co*) ;

Faits prévus et réprimés par les articles : **PERSONNES PHYSIQUES.** 227-19, 227-28 et 227-29 du code pénal, L. 3353-4 et L. 3353-6 du code de santé publique. **PERSONNES MORALES.** 227-19, 227-28 et 227-28-1 du code pénal L. 3353-4 et L. 3353-6 du code de santé publique. ✧

21.28 Provocation de mineur – À l'usage détourné de produit de consommation courante à des fins psychoactives (L. nº 2021-695, 1er juin 2021)

PEINES

PERSONNE PHYSIQUE

PP Délit. 15 000 € (incrimination crée par L. nº 2021-695, 1er juin 2021) (CSP, art. L. 3611-1).

PC Néant.

PERSONNE MORALE

PP Délit. 75 000 € (incrimination crée par L. nº 2021-695, 1er juin 2021) (CSP, art. L. 3611-1 ; C. pén., art. 131-38).

PC Néant.

ORIENTEUR

AUTRE QUALIFICATION

- **Provocation de mineur – À l'usage de stupéfiants.** C. pén., art. 227-18, v. nº 21.25.
- **Provocation de mineur – À la consommation alcoolique.** C. pén., art. 227-19, v. nº 21.27.
- **Infractions en matière de commercialisation de protoxyde d'azote (L. nº 2021-695, 1er juin 2021).** CSP, art. L. 3611-3 issu L. nº 2021-695, 1er juin 2021, v. nº 28.20.

ÉLÉMENT LÉGAL

- **Application de la loi pénale dans le temps.** Incrimination crée par L. nº 2021-695, 1er juin 2021) tendant à prévenir les usages dangereux du protoxyde d'azote (CSP, art. L. 3611-1).

RÉGIME PROCÉDURAL

- **Compétence juridictionnelle. Juge unique** (C. pr. pén., art. 398-1, v. nº 17.15D2).
- **Ordonnance pénale. Possible** (C. pr. pén., art. 495-II, v. nº 15.48B1 et tableau nº 17.15D2).
- **Agents de constatation de l'infraction.** Outre les OPJ et APJ, sont compétents pour procéder à la recherche et à la constatation de cette infraction les agents mentionnés au CSP, art. L. 1421-1 et L. 1435-7, et les agents des collectivités territoriales habilités et assermentés (CSP, art. L. 3631-1 issu L. nº 2021-695, 1er juin 2021). Ils peuvent notamment exiger que le cessionnaire du produit établisse la preuve de sa majorité par la production de tout document officiel muni d'une photographie (CSP, art. L. 3631-1 issu L. nº 2021-695, 1er juin 2021).

POLITIQUE PUBLIQUE

- **Prévention de l'infraction. Obligations des producteurs.** Une quantité maximale autorisée pour la vente aux particuliers de produits de consommation courante dont l'usage détourné peut entraîner des effets psychoactifs peut être fixée par arrêté conjoint des ministres chargés de la santé et de l'économie (CSP, art. L. 3611-2, issu L. nº 2021-695, 1er juin 2021).

ÉLÉMENTS CONSTITUTIFS – QUALIFICATION

✧ Pour avoir à .... [¤ lieu], le .... [¤ date], provoqué un mineur, en l'espèce .... [¤ nom du mineur concerné], à faire un usage détourné d'un produit de consommation courante, en l'espèce .... [¤ produit concerné], pour en obtenir des effets psychoactifs.
Faits prévus et réprimés par l'article L. 3611-1 du code de la saté publique (*N 34026.ju*). ✧

21.29 Provocation directe de mineur – À la commission de crimes ou délits

PEINES

PERSONNE PHYSIQUE

PP Délit. Cas A : 5 ans d'emprisonnement, 150 000 €. Cas B à E : 7 ans, 150 000 € (C. pén., art. 227-21).

PC *Idem* nº 21.21.

PERSONNE MORALE

PP Délit. Cas A à E : 750 000 € (C. pén., art. 227-28-1 ; art. 131-38).

PC *Idem* nº 21.25.

■ ORIENTEUR

AUTRE QUALIFICATION

▪ **Non justification de ressources.** Par personne ayant autorité sur mineur délinquant, nº 22.48.

▪ **Vol par un majeur avec un mineur auteur ou complice**, v. nº 22.4.

▪ **Exploitation de la mendicité d'autrui.** Cas B1 : faits commis à l'égard d'un mineur (C. pén., art. 225-12-6), v. nº 20.115.

▪ **Législation du travail. Mendicité du mineur.** Est puni de 5 ans et 75 000 € le fait par toute personne ayant autorité sur un enfant, y compris l'employeur, ou en ayant la garde, « *de le placer sous la conduite de vagabonds, de personnes sans moyens de subsistance ou se livrant à la mendicité* » (C. trav., art. L. 4153-7 et L. 4743-2, *N #*). « *Le fait d'employer des mineurs à la mendicité habituelle, soit ouvertement, soit sous l'apparence d'une profession, est puni des peines prévues* » au C. pén., art. 225-12-6 (5 ans et 75 000 €) et 227-29 (peines complémentaires du nº 21.19) (C. trav., art. L. 4741-8, *N 23825.co*).

ÉLÉMENT LÉGAL

▪ **Application de la loi pénale dans le temps. Suppression de la notion d'habitude** : la loi nº 2002-1138, 9 sept. 2002, a modifié l'élément matériel qui se résume désormais à la provocation « *à commettre un crime ou un délit* » au lieu de la provocation « *à commettre habituellement des crimes ou des délits* », l'habitude constituant désormais une circonstance aggravante (**cas** C).

ÉLÉMENT MATÉRIEL

▪ **Aggravation résultant de la commission dans un local d'enseignement.** Cas E, v. orienteur/élément matériel du nº 20.29 (Crim. 14 oct. 2020, nº 19-86.759, D).

RÉGIME PROCÉDURAL

▪ **Renvoi.** *Idem* nº 21.25.

RÉGIME DES PEINES

▪ **Renvoi.** *Idem* nº 21.25.

■ ÉLÉMENTS CONSTITUTIFS – QUALIFICATION

✧ Pour avoir à .... [¤ lieu], le .... [¤ date], [⇨A puis le cas échéant B à E :]

A. provoqué directement le mineur .... [¤ nom du mineur concerné] à commettre un crime ou un délit (A : *N 12865.co*).

[• Préciser le cas échéant dans le cas A :] avec cette circonstance [⇨B à E :]

B. qu'il était âgé de moins de 15 ans (B : *N 12866.co*) ;

C. qu'il a été provoqué à commettre habituellement des crimes ou des délits (L. nº 2002-1138, 9 sept. 2002) (C : *N 23441.co*) ;

D. que les faits ont été commis dans un établissement d'enseignement ou d'éducation ou, lors des entrées ou sorties des élèves ou dans un temps très voisin de celles-ci, aux abords de cet établissement (réd. L. nº 2007-297, 5 mars 2007) (D : *N 21693.co*) ;

E. que les faits ont été commis dans un local administratif d'un établissement d'enseignement ou d'éducation ou, lors des entrées ou sorties du public ou dans un temps très voisin de celles-ci, aux abords de ce local (L. nº 2007-297, 5 mars 2007) (E : *N 26846.co*).

Faits prévus et réprimés par les articles : **PERSONNES PHYSIQUES.** 227-21, 227-28 et 227-29 du code pénal. **PERSONNES MORALES.** 227-21, 227-28 et 227-28-1 du code pénal. ✧

21.30 Corruption de mineur

■ PEINES

PERSONNE PHYSIQUE

PP Délit. Cas A : 5 ans d'emprisonnement, 75 000 € (C. pén., art. 227-22).

Cas C à E : 7 ans, 100 000 € (C. pén., art. 227-22).

Cas B : 10 ans (depuis L. nº 2013-711, 5 août 2013, auparavant 7 ans), 150 000 € (depuis L. nº 2021-478, 21 avr. 2021, auparavant 1 000 000 € depuis L. nº 2013-711, 5 août 2013, auparavant 100 000 €) (C. pén., art. 227-22).

Cas F : 10 ans, 1 000 000 € (L. nº 2004-204, 9 mars 2004, art. 6-VII) (C. pén., art. 227-22).

PC 1. *Idem* nº **21.21** mais interdiction droits civiques civils et de famille ⩽ 5 ans) ; l'interdiction d'exercer une activité professionnelle ou bénévole impliquant un contact habituel avec des mineurs est obligatoirement prononcée à titre définitif, sauf dispense ou durée ⩽ 10 ans par décision motivée (C. pén., art. 227-31-1 issu L. nº 2021-478, 21 avr. 2021) ;

2. Suivi socio-judiciaire ⩽ 10 ans (C. pén., art. 131-36-1 et 227-31, L. nº 98-468, 17 juin 1998) avec injonction de soins si expertise médicale conclut au traitement (C. pén., art. 131-36-4). La juridiction fixe la peine encourue (⩽ 3 ans) en cas d'inobservation (C. pén., art. 131-36-1) ;

3. Cas F : confiscation de tout ou partie des biens du condamné « *ou de ceux dont il a la libre disposition* » L. nº 2012-409, 27 mars 2012 (C. pén., art. 227-33).

PERSONNE MORALE

PP Délit. Cas A : **375 000 €** (C. pén., art. 227-22 ; 131-38).

Cas C à E : **500 000 €** (C. pén., art. 227-22 ; 131-38).

Cas B : **750 000 €** (depuis L. nº 2021-478, 21 avr. 2021, auparavant 5 000 000 € depuis L. nº 2013-711, 5 août 2013, auparavant 500 000 €) (C. pén., art. 227-22 ; 131-38).

Cas F : **5 000 000 €** (C. pén., art. 227-22 ; 131-38).

PC *Idem* nº **21.25** + Cas F : confiscation de tout ou partie des biens de la personne morale, ou de ceux dont elle a « *la libre disposition* » L. nº 2012-409, 27 mars 2012 (C. pén., art. 131-21, 227-33 [L. nº 2007-297, 5 mars 2007]).

▪ ORIENTEUR

AUTRE QUALIFICATION

▪ **Propositions et incitations sexuelles par un majeur à un mineur par voie électronique.** V. nº **21.31**.

ÉLÉMENT LÉGAL

▪ **Constitutionnalité.** La QPC soulevant l'imprécision de **l'incrimination de corruption de mineur** est rejetée au motif que C. pén., art. 227-22 « *qui définit de manière suffisamment claire et précise le délit de corruption de mineur, lequel, reprenant les éléments constitutifs de l'ancien délit d'excitation de mineur à la débauche, incrimine les agissements, qui par leur nature, traduisent, de la part de leur auteur, la volonté de pervertir la sexualité d'un mineur, et permet son interprétation par l'office du juge sans risque d'arbitraire, de sorte qu'il n'est porté aucune atteinte au principe de légalité des délits et des peines* » (Crim. 20 févr. 2013, nº 12-90.074 QPC). Est également rejetée la QPC portant sur la conformité de l'incrimination au principe de nécessité des peines (art. 8 DDHC) au motif qu'« *en l'absence de toute disproportion manifeste entre l'infraction réprimée et les peines encourues, le législateur ayant la faculté, pour défendre un intérêt public, en l'espèce la protection de la moralité et des conditions d'éveil à la sexualité des mineurs, composante indispensable d'un développement harmonieux de leur personnalité, de prévoir les peines correctionnelles qui lui paraissent nécessaires, le juge ayant pour office d'adapter les sanctions ainsi prévues à chacun des cas dont il est saisi, en ayant la faculté de prononcer des peines inférieures à celles les plus élevées, prévues par la loi* » (Crim. 10 avr. 2019, nº 19-90.009).

▪ **Application de la loi pénale dans le temps. Cas B** : la L. nº 2013-711, 5 août 2013, a aggravé la peine d'emprisonnement et d'amende (10 ans au lieu de 7 ans, 1 000 000 € au lieu de 100 000 €) (C. pén., art. 227-22).

▪ **Application de la loi dans l'espace. • Faits commis à l'étranger, « tourisme sexuel ».** Dans le cas où le délit est commis à l'étranger par un Français ou par une personne résidant habituellement sur le territoire français, par dérogation à l'article 113-6 du code pénal, la loi française est applicable même si l'infraction n'est pas punie par la législation du pays où elle a été commise (pas de réciprocité d'incrimination). En outre, par exception à l'article 113-8, les poursuites peuvent être engagées sans plainte préalable de la victime ou dénonciation officielle du pays où le fait a été commis (C. pén., art. 227-27-1). **• Infraction commise par voie électronique.** « *Tout crime ou tout délit réalisé au moyen d'un réseau de communication électronique, lorsqu'il est tenté ou commis au préjudice d'une personne physique résidant sur le territoire de la République ou d'une personne morale dont le siège se situe sur le territoire de la République, est réputé commis sur le territoire de la République.* » (C. pén., art. 113-2-1, réd. L. nº 2016-731, 3 juin 2016) (v. nº **10.5A2**).

▪ **Définition. Bande organisée. Cas F** : v. nº **11.20** (C. pén., art. 132-71).

ÉLÉMENT LÉGAL

▪ **Application de la loi pénale dans le temps.** • **Cas A** : incrimination créée par L. n° 2007-297, 5 mars 2007. • **Cas B et C** : incriminations réprimant les faits dits de « sextorsion », créées par L. n° 2021-478, 21 avr. 2021 visant à protéger les mineurs des crimes et délits sexuels et de l'inceste.

▪ **Application de la loi dans l'espace.** • **Faits commis à l'étranger, « tourisme sexuel ».** *Idem* n° 21.30 (C. pén., art. 227-27-1). • **Infraction commise par voie électronique.** *Idem* n° 21.30 (C. pén., art. 113-2-1, réd. L. n° 2016-731, 3 juin 2016).

RÉGIME PROCÉDURAL

▪ **Prescription de l'action publique.** *Idem* n° 21.30.

▪ **Régime des infractions sexuelles.** En l'absence d'adaptation de C. pr. pén., art. 706-47 par L. n° 2021-478, 21 avr. 2021 créant les infractions B et C., le régime des infractions sexuelles n'est applicable qu'au seul **cas** A (C. pr. pén., art. 706-47 9° ; v. n° 11.23).

▪ **Prélèvement des empreintes génétiques** de la personne suspectée ou condamnée (C. pr. pén., art. 706-54 et 706-55 1° (depuis L. n° 2022-52, 24 janv. 2022 pour les cas B et C), v. n°s 13.23 et 13.25). Sur la **sanction** du refus de prélèvement, v. n° 25.35.

▪ **Compétence juridictionnelle. Crime ou d'un délit réalisé par voie électronique.** *Idem* n° 21.30 (C. pén., art. 113-2-1, C. pr. pén., art. 43, 52, 382).

▪ **Alimentation du Redex.** *Idem* n° 21.30 (C. pr. pén., art. 706-56-2).

RÉGIME DES PEINES

▪ **Inscription au Fijais. Cas A1** : inscription sur décision expresse, suivi normal 20 ans. **Cas A2** : inscription de plein droit (L. n° 2011-939, 10 août 2011, en vigueur au 11 févr. 2012) sauf décision contraire spécialement motivée, suivi normal 20 ans (v. n°s 13.32 s.) (C. pr. pén., art. 706-47, 706-53-2, 706-53-4).

▪ **Confiscation de l'instrument de l'infraction. Cas A2** : un véhicule constitue l'instrument de l'infraction de proposition sexuelle à un mineur par voie électronique suivie d'une rencontre prévue par C. pén., art. 227-22-1, dès lors qu'il a servi au transport de l'auteur au rendez-vous fixé avec la victime, « ***peu important que l'usage de ce bien n'ait pas été déterminant de la commission des faits*** » (§ 13) (Crim. 25 janv. 2023, n° 22-83.997, P ; sur la confiscation de l'instrument de l'infraction, v. n° 18.35B2).

▪ ÉLÉMENTS CONSTITUTIFS – QUALIFICATION

✧ Pour avoir à .... [¤ lieu], le .... [¤ date], étant **majeur** [⇨A à C :]

A. **PROPOSITION SEXUELLE PAR UN MAJEUR À UN MINEUR DE 15 ANS PAR VOIE ÉLECTRONIQUE**

A1. fait des propositions sexuelles à un mineur de quinze ans ou à une personne se présentant comme telle, en utilisant un moyen de communication électronique (C. pén., art. 227-22-1) (A1 : *N 26258.co*) ;

A2. [• Préciser le cas échéant dans le cas A1 :] avec cette circonstance que les propositions ont été suivies d'une rencontre (A2 : *N 26259.co*).

B. **INCITATION DE MINEUR PAR UN MAJEUR, PAR VOIE ÉLECTRONIQUE, À COMMETTRE UN ACTE DE NATURE SEXUELLE SUR LUI-MÊME OU SUR AUTRUI**

B1. par un moyen de communication électronique, incité un mineur, y compris si cette incitation n'a pas été suivie d'effet, à commettre tout acte de nature sexuelle, soit sur lui-même, soit sur ou avec un tiers (C. pén., art. 227-22-2, issu L n° 2021-478, 21 avr. 2021) (B1 : *N 33951.co*) ;

B2. [• Préciser le cas échéant dans le cas B1 :] avec cette circonstance que les faits ont été commis à l'encontre d'un mineur de 15 ans (B2 : *N 33952.co*) ;

B3. [• Préciser le cas échéant dans le cas B1 :] avec cette circonstance que les faits ont été commis en bande organisée (B3 : *N 33953.co*).

C. **INCITATION DE MINEUR PAR UN MAJEUR À LA TRANSMISSION DE SON IMAGE À CARACTÈRE PORNOGRAPHIQUE**

C1. sollicité auprès d'un mineur la diffusion ou la transmission d'images, vidéos ou représentations à caractère pornographique dudit mineur (C. pén., art. 227-23-1, issu L n° 2021-478, 21 avr. 2021) (C1 : *N 33954.co*) ;

C2. [• Préciser le cas échéant dans le cas C1 :] avec cette circonstance que les faits ont été commis à l'encontre d'un mineur de 15 ans (C2 : *N 33955.co*) ;

C3. [• Préciser le cas échéant dans le cas C1 :] avec cette circonstance que les faits ont été commis en bande organisée (C3 : *N 33956.co*).

Faits prévus et réprimés par les articles : **PERSONNES PHYSIQUES.** [¤ de l'infraction sélectionnée], 227-29, 227-31 et 227-31-1 du code pénal. **PERSONNES MORALES.** [¤ de l'infraction sélectionnée] et 227-28-1 du code pénal. ✧

21.32 Enregistrement, diffusion ou détention d'image pornographique d'un mineur – Consultation habituelle ou à titre onéreux de site pédopornographique

▪ PEINES

PERSONNE PHYSIQUE

PP Délit. Cas A à C : 5 ans d'emprisonnement, 75 000 € (depuis L. n° 2006-399, 4 avr. 2006, auparavant 3 ans, 45 000 €). Cas D : 7 ans d'emprisonnement, 100 000 € (depuis L. n° 2006-399, 4 avr. 2006, auparavant 5 ans, 75 000 €). Cas E et F : 5 ans, 75 000 € (depuis L. n° 2020-936, 30 juill. 2020, auparavant 2 ans, 30 000 €). Cas G : 10 ans, 500 000 € (depuis L. n° 2004-204, 9 mars 2004) (C. pén., art. 227-23).

PC *Idem* n° 21.30 mais interdiction droits civiques civils et de famille ⩽ 5 ans ; l'interdiction d'exercer une activité professionnelle ou bénévole impliquant un contact habituel avec des mineurs est obligatoirement prononcée à titre définitif, sauf dispense ou durée ⩽ 10 ans par décision motivée (C. pén., art. 227-31-1 issu L. n° 2021-478, 21 avr. 2021) ;

+ Cas G : confiscation de tout ou partie des biens appartenant au condamné ou dont il a « *la libre disposition* » (L. n° 2012-409, 27 mars 2012) (C. pén., art. 131-21, 227-33 [L. n° 2007-297, 5 mars 2007]).

PERSONNE MORALE

PP Délit. Cas A à C : 375 000 € (depuis L. n° 2006-399, 4 avr. 2006, auparavant 225 000 €). Cas D : 500 000 € (depuis L. n° 2006-399, 4 avr. 2006, auparavant 375 000 €). Cas E et F : 375 000 € (depuis L. n° 2020-936, 30 juill. 2020, auparavant 150 000 €). Cas G : 2 500 000 € (depuis L. n° 2004-204) (C. pén., art. 227-28-1 ; 131-38).

PC *Idem* n° 21.25 + Cas G : confiscation de tout ou partie des biens appartenant à la personne morale ou dont elle a « *la libre disposition* » (L. n° 2012-409, 27 mars 2012) (C. pén., art. 131-21, 227-33 [L. n° 2007-297, 5 mars 2007]).

▪ ORIENTEUR

AUTRE QUALIFICATION

▪ Mandat non suivi d'effet de commettre une infraction sexuelle contre un mineur. Incitation à la pédopornographie non suivie d'effet (v. n° 21.37).

▪ Abus de confiance. L'incrimination d'abus de confiance (v. n° 22.37) permet également de qualifier, en concours, le détournement par un salarié de l'ordinateur et de la connexion internet mis à sa disposition par son employeur, lorsqu'ils ont été utilisés pour commettre les faits (Crim. 19 mai 2004, n° 03-83.953, P n° 126).

ÉLÉMENT LÉGAL

▪ Constitutionnalité. La QPC soulevant l'imprécision de l'incrimination prévue par C. pén., art. 227-23 est rejetée au motif que : « *d'une part, l'interprétation de l'article 227-23 du code pénal, qui définit de manière suffisamment claire et précise le délit d'enregistrement ou fixation d'images ou représentations pornographiques de mineurs, entre dans l'office du juge pénal, de sorte qu'il n'est porté aucune atteinte au principe de légalité des délits et des peines, et que, d'autre part, les dispositions légales critiquées n'instaurent pas de présomption de culpabilité, la partie poursuivante ayant la charge de prouver que la personne représentée sur lesdites images pornographiques est mineure ou présente l'aspect physique d'un mineur, avant qu'il n'incombe, le cas échéant, au prévenu d'établir que cette apparence ne correspond pas à la réalité* » (Crim. 6 juin 2012, n° 12-90.016, NP), « *le juge pénal restant libre de son appréciation à cet égard, l'élément moral de l'infraction provenant de ce que son auteur avait conscience de détenir lesdites images et de ce qu'elles représentaient un mineur ou une personne ayant l'aspect d'un mineur* » (Crim. 22 août 2018, n° 18-80.431).

▪ **Application de la loi pénale dans le temps.** Pour la fixation, l'enregistrement ou la transmission d'images de caractère pornographique de mineurs de 15 ans, la loi nº 2013-711 du 5 août 2013, a supprimé l'exigence de faits commis « *en vue de la diffusion* » (C. pén., art. 227-23).

▪ **Application de la loi dans l'espace. • Faits commis à l'étranger, « tourisme sexuel ».** *Idem* nº 21.30 (C. pén., art. 227-27-1). **• Infraction commise par voie électronique.** *Idem* nº 21.30 (C. pén., art. 113-2-1, réd. L. nº 2016-731, 3 juin 2016). •

▪ **Définition. Bande organisée, Cas G.** V. nº 11.20 (C. pén., art. 132-71).

ÉLÉMENT MATÉRIEL

▪ **Tentative. Punissable,** à l'exception, jusqu'à L. nº 2013-711, 5 août 2013, des **cas** E et F (C. pén., art. 227-23). Désormais, la tentative est également punissable pour ces deux cas.

▪ **Faits incriminés.** L'infraction concerne également les images pornographiques d'une **personne dont l'aspect physique est celui d'un mineur,** sauf s'il est établi qu'elle était âgée de 18 ans au jour de la fixation et de l'enregistrement de son image (C. pén., art. 227-23).

RÉGIME PROCÉDURAL

▪ **Compétence juridictionnelle. Crime ou d'un délit réalisé par voie électronique.** *Idem* nº 21.30 (C. pén., art. 113-2-1, C. pr. pén., art. 43, 52, 382).

▪ **Régime des infractions sexuelles.** Applicable (C. pr. pén., art. 706-47 10°), v. nº 11.23.

▪ **Prescription de l'action publique.** *Idem* nº 21.30.

▪ **Infraction commise par voie de presse.** Si le délit est commis par voie de presse écrite ou audiovisuelle, *Idem* nº 21.25.

▪ **Régime partiel de la criminalité organisée.** Applicable au **cas** G (C. pr. pén., art. 706-74), v. nº 11.22.

▪ **Infiltration électronique.** Possible pour les infractions commises par un moyen de communication électronique (C. pr. pén., art. 706-47-3 [L. nº 2007-297, 5 mars 2007] abrogé le 1er juin 2019). Dispositif désormais applicable à tous crimes ou délits punis d'une peine d'emprisonnement « *commis par la voie des communications électroniques* » (C. pr. pén., art. 230-46, L. nº 2019-222, 23 mars 2019, applicable depuis le 1er juin 2019) (v. nº 11.35).

POLITIQUE PUBLIQUE

▪ **Obligations des fournisseurs d'accès à internet et hébergeurs.** Les fournisseurs d'accès à internet et hébergeurs « *doivent concourir à la lutte contre la diffusion des infractions visées* » au C. pén., art. 227-23 (L. nº 2004-575, 21 juin 2004, dite LCEN, art. 6), v. nº 35.22.

MESURE ADMINISTRATIVE

▪ **Blocage du site.** V. nº 35.22.

▪ **Déréférencement du site.** V. nº 35.22.

MESURE CIVILE

▪ **Modalités de l'action en référé ou sur requête.** V. nº 35.22.

▪ **Modalités de l'action en référé ou sur requête engagée par le parquet.** V. nº 35.22.

RÉGIME DES PEINES

▪ **Inscription au Fijais. Cas** E et F : inscription sur décision expresse, suivi normal 20 ans jusqu'à la L. nº 2020-936, 30 juill. 2020 aggravant la peine d'emprisonnement de 2 à 5 ans : « *cette aggravation a notamment pour conséquence que les personnes condamnées pour ces délits concernant les faits commis à compter de l'entrée en vigueur de la loi, seront inscrites de plein droit dans le Fijais, sauf décision contraire spécialement motivée de la juridiction* » (Circ. Crim. 2020-17-H2, 3 août 2020, NOR : JUSD2020619C, nº 2.7.1). **Cas** A à C : inscription de plein droit (L. nº 2011-939, 10 août 2011, en vigueur au 11 févr. 2012) sauf décision contraire spécialement motivée, suivi normal 20 ans. **Cas** D : inscription de plein droit, suivi normal 20 ans. **Cas** G : inscription de plein droit, suivi renforcé 30 ans (v. nºs 13.32 s.) (C. pr. pén., art. 706-47, 706-53-2, 706-53-4).

▪ ÉLÉMENTS CONSTITUTIFS – QUALIFICATION

✧ Pour avoir à .... [¤ lieu], le .... [¤ date], [⇨A à G :]

A. en vue de sa diffusion, fixé (A1 : *N* ***21698.co***), enregistré (A2 : *N* ***21698.co***) ou transmis (A3 : *N* ***21699.co***) l'image ou la représentation, présentant un caractère pornographique, d'un mineur ;

B. fixé (B1 : *N 29763.co*), enregistré (B2 : *N 29763.co*) ou transmis (B3 : *N 29764.co*) l'image ou la représentation, présentant un caractère pornographique, « *d'un mineur de moins de 15 ans* » (L. nº 2013-711, 5 août 2013) ;

C. offert (L. nº 2004-575, 21 juin 2004, art. 44), rendu disponible (L. nº 2006-399, 4 avr. 2006, art. 16 IV) (C1 : *N 25838.co*), diffusé par quelque moyen que ce soit (C2 : *N 21700.co*), importé ou fait importer (C3 : *N 21702.co*), exporté ou fait exporter (C4 : *N 21701.co*) l'image ou la représentation, présentant un caractère pornographique, d'un mineur ;

D. diffusé l'image ou la représentation, présentant un caractère pornographique, d'un mineur, en utilisant, à destination d'un public non déterminé, un réseau de *communications électroniques* (L. nº 2007-297, 5 mars 2007, anc. réd. : *télécommunications*) (D : *N 21703.co*) ;

E. détenu (E1 : *N 23337.co*) ou « *acquis* » (E2 : *N 29766.co*) (L. nº 2013-711, 5 août 2013) par quelque moyen que ce soit l'image ou la représentation, présentant un caractère pornographique, d'un mineur (L. nº 2002-305, 4 mars 2002) ;

F. consulté habituellement (F1 : *N 26341.co*) « *ou en contrepartie d'un paiement* » (L. nº 2013-711, 5 août 2013) (F2 : *N 29765.co*) un service de communication au public en ligne mettant à disposition l'image ou la représentation, présentant un caractère pornographique, d'un mineur (L. nº 2007-293, 5 mars 2007) ;

G. en bande organisée (L. nº 2004-204, 9 mars 2004, art. 6-VIII) [⇨G1 à G3 :]

G1. fixé (G1a : *N 25839.co*), enregistré (G1b : *N 25839.co*) ou transmis (G1c : *N #.co*), en vue de sa diffusion, l'image ou la représentation, présentant un caractère pornographique, d'un mineur (L. nº 2006-399, 4 avr. 2006, art. 16 IV) ;

G2. fixé (G2a : *N 29767.co*), enregistré (G2b : *N 29767.co*) ou transmis (G2c : *N 29768.co*) l'image ou la représentation, présentant un caractère pornographique, « *d'un mineur de moins de 15 ans* » (L. nº 2013-711, 5 août 2013) ;

G3. offert (L. nº 2004-575, 21 juin 2004, art. 44), rendu disponible (L. nº 2006-399, 4 avr. 2006, art. 16 IV), diffusé par quelque moyen que ce soit (G3a : *N 25101.co*), importé ou fait importer (G3b : *N 25108.co*), exporté ou fait exporter (G3c : *N 25104.co*) l'image ou la représentation, présentant un caractère pornographique, d'un mineur ;

G4. diffusé l'image ou la représentation, présentant un caractère pornographique, d'un mineur, en utilisant, à destination d'un public non déterminé, un réseau de *communications électroniques* (L. nº 2007-297, 5 mars 2007, anc. réd. : *télécommunications*) (G4 : *N 25109.co*) ;

G5. détenu (G5a : *N 25100.co*) ou « *acquis* » (G5c : *N 29769.co*) (L. nº 2013-711, 5 août 2013) par quelque moyen que ce soit l'image ou la représentation, présentant un caractère pornographique, d'un mineur.

Faits prévus et réprimés par les articles : **PERSONNES PHYSIQUES.** 227-23, 227-29 et 227-31+ Cas F : 227-33 du code pénal. **PERSONNES MORALES.** 227-23 et 227-28-1 + Cas F : 227-33 du code pénal. ✧

21.33 Fabrication, diffusion de message violent ou pornographique perceptible par un mineur

■ PEINES

PERSONNE PHYSIQUE

PP Délit. 3 ans d'emprisonnement, 75 000 € (C. pén., art. 227-24).

PC *Idem* nº 21.30 l'interdiction d'exercer une activité professionnelle ou bénévole impliquant un contact habituel avec des mineurs est obligatoirement prononcée à titre définitif, sauf dispense ou durée ⩽ 10 ans par décision motivée (C. pén., art. 227-31-1 issu L. nº 2021-478, 21 avr. 2021).

PERSONNE MORALE

PP Délit. 375 000 € (C. pén., art. 227-28-1 ; 131-38).

PC *Idem* nº 21.25.

ORIENTEUR

AUTRE QUALIFICATION

▪ **Provocation au terrorisme – Apologie du terrorisme (L. nº 2014-1353, 13 nov. 2014).** C. pén., art. 421-2-5, V. nº 35.24.

▪ **Provocation publique à la commission de crimes ou délits.** Apologie de crime, infractions de presse, v. nº 35.26.

ÉLÉMENT LÉGAL

▪ **Application de la loi dans l'espace. • Faits commis à l'étranger, « tourisme sexuel ».** *Idem* nº 21.30 (C. pén., art. 227-27-1). • **Infraction commise par voie électronique.** *Idem* nº 21.30 (C. pén., art. 113-2-1, réd. L. nº 2016-731, 3 juin 2016).

ÉLÉMENT MATÉRIEL

▪ **Concours de qualification.** Les faits d'envoi répété de SMS à caractère pornographique à un mineur de 15 ans procèdent « *de manière indissociable, d'une action unique caractérisée par une même intention coupable* » et ne peuvent donc d'être reprochés sous la double qualification, d'une part, de diffusion de messages pornographiques accessibles à un mineur (C. pén., art. 227-24), d'autre part, d'appels téléphoniques malveillants et réitérés (C. pén., art. 222-16, v. nº 20.47) (Crim. 5 juin 2919, nº 18-84.350).

ÉLÉMENT INTENTIONNEL

▪ **Nécessité d'un contrôle effectif de la majorité des personnes accédant aux contenus diffusés – Présomption de mauvaise foi.** Les infractions prévues au C. pén., art. 227-24 « *sont constituées y compris si l'accès d'un mineur aux messages* » incriminés « *résulte d'une simple déclaration de celui-ci indiquant qu'il est âgé d'au moins dix-huit ans* » (C. pén., art. 227-34, mod. par L. nº 2020-936, 30 juill. 2020). « *L'objectif de cette modification, qui consacre en réalité la jurisprudence existante, est de mettre en évidence que tombent sous le coup de l'article 227-34 du code pénal les sites pornographiques sur internet qui sont librement accessibles aux mineurs dès lors qu'il leur suffit d'affirmer par un simple clic, et sans autre dispositif de contrôle de leur identité, qu'ils sont majeurs* » (Circ. crim. 2020-17-H2, 3 août 2020, NOR : JUSD2020619C, nº 2.7.2).

RÉGIME PROCÉDURAL

▪ **Compétence juridictionnelle. Crime ou d'un délit réalisé par voie électronique.** *Idem* nº 21.30 (C. pén., art. 113-2-1, C. pr. pén., art. 43, 52, 382).

▪ **Régime des infractions sexuelles.** Applicable (C. pr. pén., art. 706-47 11°), v. nº 11.23.

▪ **Prescription de l'action publique.** *Idem* nº 21.30.

▪ **Infraction commise par voie de presse.** Si le délit est commis par voie de presse écrite ou audiovisuelle, *Idem* nº 21.25.

▪ **Infiltration électronique.** Possible pour les infractions commises par un moyen de communication électronique (C. pr. pén., art. 706-47-3 [L. nº 2007-297, 5 mars 2007] abrogé le 1er juin 2019). Dispositif désormais applicable à tous crimes ou délits punis d'une peine d'emprisonnement « *commis par la voie des communications électroniques* » (C. pr. pén., art. 230-46, L. nº 2019-222, 23 mars 2019, applicable depuis le 1er juin 2019) (v. nº 11.35).

POLITIQUE PUBLIQUE

▪ **Obligations des fournisseurs d'accès à internet et hébergeurs.** Les fournisseurs d'accès à internet et hébergeurs « *doivent concourir à la lutte contre la diffusion des infractions visées* » au C. pén., art. 227-24 (L. nº 2004-575, 21 juin 2004, dite LCEN, art. 6), v. nº 35.22.

MESURE ADMINISTRATIVE

▪ **Blocage du site.** *Idem* nº 21.32 (L. nº 2004-575, 21 juin 2004, art. 6-1).

▪ **Déréférencement du site.** *Idem nº* 21.32 (L. nº 2004-575, 21 juin 2004, art. 6-1).

▪ **Pouvoir d'injonction du président du CSA.** Dans des conditions précisées par décret, « *Lorsqu'il constate qu'une personne dont l'activité est d'éditer un service de communication au public en ligne permet à des mineurs d'avoir accès à un contenu pornographique en violation de l'article 227-24 du code pénal, le président du Conseil supérieur de l'audiovisuel adresse à cette personne, par tout moyen propre à en établir la date de réception, une mise en demeure lui enjoignant de prendre toute mesure de nature à empêcher l'accès des mineurs au contenu incriminé. La personne destinataire de l'injonction dispose d'un délai de quinze jours pour présenter ses observations. À l'expiration de ce délai, en cas d'inexécution de l'injonction […] et si le contenu reste accessible aux mineurs, le président du Conseil supérieur de l'audiovisuel peut saisir le président du tribunal judiciaire* *de Paris aux fins d'ordonner, selon la procédure accélérée au fond, que les personnes mentionnées au 1 du I de l'article 6 de la loi n° 2004-575 du 21 juin 2004 pour la confiance dans l'économie numérique mettent fin à l'accès à ce service. Le procureur de la République est avisé de la décision du président du tribunal. Le président du Conseil supérieur de l'audiovisuel peut saisir, sur requête, le président du tribunal judiciaire de Paris aux mêmes fins lorsque le service de communication au public en ligne est rendu accessible à partir d'une autre adresse. Le président du Conseil supérieur de l'audiovisuel peut également demander au président du tribunal judiciaire de Paris d'ordonner, selon la procédure accélérée au fond, toute mesure destinée à faire cesser le référencement du service de communication en ligne par un moteur de recherche ou un annuaire. Le président du Conseil supérieur de l'audiovisuel peut agir d'office ou sur saisine du ministère public ou de toute personne physique ou morale ayant intérêt à agir.* » (L. nº 2020-936, 30 juill. 2020, art. 23).

MESURE CIVILE

▪ **Modalités de l'action en référé ou sur requête.** En cas de dommage occasionné par le contenu d'un service de communication au public en ligne (L. nº 2004-575, 21 juin 2004, dite LCEN, art. 6), v. nº **35.22**.

▪ **Modalités de l'action en référé ou sur requête engagée par le parquet.** En cas de dommage occasionné par le contenu d'un service de communication au public en ligne (L. nº 2004-575, 21 juin 2004, dite LCEN, art. 6), v. nº **35.22**.

RÉGIME DES PEINES

▪ **Inscription au Fijais.** Inscription sur décision expresse, suivi normal 20 ans (v. nº **13.32** s.) (C. pr. pén., art. 706-47, 706-53-2, 706-53-4).

▪ ÉLÉMENTS CONSTITUTIFS – QUALIFICATION

✧ Pour avoir à .... [¤ lieu], le .... [¤ date], [⇨A à D puis 1 à 3 :]

A. fabriqué un message...

B. transporté un message ...

C. diffusé, par quelque moyen que ce soit et quel qu'en soit le support, un message...

D. fait commerce d'un message...

1. susceptible d'être vu ou perçu par un mineur, à caractère violent, ou pornographique « *y compris des images pornographiques impliquant un ou plusieurs animaux* » (mod. issue L. nº 2021-1539, 30 nov. 2021), ou de nature à porter gravement atteinte à la dignité humaine (A1 : *N* ***12215.co*** ; B1 : *N* ***12216.co*** ; C1 : *N* ***12217.co*** ; D1 : *N* ***12218.co***) ;

2. « *de nature à inciter des mineurs à se livrer à des jeux les mettant physiquement en danger* » (mod. issue L. nº 2011-267, 14 mars 2011) (A2 : *N* ***28169.co*** ; B2 : *N* ***28170.co*** ; C2 : *N* ***28171.co*** ; D2 : *N* ***28172.co***) ;

3. « *incitant au terrorisme* » (mod. issue L. nº 2014-1353, 13 nov ; 2014) (A3 : *N* ***30800.co*** ; B3 : *N* ***30801.co*** ; C3 : *N* ***30802.co*** ; D3 : *N* ***30803.co***).

Faits prévus et réprimés par les articles : **PERSONNES PHYSIQUES.** 227-24, 227-29, 227-31, 227-31-1 du code pénal. **PERSONNES MORALES.** 227-24 et 227-28-1 du code pénal. ✧

21.34 Provocation à la mutilation sexuelle d'un mineur

▪ PEINES

PERSONNE PHYSIQUE

PP Délit. 7 ans d'emprisonnement, 100 000 € (depuis L. nº 2021-1109, 24 août 2021, auparavant 5 ans et 75 000 €) (C. pén., art. 227-24-1, L. nº 2013-711, 5 août 2013).

PC *Idem* nº **21.30** ; l'interdiction d'exercer une activité professionnelle ou bénévole impliquant un contact habituel avec des mineurs est obligatoirement prononcée à titre définitif, sauf dispense ou durée ⩽ 10 ans par décision motivée (C. pén., art. 227-31-1 issu L. nº 2021-478, 21 avr. 2021) ;

PERSONNE MORALE

PP Délit. 500 000 € (depuis L. nº 2021-1109, 24 août 2021, auparavant 375 000 €) (C. pén., art. 227-24-1 ; L. nº 2013-711, 5 août 2013, art. 227-28-1, 131-38).

PC *Idem* nº **21.25**.

■ ORIENTEUR

AUTRE QUALIFICATION

▪ **Violences volontaires aggravées. Si la mutilation sexuelle a été réalisée**, v. violences volontaires aggravées, notamment ayant entraîné une mutilation ou une infirmité permanente.

▪ **Pratiques visant à modifier l'orientation sexuelle ou l'identité de genre (thérapies de conversion) (L. n° 2022-92, 31 janv. 2022)**. C. pén., art. 225-4-13 issu L. n° 2022-92, 31 janv. 2022 incriminant les thérapies de conversion, v. n° 20.120).

ÉLÉMENT LÉGAL

▪ **Application de la loi pénale dans le temps.** Incrimination créée par L. n° 2013-711, 5 août 2013, portant diverses dispositions d'adaptation dans le domaine de la justice en application du droit de l'Union européenne et des engagements internationaux de la France ; peines aggravées par L. n° 2021-1109, 24 août 2021, confortant le respect des principes de la République.

RÉGIME PROCÉDURAL

▪ **Régime des infractions sexuelles.** Applicable (C. pr. pén., art. 706-47 12°), v. n° 11.23.

▪ **Prescription de l'action publique.** *Idem* n° 21.30.

RÉGIME DES PEINES

▪ **Inscription au Fijais.** Inscription de plein droit sauf décision contraire spécialement motivée, suivi normal 20 ans (v. n°s 13.32 s.) (C. pr. pén., art. 706-47, 706-53-2, 706-53-4).

POLITIQUE PUBLIQUE

▪ **Missions du service public de l'enseignement.** « *Les écoles, les collèges et les lycées assurent [...] une obligation de sensibilisation des personnels enseignants [...] aux mutilations sexuelles féminines.../...* » (C. éducation, art. L. 121-1 mod. par L. n° 2021-1109, 24 août 2021). L'information et l'éducation à la sexualité dispensées dans les écoles, les collèges et les lycées « *sensibilisent [...] aux mutilations sexuelles féminines* » (C. éducation, art. L. 312-16 mod. par L. n° 2021-1109, 24 août 2021).

■ ÉLÉMENTS CONSTITUTIFS – QUALIFICATION

✧ Pour avoir à .... [¤ lieu], le .... [¤ date], [⇨A ou B :]

A. fait des offres ou promesses ou proposé des dons, présents ou avantages quelconques, non suivis d'effet, à un mineur ou usé contre lui de pressions ou de contraintes de toute nature, afin qu'il se soumette à une mutilation sexuelle (A : *N **30141**.co*) ;

B. en faisant des offres ou promesses, ou en proposant des dons, présents ou avantages quelconques, ou en usant de pressions ou de contraintes de toute nature, non suivis d'effet, incité directement autrui à commettre une mutilation sexuelle sur la personne d'un mineur (B : *N **30142**.co*).

Faits prévus et réprimés par les articles : **PERSONNES PHYSIQUES.** 227-24-1, 227-29, 227-31 et 227-31-1 du code pénal. **PERSONNES MORALES.** 227-24-1 et 227-28-1 du code pénal. ✧

21.35 Atteinte sexuelle sans contrainte ou surprise par un majeur sur un mineur de moins de 15 ans

■ PEINES

PERSONNE PHYSIQUE

PP Délit. Cas A : 7 ans d'emprisonnement, 100 000 € (depuis L. n° 2018-703, 3 août 2018, auparavant 5 ans, 75 000 €) (C. pén., art. 227-25). Cas B à G : 10 ans, 150 000 € (C. pén., art. 227-26).

PC *Idem* n° 21.30 ; l'interdiction d'exercer une activité professionnelle ou bénévole impliquant un contact habituel avec des mineurs est obligatoirement prononcée à titre définitif, sauf dispense ou durée ⩽ 10 ans par décision motivée (C. pén., art. 227-31-1 issu L. n° 2021-478, 21 avr. 2021) ;

PERSONNE MORALE

PP Délit. Cas A : 500 000 € (depuis L. n° 2018-703, 3 août 2018, auparavant 375 000 €) (C. pén., art. 227-28-1 ; 131-38). Cas B à G : 750 000 € (C. pén., art. 227-28-1 ; 131-38).

PC *Idem* n° 21.25.

■ ORIENTEUR

AUTRE QUALIFICATION

▪ **Viol sans contrainte ni surprise commis par un majeur sur un mineur (L. n° 2021-478, 21 avr. 2021).** En cas de pénétration sexuelle ou d'acte bucco-génital sur un mineur de 15 ans, v. également C. pén., art. 222-23-1 et 222-23-2 issus L. n° 2021-478, 21 avr. 2021, v. n° 20.75.

▪ **Agression sexuelle sans contrainte ni surprise commise par un majeur sur un mineur (L. n° 2021-478, 21 avr. 2021).** En cas d'acte sexuel autre qu'une pénétration sexuelle ou qu'un acte bucco-génital sur un mineur de 15 ans, v. également C. pén., art. 222-29-2 et 222-29-3 issus L. n° 2021-478, 21 avr. 2021, n° 20.82.

▪ **Atteinte sexuelle sans contrainte ou surprise par un ascendant ou personne ayant autorité sur un mineur de plus de 15 ans.** V. n° 21.36.

▪ **Agression sexuelle.** En cas de **violence, menace ou surprise.** V. n°s 20.83 et 20.84.

▪ **Recours à la prostitution d'un mineur.** En cas de **relation sexuelle accompagnée du versement d'une rémunération**, V. n° 20.111.

▪ **Infractions incestueuses. Qualifications en concours.** V. n° 20.72.

▪ **Mandat de commettre une atteinte sexuelle sur un mineur.** C. pén., art. 227-28-3, v. n° 21.37.

ÉLÉMENT LÉGAL

▪ **Constitutionnalité.** • **Constitutionnalité de la notion d'atteinte sexuelle.** Est rejetée la QPC soulevant, au regard du principe de légalité et du droit à la vie privée, l'inconstitutionnalité de C. pén., art. 227-25 et 227-27 en ce que le législateur ne définit pas « *les actes qui doivent être regardés.../...comme constitutifs d'une atteinte sexuelle* », ne précise pas « *l'âge auquel le mineur peut y consentir.../...* », n'opère pas de « *distinction selon les capacités de discernement de ce dernier* », au motif que « *les dispositions critiquées, qui laissent au juge, dont c'est l'office, le soin de qualifier des comportements que le législateur ne peut énumérer a priori de façon exhaustive, sont rédigées en des termes suffisamment clairs et précis pour permettre que leur interprétation se fasse sans risque d'arbitraire et dans des conditions garantissant le respect des droits de la défense* » (Crim. 6 juin 2018, n° 17-81.951, NP). • **Inconstitutionnalité de la qualification d'atteinte sexuelle incestueuse résultant de la rédaction de C. pén., art. 227-27-2, issue de L. n° 2010-121, 8 févr. 2010.** Dans le prolongement de la décision du Cons. const. n° 2011-163 QPC du 16 septembre 2011 (v. n° 20.72), et en termes identiques, C. pén., art. 227-27-2 a été déclaré inconstitutionnel au motif qu'en s'abstenant « *de désigner précisément les personnes qui doivent être regardées, au sens de cette qualification, comme membres de la famille* » le législateur a méconnu le principe de légalité des délits et des peines énoncé aux articles 34 de la Constitution et 8 de la DDHC de 1789 qui lui imposent de fixer le champ d'application de la loi pénale et de définir les crimes et délits en termes suffisamment clairs et précis (Cons. const. 17 févr. 2012, n° 2011-222 QPC, § 3 et 4).

▪ **Application de la loi pénale dans le temps.** • **Aggravation des pénalités.** Cas A : la L. n° 2018-703, 3 août 2018, sans modifier les éléments constitutifs de l'infraction, a porté les peines principales de 5 à 7 ans et de 75 000 à 100 000 €. • **Dispositions relatives aux infractions incestueuses** issues de L. n° 2016-297, 14 mars 2016, modifiée par L. n° 2018-703, 3 août 2018, v. n° 20.72.

▪ **Application de la loi dans l'espace. Faits commis à l'étranger, « tourisme sexuel » :** *Idem* n° 21.30.

▪ **Définition. Infractions incestueuses.** Tirant les conséquences de la décision QPC du 16 sept. 2011 constatant l'inconstitutionnalité de la notion d'inceste, la L. n° 2016-297, 14 mars 2016 a rétabli, en la clarifiant, la notion d'inceste dans un nouvel article 227-27-2-1 du code pénal, sans modifier les pénalités existantes. Cette définition est commune aux agressions et aux atteintes sexuelles. V. n° 20.72.

▪ **Portée de l'incrimination d'inceste.** V. n° 20.72.

ÉLÉMENT MATÉRIEL

▪ **Tentative. Punissable** (C. pén., art. 227-27-2).

▪ **Faits incriminés.** • **Nécessité d'un contact corporel.** « *pour être constitué, le délit d'atteinte sexuelle, même aggravé par l'une des circonstances énumérées* [au C. pén., art. 227-26], *suppose l'existence d'un contact corporel entre l'auteur et la victime* » (Crim. 7 sept. 2006, n° 15-83.287, P n° 234 ; dans le même sens : Crim. 5 sept. 2018, n° 17-85.122). • **Indifférence de la contrainte et de la surprise.** La L. n° 2018-703, 3 août 2018, incrimine désormais le fait d'exercer une atteinte sexuelle « *hors le cas de viol ou de toute autre agression sexuelle* », (formulation devenue depuis L. n° 2021-478, 21 avr. 2021) « *hors les cas de viol ou d'agression sexuelle prévus à la section 3 du chapitre II du présent titre* » [soit C. pén., art. 222-22 à 222-33-1] formulation se substituant au fait « *d'exercer sans violence, contrainte ni surprise une atteinte sexuelle* » (C. pén., art. 227-25). « *Cette nouvelle rédaction ne modifie aucunement sur le fond les éléments constitutifs du délit, mais elle évite de donner l'impression que ces faits impliquent nécessairement une forme de consentement du mineur, cette qualification pouvant en effet s'appliquer à chaque fois que l'existence des éléments constitutifs du viol ou de l'agression [sexuelle] n'a pas pu être démontrée* » (Circ. Crim. 2018-10/H2, 3 sept. 2018, NOR : JUSD1823892C, n° 3.2). Sur les définitions interprétatives de la contrainte et de la surprise, modifiée par L. n° 2018-703, 3 août 2018, qui déterminent la distinction entre les agressions sexuelles (viol et autres agressions sexuelles) et la prise en compte à cet égard de la différence d'âge et de l'absence de discernement du mineur de 15 ans (C. pén., art. 222-22-1), v. n° **20.72**. Depuis L. n° 2021-478, 21 avr. 2021, les atteintes sexuelles commises par un majeur sur un mineur de moins de 15 ans sans contrainte ni surprise sont assimilées au viol en cas de pénétration sexuelle ou de rapport bucco-génital (C. pén., art. **222-23-1** et **222-23-2**, v. n° **20.75**) ou à une agression sexuelle dans les autres cas (C. pén., art. **222-29-2** et **222-29-3**, v. n° **20.82**). • **Indifférence du consentement de la victime mineure.** *Idem* n° **20.75**.

▪ **Concours de qualifications.** L. n° 2021-478, 21 avr. 2021, répute désormais comme viol ou agression sexuelle les actes sexuels commis sans contrainte ou surprise par un majeur sur un mineur selon les conditions d'âge fixées par 222-23-1 et 222-23-2 (v. n° **20.75**) ou 222-29-2 et 222-29-3 (v. n° **20.82**), alors que ces faits restent également qualifiés « d'atteinte sexuelle » par C. pén., art. 227-25 à 227-27 (v. n° **21.35** et **21.36**).

RÉGIME PROCÉDURAL

▪ **Régime des infractions sexuelles.** Applicable (C. pr. pén., art. 706-47 13°), v. n° **11.23**.

▪ **Prescription de l'action publique.** • **Délai et point de départ de la prescription.** Le délai de prescription de l'action publique est de **20 ans** dans les cas **B** à **G** (C. pén., art. 227-26) au lieu du délai de droit commun de 6 ans en matière délictuelle institué par L. n° 2017-242, 27 févr. 2017 ou du délai de 10 ans prévu pour les délits sexuels et ne commence à courir qu'à la majorité de la victime (C. pr. pén., art. 8 et 9-1 créé par L. n° 2017-242, 27 févr. 2017) (sur le délai et le point de départ de la prescription, L. n° 2017-242, 27 févr. 2017, v. n° **17.19**). • **Solidarité des prescriptions des infractions sexuelles commises par le même auteur sur plusieurs mineurs.** Sur la solidarité des prescriptions des crimes de viol, d'agression sexuelle ou d'atteinte sexuelle successivement commis par le même auteur sur plusieurs victimes mineures instituée par L. n° 2021-478, 21 avr. 2021 modifiant C. pr. pén., art. 7, 8 et 9-2, v. n° **17.21A**.

▪ **Procédure d'assises.** • **Question spécifique pour la qualification d'inceste.** Devant la cour d'assises, la qualification d'inceste fait l'objet, s'il y a lieu, d'une **question spécifique** (C. pr. pén., art. 356, réd. issue de L. n° 2016-297, 14 mars 2016, rétablissant les dispositions L. n° 2010-121, 8 févr. 2010). • **Question subsidiaire pour la qualification d'atteinte sexuelle** (C. pr. pén., art. 351). En cas d'accusation d'un majeur pour viol aggravé par la minorité de 15 ans de la victime (v. n° **20.74**), « *si l'existence de violences ou d'une contrainte, menace ou surprise a été contestée au cours des débats* », *le président est tenu de poser* « *la question subsidiaire de la qualification d'atteinte sexuelle sur la personne d'un mineur de quinze ans* » (v. n° **21.35**) (C. pr. pén., art. 351 mod. par L. n° 2018-703, 2 août 2018) (sur les questions subsidiaires dans la procédure d'assises, v. n° **17.33**).

MESURE CIVILE

▪ **Retrait de l'autorité parentale.** Lorsque l'atteinte sexuelle « *incestueuse* » (rédaction rétablie par L. n° 2016-297, 14 mars 2016) est commise contre un mineur par une personne titulaire sur celui-ci de l'autorité parentale, la juridiction de jugement **est tenue** de se prononcer sur le retrait total ou partiel de cette autorité en application des articles 378 et 379-1 du code civil, elle peut aussi statuer sur le retrait de cette autorité pour les frères et sœurs mineurs de la victime (C. pén., art. 227-27-3). Depuis L. n° 2019-1480, 28 déc. 2019, le retrait peut se limiter à « *l'exercice de l'autorité parentale* ». Si les poursuites ont lieu devant la cour d'assises, celle-ci statue sur cette question sans l'assistance des jurés (C. pén., art. 227-27-3). Sur la suspension et le retrait de l'autorité parentale en cas de violences au sein de la famille, v. n° **16.8F**.

RÉGIME DES PEINES

▪ **Récidive. Délits assimilés** : les délits d'**agression sexuelle** et d'**atteintes sexuelles** sont considérés, au regard de la récidive, comme une même infraction (C. pén., art. 132-16-1) (sur les conditions et les effets de la récidive, v. nº 18.5).

▪ **Inscription au Fijais.** Cas A : inscription de plein droit (L. nº 2011-939, 10 août 2011, en vigueur au 11 févr. 2012) sauf décision contraire spécialement motivée, suivi normal 20 ans. Cas B à G : inscription de plein droit, suivi renforcé 30 ans (v. nºs 13.32 s.) (C. pr. pén., art. 706-47, 706-53-2, 706-53-4).

▪ ÉLÉMENTS CONSTITUTIFS – QUALIFICATION

✧ Pour avoir à .... [¤ lieu], le .... [¤ date], étant **majeur**, hors le cas de viol ou de toute autre agression sexuelle, [⇨A puis le cas échéant B à G :]

A. exercé une atteinte sexuelle sur .... [¤ nom du mineur], mineur âgé de moins de 15 ans (A : *N 1128.co*).

A1. [préciser le cas échéant en cas d'infraction incestueuse (L. nº 2016-297, 14 mars 2016)], les faits étant qualifiés d'incestueux comme ayant été commis sur la « *victime* » (réd. issue L. nº 2018-703, 3 août 2018) ~~personne d'un mineur~~ par un frère, une sœur, un oncle, une tante, « *un grand-oncle, une grand-tante* » (extension issue L. nº 2021-478, 21 avr. 2021), un neveu ou une nièce (NB. Les autres hypothèses d'atteinte sexuelle incestueuse relèvent des cas d'atteinte sexuelle aggravée décrites au B) (A1 : *N 31506.co*) ;

[• Préciser le cas échéant] avec cette circonstance que les faits ont été commis :

B. ~~par un ascendant (B1 : *N 27541.co*, infraction incestueuse)~~ (supprimé par L. nº 2021-478, 21 avr. 2021, v. désormais C. pén., art. 222-23-2 (v. nº 20.75) et 222-29-3 (v. nº 20.82)) par une personne ayant sur la victime une autorité de droit ou de fait (réd. L. nº 2010-121, 8 févr. 2010) (B2 : *N 27543.co*, infraction non incestueuse) ; par le conjoint, le concubin ou le partenaire lié par un pacte civil de solidarité, ayant sur le mineur une autorité de droit ou de fait, d'un ascendant, d'un frère, d'une sœur, d'un oncle, d'une tante, « *d'un grand-oncle, d'une grand-tante* » (extension issue L. nº 2021-478, 21 avr. 2021), d'un neveu ou d'une nièce de la victime (B3 : *N 31507.co*, infraction incestueuse) ;

C. par une personne abusant de l'autorité conférée par ses fonctions (C : *N 1133.co*) ;

D. par plusieurs personnes agissant en qualité d'auteur ou de complice (D : *N 1132.co*) ;

E. après mise en contact du mineur avec l'auteur de faits grâce à l'utilisation d'un réseau de « communication électronique » (réd. L. nº 2011-525, 17 mai 2011) diffusant des messages à destination d'un public non déterminé (E : *N 21697.co*) ;

F. par une personne agissant en état d'ivresse manifeste (L. nº 2007-297, 5 mars 2007) (F : *N 26256.co*) ;

G. par une personne agissant sous l'emprise manifeste de produits stupéfiants (L. nº 2007-297, 5 mars 2007) (G : *N 26330.co*).

Faits prévus et réprimés par les articles : **PERSONNES PHYSIQUES.** 227-25 (+ cas B à G : 227-26), 227-27-2-1, 227-27-3, 227-29, 227-31 et 227-31-1 du code pénal. **PERSONNES MORALES.** 227-25 (+ cas B à G : 227-26) et 227-28-1 du code pénal. ✧

21.36 Atteinte sexuelle sans contrainte ou surprise par un ascendant ou personne ayant autorité sur un mineur de plus de 15 ans

▪ PEINES

PERSONNE PHYSIQUE

PP Délit. 5 ans d'emprisonnement (depuis L. nº 2021-748, 21 avr. 2021, auparavant 3 ans depuis L. nº 2013-711, 5 août 2013, auparavant 2 ans), 45 000 € (depuis L. nº 2013-711, 5 août 2013, auparavant 30 000 €) (C. pén., art. 227-27).

PC *Idem* nº 21.30 ; l'interdiction d'exercer une activité professionnelle ou bénévole impliquant un contact habituel avec des mineurs est obligatoirement prononcée à titre définitif, sauf dispense ou durée ⩽ 10 ans par décision motivée (C. pén., art. 227-31-1 issu L. nº 2021-478, 21 avr. 2021) ;

PERSONNE MORALE

PP 225 000 € (L. nº 2013-711, 5 août 2013, auparavant 150 000 €) (C. pén., art. 227-27, 131-38).

PC Néant.

▪ ORIENTEUR

AUTRE QUALIFICATION

▪ **Viol sans contrainte ni surprise commis par un majeur sur un mineur (L. nº 2021-478, 21 avr. 2021).** En cas de pénétration sexuelle ou d'acte bucco-génital commis par un ascendant sur un mineur quel que soit son âge, v. C. pén., art. 222-23-1 et 222-23-2 issus L. nº 2021-478, 21 avr. 2021, v. nº 20.75.

▪ **Agression sexuelle sans contrainte ni surprise commise par un majeur sur un mineur (L. nº 2021-478, 21 avr. 2021).** En cas d'atteinte sexuelle autre qu'une pénétration sexuelle ou qu'un acte bucco-génital commise par un ascendant sur un mineur quel que soit son âge, v. C. pén., art. 222-29-2 et 222-29-3 issus L. nº 2021-478, 21 avr. 2021, nº 20.82.

▪ **Atteinte sexuelle sans contrainte ou surprise par un majeur sur un mineur de moins de 15 ans.** V. nº 21.35.

▪ **Agression sexuelle.** En cas de **violence, menace ou surprise** : V. nºs 20.79 et 20.81.

▪ **Recours à la prostitution d'un mineur.** En cas de **relation sexuelle accompagnée du versement d'une rémunération**, V. nº 20.111.

▪ **Infractions incestueuses. Qualifications en concours.** V. nº 20.72.

▪ **Mandat de commettre une atteinte sexuelle sur un mineur.** C. pén., art. 227-28-3, v. nº 21.37.

ÉLÉMENT LÉGAL

▪ **Application de la loi pénale dans le temps. • Aggravation des peines.** La loi nº 2013-711 du 5 août 2013, a aggravé la répression (3 ans au lieu de 2 ans d'emprisonnement et 45 000 € au lieu de 30 000 €) et la L. nº 2021-478, 21 avr. 2021, a élevé de 3 ans à 5 ans la peine d'emprisonnement. • **Dispositions relatives aux infractions incestueuses** issues de L. nº 2016-297, 14 mars 2016, modifiée par L. nº 2018-703, 3 août 2018, v. nº 20.72.

▪ **Application de la loi dans l'espace. Faits commis à l'étranger, « tourisme sexuel » :** *Idem* nº 21.30.

▪ **Constitutionnalité. Inconstitutionnalité de la qualification d'atteinte sexuelle incestueuse résultant de la rédaction de C. pén., art. 227-27-2, issue de L. nº 2010-121, 8 févr. 2010.** V. nº 21.35.

▪ **Définition. Infractions incestueuses.** V. nº 21.35.

▪ **Portée de l'incrimination d'inceste.** V. nº 20.72.

ÉLÉMENT MATÉRIEL

▪ **Tentative. Punissable** (C. pén., art. 227-27-2).

▪ **Majorité de l'auteur.** La L. nº 2021-478, 21 avr. 2021 modifiant C. pén., art. 227-27 n'incrimine désormais explicitement que les personnes majeures.

▪ **Faits incriminés. • Indifférence de la contrainte et de la surprise.** *Idem* nº 21.35, sous cette réserve que l'infraction prévue par C. pén., art. 227-27 n'a pas été réécrite par L. nº 2018-703, 3 août 2018 mais par L. nº 2021-478, 21 avr. 2021.

RÉGIME PROCÉDURAL

▪ **Régime des infractions sexuelles.** Applicable (C. pr. pén., art. 706-47 13°), v. nº 11.23.

▪ **Prescription de l'action publique. • Délai et point de départ de la prescription.** Le délai de prescription de l'action publique est de **10 ans** (au lieu du délai de droit commun de 6 ans en matière délictuelle institué par L. nº 2017-242, 27 févr. 2017) et ne commence à courir qu'à la majorité de la victime (C. pr. pén., art. 8 et 9-1 créé par L. nº 2017-242, 27 févr. 2017) (sur le délai et le point de départ de la prescription, L. nº 2017-242, 27 févr. 2017, v. nº 17.19). • **Solidarité des prescriptions des infractions sexuelles commises par le même auteur sur plusieurs mineurs.** *Idem* nº 21.35.

▪ **Procédure d'assises. Question spécifique** en cas de qualification d'inceste. V. nº 21.35.

MESURE CIVILE

▪ **Retrait de l'autorité parentale.** *Idem* n° 21.35 (C. pén., art. 227-27-3).

RÉGIME DES PEINES

▪ **Récidive. Délits assimilés** : *Idem* n° 21.35 (sur les conditions et les effets de la récidive, v. n° 18.5).

▪ **Inscription au Fijais.** Inscription obligatoire au Fijais depuis L. n° 2021-478, 21 avr. 2021, suivi normal 20 ans (v. n°s 13.32 s.) (C. pr. pén., art. 706-47, 706-53-2, 706-53-4).

▪ **ÉLÉMENTS CONSTITUTIFS – QUALIFICATION**

✧ Pour avoir à .... [¤ lieu], le .... [¤ date], étant **majeur**, sans violence, contrainte, menace ni surprise, commis une atteinte sexuelle sur .... [¤ nom du mineur], mineur âgé de plus de 15 ans [⇨A à C :]

A. alors qu'il était un ascendant de la victime (réd. L. n° 2010-121, 8 févr. 2010) (A : *N* ***27544.co***, infraction incestueuse) ;

B. alors qu'il avait sur la victime une autorité de droit ou de fait (réd. L. n° 2010-121, 8 févr. 2010) (B1 : *N* ***27546.co***, infraction non incestueuse) ; alors qu'il était le conjoint, le concubin ou le partenaire lié par un pacte civil de solidarité, ayant sur le mineur une autorité de droit ou de fait, d'un ascendant, d'un frère, d'une sœur, d'un oncle, d'une tante, d'un neveu ou d'une nièce du mineur victime (B2 : *N* ***31508.co***, infraction incestueuse) ;

C. en abusant de l'autorité conférée par ses fonctions (C : *N* ***1135.co***).

Faits prévus et réprimés par les articles 227-27, 227-27-3, 227-29 et 227-31-1 du code pénal. ✧

21.37 Mandat non suivi d'effet de commettre une infraction sexuelle contre un mineur

▪ **PEINES**

PERSONNE PHYSIQUE

PP Délit. Cas A : **7 ans** d'emprisonnement, **100 000 €** Cas B : **3 ans** d'emprisonnement, **45 000 €** (C. pén., art. 227-28-3).

PC *Idem* n° 21.30 ; l'interdiction d'exercer une activité professionnelle ou bénévole impliquant un contact habituel avec des mineurs est obligatoirement prononcée à titre définitif, sauf dispense ou durée ⩽ 10 ans par décision motivée (C. pén., art. 227-31-1 issu L. n° 2021-478, 21 avr. 2021) ;

PERSONNE MORALE

PP Cas A : **500 00 €**. Cas B : **225 000 €** (C. pén., art. 131-38).

PC Néant.

▪ **ORIENTEUR**

AUTRE QUALIFICATION

▪ **Complicité d'infraction sexuelle. Si la provocation a été suivie d'effet :** v. complicité de l'infraction correspondante.

▪ **Autres cas de mandats criminels. • Mandat non suivi d'effet de commettre un assassinat ou un empoisonnement** (C. pén., art. 221-5-1), v. n° 20.6. **• Mandat non suivi d'effet de commettre des actes de torture ou de barbarie (L. n° 2020-936, 30 juill. 2020)** (C. pén., art. 222-6-4), v. n° 20.8. **• Mandat non suivi d'effet de commettre un viol (L. n° 2020-936, 20 juill. 2020)** (C. pén., art. 222-26-1), v. n° 20.73. **• Mandat non suivi d'effet de commettre une agression sexuelle (L. n° 2020-936, 20 juill. 2020)** (C. pén., art. 222-30-2), v. n° 20.80.

ÉLÉMENT LÉGAL

▪ **Application de la loi pénale dans le temps.** Incriminations créées par L. n° 2006-399, 4 avr. 2006, art. 16. L'incrimination du mandat de viol (cas A1) et d'agression sexuelle (cas B2) par C. pén, art. 227-28-3 a été supprimée par L. n° 2021-478, 21 avr. 2021, ces faits étant désormais respectivement incriminés, depuis L. n° 2020-936, 30 juill. 2020, par C. pén., art. 222-26-1 (v. n° 20.73) et par C. pén., art. 222-30-2 (v. n° 20.80).

RÉGIME PROCÉDURAL

▪ **Obligation de communication du contrôle judiciaire à l'employeur public ou l'autorité de contrôle.** Le parquet doit informer l'employeur ou l'autorité de contrôle de la décision de contrôle judiciaire comportant « *l'obligation de ne pas exercer une activité impliquant un contact habituel avec des mineurs* » prévue par C. pr. pén., art. 138, 12° *bis* (issu de L. n° 2016-457, 14 avr. 2016) (C. pr. pén., art. 706-47-4, L. n° 2016-457, 14 avr. 2016) (v. n° 11.23D).

▪ **Régime des infractions sexuelles.** Régime **applicable** depuis L. n° 2021-478, 21 avr. 2021 (C. pr. pén., art. 706-47 14°, issu L. n° 2021-478, 21 avr. 2021), v. n° 11.23.

RÉGIME DES PEINES

▪ **Obligation de communication de la condamnation à l'employeur public ou l'autorité de contrôle.** Le parquet doit informer l'employeur ou l'autorité de contrôle de la condamnation prononcée en cas d'activité impliquant un contact habituel avec des mineurs (C. pr. pén., art. 706-47-4, L. n° 2016-457, 14 avr. 2016) (v. n° 11.23D).

▪ ÉLÉMENTS CONSTITUTIFS – QUALIFICATION

✧ Pour avoir à .... [¤ lieu], le .... [¤ date], fait des offres, promesses ou proposé des dons, présents et avantages quelconques, à une personne afin qu'elle commette à l'encontre d'un **mineur**, l'infraction n'ayant été ni commise ni tentée [⇨A ou B :]

A. le crime ~~de viol (A1 : *N 26989.co*)~~ (supprimé par L. n° 2021-478, 21 avr. 2021, faits désormais réprimés par C. pén., art. 222-26-1 issu L. n° 2020-936, 30 juill. 2020, v. n° 20.73) de proxénétisme criminel (A2 : *N* ***26992.co***) ;

B. les délits ~~d'agression sexuelle (B1 : *N 26990.co*)~~ (supprimé par L. n° 2021-478, 21 avr. 2021, faits désormais incriminés par C. pén., art. 222-30-2 issu L. n° 2020-936, 30 juill. 2020, v. n° 20.80) ; de proxénétisme (B2 : *N* ***26991.co***) ; d'exploitation d'un établissement de prostitution (B2 : *N* ***27064.co***) ; de racolage (B3 : *N* ***27062.co***) ; de corruption de mineur(B4 : *N* ***27065.co***) ; de fixation, d'enregistrement, de transmission, de l'image pornographique d'un mineur (B5 : *N* ***27066.co***) ; d'atteinte sexuelle (B6 : *N* ***27063.co***).

Faits prévus et réprimés par les articles 227-28-3 (L. n° 2006-399, 4 avr. 2006, art. 16), 227-29 et 227-31-1 du code pénal. ✧

22. Les atteintes à la propriété

22.1 Vol simple

■ **PEINES**

PERSONNE PHYSIQUE

PP Délit. 3 ans d'emprisonnement, 45 000 € (C. pén., art. 311-1 ; art. 311-3).

PC 1. Interdiction droits civiques civils et de famille ⩽ 5 ans (vote, éligibilité, fonction juridictionnelle, expert, témoin, tuteur, curateur) (C. pén., art. 311-14 1 et 131-26) ;

2. Interdiction définitive ou ⩽ 5 ans activité professionnelle ou sociale en relation avec l'infraction, ou fonction publique (sauf mandat électif ou syndical) *et/ou* interdiction définitive ou ⩽ 15 ans (10 ans avant L. n° 2013-1117, 6 déc. 2013) d'exercer une profession commerciale ou industrielle, de diriger, d'administrer, de gérer ou de contrôler à un titre quelconque, directement ou indirectement, pour son propre compte ou pour le compte d'autrui, une entreprise commerciale ou industrielle ou une société commerciale (C. pén., art. 225-20 2°, 311-14 2° et 131-27 [mod. par L. n° 2008-776, 4 août 2008]) ;

3. Interdiction, ⩽ 5 ans, de détention ou de port d'arme soumise à autorisation (C. pén., art. 311-14 3°) ;

4. Confiscation de la chose ayant servi à l'infraction ou destinée à la commettre ou son produit (obligatoire pour objets qualifiés dangereux ou nuisibles par loi ou règlement ou dont la détention est illicite) (C. pén., art. 311-14 4° et 131-21).

5. Stage de citoyenneté (C. pén., art. 131-5-1 et 311-14) (L. n° 2004-204, 9 mars 2004, art. 207-1) (pour les faits commis avant le 24 mars 2020 et jugés après cette date, L. n° 2019-222, 23 mars 2019, en vigueur le 24 mars 2020. Pour les faits commis à partir du 24 mars 2020, v. nouvelle réd. C. pén., art. 131-5-1 et n° 18.33).

PERSONNE MORALE

PP Délit. 225 000 € (C. pén., art. 311-16 1° et 131-38).

PC 1. Interdiction, ⩽ 5 ans, d'exercer une ou plusieurs activités professionnelles ou sociales en relation avec l'infraction (C. pén., art. 311-16 2° et 131-39 2°) ;

2. Confiscation de la chose ayant servi à l'infraction ou destinée à la commettre, ou son produit (obligatoire pour objets qualifiés dangereux ou nuisibles par loi ou règlement ou dont la détention est illicite) (C. pén., art. 311-16 3°, 131-39 8° et 131-21) ;

■ **ORIENTEUR**

AUTRE QUALIFICATION

▪ **Soustraction frauduleuse de données informatiques.** Extraction ou reproduction frauduleuse de données contenues dans un système de traitement automatisé de données informatiques (vol de données) : v. C. pén., art. 323-3, mod. par L. n° 2014-1353, 13 nov ; 2014, n° 35.71.

▪ **Détournement ou dissipation de matériel par un militaire.** V. n° 26.43.

▪ **Soustraction de fonds ou de bien publics.** V. n° 23.55 et 23.56.

▪ **Négligence ayant permis la soustraction d'un bien public.** V. n° 23.57.

▪ **Soustraction de matériaux de voirie.** V. n° 31.58.

ÉLÉMENT MATÉRIEL

▪ **Tentative. Punissable** (C. pén., art. 311-13).

▪ **Faits incriminés.** • **Soustraction d'énergie.** Elle est assimilée par la loi au vol (C. pén., art. 311-2). • **Soustraction portant sur des éléments immatériels – Vol de données.** Est coupable de vol de données la personne qui a accédé frauduleusement à un STAD et téléchargé des données qu'il a fixées sur différents supports et diffusées à des tiers (Crim. 20 mai 2015, n° 14-81.336, P n° 119), v. aussi ci-dessus Autre qualification, soustraction frauduleuse de données et Orienteur/Élément matériel relatif à l'abus de confiance portant sur des éléments immatériels (n° 22.37). Est également coupable d'une soustraction frauduleuse l'associé d'une profession libérale qui télécharge des fichiers personnels de son co associé sur le système informatique du cabinet auquel il accède sans code, « *qu'en effet, le libre accès à des informations personnelles sur un réseau informatique d'une entreprise n'est pas exclusif de leur appropriation frauduleuse par tout moyen de reproduction* » (Crim. 28 juin 2017, nº 16-81.113, P nº 191), ou encore l'employé qui imprime et conserve un courriel qui ne lui était pas destiné en propre et qui contient des données industrielles confidentielles, au mépris de la clause de confidentialité de son contrat de travail et de notes internes (Crim. 24 janv. 2018, nº 16-86.597, NP). • Déplacement **d'objets sans le consentement du propriétaire.** « *toute appropriation de la chose appartenant à autrui, contre le gré de son propriétaire ou légitime détenteur, caractérise la soustraction frauduleuse constitutive de vol, quel que soit le mobile qui a inspiré son auteur* », est donc cassée la décision de non-lieu qui constate, dans le contexte d'une vente immobilière où le vendeur avait provisoirement laissé des meubles dans le bien vendu, que « *l'appréhension, le transport et le dépôt, dans un autre local, des biens appartenant à M. X avaient eu lieu en l'absence du consentement de ce dernier* » (Crim. 2 nov. 2016, nº 15-85.445). • **Illicéité des droits du détenteur.** Est recevable à se constituer partie civile la personne victime du vol d'une somme d'argent qu'elle détenait des suites d'un vol commis par elle, car « *le vol dont elle a été victime a privé la demanderesse d'une somme dont elle était détentrice et qu'elle a été condamnée à verser* » (Crim. 9 mars 2016, nº 15-80.107, P nº 72). « *la circonstance que la chose qui aurait été soustraite serait une marchandise illicite et hors commerce, est sans influence sur la qualification de vol* » (en l'espèce vol de stupéfiants avec arme) (Crim. 5 nov. 1985, nº 85-94.640, P nº 340). • **Reprise de possession par le légitime propriétaire.** Dans le cas d'une personne qui a repris le dossier de sa cause entre les mains de son avocat sans l'accord de ce dernier qui le détenait légitimement, est cassée la condamnation pour vol qui ne précise pas en quoi certaines pièces de ce dossier appartenaient à l'avocat (Crim. 20 juin 2006, nº 05-80.776, P nº 190). • **Propriété indivise.** « *le détenteur de biens meubles indivis qui se les approprie ou en dispose à l'insu des autres coïndivisaires commet un vol au préjudice de ces derniers* » (Crim. 12 mai 2015, nº 13-87.668, P nº 106, dans le même sens : Crim. 25 mai 1988, nº 86-96.473, P nº 223). • **Chose sans propriétaire.** Est censurée la condamnation pour vol de produits périmés placés dans la poubelle d'un magasin dans l'attente de leur destruction car « *les objets soustraits, devenus impropres à la commercialisation, avaient été retirés de la vente et mis à la poubelle dans l'attente de leur destruction, de sorte que l'entreprise avait clairement manifesté son intention de les abandonner* » (Crim. 15 déc. 2015, nº 14-84.906, P).

ÉLÉMENT MATÉRIEL

▪ **Fait justificatif.** • **Exercice des droits de la défense : appréhension légitime de documents par un salarié.** Est confirmée la décision de non-lieu du chef de vol de mails au préjudice de l'employeur dans le cas d'une salariée prenant possession de « *courriels relatifs au fonctionnement de l'entreprise, échangés par* [l'intéressée] *sur sa messagerie* », en vue de sa défense dans un contentieux prud'homal, en ce que « *Mme X, avisée du projet de son employeur de rompre son contrat de travail, a appréhendé des documents dont elle avait eu connaissance à l'occasion de l'exercice de ses fonctions et dont la production était strictement nécessaire à l'exercice de sa défense dans la procédure prud'homale qu'elle a elle-même engagée peu après* » (Crim. 12 janv. 2016, nº 13-84.339). Cette jurisprudence est constante depuis la décision de principe qui exonère du chef de vol lorsque « *les documents de l'entreprise dont la prévenue avait eu connaissance à l'occasion de ses fonctions et qu'elle a appréhendés ou reproduits sans l'autorisation de son employeur étaient strictement nécessaires à l'exercice des droits de sa défense* » (Crim. 11 mai 2004, nº 03-85.521, P nº 117 ; dans le même sens : Crim. 25 nov. 2014, nº 13-84.414, et pour la qualification d'abus de confiance : Crim. 16 juin 2011, nº 10-85.079, P nº 134). En revanche, ce fait justificatif n'est pas admis à l'égard du prévenu qui a appréhendé et « *remis les photocopies litigieuses, non pour assurer sa défense dans un litige prud'homal, mais lors de son audition par les gendarmes sur la plainte déposée contre lui pour diffamation par la société X, pour tenter de prouver la vérité des faits qu'il avait imputés à son employeur* » (Crim. 9 juin 2009, nº 08-86.843, P nº 118). • **Limites admissibles de la liberté d'expression.** Est censurée la cour d'appel qui, sur des poursuites pour vols en réunion de portraits officiels du président de la République, estime que « *la liberté d'expression, garantie par notre droit positif, ne peut être invoquée en l'espèce, car elle ne peut jamais justifier la commission d'un délit pénal* » (§ 16) alors que « *l'incrimination d'un comportement constitutif d'une infraction pénale peut, dans certaines circonstances, constituer une ingérence disproportionnée dans l'exercice de la liberté d'expression, compte tenu de la nature et du contexte de l'agissement en cause* » (§ 14) (Crim. 22 sept. 2021, nº 20-85.434, P). Au titre du contrôle de proportionnalité auquel le juge est tenu, « *dans le cas particulier d'une poursuite du chef de vol, doivent être notamment prises en compte la valeur matérielle du bien, mais également, le cas échéant, sa valeur symbolique, ainsi que la réversibilité ou l'irréversibilité du dommage causé à la victime* » (§ 13) (Crim. 18 mai 2022, nº 21-86.685, P ; dans le même sens, deux arrêts du même jour : Crim. 18 mai 2022, n° 21-86.647, D et Crim. 18 mai 2022, n° 20-87.272 ; D) (sur les limites admissibles de la liberté d'expression justifiant la commission d'une infraction, v. n° **10.13E**).

ÉLÉMENT INTENTIONNEL

▪ **Mobiles.** • **Indifférence des mobiles.** Sous les limites précisées ci-dessus au titre de l'élément matériel « *toute appropriation de la chose appartenant à autrui, contre le gré de son propriétaire ou légitime détenteur, caractérise la soustraction frauduleuse constitutive de vol, quel que soit le mobile qui a inspiré son auteur* » (Crim. 2 nov. 2016, n° 15-85.445, précité, jurisprudence constante).

RÉGIME PROCÉDURAL

▪ **Compétence juridictionnelle. Juge unique** (C. pr. pén., art. 398-1 1°, v. n° **17.15D2**).

▪ **Ordonnance pénale. Possible** (C. pr. pén., art. 495-II, v. n° **15.48B1** et tableau n° **17.15D2**).

▪ **Amende forfaitaire délictuelle. Possible** depuis L. n° 2022-52, 24 janv. 2022, y compris en cas de récidive, si l'infraction est relevée par **procès-verbal électronique**, lorsque le vol porte simple sur une chose d'une **valeur ⩽ 300 €** et qu'il apparaît au moment de la constatation de l'infraction que cette chose a été **restituée** à la victime ou que celle-ci a été **indemnisée** de son préjudice (C. pén., art. 311-3-1 issu L. n° 2022-52, 24 janv. 2022 ; C. pr. pén., art. 495-17, D. 45-3, A. 36-14 à A. 36-16). Amende minorée : **250 €** ; forfaitaire : **300 €** ; majorée : **600 €** (C. pén., art. 311-3-1). Sur la procédure d'amende forfaitaire délictuelle, v. n° **15.47**. « *Sous l'autorité des procureurs généraux qui doivent veiller à l'harmonisation des politiques pénales déclinées sur leurs ressorts, les procureurs de la République fixeront, par des instructions circonstanciées aux forces de sécurité intérieure, les modalités de recours à ces procédures et s'assureront de leur respect dans le cadre de leurs prérogatives de direction de la police judiciaire* »(Circ. Crim. 2023-9/E1, 6 juill. 2023 ; NOR : JUSD231868C).

▪ **Transaction pénale.** Le dispositif de la transaction par OPJ (v. n° **15.43**), institué par L. n° 2014-896, 15 août 2014 modifié par L. n° 2017-258, 28 févr. 2017, a été abrogé par L. n° 2019-222, 23 mars 2019. Il s'appliquait au vol dont le préjudice était ⩽ 300 €, champ désormais dévolu à l'amende forfaitaire délictuelle depuis L. n° 2022-52, 24 janv. 2022.

▪ **Obstacles aux poursuites – Immunité familiale.** • **Principe de l'immunité familiale.** Ne peut donner lieu à poursuites pénales le vol commis par une personne au préjudice de son ascendant, descendant ou de son conjoint (sauf lorsque les époux sont séparés de corps ou autorisés à résider séparément). • **Exceptions au principe de l'immunité familiale.** Toutefois, l'immunité ne s'applique pas lorsque le vol porte sur des objets ou documents indispensables à la vie quotidienne de la victime, tels que les documents d'identité, relatifs au titre de séjour ou de résidence d'un étranger, ou des moyens de paiement [L. n° 2006-399, 4 avr. 2006, art. 9] (C. pén., art. **311-12**). « *Les moyens de télécommunication* » ont été ajoutés à ces exceptions par L. n° 2020-936, 30 juill. 2020, visant à protéger les victimes de violences conjugales (C. pén., art. 311-12 modifié). « *Le législateur a ainsi pris en compte le fait que les moyens de télécommunication, tel que notamment les téléphones portables et les ordinateurs, constituaient aujourd'hui des objets indispensables à la vie quotidienne, dont le vol par le conjoint de la victime doit pouvoir être sanctionné. En effet, le vol des moyens de communication d'une victime est souvent, dans un cadre conjugal, un moyen pour l'agresseur d'exercer son emprise sur elle, en la privant de contact à l'extérieur du couple.* » (Circ. Crim. 2020-17-H2, 3 août 2020, NOR : JUSD2020619C, n° 2.6). • **Levée de l'immunité au profit des personnes protégées.** L'immunité est également écartée, quelle que soit la nature du bien soustrait, lorsque « *l'auteur des faits est le tuteur, curateur, mandataire spécial désigné dans le cadre d'une sauvegarde de justice, la personne habilitée dans le cadre d'une habilitation familiale ou le mandataire exécutant un mandat de protection future de la victime* » (C. pén., art. 311-12, mod. par L. n° 2015-1776, 28 déc. 2015). • **Extension du régime de l'immunité à d'autres infractions.** Le régime de l'immunité et ses exceptions ci-dessus décrits s'appliquent, par renvoi à C. pén., art. 311-12, aux infractions suivantes : extorsion (C. pén., art. 312-9, v. n° **22.14**), chantage (C. pén., art. 312-12, v. n° **22.17**), escroquerie (C. pén., art. 313-3, v. n° **22.18**) et abus de confiance (C. pén., art. 314-4, v. n° **22.37**).

▪ **Prélèvement des empreintes génétiques** de la personne suspectée ou condamnée (C. pr. pén., art. 706-54 et 706-55 3°, v. n^os **13.23** et **13.25**). **Sanction** du refus de prélèvement, v. n° **25.35**.

▪ **Prescription de l'action publique. Victime vulnérable.** La L. n° 2017-242, 27 févr. 2017, modifiant C. pr. pén., art. 8, a abrogé le régime institué par L. n° 2011-264, 14 mars 2011, qui prévoyait que pour les faits commis à l'encontre d'une personne vulnérable du fait de son âge, d'une maladie, d'une infirmité, d'une déficience physique ou psychique ou de son état de grossesse, la prescription ne courait qu'à compter du jour où l'infraction apparaissait à la victime dans des conditions permettant l'exercice de l'action publique. Désormais, le délai de prescription est de **6 années** à compter du jour où l'infraction a été commise, sans préjudice des causes d'allongement de la prescription consacrées par L. n° 2017-242, 27 févr. 2017 en cas d'infraction occulte ou dissimulée, dans la limite d'un délai butoir de 12 années. Sur l'abrogation opérée par L. n° 2017-242 et les causes d'allongement de la prescription de l'action publique, v. n° 17.18B, 17.20 s.

MESURE CIVILE

▪ **Autorité de la chose jugée au pénal sur le civil. • Portée de la décision de condamnation.** Est cassé l'arrêt statuant au civil qui retient, pour débouter le propriétaire d'un véhicule volé de sa demande d'indemnisation, qu'il « *avait laissé son véhicule ouvert avec les clés sur le tableau de bord, [...] la garde et la conduite de l'automobile n'ayant pas été obtenues contre le gré du propriétaire* », « *alors que la déclaration de culpabilité de [l'auteur des faits] du chef de vol, passée en force de chose jugée, excluait que la victime ait consenti à la soustraction de son véhicule* » (Crim. 19 juin 2007, n° 06-88.454, P n° 165) (sur la faute de la victime et l'indemnisation du dommage, v. n° 16.13C).

RÉGIME DES PEINES

▪ **Récidive. Délits assimilés** : le vol, l'extorsion, le chantage, l'escroquerie et l'abus de confiance sont considérés comme une même infraction au regard de la récidive (C. pén., art. 132-16) (sur les conditions et les effets de la récidive, v. n° 18.5).

▪ ÉLÉMENTS CONSTITUTIFS – QUALIFICATION

✧ Pour avoir à .... [¤ lieu], le .... [¤ date], frauduleusement soustrait (objets soustraits) au préjudice de .... [¤ nom de la victime].
Faits prévus et réprimés par les articles : **PERSONNES PHYSIQUES.** 311-1, 311-3, 311-13 et 311-14 du code pénal (*N 7151.ju*). **PERSONNES MORALES.** 311-1, 311-3, 311-13 et 311-16 du code pénal (*N 27253.ju*). ✧

22.2 Vol simple – Tentative

▪ PEINES

PERSONNE MORALE ET PHYSIQUE

PP PC *Idem* n° 22.1.

▪ ORIENTEUR

AUTRE QUALIFICATION, ÉLÉMENT LÉGAL, ÉLÉMENT MATÉRIEL, RÉGIME PROCÉDURAL RÉGIME DES PEINES

▪ Renvoi. *Idem n°* 22.1.

▪ ÉLÉMENTS CONSTITUTIFS – QUALIFICATION

✧ Pour avoir à .... [¤ lieu], le .... [¤ date], tenté de soustraire frauduleusement la propriété mobilière de .... [¤ nom de la victime], ladite tentative, manifestée par .... [¤ préciser les actes et comportements caractérisant le commencement d'exécution du vol], n'ayant manqué son effet que par suite d'une circonstance indépendante de la volonté de son auteur, en l'espèce.........[¤ préciser la circonstance ayant interrompu la tentative].
Faits prévus et réprimés par les articles : **PERSONNES PHYSIQUES.** 121-5, 311-1, 311-3, 311-13 et 311-14 du code pénal (*N 7151.ju*). **PERSONNES MORALES.** 121-5, 311-1, 311-3, 311-13 et 311-16 du code pénal (*N 27253.ju*). ✧

22.3 Vol aggravé

▪ PEINES

PERSONNE PHYSIQUE

PP Délit.

1. Une circonstance aggravante : 5 ans d'emprisonnement, 75 000 € (C. pén., art. 311-4) ;
2. Deux circonstances aggravantes : 7 ans, 100 000 € (C. pén., art. 311-4) ;
3. Trois circonstances aggravantes, 10 ans d'emprisonnement, 150 000 € (C. pén., art. 311-4) ;
4. Cas J et K : 6 ans, 45 000 € (C. pén., art. 132-76, 132-77 et 311-3, depuis L. n° 2017-86, 27 janv. 2017, auparavant 5 ans, 75 000 €, si seule circonstance aggravante) ;

5. Cas J1 et K1 : 7 ans, 75 000 € (C. pén., art. 132-76, 132-77 et 311-4, depuis L. nº 2017-86, 27 janv. 2017) ;

6. Cas J2 et K2 : 10 ans, 100 000 € (C. pén., art. 132-76, 132-77 et 311-4, depuis L. nº 2017-86, 27 janv. 2017) ;

7. Cas J3 et K3 Crime : 15 ans réclusion criminelle, 150 000 € (C. pén., art. 132-76, 132-77 et 311-4, depuis L. nº 2017-86, 27 janv. 2017).

PC *Idem* nº 22.1 +

Cas D : Interdiction obligatoire ⩽ 5 ans, de détention ou port d'arme soumise à autorisation (L. nº 2012-304, 6 mars 2012, auparavant interdiction facultative) (C. pén., art. 311-14 II) ;

PERSONNE MORALE

PP Délit. 375 000 €. Avec **deux circonstances aggravantes** : 500 000 € ; **trois** : 750 000 € (C. pén., art. 311-16 1º, 131-38).

Cas J et K : 225 000 € (C. pén., art. 132-76 et 132-77, depuis L. nº 2017-86, 27 janv. 2017, auparavant 375 000 €, si seule circonstance aggravante) (C. pén., art. 311-16 1º, 131-38).

PC *Idem* nº 22.1.

■ ORIENTEUR

AUTRE QUALIFICATION

▪ **Renvoi.** V. nº 22.1.

▪ **Vol avec violences ayant entraîné une incapacité de travail.** V. nºs 22.6 et 22.9.

▪ **Vol dans un local avec entrée par ruse, effraction ou escalade.** V. nº 22.6. La loi nº 2011-267 du 14 mars 2011, a transféré ce vol aggravé à C. pén., art. 311-5, avec des pénalités plus importantes (7 ans au lieu de 5 ans). Le vol dans ce même local, mais sans pénétration par ruse, effraction ou escalade est devenu, un nouveau cas de vol aggravé.

▪ **Vol facilité par la vulnérabilité de la personne. Cas E** : L. nº 2011-267, 14 mars 2011, a transféré ce vol aggravé initialement incriminé par C. pén., art. 311-4 et relevant du juge unique correctionnel au C. pén., art. 311-5, avec des pénalités plus importantes (7 ans au lieu de 5 ans) relevant de la formation collégiale, v. nº 22.6.

ÉLÉMENT LÉGAL

▪ **Définition. Vol avec violences.** Constitue un vol suivi de violences le vol à la suite duquel des violences ont été commises pour favoriser la fuite ou assurer l'impunité d'un auteur ou d'un complice (C. pén., art. 311-11).

▪ **Causes d'aggravation. Aggravation résultant de la motivation raciste ou sexiste** (v. aussi ÉLÉMENT MATÉRIEL ci-dessous). La L. nº 2017-86, 27 janv. 2017 a supprimé du texte de l'incrimination les circonstances aggravantes tenant à la finalité raciste ou sexiste. Désormais ces circonstances constituent en effet une cause générale d'aggravation de tous les crimes ou délits, sauf exceptions (C. pén., art. 132-76 et 132-77, v. nº 18.9). Les circonstances aggravantes visées aux cas J et K, ici maintenues pour des raisons pratiques, tirent désormais leurs fondements et pénalités de C. pén., art. 132-76, 132-77 et 311-3.

ÉLÉMENT MATÉRIEL

▪ **Tentative. Punissable**, v. nº 22.1.

▪ **Aggravation résultant de la motivation raciste de l'acte. Cas J**, C. pén., art. 132-76, V. nºs 20.3 et 18.9.

▪ **Aggravation résultant de la motivation sexiste de l'acte. Cas K**, C. pén., art. 132-77, V. nºs 20.3 et 18.9.

▪ **Faits incriminés. Soustraction d'énergie** : *Idem* nº 22.1

▪ **Faits incriminés. Violence psychologique** : « *la circonstance aggravante de violences est constituée même sans atteinte physique de la victime, par tout acte de nature à impressionner celle-ci et à lui causer un choc émotif* » ; tel est le cas lorsque deux comparses sont entrés dans les lieux porteurs d'une cagoule et tout de noir vêtus, impressionnant ainsi les victimes par leur tenue et leur attitude (Crim. 30 oct. 2012, nº 11-84.152, NP).

RÉGIME PROCÉDURAL

▪ **Obstacles aux poursuites. Immunité familiale.** *Idem* nº 22.1 (Si la circonstance aggravante caractérise en elle-même une infraction (ex. violences sur conjoint), cette dernière peut être poursuivie, l'immunité ne concernant que les faits de vol).

▪ **Prélèvement des empreintes génétiques.** *Idem* nº 22.1.

▪ **Prescription de l'action publique. Victime vulnérable.** *Idem* nº 22.1.

▪ **Procédure d'assises. • Compétence de la cour criminelle départementale. Cas J3 et K3** : sauf si l'auteur est en récidive ou si l'un des accusés est poursuivi pour un crime ne relevant pas de sa compétence, les faits commis par un majeur relèvent en premier ressort de la cour criminelle départementale à compter du 1er janv. 2023, selon les précisions apportées au nº **17.15A** (C. pr. pén., art. 380-16, issu L. nº 2021-1729, 22 déc. 2021).

▪ **Compétence juridictionnelle. Juge unique** si une seule **circonstance aggravante**, toutefois, « *pour l'appréciation du seuil de 5 ans d'emprisonnement* » au-delà duquel le juge unique est incompétent, « *il n'est pas tenu compte des aggravations* » des cas J (C. pén., art. 132-76) et K (C. pén., art. 132-77) qui élèvent le quantum à 6 ans d'emprisonnement, ou à 7 ans en cas de concours avec une autre circonstance aggravante (Cas J1 ou K1) (C. pr. pén., art. 398-1 1º, v. nº **17.15D2**).

▪ **Ordonnance pénale. Possible** si une seule **circonstance aggravante** (C. pr. pén., art. 495-II, v. nº **15.48B1** et tableau nº **17.15D2**).

POLITIQUE PUBLIQUE

▪ **Signalement du vol d'animal. Cas N** : à l'occasion d'un dépôt de plainte pour vol d'un animal, le plaignant signale obligatoirement ce vol aux personnes agréées pour la collecte et le traitement des données d'identification des animaux prévu par C. rur., art. L. 2121-2 (L. nº 2021-15-39, 30 nov. 2021, visant à lutter contre la maltraitance animale et conforter le lien entre les animaux et les hommes, art. 33).

MESURE ADMINISTRATIVE

▪ **Situation administrative de l'auteur étranger.** Retrait administratif possible de la **carte de séjour temporaire** ou **pluriannuelle** de l'**étranger** « *ayant commis les faits qui l'exposent à l'une des condamnations prévues* » aux C. pén., art. **311-4 7º** (cas **G** et **H**) (Ceseda, art. L. 432-6, anct L. 313-5, al. 1, réd. L. nº 2016-274, 7 mars 2016).

RÉGIME DES PEINES

▪ **Récidive.** *Idem* nº 22.1 (sur les conditions et les effets de la récidive, v. nº **18.5**).

▪ **Concours des circonstances aggravantes. Infractions à finalité raciale ou discriminatoire.** Depuis L. nº 2017-86, 27 janv. 2017, les circonstances aggravantes J et K ne se cumulent plus avec celles de C. pén., art. 311-4 pour permettre l'aggravation des pénalités. Mais ces circonstances, seules ou en concours avec une, deux ou trois autres circonstances, augmentent les peines encourues à hauteur de 6 ans (pas d'autre circonstance aggravante), 7 ans (une autre circonstance), 10 ans (deux autres circonstances), 15 ans de réclusion criminelle (trois autres circonstances) par l'effet de C. pén., art. 132-7 ou 132-77.

■ ÉLÉMENTS CONSTITUTIFS – QUALIFICATION

✧ Pour avoir à .... [¤ lieu], le .... [¤ date], frauduleuse ment soustrait .... [¤ objets soustraits] au préjudice de .... [¤ nom de la victime] avec cette/ces circonstance(s) que les faits ont été [⇨A à N :]

A. commis en réunion (A : *N 7872.ju*) ;

B. commis par une personne – dépositaire de l'autorité publique (B1 : *N 7864.ju*) – chargée d'une mission de service public (B2 : *N 7865.ju*) –, dans ou à l'occasion de l'exercice de ses fonctions ou de sa mission ;

C. commis en prenant indûment la qualité d'une personne – dépositaire de l'autorité publique (C1 : *N 7866.ju*) – ou chargée d'une mission de service public (C2 : *N 7867.ju*) ;

D. commis avec violences n'ayant pas entraîné d'incapacité de travail sur la personne de .... [¤ nom de la victime des violences ayant précédé, accompagné ou suivi le vol] (D : *N 7861.ju*) ;

~~E. facilités par la particulière vulnérabilité physique ou psychique de .... [¤ nom de la personne concernée] (E : *N 7868.ju*)~~ (infraction transférée, avec des peines aggravées, du C. pén., art. **311-4** au C. pén., art. **311-5**, par L. nº 2011-267, 14 mars 2011, v. nº **22.6**) ;

F. commis dans un local d'habitation ou dans un lieu utilisé ou destiné à l'entrepôt de fonds, valeurs, marchandises ou matériels (F : *N 28152.ju*) (nb. En cas d'entrée par ruse, effraction ou escalade, v. nº 22.6) ;

G. commis dans un véhicule de transport collectif de voyageurs (G : *N 7869.ju*) ;

H. commis dans un lieu destiné à l'accès à un moyen de transport collectif de voyageurs (H : *N 7870.ju*) ;

I. précédés, accompagnés, ou suivis d'un acte de destruction, dégradation ou détérioration (I : *N 7871.ju*) ;

J. commis à raison de l'appartenance ou de la non-appartenance, vraie ou supposée, de la victime à une ethnie ou une nation, une « *prétendue* » (L. nº 2017-86, 27 janv. 2017) race ou une religion déterminée (L. nº 2004-204, 9 mars 2004, art. 40-I) (C. pén., art. 132-76 et 311-3, anc^{t} 311-4, L. nº 2017-86, 27 janv. 2017) (J : *N 32289.ju*) [⇨ J1 à J3 :] ;

J1. [préciser le cas échéant dans le **cas** J] : les faits ayant été commis avec **une** autre circonstance aggravante, en l'espèce [sélectionner l'un des cas A à M, sauf J ou K] (J1 : *N 32311.ju*) ;

J2. [préciser le cas échéant dans le **cas** J] : les faits ayant été commis avec **deux** autres circonstances aggravantes, en l'espèce [sélectionner deux des cas A à M, sauf J ou K] (J2 : *N 32313.co*) ;

J3. [préciser le cas échéant dans le **cas** J] : les faits ayant été commis avec **trois** autres circonstances aggravantes, en l'espèce [sélectionner trois des cas A à M, sauf J ou K] (J3 : *N 32324.cc*) ;

K. à raison « du sexe, de l'orientation sexuelle ou de l'identité de genre » (L. nº 2017-86, 27 janv. 2017) [au lieu de « l'orientation « ou identité » sexuelle (L. nº 2012-954, 6 août 2012)] de la victime (L. nº 2004-204, 9 mars 2004, art. 40-I) (C. pén., art. 132-77 et 311-3, anc^{t} 311-4, L. nº 2017-86, 27 janv. 2017) (K : *N 25163.ju*) [⇨ K1 à K3 :] ;

K1. [préciser le cas échéant dans le **cas** K] : les faits ayant été commis avec **une** autre circonstance aggravante, en l'espèce [sélectionner l'un des cas A à M, sauf J ou K] (K1 : *N 32312.ju*) ;

K2. [préciser le cas échéant dans le **cas** K] : les faits ayant été commis avec **deux** autres circonstances aggravantes, en l'espèce [sélectionner deux des cas A à M, sauf J ou K] (K2 : *N 32314.co*) ;

K3. [préciser le cas échéant dans le **cas** K] : les faits ayant été commis avec **trois** autres circonstances aggravantes, en l'espèce [sélectionner trois des cas A à M, sauf J ou K] (K3 : *N 32325.cc*) ;

L. commis « par une personne dissimulant volontairement en tout ou en partie son visage afin de ne pas être identifiée » [L. nº 2010-201, 2 mars 2010] (L : *N 27557.ju*) ;

M. commis dans un établissement d'enseignement ou d'éducation ou, lors des entrées ou sorties des élèves ou dans un temps très voisin de celles-ci, aux abords d'un tel établissement » [L. nº 2010-201, 2 mars 2010] (M : *N 27564.ju*) ;

N. commis pour alimenter le commerce illégal d'animaux (aggr. créée par L. nº 2021-1539, 30 nov. 2021) (N : *N 34327.ju*).

Faits prévus et réprimés par les articles : **PERSONNES PHYSIQUES.** 311-1, 311-4, 311-13 et 311-14 du code pénal (*N... ;* ou si **deux circonstances aggravantes** : *N 7873.co ;* **trois** : *N 7874.co*).
PERSONNES MORALES. 311-1, 311-4, 311-13 et 311-16 du code pénal. ✧

22.4 Vol par un majeur avec l'aide d'un mineur

▪ PEINES

PP Délit. Cas A : 7 ans d'emprisonnement, 100 000 €. cas B : 10 ans, 150 000 € (C. pén., art. 311-4-1).

PC *Idem* nº 22.1.

PERSONNE MORALE

PP Délit. Cas A : 500 000 €. Cas B : 750 000 € (C. pén., art. 311-16 et 131-38).

PC *Idem* nº 22.1.

▪ ORIENTEUR

ÉLÉMENT MATÉRIEL, RÉGIME DES PEINES

▪ Renvoi. *Idem* nº 22.1.

AUTRE QUALIFICATION

- **Renvoi.** V. aussi nº 22.1.
- **Provocation de mineur à la commission de délits.** V. nº 21.29.

RÉGIME PROCÉDURAL

- **Renvoi.** V. nº 22.1.
- **Compétence juridictionnelle. Collégiale :** cette infraction n'est pas comprise dans les atteintes aux biens relevant du juge unique (C. pr. pén., art. 398-1 5º).

ÉLÉMENT LÉGAL

- **Application de la loi pénale dans le temps.** Incrimination créée par L. nº 2002-1138, 9 sept. 2002, art. 26.

■ ÉLÉMENTS CONSTITUTIFS – QUALIFICATION

✧ Pour avoir à .... [¤ lieu], le .... [¤ date], [⇨A puis le cas échéant B :]

A. frauduleusement soustrait .... [¤ objets soustraits] au préjudice de .... [¤ nom de la victime], les faits ayant été commis par un majeur avec l'aide d'un ou plusieurs mineurs, agissant comme auteurs ou complices (A : *N 23445.co*) ;

B. [• Préciser le cas échéant dans le cas A :] avec cette circonstance que le ou les mineurs étaient âgés de moins de 13 ans (B : *N 23446.co*).

Faits prévus et réprimés par les articles : **PERSONNES PHYSIQUES.** 311-1, 311-4-1, 311-13 et 311-14 du code pénal. **PERSONNES MORALES.** 311-1, 311-4-1, 311-13 et 311-16 du code pénal. ✧

22.5 Vol aggravé – Tentative

■ PEINES

PERSONNE MORALES ET PHYSIQUES

PP PC *Idem* nº 22.3.

■ ORIENTEUR

- **Renvoi.** *Idem* nº 22.3.

■ ÉLÉMENTS CONSTITUTIFS – QUALIFICATION

✧ Pour avoir à .... [¤ lieu], le .... [¤ date], tenté de soustraire frauduleusement la propriété mobilière de .... [¤ nom de la victime], ladite tentative, manifestée par .... [¤ préciser les actes caractérisant le commencement d'exécution du vol], n'ayant manqué son effet que par suite d'une circonstance indépendante de la volonté de son auteur, en l'espèce.........[¤ préciser la circonstance ayant interrompu la tentative], avec cette/ces circonstance(s) que les faits ont été [⇨A à K :]

A. commis en réunion (A : *N 7872.ju*) ;

B. commis par une personne – dépositaire de l'autorité publique (B1 : *N 7864.ju*) – chargée d'une mission de service public (B2 : *N 7865.ju*) –, dans ou à l'occasion de l'exercice de ses fonctions ou de sa mission ;

C. commis en prenant indûment la qualité d'une personne – dépositaire de l'autorité publique (C1 : *N 7866.ju*) – ou chargée d'une mission de service public (C2 : *N 7867.ju*) ;

D. commis avec violences n'ayant pas entraîné d'incapacité de travail sur la personne de .... [¤ nom de la victime des violences ayant précédé, accompagné ou suivi le vol] (D : *N 7861.ju*) ;

E. facilités par la particulière vulnérabilité physique ou psychique de .... [¤ nom de la personne concernée] (E : *N 7868.ju*) ;

F. commis dans un local d'habitation ou dans un lieu utilisé ou destiné à l'entrepôt de fonds, valeurs, marchandises ou matériels (F : *N 28152.ju*) (nb. En cas d'entrée par ruse, effraction ou escalade, v. nº 22.6) ;

G. commis dans un véhicule de transport collectif de voyageurs (G : *N 7869.ju*) ;

H. commis dans un lieu destiné à l'accès à un moyen de transport collectif de voyageurs (H : *N 7870.ju*) ;

I. précédés, accompagnés, ou suivis d'un acte de destruction, dégradation ou détérioration (I : *N 7871.ju*) ;

J. commis à raison de l'appartenance ou de la non-appartenance, vraie ou supposée, de la victime à une (C. pén., art. 132-76, L. n° 2017-86, 27 janv. 2017) [⇨J1 à J3 :]

J1. ethnie ou une nation (J1 : *N 25162.ju*)...

J2. « *prétendue* » (L. n° 2017-86, 27 janv. 2017) race (J2 : *N 25161.ju*)...

J3. religion (J3 : *N 25164.ju*)...
... déterminée (L. n° 2004-204, 9 mars 2004, art. 40-I) ;

K. à raison « du sexe, de l'orientation sexuelle ou de l'identité de genre » (L. n° 2017-86, 27 janv. 2017) [au lieu de « l'orientation « ou identité » sexuelle (L. n° 2012-954, 6 août 2012)] de la victime (L. n° 2004-204, 9 mars 2004, art. 40-I) (C. pén., art. 132-77, L. n° 2017-86, 27 janv. 2017) (K : *N 25163.ju*).

Faits prévus et réprimés par les articles : **PERSONNES PHYSIQUES.** 121-5, 311-1, 311-4, 311-13 et 311-14 du code pénal (*N...* ; ou si deux circonstances aggravantes : *N 7873.co* ; trois : *N 7874.co*). **PERSONNES MORALES.** 121-5, 311-1, 311-4, 311-13 et 311-16 du code pénal (*N...* ; ou, si deux circonstances aggravantes : *N...* ; trois : *N...*). ✧

22.6 Vol aggravé : violence ITT ⩽ 8 jours – Personne vulnérable – Dans un local avec entrée par ruse, effraction ou escalade

▪ PEINES

PERSONNE PHYSIQUE

PP Délit. 7 ans d'emprisonnement, 100 000 €. Avec deux circonstances aggravantes : 10 ans, 150 000 € ; avec une circonstance aggravante de C. pén., art. 311-4 (v. n° 22.3) : 10 ans, 150 000 € (C. pén., art. 311-5).

PC *Idem* n° 22.1 +

1. Interdiction de séjour ⩽ 5 ans (C. pén., art. 311-14 5°, 131-31 et 131-32 ; C. pr. pén., art. 762-1 à 763) (L. n° 2011-264, 14 mars 2011) ;

2. Cas A : Interdiction obligatoire ⩽ 5 ans, de détention ou port d'arme soumise à autorisation (L. n° 2012-304, 6 mars 2012, auparavant interdiction facultative) (C. pén., art. 311-14 II) ;

3. Auteur étranger : interdiction du territoire français, définitive ou ⩽ 10 ans (C. pén., art. 311-15, 131-30 à 131-30-2, depuis L. n° 2018-778, 10 sept. 2018).

PERSONNE MORALE

PP Délit. 500 000 € (C. pén., art. 311-16, 131-38) Avec deux circonstances aggravantes : 750 000 € ; avec une circonstance aggravante de C. pén., art. 311-4 (v. n° 22.3) : 750 000 € (C. pén., art. 311-5, 311-16, 131-38).

PC *Idem* n° 22.1.

▪ ORIENTEUR

AUTRE QUALIFICATION

▪ Renvoi. V. n° 22.1.

▪ Autre cas de vol dans un local. Vol dans un local sans entrée par ruse, effraction ni escalade, v. n° 22.3, cas E.

▪ Vol avec violence sans ITT. V. n° 22.3 cas D.

ÉLÉMENT LÉGAL

▪ Définition. Vol avec violences. *Idem* n° 22.3.

▪ Application de la loi pénale dans le temps. Cas B et C : ces vols aggravés figuraient avant L. n° 2011-267, 14 mars 2011 sous C. pén., art. 311-4. Ils ont été transférés sous C. pén., art. 311-5 avec des pénalités plus sévères (7 ans au lieu de 5 ans). L'aggravation résultant du concours entre les vols aggravés de C. pén., art. 311-5 et l'une des circonstances aggravantes de C. pén., art. 311-4 est issue de la loi n° 2011-267 du 14 mars 2011, de même que l'aggravation des pénalités sanctionnant ce concours.

ÉLÉMENT MATÉRIEL

- **Médecine légale. • Notion d'incapacité totale de travail.** Sur la notion d'ITT, v. n° 14.2C.
- **Tentative. Punissable**, v. n° 22.7.
- **Faits incriminés. Violence psychologique :** *Idem* n° 22.3.

RÉGIME PROCÉDURAL

- **Obstacles aux poursuites. Immunité familiale.** *Idem* n° 22.1 (si la circonstance aggravante caractérise en elle-même une infraction (ex. violences, dégradation liée à l'effraction), cette dernière peut être poursuivie, l'immunité ne concernant que les faits de vol).
- **Prélèvement des empreintes génétiques.** *Idem* n° 22.1.
- **Prescription de l'action publique.** *Idem* n° 22.1.

RÉGIME DES PEINES

- **Récidive. Délits assimilés.** *Idem* n° 22.1 (sur les conditions et les effets de la récidive, v. n° 18.5).

■ ÉLÉMENTS CONSTITUTIFS – QUALIFICATION

✧ Pour avoir à .... [¤ lieu], le .... [¤ date], frauduleusement soustrait .... [¤ objets soustraits] au préjudice de .... [¤ nom de la victime], avec cette circonstance que les faits ont été [⇨A à C puis le cas échéant D :]

A. précédés, accompagnés ou suivis de violences ayant entraîné une incapacité totale de travail inférieure ou égale à huit jours (A : *N 7862.co*).

B. facilités par la particulière vulnérabilité physique ou psychique de .... [¤ nom de la personne concernée] (A : *N 7868.co*) ;

C. commis en pénétrant – par ruse (C1 : *N 7160.co*) – par effraction (C2 : *N 7154.co*) – ou par escalade (C3 : *N 7156.co*) – dans un local d'habitation ou dans un lieu utilisé ou destiné à l'entrepôt de fonds, valeurs, marchandises ou matériels (nb. En cas d'entrée sans ruse, effraction ni escalade, v. n° 22.3) ;

D. avec cette circonstance que les faits ont été commis...[• Qualifier le cas échéant l'une des circonstances aggravantes de C. pén., art. 311-4 (v. n° 22.3, cas A à M, ou de C. pén., art. 311-5 de la présente fiche)], (AD : *N 28153.co* ; BD : *N 28154.co* ; CD : *N 28155.co*).

Faits prévus et réprimés par les articles : **PERSONNES PHYSIQUES.** 311-1, 311-5 [+ le cas échéant article 311-4 dans le cas D], 311-13, 311-14 et 311-15 du code pénal. **PERSONNES MORALES.** 311-1, 311-5 [+ article 311-4 dans le cas D], 311-13 et 311-16 du code pénal. ✧

22.7 Vol aggravé – Tentative : violence ITT ⩽ 8 jours – Personne vulnérable – Dans un local avec entrée par ruse, effraction ou escalade

■ PEINES

PERSONNE MORALES ET PHYSIQUES

PP PC *Idem* n° 22.6.

■ ORIENTEUR

- **Renvoi.** *Idem* n° 22.6.

■ ÉLÉMENTS CONSTITUTIFS – QUALIFICATION

✧ Pour avoir à .... [¤ lieu], le .... [¤ date], tenté de soustraire frauduleusement la propriété mobilière de .... [¤ nom de la victime], ladite tentative, manifestée par .... [¤ préciser les actes caractérisant le commencement d'exécution du vol], n'ayant manqué son effet que par suite d'une circonstance indépendante de la volonté de son auteur, en l'espèce.........[¤ préciser la circonstance ayant interrompu la tentative], avec cette circonstance que les faits ont été [⇨A à C puis le cas échéant D :]

A. précédés, accompagnés ou suivis de violences ayant entraîné une incapacité totale de travail inférieure ou égale à huit jours (A : *N 7862.co*).

B. facilités par la particulière vulnérabilité physique ou psychique de .... [¤ nom de la personne concernée] (B : *N 7868.co*) ;

C. commis en pénétrant – par ruse (C1 : *N 7160.co*) – par effraction (C2 : *N 7154.co*) – ou par escalade (C3 : *N 7156.co*) – dans un local d'habitation ou dans un lieu utilisé ou destiné à l'entrepôt de fonds, valeurs, marchandises ou matériels (nb. En cas d'entrée sans ruse, effraction ni escalade, v. nº 22.3) ;

D. avec cette circonstance que les faits ont été commis...[• Qualifier le cas échéant l'une des circonstances aggravantes de C. pén., art. 311-4 (v. nº 22.3, cas A à M, ou de C. pén., art. 311-5 de la présente fiche)], (AD : *N 28153.co* ; BD : *N 28154.co* ; CD : *N 28155.co*).

Faits prévus et réprimés par les articles : **PERSONNES PHYSIQUES.** 121-5, 311-1, 311-5 [+ le cas échéant article 311-4 dans le cas D], 311-13, 311-14 et 311-15 du code pénal. **PERSONNES MORALES.** 121-5, 311-1, 311-5 [+ article 311-4 dans le cas D], 311-13 et 311-16 du code pénal. ✧

22.8 Vol aggravé : objet classé ou bien culturel

■ PEINES

PERSONNE PHYSIQUE

PP Délit. Cas A à E : 7 ans d'emprisonnement, 100 000 € ou jusqu'à ½ valeur bien volé (C. pén., art. 311-4-2). Cas F : 10 ans, 150 000 € ou jusqu'à ½ valeur bien volé (C. pén., art. 311-4-2).

PC *Idem* nº 22.6, l'interdiction du territoire n'est applicable que depuis L. nº 2018-778, 10 sept. 2018 (C. pén., art. 311-15).

PERSONNE MORALE

PP Délit. Cas A à E : 500 000 € ou jusqu'à ½ valeur bien volé. Cas F : 750 000 € ou jusqu'à ½ valeur bien volé (C. pén., art. 311-4-2, 311-16, 131-38).

PC *Idem* nº 22.1.

■ ORIENTEUR

AUTRE QUALIFICATION

- Renvoi. V. nº 22.1.

ÉLÉMENT LÉGAL

- Application de la loi pénale dans le temps. Causes d'aggravation créées par L. nº 2008-696, 15 juill. 2008.

TEXTE DE RÉFÉRENCE

- Bien culturel. Définitions et régimes, v. nº 31.59

ÉLÉMENT MATÉRIEL

- Tentative. Punissable, v. nº 22.7.

RÉGIME PROCÉDURAL

- Prélèvement des empreintes génétiques. *Idem* nº 22.1.
- Prescription de l'action publique. *Idem* nº 22.1.

RÉGIME DES PEINES

- Récidive. Délits assimilés : *Idem* nº 22.1 (sur les conditions et les effets de la récidive, v. nº 18.5).

■ ÉLÉMENTS CONSTITUTIFS – QUALIFICATION

✧ Pour avoir à .... [¤ lieu], le .... [¤ date], frauduleusement soustrait .... [¤ objets soustraits] au préjudice de .... [¤ nom de la victime], avec cette circonstance que les faits ont porté sur [⇨A à E puis le cas échéant F :]

A. un objet mobilier classé ou inscrit en application des dispositions du code du patrimoine (A : *N 27479.co*) ;

B. un document d'archives privées classé en application des dispositions du code du patrimoine (B : *N 27491.co*) ;

C. une découverte archéologique faite au cours de fouilles ou fortuitement (C : *N 27480.co*) ;

D. un bien culturel relevant du domaine public mobilier (D : *N 27481.co*) ;

E. un bien culturel exposé, conservé ou déposé, même de façon temporaire, soit dans un musée de France, une bibliothèque, une médiathèque ou un service d'archives, soit dans un lieu dépendant d'une personne publique ou d'une personne privée assurant une mission d'intérêt général, soit dans un édifice affecté au culte (E : *N 27482.co*) ;

F. [• Préciser le cas échéant dans le cas A à E] avec cette circonstance que les faits ont été commis...[• Qualifier l'une des circonstances aggravantes de C. pén., art. 311-4 (v. n° 22.3, cas A à M)] (AF : *N 28181.co* ; BF : *N 28182.co* ; CF : *N 28183.co* ; DF : *N 28184.co* ; EF : *N 28185.co*).

Faits prévus et réprimés par les articles : **PERSONNES PHYSIQUES.** 311-4-2 [+ le cas échéant article 311-4 dans le cas D], 311-13, 311-14 et 311-15 du code pénal. **PERSONNES MORALES.** 311-4-2 [+ article 311-4 dans le cas D], 311-13 et 311-16 du code pénal. ✧

22.9 Vol avec violence – ITT > 8 jours

▪ PEINES

PERSONNE PHYSIQUE

PP Délit. 10 ans d'emprisonnement, 150 000 € (C. pén., art. 311-6).

PC 1. *Idem* n° 22.1 mais interdiction professionnelle ou sociale ou fonction publique, **définitive** ou ⩽ 5 ans (C. pén., art. 311-14 2° et 131-27) ;

2. Interdiction de séjour ⩽ 5 ans (C. pén., art. 311-14 5°, 131-31 et 131-32 ; C. pr. pén., art. 762-1 à 763) ;

3. Auteur étranger : interdiction du territoire français, définitive ou ⩽ 10 ans (C. pén., art. 311-15, 131-30 à 131-30-2) ;

4. Interdiction obligatoire ⩽ 5 ans, de détention ou port d'arme soumise à autorisation (L. n° 2012-304, 6 mars 2012, auparavant interdiction facultative) (C. pén., art. 311-14 II).

PERSONNE MORALE

PP Délit. 750 000 € (C. pén., art. 311-16 1° ; 131-38).

PC *Idem* n° 22.1 mais interdiction professionnelle ou sociale, **définitive** ou ⩽ 5 ans (C. pén., art. 311-16 2° ; 131-39 2°).

▪ ORIENTEUR

AUTRE QUALIFICATION

- Renvoi. V. n° 22.1.
- Autres vols avec violence. Sans ITT, v. n° 22.3, cas D, avec ITT ⩽ 8 jours, v. n° 22.6, cas A.

ÉLÉMENT LÉGAL

- Définition. Vol avec violences. *Idem* n° 22.3.

ÉLÉMENT MATÉRIEL

- Médecine légale. • Notion d'incapacité totale de travail. *Idem* n° 22.6.
- Tentative. Punissable, v. n° 22.1.
- Faits incriminés. Violence psychologique : *Idem* n° 22.3.

RÉGIME PROCÉDURAL

- Obstacles aux poursuites – Immunité familiale. *Idem* n° 22.1 (si la circonstance aggravante caractérise en elle-même une infraction (ex. violences sur conjoint), cette dernière peut être poursuivie, l'immunité ne concernant que les faits de vol).
- Prélèvement des empreintes génétiques. *Idem* n° 22.1.
- Prescription de l'action publique. *Idem* n° 22.1.

RÉGIME DES PEINES

- Récidive. Délits assimilés. *Idem* n° 22.1 (sur les conditions et les effets de la récidive, v. n° 18.5).
- Période de sûreté. = Si peine ferme = 10 ans → a) de plein droit = 1/2 de la peine ou < sur décision spéciale ; b) sur décision spéciale = 2/3 de la peine (C. pén., art. 132-23, al. 1 et 2 et 311-6). Sur la période de sûreté, v. n° 18.7C1.

▪ ÉLÉMENTS CONSTITUTIFS – QUALIFICATION

✧ Pour avoir à .... [¤ lieu], le .... [¤ date], frauduleusement soustrait .... [¤ objets soustraits] au préjudice de .... [¤ nom de la victime], avec cette circonstance que les faits ont été précédés, accompagnés ou suivis de violences ayant entraîné une incapacité totale de travail supérieure à huit jours.

Faits prévus et réprimés par les articles : **PERSONNES PHYSIQUES.** 311-1, 311-6, 311-13, 311-14 et 311-15 du code pénal (*N 7863.co*). **PERSONNES MORALES.** 311-1, 311-6, 311-13 et 311-16 du code pénal. ✧

22.10 Vol avec violence – Ayant entraîné une mutilation ou une infirmité

▪ PEINES

PERSONNE PHYSIQUE

PP Crime. 15 ans de réclusion, 150 000 € (C. pén., art. 311-7).

PC *Idem* n° 22.9.

PERSONNE MORALE

PP Crime. 750 000 € (C. pén., art. 311-16 1° ; 131-38).

PC *Idem* n° 22.9.

▪ ORIENTEUR

AUTRE QUALIFICATION

▪ **Renvoi.** V. n° 22.1.

▪ **Autres vols avec violence. Sans ITT**, v. n° 22.3, cas D, **avec ITT ⩽ 8 jours**, v. n° 22.6, cas A., **avec ITT > 8 jours**, v. n° 22.9, ayant entraîné la **mort** ou avec **actes de tortures ou de barbarie**, v. n° 22.13.

ÉLÉMENT LÉGAL

▪ **Définition.** • **Vol avec violences.** *Idem* n° 22.3. • **Acte de torture ou de barbarie.** V. n° 20.7.

ÉLÉMENT MATÉRIEL

▪ **Médecine légale.** • **Notion de mutilation et d'infirmité permanente.** Sur ces notions en médecine légale, v. n° 14.2B.

▪ **Tentative. Punissable**, v. n° 22.1.

RÉGIME PROCÉDURAL

▪ **Obstacle aux poursuites – Immunité familiale.** *Idem* n° 22.1 (si la circonstance aggravante caractérise en elle-même une infraction (violences volontaires ayant entraîné une infirmité), cette dernière peut être poursuivie, l'immunité ne concernant que les faits de vol).

▪ **Prélèvement des empreintes génétiques.** *Idem* n° 22.1.

▪ **Prescription de l'action publique.** *Idem* n° 22.1.

▪ **Procédure d'assises.** • **Compétence de la cour criminelle départementale.** C. pr. pén., art. 380-16, issu L. n° 2021-1729, 22 déc. 2021, *idem* n° 22.3.

RÉGIME DES PEINES

▪ **Récidive. Délits assimilés :** *Idem* n° 22.1 (sur les conditions et les effets de la récidive, v. n° 18.5).

▪ **Période de sûreté.** Si peine ferme ⩾ 10 ans → a) de plein droit = 1/2 de la peine ou < sur décision spéciale ; b) sur décision spéciale = 2/3 de la peine (C. pén., art. 132-23, al. 1 et 2 et 311-7). Sur la période de sûreté, v. n° 18.7C1.

▪ ÉLÉMENTS CONSTITUTIFS – QUALIFICATION

✧ Pour avoir à .... [¤ lieu], le .... [¤ date], frauduleusement soustrait .... [¤ objets soustraits] au préjudice de .... [¤ nom de la victime], avec cette circonstance que les faits ont été précédés, accompagnés ou suivis de violences ayant entraîné une mutilation ou une infirmité permanente.
Faits prévus et réprimés par les articles : **PERSONNES PHYSIQUES.** 311-1, 311-7, 311-13, 311-14 et 311-15 du code pénal (*N 7251.cc*). **PERSONNES MORALES.** 311-1, 311-7, 311-13 et 311-16 du code pénal. ✧

22.11 Vol avec arme

■ PEINES

PERSONNE PHYSIQUE

PP Crime. 20 ans de réclusion, 150 000 € (C. pén., art. 311-8).

PC *Idem* n° 22.9.

PERSONNE MORALE

PP Crime. 750 000 € (C. pén., art. 311-16 1° ; 131-38).

PC *Idem* n° 22.9.

■ ORIENTEUR

AUTRE QUALIFICATION

▪ **Renvoi.** V. n° 22.1.

▪ **Vols avec violence. Sans ITT**, v. n° 22.3, cas D, **avec ITT ⩽ 8 jours**, v. n° 22.6, cas A., **avec ITT > 8 jours**, v. n° 22.9, **avec actes de tortures ou de barbarie**, v. n° 22.13.

▪ **Port d'arme prohibé.** V. n°s 26.29 à 26.31.

ÉLÉMENT LÉGAL

▪ **Définition. Vol avec violences.** *Idem* n° 22.3.

▪ **Définition. Arme** (C. pén., art. 132-75 ; Circ. 14 mai 1993, n° 126) :

– **par nature.** « *Tout objet conçu pour tuer ou blesser.* » ;

– **simulée.** Est considéré comme arme par nature tout objet utilisé pour menacer de tuer ou de blesser ou qui y est destiné par son porteur, et dont la ressemblance est de nature à créer une confusion avec une arme par nature. ;

– **par destination.** « *Tout objet susceptible de présenter un danger pour les personnes [...] dès lors qu'il est utilisé pour tuer, blesser ou menacer [...]* » ou qui y est destiné par son porteur. « *L'utilisation d'un animal pour tuer, blesser ou menacer est assimilée à l'usage d'une arme.* ».

ÉLÉMENT MATÉRIEL

▪ **Tentative. Punissable**, v. n° 22.1.

RÉGIME PROCÉDURAL

▪ **Obstacle aux poursuites – Immunité familiale.** *Idem* n° 22.1 (si la circonstance aggravante caractérise en elle-même une infraction (violences volontaires sur conjoint), cette dernière peut être poursuivie, l'immunité ne concernant que les faits de vol).

▪ **Prélèvement des empreintes génétiques.** *Idem* n° 22.1.

▪ **Prescription de l'action publique.** *Idem* n° 22.1.

▪ **Procédure d'assises. • Compétence de la cour criminelle départementale**. C. pr. pén., art. 380-16, issu L. n° 2021-1729, 22 déc. 2021, *idem* n° 22.3.

RÉGIME DES PEINES

▪ **Récidive. Délits assimilés.** *Idem* n° 22.1 (sur les conditions et les effets de la récidive, v. n° 18.5).

▪ **Période de sûreté.** Si peine ferme ⩾ 10 ans ⟶ a) de plein droit = 1/2 de la peine ou < sur décision spéciale ; b) sur décision spéciale = 2/3 de la peine (C. pén., art. 132-23, al. 1 et 2 et 311-8). Sur la période de sûreté, v. n° 18.7C1.

■ ÉLÉMENTS CONSTITUTIFS – QUALIFICATION

✧ Pour avoir à .... [¤ lieu], le .... [¤ date], frauduleusement soustrait .... [¤ objets soustraits] au préjudice de .... [¤ nom de la victime] avec cette circonstance que les faits ont été commis [⇨A ou B :]

A. avec usage ou menace d'une arme, en l'espèce .... [¤ arme utilisée] ;

B. en portant une arme soumise à autorisation ou dont le port est prohibé, en l'espèce .... [¤ arme utilisée].

Faits prévus et réprimés par les articles : **PERSONNES PHYSIQUES.** 311-1, 311-8, 311-13, 311-14 et 311-15 du code pénal (*N 7164.cc*). **PERSONNES MORALES.** 311-1, 311-8, 311-13 et 311-16 du code pénal. ✧

22.12 Vol en bande organisée

■ PEINES

PERSONNE PHYSIQUE

PP Crime. Cas A : 15 ans de réclusion, 150 000 €. Cas B : 20 ans, 150 000 €. Cas C et D : 30 ans, 150 000 € (C. pén., art. 311-9).

PC *Idem* n° 22.9.

PERSONNE MORALE

PP Crime. Cas A à D : 750 000 € (C. pén., art. 311-16 1°, 131-38).

PC *Idem* n° 22.9.

■ ORIENTEUR

AUTRE QUALIFICATION

▪ Renvoi. V. n° 22.1.

▪ **Vols avec violence.** Sans ITT, v. n° 22.3, cas D, avec ITT ⩽ 8 jours, v. n° 22.6, cas A., avec ITT > 8 jours, v. n° 22.9, avec **actes de tortures ou de barbarie**, v. n° 22.13.

▪ **Port d'arme prohibé.** V. n°s 26.29 à 26.31.

ÉLÉMENT LÉGAL

▪ **Définition. Vol avec violences.** *Idem* n° 22.3.

▪ **Définition. Arme.** *Idem* n° 22.11.

▪ **Définition. Bande organisée.** V. n° 11.20 (C. pén., art. 132-71).

ÉLÉMENT MATÉRIEL

▪ **Tentative.** Punissable, v. n° 22.1.

RÉGIME PROCÉDURAL

▪ **Obstacle aux poursuites – Immunité familiale.** *Idem* n° 22.1, si la circonstance aggravante caractérise en elle-même une infraction (violences volontaires, association de malfaiteurs, port d'arme), cette dernière peut être poursuivie, l'immunité ne concernant que les faits de vol.

▪ **Prélèvement des empreintes génétiques.** *Idem* n° 22.1.

▪ **Prescription de l'action publique.** *Idem* n° 22.1.

▪ **Régime complet de la criminalité organisée** applicable (C. pr. pén., art. 706-73 7°, v. n° 11.21).

▪ **Procédure d'assises. • Compétence de la cour criminelle départementale.** Cas A et B : C. pr. pén., art. 380-16, issu L. n° 2021-1729, 22 déc. 2021, *idem* n° 22.3.

RÉGIME DES PEINES

▪ **Récidive. Délits assimilés.** *Idem* n° 22.1 (sur les conditions et les effets de la récidive, v. n° 18.5).

▪ **Exemption ou réduction de peine.** Applicable au **repenti** (C. pén., art. 132-78, 311-9-1, v. n° 18.8D).

▪ **Période de sûreté.** Si peine ferme ⩾ 10 ans → a) de plein droit = 1/2 de la peine ou < sur décision spéciale ; b) sur décision spéciale = 2/3 de la peine (C. pén., art. 132-23, al. 1 et 2 et 311-9). Sur la période de sûreté, v. n° 18.7C1.

■ ÉLÉMENTS CONSTITUTIFS – QUALIFICATION

✧ Pour avoir à .... [¤ lieu], le .... [¤ date], frauduleusement soustrait .... [¤ objets soustraits] au préjudice de .... [¤ nom de la victime] avec cette circonstance que les faits ont été commis [⇨A puis le cas échéant B à D :]

A. en bande organisée (A : *N 10832.cc*) :

[• Préciser le cas échéant dans le cas A] [⇨B à D :]

B. et précédé, accompagné ou suivi de violences (B : *N 7165.cc*) ;

C. et avec usage ou menace d'une arme, en l'espèce .... [¤ arme utilisée] (C : *N 10833.cr*) ;

D. et en portant une arme soumise à autorisation ou dont le port est prohibé, en l'espèce .... [¤ arme utilisée] (D : *N 10833.cr*).

Faits prévus et réprimés par les articles : **PERSONNES PHYSIQUES.** 311-1, 311-9, 311-13, 311-14 et 311-15 du code pénal. **PERSONNES MORALES.** 311-1, 311-9, 311-13 et 311-16 du code pénal. ✧

22.13 Vol avec violence – Ayant entraîné la mort ou avec actes de tortures ou de barbarie

■ **PEINES**

PERSONNE PHYSIQUE

PP Crime. Réclusion à perpétuité, 150 000 € (C. pén., art. 311-10).

PC *Idem* n° 22.9.

PERSONNE MORALE

PP Crime. 750 000 € (C. pén., art. 311-16 1°, 131-38).

PC *Idem* n° 22.9.

■ **ORIENTEUR**

AUTRE QUALIFICATION

▪ Renvoi. V. n° 22.1.

▪ Vols avec violence. Sans ITT, v. n° 22.3, cas D, avec ITT $\leqslant$ 8 jours, v. n° 22.6, cas A., avec ITT > 8 jours, v. n° 22.9, ayant entraîné une **mutilation ou infirmité**, v. n° 22.10.

▪ **Homicide volontaire concomitant ou lié à un autre crime ou délit**. V. n° 20.2.

ÉLÉMENT LÉGAL

▪ **Définition.** • **Vol avec violences.** *Idem* n° 22.3. • **Acte de torture ou de barbarie**. V. n° 20.7.

ÉLÉMENT MATÉRIEL

▪ **Médecine légale.** • **Notion de mort.** Sur la notion de mort en médecine légale, v. n° 14.3.

▪ **Tentative.** Punissable, v. n° 22.1.

RÉGIME PROCÉDURAL

▪ **Obstacle aux poursuites – Immunité familiale.** *Idem* n° 22.1, si la circonstance aggravante caractérise en elle-même une infraction (violences volontaires ayant entraîné une mutilation ou infirmité permanente), cette dernière peut être poursuivie, l'immunité ne concernant que les faits de vol.

▪ **Prélèvement des empreintes génétiques.** *Idem* n° 22.1.

▪ **Prescription de l'action publique.** *Idem* n° 22.1.

RÉGIME DES PEINES

▪ **Récidive. Délits assimilés.** *Idem* n° 22.1 (sur les conditions et les effets de la récidive, v. n° 18.5).

▪ **Période de sûreté.** Si peine ferme $\geqslant$ 10 ans $\longrightarrow$ a) de plein droit = 1/2 de la peine ou 18 ans si perpétuité, ou < sur décision spéciale ; b) sur décision spéciale = 2/3 de la peine ou 22 ans si perpétuité (C. pén., art. 132-23, al. 1 et 2 et 311-10). Sur la période de sûreté, v. n° 18.7C1.

■ **ÉLÉMENTS CONSTITUTIFS – QUALIFICATION**

✧ Pour avoir à .... [¤ lieu], le .... [¤ date], frauduleusement soustrait .... [¤ objets soustraits] au préjudice de .... [¤ nom de la victime] avec cette circonstance que les faits ont été précédés, accompagnés ou suivis [⇨A ou B :]

A. de violences ayant entraîné la mort (A : *N 7252.cr*) ;

B. de tortures ou d'actes de barbarie (B : *N 10834.cr*).

Faits prévus et réprimés par les articles : **PERSONNES PHYSIQUES.** 311-1, 311-10, 311-13, 311-14 et 311-15 du code pénal. **PERSONNES MORALES.** 311-1, 311-10, 311-13 et 311-16 du code pénal. ✧

22.14 Extorsion

■ **PEINES**

PERSONNE PHYSIQUE

PP Délit. 7 ans d'emprisonnement, 100 000 € (C. pén., art. 312-1).

PC 1. Interdiction droits civiques civils et de famille $\leqslant$ 5 ans (vote, éligibilité, fonction juridictionnelle, expert, témoin, tuteur, curateur) (C. pén., art. 312-13 1° et 131-26) ;

2. Interdiction définitive ou $\leqslant$ 5 ans activité professionnelle ou sociale en relation avec l'infraction, ou fonction publique (sauf mandat électif ou syndical) *et/ou* interdiction définitive ou $\leqslant$ 15 ans (10 ans avant L. n° 2013-1117, 6 déc. 2013) d'exercer une profession commerciale ou industrielle, de

diriger, d'administrer, de gérer ou de contrôler à un titre quelconque, directement ou indirectement, pour son propre compte ou pour le compte d'autrui, une entreprise commerciale ou industrielle ou une société commerciale (C. pén., art. 312-13 2° et 131-27 [mod. par L. n° 2008-776, 4 août 2008]) ;

3. Interdiction obligatoire ⩽ 5 ans, de détention ou port d'arme soumise à autorisation (L. n° 2012-304, 6 mars 2012, auparavant interdiction facultative) (C. pén., art. 312-13 II).

4. Confiscation de la chose ayant servi à l'infraction ou destinée à la commettre ou son produit (obligatoire pour objets qualifiés dangereux ou nuisibles par loi ou règlement ou dont la détention est illicite) (C. pén., art. 312-13 4° et 131-21) ;

5. Interdiction de séjour ⩽ 5 ans (C. pén., art. 312-13 5°, 131-31 et 131-32 ; C. pr. pén., art. 762-1 à 763) ;

6. Stage de citoyenneté (C. pén., art. 131-5-1 et 312-13) (pour les faits commis avant le 24 mars 2020 et jugés après cette date, L. n° 2019-222, 23 mars 2019, en vigueur le 24 mars 2020. Pour les faits commis à partir du 24 mars 2020, v. nouvelle réd. C. pén., art. 131-5-1 et n° 18.33) ;

7. Stage de sensibilisation aux dangers de l'usage de produits stupéfiants. La juridiction précise si le stage est exécuté aux frais du condamné (C. pén., art. 131-35-1 et 312-13 [L. n° 2007-297, 5 mars 2007]) (pour les faits commis avant le 24 mars 2020 et jugés après cette date, L. n° 2019-222, 23 mars 2019, en vigueur le 24 mars 2020. Pour les faits commis à partir du 24 mars 2020, v. nouvelle réd. C. pén., art. 131-5-1 et n° 18.33) ;

8. Auteur étranger : interdiction du territoire français, définitive ou ⩽ 10 ans (C. pén., art. 312-14, 131-30 à 131-30-2, depuis L. n° 2018-778, 10 sept. 2018).

PERSONNE MORALE

PP Délit. 500 000 € (C. pén., art. 312-15 ; 131-38).

PC 1. Dissolution (sauf personnes morales de droit public, partis, groupements politiques, syndicats, institutions représentatives du personnel) si personne morale créée ou détournée de son objet pour commettre l'infraction (C. pén., art. 312-15, 131-39 1° et 131-45) ;

2. Interdiction, définitive ou ⩽ 5 ans, une ou plusieurs activités professionnelles ou sociales en relation avec l'infraction (C. pén., art. 312-15 et 131-39 2°) ;

3. Surveillance judiciaire ⩽ 5 ans, sauf personnes morales de droit public, partis, groupements politiques, syndicats (C. pén., art. 312-15, 131-39 3° et 131-46). ;

4. Fermeture, définitive ou ⩽ 5 ans, un ou plusieurs établissements en relation avec l'infraction (C. pén., art. 312-15 et 131-39 4°) ;

5. Exclusion, définitive ou ⩽ 5 ans, marchés publics (C. pén., art. 312-15 et 131-39 5°) ;

6. Interdiction, définitive ou ⩽ 5 ans, de *faire appel public à l'épargne* (procéder à une offre au public de titres financiers ou de les faire admettre aux négociations sur un marché réglementé, selon L. n° 2009-80, 22 janv. 2009) (C. pén., art. 312-15 et 131-39 6°) ;

7. Interdiction, ⩽ 5 ans, d'utiliser des cartes de paiement ou d'émettre des chèques autres que de retrait ou certifiés (C. pén., art. 312-15 et 131-39 7°) ;

8. Confiscation de la chose ayant servi à l'infraction ou destinée à la commettre, ou son produit (obligatoire pour objets qualifiés dangereux ou nuisibles par loi ou règlement ou dont la détention est illicite) (C. pén., art. 312-15, 131-39 8° et 131-21) ;

9. Affichage, ⩽ 2 mois, *et/ou* (L. n° 2011-525, 17 mai 2011) diffusion de la décision ou d'extraits aux frais (⩽ amende encourue) du condamné (C. pén., art. 312-15, 131-39 9°, 131-48 et 131-35).

■ ORIENTEUR

ÉLÉMENT MATÉRIEL

▪ **Tentative. Punissable** (C. pén., art. 312-9).

▪ **Contrainte morale.** « *les juges ont pu souverainement déduire l'existence d'une contrainte morale* » (§ 12) exercée par le directeur d'une agence bancaire qui réclamait indument des commissions, et caractérisé « *suffisamment un état de sujétion* » de ses clientes « *ainsi que la situation de vulnérabilité et de dépendance vis-à-vis* » de l'intéressé (§ 12), cette « *contrainte résultant tant de la situation de précarité financière des clientes que de ses fonctions de directeur adjoint et conseiller clientèle, qui lui avaient permis de signifier à celles-ci qu'elles ne pouvaient obtenir les prêts dont elles avaient besoin que grâce à son intervention* *compte tenu de la faiblesse de leurs revenus, faisant du versement de la commission la condition de la remise des fonds* » (§ 11) (Crim. 8 mars 2023, nº 21-84.384, D).

RÉGIME PROCÉDURAL

▪ **Obstacle aux poursuites – Immunité familiale.** Le principe de l'immunité familiale et ses exceptions décrits au nº 22.1 s'appliquent en cas d'extorsion commise au préjudice d'un ascendant, descendant ou d'un conjoint (sauf lorsque les époux sont séparés de corps ou autorisés à résider séparément). (C. pén., art. 312-9 renvoyant à C. pén., art. 311-12).

▪ **Prélèvement des empreintes génétiques** de la personne suspectée ou condamnée (C. pr. pén., art. 706-54 et 706-55 3°, v. nºs 13.23 et 13.25). **Sanction** du refus de prélèvement, v. nº 25.35.

RÉGIME DES PEINES

▪ **Récidive. Délits assimilés.** Le vol, l'extorsion, le chantage, l'escroquerie et l'abus de confiance sont considérés comme une même infraction au regard de la **récidive** (C. pén., art. 132-16) (sur les conditions et les effets de la récidive, v. nº 18.5).

▪ ÉLÉMENTS CONSTITUTIFS – QUALIFICATION

✧ Pour avoir à .... [¤ lieu], le .... [¤ date], obtenu ou tenté d'obtenir par violences, menaces de violences ou contrainte [⇨A à E :]

A. une signature ...

B. un engagement ...

C. une renonciation ...

D. la révélation d'un secret ...

E. la remise de fonds, de valeurs ou d'un bien quelconque ...

... en l'espèce .... [¤ préciser l'objet de l'extorsion], au préjudice de .... [¤ nom de la victime]. Faits prévus et réprimés par les articles : **PERSONNES PHYSIQUES.** 312-1, 312-8, 312-9, 312-13 et 312-14 du code pénal (*N 7204.co*). **PERSONNES MORALES.** 312-1, 312-8, 312-9, 312-15 du code pénal (*N 22950.co*). ✧

22.15 Extorsion aggravée

▪ PEINES

PERSONNE PHYSIQUE

PP Délit. Cas A, B, E et F : 10 ans d'emprisonnement, 150 000 € (C. pén., art. 312-2).

Cas C et D : 10 ans, 100 000 € (C. pén., art. 132-76, 132-77 et 312-1 depuis L. nº 2017-86, 27 janv. 2017, auparavant 10 ans, 150 000, anct 312-2).

Crime. Cas G : 15 ans de réclusion, 150 000 € (C. pén., art. 312-3).

Cas H : 20 ans, 150 000 € (C. pén., art. 312-4).

Cas I : 30 ans, 150 000 € (C. pén., art. 312-5).

Cas J : 20 ans, 150 000 € (C. pén., art. 312-6).

Cas K1 : 30 ans, 150 000 € (C. pén., art. 312-6).

Cas K2, K3, L et M : réclusion à perpétuité, 150 000 € (C. pén., art. 312-6, 312-7).

PC 1. Interdiction droits civiques civils et de famille ⩽ 5 ans (cas A à F) ou ⩽ 10 ans (cas G à K) (vote, éligibilité, fonction juridictionnelle, expert, témoin, tuteur, curateur) (C. pén., art. 312-13 1° et 131-26). Cas G à K : sauf dispense spécialement motivée, la peine d'inéligibilité est obligatoirement prononcée (C. pén., art. 131-26-2, L. nº 2017-1339, 15 sept. 2017) ;

2. Interdiction ⩽ 5 ans (cas A à F) ou définitive ou provisoire (cas H s.) activité professionnelle ou sociale en relation avec l'infraction, ou fonction publique (sauf mandat électif ou syndical) (C. pén., art. 312-13 2° et 131-27) ;

3. Interdiction obligatoire ⩽ 5 ans, de détention ou port d'arme soumise à autorisation (L. nº 2012-304, 6 mars 2012, auparavant interdiction facultative) (C. pén., art. 312-13 II) ;

4. Confiscation de la chose ayant servi à l'infraction ou destinée à la commettre ou son produit (obligatoire pour objets qualifiés dangereux ou nuisibles par loi ou règlement ou dont la détention est illicite) (C. pén., art. 312-13 4° et 131-21) ;

5. Interdiction de séjour ⩽ 5 ans (C. pén., art. 312-13 5°, 131-31 et 131-32 ; C. pr. pén., art. 762-1 à 763) ;

6. Auteur étranger : interdiction du territoire français, définitive ou ⩽ 10 ans (C. pén., art. 312-14, 131-30, 131-30 à 131-30-2) ;

7. Stage de citoyenneté (C. pén., art. 131-5-1 et 312-13) (pour les faits commis avant le 24 mars 2020 et jugés après cette date, L. n° 2019-222, 23 mars 2019, en vigueur le 24 mars 2020. Pour les faits commis à partir du 24 mars 2020, v. nouvelle réd. C. pén., art. 131-5-1 et n° **18.33**) ;

8. Stage de sensibilisation aux dangers de l'usage de produits stupéfiants. La juridiction précise si le stage est exécuté aux frais du condamné (C. pén., art. 131-35-1 et 312-13 [L. n° 2007-297, 5 mars 2007]) (pour les faits commis avant le 24 mars 2020 et jugés après cette date, L. n° 2019-222, 23 mars 2019, en vigueur le 24 mars 2020. Pour les faits commis à partir du 24 mars 2020, v. nouvelle réd. C. pén., art. 131-5-1 et n° **18.33**).

PERSONNE MORALE

PP **750 000 €** (C. pén., art. **312-15** ; 131-38).

Cas **C** et **D** : **500 000 €** (C. pén., art. **132-76** et **132-77**, depuis L. n° 2017-86, 27 janv. 2017, auparavant 750 000 €).

PC *Idem* n° **22.14**.

▪ ORIENTEUR

ÉLÉMENT LÉGAL

▪ **Définition. Arme.** *Idem* n° **22.11**.

▪ **Définition. Bande organisée.** V. n° **11.20** (C. pén., art. 132-71).

▪ **Définition. • Extorsion avec violences.** Constitue une extorsion suivie de violences l'extorsion à la suite de laquelle des violences ont été commises pour favoriser la fuite ou assurer l'impunité d'un auteur ou d'un complice (C. pén., art. 312-8). **• Acte de torture ou de barbarie.** V. n° **20.7**.

▪ **Causes d'aggravation. Aggravation résultant de la motivation raciste ou sexiste** (v. aussi ÉLÉMENT MATÉRIEL ci-dessous). La L. n° 2017-86, 27 janv. 2017 a supprimé du texte de l'incrimination les circonstances aggravantes tenant à la finalité raciste ou sexiste des faits. Désormais ces circonstances constituent en effet une cause générale d'aggravation de tous les crimes ou délits, sauf exceptions (C. pén., art. 132-76 et 132-77, v. n° **18.9**). Les circonstances aggravantes visées aux **cas** **C** et **D**, ici maintenues pour des raisons pratiques, tirent désormais leurs fondements et pénalités de C. pén., art. **132-76**, **132-77** et **312-1**.

ÉLÉMENT MATÉRIEL

▪ **Médecine légale. • Notion de mort, de mutilation, d'infirmité permanente et d'incapacité totale de travail.** Sur ces notions en médecine légale, v. n°s **14.3** (mort), **14.2B** (mutilation et infirmité permanente) et **14.2C** (ITT).

▪ **Tentative. Punissable.** *Idem* n° **22.14**.

▪ **Aggravation résultant de la motivation raciste de l'acte. Cas** **C**, C. pén., art. 132-76, V. n° **20.3** et **18.9**.

▪ **Aggravation résultant de la motivation sexiste de l'acte. Cas** **D**, C. pén., art. 132-77, V. n° **20.3** et **18.9**.

RÉGIME PROCÉDURAL

▪ **Régime complet de la criminalité organisée** applicable aux **cas** **J** à **M** (C. pr. pén., art. 706-73 8°, v. n° **11.21**).

▪ **Procédure d'assises. • Compétence de la cour criminelle départementale.** Cas **G**, **H** et **J** : C. pr. pén., art. 380-16, issu L. n° 2021-1729, 22 déc. 2021, *idem* n° **22.3**.

RÉGIME DES PEINES

▪ **Récidive. Délits assimilés.** *Idem* n° **22.14** (sur les conditions et les effets de la récidive, v. n° **18.5**).

▪ **Exemption ou réduction de peine.** Cas **K** et **L** : applicable au **repenti** (C. pén., art. 132-78, **312-6-1**, v. n° **18.8D**).

▪ **Période de sûreté.** Cas **G** et suivants : si peine ferme ⩾ 10 ans → a) de plein droit = 1/2 de la peine ou 18 ans si perpétuité, ou < sur décision spéciale ; b) sur décision spéciale = 2/3 de la peine ou 22 ans si perpétuité (C. pén., art. 132-23, al. 1 et 2 et 312-7). Sur la période de sûreté, v. n° 18.7C1.

■ ÉLÉMENTS CONSTITUTIFS – QUALIFICATION

✧ Pour avoir à .... [¤ lieu], le .... [¤ date], obtenu ou tenté d'obtenir par violences, menaces de violences ou contrainte [⇨1 à 5 puis A à M :]

1. une signature ...
2. un engagement ...
3. une renonciation ...
4. la révélation d'un secret ...
5. la remise de fonds, de valeurs ou d'un bien quelconque ...

... en l'espèce .... [¤ préciser l'objet de l'extorsion], au préjudice de .... [¤ nom de la victime], avec cette circonstance que les faits ont été [⇨A à M :]

A. précédés, accompagnés ou suivis de violences ayant entraîné une incapacité totale de travail n'excédant pas huit jours (C. pén., art. 312-2 1°) (A : *N 7883.co*) ;

B. commis au préjudice d'une personne qu'il savait particulièrement vulnérable en raison de son état physique ou psychique (C. pén., art. 312-2 2°) (B : *N 7884.co*) ;

C. commis à raison de l'appartenance ou de la non-appartenance, vraie ou supposée, de la victime à une ethnie ou une nation, une « *prétendue* » (L. n° 2017-86, 27 janv. 2017) race ou une religion déterminée (L. n° 2003-88, 3 févr. 2003, art. 5) (C. pén., art. 132-76 et 312-1 depuis L. n° 2017-86, 27 janv. 2017, anc^t 312-2 3°) (C : *N 32290.co*) ;

D. commis à raison « *du sexe, de l'orientation sexuelle ou de l'identité de genre* » (L. n° 2017-86, 27 janv. 2017) [au lieu de « l'orientation « ou identité » sexuelle (L. n° 2012-954, 6 août 2012)] de la victime (L. n° 2004-204, 9 mars 2004, art. 40-I) (C. pén., art. 132-77 et 312-1, anc^t 312-2 3°, L. n° 2017-86, 27 janv. 2017) (D : *N 25168.co*) ;

E. commis « par une personne dissimulant volontairement en tout ou en partie son visage afin de ne pas être identifiée » [L. n° 2010-201, 2 mars 2010] (C. pén., art. 312-2 4°) (E : *N 27558.co*) ;

F. commis dans un établissement d'enseignement ou d'éducation ou, lors des entrées ou sorties des élèves ou dans un temps très voisin de celles-ci, aux abords d'un tel établissement [L. n° 2010-201, 2 mars 2010] (C. pén., art. 312-2 5°) (F : *N 27565.co*) ;

G. précédés, accompagnés ou suivis de violences ayant entraîné une incapacité totale de travail supérieure à huit jours (C. pén., art. 312-3) (G : *N 10819.cc*) ;

H. précédés, accompagnés ou suivis de violences ayant entraîné une mutilation ou une infirmité permanente (C. pén., art. 312-4) (H : *N 10820.cc*) ;

I. commis [⇨I1 ou I2 :]

I1. avec usage ou menace d'une arme, en l'espèce .... [¤ arme utilisée] (C. pén., art. 312-5) (I1 : *N 10821.cr*) ;

I2. en portant une arme soumise à autorisation ou dont le port est prohibé, en l'espèce .... [¤ arme utilisée] (C. pén., art. 312-5) (I2 : *N 10821.cr*) ;

J. commis en bande organisée (C. pén., art. 312-6) (J : *N 10822.cc*) ;

K. commis en bande organisée et [⇨K1 à K3 :]

K1. précédés, accompagnés ou suivis de violences ayant entraîné une mutilation ou une infirmité permanente (C. pén., art. 312-6) (K1 : *N 10823.cr*) ;

K2. avec usage ou menace d'une arme, en l'espèce .... [¤ arme utilisée] (C. pén., art. 312-6) (K2 : *N 10824.cr*) ;

K3. en portant une arme soumise à autorisation ou dont le port est prohibé, en l'espèce .... [¤ arme utilisée] (C. pén., art. 312-6) (K3 : *N 10824.cr*) ;

L. précédés, accompagnés ou suivis de violences ayant entraîné la mort (C. pén., art. 312-7) (L : *N 10825.cr*) ;

M. précédés, accompagnés ou suivis de tortures ou d'actes de barbarie (C. pén., art. 312-7) (M : *N 10826.cr*).

Faits prévus et réprimés par les articles : **PERSONNES PHYSIQUES.** 312-1 + article [• du cas sélectionné], 312-8, 312-9, 312-13 et 312-14 du code pénal. **PERSONNES MORALES.** 312-1 + article [• du cas sélectionné], 312-8, 312-9, 312-15 du code pénal. ✧

22.16 Demande de fonds sous contrainte sur la voie publique – Mendicité agressive

▪ PEINES

PERSONNE PHYSIQUE

PP Délit. 6 mois d'emprisonnement, 3 750 € (C. pén., art. 312-12-1).

PC 1. Interdiction droits civiques civils et de famille ⩽ 5 ans (vote, éligibilité, fonction juridictionnelle, expert, témoin, tuteur, curateur) (C. pén., art. 312-13 1° et 131-26) ;

2. Interdiction obligatoire ⩽ 5 ans, de détention ou port d'arme soumise à autorisation (L. n° 2012-304, 6 mars 2012, auparavant interdiction facultative) (C. pén., art. 312-13 II).

3. Confiscation de la chose ayant servi à l'infraction ou destinée à la commettre ou son produit (obligatoire pour objets qualifiés dangereux ou nuisibles par loi ou règlement ou dont la détention est illicite) (C. pén., art. 312-13 4° et 131-21) ;

4. Interdiction de séjour ⩽ 5 ans (C. pén., art. 312-13 5°, 131-31 et 131-32 ; C. pr. pén., art. 762-1 à 763) ;

5. Stage de citoyenneté (C. pén., art. 131-5-1 et 312-13) (pour les faits commis avant le 24 mars 2020 et jugés après cette date, L. n° 2019-222, 23 mars 2019, en vigueur le 24 mars 2020. Pour les faits commis à partir du 24 mars 2020, v. nouvelle réd. C. pén., art. 131-5-1 et n° 18.33) ;

6. Stage de sensibilisation aux dangers de l'usage de produits stupéfiants. La juridiction précise si le stage est exécuté aux frais du condamné (C. pén., art. 131-35-1 et 312-13 [L. n° 2007-297, 5 mars 2007]) (pour les faits commis avant le 24 mars 2020 et jugés après cette date, L. n° 2019-222, 23 mars 2019, en vigueur le 24 mars 2020. Pour les faits commis à partir du 24 mars 2020, v. nouvelle réd. C. pén., art. 131-5-1 et n° 18.33).

PERSONNE MORALE

PP Délit. 18 750 € (C. pén., art. 312-15 ; 131-38).

PC *Idem* n° 22.14.

▪ ORIENTEUR

AUTRE QUALIFICATION

▪ **Exploitation de la mendicité d'autrui.** V. n° 20.115.

▪ **Mendicité avec un enfant en très bas âge.** V. présomption de privation de soins, n° 21.21.

▪ **Législation du travail. Mendicité du mineur.** Est puni de 5 ans et 75 000 € le fait par toute personne ayant autorité sur un enfant, y compris l'employeur, ou en ayant la garde, « *de le placer sous la conduite de vagabonds, de personnes sans moyens de subsistance ou se livrant à la mendicité* » (C. trav., art. L. 4153-7 et L. 4743-2, *N #.co*). « *Le fait d'employer des mineurs à la mendicité habituelle, soit ouvertement, soit sous l'apparence d'une profession, est puni des peines prévues* » au C. pén., art. 225-12-6 (5 ans et 75 000 €) et 227-29 (peines complémentaires du n° 21.19) (C. trav., art. L. 4741-8, *N 23825.co*).

▪ **Police des transports. Prohibition de la mendicité dans les transports en commun.** La mendicité sur le domaine public ferroviaire et à bord des trains (D. n° 2016-541, 3 mai 2016, art. 11 et 20, *N 32424.c4*) ainsi que dans les gares routières (C. transp., art. R. 3116-8 et R. 3116-29, *N 4098.c4*) constitue une contravention de 4e classe.

ÉLÉMENT LÉGAL

▪ **Définition. Vol avec violences.** *Idem* n° 22.3.

▪ **Application de la loi pénale dans le temps.** Incrimination créée par L. n° 2003-239, 18 mars 2003, art. 65.

ÉLÉMENT MATÉRIEL

▪ **Faits incriminés.** « *L'objectif poursuivi est de ne prendre en compte que ces formes de mendicité ciblées, qui se caractérisent par l'intimidation. Pour y parvenir, cette incrimination repose sur des critères objectifs comme la menace d'animal dangereux ou la mendicité agressive en réunion* » (L. n° 2003-239, 18 mars 2003, exposé des motifs).

MESURE ADMINISTRATIVE

▪ **Situation administrative de l'auteur étranger.** Retrait administratif possible de la **carte de séjour temporaire** ou **pluriannuelle** de l'**étranger** « *ayant commis les faits qui l'exposent à l'une des condamnations prévues* » aux C. pén., art. 312-12-1 (Ceseda, art. L. 432-6, anc^{t} L. 313-5, al. 1, réd. L. n° 2016-274, 7 mars 2016).

▪ ÉLÉMENTS CONSTITUTIFS – QUALIFICATION

✧ Pour avoir à .... [¤ lieu], le .... [¤ date], sur la voie publique, [⇨A ou B :]

A. en réunion et de manière agressive (A : *N **23873.co***)...

B. sous la menace d'un animal dangereux (B : *N **23874.co***)...

...sollicité la remise de fonds, de valeurs ou d'un bien.

Faits prévus et réprimés par les articles : **PERSONNES PHYSIQUES.** 312-12-1 et 312-13. **PERSONNES MORALES.** 312-12-1 et 312-15 du code pénal (*N #.co*). ✧

22.17 Chantage

▪ PEINES

PERSONNE PHYSIQUE

PP Délit. Cas A : 5 ans d'emprisonnement, 75 000 € (C. pén., art. 312-10). Cas B : 7 ans, 100 000 € (C. pén., art. 312-11).

PC *Idem* n° 22.14.

PERSONNE MORALE

PP Délit. Cas A : 375 000 €. Cas B : 500 000 € (C. pén., art. 312-15, 131-38).

PC *Idem* n° 22.14.

▪ ORIENTEUR

ÉLÉMENT MATÉRIEL

▪ **Tentative. Punissable** (C. pén., art. 312-12).

RÉGIME PROCÉDURAL

▪ **Obstacle aux poursuites – Immunité familiale.** Le principe de l'immunité familiale et ses exceptions décrits au n° 22.1 s'appliquent en cas de chantage commis au préjudice d'un ascendant, descendant ou d'un conjoint (sauf lorsque les époux sont séparés de corps ou autorisés à résider séparément). (C. pén., art. 312-12 renvoyant à C. pén., art. 311-12).

POLITIQUE PUBLIQUE

▪ **Obligations des fournisseurs d'accès à internet et hébergeurs.** Les fournisseurs d'accès à internet et hébergeurs « ***doivent concourir à la lutte contre la diffusion des infractions visées*** » au C. pén., art. 312-10, 312-11 et 312-12 (L. n° 2004-575, 21 juin 2004, dite LCEN, art. 6, mod. par L. n° 2023-566, 7 juill. 2023, entrée en vigueur différée), v. n° 35.22.

RÉGIME DES PEINES

▪ **Récidive. Délits assimilés.** *Idem* n° 22.1 (sur les conditions et les effets de la récidive, v. n° 18.5).

▪ ÉLÉMENTS CONSTITUTIFS – QUALIFICATION

✧ Pour avoir à .... [¤ lieu], le .... [¤ date] [⇨A puis le cas échéant B :]

A. obtenu ou tenté d'obtenir [⇨1 à 5 :]

1. une signature ...
2. un engagement ...
3. une renonciation ...
4. la révélation d'un secret ...
5. la remise de fonds, de valeurs ou d'un bien quelconque ...

... en menaçant de révéler ou d'imputer des faits de nature à porter atteinte à l'honneur ou à la considération, et ce au préjudice de .... [¤ nom de la victime] (A : *N **7203.co***) ;

B. [• Préciser le cas échéant] avec cette circonstance que la menace a été mise à exécution (C. pén., art. 312-11) (B : *N **10827.co***).

Faits prévus et réprimés par les articles : **PERSONNES PHYSIQUES.** 312-10 (+ cas B : C. pén., art. 312-11), 312-12, 312-13 du code pénal. **PERSONNES MORALES.** 312-10 (+ cas B : C. pén., art. 312-11), 312-12, 312-15 du code pénal. ✧

22.18 Escroquerie

■ PEINES

PERSONNE PHYSIQUE

PP Délit. 5 ans d'emprisonnement, 375 000 € (C. pén., art. 313-1).

PC 1. Interdiction droits civiques civils et de famille ⩽ 5 ans (vote, éligibilité, fonction juridictionnelle, expert, témoin, tuteur, curateur) (C. pén., art. 313-7 1º et 131-26). Sauf dispense spécialement motivée, la peine d'inéligibilité est obligatoirement prononcée (C. pén., art. 131-26-2, L. nº 2017-1339, 15 sept. 2017), v. Orienteur/Régime des peines ;

2. Interdiction définitive ou ⩽ 5 ans activité professionnelle ou sociale en relation avec l'infraction, ou fonction publique (sauf mandat électif ou syndical) *et/ou* interdiction définitive ou ⩽ 15 ans (10 ans avant L. nº 2013-1117, 6 déc. 2013) d'exercer une profession commerciale ou industrielle, de diriger, d'administrer, de gérer ou de contrôler à un titre quelconque, directement ou indirectement, pour son propre compte ou pour le compte d'autrui, une entreprise commerciale ou industrielle ou une société commerciale (C. pén., art. 313-7 2º et 131-27 [mod. par L. nº 2008-776, 4 août 2008]) ;

3. Fermeture ⩽ 5 ans établissement(s) ayant servi à commettre l'infraction (C. pén., art. 313-7 3º et 131-33) ;

4. Confiscation de la chose ayant servi à l'infraction ou destinée à la commettre ou son produit (obligatoire pour objets qualifiés dangereux ou nuisibles par loi ou règlement ou dont la détention est illicite) (C. pén., art. 313-7 4º et 131-21) ;

5. Interdiction de séjour ⩽ 5 ans (C. pén., art. 313-7, 5º, 131-31 et 131-32 ; C. pr. pén., art. 762-1 à 763) ;

6. Interdiction ⩽ 5 ans émission chèques autres que de retraits ou certifiés (C. pén., art. 313-7 6º et 131-19) ;

7. Affichage, ⩽ 2 mois, *et/ou* (L. nº 2011-525, 17 mai 2011) diffusion de la décision ou d'extraits aux frais (⩽ amende encourue) du condamné (C. pén., art. 313-7 7º et 131-35) ;

8. Exclusion, ⩽ 5 ans, des marchés publics (C. pén., art. 313-8 et 131-34).

PERSONNE MORALE

PP Délit. 1 875 000 € (C. pén., art. 313-9 ; 131-38).

PC 1. [abrogé par L. nº 2009-526, 12 mai 2009 puis rétabli pas L. nº 2009-1437, 24 nov. 2009] Dissolution (sauf personnes morales de droit public, partis, groupements politiques, syndicats, institutions représentatives du personnel) si personne morale créée ou détournée de son objet pour commettre l'infraction (C. pén., art. 313-9, 131-39 1º et 131-45) ;

2. Interdiction, définitive ou ⩽ 5 ans, une ou plusieurs activités professionnelles ou sociales en relation avec l'infraction (C. pén., art. 313-9 et 131-39 2º) ;

3. Surveillance judiciaire ⩽ 5 ans, sauf personnes morales de droit public, partis, groupements politiques, syndicats (C. pén., art. 313-9, 131-39 3º et 131-46) ;

4. Fermeture, définitive ou ⩽ 5 ans, un ou plusieurs établissements en relation avec l'infraction (C. pén., art. 313-9 et 131-39 4º) ;

5. Exclusion, définitive ou ⩽ 5 ans, marchés publics (C. pén., art. 313-9 et 131-39 5º) ;

6. Interdiction, définitive ou ⩽ 5 ans, de *faire appel public à l'épargne* (procéder à une offre au public de titres financiers ou de les faire admettre aux négociations sur un marché réglementé, selon L. nº 2009-80, 22 janv. 2009) (C. pén., art. 313-9 et 131-39 6º) ;

7. Interdiction, ⩽ 5 ans, d'utiliser des cartes de paiement ou d'émettre des chèques autres que de retrait ou certifiés (C. pén., art. 313-9 et 131-39 7º) ;

8. Confiscation de la chose ayant servi à l'infraction ou destinée à la commettre, ou son produit (obligatoire pour objets qualifiés dangereux ou nuisibles par loi ou règlement ou dont la détention est illicite) (C. pén., art. 313-9, 131-39 8º et 131-21) ;

9. Affichage, ⩽ 2 mois, *et/ou* (L. n° 2011-525, 17 mai 2011) diffusion de la décision ou d'extraits aux frais (⩽ amende encourue) du condamné (C. pén., art. 313-9, 131-39 9°, 131-48 et 131-35).

■ **ORIENTEUR**

AUTRE QUALIFICATION

▪ **Escroquerie – Formules particulières.** Émission de chèques sur compte clos ou frappé d'opposition, usage frauduleux de carte de paiement, démarquage, v. qualifications n° 22.20.

▪ **Escroquerie aggravée.** V. n° 22.22.

▪ **Mise à disposition lucrative d'un tiers, en vue de l'habitation, du bien immobilier d'autrui sans son autorisation.** V. n° 22.60 ;

▪ **Filouterie.** V. n°s 22.31 s.

▪ **Déclaration mensongère – Allocation, paiement, avantage.** V. n° 24.9.

▪ **Délits douaniers – Fraudes – Fausses déclarations.** fausses déclarations ou manœuvres pour obtenir un remboursement ou un avantage à l'importation ou à l'exportation, v. n° 33.40.

ÉLÉMENT MATÉRIEL

▪ **Tentative. Punissable** (C. pén., art. 313-3), v. qualification n° 22.21. « *la destruction d'un véhicule et la plainte pour vol ne constituent que des actes préparatoires qui ne sauraient, en l'absence de déclaration de sinistre, constituer un commencement d'exécution justifiant une condamnation pour tentative d'escroquerie* » à l'assurance (Crim. 17 déc. 2008, n° 08-82.085, P n° 259).

▪ **Qualifications en concours –** ***Non bis in idem.*** **• Manœuvres frauduleuses constituées par l'usage de faux – Règle** ***non bis in idem.*** **• Revirement de jurisprudence du 15 déc. 2021.** Est admise la condamnation des chefs de faux, usage de faux et escroquerie d'une personne qui avait établi une fausse attestation notariale et en avait fait usage pour en déterminer d'autres à lui vendre des parts sociales, cet usage caractérisant à la fois l'usage de faux et les manœuvres de l'escroquerie, car, d'une part, « *la caractérisation des éléments constitutifs de l'une des infractions n'exclut pas la caractérisation des éléments constitutifs de l'autre* » (§ 33), d'autre part, C. pén., art. 313-1 « *qui incrimine l'escroquerie, vise les manœuvres frauduleuses et non spécifiquement le faux ou l'usage de faux comme élément constitutif de ce délit* » (§ 34) (Crim. 15 déc. 2021, n° 21-81.864, P ; sur l'évolution de la jurisprudence en matière de concours de qualification, v. n° 17.32B2). **• Jurisprudence antérieure au 15 déc. 2021.** Échappe au grief d'autorité de la chose jugée et au principe *non bis in idem* la condamnation pour escroquerie à la TVA par production de fausses factures de sous-traitance au préjudice du trésor public alors que le prévenu avait déjà été condamné pour l'usage de ces mêmes factures au préjudice de la société qu'il gérait, car le principe précité « *ne peut s'appliquer que lorsque les faits poursuivis procèdent de manière indissociable d'une action unique caractérisée par une seule intention coupable* » (Crim. 16 janv. 2019, n° 18-81.566, P n° 18 ; dans le même sens, dans une affaire de fraude fiscale et d'escroquerie à la TVA illustrant un ensemble d'agissements comportant des éléments constitutifs distincts : Crim. 25 nov. 2020, n° 19-80.525, D). En revanche, viole ce même principe la condamnation alors que « *les faits matériels du délit d'usage d'attestation ou certificat inexact ou falsifié en vue de porter préjudice au Trésor public étaient en tout point identiques à ceux caractérisant les manœuvres frauduleuses de la tentative d'escroquerie commise au préjudice de la même victime et ne procédaient pas d'une intention coupable distincte* » (Crim. 3 mai 2018, n° 17-82.034). Dans le même sens, pour l'établissement de fausses factures de soins et de fausses ordonnances et leur usage pour escroquer CPAM et mutuelles (Crim. 25 oct. 2017, n° 16-84.133, D) ; de fausses factures correspondant à des prestations fictives augmentant artificiellement le résultat d'exploitation d'une société cédée (Crim. 20 janv. 2021, n° 19-84.982) ; pour l'usage de faux compromis de vente et de fausses factures de travaux à l'appui d'une tentative d'escroquerie (Crim. 8 avr. 2021, n° 20-80.530, D). De même, ne procèdent pas de deux actions distinctes mais d'une action unique le fait, pour une présidente d'association, de détourner un chèque émis par cette dernière et de l'encaisser au préjudice de son bénéficiaire initial (Crim. 17 janv. 2018, n° 17-80.418, D). *A contrario,* il peut y avoir une « *double déclaration de culpabilité pour faux et escroquerie, faute d'action et intention coupable uniques, lorsque l'infraction de faux consiste en une altération de la vérité dans un support d'expression de la pensée qui se distingue de son utilisation constitutive du délit d'usage de faux et, le cas échéant, d'un élément des manœuvres frauduleuses de l'infraction d'escroquerie. Dans cette hypothèse, seuls les faits d'usage sont de nature à procéder des mêmes faits que ceux retenus pour les manœuvres frauduleuses* » (Crim. 9 sept. 2020, n° 19-84.301, P ; dans le même sens : Crim. 9 sept. 2020, n° 19-81.002, D).

▪ **Fausse qualité ou abus de qualité vraie.** • **Notaire.** Abuse « *de la qualité vraie de notaire auprès d'une personne âgée qui a été ainsi mise en confiance* » le notaire qui « *a acquis le tableau de la personne dont elle gérait les affaires* » et qui a « *sciemment dissimulé à sa mandante, abusant de sa vraie qualité de notaire* », la valeur de ce bien (Crim. 12 sept. 2018, nº 17-82.122), ou le notaire qui, sachant que le vendeur d'un terrain subordonnait cette vente à l'acquisition concomitante d'un autre, l'engage dans la vente de son bien sans l'avertir que l'acquisition de l'autre ne pouvait aboutir « *abusant ainsi de sa qualité de notaire* » (Crim. 11 mars 2009, nº 08-83.401). • **Commissaire de justice [anc^t^ huissier de justice].** Abuse de sa qualité vraie le commissaire de justice qui « *a systématiquement appliqué des tarifs indûment majorés par rapport à la règlementation en vigueur* » « *ces remises de fonds en violation du tarif réglementant la profession ont été facilitées par la qualité d'huissier de justice dont l'intéressé a abusé et par la confiance qu'elle a inspirée aux destinataires des actes que son étude signifiait sous un sceau leur donnant force et crédit* » (Crim. 13 oct. 1999, nº 98-85.387). • **Avocat.** « *abuse de sa qualité vraie l'avocat qui se fait remettre de l'argent en affirmant faussement à sa victime qu'il convient de corrompre l'administrateur judiciaire pour obtenir de la juridiction commerciale des décisions favorables* » (Crim. 30 juin 1999, nº 98-82.009, P nº 170) ou qui, après avoir perdu la qualité d'avocat, s'abstient d'informer les clients qui le rémunéraient « *qu'il n'était pas autorisé à plaider et, en conséquence, à exercer tous les attributs de sa profession* » (Crim. 15 nov. 2016, nº 15-86.990). • **Agent immobilier.** Abuse « *de sa qualité vraie d'agent immobilier, pour tromper sa cliente, [...], sur l'identité de l'acquéreur, et justifier ainsi un prix sous évalué présenté comme un prix de marché, alors qu'elle s'en portait acquéreur en sous main [...] pour le revendre aussitôt à un tiers, [...], à un prix plus élevé lui permettant de réaliser une plus value de 50 % du prix auquel elle l'avait acheté* » (Crim. 24 oct. 2001, nº 01-81.844). • **Médecin.** Commet le délit d'escroquerie le médecin qui, « *interdit d'exercer la médecine en Allemagne et ne pouvant l'exercer en France, [...] a néanmoins usé de la qualité de médecin pour tromper des malades et les déterminer à des remises de fonds* » (Crim. 31 mai 2005, nº 04-85.341). • **Cadre bancaire.** La directrice adjointe d'une banque qui se prête à des opérations croisées entre comptes pour simuler l'existence d'un crédit rassurant les établissements financiers prêteurs commet l'infraction en ce que « *l'abus d'une qualité vraie est constituti[f] de manœuvres frauduleuses lorsque, comme en l'espèce, elles sont de nature à emporter la confiance de la victime et à la persuader de l'existence d'un pouvoir ou d'un crédit imaginaire, et, d'autre part, que ces manœuvres frauduleuses ont été déterminantes de la remise des fonds* » (Crim. 8 oct. 2003, nº 02-80.449). • **Conseiller financier.** « *Le délit d'escroquerie peut résulter [...] de la prise de la fausse qualité de conseiller financier* » (Crim. 16 mars 1987, nº 86-92.932, nº 124).

▪ **Coaction.** « *la participation personnelle, volontaire et directe du prévenu aux manœuvres frauduleuses constitutives du délit d'escroquerie au jugement* » (§ 15) est caractérisée par l'établissement en connaissance de cause d'un faux acte de prêt destiné à être produit en justice par un tiers (Crim. 8 avr 2021, nº 19-84.495, D).

▪ **Chèque sans provision.** • **Principe de dépénalisation du chèque sans provision.** L'incrimination délictuelle d'émission de chèque sans provision a été supprimée par L. nº 91-1382, 30 déc. 1991. L'escroquerie n'est pas davantage retenue lorsque le prévenu a émis, en connaissance de cause de nombreux chèques sans provision sur une brève période de temps, prenant de vitesse son établissement bancaire dont la première lettre l'invitant à régulariser sa situation ne lui a été envoyée qu'après les émissions discutées, au motif qu'« *un mensonge, même produit par écrit, ne peut constituer une manœuvre frauduleuse, [...] s'il ne s'y joint aucun fait extérieur ou acte matériel, aucune mise en scène ou intervention d'un tiers destinés à donner force et crédit à l'allégation mensongère du prévenu* » (Crim. 1er juin 2005, nº 04-87.757, P nº 167). En revanche, l'émission de chèques malgré l'injonction bancaire de ne plus émettre des chèques constitue l'infraction prévue par CMF, art. L. 163-7 (v. nº 22.24), de même que sont poursuivis sous la qualification d'escroquerie par emploi de manœuvres frauduleuses les faits d'émission en connaissance de cause de chèques sur un compte clos (Crim. 20 juin 1974, nº 74-90.008, P nº 233) ou avec des formules frappées d'opposition, v. nº 22.20. • **Cas particulier du chèque sans provision matérialisant une escroquerie.** Il est toutefois considéré que dans le cas où « *l'ouverture du compte bancaire avait pour seul but de se faire délivrer un chéquier destiné à créer l'apparence d'une solvabilité, et que les chèques n'ont été utilisés que pour obtenir la remise de marchandises avec le dessein formé dès l'origine de ne pas en payer le prix, ce stratagème caractérisant les manœuvres frauduleuses constitutives de l'escroquerie* » (Crim. 1er juin 2011, nº 10-83.568, P nº 117). Est également coupable d'escroquerie le « *prévenu, qui a reconnu avoir eu l'intention, dès l'ouverture de son compte bancaire, de faire des chèques sans provision, a assuré un fonctionnement normal de ce compte pendant quelques mois pour démontrer sa solvabilité et obtenir le chéquier qui lui avait été initialement refusé, puis a, dans un bref délai, émis de nombreux chèques et changé de domicile, ne permettant pas à la banque de réagir* » ; (Crim. 19 févr.

2014, n° 13-81.242, D). Est aussi approuvée la condamnation du chef de tentative d'escroquerie du prévenu qui « *s'est présenté [...] à l'agence de cette banque [...] pour se faire ouvrir un compte en remettant quatre chèques [...], émis par des particuliers en règlement d'honoraires de négociations immobilières, ainsi qu'un chèque [...] tiré au nom [d'un cabinet] [...] que, mettant à profit les délais d'encaissement, il a tenté d'obtenir de cette banque le transfert d'une somme [...] sur un compte qu'il venait d'ouvrir au Luxembourg [...] cette tentative [ayant] échoué après que le banquier eut découvert que les quatre premiers chèques étaient frappés d'opposition tandis que le dernier était sans provision* » (Cass., ass. plén., 18 janv. 2006, n° 02-80.787, P n° 1).

▪ **Abstention de déclarer un changement de situation.** Commet le délit d'escroquerie la personne qui continue à percevoir la pension de son père décédé sur un compte bancaire ouvert au nom de ce dernier, sur lequel il avait procuration, car l'intéressé, en « *faisant indûment fonctionner le compte du défunt, sur lequel sa procuration était devenue caduque et qui aurait dû être clôturé, a accompli un acte positif de nature à entraîner les remises d'autres fonds* » par la caisse de retraite ; en effet ces éléments « *caractérisent l'emploi de manœuvres frauduleuses, comportant l'intervention de [la banque], tiers de bonne foi* » (Crim. 20 mars 1997, n° 96-82.577, D). En sens contraire, aucune infraction ne pouvant être matérialisée à l'encontre de la personne qui s'est contentée de percevoir passivement, sur un compte joint qu'elle n'avait pas clôturé, les prestations de retraite versées à son père décédé (Crim. 30 juin 1999, n° 98-87.617, D).

▪ **Escroquerie au jugement.** « *constitue une tentative d' escroquerie le fait pour une partie de présenter sciemment en justice un document mensonger destiné à tromper la religion du juge et susceptible, si la machination n'est pas déjouée, de faire rendre une décision de nature à préjudicier aux intérêts de l'adversaire* » (production d'une fausse note d'honoraires) (Crim. 26 mars 1998, n° 96-85.636, P n° 117). Si « *le juge civil a notamment pour mission de déterminer le sens exact et la valeur probante des pièces produites à l'appui d'une action en justice, [...] constitue une tentative d'escroquerie le fait, pour un individu de présenter en justice de mauvaise foi des documents mensongers, forgés par lui ou sous sa direction ou devenus sans valeur et qui, destinés à tromper la religion du juge, sont susceptibles, si la machination n'est pas déjouée, de faire condamner son adversaire à lui payer des sommes qui ne sont pas dues* » (production d'une fausse reconnaissance de dette) (Crim. 22 mars 1973, n° 72-90.523, P n° 47) ; dans le même sens, pour la production, à l'appui d'une demande d'injonction de payer, de traites payées et devenues sans cause (Crim. 4 juill. 1972, n° 71-92.515, P n° 228) ; d'une décision devenue caduque pour avoir été censurée par la Cour de cassation (Crim. 4 mars 1991, n° 90-80.321, P n° 106) ; pour la production, à un expert commis par le juge, d'une comptabilité mensongère établie pour les besoins de la cause (Crim. 14 mars 1972, n° 71-91.077, P n° 96) ; pour la production d'un constat d'huissier, « *tiers dont la bonne foi a été surprise, qui sans être intrinsèquement mensonger ne faisait que constater une mise en scène et qui était destiné à tromper la religion du juge [...] et à faire rendre une décision de nature à préjudicier aux intérêts de l'autre partie* » (Crim. 14 nov. 1979, n° 79-90.407, P n° 321) ; pour la production d'un reçu comportant un montant erroné résultant de l'erreur commise par un employé de banque, titre qui, sous l'apparence de l'authenticité, était fallacieux puisqu'il ne correspondait pas à la réalité (Crim. 27 janv. 1977, n° 76-91.078, P n° 39). « *La production d'un document simplement mensonger étant susceptible de caractériser l'élément matériel* » (§ 11) du délit d'escroquerie au jugement, il n'en reste pas moins qu'« *un simple courrier adressé à un juge d'instruction par l'avocat d'une partie pour contester la valeur d'une charge ne peut s'assimiler à la production en justice d'un document mensonger destiné à tromper la religion du juge* » (§ 12) (Crim. 8 mars 2023, n° 21-86.859, D).

▪ **Nécessité d'un préjudice.** « *Il résulte de la jurisprudence de la chambre criminelle que le préjudice est un élément constitutif du délit d'escroquerie, qu'il n'est pas nécessairement pécuniaire et qu'il est établi lorsque la remise a été obtenue par des moyens frauduleux (Crim. 28 janv. 2015, n° 13-86.772, P, n° 24)* » (Avis Crim. 5 déc. 2018, n° 18-96.002, P).

▪ **Fait justificatif. Limites admissibles de la liberté d'expression.** Est confirmée la relaxe d'un journaliste poursuivi pour escroquerie pour avoir infiltré un parti politique en se prévalant de fausses qualités afin d'obtenir des documents internes et des informations en ce que « *les agissements dénoncés se sont inscrits dans le cadre d'une enquête sérieuse, destinée à nourrir un débat d'intérêt général sur le fonctionnement d'un mouvement politique, de sorte que, eu égard au rôle des journalistes dans une société démocratique et compte tenu de la nature des agissements en cause, leur incrimination constituerait, en l'espèce, une ingérence disproportionnée dans l'exercice de la liberté d'expression* » (Crim. 26 oct. 2016, n° 15-83.774, P n° 278) (sur les limites admissibles de la liberté d'expression justifiant la commission d'une infraction, v. n° **10.13E**).

RÉGIME PROCÉDURAL

▪ **Obstacle aux poursuites – Immunité familiale.** Le principe de l'immunité familiale et ses exceptions décrits au nº 22.1 s'appliquent en cas d'escroquerie commise au préjudice d'un ascendant, descendant ou d'un conjoint (sauf lorsque les époux sont séparés de corps ou autorisés à résider séparément). (C. pén., art. 313-3 renvoyant à C. pén., art. 311-12). Dans une affaire dans laquelle un fils avait soustrait la carte bancaire de ces parents puis avait opéré des retraits sur leur compte, ce qui matérialisait l'escroquerie reprochée, est approuvée la condamnation qui a écarté l'immunité familiale, considérant que l'exception à l'immunité lorsqu'elle porte sur des objets « *indispensables à la vie quotidienne de la victime* », comme un moyen de paiement, vaut non seulement pour l'objet de l'infraction mais également pour son instrument, car « *le législateur a entendu exclure le bénéfice de l'immunité familiale [...] lorsque l'infraction commise porte, notamment, sur des moyens de paiement, comme une carte bancaire, ce qui couvre le cas où ces moyens de paiement constituent l'objet du délit d'escroquerie ainsi que celui où ils servent à le commettre* » (Crim. 14 juin 2023, nº 22-84.591, D).

▪ **Pouvoir des agents de constatations. • Officiers fiscaux judiciaires :** Compétents pour constater l'infraction d'escroquerie lorsqu'elle concerne la TVA, ainsi que les infractions connexes (C. pr. pén., art. 28-2, I 2°).

▪ **Prescription de l'action publique. Théorie de l'opération délictueuse unique.** En cas d'escroquerie s'échelonnant dans le temps par des remises successives issues d'un même projet délictuel, le délai de prescription ne commence à courir qu'à compter de la dernière remise (Crim. 3 déc. 1963, nº 62-93.686, P nº 344). En effet, « *la prescription, en matière d'escroquerie, ne commence à courir qu'à partir de la dernière remise lorsque les manœuvres frauduleuses constituent, non pas une série d'escroqueries distinctes, mais une opération délictueuse unique* » (Crim. 26 sept. 1995, nº 94-84.008, P nº 288). Dans cette affaire, dans laquelle un assuré social, sur la base de fausses déclarations effectuées en 1966, avait bénéficié d'allocations jusqu'en 1989, le point de départ de la prescription, pour l'ensemble des remises effectuées entre 1966 et 1989, était ainsi fixé en 1989 où intervenait le dernier versement indu. Sur les illustrations de cette doctrine, v. nº 17.21.

▪ **Compétence du procureur de la République financier.** Pour les affaires portant sur la taxe sur la valeur ajoutée d'une grande complexité (C. pr. pén., art. 705, L. nº 2013-1117, 6 déc. 2013).

MESURE CIVILE

▪ **Escroquerie à la TVA.** L'action civile de l'administration fiscale ne lui ouvre pas le droit, en matière de fraude fiscale, de demander « *une réparation distincte de celle qui est assurée par les majorations et amendes fiscales* » (Crim. 17 avr. 1989, nº 88-81.189, P nº 156) (sur l'infraction de fraude fiscale, CGI, art. 1741, v. nº 33.34). En revanche, dans le cas d'escroquerie à la TVA, « *l'action en réparation du dommage résultant du délit d'escroquerie est distincte de l'action en recouvrement de la taxe fraudée* » (§ 17) et le préjudice de l'administration fiscale peut donc être réparé par la juridiction répressive, même non saisie de faits de fraude fiscale (Crim. 16 juin 2021, nº 19-86.630, P).

RÉGIME DES PEINES

▪ **Récidive. Délits assimilés.** *Idem* nº 22.1 (sur les conditions et les effets de la récidive, v. nº 18.5).

▪ **Inéligibilité obligatoire. Inscription au bulletin nº 2. Réserve d'interprétation.** *Idem* nº 20.18.

▪ **Confiscation. Droits du propriétaire de bonne foi.** C. pén., art. 313-7 4°°, qui prévoit la « *confiscation de la chose qui a servi ou était destinée à commettre l'infraction ou de la chose qui en est le produit, à l'exception des objets susceptibles de restitution* », tel qu'interprété par une jurisprudence constante de la C. cass. qui prévoit « *que la confiscation peut également porter sur les biens dont [le prévenu a] seulement la libre disposition, sous réserve des droits du propriétaire de bonne foi* » (§ 14) a été déclaré inconstitutionnel au visa de DDHC, art. 16 garantissant le droit à un recours juridictionnel effectif et le respect des droits de la défense, au motif que « *ni ces dispositions ni aucune autre disposition ne prévoient que le propriétaire dont le titre est connu ou qui a réclamé cette qualité au cours de la procédure soit mis en mesure de présenter ses observations sur la mesure de confiscation envisagée par la juridiction de jugement aux fins, notamment, de faire valoir le droit qu'il revendique et sa bonne foi* » (§ 12) (Cons. const. 23 sept. 2021, nº 2021-932 QPC) (dans le même sens : Cons. const. 23 avr. 2021, nº 2021-899 QPC ; sur les dispositions générales et comparables de C. pén., art. 131-21, v. nº 18.35B). La L. nº 2021-1729, 22 déc. 2021 a tiré les conséquences de cette censure en modifiant, selon les précisions apportées au nº 18.35C2, C. pén., art. 131-21 ainsi que 313-7 qui y renvoie désormais.

■ ÉLÉMENTS CONSTITUTIFS – QUALIFICATION

✧ Pour avoir à .... [¤ lieu], le .... [¤ date] [⇨1 à 4 puis A à C :]

1. en faisant usage du faux nom de .... [¤ nom utilisé] ;
2. en faisant usage de la fausse qualité de .... [¤ qualité usurpée] ;
3. en abusant de la qualité vraie de .... [¤ qualité de l'auteur] ;
4. en employant des manœuvres frauduleuses, en l'espèce en .... [¤ description des manœuvres employées] ...

... trompé .... [¤ nom de la victime personne physique ou morale] pour la déterminer à [⇨A à C :]

A. remettre des fonds, valeurs ou un bien quelconque .... [¤ description des choses remises] ;
B. fournir un service ;
C. consentir un acte opérant obligation ou décharge.

Faits prévus et réprimés par les articles : **PERSONNES PHYSIQUES.** 313-1, 313-3, 313-7, 313-8 du code pénal (*N 7875.co*). **PERSONNES MORALES.** 313-1, 313-3, 313-9 du code pénal (*N 26012.co*). ✧

22.19 Utilisation frauduleuse et contrefaçon d'une carte de paiement – Droits et obligations du titulaire et du prestataire de service de paiement

A. Le droit de blocage de la carte de paiement et les obligations de prudence et de diligence du titulaire

Les effets de l'opposition. CMF, art. L. 133-17 : « *Lorsqu'il a connaissance de la perte, du vol, du détournement ou de toute utilisation non autorisée de son instrument de paiement ou des données qui lui sont liées, l'utilisateur de services de paiement en informe sans tarder, aux fins de blocage de l'instrument, son prestataire ou l'entité désignée par celui-ci* ».

CMF, art. L. 133-19 : « *III. Sauf agissement frauduleux de sa part, le payeur [le titulaire de la carte] ne supporte aucune conséquence financière si le prestataire de services de paiement ne fournit pas de moyens appropriés permettant l'information aux fins de blocage de l'instrument de paiement prévue à l'article L. 133-17* ».

CMF, art. L. 133-20 : « *Après avoir informé son prestataire ou l'entité désignée par celui-ci, conformément à l'article L. 133-17 [l'opposition, v. ci-dessus] aux fins de blocage de l'instrument de paiement, le payeur ne supporte aucune conséquence financière résultant de l'utilisation de cet instrument de paiement ou de l'utilisation détournée des données qui lui sont liées, sauf agissement frauduleux de sa part* ».

Le devoir d'opposition et de prudence du titulaire. CMF, art. L. 133-16 : « *Dès qu'il reçoit un instrument de paiement, l'utilisateur de services de paiement prend toute mesure raisonnable pour préserver la sécurité de ses dispositifs de sécurité personnalisés [code confidentiel]* ». En cas de « *négligence grave* » dans l'obligation d'opposition, le titulaire de la carte supporte les pertes résultant des opérations de paiement non autorisées (CMF, art. L. 133-19) (v. ci-dessous).

B. Le délai de contestation des opérations

CMF, art. L. 133-24

C. La couverture par l'établissement financier en cas d'utilisation frauduleuse par un tiers

Le remboursement immédiat par la banque des opérations non autorisées. CMF, art. L. 133-19 : « *En cas d'opération de paiement non autorisée signalée par l'utilisateur dans les conditions prévues à l'article L. 133-24* [signalement d'une opération non autorisée, v. ci-dessus], *le prestataire de services de paiement du payeur rembourse immédiatement au payeur le montant de l'opération non autorisée et, le cas échéant, rétablit le compte débité dans l'état où il se serait trouvé si l'opération de paiement non autorisée n'avait pas eu lieu* ».

Le principe : l'exonération du titulaire de la carte. CMF, art. L. 133-19 : « *II. La responsabilité du payeur [le titulaire de la carte] n'est pas engagée si l'opération de paiement non autorisée a été effectuée en détournant, à l'insu du payeur, l'instrument de paiement ou les données qui lui sont liées. Elle n'est pas engagée non plus en cas de contrefaçon de l'instrument de paiement si, au moment de l'opération de paiement non autorisée, le payeur était en possession de son instrument.* »

Le tempérament : les conséquences de la fraude ou de la négligence grave du titulaire. CMF, art. L. 133-19 : « *IV. Le payeur supporte toutes les pertes occasionnées par des opérations de paiement non autorisées si ces pertes résultent d'un agissement frauduleux de sa part ou s'il n'a pas satisfait intentionnellement ou par négligence grave aux obligations mentionnées aux articles L. 133-16* [devoir de sécurisation des dispositifs de sécurité personnalisés, v. ci-dessus] *et L. 133-17* [devoir d'opposition, v. ci-dessus] ».

D. La garantie des opérations frauduleuses réalisées avant l'opposition, la franchise de 150 euros

CMF, art. L. 133-19 : « *I. En cas d'opération de paiement non autorisée consécutive à la perte ou au vol de l'instrument de paiement, le payeur [le titulaire de la carte] supporte, avant l'information prévue à l'article L. 133-17* [l'opposition, v. ci-dessus], *les pertes liées à l'utilisation de cet instrument, dans la limite d'un plafond de 150 euros. Toutefois, la responsabilité du payeur n'est pas engagée en cas d'opération de paiement non autorisée effectuée sans utilisation du dispositif de sécurité personnalisé [code confidentiel]* ».

22.20 Escroquerie – Formules particulières

▪ PEINES

PERSONNE PHYSIQUE ET PERSONNE MORALE

PP PC *Idem* n° 22.18.

▪ ORIENTEUR

ÉLÉMENT MATÉRIEL

▪ Tentative. Punissable (C. pén., art. 313-3), v. qualification n° 22.21.

RÉGIME PROCÉDURAL

▪ Obstacle aux poursuites – Immunité familiale. *Idem* n° 22.18.

RÉGIME DES PEINES

▪ Récidive. Délits assimilés. *Idem* n° 22.1 (sur les conditions et les effets de la récidive, v. n° 18.5).

MESURE CIVILE

▪ Droits et responsabilités du titulaire de la carte bancaire. Cas A, v. n° 22.19.

▪ ÉLÉMENTS CONSTITUTIFS – QUALIFICATION

✧ Pour avoir, [⇨A à C :]

A. Usage frauduleux d'une carte de paiement

en faisant usage d'un faux nom ou en employant des manœuvres frauduleuses, en l'espèce en utilisant la carte de paiement de .... [¤ nom du titulaire de la carte], ses références d'identification, son code confidentiel ou toute donnée liée à son utilisation, trompé des personnes physiques ou morales pour les déterminer à remettre des marchandises ou du numéraire ou fournir un service dans les circonstances suivantes :

Lieu	Date	Montant	Victime

B. Émission de chèque sur un compte clos ou frappé d'opposition

en employant des manœuvres frauduleuses, en l'espèce en émettant des chèques sur son compte qu'il savait clos ou frappé d'opposition, trompé des personnes physiques ou morales pour les déterminer à remettre des marchandises ou du numéraire ou fournir un service dans les circonstances suivantes :

Lieu	Date	Montant	Victime

C. DÉMARQUAGE (SUBSTITUTION OU MODIFICATION D'ÉTIQUETTE DE PRIX OU DE DÉNOMINATION DE VENTE OU D'EMBALLAGE)

à .... [¤ lieu], le .... [¤ date], en employant des manœuvres frauduleuses, en l'espèce en substituant ou modifiant une étiquette de prix ou de dénomination de vente ou un emballage, trompé une personne physique ou morale, en l'espèce .... [¤ victime concernée], pour la déterminer à remettre des marchandises pour un prix de .... [¤ prix résultant des manœuvres frauduleuses] au lieu du prix réel de .... [¤ prix réel].

Faits prévus et réprimés par les articles : *Idem* n° 22.18. ✧

22.21 Escroquerie – Tentative

■ PEINES

PERSONNE PHYSIQUE ET PERSONNE MORALE

PP PC *Idem* n° 22.18.

■ ORIENTEUR

AUTRE QUALIFICATION, ÉLÉMENT MATÉRIEL, RÉGIME PROCÉDURAL, RÉGIME DES PEINES

▪ Renvoi. V. orienteur n° 22.18.

■ ÉLÉMENTS CONSTITUTIFS – QUALIFICATION

✧ Pour avoir à .... [¤ lieu], le .... [¤ date] [⇨1 à 4 :]

1. en faisant usage du faux nom de .... [¤ nom utilisé] ...

2. en faisant usage de la fausse qualité de .... [¤ qualité usurpée] ...

3. en abusant de la qualité vraie de .... [¤ qualité de l'auteur] ...

4. en employant des manœuvres frauduleuses, en l'espèce en .... [¤ description des manœuvres employées] ...

... tenté de tromper .... [¤ nom de la victime personne physique ou morale] pour la déterminer à [⇨A à C :]

A. remettre des fonds, valeurs ou un bien quelconque .... [¤ description des choses remises] ...

B. fournir un service...

C. consentir un acte opérant obligation ou décharge...

... ladite tentative, manifestée par un commencement d'exécution, en l'espèce .... [¤ indication des faits caractérisant le commencement d'exécution], n'ayant manqué son effet que par suite d'une circonstance indépendante de sa volonté, en l'espèce.........[¤ préciser la circonstance ayant interrompu la tentative].

Faits prévus et réprimés par les articles : **PERSONNES PHYSIQUES.** 121-5, 313-1, 313-3, 313-7, 313-8 du code pénal (*N 7875.co*). **PERSONNES MORALES.** 313-1, 313-3, 313-9 du code pénal (*N 7875.co*). ✧

22.22 Escroquerie aggravée

■ PEINES

PERSONNE PHYSIQUE

PP Délit. 7 ans d'emprisonnement, 750 000 €. Cas H : 10 ans, 1 000 000 € (auparavant 7 ans, 750 000 € [L. n° 2004-204, 9 mars 2004, art. 6-X]) (C. pén., art. 313-2).

PC *Idem* n° 22.18.

PERSONNE MORALE

PP Délit. 3 750 000 € (C. pén., art. 313-9 ; art. 131-38).

PC *Idem* n° 22.18.

■ ORIENTEUR

AUTRE QUALIFICATION

▪ **Renvoi.** V. n° **22.18**.

▪ **Déclaration mensongère – Allocation, paiement, avantage. Cas G** : déclaration fausse ou incomplète pour obtenir une allocation indue, v. n° **24.9**.

▪ **Délits douaniers – Fraudes – Fausses déclarations. Cas G** : fausses déclarations ou manœuvres pour obtenir un remboursement ou un avantage à l'importation ou à l'exportation, v. n° **33.40**.

ÉLÉMENT LÉGAL

▪ **Définition. Bande organisée. Cas H** : v. n° **11.20** (C. pén., art. 132-71).

▪ **Application de la loi pénale dans le temps. Cas G** : circonstance aggravante créée par L. n° 2013-1203, 23 déc. 2013, art. 86, qui a supprimé des incriminations relatives aux fraudes aux prestations sociales en les recentrant sur deux infractions, l'escroquerie aggravée visée au **cas G**, et la déclaration fausse ou incomplète prévue à C. pén., art. 441-6, al. 2 (v. n° **24.9**). La qualification du **cas G** « *est à réserver aux mécanismes de fraudes les plus élaborés, lorsque la prestation indue a été obtenue au moyen de manœuvres frauduleuses ayant permis de tromper la personne morale à l'origine du versement de la prestation* » « *les nouvelles dispositions de l'article 313-2 du code pénal ayant pour seul objet de créer une circonstance aggravante, elles ne peuvent s'appliquer de façon rétroactive à des faits commis avant l'entrée en vigueur de la nouvelle loi* » (Circ. Crim. 13-L-140, 27 juin 2014).

▪ **Application de la loi pénale dans l'espace. Cas G1** : par dérogation au principe de réciprocité d'incrimination (C. pén., art. 113-6, al. 2), à la nécessité de la plainte préalable de la victime ou de la dénonciation officielle de l'État dans lequel les faits ont été commis (C. pén., art. 113-8, v. n° **10.5B**), ou à l'exigence, en cas de complicité en France d'une infraction commise à l'étranger, de réciprocité d'incrimination et de condamnation définitive du fait principal par la juridiction étrangère (C. pén., art. 113-5) « *la loi pénale française est applicable en toutes circonstances* » aux infractions d'escroquerie commises « *à l'étranger par un Français ou par une personne résidant habituellement ou exerçant tout ou partie de son activité économique sur le territoire français, lorsqu'elles portent atteinte aux recettes perçues, aux dépenses exposées ou aux avoirs qui relèvent du budget de l'Union européenne, des budgets des institutions, organes et organismes de l'Union européenne ou des budgets gérés ou contrôlés directement par eux* » (C. pén., art. 113-14, issu Ord. n° 2019-963, 18 sept. 2019, ratifiée par L. n° 2020-1672, 24 déc. 2020) v. n° **10.5F**).

ÉLÉMENT MATÉRIEL

▪ **Tentative. Punissable** (C. pén., art. 313-3), v. qualification n° **22.21**.

RÉGIME PROCÉDURAL

▪ **Prélèvement des empreintes génétiques** de la personne suspectée ou condamnée (C. pr. pén., art. 706-54 et 706-55 3°, v. n^{os} **13.23** et **13.25**). **Sanction** du refus de prélèvement, v. n° **25.35**.

▪ **Pouvoir des agents de constatations. • Douane judiciaire** : compétente depuis L. n° 2023-610, 18 juill. 2023 pour constater les infractions du **cas G** (C. pr. pén., art. 28-1, I 3° *bis*, issu L. n° 2023-610, 18 juill. 2023). **• Officiers fiscaux judiciaires** : Compétents pour constater l'infraction d'escroquerie lorsqu'elle concerne la TVA, ainsi que les infractions connexes (C. pr. pén., art. 28-2, I 2°) ; compétents depuis L. n° 2023-610, 18 juill. 2023 pour constater les infractions du **cas G** et celles qui leur sont connexes (C. pr. pén., art. 28-2 I 3°), lorsqu'il existe des présomptions caractérisées de l'emploi de l'un des moyens prévus au LPF ; art. L. 228 II, 1° à 5°).

▪ **Prescription de l'action publique. Victime vulnérable (Cas F)** : La L. n° 2017-242, 27 févr. 2017, modifiant C. pr. pén., art. 8, a abrogé le régime institué par L. n° 2011-264, 14 mars 2011, qui prévoyait que pour les faits commis à l'encontre d'une personne vulnérable du fait de son âge, d'une maladie, d'une infirmité, d'une déficience physique ou psychique ou de son état de grossesse, la prescription ne courait qu'à compter du jour où l'infraction apparaissait à la victime dans des conditions permettant l'exercice de l'action publique. Désormais, le délai de prescription est de **6 années** à compter du jour où l'infraction a été commise, sans préjudice des causes d'allongement de la prescription consacrées par L. n° 2017-242, 27 févr. 2017 en cas d'infraction occulte ou dissimulée, dans la limite d'un délai butoir de 12 années. Sur l'abrogation opérée par L. n° 2017-242 et les causes d'allongement de la prescription de l'action publique, v. n° **17.18B**, **17.20** s.

▪ **Régime complet de la criminalité organisée.** Applicable au **Cas H**. (C. pr. pén., art. **706-73-1 1°** (réd. issue L. n° 2015-993, 17 août 2015) (v. n° **11.21C**), à l'exception toutefois de la garde à vue qui est limitée à 48 h 00, en application de la décision Cons. const. 9 oct. 2014, n° 2014-420/421

QPC, § n° 26 (v. n°s 11.21B2, 11.21C1 et 12.29C2) et L. n° 2015-993, 17 août 2015. Entre la loi n° 2007-297 du 5 mars 2007 et la loi n° 2007-1598 du 13 nov. 2007, **le régime complet de la criminalité organisée** était applicable (C. pr. pén., art. 706-73 8 *bis* ancien). Ce régime a été rétabli par L. n° 2011-525, 17 mai 2011. En dehors de ces périodes, **le régime partiel de la criminalité organisée** était applicable (C. pr. pén., art. 706-74).

- **Obstacle aux poursuites – Immunité familiale.** *Idem* n° 22.18.
- **Compétence du procureur de la République financier.** *Idem* n° 22.18.

RÉGIME DES PEINES

- **Récidive. Délits assimilés.** *Idem* n° 22.1 (sur les conditions et les effets de la récidive, v. n° 18.5).

RÉGIME DES PEINES

- **Inéligibilité obligatoire. Inscription au bulletin n° 2. Réserve d'interprétation.** *Idem* n° 20.18.
- **Confiscation. Droits du propriétaire de bonne foi.** C. pén., art. 313-7 4°, *idem* n° 22.18.

■ ÉLÉMENTS CONSTITUTIFS – QUALIFICATION

✧ Pour avoir à .... [¤ lieu], le .... [¤ date] [⇨1 à 4 puis a à c :]

1. en faisant usage du faux nom de .... [¤ nom utilisé] ...
2. en faisant usage de la fausse qualité de .... [¤ qualité usurpée] ...
3. en abusant de la qualité vraie de .... [¤ qualité de l'auteur] ...
4. en employant des manœuvres frauduleuses, en l'espèce en .... [¤ description des manœuvres employées] ...

... trompé .... [¤ nom de la victime personne physique ou morale] pour la déterminer à [⇨a à c :]

a. remettre des fonds, valeurs ou un bien quelconque .... [¤ description des choses remises] ...
b. fournir un service ...
c. consentir un acte opérant obligation ou décharge ...

... avec cette circonstance que les faits ont été commis [⇨A à H :]

A. par une personne dépositaire de l'autorité publique, dans ou à l'occasion de l'exercice de ses fonctions ou de sa mission (A : *N 7876.co*) ;

B. par une personne chargée d'une mission de service public, dans ou à l'occasion de l'exercice de ses fonctions ou de sa mission (B : *N 7877.co*) ;

C. en prenant indûment la qualité d'une personne dépositaire de l'autorité publique (C : *N 7879.co*) ;

D. en prenant indûment la qualité d'une personne chargée d'une mission de service public (D : *N 7878.co*) ;

E. en faisant appel au public en vue de collecter des fonds à des fins d'entraide humanitaire ou sociale (E : *N 7880.co*) ;

F. au préjudice d'une personne qu'il savait particulièrement vulnérable en raison de son état physique ou psychique (F : *N 7881.co*) ;

G. au préjudice (circonstance aggravante créée par L. n° 2013-1203, 23 déc. 2013, art. 86) [⇨G1 ou G2 :]

G1 d'une personne publique ou d'un organisme chargé d'une mission de service public (G1 : *N 30145.co*, par personne morale : *N 32869.co*)...

G2. d'un organisme de protection sociale (G2 : *N 30146.co*, par personne morale : *N 33034.co*)...
...en l'espèce......... [¤ personne publique ou organisme concerné], pour l'obtention d'une allocation, d'une prestation, d'un paiement ou d'un avantage indu en l'espèce......... [¤ allocation, avantage et montant concerné].

H. en bande organisée (H : *N 7882.co*, par personne morale : *N 27382.co*).

Faits prévus et réprimés par les articles **PERSONNES PHYSIQUES.** 313-1, 313-2, 313-3, 313-7, 313-8 du code pénal. **PERSONNES MORALES.** 313-1, 313-2, 313-3, 313-9 du code pénal. ✧

22.23 Chèque – Retrait illicite de la provision – Opposition illicite

■ **PEINES**

PERSONNE PHYSIQUE

PP Délit. 5 ans d'emprisonnement, 375 000 € (CMF, art. L. 163-2).

PC 1. Interdiction droits civiques civils et de famille ⩽ 5 ans (vote, éligibilité, fonction juridictionnelle, expert, témoin, tuteur, curateur) (CMF, art. L. 163-6 ; C. pén., art. 131-26) ;

2. Interdiction 1 à 5 ans émission chèques autres que de retrait ou certifiés, assortie d'une injonction de restitution des chéquiers aux banques. Exécution provisoire possible (CMF, art. L. 163-6 ; C. pén., art. 131-19) ;

3. Publication par extraits de la décision portant interdiction aux frais (⩽ amende encourue) du condamné (CMF, art. L. 163-6 ; C. pén., art. 131-35).

PERSONNE MORALE

PP Délit. 1 875 000 € (CMF, art. L. 163-10-1 ; C. pén., art. 131-38).

PC 1. Dissolution (sauf personnes morales de droit public, partis, groupements politiques, syndicats, institutions représentatives du personnel) si personne morale créée ou détournée de son objet pour commettre l'infraction (CMF, art. L. 163-10-1 ; C. pén., art. 131-39 1° et 131-45) ;

2. Interdiction, définitive ou ⩽ 5 ans, une ou plusieurs activités professionnelles ou sociales en relation avec l'infraction (CMF, art. L. 163-10-1 ; C. pén., art. 131-39 2°) ;

3. Surveillance judiciaire ⩽ 5 ans, sauf personnes morales de droit public, partis, groupements politiques, syndicats (CMF, art. L. 163-10-1 ; C. pén., art. 131-39 3° et 131-46) ;

4. Fermeture, définitive ou ⩽ 5 ans, un ou plusieurs établissements en relation avec l'infraction (CMF, art. L. 163-10-1 ; C. pén., art. 131-39 4°) ;

5. Exclusion, définitive ou ⩽ 5 ans marchés publics (CMF, art. L. 163-10-1 ; C. pén., art. 131-39 5°) ;

6. Interdiction, définitive ou ⩽ 5 ans, de *faire appel public à l'épargne* (procéder à une offre au public de titres financiers ou de les faire admettre aux négociations sur un marché réglementé, selon L. n° 2009-80, 22 janv. 2009) (CMF, art. L. 163-10-1 ; C. pén., art. 131-39 6°) ;

7. Interdiction, ⩽ 5 ans, d'utiliser des cartes de paiement ou d'émettre des chèques autres que de retrait ou certifiés (CMF, art. L. 163-10-1 ; C. pén., art. 131-39 7°) ;

8. Confiscation de la chose ayant servi à l'infraction ou destinée à la commettre, ou son produit (obligatoire pour objets qualifiés dangereux ou nuisibles par loi ou règlement ou dont la détention est illicite) (CMF, art. L. 163-10-1 ; C. pén., art. 131-39 8° et 131-21) ;

9. Affichage, ⩽ 2 mois, *et/ou* (L. n° 2011-525, 17 mai 2011) diffusion de la décision ou d'extraits aux frais (⩽ amende encourue) du condamné (CMF, art. L. 163-10-1 ; C. pén., art. 131-39 9°, 131-48 et 131-35).

■ **ORIENTEUR**

TEXTE DE RÉFÉRENCE

▪ **Motifs licites d'opposition.** CMF, art. L. 131-35 : « *Il n'est admis d'opposition au paiement par chèques qu'en cas de perte, de vol ou d'utilisation frauduleuse du chèque, de redressement ou de liquidation judiciaires du porteur. Le tireur doit immédiatement confirmer son opposition par écrit, quel que soit le support de cet écrit. Tout banquier doit informer par écrit les titulaires de comptes des sanctions encourues en cas d'opposition fondée sur une autre cause […]. Si, malgré cette défense, le tireur fait opposition pour d'autres causes, le juge de référés, même dans le cas où une instance au principal est engagée, doit, sur demande du porteur, ordonner la mainlevée de l'opposition.* »

▪ **Chèques de « garantie » ou de « caution »**. CMF, art. L. 131-31 : « *Le chèque est payable à vue, toute mention contraire est réputée non écrite. Le chèque présenté au payement avant le jour indiqué comme date d'émission est payable le jour de la présentation.* »

ÉLÉMENT INTENTIONNEL

▪ **Preuve de l'intention.** « *il se déduit que l'intéressé a eu l'intention de porter atteinte aux droits de la bénéficiaire des chèques remis en paiement de cette créance* » dès lors qu'il « *ne démontrait pas, ni même n'alléguait, que la créance de la bénéficiaire des chèques était manifestement infondée* » (Crim. 18 déc. 2019, n° 18-85.535, P).

RÉGIME PROCÉDURAL

▪ **Compétence juridictionnelle. Juge unique** (C. pr. pén., art. 398-1 1°, v. n° 17.15D2).

▪ **Ordonnance pénale. Possible** (C. pr. pén., art. 495-II, v. n° 15.48B1 et tableau n° 17.15D2).

▪ **Compétence territoriale.** Sans préjudice des autres critères de compétence (lieu de l'infraction, résidence du prévenu, lieu d'arrestation, C. pr. pén., art. 43, 52, 382), le **tribunal du lieu où le chèque est payable** est également compétent pour la recherche, la poursuite, l'instruction et le jugement des infractions de retrait illicite de provision, d'émission malgré injonction bancaire ou judiciaire (CMF, art. L. 163-2).

POLITIQUE PUBLIQUE

▪ **Dispositif de prévention des oppositions irrégulières – Responsabilité du banquier.** Circ. conjointe min. Justice, Économie et Finances oct. 1992, § III-B-2 : « *Le banquier ne peut refuser de payer un chèque lorsque l'opposition est fondée sur un autre motif (litige commercial, par exemple). Il ne peut, en outre, rejeter le chèque tant qu'il n'a pas reçu confirmation écrite de l'opposition quel qu'en soit le support (télécopie, télex...). En cas de non-respect de l'une ou l'autre de ces deux obligations, le banquier est passible* » des peines de l'article L. 163-1 du code monétaire et financier (v. n° 22.28).

MESURE CIVILE

▪ **Intérêts civils. • Condamnation d'office du débiteur.** En l'absence de constitution de partie civile, le tribunal peut **d'office** condamner le tireur au paiement du montant du chèque et des intérêts, s'il figure en **original** à la procédure et n'apparaît pas avoir été déjà payé (CMF, art. L. 163-9). • **Constitution de partie civile.** Le porteur qui s'est constitué partie civile est recevable à demander devant le juge pénal une somme égale au montant du chèque, sans préjudice, le cas échéant, de tous dommages-intérêts (CMF, art. L. 163-9). • **Débiteur tenu au paiement des dommages-intérêts.** En cas de poursuites contre le dirigeant d'une personne morale du chef d'opposition illicite ou de retrait illicite de la provision pour des chèques tirés sur la société, « *l'action civile, en remboursement de la créance que la remise du chèque était destinée à éteindre, ne peut être dirigée que contre le débiteur lui-même* », en l'espèce la société et non son dirigeant ; sont donc censurés les juges qui, condamnant ce dernier, « *sous le couvert de dommages et intérêts destinés à réparer le préjudice particulier causé par l'infraction,* [qui] *ont ordonné le remboursement d'une créance contractuelle préexistante, dont la seule débitrice était la société* » (Crim. 18 déc. 2019, n° 18-85.535, P).

RÉGIME DES PEINES

▪ **Récidive. Délits assimilés.** Les faits de retrait illicite de provision, d'opposition illicite, d'émission de chèque malgré injonction bancaire ou interdiction judiciaire, de falsification de chèque et d'usage, sont considérés comme une même infraction au regard de la récidive (CMF, art. L. 163-8) (sur les conditions et les effets de la récidive, v. n° 18.5).

▪ ÉLÉMENTS CONSTITUTIFS – QUALIFICATION

✧ Pour avoir à .... [¤ lieu] et sur l'étendue du territoire national, le .... [¤ date], avec l'intention de porter atteinte aux droits d'autrui, [⇨A ou B :]

A. retiré par quelque moyen que ce soit, dont le transfert et le virement, tout ou partie de la provision (A : *N 7.ju*)...

B. fait défense au tiré de payer des chèques bancaires ou postaux émis dans les circonstances suivantes (B : *N 8.ju*)... :

Lieu	Date	Montant	Victime

Faits prévus et réprimés par les articles **PERSONNES PHYSIQUES.** L. 163-2 et L. 163-6 du code monétaire et financier. **PERSONNES MORALES.** L. 163-2 et L. 163-10-1 du code monétaire et financier. ✧

22.24 Chèque – Émission malgré une injonction bancaire ou une interdiction judiciaire

PEINES

PERSONNE PHYSIQUE

PP Délit. 5 ans d'emprisonnement, 375 000 € (Cas A : CMF, art. L. 163-2 ; cas B : CMF, art. L. 163-7).

PC *Idem* n° 22.23.

PERSONNE MORALE

PP Délit. Cas A : 1 875 000 € (infraction non imputable aux personnes morales avant le 1er janv. 2006 [L. n° 2004-204, 9 mars 2004, art. 54]). Cas B : 1 875 000 € (CMF, art. L. 163-10-1 ; C. pén., art. 131-38).

PC *Idem* n° 22.23.

ORIENTEUR

TEXTE DE RÉFÉRENCE

▪ **Notification et effet de l'injonction bancaire.** Le banquier tiré rejetant un chèque pour défaut de provision doit enjoindre par LRAR (D. n° 92-456, 22 mai 1992, art. 6) au titulaire de restituer à tous les banquiers dont il est client les formules en sa possession et de ne plus émettre de chèques autres que de retraits ou certifiés (CMF, art. L. 131-73). Les nouveaux incidents survenant avant régularisation de l'incident initial font l'objet de nouvelles injonctions adressées par lettre simple (D. n° 92-456, 22 mai 1992, art. 8). À défaut de régularisation par le tireur (paiement du chèque et d'une pénalité libératoire – CMF, art. L. 131-73 et L. 131-75), celui-ci ne recouvre la faculté d'émettre des chèques qu'à l'issue d'un délai de 5 ans qui court à compter de la dernière injonction (CMF, art. L. 131-78).

Lorsqu'un débiteur en redressement judiciaire fait l'objet d'une interdiction bancaire pour un incident antérieur au jugement d'ouverture, le tribunal saisi de la procédure collective peut en prononcer la suspension pour une durée ne pouvant excéder celle du plan de continuation (C. com., art. L. 621-71). La clôture de la liquidation judiciaire suspend la mesure d'interdiction bancaire dont le débiteur fait l'objet pour un incident antérieur au jugement d'ouverture, sauf exercice de leur droit de poursuite individuelle par les créanciers (C. com., art. L. 621-71).

▪ **Interdiction judiciaire.** Le jugement prononçant l'interdiction doit être exécutoire. Il convient de démontrer, quand le jugement n'a pas été rendu contradictoirement, que le tireur a eu connaissance de l'interdiction, notamment pas sa banque, informée par la banque de France (D. n° 92-456, 22 mai 1992, art. 28), à laquelle le parquet notifie les interdictions exécutoires (D. n° 92-456, 22 mai 1992, art. 20).

RÉGIME PROCÉDURAL

▪ **Compétence juridictionnelle. Juge unique** (C. pr. pén., art. 398-1 1°, v. n° 17.15D2).

▪ **Ordonnance pénale. Possible** (C. pr. pén., art. 495-II, v. n° 15.48B1 et tableau n° 17.15D2).

▪ **Compétence territoriale.** *Idem* n° 22.23.

POLITIQUE PUBLIQUE

▪ **Prévention de l'infraction. Obligations civiles du banquier.** Tout banquier doit : préalablement à l'ouverture d'un compte, vérifier le domicile et l'identité du postulant qui est tenu de présenter un document officiel portant sa photographie, enregistrer les caractéristiques de ce document (D. n° 92-456, 22 mai 1992, art. 33), interroger la Banque de France avant de procéder à la délivrance de formules de chèques à un nouveau titulaire de compte (les réponses doivent être conservées pendant deux ans) (D. n° 92-456, 22 mai 1992, art. 30). Si la provision est suffisante, le banquier doit payer le chèque même émis en violation d'une injonction bancaire ou d'une interdiction judiciaire (CMF, art. L. 131-35).

▪ **Prévention de l'infraction. Responsabilité pénale du banquier.** Notification de l'injonction, délivrance de chèques après interdiction, etc. (v. n° 22.28).

■ ÉLÉMENTS CONSTITUTIFS – QUALIFICATION

✧ Pour avoir, malgré [⇨A ou B :]

A. **l'injonction bancaire** de ne plus émettre des chèques portée à sa connaissance le .... [¤ date de l'accusé de réception de la notification ou autre date à laquelle l'intéressé aura eu connaissance de l'interdiction] (CMF, art. L. 131-73 et L. 163-2) (A : *N 7949.ju*)...

B. la **condamnation** prononcée par .... [¤ juridiction ayant prononcé l'interdiction] le .... [¤ date du jugement ou de l'arrêt] lui interdisant d'émettre des chèques autres que de retrait ou certifiés **PERSONNES PHYSIQUES.** CMF, art. L. 163-6 et L. 163-7 (B : *N 7948.ju*) ; **PERSONNES MORALES.** CMF, art. L. 163-6, L. 163-7 et L. 163-10-1 (*N #.ju*)...

... émis des chèques bancaires ou postaux dans les circonstances suivantes :

Lieu	Date	Montant	Victime

Faits prévus et réprimés par les articles [• du cas sélectionné]. ✧

22.25 Chèque – Contrefaçon, falsification, usage ou acceptation de chèque falsifié

■ PEINES

PERSONNE PHYSIQUE

PP Délit. Cas A à D : 5 ans d'emprisonnement, 375 000 € (depuis le 1er sept. 2019, L. nº 2019-222, 23 mars 2019, auparavant 7 ans d'emprisonnement, 750 000 €) (CMF, art. L. 163-3). Cas E : 10 ans d'emprisonnement, 1 000 000 € (CMF, art. L. 163-4-2, L. nº 2011-267, 14 mars 2011).

PC 1. Interdiction droits civiques civils et de famille ⩽ 5 ans (vote, éligibilité, fonction juridictionnelle, expert, témoin, tuteur, curateur) (CMF, art. L. 163-6 ; C. pén., art. 131-26) ;

2. Interdiction définitive ou ⩽ 5 ans activité professionnelle ou sociale (en relation avec l'infraction) (sauf mandat électif ou syndical) (CMF, art. L. 163-6 ; L nº 2001-1062, 15 nov. 2001, art. 43 ; C. pén., art. 131-27, 131-28) ;

3. Interdiction 1 à 5 ans émission chèques autres que de retrait ou certifiés, assortie d'une injonction de restitution des chéquiers aux banques. Exécution provisoire possible. (CMF, art. L. 163-6 ; C. pén., art. 131-19) ;

4. Publication par extraits de la décision portant interdiction aux frais (⩽ amende encourue) du condamné (CMF, art. L. 163-6 ; C. pén., art. 131-35) ;

5. Confiscation et destruction obligatoire des chèques et cartes de paiement contrefaits ou falsifiés (CMF, art. L. 163-5) ;

6. Confiscation obligatoire, sauf s'ils ont été utilisés à l'insu de leur propriétaire, des matières, machines, appareils, instruments, *programmes informatiques ou de toutes données* (L. nº 2001-1062, 15 nov. 2001, art. 42) ayant servi ou destinés à la fabrication des chèques et cartes de paiement contrefaits ou falsifiés (CMF, art. L. 163-5).

PERSONNE MORALE

PP Délit. Cas A à D : 1 875 000 € (depuis le 1er sept. 2019, L. nº 2019-222, 23 mars 2019, auparavant 3 750 000 €) (CMF, art. L. 163-10-1 ; C. pén., art. 131-38). Cas E : 5 000 000 € (CMF, art. L. 163-4-2 (L. nº 2011-267, 14 mars 2011) et C. pén., art. 131-38).

PC *Idem* nº 22.23 + peines complémentaires nºs 5 et 6 visées ci-dessus pour les personnes physiques.

■ ORIENTEUR

AUTRE QUALIFICATION

▪ **Détention de moyens de contrefaçon.** Détention ou fourniture de **moyens matériels ou informatiques conçus ou adaptés** pour contrefaire ou falsifier des **chèques**, v. nº 22.27.

ÉLÉMENT LÉGAL

▪ **Application de la loi pénale dans le temps. Cas E** : aggravation créée par L. nº 2011-267, 14 mars 2011.

▪ **Constitutionnalité.** Les dispositions de CMF, art. L. 163-3 « *sont rédigées en des termes suffisamment clairs et précis pour que leur interprétation, qui entre dans l'office du juge pénal, puisse se faire sans risque d'arbitraire* » (Crim. 7 janv. 2014, nº 13-82.514, D).

▪ **Définition. Bande organisée** (C. pén., art. 132-71), v. nº 11.20.

ÉLÉMENT MATÉRIEL

▪ **Tentative. Punissable** pour l'**usage** de chèque contrefait ou falsifié (CMF, art. L. 163-3) et, depuis la loi nº 2001-1062, 15 nov. 2001, art. 40, pour la **contrefaçon ou la falsification de chèques** (CMF, art. L. 163-4-2).

▪ **Falsification de chèque. • Fausse écriture.** Caractérise l'infraction dans ses éléments matériels et intentionnels l'arrêt qui énonce que l'imitation de la signature du titulaire du chéquier constitue une falsification, peu important que ce dernier ait donné son accord (Crim. 16 avr. 2008, nº 07-84.127, D), ou qui constate la modification du montant du chèque (Crim. 4 avr. 2001, nº 00-84.482), ou le fait que le prévenu, salarié, a signé le chèque sans disposer de la signature sur le compte (Crim. 29 juin 2016, nº 15-84.455, D). **• Détournement de destination de chèque sans ordre.** L'apposition d'un bénéficiaire autre que celui qui devait y figurer matérialise un faux intellectuel (Crim. 21 nov. 2001, nº 01-81.375, D ; dans le même sens : Crim. 11 juill. 2017, nº 16-85.659, D). Est ainsi censurée la relaxe d'un salarié qui encaissait des chèques remis sans ordre à son employeur, prononcée au motif qu'aux termes de CMF, art. L. 131-6 le chèque sans indication de bénéficiaire vaut comme chèque au porteur et permet à tout détenteur de l'encaisser, alors qu'il revenait au juge de rechercher si le porteur n'avait pas apposé son « *nom au lieu et place du véritable bénéficiaire* » (Crim. 20 avr. 2017, nº 16-80.227, D). **• Indifférence du préjudice.** À la différence de l'infraction de faux en écriture privée prévue par C. pén., art. 441-1 (v. nº 24.1) « *l'existence d'un préjudice n'est pas un élément constitutif* » des infractions de contrefaçon de chèque et d'usage, commet ainsi l'infraction le salarié qui contrefait la signature de la personne déléguée à cet effet pour encaisser le chèque sur le compte de la société qui en était bien le véritable bénéficiaire (Crim. 8 janv. 2003, nº 02-82.433, P nº 4).

▪ **Usage de chèque falsifié. • Matérialisation de l'usage.** Caractérise l'usage de chèques falsifiés l'émission de ces chèques pour réaliser des achats personnels (Crim. 10 déc. 1990, nº 90-80.967, D), leur encaissement sur des comptes personnels ou sur le compte d'une société dans laquelle le prévenu avait des intérêts Crim. 10 févr. 2010, nº 09-81.155, D).

RÉGIME PROCÉDURAL

▪ **Compétence juridictionnelle. Juge unique** sauf cas E (peine encourue > 5 ans) (C. pr. pén., art. 398-1 1º, v. nº 17.15D2).

▪ **Ordonnance pénale. Possible** sauf **cas** E (peine encourue > 5 ans) (C. pr. pén., art. 495-II, v. nº 15.48B1 et tableau nº 17.15D2).

POLITIQUE PUBLIQUE

▪ **Prévention de l'infraction. Justification d'identité lors de l'émission du chèque.** CMF, art. L. 131-15 : « *Toute personne qui remet un chèque en paiement doit justifier de son identité au moyen d'un document officiel portant sa photographie* ».

MESURE CIVILE

▪ **Dommages-intérêts. Chèque de garantie.** Le préjudice né de la remise d'un chèque de garantie falsifié dépend de la réalité de la créance revendiquée par le bénéficiaire (Crim. 29 juin 2016, nº 15-84.455, D).

RÉGIME DES PEINES

▪ **Récidive. Délits assimilés.** *Idem* nº 22.23 (sur les conditions et les effets de la récidive, v. nº 18.5).

▪ ÉLÉMENTS CONSTITUTIFS – QUALIFICATION

✧ Pour avoir à .... [¤ lieu] et sur l'étendue du territoire national, le .... [¤ date] [⇨A à D puis le cas échéant E :]

A. **Contrefaçon ou falsification de chèque** : contrefait ou falsifié ou tenté de contrefaire ou de falsifier un ou plusieurs chèques au préjudice de .... [¤ nom du titulaire du chéquier et de l'établissement financier], et ce (A : *N 1048.ju*)...

B. **Usage de chèque contrefait ou falsifié** : fait usage ou tenté de faire usage, en connaissance de cause, d'un ou plusieurs chèques au préjudice de .... [¤ nom du titulaire du chéquier et de l'établissement financier], qu'il savait contrefaits ou falsifiés, en les utilisant (B : *N 560.ju*)...

C. **Contrefaçon ou falsification de chèque et usage** : contrefait ou falsifié un ou plusieurs chèques au préjudice de .... [¤ nom du titulaire du chéquier et de l'établissement financier] et fait usage ou tenté de faire usage, en connaissance de cause, des chèques ainsi falsifiés en les émettant (C : *N 1048.ju* et *560.ju*)...

D. **Acceptation de chèque contrefait ou falsifié** : accepté de recevoir en connaissance de cause un ou plusieurs chèques, qu'il savait contrefaits ou falsifiés au préjudice de .... [¤ nom du titulaire du chéquier et de l'établissement financier], et ce (D : *N 1781.ju*)...

... dans les circonstances suivantes :

Lieu	Date	Montant	Victime

E. **Bande organisée** : [• préciser le cas échéant] avec cette circonstance que les faits ont été commis en bande organisée (E : *N 29010.co*).

Faits prévus et réprimés par les articles : **PERSONNES PHYSIQUES.** L. 163-3, (+ cas E : art. L. 163-4-2), L. 163-5 et L. 163-6 du code monétaire et financier. **PERSONNES MORALES.** L. 163-3 (+ cas E : art. L. 163-4-2), L. 163-5 et L. 163-10-1 du code monétaire et financier. ✧

22.26 Carte de paiement – Contrefaçon, falsification, usage – Acceptation frauduleuse

■ PEINES

PERSONNE PHYSIQUE

PP Délit. Cas A à D . 7 ans d'emprisonnement, 750 000 € (CMF, art. L. 163-4). Cas E : 10 ans d'emprisonnement, 1 000 000 € (CMF, art. L. 163-4-2, L. n° 2011-267, 14 mars 2011).

PC *Idem* n° 22.25.

PERSONNE MORALE

PP Délit. Cas A à D : 3 750 000 € (CMF, art. L. 163-10-1 ; C. pén., art. 131-38). Cas E : 1 000 000 € (CMF, art. L. 163-4-2 (L. n° 2011-267, 14 mars 2011) ; C. pén., art. 131-38).

PC *Idem* n° 22.25.

■ ORIENTEUR

AUTRE QUALIFICATION

- **Escroquerie. Escroquerie** commise avec une carte bancaire ni contrefaite ni falsifiée, v. n° 22.20.
- **Détention de moyens de contrefaçon.** Détention ou fourniture de **moyens matériels ou informatiques conçus ou adaptés** pour contrefaire ou falsifier des cartes de paiement ou de retrait, v. n° 22.27.

ÉLÉMENT LÉGAL

- **Application de la loi pénale dans le temps. Cas** E : aggravation créée par L. n° 2011-267, 14 mars 2011.
- **Définition. Bande organisée** (C. pén., art. 132-71), v. n° 11.20.

ÉLÉMENT MATÉRIEL

- **Tentative. Punissable** pour l'**usage** de carte contrefaite ou falsifiée (CMF, art. L. 163-4) et, depuis la loi n° 2001-1062, 15 nov. 2001, art. 40, pour la **contrefaçon ou la falsification de carte de paiement** (CMF, art. L. 163-4-2).

MESURE CIVILE

- **Droits du titulaire de la carte.** V. n° 22.19.

■ ÉLÉMENTS CONSTITUTIFS – QUALIFICATION

✧ Pour avoir à .... [¤ lieu], et sur l'étendue du territoire national, le .... [¤ date] [⇨A à D puis le cas échéant E :]

A. **Contrefaçon ou falsification de carte**

contrefait ou falsifié ou tenté de contrefaire ou de falsifier une carte de paiement ou de retrait, et ce au préjudice de .... [¤ nom de l'établissement financier et le cas échéant du titulaire de la carte] (A : *N 11023.co*)...

B. **Usage de carte contrefaite ou falsifiée**

en connaissance de cause, fait usage ou tenté de faire usage d'une carte de paiement ou de retrait contrefaite ou falsifiée au préjudice de .... [¤ nom de l'établissement financier et le cas échéant du titulaire de la carte], en l'utilisant (B : *N 11024.co*)...

C. **Contrefaçon ou falsification de carte et usage**

contrefait ou falsifié une carte de paiement ou de retrait au préjudice de .... [¤ nom de l'établissement financier et le cas échéant du titulaire de la carte] et fait usage de celle-ci ou tenté d'en faire usage en l'utilisant (C : *N 11023.co* et *N 11024.co*)...

D. **Acceptation de carte contrefaite ou falsifiée**

en connaissance de cause, reçu un ou plusieurs paiements au moyen d'une carte de paiement ou de retrait contrefaite ou falsifiée au préjudice de .... [¤ nom de l'établissement financier et le cas échéant du titulaire de la carte], en l'acceptant (D : *N 11026.co*)...

... dans les circonstances suivantes :

Lieu	Date	Montant	Victime

E. **Bande organisée**

[• préciser le cas échéant] avec cette circonstance que les faits ont été commis en bande organisée (E : *N 29013.co ; N 29011.co*).

Faits prévus et réprimés par les articles : **personnes physiques.** L. 163-3 (+ cas E : art. L. 163-4-2), L. 163-5 et L. 163-6 du code monétaire et financier. **personnes morales.** L. 163-3 (+ cas E : art. L. 163-4-2), L. 163-5 et L. 163-10-1 du code monétaire et financier. ✧

22.27 Fabrication, détention, offre de moyens de falsification ou de contrefaçon de chèque ou de carte de paiement

▪ PEINES

PERSONNE PHYSIQUE

PP Délit. Cas A à D : 7 ans d'emprisonnement, 750 000 € (CMF, art. L. 163-4-1). Cas E : 10 ans d'emprisonnement, 1 000 000 € (CMF, art. L. 163-4-2, L. n° 2011-267, 14 mars 2011).

PC *Idem* n° 22.25.

PERSONNE MORALE

PP Délit. Cas A à D : 3 750 000 € (CMF, art. L. 163-10-1 ; C. pén., art. 131-38). Cas E : 1 000 000 € (CMF, art. L. 163-4-2, L. n° 2011-267, 14 mars 2011 ; C. pén., art. 131-38).

PC *Idem* n° 22.25.

▪ ORIENTEUR

ÉLÉMENT LÉGAL

▪ **Application de la loi pénale dans le temps.** Incrimination créée par la loi n° 2001-1062, 15 nov. 2001, art. 40 (*JO* 16 nov.). Cas E : aggravation créée par L. n° 2011-267, 14 mars 2011.

▪ **Définition. Bande organisée** (C. pén., art. 132-71), v. n° 11.20.

ÉLÉMENT MATÉRIEL

▪ **Tentative. Punissable** (CMF, art. L. 163-4-2).

■ **ÉLÉMENTS CONSTITUTIFS – QUALIFICATION**

✧ Pour avoir à .... [¤ lieu], le .... [¤ date], [⇨A à D puis le cas échéant E :]

A. fabriqué (A : *N 23791.co*)...

B. acquis (B : *N 23792.co*)...

C. détenu (C : *N 23793.co*)...

D. cédé, offert ou mis à disposition (D : *N 23794.co*)...

...des équipements, instruments, programmes informatiques ou toutes données conçus ou spécialement adaptés pour commettre des infractions de contrefaçon ou de falsification de chèques ou de cartes de paiement ou de retrait, en l'espèce en .... [¤ matérialiser l'infraction].

E. [• préciser le cas échéant] avec cette circonstance que les faits ont été commis en bande organisée (AE : *N 29014.co* ; BE : *N 29015.co* ; CE : *N 29016.co* ; DE : *N 29017.co*).

Faits prévus et réprimés par les articles : **PERSONNES PHYSIQUES.** L. 163-4 (+ cas E : art. L. 163-4-2), L. 163-5, L. 163-6 du code monétaire et financier (*N*...). **PERSONNES MORALES.** L. 163-4, L. 163-5 (+ cas E : art. L. 163-4-2) et L. 163-10-1 du code monétaire et financier (*N #.co*). ✧

22.28 Chèque – Infractions imputables au banquier (tiré)

■ **PEINES**

PERSONNE PHYSIQUE

PP Délit. Cas A : 6 000 € (CMF, art. L. 163-1). Cas B à E : 12 000 € (art. L. 163-10).

PC Néant.

PERSONNE MORALE (CAS B À E)

PP Délit. Cas A : 35 000 € (infraction non imputable aux personnes morales jusqu'au 1er janv. 2006 (L. n° 2004-204, 9 mars 2004, art. 54). Cas B à E : 60 000 € (CMF, art. L. 163-10-1 ; C. pén., art. 131-38).

PC *Idem* n° 22.23.

■ **ORIENTEUR**

ÉLÉMENT LÉGAL

▪ Définition. Banquier. D. n° 92-456, 22 mai 1992, art. 1er : « *Le terme "banquier" désigne les établissements de crédit et les institutions, services ou personnes habilités à tenir des comptes sur lesquels des chèques peuvent être tirés.* »

TEXTE DE RÉFÉRENCE

▪ Vérifications pesant sur le banquier. CMF, art. L. 131-81. « *Lorsqu'il a refusé le paiement d'un chèque, le tiré (banquier) doit être en mesure de justifier qu'il a satisfait aux prescriptions légales et réglementaires relatives à l'ouverture du compte et à la délivrance des formules de chèques ainsi qu'aux obligations légales et réglementaires résultant des incidents de paiement, notamment en ce qui concerne l'injonction d'avoir à restituer les formules de chèques.* »

▪ Obligation d'information pesant sur le banquier. Cas C. D. 22 mai 1992, art. 34. le banquier qui rejette un chèque pour défaut de provision émis en violation d'une injonction bancaire ou interdiction judiciaire doit préciser, sur l'attestation de rejet jointe au chèque qu'il restitue au présentateur, qu'il est en mesure de justifier des diligences prévues à l'article L. 131-81 du code monétaire et financier (v. n° 22.24, prévention de l'infraction).

RÉGIME PROCÉDURAL

▪ Compétence juridictionnelle. Juge unique (C. pr. pén., art. 398-1, v. n° 17.15D2).

▪ Ordonnance pénale. Possible (C. pr. pén., art. 495-II, v. n° 15.48B1 et tableau n° 17.15D2).

■ **ÉLÉMENTS CONSTITUTIFS – QUALIFICATION**

✧ Pour avoir à .... [¤ lieu], le .... [¤ date], étant tiré (banquier) [⇨A à E :]

A. **Refus de paiement en cas d'opposition illicite**

... refusé le paiement d'un chèque au motif que le tireur y avait fait opposition (CMF, art. L. 131-35 et L. 163-1) [⇨A1 ou A2 :]

A1. alors que celle avait été faite pour un autre motif que la perte, le vol ou l'utilisation frauduleuse du chèque, ou le redressement ou la liquidation du porteur (A1 : *N 11028.ju*) ;

A2. alors que celle-ci n'avait pas été immédiatement confirmée par écrit (A2 : *N 11027.ju*) ;

B. **Indication d'une provision inférieure à la provision existante**

... indiqué une provision inférieure à la provision existante et disponible **personnes physiques.** CMF, art. L. 163-10 (B : *N 1040.ju*) ; **personnes morales.** CMF, art. L. 163-10 et L. 163-10-1 (*N #.ju*) ;

C. **Rejet d'un chèque sans informer de la violation d'une interdiction bancaire ou judiciaire**

... rejeté un chèque pour insuffisance ou indisponibilité de la provision sans indiquer, alors que tel était le cas, que le chèque avait été émis en violation d'une injonction bancaire de ne plus émettre des chèques ou d'une interdiction judiciaire **personnes physiques.** CMF, art. L. 163-10 (C : *N #.ju*) ; **personnes morales.** L. 163-10 et L. 163-10-1 (C : *N #.ju*).

D. **Non-déclaration à la Banque de France des incidents de paiement**

[⇨D1 à D3 :]

D1. ... omis d'aviser la banque de France du non-paiement, au plus tard le deuxième jour ouvré suivant celui-ci, d'un chèque pour défaut de provision **personnes physiques.** CMF, art. L. 163-10 ; D. 22 mai 1992, art. 16 (D1 : *N 1041.ju*) ; **personnes morales.** CMF, art. L. 163-10 et L. 163-10-1 ; D. 22 mai 1992, art. 16 (D1 : *N #.ju*) ;

D2. ... omis d'aviser la banque de France de la présentation, au plus tard le cinquième jour ouvrable suivant celle-ci, d'un chèque émis en violation d'une injonction bancaire de ne plus émettre des chèques **personnes physiques.** CMF, art. L. 163-10 ; D. 22 mai 1992, art. 16, 21 et 24 (D2 : *N 1042.ju*) ; **personnes morales.** CMF, art. L. 163-10 et L. 163-10-1 ; D. 22 mai 1992, art. 16, 21 et 24 (D2 : *N #.ju*) ;

D3. ... omis d'aviser la banque de France de la présentation, au plus tard le cinquième jour ouvrable suivant celle-ci, d'un chèque émis en violation d'une interdiction judiciaire d'émettre des chèques **personnes physiques.** CMF, art. L. 163-10 ; D. 22 mai 1992, art. 22 et 24 (D3 : *N 1042.ju*) ; **personnes morales.** CMF, art. L. 163-10 et L. 163-10-1 ; D. 22 mai 1992, art. 22 et 24 (D3 : *N #.ju*).

E. **Délivrance ou non-rappel de chéquier après incident de paiement ou interdiction judiciaire**

[⇨E1 à E3 :]

E1. ... délivré des chèques autres que de retraits ou certifiés au titulaire d'un compte ou à son mandataire après incident de paiement, non régularisé, pour défaut de provision suffisante (**personnes physiques.** CMF, art. L. 131-72 et L. 163-10 (E1 : *N 1043.ju*) ; **personnes morales.** CMF, art. L. 131-72, L. 163-10 et L. 163-10-1 (E1 : *N #.ju*) ;

E2. ... après refus de paiement d'un chèque pour défaut de provision suffisante, omis d'enjoindre au titulaire du compte et à son mandataire de restituer ses formules à tous les banquiers dont il est client et de ne plus émettre des chèques autres que de retraits ou certifiés (**personnes physiques.** CMF, art. L. 131-73 et L. 163-10 (E2 : *N 1044.ju*) ; **personnes morales.** CMF, art. L. 131-73, L. 163-10 et L. 163-10-1 (E2 : *N #.ju*) ;

E3. ... délivré des chèques autres que de retraits ou certifiés au titulaire d'un compte ou à son mandataire après avoir été informé par la banque de France de l'existence d'une interdiction judiciaire (**personnes physiques.** CMF, art. L. 163-6 et L. 163-10 (E3 : *N 1043.ju*) ; **personnes morales.** CMF, art. L. 163-6, L. 163-10 et L. 163-10-1 (E3 : *N #.ju*).

Faits prévus et réprimés par les articles [• du cas sélectionné]. ✧

22.29 Incitation au paiement fractionné par chèques ⩽ 15 euros

■ **PEINES**

PERSONNE PHYSIQUE

PP Contrav. 5e cl. 1 500 € (CMF, art. R.163-1 ; C. pén., art. 131-13).

PC Néant.

PERSONNE MORALE

PP Contrav. 5e cl. 7 500 € (C. pén., art. 131-41).

PC Néant.

▪ ORIENTEUR

TEXTE DE RÉFÉRENCE

▪ **Obligation de paiement des chèques ⩽ 15 euros pesant sur le banquier.** En cas d'insuffisance de provision le tiré doit obligatoirement payer tout chèque d'un montant égal ou inférieur à 15 €, sauf autre motif de rejet (CMF, art. L. 131-82).

▪ ÉLÉMENTS CONSTITUTIFS – QUALIFICATION

✧ Pour avoir à .... [¤ lieu], le .... [¤ date], par quelque moyen que ce soit, directement ou indirectement, exigé ou provoqué, pour le paiement d'une somme supérieure à 15 €, la remise d'un ou plusieurs chèques d'un montant inférieur ou égal à 15 €.
Faits prévus et réprimés par les articles L. 131-82 et R. 163-1 du code monétaire et financier (*N 1045.c5*). ✧

22.30 Abus de l'ignorance ou de la faiblesse d'un mineur ou d'un majeur

▪ PEINES

PERSONNE PHYSIQUE

PP Délit. 3 ans d'emprisonnement, 375 000 €. Cas D : 5 ans, 750 000 €. Cas E : 7 ans, 1 000 000 € (aggravation issue L. n° 2023-22, 24 janv. 2023)(C. pén., art. 223-15-2).

PC 1. Interdiction droits civiques civils et de famille ⩽ 5 ans (vote, éligibilité, fonction juridictionnelle, expert, témoin, tuteur, curateur) (C. pén., art. 223-15-3 1° et 131-26) ;

2. Interdiction ⩽ 5 ans activité professionnelle ou sociale en relation avec l'infraction, ou fonction publique (sauf mandat électif ou syndical) ou activité de formation professionnelle continue (L. n° 2009-1437, 24 nov. 2009) (C. pén., art. 223-15-3 2° et 131-27) ;

3. Fermeture ⩽ 5 ans établissement(s) ayant servi à commettre l'infraction (C. pén., art. 223-15-3 3° et 131-33) ;

4. Confiscation de la chose ayant servi à l'infraction ou destinée à la commettre ou son produit (obligatoire pour objets qualifiés dangereux ou nuisibles par loi ou règlement ou dont la détention est illicite) (C. pén., art. 223-15-3 4° et 131-21) ;

5. Interdiction de séjour ⩽ 5 ans (C. pén., art. 223-15-3 5°, 131-31 et 131-32 ; C. pr. pén., art. 762-1 à 763) ;

6. Interdiction ⩽ 5 ans émission chèques autres que de retraits ou certifiés (C. pén., art. 223-15-3 6° et 131-19) ;

7. Affichage, ⩽ 2 mois, *et/ou* (L. n° 2011-525, 17 mai 2011) diffusion de la décision ou d'extraits aux frais (⩽ amende encourue) du condamné (C. pén., art. 223-15-3 7° et 131-35).

PERSONNE MORALE

PP Délit. 1 875 000 €. Cas D : 3 750 000 €. Cas E : 5 000 000 € (aggravation issue L. n° 2023-22, 24 janv. 2023) (C. pén., art. 223-15-4 ; 131-38).

PC 1. Dissolution (sauf personnes morales de droit public, partis, groupements politiques, syndicats, institutions représentatives du personnel) si personne morale créée ou détournée de son objet pour commettre l'infraction (C. pén., art. 223-15-4, 131-39 1° et 131-45) ;

2. Interdiction, définitive ou ⩽ 5 ans, une ou plusieurs activités professionnelles ou sociales en relation avec l'infraction (C. pén., art. 223-15-4 et 131-39 2°) ;

3. Surveillance judiciaire ⩽ 5 ans, sauf personnes morales de droit public, partis, groupements politiques, syndicats (C. pén., art. 223-15-4, 131-39 3° et 131-46) ;

4. Fermeture, définitive ou ⩽ 5 ans, un ou plusieurs établissements en relation avec l'infraction (C. pén., art. 223-15-4 et 131-39 4°) ;

5. Exclusion, définitive ou ⩽ 5 ans marchés publics (C. pén., art. 223-15-4 et 131-39 5°) ;

6. Interdiction, définitive ou ⩽ 5 ans, de *faire appel public à l'épargne* (procéder à une offre au public de titres financiers ou de les faire admettre aux négociations sur un marché réglementé, selon L. n° 2009-80, 22 janv. 2009) (C. pén., art. 223-15-4 et 131-39 6°) ;

7. Interdiction, ⩽ 5 ans, d'utiliser des cartes de paiement ou d'émettre des chèques autres que de retrait ou certifiés (C. pén., art. 223-15-4 et 131-39 7°) ;

8. Confiscation de la chose ayant servi à l'infraction ou destinée à la commettre, ou son produit (obligatoire pour objets qualifiés dangereux ou nuisibles par loi ou règlement ou dont la détention est illicite) (C. pén., art. 223-15-4, 131-39 8° et 131-21) ;

9. Affichage, ⩽ 2 mois, *et/ou* (L. n° 2011-525, 17 mai 2011) diffusion de la décision ou d'extraits aux frais (⩽ amende encourue) du condamné (C. pén., art. 223-15-4, 131-39 9°, 131-48 et 131-35).

▪ ORIENTEUR

AUTRE QUALIFICATION

▪ **Pratique commerciale agressive.** V. n° **30.9**.

▪ **Démarchage ou remises de sommes sans contreparties réelles – Abus de la faiblesse ou de l'ignorance. Abus de faiblesse lors des opérations de démarchage**, v. n° **30.20**.

ÉLÉMENT LÉGAL

▪ **Application de la loi pénale dans le temps. • Appréhension du phénomène sectaire.** Les cas **C** et **D** ont été créés par la loi n° 2001-504 du 12 juin 2001 tendant à renforcer la prévention et la répression des mouvements sectaires portant atteinte aux **droits de l'Homme et aux libertés fondamentales.** Le cas **E** appréhendant le groupement sectaire sous l'aspect d'une bande organisée est issu de la L. n° 2023-22, 24 janv. 2023, d'orientation et de programmation du ministère de l'intérieur. **• Réécriture de l'incrimination.** La loi n° 2001-504 du 12 juin 2001 a déplacé au nouvel article 223-15-2 du code pénal les incriminations d'abus des faiblesses (**cas A** et **B**) autrefois énoncées à l'article 313-4. L'élément matériel de ces infractions a été **modifié** en ce sens que les faits ne doivent plus avoir pour résultat d'*obliger*, mais de *conduire* la victime à un acte ou une abstention préjudiciable.

▪ **Définition. Bande organisée.** Cas **E** : v. n° **11.20** (C. pén., art. 132-71).

ÉLÉMENT MATÉRIEL

▪ **Portée du résultat de l'infraction. • Indifférence de l'enrichissement de l'auteur.** C. pén., art. 223-15-2 « *n'exige pas la démonstration de l'enrichissement de l'auteur de l'infraction d'abus de faiblesse, [...], se rend coupable de ce délit le prévenu qui, en sa qualité de notaire, en connaissance de cause, met en place un montage destiné à contourner les effets d'une mesure de protection prise au bénéfice de sa cliente pour conduire cette dernière à signer des actes, qui lui sont gravement préjudiciables, favorables à un tiers* » (Crim. 20 mars 2019, n° 18-81.691, D). **• Indifférence de la fortune de la victime.** Si « *les violences et la domination exercées sur une victime psychologiquement fragile, dans un contexte qui l'a conduite à remettre l'intégralité de ses biens, caractérisent les pressions graves ou réitérées entraînant un état de sujétion psychologique l'ayant amenée à un acte qui lui est gravement préjudiciable* » (Crim. 27 oct. 2015, n° 14-82.032, P n° 232), « *l'abus frauduleux de faiblesse consiste à amener une personne dont la particulière vulnérabilité est apparente ou connue de l'auteur à consentir un acte ou une abstention qui lui sont gravement préjudiciables sans qu'il y ait lieu de tenir compte, pour caractériser le délit, de l'importance de son patrimoine* » (§ 14) (Crim. 20 janv. 2021, n° 19-86.172, D).

▪ **Actes gravement préjudiciables. • Testament.** « *constitue un acte gravement préjudiciable pour une personne vulnérable, celui de disposer de ses biens par testament en faveur d'une personne l'ayant conduite à cette disposition* » (Crim. 21 oct. 2008, n° 08-81.126, P n° 210 ; dans le même sens : Crim. 16 déc. 2014, n° 13-86.620, P n° 270). **• Assurance vie.** « *constitue un acte gravement préjudiciable le fait pour une personne vulnérable de désigner comme bénéficiaire d'une assurance-vie la personne l'ayant conduite à cette disposition* » (Crim. 10 nov. 2015, n° 14-85.936, D) ; de même « *la modification de la clause relative au bénéficiaire caractérise, au même titre que la souscription d'un contrat d'assurance-vie, le délit d'abus de faiblesse* » (Crim. 18 sept. 2019, n° 18-85.038, P). **• Mariage.** Est confirmée la cour d'appel qui, statuant sur les seuls intérêts civils après relaxe, considère qu'il est indifférent que le mariage n'ait causé aucun préjudice, le consentement au mariage constituant un acte gravement préjudiciable pour la victime (Crim. 24 mai 2011, n° 10-86.336, D). **• Relations sexuelles.** « *l'acte auquel a été conduite la personne vulnérable, [...], peut être tant matériel que juridique* », est ainsi confirmée la condamnation d'un « *chef* *de service en psychiatrie, coupable [...] d'abus de faiblesse à l'égard de sa patiente [...] conduite à avoir avec lui des relations sexuelles alors qu'elle souffrait de troubles bipolaires* » (Crim. 19 févr. 2014, n° 12-87.558, D). • **Commission d'une infraction.** Est caractérisé l'abus de l'état de faiblesse d'un majeur placé sous un régime de curatelle renforcée qui a été conduit « *à laisser à d'autres, sans contrepartie, l'usage de son appartement, qui était utilisé pour abriter un trafic de stupéfiants* » (Crim. 23 mars 2010, n° 09-85.167, D). • **Moment d'appréciation de l'abus de faiblesse.** « *l'abus de faiblesse doit s'apprécier au regard de l'état de particulière vulnérabilité au moment où est accompli l'acte gravement préjudiciable à la personne* », est donc censurée la décision de relaxe d'une personne qui a obtenu la remise de chèques et un mariage au moment où l'intéressé était hospitalisé, peu important que ce dernier ait manifesté, avant sa maladie, son intention libérale et le souhait de l'épouser (Crim. 26 mai 2009, n° 08-85.601, P n° 104).

ÉLÉMENT INTENTIONNEL

▪ **Connaissance de l'état de faiblesse.** L'état d'ignorance ou de faiblesse doit être apparent *ou* (L. n° 2009-526, 12 mai 2009) connu de l'auteur (C. pén., art. 223-15-2).

RÉGIME PROCÉDURAL

▪ **Prescription de l'action publique.** • **Victime vulnérable.** La L. n° 2017-242, 27 févr. 2017, modifiant C. pr. pén., art. 8, a abrogé le régime institué par L. n° 2011-264, 14 mars 2011, qui prévoyait que pour les faits commis à l'encontre d'une personne vulnérable du fait de son âge, d'une maladie, d'une infirmité, d'une déficience physique ou psychique ou de son état de grossesse, la prescription ne courait qu'à compter du jour où l'infraction apparaissait à la victime dans des conditions permettant l'exercice de l'action publique. Désormais, le délai de prescription est de **6 années** à compter du jour où l'infraction a été commise, sans préjudice des causes d'allongement de la prescription consacrées par L. n° 2017-242, 27 févr. 2017 en cas d'infraction occulte ou dissimulée, dans la limite d'un délai butoir de 12 années. Sur l'abrogation opérée par L. n° 2017-242 et les causes d'allongement de la prescription de l'action publique, v. n°s **17.18B**, **17.20** s. • **Théorie du mode opératoire unique.** Dès lors que les abus « *procèdent d'un mode opératoire unique* » et « *que les prélèvements bancaires, réalisés au moyen de la même procuration, n'ont pris fin qu'en 1999, moins de trois ans avant le premier acte de poursuite* » (Crim. 27 mai 2004, n° 03-82.738, P n° 141), ou que « *les infractions ayant été réalisées à la suite d'une succession de versements effectués de 1995 à 1996, dont l'ensemble a gravement préjudicié à cette victime, la prescription court, pour chacune d'elles, à compter du dernier de ces versements, intervenu moins de trois ans avant le premier acte de poursuite* » (Crim. 5 oct. 2004, n° 02-86.522, P n° 233). Une cour d'appel juge ainsi à bon droit « *qu'en matière d'abus de faiblesse, la prescription ne commence à courir qu'à partir du dernier prélèvement effectué sur le patrimoine de la victime, lorsque l'abus frauduleux procède d'un mode opératoire unique* » constitué par la souscription d'un contrat d'assurance vie au profit de la fille du prévenu puis la modification du bénéficiaire, plus de six années plus tard, au profit des petits enfants du prévenu (Crim. 18 sept. 2019, n° 18-85.038, P). Sur les illustrations de la doctrine du mode opératoire unique en matière de prescription, v. n° **17.21**.

▪ **Régime complet de la criminalité organisée.** Applicable depuis L. n° 2023-22, 24 janv. 2023 au cas **E** (C. pr. pén., art. **706-73 20°**, v. n° **11.21**). Cette extension est jugée conforme à la constitution (Cons. const. 19 janv. 2023, n° 2022-846 DC, § 75).

POLITIQUE PUBLIQUE

▪ **Prise en compte du vieillissement de la population.** « *La France est engagée dans un processus de transition démographique, caractérisée par une augmentation de la longévité des Français et par une croissance forte et continue des classes d'âge les plus élevées. Les personnes de 60 ans ou plus sont aujourd'hui 15 millions, elles seront 18,9 millions en 2025 et près de 24 millions en 2060 (INSEE). Le nombre des personnes de plus de 85 ans va presque quadrupler d'ici 2050, passant de 1,4 million aujourd'hui à 4,8 millions. En 2060, une personne sur trois aura plus de 60 ans* »…/…« *La Mission interministérielle de vigilance et de lutte contre les dérives sectaires et les travaux du CNBD ont mis en exergue la vulnérabilité des âgés, qui sont davantage que l'ensemble de la population la cible de tentatives de captation de patrimoine ou d'héritage, en particulier par les sectes. La loi [L. n° 2015-1776, 28 déc. 2015 ; v. Mesure civile ci-dessous] vise à renforcer les dispositions pour protéger les âgés, en interdisant à toute personne intervenant au domicile au titre d'une prise en charge sociale ou médico-sociale de pouvoir bénéficier de dons, legs et avantages financiers de toute nature de la part de la personne visitée. L'équilibre relatif à la volonté de la personne est cependant respecté dans la mesure où les cadeaux d'usage demeurent possibles.* » (*in* rapport annexé à la loi n° 2015-1776, 28 déc. 2015 relative à l'adaptation de la société au vieillissement).

MESURE CIVILE

▪ **Protection particulière des personnes âgées ou handicapées. Incapacité de recevoir des établissement ou du personnel accompagnant. CASF, art. L. 116-4** (L. nº 2015-1776, 28 déc. 2015). Les personnes physiques propriétaires, gestionnaires, administrateurs ou employés d'un établissement ou service soumis à autorisation ou à déclaration au titre de l'action sociale ou médico-sociale ou d'un service soumis à agrément ou à déclaration au titre de **l'assistance aux personnes âgées**, aux personnes handicapées ou aux autres personnes qui ont besoin d'une aide personnelle à leur domicile ou d'une aide à la mobilité dans l'environnement de proximité favorisant leur maintien à domicile (C. trav., art. 7231-1) ; ainsi que les bénévoles ou les volontaires qui agissent au sein de ses établissements ou services ou y exercent une responsabilité, **ne peuvent profiter de dispositions à titre gratuit** entre vifs ou testamentaires faites en leur faveur par les personnes prises en charge par l'établissement ou le service pendant la durée de cette prise en charge. Cette incapacité de recevoir à titre gratuit s'applique également au **couple ou à l'accueillant familial** soumis à un agrément et à son conjoint, à la personne avec laquelle il a conclu un pacte civil de solidarité ou à son concubin, à ses ascendants ou descendants en ligne directe. Elle s'applique également aux **salariés employés** par des particuliers à leur domicile privé pour réaliser des travaux à caractère familial ou ménager (C. trav., art. L. 7221-1) consistant à accomplir des **services d'assistance aux personnes âgées,** aux personnes handicapées ou aux autres personnes qui ont besoin d'une aide personnelle à leur domicile ou d'une aide à la mobilité dans l'environnement de proximité favorisant leur maintien à domicile (C. trav., art. L. 7231-1 2°). Cette incapacité de plein droit concerne les personnes accueillies ou accompagnées, pendant la durée de cet accueil ou de cet accompagnement.

▪ **Protection particulière des personnes malades. • Incapacité de recevoir du personnel soignant (C. civ., art. 909).** Les membres des professions médicales et de la pharmacie, ainsi que les auxiliaires médicaux qui ont prodigué des soins à une personne pendant la maladie dont elle meurt ne peuvent profiter des dispositions entre vifs ou testamentaires faites en leur faveur pendant le cours de celle-ci. **• Déontologie médicale.** « *Le médecin qui aura traité une personne pendant la maladie dont elle est décédée ne pourra profiter des dispositions entre vifs et testamentaires faites par celle-ci en sa faveur pendant le cours de cette maladie que dans les cas et conditions prévus par la loi. Il ne doit pas davantage abuser de son influence pour obtenir un mandat ou contracter à titre onéreux dans des conditions qui lui seraient anormalement favorables* » (CSP, art. R. 4127-52, code de déontologie médicale).

▪ **Nullité des libéralités faites à une personne incapable de recevoir.** Toute libéralité faite au profit d'une personne physique ou d'une personne morale frappée d'une incapacité de recevoir à titre gratuit est **nulle**, qu'elle soit **déguisée** sous la forme d'un contrat onéreux ou faite sous le nom de personnes interposées, physiques ou morales. Sauf s'il s'agit de libéralités déguisées, ces incapacités de recevoir ne s'appliquent pas aux « *dispositions rémunératoires faites à titre particulier, eu égard aux facultés du disposant et aux services rendus* », sauf (C. civ., art. 909). S'agissant d'une nullité résultant de plein droit d'une incapacité de recevoir, la juridiction saisie n'a pas à analyser la sincérité de l'intention libérale ni à rechercher l'existence d'un vice du consentement. Sont présumés personnes interposées, jusqu'à preuve contraire, les père et mère, les enfants et descendants, ainsi que l'époux de la personne incapable de recevoir à titre gratuit (CASF, art. L. 116-4, C. civ., art. 911).

▪ **Droit de préférence de la partie civile sur les avoirs confisqués. Rappel.** La partie civile jouit d'un droit de préférence sur les fonds confisqués ou sur ceux issus de la liquidation de biens confisqués (C. pr. pén., art. 706-164, v. nº **16.20B**).

RÉGIME DES PEINES

▪ **Interdiction professionnelle. Ministère sacerdotal.** « *les personnes physiques déclarées coupables d'abus de faiblesse encourent la peine complémentaire de l'interdiction d'exercer l'activité professionnelle ou sociale dans l'exercice ou à l'occasion de laquelle l'infraction a été commise, [...] aucune disposition n'en excepte un ministère sacerdotal* » (en l'espèce des fonctions de prêtre) (Crim. 4 nov. 2021, nº 21-80.413, P ; dans le même sens, pour un contrôle judiciaire : Crim. 4 nov. 2021, nº 21-85.144).

▪ ÉLÉMENTS CONSTITUTIFS – QUALIFICATION

✧ Pour avoir à .... [¤ lieu], le .... [¤ date], frauduleusement abusé de l'état d'ignorance ou de la situation de faiblesse de .... [¤ nom de la victime], [⇨A à C puis le cas échéant D ou E :]

A. mineur (A : *N 1791.co*)...

B. personne majeure qu'il savait particulièrement vulnérable en raison de son âge, d'une maladie, d'une infirmité, d'une déficience physique ou psychique ou de son état de grossesse (B : *N* ***10828.co***, par personne morale : *N* ***25355.co***)...

C. (L. n° 2001-504, 12 juin 2001) personne majeure en état de sujétion psychologique ou physique résultant de l'exercice de pressions graves ou réitérées ou de techniques propres à altérer son jugement (C : *N* ***25464.co***)...

... pour *le conduire* (L. n° 2001-504, 12 juin 2001) à un acte ou à une abstention gravement préjudiciable pour lui, en l'espèce .... [¤ matérialiser l'infraction].

D. [• préciser le cas échéant dans les **cas** A à C] avec cette circonstance que les faits ont été commis par le dirigeant de fait ou de droit d'un groupement poursuivant des activités ayant pour but ou pour effet de créer, de maintenir ou d'exploiter la sujétion psychologique ou physique des personnes participant à ces activités (D : *N* ***27381.co***) ;

E. [• préciser le cas échéant dans les **cas** A à C] avec cette circonstance que les faits ont été commis en bande organisée par les membres d'un groupement qui poursuivant des activités ayant pour but ou pour effet de créer, de maintenir ou d'exploiter la sujétion psychologique ou physique des personnes participant à ces activités (circonstance aggravante issue de L. n° 2023-22, 24 janv. 2023) (E : *N* ***34955.co***).

Faits prévus et réprimés par les articles : **PERSONNES PHYSIQUES.** 223-15-2 et 223-15-3 du code pénal. **PERSONNES MORALES.** 223-15-2 et 223-15-3 du code pénal. ✧

22.31 Filouterie

▪ PEINES

PERSONNE PHYSIQUE

PP Délit. 6 mois d'emprisonnement, **7 500 €** (C. pén., art. 313-5).

PC Néant.

PERSONNE MORALE

PP **375 000 €** (C. pén., art. 131-38).

PC Néant.

▪ ORIENTEUR

AUTRE QUALIFICATION

▪ **Filouterie de péage routier.** V. n° 22.32.

▪ **Filouterie de transports publics.** Filouterie de **chemins de fer** et de **transports publics routiers**, v. n°s 22.33, 22.34 et 22.35.

▪ **Filouterie d'habitude de transport public de personnes – Voyage sans titre de transport.** V. n° 22.35.

▪ **Escroquerie.** V. n° **22.18**, l'incrimination spéciale de filouterie n'exclut pas celle d'escroquerie. Ainsi, en cas de fourniture de « *faux identifiants de carte bancaire, les manœuvres frauduleuses, consistant en la fourniture par écrit de fausses coordonnées bancaires afin de se voir fournir un service, en l'occurrence l'occupation de chambres d'hôtel, service qui ne lui aurait jamais été consenti sans lesdites manœuvres* » (Crim. 16 janv. 2019, n° 17-87.027).

ÉLÉMENT LÉGAL

▪ **Incrimination limitée aux courtes occupations. Cas** C. L'infraction n'est pas constituée si l'**occupation de la chambre d'hôtel** est > à dix jours (C. pén., art. 313-5 2°).

RÉGIME PROCÉDURAL

▪ **Compétence juridictionnelle. Juge unique** (C. pr. pén., art. 398-1 1°, v. n° **17.15D2**).

▪ **Ordonnance pénale. Possible** (C. pr. pén., art. 495-II, v. n° **15.48B1** et tableau n° **17.15D2**).

▪ **Amende forfaitaire délictuelle. Possible** depuis L. n° 2023-22, 24 janv.2023, **y compris en cas de récidive**, si l'infraction est relevée par **procès-verbal électronique** (C. pén., art. **313-5**, C. pr. pén., art. 495-17 s. et **D. 45-3**). Amende minorée : **250 €** ; forfaitaire : **300 €** ; majorée : **600 €** ; C. pr. pén., art. 495-20 et 495-21 relatifs à l'exigence d'une consignation préalable à la contestation ne sont pas applicables. Sur la procédure d'amende forfaitaire délictuelle, v. n° **15.47**.

■ ÉLÉMENTS CONSTITUTIFS – QUALIFICATION

✧ Pour s'être à .... [¤ lieu], le .... [¤ date], sachant qu'il se trouvait dans l'impossibilité absolue de payer ou étant déterminé à ne pas payer [⇨A à D :]

A. fait servir des boissons ou des aliments (A : *N 78.ju*)...

B. fait servir du carburant ou des lubrifiants (B : *N 77.ju*)...

C. fait attribuer une chambre d'hôtel (C : *N 76.ju*)...

D. fait transporter en taxi ou voiture de place (D : *N 79.ju*)...

... au préjudice de .... [¤ nom de la victime], pour un montant de .... €.

Faits prévus et réprimés par l'article 313-5 du code pénal. ✧

22.32 Filouterie de péage routier

■ PEINES

PERSONNE PHYSIQUE

PP Cas A : Délit. 7 500 € (C. route, art. L. 419-1, issu L. n° 2019-1428, 24 déc. 2019).

Cas B : Contrav. 4e cl. : 750 € (depuis D. n° 2020-1494, 30 nov. 2020, auparavant contrav. 2e cl., anct C. route, art. R. 412-17) (C. route, art. R. 419-1 ; C. pén., art. 131-13).

Cas C : Contrav. 4e cl. : 750 € (depuis D. n° 2020-1494, 30 nov. 2020, auparavant contrav. 2e cl., anct C. route, art. R. 421-19) (C. route, art. R. 419-2 ; C. pén., art. 131-13).

PC Néant.

PERSONNE MORALE

PP Cas A : Délit. 37 500 € (C. route, art. L. 419-1, issu L. n° 2019-1428, 24 déc. 2019 ; C. pén., art. 131-38).

Cas B : Contrav. 4e cl. : 3 750 € (depuis D. n° 2020-1494, 30 nov. 2020, auparavant contrav. 2e cl., anct C. route, art. R. 412-17) (C. route, art. R. 419-1 ; C. pén., art. 131-38).

Cas C : Contrav. 4e cl. : 3 750 € (depuis D. n° 2020-1494, 30 nov. 2020, auparavant contrav. 2e cl., anct C. route, art. R. 421-19) (C. route, art. R. 419-2 ; C. pén., art. 131-38).

PC Néant.

■ ORIENTEUR

ÉLÉMENT LÉGAL

▪ **Application de la loi dans le temps.** • **Cas A** : le délit de filouterie d'habitude de péage routier est issu de L. n° 2019-1428, 24 déc. 2019. • **Cas B et C** : le D. n° 2020-1494, 30 nov. 2020, a transféré les incriminations de C. route, art. R. 412-17 (Cas B) et R. 421-19 (Cas C) au C. route, art. R. 419-1 (Cas B) et R. 419-2 (Cas C), et, afin de favoriser le développement du péage sans barrière, a aggravé les pénalités de la 2e à la 4e classe.

▪ **Définition.** • **Cas A : définition de l'habitude.** « *le conducteur qui élude de manière habituelle le paiement de péage est celui qui a fait l'objet, sur une période ⩽ à 12 mois, de plus de 5 contraventions pour avoir circulé sur une autoroute ou un ouvrage routier sans s'acquitter de l'intégralité du montant du péage* ». L'infraction est donc caractérisée au moins lors de la 6e contravention constatée au cours d'une période écoulée d'au plus un an depuis la première. « *une contravention ayant donné lieu à une transaction en application de C. pr. pén., art. 529-6 n'est pas prise en compte dans le calcul du nombre de contraventions* » (C. route, art. L. 419-1 II issu L. n° 2019-1428, 24 déc. 2019). • **Cas B et C : définition du trajet.** Dans l'hypothèse d'absence de barrière de péage physique, « *un trajet est défini* », pour le **Cas A**, « *comme l'utilisation en continu d'un ouvrage routier, dans un même sens et par un même véhicule* » (C. route, art. R. 419-1) et, pour le **Cas B**, « *comme l'utilisation en continu, sur une période de 24 h au plus, de sections d'autoroute soumise à péage gérées par un même exploitant, dans un même sens et par un même véhicule* » (C. route, art. R. 419-2).

RÉGIME PROCÉDURAL

▪ **Compétence juridictionnelle. Cas A : juge unique** (C. pr. pén., art. 398-1 2°, v. n° 17.15D2).

▪ **Preuve. Cas B et C** : les agents de l'exploitant de l'autoroute ou de l'ouvrage routier, s'ils sont agréés par le préfet et assermentés, peuvent constater l'infraction par procès-verbal (C. route, art. R. 130-8). L'infraction peut également être constatée par un système de vidéoprotection dans les conditions prévues par CSI, art. L. 251-1 à L. 252-7 (C. route, art. R. 130-8).

▪ Transaction. Cas B et C : l'action publique peut être éteinte par le paiement de la somme due au titre du péage complétée par une **indemnité forfaitaire**, minorée ou majorée en fonction du délai pris par le contrevenant pour s'acquitter de l'indemnité. Le débiteur s'acquitte de la somme dans le délai de deux mois ou adresse une protestation à l'exploitant qui la transmet au ministère public (C. pr. pén., art. 529-6, R. 49-8-4-1, A 37-30 s.).

▪ ÉLÉMENTS CONSTITUTIFS – QUALIFICATION

✧ Pour avoir à ....[¤ lieu], le .... [¤ date], [⇨A ou B :]

A. étant conducteur, éludé de manière habituelle le paiement de péage sur une autoroute ou un ouvrage routier, en l'espèce en ayant fait l'objet entre le [date de la première contravention comprise dans le délai d'un an] et le [date de la dernière et au moins 6e contravention], de plus de cinq contraventions n'ayant pas donné lieu à transaction pour avoir circulé sur une autoroute ou un ouvrage routier sans s'acquitter de l'intégralité du montant du péage (C. route, art. R. 419-1, R. 419-2, L. 419-1 (L. nº 2019-1428, 24 déc. 2019)) (A : *N* ***33438.ju***) ;

B. étant usager d'un **ouvrage routier** ouvert à la circulation publique et régulièrement soumis à péage, refusé d'acquitter le montant du péage ou s'être soustrait d'une manière quelconque à ce paiement (C. route, art. R. 419-1) (B : *N* ***22903.c4***) ;

C. étant usager d'une **autoroute** régulièrement soumise à péage, refusé d'acquitter le montant du péage correspondant au parcours et à la catégorie du véhicule qu'il utilise ou s'être soustrait d'une manière quelconque à ce paiement (C. route, art. R. 419-2) (C : *N* ***6194.c4***).

Faits prévus et réprimés par l'article [de la formule sélectionnée]. ✧

22.33 Filouterie de transport par chemin de fer ou tramway – Voyage sans titre de transport

▪ PEINES

PERSONNE PHYSIQUE

PP Contrav. 4e cl. : Cas A : **750 €** (D. nº 2016-541, 3 mai 2016, art. 15 II ; C. pén., art. 131-13) ; Contrav. 3e cl. : Cas B et C : **450 €** (D. nº 2016-541, 3 mai 2016, art. 15 I ; C. pén., art. 131-13).

PC Néant.

PERSONNE MORALE

PP Cas A : **3 750 €**. Cas B et C : **2 250 €** (C. pén., art. 131-41).

PC Néant.

▪ ORIENTEUR

AUTRE QUALIFICATION

▪ **Fourniture d'une identité ou d'une adresse fausse – Alerte sur un contrôle de voyageurs – Refus de rester à disposition – (Obstacles au contrôle de l'identité).** V. nº 25.58.

▪ **Filouterie d'habitude de transport public de personnes – Voyage sans titre de transport.** V. nº 22.35.

TEXTE DE RÉFÉRENCE

▪ **Transports concernés. Dispositions applicables** à tous les transports publics ferroviaires ou guidés définis au C. transp., art. L. 2000-1 (D. nº 2016-541, 3 mai 2016, art. 1).

RÉGIME PROCÉDURAL

▪ **Pouvoir des agents de contrôle. Vérification d'identité et retenue par les agents de l'exploitant.** C. pr. pén., art. 78-6 et 529-4, C. transp., art. L. 2241-2, v. nº 11.23J.

▪ **Pouvoir des agents de contrôle. Expulsion du contrevenant.** Toute personne qui contrevient aux dispositions tarifaires ou à des dispositions dont l'inobservation est susceptible de compromettre la sécurité des personnes, la régularité de la circulation ou de troubler l'ordre public, « *ou qui refuse de se soumettre à l'inspection visuelle ou à la fouille de ses bagages ou aux palpations de sécurité* » (L. nº 2016-339, 22 mars 2016) peut se voir « *interdire .../...l'accès au véhicule de transport* » par les agents habilités à constater les infractions, ou enjoindre de descendre « *du véhicule de transport ferroviaire ou routier au premier point d'arrêt* » (L. nº 2003-239, 18 mars 2003, art. 116) « *ou de quitter sans délai les espaces, gares ou stations gérés par l'exploitant du réseau de transport public* » (L. nº 2011-267, 14 mars 2011). En cas de refus d'obtempérer, les agents spécialement désignés par l'exploitant peuvent ~~« contraindre~~

~~l'intéressé à descendre du véhicule » (L. nº 2007-297, 5 mars 2007)~~ « *interdire à l'intéressé l'accès du véhicule ou le contraindre à en descendre* » (L. nº 2016-339, 22 mars 2016) ou « *à quitter sans délai les espaces, gares ou stations* » (L. nº 2011-267, 14 mars 2011) et, en tant que de besoin, requérir l'assistance de la force publique. Ils informent de cette mesure, sans délai et par tout moyen, un OPJ territorialement compétent. Ces mesures sont mises en œuvre de façon proportionnée en tenant compte de la vulnérabilité de la personne, en fonction de son âge ou de son état de santé, et ne peuvent être mises en œuvre à l'égard des personnes vulnérables sans domicile fixe qu'à la condition d'une solution d'hébergement d'urgence (C. transp., art. L. 2241-6, réd. issue L. nº 2019-1428, 24 déc. 2019).

▪ **Transaction.** Pour les contraventions des quatre premières classes à la police de chemins de fer et des services de transport publics de personnes, constatées par les agents assermentés de l'exploitant, l'action publique peut être éteinte par une **transaction entre l'exploitant et le contrevenant** (C. transp., art. L. 2241-3 et L. 3114-1), sauf si plusieurs contraventions ont été constatées simultanément dont au moins une ne peut donner lieu à transaction (C. pr. pén., art. 529-3). La transaction est réalisée par le versement d'une **indemnité forfaitaire** et de la somme le cas échéant due au titre du transport, soit au moment de la constatation de l'infraction, entre les mains de l'agent de l'exploitant, soit dans les deux mois à compter de la constatation de l'infraction (C. pr. pén., art. 529-4). Il est immédiatement mis fin à la retenue aux fins de vérification d'identité si le contrevenant procède au versement de l'indemnité forfaitaire (C. pr. pén., art. 529-4). À défaut de paiement dans le délai de deux mois (ou de protestation transmise à l'exploitant puis au ministère public), le contrevenant devient redevable de plein droit d'une amende forfaitaire majorée recouvrée par le Trésor public en vertu d'un titre rendu exécutoire par le ministère public (C. pr. pén., art. 529-5). Ces dispositions sont complétées par D. nº 2016-541, 3 mai 2016, art. 22 à 26, également applicables aux services de transport public routier de personnes réguliers et à la demande (C. transp., art. R. 3116-35).

▪ ÉLÉMENTS CONSTITUTIFS – QUALIFICATION

✧ Pour avoir à .... [¤ lieu], le .... [¤ date], [⇨A à C :]

A. **Grandes lignes ferroviaires**

A. voyagé sans titre de transport adéquat dans un train dans lequel le titre de transport ne peut être utilisé que pour un trajet à effectuer à la date et dans le train indiqué (D. nº 2016-541, 3 mai 2016, art. 15 II) (A : *N 6002.c4*) ;

B. **Autres lignes ferroviaires ou guidées**

B. voyagé dans un véhicule ferroviaire ou guidé affecté au transport public de voyageurs sans être (D. nº 2016-541, 3 mai 2016, art. 15 I) [⇨B1 ou B2 :] :

B1. muni d'un titre de transport (B1 : *N 6003.c3*) ;

B2. muni d'un titre de transport complété par les opérations incombant au voyageur telles que compostage (B2a : *N 6027.c3*), validation ou apposition de mentions manuscrites (B2b : *N 6029.c3*) ;

C. **Accès sans titre dans un espace affecté aux détenteurs d'un titre de transport**

C. pénétré dans un espace dont l'accès est réservé aux détenteurs d'un titre de transport sans être muni d'un titre valable et complété s'il y a lieu, par les opérations incombant au voyageur telles que compostage, validation ou apposition de mentions manuscrites (D. nº 2016-541, 3 mai 2016, art. 15 I) (C : *N 4109.c3*).

Faits prévus et réprimés par les articles...[• du cas sélectionné]. ✧

22.34 Filouterie de transport public routier

▪ PEINES

PERSONNE PHYSIQUE

PP Contrav. 3e cl. 450 € (D. nº 2016-541, 3 mai 2016, art. 15 I) ; C. pén., art. 131-13).

PC Néant.

PERSONNE MORALE

PP 2 250 € (C. pén., art. 131-41).

PC Néant.

▪ ORIENTEUR

AUTRE QUALIFICATION

▪ **Fourniture d'une identité ou d'une adresse fausse – Alerte sur un contrôle de voyageurs – Refus de rester à disposition – (Obstacles au contrôle de l'identité).** V. n° 25.58.

▪ **Filouterie d'habitude de transport public de personnes – Voyage sans titre de transport.** V. n° 22.35.

▪ **Filouterie de taxi ou voiture de place.** V. n° 22.31.

TEXTE DE RÉFÉRENCE

▪ **Transports concernés. Dispositions applicables.** Les dispositions pénales ci-dessous, issues du D. n° 2016-541, 3 mai 2016 relatif à la sûreté et aux règles de conduite dans les transports ferroviaires ou guidés, sont applicables aux services de transport public routier de personnes réguliers et à la demande (C. transp., art. R. 3116-33).

RÉGIME PROCÉDURAL

▪ **Renvoi.** *Idem* n° 22.33.

▪ ÉLÉMENTS CONSTITUTIFS – QUALIFICATION

✧ Pour avoir à .... [¤ lieu], le .... [¤ date], voyagé dans la voiture d'un service de transport public routier de personnes régulier et à la demande [⇨A ou B :]

A. sans titre de transport (A : *N 6263.c3*) ;

B. muni d'un titre de transport non complété, s'il y a lieu, par les opérations incombant au voyageur telles que compostage, validation (B1 : *N 6274.c3*) ou apposition de mentions manuscrites (B2 : *N 6275.c3*).

Faits prévus et réprimés par les articles R. 3116-33 du code des transports et 15 I du décret n° 2016-541 du 3 mai 2016. ✧

22.35 Filouterie d'habitude de transport public de personnes – Voyage sans titre de transport

▪ PEINES

PERSONNE PHYSIQUE

PP Délit. 6 mois d'emprisonnement, 7 500 € (C. transp., art. L. 2242-6).

PC Néant.

PERSONNE MORALE

PP 37 500 € (C. pén., art. 131-38).

PC Néant.

▪ ORIENTEUR

AUTRE QUALIFICATION

▪ **Fourniture d'une identité ou d'une adresse fausse – Alerte sur un contrôle de voyageurs – Refus de rester à disposition – (Obstacles au contrôle de l'identité).** V. n° 25.58.

ÉLÉMENT LÉGAL

▪ **Application de la loi pénale dans le temps.** Incrimination créée par L. n° 2001-1042, 15 nov. 2001, art. 50.

TEXTE DE RÉFÉRENCE

▪ **Transports concernés. Dispositions applicables** à tous les transports publics ferroviaires ou guidés (ancienne rédaction : « *à tous les transports publics de personnes ou de marchandises guidés le long de leur parcours en site propre* ») et aux services de transports public routier de personnes réguliers et à la demande (C. transp., art. L. 2240-1 et L. 3114-3).

ÉLÉMENT MATÉRIEL

▪ **Caractérisation de l'habitude. L'habitude est caractérisée** dès lors que la personne concernée a fait l'objet, sur une période inférieure ou égale à douze mois, pour les cas A et B du n° 22.33, ou du n° 22.34 de plus de ~~dix~~ « *cinq* » (L. n° 2016-339, 22 mars 2016) contraventions, n'ayant pas donné lieu à transaction (sur la transaction, v. n° 22.33) (C. transp., art. L. 2242-6). Ces procès-verbaux doivent être joints au dossier, en original ou en copie. Le délit est également constitué si une ou plusieurs des contraventions ont donné lieu au paiement d'une amende forfaitaire majorée ou à une condamnation définitive. Dans un tel cas, le tribunal correctionnel ne peut que constater l'existence des précédentes contraventions, dans les autres, il reste libre d'apprécier si elles ont effectivement commises, ce qui peut le conduire à considérer que le délit n'est pas caractérisé (Circ. Crim. 2002-10 E8, 25 avr. 2002, NOR : JUSD0230075C, n° 2.6).

RÉGIME PROCÉDURAL

▪ **Pouvoir des agents de contrôle. Vérification d'identité et retenue par les agents de l'exploitant.** C. pr. pén., art. 78-6 et 529-4, C. transp., art. L. 2241-2, v. n° 11.23J.

RÉGIME PROCÉDURAL

▪ **Compétence juridictionnelle. Juge unique** (C. pr. pén., art. 398-1 4°, v. n° 17.15D2).

▪ **Ordonnance pénale. Possible** (C. pr. pén., art. 495-II, v. n° 15.48B1 et tableau n° 17.15D2).

POLITIQUE PUBLIQUE

▪ **Regroupement des procédures.** En pratique, c'est aux exploitants des services publics de transports qu'il appartient de procéder au recoupement et au regroupement des procédures – qui peuvent concerner des faits commis dans les ressorts de juridictions différentes – pour permettre au parquet d'engager des poursuites (Circ. Crim. 2002-10 E8, 25 avr. 2002, n° 2.6).

▪ **ÉLÉMENTS CONSTITUTIFS – QUALIFICATION**

✧ Pour avoir à .... [¤ lieu], le .... [¤ date], de manière habituelle, en l'espèce en ayant fait l'objet sur une période inférieure ou égale à 12 mois de plus de cinq contraventions n'ayant pas donné lieu à transaction pour voyage sans titre de transport valable, voyagé dans ~~une voiture~~ « tout moyen de transport public de personnes payant » (L. n° 2016-339, 22 mars 2016) sans être muni d'un titre de transport valable.

Faits prévus et réprimés par l'article L. 2242-6 du code des transports et 15-I du décret n° 2016-541 du 3 mai 2016 (*N 23315.ju*). ✧

22.36 Entrave aux enchères publiques

▪ **PEINES**

PERSONNE PHYSIQUE

PP Délit. 6 mois d'emprisonnement, 22 500 € (C. pén., art. 313-6).

PC 1. Interdiction droits civiques civils et de famille ⩽ 5 ans (vote, éligibilité, fonction juridictionnelle, expert, témoin, tuteur, curateur) (C. pén., art. 313-7 1° et 131-26) ;

2. Interdiction définitive ou ⩽ 5 ans activité professionnelle ou sociale en relation avec l'infraction, ou fonction publique (sauf mandat électif ou syndical) *et/ou* interdiction définitive ou ⩽ 15 ans (10 ans avant L. n° 2013-1117, 6 déc. 2013) d'exercer une profession commerciale ou industrielle, de diriger, d'administrer, de gérer ou de contrôler à un titre quelconque, directement ou indirectement, pour son propre compte ou pour le compte d'autrui, une entreprise commerciale ou industrielle ou une société commerciale (C. pén., art. 313-7 2° et 131-27) ;

3. Fermeture ⩽ 5 ans établissement(s) ayant servi à commettre l'infraction (C. pén., art. 313-7 3° et 131-33) ;

4. Confiscation de la chose ayant servi à l'infraction ou destinée à la commettre ou son produit (obligatoire pour objets qualifiés dangereux ou nuisibles par loi ou règlement ou dont la détention est illicite) (C. pén., art. 313-7 4° et 131-21) ;

5. Interdiction de séjour ⩽ 5 ans (C. pén., art. 313-7 5°, 131-31 et 131-32 ; C. pr. pén., art. 762-1 à 763) ;

6. Interdiction ⩽ 5 ans émission chèques autres que de retraits ou certifiés (C. pén., art. 313-7 6° et 131-19) ;

7. Affichage, ⩽ 2 mois, *et/ou* (L. nº 2011-525, 17 mai 2011) diffusion de la décision ou d'extraits aux frais (⩽ amende encourue) du condamné (C. pén., art. 313-7 7º et 131-35).

8. Exclusion ⩽ 5 ans marchés publics (C. pén., art. 313-8 et 131-34).

PERSONNE MORALE

PP 112 500 € (C. pén., art. 131-38).

PC Néant.

▪ ORIENTEUR

AUTRE QUALIFICATION

▪ Manipulation frauduleuse des cours de biens ou services – Fausses informations ou manœuvres. C. com., art. L. 443-2 devenu L. 442-9 (v. nº 30.23).

▪ Atteintes à la transparence des marchés financiers : délits d'initiés – abus de marché. CMF, art. L. 465-1 (v. nº 33.28).

ÉLÉMENT MATÉRIEL

▪ Tentative. Punissable (C. pén., art. 313-6).

▪ ÉLÉMENTS CONSTITUTIFS – QUALIFICATION

✧ Pour avoir à .... [¤ lieu], le .... [¤ date] [⇨A à D :]

A. dans une adjudication publique, par dons, promesses, ententes ou tout autre moyen frauduleux, écarté ou tenté d'écarter un enchérisseur ou de limiter les enchères ou les soumissions (A : *N 1807.co*) ;

B. accepté ou tenté d'accepter, dans une adjudication publique, des dons ou promesses écartant un enchérisseur ou limitant les enchères ou les soumissions (B : *N #.co*) ;

C. dans une adjudication publique, entravé ou troublé ou tenté d'entraver ou de troubler la liberté des enchères ou des soumissions par des violences, voies de fait ou menaces (C : *N 3047.co*) ;

D. après une adjudication publique, procédé ou participé, ou tenté d'y procéder ou participer, sans le concours de l'officier ministériel compétent *ou d'une société agréée de ventes volontaires de meubles aux enchères publiques* (L. nº 2000-642, 10 juill. 2000), à une remise aux enchères (D : *N 1808.co*).

Faits prévus et réprimés par les articles 313-6, 313-7 et 313-8 du code pénal. ✧

22.37 Abus de confiance

▪ PEINES

PERSONNE PHYSIQUE

PP Délit. 5 ans d'emprisonnement (depuis L. nº 2020-1672, 24 déc. 2020, auparavant 3 ans), 375 000 € (C. pén., art. 314-1).

PC 1. Interdiction droits civiques civils et de famille ⩽ 5 ans (vote, éligibilité, fonction juridictionnelle, expert, témoin, tuteur, curateur) (C. pén., art. 314-10 1º et 131-26). Sauf dispense spécialement motivée, la peine d'inéligibilité est obligatoirement prononcée (C. pén., art. 131-26-2, L. nº 2017-1339, 15 sept. 2017), v. Orienteur/Régime des peines ;

2. Interdiction définitive ou ⩽ 5 ans activité professionnelle ou sociale en relation avec l'infraction, ou fonction publique (sauf mandat électif ou syndical) *et/ou* interdiction définitive ou ⩽ 15 ans (10 ans avant L. nº 2013-1117, 6 déc. 2013) d'exercer une profession commerciale ou industrielle, de diriger, d'administrer, de gérer ou de contrôler à un titre quelconque, directement ou indirectement, pour son propre compte ou pour le compte d'autrui, une entreprise commerciale ou industrielle ou une société commerciale (C. pén., art. 314-10 2º et 131-27 [mod. par L. nº 2008-776, 4 août 2008]) ;

3. Fermeture ⩽ 5 ans établissement(s) ayant servi à commettre l'infraction (C. pén., art. 314-10 3º et 131-33) ;

4. Exclusion ⩽ 5 ans marchés publics (C. pén., art. 314-10 4º et 131-34) ;

5. Interdiction ⩽ 5 ans émission chèques autres que de retraits ou certifiés (C. pén., art. 314-10 5º et 131-19) ;

6. Confiscation de la chose ayant servi à l'infraction ou destinée à la commettre ou son produit (obligatoire pour objets qualifiés dangereux ou nuisibles par loi ou règlement ou dont la détention est illicite) (C. pén., art. 314-10 6° et 131-21) ;

7. Affichage, ⩽ 2 mois, *et/ou* (L. n° 2011-525, 17 mai 2011) diffusion de la décision ou d'extraits aux frais (⩽ amende encourue) du condamné (C. pén., art. 314-10 7° et 131-35).

PERSONNE MORALE

PP Délit. 1 875 000 € (C. pén., art. 314-12 ; 131-38).

PC 1. Dissolution (sauf personnes morales de droit public, partis, groupements politiques, syndicats, institutions représentatives du personnel) si personne morale créée ou détournée de son objet pour commettre l'infraction (C. pén., art. 314-12, 131-39 1° et 131-45) ;

2. Interdiction, définitive ou ⩽ 5 ans, une ou plusieurs activités professionnelles ou sociales en relation avec l'infraction (C. pén., art. 314-12 et 131-39 2°) ;

3. Surveillance judiciaire ⩽ 5 ans, sauf personnes morales de droit public, partis, groupements politiques, syndicats (C. pén., art. 314-12, 131-39 3° et 131-46) ;

4. Fermeture, définitive ou ⩽ 5 ans, un ou plusieurs établissements en relation avec l'infraction (C. pén., art. 314-12 et 131-39 4°) ;

5. Exclusion, définitive ou ⩽ 5 ans marchés publics (C. pén., art. 314-12 et 131-39 5°) ;

6. Interdiction, définitive ou ⩽ 5 ans, de *faire appel public à l'épargne* (procéder à une offre au public de titres financiers ou de les faire admettre aux négociations sur un marché réglementé, selon L. n° 2009-80, 22 janv. 2009) (C. pén., art. 314-12 et 131-39, 6°) ;

7. Interdiction, ⩽ 5 ans, d'utiliser des cartes de paiement ou d'émettre des chèques autres que de retrait ou certifiés (C. pén., art. 314-12 et 131-39 7°) ;

8. Confiscation de la chose ayant servi à l'infraction ou destinée à la commettre, ou son produit (obligatoire pour objets qualifiés dangereux ou nuisibles par loi ou règlement ou dont la détention est illicite) (C. pén., art. 314-12, 131-39 8° et 131-21) ;

9. Affichage, ⩽ 2 mois, *et/ou* (L. n° 2011-525, 17 mai 2011) diffusion de la décision ou d'extraits aux frais (⩽ amende encourue) du condamné (C. pén., art. 314-12, 131-39 9°, 131-48 et 131-35).

▪ ORIENTEUR

AUTRE QUALIFICATION

▪ **Détournement de données informatiques. Extraction ou reproduction frauduleuse de données** contenues dans un système de traitement automatisé de données informatiques (abus de confiance portant sur des données) : v. C. pén., art. 323-3, mod. par L. n° 2014-1353, 13 nov ; 2014, n° 35.71.

▪ **SARL – Abus de biens ou de voix – Distribution de dividendes fictifs – Bilan inexact.** V. n° 33.15.

▪ **Société par actions – Abus de biens ou de voix – Distribution de dividendes fictifs – Bilan inexact.** V. n° 33.19.

▪ **Détournement de matériel par un militaire.** V. n° 26.43.

ÉLÉMENT LÉGAL

▪ **Fait justificatif. Exercice du droit de rétention.** C. civ., art. 1948. « *Le dépositaire peut retenir le dépôt jusqu'à l'entier payement de ce qui lui est dû à raison du dépôt.* » Ce droit, appelé droit de rétention, signifie que le créancier qui détient un bien mobilier à raison duquel il a réalisé une prestation (ex. un garagiste détenant le véhicule sur lequel il a effectué des réparations, le teinturier un vêtement remis pour nettoyage) peut refuser de le restituer jusqu'à complet paiement.

▪ **Application de la loi pénale dans le temps.** La L. n° 2020-1672, 20 déc. 2020 a élevé de 3 à 5 ans la peine d'emprisonnement encourue pour l'abus de confiance. Cette aggravation se répercute sur les infractions qui empruntent par renvoi les pénalités prévues par C. pén., art. 314-1 (ex. C. com., art. L. 654-10, L. 654-13, v. n° 33.31).

ÉLÉMENT MATÉRIEL

▪ **Tentative. Punissable** depuis L. n° 2020-1672, 24 déc. 2020. La tentative n'était punissable que pour les faits d'abus de confiance portant atteinte aux intérêts financiers de l'Union européenne, jusqu'à L. n° 2020-1672, 24 déc. 2020, laquelle a étendu à tous faits d'abus de confiance l'incrimination de la tentative (C. pén., art. 314-1-1, mod. par L. n° 2020-1672, 24 déc. 2020).

▪ **Faits incriminés. Circ. Crim. 14 mai 1993, n° 239.** « *L'infraction sera [...] caractérisée en cas de détournement d'un bien remis à titre précaire, quelle que soit la nature juridique de ce titre. La preuve de l'existence du titre devrait cependant continuer [...] d'obéir aux règles du droit civil. Le nouveau texte dispense uniquement le tribunal de qualifier le contrat : il doit simplement être établi que celui-ci entraînait pour le bénéficiaire de la remise de la chose l'obligation de la rendre, de la représenter ou d'en faire un usage déterminé. Pourront ainsi constituer le délit d'abus de confiance des détournements commis à l'occasion des contrats de collaboration, d'échange ou de société. En revanche [...] il est clair qu'aucune infraction ne sera caractérisée en cas de non-remboursement des sommes reçues à la suite d'un prêt d'argent. Dans une telle hypothèse [...] le débiteur est devenu propriétaire des fonds qui lui ont été remis, même s'il s'est engagé à les rembourser [...] l'incrimination spécifique d'abus de blanc seing [...] n'a pas été conservée dans le nouveau code pénal. Ces faits constituent en effet, selon les circonstances, soit un abus de confiance soit un faux.* »

▪ **Faits incriminés. • Condition de remise précaire des fonds.** « *l'abus de confiance ne peut porter que sur des fonds, valeurs ou biens remis à titre précaire* », s'il appartient au juge de rechercher si les faits poursuivis peuvent recevoir une autre qualification, ils ne peuvent être qualifiés d'abus de confiance lorsque « *les fonds, remis en vertu de contrats de prestations de service, l'ont été en pleine propriété, peu important la connaissance par le prévenu, dès la remise des fonds, de son impossibilité d'exécuter le contrat* » (Crim. 5 avr. 2018, n° 17-81.085, P n° 62), ou « *peu important que les sommes versées ont été encaissées sur le compte bancaire personnel du dirigeant et utilisées à des fins étrangères à l'exécution des travaux prévus* » (Crim. 9 sept. 2020, n° 19-84.914, D). D'autres décisions sont rendues dans le même sens : avance sur frais pour des missions non exécutées (Crim. 28 juin 2017, n° 16-84.412, D) ; perception et non restitution d'acomptes pour l'installation de panneaux photovoltaïques, alors que fonds ont été employés par l'entrepreneur pour régler ses dettes au lieu d'acheter le matériel (Crim. 13 juin 2018, n° 17-82.986, D) ; fonds remis en pleine propriété en vertu de contrats de marchés de travaux « *peu important la connaissance par le prévenu, dès la remise des fonds, de son impossibilité d'exécuter les contrats* » (§ 12) (Crim. 15 déc. 2021, n° 21-81.922, D ; décision invitant toutefois les juges du fond à rechercher une autre qualification (§ 12)) ; perception et non restitution d'acomptes pour des commandes de véhicules, alors que la société se trouvait en état de cessation des paiements (Crim. 19 déc. 2018, n° 17-84.659, D) , perception et non restitution d'acompte sur un contrat de vente alors que la société éprouvait des difficultés financières (Crim. 13 juin 2018, n° 17-82.986, D) ; non remboursement de sommes prêtées (Crim. 29 mai 2019, n° 18-81.613, D). Ces décisions témoignent d'un retour à des conceptions classiques (ex. Crim. 14 févr. 2007, n° 06-82.283, P n° 48) que paraissait remettre en cause la confirmation de condamnations du chef d'abus de confiance pour des faits de non représentation d'acomptes versés pour l'installation d'une cuisine alors que les prévenus se savaient dans l'incapacité d'exécuter les travaux en raison de leur situation financière obérée (Crim. 3 févr. 2016, n° 14-83.427, D), d'avances remises dans le cadre d'un contrat de construction de maison individuelle (Crim. 6 avr. 2016, n° 15-81.272, P) ou d'une somme remise au titre d'un compte courant producteur d'intérêt (Crim. 22 févr. 2017, n° 15-85.799, NP). **• Non restitution d'une chose louée.** « *le retard dans la restitution de la chose louée n'implique pas nécessairement le détournement ou la dissipation de cette chose, élément essentiel du délit d'abus de confiance* » (Crim. 23 mars 1971, n° 70-92.154, P n° 99) ; dans le même sens, « *le retard dans la restitution de la chose louée n'implique pas nécessairement le détournement des objets, élément essentiel du délit d'abus de confiance* » (§ 15), et le détournement « *ne peut se déduire du seul défaut de restitution* » (§ 18) (Crim. 15 déc. 2021, n° 21-81.922, D). **• Non restitution d'une somme remise dans le cadre d'un mandat.** « *le défaut de restitution n'implique pas nécessairement à lui seul le détournement ou la dissipation des fonds, éléments essentiels du délit d'abus de confiance* », mais en ne donnant pas suite pendant trois ans aux demandes de restitution d'une somme remise dans le cadre d'un mandat de syndic de copropriété, « *le prévenu a marqué sa volonté de s'approprier les dommes qu'il ne détenait qu'à titre de mandat* » (Crim. 22 nov. 1973, n° 73-91.365, P n° 432).

▪ **Faits incriminés. Abus de confiance portant sur des éléments immatériels. • Détournement de clientèle.** « *constitue un abus de confiance le fait, pour une personne, qui a été destinataire, en tant que salariée d'une société, d'informations relatives à la clientèle de celle-ci, de les utiliser par des procédés déloyaux dans le but d'attirer une partie de cette clientèle vers une autre société* » (Crim. 22 mars 2017, n° 15-85.929, P n° 78, consolidant Crim. 16 nov. 2011, n° 10-87.866, P n° 233, selon lequel « *les informations relatives à la clientèle constituent un bien susceptible d'être détourné* ». Usage abusif d'une connexion internet. Est coupable d'abus de confiance « *le prévenu* [qui] *a détourné son ordinateur et la connexion internet de l'usage pour lequel ils avaient été mis à sa disposition* » (Crim. 19 mai 2004, n° 03-83.953, P n° 126). • **Duplication de fichiers à des fins personnelles.** Est coupable d'abus de confiance le prévenu qui a « *en connaissance de cause, détourné en les dupliquant, pour son usage personnel, au préjudice de son employeur, des fichiers informatiques contenant des informations confidentielles et mis à sa disposition pour un usage professionnel* » (Crim. 22 oct. 2014, n° 13-82.630, NP). • **Enregistrement.** « *un enregistrement d'images et de sons constitue un bien susceptible d'appropriation* » dont le détournement caractérise l'abus de confiance (Crim. 16 déc. 2015, n° 14-83.140, P n° 304). • **Projet commercial et industriel.** Est coupable d'abus de confiance le prévenu qui a « *a disposé au profit d'un tiers et comme d'un bien propre d'un projet qui, dès sa réalisation, était propriété de son employeur et dont il n'était devenu que détenteur* » (Crim. 22 sept. 2004, n° 04-80.285, P n° 218). • **Usage d'un numéro de carte bancaire.** Est coupable d'abus de confiance le prévenu qui a « *en connaissance de cause, détourné le numéro de la carte bancaire communiqué par la cliente pour le seul paiement de sa commande et, par là même, n'en a pas fait l'usage convenu entre les parties* » (Crim. 14 nov. 2000, n° 99.84.522, P n° 338). • **Temps de travail.** « *l'utilisation, par un salarié, de son temps de travail à des fins autres que celles pour lesquelles il perçoit une rémunération de son employeur constitue un abus de confiance* » (Crim. 19 juin 2013, n° 12-83.031, P n° 145 ; 3 mai 2018, n° 16-86.369, NP). De même, « *le fait, pour un cadre dirigeant salarié, de détourner le temps de travail d'un salarié de l'entreprise pour lui faire effectuer des travaux à des fins personnelles, ou au profit de sociétés dans lesquelles il a des intérêts, et au détriment de la personne morale qui est son employeur, constitue un abus de confiance* » (Crim. 16 janv. 2019, n° 17-81.136). Soulignons que la jurisprudence précitée initiée le 19 juin 2013 a été déclarée prévisible en ce qu'elle « *a seulement précisé les contours de l'infraction d'abus de confiance d'une manière qui était prévisible au sens de la jurisprudence de la Cour européenne des droits de l'homme, la C. cass. s'étant, par plusieurs arrêts antérieurs, engagée dans le sens d'une conception dématérialisée de l'objet détourné* » (§ 15) (Crim. 30 juin 2021, n° 20-81.570, P). • **Main-d'œuvre et locaux.** « *le fait, pour un directeur d'association, d'employer les salariés de celle-ci pendant leur temps de travail à des fins personnelles, s'analyse comme un détournement de fonds de l'association destinés à rémunérer des prestations ne devant être effectuées que dans son seul intérêt* » (Crim. 20 oct. 2004, n° 03-86.201, P n° 248), comme le fait d'« *avoir indûment utilisé, pour l'exercice de ses fonctions sénatoriales, des locaux et personnels dont la charge était supportée par l'OPHLM* » (Crim. 19 sept. 2007, n° 07-80.533, NP).

ÉLÉMENT INTENTIONNEL

▪ **Mobiles.** • **Exercice des droits de la défense : appréhension légitime de documents par un salarié.** En cohérence avec la jurisprudence qui exonère des poursuites pour vol le salarié qui, pour les strictes nécessités de l'exercice des droits de la défense, appréhende des documents sans l'autorisation de son employeur (v. la jurisprudence citée au n° **22.1**), est ainsi fondée à confirmer une ordonnance de non-lieu du chef d'abus de confiance la CHINS qui relève que l'intéressé, « *avisé du projet de son employeur de rompre son contrat de travail, a appréhendé des documents dont il avait eu connaissance à l'occasion de l'exercice de ses fonctions et dont la production était strictement nécessaire à l'exercice de sa défense dans la procédure prud'homale qu'il a engagée peu après* » (Crim. 16 juin 2011, n° 10-85.079, P n° 134).

▪ **Indifférence de l'intérêt personnel.** À la différence de l'infraction d'abus de bien social qui doit avoir été commise dans l'intérêt personnel du dirigeant (Sur l'abus de biens sociaux, v. n° **33.15**), l'abus de confiance n'exige que le seul détournement. Ainsi, peu importe que le serveur salarié qui « *s'est abstenu volontairement de remettre à son employeur le prix des boissons qu'il était chargé d'encaisser* » n'ait « *pas tiré un profit pécuniaire direct* » de ses faits (Crim. 5 oct. 2011, n° 10-88.722, P n° 193).

RÉGIME PROCÉDURAL

▪ **Obstacle aux poursuites – Immunité familiale.** Le principe de l'immunité familiale et ses exceptions décrits au n° **22.1** s'appliquent en cas d'abus de confiance commis au préjudice d'un ascendant, descendant ou d'un conjoint (sauf lorsque les époux sont séparés de corps ou autorisés à résider séparément) (C. pén., art. 314-4 renvoyant à C. pén., art. 311-12).

▪ **Prescription de l'action publique.** • **Infraction occulte par nature.** Si l'abus de confiance est une infraction instantanée (ex. Crim. 13 sept. 2006, n° 05-84.111, P n° 220), elle est aussi une infraction occulte par nature selon la jurisprudence consacrée par L. n° 2017-242, 27 févr. 2017 créant C. pr. pén., art. 9-1 (ex. Crim. 26 janv. 1977, n° 76-90.485, P n° 35 ; 11 févr. 1981, n° 80-92.059, P n° 53 ; 8 févr. 2006, n° 05-80.301, P n° 34). Le point de départ de la prescription est donc retardé au « *jour ou l'infraction est apparue et a pu être constatée dans des conditions permettant la mise en mouvement ou l'exercice de l'action publique, sans toutefois que le délai de prescription puisse dépasser 12 années révolues à compter du jour où l'infraction a été commise* » (C. pr. pén., art. 9-1, L. n° 2017-242, 27 févr.

2017). Sur les causes d'allongement de la prescription de l'action publique, v. nº 17.20 s. • **Victime vulnérable.** La L. nº 2017-242, 27 févr. 2017, modifiant C. pr. pén., art. 8, a abrogé le régime institué par L. nº 2011-264, 14 mars 2011, qui prévoyait que pour les faits commis à l'encontre d'une personne vulnérable du fait de son âge, d'une maladie, d'une infirmité, d'une déficience physique ou psychique ou de son état de grossesse, la prescription ne courait qu'à compter du jour où l'infraction apparaissait à la victime dans des conditions permettant l'exercice de l'action publique. Désormais, le délai de prescription est de **6 années** à compter du jour où l'infraction a été commise, sans préjudice des causes d'allongement de la prescription consacrées par L. nº 2017-242, 27 févr. 2017 en cas d'infraction occulte ou dissimulée, dans la limite d'un délai butoir de 12 années. Sur l'abrogation opérée par L. nº 2017-242 et les causes d'allongement de la prescription de l'action publique, v. nº 17.18B, 17.20 s.

MESURE CIVILE

- **Constitution de partie civile. Préjudice du détenteur ou possesseur.** « *l'abus de confiance peut préjudicier et ouvrir droit à réparation, non seulement aux propriétaires, mais encore aux détenteurs et possesseurs des biens détournés, victimes d'un préjudice résultant directement de l'ensemble des éléments constitutifs de l'infraction* », est ainsi reçue la constitution de partie civile de l'employeur dont le salarié a commis un abus de confiance au préjudice d'un client (Crim. 20 mars 2019, nº 17-85.246, P nº 56).
- **Autorité de la chose jugée au pénal sur le civil.** « *l'autorité de la chose jugée au pénal s'impose au juge civil relativement aux faits constatés qui constituent le soutien nécessaire de la condamnation pénale* » ; est donc censuré l'arrêt qui déboute une personne de ses demandes dirigées contre son employeur au motif que l'existence d'un lien de subordination n'est pas établie, « *alors que le jugement du tribunal correctionnel a constaté l'existence du lien de subordination et, partant, le contrat de travail sur lequel repose l'abus de confiance dont [l'intéressée] a été déclarée coupable au préjudice de [son employeur] de sorte que cette constatation s'imposait à elle* » (Soc., 27 sept. 2006, nº 05-40.208, nº 292).

RÉGIME DES PEINES

- **Récidive. Délits assimilés.** Le vol, l'extorsion, le chantage, l'escroquerie et l'abus de confiance sont considérés comme une même infraction au regard de la récidive (C. pén., art. 132-16) (sur les conditions et les effets de la récidive, v. nº 18.5).
- **Inéligibilité obligatoire. Inscription au bulletin nº 2. Réserve d'interprétation.** *Idem* nº 20.18.

■ ÉLÉMENTS CONSTITUTIFS – QUALIFICATION

✧ Pour avoir à .... [¤ lieu], le .... [¤ date], détourné .... [¤ énumération des fonds, valeurs ou biens quelconques détournés] qui lui avaient été remis et qu'il avait acceptés à charge de les rendre ou représenter ou d'en faire un usage déterminé et ce au préjudice de .... [¤ nom de la victime].

Faits prévus et réprimés par les articles : **PERSONNES PHYSIQUES.** 314-1, 314-10 du code pénal (*N 58.co*). **PERSONNES MORALES.** 314-1, 314-12 du code pénal (*N 21149.co*). ✧

22.38 Abus de confiance en bande organisée

■ PEINES

PERSONNE PHYSIQUE

PP Délit. ~~Cas A : 5 ans d'emprisonnement, 375 000 € (C. pén., art. 314-1 et 314-1-1)~~ (abrogé, L. nº 2020-1672, 24 déc. 2020). Cas B : 7 ans d'emprisonnement, 750 000 € (C. pén., art. 314-1-1).

PC *Idem* nº 22.37.

PERSONNE MORALE

PP Délit. ~~Cas A : 1 875 000 € (C. pén., art. 314-1, 314-1-1 et 131-38)~~ (abrogé, L. nº 2020-1672, 24 déc. 2020). Cas B : 3 750 000 € (C. pén., art. 314-1-1 et 131-38).

PC *Idem* nº 22.37.

■ ORIENTEUR

AUTRE QUALIFICATION, ÉLÉMENT LÉGAL, ÉLÉMENT MATÉRIEL, RÉGIME PROCÉDURAL, RÉGIME DES PEINES

- **Renvoi.** *Idem* nº 22.37.

ÉLÉMENT LÉGAL

▪ **Application de la loi pénale dans le temps.** L'aggravation de l'incrimination d'abus de confiance pour les faits portant atteinte aux intérêts financiers de l'Union européenne, prévue par C. pén., art. 314-1-1 dans sa rédaction issue de Ord. n° 2019-963, 18 sept. 2019, ratifiée par L. n° 2020-1672, 24 déc. 2020, résultait de la transposition de la directive (UE) 2017/1371 du Parlement européen et du Conseil du 5 juill. 2017 relative à la lutte contre la fraude portant atteinte aux intérêts financiers de l'Union au moyen du droit pénal, dite « directive PIF ». La L. n° 2020-1672, 20 déc. 2020 a élevé de 3 à 5 ans la peine d'emprisonnement encourue pour l'abus de confiance non aggravé (C. pén., art. 314-1, v. n° 22.37). Cette aggravation des peines a privé d'intérêt celle prévue par C. pén., art. 314-1-1 (dans sa rédaction issue de Ord. n° 2019-963, 18 sept. 2019) pour les faits portant atteinte aux intérêts financiers de l'Union européenne. Cette cause d'aggravation a donc été supprimée par coordination par L. n° 2020-1672, 20 déc. 2020, laquelle a étendu à l'infraction d'abus de confiance simple la circonstance aggravante de bande organisée ainsi que la répression de la tentative, composantes auparavant réservées aux seuls faits d'abus de confiance portant atteinte aux intérêts financiers de l'Union européenne (C. pén., art. 314-1-1 issu L. n° 2020-1672, 20 déc. 2020).

▪ **Application de la loi pénale dans l'espace.** Par dérogation au principe de réciprocité d'incrimination (C. pén., art. 113-6, al. 2), à la nécessité de la plainte préalable de la victime ou de la dénonciation officielle de l'État dans lequel les faits ont été commis (C. pén., art. 113-8, v. n° 10.5B), ou à l'exigence, en cas de complicité en France d'une infraction commise à l'étranger, de réciprocité d'incrimination et de condamnation définitive du fait principal par la juridiction étrangère (C. pén., art. 113-5) « *la loi pénale française est applicable en toutes circonstances* » aux faits commis « *à l'étranger par un Français ou par une personne résidant habituellement ou exerçant tout ou partie de son activité économique sur le territoire français* » (C. pén., art. 113-14, issu Ord. n° 2019-963, 18 sept. 2019, ratifiée par L. n° 2020-1672, 24 déc. 2020, v. n° 10.5F).

ÉLÉMENT MATÉRIEL

▪ Tentative. Punissable : jusqu'à L. n° 2020-1672, 24 déc. 2020, la tentative n'était punissable que pour les faits d'abus de confiance portant atteinte aux intérêts financiers de l'Union européenne. Ce texte a étendu à tous faits d'abus de confiance l'incrimination de la tentative (C. pén., art. 314-1-1, mod. par L. n° 2020-1672, 24 déc. 2020).

▪ ÉLÉMENTS CONSTITUTIFS – QUALIFICATION

✧ Pour avoir à .... [¤ lieu], le .... [¤ date], détourné .... [¤ énumération des fonds, valeurs ou biens quelconques détournés] qui lui avaient été remis et qu'il avait acceptés à charge de les rendre ou représenter ou d'en faire un usage déterminé et ce au préjudice de .... [¤ nom de la victime], [⇨B :]

A. ~~les faits ayant porté atteinte aux recettes perçues, aux dépenses exposées ou aux avoirs qui relèvent du budget de l'Union européenne, des budgets des institutions, organes et organismes de l'Union européenne ou des budgets gérés ou contrôlés directement par eux (*N 33533.co*)~~ (circ. aggravante supprimée par L. n° 2020-1672, 24 déc. 2020) ;

B. avec cette circonstance que les faits ont été commis en bande organisée (B : *N* ***33897.co***).

Faits prévus et réprimés par les articles : **PERSONNES PHYSIQUES.** 314-1, 314-1-1, 314-10 du code pénal. **PERSONNES MORALES.** 314-1, 314-1-1 et 314-12 du code pénal. ✧

22.39 Abus de confiance aggravé – Appel au public – Intermédiaire – victime vulnérable

▪ PEINES

PERSONNE PHYSIQUE

PP Délit. 7 ans d'emprisonnement, 750 000 € (C. pén., art. 314-2).

PC *Idem* n° 22.37.

PERSONNE MORALE

PP Délit. 3 750 000 € (C. pén., art. 314-12 ; art. 131-38).

PC *Idem* n° 22.37.

■ ORIENTEUR

AUTRE QUALIFICATION, ÉLÉMENT LÉGAL, ÉLÉMENT MATÉRIEL, RÉGIME PROCÉDURAL, RÉGIME DES PEINES

▪ Renvoi. *Idem* nº 22.37.

■ ÉLÉMENTS CONSTITUTIFS – QUALIFICATION

✧ Pour avoir à .... [¤ lieu], le .... [¤ date], détourné .... [¤ énumération des fonds, valeurs ou biens quelconques détournés] qui lui avaient été remis et qu'il avait acceptés à charge de les rendre ou représenter ou d'en faire un usage déterminé et ce au préjudice de .... [¤ nom de la victime], [⇨A à D :]

A. **APPEL AU PUBLIC**

en ayant fait appel au public afin d'obtenir la remise de fonds ou de valeurs soit pour son propre compte, soit comme dirigeant ou préposé de droit ou de fait d'une entreprise industrielle ou commerciale (A : *N 1792.co*) ;

B. **INTERMÉDIAIRE**

en se livrant ou prêtant son concours, de manière habituelle, même à titre accessoire, à des opérations portant sur les biens des tiers pour lesquels il recouvrait des fonds ou valeurs (B : *N 10829.co*) ;

C. **ASSOCIATION HUMANITAIRE FAISANT APPEL AU PUBLIC**

association faisant appel au public en vue de la collecte de fonds à des fins d'entraide humanitaire ou sociale (L. nº 2004-204, 9 mars 2004, art. 51) (C : *N 25170.co*) ;

D. **PERSONNE VULNÉRABLE**

personne qu'il savait particulièrement vulnérable en raison de son âge, d'une maladie, d'une infirmité ou d'une déficience physique ou psychique ou de son état de grossesse (L. nº 2004-204, 9 mars 2004, art. 51) (D : *N 25171.co*).

Faits prévus et réprimés par les articles : **PERSONNES PHYSIQUES.** 314-1, 314-2, 314-10 du code pénal. **PERSONNES MORALES.** 314-1, 314-2 et 314-12 du code pénal. ✧

22.40 Abus de confiance aggravé – Mandataire de justice ou officier public ou ministériel

■ PEINES

PERSONNE PHYSIQUE

PP Délit. 10 ans d'emprisonnement, 1 500 000 €. (C. pén., art. 314-3).

PC *Idem* nº 22.37.

PERSONNE MORALE

PP 7 500 000 € (C. pén., art. 131-38).

PC Néant.

■ ORIENTEUR

AUTRE QUALIFICATION, ÉLÉMENT LÉGAL, ÉLÉMENT MATÉRIEL, RÉGIME PROCÉDURAL, RÉGIME DES PEINES

▪ Renvoi. *Idem* nº 22.37.

■ ÉLÉMENTS CONSTITUTIFS – QUALIFICATION

✧ Pour avoir à .... [¤ lieu], le .... [¤ date], détourné .... [¤ énumération des fonds, valeurs ou biens quelconques détournés] qui lui avaient été remis et qu'il avait acceptés à charge de les rendre ou représenter ou d'en faire un usage déterminé et ce au préjudice de .... [¤ nom de la victime], avec cette circonstance que les faits ont été réalisés par un mandataire de justice (A : *N 10830.co*) ou par un officier public ou ministériel (B : *N 10831.co*) dans ou à l'occasion de l'exercice de ses fonctions, ou en raison de sa qualité.

Faits prévus et réprimés par les articles 314-1, 314-3, 314-10 du code pénal. ✧

22.41 Détournement de gage

▪ PEINES

PERSONNE PHYSIQUE

PP Délit. 3 ans d'emprisonnement, 375 000 € (C. pén., art. 314-5).

PC 1. Confiscation (réelle ou en valeur) chose ayant servi à l'infraction ou destinée à la commettre ou son produit (obligatoire pour objets qualifiés dangereux ou nuisibles par loi ou règlement ou dont la détention est illicite) (C. pén., art. 314-11 et 131-21) ;

2. Affichage, ⩽ 2 mois, *et/ou* (L. nº 2011-525, 17 mai 2011) diffusion de la décision ou d'extraits aux frais (⩽ amende encourue) du condamné (C. pén., art. 314-11 et 131-35).

PERSONNE MORALE

PP Délit. 1 875 000 € (C. pén., art. 314-13 ; 131-38).

PC 1. Confiscation (réelle ou en valeur) chose ayant servi à l'infraction ou destinée à la commettre, ou son produit (obligatoire pour objets qualifiés dangereux ou nuisibles par loi ou règlement ou dont la détention est illicite) (C. pén., art. 314-13, 131-39 8º et 131-21) ;

2. Affichage, ⩽ 2 mois, *et/ou* (L. nº 2011-525, 17 mai 2011) diffusion de la décision ou d'extraits aux frais (⩽ amende encourue) du condamné (C. pén., art. 314-13, 131-39 9º, 131-48 et 131-35).

▪ ORIENTEUR

AUTRE QUALIFICATION

▪ **Détournement d'objet saisi.** Si le gage a été détourné après avoir fait l'objet d'une saisie, v. nº 22.43.

▪ **Détournement d'objet loué.** Détournement de biens mobiliers en location, crédit-bail, v. abus de confiance, nº 22.37.

TEXTE DE RÉFÉRENCE

▪ **Définition civile du gage. C. civ., art. 2333.** « *Le gage est une convention par laquelle le constituant accorde à un créancier le droit de se faire payer par préférence à ses autres créanciers sur un bien mobilier ou un ensemble de biens mobiliers corporels, présents ou futurs.* »

▪ **Droit du créancier sur le gage. C. civ., art. 2346** : à défaut de paiement, le créancier ne peut disposer du gage sans en obtenir au préalable en justice l'attribution (en cas d'appropriation du gage par le créancier sans titre exécutoire et saisie par un commissaire de justice [ancᵗ huissier], v. vol ou abus de confiance).

▪ **Indifférence de l'enregistrement du gage automobile.** L'enregistrement en préfecture du gage sur les véhicules soumis à immatriculation (D. nº 53-968, 30 sept. 1953) conditionne son opposabilité aux tiers, mais non sa validité à l'égard du débiteur, qui résulte du seul contrat liant les parties. L'infraction est donc constituée si le véhicule non représenté au créancier par le débiteur est gagé selon les termes du contrat, même si le gage automobile n'est pas enregistré en préfecture.

ÉLÉMENT MATÉRIEL

▪ **Tentative. Punissable** (C. pén., art. 314-5).

RÉGIME PROCÉDURAL

▪ **Compétence juridictionnelle. Juge unique** (C. pr. pén., art. 398-1 1º, v. nº 17.15D2).

▪ **Ordonnance pénale. Possible** (C. pr. pén., art. 495-II, v. nº 15.48B1 et tableau nº 17.15D2).

▪ **Preuve. Production du contrat de gage.** La production du contrat instituant et identifiant le gage est essentielle pour la preuve de l'infraction, tant dont son élément matériel qu'intentionnel.

▪ ÉLÉMENTS CONSTITUTIFS – QUALIFICATION

✧ Pour avoir à .... [¤ lieu], le .... [¤ date], étant emprunteur, débiteur, ou tiers donneur de gage, détruit ou détourné .... [¤ indication du bien détourné], donné à titre de gage à .... [¤ nom du titulaire du gage], suivant contrat du .... [¤ date du contrat instituant le gage].
Faits prévus et réprimés par les articles : **PERSONNES PHYSIQUES.** 314-5, 314-11 du code pénal (*N 7234.ju*). **PERSONNES MORALES.** 314-5, 314-13 du code pénal (*N 7234.ju*). ✧

22.42 Saisie – Dispositions civiles relatives aux saisies

A. Les dispositions générales du code des procédures civiles d'exécution

Le créancier muni d'un **titre exécutoire** [jugement, acte notarié revêtu de la formule exécutoire, titre délivré par un commissaire de justice (anc[t] huissier) à la suite du non-paiement d'un chèque (D.-L. 30 oct. 1935, art. 65-3), titres délivrés par les personnes morales de droit public qualifiées (états, rôles, avis de mise en recouvrement, titres de perception et de recettes)] peut en poursuivre l'exécution forcée sur les biens du débiteur (C. pr. exéc., art. L. 111-2 – anc[t] L. n° 91-650, 9 juill. 1991, art. 2 et 3), par l'intermédiaire d'un **commissaire de justice** (C. pr. exéc., art. L. 122-1). « *Les saisies peuvent porter sur tous les biens appartenant au débiteur alors même qu'ils seraient détenus par des tiers* » (C. pr. exéc., art. L. 112-1 – anc[t] L. n° 91-650, 9 juill. 1991, art. 13). « *L'acte de saisie rend indisponibles les biens qui en sont l'objet. Si la saisie porte sur des biens corporels, le débiteur saisi ou le tiers détenteur entre les mains de qui la saisie a été effectuée est réputé gardien des objets saisis sous les sanctions prévues par l'article 314-6 du code pénal* » (C. pr. exéc., art. L 141-2 – anc[t] L. n° 91-650, 9 juill. 1991, art. 29).

« *Le* **commissaire** *de justice chargé de l'exécution d'un titre exécutoire peut faire une déclaration aux fins de saisie d'un véhicule terrestre à moteur auprès de l'autorité administrative compétente. La notification de cette déclaration au débiteur produit tous les effets d'une saisie* » (C. pr. exéc., art. L. 223-1 – anc[t] L. n° 91-650, 9 juill. 1991, art. 57). « *La* **saisie conservatoire** *peut porter sur tous les biens mobiliers, corporels ou incorporels, appartenant au débiteur. Elle les rend indisponibles* » (C. pr. exéc., art. L. 521-1 – anc[t] L. n° 91-650, 9 juill. 1991, art. 74). « *Une* **sûreté judiciaire** *peut être constituée à titre conservatoire sur les immeubles, les fonds de commerce, les actions, parts sociales et valeurs mobilières* » (C. pr. exéc., art. L. 531-1 – anc[t] L. n° 91-650, 9 juill. 1991, art. 77). « *Les biens grevés d'une sûreté judiciaire demeurent inaliénables* » (C. pr. exéc., art. L. 531-2 – anc[t] L. n° 91-650, 9 juill. 1991, art. 79).

B. Le formalisme des saisies

1. La saisie attribution

Définition. C'est celle par laquelle un créancier muni d'un titre exécutoire fait saisir entre les mains de toute personne une somme d'argent due au débiteur (C. pr. exéc., art. L. 211-1 – anc[t] L. n° 91-650, 9 juill. 1991, art. 42).

Formalisme. À peine de nullité le commissaire de justice (anc[t] huissier) notifie au tiers les coordonnées du débiteur, du titre exécutoire, les décomptes des sommes réclamées, et l'indication qu'il lui est fait défense de disposer des sommes réclamées (C. pr. exéc., art. R. 211-1 – anc[t] D. 31 juill. 1992, art. 56). À peine de caducité, la saisie est signifiée au débiteur dans les 8 jours, accompagnée notamment, à peine de nullité, de la copie du PV de saisie (C. pr. exéc., art. R. 211-3 – anc[t] D. 31 juill. 1992, art. 58).

2. La saisie vente

Définition. C'est celle par laquelle un créancier muni d'un titre exécutoire fait procéder à la saisie et à la vente des biens mobiliers corporels du débiteur (C. pr. exéc., art. L. 221-1 – anc[t] D. 31 juill. 1992, art. 81).

Formalisme. Elle doit être précédée d'une signification contenant à peine de nullité mention du titre exécutoire concerné, décompte des sommes dues, et commandement de payer dans les huit jours (C. pr. exéc., art. R. 221-1 – anc[t] D. 31 juill. 1992, art. 81). Ce commandement de payer est valable deux ans (C. pr. exéc., art. R. 221-5 – anc[t] D. 31 juill. 1992, art. 85). L'acte de saisie proprement dit ne peut intervenir que huit jours après (C. pr. exéc., art. R. 221-10 – anc[t] D. 31 juill. 1992, art. 88), et doit contenir notamment à peine de nullité la référence du titre exécutoire, l'inventaire détaillé des biens, la mention en caractères très apparents que les biens sont indisponibles et placés sous la garde du débiteur, sous peine des sanctions de l'art. 314-6 du code pénal, et qu'il dispose d'un délai d'un mois pour procéder à la vente amiable des biens saisis (C. pr. exéc., art. R. 221-16 – anc[t] D. 31 juill. 1992, art. 94). Sauf mise sous séquestre sur autorisation du juge de l'exécution ou immobilisation du véhicule, le débiteur conserve l'usage des biens saisis (C. pr. exéc., art. R. 221-19 – anc[t] D. 31 juill. 1992, art. 97). Formalisme comparable lorsque les biens sont saisis entre les mains d'un tiers (C. pr. exéc., art. R. 221-23 – anc[t] D. 31 juill. 1992, art. 101).

3. La possibilité pour le débiteur de procéder à la vente amiable

(C. pr. exéc., art. R. 221-30 à R. 221-32 – anc[t] D. 31 juill. 1992, art. 107 à 109). Le débiteur dispose d'un délai d'un mois à compter de la notification de l'acte de saisie pour procéder lui-même, après en avoir informé par écrit le commissaire de justice, à la vente des biens. En l'absence de réponse dans les quinze jours, les créanciers sont réputés agréer la vente amiable. Les biens restent indisponibles, ne peuvent être déplacés ni la propriété en être transférée, tant que le prix de vente n'a pas été consigné entre les mains du commissaire de justice.

22.43 Détournement d'objet saisi

■ PEINES

PERSONNE PHYSIQUE

PP Délit. 3 ans d'emprisonnement, 375 000 € (C. pén., art. 314-6).

PC *Idem* n° 22.41.

PERSONNE MORALE

PP Délit. 1 875 000 € (C. pén., art. 131-38).

PC *Idem* n° 22.41.

■ ORIENTEUR

AUTRE QUALIFICATION

- **Scellé – Bris ou détournement.** V. n° 25.40.
- **Destruction ou détournement d'un objet confisqué ou immobilisé.** V. n° 25.74.
- **Refus de remise d'un permis suspendu ou annulé ou d'un objet confisqué.** V. n° 25.75.

TEXTE DE RÉFÉRENCE

- **Dispositions civiles relatives aux saisies.** V. n° 22.42.

ÉLÉMENT MATÉRIEL

- **Tentative. Punissable** (C. pén., art. 314-6).

RÉGIME PROCÉDURAL

- **Compétence juridictionnelle. Juge unique** (C. pr. pén., art. 398-1 1°, v. n° 17.15D2).
- **Ordonnance pénale. Possible** (C. pr. pén., art. 495-II, v. n° 15.48B1 et tableau n° 17.15D2).
- **Prescription de l'action publique. Victime vulnérable.** La L. n° 2017-242, 27 févr. 2017, modifiant C. pr. pén., art. 8, a abrogé le régime institué par L. n° 2011-264, 14 mars 2011, qui prévoyait que pour les faits commis à l'encontre d'une personne vulnérable du fait de son âge, d'une maladie, d'une infirmité, d'une déficience physique ou psychique ou de son état de grossesse, la prescription ne courait qu'à compter du jour où l'infraction apparaissait à la victime dans des conditions permettant l'exercice de l'action publique. Désormais, le délai de prescription de droit commun en matière délictuelle est de **6 années** à compter du jour où l'infraction a été commise, sans préjudice des causes d'allongement de la prescription consacrées par L. n° 2017-242, 27 févr. 2017 en cas d'infraction occulte ou dissimulée, dans la limite d'un délai butoir de 12 années. Sur l'abrogation opérée par L. n° 2017-242 et les causes d'allongement de la prescription de l'action publique, v. n°s 17.18B, 17.20 s.

■ ÉLÉMENTS CONSTITUTIFS – QUALIFICATION

✧ Pour avoir à .... [¤ lieu], le .... [¤ date], étant saisi, détruit ou détourné .... [¤ indication des objets saisis concernés], saisis entre ses mains en garantie des droits d'un créancier et confiés à sa garde (A : *N 72.ju*) ou à celle d'un tiers (B : *N 7233.ju*), et ce au préjudice de .... [¤ indication du créancier saisissant].

Faits prévus et réprimés par les articles : **PERSONNES PHYSIQUES.** 314-6, 314-11 du code pénal. **PERSONNES MORALES.** 314-6, 314-13 du code pénal. ✧

22.44 Organisation frauduleuse d'insolvabilité

■ PEINES

PERSONNE PHYSIQUE

PP Délit. 3 ans d'emprisonnement, 45 000 € (C. pén., art. 314-7).

PC *Idem* n° 22.41.

PERSONNE MORALE

PP 225 000 € (C. pén., art. 314-13 ; 131-38).

PC *Idem* n° 22.41.

■ ORIENTEUR

AUTRE QUALIFICATION

▪ **Banqueroute.** Détournement d'actif ou aggravation du passif d'une personne physique ou morale faisant l'objet d'une procédure collective. V. n° 33.29.

▪ **Dissimulation ou recel d'actif – Aggravation du passif – organisation d'insolvabilité du dirigeant.** V. n° 33.31.

▪ **Fraude fiscale – Déclaration absente ou fausse – Organisation d'insolvabilité – Obstacle au recouvrement.** V. n° 33.34 (organisation d'insolvabilité en matière fiscale).

▪ **Détournement d'objet saisi.** V. n° 22.43.

▪ **Scellé – Bris ou détournement.** V. n° 25.40.

▪ **Destruction ou détournement d'un objet confisqué ou immobilisé.** V. n° 25.74

▪ **Refus de remise d'un permis suspendu ou annulé ou d'un objet confisqué.** V. n° 25.75.

ÉLÉMENT LÉGAL

▪ **Constitutionnalité.** « *en punissant le fait, pour le seul débiteur en matière délictuelle, quasi-délictuelle ou d'aliments, d'organiser ou d'aggraver son insolvabilité afin d'échapper à l'exécution d'une condamnation prononcée par une juridiction, la disposition contestée ne méconnaît pas DDHC, art. 6 dont il résulte que la loi pénale peut instaurer une différence de traitement lorsqu'elle est justifiée par une différence de situation* » (§ 6) ; « *en effet, en choisissant d'exclure du champ du délit les débiteurs en matière contractuelle et quasi-contractuelle, le législateur a limité la protection de l'infraction aux créanciers ne pouvant se prémunir, par l'aménagement de garanties, contre l'insolvabilité de leur débiteur* » (§ 7) (Crim. 9 févr. 2022, n° 21-86.653, D).

TEXTE DE RÉFÉRENCE

▪ **Condition préalable. L'infraction est subordonnée à l'existence d'une condamnation exécutoire** pour l'un des chefs limitativement visés par l'incrimination ci-dessous (sur le caractère exécutoire des décisions civiles, v. n° 21.4, des décisions en matière pénale se prononçant sur les intérêts civils, v. n° 16.122).

▪ **Condamnation civile en matière d'aliments.** Sont assimilés aux condamnations au paiement d'aliments « *les décisions judiciaires et conventions judiciairement homologuées portant obligation de verser des prestations, subsides ou contributions aux charges du mariage.* » (C. pén., art. 314-9).

▪ **Condamnation civile en matière de délits ou quasi-délits.** L'incrimination vise notamment les condamnations civiles prononcées en matière délictuelle ou quasi-délictuelle (v. Qualification 1 B). Ce domaine recouvre les hypothèses suivantes, selon la recodification du C. civ. issue de Ord., 2016-131, 10 févr. 2016 : responsabilité pour faute (C. civ., art. 1240, anc^{t}, art. 1382), négligence ou imprudence (C. civ., art. 1241, anc^{t}, art. 1383), responsabilité du fait des choses que l'on a sous sa garde (C. civ., art. 1242, anc^{t}, art. 1384), de l'employeur de fait de son salarié (C. civ., art. 1242, anc^{t}, art. 1384), de l'instituteur du fait de ses élèves (C. civ., art. 1242, anc^{t}, art. 1384), du propriétaire ou de l'utilisateur, du fait d'un animal (C. civ., art. 1243, anc^{t}, art. 1385), du propriétaire du fait de son immeuble (C. civ., art. 1244, anc^{t}, art. 1386). Est approuvée la décision énonçant qu'entre dans les prévisions d'une condamnation en matière délictuelle ou quasi délictuelle incriminée par C. pén., art. 314-7, une condamnation à restituer une somme d'argent détenue sur la base d'une convention (matière contractuelle échappant aux prévisions de l'incrimination), lorsqu'une décision « *a déclaré cette convention non écrite, et que, dès lors, celle-ci a nécessairement perdu toutes les caractéristiques de norme contractuelle qu'elle pouvait avoir à sa souscription, de sorte que la situation des parties se trouve nécessairement régie par les règles de la responsabilité civile extra-contractuelle* » (§ 10) (Crim. 23 juin 2020, n° 19-81.642, D). Saisie pour avis par la Ch. crim., la Ch. soc. juge qu'« *un salarié, qui s'est vu allouer par le juge du contrat de travail* [Conseil des prud'hommes puis Cour d'appel] *une somme en réparation de son préjudice lié à l'existence d'un harcèlement moral, dispose d'une créance de nature contractuelle* » (§ 8) (Soc., 16 nov. 2022, n° 22-70.009, D), position ainsi adoptée par la Ch crim. : « *l'obligation de prévention des risques professionnels en matière de harcèlement moral, de même que la prohibition de ce type d'agissements, sont les suites que donne la loi au contrat de travail* » (§ 17), « *la créance dont dispose le salarié qui s'est vu allouer par le juge du contrat de travail une somme en réparation de son préjudice lié à l'existence d'un harcèlement moral est donc de nature contractuelle, ce qui l'exclut des condamnations visées par C. pén., art. 314-7* » (§ 18) (Crim. 5 avr. 2023, n° 21-80.478, P). De même, n'entrent pas dans les prévisions de la loi « *une condamnation au remboursement d'un prêt ainsi que de décisions rendues dans le cadre de procédures d'exécution qui en ont été la suite ; [...] l'allocation de dommages-intérêts accordés pour procédure abusive ou en application de CPC, art. 700, qui constituent des dispositions accessoires* » (Crim. 19 janv. 2000, n° 99-83.147, D) ; une condamnation pour rupture abusive des pourparlers dans la phase précontractuelle, indemnité de nature contractuelle (Crim. 11 févr. 2009, n° 08-84.958, D).

ÉLÉMENT MATÉRIEL

▪ **Faits antérieurs à la décision constatant la dette.** L'incrimination s'applique également **aux faits commis avant la décision judiciaire** constatant la dette (C. pén., art. 314-7).

▪ **Illustrations. • Comportement passif.** Dans une espèce où il était reproché au prévenu d'avoir omis de déclarer un compte comportant un solde créditeur important au notaire chargé d'établir l'état liquidatif de son régime matrimonial, aux fins de soustraire cet élément d'actif aux obligations découlant du jugement du JAF, il est jugé que « *le silence gardé par une personne sur un élément d'actif de son patrimoine ou la minoration de son évaluation est sans effet sur la solvabilité et ne peut en conséquence caractériser le délit* » (§ 12) (Crim. 9 sept. 2020, n° 19-84.295, P). Dans le même sens, ne commet pas le délit le prévenu qui sollicite la suspension du paiement de la pension alimentaire dont il est débiteur, en dissimulant qu'il exerce une activité rémunératrice de gérant de fait d'une société commerciale (Crim. 25 avr. 2006, n° 05-80.931, n° 108). **• Comportement actif.** Est en revanche punissable la personne qui demande, en invoquant son impécuniosité, la suppression de la pension alimentaire dont il est débiteur, après avoir cédé ses biens à titre gratuit puis abandonné leur usufruit (Crim. 29 mai 1989, n° 87-84.630, P n° 217), ou qui renonce « *volontairement à un emploi rémunéré, ce qui a pour résultat de diminuer l'actif de son patrimoine* » (Crim. 1er févr. 1990, n° 88-83.998, P n° 55). La mise en liquidation judiciaire personnelle « *ne caractérise pas un agissement commis en vue d'empêcher l'exécution de la décision portant sa condamnation à des dommages-intérêts* » (Crim. 8 mars 2017, n° 15-82.102, D).

RÉGIME PROCÉDURAL

▪ **Prescription de l'action publique.** La prescription ne court qu'à compter de la condamnation, ou du dernier agissement s'il lui est postérieur (C. pén., art. 314-8).

MESURE CIVILE

▪ **Responsabilité civile du complice.** Le complice, dans la limite des fonds ou de la valeur des biens reçus, peut être **condamné solidairement** aux obligations pécuniaires de la condamnation initiale (C. pén., art. 314-8).

RÉGIME DES PEINES

▪ **Confusion des peines.** Le tribunal **peut** décider que la condamnation ne se **confondra pas** avec la condamnation pénale patrimoniale initiale (C. pén., art. 314-8).

▪ ÉLÉMENTS CONSTITUTIFS – QUALIFICATION

✧ Pour avoir à .... [¤ lieu], le .... [¤ date] [⇨A à C :]

1. PATRIMOINE D'UNE PERSONNE PHYSIQUE

en vue de se soustraire à l'exécution [⇨ :]

A. d'une condamnation patrimoniale prononcée le .... [¤ date de la décision] par .... [¤ juridiction **pénale** ayant prononcé la décision] ...

B. d'une condamnation prononcée en matière délictuelle, quasi délictuelle ou d'aliments le .... [¤ date de la décision] par .... [¤ juridiction **civile** ayant prononcé la décision] ...

2. PATRIMOINE D'UNE PERSONNE MORALE

C. ..., étant dirigeant de droit ou de fait de .... [¤ personne morale concernée], en vue de soustraire cette personne morale aux obligations pécuniaires résultant d'une condamnation prononcée le .... [¤ date de la décision] par .... [¤ juridiction ayant prononcé la décision] en matière pénale, délictuelle ou quasi délictuelle ...

... organisé ou aggravé son insolvabilité, soit en augmentant le passif ou en diminuant l'actif de son patrimoine, soit en diminuant ou en dissimulant tout ou partie de ses revenus, soit en dissimulant certains de ses biens, en l'espèce en .... [¤ matérialiser l'infraction].
Faits prévus et réprimés par les articles : **PERSONNES PHYSIQUES.** 314-7, 314-8, 314-9, 314-11 du code pénal (*N 1394.co*). **PERSONNES MORALES.** 314-7, 314-8, 314-9, 314-13 du code pénal.

22.45 Recel

■ PEINES

PERSONNE PHYSIQUE

PP Délit. 5 ans d'emprisonnement (C. pén., art. 321-1), ou si elle est supérieure, peine attachée à l'infraction dont provient le bien recelé et à ses **circonstances aggravantes**, lorsque le prévenu en a eu connaissance (C. pén., art. 321-4).

Amende. 375 000 € (C. pén., art. 321-1) ou au-delà jusqu'à la moitié de la valeur des biens recelés (C. pén., art. 321-3).

PC 1. Interdiction droits civiques civils et de famille ⩽ 5 ans (vote, éligibilité, fonction juridictionnelle, expert, témoin, tuteur, curateur) (C. pén., art. 321-9 1º et 131-26). Sauf dispense spécialement motivée, la peine d'inéligibilité est obligatoirement prononcée en cas de recel du produit de certaines infractions relevant du prononcé obligatoire de la peine d'inéligibilité (C. pén., art. L. 131-26-2, L. nº 2017-1339, 15 sept. 2017), v. Orienteur/Régime des peines ;

2. Interdiction ⩽ 5 ans activité professionnelle ou sociale (en relation avec l'infraction), ou fonction publique (sauf mandat électif ou syndical) *et/ou* interdiction définitive ou ⩽ 15 ans (10 ans avant L. nº 2013-1117, 6 déc. 2013) d'exercer une profession commerciale ou industrielle, de diriger, d'administrer, de gérer ou de contrôler à un titre quelconque, directement ou indirectement, pour son propre compte ou pour le compte d'autrui, une entreprise commerciale ou industrielle ou une société commerciale (C. pén., art. 321-9 2º, 131-27 et 131-28 [mod. par L. nº 2008-776, 4 août 2008]) ;

3. Fermeture ⩽ 5 ans établissement ayant servi à commettre les faits (C. pén., art. 321-9 3º et 131-33) ;

4. Exclusion ⩽ 5 ans marchés publics (C. pén., art. 321-9 4º et 131-34) ;

5. Interdiction ⩽ 5 ans émission chèques autres que de retraits ou certifiés (C. pén., art. 321-9 5º et 131-19) ;

6. Confiscation (réelle ou en valeur) chose ayant servi à l'infraction ou destinée à la commettre ou son produit (obligatoire pour objets qualifiés dangereux ou nuisibles par loi ou règlement ou dont la détention est illicite) (C. pén., art. 321-9 6º et 131-21) ;

7. Confiscation d'une ou plusieurs arme(s) (C. pén., art. 321-9 7º) ;

8. Interdiction de séjour ⩽ 5 ans (C. pén., art. 321-9 8º, 131-31 et 131-32 ; C. pr. pén., art. 762-1 à 763) ;

9. Affichage, ⩽ 2 mois, *et/ou* (L. nº 2011-525, 17 mai 2011) diffusion de la décision ou d'extraits aux frais (⩽ amende encourue) du condamné (C. pén., art. 321-9 9º et 131-35) ;

10. Stage de responsabilité parentale (C. pén., art. 131-5-1 et 321-9 10º [L. nº 2007-297, 5 mars 2007]) (pour les faits commis avant le 24 mars 2020 et jugés après cette date, L. nº 2019-222, 23 mars 2019, en vigueur le 24 mars 2020. Pour les faits commis à partir du 24 mars 2020, v. nouvelle réd. C. pén., art. 131-5-1 et nº 18.33) ;

11. + autres peines complémentaires encourues pour les crimes ou délits dont proviennent les biens recelés (C. pén., art. 321-10).

PERSONNE MORALE

PP Délit. 1 875 000 € (C. pén., art. 321-12 ; 131-38) ou au-delà jusqu'à la moitié de la valeur des biens recelés (C. pén. art. 321-3).

PC 1. Dissolution (sauf personnes morales de droit public, partis, groupements politiques, syndicats, institutions représentatives du personnel) si personne morale créée ou détournée de son objet pour commettre l'infraction (C. pén., art. 321-12, 131-39 1º et 131-45) ;

2. Interdiction, définitive ou ⩽ 5 ans, une ou plusieurs activités professionnelles ou sociales en relation avec l'infraction (C. pén., art. 321-12 et 131-39 2°) ;

3. Surveillance judiciaire ⩽ 5 ans, sauf personnes morales de droit public, partis, groupements politiques, syndicats (C. pén., art. 321-12, 131-39 3° et 131-46) ;

4. Fermeture, définitive ou ⩽ 5 ans, un ou plusieurs établissements en relation avec l'infraction (C. pén., art. 321-12 et 131-39 4°) ;

5. Exclusion, définitive ou ⩽ 5 ans marchés publics (C. pén., art. 321-12 et 131-39 5°) ;

6. Interdiction, définitive ou ⩽ 5 ans, de *faire appel public à l'épargne* (procéder à une offre au public de titres financiers ou de les faire admettre aux négociations sur un marché réglementé, selon L. n° 2009-80, 22 janv. 2009) (C. pén., art. 321-12 et 131-39 6°) ;

7. Interdiction, ⩽ 5 ans, d'utiliser des cartes de paiement ou d'émettre des chèques autres que de retrait ou certifiés (C. pén., art. 321-12 et 131-39 7°) ;

8. Confiscation (réelle ou en valeur) chose ayant servi à l'infraction ou destinée à la commettre, ou son produit (obligatoire pour objets qualifiés dangereux ou nuisibles par loi ou règlement ou dont la détention est illicite) (C. pén., art. 321-12, 131-39 8° et 131-21) ;

9. Affichage, ⩽ 2 mois, *et/ou* (L. n° 2011-525, 17 mai 2011) diffusion de la décision ou d'extraits aux frais (⩽ amende encourue) du condamné (C. pén., art. 321-12, 131-39 9°, 131-48 et 131-35).

▪ ORIENTEUR

AUTRE QUALIFICATION

▪ **Recel de faux administratif.** V. aussi détention de faux administratif, n^{o} **24.5**.

▪ **Recels spéciaux ou proxénétismes assimilés. Renvois :** non-justification de ressources correspondant à son train de vie par une personne en relation habituelle ou d'autorité avec : un mineur délinquant, v. n^{o} **22.48** ; des personnes se livrant à la prostitution, v. n^{os} **20.106** à **20.109** ; une personne se livrant à la mendicité, v. n^{o} **20.115** ; à la traite des êtres humains, v. n^{o} **20.109** ; une association de malfaiteurs, v. n^{o} **22.48** ; des personnes se livrant au trafic ou à l'usage de stupéfiants, v. n^{o} **22.48**, à des extorsions, n^{o} **22.48**.

▪ **Détention frauduleuse de données informatiques.** Détention ou transmission frauduleuse de données contenues dans un système de traitement automatisé de données informatiques (recel de données frauduleusement reproduites ou extraites) : v. C. pén., art. 323-3, mod. par L. n° 2014-1353, 13 nov. 2014, n^{o} **35.71**.

« *l'article 324-1 du code pénal, instituant une infraction générale et autonome de blanchiment, distincte, dans ses éléments matériel et intentionnel, du crime ou du délit ayant généré un produit, réprime, quel qu'en soit leur auteur, des agissements spécifiques de placement, dissimulation ou conversion de ce produit, de sorte que cette disposition est applicable à celui qui blanchit le produit d'une infraction qu'il a commise* » (Crim. 9 déc ; 2015, n° 15-83.204, P – Crim. 14 juin 2017, n° 16-84.921, NP), « *sans porter atteinte au principe Ne bis in idem* » (Crim. 17 janv. 2018, n° 17-82.2018).

▪ **Qualifications incompatibles.** À la différence de l'infraction de blanchiment, qui peut être retenue à l'encontre de l'auteur de l'infraction dont proviennent les fonds blanchis (C. pén., art. 324-1 ; Crim. 9 déc ; 2015, n° 15-83.204, P ; Crim. 14 juin 2017, n° 16-84.921, NP ; Crim. 17 janv. 2018, n° 17-82.2018 ; v. n^{o} **22.49**), « *selon une jurisprudence constante et ancienne de la C. cass., l'infraction de recel ne peut être retenue à l'égard de celui qui a commis l'infraction originaire dont provient la chose recélée (Crim. 29 juin 1848, B., n° 192 ; 2 déc. 1971, n° 71-90.215, P n° 337)* » (§ 7) ; cette « *jurisprudence portant sur l'infraction de recel et l'infraction d'origine interdit non seulement de cumuler les qualifications mais également de retenir le recel, délit continu, à l'égard de l'auteur de l'infraction originaire lorsque cette dernière est prescrite (Crim. 12 nov. 2015, n° 14-83.073, P n° 253)* » (§ 10) ; « *la C. cass. considère ainsi ces infractions comme exclusives l'une de l'autre, de sorte qu'elles se rattachent à la catégorie des infractions incompatibles* » (§ 11) (Crim. 13 avr. 2022, n° 19-84.831, P) (sur les qualifications incompatibles, v. n^{o} **17.32B2**).

ÉLÉMENT LÉGAL

▪ **Définition.** Le recel « *est le fait de dissimuler, de détenir ou de transmettre une chose, ou de faire office d'intermédiaire afin de la transmettre, en sachant que cette chose provient d'un crime ou d'un délit* », ou « *le fait, en connaissance de cause, de bénéficier, par tout moyen, du produit d'un crime ou d'un délit* » (C. pén., art. 321-1).

ÉLÉMENT MATÉRIEL

▪ **Situations incriminées.** La liste de qualifications ci-dessous n'est pas limitative, de nombreuses infractions peuvent en effet être la source d'un bien matériel ou immatériel susceptible de bénéficier à un tiers.

RÉGIME PROCÉDURAL

▪ **Compétence juridictionnelle. Juge unique** sauf si la peine encourue est > 5 ans (C. pr. pén., art. 398-1 1°, v. n° **17.15D2**).

▪ **Ordonnance pénale. Possible** sauf si la peine encourue est > 5 ans (C. pr. pén., art. 495-II, v. n° **15.48B1** et tableau n° **17.15D2**).

▪ **Prélèvement des empreintes génétiques.** Le prélèvement des empreintes génétiques de la personne suspectée ou condamnée est effectué si le recel concerne une des infractions pour lesquelles les **empreintes génétiques** peuvent être prélevées, conservées ou rapprochées (notamment vols, extorsions, proxénétisme, enlèvement, association de malfaiteurs, armes, trafic de stupéfiants) (C. pr. pén., art. 706-54 et 706-55 6°, v. n^{os} **13.23** et **13.25**). **Sanction** du refus de prélèvement, v. n° **25.35**.

▪ **Régime complet de la criminalité organisée.** Applicable si le recel porte sur le produit, les revenus ou des choses provenant des infractions des 1° à 13° de C. pr. pén., art. **706-73** (C. pr. pén., art. **706-73 14°**) (v. n° **11.21A**). Le même régime est applicable, à l'exception de la garde à vue qui est limitée à 48 h 00, pour le recel des infractions, commises en bande organisée, d'escroquerie, de travail dissimulé (dissimulation d'activité ou de salarié), de recours au travail dissimulé, de marchandage ou de prêt illicite de main-d'œuvre, d'emploi d'étranger non autorisés à travailler (C. pr. pén., art. **706-73-1 3°**, L. n° 2015-993, 17 août 2015, v. n° ***11.21C***).

▪ **Prescription de l'action publique. • Victime vulnérable.** La L. n° 2017-242, 27 févr. 2017, modifiant C. pr. pén., art. 8, a abrogé le régime institué par L. n° 2011-264, 14 mars 2011, qui prévoyait que pour les faits commis à l'encontre d'une personne vulnérable du fait de son âge, d'une maladie, d'une infirmité, d'une déficience physique ou psychique ou de son état de grossesse, la prescription ne courait qu'à compter du jour où l'infraction apparaissait à la victime dans des conditions permettant l'exercice de l'action publique. Désormais, le délai de prescription est de **6 années** à compter du jour où l'infraction a été commise, sans préjudice des causes d'allongement de la prescription consacrées par L. n° 2017-242, 27 févr. 2017 en cas d'infraction occulte ou dissimulée, dans la limite d'un délai butoir de 12 années. Sur l'abrogation opérée par L. n° 2017-242 et les causes d'allongement de la prescription de l'action publique, v. n^{os}° **17.18B**, **17.20** s. **• Opération délictueuse unique.** « *les faits de recel du produit d'abus de biens sociaux résultant de l'exécution d'un seul et même contrat de travail fictif, constituent une opération délictueuse unique* » (§ 13), « *En conséquence, la prescription, qui n'a pu commencer à courir pour l'ensemble des faits, au plus tôt, qu'après la date de la dernière perception de revenus, ne saurait être acquise, dès lors qu'un acte interruptif de prescription est intervenu moins de trois ans après cette date* » (§ 14) (Crim. 10 nov. 2020, n° 19-80.557, P).

RÉGIME DES PEINES

▪ **Récidive. Délit assimilé.** Le recel est assimilé à l'infraction dont provient le bien recelé (C. pén., art. 321-5) (sur les conditions et les effets de la récidive, v. n° **18.5**).

▪ **Inéligibilité obligatoire. Inscription au bulletin n° 2. Réserve d'interprétation.** *Idem* n° **20.18**. **Champ d'application** : l'infraction donne lieu au prononcé obligatoire de la peine d'inéligibilité si le recel (ou le blanchiment, v. n° **22.49**) porte sur le produit des infractions suivantes (C. pén., art. 131-26-2, L. n° 2017-1339, 15 sept. 2017) : escroquerie (C. pén., art. 313-1 et 313-2, v. n° **22.18** et **22.22**), abus de confiance (C. pén., art. 314-1, 314-2 et 314-3, v. n° **22.37**, **22.39**, **22.40**), concussion (C. pén., art. 432-10, v. n° **23.36**), corruption, trafic d'influence par un agent public (C. pén., art. 432-11, v. n° **23.37**), prise illégale d'intérêt (C. pén., art. 432-12, v. n° **23.52**), participation illégale dans une entreprise contrôlée (C. pén., art. 432-13, v. n° **23.53**), favoritisme (C. pén., art. 432-14, v. n° **23.54**), soustraction de bien public par un agent public (C. pén., art. 432-15, v. n° **23.55**), corruption ou trafic d'influence par une personne privée (C. pén., art. 433-1 et 433-2, v. n° **23.41** et **23.42**), corruption ou trafic d'influence des autorités judiciaires (C. pén., art. 434-9 et 434-9-1, v. n° **23.38** et **23.39**), non-respect d'un programme de compliance en matière de corruption ou de trafic d'influence (C. pén., art. 434-43-1), infractions de corruption ou de trafic d'influence concernant des États étrangers ou des organisations internationales publiques (C. pén., art. 435-1 à 435-10), corruption des personnes privées (C. pén., art. 445-1 et 445-2,

v. n° 23.43), faux administratif (C. pén., art. 441-2, v. n° 24.2), détention de faux administratif (C. pén., art. 441-3, v. n° 24.5), faux en écriture publique et authentique (C. pén., art. 441-4, v. n° 24.6), fourniture de faux administratif (C. pén., art. 441-5, v. n° 24.7), obtention indue de document administratif (C. pén., art. 441-6, v. n° 24.8), fraude fiscale aggravée (CGI, art. 1741 et 1743, v. n°s 33.34 et 33.35), délit d'initié et de manipulation de cours (CMF, art. L. 465-1 et L. 465-3-3, v. n° 33.28), abus de biens sociaux (C. com., art. L. 241-3 et L. 241-6, v. n°s 33.15 et 33.19).

▪ **Confiscation. Confiscation du produit ou de l'objet de l'infraction.** « *Le produit de l'infraction [principale] constitue l'objet du délit de recel* » (§ 17) ; « *le juge qui ordonne la saisie en valeur d'un bien appartenant à l'auteur de l'infraction de recel [...] ou étant à sa libre disposition, dès lors qu'il ne résulte pas des pièces de la procédure des présomptions qu'il a bénéficié en totalité ou en partie du produit de cette infraction, doit apprécier, lorsque cette garantie est invoquée, le caractère proportionné de l'atteinte portée au droit de propriété de l'intéressé pour la partie du produit dont il n'aura pas tiré profit* » (§ 18) (Crim. 22 juin 2022, n° 21-85.671, P).

■ **ÉLÉMENTS CONSTITUTIFS – QUALIFICATION**

✧ Pour avoir à .... [¤ lieu], le .... [¤ date], sciemment recelé (désignation du ou des choses recelées), qu'il savait [⇨A à P :]

A. provenir d'un **délit** commis au préjudice de .... [¤ nom de la victime] (A : *N 699.ju*, par personne morale : *N 25840.ju*) ;

B. provenir d'un **vol** commis au préjudice de .... [¤ nom de la victime] (B : *N 7215.ju*) ;

C. provenir d'un **vol avec effraction** commis au préjudice de .... [¤ nom de la victime] (C : *N 7243.ju*) ;

D. provenir d'un **vol avec escalade** commis au préjudice de .... [¤ nom de la victime] (D : *N 7245.ju*) ;

E. provenir d'un **vol avec destruction ou dégradation** commis au préjudice de .... [¤ nom de la victime] (E : *N 21634.ju*) ;

F. provenir d'un **vol avec violence** n'ayant pas entraîné d'incapacité totale de travail commis au préjudice de .... [¤ nom de la victime] (F : *N 7241.ju*) ;

G. provenir d'un **vol avec violence** ayant entraîné une incapacité totale de travail n'excédant pas huit jours commis au préjudice de .... [¤ nom de la victime] (G : *N 12303.co*) ;

H. provenir d'un **vol avec violence** ayant entraîné une incapacité totale de travail supérieure à huit jours commis au préjudice de .... [¤ nom de la victime] (H : *N 12302.co*) ;

I. provenir d'un **vol commis avec deux circonstances aggravantes**, en l'espèce .... [¤ qualifier les circonstances aggravantes] au préjudice de .... [¤ nom de la victime] (I : *N 12304.co*) ;

J. provenir d'un **vol commis avec trois circonstances aggravantes**, en l'espèce .... [¤ qualifier les circonstances aggravantes] au préjudice de .... [¤ nom de la victime] (J : *N 12305.co*) ;

K. provenir d'une **extorsion** commise au préjudice de .... [¤ nom de la victime] (K : *N 20711.co*) ;

L. provenir d'un **abus de confiance** commis au préjudice de .... [¤ nom de la victime] (L : *N 498.ju*) ;

M. provenir d'une **escroquerie** commise au préjudice de .... [¤ nom de la victime] (M : *N 497.ju*) ;

N. être un **faux en écriture privée** (N : *N 499.ju*) ;

O. être un **faux document administratif** (O : *N 507.ju*) ;

P. provenir de **cession de stupéfiant** faite à autrui en vue de sa consommation personnelle (P : *N 6977.ju*) ;

Q. provenir de la violation du **secret de l'enquête ou de l'instruction** (C. pr. pén., art. 11, C. pén., art. 226-13) (Q : *N 21775.ju*) ;

R. provenir de la violation du **secret professionnel** (C. pén., art. 226-13) (R : *N 22278.ju*).

Faits prévus et réprimés par les articles : **PERSONNES PHYSIQUES.** 321-1, 321-3, 321-4, 321-9, 321-10 du code pénal. **PERSONNES MORALES.** 321-1, 321-3, 321-12 du code pénal. ✧

22.46 Recel aggravé

■ PEINES

PERSONNE PHYSIQUE

PP Délit. 10 ans d'emprisonnement (C. pén., art. 321-2), ou si elle est supérieure, peine attachée à l'infraction dont provient le bien recelé et à ses **circonstances aggravantes**, lorsque le prévenu en a eu connaissance (C. pén., art. 321-4).

Amende. 750 000 € (C. pén., art. 321-2) ou jusqu'à la moitié de la valeur des biens recelés (C. pén., art. 321-3).

PC 1. Interdiction droits civiques civils et de famille ⩽ 5 ans (vote, éligibilité, fonction juridictionnelle, expert, témoin, tuteur, curateur) (C. pén., art. 321-9, 1° et 131-26). Sauf dispense spécialement motivée, la peine d'inéligibilité est obligatoirement prononcée en cas de recel du produit de certaines infractions relevant du prononcé obligatoire de la peine d'inéligibilité (C. pén., art. L. 131-26-2, L. n° 2017-1339, 15 sept. 2017), v. Orienteur/Régime des peines ;

2. Interdiction, définitive ou ⩽ 5 ans activité professionnelle ou sociale (en relation avec l'infraction), ou fonction publique (sauf mandat électif ou syndical) *et/ou* interdiction définitive ou ⩽ 15 ans (10 ans avant L. n° 2013-1117, 6 déc. 2013) d'exercer une profession commerciale ou industrielle, de diriger, d'administrer, de gérer ou de contrôler à un titre quelconque, directement ou indirectement, pour son propre compte ou pour le compte d'autrui, une entreprise commerciale ou industrielle ou une société commerciale (C. pén., art. 321-9, 2°, 131-27 et 131-28 [mod. par L. n° 2008-776, 4 août 2008]) ;

3. Fermeture, définitive ou temporaire établissement ayant servi à commettre les faits (C. pén., art. 321-9, 3° et 131-33) ;

4. Exclusion, définitive ou temporaire marchés publics (C. pén., art. 321-9 4° et 131-34) ;

5. Interdiction ⩽ 5 ans émission chèques autres que de retraits ou certifiés (C. pén., art. 321-9 5° et 131-19) ;

6. Confiscation (réelle ou en valeur) chose ayant servi à l'infraction ou destinée à la commettre ou son produit (obligatoire pour objets qualifiés dangereux ou nuisibles par loi ou règlement ou dont la détention est illicite) (C. pén., art. 321-9 6° et 131-21) ;

7. Confiscation d'une ou plusieurs arme(s) (C. pén., art. 321-9 7°) ;

8. Interdiction de séjour ⩽ 5 ans (C. pén., art. 321-9 8°, 131-31 et 131-32, C. pr. pén., art. 762-1 à 763) ;

9. Affichage, ⩽ 2 mois, *et/ou* (L. n° 2011-525, 17 mai 2011) diffusion de la décision ou d'extraits aux frais (⩽ amende encourue) du condamné (C. pén., art. 321-9 9° et 131-35) ;

10. Stage de responsabilité parentale (C. pén., art. 131-5-1 et 321-9 10° [L. n° 2007-297, 5 mars 2007]) (pour les faits commis avant le 24 mars 2020 et jugés après cette date, L. n° 2019-222, 23 mars 2019, en vigueur le 24 mars 2020. Pour les faits commis à partir du 24 mars 2020, v. nouvelle réd. C. pén., art. 131-5-1 et n° 18.33) ;

11. Auteur étranger : interdiction du territoire français, définitive ou ⩽ 10 ans, motivation spéciale si liens familiaux ou résidence durable en France, ou raisons de santé (C. pén., art. 321-11, 131-30 à 131-30-2) ;

12. + autres peines complémentaires encourues pour les crimes ou délits dont proviennent les biens recelés (C. pén., art. 321-10).

PERSONNE MORALE

PP Délit. 3 750 000 € (C. pén., art. 321-12 ; art. 131-38) ou jusqu'à la moitié de la valeur des biens recelés (C. pén., art. 321-3).

PC *Idem* n° 22.45.

■ ORIENTEUR

AUTRE QUALIFICATION

- Renvoi. *Idem* n° 22.45.

ÉLÉMENT LÉGAL

- Définition. Recel. *Idem* n° 22.45.
- Définition. Bande organisée. Cas C : v. n° 11.20 (C. pén., art. 132-71).

RÉGIME PROCÉDURAL

- **Prélèvement des empreintes génétiques.** *Idem* n° 22.45.
- **Régime complet de la criminalité organisée.** Le régime d'enquête de la **criminalité organisée** est applicable aux conditions précisées n° 22.45.
- **Prescription de l'action publique.** *Idem* n° 22.45.

RÉGIME DES PEINES

- **Récidive. Délit assimilé.** *Idem* n° 22.45 (sur les conditions et les effets de la récidive, v. n° 18.5).
- **Inéligibilité obligatoire. Inscription au bulletin n° 2. Réserve d'interprétation.** *Idem* n° 20.18. **Champ d'application :** l'infraction donne lieu au prononcé obligatoire de la peine d'inéligibilité si le blanchiment porte sur le produit des infractions mentionnées au C. pén., art. 131-26-2, L. n° 2017-1339, 15 sept. 2017 (V. la liste de ces infractions au n° 22.45, Orienteur/Régime des peines).
- **Période de sûreté.** « *La période de sûreté n'est pas une peine mais un mode d'exécution de celle-ci. Dès lors, l'interprétation stricte de la loi pénale exclut toute période de sûreté du recel criminel.* » (Crim. 22 janv. 2020, n° 19-84.084, P). Il en résulte que lorsque la personne a été condamnée du chef de recel d'une infraction principale relevant d'une période de sûreté de plein droit (ex. recel de vol avec arme), la période de sûreté ne lui est pas applicable, le législateur n'ayant pas prévu cette modalité d'exécution de la peine pour les faits de recel (sur la période de sûreté, C. pén., art. 132-23, v. n° 18.7C1).

■ ÉLÉMENTS CONSTITUTIFS – QUALIFICATION

✧ Pour avoir à .... [¤ lieu], le .... [¤ date], sciemment recelé .... [¤ désignation du ou des objets recelés] qu'il savait provenir d'un crime ou d'un délit commis au préjudice de .... [¤ nom de la victime], avec cette circonstance que les faits de recel ont été [⇨A à C :]

A. commis à titre habituel (A1 : *N 12307.co* (recel de délits) ; A2 : *N 23238.co* (recel de vols)) ;

B. facilités par l'exercice d'une activité professionnelle (B : *N 12308.co*) ;

C. commis en bande organisée (C : *N 12309.co*).

Faits prévus et réprimés par les articles : **PERSONNES PHYSIQUES.** 321-2, 321-3, 321-4, 321-9, 321-10, 321-11 du code pénal. **PERSONNES MORALES.** 321-2, 321-3, 321-12 du code pénal. ✧

22.47 Recel de vols ou délits multiples – Tableau

■ PEINES

PERSONNE PHYSIQUE ET PERSONNE MORALE

PP PC Crime ou Délit. *Idem* n° 22.45.

■ ÉLÉMENTS CONSTITUTIFS – QUALIFICATION

Dans le cas de recels multiples, le présent tableau, illustré à titre d'exemple, pourra être utilisé. La formule n° 22.46 sera préférée si la multiplicité de recels matérialise le caractère habituel.

✧ Pour avoir, sur l'étendue du territoire national depuis temps non couvert par la prescription, sciemment recelé divers objets mobiliers qu'il savait provenir de vols ou de délits commis dans les circonstances suivantes :

Lieu du délit	Date	Objets recelés	Victime
• Dunkerque	• 7 juill. 2022	• Un véhicule automobile, de l'outillage	• Dupont
• Melun	• Entre le 10 et 16 mars 2022	• Un poste de télévision, un carnet de chèques	• Durand
• Bordeaux	• Courant avr. 2022	• Des matériaux de construction	• Lemarinel
• Etc.			

Faits prévus et réprimés par les articles : *Idem* n° 22.45. ✧

22.48 Non-justification de ressources ou de l'origine d'un bien par une personne en relation habituelle avec l'auteur d'infractions – Justification de ressources fictives pour l'auteur d'infractions – Infractions voisines du recel

■ PEINES

PERSONNE PHYSIQUE

PP Délit. Cas A et G : 3 ans d'emprisonnement, 75 000 € (C. pén., art. 321-6). Cas B : 5 ans, 150 000 € (C. pén., art. 321-6, 321-6-1). Cas C et E : 7 ans, 200 000 € (C. pén., art. 321-6, 321-6-1). Cas D et F : 10 ans, 300 000 € (C. pén., art. 321-6, 321-6-1).

PC 1. *Idem* PC n° 22.45, sauf n°s 8 et 10 ;

2. Confiscation de tout ou partie des biens, qu'elle qu'en soit la nature, meuble ou immeuble, divis ou indivis, dont l'origine n'a pu être justifiée (C. pén., art. 321-10-1) ;

3. Cas B à F : confiscation de tout ou partie des biens appartenant au condamné ou dont il a « *la libre disposition* » (L. n° 2012-409, 27 mars 2012) (C. pén., art. 450-5) ;

4. Peines complémentaires encourues pour les crimes ou les délits commis par la ou les personnes avec lesquelles l'auteur était en relations habituelles (C. pén., art. 321-10-1).

PERSONNE MORALE

PP Délit. Cas A et G : 375 000 € (C. pén., art. 321-6, 131-38). Cas B : 750 000 € (C. pén., art. 321-6, 321-6-1 et 131-38). Cas C et E : 1 000 000 € (C. pén., art. 321-6, 321-6-1 et 131-38). Cas D et F : 1 500 000 € (C. pén., art. 321-6, 321-6-1 et 131-38).

PC Cas B à F : confiscation de tout ou partie des biens appartenant à la personne morale condamnée ou dont elle a « *la libre disposition* » (L. n° 2012-409, 27 mars 2012) (C. pén., art. 450-5) ;

Néant.

■ ORIENTEUR

AUTRE QUALIFICATION

▪ **Justification mensongère, blanchiment – Stupéfiants.** Justification mensongère de l'origine des ressources provenant du trafic de stupéfiants, blanchiment, v. n°s 28.7 et 28.8.

▪ **Justification mensongère, blanchiment – Hors stupéfiants.** Justification mensongère de l'origine des ressources provenant de crimes ou délits, hors stupéfiants, blanchiment, v. n° 22.49.

ÉLÉMENT LÉGAL

▪ **Constitutionnalité.** Est rejetée la QPC portant sur la constitutionnalité de C. pén., art. 321-6 et 321-6-1 en ce que ces articles « *définissent de façon claire et précise l'incrimination contestée de non-justification de ressources et que d'autre part ces textes n'édictent aucune présomption de responsabilité pénale mais créent un délit spécifique dont il appartient à l'accusation de rapporter la preuve* » (Crim. 13 juin 2012, n° 12-90.027, D ; Crim. 26 sept. 2012, n° 12-90.051, D ; Crim. 28 janv. 2020, n° 19-84.400, D). Les mots « *relations habituelles, définissent de façon suffisamment claire et précise l'incrimination contestée de non-justification de ressources pour exclure tout risque d'arbitraire et laissent au juge, dont c'est l'office, le soin de qualifier des situations ou comportements que le législateur ne peut énumérer a priori de façon exhaustive* » (Crim. 28 juin 2022, n° 22-82.655, D).

▪ **Application de la loi pénale dans le temps.** L'article 321-6 du code pénal, réécrit par la loi n° 2006-64 du 23 janvier 2006, article 24, incrimine désormais, de manière générale, la non-justification de ressources correspondant au train de vie ou la justification de ressources fictives et crée l'infraction de non-justification d'origine d'un bien détenu. Ces dispositions recouvrent les infractions spéciales, abrogées par le même texte, de non-justification de ressources par une personne ayant autorité sur un mineur délinquant (C. pén., art. 321-6 anc.) ou en lien avec les auteurs d'infractions à la législation des stupéfiants (C. pén., art. 222-39-1 anc.), de traite des êtres humains (C. pén., art. 225-4-8 anc.), d'extorsion aggravée (C. pén., art. 312-7-1 anc.) ou d'association de malfaiteurs (C. pén., art. 450-2-1 anc.). Les dispositions relatives au blanchiment de stupéfiants ou de crimes ou délits n'ont pas été modifiées (v. n°s 28.7 et 22.49)

RÉGIME PROCÉDURAL

▪ **Prélèvement des empreintes génétiques.** Le prélèvement des empreintes génétiques de la personne suspectée ou condamnée est effectué si les faits concernent une des infractions pour lesquelles les **empreintes génétiques** peuvent être prélevées, conservées ou rapprochées (notamment vols, extorsions, proxénétisme, enlèvement, association de malfaiteurs, armes, trafic de stupéfiants) (C. pr. pén., art. 706-54 et 706-55 6°, v. n°s 13.23 et 13.25). **Sanction** du refus de prélèvement, v. n° 25.35.

▪ **Régime complet de la criminalité organisée** applicable si l'infraction est en relation avec l'une des infractions visées au 1° à 15° et au 17° de C. pr. pén., art. **706-73** (C. pr. pén., art. **706-73 16**) (v. n° **11.21A**). Le même régime est applicable, à l'exception de la garde à vue qui est limitée à 48 h 00, si l'infraction est en relation avec les infractions, commises en bande organisée, d'escroquerie, de travail dissimulé (dissimulation d'activité ou de salarié), de recours au travail dissimulé, de marchandage ou de prêt illicite de main-d'œuvre, d'emploi d'étranger non autorisé à travailler (C. pr. pén., art. **706-73-1 5°** (réd. issue L. n° 2015-993, 17 août 2015) v. n° **11.21C**).

MESURE ADMINISTRATIVE

▪ **Situation administrative de l'auteur étranger.** Retrait administratif possible de la **carte de séjour temporaire** ou **pluriannuelle** de l'**étranger** « *ayant commis les faits qui l'exposent à l'une des condamnations prévues* » aux C. pén., art. **321-6-1** (**Cas B** à **G**) (Ceseda, art. L. 432-6, anc^{t} L. 313-5, al. 1, réd. L. n° 2016-274, 7 mars 2016).

▪ ÉLÉMENTS CONSTITUTIFS – QUALIFICATION

✧ Pour avoir à .... [¤ lieu], le .... [¤ date], [⇨A, E ou G :]

A. étant en relations habituelles avec une ou plusieurs personnes se livrant à la commission de crimes ou de délits punis d'au moins cinq ans d'emprisonnement leur procurant un profit direct ou indirect, ou avec les victimes de ces infractions, omis de justifier des ressources correspondant à son train de vie ou de justifier de l'origine d'un bien détenu, en l'espèce en .... [¤ matérialiser l'infraction] (A : *N* ***26026.co***).

Circonstances aggravantes : [• préciser le cas échéant dans le **cas** A :] avec cette circonstance que [⇨B ou C :]

B. les infractions ont été commises par un mineur sur lequel il avait autorité (C. pén., art. **321-6-1**) (B : *N* ***7260.co***) ;

C. les infractions commises constituaient les crimes ou délits (C. pén., art. **321-6-1**) [⇨C1 à C5, puis le cas échéant D :]...

C1. de traite des êtres humains (C1 : *N* ***23784.co***) ;

C2. d'extorsion (C2 : *N* ***25110.co***) ;

C3. d'association de malfaiteurs (C3 : *N* ***23000.co***) ;

C4. de trafic de stupéfiants (C4 : *N* ***20877.co***) ;

C5. de crimes ou de délits en matière d'armes et de produits explosifs (C5 : *N* ***#.co***) ;

D. [• préciser le cas échéant dans le **cas** C] et ont été commises par un ou plusieurs mineurs (D : *N* ***20875.co***).

E. étant en relations habituelles avec une ou plusieurs personnes faisant usage de stupéfiants, omis de justifier des ressources correspondant à son train de vie ou de justifier de l'origine d'un bien détenu, en l'espèce en .... [¤ matérialiser l'infraction] (C. pén., art. **321-6-1**) (E : *N* ***20877.co***) ;

F. **Circonstances aggravantes** : [• préciser le cas échéant dans le **cas** E] avec cette circonstance que les faits d'usage de stupéfiants ont été commis par un ou plusieurs mineurs (F : *N* ***20875.co***) ;

G. facilité la justification de ressources fictives pour des personnes se livrant à la commission de crimes ou de délits punis d'au moins cinq d'emprisonnement leur procurant un profit direct ou indirect, en l'espèce en .... [¤ matérialiser l'infraction] (G : *N* ***26027.co***).

Faits prévus et réprimés par les articles : **PERSONNES PHYSIQUES.** **321-6** [+ **321-6-1** et 450-5 dans les cas B à F], 321-10 et 321-10-1 du code pénal. **PERSONNES MORALES.** **321-6** [+ **321-6-1** et 450-5 dans les cas B à F], 131-38 du code pénal. ✧

22.49 Blanchiment

■ PEINES

PERSONNE PHYSIQUE

PP Cas 1 et 2. **Délit.** 5 ans d'emprisonnement (C. pén., art. 324-1). Cas A à C. **Délit.** 10 ans d'emprisonnement (C. pén., art. 324-2), ou, si elle est supérieure, peine d'emprisonnement attachée à l'infraction dont proviennent les biens ou les fonds blanchis et à ses **circonstances aggravantes,** lorsque le prévenu en a eu connaissance (C. pén., art. 324-4).

Amende. Cas 1 et 2 : 375 000 € (C. pén., art. 324-1). Cas A à C : 750 000 € (C. pén., art. 324-2), ou au-delà jusqu'à la moitié de la valeur des biens ou des fonds blanchis (C. pén., art. 324-3).

PC 1. Interdiction ⩽ 5 ans (cas 1 et 2) ou définitive ou ⩽ 5 ans (cas A à C) activité professionnelle ou sociale (en relation avec l'infraction), ou fonction publique (sauf mandat électif ou syndical) *et/ou* interdiction définitive ou ⩽ 15 ans (10 ans avant L. n° 2013-1117, 6 déc. 2013) d'exercer une profession commerciale ou industrielle, de diriger, d'administrer, de gérer ou de contrôler à un titre quelconque, directement ou indirectement, pour son propre compte ou pour le compte d'autrui, une entreprise commerciale ou industrielle ou une société commerciale (C. pén., art. 324-7 1°, 131-27 et 131-28 [mod. par L. n° 2008-776, 4 août 2008]) ;

2. Interdiction, ⩽ 5 ans, de détention ou de port d'arme soumise à autorisation (C. pén., art. 324-7 2°) ;

3. Interdiction, ⩽ 5 ans, d'émission de chèques autres que de retraits ou certifiés (C. pén., art. 324-7 3° et 131-19) et d'utilisation de cartes de paiement (C. pén., art. 324-7 et 131-20) ;

4. Suspension, annulation, ⩽ 5 ans, du PC (C. pén., art. 324-7 4° et 5°) ;

5. Confiscation d'un ou plusieurs véhicules (C. pén., art. 324-7 6°) ;

6. Confiscation d'une ou plusieurs arme(s) (C. pén., art. 324-7 7°) ;

7. Confiscation (réelle ou en valeur) chose ayant servi à l'infraction ou destinée à la commettre ou son produit (obligatoire pour objets qualifiés dangereux ou nuisibles par loi ou règlement ou dont la détention est illicite) (C. pén., art. 324-7 8° et 131-21) ;

8. Interdiction droits civiques civils et de famille ⩽ 5 ans (vote, éligibilité, fonction juridictionnelle, expert, témoin, tuteur, curateur) (C. pén., art. 324-7 9° et 131-26). Sauf dispense spécialement motivée, la peine d'inéligibilité est obligatoirement prononcée en cas de blanchiment du produit de certaines infractions relevant du prononcé obligatoire de la peine d'inéligibilité (C. pén., art. L. 131-26-2, L. n° 2017-1339, 15 sept. 2017), v. Orienteur/Régime des peines ;

9. Interdiction de séjour ⩽ 5 ans (C. pén., art. 324-7 10°, 131-31 et 131-32, C. pr. pén., art. 762-1 à 763) ;

10. Interdiction ⩽ 5 ans quitter territoire (C. pén., art. 324-7 11°) ;

11. Confiscation de tout ou partie des biens appartenant au condamné ou « *dont il a la libre disposition* » (L. n° 2012-409, 27 mars 2012) (C. pén., art. 324-7 12° ; L. n° 2001-420, 15 mai 2001) ;

12. Auteur étranger : interdiction du territoire français, définitive ou ⩽ 10 ans (C. pén., art. 324-8, 131-30 à 131-30-2).

PERSONNE MORALE

PP Cas 1 et 2. Délit : 1 875 000 €. Cas A à C. **Délit** : 3 750 000 € (C. pén., art. 324-9 ; 131-38), ou au-delà jusqu'à la moitié de la valeur des biens ou des fonds blanchis (C. pén., art. 324-3).

PC 1. Dissolution (sauf personnes morales de droit public, partis, groupements politiques, syndicats, institutions représentatives du personnel) si personne morale créée ou détournée de son objet pour commettre l'infraction (C. pén., art. 324-9, 131-39 1° et 131-45) ;

2. Interdiction, définitive ou ⩽ 5 ans, une ou plusieurs activités professionnelles ou sociales en relation avec l'infraction (C. pén., art. 324-9 et 131-39 2°) ;

3. Surveillance judiciaire ⩽ 5 ans, sauf personnes morales de droit public, partis, groupements politiques, syndicats (C. pén., art. 324-9, 131-39 3° et 131-46) ;

4. Fermeture, définitive ou ⩽ 5 ans, d'un ou plusieurs établissements en relation avec l'infraction (C. pén., art. 324-9 et 131-39 4°) ;

5. Exclusion, définitive ou ⩽ 5 ans, marchés publics (C. pén., art. 324-9 et 131-39 5°) ;

6. Interdiction, définitive ou ⩽ 5 ans, de *faire appel public à l'épargne* (procéder à une offre au public de titres financiers ou de les faire admettre aux négociations sur un marché réglementé, selon L. n° 2009-80, 22 janv. 2009) (C. pén., art. 324-9 et 131-39 6°) ;

7. Interdiction, ⩽ 5 ans, d'utiliser des cartes de paiement ou d'émettre des chèques autres que de retrait ou certifiés (C. pén., art. 324-9 et 131-39 7°) ;

8. Confiscation (réelle ou en valeur) chose ayant servi à l'infraction ou destinée à la commettre, ou son produit (obligatoire pour objets qualifiés dangereux ou nuisibles par loi ou règlement ou dont la détention est illicite) (C. pén., art. 324-9, 131-39 8° et 131-21) ;

9. Confiscation de tout ou partie des biens de la personne morale, sous réserve des droits du propriétaire de bonne foi, ou des biens dont elle a la libre disposition, quelle qu'en soit la nature, meubles ou immeubles, divis ou indivis (C. pén., art. 324-9, mod. par L. n° 2013-1117, 6 déc. 2013) ;

10. Affichage, ⩽ 2 mois, *et/ou* (L. n° 2011-525, 17 mai 2011) diffusion de la décision ou d'extraits aux frais (⩽ amende encourue) du condamné (C. pén., art. 324-9, 131-39 9°, 131-48 et 131-35).

■ ORIENTEUR

AUTRE QUALIFICATION

▪ **Blanchiment de trafic de stupéfiants.** V. n°s 28.7 et 28.8.

▪ **Blanchiment douanier de trafic de stupéfiants.** V. n° 28.9.

▪ **Blanchiment douanier.** V. n° 28.9.

▪ **Justification de ressources fictives.** V. n° 22.48 (Cas G).

▪ **Manquement à l'obligation déclarative.** V. n° 33.41.

ÉLÉMENT LÉGAL

▪ **Définition. Bande organisée.** Cas C : v. n° 11.20 (C. pén., art. 132-71).

ÉLÉMENT LÉGAL

▪ **Application de la loi pénale dans l'espace. • Opérations portant atteinte aux intérêts financiers de l'UE.** Par dérogation au principe de réciprocité d'incrimination (C. pén., art. 113-6, al. 2), à la nécessité de la plainte préalable de la victime ou de la dénonciation officielle de l'État dans lequel les faits ont été commis (C. pén., art. 113-8, v. n° 10.5B), ou à l'exigence, en cas de complicité en France d'une infraction commise à l'étranger, de réciprocité d'incrimination et de condamnation définitive du fait principal par la juridiction étrangère (C. pén., art. 113-5) « *la loi pénale française est applicable en toutes circonstances* » au blanchiment de certaines infractions commises « *à l'étranger par un Français ou par une personne résidant habituellement ou exerçant tout ou partie de son activité économique sur le territoire français, lorsqu'elles portent atteinte aux recettes perçues, aux dépenses exposées ou aux avoirs qui relèvent du budget de l'Union européenne, des budgets des institutions, organes et organismes de l'Union européenne ou des budgets gérés ou contrôlés directement par eux* » (C. pén., art. 113-14, issu Ord. n° 2019-963, 18 sept. 2019, ratifiée par L. n° 2020-1672, 24 déc. 2020, v. n° 10.5F, notamment sur l'énumération des infractions concernées). V. également ci-dessous : élément matériel. **• Opérations sur des valeurs mobilières françaises.** « *en application de C. pén., art. 113-2, qui régit la compétence des juridictions pénales françaises, interprété à la lumière de la directive 2018/1673, 23 oct. 2018, art. 10, visant à lutter contre le blanchiment de capitaux au moyen du droit pénal, l'acquisition, sur le marché boursier français, et la détention par un prévenu de nationalité française et domicilié en France, d'emprunts émis par la République française, bénéficiant du crédit et de la signature de l'État français, et soumis à ce titre à l'impôt sur le revenu en France, à l'aide de fonds placés à l'étranger constituant le produit d'une infraction, caractérise un fait constitutif du délit de blanchiment justifiant la compétence des juridictions françaises* » (§ 21) « *Les juridictions françaises sont compétentes pour connaître du délit de blanchiment commis à l'étranger concernant des fonds qui constituent le produit d'une infraction commise en France, laquelle caractérise un fait constitutif du délit de blanchiment au sens de C. pén., art. 113-2* » (§ 22) « *le délit de blanchiment à l'étranger de fonds provenant d'une fraude fiscale commise en France même couverte par la prescription, justifie la compétence des juridictions françaises en application de C. pén., art. 113-2, al. 2* » (§ 25) (Crim. 21 oct. 2020, n° 19-87.076, D).

▪ **Constitutionnalité.** Les dispositions de C. pén., art. 324-1, al. 2, « *rédigées en termes suffisamment clairs et précis pour permettre leur interprétation et leur sanction, qui entrent dans l'office du juge pénal, sans risque d'arbitraire, ne portent pas atteinte au principe constitutionnel de la légalité des délits et des peines* » (Crim. 27 mars 2013, n° 12-85.115, P n° 71 ; dans le même sens : Crim. 17 janv. 2018, n° 17-90.020, D).

▪ **Droit de l'Union.** • **Incrimination nécessaire des faits de blanchiment.** En application de la directive (UE) 2018/1673, du Parlement européen et du Conseil, 23 oct. 2018, visant à lutter contre le blanchiment de capitaux au moyen du droit pénal, les États membres de l'Union prennent les mesures nécessaires pour s'assurer que les faits intentionnels de blanchiment sont passibles de sanctions en tant qu'infractions pénales (art. 3). • **Notion de bénéficiaire effectif.** Au sens de la directive (UE) 2015/849 du Parlement européen et du Conseil, 20 mai 2015, relative à la prévention de l'utilisation du système financier aux fins du blanchiment de capitaux ou du financement du terrorisme, art. 3, 6), on entend par « *bénéficiaire effectif», la ou les personnes physiques qui, en dernier ressort, possèdent ou contrôlent le client et/ou la ou les personnes physiques pour lesquelles une transaction est exécutée, ou une activité réalisée, et qui comprend au moins* » les caractéristiques énoncées au dit article. Cette directive abroge et remplace la directive 2005/60/CE du Parlement européen et du Conseil, 26 oct. 2005, relative à la prévention de l'utilisation du système financier aux fins du blanchiment de capitaux et du financement du terrorisme, art. 3, 6), qui entendait par «*bénéficiaire effectif», la ou les personnes physiques qui, en dernier lieu, possède(nt) ou contrôle(nt) le client et/ou la personne physique pour laquelle une transaction est exécutée ou une activité réalisée* ».

ÉLÉMENT MATÉRIEL

▪ **Tentative. Punissable** (C. pén., art. 324-6).

▪ **Autonomie de l'infraction.** • **Répression de l'auto blanchiment.** « *l'article 324-1 du code pénal, instituant une infraction générale et autonome de blanchiment, distincte, dans ses éléments matériel et intentionnel, du crime ou du délit ayant généré un produit, réprime, quel qu'en soit leur auteur, des agissements spécifiques de placement, dissimulation ou conversion de ce produit, de sorte que cette disposition est applicable à celui qui blanchit le produit d'une infraction qu'il a commise* » (Crim. 9 déc ; 2015, n° 15-83.204, P – Crim. 14 juin 2017, n° 16-84.921, NP), « *sans porter atteinte au principe Ne bis in idem* » (Crim. 17 janv. 2018, n° 17-82.2018). Il en résulte que les faits de blanchiment peuvent être reprochés, non seulement à tout auteur ou complice de l'opération de blanchiment, mais également à l'auteur, au complice, au receleur de l'infraction d'origine (sous réserve de la jurisprudence citée ci-dessous, concours de qualification). Les qualifications de vol et de blanchiment du produit de ce vol ne sont donc pas incompatibles lorsqu'elles sont reprochées à l'auteur du vol, à la différence de l'infraction de recel de vol, qui ne peut être reprochée à l'auteur de l'infraction de vol (qualifications incompatibles, Crim. 13 avr. 2022, n° 19-84.831 v. n° **22.45**). • **Conformité au droit de l'Union de la répression de l'auto blanchiment.** « *la directive 2005/60 n'exclut pas que l'auteur de l'infraction principale dont les capitaux blanchis proviennent puisse également être l'auteur de l'infraction visée à cette disposition pour le blanchiment de ces capitaux* » (§ 54) et elle ne s'oppose pas à ce qu'un État membre incrimine l'autoblanchiment (§ 66) ; cette répression de l'autoblanchiment est d'ailleurs désormais imposée par la directive 2018/1673 (§ 62 à 65) ; la règle *non bis in idem* prévue par la charte des droits fondamentaux, art. 50, ne prohibe pas davantage la répression du même auteur du chef de l'auto blanchiment et de l'infraction d'origine « *lorsque les faits donnant lieu aux poursuites ne sont pas identiques à ceux constitutifs de l'infraction principale* » (§ 81) (CJUE, 2 sept. 2021, aff. C-790/19). • **Indifférence de la prescription ou de la poursuite de l'infraction d'origine.** « *En raison de l'autonomie de l'infraction de blanchiment, celle-ci, lorsqu'elle est commise en France, peut être poursuivie nonobstant la prescription de l'action publique concernant l'infraction d'origine ou encore en l'absence de toute poursuite du chef de celle-ci* » (§ 23) (Crim. 21 oct. 2020, n° 19-87.076, D). • **Indifférence de l'immunité pénale de l'auteur de l'infraction d'origine.** « *d'une part, caractérise le délit de blanchiment, infraction générale, distincte et autonome, l'utilisation en France de fonds provenant de détournements de fonds publics commis à l'étranger, d'autre part, à supposer qu'elle soit invocable en l'espèce, l'irresponsabilité pénale du chef d'État [...], n'interdit pas de qualifier les actes auxquels elle s'applique* » (Crim. 7 sept. 2022, n° 21-86.002, § 15, D). • **Blanchiment de fraude fiscale.** L'exercice de l'action publique pour des faits de blanchiment de fraude fiscale, infraction autonome, n'est pas subordonné à la plainte préalable de l'administration fiscale imposée par LPF, art. L. 228 (Crim. 20 févr. 2008, n° 07-82.977, P n° 43, Crim. 27 mars 2018, n° 16-87.585, P n° 55). L'auteur de l'infraction de blanchiment peut également être l'auteur de l'infraction d'origine dont provient le produit blanchi (auto blanchiment) (Crim. 14 janv. 2004, n° 03-81.165, P n° 12 ; Crim. 9 déc. 2015, n° 15-83.204, P n° 282) (sur les conditions de recevabilité des poursuites pénales pour fraude fiscale, v. n° **33.33**). • **Blanchiment en France d'infractions commises à l'étranger.** « *les textes qui définissent le délit de blanchiment, qui est une infraction générale, distincte et autonome, n'imposent ni que l'infraction ayant permis d'obtenir les sommes blanchies ait eu lieu sur le territoire national ni que les juridictions françaises soient compétentes* *pour la poursuivre* », sous réserve de « *s'assurer que les faits constituant l'infraction d'origine du délit de blanchiment* » puissent recevoir en France une qualification pénale criminelle ou délictuelle (Crim. 1er avr. 2020, n° 19-80.875, P). « *il découle de C. pén., art. 324-1, interprété à la lumière des dispositions de la directive 2018/1673, 23 oct. 2018, art. 3, visant à lutter contre le blanchiment de capitaux au moyen du droit pénal, qu'il n'est pas nécessaire que l'activité criminelle ou les comportements dont proviennent les biens objet du blanchiment soient précisément établis ou constituent même une infraction dans le pays où ils ont été commis, que leur auteur soit identifié ou qu'il ait fait l'objet de poursuites préalables ou concomitantes* » (§ 24) (Crim. 21 oct. 2020, n° 19-87.076, D).

▪ **Concours de qualification – Règle *non bis in idem*. • Blanchiment et recel.** « *des faits qui procèdent de manière indissociable d'une action unique caractérisée par une seule intention coupable ne peuvent donner lieu, contre le même prévenu, à deux déclarations de culpabilité de nature pénale, fussent-elles concomitantes* », ainsi, la personne qui recèle préalablement sur son compte bancaire des sommes qu'elle savait provenir d'une escroquerie avant d'en réaliser le blanchiment par l'acquisition d'un immeuble, ne peut être condamnée que pour l'infraction de blanchiment (Crim. 26 oct. 2016, n° 15-84.552, P n° 276). **• Blanchiment et abus de biens sociaux.** Sous le même attendu de principe la Ch. crim. censure la cour d'appel qui a condamné pour abus de biens sociaux et blanchiment « *sans retenir des faits constitutifs de blanchiment distincts des versements pour lesquels elle a déclaré le prévenu coupable d'abus de biens sociaux* » (Crim. 7 déc. 2016, n° 15-87.335, P n° 327), mais reste ouverte à la répression de l'auto-blanchiment en la matière (Crim. 17 janv. 2018, n° 17-80.152), concluant en effet que « *le fait de détourner des fonds au préjudice de sociétés puis de les utiliser dans le but de les dissimuler sont des faits distincts relevant d'une intention coupable différente* » (Crim. 16 janv. 2019, n° 17-80.576). **• Blanchiment et travail dissimulé.** La juridiction doit s'expliquer « *sur le caractère distinct des faits constitutifs de blanchiment et de ceux pour lesquels elle a déclaré le prévenu coupable de travail dissimulé* » (Crim. 3 avr. 2019, n° 18-82.298). **• Renvoi.** Sur l'application de la règle *non bis in idem* en cas de concours d'infraction, v. n° **17.32B2**.

▪ **Dissimulation et manquement à l'obligation déclarative.** Les douaniers ayant découvert plusieurs liasses de billets dissimulées sous la banquette arrière et dans l'optique arrière droit d'un véhicule immatriculé en Espagne, après que le conducteur a déclaré qu'il ne détenait pas de somme supérieure à 10 000 euros (sur le seuil de l'obligation déclarative en cas de transfert international de fonds, v. n° **33.41**), il est jugé qu'il se déduit de C. pén., art. 324-1, al. 2, interprété à la lumière de l'art. 6 de la convention de Strasbourg du 8 nov. 1990, relative au blanchiment, au dépistage et à la saisie et à la confiscation des produits du crime et de l'article 3 b) de la directive 2018/1673/UE du Parlement européen et du Conseil, 23 oct. 2018, visant à lutter contre le blanchiment de capitaux au moyen du droit pénal, que « *le transfert de fonds, sans qu'ait été respectée l'obligation déclarative résultant des articles 464 du code des douanes et L. 152-1 du code monétaire et financier, doit être considéré comme une opération de dissimulation au sens de l'article 324-1 du code pénal.* » ; pour autant, s'agissant de l'obligation de matérialiser l'infraction d'origine des sommes blanchies, le manquement à l'obligation déclarative (sur cette infraction, v. n° **33.41**) ne matérialise pas à lui seul que les fonds proviennent de l'infraction de fraude fiscale (Crim. 18 mars 2020, n° 18-86.491, P). De même, le juge doit « *établir l'existence d'une économie permise par le délit de fraude fiscale constitué par l'omission de déclaration des sommes rapatriées autrement qu'en se référant au défaut de déclaration des fonds à l'administration fiscale lors de leur transfert en France* » (§ 12) (Crim. 15 sept. 2021, n° 20-82.422, D). En revanche, la dissimulation des fonds dans des caches du véhicule donne lieu à l'application de la présomption d'origine illicite prévue par C. pén., art. L. 324-1-1 (v. ci-dessous, régime procédural/preuve).

▪ **Illustrations. • Placement et dépôt ou virement sur un compte.** « *L'opération de placement consiste notamment à mettre en circulation dans le système financier des biens provenant de la commission d'un crime ou d'un délit* » (§ 15) ; « *La caractérisation du délit de blanchiment n'implique pas, dans ce cas, que soit établie une dissimulation de l'origine illicite de ces biens.* » (§ 16) ; « *l'opération de dépôt ou de virement du produit d'un crime ou d'un délit sur un compte, y compris s'il s'agit de celui de l'auteur de l'infraction d'origine, qui conduit à faire entrer des fonds illicites dans le circuit bancaire, constitue une opération de placement caractérisant le délit de blanchiment* » (§ 17) (Crim. 18 mars 2020, n° 18-85.542, P). **• Encaissement de chèques et rétrocession en espèces.** Encaissement de chèques, provenant du produit retiré par des délits de travail dissimulé, aux fins de conversion en espèces (Crim. 17 juin 2015, n° 14-80.977, P n° 153). **• Justifications fictives.** Fabrication de faux certificats de vente, d'attestations mensongères et de factures fictives, pour assurer la revente d'engins de travaux publics provenant de vol (Crim. 26 janv. 2011, n° 10-84.081, D).

ÉLÉMENT INTENTIONNEL

▪ **Dol général.** « *il suffit, pour caractériser l'infraction de blanchiment, d'établir que son auteur avait conscience de l'origine frauduleuse des fonds, même s'il n'a pas déterminé la nature exacte des infractions d'origine* » (Crim. 20 mai 2015, nº 14-81.964, D ; dans le même sens : Crim. 18 janvier 2017, nº 15-84.003, D).

RÉGIME PROCÉDURAL

▪ **Compétence du procureur de la République financier.** Pour le blanchiment des infractions pour lesquelles il est susceptible d'être compétent (C. pr. pén., art. 705 6°, L. nº 2013-1117, 6 déc. 2013).

▪ **Prescription de l'action publique. • Infraction instantanée.** Le blanchiment incriminé par C. pén., art. 324-1, « *qui s'exécute en un trait de temps, constitue une infraction instantanée* » (§ 27) (Crim. 11 sept. 2019, nº 18-81.040. P. et nº 18-83.484 (§ 14), P). Cette jurisprudence n'exclut toutefois pas, en cas d'opérations échelonnées présentant un caractère indivisible, que la prescription puisse partir de la dernière opération (v. sur ce point, la théorie du mode opératoire unique, nº **17.21**). **• Caractère occulte du blanchiment par justification mensongère ou dissimulation.** « *Lorsqu'il consiste à faciliter la justification mensongère de l'origine de biens ou de revenus ou à apporter un concours à une opération de dissimulation du produit direct ou indirect d'un crime ou d'un délit, le blanchiment, qui a pour objet de masquer le bénéficiaire ou le caractère illicite des fonds ou des biens sur lesquels il porte, notamment aux yeux de la victime et de l'autorité judiciaire, constitue en raison de ses éléments constitutifs une infraction occulte par nature* » (§ 15), selon la jurisprudence constante de la Ch. crim. consacrée par L. nº 2017-242, 27 févr. 2017 au C. pr. pén., art. 9-1, le délai de prescription de l'infraction instantanée, mais occulte, court à compter du jour où elle est apparue et a pu être constatée dans des conditions permettant la mise en mouvement ou l'exercice de l'action publique (Crim. 8 févr. 2006, nº 05-80.301, P nº 34), à savoir du jour où les personnes susceptibles de mettre en mouvement l'action publique ont eu connaissance de l'infraction (§ 16) (Crim. 11 sept. 2019, nº 18-83.484, P). *A contrario,* le blanchiment par concours à une opération de placement ou de conversion n'est pas une infraction occulte par nature, sans préjudice d'une action délibérée de dissimulation qui lui donnerait dans ce cas le caractère d'une infraction occulte par application de C. pr. pén., art. 9-1, al. 5 (V. nº **17.20A**).

▪ **Compétence territoriale.** Compétence possible de **Paris** ou de la **JIRS économique et financière** pour le blanchiment des délits d'atteinte à un système de traitement automatisé de données (C. pr. pén., art. 706-12-1, L. nº 2016-731, 3 juin 2016 et 704, L. nº 2014-1353, 13 nov. 2014).

▪ **Régime complet de la criminalité organisée.** Applicable si le blanchiment porte sur le produit, les revenus ou des choses provenant des infractions des 1° à 13° de C. pr. pén., art. **706-73** (C. pr. pén., art. **706-73 14°**) (v. nº **11.21A**). Le même régime est applicable, à l'exception de la garde à vue qui est limitée à 48 h 00, pour le blanchiment des infractions, **commises en bande organisée**, d'escroquerie, de travail dissimulé (dissimulation d'activité ou de salarié), de recours au travail dissimulé, de marchandage ou de prêt illicite de main-d'œuvre, d'emploi d'étranger non autorisé à travailler (C. pr. pén., art. **706-73-1 3°** (réd. issue L. nº 2015-993, 17 août 2015). Ce dernier régime est également applicable au blanchiment habituel, facilité par l'exercice d'une activité professionnelle ou en bande organisée, de toute infraction n'entrant pas dans les prévisions des 1° à 13° de C. pr. pén., art. 706-73 (C. pr. pén., art. 706-73-1, mod. L. nº 2016-731, 3 juin 2016), v. nº **11.21C**). Il l'est aussi en cas de blanchiment de délits d'atteinte en bande organisée à un système de traitement automatisé de données personnelles mis en œuvre par l'État (C. pr. pén., art. 706-72, v. nº **35.70** s.).

▪ **Régime partiel (étendu) de la criminalité organisée.** Applicable au blanchiment des infractions relevant elles-mêmes de ce régime au titre de C. pr. pén., art. **706-1-1** (L. nº 2013-1117, 6 déc. 2013) (ex. corruption, fraude fiscale aggravée...) : **surveillance** (C. pr. pén., art. 706-80, v. nº **11.31**) ; **infiltration** (C. pr. pén., art. 706-81 à 706-87, v. nº **11.33**) ; **interception de communications électroniques** (C. pr. pén., art. 706-95, v. nº **11.36**) ; **sonorisation ou fixation d'image** (C. pr. pén., art. 706-96 à 106-102, v. nº **11.39**) ; **captation de données informatiques** (C. pr. pén., art. 706-102 à 706-102-9, v. nº **11.40**) ; **mesures conservatoires** sur les biens du mis en examen (C. pr. pén., art. 706-103, v. nº **11.68**).

▪ **Prélèvement des empreintes génétiques.** Le prélèvement des empreintes génétiques de la personne suspectée ou condamnée est effectué si le blanchiment concerne une des infractions pour lesquelles les **empreintes génétiques** peuvent être prélevées, conservées ou rapprochées (notamment vols, extorsions, proxénétisme, enlèvement, association de malfaiteurs, armes) (C. pr.

pén., art. 706-54 et 706-55 6°, v. n^{os} **13.23** et **13.25**). **Sanction** du refus de prélèvement, v. n° **25.35**.

▪ **Preuve de l'infraction d'origine.** • **Présomption de blanchiment.** « *Les biens ou les revenus sont présumés être le produit direct ou indirect d'un crime ou d'un délit dès lors que les conditions matérielles, juridiques ou financières de l'opération de placement, de dissimulation ou de conversion ne peuvent avoir d'autre justification que de dissimuler l'origine ou le bénéficiaire effectif de ces biens ou revenus* » (C. pén., art. 324-1-1, L. n° 2013-1117, 6 déc. 2013). Ces dispositions, comparables à celles prévues par C. douanes, art. 415-1 en matière douanière (v. n° **28.9** et la jurisprudence citée, transposable à la présomption prévue par C. pén., art. 324-1-1), en tant qu'elles portent sur les composantes matérielles et intentionnelles de l'infraction, le lien entre une l'infraction et son produit et l'élément moral propre à la connaissance de ce lien n'ayant plus à être démontré, paraissent relever du droit pénal de fond et ne peuvent être réduites au seul aspect procédural de la preuve. Si les lois procédurales sont applicables immédiatement, même aux faits antérieurs, les lois de fond ne peuvent rétroagir. En conséquence, ces dispositions ne paraissent pouvoir être mises en œuvre que pour les faits commis postérieurement à l'entrée en vigueur de la loi n° 2013-1117, 6 déc. 2013. • **Constitutionnalité de la présomption de blanchiment.** Est rejetée la QPC portant sur C. pén., art. 324-1-1 en ce que « *la présomption d'illicéité, instituée par le texte contesté, de l'origine des biens ou revenus sur lesquels porte le délit de blanchiment prévu par l'article 324-1 du code pénal, n'est pas irréfragable, et, d'autre part, nécessite, pour être mise en œuvre, la réunion de conditions de fait ou de droit faisant supposer la dissimulation de l'origine ou du bénéficiaire effectif de ces biens ou revenus* » (Crim. 9 déc. 2015, n° 15-90.019, D). • **Illustrations de la présomption de blanchiment.** Est confirmée la décision de condamnation pour blanchiment et manquement à l'obligation déclarative (CMF, art. L. 152-4, v. n° **33.41**) du prévenu contrôlé à la frontière par les agents des douanes, au motif qu'il « *a été trouvé porteur d'une enveloppe contenant la somme de 49 500 €, composée essentiellement de coupures de 500 €, après avoir indiqué ne transporter aucun titre, somme ou valeur ; que les enquêteurs ont été informés par les autorités allemandes que l'intéressé faisait l'objet d'une enquête du chef d'escroquerie aux prestations sociales [...] ; qu'au cours de la procédure, il a fourni des explications différentes sur l'origine des fonds découverts sur lui, précisant, notamment, qu'ils provenaient de la vente d'un bien immobilier appartenant à son ex-épouse qui lui avait remis cette somme pour acquérir un camion ; que celle-ci a contesté cette version* », et applique à juste titre « *la présomption d'origine illicite des fonds, prévue par C. pén., art. 324-1-1, l'arrêt, qui a relevé, notamment, les incohérences dans le récit fait par le prévenu de son voyage entre l'Allemagne et la France, l'absence de justification des raisons de celui-ci et l'importance de la somme non déclarée, énonce que les conditions matérielles de l'opération de dissimulation de la somme de 49 500 € en possession de laquelle [le prévenu] a été trouvé lors de son passage à la frontière [...] ne peuvent avoir d'autre justification que de dissimuler l'origine ou le bénéficiaire effectif de cette somme* » (Crim. 6 mars 2019, n° 18-81.059, P n° 52). La victime d'une escroquerie dite « rip deal », qui s'est fait remettre de faux billets en échange de devises étrangères soustraites aux circuits financiers officiels, est coupable de blanchiment par conversion, « *cette somme étant présumée être le produit direct ou indirect d'une infraction dès lors que les conditions matérielles d'une telle opération ne peuvent avoir d'autre justification que de dissimuler l'origine ou le bénéficiaire des fonds* » (§ 34) (Crim. 12 janv. 2022, n° 20-85.849, D). Sur le fondement de la présomption prévue par C. pén., art. 324-1-1, est validée comme portant sur « *le produit direct ou indirect d'un crime ou d'un délit et, dès lors, l'objet de l'infraction de blanchiment* » (§ 32), la saisie de l'ensemble des bitcoins d'un compte dont il était démontré qu'une partie seulement provenait d'une transaction de stupéfiants, la preuve de l'origine de l'autre partie n'ayant pas été rapportée, au motif approuvé « *que les modalités de fonctionnement des cryptoactifs garantissent l'anonymat de leurs opérateurs et que les actifs en bitcoins du demandeur résultent, à hauteur de 140 500 euros, d'une transaction avec un individu impliqué dans le financement d'un trafic de stupéfiants, effectuée au moyen d'une solution de cryptologie dédiée aux organisations criminelles, que les conditions matérielles, juridiques ou financières de l'ensemble de l'opération de blanchiment ne peuvent avoir d'autre justification que de dissimuler l'origine ou le bénéficiaire effectif des actifs en bitcoins* » (§ 32) (Crim. 15 févr. 2023, n° 22-81.326, D). • **Indifférence de la détermination de l'infraction d'origine.** Dans le cas où comme en l'espèce (fonds placés dans différentes caches du véhicule) la présomption prévue par C. pén., art. 324-1-1 est appliquée et n'est pas renversée par la preuve contraire, « *la juridiction correctionnelle n'est pas tenue d'identifier ni a fortiori de caractériser le crime ou le délit qui a procuré le produit ayant fait l'objet d'une opération de placement, de dissimulation ou de conversion.* » (§ 20) (Crim. 18 déc. 2019, n° 19-82.496, D ; dans le même sens : Crim. 15 sept. 2021, n° 21-81.308, D). • **Obligation du juge de relever la présomption de blanchiment.** Dans une affaire où les prévenus étaient poursuivis pour blanchiment d'une forte somme trouvée dans une cachette aménagée dans un véhicule, est censuré le juge qui s'abstient, en relaxant au motif que le délit d'origine n'est pas établi, « *de vérifier si, compte tenu des conditions dans lesquelles les fonds avaient été transportés, ils pouvaient [...] constituer le produit direct ou indirect d'une infraction* » (§ 22) (Crim. 8 déc. 2021, n° 21-81.223, D).

▪ **Preuve de l'infraction d'origine. Absence de présomption de blanchiment.** En l'absence d'application de la présomption de blanchiment prévue par C. pén., art. 324-1-1, il importe peu « *que les auteurs de ces délits ne soient pas connus et que les circonstances de leur commission n'aient pas été entièrement déterminées* » dès lors que la preuve de l'origine délictueuse des fonds est apportée, en l'espèce travail dissimulé et fraude fiscale, s'agissant d'un prévenu qui, n'ayant « *jamais exercé d'activité professionnelle déclarée, bénéficie du revenu de solidarité active, et n'a effectué aucune déclaration fiscale, a cependant disposé de la somme de 201 100 euros sur un compte ouvert* [dans une banque étrangère], *alimenté par des versements d'espèces venant de France* » (Crim. 4 déc. 2019, n° 19-82.469, P).

▪ **Réponse pénale alternative. CJIP.** Dans le cas de blanchiment de faits de fraude fiscale prévus au CGI, art. 1741 et 1743 (v. n° 33.34 et 33.35), ~~mais à l'exclusion des infractions de fraude fiscale~~ (restriction abrogée par L. n° 2019-898, 23 oct. 2018), le procureur de la République peut proposer à la **personne morale** une **Convention judiciaire d'intérêt public** prévoyant le paiement d'une amende d'intérêt public, l'exécution d'un programme de conformité, et la réparation du dommage (C. pr. pén., art. 41-1-2, L. n° 2016-1691, 9 déc. 2016, v. n° 15.58 et 15.59).

MESURE ADMINISTRATIVE

▪ **Retrait de l'autorisation administrative – Activité de sécurité privée.** L'autorisation administrative d'exploitation d'une activité de sécurité privée peut être retirée par l'administration (v. n° 26.1) lorsque le capital social de la personne morale est constitué en tout ou en partie par des fonds apportés directement ou indirectement par l'auteur d'un crime ou d'un délit, dans les conditions des dispositions du code pénal relatives au blanchiment (CSI, art. L. 612-16).

MESURE CIVILE

▪ **Blanchiment de fraude fiscale. Préjudice de l'État.** Souffre d'un dommage directement causé par l'infraction « *l'État français qui, par suite de la commission du délit de blanchiment de fraude fiscale, a été amené à conduire des investigations spécifiques générées par la recherche, par l'administration fiscale, des sommes sujettes à l'impôt, recherche rendue complexe en raison des opérations de blanchiment* » (§ 40), « *en revanche, n'entrent pas dans les prévisions de ce texte les frais liés aux investigations judiciaires, lesquels restent à la charge de l'État et sans recours contre le condamné en application de C. pr. pén., art. 800-1* » (§ 41) (Crim. 30 juin 2021, n°s 16-80.657, 20-83.355, P).

RÉGIME DES PEINES

▪ **Récidive. Délit assimilé.** Le blanchiment est assimilé à l'infraction à l'occasion de laquelle ont été commises les opérations de blanchiment (C. pén., art. 324-5) (sur les conditions et les effets de la récidive, v. n° 18.5). Ainsi, est en état de récidive une personne condamnée dans un premier temps pour des faits de recel de vol, puis poursuivie pour des faits de blanchiment « *commis à l'occasion de faits de recel de vol* » (Crim. 21 janv. 2020, n° 18-84.899, P).

▪ **Exemption ou réduction de peine.** Applicable au **repenti** (C. pén., art. 132-78, 324-6-1, v. n° 18.8D) (L. n° 2013-117, 6 déc. 2013).

▪ **Base de calcul de l'amende proportionnelle.** Pour l'application de C. pén., art. 324-3 qui prévoit que le plafond de la peine d'amende peut aller jusqu'à la moitié des biens ou des fonds sur lesquels ont porté les opérations de blanchiment, en matière de blanchiment de fraude fiscale « *le produit de la fraude fiscale est constitué de l'économie qu'elle a permis de réaliser et dont le montant est équivalent à celui des impôts éludés* » (§ 41), en conséquence doit « *être pris comme base de calcul de l'amende prononcée le montant des seuls droits éludés* » (§ 44) (Crim. 11 sept. 2019, n° 18-81.040, P).

▪ **Confiscation. • Droits du propriétaire de bonne foi.** C. pén., art. 324-7 8°, qui prévoit la « *confiscation de la chose qui a servi ou était destinée à commettre l'infraction ou de la chose qui en est le produit, à l'exception des objets susceptibles de restitution* », tel qu'interprété par une jurisprudence constante de la C. cass. qui prévoit « *que la confiscation peut également porter sur les biens dont [le prévenu a] seulement la libre disposition, sous réserve des droits du propriétaire de bonne foi* » (§ 14) a été déclaré inconstitutionnel au visa de DDHC, art. 16 garantissant le droit à un recours juridictionnel effectif et le respect des droits de la défense, au motif que « *ni ces dispositions ni aucune autre disposition ne prévoient que le propriétaire dont le titre est connu ou qui a réclamé cette qualité au cours de la procédure soit mis en mesure de présenter ses observations sur la mesure de confiscation envisagée par la juridiction de jugement aux fins, notamment, de faire* *valoir le droit qu'il revendique et sa bonne foi* » (§ 12) (Cons. const. 23 sept. 2021, nº 2021-932 QPC) (dans le même sens : Cons. const. 23 avr. 2021, nº 2021-899 QPC ; sur les dispositions générales et comparables de C. pén., art. 131-21, v. nº 18.35B). La L. nº 2021-1729, 22 déc. 2021 a tiré les conséquences de cette censure en modifiant, selon les précisions apportées au nº 18.35C2, C. pén., art. 131-21 ainsi que 324-7 qui y renvoie désormais. • **Objet de l'infraction de blanchiment.** Conformément au C. pén., art. 131-21, est à bon droit confisquée, comme constituant l'objet de l'infraction de blanchiment, la somme dissimulée lors du passage de la frontière, alors qu'elle provenait d'une infraction (Crim. 18 janv. 2017, nº 15-84.003, D).

■ ÉLÉMENTS CONSTITUTIFS – QUALIFICATION

✧ Pour avoir à .... [¤ lieu], le .... [¤ date], [⇨1 ou 2 puis le cas échéant A à C :]

1. facilité, par tout moyen, la justification mensongère de l'origine des biens ou des revenus de .... [¤ nom du bénéficiaire du blanchiment], auteur d'un : [⇨a à e (liste indicative) :]

a. crime ou d'un délit lui ayant procuré un profit direct ou indirect (1a : *N 20653.co*, par personne morale : *N 33172.co*)...

b. vol aggravé par deux circonstances (1b : *N 22221.co*)...

c. vol aggravé par trois circonstances (1c : *N 22222.co*)...

d. délit de fraude fiscale aggravée... (1d : *N 31018.co*)...

e. délit d'escroquerie en bande organisée (1e : *N #.co*)...

2. apporté son concours à une opération de placement, de dissimulation ou de conversion du produit direct ou indirect d'un [⇨a à f (liste indicative) :]

a. crime ou d'un délit (2a : *N 20654.co*, par personne morale : *N 33172.co*)...

b. vol aggravé par deux circonstances (2b : *N #.co*)...

c. vol aggravé par trois circonstances (2c : *N #.co*)...

d. délit de fraude fiscale (2d : *N 33333.co*)...

e. délit de fraude fiscale aggravée... (2e : *N 31019.co*)...

f. délit d'escroquerie en bande organisée (2f : *N 27155.co*)...

... en l'espèce en .... [¤ matérialiser l'infraction].

[• Préciser le cas échéant dans les cas 1 ou 2] avec cette circonstance que les faits ont été commis [⇨A à C :]

A. de façon habituelle (1A : *N 20655.co* ; 2A : *N 20656.co*) ;

B. en utilisant les facilités procurées par l'exercice de l'activité professionnelle de .... [¤ profession concernée] (1B : *N 20657.co* ; 2B : *N 20658.co*) ;

C. en bande organisée (1C : *N 20659.co* ; 2C : *N 20660.co*).

Faits prévus et réprimés par les articles : **PERSONNES PHYSIQUES.** 324-1 (+ cas A à C : 324-2), 324-3, 324-4, 324-5, 324-6, 324-7 et 324-8 du code pénal. **PERSONNES MORALES.** 324-1 (+ cas A à C : 324-2), 324-3, 324-4, 324-5, 324-6 et 324-9 du code pénal. ✧

22.50 Recel – Prévention du recel – Règlementation du commerce des objets d'occasion

A. La tenue du registre des objets (registre de police)

Les personnes dont l'activité professionnelle comporte la vente d'objets mobiliers usagés ou à acquis à des personnes autres que celles qui les fabriquent ou en font le commerce doivent tenir jour par jour « *dans les conditions prévues en conseil d'État.* » (C. pén., art. 321-7), un registre indiquant « *la nature, les caractéristiques, la provenance, le mode de règlement de l'objet* » (L. nº 2011-267, 14 mars 2011) et permettant l'identification des objets d'occasion et des personnes dont ils proviennent.

Le registre des objets est tenu par établissement à l'encre indélébile, sans blanc, rature ni abréviation (C. pén., art. R. 321-6).

Il comporte **l'identification de l'objet**, soit sa nature, la provenance et sa description ainsi que les noms, signatures, monogrammes, lettres, chiffres, numéros de série, emblèmes et signes de toute nature servant à l'identifier. Toutefois les objets d'une valeur unitaire n'excédant pas un montant fixé par arrêté peuvent être regroupés et faire l'objet d'une description commune (C. pén., art. R. 321-3). L'objet est affecté d'un numéro d'ordre porté sur le registre et apposé sur l'objet (C. pén., art. R. 321-4).

Il comporte **le prix d'achat**, et le **mode de règlement** de chaque objet ou lot d'objets ou, en cas d'échange, d'acquisition à titre gratuit ou de dépôt-vente, une estimation de la valeur de l'objet (C. pén., art. R. 321-5).

Le registre comporte **l'identification des personnes.** Pour les personnes physiques : nom, prénoms, qualité et domicile, nature, numéro de la pièce d'identité produite, date et autorité de délivrance ; pour les personnes morales dénomination et siège social, et références de la pièce d'identité produite par la personne agissant pour son compte (C. pén., art. R. 321-3).

Mentionnons que « *Les fabricants et les marchands d'or, d'argent et de platine ouvrés ou non ouvrés ou d'alliage de ces métaux, et, d'une manière générale, toutes les personnes qui détiennent des matières de l'espèce pour l'exercice de leur profession, doivent tenir un registre de leurs achats, ventes, réceptions et livraisons* » (CGI, art. 537), faits incriminés par CGI, art. 1791 réprimant les infractions fiscales en matière de contributions indirectes.

B. Le registre des vendeurs

Ce registre doit être tenu par la personne qui organise une manifestation en vue de le vente ou de l'échange d'objets mobiliers usagés ou acquis de personnes autres que celles qui les fabriquent ou en font le commerce (exemple. foire à la brocante, vide-greniers) (C. pén., art. 321-7). Il doit être tenu jour par jour, et doit permettre l'identification des vendeurs. Pour les **personnes physiques** : Nom, prénoms, qualité et domicile, nature, numéro de la pièce d'identité produite, date et autorité de délivrance ; pour les participants non professionnels, la mention de la remise d'une attestation sur l'honneur de non-participation à deux autres manifestations de même nature au cours de l'année civile. Pour les **personnes morales** : Dénomination et siège social, et références de la pièce d'identité produite par la personne agissant pour son compte (C. pén., art. R. 321-9). Ces dispositions ne sont pas applicables aux officiers publics ou ministériels (C. pén., art. 321-7).

22.51 Non-tenue du registre de police des objets d'occasion ou des vendeurs

▪ PEINES

PERSONNE PHYSIQUE

PP Délit. 6 mois d'emprisonnement, 30 000 € (C. pén., art. 321-7 et 321-8).

PC *Idem* n° 22.45, PC sauf n°s 8 et 10.

PERSONNE MORALE

PP Délit. 150 000 € (C. pén., art. 321-12 ; 131-38).

PC *Idem* n° 22.45, PC n°s 2 et 4 à 9.

▪ ORIENTEUR

TEXTE DE RÉFÉRENCE

▪ **Modalités de tenue des registres.** Tenue du registre de police et du registre des vendeurs, v. n° 22.50.

RÉGIME PROCÉDURAL

▪ **Prélèvement des empreintes génétiques.** Cas A1, A2, B1 et B2 : **prélèvement des empreintes génétiques** de la personne suspectée ou condamnée (C. pr. pén., art. 706-54 et 706-55 6°, v. n°s 13.23 et 13.25). **Sanction** du refus de prélèvement, v. n° 25.35.

▪ ÉLÉMENTS CONSTITUTIFS – QUALIFICATION

✧ Pour avoir à .... [¤ lieu], le .... [¤ date], [⇨A ou B :]

A. exerçant l'activité professionnelle de vendeur d'objets mobiliers usagés ou acquis à des personnes autres que celles qui les fabriquent ou en font commerce, [⇨A1 à A4 :]

A1. omis, y compris par négligence, de tenir jour par jour un (C. pén., art. 321-7) (A1 : *N 7112.co*)...

A2. omis, y compris par négligence, de tenir dans les conditions prévues par les articles R. 321-3 et suivants du code pénal un (C. pén., art. 321-7) (A2 : *N 7115.co,* par personne morale : *N 27420.co*)...

A3. apposé des mentions inexactes sur le (C. pén., art. 321-8) (A3 : *N 7114.co*)...

A4. refusé de présenter à l'autorité compétente le (C. pén., art. 321-8) (A4 : *N 7113.co*)...

... registre permettant l'identification des objets acquis ou détenus en vue de la vente ou de l'échange et des personnes qui les ont vendus ou apportés à l'échange ;

B. organisant, dans un lieu public ou ouvert au public, une manifestation en vue de la vente ou de l'échange d'objets mobiliers usagés ou acquis à des personnes autres que celles qui les fabriquent ou en font commerce, [⇨B1 à B4 :]

B1. omis, y compris par négligence, de tenir jour par jour un (C. pén., art. 321-7) (B1 : *N 7116.co*)...

B2. omis, y compris par négligence, de tenir dans les conditions prévues par l'article R. 321-9 du code pénal un (C. pén., art. 321-7) (B2 : *N 7119.co*)...

B3. apposé des mentions inexactes sur le (C. pén., art. 321-8) (B3 : *N 7118.co*)...

B4. refusé de présenter à l'autorité compétente le (C. pén., art. 321-8) (B4 : *N 7117.co*)...

... registre permettant l'identification des vendeurs.

Faits prévus et réprimés par l'article [• du cas sélectionné] **PERSONNES PHYSIQUES.** + 321-9 du code pénal. **PERSONNES MORALES.** + 321-12 du code pénal. ✧

22.52 Violation des dispositions réglementant la vente ou l'échange des objets mobiliers d'occasion – Contraventions de 3ᵉ classe

■ PEINES

PERSONNE PHYSIQUE

PP Contrav. 3ᵉ cl. 450 € (C. pén., art. R. 633-1 à R. 633-3, R. 633-5 ; 131-13).

PC Néant.

PERSONNE MORALE

PP Contrav. 3ᵉ cl. 2 250 € (C. pén., art. R. 633-4, R. 633-5 ; 131-41).

PC Néant.

■ ÉLÉMENTS CONSTITUTIFS – QUALIFICATION

✧ Pour avoir à .... [¤ lieu], le .... [¤ date], [⇨A ou B :]

A. exerçant l'activité professionnelle de vendeur d'objets mobiliers usagés ou acquis à des personnes autres que celles qui les fabriquent ou en font commerce, [⇨A1 à A3 :]

A1. omis de présenter à toute réquisition des services de police ou de gendarmerie, des services fiscaux, des douanes ou de la concurrence, de la consommation et de la répression des fraudes, le récépissé de déclaration préalable de son activité à la préfecture ou à la sous-préfecture (C. pén., art. R. 321-1 et R. 633-1) (A1 : *N 10036.c3*) ;

A2. omis de faire figurer de manière apparente sur un objet ou lot d'objets exposé à la vente ou détenu en stock le numéro d'ordre dont il est affecté dans le registre de police (C. pén., art. R. 321-4 et R. 633-2) (A2 : *N 10028.c3*) ;

A3. omis de faire parapher le registre de police par le commissaire de police ou à défaut par le maire de la commune (C. pén., art. R. 321-6 et R. 633-3) (A3 : *N 10029.c3*) ;

B. organisant, dans un lieu public ou ouvert au public, une manifestation en vue de la vente ou de l'échange d'objets mobiliers usagés ou acquis à des personnes autres que celles qui les fabriquent ou en font commerce, omis de faire parapher le registre des personnes les offrant à la vente ou à l'échange par le commissaire de police ou à défaut par le maire du lieu de la manifestation (C. pén., art. R. 321-10 et R. 633-5) (B : *N 10030.c3*).

Faits prévus et réprimés par les articles [• du cas sélectionné] **PERSONNES PHYSIQUES. PERSONNES MORALES.** + cas A : R. 633-4 ; cas B : R. 633-5 du code pénal. ✧

22.53 Violation des dispositions réglementant la vente ou l'échange des objets mobiliers d'occasion – Contraventions de 5e classe

▪ PEINES

PERSONNE PHYSIQUE

PP Contrav. 5e cl. 1 500 € (C. pén., art. R. 635-3 à R. 635-5 ; 131-13), 3 000 € en cas de récidive dans le délai d'un an (C. pén., art. R. 635-7 et 132-11).

PC Néant.

PERSONNE MORALE

PP Contrav. 5e cl. 7 500 € (C. pén., art. R. 635-6 ; 131-41), 15 000 € en cas de récidive dans le délai d'un an (C. pén., art. R. 635-7 et 132-15).

PC Néant.

▪ ORIENTEUR

RÉGIME PROCÉDURAL

▪ Inscription au fichier TAJ. Contravention donnant lieu à inscription de la personne au fichier de traitement des antécédents judiciaires (TAJ), C. pr. pén., art. R. 40-25, v. no 13.12B.

▪ ÉLÉMENTS CONSTITUTIFS – QUALIFICATION

✧ Pour avoir à ....[¤ lieu], le .... [¤ date], [⇨A ou B :]

A. exerçant l'activité professionnelle de vendeur d'objets mobiliers usagés ou acquis à des personnes autres que celles qui les fabriquent ou en font commerce, [⇨A1 à A3 :]

A1. omis de déclarer préalablement son activité à la préfecture ou à la sous-préfecture dont dépend son établissement principal, ou, à défaut d'établissement fixe ouvert au public, de son domicile ou de sa commune de rattachement (C. pén., art. R. 321-1 et R. 635-3) (A1 : *N 10032.c5*) ;

A2. omis de déclarer le changement du lieu de l'établissement principal au commissariat de police ou à défaut au maire, tant au lieu de l'ancien que du nouvel établissement (C. pén., art. R. 321-2 et R. 635-3) (A2 : *N 10034.c5*) ;

A3. reçu un objet mobilier, à titre gratuit ou onéreux, d'un mineur non émancipé, sans le consentement exprès des père, mère ou tuteur (C. pén., art. R. 635-4) (A3 : *N 10035.c5*) ;

B. organisant, dans un lieu public ou ouvert au public, une manifestation en vue de la vente ou de l'échange d'objets mobiliers usagés ou acquis à des personnes autres que celles qui les fabriquent ou en font commerce, omis de déposer à la préfecture ou sous préfecture du lieu de la manifestation, au plus tard dans les huit jours du terme de celle-ci, le registre des personnes offrant lesdits objets à la vente ou à l'échange (C. pén., art. R. 321-10 et R. 635-5) (B : *N 10031.c5*).

Faits prévus et réprimés par les articles [• du cas sélectionné] **PERSONNES PHYSIQUES. PERSONNES MORALES.** + R. 635-6 du code pénal. ✧

22.54 Violation de domicile ou maintien dans les lieux après violation de domicile

▪ PEINES

PERSONNE PHYSIQUE

PP Délit. 3 ans d'emprisonnement, 45 000 € (depuis L. no 2023-668, 27 juill. 2023, auparavant 1 an, 15 000 €) (C. pén., art. 226-4).

PC 1. Interdiction droits civiques civils et de famille ⩽ 5 ans (vote, éligibilité, fonction juridictionnelle, expert, témoin, tuteur, curateur) (C. pén., art. 226-31 et 131-26) ;

2. Interdiction, définitive ou ⩽ 5 ans activité professionnelle ou sociale en relation avec l'infraction (sauf mandat électif ou syndical) (C. pén., art. 226-31 et 131-27) ;

3. Interdiction, ⩽ 5 ans, de détention ou de port d'arme soumise à autorisation (C. pén., art. 226-31) ;

4. Affichage, ⩽ 2 mois, *et/ou* (L. no 2011-525, 17 mai 2011) diffusion de la décision ou d'extraits aux frais (⩽ amende encourue) du condamné (C. pén., art. 226-31 et 131-35) ;

5. Confiscation de la chose ayant servi ou destinée à commettre l'infraction ou son produit (C. pén., art. 226-31 et 131-21).

PERSONNE MORALE

PP Délit. 225 000 € (depuis L. n° 2023-668, 27 juill. 2023, auparavant 75 000 €) (C. pén., art. 226-7 ; 131-38).

PC 1. Interdiction, définitive ou ⩽ 5 ans, une ou plusieurs activités professionnelles ou sociales en relation avec l'infraction (C. pén., art. 226-7) ;
2. Affichage, ⩽ 2 mois, *et/ou* (L. n° 2011-525, 17 mai 2011) diffusion de la décision ou d'extraits aux frais (⩽ amende encourue) du condamné (C. pén., art. 226-7 et 131-35).

■ ORIENTEUR

AUTRE QUALIFICATION

▪ **Occupation frauduleuse d'un local à usage d'habitation, commercial, agricole ou professionnel.** C. pén., art. 315-1, issu L. n° 2023-668, 27 juill. 2023, V. n° 22.55.

▪ **Maintien dans un local d'habitation en violation d'une décision de justice.** C. pén., art. 315-2, issu L. n° 2023-668, 27 juill. 2023, V. n° 22.55.

▪ **Propagande ou publicité en faveur de l'occupation illicite de logements ou locaux.** C. pén., art. 226-4-2-1, issu L. n° 2023-668, 27 juill. 2023, V. n° 22.55

▪ **Violation de domicile – Par une personne exerçant une fonction publique.** C. pén., art. 432-8, V. n° 22.56.

▪ **Expulsion irrégulière par manœuvre, voie de fait ou contrainte (expulsion sauvage) (L. n° 2014-366, 24 mars 2014).** C. pén., art. 226-4-2, v. n° 22.57.

ÉLÉMENT LÉGAL

▪ **Application de la loi pénale dans le temps. Cas B** : infraction réécrite par L. n° 2015-714, 24 juin 2015, tendant à préciser l'infraction de violation de domicile. Était auparavant incriminé le « *maintien dans le domicile d'autrui à l'aide de manœuvres, menaces, voies de fait ou contrainte* ». Désormais, le maintien doit faire suite à une introduction par manœuvres, menaces, voies de fait ou contrainte, mais la possession des lieux n'a plus, en tant que telle, à présenter ces caractères. L'infraction, qui permet d'appréhender le phénomène des occupations sans titre de locaux ouverts par force, présente donc un caractère continu. Selon les travaux préparatoires, cette nouvelle formulation permet aux services d'enquête « *d'intervenir, sur le fondement de C. pr. pén., art. 53, pour flagrant délit de violation de domicile, tout au long du maintien dans les lieux, quelle qu'en soit la durée* » (Rapp. de M. J.-P. Vial, commission des lois du Sénat, N° 142, 3 déc. 2014). Dans sa formulation, le texte n'exige pas que la personne qui se maintient dans les lieux soit celle qui s'y est introduite par force ou manœuvre : elle peut en effet les occuper du chef d'un tiers sans avoir participé à l'introduction illégale. La personne doit à tout le moins avoir connaissance du fait que l'occupation des lieux trouve son origine dans une telle introduction illégale.

▪ **Définition.** « *Constitue notamment le domicile d'une personne, au sens du présent article, tout local d'habitation contenant des biens meubles lui appartenant, que cette personne y habite ou non et qu'il s'agisse de sa résidence principale ou non* » (mod. issue L. n° 2023-668, 27 juill. 2023, visant à protéger les logements contre les occupations illicites). C. pén., art. 226-4 « *n'a pas pour objet de garantir d'une manière générale les propriétés immobilières contre une usurpation* », il en résulte que l'infraction n'est pas qualifiée lorsque le propriétaire, en l'espèce une SCI, n'a jamais occupé le bien immobilier, en l'espèce un terrain, et que le bien, en l'espèce une roulotte, ne constituait pas son domicile (Crim. 30 oct, n° 06-80.680, P n° 261). Sont approuvés les juges qui relaxent le prévenu en énonçant que le lieu « *n'est ni habité ni habitable en l'état ; qu'ils ajoutent que la partie civile n'a sous aucune forme, depuis de nombreuses années, manifesté une présence en ce lieu dont pourrait se déduire son intention de s'y établir pour y demeurer ou y séjourner momentanément* » (Crim. 26 juin 2002, n° 01-88.474, D).

▪ **Constitutionnalité. • Réserve d'interprétation – Notion de domicile.** Saisi de la constitutionnalité de la définition du domicile ajoutée par la L. n° 2023-668, 27 juill. 2023 au C. pén., art. 226-4, le Cons. const. décide qu'« *Il résulte de la jurisprudence constante de la Cour de cassation que constitue un domicile, au sens de cet article, le lieu où une personne, qu'elle y habite ou non, a le droit de se dire chez elle, quels que soient le titre juridique de son occupation et l'affectation donnée aux locaux* » (§ 46) ; en définissant, au sens de C. pén., art. 226-4, la notion de domicile (v. ci-dessus), « *le législateur a entendu apporter des précisions sur certains locaux à usage d'habitation susceptibles d'être qualifiés de domicile afin d'assurer la répression du délit de violation du domicile* » (§ 48), néanmoins « *s'il est loisible au législateur de prévoir, à cet effet, que constitue notamment le domicile d'une personne un local d'habitation dans lequel se trouvent des biens* *meubles lui appartenant, la présence de tels meubles ne saurait, sans méconnaître le principe de nécessité des délits et des peines, permettre, à elle seule, de caractériser le délit de violation de domicile. Il appartiendra dès lors au juge d'apprécier si la présence de ces meubles permet de considérer que cette personne a le droit de s'y dire chez elle* » (§ 49) (Cons. const. 26 juill. 2023, n° 2023-853 DC). • **Proportionnalité de l'aggravation des peines.** La L. n° 2023-668, 27 juill. 2023, a porté de 1 an à 3 ans d'emprisonnement et de 15 000 € à 40 000 € d'amende les peines réprimant la violation de domicile. « *Au regard de la nature des comportements incriminés [...], le législateur, qui a entendu renforcer la répression des atteintes portées au domicile d'autrui, n'a pas prévu des peines manifestement disproportionnées* » (§ 31) (Cons. const. 26 juill. 2023, n° 2023-853 DC).

TEXTE DE RÉFÉRENCE

▪ **Constitution de la République française, 22 frimaire an VIII. Art. 76** : « *La maison de toute personne habitant le territoire français est un asile inviolable. Pendant la nuit, nul n'a le droit d'y entrer que dans le cas d'incendie, d'inondation ou de réclamation faite de l'intérieur de la maison. Pendant le jour, on peut y entrer pour un objet spécial déterminé ou par une loi ou par un ordre émané d'une autorité publique.* »

▪ **Déclaration des droits de l'Homme et du citoyen, 26 août 1789. Art. 2** : « *.../...des droits naturels et imprescriptibles de l'homme. Ces droits sont la liberté, la propriété, la sûreté, et la résistance à l'oppression.* » Cette disposition garantit le droit au respect de la vie privée et l'inviolabilité du domicile (Ex. Cons. const. 25 mars 2014, n° 2014-693 DC, § 10).

▪ **Conv. EDH. Art. 8.** « *Droit au respect de la vie privée et familiale. – 1. Toute personne a droit au respect de sa vie privée et familiale, de son domicile [...].* »

ÉLÉMENT MATÉRIEL

▪ **Tentative. Punissable** (C. pén., art. 226-5).

▪ **Exigence de manœuvres ou voies de faits.** « *le délit de violation de domicile implique une introduction à l'aide de manœuvres, menaces, voies de fait ou contrainte, que la seule méconnaissance d'un panneau interdisant l'accès sur un terrain non clôturé, autrement que par une rubalise, ne saurait caractériser* » (§ 16) (Crim. 29 juin 2021, n° 19-83.192, D).

RÉGIME PROCÉDURAL

▪ **Pouvoir des agents de police municipale.** « *En cas d'introduction dans un local professionnel, commercial, agricole ou industriel en violation flagrante de l'article 226-4 du code pénal, les agents de police municipale en rendent immédiatement compte à tout OPJ de la police nationale ou de la gendarmerie nationale territorialement compétent, qui peut alors leur ordonner sans délai de lui présenter sur-le-champ l'auteur de l'infraction ou de retenir celui-ci pendant le temps nécessaire à son arrivée ou à celle d'un APJ agissant sous son contrôle* » (L. n° 2021-646, 25 mai 2021, art. 2 II).

▪ **Compétence juridictionnelle. Juge unique** (C. pr. pén., art. 398-1 1°, v. n° 17.15D2).

▪ **Ordonnance pénale. Possible** (C. pr. pén., art. 495-II, v. n° 15.48B1 et tableau n° 17.15D2).

MESURE ADMINISTRATIVE

▪ **Pouvoirs du préfet.** • **Procédure administrative d'expulsion.** La loi DALO a institué un dispositif d'expulsion administrative des squatteurs par le préfet, à la demande de l'occupant légitime ou du propriétaire, se décomposant en deux temps : en premier lieu, une **mise en demeure** de quitter les lieux, en second lieu, **l'évacuation forcée du logement.** Au-delà du domicile initialement seul protégé par la mesure, le dispositif a été étendu par L. n° 2023-668, 27 juill. 2023, à tous les locaux à usage d'habitation. Cette extension est jugée conforme à la Constitution, car « *le législateur a entendu assurer l'évacuation à bref délai de tous les locaux à usage d'habitation illicitement occupés, qu'ils constituent ou non des domiciles. Ce faisant, il a cherché à protéger le droit de propriété* » (§ 59). (Cons. const. 26 juill. 2023, n° 2023-853 DC, § 64). Ainsi, « *en cas d'introduction et de maintien dans le domicile d'autrui, qu'il s'agisse ou non de sa résidence principale « ou dans un local à usage d'habitation »* [mod. issue L. n° 2023-668, 27 juill. 2023], *à l'aide de manœuvres, menaces, voies de fait ou de contrainte, la personne dont le domicile est ainsi occupé, toute personne agissant dans l'intérêt et pour le compte de celle-ci « ou le propriétaire du local occupé »* [mod. issue L. n° 2023-668, 27 juill. 2023], *peut demander au représentant de l'État dans le département de mettre en demeure l'occupant de quitter les lieux, après avoir déposé plainte, fait la preuve que le logement constitue son domicile « ou sa propriété »* [mod. issue L. n° 2023-668, 27 juill. 2023], *et fait constater l'occupation illicite par un OPJ, « par le maire ou par un commissaire de justice »* [mod. issue L. n° 2023-668, 27 juill. 2023] » ; « *La décision de mise en demeure est prise «, après considération de la situation personnelle et familiale de l'occupant* » [mod. issue L. n° 2023-668, 27 juill. 2023] » *par le représentant de l'État dans le département dans un délai de 48h00 à compter de la réception de la demande. Seule* *la méconnaissance des conditions [qui précèdent] ou l'existence d'un motif impérieux d'intérêt général peuvent amener le représentant de l'État dans le département à ne pas engager la mise en demeure. En cas de refus, les motifs de la décision sont, le cas échéant, communiqués sans délai au demandeur* » ; « *la mise en demeure est assortie d'un délai d'exécution qui ne peut être inférieur à vingt-quatre heures. Elle est notifiée aux occupants et publiée sous forme d'affichage en mairie et sur les lieux. Le cas échéant, elle est notifiée à l'auteur de la demande* » ; « *Lorsque la mise en demeure de quitter les lieux n'a pas été suivie d'effet dans le délai fixé, le représentant de l'État dans le département doit procéder sans délai à l'évacuation forcée du logement, sauf opposition de l'auteur de la demande dans le délai fixé pour l'exécution de la mise en demeure* » (art. 38, L. n° 2007-290, 5 mars 2007, instituant le droit au logement opposable et portant diverses mesures en faveur de la cohésion sociale, dite loi « DALO », modifiée par L. n° 2020-1525, 7 déc. 2020, d'accélération et de simplification de l'action publique, dite loi « ASAP » et par L. n° 2023-668, 27 juill. 2023, visant à protéger les logements contre l'occupation illicite.

▪ ÉLÉMENTS CONSTITUTIFS – QUALIFICATION

✧ Pour s'être à .... [¤ lieu], le .... [¤ date], hors les cas où la loi le prévoit [⇨A ou B :],

A. introduit dans le domicile de .... [¤ nom de la victime] à l'aide de manœuvres, menaces, voies de fait ou contrainte (A : *N 113.ju*) ;

B. maintenu dans le domicile de .... [¤ nom de la victime], après une introduction à l'aide de manœuvres, menaces, voies de fait ou contrainte (B : *N 31059.ju*).

Faits prévus et réprimés par les articles : **PERSONNES PHYSIQUES.** 226-4, 226-5 et 226-31 du code pénal. **PERSONNES MORALES.** 226-4, 226-5 et 226-7 du code pénal (*N #.ju*). ✧

22.55 Occupation frauduleuse d'un local à usage d'habitation, commercial, agricole ou professionnel – Maintien dans un local d'habitation en violation d'une décision de justice – Propagande ou publicité en faveur de l'occupation illicite de logements ou locaux (L. n° 2023-668, 27 juill. 2023)

▪ PEINES

PERSONNE PHYSIQUE

PP Délit. Cas A : 2 ans d'emprisonnement, 30 000 € (C. pén., art. 315-1, issu L. n° 2023-668, 27 juill. 2023) ;

Cas B : 7 500 € (C. pén., art. 315-2, issu L. n° 2023-668, 27 juill. 2023) ;

Cas C : 3 750 € (C. pén., art. 226-4-2-1, issu L. n° 2023-668, 27 juill. 2023).

PC Cas A et B : néant.

Cas C : *idem* n° 22.54, sauf confiscation (C. pén., art. 226-31).

PERSONNE MORALE

PP Délit. Cas A : 150 000 € (C. pén., art. 315-1, issu L. n° 2023-668, 27 juill. 2023 ; 131-38) ;

Cas B : 37 500 € (C. pén., art. 315-2, issu L. n° 2023-668, 27 juill. 2023 ; 131-38) ;

Cas C : 18 750 € (C. pén., art. 226-4-2-1, issu L. n° 2023-668, 27 juill. 2023 ; 131-38).

PC Cas A et B : néant.

Cas C : *idem* n° 22.54 (C. pén., art. 226-7).

▪ ORIENTEUR

AUTRE QUALIFICATION

▪ **Violation de domicile ou maintien dans les lieux après violation de domicile.** C. pén., art. 226-4, v. n° 22.54.

▪ **Violation de domicile – Par une personne exerçant une fonction publique.** C. pén., art. 432-8, v. n° 22.56.

▪ **Expulsion irrégulière par manœuvre, voie de fait ou contrainte (expulsion sauvage) (L. n° 2014-366, 24 mars 2014).** C. pén., art. 226-4-2, v. n° 22.57.

ÉLÉMENT LÉGAL

▪ **Application de la loi pénale dans le temps.** Cas A à C : infractions créées par L. n° 2023-668, 27 juill. 2023 visant à protéger les logements contre l'occupation illicite.

▪ **Constitutionnalité.** • Cas A : en premier lieu, le législateur n'a méconnu « *ni le principe de légalité des délits et des peines ni les principes de nécessité et de proportionnalité des délits et des peines* » (§ 9) car, d'une part, « *les notions de local à usage d'habitation et de local à usage commercial, agricole ou professionnel ne sont ni imprécises ni équivoques* » (§ 7), d'autre part, « *le législateur a entendu réprimer certains comportements de nature à porter atteinte aux biens* » (§ 8) ; en second lieu, le législateur n'a méconnu ni le principe d'égalité devant la loi pénale (§ 14) ni l'objectif de valeur constitutionnelle d'accessibilité et d'intelligibilité de la loi (§ 15) en incriminant des faits sous les qualifications comparables prévues par C. pén., art. 226-4 (violation de domicile, v. n° 22.54) et 315-1 car « *si les faits réprimés par les dispositions contestées sont susceptibles d'entrer dans le champ d'application du délit prévu par C. pén., art. 226-4, ces deux incriminations se différencient, dès lors qu'un local à usage d'habitation ou à usage commercial, agricole ou professionnel visé au C. pén., art. 315-1 ne constitue pas nécessairement un domicile au sens de l'article 226-4 de ce code* » (§ 12), « *il s'ensuit que le délit d'occupation frauduleuse de certains locaux, qui réprime une atteinte aux biens, et le délit de violation de domicile, qui réprime une atteinte aux personnes, punissent des agissements de nature différente* » (§ 13) (Cons. const. 26 juill. 2023, n° 2023-853 DC).
• Cas C : « *les termes « propagande » et « publicité », qui désignent tout procédé visant à promouvoir auprès du public les méthodes visées par cette nouvelle infraction, ne sont ni ambigus ni équivoques. Les dispositions contestées n'ont ainsi ni pour objet ni pour effet, en particulier lorsqu'elle est effectuée par une association apportant, conformément à son objet, aide et assistance aux personnes en situation de précarité, d'incriminer la diffusion d'un message ou d'une information qui ne ferait pas directement ou indirectement la promotion de telles méthodes* », ce qui signifie *a contrario* que les associations ici considérées ne jouissent pas d'une immunité pénale lorsque leur communication entre dans les prévisions de l'incrimination (§ 37) ; « *en adoptant les dispositions contestées, le législateur a entendu prévenir la commission des délits de violation de domicile et d'occupation frauduleuse de certains locaux et éviter la promotion de méthodes visant à faciliter ou inciter à leur commission. Ce faisant, il a cherché à protéger le principe de l'inviolabilité du domicile, le droit au respect de la vie privée et le droit de propriété* » (§ 40) (Cons. const. 26 juill. 2023, n° 2023-853 DC).

ÉLÉMENT MATÉRIEL

▪ **Fait justificatif.** Cas B : l'incrimination n'est pas applicable (C. pén., art. 315-2) lorsque l'occupant bénéficie, en application de C. pr. exéc., L. 412-6, de la trêve hivernale qui suspend l'exécution des mesures d'expulsion entre le 1er nov. et le 31 mars de l'année suivante. Notons toutefois que « *ce sursis ne s'applique pas lorsque la mesure d'expulsion a été prononcée en raison d'une introduction sans droit ni titre dans le domicile d'autrui à l'aide de manœuvres, de menaces, de voies de fait ou de contrainte* » (C. pr. exéc., L. 412-6, al. 2). L'incrimination n'est pas davantage applicable lorsque le juge de l'exécution est saisi sur le fondement de C. pr. exéc., art. L. 412-3, pour accorder, sauf dans certaines circonstances, des délais renouvelables à l'occupant d'un lieu habité ou d'un local à usage professionnel, lorsque son relogement ne peut avoir lieu dans des conditions normales, et ce « *jusqu'à la décision rejetant la demande ou jusqu'à l'expiration des délais accordés par le juge à l'occupant, ou lorsque le logement appartient à un bailleur social ou à une personne morale de droit public* » (C. pén., art. 315-2). Là encore, notons que le juge ne peut accorder de délai « *lorsque les occupants dont l'expulsion a été ordonnée sont entrés dans les locaux à l'aide de manœuvres, de menaces, de voies de fait ou de contrainte* » (C. pr. exéc., L. 412-3, al. 4, issu L. n° 2023-668, 27 juill. 2023, reconnu conforme à la constitution (Cons. const. 26 juill. 2023, n° 2023-853 DC, § 27)).

▪ **Tentative. Punissable** dans le **cas** C (C. pén., art. 226-5).

RÉGIME PROCÉDURAL

▪ **Compétence juridictionnelle.** Cas B et C : **juge unique** (C. pr. pén., art. 398-1°, v. n° 17.15D2).

▪ **Ordonnance pénale.** Cas B et C : **possible** (C. pr. pén., art. 495-II, v. n° 15.48B1 et tableau n° 17.15D2).

▪ **Infractions par voie de presse.** Cas C : si le délit est commis par voie de presse écrite ou audiovisuelle, les poursuites pourront être engagées contre le responsable tel que déterminé par les articles 42 et 43 de la loi du 29 juillet 1881 sur la presse et 93-3 de la loi du 29 juillet 1982 sur la communication audiovisuelle : responsabilité principale du directeur de publication ou du directeur du service de communication audiovisuelle (sauf émission en direct) et responsabilité dite en « *cascade* » (sur le régime de la responsabilité en matière de presse, v. nº 35.13) (C. pén., art. 226-4-2-1).

MESURE ADMINISTRATIVE

▪ **Pouvoirs du préfet. • Procédure administrative d'expulsion.** La L. nº 2023-668, 27 juill. 2023, visant à protéger les logements contre l'occupation illicite, a étendu la procédure administrative d'expulsion d'un domicile instituée par L. nº 2007-290, 5 mars 2007, art. 38, à tous les locaux à usage d'habitation (Sur la procédure administrative d'expulsion des locaux squattés, v. orienteur nº 22.54).

▪ ÉLÉMENTS CONSTITUTIFS – QUALIFICATION

✧ Pour avoir ou s'être à .... [¤ lieu], le .... [¤ date], [⇨A à C :],

A. hors les cas où la loi le permet (C. pén., art. 315-1) [⇨A1 ou A2 :],

A1. **introduit** dans un local à usage d'habitation ou à usage commercial, agricole ou professionnel à l'aide de manœuvres, de menaces, de voies de fait ou de contrainte (A1 : *N 35160.co*) ;

A2. **maintenu** dans un local à usage d'habitation ou à usage commercial, agricole ou professionnel à la suite d'une introduction à l'aide de manœuvres, de menaces, de voies de fait ou de contrainte (A2 : *N 35161.co*) ;

B. maintenu sans droit ni titre dans un local à usage d'habitation en **violation d'une décision de justice définitive** et exécutoire ayant donné lieu à un commandement régulier de quitter les lieux depuis plus de deux mois (C. pén., art. 315-2) (B : *N 35159.ju*) ;

C. effectué de la propagande ou de la publicité, quel qu'en soit le mode, en faveur de méthodes visant à faciliter ou à inciter à la commission des délits de violation de domicile ou d'occupation frauduleuse d'un local à usage d'habitation, commercial, agricole ou professionnel, en l'espèce en .... [¤ matérialiser l'infraction] (C. pén., art. 226-4-2-1) (C : *N 35158.ju*).

Faits prévus et réprimés par les articles [• de l'infraction sélectionnée]. ✧

22.56 Violation de domicile – Par une personne exerçant une fonction publique

▪ PEINES

PERSONNE PHYSIQUE

PP Délit. 2 ans d'emprisonnement, 30 000 € (C. pén., art. 432-8).

PC 1. Interdiction droits civiques civils et de famille ⩽ 5 ans (vote, éligibilité, fonction juridictionnelle, expert, témoin, tuteur, curateur) (C. pén., art. 432-17 et 131-26) ;

2. Interdiction définitive ou ⩽ 5 ans activité professionnelle ou sociale (en relation avec l'infraction), ou fonction publique (sauf mandat électif ou syndical) (C. pén., art. 432-17, 131-27 et 131-28) ;

3. Confiscation (réelle ou en valeur) sommes ou objets irrégulièrement reçus par l'auteur (obligatoire pour objets qualifiés dangereux ou nuisibles par loi ou règlement ou dont la détention est illicite) (C. pén., art. 432-17 et 131-21).

PERSONNE MORALE

PP 150 000 € (C. pén., art. 131-38).

PC Néant.

▪ ORIENTEUR

AUTRE QUALIFICATION

▪ **Violation de domicile ou maintien dans les lieux après violation de domicile.** C. pén., art. 226-4, v. nº 22.54.

▪ **Expulsion irrégulière par manœuvre, voie de fait ou contrainte (expulsion sauvage)** (L. nº 2014-366, 24 mars 2014). C. pén., art. 226-4-2, v. nº 22.57.

ÉLÉMENT MATÉRIEL

▪ **Tentative. Punissable** (C. pén., art. 432-8).

TEXTE DE RÉFÉRENCE

▪ **Renvoi.** *Idem* n° 22.54.

▪ **Perquisition domiciliaire. Règles de procédure pénale** relative à la perquisition domiciliaire : de jour, v. n° 11.57 ; de nuit (régime dérogatoire), v. n° 11.58.

▪ **Visite domiciliaire. • Répression des fraudes.** « *Entre 8 H 00 et 20 H 00, [les agents habilités] peuvent pénétrer dans les lieux à usage professionnel ou dans les lieux d'exécution d'une prestation de service, ainsi qu'accéder à tous moyens de transport à usage professionnel* » (C. consom., art. L. 512-5). Lorsque ces lieux « *sont également à usage d'habitation, les contrôles ne peuvent être effectués qu'entre 8 H 00 et 20 H 00, et, si l'occupant s'y oppose, avec l'autorisation du JLD du tribunal judiciaire dans le ressort duquel sont situés ces lieux* » (C. consom., art. L. 512-5). **• Contrôle de l'administration des impôts.** Le JLD, saisi par l'administration fiscale, peut autoriser les agents de l'administration des impôts à rechercher la preuve de faits de fraude fiscale « *en effectuant des visites en tous lieux, même privés, où les pièces et documents s'y rapportant sont susceptibles d'être détenus ou d'être accessibles ou disponibles* » ; la visite « *ne peut être commencée avant 6 H 00 ni après 21 H 00* » (LPF, art. L. 16 B). **• Contrôle de l'autorité de la concurrence.** Les agents des services d'instruction de l'Autorité de la concurrence habilités à cet effet par le rapporteur général » (C. com., art. L. 450-1) peuvent « *pénétrer entre 8 H 00 et 20 H 00 dans tous lieux utilisés à des fins professionnelles et dans les lieux d'exécution d'une prestation de services, ainsi qu'accéder à tous moyens de transport à usage professionnel. Ils peuvent également pénétrer en dehors de ces heures dans ces mêmes lieux lorsque ceux-ci sont ouverts au public ou lorsqu'à l'intérieur de ceux-ci sont en cours des activités de production, de fabrication, de transformation, de conditionnement, de transport ou de commercialisation. Lorsque ces lieux sont également à usage d'habitation, les contrôles ne peuvent être effectués qu'entre 8 H 00 et 20 H 00 et avec l'autorisation du JLD du tribunal judiciaire dans le ressort duquel sont situés ces lieux, si l'occupant s'y oppose* » (C. com., art. L. 450-3). **• Visite douanière des lieux professionnels et privés (C. douanes, art. 63 *ter* et 64).** V. n° 11.60.

▪ **Techniques de renseignement.** « *Le respect de la vie privée, dans toutes ses composantes, notamment .../... l'inviolabilité du domicile, est garanti par la loi. L'autorité publique ne peut y porter atteinte que dans les seuls cas de nécessité d'intérêt public prévu par la loi, dans les limites fixées par celle-ci et dans le respect du principe de proportionnalité* ». L'autorisation et la mise en œuvre des **techniques de renseignement** doivent procéder d'une autorité compétente, résulter d'une procédure conforme, respecter les missions confiées aux services compétents, être justifiées par les menaces, les risques et les enjeux liés aux intérêts fondamentaux de la Nation et porter une atteinte proportionnée aux motifs invoqués (CSI, art. L. 801-1, L. n° 2015-912, 24 juill. 2015).

▪ ÉLÉMENTS CONSTITUTIFS – QUALIFICATION

✧ Pour s'être à .... [¤ lieu], le .... [¤ date], étant [⇨A ou B :]

A. dépositaire de l'autorité publique, en l'espèce .... [¤ fonction exercée], (*N 12265.co*)...

B. chargé d'une mission de service public, en l'espèce .... [¤ fonction exercée], (*N* ***12266.co***)...

... introduit ou avoir tenté de s'introduire, dans l'exercice ou à l'occasion de l'exercice de ses fonctions, dans le domicile de .... [¤ nom de la victime], contre son gré et hors les cas prévus par la loi.

Faits prévus et réprimés par les articles 432-8 et 432-17 du code pénal. ✧

22.57 Expulsion irrégulière par manœuvre, voie de fait ou contrainte (expulsion sauvage) (L. n° 2014-366, 24 mars 2014)

▪ PEINES

PERSONNE PHYSIQUE

PP Délit. 3 ans d'emprisonnement, 30 000 € (C. pén., art. 226-4-2).

PC *Idem* n° 22.54.

PERSONNE MORALE

PP Délit. 150 000 € (C. pén., art. 226-4-2 ; 131-38).

PC *Idem* n° 22.54.

■ ORIENTEUR

AUTRE QUALIFICATION

▪ **Violation de domicile ou maintien dans les lieux après violation de domicile.** C. pén., art. 226-4, v. n° 22.54.

▪ **Maintien dans un local d'habitation en violation d'une décision de justice.** C. pén., art. 315-2, issu L. n° 2023-668, 27 juill. 2023, V. n° 22.55.

▪ **Expulsion irrégulière par manœuvre, voie de fait ou contrainte (expulsion sauvage) (L. n° 2014-366, 24 mars 2014).** C. pén., art. 226-4-2, v. n° 22.57.

▪ **Violation de domicile – Par une personne exerçant une fonction publique.** C. pén., art. 432-8, v. n° 22.56.

ÉLÉMENT LÉGAL

▪ **Application de la loi pénale dans le temps.** Incrimination créée par L. n° 2014-366, 24 mars 2014, pour l'accès au logement et un urbanisme rénové, dite « ALUR ».

TEXTE DE RÉFÉRENCE

▪ **Renvoi.** *Idem* n° 22.54.

▪ **Procédure civile d'expulsion.** L'exécution des jugements est amiable ou forcée. L'exécution forcée est assurée avec le concours de l'État, au vu d'un jugement ou d'un titre exécutoire. Le refus de l'État de prêter son concours ouvre droit à réparation (C. pr. exéc., art. L. 153-1). Sauf disposition spéciale, l'expulsion d'un immeuble ou d'un lieu habité ne peut être poursuivie qu'en vertu d'une décision de justice ou d'un procès-verbal de conciliation exécutoire et après signification d'un commandement d'avoir à libérer les locaux (C. pr. exéc., art. L. 441-1).

▪ **Délais susceptibles d'être octroyés par le juge.** Si l'expulsion porte sur un local d'habitation principale de la personne expulsée ou de tout occupant de son chef, elle ne peut avoir lieu que de 2 mois après le commandement. Toutefois, le juge peut, notamment lorsque la procédure de relogement n'a pas été suivie d'effet du fait du locataire, réduire ou supprimer ce délai (C. pr. exéc., art. L. 412-1). Ce délai peut être prorogé par le juge pour une durée n'excédant pas trois mois lorsque l'expulsion aurait pour la personne concernée des conséquences d'une exceptionnelle dureté (C. pr. exéc., art. L. 412-2). Le juge peut accorder des délais renouvelables aux occupants de locaux d'habitation ou à usage professionnel, dont l'expulsion a été ordonnée judiciairement, chaque fois que le relogement des intéressés ne peut avoir lieu dans des conditions normales (C. pr. exéc., art. L. 412-3). Le délai de 2 mois après le commandement prévu par C. pr. exéc., art. L. 412-1 et la prorogation du délai prévu par C. pr. exéc., art. L. 412-3 ne peuvent etre accordés lorsque les occupants dont l'expulsion a été ordonnée sont entrés dans les locaux à l'aide de manœuvres, de menaces, de voies de fait ou de contrainte (C. pr. exéc., art. L. 412-3).

▪ **Saisine du préfet par le commissaire de justice.** Dès le commandement d'avoir à libérer les locaux, le commissaire de justice (anc^{t} huissier) en saisit le préfet afin que celui-ci en informe la commission de coordination des actions de prévention des expulsions locatives, et qu'il informe le ménage locataire de la possibilité de saisir la commission de médiation en vue d'une demande de relogement au titre du droit au logement opposable. À défaut de saisine du préfet par le commissaire de justice, le délai avant l'expiration duquel l'expulsion ne peut avoir lieu est suspendu (C. pr. exéc., art. L. 412-5).

▪ **Suspension hivernale des expulsions.** Il est sursis à toute mesure d'expulsion entre le 1er novembre et le 31 mars de l'année suivante, à moins que le relogement des intéressés soit assuré dans des conditions suffisantes respectant l'unité et les besoins de la famille. Toutefois, la trêve hivernale ne s'applique pas lorsque la mesure d'expulsion a été prononcée en raison d'une introduction sans droit ni titre dans le domicile d'autrui à l'aide de manœuvres, de menaces, de voies de fait ou de contrainte (C. pr. exéc., art. L. 412-6).

ÉLÉMENT MATÉRIEL

▪ **Tentative. Punissable** (C. pén., art. 226-5).

RÉGIME PROCÉDURAL

▪ **Compétence juridictionnelle. Juge unique** (C. pr. pén., art. 398-1 1°, v. n° 17.15D2).

▪ **Ordonnance pénale. Possible** (C. pr. pén., art. 495-II, v. n° 15.48B1 et tableau n° 17.15D2).

■ ÉLÉMENTS CONSTITUTIFS – QUALIFICATION

✧ Pour avoir à .... [¤ lieu], le .... [¤ date], sans avoir obtenu le concours de l'État dans les conditions prévues à l'article L. 153-1 du code des procédures civiles d'exécution, à l'aide de manœuvres, menaces, voies de fait ou contraintes, en l'espèce en........ [¤ matérialiser les manœuvres, menaces etc.], forcé .... [¤ nom de la victime] à quitter son lieu d'habitation. Faits prévus et réprimés par les articles : **PERSONNES PHYSIQUES.** 226-4-2, 226-5 et 226-31 du code pénal (*N 30300.ju*). **PERSONNES MORALES.** 226-4-2, 226-5 et 226-7 du code pénal (*N #.ju*). ✧

22.58 Installation sans titre en réunion sur le terrain d'autrui en vue de l'habitation

■ PEINES

PERSONNE PHYSIQUE

PP Délit. 1 an d'emprisonnement, 7 500 € (depuis L. n° 2018-957, 7 nov. 2018, auparavant 6 mois et 3 750 €) (C. pén., art. 322-4-1) ;

PC 1. Interdiction droits civiques civils et de famille ⩽ 5 ans (vote, éligibilité, fonction juridictionnelle, expert, témoin, tuteur, curateur) (C. pén., art. 322-15 et 131-26) ;

2. Interdiction, ⩽ 5 ans, de détention ou de port d'arme soumise à autorisation (C. pén., art. 322-15) ;

3. Suspension, ⩽ 3 ans, du PC (C. pén., art. 322-15-1) ;

4. Confiscation (réelle ou en valeur) du ou des véhicules utilisés pour commettre l'infraction, sauf véhicules destinés à l'habitation (C. pén., art. 322-15-1 et 131-21) ;
5. Stage de citoyenneté (C. pén., art. 131-5-1 et 322-15 [L. n° 2004-204, 9 mars 2004, art. 44-XIV]) (pour les faits commis avant le 24 mars 2020 et jugés après cette date, L. n° 2019-222, 23 mars 2019, en vigueur le 24 mars 2020. Pour les faits commis à partir du 24 mars 2020, v. nouvelle réd. C. pén., art. 131-5-1 et n° 18.33) ;

6. Stage de sensibilisation aux dangers de l'usage de produits stupéfiants. La juridiction précise si le stage est exécuté aux frais du condamné (C. pén., art. 131-35-1 et 322-15 [L. n° 2007-297, 5 mars 2007]) (pour les faits commis avant le 24 mars 2020 et jugés après cette date, L. n° 2019-222, 23 mars 2019, en vigueur le 24 mars 2020. Pour les faits commis à partir du 24 mars 2020, v. nouvelle réd. C. pén., art. 131-5-1 et n° 18.33).

PERSONNE MORALE

PP Délit. 37 500 € (depuis L. n° 2018-957, 7 nov. 2018, auparavant 18 750 €) (C. pén., art. 322-4-1 ; 131-38).

PC Néant.

■ ORIENTEUR

AUTRE QUALIFICATION

▪ **Occupation frauduleuse d'un local à usage d'habitation, commercial, agricole ou professionnel.** C. pén., art. 315-1, issu L. n° 2023-668, 27 juill. 2023, V. n° 22.55.

▪ **Pénétration non autorisée dans la propriété privée rurale ou forestière d'autrui (L. n° 2023-54, 2 févr. 2023).** C. pén., art. 226-4-3, issu L. n°2023-54, 2 févr. 2023, v. n° 22.59.

ÉLÉMENT LÉGAL

▪ **Application de la loi pénale dans le temps.** Incrimination créée par L. n° 2003-239, 18 mars 2003, pour la sécurité intérieure, art. 53.

▪ **Fait justificatif. Absence de mise en œuvre par la commune de son obligation d'accueil des gens du voyage :** l'infraction n'est pas constituée si les occupants s'installent sur le terrain d'une commune qui ne s'est pas conformée aux obligations qui lui incombent en application du schéma départemental relatif à l'accueil et à l'habitat des gens du voyage, tel que prévu par l'article 1er de la loi n° 2000-614, 5 juill. 2000. L'infraction est constituée si la commune s'est conformée à ses obligations, ou n'est pas inscrite au schéma départemental (cas de toutes les communes < 5 000 habitants) ou si l'installation concerne un terrain non communal (C. pén., art. 322-4-1).

RÉGIME PROCÉDURAL

▪ **Saisie des véhicules.** Lorsque l'installation s'est faite au moyen de véhicules automobiles, il peut être procédé à leur saisie, à l'exception des véhicules destinés à l'habitation, en vue de leur confiscation par la juridiction pénale (C. pén., art. 322-4-1).

▪ **Preuve.** Si la plainte du propriétaire n'est pas une condition préalable aux poursuites, l'enquêteur doit cependant s'attacher à **identifier le propriétaire du terrain**, notamment par la production d'un relevé cadastral.

▪ **Compétence juridictionnelle. Juge unique** (C. pr. pén., art. 398-1 1°, v. n° 17.15D2).

▪ **Ordonnance pénale. Possible** (C. pr. pén., art. 495-II, v. n° 15.48B1 et tableau n° 17.15D2).

▪ **Amende forfaitaire délictuelle. Possible** depuis L. n° 2018-957, 7 nov. 2018 si l'infraction est relevée par **procès-verbal électronique** (C. pén., art. 322-4-1, C. pr. pén., art. 495-17 et D. 45-3 dans sa rédaction issue de D. n° 2019-507, 24 mai 2019, applicable au lendemain de la publication de l'arrêté modifiant C. pr. pén., art. A. 36-14 à A. 36-16 (D. n° 2019-507, art. 11). Amende minorée : **400 €** ; forfaitaire : **500 €** ; majorée : **1 000 €** (C. pén., art. 322-4-1). Sur la procédure d'amende forfaitaire délictuelle, v. n° 15.47.

MESURE ADMINISTRATIVE

▪ **Mise en demeure et évacuation forcée.** En cas de stationnement irrégulier, le maire, le propriétaire ou le titulaire du droit d'usage du terrain occupé peut demander au préfet de mettre en demeure les occupants de quitter les lieux. La mise en demeure ne peut intervenir que si le stationnement est de nature à porter atteinte à la salubrité, la sécurité ou la tranquillité publiques. Assortie d'un délai d'exécution qui ne peut être inférieur à vingt-quatre heures, elle est notifiée aux occupants et affichée en mairie et sur les lieux. Lorsque la mise en demeure n'a pas été suivie d'effets dans le délai fixé et n'a pas fait l'objet d'un recours administratif, le préfet peut procéder à l'évacuation forcée des résidences mobiles (L. n° 2000-614, 5 juill. 2000, art. 9 et 9-1 [mod. L. n° 2007-297, 5 mars 2007]).

■ ÉLÉMENTS CONSTITUTIFS – QUALIFICATION

✧ Pour s'être à .... [¤ lieu], le .... [¤ date], sans être en mesure de justifier de l'autorisation du propriétaire ou du titulaire du droit d'usage, installé en réunion et en vue d'y établir son habitation, même temporaire, sur le terrain appartenant à .... [¤ nom du propriétaire ou du titulaire du droit d'usage].

Faits prévus et réprimés par les articles : **PERSONNES PHYSIQUES.** 322-4-1, 322-15 et 322-15-1 du code pénal (*N 23836.ju*). **PERSONNES MORALES.** 322-4-1 et 322-17 du code pénal. ✧

22.59 Pénétration non autorisée dans la propriété privée rurale ou forestière d'autrui (L. n° 2023-54, 2 févr. 2023)

■ PEINES

PERSONNE PHYSIQUE

PP Contrav. 4e cl. **750 €** (C. pén., art. 226-4-3 ; C. pén., art. 131-13).

PC Néant.

PERSONNE MORALE

PP Contrav. 4e cl. **3 750 €** (C. pén., art. 226-4-3 ; C. pén., art. 131-13).

PC 1. Interdiction, définitive ou ⩽ 5 ans, une ou plusieurs activités professionnelles ou sociales en relation avec l'infraction (C. pén., art. 226-7) ;

2. Affichage, ⩽ 2 mois, *et/ou* (L. n° 2011-525, 17 mai 2011) diffusion de la décision ou d'extraits aux frais (⩽ amende encourue) du condamné (C. pén., art. 226-7 et 131-35).

■ ORIENTEUR

AUTRE QUALIFICATION

▪ **Installation sans titre en réunion sur le terrain d'autrui en vue de l'habitation.** C. pén., art. 322-4-1, v. n° 22.58.

▪ **Chasse – Principales contraventions.** Chasse sur le terrain d'autrui, C. envir., art. L. 422-1, L. 422-28, L. 422-1 5°, R. 428-1, v. n° 31.45.

ÉLEMENT LÉGAL

▪ **Application de la loi pénale dans le temps.** Incrimination créée par L. nº 2023-54, 2 févr. 2023, visant à limiter l'engrillagement des espaces naturels et à protéger la propriété privée. Le législateur a créé cette contravention pour compenser les nouvelles règles abaissant les clôtures en milieu naturel afin de permettre en tout temps le libre passage des animaux sauvages, inciter à la disparition des engrillagements des espaces naturels et permettre de rétablir les continuités écologiques.

ÉLÉMENT MATÉRIEL

▪ **Tentative. Punissable** (C. pén., art. 226-5).

ÉLÉMENT INTENTIONNEL

▪ **Signalétique du terrain.** Selon les travaux préparatoires, « *dans l'objectif de ne pas sanctionner des promeneurs qui s'introduiraient dans une propriété privée en méconnaissance du caractère privé du lieu et donc en l'absence d'intentionnalité de pénétrer dans une propriété privée* » une « *condition matérielle* » a été ajoutée par voie d'amendement à l'infraction, « *le « caractère privé du lieu » doit être « clairement identifié par une signalétique spécifique » pour que le fait d'y pénétrer constitue une infraction* » (Rapport AN nº 279).

▪ ÉLÉMENTS CONSTITUTIFS – QUALIFICATION

✧ Pour avoir à .... [¤ lieu], le .... [¤ date], hors les cas où la loi le permet, pénétré sans autorisation dans la propriété rurale ou forestière de .... [¤ nom de la victime], alors que le caractère privé du lieu était matérialisé physiquement.
Faits prévus et réprimés par l'article 226-4-3 du code pénal (*N 34957.c4*). ✧

22.60 Mise à disposition lucrative d'un tiers, en vue de l'habitation, du bien immobilier d'autrui sans son autorisation – Escroquerie au logement

▪ PEINES

PERSONNE PHYSIQUE

PP Délit. Cas A : 3 ans d'emprisonnement, 45 000 € (depuis L. nº 2023-668, 27 juill. 2023, auparavant 1 an, 15 000 €) (C. pén., art. 313-6-1) ;

Cas B : 5 ans d'emprisonnement, 22 500 € (L. nº 48-1360, 1er sept. 1948, art. 56).

PC Cas A : 1. Interdiction droits civiques civils et de famille ⩽ 5 ans (vote, éligibilité, fonction juridictionnelle, expert, témoin, tuteur, curateur) (C. pén., art. 313-7 1º et 131-26) ; Cas A :

Cas A : 2. Interdiction définitive ou ⩽ 5 ans activité professionnelle ou sociale en relation avec l'infraction, ou fonction publique (sauf mandat électif ou syndical) *et/ou* interdiction définitive ou ⩽ 15 ans (10 ans avant L. nº 2013-1117, 6 déc. 2013) d'exercer une profession commerciale ou industrielle, de diriger, d'administrer, de gérer ou de contrôler à un titre quelconque, directement ou indirectement, pour son propre compte ou pour le compte d'autrui, une entreprise commerciale ou industrielle ou une société commerciale (C. pén., art. 313-7 2º et 131-27) ;

Cas A : 3. Fermeture ⩽ 5 ans établissement(s) ayant servi à commettre l'infraction (C. pén., art. 313-7 3º et 131-33) ;

Cas A : 4. Confiscation de la chose ayant servi à l'infraction ou destinée à la commettre ou son produit (obligatoire pour objets qualifiés dangereux ou nuisibles par loi ou règlement ou dont la détention est illicite) (C. pén., art. 313-7 4º et 131-21) ;

Cas A : 5. Interdiction de séjour ⩽ 5 ans (C. pén., art. 313-7 5º, 131-31 et 131-32 ; C. pr. pén., art. 762-1 à 763) ;

Cas A : 6. Interdiction ⩽ 5 ans émission chèques autres que de retraits ou certifiés (C. pén., art. 313-7 6º et 131-19) ;

Cas A : 7. Affichage, ⩽ 2 mois, *et/ou* (L. nº 2011-525, 17 mai 2011) diffusion de la décision ou d'extraits aux frais (⩽ amende encourue) du condamné (C. pén., art. 313-7 7º et 131-35).

Cas A : 8. exclusion ⩽ 5 ans marchés publics (C. pén., art. 313-8 et 131-34) ;

Cas B : néant.

PERSONNE MORALE

PP Délit. Cas A : 225 000 € (depuis L. n° 2023-668, 27 juill. 2023, auparavant 75 000 €) (C. pén., art. 313-9 ; 131-38) ;

Cas B : 112 500 € (L. n° 48-1360, 1er sept. 1948, art. 56 ; C. pén., art. 131-38).

PC Cas A : 1. [abrogé par L. n° 2009-526, 12 mai 2009 puis rétabli par L. n° 2009-1437, 24 nov. 2009] Dissolution (sauf personnes morales de droit public, partis, groupements politiques, syndicats, institutions représentatives du personnel) si personne morale créée ou détournée de son objet pour commettre l'infraction (C. pén., art. 313-9, 131-39 1° et 131-45) ;

Cas A : 2. Interdiction, définitive ou ⩽ 5 ans, une ou plusieurs activités professionnelles ou sociales en relation avec l'infraction (C. pén., art. 313-9 et 131-39 2°) ;

Cas A : 3. Surveillance judiciaire ⩽ 5 ans, sauf personnes morales de droit public, partis, groupements politiques, syndicats (C. pén., art. 313-9, 131-39 3° et 131-46) ;

Cas A : 4. Fermeture, définitive ou ⩽ 5 ans, d'un ou plusieurs établissements en relation avec l'infraction (C. pén., art. 313-9 et 131-39 4°) ;

Cas A : 5. Exclusion, définitive ou ⩽ 5 ans marchés publics (C. pén., art. 313-9 et 131-39 5°) ;

Cas A : 6. Interdiction, définitive ou ⩽ 5 ans, de *faire appel public à l'épargne* (procéder à une offre au public de titres financiers ou de les faire admettre aux négociations sur un marché réglementé, selon L. n° 2009-80, 22 janv. 2009) (C. pén., art. 313-9 et 131-39 6°) ;

Cas A : 7. Interdiction, ⩽ 5 ans, d'utiliser des cartes de paiement ou d'émettre des chèques autres que de retrait ou certifiés (C. pén., art. 313-9 et 131-39 7°) ;

Cas A : 8. Confiscation de la chose ayant servi à l'infraction ou destinée à la commettre, ou son produit (obligatoire pour objets qualifiés dangereux ou nuisibles par loi ou règlement ou dont la détention est illicite) (C. pén., art. 313-9, 131-39 8° et 131-21) ;

Cas A : 9. Affichage, ⩽ 2 mois, *et/ou* (L. n° 2011-525, 17 mai 2011) diffusion de la décision ou d'extraits aux frais (⩽ amende encourue) du condamné (C. pén., art. 313-9, 131-39 9°, 131-48 et 131-35) :

Cas B : néant.

■ **ORIENTEUR**

ÉLÉMENT LÉGAL

▪ **Constitutionnalité. Constitutionnalité de l'incrimination.** Cas A : est rejetée la QPC soulevant l'imprécision de l'incrimination et la rupture d'égalité qu'elle entraîne « *dès lors que l'interprétation de l'article 313-6-1 du code pénal, qui, sans méconnaître le principe d'égalité devant la loi pénale, définit de façon suffisamment claire et précise le délit de mise à disposition lucrative, pour l'habitation, de bien immobilier appartenant à autrui sans son autorisation, entre dans l'office du juge répressif de sorte qu'il n'est porté aucune atteinte au principe de légalité des délits et des peines* » (Crim. 4 déc. 2012, n° 12-90.061, NP).

▪ **Application de la loi pénale dans le temps.** Cas A : incrimination créée par L. n° 2003-239, 18 mars 2003, art. 57.

RÉGIME DES PEINES

▪ **Confiscation.** Cas A : **droits du propriétaire de bonne foi.** C. pén., art. 313-7 4°, *idem* n° 22.18.

■ **ÉLÉMENTS CONSTITUTIFS – QUALIFICATION**

✧ Pour avoir à .... [¤ lieu], le .... [¤ date], [⇨A ou B :]

A. sans être en mesure de justifier de l'autorisation de .... [¤ nom du propriétaire ou du titulaire du droit d'usage], propriétaire ou titulaire d'un droit d'usage, moyennant le versement d'une contribution ou la fourniture de tout avantage en nature, mis à disposition d'un tiers, en vue qu'il y établisse son habitation, un bien immobilier appartenant à autrui (**PERSONNES PHYSIQUES.** C. pén., art. 313-6-1, 313-7 et 313-8 (A : *N 23837.co*) ; **PERSONNES MORALES.** C. pén., art. 313-6-1 et 313-9 (A : *N #.co*) ;

B. par des manœuvres frauduleuses, par de fausses allégations ou de simples réticences, en l'espèce en .... [¤ matérialiser l'infraction], fait naître l'espérance chimérique d'une location, jouissance ou propriété d'appartement, et détourné ou dissipé, ou tenté de détourner ou de dissiper, tout

ou partie de la fortune de .... [¤ nom de la victime] (L. n° 48-1360, 1er sept. 1948, art. 56) (B : *N 94.co*).
Faits prévus et réprimés par les articles [• de l'infraction sélectionnée]. ✧

22.61 Destruction ou détérioration grave

■ PEINES

PERSONNE PHYSIQUE

PP Délit. 1. Cas 1 et 2 : 2 ans d'emprisonnement, 30 000 € (C. pén., art. 322-1 I).

2. Cas A à R : 5 ans, 75 000 € (C. pén., art. 322-3).

3. Cas S : 3 ans, 45 000 € (C. pén., art. 322-2).

4. Cas T : 4 ans, 30 000 € (C. pén., art. 132-76 et 322-1 I, depuis L. n° 2017-86, 27 janv. 2017, auparavant 3 ans, 45 000 €, si seule circonstance aggravante). Sur le concours de la circonstance T avec d'autres circonstances, v. Orienteur/Régime des peines.

5. Cas U : 7 ans, 100 000 € (C. pén., art. 322-3, L. n° 2011-267, 14 mars 2011).

PC 1. Interdiction droits civiques civils et de famille ⩽ 5 ans (vote, éligibilité, fonction juridictionnelle, expert, témoin, tuteur, curateur) (C. pén., art. 322-15 et 131-26) ;

2. Interdiction ⩽ 5 ans activité professionnelle ou sociale (en relation avec l'infraction), ou fonction publique (sauf mandat électif ou syndical) *et/ou* interdiction définitive ou ⩽ 15 ans (10 ans avant L. n° 2013-1117, 6 déc. 2013) d'exercer une profession commerciale ou industrielle, de diriger, d'administrer, de gérer ou de contrôler à un titre quelconque, directement ou indirectement, pour son propre compte ou pour le compte d'autrui, une entreprise commerciale ou industrielle ou une société commerciale (C. pén., art. 322-15, 131-27 et 131-28 [mod. par L. n° 2008-776, 4 août 2008]) ;

3. Interdiction, ⩽ 5 ans, de détention ou de port d'arme soumise à autorisation (C. pén., art. 322-15) ;

4. Stage de citoyenneté (C. pén., art. 131-5-1 et 322-15 [L. n° 2004-204, 9 mars 2004, art. 44-XIV]) (pour les faits commis avant le 24 mars 2020 et jugés après cette date, L. n° 2019-222, 23 mars 2019, en vigueur le 24 mars 2020. Pour les faits commis à partir du 24 mars 2020, v. nouvelle réd. C. pén., art. 131-5-1 et n° 18.33) ;

5. Stage de sensibilisation aux dangers de l'usage de produits stupéfiants. La juridiction précise si le stage est exécuté aux frais du condamné (C. pén., art. 131-35-1 et 322-15 [L. n° 2007-297, 5 mars 2007]) (pour les faits commis avant le 24 mars 2020 et jugés après cette date, L. n° 2019-222, 23 mars 2019, en vigueur le 24 mars 2020. Pour les faits commis à partir du 24 mars 2020, v. nouvelle réd. C. pén., art. 131-5-1 et n° 18.33) ;

6. Cas 1 et 2 et A à S : interdiction, ⩽ 3 ans, de participer à des manifestations sur la voie publique aux lieux fixés par la juridiction si les faits ont été commis lors du déroulement de manifestations sur la voie publique (C. pén., art. 322-15 et 131-32-1 (L. n° 2019-290, 10 avr. 2019, anct CSI, art. L. 211-13, anct L. n° 95-73, 21 janv. 1995, art. 18)). Inscription de l'interdiction au FPR (C. pr. pén., art. 230-19 17° ; L. n° 2019-290, 10 avr. 2019, sur le FPR, v. n° 13.17B4) (sanction du non-respect de cette interdiction : C. pén., art. 434-38-1, v. n° 25.68 (L. n° 2019-290, 10 avr. 2019, anct CSI, art. L. 211-13) ;

7. Cas A à R. Auteur étranger : interdiction du territoire français ⩽ 3 ans, si les faits sont commis lors de manifestations sur la voie publique (CSI, art. L. 211-14, anct, L. n° 95-73, 21 janv. 1995, art. 18 ; C. pén., art. 131-30 à 131-30-2).

PERSONNE MORALE

PP Délit. (C. pén., art. 322-17 ; 131-38).

Cas 1 et 2 : 150 000 €.

Cas A à R : 375 000 €.

Cas S : 225 000 €.

Cas T : 150 000 € (C. pén., art. 132-76 et 322-1 I, depuis L. n° 2017-86, 27 janv. 2017, auparavant 225 000 €.

Cas U : 500 000 € (L. n° 2011-267, 14 mars 2011).

PC Interdiction ⩽ 5 ans une ou plusieurs activités professionnelles ou sociales en relation avec l'infraction (C. pén., art. 322-17 et 131-39, 2°).

ORIENTEUR

AUTRE QUALIFICATION

- **Dégradations légères.** V. n° 22.64, ou **Tags** n° 22.63.
- **Destruction volontaire – Par incendie.** V. n° 22.68.
- **Destruction volontaire aggravée – Par incendie ou moyen dangereux.** V. n° 22.69.
- **Destruction volontaire aggravée – Par incendie ou moyen dangereux – Bois, forêt, lande, maquis, plantation.** V. n° 22.70.
- **Atteinte à l'intégrité du domaine public routier.** V. n° 31.58.
- **Dégradation ou dérangement d'installations ferroviaires.** V. n° 36.24.
- **Destruction ou détérioration grave portant sur un bien d'intérêt public.** Classé, archéologique, culturel ou cultuel, n° 22.62.
- **Sécurité des installations aéroportuaires – Actes de malveillance – Pénétration non autorisée sur les pistes.** C. transp., art. L. 6372-4 (v. n° 37.20).

ÉLÉMENT LÉGAL

- **Application de la loi pénale dans le temps. Cas R** : depuis L. n° 2011-267, 14 mars 2011, cette circonstance aggravante a été transférée de C. pén., art. 322-2 vers 322-3, l'infraction est désormais passible de 5 ans, 75 000 € au lieu de 3 ans, 45 000 €). **Cas U** : concours de deux circonstances aggravantes de C. pén., art. 322-3, créé par L. n° 2011-267, 14 mars 2011.
- **Constitutionnalité.** Au demandeur à la QPC qui relevait que le législateur n'a pas défini « *les critères permettant de qualifier le dommage de grave ou léger* », il fut répondu « *que les termes de C. pén., art. 322-1, al. 1, sont suffisamment clairs et précis pour que son interprétation, qui entre dans l'office du juge pénal, se fasse sans risque d'arbitraire* » (Crim. 4 nov. 2014, n° 14-90.038, D).
- **Causes d'aggravation. Aggravation résultant de la motivation raciste** (v. aussi ÉLÉMENT MATÉRIEL ci-dessous). La L. n° 2017-86, 27 janv. 2017 a supprimé du texte de l'incrimination la circonstance aggravante tenant à la finalité raciste des faits. Désormais cette circonstance constitue en effet une cause générale d'aggravation de tous les crimes ou délits, sauf exceptions (C. pén., art. 132-76 et 132-77, v. n° 18.9). La circonstance aggravante visée au **cas T**, ici maintenue pour des raisons pratiques, tire désormais son fondement et ses pénalités de C. pén., art. 132-76 et 322-1.

ÉLÉMENT MATÉRIEL

- **Tentative. Punissable** (C. pén., art. 322-4).
- **Caractère délictuel ou contraventionnel de la dégradation.** Les juges du fond apprécient souverainement (§ 15) si les « *faits commis ne constituaient pas des dégradations ou détériorations à caractère contraventionnel* » (§ 16) (Crim. 29 mars 2023, n° 22-83.911, D ; dans le même sens, pour une alternative entre la qualification de dégradations graves et de Tags : Crim. 12 oct. 2011, n° 10-86.691, D).
- **Aggravation résultant de la motivation raciste de l'acte. Cas T**, C. pén., art. 132-76, V. n° 20.3 et 18.9.

RÉGIME PROCÉDURAL

- **Compétence juridictionnelle. Juge unique** sauf **cas U** (peine encourue > 5 ans) (C. pr. pén., art. 398-1 1°, v. n° 17.15D2).
- **Ordonnance pénale. Possible** sauf **cas U** (peine encourue > 5 ans) (C. pr. pén., art. 495-II, v. n° 15.48B1 et tableau n° 17.15D2).
- **Amende forfaitaire délictuelle.** Selon le tableau annexe à la Circ. CRIM-2023-02/H2, 3 févr. 2023, NOR : JUSD2303546C (Annexe 1, rubrique n° 4), d'application de la L. n° 2023-22, 24 janv.2023, l'amende forfaitaire délictuelle est applicable aux **Cas 1** et **2** (destruction, dégradation ou détérioration, hors cas d'aggravation prévus par C. pén., art. 322-2 et 322-3), prévus et réprimés par C. pén., art. 322-1 I. Sous réserve de la jurisprudence à venir, le découpage en deux parties I et II de C. pén., art. 322-1, permet toutefois de considérer que la procédure d'amende forfaitaire délictuelle ne s'applique qu'à l'infraction prévue et réprimée par la partie II dudit article, à savoir les Tags (v. n° 22.63).

▪ **Prélèvement des empreintes génétiques** de la personne suspectée ou condamnée (C. pr. pén., art. 706-54 et 706-55, v. n°s 13.23 et 13.25). **Sanction** du refus de prélèvement, v. n° 25.35.

RÉGIME DES PEINES

▪ **Concours des circonstances aggravantes. Infraction à finalité raciale.** Depuis L. n° 2017-86, 27 janv. 2017, la circonstance aggravante T ne se cumule plus avec celles de C. pén., art. 322-3 pour permettre l'aggravation des pénalités. Mais cette circonstance, en concours avec une ou deux autres circonstances, augmente les peines encourues à hauteur de 7 ans (une autre circonstance des cas A à R) ou 10 ans (deux autres circonstances des cas A à R), par l'effet de C. pén., art. 132-76, 322-1, 322-2 et 322-3.

MESURE CIVILE

▪ **Action civile. Cas T**. Est censuré l'arrêt qui déclare irrecevable la constitution de partie civile d'une association se proposant par ses statuts de combattre le racisme ou d'assister les victimes de discrimination fondée sur leur origine nationale, ethnique, raciale ou religieuse, en retenant, pour des faits de dégradation de 250 sépultures d'un cimetière juif (§ 2) que « *la circonstance aggravante de commission à raison de l'appartenance de la victime à une ethnie, race ou religion déterminée n'a pas été relevée* » (§ 12), « *sans mieux rechercher si les faits de dégradations ont été commis à raison de l'origine nationale, de l'appartenance ou de la non-appartenance, vraie ou supposée, des victimes à une ethnie, une race ou une religion déterminée, alors que l'application [de C. pr. pén., art. 2-1] n'est pas subordonnée à la caractérisation d'une circonstance aggravante déterminée* » (§ 13) (Crim. 4 avr. 2023, n° 22-82.585, P ; dans le même sens : Crim. 11 mai 2023, n° 22-84.480, P).

▪ ÉLÉMENTS CONSTITUTIFS – QUALIFICATION

✧ Pour avoir à .... [¤ lieu], le .... [¤ date], volontairement [⇨1 ou 2 puis le cas échéant A à U :]

1. détruit (1 : *N 9492.ju*)...

2. dégradé ou détérioré (2 : *N 9833.ju*, par personne morale : *N 26147.ju*)...

.... [¤ énumération des biens détériorés] au préjudice de .... [¤ nom de la victime].

[• Préciser le cas échéant] lesdites destructions ou dégradations ayant été commises [⇨A à U :]

• **Circonstances aggravantes** :

A. en **réunion** (C. pén., art. 322-3, 1°) (1A : *N 11559.ju* (lors de manifestation sur la voie publique : *N 33087.ju*) ; 2A : *N 11560.ju* (lors de manifestation sur la voie publique : *N 33088.ju*) ; personne morale, 1A : *N #.ju*, 2A : *N 25946.ju*) ;

B. au préjudice d'une **personne** qu'il savait particulièrement **vulnérable** en raison de son état physique ou psychique (C. pén., art. 322-3, 2°) (1B : *N 11561.ju* ; 2B : *N 11562.ju*) ;

C. au préjudice d'un **magistrat** ou d'un **juré** en vue de l'influencer (C. pén., art. 322-3, 3°) (1C : *N 9836.ju* ; 2C : *N 9837.ju*) ;

D. au préjudice d'un **avocat** ou d'un officier public ou ministériel, en vue de l'influencer (C. pén., art. 322-3, 3°) (1D : *N 9838.ju* ; 2D : *N 9839.ju*) ;

E. au préjudice d'un militaire de la **gendarmerie**, d'un fonctionnaire de la **police** nationale, des **douanes** ou de l'administration **pénitentiaire**, ou de toute autre personne dépositaire de l'**autorité publique**, en vue de l'influencer (C. pén., art. 322-3, 3°) (1e : *N 11563.ju* ; 2e : *N 11564.ju*) ;

F. au préjudice d'une personne chargée d'une mission de **service public**, en vue de l'influencer (C. pén., art. 322-3, 3°) (1F : *N 11565.ju* ; 2F : *N 11566.ju*) ;

G. au préjudice du conjoint, d'un ascendant ou d'un descendant en ligne directe ou de toute autre personne vivant habituellement au domicile de [...nom et qualité d'une des personnes visées aux cas C à F ci-dessus], [⇨G1 à G6 :]

[⇨G1 à J8 :]

G1. magistrat ou juré (1G1 : *N 9836.ju* ; 2G1 : *N 9837.ju*)...

G2. avocat (1G2 : *N 9838.ju* ; 2G2 : *N 9839.ju*)...

G3. officier public ou ministériel (1G3 : *N #.ju* ; 2G3 : *N #.ju*)...

G4. militaire de la gendarmerie nationale, fonctionnaire de la police nationale, des douanes ou de l'administration pénitentiaire (1G4 : *N #.ju* ; 2G4 : *N #.ju*)...

G5. **dépositaire de l'autorité publique** (1G5 : *N 27635.ju* ; 2G5 : *N 27636.ju*)...

G6. chargé d'une mission de service public (1G6 : *N 27637.ju* ; 2G6 : *N 27638.ju*)...

... en raison des fonctions exercées par ce dernier (C. pén., art. 322-3, 3° *bis*, L. n° 2010-201, 2 mars 2010) ;

H. au préjudice d'un **témoin**, pour l'influencer ou par représailles (C. pén., art. 322-3, 4°) (1H : *N 11567.ju* ; 2H : *N 11568.ju*) ;

I. au préjudice d'une **victime**, pour l'influencer ou par représailles (C. pén., art. 322-3, 4°) (1I : *N 11569.ju* ; 2I : *N 11570.ju*) ;

J. au préjudice d'une **partie civile**, pour l'influencer ou par représailles (C. pén., art. 322-3, 4°) (1J : *N 11571.ju* ; 2J : *N 11572.ju*) ;

K. dans un lieu d'habitation ou destiné à l'entrepôt de fonds, valeurs, marchandises ou matériels, après pénétration par **ruse** (C. pén., art. 322-3, 5°) (1K : *N 11573.ju* ; 2K : *N 11574.ju*) ;

L. dans un lieu d'habitation ou destiné à l'entrepôt de fonds, valeurs, marchandises ou matériels, après pénétration par **effraction** (C. pén., art. 322-3, 5°) (1L : *N 9834.ju* ; 2L : *N 9835.ju*) ;

M. dans un lieu d'habitation ou destiné à l'entrepôt de fonds, valeurs, marchandises ou matériels, après pénétration par **escalade** (C. pén., art. 322-3, 5°) (1M : *N 11575.ju* ; 2M : *N 11576.ju*).

N. commis à l'encontre d'un lieu classifié au titre du **secret de la défense** nationale (C. pén., art. 322-3, 6° ; L. n° 2009-928, 29 juill. 2009) (*N 11758.ju*) ;

O. commis « *par une personne* ***dissimulant*** *volontairement en tout ou en partie son* ***visage*** *afin de ne pas être identifiée* » (C. pén., art. 322-3, 7° ; L. n° 2010-201, 2 mars 2010) (1O : *N 27559.ju* (lors de manifestation sur la voie publique : *N 33089.ju*)) ; 2O : *N 27560.ju* (lors de manifestation sur la voie publique : *N 33090.ju*) ;

P. à l'encontre d'un **établissement scolaire**, éducatif ou de loisirs (C. pén., art. 322-3 ; L. n° 2003-88, 3 févr. 2003, art. 9) (1P : *N 23689.ju* ; 2P : *N 23692.ju*) ;

Q. à l'encontre d'un **véhicule transportant des enfants** (C. pén., art. 322-3 ; L. n° 2003-88, 3 févr. 2003, art. 9) (1Q : *N 23690.ju* ; 2Q : *N 23693.ju*) ;

R. sur des biens destinés à **l'utilité ou à la décoration publique** et appartenant à une personne publique ou chargée d'un service public (C. pén., art. 322-3, 8°) (1R : *N 11545.ju* (lors de manifestation sur la voie publique : *N 33091.ju*) ; 2R : *N 80.ju* (lors de manifestation sur la voie publique : *N 33092.ju*)) ;

S. sur un **registre**, une **minute** ou un **acte original** de l'autorité publique (C. pén., art. 322-2, 2°) (1S : *N 10835.ju* ; 2S : *N 11546.ju*) ;

T. à raison de l'appartenance ou de la non-appartenance, vraie ou supposée, de la victime à une ethnie ou une nation, une « *prétendue* » (L. n° 2017-86, 27 janv. 2017) race ou une religion déterminée (L. n° 2003-88, 3 févr. 2003, art. 5) (C. pén., art. 132-76 et 322-1 depuis L. n° 2017-86, 27 janv. 2017, anc^t 322-2) (1T : *N 32291.ju* ; 2T : *N 32292.ju*) ;

U. avec deux circonstances aggravantes, en l'espèce [énoncer deux des circonstances aggravantes de C. pén., art. 322-3 (Cas A à R)] (incrimination créée par L. n° 2011-267, 14 mars 2011) (1U : *N 28140.co* (lors de manifestation sur la voie publique : *N 33212.co*) ; 2U : *N 28141.co*).

Faits prévus et réprimés par les articles : **PERSONNES PHYSIQUES.** 322-1 I, + article [• du cas sélectionné], 322-4 et 322-15 du code pénal. **PERSONNES MORALES.** 322-1 I, + article [• du cas sélectionné], 322-17 du code pénal. ✧

22.62 Destruction ou détérioration grave portant sur un bien classé, archéologique, culturel ou cultuel

■ PEINES

PERSONNE PHYSIQUE

PP Délit. Cas A à F : 7 ans d'emprisonnement, 100 000 € ou jusqu'à la moitié de la valeur du bien (C. pén., art. 322-3-1).

Cas G : 10 ans, 150 000 € ou jusqu'à la moitié de la valeur du bien (C. pén., art. 322-3-1).

PC *Idem* n° 22.61.

PERSONNE MORALE

PP Délit. (C. pén., art. 322-3-1, 322-17,131-38).

Cas A à F : 500 000 € ou jusqu'à la moitié de la valeur du bien (C. pén., art. 322-3-1).

Cas G : 750 000 € ou jusqu'à la moitié de la valeur du bien (C. pén., art. 322-3-1).

PC *Idem* n° 22.61.

■ ORIENTEUR

AUTRE QUALIFICATION

- **Dégradations légères.** V. n° 22.64, ou Tags n° 22.63.
- **Destruction ou détérioration grave.** V. n° 22.61.
- **Atteinte à l'intégrité du domaine public routier.** V. n° 31.58.
- **Dégradation ou dérangement d'installations ferroviaires.** V. n° 36.24.

ÉLÉMENT LÉGAL

- **Application de la loi pénale dans le temps.** Incriminations réécrites et transférées de C. pén., art. 322-2 au 322-3-1 par L. n° 2008-696, 15 juill. 2008, avec des pénalités aggravées. De plus, ce dernier article intègre désormais l'infraction de dégradation d'un lieu de culte auparavant prévue par C. pén., art. 322-3.

ÉLÉMENT MATÉRIEL

- **Tentative. Punissable** (C. pén., art. 322-4).

RÉGIME PROCÉDURAL

- **Prélèvement des empreintes génétiques** de la personne suspectée ou condamnée (C. pr. pén., art. 706-54 et 706-55, v. n°s 13.23 et 13.25). **Sanction du refus de prélèvement**, v. n° 25.35.

■ ÉLÉMENTS CONSTITUTIFS – QUALIFICATION

✧ Pour avoir à .... [¤ lieu], le .... [¤ date], volontairement [⇨1 ou 2 puis A à F, puis le cas échéant G :]

1. détruit ...

2. dégradé ou détérioré ...

.... [¤ énumération des biens détériorés] au préjudice de .... [¤ nom de la victime] lesdites destructions, dégradations ou détériorations ayant été commises sur [⇨A à F, puis le cas échéant G :]

A. un immeuble ou un objet mobilier **classé ou inscrit** en application des dispositions du code du patrimoine (C. pén., art. 322-3-1, 1°) (1A : *N 11551.co* ; 2A : *N 11552.co*) ;

B. un document d'archives privées **classé** en application des dispositions du code du patrimoine (C. pén., art. 322-3-1, 1°) (1B : *N 27494.co* ; 2B : *N 27495.co*) ;

C. une découverte **archéologique** faite au cours de fouilles ou fortuitement ou sur un terrain sur lequel se déroulent des opérations archéologiques (C. pén., art. 322-3-1, 2°) (1C : *N 11553.co* ; 2C : *N 11554.co*, personne morale 1C : *N 25720.co* ; 2C : *N 11554.co*) ;

D. un édifice affecté au **culte** (C. pén., art. 322-3-1, 2°) (1D : *N 23688.co* ; 2D : *N 23691.co*) ;

E. sur un bien culturel qui relève du **domaine public mobilier** (C. pén., art. 322-3-1, 3°) (1e : *N 27496.co* ; 2e : *N 27497.co*) ;

F. sur un bien culturel **exposé, conservé ou déposé**, même de façon temporaire soit dans un musée de France, une bibliothèque, une médiathèque ou un service d'archives, soit dans un lieu dépendant d'une personne publique ou d'une personne privée assurant une mission d'intérêt général, soit dans un édifice affecté au culte (C. pén., art. 322-3-1, 3°) (1F : *N 27498.co* ; 2F : *N 27499.co*) ;

G. [• préciser le cas échéant dans les cas A à F] avec cette circonstance que les faits ont été commis en **réunion** (C. pén., art. 322-3, 1°) (1AG : *N 27500.co* ; 2AG : *N 27501.co* ; 1BG : *N 27502.co* ; 2BG : *N 27503.co* ; 1CG : *N 27504.co* ; 2CG : *N 27505.co* ; 1DG : *N 27506.co* ; 2DG : *N 27507.co* ; 1eG : *N 27508.co* ; 2eG : *N 27509.co* ; 1FG : *N 27510.co* ; 2FG : *N 27511.co*).

Faits prévus et réprimés par les articles : **PERSONNES PHYSIQUES.** 322-3, 322-3-1, 322-4 et 322-15 du code pénal. **PERSONNES MORALES.** 322-3, 322-3-1 et 322-17 du code pénal. ✧

22.63 Inscription, signe ou dessin ayant entraîné un dommage léger (TAG)

■ PEINES

PERSONNE PHYSIQUE

PP Délit. Cas A : 3 750 €, Tig 20 à 400 h (depuis L. n° 2019-222, 23 mars 2019, auparavant 280 h depuis L. n° 2014-896, 15 août 2014, auparavant 210 h) (C. pén., art. 322-1 II [L. n° 2002-1138, 9 sept. 2002] ; art. 131-8).

Cas B : 7 500 €, Tig 20 à 400 h (depuis L. n° 2019-222, 23 mars 2019, auparavant 280 h depuis L. n° 2014-896, 15 août 2014, auparavant 210 h) (C. pén., art. 322-2 [L. n° 2002-1138, 9 sept. 2002] ; art. 131-8).

Cas C à N : 15 000 €, Tig 20 à 400 h (depuis L. n° 2019-222, 23 mars 2019, auparavant 280 h depuis L. n° 2014-896, 15 août 2014, auparavant 210 h) (C. pén., art. 322-3 [L. n° 2002-1138, 9 sept. 2002, art. 131-8).

PC 1. *Idem* n° 22.61, PC n°s 1 à 4 +
2. Cas B à N : interdiction, ⩽ 3 ans, de participer à des manifestations sur la voie publique aux lieux fixés par la juridiction si les faits ont été commis lors du déroulement de manifestations sur la voie publique (C. pén., art. 322-15 et 131-32-1 (L. n° 2019-290, 10 avr. 2019, anc^t^ CSI, art. L. 211-13, anc^t^ L. n° 95-73, 21 janv. 1995, art. 18)). Inscription de l'interdiction au FPR (C. pr. pén., art. 230-19 17° ; L. n° 2019-290, 10 avr. 2019, sur le FPR, v. n° 13.17B4) (sanction du non-respect de cette interdiction : C. pén., art. 434-38-1, v. n° 25.68 (L. n° 2019-290, 10 avr. 2019, anc^t^ CSI, art. L. 211-13)).

PERSONNE MORALE

PP Délit. (C. pén., art. 322-17 ; 131-38).

Cas A : 18 750 €.

Cas B : 37 500 €.

Cas C à N : 75 000 €.

PC *Idem* n° 22.61.

■ ORIENTEUR

AUTRE QUALIFICATION

- **Destruction ou détérioration grave.** Si les inscriptions, signes ou dessins ont entraîné un dommage plus important qu'un dommage léger, v. n° 22.61.
- **Destruction ou détérioration grave portant sur un bien classé, archéologique, culturel ou cultuel.** Si les inscriptions, signes ou dessins ont entraîné un dommage plus important qu'un dommage léger et ont été commis sur un bien d'intérêt culturel, historique ou destiné au culte, v. n° 22.62.
- **Enlèvement ou altération d'affiches administratives ou électorales.** V. n° 22.65.
- **Atteinte à l'intégrité du domaine public routier.** V. n° 31.58.
- **Dégradation ou dérangement d'installations ferroviaires.** V. n° 36.24.

ÉLÉMENT MATÉRIEL

- **Tentative. Punissable** (C. pén., art. 322-4).

RÉGIME PROCÉDURAL

- **Compétence juridictionnelle. Juge unique** (C. pr. pén., art. 398-1, v. n° 17.15D2).
- **Ordonnance pénale. Possible** (C. pr. pén., art. 495-II, v. n° 15.48B1 et tableau n° 17.15D2).
- **Amende forfaitaire délictuelle. Cas A : possible** depuis L. n° 2023-22, 24 janv.2023, **y compris en cas de récidive**, si l'infraction est relevée par **procès-verbal électronique** (C. pén., art. **322-1 II**, C. pr. pén., art. 495-17 s. et **D. 45-3**). Amende minorée : 150 € ; forfaitaire : 200 € ; majorée : 450 € ; C. pr. pén., art. 495-20 et 495-21 relatifs à l'exigence d'une consignation préalable à la contestation ne sont pas applicables. Sur la procédure d'amende forfaitaire délictuelle, v. n° 15.47.
- **Prélèvement des empreintes génétiques** de la personne suspectée ou condamnée (C. pr. pén., art. 706-54 et 706-55, v. n°s 13.23 et 13.25). **Sanction** du refus de prélèvement, v. n° 25.35.

RÉGIME DES PEINES

▪ **Travail d'intérêt général.** La **durée de la peine principale de travail d'intérêt général (Tig)** n'a pas été fixée par le législateur (L. n° 2002-1138, 9 sept. 2002) qui n'a pas renvoyé à C. pén., art. 131-8 qui fixe la durée du Tig prononcé en alternative à la peine d'emprisonnement. La chancellerie considère (Circ. Crim. 02-15-E8, 7 nov. 2002, NOR : JUSD0230177C, n° 6.6.11) que la durée du Tig doit être fixée par référence à C. pén., art. 131-8 (v. n° 18.28A3). Cette durée est en tout cas celle applicable lorsque le Tig est prononcé en peine alternative à l'emprisonnement sur le fondement de C. pén., art. 131-8.

▪ ÉLÉMENTS CONSTITUTIFS – QUALIFICATION

✧ Pour avoir à .... [¤ lieu], le .... [¤ date], sans autorisation préalable, tracé des inscriptions, signes ou dessins n'ayant entraîné qu'un dommage léger au préjudice de .... [¤ nom de la victime], lesdites dégradations ayant été commises [⇨A à N :]

A. sur une **façade**, un **véhicule**, une **voie publique** ou un **mobilier urbain**, en l'espèce [• énumération des biens détériorés] (C. pén., art. 322-1 II) (A : *N 10000.ju*) ;

B. sur un **registre**, une **minute** ou un **acte original** de l'autorité publique (C. pén., art. 322-2, 2°) (B : *N #.ju*) ;

C. en **réunion** (C. pén., art. 322-3, 1°) (C : *N 20778.ju*) ;

D. au préjudice d'une personne qu'il savait particulièrement **vulnérable** en raison de son état physique ou psychique (C. pén., art. 322-3 2°) (D : *N #.ju*) ;

E. au préjudice d'un **magistrat** ou d'un **juré** en vue d'influencer son comportement dans l'exercice de ses fonctions ou de sa mission (C. pén., art. 322-3 3°) (E : *N #.ju*) ;

F. au préjudice d'un **avocat** ou d'un officier public ou ministériel, en vue d'influencer son comportement dans l'exercice de ses fonctions ou de sa mission (C. pén., art. 322-3 3°) (F : *N #.ju*) ;

G. au préjudice d'un militaire de la **gendarmerie**, d'un fonctionnaire de la **police** nationale, des **douanes** ou de l'administration **pénitentiaire**, ou de toute autre personne dépositaire de l'**autorité publique**, en vue d'influencer son comportement dans l'exercice de ses fonctions ou de sa mission (C. pén., art. 322-3 3°) (G : *N #.ju*) ;

H. au préjudice d'une personne chargée d'une mission de **service public**, en vue d'influencer son comportement dans l'exercice de ses fonctions ou de sa mission (C. pén., art. 322-3 3°) (H : *N #.ju*) ;

I. au préjudice du conjoint, d'un ascendant ou d'un descendant en ligne directe ou de toute autre personne vivant habituellement au domicile de [...nom et qualité d'une des personnes visées aux cas E à H], en raison des fonctions exercées par ce dernier (C. pén., art. 322-3, 3°*bis*, L. n° 2010-201, 2 mars 2010) (I : *N #.ju*) ;

J. au préjudice d'un **témoin** (J1 : *N #.ju*), d'une **victime** (J2 : *N #.ju*), ou d'une **partie civile** (J3 : *N #.ju*), soit pour l'empêcher de dénoncer le fait, de porter plainte ou de déposer en justice, soit en raison de sa dénonciation, de sa plainte ou de sa déposition (C. pén., art. 322-3 4°) ;

K. dans un lieu d'habitation ou destiné à l'entrepôt de fonds, valeurs, marchandises ou matériels, en pénétrant dans les lieux par **ruse** (K1 : *N #.ju*), **effraction** (K2 : *N #.ju*), **escalade** (K3 : *N #.ju*), (C. pén., art. 322-3 5°) ;

L. à l'encontre d'un lieu classifié au titre du **secret de la défense** nationale (C. pén., art. 322-3 6° ; L. n° 2009-928, 29 juill. 2009) (L : *N #.ju*) ;

M. « *par une personne* **dissimulant** *volontairement en tout ou en partie son* **visage** *afin de ne pas être identifiée* » (C. pén., art. 322-3 7° ; L. n° 2010-201, 2 mars 2010) (M : *N 27561.ju*) ;

N. sur un bien destiné à l'**utilité** ou à la **décoration publique** et appartenant à une personne publique ou chargée d'une mission de service public (C. pén., art. 322-3, 8°) (N : *N 12310.ju*).

Faits prévus et réprimés par les articles : **PERSONNES PHYSIQUES.** 322-1 II + article [• du cas sélectionné] + 322-4 et 322-15 du code pénal. **PERSONNES MORALES.** 322-1 II + article [• du cas sélectionné] + 322-4 et 322-17 du code pénal. ✧

22.64 Destruction ou détérioration légère

■ **PEINES**

PERSONNE PHYSIQUE

PP Contrav. 5e cl. 1 500 € (C. pén., art. R. 635-1 ; 131-13).

PC 1. Suspension, ⩽ 3 ans, du PC (C. pén., art. R. 635-1 1°) ;

2. Interdiction, ⩽ 3 ans, de détention ou de port d'arme soumise à autorisation (C. pén., art. R. 635-1 2°) ;

3. Confiscation d'une ou plusieurs arme(s) (C. pén., art. R. 635-1 3°) ;

4. Retrait, ⩽ 3 ans, du permis de chasser (C. pén., art. R. 635-1 4°) ;

5. Confiscation (réelle ou en valeur) chose ayant servi à l'infraction ou destinée à la commettre ou son produit (obligatoire pour objets qualifiés dangereux ou nuisibles par loi ou règlement ou dont la détention est illicite) (C. pén., art. R. 635-1 5° et 131-21) ;

6. Tig 20 à 120 h (C. pén., art. R. 635-1 6°).

PERSONNE MORALE

PP Contrav. 5e cl. 7 500 € (C. pén., art. R. 635-1 ; 131-41).

PC Confiscation (réelle ou en valeur) chose ayant servi à l'infraction ou destinée à la commettre ou son produit (obligatoire pour objets qualifiés dangereux ou nuisibles par loi ou règlement ou dont la détention est illicite) (C. pén., art. R. 635-1 et 131-21).

■ **ORIENTEUR**

AUTRE QUALIFICATION

- **Destruction ou détérioration grave.** V. n° 22.61.
- **Inscription, signe ou dessin ayant entraîné un dommage léger (TAG).** V. n° 22.63.
- **Enlèvement ou altération d'affiches administratives ou électorales.** V. n° 22.65.

ÉLÉMENT MATÉRIEL

- **Complicité. Punissable par aide ou assistance** (C. pén., art. R. 635-1).

RÉGIME PROCÉDURAL

- **Agents de constatation de l'infraction.** Les agents de police municipale, les gardes champêtres, les agents de surveillance de Paris ainsi que les agents de la ville de Paris chargés d'un service de police sont compétents pour constater par procès-verbal cette contravention lorsqu'elle est commise sur le territoire communal ou sur le territoire d'assermentation et qu'elle ne nécessite pas de leur part d'actes d'enquête (C. pr. pén., art. R. 15-33-29-3).
- **Inscription au fichier TAJ.** Contravention donnant lieu à inscription de la personne au fichier de traitement des antécédents judiciaires (TAJ), C. pr. pén., art. R. 40-25, v. n° 13.12B.

■ **ÉLÉMENTS CONSTITUTIFS – QUALIFICATION**

✧ Pour avoir à .... [¤ lieu], le .... [¤ date], volontairement détruit, dégradé ou détérioré .... [¤ énumération des biens détériorés] au préjudice de .... [¤ nom de la victime], lesdits faits n'ayant causé qu'un dommage léger.
Faits prévus et réprimés par l'article R. 635-1 du code pénal (*N 7905.c5*). ✧

22.65 Enlèvement ou altération d'affiches administratives ou électorales

■ **PEINES**

PERSONNE PHYSIQUE

PP Cas A et B : Contrav. 3e cl. 450 € (L. 29 juill. 1881, art. 17 ; C. pén., art. 131-13).

Cas A1 et B1 : Contrav. 4e cl. 750 € (L. 29 juill. 1881, art. 17 ; C. pén., art. 131-13).

PC Néant.

PERSONNE MORALE

PP Cas A et B : Contrav. 3e cl. 2 250 € (L. 29 juill. 1881, art. 17 ; C. pén., art. 131-41).

Cas A1 et B1 : Contrav. 4e cl. 3 750 € (L. 29 juill. 1881, art. 17 ; C. pén., art. 131-41).

PC Néant.

■ **ORIENTEUR**

AUTRE QUALIFICATION

▪ **Inscription, signe ou dessin ayant entraîné un dommage léger (TAG).** V. n° 22.63.

▪ **Destruction ou détérioration légère.** V. n° 22.64.

ÉLÉMENT LÉGAL

▪ **Fait justificatif.** Cas B : il n'y a pas d'infraction si les faits sont commis par le propriétaire des lieux où sont apposées les affiches électorales. Il n'y a pas non plus d'infraction si les faits sont commis par un fonctionnaire ou un agent de l'autorité publique sur des affiches électorales de simples particuliers apposées sur des panneaux réservés à l'administration (L. 29 juill. 1881, art. 17).

TEXTE DE RÉFÉRENCE

▪ **Panneaux d'affichage administratif.** Dans chaque commune, le maire désigne par arrêté les lieux réservés à l'affichage des lois et autres actes de l'autorité publique. Il est interdit d'y placarder des affiches particulières (L. 29 juill. 1881, art. 15).

RÉGIME PROCÉDURAL

▪ **Prescription de l'action publique. Courte prescription.** Cette infraction est incriminée par la loi du 29 juill. 1881 sur la liberté de la presse. À ce titre, elle obéit au régime de la courte prescription de 3 mois prévue à l'article 65 qui s'applique à toutes les contraventions prévues par cette loi. Ne sont interruptives de prescription que les réquisitions aux fins d'enquête (L. 29 juill. 1881, art. 65).

■ **ÉLÉMENTS CONSTITUTIFS – QUALIFICATION**

✧ Pour avoir à .... [¤ lieu], le .... [¤ date], [⇨A ou 2 :]
A. enlevé, déchiré, recouvert ou altéré par un procédé quelconque, de manière à les travestir ou à les rendre illisibles, des affiches apposées par l'administration dans les emplacements réservés (A : *N 6414.c3*) ;
A1. [• préciser le cas échéant dans le cas A], avec cette circonstance que les faits ont été commis par un fonctionnaire ou agent de l'autorité publique (A1 : *N 664.c4*).
B. enlevé, déchiré, recouvert ou altéré par un procédé quelconque, de manière à les travestir ou à les rendre illisibles, des affiches électorales émanant de simples particuliers (B : *N 6415.c3*) ;
B1. [• préciser le cas échéant dans le cas B] avec cette circonstance que les faits ont été commis par un fonctionnaire ou agent de l'autorité publique (B1 : *N 665.c4*).
Faits prévus et réprimés par l'article 17 de la loi du 29 juill. 1881 sur la liberté de la presse. ✧

22.66 Destruction involontaire – Par explosion ou incendie

■ **PEINES**

PERSONNE PHYSIQUE

PP Délit. Cas A : 1 an d'emprisonnement, 15 000 €. Cas B : 2 ans, 30 000 €. Cas C : 3 ans, 45 000 €. Cas D et E : 5 ans, 75 000 €. Cas F : 7 ans, 100 000 € (C. pén., art. 322-5).

PC *Idem* n° 22.61, **PC** n°s 1 à 4.

PERSONNE MORALE

PP Délit. Cas A : 75 000 €. Cas B : 150 000 €. Cas C : 225 000 €. Cas D : 375 000 €. Cas E : 500 000 € (C. pén., art. 322-17 ; 131-38).

PC *Idem* n° 22.61.

■ **ORIENTEUR**

AUTRE QUALIFICATION

▪ **Obligations de débroussaillement. Prévention des incendies de forêt.** Les articles L. 134-5 s. et R. 163-3, du code forestier définissent les obligations de débroussaillage et les sanctions applicables en fonction de la nature du terrain (terrain situé dans une zone soumise à un plan de prévention des risques naturels (*N 25107.c4,* contrav. 4e cl.) abords de construction, chantier ou installation (*N 25102.c4,* contrav. 4e cl.), terrain situé dans une zone urbaine délimitée par un POS ou PLU (*N 25103.c4,* contrav. 4e cl.), terrain compris dans une opération d'aménagement foncier (*N 25105.c5,* contrav. 5e cl.), terrain de camping (*N 25106.c5,* contrav. 5e cl.). Les obligations de débroussaillement peuvent donner lieu à une mise en demeure (C. for., art. L. 135-2), à peine de sanctions correctionnelles s'il n'y est pas donné suite (C. for., art. L. 163-5). Le tribunal correctionnel peut ajourner le prononcer de la peine et l'assortir d'une injonction de procéder au débroussaillement sous astreinte (C. for., art. L. 163-5).

▪ **Feux irréguliers. Prohibition des feux à moins de 200 m des forêts, bois, maquis.** C. for., art. L. 131-1 : il est défendu à toutes les personnes autres que les propriétaires de terrains boisés ou non, ou autres que les ayants droit de ces propriétaires, de porter ou d'allumer du feu sur ces terrains et jusqu'à une distance de 200 mètres des bois, forêts, plantations, reboisements, ainsi que des landes, maquis et garrigues ne relevant pas du régime forestier. Cette prescription est réprimée par C. for., art. R. 163-2 (*N* ***7930.c4***, contrav. 4e cl.).

ÉLÉMENT LÉGAL

▪ **Application de la loi pénale dans le temps. Cas B à E.** Incrimination et aggravations créées par la loi n° 2004-204, 9 mars 2004, art. 31.

▪ **Obligation de sécurité ou de prudence. Incendie de forêt.** Le fait de causer involontairement l'incendie des bois et forêts appartenant à autrui par des feux allumés à moins de 200 mètres, des feux ou lumières portés ou laissés sans précautions suffisantes, ou par des pièces d'artifice allumées ou tirées par ou par tout engin ou appareil générant des matières inflammables ou de fortes chaleurs est réprimé par les dispositions du C. pén., incriminant les destructions involontaires par incendie (C. for., art. L. 163-4). Ces dispositions du C. for. constituent donc des obligations particulières de prudence ou de sécurité prévues par la loi au sens des incriminations du C. pén.

▪ **Manquement délibéré. Incendie de forêt.** Le fait pour la personne qui vient de causer un incendie de bois ou forêt d'autrui dans les conditions ci-dessus (V. Orienteur/Élément légal/obligation de sécurité ou de prudence), de ne pas intervenir aussitôt pour arrêter le sinistre et, si son action était insuffisante, de ne pas avertir immédiatement une autorité administrative ou de police, donne lieu à l'application des dispositions relatives au manquement délibéré (v. n° **22.67**) (C. for., art. L. 163-4, *N* ***3563.ju***). Ces prescriptions faisaient auparavant l'objet d'une incrimination autonome par le C. for. (1 an, 7 500 €, art. L. 322-9).

ÉLÉMENT MATÉRIEL

▪ **Médecine légale. • Notion de mort et d'incapacité de travail.** Sur ces notions en médecine légale, v. nos **14.3** (mort) et **14.2C** (ITT).

RÉGIME PROCÉDURAL

▪ **Prélèvement des empreintes génétiques** de la personne suspectée ou condamnée (C. pr. pén., art. 706-54 et 706-55, v. nos **13.23** et **13.25**). **Sanction** du refus de prélèvement, v. n° **25.35**.

▪ **Compétence juridictionnelle. Juge unique** sauf cas **F** (peine encourue > 5 ans) (C. pr. pén., art. 398-1 1°, v. n° **17.15D2**).

▪ **Ordonnance pénale. Possible** sauf cas **F** (peine encourue > 5 ans) (C. pr. pén., art. 495-II, v. n° **15.48B1** et tableau n° **17.15D2**).

POLITIQUE PUBLIQUE

▪ **Politique pénale. Incendie de forêt. La circulaire** Crim-AP, n° 11-1600-B9, 20 juin 2011, rappelant l'actualité des précédentes circulaires du 1er juin 2007 et du 2 juillet 2008, recommande la poursuite, voire l'amplification, des mesures de contrôle préventif effectuées en application de C. pr. pén., art. 78-2 (réquisitions de contrôle d'identité) et 78-2-4 (réquisitions de contrôle de véhicules), ainsi que la participation active des parquets à l'élaboration de plans locaux de protection contre les incendies, notamment en y faisant inclure un volet judiciaire. Elle souligne que la participation de l'autorité judiciaire à la politique de débroussaillement peut également se traduire par l'affectation de condamnés à des peines de Tig spécifiques ou par l'organisation de chantiers extérieurs, avec la mobilisation et l'association des magistrats en charge de l'application des peines et des collectivités territoriales.

▪ **Défense des forêts contre l'incendie. Plan départemental.** Les **départements** peuvent financer ou mettre en œuvre des **actions d'aménagement, d'équipement et de surveillance** des forêts afin, d'une part, de prévenir les incendies et, le cas échéant, de faciliter les opérations de lutte et, d'autre part, de reconstituer les forêts (CGCT, art. L. 3232-5, L. n° 2016-340, 22 mars 2016). L'autorité administrative compétente de l'**État** élabore un **plan départemental ou interdépartemental de protection des forêts contre les incendies**. Ce plan peut prévoir des dispositions relatives à l'aménagement de l'espace rural ayant pour finalité la protection des bois et forêts. Dans l'intérêt de la sécurité des personnes, des biens, des activités économiques et sociales et des milieux naturels, le plan a pour objectifs la diminution du nombre de départs de feux de forêts et la réduction des surfaces brûlées ainsi que la prévention des risques d'incendies et la limitation de leurs conséquences (C. for., art. L. 133-2).

MESURE CIVILE

▪ **Indemnisation par la Civi. • Véhicule incendié.** Sous conditions de ressources, le propriétaire du véhicule peut obtenir une indemnisation pour la perte par incendie de son véhicule, si ce dernier était en règle au regard de la carte grise, du contrôle technique et de l'assurance (C. pr. pén., art. 706-14-1, issu L. n° 2008-644, 1er juill. 2008), v. n° 16.19.

▪ **Frais d'intervention des secours.** Il résulte de C. pén., art. 2-7 et CGCT, art. L. 1424-42 « *que les services départementaux d'incendie et de secours ne sont recevables à se constituer partie civile devant la juridiction de jugement en vue d'obtenir le remboursement des frais qu'ils ont exposés pour lutter contre un incendie que lorsque celui-ci est volontaire* » (Crim. 14 janv. 2020, n° 19-80.186, P).

▪ **Autorité de la chose jugée au pénal sur le civil. • Engagement de la responsabilité sur un autre fondement après relaxe.** La relaxe intervenue du chef de l'infraction d'incendie involontaire, laquelle résulte nécessairement, selon ses éléments constitutifs, d'un « *manquement à une obligation de sécurité ou de prudence imposée par la loi ou le règlement* », ne fait pas obstacle à l'engagement de la responsabilité pour « *toute autre faute résultant d'une maladresse, imprudence, inattention ou négligence* » (2e Civ., 7 mai 2003, n° 01-13.790, P n° 140).

▪ ÉLÉMENTS CONSTITUTIFS – QUALIFICATION

✧ Pour avoir à .... [¤ lieu], le .... [¤ date], par l'effet d'une explosion ou d'un incendie provoqué par un manquement à une obligation de prudence ou de sécurité imposée par la loi ou le règlement, involontairement [⇨1 ou 2 puis A ou B, puis le cas échéant C à F dans le **cas** B :]

1. détruit ...

2. dégradé ou détérioré...

[⇨A ou B, puis le cas échéant C à F dans le **cas** B :]

A. .... [¤ énumération des biens détériorés] au préjudice de .... [¤ nom de la victime] (1A : *N 11577.ju* ; 2A : *N 11578.ju*) ;

B. des bois, forêts, landes, maquis, plantations ou reboisement au préjudice de .... [¤ nom de la victime] (1B : *N 25232.ju* ; 2B : *N 25233.ju*) (incrimination et aggravations créées par L. n° 2004-204, 9 mars 2004, art. 31) ; [• préciser le cas échéant], avec cette circonstance que cet incendie [⇨C à F :]...

C. ...est intervenu dans des conditions de nature à exposer les personnes à un dommage corporel (1BC : *N 25236.ju* ; 2BC : *N 25238.ju*) ;

D. ...est intervenu dans des conditions de nature à créer un dommage irréversible à l'environnement (1BD : *N 25237.ju* ; 2BD : *N 25239.ju*) ;

E. ...a provoqué sur la personne de .... [¤ nom de la victime] une incapacité totale de travail pendant au moins huit jours (1BE : *N 25252.ju* ; 2BE : *N 25255.ju*) ;

F. ...a provoqué la mort de .... [¤ nom de la victime] (1BF : *N 25259.co* ; 2BF : *N 25260.co*).

Faits prévus et réprimés par les articles : **PERSONNES PHYSIQUES.** 322-5, 322-15 du code pénal. **PERSONNES MORALES.** 322-5, 322-17 du code pénal. ✧

22.67 Destruction involontaire – Par explosion ou incendie et manquement délibéré

▪ PEINES

PERSONNE PHYSIQUE

PP Délit. Cas A : 2 ans d'emprisonnement, 30 000 €. Cas B : 3 ans, 45 000 €. Cas C et D : 5 ans, 100 000 €. Cas E : 7 ans, 100 000 €. Cas F : 10 ans, 150 000 € (C. pén., art. 322-5).

PC *Idem* n° 22.61, PC n° 1 à 4.

PERSONNE MORALE

PP Délit. Cas A : 150 000 €. Cas B : 225 000 €. Cas C et D : 500 000 €. Cas E : 750 000 € (C. pén., art. 322-17 ; 131-38).

PC *Idem* n° 22.61.

■ ORIENTEUR

AUTRE QUALIFICATION

- **Obligations de débroussaillage. Prévention des incendies de forêt.** V. n° 22.66.
- **Feux irréguliers. Prohibition des feux à moins de 200 m des forêts, bois, maquis.** V. n° 22.66.

ÉLÉMENT LÉGAL

- **Application de la loi pénale dans le temps. Cas B à E.** Incrimination et aggravations créées par la loi n° 2004-204, 9 mars 2004, art. 31.
- **Obligation de sécurité ou de prudence. Incendie de forêt.** V. n° 22.66.
- **Manquement délibéré. Incendie de forêt.** V. n° 22.66.

RÉGIME PROCÉDURAL

- **Prélèvement des empreintes génétiques.** *Idem* n° 22.66.
- **Compétence juridictionnelle. Juge unique** sauf cas E et F (peine encourue > 5 ans) (C. pr. pén., art. 398-1 1°, v. n° 17.15D2).
- **Ordonnance pénale. Possible** sauf cas E et F (peine encourue > 5 ans) (C. pr. pén., art. 495-II, v. n° 15.48B1 et tableau n° 17.15D2).

POLITIQUE PUBLIQUE

- **Politique pénale. Incendie de forêt.** V. n° 22.66.
- **Défense des forêts contre l'incendie. Plan départemental.** V. n° 22.66.

MESURE CIVILE

- **Indemnisation par la Civi. Véhicule incendié.** *Idem* n° 22.66.
- **Frais d'intervention des secours.** *Idem* n° 22.66.

■ ÉLÉMENTS CONSTITUTIFS – QUALIFICATION

✧ Pour avoir à .... [¤ lieu], le .... [¤ date], par l'effet d'une explosion ou d'un incendie provoqué par la violation manifestement délibérée d'une obligation de prudence ou de sécurité imposée par la loi ou le règlement, involontairement [⇨1 ou 2 puis A à B puis le cas échéant C à F dans le cas B :]

1. détruit...
2. dégradé ou détérioré...

[⇨puis A à B puis le cas échéant C à F dans le cas B :]

A. .... [¤ énumération des biens détériorés] au préjudice de .... [¤ nom de la victime] (1A : *N 11579.ju* ; 2A : *N 11580.ju*) ;

B. des bois, forêts, landes, maquis, plantations ou reboisement au préjudice de .... [¤ nom de la victime] (1B : *N 25234.ju* ; 2B : *N 25235.ju*) [• préciser le cas échéant], avec cette circonstance que cet incendie [⇨C à E :]...

C. ...est intervenu dans des conditions de nature à exposer les personnes à un dommage corporel (1BC : *N 25242.ju* ; 2BC : *N 25249.ju*) ;

D. ...est intervenu dans des conditions de nature à créer un dommage irréversible à l'environnement (1BD : *N 25247.ju* ; 2BD : *N 25250.ju*) ;

E. ...a provoqué sur la personne de .... [¤ nom de la victime] une incapacité de travail pendant huit jours au plus (1BE : *N 25257.co* ; 2BE : *N 25258.co*) ;

F. ...a provoqué sur la personne de .... [¤ nom de la victime] une incapacité de travail pendant huit jours au plus (1BF : *N 25261.co* ; 2BF : *N 25262.co*) ;

Faits prévus et réprimés par les articles : **PERSONNES PHYSIQUES.** 322-5, 322-15 du code pénal. **PERSONNES MORALES.** 322-5, 322-17 du code pénal. ✧

22.68 Destruction volontaire – Par incendie

■ PEINES

PERSONNE PHYSIQUE

PP Délit. Cas A : 10 ans d'emprisonnement, 150 000 €. Crime. Cas B et C : 15 ans de réclusion, 150 000 € (C. pén., art. 322-6).

PC 1. *Idem* n° 22.61, PC n°s 1 à 6, mais interdiction professionnelle ou sociale (PC n° 2) définitive ou provisoire.

2. Suivi socio-judiciaire [L. n° 2005-1549, 12 déc. 2005] **cas** A : ⩽ 10 ans, ou ⩽ 20 ans sur motivation spéciale ; **cas** B et C : ⩽ 20 ans (C. pén., art. 131-36-1 et 322-18) ; avec injonction de soins si l'expertise médicale conclut au traitement (C. pén., art. 131-36-4). La juridiction fixe la peine encourue (cas A : ⩽ 3 ans. Cas B et C : ⩽ 7 ans) en cas d'inobservation (C. pén., art. 131-36-1) (v. n° 18.31).

3. Interdiction obligatoire ⩽ 5 ans, de détention ou port d'arme soumise à autorisation (L. n° 2012-304, 6 mars 2012, auparavant interdiction facultative) (C. pén., art. 322-15 II) ;

4. Auteur étranger : interdiction du territoire français, définitive ou ⩽ 10 ans (C. pén., art. 322-16, 131-30 à 131-30-2, depuis L. n° 2018-778, 10 sept. 2018) ;

5. Interdiction, ⩽ 3 ans, de participer à des manifestations sur la voie publique aux lieux fixés par la juridiction si les faits ont été commis lors du déroulement de manifestations sur la voie publique (C. pén., art. 322-15 et 131-32-1 (L. n° 2019-290, 10 avr. 2019, anc^t CSI, art. L. 211-13, anc^t L. n° 95-73, 21 janv. 1995, art. 18)). Inscription de l'interdiction au FPR (C. pr. pén., art. 230-19 17° ; L. n° 2019-290, 10 avr. 2019, sur le FPR, v. n° 13.17B4) (sanction du non-respect de cette interdiction : C. pén., art. 434-38-1, v. n° 25.68 (L. n° 2019-290, 10 avr. 2019, anc^t CSI, art. L. 211-13)) ;

6. Auteur étranger : interdiction du territoire français ⩽ 3 ans si les faits sont commis lors de manifestations sur la voie publique par un auteur étranger (CSI, art. L. 211-14 (anc^t, L. n° 95-73, 21 janv. 1995, art. 18) ; C. pén., art. 131-30 à 131-30-2).

PERSONNE MORALE

PP Crime ou Délit. 750 000 € (C. pén., art. 322-17 ; art. 131-38).

PC Interdiction (sans limitation de durée) une ou plusieurs activités professionnelles ou sociales en relation avec l'infraction (C. pén., art. 322-17 et 131-39, 2°).

▪ ORIENTEUR

AUTRE QUALIFICATION

▪ **Destruction ou détérioration grave.** V. n° 22.61.

▪ **Destruction volontaire aggravée – Par incendie ou moyen dangereux.** V. n° 22.69.

▪ **Destruction volontaire aggravée – Par incendie ou moyen dangereux – Bois, forêt, lande, maquis, plantation.** V. n° 22.70.

▪ **Diffusion de procédé de fabrication d'engins de destruction.** V. n° 26.37 ;

▪ **Détention ou transport de substance ou produit incendiaire ou explosif.** V. n° 26.38.

ÉLÉMENT LÉGAL

▪ **Application de la loi pénale dans le temps.** Cas B et C. Aggravations créées par L. n° 2004-204, 9 mars 2004, art. 32-I.

ÉLÉMENT MATÉRIEL

▪ **Tentative. Punissable** (C. pén., art. 322-11).

RÉGIME PROCÉDURAL

▪ **Prélèvement des empreintes génétiques** de la personne suspectée ou condamnée (C. pr. pén., art. 706-54 et 706-55, v. n°s 13.23 et 13.25). **Sanction** du refus de prélèvement, v. n° 25.35.

▪ **Alimentation du Redex.** Centralisation des examens de personnalité au fichier Redex à tous les stades de la procédure (C. pr. pén., art. 706-56-2) (v. n° 13.41).

▪ **Procédure d'assises. • Compétence de la cour criminelle départementale. Cas** B et C : sauf si l'auteur est en récidive ou si l'un des accusés est poursuivi pour un crime ne relevant pas de sa compétence, les faits commis par un majeur relèvent en premier ressort de la cour criminelle départementale à compter du 1er janv. 2023, selon les précisions apportées au n° 17.15A (C. pr. pén., art. 380-16, issu L. n° 2021-1729, 22 déc. 2021).

POLITIQUE PUBLIQUE

▪ **Politique pénale.** La **circulaire** Crim-AP, n° 11-1600-B9, 20 juin 2011, rappelant l'actualité des précédentes circulaires du 1er juin 2007 et du 2 juillet 2008, recommande, s'agissant des incendies de forêts volontaires, la constitution, dans les ressorts des parquets les plus exposés au phénomène des incendies de forêts, d'équipes mobilisables 24 h/24, composées d'un officier de sapeur-pompier, d'un agent de l'Office national des forêts, et d'un OPJ, se transportant rapidement sur les lieux afin de préserver et de baliser les points de départ d'incendies et de permettre aussi aux techniciens en investigations criminelles et aux experts de procéder à des constatations précises. La circulaire recommande également la poursuite sous la plus haute qualification pénale des auteurs identifiés, de privilégier les procédures rapides avec des réquisitions empreintes d'une particulière fermeté, et de requérir, pour les infractions de C. pén., art. 322-6 à 322-11, le suivi socio-judiciaire chaque fois que cela est justifié eu égard à la personnalité de l'auteur des faits.

MESURE CIVILE

▪ **Constitution de partie civile.** En cas d'incendie volontaire commis dans les bois, forêts, landes, maquis, garrigues, plantations ou reboisements, les **personnes morales de droit public** peuvent se constituer partie civile devant la juridiction de jugement en vue d'obtenir le **remboursement**, par le condamné, **des frais** qu'elles ont exposés **pour lutter contre l'incendie** (C. pr. pén., art. 2-7).

▪ **Indemnisation en cas d'incendie du véhicule.** Sous conditions de ressources, le propriétaire du véhicule peut obtenir une **indemnisation pour la perte par incendie de son véhicule**, si ce dernier était en règle au regard de la carte grise, du contrôle technique et de l'assurance (C. pr. pén., art. 706-14-1, issu L. n° 2008-644, 1er juill. 2008), v. n° 16.19.

▪ ÉLÉMENTS CONSTITUTIFS – QUALIFICATION

✧ Pour avoir à .... [¤ lieu], le .... [¤ date], par l'effet d'une substance explosive, d'un incendie ou de tout autre moyen de nature à créer un danger pour les personnes volontairement [⇨1 ou 2 puis A à C :]
1. détruit ...[⇨ A à C :]
2. dégradé ou détérioré ...[⇨ A à C :]

A. .... [¤ énumération des biens détériorés] au préjudice de .... [¤ nom de la victime] (1A : *N 11581.co* ; 2A : *N 11582.co*) ;

B. des bois, forêts, landes, maquis plantations ou reboisements d'autrui, dans des conditions de nature à exposer les personnes à un dommage corporel (1B : *N 25263.cc* ; 2B : *N 25265.cc*) ;

C. des bois, forêts, landes, maquis plantations ou reboisements d'autrui, dans des conditions de nature à créer un dommage irréversible à l'environnement (1C : *N 25264.cc* ; 2C : *N 25266.cc*).

Faits prévus et réprimés par les articles : **PERSONNES PHYSIQUES.** 322-6, 322-11, 322-15, 322-16 et 322-18 du code pénal. **PERSONNES MORALES.** 322-6, 322-11, et 322-17 du code pénal. ✧

22.69 Destruction volontaire aggravée – Par incendie ou moyen dangereux

▪ PEINES

PERSONNE PHYSIQUE

PP Crime. Cas A : 15 ans de réclusion, 150 000 € (C. pén., art. 322-7) ;

Cas B et C : 20 ans, 150 000 € (C. pén., art. 322-8) ;

Cas D : 15 ans de réclusion, 150 000 € (C. pén., art. 132-76 et 322-6, depuis L. n° 2017-86, 27 janv. 2017, auparavant 20 ans, 150 000 €, C. pén., art. 322-8 3°). La L. n° 2017-86, 27 janv. 2017 a supprimé cette cause spécifique d'aggravation de C. pén., art. 322-8 3°). Cette circonstance est désormais une cause d'aggravation de tout crime ou délit (C. pén., art. 132-76), v. n° 18.9.

Cas E : 30 ans, 150 000 € (C. pén., art. 322-9).

Cas F : réclusion à perpétuité, 150 000 € (C. pén., art. 322-10) ;

Cas G : 20 ans, 150 000 € (C. pén., art. 322-8) (L. n° 2017-258, 28 févr. 2017) ;

PC 1. Interdiction droits civiques civils et de famille ⩽ 10 ans (vote, éligibilité, fonction juridictionnelle, expert, témoin, tuteur, curateur) (C. pén., art. 322-15 et 131-26). Sauf dispense spécialement motivée, la peine d'inéligibilité est obligatoirement prononcée (C. pén., art. 131-26-2, L. nº 2017-1339, 15 sept. 2017) ;

2. Interdiction, définitive ou ⩽ 5 ans activité professionnelle ou sociale (en relation avec l'infraction), ou fonction publique (sauf mandat électif ou syndical) *et/ou* interdiction définitive ou ⩽ 15 ans (10 ans avant L. nº 2013-1117, 6 déc. 2013) d'exercer une profession commerciale ou industrielle, de diriger, d'administrer, de gérer ou de contrôler à un titre quelconque, directement ou indirectement, pour son propre compte ou pour le compte d'autrui, une entreprise commerciale ou industrielle ou une société commerciale (C. pén., art. 322-15, 131-27 et 131-28 [mod. par L. nº 2008-776, 4 août 2008]) ;

3. Interdiction obligatoire ⩽ 5 ans, de détention ou port d'arme soumise à autorisation (L. nº 2012-304, 6 mars 2012, auparavant interdiction facultative) (C. pén., art. 312-15 II).

4. Interdiction de séjour ⩽ 10 ans (C. pén., art. 322-15, 131-31 et 131-32, C. pr. pén., art. 762-1 à 763) ;

5. Auteur étranger : interdiction du territoire français, définitive ou ⩽ 10 ans (C. pén., art. 322-15, 131-30, à 131-30-2) ;

6. Stage de citoyenneté (C. pén., art. 131-5-1 et 322-15 ; L. nº 2004-204, 9 mars 2004, art. 44-XIV) (pour les faits commis avant le 24 mars 2020 et jugés après cette date, L. nº 2019-222, 23 mars 2019, en vigueur le 24 mars 2020. Pour les faits commis à partir du 24 mars 2020, v. nouvelle réd. C. pén., art. 131-5-1 et nº 18.33) ;

7. Stage de sensibilisation aux dangers de l'usage de produits stupéfiants. La juridiction précise si le stage est exécuté aux frais du condamné (C. pén., art. 131-35-1 et 322-15 [L. nº 2007-297, 5 mars 2007]) (pour les faits commis avant le 24 mars 2020 et jugés après cette date, L. nº 2019-222, 23 mars 2019, en vigueur le 24 mars 2020. Pour les faits commis à partir du 24 mars 2020, v. nouvelle réd. C. pén., art. 131-5-1 et nº 18.33) ;

8. Suivi socio-judiciaire [L. nº 2005-1549, 12 déc. 2005] **Cas A** à **D** et **G** : ⩽ 20 ans ; **cas E** : ⩽ 30 ans ; **cas F** : à temps ou sans limitation de durée (C. pén., art. 131-36-1 et 322-18) , avec injonction de soins si l'expertise médicale conclut au traitement (C. pén., art. 131-36-4). La juridiction fixe la peine encourue (⩽ 7 ans) en cas d'inobservation (C. pén., art. 131-36-1) (v. nº 18.31) ;

9. Interdiction, ⩽ 3 ans, de participer à des manifestations sur la voie publique aux lieux fixés par la juridiction si les faits ont été commis lors du déroulement de manifestations sur la voie publique (C. pén., art. 322-15 et 131-32-1 (L. nº 2019-290, 10 avr. 2019, anc[t] CSI, art. L. 211-13, anc[t] L. nº 95-73, 21 janv. 1995, art. 18)). Inscription de l'interdiction au FPR (C. pr. pén., art. 230-19 17° ; L. nº 2019-290, 10 avr. 2019, sur le FPR, v. nº 13.17B4) (sanction du non-respect de cette interdiction : C. pén., art. 434-38-1, v. nº 25.68 (L. nº 2019-290, 10 avr. 2019, anc[t] CSI, art. L. 211-13).

PERSONNE MORALE

PP Crime. 750 000 € (C. pén., art. 322-17 ; 131-38).

PC *Idem* nº 22.68.

▪ ORIENTEUR

AUTRE QUALIFICATION

▪ Renvoi. *Idem* nº 22.68.

ÉLÉMENT LÉGAL

▪ **Définition. Bande organisée.** Cas **B** : v. nº 11.20 (C. pén., art. 132-71).

▪ **Causes d'aggravation. Aggravation résultant de la motivation raciste.** Cas **D** (v. aussi ÉLÉMENT MATÉRIEL ci-dessous). La L. nº 2017-86, 27 janv. 2017 a supprimé du texte de l'incrimination la circonstance aggravante tenant à la finalité raciste des faits. Désormais cette circonstance constitue une cause générale d'aggravation de tous les crimes ou délits, sauf exceptions (C. pén., art. 132-76 et 132-77, v. nº 18.9). La circonstance aggravante visée au **cas D**, ici conservée pour mémoire, tire désormais son fondement et ses pénalités de C. pén., art. 132-76 et 322-6.

▪ **Causes d'aggravation. Aggravation résultant de la qualité de la victime.** Cas **G**. Aggravation créée par L. nº 2017-258, 28 févr. 2017.

ÉLÉMENT MATÉRIEL

- **Médecine légale. • Notion de mort, de mutilation, d'infirmité permanente et d'incapacité totale de travail.** *Idem* n° 22.15.
- **Aggravation résultant de la motivation raciste de l'acte.** Cas D, C. pén., art. 132-76, V. n° 20.3 et 18.9.
- **Tentative. Punissable** (C. pén., art. 322-11).

RÉGIME PROCÉDURAL

- **Régime complet de la criminalité organisée** applicable au cas B (C. pr. pén., art. 706-73 5°, v. n° 11.21).
- **Prélèvement des empreintes génétiques.** *Idem* n° 22.68.
- **Alimentation du Redex.** *Idem* n° 22.68 (C. pr. pén., art. 706-56-2).
- **Procédure d'assises. • Compétence de la cour criminelle départementale.** Sauf cas E et F : *idem* n° 22.68 (C. pr. pén., art. 380-16, issu L. n° 2021-1729, 22 déc. 2021).

POLITIQUE PUBLIQUE

- **Renvoi.** *Idem* n° 22.68.

MESURE CIVILE

- **Renvoi.** *Idem* n° 22.68.

RÉGIME DES PEINES

- **Période de sûreté.** Cas B à G : si peine ferme ⩾ 10 ans → a) de plein droit = 1/2 de la peine ou 18 ans si perpétuité, ou < sur décision spéciale ; b) sur décision spéciale = à 2/3 de la peine ou 22 ans si perpétuité (C. pén., art. 132-23, al. 1 et 2). Sur la période de sûreté, v. n° 18.7C1.

■ ÉLÉMENTS CONSTITUTIFS – QUALIFICATION

✧ Pour avoir à .... [¤ lieu], le .... [¤ date], volontairement [⇨1 ou 2 puis A à G :]

1. détruit...

2. dégradé ou détérioré...

.... [¤ énumération des biens détériorés] au préjudice de .... [¤ nom de la victime], par l'effet d'une substance explosive, d'un incendie ou de tout autre moyen de nature à créer un danger pour les personnes, avec cette circonstance que les faits ont [⇨A à G :]

A. entraîné une **incapacité totale de travail** n'excédant pas huit jours sur la personne de .... [¤ nom de la victime] (C. pén., art. 322-7) (1A : *N 11583.cc* ; 2A : *N 11584.cc*) ;

B. été commis en **bande organisée** (C. pén., art. 322-8 1°) (1B : *N 11585.cc* ; 2B : *N 11586.cc*) ;

C. entraîné une **incapacité totale de travail** supérieure à huit jours sur la personne de .... [¤ nom de la victime] (C. pén., art. 322-8 2°) (1C : *N 11587.cc* ; 2C : *N 11588.cc*) ;

D. été commis à raison de l'appartenance ou de la non-appartenance, vraie ou supposée, de la victime à une ethnie ou une nation, une « *prétendue* » (L. n° 2017-86, 27 janv. 2017) race ou une religion déterminée (L. n° 2003-88, 3 févr. 2003, art. 5) (C. pén., art. 132-76 et 322-6 depuis L. n° 2017-86, 27 janv. 2017, anc[t] 322-8 3°) (1D : *N 32293.cc* ; 2D : *N 32294.cc*) ;

E. entraîné une **mutilation ou une infirmité** permanente sur la personne de .... [¤ nom de la victime] (C. pén., art. 322-9) (1e : *N 11589.cr* ; 2e : *N 11590.cr*) ;

F. entraîné la **mort** de .... [¤ nom de la victime] (C. pén., art. 322-10) (1F : *N 11591.cr* ; 2F : *N 11592.cr*) ;

G. ont été commis en raison de la qualité de [⇨G1 à G3 :]

G1. magistrat (1G1 : *N 32357.cc* ; 2G1 : *N 32358.cc*), ...

G2. militaire de la gendarmerie nationale, de fonctionnaire de la police nationale, des douanes ou de l'administration pénitentiaire ou de toute autre personne dépositaire de l'autorité publique (1G2 : *N 32355.cc* ; 2G2 : *N 32356.cc*), ...

G3. sapeur-pompier professionnel ou volontaire (1G3 : *N 32359.cc* ; 2G3 : *N 32360.cc*), ...

...de la personne propriétaire ou utilisatrice du bien (C. pén., art. 322-8 3°, L. n° 2017-258, 28 févr. 2017).

Faits prévus et réprimés par les articles : **PERSONNES PHYSIQUES.** 322-6, + article [• du cas sélectionné], 322-15, 322-16 et 322-18 du code pénal. **PERSONNES MORALES.** 322-6, + article [• du cas sélectionné], 322-17 du code pénal. ✧

22.70 Destruction volontaire aggravée – Par incendie ou moyen dangereux – Bois, forêt, lande, maquis, plantation

▪ PEINES

PERSONNE PHYSIQUE

PP Crime. Cas A : 20 ans de réclusion, 200 000 € (C. pén., art. 322-7).

Cas B et C : 30 ans, 200 000 € (art. 322-8).

Cas D : Hypothèse conservée pour mémoire, la L. n° 2017-86, 27 janv. 2017 a supprimé cette cause spécifique d'aggravation de C. pén., art. 322-8 3°) (auparavant 30 ans, 200 000 €). Cette circonstance est désormais une cause d'aggravation de tout crime ou délit (C. pén., art. 132-76), v. n° 18.9, v. Orienteur ;

Cas E : réclusion à perpétuité, 200 000 € (art. 322-9).

PC *Idem* n° 22.69.

PERSONNE MORALE

PP Crime. 1 000 000 € (C. pén., art. 322-17 ; art. 131-38).

PC 1. *Idem* n° 22.68.

2. Suivi socio-judiciaire [L. n° 2005-1549, 12 déc. 2005] cas A : ⩽ 20 ans ; cas B à D : ⩽ 30 ans ; cas E : à temps ou sans limitation de durée (C. pén., art. 131-36-1 et 322-18) ; avec injonction de soins si l'expertise médicale conclut au traitement (C. pén., art. 131-36-4). La juridiction fixe la peine encourue (⩽ 7 ans) en cas d'inobservation (C. pén., art. 131-36-1) (v. n° 18.31).

▪ ORIENTEUR

AUTRE QUALIFICATION

▪ Renvoi. *Idem* n° 22.68.

ÉLÉMENT LÉGAL

▪ **Application de la loi pénale dans le temps.** Les qualifications et aggravations propres aux incendies volontaires de bois, forêt, landes maquis sont été créées par L. n° 2004-204, 9 mars 2004, art. 32-II, 32-III et 32-IV.

▪ **Définition. Bande organisée.** Cas B : *Idem* n° 22.69.

▪ **Causes d'aggravation. Aggravation résultant de la motivation raciste.**(v. aussi ÉLÉMENT MATÉRIEL ci-dessous) : *Idem* n° 22.69.

ÉLÉMENT MATÉRIEL

▪ **Médecine légale. • Notion de mort, de mutilation, d'infirmité permanente et d'incapacité totale de travail.** *Idem* n° 22.15.

▪ **Tentative. Punissable** (C. pén., art. 322-11).

▪ **Circonstance aggravante. Aggravation résultant de la motivation raciste de l'acte** : *Idem* n° 22.69.

RÉGIME PROCÉDURAL

▪ **Prélèvement des empreintes génétiques.** *Idem* n° 22.68.

▪ **Régime complet de la criminalité organisée** applicable au cas B (C. pr. pén., art. **706-73 5°**, v. n° 11.21).

▪ **Alimentation du Redex.** *Idem* n° 22.68 (C. pr. pén., art. 706-56-2).

▪ **Procédure d'assises. • Compétence de la cour criminelle départementale.** Cas A : *idem* n° 22.68 (C. pr. pén., art. 380-16, issu L. n° 2021-1729, 22 déc. 2021).

POLITIQUE PUBLIQUE

▪ Renvoi. *Idem* n° 22.68.

MESURE CIVILE

▪ Renvoi. *Idem* n° 22.68.

RÉGIME DES PEINES

▪ **Période de sûreté.** Cas **B** à **E** : si peine ferme ⩾ 10 ans → a) de plein droit = 1/2 de la peine ou 18 ans si perpétuité, ou < sur décision spéciale ; b) sur décision spéciale = à 2/3 de la peine ou 22 ans si perpétuité (C. pén., art. 132-23, al. 1 et 2). Sur la période de sûreté, v. n^o^ **18.7C1**.

▪ ÉLÉMENTS CONSTITUTIFS – QUALIFICATION

✧ Pour avoir à .... [¤ lieu], le .... [¤ date], volontairement [⇨1 ou 2 puis A à E :]

1. détruit...

2. dégradé ou détérioré...

des **bois, forêts, landes, maquis, plantations ou reboisements** au préjudice de .... [¤ nom de la victime], par l'effet d'un incendie, avec cette circonstance que les faits [⇨A à E :]

A. ont entraîné une **incapacité totale de travail** n'excédant pas huit jours sur la personne de .... [¤ nom de la victime] (C. pén., art. 322-7) (1A : *N 25267.cc* ; 2A : *N 25268.cc*) ;

B. ont été commis en **bande organisée** (C. pén., art. 322-8 1°) (1B : *N 25269.cr* ; 2B : *N 25270.cr*) ;

C. ont entraîné une **incapacité totale de travail** supérieure à huit jours sur la personne de .... [¤ nom de la victime] (C. pén., art. 322-8 2°) (1C : *N 25271.cr* ; 2C : *N 25272.cr*) ;

D. **(circonstance spécifique abrogée et transférée au C. pén., art. 132-76 par L. n° 2017-86, 27 janv. 2017, conservée pour mémoire)** ~~ont été commis à raison de l'appartenance ou de la non-appartenance, vraie ou supposée, de la personne propriétaire ou utilisatrice du bien à une [⇨D1 à D3 :]~~

~~D1. **ethnie** ou une **nation** (1D1 : *N 25275.cr* ; 2D1 : *N 25276.cr*)...~~

~~D2. **race** (1D2 : *N 25273.cr* ; 2D2 : *N 25274.cr*)...~~

~~D3. **religion** (1D3 : *N 25277.cr* ; 2D3 : *N 25278.cr*)...~~

~~... déterminée (C. pén., art. 322-8 3°) ;~~

E. ont entraîné une **mutilation ou une infirmité** permanente sur la personne de .... [¤ nom de la victime] (C. pén., art. 322-9) (1e : *N 25279.cr* ; 2e : *N 25280.cr*) ;

Faits prévus et réprimés par les articles : **PERSONNES PHYSIQUES.** 322-6, + article [• du cas sélectionné], 322-15, 322-16 et 322-18 du code pénal. **PERSONNES MORALES.** 322-6, + article [• du cas sélectionné], 322-17 du code pénal. ✧

23. Les atteintes à l'égalité. Les atteintes à l'ordre et à la probité publics

23.1 Discrimination – Normes générales et civiles

A. Les normes internationales

1. La Convention européenne de sauvegarde des droits de l'Homme et des libertés fondamentales, 4 nov. 1950

• Art. 14 : « *La jouissance des droits et libertés*[1] *reconnus dans la présente convention doit être assurée, sans distinction aucune, fondée notamment sur le sexe, la race, la couleur, la langue, la religion, les opinions politiques ou toutes autres opinions, l'origine nationale ou sociale, l'appartenance à une minorité nationale, la fortune, la naissance ou toute autre situation.* »

• Protocole n° 7, 22 nov. 1984 (depuis intégré dans le protocole n° 11, 11 mai 1994) : art. 5. Égalité entre époux. « *Les époux jouissent de l'égalité des droits et de responsabilités de caractère civil entre eux et dans leurs relations avec leurs enfants au regard du mariage, durant le mariage et lors de sa dissolution. Le présent article n'empêche pas les États de prendre les mesures nécessaires dans l'intérêt des enfants.* »

2. Le Pacte international relatif aux droits civils et politiques, 19 déc. 1966

• Art. 3. « *Les États parties au présent Pacte s'engagent à assurer le droit égal des hommes et des femmes de jouir de tous les droits civils et politiques énoncés dans le présent Pacte.* »

• Art. 14 1. « *Tous sont égaux devant les tribunaux et les cours de justice.* »

• Art. 26. « *Toutes les personnes sont égales devant la loi et ont droit sans discrimination à une égale protection de la loi. À cet égard, la loi doit interdire toute discrimination et garantir à toutes les personnes une protection égale et efficace contre toute discrimination, notamment de race, de couleur, de sexe, de langue, de religion, d'opinion politique et de toute autre opinion, d'origine nationale ou sociale, de fortune, de naissance ou de toute autre situation.* »

3. Le traité de Rome du 25 mars 1957

• Art. 48. « *La libre circulation des travailleurs [...] à l'intérieur de la communauté [...] implique l'abolition de toute discrimination, fondée sur la nationalité, entre les travailleurs des États membres, en ce qui concerne l'emploi, la rémunération et les autres conditions de travail [...] les dispositions du présent article ne sont pas applicables aux emplois dans l'administration publique.* »

• Règlement CEE du 15 octobre 1968 :

Art. 6. « *L'embauchage et le recrutement d'un ressortissant d'un État membre pour un emploi dans un autre État membre ne peuvent dépendre de critères médicaux, professionnels ou autres, discriminatoires en raison de la nationalité.* »

Art. 7. « *Le travailleur ressortissant d'un État membre ne peut, sur le territoire des autres États membres, être, en raison de sa nationalité, traité différemment des travailleurs nationaux, pour toutes conditions d'emploi et de travail, notamment en matière de rémunération, de licenciement, et de réintégration professionnelle ou de réemploi s'il est tombé en chômage.* »

B. Les normes internes

1. La Déclaration des droits de l'Homme et du citoyen du 26 août 1789

• Art. 1. « *Les hommes naissent et demeurent libres et égaux en droit.* »

1. Droit à la vie (art. 2), interdiction traitements inhumains ou dégradants (art. 3), esclavage et servitude (art. 4), droit à la liberté et sûreté (art. 5), procès équitable (art. 6), non-rétroactivité des lois pénales, légalité des peines (art. 7), vie privée et familiale (art. 8), liberté de pensée, conscience et religion (art. 9), liberté d'expression (art. 10), réunion et association (art. 11), mariage (art. 12).

• Art. 6. « *La loi [...] doit être la même pour tous [...]. Tous les citoyens étant égaux à ses yeux sont également admissibles à toutes dignités, places et emplois publics, selon leur capacité ; et sans autre distinction que celle de leurs vertus et de leurs talents.* »

2. LA CONSTITUTION DU 27 OCTOBRE 1946, PRÉAMBULE

• « *La loi garantit à la femme, dans tous les domaines, des droits égaux à ceux de l'homme.* » « *Nul ne peut être lésé, dans son travail ou son emploi, en raison de ses origines, de ses opinions ou de ses croyances.* »

3. LA CONSTITUTION DU 4 OCTOBRE 1958

• Art. 2. « *La France [...] assure l'égalité devant la loi de tous les citoyens sans distinction d'origine, de race ou de religion.* »

4. LA LOI Nº 2008-496 DU 27 MAI 2008 PORTANT ADAPTATION AU DROIT COMMUNAUTAIRE DANS LE DOMAINE DE LA LUTTE CONTRE LES DISCRIMINATIONS

Cette loi de portée générale, dont les dispositions principales s'appliquent à toutes les personnes publiques ou privées **(art. 5)**, pose les principes généraux du droit de la discrimination :

• **Définition (art. 1).** « *Constitue une discrimination directe la situation dans laquelle, sur le fondement de son appartenance ou de sa non-appartenance, vraie ou supposée, à une ethnie ou une race, sa religion, ses convictions, son âge, son handicap, son orientation sexuelle, son sexe* "ou son lieu de résidence" (L. nº 2014-173, 23 févr. 2014, art. 1), *une personne est traitée de manière moins favorable qu'une autre ne l'est, ne l'a été ou ne l'aura été dans une situation comparable.*

Constitue une discrimination indirecte une disposition, un critère ou une pratique neutre en apparence, mais susceptible d'entraîner, pour l'un des motifs mentionnés au premier alinéa, un désavantage particulier pour des personnes par rapport à d'autres personnes, à moins que cette disposition, ce critère ou cette pratique ne soit objectivement justifiée par un but légitime et que les moyens pour réaliser ce but ne soient nécessaires et appropriés.

La discrimination inclut :

1° Tout agissement lié à l'un des motifs mentionnés au premier alinéa et tout agissement à connotation sexuelle, subis par une personne et ayant pour objet ou pour effet de porter atteinte à sa dignité ou de créer un environnement hostile, dégradant, humiliant ou offensant ;

2° Le fait d'enjoindre à quiconque d'adopter un comportement prohibé par l'article 2. »

• **Différences de traitement autorisées (art. 2).** La loi précise les cas dans lesquels les différences de traitement sont prohibées ainsi que les cas dans lesquels des différences peuvent être admises lorsqu'elles sont justifiées par un but légitime et que les moyens d'y parvenir sont nécessaires et appropriés.

• **Preuve de la discrimination en matière non pénale (art. 4).** Sauf devant les juridictions pénales, où la preuve incombe au demandeur ou au parquet « *Toute personne qui s'estime victime d'une discrimination directe ou indirecte présente devant la juridiction compétente les faits qui permettent d'en présumer l'existence. Au vu de ces éléments, il appartient à la partie défenderesse de prouver que la mesure en cause est justifiée par des éléments objectifs étrangers à toute discrimination.* »

• **Protection de la victime ou du témoin (art. 3).** « *Aucune personne ayant témoigné de bonne foi d'un agissement discriminatoire ou l'ayant relaté ne peut être traitée défavorablement de ce fait. Aucune décision défavorable à une personne ne peut être fondée sur sa soumission ou son refus de se soumettre à une discrimination prohibée...* »

5. LE CODE DE PROCÉDURE PÉNALE, ARTICLE PRÉLIMINAIRE

« *Les personnes se trouvant dans des conditions semblables et poursuivies pour les mêmes infractions doivent être jugées selon les mêmes règles.* »

6. LE STATUT DES AGENTS PUBLICS

• **CGFP, art. L. 131-1** (anc[t] L. nº 83-634, 13 juillet 1983 (statut commun des fonctionnaires de l'État et des collectivités territoriales), art. 6). « *Aucune distinction, directe ou indirecte, ne peut être faite entre les agents publics en raison de leurs opinions politiques, syndicales, philosophiques ou religieuses, de leur origine, de leur orientation sexuelle, de leur âge, de leur patronyme, de leur situation de famille ou de grossesse, de leur état de santé, de leur apparence physique, de leur handicap ou de leur appartenance ou de leur non-appartenance, vraie ou supposée, à une ethnie ou une race* ». **CGFP, art. L. 131-2** (anc[t] art. 6 *bis*. « *Aucune distinction ne peut être faite entre les fonctionnaires en raison de leur sexe* ». Sur le dispositif de signalement mis en place dans l'administration, v. CGFP, art. L. 135-6, anc[t] L. nº 83-634, 13 juill. 1983, art. 6 *quater A* et D. nº 2020-256, 13 mars 2020.

• **CGFP, art. L. 131-4, L. 325-24, L. 325-31, L. 325-35** [anc[t] L. n° 84-16, 11 janv. 1984 (statut des fonctionnaires de l'État), art. 21. L. n° 84-53, 26 janv. 1984 (statut des fonctionnaires des collectivités territoriales), art. 37] : pour certains corps dont la liste est établie par décret en Conseil d'État, des recrutements distincts pour les hommes ou pour les femmes peuvent exceptionnellement être organisés, si l'appartenance à l'un ou l'autre sexe constitue une condition déterminante pour l'exercice des fonctions.

7. La législation du travail

• C. trav., art. L. 1132-1. « *Aucune personne ne peut être écartée d'une procédure de recrutement ou de l'accès à un stage ou à une période de formation en entreprise, aucun salarié ne peut être sanctionné, licencié ou faire l'objet d'une mesure discriminatoire, directe ou indirecte, "telle que définie à l'article 1er de la loi n° 2008-496 du 27 mai 2008 (v. plus haut) portant diverses dispositions d'adaptation au droit communautaire dans le domaine de la lutte contre les discriminations"* (n° 2008-496 du 27 mai 2008, art. 6) *notamment en matière de rémunération, au sens de l'article L. 3221-3, de mesures d'intéressement ou de distribution d'actions, de formation, de reclassement, d'affectation, de qualification, de classification, de promotion professionnelle, "d'horaires de travail, d'évaluation de la performance"* (L. n° 2022-401, 21 mars 2022), *de mutation ou de renouvellement de contrat en raison de son origine, de son sexe, de ses mœurs, de son orientation "ou identité"* (L. n° 2012-954, 6 août 2012) *sexuelle, de son âge, de sa situation de famille ou de sa grossesse, de ses caractéristiques génétiques, de son appartenance ou de sa non-appartenance, vraie ou supposée à une ethnie, une nation ou une race, de ses opinions politiques, de ses activités syndicales ou mutualistes, de ses convictions religieuses, de son apparence physique, de son nom de famille, "de son lieu de résidence"* (L. n° 2014-173, 23 févr. 2014), *ou en raison de son état de santé ou de son handicap, "de sa qualité de lanceur d'alerte, de facilitateur ou de personne en lien avec un lanceur d'alerte"* (L. n° 2022-401, 21 mars 2022, sur le statut du lanceur d'alerte, v. n° 16.2D) ».

« *Aucun salarié ne peut être sanctionné, licencié ou faire l'objet d'une mesure discriminatoire visée à l'alinéa précédent en raison de l'exercice normal du droit de grève* » (C. trav., art. L. 1132-2).

« *Aucun salarié ne peut être sanctionné, licencié ou faire l'objet d'une mesure discriminatoire pour avoir témoigné des agissements définis aux alinéas précédents ou pour les avoir relatés* » (C. trav., art. L. 1132-3).

« *aucune personne ne peut être écartée d'une procédure de recrutement ou de l'accès à un stage ou à une période de formation en entreprise, aucun salarié ne peut être sanctionné, licencié ou faire l'objet d'une mesure discriminatoire, directe ou indirecte .../...pour avoir relaté ou témoigné, de bonne foi, de faits constitutifs d'un délit ou d'un crime dont il aurait eu connaissance dans l'exercice de ses fonctions* » (C. trav., art. L. 1132-3-3, dispositions relatives aux « **lanceurs d'alerte** » de L. n° 2013-1117, 6 déc. 2013).

« *Lorsque survient un litige [...], le candidat à un emploi, à un stage ou à une période de formation en entreprise ou le salarié [...] présente des éléments de fait laissant supposer l'existence d'une discrimination directe ou indirecte "telle que définie à l'article 1er de la loi n° 2008-496 du 27 mai 2008* (v. plus haut) *portant diverses dispositions d'adaptation au droit communautaire dans le domaine de la lutte contre les discriminations* (n° 2008-496 du 27 mai 2008, art. 6). *Au vu de ces éléments, il incombe à la partie défenderesse de prouver que sa décision est justifiée par des éléments objectifs étrangers à toute discrimination. Le juge forme sa conviction après avoir ordonné, en cas de besoin, toutes les mesures d'instruction qu'il estime utile* » (C. trav., art. L. 1134-1, v. aussi L. 1144-1).

« *En cas de litige .../...dès lors que la personne présente des éléments de faits qui permettent de présumer qu'elle a relaté ou témoigné de bonne foi de faits constitutifs d'un délit ou d'un crime, il incombe à la partie défenderesse, au vu des éléments, de prouver que sa décision est justifiée par des éléments objectifs étrangers à la déclaration ou au témoignage de l'intéressé* » (C. trav., art. L. 1132-3-3, dispositions relatives aux « **lanceurs d'alerte** » de L. n° 2013-1117, 6 déc. 2013) (pour une application, v. Soc. 5 déc. 2018, n° 17-24.044, D ; Soc. 4 nov. 2020, n° 18-15.669, P).

« *Toute disposition ou tout acte contraire à l'égard d'un salarié est nul.* » (C. trav., art. L. 1132-4).

8. L'action en faveur de la victime par les associations de lutte contre les discriminations

Les associations régulièrement déclarées depuis au moins cinq ans et se proposant, par leurs statuts, de lutter contre les discriminations peuvent exercer les actions en justice qui naissent de la loi n° 2008-496 du 27 mai 2008 (v. ci-dessus) en faveur de la victime. L'association doit justifier avoir obtenu l'accord écrit de l'intéressé après avoir porté à sa connaissance les informations suivantes : 1° La nature et l'objet de l'action envisagée ; 2° Le fait que l'action sera conduite par l'association qui pourra exercer elle-même les voies de recours ; 3° Le fait que l'intéressé pourra, à tout moment, intervenir dans l'instance engagée par l'association ou y mettre fin (C. pr. civ., art. 1263-1, CJA, R. 779-9, D. n° 2008-496, 27 mai 2008).

9. Les autres dispositions

• **Santé.** CSP, art. L. 1110-3 : « *Aucune personne ne peut faire l'objet de discriminations dans l'accès à la prévention et aux soins* », y compris pour la délivrance de « *moyen de contraception en urgence* » (mod. issue L. n° 2022-295, 2 mars 2022).

• **Caractéristiques génétiques.** C. civ., art. 16-13 : « *Nul ne peut faire l'objet de discriminations en raison de ses caractéristiques génétiques* ».

C. assur., art. L. 1141-1 : « *Les entreprises et organismes qui proposent une garantie des risques d'invalidité ou de décès ne doivent pas tenir compte des résultats de l'examen des caractéristiques génétiques d'une personne demandant à bénéficier de cette garantie, même si ceux-ci leur sont transmis par la personne concernée ou avec son accord. En outre, ils ne peuvent poser aucune question relative aux tests génétiques et à leurs résultats, ni demander à une personne de se soumettre à des tests génétiques avant que ne soit conclu le contrat et pendant toute la durée de celui-ci.* »

• **Logement.** L. n° 89-462, 6 juill. 1989, art. 1er : « *Aucune personne ne peut se voir refuser la location d'un logement en raison de son origine, son patronyme, son apparence physique, son sexe, sa situation de famille, son état de santé, son handicap, ses mœurs, son orientation sexuelle, ses opinions politiques, ses activités syndicales ou son appartenance ou sa non-appartenance vraie ou supposée à une ethnie, une nation, une race ou une religion déterminée. En cas de litige [...], la personne s'étant vu refuser la location d'un logement présente les éléments de fait laissant supposer l'existence d'une discrimination directe ou indirecte. Au vu de ces éléments, il incombe à la partie défenderesse de prouver que sa décision est justifiée. Le juge forme sa conviction après avoir ordonné, en cas de besoin, toutes les mesures d'instruction qu'il estime utiles.* »

• **Régime des peines.** « *Selon leurs mérites et leurs aptitudes, les condamnés ont une égale vocation à bénéficier des divers avantages que comporte éventuellement le régime de l'établissement où ils subissent leur peine. Aucune discrimination ne doit être fondée à cet égard sur des considérations tenant à la race, à la langue, à la religion, à l'origine nationale, aux opinions politiques ou à la situation sociale* » (C. pr. pén., art. D. 241).

23.2 Discrimination – code pénal

■ PEINES

PERSONNE PHYSIQUE

PP Délit. 3 ans d'emprisonnement, 45 000 € (auparavant 2 ans, 30 000 € [L. n° 2004-204, 9 mars 2004, art. 41-I]). Cas H : 5 ans, 75 000 € (L. n° 2004-204, 9 mars 2004, art. 41-I ; C. pén., art. 225-2).

PC 1. Interdiction ⩽ 5 ans éligibilité, fonction juridictionnelle, expert, représentation et assistance judiciaire (C. pén., art. 225-19, 131-26 2° et 3°). Sauf dispense spécialement motivée, la peine d'inéligibilité est obligatoirement prononcée (C. pén., art. 131-26-2, L. n° 2017-1339, 15 sept. 2017), v. Orienteur/Régime des peines ;

2. Affichage, ⩽ 2 mois, *et/ou* (L. n° 2011-525, 17 mai 2011) diffusion de la décision ou d'extraits aux frais (⩽ amende encourue) du condamné (C. pén., art. 225-19 et 131-35) ;

3. Fermeture, définitive ou ⩽ 5 ans, d'un ou plusieurs établissements de l'entreprise appartenant au condamné (C. pén., art. 225-19 et 131-33) ;

4. Exclusion, définitive ou ⩽ 5 ans marchés publics (C. pén., art. 225-19 et 131-34).

5. Stage de citoyenneté (C. pén., art. 131-5-1 et 225-19 ; L. n° 2004-204, 9 mars 2004, art. 207-I) (pour les faits commis avant le 24 mars 2020 et jugés après cette date, L. n° 2019-222, 23 mars 2019, en vigueur le 24 mars 2020. Pour les faits commis à partir du 24 mars 2020, v. nouvelle réd. C. pén., art. 131-5-1 et n° 18.33).

PERSONNE MORALE

PP 150 000 € (C. pén., art. 225-4 ; 131-38).

PC 1. Interdiction, définitive ou ⩽ 5 ans, une ou plusieurs activités professionnelles ou sociales en relation avec l'infraction (C. pén., art. 225-4 et 131-39 2°) ;

2. Surveillance judiciaire ⩽ 5 ans (C. pén., art. 225-4, 131-39 3° et 131-46) ;

3. Fermeture, définitive ou ⩽ 5 ans, d'un ou plusieurs établissements en relation avec l'infraction (C. pén., art. 225-4 et 131-39 4°) ;

4. Exclusion, définitive ou ⩽ 5 ans marchés publics (C. pén., art. 225-4 et 131-39 5°) ;

5. Confiscation de la chose ayant servi à l'infraction ou destinée à la commettre, ou son produit (obligatoire pour objets qualifiés dangereux ou nuisibles par loi ou règlement ou dont la détention est illicite) (C. pén., art. 225-4, 131-39 8° et 131-21) ;

6. Affichage, ⩽ 2 mois, *et/ou* (L. n° 2011-525, 17 mai 2011) diffusion de la décision ou d'extraits aux frais (⩽ amende encourue) du condamné (C. pén., art. 225-4, 131-39 9°, 131-48 et 131-35).

■ ORIENTEUR

AUTRE QUALIFICATION

▪ **Discrimination à raison de l'état de grossesse.** Pour les salariés du secteur privé, v. n° 23.7.

▪ **Discriminations spécialement prévues au code du travail.** V. n°s 23.4 à 23.10.

▪ **Inégalités salariales hommes-femmes.** V. n° 23.8.

ÉLÉMENT LÉGAL

▪ **Application de la loi pénale dans le temps. Discrimination liée au harcèlement sexuel** (cas 17 et 18) : « *l'élément constitutif de l'infraction consiste dans le comportement discriminatoire.../...et non dans les actes de harcèlement eux-mêmes qui, pour ces délits, s'analysent en des éléments préalables de l'infraction. Les nouvelles dispositions sont ainsi applicables à des discriminations commises à partir du 8 août [2012], même si elles étaient motivées par des harcèlements commis avant cette date* » (Circ. Crim. 2012-15/E8, 7 août 2012, NOR : JUSD1231944C, n° 4.4.1). Sur l'infraction de harcèlement sexuel, v. n° 20.87).

▪ **Élargissement des incriminations. • La L. n° 2016-832, 24 juin 2016**, a ajouté la discrimination en raison de la « *particulière vulnérabilité résultant de la situation économique, apparente ou connue* », de la victime (**Cas** 16 *bis*). **• La L. n° 2016-1547, 18 nov. 2016**, a ajouté la discrimination à raison de « *la perte d'autonomie* » de la victime (**Cas** 4 *bis*), ainsi que la discrimination à raison de la « *capacité à s'exprimer dans une langue autre que le français* » (**Cas** 8 *ter*). Elle a en outre substitué la notion de « *prétendue race* » à celle de « *race* » (**Cas** 9), et celle « *d'identité de genre* » à celle d'« identité sexuelle » (**Cas** 13). **• La L. n° 2017-86, 27 janv. 2017**, a créé la discrimination liée au refus de se soumettre au « *bizutage* » ou au fait d'avoir témoigné pour des faits de bizutage (**Cas** 19 et 20) (C. pén., nouvel art. 225-1-2). **• La L. n° 2022-401, 21 mars 2022**, a ajouté au C. pén., art. 225-1, la qualité protégée de lanceur d'alerte, de facilitateur ou de personne en lien avec un lanceur d'alerte, selon les définitions et précisions figurant au n° 16.2D (**Cas** 8 *bis*).

▪ **Constitutionnalité. • Cas** 19 : l'infraction de discrimination à raison du fait d'avoir subi ou refusé de subir des faits de bizutage ou témoigné de tels faits est définie en termes suffisamment clairs et précis au regard du principe de légalité (Cons. const. 26 janv. 2017, n° 2016-745 DC, § 115). **• Cas** B : l'incrimination d'entrave discriminatoire à l'exercice normal d'une activité économique est rédigée « *en des termes suffisamment clairs et précis pour exclure tout risque d'arbitraire et laisse au juge, dont c'est l'office, le soin de qualifier des comportements que le législateur ne peut énumérer a priori de façon exhaustive* » (Crim. 23 juin 2015, n° 14-88.355, D).

▪ **Causes d'aggravation.** Les causes générales d'aggravation des peines en cas d'infraction à finalité raciste ou sexiste créées par L. n° 2017-86, 27 janv. 2017 (C. pén., art. 132-76 et 132-77° ; v. n° 18.9) ne sont pas applicables à cette infraction. Les circonstances aggravantes des **cas** 1, 8 à 10 et 13 relèvent donc des peines fixées au C. pén., art. 225-2.

▪ **Incrimination des discriminations concernant les personnes morales.** Les discriminations à l'égard des personnes morales, fondées sur les caractéristiques de tout ou partie de leurs membres, dans des termes identiques aux discriminations ci-dessous, sont également prohibées (C. pén., art. 225-1, al. 2).

▪ **Discrimination liée au harcèlement ou chantage sexuel.** (cas 17 et 18) « *les discriminations faisant suite à un harcèlement sexuel seront constituées même si les faits de harcèlement n'ont pas été répétés, non seulement s'il s'agit d'une pression grave prévue au II de l'article 222-33 du code pénal [sur l'infraction de chantage sexuel,* v. n° 20.87, cas B*], constituée par un acte unique, mais également s'il s'agit de propos ou de comportements prévus par le I de cet article [ibid.* cas A*]. La discrimination sera par exemple constituée si une personne, qui a fait l'objet de la part de son employeur d'un propos à connotation sexuelle portant atteinte à sa dignité, même non répété, est licencié pour avoir protesté à la suite de comportement sexiste. Il convient ainsi de bien distinguer le délit de discrimination de celui de harcèlement sexuel, le délit de discrimination ne supposant pas* *nécessairement la commission préalable d'un délit de harcèlement sexuel* » (Circ. Crim. 2012-15/E8, 7 août 2012, n° 2.1.2).

ÉLÉMENT MATÉRIEL

▪ **État de santé. Sont autorisées les différences de traitement fondées sur l'état de santé** dans la couverture des risques décès, santé, invalidité (à moins d'être fondées sur la prise en compte de tests génétiques prédictifs ayant pour objet une maladie qui n'est pas encore déclarée ou une prédisposition génétique à une maladie) (C. pén., art. 225-3 1°).

▪ **Imputabilité.** Le prévenu, directeur d'un service départemental d'incendie et de secours, « *disposait d'un pouvoir de gestion administrative en application du CGTC, art. L. 1424-32, et a établi par une note de service les critères d'avancement contestés, avait pu engager sa responsabilité pénale* » (§ 9), en effet, en premier lieu, « *il ne résulte pas de C. pén., art. 225-1 que le fait pour quiconque d'opérer une distinction se traduisant par une discrimination prohibée implique qu'il la mette directement en œuvre* » (§ 10), en second lieu, « *il suffit que ladite distinction ait été proposée par une personne participant, de par ses fonctions, au pouvoir de direction de la personne morale qui met en œuvre la mesure discriminatoire, ou de l'un de ses organes, pour que cette personne physique soit susceptible de faire l'objet de poursuites* » (§ 11) (Crim. 8 juin 2021, n° 20-80.056, P).

▪ **Inaptitude au travail. Sont autorisés** le refus d'embauche et le licenciement **pour inaptitude au travail** médicalement constatée, s'ils sont fondés sur le droit du travail ou le statut de la fonction publique (C. pén., art. 225-3 2°). Selon le statut commun des agents publics, « *des distinctions peuvent être faites afin de tenir compte d'éventuelles inaptitudes physiques à exercer certaines fonctions.* » (CGFP, art. L. 131-7, anc^t L. n° 83-634, 13 juill. 1983, art. 6).

▪ **Différences à l'embauche fondées sur le sexe, l'âge ou l'apparence physique. Les différences de traitement fondées, en matière d'embauche, sur le sexe, l'âge ou l'apparence physique** sont autorisées lorsqu'un tel motif constitue une exigence professionnelle essentielle et déterminante et pour autant que l'objectif soit légitime et l'exigence proportionnée (C. pén., art. 225-3 3°, réd. L. n° 2008-496, 27 mai 2008, art. 7).

▪ **Différences fondées sur le sexe. Les différences de traitement fondées, en matière d'accès aux biens et services, sur le sexe** sont autorisées lorsqu'elles sont justifiées par la protection de la victime de violences à caractère sexuel, des considérations liées au respect de la vie privée ou de la décence, la promotion de l'égalité des sexes ou des intérêts des hommes ou des femmes, la liberté d'association ou l'organisation d'activités sportives (C. pén., art. 225-3 4°, réd. L. n° 2008-496, 27 mai 2008, art. 7).

▪ **Différences de traitement fondées sur l'âge. • Secteur privé.** Les différences de traitement fondées sur l'âge **ne constituent pas une discrimination** lorsqu'elles sont objectivement et raisonnablement justifiées par un but légitime, notamment par le souci de préserver la santé ou la sécurité des travailleurs, de favoriser leur insertion professionnelle, d'assurer leur emploi, leur reclassement ou leur indemnisation en cas de perte d'emploi, et lorsque les moyens employés pour réaliser ce but sont nécessaires et appropriés (C. trav., art. L. 1133-2 [anc. L. 1133-2, L. n° 2008-496, 27 mai 2008, art. 6]). **• Agents publics.** Des conditions d'âge peuvent être fixées, d'une part, pour le recrutement des fonctionnaires, lorsqu'elles visent à permettre le déroulement de leur carrière, d'autre part pour la carrière des fonctionnaires, lorsqu'elles résultent des exigences professionnelles, justifiées par l'expérience ou l'ancienneté, requises pour les missions qu'ils sont destinés à assurer dans leur corps, cadres d'emplois ou emploi. (CGFP, art. L. 131-5 et L. 131-6, anc^t L. n° 83-634, 13 juill. 1983, art. 6).

▪ **Différences de traitement hommes-femmes. • Secteur privé.** V. n°s 23.4 à 23.8. **• Agents publics.** « *Des recrutements distincts pour les femmes ou les hommes peuvent, exceptionnellement, être prévus lorsque l'appartenance à l'un ou à l'autre sexe constitue une condition déterminante de l'exercice des fonctions* » (CGFP, art. L. 131-4, anc^t L. n° 83-634, 13 juill. 1983, art. 6 *bis*).

▪ **Différences de traitement liées au lieu de résidence.** Elles ne sont pas punissables lorsque « *la personne chargée de la fourniture du bien ou du service se trouve en situation de danger manifeste* ». « *Les mesures prises en faveur des personnes résidant dans certaines zones géographiques et visant à favoriser l'égalité de traitement ne constituent pas une discrimination* » (C. pén., art. 225-3 6°, L. n° 2014-173, 23 févr. 2014).

▪ **Différences de traitement en faveur des personnes économiquement vulnérables.** « *Les mesures prises en faveur des personnes vulnérables en raison de leur situation économique et visant à favoriser* *l'égalité de traitement ne constituent pas une discrimination* » (C. trav., art. L. 1133-6, L. n° 2016-832, 24 juin 2016).

▪ **Refus d'embauche fondés sur la nationalité.** Ils sont autorisés lorsqu'ils résultent de l'application des dispositions statutaires relatives à la fonction publique (C. pén., art. 225-3 5°, réd. L. n° 2008-496, 27 mai 2008, art. 7).

▪ **Caractère limitatif des discriminations incriminées.** « *seules sont punissables les discriminations fondées sur l'un des critères limitativement énumérés aux articles 225-1 à 225-1-2. Ces textes, qui doivent être interprétés strictement, ne répriment que la discrimination directe* » (§ 14) ; ainsi, parmi les critères incriminés, « *figure l'origine de l'intéressé mais non la durée d'emploi dans une région particulière* » (§ 16) ; « *la notion de discrimination directe se comprend par opposition à celle de discrimination indirecte, qui, selon L. n° 2008-496, 27 mai 2008, art. 1er al. 2, consiste en une disposition, un critère ou une pratique neutre en apparence, mais susceptible d'entraîner, pour un motif fondé, notamment, sur l'un des critères énumérés au C. pén., art. 225-1, un désavantage particulier pour des personnes par rapport à d'autres personnes, à moins que cette disposition, ce critère ou cette pratique ne soit objectivement justifiée par un but légitime et que les moyens pour réaliser ce but ne soient nécessaires et appropriés* » (§ 15) (Crim. 8 juin 2021, n° 20-80.056, P). Il est donc jugé dans cette affaire que la prise en compte (dans un arrêté annulé par la justice administrative en raison d'éléments de nature discriminatoire) de la durée de carrière dans l'île de La Réunion comme critère d'avancement, à supposer qu'elle favorise les personnes originaires de ce territoire, ne constitue qu'une discrimination indirecte non punissable. Notons que C. pén., art. 225-1, en incriminant « *toute distinction* » fondée sur un critère prohibé, n'opère pas de distinction entre la discrimination directe ou indirecte, une telle distinction trouvant sa source dans les dispositions non répressives de la loi de transposition de trois directives européennes (2000/43/CE 29 juin 2000 ; 2000/78/CE 27 nov. 2000 ; 2002/73/CE 23 sept. 2002), la L. n° 2008-496, 27 mai 2008, art. 1er al. 2, portant diverses dispositions d'adaptation au droit communautaire dans le domaine de la lutte contre les discriminations, directives et dispositions qui, en les distinguant et en les définissant, prohibent non seulement les discriminations directes mais aussi celles indirectes.

▪ **Illustration.** • En application de C. pén., art. 225-2, une compagnie aérienne est à bon droit condamnée pour soumission de la fourniture d'un service à une condition discriminatoire et refus d'embarquer, à bord de l'un de ses avions, des personnes à raison de leur handicap physique, en ce que sa règlementation interne prévoyait, en violation du règlement européen n° 1107/2006, 5 juill. 2006, qui soumet les compagnies aériennes à une obligation d'assistance aux personnes handicapées, qu'une personne handicapée ne pouvait être embarquée en fauteuil roulant à bord d'un aéronef sans être accompagnée (Crim. 15 déc. 2015, n° 13-81.586, P n° 286). • Caractérise « *l'infraction de discrimination en raison de la situation familiale* », prévue par C. pén., art. 225-2 3°, « *le refus du renouvellement d'un contrat à durée déterminée d'un salarié [...] dès lors qu'est avérée la prise en considération, par l'auteur du refus, de l'engagement politique d'un membre de la famille du salarié concerné* » (Crim. 21 juin 2016, n° 15-80.365, P n° 187). • S'agissant d'une « *prime de naissance subordonnée à la condition que l'un des parents soit de nationalité française ou ressortissant européen* », instaurée par une délibération du conseil municipal, « *constitue une discrimination, au sens de ces textes, le fait de subordonner l'octroi de la prime litigieuse à une condition de nationalité, distinction discriminatoire* » (Crim. 17 déc. 2002, n° 01-85.650, P n° 227).

RÉGIME PROCÉDURAL

▪ **Pouvoir des agents de contrôle.** Les **inspecteurs du travail et les inspecteurs des lois sociales agricoles** sont habilités à constater les infractions définies aux **cas** C, D, E et G (C. trav., art. L. 8112-1, L. 8111-2 ; C. rur., art. L. 719-2). Ils peuvent se faire communiquer tout document ou tout élément d'information, quel qu'en soit le support, utile à la constatation des faits (C. trav., art. L. 8113-5 ; C. rur., art. L. 719-2).

▪ **Transaction pénale par le défenseur des droits.** Le défenseur des droits peut, tant que l'action publique n'est pas exercée, proposer à l'auteur des faits une transaction consistant dans le versement d'une **amende transactionnelle** ⩽ 3 000 € pour une personne physique, 15 000 € pour une personne morale, et s'il y a lieu dans l'indemnisation de la victime, outre l'affichage, la transmission, la diffusion d'un communiqué, ou la publication au sein de l'entreprise. Les actes de mise en œuvre de cette transaction sont interruptifs de prescription (L. n° 2011-333, 29 mars 2011, art. 28 ; C. pr. pén., art. D. 1-1).

▪ **Exercice de l'action publique par le défenseur des droits.** En cas de refus de la transaction proposée par le défenseur des droits ou d'inexécution de cette transaction, le défenseur des droits peut mettre en mouvement l'action publique par voie de citation directe (L. n° 2011-333, 29 mars 2011, art. 28).

POLITIQUE PUBLIQUE

▪ **Protection de la victime ou du témoin.** Aucun **salarié** ne peut être sanctionné, licencié ou faire l'objet d'une mesure discriminatoire pour avoir témoigné de faits de discrimination (C. trav., art. L. 1132-3). De même pour les **agents publics** (CGFP, art. L. 131-12, anc[t] L. n° 83-634, 13 juill. 1983, art. 6 ; mod. par L. n° 2001-1066, 16 nov. 2001), v. aussi harcèlement ou chantage sexuel, orienteur/protection des victimes et témoins, n° 20.87. Sur le dispositif de signalement mis en place dans l'administration, v. CGFP, art. L. 135-6, anc[t]. L. n° 83-634, 13 juill. 1983, art. 6 *quater A* et D. n° 2020-256, 13 mars 2020.

MESURE CIVILE

▪ **Proposition de transaction civile par le défenseur des droits.** Le défenseur des droits peut proposer une transaction civile, dont il peut recommander les termes, entre la personne mise en cause et l'auteur de la réclamation (L. n° 2011-333, 29 mars 2011, art. 28).

RÉGIME DES PEINES

▪ **Inéligibilité obligatoire. Inscription au bulletin n° 2. Réserve d'interprétation.** *Idem* n° 20.18.

▪ ÉLÉMENTS CONSTITUTIFS – QUALIFICATION

✧ Pour avoir à .... [¤ lieu], le .... [¤ date], [⇨A à H puis 1 à 20]

A. refusé à .... [¤ nom de la victime] la fourniture d'un bien ou d'un service ou subordonné la fourniture d'un bien ou d'un service au profit d'une personne physique ou morale en fonction d'une condition déterminée (si refus discriminatoire commis dans un lieu accueillant du public : v. cas H)...

B. entravé l'exercice normal par .... [¤ nom de la victime] d'une activité économique quelconque ...

C. refusé d'embaucher .... [¤ nom de la victime] ...

D. sanctionné .... [¤ nom de la victime] ...

E. licencié .... [¤ nom de la victime] ...

F. subordonné une offre d'emploi, *une demande de stage ou une période de formation en entreprise* (L. n° 2001-1066, 16 nov. 2001) au profit d'une personne physique à une condition déterminée...

G. (L. n° 2001-1066, 16 nov. 2001) refusé d'accepter .... [¤ nom de la victime] à l'un des stages visés au 2° de l'article L. 412-8 du code de la sécurité sociale, en l'espèce un stage [⇨ :]

– auquel donne lieu l'enseignement technique...

– effectué dans le cadre de la scolarité ou des études par les élèves des établissements d'enseignement secondaire ou spécialisé ou par les étudiants d'établissements autres que ceux de l'enseignement technique...

– de formation professionnelle continue...

– de reclassement offert aux bénéficiaires d'une allocation de conversion...

– de formation offert aux bénéficiaires d'une convention de conversion...

H. refusé à .... [¤ nom de la victime], dans un lieu accueillant du public ou aux fins d'en interdire l'accès, la fourniture d'un bien ou d'un service ou subordonné la fourniture d'un bien ou d'un service au profit d'une personne physique ou morale en fonction d'une condition déterminée (L. n° 2004-204, 9 mars 2004, art. 41-I) ...

[...]~~à raison de~~ « *sur le fondement de* » (L. n° 2016-1547, 18 nov. 2016) [⇨1 à 20 :]

1. son sexe (A1 : *N 1811.co* ; B1 : *N 5650.co* ; C1 : *N 11605.co* ; D1 : *N 11614.co* ; E1 : *N 11623.co* ; F1 : *N 11607.co*, H1 : *N 25149.co*) ;

2. sa situation de famille (A2 : *N 3773.co* ; B2 : *N 5649.co* ; C2 : *N 11606.co* ; D2 : *N 11615.co* ; E2 : *N 11624.co* ; F2 : *N 11608.co*, H2 : *N 25152.co*) ;

3. son état de santé (A3 : *N 11594.co* ; B3 : *N 11597.co* ; C3 : *N 11603.co* ; D3 : *N 11616.co* ; E3 : *N 11625.co* ; F3 : *N 11609.co* ; H3 : *N 25158.co*) ;

4. son handicap (A4 : *N 5754.co* ; B4 : *N 11598.co* ; C4 : *N 11604.co* ; D4 : *N 11617.co* ; E4 : *N 11626.co* ; F4 : *N 11610.co*, H4 : *N 25155.co*, par personne morale : *N 28009.co*) ;

4bis. « *Sa perte d'autonomie* » (L. n° 2016-1547, 18 nov. 2016) (*N #.co*) ;

5. ses mœurs (A5 : *N 5646.co* ; B5 : *N 5651.co* ; C5 : *N 5647.co* ; D5 : *N 11618.co* ; E5 : *N 5648.co* ; F5 : *N 5645.co* ; H5 : *N 25153.co*) ;

6. ses opinions politiques (A6 : *N 11595.co* ; B6 : *N 11599.co* ; C6 : *N 11601.co* ; D6 : *N 11619.co* ; E6 : *N 11627.co* ; F6 : *N 11611.co* ; H6 : *N 25159.co*) ;

7. ses activités syndicales (A7 : *N 11596.co* ; B7 : *N 11600.co* ; C7 : *N 11602.co* ; D7 : *N 11620.co* ; E7 : *N 11628.co* ; F7 : *N 11612.co* ; H7 : *N 25160.co*) ;

8. son origine ou de son appartenance ou non, vraie ou supposée, à une ethnie ou une nation déterminée (A8 : *N 5753.co* ; B8 : *N 5770.co* ; C8 : *N 5760.co* ; par personne morale : *N 25807.co* ; D8 : *N 11613.co* ; E8 : *N 5763.co* ; F8 : *N 5757.co* ; H8 : *N 25154.co*, par personne morale : *N 28453.co*) ;

8 bis. Sa « *qualité de lanceur d'alerte, de facilitateur ou de personne en lien avec un lanceur d'alerte, au sens* » de la loi n° 2016-1691, 9 déc. 2016, art. 6 et 6-1 (incrimination issue L. n° 2022-401, 21 mars 2022) ;

8 ter. sa « *capacité à s'exprimer dans une langue autre que le français* » (L. n° 2016-1547, 18 nov. 2016) ;

9. son appartenance ou non, vraie ou supposée, à une « *prétendue race* » (L. n° 2016-1547, 18 nov. 2016)~~race~~ déterminée (A9 : *N 5755.co* ; B9 : *N 5771.co* ; C9 : *N 5761.co* ; D9 : *N 11621.co* ; E9 : *N 5764.co* ; F9 : *N 5758.co* ; H9 : *N 25156.co*) ;

10. son appartenance ou non, vraie ou supposée, à une religion déterminée (A10 : *N 5756.co* ; B10 : *N 5772.co* ; C10 : *N 5762.co* ; D10 : *N 11622.co* ; E10 : *N 5765.co* ; F10 : *N 5759.co* ; H10 : *N 25157.co*) ;

11. son apparence physique (L. n° 2001-1066, 16 nov. 2001) (C11 : *N 26587.co*) ;

12. son patronyme (L. n° 2001-1066, 16 nov. 2001) (C12 : *N 32086.co*) ;

12*bis*. « son lieu de résidence » (L. n° 2014-173, 23 févr. 2014) (C12*bis* : *N 32087.co*) ;

13. « *son orientation sexuelle ou son identité de genre* » (L. n° 2016-1547, 18 nov. 2016)~~ son orientation « ou identité » (L. n° 2012-954, 6 août 2012) sexuelle (L. n° 2001-1066, 16 nov. 2001)~~ (A13 : *N 26733.co* ; B13 : *N 26734.co* ; C13 : *N 26736.co* ; D13 : *N 26739.co* ; E13 : *N 26738.co* ; F13 : *N 26735.co* ; G13 : *N #.co* ; H13 : *N 26774.co*) ;

14. son âge (L. n° 2001-1066, 16 nov. 2001) (A14 : *N 25482.co* ; B14 : *N 26588.co* ; C14 : *N 26737.co* ; D14 : *N 26741.co* ; E14 : *N 26740.co* ; F14 : *N 25973.co* ; G14 : *N #.co* ; H14 : *N 26773.co*) ;

15. ses caractéristiques génétiques (L. n° 2002-303, 4 mars 2002) (*N #.co*) ;

16. son état de grossesse (L. n° 2006-340, 23 mars 2006) (A16 : *N 26079.co* ; B16 : *N 26078.co* ; C16 : *N 26076.co* ; D16 : *N 26077.co* ; E16 : *N 26075.co* ; F16 : *N 26080.co* ; G16 : *N #.co* ; H16 : *N 26775.co*) ;

16 bis. Sa particulière vulnérabilité résultant de sa situation économique, apparente ou connue (L. n° 2016-832, 24 juin 2016) (A16 *bis* : *N 33016.co*) ;

17. ce qu'il (elle) a subi ou refusé de subir des faits de harcèlement sexuel définis à l'article 222-33 du code pénal (L. n° 2012-954, 6 août 2012) (A17 : *N 29214.co* ; B17 : *N 29216.co* ; C17 : *N 29218.co* ; D17 : *N 29220.co* ; E17 : *N 29222.co* ; F17 : *N 29224.co* ; G17 : *N #.co* ; H17 : *N 29234.co*) ;

18. ce qu'il (elle) a témoigné de faits de harcèlement sexuel définis à l'article 222-33 du code pénal (L. n° 2012-954, 6 août 2012) (A18 : *N 29215.co* ; B18 : *N 29217.co* ; C18 : *N 29219.co* ; D18 : *N 29221.co* ; E18 : *N 29223.co* ; F18 : *N 29225.co* ; G18 : *N #.co* ; H18 : *N 29235.co*) ;

19. ce qu'il (elle) a subi ou refusé de subir des faits de bizutage définis à l'article 225-16-1 du code pénal (C. pén., art. 225-1-2) (L. n° 2017-86, 27 janv. 2017) (C19 : *N 32362.co*) ;

20. ce qu'il (elle) a témoigné de faits de bizutage définis à l'article 225-16-1 du code pénal (C. pén., art. 225-1-2) (L. n° 2017-86, 27 janv. 2017) (C20 : *N 32363.co*).

Faits prévus et réprimés par les articles : **PERSONNES PHYSIQUES.** 225-1, 225-1-1, 225-2 et 225-19 du code pénal. **PERSONNES MORALES.** 225-1, 225-1-1, 225-2, 225-4 et 225-19 du code pénal. ✧

23.3 Discrimination – Par un dépositaire de l'autorité publique ou un chargé d'une mission de service public

■ **PEINES**

PERSONNE PHYSIQUE

PP Délit. 5 ans d'emprisonnement, 75 000 € (auparavant 3 ans, 45 000 € [L. n° 2004-204, 9 mars 2004, art. 41-II]) (C. pén., art. 432-7).

PC 1. Interdiction droits civiques civils et de famille ⩽ 5 ans (vote, éligibilité, fonction juridictionnelle, expert, témoin, tuteur, curateur) (C. pén., art. 432-17 et 131-26) ;

2. Interdiction, définitive ou ⩽ 5 ans activité professionnelle ou sociale, fonction publique, en relation avec l'infraction (sauf mandat électif ou syndical) (C. pén., art. 432-17 et 131-27) ;

3. Confiscation des sommes ou objets irrégulièrement reçus par l'auteur (C. pén., art. 432-17 et 131-21) ;

4. Affichage, ⩽ 2 mois, *et/ou* (L. n° 2011-525, 17 mai 2011) diffusion de la décision ou d'extraits aux frais (⩽ amende encourue) du condamné (C. pén., art. 432-17 et 131-35).

PERSONNE MORALE

PP 375 000 € (C. pén., art. 131-38).

PC Néant.

■ **ORIENTEUR**

AUTRE QUALIFICATION, ÉLÉMENT LÉGAL, ÉLÉMENT MATÉRIEL, RÉGIME PROCÉDURAL, POLITIQUE PUBLIQUE, MESURE CIVILE

■ **Renvoi.** *Idem* n° 23.2.

ÉLÉMENT LÉGAL

■ **Causes d'aggravation.** Les causes générales d'aggravation des peines en cas d'infraction à finalité raciste ou sexiste créées par L. n° 2017-86, 27 janv. 2017 (C. pén., art. 132-76 et 132-77°) (v. n° 18.9) ne sont pas applicables à cette infraction. Les circonstances aggravantes des cas 1, 8 à 10 et 13 relèvent donc des peines fixées au C. pén., art. 432-7.

ÉLÉMENT MATÉRIEL

■ **Illustration.** • Est approuvée la condamnation d'un maire, en application de C. pén., art. 432-7, pour discrimination en raison de l'origine géographique ou de la religion en ce qu'il réserve les célébrations du mariage du samedi après-midi aux mariages suivis d'une cérémonie religieuse catholique (Crim. 1er mars 2005, n° 04-83.556, D). • « *la vente d'un bien immobilier par un particulier à un autre, ne caractérise pas l'exercice d'une activité économique au sens de C. pén., art. 432-7 2°* », est donc censurée la condamnation d'un maire ayant exercé des pressions sur le vendeur d'un terrain afin qu'il ne le cède pas à une personne appartenant à la communauté des gens du voyage (Crim. 24 mai 2005, n° 04-87.490, P n° 151).

TEXTE DE RÉFÉRENCE

■ **code de déontologie de la police nationale. Art. 7** (D. n° 86-592, 18 mars 1986) : « *Le fonctionnaire de la police nationale [...] est [...] impartial [...]. Il a le respect absolu des personnes, quelles que soient leur nationalité ou leur origine, leur condition sociale ou leurs convictions politiques, religieuses ou philosophiques.* »

■ **ÉLÉMENTS CONSTITUTIFS – QUALIFICATION**

✧ Pour avoir à .... [¤ lieu], le .... [¤ date], dans l'exercice ou à l'occasion de l'exercice de ses fonctions, étant [⇨1 ou 2 puis A ou B puis 1 à 18 :]

1. dépositaire de l'autorité publique, [⇨A ou B :] ;

2. chargé d'une mission de service public [⇨A ou B :] ;

A. refusé à .... [¤ nom de la victime] le bénéfice d'un droit accordé par la loi à raison de [⇨1 à 18 :] ;

B. entravé l'exercice normal par .... [¤ nom de la victime] d'une activité économique quelconque à raison de [⇨1 à 18 :] ;

1. son sexe (1A1 : *N 12034.co* ; 1B1 : *N 12052.co* ; 2A1 : *N 12042.co* ; 2B1 : *N 12061.co*) ;

2. sa situation de famille (1A2 : *N 12035.co* ; 1B2 : *N 12053.co* ; 2A2 : *N 12043.co* ; 2B2 : *N 12070.co*) ;

3. son état de santé (1A3 : *N 12036.co* ; 1B3 : *N 12054.co* ; 2A3 : *N 12044.co* ; 2B3 : *N 12065.co*) ;

4. son handicap (1A4 : *N 12037.co* ; 1B4 : *N 12055.co* ; 2A4 : *N 12045.co* ; 2B4 : *N 12062.co*) ;

5. ses mœurs (1A5 : *N 12068.co* ; 1B5 : *N 12059.co* ; 2A5 : *N 12049.co* ; 2B5 : *N 12064.co*) ;

6. ses opinions politiques (1A6 : *N 12038.co* ; 1B6 : *N 12056.co* ; 2A6 : *N 12046.co* ; 2B6 : *N 12066.co*) ;

7. ses activités syndicales (1A7 : *N 12039.co* ; 1B7 : *N 12057.co* ; 2A7 : *N 12047.co* ; 2B7 : *N 12067.co*) ;

8. son origine ou de son appartenance ou non, vraie ou supposée, à une ethnie ou une nationalité déterminée (1A8 : *N 12033.co* ; 1B8 : *N 12051.co* ; 2A8 : *N 12041.co* ; 2B8 : *N 12071.co*) ;

9. son appartenance ou non, vraie ou supposée, à une race déterminée (1A9 : *N 12032.co* ; 1B9 : *N 12050.co* ; 2A9 : *N 12069.co* ; 2B9 : *N 12060.co*) ;

10. son appartenance ou non, vraie ou supposée, à une religion déterminée (1A10 : *N 12040.co* ; 1B10 : *N 12058.co* ; 2A10 : *N 12048.co* ; 2B10 : *N 12063.co*).

11. son apparence physique (L. nº 2001-1066, 16 nov. 2001) (1A11 : *N 33460.co* ; 1B11 : *N 33462.co* ; 2A11 : *N 33461.co* ; 2B11 : *N 33463.co*) ;

12. son patronyme (L. nº 2001-1066, 16 nov. 2001) (1A12 : *N #.co* ; 1B12 : *N #.co* ; 2A12 : *N #.co* ; 2B12 : *N #.co*) ;

12*bis*. « *son lieu de résidence* » (L. nº 2014-173, 23 févr. 2014) (*N #.co*) ;

13. son orientation « ou *identité* » (L. nº 2012-954, 6 août 2012) sexuelle (L. nº 2001-1066, 16 nov. 2001) (1A13 : *N 26781.co* ; 1B13 : *N 26785.co* ; 2A13 : *N 26783.co* ; 2B13 : *N 26787.co*) ;

14. son âge (L. nº 2001-1066, 16 nov. 2001) (1A14 : *N 26780.co* ; 1B14 : *N 26784.co* ; 2A14 : *N 26782.co* ; 2B14 : *N 26786.co*) ;

15. ses caractéristiques génétiques (L. nº 2002-303, 4 mars 2002) (1A15 : *N #.co* ; 1B15 : *N #.co* ; 2A15 : *N #.co* ; 2B15 : *N #.co*) ;

16. son état de grossesse (L. nº 2006-340, 23 mars 2006) (1A16 : *N 26776.co* ; 1B16 : *N 26778.co* ; 2A16 : *N 26777.co* ; 2B16 : *N 26779.co*) ;

17. ce qu'il (elle) a subi ou refusé de subir des faits de harcèlement sexuel définis à l'article 222-33 du code pénal (L. nº 2012-954, 6 août 2012) (1A17 : *N 29226.co* ; 1B17 : *N 29230.co* ; 2A17 : *N 29228.co* ; 2B17 : *N 29232.co*) ;

18. ce qu'il (elle) a témoigné de faits de harcèlement sexuel définis à l'article 222-33 du code pénal (L. nº 2012-954, 6 août 2012) (1A18 : *N 29227.co* ; 1B18 : *N 29231.co* ; 2A18 : *N 29229.co* ; 2B18 : *N 29233.co*).

Faits prévus et réprimés par les articles 225-1, 225-1-1, 432-7 et 432-17 du code pénal. ✧

23.4 Discrimination homme-femme – code du travail

■ PEINES

PERSONNE PHYSIQUE

PP Délit. 1 an d'emprisonnement, 3 750 € (C. trav., art. L. 1146-1 [anc[t] L. 152-1-1]).

PC Affichage, ⩽ 2 mois, *et/ou* (L. nº 2011-525, 17 mai 2011) diffusion de la décision ou d'extraits aux frais (⩽ amende encourue) du condamné (C. trav., art. L. 1146-1 ; C. pén., art. 131-35).

PERSONNE MORALE

PP 18 750 € (C. pén., art. 131-38).

PC Néant.

■ ORIENTEUR

AUTRE QUALIFICATION

- **Discrimination à raison de l'état de grossesse.** Pour les **salariés du secteur privé**, v. nº 23.7.
- **Discriminations de salaires hommes/femmes.** V. nº 23.8.
- **Discrimination à raison du sexe par le code pénal.** V. nºs 23.2 et 23.3.

ÉLÉMENT LÉGAL

▪ **Champ d'application. Exclusion** : ces dispositions du code du travail ne s'appliquent pas aux relations entre employeurs et salariés liés par un **contrat de droit public** (C. trav., art. L. 1141-1).

ÉLÉMENT MATÉRIEL

▪ **Dérogations. Professions spécifiques.** Un décret en Conseil d'État fixe la liste des emplois et activités (C. trav., art. R. 1142-1 : artistes, mannequins, modèles) pour lesquels l'appartenance à l'un ou l'autre sexe peut constituer une condition déterminante autorisée (C. trav., art. L. 1142-2).

▪ **Discrimination positive.** Des dispositions réglementaires, des conventions ou accords collectifs étendus, des plans négociés dans l'entreprise, peuvent, pour remédier aux inégalités de fait qui affectent leurs chances, prévoir des mesures temporaires prises au seul bénéfice des femmes (C. trav., art. L. 1142-4, L. 1143-1, L. 1143-2, L. 1143-3, v. nº 23.2).

RÉGIME PROCÉDURAL

▪ **Transaction pénale par le défenseur des droits.** *Idem* nº 23.2.

▪ **Exercice de l'action publique par le défenseur des droits.** *Idem* nº 23.2.

MESURE CIVILE

▪ **Proposition de transaction civile par le défenseur des droits.** *Idem* nº 23.2.

▪ **Preuve civile.** En cas de litige [...], le salarié concerné ou le candidat à un recrutement présente des éléments de fait laissant supposer l'existence d'une discrimination, directe ou indirecte, fondée sur le sexe ou la situation de famille. Au vu de ces éléments, il incombe à la partie défenderesse de prouver que sa décision est justifiée par des éléments objectifs étrangers à toute discrimination. Le juge forme sa conviction après avoir ordonné, en cas de besoin, toutes les mesures d'instruction qu'il estime utile (C. trav., art. L. 1144-1).

▪ **Nullité civile.** Toute disposition ou acte discriminant à l'égard d'un salarié est nul de plein droit (C. trav., art. L. 1132-4).

RÉGIME DES PEINES

▪ **Ajournement.** Le **prononcé de la peine peut être ajourné** avec injonction, assortie le cas échéant de l'exécution provisoire, de définir avec le comité d'entreprise ou les délégués du personnel les mesures propres à assurer l'égalité hommes femmes, et d'exécuter ces mesures (C. trav., art. L. 1146-2, C. pén., art. 132-58 à 132-62).

▪ ÉLÉMENTS CONSTITUTIFS – QUALIFICATION

✧ Pour avoir à .... [¤ lieu], le .... [¤ date], [⇨A à C :]

A. mentionné ou fait mentionner dans une offre d'emploi ou dans une publicité relative à une embauche [⇨1 ou 2 :]

1. le sexe (A1 : *N 5776.co*)...

2. la situation de famille (A2 : *N 5773.co*)...

... du candidat recherché ;

B. [⇨1 à 3 puis a ou b]

1. refusé d'embauche...

2. prononcé une mutation...

3. résilié ou refusé de renouveler un contrat de travail...

... à l'égard de .... [¤ victime concernée], en considération ou sur la base de critères de choix différents selon [⇨a ou b]

a. le sexe (B1a : *N 5777.co ;* B2a : *N 5781.co ;* B3a : *N 5778.co*) ;

b. la situation de famille (B1b : *N 5774.co ;* B2b : *N 5779.co ;* B3b : *N 5775.co*) ;

C. pris toute mesure, notamment en matière de rémunération, de formation, d'affectation, de qualification, de classification, de promotion professionnelle ou de mutation, en considération du sexe (C : *N 5782.co*).

Faits prévus et réprimés par les articles L. 1142-1, L. 1142-2, L. 1146-1, L. 1146-2, L. 1146-3 du code du travail. ✧

23.5 Discrimination ou sanction sur une victime ou un témoin d'un harcèlement sexuel – code du travail

▪ PEINES

PERSONNE PHYSIQUE

PP Délit. 1 an d'emprisonnement, 3 750 € (L. n° 2012-954, 6 août 2012) (C. trav., art. L. 1155-2).

PC Affichage, ⩽ 2 mois, *et/ou* diffusion de la décision ou d'extraits aux frais (⩽ amende encourue) du condamné (C. trav., art. L. 1155-2 ; C. pén., art. 131-35).

PERSONNE MORALE

PP 18 750 € (C. trav., art. L. 1155-2, L. n° 2012-954, 6 août 2012, C. pén., art. 131-38).

PC Néant.

▪ ORIENTEUR

AUTRE QUALIFICATION

▪ **Concours avec l'infraction de discrimination prévue dans le code pénal.** C. pén., art. 225-2 incrimine également l'infraction de discrimination commise à l'égard de la victime ou du témoin de faits de harcèlement sexuel (v. n° 23.2). Ainsi, les plus graves des discriminations prévues par C. trav., art. 1153-2 et L. 1155-2 qui le réprime sont aussi prévues, avec des pénalités plus importantes de 3 ans, par C. pén., art. 225-2 « *il s'agit du licenciement ou de la sanction* (v. n° 23.2, cas D et E) *de la personne. Dans ces hypothèses, c'est évidemment la qualification la plus sévèrement sanctionnée, celle du code pénal, qui doit être retenue en cas de poursuites. Les dispositions du code du travail ne s'appliqueront que dans les autres cas, par exemple en cas de mutation ou de refus de promotion intervenant à la suite d'un harcèlement sexuel* » (Circ. Crim. 2012-15/E8, 7 août 2012, NOR : JUSD1231944C, n° 2.2).

▪ **Harcèlement et chantage sexuel.** V. n° 20.87.

ÉLÉMENT LÉGAL

▪ **Champ d'application. Exclusion** : ces dispositions du code du travail ne s'appliquent pas aux relations entre employeurs et salariés liés par un **contrat de droit public** (C. trav., art. L. 1141-1).

▪ **Définition du harcèlement sexuel.** Les agissements de harcèlement sexuel, fondement de l'incrimination ici décrite, sont ceux précisés au C. trav., art. L. 1153-1 (réd. modifiée par L. n° 2021-1018, 2 août 2021, art. 1er, en vigueur le 31 mars 2022 (art. 40). Cet article, sans y faire cependant référence, reproduit les termes de l'infraction définie par C. pén., art. 222-33 (sur l'infraction de harcèlement et chantage sexuel, v. n° 20.87).

ÉLÉMENT MATÉRIEL

▪ **Faits incriminés. Absence d'habitude** : « *de la même façon que ce qui est désormais prévu par le code pénal, la discrimination est punissable même si elle fait suite à un acte unique de harcèlement* » (Circ. Crim. 2012-15/E8, 7 août 2012, n° 2.2). Sur l'absence de nécessité de répétition du harcèlement pour l'infraction de discrimination à raison du harcèlement sexuel prévue dans C. pén., art. 225-2, v. n° 23.2, Orienteur/Élément légal/Discrimination liée au harcèlement ou chantage sexuel.

POLITIQUE PUBLIQUE

▪ **Rôle d'alerte du délégué du personnel.** V. n° 20.87, orienteur/politique publique/ : rôle d'alerte du délégué du personnel.

MESURE CIVILE

▪ **Preuve civile.** En cas de litige [...], le salarié concerné présente des éléments de fait laissant supposer l'existence d'un harcèlement. Au vu de ces éléments, il incombe à la partie défenderesse de prouver que ses agissements ne sont pas constitutifs d'un tel harcèlement et que sa décision est fondée par des éléments objectifs étrangers à tout harcèlement. Le juge forme sa conviction après avoir ordonné, en cas de besoin, toutes les mesures d'instruction qu'il estime utile (C. trav., art. L. 1154-1).

▪ **Nullité civile.** Toute disposition ou acte contraire aux articles L. 1153-1 à L. 1153-3 (abrogé et transféré en substance au C. trav., art. L. 1153-2 par L. n° 2022-401, 21 mars 2022) prohibant la sanction ou la discrimination est **nul** (C. trav., art. L. 1153-4).

▪ ÉLÉMENTS CONSTITUTIFS – QUALIFICATION

✧ Pour avoir à .... [¤ lieu], le .... [¤ date], [⇨A ou B :]

A. **DISCRIMINATION OU SANCTION CONTRE LA VICTIME**

Sanctionné, licencié, ou pris une mesure discriminatoire, directe ou indirecte, notamment en matière de rémunération, de formation, de reclassement, d'affectation, de qualification, de classification, de promotion professionnelle, de mutation ou de renouvellement de contrat contre .... [¤ victime concernée], salarié ou candidat à un recrutement, à un stage ou à une période de formation en entreprise, parce qu'il avait [⇨A1 ou A2 :]

A1. subi (A1 : *N* ***29236.co***)...

A2. refusé de subir (A2 : *N* ***29236.co***)...

des agissements de harcèlement sexuel définis à l'article L. 1153-1 du code du travail, en l'espèce en .... [¤ matérialiser l'infraction]

B. **DISCRIMINATION OU SANCTION CONTRE UN TÉMOIN**

Sanctionné, licencié, ou pris une mesure discriminatoire, contre .... [¤ victime concernée], salarié, parce qu'il avait témoigné ou relaté des agissements de harcèlement sexuel définis à l'article L. 1153-1 du code du travail, en l'espèce en .... [¤ matérialiser l'infraction] (B : *N* ***29237.co***).

Faits prévus et réprimés par les articles L. 1153-1, L. 1153-2, L. 1153-3 (devenu C. trav., art. L. 1153-2, L. n° 2022-401, 21 mars 2022) et L. 1155-2 du code du travail. ✧

23.6 Discrimination ou sanction sur une victime ou un témoin d'un harcèlement moral – code du travail

■ PEINES

PERSONNE PHYSIQUE

PP Délit. 1 an d'emprisonnement, 3 750 € (L. n° 2012-954, 6 août 2012) (C. trav., art. L. 1155-2).

PC Affichage, ⩽ 2 mois, *et/ou* diffusion de la décision ou d'extraits aux frais (⩽ amende encourue) du condamné (C. trav., art. L. 1155-2 ; C. pén., art. 131-35).

PERSONNE MORALE

PP 18 750 € (C. trav., art. L. 1155-2, L. n° 2012-954, 6 août 2012 ; C. pén., art. 131-38).

■ ORIENTEUR

ÉLÉMENT LÉGAL, POLITIQUE PUBLIQUE

▪ Renvoi. *Idem* n° 23.5.

AUTRE QUALIFICATION

▪ Harcèlement moral. V. n° 20.90.

MESURE CIVILE

▪ Preuve civile. *Idem* n° 23.5.

▪ **Nullité civile.** Toute rupture du contrat de travail qui résulterait de la sanction ou de la discrimination, toute disposition ou acte contraire aux articles L. 1152-1 et L. 1152-2 prohibant la sanction ou la discrimination, sont **nuls** (C. trav., art. L. 1152-3).

■ ÉLÉMENTS CONSTITUTIFS – QUALIFICATION

✧ Pour avoir à .... [¤ lieu], le .... [¤ date], [⇨A ou B :]

A. **DISCRIMINATION OU SANCTION CONTRE LA VICTIME**

Sanctionné, licencié, ou pris une mesure discriminatoire, directe ou indirecte, notamment en matière de rémunération, de formation, de reclassement, d'affectation, de qualification, de classification, de promotion professionnelle, de mutation ou de renouvellement de contrat contre .... [¤ victime concernée], salarié, parce qu'il avait [⇨A1 ou A2 :]

A1. subi (A1 : *N* ***29249.co***)...

A2. refusé de subir (A2 : *N* ***29249.co***)...

des agissements répétés de harcèlement moral, en l'espèce en .... [¤ matérialiser l'infraction].

B. **Discrimination ou sanction contre un témoin**

Sanctionné, licencié, ou pris une mesure discriminatoire, directe ou indirecte, notamment en matière de rémunération, de formation, de reclassement, d'affectation, de qualification, de classification, de promotion professionnelle, de mutation ou de renouvellement de contrat contre .... [¤ victime concernée], salarié, parce qu'il avait témoigné ou relaté des agissements répétés de harcèlement moral, en l'espèce en .... [¤ matérialiser l'infraction] (B : *N 29250.co*).

Faits prévus et réprimés par les articles L. 1152-2 et L. 1155-2 du code du travail. ✧

23.7 Discrimination en raison de l'état de grossesse – code du travail

■ **PEINES**

PERSONNE PHYSIQUE

PP Contrav. 5ᵉ cl. 1 500 € (C. trav., art. R. 1227-5 ; C. pén., art. 131-13).

PC Néant.

PERSONNE MORALE

PP Contrav. 5ᵉ cl. 7 500 € (C. trav., art. R. 1227-5 ; C. pén., art. 131-41).

PC Néant.

■ **ORIENTEUR**

AUTRE QUALIFICATION

▪ Discrimination à raison du sexe ou de l'état de santé par le code pénal. V. nᵒˢ 23.2 et 23.3.

ÉLÉMENT LÉGAL

▪ Champ d'application. *Idem* nº 23.4.

ÉLÉMENT MATÉRIEL

▪ **Aménagement.** L'employeur peut temporairement, sans diminution de salaire, affecter la salariée en **état de grossesse** à un autre poste, après avis du médecin du travail en cas de désaccord entre eux (C. trav., art. L. 1225-7).

TEXTE DE RÉFÉRENCE

▪ **Non-révélation de l'état de grossesse à l'embauche.** La femme candidate à un emploi ou salariée n'est pas tenue de révéler son état de grossesse, sauf lorsqu'elle demande le bénéfice des dispositions légales relatives à la protection de la femme enceinte (C. trav., art. L. 1225-2).

MESURE CIVILE

▪ **Protection contre le licenciement.** Aucun employeur ne peut rompre le contrat de travail d'une salariée lorsqu'elle est en état de grossesse médicalement constaté et pendant l'intégralité des périodes de suspension du contrat de travail auxquelles elle a droit au titre du congé de maternité, qu'elle use ou non de ce droit, ainsi que pendant les quatre semaines suivant l'expiration de ces périodes. Toutefois, l'employeur peut rompre le contrat s'il justifie d'une faute grave de l'intéressée, non liée à l'état de grossesse, ou de son impossibilité de maintenir ce contrat pour un motif étranger à la grossesse ou à l'accouchement. Dans ce cas, la rupture du contrat de travail ne peut prendre effet ou être notifiée pendant les périodes de suspension du contrat de travail mentionnées au premier alinéa (C. trav., art. L. 1225-2).

■ **ÉLÉMENTS CONSTITUTIFS – QUALIFICATION**

✧ Pour avoir à .... [¤ lieu], le .... [¤ date], étant employeur, [⇨A ou B :]

A. pris en considération l'état de grossesse de .... [¤ nom de la victime] pour [⇨A1 à A3 :]

A1. refuser de l'embaucher (A1 : *N 26083.c5*) ;

A2. rompre son contrat de travail au cours d'une période d'essai (A2 : *N 26081.c5*) ;

A3. prononcer une mutation d'emploi (A3 : *N 26082.c5*) ;

B. recherché ou fait rechercher toutes informations concernant l'état de grossesse de .... [¤ nom de la victime], candidate à un emploi ou salariée (B : *N #.c5*).

Faits prévus et réprimés par les articles L. 1225-1 à 1225-3, R. 1227-5 du code du travail. ✧

23.8 Discrimination salaires hommes-femmes – code du travail

■ **PEINES**

PERSONNE PHYSIQUE

PP Contrav. 5e cl. 1 500 € (C. pén., art. 131-13), applicable autant de fois qu'il y aura de travailleurs rémunérés dans des conditions illégales (C. trav., art. R. 3222-1).

PC Néant.

PERSONNE MORALE

PP 7 500 € (C. pén., art. 131-41).

PC Néant.

■ **ORIENTEUR**

AUTRE QUALIFICATION

▪ **Discrimination à raison du sexe par le code pénal.** V. nos 23.2 et 23.3.

ÉLÉMENT LÉGAL

▪ **Champ d'application.** Ces dispositions sont aussi applicables aux agents de droit public (C. trav., art. L. 3221-1).

▪ **Transaction pénale.** Pour cette infraction (C. trav., art. L. 8114-4 s., Ord. no 2016-413, 7 avr. 2016), l'autorité administrative (le directeur de la Direccte, C. trav., art. R. 8114-3), tant que l'action publique n'a pas été mise en mouvement, peut transiger avec les personnes physiques ou morales en proposant une amende et des obligations propres à faire cesser l'infraction ou éviter son renouvellement (C. trav., art. L. 8114-5). La proposition de transaction acceptée est soumise à l'homologation du procureur. L'action publique est éteinte lorsque les obligations de la transaction sont exécutées dans le délai imparti (C. trav., art. L. 8114-6). Le Conseil d'État juge que cette mesure n'est pas contraire à Conv. EDH, art. 6, CDFU, art. 47 et DDHC, art. 16 (CE 26 avr. 2017, no 400971).

MESURE CIVILE

▪ **Preuve.** En cas de litige, le salarié concerné ou le candidat à un recrutement présente des éléments de fait laissant supposer l'existence d'une inégalité de rémunération, directe ou indirecte, fondée sur le sexe. Au vu de ces éléments, il incombe à la partie défenderesse de prouver que sa décision est justifiée par des éléments objectifs étrangers à toute discrimination. Le juge forme sa conviction après avoir ordonné toutes les mesures d'instruction qu'il estime utile (C. trav., art. L. 1144-1).

■ **ÉLÉMENTS CONSTITUTIFS – QUALIFICATION**

✧ Pour avoir à .... [¤ lieu], le .... [¤ date], étant employeur, [⇨A à C :]

A. omis d'assurer, pour un même travail ou pour un travail de valeur égale, l'égalité de rémunération entre les hommes et les femmes ;

B. omis d'établir selon des normes identiques pour les hommes et pour les femmes les différents éléments composant leur rémunération ;

C. établi des catégories et critères de classification et de promotion professionnelle, des bases de calculs de la rémunération ou des modes d'évaluation des emplois, distincts selon le sexe des travailleurs.

Faits prévus et réprimés par les articles L. 3221-2 à L. 3221-5, L. 3221-1, R. 3222-1, R. 3222-2, R. 3222-3, du code du travail (*N 263.c5*). ✧

23.9 Discrimination syndicale – code du travail

■ **PEINES**

PERSONNE PHYSIQUE

PP Délit. 3 750 € (C. trav., art. L. 2146-2).

Récidive. 1 an d'emprisonnement, 7 500 € (C. trav., art. L. 2146-2).

PERSONNE MORALE

PP 18 750 €, Récidive. 37 500 € (C. pén., art. 131-38).

PC Néant.

■ **ORIENTEUR**

AUTRE QUALIFICATION

▪ **Discrimination à raison des activités syndicales.** Incrimination prévue par le code pénal, v. n°s 23.2 et 23.3.

▪ **Entrave à l'exercice du droit syndical.** V. n° 32.5.

ÉLÉMENT LÉGAL

▪ **Constitutionnalité.** Est rejetée la QPC contre C. trav., art. L. 2141-7 qui définit le délit de discrimination syndicale en ce que cet article « *qui prohibe les moyens de pression à l'égard des organisations syndicales, sont suffisamment clairs et précis pour que l'interprétation de ce texte, qui entre dans l'office du juge pénal, puisse se faire sans risque d'arbitraire* » (Crim. 19 mars 2013, n° 12-82.163, NP).

ÉLÉMENT LÉGAL

▪ **Champ d'application. Exclusion :** ces dispositions du code du travail ne s'appliquent pas aux relations entre employeurs et salariés liés par un **contrat de droit public** (C. trav., art. L. 1141-1). Elles sont applicables aux employeurs de droit privé ainsi qu'à leurs salariés. Elles le sont également au personnel des personnes publiques employé dans les conditions du droit privé (C. trav., art. L. 2111-1).

RÉGIME PROCÉDURAL

▪ **Compétence juridictionnelle. Juge unique** sauf récidive (C. pr. pén., art. 398-1, v. n° 17.15D2).

▪ **Ordonnance pénale. Possible** (C. pr. pén., art. 495-II, v. n° 15.48B1 et tableau n° 17.15D2).

▪ **Transaction pénale par le défenseur des droits.** *Idem* n°s 23.2.

▪ **Exercice de l'action publique par le défenseur des droits.** *Idem* n°s 23.2.

MESURE CIVILE

▪ **Proposition de transaction civile par le défenseur des droits.** *Idem* n°s 23.2.

■ **ÉLÉMENTS CONSTITUTIFS – QUALIFICATION**

✧ Pour avoir à .... [¤ lieu], le .... [¤ date], étant employeur et chef d'établissement, directeur ou gérant, pris en considération l'appartenance à un syndicat ou l'exercice d'une activité syndicale pour arrêter ses décisions en ce qui concerne notamment l'embauchage, la conduite et la répartition du travail, la formation professionnelle, l'avancement, la rémunération et l'octroi d'avantages sociaux, les mesures de discipline et de congédiement, en l'espèce en .... [¤ description des faits reprochés].
Faits prévus et réprimés par les articles L. 2141-5 à L. 2141-8, L. 2146-2 du code du travail (*N 3878.ju* ; Récidive : *N 8226.co*). ✧

23.10 Discrimination dans le règlement intérieur – code du travail

■ **PEINES**

PERSONNE PHYSIQUE

PP Contrav. 4e cl. **750 €** (C. trav., art. R. 1323-1 ; C. pén., art. 131-13).

PC Néant.

PERSONNE MORALE

PP **3 750 €** (C. pén., art. 131-41).

PC Néant.

■ **ORIENTEUR**

ÉLÉMENT LÉGAL

▪ **Champ d'application.** *Idem* n° 23.4.

■ **ÉLÉMENTS CONSTITUTIFS – QUALIFICATION**

✧ Pour avoir à .... [¤ lieu], le .... [¤ date], établi un règlement intérieur comportant des dispositions discriminant les salariés dans leur emploi ou leur travail, en raison de leur origine, de leur sexe, de leurs mœurs, de leur orientation sexuelle ou identité de genre, de leur âge, de leur situation de famille ou de leur grossesse, de leurs caractéristiques génétiques, de leur appartenance ou de leur non-appartenance, vraie ou supposée, à une ethnie, une nation ou une race, de leurs opinions politiques, de leurs activités syndicales ou mutualistes, de leurs convictions religieuses, de leur apparence physique, de leur nom de famille ou en raison de leur état de santé ou de leur handicap, à capacité professionnelle égale, en l'espèce en .... [¤ description des faits reprochés]. Faits prévus et réprimés par les articles L. 1321-3 et R. 1323-1 du code du travail (*N 11914.c4*). ✧

23.11 Entrave concertée aux libertés – Menaces ou violences

■ PEINES

PERSONNE PHYSIQUE

PP Délit. Cas A : 1 an d'emprisonnement, 15 000 €. Cas B et C : 3 ans, 45 000 € (C. pén., art. 431-1).

PC 1. Interdiction droits civiques civils et de famille ⩽ 5 ans (vote, éligibilité, fonction juridictionnelle, expert, témoin, tuteur, curateur) (C. pén., art. 431-2 et 131-26) ;

2. Interdiction, définitive ou ⩽ 5 ans activité professionnelle ou sociale (en relation avec l'infraction), ou fonction publique (sauf mandat électif ou syndical) (C. pén., art. 431-2, 131-27 et 131-28) ;

3. Interdiction, ⩽ 5 ans, de détention ou de port d'arme soumise à autorisation (C. pén., art. 431-2).

PERSONNE MORALE

PP Cas A : 75 000 €. Cas B : 225 050 € (C. pén., art. 131-38).

PC Néant.

■ ORIENTEUR

AUTRE QUALIFICATION

- **Entrave à l'interruption volontaire de grossesse.** CSP, art. L. 2223-2, v. n° 29.12.
- **Obstruction concertée à l'exercice de la chasse.** C. envir., art. R. 428-12-1, v. n° 31.45.

ÉLÉMENT LÉGAL

- **Application de la loi pénale dans le temps.** Cas 6 et 7 : incriminations créées par L. n° 2911-264, 14 mars 2011. Cas 8 et 9 : incriminations créées par L. n° 2016-925, 7 juill. 2016. Cas 10 : incrimination créée par L. n° 2021-1109, 24 août 2021, confortant le respect des principes de la République.

■ ÉLÉMENTS CONSTITUTIFS – QUALIFICATION

✧ Pour avoir à .... [¤ lieu], le .... [¤ date], de manière concertée et à l'aide de [⇨A à C puis 1 à 9 :]

A. menaces ...

B. coups, violences, voies de fait ...

C. destructions ou dégradations ...

..., en l'espèce en .... [¤ matérialiser l'infraction], entravé [⇨1 à 9 :]

1. l'exercice de la liberté d'expression (A1 : *N 12245.co* ; B1 : *N 12250.co* ; C1 : *N 12254.co*) ;
2. l'exercice de la liberté du travail (A2 : *N 12246.co* ; B2 : *N 12259.co* ; C2 : *N 12255.co*) ;
3. l'exercice de la liberté d'association (A3 : *N 12247.co* ; B3 : *N 12251.co* ; C3 : *N 12256.co*) ;
4. l'exercice de la liberté de réunion (A4 : *N 12248.co* ; B4 : *N 12252.co* ; C4 : *N 12257.co*) ;
5. l'exercice de la liberté de manifestation (A5 : *N 12249.co* ; B5 : *N 12253.co* ; C5 : *N 12258.co*) ;
6. le déroulement des débats d'une assemblée parlementaire (A6 : *N 28173.co* ; B6 : *N #* ; C6 : *N #*) ;
7. le déroulement des débats d'un organe délibérant d'une collectivité territoriale (A7 : *N 28174.co* ; B7 : *N #* ; C7 : *N #*) ;
8. l'exercice de la liberté de création artistique (L. n° 2016-925, 7 juill. 2016) (A8 : *N 31953.co* ; B8 : *N 31955.co* ; C8 : *N 31957.co*) ;
9. l'exercice de la liberté de la diffusion de la création artistique (L. n° 2016-925, 7 juill. 2016) (A9 : *N 31954.co* ; B9 : *N 31956.co* ; C9 : *N 31958.co*) ;
10. l'exercice de la fonction d'enseignant (L. n° 2021-1109, 24 août 2021) (A10 : *N 34167.co* ; B10 : *N #.co* ; C10 : *N #.co*).

Faits prévus et réprimés par les articles 431-1 et 431-2 du code pénal. ✧

23.12 Participation délictueuse à un attroupement – Provocation à un attroupement armé

■ PEINES

PERSONNE PHYSIQUE

PP Délit. Cas A et D : 1 an d'emprisonnement, 15 000 € (C. pén., art. 431-4 et 431-6). Cas A1 et B : 3 ans, 45 000 € (C. pén., art. 431-5). Cas B1 et C : 5 ans, 75 000 € (C. pén., art. 431-5). Cas D1 : 7 ans, 100 000 € (C. pén., art. 431-6).

PC Cas A : Néant.

Cas B à D : 1. Interdiction droits civiques civils et de famille ⩽ 5 ans (vote, éligibilité, fonction juridictionnelle, expert, témoin, tuteur, curateur) (C. pén., art. 431-7 et 131-26) ;

3. Interdiction obligatoire ⩽ 5 ans, de détention ou port d'arme soumise à autorisation (L. nº 2012-304, 6 mars 2012, auparavant interdiction facultative) (C. pén., art. 431-7 II).

4. Confiscation obligatoire d'une ou plusieurs armes dont le condamné est propriétaire ou dont il a la libre disposition (L. nº 2012-304, 6 mars 2012, auparavant peine facultative) (C. pén., art. 431-7 II) ;

5. Interdiction de séjour ⩽ 5 ans (C. pén., art. 431-7, 131-31 et 131-32, C. pr. pén., art. 762-1 à 763) ;

6. Auteur étranger : interdiction du territoire français, définitive ou ⩽ 10 ans (C. pén., art. 431-8, 131-30 à 131-30-2).

PERSONNE MORALE

PP Cas A et D : 75 000 €. Cas A1 et B : 225 000 €. Cas B1 et C : 375 000 €. Cas D1 : 500 000 € (C. pén., art. 131-38).

PC Néant.

■ ORIENTEUR

AUTRE QUALIFICATION

▪ **Participation à un groupement préparant des violences ou dégradations (L. nº 2010-201, 2 mars 2010).** V. nº 20.34.

▪ **Manifestation illicite – Participation délictueuse à une manifestation ou réunion.** V. nº 23.13.

▪ **Participation illicite à une manifestation, contraventions : dissimulation du visage – Manifestation interdite.** V. nº 23.14.

▪ **Provocation à la rébellion.** V. nº 25.14.

▪ **Cris et chants séditieux.** Constituent une contrav. 5ᵉ cl. relevant du régime des infractions de presse « *tous cris et chants séditieux proférés dans des lieux ou réunions publics* » (L. 29 juill. 1881, art. 24, al. 6, *N 2793.c5*) (sur le régime procédural particulier des infractions de presse (L. 29 juill. 1881, art. 53 et 65) : prescription de 3 mois, modalités d'interruption de la prescription et forme de la citation, v. orienteur/régime procédural du nº 35.13).

ÉLÉMENT LÉGAL

▪ **Définition. Attroupement.** « *Constitue un attroupement tout rassemblement de personnes sur la voie publique ou dans un lieu public susceptible de troubler l'ordre public* » (C. pén., art. 431-3).

▪ **Constitutionnalité. Rejet d'une QPC.** La Ch. crim. a rejeté d'une QPC portant sur C. pén., art. 431-3, 431-4 et CSI, art. L. 211-9 au motif que ces textes sont, d'une part « *suffisamment clairs et précis pour que leur interprétation, qui entre dans l'office du juge pénal, puisse se faire sans risque d'arbitraire* », d'autre part, « *qu'ils concilient la sauvegarde de droits et principes de valeur constitutionnelle, et l'exercice des libertés constitutionnellement garanties, dont la liberté individuelle, la liberté de manifester et le droit d'expression collective des idées et opinions* » et qu'ils « *ne méconnaissent pas le principe selon lequel l'autorité judiciaire est gardienne de la liberté individuelle, dès lors qu'il revient à celle-ci, en dernier lieu, de s'assurer que le rassemblement a le caractère d'un attroupement au sens précité, de sorte que le juge saisi de poursuites pénales doit vérifier l'effectivité du risque de trouble à l'ordre public créé par le rassemblement* » (Crim. 18 oct. 2016, nº 15-84.940, P nº 270).

ÉLÉMENT INTENTIONNEL

▪ **Impossibilité de donner suite aux sommations.** Estime à bon droit « *que l'élément intentionnel de l'infraction de participation sans arme à un attroupement après sommation de se disperser n'était pas suffisamment caractérisé* » la cour qui constate qu'en raison de la disposition des lieux et de leur quadrillage par les forces de l'ordre « *il n'est pas suffisamment établi que le prévenu a bénéficié de la possibilité de quitter l'attroupement après les sommations* » (Crim. 23 janv. 2019, nº 18-81.219).

RÉGIME PROCÉDURAL

▪ **Infraction politique.** La Ch. crim. juge que l'infraction d'attroupement prévue par C. pén., art. 431-4 (**Cas** A et A1) est un délit politique (Crim. 28 mars 2017, nº 15-84.940, P nº 82, précédé de Crim. 12 déc. 1963, nº 63-36.000, P nº 360 et Crim. 23 mars 1971, nº 70-92.157, P nº 67). Il en résultait que l'auteur ne pouvait faire l'objet des modes de poursuite suivants, réservés aux infractions de droit commun (sur la notion et le régime de l'infraction politique, v. nº 10.7A) : convocation par procès-verbal, comparution immédiate, CRPC ou composition pénale (C. pr. pén., art. 41-2). Par dérogation aux restrictions ainsi apportées aux modalités de poursuite de ces faits, la L. nº 2019-290, 10 avr. 2019, a introduit C. pén., art. **431-8-1**, qui permet expressément de recourir, pour les **cas** A à D, aux procédures de convocation par procès-verbal (C. pr. pén., art. 394, v. nº 15.14), de comparution immédiate (C. pr. pén., art. 395, v. nº 15.15), de comparution différée (C. pr. pén., art. 397-1-1, v. nº 15.16), et de CRPC (C. pr. pén., art. 495-7 et 495-15-1, v. nº 15.53 à 15.57). Le Cons. const., saisi de certains articles de la L. nº 2019-290, 10 avr. 2019, n'a pas été saisi de cette disposition ni statué d'office sur elle (Cons. const. 4 avr. 2019, nº 2019-780 DC, § 41).

MESURE ADMINISTRATIVE

▪ **Sommations de dispersion.** (C. pén., art. 431-3). Un attroupement « *peut être dissipé par la force publique après deux sommations de se disperser demeurées sans effet* » (CSI, art. L. 211-9), adressées par le préfet, sous-préfet, maire ou adjoint, ou un OPJ, porteurs des insignes de leur fonction (écharpe ou brassard tricolore, CSI, art. L. 211-9 et R. 211-12), selon des modalités propres à informer les participants de leur obligation de se disperser (CSI, art. R. 211-11, mod. par D. nº 2021-556, 5 mai 2021) : l'autorité, par haut-parleur, doit annoncer ainsi sa présence : « *Attention ! Attention ! Vous participez à un attroupement. Obéissance à la loi. Vous devez vous disperser et quitter les lieux* », puis les sommations : « *Première sommation : nous allons faire usage de la force. Quittez immédiatement les lieux* » et enfin « *Dernière sommation : nous allons faire usage de la force. Quittez immédiatement les lieux* » (v. aussi CSI, art. L. 211-9, L. 211-10 et L. 211-16).

RÉGIME DES PEINES

▪ **Infraction politique.** La Ch. crim. juge que l'infraction d'attroupement prévue par C. pén., art. 431-4 (**Cas** A et A1) est un délit politique (V. jurisprudence citée ci-dessus à la rubrique « régime procédural »). Sur le régime des peines applicable à l'infraction politique, v. nº 10.7A2.

▪ ÉLÉMENTS CONSTITUTIFS – QUALIFICATION

✧ Pour avoir à .... [¤ lieu], le .... [¤ date], [⇨A à D :]

A. n'étant pas porteur d'une arme, continué volontairement à participer à un attroupement après les sommations de dispersion (C. pén., art. 431-4) (A : *N* ***1160.co***) ;

A1. [• Préciser le cas échéant dans le **cas** A] avec cette circonstance qu'il dissimulait en tout ou partie son visage afin de ne pas être identifié (L. nº 2010-201, 2 mars 2010) (A1 : *N* ***27562.co***).

B. étant porteur d'une arme, participé à un attroupement (C. pén., art. 431-5, 431-7 et 431-8) (B : *N* ***12260.co***) ;

B1. [• Préciser le cas échéant dans le **cas** B] avec cette circonstance qu'il dissimulait en tout ou partie son visage afin de ne pas être identifié (L. nº 2010-201, 2 mars 2010) (B1 : *N* ***27563.co***) ;

C. étant porteur d'une arme, continué volontairement à participer à un attroupement après les sommations de dispersion (C. pén., art. 431-5, 431-7 et 431-8) (C : *N* ***12262.co***) ;

D. par des cris ou discours publics, par des écrits affichés ou distribués, ou par tout autre moyen de transmission de l'écrit, de la parole ou de l'image, provoqué directement à un attroupement armé, en l'espèce .... [¤ décrire le contenu et la forme de la provocation] (C. pén., art. 431-6, 431-7 et 431-8) (D : *N* ***1168.co***) ;

D1. [• Préciser le cas échéant dans le **cas** D] avec cette circonstance que la provocation a été suivie d'effet (C. pén., art. 431-6, 431-7 et 431-8) (D1 : *N* ***424.co***).

Faits prévus et réprimés par les articles [• du cas sélectionné]. ✧

23.13 Manifestation illicite – Participation délictueuse à une manifestation ou réunion

■ PEINES

PERSONNE PHYSIQUE

PP Délit. Cas A à C : 6 mois d'emprisonnement, 7 500 € (C. pén., art. 431-9). Cas D : 1 an, 15 000 € (art. 431-9-1, incrimination créée par L. n° 2019-290, 10 avr. 2019). Cas E : 3 ans, 45 000 € (art. 431-10).

PC 1. Cas E et, depuis L. n° 2019-290, 10 avr. 2019, cas A à D : interdiction droits civiques civils et de famille ⩽ 5 ans (vote, éligibilité, fonction juridictionnelle, expert, témoin, tuteur, curateur) (C. pén., art. 431-11 et 131-26) ;

2. Cas E et, depuis L. n° 2019-290, 10 avr. 2019, cas A à D : interdiction obligatoire ⩽ 5 ans, de détention ou port d'arme soumise à autorisation (L. n° 2012-304, 6 mars 2012, auparavant interdiction facultative) (C. pén., art. 431-11 II).

3. Cas E et, depuis L. n° 2019-290, 10 avr. 2019, cas A à D : confiscation obligatoire d'une ou plusieurs armes dont le condamné est propriétaire ou dont il a la libre disposition (L. n° 2012-304, 6 mars 2012, auparavant peine facultative) (C. pén., art. 431-11 II) ;

4. Cas E et, depuis L. n° 2019-290, 10 avr. 2019, cas A à D : interdiction de séjour ⩽ 5 ans (C. pén., art. 431-11, 131-31 et 131-32, C. pr. pén., art. 762-1 à 763) ;

5. Cas E. Auteur étranger : interdiction du territoire français, définitive ou ⩽ 10 ans (C. pén., art. 431-12, 131-30 à 131-30-2).

6. Cas A à E : depuis L. n° 2019-290, 10 avr. 2019, interdiction, ⩽ 3 ans, de participer à des manifestations sur la voie publique aux lieux fixés par la juridiction (C. pén., art. 431-11 I et 131-32-1). Inscription de l'interdiction au FPR (C. pr. pén., art. 230-19 17°, L. n° 2019-290, 10 avr. 2019, sur le FPR, v. n° 13.17B4) ; sanction du non-respect de cette interdiction : C. pén., art. 434-38-1, v. n° 25.68 (L. n° 2019-290, 10 avr. 2019, anc[t] CSI, art. L. 211-13).

■ ORIENTEUR

AUTRE QUALIFICATION

▪ **Participation à un groupement préparant des violences ou dégradations** (L. n° 2010-201, 2 mars 2010). V. n° 20.34.

▪ **Participation délictueuse à un attroupement – Provocation à un attroupement armé.** V. n° 23.12.

▪ **Participation illicite à une manifestation, contraventions : dissimulation du visage – Manifestation interdite.** V. n° 23.14. **Cas D : dissimulation du visage.** « *à la différence de ce qui est prévu pour la contravention – qui continuera donc à s'appliquer dans les cas les moins graves –* [Sur la contravention de dissimulation de visage dans une manifestation, v. n° 23.14, cas A] *le délit exige qu'au cours ou à l'issue de la manifestation à l'occasion de laquelle la personne dissimule son visage, des troubles à l'ordre public sont commis ou risquent d'être commis* » (Circ. Crim. 2019-9/H2, 12 avr. 2019, n° 1.1).

▪ **Rave party – Rassemblement festif musical illicite.** V. n°s 23.20 et 23.21.

▪ **Cris et chants séditieux.** Contrav. 5e cl. (L. 29 juill. 1881, art. 24, al. 6, v. orienteur n° 23.12).

▪ **Entrave à la circulation – Délit.** C. route, art. L. 412-1, v. n° 36.21.

▪ **Entrave à la circulation – Contravention.** C. route, art. R. 644-2, v. n° 36.22.

▪ **Trouble à la circulation.** C. route, art. R. 412-51, v. n° 36.23.

ÉLÉMENT LÉGAL

▪ **Définition. Définition de la manifestation.** « *constitue une manifestation, au sens et pour l'application de ces textes* [C. pén., art. 431-9, CSI et art. L. 211-1], *tout rassemblement, statique ou mobile, sur la voie publique d'un groupe organisé de personnes aux fins d'exprimer collectivement et publiquement une opinion ou une volonté commune* » (Crim. 9 févr. 2016, n° 14-82.234, P n° 35).

▪ **Champ d'application. Exclusion des réunions publiques** : L. 28 mars 1907, art. 1er : « *Les réunions publiques, quel qu'en soit l'objet, pourront être tenues sans déclaration préalable* ».

▪ **Application de la loi pénale dans le temps. Cas D : dissimulation du visage.** Incrimination créée par L. n° 2019-290, 10 avr. 2019, *JO* 11 avr. 2019.

▪ **Constitutionnalité. Cas D : dissimulation du visage.** Pour consacrer la constitutionnalité de cette incrimination au regard des principes de légalité des délits et des peines, de la liberté d'expression collective des idées et des opinions et de proportionnalité des peines (§ 32 et 33), le Cons. const. a précisé que : en premier lieu, « *le législateur a visé la circonstance dans laquelle une personne entend empêcher son identification, par l'occultation de certaines parties de son visage. Il ne s'est ainsi pas fondé sur une notion imprécise* » (§ 29) ; en second lieu, que « *le législateur a, d'une part, précisément défini la période pendant laquelle l'existence de troubles ou d'un risque de troubles doit être appréciée, qui commence dès le rassemblement des participants à la manifestation et se termine lorsqu'ils se sont tous dispersés. D'autre part, en faisant référence au risque de commission de troubles à l'ordre public, le législateur a entendu viser les situations dans lesquelles les risques de tels troubles sont manifestes* » (§ 30) ; en dernier lieu qu'en « *écartant du champ de la répression la dissimulation du visage qui obéit à un motif légitime, le législateur a retenu une notion qui ne présente pas de caractère équivoque* » (§ 31) (Cons. const, 4 avr. 2019, n° 2019-780 DC). « *C'est donc uniquement dans de telles hypothèses que la dissimulation du visage constituera désormais un délit et non plus une contravention* » réprimée par R. 645-14 (Circ. Crim. 2019-9/H2, 12 avr. 2019, n° 1.1) (sur la contravention de dissimulation du visage dans une manifestation, v. n° 23.14, **cas A**).

TEXTE DE RÉFÉRENCE

▪ **Régime administratif de la manifestation publique.** Sauf usages locaux « *sont soumis à l'obligation d'une déclaration préalable tous cortèges, défilés et rassemblement de personnes, et, d'une façon générale, toutes manifestations sur la voie publique.* » (CSI, art. L. 211-1. La déclaration est faite, contre récépissé, auprès du maire, ou du préfet de police à Paris, ou du préfet ou sous-préfet en zone de police d'État, au moins 3 et au plus 15 jours francs avant la manifestation. Elle fait connaître les organisateurs et est signée par trois d'entre eux, indique le but de la manifestation, le lieu, la date et l'heure du rassemblement, l'itinéraire projeté (CSI, art. L. 211-2). Le maire transmet dans les 3 jours la déclaration au représentant de l'État (CSI, art. L. 211-4). « *Si l'autorité investie des pouvoirs de police estime que la manifestation projetée est de nature à troubler l'ordre public, elle l'interdit par un arrêté qu'elle notifie immédiatement aux signataires de la déclaration au domicile élu* ». (CSI, art. L. 211-4). Si le maire, compétent pour prendre un arrêté d'interdiction, s'est abstenu de le faire, le représentant de l'État dans le département peut y pourvoir (CSI, art. L. 211-4).

RÉGIME PROCÉDURAL

▪ **Contrôle des véhicules et de bagages. Cas E** : pour la recherche et la poursuite de cette infraction (C. pén., art. 431-10), le procureur de la République peut autoriser par réquisitions écrites la fouille des bagages et des véhicules sur les lieux de la manifestation ou ses abords immédiats (C. pr. pén., art. 78-2-5 issu L. n° 2019-290, 10 avr. 2019, v. n° **11.28B**).

RÉGIME DES PEINES

▪ **Récidive. Cas A et B** : « *constitue le même délit de manifestation illicite, du point de vue de la récidive, l'organisation d'une manifestation sans déclaration et l'organisation d'une manifestation ayant été interdite, infractions toutes deux prévues par l'article 431-9 du Code pénal* » (Crim. 3 avr. 2001, n° 00-86.515, P n° 89) (sur les conditions et les effets de la récidive, v. n° 18.5).

▪ ÉLÉMENTS CONSTITUTIFS – QUALIFICATION

✧ Pour avoir à .... [¤ lieu], le .... [¤ date], [⇨A à E :]

A. organisé une manifestation sur la voie publique n'ayant pas fait l'objet d'une déclaration préalable dans les conditions fixées par la loi (C. pén., art. 431-9) (A : *N* ***29024.co***) ;

B. organisé une manifestation sur la voie publique ayant été interdite dans les conditions fixées par la loi (C. pén., art. 431-9) (B : *N* ***29025.co***) ;

C. établi une déclaration incomplète ou inexacte de nature à tromper sur l'objet et les conditions d'une manifestation projetée sur la voie publique (C. pén., art. 431-9) (C : *N* ***1550.co***) ;

D. au sein ou aux abords immédiats d'une manifestation sur la voie publique au cours ou à l'issue de laquelle des troubles à l'ordre public sont commis ou risquent d'être commis, dissimulé volontairement tout ou partie de son visage sans motif légitime (C. pén., art. 431-9-1, créé par L. n° 2019-290, 10 avr. 2019) (D : *N* ***33234.co***) ;

E. participé à une manifestation ou à une réunion publique en étant porteur d'une arme (C. pén., art. 431-10, 431-11 et 431-12) (E : *N* ***12261.co***).

Faits prévus et réprimés par les articles [• du cas sélectionné] du code pénal. ✧

23.14 Participation illicite à une manifestation, contraventions : dissimulation du visage – Manifestation interdite – Non respect des arrêtés de police en cas d'événements risquant de porter atteinte à la sécurité publique – Ouverture d'un point d'eau incendie

■ PEINES

PERSONNE PHYSIQUE

PP Cas A : Contrav. 5e cl., 1 500 € (C. pén., art. R. 645-14 (D. no 2009-724, 19 juin 2009) et 131-13) ;

Cas B : Contrav. 4e cl., 750 € (C. pén., art. R. 644-4 (D. no 2019-208, 20 mars 2019) et 131-13) ;

Cas C : Contrav. 4e cl., 750 € (C. pén., art. R. 644-5 (D. no 2022-185, 15 févr. 2022) et 131-13) ;

Cas D : Contrav. 4e cl., 750 € (C. pén., art. R. 644-5-1 (D. no 2022-185, 15 févr. 2022) et 131-13) ;

Cas E : Contrav. 4e cl., 750 € (C. pén., art. R. 644-6 (D. no 2022-185, 15 févr. 2022) et 131-13).

PC Néant.

PERSONNE MORALE

PP Cas A : Contrav. 5e cl. 7 500 € (C. pén., art. R. 645-14 (D. no 2009-724, 19 juin 2009) et 131-41) ;

Cas B : Contrav. 4e cl., 3 750 € (C. pén., art. R. 644-4 (D. no 2019-208, 20 mars 2019) et 131-41) ;

Cas C : Contrav. 4e cl., 3 750 € (C. pén., art. R. 644-5 (D. no 2022-185, 15 févr. 2022) et 131-13) ;

Cas D : Contrav. 4e cl., 3 750 € (C. pén., art. R. 644-5-1 (D. no 2022-185, 15 févr. 2022) et 131-13).

Cas E : Contrav. 4e cl., 3 750 € (C. pén., art. R. 644-6 (D. no 2022-185, 15 févr. 2022) et 131-13).

PC Néant.

■ ORIENTEUR

AUTRE QUALIFICATION

■ **Participation délictueuse à un attroupement – Provocation à un attroupement armé.** Circonstance aggravante de dissimulation du visage, v. nos 23.12 et 23.14.

■ **Manifestation illicite – Participation délictueuse à une manifestation ou réunion. Dissimulation délictuelle du visage au cours d'une manifestation,** incrimination créée par L. no 2019-290, 10 avr. 2019, v. no, v. no 23.13, cas D.

■ **Dissimulation du visage dans un espace public (L. no 2010-1192, 11 oct. 2010).** V. no 23.15.

■ **Menace ou contrainte pour imposer à une personne la dissimulation de son visage à raison de son sexe (L. no 2010-1192, 11 oct. 2010).** V. no 20.118.

■ **Cris et chants séditieux.** Constituent une contrav. 5e cl. relevant du régime des infractions de presse « *tous cris et chants séditieux proférés dans des lieux ou réunions publics* » (L. 29 juill. 1881, art. 24, al. 6, *N 2793.c5*), v. orienteur no 23.12.

■ **Entrave à la circulation – Délit.** C. route, art. L. 412-1, v. no 36.21.

■ **Entrave à la circulation – Contravention.** C. route, art. R. 644-2, v. no 36.22.

■ **Trouble à la circulation.** C. route, art. R. 412-51, v. no 36.23.

ÉLÉMENT LÉGAL

■ **Application de la loi pénale dans le temps.** Cas A : incrimination créée par D. no 2009-724, 19 juin 2009. Cas B : incrimination créée par D. no 2019-208, 20 mars 2019. Cas C à E : incriminations créées par D. no 2022-185, 15 févr. 2022.

■ **Fait justificatif.** Cas A : incrimination non applicable aux manifestations conformes aux usages locaux ou lorsque la dissimulation du visage est justifiée par un motif légitime (ex. carnaval) (C. pén., art. R. 645-14).

TEXTE DE RÉFÉRENCE

▪ **Régime administratif de la manifestation publique.** V. nº **23.13**. Cas **B** : « *l'autorité de police compétente peut toujours interdire, par arrêté pris sur le fondement de CSI, art. L. 211-4, une manifestation soumise à déclaration, dès lors qu'elle estime que la manifestation projetée est de nature à troubler l'ordre public, peu important que celle-ci ait fait ou non l'objet d'une telle déclaration* », est ainsi fondée la condamnation pour participation à une manifestation interdite bien que non déclarée (Crim. 16 mars 2021, nº 20-85.603, P) ; en effet, « *l'interdiction d'une manifestation par l'autorité administrative n'est pas subordonnée à l'existence d'une déclaration préalable* » (§ 14) (Crim. 18 mai 2021, nº 20-87.005, D). En revanche, la participation à une manifestation **non déclarée** n'est pas incriminée : ni C. pén., art. R. 644-4, « *ni l'article R. 610-5 du code pénal, ni aucune autre disposition légale ou réglementaire n'incrimine le seul fait de participer à une manifestation non déclarée* » (§ 8) (Crim. 8 juin 2022, nºs 21-82.451, 21-82.453 et 21-82.454, D).

RÉGIME PROCÉDURAL

▪ **Inscription au fichier TAJ. Cas A** : contravention donnant lieu à inscription de la personne au fichier de traitement des antécédents judiciaires (TAJ), C. pr. pén., art. R. 40-25, v. nº **13.12B**.

▪ **Amende forfaitaire.** Possible pour le **Cas B** (C. pr. pén., art. R. 48-1 13°, réd. issue D. nº 2019-208, 20 mars 2019).

▪ ÉLÉMENTS CONSTITUTIFS – QUALIFICATION

✧ Pour avoir à .... [¤ lieu], le .... [¤ date], [⇨**A** à **E** :]

A. au sein ou aux abords immédiats d'une manifestation sur la voie publique, dissimulé volontairement son visage afin de ne pas être identifié dans des circonstances faisant craindre des atteintes à l'ordre public (C pén., art. **R. 645-14**, D. nº 2009-724, 19 juin 2009) (**A** : *N* ***27328.c5*** ; récidive : *N* ***27329.c5***) ;

B. participé à une manifestation sur la voie publique interdite par un arrêté pris par l'autorité investie du pouvoir de police (C. pén., art. **R. 644-4**, CSI, art. L. 211-4 et R. 211-26-1, D. nº 2019-208, 20 mars 2019) (**B** : *N* ***33227.c4***) ;

C. violé les interdictions ou manqué aux obligations édictées par des décrets et arrêtés pris sur le fondement des pouvoirs de police générale des autorités compétentes lors d'évènements comportant des risques d'atteintes à la sécurité publique, en l'espèce, malgré les dispositions de .... [spécifier le décret ou arrêté servant de base aux poursuites], en [⇨**C1** à **C3** :] (C pén., art. **R. 644-5**, issu D. nº 2022-185, 15 févr. 2022)...

C1. consommant de l'alcool sur la voie publique (**C1** : *N* ***34558.c4***) ;

C2. faisant irrégulièrement usage d'artifices de divertissement sur la voie publique (**C2** : *N* ***34559.c4***) ;

C3. transportant irrégulièrement un récipient contenant du carburant (**C3** : *N* ***34560.c4***) ;

D. violé les interdictions ou manqué aux obligations édictées par des décrets et arrêtés, en l'espèce .... [spécifier le décret ou l'arrêté servant de base aux poursuites], pris sur le fondement des pouvoirs de police générale des autorités compétentes pour prévenir la réitération d'atteintes graves à la sécurité publique à la suite de troubles, réglementant, (C pén., art. **R. 644-5-1**, issu D. nº 2022-185, 15 févr. 2022) [⇨**D1** à **D3** :]

D1. la présence des personnes en certains lieux (**D1** : *N* ***34562.c4***) ;

D2. la circulation des personnes en certains lieux (**D2** : *N* ***34561.c4***) ;

D3. la circulation des personnes à certaines heures (**D2** : *N* ***34561.c4***) ;

E. procédé, sans motif légitime, à l'ouverture d'un point d'eau incendie ayant pour effet d'entraîner un écoulement d'eau (C pén., art. **R. 644-6**, issu D. nº 2022-185, 15 févr. 2022) (**E** : *N* ***34564.c4***).

Faits prévus et réprimés par les articles [• du cas sélectionné]. ✧

23.15 Dissimulation du visage dans un espace public (L. nº 2010-1192, 11 oct. 2010)

▪ PEINES

PERSONNE PHYSIQUE

PP Contrav. 2e cl. **150 €** (L. nº 2010-1192, 11 oct. 2010, art. **3** ; C. pén., art. 131-13).

PC Stage de citoyenneté (C. pén., art. 131-16 8°, L. nº 2010-1192, 11 oct. 2010, art. 3) (pour les faits commis avant le 24 mars 2020 et jugés après cette date, L. nº 2019-222, 23 mars 2019, en vigueur le 24 mars 2020. Pour les faits commis à partir du 24 mars 2020, v. nouvelle réd. C. pén., art. 131-16 7°, renvoyant à 131-5-15-1 et nº 18.33) ;

PERSONNE MORALE

PP Contrav. 2e cl. **750 €** (L. nº 2010-1192, 11 oct. 2010, art. 3 ; C. pén., art. 131-41).

PC Néant.

■ ORIENTEUR

AUTRE QUALIFICATION

▪ **Dissimulation délictuelle du visage lors d'un attroupement.** V. nos 23.12, 23.14.

▪ **Contrainte pour imposer à une personne la dissimulation de son visage à raison de son sexe.** V. nº 20.118.

ÉLÉMENT LÉGAL

▪ **Application de la loi pénale dans le temps.** Incrimination créée par L. nº 2010-1192, 11 oct. 2010, entrée en vigueur le 14 avril 2011.

▪ **Constitutionnalité.** Ces dispositions (L. nº 2010-1192, 11 oct. 2010, art. 1 à 3) ont été jugées conformes à la Constitution en ce que le législateur a assuré, compte tenu de la nature de la peine instituée en cas de méconnaissance de l'interdiction, la conciliation entre, d'une part, les nécessités de la sécurité publique, les exigences minimales d'une vie en société, la prise en compte de la situation d'exclusion et d'infériorité subies par les femmes dissimulant, volontairement ou non, leur visage, d'autre part, les droits constitutionnellement protégés. Sous réserve, toutefois, de ne pas restreindre l'exercice de la liberté religieuse dans les lieux de culte ouverts au public (Cons. const. 7 oct. 2010, nº 2010-613 DC, § 4 et 5).

▪ **Conventionnalité. Conformité à Conv. EDH, art. 9** garantissant la liberté de pensée, de conscience et de religion. Si « *l'article 9 de la Convention susvisée garantit l'exercice de la liberté de pensée, de conscience et de religion, l'alinéa 2 de ce texte dispose que cette liberté peut faire l'objet de restrictions prévues par la loi et constituant, dans une société démocratique, des mesures nécessaires à la sécurité publique, à la protection de l'ordre, de la santé ou de la morale publics, ou à la protection des droits et libertés d'autrui ; que tel est le cas de la loi interdisant la dissimulation intégrale du visage dans l'espace public en ce qu'elle vise à protéger l'ordre et la sécurité publics en imposant à toute personne circulant dans un espace public, de montrer son visage* » (Crim. 5 mars 2013, nº 12-80.891, P nº 54).

▪ **Définition. • Espace public.** Pour l'application de ces dispositions, l'espace public est constitué des voies publiques ainsi que des lieux ouverts au public ou affectés à un service public (L. nº 2010-1192, 11 oct. 2010, art. 2 I). **• Lieux ouverts au public.** Circ. 1er ministre PRMC1106214C, 2 mars 2011 (nº I,1,b) : « *constituent des lieux ouverts au public les lieux dont l'accès est libre (plages, jardins publics, promenades publiques...) ainsi que les lieux dont l'accès est possible, même sous condition, dans la mesure où toute personne qui le souhaite peut remplir cette condition (paiement d'une place de cinéma ou de théâtre par exemple). Les commerces (cafés, restaurants, magasins), les établissements bancaires, les gares, les aéroports et les différents modes de transport en commun sont ainsi des espaces publics* ». **• Lieux de culte.** Circ. 2 mars 2011, NOR : PRMC1106214C (nº I, 2) : « *Lorsqu'ils sont ouverts au public* », les lieux de culte entrent dans le champ d'application de la loi. Dans sa réserve d'interprétation, le Cons. const., précise que l'interdiction de dissimuler son visage dans l'espace public ne saurait, sans porter une atteinte excessive au principe de liberté religieuse, s'appliquer dans les lieux de culte ouverts au public (Cons. const. 7 oct. 2010, nº 2010-613 DC, § 5). **• Voies publiques, véhicules.** Circ. 2 mars 2011, NOR : PRMC1106214C (nº I, 1, b) : « *La notion de voies publiques n'appelle pas de commentaires. Il convient de préciser qu'à l'exception de ceux affectés aux transports en commun, les véhicules qui empruntent les voies publiques sont considérées comme des lieux privés. La dissimulation du visage, par une personne se trouvant à bord d'une voiture particulière, n'est donc pas constitutive de la contravention prévue par la loi. Elle peut en revanche tomber sous le coup des dispositions du code de la route prévoyant que la conduite du véhicule ne doit pas présenter de risque pour la sécurité publique* ». **• Lieux affectés à un service public.** Circ. 2 mars 2011, NOR : PRMC1106214C (nº I, 1, b) : ces lieux « *désignent les implantations de l'ensemble des institutions, juridictions et administrations publiques ainsi que des organismes chargés d'une mission de service public. Sont notamment concernés les diverses administrations et établissements publics de l'État, les collectivités territoriales et leurs établissements publics, les mairies, les tribunaux, les préfectures, les hôpitaux, les bureaux de poste, les établissements d'enseignement (écoles, collèges, lycées et universités), les caisses d'allocations familiales, les caisses primaires d'assurance maladie, les services de Pôle emploi, les musées et les bibliothèques* ».

▪ **Fait justificatif.** • **Principe.** L'interdiction ne s'applique pas si la tenue est prescrite ou autorisée par les dispositions législatives ou réglementaires, si elle est justifiée par des raisons de santé ou des motifs professionnels, ou si elle s'inscrit dans le cadre de pratiques sportives, de fêtes ou de manifestations artistiques traditionnelles (L. nº 2010-1192, 11 oct. 2010, art. 2 II). • **Tenue prescrite ou autorisée par des dispositions législatives ou réglementaires.** Circ. 2 mars 2011, NOR : PRMC1106214C (nº I, 1, a) : « Il s'agit par exemple de l'article L. 431-1 du code de la route qui impose le port du casque aux conducteurs de deux-roues à moteur ». • **Tenue justifiée par des raisons de santé ou des motifs professionnels.** Circ. 2 mars 2011, NOR : PRMC1106214C (nº I, 1, a) : « *Les motifs professionnels concernent notamment le champ couvert par l'article L. 4122-1 du code du travail aux termes duquel "les instructions de l'employeur précisent, en particulier lorsque la nature des risques le justifie, les conditions d'utilisation des équipements de travail, des moyens de protection, des substances et préparations dangereuses. Elles sont adaptées à la nature des tâches à accomplir"* ». • **Tenue s'inscrivant dans le cadre de pratiques sportives, de fêtes ou de manifestations artistiques ou traditionnelles.** Circ. 2 mars 2011, NOR : PRMC1106214C (nº I, 1, a) : « *ainsi les processions religieuses, dès lors qu'elles présentent un caractère traditionnel, entrent dans le champ des exceptions à l'interdiction posée par l'article 1er. Au titre des pratiques sportives figurent les protections du visage prévues dans plusieurs disciplines* ».

ÉLÉMENT MATÉRIEL

▪ **Faits incriminés. Tenues concernées.** Circ. 2 mars 2011, NOR : PRMC1106214C (nº I, 1, a) : « *Les tenues destinées à dissimuler le visage sont celles qui rendent impossible l'identification de la personne. Il n'est pas nécessaire, à cet effet, que le visage soit intégralement dissimulé. Sont notamment interdits, sans prétendre à l'exhaustivité, le port de cagoules, de •s intégraux (burqa, niqab...), de masques ou de tout autre accessoire ou vêtement ayant pour effet, pris isolément ou associé avec d'autres, de dissimuler le visage* ».

ÉLÉMENT INTENTIONNEL

▪ **Intention.** Circ. 2 mars 2011, NOR : PRMC1106214C (nº I, 1, a) : « *Dès lors que l'infraction est une contravention, l'existence d'une intention est indifférente : il suffit que la tenue soit destinée à dissimuler le visage* ».

RÉGIME PROCÉDURAL

▪ **Constatation de l'infraction et vérification d'identité.** Circ. 2 mars 2011, NOR : PRMC1106214C (nº II, b) : « *En face d'un refus d'obtempérer, l'agent ou son chef de service doit faire appel aux forces de la police ou de la gendarmerie nationales, qui peuvent seules constater l'infraction, en dresser procès-verbal et procéder, le cas échéant, à la vérification de l'identité de la personne concernée* ».

POLITIQUE PUBLIQUE

▪ **Tenues dans le cadre du service public. Concours avec les autres dispositions réglementant les signes ou tenues dans certains services publics.** Circ. 2 mars 2011, NOR : PRMC1106214C (nº I, 1, a) : « *Les dispositions de la loi du 11 octobre 2010 s'appliquent sans préjudice des dispositions qui interdisent ou réglementent, par ailleurs, le port de tenues dans certains services publics et qui demeurent en vigueur. Il en est ainsi de la loi nº 2004-228 du 15 mars 2004 encadrant, en application du principe de laïcité, le port de signes ou de tenues manifestant une appartenance religieuse dans les écoles, collèges et lycées publics (article L. 141-5-1 du code de l'éducation nationale et circulaire d'application du 18 mai 2004). Demeurent également applicables la charte du patient hospitalisé, annexée à la circulaire du 2 mars 2006 relative aux droits des patients hospitalisés, et la circulaire du 2 février 2005 relative à la laïcité dans les établissements de santé* ».

▪ **Responsabilités du chef d'établissement.** Circ. 2 mars 2011, NOR : PRMC1106214C (nº II, a) : « *Dans le cadre des pouvoirs qu'il détient pour assurer le bon fonctionnement de son administration, le chef de service est responsable du respect des dispositions de la loi du 11 octobre 2010 et des mesures mises en œuvre.../...* ».

▪ **Refus d'accès ou de prestations à la personne dont le visage est dissimulé.** Circ. 2 mars 2011, NOR : PRMC1106214C (nº II, b) : « *.../...les agents chargés d'un service public, qui pouvaient déjà être conduits à demander à une personne de se découvrir ponctuellement pour justifier de son identité, seront fondés à refuser l'accès au service à toute personne dont le visage est dissimulé. Dans le cas où la personne dont le visage est dissimulé serait déjà entrée dans les locaux, il est recommandé aux agents de lui rappeler la règlementation applicable et de l'inviter au respect de la loi, en se découvrant ou en quittant les lieux. La dissimulation du visage fait obstacle à la délivrance des prestations du service public* ».

▪ **Absence de pouvoir de contrainte des agents.** Circ. 2 mars 2011, NOR : PRMC1106214C (nº II, b) : « *.../...la loi ne confère en aucun cas à un agent le pouvoir de contraindre une personne à se découvrir* *ou à sortir. L'exercice d'une telle contrainte constituerait une voie de fait et exposerait son auteur à des poursuites pénales. Elle est donc absolument proscrite* ».

▪ **Devoir de neutralité et de laïcité de l'agent public.** Dans l'exercice de ses fonctions, l'agent public est tenu à l'obligation de neutralité, il « *exerce ses fonctions dans le respect du principe de laïcité. À ce titre, il s'abstient notamment de manifester, dans l'exercice de ses fonctions, ses opinions religieuses. Il est formé à ce principe. L'agent public traite de façon égale toutes les personnes et respecte leur liberté de conscience et leur dignité* », « *Il appartient à tout chef de service de veiller au respect de ces principes dans les services placés sous son autorité* » (CGFP, art. L. 121-2 et L. 124-1, anc[t] L. n° 83-634, 13 juill. 1983, mod. par L. n° 2016-483, 20 avr. 2016).

▪ ÉLÉMENTS CONSTITUTIFS – QUALIFICATION

✧ Pour avoir à .... [¤ lieu], le .... [¤ date], dans l'espace public, porté une tenue destinée à dissimuler son visage.

Faits prévus et réprimés par les articles : **PERSONNES PHYSIQUES.** 1, 2 et 3 de la loi n° 2010-1192 du 11 octobre 2010 (*N 28118.c2*). **PERSONNES MORALES.** 1, 2 et 3 de la loi n° 2010-1192 du 11 octobre 2010, 131-41 du code pénal (*N #.c2*). ✧

23.16 Atteintes à la sécurité des manifestations sportives

▪ PEINES

PERSONNE PHYSIQUE

PP Délit. Cas A : 1 an d'emprisonnement, 15 000 € (C. sport, art. L. 332-6). Cas B : 1 an d'emprisonnement, 15 000 € (C. sport, art. L. 332-7). Cas C1 : 1 an d'emprisonnement, 15 000 € (C. sport, art. L. 332-8). Cas C2 : 3 ans d'emprisonnement, 15 000 € (depuis L. n° 2023-380, 19 mai 2023, auparavant 1 an, 15 000 €, C. sport, art. L. 332-8-1). Cas D : 3 ans d'emprisonnement, 15 000 € (C. sport, art. L. 332-9). Cas F : 1 an d'emprisonnement, 15 000 € (C. sport, art. L. 332-10). Cas G : 6 mois d'emprisonnement, 7 500 € (C. sport, art. L. 332-5-1, issu L. n° 2023-380, 19 mai 2023). Cas I : 7 500 € (C. sport, art. L. 332-10-1, issu L. n° 2023-380, 19 mai 2023).

Contrav. 5e cl. Cas F et H : 1 500 € (C. sport, art. R. 332-21 (Cas F) ou art. R. 332-22 (Cas H) ; C. pén., art. 131-13).

PC Cas A à E et G : 1. Interdiction (**obligatoire**, sauf dispense motivée, pour les cas A, B, C2, D et E, depuis L. n° 2023-380, 19 mai 2023) ⩽ 5 ans de pénétrer ou de se rendre aux abords d'une ou plusieurs enceintes où se déroule une manifestation sportive, avec astreinte à répondre, lors des manifestations sportives, aux convocations de toute personne qualifiée que la juridiction désigne dans sa décision, à défaut de précision, la personne est convoquée devant les services de police ou de gendarmerie (L. n° 2023-380, 19 mai 2023). Le tribunal tient « *compte des obligations familiales, sociales et professionnelles de la personne condamnée* » (L. n° 2023-380, 19 mai 2023). Il peut prévoir que cette obligation s'applique pour certaines manifestations sportives, qu'elle désigne, se déroulant sur un territoire étranger (C. sport, art. L. 332-11 et L. 332-14). **Sanction** du non-respect de l'interdiction de stade, v. n° **25.69** ;

Cas A à E : 2. ITF ⩽ 2 ans si étranger non domicilié en France (peine alternative à l'interdiction de stade) (C. sport, art. L. 332-11 et L. 332-14) ;

Cas C : confiscation de l'objet qui a servi ou était destiné à commettre l'infraction (C. sport, art. L. 332-8 (Cas C1) et L. 332-8-1 (Cas C2) ; C. pén., art. 131-21) ;

Cas F et I : Néant.

PERSONNE MORALE

PP **Délit.** Amende égale au quintuple de celle encourue par les personnes physiques (C. pén., art. 131-38).

Contrav. 5e cl. Cas F et H : 15 000 € (C. sport, art. R. 332-21 (Cas F) ou art. R. 332-22 (Cas H) ; C. pén., art. 131-41)

PC Néant.

■ ORIENTEUR

AUTRE QUALIFICATION

▪ **Violences volontaires – ITT > 8 jours – Dans une enceinte sportive ou lors d'une manifestation publique.** C. sport., art. L. 332-11, al. 2, v. nº 20.22.

▪ **Violences volontaires aggravées – ITT > 8 jours – Dans une enceinte sportive ou lors d'une manifestation publique.** C. sport., art. L. 332-11, al. 2, v. nº 20.26.

▪ **Violences volontaires aggravées – Sans ITT ou ITT ⩽ 8 jours – Dans une enceinte sportive ou lors d'une manifestation publique.** C. sport., art. L. 332-11, al. 2, v. nº 20.30.

▪ **Violation d'une interdiction judiciaire de stade – enceinte sportive.** C. sport., art. L. 332-13, v. nº 25.69.

▪ **Violation d'une mesure administrative collective ou individuelle de restriction des déplacements des supporters.** C. sport., art. L. 332-16, L. 332-16-1 et L. 332-16-2, v. nº 25.70.

▪ **Alcool, ivresse publique et manifeste – Lieux publics ou stades et manifestations sportives – Délits et contraventions.** C. sport, art. L. 332-3, L. 332-4 et L. 332-5, v. nº 28.16.

▪ **Provocation publique à la commission de crimes ou délits, à la discrimination ou à la haine raciale ou sexiste ou à raison du handicap– Apologie de crime.** L. 29 juill. 1881, art. 24, v. nº 35.26.

▪ **Port d'uniforme ou d'insigne d'une organisation ou d'une personne criminelle contre l'humanité.** C. pén., art. R. 645-1 (faits commis hors enceinte sportive), v. nº 35.29.

ÉLÉMENT LÉGAL

▪ **Définition. Cas C2 : arme.** C. pén., art. 132-75, v. nº 22.11.

▪ **Application de la loi pénale dans le temps.** • **Cas F** et **H** : contraventions crées par le D. nº 2023-750, 9 août 2023 portant création de contraventions relatives à la sécurité des manifestations sportives. La contravention F2 entre en vigueur le 1er juillet 2024, date à laquelle entrera également en vigueur C. sport, art. L. 332-2, issu L. nº 2023-380, 19 mai 2023, selon lequel, dans des conditions fixées par décret, « *Toute personne pénétrant en qualité de spectateur dans un lieu où doit se dérouler une manifestation sportive dont l'accès est subordonné à l'acquittement d'un droit d'entrée doit présenter un titre d'accès, même s'il s'agit d'une invitation* » (C. sport, art. L. 332-2). • **Cas G** et **I** : délits créés par L. nº 2023-380, 19 mai 2023, le **cas I** vise notamment à sanctionner les personnes qui, à la fin d'une compétition, envahissent l'aire de jeu et refusent de la quitter. **Cas C2** : l'incrimination a été transférée de C. sport., art. L. 332-8 dans une nouvel article L. 332-8-1 par L. nº 2023-380, 19 mai 2023 et la peine d'emprisonnement élevée de 1 à 3 ans. La procédure d'amende forfaitaire délictuelle auparavant prévue par C. sport, art. L. 332-8 n'est plus prévue par C. sport, art. L. 332-8-1.

▪ **Constitutionnalité.** S'agissant du **cas G** (C. sport., art. L. 332-5-1), « *la notion de fraude est suffisamment claire et précise pour garantir contre le risque d'arbitraire. Il en va de même de la notion de « retransmission en public » qui, selon les termes mêmes de ces dispositions, s'entend de la retransmission d'une manifestation sportive dans une enceinte ouverte au public* » (§ 86) ; s'agissant du **cas I** (C. sport., art. L. 332-10-1), «*en écartant du champ de la répression l'entrée ou le maintien sur une aire de compétition qui obéit à un motif légitime, le législateur a retenu une notion qui ne présente pas de caractère équivoque* » (§ 87), par suite, le législateur ayant « *entendu réprimer des comportements de nature à porter atteinte à l'ordre public au sein de certaines enceintes, lorsqu'ils sont commis en récidive ou en réunion* » (§ 88), ces délits « *ne méconnaissent ni le principe de légalité des délits et des peines ni celui de nécessité des délits et des peines* » (§ 89) (Cons. const. 17 mai 2023, nº 2023-850 DC). **Cas A, B, C2, D** et **E** : le caractère obligatoire, depuis L. nº 2023-380, 19 mai 2023, du prononcé de la peine d'interdiction de stade dans ces cas n'est pas contraire aux principes de nécessité et d'individualisation des peines car « *la juridiction compétente peut, par une décision spécialement motivée, décider de ne pas prononcer cette peine, en considération des circonstances de l'infraction et de la personnalité de son auteur. Dans ces conditions, le juge n'est pas privé du pouvoir d'individualiser la peine* » (§ 96) (Cons. const. 17 mai 2023, nº 2023-850 DC).

ÉLÉMENT MATÉRIEL

▪ **Tentative.** Punissable dans les **cas B** (C. sport., art. L. 332-7), **C** (C. sport., art. L. 332-8 et L. 332-8-1), **D2** (C. sport., art. L. 332-9) et **G** (C. sport., art. L. 332-5-1).

▪ **Récidive.** La récidive des contraventions des **cas F** et **H** matérialise un délit depuis L. nº 2023-380, 19 mai 2023 (**cas G** et **I**). Elle est caractérisée par la commission de la « *même infraction* » dans le délai de trois ans « *à compter de l'expiration ou de la prescription de la précédente peine* » (C. pén., art. 132-11, al. 2 auquel renvoient C. sport., art. L. 332-5-1 et L. 332-10-1) (sur les conditions et les effets de la récidive, notamment sur les notions d'expiration ou de prescription de la peine, v. nº 18.5).

RÉGIME PROCÉDURAL

▪ **Compétence juridictionnelle. Juge unique** dans le **cas** C (C. pr. pén., art. 398-1, v. nº 17.15D2).

▪ **Ordonnance pénale. Possible** dans le **cas** C (C. pr. pén., art. 495-II, v. nº 15.48B1 et tableau nº 17.15D2).

▪ **Amende forfaitaire délictuelle.** • **Cas** C1 (voie procédurale supprimée pour le cas C2 depuis L. nº 2023-380, 19 mai 2023) : possible **y compris en cas de récidive**, si l'infraction est relevée par **procès-verbal électronique** (C. sport, art. **332-8**, C. pr. pén., art. 495-17 et D. 45-3, C. pr. pén., art. A. 36-14 à A. 36-16). Amende minorée : **400 €** ; forfaitaire : **500 €** ; majorée : **1 000 €**. • **Cas** E : **possible** aux mêmes conditions depuis L. nº 2023-22, 24 janv.2023, **sauf en cas de récidive** (C. sport., art. **L. 332-10**, C. pr. pén., art. 495-17 s. et **D. 45-3**). Amende minorée : **400 €** ; forfaitaire : **500 €** ; majorée : **1 000 €**. Sur la procédure d'amende forfaitaire délictuelle, v. nº 15.47.

▪ ÉLÉMENTS CONSTITUTIFS – QUALIFICATION

✧ Pour avoir ou s'être à .... [¤ lieu], le .... [¤ date], [⇨A à G :]

A. lors d'une manifestation sportive ou de la retransmission en public d'une telle manifestation dans une enceinte sportive, provoqué, par quelque moyen que ce soit, des spectateurs à la haine ou à la violence à l'égard de l'arbitre, d'un juge sportif, d'un joueur ou de toute autre personne ou groupe de personnes (C. sport, art. L. 332-6) (A : *N* ***12852.co***) ;

B. introduit, porté ou d'exhibé dans une enceinte sportive, lors du déroulement ou de la retransmission en public d'une manifestation sportive, des insignes, signes ou symboles incitant à la haine ou à la discrimination à l'encontre de personnes à raison de leur origine, de leur orientation sexuelle ou identité de genre, de leur sexe ou de leur appartenance, réelle ou supposée, à une ethnie, une nation, une race ou une religion déterminée (C. sport, art. L. 332-7) (B : *N* ***12851.co***) ;

C. dans une enceinte sportive lors du déroulement ou de la retransmission en public d'une manifestation sportive [⇨C1 ou C2 :],

C1. introduit ou tenté d'introduire (C1a : *N* ***12849.co***), détenu ou tenté de détenir (C1b : *N* ***27571.co***), fait usage ou tenté de faire usage (C1c : *N* ***27572.co***) de fusées ou d'artifices de toute nature (C. sport, art. L. 332-8) ;

C2. introduit ou tenté d'introduire sans motif légitime tous objets susceptibles de constituer une arme au sens de l'article 132-75 du code pénal (C. sport, art. L. 332-8-1) (C2 : *N* ***12850.co***) ;

D. lors du déroulement ou de la retransmission en public d'une manifestation sportive (C. sport, art. L. 332-9) [⇨D1 ou D2 :],

D1. jeté un projectile présentant un danger pour la sécurité des personnes dans une enceinte sportive (D1 : *N* ***12845.co***) ;

D2. utilisé ou tenté d'utiliser les installations mobilières ou immobilières de l'enceinte sportive comme projectile (D2 : *N* ***12846.co***) ;

E. en pénétrant sur l'aire de compétition d'une enceinte sportive (C. sport, art. L. 332-10) [⇨E1 ou E2 :],

E1. troublé le déroulement de la compétition (E1 : *N* ***12847.co***) ;

E2. porté atteinte à la sécurité des personnes ou des biens (E2 : *N* ***12848.co***) ;

F. pénétré ou tenté de pénétrer dans une enceinte lors du déroulement ou de la retransmission en public d'une manifestation publique avec cette circonstance que les faits ont été commis (C. sport, art. R. 332-21, issu D. nº 2023-750, 9 août 2023) [⇨F1 ou F2 :]

F1. par force (F1 : *N* ***35164.c5***) ;

F2. par fraude sans être muni d'un titre d'accès (entrée en vigueur le 1er juill. 2024, avec C. sport, art. L. 332-1-2) (F2 : *N* ***#.c5***) ;

G. pénétré ou tenté de pénétrer par force ou par fraude dans une enceinte lors du déroulement ou de la retransmission en public d'une manifestation sportive avec cette circonstance que les faits ont été commis (C. sport, art. L. 332-5-1, issu L. nº 2023-380, 19 mai 2023) [⇨G1 ou G2 :]

G1. en réunion (G1 : *N 35095.co*) ;

G2. en récidive (G2 : *N 35165.co*) ;

H. pénétré ou maintenu, sans motif légitime, sur l'aire de compétition d'une enceinte sportive pendant le déroulement d'une épreuve, sa préparation, ou la remise en état du site à l'issue de l'épreuve (C. sport, art. R. 332-22, issu D. n° 2023-750, 9 août 2023) (H : *N 35162.c5*).

I. pénétré ou maintenu, sans motif légitime, sur l'aire de compétition d'une enceinte sportive pendant le déroulement d'une épreuve, sa préparation, ou la remise en état du site à l'issue de l'épreuve, avec cette circonstance que les faits ont été commis (C. sport, art. L. 332-10-1, issu L. n° 2023-380, 19 mai 2023) [⇨I1 ou I2 :]

I1. en réunion (I1 : *N 35085.ju*) ;

I2. en récidive (I2 : *N 35163.ju*).

Faits prévus et réprimés par les articles [• du cas sélectionné] et L. 332-11 et L. 332-14. ✧

23.17 Intrusion dans un établissement scolaire dans le but de troubler la tranquillité (L. n° 2010-201, 2 mars 2010)

■ PEINES

PERSONNE PHYSIQUE

PP Délit. Cas A : 1 an d'emprisonnement, 7 500 € (C. pén., art. 431-22). Cas B : 3 ans, 45 000 € (C. pén., art. 431-23). Cas C : 3 ans, 45 000 € (C. pén., art. 431-24). Cas D : 5 ans, 75 000 € (C. pén., art. 431-25).

PC 1. Interdiction droits civiques civils et de famille ⩽ 5 ans (vote, éligibilité, fonction juridictionnelle, expert, témoin, tuteur, curateur) (C. pén., art. 431-26 et 131-26) ;

2. Interdiction ⩽ 5 ans, de détention ou port d'arme soumise à autorisation, obligatoire et ⩽ 10 ans dans les cas C et D (L. n° 2012-304, 6 mars 2012, auparavant interdiction facultative ⩽ 5 ans) (C. pén., art. 431-26) ;

3. Confiscation d'une ou plusieurs armes dont le condamné est propriétaire ou dont il a la libre disposition, obligatoire dans les cas C et D (L. n° 2012-304, 6 mars 2012, auparavant peine facultative) (C. pén., art. 431-26) ;

4. Interdiction de séjour ⩽ 5 ans (C. pén., art. 431-26, 131-31 et 131-32, C. pr. pén., art. 762-1 à 763) ;

5. Travail d'intérêt général (C. pén., art. 431-26) ;

6. Cas D : Auteur étranger : interdiction du territoire français, définitive ou ⩽ 10 ans (C. pén., art. 431-26, 131-30 à 131-30-2).

■ ORIENTEUR

AUTRE QUALIFICATION

▪ **Introduction d'une arme par une personne autorisée à pénétrer dans un établissement scolaire.** V. n° 23.18.

▪ **Intrusion non autorisée dans un établissement scolaire sans intention de troubler la tranquillité ou le bon ordre. Contravention**, v. n° 23.19.

ÉLÉMENT LÉGAL

▪ **Définition. Établissement d'enseignement scolaire.** Ne sont des établissements d'enseignement scolaire au sens de C. pén., art. 431-22 que les établissements visés au livre IV du code de l'éducation consacré aux établissement d'enseignement scolaire, à savoir les écoles, les collèges et les lycées, les centres de formation des apprentis et les établissements d'enseignement privé. En sont donc exclus les établissements d'enseignement supérieur décrits au livre VI et VII du code de l'éducation (Crim. 11 déc. 2012, n° 11-88.431, P n° 272).

RÉGIME PROCÉDURAL

▪ **Compétence juridictionnelle. Juge unique** (C. pr. pén., art. 398-1 1°, v. n° 17.15D2).

▪ **Ordonnance pénale. Possible** (C. pr. pén., art. 495-II, v. n° 15.48B1 et tableau n° 17.15D2).

▪ **Amende forfaitaire délictuelle. Cas A : possible** depuis L. n° 2023-22, 24 janv.2023, **sauf en cas récidive**, si l'infraction est relevée par **procès-verbal électronique** (C. pén., art. **431-22**,

C. pr. pén., art. 495-17 s. et **D. 45-3**). Amende minorée : 400 € ; forfaitaire : 500 € ; majorée : 1000 € ; C. pr. pén., art. 495-20 et 495-21 relatifs à l'exigence d'une consignation préalable à la contestation ne sont pas applicables. Sur la procédure d'amende forfaitaire délictuelle, v. n° 15.47.

■ ÉLÉMENTS CONSTITUTIFS – QUALIFICATION

✧ Pour avoir à .... [¤ lieu], le .... [¤ date], [⇨A puis le cas échéant B à D :]

A. dans le but de troubler la tranquillité ou le bon ordre de l'établissement, pénétré ou s'être maintenu dans l'enceinte d'un **établissement d'enseignement scolaire** sans y être habilité en vertu des dispositions législatives ou réglementaires ou y avoir été autorisé par les autorités compétentes (C. pén., art. 431-22) (A : *N **27566.ju***) [• préciser le cas échéant] avec cette circonstance que les faits ont été commis en [⇨B à D :]

B. réunion (C. pén., art. 431-23) (B : *N **27567.ju***) ;

C. étant porteur d'une arme (C. pén., art. 431-24) (C : *N **27568.ju***) ;

D. réunion et en étant porteur d'une arme (C. pén., art. 431-25, 431-37) (D : *N **27569.ju***).

Faits prévus et réprimés par les articles [• du cas sélectionné] + 431-26 du code pénal. ✧

23.18 Intrusion avec arme dans un établissement scolaire par une personne autorisée

■ PEINES

PERSONNE PHYSIQUE

PP Délit. Cas 7 ans d'emprisonnement, 100 000 € depuis L. n° 2016-731, 3 juin 2016 (auparavant 3 ans, 45 000 € anc[t] C. pén., art. 431-28) (C. pén., art. 222-55).

PC 1. Confiscation **obligatoire** (sauf dispense par décision spécialement motivée) d'une ou plusieurs armes dont le condamné est propriétaire ou dont il a la libre disposition (C. pén., art. 222-62) ;

2. Interdiction **obligatoire** (sauf dispense par décision spécialement motivée) ⩽ 5 ans détention, port arme soumise à autorisation (C. pén., art. 222-62) ;

3. Interdiction de séjour ⩽ 5 ans (C. pén., art. 222-63, 131-31 et 131-32 ; C. pr. pén., art. 762-1 à 763).

4. Auteur étranger : **interdiction du territoire** français définitive ou ⩽ 10 ans (C. pén., art. 222-64 ; C. pén., art. 131-30 à 131-30-2) ;

5. **Suivi socio-judiciaire** ⩽ 10 ans (C. pén., art. 131-36-1 et 222-65) avec injonction de soins si expertise médicale conclut au traitement (C. pén., art. 131-36-4). La juridiction fixe la peine encourue (⩽ 3 ans) en cas d'inobservation (C. pén., art. 131-36-1). Ne peut être prononcé avec un sursis probatoire (anc[t] SME) (C. pén., art. 131-36-6). Peut être ordonné comme peine principale (C. pén., art. 131-37-7) ; sur cette peine, v. n° 18.31 ;

6. Confiscation obligatoire des installations, matériel, ou de tout bien ayant servi directement ou indirectement à la commission de l'infraction, ou de son produit, dès lors que leur propriétaire ne pouvait en ignorer l'origine ou l'utilisation frauduleuse (C. pén., art. 222-66) ;

7. Confiscation de tout ou partie des biens du condamné (C. pén., art. 222-66).

■ ORIENTEUR

AUTRE QUALIFICATION

▪ **Intrusion par une personne non autorisée, dans le but de troubler la tranquillité de l'établissement scolaire, avec ou sans arme.** V. n° 23.17.

▪ **Armes catégories A ou B – Produit ou engin explosif – Port ou transport prohibé.** V. n° 26.25.

▪ **Intrusion non autorisée dans un établissement scolaire sans intention de troubler la tranquillité ou le bon ordre. Contravention**, v. n° 23.19.

ÉLÉMENT LÉGAL

▪ **Application de la loi dans le temps.** Cette infraction, créée par L. n° 2010-201, 2 mars 2010, a été transférée de l'article 431-28 du code pénal à l'article 222-55 du code pénal par L. n° 2016-731, 3 juin 2016, laquelle a aggravé les peines principales et complémentaires applicables.

RÉGIME PROCÉDURAL

▪ **Prélèvement des empreintes génétiques** de la personne suspectée ou condamnée (C. pr. pén., art. 706-54 et 706-55 5°, v. nos 13.23 et 13.25). **Sanction** du refus de prélèvement, v. no 25.35.

▪ **Alimentation du Redex.** Centralisation des examens de personnalité au fichier Redex à tous les stades de la procédure (C. pr. pén., art. 706-56-2) (v. no 13.41).

▪ ÉLÉMENTS CONSTITUTIFS – QUALIFICATION

✧ Pour, à .... [¤ lieu], le .... [¤ date], étant habilité ou autorisé à pénétrer dans un établissement scolaire, y avoir pénétré ou s'y être maintenu en étant porteur d'une arme, sans motif légitime. Faits prévus et réprimés par les articles 222-55 et 222-62 à 222-66 du code pénal (*N 27570.co*). ✧

23.19 Intrusion dans un établissement scolaire

▪ PEINES

PERSONNE PHYSIQUE

PP Cas A : Contrav. 5e cl. 1 500 € (C. pén., art. R. 645-12 ; 131-13).

Cas B : Contrav. 5e cl. 3 000 € (C. pén., art. R. 645-12, 131-13 et 132-11).

PC 1. Confiscation (réelle ou en valeur) chose ayant servi à l'infraction ou son produit (obligatoire pour objets qualifiés dangereux ou nuisibles par loi ou règlement ou dont la détention est illicite) (C. pén., art. R. 645-12, 131-14 et 131-21) ;

2. Tig 20 à 120 h (C. pén., art. R. 645-12 et 131-17).

PERSONNE MORALE

PP Cas A : Contrav. 5e cl. 7 500 € (C. pén., art. R. 645-12 ; 131-41).

Cas B : Contrav. 5e cl. 15 000 € (C. pén., art. R. 645-12, 132-11 et 131-41).

PC Néant.

▪ ORIENTEUR

AUTRE QUALIFICATION

▪ **Intrusion par une personne non autorisée, dans le but de troubler la tranquillité de l'établissement scolaire, avec ou sans arme.** V. no 23.17.

▪ **Introduction d'une arme par une personne autorisée à pénétrer dans un établissement scolaire.** V. no 23.18.

RÉGIME PROCÉDURAL

▪ **Inscription au fichier TAJ.** Contravention donnant lieu à inscription de la personne au fichier de traitement des antécédents judiciaires (TAJ), C. pr. pén., art. R. 40-25, v. no 13.12B.

▪ ÉLÉMENTS CONSTITUTIFS – QUALIFICATION

✧ Pour avoir à .... [¤ lieu], le .... [¤ date],

A. pénétré « ou s'être maintenu » (D. no 2008-1412, 19 déc. 2008) dans l'enceinte d'un établissement scolaire, public ou privé, sans y être habilité en vertu des dispositions législatives ou réglementaires ou autorisé par les autorités compétentes (C. pén., art. R. 645-12) (A : *N 11989.c5*) ;

B. [préciser le cas échéant dans le cas A] : avec cette circonstance qu'il était en récidive légale pour avoir été condamné pour la même contravention le ... [¤ date de la condamnation] par ... [¤ juridiction concernée] (C. pén., art. 132-11 et R. 645-12) (B : *N 11990.c5*).

Faits prévus et réprimés par les articles [de la formule sélectionnée] du code pénal ✧

23.20 Rave party – Régime de la déclaration préalable et du contrôle

A. DÉFINITION DU RASSEMBLEMENT FESTIF MUSICAL SOUMIS À DÉCLARATION PRÉALABLE

Le rassemblement festif musical soumis au régime spécifique de déclaration préalable doit répondre aux caractéristiques cumulatives suivantes (CSI, art. L. 211-5 ; D. no 2002-887, 3 mai 2002, art. 1) :

– rassemblement exclusivement festif et à caractère musical ;

– organisé par des personnes privées dans des lieux non préalablement aménagés à cette fin ;

– susceptible de présenter des risques pour la sécurité des participants en raison de l'absence d'aménagement ou de la configuration des lieux ;

– donne lieu à diffusion de musique amplifiée ;

– l'effectif prévisible des participants et du personnel est susceptible d'atteindre plus de 500 personnes (depuis D. n° 2006-334, 21 mars 2006, auparavant 250 personnes) ;

– l'annonce du rassemblement est effectuée par voie de presse, d'affichage, de diffusion de tracts, ou par tout moyen de communication ou de télécommunication.

« *Ainsi les fêtes qui ne donnent pas lieu à diffusion de musique amplifiée ou celles dont la musique ne constitue qu'un accessoire telles les fêtes de village, n'entrent pas dans le champ d'application de ce nouveau dispositif* » (Circ. Int. LIB 11 n° 2545, 24 juill. 2002).

Si la *rave party* se déroule sur la voie publique, le régime des manifestations ou réunions sur la voie publique est applicable (v. n° 23.13, v. aussi les entraves et troubles à la circulation, n°s 36.21, 36.22 et 36.23).

B. Obligation de déclaration préalable pesant sur l'organisateur

L'organisateur doit déclarer auprès du préfet du département du lieu du rassemblement, au plus tard un mois avant la date prévue (ou dans le délai de 15 jours si l'organisateur souscrit aux bonnes pratiques fixées dans l'arrêté du 3 mai 2002, NOR : INTD0200243A, *JO* 7 mai, p. 9028), son nom et son adresse, le jour, le lieu et la durée du rassemblement, le nombre de participants susceptible d'être atteint, les mesures envisagées pour garantir la sécurité, la salubrité, l'hygiène et la tranquillité publique, et joindre l'autorisation d'occuper les lieux. La déclaration comporte toutes précisions utiles sur le service d'ordre et le dispositif sanitaire et les mesures prises le cas échéant pour se conformer à la règlementation des établissements recevant du public. Elle comporte également les dispositions prévues pour prévenir les risques, notamment d'accidents de la circulation, liés à la consommation d'alcool, de stupéfiants ou de médicaments psychoactifs. Elle précise les modalités de stockage, d'enlèvement des déchets et de remise en état des lieux (CSI, art. L. 211-5 ; D. n° 2002-887, 3 mai 2002, art. 3 et 7).

C. Pouvoirs du préfet

Le préfet délivre **récépissé** de la déclaration lorsque le rassemblement satisfait aux prescriptions de sécurité ou d'hygiène. S'il estime que les moyens envisagés sont insuffisants, il sursoit à la délivrance du récépissé et organise, au plus tard huit jours avant le rassemblement, une **concertation** où il invite l'organisateur à prendre toutes mesures nécessaires. En cas de carence de ce dernier, le préfet peut lui **imposer toute mesure nécessaire,** notamment la mise en place d'un service d'ordre ou d'un dispositif sanitaire. Le préfet peut **interdire le rassemblement** s'il est de nature à troubler gravement l'ordre public ou si, en dépit d'une mise en demeure préalable, les mesures prises par l'organisateur sont insuffisantes pour assurer son bon déroulement (CSI, art. L. 211-6 et L. 211-7 ; D. n° 2002-887, 3 mai 2002, art. 5).

D. Pouvoir de saisie du matériel en cas de rassemblement illicite

Si le rassemblement se tient sans déclaration préalable ou en dépit d'une interdiction prononcée par le préfet, les officiers de police judiciaire et, sous leur responsabilité, les agents de police judiciaire, peuvent saisir le matériel utilisé, pour une durée maximale de six mois, en vue de sa confiscation par le tribunal (CSI, art. L. 211-15). La circulaire précitée (Circ. Int. LIB 11 n° 2545, 24 juill. 2002, n° 3-5), qualifie cette opération de « *saisie administrative* » alors qu'elle procède du constat préalable d'une infraction et est opérée en vue d'une confiscation prononcée par le tribunal.

23.21 Rave party – Rassemblement festif musical illicite

■ PEINES

PERSONNE PHYSIQUE

PP Contrav. 5e cl. 1 500 € (C. pén., art. 131-13 ; CSI, art. R. 211-27).

PC 1. Suspension, ⩽ 3 ans, du PC (CSI, art. R. 211-28 ; C. pén., art. 131-16) ;

2. Confiscation (réelle ou en valeur) chose ayant servi à l'infraction ou destinée à la commettre ou son produit (obligatoire pour objets qualifiés dangereux ou nuisibles par loi ou règlement ou dont la détention est illicite) (CSI, art. R. 211-28 ; C. pén., art. 131-16 et 131-21) ;

3. Tig 20 à 120 h (CSI, art. R. 211-28 ; C. pén., art. 131-17).

PERSONNE MORALE

PP Contrav. 5e cl. 7 500 € (C. pén., art. 131-41 ; CSI, art. R. 211-27).

PC Confiscation (réelle ou en valeur) chose ayant servi à l'infraction ou destinée à la commettre ou son produit (obligatoire pour objets qualifiés dangereux ou nuisibles par loi ou règlement ou dont la détention est illicite) (C. pén., art. 131-48 et 131-21 ; CSI, art. R. 211-29).

▪ ORIENTEUR

AUTRE QUALIFICATION

▪ **Manifestation illicite, entrave à la circulation.** Si la *rave party* se déroule sur la voie publique, v. manifestation illicite n° 23.13, entraves et troubles à la circulation, n°s 36.21, 36.22 et 36.23.

ÉLÉMENT LÉGAL

▪ **Définition.** *Rave party.* V. n° 23.20.

ÉLÉMENT MATÉRIEL

▪ **Imputabilité.** « *seuls les organisateurs encourent les peines prévues pour l'infraction d'organisation sans déclaration préalable d'un rassemblement exclusivement festif à caractère musical* » (Crim. 17 mars 2020, n° 19-82.117, P).

TEXTE DE RÉFÉRENCE

▪ **Régime administratif. Déclaration préalable** de la *rave party,* pouvoirs du préfet, v. n° 23.20.

RÉGIME PROCÉDURAL

▪ **Saisie. Pouvoirs de saisie** du matériel en cas de rassemblement illicite, v. n° 23.20.

▪ ÉLÉMENTS CONSTITUTIFS – QUALIFICATION

✧ Pour avoir à .... [¤ lieu], le .... [¤ date], étant une personne privée, organisé dans un lieu non préalablement aménagé à cette fin, un rassemblement exclusivement festif à caractère musical répondant aux caractéristiques définies à l'article 1er du décret n° 2002-887 du 3 mai 2002 [⇨A ou B :],

A. sans déclaration préalable (A : *N 23284.c5*) ;

B. en violation d'une interdiction prononcée par le préfet (B : *N 23285.c5*).

Faits prévus et réprimés par les articles : **PERSONNES PHYSIQUES.** R. 211-27, R. 211-28 et R. 211-29 du code de la sécurité intérieure, 1, 3, 5 et 9 du décret n° 2002-887 du 3 mai 2002. **PERSONNES MORALES.** R. 211-27 et R. 211-29 du code de la sécurité intérieure ; 1, 3, 5 et 9 du décret n° 2002-887 du 3 mai 2002. ✧

23.22 Non-respect des arrêtés de police

▪ PEINES

PERSONNE PHYSIQUE

PP Contrav. 2e cl., 150 € (depuis D. n° 2022-185, 5 févr. 2022, auparavant contrav. 1re cl. 38 €) (C. pén., art. R. 610-5 et 131-13).

PC Néant.

PERSONNE MORALE

PP Contrav. 2e cl., 750 € (depuis D. n° 2022-185, 5 févr. 2022, auparavant contrav. 1re cl. 190 €) (C. pén., art. R. 610-5, 131-41).

PC Néant.

▪ ORIENTEUR

ÉLÉMENT LÉGAL

▪ **Champ d'application.** Cette disposition permet de sanctionner toutes les dispositions de police pour lesquelles le législateur ou l'autorité réglementaire n'a pas prévu de sanctions particulières. Elle concerne notamment la matière des arrêtés municipaux et préfectoraux.

RÉGIME PROCÉDURAL

▪ **Pouvoir des agents de contrôle.** Les agents de police municipale, les gardes champêtres, les agents de surveillance de Paris ainsi que les agents de la ville de Paris, peuvent constater ces contraventions par procès-verbal lorsqu'elles sont commises sur le territoire de la commune où ils sont habilités (C. pr. pén., art. R. 15-33-29-3, v. nº 11.12) ;

▪ **Exception d'illégalité.** Le juge peut interpréter et apprécier la légalité des actes administratifs, réglementaires ou individuels servant de base aux poursuites, si la solution du procès pénal en dépend (C. pén., art. 111-5, v. nº 17.26A).

▪ ÉLÉMENTS CONSTITUTIFS – QUALIFICATION

✧ Pour avoir à .... [¤ lieu], le .... [¤ date], violé les interdictions ou manqué aux obligations édictées par un décret ou arrêté de police, en l'espèce en .... [¤ matérialiser l'infraction et préciser les références du décret ou arrêté concerné].

Faits prévus et réprimés par l'article R. 610-5 du code pénal (*N 6032.c2*). ✧

23.23 Actes de terrorisme – Domaine et régime judiciaire des infractions terroristes

A. Domaine et portée des incriminations terroristes

La délimitation du domaine des actes terroristes résulte des dispositions pénales de fond des articles 421-1 et suivants du code pénal, ainsi que des articles de procédure qui en définissent le régime : principalement l'article 706-73 11° du code de procédure pénale qui inscrit les infractions terroristes dans la liste de celles qui relèvent de la criminalité organisée, et l'article 706-16 qui définit le domaine d'application des règles de procédure propres aux actes de terrorisme.

1. Infractions terroristes par finalité (C. pén., art. 421-1)

Constituent des « *actes de terrorisme* » les infractions de droit commun, limitativement énumérées dans le tableau figurant au B ci-après, « *lorsqu'elles sont intentionnellement en relation avec une entreprise individuelle ou collective ayant pour but de troubler gravement l'ordre public par l'intimidation ou la terreur* » (C. pén., art. 421-1).

Ces **actes de terrorisme par finalité** empruntent donc l'élément légal d'autres infractions (emprunt de criminalité) en y ajoutant deux éléments.

Le premier concerne **l'élément intentionnel** et exige un dol spécial, celui de la finalité terroriste qui consiste à « *troubler gravement l'ordre public par l'intimidation ou la terreur* ».

Le second concerne **l'élément matériel** de l'infraction qui doit s'inscrire dans « *une entreprise individuelle ou collective* ». Le législateur ne définit pas l'entreprise ainsi incriminée ni n'exige expressément qu'elle soit caractérisée par un ou plusieurs faits matériels. C. pén., art. 421-2-6 qui réprime l'entreprise terroriste individuelle illustre par quelques exemples les modalités de matérialisation d'une entreprise terroriste (V. nº 23.26). Ces modalités peuvent utilement orienter l'enquête et les poursuites pour qualifier l'entreprise terroriste individuelle ou collective au sens de C. pén., art. 421-1. Toutefois, à la différence de l'infraction prévue par C. pén., art. 421-2-6, la preuve de telles modalités n'est pas impérative dans le cas de C. pén., art. 421-1. Le premier de ces textes (C. pén., art. 421-2-6) constitue en effet une infraction obstacle qui exige l'objectivation du contexte préparatoire dont le législateur a limitativement recensé les modalités, tandis que le second (C. pén., art. 421-1) incrimine des infractions déjà matérialisées par leur commission ou leur commencement d'exécution.

2. Infractions terroristes spécifiques (C. pén., art. 421-2 à 421-6)

Constituent également des infractions terroristes les infractions spécifiques définies aux articles 421-2 à 421-6 du code pénal (v. nº 23.25 à 23.27). Certaines de ces infractions exigent cette même finalité terroriste : ainsi l'infraction d'introduction dans l'environnement ou dans l'alimentation d'éléments dangereux pour l'homme ou le milieu naturel ou l'entreprise terroriste individuelle (v. nº 23.25). D'autres se bornent à incriminer des comportements de propagation ou de consommation habituelle d'informations faisant l'apologie de ces actes (v. nº 35.24).

3. Incidence de la qualification terroriste

La qualification d'actes de terrorisme a de nombreuses incidences procédurales depuis la phase de l'enquête (v. C ci-dessous) jusqu'à celle de l'exécution des peines (v. G ci-dessous).

Pour les infractions de droit commun à finalité terroriste, cette qualification entraîne l'aggravation des peines applicables (v. D ci-dessous et tableau nº 18.9E).

L'origine terroriste du dommage causé à une victime détermine enfin un régime particulier d'indemnisation et de protection (v. F ci-dessous).

La notion d'entreprise terroriste est donc susceptible de se prêter à des discussions et jurisprudences propres à chacune des juridictions saisies (juge des référés, Civi, tribunal des pensions militaires, tribunaux répressifs).

B. Liste des infractions de droit commun relevant des actes terroristes par finalité (C. pén., art. 421-1)

Tableau 51 : Infractions de droit commun relevant du terrorisme par finalité (C. pén., art. 421-1)

Atteintes volontaires aux personnes définies par le titre II du code pénal (C. pén., art. 421-1 1°) NB. Le texte vise les « atteintes », ce qui semble exclure les infractions obstacle telles que le mandat criminel (nº 20.6) ou l'embuscade (nº 20.36).
• **Atteintes volontaires à la vie** : ex. meurtre et meurtre aggravé, C. pén., art. 221-1 (nºs 20.1 s.) ; assassinat, C. pén., art. 221-3 (nº 20.4) ; actes de torture ou de barbarie et actes de torture aggravé, C. pén., art. 222-1 à 222-6 (nºs 20.7 s.) ; coups mortels, C. pén., art. 222-7 à 222-8 (nºs 20.15 s.) ; empoisonnement, C. pén., art. 221-5 (nº 20.37) ; administration de substance nuisible ayant entraîné la mort sans intention de la donner, C. pén., art. 222-15 (nºs 20.38 s.)
• **Atteintes volontaires à l'intégrité de la personne** : ex. violences ayant entraîné une infirmité permanente, C. pén., art. 222-9 et 222-10 (nºs 20.18 s.) ; violences avec ITT > 8 jours, C. pén., art. 222-11 et 222-12 (nºs 20.21) ; violences aggravées avec ITT ⩽ 8 jours, C. pén., art. 222-13 (nº 20.29) ; violences sur personne publique en bande organisée ou avec guet-apens, C. pén., art. 222-14-1 (nº 20.33) ; administration de substance nuisible, C. pén., art. 222-15 (nºs 20.40 s.) ; viols et agressions sexuelles, C. pén., art. 222-22 à 222-29-1 (nºs 20.72 etc.)
• **Enlèvement ou séquestration** : C. pén., art. 224-1 s. (nºs 20.95 s.)
• **Détournement d'aéronef, de navire ou de tout autre moyen de transport** : C. pén., art. 224-6 (nº 20.104).
Atteintes aux biens (C. pén., art. 421-1 2°)
• **Vol simple ou vols aggravés** : C. pén., art. 311-3 à 311-10, (nºs 22.1 à 22.13) ;
• **Extorsions** : C. pén., art. 312-1 à 312-7, (nºs 22.14 et 22.15) ;
• **Destructions, dégradations et détériorations** : destructions volontaires graves, C. pén., art. 322-1 à 322-3,-1 (nºs 22.61 et 22.62), destructions par incendie, C. pén., art. 322-1 à 322-3,-1 (nºs 22.68 et 22.69).
Infractions en matière informatique (C. pén., art. 421-1 2°)
• **Atteintes aux STAD et autres infractions relatives aux STAD** : accès frauduleux ou entrave au fonctionnement d'un STAD, modification ou extraction frauduleuse de données, association de malfaiteurs et détention de matériel en vue d'atteintes informatiques, C. pén., art. 323-1 à 323-4-1 (nºs 35.70 à 35.75).
Groupes de combat et mouvements dissous (C. pén., art. 421-1 3°)
• **Participation à un groupe de combat ou à un mouvement dissous** : C. pén., art. 431-13 à 431-17 (nº 23.31).
Recel de criminel (C. pén., art. 421-1 3°)
• **Recel de criminel** : C. pén., art. 434-6 (nº 25.41).
Faux publics (C. pén., art. 421-1 3°)
• **Faux administratif et usage** : C. pén., art. 441-2 (nº 24.2) ;

• **Détention de faux administratif** : C. pén., art. 441-3 (n° 24.5) ;

• **Faux en écriture publique ou authentique et usage** : C. pén., art. 441-4 (n° 24.6) ;

• **Fourniture de faux administratif** : C. pén., art. 441-5 (n° 24.7).

Infractions en matière d'armes ou produits explosifs, de produits nucléaires, bactériologiques ou chimiques (C. pén., art. 421-1 4°)

• **Armes catégories A ou B, produit ou engin explosif** : acquisition, cession ou détention illicite : C. pén., art. 222-52, C. défense, art. 2353-13 (n° 26.24) ; dépôt illicite : C. pén., art. 222-53, C. défense, art. 2353-13 (n° 26.23) ; port ou transport prohibé : C. pén., art. 222-54, C. défense, art. 2353-13 (n° 26.25).

• **Dépôt illicite d'armes de la catégorie C ou D soumise à enregistrement** : CSI, art. L. 317-7 (n° 26.27).

• **Port ou transport illicite d'armes de la catégorie C et D** : (hors armes de faible dangerosité) CSI, art. L. 317-8 (n° 26.29 et 26.30).

• **Diffusion de procédé de fabrication d'engins de destruction** : C. pén., art. 322-6-1 (n° 26.37).

• **Détention ou transport de substances ou produits incendiaires ou explosifs** : C. pén., art. 322-11-1 (n° 26.38).

• **Fabrication, détention sans motif légitime d'engin incendiaire ou explosif en bande organisée** : C. défense, art. L. 2353-4, (n° 26.36).

• **Production, commerce et transport illicite de produits explosifs** : C. défense, art. L. 2353-5 1°(n° 26.36).

• **Contrôle et protection des matières nucléaires et incitation à commettre ces infractions** : C. défense, art. L. 1333-9 I, L. 1333-11, L. 1333-13-2 et L. 1133-13-3.

• **Contrôle et protection des matières nucléaires et incitation à commettre ces infractions en vue de doter quiconque d'une arme nucléaire** : C. défense, art. L. 1333-13-4 et L. 1333-13-6.

• **Armes, fabrication ou commerce illicites** : C. défense, art. L. 2339-2 (n° 26.7).

• **Vecteurs d'armes de destruction massive** : fabrication, cession, détention, transport illicite : C. défense, art. L. 2339-14 ; obtention frauduleuse d'agrément : C. défense, art. L. 2339-16.

• **Agents et toxines microbiologiques** : fabrication, cession, détention, transport illicite et incitation à commettre ces infractions : C. défense, art. L. 2341-1, L. 2341-4 et L. 2341-5.

• **Infractions en matière d'armes chimiques et de composants de ces armes** : C. défense, art. L. 2342-57 à L. 2342-62.

Recel des actes de terrorisme par finalité (C. pén., art. 421-1 5°)

• **Recel du produit de l'une des infractions ci-dessus**

Blanchiment (C. pén., art. 421-1 6°)

• **Blanchiment** : est seulement visé le blanchiment prévu par C. pén., art. 324-1 à 324-4 (n° 22.49)

Délits d'initiés (C. pén., art. 421-1 7°)

• **CMF** : art. L. 465-1 à L. 465-3 (v. n° 33.28)

C. Régime procédural applicable aux actes terroristes

1. Compétence du procureur de la République antiterroriste (C. pr. pén., art. 706-17, L. n° 2019-222, 23 mars 2019)

La compétence du procureur de la République de Paris en matière de terrorisme est désormais confiée, pour la poursuite et le jugement des infractions terroristes, au « *procureur de la République antiterroriste* » (C. pr. pén., art. 706-17), placé aux côtés du procureur de la République de Paris (COJ, art. L. 217-1). Ces dispositions issues de L. n° 2019-222, 23 mars 2019, sont entrées en vigueur le 1er juillet 2019 (D. n° 2019-628 du 24 juin 2019, art. 1) (sur les juridictions spécialisées, v. aussi 17.16).

Le procureur de la République antiterroriste et ses substituts, qui composent le **parquet national antiterroriste** (PNAT), représentent le ministère public devant le tribunal correctionnel ainsi que devant la cour d'assises de Paris, par dérogation au C. pr. pén., art. 34 qui prévoit que le procureur général ou ses substituts assurent le ministère public devant la cour d'assises instituée au siège de la cour d'appel et le procureur général peut en outre déléguer ces magistrats devant la cour d'assises d'appel (C. pr. pén., art. 628-1, 706-25 et 241).

Le parquet national antiterroriste est également compétent en matière d'exécution des peines prononcées par ces juridictions spécialisées (par application combinée de C. pr. pén., art. 32 et 707-1), ainsi que pour représenter le ministère public auprès des juridictions d'application des peines du premier degré de Paris (C. pr. pén., art. 628-7 et 706-22-1).

Pour assurer « *le renforcement temporaire et immédiat* » de son parquet, le procureur de la République antiterroriste peut requérir un ou plusieurs magistrats du parquet de Paris figurant sur une liste arrêtée par le procureur général près la cour d'appel de Paris (COJ, art. L. 217-5 et R. 217-8). Il peut requérir par délégation judiciaire tout procureur de la République pour procéder ou faire procéder dans son ressort à des actes d'enquête (C. pr. pén., art. 706-17-1). Il dispose, « *Au sein des tribunaux de grande instance* [devenus tribunaux judiciaires] *dans le ressort desquels est susceptible de se trouver une forte concentration de personnes soutenant ou adhérant à des thèses incitant à la commission d'actes de terrorisme* » de relais territoriaux en la personne des magistrats du parquet **délégués à la lutte contre le terrorisme**, désignés par les procureurs de la République (COJ., art. L. 213-12).

Le parquet national antiterroriste exerce une compétence concurrente à celle des autres parquets en matière d'infractions terroristes (C. pr. pén., art. 706-16). Néanmoins, « *à l'exclusion des infractions de provocation directe à des actes de terrorisme ou d'apologie publique de tels actes* [v. n° 35.24], *les parquets locaux n'ont pas vocation à engager ou conduire des enquêtes ouvertes sous une qualification terroriste* » (Circ. Crim n° 2019/17-G1, 1er juill. 2019, NOR JUSD1919006C, n° II 1). Cette circulaire règle en conséquence les modalités de coordination entre le parquet national antiterroriste et les parquets locaux (n° II).

Afin d'assurer le suivi des procédures par le parquet national antiterroriste et le parquet général de Paris, et d'assurer le recoupement des informations nécessaire à la direction des enquêtes menées dans le cadre de ces procédures, un traitement automatisé de données à caractère personnel dénommé « *Recensement des affaires terroristes* » (RECAT) est autorisé par le D. n° 2021-1314, 8 oct. 2021.

Mentionnons que le parquet national antiterroriste est également compétent pour les infractions relatives à la prolifération des armes de destruction massive (C. pr. pén., art. 706-168), les crimes contre l'humanité et les crimes de guerre (C. pr. pén., art. 628-1 et L. n° 2019-222, 23 mars 2019, art. 109 XVIII), ainsi que pour les crimes de tortures commises par les autorités étatiques (au sens de la convention de New-York du 10 déc. 1984, art. 1er) et les disparitions forcées (C. pr. pén., art. 628-10).

2. Compétence territoriale du tribunal judiciaire et de la cour d'assises de Paris (C. pr. pén., art. 706-17)

Pour l'instruction et le jugement des infractions de terrorisme visées à C. pr. pén., art. 706-16, le juge d'instruction, le tribunal correctionnel et la cour d'assises de **Paris**, conformément aux dispositions antérieures à la création du procureur de la République antiterroriste, ont une compétence concurrente de celle des juridictions locales (C. pr. pén., art. 706-17) (sur les juridictions spécialisées, v. aussi 17.1517.16).

Sauf renvoi devant le tribunal de police territorialement compétent et sous réserve des dispositions prévues par C. pr. pén., art. 181 (orientation devant la cour d'assises au stade de l'ordonnance de renvoi) et 469 (décision d'incompétence du tribunal correctionnel lorsqu'il estime que les faits sont criminels), la juridiction saisie reste compétente quelles que soient les incriminations retenues lors du règlement ou du jugement de l'affaire (C. pr. pén., art. 706-19, issu L. n° 20201672, 24 déc. 2020). Le maintien de la compétence des juridictions spécialisées en matière d'infractions terroristes en cas de requalification des faits ne méconnaît ni le principe d'égalité devant la loi ni aucun autre droit ou liberté que la Constitution garantit (Cons. const. 17 déc. 2021, n° 2021-958).

3. Composition spéciale de la cour d'assises (C. pr. pén., art. 706-25)

Pour le jugement des accusés majeurs de crimes terroristes, la cour d'assises est composée d'un président et de quatre assesseurs, magistrats professionnels, nombre porté à six lorsqu'elle statue en appel (C. pr. pén., art. 706-25 et 698-6).

Pour le jugement des accusés mineurs âgés de 16 ans au moins, deux des assesseurs sont des juges des enfants du ressort de la cour d'appel (C. pr. pén., art. 796-25).

4. PRESCRIPTION DE 20 OU 30 ANS DE L'ACTION PUBLIQUE (C. PR. PÉN., ART. 706-25-1 TRANSFÉRÉ AUX ARTICLES 7 ET 8)

L'action publique se prescrit par 30 ans pour les crimes de terrorisme prévus à l'article C. pr. pén., art. 706-16 (infractions prévues aux articles 421-1 à 421-6 du code pénal). Celle des délits de terrorisme prévus aux mêmes articles par 20 ans (C. pr. pén., art. 706-25-1). La prescription de l'action publique est toutefois celle de droit commun (3 ans devenue 6 ans depuis L. n° 2017-242, 27 févr. 2017) pour les délits de provocation ou d'apologie du terrorisme (C. pén., art. 421-2-5, v. n° 35.24), d'entrave aux mesures de blocage d'un site faisant cette apologie (C. pén., art. 421-2-5-1, v. n° 35.25), de consultation habituelle de site provoquant au terrorisme ou en faisant l'apologie (C. pén., art. 421-2-5-2, v. n° 23.27) (C. pr. pén., art. 706-25-1).

Ces délais n'ont pas été modifiés par L. n° 2017-242, 27 févr. 2017 qui a transféré C. pr. pén., art. 706-25-1 aux articles 7 et 8 du même code. Sur les délais de prescription de l'action publique, v. n° 17.19.

5. APPLICATION DU RÉGIME COMPLET DE LA CRIMINALITÉ ORGANISÉE (C. PR. PÉN., ART. 706-73 11°)

Tous les pouvoirs d'enquête propres à la criminalité organisée sont applicables aux actes de terrorisme (v. n° 11.21B) (C. pr. pén., art. 706-73 11°). Toutefois, les régimes de la garde à vue de 96 H 00 (C. pr. pén., art. 706-88 à 706-88-1) et de la perquisition domiciliaire de nuit (C. pr. pén., art. 706-89 à 706-94) ne s'appliquent pas aux délits de provocation ou d'apologie du terrorisme (C. pén., art. 421-2-5, v. n° 35.24), d'entrave aux mesures de blocage d'un site faisant cette apologie (C. pén., art. 421-2-5-1, v. n° 35.25), de consultation habituelle de site provoquant au terrorisme ou en faisant l'apologie (C. pén., art. 421-2-5-2, v. n° 23.27) (C. pr. pén., art. 706-24-1).

6. DURÉE DE LA GARDE À VUE JUSQU'À 6 JOURS (C. PR. PÉN., ART. 706-88-1)

S'il existe un risque sérieux de l'imminence d'une action terroriste ou si les nécessités de la coopération internationale le requièrent impérativement, la garde à vue pour les infractions terroristes peut, au-delà de la durée maximale propre au régime complet de la criminalité organisée (96 H 00) (v. ci-dessus et n° 12.29C) faire l'objet par le JLD, saisi par le procureur de la République ou par le juge d'instruction, d'une prolongation supplémentaire de 24 H 00 renouvelable une fois, soit au total 6 jours (96 H 00 + 48 H 00 = 144 H 00). Dès la notification de chacune de ces prolongations, la personne est avisée de ce qu'elle peut s'entretenir avec son avocat à l'expiration de la 96e et de la 120e heure. (C. pr. pén., art. 706-88-1).

7. DIFFÉRÉ JUSQU'À 3 JOURS DE L'INTERVENTION DE L'AVOCAT AU COURS DE LA GARDE À VUE (C. PR. PÉN., ART. 706-88)

En raison de considérations impérieuses tenant aux circonstances particulières de l'enquête ou de l'instruction, pour permettre le recueil ou la conservation des preuves, ou pour prévenir une atteinte aux personnes, l'intervention de l'avocat peut être différée pendant une durée maximale de trois jours (72 H 00) (C. pr. pén., art. 706-88). La décision de report de l'intervention est prise par le procureur de la République pour les premières 24 H 00, puis, sur sa requête, par le JLD, ou par le juge d'instruction dans le cadre de l'information judiciaire.

8. ANONYMAT DES ENQUÊTEURS (C. PR. PÉN., ART. 706-24)

Les OPJ et APJ affectés dans les services de police judiciaire spécialisés en matière de terrorisme peuvent être nominativement autorisés par le procureur général près la cour d'appel de Paris à s'identifier dans la procédure par leur numéro d'immatriculation administrative, sous lequel ils pourront également déposer ou comparaître comme témoin (C. pr. pén., art. 706-24). La révélation de leur identité est pénalement sanctionnée (C. pr. pén., art. 706-24 renvoyant à 706-84, v. n° 35.31).

Ceci sans préjudice des règles plus générales, prévues par C. pr. pén., art. 15-4 (v. n° 11.3A), permettant sous certaines conditions aux enquêteurs de s'identifier sous leur numéro d'immatriculation administrative dans les actes de procédure.

9. FACULTÉ DE COMMUNICATION DE PIÈCES DE LA PROCÉDURE AUX SERVICES DE RENSEIGNEMENT PAR LE PROCUREUR ANTITERRORISTE ET LE JUGE D'INSTRUCTION (C. PR. PÉN., ART. 706-25-2)

Par dérogation aux dispositions relatives au secret de l'enquête et de l'instruction prévues par C. pr. pén., art. 11 (sur le secret de l'instruction et de l'enquête, v. n° 35.2), le procureur de la République antiterroriste, pour les procédures d'enquête ou les informations ouvertes sur le fondement d'infractions terroristes, peut communiquer aux services spécialisés de renseignement mentionnés au CSI, art. 811-2 (Direction générale de la sécurité extérieure, Direction de la protection et de la sécurité de la défense, Direction du renseignement militaire, Direction générale de la sécurité intérieure, Direction nationale du renseignement et des enquêtes douanières, Tracfin), de sa propre initiative ou à la demande de ces services, ~~« copie »~~ (supprimé par L. n° 2021-1672, 24 déc. 2020) des éléments de toute nature figurant dans ces procédures et nécessaires à l'exercice des missions de ces services en matière de prévention du terrorisme (C. pr. pén., art. 706-25-2, L. n° 2017-258, 28 févr. 2017).

« *Les informations communiquées [...] ne peuvent être transmises par les services qui en ont été destinataires qu'à d'autres autorités ou services chargés de la prévention du terrorisme et pour les mêmes finalités [...]. Elles ne peuvent faire l'objet d'un échange avec des services étrangers ou avec des organismes internationaux compétents dans le domaine du renseignement* » (C. pr. pén., art. 706-25-2, dispositions issues L. n° 2020-1672, 24 déc. 2020).

Si la procédure fait l'objet d'une information, la communication aux services de renseignement ne peut intervenir qu'avec l'avis favorable du juge d'instruction. Le juge d'instruction peut également procéder à cette communication pour les procédures d'information dont il est saisi après avoir recueilli l'avis du procureur de la République antiterroriste (C. pr. pén., art. 706-25-2, dispositions issues L. n° 2020-1672, 24 déc. 2020).

Cette faculté de communication aux services de renseignement appartient également à « *tout procureur de la République pour des procédures ouvertes pour un crime ou un délit puni d'une peine d'emprisonnement, lorsque ces procédures font apparaître des éléments concernant une personne dont le comportement constitue une menace d'une particulière gravité pour la sécurité et l'ordre publics et qui soit entre en relation de manière habituelle avec des personnes ou des organisations incitant, facilitant ou participant à des actes de terrorisme, soit soutient, diffuse, lorsque cette diffusion s'accompagne d'une manifestation d'adhésion à l'idéologie exprimée, ou adhère à des thèses incitant à la commission d'actes de terrorisme ou faisant l'apologie de tels actes* » (C. pr. pén., art. 706-25-2, dispositions issues L. n° 2020-1672, 24 déc. 2020).

10. Continuation des mesures de surveillance secrète après l'ouverture d'information (C. pr. pén., art. 706-24-2, L. n° 2016-731, 3 juin 2016)

Jusqu'à L. n° 2019-222, 23 mars 2019, qui a étendu ce dispositif à toutes les infractions relevant de ces mesures (C. pr. pén., art. 80-5 se substituant à 706-24-2 désormais abrogé), le procureur de la République, pour les seules infractions de terrorisme, pouvait autoriser la poursuite des opérations de surveillance secrète pour une durée maximale de 48h lors d'une ouverture d'information (sur ce dispositif dit du « sas », v. n° 15.29A3).

11. Durée de 6 mois renouvelable de la détention provisoire (C. pr. pén., art. 706-24-3, L. n° 2016-731, 3 juin 2016) et délais de comparution de l'accusé détenu (C. pr. pén., art. 380-3-1, L. n° 2019-222, 23 mars 2019)

La durée maximale de la détention provisoire en matière correctionnelle est de 6 mois renouvelable au lieu de la durée de droit commun de 4 mois renouvelable (C. pr. pén., art. 145-1). La durée totale ne peut excéder deux ans, délai comparable à celui prévu pour la criminalité organisée (C. pr. pén., art. 145-1). Elle peut toutefois atteindre 3 ans pour l'association de malfaiteurs terroriste (C. pén., art. 421-2-1, v. n° 23.25, cas B) (sur la durée de la détention provisoire, v. tableaux au n° 12.43).

Le délai de comparution de l'accusé détenu pour crime de terrorisme devant la cour d'assises statuant en appel peut atteindre 3 ans (C. pr. pén., art. 380-3-1 issu L. n° 2019-222, 23 mars 2019, v. n° 12.46).

12. Inscription de la personne mise en examen au fichier judiciaire national automatisé des auteurs d'infractions terroristes (Fijait) (C. pr. pén., art. 706-25-4)

Selon les modalités détaillées au n° 13.40, les personnes mises en examen pour une infraction terroriste font l'objet d'une inscription au Fijait (C. pr. pén., art. 706-25-4). Depuis, L. n° 2021-1109, 24 août 2021, cette inscription qui résultait auparavant d'une décision du juge d'instruction laissée à sa discrétion, s'opère désormais de plein droit.

La violation des obligations pesant sur la personne au titre du Fijait est pénalement sanctionnée (v. n° 25.66).

D. Peines applicables aux infractions de droit commun à finalité terroriste (C. pén., art. 421-3)

La finalité terroriste d'une infraction de droit commun aggrave les peines applicables selon l'échelle définie au C. pén., art. 421-3 (v. nº 18.9A et tableau nº 18.9E). Cette aggravation peut également avoir des incidences de fond et de procédure.

Sauf dispense spécialement motivée, la peine d'inéligibilité est obligatoirement prononcée pour les délits à finalité terroriste (C. pén., art. 131-26-2, L. nº 2017-1339, 15 sept. 2017). S'agissant des crimes, l'inéligibilité est également de plein droit, mais cette disposition vaut également pour tous les crimes. Sur l'inscription au bulletin nº 2 de l'inéligibilité et la réserve d'interprétation du Cons. const., v. nº 20.15.

E. Éléments de politique publique relatifs aux victimes d'actes de terrorisme

1. Affectation du produit des sanctions financières au fonds de garantie (C. pén., art. 422-7)

Le produit des sanctions financières ou patrimoniales prononcées à l'encontre des personnes reconnues coupables d'actes de terrorisme est affecté au fonds de garantie des victimes des actes de terrorisme et autres infractions (C. pén., art. 422-7).

2. Suivi, information et accompagnement des victimes

Dans chaque département, il est institué un « *comité local de suivi des victimes d'actes de terrorisme* ». Présidé par le préfet de département, il réunit notamment le premier président de la cour d'appel et le procureur général ou tout magistrat qu'ils désignent respectivement, des représentants des services déconcentrés de l'État, de l'ARS, des organismes locaux d'assurance maladie, des représentants d'associations d'aides aux victimes et de l'Office national des anciens combattants (D. nº 2016-1056, 3 août 2016, art. 1). Ce comité est chargé du suivi de la prise en charge des victimes résidant dans le département, de veiller à la structuration du réseau des acteurs, de faciliter la résolution des difficultés individuelles des victimes ou de leurs proches (D. nº 2016-1056, 3 août 2016, art. 2). Un « *espace d'information et d'accompagnement des victimes* » peut être ouvert sur décision du préfet lorsque le nombre de victimes résidant dans le département le justifie. Une association locale d'aide aux victimes est alors désignée par les chefs de la cour d'appel pour animer cet espace et accueillir les victimes et leurs proches (D. nº 2016-1056, 3 août 2016, art. 4).

Mentionnons qu'en cas d'infractions susceptibles de provoquer de nombreuses victimes, C. pr. pén., art. 10-6, issu de L. nº 2019-774, 24 juill. 2019, institue pour leur prise en charge le partage d'information entre administrations et associations agréées d'aide aux victimes (V. nº 35.2A1). Ce partage d'information a notamment pour support un traitement de données à caractère personnel dénommé « *système d'information interministériel des victimes d'attentat et de catastrophes* » (SIVAC), mis en œuvre par le ministère de la justice, qui a « *pour objet de permettre aux acteurs d'échanger les informations nécessaires à l'aide aux victimes d'attentats ou de catastrophes, et [...] d'améliorer les conditions de leur prise en charge et de leur suivi* » (D. nº 2021-1182, 13 sept. 2021, C. pr. pén., art. R. 2-15 s.).

3. Médaille nationale de reconnaissance aux victimes.

Une médaille nationale de reconnaissance aux victimes du terrorisme est destinée à manifester l'hommage de la Nation aux victimes de terrorisme tuées, blessées ou séquestrées. Attribuée par décret du président de la République, elle est administrée par la grande chancellerie de la Légion d'honneur. (D. nº 2016-949, 12 juill. 2016).

4. Droit à pension au titre du code des pensions militaires (C. pensions militaires, art. L. 113-13)

Les victimes d'actes de terrorisme commis sur le territoire national et les personnes de nationalité française ayant leur résidence habituelle en France, ou résidant habituellement hors de France et régulièrement immatriculées auprès des autorités consulaires, victimes à l'étranger d'un acte de terrorisme ont droit à pension dans les conditions prévues pour les victimes civiles de guerre. Ces dispositions sont applicables aux actes de terrorisme commis depuis le 1er janvier 1982. (C. pensions militaires, art. L. 113-13, L. nº 86-1020, 9 sept. 1986, art. 9).

À ce titre, les victimes bénéficient de l'action sociale et de l'assistance administrative des services de l'Office national des anciens combattants et victimes de guerre (ONAC).

5. Prise en charge dérogatoire des frais de santé par le régime d'assurance maladie (CSS, art. L. 168-1 s.)

Les victimes d'actes de terrorisme bénéficient d'un régime dérogatoire de prise en charge des frais de santé (ex : dispense de forfait hospitalier journalier, remboursement à 100 %, absence de prise en compte de certains délais, prise en charge des dépassements d'honoraires, etc.). Les frais de suivi psychiatrique des proches parents des personnes décédées ou blessées sont également pris en charge.

L'État notifie l'identité des victimes à la caisse nationale d"assurance maladie, qui assure un rôle de coordination des régimes obligatoires d'assurance maladie.

6. Accès aux emplois réservés (C. pensions militaires, art. L. 241-2)

Les emplois réservés sont accessibles, sans conditions d'âge, de délai, ni de durée de service.../...4° Aux victimes d'un acte de terrorisme (C. pensions militaires, art. L. 241-2).

7. Reconnaissance de la qualité de pupille de la Nation (C. pensions militaires, art. L. 411-1)

La France adopte les orphelins dont l'un des parents ou le soutien de famille a été tué ou est mort de blessures ou de maladies contractées ou aggravées par suite d'un acte de terrorisme (C. pensions militaires, art. L. 411-1). Sont assimilés aux orphelins les enfants nés au plus tard dans les 300 jours suivant l'acte de terrorisme dont le parent ou le soutien de famille a été victime, si ce dernier se trouve dans l'incapacité de pourvoir à ses obligations et charges de famille en raison des infirmités contractées du fait de l'acte de terrorisme (C. pensions militaires, art. L. 411-2). Sont également assimilés aux orphelins les enfants, victimes d'un acte de terrorisme (C. pensions militaires, art. L. 411-2). Les enfants des personnes dont l'acte de décès porte la mention « Victime du terrorisme » ont vocation à la qualité de pupille de la Nation (L. n° 86-1020, 9 sept. 1986, art. 9).

Les pupilles de la Nation bénéficient de la protection et du soutien matériel et moral de l'Office national des anciens combattants et victimes de guerre (ONAC).

8. Mention sur l'acte de décès (C. pensions militaires, art. L. 514-1)

Le ministre de la justice peut décider, avec l'accord des ayants droit, que la mention « *Victime du terrorisme* » soit portée sur l'acte de décès de toute personne victime d'actes de terrorisme commis sur le territoire national ou des personnes de nationalité française victimes à l'étranger d'un acte de terrorisme. Lorsque, pour un motif quelconque, la mention « *Victime du terrorisme* » n'a pas pu être inscrite sur l'acte de décès au moment de la rédaction de celui-ci, elle est ajoutée ultérieurement dès que les éléments justificatifs le permettent (C. pensions militaires, art. L. 514-1).

9. Régime fiscal

Les successions de personnes décédées du fait d'actes de terrorisme sont exonérées des droits de mutation par décès, qu'il s'agisse des héritiers ou légataires (CGI, art. 796-I-7°).

D'autres exonérations fiscales sont prévues pour les dons en numéraire (CGI, art. 196, 196 A *bis* et 796 *bis*-I), la taxe d'habitation ou l'impôt sur le revenu (CGI, art. 1691 *ter*).

F. Indemnisation et droits de la victime

1. Information du fonds de garantie par l'autorité judiciaire ou consulaire (C. assur., art. R. 422-6)

Dès la survenance d'un acte de terrorisme, le procureur de la République ou l'autorité diplomatique ou consulaire compétente informe sans délai le fonds de garantie des circonstances de l'événement et de l'identité des victimes (C. assur., art. R. 422-6).

2. Indemnisation des victimes d'actes de terrorisme par le Fonds de garantie

Les victimes d'actes de terrorisme commis sur le territoire national et les personnes de nationalité française ayant leur résidence habituelle en France, ou résidant habituellement hors de France et régulièrement immatriculées auprès des autorités consulaires, victimes à l'étranger d'un acte de terrorisme, sont indemnisées intégralement de leurs dommages corporels par le Fonds de garantie des actes de terrorisme et autres infractions, alimenté par un prélèvement sur les contrats d'assurance de biens. Le fonds est tenu, dans un délai d'un mois à compter de la demande, de verser une ou plusieurs provisions à la victime qui a subi une atteinte à sa personne ou, en cas de décès de la victime, à ses ayants droit, sans préjudice du droit pour ces victimes de saisir le juge des référés. Il est tenu de présenter à toute victime une offre d'indemnisation dans un délai de 3 mois à compter du jour où il reçoit de celle-ci la justification du dommage ou de son aggravation. Les offres tardives ou manifestement insuffisantes peuvent ouvrir droit à des dommages-intérêts au profit de la victime. Le fonds est subrogé dans les droits de la victime contre l'auteur du dommage (L. n° 86-1020, 9 sept. 1986, art. 9, C. assur., art. L. 422-1 et L. 422-2). La réparation peut être refusée ou son montant réduit à raison de la faute de la victime (C. assur., art. L. 126-1).

3. Incompétence de la juridiction répressive pour allouer des dommages-intérêts (C. pr. pén., art. 706-16-1 et COJ, art. L. 217-6, L. n° 2019-222, 23 mars 2019) (renvoi, v. n° 16.16)

Selon les précisions apportées au n° 16.16, la juridiction répressive est désormais incompétente pour allouer des dommages-intérêts résultant d'un acte de terrorisme. La victime est en effet tenue d'agir devant le TJ de Paris statuant en matière civile, exclusivement compétent pour connaître de sa demande de dommages-intérêts. Elle conserve toutefois, par dérogation à la règle « *una via electa* » prévue par C. pr. pén., art. 5 (v. n° 16.12A et 16.10D), le pouvoir d'exercer devant la juridiction répressive les autres droits attachés à la qualité de partie civile (déclenchement de l'action publique, intervention comme partie dans l'instruction et le procès) (C. pr. pén., art. 706-16-1 et COJ, art. L. 217-6, L. n° 2019-222, 23 mars 2019, en vigueur depuis le 3 juin 2019).

4. Bénéfice de l'aide juridictionnelle sans condition de ressources

Les conditions de ressources imposées par L. n° 91-647, 10 juill. 1991 et D. n° 91-1266, 19 déc. 1991 (v. n°s 16.6C et 17.9B) ne sont pas exigées pour l'octroi de l'aide juridictionnelle aux victimes ou à leurs ayants droit « *en vue de leur constitution de partie civile au soutien de l'action publique* » (réd. issue L. n° 2019-222, 23 mars 2019) pour les crimes d'atteintes volontaires à la vie ou à l'intégrité de la personne constituant des actes de terrorisme par finalité (C. pén., art. 421-1 1°), y compris pour les délits d'atteintes aux personnes passibles de 10 années d'emprisonnement qui sont passibles d'une peine criminelle de 15 ans du fait de leur finalité terroriste (C. pén., art. 421-3 4°).

5. Délai d'action contre le fonds de garantie

La victime peut agir contre le fonds dans le délai prévu au C. civ., art. 2226 (dix ans à compter de la date de la consolidation du dommage initial ou aggravé). Si des poursuites pénales ont été engagées, l'action doit être exercée dans un délai d'un an à compter de la décision de la juridiction répressive qui a statué définitivement sur l'action publique ou sur l'action civile. Le fonds de garantie peut toutefois relever le requérant de la forclusion si celui-ci n'a pas été en mesure de faire valoir ses droits dans les délais requis ou pour tout autre motif légitime (L. n° 86-1020, 9 sept. 1986, art. 9 et C. assur., art. L. 422-3).

6. Assistance par le fonds de garantie

Le fonds de garantie assiste les victimes dans la constitution de leur dossier d'indemnisation (C. assur., art. R. 422-6).

7. Droit d'intervention du fonds de garantie

Le fonds de garantie peut intervenir devant les juridictions de jugement en matière répressive même pour la première fois en cause d'appel, en cas de constitution de partie civile de la victime ou de ses ayants droit contre le ou les responsables des faits. Il intervient alors à titre principal et peut user de toutes les voies de recours ouvertes par la loi (L. n° 86-1020, 9 sept. 1986, art. 9). Il peut interjeter appel des décisions de la Civi (C. assur., art. L. 422-5).

8. Nullité des clauses d'exclusion du contrat d'assurance de biens (L. n° 86-1020, 9 sept. 1986, art. 9)

Les contrats d'assurance de biens ne peuvent exclure la garantie de l'assureur pour les dommages résultant d'actes de terrorisme ou d'attentats commis sur le territoire national. Toute clause contraire est réputée non écrite (L. n° 86-1020, 9 sept. 1986, art. 9).

G. Régime des peines et des autres mesures

1. Exemption ou réduction de peine applicable au repenti (C. pén., art. 422-1 et 422-3)

Une exemption de peine ou une réduction de moitié est applicable au repenti s'il permet d'éviter la réalisation de l'infraction et d'identifier les autres coupables ou s'il permet de faire cesser les agissements ou d'éviter qu'ils n'entraînent mort d'homme ou infirmité permanente (C. pén., art. 132-78, 422-1 et 422-3, v. n° 18.8D).

2. Période de sûreté applicable (C. pén., art. 421-7)

Pour les crimes de terrorisme, ou les délits de terrorisme passibles d'au moins 10 ans, qu'il s'agisse des infractions de terrorisme par finalité ou des infractions spécifiques de terrorisme, la période de sûreté est, si la peine ferme ⩾ 10 ans → a) de plein droit = 1/2 de la peine ou de 18 ans en cas de perpétuité, ou < sur décision spéciale ; b) sur décision spéciale : ⩽ 2/3 de la peine ou ⩽ 22 ans en cas de perpétuité (C. pén., art. 132-23, al. 1 et 2 et 421-7). Si le crime est passible de la perpétuité, la période de sûreté peut, sur décision spéciale, être portée à 30 ans, ou, si la perpétuité est prononcée, la cour peut décider qu'aucune mesure d'aménagement ne pourra être accordée : suspension, fractionnement, placement à l'extérieur, permission de sortir, semi-liberté et libération conditionnelle (perpétuité réelle ou peine incompressible) (C. pén., art. 421-7). Notons que le tribunal de l'application des peines pourra accorder l'une de ces mesures après une incarcération ⩾ 30 ans (C. pr. pén., art. 720-4), après l'avis préalable d'une commission de la C. cass. (C. pr. pén., art. 720-5). Sur la période de sûreté, v. n° 18.7C1.

3. Limitation des réductions de peine (C. pr. pén., art. 721-1-1)

• **Régime antérieur à la L. n° 2021-1729, 22 déc. 2021 (écrous antérieurs au 1er janv. 2023).** Depuis L. n° 2016-987, 21 juill. 2016), les personnes condamnées pour une infraction de droit commun à finalité terroriste (C. pén., art. 421-1) (v. A1 ci-dessus) et les infractions terroristes spécifiques définies aux articles 421-2 à 421-6 du code pénal (v. nos 23.25 à 23.27), à l'exception toutefois des infractions de provocation au terrorisme ou son apologie (C. pén., art. 421-2-5, v. n° 35.24), d'entrave aux mesures de blocage d'un site faisant cette apologie (C. pén., art. 421-2-5-1, v. n° 35.25) ou de consultation habituelle de site provoquant au terrorisme ou en faisant l'apologie (C. pén., art. 421-2-5-2, v. n° 23.27), ne bénéficiaient pas du crédit de réduction de peine institué par C. pr. pén., art. 721 (v. n° 18.10C et le tableau n° 18.10J ; C. pr. pén., art. 721-1-1, issu L. n° 2016-987, 21 juill. 2016). Elles bénéficiaient toutefois du dispositif des réductions supplémentaires de peine institué par C. pr. pén., art. 721-1 (v. n° 18.10D). Si la L. n° 2021-1729, 22 déc. 2021, pour la confiance dans l'institution judiciaire, art. 11, a supprimé le dispositif du crédit de réduction de peine et des réductions supplémentaires de peines, au profit d'un dispositif unifié de réduction de peine, les dispositions antérieures restent applicables à titre transitoire aux personnes placées sous écrou avant le 1er janv. 2023 (L. n° 2021-1729, 22 déc. 2021, art. 59 VI).

• **Régime issu de L. n° 2021-1729, 22 déc. 2021 (écrous à compter du 1er janv. 2023).**

Pour les infractions de terrorisme citées ci-dessus, les réductions de peine issues de L. n° 2021-1729, 22 déc. 2021, dont le régime est exposé au n° 18.10E, sont limitées à 3 mois par an (au lieu de 6) et 7 jours par mois (au lieu de 14) pour une durée inférieure à un an (C. pr. pén., art. 721-1-1 mod. par L. n° 2021-1729, 22 déc. 2021). Ce régime est applicable « *aux personnes placées sous écrou à compter du 1er janv. 2023, quelle que soit la date de la commission de l'infraction* » (L. n° 2021-1729, 22 déc. 2021, art. 59 VI).

4. Évaluation de la dangerosité préalable à la libération conditionnelle (C. pr. pén., art. 730-2-1, L. n° 2016-731, 3 juin 2016)

La personne condamnée pour une infraction terroriste, à l'exclusion des infractions de provocation au terrorisme et d'apologie de celui-ci prévues au C. pén., art. 421-2-5 (v. n° 35.24) et 421-2-5-1 (v. n° 35.25), ne peut bénéficier d'une mesure de libération conditionnelle (sur cette mesure, v. n° 18.10H) « *qu'après avis d'une commission chargée de procéder à une évaluation pluridisciplinaire de la dangerosité de la personne condamnée* » (Commission pluridisciplinaire des mesures de sûreté (CPMS)) (C. pr. pén., art. 730-2-1, issu L. n° 2016-731, 3 juin 2016).

Par dérogation au C. pr. pén., art. 730, le TAP est seul compétent pour ordonner la libération conditionnelle quelle que soit la durée de la peine de détention restant à subir. Il peut outre s'opposer à cette mesure lorsque « *cette libération est susceptible de causer un trouble grave à l'ordre public* » (C. pr. pén., art. 730-2-1, issu L. n° 2016-731, 3 juin 2016) (pour une application de ces dispositions dérogatoires, v. Crim. 9 mars 2022, n° 21-80.600, P ; Crim. 26 oct. 2022, n° 21-86.013, D).

Mentionnons que l'évaluation préalable de la dangerosité n'est pas applicable lorsque la personne condamnée bénéficie d'une suspension médicale de peine en application de C. pr. pén., art. 720-1-1 (Crim. 3 mars 2021, n° 20-81.692 (§ 14), P) (sur la suspension médicale de peine, v. n° 18.8C).

5. Mesure judiciaire de prévention de la récidive terroriste et de réinsertion applicable en fin de peine (C. pr. pén., art. L. 706-25-16 s., L. n° 2021-998, 30 juill. 2021)

À la fin de l'exécution de sa peine, la personne condamnée pour une infraction terroriste, à l'exclusion des infractions de provocation au terrorisme et d'apologie de celui-ci prévues au C. pén., art. 421-2-5 (v. n° 35.24) et 421-2-5-1 (v. n° 35.25), à une peine ⩾ 5 ans ou ⩾ 3 ans en récidive, peut être soumise par le TAP de Paris saisi par le procureur de la République antiterroriste, après avis de la « *commission pluridisciplinaire des mesures de sûreté* », à une « *mesure judiciaire de prévention de la récidive terroriste et de réinsertion* » lorsqu'elle « *présente une particulière dangerosité caractérisée par une probabilité très élevée de récidive et par une adhésion persistante à une idéologie ou à des thèses incitant à la commission d'actes de terrorisme, faisant ainsi obstacle à sa réinsertion* » (C. pr. pén., art. L. 706-25-16, issu L. n° 2021-998, 30 juill. 2021 relative à la prévention des actes de terrorisme et au renseignement).

Cette mesure, qui impose à la personne diverses obligations destinées à prévenir la récidive et à assurer sa réinsertion, peut être ordonnée pour une durée ⩽ 1 an. Elle est renouvelable jusqu'à 5 ans, ou 3 ans si la personne condamnée est mineure, sous réserve « *d'éléments nouveaux et complémentaires qui justifient précisément un tel renouvellement* ».

Elle est exclue si la personne a été condamnée à un suivi socio-judiciaire (C. pén., art. 421-8, sur cette mesure v. n° 18.31), ou est soumise à une surveillance judiciaire (C. pén., art. 723-29, sur cette mesure v. n° 18.10G2), une surveillance de sûreté (C. pén., art. 706-53-19) ou une rétention du sûreté (C. pén., art. 706-53-13).

C. pr. pén., art. 706-25-16 à 706-25-19 fixant le régime de mesure judiciaire de prévention de la récidive terroriste et de réinsertion ont été jugés conformes à la constitution (Cons. const. 30 juill. 2021, n° 2021-822 DC, § 31 à 42).

La violation des obligations imposées dans le cadre de cette mesure constitue un délit puni de 3 ans d'emprisonnement et 45 000 € (C. pr. pén., art. 706-25-21).

Les décrets d'application n° 2022-358, 14 mars 2022 (C. pr. pén., art. R. 50-70 à R. 50-85) et n° 2022-359, 14 mars 2022 (C. pr. pén., art. D. 47-6-16 et D. 47-6-17), définissent, pour le premier, les modalités de mise en œuvre de la mesure, pour le second, les règles de procédure applicables devant le TAP de Paris compétent pour ordonner la mesure.

Le dispositif fait l'objet de la circulaire Crim. 2022-10/H3, 24 mars 2022, NOR : JUSD2208540.

6. Inscription au fichier judiciaire national automatisé des auteurs d'infractions terroristes (Fijait) (C. pr. pén., art. 706-25-4)

Selon les modalités détaillées au n° 13.40, la personne condamnée pour un acte terroriste est inscrite au Fijait sur décision de la juridiction (C. pr. pén., art. 706-25-4, L. n° 2015-912, 24 juill. 2015). La violation des obligations pesant sur la personne au titre du Fijjait est pénalement sanctionnée (v. n° 25.66).

7. Prescription de la peine (C. pr. pén., art. 706-25-1 devenu C. pén., art. 133-3)

La prescription de la peine est de 30 ans à compter de la condamnation définitive pour les crimes de terrorisme. Elle est de 20 ans pour les délits de terrorisme (C. pr. pén., art. 706-25-1). La prescription de la peine est toutefois celle de droit commun (5 ans devenu 6 ans, L. n° 2017-242, 27 févr. 2017) pour les délits de provocation ou d'apologie du terrorisme (C. pén., art. 421-2-5, v. n° 35.24), d'entrave aux mesures de blocage d'un site faisant cette apologie (C. pén., art. 421-2-5-1, v. n° 35.25), de consultation habituelle de site provoquant au terrorisme ou en faisant l'apologie (C. pén., art. 421-2-5-2, v. n° 23.27) (C. pr. pén., art. 706-25-1 devenu C. pén., art. 133-3) (sur la prescription de la peine, v. n° 18.5D2).

8. Compétence spécialisée des magistrats de l'application des peines (C. pr. pén., art. 706-22-1)

Ont compétence exclusive le juge de l'application des peines et du tribunal de l'application des peines et de la CHAP de Paris, quel que soit le lieu de détention, pour les personnes condamnées par les juridictions parisiennes au titre de leur compétence spécialisée (C. pr. pén., art. 706-22-1), y compris sur renvoi après cassation, dans une formation autrement composée (Crim. 28 avr. 2020, n° 19-83.056, D).

9. Incapacités de plein droit

« *Ne peuvent être chargées de l'instruction en famille d'un enfant les personnes qui ont été définitivement condamnées par le juge pénal pour crime ou délit à caractère terroriste* » (C. éduc., art. L. 131-11-1, issu L. n° 2021-1109, 24 août 2021 confortant le respect des principes de la République) (sur l'instruction en famille, v. n° 21.23).

« *Sont incapables de diriger un établissement d'enseignement du premier ou du second degré ou tout établissement de formation accueillant un public d'âge scolaire, qu'il soit public ou privé, ou d'y être employés, à quelque titre que ce soit : 1° Ceux qui ont été définitivement condamnés par le juge pénal pour crime ou délit contraire à la probité et aux mœurs, "y compris un crime ou un délit à caractère terroriste"* » (C. éduc., art. L. 911-5, réd. issue L. n° 2021-1109, 24 août 2021) ; incapacité s'appliquant également, depuis L. n° 2021-1109, 24 août 2021, aux organismes privés d'enseignement à distance (C. éduc., art. L. 444-6), aux organismes de soutien scolaire (C. éduc., art. L. 445-1), aux fonctions d'administrateur ou de professeur dans un établissement d'enseignement supérieur privé (C. éduc., art. L. 731-7).

« *nul ne peut enseigner, animer ou encadrer une activité physique ou sportive s'il a été définitivement condamné par le juge pénal pour crime ou délit à caractère terroriste* » (C. sport, art. L. 212-9 III, issu L. n° 2021-1109, 24 août 2021) (notons que le 7° du C. sport, art. L. 212-9, qui régit les incapacités de plein droit pesant sur les éducateurs sportifs, a par ailleurs, dans sa rédaction antérieure à cette loi, été déclaré conforme à la constitution (Cons. const. 7 mai 2021, n° 2021-904 QPC).

« *Une personne condamnée pour l'une des infractions prévues aux articles 421-1 à 421-6 du code pénal ne peut diriger ou administrer une association cultuelle pendant une durée de dix ans à compter de la date à laquelle la condamnation est devenue définitive. Toutefois, pour les infractions mentionnées aux articles 421-2-5 et 421-2-5-1 du même code, cette durée est réduite à cinq ans* » (L. 9 déc. 1905, art. 36-2, issu L. n° 2021-1109, 24 août 2021).

10. Déchéance de la nationalité française (C. civ., art. 25)

Dans les conditions précisées par C. civ., art. 25-1, « *L'individu qui a acquis la qualité de Français peut, par décret pris après avis conforme du Conseil d'État, être déchu de la nationalité française, sauf si la déchéance a pour résultat de le rendre apatride : 1° S'il est condamné pour un acte qualifié de crime ou délit constituant une atteinte aux intérêts fondamentaux de la Nation ou pour un crime ou un délit constituant un acte de terrorisme* » (C. civ., art. 25).

« *La déchéance de nationalité de l'article 25 du code civil a un objectif particulier en ce qu'elle vise à tirer conséquence du fait qu'une personne ayant bénéficié d'une mesure d'acquisition de la nationalité française a par la suite brisé son lien de loyauté envers la France en commettant des actes particulièrement graves qui, s'agissant d'actes de terrorisme, sapent le fondement même de la démocratie. Elle tend ainsi avant tout à prendre solennellement acte de la rupture de ce lien entre eux et la France* » (§ 71) « *la déchéance de nationalité de l'article 25 du code civil répond à des comportements qui, s'agissant d'actes terroristes, sapent le fondement même de la démocratie. La Cour rappelle par ailleurs que cette mesure n'a pas en elle-même pour effet l'éloignement hors du territoire français de ceux qu'elle touche [...]. Enfin, [...] elle relève qu'il ne s'agit pas d'une sanction que l'on peut dire pénale par nature* » (§ 72), en conséquence, l'article 4 du protocole n° 7 (principe *non bis in idem*) ne lui est pas applicable (§ 73) (CEDH 25 juin 2020, n° 52273/16, *Ghoumid et a. c/ France*).

23.24 Actes de terrorisme – Régime administratif de la lutte contre le terrorisme

A. Les contrôles administratifs de sécurité au sein des périmètres de protection (CSI, L. 226-1, L. n° 2017-1510, 30 oct. 2017) – Renvoi, v. n° 11.30

B. Les visites et saisies domiciliaires administratives pour la prévention de la commission d'actes de terrorisme (CSI, art. L. 229-1 s., L. n° 2017-1510, 30 oct. 2017)

1. Les conditions de fond de la visite domiciliaire administrative

Sur saisine motivée du préfet, le JLD du tribunal judiciaire de Paris peut, sauf pour les lieux affectés à l'exercice d'un mandat parlementaire ou à l'activité professionnelle des avocats, des magistrats ou des journalistes ainsi que leur domicile, « *autoriser la visite d'un lieu ainsi que la saisie des documents, objets ou données qui s'y trouvent, aux seules fins de prévenir la commission d'actes de terrorisme et lorsqu'il existe des raisons sérieuses de penser qu'un lieu est fréquenté par une personne dont le comportement constitue une menace d'une particulière gravité pour la sécurité et l'ordre publics et qui soit entre en relation de manière habituelle avec des personnes ou des organisations incitant, facilitant ou participant à des actes de terrorisme, soit soutient, diffuse, lorsque cette diffusion s'accompagne d'une manifestation d'adhésion à l'idéologie exprimée, ou adhère à des thèses incitant à la commission d'actes de terrorisme ou faisant l'apologie de tels actes* » (CSI, art. L. 229-1, L. n° 2017-1510, 30 oct. 2017).

La saisine du JLD doit être précédée d'une **information du procureur de la République antiterroriste et du procureur de la République territorialement compétent**, qui reçoivent tous les éléments relatifs à ces opérations (CSI, art. L. 229-1, L. n° 2017-1510, 30 oct. 2017).

2. Le contenu de l'ordonnance autorisant la visite domiciliaire

L'ordonnance du JLD est **écrite et motivée et prise après avis du procureur de la République antiterroriste** (CSI, art. L. 229-1, L. n° 2017-1510, 30 oct. 2017).

Elle mentionne l'adresse des lieux dans lesquels les opérations de visite et de saisie peuvent être effectuées, le service et la qualité des agents habilités à y procéder, le numéro d'immatriculation administrative du chef de service qui nomme l'OPJ territorialement compétent présent sur les lieux, chargé d'assister à ces opérations et de tenir informé le JLD de leur déroulement, ainsi que la faculté pour l'occupant des lieux ou son représentant de faire appel à un conseil de son choix, sans que l'exercice de cette faculté n'entraîne la suspension des opérations (CSI, art. L. 229-1, L. n° 2017-1510, 30 oct. 2017).

L'ordonnance peut contenir l'autorisation expresse et motivée du JLD, fondée sur l'urgence et les nécessités de l'opération, d'effectuer la **visite domiciliaire de nuit** (avant 6 heures et après 21 heures) (CSI, art. L. 229-2, L. n° 2017-1510, 30 oct. 2017).

3. L'exécution de la visite domiciliaire et la notification de l'ordonnance du JLD

L'ordonnance est exécutoire au seul vu de la minute (CSI, art. L. 229-1, L. n° 2017-1510, 30 oct. 2017).

La visite est effectuée en présence de l'occupant des lieux ou de son représentant, qui peut se faire assister d'un conseil de son choix. En l'absence de l'occupant des lieux, les agents chargés de la visite ne peuvent procéder à celle-ci qu'en présence de deux témoins qui ne sont pas placés sous leur autorité (CSI, art. L. 229-2).

Lorsqu'une **infraction est constatée**, l'OPJ [territorialement compétent] en dresse procès-verbal, procède à toute saisie utile et en informe sans délai le procureur de la République territorialement compétent (CSI, art. L. 229-2).

L'ordonnance du JLD est notifiée sur place au moment de la visite à l'occupant ou à son représentant, qui en reçoit copie intégrale contre récépissé ou émargement au procès-verbal de visite. En l'absence de l'occupant des lieux ou de son représentant, l'ordonnance est notifiée après les opérations, par LRAR. La notification est réputée faite à la date de l'accusé de réception. À défaut de réception, l'ordonnance est signifiée par acte de commissaire de justice [huissier] (CSI, art. L. 229-2).

L'acte de notification comporte mention des voies et délais de recours contre l'ordonnance et contre le déroulement des opérations de visite et de saisie (CSI, art. L. 229-2).

4. La formalisation immédiate des opérations par un procès-verbal de visite notifié et remis en copie à l'occupant des lieux

Un **procès-verbal relatant les modalités et le déroulement de l'opération**, consignant les constatations effectuées ainsi que les motifs des **saisies éventuelles et leur inventaire** (CSI, art. L. 229-5, v. ci-dessous saisie données) est dressé sur-le-champ par les agents qui ont procédé à la visite. Il est signé par ces agents et par l'OPJ territorialement compétent présent sur les lieux, qui peuvent s'identifier par le numéro d'immatriculation administrative mentionné à l'article 15-4 du code de procédure pénale, leur qualité et leur service ou unité d'affectation. Le procès-verbal de visite, qui mentionne le délai et les voies de recours, est également **signé par l'occupant des lieux** ou, le cas échéant, son représentant ou les témoins. En cas de refus de signer, mention en est faite au procès-verbal (CSI, art. L. 229-2, L. n° 2017-1510, 30 oct. 2017).

Une **copie du procès-verbal de visite est remise** ou adressée par LRAR à l'occupant des lieux ou à son représentant (CSI, art. L. 229-2).

5. Le placement éventuel en retenue au cours des opérations

« *Lorsqu'elle est susceptible de fournir des renseignements sur les objets, documents et données présents sur le lieu de la visite ayant un lien avec la finalité de prévention de la commission d'actes de terrorisme ayant justifié la visite, la personne pour laquelle il existe des raisons sérieuses de penser que son comportement constitue une menace d'une particulière gravité pour la sécurité et l'ordre publics peut* », **après information sans délai du JLD** de Paris, et son accord exprès s'il s'agit d'un mineur, être retenue sur place par l'OPJ pendant le temps strictement nécessaire au déroulement des opérations (CSI, art. L. 229-4, L. n° 2017-1510, 30 oct. 2017).

La retenue **ne peut excéder 4 heures** à compter du début de la visite et le JLD peut y mettre fin à tout moment (CSI, art. L. 229-4).

La **personne est informée** du fondement légal de la mesure, de sa durée maximale, du fait qu'elle ne peut donner lieu à audition et qu'elle a le droit de garder le silence, et du droit de faire aviser par l'OPJ la personne de son choix ainsi que son employeur. Le JLD peut refuser l'exercice de ce droit en raison des nécessités liées à la retenue (CSI, art. L. 229-4). Un **procès-verbal relatant les motifs de la retenue et son déroulement** est dressé et signé par l'intéressé qui en reçoit copie (CSI, art. L. 229-4). La durée de la retenue s'impute le cas échéant sur la garde à vue (CSI, art. L. 229-4).

6. La saisie des données et de leur support et l'ordonnance autorisant leur exploitation

« *Aux seules fins de prévenir la commission d'actes de terrorisme, si la visite révèle l'existence de* ["~~documents, objets ou~~", abrogé par cons. const. 29 mars 2018, n° 2017-685 QPC, § 69 et 70] "documents ou" [rétabli par L. n° 2019-222, 23 mars 2019] *données relatifs à la menace d'une particulière gravité pour la sécurité et l'ordre publics que constitue le comportement de la personne concernée, il peut être procédé à leur saisie ainsi qu'à celle des données contenues dans tout système informatique ou équipement terminal présent sur les lieux de la visite soit par leur copie, soit par la saisie de leur support lorsque la copie ne peut être réalisée ou achevée pendant le temps de la visite* » (CSI, art. L. 229-5, L. n° 2017-1510, 30 oct. 2017). « *la saisie ou la copie de documents et données informatiques découverts lors d'opérations de visite autorisées [...] n'est possible que lorsque ladite visite révèle l'existence d'éléments relatifs à la menace d'une particulière gravité pour la sécurité et l'ordre publics que constitue le comportement de la personne* » (§ 16) et « *la seule présence de terminaux informatiques ne peut être regardée comme révélant par elle-même l'existence de données relatives à la menace d'une particulière gravité pour la sécurité et l'ordre publics que constitue le comportement de la personne* » (§ 22), cette menace ne pouvant être déduite d'éléments contextuels tel l'ancrage ancien de la personne dans une idéologie radicale (Crim. 22 juin 2021, n° 20-86.343, P). Désormais, cette menace grave peut être déduite du refus d'accès aux données opposé par la personne puisque « *Lorsque l'occupant des lieux ou son représentant [...] fait obstacle à l'accès aux données contenues dans tout système informatique ou équipement terminal présent sur les lieux de la visite, mention en est faite au procès-verbal prévu [...]. Il peut alors être procédé à la saisie de ces supports* » (CSI, art. L. 229-5, mod. par L. n° 2021-998, 30 juill. 2021).

Pour remédier à l'inconstitutionnalité mentionnée ci-dessus, fondée sur l'absence de règles encadrant l'exploitation, la conservation et la restitution des documents ou objets saisis, le législateur a entouré le sort des documents des mêmes garanties que celles initialement réservées aux seules données (L. n° 2019-222, 23 mars 2019). Toutefois « *le rétablissement des dispositions relatives à la saisie des objets est apparu inutile* » car « *leur présence peut être facilement constatée par procès-verbal et ne justifie pas une exploitation ultérieure* » et « *lorsque leur possession est de nature à caractériser un délit, leur saisie se déroule en procédure incidente, selon les règles du code de procédure pénale* » (Circ. Crim. n° 2018-00018, 12 juill. 2019).

La copie des données ou la saisie des documents, des systèmes informatiques ou des équipements terminaux est réalisée en présence de l'OPJ. À compter de la saisie, nul n'y a accès avant l'autorisation du juge (CSI, art. L. 229-5).

Dès la fin de la visite, l'autorité administrative peut demander au JLD de Paris **d'autoriser l'exploitation des documents et données**. Il statue dans un délai de 48 heures sur la régularité de la saisie et sur la demande d'exploitation. Sont exclus de l'autorisation les éléments dépourvus de tout lien avec la finalité de prévention de la commission d'actes de terrorisme ayant justifié la visite (CSI, art. L. 229-5).

L'**ordonnance est notifiée** par LRAR et signifiée par commissaire de justice (anc[t] huissier) à défaut de réception. Cette notification comporte mention des voies et délais de recours contre l'ordonnance (CSI, art. L. 229-5).

Les **documents, données et les supports saisis sont conservés** sous la responsabilité du chef du service ayant procédé à la visite et à la saisie. Les documents, systèmes informatiques ou équipements terminaux sont **restitués à leur propriétaire**, le cas échéant après copie, à l'issue d'un délai maximal de 15 jours. Les copies des documents ou des données sont détruites à l'expiration d'un délai maximal de 3 mois. Ces délais peuvent être prorogés pour la même durée par le JLD de Paris en cas de difficulté d'accès aux données (CSI, art. L. 229-5).

Si l'exploitation des documents ou l'examen des données et des supports saisis conduit à la **constatation d'une infraction**, ces données et supports sont conservés selon les règles applicables en matière de procédure pénale (CSI, art. L. 229-5).

Dans sa décision du 29 mars 2018, n° 2017-685 QPC, § 69 et 70, le cons. const., s'il a annulé les dispositions relatives aux documents ou objets (v. ci-dessus), a validé la saisie des données et de leur support et le reste de CSI, art. L. 229-5, ce qu'il a rappelé dans le § 5 de sa décision du 13 juin 2018, n° 2018-713/714 QPC.

7. Le contrôle des opérations par le JLD

La visite domiciliaire s'effectue sous **l'autorité et le contrôle du JLD** qui l'a autorisée, qui donne toutes instructions aux agents qui participent à l'opération. Il peut se rendre dans les locaux pendant l'opération et, à tout moment, sur saisine de l'occupant des lieux ou de son représentant, ou de son propre chef, en décider la suspension ou l'arrêt. Afin d'exercer ce contrôle, lorsque la visite a lieu en dehors du ressort du tribunal judiciaire de Paris, il peut délivrer une **commission rogatoire** au JLD du tribunal judiciaire dans le ressort duquel s'effectue la visite (CSI, art. L. 229-2, L. n° 2017-1510, 30 oct. 2017).

Si, à l'occasion de la visite, les agents découvrent des éléments révélant **l'existence d'autres lieux** répondant aux conditions d'une visite domiciliaire, ils peuvent, sur autorisation du JLD qui a pris l'ordonnance, délivrée en cas d'urgence par tout moyen, procéder sans délai à la visite de ces lieux. Mention de cette autorisation est portée au procès-verbal de visite (CSI, art. L. 229-2).

L'original du **procès-verbal** de visite, consignant notamment les saisies éventuelles et leur inventaire est, dès qu'il a été établi, **adressé au juge** qui a autorisé la visite (CSI, art. L. 229-2, L. 229-5). Il en est de même pour le procès-verbal de retenue (CSI, art. L. 229-4).

8. Les voies de recours

L'**ordonnance du JLD** autorisant la visite et les saisies et le **déroulement des opérations de visite** peuvent chacun faire l'objet, dans un délai de 15 jours de la notification de l'ordonnance ou de la remise du procès-verbal de visite, d'un appel ou d'un recours, non suspensif, devant le premier président de la cour d'appel de Paris, puis d'un pourvoi en cassation (CSI, art. L. 229-3, L. n° 2017-1510, 30 oct. 2017).

L'ordonnance du JLD **autorisant l'exploitation des données** saisies peut faire l'objet, dans les 48 heures de sa notification, d'un appel devant le premier président de la cour d'appel de Paris, puis d'un pourvoi en cassation (CSI, art. L. 229-5, L. n° 2017-1510, 30 oct. 2017).

Les juridictions de l'ordre judiciaire sont compétentes pour connaître du contentieux indemnitaire des visites et saisies domiciliaire réalisées pour prévenir la commission d'actes de terrorisme (CSI, art. L. 229-6, L. n° 2017-1510, 30 oct. 2017).

C. Les interceptions de sécurité et techniques de renseignement administratif (CSI, art. L. 801-1 s.) – Renvoi, v. n° 35.55

D. Le contrôle administratif des déplacements internationaux en lien présumé avec une activité terroriste (CSI, art. L. 224-1 s.) – Renvoi, v. n° 23.28

E. Les mesures administratives individuelles de contrôle et de surveillance pour prévenir les actes de terrorisme (CSI, art. L. 228-1 s., L. n° 2017-1510, 30 oct. 2017) – Renvoi, v. n° 23.29

F. La fermeture administrative des lieux de culte prônant la violence ou le terrorisme (CSI, art. L. 227-1 s., L. n° 2017-1510, 30 oct. 2017) – Renvoi, v. n° 23.29

G. Les mesures administratives d'interdiction, de contrôle ou de surveillance prises dans le cadre de l'état d'urgence (L. n° 55-385, 3 avr. 1955) – Renvoi, v. n° 23.30

23.25 Actes de terrorisme – Infractions spécifiques

PERSONNE PHYSIQUE

PP Cas A, Crime : 20 ans réclusion criminelle, 350 000 € ; Cas A3, Crime : perpétuité, 750 000 € (C. pén., art. 421-2 et 421-4) ;

Cas B, Délit : 10 ans d'emprisonnement, 225 000 € ;

Cas B1 à B3, **Crime** : 20 ans réclusion criminelle, 350 000 € (C. pén., art. 421-1 1°, 421-2-1 et 421-6) ;

Cas C, **Crime** : 20 ans réclusion criminelle, 500 000 € (C. pén., art. 421-2-1 et 421-5) ;

Cas C1 à C3, **Crime** : 30 ans réclusion criminelle, 500 000 € (C. pén., art. 421-1 1°, 421-2-1 et 421-6) ;

Cas D, **Délit** : 10 ans d'emprisonnement, 225 000 € (C. pén., art. 421-2-2 et 421-5) ;

Cas E, **Délit** : 7 ans d'emprisonnement, 100 000 € (C. pén., art. 421-2-3) ;

Cas F, **Délit** : 10 ans d'emprisonnement, 150 000 € d'amende (C. pén., art. 421-2-4).

Cas G, **Crime** : 15 ans réclusion criminelle, 225 000 € (C. pén., art. 421-2-4-1, L. n° 2017-1510, 30 oct. 2017).

PC **1.** Interdiction droits civiques civils et de famille ⩽ 15 ans (crime) ou ⩽ 10 ans (délit) (vote, éligibilité, fonction juridictionnelle, expert, témoin, tuteur, curateur) (C. pén., art. 422-3 1° et 131-26). Sauf dispense spécialement motivée, la peine d'inéligibilité est obligatoirement prononcée (C. pén., art. 131-26-2, L. n° 2017-1339, 15 sept. 2017), v. Orienteur/Régime des peines ;

2. Interdiction, définitive ou ⩽ 10 ans activité professionnelle ou sociale en relation avec l'infraction, fonction publique (sauf mandat électif ou syndical) (C. pén., art. 422-3 2° et 131-27) ;

3. Interdiction de séjour ⩽ 10 ans (C. pén., art. 422-3 3°, 131-31 et 131-32 ; C. pr. pén., art. 762-1 à 763) ;

4. Auteur étranger : interdiction du territoire français, définitive ou ⩽ 10 ans (C. pén., art. 422-4, 131-30, à 131-30-2) ;

5. Confiscation de tout ou partie des biens ou, sous réserve des droits du propriétaire de bonne foi, des biens dont la personne a la libre disposition (C. pén., art. 422-6). Le produit des sanctions financières ou patrimoniales est affecté au FGVAT (C. pén., art. 422-7) ;

6. Suivi socio-judiciaire, ⩽ 10 ans pour délit, ou jusqu'à 20 ans sur décision spéciale, ⩽ 20 ans pour crime, ⩽ 30 ans dans les **Cas** C1 à C3 (C. pén., art. 131-36-1 et 421-8, depuis L. n° 2016-731, 3 juin 2016), avec injonction de soins si expertise médicale conclut au traitement (C. pén., art. 131-36-4). La juridiction fixe la peine encourue (⩽ 3 ans pour délit et ⩽ 7 ans pour crime) en cas d'inobservation (C. pén., art. 131-36-1). Ne peut être prononcé avec un sursis probatoire (anc[t] SME) (C. pén., art. 131-36-6). Peut être ordonné comme peine principale (C. pén., art. 131-37-7). Sur cette peine, v. n° 18.31.

PERSONNE MORALE

PP Cas A : 175 000 € ; Cas A3 : 3 750 000 € (C. pén., art. 421-2 et 421-4) ;

Cas B : 1 125 000 € ; **Cas** B1 à B3 : 1 750 000 € (C. pén., art. 421-1 1°, 421-2-1 et 421-6) ;

Cas C : 2 500 000 € (C. pén., art. 421-2-1 et 421-5) ; **Cas** C1 à C3 : 2 500 000 € (C. pén., art. 421-1 1°, 421-2-1 et 421-6) ;

Cas D : 1 125 000 € (C. pén., art. 421-2-2 et 421-5) ;

Cas E : 500 000 € (C. pén., art. 421-2-3) ;

Cas F : 750 000 € d'amende (C. pén., art. 421-2-4).

Cas G : 1 125 000 € (C. pén., art. 421-2-4-1, L. n° 2017-1510, 30 oct. 2017).

PC **1.** Dissolution (sauf personnes morales de droit public, partis, groupements politiques, syndicats, institutions représentatives du personnel) si personne morale créée ou détournée de son objet, pour commettre l'infraction (C. pén., art. 422-6, 131-39 1° et 131-45) ;

2. Interdiction, définitive ou ⩽ 5 ans, une ou plusieurs activités professionnelles ou sociales en relation avec l'infraction (C. pén., art. 422-6 et 131-39 2°) ;

3. Surveillance judiciaire ⩽ 5 ans, sauf personnes morales de droit public, partis, groupements politiques, syndicats (C. pén., art. 422-6, 131-39 3° et 131-46) ;

4. Fermeture, définitive ou ⩽ 5 ans, d'un ou plusieurs établissements en relation avec l'infraction (C. pén., art. 422-6 et 131-39 4°) ;

5. Exclusion, définitive ou ⩽ 5 ans marchés publics (C. pén., art. 422-6 et 131-39 5°) ;

6. Interdiction, définitive ou ⩽ 5 ans, de procéder à une offre au public de titres financiers ou de les faire admettre aux négociations sur un marché réglementé) (C. pén., art. 422-6 et 131-39 6°) ;

7. Interdiction, ⩽ 5 ans, d'utiliser des cartes de paiement ou d'émettre des chèques autres que de retrait ou certifiés (C. pén., art. 422-6 et 131-39 7°) ;

8. Confiscation (réelle ou en valeur) chose ayant servi à l'infraction ou destinée à la commettre, ou son produit (obligatoire pour objets qualifiés dangereux ou nuisibles par loi ou règlement ou dont la détention est illicite) (C. pén., art. 422-6, 131-39 8° et 131-21) ;

9. Confiscation de tout ou partie des biens ou, sous réserve des droits du propriétaire de bonne foi, des biens dont la personne morale a la libre disposition (C. pén., art. 422-6). Le produit des sanctions financières ou patrimoniales est affecté au FGVAT (C. pén., art. 422-7) ;

10. Affichage, ⩽ 2 mois, *et/ou* diffusion de la décision ou d'extraits aux frais (⩽ amende encourue) du condamné (C. pén., art. 422-6, 131-39 9°, 131-48 et 131-35) ;

11. Confiscation de l'animal utilisé pour commettre l'infraction ou à l'encontre duquel l'infraction a été commise (C. pén., art. 422-6, 131-39 10°) ;

12. Interdiction ⩽ 5 ans de détenir un animal (C. pén., art. 422-6, 131-39 11°) ;

13. Interdiction ⩽ 5 ans percevoir toute aide publique de l'État, des collectivités territoriales et de leurs établissements, ou d'une personne chargée d'une mission de service public (C. pén., art. 422-6, 131-39 12°).

■ ORIENTEUR

AUTRE QUALIFICATION

▪ **Infractions terroristes par finalité (C. pén., art. 421-1).** Définition, v. n° 23.23A1 ; tableau des infractions concernées v. n° 23.23B ; tableau des peines applicables n° 23.23D.

▪ **Entreprise individuelle terroriste (L. n° 2014-1353, 13 nov. 2014).** V. n° 23.26.

▪ **Provocation au terrorisme – Apologie du terrorisme (L. n° 2014-1353, 13 nov. 2014).** C. pén., art. 421-2-5, V. n° 35.24.

▪ **Entrave aux mesures de blocage d'un site faisant l'apologie du terrorisme (L. n° 2016-731, 3 juin 2016).** V. n° 35.25.

▪ **Consultation habituelle de site provoquant au terrorisme ou en faisant l'apologie (L. n° 2016-731, 3 juin 2016 et L. n° 2017-258, 28 févr. 2017).** V. n° 23.27.

ÉLÉMENT LÉGAL

▪ **Définition et domaine des actes terroristes.** V. n° 23.23A et 23.23B.

▪ **Constitutionnalité.** Cas D. La QPC qui soutient que l'incrimination de financement d'entreprise terroriste texte n'est pas conforme au principe de légalité « *en ce qu'il ne comporte aucune définition ni de la notion d'"entreprise terroriste" ni de la notion de "financement"* » (§ 1), est rejetée au motif qu'« *En premier lieu, le texte critiqué précise que le fait de financer une entreprise terroriste consiste à fournir, réunir ou gérer des fonds, valeurs ou biens quelconques ou à donner des conseils à cette fin* » (§ 6) ; « *En deuxième lieu, il renvoie nécessairement, s'agissant de la notion d'entreprise terroriste, aux autres articles du même chapitre qui définissent de manière limitative les actes de terrorisme* » (§ 7) ; « *enfin, il prévoit que les agissements qu'il définit ne sont punissables qu'à la condition d'être commis dans l'intention de voir ces fonds, valeurs ou biens utilisés ou en sachant qu'ils sont destinés à être utilisés, en tout ou partie, en vue de commettre l'un quelconque des actes de terrorisme prévus au chapitre qui leur est dédié, indépendamment de la survenance éventuelle d'un tel acte* » (§ 8) (Crim. 15 juill. 2021, n° 21-81.753, D).

ÉLÉMENT MATÉRIEL

▪ **Tentative.** Punissable dans le cas D (C. pén., art. 421-5).

▪ **Caractère terroriste de l'organisation. Participation à une association de malfaiteurs terroriste.** Cas B. « *la qualification d'actes de terrorisme doit être recherchée, par le juge répressif français, saisi d'une poursuite contre un prévenu, par le seul examen des faits qui lui sont reprochés au regard des critères de l'article 421-1 du code pénal. La juridiction pénale n'est pas tenue par la qualification donnée à une organisation par un classement international qui ne s'impose pas au juge en droit interne, faute de convention internationale régulièrement ratifiée le prévoyant. Chargé d'apprécier une responsabilité individuelle dans un acte déterminé, le juge n'est pas davantage lié par une prise de position diplomatique portant sur la qualification d'une organisation* » (§ 13) (Crim. 14 avr. 2021, n° 20-83.420, D).

ÉLÉMENT INTENTIONNEL

▪ **Dol général. • Participation à une association de malfaiteurs terroriste. Cas B.** La loi réprime, tant dans son élément moral que matériel, la participation à l'association de malfaiteurs, sans qu'il y ait lieu de faire « *la démonstration de la connaissance précise et concrète.../...du projet d'attenter volontairement à la vie et à l'intégrité de personnes fomenté par l'auteur* » l'infraction étant caractérisée « *par celui qui s'est associé à une telle entreprise terroriste et qu'il est démontré que celle-ci avait pour objet la commission de l'une des infractions énumérées par cette disposition légale* » (Crim. 7 oct. 2016, n° 16-84.597, P n° 263) ; « *l'association de malfaiteurs. constitue une infraction indépendante, tant des crimes préparés ou commis par certains de ses membres, que des infractions caractérisées par certains faits qui la concrétisent* » (Crim. 12 juill. 2016, n° 16-82.692, P n° 215) ; dans le même sens : Crim. 22 janv. 1986, n° 85-92.620, P n° 29.

• **Financement d'entreprise terroriste. Cas D.** Il résulte de C. pén., art. 421-2-2 « *qu'il suffit pour que les faits soient susceptibles d'être établis que l'auteur du financement sache que les fonds fournis sont destinés à être utilisés par l'entreprise terroriste en vue de commettre un acte terroriste, que cet acte survienne ou non, peu important en outre qu'il n'ait pas l'intention de voir les fonds utilisés à cette fin* » (§ 43) (Crim. 7 sept. 2021, n° 19-87.367, P).

RÉGIME PROCÉDURAL

▪ **Compétence territoriale. Procureur de la République antiterroriste, tribunal judiciaire** et **cour d'appel de Paris** (C. pr. pén., art. 706-17) (v. n° 23.23C).

▪ **Prescription de l'action publique.** 30 ans pour les crimes, 20 ans pour les délits (C. pr. pén., art. 706-25-1 transféré aux articles 7 et 8 par L. n° 2017-242, 27 févr. 2017) (v. n° 23.23C). Sur les délais de prescription de l'action publique, v. n° 17.19.

▪ **Régime complet de la criminalité organisée. Applicable** (v. n° 11.21B et 23.23C5) (C. pr. pén., art. 706-73 11°).

▪ **Durée de la garde à vue. Garde à vue jusqu'à 6 jours.** (V. n° 23.23C6) (C. pr. pén., art. 706-88-1)

▪ **Intervention de l'avocat au cours de la garde à vue. Différé d'intervention possible jusqu'à 3 jours (72 H 00).** (V. n° 23.23C7) (C. pr. pén., art. 706-88).

▪ **Anonymat des enquêteurs.** (V. n° 23.23C8) (C. pr. pén., art. 706-24).

▪ **Continuation des mesures de surveillance secrète après l'ouverture d'information.** Sur la généralisation par L. n° 2019-222, 23 mars 2019, de ce dispositif auparavant réservé aux infractions de terrorisme par L. n° 2016-731, 3 juin 2016 (C. pr. pén., art. 80-5 se substituant à 706-24-2 abrogé) : v. n° 15.29A3.

▪ **Détention provisoire. Durée maximale de 6 mois renouvelable.** Jusqu'à 2 ans, ou 3 ans pour l'association de malfaiteurs (**Cas B et C**). (V. n° 23.23C11) (C. pr. pén., art. 706-24-3, mod. L. n° 2016-731, 3 juin 2016).

▪ **Inscription de la personne mise en examen au Fijait.** Inscription de plein droit de la personne mise en examen au Fijait, sauf décision contraire et spécialement motivée du juge d'instruction (depuis L. n° 2021-1109, 24 août 2021, auparavant inscription sur décision du juge d'instruction) (v. n° 13.40 et 23.23C12) (C. pr. pén., art. 706-25-4, L. n° 2015-912, 24 juill. 2015). Sanction des obligations, v. n° 25.66.

▪ **Obligation de communication du contrôle judiciaire à l'employeur public ou l'autorité de contrôle.** Le parquet doit informer l'employeur ou l'autorité de contrôle de la décision de contrôle judiciaire comportant « *l'obligation de ne pas exercer une activité impliquant un contact habituel avec des mineurs* » prévue par C. pr. pén., art. 138, 12° *bis* (issu L. n° 2016-457, 14 avr. 2016) (C. pr. pén., art. 706-47-4, L. n° 2016-457, 14 avr. 2016) (v. n° 11.23D).

▪ **Alimentation du Redex.** Centralisation des examens de personnalité au fichier Redex à tous les stades de la procédure (C. pr. pén., art. 706-56-2) (v. n° 13.41).

POLITIQUE PUBLIQUE

▪ **Affectation du produit des sanctions financières au fonds de garantie.** (V. n° 23.23E1) (C. pén., art. 422-7).

▪ **Suivi, information et accompagnement des victimes.** (V. n° 23.23E2) (D. n° 2016-1056, 3 août 2016, art. 4).

▪ **Médaille nationale de reconnaissance aux victimes.** (V. n° 23.23E3) (D. n° 2016-949, 12 juill. 2016).

▪ **Droit à pension au titre du code des pensions militaires.** (V. nº 23.23E4) (C. pensions militaires, art. L. 113-13, L. nº 86-1020, 9 sept. 1986, art. 9).

▪ **Reconnaissance de la qualité de pupille de la Nation.** (V. nº 23.23E7) (C. pensions militaires, art. L. 411-1 et L. 411-2, L. nº 86-1020, 9 sept. 1986, art. 9, v. ci-après).

▪ **Accès aux emplois réservés.** (V. nº 23.23E6) (C. pensions militaires, art. L. 241-2).

▪ **Mention sur l'acte de décès.** (V. nº 23.23E8) (C. pensions militaires, art. L. 514-1).

MESURE CIVILE

▪ **Information du fonds de garantie par l'autorité judiciaire ou consulaire.** (V. nº 23.23F1) (C. assur., art. R. 422-6).

▪ **Indemnisation des victimes d'actes de terrorisme par le Fonds de garantie.** (V. nº 23.23F2) (L. nº 86-1020, 9 sept. 1986, art. 9, C. assur. L. 126-1, L. 422-1 et L. 422-2).

▪ **Information de la victime par le tribunal.** (V. nº 23.23F3) (L. nº 86-1020, 9 sept. 1986, art. 9)

▪ **Délai d'action contre le fonds de garantie.** (V. nº 23.23F5) (L. nº 86-1020, 9 sept. 1986, art. 9 et C. assur., art. L. 422-3).

▪ **Assistance par le fonds de garantie.** (V. nº 23.23F6) (C. assur., art. R. 422-6).

▪ **Droit d'intervention du fonds de garantie.** (V. nº 23.23F7) (L. nº 86-1020, 9 sept. 1986, art. 9, C. assur., art. L. 422-5).

▪ **Nullité des clauses d'exclusion du contrat d'assurance de biens.** (V. nº 23.23F8) (L. nº 86-1020, 9 sept. 1986, art. 9).

▪ **Retrait de l'autorité parentale.** Cas G : la juridiction est **tenue** de statuer sur le **retrait total ou partiel de l'autorité parentale** si le fait est commis par une personne titulaire de l'autorité parentale sur le mineur. La juridiction peut dans ce cas aussi statuer sur le retrait de l'autorité parentale pour les autres enfants mineurs de cette personne. Depuis L. nº 2019-1480, 28 déc. 2019, le retrait peut se limiter à « *l'exercice de l'autorité parentale* ». Si les poursuites ont lieu devant la cour d'assises, celle-ci statue sur cette question sans l'assistance des jurés. (C. pén., art. 421-2-4-1, L. nº 2017-1510, 30 oct. 2017, C. civ., art. 378 et 379-1). Sur la suspension et le retrait de l'autorité parentale, v. nº 16.8F.

▪ **Recevabilité de la constitution de partie civile. • Infractions de terrorisme ne lésant que l'intérêt général. • Association de victimes du terrorisme.** Est censurée la CHINS qui a déclaré irrecevable la constitution de partie civile d'une association de victimes du terrorisme dans une information ouverte « *des chefs d'association de malfaiteurs en vue de la préparation d'actes de terrorisme, d'infraction à la législation sur les armes et détention et transport de substance ou produit incendiaire ou explosif, infractions en relation avec une entreprise terroriste* », au motif que l'association « *ne justifiait pas "de l'existence possible d'un préjudice distinct de celui résultant de l'atteinte à l'intérêt général"* », que « *les infractions en cause, d'intérêt général, "ne supportent pas la constitution de partie civile"* » et qu'il n'était « *pas démontré l'existence possible d'un préjudice distinct de celui résultant d'une atteinte à l'intérêt général dont la protection ne relève que du ministère public, et prenant directement sa source dans les actes caractérisant les infractions susvisées* », car C. pr. pén., art. 2 « *ne subordonne pas la recevabilité de la constitution de partie civile d'une association à la nécessité d'assister une victime dans l'affaire dans laquelle l'action civile est exercée, mais seulement à l'objet statutaire de l'association, qui doit tendre à l'assistance des victimes d'infractions* » (Crim. 22 avr. 2020, nº 19-81.273, P). • **Commune.** En revanche, s'agissant de la constitution de partie civile par voie d'intervention de la commune de Nice pour l'attentat commis le 14 juill. 2016 ayant entraîné la mort de 84 personnes, « *ni le préjudice matériel invoqué par la commune sur le territoire de laquelle les faits constitutifs de ces infractions ont été commis, ni le préjudice allégué par cette dernière résultant de l'atteinte à son image consécutive auxdits faits ne découle de l'ensemble des éléments constitutifs des infractions à la législation sur les armes ou de l'un des crimes contre la vie ou l'intégrité des personnes, ou du crime de participation à un groupement en vue de la préparation d'un ou plusieurs crimes d'atteintes aux personnes, toutes infractions en relation avec une entreprise terroriste dont le juge d'instruction est saisi, seules infractions des chefs desquels l'information a été ouverte, une telle entreprise terroriste n'étant susceptible d'avoir porté directement atteinte, au-delà des victimes personnes physiques, qu'aux intérêts de la Nation* » (Crim. 12 mars 2019, nº 18-80.911, P nº 53). • **Personne exposée à l'action criminelle.** Sur la recevabilité de la constitution de partie civile de la personne qui a été ou s'est crue exposée à l'action criminelle terroriste ayant pour but de tuer indistinctement un grand nombre de personnes, v. nº 16.16D. • **Préjudice d'attente et d'inquiétude.** Sur le préjudice d'attente et d'inquiétude des proches de la personne exposée à l'action criminelle terroriste, v. nº 16.16D et nº 16.17C. • **Financement d'entreprise terroriste.** « *l'infraction de financement d'entreprise terroriste incriminée par C. pén., art. 421-2-2 n'est pas susceptible de provoquer directement un dommage* » (§ 24), il en résulte que les victimes d'actes de terrorisme qu'une association regroupe « *ne peuvent être regardées comme ayant pu subir un préjudice direct à raison des faits de financement d'entreprise terroriste* » et que l'association n'a en conséquence « *pas qualité à exercer les droits de la partie civile* » (§ 25) (Crim. 7 sept. 2021, nº 19-87.036, P).

RÉGIME DES PEINES

▪ **Exemption ou réduction de peine. Applicable au repenti** (C. pén., art. 132-78, 422-1 et 422-3, v. nº 18.8D et 23.23G1).

▪ **Prescription de la peine.** 30 ans pour les crimes, 20 ans pour les délits (v. nº 23.23G7) (C. pr. pén., art. 706-25-1).

▪ **Période de sûreté.** Si peine ferme ⩾ 10 ans → a) elle est de plein droit = 1/2 de la peine ou 18 ans si perpétuité, ou < sur décision spéciale ; b) sur décision spéciale = 2/3 de la peine ou 22 ans si perpétuité (C. pén., art. 132-23, al. 1 et 2). Si le crime est passible de la perpétuité la période de sûreté peut être, sur décision spéciale de la cour, portée à 30 ans, ou, si la perpétuité est prononcée, la cour peut interdire suspension, fractionnement, placement à l'extérieur, permission de sortir, semi-liberté et libération conditionnelle (perpétuité réelle ou peine incompressible) (C. pén., art. 421-7). (NB. Le tribunal de l'application des peines peut accorder l'une de ces mesures après une incarcération ⩾ 30 ans (C. pr. pén., art. 720-4), après l'avis préalable d'une commission de la C. cass. (C. pr. pén., art. 720-5)). Sur la période de sûreté, v. nº 18.7C1.

▪ **Crédit de réduction de peine.** Non applicable (C. pr. pén., art. 721-1-1, L. nº 2016-987, 21 juill. 2016, v. nº 23.23G3).

▪ **Inscription de la personne condamnée au Fijait.** Inscription de plein droit de la personne condamnée au Fijait, sauf décision contraire et spécialement motivée de la juridiction (depuis L. nº 2021-1109, 24 août 2021, auparavant inscription sur décision expresse de la juridiction) (C. pr. pén., art. 706-25-4, L. nº 2015-912, 24 juill. 2015) (v. nº 13.40 et 23.23G6). Sanction des obligations, v. nº 25.66.

▪ **Obligation de communication de la condamnation à l'employeur public ou l'autorité de contrôle.** Le parquet doit informer l'employeur ou l'autorité de contrôle de la condamnation prononcée en cas d'activité impliquant un contact habituel avec des mineurs (C. pr. pén., art. 706-47-4, L. nº 2016-457, 14 avr. 2016) (v. nº 11.23D).

▪ **Compétence spécialisée.** Compétence exclusive des magistrats de l'application des peines de Paris (v. nº 23.23G8) (C. pr. pén., art. 706-22-1).

▪ **Inéligibilité obligatoire. Inscription au bulletin nº 2. Réserve d'interprétation.** *Idem* nº 20.18.

▪ **Mesure judiciaire de prévention de la récidive terroriste et de réinsertion.** Cette mesure de sûreté qui succède à l'accomplissement de la peine peut être prononcée par le TAP de Paris selon les conditions et modalités fixées par C. pr. pén., art. 706-26-16 s. issu L. nº 2021-998, 30 juill. 2021 (sur cette mesure, v. nº 23.23G5).

▪ ÉLÉMENTS CONSTITUTIFS – QUALIFICATION

✧ Pour avoir à .... [¤ lieu], le .... [¤ date] [⇨A à G :]

A. **INTRODUCTION DE SUBSTANCE DANGEREUSE DANS L'ENVIRONNEMENT OU L'ALIMENTATION**

A....en relation avec une entreprise individuelle ou collective ayant pour but de troubler gravement l'ordre public par l'intimidation ou la terreur, en l'espèce en... [matérialiser l'infraction], introduit une substance de nature à mettre en péril la santé de l'homme ou des animaux ou le milieu naturel dans [⇨A1 ou A2 puis le cas échéant A3 :]

A1. l'atmosphère, sur le sol, dans le sous-sol ou dans les eaux, y compris celles de la mer territoriale (C. pén., art. 421-2 et 421-4) (A1 : *N 25120.cr*) ;

A2. les aliments ou les composants alimentaires (C. pén., art. 421-2 et 421-4) (A2 : *N* ***23448.cr***) ;

A3. [Préciser le cas échéant dans les cas A1 ou A2 :] ...avec cette circonstance que les faits ont entraîné la mort d'une ou plusieurs personnes (A3 : *N #.cr*) ;

B. **PARTICIPATION À UNE ASSOCIATION DE MALFAITEURS TERRORISTE**

B....participé à un groupement formé ou à une entente établie en vue de la préparation, caractérisée par un ou plusieurs faits matériels, d'un acte de terrorisme, en l'espèce en... [matérialiser l'infraction] (C. pén., art. 421-2-1 et 421-5, al. 1) (B : *N* ***21212.co***) [⇨B1 à B3 :] ;

B1. avec cette circonstance que le groupement ou l'entente avait pour objet la préparation d'un ou plusieurs crimes d'atteintes volontaires à la vie, à l'intégrité de la personne, l'enlèvement ou la séquestration, ou le détournement d'aéronef, de navire ou de tout autre moyen de transport (C. pén., art. 421-1 1°, 421-2-1 et 421-6 1°) (B1 : *N* ***29090.cr***) ;

B2. avec cette circonstance que le groupement ou l'entente avait pour objet la préparation d'une ou plusieurs destructions par substances explosives ou incendiaires dans des circonstances de temps et de lieu susceptibles d'entraîner la mort d'une ou plusieurs personnes (C. pén., art. 421-1 2°, 421-2-1 et 421-6 2°) (B2 : *N* ***29091.cr***) ;

B3. avec cette circonstance que le groupement ou l'entente avait pour objet la préparation, en relation avec une entreprise individuelle ou collective ayant pour but de troubler gravement l'ordre public par l'intimidation ou la terreur, de l'introduction d'une substance de nature à mettre en péril la santé de l'homme ou des animaux ou le milieu naturel dans (C. pén., art. 421-2, 421-2-1 et 421-6 3°) [⇨B3a ou B3b :]

a. l'atmosphère, sur le sol, dans le sous-sol ou dans les eaux, y compris celles de la mer territoriale (B3a : *N* ***29092.cr***) ;

b. les aliments ou les composants alimentaires (B3b : *N* ***29093.cr***) ;

C. **DIRECTION D'UNE ASSOCIATION DE MALFAITEURS TERRORISTE**

C. dirigé ou organisé un groupement formé ou à une entente établie en vue de la préparation, caractérisée par un ou plusieurs faits matériels, d'un acte de terrorisme, en l'espèce en... [matérialiser l'infraction] (C. pén., art. 421-2-1 et 421-5, al. 2) (C : *N* ***25112.cr***) [⇨C1 à C3 :] ;

C1. avec cette circonstance que le groupement ou l'entente avait pour objet la préparation d'un ou plusieurs crimes d'atteintes volontaires à la vie, à l'intégrité de la personne, l'enlèvement ou la séquestration, ou le détournement d'aéronef, de navire ou de tout autre moyen de transport (C1 : *N* ***29094.cr***) (C. pén., art. 421-1 1°, 421-2-1 et 421-6 1°) ;

C2. avec cette circonstance que le groupement ou l'entente avait pour objet la préparation d'une ou plusieurs destructions par substances explosives ou incendiaires dans des circonstances de temps et de lieu susceptibles d'entraîner la mort d'une ou plusieurs personnes (C2 : *N* ***29095.cr***) (C. pén., art. 421-1 2°, 421-2-1 et 421-6 2°) ;

C3. avec cette circonstance que le groupement ou l'entente avait pour objet la préparation, en relation avec une entreprise individuelle ou collective ayant pour but de troubler gravement l'ordre public par l'intimidation ou la terreur, de l'introduction d'une substance de nature à mettre en péril la santé de l'homme ou des animaux ou le milieu naturel dans (C. pén., art. 421-2, 421-2-1 et 421-6 3°) [⇨C3a ou C3b :]

a. l'atmosphère, sur le sol, dans le sous-sol ou dans les eaux, y compris celles de la mer territoriale (C3a : *N* ***29096.cr***) ;

b. les aliments ou les composants alimentaires (C3b : *N* ***29097.cr***) ;

D. **FINANCEMENT D'ENTREPRISE TERRORISTE**

financé ou tenté de financer une entreprise terroriste en fournissant, en réunissant ou en gérant des fonds, des valeurs ou des biens quelconques ou en donnant des conseils à cette fin, dans l'intention de voir ces fonds, valeurs ou biens utilisés ou en sachant qu'ils sont destinés à être utilisés, en tout ou partie, en vue de commettre un acte de terrorisme, indépendamment de la survenance éventuelle d'un tel acte, en l'espèce en... [matérialiser l'infraction] (C. pén., art. 421-2-2) (D : *N* ***25477.co***) ;

E. **NON JUSTIFICATION DE RESSOURCES PAR UNE PERSONNE EN RELATION HABITUELLE AVEC UN TERRORISTE**

omis de justifier de ressources correspondant à son train de vie, tout en étant en relations habituelles avec une ou plusieurs personnes se livrant à l'un ou plusieurs actes de terrorisme, en l'espèce en... [matérialiser l'infraction] (C. pén., art. 421-2-3) (E : *N* ***23802.co***) ;

F. **Offres, menaces ou pressions en vue de participer à un groupement terroriste**
[⇨F1 ou F2 :]

F1. adressé des offres ou des promesses, proposé des dons, présents ou avantages quelconques, mêmes non suivis d'effet, à une personne, en l'espèce [personne concernée].../...

F2. menacé ou exercé des pressions, mêmes non suivies d'effet, sur une personne, en l'espèce [personne concernée].../...

.../...afin qu'elle participe à un groupement ou une entente établis en vue de la préparation, caractérisée par un ou plusieurs faits matériels, d'un acte de terrorisme ou pour qu'elle commette un acte de terrorisme, en l'espèce en... [matérialiser l'infraction] (C. pén., art. 421-2-1, 421-1, 421-2, 421-2-4) (F : *N 31813.co*) ;

G. **Incitation par personne ayant autorité sur un mineur à participer à une association de malfaiteurs terroriste**

alors qu'il avait autorité sur lui, fait participer un mineur à un groupement formé ou à une entente établie en vue de la préparation, caractérisée par un ou plusieurs faits matériels, d'un acte de terrorisme (C. pén., art. 421-1, 421-2, 421-2-4-1, L. n° 2017-1510, 30 oct. 2017) (G : *N 32503.cr*).
Faits prévus et réprimés par les articles [de la formule sélectionnée] + 422-3, 422-4, 422-6 du code pénal.

23.26 Entreprise individuelle terroriste (L. n° 2014-1353, 13 nov. 2014)

▪ PEINES

PERSONNE PHYSIQUE

PP Délit. 10 ans d'emprisonnement, 150 000 € (C. pén., art. 421-2-6 et 421-5).

PC *Idem* n° 23.25.

PERSONNE MORALE

PP Délit. 750 000 € (C. pén., art. 421-2-6, 421-5, 422-5, 131-38).

PC *Idem* n° 23.25.

▪ ORIENTEUR

AUTRE QUALIFICATION

▪ **Infractions terroristes par finalité (C. pén., art. 421-1).** Définition, v. n° 23.23A1 ; tableau des infractions concernées v. n° 23.23B ; tableau des peines applicables n° 23.23D.

▪ **Actes de terrorisme – Infractions spécifiques.** V. n° 23.25.

▪ **Provocation au terrorisme – Apologie du terrorisme (L. n° 2014-1353, 13 nov. 2014).** C. pén., art. 421-2-5, V. n° 35.24.

▪ **Entrave aux mesures de blocage d'un site faisant l'apologie du terrorisme (L. n° 2016-731, 3 juin 2016).** V. n° 35.25.

▪ **Consultation habituelle de site provoquant au terrorisme ou en faisant l'apologie (L. n° 2016-731, 3 juin 2016 et L. n° 2017-258, 28 févr. 2017).** V. n° 23.27.

ÉLÉMENT LÉGAL

▪ **Application de la loi pénale dans le temps.** Incrimination créée par L. n° 2014-1353, 13 nov. 2014. L'incrimination du fait de « *tenter de se procurer* » des objets ou substances de nature à créer un danger pour autrui est issue de L. n° 2019-222, 23 mars 2019, en vigueur à compter du 25 mars 2019, palliant la déclaration d'inconstitutionnalité du mot « *rechercher* » par la décision Cons. const. 7 avr. 2017, n° 2017-625 QPC (v. ci-dessous, rubrique Constitutionnalité).

▪ **Constitutionnalité.** Le Cons. const. a jugé, d'une part, que les infractions dont la commission doit être préparée ainsi que les faits matériels susceptibles de caractériser un acte préparatoire étaient « *définis avec suffisamment de précision pour que les comportements incriminés soient clairement identifiables* » au regard du principe de légalité des délits et des peines (§ 10 à 11), d'autre part, que le législateur n'avait pas institué, pour la répression de ces faits, de peines manifestement disproportionnées (§ 19). Constatant que « *les dispositions contestées ne répriment ni l'exécution ni le commencement d'exécution d'un acte délictueux ou criminel mais les actes préparatoires à celui-ci* » (§ 14), il a toutefois censuré, comme manifestement contraire au principe de nécessité des délits et des peines (§ 18), l'incrimination du

« *fait de "rechercher...des objets ou substances de nature à créer un danger pour autrui" sans circonscrire les actes pouvant constituer une telle recherche dans le cadre d'une entreprise individuelles terroriste* », au motif que le législateur a ainsi « *permis que soient réprimés des actes ne matérialisant pas, en eux-mêmes, la volonté de préparer une infraction* » (§ 17). Il a enfin introduit une réserve d'interprétation relative à la preuve de l'élément intentionnel de l'infraction en considérant que « *la preuve de l'intention de l'auteur des faits de préparer une infraction en relation avec une entreprise individuelle terroriste ne saurait, sans méconnaître le principe de nécessité des délits et des peines, résulter des seuls faits matériels retenus comme actes préparatoires* » (§ 16) (Cons. const. 7 avr. 2017, n° 2017-625 QPC). Le législateur a remédié à l'inconstitutionnalité du mot « *rechercher* » en incriminant désormais le fait de « *tenter de se procurer* » des objets ou substances de nature à créer un danger pour autrui (L. n° 2019-222, 23 mars 2019). « *La notion de tentative, bien connue du droit pénal, exige un commencement d'exécution et permet ainsi d'exclure toute ambiguïté quant à la volonté de se procurer une arme par l'auteur de la tentative* » (Circ. Crim. n° 2018-00018, 12 juill. 2019, n° 1).

ÉLÉMENT MATÉRIEL

▪ **Matérialisation du projet terroriste individuel.** À l'image de l'infraction d'association de malfaiteurs, l'infraction d'entreprise individuelle terroriste constitue une « **infraction obstacle** ». Elle incrimine les **actes préparatoires** d'une infraction, la répression en amont faisant alors **obstacle** à l'exécution ou au commencement d'exécution de l'infraction projetée. Le législateur impose **deux niveaux de matérialisation du projet terroriste individuel. Le premier** est l'exigence de la détention, de se procurer ou de tenter de se procurer (v. Élément légal/Constitutionnalité ci-dessus), ou de fabriquer objets ou de substances de nature à créer un danger pour autrui : armes de toutes catégories, engins ou produits explosifs ou incendiaires, substances bactériologiques, chimiques ou nucléaires, etc. **Le second** est l'un au moins des faits matériels limitativement énoncés par le texte (**cas D1** à **D4**) (ex. séjour sur un théâtre d'opérations terroristes). Pour constituer « l'entreprise individuelle » terroriste incriminée, distincte des infractions autonomes qui peuvent la composer (ex. détention illégale d'arme), les éléments préparatoires doivent avoir une cohérence entre eux et avec le but terroriste poursuivi. Le but poursuivi ne peut être que la préparation de la commission de l'une des infractions limitativement énumérées aux cas **A** à **C**. La préparation de la commission n'étant pas la tentative, il n'y a pas lieu de mettre en évidence un commencement d'exécution des infractions préparées.

ÉLÉMENT INTENTIONNEL

▪ **Réserve d'interprétation du conseil constitutionnel.** V. ci-dessus, Élément légal/Constitutionnalité, la preuve de l'intention terroriste ne peut résulter des seuls éléments matériels de l'infraction, mais ceux-ci peuvent corroborer l'intention (Cons. const. 7 avr. 2017, n° 2017-625 QPC, § 16).

RÉGIME PROCÉDURAL

▪ **Compétence territoriale. Procureur de la République antiterroriste, tribunal judiciaire** et **cour d'appel de Paris** (C. pr. pén., art. 706-17) (v. n° **23.23C**).

▪ **Prescription de l'action publique. 20 ans** (C. pr. pén., art. 706-25-1 transféré aux articles 7 et 8 par L. n° 2017-242, 27 févr. 2017) (v. n° **23.23C**). Sur les délais de prescription de l'action publique, v. n° **17.19**.

▪ **Régime complet de la criminalité organisée. Applicable** (v. n° **11.21B** et **23.23C5**) (C. pr. pén., art. 706-73 11°).

▪ **Durée de la garde à vue. Garde à vue jusqu'à 6 jours** (v. n° **23.23C6**) (C. pr. pén., art. 706-88-1).

▪ **Intervention de l'avocat au cours de la garde à vue. Différé d'intervention possible jusqu'à 3 jours (72 H 00)** (v. n° **23.23C7**) (C. pr. pén., art. 706-88).

▪ **Anonymat des enquêteurs.** (V. n° **23.23C8**) (C. pr. pén., art. 706-24).

▪ **Continuation des mesures de surveillance secrète après l'ouverture d'information.** *Idem* n° **23.25** (C. pr. pén., art. 80-5 substitué à 706-24-2 abrogé).

▪ **Détention provisoire. Durée maximale de 6 mois renouvelable.** Jusqu'à 2 ans, ou 3 ans pour l'association de malfaiteurs (**Cas B** et **C**). (V. n° **23.23C11**) (C. pr. pén., art. 706-24-3, mod. L. n° 2016-731, 3 juin 2016).

▪ **Inscription de la personne mise en examen au Fijait.** Inscription de plein droit de la personne mise en examen au Fijait, sauf décision contraire et spécialement motivée du juge d'instruction (depuis L. nº 2021-1109, 24 août 2021, auparavant inscription sur décision du juge d'instruction) (v. nº 13.40 et 23.23C12) (C. pr. pén., art. 706-25-4, L. nº 2015-912, 24 juill. 2015). Sanction des obligations, v. nº 25.66.

▪ **Obligation de communication du contrôle judiciaire à l'employeur public ou l'autorité de contrôle.** *Idem* nº 23.25 (C. pr. pén., art. 706-47-4).

▪ **Alimentation du Redex.** *Idem* nº 23.25 (C. pr. pén., art. 706-56-2) (v. nº 13.41).

POLITIQUE PUBLIQUE

▪ **Affectation du produit des sanctions financières au fonds de garantie.** (V. nº 23.23E1) (C. pén., art. 422-7).

RÉGIME DES PEINES

▪ **Exemption ou réduction de peine. Applicable au repenti** (C. pén., art. 132-78, 422-1 et 422-3, v. nº 18.8D et 23.23G1). 20 ans (v. nº 23.23G7) (C. pr. pén., art. 706-25-1).

▪ **Période de sûreté.** Si la peine prononcée =10 ans : ½ de la peine, ou les 2/3 sur décision spéciale du tribunal (C. pén., art. 132-23, al. 1 et 2 et 421-7), v. nº 23.25. Sur la période de sûreté, v. nº 18.7C1.

▪ **Crédit de réduction de peine.** Non applicable (C. pr. pén., art. 721-1-1, L. nº 2016-987, 21 juill. 2016, v. nº 23.23G3).

▪ **Inscription de la personne condamnée au Fijait.** Inscription de plein droit de la personne condamnée au Fijait, sauf décision contraire et spécialement motivée de la juridiction (depuis L. nº 2021-1109, 24 août 2021, auparavant inscription sur décision expresse de la juridiction) (C. pr. pén., art. 706-25-4, L. nº 2015-912, 24 juill. 2015) (v. nº 13.40 et 23.23G6). Sanction des obligations, v. nº 25.66.

▪ **Compétence spécialisée.** Compétence exclusive des magistrats de l'application des peines de Paris (v. nº 23.23G8) (C. pr. pén., art. 706-22-1).

▪ **Obligation de communication de la condamnation à l'employeur public ou l'autorité de contrôle.** *Idem* nº 23.25 (C. pr. pén., art. 706-47-4).

▪ **Inéligibilité obligatoire. Inscription au bulletin nº 2. Réserve d'interprétation.** *Idem* nº 20.18.

▪ **Mesure judiciaire de prévention de la récidive terroriste et de réinsertion.** *Idem* nº 23.25 (C. pr. pén., art. 706-26-16 s. issu L. nº 2021-998, 30 juill. 2021).

▪ ÉLÉMENTS CONSTITUTIFS – QUALIFICATION

✧ Pour avoir à .... [¤ lieu], le .... [¤ date], détenu, ~~recherché~~ (abrogé, Cons. const. 7 avr. 2017, nº 2017-625 QPC (§ 16), *JO* 9 avr. 2017), s'être procuré, « tenté de se procurer » (L. nº 2019-222, 23 mars 2019), fabriqué des objets ou des substances de nature à créer un danger pour autrui, en l'espèce [objets ou substances concernées], dans l'intention de préparer individuellement la commission d'une infraction ayant pour but de troubler gravement l'ordre public par l'intimidation ou la terreur, en l'espèce [⇨A à C puis D :]

A. la ou les infractions d'atteinte volontaire à la vie, d'atteinte volontaire à l'intégrité des personnes, d'enlèvement, de séquestration, de détournement de moyen de transport [⇨D :]

B. des infractions de destructions, de dégradations et détériorations par substance explosive ou incendiaire devant être réalisées dans des circonstances de temps et de lieu susceptibles d'entraîner des atteintes à l'intégrité physique d'une ou plusieurs personnes [⇨D :]

C. l'infraction d'introduction dans le sol, le sous-sol, les aliments ou les composants alimentaires ou dans les eaux, y compris la mer territoriale, d'une substance de nature à mettre en péril la santé de l'homme ou des animaux ou le milieu naturel [⇨D :]

D. .../...ladite préparation étant en outre caractérisée par le fait [⇨D1 à D4 :]

D1. de recueillir des renseignements sur des lieux ou des personnes permettant de mener une action dans ces lieux ou de porter atteinte à ces personnes ou d'exercer une surveillance sur ces lieux ou ces personnes ;

D2. de s'entraîner ou de se former au maniement des armes ou à toute forme de combat, à la fabrication ou à l'utilisation de substances explosives, incendiaires, nucléaires, radiologiques, biologiques ou chimiques ou au pilotage d'aéronefs ou à la conduite de navires ;

D3. de consulter habituellement un ou plusieurs services de communication au public en ligne ou de détenir des documents provoquant directement à la commission d'actes de terrorisme ou en faisant l'apologie ;

D4. d'avoir séjourné à l'étranger sur un théâtre d'opérations de groupements terroristes.

Faits prévus et réprimés par les articles 421-2-6, 421-5, 421-8, 422-3, 422-4, 422-5 et 422-6 du code pénal (*N 30743.co*). ✧

23.27 Consultation habituelle de site provoquant au terrorisme ou en faisant l'apologie (L. nº 2016-731, 3 juin 2016 et L. nº 2017-258, 28 févr. 2017) – Abrogé (Cons. const. 15 déc. 2017, nº 2017-682 QPC)

■ PEINES

PERSONNE PHYSIQUE

PP Délit. 2 ans d'emprisonnement, 30 000 € (C. pén., art. 421-2-5-2). Abrogé (Cons. const. 15 déc. 2017, nº 2017-682 QPC).

PC *Idem* nº 23.25.

PERSONNE MORALE

PP Délit. 150 000 € (L. nº 2017-258, 28 févr. 2017, auparavant 2 ans, 75 000 €) (C. pén., art. 421-2-5-2, 422-5, 131-38). Abrogé (Cons. const. 15 déc. 2017, nº 2017-682 QPC).

PC *Idem* nº 23.25.

■ ORIENTEUR

AUTRE QUALIFICATION

▪ **Infractions terroristes par finalité (C. pén., art. 421-1)** Définition, v nº 23.23A1 ; tableau des infractions concernées v. nº 23.23B ; tableau des peines applicables nº 23.23D.

▪ **Actes de terrorisme – Infractions spécifiques.** V. nº 23.25.

▪ **Entreprise individuelle terroriste (L. nº 2014-1353, 13 nov. 2014).** V. nº 23.26.

▪ **Provocation au terrorisme – Apologie du terrorisme (L. nº 2014-1353, 13 nov. 2014).** C. pén., art. 421-2-5, V. nº 35.24.

▪ **Entrave aux mesures de blocage d'un site faisant l'apologie du terrorisme (L. nº 2016-731, 3 juin 2016).** V. nº 35.25.

ÉLÉMENT LÉGAL

▪ **Application de la loi pénale dans le temps.** Incrimination créée par L. nº 2016-731, 3 juin 2016, déclarée inconstitutionnelle par décision (v. ci-dessous) Cons. const. 10 févr. 2017, nº 2016-611 QPC, réécrite et rétablie par L. nº 2017-258, 28 févr. 2017, de nouveau abrogée par décision (v. ci-dessous) Cons. const. 15 déc. 2017, nº 2017-682 QPC. Les dispositions qui constituaient le régime de cette infraction sont ici rappelées pour mémoire.

▪ **Constitutionnalité. • Abrogation de la première rédaction de l'infraction.** Le Cons. const., au visa de l'article 11 de la DDHC de 1789 selon lequel : « *La libre communication des pensées et des opinions est un des droits les plus précieux de l'homme : tout citoyen peut donc parler, écrire, imprimer librement, sauf à répondre de l'abus de cette liberté dans les cas déterminés par la loi* » (§ 14) a déclaré inconstitutionnelles les dispositions de C. pén., art. 421-2-5-2 dans leur rédaction initiale au motif que malgré les « *exigences d'adaptation et de proportionnalité requises en matière d'atteinte à la liberté de communication, les dispositions contestées n'imposent pas que l'auteur de la consultation habituelle des services de communication au public en ligne concernés ait la volonté de commettre des actes terroristes ni même la preuve que cette consultation s'accompagne d'une manifestation de l'adhésion à l'idéologie exprimée sur ces services* » (§ 14) et, par conséquent, « *portent une atteinte à l'exercice de la liberté de communication qui n'est pas nécessaire, adaptée et proportionnée* » (§ 16) ; Cons. const. 10 févr. 2017, nº 2016-611 QPC. La qualification ci-dessous est celle résultant de L. nº 2017-258, 28 févr. 2017 rétablissant l'incrimination dans une nouvelle rédaction. **• Abrogation de la deuxième rédaction de l'infraction.** Le Cons. const., toujours au visa de l'article 11 de la DDHC de 1789 garantissant la liberté de conscience et d'opinion, a abrogé cette incrimination dans sa nouvelle rédaction issue de L. n° 2017-258, 28 févr. 2017, au motif notamment que « *les autorités administrative et judiciaire disposent, indépendamment de l'article contesté, de nombreuses prérogatives, non seulement pour contrôler les services de communication au public en ligne provoquant au terrorisme ou en faisant l'apologie et réprimer leurs auteurs, mais aussi pour surveiller une personne consultant ces services et pour l'interpeller et la sanctionner lorsque cette consultation s'accompagne d'un comportement révélant une intention terroriste, avant même que ce projet soit entré dans sa phase d'exécution* » (§ 13) et que les dispositions portent en conclusion « *une atteinte à l'exercice de la liberté de communication qui n'est pas nécessaire, adaptée et proportionnée* » (§ 16) (Cons. const. 15 déc. 2017, n° 2017-682 QPC).

▪ **Définition. Définition de l'acte terroriste.** V. n° 23.23A.

▪ **Fait justificatif.** Les faits ne sont pas punissables lorsque la consultation est effectuée pour un motif légitime, notamment :

— pour l'exercice normal d'une profession ayant pour objet d'informer le public ;

— dans le cadre de recherches scientifiques ;

— afin de servir de preuve en justice ;

— si elle s'accompagne d'un signalement du contenu du service de communication en ligne aux autorités publique compétentes (C. pén., art. 421-2-5-2).

ÉLÉMENT INTENTIONNEL

▪ **Dol spécial.** L'élément moral de l'infraction n'est caractérisée que si la consultation du service en ligne « s'accompagne d'une manifestation de l'adhésion à l'idéologie exprimée sur ce service » en ligne C. pén., art. 421-2-5-2).

RÉGIME PROCÉDURAL

▪ **Compétence territoriale. Pôle antiterroriste de Paris.** (C. pr. pén., art. 706-17) (v. n° 23.23C).

▪ **Compétence juridictionnelle. Crime ou délit réalisé par voie électronique** (C. pén., art. 113-2-1). *Idem* n° 35.24.

▪ **Prescription de l'action publique. 6 ans.** *Idem* n° 35.24 (C. pr. pén., art. 706-25-1 transféré à l'article 8 par L. n° 2017-242, 27 févr. 2017).

▪ **Régime complet de la criminalité organisée. Applicable sauf garde à vue, limitée à 48 H 00,** et régime de la **perquisition domiciliaire de nuit inapplicable** (v. n° 11.21B, 12.29C et 23.23C5) (C. pr. pén., art. 706-73 11 et 706-24-1).

▪ **Anonymat des enquêteurs.** *Idem* n° 23.25 (C. pr. pén., art. 706-24).

▪ **Continuation des mesures de surveillance secrète après l'ouverture d'information.** *Idem* n° 23.25 (C. pr. pén., art. 80-5 substitué à 706-24-2 abrogé).

▪ **Détention provisoire. Durée maximale de 6 mois renouvelable** jusqu'à 2 ans (v. n° 23.23C11) (C. pr. pén., art. 706-24-3, mod. L. n° 2016-731, 3 juin 2016).

▪ **Inscription de la personne mise en examen au Fijait.** Infraction exclue de l'inscription au Fijait (v. n° 13.40 et 23.23C12) (C. pr. pén., art. 706-25-4, réd. antérieure à L. n° 2021-1109, 24 août 2021).

▪ **Obligation de communication du contrôle judiciaire à l'employeur public ou l'autorité de contrôle.** *Idem* n° 23.25 (C. pr. pén., art. 706-47-4).

POLITIQUE PUBLIQUE

▪ **Politique pénale. • Orientation des investigations.** « *Une attention toute particulière devra être portée sur la mise en évidence de comportements susceptibles de receler, au-delà de la consultation habituelle de sites terroristes s'accompagnant de la manifestation d'une adhésion à l'idéologie exprimée, des actes préparatoires à une entreprise terroriste individuelle ou collective* » Circ. Crim. 2017-5/H, 7 mars 2017, n° 1.1. • **Compétence du parquet de Paris.** « *Afin d'assurer une circulation efficiente de l'information, il appartient aux procureurs de la République locaux d'aviser la section antiterroriste du parquet de Paris des éléments obtenus dans le cadre des investigations avant toute décision sur l'opportunité d'engager des poursuites sur le fondement du nouvel article 421-2-5-2 du code pénal, et ce, notamment, aux fins d'engager une démarche concertée pour apprécier l'opportunité d'un dessaisissement à son profit* ». Circ. Crim. 2017-5/H, 7 mars 2017, n° 1.1.

RÉGIME DES PEINES

▪ **Prescription de la peine.** Par dérogation aux dispositions prévoyant un délai de prescription de la peine de 20 ans pour les délits de terrorisme, la prescription était celle de droit commun de 5 ans (devenue 6 ans, C. pén., art. 133-3, L. n° 2017-242, 27 févr. 2017) aux termes de C. pr. pén., art. 706-25-1. Depuis L. n° 2017-242, 27 févr. 2017 réformant la prescription, ces dispositions ont été transférées au C. pén., art. 133-3) (v. n° **23.23G7**).

▪ **Crédit de réduction de peine.** Par dérogation aux dispositions prohibant l'octroi du crédit de réduction de peine en matière terroriste, ce dispositif est applicable pour cette infraction (C. pr. pén., art. 721-1-1, L. n° 2016-987, 21 juill. 2016, v. n° **23.23G3**).

▪ **Obligation de communication de la condamnation à l'employeur public ou l'autorité de contrôle.** *Idem* n° **23.25** (C. pr. pén., art. 706-47-4).

▪ **Inscription de la personne condamnée au Fijait.** Infraction exclue de l'inscription au Fijait (C. pr. pén., art. 706-25-4, L. n° 2015-912, 24 juill. 2015, réd. antérieure à L. n° 2021-1109, 24 août 2021) (v. n° **13.40**) et **23.23C12**).

▪ **Inéligibilité obligatoire. Inscription au bulletin n° 2. Réserve d'interprétation.** *Idem* n° **20.18**.

▪ **ÉLÉMENTS CONSTITUTIFS – QUALIFICATION**

✧ ~~Pour avoir à .... [¤ lieu], le .... [¤ date], consulté habituellement et sans motif légitime un service de communication au public en ligne mettant à disposition des messages, images ou représentations provoquant directement à la commission d'actes de terrorisme, ou faisant l'apologie de ces actes lorsque ce service en ligne comporte à cette fin des images ou représentations montrant la commission de tels actes de terrorisme consistant en des atteintes volontaires à la vie, cette consultation s'accompagnant d'une manifestation d'adhésion à l'idéologie exprimée sur ce service en ligne.~~

~~Faits prévus et réprimés par les articles **PERSONNES PHYSIQUES.** 421-2-5-2, 421-8, 422-3, 422-4, 422-5 et 422-6 du code pénal (*N 31715.co*). **PERSONNES MORALES.** 421-2-5-2 et 422-5 du code pénal~~ (Abrogé : Cons. const. 15 déc. 2017, n° 2017-682 QPC). ✧

23.28 Violation d'une mesure administrative prise en cas d'activité terroriste présumée – sortie du territoire et retour de théâtre d'opérations (L. n° 2014-1353, 13 nov. 2014)

▪ **PEINES**

PERSONNE PHYSIQUE

PP Délit. Cas A : 3 ans d'emprisonnement, 45 000 € (CSI, art. L. 224-1). Cas B : 2 ans d'emprisonnement, 4 500 € (CSI, art. L. 224-1).

Cas C : 3 ans d'emprisonnement, 45 000 € (CSI, art. L. 225-7)

PC Néant.

PERSONNE MORALE

PP Délit. Cas A : 225 000 € (CSI, art. L. 224-1 ; C. pén., art. 131-38). Cas B : 45 000 € (CSI, art. L. 224-1 ; C. pén., art. 131-38). Cas C : 225 000 € (CSI, art. L. 225-7 ; C. pén., art. 131-38).

PC Néant.

▪ **ORIENTEUR**

ÉLÉMENT LÉGAL

▪ **Application de la loi pénale dans le temps.** Cas A et B. Incrimination créée par L. n° 2014-1353, 13 nov. 2014. Cas C. Incrimination créée par L. n° 2016-731, 3 juin 2016.

▪ **Constitutionnalité.** Cas A et B. Pour considérer que le dispositif de l'interdiction de sortie du territoire est conforme aux droits que la Constitution garantit, le Cons. const., précise que la mesure ne peut être mise en œuvre que pour la prévention du terrorisme, que l'interdiction doit être écrite et motivée, que la personne est mise en mesure de présenter ses observations dans un délai maximal de huit jours après la notification de la décision initiale, qu'aucune exigence constitutionnelle n'impose qu'une telle décision soit prononcée par une juridiction et qu'il appartient à l'autorité compétente d'apprécier, sous le contrôle du juge, si les conditions exigées par la loi sont réunies. Il souligne que le juge administratif saisi d'un recours doit statuer dans les quatre mois et qu'en outre l'interdiction peut être contestée devant le juge des référés administratif qui peut, sur le fondement des articles L. 521-1 et L. 521-2 du code de justice administrative, en suspendre l'exécution ; qu'il appartient au juge de vérifier que la mesure est justifiée et qu'elle ne porte pas une atteinte disproportionnée à la liberté d'aller et venir. Le Cons. const. relève également que si l'interdiction de sortie du territoire entraîne l'invalidation du passeport et de la carte nationale d'identité, il est remis à la personne un récépissé qui lui suffit pour justifier de son identité sur le territoire et qui lui permet d'accomplir les actes qui exigent un justificatif d'identité. Le Cons. const., estime enfin que les infractions prévues par CSI, art. L. 224-1 sont définies de manière suffisamment claire et précise pour exclure le risque d'arbitraire (Cons. const. 14 oct. 2015, n° 2015-490 QPC).

TEXTE DE RÉFÉRENCE

▪ **Conditions de l'interdiction administrative de sortie du territoire. Cas A et B.** Ces dispositions ont été inscrites au CSI, art. L. 224-1, par L. n° 2014-1353, 13 nov. 2014 renforçant les dispositions relatives à la lutte contre le terrorisme. Tout **français** peut faire l'objet d'une **interdiction de sortie du territoire national** lorsqu'il existe des raisons sérieuses de penser qu'il projette des déplacements à l'étranger ayant pour objet la participation à des activités terroristes ou des déplacements à l'étranger sur un théâtre d'opérations de groupements terroristes, dans des conditions susceptibles de le conduire à porter atteinte à la sécurité publique lors de son retour sur le territoire français.

▪ **Formalisation de la décision d'interdiction. Cas A et B.** L'interdiction de sortie du territoire, écrite et motivée, susceptible d'un recours devant le tribunal administratif, est prononcée par le ministre de l'intérieur pour une durée de six mois à compter de sa notification. Elle peut être renouvelée par décision expresse et motivée.

▪ **Mise en œuvre de la décision d'interdiction. Cas A et B.** Dès notification de l'interdiction de sortie, et au plus tard dans les 24 heures, la personne est tenue de restituer son passeport et sa carte nationale d'identité. Un récépissé valant justificatif de son identité lui est remis en échange. Ce récépissé suffit à justifier de l'identité (CSI, art. R. 224-1 et suivants).

▪ **Obligation des compagnies de transport. Cas A et B.** Les compagnies de transport aérien, maritime ou ferroviaire ont l'obligation de transmettre à l'autorité administrative les données d'enregistrement des passagers. Elles peuvent se voir notifier l'interdiction de sortie du territoire d'un passager enregistré (CSI, art. L. 232-8). La méconnaissance de cette interdiction par l'entreprise de transport est passible de l'amende prévue à CSI, art. L. 232-5).

▪ **Contrôle administratif du retour sur le territoire national. Cas C. Contrôle en cas de retour supposé d'un théâtre d'opérations.** Toute personne qui a quitté le territoire national et dont il existe des raisons sérieuses de penser que ce déplacement a pour but de rejoindre un théâtre d'opérations de groupements terroristes dans des conditions susceptibles de la conduire à porter atteinte à la sécurité publique lors de son retour sur le territoire français peut faire l'objet d'un contrôle administratif dès son retour sur le territoire national (CSI, art. L. 225-1, L. n° 2016-731, 3 juin 2016).

▪ **Obligations imposées par l'administration. Cas C. Obligations en cas de retour supposé d'un théâtre d'opérations.** Par décisions motivées, le ministre de l'intérieur peut, après en avoir informé le procureur de la République antiterroriste, imposer à la personne dont on suppose sérieusement qu'elle revient d'un théâtre d'opération, pour une durée maximale d'un mois à compter du retour, une obligation de résidence dans un périmètre déterminé et de présentation périodique aux services de police ou de gendarmerie, pour une durée maximale de 1 mois renouvelable deux fois, une obligation de déclaration de domicile et l'interdiction de se trouver en relation avec des personnes nommément désignées dont on peut penser sérieusement que le comportement constitue une menace pour la sécurité et l'ordre publics, pour une durée de 3 mois renouvelable une fois (CSI, art. L. 225-2 à 225-4, L. n° 2016-731, 3 juin 2016). La violation de ces obligations, dont les modalités sont définies par décret en Conseil d'État (CSI, art. R. 225-1 à R. 225-4), est incriminée au **cas** C (CSI, art. L. 225-7, L. n° 2016-731, 3 juin 2016).

▪ **Inscription au fichier des personnes recherchées. Cas A et B** : la personne faisant l'objet d'une mesure d'**interdiction de sortie** du territoire est inscrite au FPR (D. n° 2010-569, 28 mai 2010, art. 2 IV 10° et 11° ; CSI, art. L. 224-1). **Cas C** : il en est de même pour la personne faisant l'objet, dès son **retour sur le territoire national**, d'un contrôle administratif et des obligations afférentes à cette mesure (D. nº 2010-569, 28 mai 2010, art. 2 IV 15° ; CSI, art. L. 225-1 à L. 225-3) (sur le FPR, v. nº 13.17D3).

RÉGIME PROCÉDURAL

▪ **Régime de la criminalité organisée.** Ces infractions ne relèvent pas de la criminalité organisée et ne figurent pas dans la liste des infractions terroristes (C. pén., art. 421-1, C. pr. pén., art. 706-73 et 706-16). Elles relèvent toutefois de l'inscription au Fijait (v. Régime des peines).

▪ **Exception d'illégalité de l'acte administratif.** Les juridictions pénales sont compétentes pour interpréter les actes administratifs individuels lorsque la solution du procès pénale en dépend (C. pén., art. 111-5). La jurisprudence administrative admet « *comme des éléments d'appréciation les informations contenues dans la fiche des services de renseignements* » banalisée, sans en tête, signature ni référence, contenant des extraits de rapports de police dépourvus de sources (document dit « note blanche ») (CE 3 mars 2003, *Ministre de l'Intérieur c/ M. Rakhimov*, nº 238662, *Lebon*).

▪ **Inscription de la personne mise en examen au Fijait.** Inscription de plein droit de la personne mise en examen au Fijait, sauf décision contraire et spécialement motivée du juge d'instruction (depuis L. nº 2021-1109, 24 août 2021, auparavant inscription sur décision du juge d'instruction) (v. nº 13.40 et 23.23C12) (C. pr. pén., art. 706-25-4, L. nº 2015-912, 24 juill. 2015). Depuis L. nº 2021-1109, 24 août 2021, la personne est désormais exemptée des obligations périodiques de justification et de déclaration d'adresse et des sanctions prévues par C. pr. pén., art. 706-25-7 (v. nº 25.66).

RÉGIME DES PEINES

▪ **Inscription de la personne condamnée au Fijait.** Inscription de plein droit de la personne condamnée au Fijait, sauf décision contraire et spécialement motivée de la juridiction (depuis L. nº 2021-1109, 24 août 2021, auparavant inscription sur décision expresse de la juridiction) (C. pr. pén., art. 706-25-4, L. nº 2015-912, 24 juill. 2015, complétée pour le cas C par L. nº 2017-258, 28 févr. 2017) (v. nº 13.40 et 23.23G6). Depuis L. nº 2021-1109, 24 août 2021, la personne est désormais exemptée des obligations périodiques de justification et de déclaration d'adresse et des sanctions prévues par C. pr. pén., art. 706-25-7 (v. nº 25.66).

▪ ÉLÉMENTS CONSTITUTIFS – QUALIFICATION

✧ Pour avoir à .... [¤ lieu], le .... [¤ date], [⇨A à C :],

A. étant français, **quitté ou tenté de quitter le territoire français en violation d'une interdiction de sortie du territoire** d'une durée de [durée de la mesure] à compter de sa notification intervenue le [date de la notification], prise par le ministre de l'intérieur en raison de projet de déplacements à l'étranger ayant pour objet la participation à des activités terroristes ou un théâtre d'opérations de groupements terroristes (CSI, art. L. 224-1) (A : *N 30737.co*) ;

B. étant français, s'étant vu notifier le [date et heure de la notification] une décision d'interdiction de sortie du territoire prise par le ministre de l'intérieur en raison de projet de déplacements à l'étranger ayant pour objet la participation à des activités terroristes ou un théâtre d'opérations de groupements terroristes, **omis de restituer son passeport et sa carte nationale d'identité** au plus tard dans les 24 heures de la notification (CSI, art. L. 224-1) (B : *N 30738.co*) ;

C. ayant fait l'objet d'une **décision de contrôle administratif** prise par le ministre de l'intérieur, notifiée le [date et heure de la notification], au motif qu'il existait des raisons sérieuses de penser que son déplacement en dehors du territoire national avait pour but de rejoindre un théâtre d'opérations de groupements terroristes dans des conditions susceptibles de le conduire à porter atteinte à la sécurité publique **lors de son retour sur le territoire national**, omis de se soumettre aux obligations fixées par l'autorité administrative, en l'espèce en [⇨C1 à C4 :]

C1. omettant de respecter l'**obligation de résider** dans un périmètre déterminé ou de demeurer à son domicile ou dans un autre lieu dans la plage horaire fixée par le ministre (CSI, art. L. 225-1, L. 225-2, L. 225-7 et R. 225-1) (C1 : *N 32244.co*) ;

C2. omettant de se **présenter périodiquement** aux services de police ou aux unités de gendarmerie (CSI, art. L. 225-1, L. 225-2, L. 225-7 et R. 225-1) (C2 : *N 32245.co*) ;

C3. omettant de **déclarer son domicile** (C3a : *N 32246.co*) ou tout **changement de domicile** (C3b : *N 32247.co*) (CSI, art. L. 225-1, L. 225-3, L. 225-7 et R. 225-2) ;

C4. entrant **en relation directe ou indirecte** avec les personnes nommément désignées par la décision du ministre (CSI, art. L. 225-1, L. 225-3, L. 225-7 et R. 225-2) (C4 : *N 32248.co*)

Faits prévus et réprimés par l'article [• du cas sélectionné] du code de la sécurité intérieure. ✧

23.29 Violation d'une mesure de fermeture de lieu de culte ou d'une mesure individuelle de contrôle et de surveillance prise par l'autorité administrative – Lutte contre le terrorisme (L. nº 2017-1510, 30 oct. 2017)

PERSONNE PHYSIQUE

PP Délit. Cas A : 6 mois d'emprisonnement, 7 500 € (CSI, art. L. 227-2, L. nº 2017-1510, 30 oct. 2017) ;

Cas B : 3 ans, 45 000 € (CSI, art. L. 228-7, L. nº 2017-1510, 30 oct. 2017).

PC Néant.

PERSONNE MORALE

PP Délit. Cas A : 37 500 € (CSI, art. L. 227-2, L. nº 2017-1510, 30 oct. 2017, C. pén., art. 131-38) ;

Cas B : 225 000 € (CSI, art. L. 228-7, L. nº 2017-1510, 30 oct. 2017, C. pén., art. 131-38).

PC Néant.

■ ORIENTEUR

AUTRE QUALIFICATION

▪ V. nº 23.30.

ÉLÉMENT LÉGAL

▪ **Application de la loi pénale dans le temps.** Cas A et B : incriminations créées par L. nº 2017-1510, 30 oct. 2017.

TEXTE DE RÉFÉRENCE

▪ **Fermeture de lieu de culte et de ses dépendances. Cas A, CSI, art. L. 227-1.** Aux seules fins de prévenir la commission d'actes de terrorisme, le préfet peut, par arrêté motivé précédé d'une procédure contradictoire, « *prononcer la fermeture des lieux de culte dans lesquels les propos qui sont tenus, les idées ou théories qui sont diffusées ou les activités qui se déroulent provoquent à la violence, à la haine ou à la discrimination, provoquent à la commission d'actes de terrorisme ou font l'apologie de tels actes* ». Depuis L. nº 2021-998, 30 juill. 2021, la fermeture du lieu de culte peut être étendue, à titre accessoire à la fermeture de ce dernier, à « *des locaux dépendant du lieu de culte* » s'il « *existe de raisons sérieuses de penser qu'il seraient utilisés aux mêmes fins pour faire échec à l'exécution de la mesure* ».

La durée de la fermeture doit être proportionnée aux circonstances et ne peut excéder 6 mois. Elle est assortie d'un délai d'exécution qui ne peut être < 48h, à l'expiration duquel la mesure peut faire l'objet d'une exécution d'office.

Toutefois, si une personne y ayant un intérêt a saisi le tribunal administratif, dans ce délai, d'un référé administratif dit « *référé liberté* » (*LPA* art. L. 521-2), au motif d'une atteinte grave et manifestement illégale à une liberté fondamentale, la mesure ne peut être exécutée d'office avant que le juge des référés ait informé les parties de la tenue ou non d'une audience publique ou, si les parties ont été informées d'une telle audience, avant que le juge, qui a 48 h 00 pour rendre sa décision, ait statué sur la demande.

▪ **Mesures individuelles de contrôle administratif et de surveillance. Cas B, CSI, art. L. 228-1 s.** « *Aux seules fins de prévenir la commission d'actes de terrorisme, toute personne à l'égard de laquelle il existe des raisons sérieuses de penser que son comportement constitue une menace d'une particulière gravité pour la sécurité et l'ordre publics et qui soit entre en relation de manière habituelle avec des personnes ou des organisations incitant, facilitant ou participant à des actes de terrorisme, soit soutient, diffuse, lorsque cette diffusion s'accompagne d'une manifestation d'adhésion à l'idéologie exprimée, ou adhère à des thèses incitant à la commission d'actes de terrorisme ou faisant l'apologie de tels actes* » peut se voir prescrire par le ministre de l'intérieur (CSI, art. L. 228-1) les obligations suivantes. **Obligations I.** – ne pas se déplacer à l'extérieur d'un périmètre géographique déterminé (ou le placement sous surveillance électronique mobile avec l'accord de la personne, CSI, art. L. 228-3 et R. 228-1 à R. 228-6 (D. nº 2018-167, 7 mars 2018), – se présenter périodiquement aux services de police ou de gendarmerie, dans la limite de deux fois par jour, – déclarer « et *justifier de* » (mod. issue L. nº 2021-998, 30 juill. 2021) son lieu d'habitation et de tout changement de lieu d'habitation (CSI, art. L. 228-2). **Obligations II.** En alternative aux obligations qui précèdent, le ministre de l'intérieur peut soumettre la personne aux obligations suivantes : – déclarer « et *justifier de* » (mod. issue L. n° 2021-998, 30 juill. 2021) son domicile et de tout changement de domicile, – signaler ses déplacements à l'extérieur d'un périmètre déterminé, – ne pas paraître dans un lieu déterminé, qui ne peut inclure le domicile de l'intéressé. Cette obligation tient compte de sa vie familiale et professionnelle (CSI, art. L. 228-4). **Obligation III.** Dans tous les cas, le ministre de l'intérieur peut, en complément ou non des obligations I ou II qui précèdent, interdire à la personne de se trouver en relation directe ou indirecte avec certaines personnes, nommément désignées, dont il existe des raisons sérieuses de penser que leur comportement constitue une menace pour la sécurité publique (CSI, art. L. 228-5).

La décision prononçant une mesure de surveillance et de contrôle, **écrite et motivée** (CSI, art. L. 228-6), est prise au terme d'une procédure contradictoire (CSI, art. L. 228-6) par le ministre de l'intérieur après l'information préalable du procureur de la République antiterroriste et du procureur de la République territorialement compétent (CSI, art. L. 228-2, L. 228-4 et L. 228-5).

Les obligations I sont prises pour une **durée maximale** de trois mois (CSI, art. L. 228-2), II et III pour une durée maximale de 6 mois (CSI, art. L. 228-4 et L. 228-5). Toutes les obligations peuvent être renouvelées, en cas d'éléments nouveaux et complémentaires, pour la même durée maximale, mais le **cumul des renouvellements** ne peut excéder 12 mois (CSI, art. L. 228-2, L. 228-4 et L. 228-5). Sans préjudice des procédures de référé administratif, la personne peut exercer un **recours en annulation** de la décision du ministre de l'intérieur devant le tribunal administratif dans les deux mois de la notification de la mesure (CSI, art. L. 228-2, L. 228-4 et L. 228-5) (sur la conformité partielle du dispositif à la Constitution et les réserves d'interprétation, v. Cons. const. 16 févr. 2018, n° 2017-691 QPC). Toutefois, les mesures de **renouvellement** prises sur le fondement de CSI, art. L. 228-2 et L. 228-5 sont en outre soumises à un recours en annulation exercé dans le délai de 48 h 00 devant le président du tribunal administratif, lequel dispose d'un délai maximal de 72 H 00 pour statuer.

■ ÉLÉMENTS CONSTITUTIFS – QUALIFICATION

✧ Pour avoir ou s'être à .... [¤ lieu], le .... [¤ date], [⇨A ou B :],

A. violé une mesure administrative de fermeture d'un lieu de culte ou de locaux dépendant de ce dernier, en l'espèce [... lieu de culte concerné], prise par le préfet du département de... [département concerné] en date du... [date de l'arrêté] sur le fondement de l'article L. 227-1 du code de la sécurité intérieure relatif à la lutte contre le terrorisme (CSI, art. L. 227-1) (A : *N* ***32494.co***) ;

B. soustrait à une mesure administrative individuelle de contrôle et de surveillance prise par le ministre de l'intérieur notifiée le... [date et heure de la notification], au titre des articles L. 228-2 à L. 228-5 du code de la sécurité intérieure relatifs à la lutte contre le terrorisme, en l'espèce en... [matérialiser l'infraction par référence aux prescriptions de l'arrêté ministériel] (CSI, art. L. 228-2 à L. 228-5 et L. 227-1) (B : *N #.co*) ;

Faits prévus et réprimés par l'article [• du cas sélectionné] du code de la sécurité intérieure. ✧

23.30 Violation d'un arrêté pris par le ministre de l'intérieur ou le préfet dans le cadre de l'état d'urgence

PERSONNE PHYSIQUE

PP Délit. Cas A, C et D : 6 mois d'emprisonnement, 7 500 €. Cas B1 : 3 ans, 45 000 €. Cas B2 à B6 : 1 an, 15 000 € (L. n° 55-385, 3 avr. 1955, art. 13).

PC Néant.

PERSONNE MORALE

PP Délit. Cas A, C et D : 37 500 €. Cas B1 : 225 000 €. Cas B2 à B6 : 75 000 € (L. n° 55-385, 3 avr. 1955, art. 13, C. pén., art. 131-38).

PC Néant.

■ ORIENTEUR

AUTRE QUALIFICATION

▪ **Participation à un groupe de combat, à un mouvement ou groupement de fait ou association dissous par décret.** V. n° 23.31 pour les associations ou groupement de fait dissous par l'autorité administrative dans le cadre de l'état d'urgence.

TEXTE DE RÉFÉRENCE

▪ **État d'urgence.** L'état d'urgence est déclaré sur tout ou partie du territoire en cas de péril imminent résultant d'atteintes graves à l'ordre public ou d'événements présentant, par leur nature et leur gravité le caractère de calamité publique. Il est déclaré par décret en Conseil des ministres, qui détermine les circonscriptions territoriales concernées. Au-delà de douze jours, l'état d'urgence doit être prorogé par la loi, laquelle fixe sa durée définitive (L. n° 55-385, 3 avr. 1955, art. 1 à 3). La loi portant prorogation de l'état d'urgence est caduque à l'issue d'un délai de 15 jours francs suivant la date de la démission du gouvernement ou de dissolution de l'Assemblée nationale (L. n° 55-385, 3 avr. 1955, art. 4). Dans le cadre de l'état d'urgence, les préfets et le ministre de l'intérieur sont autorisés à prendre par arrêté des mesures générales ou individuelles restreignant certaines libertés. La violation de ces arrêtés constitue une infraction (L. n° 55-385, 3 avr. 1955, art. 13). Les mesures prises en application de l'état d'urgence cessent d'avoir effet dès que l'état d'urgence prend fin (L. n° 55-385, 3 avr. 1955, art. 14), à l'exception des mesures de dissolution par décret des associations ou groupements de fait portant une atteinte grave à l'ordre public (art. 6-1, L. n° 55-385, 3 avr. 1995 modifiée, v. n° 23.31).

▪ **Inscription au fichier des personnes recherchées. Cas A3** : la personne faisant l'objet d'une interdiction de séjour dans tout ou partie du département est inscrite au FPR (D. n° 2010-569, 28 mai 2010, art. 2 IV 13°°, L. n° 55-385, 3 avr. 1955, art. 5 3°). **Cas B** : la personne faisant l'objet d'une assignation à résidence et le cas échéant d'une interdiction d'entrer en relation avec certaines personnes est également inscrite au FPR (D. n° 2010-569, 28 mai 2010, art. 2 IV 14°, L. n° 55-385, 3 avr. 1955, art. 6) (sur le FPR, v. n° 13.17D3).

ÉLÉMENT INTENTIONNEL

▪ **Notification ou mesures de publicité des arrêtés.** L'élément intentionnel de l'infraction ne peut être caractérisé que dans la mesure où la personne concernée a eu effectivement connaissance de la mesure administrative prise par le préfet ou le ministre de l'intérieur, notamment au moyen d'une notification s'il s'agit d'un acte administratif individuel, ou des mesures de publication ou d'information du public s'il s'agit d'un acte à portée impersonnelle.

RÉGIME PROCÉDURAL

▪ **Exception d'illégalité de l'acte administratif fondant les poursuites.** Les actes administratifs individuels ou à portée réglementaire doivent obéir aux conditions de régularité des actes administratifs (compétence, légalité, absence d'erreur manifeste d'appréciation, etc.). C. pén., art. 111-5 permet au juge judiciaire d'interpréter et d'apprécier la légalité des actes administratifs, réglementaires ou individuels, si la solution du procès pénal en dépend. L'exception d'illégalité de l'acte conditionnant les poursuites est une exception préjudicielle qui doit être présentée avant toute défense au fond. Elle n'est recevable que si elle est de nature à retirer au fait qui sert de base aux poursuites le caractère d'une infraction (C. pr. pén., art. 386). Toutefois, par application de C. pén., art. 111-5, le juge répressif peut, selon la jurisprudence (Crim. 7 juin 1995, n° 94-81.416, P n° 208), apprécier d'office la légalité d'un acte administratif conditionnant la solution du procès. La L. n° 2015-1501, 20 nov. 2015, a ajouté un nouvel article 14-1 à la L. n° 55-385, 3 avril 1955 prévoyant que, à l'exception des peines prononcées par le juge judiciaire, « *les mesures prises sur le fondement de la présente loi sont soumises au contrôle du juge administratif dans les conditions fixées par le code de justice administrative* ». Cette disposition semble donc, au sens de C. pr. pén., art. 384 qui prévoit que le juge pénal est compétent pour statuer sur les exceptions « *à moins que la loi n'en dispose autrement* », déroger au C. pén., art. 111-5 en réservant au juge administratif une compétence exclusive pour statuer sur la légalité des arrêtés administratifs conditionnant les poursuites en matière d'état d'urgence. Dans ce cas, et s'il admet la recevabilité de l'exception, le juge répressif doit surseoir à statuer dans l'attente de la décision de la juridiction administrative, impartir un délai au prévenu pour saisir cette dernière, et passer outre s'il n'a pas en temps voulu introduit l'instance et justifié de ses diligences (C. pr. pén., art. 386). La Ch. crim., sans toutefois viser et analyser l'article 14-1 de la L. n° 55-385, 3 avr. 1955, postérieur à l'article 111-5 du C. pén. sur lequel elle s'appuie, considère que le juge judiciaire, saisi d'une demande de **nullité de l'enquête**, est compétent pour apprécier la légalité d'un **ordre de perquisition administrative** ayant abouti à la découverte d'armes (Crim. 13 déc. 2016, n° 16-84.794, P n° 338). S'agissant de poursuites au titre de la **violation d'un arrêté d'assignation à résidence**, elle estime qu'il revient au juge pénal, au visa du droit à la sûreté garanti par DDHC de 1789, art. 2, « *de s'assurer préalablement que l'obligation dont la violation est alléguée était nécessaire et proportionnée* » et « *qu'il incombe au juge répressif, compétent pour apprécier la légalité des arrêtés d'assignation à résidence, de répondre aux griefs invoqués par le prévenu à l'encontre de cet acte administratif, sans faire peser la charge de la preuve sur le seul intéressé et en sollicitant, le cas échéant, le ministère public afin d'obtenir de l'autorité administrative les éléments factuels sur lesquels celle-ci s'était fondée pour prendre sa décision* » (Crim. 3 mai 2017, n° 16-86.155, P n° 134).

■ ÉLÉMENTS CONSTITUTIFS – QUALIFICATION

✧ Pour avoir [ou s'être] à .... [¤ lieu], le .... [¤ date], dans le cadre de la déclaration d'état d'urgence du......,[date du décret en conseil des ministres déclarant l'état d'urgence ou de la loi portant prorogation de l'état d'urgence au visa desquels la mesure administrative a été prise] [⇨A à D :]

A. NON-RESPECT DES INTERDICTIONS ZONALES PRISES PAR ARRÊTÉ DU PRÉFET DU DÉPARTEMENT (L. N° 55-385, 3 AVR. 1955, ART. 5)

.../...omis de respecter un arrêté du préfet du département de... [département concerné] en date du... [date de l'arrêté] [⇨A1 à A3 :]

A1. interdisant la circulation des personnes ou des véhicules en un lieu ou des heures fixées, en l'espèce en... [matérialiser l'infraction par référence aux prescriptions de l'arrêté préfectoral] (A1 : *N 31271.co*) ;

A2. instituant une zone de protection ou de sécurité où le séjour des personnes est réglementé, en l'espèce en...[matérialiser l'infraction par référence aux prescriptions de l'arrêté préfectoral] (A2 : *N 31272.co*) ;

A3. notifié le...[date de notification de l'arrêté individuel], lui interdisant de séjourner dans tout ou partie du département, en l'espèce en...[matérialiser l'infraction par référence aux prescriptions de l'arrêté préfectoral] (A3 : *N 31273.co*) ;

B. NON-RESPECT DES MESURES D'ASSIGNATION À RÉSIDENCE PRISES PAR ARRÊTÉ DU MINISTRE DE L'INTÉRIEUR (L. N° 55-385, 3 AVR. 1955, ART. 6)

.../...alors qu'il faisait l'objet d'une mesure d'assignation à résidence prononcée à son encontre par arrêté du ministre de l'intérieur du...[date de l'arrêté], notifié le...[date de la notification] [⇨B1 à B6 :] :

B1. omis de respecter le lieu de résidence fixé, en l'espèce en ... [matérialiser l'infraction par référence aux prescriptions de l'arrêté du ministre de l'intérieur] (B1 : *N 31265.co*) ;

B2. omis de demeurer dans le lieu d'habitation déterminé par le ministre de l'intérieur pendant la plage horaire fixée, en l'espèce... en [matérialiser l'infraction par référence aux prescriptions de l'arrêté du ministre de l'intérieur] (B2 : *N 31266.co*) ;

B3. omis de se présenter, selon la fréquence déterminée par l'arrêté, aux services de police ou de gendarmerie, en l'espèce en...[matérialiser l'infraction par référence aux prescriptions de l'arrêté du ministre de l'intérieur] (B3 : *N 31267.co*) ;

B4. omis de remettre son passeport ou tout document justificatif de son identité aux services du ministère de l'intérieur (B4 : *N 31268.co*) ;

B5. être entré en relation, directement ou indirectement, avec... [nom des personnes nommément désignées par l'arrêté] malgré l'interdiction qui lui en était faite par l'arrêté ministériel (B5 : *N 31269.co*) ;

B6. omis de rester sous surveillance électronique mobile, en l'espèce en... [matérialiser l'infraction par référence aux prescriptions de l'arrêté l'astreignant, avec son accord, au port d'un bracelet électronique mobile] (B6 : *N 31270.co*) ;

C. NON-RESPECT D'UNE MESURE DE FERMETURE D'ÉTABLISSEMENT OU D'INTERDICTION DE RASSEMBLEMENT (L. N° 55-385, 3 AVR. 1955, ART. 8)

C1. Omis de respecter une mesure provisoire de fermeture de salles de spectacles, de débits de boissons ou de lieux de réunion de toute nature, prise par le ministre de l'intérieur ou le préfet de département par arrêté du... [date de l'arrêté], en l'espèce en... [matérialiser l'infraction par référence aux prescriptions de l'arrêté] (C1 : *N 31274.co*) ;

C2. omis de respecter une mesure générale ou particulière d'interdiction de réunions prise par le ministre de l'intérieur ou le préfet de département par arrêté du... [date de l'arrêté], en l'espèce en... [matérialiser l'infraction par référence aux prescriptions de l'arrêté] (C2 : *N 31275.co*) ;

C3. omis de respecter une mesure d'interdiction de cortège, de défilé ou de rassemblement prise par le ministre de l'intérieur ou le préfet de département par arrêté du... [date de l'arrêté], en l'espèce en... [matérialiser l'infraction par référence aux prescriptions de l'arrêté] (C3 : *N 31882.co*) ;

D. NON-RESPECT D'UN ORDRE DE REMISE DES ARMES OU MUNITIONS (L. N° 55-385, 3 AVR. 1955, ART. 9)

D1. omis de respecter une mesure de remise des armes et des munitions détenues ou acquises légalement, des catégories A à C ou de la catégorie D soumise à enregistrement, ordonnée par le ministre de l'intérieur ou le préfet de département par arrêté du... [date de l'arrêté], en l'espèce en... [matérialiser l'infraction par référence aux prescriptions de l'arrêté] (D1 : *N 31276.co*) ;

D2. omis de respecter une mesure individuelle de remise des armes détenues ou acquises légalement, ordonnée par le préfet de département par arrêté du...[date de l'arrêté] notifié le... [date de la notification], en l'espèce en... [matérialiser l'infraction par référence aux prescriptions de l'arrêté] (D2 : *N 31276.co*) ;

Faits prévus et réprimés par les articles...(articles de la formule concernée) et 13 de la loi n° 55-385 du 3 avril 1955 modifiée. ✧

23.31 Participation à un groupe de combat, à un mouvement ou groupement de fait ou association dissous par décret

■ PEINES

PERSONNE PHYSIQUE

PP Délit. Cas A, C et D : 3 ans d'emprisonnement, 45 000 € (C. pén., art. 431-14 et 431-15).
Cas B et E : 5 ans, 75 000 € (C. pén., art. 431-16, 431-15).

Cas F et G : 7 ans, 100 000 € (C. pén., art. 431-17).

PC 1. Interdiction droits civiques civils et de famille ⩽ 5 ans (vote, éligibilité, fonction juridictionnelle, expert, témoin, tuteur, curateur) (C. pén., art. 431-18 et 131-26) ;

2. Diffusion décision ou extrait aux frais (⩽ amende encourue) du condamné (C. pén., art. 431-18 et 131-35) ;

3. Interdiction de séjour ⩽ 5 ans (C. pén., art. 431-18, 131-31 et 131-32, C. pr. pén., art. 762-1 à 763) ;

4. Auteur étranger : interdiction du territoire français, définitive ou ⩽ 10 ans (C. pén., art. 431-19, 131-30 à 131-30-2) ;

5. Confiscation biens mobiliers ou immobiliers appartenant à ou utilisés par le groupe de combat ou le groupement (C. pén., art. 431-21) ;

6. Confiscation d'uniformes, insignes, emblèmes armes et tous matériels utilisés ou destinés à être utilisés par le groupe de combat ou le groupement (C. pén., art. 431-21).

PERSONNE MORALE

PP Délit. Cas A, C et D : 225 000 €.

Cas B et E : 375 000 €.

Cas F et G : 500 000 € (C. pén., art. 431-20 ; 131-38).

PC 1. Dissolution (sauf personnes morales de droit public, partis, groupements politiques, syndicats, institutions représentatives du personnel) si personne morale créée ou détournée de son objet, pour commettre l'infraction (C. pén., art. 431-20, 131-39 1° et 131-45) ;

2. Interdiction, définitive ou ⩽ 5 ans, une ou plusieurs activités professionnelles ou sociales en relation avec l'infraction (C. pén., art. 431-20 et 131-39 2°) ;

3. Surveillance judiciaire ⩽ 5 ans, sauf personnes morales de droit public, partis, groupements politiques, syndicats (C. pén., art. 431-20, 131-39 3° et 131-46) ;

4. Fermeture, définitive ou $\leqslant$ 5 ans, d'un ou plusieurs établissements en relation avec l'infraction (C. pén., art. 431-20 et 131-39 4°) ;

5. Exclusion, définitive ou $\leqslant$ 5 ans marchés publics (C. pén., art. 431-20 et 131-39 5°) ;

6. Interdiction, définitive ou $\leqslant$ 5 ans, de *faire appel public à l'épargne* (procéder à une offre au public de titres financiers ou de les faire admettre aux négociations sur un marché réglementé, selon L. n° 2009-80, 22 janv. 2009) (C. pén., art. 431-20 et 131-39 6°) ;

7. Interdiction, $\leqslant$ 5 ans, d'utiliser des cartes de paiement ou d'émettre des chèques autres que de retrait ou certifiés (C. pén., art. 431-20 et 131-39 7°) ;

8. Confiscation (réelle ou en valeur) chose ayant servi à l'infraction ou destinée à la commettre, ou son produit (obligatoire pour objets qualifiés dangereux ou nuisibles par loi ou règlement ou dont la détention est illicite) (C. pén., art. 431-20, 131-39 8° et 131-21) ;

9. Affichage, $\leqslant$ 2 mois, *et/ou* (L. n° 2011-525, 17 mai 2011) diffusion de la décision ou d'extraits aux frais ($\leqslant$ amende encourue) du condamné (C. pén., art. 431-20, 131-39 9°, 131-48 et 131-35) ;

10. *Idem* personne physique PC nos 5 et 6 (C. pén., art. 431-21).

■ ORIENTEUR

AUTRE QUALIFICATION

▪ **Violation d'un arrêté pris par le ministre de l'intérieur ou le préfet dans le cadre de l'état d'urgence.** V. n° 23.30.

ÉLÉMENT LÉGAL

▪ **Définition. Groupe de combat.** En dehors des cas prévus par la loi « *tout groupement de personnes détenant ou ayant accès à des armes, doté d'une organisation hiérarchisée et susceptible de troubler l'ordre public* » (C. pén., art. 431-13).

TEXTE DE RÉFÉRENCE

▪ **Dissolution administrative. CSI, art. L. 212-1.** Peuvent être **dissous par décret pris en conseil des ministres** toute association ou groupement de fait provoquant des manifestations armées « ~~*dans la rue*~~ » « *ou à des agissements violents à l'encontre des personnes ou des biens* » (réd. issue L. n° 2021-1109, 24 août 2021, déclarée conforme à la Constitution ; Cons. const. 13 août 2021, n° 2021-823 DC, § 42), ou présentant, du fait de leur forme et de leur organisation militaire, le caractère de groupes de combat ou de milices privées, ou « ~~*qui ont pour but de porter atteinte à l'intégrité du territoire ou d'attenter par la force à la forme républicaine du gouvernement*~~ » « *dont l'objet ou l'action tend à porter atteinte à l'intégrité du territoire national ou à attenter par la force à la forme républicaine du gouvernement* » (réd. issue L. n° 2021-1109, 24 août 2021), ou provoquent « *ou contribuent par leurs agissements* » (réd. issue L. n° 2021-1109, 24 août 2021) à la discrimination, à la haine ou à la violence raciale, sexiste (réd. issue L. n° 2021-1109, 24 août 2021), nationale ou religieuse. Pour l'application de CSI, art. L. 212-1, « *sont imputables à une association ou à un groupement de fait les agissements [...] commis par un ou plusieurs de leurs membres agissant en cette qualité ou directement liés aux activités de l'association ou du groupement, dès lors que leurs dirigeants, bien qu'informés de ces agissements, se sont abstenus de prendre les mesures nécessaires pour les faire cesser, compte tenu des moyens dont ils disposaient* » (CSI, art. L. 212-1-1, issu L. n° 2021-1109, 24 août 2021).

▪ **Dissolution administrative dans le cadre de l'état d'urgence.** Sans préjudice de CSI, art. L. 212-1 ci-dessus, en cas de déclaration d'état d'urgence, « *sont dissous par décret en conseil des ministres les associations ou groupements de fait participant à la commission d'actes portant une atteinte grave à l'ordre public ou dont les activités facilitent cette commission ou y incitent. Le maintien ou la reconstitution d'une association ou d'un groupement dissous.../...ou l'organisation de ce maintien ou de cette reconstitution sont réprimés dans les conditions prévues aux articles 431-15 et 431-17 à 431-21 du code pénal* ». À la différence des autres mesures individuelles ou réglementaires prises par l'autorité administrative au cours de l'état d'urgence (assignation à résidence, interdictions zonales, fermeture d'établissement et interdiction de rassemblement, ordre collectif ou individuel de remise des armes, v. n° 23.30), dont les effets cessent dès l'expiration de l'état d'urgence (art. 14, L. n° 55-385, 3 avr. 1995 modifiée), ces mesures de dissolution poursuivent leur effet après la fin de l'état d'urgence (art. 6-1, L. n° 55-385, 3 avr. 1995 modifiée).

RÉGIME PROCÉDURAL

▪ **Exception d'illégalité de l'acte administratif fondant les poursuites.** V. nº 23.30 sur l'appréciation de la légalité par le juge judiciaire des actes administratifs pris dans le cadre de l'état d'urgence (art. 14-1, L. nº 55-385, 3 avr. 1995 modifiée).

▪ ÉLÉMENTS CONSTITUTIFS – QUALIFICATION

✧ Pour avoir à .... [¤ lieu], le .... [¤ date], [⇨A à G :]

A. participé à un groupe de combat (C. pén., art. 431-14) (A : *N 12355.co*) ;

B. organisé un groupe de combat (C. pén., art. 431-16) (B : *N 12356.co*) ;

C. participé au maintien ou à la reconstitution, ouverte ou déguisée, d'une association ou d'un groupement, dissous en application de la loi du 10 janvier 1936, mais ne présentant pas les caractères d'un groupe de combat (C. pén., art. 431-15) (C : *N 12359.co*) ;

D. participé au maintien ou à la reconstitution, ouverte ou déguisée, d'une association ou d'un groupement de fait, en l'espèce... [préciser l'association ou le groupement visé par le décret], malgré sa dissolution par décret en conseil des ministres du [date du décret] pris dans le cadre de la déclaration d'état d'urgence du......,[date du décret en conseil des ministres déclarant l'état d'urgence ou de la loi portant prorogation de l'état d'urgence au visa desquels la mesure administrative a été prise], en l'espèce en... [matérialiser l'infraction] (art. 6-1 de la L. nº 55-385, 3 avr. 1955 modifiée, C. pén., art. 431-17) (D : *N 31277.co*) ;

E. participé au maintien ou à la reconstitution, ouverte ou déguisée, d'un groupe de combat dissous en application de la loi du 10 janvier 1936 (C. pén., art. 431-15) (E : *N 12358.co*) ;

F. organisé le maintien ou la reconstitution, ouverte ou déguisée, d'un groupe de combat dissous en application de la loi du 10 janvier 1936 (C. pén., art. 431-17) (F : *N 12357.co*) ;

G. organisé le maintien ou la reconstitution, ouverte ou déguisée, d'une association ou d'un groupement de fait, en l'espèce... [préciser l'association ou le groupement visé par le décret], malgré sa dissolution par décret en conseil des ministres du [date du décret] pris dans le cadre de la déclaration d'état d'urgence du......,[date du décret en conseil des ministres déclarant l'état d'urgence ou de la loi portant prorogation de l'état d'urgence au visa desquels la mesure administrative a été prise], en l'espèce en... [matérialiser l'infraction] (art. 6-1 de la L. nº 55-385, 3 avr. 1955 modifiée, C. pén., art. 431-17) (G : *N 31278.co*).

Faits prévus et réprimés par l'article [• du cas sélectionné] **PERSONNES PHYSIQUES.** + 431-18, 431-19 et 431-21 du code pénal. **PERSONNES MORALES.** + 431-20 et 431-21 du code pénal. ✧

23.32 Abus d'autorité par une personne exerçant une fonction publique – Mesure faisant échec à la loi – Poursuite irrégulière des fonctions

▪ PEINES

PERSONNE PHYSIQUE

PP Délit. Cas A : 5 ans d'emprisonnement, 75 000 € (C. pén., art. 432-1). Cas B : 10 ans, 150 000 € (C. pén., art. 432-2). Cas C : 2 ans, 30 000 € (C. pén., art. 432-3).

PC 1. Interdiction droits civiques civils et de famille ⩽ 5 ans (vote, éligibilité, fonction juridictionnelle, expert, témoin, tuteur, curateur) (C. pén., art. 432-17 et 131-26) ;

2. Interdiction définitive ou ⩽ 5 ans activité professionnelle ou sociale (en relation avec l'infraction), ou fonction publique, (sauf mandat électif ou syndical) (C. pén., art. 432-17, 131-27 et 131-28) ;

3. Confiscation (réelle ou en valeur) sommes ou objets irrégulièrement reçus par l'auteur (obligatoire pour objets qualifiés dangereux ou nuisibles par loi ou règlement ou dont la détention est illicite) (C. pén., art. 432-17 et 131-21).

PERSONNE MORALE

PP Cas A : 375 000 €. Cas B : 750 000 €. Cas C : 150 000 € (C. pén., art. 131-38).

PC Néant.

■ ORIENTEUR

ÉLÉMENT LÉGAL

▪ **Constitutionnalité. Constitutionnalité de C. pén., art. 432-1.** Est rejetée la QPC soulevant l'imprécision de cette incrimination dès que « *les dispositions légales critiquées, qui répriment, en des termes précis et dépourvus d'ambiguïté, toute action d'une personne dépositaire de l'autorité publique, agissant dans l'exercice de ses fonctions, destinée à faire échec à l'exécution de la loi, ne portent pas atteinte au principe de légalité des délits et des peines* » (Crim. 11 juill. 2012, n° 11-88.664, NP). Dans une autre espèce dans laquelle il était reproché au prévenu, directeur des services technique d'une commune, d'avoir donné l'ordre aux policiers municipaux placés sous son autorité de ne pas aviser l'OPJ compétent comme leur en fait l'obligation C. pr. pén., art. 21-2, la C. cass., pour rejeter la QPC soulevant l'imprécision de l'incrimination, souligne que C. pén., art. 432-1 « *ne réprime que la prise de mesures destinées à faire échec à l'exécution d'une loi, ce qui correspond à la prévention retenue contre le demandeur qui est prévenu d'avoir pris les mesures destinées à faire échec à l'application d'un article législatif du code de procédure pénale* » (Crim. 4 sept. 2012, n° 12-80.081, P n° 179).

■ ÉLÉMENTS CONSTITUTIFS – QUALIFICATION

✧ Pour avoir à .... [¤ lieu], le .... [¤ date], étant [⇨A à C :]

A. dépositaire de l'autorité publique, en l'espèce .... [¤ fonctions exercées], pris dans l'exercice de ses fonctions des mesures destinées à faire échec à l'exécution de la loi, en l'espèce en .... [¤ matérialiser l'infraction] (C. pén., art. 432-1) (A : *N 12230.co*) ;

B. dépositaire de l'autorité publique, en l'espèce .... [¤ fonctions exercées], pris dans l'exercice de ses fonctions des mesures, **suivies d'effet**, destinées à faire échec à l'exécution de la loi, en l'espèce en .... [¤ matérialiser l'infraction] (C. pén., art. 432-1 et 432-2) (B : *N 12231.co*) ;

C. [⇨C1 à C3 :]

C1. dépositaire de l'autorité publique (C1 : *N 12232.co*)...

C2. chargé d'une mission de service public (C2 : *N 12233.co*)

C3. investi d'un mandat électif public (C3 : *N 12234.co*)...

... en l'espèce .... [¤ fonctions exercées], continué à exercer ses fonctions après avoir été officiellement informé de la décision ou de la circonstance y mettant fin (C. pén., art. 432-3).

Faits prévus et réprimés par les articles [• du cas sélectionné], + 432-17 du code pénal. ✧

23.33 Déni de justice

■ PEINES

PERSONNE PHYSIQUE

PP Délit. 7 500 € (C. pén., art. 434-7-1).

PC 1. Confiscation (réelle ou en valeur) chose ayant servi à l'infraction ou destinée à la commettre (obligatoire pour objets qualifiés dangereux ou nuisibles par loi ou règlement ou dont la détention est illicite) (C. pén., art. 434-44 et 131-21) ;

2. Interdiction droits civiques civils et de famille ⩽ 5 ans (vote, éligibilité, fonction juridictionnelle, expert, témoin, tuteur, curateur) (C. pén., art. 434-44 et 131-26) ;

3. Interdiction exercice fonctions publiques 5 à 20 ans (C. pén., art. 434-7-1).

PERSONNE MORALE

PP 37 000 € (C. pén., art. 131-38).

PC Néant.

■ ORIENTEUR

RÉGIME PROCÉDURAL

▪ **Compétence juridictionnelle. Juge unique** (C. pr. pén., art. 398-1, v. n° 17.15D2).

▪ **Ordonnance pénale. Possible** (C. pr. pén., art. 495-II, v. n° 15.48B1 et tableau n° 17.15D2).

MESURE CIVILE

▪ **Responsabilité.** Les juges peuvent faire l'objet de la procédure de **prise à partie** en cas de déni de justice. Il y a déni de justice lorsque les juges refusent de répondre aux requêtes ou refusent de juger les affaires en état et en tour d'être jugées. L'État est civilement responsable des condamnations en dommages et intérêts qui sont prononcées à raison de ces faits contre les juges, sauf son recours contre ces derniers (COJ art. L. 141-3). Sur l'indemnisation en cas de fonctionnement défectueux de la justice, v. n° 17.38.

▪ ÉLÉMENTS CONSTITUTIFS – QUALIFICATION

✧ Pour avoir à .... [¤ lieu], le .... [¤ date], étant magistrat ou siégeant dans une formation juridictionnelle ou une autorité administrative, et ayant dénié de rendre justice après en avoir été requis, persévéré dans son déni après avertissement ou injonction de ses supérieurs.
Faits prévus et réprimés par les articles 434-7-1 et 434-44 du code pénal (*N 1373.ju*). ✧

23.34 Atteinte arbitraire à la liberté par une personne exerçant une fonction publique

▪ PEINES

PERSONNE PHYSIQUE

PP Délit. Cas A : 7 ans d'emprisonnement, 100 000 € (C. pén., art. 432-4).
Crime. Cas B : 30 ans de réclusion, 450 000 € (C. pén., art. 432-4).
Délit. Cas C : 3 ans, 45 000 € (C. pén., art. 432-5).
Délit. Cas D : 1 an, 15 000 € (C. pén., art. 432-5).

PC *Idem* n° 23.32, mais interdiction droits civiques civils et de famille ⩽ 10 ans dans le **cas** B *et/ou* interdiction définitive ou ⩽ 15 ans (10 ans avant L. n° 2013-1117, 6 déc. 2013) d'exercer une profession commerciale ou industrielle, de diriger, d'administrer, de gérer ou de contrôler à un titre quelconque, directement ou indirectement, pour son propre compte ou pour le compte d'autrui, une entreprise commerciale ou industrielle ou une société commerciale (C. pén., art. 432-17, 131-27 [mod. par L. n° 2008-776, 4 août 2008]).

▪ ORIENTEUR

AUTRE QUALIFICATION

▪ **Écrou illégal par agent de l'administration pénitentiaire.** V. n° 23.35.

ÉLÉMENT MATÉRIEL

▪ **Titres de détention.** C. pr. pén. énonce, sans exhaustivité, une hypothèse de détention arbitraire : toute personne arrêtée en vertu d'un mandat d'amener, qui a été retenue pendant plus de 24 h sans avoir été interrogée, est considérée comme arbitrairement détenue. Les articles 432-4 à 432-6 du code pénal sont applicables aux magistrats ou fonctionnaires qui ont ordonné ou sciemment toléré cette rétention arbitraire (C. pr. pén., art. 126). La mise en liberté d'un personne peut résulter « *des instruction du procureur de la République, en tant que garant des libertés individuelles et auquel l'article 432-5 du code pénal impose, lorsqu'aucune juridiction n'est saisie, de mettre fin lui-même à une détention illégale* » (Circ. Crim. 2016-03/H, 17 juin 2016, JUSD1616979C n° 4.2.2), étant précisé qu'en application de C. pr. pén., art. 803-7, al. 2 (issu L. n° 2016-731, 3 juin 2016), lorsqu'il « *ordonne la libération d'une personne dont la détention est irrégulière en raison du non-respect des délais ou des formalités prévus par le [code de procédure pénale], il peut saisir sans délai le JLD de réquisitions tendant au placement immédiat de la personne concernée sous contrôle judiciaire* » si les conditions de fond de cette mesure sont remplies. Une juridiction qui « *ordonne la mise en liberté immédiate d'une personne dont la détention provisoire est irrégulière en raison du non-respect des délais ou des formalités prévus par le [code de procédure pénale]* » peut également, dans la même décision, placer la personne sous contrôle judiciaire (C. pr. pén., art. 803-7, al. 1, issu L. n° 2016-731, 3 juin 2016). Pour mémoire, la Circ. Crim. 2016-03/H, 17 juin 2016, JUSD1616979C n° 4.2.2 rappelle que la Ch. crim. admet « *qu'aucune disposition légale ou conventionnelle n'interdisant, lorsque, comme en l'espèce, le mandat de dépôt a été annulé pour un vice de forme, de placer à nouveau en détention provisoire la personne mise en examen, dans la même information et à raison des mêmes faits* » (Crim. 3 sept. 2003, n° 03-83.068, P n° 152), ceci sans qu'il soit besoin de constater l'existence de circonstances nouvelles (Crim. 1er févr. 2005, n° 04-86.768, P n° 33) (sur ce point, v. n° 12.71B).

▪ **Maintien de l'ordre.** • **Cadre conventionnel.** « *On ne saurait exclure que le recours à des techniques de contention et de contrôle des foules puissent, dans des circonstances particulières, donner lieu à une privation de liberté contraire à l'article 5 § 1. Dans chaque cas particulier, l'article 5 § 1 doit s'interpréter d'une manière qui tienne compte du contexte spécifique dans lequel les techniques en cause sont utilisées et de l'obligation d'assurer le maintien de l'ordre et la protection du public que tant le droit national que le droit conventionnel font peser sur la police* » (§ 60) (CEDH 15 mars 2012, Gde Ch., n° 39692/09, 50713/09, 41008/09). • **Cadre constitutionnel.** Les dispositions de la loi n° 95-73, 21 janv. 1995, d'orientation et de programmation relative à la sécurité, art. 1, « *ont pour seul objet de reconnaître à l'État la mission générale de maintien de l'ordre public. Elles ne définissent pas les conditions d'exercice de cette mission et notamment pas les moyens pouvant être utilisés à cette fin. Il ne peut donc leur être reproché d'encadrer insuffisamment le recours par l'État, dans le cadre de cette mission, à certains procédés de maintien de l'ordre tels que la technique dite de "l'encerclement"* » (§ 6) (Cons. const. 12 mars 2021, n° 2020-889 QPC). • **Technique de l'encerclement.** Justifie sa décision la CHINS qui énonce que « *la mesure d'encerclement [...] a eu pour objet d'éviter des violences graves contre les personnes et les biens que les autorités étaient fondées à redouter, que de nombreuses personnes ont pu quitter le périmètre dans le courant de l'après-midi en application des consignes de discernement qui ont été données, et que la levée du dispositif de "nasse" est intervenue dès la fin de la manifestation et a été accompagnée de contrôles d'identité ordonnés par l'autorité judiciaire* » (§ 12), le juge ayant ainsi, pour conclure à l'absence d'infraction, « *caractérisé l'existence de risques graves d'atteinte à l'ordre public mettant en cause la sécurité des personnes et des biens et a démontré le caractère nécessaire, adéquat et proportionné de la mesure d'encerclement prise au regard des circonstances exceptionnelles auxquelles les forces de l'ordre devaient faire face* » (§ 15) (Crim. 22 juin 2021, n° 20-83.302, D).

▪ **Retenue irrégulière.** • **Procédure douanière.** Commet un acte arbitraire, attentatoire à la liberté, le responsable départemental des douanes qui s'affranchit des règles de procédure douanière en donnant des instructions pour faire conduire la personne contrôlée en possession de 20 litres d'eau-de-vie de cidre à 11 h 45 au bureau des douanes, dans le cadre d'une procédure par lui qualifiée de « notification », à l'occasion de laquelle elle a été entendue sur les faits reprochés de 12 h 30 à 13 h 30, et où elle devait demeurer jusqu'à l'achèvement des visites domiciliaires à 21 h, les juges du fond relevant que C. douanes, art. 60, (sur le droit de visite douanière des personnes, des moyens de transport et des marchandises, v. n° **11.59**, des lieux professionnels et privés, v. n° **11.60**) ne saurait autoriser la douane à maintenir dans ses locaux une personne qui a été entendue sur les circonstances et les causes de son contrôle, et ce, sans limites autres que celles, selon le prévenu, tirées du nombre de visites domiciliaires envisagées par les enquêteurs, et, au surplus, en l'absence de notification des droits prévus en matière de retenue douanière (Crim. 8 févr. 2012, n° 11-81.259, P n° 38). • **Procédure judiciaire.** Commet le délit d'atteinte arbitraire à la liberté individuelle par dépositaire de l'autorité publique, l'officier de gendarmerie qui « *a fait conduire et retenir pendant plusieurs heures une personne dans des locaux dépendant de son autorité, en connaissance de l'absence de fondement légal de la mesure* » (Crim. 24 mai 2016, n° 15-80.848, P n° 154).

RÉGIME PROCÉDURAL

▪ **Lien entre l'infraction et l'éventuelle nullité de la procédure.** « *Lorsqu'un crime ou un délit prétendument commis à l'occasion d'une poursuite "~~judiciaire impliquerait la violation d'une disposition de procédure pénale~~" "pénale ou d'une instance devant une juridiction impliquerait la violation d'une règle de procédure"* (mod. issue L. n° 2021-1729, 22 déc. 2021), *l'action publique ne peut être exercée que si le caractère illégal de la poursuite ", de la décision intervenue"* (mod. issue L. n° 2021-1729, 22 déc. 2021) *ou de l'acte accompli à cette occasion a été constaté par une décision devenue définitive de la juridiction répressive saisie "ou en application des voies de recours prévues par la loi ou le règlement"* (mod. issue L. n° 2021-1729, 22 déc. 2021). *Le délai de prescription de l'action publique court à compter de cette décision* » (C. pr. pén., art. 6-1, v. n° **17.38D**).

MESURE CIVILE

▪ **Action civile et responsabilité de l'État pour fonctionnement défectueux du service de la justice pénale.** V. n° **17.38**.

▪ ÉLÉMENTS CONSTITUTIFS – QUALIFICATION

✧ Pour avoir à .... [¤ lieu], le .... [¤ date], agissant dans l'exercice ou à l'occasion de l'exercice de ses fonctions, étant [⇨1 ou 2 puis A à D :]

1. dépositaire de l'autorité publique, en l'espèce .... [¤ fonctions exercées], [⇨A à D :] ;
2. chargé d'une mission de service public, en l'espèce .... [¤ fonctions exercées], [⇨A à D :]

A. ordonné ou accompli arbitrairement un acte attentatoire à la liberté individuelle, en l'espèce en .... [¤ préciser l'acte reproché] (C. pén., art. 432-4) (1A : *N 12235.co* ; 2A : *N 12236.co*) ;
B. ordonné ou accompli arbitrairement un acte attentatoire à la liberté individuelle, en l'espèce une détention ou une rétention de plus de 7 jours au préjudice de .... [¤ nom de la victime] (C. pén., art. 432-4) (1B : *N 12237.cr* ; 2B : *N 12238.cr*) ;
C. ayant eu connaissance d'une privation de liberté illégale, omis volontairement d'y mettre fin alors qu'il en avait le pouvoir, ou de provoquer l'intervention d'une autorité compétente (C. pén., art. 432-5) (1C : *N 12239.co* ; 2C : *N 12240.co*) ;
D. ayant eu connaissance d'une privation de liberté dont l'illégalité était alléguée, omis volontairement de procéder aux vérifications nécessaires alors qu'il en avait le pouvoir, ou de transmettre la réclamation à l'autorité compétente, ladite privation de liberté, reconnue illégale, s'étant poursuivie (C. pén., art. 432-5) (1D : *N 12242.co* ; 2D : *N 12241.co*).
Faits prévus et réprimés par les articles [• du cas sélectionné] + 432-17 du code pénal. ✧

23.35 Écrou illégal par un agent de l'administration pénitentiaire

▪ PEINES

PERSONNE PHYSIQUE

PP Délit. 2 ans d'emprisonnement, 30 000 € (C. pén., art. 432-6).

PC *Idem* nº 23.32.

PERSONNE MORALE

PP 150 000 € (C. pén., art. 131-38).

PC Néant.

▪ ORIENTEUR

AUTRE QUALIFICATION

▪ **Détention arbitraire par une personne exerçant une fonction publique.** V. nº 23.34.

TEXTE DE RÉFÉRENCE

▪ **Mise en œuvre de l'écrou par l'administration pénitentiaire.** Un acte d'écrou est dressé pour toute personne conduite dans un établissement pénitentiaire ou qui s'y présente librement (C. pr. pén., art. 724). Nul agent de l'administration pénitentiaire ne peut, à peine d'être poursuivi pour détention arbitraire, recevoir ni retenir une personne sans arrêt, jugement de condamnation, ordonnance de prise de corps, mandat de dépôt ou d'arrêt, mandat d'amener lorsqu'il est suivi d'incarcération provisoire, ou d'un ordre d'arrestation établi conformément à la loi, et sans qu'ait été donné l'acte d'écrou visé ci-dessus (C. pr. pén., art. 725). Le chef d'établissement, ou sous son autorité le fonctionnaire chargé du greffe, tient un registre d'écrou et veille à la légalité de la détention des individus incarcérés ainsi qu'à l'élargissement des libérables (C. pr. pén., art. D. 148).

ÉLÉMENT MATÉRIEL

▪ **Faits incriminés.** *Idem* nº 23.34.

▪ ÉLÉMENTS CONSTITUTIFS – QUALIFICATION

✧ Pour avoir à .... [¤ lieu], le .... [¤ date], étant agent de l'administration pénitentiaire, [⇨A ou B :]
A. reçu ou retenu .... [¤ nom de la victime], sans mandat, jugement ou ordre d'écrou établi conformément à la loi (A : *N 12243.co*) ;
B. prolongé indûment la durée de la détention de .... [¤ nom de la victime] (B : *N 12244.co*).
Faits prévus et réprimés par les articles 432-6 et 432-17 du code pénal. ✧

23.36 Concussion, perception ou exonération indue de sommes par une personne exerçant une fonction publique

▪ PEINES

PERSONNE PHYSIQUE

PP Délit. 5 ans d'emprisonnement, 500 000 € ou ⩽ double du produit de l'infraction (L. nº 2013-1117, 6 déc. 2013, auparavant 75 000 €) (C. pén., art. 432-10).

PC *Idem* nº 23.32. + **1.** Sauf dispense spécialement motivée, la peine d'inéligibilité est obligatoirement prononcée (C. pén., art. 432-17, réd. L. nº 2016-1691, 9 déc. 2016, devenu C. pén., art. 131-26-2, L. nº 2017-1339, 15 sept. 2017), v. Orienteur/Régime des peines.

2. Affichage, ⩽ 2 mois, ou diffusion de la décision ou d'extraits aux frais (⩽ amende encourue) du condamné (C. pén., art. 432-17 et 131-35) (depuis L. nº 2016-1691, 9 déc. 2016).

PERSONNE MORALE

PP **2 500 000 €** ou **⩽ double du produit** de l'infraction (L. nº 2013-1117, 6 déc. 2013, auparavant **375 000 €**) (C. pén., art. 131-38).

PC Néant.

■ ORIENTEUR

ÉLÉMENT MATÉRIEL

▪ **Tentative. Punissable** (C. pén., art. 432-10).

ÉLÉMENT LÉGAL

▪ **Constitutionnalité.** Les dispositions de C. pén., art. 432-10, al. 1 « *répondent à un objectif d'intérêt général en rapport direct avec la loi dont l'objet est de lutter contre les atteintes à l'administration publique et à la probité commises par des personnes dépositaires de l'autorité publique ou chargées d'une mission de service public, en raison des fonctions publiques qu'elles exercent* » (§ 5), elles « *précisent les actes accomplis par les personnes qu'elles visent, le titre auquel la somme est perçue par elles et la nécessité de leur connaissance de son caractère indu, définissent et délimitent les éléments constitutifs du délit de concussion en des termes suffisamment clairs et précis pour permettre son interprétation, qui entre dans l'office du juge, sans risque d'arbitraire* » (§ 6) (Crim. 4 mars 2020, nº 19-86.006 QPC, D). C. pén., art. 432-10, al. 1 « *définit et délimite, notamment par référence aux textes que la personne dépositaire de l'autorité publique ou chargée d'une mission de service public doit appliquer ou faire respecter, et aux sommes qu'elle est chargée de percevoir, les actes constitutifs du délit de concussion en des termes suffisamment clairs et précis pour permettre son interprétation, qui entre dans l'office du juge, sans risque d'arbitraire, de sorte qu'elle ne méconnaît* » pas les principes constitutionnels de légalité des délits et des peines et de prévisibilité de la loi pénale (Crim. 25 juin 2014, nº 13-88.069 QPC, D).

RÉGIME PROCÉDURAL

▪ **Compétence du procureur de la République financier.** Pour les affaires d'une grande complexité (C. pr. pén., art. 705).

▪ **Prescription de l'action publique. Théorie de l'opération délictueuse unique.** « *les faits commis plus de trois ans avant la plainte avec constitution de partie civile n'étaient pas prescrits, la prescription ne commençant à courir, lorsque la concussion résulte d'opérations indivisibles, qu'à compter de la dernière des exonérations accordées indûment* » (Crim. 31 janv. 2007, nº 06-81.273, P nº 24, dans le même sens, Crim. 29 juin 2016, nº 15-82.296, P nº 203). Sur les illustrations de cette doctrine, v. nº 17.21.

ÉLÉMENT MATÉRIEL

▪ **Droits indus. • Dépassement du plafond des salaires et indemnités.** « *le délit de concussion se consomme, notamment, par le fait, pour une personne dépositaire de l'autorité publique, de percevoir des salaires et indemnités au-delà de ceux auxquels elle sait avoir droit* » (§ 18), est donc coupable du délit le conseiller régional qui, désigné par son assemblée pour représenter la région au sein du conseil d'administration d'une société d'économie mixte et ayant été élu comme président de ce conseil d'administration et directeur général de la SEM, perçoit une rémunération dépassant le « *plafond total de rémunération et d'indemnité de fonction pour le conseiller régional titulaire d'autres mandats électoraux ou qui siège à ce titre, notamment, au conseil d'administration ou au conseil de surveillance d'une SEML ou qui préside une telle société* », prévu par CGTC, art. L. 4135-18 (§ 19) (Crim. 7 déc. 2022, nº 21-83.354, P). Entre dans les prévisions du texte « *le fait pour l'agent contractuel d'une collectivité territoriale de percevoir, au-delà de ceux auxquels il sait avoir droit, des salaires et indemnités dont l'attribution et le montant sont arrêtés, conformément aux textes applicables, par l'autorité publique compétente* » (Crim. 24 oct. 2001, nº 00-88.165, P nº 220) ; de même est-il jugé, dans une espèce où le maire avait délégué le surplus d'indemnités qu'il ne pouvait percevoir à son adjoint que le lui reversait en exécution d'un ordre de virement permanent, qu'entre dans les prévisions de l'incrimination « *le fait par un maire de percevoir, au-delà de celles auxquelles il sait avoir droit, des indemnités dont l'attribution est réglementée par l'autorité publique en contrepartie de services effectués dans la fonction* » (Crim. 14 févr. 1995, nº 94-80.797, P nº 65) ; le fait pour un directeur de l'URSSAF de faire alimenter fictivement par ses services son compte épargne temps, afin de « *partir en congé de fin de carrière avant le jour de sa retraite, percevant jusqu'à cette date des* *sommes qu'il savait indues* » (Crim. 29 juin 2016, nº 15-82.296, P nº 203). En revanche, « *n'entrent pas dans la catégorie des droits […] les indemnités librement attribuées à des conseillers municipaux* » (Crim. 27 juin 2001, nº 00-83.739, 95-80.784, P nº 162). • **Avantages en nature et exonérations.** Relève de l'incrimination le fait pour un directeur d'hôpital de se faire remettre indument « *des denrées alimentaires, des boissons, du fuel domestique, ainsi que du carburant pour ses véhicules personnels* », qui n'étaient pas déduits de son traitement (Crim. 8 juin 1995, nº 92-85.916, D) ; l'attribution gratuite par le maire d'un logement communal dont le conseil municipal avait préablement fixé le loyer par délibération, alors que cette exonération de loyers n'avait pas été autorisée par une délibération du dit conseil (Crim. 31 janv. 2007, nº 06-81.273, P nº 24) ; « *le fait pour un maire d'exonérer l'acquéreur et occupant d'un terrain communal du paiement du prix de ce dernier en s'abstenant volontairement de passer l'acte de vente dudit terrain, autorisé par le conseil municipal* » (Crim. 10 oct. 2012, nº 11-85.914, P nº 214).

▪ **Personne chargée d'une mission de service public.** • **Sivom.** Un syndicat intercommunal à vocations multiples (SIVOM), « *qui a pour objet la réalisation et la gestion de l'alimentation en eau potable et du réseau d'assainissement de l'agglomération […], est chargé, directement ou indirectement, d'accomplir des actes ayant pour but de satisfaire à l'intérêt général et revêt ainsi la qualité de personne chargée d'une mission de service public au sens de C. pén., art. 432-10 et 432-14* » (Crim. 19 déc. 2018, nº 18-81.328, P nº 217).

ÉLÉMENT INTENTIONNEL

▪ **Caractérisation.** « *l'élément moral du délit de concussion, qui relève de l'appréciation souveraine des juges du fond, se déduit de la matérialité des faits et ne saurait être remis en cause par un acte qui leur est postérieur tel le remboursement des sommes considérées comme un trop-perçu* » (§ 20) (Crim. 7 déc. 2022, nº 21-83.354, P).

RÉGIME DES PEINES

▪ **Inéligibilité obligatoire. Inscription au bulletin nº 2. Réserve d'interprétation.** *Idem* nº **20.18**.

▪ **Application de la loi pénale dans le temps.** L'inéligibilité obligatoire est applicable à cette infraction depuis L. nº 2016-1691, 9 déc. 2016, modifiant C. pén., art. 432-17 dernier al. La L. nº 2017-1339, 15 sept. 2017 a transféré cette peine complémentaire au C. pén., art. 131-26-2 et a abrogé par coordination C. pén., art. 432-17 dernier al.

▪ ÉLÉMENTS CONSTITUTIFS – QUALIFICATION

✧ Pour avoir à ……… [¤ lieu], le ……… [¤ date], étant [⇨1 ou 2 puis A ou B :]

1. dépositaire de l'autorité publique, en l'espèce ……… [¤ fonctions exercées] [⇨A ou B :] …

2. chargé d'une mission de service public, en l'espèce ……… [¤ fonctions exercées] [⇨A ou B :]

A. … reçu, exigé ou ordonné de percevoir à titre de droits, contributions, impôts ou taxes publics, une somme qu'il savait ne pas être due, ou excéder ce qui est dû, en l'espèce en ……… [¤ matérialiser l'infraction] (1A : *N* ***12219.co*** ; 2A : *N* ***12220.co***) ;

B. … accordé sous une forme quelconque et pour quelque motif que ce soit une exonération ou une franchise des droits, contributions, impôts ou taxes publics en violation des textes légaux ou réglementaires ……… [¤ matérialiser l'infraction] (1B : *N* ***12221.co*** ; 2B : *N* ***12222.co***).

Faits prévus et réprimés par les articles **432-10** et 432-17 du code pénal. ✧

23.37 Corruption – Trafic d'influence passif par un agent public

▪ PEINES

PERSONNE PHYSIQUE

PP Délit. Cas A et B : **10 ans** d'emprisonnement, **1 000 000 €** ou **⩽ double du produit** de l'infraction (L. nº 2013-1117, 6 déc. 2013, auparavant **150 000 €**) (C. pén., art. **432-11**). Cas C : **10 ans** d'emprisonnement, **2 000 000 €** ou **⩽ double du produit** de l'infraction (C. pén., art. **432-11** mod. par Ord. nº 2019-963, 18 sept. 2019, ratifiée par L. nº 2020-1672, 24 déc. 2020).

PC *Idem* nº **23.32** + 1. Sauf dispense spécialement motivée, la peine d'inéligibilité est obligatoirement prononcée (C. pén., art. 432-17, réd. L. nº 2016-1691, 9 déc. 2016, devenu C. pén., art. 131-26-2, L. nº 2017-1339, 15 sept. 2017), v. Orienteur/Régime des peines.

2. Affichage, ⩽ 2 mois, ou diffusion de la décision ou d'extraits aux frais (⩽ amende encourue) du condamné (C. pén., art. 432-17 et 131-35).

PERSONNE MORALE

PP Cas A et B : **5 000 000 €** ou **⩽ double du produit** de l'infraction (L. n° 2013-1117, 6 déc. 2013, auparavant **750 000 €**)(C. pén., art. **432-11 et** 131-38). Cas C : **10 000 000 €** ou **⩽ double du produit** de l'infraction (C. pén., art. **432-11** mod. par Ord. n° 2019-963, 18 sept. 2019, ratifiée par L. n° 2020-1672, 24 déc. 2020, art. 131-38).

PC Interdiction définitive ou ⩽ 15 ans (10 ans avant L. n° 2013-1117, 6 déc. 2013) d'exercer une profession commerciale ou industrielle, de diriger, d'administrer, de gérer ou de contrôler à un titre quelconque, directement ou indirectement, pour son propre compte ou pour le compte d'autrui, une entreprise commerciale ou industrielle ou une société commerciale (C. pén., art. 432-17, 131-27 [mod. par L. n° 2008-776, 4 août 2008]).

■ ORIENTEUR

AUTRE QUALIFICATION

▪ **Corruption ou trafic d'influence des autorités publiques étrangères ou internationales.** V. C. pén., art. 435-1 à 435-4 (régime partiel étendu de la criminalité organisée et compétence du procureur de la République financier, v. C. pr. pén., art. 706-1-1 et 705).

ÉLÉMENT LÉGAL

▪ **Application de la loi pénale dans le temps. Cas C** : circonstance aggravante d'atteinte aux intérêts financiers de l'Union européenne en cumul avec celle de bande organisée créée par Ord. n° 2019-963, 18 sept. 2019, ratifiée par L. n° 2020-1672, 24 déc. 2020 et supprimée par cette même loi, laquelle a conservé toutefois la circonstance aggravante de bande organisée.

▪ **Application de la loi pénale dans l'espace. Cas C** : par dérogation au principe de réciprocité d'incrimination (C. pén., art. 113-6, al. 2), à la nécessité de la plainte préalable de la victime ou de la dénonciation officielle de l'État dans lequel les faits ont été commis (C. pén., art. 113-8, v. n° **10.5B**), ou à l'exigence, en cas de complicité en France d'une infraction commise à l'étranger, de réciprocité d'incrimination et de condamnation définitive du fait principal par la juridiction étrangère (C. pén., art. 113-5) « *la loi pénale française est applicable en toutes circonstances* » aux faits commis « *à l'étranger par un Français ou par une personne résidant habituellement ou exerçant tout ou partie de son activité économique sur le territoire français* » (C. pén., art. 113-14, issu Ord. n° 2019-963, 18 sept. 2019, ratifiée par L. n° 2020-1672, 24 déc. 2020, v. n° **10.5F**).

RÉGIME PROCÉDURAL

▪ **Régime partiel (étendu) de la criminalité organisée.** Applicable (C. pr. pén., **art. 706-1-1**, L. n° 2013-1117, 6 déc. 2013) : **surveillance** (C. pr. pén., art. 706-80, v. n° **11.31**) ; **infiltration** (C. pr. pén., art. 706-81 à 706-87, v. n° **11.33**) ; **interception de communications électroniques** (C. pr. pén., art. 706-95, v. n° **11.36**) ; **sonorisation ou fixation d'image** (C. pr. pén., art. 706-96 à 706-102, v. n° **11.39**) ; **captation de données informatiques** (C. pr. pén., art. 706-102 à 706-102-9, v. n° **11.40**) ; **mesures conservatoires** sur les biens du mis en examen (C. pr. pén., art. 706-103, v. n° **11.68**).

▪ **Compétence du procureur de la République financier.** Pour les affaires d'une grande complexité (C. pr. pén., art. 705).

▪ **Prescription de l'action publique. Théorie de l'opération délictueuse unique.** Si le délit constitue bien « *une infraction instantanée, consommée dès la conclusion du pacte entre le corrupteur et le corrompu, il se renouvelle à chaque acte d'exécution dudit pacte* » (Crim. 27 oct. 1997, n° 96-83.698, P n° 352) et chaque échéance constitue un acte d'exécution du pacte de corruption (Crim. 8 oct. 2003, n° 03-82.589, P n° 185). Il en résulte que, pour l'ensemble des faits, la prescription ne commence à courir qu'à compter du dernier acte d'exécution. Sur les illustrations de cette doctrine, v. n° **17.21**.

RÉGIME DES PEINES

▪ **Réduction de peine.** Applicable au **repenti** (C. pén., art. 132-78, **432-11-1**, v. n° **18.8D**) (L. n° 2013-117, 6 déc. 2013).

▪ **Inéligibilité obligatoire. Inscription au bulletin n° 2. Réserve d'interprétation.** *Idem* n° **20.18**. **Application de la loi pénale dans le temps.** L'inéligibilité obligatoire est applicable à cette infraction depuis L. n° 2016-1691, 9 déc. 2016, modifiant C. pén., art. 432-17 dernier al. La L. n° 2017-1339, 15 sept. 2017 a transféré cette peine complémentaire au C. pén., art. 131-26-2 et a abrogé par coordination C. pén., art. 432-17 dernier al.

■ ÉLÉMENTS CONSTITUTIFS – QUALIFICATION

✧ Pour avoir à .... [¤ lieu], le .... [¤ date], étant [⇨1 à 3 puis A ou B et le cas échéant C :]
1. dépositaire de l'autorité publique ...
2. chargé d'une mission de service public ...
3. investi d'un mandat électif public ...
... en l'espèce .... [¤ fonctions exercées], sollicité ou agréé, sans droit, (L. nº 2000-595, 30 juin 2000) « à tout moment », directement ou indirectement, des offres, promesses, dons, présents ou avantages quelconques « pour elle-même ou autrui » (L. nº 2007-1598, 13 nov. 2007) [⇨A ou B puis le cas échéant C :]

A. **Corruption passive** : pour accomplir *ou avoir accompli, pour* s'abstenir *ou s'être abstenu* d'accomplir (L. nº 2011-525, 17 mai 2011) un acte de sa fonction ou facilité par sa fonction, en l'espèce en .... [¤ matérialiser l'infraction] (1A : *N* ***11707.co*** ; 2A : *N* ***11708.co*** ; 3A : *N* ***11709.co***) ;

B. **Trafic d'influence passif** : pour abuser *ou avoir abusé* (L. nº 2011-525, 17 mai 2011) de son influence réelle ou supposée en vue de faire obtenir d'une autorité ou d'une administration publique des distinctions, emplois, marchés ou toute autre décision favorable, en l'espèce en .... [¤ matérialiser l'infraction] (1B : *N* ***11710.co*** ; 2B : *N* ***11711.co*** ; 3B : *N* ***11712.co***) ;

C. [préciser le cas échéant dans les **cas** A ou B :] avec cette circonstance que les faits ont « ~~porté atteinte aux recettes perçues, aux dépenses exposées ou aux avoirs qui relèvent du budget de l'Union européenne, des budgets des institutions, organes et organismes de l'Union européenne ou des budgets gérés ou contrôlés directement par eux et ont~~ » (élément d'aggravation supprimé par L. nº 2020-1672, 24 déc. 2020) été commis en bande organisée (1AC : *N* ***33539.co*** ; 2AC : *N* ***33540.co*** ; 3AC : *N* ***33541.co*** ; 1BC : *N* ***33542.co*** ; 2BC : *N* ***33543.co*** ; 3BC : *N* ***33544.co***).

Faits prévus et réprimés par les articles 432-11 et 432-17 du code pénal. ✧

23.38 Corruption des autorités judiciaires

■ PEINES

PERSONNE PHYSIQUE

PP Délit. Cas A à C : **10 ans** d'emprisonnement, **1 000 000 €** ou **⩽ double du produit** de l'infraction (L. nº 2013-1117, 6 déc. 2013, auparavant **150 000 €**). **Crime.** Cas D : **15 ans** de réclusion, **225 000 €** (C. pén., art. 434-9).

PC 1. Interdiction droits civiques civils et de famille ⩽ 5 ans ou ⩽ 10 ans dans le **cas** D (vote, éligibilité, fonction juridictionnelle, expert, témoin, tuteur, curateur) (C. pén., art. 434-44 et 131-26). Sauf dispense spécialement motivée, la peine d'inéligibilité est obligatoirement prononcée (C. pén., art. 131-26-2, L. nº 2017-1339, 15 sept. 2017), v. Orienteur/Régime des peines ;

2. Affichage, ⩽ 2 mois, ou diffusion de la décision ou d'extraits aux frais (⩽ amende encourue) du condamné (C. pén., art. 433-44 et 131-35) ;

3. Cas B et C : interdiction, définitive ou ⩽ 5 ans activité professionnelle ou sociale en relation avec l'infraction, fonction publique, sauf mandat électif ou syndical (C. pén., art. 434-44 et 131-27) ;

4. Cas D : Interdiction définitive ou ⩽ 15 ans (10 ans avant L. nº 2013-1117, 6 déc. 2013) de diriger, d'administrer, de gérer ou de contrôler à un titre quelconque, directement ou indirectement, pour son propre compte ou pour le compte d'autrui, une entreprise commerciale ou industrielle ou une société commerciale (C. pén., art. 434-44, 131-21) ;

5. Confiscation (réelle ou en valeur) chose ayant servi à l'infraction ou destinée à la commettre (obligatoire pour objets qualifiés dangereux ou nuisibles par loi ou règlement ou dont la détention est illicite) (C. pén., art. 434-44 et 131-21) ;

6. Cas B et C : auteur étranger : interdiction du territoire français, définitive ou ⩽ 10 ans (C. pén., art. 434-46, 131-30 à 131-30-2).

PERSONNE MORALE

PP Cas A : **5 000 000 €** ou **⩽ double du produit** de l'infraction (L. nº 2013-1117, 6 déc. 2013, auparavant **750 000 €**). Cas D : **1 575 000 €** (C. pén., art. 131-38, 434-47).

PC Néant, sauf cas B et C :

1. Interdiction ⩽ 5 ans, une ou plusieurs activités professionnelles ou sociales en relation avec l'infraction (C. pén., art. 434-47 et 131-39 2°) ;

2. Surveillance judiciaire ⩽ 5 ans, sauf personnes morales de droit public, partis, groupements politiques, syndicats (C. pén., art. 434-47, 131-39 3° et 131-46) ;

3. Fermeture ⩽ 5 ans, d'un ou plusieurs établissements en relation avec l'infraction (C. pén., art. 434-47 et 131-39 4°) ;

4. Exclusion ⩽ 5 ans marchés publics (C. pén., art. 434-47 et 131-39 5°) ;

5. Interdiction ⩽ 5 ans, de *faire appel public à l'épargne* (procéder à une offre au public de titres financiers ou de les faire admettre aux négociations sur un marché réglementé) (C. pén., art. 434-47 et 131-39 6°) ;

7. Interdiction ⩽ 5 ans, d'utiliser des cartes de paiement ou d'émettre des chèques autres que de retrait ou certifiés (C. pén., art. 434-47 et 131-39 7°) ;

8. Confiscation (réelle ou en valeur) chose ayant servi à l'infraction ou destinée à la commettre, ou son produit (obligatoire pour objets qualifiés dangereux ou nuisibles par loi ou règlement ou dont la détention est illicite) (C. pén., art. 434-47, 131-39 8° et 131-21) ;

9. Affichage, ⩽ 2 mois ou diffusion de la décision ou d'extraits aux frais (⩽ amende encourue) du condamné (C. pén., art. 434-47, 131-39 9°, 131-48 et 131-35) ;

10. Obligation de se soumettre pour une durée ⩽ 5 ans, sous le contrôle de l'Agence française anticorruption, à un **programme de mise en conformité** du dispositif de contrôle interne pour prévenir et détecter la commission de faits de corruption ou de trafic d'influence (C. pén., art. 434-48, 131-39-2, L. n° 2016-1691, 9 déc. 2016) (sur la violation de cette peine, v. n° **25.80**).

■ ORIENTEUR

AUTRE QUALIFICATION

▪ **Corruption ou trafic d'influence des autorités judiciaires étrangères ou internationales.** V. C. pén., art. 435-7 à 435-10 4 (régime partiel étendu de la criminalité organisée et compétence du procureur de la République financier, v. C. pr. pén., art. 706-1-1 et 705).

▪ **Prise illégale d'intérêt (ingérence) – Par une personne exerçant une fonction publique ou par un magistrat.** C. pén., art. **432-12-1**, issu L. n° 2021-1729, 22 déc. 2021, v. n° **23.52** (cas **B**).

ÉLÉMENT MATÉRIEL

▪ **Illustration.** • **Abstention d'un acte de sa fonction.** « *s'abstient d'un acte de sa fonction au sens de [C. pén., art. 434-9], le magistrat qui, en s'affranchissant du secret que lui imposent ses fonctions, divulgue des pièces contenant des informations confidentielles sur une instance en cours* », même « *à laquelle il n'a pas effectivement collaboré* », s'agissant en l'espèce d'un conseiller à la chambre régionale des comptes qui a, contre la promesse de l'embauche d'un ami, remis les copies du rapport et de l'avis confidentiel du magistrat en charge du dossier sur lequel il devait être délibéré par la chambre à une audience ultérieure à laquelle le prévenu n'a pas participé (Crim. 16 nov. 1999, n° 99-80.858, P n° 258).

RÉGIME PROCÉDURAL

▪ **Régime partiel (étendu) de la criminalité organisée.** Applicable (C. pr. pén., **art. 706-1-1**, L. n° 2013-1117, 6 déc. 2013) : **surveillance** (C. pr. pén., art. 706-80, v. n° **11.31**) ; **infiltration** (C. pr. pén., art. 706-81 à 706-87, v. n° **11.33**) ; **interception de communications électroniques** (C. pr. pén., art. 706-95, v. n° **11.36**) ; **sonorisation ou fixation d'image** (C. pr. pén., art. 706-96 à 106-102, v. n° **11.39**) ; **captation de données informatiques** (C. pr. pén., art. 706-102 à 706-102-9, v. n° **11.40**) ; **mesures conservatoires** sur les biens du mis en examen (C. pr. pén., art. 706-103, v. n° **11.68**).

▪ **Compétence du procureur de la République financier.** Pour les affaires d'une grande complexité (C. pr. pén., art. 705).

▪ **Réponse pénale alternative.** CJIP. Cas **B** et **C** : le procureur de la République peut proposer à la **personne morale** une **Convention judiciaire d'intérêt public** prévoyant le paiement d'une amende d'intérêt public, l'exécution d'un programme de conformité, et la réparation du dommage (C. pr. pén., art. 41-1-2, L. n° 2016-1691, 9 déc. 2016, v. n° **15.58** et **15.59**).

▪ **Procédure d'assises.** • Cas **D** : **compétence de la cour criminelle départementale**. Sauf si l'auteur est en récidive ou si l'un des accusés est poursuivi pour un crime ne relevant pas de sa compétence, les faits commis par un majeur relèvent en premier ressort de la cour criminelle départementale à compter du 1er janv. 2023, selon les précisions apportées au nº 17.15A (C. pr. pén., art. 380-16, issu L. nº 2021-1729, 22 déc. 2021).

RÉGIME DES PEINES

▪ **Réduction de peine.** Applicable au **repenti** (C. pén., art. 132-78, 434-9-2, v. nº 18.8D) (L. nº 2013-117, 6 déc. 2013).

▪ **Inéligibilité obligatoire. Inscription au bulletin nº 2. Réserve d'interprétation.** *Idem* nº 20.18.

▪ **Programme de conformité.** Cette peine complémentaire, applicable aux faits commis après l'entrée en vigueur de la L. nº 2016-1691, 9 déc. 2016, ne concerne que les personnes morales. Le programme de conformité s'exécute sous le contrôle du procureur de la République. L'AFA lui rend compte, au moins annuellement de la mise en œuvre de la peine et l'informe de toute difficulté dans sa mise en œuvre. Si le programme de conformité a été exécuté, le procureur de la République peut saisir le Jap pour qu'il soit mis fin de façon anticipée au programme (C. pr. pén., art. 764-44, L. nº 2016-1691, 9 déc. 2016). Le fait par les organes ou représentants de la personne morale de s'abstenir de prendre les mesures nécessaires ou de faire obstacle à la bonne exécution des obligations qui en découlent est puni de **2 ans** et **50 000 €**, sans préjudice de la responsabilité pénale de la personne morale pour cette infraction (C. pén., art. 434-43-1, L. nº 2016-1691, 9 déc. 2016). Cette infraction relève de la compétence concurrente du procureur de la République financier (C. pén., art. 705 8°, L. nº 2016-1691, 9 déc. 2016).

▪ ÉLÉMENTS CONSTITUTIFS – QUALIFICATION

✧ Pour avoir à .... [¤ lieu], le .... [¤ date], [⇨A à D :]

A. **CORRUPTION PASSIVE**

étant [⇨A1 à A5 :]

A1. magistrat, juré ou siégeant dans une formation juridictionnelle, (A1 : *N 11721.co*)...

A2. fonctionnaire au greffe d'une juridiction (A2 : *N 27421.co*)...

A3. expert nommé par une juridiction ou par les parties, (A3 : *N 11723.co*)...

A4. chargé d'une mission de conciliation ou de médiation par l'autorité judiciaire, (A4 : *N 11724.co*)...

A5. arbitre exerçant sa mission sous l'empire du droit national (A5 : *N 11722.co*)...

... sollicité ou agréé, sans droit, (L. nº 2000-595, 30 juin 2000) « à tout moment », directement ou indirectement, des offres, promesses, dons, présents ou avantages quelconques pour accomplir *ou avoir accompli*, pour s'abstenir ou *s'être abstenu d'accomplir* (L. nº 2011-525, 17 mai 2011) un acte de sa fonction en l'espèce en .... [¤ matérialiser l'infraction].

B. **ACQUIESCEMENT AUX SOLLICITATIONS DE CORRUPTION PASSIVE**

Cédé (L. nº 2000-595, 30 juin 2000), « à tout moment », aux sollicitations de .... [¤ nom de la personne concernée], [⇨B1 à B4 :]

B1. ...magistrat, juré ou personne siégeant dans une formation juridictionnelle (B1 : *N #.co*) ...

B2. fonctionnaire au greffe d'une juridiction (B2 : *N #.co*)...

B3. ...expert nommé par une juridiction ou par les parties (B3 : *N #.co*) ...

B4. personne chargée d'une mission de conciliation ou de médiation par l'autorité judiciaire (B4 : *N #.co*) ...

B5. ...arbitre nommé par une juridiction ou par les parties (B5 : *N #.co*) ...

... sollicitant, sans droit, (L. nº 2000-595, 30 juin 2000) « à tout moment », directement ou indirectement, des offres, promesses, dons, présents ou avantages quelconques, *pour elle-même ou pour autrui* (L. nº 2011-525, 17 mai 2011) pour accomplir ou s'abstenir d'accomplir ou *parce qu'elle a accompli ou s'est abstenue d'accomplir* (L. nº 2011-525, 17 mai 2011), un acte de sa fonction ou facilité par sa fonction, en l'espèce en .... [¤ matérialiser l'infraction].

C. **CORRUPTION ACTIVE**

proposé, sans droit, à tout moment, directement ou indirectement, des offres, promesses, dons, présents ou avantages quelconques, pour elle-même ou pour autrui à .... [¤ nom de la personne concernée] [⇨C1 à C5 :] ...

C1. ... magistrat, juré ou personne siégeant dans une formation juridictionnelle (C1 : *N 11725.co*) ...

C2. fonctionnaire au greffe d'une juridiction (C2 : *N 27422.co*)...

C3. ... expert nommé par une juridiction ou par les parties (C3 : *N 11727.co*) ...

C4. ... personne chargée d'une mission de conciliation ou de médiation par l'autorité judiciaire (C4 : *N 11728.co*) ...

C5. ... arbitre nommé par une juridiction ou par les parties (C5 : *N 11726.co*) ...

...pour accomplir ou s'abstenir d'accomplir ou parce qu'elle a accompli ou s'est abstenue d'accomplir, un acte de sa fonction ou facilité par sa fonction, en l'espèce en .... [¤ matérialiser l'infraction].

D. **CORRUPTION PASSIVE PAR UN MAGISTRAT EN MATIÈRE CRIMINELLE**

étant magistrat, sollicité ou agréé, sans droit, (L. n° 2000-595, 30 juin 2000) « à tout moment », directement ou indirectement, des offres, promesses, dons, présents ou avantages quelconques, *pour lui-même ou pour autrui* (L. n° 2011-525, 17 mai 2011), pour accomplir ou s'abstenir d'accomplir, ou *pour avoir accompli ou s'être abstenu d'accomplir* (L. n° 2011-525, 17 mai 2011), un acte de sa fonction au bénéfice ou au détriment d'une personne faisant l'objet de poursuites criminelles, en l'espèce en .... [¤ matérialiser l'infraction] (D : *N 11729.cc*).

Faits prévus et réprimés par les articles : **PERSONNES PHYSIQUES.** 434-9, 434-44 (+ cas B et C : art. 434-46) du code pénal. **PERSONNES MORALES.** 434-9, 434-47 (+ cas B et C : art. 434-48) du code pénal. ✧

23.39 Trafic d'influence des autorités judiciaires

■ **PEINES**

PERSONNE PHYSIQUE

PP Délit. 5 ans d'emprisonnement, 500 000 €. ou ⩽ double du produit de l'infraction (L. n° 2013-1117, 6 déc. 2013, auparavant 75 000 €) (C. pén., art. 434-9-1).

PC *Idem* **PC** n° 23.38, sauf **PC** n°s 3 et 4.

PERSONNE MORALE

PP Délit. 2 500 000 €. ou ⩽ double du produit de l'infraction (L. n° 2013-1117, 6 déc. 2013, auparavant 375 000 €) (C. pén., art. 434-9-1).

PC Cas A : néant. Cas B et C : *Idem* **PC** n° 23.38.

■ **ORIENTEUR**

AUTRE QUALIFICATION

▪ Corruption ou trafic d'influence des autorités judiciaires étrangères ou internationales. V. C. pén., art. 435-7 à 435-10.

▪ Prise illégale d'intérêt (ingérence) – Par une personne exerçant une fonction publique ou par un magistrat. C. pén., art. 432-12-1, issu L. n° 2021-1729, 22 déc. 2021, v. n° 23.52 (cas B).

RÉGIME PROCÉDURAL

▪ Renvoi. *Idem* n° 23.38.

▪ Réponse pénale alternative. CJIP. *Idem* n° 23.38.

RÉGIME DES PEINES

▪ Inéligibilité obligatoire. Inscription au bulletin n° 2. Réserve d'interprétation. *Idem* n° 20.18.

▪ Programme de conformité. *Idem* n° 23.38.

■ **ÉLÉMENTS CONSTITUTIFS – QUALIFICATION**

✧ Pour avoir à .... [¤ lieu], le .... [¤ date], [⇨A à C :]

A. **TRAFIC D'INFLUENCE PASSIF**

...à tout moment, **sollicité ou agréé**, directement ou indirectement, des offres, promesses, dons, présents ou des avantages quelconques pour lui-même ou pour autrui, pour abuser *ou avoir abusé* (L. nº 2011-525, 17 mai 2011) de son influence réelle ou supposée en vue de faire obtenir d'un(e) [⇨A1 à A5 :]

A1. ...magistrat, juré ou personne siégeant dans une formation juridictionnelle ...

A2. fonctionnaire au greffe d'une juridiction ...

A3. ...expert nommé par une juridiction ou par les parties ...

A4. personne chargée d'une mission de conciliation ou de médiation par l'autorité judiciaire ...

A5. ...arbitre nommé par une juridiction ou par les parties ...

...toute décision ou tout avis favorable, en l'espèce en .... [¤ matérialiser l'infraction] (A : *N 27423.co*) ;

B. **TRAFIC D'INFLUENCE PASSIF**

...à tout moment, **cédé** à des offres, promesses, dons, présents ou des avantages quelconques pour lui-même ou pour autrui, proposés pour abuser *ou avoir abusé* (L. nº 2011-525, 17 mai 2011) de son influence réelle ou supposée en vue de faire obtenir d'un(e) [⇨B1 à B5 :]

B1. ...magistrat, juré ou personne siégeant dans une formation juridictionnelle ...

B2. fonctionnaire au greffe d'une juridiction ...

B3. ...expert nommé par une juridiction ou par les parties ...

B4. personne chargée d'une mission de conciliation ou de médiation par l'autorité judiciaire ...

B5. ...arbitre nommé par une juridiction ou par les parties ...

...toute décision ou tout avis favorable, en l'espèce en .... [¤ matérialiser l'infraction] (B : *N 27423.co*) ;

C. **TRAFIC D'INFLUENCE ACTIF**

...à tout moment, **proposé**, sans droit, directement ou indirectement, des offres, promesses, dons, présents ou des avantages quelconques à une personne, pour elle-même ou pour autrui, pour qu'elle abuse ou parce qu'elle a abusé de son influence réelle ou supposée en vue de faire obtenir d'un(e) [⇨C1 à C5 :]

C1. ...magistrat, juré ou personne siégeant dans une formation juridictionnelle ...

C2. fonctionnaire au greffe d'une juridiction ...

C3. ...expert nommé par une juridiction ou par les parties ...

C4. personne chargée d'une mission de conciliation ou de médiation par l'autorité judiciaire ...

C5. ...arbitre nommé par une juridiction ou par les parties ...

...une décision ou un avis favorable, en l'espèce en .... [¤ matérialiser l'infraction] (C : *N 27424.co*) ;

Faits prévus et réprimés par les articles : **PERSONNES PHYSIQUES.** 434-9-1, 434-44 (+ cas B et C : art. 434-46) du code pénal. **PERSONNES MORALES.** 434-9-1, 434-47 (+ cas B et C : art. 434-48) du code pénal. ✧

23.40 Corruption active ou passive, ou voie de fait – Pour obtenir une attestation ou un certificat inexact – C. pén., art. 441-8 (abrogé, L. nº 2011-525, 17 mai 2011)

■ **PEINES**

PERSONNE PHYSIQUE

~~**PP** Délit. 2 ans d'emprisonnement, 30 000 €, avec circonstance aggravante : 5 ans, 75 000 € (C. pén., art. 441-8).~~

PC ~~1. Interdiction droits civiques civils et de famille ⩽ 5 ans (vote, éligibilité, fonction juridictionnelle, expert, témoin, tuteur, curateur) (C. pén., art. 441-10 1º et 131-26) ;~~

~~2. Interdiction, définitive ou ⩽ 5 ans activité professionnelle ou sociale, ou fonction publique, (sauf mandat électif ou syndical) *et/ou* interdiction d'exercer une profession commerciale ou industrielle, de diriger, d'administrer, de gérer ou de contrôler à un titre quelconque, directement~~

ou indirectement, pour son propre compte ou pour le compte d'autrui, une entreprise commerciale ou industrielle ou une société commerciale (C. pén., art. 441-10 2º, 131-27 et 131-28 [mod. par L. nº 2008-776, 4 août 2008]) ;

3. Exclusion marchés publics (C. pén., art. 441-10 3º et 131-34) ;

4. Confiscation (réelle ou en valeur) chose ayant servi à l'infraction ou destinée à la commettre ou son produit (obligatoire pour objets qualifiés dangereux ou nuisibles par loi ou règlement ou dont la détention est illicite) (C. pén., art. 441-10 4º et 131-21) ;

5. Auteur étranger : interdiction du territoire, définitive ou ⩽ 10 ans, motivation spéciale si liens familiaux ou résidence durable en France, ou raisons de santé (C. pén., art. 441-11 et 131-30).

PERSONNE MORALE

PP Délit. 150 000 €, avec circonstance aggravante : 375 000 € (C. pén., art. 441-12 ; art. 131-38).

PC 1. Dissolution (sauf personnes morales de droit public, partis, groupements politiques, syndicats, institutions représentatives du personnel) si personne morale créée pour commettre l'infraction (C. pén., art. 441-12, 131-39 1º et 131-45) ;

2. Interdiction, définitive ou ⩽ 5 ans, une ou plusieurs activités professionnelles ou sociales en relation avec l'infraction) (C. pén., art. 441-12 et 131-39 2º) ;

3. Surveillance judiciaire ⩽ 5 ans, sauf personnes morales de droit public, partis, groupements politiques, syndicats (C. pén., art. 441-12, 131-39 3º et 131-46) ;

4. Fermeture, définitive ou ⩽ 5 ans, d'un ou plusieurs établissements en relation avec l'infraction (C. pén., art. 441-12 et 131-39 4º) ;

5. Exclusion, définitive ou ⩽ 5 ans marchés publics (C. pén., art. 441-12 et 131-39 5º) ;

6. Interdiction, définitive ou ⩽ 5 ans, de *faire appel public à l'épargne* (procéder à une offre au public de titres financiers ou de les faire admettre aux négociations sur un marché réglementé, selon L. nº 2009-80, 22 janv. 2009) (C. pén., art. 441-12 et 131-39 6º) ;

7. Interdiction, ⩽ 5 ans, d'utiliser des cartes de paiement ou d'émettre des chèques autres que de retrait ou certifiés (C. pén., art. 441-12 et 131-39 7º) ;

8. Confiscation (réelle ou en valeur) chose ayant servi à l'infraction ou destinée à la commettre, ou son produit (obligatoire pour objets qualifiés dangereux ou nuisibles par loi ou règlement ou dont la détention est illicite) (C. pén., art. 441-12, 131-39 8º et 131-21) ;

9. Affichage, ⩽ 2 mois, *et/ou* (L. nº 2011-525, 17 mai 2011) diffusion de la décision ou d'extraits aux frais (⩽ amende encourue) du condamné (C. pén., art. 441-12, 131-39 9º, 131-48 et 131-35).

▪ ORIENTEUR

ÉLÉMENT LÉGAL

▪ Application de la loi pénale dans le temps. Abrogation à compter du 19 mai 2011. Cette infraction, dont les éléments matériels se trouvaient compris dans l'incrimination plus large, plus récente et plus sévère, de corruption passive et active dans le secteur privé, prévue par C. pén., art. 445-1 et 445-2 (v. nº 23.43) issus L. nº 2005-750, 4 juill. 2005, a été abrogée par L. nº 2011-525, 17 mai 2011.

TENTATIVE

> Punissable (C. pén., art. 441-9).

ÉLÉMENT MATÉRIEL

> Circ. 14 mai 1993, nº 373. « L'article 441-8 réprime la corruption tant active que passive d'une personne agissant dans l'exercice de sa profession pour établir une attestation ou un certificat faisant état de faits matériellement inexacts [...] les peines sont [aggravées] dans l'hypothèse où la personne corrompue serait un médecin ou une personne exerçant une profession de santé et où la falsification porterait sur l'existence ou les causes d'une maladie. »

▪ ÉLÉMENTS CONSTITUTIFS – QUALIFICATION

✧ Pour avoir à .... [¤ lieu], le .... [¤ date], [⇨A à D puis, le cas échéant, E :]

A. **Corruption passive**

agissant dans l'exercice de sa profession, sollicité ou agréé, directement ou indirectement, des offres, promesses, dons, présents ou avantages quelconques pour établir une attestation ou un certificat faisant état de faits matériellement inexacts (*N 11730.co*) ;

B. **Acquiescement aux sollicitations de corruption passive**

cédé aux sollicitations de .... [¤ nom de la personne concernée], sollicitant dans l'exercice de sa profession, directement ou indirectement, des offres, promesses, dons, présents ou avantages quelconques pour établir une attestation ou un certificat faisant état de faits matériellement inexacts (*N #.co*) ;

C. **Corruption active**

proposé directement ou indirectement des offres, promesses, dons, présents ou avantages quelconques à .... [¤ nom de la personne concernée], pour obtenir l'établissement dans l'exercice de sa profession d'une attestation ou d'un certificat faisant état de faits matériellement inexacts (*N 11731.co*) ;

D. **Obtention d'attestation ou certificat par voie de fait ou menace**

(v. aussi extorsion n° *22.14*). usé de voies de fait ou menaces pour obtenir de .... [¤ nom de la personne concernée], l'établissement dans l'exercice de sa profession d'une attestation ou d'un certificat faisant état de faits matériellement inexacts (*N #.co*) ;

E. **Circonstance aggravante**

(AE : *N 10716.co* ; BE : *N #.co* ; CE : *N 10713.co* ; DE : *N #.co*) [• préciser le cas échéant] avec cette circonstance que la personne visée exerce une profession médicale ou de santé et que l'attestation faisant état de faits inexacts :

– dissimule ou certifie faussement l'existence d'une maladie, d'une infirmité ou d'un état de grossesse ;

– fournit des indications mensongères sur l'origine d'une maladie ou d'une infirmité ou sur la cause d'un décès.

Faits prévus et réprimés par les articles : **personnes physiques.** 441-8, 441-9, 441-10 et 441-11 du code pénal. **personnes morales.** 441-8, 441-9 et 441-12 du code pénal. ✧

23.41 Corruption ou trafic d'influence actifs – Par un particulier sur une personne chargée d'une fonction publique

■ **PEINES**

PERSONNE PHYSIQUE

PP Délit. Cas A et B : 10 ans d'emprisonnement, 1 000 000 € ou ⩽ double du produit de l'infraction (L. n° 2013-1117, 6 déc. 2013, auparavant 150 000 €) (C. pén., art. 433-1). Cas C : 10 ans d'emprisonnement, 2 000 000 € ou ⩽ double du produit de l'infraction (C. pén., art. 433-1 mod. par Ord. n° 2019-963, 18 sept. 2019, ratifiée par L. n° 2020-1672, 24 déc. 2020).

PC 1. Interdiction droits civiques civils et de famille ⩽ 5 ans (vote, éligibilité, fonction juridictionnelle, expert, témoin, tuteur, curateur) (C. pén., art. 433-22 et 131-26). Sauf dispense spécialement motivée, la peine d'inéligibilité est obligatoirement prononcée (C. pén., art. 433-22, réd. L. n° 2016-1691, 9 déc. 2016, devenu C. pén., art. 131-26-2, L. n° 2017-1339, 15 sept. 2017), v. Orienteur/Régime des peines ;

2. Interdiction définitive ou ⩽ 10 ans activité professionnelle ou sociale (en relation avec l'infraction), ou fonction publique, (sauf mandat électif ou syndical) *et/ou* interdiction définitive ou ⩽ 15 ans (10 ans avant L. n° 2013-1117, 6 déc. 2013) d'exercer une profession commerciale ou industrielle, de diriger, d'administrer, de gérer ou de contrôler à un titre quelconque, directement ou indirectement, pour son propre compte ou pour le compte d'autrui, une entreprise commerciale ou industrielle ou une société commerciale (C. pén., art. 433-22, 131-27 et 131-28 [mod. par L. n° 2008-776, 4 août 2008]) ;

3. Affichage, ⩽ 2 mois, *et/ou* (L. n° 2011-525, 17 mai 2011) diffusion de la décision ou d'extraits aux frais (⩽ amende encourue) du condamné (C. pén., art. 433-22 et 131-35) ;

4. Confiscation (réelle ou en valeur) sommes ou objets irrégulièrement reçus par l'auteur (obligatoire pour objets qualifiés dangereux ou nuisibles par loi ou règlement ou dont la détention est illicite) (C. pén., art. 433-23 et 131-21).

PERSONNE MORALE

PP Délit. Cas A et B : **5 000 000 €** ou ⩽ **double du produit** de l'infraction (L. n° 2013-1117, 6 déc. 2013, auparavant **750 000 €**) (C. pén., art. **433-1** ; 131-38). **Cas** C : **10 000 000 €** ou ⩽ **double du produit** de l'infraction (C. pén., art. **433-1** mod. par Ord. n° 2019-963, 18 sept. 2019, ratifiée par L. n° 2020-1672, 24 déc. 2020, art. 131-38).

PC 1. Interdiction ⩽ 5 ans une ou plusieurs activités professionnelles ou sociales en relation avec l'infraction (C. pén., art. 433-25 et 131-39 2°) ;

2. Surveillance judiciaire ⩽ 5 ans, sauf personnes morales de droit public, partis, groupements politiques, syndicats (C. pén., art. 433-25, 131-39 3° et 131-46) ;

3. Fermeture, ⩽ 5 ans, d'un ou plusieurs établissements en relation avec l'infraction (C. pén., art. 433-25 et 131-39 4°) ;

4. Exclusion ⩽ 5 ans marchés publics (C. pén., art. 433-25 et 131-39 5°) ;

5. Interdiction, définitive ou ⩽ 5 ans, de *faire appel public à l'épargne* (procéder à une offre au public de titres financiers ou de les faire admettre aux négociations sur un marché réglementé, selon L. n° 2009-80, 22 janv. 2009) (C. pén., art. 433-25 et 131-39 6°) ;

6. Interdiction, ⩽ 5 ans, d'utiliser des cartes de paiement ou d'émettre des chèques autres que de retrait ou certifiés (C. pén., art. 433-25 et 131-39 7°) ;

7. Confiscation (réelle ou en valeur) chose ayant servi à l'infraction ou destinée à la commettre, ou son produit (obligatoire pour objets qualifiés dangereux ou nuisibles par loi ou règlement ou dont la détention est illicite) (C. pén., art. 433-25 et 131-21) ;

8. Affichage, ⩽ 2 mois, *et/ou* (L. n° 2011-525, 17 mai 2011) diffusion de la décision ou d'extraits aux frais (⩽ amende encourue) du condamné (C. pén., art. 433-25, 131-48 et 131-35) ;

9. Obligation de se soumettre pour une durée ⩽ 5 ans, sous le contrôle de l'Agence française anticorruption, à un **programme de mise en conformité** du dispositif de contrôle interne pour prévenir et détecter la commission de faits de corruption ou de trafic d'influence (C. pén., art. 433-26, 131-39-2, L. n° 2016-1691, 9 déc. 2016) (sur la violation de cette peine, v. n° **25.80**).

■ ORIENTEUR

AUTRE QUALIFICATION

▪ **Corruption ou trafic d'influence des autorités publiques étrangères ou internationales.** V. C. pén., art. 435-1 à 435-4.

ÉLÉMENT LÉGAL

▪ **Application de la loi pénale dans le temps. Cas** C : circonstance aggravante d'atteinte aux intérêts financiers de l'Union européenne en cumul avec celle de bande organisée créée par Ord. n° 2019-963, 18 sept. 2019, ratifiée par L. n° 2020-1672, 24 déc. 2020 et supprimée par cette même loi, laquelle a conservé toutefois la circonstance aggravante de bande organisée.

▪ **Application de la loi pénale dans l'espace. Cas** C : par dérogation au principe de réciprocité d'incrimination (C. pén., art. 113-6, al. 2), à la nécessité de la plainte préalable de la victime ou de la dénonciation officielle de l'État dans lequel les faits ont été commis (C. pén., art. 113-8, v. n° **10.5B**), ou à l'exigence, en cas de complicité en France d'une infraction commise à l'étranger, de réciprocité d'incrimination et de condamnation définitive du fait principal par la juridiction étrangère (C. pén., art. 113-5) « *la loi pénale française est applicable en toutes circonstances* » aux faits commis « *à l'étranger par un Français ou par une personne résidant habituellement ou exerçant tout ou partie de son activité économique sur le territoire français* » (C. pén., art. 113-14, issu Ord. n° 2019-963, 18 sept. 2019, ratifiée par L. n° 2020-1672, 24 déc. 2020, v. n° **10.5F**).

RÉGIME PROCÉDURAL

▪ **Régime partiel (étendu) de la criminalité organisée.** Applicable (C. pr. pén., **art. 706-1-1**, L. n° 2013-1117, 6 déc. 2013) : **surveillance** (C. pr. pén., art. 706-80, v. n° **11.31**) ; **infiltration** (C. pr. pén., art. 706-81 à 706-87, v. n° **11.33**) ; **interception de communications électroniques** (C. pr. pén., art. 706-95, v. n° **11.36**) ; **sonorisation ou fixation d'image** (C. pr. pén., art. 706-96 à 106-102, v. n° **11.39**) ; **captation de données informatiques** (C. pr. pén., art. 706-102 à

706-102-9, v. n° 11.40) ; **mesures conservatoires** sur les biens du mis en examen (C. pr. pén., art. 706-103, v. n° 11.68).

▪ **Compétence du procureur de la République financier.** Pour les affaires d'une grande complexité (C. pr. pén., art. 705, L. n° 2013-1117, 6 déc. 2013).

▪ **Réponse pénale alternative. CJIP.** *Idem* n° 23.38.

RÉGIME DES PEINES

▪ **Réduction de peine.** Applicable au **repenti** (C. pén., art. 132-78, 433-2-1, v. n° 18.8D) (L. n° 2013-117, 6 déc. 2013).

▪ **Inéligibilité obligatoire. Inscription au bulletin n° 2. Réserve d'interprétation.** *Idem* n° 20.18. **Application de la loi pénale dans le temps.** L'inéligibilité obligatoire est applicable à cette infraction depuis L. n° 2016-1691, 9 déc. 2016, modifiant C. pén., art. 433-22 dernier al. La L. n° 2017-1339, 15 sept. 2017 a transféré cette peine complémentaire au C. pén., art. 131-26-2 et a abrogé par coordination C. pén., art. 432-17 dernier al.

▪ **Programme de conformité.** *Idem* n° 23.38.

▪ ÉLÉMENTS CONSTITUTIFS – QUALIFICATION

✧ Pour avoir à .... [¤ lieu], le .... [¤ date], [⇨A ou B puis le cas échéant C :]

A. **CORRUPTION OU TRAFIC D'INFLUENCE ACTIF**

sans droit, (L. n° 2000-595, 30 juin 2000) « à tout moment », proposé directement ou indirectement des offres, promesses, dons, présents ou des avantages quelconques, pour la personne ou pour autrui pour obtenir de .... [¤ nom et fonctions de la personne concernée], [⇨1 à 3 puis a ou b :]

1. dépositaire de l'autorité publique ...
2. chargée d'une mission de service public ...
3. investie d'un mandat public électif ...

... [⇨a ou b :]

a. **Corruption active.**...qu'elle accomplisse ou s'abstienne d'accomplir, *ou parce qu'elle a accompli ou s'est abstenue d'accomplir* (L. n° 2011-525, 17 mai 2011) un acte de sa fonction, de sa mission ou de son mandat ou facilité par eux, en l'espèce en .... [¤ matérialiser l'infraction] (A1a : *N **11713.co** ;* A2a : *N **11714.co**,* par personne morale : *N **26619.co** ;* A3a : *N **11715.co***) ;

b. **Trafic d'influence actif.** ...qu'elle abuse, *ou parce qu'elle a abusé* (L. n° 2011-525, 17 mai 2011), de son influence réelle ou supposée en vue de faire obtenir d'une autorité ou d'une administration publique des distinctions, des emplois, des marchés ou toute autre décision favorable, en l'espèce en .... [¤ matérialiser l'infraction] (A1b : *N **11716.co** ;* A2b : *N **11717.co** ;* A3b : *N **11718.co***).

B. **ACQUIESCEMENT AUX SOLLICITATIONS DE CORRUPTION**

cédé aux sollicitations de .... [¤ personne concernée], [⇨1 à 3 puis a ou b :]

1. dépositaire de l'autorité publique ...
2. chargée d'une mission de service public ...
3. investie d'un mandat public électif ...

... qui sollicite, sans droit, à tout moment, directement ou indirectement des offres, promesses, dons, présents ou des avantages quelconques, pour lui-même ou pour autrui [⇨a ou b :]

a. pour accomplir ou avoir accompli, pour s'abstenir ou s'abstienne d'accomplir, *ou parce qu'elle a accompli ou s'est abstenue d'accomplir* (L. n° 2011-525, 17 mai 2011) un acte de sa fonction, de sa mission ou de son mandat ou facilité par eux, en l'espèce en .... [¤ matérialiser l'infraction] (*N #*) ;

b. pour qu'elle abuse, *ou pour avoir abusé* (L. n° 2011-525, 17 mai 2011), de son influence réelle ou supposée en vue de faire obtenir d'une autorité ou d'une administration publique des distinctions, des emplois, des marchés ou toute autre décision favorable, en l'espèce en .... [¤ matérialiser l'infraction] (B : *N #*) ;

C. **BANDE ORGANISÉE**

[préciser le cas échéant dans les **cas** A ou B :] avec cette circonstance que les faits ont « ~~porté atteinte aux recettes perçues, aux dépenses exposées ou aux avoirs qui relèvent du budget de l'Union européenne, des budgets des institutions, organes et organismes de l'Union européenne ou des budgets gérés ou contrôlés directement par eux et ont~~ » (élément d'aggravation supprimé par L. n° 2020-1672, 24 déc. 2020) été commis en bande organisée (A1aC : *N* ***33545.co*** ; A2aC : *N* ***33546.co*** ; A3aC : *N* ***33547.co*** ; A1bC : *N* ***33548.co*** ; A2bC : *N* ***33549.co*** ; A3bC : *N* ***33550.co*** ; BC : *N #.co*).

Faits prévus et réprimés par les articles : **PERSONNES PHYSIQUES.** 433-1, 433-22, 433-23, du code pénal. **PERSONNES MORALES.** 433-1, 433-25 et 433-26 du code pénal. ✧

23.42 Trafic d'influence par un particulier

■ PEINES

PERSONNE PHYSIQUE

PP Délit. 5 ans d'emprisonnement, 500 000 € ou ⩽ double du produit de l'infraction (L. n° 2013-1117, 6 déc. 2013, auparavant 75 000 €) (C. pén., art. 433-2).

PC *Idem* n° 23.41.

PERSONNE MORALE

PP Délit. 2 500 000 € ou ⩽ double du produit de l'infraction (L. n° 2013-1117, 6 déc. 2013, auparavant 375 000 €) (C. pén., art. 433-25 ; 131-38).

PC *Idem* n° 23.41.

■ ORIENTEUR

AUTRE QUALIFICATION

▪ **Corruption ou trafic d'influence par un agent public.** Si l'auteur est dépositaire de l'autorité publique, chargé de mission de service ou élu public, v. n° 23.37.

ÉLÉMENT MATÉRIEL

▪ **Décision favorable. Matérialisation de la décision favorable.** « *le fait de se faire remettre par un agent d'une administration publique une information ou un document, même non accessible au public, ne peut constituer l'obtention d'une décision favorable de cette administration au sens de* » C. pén., art. 433-2 (Crim. 25 oct. 2017, n° 16-83.724, P).

RÉGIME PROCÉDURAL

▪ **Régime partiel (étendu) de la criminalité organisée.** Applicable (C. pr. pén., **art. 706-1-1**, L. n° 2013-1117, 6 déc. 2013) : **surveillance** (C. pr. pén., art. 706-80, v. n° 11.31) ; **infiltration** (C. pr. pén., art. 706-81 à 706-87, v. n° 11.33) ; **interception de communications électroniques** (C. pr. pén., art. 706-95, v. n° 11.36) ; **sonorisation ou fixation d'image** (C. pr. pén., art. 706-96 à 106-102, v. n° 11.39) ; **captation de données informatiques** (C. pr. pén., art. 706-102 à 706-102-9, v. n° 11.40) ; **mesures conservatoires** sur les biens du mis en examen (C. pr. pén., art. 706-103, v. n° 11.68).

▪ **Compétence du procureur de la République financier.** Pour les affaires d'une grande complexité (C. pr. pén., art. 705, L. n° 2013-1117, 6 déc. 2013).

▪ **Réponse pénale alternative.** CJIP. *Idem* n° 23.38.

RÉGIME DES PEINES

▪ **Réduction de peine.** Applicable au **repenti** (C. pén., art. 132-78, 433-2-1, v. n° 18.8D) (L. n° 2013-117, 6 déc. 2013).

▪ **Inéligibilité obligatoire. Inscription au bulletin n° 2. Réserve d'interprétation.** *Idem* n° 20.18. **Application de la loi pénale dans le temps.** L'inéligibilité obligatoire est applicable à cette infraction depuis L. n° 2016-1691, 9 déc. 2016, modifiant C. pén., art. 433-22 dernier al. La L. n° 2017-1339, 15 sept. 2017 a transféré cette peine complémentaire au C. pén., art. 131-26-2 et a abrogé par coordination C. pén., art. 432-17 dernier al.

▪ **Programme de conformité.** *Idem* n° 23.38.

■ ÉLÉMENTS CONSTITUTIFS – QUALIFICATION

✧ Pour avoir à .... [¤ lieu], le .... [¤ date], [⇨A à C :]

A. **Trafic d'influence passif**

sollicité ou agréé, à tout moment, directement ou indirectement, des offres, promesses, dons, présents ou des avantages quelconques, pour lui-même ou pour autrui, pour abuser *ou avoir abusé* (L. nº 2011-525, 17 mai 2011) de son influence réelle ou supposée en vue de faire obtenir d'une autorité ou d'une administration publique des distinctions, des emplois, des marchés ou toute autre décision favorable, en l'espèce en .... [¤ matérialiser l'infraction] (A : *N 1357.co*) ;

B. **Trafic d'influence passif**

cédé à des offres, promesses, dons, présents ou des avantages quelconques proposés, à tout moment, directement ou indirectement, pour lui-même ou pour autrui, pour abuser *ou avoir abusé* (L. nº 2011-525, 17 mai 2011) de son influence réelle ou supposée en vue de faire obtenir d'une autorité ou d'une administration publique des distinctions, des emplois, des marchés ou toute autre décision favorable, en l'espèce en .... [¤ matérialiser l'infraction] (B : *N 1357.co*) ;

C. **Trafic d'influence actif**

proposé, sans droit, à tout moment, directement ou indirectement, des offres, promesses, dons, présents ou avantages quelconques à une personne, pour elle-même ou pour autrui, pour qu'elle (NB. si celle-ci est chargée d'une fonction publique v. nº 23.41) abuse ou *parce qu'elle a abusé* (L. nº 2011-525, 17 mai 2011) de son influence réelle ou supposée en vue de faire obtenir d'une autorité ou d'une administration publique des distinctions, des emplois, des marchés ou toute autre décision favorable, en l'espèce en .... [¤ matérialiser l'infraction] (C : *N 1366.co*).
Faits prévus et réprimés par les articles : **PERSONNES PHYSIQUES.** 433-2, 433-22, 433-23, du code pénal. **PERSONNES MORALES.** 433-2, 433-25 et 433-26 du code pénal. ✧

23.43 Corruption passive ou active – Personnes n'exerçant pas une fonction publique

■ **PEINES**

PERSONNE PHYSIQUE

PP Délit. 5 ans d'emprisonnement, 500 000 € ou ⩽ double du produit de l'infraction (L. nº 2013-1117, 6 déc. 2013, auparavant 75 000 €) (C. pén., art. 445-1 et 445-2).

PC 1. Interdiction droits civiques civils et de famille ⩽ 5 ans (vote, éligibilité, fonction juridictionnelle, expert, témoin, tuteur, curateur) (C. pén., art. 445-3 et 131-26). Sauf dispense spécialement motivée, la peine d'inéligibilité est obligatoirement prononcée (C. pén., art. 131-26-2, L. nº 2017-1339, 15 sept. 2017), v. Orienteur/Régime des peines ;

2. Interdiction définitive ou ⩽ 5 ans activité professionnelle ou sociale (en relation avec l'infraction), ou fonction publique (sauf mandat électif ou syndical) *et/ou* interdiction définitive ou ⩽ 15 ans (10 ans avant L. nº 2013-1117, 6 déc. 2013) d'exercer une profession commerciale ou industrielle, de diriger, d'administrer, de gérer ou de contrôler à un titre quelconque, directement ou indirectement, pour son propre compte ou pour le compte d'autrui, une entreprise commerciale ou industrielle ou une société commerciale (C. pén., art. 445-3, 131-27 et 131-28 [mod. par L. nº 2008-776, 4 août 2008]) ;

3. Confiscation (réelle ou en valeur) chose ayant servi à l'infraction ou destinée à la commettre ou son produit, à l'exception des objets susceptibles de restitution (obligatoire pour objets qualifiés dangereux ou nuisibles par loi ou règlement ou dont la détention est illicite) (C. pén., art. 445-3 et 131-21) ;

4. Affichage, ⩽ 2 mois, *et/ou* (L. nº 2011-525, 17 mai 2011) diffusion de la décision ou d'extraits aux frais (⩽ amende encourue) du condamné (C. pén., art. 445-3 et 131-35) ;

PERSONNE MORALE

PP Délit. 2 500 000 € ou ⩽ double du produit de l'infraction (L. nº 2013-1117, 6 déc. 2013, auparavant 375 000 €) (C. pén., art. 445-4 ; 131-38).

PC 1. Interdiction ⩽ 5 ans une ou plusieurs activités professionnelles ou sociales en relation avec l'infraction (C. pén., art. 445-4 et 131-39 2º) ;

2. Surveillance judiciaire ⩽ 5 ans, sauf personnes morales de droit public, partis, groupements politiques, syndicats (C. pén., art. 445-4, 131-39 3º et 131-46) ;

3. Fermeture, ⩽ 5 ans, d'un ou plusieurs établissements en relation avec l'infraction (C. pén., art. 445-4 et 131-39 4°) ;

4. Exclusion ⩽ 5 ans marchés publics (C. pén., art. 445-4 et 131-39 5°) ;

5. Interdiction, définitive ou ⩽ 5 ans, de *faire appel public à l'épargne* (procéder à une offre au public de titres financiers ou de les faire admettre aux négociations sur un marché réglementé, selon L. n° 2009-80, 22 janv. 2009) (C. pén., art. 445-4 et 131-39 6°) ;

6. Interdiction, ⩽ 5 ans, d'utiliser des cartes de paiement ou d'émettre des chèques autres que de retrait ou certifiés (C. pén., art. 445-4 et 131-39 7°) ;

7. Confiscation (réelle ou en valeur) chose ayant servi à l'infraction ou destinée à la commettre, ou son produit, à l'exception des objets susceptibles de restitution (obligatoire pour objets qualifiés dangereux ou nuisibles par loi ou règlement ou dont la détention est illicite) (C. pén., art. 445-4 et 131-21) ;

8. Affichage, ⩽ 2 mois, *et/ou* (L. n° 2011-525, 17 mai 2011) diffusion de la décision ou d'extraits aux frais (⩽ amende encourue) du condamné (C. pén., art. 445-4, 131-48 et 131-35) ;

9. Obligation de se soumettre pour une durée ⩽ 5 ans, sous le contrôle de l'Agence française anticorruption, à un **programme de mise en conformité** du dispositif de contrôle interne pour prévenir et détecter la commission de faits de corruption ou de trafic d'influence (C. pén., art. 445-4, 131-39-2, L. n° 2016-1691, 9 déc. 2016) (sur la violation de cette peine, v. n° 25.80).

■ **ORIENTEUR**

AUTRE QUALIFICATION

▪ **Corruption ou trafic d'influence à l'égard d'un agent public.** Si les faits sont commis à l'égard d'une personne dépositaire de l'autorité publique ou chargée d'une mission de service public, v. n°s 23.36 à 23.38 et 23.41.

▪ **Corruption des professions de santé.** V. aussi Perception ou fourniture illicite d'avantages aux professions de santé, n° 29.36 ; intéressement illicite des professions médicales à la vente de médicament, n°s 29.37 et 29.50 ; promotion illicite du médicament, primes, avantages, n° 29.38.

ÉLÉMENT LÉGAL

▪ **Application de la loi dans le temps.** Ces incriminations sont issues de la loi n° 2005-750 du 4 juillet 2005. Elles recouvrent, avec des pénalités aggravées, le champ des infractions auparavant contenues dans le code du travail (anc^t, C. trav., art. L. 152-6).

RÉGIME PROCÉDURAL

▪ **Compétence du procureur de la République financier.** Pour les affaires d'une grande complexité (C. pr. pén., art. 705, L. n° 2013-1117, 6 déc. 2013).

▪ **Réponse pénale alternative. CJIP.** *Idem* n° 23.38.

RÉGIME DES PEINES

▪ **Inéligibilité obligatoire. Inscription au bulletin n° 2. Réserve d'interprétation.** *Idem* n° 20.18.

▪ **Programme de conformité.** *Idem* n° 23.38.

■ **ÉLÉMENTS CONSTITUTIFS – QUALIFICATION**

✧ Pour avoir à .... [¤ lieu], le .... [¤ date], [⇨A à C :]

A. **CORRUPTION ACTIVE**

proposé, à tout moment, directement ou indirectement, des offres, promesses, dons, présents ou des avantages quelconques pour obtenir de .... [¤ personne concernée], exerçant, dans le cadre d'une activité professionnelle ou sociale, une fonction de direction ou un travail pour une personne physique ou morale, ou un organisme quelconque, qu'il accomplisse ou s'abstienne d'accomplir, en violation de ses obligations légales, contractuelles ou professionnelles, un acte [⇨A1 ou A2 :]

A1. de son activité ou de sa fonction (A1 : *N **1368.co**,* par personne morale : *N **28404.co***)...

A2. facilité par son activité ou sa fonction (A2 : *N **1361.co***)...

...en l'espèce en .... [¤ matérialiser l'infraction] (C. pén., art. 445-1, al. 1) ;

B. **Acquiescement aux sollicitations de corruption**

cédé aux sollicitations de .... [¤ personne concernée], exerçant, dans le cadre d'une activité professionnelle ou sociale, une fonction de direction ou un travail pour une personne physique ou morale, ou un organisme quelconque, sollicitant à tout moment, directement ou indirectement, des offres, promesses, dons, présents ou des avantages quelconques pour accomplir ou s'abstenir d'accomplir, en violation de ses obligations légales, contractuelles ou professionnelles, un acte de son activité ou de sa fonction ou facilité par son activité ou sa fonction, en l'espèce en .... [¤ matérialiser l'infraction] (C. pén., art. 445-1, al. 2) (B : *N #*) ;

C. **Corruption passive**

exerçant, dans le cadre d'une activité professionnelle ou sociale, une fonction de direction ou un travail pour une personne physique ou morale, ou un organisme quelconque, sollicité ou agréé, à tout moment, directement ou indirectement, des offres, promesses, dons, présents ou des avantages quelconques pour accomplir ou s'abstenir d'accomplir, en violation de ses obligations légales, contractuelles ou professionnelles, un acte [⇨C1 ou C2 :]

C1. de son activité ou de sa fonction (C1 : *N 189.co*)...

C2. facilité par son activité ou sa fonction (C2 : *N 1359.co*)...

...en l'espèce en .... [¤ matérialiser l'infraction] (C. pén., art. 445-2).

Faits prévus et réprimés par les articles : **personnes physiques.** [• du cas sélectionné] + 445-3 du code pénal. **personnes morales.** [• du cas sélectionné] + 445-4 du code pénal. ✧

23.44 Corruption passive ou active – Acteur d'une manifestation sportive ou hippique

■ PEINES

PERSONNE PHYSIQUE

PP Délit. 5 ans d'emprisonnement, 500 000 € ou ⩽ double du produit de l'infraction (Cas A : C. pén., art. 445-1-1 ; Cas B : C. pén., art. 445-2-1).

PC *Idem* nº 23.43 (C. pén., art. 445-3).

PERSONNE MORALE

PP Délit. 2 500 000 € ou ⩽ double du produit de l'infraction (Cas A : C. pén., art. 445-1-1 ; Cas B : C. pén., art. 445-2-1 ; C. pén., art. 131-38).

PC *Idem* nº 23.43 (C. pén., art. 445-4).

■ ORIENTEUR

AUTRE QUALIFICATION

▪ **Corruption passive ou active – Personnes n'exerçant pas une fonction publique.** V. nº 23.43.

ÉLÉMENT LÉGAL

▪ **Application de la loi dans le temps.** Incriminations issues de L. nº 2012-158, 1er févr. 2012, mod. par L. nº 2018-202, 26 mars 2018 et, s'agissant de l'extension de l'incrimination aux courses hippiques, par Ord. nº 2019-1015, 2 oct. 2019, en vigueur le 1er janv. 2020 (art. 50).

RÉGIME PROCÉDURAL

▪ **Compétence du procureur de la République financier.** Pour les affaires d'une grande complexité (C. pr. pén., art. 705, L. nº 2013-1117, 6 déc. 2013).

▪ **Réponse pénale alternative. CJIP.** *Idem* nº 23.38 (C. pr. pén., art. 41-1-2).

RÉGIME DES PEINES

▪ **Inéligibilité obligatoire. Inscription au bulletin nº 2. Réserve d'interprétation.** *Idem* nº 20.18.

▪ **Programme de conformité.** *Idem* nº 23.38 (C. pén., art. 445-4).

■ ÉLÉMENTS CONSTITUTIFS – QUALIFICATION

✧ Pour avoir à .... [¤ lieu], le .... [¤ date], [⇨A ou B :]

A. **Corruption active**

sans droit, à tout moment, directement ou indirectement, proposé, à .... [¤ personne concernée], acteur [⇨A1 ou A2 :]

A1. manifestation sportive (A1 : *N 29205.co*)...

A2. d'une course hippique (A2 : *N 33661.co*)...

...donnant lieu à des paris, des offres, des promesses, des présents, des dons ou des avantages quelconques, pour lui-même ou pour autrui, pour que cet acteur, par un acte ou une abstention, modifie le déroulement normal et équitable de cette manifestation ou de cette course ou parce que cet acteur, par un acte ou une abstention, a modifié le déroulement normal et équitable de cette manifestation ou de cette course, en l'espèce en .... [¤ matérialiser l'infraction] (C. pén., art. 445-1-1) ;

B. **Corruption passive**

sans droit, à tout moment, directement ou indirectement, étant acteur, acteur d'une [⇨B1 ou B2 :]

B1. manifestation sportive (B1 : *N 29206.co*)...

B2. course hippique (B2 : *N 33662.co*)...

... donnant lieu à des paris, sollicité ou agréé de quiconque des offres, des promesses, des présents, des dons ou des avantages quelconques, pour lui-même ou pour autrui, pour modifier ou pour avoir modifié, par un acte ou une abstention, le déroulement normal et équitable de cette manifestation ou de cette course, en l'espèce en .... [¤ matérialiser l'infraction] (C. pén., art. 445-2-1).

Faits prévus et réprimés par les articles : **PERSONNES PHYSIQUES.** [• du cas sélectionné] + 445-3 du code pénal. **PERSONNES MORALES.** [• du cas sélectionné] + 445-4 du code pénal. ✧

23.45 Manquement aux obligations de déclaration à la HATVP par un parlementaire (L. nº 2013-906, 11 oct. 2013)

■ **PEINES**

PERSONNE PHYSIQUE

PP Délit. Cas A et B : 3 ans d'emprisonnement, 45 000 € (C. élect., art. L. 135-1). Cas C : 15 000 € (C. élect., art. L. 135-1). Cas D : 1 an d'emprisonnement, 15 000 € (C. élect., art. L. 135-4).

PC 1. Cas A à C : interdiction droits civiques civils et de famille ⩽ 5 ans (vote, fonction juridictionnelle, expert, témoin, tuteur, curateur) (C. élect., art. LO 135-1 ; C. pén., art. 131-26) ;

2. Cas A à C : inéligibilité ⩽ 10 ans (C. élect., art. LO 135-1 ; C. pén., art. 131-26 et 131-26-1). Sauf dispense spécialement motivée, la peine d'inéligibilité est obligatoirement prononcée (C. pén., art. 131-26-2, L. nº 2017-1339, 15 sept. 2017), v. Orienteur/Régime des peines ;

3. Cas A à C : Interdiction, définitive ou ⩽ 5 ans fonction publique (C. élect., art. LO 135-1 ; C. pén., art. 131-27).

■ **ORIENTEUR**

ÉLÉMENT LÉGAL

▪ **Domaine d'application.** Le mandat de député est expressément visé par les dispositions de référence et d'incrimination des articles LO 135-1 à LO 136-2 du code électoral, qui figurent dans le chapitre III intitulé « *Conditions d'éligibilité et inéligibilités* » du titre II du livre Ier relatif à l'élection des députés. S'agissant des sénateurs, art. LO 296 précise que « *les autres conditions d'éligibilité et les inéligibilités sont les mêmes que pour l'élection à l'Assemblée nationale* ». La loi nº 2013-906, 11 oct. 2013, art. 1 VI, qui détermine la date d'entrée en vigueur du dispositif et la date de la première déclaration, vise « *tout député et tout sénateur* ». Les dispositions LO 135-1 à LO 136-2 du code électoral sont donc applicables en termes identiques au mandat de sénateur.

▪ **Application de la loi pénale dans le temps.** Dispositif et incriminations créés par la loi nº 2013-906 du 11 octobre 2013, les modalités des déclarations sont précisées par D. nº 2013-1212, 23 déc. 2013. La date d'entrée en vigueur des dispositions est la date de publication du décret de nomination du président de la Haute autorité pour la transparence de la vie publique, intervenue le 20 déc. 2013.

▪ **Constitutionnalité. Notion de partie substantielle du patrimoine.** Statuant sur la constitutionnalité de la notion de « *part substantielle* » de patrimoine figurant dans L. nº 88-227, 11 mars 1988, art. 5-1, relative à la transparence financière de la vie politique, le Cons. const. a jugé qu'en « *faisant référence à une "part substantielle" de patrimoine, les dispositions contestées répriment les seules omissions significatives, au regard du montant omis ou de son importance dans le patrimoine considéré. Dès lors, s'il appartient aux juridictions compétentes d'apprécier les situations de fait correspondant à l'omission d'une "part substantielle" de patrimoine, ces termes, qui ne revêtent pas un caractère équivoque, sont suffisamment précis pour garantir contre le risque d'arbitraire* » (§ 6) (Cons. const. 23 juin 2017, nº 2017-639 QPC).

TEXTE DE RÉFÉRENCE

▪ **Déclaration de situation patrimoniale du parlementaire.** Dans les 2 mois de son entrée en fonction, le parlementaire adresse personnellement au président de la Haute Autorité pour la transparence de la vie publique (HATVP) « *une déclaration exhaustive, exacte, sincère et certifiée sur l'honneur de sa situation patrimoniale concernant la totalité de ses biens propres ainsi que, le cas échéant, ceux de la communauté ou les biens indivis. Ces biens sont évalués à la date du fait générateur de la déclaration comme en matière de droits de mutation à titre gratuit* » (C. élect., art. LO 135-1). Aux seules fins de consultation, la déclaration de situation patrimoniale est tenue, à la préfecture, à la disposition des électeurs inscrits, lesquels peuvent adresser des observations à la HATVP (C. élect., art. LO 135-2). Sauf si le parlementaire l'a lui-même rendue publique, la publication ou la divulgation de tout ou partie de la déclaration patrimoniale, des observations de l'administration fiscale ou des appréciations de la HATVP, est passible d'une amende de 45 000 € (C. élect., art. LO 135-2).

▪ **Déclaration d'intérêts et d'activités du parlementaire.** Dans les mêmes conditions de délai, le parlementaire, adresse au président de la HATVP ainsi qu'au bureau de l'Assemblée nationale « *une déclaration faisant apparaître les intérêts détenus à la date de son élection et dans les 5 années précédant cette date, ainsi que la liste des activités professionnelles ou d'intérêt général, même non rémunérées, qu'il envisage de conserver* » (C. élect., art. LO 135-1). La déclaration d'intérêts et d'activités est rendue publique par la HATVP, les électeurs peuvent lui adresser toute observation écrite (C. élect., art. LO 135-2). Le bureau de l'Assemblée nationale, ou le bureau du Sénat, examine si les activités professionnelles ou d'intérêt général déclarées par le parlementaire sont compatibles avec le mandat parlementaire. En cas de doute sur la compatibilité, le bureau de l'Assemblée ou du Sénat, le garde des sceaux ou le député lui-même saisit le Cons. const., (C. élect., art. LO 151-2).

▪ **Déclarations modificatives.** « *Toute modification substantielle de la situation patrimoniale ou des intérêts détenus* », « *tout élément de nature à modifier la liste des activités conservées* », donne également lieu à déclaration dans le délai de 2 mois (C. élect., art. LO 135-1).

▪ **Déclaration patrimoniale de fin de mandat.** Une déclaration patrimoniale est déposée auprès de la HATVP 7 mois au plus tôt et 6 mois au plus tard avant l'expiration du mandat de parlementaire, ou dans les 2 mois qui suivent la fin des fonctions en cas de cessation du mandat. Cette déclaration récapitule en outre « *l'ensemble des revenus perçus par le parlementaire et, le cas échéant, par la communauté depuis le début du mandat* » et présente les « *évènements majeurs ayant affecté la composition du patrimoine depuis la dernière déclaration* ». Le parlementaire peut joindre à sa déclaration ses observations sur l'évolution de son patrimoine (C. élect., art. LO 135-1). La déclaration de fin de mandat est soumise aux mêmes conditions et restrictions de consultation et de divulgation que la déclaration patrimoniale initiale (C. élect., art. LO 135-2).

▪ **Pouvoirs de la HATVP : pouvoir d'instruction de la déclaration auprès de l'administration fiscale.** La déclaration de situation patrimoniale est communiquée par la HATVP à l'administration fiscale qui fournit dans les 30 jours tous éléments permettant d'apprécier son exactitude (C. élect., art. LO 135-2). Elle peut demander au parlementaire communication de ses déclarations fiscales ou de celles de son conjoint faites au titre de l'impôt sur le revenu des personnes physiques (CGI, art. 170 à 175 A) ou de l'impôt sur la fortune (CGI, art. 885W), et à défaut de réponse du parlementaire dans les deux mois, les solliciter auprès de l'administration fiscale (C. élect., art. LO 135-3). Elle peut également demander à l'administration fiscale d'exercer son droit de communication ou de mettre en œuvre une procédure d'assistance administrative internationale en vue de recueillir toutes informations utiles à l'accomplissement de sa mission de contrôle. Les agents de l'administration fiscale sont déliés du secret professionnel à l'égard des membres et rapporteurs de la HATVP pour leurs vérifications et contrôles (C. élect., art. LO 135-3).

▪ **Pouvoirs de la HATVP : pouvoir d'appréciation de la déclaration.** La HATVP apprécie la variation des situations de patrimoine des parlementaires telles qu'elles résultent de leurs déclarations, observations, ou des éléments dont elle dispose (C. élect., art. LO 135-5). Elle peut assortir la déclaration de patrimoine de toute appréciation qu'elle estime utile quant à son exhaustivité, exactitude ou sincérité, après avoir mis le parlementaire à même de présenter ses observations (C. élect., art. LO 135-2).

▪ **Pouvoirs de la HATVP : pouvoir d'injonction.** Lorsque la déclaration patrimoniale ou la déclaration d'intérêt est incomplète, la HATVP « *adresse au parlementaire une injonction tendant à ce que la déclaration complétée ou les explications demandées lui soient transmises sans délai* » (C. élect., art. LO 135-4). Le défaut de réponse constitue l'infraction du **cas** D.

▪ **Pouvoirs de la HATVP : pouvoir de révélation au parquet.** Dans tous les cas où elle a relevé, après que le parlementaire a été mis en mesure de produire ses observations, un manquement aux obligations déclaratives ou l'absence de réponse à injonction ou demande de communication, ou des évolutions de patrimoine pour lesquelles elle ne dispose pas d'explications suffisantes, la HATVP transmet le dossier au parquet (C. élect., art. LO 135-5).

RÉGIME PROCÉDURAL

▪ **Compétence juridictionnelle. Juge unique** dans le **cas** C (C. pr. pén., art. 398-1, v. nº **17.15D2**).

▪ **Ordonnance pénale. Possible** dans le **cas** C (C. pr. pén., art. 495-II, v. nº **15.48B1** et tableau nº **17.15D2**).

MESURE ADMINISTRATIVE

▪ **Pouvoirs de la HATVP : pouvoir de saisine du bureau de l'Assemblée nationale ou du Sénat.** La HATVP saisit le bureau de l'Assemblée nationale ou du Sénat en cas manquement aux obligations déclaratives ou d'absence de réponse à injonction ou demande de communication (C. élect., art. LO 135-6). Elle le saisit également du cas de tout parlementaire qui n'a pas déposé l'une des déclarations obligatoires (déclaration patrimoniale initiale, déclaration d'intérêt et d'activité, déclaration modificative en cas de modification substantielle, déclaration de fin ou de cessation de mandat) (C. élect., art. LO 136-2).

▪ **Effets du manquement aux obligations déclaratives sur l'éligibilité.** Saisi par la HATVP du cas de tout parlementaire qui n'a pas déposé l'une des déclarations obligatoires, le bureau de l'Assemblée nationale saisit le Cons. const., Ce dernier constate, le cas échéant, l'inéligibilité du parlementaire et le déclare démissionnaire d'office par la même décision (C. élect., art. LO 136-2). L'inéligibilité peut également être prononcée après la cessation du mandat (C. élect., art. LO 135-1, dernier al.).

RÉGIME DES PEINES

▪ **Durée de la peine d'inéligibilité.** Par dérogation à C. pén., art. 131-26 2° et al. 7 qui prévoit que l'inéligibilité résultant de l'interdiction des droits civiques est ⩽ 5 ans en cas de condamnation pour un délit, cette peine peut être prononcée pour une durée ⩽ 10 ans à l'encontre d'une personne exerçant un mandat électif public au moment des faits (C. pén., art. 131-26-1, L. nº 2013-907, 11 oct. 2013).

▪ **Inéligibilité obligatoire. Inscription au bulletin nº 2. Réserve d'interprétation.** *Idem* nº **20.18**.

▪ ÉLÉMENTS CONSTITUTIFS – QUALIFICATION

✧ Pour avoir à .... [¤ lieu], le .... [¤ date], étant parlementaire [⇨A à D :]

A. omis de déclarer au président de la Haute autorité pour la transparence de la vie publique une partie substantielle de son patrimoine (A1 : *N 29627.co*) ou de ses intérêts (A2 : *N 30155.co*) (C. élect., art. LO 135-1) ;

B. fourni au président de la Haute autorité pour la transparence de la vie publique une évaluation mensongère de son patrimoine (C. élect., art. LO 135-1) (B : *N 29627.co*) ;

C. omis, 6 mois au plus tard avant l'expiration du mandat de parlementaire, ou dans les 2 mois qui suivent la fin des fonctions en cas de cessation du mandat, de déposer auprès de la Haute autorité pour la transparence de la vie publique une déclaration patrimoniale comportant l'ensemble des revenus perçus par le parlementaire et, le cas échéant, par la communauté depuis le début du mandat (C. élect., art. LO 135-1) (C : *N 29628.ju*) ;

D. omis de déférer aux injonctions de la Haute autorité pour la transparence de la vie publique ou omis de lui communiquer les informations et pièces utiles à l'exercice de sa mission dans un délai d'un mois à compter de la notification de l'injonction ou de la demande de communication (C. élect., art. LO 135-4) (D : *N 30266.co*).
Faits prévus et réprimés par les articles [• du cas sélectionné]. ✧

23.46 Manquement aux obligations de déclaration à la HATVP par un représentant français au parlement européen (L nº 2013-907, 11 oct. 2013)

▪ PEINES

PERSONNE PHYSIQUE

PP Délit. Cas A à D : 3 ans d'emprisonnement, 45 000 € (L. nº 2013-907, 11 oct. 2013, art. 26 I). Cas E : 1 an d'emprisonnement, 15 000 € (L. nº 2013-907, 11 oct. 2013, art. 26 II).

PC 1. Cas A à D : interdiction droits civiques civils et de famille ⩽ 5 ans (vote, fonction juridictionnelle, expert, témoin, tuteur, curateur) (L. nº 2013-907, 11 oct. 2013, art. 26 I ; C. pén., art. 131-26) ;

2. Cas A à D : inéligibilité ⩽ 10 ans (L. nº 2013-907, 11 oct. 2013, art. 26 I ; C. pén., art. 131-26 et 131-26-1). Sauf dispense spécialement motivée, la peine d'inéligibilité est obligatoirement prononcée (C. pén., art. 131-26-2, L. nº 2017-1339, 15 sept. 2017), v. Orienteur/Régime des peines ;
3. Cas A à D : Interdiction, définitive ou ⩽ 5 ans fonction publique (L. nº 2013-907, 11 oct. 2013, art. 26 I ; C. pén., art. 131-27).

▪ ORIENTEUR

ÉLÉMENT LÉGAL

▪ **Champ d'application dans le temps.** Dispositif et incriminations créés par L. nº 2013-907, 11 oct. 2013, les modalités des déclarations sont précisées par D. nº 2013-1212, 23 déc. 2013. La date d'entrée en vigueur des dispositions est la date de publication du décret de nomination du président de la Haute autorité pour la transparence de la vie publique, intervenue le 20 déc. 2013 (L. nº 2013-907, 11 oct. 2013, art. 33).

▪ **Constitutionnalité. Notion de partie substantielle du patrimoine.** V. Orienteur nº 23.45.

TEXTE DE RÉFÉRENCE

▪ **Déclaration de situation patrimoniale du représentant français au Parlement européen.** Dans les 2 mois qui suivent son entrée en fonction, le représentant français au Parlement européen adresse personnellement au président de la Haute Autorité pour la transparence de la vie publique (HATVP) « *une déclaration exhaustive, exacte et sincère de sa situation patrimoniale concernant la totalité de ses biens propres ainsi que, le cas échéant, ceux de la communauté ou les biens indivis. Ces biens sont évalués à la date du fait générateur de la déclaration comme en matière de droits de mutation à titre gratuit* » (L. nº 2013-907, 11 oct. 2013, art. 4 I et 11 I).

▪ **Déclaration d'intérêts du représentant français au Parlement européen.** Dans les mêmes conditions de délai, il adresse au président de la HATVP « *une déclaration faisant apparaître les intérêts détenus à la date de [son entrée en fonctions] et dans les 5 années précédant cette date.* » (L. nº 2013-907, 11 oct. 2013, art. 4 I et 11 I) ainsi que « *les participations directes ou indirectes détenues à la date de leur entrée en fonction qui leur confèrent le contrôle d'une société dont l'activité consiste principalement dans la fourniture de prestations de conseil* » (L. nº 2013-907, 11 oct. 2013, art. 11 I mod. par L. nº 2017-1339, 15 sept. 2017).

▪ **Déclarations modificatives.** « *Toute modification substantielle de la situation patrimoniale ou des intérêts détenus donne lieu, dans un délai de deux mois, à une déclaration dans les mêmes formes* ». (L. nº 2013-907, 11 oct. 2013, art. 11 I).

▪ **Déclarations en cas cessation de fonction.** Une « *nouvelle déclaration de situation patrimoniale* » est déposée au président de la HATVP par le représentant français au Parlement européen « *deux mois au plus tôt et un mois au plus tard avant l'expiration de son mandat.../...ou, en cas de dissolution de l'assemblée concernée ou de cessation du mandat.../..., dans les deux mois qui suivent la fin du mandat...* » (L. nº 2013-907, 11 oct. 2013, art. 11 II). Par application combinée du I et du II de l'article 11 renvoyant à l'article 4 I, cette déclaration présente les « *évènements majeurs ayant affecté la composition du patrimoine depuis la dernière déclaration* » (L. n° 2013-907, 11 oct. 2013, art. 4 I, 11 I et II).

▪ **Pouvoirs de la HATVP : pouvoir d'instruction de la déclaration auprès de l'administration fiscale.** La HATVP peut demander au représentant français au Parlement européen communication de ses déclarations fiscales ou de celles de son conjoint faites au titre de l'impôt sur le revenu des personnes physiques (CGI, art. 170 à 175 A) ou de l'impôt sur la fortune (CGI, art. 885W), et à défaut de réponse dans les deux mois, les solliciter auprès de l'administration fiscale (L. n° 2013-907, 11 oct. 2013, art. 6 et 11 V). Elle peut également demander à l'administration fiscale d'exercer son droit de communication ou de mettre en œuvre une procédure d'assistance administrative internationale en vue de recueillir toutes informations utiles à l'accomplissement de sa mission de contrôle. Les agents de l'administration fiscale sont déliés du secret professionnel à l'égard des membres et rapporteurs de la HATVP pour leurs vérifications et contrôles (L. n° 2013-907, 11 oct. 2013, art. 6 et 11 V).

▪ **Pouvoirs de la HATVP : pouvoir d'injonction aux fins de transmettre ou compléter les déclarations.** Lorsque les déclarations de situation patrimoniale ou d'intérêts n'ont pas été transmises dans les délais à la HATVP, celle-ci « *adresse à l'intéressé une injonction tendant à ce qu'elles soient transmises dans un délai d'un mois à compter de la notification de l'injonction* ». La même procédure d'injonction est applicable en cas « *de déclaration incomplète ou lorsqu'il n'a pas été donné suite à une demande d'explications* » nécessaires à l'exercice des missions de la HATVP (L. n° 2013-907, 11 oct. 2013, art. 11 V et 4 V). Le défaut de réponse constitue l'infraction du **cas E**.

▪ **Pouvoirs de la HATVP : pouvoir de contrôle, d'appréciation et de publication des déclarations.** La HATVP « *contrôle la variation de la situation patrimoniale des [représentant français au Parlement européen] telles qu'elles résultent de leurs déclarations, des éventuelles observations et explications qu'ils ont pu formuler et des autres éléments dont elle dispose* » (L. n° 2013-907, 11 oct. 2013, art. 7 et 11 V). Le représentant français au Parlement européen peut joindre des observations à chacune de ses déclarations (L. n° 2013-907, 11 oct. 2013, art. 4 I et 11 I). Les déclarations d'intérêts des représentants français au Parlement européen et leurs modifications substantielles sont rendues publiques par la HATVP selon des modalités prévues par D. n° 2013-1212, 23 déc. 2012, art. 6 (L. n° 2013-907, 11 oct. 2013, art. 12 I) (diffusion sur un site internet public unique d'accès gratuit).

▪ **Pouvoirs de la HATVP : publication au JO d'un rapport spécial et transmission du dossier au parquet.** Lorsque la HATVP « *constate une évolution de la situation patrimoniale pour laquelle elle ne dispose pas d'explications suffisantes* », après avoir mis le représentant français au Parlement européen en mesure de présenter ses observations, elle « *publie au Journal officiel un rapport spécial, assorti des observations de l'intéressé, et transmet le dossier au parquet* » (L. n° 2013-907, 11 oct. 2013, art. 7 et 11 V).

MESURE ADMINISTRATIVE

▪ **Absence de pouvoirs d'injonction de la HATVP en cas de conflit d'intérêts.** Les dispositions conférant à la HATVP un pouvoir d'injonction de faire cesser un conflit d'intérêts (L. n° 2013-907, 11 oct. 2013, art. 10 I) ne sont pas applicables au représentant français au Parlement européen (L. n° 2013-907, 11 oct. 2013, art. 11 V).

RÉGIME DES PEINES

▪ **Durée de la peine d'inéligibilité.** Par dérogation à C. pén., art. 131-26 2° et al. 7 qui prévoit que l'inéligibilité résultant de l'interdiction des droits civiques est ⩽ 5 ans en cas de condamnation pour un délit, cette peine peut être prononcée pour une durée ⩽ 10 ans à l'encontre d'une personne exerçant un mandat électif public au moment des faits (C. pén., art. 131-26-1, L. n° 2013-907, 11 oct. 2013).

▪ **Inéligibilité obligatoire. Inscription au bulletin n° 2. Réserve d'interprétation.** *Idem* n° **20.18**.

▪ ÉLÉMENTS CONSTITUTIFS – QUALIFICATION

✧ Pour avoir à .... [¤ lieu], le .... [¤ date], étant représentant français au Parlement européen [⇨A à E :]

A. omis d'adresser, dans les deux mois suivant son entrée en fonctions,

A1. la déclaration de sa situation patrimoniale (A1 : *N 30275.co*) .../...

A2. sa déclaration d'intérêts (A2 : *N 30276.co*) .../...

.../...au président de la Haute autorité pour la transparence de la vie publique (L. n° 2013-907, 11 oct. 2013, art. 4 I, 11 I et 26 I) ;

B. omis de déclarer au président de la Haute autorité pour la transparence de la vie publique une partie substantielle de son patrimoine (B1 : *N* ***30274.co***) ou de ses intérêts (B2 : *N* ***30277.co***) (L. n° 2013-907, 11 oct. 2013, art. 4, 11 I et 26 I) ;

C. fourni au président de la Haute autorité pour la transparence de la vie publique une évaluation mensongère de son patrimoine (L. n° 2013-907, 11 oct. 2013, art. 4, 11 I et 26 I) (C : *N* ***30274.co***) ;

D. omis, un mois au plus tard avant l'expiration de son mandat au Parlement européen, ou dans les 2 mois qui suivent la fin des fonctions en cas de cessation du mandat, de déposer auprès de la Haute autorité pour la transparence de la vie publique une déclaration patrimoniale comportant l'ensemble des revenus perçus par lui-même et, le cas échéant, par la communauté, depuis le début du mandat (L. n° 2013-907, 11 oct. 2013, art. 4 I, 11 I et II, et 26 I) (D : *N* ***30271.co***) ;

E. omis de déférer à l'injonction de la Haute autorité pour la transparence de la vie publique tendant à la transmission, dans le délai d'un mois de la notification de l'injonction, des déclarations de situation patrimoniale ou d'intérêts, ou tendant à compléter ces déclarations ou à apporter les explications nécessaires à l'exercice de ses missions par la HATVP (L. n° 2013-907, 11 oct. 2013, art. 4 V, 11 V et 26 II) (E : *N* ***30288.co***).

Faits prévus et réprimés par les articles [• du cas sélectionné]. ✧

23.47 Manquement aux obligations de déclaration à la HATVP par un membre du Gouvernement (L n° 2013-907, 11 oct. 2013)

▪ PEINES

PERSONNE PHYSIQUE

PP Délit. Cas A à D : 3 ans d'emprisonnement, 45 000 € (L. n° 2013-907, 11 oct. 2013, art. 26 I). Cas E : 1 an d'emprisonnement, 15 000 € (L. n° 2013-907, 11 oct. 2013, art. 26 II).

PC 1. Cas A à D : Interdiction droits civiques civils et de famille ⩽ 5 ans (vote, fonction juridictionnelle, expert, témoin, tuteur, curateur) (L. n° 2013-907, 11 oct. 2013, art. 26 I ; C. pén., art. 131-26) ;

2. Cas A à D : Inéligibilité ⩽ 10 ans (L. n° 2013-907, 11 oct. 2013, art. 26 I ; C. pén., art. 131-26 et 131-26-1) Sauf dispense spécialement motivée, la peine d'inéligibilité est obligatoirement prononcée (C. pén., art. 131-26-2, L. n° 2017-1339, 15 sept. 2017), v. Orienteur/Régime des peines ;

3. Cas A à D : Interdiction, définitive ou ⩽ 5 ans fonction publique (L. n° 2013-907, 11 oct. 2013, art. 26 I ; C. pén., art. 131-27).

▪ ORIENTEUR

ÉLÉMENT LÉGAL

▪ **Champ d'application dans le temps.** *Idem* n° 23.46.

▪ **Constitutionnalité. Notion de partie substantielle du patrimoine.** V. Orienteur n° 23.45.

TEXTE DE RÉFÉRENCE

▪ **Déclaration de situation patrimoniale du membre du Gouvernement.** Dans les 2 mois qui suivent sa nomination, le membre du Gouvernement adresse personnellement au président de la Haute Autorité pour la transparence de la vie publique (HATVP) « *une déclaration exhaustive, exacte et sincère de sa situation patrimoniale concernant la totalité de ses biens propres ainsi que, le cas échéant, ceux de la communauté ou les biens indivis. Ces biens sont évalués à la date du fait générateur de la déclaration comme en matière de droits de mutation à titre gratuit* » (L. n° 2013-907, 11 oct. 2013, art. 4 I).

▪ **Déclaration d'intérêts du membre du gouvernement.** Dans les mêmes conditions de délai, le membre du Gouvernement adresse au président de la HATVP ainsi qu'au premier ministre « *une déclaration faisant apparaître les intérêts détenus à la date de sa nomination et dans les 5 années précédant cette date. La même obligation s'applique en cas de modification des attributions d'un membre du Gouvernement* » (L. n° 2013-907, 11 oct. 2013, art. 4 I).

▪ **Déclarations modificatives.** Le « *membre du Gouvernement dont la situation patrimoniale ou les intérêts détenus connaissent une modification substantielle en fait, dans le délai d'un mois, déclaration à la Haute*

Autorité ». Il fait également cette déclaration au Premier ministre s'il s'agit d'une modification substantielle des intérêts détenus (L. n° 2013-907, 11 oct. 2013, art. 4 I).

▪ **Déclarations en cas cessation de fonction.** Une déclaration patrimoniale et une déclaration d'intérêts sont déposées auprès de la HATVP dans les 2 mois qui suivent la cessation des fonctions. La déclaration de situation patrimoniale récapitule en outre « *l'ensemble des revenus perçus par le membre du Gouvernement et, le cas échéant, par la communauté depuis le début de l'exercice des fonctions* » et présente les « *évènements majeurs ayant affecté la composition du patrimoine depuis la dernière déclaration* » (L. n° 2013-907, 11 oct. 2013, art. 4 I).

▪ **Pouvoirs de la HATVP : pouvoir d'instruction de la déclaration et de la situation fiscale auprès de l'administration fiscale.** À compter de sa nomination, tout membre du Gouvernement fait l'objet d'une procédure de vérification de sa situation fiscale, au titre de l'impôt sur le revenu et le cas échéant de l'impôt de solidarité sur la fortune. Cette procédure est placée sous le contrôle de la HATVP (L. n° 2013-907, 11 oct. 2013, art. 9). La déclaration de situation patrimoniale est communiquée par la HATVP à l'administration fiscale qui fournit dans les 30 jours tous éléments permettant d'apprécier son exactitude (L. n° 2013-907, 11 oct. 2013, art. 5). Elle peut demander au membre du Gouvernement communication de ses déclarations fiscales ou de celles de son conjoint faites au titre de l'impôt sur le revenu des personnes physiques (CGI, art. 170 à 175 A) ou de l'impôt sur la fortune (CGI, art. 885W), et à défaut de réponse du membre du Gouvernement dans les deux mois, les solliciter auprès de l'administration fiscale (L. n° 2013-907, 11 oct. 2013, art. 6). Elle peut également demander à l'administration fiscale d'exercer son droit de communication ou de mettre en œuvre une procédure d'assistance administrative internationale en vue de recueillir toutes informations utiles à l'accomplissement de sa mission de contrôle. Les agents de l'administration fiscale sont déliés du secret professionnel à l'égard des membres et rapporteurs de la HATVP pour leurs vérifications et contrôles (L. n° 2013-907, 11 oct. 2013, art. 6).

▪ **Pouvoirs de la HATVP : pouvoir d'injonction aux fins de transmettre ou compléter les déclarations.** Lorsque les déclarations de situation patrimoniale ou d'intérêts n'ont pas été transmises dans les délais à la HATVP, celle-ci « *adresse à l'intéressé une injonction tendant à ce qu'elles soient transmises dans un délai d'un mois à compter de la notification de l'injonction* ». La même procédure d'injonction est applicable en cas « *de déclaration incomplète ou lorsqu'il n'a pas été donné suite à une demande d'explications* » nécessaires à l'exercice des missions de la HATVP (L. n° 2013-907, 11 oct. 2013, art. 4 V). Le défaut de réponse constitue l'infraction du **cas E**.

▪ **Pouvoirs de la HATVP : pouvoir de contrôle, d'appréciation et de publication des déclarations.** La HATVP « *contrôle la variation de la situation patrimoniale des membres du Gouvernement telles qu'elles résultent de leurs déclarations, des éventuelles observations et explications qu'ils ont pu formuler et des autres éléments dont elle dispose* » (L. n° 2013-907, 11 oct. 2013, art. 7). Le membre du Gouvernement peut joindre des observations à chacune de ses déclarations (L. n° 2013-907, 11 oct. 2013, art. 4 I). Les déclarations de situation patrimoniale, d'intérêts et de cessation de fonctions sont rendues publiques par la HATVP, le cas échéant assorties de toutes appréciations qu'elle estime utiles quant à leur exhaustivité, leur exactitude et leur sincérité (L. n° 2013-907, 11 oct. 2013, art. 5). Les déclarations de situation patrimoniale et d'intérêts et leurs modifications substantielles des membres du gouvernement sont rendues publiques par la HATVP selon des modalités prévues par D. n° 2013-1212, 23 déc. 2012, art. 6 (L. n° 2013-907, 11 oct. 2013, art. 12 I) (diffusion sur un site internet public unique d'accès gratuit).

▪ **Pouvoirs de la HATVP : publication au JO d'un rapport spécial et transmission du dossier au parquet.** Lorsque la HATVP « *constate une évolution de la situation patrimoniale pour laquelle elle ne dispose pas d'explications suffisantes* », après avoir mis le membre du Gouvernement en mesure de présenter ses observations, elle « *publie au Journal officiel un rapport spécial, assorti des observations de l'intéressé, et transmet le dossier au parquet* » (L. n° 2013-907, 11 oct. 2013, art. 7).

MESURE ADMINISTRATIVE

▪ **Pouvoirs d'information du Président de la République ou du Premier ministre.** La HATVP informe le Président de la République, lorsqu'il s'agit du Premier ministre, le Premier ministre, lorsqu'il s'agit d'un membre du gouvernement, lorsqu'elle constate que le membre du gouvernement ne respecte pas les devoirs de probité ou de prévention ou de prohibition des conflits d'intérêts, qu'il n'a pas respecté ses obligations de déclarations de situation patrimoniale ou d'intérêts, ou lorsqu'elle qu'elle constate une évolution de la situation patrimoniale pour laquelle elle ne dispose pas d'explications suffisantes (L. n° 2013-907, 11 oct. 2013, art. 22).

▪ **Pouvoirs d'injonction de la HATVP en cas de conflit d'intérêts.** « *constitue un conflit d'intérêts toute situation d'interférence entre un intérêt public et des intérêts publics ou privés qui est de nature à influencer ou à paraître influencer l'exercice indépendant, impartial et objectif d'une fonction* » (L. n° 2013-907, 11 oct. 2013, art. 2). « *Les membres du Gouvernement .../... exercent leurs fonctions avec dignité, probité et intégrité et veillent à prévenir ou à faire cesser immédiatement tout conflit d'intérêts* » (L. n° 2013-907, 11 oct. 2013, art. 1). « *Lorsqu'elle constate qu'un membre du Gouvernement se trouve en situation de conflit d'intérêts, la HATVP lui enjoint de faire cesser cette situation. Après avoir mis à même l'intéressé de faire valoir ses observations dans un délai d'un mois, elle peut décider de rendre publique cette injonction* » (L. n° 2013-907, 11 oct. 2013, art. 10 I). Cette dernière disposition n'est pas applicable au Premier ministre (L. n° 2013-907, 11 oct. 2013, art. 10 I).

RÉGIME DES PEINES

▪ **Durée de la peine d'inéligibilité.** Par dérogation à C. pén., art. 131-26 2° et al. 7 qui prévoit que l'inéligibilité résultant de l'interdiction des droits civiques est $\leqslant$ 5 ans en cas de condamnation pour un délit, cette peine peut être prononcée pour une durée $\leqslant$ 10 ans à l'encontre d'une personne exerçant une fonction de membre du Gouvernement au moment des faits (C. pén., art. 131-26-1, L. n° 2013-907, 11 oct. 2013).

▪ **Inéligibilité obligatoire. Inscription au bulletin n° 2. Réserve d'interprétation.** *Idem* n° 20.18.

▪ ÉLÉMENTS CONSTITUTIFS – QUALIFICATION

✧ Pour avoir à .... [¤ lieu], le .... [¤ date], étant membre du gouvernement [⇨A à E :]

A. omis d'adresser, dans les deux mois suivant sa nomination en qualité de membre du Gouvernement,

A1. la déclaration de sa situation patrimoniale (A1 : *N 30271.co*) .../...

A2. sa déclaration d'intérêts (A2 : *N 30272.co*) .../...

.../...au président de la Haute autorité pour la transparence de la vie publique (L. n° 2013-907, 11 oct. 2013, art. 4 I et 26 I) ;

B. omis de déclarer au président de la Haute autorité pour la transparence de la vie publique une partie substantielle de son patrimoine (B1 : *N 29629.co*) ou de ses intérêts (B2 : *N 30273.co*) (L. n° 2013-907, 11 oct. 2013, art. 4 et 26 I) ;

C. fourni au président de la Haute autorité pour la transparence de la vie publique une évaluation mensongère de son patrimoine (L. n° 2013-907, 11 oct. 2013, art. 4 et 26 I) (C : *N 29629.co*) ;

D. omis, dans les 2 mois qui suivent la cessation de ses fonctions, de déposer auprès de la Haute autorité pour la transparence de la vie publique une déclaration patrimoniale comportant l'ensemble des revenus perçus par lui-même et, le cas échéant, par la communauté, depuis le début de l'exercice de fonctions de membre du Gouvernement (L. n° 2013-907, 11 oct. 2013, art. 4 et 26 I) (D : *N 30271.co*) ;

E. omis de déférer à l'injonction de la Haute autorité pour la transparence de la vie publique tendant à la transmission, dans le délai d'un mois de la notification de l'injonction, des déclarations de situation patrimoniale ou d'intérêts, ou tendant à compléter ces déclarations ou à apporter les explications nécessaires à l'exercice de ses missions par la HATVP (L. n° 2013-907, 11 oct. 2013, art. 4 V et 26 II) (E : *N 30288.co*).

Faits prévus et réprimés par les articles [• du cas sélectionné]. ✧

23.48 Manquement aux obligations de déclaration à la HATVP par le titulaire d'un mandat électif local (L n° 2013-907, 11 oct. 2013)

▪ PEINES

PERSONNE PHYSIQUE

PP Délit. Cas A à D : 3 ans d'emprisonnement, 45 000 € (L. n° 2013-907, 11 oct. 2013, art. 26 I). Cas E : 1 an d'emprisonnement, 15 000 € (L. n° 2013-907, 11 oct. 2013, art. 26 II).

PC 1. Cas A à D : interdiction droits civiques civils et de famille ⩽ 5 ans (vote, fonction juridictionnelle, expert, témoin, tuteur, curateur) (L. n° 2013-907, 11 oct. 2013, art. 26 I ; C. pén., art. 131-26) ;

2. Cas A à D : inéligibilité ⩽ 10 ans (L. n° 2013-907, 11 oct. 2013, art. 26 I ; C. pén., art. 131-26 et 131-26-1) Sauf dispense spécialement motivée, la peine d'inéligibilité est obligatoirement prononcée (C. pén., art. 131-26-2, L. n° 2017-1339, 15 sept. 2017), v. Orienteur/Régime des peines ;

3. Cas A à D : Interdiction, définitive ou ⩽ 5 ans fonction publique (L. n° 2013-907, 11 oct. 2013, art. 26 I ; C. pén., art. 131-27).

■ ORIENTEUR

ÉLÉMENT LÉGAL

▪ **Champ d'application dans le temps.** *Idem* n° 23.46.

▪ **Fonctions soumises aux obligations déclaratives.** Il s'agit des personnes exerçant l'un des mandats électifs locaux énumérés au I 2° et 3° de l'article 11 L. n° 2013-907, 11 oct. 2013 : notamment, président de conseil régional, de conseil départemental, président ou conseillers d'assemblées ou de conseils exécutifs territoriaux à statut particulier (Corse, Guyane, Martinique, assemblées territoriales d'outre mer) ; maire d'une commune de plus de 20 000 habitants, président d'un établissement public de coopération intercommunale dont les recettes sont > 5 millions d'euros, conseillers régionaux, conseillers départementaux, adjoints au maire des communes > 100 000 habitants, vice-présidents des établissement de coopération intercommunale à fiscalité propre > 100 000 habitants.

▪ **Constitutionnalité. Notion de partie substantielle du patrimoine.** V. Orienteur n° 23.45.

TEXTE DE RÉFÉRENCE

▪ **Déclaration de situation patrimoniale.** Dans les 2 mois qui suivent son entrée en fonction, le titulaire du mandat électif local adresse personnellement au président de la Haute Autorité pour la transparence de la vie publique (HATVP) « *une déclaration exhaustive, exacte et sincère de sa situation patrimoniale concernant la totalité de ses biens propres ainsi que, le cas échéant, ceux de la communauté ou les biens indivis. Ces biens sont évalués à la date du fait générateur de la déclaration comme en matière de droits de mutation à titre gratuit* » (L. n° 2013-907, 11 oct. 2013, art. 4 I et 11 I).

▪ **Déclaration d'intérêts.** Dans les mêmes conditions de délai, le titulaire du mandat électif local adresse au président de la HATVP « *une déclaration faisant apparaître les intérêts détenus à la date de [son entrée en fonctions] et dans les 5 années précédant cette date.* » (L. n° 2013-907, 11 oct. 2013, art. 4 I et 11 I).

▪ **Déclarations modificatives.** « *Toute modification substantielle de la situation patrimoniale ou des intérêts détenus donne lieu, dans un délai de deux mois, à une déclaration dans les mêmes formes* ». (L. n° 2013-907, 11 oct. 2013, art. 11 I).

▪ **Déclarations en cas cessation de fonction.** Une « *nouvelle déclaration de situation patrimoniale* » est déposée au président de la HATVP par le titulaire du mandat électif local « *deux mois au plus tôt et un mois au plus tard avant l'expiration de son mandat.../...ou, en cas de dissolution de l'assemblée concernée ou de cessation du mandat.../..., dans les deux mois qui suivent la fin du mandat...* » (L. n° 2013-907, 11 oct. 2013, art. 11 II). Par application combinée du I et du II de l'article 11 renvoyant à l'article 4 I, cette déclaration présente les « *évènements majeurs ayant affecté la composition du patrimoine depuis la dernière déclaration* » (L. n° 2013-907, 11 oct. 2013, art. 4 I, 11 I et II).

▪ **Pouvoirs de la HATVP : pouvoir d'instruction de la déclaration auprès de l'administration fiscale.** La HATVP peut demander au titulaire du mandat électif local communication de ses déclarations fiscales ou de celles de son conjoint faites au titre de l'impôt sur le revenu des personnes physiques (CGI, art. 170 à 175 A) ou de l'impôt sur la fortune (CGI, art. 885W), et à défaut de réponse dans les deux mois, les solliciter auprès de l'administration fiscale (L. n° 2013-907, 11 oct. 2013, art. 6 et 11 V). Elle peut également demander à l'administration fiscale d'exercer son droit de communication ou de mettre en œuvre une procédure d'assistance administrative internationale en vue de recueillir toutes informations utiles à l'accomplissement de sa mission de contrôle. Les agents de l'administration fiscale sont déliés du secret professionnel à l'égard des membres et rapporteurs de la HATVP pour leurs vérifications et contrôles (L. n° 2013-907, 11 oct. 2013, art. 6 et 11 V).

▪ **Pouvoirs de la HATVP : pouvoir d'injonction aux fins de transmettre ou compléter les déclarations.** Lorsque les déclarations de situation patrimoniale ou d'intérêts n'ont pas été transmises dans les délais à la HATVP, celle-ci « *adresse à l'intéressé une injonction tendant à ce qu'elles soient transmises dans un délai d'un mois à compter de la notification de l'injonction* ». La même procédure d'injonction est applicable en cas « *de déclaration incomplète ou lorsqu'il n'a pas été donné suite à une demande d'explications* » nécessaires à l'exercice des missions de la HATVP (L. nº 2013-907, 11 oct. 2013, art. 11 V et 4 V). Le défaut de réponse constitue l'infraction du **cas E**.

▪ **Pouvoirs de la HATVP : pouvoir de contrôle, d'appréciation et de publication des déclarations.** La HATVP « *contrôle la variation de la situation patrimoniale des [titulaires du mandat électif local] telles qu'elles résultent de leurs déclarations, des éventuelles observations et explications qu'ils ont pu formuler et des autres éléments dont elle dispose* » (L. nº 2013-907, 11 oct. 2013, art. 7 et 11 V). La personne peut joindre des observations à chacune de ses déclarations (L. nº 2013-907, 11 oct. 2013, art. 4 I et 11 I). Les déclarations d'intérêts des titulaires de mandats électifs locaux et leurs modifications substantielles sont rendues publiques par la HATVP selon des modalités prévues par D. nº 2013-1212, 23 déc. 2012, art. 6 (L. nº 2013-907, 11 oct. 2013, art. 12 I) (diffusion sur un site internet public unique d'accès gratuit).

▪ **Pouvoirs de la HATVP : publication au JO d'un rapport spécial et transmission du dossier au parquet.** Lorsque la HATVP « *constate une évolution de la situation patrimoniale pour laquelle elle ne dispose pas d'explications suffisantes* », après avoir mis le titulaire du mandat électif local en mesure de présenter ses observations, elle « *publie au Journal officiel un rapport spécial, assorti des observations de l'intéressé, et transmet le dossier au parquet* » (L. nº 2013-907, 11 oct. 2013, art. 7 et 11 V).

MESURE ADMINISTRATIVE

▪ **Pouvoirs d'injonction de la HATVP en cas de conflit d'intérêts.** « *Constitue un conflit d'intérêts toute situation d'interférence entre un intérêt public et des intérêts publics ou privés qui est de nature à influencer ou à paraître influencer l'exercice indépendant, impartial et objectif d'une fonction* » (L. nº 2013-907, 11 oct. 2013, art. 2). « *les personnes titulaires d'un mandat électif local.../... exercent leurs fonctions avec dignité, probité et intégrité et veillent à prévenir ou à faire cesser immédiatement tout conflit d'intérêts* » (L. nº 2013-907, 11 oct. 2013, art. 1). « *Lorsqu'elle constate [que le titulaire d'un mandat électif local] se trouve en situation de conflit d'intérêts, la HATVP lui enjoint de faire cesser cette situation. Après avoir mis à même l'intéressé de faire valoir ses observations dans un délai d'un mois, elle peut décider de rendre publique cette injonction* » (L. nº 2013-907, 11 oct. 2013, art. 10 I). Cette disposition est applicable par le renvoi qui est fait à l'article 10 par L. nº 2013-907, 11 oct. 2013, art. 11 V.

RÉGIME DES PEINES

▪ **Durée de la peine d'inéligibilité.** Par dérogation à C. pén., art. 131-26 2° et al. 7 qui prévoit que l'inéligibilité résultant de l'interdiction des droits civiques est ⩽ 5 ans en cas de condamnation pour un délit, cette peine peut être prononcée pour une durée ⩽ 10 ans à l'encontre d'une personne exerçant un mandat électif public au moment des faits (C. pén., art. 131-26-1, L. nº 2013-907, 11 oct. 2013).

▪ **Inéligibilité obligatoire. Inscription au bulletin nº 2. Réserve d'interprétation.** *Idem* nº 20.18.

▪ ÉLÉMENTS CONSTITUTIFS – QUALIFICATION

✧ Pour avoir à .... [¤ lieu], le .... [¤ date], étant titulaire d'un mandat exécutif local, en l'espèce................. [¤ préciser les fonctions exercées par référence au I 2° et 3° de l'article 11 L. nº 2013-907, 11 oct. 2013] [⇨A à E :]

A. omis d'adresser, dans les deux mois suivant son entrée en fonctions,

A1. la déclaration de sa situation patrimoniale (A1 : *N* ***30278.co***) .../...

A2. sa déclaration d'intérêts (A2 : *N* ***30279.co***) .../...

.../...au président de la Haute autorité pour la transparence de la vie publique (L. nº 2013-907, 11 oct. 2013, art. 4 I, 11 I et 26 I) ;

B. omis de déclarer au président de la Haute autorité pour la transparence de la vie publique une partie substantielle de son patrimoine (B1 : *N* ***29630.co***) ou de ses intérêts (B2 : *N* ***30280.co***) (L. nº 2013-907, 11 oct. 2013, art. 4, 11 I et 26 I) ;

C. fourni au président de la Haute autorité pour la transparence de la vie publique une évaluation mensongère de son patrimoine (L. nº 2013-907, 11 oct. 2013, art. 4, 11 I et 26 I) (C : *N* ***29630.co***) ;

D. omis, un mois au plus tard avant l'expiration de son mandat, ou dans les 2 mois qui suivent la fin des fonctions en cas de cessation du mandat, de déposer auprès de la Haute autorité pour la transparence de la vie publique une déclaration patrimoniale comportant l'ensemble des revenus perçus par lui-même et, le cas échéant, par la communauté, depuis le début du mandat (L. n° 2013-907, 11 oct. 2013, art. 4 I, 11 I et II, et 26 I) (D : *N 30275.co*) ;

E. omis de déférer à l'injonction de la Haute autorité pour la transparence de la vie publique tendant à la transmission, dans le délai d'un mois de la notification de l'injonction, des déclarations de situation patrimoniale ou d'intérêts, ou tendant à compléter ces déclarations ou à apporter les explications nécessaires à l'exercice de ses missions par la HATVP (L. n° 2013-907, 11 oct. 2013, art. 4 V, 11 V et 26 II) (E : *N 30288.co*).

Faits prévus et réprimés par les articles [• du cas sélectionné]. ✧

23.49 Manquement aux obligations de déclaration à la HATVP par les personnes chargées de certains emplois publics (L. n° 2013-907, 11 oct. 2013)

▪ PEINES

PERSONNE PHYSIQUE

PP Délit. Cas A à D : 3 ans d'emprisonnement, 45 000 € (L. n° 2013-907, 11 oct. 2013, art. 26 I). Cas E : 1 an d'emprisonnement, 15 000 € (L. n° 2013-907, 11 oct. 2013, art. 26 II).

PC 1. Cas A à D : interdiction droits civiques civils et de famille ⩽ 5 ans (vote, éligibilité, fonction juridictionnelle, expert, témoin, tuteur, curateur) (L. n° 2013-907, 11 oct. 2013, art. 26 I ; C. pén., art. 131-26). Sauf dispense spécialement motivée, la peine d'inéligibilité est obligatoirement prononcée (C. pén., art. 131-26-2, L. n° 2017-1339, 15 sept. 2017), v. Orienteur/Régime des peines ;

2. Cas A à D : Interdiction, définitive ou ⩽ 5 ans fonction publique (L. n° 2013-907, 11 oct. 2013, art. 26 I ; C. pén., art. 131-27).

▪ ORIENTEUR

ÉLÉMENT LÉGAL

▪ **Champ d'application dans le temps.** *Idem* n° 23.46.

▪ **Fonctions publiques soumises aux obligations déclaratives.** Il s'agit des titulaires de l'un des emplois publics suivants : membres des cabinets ministériels et collaborateurs du Président de la République, collaborateurs du Président de l'Assemblée nationale et du Président du Sénat, membres des autorités administratives indépendantes et des autorités publiques indépendantes, et toute autre personne exerçant un emploi ou des fonctions à la décision du Gouvernement pour lesquels elle a été nommée en conseil des ministres (L. n° 2013-907, 11 oct. 2013, art. 11 I, 4° à 7°).

▪ **Constitutionnalité. Notion de partie substantielle du patrimoine.** V. Orienteur n° 23.45.

TEXTE DE RÉFÉRENCE

▪ **Déclaration de situation patrimoniale.** Dans les 2 mois qui suivent son entrée en fonction, le titulaire de l'emploi public adresse personnellement au président de la Haute Autorité pour la transparence de la vie publique (HATVP) « *une déclaration exhaustive, exacte et sincère de sa situation patrimoniale concernant la totalité de ses biens propres ainsi que, le cas échéant, ceux de la communauté ou les biens indivis. Ces biens sont évalués à la date du fait générateur de la déclaration comme en matière de droits de mutation à titre gratuit* » (L. n° 2013-907, 11 oct. 2013, art. 4 I et 11 I).

▪ **Déclaration d'intérêts.** Dans les mêmes conditions de délai, la personne adresse au président de la HATVP « *une déclaration faisant apparaître les intérêts détenus à la date de [son entrée en fonctions] et dans les 5 années précédant cette date.* » (L. n° 2013-907, 11 oct. 2013, art. 4 I et 11 I). « *Les déclarations d'intérêt.../...sont également adressées au président de l'autorité indépendante ou à l'autorité hiérarchique* » dont la personne relève (L. n° 2013-907, 11 oct. 2013, art. 11 I).

▪ **Déclarations modificatives.** « *Toute modification substantielle de la situation patrimoniale ou des intérêts détenus donne lieu, dans un délai de deux mois, à une déclaration dans les mêmes formes* ». (L. n° 2013-907, 11 oct. 2013, art. 11 I).

▪ **Déclarations en cas cessation de fonction.** Une « *nouvelle déclaration de situation patrimoniale* » est déposée au président de la HATVP par la personne « *dans les deux mois qui suivent la fin de ses fonctions* » (L. n° 2013-907, 11 oct. 2013, art. 11 II). Par application combinée du I et du II de l'article 11 renvoyant à l'article 4 I, cette déclaration présente les « *évènements majeurs ayant affecté la composition du patrimoine depuis la dernière déclaration* » (L. n° 2013-907, 11 oct. 2013, art. 4 I, 11 I et II).

▪ **Pouvoirs de la HATVP : pouvoir d'instruction de la déclaration auprès de l'administration fiscale.** La HATVP peut demander au titulaire de l'emploi public communication de ses déclarations fiscales ou de celles de son conjoint faites au titre de l'impôt sur le revenu des personnes physiques (CGI, art. 170 à 175 A) ou de l'impôt sur la fortune (CGI, art. 885W), et à défaut de réponse dans les deux mois, les solliciter auprès de l'administration fiscale (L. n° 2013-907, 11 oct. 2013, art. 6 et 11 V). Elle peut également demander à l'administration fiscale d'exercer son droit de communication ou de mettre en œuvre une procédure d'assistance administrative internationale en vue de recueillir toutes informations utiles à l'accomplissement de sa mission de contrôle. Les agents de l'administration fiscale sont déliés du secret professionnel à l'égard des membres et rapporteurs de la HATVP pour leurs vérifications et contrôles (L. n° 2013-907, 11 oct. 2013, art. 6 et 11 V).

▪ **Pouvoirs de la HATVP : pouvoir d'injonction aux fins de transmettre ou compléter les déclarations.** Lorsque les déclarations de situation patrimoniale ou d'intérêts n'ont pas été transmises dans les délais à la HATVP, celle-ci « *adresse à l'intéressé une injonction tendant à ce qu'elles soient transmises dans un délai d'un mois à compter de la notification de l'injonction* ». La même procédure d'injonction est applicable en cas « *de déclaration incomplète ou lorsqu'il n'a pas été donné suite à une demande d'explications* » nécessaires à l'exercice des missions de la HATVP (L. n° 2013-907, 11 oct. 2013, art. 11 V et 4 V). Le défaut de réponse constitue l'infraction du **cas E**.

▪ **Pouvoirs de la HATVP : pouvoir de contrôle, d'appréciation et de publication des déclarations.** La HATVP « *contrôle la variation de la situation patrimoniale des [titulaires du mandat électif local] telles qu'elles résultent de leurs déclarations, des éventuelles observations et explications qu'ils ont pu formuler et des autres éléments dont elle dispose* » (L. n° 2013-907, 11 oct. 2013, art. 7 et 11 V). La personne peut joindre des observations à chacune de ses déclarations (L. n° 2013-907, 11 oct. 2013, art. 4 I et 11 I). Les déclarations d'intérêts des titulaires d'emplois publics sont rendues publiques par la HATVP selon des modalités prévues par décret (L. n° 2013-907, 11 oct. 2013, art. 12 I) (Le D. n° 2013-1212, 23 déc. 2012, art. 6 précité ne prévoit pas les modalités de publication de ces déclarations).

▪ **Pouvoirs de la HATVP : publication au JO d'un rapport spécial et transmission du dossier au parquet.** Lorsque la HATVP « *constate une évolution de la situation patrimoniale pour laquelle elle ne dispose pas d'explications suffisantes* », après avoir mis le titulaire de l'emploi public en mesure de présenter ses observations, elle « *publie au Journal officiel un rapport spécial, assorti des observations de l'intéressé, et transmet le dossier au parquet* » (L. n° 2013-907, 11 oct. 2013, art. 7 et 11 V).

MESURE ADMINISTRATIVE

▪ **Pouvoirs d'injonction de la HATVP en cas de conflit d'intérêts.** « *constitue un conflit d'intérêts toute situation d'interférence entre un intérêt public et des intérêts publics ou privés qui est de nature à influencer ou à paraître influencer l'exercice indépendant, impartial et objectif d'une fonction* » (L. n° 2013-907, 11 oct. 2013, art. 2). « *les personnes chargées d'une mission de service public .../... exercent leurs fonctions avec dignité, probité et intégrité et veillent à prévenir ou à faire cesser immédiatement tout conflit d'intérêts* » (L. n° 2013-907, 11 oct. 2013, art. 1). « *Lorsqu'elle constate [que la personne chargée d'une mission de service public] se trouve en situation de conflit d'intérêts, la HATVP lui enjoint de faire cesser cette situation. Après avoir mis à même l'intéressé de faire valoir ses observations dans un délai d'un mois, elle peut décider de rendre publique cette injonction* » (L. n° 2013-907, 11 oct. 2013, art. 10 I). Cette disposition est applicable par le renvoi qui est fait à l'article 10 par L. n° 2013-907, 11 oct. 2013, art. 11 V.

RÉGIME DES PEINES

▪ **Inéligibilité obligatoire. Inscription au bulletin n° 2. Réserve d'interprétation.** *Idem* n° **20.18**.

▪ ÉLÉMENTS CONSTITUTIFS – QUALIFICATION

✧ Pour avoir à .... [¤ lieu], le .... [¤ date], étant titulaire d'un emploi public de .... [¤ préciser les fonctions exercées par référence au I 4° à 7° de l'article **11** L. n° 2013-907, 11 oct. 2013] [⇨A à E :],

A. omis d'adresser, dans les deux mois suivant son entrée en fonctions,

A1. la déclaration de sa situation patrimoniale (A1 : *N 30281.co*) .../...

A2. sa déclaration d'intérêts (A2 : *N 30282.co*) .../...

.../...au président de la Haute autorité pour la transparence de la vie publique (L. n° 2013-907, 11 oct. 2013, art. 4 I, 11 I et 26 I) ;

B. omis de déclarer au président de la Haute autorité pour la transparence de la vie publique une partie substantielle de son patrimoine (B1 : *N 30283.co*) ou de ses intérêts (B2 : *N 30284.co*) (L. n° 2013-907, 11 oct. 2013, art. 4, 11 I et 26 I) ;

C. fourni au président de la Haute autorité pour la transparence de la vie publique une évaluation mensongère de son patrimoine (L. n° 2013-907, 11 oct. 2013, art. 4, 11 I et 26 I) (C : *N 30283.co*) ;

D. omis, un mois au plus tard avant l'expiration de son mandat, ou dans les 2 mois qui suivent la fin des fonctions en cas de cessation du mandat, de déposer auprès de la Haute autorité pour la transparence de la vie publique une déclaration patrimoniale comportant l'ensemble des revenus perçus par lui-même et, le cas échéant, par la communauté, depuis le début du mandat (L. n° 2013-907, 11 oct. 2013, art. 4 I, 11 I et II, et 26 I) (D : *N 30275.co*) ;

E. omis de déférer à l'injonction de la Haute autorité pour la transparence de la vie publique tendant à la transmission, dans le délai d'un mois de la notification de l'injonction, des déclarations de situation patrimoniale ou d'intérêts, ou tendant à compléter ces déclarations ou à apporter les explications nécessaires à l'exercice de ses missions par la HATVP (L. n° 2013-907, 11 oct. 2013, art. 4 V, 11 V et 26 II) (E : *N 30288.co*).

Faits prévus et réprimés par les articles [• du cas sélectionné]. ✧

23.50 Manquement aux obligations de déclaration à la HATVP par les dirigeants d'entreprises à caractère public (L. n° 2013-907, 11 oct. 2013)

■ PEINES

PERSONNE PHYSIQUE

PP Délit. Cas A à D : 3 ans d'emprisonnement, 45 000 € (L. n° 2013-907, 11 oct. 2013, art. 26 I). Cas E : 1 an d'emprisonnement, 15 000 € (L. n° 2013-907, 11 oct. 2013, art. 26 II).

PC 1. Cas A à D : Interdiction droits civiques civils et de famille ⩽ 5 ans (vote, éligibilité, fonction juridictionnelle, expert, témoin, tuteur, curateur) (L. n° 2013-907, 11 oct. 2013, art. 26 I ; C. pén., art. 131-26). Sauf dispense spécialement motivée, la peine d'inéligibilité est obligatoirement prononcée (C. pén., art. 131-26-2, L. n° 2017-1339, 15 sept. 2017), v. Orienteur/Régime des peines ;

2. Cas A à D : Interdiction, définitive ou ⩽ 5 ans fonction publique (L. n° 2013-907, 11 oct. 2013, art. 26 I ; C. pén., art. 131-27).

■ ORIENTEUR

ÉLÉMENT LÉGAL

▪ **Champ d'application dans le temps.** *Idem* n° 23.46.

▪ **Fonctions publiques soumises aux obligations déclaratives.** Il s'agit des présidents et des directeurs généraux des entités suivantes (L. n° 2013-907, 11 oct. 2013, art. 11 III) :

– personnes morales détenues directement pour plus de ½ par l'État ;

– établissements publics de l'État à caractère industriel et commercial (EPIC) ;

– personnes morales dans lesquelles plus de ½ du capital social est détenue, directement ou indirectement, séparément ou ensemble, par des personnes morales dont le capital est détenu pour plus de ½ par l'État ou par des EPIC, et dont le CA du dernier exercice clos avant la date de nomination, est > 10 millions € ;

– offices publics de l'habitat (OPH) gérant un parc > 2 000 logements au 31 décembre de l'année précédant celle de nomination ;

– personnes morales autres que les précédentes (sauf OPH), dont le CA du dernier exercice clos avant la date de nomination est > 750 000 €, dans lesquelles les communes, départements, régions, collectivités à statut particulier et collectivités d'outre-mer, leurs groupements ou l'une des personnes morales mentionnées ci-dessus, détiennent, directement ou indirectement, plus de ½ du capital social ou qui sont des sociétés d'économie mixte créées antérieurement à L. n° 83-587, 7 juill. 1983.

▪ **Constitutionnalité. Notion de partie substantielle du patrimoine.** V. Orienteur n° 23.45.

TEXTE DE RÉFÉRENCE

▪ **Déclaration de situation patrimoniale.** Dans les 2 mois qui suivent son entrée en fonction, le président et directeur général adresse personnellement au président de la Haute Autorité pour la transparence de la vie publique (HATVP) « *une déclaration exhaustive, exacte et sincère de sa situation patrimoniale concernant la totalité de ses biens propres ainsi que, le cas échéant, ceux de la communauté ou les biens indivis. Ces biens sont évalués à la date du fait générateur de la déclaration comme en matière de droits de mutation à titre gratuit* » (L. n° 2013-907, 11 oct. 2013, art. 4 I, 11 I et 11 III).

▪ **Déclaration d'intérêts.** Dans les mêmes conditions de délai, la personne adresse au président de la HATVP « *une déclaration faisant apparaître les intérêts détenus à la date de [son entrée en fonctions] et dans les 5 années précédant cette date.* » (L. n° 2013-907, 11 oct. 2013, art. 4 I, 11 I et 11 III). « *La déclaration d'intérêt.../...est également adressée au ministère qui a autorité sur l'intéressé ou qui exerce la tutelle de l'organisme* » (L. n° 2013-907, 11 oct. 2013, art. 11 III).

▪ **Déclarations modificatives.** « *Toute modification substantielle de la situation patrimoniale ou des intérêts détenus donne lieu, dans un délai de deux mois, à une déclaration dans les mêmes formes* ». (L. n° 2013-907, 11 oct. 2013, art. 11 I et 11 III).

▪ **Déclarations en cas cessation de fonction.** Une « *nouvelle déclaration de situation patrimoniale* » est déposée au président de la HATVP par la personne « *dans les deux mois qui suivent la fin de ses fonctions* » (L. n° 2013-907, 11 oct. 2013, art. 11 II). Par application combinée du I, II et III de l'article 11 renvoyant à l'article 4 I, cette déclaration présente les « *évènements majeurs ayant affecté la composition du patrimoine depuis la dernière déclaration* » (L. n° 2013-907, 11 oct. 2013, art. 4 I, 11 I, II et III).

▪ **Pouvoirs de la HATVP : pouvoir d'instruction de la déclaration auprès de l'administration fiscale.** La HATVP peut demander au président ou directeur général communication de ses déclarations fiscales ou de celles de son conjoint faites au titre de l'impôt sur le revenu des personnes physiques (CGI, art. 170 à 175 A) ou de l'impôt sur la fortune (CGI, art. 885W), et à défaut de réponse dans les deux mois, les solliciter auprès de l'administration fiscale (L. n° 2013-907, 11 oct. 2013, art. 6 et 11 V). Elle peut également demander à l'administration fiscale d'exercer son droit de communication ou de mettre en œuvre une procédure d'assistance administrative internationale en vue de recueillir toutes informations utiles à l'accomplissement de sa mission de contrôle. Les agents de l'administration fiscale sont déliés du secret professionnel à l'égard des membres et rapporteurs de la HATVP pour leurs vérifications et contrôles (L. n° 2013-907, 11 oct. 2013, art. 6 et 11 V).

▪ **Pouvoirs de la HATVP : pouvoir d'injonction aux fins de transmettre ou compléter les déclarations.** Lorsque les déclarations de situation patrimoniale ou d'intérêts n'ont pas été transmises dans les délais à la HATVP, celle-ci « *adresse à l'intéressé une injonction tendant à ce qu'elles soient transmises dans un délai d'un mois à compter de la notification de l'injonction* ». La même procédure d'injonction est applicable en cas « *de déclaration incomplète ou lorsqu'il n'a pas été donné suite à une demande d'explications* » nécessaires à l'exercice des missions de la HATVP (L. n° 2013-907, 11 oct. 2013, art. 11 V et 4 V). Le défaut de réponse constitue l'infraction du **cas E**.

▪ **Pouvoirs de la HATVP : pouvoir de contrôle, d'appréciation et de publication des déclarations.** La HATVP « *contrôle la variation de la situation patrimoniale des [titulaires du mandat électif local] telles qu'elles résultent de leurs déclarations, des éventuelles observations et explications qu'ils ont pu formuler et des autres éléments dont elle dispose* » (L. n° 2013-907, 11 oct. 2013, art. 7 et 11 V). La personne peut joindre des observations à chacune de ses déclarations (L. n° 2013-907, 11 oct. 2013, art. 4 I, 11 I et 11 III). Les déclarations d'intérêts des présidents et directeurs généraux concernés sont rendues publiques par la HATVP selon des modalités prévues par décret (L. n° 2013-907, 11 oct. 2013, art. 12 I) (Le D. n° 2013-1212, 23 déc. 2012, art. 6 précité ne prévoit pas les modalités de publication de ces déclarations).

▪ **Pouvoirs de la HATVP : publication au JO d'un rapport spécial et transmission du dossier au parquet.** Lorsque la HATVP « *constate une évolution de la situation patrimoniale pour laquelle elle ne dispose pas d'explications suffisantes* », après avoir mis le titulaire de l'emploi public en mesure de présenter ses observations, elle « *publie au Journal officiel un rapport spécial, assorti des observations de l'intéressé, et transmet le dossier au parquet* » (L. n° 2013-907, 11 oct. 2013, art. 7 et 11 V).

MESURE ADMINISTRATIVE

▪ **Pouvoirs d'injonction de la HATVP en cas de conflit d'intérêts.** « *constitue un conflit d'intérêts toute situation d'interférence entre un intérêt public et des intérêts publics ou privés qui est de nature à influencer ou à paraître influencer l'exercice indépendant, impartial et objectif d'une fonction* » (L. n° 2013-907, 11 oct. 2013, art. 2). « *les personnes chargées d'une mission de service public .../... exercent leurs fonctions avec dignité, probité et intégrité et veillent à prévenir ou à faire cesser immédiatement tout conflit d'intérêts* » (L. n° 2013-907, 11 oct. 2013, art. 1). « *Lorsqu'elle constate [que la personne chargée d'une mission de service public] se trouve en situation de conflit d'intérêts, la HATVP lui enjoint de faire cesser cette situation. Après avoir mis à même l'intéressé de faire valoir ses observations dans un délai d'un mois, elle peut décider de rendre publique cette injonction* » (L. n° 2013-907, 11 oct. 2013, art. 10 I). Cette disposition est applicable par le renvoi qui est fait à l'article 10 par L. n° 2013-907, 11 oct. 2013, art. 11 V.

MESURE CIVILE

▪ **Nullité de la nomination.** La nomination des présidents ou directeurs généraux concernés est, le cas échéant, subordonnée à la justification du dépôt de la déclaration de situation patrimoniale exigible lors de la cessation de fonctions précédentes. Elle est considérée comme nulle si, à l'issue du délai de deux mois, l'une des déclarations prévues lors de l'entrée en fonctions n'a pas été transmise à la Haute Autorité de la transparence de la vie publique (L. n° 2013-907, 11 oct. 2013, art. 10 III).

RÉGIME DES PEINES

▪ **Inéligibilité obligatoire. Inscription au bulletin n° 2. Réserve d'interprétation.** *Idem* n° 20.18.

▪ ÉLÉMENTS CONSTITUTIFS – QUALIFICATION

✧ Pour avoir à .... [¤ lieu], le .... [¤ date], étant président ou directeur général de .... [¤ désigner la personne morale concernée par référence au III 1° à 5° de l'article **11** L. n° 2013-907, 11 oct. 2013] [⇨A à E :],

A. omis d'adresser, dans les deux mois suivant son entrée en fonctions,

A1. la déclaration de sa situation patrimoniale (A1 : *N* ***30285.co***) .../...

A2. sa déclaration d'intérêts (A2 : *N* ***30286.co***) .../...

.../...au président de la Haute autorité pour la transparence de la vie publique (L. n° 2013-907, 11 oct. 2013, art. 4 I, 11 I, 11 III et 26 I) ;

B. omis de déclarer au président de la Haute autorité pour la transparence de la vie publique une partie substantielle de son patrimoine (B1 : *N* ***29631.co***) ou de ses intérêts (B2 : *N* ***30287.co***) (L. n° 2013-907, 11 oct. 2013, art. 4, 11 I, 11 III et 26 I) ;

C. fourni au président de la Haute autorité pour la transparence de la vie publique une évaluation mensongère de son patrimoine (L. n° 2013-907, 11 oct. 2013, art. 4, 11 I, 11 III et 26 I) (C : *N* ***29631.co***) ;

D. omis, un mois au plus tard avant l'expiration de son mandat, ou dans les 2 mois qui suivent la fin des fonctions en cas de cessation du mandat, de déposer auprès de la Haute autorité pour la transparence de la vie publique une déclaration patrimoniale comportant l'ensemble des revenus perçus par lui-même et, le cas échéant, par la communauté, depuis le début du mandat (L. n° 2013-907, 11 oct. 2013, art. 4 I, 11 I, 11 III et 26 I) (D : *N* ***30285.co***) ;

E. omis de déférer à l'injonction de la Haute autorité pour la transparence de la vie publique tendant à la transmission, dans le délai d'un mois de la notification de l'injonction, des déclarations de situation patrimoniale ou d'intérêts, ou tendant à compléter ces déclarations ou à apporter les explications nécessaires à l'exercice de ses missions par la HATVP (L. n° 2013-907, 11 oct. 2013, art. 4 V, 11 V et 26 II) (E : *N* ***30288.co***).

Faits prévus et réprimés par les articles [• du cas sélectionné]. ✧

23.51 Emploi irrégulier de membre de cabinet ou de collaborateur par membre du gouvernement, parlementaire, élu local (L. nº 2017-1339, 15 sept. 2017)

■ PEINES

PERSONNE PHYSIQUE

PP Délit. 3 ans d'emprisonnement, 45 000 €.

Cas A (Membre du gouvernement) : L. nº 2017-1339, 15 sept. 2017, art. 11 ;

Cas B (Parlementaire) : Ord. 58-1100, 17 nov 1958, art. 8 *quater* issu L. nº 2017-1339, 15 sept. 2017 ;

Cas C (Autorité territoriale) : L. 84-53, 26 janv. 1984, art. 110 mod. par L. nº 2017-1339, 15 sept. 2017 ;

PC Néant.

PERSONNE MORALE

PP 225 000 € (C. pén., art. 131-38).

PC Néant.

■ ORIENTEUR

ÉLÉMENT LÉGAL

▪ **Application de la loi pénale dans le temps.** Incriminations créés par L. nº 2017-1339, 15 sept. 2017.

▪ **Définition. Autorité territoriale.** Le terme désigne le maire pour une commune, le président pour un établissement public de coopération intercommunale, le président pour le conseil départemental, le président pour un syndicat. L'autorité territoriale préside l'organe délibérant de la collectivité territoriale concernée.

MESURE CIVILE

▪ **Conséquence civiles. Rupture de plein droit du contrat et remboursement des sommes.** Cas A. La violation de l'interdiction emporte l'illégalité de l'acte de nomination et, le cas échéant, la cessation de plein droit du contrat. Aucune restitution des sommes versées ne peut être exigée du membre du cabinet. Un décret en Conseil d'État détermine les modalités selon lesquelles le membre du Gouvernement rembourse les sommes versées en violation de l'interdiction (L. nº 2017-1339, 15 sept. 2017, art. 11) ;

Cas B. La violation de l'interdiction emporte la rupture de plein droit du contrat. Cette rupture ne donne lieu à aucune restitution entre les parties. Le bureau de chaque assemblée détermine les modalités selon lesquelles le député ou le sénateur rembourse les sommes versées en violation de l'interdiction (Ord. 58-1100, 17 nov 1958, art. 8 *quater* issu L. nº 2017-1339, 15 sept. 2017) ;

Cas C. La violation de l'interdiction emporte de plein droit la cessation du contrat. Aucune restitution des sommes versées ne peut être exigée du membre du collaborateur. Un décret en Conseil d'État détermine les modalités selon lesquelles l'autorité territoriale rembourse les sommes versées en violation de l'interdiction (L. 84-53, 26 janv. 1984, art. 110 mod. par L. nº 2017-1339, 15 sept. 2017).

■ ÉLÉMENTS CONSTITUTIFS – QUALIFICATION

✧ Pour avoir à .... [¤ lieu], le .... [¤ date], étant [⇨A à C puis 1 à 3 :]

A. **membre du gouvernement**, compté parmi les membres de son cabinet... (L. nº 2017-1339, 15 sept. 2017, art. 11) (A : *N 32465.co*) [⇨1 à 3 :]

B. **député ou sénateur**, employé en tant que collaborateur parlementaire... (Ord. 58-1100, 17 nov 1958, art. 8 *quater* issu L. nº 2017-1339, 15 sept. 2017) (B : *N 32466.co*) [⇨1 à 3 :]

C. **autorité territoriale**, compté parmi les membres de son cabinet... (L. 84-53, 26 janv. 1984, art. 110 mod. par L. nº 2017-1339, 15 sept. 2017) (C : *N 32467.co*) [⇨1 à 3 :]

1. son conjoint ou son partenaire lié par un pacte civil de solidarité ou son concubin
2. son parent ou le parent de son conjoint ou de son partenaire lié par un pacte civil de solidarité ou de son concubin
3. son enfant ou l'enfant de son partenaire lié par un pacte civil de solidarité ou de son concubin

Faits prévus et réprimés par l'article [¤ du cas sélectionné]. ✧

23.52 Prise illégale d'intérêt (ingérence) – Par une personne exerçant une fonction publique ou par un magistrat

■ PEINES

PERSONNE PHYSIQUE

PP Délit. Cas A : 5 ans d'emprisonnement, 500 000 € ou ⩽ double du produit de l'infraction (L. n° 2013-1117, 6 déc. 2013, auparavant 75 000 €) (C. pén., art. 432-12).

Cas B : 5 ans d'emprisonnement, 500 000 € ou ⩽ double du produit de l'infraction (incrimination créée par L. n° 2021-1729, 22 déc. 2021 ; C. pén., art. 432-12 et 432-12-1).

PC *Idem* n° 23.32 + **1.** Sauf dispense spécialement motivée, la peine d'inéligibilité est obligatoirement prononcée (C. pén., art. 432-17, réd. L. n° 2016-1691, 9 déc. 2016, devenu C. pén., art. 131-26-2, L. n° 2017-1339, 15 sept. 2017), v. Orienteur/Régime des peines.

2. Affichage, ⩽ 2 mois, ou diffusion de la décision ou d'extraits aux frais (⩽ amende encourue) du condamné (C. pén., art. 432-17 et 131-35) (depuis L. n° 2016-1691, 9 déc. 2016).

PERSONNE MORALE

PP Cas A : 2 500 000 € ou ⩽ double du produit de l'infraction (L. n° 2013-1117, 6 déc. 2013, auparavant 375 000 €) (C. pén., art. 432-12 et 131-38).

Cas B : 2 500 000 € ou ⩽ double du produit de l'infraction (incrimination créée par L. n° 2021-1729, 22 déc. 2021 ; C. pén., art. 432-12, 432-12-1 et 131-38).

PC Néant.

■ ORIENTEUR

AUTRE QUALIFICATION

▪ **Corruption des autorités judiciaires.** C. pén., art. 434-9, v. n° 23.38.

▪ **Trafic d'influence des autorités judiciaires.** C. pén., art. 434-9-1, v. n° 23.39.

ÉLÉMENT LÉGAL

▪ **Application de la loi pénale dans le temps. Cas A** : incrimination réécrite par L. n° 2021-1729, 22 déc. 2021, sur la confiance dans l'institution judiciaire. **Cas B** : incrimination créée par L. n° 2021-1729, 22 déc. 2021, sur la confiance dans l'institution judiciaire, étant précisé que l'infraction de prise illégale d'intérêt était déjà jugée applicable aux magistrats (Crim. 11 oct. 2006, n° 06-83.434). « *les prévisions de l'article 432-12 du code pénal dans sa rédaction issue de L. n° 2021-1729, 22 déc. 2021, aux termes de laquelle l'intérêt doit être de nature à compromettre l'impartialité, l'indépendance ou l'objectivité de l'auteur du délit sont équivalentes à celles résultant de sa rédaction antérieure par laquelle le législateur, en incriminant le fait, par une personne exerçant une fonction publique, de se placer dans une situation où son intérêt entre en conflit avec l'intérêt public dont elle a la charge, a entendu garantir, dans l'intérêt général, l'exercice indépendant, impartial et objectif des fonctions publiques (Crim. 19 mars 2014, n° 14-90.001 QPC ; Crim. 20 déc. 2017, n° 17-81.975 QPC)* » (Crim. 5 avr. 2023, n° 21-87.217, P ; dans le même sens Crim. 5 avr. 2023, n° 21-86.676).

▪ **Constitutionnalité.** « *le législateur, en incriminant le fait, par une personne exerçant une fonction publique, de se placer dans une situation où son intérêt entre en conflit avec l'intérêt public dont elle a la charge, a entendu garantir, dans l'intérêt général, l'exercice indépendant, impartial et objectif des fonctions publiques, de sorte que l'article critiqué ne porte atteinte* » aux principes de nécessité et de proportionnalité des peines et de légitimité de l'infraction garantis par DDHC, art. 5 et 8 (Crim. 19 mars 2014, n° 14-90.001, D ; dans le même sens : Crim. 20 déc. 2017, n° 17-81.975). « *la rédaction du texte en cause est conforme aux principes de précision et de prévisibilité de la loi pénale dont elle permet de déterminer le champ d'application sans porter atteinte au principe constitutionnel de légalité des délits et des peines* » (Crim. 30 nov. 2011, n° 11-90.093, P n° 241).

▪ **Régime spécifique pour les élus des petites communes. Cas A** : dans les **communes de 3 500 habitants au plus** les maires, adjoints ou conseillers municipaux délégués peuvent, en s'abstenant de participer à la délibération du conseil municipal :

a. traiter dans la limite d'un montant annuel total de 15 000 € avec la commune pour le transfert de biens mobiliers ou immobiliers ou la fourniture de services ;

b. sur des biens communaux, conclure un bail d'habitation, acheter une parcelle de lotissement pour leur habitation, acheter un bien pour leur activité professionnelle, après évaluation par le service des domaines (C. pén., art. 432-12).

▪ **Régime spécifique des élus représentant une collectivité territoriale dans une personne morale.** « *I. – Les représentants d'une collectivité territoriale ou d'un groupement de collectivités territoriales désignés pour participer aux organes décisionnels d'une autre personne morale de droit public ou d'une personne morale de droit privé en application de la loi ne sont pas considérés, du seul fait de cette désignation, comme ayant un intérêt, au sens de CGTC, art. L. 2131-11 du présent code, C. pén., art. 432-12 ou de L. n° 2013-907, 11 oct. 2013, relative à la transparence de la vie publique, art. 2 I, lorsque la collectivité ou le groupement délibère sur une affaire intéressant la personne morale concernée ou lorsque l'organe décisionnel de la personne morale concernée se prononce sur une affaire intéressant la collectivité territoriale ou le groupement représenté. II. – Toutefois, à l'exception des délibérations portant sur une dépense obligatoire [...] et sur le vote du budget, les représentants mentionnés au I [...] ne participent pas aux décisions de la collectivité territoriale ou du groupement attribuant à la personne morale concernée un contrat de la commande publique, une garantie d'emprunt ou une aide revêtant l'une des formes prévues au CGTC, art. L. 1511-2 I al. 2 et L. 1511-3, al. 2, ni aux commissions d'appel d'offres ou à la commission prévue à l'article L. 1411-5 lorsque la personne morale concernée est candidate, ni aux délibérations portant sur leur désignation ou leur rémunération au sein de la personne morale concernée* » (CGTC, art. L. 1111-6, issu L. n° 2022-217, 21 févr. 2022 relative à la différenciation, la décentralisation, la déconcentration et portant diverses mesures de simplification de l'action publique locale, dite « 3DS »). Ce texte issu d'un amendement sénatorial « *a pour objet de clarifier les conditions d'application aux élus locaux qui représentent une collectivité territoriale ou un groupement de collectivités territoriales au sein des organes d'une entreprise publique locale, d'un établissement public local ou de certaines catégories d'associations ou de groupements d'intérêt public prévues par la loi, des règles relatives aux conflits d'intérêts et au délit de prise illégale d'intérêt* » (Sénat, rapport n° 723 (2020-2021) de M. Mathieu DARNAUD et Mme Françoise GATEL, fait au nom de la commission des lois, 30 juin 2021). Par coordination, CGTC, art. L. 2131-11, mod. par L. n° 2022-217, 21 févr. 2022, prévoit désormais que les élus qui se déportent en application de CGTC, art. L. 1111-6, à l'occasion des délibérations, ne sont pas comptabilisés pour le calcul du *quorum*.

TEXTE DE RÉFÉRENCE

▪ **Obligations déontologiques et statutaires du magistrat. Cas B** : sur l'obligation de déport du magistrat en cas de conflit d'intérêts (COJ, art. L. 111-7 et Ord. n° 58-1270, 22 déc. 1958, art. 7-1, issu L. n° 2016-1090, 8 août 2016), v. n° **17.34A**.

ÉLÉMENT MATÉRIEL

▪ **Concours d'infractions – règle *non bis in idem*. • Concours avec le délit de favoritisme.** Est justifiée la décision de condamnation pour, d'une part, des délits d'atteinte à la liberté d'accès et à l'égalité des candidats dans les marchés publics (favoritisme), d'autre part, la prise illégale d'intérêt, « *dès lors que les déclarations de culpabilité des chefs d'atteinte à la liberté d'accès et à l'égalité des candidats dans les marchés publics et de prise illégale d'intérêt sont fondées sur des faits dissociables, la première infraction étant constituée par les irrégularités commises en connaissance de cause par le maire durant la procédure de marché tandis que la seconde est caractérisée par la seule décision prise par celui-ci, de faire signer à l'attributaire du marché, l'acte d'engagement des travaux et de publier l'avis d'attribution du marché* » (Crim. 17 avr. 2019, P n° 18-83.025, P n° 80). • **Renvoi.** Sur l'application de la règle *non bis in idem* en cas de concours d'infraction, v. n° **17.32B2**.

▪ **Notion d'intérêt direct ou indirect. • Relations d'affaires.** « *caractérise un intérêt, au sens de l'article 432-12 du code pénal, l'existence d'un lien d'affaires qui unit l'auteur de ce délit à la personne bénéficiant d'une décision prise par lui dans le cadre de ses fonctions publiques, peu important que ce lien ait été développé au sein d'une société sans rapport avec l'opération dont il a la charge d'assurer la surveillance, l'administration, la liquidation ou le paiement* » (Crim. 20 mars 2019, n° 17-81.975, P n° 57). Le président du conseil général, « *ordonnateur des dépenses de communication du département [...] payées à la société [A], avait pris un intérêt indirect dans l'opération dont il avait la charge d'assurer la surveillance, en raison de l'important soutien financier accordé par la société [A] aux sociétés [B et C] dont l'intéressé est actionnaire et administrateur* » (Crim. 27 nov. 2002, n° 02-81.581, P n° 213). • **Lien d'amitié ou de famille.** « *Un intérêt, fût-il moral* », pris par le mandataire à la liquidation, pour proposer au juge-commissaire d'autoriser la cession d'un bien immobilier à des acquéreurs ayant avec lui des liens de parenté et d'amitié, caractérise l'infraction (Crim. 30 juin 2010, n° 09-84.040, D). « *cet intérêt peut être de nature matérielle ou morale, direct ou indirect* », ainsi pour le maire qui a directement ou par l'intermédiaire du premier adjoint, signé des actes d'engagement portant sur des travaux de construction de bâtiments communaux avec son gendre, architecte (Crim. 29 sept. 1999, n° 98-81.796, P n° 202). « *l'existence d'un lien d'amitié* », en l'espèce « *un ami de longue date après avoir été, pendant plusieurs années, un partenaire de golf* » constitue l'intérêt quelconque incriminé par C. pén., art. 432-12 (Crim. 5 avr. 2018, nº 17-81.912, nº 63). • **Indifférence du profit personnel.** « *l'intérêt prévu à l'article 432-12 du code pénal, peut être matériel ou moral, direct ou indirect, peu important que* [le prévenu], *n'en ait retiré un quelconque profit et que l'intérêt pris ne soit pas en contradiction avec l'intérêt communal* » (Crim. 27 juin 2018, nº 16-86.256, D). « *le délit reproché se consomme par le seul abus de la fonction, indépendamment de la recherche d'un gain ou d'un avantage personnel* » (Crim. 14 juin 2000, nº 99-84.054, P nº 221). Ainsi constitue « *la prise d'un intérêt moral par la prévenue, nécessairement distinct de l'intérêt général* », le fait pour la maire d'ordonner « *en toute connaissance de cause, en dehors du marché et de toute procédure légale, des travaux supplémentaires* » de dragage dans un port afin de favoriser un élu municipal qui y abritait son bateau à fort tirant d'eau (Crim. 29 juin 2011, nº 10-87.498, P nº 153). • **Indifférence de l'intérêt de la personne publique.** C. pén., art. 432-12 « *n'exige pas que l'intérêt pris par le prévenu soit en contradiction avec l'intérêt communal* » (Crim. 19 mars 2008, nº 07-84.288, P nº 69).

▪ **Fonctions concernées.** • **Personne chargée d'une mission de service public.** « *doit être regardée comme chargée d'une mission de service public, au sens de C. pén., art. 432-12, toute personne chargée, directement ou indirectement, d'accomplir des actes ayant pour but de satisfaire à l'intérêt général, peu important qu'elle ne disposât d'aucun pouvoir de décision au nom de la puissance publique* », tel est donc le cas d'une association chargée de la gestion de mesures de protection judiciaire, dont le dirigeant de fait a souscrit, pour le compte de personnes sous tutelle ou curatelle, des contrats d'assurance, de placement, de travaux ou d'audit dans des cabinets dont il était l'agent commercial (Crim. 30 janv. 2013, nº 11-89.224, P nº 33). Il en est de même pour « *le président du conseil départemental de la Croix-Rouge, chargé en tant que tel d'exercer une fonction ou d'accomplir des actes ayant pour but de satisfaire à l'intérêt général, est une personne investie d'une mission de service public* », pour le fait de « *confier à une société dirigée par des membres de sa famille, des prestations effectuées pour le compte de la Croix-Rouge et payées par elle* », en l'espèce « *l'organisation de stages de formation et de sélection dans le domaine des gardes à domicile, subventionnés par l'ANPE* » (Crim. 3 avr. 2007, nº 06-83.801, P nº 100). « *le président d'un conseil régional des notaires, établissement d'utilité publique, auquel a été confiée par le Conseil supérieur du notariat, également établissement d'utilité publique, la mission d'intérêt général de faciliter l'obtention de stages aux futurs notaires [...] peu important qu'il ne disposât pas, dans l'exercice de cette mission, de prérogatives de puissance publique* », pour le fait « *d'avoir fait embaucher son fils* » (Crim. 21 sept. 2005, nº 04-85.056, P nº 233). « *un architecte investi d'une mission de maîtrise d'œuvre par, et pour le compte d'une collectivité ou un organisme publics* », ses fonctions « *se réduiraient-elles à de simples pouvoirs de préparation ou de proposition de décisions prises par d'autres* », pour « *l'analyse des offres qu'il commente devant les décideurs* » et l'attribution des marchés à des sociétés présidées par son frère et dans lesquelles il avait également des parts (Crim. 14 juin 2000, nº 99-84.054, P nº 221). Des membres de la commission d'appel d'offres, même s'ils n'ont pas pris part au vote, compte tenu de leurs « *pouvoirs de préparation, proposition ou présentation de rapports ou d'avis en vue de la prise de décisions par d'autres personnes* » (Crim. 19 nov. 2003, nº 02-87.336, D).

▪ **Notion d'administration, de surveillance et de liquidation.** • **Mandatement administratif.** Le directeur d'un hôpital, « *intervenu dans la préparation et l'exécution des décisions du conseil d'administration de l'établissement hospitalier, [...] doit être considéré comme ayant eu la charge de l'administration, de la surveillance, de la liquidation ou du paiement [des] opérations* » consistant à faire construire une maison pour son usage personnel, « *le mandatement des charges afférentes à une opération dans laquelle le prévenu a pris, reçu ou conservé un intérêt vaut liquidation au sens de C. pén., art. 432-12, peu important que les paiements fussent effectués par une tierce personne* » (Crim. 14 déc. 2005, nº 05-83.898, P nº 333). Le président du conseil général, en qualité d'« *ordonnateur des dépenses de communication du département* » pour lesquelles il avait un intérêt personnel (Crim. 27 nov. 2002, nº 02-81.581, P nº 213). • **Modalités de participation à la prise de décision.** « *la participation, serait-elle exclusive de tout vote, d'un conseiller d'une collectivité territoriale à un organe délibérant de celle-ci, lorsque la délibération porte sur une affaire dans laquelle il a un intérêt, vaut surveillance ou administration de l'opération* » (Crim. 14 nov. 2007, nº 07-80.220, P nº 279). La participation du maire à une réunion informelle portant sur la cession discutée de parcelles communales et la part prise dans la mise en œuvre de cette cession de terrain communal à des membres de sa famille caractérisent l'infraction (Crim. 20 janv. 2021, nº 19-86.702, D). Le président du conseil général, « *ordonnateur des dépenses de communication du département [...] payées à la société [A], avait pris un intérêt indirect dans l'opération dont il avait la charge d'assurer la surveillance, en raison de l'important soutien financier accordé par la société [A] aux sociétés [B et C] dont l'intéressé est actionnaire et administrateur* » (Crim. 27 nov. 2002, nº 02-81.581, P nº 213). Est coupable de prise illégale d'intérêt le conseiller territorial qui donne procuration à un autre élu afin qu'il prenne part à la délibération accordant une aide publique à la société dont il était le gérant (Crim. 10 avr. 2002, nº 01-84.286, P nº 84).

▪ **Illustrations. • Recrutement de proches.** « *Le fait qu'un prévenu, maire d'une commune, se soit soumis aux règles de recrutement instaurées par* [la loi et le décret applicables], *est sans incidence sur la caractérisation de l'infraction dès lors qu'il est, en toute connaissance de cause, intervenu à tous les stades de la procédure ayant abouti au recrutement d'un membre de sa famille, quelles que soient les compétences professionnelles de celui-ci* » (§ 16) (Crim. 4 mars 2020, nº 19-83.390, P). Caractérise l'intérêt la signature d'un contrat d'enseignement par un président d'université matérialisant « *l'engagement de sa sœur en qualité de professeur contractuel de l'université, administration dont il avait en charge la direction, la gestion et la surveillance* » (Crim. 17 déc. 2008, nº 08-82.318, P nº 258). **• Modifications du POS et du PLU.** « *dès lors que le maire a seul l'administration de l'ensemble des affaires de la commune, en application du CGTC, art. L. 2122-18, notamment celles relevant de ses pouvoirs de préparation et d'exécution du plan local d'urbanisme* », il prend ou reçoit un intérêt illégal « *lors de la transformation du plan d'occupation des sols de cette commune en plan local d'urbanisme, qui a rendu constructibles des terrains qui ont fait l'objet d'une autorisation de lotir au profit de la société de promotion immobilière [...] dont il était l'associé principal* » (Crim. 23 févr. 2011, nº 10-82.880, D). « *l'existence d'un lien d'amitié* [est] *constitutif de l'intérêt quelconque au sens de C. pén., art. 432-12* » « Crim. 5 avr. 2018, nº 17-81.912, P nº 63). **• Attribution de marchés publics.** Le délit « *est caractérisé par la prise d'un intérêt matériel ou moral, direct ou indirect et se consomme par le seul abus de la fonction indépendamment de la recherche d'un gain ou de tout autre avantage personnel* », tel est le cas pour un maire qui « *est intervenu, en qualité de président de la commission d'appel d'offres et de membre du bureau du syndicat des eaux [...] dans l'attribution de plusieurs marchés de travaux publics aux sociétés [A et B] dont sa fille et son fils étaient respectivement les gérants, ainsi qu'aux sociétés [C et D] dont les deux précédentes ont été sous-traitantes* » (Crim. 21 juin 2000, nº 99-86.871, P nº 239). **• Subvention d'associations.** « *le délit est consommé dès que le prévenu a pris directement ou indirectement un intérêt dans une entreprise ou dans une opération dont il avait, au moment de l'acte, la surveillance ou l'administration, celles-ci se réduiraient-elles au simple pouvoir d'émettre un avis en vue de décisions prises par d'autres* », tel est le cas pour le maire adjoint qui a émis un avis favorable à la reconduction de subventions pour une association « *dans le fonctionnement de laquelle il avait une grande influence* », la subvention ayant été utilisée pour payer un prestataire dont il assumait la direction (Crim. 9 mars 2005, nº 04-83.615, P nº 81). « *l'intérêt, matériel ou moral, direct ou indirect, pris par des élus municipaux en participant au vote des subventions bénéficiant aux associations qu'ils président entre dans les prévisions de C. pén., art. 432-12 ; qu'il n'importe que ces élus n'en aient retiré un quelconque profit et que l'intérêt pris ou conservé ne soit pas en contradiction avec l'intérêt communal* » (Crim. 22 oct. 2008, nº 08-82.068, P nº 212).

▪ **Complicité.** « *caractérisent l'aide ou l'assistance donnée dans les faits qui ont préparé ou facilité l'infraction commise, les conseils techniques réitérés prodigués par une personne qui a intérêt à la réalisation de cette opération* » (Crim. 20 mars 2019, nº 17-81.975, P nº 57).

ÉLÉMENT INTENTIONNEL

▪ **Indifférence de l'intention frauduleuse.** « *le délit de prise illégale d'intérêts est constitué par le seul abus de fonction* » (Crim. 23 juill. 2014, nº 13-82.193, P nº 173). « *En vertu d'une jurisprudence constante, l'abus de fonction* [...] *suffit à lui seul pour consommer le délit de prise illégale d'intérêts et l'intention coupable est constituée par le seul fait que l'auteur a accompli sciemment l'acte constituant l'élément matériel du délit. Il n'est pas nécessaire qu'il ait agi dans une intention frauduleuse* » (§ 15) ; « *l'élément moral du délit poursuivi résulte du manquement des prévenus à l'obligation, que leur imposait leur mandat électif, de vérifier la régularité des engagements qu'ils prenaient pour eux-mêmes ou pour la commune* » (Crim. 25 juin 1996, nº 95-80.592, P nº 273). « *l'intention coupable est caractérisée par le seul fait que l'auteur a accompli sciemment l'acte constituant l'élément matériel du délit reproché* » (Crim. 21 nov. 2001, nº 00-87.532, P nº 243).

RÉGIME PROCÉDURAL

▪ **Compétence du procureur de la République financier.** Pour les affaires d'une grande complexité (C. pr. pén., art. 705, L. nº 2013-1117, 6 déc. 2013).

▪ **Prescription de l'action publique. • Théorie de l'opération délictueuse unique.** « *le délit de prise illégale d'intérêts se prescrit à compter du dernier acte administratif accompli par l'agent public par lequel il prend ou reçoit directement ou indirectement un intérêt dans une opération dont il a l'administration ou la surveillance* » (Crim. 4 oct. 2000, nº 99-85.404, P nº 287). Est ainsi approuvée la cour d'appel qui « *énonce que les faits ont été commis non seulement lors de la délibération du conseil municipal ayant décidé l'acquisition mais aussi lors du mandatement du prix par le maire* » (Crim. 10 avr. 2002, nº 01-84.286, P nº 84). Sur les illustrations de la doctrine de l'opération délictueuse unique, v. nº 17.21. • **Infraction dissimulée.** Dans le droit antérieur à L. nº 2017-242, 27 févr. 2017, laquelle a généralisé la jurisprudence relative à la prescription différée des infractions occultes et dissimulées (C. pr. pén., art. 9-1, sur ce point, v. nº 17.20A), il était jugé que « *si le délit de prise illégale d'intérêts se prescrit à compter du jour où la participation a pris fin, le délai de prescription de l'action publique ne commence à courir, en cas de dissimulation destinée à empêcher la connaissance de l'infraction, qu'à partir du jour où celle-ci est apparue et a pu être constatée dans des conditions permettant l'exercice des poursuites* » (Crim. 16 déc. 2014, nº 14-82.939, nº 272). Au sens de C. pr. pén., art. 9-1, la dissimulation s'entend d'une « *manoeuvre caractérisée tendant à empêcher la découverte de l'infraction supposée* » (§ 36) (Crim. 5 oct. 2022, nº 21-82.428, 21-82.339, D).

▪ **Obstacle de droit à l'action publique. Cas B** : C. pr. pén., art. 6-1, qui créée un obstacle de droit à l'action publique et suspend sa prescription tant que le caractère illégal de la décision n'a pas été constaté par une décision devenue définitive, « *est notamment applicable en cas de poursuites sur le fondement de C. pén., art. 432-12-1* » (C. pr. pén., art. 6-1, réd. issue L. nº 2021-1729, 22 déc. 2021) (sur C. pr. pén., art. 6-1, v. nº 17.38D).

RÉGIME DES PEINES

▪ **Inéligibilité obligatoire. Inscription au bulletin nº 2. Réserve d'interprétation.** *Idem* nº 20.18. **Application de la loi pénale dans le temps.** L'inéligibilité obligatoire est applicable au **cas** A depuis L. nº 2016-1691, 9 déc. 2016, modifiant C. pén., art. 432-17 dernier al. La L. nº 2017-1339, 15 sept. 2017 a transféré cette peine complémentaire au C. pén., art. 131-26-2 et a abrogé par coordination C. pén., art. 432-17 dernier al. Elle est également applicable au **cas** B (C. pén., art. 131-27 5°).

▪ ÉLÉMENTS CONSTITUTIFS – QUALIFICATION

✧ Pour avoir à .... [¤ lieu], le .... [¤ date], étant [⇨A ou B :]

A. étant [⇨1 à 3 puis a ou b]

1. dépositaire de l'autorité publique...

2. chargé d'une mission de service public...

3. investi d'un mandat électif public...

... en l'espèce .... [¤ fonctions exercées], pris, reçu ou conservé, directement ou indirectement, un intérêt « ~~quelconque~~ » « *de nature à compromettre son impartialité, son indépendance ou son objectivité* » (réd. issue L. nº 2021-1729, 22 déc. 2021) dans une entreprise ou dans une opération dont il avait, au moment de l'acte, en tout ou en partie, la charge d'assurer (C. pén., art. 432-12 et 432-17) [⇨a ou b :]

a. la surveillance ou l'administration, en l'espèce en .... [¤ matérialiser l'infraction] (A1a : *N 12285.co* ; A2a : *N 12286.co* ; A3a : *N 12287.co*) ;

b. la liquidation ou le paiement, en l'espèce en .... [¤ matérialiser l'infraction] (A1b : *N 12282.co* ; A2b : *N 12283.co* ; A3b : *N 12284.co*).

B. étant magistrat (B1 : *N 34342.co*) ou une personne exerçant des fonctions juridictionnelles (B2 : *N 34343.co*), pris, reçu ou conservé, directement ou indirectement, dans une entreprise ou dans une opération à l'égard de laquelle il avait la charge de prendre une décision judiciaire ou juridictionnelle, un intérêt de nature à influencer, au moment de sa décision, l'exercice indépendant, impartial et objectif de sa fonction, en l'espèce en .... [¤ matérialiser l'infraction] (incrimination créée par L. nº 2021-1729, 22 déc. 2021) (C. pén., art. 432-12, 432-12-1 et 432-17).

Faits prévus et réprimés par les articles [¤ de l'infraction sélectionnée] du code pénal. ✧

23.53 Prise illégale d'intérêt d'un fonctionnaire dans une entreprise contrôlée

■ **PEINES**

PERSONNE PHYSIQUE

PP Délit. 3 ans d'emprisonnement, 200 000 € ou ⩽ double du produit de l'infraction) (L. n° 2013-907, 11 oct. 2013, auparavant : 2 ans d'emprisonnement, 30 000 €) (C. pén., art. 432-13).

PC *Idem* n° 23.32.+ 1. Sauf dispense spécialement motivée, la peine d'inéligibilité est obligatoirement prononcée (C. pén., art. 432-17, réd. L. n° 2016-1691, 9 déc. 2016, devenu C. pén., art. 131-26-2, L. n° 2017-1339, 15 sept. 2017), v. Orienteur/Régime des peines.

2. Affichage, ⩽ 2 mois, ou diffusion de la décision ou d'extraits aux frais (⩽ amende encourue) du condamné (C. pén., art. 432-17 et 131-35) (depuis L. n° 2016-1691, 9 déc. 2016).

PERSONNE MORALE

PP 150 000 € (C. pén., art. 131-38).

PC Néant.

■ **ORIENTEUR**

ÉLÉMENT LÉGAL

▪ **Fait justificatif.** L'infraction n'est pas constituée en cas de participation au capital de sociétés cotées en bourse ou lorsque les capitaux sont reçus par dévolution successorale (C. pén., art. 432-13).

▪ **Application de la loi pénale dans le temps.** Infraction réécrite par L. n° 2007-148, 2 févr. 2007.

TEXTE DE RÉFÉRENCE

▪ **Dispositions réglementaires.** Décret n° 2007-611 du 26 avril 2007 relatif à l'exercice d'activités privées par les fonctionnaires ou agents non titulaires ayant cessé temporairement ou définitivement leurs fonctions et à la commission de déontologie.

RÉGIME PROCÉDURAL

▪ **Compétence du procureur de la République financier.** Pour les affaires d'une grande complexité (C. pr. pén., art. 705, L. n° 2013-1117, 6 déc. 2013).

RÉGIME DES PEINES

▪ **Inéligibilité obligatoire. Inscription au bulletin n° 2. Réserve d'interprétation.** *Idem* n° 20.18. **Application de la loi pénale dans le temps.** L'inéligibilité obligatoire est applicable à cette infraction depuis L. n° 2016-1691, 9 déc. 2016, modifiant C. pén., art. 432-17 dernier al. La L. n° 2017-1339, 15 sept. 2017 a transféré cette peine complémentaire au C. pén., art. 131-26-2 et a abrogé par coordination C. pén., art. 432-17 dernier al.

■ **ÉLÉMENTS CONSTITUTIFS – QUALIFICATION**

✧ Pour avoir à .... [¤ lieu], le .... [¤ date], ayant été chargé dans le cadre de fonctions effectivement exercées de.........[¤ fonctions exercées], [⇨1 à 7 puis A à C :]

1. fonctionnaire, « *militaire* » (L. n° 2016-483, 20 avr. 2016) ou agent d'une administration publique ...
2. agent d'un établissement public ...
3. agent d'une entreprise publique ...
4. agent d'une société d'économie mixte détenue directement ou non à plus de 50 % du capital par l'État ou les collectivités publiques ...
5. membre du gouvernement (L. n° 2013-1117, 6 déc. 2013) ...
6. titulaire d'une fonction exécutive locale (L. n° 2013-1117, 6 déc. 2013) ...
7. membre d'une autorité administrative indépendante ou d'une autorité publique indépendante (L. n° 2016-483, 20 avr. 2016)... [⇨A à C :]

A. d'assurer la surveillance ou le contrôle de (1A : *N 10709.co* ; 2A : *N #.co* ; 3A : *N #.co* ; 4A : *N #.co* ; 5A : *N 30151.co* ; 6A : *N 30153.co* ; 7A : *N #.co*)...

B. de conclure ou de formuler un avis sur des contrats de toute nature avec (1B : *N 10710.co* ; 2B : *N #.co* ; 3B : *N #.co* ; 4B : *N #.co* ; 5B : *N 30152.co* ; 6B : *N 30154.co* ; 7B : *N #.co*) ...

C. d'exprimer son avis sur les opérations effectuées par (*N #.co*)...

.... [¤ entreprise concernée], entreprise privée ou entreprise publique exerçant son activité dans un secteur concurrentiel et conformément aux règles du droit privé, pris ou reçu, avant l'expiration d'un délai de trois ans suivant la fin de ses fonctions, une participation par travail, conseil ou capitaux dans celle-ci, dans une société filiale ou société mère à au moins 30 % du capital, ou dans une entreprise ayant conclu avec elle un contrat comportant une exclusivité de droit ou de fait, en l'espèce en .... [¤ matérialiser l'infraction].

Faits prévus et réprimés par les articles 432-13 et 432-17 du code pénal. ✧

23.54 Atteinte à la liberté et à l'égalité d'accès aux marchés publics ou de délégation de service public – Favoritisme

▪ PEINES

PERSONNE PHYSIQUE

PP Délit. 2 ans d'emprisonnement, 200 000 € ou ⩽ double du produit de l'infraction (L. n° 2013-1117, 6 déc. 2013, auparavant 30 000 €) (C. pén., art. 432-14).

PC *Idem* n° 23.32. + 1. Sauf dispense spécialement motivée, la peine d'inéligibilité est obligatoirement prononcée (C. pén., art. 432-17, réd. L. n° 2016-1691, 9 déc. 2016, devenu C. pén., art. 131-26-2, L. n° 2017-1339, 15 sept. 2017), v. Orienteur/Régime des peines.

2. Affichage, ⩽ 2 mois, ou diffusion de la décision ou d'extraits aux frais (⩽ amende encourue) du condamné (C. pén., art. 432-17 et 131-35) (depuis L. n° 2016-1691, 9 déc. 2016).

PERSONNE MORALE

PP 1 000 000 € ou ⩽ double du produit de l'infraction (L. n° 2013-1117, 6 déc. 2013, auparavant 150 000 €) (C. pén., art. 432-14, 131-38).

PC Néant.

▪ ORIENTEUR

ÉLÉMENT LÉGAL

▪ **Tentative.** Punissable (C. pén., art. 432-14).

▪ **Constitutionnalité.** Les dispositions de C. pén., art. 432-14, telles qu'interprétées par la C. cass., en ce qu'elles laissent partiellement au pouvoir réglementaire la faculté de déterminer les éléments constitutifs du délit de favoritisme et en ce qu'elles permettent que le délit soit caractérisé même en l'absence de manquement à une règle particulière, ne méconnaissent pas le principe de légalité et de prévisibilité de la loi en ce que le « *législateur a limité les règles dont la violation est susceptible d'être à l'origine du délit de favoritisme à celles qui ont pour objet de garantir la liberté d'accès et l'égalité des candidats dans les marchés publics et les délégations de service public* » (§ 8), « *le législateur ayant défini lui-même les caractéristiques essentielles du comportement fautif de nature à engager la responsabilité pénale, et la modification des dispositions réglementaires n'étant pas de nature à influer sur la définition du délit de favoritisme* » (§ 9) (Crim. 18 déc. 2019, n° 19-81.724, D). Est rejetée la QPC soulevant que la notion d'avantage injustifié définie par le législateur est contraire au principe de légalité et d'interprétation stricte en ce que la jurisprudence de la C. cass. en « *neutralise la portée* », au motif que « *la jurisprudence de la C. cass. considère que cet avantage injustifié s'induit nécessairement de la violation de la norme légale ou réglementaire gouvernant la commande publique* » (§ 6) et qu'elle « *est irrecevable en ce qu'elle critique la conformité de la jurisprudence de la C. cass. avec le libellé du texte législatif en cause* » (§ 7) (Crim. 19 mai 2021, n° 21-90.006, D).

▪ **Application de la loi pénale dans le temps. Modification des dispositions règlementaires.** « *La cour d'appel a écarté, à bon droit, l'application [du décret] ayant relevé le seuil au-delà duquel la procédure d'appel d'offres est obligatoire dès lors, d'une part, que les faits ont été commis antérieurement à l'entrée en vigueur de ce texte et, d'autre part, que les dispositions législatives, support légal de l'incrimination, n'ont pas été modifiées* » (Crim. 28 janv. 2004, n° 02-86.597, P n° 23). Dans le même sens, s'agissant des mêmes modifications règlementaires ayant relevé le seuil du marché soumis à appel d'offre, « *les dispositions réglementaires nouvelles du Code des marchés publics modifiant les conditions de passation desdits marchés ne s'appliquent pas aux infractions commises avant leur entrée en vigueur, dès lors que le texte législatif, support légal de l'incrimination* [de favoritisme], *n'a pas été modifié* » (Crim. 7 avr. 2004, n° 03-84.191, P n° 93).

TEXTE DE RÉFÉRENCE

▪ **Dispositions relatives à la commande publique.** • **Cadre législatfif et règlementaire.** L'ordonnance n° 2015-899, 23 juill. 2015, entrée en vigueur au plus tard le 1er avril 2016, transpose en droit interne deux directives 2014/24/UE et 2014/25/UE, destinées à moderniser et harmoniser au sein de l'Union le droit de la commande publique. L'ordonnance unifie notamment les dispositions suivantes qu'elle abroge : le code des marchés public, l'Ord. n° 2005-649, 6 juin 2005 relative au droit de la commande des personnes publiques ou privées non soumises au code des marchés publics (ex. société d'économie mixte, EPIC nationaux), ainsi que les contrats de partenariats public/privé régis par l'Ord. n° 2004-559, 17 juin 2004. Les dispositions relatives à la commande publique ont été codifiées au code de la commande publique (CCP) par Ord. n° 2018-1074, 26 nov. 2018. • **Définition de la commande publique.** « *Sont des contrats de la commande publique les contrats conclus à titre onéreux par un acheteur ou une autorité concédante, pour répondre à ses besoins en matière de travaux, de fournitures ou de services, avec un ou plusieurs opérateurs économiques* » (CCP, art. L. 2). • **Principes de la commande publique.** « *Les acheteurs et les autorités concédantes respectent le principe d'égalité de traitement des candidats à l'attribution d'un contrat de la commande publique. Ils mettent en œuvre les principes de liberté d'accès et de transparence des procédures, dans les conditions définies dans le [code de la commande publique]. Ces principes permettent d'assurer l'efficacité de la commande publique et la bonne utilisation des deniers publics* » (CCP, art. L. 3). • **Extension des règles de la commande publique.** Est censurée la CHINS qui énonce que le code des marchés publics n'est pas applicable à la SNCF sans rechercher « *s'il ne résulte pas de la convention d'exploitation conclue entre la région Centre et la SNCF que cet établissement a agi en qualité de mandataire de ladite région, de sorte que le code des marchés publics est applicable à la convention litigieuse* » (Crim. 4 mai 2011, n° 10-87.447, P n° 91).

ÉLÉMENT MATÉRIEL

▪ **Complicité.** • **Complicité par abstention.** Illustration de la théorie de la complicité par abstention dans l'accomplissement des devoirs d'une fonction, se rend complice du délit de favoritisme par aide et assistance le prévenu qui, ayant « *la qualité d'ordonnateur des recettes et des dépenses de l'office public HLM, était soumis à l'obligation qui en découle de prévenir et réparer les irrégularités susceptibles de survenir, notamment, dans le cadre de la passation des marchés publics* » (Crim. 29 janv. 2020, n° 19-82.942, § 20, D). • **Complicité par aide et assistance.** Se rend également complice la personne qui « *en obtenant des services municipaux les prix des premières offres et en indiquant [au candidat] le montant auquel il devait fixer le prix de son offre lors de la seconde consultation, a facilité, par aide et assistance, la préparation et la commission des délits de favoritisme et de recel* » de ce délit (Crim. 14 févr. 2007, n° 06-81.924, P n° 47).

▪ **Tentative. Punissable.** C. pén., art. 432-14 incrimine le fait de « *tenter de procurer à autrui un avantage injustifié* ». « *L'attribution du marché public ne constituant pas un élément constitutif du délit d'atteinte à la liberté d'accès et à l'égalité des candidats dans les marchés publics qui est établi par la seule violation de la norme légale ou réglementaire gouvernant la commande publique, le marché proprement dit ne peut être considéré comme l'objet de cette infraction* » (Crim. 22 juin 2022, n° 21-85.671. Sont dès lors punissables les actes antérieurs à l'attribution du marché qui matérialisent la violation des règles de transparence de la commande publique. Est ainsi approuvée la condamnation pour tentative de favoritisme du directeur du patrimoine bâti d'une commune qui a demandé une « *modification des conclusions d'un rapport d'analyse établi par un bureau d'études, quant à la présentation d'une société classée comme mieux disante* », afin de présenter cette dernière à égalité avec une autre alors qu'elle ne pouvait y prétendre au terme des critères du règlement de la consultation (Crim. 23 janv. 2008, n° 07-82.356, D).

▪ **Infraction non attitrée.** Le délit peut être imputé à d'autres personnes que celles désignées par le texte. En effet, C. pén., art. 432-14 « *n'exige pas que la personne poursuivie soit intervenue, en fait ou en droit, dans la procédure d'attribution d'une commande* » (§ 23), est ainsi coupable de l'infraction l'agent territorial (adjoint administratif) qui a prêté son aide à une société pour la présentation de son dossier de candidature à la délégation de ce service public de restauration scolaire car, « *en raison de ses connaissances techniques et du savoir-faire dont elle disposait du fait de son affectation au service de restauration scolaire de la commune, la prévenue disposait de compétences et d'informations privilégiées lui ayant permis de procurer à la société [...] et à son dirigeant [...] un avantage injustifié de nature à porter atteinte au principe de liberté d'accès et d'égalité des candidats dans les marchés publics et les contrats de concession* » (§ 24), (Crim. 7 sept. 2022, n° 21-83.121, P). Il en est de même pour « *le secrétaire général d'une commune, agissant en qualité de représentant ou agent d'une collectivité territoriale, qui a le pouvoir d'intervenir dans le déroulement d'une procédure d'attribution de marchés, en vue de préparer ou de proposer les décisions* *prises par d'autres* » (Crim. 20 avr. 2005, n° 04-83.017, P n° 139). Il est « *peu important qu'il ne soit pas le signataire des marchés publics dès lors qu'entre dans la catégorie des personnes visées à l'article 432-14 du code pénal, le directeur général d'un CHU, ordonnateur principal des recettes et des dépenses de ce dernier, qui a le pouvoir d'intervenir dans le déroulement d'une procédure d'attribution de marchés, en vue de préparer ou de proposer les décisions prises par d'autres* » (Crim. 12 sept. 2018, n° 17-83.793, P n° 154). Est aussi approuvée la condamnation du gestionnaire de la cuisine centrale d'une commune, mission de service public de la ville, qui choisit de ne pas soumettre à appel d'offres des commandes dont il savait que le montant cumulé excédait le seuil imposant cette procédure (Crim. 29 juin 2005, n° 00-84.602, 04-80.432, 04-84.758, D).

▪ **Illustrations.** • **Irrégularité non pénale.** Est approuvée la CHINS qui énonce, malgré l'existence de manquements aux règles de la commande publique « *relevés et sanctionnés par la juridiction administrative* » (§ 15), « *que le fait de passer un appel d'offre insuffisamment précis, s'il peut faire encourir à son auteur une sanction civile ou administrative, ne suffit pas à caractériser un acte contraire aux dispositions législatives ou réglementaires ayant pour objet de garantir la liberté d'accès et l'égalité des candidats dans les marchés publics et les délégations de service public qui seul constitue une faute pénale* » (§ 12) (Crim. 6 janv. 2021, n° 20-80.508, D). • **Irrégularité pénale.** Constitue un avantage injustifié la possibilité donnée à un candidat, ensuite retenu, de compléter voire de confectionner son offre après la réunion de la commission d'appel d'offres ayant écarté d'autres candidats ainsi évincés dans des conditions inégalitaires (Crim. 4 nov. 2010, n° 10-80.720, D). Est approuvée la décision qui retient notamment que « *les critères initiaux ont été déclinés en sous-critères venant de [se] substituer aux premiers sans que les soumissionnaires en aient été préalablement informés, et qu'il leur a par surcroît été appliqué diverses pondérations dont l'existence et les modalités n'ont pas non plus l'objet d'une quelconque information préalable* » (Crim. 2 oct. 2013, n° 12-85.606, D). • **Avantage injustifié.** Matérialise l'avantage injustifié : le fractionnement d'un même marché en trois contrats confiés de gré à gré à trois sociétés du même groupe dont le dirigeant était commun et qui ont été exécutés par le même salarié, alors que « *l'attribution imposait le recours à une procédure d'appel d'offres, le prévenu a nécessairement attribué un avantage injustifié aux sociétés attributaires* » (Crim. 10 sept. 2008, n° 08-80.589, D) ; « *l'utilisation abusive de la procédure de marché négocié, qui a eu pour effet d'écarter de l'accès au marché des candidats potentiels, a procuré à l'entreprise attributaire un avantage injustifié* » (Crim. 11 déc. 2002, n° 02-80.699, D) ; « *l'absence de recours à la procédure d'appel d'offres exigé* » au-delà du seuil prévu par le code des marchés publics (Crim. 5 mai 2004, n° 03-85.503, P n° 110) ; la modification substantielle du marché à l'insu d'un candidat et sans ouvrir de nouvelle procédure adaptée, afin de favoriser le choix d'un autre (Crim. 22 janv. 2014, n° 13-80.759), le « *recours à un appel d'offres ouvert selon la procédure d'urgence qui a eu pour effet de limiter le nombre de candidats et de favoriser les offres déposées par* » les deux adjoints du maire (Crim. 19 nov. 2003, n° 02-87.336, D). La « *violation des règles de publicité et de concurrence [...] notamment de celles relatives aux critères d'attribution et aux conditions de légalité des variantes* » est de nature à caractériser le favoritisme (Crim. 4 mai 2011, n° 10-87.447, P n° 91) ; il est de même lorsque « *le prévenu a fait bénéficier [la] société d'avantages injustifiés en lui procurant des renseignements confidentiels qui lui ont permis de soumissionner aux conditions fixées par le maître de l'ouvrage* » (Crim. 12 juin 2003, n° 02-81.122, D). L'attribution d'un marché à une société qui n'a pas remis la totalité des pièces nécessaires à la constitution du dossier en méconnaissance des règles du code des marchés publics « *caractérise une violation du principe de l'égalité du traitement des candidats et de transparence des procédures* » (Crim. 15 mars 2017, n° 16-83.838, P n° 73). • **Recel de favoritisme.** « *le délit de recel de favoritisme est caractérisé à l'égard de celui qui bénéficie, en connaissance de cause, du produit provenant de l'attribution irrégulière d'un marché* » (Crim. 5 mai 2004, n° 03-85.503, P n°110), ou à l'égard de celui qui, ayant « *suivi [...] les indications qui lui avaient été données, ne pouvait ignorer que l'opération était destinée à fausser, au profit de sa société, la liberté d'accès et l'égalité des candidats dans ce marché public* » (Crim. 14 févr. 2007, n° 06-81.924, P n° 47).

ÉLÉMENT INTENTIONNEL

▪ **Dol général.** « *l'élément intentionnel du délit de favoritisme est caractérisé par l'accomplissement, en connaissance de cause, d'un acte contraire aux dispositions législatives ou réglementaires ayant pour objet de garantir la liberté d'accès et l'égalité des candidats dans les marchés publics et les délégations de service public* », est donc censurée la décision qui, pour dire que l'infraction n'est pas caractérisée, relève que si « *des maladresses et des dysfonctionnements se sont produits au regard des critères de choix* », les membres de la commission d'appel d'offres n'étaient pas animés d'une « *intention de nuire* » au candidat et n'ont pas évincé ce dernier de « *manière délibérée et frauduleuse* » pour en privilégier un autre (Crim. 14 déc.

2011, n° 11-82.854). « *L'élément intentionnel du délit de favoritisme est caractérisé par le seul accomplissement, en connaissance de cause* », « *d'actes contraires aux dispositions législatives ou réglementaires ayant pour objet de garantir la liberté d'accès et l'égalité des candidats dans les marchés publics* », est donc censuré l'arrêt qui retient notamment, pour confirmer une ordonnance de non-lieu, que « *l'information n'a pas rapporté la preuve que ces erreurs et irrégularités avaient été commises dans le but de porter atteinte à la liberté d'accès et à l'égalité des candidats à cette délégation de service public* » (Crim. 5 déc. 2012, n° 11-88.245, D).

RÉGIME PROCÉDURAL

▪ **Compétence du procureur de la République financier.** Pour les affaires d'une grande complexité (C. pr. pén., art. 705, L. n° 2013-1117, 6 déc. 2013).

▪ **Prescription de l'action publique.** Dans le droit antérieur à L. n° 2017-242, 27 févr. 2017, laquelle a généralisé la jurisprudence relative à la prescription différée des infractions occultes et dissimulées (C. pr. pén., art. 9-1, sur ce point, v. n° **17.20A**), il était jugé que la dissimulation des faits de favoritisme retardait le point de départ de la prescription. « *Le délit d'atteinte à la liberté d'accès et à l'égalité des candidats dans les marchés publics et les délégations de service public est une infraction instantanée qui se prescrit à compter du jour où les faits la consommant ont été commis ; que, toutefois, le délai de prescription de l'action publique ne commence à courir, lorsque les actes irréguliers ont été dissimulés ou accomplis de manière occulte, qu'à partir du jour où ils sont apparus et ont pu être constatés dans des conditions permettant l'exercice des poursuites* » (Crim. 27 oct. 1999, n° 98-85.757, P n° 239). Rejette donc à bon droit l'exception de prescription la cour d'appel qui caractérise « *la dissimulation des actes irréguliers* » en relevant que « *le recours à une structure de droit privé, [...] a eu pour effet d'empêcher tous les contrôles habituels et a fait obstacle à la découverte de l'aspect irrégulier d'une opération dissimulée* » (Crim. 5 mai 2004, n° 03-85.503, P n° 110). Est en revanche censuré l'arrêt qui fixe le point de départ de la prescription au dépôt de la plainte sans établir pas « *que les actes irréguliers avaient été dissimulés ou accomplis de manière occulte* » (Crim. 27 oct. 1999, n° 98-85.214, n° 238).

MESURE CIVILE

▪ **Indemnisation de la perte de chance du candidat évincé.** L'arrêt qui rejette la demande de dommage-intérêts du candidat évincé au motif que « *le caractère certain et direct du préjudice matériel* » n'est pas démontré (§ 32) est censuré car il appartenait à la cour d'appel « *de rechercher si la partie civile avait, compte tenu de son activité, de son expérience ou de tout autre élément, une chance sérieuse d'obtenir la délégation de service public et si l'attribution irrégulière de celle-ci a eu pour conséquence directe de lui faire perdre cette chance* » (§ 33) (Crim. 7 sept. 2022, n° 21-83.121, P). Est recevable la constitution de partie civile de la société évincée, dès lors que « *l'activité de cette société entrait dans l'objet des marchés, qu'elle disposait du personnel et du matériel adapté et que l'attribution irrégulière desdits marchés a eu pour conséquence directe de lui faire perdre une chance d'en être déclarée attributaire* » (Crim. 28 janv. 2004, n° 02-86.597, P n° 23).

▪ **Faute détachable du service.** En application de la loi des 16-24 août 1790, du décret du 16 fructidor an III et de CGFP, art. L. 134-2, la juridiction judiciaire est incompétente « *pour statuer sur la responsabilité civile du prévenu, [agent public] ayant agi dans l'exercice de ses fonctions, sans rechercher, même d'office, si la faute imputée à celui-ci présentait le caractère d'une faute personnelle détachable du service* » (Crim. 17 oct. 2007, n° 06-87.566, P n° 248) (sur l'incompétence du juge judiciaire pour condamner civilement l'agent public, ou la personne publique qui en est civilement responsable, en cas de faute non détachable du service, v. n° **16.12E1**).

RÉGIME DES PEINES

▪ **Inéligibilité obligatoire. Inscription au bulletin n° 2. Réserve d'interprétation.** *Idem* n° **20.18**. **Application de la loi pénale dans le temps.** L'inéligibilité obligatoire est applicable à cette infraction depuis L. n° 2016-1691, 9 déc. 2016, modifiant C. pén., art. 432-17 dernier al. La L. n° 2017-1339, 15 sept. 2017 a transféré cette peine complémentaire au C. pén., art. 131-26-2 et a abrogé par coordination C. pén., art. 432-17 dernier al.

▪ **Cumul des sanctions.** Le cumul, pour les mêmes faits d'octroi d'avantage injustifié dans l'attribution de marchés, d'une sanction disciplinaire définitive prononcée par la Cour de discipline budgétaire et financière en application de CJF, art. L. 313-6, puis d'une sanction pénale prononcée sur le fondement de C. pén., art. 432-14, n'est pas au contraire au principe *non bis in idem* (Crim. 12 sept. 2018, n° 17-83.793, P n° 154). Mentionnons que « *Les poursuites devant la Cour* [de discipline budgétaire et financière] *ne font pas obstacle à l'exercice de l'action pénale et de l'action disciplinaire.* » (CJF, art. L. 314-15).

▪ Confiscation. Confiscation de l'objet ou du produit de l'infraction de favoritisme. « *l'attribution du marché public ne constituant pas un élément constitutif du délit d'atteinte à la liberté d'accès et à l'égalité des candidats dans les marchés publics qui est établi par la seule violation de la norme légale ou réglementaire gouvernant la commande publique, le marché proprement dit ne peut être considéré comme l'objet de cette infraction* » (§ 14) ; « *L'avantage économique qui constitue le produit de l'infraction d'atteinte à la liberté d'accès et à l'égalité des candidats dans les marchés publics est équivalent au prix total du marché en cause duquel doivent être impérativement déduites les charges et dépenses directement imputables à l'exécution de ce marché comme, par exemple, le coût des salaires et des fournitures* » (§ 15) ; « *Les juges peuvent, par des motifs relevant de leur appréciation souveraine, ajouter à ce chiffrage [...], l'ensemble des gains, directs ou indirects, attendus et découlant du marché comme, notamment, les éventuelles économies d'impôts, la valorisation de la trésorerie, de la continuation de l'entreprise, du maintien des emplois en lien avec l'attribution du marché ou de la possibilité de se porter candidat à d'autres marchés* » (§ 16 (Crim. 22 juin 2022, n° 21-85.671, P, et n° 21-85.672, D).

▪ ÉLÉMENTS CONSTITUTIFS – QUALIFICATION

✧ Pour avoir à .... [¤ lieu], le .... [¤ date], étant .... [¤ fonctions exercées], [⇨1 à 5 :]

1. dépositaire de l'autorité publique ...
2. chargé d'une mission de service public ...
3. investi d'un mandat électif public ...
4. représentant, administrateur ou agent [⇨a à e :]

a. de l'État ;
b. d'une collectivité territoriale ;
c. d'un établissement public ;
d. d'une société d'économie mixte d'intérêt national chargée d'une mission de service public ;
e. d'une société d'économie mixte locale ...

5. agissant pour le compte de .... [¤ nom et fonction d'une personne exerçant une des fonctions ci-dessus] ...

... par un acte contraire aux dispositions législatives ou réglementaires ayant pour objet de garantir la liberté d'accès et l'égalité des candidats dans les marchés publics et les « contrats de concession » (~~délégations de service public~~ red. issue L. n° 2016-1691, 9 déc. 2016), procuré ou tenté de procurer à autrui un avantage injustifié, en l'espèce en .... [¤ matérialiser l'infraction].

Faits prévus et réprimés par les articles 432-14 et 432-17 du code pénal (*N 12370.co*). ✧

23.55 Soustraction de bien public – Par une personne chargée d'une fonction publique

▪ PEINES

PERSONNE PHYSIQUE

PP Délit. Cas A : 10 ans d'emprisonnement, 1 000 000 € ou ⩽ double du produit de l'infraction (L. n° 2013-1117, 6 déc. 2013, auparavant 150 000 €) (C. pén., art. 432-15). Cas B : 10 ans d'emprisonnement, 2 000 000 € ou ⩽ double du produit de l'infraction (C. pén., art. 432-15 mod. par Ord. n° 2019-963, 18 sept. 2019, ratifiée par L. n° 2020-1672, 24 déc. 2020).

PC *Idem* n° 23.32 + 1. Sauf dispense spécialement motivée, la peine d'inéligibilité est obligatoirement prononcée (C. pén., art. 432-17, réd. L. n° 2016-1691, 9 déc. 2016, devenu C. pén., art. 131-26-2, L. n° 2017-1339, 15 sept. 2017), v. Orienteur/Régime des peines.

2. Interdiction définitive ou ⩽ 15 ans (10 ans avant L. n° 2013-1117, 6 déc. 2013) d'exercer une profession commerciale ou industrielle, de diriger, d'administrer, de gérer ou de contrôler à un titre quelconque, directement ou indirectement, pour son propre compte ou pour le compte d'autrui, une entreprise commerciale ou industrielle ou une société commerciale (C. pén., art. 432-17, 131-27 [mod. par L. n° 2008-776, 4 août 2008]) ;

3. Affichage, ⩽ 2 mois, ou diffusion de la décision ou d'extraits aux frais (⩽ amende encourue) du condamné (C. pén., art. 432-17 et 131-35) (depuis L. n° 2016-1691, 9 déc. 2016).

PERSONNE MORALE

PP Cas A : 5 000 000 € ou ⩽ double du produit de l'infraction (L. nº 2013-1117, 6 déc. 2013, auparavant 750 000 €) (C. pén., art. 432-14, 131-38) Cas B : 10 000 000 € ou ⩽ double du produit de l'infraction (C. pén., art. 432-15 mod. par Ord. nº 2019-963, 18 sept. 2019, ratifiée par L. nº 2020-1672, 24 déc. 2020 ; 131-38).

■ ORIENTEUR

AUTRE QUALIFICATION

▪ **Soustraction de biens publics par particulier.** V. nº 23.56.

ÉLÉMENT LÉGAL

▪ **Application de la loi pénale dans le temps.** Cas B : circonstance aggravante d'atteinte aux intérêts financiers de l'Union européenne en cumul avec celle de bande organisée créée par Ord. nº 2019-963, 18 sept. 2019, ratifiée par L. nº 2020-1672, 24 déc. 2020 et supprimée par cette même loi, laquelle a conservé toutefois la circonstance aggravante de bande organisée.

▪ **Application de la loi pénale dans l'espace.** Cas B : par dérogation au principe de réciprocité d'incrimination (C. pén., art. 113-6, al. 2), à la nécessité de la plainte préalable de la victime ou de la dénonciation officielle de l'État dans lequel les faits ont été commis (C. pén., art. 113-8, v. nº 10.5B), ou à l'exigence, en cas de complicité en France d'une infraction commise à l'étranger, de réciprocité d'incrimination et de condamnation définitive du fait principal par la juridiction étrangère (C. pén., art. 113-5) « *la loi pénale française est applicable en toutes circonstances* » aux faits commis « *à l'étranger par un Français ou par une personne résidant habituellement ou exerçant tout ou partie de son activité économique sur le territoire français* » (C. pén., art. 113-14, issu Ord. nº 2019-963, 18 sept. 2019, ratifiée par L. nº 2020-1672, 24 déc. 2020, v. nº 10.5F).

▪ **Définition. Personne chargée d'une mission de service public.** Si C. pén., art. 432-15 ne vise pas, à la différence notamment de C. pén., art. 432-3, 432-11, 432-12, 432-14 et 433-1, la personne « *investie d'un mandat électif public* », la fonction de sénateur entre néanmoins dans les prévisions de l'incrimination « *dès lors qu'est chargée d'une mission de service public au sens de l'article 432-15 du code pénal la personne qui accomplit, directement ou indirectement, des actes ayant pour but de satisfaire à l'intérêt général* » (Crim. 27 juin 2018, nº 18-80.069, P nº 124 et série d'arrêts du même jour).

ÉLÉMENT MATÉRIEL

▪ **Tentative. Punissable** (C. pén., art. 432-15).

▪ **Préjudice ou intérêt personnel.** C. pén., art. 432-15 « *n'exige pas, pour que le délit de détournement de fonds publics soit constitué, que l'emploi par le prévenu des biens ou des fonds à des fins autres que celles prévues par la personne publique à laquelle ils appartiennent, soit contraire à l'intérêt de celle-ci* » (Crim. 24 oct. 2018, nº 17-87.077, P nº 174), ni que « *le prévenu ait eu l'intention de s'approprier les fonds détournés ni qu'il en ait tiré un profit personnel* » (Crim. 20 avr. 2005, nº 04-84.917, P nº 140).

▪ **Nécessité d'une remise de fonds publics ès qualités.** « *est constitutif du délit de détournement de fonds publics le fait, pour une personne dépositaire de l'autorité publique, chargée d'une mission de service public, un comptable public, un dépositaire public ou l'un de ses subordonnés, de soustraire, détruire ou détourner un bien public qui lui a été remis en raison de ses fonctions ou de sa mission* » (§ 12) ; « *les fonctions de directrice de cabinet [du maire] ne supposent pas, par elles-mêmes, que des fonds lui soient remis au sens de C. pén., art. 432-15* » (§ 19), il appartient dès lors au juge de rechercher si « *au moment de la commission des faits de détournements de fonds publics, [la directrice de cabinet du maire] disposait d'une délégation [du] maire et ordonnateur de la commune [...] lui permettant de mettre les factures en paiement* » (§ 20) (Crim. 16 mars 2022, nº 21-82.254, P).

▪ **Concours de qualification – Règle *non bis in idem*. • Détournement de fonds publics et usage de faux.** « *le moyen pris de la violation du principe ne bis in idem en raison de la double condamnation [...] des chefs de détournement de fonds publics et usage de faux est infondé dès lors [...] qu'aucune de ces infractions n'est un élément constitutif ou une circonstance aggravante de l'autre* » (§ 10) (Crim. 16 mars 2022, nº 21-82.254, P). • **Renvoi.** Sur l'application de la règle *non bis in idem* en cas de concours d'infraction, v. nº 17.32B2.

RÉGIME PROCÉDURAL

▪ **Compétence du procureur de la République financier.** Pour les affaires d'une grande complexité (C. pr. pén., art. 705, L. nº 2013-1117, 6 déc. 2013).

RÉGIME DES PEINES

▪ **Inéligibilité obligatoire. Inscription au bulletin n° 2. Réserve d'interprétation.** *Idem* n° 20.18. **Application de la loi pénale dans le temps.** L'inéligibilité obligatoire est applicable à cette infraction depuis L. n° 2016-1691, 9 déc. 2016, modifiant C. pén., art. 432-17 dernier al. La L. n° 2017-1339, 15 sept. 2017 a transféré cette peine complémentaire au C. pén., art. 131-26-2 et a abrogé par coordination C. pén., art. 432-17 dernier al.

▪ ÉLÉMENTS CONSTITUTIFS – QUALIFICATION

✧ Pour avoir à .... [¤ lieu], le .... [¤ date], [⇨A puis le cas échéant B :]
A. étant [⇨A1 à A4 puis a à c puis le cas échéant B :]

A1. dépositaire de l'autorité publique ...

A2. chargé d'une mission de service public ...

A3. comptable public ...

A4. dépositaire public ou l'un de ses subordonnés ...

... détruit, détourné ou soustrait ou tenté de détruire, détourner ou soustraire [⇨a à c :]

a. un acte ou un titre ...

b. des fonds publics ou privés, ou effets, pièces ou titres en tenant lieu ...

c. un objet qui lui avait été remis en raison de sa fonction ou de sa mission ...

... en l'espèce en .... [¤ matérialiser l'infraction] (A : *N* ***12289.co***).

B. [préciser le cas échéant dans le **cas** A :] avec cette circonstance que les faits ont « ~~porté atteinte aux recettes perçues, aux dépenses exposées ou aux avoirs qui relèvent du budget de l'Union européenne, des budgets des institutions, organes et organismes de l'Union européenne ou des budgets gérés ou contrôlés directement par eux et ont~~ » (élément d'aggravation supprimé par L. n° 2020-1672, 24 déc. 2020) été commis en bande organisée (B : *N* ***35535.co***).

Faits prévus et réprimés par les articles 432-15 et 432-17 du code pénal. ✧

23.56 Soustraction de bien public – Par un particulier

▪ PEINES

PERSONNE PHYSIQUE

PP **Délit.** Cas A : 7 ans d'emprisonnement, 100 000 € (C. pén., art. 433-4). Cas B : 7 ans d'emprisonnement, 750 000 € (C. pén., art. 433-4 mod. par Ord. n° 2019-963, 18 sept. 2019, ratifiée par L. n° 2020-1672, 24 déc. 2020).

PC *Idem* n° 23.41.

PERSONNE MORALE

PP Cas A : 500 000 € (C. pén., art. 433-4 et 131-38).

Cas B : 3 750 000 € (C. pén., art. 433-4 mod. par Ord. n° 2019-963, 18 sept. 2019, ratifiée par L. n° 2020-1672, 24 déc. 2020, 131-38).

PC Néant.

▪ ORIENTEUR

AUTRE QUALIFICATION

▪ **Détournement commis par chargé de fonction publique.** V. n° 23.55.

ÉLÉMENT LÉGAL

▪ **Application de la loi pénale dans le temps.** Cas B : circonstance aggravante d'atteinte aux intérêts financiers de l'Union européenne en cumul avec celle de bande organisée créée par Ord. n° 2019-963, 18 sept. 2019, ratifiée par L. n° 2020-1672, 24 déc. 2020 et supprimée par cette même loi, laquelle a conservé toutefois la circonstance aggravante de bande organisée.

▪ **Application de la loi pénale dans l'espace.** Cas B : *idem* Cas B du n° 23.55 (C. pén., art. 113-14, issu Ord. n° 2019-963, 18 sept. 2019, ratifiée par L. n° 2020-1672, 24 déc. 2020).

ÉLÉMENT MATÉRIEL

▪ **Tentative. Punissable** (C. pén., art. 433-4).

■ ÉLÉMENTS CONSTITUTIFS – QUALIFICATION

✧ Pour avoir à .... [¤ lieu], le .... [¤ date], [⇨A puis le cas échéant B :]

A. détruit, détourné ou soustrait ou tenté de détruire, détourner ou soustraire [⇨A1 à A3 puis le cas échéant B :]

A1. un acte ou un titre...

A2. des fonds publics ou privés, ou effets, pièces ou titres en tenant lieu...

A3. un objet...

... remis en raison de ses fonctions à une personne dépositaire de l'autorité publique ou chargée d'une mission de service public, à un comptable public, à un dépositaire public ou à l'un de ses subordonnés, en l'espèce en .... [¤ matérialiser l'infraction] (A : *N 12288.co*).

B. [préciser le cas échéant dans le cas B :] avec cette circonstance que les faits ont « ~~porté atteinte aux recettes perçues, aux dépenses exposées ou aux avoirs qui relèvent du budget de l'Union européenne, des budgets des institutions, organes et organismes de l'Union européenne ou des budgets gérés ou contrôlés directement par eux et ont~~ » (élément d'aggravation supprimé par L. n° 2020-1672, 24 déc. 2020) été commis en bande organisée (B : *N 33536.co*).

Faits prévus et réprimés par les articles 433-4, 433-22, 433-23, du code pénal. ✧

23.57 Soustraction de bien public – Résultant de la négligence d'une personne chargée d'une fonction publique

■ PEINES

PERSONNE PHYSIQUE

PP Délit. 1 an d'emprisonnement, 15 000 € (C. pén., art. 432-16).

PC *Idem* n° 23.32 + 1. Interdiction définitive ou ⩽ 15 ans (10 ans avant L. n° 2013-1117, 6 déc. 2013) d'exercer une profession commerciale ou industrielle, de diriger, d'administrer, de gérer ou de contrôler à un titre quelconque, directement ou indirectement, pour son propre compte ou pour le compte d'autrui, une entreprise commerciale ou industrielle ou une société commerciale (C. pén., art. 432-17, 131-27 [mod. par L. n° 2008-776, 4 août 2008]).

2. Affichage, ⩽ 2 mois, ou diffusion de la décision ou d'extraits aux frais (⩽ amende encourue) du condamné (C. pén., art. 432-17 et 131-35) (depuis L. n° 2016-1691, 9 déc. 2016).

PERSONNE MORALE

PP 75 000 € (C. pén., art. 432-16, 131-38).

PC Néant.

■ ORIENTEUR

AUTRE QUALIFICATION

▪ Détournement commis par chargé de fonction publique. V. n° 23.55.

ÉLÉMENT MATÉRIEL

▪ Faits incriminés. Exigence d'une faute simple. « *l'article 432-16 du code pénal.../... n'exige pas, pour que le délit soit caractérisé, la violation délibérée d'une obligation particulière de prudence ou de sécurité* ». Manque ainsi aux devoirs de sa charge et commet une faute de négligence au sens de C. pén., art. 432-16, le président d'une communauté de communes et d'un syndicat intercommunal des eaux « *en s'abstenant de lire les documents présentés à sa signature par la secrétaire générale, en laquelle il avait une confiance aveugle, et en validant, sans en contrôler le contenu, des factures mensongères censées avoir été établies par une société SARL Y... qui, à sa connaissance, n'était pas en rapport d'affaires avec le syndicat qu'il présidait* » (Crim. 22 févr. 2017, n° 15-87.328, P n° 48).

■ ÉLÉMENTS CONSTITUTIFS – QUALIFICATION

✧ Pour avoir à .... [¤ lieu], le .... [¤ date], étant [⇨A à D :]

A. dépositaire de l'autorité publique ...

B. chargé d'une mission de service public ...

C. comptable public ...

D. dépositaire public ...

... par sa négligence, permis la destruction, le détournement ou la soustraction par un tiers [⇨1 à 3 :]
1. d'un acte ou d'un titre ...
2. de fonds publics ou privés, ou effets, pièces ou titres en tenant lieu ...
3. d'un objet qui lui avait été remis en raison de sa fonction ou de sa mission ...

... en l'espèce en .... [¤ matérialiser l'infraction].
Faits prévus et réprimés par les articles 432-16 et 432-17 du code pénal (*N 1435.co*). ✧

23.58 Association de malfaiteurs

■ **PEINES**

PERSONNE PHYSIQUE

PP Délit. Cas A et B : 10 ans d'emprisonnement, 150 000 €. Cas C : 5 ans, 75 000 € (C. pén., art. 450-1).

PC 1. Interdiction droits civiques civils et de famille ⩽ 5 ans (vote, éligibilité, fonction juridictionnelle, expert, témoin, tuteur, curateur) (C. pén., art. 450-3, 1° et 131-26). Sauf dispense spécialement motivée, la peine d'inéligibilité est obligatoirement prononcée lorsque l'association de malfaiteurs a pour objet l'une des infractions donnant lieu à la peine d'inéligibilité obligatoire (C. pén., art. 131-26-2, L. n° 2017-1339, 15 sept. 2017), v. Orienteur/Régime des peines ;

2. Interdiction, définitive ou ⩽ 5 ans activité professionnelle ou sociale (en relation avec l'infraction), ou fonction publique (sauf mandat électif ou syndical) *et/ou* interdiction définitive ou ⩽ 15 ans (10 ans avant L. n° 2013-1117, 6 déc. 2013) d'exercer une profession commerciale ou industrielle, de diriger, d'administrer, de gérer ou de contrôler à un titre quelconque, directement ou indirectement, pour son propre compte ou pour le compte d'autrui, une entreprise commerciale ou industrielle ou une société commerciale (C. pén., art. 450-3 2°, 131-27 et 131-28 [mod. par L. n° 2008-776, 4 août 2008]) ;

3. Interdiction de séjour ⩽ 5 (C. pén., art. 450-3 3°, 131-31 et 131-32, C. pr. pén., art. 762-1 à 763) ;

4. Confiscation de tout ou partie des biens appartenant au condamné ou dont il a « *la libre disposition* » (L. n° 2012-409, 27 mars 2012) (C. pén., art. 450-5 ; L. n° 2004-204, 9 mars 2004, art. XV) ;

5. + peines complémentaires encourues pour les crimes et délits projetés par le groupement ou l'entente (C. pén., art. 450-3).

PERSONNE MORALE

PP Délit. Cas A et B : 750 000 €. Cas C : 375 000 € (C. pén., art. 450-4 ; 131-38).

PC 1. Dissolution (sauf personnes morales de droit public, partis, groupements politiques, syndicats, institutions représentatives du personnel) si personne morale créée ou détournée de son objet pour commettre l'infraction (C. pén., art. 450-4, 131-39 1° et 131-45) ;

2. Interdiction, définitive ou ⩽ 5 ans, une ou plusieurs activités professionnelles ou sociales en relation avec l'infraction (C. pén., art. 450-4, 131-39 2°) ;

3. Surveillance judiciaire ⩽ 5 ans, sauf personnes morales de droit public, partis, groupements politiques, syndicats (C. pén., art. 450-4, 131-39 3° et 131-46) ;

4. Fermeture, définitive ou ⩽ 5 ans, d'un ou plusieurs établissements en relation avec l'infraction (C. pén., art. 450-4, 131-39 4°) ;

5. Exclusion, définitive ou ⩽ 5 ans marchés publics (C. pén., art. 450-4, 131-39 5°) ;

6. Interdiction, définitive ou ⩽ 5 ans, de *faire appel public à l'épargne* (procéder à une offre au public de titres financiers ou de les faire admettre aux négociations sur un marché réglementé, selon L. n° 2009-80, 22 janv. 2009) (C. pén., art. 450-4, 131-39 6°) ;

7. Interdiction, ⩽ 5 ans, d'utiliser des cartes de paiement ou d'émettre des chèques autres que de retrait ou certifiés (C. pén., art. 450-4, 131-39 7°) ;

8. Confiscation de la chose ayant servi à l'infraction ou destinée à la commettre, ou son produit (obligatoire pour objets qualifiés dangereux ou nuisibles par loi ou règlement ou dont la détention est illicite) (C. pén., art. 450-4, 131-39 8° et 131-21) ;

9. Confiscation de tout ou partie des biens dont la personne morale est propriétaire ou dont elle a « *la libre disposition* » (L. n° 2012-409, 27 mars 2012) (C. pén., art. 450-5 [L. n° 2004-204, 9 mars 2004, art. XV]) ;

10. Affichage, ⩽ 2 mois, *et/ou* (L. n° 2011-525, 17 mai 2011) diffusion de la décision ou d'extraits aux frais (⩽ amende encourue) du condamné (C. pén., art. 450-4, 131-39 9°, 131-48 et 131-35).

■ ORIENTEUR

AUTRE QUALIFICATION

▪ **Association de malfaiteurs en vue d'infractions spécifiques.** L'infraction générique décrite au C. pén., art. 450-1 recouvre en partie celle d'association de malfaiteurs constituée en vue de commettre des atteintes à un STAD, C. pén., art. 323-4 (v. n° 35.72). Mais cette dernière infraction permet également d'incriminer une association de malfaiteurs constituée en vue de commettre une atteinte informatique passible d'une peine < 5 ans.

ÉLÉMENT LÉGAL

▪ **Définition. Comparaison avec la circonstance aggravante de bande organisée.** V. définition de la bande organisée n° 11.20B (C. pén., art. 132-71).

▪ **Constitutionnalité. La notion de bande organisée**, dont les éléments constitutifs sont proches de ceux de l'association de malfaiteurs, a été jugée claire et précise par le Cons. const., (v. n° 11.20B, Cons. const. 2 mars 2004, n° 2004-492 DC, § 13 et 14).

ÉLÉMENT MATÉRIEL

▪ **Concours de qualification – Règle *non bis in idem*. • Association de malfaiteurs et infraction commise en bande organisée.** Selon une jurisprudence de principe encore récente mais déjà assouplie (v. la rubrique ci-après, revirement de jurisprudence), « *des faits qui procèdent de manière indissociable d'une action unique caractérisée par une seule intention coupable ne peuvent donner lieu, contre le même prévenu, à deux déclarations de culpabilité de nature pénale, fussent-elles concomitantes* » (Crim. 26 oct. 2016, n° 15-84.552, P n° 276) (v. n° 17.32B2). Il était en conséquence jugé que des « *faits identiques* » ne peuvent à la fois être retenus pour « *caractériser la circonstance aggravante de bande organisée et l'infraction d'association de malfaiteurs* » (Crim. 9 mai 2019, n° 18-82.800, P n° 89 ; dans le même sens Crim. 28 oct. 2020, n° 19-85.055, D). Il en est de même pour des faits d'association de malfaiteurs et de trafic de stupéfiants « *alors que les deux délits concernent le même réseau, au cours de la même période* » (Crim. 10 avr. 2019, n° 17-86.447), lorsque « *les faits visés pour caractériser le délit d'association de malfaiteurs sont ceux retenus pour réprimer les infractions à la législation sur les stupéfiants* » (Crim. 28 oct. 2020, n° 19-87.469), ou « *inclus dans ceux retenus* » pour cette dernière qualification (Crim. 28 oct. 2020, n° 19-84.311, D), pour des faits d'association de malfaiteurs, de trafic de stupéfiants et de corruption d'un policier de la police de l'air et des frontières chargé d'ouvrir le passage en zone douanière, alors que « *les trois délits concernent le même réseau, au cours de la même période* » (§ 14) (Crim. 16 déc. 2020, n° 19-87.961, D). En revanche, ne méconnaît pas le principe *non bis in idem* la juridiction qui condamne pour « *un délit d'association de malfaiteurs distinct de la circonstance aggravante spécifiquement attachée à la tentative de vol en bande organisée commise [...], dès lors que l'association de malfaiteurs avait pour objet la préparation d'autres infractions* » (Crim. 9 mai 2019, n° 18-82.885, P n° 90) ou « *de faits distincts* » (Crim. 22 avr. 2020, 19-84.464, P). De même, est approuvée la cour d'appel qui retient « *des faits distincts pour caractériser respectivement l'association de malfaiteurs visant à préparer les infractions de proxénétisme et de traite des êtres humains, aggravées, et la circonstance de la bande organisée aggravant le délit d'aide à l'entrée, à la circulation et au séjour irrégulier* » (§ 25) ainsi que « *des faits distincts pour caractériser respectivement l'association de malfaiteurs visant à préparer les infractions de proxénétisme et de traite des êtres humains, aggravées, et la circonstance de la bande organisée aggravant le délit de blanchiment* » (§ 31), ainsi que « *des faits distincts pour caractériser respectivement l'association de malfaiteurs visant à préparer les infractions de proxénétisme et de traite des êtres humains, aggravées, et les infractions elles-mêmes* » (§ 40) (Crim. 15 févr. 2022, n° 20-86.019, D) (sur l'application de la règle *non bis in idem* en cas de concours de qualifications, Crim. 15 déc. 2021, n° 21-81.864, P, v. n° 17.32B2). **• Association de malfaiteurs et infractions de conséquence.** Le délit d'association de malfaiteurs est un délit dit « obstacle », en ce sens que son incrimination vise à faire obstacle à la commission des infractions de conséquence que l'association de malfaiteurs projette. « *En cas de concours entre une infraction dont la raison d'être est de faire obstacle à la commission d'une autre infraction et une infraction qui sanctionne une action parvenue à son terme ou dont la tentative est consommée, l'infraction pour laquelle la peine privative de liberté la plus longue est prévue doit être retenue. Lorsque* *cette peine est identique pour ces deux infractions, la seconde doit être préférée* » (§ 23), en conséquence, est censurée la requalification « *en participation à une association de malfaiteurs en vue de la préparation du délit de tentative d'évasion avec usage d'une arme ou d'une substance incendiaire, explosive ou toxique les faits initialement reprochés [...] sous la qualification de complicité de tentative d'évasion avec menace et usage d'armes* » (§ 22) (Crim. 12 mai 2021, nº 20-81.014, P). Sous la même motivation de principe (§ 9), « *les infractions consommées de complicité de violences aggravées, de recel en bande organisée et de détention d'armes en réunion dont le prévenu a été reconnu coupable étant punies de peines privatives de liberté de même durée que celle prévue pour le délit d'association de malfaiteurs, la cassation sera limitée à la déclaration de culpabilité de cette seule infraction, ainsi qu'aux peines prononcées contre le demandeur* » (§ 14) (Crim. 27 mai 2021, nº 20-80.931, D). • **Revirement de jurisprudence.** En cohérence avec le revirement de jurisprudence Crim. 15 déc. 2021, nº 21-81.864, P, exposé au nº **17.32B2**, il est désormais jugé que le principe *non bis in idem* « *ne s'oppose pas à ce qu'une même personne soit déclarée concomitamment coupable des chefs d'association de malfaiteurs et d'une infraction commise en bande organisée, y compris lorsque des faits identiques sont retenus pour caractériser l'association de malfaiteurs et la bande organisée et peu important que l'association de malfaiteurs ait visé la préparation de la seule infraction poursuivie en bande organisée* » (§ 18) car, d'une part, « *le délit d'association de malfaiteurs, qui implique un acte de participation à un groupement établi en vue de la commission d'infractions, ne correspond pas à la circonstance de bande organisée, qui aggrave l'infraction dès lors qu'elle a été commise ou préparée par un groupement structuré, sans exiger que son auteur y ait participé* » (§ 16), d'autre part, « *les éléments constitutifs du délit d'association de malfaiteurs et de l'infraction consommée poursuivie en bande organisée ne sont pas susceptibles d'être incompatibles et aucune de ces qualifications n'incrimine une modalité particulière de l'action répréhensible sanctionnée par l'autre infraction* » (§ 17) (Crim. 9 juin 2022, nº 21-80.237, P).

RÉGIME PROCÉDURAL

▪ **Prélèvement des empreintes génétiques** de la personne suspectée ou condamnée (C. pr. pén., art. 706-54 et 706-55, v. nºs **13.23** et **13.25**). **Sanction** du refus de prélèvement, v. nº **25.35**.

▪ **Régime complet de la criminalité organisée.** Applicable si l'association de malfaiteurs a pour objet la préparation de l'une des infractions 1° à 14 et 17° de C. pr. pén., art. **706-73** (C. pr. pén., art. **706-73 15°**) (v. nº **11.21A**). Le même régime est applicable, à l'exception de la garde à vue qui est limitée à 48 h 00, si l'association de malfaiteurs a pour objet la préparation des infractions, commises en bande organisée, d'escroquerie, de travail dissimulé (dissimulation d'activité ou de salarié), de recours au travail dissimulé, de marchandage ou de prêt illicite de main-d'œuvre, d'emploi d'étranger non autorisé à travailler (C. pr. pén., art. **706-73-1 4°** (réd. issue L. nº 2015-993, 17 août 2015) v. nº **11.21C**).

RÉGIME DES PEINES

▪ **Exemption de peine.** Le participant à l'association de malfaiteurs est exempt de peine s'il en révèle l'existence aux autorités compétentes avant toute poursuite et permet l'identification des autres participants (C. pén., art. 450-2).

▪ **Inéligibilité obligatoire.** Dans les cas où l'association de malfaiteurs a pour objet l'une des infractions mentionnées au C. pén., art. 131-26-2, donnant lieu à inéligibilité obligatoire. **Inscription au bulletin nº 2. Réserve d'interprétation.** *Idem* nº **20.18**.

▪ ÉLÉMENTS CONSTITUTIFS – QUALIFICATION

✧ Pour avoir à .... [¤ lieu], le .... [¤ date], participé à un groupement formé ou une entente établie en vue de la préparation, caractérisée par un ou plusieurs faits matériels, d'un ou plusieurs [⇨A à C :]

A. crimes (A : *N* ***7168.co***) ...

B. délits punis de 10 ans d'emprisonnement (B : *N* ***12214.co***) ...

C. délits punis d'au moins cinq ans d'emprisonnement (L. nº 2001-420, 15 mai 2001) (B : *N* ***23002.co*** ; par personne morale : *N* ***33173.co***) ;

... en l'espèce .... [¤ matérialiser l'infraction en décrivant les caractéristiques du groupement ou de l'entente et des crimes ou délits visés].

Faits prévus et réprimés par les articles : **PERSONNES PHYSIQUES. 450-1**, 450-3 et 450-5 du code pénal. **PERSONNES MORALES. 450-1**, **450-4** et 450-5 du code pénal (*N* ***#.co***). ✧

23.59 Les principes directeurs de la règlementation des jeux

La règlementation des jeux a été modifiée par l'Ord. n° 2019-1015, 2 oct. 2019, réformant la régulation des jeux d'argent et de hasard, entrée en vigueur le 1er janv. 2020 (art. 50).

A. Le principe de prohibition et d'encadrement par l'État des jeux d'argent et de hasard

« *les jeux d'argent et de hasard sont prohibés* » (CSI, art. L. 320-1).

Par dérogation à ce principe, les jeux d'argent et de hasard sont autorisés selon la liste limitative figurant au CSI, art. L. 320-6.

Sont ainsi autorisés mais règlementés :

- l'exploitation de casinos (CSI, art. L. 321-1 s., v. n° **23.65**) ;
- les jeux à faible enjeu ou les lotos traditionnels également appelés « poules au gibier », « rifles » ou « quines » (CSI, art. L. 322-3 s.). « *l'exception au principe de prohibition des loteries est clairement définie par l'article L. 322-4 du code de la sécurité intérieure, qui fait référence aux lotos traditionnels, organisés dans un cercle restreint, uniquement dans un but social, culturel, scientifique, éducatif, sportif ou d'animation sociale et se caractérisant par des mises de faible valeur. Ce critère, dont le contenu est précisé par la jurisprudence, ne présente pas de complexité particulière et permet au justiciable de connaître les activités de loteries prohibées et au juge de remplir son office sans que son interprétation puisse encourir la critique d'arbitraire. En conséquence, les dispositions critiquées, ne sont pas susceptibles de porter atteinte au principe de légalité* » (Crim. 18 déc. 2019, n° 19-81.425, D). Mentionnons qu'est interdite « *L'attribution en lot ou prime de tout animal vivant, à l'exception des animaux d'élevage dans le cadre de fêtes, foires, manifestations sportives, folkloriques et locales traditionnelles, concours et manifestations à caractère agricole* », dont la liste est établie par le préfet (C. rur., art. L. 214-4), sous les sanctions prévues par C. rur., art. **R. 215-5-1 1°** (Contrav. 4e cl., (*N* ***2707.c4***) ;
- les jeux de loterie confiés à une personne morale unique « La Française des jeux » (CSI., art. L. 322-8 s.) ;
- les paris sportifs et paris hippiques également confiés à une personne morale unique le « Pari mutuel urbain » (CSI., art. L. 322-13 s.) ;
- les jeux en ligne (L. n° 2010-476, 12 mai 2010, v. n **23.62**) ;
- les compétitions de jeux vidéo (CSI, art. L. 321-8 s.).
- à Paris, sont également autorisés par arrêté du ministre de l'intérieur, à titre expérimental, les « *Clubs de jeux* », succédant aux cercles de jeux, dans lesquels sont pratiqués des « *jeux de cercle et de contrepartie* » (L. n° 2017-257, 28 févr. 2017, art. 34, D. n° 2017-913, 9 mai 2017, mod. par D. n° 2022-1409, 7 nov. 2022, sur les cercles de jeux, v. n° **23.66**).

Les jeux autorisés à titre dérogatoire « *ne sont ni un commerce ordinaire, ni un service ordinaire ; ils font l'objet d'un encadrement strict aux fins de prévenir les risques d'atteinte à l'ordre public et à l'ordre social, notamment en matière de protection de la santé et des mineurs. À cet effet, leur exploitation est placée sous un régime de droits exclusifs, d'autorisation ou d'agrément* » (CSI, art. L. 320-2). La politique de l'État « *a pour objectif de limiter et d'encadrer l'offre et la consommation des jeux et d'en contrôler l'exploitation* », afin notamment de prévenir le jeu excessif ou pathologique et de protéger les mineurs, d'assurer la transparence des opérations de jeu et de prévenir les activités criminelles et le blanchiment (CSI, art. L. 320-2).

Sont ainsi prohibés le jeu des mineurs (CSI, art. L. 320-7), le jeu par des personnes morales (CSI, art. L. 320-16), ainsi que le jeu à crédit (CSI, art. L. 320-17). La communication commerciale des opérateurs de jeux est encadrée (CSI, art. L. 320-12 et L. 320-14).

Une Autorité nationale des jeux (ANJ), se substituant pour ce qui concerne les jeux en ligne à l'Autorité de régulation des jeux en ligne (Arjel), a pour mission de surveiller et de réguler le secteur des jeux d'argent et de hasard distribués en ligne et en réseau physique (L. n° 2010-476, 12 mai 2010, modifiée par Ord. n° 2019-1015, 2 oct. 2019, D. n° 2020-199, 4 mars 2020 relatif à l'organisation et au fonctionnement de l'ANJ).

B. La définition du jeu d'argent et de hasard

Si le texte ne définit pas « *les jeux d'argent et de hasard* » qu'il prohibe, il introduit une présomption d'illicéité de certaines opérations. En effet « *Sont réputés jeux d'argent et de hasard et interdits comme tels toutes opérations offertes au public, sous quelque dénomination que ce soit, pour faire naître l'espérance d'un gain qui serait dû, même partiellement, au hasard et pour lesquelles un sacrifice financier est exigé de la part des participants* » (CSI, art. L. 320-1).

Cette présomption n'est toutefois pas limitative et d'autres activités paraissent pouvoir relever du principe de prohibition, en particulier les activités de jeux d'argent qui ne sont pas « *offertes au public* » au sens de la présomption précitée. Il en est ainsi de la tenue sans autorisation d'un **cercle de jeux**, établissement dans lequel le public n'est pas librement admis, qui était auparavant incriminée par L. 30 juin 1923, art. 49 (v. n° 23.66), abrogée par art. 34 § IV et § VIII, L. n° 2017-257, 28 févr. 2017, à effet au 1er janv. 2018, activité qui subsiste à titre expérimental sous la forme règlementée de « *Clubs de jeux* » comme il est précisé au A ci-dessus.

S'agissant de la composante financière inhérente au jeu d'**argent**, « *le sacrifice financier est établi dans les cas où une avance financière est exigée de la part des participants, même si un remboursement ultérieur est rendu possible par le règlement du jeu* » (CSI, art. L. 320-1). Il en est de même si ce sacrifice financier est différé par l'octroi d'un crédit ou d'un prêt entre joueurs, puisque le jeu à crédit est prohibé (CSI, art. L. 320-17).

S'agissant du **hasard**, la prohibition « *recouvre les jeux dont le fonctionnement repose sur le savoir-faire des joueurs* » (ex. jeu de poker) (CSI, art. L. 320-1).

23.60 Jeux – Infractions en matière de jeux (Ord. n° 2019-1015, 2 oct. 2019)

■ PEINES

PERSONNE PHYSIQUE

PP Délit. Cas A : 3 ans d'emprisonnement, 90 000 € (CSI, art. L. 324-1) ;
Cas B : 7 ans, 200 000 € (CSI, art. L. 324-1) ;

Cas C : 3 ans d'emprisonnement, 90 000 € (CSI, art. L. 324-2).

Cas D : 100 000 € ou amende ⩽ 4 fois les dépenses publicitaires engagées (CSI, art. L. 324-3) ;

Cas E : 10 000 € (CSI, art. L. 324-5) ;

Cas F : 100 000 € (CSI, art. L. 324-6) ;
Cas G : 150 000 € (CSI, art. L. 324-7) ;

Cas H : 75 000 € (CSI, art. L. 324-8) ;

Cas I : 100 000 € ou amende ⩽ 4 fois les dépenses publicitaires engagées (CSI, art. L. 324-8-1) ;
Cas J : 100 000 € ou amende ⩽ 4 fois les dépenses publicitaires engagées (CSI, art. L. 324-8-1).

PC 1. Interdiction droits civiques civils et de famille ⩽ 5 ans (vote, éligibilité, fonction juridictionnelle, expert, témoin, tuteur, curateur) (CSI, art. L. 324-13 ; C. pén., art. 131-26) ;

2. Confiscation (réelle ou en valeur) biens meubles ou immeubles, divis ou indivis ayant servi directement ou non à l'infraction ou qui en sont le produit, fonds mis en jeu, meubles garnissant les lieux, obligatoire (sauf dispense motivée) pour les appareils de jeux (CSI, art. L. 324-13 ; C. pén., art. 131-21) ;

3. Affichage, ⩽ 2 mois, et/ou diffusion de la décision ou d'extraits aux frais (⩽ amende encourue) du condamné (CSI, art. L. 324-13 ; C. pén., art. 131-35) ;

4. Fermeture, définitive ou ⩽ 5 ans des établissements ayant servi à commettre l'infraction (CSI, art. L. 324-13 ; C. pén., art. 131-33).

5. Interdiction, définitive ou ⩽ 5 ans activité professionnelle ou sociale en relation avec l'infraction, fonction publique (sauf mandat électif ou syndical) et/ou interdiction définitive ou ⩽ 15 ans d'exercer une profession commerciale ou industrielle, de diriger, d'administrer, de gérer ou de contrôler à un titre quelconque, directement ou indirectement, pour son propre compte ou pour le compte d'autrui, une entreprise commerciale ou industrielle ou une société commerciale (CSI, art. L. 324-13 ; C. pén., art. 131-27).

PERSONNE MORALE

PP Délit.

Cas A : **450 000 €** (CSI, art. L. 324-1, C. pén., art. 131-38) ;

Cas B : **2 000 000 €** (CSI, art. L. 324-1, C. pén., art. 131-38). ;

Cas C : **450 000 €** (CSI, art. L. 324-2, C. pén., art. 131-38) ;

Cas D : **500 000 €** ou amende ⩽ **20 fois** les dépenses publicitaires engagées (CSI, art. L. 324-3, C. pén., art. 131-38) ;

Cas E : **50 000 €** (CSI, art. L. 324-5, C. pén., art. 131-38) ;

Cas F : **500 000 €** (CSI, art. L. 324-6, C. pén., art. 131-38) ;

Cas G : **750 000 €** (CSI, art. L. 324-7, C. pén., art. 131-38) ;

Cas H : **375 000 €** (CSI, art. L. 324-8, C. pén., art. 131-38) ;

Cas I : **500 000 €** ou amende ⩽ **20 fois** les dépenses publicitaires engagées (CSI, art. L. 324-8-1, C. pén., art. 131-38) ;

Cas J : **500 000 €** ou amende ⩽ **20 fois** les dépenses publicitaires engagées (CSI, art. L. 324-8-1, C. pén., art. 131-38).

PC 1. Dissolution (sauf personnes morales de droit public, partis, groupements politiques, syndicats, institutions représentatives du personnel) si personne morale créée ou détournée de son objet pour commettre l'infraction (CSI, art. L. 324-14 ; C. pén., art. 131-39 1° et 131-45) ;

2. Fermeture, définitive ou ⩽ 5 ans, d'un ou plusieurs établissements en relation avec l'infraction (CSI, art. L. 324-14 ; C. pén., art. 131-39, 4°) ;

3. Confiscation (réelle ou en valeur) chose ayant servi à l'infraction ou destinée à la commettre, ou son produit (obligatoire pour objets qualifiés dangereux ou nuisibles par loi ou règlement ou dont la détention est illicite) (CSI, art. L. 324-14 ; C. pén., art. 131-39, 8° et 131-21) ;

4. Affichage, ⩽ 2 mois, et/ou diffusion de la décision ou d'extraits aux frais (⩽ amende encourue) du condamné (CSI, art. L. 324-14 ; C. pén., art. 131-39, 9°, 131-48 et 131-35) ;

5. Fermeture définitive ou ⩽ 5 ans des établissements ayant servi à commettre l'infraction (CSI, art. L. 324-14).

■ ORIENTEUR

AUTRE QUALIFICATION

▪ **Jeux – Tenue d'une maison de jeux – Publicité en faveur d'une maison de jeu (incriminations spéciales antérieures à Ord. n° 2019-1015, 2 oct. 2019).** V. n° 23.61.

▪ **Jeux – Offre en ligne illégale de jeux d'argent et de hasard, publicité en faveur d'un site de jeux non autorisé (L. n° 2010-476, 12 mai 2010).** V. n° 23.62.

▪ **Jeux de hasard dans les lieux publics (incriminations spéciales antérieures à Ord. n° 2019-1015, 2 oct. 2019).** V. n° 23.63.

▪ **Appareil de jeux de hasard dans les lieux publics ou privés – Machines à sous.** V. n° 23.64.

▪ **Casino – Exploitation illicite.** V. n° 23.65.

▪ **Cercle de jeux – Exploitation illicite (incriminations spéciales abrogées par L. n° 2017-257, 28 févr. 2017).** V. n° 23.66.

▪ **Paris clandestins – Courses de chevaux ou de lévriers.** V. n° 23.67 (dispositions spéciales antérieures à Ord. n° 2019-1015, 2 oct. 2019).

▪ **Loterie prohibée (incriminations spéciales antérieures à Ord. n° 2019-1015, 2 oct. 2019).** V. n° 23.70.

▪ **Loterie prohibée – Colportage ou publicité (en faveur de —).** V. n° 23.71.

▪ **Jeux – Règlementation et infractions fiscales,** v. nos 23.68 et 23.70.

ÉLÉMENT LÉGAL

▪ **Application de la loi dans le temps.** Ces incriminations sont issues de l'Ord. n° 2019-1015, 2 oct. 2019, réformant la régulation des jeux d'argent et de hasard, entrée en vigueur le 1er janv. 2020 (art. 50). Elles se substituent, en particulier pour l'incrimination générale prévue par CSI, art. L. 324-1 (cas A), aux incriminations spéciales désormais abrogées de tenue d'une maison de jeux (CSI, art. L. 324-1 ancien, v. n° 23.61), de tenue de jeux de hasard dans les lieux publics

(CSI, art. L. 324-1 ancien, v. n° 23.63), d'exploitation illicite d'un cercle de jeux (L. 30 juin 1923, art. 49, v. n° 23.66), d'organisation de paris clandestins en matière de courses de chevaux ou de lévriers (L. 2 juin 1891, art. 4, v. n° 23.67) et d'organisation de loterie prohibée (CSI, art. L. 324-6 et L. 324-9 anciens, v. n°s 23.70 et 23.71). Les faits de colportage ou de publicité en faveur de ces jeux prohibés, qui étaient dans certains cas spécialement incriminés, sont désormais susceptibles de recevoir la qualification de complicité du fait principal.

▪ **Définition. Opérateur de jeux.** « *est un opérateur de jeux d'argent et de hasard, toute personne qui, de manière habituelle, propose au public des services de jeux d'argent et de hasard comportant des enjeux en valeur monétaire* » (CSI, art. L. 320-5).

RÉGIME PROCÉDURAL

▪ **Régime complet de la criminalité organisée** applicable au **cas** B, à l'exception de la garde à vue qui est limitée à 48 h 00 (C. pr. pén., art. **706-73-1 10°**, v. n° 11.21C), depuis L. n° 2017-257, 28 févr. 2017. Auparavant le **cas** B relevait du régime partiel de la criminalité organisée prévu au C. pr. pén., art. 706-74), v. n° 11.22).

▪ **Compétence juridictionnelle. Juge unique** dans les **cas** D à J (C. pr. pén., art. 398-1, v. n° 17.15D2).

▪ **Ordonnance pénale. Possible** dans les **cas** D à J (C. pr. pén., art. 495-II, v. n° **15.48B1** et tableau n° **17.15D2**).

▪ ÉLÉMENTS CONSTITUTIFS – QUALIFICATION

✧ Pour avoir à .... [¤ lieu], le .... [¤ date] [⇨A à J :]

A. en dehors des cas autorisés par l'article L. 320-6 du code de la sécurité intérieure, accompli ou fait accomplir des opérations de jeux d'argent et de hasard, en l'espèce en .... [¤ matérialiser l'infraction] (CSI, art. L. 324-1) (A : *N **33655.co***) ;

B. [• préciser le cas échéant dans le cas A] avec cette circonstance que les faits ont été commis en bande organisée (CSI, art. L. 324-1) (B : *N **33656.co***) ;

C. omis de respecter les conditions d'une autorisation d'exploitation de jeux, en l'espèce en .... [¤ matérialiser l'infraction] (CSI, art. L. 320-6, L. 324-1 et L. 324-2) (C : *N **33658.co***) ;

D. émis ou distribué des supports de jeux d'argent et de hasard prohibés ou concouru à cette émission ou à cette distribution, en l'espèce en .... [¤ matérialiser l'infraction] (CSI, art. L. 324-3) (D : *N **33641.ju***) ;

E. étant opérateur de jeux d'argent et de hasard (CSI, art. L. 324-5) [⇨E1 ou E2 :]

E1. permis à une personne interdite de jeux de participer à une activité de jeux en ligne qu'il propose (E1 : *N **33642.ju***) ;

E2. adressé une communication commerciale à une personne interdite de jeux (E2 : *N **33643.ju***) ;

F. étant opérateur de jeux d'argent et de hasard, [⇨F1 ou F2 :]

F1. établi un nouveau point de vente exploitant un poste d'enregistrement de jeux de loterie ou de jeux de paris sportifs en violation du périmètre d'exclusion fixé par le représentant de l'État ou le préfet de police autour des établissements publics ou privés d'enseignement et des établissements de formation ou de loisirs de la jeunesse (CSI, art. L. 320-15 et L. 324-6) (F1 : *N **33644.ju***) ;

F2. permis à un joueur un accès direct aux dispositifs de jeu sans intermédiation humaine sans vérification préalable de son identité et de sa date de naissance aux fins de contrôle de sa majorité (CSI, art. L. 320-8 et L. 324-6) (F2 : *N **33659.ju***) ;

G. étant opérateur de jeux d'argent ou de hasard, dirigeant, mandataire social ou employé d'un opérateur de jeux d'argent ou de hasard, ou une personne autorisée par un opérateur de jeux d'argent ou de hasard à exploiter un poste d'enregistrement de jeux (CSI, art. L. 320-17 et L. 324-7) [⇨G1 ou G2 :],

G1. consenti des prêts d'argent aux joueurs (G1 : *N **33645.ju***)

G2. mis en place directement ou indirectement des dispositifs permettant aux joueurs de s'accorder des prêts entre eux (G2 : *N **33660.ju***) ;

H. [⇨H1 ou H2 :]

H1. fait de la publicité en faveur d'une entreprise susceptible de consentir des prêts d'argent aux joueurs ou de permettre le prêt entre joueurs (CSI, art. L. 324-8) (H1 : *N **33646.ju***) ;

H2. proposé un lien vers un service de communications électroniques au public d'une entreprise susceptible de consentir des prêts d'argent aux joueurs ou de permettre le prêt entre joueurs (CSI, art. L. 324-8) (H2 : *N 33647.ju*) ;

I. émis ou diffusé, par tout moyen, une communication commerciale en faveur d'un opérateur de jeux d'argent et de hasard autorisé (CSI, art. L. 320-12 et L. 324-8-1) (I : *N 27827.ju*) [⇨I1 à I6 :]

I1. dépourvue d'un message de mise en garde contre le jeu excessif ou pathologique ou d'un message faisant référence au numéro d'appel téléphonique mis à la disposition des joueurs excessifs ou pathologiques et de leur entourage par les pouvoirs publics ;

I2. dans une publication à destination des mineurs ;

I3. sur un service de communication audiovisuelle ou dans un programme de communication audiovisuelle présenté comme s'adressant aux mineurs ;

I4. dans un service de communication électronique au public à destination des mineurs ;

I5. dans une salle de spectacles cinématographiques lors de la diffusion d'œuvres accessibles aux mineurs ;

I6. en finançant l'organisation ou en parrainant la tenue d'un d'événement à destination spécifique des mineurs ;

J. émis ou diffusé, par tout moyen, une communication commerciale en faveur d'un opérateur de jeux d'argent et de hasard autorisé dans un périmètre interdit par le représentant de l'État ou le préfet de police autour des établissements publics ou privés d'enseignement et des établissements de formation ou de loisirs de la jeunesse (CSI, art. L. 320-14 et L. 324-8-1) (J : *N 27827.ju*) ;

Faits prévus et réprimés par les articles : **PERSONNES PHYSIQUES.** [¤ de l'infraction sélectionnée] et L. 324-13 du code de la sécurité intérieure. **PERSONNES MORALES.** [¤ de l'infraction sélectionnée] et L. 324-14 du code de la sécurité intérieure. ✧

23.61 Jeux – Tenue d'une maison de jeux – Publicité en faveur d'une maison de jeu (incriminations spéciales antérieures à Ord. nº 2019-1015, 2 oct. 2019)

■ PEINES

PERSONNE PHYSIQUE

PP Délit. ~~Cas A : 3 ans d'emprisonnement, 90 000 € (CSI, art. L. 324-1, al. 1, L. nº 2010-476, 12 mai 2010, auparavant 45 000 €). Cas B : 7 ans, 200 000 € (CSI, art. L. 324-1, al. 1, L. nº 2010-476, 12 mai 2010, auparavant 100 000 €). Cas C : 100 000 € (CSI, art. L. 324-1, al. 3, L. nº 2010-476, 12 mai 2010, auparavant 30 000 €) ou amende ⩽ 4 fois les dépenses publicitaires engagées.~~

PC ~~1. Interdiction droits civiques civils et de famille ⩽ 5 ans (vote, éligibilité, fonction juridictionnelle, expert, témoin, tuteur, curateur) (CSI, art. L. 324-3 ; C. pén., art. 131-26) ;~~

~~2. Confiscation (réelle ou en valeur) biens meubles ou immeubles, divis ou indivis (L. nº 2010-476, 12 mai 2010) ayant servi directement ou non à l'infraction ou qui en sont le produit, fonds mis en jeu, meubles garnissant les lieux, obligatoire pour les appareils de jeux ou de loterie (le tribunal peut en ordonner la destruction) (CSI, art. L. 324-3 ; C. pén., art. 131-21) ;~~

~~3. Affichage, ⩽ 2 mois, *et/ou* (L. nº 2011-525, 17 mai 2011) diffusion de la décision ou d'extraits aux frais (⩽ amende encourue) du condamné (CSI, art. L. 324-3 ; C. pén., art. 131-35) ;~~

~~4. Fermeture, définitive ou ⩽ 5 ans établissement ayant servi à commettre l'infraction (CSI, art. L. 324-3 ; C. pén., art. 131-33).~~

~~5. Interdiction, définitive ou ⩽ 5 ans activité professionnelle ou sociale en relation avec l'infraction, fonction publique (sauf mandat électif ou syndical) *et/ou* interdiction définitive ou ⩽ 15 ans (10 ans avant L. nº 2013-1117, 6 déc. 2013) d'exercer une profession commerciale ou industrielle, de diriger, d'administrer, de gérer ou de contrôler à un titre quelconque, directement ou indirectement, pour son propre compte ou pour le compte d'autrui, une entreprise commerciale ou industrielle ou une société commerciale (CSI, art. L. 324-3 ; C. pén., art. 131-27).~~

PERSONNE MORALE

PP Délit. Cas A : 450 000 €. Cas B : 1 000 000 €. Cas C : 500 000 € ou amende ⩽ 20 fois les dépenses publicitaires engagées.(C. pén., art. 131-38).

PC 1. Dissolution (sauf personnes morales de droit public, partis, groupements politiques, syndicats, institutions représentatives du personnel) si personne morale créée ou détournée de son objet pour commettre l'infraction (CSI, art. L. 324-4 ; L. nº 2010-476, 12 mai 2010, C. pén., art. 131-39 1º et 131-45) ;

2. Fermeture, définitive ou ⩽ 5 ans, d'un ou plusieurs établissements en relation avec l'infraction (CSI, art. L. 324-4 ; C. pén., art. 131-39, 4º) ;

3. Confiscation (réelle ou en valeur) chose ayant servi à l'infraction ou destinée à la commettre, ou son produit (obligatoire pour objets qualifiés dangereux ou nuisibles par loi ou règlement ou dont la détention est illicite) (CSI, art. L. 324-4 ; C. pén., art. 131-39, 8º et 131-21) ;

4. Affichage, ⩽ 2 mois, *et/ou* (L. nº 2011-525, 17 mai 2011) diffusion de la décision ou d'extraits aux frais (⩽ amende encourue) du condamné (CSI, art. L. 324-4 ; C. pén., art. 131-39, 9º, 131-48 et 131-35) ;

5. Retrait ou interdiction ⩽ 5 ans de solliciter l'agrément délivré aux opérateurs de jeux en ligne ou de l'autorisation d'exploiter un casino (CSI, art. L. 324-4 ; [issu mod. par L. nº 2010-476, 12 mai 2010]).

▪ ORIENTEUR

AUTRE QUALIFICATION

▪ **Cercle de jeux – Exploitation illicite.** V. nº *23.66*.

▪ **Infractions fiscales,** v. nºs *23.68* et *23.70*.

ÉLÉMENT LÉGAL

▪ **Application de la loi pénale dans le temps.** Ces dispositions incriminant spécialement la tenue d'une maison de jeux ont été abrogées par Ord. nº 2019-1015, 2 oct. 2019, réformant la régulation des jeux d'argent et de hasard, entrée en vigueur le 1er janv. 2020 (art. 50). La tenue d'une maison de jeux de hasard relève désormais de l'incrimination générale prévue par CSI, art. L. 324-1, telle qu'issue de Ord. nº 2019-1015, 2 oct. 2019 (v. nº 23.60).

ÉLÉMENT MATÉRIEL

▪ **Faits incriminés.** Les faits sont également qualifiés si l'admission dans l'établissement est subordonnée à la présentation d'un affilié (CSI, art. L. 324-1).

RÉGIME PROCÉDURAL

▪ **Régime complet de la criminalité organisée** applicable au cas B, à l'exception de la garde à vue qui est limitée à 48 h 00 (C. pr. pén., art. **706-73-1 10º**, v. nº *11.21C*), depuis L. nº 2017-257, 28 févr. 2017. Auparavant le cas B relevait du régime partiel de la criminalité organisée prévu au C. pr. pén., art. 706-74), v. nº *11.22*).

▪ **Compétence juridictionnelle.** Juge unique dans le cas C (C. pr. pén., art. 398-1, v. nº *17.15D2*).

▪ **Ordonnance pénale.** Possible dans le cas C (C. pr. pén., art. 495-II, v. nº *15.48B1* et tableau nº *17.15D2*).

▪ ÉLÉMENTS CONSTITUTIFS – QUALIFICATION

✧ Pour avoir à .... [¤ lieu], le .... [¤ date]]

A. participé à la tenue d'une maison de jeu de hasard où le public est librement admis (*N* ***431.co***) ;

B. [• préciser le cas échéant dans le cas A] avec cette circonstance que les faits ont été commis en bande organisée (*N* ***25141.co***) ;

C. par quelque moyen que ce soit, fait de la publicité en faveur d'une maison de jeux de hasard non autorisée (*N* ***26542.ju***).

Faits prévus et réprimés par les articles : **PERSONNES PHYSIQUES.** L. 324-1 et L. 324-3 du code de la sécurité intérieure. **PERSONNES MORALES.** L. 324-1 et L. 324-4 du code de la sécurité intérieure. ✧

23.62 Jeux – Offre en ligne illégale de jeux d'argent et de hasard, publicité en faveur d'un site de jeux non autorisé (L. nº 2010-476, 12 mai 2010)

▪ PEINES

PERSONNE PHYSIQUE

PP Délit. Cas A : 3 ans d'emprisonnement, 90 000 € (L. nº 2010-476, 12 mai 2010, art. 56). Cas B : 7 ans, 200 000 € (L. nº 2010-476, 12 mai 2010, art. 56). Cas C et D : 100 000 € ou amende ⩽ 4 fois les dépenses publicitaires engagées. (L. nº 2010-476, 12 mai 2010, art. 57).

PC 1. Cas A ET B : Interdiction droits civiques civils et de famille ⩽ 5 ans (vote, éligibilité, fonction juridictionnelle, expert, témoin, tuteur, curateur) (L. nº 2010-476, 12 mai 2010, art. 56 ; C. pén., art. 131-26) ;

2. Cas A ET B : Confiscation (réelle ou en valeur) biens mobiliers et immobiliers, divis ou indivis, ayant servi directement ou indirectement à commettre l'infraction ou qui en sont le produit, y compris les fonds ou effets exposés au jeu ou mis en loterie ainsi que les meubles ou effets mobiliers dont les lieux sont garnis ou décorés, à l'exception des objets susceptibles de donner lieu à restitution (L. nº 2010-476, 12 mai 2010, art. 56 ; C. pén., art. 131-21) ;

3. Cas A ET B : Affichage, ⩽ 2 mois, *et/ou* (L. nº 2011-525, 17 mai 2011) diffusion de la décision ou d'extraits aux frais (⩽ amende encourue) du condamné (L. nº 2010-476, 12 mai 2010, art. 56 ; C. pén., art. 131-35) ;

4. Cas A ET B : Fermeture, définitive ou ⩽ 5 ans établissement ayant servi à commettre l'infraction (L. nº 2010-476, 12 mai 2010, art. 56 ; C. pén., art. 131-33) ;

5. Cas A ET B : Interdiction, définitive ou ⩽ 5 ans activité professionnelle ou sociale en relation avec l'infraction, fonction publique (sauf mandat électif ou syndical) *et/ou* interdiction définitive ou ⩽ 15 ans (10 ans avant L. nº 2013-1117, 6 déc. 2013) d'exercer une profession commerciale ou industrielle, de diriger, d'administrer, de gérer ou de contrôler à un titre quelconque, directement ou indirectement, pour son propre compte ou pour le compte d'autrui, une entreprise commerciale ou industrielle ou une société commerciale (L. nº 2010-476, 12 mai 2010, art. 56 ; C. pén., art. 131-27).

PERSONNE MORALE

PP Délit. Cas A : 450 000 €. Cas B : 1 000 000 €. Cas C et D : 500 000 € ou amende ⩽ 4 fois les dépenses publicitaires engagées (C. pén., art. 131-38).

PC 1. Dissolution (sauf personnes morales de droit public, partis, groupements politiques, syndicats, institutions représentatives du personnel) si personne morale créée ou détournée de son objet pour commettre l'infraction (L. nº 2010-476, 12 mai 2010, art. 56 ; C. pén., art. 131-39 1º et 131-45) ;

2. Fermeture, définitive ou ⩽ 5 ans, d'un ou plusieurs établissements en relation avec l'infraction (L. nº 2010-476, 12 mai 2010, art. 56 ; C. pén., art. 131-39, 4º) ;

3. Confiscation (réelle ou en valeur) chose ayant servi à l'infraction ou destinée à la commettre, ou son produit (obligatoire pour objets qualifiés dangereux ou nuisibles par loi ou règlement ou dont la détention est illicite) (L. nº 2010-476, 12 mai 2010, art. 56 ; C. pén., art. 131-39, 8º et 131-21) ;

4. Affichage, ⩽ 2 mois, *et/ou* (L. nº 2011-525, 17 mai 2011) diffusion de la décision ou d'extraits aux frais (⩽ amende encourue) du condamné (L. nº 2010-476, 12 mai 2010, art. 56 ; C. pén., art. 131-39, 9º, 131-48 et 131-35) ;

5. Retrait ou interdiction ⩽ 5 ans de solliciter l'agrément délivré aux opérateurs de jeux en ligne ou de l'autorisation d'exploiter un casino (L. nº 2010-476, 12 mai 2010, art. 56).

▪ ORIENTEUR

ÉLÉMENT LÉGAL

▪ **Définition.** • Le **jeu de hasard** est un jeu payant où le hasard prédomine sur l'habileté et les combinaisons de l'intelligence pour l'obtention du gain (L. nº 2010-476, 12 mai 2010, art. 2). • **Le jeu et le pari en ligne** s'entendent d'un jeu et d'un pari dont l'engagement passe par l'intermédiaire d'un service de communication au public en ligne. Ne constitue pas un jeu ou un pari en ligne le jeu ou le pari enregistré au moyen de terminaux servant exclusivement ou essentiellement à l'offre de jeux ou à la prise de paris et mis à disposition des joueurs dans des lieux publics ou des lieux privés ouverts au public (L. nº 2010-476, 12 mai 2010, art. 10 1º). • **L'opérateur de**

jeux ou de paris en ligne est celui qui, de manière habituelle, propose au public des services de jeux ou de paris en ligne comportant des enjeux en valeur monétaire et dont les modalités sont définies par un règlement constitutif d'un contrat d'adhésion au jeu soumis à l'acceptation des joueurs (L. n° 2010-476, 12 mai 2010, art. 10 2°). • **Le joueur ou le parieur en ligne** s'entend de celui qui accepte un contrat d'adhésion au jeu proposé par un opérateur de jeux et de paris en ligne (L. n° 2010-476, 12 mai 2010, art. 10 3°).• **Le compte de joueur en ligne** s'entend du compte attribué à chaque joueur par un opérateur de jeux ou de paris en ligne pour un ou plusieurs jeux. Il retrace les mouvements financiers liés aux mises et aux gains (L. n° 2010-476, 12 mai 2010, art. 10 4°).

ÉLÉMENT LÉGAL

▪ **Droit de l'Union. Compatibilité avec les principes communautaires.** Dans l'arrêt *Liga Portuguesa de Futebol Profissional c/ Departamento de Jogos da Santa Casa da Misericórdia de Lisboa* (CJCE 8 sept. 2009, aff. C42/07), la CJCE consacre le droit pour les États, dans un objectif de protection des consommateurs et de lutte contre la fraude et la criminalité, d'interdire à des opérateurs situés dans d'autres États, de proposer des jeux de hasard par internet sur son territoire.

TEXTE DE RÉFÉRENCE

▪ **Principes directeurs de la règlementation des jeux.** V. n° **23.59**.

▪ **Agrément administratif.** L'agrément pouvant bénéficier aux opérateurs de jeux ou de paris en ligne est délivré par l'**Autorité nationale des jeux** (ANJ), se substituant depuis Ord. n° 2019-1015, 2 oct. 2019, réformant la régulation des jeux d'argent et de hasard, entrée en vigueur le 1er janv. 2020 (art. 50), à l'**Autorité de régulation des jeux en ligne** (Arjel), pour une durée de cinq ans (L. n° 2010-476, 12 mai 2010, art. 21°).

▪ **Codification.** Ces dispositions n'ont pas été codifiées dans le code de sécurité intérieure qui renvoie à L. n° 2010-476 (CSI, art. L. 320-1 devenu L. 320-6 (Ord. n° 2019-1015, 2 oct. 2019)).

RÉGIME PROCÉDURAL

▪ **Régime partiel de la criminalité organisée.** Applicable au **cas B** (C. pr. pén., art. 706-74 1°), v. n° **11.22**.

▪ **Infiltration électronique.** (L. n° 2010-476, 12 mai 2010, art. 59 mod. par Ord. n° 2019-1015, 2 oct. 2019, en vigueur le 1er janv. 2020 (art. 50)). Pour constater, rassembler les preuves et rechercher les auteurs des infractions en matière de paris ou de jeux de hasard en ligne, des officiers ou agents de police judiciaire désignés par le ministre de l'intérieur et les agents des douanes désignés par le ministre chargé des douanes peuvent, de façon comparable à la cyber infiltration prévue pour certaines infractions (C. pr. pén., art. 706-35-1 et 706-47-3 devenus 230-46, v. n° **11.35**), procéder aux actes suivants sans en être pénalement responsables :

1° Participer sous une identité d'emprunt à des échanges électroniques sur un site de jeux ou paris agréé ou non, et notamment à une session de jeu en ligne. L'utilisation d'une identité d'emprunt est sans incidence sur la régularité des constatations effectuées ;

2° Extraire, acquérir ou conserver par ce moyen les éléments de preuve et les données sur les personnes susceptibles d'être les auteurs de ces infractions ainsi que sur les comptes bancaires utilisés ;

3° Extraire, transmettre en réponse à une demande expresse, acquérir ou conserver des contenus illicites dans des conditions fixées par décret.

À peine de nullité, ces actes ne peuvent avoir pour effet d'inciter autrui à commettre une infraction ou de contrevenir aux dispositions de CSI, art. L. 320-8 (prohibition du jeu par les mineurs) et L. 320-9, al. 1 (prohibition du jeu des personnes interdites de jeu).

À la différence des opérations d'infiltration en matière de criminalité organisée (v. n° **11.33**) ou de livraisons de stupéfiants (v. n° **11.34**), ces opérations ne nécessitent pas l'autorisation d'un magistrat.

Mentionnons que le dispositif d'infiltration électronique est désormais applicable à tous crimes ou délits punis d'une peine d'emprisonnement « *commis par la voie des communications électroniques* » (C. pr. pén., art. 230-46, L. n° 2019-222, 23 mars 2019, applicable depuis le 1er juin 2019) (v. n° **11.35**).

▪ **Compétence juridictionnelle. Juge unique** dans le **cas C** et **D** (C. pr. pén., art. 398-1, v. n° **17.15D2**).

▪ **Ordonnance pénale.** Possible dans le cas C et D (C. pr. pén., art. 495-II, v. nº 15.48B1 et tableau nº 17.15D2).

▪ **ÉLÉMENTS CONSTITUTIFS – QUALIFICATION**

✧ Pour avoir à .... [¤ lieu], le .... [¤ date], [⇨A à D :]

A. sans être titulaire d'un agrément ou d'un droit exclusif, offert ou proposé au public une offre en ligne de paris ou de jeux d'argent et de hasard (L. nº 2010-476, 12 mai 2010, art. 56) (A : *N 27830.co*, par personne morale : *N 27832.co*) ;

B. [• préciser le cas échéant dans le cas A] avec cette circonstance que les faits ont été commis en bande organisée (L. nº 2010-476, 12 mai 2010, art. 56) (B : *N 27831.co*) ;

C. par quelque moyen que ce soit, fait de la publicité en faveur d'un site de paris ou de jeux d'argent et de hasard non autorisé en vertu d'un droit exclusif ou d'un agrément (L. nº 2010-476, 12 mai 2010, art. 57) (B : *N 27827.ju*) ;

D. par quelque moyen que ce soit, diffusé au public, aux fins de promouvoir des sites de jeux en ligne ne disposant pas d'un agrément, les cotes et les rapports proposés par ces sites non autorisés (L. nº 2010-476, 12 mai 2010, art. 57) (D : *N 27829.ju*) ;

Faits prévus et réprimés par les articles : **PERSONNE PHYSIQUE ET PERSONNE MORALE.** 21 et 56 de la loi nº 2010-476 du 12 mai 2010 + articles [• du cas sélectionné]. ✧

23.63 Jeux de hasard dans les lieux publics (incriminations spéciales antérieures à Ord. nº 2019-1015, 2 oct. 2019)

▪ **PEINES**

~~PERSONNE PHYSIQUE~~

PP Délit. ~~6 mois d'emprisonnement, 7 500 € (CSI, art. L. 324-1).~~

PC ~~Néant.~~

~~PERSONNE MORALE~~

PP Délit. ~~37 500 € (CSI, art. L. 324-1 et L. 324-4 ; C. pén., art. 131-38).~~

~~PERSONNE MORALE~~

PC Néant.

▪ **ORIENTEUR**

AUTRE QUALIFICATION

▪ **Infractions fiscales.** ~~V. nºˢ *23.68* et *23.69*.~~

ÉLÉMENT LÉGAL

▪ **Application de la loi dans le temps.** Ces dispositions incriminant spécialement la tenue de jeux de hasard et d'argent sur la voie publique ont été abrogées par Ord. nº 2019-1015, 2 oct. 2019, réformant la régulation des jeux d'argent et de hasard, entrée en vigueur le 1er janv. 2020 (art. 50). La tenue de jeux de hasard et d'argent sur la voie publique relève désormais de l'incrimination générale prévue par CSI, art. L. 324-1, telle qu'issue de Ord. nº 2019-1015, 2 oct. 2019, plus sévèrement réprimée (v. nº 23.60).

▪ **ÉLÉMENTS CONSTITUTIFS – QUALIFICATION**

~~✧ Pour avoir à .... [¤ lieu], le .... [¤ date], sur la voie publique ou ses dépendances, ou dans un lieu public ou ouvert au public ou ses dépendances mêmes privées, en l'espèce .... [¤ endroit concerné], établi ou tenu des jeux de hasard non autorisés par la loi dont l'enjeu est en argent, en l'espèce .... [¤ jeux concernés].~~

~~Faits prévus et réprimés par les articles : **PERSONNES PHYSIQUES.** L. 324-1 et L. 324-3 du code de la sécurité intérieure. **PERSONNES MORALES.** L. 324-1 et L. 324-4 du code de la sécurité intérieure. ✧~~

23.64 Appareil de jeux de hasard dans les lieux publics ou privés – Machines à sous

■ PEINES

PERSONNE PHYSIQUE

PP Délit. Cas A à G : 3 ans d'emprisonnement, 45 000 € (CSI, art. L. 324-4, anc[t], L. 324-2). Cas H : 7 ans, 200 000 € (depuis Ord. n° 2019-1015, 2 oct. 2019, en vigueur le 1er janv. 2020 (art. 50), auparavant 100 000 €) (CSI, art. L. 324-4, anc[t]. L. 324-2).

PC *Idem* n° 23.60 (CSI, art. L. 324-13).

PERSONNE MORALE

PP Délit. Cas A à G : 225 000 € (CSI, art. L. 324-4, anc[t]. L. 324-2 ; C. pén., art. 131-38). Cas H : 10 000 000 € (depuis Ord. n° 2019-1015, 2 oct. 2019, en vigueur le 1er janv. 2020 (art. 50), auparavant 500 000 €) (CSI, art. L. 324-4, anc[t]. L. 324-2 ; C. pén., art. 131-38).

PC *Idem* n° 23.60 (CSI, art. L. 324-14).

■ ORIENTEUR

AUTRE QUALIFICATION

- **Infractions fiscales.** V. n°s 23.68 et 23.69.
- **Casino – Exploitation illicite.** CSI, art. L. 324-10, v. n° 23.65.

ÉLÉMENT LÉGAL

- **Application de la loi dans le temps.** Ces incriminations ont été transférées à droit constant de CSI, art. L. 324-2 à L. 324-4 par Ord. n° 2019-1015, 2 oct. 2019, entrée en vigueur le 1er janv. 2020 (art. 50). La peine d'amende de 100 000 € applicable au cas H (circonstance de bande organisée) a toutefois été élevée à 200 000 €.
- **Constitutionnalité.** L. n° 83-628, 12 juill. 1983, art. 2, devenu CSI, art. L. 324-2 puis L. 324-4, a été déclaré constitutionnel en ce que, en posant le principe de l'interdiction des appareils de jeux de hasard et en ne prévoyant d'exception qu'en faveur des fêtes foraines et des casinos autorisés, en mettant en place un contrôle public de ces activités afin d'assurer l'intégrité, la sécurité et la fiabilité des opérations de jeux, de veiller à la transparence de leur exploitation, de prévenir les risques d'une exploitation des appareils de jeux à des fins frauduleuses ou criminelles et lutter contre le blanchiment d'argent, de prévenir l'accoutumance aux jeux, le législateur a concilié le principe de la liberté d'entreprendre et la sauvegarde de l'ordre public et n'a pas porté atteinte au principe de nécessité et de proportionnalité des peines ni à aucun autre droit ou liberté que la Constitution garantit (Cons. const. 18 oct. 2010, n° 2010-55 QPC, § 5 et 6).
- **Définition. Machines à sous.** « *Les appareils de jeux* [proposés au public dans les casinos], *dénommés machines à sous, s'entendent des appareils automatiques de jeux d'argent et de hasard qui permettent, après utilisation d'un enjeu monétisé, la mise en œuvre d'un système entraînant l'affichage d'une combinaison aléatoire permettant d'établir les éventuels gains et dont le taux de retour aux joueurs ne peut être inférieur à un taux fixé par décret* » (CSI, art. L. 321-5-1, issu Ord. n° 2019-1015, 2 oct. 2019, en vigueur le 1er janv. 2020 (art. 50)).
- **Domaine d'application.** Dispositions non applicables aux appareils de jeux proposés dans les **casinos autorisés** (CSI, art. L. 321-5 et L. 321-5-1) ou, dans le temps et l'enceinte de **fêtes foraines** (CSI, art. L. 322-6), aux appareils exploités par des personnes qui « *qui ont pour activité exclusive la tenue d'établissements destinés au divertissement du public* » titulaires de la « *carte permettant l'exercice d'une activité ambulante* » (C. com., art. L. 123-29), n'offrant que des lots en nature n'excédant pas 30 fois la mise, et une mise maximale de 1,5 € (CSI, art. D. 322-4, anc[t] D. n° 87-264, 13 avr. 1987, art. 1).

TEXTE DE RÉFÉRENCE

- **Principes directeurs de la règlementation des jeux.** V. n° 23.59.
- **Agrément administratif.** Les personnes physiques ou morales autorisées à fabriquer, importer, vendre ou entretenir ces appareils sont soumises à agrément du ministre de l'intérieur (CSI, art. L. 321-5).

RÉGIME PROCÉDURAL

▪ **Régime complet de la criminalité organisée**. Applicable au **cas H**, à l'exception de la garde à vue qui est limitée à 48 h 00 (C. pr. pén., art. **706-73-1 10°**, v. n° **11.21C**), depuis L. n° 2017-257, 28 févr. 2017. Auparavant le **cas H** relevait du régime partiel de la criminalité organisée prévu au C. pr. pén., art. 706-74), v. n° **11.22**).

▪ ÉLÉMENTS CONSTITUTIFS – QUALIFICATION

✧ Pour avoir à .... [¤ lieu], le .... [¤ date], [⇨A à G puis 1 ou 2 puis le cas échéant H :]

A. importé ou fabriqué (A : *N 1832.co*) [⇨1 ou 2 :] ...

B. détenu sur la voie publique ou ses dépendances, ou dans un lieu public ou ouvert au public ou ses dépendances mêmes privées, (B : *N 22536.co*) [⇨1 ou 2 :] ...

C. mis à disposition de tiers, sur la voie publique ou ses dépendances, ou dans un lieu public ou ouvert au public ou ses dépendances mêmes privées, (C : *N 22537.co*) [⇨1 ou 2 :] ...

D. installé sur la voie publique ou ses dépendances, ou dans un lieu public ou ouvert au public ou ses dépendances mêmes privées, (D : *N 22538.co*) [⇨1 ou 2 :] ...

E. exploité sur la voie publique ou ses dépendances, ou dans un lieu public ou ouvert au public ou ses dépendances mêmes privées, (E : *N 1834.co*) [⇨1 ou 2 :] ...

F. exploité dans des lieux privés (F : *N 1852.co*) [⇨1 ou 2 :] ...

G. mis à disposition de tiers dans des lieux privés (G : *N 22539.co*) [⇨1 ou 2 :] ...

1. un ou plusieurs appareils dont le fonctionnement repose sur le **hasard** et permettant, éventuellement par l'apparition de signes, de procurer moyennant enjeu un avantage direct ou indirect de quelque nature que ce soit, même sous forme de parties gratuites ;

2. un ou plusieurs appareils dont le fonctionnement repose sur **l'adresse** et dont les caractéristiques techniques permettent de gagner plus de cinq parties gratuites par enjeu ou un gain en espèces ou en nature.

H. [• Préciser le cas échéant dans les cas A à G :] avec cette circonstance que les faits ont été commis en bande organisée (AH : *N 25143.co* ; BH : *N 25146.co* ; CH : *N 25147.co* ; DH : *N 25148.co* ; EH : *N 25144.co* ; FH : *N 25145.co* ; GH : *N 25150.co*).

Faits prévus et réprimés par les articles : **PERSONNES PHYSIQUES.** L. 324-4 et L. 324-13 du code de la sécurité intérieure. **PERSONNES MORALES.** L. 324-4 et L. 324-14 du code de la sécurité intérieure. ✧

23.65 Casino – Exploitation illicite

▪ PEINES

PERSONNE PHYSIQUE

PP Délit. Cas A et B : **3 ans** d'emprisonnement, **90 000 €** (CSI, art. **L. 324-10** issu Ord. n° 2019-1015, 2 oct. 2019 (anc^t^ **L. 324-5** et **L. 324-1**, **30 000 €** avant L. n° 2010-476, 12 mai 2010). ~~Cas C : 3 ans d'emprisonnement, 90 000 € (anc^t^ CSI, art. L. 324-5 et L. 324-1, 30 000 € avant L. n° 2010-476, 12 mai 2010)~~ (abrogé par Ord. n° 2019-1015, 2 oct. 2019). ~~Cas D : 30 000 € (anc^t^ CSI, art. L. 324-5 et L. 324-1) ou amende ⩽ 4 fois les dépenses publicitaires engagées~~ (abrogé par Ord. n° 2019-1015, 2 oct. 2019).

PC *Idem* n° **23.60** (CSI, art. L. 324-13 depuis Ord. n° 2019-1015, 2 oct. 2019, entrée en vigueur le 1er janv. 2020 (art. 50). Les peines complémentaires étaient auparavant limitées aux interdictions suivantes :

1. Interdiction droits civiques civils et de famille ⩽ 5 ans (vote, éligibilité, fonction juridictionnelle, expert, témoin, tuteur, curateur) (CSI, art. L. 324-5 et L. 324-3 anciens ; C. pén., art. 131-26).

2. Interdiction, définitive ou ⩽ 5 ans activité professionnelle ou sociale en relation avec l'infraction, fonction publique (sauf mandat électif ou syndical) *et/ou* interdiction définitive ou ⩽ 15 ans (10 ans avant L. n° 2013-1117, 6 déc. 2013) d'exercer une profession commerciale ou industrielle, de diriger, d'administrer, de gérer ou de contrôler à un titre quelconque, directement ou indirectement, pour son propre compte ou pour le compte d'autrui, une entreprise commerciale ou industrielle ou une société commerciale (CSI, art. L. 324-5 et L. 324-3 anciens ; C. pén., art. 131-27).

PERSONNE MORALE

PP Cas A et B : 3 ans d'emprisonnement, 450 000 € (CSI, art. L. 324-10 issu Ord. n° 2019-1015, 2 oct. 2019 ; C. pén., art. 131-38 (anc^t CSI, art. L. 324-5 et L. 324-1. ~~Cas C : 450 000 € (anc^t CSI, art. L. 324-5 et L. 324-1)~~ (abrogé par Ord. n° 2019-1015, 2 oct. 2019). ~~Cas D : 150 000 € (anc^t CSI, art. L. 324-5 et L. 324-1) ou amende ⩽ 20 fois les dépenses publicitaires engagées~~ (abrogé par Ord. n° 2019-1015, 2 oct. 2019).

PC *Idem* n° 23.60 (CSI, art. L. 324-14 depuis Ord. n° 2019-1015, 2 oct. 2019, entrée en vigueur le 1er janv. 2020 (art. 50) ; auparavant aucune peine complémentaire n'était prévue pour les personnes morales).

■ ORIENTEUR

AUTRE QUALIFICATION

- **Jeux – Infractions en matière de jeux (Ord. n° 2019-1015, 2 oct. 2019.** V. n° 23.60.
- **Jeux – Tenue d'une maison de jeux.** V. n° 23.61.
- **Cercle de jeux – Exploitation illicite.** V. n° 23.66.
- **Infractions fiscales.** V. n°s 23.68 et 23.69.

ÉLÉMENT LÉGAL

- **Application de la loi dans le temps. • Cas** C : incrimination abrogée par Ord. n° 2019-1015, 2 oct. 2019, entrée en vigueur le 1er janv. 2020 (art. 50), désormais comprise dans le **cas** B incriminant le non-respect des dispositions de l'arrêté d'autorisation fixant le taux et le mode de perception des prélèvements sur les produits des jeux. • **Cas** D : incrimination en vigueur depuis le 8 sept. 2007 [L. n° 2007-297, 5 mars 2007] abrogée par Ord. n° 2019-1015, 2 oct. 2019, entrée en vigueur le 1er janv. 2020 (art. 50), désormais comprise dans l'incrimination de non-respect des règles de communication commerciale applicable à l'ensemble des opérateurs de jeux, v. n° 23.60.

RÉGIME PROCÉDURAL

- **Compétence juridictionnelle.** ~~Juge unique dans le cas D (C. pr. pén., art. 398-1, v. n° *17.15D2*).~~
- **Ordonnance pénale.** ~~Possible dans le cas D (C. pr. pén., art. 495-II, v. n° *15.48B1* et tableau n° *17.15D2*).~~

■ ÉLÉMENTS CONSTITUTIFS – QUALIFICATION

✧ Pour avoir à .... [¤ lieu], le .... [¤ date], [⇨A à C :]

A. exercé les fonctions de directeur ou de membre du comité de direction d'un casino sans avoir obtenu l'agrément préalable du ministre de l'intérieur (CSI, art. L. 321-4 et L. 324-10) (A : *N* ***1800.co***) ;

B. fait fonctionner au sein d'un casino des jeux de hasard en infraction aux dispositions de l'arrêté d'autorisation fixant la durée de la concession, la nature des jeux autorisés, leur fonctionnement, les mesures de contrôle et de surveillance des agents de l'autorité, les conditions d'admission dans les salles de jeux, les heures d'ouverture et de fermeture, le taux et le mode de perception des prélèvements sur les produits des jeux (CSI, art. L. 321-2 et L. 324-10) (B : *N* ***1801.co***) ;

~~C. dissimulé ou tenté de dissimuler tout ou partie du produit des jeux servant de base aux prélèvements (*N* ***1799.co***~~ (abrogé, Ord. n° 2019-1015, 2 oct. 2019, en vigueur le 1er janv. 2020 (art. 50)) ;

~~D. par quelque moyen que ce soit, fait de la publicité en faveur d'une activité de casino non autorisée (*N* ***26540.ju***)~~ (abrogé, Ord. n° 2019-1015, 2 oct. 2019, en vigueur le 1er janv. 2020 (art. 50))

Faits prévus et réprimés par les articles : **PERSONNES PHYSIQUES.** [¤ de l'infraction sélectionnée] et L. 324-13 du code de la sécurité intérieure. **PERSONNES MORALES.** [¤ de l'infraction sélectionnée] et L. 324-14 du code de la sécurité intérieure. ✧

23.66 Cercle de jeux – Exploitation illicite (incriminations spéciales abrogées par L. n° 2017-257, 28 févr. 2017)

■ PEINES

PP Délit. ~~Cas A : 3 ans d'emprisonnement, 90 000 € (L. n° 2010-476, 12 mai 2010, auparavant 30 000 €). Cas B : 9 000 € (L. 30 juin 1923, art. 49). Cas C : 30 000 € (L. n° 2007-297, 5 mars 2007) ou amende ⩽ 4 fois les dépenses publicitaires engagées.~~

PC ~~Cas A : *Idem* n° *23.61*. Cas B : Néant.~~

~~**PERSONNE MORALE**~~

PP ~~Cas A : 450 000 €. Cas B : 45 000 €. Cas C : 150 000 € ou amende ⩽ 20 fois les dépenses publicitaires engagées. (C. pén., art. 131-38).~~

PC ~~Néant.~~

■ ORIENTEUR

AUTRE QUALIFICATION

- Jeux – Tenue d'une maison de jeux. V. n° 23.61.
- Infractions fiscales. V. n°s 23.68 et 23.69.

ÉLÉMENT LÉGAL

- Droit de l'Union. ~~V. n^{os} *23.65*.~~
- **Application de la loi dans le temps.** Ces dispositions incriminant spécialement l'exploitation illicite d'un cercle de jeux ont été abrogées par L. n° 2017-257, 28 févr. 2017, prenant effet le 1er janv. 2018 (art. 34 § IV et § VIII). L'exploitation d'un cercle de jeux d'argent et de hasard relève désormais de l'incrimination générale prévue par CSI, art. L. 324-1, telle qu'issue de l'Ord. n° 2019-1015, 2 oct. 2019, réformant la régulation des jeux d'argent et de hasard, entrée en vigueur le 1er janv. 2020 (art. 50) (v. n° 23.60). Notons qu'à Paris, peuvent être autorisés par arrêté du ministre de l'intérieur, à titre expérimental, des « *Clubs de jeux* », susceptibles de succéder ainsi aux anciens cercles de jeux autorisés, dans lesquels sont pratiqués des « *jeux de cercle et de contrepartie* » (L. n° 2017-257, 28 févr. 2017, art. 34, D. n° 2017-913, 9 mai 2017, mod. par D. n° 2022-1409, 7 nov. 2022).

RÉGIME PROCÉDURAL

- **Compétence juridictionnelle.** ~~Juge unique dans les cas B et C (C. pr. pén., art. 398-1, v. n° *17.15D2*).~~
- **Ordonnance pénale.** ~~Possible dans les cas B et C (C. pr. pén., art. 495-II, v. n° *15.48B1* et tableau n° *17.15D2*).~~

■ ÉLÉMENTS CONSTITUTIFS – QUALIFICATION

~~✧ Pour avoir à .... [¤ lieu], le .... [¤ date], [⇨ A ou B :]~~

~~A. sans arrêté d'autorisation du ministre de l'Intérieur ou après retrait de l'autorisation, administré, dirigé ou exploité un cercle de jeux (*N **1798.co***) ;~~

~~B. omis de respecter les dispositions de l'article 47 de la loi du 30 juin 1923 relative aux jeux de hasard, du décret n° 47-798 du 5 mai 1947 pris pour son application ou de l'arrêté d'autorisation (*N **1850.ju***) ;~~

~~C. par quelque moyen que ce soit, fait de la publicité en faveur d'un cercle de jeux de hasard non autorisé (*N **26541.ju***) (incrimination nouvelle en vigueur depuis le 8 sept. 2007 [L. n° 2007-297, 5 mars 2007]).~~

~~Faits prévus et réprimés par les articles 49 de la loi du 30 juin 1923, 1 et 3 de la loi n° 83-628 du 12 juillet 1983. ✧~~

23.67 Paris clandestins – Courses de chevaux ou de lévriers

■ PEINES

PERSONNE PHYSIQUE

PP Cas A et B : 3 ans d'emprisonnement, 90 000 € (CSI, art. L. 324-1 et L. 2 juin 1891, art. 4) ; Cas C : 7 ans, 200 000 € (CSI, art. L. 324-1 et L. 2 juin 1891, art. 4).

PC Néant. Dans sa rédaction issue de Ord. n° 2019-1015, 2 oct. 2019, entrée en vigueur le 1er janv. 2020 (art. 50), L. 2 juin 1891, art. 4, renvoie aux peines principales prévues par CSI, art. L. 324-1, mais non aux peines complémentaires prévues par CSI, art. **L. 324-13** pour les personnes physiques. Les peines complémentaires figurant auparavant dans L. 2 juin 1891, art. 4, ont été abrogées par Ord. n° 2019-1015, 2 oct. 2019.

PERSONNE MORALE

PP Cas A et B : **450 000 €** (CSI, art. L. 324-1 et L. 2 juin 1891, art. 4, C. pén., art. 131-38) ; Cas C : **1 000 000 €** (CSI, art. L. 324-1 et L. 2 juin 1891, art. 4, C. pén., art. 131-38).

PC Néant. Dans sa rédaction issue de Ord. n° 2019-1015, 2 oct. 2019, entrée en vigueur le 1er janv. 2020 (art. 50), L. 2 juin 1891, art. 4, renvoie aux peines principales prévues par CSI, art. L. 324-1, mais non aux peines complémentaires prévues par CSI, art. **L. 324-14** pour les personnes morales. Les peines complémentaires applicables aux personnes morales figurant auparavant dans L. 2 juin 1891, art. 4, et résultant de L. n° 2019-476, 12 mai 2010, ont été abrogées par Ord. n° 2019-1015, 2 oct. 2019.

■ ORIENTEUR

AUTRE QUALIFICATION

- **Jeux – Infractions en matière de jeux (Ord. n° 2019-1015, 2 oct. 2019.** V. n° 23.60.
- **Infractions fiscales,** v. nos 23.68 et 23.69.

ÉLÉMENT LÉGAL

- **Application de la loi dans le temps.** L. 2 juin 1891, art. 4, incriminait les paris hippiques clandestins en réprimant quiconque a « *offert de recevoir ou reçu des paris sur les courses de chevaux, soit directement, soit par intermédiaire* » (*N 432.co* et *N 25142.co* en cas de bande organisée). Depuis Ord. n° 2019-1015, 2 oct. 2019, entrée en vigueur le 1er janv. 2020 (art. 50), cette disposition incrimine désormais le fait, en dehors du canal de la presse et des médias hippiques, de vendre des renseignements sur les chances de succès des chevaux engagés et renvoie pour les peines principales au CSI, art. 324-1. Le fait de recevoir des paris sur les courses de chevaux relève désormais de l'incrimination générale réprimant le fait « *d'accomplir ou de faire accomplir des opérations de jeux d'argent et de hasard* », prévue par CSI, art. L. 324-1, dans sa rédaction issue de l'Ord. n° 2019-1015, 2 oct. 2019 (v. n° 23.60). Soulignons que dans le droit antérieur à cette ordonnance, étaient **réputés complices** de paris clandestins les intermédiaires, dépositaires des enjeux, propriétaires, gérants ou tenanciers laissant sciemment exploiter le pari dans leur établissement ouvert au public, les personnes vendant en vue du pari des renseignements sur les chances des chevaux engagés ou faisant connaître par tout moyen de publicité les établissements ou personnes vendant ses renseignements, ainsi que les parieurs (L. 2 juin 1891, art. 4 anct). Les dispositions de L. 2 juin 1891, art. 4 qui incriminaient depuis L. n° 2007-297, 5 mars 2007, « *la publicité, par quelque moyen que ce soit, en faveur des paris* [clandestins] *sur les courses de chevaux* » (*N 26539.ju*) ont également été abrogées par l'Ord. n° 2019-1015, 2 oct. 2019. De tels faits sont désormais susceptibles de recevoir la qualification de complicité de jeux illicites.
- **Constitutionnalité.** Les dispositions de la loi du 2 juin 1891, dans leur rédaction antérieure à L. n° 2010-476, 12 mai 2010 (cette loi n'a pas modifié les incriminations de la loi de 1891, mais créé ou précisé des peines complémentaires) et Ord. n° 2019-1015, 2 oct. 2019, ont été jugées conformes à la Constitution en ce qu'elles ne portent pas atteinte au principe de légalité des délits et des peines, au principe d'égalité devant la loi, au droit au recours juridictionnel effectif et au principe de la liberté d'entreprendre ni à aucun autre droit ou liberté que la Constitution garantit (Cons. const. 3 déc. 2010, n° 2010-73 QPC, § 14 et 15).
- **Droit de l'Union.** V. nos 23.65.
- **Domaine d'application.** Ces dispositions répressives sont également applicables aux **courses de lévriers** (L. n° 51-681, 24 mai 1951, art. 2).
- **Définition. Bande organisée.** V. n° 11.20 (C. pén., art. 132-71).

RÉGIME PROCÉDURAL

- **Régime partiel de la criminalité organisée.** Applicable au **cas C** (C. pr. pén., art. 706-74), v. n° 11.22.

■ ÉLÉMENTS CONSTITUTIFS – QUALIFICATION

✧ Pour avoir à .... [¤ lieu], le .... [¤ date], [⇨A ou B puis le cas échéant C :]

A. en vue de paris à faire, vendu en dehors de la presse et des médias hippiques des renseignements sur les chances de succès des chevaux engagés dans une course hippique ou des lévriers engagés dans une course de lévriers (A : *N* ***33652.co***) ;

B. par des avis, circulaires, prospectus, cartes, annonces, ou par tout autre moyen de publicité, fait connaître l'existence, soit en France, soit à l'étranger, d'établissements, d'agences ou de personnes vendant en dehors de la presse et des médias hippiques, des renseignements sur les chances de succès des chevaux engagés dans une course hippique ou des lévriers engagés dans une course de lévriers (B : *N* ***33653.co***) ;

C. [• préciser le cas échéant dans le cas A ou B] avec cette circonstance que les faits ont été commis en bande organisée (C : *N #.co*) ;

Faits prévus et réprimés par l'article 4 de la loi du 2 juin 1891, 2 de la loi n° 51-681 du 24 mai 1951 et L. 324-1 du code de la sécurité intérieure,. ✧

23.68 Jeux – Règlementation fiscale

A. Principe

Les spectacles, jeux et divertissements, en particulier les cercles, maisons de jeux et appareils automatiques installés dans les lieux publics sont soumis aux contributions indirectes (CGI, art. 1559).

B. Les maisons de jeux

1. Définition

Tous les jeux d'argent, qu'il s'agisse de jeux de cartes ou d'autres jeux, sont considérés comme jeux de hasard ; les maisons de jeux sont celles où sont pratiqués les jeux d'argent (CGI, art. 126, ann. IV).

2. Obligations déclaratives

Déclaration d'existence à l'administration fiscale. Les exploitants de cercles et maisons de jeux doivent 24 h avant l'ouverture en faire la déclaration à l'administration dans les formes prescrites par le service de douanes et droits indirects (CGI, art. 1565 ; CGI, art. 124 et 146, ann. IV).

Déclarations de recette et paiement. Le 1er de chaque mois, la recette du mois écoulé est déclarée à l'administration (CGI, art. 152, ann. IV), l'impôt exigible doit être acquitté dans les deux jours auprès du service des douanes (CGI, art. 154, ann. IV). Les droits dus sont de 10 % jusqu'à 30 490 € de recettes annuelles, 40 % entre 30 490 € et 228 700 €, 70 % au-delà (CGI, art. 1560).

3. Obligations comptables

Les cercles et maisons de jeux sont astreints à la tenue d'une **comptabilité générale** selon les règles habituelles de la comptabilité commerciale, et à la tenue d'une **comptabilité annexe** (carnets de tickets, carnet d'enregistrement des tickets, registre récapitulatif du produit brut des jeux tenu journellement, CGI, art. 149 à 152, ann. IV).

C. Les appareils de jeux ou de divertissement automatiques

1. Définitions

Sont concernés les appareils automatiques procurant un spectacle, une audition, un jeu ou un divertissement et qui sont pourvus d'un dispositif mécanique, électrique ou autre permettant leur mise en marche, leur fonctionnement ou leur arrêt (CGI, art. 126 A, ann. IV), ex, billard électrique, électrophone automatique, jeu vidéo etc. (CGI, art. 124 A, ann. IV). Sont considérés comme exploitants ceux qui en assurent l'entretien, qui encaissent la totalité des recettes et qui enregistrent les bénéfices ou les pertes (CGI, art. 126 B, ann. IV). NB. Les appareils automatiques permettant des gains en argent (machines à sous etc.) entrent dans la catégorie des jeux d'argent, les lieux où ils sont pratiqués considérés comme maisons de jeux (v. B ci-dessus et CGI, art. 126, ann. IV).

2. Équipement et identification des appareils

Les appareils doivent être munis d'un **compteur de recettes** (CGI, art. 1564 *bis*) et d'une **plaque d'immatriculation** indiquant le numéro d'ordre de l'appareil et le nom et l'adresse du propriétaire (CGI, art. 126 E, ann. IV). Le propriétaire ou exploitant tient un **répertoire** permettant le suivi des appareils, communicable à toute demande des douanes (CGI, art. 126 E, ann. IV).

3. Obligations déclaratives

Déclaration de l'appareil (CGI, art. 1565 et 1565 *ter* ; CGI, art. 124 A, ann. IV). Chaque appareil doit faire l'objet par l'exploitant auprès de la recette locale des douanes et droits indirects d'une **déclaration de première mise en service** et d'une **déclaration de renouvellement** annuelle à souscrire entre le 1er mars et le 15 mai. La déclaration donne lieu à paiement de la taxe (CGI, art. 1563 *bis* ; CGI, art. 126 D, ann. IV) et à délivrance d'une **vignette millésimée** obligatoirement apposée sur l'appareil auquel elle se rapporte ; l'exploitant conserve un exemplaire de la déclaration (CGI, art. 1565 *ter* ; CGI, art. 124 A, ann. IV).

Déclaration du dépositaire. L'exploitant doit déclarer à l'administration le nom et l'adresse du dépositaire chez lequel l'appareil est mis service et la part des recettes lui revenant. La déclaration doit être souscrite en trois exemplaires, l'un expédié par l'exploitant aux douanes et droits indirects dans les 24 h de l'installation, les deux autres conservés par l'exploitant et le dépositaire pour être présentés à toute réquisition des douanes (CGI, art. 1565 *quinquies* ; CGI, art. 124 B, ann. IV).

D. Les poursuites des infractions fiscales en matière de jeux et de divertissements

« *Les infractions en matière de contributions indirectes [...] sont poursuivies devant le tribunal correctionnel, qui prononce la condamnation.* » L'**initiative des poursuites** ne relève que de la direction générale des douanes et des droits indirects, qui « *instruit et défend sur l'instance portée devant le tribunal* » (LPF, art. L. 235 et R. 235-1).

La **citation** est délivrée dans les formes de l'article 550 du code de procédure pénale par commissaire de justice (anct huissier) ou par les agents de l'administration, à peine de nullité dans les 3 ans du procès-verbal (LPF, art. L. 236).

Les infractions peuvent faire l'objet d'une **transaction** avant jugement définitif (LPF, art. L. 248), avec l'accord du président de la juridiction saisie lorsque l'action judiciaire est déjà engagée par l'administration (LPF, art. L. 249). S'agissant d'infractions passibles exclusivement de sanctions fiscales, l'accord du ministère public n'est pas nécessaire (LPF, art. L. 249).

23.69 Jeux – Principales infractions fiscales

■ Peines

Personne physique

1. **Amende fiscale** de 15 à 750 € (CGI, art. 1791) ;

2. **Pénalité proportionnelle** comprise entre une et trois fois les droits et taxes éludés (CGI, art. 1791). Taux maximal doublé en cas de **récidive** ou de transaction dans les cinq ans précédents (CGI, art. 1804 A). En matière de cercles et maisons de jeux, si les droits fraudés ne peuvent être fixés avec précision, le tribunal fixe la pénalité d'après les éléments d'information fournis par l'administration, avec un minimum de 75 € (CGI, art. 1797).
Si le contrevenant n'a jamais fait l'objet d'un procès-verbal suivi de condamnation ou de transaction, le tribunal peut accorder le sursis pour la partie excédant les droits éludés (CGI, art. 1801), sauf en matière de cercles et maisons de jeux (CGI, art. 1802).

En sus des pénalités fiscales le tribunal ordonne le **paiement des sommes fraudées** (CGI, art. 1804 B), dont il ne peut dispenser le redevable (CGI, art. 1800). La juridiction évalue « *souverainement le montant des droits fraudés* » (Crim. 11 sept. 2019, no 17-86.230), qu'elle est tenue « *de rechercher et déterminer avec exactitude* », « *elle-même ou par une mesure d'instruction* » (Crim. 6 nov. 2019, no 18-81.844, D).

3. **Confiscation** des objets, produits ou marchandises saisis (CGI, art. 1791). En cas de circonstances atténuantes, le tribunal peut, sauf pour les objets prohibés, dispenser le contrevenant de la confiscation contre paiement d'une somme qu'il arbitre (CGI, art. 1800).

■ ORIENTEUR

ÉLÉMENT INTENTIONNEL

▪ **Présomption. Présomption de mauvaise foi.** « *en matière de contributions indirectes, l'intention de commettre les infractions résulte de la violation des prescriptions légales et réglementaires régissant les activités professionnelles des prévenus ;* [...] *le prévenu ne peut combattre cette présomption qu'en établissant sa bonne foi* » (Crim. 12 sept. 2018, nº 17-81.800, P nº 156).

RÉGIME PROCÉDURAL

▪ **Contrôle sur les lieux d'exercice de l'activité.** « *le droit d'accéder aux éléments matériels nécessaires au contrôle, reconnu aux agents compétents, agissant sur le fondement des dispositions du LPF, art. L. 26 et L. 34, applicables même en l'absence de tout soupçon de fraude, ne fait pas obstacle à l'assistance d'un avocat, d'autre part, ces agents, dont les procès-verbaux font foi jusqu'à preuve du contraire, ne bénéficient pas, lors des opérations matérielles de contrôle, qui ne peuvent être effectuées que dans les locaux professionnels, d'un pouvoir général d'audition de l'exploitant, ni d'un pouvoir de perquisition, enfin, en tout état de cause, le droit de ne pas s'auto-incriminer n'implique pas celui de s'opposer aux inventaires ainsi qu'aux opérations nécessaires à la constatation et à la garantie de l'impôt et aux contrôles qualitatifs et quantitatifs prévus par la législation, seul ce comportement étant susceptible de faire l'objet de poursuites pénales du chef d'opposition à contrôle sur le fondement du CGI, art. 1746* » (Crim. 6 déc. 2017, nº 16-80.216, P nº 281). Ce contrôle des lieux d'exercice de l'activité aux fins d'inventaire ou de contrôle quantitatif ou qualitatif est distinct du droit de visite prévu par LPF, art. L. 38, qui ne peut être réalisé qu'en cas de flagrant délit ou avec l'autorisation du président du tribunal judiciaire (Crim. 25 juin 1998, nº 97-81.647, P nº 208).

▪ **Procédure contradictoire préalable.** En matière de contributions indirecte, « *toute constatation susceptible de conduire à une taxation donne lieu à un échange contradictoire entre le contribuable et l'administration* » (LPF, art. L. 80 M). « *un manquement à ce principe dans le cadre de la procédure administrative relative aux contributions indirectes ne peut constituer une cause de nullité de la procédure pénale qu'à la condition qu'il ait eu pour effet de porter atteinte de manière irrémédiable aux droits de la défense dans la suite de la procédure* » (§ 21), tel n'est pas le cas lorsque les poursuites sont exercées « *par le ministère public à la suite d'une enquête préliminaire* » (§ 22), le prévenu « *ayant eu accès à l'ensemble des pièces fondant les poursuites et la déclaration de culpabilité* » (§ 23) (Crim. 17 févr. 2021, nº 19-83.707, P). De même s'agissant de poursuites exercées par l'administration des douanes, il est jugé que « *l'inventaire des stocks et la vérification de la comptabilité de la société ont été réalisés contradictoirement et que la procédure conduite par l'administration a donné lieu à la production de documents ainsi qu'à des auditions et des échanges avec [le] président directeur général de la société [...] et [le] responsable régie, qui ont mis ces derniers en mesure de connaître les faits reprochés et de les contester, ce qui a conduit l'administration à modifier le montant des droits dus, de sorte que le principe du contradictoire a été respecté* » (Crim. 11 juill. 2017, nº 16-82.603, P nº 199).

▪ **Force probante des procès-verbaux.** En matière de contributions indirectes, « *Les procès-verbaux des agents de l'administration font foi jusqu'à preuve contraire. La personne qui fait l'objet des poursuites peut demander à apporter la preuve contraire des faits constatés dans le procès-verbal. Lorsque le tribunal accepte la demande, il reporte l'examen de l'affaire en la renvoyant à au moins quinze jours* » (LPF, art. L. 238). Précisons toutefois que le procès-verbal fait « *foi jusqu'à preuve contraire des faits qui y sont constatés* » (§ 7) (Crim. 10 nov. 2020, nº 19-81.626, D).

RÉGIME DES PEINES

▪ **Principe du non-cumul des peines. Exclusion du principe de non-cumul des peines.** « *le principe du non-cumul des peines ne s'applique pas aux pénalités fiscales édictées en matière de contributions indirectes, ces pénalités devant être prononcées autant de fois qu'il y a d'infractions distinctes constatées* » (Crim. 21 nov. 1977, nº 76-91.777, P nº 358, dans le même sens : 8 mars 2006, nº 05-82.319, P nº 66, Crim. 8 oct. 2008, nº 08-81.099 ; P. nº 205).

■ ÉLÉMENTS CONSTITUTIFS – QUALIFICATION

✧ Pour avoir à .... [¤ lieu], le .... [¤ date], [⇨A ou B :]

A. **MAISONS DE JEUX**

Étant exploitant d'un cercle ou maison de jeux, omis [⇨A1 à A4 :]

A1. d'en **déclarer l'ouverture** à l'administration dans les formes prescrites par le service des douanes et droits indirects (CGI, art. 1565 et 1797 ; 124 et 146 ann. IV) (A1 : *N* ***29301.if***) ;

A2. de tenir une **comptabilité annexe** (CGI, art. 1797 ; 149 à 152 ann. IV) (A2 : *N* ***4391.if***) ;

A3. de déclarer le 1er de chaque mois la **recette** du mois écoulé (CGI, art. 1797 ; 152 ann. IV) (A3 : *N* ***4394.if***) ;

A4. de **payer l'impôt** sur les spectacles, jeux et divertissements (CGI, art. 1560, 1563, 1563 *bis* et 1797) (A4 : *N* ***4392.if***) ;

B. **APPAREILS AUTOMATIQUES**

Étant exploitant ou propriétaire d'appareils automatiques procurant un spectacle, une audition, un jeu ou un divertissement installés dans des lieux publics, omis [⇨B1 à B5 :]

B1. de les munir d'un **compteur de recettes** (CGI, art. 1564 *bis* et 1801) (B1 : *N* ***12949.if***) ;

B2. d'y apposer une **plaque d'immatriculation** (CGI, art. 1801 ; 126 E, ann. IV) (B2 : *N* ***20482.if***) ;

B3. d'en déclarer préalablement la première **mise en service** ou le **renouvellement** annuel (CGI, art. 1565 *ter,* 1801 ; 124 A, ann. IV) (B3 : *N* ***20481.if***) ;

B4. de justifier de la **déclaration** donnant lieu à délivrance d'une vignette millésimée (CGI, art. 1563 *bis,* 1801 ; 126 D, ann. IV) (B4 : *N* ***20480.if***) ;

B5. d'y apposer la **vignette millésimée** justifiant du paiement intégral de la taxe annuelle (CGI, art. 1565 *ter,* 1801 ; 124 A, ann. IV) (B5 : *N* ***20480.if***).

Faits prévus et réprimés par les articles 1791, 1800, 1804 A, 1804 B du code général des impôts + articles [• du cas sélectionné]. ✧

23.70 Loterie prohibée (incriminations spéciales antérieures à Ord. nº 2019-1015, 2 oct. 2019)

■ PEINES

PERSONNE PHYSIQUE

PP ~~Cas A : 3 ans~~ d'emprisonnement, ~~90 000 € (CSI, art. L. 324-6, auparavant 45 000 € [L. nº 2010-476, 12 mai 2010]). Cas B : 7 ans, 200 000 € (CSI, art. L. 324-6, créé par L. nº 2010-476, 12 mai 2010) (L. 2 juin 1891, art. 4).~~

PC ~~1. Interdiction droits civiques civils et de famille ⩽ 5 ans (vote, éligibilité, fonction juridictionnelle, expert, témoin, tuteur, curateur) (CSI, art. L. 324-7 ; C. pén., art. 131-26).~~

~~2. Confiscation (réelle ou en valeur) biens « *meubles ou immeubles, divis ou indivis* » (L. nº 2010-476, 12 mai 2010) ayant servi directement ou non à l'infraction ou qui en sont le produit, fonds mis en jeu, meubles garnissant les lieux. S'il s'agit de loteries d'immeubles, la confiscation est remplacée par une amende pouvant s'élever jusqu'à la valeur de l'immeuble. La confiscation des appareils de jeux ou de loterie est obligatoire. (CSI, art. L. 324-6 et L. 324-7 ; C. pén., art. 131-21).~~

~~3. Affichage, ⩽ 2 mois, *et/ou* (L. nº 2011-525, 17 mai 2011) diffusion de la décision ou d'extraits aux frais (⩽ amende encourue) du condamné (CSI, art. L. 324-7 ; C. pén., art. 131-35) ;~~

~~4. Fermeture, définitive ou ⩽ 5 ans établissement ayant servi à commettre l'infraction (CSI, art. L. 324-7 ; C. pén., art. 131-33) ;~~

~~5. Interdiction, définitive ou ⩽ 5 ans activité professionnelle ou sociale en relation avec l'infraction, fonction publique (sauf mandat électif ou syndical) *et/ou* interdiction définitive ou ⩽ 15 ans (10 ans avant L. nº 2013-1117, 6 déc. 2013) d'exercer une profession commerciale ou industrielle, de diriger, d'administrer, de gérer ou de contrôler à un titre quelconque, directement ou indirectement, pour son propre compte ou pour le compte d'autrui, une entreprise commerciale ou industrielle ou une société commerciale (CSI, art. L. 324-7 ; C. pén., art. 131-27 [mod. par L. nº 2008-776, 4 août 2008]).~~

PERSONNE MORALE

PP Délit. ~~150 000 € (CSI, art. L. 324-8 ; C. pén., art. 131-38).~~

PC ~~1. Dissolution (sauf personnes morales de droit public, partis, groupements politiques, syndicats, institutions représentatives du personnel) si personne morale créée ou détournée de son objet pour commettre l'infraction (CSI, art. L. 324-8 ; issu L. nº 2010-476, 12 mai 2010 ; C. pén., art. 131-39 1º et 131-45) ;~~

~~2. Fermeture, définitive ou ⩽ 5 ans, d'un ou plusieurs établissements en relation avec l'infraction (CSI, art. L. 324-8 ; C. pén., art. 131-39 4º) ;~~

3. Confiscation (réelle ou en valeur) chose ayant servi à l'infraction ou destinée à la commettre, ou son produit (obligatoire pour objets qualifiés dangereux ou nuisibles par loi ou règlement ou dont la détention est illicite) (CSI, art. L. 324-8 ; C. pén., art. 131-39 8º et 131-21) ;

4. Affichage, ⩽ 2 mois, *et/ou* (L. nº 2011-525, 17 mai 2011) diffusion de la décision ou d'extraits aux frais (⩽ amende encourue) du condamné (CSI, art. L. 324-8 ; C. pén., art. 131-39 9º, 131-48 et 131-35) ;

5. Retrait ou interdiction ⩽ 5 ans de solliciter l'agrément délivré aux opérateurs de jeux en ligne ou de l'autorisation d'exploiter un casino (CSI, art. L. 324-8 ; mod. par L. nº 2010-476, 12 mai 2010).

■ ORIENTEUR

ÉLÉMENT LÉGAL

▪ **Application de la loi dans le temps.** Ces dispositions incriminant spécialement les loteries prohibées ont été abrogées par Ord. nº 2019-1015, 2 oct. 2019, réformant la régulation des jeux d'argent et de hasard, entrée en vigueur le 1er janv. 2020 (art. 50). L'organisation de loteries par des personnes non opérateurs de jeux, en dehors des loteries traditionnelles à faible enjeu autorisées par CSI, art. L. 322-3 à L. 322-6 (dans leur rédaction issue de cette même ordonnance), relève désormais de l'incrimination générale prévue par CSI, art. L. 324-1, telle qu'issue de Ord. nº 2019-1015, 2 oct. 2019 (v. nº 23.60).

▪ **Domaine d'application. Exclusion.** « *Les loteries de toute espèce sont prohibées* » (CSI, art. L. 322-1), sauf loteries de bienfaisance ou à but culturel ou sportif non lucratif, sur autorisation préalable du préfet (CSI, art. L. 322-3) ; D. nº 87-430, 19 juin 1987, art. 2), les lotos traditionnels à but social, culturel, scientifique, éducatif, sportif ou d'animation locale, organisés dans un cercle restreint et portant sur des lots d'une valeur inférieure à 20 € (CSI, art. L. 322-4), loteries proposées dans les fêtes foraines sous les conditions précisées au nº *23.64* (CSI, art. L. 322-5).

▪ **Définition.** Loterie. « *Sont réputées loteries [...] les ventes d'immeubles, de meubles ou de marchandises effectuées par la voie du sort, ou auxquelles auraient été réunis des primes ou autres bénéfices dus, même partiellement, au hasard et généralement toutes opérations offertes au public, sous quelque dénomination que ce soit, pour faire naître l'espérance d'un gain qui serait acquis par la voie du sort.* » (CSI, art. L. 322-2).

■ ÉLÉMENTS CONSTITUTIFS – QUALIFICATION

✧ Pour avoir à .... [¤ lieu], le .... [¤ date], [⇨A puis le cas échéant B :]

A. offert au public, sous quelque dénomination que ce soit, une vente d'immeubles, de meubles ou de marchandises effectuée par la voie du sort, ou à laquelle ont été réunis des primes ou autres bénéfices dus, même partiellement, au hasard, ou une opération faisant naître l'espérance d'un gain acquis par la voie du sort, en l'espèce en .... [¤ préciser l'opération concernée] (*N 434.co*) ;

[• Préciser le cas échéant]

B. avec cette circonstance que les faits ont été commis en bande organisée (*N #.co*).

Faits prévus et réprimés par les articles : **PERSONNES PHYSIQUES.** L. 322-1, L. 322-2 et L. 324-6 du code de la sécurité intérieure. **PERSONNES MORALES.** L. 322-1, L. 322-2, L. 324-6 et L. 324-8 du code de la sécurité intérieure. ✧

23.71 Loterie prohibée – Colportage ou publicité (en faveur de —) (incriminations spéciales antérieures à Ord. nº 2019-1015, 2 oct. 2019)

■ PEINES

PERSONNE PHYSIQUE

PP Délit. 100 000 € (CSI, art. L. 324-9) ou amende ⩽ 4 fois les dépenses publicitaires engagées.

PC Néant.

PERSONNE MORALE

PP 500 000 € ou amende ⩽ 20 fois les dépenses publicitaires engagées (C. pén., art. 131-38).

PC Néant.

■ **ORIENTEUR**

ÉLÉMENT LÉGAL

▪ **Application de la loi dans le temps.** Ces dispositions incriminant spécialement le colportage ou la publicité en faveur de loteries prohibées ont été abrogées par Ord. n° 2019-1015, 2 oct. 2019, réformant la régulation des jeux d'argent et de hasard, entrée en vigueur le 1er janv. 2020 (art. 50). De tels faits sont désormais susceptibles de matérialiser des actes de complicité de l'incrimination générale prévue par CSI, art. L. 324-1, telle qu'issue de Ord. n° 2019-1015, 2 oct. 2019, plus sévèrement réprimée (v. n° 23.60).

RÉGIME PROCÉDURAL

▪ **Compétence juridictionnelle.** ~~Juge unique (C. pr. pén., art. 398-1, v. n° *17.15D2*).~~

▪ **Ordonnance pénale.** ~~Possible (C. pr. pén., art. 495-II, v. n° *15.48B1* et tableau n° *17.15D2*).~~

■ **ÉLÉMENTS CONSTITUTIFS – QUALIFICATION**

~~✧ Pour avoir à .... [¤ lieu], le .... [¤ date], [⇨A ou B :]~~

~~A. colporté ou distribué des billets d'une loterie prohibée ;~~

~~B. par des avis, annonces, affiches ou tout autre moyen de publication, fait connaître l'existence d'une loterie prohibée, ou facilité l'émission de ses billets.~~

~~Faits prévus et réprimés par l'article L. 324-9 du code de la sécurité intérieure (*N 1803.ju*).~~ ✧

23.72 Loterie publicitaire prohibée (infraction administrative abrogée par L. n° 2014-1545, 20 déc. 2014)

■ **PEINES**

PERSONNE PHYSIQUE

PP ~~Amende administrative 15 000 € (C. consom., art. L. 121-41).~~

PC ~~Publication intégrale ou par extrait de la décision ou par communiqué, par voie de presse, voie électronique ou voie d'affichage (durée ⩽ 2 mois) (C. consom., art. L. 141-1-2, R. 141-6).~~

PERSONNE MORALE

PP ~~Amende administrative 75 000 € (C. consom., art. L. 121-41).~~

PC ~~*Idem* personne physique.~~

■ **ORIENTEUR**

ÉLÉMENT LÉGAL

▪ **Dépénalisation. Abrogation de l'infraction pénale puis de l'infraction administrative.** Les comportements ci-dessous, auparavant incriminés comme délits passibles d'une amende de 37 500 € (pour les personnes physiques), ne relevaient plus depuis le 19 mars 2014 que de l'amende administrative (v. mesure administrative) (L. n° 2014-344, 17 mars 2014, modifiant C. consom., art. L. 121-41). La L. n° 2014-1545, 20 déc. 2014 relative à la simplification de la vie des entreprises a supprimé ces dispositions, en précisant au C. consom., art. L. 121-36, depuis recodifié au L. 121-20 par Ord. n° 2016-301, 14 mars 2016, que « *Dès lors qu'elles sont déloyales au sens de l'article L. 121-1, sont interdites les pratiques commerciales mises en œuvre par les professionnels à l'égard des consommateurs, sous la forme d'opérations promotionnelles tendant à l'attribution d'un gain ou d'un avantage de toute nature par la voie d'un tirage au sort, quelles qu'en soient les modalités, ou par l'intervention d'un élément aléatoire.* » Au sens de L. 121-1, une opération de loterie publicitaire est donc susceptible d'être considérée comme déloyale si elle « *altère ou est susceptible d'altérer de manière substantielle le comportement économique du consommateur normalement informé et raisonnablement attentif et avisé* » et si elle relève des pratiques commerciales trompeuses ou agressives définies aux articles L. 121-2 à L. 121-4 et L. 121-6 et L. 121-7, dont la répression est assurée par les articles L. 132-2 (v. n° 30.6) et L. 132-11 (v. n° 30.9).

MESURE ADMINISTRATIVE

▪ **Sanction administrative.** ~~Tout manquement à C. consom., art. L. 121-41 est passible d'une amende administrative prononcée par l'autorité administrative chargée de la concurrence et de la consommation dans les conditions prévues par C. consom., art. L. 141-1-2 et R. 141-6 (D. n° 2014-1109, 30 sept. 2014) (C. consom., art. L. 121-41).~~

ÉLÉMENT MATÉRIEL

▪ **Caractère déloyal de la pratique.** Lorsque la participation à l'opération est conditionnée à une obligation d'achat, la pratique n'est illicite que si elle revêt un caractère déloyal au sens de l'article L. 120-1 du code de la consommation (L. n° 2011-525, 17 mai 2011).

▪ ÉLÉMENTS CONSTITUTIFS – QUALIFICATION

✧ Pour avoir à .... [¤ lieu], le .... [¤ date], organisé une opération publicitaire par voie d'écrit tendant à faire naître, quelles que soient les modalités de tirage au sort, l'espérance d'un gain attribué à chacun des participants en [⇨A à H :]

A. leur imposant une contrepartie financière ou une dépense sous quelques formes que ce soit (*N* ***5973.ia***) ;

B. proposant un bulletin de participation non distinct d'un bon de commande de bien ou de service (*N* ***5973.ia***) ;

C. présentant l'opération sur des documents de nature à susciter la confusion avec un document administratif ou bancaire libellé au nom du destinataire ou avec une publication de la presse d'information (*N* ***5975.ia***) ;

D. omettant de porter sur les documents présentant l'opération un inventaire lisible des lots mis en jeu précisant, pour chacun d'eux, leur nature, leur nombre exact et leur valeur commerciale (*N* ***5976.ia***) ;

E. omettant de porter sur les documents présentant l'opération la mention « Le règlement des opérations est adressé à titre gratuit à toute personne qui en fait la demande », ou de préciser l'adresse à laquelle ladite demande pouvait être envoyée ou le nom de l'officier ministériel auprès duquel le règlement avait été déposé (*N* ***5976.ia***) ;

F. omettant de déposer auprès d'un officier ministériel le règlement de l'opération ainsi qu'un exemplaire des documents adressés au public (*N* ***5977.ia***) ;

G. adressant à titre onéreux le règlement des opérations à toute personne en ayant fait la demande (*N* ***5979.ia***) ;

H. omettant d'adresser le règlement des opérations à toute personne en ayant fait la demande (*N* ***5978.ia***).

Infraction administrative prévue et réprimée par les articles L. 121-36 à L. 121-39, L. 121-41, L. 141-1-2 et R. 141-6 du code de la consommation. ✧

24. Les faux et la fausse monnaie

24.1 Faux en écriture (privée) – Usage de faux

PEINES

PERSONNE PHYSIQUE

PP Délit. 3 ans d'emprisonnement, 45 000 € (C. pén., art. 441-1).

PC 1. Interdiction droits civiques civils et de famille ⩽ 5 ans (vote, éligibilité, fonction juridictionnelle, expert, témoin, tuteur, curateur) (C. pén., art. 441-10 1° et 131-26) ;

2. Interdiction, définitive ou ⩽ 5 ans activité professionnelle ou sociale, ou fonction publique, (sauf mandat électif ou syndical) (C. pén., art. 441-10 2°, 131-27 et 131-28) ;

3. Exclusion marchés publics (C. pén., art. 441-10, 3° et 131-34) ;

4. Confiscation (réelle ou en valeur) chose ayant servi à l'infraction ou destinée à la commettre ou son produit (obligatoire pour objets qualifiés dangereux ou nuisibles par loi ou règlement ou dont la détention est illicite) (C. pén., art. 441-10 4° et 131-21) ;

5. Auteur étranger : interdiction du territoire français, définitive ou ⩽ 10 ans (C. pén., art. 441-11, 131-30 à 131-30-2).

PERSONNE MORALE

PP Délit. 225 000 € (C. pén., art. 441-12 ; 131-38).

PC 1. Dissolution (sauf personnes morales de droit public, partis, groupements politiques, syndicats, institutions représentatives du personnel) si personne morale créée ou détournée de son objet pour commettre l'infraction (C. pén., art. 441-12, 131-39 1° et 131-45) ;

2. Interdiction, définitive ou ⩽ 5 ans, une ou plusieurs activités professionnelles ou sociales en relation avec l'infraction (C. pén., art. 441-12 et 131-39 2°) ;

3. Surveillance judiciaire ⩽ 5 ans, sauf personnes morales de droit public, partis, groupements politiques, syndicats (C. pén., art. 441-12, 131-39 3° et 131-46) ;

4. Fermeture, définitive ou ⩽ 5 ans, d'un ou plusieurs établissements en relation avec l'infraction (C. pén., art. 441-12 et 131-39 4°) ;

5. Exclusion, définitive ou ⩽ 5 ans marchés publics (C. pén., art. 441-12 et 131-39 5°) ;

6. Interdiction, définitive ou ⩽ 5 ans, de *faire appel public à l'épargne* (procéder à une offre au public de titres financiers ou de les faire admettre aux négociations sur un marché réglementé, selon L. n° 2009-80, 22 janv. 2009) (C. pén., art. 441-12 et 131-39 6°) ;

7. Interdiction, ⩽ 5 ans, d'utiliser des cartes de paiement ou d'émettre des chèques autres que de retrait ou certifiés (C. pén., art. 441-12 et 131-39 7°) ;

8. Confiscation (réelle ou en valeur) chose ayant servi à l'infraction ou destinée à la commettre, ou son produit (obligatoire pour objets qualifiés dangereux ou nuisibles par loi ou règlement ou dont la détention est illicite) (C. pén., art. 441-12, 131-39 8° et 131-21) ;

9. Affichage, ⩽ 2 mois, *et/ou* (L. n° 2011-525, 17 mai 2011) diffusion de la décision ou d'extraits aux frais (⩽ amende encourue) du condamné (C. pén., art. 441-12, 131-39 9°, 131-48 et 131-35).

ORIENTEUR

ÉLÉMENT MATÉRIEL

▪ **Tentative. Punissable** (C. pén., art. 441-9).

▪ **Préjudice.** Le faux doit être de nature à causer un préjudice (C. pén., art. 441-1). Il est jugé que l'altération reprochée doit porter « *sur une mention substantielle du document argué de faux et* [être] *de nature à causer un préjudice* » et que tel n'est pas le cas d'une « *mention litigieuse n'intéressant pas la substance du document en cause* » (Crim. 1er avr. 2020, n° 18-85.381, D). « *le préjudice causé par la falsification d'un écrit peut résulter de la nature même de la pièce falsifiée ; tel est le cas de l'altération de procès-verbaux d'assemblée générale ou de réunion d'une association, qui est de nature à permettre de contester la régularité ou les pouvoirs d'un de ses organes* » (§ 16) (Crim. 16 juin 2021, n° 20-82.941, P).

▪ **Faits incriminés. Circ. 14 mai 1993, n° 369.** « *La définition retenue par le législateur [...] englobe, outre le traditionnel faux en écriture, le faux commis "dans tout autre support de la pensée", film, bandes magnétiques, disquettes, etc. En raison de la définition générale du faux, le législateur a estimé inutile de donner [...] une liste, nécessairement non exhaustive, des moyens qui peuvent être utilisés [...] tels que fausses signatures, altération des actes, signatures ou écritures, supposition de personnes ou écritures intercalées.* »

▪ **Illustration.** La fabrication d'actes sous seing privé « *dont le contenu était soit faux soit incertain, de manière à les présenter comme vrais dans le cadre du contrôle fiscal* » matérialise l'infraction de faux « *dès lors que la fabrication d'un document, forgé pour servir de preuve, constitue un faux matériel susceptible de porter préjudice à un tiers, même si ce document est conforme à l'original* » (Crim. 12 sept. 2018, n° 17-85.825). « *un écrit ou tout autre support d'expression de la pensée, ayant un objet ou pouvant avoir un effet probatoire, peut constituer un faux même s'il n'est pas exigé par la loi ou n'est pas nécessaire d'après les statuts de* » la personne morale et le « *le délit de faux n'implique pas que le document falsifié crée le droit qu'il atteste* » (faux procès-verbaux de conseil d'administration d'une association autorisant son président à ester en justice alors que les statuts lui accordaient déjà ce pouvoir) (§ 14) (Crim. 16 juin 2021, n° 20-82.941, P). Dans le cas d'une fausse attestation de prêt produite dans le cadre d'un contrôle fiscal, « *s'agissant d'un faux matériel qui a occasionné un préjudice, peu importe qu'il ait eu ou non pour objet ou pour effet d'établir la preuve d'un droit ou d'un fait ayant des conséquences juridiques* » (Crim. 3 déc. 2008, n° 08-82.896, D).

▪ **Concours de qualification – Règle *non bis in idem*. • Escroquerie : manœuvres frauduleuses constituées par l'usage de faux.** Sur la possibilité de condamner du chef d'usage de faux lorsque les manœuvres frauduleuses de l'escroquerie sont matérialisées par les faits d'usage de faux, Crim. 15 déc. 2021, n° 21-81.864, P et la jurisprudence antérieure contraire, v. orienteur du n° **22.18**. • **Détournement de fonds publics et usage de faux.** « *le moyen pris de la violation du principe ne bis in idem en raison de la double condamnation [...] des chefs de détournement de fonds publics et usage de faux est infondé dès lors [...] qu'aucune de ces infractions n'est un élément constitutif ou une circonstance aggravante de l'autre* » (§ 10) (Crim. 16 mars 2022, n° 21-82.254, P). • **Faux et usage et travail dissimulé.** « *les faits de faux et usage, qui consistent en l'inscription d'un nombre minoré d'heures de travail sur des feuilles de pointage ensuite utilisées pour l'établissement des bulletins de paie, sont distincts des faits de travail dissimulé, caractérisés par la mention sur les bulletins de paie eux-mêmes d'un nombre d'heures de travail inférieur à celui effectivement accompli* » (§ 13), et la condamnation de ces deux chefs ne viole pas la règle *non bis in idem* (Crim. 15 févr. 2022, n° 21-81.966, D). • **Renvoi.** Sur l'application de la règle *non bis in idem* en cas de concours d'infraction, v. n° **17.32B2**.

RÉGIME PROCÉDURAL

▪ **Compétence juridictionnelle. Juge unique** (C. pr. pén., art. 398-1 1°, v. n° **17.15D2**).

▪ **Ordonnance pénale. Possible** (C. pr. pén., art. 495-II, v. n° **15.48B1** et tableau n° **17.15D2**).

▪ ÉLÉMENTS CONSTITUTIFS – QUALIFICATION

✧ Pour avoir à .... [¤ lieu], le .... [¤ date], [⇨A à C :]

A. FAUX

– par quelque moyen que ce soit, altéré frauduleusement la vérité d'un écrit ou de tout autre support de la pensée destiné à établir la preuve d'un droit ou d'un fait ayant des conséquences juridiques, en l'espèce en falsifiant .... [¤ document concerné] (A : *N 69.ju* ; par personne morale : *N 21173.ju*).

[• Préciser le cas échéant] ..., et ce au préjudice de .... [¤ nom des victimes] ;

B. USAGE DE FAUX

– fait usage d'un faux dans un écrit ou tout autre support de la pensée destiné à établir la preuve d'un droit ou d'un fait ayant des conséquences juridiques, en l'espèce .... [¤ document concerné] (B : *N 70.ju* ; par personne morale : *N 21582.ju*).

[• Préciser le cas échéant] ..., et ce au préjudice de .... [¤ nom des victimes] ;

C. FAUX ET USAGE DE FAUX

– par quelque moyen que ce soit, altéré frauduleusement la vérité d'un écrit ou de tout autre support de la pensée destiné à établir la preuve d'un droit ou d'un fait ayant des conséquences juridiques, en l'espèce en falsifiant .... [¤ document concerné], et fait usage du ou des dits faux (C : *N 69.ju* et *N 70.ju* ; par personne morale : *N 21173.ju* et *N 21582.ju*).

[• Préciser le cas échéant] ..., et ce au préjudice de .... [¤ nom des victimes].

Faits prévus et réprimés par les articles : **PERSONNES PHYSIQUES.** 441-1, 441-9, 441-10 et 441-11 du code pénal. **PERSONNES MORALES.** 441-1, 441-9 et 441-12 du code pénal. ✧

24.2 Faux en écriture administrative – Usage de faux administratif

■ PEINES

PERSONNE PHYSIQUE

PP Délit. Cas A à C : 5 ans d'emprisonnement, 75 000 € (C. pén., art. 441-2). Cas D : 7 ans : 100 000 € (C. pén., art. 441-2).

PC *Idem* n° 24.1. Sauf dispense spécialement motivée, la peine d'inéligibilité est obligatoirement prononcée (C. pén., art. 131-26-2, L. n° 2017-1339, 15 sept. 2017), v. Orienteur/Régime des peines ;

PERSONNE MORALE

PP Délit. Cas A à C : 375 000 € (C. pén., art. 441-12 et 131-38). Cas D : 500 000 € (C. pén., art. 441-12 et 131-38).

PC *Idem* n° 24.1.

■ ORIENTEUR

AUTRE QUALIFICATION

▪ **Utilisation d'un document d'identité d'un tiers pour entrer ou se maintenir sur le territoire.** V. n° 24.3.

▪ **Conduite sans permis de conduire en faisant usage d'un faux permis de conduire.** V. n° 36.38.

▪ **Usage document administratif devenu incomplet ou inexact.** V. n° 24.4.

▪ **Détention de faux administratif.** V. n° 24.5

▪ **Contrefaçon sceau ou timbre.** De l'État, v. n° 24.33, **de l'autorité publique,** v. n° 24.35.

▪ **Usage frauduleux de sceau ou timbre.** De l'État, v. n° 24.34, **de l'autorité publique,** v. n° 24.35.

▪ **Fabrication ou distribution illicite sceaux, timbres ou marques publics.** V. n° 24.36.

▪ **Contrefaçon d'imprimé ressemblant aux imprimés officiels des assemblées, administrations ou juridictions.** V. n° 24.39.

▪ **Contrefaçon d'imprimé ressemblant aux imprimés de recouvrement des impôts et taxes.** V. n° 24.40.

▪ **Étranger – Mariage frauduleux, mariage blanc, reconnaissance frauduleuse d'enfant – Pour obtenir un titre de séjour ou la nationalité française.** Ceseda, art. L. 823-11, v. n° 27.3.

ÉLÉMENT MATÉRIEL

▪ **Tentative. Punissable** (C. pén., art. 441-9).

▪ **Concours de qualification. Détention de faux et usage de faux administratif.** V. ces mêmes rubriques de l'orienteur du n° 24.5.

▪ **Eléments constitutifs.** « *Aux termes de C. pén., art. 441-2, le délit de faux commis dans un document administratif est consommé lorsqu'il est réalisé dans un document délivré par une administration publique aux fins de constater un droit, une identité ou une qualité ou d'accorder une autorisation ; ce faux spécial s'articule avec la définition générale donnée par C. pén., art. 441-1, aux termes duquel le faux nécessite une altération frauduleuse de la vérité, de nature à causer un préjudice et accomplie par quelque moyen que ce soit, dans un écrit ou tout autre support d'expression de la pensée qui a pour objet ou qui peut avoir pour effet d'établir la preuve d'un droit ou d'un fait ayant des conséquences juridiques* » (§ 1) ; « *Il résulte de ces textes qu'il n'existe de faux commis dans un document délivré par une administration publique que si la pièce falsifiée a une valeur probatoire, et si elle est délivrée par une administration publique aux fins de constater un droit, une identité ou une qualité ou d'accorder une autorisation* » (§ 2) ; « *Le texte incriminateur n'opère aucune restriction quant à la nature de l'administration publique délivrant le document. Ainsi un document administratif relatif à l'état civil des personnes, comme un certificat de mariage, même comportant des mentions pour partie exactes, entre dans le champ du délit de l'article 441-2 du code pénal (Crim. 22 oct. 2003, n° 02-87.875, P n° 200)* » (§ 3) ; « *En matière de faux, l'altération frauduleuse peut consister en une affirmation portant sciemment atteinte à la vérité dans un document ayant pour objet ou pouvant avoir pour effet d'établir la preuve d'un droit ou d'un fait ayant des* *conséquences juridiques ; dans cette hypothèse, le support du document n'a pas été manipulé, seul son contenu est mensonger* » (Crim. 23 nov. 2022, n° 21-83.673, D, demande d'avis à la 1ère civ. par la Ch. crim.).

▪ **Illustration.** • **Reconnaissance mensongère d'enfant.** « *la reconnaissance mensongère d'un enfant naturel dans un acte de l'état civil ne constitue pas en soi un faux punissable, cette reconnaissance pouvant toujours, en vertu de C. civ., art. 339* [devenu C. civ., art. 332, 333, 334 et 336 depuis Ord. n° 2005-759, 4 juill. 2005], *être contestée par son auteur lui-même* » (Crim. 8 mars 1988, n° 87-92.108, P n° 117, D). « *La reconnaissance est l'acte libre et volontaire par lequel un homme ou une femme déclare être le père ou la mère d'un enfant et s'engage à assumer toutes les conséquences qui en découlent selon la loi, notamment celle de prendre en charge l'entretien et l'éducation de l'enfant* » (§ 26) ; « *Les articles 316 et suivants du code civil qui la régissent ne subordonnent pas sa validité à la condition de sa conformité à la réalité biologique de la filiation ainsi établie* » (§ 27) ; « *Dès lors qu'une reconnaissance de paternité n'atteste en elle-même aucune réalité biologique, l'acte par lequel une personne souscrit une telle reconnaissance alors qu'elle sait ne pas être le père biologique de l'enfant est insusceptible de caractériser l'altération frauduleuse de la vérité constitutive d'un faux au sens de C. pén., art. 441-1 et 441-2* » (§ 28) ; « *la circonstance que les prévenus ont cherché à contourner les règles de l'adoption, qui est susceptible de constituer une fraude à la loi au sens de C. civ., art. 336, est indifférente à caractériser le délit de faux et par voie de conséquence celui d'obtention indue d'un document administratif* » (§ 33) (Crim. 27 sept. 2023, n° 21-83.673, P).

RÉGIME PROCÉDURAL

▪ **Compétence juridictionnelle. Juge unique** sauf **Cas** D (peine encourue > 5 ans) (C. pr. pén., art. 398-1 1°, v. n° **17.15D2**).

▪ **Ordonnance pénale. Possible** sauf **Cas** D (peine encourue > 5 ans) (C. pr. pén., art. 495-II, v. n° **15.48B1** et tableau n° **17.15D2**).

RÉGIME DES PEINES

▪ **Inéligibilité obligatoire. Inscription au bulletin n° 2. Réserve d'interprétation.** *Idem* n° **20.18**.

▪ ÉLÉMENTS CONSTITUTIFS – QUALIFICATION

✧ Pour avoir à ……… [¤ lieu], le ……… [¤ date], [⇨A à C puis le cas échéant D :]

A. **FAUX ADMINISTRATIF**

– par quelque moyen que ce soit, falsifié ……… [¤ document(s) concerné(s)], document(s) délivré(s) par une administration publique en vue de constater un droit, une identité ou une qualité ou d'accorder une autorisation [• S'il y a une victime, préciser] et ce au préjudice de ……… [¤ nom de la victime] (A : *N **159.ju***) ;

B. **USAGE DE FAUX ADMINISTRATIF**

– fait usage de ……… [¤ document(s) concerné(s)], document(s) administratif(s) falsifié(s) [• S'il y a une victime, préciser] et ce au préjudice de ……… [¤ nom de la victime] (B : *N **496.ju***) ;

C. **FAUX ADMINISTRATIF ET USAGE**

– par quelque moyen que ce soit, falsifié ……… [¤ document(s) concerné(s)], document(s) délivré(s) par une administration publique en vue de constater un droit, une identité ou une qualité ou d'accorder une autorisation, et fait usage du ou des dits faux [• S'il y a une victime, préciser] et ce au préjudice de ……… [¤ nom de la victime]. S'il y a une victime, ajouter : et ce au préjudice de ……… [¤ nom de la victime] (C : *N **159.ju** et **496.ju***).

D. **CIRCONSTANCES AGGRAVANTES**

[• Préciser le cas échéant] avec cette circonstance que les faits ont été commis [⇨D1 à D5 :]

D1. par une personne dépositaire de l'autorité publique agissant dans l'exercice de ses fonctions (AD1 : *N **11631.co** ;* BD1 : *N **11633.co** ;* CD1 : *N **11631.co*** et ***11633.co***) ;

D2. par une personne chargée d'une mission de service public agissant dans l'exercice de ses fonctions (AD2 : *N **11632.co** ;* BD2 : *N **11634.co** ;* CD2 : *N **11632.co*** et ***11634.co***) ;

D3. de manière habituelle (AD3 : *N **11635.co** ;* BD3 : *N **11636.co** ;* CD3 : *N **11635.co*** et ***11636.co***) ;

D4. dans le dessein de faciliter la commission d'un crime (AD4 : *N **11637.co** ;* BD4 : *N **11639.co** ;* CD4 : *N **11637.co*** et ***11639.co***) ;

D5. dans le dessein de procurer l'impunité à l'auteur d'un crime (AD5 : *N **11638.co** ;* BD5 : *N **11640.co** ;* CD5 : *N **11638.co*** et ***11640.co***).

Faits prévus et réprimés par les articles : **PERSONNES PHYSIQUES.** 441-2, 441-9, 441-10, 441-11 du code pénal. **PERSONNES MORALES.** 441-2, 441-9 et 441-12 du code pénal. ✧

24.3 Utilisation d'un document d'identité d'un tiers pour entrer ou se maintenir sur le territoire ou obtenir un avantage

▪ PEINES

PERSONNE PHYSIQUE

PP Délit. Cas A et B : 5 ans d'emprisonnement, 75 000 € (C. pén., art. 441-8, L. n° 2016-274, 7 mars 2016) ;

Cas C : 7 ans d'emprisonnement, 100 000 € (C. pén., art. 441-8, L. n° 2016-274, 7 mars 2016).

PC *Idem* n° 24.1.

PERSONNE MORALE

PP Cas A et B : 375 000 € (C. pén., art. 441-8 et 131-38) ;

Cas C : 500 000 € (C. pén., art. 441-8 et 131-38).

PC *Idem* n° 24.1.

▪ ORIENTEUR

AUTRE QUALIFICATION

▪ **Détention de faux administratif.** V. n° 24.5.

▪ **Usurpation d'identité – Prise du nom d'un tiers dans des conditions pouvant déterminer contre lui des poursuites ou une décision.** V. n° 25.55.

▪ **Usage de l'identité ou de données d'identification d'autrui (identité numérique) en vue de porter atteinte à sa tranquillité ou à son honneur (L. n° 2011-267, 14 mars 2011).** V. n° 35.49.

▪ **Étranger – Soustraction aux mesures d'éloignement – Refus d'entrée, arrêté d'expulsion, de reconduite à la frontière, d'interdiction du territoire ou d'assignation à résidence.** V. n° 27.5.

ÉLÉMENT LÉGAL

▪ **Application de la loi pénale dans le temps.** Incrimination créée par L. n° 2016-274, 7 mars 2016. Elle vise à réprimer la « *fraude mimétique* », forme d'usurpation d'identité. L'incrimination a été étendue par L. n° 2018-778, 10 sept. 2018 au « *titre de séjour ou tout document provisoire mentionné à l'article L. 431-3* » du Ceseda, soit l'attestation de demande de délivrance ou de renouvellement d'un titre de séjour, l'attestation de demande d'asile ou l'autorisation provisoire de séjour, lesquels autorisent la présence de l'étranger en France sans préjuger de la décision définitive qui sera prise au regard de son droit au séjour. L'incrimination a également été étendue au fait de « *circuler* » sur le territoire avec les documents empruntés à un tiers.

ÉLÉMENT MATÉRIEL

▪ **Tentative. Punissable** (C. pén., art. 441-9).

RÉGIME PROCÉDURAL

▪ **Compétence juridictionnelle. Juge unique** sauf **Cas** C (peine encourue > 5 ans) (peine encourue > 5 ans) (C. pr. pén., art. 398-1 1°, v. n° 17.15D2).

▪ **Ordonnance pénale. Possible** sauf **Cas** C (peine encourue > 5 ans) (peine encourue > 5 ans) (C. pr. pén., art. 495-II, v. n° 15.48B1 et tableau n° 17.15D2).

▪ ÉLÉMENTS CONSTITUTIFS – QUALIFICATION

✧ Pour avoir à .... [¤ lieu], le .... [¤ date], [⇨A ou B puis le cas échéant C :]

A1. **utilisé un document** d'identité (A1a : *N 31513.ju*), de voyage (A1b : *N 31514.ju*) ou une attestation de demande de délivrance ou de renouvellement d'un titre de séjour, de demande d'asile ou une autorisation provisoire de séjour (L. n° 2018-778, 10 sept. 2018) (A1c : *N 32920.ju*) appartenant à un tiers, en l'espèce [désigner le document employé], avec ou sans son consentement, aux fins **d'entrer, « de circuler »** (L. n° 2018-778, 10 sept. 2018) **ou de se maintenir sur le territoire** ~~de l'espace Schengen~~ « français » (L. n° 2018-778, 10 sept. 2018) ;

A2. **utilisé un document** d'identité (A2a : *N 31515.ju*), de voyage (A2b : *N 31516.ju*) ou une attestation de demande de délivrance ou de renouvellement d'un titre de séjour, de demande d'asile ou une autorisation provisoire de séjour (L. n° 2018-778, 10 sept. 2018) (A2c : *N 32921.ju*) appartenant à un tiers, en l'espèce [désigner le document employé], avec ou sans son consentement, aux fins **d'obtenir indûment** un titre, une qualité, un statut ou un avantage ;

B. étant titulaire d'un document d'identité, de voyage, d'une attestation de demande de délivrance ou de renouvellement d'un titre de séjour, de demande d'asile ou d'une autorisation provisoire de séjour (L. n° 2018-778, 10 sept. 2018) **facilité sciemment** son usage par un tiers, pour lui permettre d'entrer, « de circuler » (L. n° 2018-778, 10 sept. 2018) ou de se maintenir sur le territoire ~~de l'espace Schengen~~ « français » (L. n° 2018-778, 10 sept. 2018) ou pour obtenir indûment un titre, une qualité, un statut ou un avantage (B : *N 31517.ju*) ;

C. **Circonstance aggravante.** [• Préciser le cas échéant] avec cette circonstance que les faits ont été commis de **manière habituelle** (AC : *N 31518.co* ; BC : *N 31519.co*).

Faits prévus et réprimés par les articles : **PERSONNES PHYSIQUES.** 441-8, 441-9, 441-10, 441-11 du code pénal. **PERSONNES MORALES.** 441-8, 441-9 et 441-12 du code pénal. ✧

24.4 Usage d'un document administratif devenu inexact ou incomplet

■ PEINES

PERSONNE PHYSIQUE

PP Contrav. 5e cl. 1 500 € (C. pén., art. R. 645-8 ; 131-13).

PC Confiscation (réelle ou en valeur) chose ayant servi à l'infraction ou destinée à la commettre ou son produit (C. pén., art. R. 645-8, 131-14 et 131-21).

PERSONNE MORALE

PP Contrav. 5e cl. 7 500 € (C. pén., art. R. 645-8 ; 131-41).

PC Confiscation (réelle ou en valeur) chose ayant servi à l'infraction ou destinée à la commettre ou son produit (C. pén., art. R. 645-8, 131-14, 131-39 8° et 131-21).

■ ORIENTEUR

AUTRE QUALIFICATION

▪ **Faux en écriture administrative – Usage de faux.** V. n° 24.2.

■ ÉLÉMENTS CONSTITUTIFS – QUALIFICATION

✧ Pour avoir à .... [¤ lieu], le .... [¤ date], fait usage de .... [¤ document(s) concerné(s)], document(s) délivré(s) par une administration publique en vue de constater un droit, une identité ou une qualité ou d'accorder une autorisation, alors que les mentions qu'il invoquait étaient devenues incomplètes ou inexactes.

Faits prévus et réprimés par l'article R. 645-8 du code pénal (*N 12321.c5*). ✧

24.5 Détention de faux administratif

■ PEINES

PERSONNE PHYSIQUE

PP Délit. Cas A : 2 ans d'emprisonnement, 30 000 €. Cas B : 5 ans, 75 000 € (C. pén., art. 441-3).

PC *Idem* n° 24.1. Sauf dispense spécialement motivée, la peine d'inéligibilité est obligatoirement prononcée (C. pén., art. 131-26-2, L. n° 2017-1339, 15 sept. 2017), v. Orienteur/Régime des peines.

PERSONNE MORALE

PP Délit. Cas A : 150 000 €. Cas B : 375 000 € (C. pén., art. 441-12 ; 131-38).

PC *Idem* n° 24.1. Dans le cas A, la dissolution n'est toutefois encourue que si la personne morale a été *créée* pour commettre l'infraction (C. pén., art. 441-12, 131-39 1° et 131-45).

▪ ORIENTEUR

AUTRE QUALIFICATION

▪ **Recel de faux administratif.** V. nº 22.45.

▪ **Utilisation d'un document d'identité d'un tiers pour entrer ou se maintenir sur le territoire.** V. nº 24.3.

▪ **Conduite sans permis de conduire en faisant usage d'un faux permis de conduire.** V. nº 36.38.

ÉLÉMENT MATÉRIEL

▪ **Faits incriminés. • Détention de faux et recel.** « *Cette incrimination présente un intérêt certain par rapport à celle de recel car elle permettra de sanctionner la personne qui détient un document qu'elle a elle-même falsifié, alors qu'aucun recel ne peut lui être reproché dans une telle hypothèse, lorsque le délit de faux se trouvera prescrit.* » (Circ. 14 mai 1993, nº 370). L'infraction est en effet caractérisée alors même que le prévenu serait l'auteur de la falsification (Crim. 22 mai 1997, nº 96-82.080, P nº 201) **• Modalités de la détention.** « *La détention, qui se définit comme un pouvoir de fait exercé sur un bien, n'implique pas une appréhension matérielle des documents, qui peuvent être détenus par l'intermédiaire d'autrui* » (§ 9), est ainsi validée l'analyse des juges qui ont estimé que les faits de détention de faux documents devaient être imputés à l'un comme à l'autre des membres d'un couple (§ 12) qui voyageait en famille munis de sommes et d'objets servant à fabriquer les faux passeports trouvés dans leur bagage commun (§ 10 et agissait de manière parfaitement coordonnée, caractérisant ainsi une coaction (§ 11) (Crim. 6 janv. 2021, nº 19-84.547, P). **• Document administratif étranger.** Sous l'empire des dispositions antérieures au nouveau code pénal, les faits de détention de faux administratif étaient poursuivis sous la qualification de recel de faux administratif, il était considéré que « *les passeports étrangers entrent dans les prévisions de [C. pén., art. 153 ancien], qui ne fait aucune distinction suivant la nationalité de l'autorité dont émanent apparemment les passeports* » (Crim. 17 janv. 1984, nº 82-94.133, P nº 21).

▪ **Concours de qualification. Détention de faux et usage de faux administratif.** « *des faits qui procèdent de manière indissociable d'une action unique caractérisée par une seule intention coupable ne peuvent donner lieu, contre le même prévenu, à deux déclarations de culpabilité de nature pénale* », encourt donc la cassation l'arrêt qui condamne l'auteur pour détention de faux et usage de faux administratif car « *le fait de présenter aux policiers, lors d'un contrôle routier, le certificat d'immatriculation et la vignette de contrôle technique falsifiés incluant le fait de détenir ces mêmes documents* », « *les faits poursuivis constituaient une action unique et ne procédaient pas d'une intention coupable distincte* » (Crim. 21 nov. 2018, nº 17-81.101 ; sur l'évolution de la jurisprudence en matière de concours de qualification, v. nº 17.32B2).

RÉGIME PROCÉDURAL

▪ **Compétence juridictionnelle. Juge unique** (C. pr. pén., art. 398-1 1º, v. nº 17.15D2).

▪ **Ordonnance pénale. Possible** (C. pr. pén., art. 495-II, v. nº 15.48B1 et tableau nº 17.15D2).

RÉGIME DES PEINES

▪ **Inéligibilité obligatoire. Inscription au bulletin nº 2. Réserve d'interprétation.** *Idem* nº 20.18.

▪ ÉLÉMENTS CONSTITUTIFS – QUALIFICATION

✧ Pour avoir à .... [¤ lieu], le .... [¤ date], détenu frauduleusement [⇨A ou B :]

A. un document administratif, en l'espèce .... [¤ document concerné] (A : *N* ***11641.ju***)...

B. plusieurs documents administratifs, en l'espèce .... [¤ documents concernés] (B : *N* ***11642.ju***)...

... document(s) délivré(s) par une administration publique en vue de constater un droit, une identité ou une qualité ou d'accorder une autorisation, qu'il savait falsifié(s). [• S'il y a une victime, préciser : et ce au préjudice de .... [¤ nom de la victime].

Faits prévus et réprimés par les articles : **PERSONNES PHYSIQUES.** 441-3, 441-10 et 441-11 du code pénal. **PERSONNES MORALES.** 441-3 et 441-12 du code pénal. ✧

24.6 Faux en écriture publique ou authentique

■ PEINES

PERSONNE PHYSIQUE

PP Délit. Cas A à C : 10 ans d'emprisonnement, 150 000 €, avec **circonstance aggravante.** Crime. Cas D : 15 ans de réclusion, 225 000 € (C. pén., art. 441-4).

PC *Idem* n° 24.1. Si **circonstance aggravante** : interdiction droits civiques civils et de famille ⩽ 10 ans. Sauf dispense spécialement motivée, la peine d'inéligibilité est dans tous les cas obligatoirement prononcée (C. pén., art. 131-26-2, L. n° 2017-1339, 15 sept. 2017), v. Orienteur/Régime des peines ;

PERSONNE MORALE

PP Délit. Cas A à C : 750 000 €, avec **circonstance aggravante** : Crime. Cas D : 1 125 000 € (C. pén., art. 441-12 ; 131-38).

PC *Idem* n° 24.1.

■ ORIENTEUR

ÉLÉMENT MATÉRIEL

▪ **Tentative. Punissable** (C. pén., art. 441-9).

▪ **Faits incriminés.** Au titre des **écritures publiques ou authentiques,** on trouvera par exemple les actes notariés ; au titre des « *enregistrements ordonnés par l'autorité publique* » se trouve notamment visée la falsification des enregistrements résultant d'écoutes téléphoniques ordonnées par l'autorité administrative ou judiciaire (Circ. 14 mai 1993, n° 371). • **Ordonnance de désignation du juge d'instruction.** Bien qu'antidatée, l'ordonnance de désignation du juge d'instruction prévue par C. pr. pén., art. 83 (sur cette ordonnance, v. n° 15.32C1) « *ne constitue pas un acte juridictionnel mais une mesure d'administration judiciaire dont les parties ne peuvent discuter ni la régularité ni l'existence et qu'une telle ordonnance n'a pas de portée juridique, notamment sur la compétence du juge d'instruction dont la saisine est fixée par le réquisitoire introductif du procureur de la République ou la plainte avec constitution de partie civile et dont la compétence territoriale est déterminée selon les critères fixés par C. pr. pén., art. 52* » (§ 13), dès lors les juges en déduisent à bon droit que « *le faux en écriture publique ne portant pas sur un écrit ayant pour effet d'établir la preuve d'un droit ou d'un fait ayant des conséquences juridiques, il ne peut être qualifié pénalement* » (Crim. 6 janv. 2021, n° 19-87.422, D). • **Faits et motifs d'une décision de justice.** En dépit des inexactitudes entachant une décision d'incompétence, dénoncées par la partie civile, « *les faits et motifs énoncés dans une décision de justice ne sont pas susceptibles de constituer des actes de faux en écriture publique ou authentique, au sens de C. pén., art. 441-4* » (Crim. 9 nov. 2016, n° 15-86.922, D). « *en vertu du principe constitutionnel qui garantit l'indépendance des magistrats du siège, leurs décisions juridictionnelles ne peuvent être critiquées, dans les motifs et dans le dispositif qu'elles comportent que par le seul exercice des voies de recours prévues par la loi ; que ce principe ainsi d'ailleurs que celui du secret du délibéré, mettant obstacle à ce qu'une décision de justice puisse être considérée comme constitutive par elle-même d'un crime ou d'un délit* » (Crim. 19 nov. 1981, n° 81-94.556, P n° 308 ; dans le même sens : Crim. 9 déc. 1981, n° 81-94.848, P n° 327). • **Préjudice.** Dans le cas d'un faux communiqué à en-tête du ministère des affaires étrangères, « *s'agissant d'un faux matériel occasionnant un préjudice à la personne dont il est censé émaner, il n'importe qu'il ait eu ou non pour objet ou pour effet d'établir la preuve d'un droit ou d'un fait ayant eu des conséquences juridiques* » (Crim. 14 nov. 2018, n° 17-83.145, D). Dans le cas de contrats de prêt hypothécaires notariés, « *le préjudice auquel peut donner lieu un faux dans un acte authentique résulte nécessairement de l'atteinte portée à la foi publique et à l'ordre social par une falsification de cette nature* » (Crim. 24 mai 2000, n° 99-81.706, P n° 202). • **Exemples d'actes authentiques.** Entrent dans la catégorie des actes authentiques les actes établis dans l'exercice de leurs fonctions par un commissaire de justice (anc^t^ huissier) (Crim. 4 mai 2006, n° 05-80.844, D) ; un clerc de commissaire de justice assermenté (faux acte de mainlevée de saisie arrêt) (Crim. 29 oct. 1990, n° 89-86.362, D) ; un notaire (Crim. 24 mai 2000, n° 99-81.706, P n° 202 (faux prêts hypothécaires) ; Crim. 19 juin 2002, n° 02-82.780, D) ; un commissaire de police (altération frauduleuse de la vérité affectant la substance d'un procès-verbal) (Crim. 28 oct. 2003, n° 02-87.628, P n° 201.

RÉGIME PROCÉDURAL

▪ **Procédure d'assises.** • **Cas D : compétence de la cour criminelle départementale.** Sauf si l'auteur est en récidive ou si l'un des accusés est poursuivi pour un crime ne relevant pas de sa compétence, les faits commis par un majeur relèvent en premier ressort de la cour criminelle départementale à compter du 1er janv. 2023, selon les précisions apportées au n° 17.15A (C. pr. pén., art. 380-16, issu L. n° 2021-1729, 22 déc. 2021).

RÉGIME DES PEINES

▪ **Inéligibilité obligatoire.** Inscription au bulletin n° 2. Réserve d'interprétation. *Idem* n° 20.18.

▪ ÉLÉMENTS CONSTITUTIFS – QUALIFICATION

✧ Pour avoir à .... [¤ lieu], le .... [¤ date], [⇨A à C puis le cas échéant D :]

A. **Faux public**

– par quelque moyen que ce soit, falsifié .... [¤ document(s) concerné(s)], écriture publique ou authentique ou enregistrement ordonné par l'autorité publique (A : *N 11643.co*) ;

B. **Usage de faux public**

– fait usage de .... [¤ document(s) concerné(s)], écriture publique ou authentique ou enregistrement ordonné par l'autorité publique qu'il savait falsifié (B : *N 11644.co*) ;

C. **Faux public et usage**

– par quelque moyen que ce soit, falsifié .... [¤ document(s) concerné(s)], écriture publique ou authentique ou enregistrement ordonné par l'autorité publique, et fait usage du ou des dits faux (C : *N 11643.co* et *11644.co*).

D. **Circonstance aggravante**

[• Préciser le cas échéant dans les cas A à C] avec cette circonstance que les faits ont été commis par une personne [⇨D1 ou D2 :]

D1. dépositaire de l'autorité publique agissant dans l'exercice de ses fonctions ou de sa mission (AD1 : *N 11645.cc* ; BD1 : *N 11647.cc* ; CD1 : *N 11645.cc* et *11647.cc*) ;

D2. chargée d'une mission de service public agissant dans l'exercice de ses fonctions ou de sa mission (AD2 : *N 11646.cc* ; BD2 : *N 11648.cc* ; CD2 : *N 11646.cc* et *11648.cc*).

Faits prévus et réprimés par les articles : **PERSONNES PHYSIQUES.** 441-4, 441-9, 441-10 et 441-11 du code pénal. **PERSONNES MORALES.** 441-4, 441-9 et 441-12 du code pénal. ✧

24.7 Fourniture de faux administratifs

▪ PEINES

PERSONNE PHYSIQUE

PP Délit. Cas A : 5 ans d'emprisonnement, 75 000 €. Cas B : 7 ans, 100 000 € (C. pén., art. 441-5).

PC *Idem* n° 24.1. Sauf dispense spécialement motivée, la peine d'inéligibilité est obligatoirement prononcée (C. pén., art. 131-26-2, L. n° 2017-1339, 15 sept. 2017), v. Orienteur/Régime des peines.

PERSONNE MORALE

PP Délit. Cas A : 375 000 €. Cas B : 500 000 € (C. pén., art. 441-12 ; 131-38).

PC *Idem* n° 24.1.

▪ ORIENTEUR

AUTRE QUALIFICATION

▪ **Utilisation d'un document d'identité d'un tiers pour entrer ou se maintenir sur le territoire. Facilitation de l'usage.** V. n° 24.3.

ÉLÉMENT MATÉRIEL

▪ **Tentative. Punissable** (C. pén., art. 441-9).

RÉGIME PROCÉDURAL

▪ **Compétence juridictionnelle. Juge unique** sauf **Cas B** (peine encourue > 5 ans) (C. pr. pén., art. 398-1 1°, v. n° 17.15D2).

▪ **Ordonnance pénale.** Possible sauf **Cas B** (peine encourue > 5 ans) (C. pr. pén., art. 495-II, v. n° 15.48B1 et tableau n° 17.15D2).

RÉGIME DES PEINES

- **Inéligibilité obligatoire. Inscription au bulletin n° 2. Réserve d'interprétation.** *Idem* n° 20.18.

■ ÉLÉMENTS CONSTITUTIFS – QUALIFICATION

✧ Pour avoir à .... [¤ lieu], le .... [¤ date], [⇨A puis le cas échéant B :]

A. procuré frauduleusement à .... [¤ bénéficiaire] un .... [¤ document concerné], document délivré par une administration publique en vue de constater un droit, une identité ou une qualité ou d'accorder une autorisation (A : *N* ***11649.ju***).

S'il y a une victime, ajouter : et ce au préjudice de .... [¤ nom de la victime] ;

B. [• Préciser le cas échéant] avec cette circonstance que les faits ont été commis [⇨B1 à B5 :]

B1. par une personne dépositaire de l'autorité publique agissant dans l'exercice de ses fonctions ou de sa mission (B1 : *N* ***11650.co***) ;

B2. par une personne chargée d'une mission de service public agissant dans l'exercice de ses fonctions ou de sa mission (B2 : *N* ***11651.co***) ;

B3. à titre habituel (B3 : *N* ***11652.co***) ;

B4. dans le dessein de faciliter la commission d'un crime (B4 : *N* ***11653.co***) ;

B5. dans le dessein de procurer l'impunité à l'auteur d'un crime (B5 : *N* ***11654.co***).

Faits prévus et réprimés par les articles : **PERSONNES PHYSIQUES.** 441-5, 441-9, 441-10 et 441-11 du code pénal. **PERSONNES MORALES.** 441-5, 441-9 et 441-12 du code pénal. ✧

24.8 Document administratif – Obtention indue

■ PEINES

PERSONNE PHYSIQUE

PP Délit. 2 ans d'emprisonnement, 30 000 € (C. pén., art. 441-6).

PC *Idem* n° 24.1. Sauf dispense spécialement motivée, la peine d'inéligibilité est obligatoirement prononcée (C. pén., art. 131-26-2, L. n° 2017-1339, 15 sept. 2017), v. Orienteur/Régime des peines.

PERSONNE MORALE

PP Délit. 150 000 € (C. pén., art. 441-12 ; 131-38).

PC *Idem* n° 24.1. La dissolution n'est toutefois encourue que si la personne morale a été *créée* pour commettre l'infraction (C. pén., art. 441-12, 131-39 1° et 131-45).

■ ORIENTEUR

AUTRE QUALIFICATION

- **Fausse déclaration de perte d'un permis de conduire.** V. n° 36.36.
- **Cas assimilé.** Sous les peines de l'article 441-6 du code pénal, toute personne sollicitant la délivrance d'un **permis de chasser** doit déclarer qu'elle ne tombe pas sous le coup des exclusions, interdictions, incapacités ou causes de refus de délivrance définies aux articles L. 423-23 3°, L. 423-24 et L. 428-14 du code de l'environnement (*N* ***2169.ju***) (C. envir., art. L. 423-11).

ÉLÉMENT MATÉRIEL

- **Tentative. Punissable** (C. pén., art. 441-9).
- **Illustration.** « *l'existence d'un préjudice n'est pas un élément constitutif du délit* » d'obtention indue d'un document administratif (Crim. 7 avr 1994, n° 93-81.361, P n° 145).

RÉGIME PROCÉDURAL

- **Compétence juridictionnelle. Juge unique** (C. pr. pén., art. 398-1 1°, v. n° 17.15D2).
- **Ordonnance pénale. Possible** (C. pr. pén., art. 495-II, v. n° 15.48B1 et tableau n° 17.15D2).

RÉGIME DES PEINES

- **Inéligibilité obligatoire. Inscription au bulletin n° 2. Réserve d'interprétation.** *Idem* n° 20.18.

■ ÉLÉMENTS CONSTITUTIFS – QUALIFICATION

✧ Pour avoir à .... [¤ lieu], le .... [¤ date], par quelque moyen frauduleux que ce soit, obtenu ou tenté d'obtenir d'une administration publique ou d'un organisme chargé d'une mission de service public la délivrance indue de .... [¤ document concerné], document délivré en vue de constater un droit, une identité ou une qualité ou d'accorder une autorisation.
Faits prévus et réprimés par les articles : **PERSONNES PHYSIQUES.** 441-6, 441-9, 441-10 et 441-11 du code pénal (*N* ***11655.ju***). **PERSONNES MORALES.** 441-6, 441-9 et 441-12 du code pénal. ✧

24.9 Déclaration mensongère – Allocation, paiement, avantage

■ PEINES

PERSONNE PHYSIQUE

PP Délit. 2 ans d'emprisonnement, 30 000 € (C. pén., art. 441-6).

PC *Idem* n° 24.1. Sauf dispense spécialement motivée, la peine d'inéligibilité est obligatoirement prononcée (C. pén., art. 131-26-2, L. n° 2017-1339, 15 sept. 2017), v. Orienteur/Régime des peines.

PERSONNE MORALE

PP Délit. 150 000 € (C. pén., art. 441-12 ; 131-38).

PC *Idem* n° 24.1. La dissolution n'est toutefois encourue que si la personne morale a été *créée* pour commettre l'infraction (C. pén., art. 441-12, 131-39 1° et 131-45).

■ ORIENTEUR

AUTRE QUALIFICATION

▪ **Anciennes incriminations.** V. aussi les incriminations abrogées par L. n° 2013-1203, 23 déc. 2013, relatives aux fraudes aux prestations sociales : n°s 24.10 et 24.11, et n°s 32.41 à 32.45 ;

▪ **Escroquerie aggravée.** Déclaration fausse ou incomplète pour obtenir une allocation indue, v. n° 22.22 (Cas G).

▪ **Utilisation d'un document d'identité d'un tiers pour entrer ou se maintenir sur le territoire. Obtention indue d'un avantage.** V. n° 24.3.

▪ **Délits douaniers – Fraudes – Fausses déclarations.** V. n° 33.40.

▪ **Cas assimilés.** « *Le fait de bénéficier ou de tenter de bénéficier frauduleusement* », « *le fait de faire obtenir frauduleusement ou de tenter de faire obtenir frauduleusement* » les allocations de reclassement ou de reconversion (C. trav., art. L. 5124-1, *N* ***12795.co***), les allocations d'aide aux travailleurs privés d'emploi ou la prime forfaitaire pour reprise d'activité (C. trav., art. L. 5429-1, (*N* ***3872.co***) est puni des peines prévues à C. pén., art. 441-6, sauf caractérisation éventuelle du délit d'escroquerie (v. n° 22.22).

ÉLÉMENT LÉGAL

▪ **Application de la loi dans le temps.** Dans sa rédaction antérieure à l'article 86 L n° 2013-1203, 23 déc. 2013, cette infraction incriminait « *le fait de fournir une déclaration mensongère en vue d'obtenir d'une administration publique ou d'un organisme chargé d'une mission de service public une allocation, un paiement ou un avantage indu* ». Elle recouvre désormais des actes auparavant incriminés par l'article 22 de la loi n° 68-690 du 31 juillet 1968 (v. n° 24.11), et l'article 1er de la loi du 27 septembre 1941 (v. n° 24.10) ainsi que par d'autres textes, également abrogés, réprimant certaines fraudes aux prestations sociales (v. n°s 32.41 à 32.45). « *Les nouvelles dispositions de l'article 441-6 peuvent servir de fondement à la répression, dès lors qu'elles incriminent des faits qui étaient déjà incriminés lors de leur commission* » (Circ. Crim. 13-L-140, 27 juin 2014). Par ailleurs, l'article 86 de L. n° 2013-1203, 23 déc. 2013, a créé une nouvelle circonstance aggravante de l'escroquerie, lorsqu'elle est commise à l'égard d'une administration ou d'un organisme, pour l'obtention d'une allocation ou d'une prestation (v. n° 22.22). Rejetant une QPC relative à l'ancien CASF, art. L. 262-50 abrogé (v. n° 32.43), dont l'incrimination est désormais continuée par celle prévue par C. pén., art. 441-6, au motif que le texte n'est plus applicable à la procédure, la Ch. crim. rappelle « *qu'il résulte d'une jurisprudence constante qu'une loi déterminant autrement que la loi précédente les éléments constitutifs d'une infraction est applicable aux faits commis avant son entrée en vigueur si ceux-ci entrent dans les prévisions de l'ancienne et de la nouvelle loi (Crim. 4 sept. 1990, n° 89-85.962, P n° 309)* » (Crim. 13 juin 2019, n° 19-90.013, P n° 113 ; sur ce cas d'application de la loi pénale dans le temps, v. n° 10.4C3). Une solution comparable est apportée pour CSS, art. L. 114-13 (v. nº 32.43) également abrogé et continué par C. pén., art. 441-6, les faits reprochés sous la nouvelle qualification pouvant faire l'objet d'une sanction « *dans la limite, cependant, de celle prévue par l'ancien article L. 114-13* » (Crim. 12 juin 2019, nº 18-83.244).

TEXTE DE RÉFÉRENCE

▪ **Allocations aux travailleurs privés d'emploi.** Tout demandeur d'emploi peut exercer une activité bénévole. Cette activité ne peut s'effectuer chez un précédent employeur, ni se substituer à un emploi salarié, et doit rester compatible avec l'obligation de recherche d'emploi (C. trav., art. L. 5425-8).

ÉLÉMENT MATÉRIEL

▪ **Tentative. Punissable** (C. pén., art. 441-9).

▪ **Illustration.** « *présentent un caractère indu, [...], les prestations versées par un organisme de sécurité sociale à une personne prise en charge sous une fausse identité, quels que soient les droits auxquels l'intéressée peut prétendre en son nom propre* » (Crim. 8 août 2018, nº 17-84.920, P nº 135). Il ne suffit pas de constater que la personne s'est abstenue de déclarer des revenus, encore faut-il démontrer que les revenus non déclarés étaient de nature à lui ôter son droit à percevoir la prestation (Crim. 15 sept. 2021, nºˢ 20-86.655, 12-85.061, D).

RÉGIME PROCÉDURAL

▪ **Compétence juridictionnelle. Juge unique** (C. pr. pén., art. 398-1 1º, v. nº 17.15D2).

▪ **Ordonnance pénale. Possible** (C. pr. pén., art. 495-II, v. nº 15.48B1 et tableau nº 17.15D2).

MESURE ADMINISTRATIVE

▪ **Amende administrative. RSA :** la fausse déclaration ou l'omission délibérée de déclaration ayant abouti au versement indu du RSA peut être sanctionnée par une **amende administrative** n'excédant pas le double du plafond mensuel de la sécurité sociale (le quadruple en cas de **récidive**), prononcée par le président du conseil général après avis d'une équipe pluridisciplinaire. La juridiction compétente pour connaître des recours à l'encontre des contraintes délivrées par le président du conseil général est la juridiction administrative. Aucune amende ne peut être prononcée à raison de faits remontant à plus de deux ans (CASF, art. L. 262-52 ; CSS, art. L. 114-17).

▪ **Suppression de l'allocation. RSA :** en cas de fausse déclaration, d'omission délibérée de déclaration ou de travail dissimulé, constaté par l'organisme chargé du service du RSA, ayant conduit au versement du RSA pour un montant indu supérieur à deux fois le plafond mensuel de la sécurité sociale, ou en cas de récidive, le président du conseil général peut, après avis d'une équipe pluridisciplinaire, supprimer pour une durée maximale d'un an le versement du RSA. Cette sanction est étendue aux membres du foyer lorsque ceux-ci se sont rendus complices de la fraude. La décision de suppression du revenu de solidarité active et l'amende administrative ci-dessus ne peuvent être prononcées pour les mêmes faits (CASF, art. L. 262-53).

▪ **Concours de la sanction administrative et d'une décision pénale. RSA :** aucune amende administrative ou suppression du RSA ne peut être prononcée lorsque la personne concernée a, pour les mêmes faits, déjà été définitivement condamnée par le juge pénal ou a bénéficié d'une décision définitive de non-lieu ou de relaxe déclarant que la réalité de l'infraction n'est pas établie ou que cette infraction ne lui est pas imputable. Si une telle décision de non-lieu ou de relaxe intervient postérieurement au prononcé d'une sanction administrative, la révision de l'amende est de droit ou l'allocation supprimée est versée rétroactivement au bénéficiaire. Si, à la suite du prononcé d'une amende administrative, une amende pénale est infligée pour les mêmes faits, la première s'impute sur la seconde, ou les montants de revenu de solidarité active supprimé s'imputent sur celle-ci (CASF, art. L. 262-52 et L. 262-53).

▪ **Pénalité administrative. Prestations familiales ou d'assurance vieillesse :** l'inexactitude ou le caractère incomplet des déclarations faites pour le bénéfice de prestations versées par les organismes chargés de la gestion des prestations familiales ou d'assurance vieillesse, ainsi que l'absence de déclaration d'un changement dans la situation justifiant ce bénéfice, ayant abouti à des versements indus, peuvent être sanctionnés par une **pénalité** n'excédant pas le double du plafond mensuel de la sécurité sociale (le quadruple en cas de **récidive**), prononcée par le directeur de l'organisme concerné après l'avis d'une commission (CSS, art. L. 114-17).

▪ **Pénalité administrative. Allocations aux travailleurs privés d'emploi** : sans préjudice des actions en récupération des allocations indues et des poursuites pénales, l'inexactitude ou le caractère incomplet, lorsqu'ils sont délibérés, des déclarations faites pour le bénéfice des allocations et primes d'aide aux travailleurs privés d'emploi, ainsi que l'absence de déclaration d'un changement dans la situation justifiant de ce bénéfice, ayant abouti à des versements indus remontant à, au plus, deux ans, peuvent être sanctionnés par une **pénalité** n'excédant pas 3 000 € prononcée par le représentant de l'État après consultation d'une commission. Cette pénalité s'impute sur le montant de l'amende le cas échéant prononcée par la juridiction pénale et est soumise de droit à révision en cas de non-lieu ou de relaxe (C. trav., art. L. 5426-5 à L. 5426-8).

RÉGIME DES PEINES

▪ **Inéligibilité obligatoire. Inscription au bulletin n° 2. Réserve d'interprétation.** *Idem* n° 20.18.

▪ ÉLÉMENTS CONSTITUTIFS – QUALIFICATION

✧ Pour avoir à .... [¤ lieu], le .... [¤ date], fourni sciemment une fausse déclaration ou une déclaration incomplète en vue d'obtenir, ou de tenter d'obtenir, de faire obtenir ou de tenter de faire obtenir [⇨A ou B :]
A. d'une personne publique ou d'un organisme chargé d'une mission de service public (A : *N 11656.ju* ; par personne morale *N 29098.ju*)...
B. d'un organisme de protection sociale (B : *N 282.ju*)...
...en l'espèce......... [¤ personne publique ou organisme concerné], une allocation, une prestation, un paiement ou un avantage indu en l'espèce......... [¤ allocation, avantage et montant concerné].
Faits prévus et réprimés par les articles : **PERSONNES PHYSIQUES.** 441-6, 441-9, 441-10 et 441-11 du code pénal. **PERSONNES MORALES.** 441-6, 441-9 et 441-12 du code pénal. ✧

24.10 Déclaration inexacte ou incomplète – Paiement ou avantage indu État, commune, collectivité publique (abrogé, L. n° 2013-1203, 23 déc. 2013, art. 86)

▪ PEINES

PERSONNE PHYSIQUE

PP Délit. ~~5 ans d'emprisonnement, 3 750 € (L. 27 sept. 1941, art. 1er).~~

PC ~~Néant.~~

▪ ORIENTEUR

AUTRE QUALIFICATION

~~> V. aussi nos 24.9 et 24.11, Fraudes aux allocations, nos 32.41 à 32.45, Fraudes douanières, n° 33.40.~~

ÉLÉMENT LÉGAL

▪ **Application de la loi pénale dans le temps.** Cette incrimination spéciale a été abrogée par L. n° 2013-1203, 23 déc. 2013, art. 86. S'y est notamment substituée celle, définie par cette même loi, au second alinéa de C. pén., art. 441-6 (v. n° 24.9). « *les nouvelles dispositions de l'article 441-6 peuvent servir de fondement à la répression, dès lors qu'elles incriminent des faits qui étaient déjà incriminés lors de leur commission* » (Circ. Crim. 13-L-140, 27 juin 2014).

▪ ~~ÉLÉMENTS CONSTITUTIFS – QUALIFICATION~~

~~✧ Pour avoir à .... [¤ lieu], le .... [¤ date], souscrit sciemment une déclaration inexacte ou incomplète en vue d'obtenir [⇨A à D :]~~

~~A. de l'État...~~

~~B. du département...~~

~~C. d'une commune...~~

~~D. d'une collectivité publique...~~

~~... un paiement ou un avantage indu, en l'espèce en .... [¤ indication des faits reprochés].~~
~~Faits prévus et réprimés par l'article 1 de la loi du 27 septembre 1941 (*N 1840.co*). ✧~~

24.11 Déclaration inexacte ou incomplète – Paiement ou avantage indu – État, collectivité locale, service, organisme (abrogé, L. nº 2013-1203, 23 déc. 2013, art. 86)

■ PEINES

PERSONNE PHYSIQUE

PP Délit. ~~4 ans d'emprisonnement, 9 000 € (L. nº 68-690, 31 juill. 1968, art. 22).~~

PC ~~Néant.~~

■ ORIENTEUR

AUTRE QUALIFICATION

~~> *Idem* nº 24.10.~~

ÉLÉMENT LÉGAL

~~> Les services ou organismes visés dans le cas C sont déterminés par décret.~~

▪ **Application de la loi pénale dans le temps.** Cette incrimination spéciale a été abrogée par L. nº 2013-1203, 23 déc. 2013, art. 86. S'y est substituée celle, définie par cette même loi, au second alinéa de C. pén., art. 441-6 (v. nº 24.9). « *les nouvelles dispositions de l'article 441-6 peuvent servir de fondement à la répression, dès lors qu'elles incriminent des faits qui étaient déjà incriminés lors de leur commission* » (Circ. Crim. 13-L-140, 27 juin 2014).

■ ~~ÉLÉMENTS CONSTITUTIFS – QUALIFICATION~~

~~✧ Pour avoir à .... [¤ lieu], le .... [¤ date], fourni sciemment des renseignements inexacts ou incomplets dans une déclaration exigée en vue d'obtenir [⇨ A à C :]~~

~~A. de l'État...~~

~~B. d'une collectivité locale...~~

~~C. d'un service ou d'un organisme...~~

~~... un paiement ou un avantage quelconque indu, en l'espèce en .... [¤ matérialiser l'infraction].~~

~~Faits prévus et réprimés par l'article 22 de la loi nº 68-690 du 31 juillet 1968 (*N 1849.co*). ✧~~

24.12 Attestation ou certificat faux ou inexact

■ PEINES

PERSONNE PHYSIQUE

PP Délit. 1 an d'emprisonnement, 15 000 €. Cas D : 3 ans, 45 000 € (C. pén., art. 441-7).

PC *Idem* nº 24.1.

PERSONNE MORALE

PP Délit. 75 000 €. Cas D : 225 000 € (C. pén., art. 441-12 ; 131-38).

PC *Idem* nº 24.1. La dissolution n'est toutefois encourue que si la personne morale a été *créée* pour commettre l'infraction (C. pén., art. 441-12, 131-39 1º et 131-45).

■ ORIENTEUR

AUTRE QUALIFICATION

▪ **Corruption ou voies de fait pour obtenir attestation.** V. nº 23.40.

▪ **Faux témoignage.** V. nº 25.4.

▪ **Faux serment en matière civile.** V. nº 25.52.

ÉLÉMENT LÉGAL

▪ **Application de la loi pénale dans le temps.** Cas D3 : aggravation créée par L. nº 2018-778, 10 sept. 2018.

TEXTE DE RÉFÉRENCE

▪ Règles de procédure civile régissant les attestations. C. pr. civ., art. 202 : « *L'attestation contient la relation des faits auxquels son auteur a assisté ou qu'il a personnellement constaté. Elle mentionne les nom, prénoms, date et lieu de naissance, demeure et profession de son auteur ainsi que, s'il y a lieu, son lien de parenté ou d'alliance avec les parties, de subordination à leur égard, de collaboration ou de communauté d'intérêts avec elles. Elle indique en outre qu'elle est établie en vue de sa production en justice et que son auteur a connaissance qu'une fausse attestation de sa part l'expose à des sanctions pénales. L'attestation est écrite, datée et signée de la main de son auteur. Celui-ci doit lui annexer, en original ou en photocopie, tout document officiel justifiant de son identité et comportant sa signature.* »

ÉLÉMENT MATÉRIEL

▪ Tentative. Punissable (C. pén., art. 441-9).

▪ Indifférence du préjudice. « *L'article 441-7 prévoit des incriminations spécifiques constituées alors même que certains des éléments prévus dans la définition générale du faux de l'article 441-1, comme par exemplaire le préjudice ou le caractère probatoire, feraient défaut.* » (Circ. 14 mai 1993, n° 373).

RÉGIME PROCÉDURAL

▪ Compétence juridictionnelle. Juge unique (C. pr. pén., art. 398-1 1°, v. n° 17.15D2).

▪ Ordonnance pénale. Possible (C. pr. pén., art. 495-II, v. n° 15.48B1 et tableau n° 17.15D2).

▪ ÉLÉMENTS CONSTITUTIFS – QUALIFICATION

✧ Pour avoir à .... [¤ lieu], le .... [¤ date], [⇨A à C puis le cas échéant B :]

A. **ÉTABLISSEMENT D'UNE ATTESTATION OU D'UN CERTIFICAT INEXACT**

– établi une attestation ou un certificat faisant état de faits matériellement inexacts (A : *N 153.ju*, par personne morale : *N 31097.ju*) ;

B. **FALSIFICATION D'UNE ATTESTATION OU D'UN CERTIFICAT**

– falsifié une attestation ou un certificat originairement sincère (B : *N 151.ju*) ;

C. **USAGE D'ATTESTATION OU DE CERTIFICAT INEXACT**

– fait usage d'une attestation ou d'un certificat inexact ou falsifié (B1 : *N 152.ju*).

S'il y a une victime, ajouter : et ce au préjudice de .... [¤ nom de la victime] ;

D. **CIRCONSTANCE AGGRAVANTE**

[• préciser le cas échéant dans les cas A à C] avec cette circonstance que les faits ont été commis en vue [⇨ D1 à D3 :]

D1. de porter préjudice au trésor public (AD1 : *N 11657.ju* ; BD1 : *N 11659.ju* ; CD1 : *N 11661.ju*) ;

D2. de porter préjudice au patrimoine d'autrui (AD2 : *N 11658.ju* ; BD2 : *N 11660.ju* ; CD2 : *N 11663.ju*) ;

D3. d'obtenir un titre de séjour ou le bénéfice d'une protection contre l'éloignement (AD3 : *N 32924.ju* ; BD3 : *N 32925.ju* ; CD3 : *N 32926.ju*) (L. n° 2018-778, 10 sept. 2018).

Faits prévus et réprimés par les articles : **PERSONNES PHYSIQUES.** 441-7, 441-9, 441-10 et 441-11 du code pénal. **PERSONNES MORALES.** 441-7, 441-9 et 441-12 du code pénal. ✧

24.13 Fraude aux examens et concours

▪ PEINES

PERSONNE PHYSIQUE

PP Délit. 3 ans d'emprisonnement, 9 000 € (L. 23 déc. 1901, art. 2).

PC Néant.

PERSONNE MORALE

PP 45 000 € (C. pén., art. 131-38).

PC Néant.

■ **ORIENTEUR**

ÉLÉMENT MATÉRIEL

▪ **Illustration.** La loi du 23 déc. 1901 qualifie de manière non limitative de fraude les faits suivants : livraison à un tiers ou communication en connaissance de cause, à quelqu'une des parties intéressées, du texte ou du sujet de l'épreuve avant l'examen ou le concours, usage de pièces fausses telles que diplômes, certificats, extraits de naissance ou autres, substitution d'une tierce personne au véritable candidat (L. 23 déc. 1901, art. 2).

MESURE ADMINISTRATIVE

▪ **Action disciplinaire.** L'action publique ne fait pas obstacle à l'**action disciplinaire** dans tous les cas où la loi a prévu cette dernière (L. 23 déc. 1901, art. 5).

■ **ÉLÉMENTS CONSTITUTIFS – QUALIFICATION**

✧ Pour avoir à .... [¤ lieu], le .... [¤ date], commis une fraude dans un examen ou concours public ayant pour objet l'entrée dans une administration publique ou l'acquisition d'un diplôme délivré par l'État, en l'espèce en .... [¤ caractériser la fraude, en se référant notamment à l'orienteur « élément matériel » ci-dessus].
Faits prévus et réprimés par les articles 1, 2 et 3 de la loi du 23 décembre 1901 (*N 1319.co*). ✧

24.14 Faux-monnayage – Coordination de l'action publique (recommandations Circ. Crim. 16 juill. 2014)

La Circ. 16 juill. 2014, NOR : JUSD1417247C, se substituant à la Circ. Crim. 97/5, 19 févr. 1997, définit notamment les directives suivantes relatives à la coordination de la politique pénale en matière de contrefaçon de monnaie et de mise en circulation de monnaie contrefaite.

A. Le dispositif d'information des services et autorités spécialisés

1. Information de l'OCRFM

« *Concernant la phase d'enquête, l'Office central pour la répression du faux monnayage (OCRFM) est le garant de la centralisation de l'information, conformément aux exigences de la Convention de Genève du 20 avr. 1929, ratifiée par la France par décret du 10 juill. 1958.../...À ce titre, l'OCRFM est chargé de transmettre des informations à Europol qui, s'agissant des affaires intéressant l'Union européenne, joue le rôle d'office central de répression du faux-monnayage de l'euro au sens de l'article 12 de la convention de Genève précitée* » (IA). « *Les articles D.8 et suivants du code de procédure pénale rendent obligatoire l'information de l'OCRFM par les services de police et de gendarmerie pour toutes les affaires de faux monnayage. Il est important de s'assurer de l'effectivité de cette information, quel que soit le nombre de faux billets ou de fausses pièces saisis* » (IA1)).

« *En cas de découverte de billet contrefait, l'information systématique de l'OCRFM doit se faire par l'intermédiaire de ses correspondants techniques opérationnels (CTO), qui procéderont à la consultation de la base de données RAPACE (Répertoire automatisé pour l'analyse des contrefaçons de l'euro) (Base de données recensant toutes les caractéristiques des faux billets en circulation et alimentée en temps réel par les services d'enquête) et apprécieront, en concertation avec les enquêteurs saisis de l'affaire, l'utilité d'un contact direct avec l'OCRFM* » (IA1)).

2. Information de la JIRS

« *Conformément aux articles 706-73-10° et 706-75 du code de procédure pénale, les crimes en matière de fausse monnaie prévus par les articles 442-1 et 442-2 4 du code pénal figurent parmi les infractions pouvant donner lieu à la saisine des juridictions interrégionales spécialisées (JIRS) dans les affaires qui sont ou apparaîtraient d'une grande complexité* » (IA2)).

« *Il convient en conséquence de veiller à rappeler aux enquêteurs la nécessité, concomitamment à l'information du parquet naturel territorialement compétent, d'aviser le parquet de la JIRS du ressort, dès lors qu'une affaire de faux monnayage apparaît d'une grande complexité. Cette double information incombant aux services d'enquête doit s'effectuer sans préjudice du signalement systématique que le parquet territorialement compétent est tenu de faire tant au parquet de la JIRS qu'à son propre parquet général* » (IA2)).

3. Information de la Banque de France

« *L'information systématique de la Banque de France, essentielle à un double titre, doit être mise en œuvre le plus tôt possible au cours des investigations sous la responsabilité du magistrat du parquet ou du juge d'instruction. Elle permet en effet à la Banque de France non seulement de collecter les données sur la contrefaçon monétaire et d'alimenter les fichiers de la Banque centrale européenne, conformément à l'article 3 du règlement 1338/2001 du*

28 juin 2001 (mod. par règl. 44/2009, 18 déc. 2008), mais également d'exercer ses droits dans les procédures pénales en se constituant le cas échéant partie civile » (IA3)).

B. La recherche des preuves et la gestion des scellés

« *Compte tenu des pratiques adoptées par les réseaux criminels, il convient de porter une attention particulière à tous les porteurs de faux billets, même en nombre peu important. Une perquisition doit dès lors être envisagée dans toutes les affaires de faux monnayage afin de rechercher d'éventuels indices de l'existence d'ateliers de production clandestins* » (IIA).

« *Les articles 56 et 97 [...] du code de procédure pénale rendent obligatoire la transmission au centre national d'analyse de la Banque de France d'au moins un exemplaire de chaque type de billets ou pièces de monnaie libellés en euros suspectés contrefaisants. Cette transmission incombe à l'officier de police judiciaire dans le cadre de l'enquête préliminaire (C. pr. pén., art. 56), au magistrat instructeur – ou à l'officier de police judiciaire commis par lui – au cours de l'information judiciaire (C. pr. pén., art. 97)* » (IIC).

« *Il convient de rappeler que la confiscation de la fausse monnaie saisie est obligatoire au stade du jugement, ainsi que celle des matières et instruments ayant servi à sa fabrication. Les magistrats du parquet doivent donc veiller à le rappeler systématiquement dans leurs réquisitions* » (IID).

« *La destruction des pièces et des billets falsifiés relevant de la compétence exclusive de la Monnaie de Paris pour les premières et de la Banque de France pour les seconds, les magistrats ne peuvent en aucun cas ordonner, au cours de l'enquête ou à l'issue de celle-ci, la destruction par les policiers, les gendarmes, ou par tout autre intermédiaire, de la fausse monnaie saisie. Néanmoins, lorsque le ministère public décide de classer sans suite la procédure, et si la conservation des billets ou des pièces contrefaits remis pour analyse à la Banque de France n'apparaît plus nécessaire, il peut autoriser l'enquêteur, sur sollicitation de ce dernier, à requérir auprès de cette dernière la destruction des scellés transmis* », à la condition qu'au moins un exemplaire de la monnaie contrefaite ait été adressé au Centre national d'analyse ou que les opérations d'expertise soient terminées (IID).

24.15 Contrefaçon de monnaie

■ PEINES

PERSONNE PHYSIQUE

PP Crime. 30 ans de réclusion, 450 000 € (C. pén., art. 442-1).

PC 1. Interdiction droits civiques civils et de famille ⩽ 10 ans (vote, éligibilité, fonction juridictionnelle, expert, témoin, tuteur, curateur) (C. pén., art. 442-11 et 131-26) ;

2. Interdiction, définitive ou ⩽ 5 ans activité professionnelle ou sociale en relation avec l'infraction, ou fonction publique (sauf mandat électif ou syndical) *et/ou* interdiction définitive ou ⩽ 15 ans (10 ans avant L. nº 2013-1117, 6 déc. 2013) d'exercer une profession commerciale ou industrielle, de diriger, d'administrer, de gérer ou de contrôler à un titre quelconque, directement ou indirectement, pour son propre compte ou pour le compte d'autrui, une entreprise commerciale ou industrielle ou une société commerciale (C. pén., art. 442-11, 131-27 et 131-28 [mod. par L. nº 2008-776, 4 août 2008]) ;

3. Interdiction de séjour ⩽ 10 ans (C. pén., art. 442-11, 131-31 et 131-32, C. pr. pén., art. 762-1 à 763) ;

4. Auteur étranger : interdiction du territoire français, définitive ou ⩽ 10 ans (C. pén., art. 442-12, 131-30 à 131-30-2) ;

5. Confiscation (réelle ou en valeur) chose ayant servi à l'infraction ou destinée à la commettre ou son produit (obligatoire pour objets qualifiés dangereux ou nuisibles par loi ou règlement ou dont la détention est illicite) (C. pén., art. 442-13 et 131-21) ;

6. Confiscation **obligatoire** monnaie contrefaite ou falsifiée et matières et instruments destinés à sa fabrication et remise à l'administration des Monnaies et médailles (pièces) ou à la Banque de France (billets) (C. pén., art. 442-13) ;

7. Confiscation de tout ou partie des biens appartenant au condamné ou dont il a « *la libre disposition* » (L. nº 2012-409, 27 mars 2012) (C. pén., art. 131-21, 442-16 [L. nº 2007-297, 5 mars 2007]).

PERSONNE MORALE

PP Crime. 2 250 000 € (C. pén., art. 442-14 ; 131-38).

PC 1. Dissolution (sauf personnes morales de droit public, partis, groupements politiques, syndicats, institutions représentatives du personnel) si personne morale créée ou détournée de son objet pour commettre l'infraction (C. pén., art. 442-14, 131-39 1° et 131-45) ;

2. Interdiction, définitive ou ⩽ 5 ans, une ou plusieurs activités professionnelles ou sociales en relation avec l'infraction (C. pén., art. 442-14 et 131-39 2°) ;

3. Surveillance judiciaire ⩽ 5 ans, sauf personnes morales de droit public, partis, groupements politiques, syndicats (C. pén., art. 442-14, 131-39 3° et 131-46) ;

4. Fermeture, définitive ou ⩽ 5 ans, d'un ou plusieurs établissements en relation avec l'infraction (C. pén., art. 442-14 et 131-39 4°) ;

5. Exclusion, définitive ou ⩽ 5 ans marchés publics (C. pén., art. 442-14 et 131-39 5°) ;

6. Interdiction, définitive ou ⩽ 5 ans, de *faire appel public à l'épargne* (procéder à une offre au public de titres financiers ou de les faire admettre aux négociations sur un marché réglementé, selon L. n° 2009-80, 22 janv. 2009) (C. pén., art. 442-14 et 131-39 6°) ;

7. Interdiction, ⩽ 5 ans, d'utiliser des cartes de paiement ou d'émettre des chèques autres que de retrait ou certifiés (C. pén., art. 442-14 et 131-39 7°) ;

8. Confiscation (réelle ou en valeur) chose ayant servi à l'infraction ou destinée à la commettre, ou son produit (obligatoire pour objets qualifiés dangereux ou nuisibles par loi ou règlement ou dont la détention est illicite) (C. pén., art. 442-14, 131-39 8° et 131-21) ;

9. Confiscation **obligatoire** monnaie contrefaite ou falsifiée et matières et instruments destinés à sa fabrication et remise à l'administration des Monnaies et médailles (pièces) ou à la Banque de France (billets) (C. pén., art. 442-13) ;

10. Affichage, ⩽ 2 mois, *et/ou* (L. n° 2011-525, 17 mai 2011) diffusion de la décision ou d'extraits aux frais (⩽ amende encourue) du condamné (C. pén., art. 442-14, 131-39 9°, 131-48 et 131-35) ;

11. Confiscation de tout ou partie des biens dont la personne morale est propriétaire, ou dont elle « *a la libre disposition* » (L. n° 2012-409, 27 mars 2012) (C. pén., art. 131-21, 442-16 [L. n° 2007-297, 5 mars 2007]).

■ **ORIENTEUR**

AUTRE QUALIFICATION

- **Contrefaçon de monnaie n'ayant plus cours légal.** V. n° 24.17.
- **Emploi ou détention de matières ou instruments de fabrication de monnaie.** V. n° 24.20.
- **Fabrication, distribution d'objet ou d'imprimé prêtant à confusion avec les signes monétaires.** V. n° 24.21.
- **Contrefaçon ou falsification de titre émis par le Trésor.** V. n° 24.27.
- **Contrefaçon ou falsification de timbre-poste ou fiscal.** V. n° 24.28.

RÉGIME PROCÉDURAL

- **Régime complet de la criminalité organisée. Applicable** (C. pr. pén., art. 706-73 10°, v. n° 11.21).
- **Prélèvement des empreintes génétiques** de la personne suspectée ou condamnée (C. pr. pén., art. 706-54 et 706-55, v. n°s 13.23 et 13.25). **Sanction** du refus de prélèvement, v. n° 25.35.

POLITIQUE PUBLIQUE

- **Politique pénale. Coordination de l'action publique** en matière de faux monnayage, v. n° 24.14.

RÉGIME DES PEINES

- **Exemption ou réduction de peine.** Applicable au **repenti** (C. pén., art. 132-78, 442-9 et 442-10, v. n° 18.8D).
- **Période de sûreté.** Si peine ferme ⩾ 10 ans → a) de plein droit = 1/2 de la peine ou < sur décision spéciale ; b) sur décision spéciale = 2/3 de la peine (C. pén., art. 132-23, al. 1 et 2). Sur la période de sûreté, v. n° 18.7C1.

■ **ÉLÉMENTS CONSTITUTIFS – QUALIFICATION**

✧ Pour avoir à .... [¤ lieu], le .... [¤ date], [⇨A ou B :]

A. contrefait ou falsifié .... [¤ signes monétaires concernés], pièces de monnaie ou billets de banque ayant cours légal en France ou émis par les institutions étrangères ou internationales habilitées à cette fin (A : *N 11665.cr*) ;

B. fabriqué des pièces de monnaie ou billets de banque ayant cours légal en France ou émis par les institutions étrangères ou internationales habilitées à cette fin, à l'aide d'installation et de matériels autorisés destinés à cette fin, en violation des conditions fixées par les institutions habilitées à émettre ces signes monétaires et sans l'accord de ces institutions (incrimination créée par L. n° 2004-204, 9 mars 2004, art. 442-1) (B : *N 25114.cr*).

Faits prévus et réprimés par les articles : **PERSONNES PHYSIQUES.** 442-1, 442-11, 442-12, 442-13 et 442-16 du code pénal. **PERSONNES MORALES.** 442-1, 442-13, 442-14 et 442-16 du code pénal. ✧

24.16 Transport, mise en circulation, détention de fausse monnaie ayant cours légal

■ **PEINES**

PERSONNE PHYSIQUE

PP Délit. Cas A à C : 10 ans d'emprisonnement, 150 000 €. Crime. Cas D : 30 ans de réclusion, 450 000 € (C. pén., art. 442-2).

PC Cas A à C : *idem* n° 24.15, mais interdiction droits civiques civils et de famille (**PC** n° 1) ⩽ 5 ans.

Cas D : *idem* n° 24.15.

PERSONNE MORALE

PP Délit. Cas A à C : 750 000 €. Crime. Cas D : 2 250 000 € (C. pén., art. 442-14 ; 131-38).

PC *Idem* n° 24.15.

■ **ORIENTEUR**

AUTRE QUALIFICATION

▪ Renvoi. *Idem* n° 24.15.

▪ Mise en circulation de fausse monnaie après en avoir découvert les vices. Cas B : Si l'auteur a initialement reçu de bonne foi la fausse monnaie, v. n° 24.22.

ÉLÉMENT MATÉRIEL

▪ Tentative. Punissable. Cas A à C : C. pén., art. 442-8.

RÉGIME PROCÉDURAL

▪ Régime complet de la criminalité organisée. *Idem* n° 24.15.

▪ Prélèvement des empreintes génétiques. *Idem* n° 24.15.

POLITIQUE PUBLIQUE

▪ Politique pénale. *Idem* n° 24.15.

RÉGIME DES PEINES

▪ Exemption ou réduction de peine. Applicable au repenti. *Idem* n° 24.15.

▪ Période de sûreté. Si peine ferme ⩾ 10 ans → a) de plein droit = 1/2 de la peine ou < sur décision spéciale ; b) sur décision spéciale = 2/3 de la peine (C. pén., art. 132-23, al. 1 et 2). Sur la période de sûreté, v. n° 18.7C1.

■ **ÉLÉMENTS CONSTITUTIFS – QUALIFICATION**

✧ Pour avoir à .... [¤ lieu], le .... [¤ date], [⇨A à C puis 1 ou 2, puis le cas échéant D :]

A. transporté ...

B. mis en circulation ...

C. détenu en vue de la mise en circulation ...

[⇨1 ou 2 :]

1. ... [¤ signes monétaires concernés], pièces de monnaie ou billets de banque ayant cours légal en France ou émis par les institutions étrangères ou internationales habilitées à cette fin, qu'il savait contrefaits ou falsifiés (A1 : *N 11666.co,* B1 : *N 11667.co,* C1 : *N 11668.co*) ;

2. ... [¤ signes monétaires concernés], pièces de monnaie ou billets de banque ayant cours légal en France ou émis par les institutions étrangères ou internationales habilitées à cette fin, fabriqués à l'aide d'installation et de matériels autorisés destinés à cette fin, en violation des conditions fixées par les institutions habilitées à émettre ces signes monétaires et sans l'accord de ces institutions (incrimination créée par L. nº 2004-204, 9 mars 2004, art. 442-1) (A2 : *N 25115.co,* B2 : *N 25116.co,* C2 : *N 25117.co*) ;

D. [• Préciser le cas échéant] avec cette circonstance que les faits ont été commis en bande organisée (A1D : *N 11669.cr* ; B1D : *N 11670.cr* ; C1D : *N 11671.cr* ; A2D : *N 32491.cr* ; B2D : *N 25119.cr* ; C2D : *N 25118.cr*).

Faits prévus et réprimés par les articles : **PERSONNES PHYSIQUES.** 442-2, 442-8, 442-11, 442-12, 442-13 et 442-16 du code pénal. **PERSONNES MORALES.** 442-2, 442-8, 442-13, 442-14 et 442-16 du code pénal. ✧

24.17 Contrefaçon de monnaie n'ayant plus cours légal

▪ PEINES

PERSONNE PHYSIQUE

PP Délit. 5 ans d'emprisonnement, 75 000 € (C. pén., art. 442-3).

PC *Idem* nº 24.15, mais interdiction droits civiques civils et de famille (**PC** nº 1) ⩽ 5 ans + Confiscation de tout ou partie des biens, quelle qu'en soit la nature (C. pén., art. 131-21, 442-16 ; L. nº 2007-297, 5 mars 2007).

PERSONNE MORALE

PP Délit. 375 000 € (C. pén., art. 442-14 ; 131-38).

PC *Idem* nº 24.15 + Confiscation de tout ou partie des biens, quelle qu'en soit la nature (C. pén., art. 131-21, 442-16 [L. nº 2007-297, 5 mars 2007]).

▪ ORIENTEUR

AUTRE QUALIFICATION

- Contrefaçon de monnaie ayant cours légal. V. nº 24.15.

ÉLÉMENT MATÉRIEL

- Tentative. Punissable (C. pén., art. 442-8).

POLITIQUE PUBLIQUE

- Politique pénale. *Idem* nº 24.15.

RÉGIME PROCÉDURAL

- Prélèvement des empreintes génétiques de la personne suspectée ou condamnée (C. pr. pén., art. 706-54 et 706-55, v. nºs 13.23 et 13.25). Sanction du refus de prélèvement, v. nº 25.35.

RÉGIME DES PEINES

- Exemption ou réduction de peine. Applicable au repenti. *Idem* nº 24.15.

▪ ÉLÉMENTS CONSTITUTIFS – QUALIFICATION

✧ Pour avoir à .... [¤ lieu], le .... [¤ date], contrefait ou falsifié .... [¤ signes monétaires concernés], pièces de monnaie ou billets de banque français ou étrangers n'ayant plus cours légal ou n'étant plus autorisés.

Faits prévus et réprimés par les articles : **PERSONNES PHYSIQUES.** 442-3, 442-11, 442-12, 442-13 et 442-16 du code pénal (*N 11672.co*). **PERSONNES MORALES.** 442-3, 442-13, 442-14 et 442-16 du code pénal. ✧

24.18 Mise en circulation de signe monétaire non autorisé

▪ PEINES

PERSONNE PHYSIQUE

PP 5 ans, 75 000 € (C. pén., art. 442-4).

PC *Idem* nº 24.15, mais interdiction droits civiques civils et de famille (**PC** nº 1) ⩽ 5 ans.

PERSONNE MORALE

PP 375 000 € (C. pén., art. 442-14 ; 131-38).

PC *Idem* nº 24.15.

▪ ORIENTEUR

AUTRE QUALIFICATION

▪ Acceptation, détention ou utilisation de signes monétaires non autorisés. V. nº 24.19.

ÉLÉMENT MATÉRIEL

▪ Tentative. Punissable (C. pén., art. 442-8).

▪ Faits incriminés. « *Ces dispositions prohibent l'émission d'instruments de paiement ayant les mêmes pouvoirs libératoires que la monnaie et qui, par ailleurs, ne seraient pas autorisés par la règlementation en vigueur. Les moyens de paiement tels que les chèques ou les cartes de crédit ne tombent donc pas sous le coup de ces dispositions.* » (Circ. Crim. 14 mai 1993, nº 377).

RÉGIME PROCÉDURAL

▪ Prélèvement des empreintes génétiques de la personne suspectée ou condamnée (C. pr. pén., art. 706-54 et 706-55, v. nºs 13.23 et 13.25). Sanction du refus de prélèvement, v. nº 25.35.

POLITIQUE PUBLIQUE

▪ Politique pénale. *Idem* nº 24.15.

RÉGIME DES PEINES

▪ Exemption ou réduction de peine. Applicable au repenti. *Idem* nº 24.15.

▪ ÉLÉMENTS CONSTITUTIFS – QUALIFICATION

✧ Pour avoir à .... [¤ lieu], le .... [¤ date], mis en circulation .... [¤ signes monétaires concernés], signes monétaires non autorisés ayant pour objet de remplacer les pièces de monnaie ou les billets de banque ayant cours légal en France.

Faits prévus et réprimés par les articles : **PERSONNES PHYSIQUES.** 442-4, 442-8, 442-11, 442-12 et 442-13 du code pénal (*N 1293.co*). **PERSONNES MORALES.** 442-4, 442-8, 442-13 et 442-14 du code pénal. ✧

24.19 Acceptation, détention ou utilisation de signe monétaire non autorisé

▪ PEINES

PERSONNE PHYSIQUE

PP Contrav. 2e cl. 150 € (C. pén., art. R. 642-2 ; 131-13).

PC 1. Confiscation (réelle ou en valeur) de chose ayant servi à l'infraction ou destinée à la commettre ou son produit (C. pén., art. R. 642-2, 131-14 et 131-21) ;

2. Confiscation **obligatoire** de signes monétaires non autorisés (C. pén., art. R. 642-2 et 131-21).

PERSONNE MORALE

PP Contrav. 2e cl. 750 € (C. pén., art. R. 642-2 ; 131-41).

PC 1. Confiscation (réelle ou en valeur) de chose ayant servi à l'infraction ou destinée à la commettre ou son produit (C. pén., art. R. 642-2, 131-14, 131-39 8º et 131-21) ;

2. Confiscation **obligatoire** de signes monétaires non autorisés (C. pén., art. R. 642-2, 131-21 et 131-48).

▪ ORIENTEUR

AUTRE QUALIFICATION

▪ Mise en circulation de signes monétaires non autorisés. V. nº 24.18.

■ ÉLÉMENTS CONSTITUTIFS – QUALIFICATION

✧ Pour avoir à .... [¤ lieu], le .... [¤ date], [⇨A à C :]

A. accepté (A : *N 12005.c2*)...

B. détenu (B : *N 12006.c2*)...

C. mis en circulation (C : *N 12007.c2*)...

.... [¤ signes monétaires concernés], signes monétaires non autorisés ayant pour objet de remplacer les pièces de monnaie ou les billets de banque ayant cours légal en France.

Faits prévus et réprimés par l'article R. 642-2 du code pénal. ✧

24.20 Emploi ou détention de matière, instrument ou logiciel destiné à la contrefaçon de signe monétaire

■ PEINES

PERSONNE PHYSIQUE

PP Délit. 2 ans d'emprisonnement, 30 000 € (auparavant 1 an, 15 000 € [L. n° 2001-1168, 11 déc. 2001]) (C. pén., art. 442-5).

PC 1. Interdiction droits civiques civils et de famille ⩽ 5 ans (vote, éligibilité, fonction juridictionnelle, expert, témoin, tuteur, curateur) (C. pén., art. 442-11 et 131-26) ;

2. Interdiction, définitive ou ⩽ 5 ans activité professionnelle ou sociale en relation avec l'infraction, ou fonction publique, (sauf mandat électif ou syndical) (C. pén., art. 442-11, 131-27 et 131-28) ;

3. Interdiction de séjour ⩽ 10 ans (C. pén., art. 442-11, 131-31 et 131-32, C. pr. pén., art. 762-1 à 763) ;

4. Confiscation (réelle ou en valeur) chose ayant servi à l'infraction ou destinée à la commettre ou son produit (obligatoire pour objets qualifiés dangereux ou nuisibles par loi ou règlement ou dont la détention est illicite) (C. pén., art. 442-13 et 131-21) ;

5. Confiscation **obligatoire** monnaie contrefaite ou falsifiée et matières et instruments destinés à sa fabrication et remise à l'administration des Monnaies et médailles (pièces) ou Banque de France (billets) (C. pén., art. 442-13).

PERSONNE MORALE

PP Délit. 75 000 € (C. pén., art. 442-14 ; 131-38).

PC *Idem* n° 24.15. La dissolution n'est toutefois encourue que si la personne morale a été *créée* pour commettre l'infraction (C. pén., art. 442-14, 131-39 1° et 131-45).

■ ORIENTEUR

AUTRE QUALIFICATION

▪ **Contrefaçon de monnaie.** V. n° 24.15.

ÉLÉMENT MATÉRIEL

▪ **Tentative. Punissable** (C. pén., art. 442-8).

RÉGIME PROCÉDURAL

▪ **Prélèvement des empreintes génétiques** de la personne suspectée ou condamnée (C. pr. pén., art. 706-54 et 706-55, v. n°s 13.23 et 13.25). **Sanction** du refus de prélèvement, v. n° 25.35.

POLITIQUE PUBLIQUE

▪ **Politique pénale.** *Idem* n° 24.15.

RÉGIME DES PEINES

▪ **Exemption ou réduction de peine.** Applicable au **repenti**. *Idem* n° 24.15.

■ ÉLÉMENTS CONSTITUTIFS – QUALIFICATION

✧ Pour avoir à .... [¤ lieu], le .... [¤ date], [⇨A à C :]

A. fabriqué (A : *N 23096.co*)...

B. employé (B : *N 11673.co*)...

C. détenu (C : *N 11674.co*)...

... sans autorisation des matières, instruments ou programmes informatiques ou tout autre élément, en l'espèce .... [¤ éléments concernés], spécialement destinés à la fabrication, ou à la protection contre la contrefaçon ou la falsification, des billets de banque ou des pièces de monnaie.
Faits prévus et réprimés par les articles : **PERSONNES PHYSIQUES.** 442-5, 442-8, 442-11 et 442-13 du code pénal. **PERSONNES MORALES.** 442-5, 442-8, 442-13 et 442-14 du code pénal. ✧

24.21 Fabrication, distribution d'objet ou d'imprimé prêtant à confusion avec les signes monétaires

▪ PEINES

PERSONNE PHYSIQUE

PP Délit. 1 an d'emprisonnement, 15 000 € (C. pén., art. 442-6).

PC *Idem* n° 24.20 (la confiscation obligatoire (**PC** n° 5) porte sur les objets, imprimés ou formules prêtant à confusion, C. pén., art. 442-13).

PERSONNE MORALE

PP Délit. 75 000 € (C. pén., art. 442-14 ; 131-38).

PC *Idem* n° 24.15. La dissolution n'est toutefois encourue que si la personne morale a été *créée* pour commettre l'infraction (C. pén., art. 441-14, 131-39 1° et 131-45), et la confiscation obligatoire (**PC** n° 9) porte sur les objets, imprimés ou formules prêtant à confusion, C. pén., art. 442-13).

▪ ORIENTEUR

AUTRE QUALIFICATION

▪ Contrefaçon de monnaie. V. n° 24.15.

ÉLÉMENT MATÉRIEL

▪ Tentative. Punissable (C. pén., art. 442-8)

▪ Illustration. « *Les [...] peines sont applicables [...] en cas d'utilisation à des fins publicitaires d'objets, d'imprimés ou de formules présentant une ressemblance avec des signes monétaires en cours.* » (Circ. Crim. 14 mai 1993, n° 378).

POLITIQUE PUBLIQUE

▪ Politique pénale. *Idem* n° 24.15.

RÉGIME DES PEINES

▪ Exemption ou réduction de peine. Applicable au repenti. *Idem* n° 24.15.

▪ ÉLÉMENTS CONSTITUTIFS – QUALIFICATION

✧ Pour avoir à .... [¤ lieu], le .... [¤ date], [⇨A à C :]

A. fabriqué (A : *N 11675.co*)...

B. vendu (B : *N 11676.co*)...

C. distribué (C : *N 11677.co*)...

... des objets, imprimés ou formules présentant avec des pièces de monnaie ou billets de banque ayant cours légal en France ou émis par les institutions étrangères ou internationales habilitées à cette fin une ressemblance de nature à en faciliter l'acceptation en leur lieu et place.
Faits prévus et réprimés par les articles : **PERSONNES PHYSIQUES.** 442-6, 442-8, 442-11 et 442-13 du code pénal. **PERSONNES MORALES.** 442-6, 442-8, 442-13 et 442-14 du code pénal. ✧

24.22 Mise en circulation de fausse monnaie après en avoir découvert les vices

▪ PEINES

PERSONNE PHYSIQUE

PP Délit. 7 500 € (C. pén., art. 442-7).

PC *Idem* n° 24.20.

PERSONNE MORALE

PP Délit. 37 500 € (C. pén., art. 442-14 ; 131-38).

PC *Idem* n° 24.15. La dissolution n'est toutefois encourue que si la personne morale a été *créée* pour commettre l'infraction (C. pén., art. 441-14, 131-39 1° et 131-45).

▪ ORIENTEUR

AUTRE QUALIFICATION

- **Contrefaçon de monnaie.** Si porteur de mauvaise foi dès l'origine, v. n° 24.15.
- **Refus de restitution de monnaie contrefaite.** V. n° 24.23.

TEXTE DE RÉFÉRENCE

- **Obligation de restituer les signes monétaires contrefaits ou falsifiés.** V. n° 24.23.

ÉLÉMENT MATÉRIEL

- **Tentative. Punissable** (C. pén., art. 442-8).

RÉGIME PROCÉDURAL

- **Compétence juridictionnelle. Juge unique** (C. pr. pén., art. 398-1, v. n° 17.15D2).
- **Ordonnance pénale. Possible** (C. pr. pén., art. 495-II, v. n° 15.48B1 et tableau n° 17.15D2).

POLITIQUE PUBLIQUE

- **Politique pénale.** *Idem* n° 24.15.

RÉGIME DES PEINES

- **Exemption ou réduction de peine.** Applicable au **repenti**. *Idem* n° 24.15.

▪ ÉLÉMENTS CONSTITUTIFS – QUALIFICATION

✧ Pour avoir à .... [¤ lieu], le .... [¤ date], après en avoir découvert les vices, mis en circulation .... [¤ signes monétaires concernés], pièces de monnaie ou billets de banque ayant cours légal en France ou émis par les institutions étrangères ou internationales habilitées à cette fin, contrefaits ou falsifiés.

Faits prévus et réprimés par les articles : **PERSONNES PHYSIQUES.** 442-7, 442-8, 442-11 et 442-13 du code pénal (*N 188.ju*). **PERSONNES MORALES.** 442-7, 442-8, 442-13 et 442-14 du code pénal. ✧

24.23 Refus de restitution de signe monétaire contrefait ou falsifié

▪ PEINES

PERSONNE PHYSIQUE

PP Contrav. 5e cl. 1 500 € (C. pén., art. R. 645-9 ; 131-13).

PC 1. Confiscation (réelle ou en valeur) de chose ayant servi à l'infraction ou destinée à la commettre ou son produit (C. pén., art. R. 645-9, 131-14 et 131-21) ;

2. Confiscation **obligatoire** de signes monétaires utilisés (C. pén., art. R. 645-9 et 131-21).

PERSONNE MORALE

PP Contrav. 5e cl. 7 500 € (C. pén., art. R. 645-9 ; 131-41).

PC 1. Confiscation (réelle ou en valeur) de chose ayant servi à l'infraction ou destinée à la commettre ou son produit (C. pén., art. R. 642-4, 131-14, 131-39 8° et 131-21) ;

2. Confiscation **obligatoire** de signes monétaires utilisés (C. pén., art. R. 642-4, 131-21 et 131-48).

▪ ORIENTEUR

AUTRE QUALIFICATION

- **Mise en circulation en connaissance de cause de monnaie contrefaite.** V. nos 24.15 et 24.22.

TEXTE DE RÉFÉRENCE

- **Obligation de restituer les signes monétaires contrefaits ou falsifiés.** CMF, art. L. 162-2. « *Toute personne qui a reçu des signes monétaires contrefaits ou falsifiés a l'obligation de les remettre ou de les faire remettre à la Banque de France ou à l'administration des Monnaies et médailles, selon qu'il s'agit de billets de banque ou de monnaie métallique.* »

RÉGIME PROCÉDURAL

▪ Inscription au fichier TAJ. Contravention donnant lieu à inscription de la personne au fichier de traitement des antécédents judiciaires (TAJ), C. pr. pén., art. R. 40-25, v. n° 13.12B.

▪ ÉLÉMENTS CONSTITUTIFS – QUALIFICATION

✧ Pour avoir à .... [¤ lieu], le .... [¤ date], ayant reçu des [⇨A ou B :]

A. pièces de monnaie ayant cours légal en France contrefaites ou falsifiées, refusé de les remettre ou de les faire remettre à l'administration des monnaies et médailles (A : *N 1329.c5*) ;

B. billets de banque ayant cours légal en France contrefaits ou falsifiés, refusé de les remettre ou de les faire remettre à la Banque de France (A : *N 1330.c5*).

Faits prévus et réprimés par l'article R. 645-9 du code pénal. ✧

24.24 Refus d'acceptation de la monnaie ayant cours légal

▪ PEINES

PERSONNE PHYSIQUE

PP Contrav. 2e cl. 150 € (C. pén., art. R. 642-3 ; 131-13).

PC Néant.

PERSONNE MORALE

PP Contrav. 2e cl. 750 € (C. pén., art. R. 642-3 ; 131-41).

PC Néant.

▪ ÉLÉMENTS CONSTITUTIFS – QUALIFICATION

✧ Pour avoir à .... [¤ lieu], le .... [¤ date], refusé de recevoir des pièces de monnaie ou des billets de banque ayant cours légal en France.

Faits prévus et réprimés par l'article R. 642-3 du code pénal (*N 6048.c2*). ✧

24.25 Utilisation de monnaie comme support de publicité

▪ PEINES

PERSONNE PHYSIQUE

PP Contrav. 2e cl. 150 € (C. pén., art. R. 642-4 ; 131-13).

PC 1. Confiscation (réelle ou en valeur) de chose ayant servi à l'infraction ou destinée à la commettre ou son produit (C. pén., art. R. 642-4, 131-14 et 131-21) ;

2. Confiscation **obligatoire** de signes monétaires utilisés (C. pén., art. R. 642-4 et 131-21).

PERSONNE MORALE

PP Contrav. 2e cl. 750 € (C. pén., art. R. 642-3 ; 131-41).

PC 1. Confiscation (réelle ou en valeur) de chose ayant servi à l'infraction ou destinée à la commettre ou son produit (C. pén., art. R. 642-4, 131-14, 131-39 8° et 131-21) ;

2. Confiscation **obligatoire** de signes monétaires utilisés (C. pén., art. R. 642-4, 131-21 et 131-48).

▪ ORIENTEUR

AUTRE QUALIFICATION

▪ Distribution de monnaie à des fins publicitaires. V. n° 24.26.

▪ ÉLÉMENTS CONSTITUTIFS – QUALIFICATION

✧ Pour avoir à .... [¤ lieu], le .... [¤ date], utilisé comme support d'une publicité quelconque des pièces de monnaie ou des billets de banque ayant cours légal en France.

Faits prévus et réprimés par l'article R. 642-4 du code pénal (*N 6085.c2*). ✧

24.26 Distribution d'argent sur la voie publique à des fins publicitaires ou annonce de cette distribution (L. nº 2011-267, 14 mars 2011)

▪ PEINES

PERSONNE PHYSIQUE

PP Délit. Cas A : 6 mois d'emprisonnement, 30 000 € ou ⩽ double des sommes distribuées. Cas B : 3 mois d'emprisonnement, 15 000 € (C. pén., art. 431-29, L. nº 2011-267, 14 mars 2011).

PC Néant.

PERSONNE MORALE

PP Délit. Cas A : 150 000 € ou ⩽ double des sommes distribuées. Cas B : 75 000 € (C. pén., art. 431-29 et 431-30, L. nº 2011-267, 14 mars 2011 ; 131-38).

PC Affichage, ⩽ 2 mois, *et/ou* (L. nº 2011-525, 17 mai 2011) diffusion de la décision ou d'extraits aux frais (⩽ amende encourue) du condamné, soit par la presse écrite, soit par tout moyen de communication au public par voie électronique (C. pén., art. 431-30, 131-39 9º, 131-48 et 131-35).

▪ ORIENTEUR

AUTRE QUALIFICATION

▪ Utilisation de la monnaie comme support de publicité. V. nº 24.25.

ÉLÉMENT LÉGAL

▪ Application de la loi pénale dans le temps. Incriminations créées par L. nº 2011-267, 14 mars 2011.

▪ ÉLÉMENTS CONSTITUTIFS – QUALIFICATION

✧ Pour, à .... [¤ lieu], le .... [¤ date], [⇨A ou B :]

A. à des fins publicitaires, distribué sur la voie publique des pièces de monnaie ou des billets de banque ayant cours légal (A : *N 28167.co*) ;

B. par tout moyen, annoncé publiquement la distribution, à des fins publicitaires, de pièces de monnaie ou de billets de banque ayant cours légal (B : *N 28168.co*).

Faits prévus et réprimés par les articles : **PERSONNES PHYSIQUES.** 431-29 du code pénal. **PERSONNES MORALES.** 431-29 et 431-30 du code pénal. ✧

24.27 Contrefaçon ou falsification de titre émis par le Trésor

▪ PEINES

PERSONNE PHYSIQUE

PP Délit. 7 ans d'emprisonnement, 100 000 € (C. pén., art. 443-1).

PC 1. Interdiction droits civiques civils et de famille ⩽ 5 ans (vote, éligibilité, fonction juridictionnelle, expert, témoin, tuteur, curateur) (C. pén., art. 443-6 1º et 131-26) ;

2. Interdiction (définitive ou) ⩽ 5 ans activité professionnelle ou sociale (en relation avec l'infraction), ou fonction publique, (sauf mandat électif ou syndical) *et/ou* interdiction définitive ou ⩽ 15 ans (10 ans avant L. nº 2013-1117, 6 déc. 2013) d'exercer une profession commerciale ou industrielle, de diriger, d'administrer, de gérer ou de contrôler à un titre quelconque, directement ou indirectement, pour son propre compte ou pour le compte d'autrui, une entreprise commerciale ou industrielle ou une société commerciale (C. pén., art. 443-6 2º, 131-27 et 131-28 [mod. par L. nº 2008-776, 4 août 2008]) ;

3. Confiscation (réelle ou en valeur) de chose ayant servi à l'infraction ou destinée à la commettre ou son produit (obligatoire pour objets qualifiés dangereux ou nuisibles par loi ou règlement ou dont la détention est illicite) (C. pén., art. 443-6 3º et 131-21) ;

4. Confiscation obligatoire du corps du délit (C. pén., art. 443-7) ;

5. Auteur étranger : interdiction du territoire français, définitive ou ⩽ 10 ans (C. pén., art. 444-8, 131-30 à 131-30-2).

PERSONNE MORALE

PP Délit. 500 000 € (C. pén., art. 443-8 ; 131-38).

PC 1. Dissolution (sauf personnes morales de droit public, partis, groupements politiques, syndicats, institutions représentatives du personnel) si personne morale créée ou détournée de son objet pour commettre l'infraction (C. pén., art. 443-8, 131-39 1° et 131-45) ;

2. Interdiction, définitive ou ⩽ 5 ans d'une ou plusieurs activités professionnelles ou sociales en relation avec l'infraction (C. pén., art. 443-8 et 131-39 2°) ;

3. Surveillance judiciaire ⩽ 5 ans, sauf personnes morales de droit public, partis, groupements politiques, syndicats (C. pén., art. 443-8, 131-39 3° et 131-46) ;

4. Fermeture, définitive ou ⩽ 5 ans, d'un ou plusieurs établissements en relation avec l'infraction (C. pén., art. 443-8 et 131-39 4°) ;

5. Exclusion, définitive ou ⩽ 5 ans des marchés publics (C. pén., art. 443-8 et 131-39 5°) ;

6. Interdiction, définitive ou ⩽ 5 ans, de *faire appel public à l'épargne* (procéder à une offre au public de titres financiers ou de les faire admettre aux négociations sur un marché réglementé, selon L. n° 2009-80, 22 janv. 2009) (C. pén., art. 443-8 et 131-39 6°) ;

7. Interdiction ⩽ 5 ans de cartes de paiement ou d'émission de chèques autres que de retrait ou certifiés (C. pén., art. 443-8 et 131-39 7°) ;

8. Confiscation (réelle ou en valeur) de chose ayant servi à l'infraction ou destinée à la commettre, ou son produit (obligatoire pour objets qualifiés dangereux ou nuisibles par loi ou règlement ou dont la détention est illicite) (C. pén., art. 443-8, 131-39 8° et 131-21) ;

9. Affichage, ⩽ 2 mois, *et/ou* (L. n° 2011-525, 17 mai 2011) diffusion de la décision ou d'extraits aux frais (⩽ amende encourue) du condamné (C. pén., art. 443-8, 131-39 9°, 131-48 et 131-35).

■ **ORIENTEUR**

ÉLÉMENT MATÉRIEL

▪ Tentative. Punissable (C. pén., art. 443-5).

■ **ÉLÉMENTS CONSTITUTIFS – QUALIFICATION**

✧ Pour avoir à .... [¤ lieu], le .... [¤ date], [⇨A à C :]

A. **contrefait ou falsifié** .... [¤ titres concernés], d'effets émis par le Trésor public ou par un État étranger avec son timbre ou sa marque (A : *N **11678.co***) ;

B. **fait usage** d'effets émis par le Trésor public ou par un État étranger avec son timbre ou sa marque qu'il savait contrefaits ou falsifiés (B : *N **11679.co***) ;

C. **transporté** des effets émis par le Trésor public ou par un État étranger avec son timbre ou sa marque qu'il savait contrefaits ou falsifiés (C : *N **11680.co***).

Faits prévus et réprimés par les articles : **PERSONNES PHYSIQUES.** 443-1, 443-5, 443-6 et 443-7 du code pénal. **PERSONNES MORALES.** 443-1, 443-5 et 443-8 du code pénal. ✧

24.28 Contrefaçon ou falsification de timbre-poste ou fiscal – Vente, transport, usage, empreinte fiscale

■ **PEINES**

PERSONNE PHYSIQUE

PP Délit. 5 ans d'emprisonnement, 75 000 € (C. pén., art. 443-2).

PC *Idem* n° 24.27.

PERSONNE MORALE

PP Délit. 375 000 € (C. pén., art. 443-8 ; 131-38).

PC *Idem* n° 24.27.

■ **ORIENTEUR**

AUTRE QUALIFICATION

▪ Contrefaçon ou falsification des timbres-poste étrangers. V. n° 24.32.

ÉLÉMENT MATÉRIEL

▪ Tentative. Punissable (C. pén., art. 443-5).

■ ÉLÉMENTS CONSTITUTIFS – QUALIFICATION

✧ Pour avoir à .... [¤ lieu], le .... [¤ date], [⇨A à C :]

A. **CONTREFAÇON OU FALSIFICATION DE TIMBRE-POSTE OU FISCAL**

– contrefait ou falsifié .... [¤ timbres ou valeurs concernés], [⇨A1 ou A2 :]

A1. timbres-poste ou valeurs fiduciaires postales (A1 : *N 10733.co*) ;

A2. timbres émis par l'administration des finances (A2 : *N 11681.co*) ;

B. **DISTRIBUTION, USAGE OU TRANSPORT DE TIMBRE-POSTE OU FISCAL CONTREFAIT**

[⇨B1 à B4 :]

B1. vendu...

B2. transporté...

B3. distribué...

B4. fait usage...

.... [¤ timbres ou valeurs concernés], [⇨a ou b :]

a. timbres-poste ou valeurs fiduciaires postales qu'il savait contrefaits ou falsifiés (B1a : *N 11682.co* ; B2a : *N 11684.co* ; B3a : *N 11687.co* ; B4a : *N 10734.co*) ;

b. timbres émis par l'administration des finances qu'il savait contrefaits ou falsifiés (B1b : *N 11683.co* ; B2b : *N 11685.co* ; B3b : *N 11686.co* ; B4b : *N 11688.co*) ;

C. **CONTREFAÇON D'EMPREINTE FISCALE, USAGE**

(CGI, art. 1840 Q) [⇨C1 ou C2 :]

C1. imité, contrefait ou falsifié une empreinte fiscale (C1 : *N 12273.co*) ;

C2. fait usage d'une empreinte fiscale qu'il savait imitée, contrefaite ou falsifiée (C2 : *N 12274.co*).

Faits prévus et réprimés par les articles : **PERSONNES PHYSIQUES.** 443-2, 443-5, 443-6 et 443-7 du code pénal (+ art. 1840 Q du CGI dans le cas 3). **PERSONNES MORALES.** 443-2, 443-5 et 443-8 du code pénal (+ art. 1840 Q du CGI dans le cas 3). ✧

24.29 Altération de timbre-poste ou fiscal pour le soustraire à l'oblitération

■ PEINES

PERSONNE PHYSIQUE

PP Contrav. 5ᵉ cl. 1 500 € (C. pén., art. R. 645-10 ; 131-13).

PC 1. Confiscation (réelle ou en valeur) chose ayant servi à l'infraction ou destinée à la commettre ou son produit (C. pén., art. R. 645-10, 131-14 et 131-21) ;

2. Confiscation obligatoire des timbres (C. pén., art. R. 645-10).

PERSONNE MORALE

PP Contrav. 5e cl. 7 500 € (C. pén., art. R. 645-10 ; 131-41).

PC 1. Confiscation (réelle ou en valeur) chose ayant servi à l'infraction ou destinée à la commettre ou son produit (C. pén., art. R. 645-10, 131-48 et 131-21) ;

2. Confiscation obligatoire des timbres (C. pén., art. R. 645-10).

■ ORIENTEUR

AUTRE QUALIFICATION

- Contrefaçon ou falsification des timbres-poste ou timbres fiscaux. V. nº 24.28.

RÉGIME PROCÉDURAL

- **Inscription au fichier TAJ.** Contravention donnant lieu à inscription de la personne au fichier de traitement des antécédents judiciaires (TAJ), C. pr. pén., art. R. 40-25, v. nº 13.12B.

■ ÉLÉMENTS CONSTITUTIFS – QUALIFICATION

✧ Pour avoir à .... [¤ lieu], le .... [¤ date], dans le but de les soustraire à l'oblitération, altéré des [⇨A ou B :]

A. timbres-poste (A : *N 1301.c5*) ;

B. timbres émis par l'administration fiscale (B : *N 21294.c5*).

Faits prévus et réprimés par l'article R. 645-10 du code pénal. ✧

24.30 Contrefaçon de timbre-poste ou de valeur fiduciaire postale périmée – Usage

■ PEINES

PERSONNE PHYSIQUE

PP Contrav. 5ᵉ cl. 1 500 € (C. pén., art. R. 645-11 ; 131-13).

PC 1. Confiscation (réelle ou en valeur) chose ayant servi à l'infraction ou destinée à la commettre ou son produit (C. pén., art. R. 645-11, 131-14 et 131-21) ;

2. Confiscation obligatoire des timbres (C. pén., art. R. 645-11).

PERSONNE MORALE

PP Contrav. 5ᵉ cl. 7 500 € (C. pén., art. R. 645-11 ; 131-41).

PC 1. Confiscation (réelle ou en valeur) chose ayant servi à l'infraction ou destinée à la commettre ou son produit (C. pén., art. R. 645-11, 131-48 et 131-21) ;

2. Confiscation obligatoire des timbres (C. pén., art. R. 645-11).

■ ORIENTEUR

AUTRE QUALIFICATION

▪ Contrefaçon ou falsification des timbres-poste non périmés. Français : v. nᵒ 24.28. Étrangers : v. nᵒ 24.32.

RÉGIME PROCÉDURAL

▪ Inscription au fichier TAJ. Contravention donnant lieu à inscription de la personne au fichier de traitement des antécédents judiciaires (TAJ), C. pr. pén., art. R. 40-25, v. nᵒ 13.12B.

■ ÉLÉMENTS CONSTITUTIFS – QUALIFICATION

✧ Pour avoir à .... [¤ lieu], le .... [¤ date], [⇨A ou B :]

A. contrefait ou falsifié des timbres-poste ou des valeurs fiduciaires postales, français ou étrangers, périmés (A : *N 21297.c5*) ;

B. fait usage de timbres-poste ou de valeurs fiduciaires postales, français ou étrangers, périmés, qu'il savait contrefaits ou falsifiés (B : *N 21298.c5*).

Faits prévus et réprimés par l'article R. 645-11 du code pénal. ✧

24.31 Fabrication ou vente d'objet ou d'imprimé prêtant à confusion avec les titres fiduciaires publics

■ PEINES

PERSONNE PHYSIQUE

PP Délit. 1 an d'emprisonnement, 15 000 € (C. pén., art. 443-3).

PC *Idem* nᵒ 24.27, sauf **PC** nᵒ 5 (interdiction du territoire français).

PERSONNE MORALE

PP Délit. 75 000 € (C. pén., art. 443-8 ; 131-38).

PC *Idem* nᵒ 24.27. La dissolution n'est toutefois encourue que si la personne morale a été *créée* pour commettre l'infraction (C. pén., art. 443-6, 131-39 1ᵒ et 131-45).

■ ORIENTEUR

AUTRE QUALIFICATION

▪ Contrefaçon ou falsification des titres ou valeurs émis par le Trésor. V. nᵒ 24.27.

ÉLÉMENT MATÉRIEL

- Tentative. Punissable (C. pén., art. 443-5).

ÉLÉMENTS CONSTITUTIFS – QUALIFICATION

✧ Pour avoir à .... [¤ lieu], le .... [¤ date], [⇨A à D :]

A. fabriqué (A : *N 11696.co*)...

B. vendu (B : *N 11689.co*)...

C. transporté (C : *N 11690.co*)...

D. distribué (D : *N 11691.co*)...

... des objets, imprimés ou formules, en l'espèce .... [¤ éléments concernés], présentant avec les titres ou autres valeurs fiduciaires émises par l'État, les collectivités locales, les établissements publics ou les exploitants publics du service public de la poste et des télécommunications une ressemblance de nature à en faciliter l'acceptation en leur lieu et place.
Faits prévus et réprimés par les articles : **PERSONNES PHYSIQUES.** 443-3, 443-5 et 443-6 du code pénal. **PERSONNES MORALES.** 443-3, 443-5 et 443-8 du code pénal. ✧

24.32 Contrefaçon ou falsification de timbre-poste étranger

PEINES

PERSONNE PHYSIQUE

PP Délit. 6 mois d'emprisonnement, 7 500 € (C. pén., art. 443-4).

PC *Idem* n° 24.27, sauf **PC** n° 5 (interdiction du territoire français).

PERSONNE MORALE

PP Délit. 37 500 € (C. pén., art. 443-8 ; 131-38).

PC *Idem* n° 24.27. La dissolution n'est toutefois encourue que si la personne morale a été *créée* pour commettre l'infraction (C. pén., art. 443-6, 131-39 1° et 131-45).

ORIENTEUR

AUTRE QUALIFICATION

- Contrefaçon ou falsification des timbres-poste. Français : v. n° 24.28. Étrangers périmés : v. n° 24.30.

ÉLÉMENT MATÉRIEL

- Tentative. Punissable (C. pén., art. 443-5).

ÉLÉMENTS CONSTITUTIFS – QUALIFICATION

✧ Pour avoir à .... [¤ lieu], le .... [¤ date], [⇨A ou B :]

A. CONTREFAÇON OU FALSIFICATION
contrefait ou falsifié .... [¤ timbres-poste concernés], timbres-poste étrangers ou valeurs postales émises par le service des postes d'un pays étranger (A : *N 10724.co*) ;

B. DISTRIBUTION, USAGE OU TRANSPORT

[⇨B1 à B4 :]

B1. vendu (B1 : *N 11692.co*)...

B2. transporté (B2 : *N 11693.co*)...

B3. distribué (B3 : *N 11694.co*)...

B4. fait usage (B4 : *N 11695.co*)...

.... [¤ timbres-poste concernés], timbres-poste étrangers ou valeurs postales émises par le service des postes d'un pays étranger qu'il savait contrefaits ou falsifiés.

Faits prévus et réprimés par les articles : **PERSONNES PHYSIQUES.** 443-4, 443-5 et 443-6 du code pénal. **PERSONNES MORALES.** 443-4, 443-5 et 443-8 du code pénal. ✧

24.33 Contrefaçon de sceau de l'État, timbre national ou poinçon – Usage

■ PEINES

PERSONNE PHYSIQUE

PP Délit. 10 ans d'emprisonnement, 150 000 € (C. pén., art. 444-1).

PC 1. Interdiction droits civiques civils et de famille ⩽ 5 ans (vote, éligibilité, fonction juridictionnelle, expert, témoin, tuteur, curateur) (C. pén., art. 444-7 1° et 131-26) ;

2. Interdiction (définitive ou) ⩽ 5 ans activité professionnelle ou sociale (en relation avec l'infraction), ou fonction publique, (sauf mandat électif ou syndical) *et/ou* interdiction définitive ou ⩽ 15 ans (10 ans avant L. n° 2013-1117, 6 déc. 2013) d'exercer une profession commerciale ou industrielle, de diriger, d'administrer, de gérer ou de contrôler à un titre quelconque, directement ou indirectement, pour son propre compte ou pour le compte d'autrui, une entreprise commerciale ou industrielle ou une société commerciale (C. pén., art. 444-7 2°, 131-27 et 131-28 [mod. par L. n° 2008-776, 4 août 2008]) ;

3. Exclusion, définitive ou ⩽ 5 ans marchés publics (C. pén., art. 444-7 3° et 131-34) ;

4. Confiscation (réelle ou en valeur) chose ayant servi à l'infraction ou destinée à la commettre ou son produit (obligatoire pour objets qualifiés dangereux ou nuisibles par loi ou règlement ou dont la détention est illicite) (C. pén., art. 444-7 4° et 131-21),

5. Confiscation obligatoire corps du délit (C. pén., art. 444-7) ;

6. Auteur étranger : interdiction du territoire français, définitive ou ⩽ 10 ans (C. pén., art. 444-8, 131-30 à 131-30-2).

PERSONNE MORALE

PP Délit. 750 000 € (C. pén., art. 444-9 ; 131-38).

PC 1. Dissolution (sauf personnes morales de droit public, partis, groupements politiques, syndicats, institutions représentatives du personnel) si personne morale créée ou détournée de son objet pour commettre l'infraction (C. pén., art. 444-9, 131-39 1° et 131-45) ;

2. Interdiction, définitive ou ⩽ 5 ans, une ou plusieurs activités professionnelles ou sociales en relation avec l'infraction (C. pén., art. 444-9 et 131-39 2°) ;

3. Surveillance judiciaire ⩽ 5 ans, sauf personnes morales de droit public, partis, groupements politiques, syndicats (C. pén., art. 444-9, 131-39 3° et 131-46) ;

4. Fermeture, définitive ou ⩽ 5 ans, d'un ou plusieurs établissements en relation avec l'infraction (C. pén., art. 444-9 et 131-39 4°) ;

5. Exclusion, définitive ou ⩽ 5 ans marchés publics (C. pén., art. 444-9 et 131-39 5°) ;

6. Interdiction, définitive ou ⩽ 5 ans, de *faire appel public à l'épargne* (procéder à une offre au public de titres financiers ou de les faire admettre aux négociations sur un marché réglementé, selon L. n° 2009-80, 22 janv. 2009) (C. pén., art. 444-9 et 131-39 6°) ;

7. Interdiction, ⩽ 5 ans, d'utiliser des cartes de paiement ou d'émettre des chèques autres que de retrait ou certifiés (C. pén., art. 444-9 et 131-39 7°) ;

8. Confiscation (réelle ou en valeur) chose ayant servi à l'infraction ou destinée à la commettre, ou son produit (obligatoire pour objets qualifiés dangereux ou nuisibles par loi ou règlement ou dont la détention est illicite) (C. pén., art. 444-9, 131-39 8° et 131-21) ;

9. Affichage, ⩽ 2 mois, *et/ou* (L. n° 2011-525, 17 mai 2011) diffusion de la décision ou d'extraits aux frais (⩽ amende encourue) du condamné (C. pén., art. 444-9, 131-39 9°, 131-48 et 131-35).

■ ORIENTEUR

AUTRE QUALIFICATION

- **Fabrication ou distribution illicite sceaux, timbres ou marques publics.** V. n° 24.36.
- **Contrefaçon, sceaux, timbres autres que ceux de l'État.** V. n° 24.35.

ÉLÉMENT MATÉRIEL

- **Tentative. Punissable** (C. pén., art. 444-6).

■ ÉLÉMENTS CONSTITUTIFS – QUALIFICATION

✧ Pour avoir à .... [¤ lieu], le .... [¤ date], [⇨A ou B :]

A. **Contrefaçon ou falsification**

contrefait ou falsifié un [⇨A1 à A3 :]

A1. sceau de l'État (A1 : *N 12014.co*) ;

A2. timbre national (A2 : *N 12015.co*) ;

A3. poinçon servant à marquer les matières d'or, d'argent ou de platine (A3 : *N 12016.co*) ;

B. **Usage de sceau, timbre ou poinçon falsifié ou contrefait**

fait usage d'un [⇨B1 à B3 :]

B1. sceau de l'État (B1 : *N 12017.co*)...

B2. timbre national (B2 : *N 12018.co*)...

B3. poinçon servant à marquer les matières d'or, d'argent ou de platine (B3 : *N 12019.co*)...

..., qu'il savait contrefait ou falsifié.

Faits prévus et réprimés par les articles : **PERSONNES PHYSIQUES.** 444-1, 444-6, 444-7 et 444-8 du code pénal. **PERSONNES MORALES.** 444-1, 444-6 et 444-9 du code pénal. ✧

24.34 Usage frauduleux de sceau de l'État, timbre national ou poinçon

■ PEINES

PERSONNE PHYSIQUE

PP Délit. 7 ans d'emprisonnement, 100 000 € (C. pén., art. 444-2).

PC *Idem* nº 24.33.

PERSONNE MORALE

PP Délit. 500 000 € (C. pén., art. 444-9 ; 131-38).

PC *Idem* nº 24.33.

■ ORIENTEUR

AUTRE QUALIFICATION

- Usage frauduleux de sceaux et timbres d'autres autorités. V. nº 24.38.

ÉLÉMENT MATÉRIEL

- Tentative. Punissable (C. pén., art. 444-6).

■ ÉLÉMENTS CONSTITUTIFS – QUALIFICATION

✧ Pour avoir à .... [¤ lieu], le .... [¤ date], fait usage frauduleusement d'un [⇨A à C :]

A. sceau de l'État (A : *N 12020.co*) ;

B. timbre national (B : *N 12021.co*) ;

C. poinçon servant à marquer des matières d'or, d'argent ou de platine (C : *N 12022.co*).

Faits prévus et réprimés par les articles : **PERSONNES PHYSIQUES.** 444-2, 444-6, 444-7 et 444-8 du code pénal. **PERSONNES MORALES.** 444-2, 444-6 et 444-9 du code pénal. ✧

24.35 Contrefaçon de sceau, timbre ou marque publics – Usage

■ PEINES

PERSONNE PHYSIQUE

PP Délit. 5 ans d'emprisonnement, 75 000 € (C. pén., art. 444-3 1º).

PC *Idem* nº 24.33.

PERSONNE MORALE

PP Délit. 375 000 € (C. pén., art. 444-9 ; 131-38).

PC *Idem* nº 24.33.

■ ORIENTEUR

AUTRE QUALIFICATION

- Fabrication ou distribution illicite sceaux, timbres ou marques publics. V. nº 24.36.

ÉLÉMENT MATÉRIEL

▪ Tentative. Punissable (C. pén., art. 444-6).

▪ **ÉLÉMENTS CONSTITUTIFS – QUALIFICATION**

✧ Pour avoir à .... [¤ lieu], le .... [¤ date], [⇨A ou B :]

A. **contrefait ou falsifié** un sceau, un timbre ou une marque d'une autorité publique, en l'espèce .... [¤ élément concerné] (A : *N* ***7975.co***) ;

B. **fait usage** d'un sceau, d'un timbre ou d'une marque d'une autorité publique, en l'espèce .... [¤ élément concerné], qu'il savait contrefait ou falsifié (B : *N* ***7974.co***).

Faits prévus et réprimés par les articles : **PERSONNES PHYSIQUES.** 444-3 1°, 444-6, 444-7 et 444-8 du code pénal. **PERSONNES MORALES.** 444-3 1°, 444-6 et 444-9 du code pénal. ✧

24.36 Fabrication, distribution illicite de sceau, cachet ou marque de l'autorité publique

▪ **PEINES**

PERSONNE PHYSIQUE

PP Délit. 6 mois d'emprisonnement, 3 750 € (L. 18 mars 1918, art. 4).

PC Confiscation obligatoire des sceaux, cachets ou marques (L. 18 mars 1918, art. 4).

PERSONNE MORALE

PP 18 750 € (C. pén., art. 131-38).

PC Néant.

▪ **ORIENTEUR**

AUTRE QUALIFICATION

▪ **Contrefaçon de sceau.** Sceau de l'État, v. n° 24.33, **sceau de l'autorité publique**, v. n° 24.35.

▪ **ÉLÉMENTS CONSTITUTIFS – QUALIFICATION**

✧ Pour avoir à .... [¤ lieu], le .... [¤ date], [⇨A à D :]

A. **fabriqué** un sceau, timbre, cachet ou marque de l'État ou d'une autorité quelconque, d'un gouvernement ou d'une autorité étrangers, sans l'ordre écrit des représentants attitrés de ces autorités (L. 18 mars 1918, art. 1) (A : *N* ***1321.co***) ;

B. **livré** un sceau, timbre, cachet ou marque de l'État ou d'une autorité quelconque, d'un gouvernement ou d'une autorité étrangers, à une personne autre qu'un représentant attitré de ces autorités (L. 18 mars 1918, art. 1) (B : *N* ***5232.co***) ;

C. **fabriqué, distribué ou vendu**, un sceau, timbre, cachet ou marque susceptible d'être confondu avec les timbres, sceaux, cachets et marques de l'État ou d'une autorité quelconque (L. 18 mars 1918, art. 2) (C : *N* ***1320.co***) ;

D. **détenu ou acheté**, un sceau, timbre, cachet ou marque susceptible d'être confondu avec les timbres, sceaux, cachets et marques de l'État ou d'une autorité quelconque (L. 18 mars 1918, art. 2) (D : *N* ***1320.co***).

Faits prévus et réprimés par les articles [• du cas sélectionné] + 3 et 4 de la loi du 18 mars 1918. ✧

24.37 Contrefaçon d'imprimé officiel de l'autorité publique et distribution ou usage

▪ **PEINES**

PERSONNE PHYSIQUE

PP Délit. 5 ans d'emprisonnement, 75 000 € (C. pén., art. 444-3 2°).

PC *Idem* n° 24.33.

PERSONNE MORALE

PP Délit. 375 000 € (C. pén., art. 444-9 ; 131-38).

PC *Idem* n° 24.33.

■ **ORIENTEUR**

ÉLÉMENT MATÉRIEL

- Tentative. Punissable (C. pén., art. 444-6).

■ **ÉLÉMENTS CONSTITUTIFS – QUALIFICATION**

✧ Pour avoir à .... [¤ lieu], le .... [¤ date], [⇨A ou B :]

A. Contrefaçon ou falsification : contrefait ou falsifié .... [¤ documents concernés], papiers à en-tête ou imprimés officiels d'une assemblée instituée par la Constitution, d'une administration publique ou d'une juridiction (A : *N 10737.co*) ;

B. Distribution ou usage : [⇨B1 ou B2 :]

B1. vendu ou distribué (B1 : *N 12023.co*)...

B2. fait usage de (B2 : *N 10738.co*)...

.... [¤ documents concernés], papiers à en-tête ou imprimés officiels utilisés dans une assemblée instituée par la Constitution, une administration publique ou une juridiction, qu'il savait contrefaits ou falsifiés.

Faits prévus et réprimés par les articles : **PERSONNES PHYSIQUES.** 444-3 2°, 444-6, 444-7 et 444-8 du code pénal. **PERSONNES MORALES.** 444-3 2°, 444-6 et 444-9 du code pénal. ✧

24.38 Usage frauduleux de sceau, timbre ou marque publics

■ **PEINES**

PERSONNE PHYSIQUE

PP Délit. 3 ans d'emprisonnement, 45 000 € (C. pén., art. 444-4).

PC *Idem* n° 24.33.

PERSONNE MORALE

PP Délit. 225 000 € (C. pén., art. 444-9 ; 131-38).

PC *Idem* n° 24.33.

■ **ORIENTEUR**

ÉLÉMENT MATÉRIEL

- Tentative. Punissable (C. pén., art. 444-6).

AUTRE QUALIFICATION

- Usage frauduleux de sceau et timbre de l'État. V. n° 24.34.

■ **ÉLÉMENTS CONSTITUTIFS – QUALIFICATION**

✧ Pour avoir à .... [¤ lieu], le .... [¤ date], fait usage frauduleusement d'un .... [¤ sceau, timbre ou marque, papier à en-tête ou imprimé utilisé], [⇨A ou B :]

A. sceau, timbre ou marque d'une autorité publique (A : *N 12025.co*) ;

B. papiers à en-tête ou imprimés officiels utilisés dans une assemblée instituée par la Constitution, une administration publique ou une juridiction (B : *N 12026.co*).

Faits prévus et réprimés par les articles : **PERSONNES PHYSIQUES.** 444-4, 444-6, 444-7 et 444-8 du code pénal. **PERSONNES MORALES.** 444-4, 444-6 et 444-9 du code pénal. ✧

24.39 Imprimé ressemblant aux imprimés officiels, fabrication, distribution, usage

■ **PEINES**

PERSONNE PHYSIQUE

PP Délit. 1 an d'emprisonnement, 15 000 € (C. pén., art. 444-5).

PC *Idem* n° 24.33.

PERSONNE MORALE

PP Délit. 75 000 € (C. pén., art. 444-9 ; 131-38).

PC *Idem* n° 24.33. La dissolution n'est toutefois encourue que si la personne morale a été *créée* pour commettre l'infraction (C. pén., art. 444-9, 131-39 1° et 131-45).

■ ORIENTEUR

AUTRE QUALIFICATION

▪ Contrefaçon d'imprimé ressemblant aux imprimés de recouvrement des impôts et taxes. V. n° 24.40.

ÉLÉMENT MATÉRIEL

▪ Tentative. Punissable (C. pén., art. 444-6).

■ ÉLÉMENTS CONSTITUTIFS – QUALIFICATION

✧ Pour avoir à .... [¤ lieu], le .... [¤ date], [⇨A à D :]

A. fabriqué (A : *N 1300.co*)...

B. vendu (B : *N 12027.co*)...

C. distribué (C : *N 12028.co*)...

D. utilisé (D : *N 12029.co*)...

.... [¤ imprimé concerné], imprimé présentant avec les papiers à en-tête ou imprimés officiels en usage dans les assemblées instituées par la Constitution, les administrations publiques ou les juridictions une ressemblance de nature à causer une méprise dans l'esprit du public.

Faits prévus et réprimés par les articles : **PERSONNES PHYSIQUES.** 444-5, 444-6, 444-7 et 444-8 du code pénal. **PERSONNES MORALES.** 444-5, 444-6 et 444-9 du code pénal. ✧

24.40 Usage d'imprimé prêtant à confusion avec ceux utilisés pour le recouvrement des impôts ou taxes

■ PEINES

PERSONNE PHYSIQUE

PP Contrav. 3e cl. 450 € (C. pén., art. 131-13). Une amende encourue pour chaque exemplaire distribué (L. 13 juill. 1925, art. 221).

PC Néant.

PERSONNE MORALE

PP 2 250 € (C. pén., art. 131-41).

PC Néant.

■ ORIENTEUR

AUTRE QUALIFICATION

▪ Contrefaçon d'imprimé ressemblant aux imprimés officiels des assemblées, administrations ou juridictions. V. n° 24.39.

■ ÉLÉMENTS CONSTITUTIFS – QUALIFICATION

✧ Pour avoir à .... [¤ lieu], le .... [¤ date], fait usage de prospectus, affiches, tracts imitant les sommations ou tous autres imprimés utilisés pour le recouvrement des impôts, contributions, taxes et revenus par les administrations de l'État, des départements, communes ou établissements publics.

Faits prévus et réprimés par l'article 221 de la loi du 13 juillet 1925 (*N 6030.c3*). ✧

25. Les atteintes à l'action de l'administration et de la justice

25.1 Menace et acte d'intimidation – Sur une personne exerçant une fonction publique ou d'utilité collective

■ PEINES

PERSONNE PHYSIQUE

PP Délit. Cas A : 3 ans d'emprisonnement, 45 000 € (depuis L. nº 2017-258, 28 févr. 2017, auparavant 2 ans, 30 000 €). Cas B : 5 ans, 75 000 €. Cas C : 10 ans, 150 000 € (C. pén., art. 433-3). Cas A6*bis* et A12*bis* : 6 ans d'emprisonnement, 45 000 € ; Cas B6*bis* et B12*bis* : 7 ans d'emprisonnement, 45 000 € (C. pén., art. 132-76 issu L. nº 2017-86, 27 janv. 2017, v. nº 18.9B).

PC 1. Interdiction droits civiques civils et de famille ⩽ 5 ans (vote, éligibilité, fonction juridictionnelle, expert, témoin, tuteur, curateur) (C. pén., art. 433-22 et 131-26) ;

2. Interdiction définitive ou ⩽ 10 ans activité professionnelle ou sociale (en relation avec l'infraction), ou fonction publique, (sauf mandat électif ou syndical) (C. pén., art. 433-22, 131-27 et 131-28) ;

3. Affichage, ⩽ 2 mois, *et/ou* (L. nº 2011-525, 17 mai 2011) diffusion de la décision ou d'extraits aux frais (⩽ amende encourue) du condamné (C. pén., art. 433-22 et 131-35).

PERSONNE MORALE

PP Cas A : 150 000 €. Cas B : 375 000 €. Cas C : 1750 000 € (C. pén., art. 131-38).

PC Néant.

■ ORIENTEUR

AUTRE QUALIFICATION

▪ **Menace et acte d'intimidation – Sur une personne exerçant une mission de service public pour obtenir un traitement de faveur (L. nº 2021-1109, 24 août 2021).** C. pén., art. 433-3-1 issu L. nº 2021-1109, 24 août 2021, v. nº 25.2. Le cas C n'est pas applicable aux faits mentionnés au C. pén., art. 433-3-1 (C. pén., art. 433-3, mod. par L. nº 2021-1109, 24 août 2021).

▪ **Menace ou acte d'intimidation – Contre les autorités judiciaires ou les auxiliaires de justice.** V. nº 25.3.

▪ **Outrages à un membre d'une juridiction.** V. nº 25.4.

▪ **Violences sur magistrat.** V. nºs 20.25 et 20.29.

▪ **Menace de mort, ou de crime ou délit contre les personnes.** Victime n'exerçant pas une fonction publique. V. nº 20.49.

ÉLÉMENT LÉGAL

▪ **Application de la loi pénale dans le temps. • Élément matériel.** La loi nº 2003-239 du 18 mars 2003, art. 59, a simplifié l'élément matériel des menaces, lesquelles n'ont plus à être réitérées ou exprimées par écrit ou autre objet (à la différence des menaces proférées à l'encontre des personnes n'exerçant pas une fonction publique, V. nº 20.49) et étendu l'incrimination et la protection légale aux sapeurs-pompiers, gardiens d'immeuble, professionnels de santé, ainsi qu'aux proches des personnes dont les fonctions sont protégées. **• Cas** A7*bis*, B7*bis*, C7*bis* : aggravations créées par L. nº 2021-646, 25 mai 2021. **Cas** C : depuis L. nº 2021-1109, 24 août 2021, l'incrimination n'est pas applicable aux faits qui relèvent de celle désormais prévue au C. pén., art. 433-3-1 issue de L. nº 2021-1109, 24 août 2021 (v. nº 25.2) (C. pén., art. 433-3, mod. par L. nº 2021-1109, 24 août 2021).

▪ **Circonstance aggravante générale.** Cas 6*bis* et 12*bis*, illustrations non exhaustives de la cause générale d'aggravation prévue au C. pén., art. 132-76, issu L. nº 2017-86, 27 janv. 2017, v. nº 18.9B).

ÉLÉMENT MATÉRIEL

▪ **Lien hypertexte. Administrateur de blog.** Est censurée la condamnation du prévenu, « *créant sur le blog dont il est l'administrateur un lien hypertexte offrant un accès facile et direct* » à une vidéo « *exprimant des menaces de mort envers la partie civile* » car « *le renvoi par un lien hypertexte à une vidéo contenant des menaces de morts proférées par des tiers n'est pas susceptible de constituer, à lui seul, la commission par le prévenu de l'infraction prévue par C. pén., art. 433-3* » (Crim. 31 mars 2016, n° 15-82.417, P n° 117). Mais il en est autrement lorsqu'il est justifié que l'administrateur du blog « *a non seulement adhéré mais s'est nécessairement approprié le discours et le message portés par ce document pour l'émettre vers son destinataire et en favoriser la propagation* » et ne pouvait « *ignorer que la menace formulée parviendrait à la connaissance de la personne visée* » (Crim. 10 avr. 2019, n° 17-81.302, D). Soulignons qu'en matière d'infractions de presse (v., s'agissant de la diffamation, n° **35.13**), « *l'insertion, sur internet, par l'auteur d'un écrit, d'un lien hypertexte renvoyant directement audit écrit* » caractérise la communication diffamatoire incriminée (Crim. 2 nov. 2016, n° 15-87.163, P n° 283), de même que l'insertion d'un « *lien hypertexte qui [...] renvoie directement à un écrit qui a été mis en ligne par un tiers sur un site distinct, constitue une reproduction de ce texte, qui fait courir un nouveau délai de prescription* » (Crim. 1er sept. 2020, n° 19-84.505, P).

▪ **Menaces implicites.** • **Renvoi.**. V. n° **20.49**.

RÉGIME PROCÉDURAL

▪ **Compétence juridictionnelle. Juge unique** sauf cas 6*bis*, 12*bis* et C (peine encourue > 5 ans) (C. pr. pén., art. 398-1 1°, v. n° **17.15D2**).

▪ **Ordonnance pénale. Possible** sauf cas 6*bis*, 12*bis* et C (peine encourue > 5 ans) (C. pr. pén., art. 495-II, v. n° **15.48B1** et tableau n° **17.15D2**).

ÉLÉMENT INTENTIONNEL

▪ **Dol spécial.** Dans tous les cas, la **qualité de la victime** doit être apparente ou connue de l'auteur (C. pén., art. 433-3).

▪ ÉLÉMENTS CONSTITUTIFS – QUALIFICATION

✧ Pour avoir à .... [¤ lieu], le .... [¤ date], [⇨A à C :]

A. proféré une menace de commettre un crime ou un délit contre les personnes ou les biens à l'encontre .... [¤ nom de la victime] [⇨1 à 14 sous B] ;

B. proféré une menace de mort ou d'atteinte aux biens dangereuse pour les personnes à l'encontre de .... [¤ nom de la victime] [⇨1 à 14] ;

1. personne investie d'un mandat électif public, dans l'exercice ou du fait de ses fonctions (créée par L. n° 2003-239, 18 mars 2003, art. 59) (A1 : *N 27143.ju* ; B1 : *N 25735.ju*) ;

2. magistrat ou juré, dans l'exercice ou du fait de ses fonctions (A2 : *N 25058.ju* ; B2 : *N 26519.ju*) ;

3. avocat, dans l'exercice ou du fait de ses fonctions (A3 : *N 25045.ju* ; B3 : *N 27146.ju*) ;

4. officier public ou ministériel, dans l'exercice ou du fait de ses fonctions (A4 : *N 25320.ju* ; B4 : *N 25321.ju*) ;

5. militaire de la gendarmerie nationale, fonctionnaire de la police nationale, des douanes, « *de l'inspection du travail* » (L. n° 2006-11, 11 janv. 2006, art. 97) ou de l'administration pénitentiaire, dans l'exercice ou du fait de ses fonctions (A5 : *N #.ju* ; B5 : *N #.ju*) ;

6. dépositaire de l'autorité publique, dans l'exercice ou du fait de ses fonctions (A6 : *N 23914.ju* ; B6 : *N 23916.ju*) ;

6*bis*. [préciser le cas échéant dans le cas 6], avec cette circonstance que les faits ont été commis contre la victime à raison de son appartenance ou de sa non appartenance, vraie ou supposée, à une prétendue race, une ethnie, une nation ou une religion déterminée (C. pén., art. 132-76 ; A6*bis* : *N 33689.co* ; B6*bis* : *N 33691.co*) ;

7. sapeur-pompier professionnel ou volontaire, dans l'exercice ou du fait de ses fonctions (créée par L. n° 2003-239, 18 mars 2003, art. 59) (A7 : *N 27144.ju* ; B7 : *N 25060.ju*) ;

7*bis*. personne exerçant une activité de sécurité privée, dans l'exercice ou du fait de ses fonctions (aggravation créée par L. n° 2003-239, 18 mars 2003, art. 59) (A7*bis* : *N 34023.ju* ; B7*bis* : *N 34024.ju*) ;

8. gardien assermenté d'immeuble ou de groupe d'immeubles, dans l'exercice ou du fait de ses fonctions (créée par L. n° 2003-239, 18 mars 2003, art. 59) (A8 : *N 27145.ju* ; B8 : *N 25083.ju*) ;

9. agent exerçant pour le compte d'un bailleur des fonctions de gardiennage et de surveillance d'un immeuble à usage d'habitation soumis à l'obligation de gardiennage par application de l'article L. 127-1 du code de la construction et de l'habitation, dans l'exercice ou du fait de ses fonctions (créée par L. n° 2003-239, 18 mars 2003, art. 59) (**A9** : *N* ***27145.ju*** ; **B9** : *N* ***25083.ju***) ;

10. agent d'un exploitant de réseau de transport public de voyageurs, dans l'exercice de ses fonctions (**A10** : *N* ***23915.ju*** ; **B10** : *N* ***23917.ju***) ;

11. enseignant ou membre des personnels travaillant dans les établissements d'enseignement scolaire (L. n° 2010-201, 2 mars 2010) (**A11** : *N* ***#.ju*** ; **B11** : *N* ***#.ju***) ;

12. chargé d'une mission de service public, dans l'exercice de ses fonctions (**A12** : *N* ***23915.ju*** ; **B12** : *N* ***23917.ju***)...

12*bis*. [préciser le cas échéant dans le cas **12**], avec cette circonstance que les faits ont été commis contre la victime à raison de son appartenance ou de sa non appartenance, vraie ou supposée, à une prétendue race, une ethnie, une nation ou une religion déterminée (C. pén., art. **132-76** ; **A12*bis*** : *N* ***33690.co*** ; **B12*bis*** : *N* ***33692.co***) ;

13. professionnel de santé, dans l'exercice de ses fonctions (créée par L. n° 2003-239, 18 mars 2003, art. 59) (**A13** : *N* ***25674.ju*** ; **B13** : *N* ***25675.ju***) ;

14. sur le conjoint, l'ascendant, le descendant en ligne directe, ou vivant habituellement avec .... [¤ nom et fonctions de la personne exerçant une des missions protégées ci-dessous], [⇨**a** à **l**) :]

a. magistrat ou juré (**A14a** : *N* ***25059.ju*** ; **B14a** : *N* ***#.ju***)...

b. avocat (**A14b** : *N* ***25046.ju*** ; **B14b** : *N* ***#.ju***)...

c. officier public ou ministériel (**A14c** : *N* ***#.ju*** ; **B14c** : *N* ***#.ju***)...

d. militaire de la gendarmerie nationale, fonctionnaire de la police nationale, des douanes ou de l'administration pénitentiaire (**A14d** : *N* ***#.ju*** ; **B14d** : *N* ***#.ju***)...

e. dépositaire de l'autorité publique (**A14e** : *N* ***27591.ju*** ; **B14e** : *N* ***25095.ju***)...

f. sapeur-pompier professionnel ou volontaire (**A14f** : *N* ***#.ju*** ; **B14f** : *N* ***#.ju***)...

f *bis*. personne exerçant une activité de sécurité privée (aggravation créée par L. n° 2003-239, 18 mars 2003, art. 59) (**A14f*bis*** : *N* ***#.ju*** ; **B14f*bis*** : *N* ***#.ju***) ;

h. agent exerçant pour le compte d'un bailleur des fonctions de gardiennage et de surveillance d'un immeuble à usage d'habitation (**A14h** : *N* ***#.ju*** ; **B14h** : *N* ***#.ju***)...

i. enseignant ou membre des personnels travaillant dans les établissements d'enseignement scolaire (L. n° 2010-201, 2 mars 2010) (**A14i** : *N* ***#.ju*** ; **B14i** : *N* ***#.ju***)...

j. agent d'un exploitant de réseau de transport public de voyageurs (L. n° 2010-201, 2 mars 2010) (**A14j** : *N* ***#.ju*** ; **B14j** : *N* ***#.ju***)...

k. personne chargée d'une mission de service public (L. n° 2010-201, 2 mars 2010) (**A14k** : *N* ***27592.ju*** ; **B14k** : *N* ***27593.ju***)...

l. professionnel de santé (L. n° 2010-201, 2 mars 2010) (**A14l** : *N* ***33492.ju*** ; **B14l** : *N* ***33493.ju***)...

... en raison des fonctions exercées par ce dernier (aggravation créée par L. n° 2003-239, 18 mars 2003, art. 60) ;

C. usé de menaces, de violences, ou commis tout autre acte d'intimidation pour obtenir de .... [¤ nom de la victime], [⇨**C1** à **C12** puis **a** ou **b** :]

C1. personne investie d'un mandat électif public (**C1a** : *N* ***12366.co*** ; **C1b** : *N* ***12369.co***)...

C2. magistrat ou juré (**C2a** : *N* ***32017.co*** ; **C2b** : *N* ***32018.co***)...

C3. avocat ou officier public ou ministériel (**C3a** : *N* ***25322.co*** ; **C3b** : *N* ***25323.co***)...

C4. militaire de la gendarmerie nationale, fonctionnaire de la police nationale, des douanes ou de l'administration pénitentiaire (**C4a** : *N* ***#.co*** ; **C4b** : *N* ***#.co***)...

C5. dépositaire de l'autorité publique (**C5a** : *N* ***12364.co*** ; **C5b** : *N* ***12367.co***)...

C6. chargé d'une mission de service public (**C6a** : *N* ***12365.co*** ; **C6b** : *N* ***12368.co***)...

C7. sapeur-pompier professionnel ou volontaire (créée par L. n° 2003-239, 18 mars 2003, art. 59) (**C7a** : *N* ***#.co*** ; **C7b** : *N* ***#.co***)...

C7*bis*. personne exerçant une activité de sécurité privée (aggravation créée par L. n° 2003-239, 18 mars 2003, art. 59) (**C7*bis*a** : *N* ***#.ju*** ; **C7*bis*b** : *N* ***#.ju***)...

C8. gardien assermenté d'immeuble ou de groupe d'immeubles (créée par L. n° 2003-239, 18 mars 2003, art. 59) (C8a : *N #.co ;* C8b : *N #.co*)...

C9. agent exerçant pour le compte d'un bailleur des fonctions de gardiennage et de surveillance d'un immeuble à usage d'habitation soumis à l'obligation de gardiennage par application de l'article L. 127-1 du code de la construction et de l'habitation (créée par L. n° 2003-239, 18 mars 2003, art. 59) (C9a : *N #.co ;* C9b : *N #.co*)...

C10. agent d'un exploitant de réseau de transport public de voyageurs (C10a : *N #.co ;* C10b : *N #.co*)...

C11. enseignant ou membre des personnels travaillant dans les établissements d'enseignement scolaire (Créé par L. n° 2010-201, 2 mars 2010) (C11a : *N #.co ;* C11b : *N #.co*)...

C12. professionnel de santé (créée par L. n° 2003-239, 18 mars 2003, art. 59) (C12a : *N 25676.co ;* C12b : *N 25677.co*)...

[⇨a ou b dans le cas C :]...

a. qu'il accomplisse ou s'abstienne d'accomplir un acte de sa fonction, de sa mission ou de son mandat ou facilité par sa fonction, sa mission ou son mandat ;

b. qu'il abuse de son autorité vraie ou supposée en vue de faire obtenir d'une autorité ou d'une administration publique des distinctions, emplois, marchés ou toute autre décision favorable.

Faits prévus et réprimés par les articles 433-3 et 433-22 du code pénal. ✧

25.2 Menace et acte d'intimidation – Sur une personne exerçant une mission de service public pour obtenir un traitement de faveur (L. n° 2021-1109, 24 août 2021)

▪ PEINES

PERSONNE PHYSIQUE

PP Délit. 5 ans d'emprisonnement, 75 000 € (C. pén., art. 433-3-1) issu L. n° 2021-1109, 24 août 2021).

PC *Idem* n° 25.1 (C. pén., art. 433-22) + : auteur étranger : interdiction du territoire français, définitive ou ⩽ 10 ans (C. pén., art. 433-23-1, 131-30 à 131-30-2).

PERSONNE MORALE

PP 375 000 €. Cas C : 1750 000 € (C. pén., art. 433-3-1 issu L. n° 2021-1109, 24 août 2021 ; C. pén., art. 131-38).

PC Néant.

▪ ORIENTEUR

AUTRE QUALIFICATION

▪ Menace et acte d'intimidation – Sur une personne exerçant une fonction publique ou d'utilité collective. C. pén., art. 433-3, v. n° 25.1. Si les dispositions prévues par C. pén., art. 433-3-1 « *répriment des faits susceptibles d'entrer dans le champ d'application de l'incrimination prévue au dernier alinéa de l'article 433-3* [v. n° 25.1, cas C], *ces deux incriminations se différencient tant au regard de l'intention particulière exigée de l'auteur des faits que des personnes qui sont l'objet des menaces, violences ou autres actes d'intimidation. En outre, le législateur a expressément prévu que l'incrimination prévue au dernier alinéa de l'article 433-3 ne s'appliquerait pas aux faits incriminés par les dispositions contestées* » (Cons. const. 13 août 2021, n° 2021-823 DC, § 13).

▪ Menace ou acte d'intimidation – Contre les autorités judiciaires ou les auxiliaires de justice. V. n° 25.3.

▪ Outrages à un membre d'une juridiction. V. n° 25.4.

▪ Menace de mort, ou de crime ou délit contre les personnes. Victime n'exerçant pas une fonction publique. V. n° 20.49.

ÉLÉMENT LÉGAL

▪ **Application de la loi pénale dans le temps.** Incrimination créée par L. n° 2021-1109, 24 août 2021 confortant le respect des principes de la République.

▪ **Constitutionnalité.** L'incrimination prévue par C. pén., art. 433-3-1, notamment dans ses rapports avec celle prévue par C. pén., art. 433-3 (**cas C**) qui réprime des faits susceptibles d'entrer dans le même champ d'application, est conforme à la Constitution en ce qu'elle ne méconnaît pas « *l'objectif de valeur constitutionnelle d'accessibilité et d'intelligibilité de la loi ni aucune autre exigence constitutionnelle* » (Cons. const. 13 août 2021, n° 2021-823 DC, § 15).

RÉGIME PROCÉDURAL

▪ **Plainte obligatoire de l'administration ou du service.** « *Lorsqu'il a connaissance de faits susceptibles de constituer l'infraction [...], le représentant de l'administration ou de la personne de droit public ou de droit privé à laquelle a été confiée la mission de service public dépose plainte* » (C. pén., art. 433-3-1).

▪ ÉLÉMENTS CONSTITUTIFS – QUALIFICATION

✧ Pour avoir à .... [¤ lieu], le .... [¤ date], usé de menaces ou de violences ou de commettre tout autre acte d'intimidation à l'égard de toute personne participant à l'exécution d'une mission de service public, afin d'obtenir pour soi-même ou pour autrui une exemption totale ou partielle ou une application différenciée des règles qui régissent le fonctionnement dudit service.
Faits prévus et réprimés par les articles 433-3-1, 433-22 et 433-23-1 du code pénal (*N* ***34166.co***). ✧

25.3 Menace ou acte d'intimidation – Contre les autorités judiciaires ou les auxiliaires de justice

▪ PEINES

PERSONNE PHYSIQUE

PP Délit. 3 ans d'emprisonnement, 45 000 € (C. pén., art. 434-8).

PC 1. Confiscation (réelle ou en valeur) chose ayant servi à l'infraction ou destinée à la commettre (obligatoire pour objets qualifiés dangereux ou nuisibles par loi ou règlement ou dont la détention est illicite) (C. pén., art. 434-44 et 131-21) ;

2. Interdiction droits civiques civils et de famille ⩽ 5 ans (vote, éligibilité, fonction juridictionnelle, expert, témoin, tuteur, curateur) (C. pén., art. 434-44 et 131-26).

PERSONNE MORALE

PP 225 000 € (C. pén., art. 131-38).

PC Néant.

▪ ORIENTEUR

AUTRE QUALIFICATION

▪ **Menace et acte d'intimidation – Sur une personne exerçant une fonction publique ou d'utilité collective.** C. pén., art. 433-3, v. n° **25.1**.

▪ **Menace et acte d'intimidation – Sur une personne exerçant une mission de service public pour obtenir un traitement de faveur (L. n° 2021-1109, 24 août 2021).** C. pén., art. 433-3-1 issu L. n° 2021-1109, 24 août 2021, v. n° **25.2**.

▪ **Violences sur magistrat.** V. n^os^ **20.25** et **20.29**.

▪ **Outrages à un membre d'une juridiction.** V. n° **25.4**.

▪ **Menaces sur magistrat.** V. n° **25.1**.

▪ ÉLÉMENTS CONSTITUTIFS – QUALIFICATION

✧ Pour avoir à .... [¤ lieu], le .... [¤ date], commis des menaces ou actes d'intimidation sur .... [¤ nom de la victime], [⇨A à D :]

A. magistrat, juré ou siégeant dans une formation juridictionnelle (A : *N* ***10186.co***)...

B. arbitre (B : *N* ***10196.co***)...

C. interprète ou expert (C : *N* ***10185.co***)...

D. avocat d'une partie (D : *N* ***10184.co***)...

... en vue d'influencer son comportement dans l'exercice de ses fonctions.

Faits prévus et réprimés par les articles 434-8 et 434-44 du code pénal. ✧

25.4 Outrage à un membre d'une juridiction

▪ PEINES

PERSONNE PHYSIQUE

PP Délit. Cas A à D : 1 an d'emprisonnement, 15 000 €. Cas E : 2 ans, 30 000 € (C. pén., art. 434-24).

PC Confiscation (réelle ou en valeur) chose ayant servi à l'infraction ou destinée à la commettre (obligatoire pour objets qualifiés dangereux ou nuisibles par loi ou règlement ou dont la détention est illicite) (C. pén., art. 434-44 et 131-21).

PERSONNE MORALE

PP Cas A à D : 75 000 €. Cas E : 150 000 € (C. pén., art. 131-38).

PC Néant.

▪ ORIENTEUR

AUTRE QUALIFICATION

▪ Discrédit sur décision juridictionnelle. V. nº 35.38.

▪ Résistance ou tumulte lors de l'expulsion d'une salle d'audience pénale. V. nº 25.5.

▪ Menace ou acte d'intimidation sur magistrat ou juré. V. nos 25.1 et 25.3.

▪ Outrage à une personne dépositaire de l'autorité publique. C. pén., art. 433-5, v. nº 25.8.

▪ Menace et acte d'intimidation – Sur une personne exerçant une mission de service public pour obtenir un traitement de faveur (L. nº 2021-1109, 24 août 2021). C. pén., art. 433-3-1 issu L. nº 2021-1109, 24 août 2021, v. nº 25.2.

▪ Violence sur magistrat. V. nos 20.25 et 20.29.

TEXTE DE RÉFÉRENCE

▪ Police de l'audience et obligations des parties devant le tribunal. V. nº 17.12.

ÉLÉMENT MATÉRIEL

▪ Indifférence du caractère public de l'outrage. « *toute expression injurieuse, qu'elle s'adresse directement ou par la voie d'un rapporteur nécessaire à une personne chargée d'une mission de service public, ou à un magistrat de l'ordre administratif ou judiciaire, dans l'exercice de ses fonctions ou à l'occasion de cet exercice, entre dans les prévisions, respectivement, des articles 433-5 et 434-24 du code pénal, même si elle présente un caractère public* » (Crim. 10 janv. 2017, nº 16-81.558, D).

▪ Distinction de l'outrage et de l'injure publique relevant du droit de la presse. « *les expressions diffamatoires ou injurieuses proférées publiquement [...], contre un magistrat de l'ordre administratif ou judiciaire à raison de ses fonctions ou à l'occasion de leur exercice, sans être directement adressées à l'intéressé, n'entrent pas dans les prévisions de l'article 434-24 du code pénal incriminant l'outrage à magistrat, et ne peuvent être poursuivies et réprimées que sur le fondement des articles 31 et 33 de ladite loi [du 29 juill. 1881]* » (Crim. 1er mars 2016, nº 15-82.824, P nº 59).

RÉGIME PROCÉDURAL

▪ Troubles à l'audience. V. police de l'audience nº 17.12.

▪ Obstacle aux poursuites. Immunité pour les parties à l'audience – Loi sur la presse. Afin de garantir le libre exercice du droit d'agir ou de se défendre en justice, le compte rendu fidèle fait de bonne foi des débats judiciaires, ou « *les discours prononcés ou les écrits produits devant les tribunaux* », « *ne donneront lieu aucune action en diffamation, injure ou outrage* ». Les faits diffamatoires peuvent cependant donner lieu à poursuite pénale ou civile s'ils sont étrangers à la cause, il en est ainsi notamment lorsque les propos ont excédé les limites des droits de la défense, à condition toutefois que le tribunal en ait réservé l'action à la partie plaidante concernée (L. 29 juill. 1881, art. 41) (sur ce point, v. également nº 17.12C) (Sur des applications de cette immunité, v. Crim. 3 sept. 2019, nº 18-86.208, D ; Crim. 8 sept. 2015, nº 14-84.380, P nº 195 ; Crim. 11 oct. 2005, nº 05-80.545, P nº 255 ; Crim. 14 nov. 2006, nº 06-83.120, P nº 283 ; Crim. 13 févr. 1975, nº 74-91.435, P nº 054). Toutefois, L. 29 juill. 1881, art. 41 « *qui n'institue qu'une immunité pénale, et dans la mesure seulement où les propos n'excèdent pas les limites du droit de la défense, n'est pas applicable en matière disciplinaire* » (Civ. 1re, 10 sept. 2015, no 14-24.208, P no 196 ; pour une autre application : Civ. 1re, 10 juill. 2014, no 13-19.284, P no 137).

▪ **Pouvoirs de constatation.** Le tribunal ou le président dresse procès-verbal de l'outrage commis pendant la durée de l'audience et le transmet au procureur de la République (C. pr. pén., art. 676 et 677).

▪ **Jugement.** Les magistrats ayant participé à l'audience ne peuvent composer la juridiction saisie des poursuites (C. pr. pén., art. 677).

▪ **Compétence juridictionnelle. Juge unique.** C. pr. pén., art. 398-1 1o, v. no 17.15D2).

▪ **Ordonnance pénale. Possible** (C. pr. pén., art. 495-II, v. no 15.48B1 et tableau no 17.15D2).

▪ ÉLÉMENTS CONSTITUTIFS – QUALIFICATION

✧ Pour avoir à .... [¤ lieu], le .... [¤ date], [⇨A à D puis, le cas échéant, E :]

A. par paroles (A : *N* ***102.ju***)...

B. par gestes ou menaces (B : *N* ***103.ju***)...

C. par écrits ou images de toute nature non rendus publics (C : *N* ***102.ju***)...

D. par envois d'objets quelconques (D : *N* ***103.ju***)...

...de nature à porter atteinte à sa/leur dignité ou au respect dû à ses/leurs fonctions, outragé .... [¤ nom et qualité des personnes outragées] [⇨1 à 3 :]

1. magistrat ...

2. juré ...

3. personne siégeant dans une formation juridictionnelle ...

... dans ou à l'occasion de l'exercice de ses/leurs fonctions, en l'espèce en .... [¤ matérialiser l'infraction] ;

E. [• Préciser le cas échéant] avec cette circonstance que les faits ont été commis lors d'une audience (AE : *N* ***101.ju*** ; BE : *N* ***100.ju*** ; CE : *N* ***#.ju*** ; DE : *N* ***#.ju***).

Faits prévus et réprimés par les articles 434-24 et 434-44 du code pénal. ✧

25.5 Résistance ou tumulte lors de l'expulsion d'une salle d'audience pénale

▪ PEINES

PERSONNE PHYSIQUE

PP Délit. 2 ans d'emprisonnement (C. pr. pén., art. 321 et 322 [cour d'assises] ; art. 404 et 405 [tribunal correctionnel], ou 535 [tribunal de police]).

PC Néant.

PERSONNE MORALE

PP Amende applicable ⩽ quintuple de celle prévue pour les personnes physiques (C. pén., art. 131-38).

PC Néant.

▪ ORIENTEUR

AUTRE QUALIFICATION

▪ **Menace ou acte d'intimidation sur magistrat ou juré.** V. nos 25.1 et 25.3.

▪ **Violence sur magistrat.** V. nos 20.25 et 20.29.

▪ **Rébellion.** V. no 25.12.

TEXTE DE RÉFÉRENCE

▪ **Police de l'audience et obligations des parties devant le tribunal.** V. no 17.12.

RÉGIME PROCÉDURAL

▪ **Compétence pour juger l'infraction.** L'infraction peut être jugée sur le champ par la cour d'assises ou le tribunal correctionnel (C. pr. pén., art. 321 et 404). Le juge du tribunal de police ne peut que dresser procès-verbal de l'infraction et le transmettre au ministère public (C. pr. pén., art. 353).

■ ÉLÉMENTS CONSTITUTIFS – QUALIFICATION

✧ Pour avoir à .... [¤ lieu], le .... [¤ date], au cours de l'exécution d'une mesure d'expulsion de la salle d'audience ordonnée par le président [⇨A à C :]

A. de la cour d'assises (C. pr. pén., art. 321 et 322) (A : *N 3297.co*)...

B. du tribunal correctionnel (C. pr. pén., art. 404 et 405) (B : *N 3299.co*)...

C. du tribunal de police (C. pr. pén., art. 404, 405 et 535) (C : *N 3300.co*)...

...résisté à cet ordre ou causé du tumulte, en l'espèce en [¤ qualifier la résistance ou le tumulte causé].

Faits prévus et réprimés par les articles [• du cas sélectionné] du code de procédure pénale. ✧

25.6 Outrage à une personne chargée d'une mission de service public

■ PEINES

PERSONNE PHYSIQUE

PP Délit. Cas A : 7 500 €. Cas B et C : 6 mois d'emprisonnement, 7 500 € (C. pén., art. 433-5). Cas D : 1 an d'emprisonnement, 7 500 € (C. pén., art. 132-76 issu L. n° 2017-86, 27 janv. 2017, v. n° 18.9B).

PC 1. Interdiction droits civiques civils et de famille ⩽ 5 ans (vote, éligibilité, fonction juridictionnelle, expert, témoin, tuteur, curateur) (C. pén., art. 433-22 et 131-26) ;

2. Interdiction définitive ou ⩽ 10 ans activité professionnelle ou sociale (en relation avec l'infraction), ou fonction publique, (sauf mandat électif ou syndical) (C. pén., art. 433-22, 131-27 et 131-28) ;

3. Affichage, ⩽ 2 mois, *et/ou* (L. n° 2011-525, 17 mai 2011) diffusion de la décision ou d'extraits aux frais (⩽ amende encourue) du condamné (C. pén., art. 433-22 et 131-35) ;

4. Interdiction « obligatoire » (depuis L. n° 2019-1428, 24 déc. 2019) de se présenter à l'examen du permis de conduire ⩽ 3 ans, sauf dispense spécialement motivée, si les faits sont commis « *contre un inspecteur du permis de conduire et de la sécurité routière dans l'exercice ou à l'occasion de l'exercice de ses fonctions* » (C. route, art. L. 211-1).

PERSONNE MORALE

PP Cas A à C : 37 500 € (C. pén., art. 131-38).

PC Néant.

■ ORIENTEUR

AUTRE QUALIFICATION

▪ **Menaces réitérées ou matérialisées ou actes d'intimidation.** V. n° 25.1.

▪ **Menace et acte d'intimidation – Sur une personne exerçant une mission de service public pour obtenir un traitement de faveur (L. n° 2021-1109, 24 août 2021).** C. pén., art. 433-3-1 issu L. n° 2021-1109, 24 août 2021, v. n° 25.2.

▪ **Outrage à agent d'un réseau de transport public.** V. n° 25.7.

▪ **Outrage à dépositaire de l'autorité publique.** V. n° 25.8.

ÉLÉMENT LÉGAL

▪ **Constitutionnalité.** Sur la question des domaines respectifs de l'outrage à personne chargée d'une mission de service public ou dépositaire de l'autorité publique incriminé par C. pén., art. 433-5 et de l'injure ou de la diffamation contre ces mêmes personnes, incriminée par L. 29 juill. 1881, art. 31 et 33, Cons. const. 9 avr. 2019, n° 2021-896 QPC, v. n° 25.8.

▪ **Circonstance aggravante générale.** Cas D illustration de la cause générale d'aggravation prévue au C. pén., art. 132-76, issu L. n° 2017-86, 27 janv. 2017, v. n° 18.9B).

ÉLÉMENT MATÉRIEL

▪ **Indifférence du caractère public de l'outrage.** V. n° 25.8.

RÉGIME PROCÉDURAL

▪ **Compétence juridictionnelle. Juge unique** (C. pr. pén., art. 398-1, v. n° 17.15D2).

▪ **Ordonnance pénale. Possible** (C. pr. pén., art. 495-II, v. n° 15.48B1 et tableau n° 17.15D2).

MESURE ADMINISTRATIVE

▪ **Interdiction préfectorale provisoire de se présenter à l'examen du permis de conduire.** Si les faits sont commis à l'encontre « *d'un inspecteur du permis de conduire et de la sécurité routière ou d'un examinateur, agent public ou contractuel, dans l'exercice ou à l'occasion de l'exercice de ses fonctions* », le préfet peut à titre provisoire et pour une durée ⩽ 3 mois interdire à l'auteur de se présenter à l'examen du permis de conduire. Cette durée s'impute le cas échéant sur la peine d'interdiction de se présenter à l'examen du permis de conduire prononcée par le tribunal (C. route, art. L. 211-1 A, issu L. n° 2019-1428, 24 déc. 2019 ; C. route, art. R. 211-7, issu D. n° 2020-605, 18 mai 2020).

▪ ÉLÉMENTS CONSTITUTIFS – QUALIFICATION

✧ Pour avoir à .... [¤ lieu], le .... [¤ date],

A. par [⇨A1 à A3 puis le cas échéant B ou C et D :]

A1. paroles, gestes ou menaces...

A2. écrits ou images de toute nature non rendus publics...

A3. l'envoi d'objets quelconques...

... de nature à porter atteinte à sa/leur dignité ou au respect dû à sa/ leurs fonction(s), outragé .... [¤ nom et qualité des personnes outragées], chargé(s) d'une mission de service public, dans ou à l'occasion de l'exercice de ses/leurs fonctions, en l'espèce en .... [¤ matérialiser l'infraction] (A : *N 7885.ju* ; sur un inspecteur du permis de conduire ou de la sécurité routière : *N 24080.ju*)

[• Préciser le cas échéant] avec cette circonstance que les faits ont été commis [⇨B ou C puis le cas échéant D :]

B. en réunion (B : *N 20718.ju*) ;

C. à l'intérieur d'un établissement scolaire ou éducatif ou, à l'occasion des entrées ou sorties des élèves, aux abords d'un tel établissement (L. n° 2002-1138, 9 sept. 2002) (C : *N 23447.ju*) ;

D. [préciser le cas échéant dans les cas B ou C :] les faits ayant été commis contre la victime à raison de son appartenance ou de sa non appartenance, vraie ou supposée, à une prétendue race, une ethnie, une nation ou une religion déterminée (C. pén., art. 132-76) (D : *N #.ju*).

Faits prévus et réprimés par les articles 433-5 et 433-22 du code pénal. ✧

25.7 Outrage à un agent d'un réseau de transport public

▪ PEINES

PERSONNE PHYSIQUE

PP Délit. Cas A : 6 mois d'emprisonnement, 7 500 € Cas B : 1 an, 15 000 € (C. transp., art. L. 2242-7). Cas AC : 1 an d'emprisonnement, 7 500 € ; Cas BC : 2 ans d'emprisonnement, 15 000 € (C. pén., art. 132-76 issu L. n° 2017-86, 27 janv. 2017, v. n° 18.9B).

PC Néant.

PERSONNE MORALE

PP Cas A : 37 500 €. Cas B : 75 000 € (C. pén., art. 131-38).

PC Néant.

▪ ORIENTEUR

ÉLÉMENT LÉGAL

▪ **Domaine d'application. Dispositions applicables** à tous les transports publics ferroviaires ou guidés (ancienne rédaction : « *à tous les transports publics de personnes ou de marchandises guidés le long de leur parcours en site propre* ») et aux services de transports public routier de personnes réguliers et à la demande (C. transp., art. L. 2240-1 et L. 3114-3).

▪ **Circonstance aggravante générale.** Cas C illustration de la cause générale d'aggravation prévue au C. pén., art. 132-76, issu L. n° 2017-86, 27 janv. 2017, v. n° 18.9B).

RÉGIME PROCÉDURAL

▪ **Compétence juridictionnelle. Juge unique** (C. pr. pén., art. 398-1 3°).

■ **ÉLÉMENTS CONSTITUTIFS – QUALIFICATION**

✧ Pour avoir à .... [¤ lieu], le .... [¤ date], [⇨A ou B :]

A. adressé un outrage à .... [¤ nom et qualité des personnes outragées], agent d'un exploitant de réseau de transport public de voyageurs, en l'espèce en .... [¤ caractériser les outrages] (A : *N 22046.ju*) ;

B. [• Préciser le cas échéant dans le cas A] avec cette circonstance que les faits ont été commis en réunion (B : *N 22047.ju*) ;

C. [préciser le cas échéant dans les cas A ou B :] les faits ayant été commis contre la victime à raison de son appartenance ou de sa non appartenance, vraie ou supposée, à une prétendue race, une ethnie, une nation ou une religion déterminée (C. pén., art. 132-76) (AC : *N #.ju* ; BC : *N #.ju*).

Faits prévus et réprimés par l'article L. 2242-7 du code des transports. ✧

25.8 Outrage à une personne dépositaire de l'autorité publique

■ **PEINES**

PERSONNE PHYSIQUE

PP Délit. Cas A : 1 an d'emprisonnement, 15 000 € (L. n° 2017-258, 28 févr. 2017, auparavant 6 mois, 7 500 €) (C. pén., art. 433-5). Cas B : 2 ans d'emprisonnement, 30 000 € (L. n° 2017-258, 28 févr. 2017, auparavant 1 an, 15 000 €) (C. pén., art. 433-5).

Cas AC : 2 ans d'emprisonnement, 7 500 € ; Cas BC : 4 ans d'emprisonnement, 7 500 € (C. pén., art. 132-76 issu L. n° 2017-86, 27 janv. 2017, v. n° 18.9B).

PC *Idem* n° 25.6.

PERSONNE MORALE

PP Cas A : 75 000 €. (L. n° 2017-258, 28 févr. 2017, auparavant 37 500 €). Cas B : 150 000 € (L. n° 2017-258, 28 févr. 2017, auparavant 75 000 €) (C. pén., art. 131-38).

PC Néant.

■ **ORIENTEUR**

AUTRE QUALIFICATION

▪ **Menace et acte d'intimidation – Sur une personne exerçant une mission de service public pour obtenir un traitement de faveur (L. n° 2021-1109, 24 août 2021).** C. pén., art. 433-3-1 issu L. n° 2021-1109, 24 août 2021, v. n° 25.2.

▪ **Outrage à un membre d'une juridiction.** C. pén., art. 434-24, v. n° 25.4.

▪ **Outrage sur personne chargée d'une mission de service public.** V. n° 25.6.

▪ **Menaces réitérées ou matérialisées ou actes d'intimidation.** V. n° 25.1.

▪ **Injure publique envers un corps constitué ou une administration publique.** L. 29 juill. 1881, art. 33, al. 1, v. n° 35.21.

ÉLÉMENT LÉGAL

▪ **Constitutionnalité.** « *un même propos proféré publiquement à l'encontre d'une personne chargée d'une mission de service public ou dépositaire de l'autorité publique peut constituer un outrage ou une injure publique. Toutefois, il résulte de la jurisprudence constante de la C.* cass. *que, à la différence de l'injure publique* [infraction de presse prévue par L. 29 juill. 1881 soumise pour sa part à un régime de poursuite spécifique, v. n° 35.21] *l'outrage ne peut être constitué que s'il est directement adressé à la personne outragée ou, si elle est absente, qu'il est établi que l'auteur des propos a voulu qu'ils lui soient rapportés par une personne présente. Ce faisant, l'outrage porte à la dignité des fonctions exercées ou au respect qui leur est dû une atteinte différente de celle résultant d'une injure qui, bien que publique, n'est pas directement adressée au titulaire des fonctions ou destinée à lui être rapportée* » (§ 13) ; « *Il en résulte que l'outrage et l'injure publique punissent des agissements de nature différente. Par conséquent, le grief tiré de la méconnaissance du principe d'égalité devant la loi pénale doit être écarté* » (§ 14) ; enfin, « *L'outrage à personne chargée d'une mission de service public ou dépositaire de l'autorité publique, qui porte atteinte à la dignité des fonctions ainsi exercées et au respect qui leur est dû, constitue un abus de la liberté d'expression qui porte atteinte à l'ordre public et aux droits des tiers. En punissant cet abus, selon le cas, d'une peine maximale de six mois à deux ans d'emprisonnement et d'une amende maximale de 7 500 euros à 30 000 euros, le législateur n'a pas porté à la liberté d'expression une atteinte qui ne serait pas* *nécessaire, adaptée et proportionnée. Le grief tiré de la méconnaissance de la liberté d'expression doit donc être écarté* » (§ 16) (Cons. const. 9 avr. 2019, n° 2021-896 QPC).

▪ **Domaine d'application.** Les dispositions du code pénal qui prévoient et répriment les actes de résistance, les outrages et les violences contre les officiers de police judiciaire sont applicables aux faits commis sur les **inspecteurs et contrôleurs du travail** (C. trav., art. L. 8114-2). L'article L. 8114-2 du code du travail est applicable aux **inspecteurs et contrôleurs de la formation professionnelle** (C. trav., art. L. 6363-2). **C. douanes, art. 53.** « *Les agents des douanes sont sous la sauvegarde spéciale de la loi. Il est défendu à toute personne : a) de les injurier, de les maltraiter ou de les troubler dans l'exercice de leurs fonctions ; b) de s'opposer à cet exercice.* » Ces dispositions spéciales ne limitent cependant pas le champ de C. pén., art. 433-5 qui s'applique à toute personne dépositaire de l'autorité publique.

▪ **Circonstance aggravante générale. Cas** C illustration de la cause générale d'aggravation prévue au C. pén., art. 132-76, issu L. n° 2017-86, 27 janv. 2017, v. n° 18.9B).

ÉLÉMENT MATÉRIEL

▪ **Indifférence du caractère public de l'outrage.** « *toute expression injurieuse, qu'elle s'adresse directement ou par la voie d'un rapporteur nécessaire à une personne chargée d'une mission de service public, ou à un magistrat de l'ordre administratif ou judiciaire, dans l'exercice de ses fonctions ou à l'occasion de cet exercice, entre dans les prévisions, respectivement, des articles 433-5 et 434-24 du code pénal, même si elle présente un caractère public* » (Crim. 10 janv. 2017, n° 16-81.558, D).

▪ **Distinction de l'outrage et de l'injure publique relevant du droit de la presse.** « *les expressions diffamatoires ou injurieuses proférées publiquement par l'un des moyens énoncés à l'article 23 de la loi [du 29 juill. 1881] sur la liberté de la presse, contre une personne chargée d'une mission de service public ou dépositaire de l'autorité publique à raison de ses fonctions ou à l'occasion de leur exercice, sans être directement adressées à l'intéressé, n'entrent pas dans les prévisions de l'article 433-5 du code pénal incriminant l'outrage, et ne peuvent être poursuivies et réprimées que sur le fondement des articles 31 et 33 de ladite loi* » (Crim. 29 mars 2017, n° 16-82.884, P n° 96). « *ne peuvent être poursuivies et réprimées que sur le fondement des articles 31 et 33 de la loi du 29 juill. 1881, les expressions diffamatoires ou injurieuses proférées publiquement par l'un des moyens énoncés à l'article 23 de ladite loi, contre une telle personne à raison de ses fonctions ou à l'occasion de leur exercice, lorsqu'elles n'ont pas été directement adressées à l'intéressé et s'il n'est pas établi que le prévenu ait voulu qu'elles lui soient rapportées par une personne présente* » (Crim. 12 janv. 2021, n° 20-90.028, D).

▪ **Fait justificatif.** L'illégalité du contrôle d'identité « *accompli par les agents dans l'exercice de leurs fonctions, à la supposer établie, [est] sans incidence sur la régularité de la procédure dirigée contre le prévenu des chefs de rébellion et d'outrage* » (Crim. 1er sept. 2004, n° 04-80.362, P n° 190).

RÉGIME PROCÉDURAL

▪ **Compétence juridictionnelle. Juge unique** (C. pr. pén., art. 398-1, v. n° 17.15D2).

▪ **Ordonnance pénale. Possible** (C. pr. pén., art. 495-II, v. n° 15.48B1 et tableau n° 17.15D2).

▪ ÉLÉMENTS CONSTITUTIFS – QUALIFICATION

✧ Pour avoir à .... [¤ lieu], le .... [¤ date], [⇨A puis le cas échéant B et C :]

A. [⇨ :]

– par paroles, gestes ou menaces...

– par écrits ou images de toute nature non rendus publics...

– par l'envoi d'objets quelconques...

... de nature à porter atteinte à sa/leur dignité ou au respect dû à sa/ leurs fonction(s), outragé .... [¤ nom et qualité des personnes outragées], [⇨A1 à A3 :]

A1. **dépositaire(s) de l'autorité publique** (A1 : *N 7886.ju*)...

A2. **inspecteur ou contrôleur du travail** et de la main-d'œuvre (C. trav., art. L. 8114-2) (A2 : *N 379.ju*)...

A3. **inspecteur ou contrôleur de la formation professionnelle** (C. trav., art. L. 8114-2 et L. 6363-2) (A3 : *N 12772.ju*)...

... dans ou à l'occasion de l'exercice de ses/leurs fonctions, en l'espèce en .... [¤ matérialiser l'infraction] ;

B. [• Préciser le cas échéant dans le cas A] avec cette circonstance que les faits ont été commis en réunion (B : *N 20719.ju*).

C. [préciser le cas échéant dans les cas A ou B :] les faits ayant été commis contre la victime à raison de son appartenance ou de sa non appartenance, vraie ou supposée, à une prétendue race, une ethnie, une nation ou une religion déterminée (C. pén., art. 132-76) (AC : *N* ***32944.ju*** *;* BC : *N #.ju*).

Faits prévus et réprimés par les articles 433-5 et 433-22 du code pénal, + article [• du cas sélectionné]. ✧

25.9 Outrage délictuel au drapeau tricolore, à l'hymne national ou à l'armée

▪ PEINES

PERSONNE PHYSIQUE

PP Délit. Cas A : 7 500 €. Cas B : 6 mois d'emprisonnement, 7 500 € (C. pén., art. 433-5-1). Cas C et D : 5 ans d'emprisonnement (CJM, art. L. 322-17).

PC Cas A et B : *Idem* n° 25.6.

Cas D : destitution ou perte de grade si le prévenu est officier (CJM, art. L. 322-17).

PERSONNE MORALE

PP Cas A et B : 37 500 € (C. pén., art. 131-38).

PC Néant.

▪ ORIENTEUR

AUTRE QUALIFICATION

▪ **Outrage contraventionnel au drapeau tricolore.** V. n°s 25.9 et 25.10.

▪ **Injure publique envers un corps constitué ou une administration publique.** L. 29 juill. 1881, art. 33, al. 1, v. n° 35.21.

ÉLÉMENT LÉGAL

▪ **Constitutionnalité. Champ d'application et réserve d'interprétation.** L'expression « *manifestations réglementées par les autorités publiques* » doit s'entendre des manifestations publiques à caractère sportif, récréatif ou culturel se déroulant dans des enceintes soumises par les lois et règlements à des règles d'hygiène et de sécurité en raison du nombre de personnes qu'elles accueillent. Par ailleurs, sont exclus du champ d'application de cet article les œuvres de l'esprit, les propos tenus dans un cercle privé, ainsi que les actes accomplis lors de manifestations non organisées par les autorités publiques ou non réglementées par elles. Sous cette précision et cette réserve d'interprétation, l'article 433-5-1 est jugé conforme à la Constitution (Cons. const. 13 mars 2003, n° 2003-467 DC, § 104 et 106).

▪ **Application de la loi pénale dans le temps.** Incrimination créée par L. n° 2003-239, 18 mars 2003, art. 113.

TEXTE DE RÉFÉRENCE

▪ **Définition. Const. 4 oct. 1958, art. 2.** « *L'emblème national est le drapeau tricolore, bleu blanc, rouge. L'hymne national est la "Marseillaise"* ».

RÉGIME PROCÉDURAL

▪ **Compétence juridictionnelle. Juge unique** dans les **cas** A et B (C. pr. pén., art. 398-1, v. n° 17.15D2).

▪ **Ordonnance pénale. Possible** dans les **cas** A et B (C. pr. pén., art. 495-II, v. n° 15.48B1 et tableau n° 17.15D2).

▪ ÉLÉMENTS CONSTITUTIFS – QUALIFICATION

✧ Pour avoir à .... [¤ lieu], le .... [¤ date], [⇨A puis le cas échéant B, ou C puis le cas échéant D :]

A. au cours d'une manifestation organisée ou réglementée par les autorités publiques, outragé (C. pén., art. 433-5-1 et 433-22) [⇨A1 ou A2 puis le cas échéant B :]

A1. l'hymne national (A1 : *N* ***23939.ju***)...

A2. le drapeau tricolore (A2 : *N* ***23840.ju***)...

...en l'espèce en .... [¤ matérialiser l'infraction] ;

B. [Préciser le cas échéant dans le cas A1 ou A2 :] avec cette circonstance que les faits ont été commis en réunion (A1B : *N 23941.ju* ; A2B : *N 23942.ju*) ;

C. étant militaire ou personne embarquée, outragé le drapeau ou l'armée (CJM, art. L. 322-17) (C : *N 4949.co*) ;

D. [Préciser le cas échéant dans le cas C :] avec cette circonstance qu'il était officier (D : *N 4950.co*).

Faits prévus et réprimés par les articles [¤ de l'infraction sélectionnée]. ✧

25.10 Outrage contraventionnel au drapeau tricolore

■ PEINES

PP Contrav. 5e cl. 1 500 € (C. pén., art. R. 645-15 ; 131-13).
PC Néant.

PERSONNE MORALE

PP Contrav. 5e cl. 7 500 € (C. pén., art. R. 645-15 ; 131-41).
PC Néant.

■ ORIENTEUR

AUTRE QUALIFICATION

▪ **Outrage délictuel au drapeau tricolore.** V. nº 25.9.

ÉLÉMENT LÉGAL

▪ **Constitutionnalité. Champ d'application et réserve d'interprétation.** « *Considérant .../... [que] le pouvoir réglementaire a entendu n'incriminer que les dégradations physiques ou symboliques du drapeau susceptibles d'entraîner des troubles graves à la tranquillité et à la sécurité publiques et commises dans la seule intention de détruire, abîmer ou avilir le drapeau ; qu'ainsi ce texte n'a pas pour objet de réprimer les actes de cette nature qui reposeraient sur la volonté de communiquer, par cet acte, des idées politiques ou philosophiques ou feraient œuvre de création artistique, sauf à ce que ce mode d'expression ne puisse, sous le contrôle du juge pénal, être regardé comme une œuvre de l'esprit ; qu'ainsi, compte tenu de ces précisions et malgré la généralité de la définition des actes incriminés, le décret attaqué ne porte pas .../...une atteinte excessive à la liberté d'expression garantie par la Déclaration des droits de l'Homme et du citoyen et la Convention européenne de sauvegarde des droits de l'Homme et des libertés fondamentales.../...* » (CE 19 juill. 2011, req. nº 343430).

▪ **Application de la loi pénale dans le temps.** Incrimination créée par D. nº 2010-835, 21 juill. 2010.

TEXTE DE RÉFÉRENCE

▪ **Renvoi.** *Idem* nº 25.9.

RÉGIME PROCÉDURAL

▪ **Inscription au fichier TAJ.** Contravention donnant lieu à inscription de la personne au fichier de traitement des antécédents judiciaires (TAJ), C. pr. pén., art. R. 40-25, v. nº 13.12B.

■ ÉLÉMENTS CONSTITUTIFS – QUALIFICATION

✧ Pour avoir à .... [¤ lieu], le .... [¤ date], [⇨A ou B :]

A. dans un lieu public ou ouvert au public, dans des conditions de nature à troubler l'ordre public et dans l'intention d'outrager le drapeau tricolore [⇨A1 à A3 :]

A1. détruit celui-ci (A1 : *N 27779.c5*)...

A2. détérioré celui-ci (A2 : *N 27780.c5*)...

A3. utilisé celui-ci de manière dégradante (A3 : *N 27781.c5*)...
...en l'espèce en .... [¤ matérialiser l'infraction] ;

B. étant l'auteur de faits d'outrage au drapeau tricolore, même commis dans un lieu privé, diffusé ou fait diffuser l'enregistrement d'images relatives à leur commission (B : *N 27782.c5*).

Faits prévus et réprimés par l'article R. 645-15 du code pénal. ✧

25.11 Atteintes à l'ordre public cultuel (police des cultes)

■ PEINES

PP Cas A : 5 ans d'emprisonnement, 75 000 € (depuis L. n° 2021-1109, 24 août 2021, auparavant 3 mois à 2 ans) (L. 9 déc. 1905, art. 35) ;

Cas B : 1 an d'emprisonnement, 15 000 € (depuis L. n° 2021-1109, 24 août 2021, auparavant contrav. 5e cl) (L. 9 déc. 1905, art. 31) ;

Cas C : 1 an d'emprisonnement, 15 000 € (depuis L. n° 2021-1109, 24 août 2021, auparavant contrav. 5e cl) (L. 9 déc. 1905, art. 32) ;

Cas D : 3 ans d'emprisonnement, 45 000 €) (circ. agr. créée par L. n° 2021-1109, 24 août 2021) (L. 9 déc. 1905, art. 31) ;

Cas E à G : 1 an d'emprisonnement, 15 000 € (depuis L. n° 2021-1109, 24 août 2021, auparavant contrav. 5e cl) (L. 9 déc. 1905, art. 35-1) ;

Cas H : 6 mois d'emprisonnement, 7 500 € (incrimination créée par L. n° 2021-1109, 24 août 2021) (L. 9 déc. 1905, art. 36-3)

Cas I : 3 750 € (L. 9 déc. 1905, art. 34) ;

Cas J à N : Contrav. 5e cl. 1 500 € (L. 9 déc. 1905, art. 29 ; C. pén., art. 131-13).

PC Cas A à I : sauf dispense motivée, interdiction obligatoire ⩽ 3 ans de paraître dans les lieux dans lesquels l'infraction a été commise (L. 9 déc. 1905, art. 36-1 issu L. n° 2021-1109, 24 août 2021, C. pén., art. 131-6 12°).

PERSONNE MORALE

PP Délit et Contrav. 5e cl. : amende applicable ⩽ quintuple de celle prévue pour les personnes physiques (C. pén., art. 131-38 et 131-41).

PC Néant.

■ ORIENTEUR

AUTRE QUALIFICATION

▪ **Infractions plus sévèrement réprimées.** • Cas A : ces dispositions s'appliquent sans préjudice des peines de la complicité dans le cas où la provocation est suivie d'une sédition, révolte ou guerre civile (L. 9 déc. 1905, art. 35). • Cas B et C : les dispositions de L. 9 déc. 1905, art. 31 et 32 ne s'appliquent qu'aux troubles, outrages ou voies de fait, dont la nature ou les circonstances ne donneront pas lieu à de plus fortes peines d'après les dispositions du Code pénal. (L. 9 déc. 1905, art. 33).

▪ **Célébration de mariage religieux sans mariage civil préalable.** C. pén., art. 433-21, v. n° 21.2.

ÉLÉMENT LÉGAL

▪ **Application de la loi pénale dans le temps.** • Cas A : peines de 3 mois à 2 ans d'emprisonnement élevées à 5 ans et 75 000 € par L. n° 2021-1109, 24 août 2021 confortant le respect des principes de la République. • Cas B et C : contrav. 5e cl. érigée en délit (1 an, 15 000 €) avec création de la circonstance aggravante du cas D par L. n° 2021-1109, 24 août 2021. • Cas E : contrav. 5e cl. (anct art. 26 et 29) érigée en délit (1 an, 15 000 €) par L. n° 2021-1109, 24 août 2021. • Cas F à H : nouveaux délits créés par L. n° 2021-1109, 24 août 2021.

▪ **Application de la loi pénale dans l'espace.** Pour les départements du Bas-Rhin, du Haut-Rhin et de la Moselle, les incriminations applicables sont celles prévues par le code pénal local, également modifié par L. n° 2021-1109, 24 août 2021. V. C. pén. local, art. 167-1 (cas J à L), 167-2 (cas E à G), 167-3 (cas A) et 167-7 IV (cas H).

▪ **Constitutionnalité.** Les dispositions relatives à la police des cultes issues de L. n° 2021-1109, 24 août 2021, art. 80 à 87, modifiant la L. 9 déc. 1905 concernant la séparation des Églises et de l'État n'ont pas été soumises à l'examen *a priori* du Cons. const., sur le fondement de Const., art. 61 (v. Cons. const. 13 août 2021, n° 2021-823 DC).

TEXTE DE RÉFÉRENCE

▪ **Principe du libre exercice du culte.** « *La France est une République [...] laïque [...]. Elle assure l'égalité devant la loi de tous les citoyens sans distinction [...] de religion. Elle respecte toutes les croyances* » (Constitution 4 oct. 1958, art. premier). La République « *garantit le libre exercice des cultes sous les seules restrictions* *édictées [...] dans l'intérêt de l'ordre public* » (L 9 déc. 1905, art. 1 concernant la séparation des Églises et de l'État).

RÉGIME PROCÉDURAL

▪ **Diffamation publique par un ministre du culte. • Exception de vérité (Cas I).** La vérité du fait diffamatoire, mais seulement s'il est relatif aux fonctions, pourra être établie devant le tribunal correctionnel dans les formes prévues par L. 29 juill. 1881, art. 52. **• Délai de prescription et modalités d'interruption de la prescription (Cas I).** Les prescriptions édictées par L. 29 juill. 1881, art. 65, relatives à la prescription de 3 mois et aux conditions de forme des actes interruptifs de prescription s'appliquent (L. 9 déc. 1905, art. 34) (sur ces règles propres aux infractions en matière de presse, v. nº 35.13, Orienteur/Régime procédural).

MESURE ADMINISTRATIVE

▪ **Fermeture administrative. Cas H** : à l'issue d'une procédure contradictoire, « *Le représentant de l'État dans le département ou, à Paris, le préfet de police peut prononcer la fermeture temporaire des lieux de culte dans lesquels les propos qui sont tenus, les idées ou théories qui sont diffusées ou les activités qui se déroulent provoquent à la haine ou à la violence envers une personne ou un groupe de personnes ou tendent à justifier ou à encourager cette haine ou cette violence* », selon les mêmes modalités, « *peuvent également faire l'objet d'une mesure de fermeture [...], des locaux dépendant du lieu de culte [...] et dont il existe des raisons sérieuses de penser qu'ils seraient utilisés pour faire échec à l'exécution de cette mesure* ». (L. 9 déc. 1905, art. 36-3 créé par L. nº 2021-1109, 24 août 2021).

MESURE CIVILE

▪ **Responsabilité civile de l'association cultuelle.** « *Dans le cas de condamnation en application des articles* » 25 (cas J à L) 34 (cas I), 35 (cas A) et 35-1 (cas E à G) « *l'association constituée pour l'exercice du culte dans l'immeuble où l'infraction a été commise sera civilement responsable, sauf si l'infraction a été commise par une personne non membre de l'association ou n'agissant pas à l'invitation de celle-ci et dans des conditions dont l'association ne pouvait avoir connaissance* » (L. 9 déc. 1905, art. 36).

▪ ÉLÉMENTS CONSTITUTIFS – QUALIFICATION

✧ Pour avoir à .... [¤ lieu], le .... [¤ date], [⇨A à N :]

A. étant ministre du culte, dans les lieux où s'exerce le culte, prononcé un discours ou affiché ou distribué publiquement un écrit (L. 9 déc. 1905, art. 35 et 36-1) [⇨A1 ou A2 :]

A1. contenant une provocation directe à résister à l'exécution des lois ou aux actes légaux de l'autorité publique (A1 : *N* ***2222.co***) ;

A2. tendant à soulever ou à armer une partie des citoyens contre les autres (A2 : *N* ***34205.co***) ;

B. exercé des menaces contre un individu, soit en lui faisant craindre de perdre son emploi ou d'exposer à un dommage sa personne, sa famille ou sa fortune, en vue de le déterminer à exercer ou à s'abstenir d'exercer un culte, à faire partie ou à cesser de faire partie d'une association cultuelle, à contribuer ou à s'abstenir de contribuer aux frais d'un culte (L. 9 déc. 1905, art. 31 et 36-1) (B : *N* ***34203.co***) ;

C. empêché, retardé ou interrompu l'exercice d'un culte par des troubles ou désordres causés dans le local servant à cet exercice (L. 9 déc. 1905, art. 32) (C : *N* ***10812.co***) ;

D. [préciser le cas échéant dans les cas B ou C :] avec cette circonstance que les faits ont été commis par voie de fait ou violence (L. 9 déc. 1905, art. 31) (BD : *N* ***34204.co***) ; (CD : *N* **#.co**) ;

E. tenu une réunion politique dans un local servant habituellement à l'exercice d'un culte « *ou dans ses dépendances qui en constituent un accessoire indissociable* » (réd. issue L. nº 2021-1109, 24 août 2021) (L. 9 déc. 1905, art. 35-1 (anc[t] art. 26) et 36-1) (E : *N* ***30452.co***) ;

F. affiché, distribué ou fait diffuser de la propagande électorale, que ce soit celle d'un candidat ou d'un élu, dans un local servant habituellement à l'exercice d'un culte ou dans ses dépendances qui en constituent un accessoire indissociable (incrimination créée par L. nº 2021-1109, 24 août 2021) (L. 9 déc. 1905, art. 35-1 et 36-1) (F : *N* ***34206.co***) ;

G. organisé des opérations de vote pour des élections politiques françaises ou étrangères dans un local servant habituellement à l'exercice du culte ou utilisé par une association cultuelle (incrimination créée par L. nº 2021-1109, 24 août 2021) (L. 9 déc. 1905, art. 35-1 et 36-1) (G : *N* ***34207.co***) ;

H. violé une mesure de fermeture d'un lieu de culte ou d'un lieu en dépendant, prise par le préfet par arrêté du ...... [date de l'arrêté préfectoral de fermeture] notifié le ...... [date de la notification] (incrimination créée par L. nº 2021-1109, 24 août 2021) (L. 9 déc. 1905, art. 36-3 et 36-1) (H : *N 34208.co*) ;

I. étant ministre d'un culte, dans les lieux où s'exerce ce culte, publiquement, par des discours prononcés, des lectures faites, des écrits distribués ou des affiches apposées, outragé ou diffamé un citoyen chargé d'un service public (L. 9 déc. 1905, art. 34 et 36-1) (I : *N 2221.co*) ;

J. organisé une réunion non publique pour la célébration d'un culte dans un local appartenant à une association cultuelle ou mis à sa disposition (L. 9 déc. 1905, art. 25 et 29) (J : *N 34209.c5*) ;

K. fourni le local appartenant à une association cultuelle ou mis à sa disposition pour une réunion non publique pour la célébration d'un culte (L. 9 déc. 1905, art. 25 et 29) (K : *N 34209.c5*) ;

L. participé en qualité de ministre du culte à une réunion non publique pour la célébration d'un culte dans un local appartenant à une association cultuelle ou mis à sa disposition (L. 9 déc. 1905, art. 25 et 29) (L : *N 34209.c5*) ;

M. élevé ou apposé un signe ou emblème religieux sur un monument public ou en quelque emplacement public que ce soit, autre qu'un édifice servant au culte, un terrain de sépulture dans un cimetière, un monument funéraire, un musée ou une exposition (L. 9 déc. 1905, art. 28 et 29) (M : *N 34212.c5*) ;

N. omis de respecter les dispositions d'un arrêté municipal réglant (L. 9 déc. 1905, art. 27 et 29) [⇨N1 ou N2 :]

N1. les cérémonies, processions et autres manifestations extérieures d'un culte (CGTC, art. L. 2212-2) (N1 : *N 34210.c5*) ;

N2. les sonneries des cloches (N2 : *N 34211.c5*).

Faits prévus et réprimés par les articles [¤ de l'infraction sélectionnée]. ✧

25.12 Rébellion

■ PEINES

PERSONNE PHYSIQUE

PP Délit. Cas A : 2 ans, 30 000 € (L. nº 2017-258, 28 févr. 2017, auparavant 1 an, 15 000 € (L. nº 2007-297, 5 mars 2007, auparavant 6 mois d'emprisonnement, 7 500 €)) (C. pén., art. 433-7). Cas B : 3 ans, 45 000 € (L. nº 2017-258, 28 févr. 2017, auparavant 2 ans, 30 000 € (L. nº 2007-297, 5 mars 2007, auparavant 1 an, 15 000 €)) (C. pén., art. 433-7). Cas C : 5 ans, 75 000 € (L. nº 2007-297, 5 mars 2007 [auparavant 3 ans, 45 000 €]) (C. pén., art. 433-8). Cas D : 10 ans, 150 000 € (L. nº 2007-297, 5 mars 2007 [auparavant 7 ans, 100 000 €]) (C. pén., art. 433-8).

PC 1. *Idem* nº 25.6 + :

2. Cas C et D : interdiction obligatoire ⩽ 5 ans, de détention ou port d'arme soumise à autorisation (L. nº 2012-304, 6 mars 2012, auparavant interdiction facultative ⩽ 5 ans) (C. pén., art. 433-24 1°) ;

3. Cas C et D : confiscation obligatoire d'une ou plusieurs armes dont le condamné est propriétaire ou dont il a la libre disposition (L. nº 2012-304, 6 mars 2012, auparavant peine facultative) (C. pén., art. 433-24 2°) ;

4. Cas C et D : retrait, obligatoire, ⩽ 3 ans, du permis de chasser (nouvelle peine complémentaire créée par L. nº 2012-304, 6 mars 2012) (C. pén., art. 433-24 2°).

PERSONNE MORALE

PP Cas A : 150 000 € (L. nº 2017-258, 28 févr. 2017, auparavant 75 000 €). Cas B : 225 000 € (L. nº 2017-258, 28 févr. 2017, auparavant 150 000 €). Cas C : 375 000 €. Cas D : 750 000 € (C. pén., art. 131-38).

PC Néant.

■ ORIENTEUR

AUTRE QUALIFICATION

- Violences volontaires sur les forces de sécurité intérieure (L. nº 2022-52, 24 janv. 2022). C. pén., art. 222-14-5 I, v. nº 20.27.
- Provocation à la rébellion. V. nº 25.14.

▪ **Résistance ou tumulte lors de l'expulsion d'une salle d'audience pénale.** V. nº 25.5.

ÉLÉMENT MATÉRIEL

▪ **Fait justificatif.** L'illégalité du contrôle d'identité « *accompli par les agents dans l'exercice de leurs fonctions, à la supposer établie, [est] sans incidence sur la régularité de la procédure dirigée contre le prévenu des chefs de rébellion et d'outrage* » (Crim. 1er sept. 2004, nº 04-80.362, P nº 190). « *La nullité [...] en matière de contrôle d'identité ne saurait affecter la validité des poursuites exercées pour des infractions contre les autorités de police, commises à cette occasion par la personne contrôlée* » (Crim. 7 févr. 1995, nºs 94-81.502, 94-81.502, 94-81.502, P nº 51). « *La validité des poursuites exercées contre la personne détenue du chef de rébellion à la suite de faits commis au sein de l'établissement pénitentiaire ne saurait être affectée par le constat postérieur, par la juridiction compétente, du caractère irrégulier de la détention provisoire de celle-ci* » (§ 10), « *les policiers ont agi dans l'exercice de leurs fonctions, pour l'exécution des lois, des ordres de l'autorité publique, des décisions ou mandats de justice, ce qui entraînait pour la personne détenue l'obligation de s'y soumettre, la poursuite pour rébellion ne procédant que du comportement de celle-ci envers les policiers* » (§ 14), « *au surplus, la personne, détenue au moment des faits en vertu d'un mandat de dépôt exécutoire, ne saurait exciper d'une situation d'atteinte arbitraire à sa liberté* » (Crim. 20 avr. 2022, nº 21-84.651, D).

RÉGIME PROCÉDURAL

▪ **Compétence juridictionnelle. Juge unique** sauf dans le **cas** D (peine encourue > 5 ans) (C. pr. pén., art. 398-1 1°, v. nº 17.15D2).

▪ **Ordonnance pénale. Possible** sauf dans le **cas** D (peine encourue > 5 ans) (C. pr. pén., art. 495-II, v. nº 15.48B1 et tableau nº 17.15D2).

RÉGIME DES PEINES

▪ **Cumul des peines.** Par dérogation au C. pén., art. 132-2 à 132-5, lorsque l'auteur de la rébellion est **détenu**, les peines prononcées pour le délit de rébellion se cumulent, sans possibilité de confusion, avec celles qu'il subissait ou celles prononcées pour l'infraction pour laquelle il était détenu (C. pén., art. 433-9) (sur le principe de confusion de plein droit des peines en cas d'infractions multiples poursuivies ensemble, C. pén, art. 132-3, v. nº 18.2 ; ou de confusion facultative en cas d'infraction poursuivies séparément, C. pén, art. 132-4, v. nº 18.4C), sur les exceptions légales au principe de confusion, v. nº 18.3).

▪ ÉLÉMENTS CONSTITUTIFS – QUALIFICATION

✧ Pour avoir à .... [¤ lieu], le .... [¤ date], [⇨A à D :]

A. seul et sans arme (C. pén., art. 433-7) (A : N *7887.ju*)...

B. en réunion et sans arme (C. pén., art. 433-7) (B : N *7889.ju*)...

C. seul et avec arme (C. pén., art. 433-8 et 433-24) (C : N *7888.ju*)...

D. en réunion et avec arme (C. pén., art. 433-8 et 433-24) (D : N *7890.co*)...

... opposé une résistance violente à .... [¤ indication du nom et de la qualité des personnes concernées], dépositaire(s) de l'autorité publique ou chargé(s) d'une mission de service public, agissant dans l'exercice de ses/leurs fonction(s) pour l'exécution des lois.

Faits prévus et réprimés par les articles 433-6 + article [• du cas sélectionné], 433-9 et 433-22 du code pénal. ✧

25.13 Rébellion sur un agent de chemin de fer (abrogé – Ord. nº 2010-1307, 28 oct. 2010)

▪ PEINES

PERSONNE PHYSIQUE

PP Délit. ~~Cas A : 6 mois~~ d'emprisonnement, ~~7 500 €. Cas B : 1 an, 15 000 €. Cas C : 3 ans, 45 000 €. Cas D : 7 ans, 100 000 € (L. 15 juill. 1845, art. 25 ; C. pén., art. 433-6 s.).~~

PC ~~*Idem* nº 35.38.~~

PERSONNE MORALE

PP ~~Cas A : 37 500 €. Cas B : 75 000 €. Cas C : 225 000 €. Cas D : 500 000 € (C. pén., art. 131-38, 131-41).~~

PC ~~Néant.~~

▪ ~~ORIENTEUR~~

AUTRE QUALIFICATION

▪ Provocation à la rébellion.~~V. n° *25.14*.~~

ÉLÉMENT LÉGAL

▪ **Application de la loi pénale dans le temps. Incrimination spéciale abrogée** par Ord. n° 2010-1307, 28 oct. 2010, en vigueur le 1er déc. 2011, portant promulgation du code des transports. Les dispositions de droit commun relatives à la rébellion (v. n° 25.12), jusqu'alors en concours, sont désormais seules applicables.

RÉGIME PROCÉDURAL

▪ **Compétence juridictionnelle.** ~~**Juge unique,** sauf dans le cas D (C. pr. pén., art. 398-1 5°).~~

▪ ~~ÉLÉMENTS CONSTITUTIFS – QUALIFICATION~~

~~✧ Pour avoir à .... [¤ lieu], le .... [¤ date], [⇨A à D :]~~

~~A. seul et sans arme (C. pén., art. 433-7) (*N 10808.ju*) ...~~

~~B. en réunion et sans arme (C. pén., art. 433-7) (*N 10809.ju*) ...~~

~~C. avec arme (C. pén., art. 433-8 et 433-24) (*N #.ju*) ...~~

~~D. en réunion et avec arme (C. pén., art. 433-8 et 433-24) (*N #.co*) ...~~

~~... volontairement commis une attaque ou résisté avec violence et voies de fait envers .... [• victime(s) des violences], agent(s) des chemins de fer dans l'exercice de ses (leurs) fonctions.~~

~~Faits prévus et réprimés par les articles 25 de la loi du 15 juillet 1845, 433-6, + article [• du cas sélectionné], 433-9 et 433-22 du code pénal. ✧~~

25.14 Provocation à la rébellion

▪ PEINES

PERSONNE PHYSIQUE

PP Délit. 2 mois d'emprisonnement, 7 500 € (L. n° 2007-297, 5 mars 2007 [auparavant 7 500 €]) (C. pén., art. 433-10).

PC *Idem* n° 25.6.

PERSONNE MORALE

PP 37 500 € (C. pén., art. 131-38).

PC Néant.

▪ ORIENTEUR

AUTRE QUALIFICATION

▪ **Provocation publique à la commission de crime ou délit.** V. n° 35.26.

ÉLÉMENT MATÉRIEL

▪ **Faits incriminés.** L'infraction est caractérisée dans le cas où le prévenu a « *harangué la foule de jeunes présents, en les incitant à faire obstacle à son interpellation dans les termes suivants : "Venez, ils ne sont que quatre, on va les défoncer"* » (Crim. 21 févr. 2017, n° 16-83.641, P n° 44).

RÉGIME PROCÉDURAL

▪ **Compétence juridictionnelle. Juge unique** (C. pr. pén., art. 398-1 1°, v. n° 17.15D2).

▪ **Ordonnance pénale. Possible** (C. pr. pén., art. 495-II, v. n° 15.48B1 et tableau n° 17.15D2).

▪ **Infractions par voie de presse.** Si le délit est commis par voie de presse écrite ou audiovisuelle, les poursuites pourront être engagées contre le responsable tel que déterminé par les articles 42 et 43 de la loi du 29 juillet 1881 sur la presse et 93-3 de la loi du 29 juillet 1982 sur la communication audiovisuelle : responsabilité principale du directeur de publication ou du directeur du service de communication audiovisuelle (sauf émission en direct) et responsabilité en « cascade » (v. n° 35.13) (C. pén., art. 433-10 ; Circ. 14 mai 1993, n° 182).

■ ÉLÉMENTS CONSTITUTIFS – QUALIFICATION

✧ Pour avoir à .... [¤ lieu], le .... [¤ date], par des cris ou des discours publics, des écrits affichés ou distribués ou tout autre moyen de transmission de l'écrit, de la parole ou de l'image, directement provoqué à la rébellion, en l'espèce en .... [¤ matérialiser l'infraction]

Faits prévus et réprimés par les articles 433-10 et 433-22 du code pénal (*N 12371.ju*). ✧

25.15 Opposition à l'exécution de travaux publics

■ PEINES

PERSONNE PHYSIQUE

PP Délit. 1 an d'emprisonnement, 15 000 € (C. pén., art. 433-11).

PC *Idem* n° 25.6.

PERSONNE MORALE

PP Délit. 75 000 € (C. pén., art. 433-25 ; 131-38).

PC 1. Interdiction ⩽ 5 ans une ou plusieurs activités professionnelles ou sociales en relation avec l'infraction (C. pén., art. 433-25 et 131-39 2°) ;

2. Surveillance judiciaire, ⩽ 5 ans, sauf personnes morales de droit public, partis, groupements politiques, syndicats (C. pén., art. 433-25, 131-39 3° et 131-46) ;

3. Fermeture, ⩽ 5 ans, d'un ou plusieurs établissements en relation avec l'infraction (C. pén., art. 433-25 et 131-39 4°) ;

4. Exclusion, ⩽ 5 ans, des marchés publics (C. pén., art. 433-25 et 131-39 5°) ;

5. Interdiction, ⩽ 5 ans, de *faire appel public à l'épargne* (procéder à une offre au public de titres financiers ou de les faire admettre aux négociations sur un marché réglementé, selon L. n° 2009-80, 22 janv. 2009) (C. pén., art. 433-25 et 131-39 6°) ;

6. Interdiction, ⩽ 5 ans, d'utiliser des cartes de paiement ou d'émettre des chèques autres que de retrait ou certifiés (C. pén., art. 433-25 et 131-39 7°) ;

7. Confiscation (réelle ou en valeur) chose ayant servi à l'infraction ou destinée à la commettre, ou son produit (obligatoire pour objets qualifiés dangereux ou nuisibles par loi ou règlement ou dont la détention est illicite) (C. pén., art. 433-25 et 131-21) ;

8. Affichage, ⩽ 2 mois, *et/ou* (L. n° 2011-525, 17 mai 2011) diffusion de la décision ou d'extraits aux frais (⩽ amende encourue) du condamné (C. pén., art. 433-25, 131-48 et 131-35).

■ ORIENTEUR

RÉGIME PROCÉDURAL

- **Compétence juridictionnelle. Juge unique** (C. pr. pén., art. 398-1 1°, v. n° 17.15D2).
- **Ordonnance pénale. Possible** (C. pr. pén., art. 495-II, v. n° 15.48B1 et tableau n° 17.15D2).

■ ÉLÉMENTS CONSTITUTIFS – QUALIFICATION

✧ Pour s'être à .... [¤ lieu], le .... [¤ date], par voies de fait ou violences, opposé à l'exécution de travaux publics ou d'utilité publique.

Faits prévus et réprimés par les articles : **PERSONNES PHYSIQUES.** 433-11 et 433-22 du code pénal (*N 1863.ju*). **PERSONNES MORALES.** 433-11 et 433-25 du code pénal (*N #.ju*). ✧

25.16 Immixtion dans une fonction publique

■ PEINES

PERSONNE PHYSIQUE

PP Délit. 3 ans d'emprisonnement, 45 000 € (C. pén., art. 433-12).

PC *Idem* n° 25.6.

PERSONNE MORALE

PP Délit. 225 000 € (C. pén., art. 433-25 ; 131-38).

PC *Idem* n° 25.6.

■ ORIENTEUR

RÉGIME PROCÉDURAL

▪ Compétence juridictionnelle. Juge unique (C. pr. pén., art. 398-1 1°, v. n° 17.15D2).

▪ Ordonnance pénale. Possible (C. pr. pén., art. 495-II, v. n° 15.48B1 et tableau n° 17.15D2).

RÉGIME DES PEINES

▪ Cumul de poursuites pénales et financières. « *Les comptables de fait peuvent, dans le cas où ils n'ont pas fait l'objet pour les mêmes opérations des poursuites prévues au C. pén., art. 433-12, être condamnés à l'amende par la Cour des comptes en raison de leur immixtion dans les fonctions de comptable public. Le montant de l'amende tient compte de l'importance et de la durée de la détention ou du maniement des deniers, des circonstances dans lesquelles l'immixtion dans les fonctions de comptable public s'est produite, ainsi que du comportement et de la situation matérielle du comptable de fait. Son montant ne pourra dépasser le total des sommes indûment détenues ou maniées* » (CJF, art. L. 131-11). Ces dispositions « *n'interdisent pas, en revanche, le cumul de poursuites pour gestion de fait et de poursuites sur le fondement d'autres dispositions répressives* » (§ 7) comme celles réprimant l'abus de confiance (C. pén., art. 314-1, v. n° 22.37 à 22.40), la concussion (C. pén., art. 432-10, v. n° 23.36), la corruption active (C. pén., art. 432-11, v. n° 23.37), le détournement de fonds publics (C. pén., art. 432-15, v. n° 23.55), l'abus de biens sociaux d'une SARL (C. com., art. L. 241-3, v. n° 33.15) ou d'une SA (C. com., art. L. 242-6, v. n° 33.19), car « *ces infractions ne tendent pas à réprimer de mêmes faits, qualifiés de manière identique* » (§ 9) ; toutefois les cumuls éventuels de poursuites « *doivent, en tout état de cause, respecter le principe de nécessité des délits et des peines, qui implique qu'une même personne ne puisse faire l'objet de plusieurs poursuites susceptibles de conduire à des sanctions de même nature pour les mêmes faits, en application de corps de règles protégeant les mêmes intérêts sociaux* » (§ 10) (Cons. const. 7 mai 2020, n° 2020-838/839 QPC).

■ ÉLÉMENTS CONSTITUTIFS – QUALIFICATION

✧ Pour s'être à .... [¤ lieu], le .... [¤ date], immiscé sans titre dans l'exercice de la fonction publique de .... [¤ fonction concernée], en accomplissant l'un des actes réservés au titulaire de cette fonction, en l'espèce en .... [¤ actes reprochés].

Faits prévus et réprimés par les articles : **PERSONNES PHYSIQUES.** 433-12 et 433-22 du code pénal (*N 1439.ju*). **PERSONNES MORALES.** 433-12 et 433-25 du code pénal (*N #.ju*). ✧

25.17 Activité ou document créant confusion avec une fonction ou des documents publics

■ PEINES

PERSONNE PHYSIQUE

PP Délit. 1 an d'emprisonnement, 15 000 € (C. pén., art. 433-13).

PC *Idem* n° 25.6.

PERSONNE MORALE

PP Délit. 75 000 € (C. pén., art. 433-25 ; 131-38).

PC *Idem* n° 25.15.

■ ORIENTEUR

AUTRE QUALIFICATION

▪ Imprimé ressemblant aux imprimés officiels, fabrication, distribution, usage. V. n° 24.39.

▪ Fabrication ou vente d'objet ou d'imprimé prêtant à confusion avec les titres fiduciaires publics. V. n° 24.31.

▪ Costume, uniforme, véhicule, insigne ou document, pouvant causer une méprise avec la police ou les militaires. V. n° 25.19.

▪ Costume, uniforme, insigne ou document pouvant causer une méprise avec l'autorité publique. V. n° 25.20.

▪ Usage de titre officiel dans une publicité commerciale. V. n° 25.22.

RÉGIME PROCÉDURAL

▪ Compétence juridictionnelle. Juge unique (C. pr. pén., art. 398-1 1°, v. n° 17.15D2).

▪ Ordonnance pénale. Possible (C. pr. pén., art. 495-II, v. n° 15.48B1 et tableau n° 17.15D2).

■ ÉLÉMENTS CONSTITUTIFS – QUALIFICATION

✧ Pour avoir à .... [¤ lieu], le .... [¤ date], [⇨A ou B :]

A. exercé une activité dans des conditions de nature à créer dans l'esprit du public une confusion avec l'exercice d'une fonction publique ou d'une activité réservée aux officiers publics ou ministériels, en l'espèce en .... [¤ indiquer l'activité réalisée et la fonction publique concernée] (A : *N 12290.ju*) ;

B. usé de documents ou d'écrits, en l'espèce .... [¤ documents concernés], présentant avec des actes judiciaires, extrajudiciaires ou administratifs une ressemblance de nature à provoquer une méprise dans l'esprit du public (B : *N 12291.ju*) ;

Faits prévus et réprimés par les articles : **PERSONNES PHYSIQUES.** 433-13 et 433-22 du code pénal. **PERSONNES MORALES.** 433-13 et 433-25 du code pénal. ✧

25.18 Port ou usage illégal d'un costume, d'un uniforme, d'une décoration, d'un document ou d'un insigne réglementé, d'un véhicule de police ou militaire

■ PEINES

PERSONNE PHYSIQUE

PP Délit. Cas A à D : 1 an d'emprisonnement, 15 000 € (C. pén., art. 433-14). Cas E : 3 ans, 45 000 € (C. pén., art. 433-16).

PC 1. *Idem* n° 25.6.

PERSONNE MORALE

PP Cas A à D : 75 000 €. Cas E : 225 000 € (C. pén., art. 131-38).

PC Néant.

■ ORIENTEUR

AUTRE QUALIFICATION

▪ **Imprimé ressemblant aux imprimés officiels, fabrication, distribution, usage.** V. n° 24.39.

▪ **Fabrication ou vente d'objet ou d'imprimé prêtant à confusion avec les titres fiduciaires publics.** V. n° 24.31.

▪ **Activité ou document créant confusion avec une fonction ou des documents publics.** V. n° 25.17.

▪ **Costume, uniforme, véhicule, insigne ou document, pouvant causer une méprise avec la police ou les militaires.** V. n° 25.19.

▪ **Costume, uniforme, insigne ou document pouvant causer une méprise avec l'autorité publique.** V. n° 25.20.

ÉLÉMENT LÉGAL

▪ **Cas particulier des signes des services médicaux. Cas D.** Les signes distinctifs protégés au bénéfice des services médicaux des forces armées des États, des hôpitaux civils, et des sociétés de secours par les conventions de Genève signées le 12 août 1949, pour l'amélioration du sort des blessés et des malades en temps de guerre, et leurs protocoles additionnels sont : la **Croix rouge**, le **croissant rouge** et le **lion et soleil rouge**, complétés par le **cristal rouge**, adopté lors du protocole additionnel adopté le 8 décembre 2005.

RÉGIME PROCÉDURAL

▪ **Compétence juridictionnelle. Juge unique** (C. pr. pén., art. 398-1 1°, v. n° 17.15D2).

▪ **Ordonnance pénale. Possible** (C. pr. pén., art. 495-II, v. n° 15.48B1 et tableau n° 17.15D2).

■ ÉLÉMENTS CONSTITUTIFS – QUALIFICATION

✧ Pour avoir à .... [¤ lieu], le .... [¤ date], publiquement et sans droit [⇨A à D puis le cas échéant E :]

A. **Costume, uniforme, décoration**. porté un costume, un uniforme ou une décoration réglementé par l'autorité publique, en l'espèce .... [¤ élément concerné] (A : *N 109.ju*) ;

B. **Document ou insigne réglementé**. fait usage d'un [⇨B1 ou B2 :]

B1. document justificatif d'une qualité professionnelle...

B2. insigne...

... réglementé par l'autorité publique, en l'espèce .... [¤ élément concerné] (B : *N 12831.ju*) ;

C. **Véhicule de police ou militaire.** utilisé un véhicule muni de signes extérieurs, en l'espèce .... [¤ signes utilisés] identiques à ceux utilisés par les [⇨C1 ou C2 :]

C1. fonctionnaires de la police nationale (C1 : *N 12328.ju*) ;

C2. militaires (C2 : *N 12329.ju*) ;

D. fait publiquement usage d'un emblème ou d'une dénomination de l'un des signes distinctifs humanitaires définis par les conventions signées à Genève le 12 août 1949 et par leurs protocoles additionnels (D : *N 30252.ju*) ;

E. **Circonstance aggravante** : [• préciser le cas échéant dans les cas A à D] avec cette circonstance que les faits avaient pour objet de préparer ou de faciliter la commission d'un crime ou d'un délit (E : *N #.ju*).

Faits prévus et réprimés par les articles 433-14 (+ cas D : 433-16) et 433-22 du code pénal. ✧

25.19 Costume, uniforme, véhicule, insigne ou document, pouvant causer une méprise avec la police ou les militaires

■ PEINES

PERSONNE PHYSIQUE

PP Délit. Cas A à D : 6 mois d'emprisonnement, 7 500 € (C. pén., art. 433-15). Cas E : 3 ans, 45 000 € (C. pén., art. 433-16).

PC *Idem* nº 25.18.

PERSONNE MORALE

PP Cas A à D : 37 500 €. Cas E : 225 000 € (C. pén., art. 131-38).

PC Néant.

■ ORIENTEUR

AUTRE QUALIFICATION

- **Imprimé ressemblant aux imprimés officiels, fabrication, distribution, usage.** V. nº 24.39.
- **Activité ou document créant confusion avec une fonction ou des documents publics.** V. nº 25.17.
- **Port ou usage illégal d'un costume, d'un uniforme, d'une décoration, d'un document ou d'un insigne réglementé, d'un véhicule de police ou militaire.** V. nº 25.18.
- **Costume, uniforme, insigne ou document pouvant causer une méprise avec l'autorité publique.** V. nº 25.20.

ÉLÉMENT LÉGAL

- **Cas particulier des signes des services médicaux.** Cas D. V. nº 25.18.

RÉGIME PROCÉDURAL

- **Compétence juridictionnelle. Juge unique** (C. pr. pén., art. 398-1 1°, v. nº 17.15D2).
- **Ordonnance pénale. Possible** (C. pr. pén., art. 495-II, v. nº 15.48B1 et tableau nº 17.15D2).

■ ÉLÉMENTS CONSTITUTIFS – QUALIFICATION

✧ Pour avoir à .... [¤ lieu], le .... [¤ date], publiquement [⇨A à D puis le cas échéant E :]

A. porté un costume ou un uniforme...

B. utilisé un véhicule...

C. fait usage d'un insigne ou d'un document...

... en l'espèce .... [¤ élément concerné], présentant une ressemblance de nature à créer une méprise dans l'esprit du public avec ceux utilisés par les [⇨1 ou 2 :]

1. fonctionnaires de la police nationale (A1 : *N 1443.ju* ; B1 : *N 4243.ju* ; C1 : *N 12330.ju*) ;

2. militaires (A2 : *N 22027.ju* ; B2 : *N 12332.ju* ; C2 : *N 12331.ju*).

D. fait usage d'un emblème ou d'une dénomination présentant une ressemblance de nature à causer une méprise dans l'esprit du public avec l'un des signes distinctifs humanitaires définis par les conventions signées à Genève le 12 août 1949 et par leurs protocoles additionnels (C : *N 30254.ju*) ;

E. Circonstance aggravante : [• préciser le cas échéant dans les cas A à D] avec cette circonstance que les faits avaient pour objet de préparer ou de faciliter la commission d'un crime ou d'un délit (A1e : *N 23911.ju* ; A2e : *N 10786.ju* ; B1e : *N 23912.ju* ; B2e : *N 23909.ju* ; C1e : *N 23913.ju* ; C2e : *N 23910.ju* ; DE : *N 30254.ju*).

Faits prévus et réprimés par les articles 433-15 (+ cas D : 433-16) et 433-22 du code pénal. ✧

25.20 Costume, uniforme, insigne ou document pouvant causer une méprise avec l'autorité publique

▪ PEINES

PERSONNE PHYSIQUE

PP Contrav. 3e cl. 450 € (C. pén., art. R. 643-1 ; 131-13).

PC Confiscation (réelle ou en valeur) chose ayant servi à l'infraction ou destinée à la commettre ou son produit (C. pén., art. R. 643-1, 131-14 et 131-21).

PERSONNE MORALE

PP Contrav. 3e cl. 2 250 € (C. pén., art. R. 643-1 ; 131-41).

PC Confiscation (réelle ou en valeur) chose ayant servi à l'infraction ou destinée à la commettre ou son produit (C. pén., art. R. 643-1, 131-14, 131-39, 8o et 131-21).

▪ ORIENTEUR

AUTRE QUALIFICATION

▪ Imprimé ressemblant aux imprimés officiels, fabrication, distribution, usage. V. no 24.39.

▪ Fabrication ou vente d'objet ou d'imprimé prêtant à confusion avec les titres fiduciaires publics. V. no 24.31.

▪ Activité ou document créant confusion avec une fonction ou des documents publics. V. no 25.17.

▪ Port ou usage illégal d'un costume, d'un uniforme, d'une décoration, d'un document ou d'un insigne réglementé, d'un véhicule de police ou militaire. V. no 25.18.

▪ Costume, uniforme, véhicule, insigne ou document, pouvant causer une méprise avec la police ou les militaires. V. no 25.19.

▪ ÉLÉMENTS CONSTITUTIFS – QUALIFICATION

✧ Pour avoir à .... [¤ lieu], le .... [¤ date], [⇨A ou B :]

A. porté publiquement un costume ou un uniforme (A : *N 6067.c3*)...

B. fait usage d'un insigne ou d'un document (B : *N 12003.c3*)...

... en l'espèce .... [¤ élément concerné], présentant une ressemblance de nature à créer une méprise dans l'esprit du public avec ceux réglementés par l'autorité publique.

Faits prévus et réprimés par l'article R. 643-1 du code pénal. ✧

25.21 Usurpation de titre, diplôme ou qualité

▪ PEINES

PERSONNE PHYSIQUE

PP Délit. 1 an d'emprisonnement, 15 000 € (C. pén., art. 433-17).

PC 1. Interdiction droits civiques civils et de famille ⩽ 5 ans (vote, éligibilité, fonction juridictionnelle, expert, témoin, tuteur, curateur) (C. pén., art. 433-22 et 131-26) ;

2. Interdiction ⩽ 10 ans activité professionnelle ou sociale (en relation avec l'infraction), ou fonction publique, (sauf mandat électif ou syndical) (C. pén., art. 433-22, 131-27 et 131-28) ;

3. Affichage, ⩽ 2 mois, *et/ou* (L. no 2011-525, 17 mai 2011) diffusion de la décision ou d'extraits aux frais (⩽ amende encourue) du condamné (C. pén., art. 433-22 et 131-35) ;

PERSONNE MORALE

PP Délit. 75 000 € (C. pén., art. 433-25 ; 131-38).

PC *Idem* no 25.15.

■ ORIENTEUR

AUTRE QUALIFICATION

▪ **Exercice illégal. Avocat** : v. n° 33.5 ; **banquier** : v. n° 33.4 ; **expert-comptable** : v. n° 33.1. ; **infirmier**, v. n° 33.3 ; **médecin, chirurgien-dentiste, sage femme**, v. n° 33.2 ; **pharmacie**, v. n° 29.42.

AUTRE QUALIFICATION

▪ **Caractère exécutoire de la décision de l'ordre.** « *le délit d'usurpation du titre d'avocat par un avocat dont le conseil de l'ordre a ordonné l'omission du tableau est subordonné au constat préalable du caractère exécutoire de cette décision. Ce caractère exécutoire suppose que cette décision et, en cas de recours, l'arrêt l'ayant confirmée, aient été notifiés à l'intéressé* » (§ 8), ce que prévoit en effet le D. n° 91-1197, organisant la profession d'avocat, art. 16, 102 et 108 (Crim. 18 avr. 2023, n° 22-83.515, P). L'infraction est caractérisée lorsque, « *à la date des faits incriminés le prévenu avait cessé de remplir les conditions exigées par la loi pour faire usage du titre d'avocat en vertu d'une décision de justice légalement exécutoire bien que frappée de pourvoi* », si tel est le cas, « *la cassation ultérieure de la décision judiciaire servant de base aux poursuites ne saurait faire disparaitre [l'infraction]* » (Crim. 18 déc. 1978, n° 76-90.006, P n° 56).

RÉGIME PROCÉDURAL

▪ **Compétence juridictionnelle. Juge unique** (C. pr. pén., art. 398-1 1°, v. n° 17.15D2).

▪ **Ordonnance pénale. Possible** (C. pr. pén., art. 495-II, v. n° 15.48B1 et tableau n° 17.15D2).

■ ÉLÉMENTS CONSTITUTIFS – QUALIFICATION

✧ Pour avoir à .... [¤ lieu], le .... [¤ date], fait usage, sans droit, d'un titre attaché à une profession réglementée par l'autorité publique, ou d'un diplôme officiel ou d'une qualité dont les conditions d'attribution sont réglementées par l'autorité publique, en l'espèce en faisant usage du titre, du diplôme ou de qualité de .... (*N 108.ju ;* par personne morale : *N #.ju*).
Faits prévus et réprimés par les articles : **PERSONNES PHYSIQUES.** 433-17 et 433-22 du code pénal. **PERSONNES MORALES.** 433-17 et 433-25 du code pénal. ✧

25.22 Usage de titre officiel dans une publicité commerciale

■ PEINES

PERSONNE PHYSIQUE

PP Délit. 6 mois d'emprisonnement, 7 500 € (C. pén., art. 433-18).

PC *Idem* n° 25.6.

PERSONNE MORALE

PP Délit. 37 500 € (C. pén., art. 433-25 ; 131-38).

PC *Idem* n° 25.15.

■ ORIENTEUR

AUTRE QUALIFICATION

▪ **Activité ou document créant confusion avec une fonction ou des documents publics.** V. n° 25.17.

RÉGIME PROCÉDURAL

▪ **Compétence juridictionnelle. Juge unique** (C. pr. pén., art. 398-1 1°, v. n° 17.15D2).

▪ **Ordonnance pénale. Possible** (C. pr. pén., art. 495-II, v. n° 15.48B1 et tableau n° 17.15D2).

■ ÉLÉMENTS CONSTITUTIFS – QUALIFICATION

✧ Pour avoir à .... [¤ lieu], le .... [¤ date], [⇨A ou B puis 1 à 3 :]

A. étant fondateur ou dirigeant de droit ou de fait d'une entreprise poursuivant un but lucratif, fait figurer ou laisser figurer dans une publicité réalisée dans l'intérêt de cette entreprise (A : *N 1447.ju*) [⇨1 à 3 :] ;

B. étant banquier ou démarcheur, fait usage d'une publicité réalisée dans l'intérêt d'une entreprise poursuivant un but lucratif faisant figurer (B : *N 10611.ju*) [⇨1 à 3 :]

1. le nom de .... [¤ personne concernée], avec mention de sa qualité de membre ou d'ancien membre [⇨1a à 1l :]

1a. du Gouvernement ;

1b. du Parlement ;

1c. du Parlement européen ;

1d. d'une assemblée délibérante d'une collectivité territoriale ;

1e. du Conseil constitutionnel ;

1f. du Conseil d'État ;

1g. du Conseil économique et social ;

1h. du Conseil supérieur de la magistrature ;

1i. de la Cour de cassation ;

1j. de la Cour des comptes ;

1k. du conseil de direction de la Banque de France ;

1l. d'un organisme collégial investi par la loi d'une mission de contrôle ou de conseil ;

2. le nom de .... [¤ personne concernée], avec mention de sa fonction [⇨2a à 2c :]

2a. de magistrat ou ancien magistrat ;

2b. de fonctionnaire ou ancien fonctionnaire ;

2c. d'officier public ou ministériel ;

3. le nom de .... [¤ personne concernée] avec mention d'une décoration réglementée par l'autorité publique lui ayant été décernée.

Faits prévus et réprimés par les articles : **PERSONNES PHYSIQUES.** 433-18 et 433-22 du code pénal. **PERSONNES MORALES.** 433-18 et 433-25 du code pénal. ✧

25.23 Entrave aux secours

■ PEINES

PERSONNE PHYSIQUE

PP Délit. 7 ans d'emprisonnement, 100 000 € (C. pén., art. 223-5).

PC Interdiction droits civiques civils et de famille ⩽ 5 ans (vote, éligibilité, fonction juridictionnelle, expert, témoin, tuteur, curateur) (C. pén., art. 223-16 et 131-26).

PERSONNE MORALE

PP Délit. 500 000 € (C. pén., art. 223-7-1 ; 131-38).

PC 1. Dissolution (sauf personnes morales de droit public, partis, groupements politiques, syndicats, institutions représentatives du personnel) si personne morale créée ou détournée de son objet pour commettre l'infraction (C. pén., art. 223-7-1, 131-39 1° et 131-45).

2. Interdiction, définitive ou ⩽ 5 ans, une ou plusieurs activités professionnelles ou sociales en relation avec l'infraction (C. pén., art. 223-7-1, 131-39 2°) ;

3. Surveillance judiciaire ⩽ 5 ans, sauf personnes morales de droit public, partis, groupements politiques, syndicats (C. pén., art. 223-7-1, 131-39 3° et 131-46) ;

4. Fermeture, définitive ou ⩽ 5 ans, d'un ou plusieurs établissements en relation avec l'infraction (C. pén., art. 223-7-1, 131-39 4°) ;

5. Exclusion, définitive ou ⩽ 5 ans marchés publics (C. pén., art. 223-7-1, 131-39 5°) ;

6. Interdiction, définitive ou ⩽ 5 ans, de *faire appel public à l'épargne* (procéder à une offre au public de titres financiers ou de les faire admettre aux négociations sur un marché réglementé, selon L. n° 2009-80, 22 janv. 2009) (C. pén., art. 223-7-1, 131-39 6°) ;

7. Interdiction, ⩽ 5 ans, d'utiliser des cartes de paiement ou d'émettre des chèques autres que de retrait ou certifiés (C. pén., art. 223-7-1, 131-39 7°) ;

8. Confiscation de la chose ayant servi à l'infraction ou destinée à la commettre, ou son produit (obligatoire pour objets qualifiés dangereux ou nuisibles par loi ou règlement ou dont la détention est illicite) (C. pén., art. 223-7-1, 131-39 8° et 131-21) ;

9. Affichage, ⩽ 2 mois, *et/ou* (L. n° 2011-525, 17 mai 2011) diffusion de la décision ou d'extraits aux frais (⩽ amende encourue) du condamné (C. pén., art. 223-7-1, 131-39 9°, 131-48 et 131-35).

■ ORIENTEUR

AUTRE QUALIFICATION

▪ Non-assistance à personne en péril. V. n° 25.25.

▪ Abstention volontaire de combattre un sinistre. V. n° 25.26.

■ ÉLÉMENTS CONSTITUTIFS – QUALIFICATION

✧ Pour avoir à .... [¤ lieu], le .... [¤ date], entravé volontairement l'arrivée de secours destinés [⇨A ou B :]

A. à faire échapper une personne à un péril imminent (*N* ***10489.co***) ;

B. à combattre un sinistre présentant un danger pour la sécurité des personnes (*N* ***10493.co***).

Faits prévus et réprimés par les articles : **PERSONNES PHYSIQUES.** 223-5 et 223-16 du code pénal. **PERSONNES MORALES.** 223-5 et 223-7-1 du code pénal (*N #.co*). ✧

25.24 Non-empêchement d'un crime ou délit contre l'intégrité corporelle

■ PEINES

PERSONNE PHYSIQUE

PP Délit. Cas A : 5 ans d'emprisonnement, 75 000 €. (C. pén., art. 223-6, al. 1). Cas B : 7 ans, 100 000 € (C. pén., art. 223-6, al. 3) (L. n° 2018-703, 3 août 2018).

PC *Idem* n° 25.23.

PERSONNE MORALE

PP Délit. Cas A : 375 000 € ; Cas B : 500 000 € (L. n° 2018-703, 3 août 2018) (C. pén., art. 223-7-1 ; 131-38)

PC *Idem* n° 25.23.

■ ORIENTEUR

AUTRE QUALIFICATION

▪ Non-assistance à personne en péril. V. n° 25.25.

▪ Non-dénonciation de crime. V. n° 25.27.

▪ Non-dénonciation de mauvais traitements sur une personne vulnérable. V. n° 25.28.

ÉLÉMENT LÉGAL

▪ Application de la loi pénale dans le temps. Cas B : circonstance aggravante créée par L. n° 2018-703, 3 août 2018.

TEXTE DE RÉFÉRENCE

▪ Articulation entre devoir d'empêchement d'un crime ou d'un délit contre l'intégrité corporelle et secret professionnel. V. n° 35.13 (secret professionnel).

■ ÉLÉMENTS CONSTITUTIFS – QUALIFICATION

✧ Pour s'être à .... [¤ lieu], le .... [¤ date], [⇨A puis le cas échéant B :]

A. alors qu'il pouvait par son action immédiate, sans risque pour lui ou pour les tiers, empêcher un crime ou un délit contre l'intégrité corporelle de .... [¤ nom de la victime], abstenu volontairement de le faire (A : *N* ***115.co***) ;

B. [• Préciser le cas échéant dans le cas A.] avec cette circonstance que le crime ou le délit contre l'intégrité corporelle était commis sur un mineur de 15 ans (aggravation créée par L. n° 2018-703, 3 août 2018) (C. pén., art. 223-6, al. 3) (B : *N* ***32843.co***).

Faits prévus et réprimés par les articles : **PERSONNES PHYSIQUES.** 223-6, al. 1 et 223-16 du code pénal. **PERSONNES MORALES.** 223-6, al. 1 et 223-7-1 du code pénal (*N #.co*). ✧

25.25 Non-assistance à personne en péril

■ PEINES

PERSONNE PHYSIQUE

PP Délit. Cas A : 5 ans d'emprisonnement, 75 000 € (C. pén., art. 223-6, al. 2). Cas B : 7 ans, 100 000 € (C. pén., art. 223-6, al. 3) (L. n° 2018-703, 3 août 2018).

PC *Idem* n° 25.23.

PERSONNE MORALE

PP Délit. Cas A : 375 000 € ; Cas B : 500 000 € (L. n° 2018-703, 3 août 2018) (C. pén., art. 223-7-1 ; 131-38).

PC *Idem* n° 25.23.

■ ORIENTEUR

AUTRE QUALIFICATION

▪ **Articulation entre devoir d'empêchement d'un crime ou d'un délit contre l'intégrité corporelle et secret professionnel.** V. n° 35.13 (secret professionnel).

▪ **Non-empêchement d'un crime ou d'un délit contre l'intégrité corporelle.** V. n° 25.24.

▪ **Non-dénonciation de crime.** V. n° 25.27.

▪ **Non-dénonciation de mauvais traitements sur une personne vulnérable.** V. n° 25.28.

ÉLÉMENT LÉGAL

▪ **Application de la loi pénale dans le temps. Cas B** : circonstance aggravante créée par L. n° 2018-703, 3 août 2018.

TEXTE DE RÉFÉRENCE

▪ **Circulation routière. Obligation de provoquer les secours.** Tout conducteur ou tout usager de la route impliqué dans un accident de la circulation doit s'arrêter au plus tôt, sans créer un danger pour la circulation ; et doit, si une ou plusieurs personnes ont été blessées ou tuées dans l'accident : avertir ou faire avertir les services de police ou de gendarmerie (C. route, art. R. 231-1).

ÉLÉMENT MATÉRIEL

▪ **Absence d'alternative entre action personnelle et alerte.** « *si la loi oblige celui qui est en état de le faire à prêter assistance à une personne en péril, soit par son action personnelle, soit en provoquant un secours, elle n'a pas entendu, en formulant cette alternative, lui laisser une option arbitraire entre deux modes d'assistance dont l'efficacité, selon la nature et les circonstances du péril, peut être bien différente ; qu'elle lui fait au contraire un devoir d'intervenir par celui-là même de ces deux modes que la nécessité commande, et même, s'il le faut, par leur emploi cumulatif, fût-il même démontré que le secours commandé par le devoir d'humanité dût être, en définitive, inefficace* » (Crim. 13 mars 2007, n° 06-86.210, D). Est approuvée la condamnation d'un automobiliste qui choisit de poursuivre sa route pour alerter les secours plutôt que de porter immédiatement assistance à une enfant de 12 ans qui, rescapée d'un accident, essayait d'arrêter des voitures sur l'autoroute et qui allait ensuite trouver la mort, heurtée par des véhicules (Crim. 7 mars 1991, n° 90-83.607, D).

▪ **Fonctions investies d'un devoir de diligence. • Professionnels de la protection de l'enfance.** Est approuvée la condamnation pour non assistance en péril d'une assistante sociale, d'un éducateur, d'un psychologue et d'un psychiatre chargés du suivi d'un mineur placé par le juge des enfants, dès lors qu'alertés sur les faits de viols dont ce mineur avait été victime, « *aucun n'a pris en considération l'imminence du péril, pour s'en tenir à une simple mesure d'éloignement de l'agresseur, sans présenter la victime à un médecin ni envisager sa prise en charge par un pédopsychiatre* » (Crim. 8 oct. 1997, n° 94-84.801, P n° 329). **• Professionnels de l'éducation.** Est approuvée la condamnation d'une directrice diocésaine de l'enseignement, alors qu'elle avait eu connaissance qu'un directeur de collège « *avait déjà été soupçonné de comportements impudiques à l'égard d'élèves et qu'elle ait été alertée [...] à propos de "choses qui se passaient sous les douches après les cross en forêt", avait attendu [...] le dépôt de plaintes par des parents d'élèves, pour saisir l'organisme de gestion de l'établissement scolaire* », ce dont il « *résulte que la prévenue s'est volontairement abstenue de conjurer, alors qu'elle en avait le pouvoir, le péril immédiat et constant dont elle avait connaissance et auquel ont été exposées les victimes des agressions sexuelles commises* » (Crim. 9 avr. 1997, P n° 96-84.431, D). **• Professionnels de la sécurité intérieure.** Le policier ou le gendarme « *tient compte en toutes circonstances de la nature des risques et menaces de chaque situation à laquelle il est confronté et des délais qu'il a pour agir, pour choisir la meilleure réponse légale à lui apporter* » (CSI, art. R. 434-10).

Est censurée pour insuffisance ou contradiction de motifs la décision de relaxe d'un fonctionnaire de police chargé de la régulation des appels prévenu de non assistance à personne en danger qui relève qu'il a refusé à deux reprises de prendre en considération les déclarations téléphoniques d'un femme signalant le danger encouru par ses enfants au contact de leur père ivre et violent et qui, à la suite d'un troisième appel, ayant « *expressément refusé d'envoyer une équipe de police-secours faute de motifs légitimes d'intervention* », « *s'était mis, de son fait, hors d'état d'apprécier la réalité de la situation décrite alors que ses fonctions de brigadier-chef de police lui enjoignaient d'obtenir tous renseignements afin d'évaluer la gravité du péril encouru* » (Crim. 4 avr. 2007, n° 06-88.501, D). • **Professionnels de santé.** Sont approuvées les condamnations suivantes : celles du médecin de garde et de sa femme qui avait reçu l'appel téléphonique, lesquels, alertés de la naissance de jumelles dans des conditions précaires, ne sont pas intervenus alors qu'il appartenait au médecin de garde « *d'apporter les soins urgents exigés par les circonstances* » (Crim. 17 févr. 1972, n° 70-91.746, P n° 68) ; celle du médecin de garde qui, avisé de la fièvre élevée d'un enfant et de sa fragilité, s'est déchargé de son obligation d'assistance en invitant les parents à se rendre à l'hôpital, sans provoquer lui même le secours ni s'enquérir du sort de l'enfant (Crim. 4 févr. 1998, n° 96-81.425, D) ; celle du médecin traitant car, d'une part, « *le péril couru par la patiente était imminent et constant et qu'il exigeait une intervention immédiate, et que, d'autre part, aucun doute ne pouvait subsister dans l'esprit du demandeur, médecin ayant [pratiqué] une thérapeutique sur sa cliente, quant à la nécessité absolue d'agir en vue de conjurer, par des soins et un secours appropries, les conséquences d'un état de santé alarmant* » (Crim. 16 mars 1972, n° 71-92.418, P n° 109) ; celles du médecin chef d'une maison d'arrêt et de l'interne de garde qui « *ayant conscience du péril imminent menaçant le détenu, même s'ils en ignoraient la nature, se sont abstenus, le matin du décès, de lui rendre visite, d'organiser son transfert médicalisé et de l'accompagner à l'hôpital, afin d'apporter assistance et soulagement au malade en grande détresse* » (Crim. 1er juin 1999, n° 98-83.101, D) ; l'arrêt du condamnation du médecin traitant qui, « *après avoir relevé que les symptômes décrits au médecin pouvaient être le signe d'affections à traiter d'urgence", énonce que celui-ci a, sans examen clinique du malade, pris une mesure dilatoire sans effet sur le processus infectieux "qu'il a consciemment et volontairement refusé de diagnostiquer selon les règles de son art* », ce dont il résulte « *que le médecin dont le concours était demandé ne pouvait se méprendre sur la gravité du péril que courait le malade* » (Crim. 26 mars 1997, n° 95-81.439, P n° 123). En revanche, une erreur de diagnostic ne permet pas de caractériser la « *conscience du degré de gravité du péril auquel se trouvait exposée une personne* », et ainsi censurée la condamnation d'un médecin au paiement d'une indemnité pour perte de chance de survie au motif qu'il a estimé que l'état du patient ne méritait pas de manœuvres de réanimation, car « *l'éventuelle erreur de diagnostic sur l'utilité d'une réanimation ne pouvait caractériser l'abstention volontaire* » (Crim. 3 mars 1993, n° 92-83.526, P n° 58 ; dans le même sens, v. décisions citées au titre de l'élément intentionnel). De même est justifié le non-lieu du chef de non assistance dès lors que l'intéressé « *a bénéficié de soins adaptés à son état, soit d'un traitement antibiotique et de tous les soins qu'elle était en mesure de supporter, décidés, dans des circonstances d'urgence, en concertation entre, d'une part, les praticiens, lesquels s'accordaient sur la gravité de son état de santé et sur l'inefficacité de toute technique de réanimation et d'autre part, [l'un des fils de la patiente] et qu'il ne saurait dès lors être reproché à ce dernier ou au personnel soignant d'avoir refusé ou de s'être abstenu volontairement de secourir la patiente* » (Crim. 7 mars 2017, n° 16-80.754, D).

▪ **Concours de qualification.** L'incrimination de violences ayant entraîné la mort sans intention de la donner n'est « *pas nécessairement exclusive* » de celle d'omission, par l'auteur de ces violences, de porter secours à la victime (Crim. 24 juin 1980, P n° 79-93.828, P n° 202).

ÉLÉMENT INTENTIONNEL

▪ **Appréciation de la nature du péril.** « *la conscience de l'existence d'un péril imposant l'assistance prescrite par C. pén., art. 223-6, al. 2, s'apprécie concrètement, en tenant compte, notamment, de l'absence de connaissances médicales de la personne mise en cause, ainsi que de la complexité ou de l'ambiguïté de la situation dont elle a été témoin* » (Crim. 22 juin 2016, n° 14-86.243, P n° 197), dans cette affaire, est ainsi approuvée le non-lieu à l'égard d'une personne qui a tardé à alerter les secours pour un proche gisant au sol inconscient, « *en raison d'un état d'hébriété dont il était coutumier* ». Est approuvée la CHINS qui rejette la demande de requalification des faits en non-assistance à personne en péril dans des poursuites engagées contre des intervenants hospitaliers pour blessures involontaires au motif que « *la mauvaise appréciation de la nature du péril exclut la volonté de ne pas secourir la victime, l'élément intentionnel du délit étant une abstention volontaire et non une simple négligence* », « *dès lors qu'une éventuelle erreur de diagnostic ne caractérise pas une abstention volontaire* » (Crim. 17 déc. 2019, n° 19-83.623, D). De même, ces dispositions « *exigent pour être applicables que le prévenu ait eu personnellement conscience du* *caractère d'imminente gravité du péril auquel se trouvait exposée la personne dont l'état requérait secours et qu'il n'ait pu mettre en doute la nécessité d'intervenir immédiatement en vue de conjurer ce danger* » (Crim. 26 nov. 1969, n° 69-91.631, P n° 317). Tel est le cas lorsque la personne, qualifiée d'infirmière, a pu se rendre compte en vivant aux côtés d'une personne qui avait décidé de se soumettre à une jeûne prolongé, « *que le péril couru par la victime était imminent et constant* » et que « *aucun doute ne pouvant subsister dans l'esprit de la demanderesse, femme avertie, quant à la nécessité absolue d'agir en vue de tenter de conjurer par ses soins et un secours appropriés, les conséquences d'un état de santé alarmant* » (Crim. 11 avr. 1964, n° 63-92.812, P n° 113).

RÉGIME PROCÉDURAL

▪ **Prescription de l'action publique.** L'abstention volontaire de porter secours à autrui (C. pén., art. 223-6) n'est pas une infraction clandestine par nature (Crim. 17 mars 2009, n° 08-80.129, NP). Il s'agit d'une infraction instantanée et l'action publique, sauf manœuvre caractérisée de dissimulation, se prescrit donc à compter du jour où l'infraction a été commise (C. pr. pén., art. 8 et 9-1, réd. issue L. n° 2017-242, 27 févr. 2017). Sur les causes d'allongement de la prescription de l'action publique, v. n° 17.20 s.

MESURE CIVILE

▪ **Recevabilité de l'action civile.** Les dispositions relatives à l'omission de porter secours à personne en péril « *ont pour objet l'intérêt général de la collectivité et répriment le trouble cause à l'ordre public par une abstention délictueuse, elles ont aussi pour but la protection des intérêts privés ; que, dès lors, l'action civile née de ce délit peut être régulièrement exercée devant la juridiction répressive* » (Crim. 16 mars 1972, n° 71-92.418, P n° 109).

▪ **Responsabilité civile de l'agent public.** « *l'agent d'un service public n'est personnellement responsable, devant les juridictions répressives, des conséquences dommageables de l'acte délictueux qu'il commet que si celui-ci constitue une faute détachable de ses fonctions* » ; si les questions lacunaires posées aux parents par le médecin régulateur du service de secours, qui ont retardé l'hospitalisation d'urgence d'un enfant souffrant d'une importante gastro entérite, caractérisent le délit de non assistance à personne en péril, cette « *faute, quelle que soit sa gravité, commise par un agent du service public, dans l'exercice de ses fonctions et avec les moyens du service, n'est pas détachable de ses fonctions* » (Crim. 30 nov. 2010, n° 10-80.447, P n° 191 ; sur l'incompétence du juge judiciaire pour condamner civilement l'agent public pour une faute non détachable des fonctions, v. n° 16.12E).

▪ ÉLÉMENTS CONSTITUTIFS – QUALIFICATION

✧ Pour s'être à .... [¤ lieu], le .... [¤ date],], [⇨A puis le cas échéant B :]

A. alors qu'il pouvait par son action personnelle ou en provoquant un secours, sans risque pour lui ou pour les tiers, porter assistance à .... [¤ nom de la victime], qui se trouvait en péril, abstenu volontairement de le faire (A : *N* ***114.co****,* par personne morale : *N* ***32991.co***) ;

B. [• Préciser le cas échéant dans le cas A.] avec cette circonstance que la personne en péril était un mineur de 15 ans (aggravation créée par L. n° 2018-703, 3 août 2018) (C. pén., art. 223-6, al. 3) (B : *N* ***32844.co***).

Faits prévus et réprimés par les articles : **PERSONNES PHYSIQUES.** 223-6, al. 2 et 223-16 du code pénal. **PERSONNES MORALES.** 223-6, al. 2 et 223-7-1 du code pénal. ✧

25.26 Abstention volontaire de combattre un sinistre

▪ PEINES

PERSONNE PHYSIQUE

PP Délit. 2 ans d'emprisonnement, 30 000 € (C. pén., art. 223-7).

PC *Idem* n° 25.23.

PERSONNE MORALE

PP Délit. 150 000 € (C. pén., art. 223-7-1 ; 131-38).

PC *Idem* n° 25.23, sauf dissolution.

■ ORIENTEUR

AUTRE QUALIFICATION

- **Entrave aux secours.** V. n° 25.23.
- **Non-assistance à personne en péril.** V. n° 25.25.
- **Abstention volontaire de combattre un sinistre.** V. n° 25.26.
- **Inexécution d'une réquisition administrative en cas de sinistre.** V. n° 25.48.

■ ÉLÉMENTS CONSTITUTIFS – QUALIFICATION

✧ Pour s'être à .... [¤ lieu], le .... [¤ date], abstenu volontairement de prendre ou provoquer les mesures permettant, sans risque pour lui ou pour les tiers, de combattre un sinistre de nature à créer un danger pour la sécurité des personnes.

Faits prévus et réprimés par les articles : **PERSONNES PHYSIQUES.** 223-7 et 223-16 du code pénal (*N 10494.co*). **PERSONNES MORALES.** 223-7 et 223-7-1 du code pénal (*N 33551.co*). ✧

25.27 Non-dénonciation de crime

■ PEINES

PERSONNE PHYSIQUE

PP Délit. Cas A : 3 ans d'emprisonnement, 45 000 € (C. pén., art. 434-1). Cas B : 5 ans, 75 000 € (art. 434-2).

PC Confiscation (réelle ou en valeur) chose ayant servi à l'infraction ou destinée à la commettre (obligatoire pour objets qualifiés dangereux ou nuisibles par loi ou règlement ou dont la détention est illicite) (C. pén., art. 434-44 et 131-21).

PERSONNE MORALE

PP Cas A : 225 000 €. Cas B : 375 000 € (C. pén., art. 131-38).

PC Néant.

■ ORIENTEUR

AUTRE QUALIFICATION

- **Non-empêchement d'un crime ou d'un délit contre l'intégrité corporelle.** V. n° 25.24.
- **Non-dénonciation de mauvais traitements sur une personne vulnérable.** V. n° 25.28.
- **Non révélation aux autorités judiciaires ou administratives de la disparition d'un mineur de quinze ans.** V. n° 25.38.
- **Dissimulation, recel – De malfaiteur**. C. pén., art. 434-6, v. n° 25.41.

TEXTE DE RÉFÉRENCE

- **Articulation entre devoir d'empêchement d'un crime ou d'un délit contre l'intégrité corporelle et secret professionnel.** V. n° 35.13 (secret professionnel).

RÉGIME PROCÉDURAL

- **Obstacle aux poursuites. Immunité familiale.** Sauf s'il s'agit de crimes commis sur des mineurs ~~[de moins de 15 ans]~~ (restriction supprimée par loi pénale plus sévère n° 2016-297, 14 mars 2016, relative à la protection de l'enfant), ou dans le **cas** B (restriction apportée par loi pénale plus sévère n° 2016-731, 3 juin 2016), les parents en ligne directe et leurs conjoints, les frères et sœurs et leurs conjoints, le conjoint ou le concubin de l'auteur ou du complice du crime ne peuvent être poursuivis pour non-dénonciation (C. pén., art. 434-1 et 434-2). « *Ces dispositions, en ce qu'elles visent les parents et frères et sœurs non seulement de l'auteur mais aussi, alternativement, du complice, sont nécessairement applicables à la situation où plusieurs personnes ont concouru au crime, objet de l'obligation de dénonciation, sans que leur application soit restreinte au cas où celui qui s'en prévaut est uni par ce lien de parenté avec chacune de ces personnes* » (Crim. 15 févr. 2022, n° 19-82.651, P). Cette solution est transposable à tous les cas d'immunité familiale exonérant dans les mêmes termes les proches de « *l'auteur ou du complice* ».

■ ÉLÉMENTS CONSTITUTIFS – QUALIFICATION

✧ Pour avoir à .... [¤ lieu], le .... [¤ date], [⇨A ou B :]

A. ayant eu connaissance d'un crime dont il était encore possible de prévenir ou de limiter les effets, ou dont les auteurs étaient susceptibles de commettre de nouveaux crimes pouvant être empêchés, omis d'en informer les autorités judiciaires ou administratives (A : *N* ***1913.co***) ;

B. [• Préciser le cas échéant] avec cette circonstance que ledit crime constituait [⇨B1 ou B2 :]

B1. une atteinte aux intérêts fondamentaux de la Nation (B1 : *N* ***1140.co***) ;

B2. un acte de terrorisme (B2 : *N* ***23279.co***).

Faits prévus et réprimés par les articles 434-1 (+ cas B : 434-2) et 434-44 du code pénal. ✧

25.28 Non-dénonciation de mauvais traitement ou d'atteintes sexuelles sur mineur ou personne vulnérable

■ PEINES

PERSONNE PHYSIQUE

PP Délit. Cas A et B : 3 ans d'emprisonnement, 45 000 € (C. pén., art. 434-3). Cas C : 5 ans d'emprisonnement, 75 000 € (C. pén., art. 434-3 mod. par L. nº 2018-703, 3 août 2018).

PC *Idem* nº 25.27.

PERSONNE MORALE

PP Cas A et B : 225 000 € (C. pén., art. 434-3, 131-38). Cas C : 375 000 € (C. pén., art. 434-3 mod. par L. nº 2018-703, 3 août 2018, 131-38).

PC Néant.

■ ORIENTEUR

AUTRE QUALIFICATION

- **Non-empêchement d'un crime ou d'un délit contre l'intégrité corporelle.** V. nº 25.24.
- **Non-dénonciation de crime.** V. nº 25.27.

ÉLÉMENT LÉGAL

- **Application de la loi pénale dans le temps. • Agression et atteinte sexuelle.** L. nº 2016-297, 14 mars 2016 a remplacé les mots « *atteintes sexuelles* » par « *agressions et atteintes sexuelles* » « *ce qui ne modifie pas le fond du droit, puisqu'une agression sexuelle est une atteinte sexuelle commise avec violence, comme le précise l'article 222-22 du code pénal* » (Circ. CRIM 2016-02-H, 7 avr. 2016, nº 2.2). **• Élargissement de l'incrimination.** La L. nº 2018-703, 3 août 2018, renforçant la lutte contre les violences sexuelles et sexistes, a élargi la portée de l'incrimination en l'étendant au fait « *de continuer à ne pas informer ces autorités tant que ces infractions n'ont pas cessé* » (C. pén., art. 434-3, réd. issue L. nº 2018-703, 3 août 2018). « *L'infraction devient ainsi un délit continu, pour lequel la prescription ne commence à courir que lorsque cessent les infractions qui auraient dû être dénoncées...ces dispositions, qui aggravent la répression, ne sont applicables qu'aux faits commis après l'entrée en vigueur de la loi* » (Circ. Crim. 2018-10/H2, 3 sept. 2018, NOR : JUSD1823892C, nº 6.4). **• Cas C.** Circonstance aggravante créée par L. nº 2018-703, 3 août 2018.

TEXTE DE RÉFÉRENCE

- **Articulation entre devoir d'empêchement d'un crime ou d'un délit contre l'intégrité corporelle et secret professionnel.** V. nº 35.13 (secret professionnel).

ÉLÉMENT MATÉRIEL

- **Éléments constitutifs. • Indifférence du résultat.** L'incrimination n'exige « *pas pour sa constitution que la dénonciation ait pu prévenir ou limiter les effets produits par les atteintes sexuelles infligées ou encore empêcher leur renouvellement* » (Crim. 6 sept. 2006, nº 05-87.274), à la différence de celle de non dénonciation de crime (V. nº 25.27). **• Durée de l'obligation de dénonciation.** C. pén., art. 434-3 « *a pour but de lever l'obstacle aux poursuites pouvant résulter de ce que l'âge ou la fragilité de la victime l'ont empêchée de dénoncer les faits. Il en résulte que, lorsque cet obstacle est levé, l'obligation de dénonciation ainsi prévue disparaît* » (§ 19), « *Aussi, la condition [...] tenant à la vulnérabilité de la victime, doit-elle être remplie non seulement au moment où les faits ont été commis, mais encore lorsque la personne poursuivie pour leur non-dénonciation en a pris connaissance* » (§ 20), « *en revanche, tant que l'obstacle ainsi prévu par la loi demeure, l'obligation de dénoncer persiste, même s'il apparaît à celui qui prend connaissance des faits que ceux-ci ne pourraient plus* *être poursuivis, compte tenu de la prescription de l'action publique. En effet, d'une part, la condition que la prescription ne soit pas acquise ne figure pas à l'article 434-3 du code pénal, d'autre part, les règles relatives à la prescription sont complexes et ne peuvent être laissées à l'appréciation d'une personne qui peut, en particulier, ignorer l'existence d'un acte de nature à l'interrompre* » (§ 21) (Crim. 14 avr. 2021, n° 20-81.196, P).

ÉLÉMENT INTENTIONNEL

▪ Absence de dol spécial. « *l'intention de dissimuler les faits ne figure pas parmi les éléments constitutifs de l'infraction et son absence ne saurait être invoquée à titre exonératoire* » (Crim. 23 juin 2021, n° 21-80.831, D).

RÉGIME PROCÉDURAL

▪ Prescription de l'action publique. • Délai et point de départ de la prescription. L'action publique « *se prescrit, lorsque le défaut d'information concerne une agression ou une atteinte sexuelle commise sur un mineur, par dix années révolues à compter de la majorité de la victime et, lorsque le défaut d'information concerne un viol commis sur un mineur, par vingt années révolues à compter de la majorité de la victime* » (C. pr. pén., art. 8 réd. issue L. n° 2021-478, 21 avr. 2021) (sur le délai et le point de départ de la prescription, v. n° 17.19).

▪ ÉLÉMENTS CONSTITUTIFS – QUALIFICATION

✧ Pour avoir à .... [¤ lieu], le .... [¤ date], ayant ~~eu~~ (réd. issue L. n° 2018-703, 3 août 2018) connaissance de privations, de mauvais traitements, « *d'agressions* » (L. n° 2016-297, 14 mars 2016) ou d'atteintes sexuelles infligés à .... [¤ nom de la victime concernée], [⇨A ou B puis le cas échéant C :]

A. mineur [~~de moins de 15 ans~~] (restriction supprimée par loi pénale plus sévère n° 2016-297, 14 mars 2016, relative à la protection de l'enfant) (A : *N **7201**.co*) ...

B. personne hors d'état de se protéger en raison de son âge ou de son état physique ou psychique (B : *N **13199**.co*) ...

... omis d'en informer les autorités judiciaires ou administratives « *ou continué à ne pas informer ces autorités tant que ces infractions n'ont pas cessé* » (réd. issue L. n° 2018-703, 3 août 2018) ;

C. [• Préciser le cas échéant dans le cas A ou B :] avec cette circonstance que le défaut d'information concernait une infraction commise sur une mineur de 15 ans (aggravation créée par L. n° 2018-703, 3 août 2018) (C : *N **32842**.co*).

Faits prévus et réprimés par les articles 434-3 et 434-44 du code pénal. ✧

25.29 Dénonciation calomnieuse

▪ PEINES

PERSONNE PHYSIQUE

PP Délit. 5 ans d'emprisonnement, 45 000 € (C. pén., art. 226-10).

PC 1. Interdiction droits civiques civils et de famille ⩽ 5 ans (vote, éligibilité, fonction juridictionnelle, expert, témoin, tuteur, curateur) (C. pén., art. 226-31 et 131-26) ;

2. Interdiction, définitive ou ⩽ 5 ans activité professionnelle ou sociale en relation avec l'infraction (sauf mandat électif ou syndical) (C. pén., art. 226-31 et 131-27) ;

3. Interdiction, ⩽ 5 ans, de détention ou de port d'arme soumise à autorisation (C. pén., art. 226-31) ;

4. Affichage, ⩽ 2 mois, *et/ou* (L. n° 2011-525, 17 mai 2011) diffusion de la décision ou d'extraits aux frais (⩽ amende encourue) du condamné (C. pén., art. 226-31 et 131-35).

PERSONNE MORALE

PP Délit. 225 000 € (C. pén., art. 226-12 ; 131-38).

PC 1. Interdiction, définitive ou ⩽ 5 ans, une ou plusieurs activités professionnelles ou sociales en relation avec l'infraction (C. pén., art. 226-7) ;

2. Affichage, ⩽ 2 mois, *et/ou* (L. n° 2011-525, 17 mai 2011) diffusion de la décision ou d'extraits aux frais (⩽ amende encourue) du condamné (C. pén., art. 226-7 et 131-35).

■ ORIENTEUR

AUTRE QUALIFICATION

▪ **Dénonciation d'un crime ou d'un délit imaginaire.** V. nº 25.30.

▪ **Désignation inexacte ou erronée d'un autre conducteur en cas d'infraction routière relevée sans interception.** V. nº 36.31.

ÉLÉMENT MATÉRIEL

▪ **Présomption de fausseté du fait dénoncé.** Si la dénonciation s'est soldée par une « *décision devenue définitive d'acquittement, de relaxe ou de non-lieu, déclarant que le fait n'a pas été commis ou que celui-ci n'est pas imputable à la personne dénoncée* », la **fausseté du fait dénoncé** « *résulte nécessairement* » **de la décision** (C. pén., art. 226-10, al. 2). Si le fait dénoncé a donné lieu à poursuites pénales, il ne peut être statué qu'après décision définitive (C. pén., art. 226-11). Le dispositif d'une ordonnance de non-lieu constatant l'absence de charges prévaut sur les motifs de la décision soulignant la fausseté des faits dénoncés dans la plainte (Crim. 25 oct. 2022, nº 21-85.245, D). Dans les autres cas, ainsi en cas de classement sans suite ou de non-lieu fondé sur l'absence de charges (Crim. 11 juill. 2017, nº 16-83.932, P nº 197) le tribunal apprécie la **pertinence de la dénonciation** (C. pén., art. 226-10, al. 3). Est censurée la cour d'appel qui, pour relaxer le prévenu, « *énonce qu'aucune décision qui aurait tranché le bien-fondé ou non de la plainte pour harcèlement moral déposée par le prévenu n'a été communiquée à la cour, qui ne peut donc en apprécier la pertinence* », « *alors qu'il lui appartenait, d'une part, de s'assurer auprès du ministère public, au besoin en renvoyant l'affaire à une audience ultérieure, de ce que la plainte [...] n'avait pas donné lieu à une procédure [...], d'autre part, si elle en avait la confirmation, d'apprécier la pertinence de la dénonciation* » (Crim. 17 oct. 2017, nº 16-85.193, D).

▪ **Caractère spontané de la dénonciation.** Les faits ne sont incriminés que si la dénonciation est spontanée, tel n'est pas le cas de faits dénoncés lors de déclarations effectuées dans le cadre d'une enquête dont la personne n'est pas à l'origine (jurisprudence constante). N'est ainsi pas spontanée la déclaration du mineur qui « *n'a fait que répondre aux interrogations de ses parents, puis, dans le cadre de la procédure ouverte sur la plainte de ceux-ci, aux questions des enquêteurs et du juge d'instruction, de sorte que ses déclarations ne présentaient pas le caractère spontané qui seul caractérise le délit de dénonciation calomnieuse* » (Crim. 7 janv. 2020, nº 19-82.608, D ; dans le même sens , pour la déclaration d'un témoin recueillie au cours d'une enquête : Crim. 16 juin 1988, nº 87-85.432, P nº 275). N'est pas non plus spontanée la dénonciation à laquelle le mandataire judiciaire ou l'administrateur est tenu sous forme de de rapport dans le cours de la procédure collective en application de C. com., art. R. 621-20 (anct. D. nº 85-1388, art. 29) (Crim. 14 janv. 2014, nº 12-86.781, P nº 9) (sans compter l'obligation de dénonciation au procureur de la République des infractions dont ils ont connaissance dans l'exercice de leurs fonctions, prévue par C. com., art. L. 814-12, sur ce point v. nº 35.4A2) ; celle faite par le commandant d'un centre d'incendie et de secours pour l'information de son supérieur hiérarchique (Crim. 8 nov. 2005, nº 05-80.159, P nº 279), ou par le policier qui « *n'a fait que porter à la connaissance de son supérieur hiérarchique un incident dont il avait le devoir de l'informer* » (Crim. 3 mai 2000, nº 99-85.107, P nº 175). En revanche, « *présente un caractère de spontanéité, la dénonciation de faits totalement extérieurs à une procédure pour laquelle une personne est entendue* » (Crim. 19 févr. 2019, nº 18-82.573, D).

▪ **Cas particulier de la plainte déposée par un avocat pour le compte de son client. Responsabilité de l'avocat.** Est approuvée la CHINS qui énonce, pour confirmer l'ordonnance de non-lieu du juge d'instruction qu'« *un avocat déposant plainte avec constitution de partie civile dans le cadre du mandat qui lui a été confié par son client ne peut être personnellement considéré comme l'auteur d'une dénonciation calomnieuse* » (Crim. 19 févr. 2019, nº 18-85.174).

▪ **Cas particulier des faits de discrimination.** « *Aucune personne ayant témoigné de bonne foi d'un agissement discriminatoire ou l'ayant relaté ne peut être traitée défavorablement de ce fait* » (L. nº 2008-496, 27 mai 2008, art. 3).

▪ **Fait justificatif. Liberté d'expression.** « *des faits de dénonciation calomnieuse ne sauraient être justifiés par le droit d'informer le public défini par [Conv. EDH, art. 10 § 1], lequel, dans son second paragraphe, prévoit que l'exercice de la liberté de recevoir et de communiquer des informations comporte des devoirs et des responsabilités et qu'il peut être soumis par la loi à des restrictions ou des sanctions nécessaires à la protection de la réputation des droits d'autrui* » (Crim. 12 avr. 2016, nº 14-87.124, D). Dans cette affaire où un avocat avait signalé au président de l'AMF un délit allégué mais non-confirmé de diffusion de fausses informations commis à l'occasion d'une introduction en bourse, la CEDH relève au contraire que « *le requérant* *s'exprimait sur un sujet d'intérêt général et dans le cadre d'une démarche politique et militante* » (§ 63), en empruntant « *la forme interrogative plutôt qu'affirmative* » (§ 66) ainsi que des « *précautions de style* » (§ 67), et, au vu de l'amende infligée de 3 000 € et de la condamnation à 10 000 € au titre de C. pr. pén., art. 475-1 (frais exposés par les parties civiles) (§ 68), ne s'estime « *pas convaincue que l'ingérence dans l'exercice du droit au respect de la liberté d'expression du requérant était proportionnée au but légitime poursuivi et que la motivation des décisions des juridictions internes suffisait pour la justifier* » (§ 69) (CEDH 26 mars 2020, *Tête c/ France*, nº 59636/16).

ÉLÉMENT INTENTIONNEL

▪ **Dol spécial.** Le dénonciateur doit savoir que les faits révélés sont partiellement ou totalement inexacts (C. pén., art. 226-10, al. 1). Il résulte de C. pén., art. 226-10 que « *la fausseté du fait dénoncé ne résulte nécessairement que de la décision, devenue définitive, d'acquittement, de relaxe ou de non-lieu, déclarant que le fait n'a pas été commis ou que celui-ci n'est pas imputable à la personne dénoncée ; qu'il se déduit par ailleurs de ce même texte que la mauvaise foi ne saurait résulter du seul constat que l'auteur de la dénonciation a agi légèrement ou témérairement* » (Crim. 19 févr. 2019, nº 18-80.195, P nº 34).

RÉGIME PROCÉDURAL

▪ **Prescription de l'action publique.** « *la dénonciation calomnieuse est une infraction instantanée* » (Crim. 17 oct. 2006, nº 05-85.519, P nº 250). Toutefois, il se déduit de C. pr. pén., art. 226-11 que la prescription de l'action publique est **suspendue** jusqu'à « *la décision mettant définitivement fin à la procédure concernant le fait dénoncé* », ou « *que la suspension de la prescription de l'action publique cesse au jour où la décision concernant le fait dénoncé est devenue définitive* » (Crim. 24 sept. 2002, nº 02-84.485, P nº 171). En conséquence, « *le point de départ de la prescription de l'action publique du chef du délit de dénonciation calomnieuse se place au jour où la dénonciation est parvenue à l'autorité ayant le pouvoir d'y donner suite ou de saisir l'autorité compétente* » ; « *lorsque le fait dénoncé a donné lieu à des poursuites, la suspension de la prescription de l'action publique cesse au jour où la décision concernant le fait dénoncé est devenue définitive* » ; toutefois, « *lorsqu'une relaxe du chef du délit dénoncé a été prononcée par un jugement dont seule la partie civile a relevé appel, la prescription de l'action publique du chef de dénonciation calomnieuse reste suspendue tant que la procédure se poursuit sur les intérêts civils* » (Crim. 21 avr. 2020, nº 19-81.089, P ; dans le même sens : Crim. 24 sept. 2002, nº 02-84.485, P nº 171).

▪ **Compétence territoriale.** La juridiction compétente au titre du lieu de commission de l'infraction (C. pr. pén., art. 382) est le tribunal « *dans le ressort duquel est domiciliée l'autorité qui a été destinataire de la dénonciation et qui pouvait y donner suite* » ou le tribunal dans le ressort duquel a « *été rédigée la lettre de dénonciation* » (Crim. 12 mai 2015, nº 14-82.645, D). « *Le délit de dénonciation calomnieuse n'est consommé que lorsque l'écrit incriminé est parvenu à l'autorité à laquelle il est destiné et que, dès-lors, c'est au siège de cette autorité que le délit est commis* » (Crim. 4 juill. 1974, nº 74-92.100, P nº 250 ; dans le même sens : Crim. 22 mai 1968, nº 67-92.385, P nº 168).

MESURE CIVILE

▪ **Sanction de la citation directe abusive de la partie civile.** C. pr. pén., art. 472, v. nº 16.10A.

▪ **Sanction de la plainte avec constitution de partie civile abusive ou dilatoire.** C. pr. pén., art. 91, v. nº 16.10B.

▪ ÉLÉMENTS CONSTITUTIFS – QUALIFICATION

✧ Pour avoir à .... [¤ lieu], le .... [¤ date], alors qu'il les savait totalement ou partiellement inexacts, dénoncé par tout moyen à .... [¤ officier de justice ou de police administrative ou judiciaire ou autorité ayant le pouvoir de donner suite ou de saisir l'autorité compétente, ou supérieur hiérarchique ou employeur de la personne dénoncée] des faits de nature à entraîner des sanctions judiciaires, administratives ou disciplinaires au préjudice de .... [¤ nom de la victime]. Faits prévus et réprimés par les articles : **PERSONNES PHYSIQUES.** 226-10, 226-11 et 226-31 du code pénal (*N 33.co*). **PERSONNES MORALES.** 226-10, 226-11 et 226-12 du code pénal (*N 23525.co*). ✧

25.30 Dénonciation d'un crime ou d'un délit imaginaire

▪ PEINES

PERSONNE PHYSIQUE

PP Délit. 6 mois d'emprisonnement, 7 500 € (C. pén., art. 434-26).

PC Confiscation (réelle ou en valeur) chose ayant servi à l'infraction ou destinée à la commettre (obligatoire pour objets qualifiés dangereux ou nuisibles par loi ou règlement ou dont la détention est illicite) (C. pén., art. 434-44 et 131-21).

PERSONNE MORALE

PP 37 500 € (C. pén., art. 131-38).

PC Néant.

■ ORIENTEUR

AUTRE QUALIFICATION

▪ **Dénonciation calomnieuse.** V. n° 25.29.

▪ **Désignation inexacte ou erronée d'un autre conducteur en cas d'infraction routière relevée sans interception.** V. n° 36.31.

RÉGIME PROCÉDURAL

▪ **Compétence juridictionnelle. Juge unique.** C. pr. pén., art. 398-1 1°, v. n° 17.15D2).

▪ **Ordonnance pénale. Possible** (C. pr. pén., art. 495-II, v. n° 15.48B1 et tableau n° 17.15D2).

■ ÉLÉMENTS CONSTITUTIFS – QUALIFICATION

✧ Pour avoir à .... [¤ lieu], le .... [¤ date], dénoncé mensongèrement à l'autorité judiciaire ou administrative des faits constitutifs d'un crime ou d'un délit, en l'espèce .... [¤ indiquer l'infraction dénoncée], et ainsi exposé les autorités judiciaires à d'inutiles recherches.

Faits prévus et réprimés par les articles 434-26 et 434-44 du code pénal (*N 12817.ju*). ✧

25.31 Fausse alerte

■ PEINES

PERSONNE PHYSIQUE

PP Délit. 2 ans d'emprisonnement, 30 000 € (C. pén., art. 322-14).

PC 1. Interdiction droits civiques civils et de famille ⩽ 5 ans (vote, éligibilité, fonction juridictionnelle, expert, témoin, tuteur, curateur) (C. pén., art. 322-15 et 131-26) ;

2. Interdiction ⩽ 5 ans activité professionnelle ou sociale (en relation avec l'infraction), ou fonction publique (sauf mandat électif ou syndical) *et/ou* interdiction définitive ou ⩽ 15 ans (10 ans avant L. n° 2013-1117, 6 déc. 2013) d'exercer une profession commerciale ou industrielle, de diriger, d'administrer, de gérer ou de contrôler à un titre quelconque, directement ou indirectement, pour son propre compte ou pour le compte d'autrui, une entreprise commerciale ou industrielle ou une société commerciale (C. pén., art. 322-15, 131-27 et 131-28 [mod. par L. n° 2008-776, 4 août 2008]) ;

3. Interdiction, ⩽ 5 ans, de détention ou de port d'arme soumise à autorisation (C. pén., art. 322-15) ;

4. Stage de citoyenneté (C. pén., art. 131-5-1 et 322-15 [L. n° 2004-204, 9 mars 2004, art. 44-XIV]) (pour les faits commis avant le 24 mars 2020 et jugés après cette date, L. n° 2019-222, 23 mars 2019, en vigueur le 24 mars 2020. Pour les faits commis à partir du 24 mars 2020, v. nouvelle réd. C. pén., art. 131-5-1 et n° 18.33) ;

5. Stage de sensibilisation aux dangers de l'usage de produits stupéfiants. La juridiction précise si le stage est exécuté aux frais du condamné (C. pén., art. 131-35-1 et 322-15 [L. n° 2007-297, 5 mars 2007]) (pour les faits commis avant le 24 mars 2020 et jugés après cette date, L. n° 2019-222, 23 mars 2019, en vigueur le 24 mars 2020. Pour les faits commis à partir du 24 mars 2020, v. nouvelle réd. C. pén., art. 131-5-1 et n° 18.33).

PERSONNE MORALE

PP Délit. 150 000 € (C. pén., art. 322-17 ; 131-38).

PC Interdiction ⩽ 5 ans une ou plusieurs activités professionnelles ou sociales en relation avec l'infraction (C. pén., art. 322-17 et 131-39, 2°).

■ **ORIENTEUR**

AUTRE QUALIFICATION

▪ **Fausse alerte compromettant sécurité aéronef ou navire.** C. pén., art. 224-8, v. nº 25.32.

▪ **Menace de déraillement ou de collision d'un transport public ferroviaire ou guidé.** C. transp., art. L. 2242-2, v. nº 25.33.

RÉGIME PROCÉDURAL

▪ **Prélèvement des empreintes génétiques** de la personne suspectée ou condamnée (C. pr. pén., art. 706-54 et 706-55 3°, v. nºs 13.23 et 13.25). **Sanction** du refus de prélèvement, v. nº 25.35.

▪ **Compétence juridictionnelle. Juge unique** (C. pr. pén., art. 398-1 1º, v. nº 17.15D2).

▪ **Ordonnance pénale. Possible** (C. pr. pén., art. 495-II, v. nº 15.48B1 et tableau nº 17.15D2).

■ **ÉLÉMENTS CONSTITUTIFS – QUALIFICATION**

✧ Pour avoir à .... [¤ lieu], le .... [¤ date], communiqué ou divulgué une fausse information dans le but de faire croire à [⇨A ou B :]

A. la commission d'une destruction, dégradation ou détérioration dangereuse pour les personnes (A : *N 1924.ju*)...

B. un sinistre et de nature à provoquer l'intervention inutile des secours (B : *N 10595.ju*)...

..., en l'espèce en .... [¤ matérialiser l'infraction].

Faits prévus et réprimés par les articles : **PERSONNES PHYSIQUES.** 322-14 et 322-15 du code pénal. **PERSONNES MORALES.** 322-14 et 322-17 du code pénal. ✧

25.32 Fausse alerte compromettant la sécurité d'un avion ou navire

■ **PEINES**

PERSONNE PHYSIQUE

PP Délit. 5 ans d'emprisonnement, 75 000 € (C. pén., art. 224-8).

PC *Idem* nº 20.104 mais interdiction des droits civiques, civils et de famille ⩽ 5 ans (C. pén., art. 224-9 et 131-26).

PERSONNE MORALE

PP 375 000 € (C. pén., art. 131-38).

PC Néant.

■ **ORIENTEUR**

AUTRE QUALIFICATION

▪ **Fausse alerte.** V. aussi nº 25.31.

▪ **Menace de déraillement ou de collision d'un transport public ferroviaire ou guidé.** C. transp., art. L. 2242-2, v. nº 25.33.

▪ **Sécurité des installations aéroportuaires – Actes de malveillance – Pénétration non autorisée sur les pistes.** C. transp., art. L. 6372-4 et L. 6372-11, v. nº 37.20.

ÉLÉMENT MATÉRIEL

▪ **Tentative. Punissable** (C. pén., art. 224-8).

RÉGIME PROCÉDURAL

▪ **Prélèvement des empreintes génétiques** de la personne suspectée ou condamnée (C. pr. pén., art. 706-54 et 706-55 2°, v. nºs 13.23 et 13.25). **Sanction** du refus de prélèvement, v. nº 25.35.

■ **ÉLÉMENTS CONSTITUTIFS – QUALIFICATION**

✧ Pour avoir à .... [¤ lieu], le .... [¤ date], compromis ou tenté de compromettre sciemment la sécurité d'un [⇨A ou B :]

A. aéronef en vol (A : *N 4921.co*) ;

B. navire (B : *N 11525.co*)...

... en communiquant une fausse information, en l'espèce en .... [¤ matérialiser l'infraction].

Faits prévus et réprimés par les articles 224-8, 224-11 et 224-9 du code pénal. ✧

25.33 Menace de déraillement ou de collision d'un transport public ferroviaire ou guidé

■ **PEINES**

PERSONNE PHYSIQUE

PP Délit.

Cas A : 5 ans d'emprisonnement (C. transp., art. L. 2242-2).

Cas B : 2 ans d'emprisonnement, 3 750 € (C. transp., art. L. 2242-2).

Cas C : 6 mois d'emprisonnement, 3 750 € (C. transp., art. L. 2242-2).

PC Néant.

PERSONNE MORALE

PP Délit. Cas A : néant (C. transp., art. L. 2242-2, C. pén., art. 131-38).

Cas B : 18 750 € (C. transp., art. L. 2242-2, C. pén., art. 131-38).

Cas C : 18 750 € (C. transp., art. L. 2242-2, C. pén., art. 131-38).

PC Néant.

■ **ORIENTEUR**

AUTRE QUALIFICATION

▪ Détournement de moyen de transport. C. pén., art. 224-6 et 224-7 (v. nº 20.104).
▪ Fausse alerte. C. pén., art. 322-14 (v. nº 25.31).
▪ Entrave ou trouble à la circulation ferroviaire ou guidée. C. transp., art. L. 2242-1 et L. 2242-4 (v. nº 36.24).

ÉLÉMENT LÉGAL

▪ Champ d'application. Ces incriminations sont applicables « *à tous les transports publics ferroviaires ou guidés* » (C. transp., art. L. 2240-1).

RÉGIME PROCÉDURAL

▪ Compétence juridictionnelle. Juge unique (C. pr. pén., art. 398-1 4°, v. nº 17.15D2).
▪ Ordonnance pénale. Possible (C. pr. pén., art. 495-II, v. nº 15.48B1 et tableau nº 17.15D2).

■ **ÉLÉMENTS CONSTITUTIFS – QUALIFICATION**

✧ Pour avoir à .... [¤ lieu], le .... [¤ date], [⇨A à C :]

A. par écrit anonyme ou signé, menacé d'employer un moyen quelconque aux fins de faire dérailler un véhicule de transport public ferroviaire ou guidé ou de provoquer sa collision, la menace ayant été faite avec ordre de déposer une somme d'argent dans un lieu indiqué ou de remplir toute autre condition (A : *N 2225.ju*) ;

B. par écrit anonyme ou signé, menacé d'employer un moyen quelconque aux fins de faire dérailler un véhicule de transport public ferroviaire ou guidé ou de provoquer sa collision, la menace n'ayant été accompagnée d'aucun ordre ou condition (B : *N 2226.ju*) ;

C. verbalement, menacé d'employer un moyen quelconque aux fins de faire dérailler un véhicule de transport public ferroviaire ou guidé ou de provoquer sa collision, la menace ayant été accompagnée d'un ordre ou d'une condition (C : *N 2224.ju*) ;

Faits prévus et réprimés par l'article L. 2242-2 du code des transports. ✧

25.34 Refus de se prêter aux prises d'empreintes digitales ou de photographies – Contrôle d'identité – Séjour des étrangers

■ **PEINES**

PERSONNE PHYSIQUE

PP Délit. Cas A : 3 mois d'emprisonnement, 3 750 € (C. pr. pén., art. 78-5) ;

Cas B : 1 an d'emprisonnement, 3 750 € (Ceseda, art. L. 822-1, anc^{t} art. L. 611-3, al. 2, L. nº 2016-274, 7 mars 2016).

PC Cas B. Auteur étranger : interdiction du territoire français ⩽ 3 ans (depuis L. nº 2018-778, 10 sept. 2018) (Ceseda, art. L. 822-1, anc^{t} L. 611-3, al. 2, C. pén., art. 131-30 à 131-30-2).

PERSONNE MORALE

PP 18 750 € (C. pén., art. 131-38).

PC Néant.

▪ ORIENTEUR

AUTRE QUALIFICATION

▪ **Refus de se soumettre aux prélèvements ou relevés en cas d'infraction.** C. pr. pén., art. 55-1, v. n° 25.35.

▪ **Étranger – Soustraction aux mesures d'éloignement – Refus d'entrée, arrêté d'expulsion, de reconduite à la frontière, d'interdiction du territoire ou d'assignation à résidence.** V. n° 27.5.

TEXTE DE RÉFÉRENCE

▪ **Régime de la vérification d'identité. Cas A** : v. n° 11.25.

▪ **Régime de la retenue de l'étranger. Cas B : vérification du droit de séjour,** v. n° 12.34.

▪ **Identification des étrangers. Empreintes digitales et photographie.** Afin de mieux garantir le droit au séjour des personnes en situation régulière et de lutter contre l'entrée et le séjour irréguliers des étrangers en France, les empreintes digitales ainsi qu'une photographie des ressortissants étrangers, non ressortissants d'un État membre de l'Union européenne, d'un autre État partie à l'accord sur l'Espace économique européen ou de la Confédération suisse, qui **sollicitent la délivrance d'un titre de séjour** peuvent être relevées, mémorisées et faire l'objet d'un traitement automatisé. Il en est de même de ceux qui sont en **situation irrégulière** en France, qui font l'objet d'une **mesure d'éloignement** du territoire français ou qui, ayant été contrôlés à l'occasion du franchissement de la frontière en provenance d'un pays tiers à l'espace Schengen, ne remplissent pas les conditions d'entrée. Il en est de même des étrangers bénéficiaires de l'aide au retour (Ceseda, art. L. 142-1, L. 821-2, L. 822-1, L. 824-2, anc^t L. 611-3).

▪ **Identification des mineurs étrangers isolés. Empreintes digitales et photographie.** Afin de mieux garantir la protection de l'enfance et de lutter contre l'entrée et le séjour irréguliers des étrangers en France, les **empreintes digitales ainsi qu'une photographie** des ressortissants **étrangers** se déclarant **mineurs privés temporairement ou définitivement de la protection de leur famille** peuvent être relevées, mémorisées et faire l'objet d'un traitement automatisé. Le traitement de données ne comporte pas de dispositif de reconnaissance faciale à partir de la photographie. Les données peuvent être relevées dès que la personne se déclare mineure. La conservation des données des personnes reconnues mineures est limitée à la durée strictement nécessaire à leur prise en charge et à leur orientation, en tenant compte de leur situation personnelle (Ceseda, art. L. 142-3, anc^t. L. 611-6-1 issu L. n° 2018-778, 10 sept. 2018, dispositions applicables après décret d'application et au plus tard le 1er mars 2019 ; v. aussi Ceseda, art. R. 142-42). Le refus de se soumettre à ces opérations ne fait pas l'objet d'une incrimination spécifique (sur l'évaluation de l'âge du mineur étranger isolé, v. n° 14.23A2).

▪ ÉLÉMENTS CONSTITUTIFS – QUALIFICATION

✧ Pour avoir à .... [¤ lieu], le .... [¤ date], [⇨A ou B :]

A. refusé de se prêter aux prises d'empreintes digitales ou de photographies autorisées par le procureur de la République ou le juge d'instruction conformément aux dispositions de l'article 78-3 du code de procédure pénale relatives au contrôle d'identité (C. pr. pén., art. 78-3 et 78-5) (A : *N* ***6548.co***) ;

B. étant étranger [⇨B1 à B5 :]

B1. sollicitant la délivrance d'un titre de séjour (B1 : *N #.co*)...

B2. en situation irrégulière (B2 : *N* ***32236.co***) ;

B3. faisant l'objet d'une mesure d'éloignement (B3 : *N* ***31498.co***) ;

B4. ne remplissant pas les conditions d'entrée dans l'espace Schengen (B4 : *N* ***31499.co***) ;

B5. bénéficiaire de l'aide au retour (B5 : *N #.co*) ...

...refusé de se soumettre à la prise d'empreintes digitales ou de photographie (Ceseda, art. L. 142-1, L. 821-2, L. 822-1, L. 824-2 anc^t L. 611-3).

Faits prévus et réprimés par les articles [• du cas sélectionné]. ✧

25.35 Refus de se soumettre aux prélèvements biologiques ou externes, empreintes génétiques, examens de police scientifique, dépistage de certaines maladies – Manœuvres pour substituer un matériel biologique au sien

▪ PEINES

PERSONNE PHYSIQUE

PP Délit. Cas A1 : 2 ans d'emprisonnement, 30 000 € (C. pr. pén., art. 706-56). Cas A2, B, C (C. pr. pén., art. 706-56), D, E (C. pr. pén., art. 55-1), F (C. pr. pén., art. 706-47-2) et G (L. nº 2011-267, 14 mars 2011, art. 121) : 1 an, 15 000 €.

PC Néant.

PERSONNE MORALE

PP Cas A1 : 150 000 €. Cas A2, B, C, D, E, F et G : 75 000 € (C. pén., art. 131-38).

PC Néant.

▪ ORIENTEUR

AUTRE QUALIFICATION

▪ **Refus de se soumettre aux prises d'empreintes en cas de contrôle d'identité.** C. pr. pén., art. 78-5, v. nº 25.34.

ÉLÉMENT LÉGAL

▪ **Constitutionnalité. • Cas A et B – Conformité de l'incrimination à la Constitution.** Le Conseil const. a déclaré cette incrimination conforme à la Constitution (Cons. const. 16 sept. 2010, nº 2010-25 QPC, § 13, 17 et 25, v. nºs 13.23A et 13.261).

▪ **Conventionnalité. • Principe.** « *Les infractions prévues par C. pr. pén., art. 55-1 et 706-56 ne constituent pas en elles-mêmes une ingérence disproportionnée dans le respect de la vie privée et familiale protégé par l'article 8 de la Conv. EDH (Crim. 20 oct. 2020, nº 19-85.812, P ; Crim. 8 déc. 2021, nº 20-84.201, P)* » (§ 30) (Crim. 29 mars 2023, nº 22-83.458, P). **• Cas A – Droit au respect de la vie privée.** La CEDH a estimé qu'en raison de la durée d'inscription au Fnaeg et de l'absence de possibilité d'effacement, la condamnation d'une personne pour refus de prélèvement peut, dans certaines circonstances, constituer une atteinte disproportionnée à son droit au respect de sa vie privée garanti par Conv. EDH, art. 8 (CEDH 22 juin 2017, *Aycaguer c/ France*, req. nº 8806/12), v. nº 13.27B1) (sur l'infraction justifiée par l'exercice d'un droit ou d'une liberté fondamentale, v. nº 10.13E). Encourt toutefois la censure la cour d'appel qui, au motif d'une « *atteinte disproportionnée à son droit au respect de sa vie privée* », relaxe le prévenu poursuivi pour refus de prélèvement alors qu'il avait été mis en cause pour des infractions commises à l'occasion d'une manifestation illégale, car « *le refus de prélèvement a été opposé par une personne qui n'était pas condamnée mais à l'encontre de laquelle il existait des indices graves ou concordants rendant vraisemblable qu'elle ait commis l'une des infractions mentionnées à l'article 706-55, de sorte qu'elle avait alors la possibilité concrète, en cas d'enregistrement de son empreinte génétique au fichier, d'en demander l'effacement* » (Crim. 15 janv. 2019, nº 17-87.185, P nº 11) (sur le dispositif d'effacement anticipé, v. nº 13.271). Est également rejeté l'argument tiré d'une atteinte disproportionnée au droit au respect de la vie privée, « *dès lors que le demandeur a été reconnu coupable de l'infraction de dégradations volontaires aggravées en récidive, à l'occasion de laquelle [...], un prélèvement biologique pouvait être pratiqué pour identifier son empreinte génétique* » (Crim. 3 mars 2021, nº 19-86.847, D). Il en est de même pour les personnes qui ont été relaxées de l'infraction à l'occasion de laquelle elles ont refusé le prélèvement génétique, en effet, elles peuvent dans ce cas « *demander au procureur de la République l'effacement de leur empreinte génétique du fichier et disposent d'un recours juridictionnel effectif en cas de rejet de leur demande* » (§ 25), en conséquence, en raison de ce droit au recours « *ni ce prélèvement ni la sanction prévue en cas de refus ne représentent une ingérence excessive dans le droit au respect de sa vie privée et familiale* » et « *la relaxe de l'infraction à l'occasion de laquelle le prélèvement a été effectué n'est pas contradictoire avec la condamnation pour refus de se soumettre à ce prélèvement* » (§ 26) (Crim. 28 oct. 2020, nº 19-85.812, P). Dans la continuité de ces discussions, la C. cass. approuve enfin une cour d'appel qui, pour relaxer les prévenus du chef de refus de prélèvement, constate « *une disproportion entre, d'une part, la faible gravité objective et relative du délit* [décrochage et vol du portrait du président de la République] *dont les intéressés étaient soupçonnés au moment de leur refus de se soumettre au prélèvement litigieux et, d'autre part, l'atteinte au respect de la vie privée consécutive à l'enregistrement au Fnaeg, [...], des résultats des analyses des échantillons biologiques prélevés* » (Crim. 22 sept. 2021, nº 20-80.489, P). En outre, « *la faculté dont bénéficie une personne soupçonnée, en cas d'enregistrement de son empreinte génétique au fichier national automatisé des empreintes génétiques, d'en demander l'effacement, n'interdit pas au juge du fond de procéder au contrôle de proportionnalité d'une telle mesure* » (§ 6) (Crim. 12 oct. 2021, n° 21-81.728, D). Le nouveau dispositif d'effacement anticipé du fichier issu L. n° 2019-222, 23 mars 2019, créant C. pr. pén., art. 706-54-1, n'a toutefois pas d'effet rétroactif sur les refus de prélèvements antérieurs, en effet « *la conformité à la Convention européenne des droits de l'homme du dispositif interne de conservation des empreintes génétiques à la date du 27 déc. 2017, à laquelle l'intéressé a refusé de se soumettre au prélèvement biologique, ne pouvait être appréciée en prenant en considération un texte ultérieur* » (§ 16), « *le dispositif interne de prélèvement et de conservation des empreintes génétiques n'est devenu conforme à cette Convention qu'avec l'entrée en vigueur du D. n° 2021-1402, 29 oct. 2021, qui fixe le délai à l'expiration duquel les personnes condamnées peuvent solliciter l'effacement de leurs empreintes génétiques* » (§ 17) (Crim. 8 déc. 2021, n° 20-84.201, P). • **Cas D et E : – Droit au respect de la vie privée.** Un contrôle de proportionnalité identique à celui mis en œuvre pour l'infraction prévue par C. pr. pén., art. 706-56, est appliqué au refus de se soumettre au prélèvement biologique ou aux relevés signalétiques incriminé par C. pr. pén., art. 55-1, sous cette précision que les opérations de prélèvement ou de relevé exonérés de condamnation « *n'avaient pas pour objet la réalisation d'examens de comparaison avec les traces et indices prélevés pour les nécessités de l'enquête* » (§ 36) (Crim. 29 mars 2023, n° 22-83.458, P).

TEXTE DE RÉFÉRENCE

▪ **Régime du prélèvement des empreintes génétiques. Cas** A à C : v. n^{os} **13.23** et **13.25**.

▪ **Régime des prélèvements externes. Cas** D : v. n° **13.28B**.

▪ **Régime des relevés signalétiques. Cas** E : v. n° **13.29**.

▪ **Régime du dépistage des MST. Cas** F : v. n° **13.28D**.

RÉGIME PROCÉDURAL

▪ **Modalités de poursuite du mineur. Cas** E : « *Pour améliorer la réponse pénale à l'égard des personnes mineures refusant de se soumettre aux opérations de relevés signalétiques* » (Circ. Crim. 2022-14/E1, 12 juill. 2022, NOR : JUSD2220718C), le refus opposé par le mineur permet au procureur de la République de le poursuivre « *selon la procédure exceptionnelle de saisine du tribunal pour enfants aux fins d'audience unique* » sur la culpabilité et sur la peine (Circ. Crim. 2022-14/E1, 12 juill. 2022, NOR : JUSD2220718C) si l'autre infraction pour laquelle il est suspecté et poursuivi est passible d'une peine ⩾ 3 ans pour le mineur ⩾ 16 ans ou ⩾ 5 ans pour le mineur < 16 ans (CJPM, art. L. 423-4 1°), dans ce cas le rapport de « *recueil de renseignements socio-éducatifs* » (RRSE) établi à l'occasion du déferement suffit (CJPM, art. L. 423-4 2°b)) (sur l'orientation du mineur aux fins de jugement en audience unique, v. n° **15.18B2**).

POLITIQUE PUBLIQUE

▪ **Politique pénale. Cas** A à C. « *Les refus de prélèvements opposés par les personnes placées en garde à vue ou condamnées doivent être systématiquement poursuivis* » (Circ. Crim. PJ 97-28-H5, 27 juill. 2004, n° 3-4). « *L'objectif d'une alimentation régulière de ce fichier, garante de son efficacité opérationnelle, ne doit jamais être perdu de vue, le nombre de rapprochements susceptibles d'être opérés étant subordonné au volume des données enregistrées. Pour autant, à l'aune de la décision de la Cour européenne des droits de l'homme* [v. ci-dessus Élément légal/Conventionnalité, arrêt *Aycaguer*], *les poursuites du chef de refus de se soumettre doivent être appréciées au cas par cas, au regard de la nature de l'infraction poursuivie, de sa gravité, de la date de commission des faits et de la personnalité de la personne concernée* » (Circ. Crim-PJ n° 08-28-H5, 11 oct. 2017)

RÉGIME DES PEINES

▪ **Cumul des peines.** • **Cas** A à C. Par dérogation au C. pén., art. 132-2 à 132-5, les peines prononcées pour **refus de prélèvements génétiques** se cumulent, sans possibilité de confusion, avec celles que la personne subissait ou celles prononcées pour l'infraction pour laquelle le prélèvement devait être effectué (C. pr. pén., art. 706-56 II). • **Cas** F. De même, les peines prononcées pour **refus de dépistage des MST** se cumulent, sans possibilité de confusion, avec celles susceptibles d'être prononcées pour le crime ou le délit ayant fait l'objet de la procédure (C. pr. pén., art. 706-47-2). • **Renvoi**. Sur le principe de confusion de plein droit des peines en cas d'infractions multiples poursuivies ensemble, C. pén, art. 132-3, v. n° **18.2** ; ou de confusion facultative en cas d'infraction poursuivies séparément, C. pén, art. 132-4, v. n° **18.4C**, sur les exceptions légales au principe de confusion, v. n° **18.3**.

▪ **Réduction de peine.** Cas A. Retrait de plein droit, jusqu'à L. n° 2021-1729, 22 déc. 2021, « *des crédits de réduction de peine* » dont la personne condamnée « *a pu bénéficier au titre de la condamnation prononcée pour ces infractions et de la condamnation en vertu de laquelle le prélèvement doit être effectué* » (C. pr. pén., art. 706-56 III, réd. issue L. n° 2019-222, 23 mars 2019). Il résultait de cette nouvelle rédaction que les réductions supplémentaires ou exceptionnelles de peine acquises ou à venir n'étaient plus remises en cause par la condamnation (sur la réduction de peine, v. n° 18.10C et 18.10D). Ces dispositions ont été abrogées par L. n° 2021-1729, 22 déc. 2021. Désormais, selon les dispositions issues D. n° 2022-546, 13 avr. 2022, créant C. pr. pén., art. D. 115-7-1, et les précisions apportées au n° 18.10C6, le refus de se soumettre au prélèvement biologique ou le fait de commettre des manœuvres pour substituer un matériel biologique au sien ne constitue, au sens de C. pr. pén., art. 721, qu'un élément d'appréciation de la mauvaise conduite justifiant un retrait du CRP par le JAP.

▪ ÉLÉMENTS CONSTITUTIFS – QUALIFICATION

✧ Pour avoir à .... [¤ lieu], le .... [¤ date], [⇨A à F :]

A. EMPREINTE GÉNÉTIQUE, REFUS DE PRÉLÈVEMENT, PERSONNE CONDAMNÉE

Étant condamné pour l'un des [⇨A1 ou A2 :]

A1. crimes (A1 : *N 23210.co*)...

A2. délits (A2 : *N 23212.co*)...

...visés à l'article 706-55 du code de procédure pénale, refusé de se soumettre à un prélèvement biologique destiné à permettre l'analyse et l'identification de son empreinte génétique (C. pr. pén., art. 706-56) ;

B. EMPREINTE GÉNÉTIQUE, REFUS DE PRÉLÈVEMENT, PERSONNE SOUPÇONNÉE

alors qu'il existait des indices graves ou concordants rendant vraisemblable qu'il ait commis l'une des infractions visées à l'article 706-55 du code de procédure pénale, refusé de se soumettre à un prélèvement biologique destiné à permettre l'analyse et l'identification de son empreinte génétique (C. pr. pén., art. 706-56) (B : *N 23951.co*) ;

C. EMPREINTE GÉNÉTIQUE – MANŒUVRES POUR SUBSTITUER UN MATÉRIEL BIOLOGIQUE AU SIEN

alors qu'il faisait l'objet d'un prélèvement de matériel biologique destiné à permettre l'analyse d'identification de son empreinte génétique, commis ou tenté de commettre des manœuvres destinées à substituer à son propre matériel biologique celui d'une tierce personne, avec ou sans son accord (C. pr. pén., art. 706-56) (C : *N 26546.co*) ;

D. PRÉLÈVEMENT EXTERNE – PERSONNE SOUPÇONNÉE

alors qu'il existait contre lui une ou plusieurs raisons plausibles de soupçonner qu'il avait commis ou tenté de commettre l'infraction, refusé de se soumettre à un prélèvement externe nécessaire à la réalisation d'examens techniques et scientifiques de comparaison avec les traces et indices prélevés pour les besoins de l'enquête (C. pr. pén., art. 55-1) (D : *N 23955.co*) ;

E. RELEVÉS SIGNALÉTIQUES – PERSONNE SOUPÇONNÉE

alors qu'il existait contre lui une ou plusieurs raisons plausibles de soupçonner qu'il avait commis ou tenté de commettre une infraction, refusé de se soumettre à des relevés signalétiques, notamment par prise d'empreintes digitales, palmaires ou de photographies, nécessaires à l'alimentation et à la consultation de fichiers de police selon les règles propres à chacun de ces fichiers (C. pr. pén., art. 55-1) (E : *N 25639.co*) ;

F. DÉPISTAGE DES MST EN CAS DE VIOL OU AGRESSION SEXUELLE

alors qu'il existait contre lui des indices graves ou concordants d'avoir commis des faits de viol, d'agression sexuelle, ou d'atteinte sexuelle sans violence sur mineur, refusé de se soumettre au dépistage des maladies sexuellement transmissibles (C. pr. pén., art. 706-47-2) (F : *N 23954.co*).

G. DÉPISTAGE DES MALADIES VIRALES GRAVES EN CAS D'ACTE SUSCEPTIBLE DE CONTAMINER UN AGENT PUBLIC

alors qu'il avait commis sur une personne [⇨G1 ou G2 :]

G1. dépositaire de l'autorité publique (G1 : *N 28175.co*)...

G2. chargée d'une mission de service public (G2 : *N 28176.co*)...

..., dans l'exercice de ses fonctions, des actes susceptibles d'entraîner sa contamination par une maladie virale grave, refusé de se soumettre à un examen médical et à une prise de sang afin de déterminer s'il n'était pas atteint par une telle maladie (L. nº 2011-267, 14 mars 2011, art. 121).
Faits prévus et réprimés par l'article [• du cas sélectionné] du code de procédure pénale. ✧

25.36 Refus de se soumettre aux examens médicaux prescrits par le magistrat – recherche de stupéfiants in corpore – code des douanes

■ PEINES

PERSONNE PHYSIQUE

PP Délit. 1 an d'emprisonnement, 3 750 € (C. douanes, art. 60 *bis*).

PC Néant.

PERSONNE MORALE

PP 18 750 € (C. pén., art. 131-38).

PC Néant.

■ ORIENTEUR

TEXTE DE RÉFÉRENCE

▪ **Régime de la recherche de stupéfiants in corpore par les douanes.** V. nº 11.59D2.

RÉGIME PROCÉDURAL

▪ **Compétence juridictionnelle. Juge unique** (C. pr. pén., art. 398-1 11º, v. nº 17.15D2).

▪ **Ordonnance pénale. Possible** (C. pr. pén., art. 495-II, v. nº 15.48B1 et tableau nº 17.15D2).

■ ÉLÉMENTS CONSTITUTIFS – QUALIFICATION

✧ Pour avoir à .... [¤ lieu], le .... [¤ date], refusé de se soumettre aux examens médicaux de dépistage de stupéfiants dissimulés dans son organisme, prescrits par le président du tribunal judiciaire ou le juge délégué par lui, à la demande des agents des douanes.
Faits prévus et réprimés par l'article 60 *bis* du code des douanes (*N 1393.ju*). ✧

25.37 Destruction ou modification des preuves d'un crime ou d'un délit

■ PEINES

PERSONNE PHYSIQUE

PP Délit. Cas A et B : 3 ans d'emprisonnement, 45 000 €. Cas C : 5 ans, 75 000 € (C. pén., art. 434-4).

PC 1. Confiscation (réelle ou en valeur) chose ayant servi à l'infraction ou destinée à la commettre (obligatoire pour objets qualifiés dangereux ou nuisibles par loi ou règlement ou dont la détention est illicite) (C. pén., art. 434-44 et 131-21) ;
2. Interdiction droits civiques civils et de famille ⩽ 5 ans (vote, éligibilité, fonction juridictionnelle, expert, témoin, tuteur, curateur) (C. pén., art. 434-44 et 131-26).

PERSONNE MORALE

PP Cas A et B : 225 000 €. Cas C : 375 000 € (C. pén., art. 131-38).

PC Néant.

■ ORIENTEUR

AUTRE QUALIFICATION

▪ **Modification des lieux d'un crime par une personne non habilitée.** Sans intention de faire obstacle à la manifestation de la vérité, v. nº 25.39.

▪ **Bris de scellés.** V. nº 25.40.

ÉLÉMENT INTENTIONNEL

▪ **Dol spécial.** Les faits doivent être commis en vue de faire obstacle à la manifestation de la vérité. S'ils sont accomplis sans cette intention particulière, v. contrav. 4e cl. nº 25.39.

RÉGIME PROCÉDURAL

▪ **Prescription de l'action publique. Infraction occulte par nature.** Selon la jurisprudence (Crim. 17 déc. 2002, n° 01-87.178, P n° 233), consacrée par L. n° 2017-242, 27 févr. 2017 créant C. pr. pén., art. 9-1, l'infraction d'altération de preuve en vue de faire obstacle à la manifestation de la vérité est une infraction occulte par nature. Le point de départ de la prescription est « *le jour ou l'infraction est apparue et a pu être constatée dans des conditions permettant la mise en mouvement ou l'exercice de l'action publique, sans toutefois que le délai de prescription puisse dépasser 12 années révolues à compter du jour où l'infraction a été commise* » (C. pr. pén., art. 9-1, L. n° 2017-242, 27 févr. 2017). Sur les causes d'allongement de la prescription de l'action publique, v. n° 17.20 s.

MESURE CIVILE

▪ **Action civile.** C. pén., art. 434-4 « *a également pour but la protection des intérêts privés et autorise, par voie de conséquence, l'exercice de l'action civile dans les conditions prévues par C. pr. pén., art. 2 et 3* » (Crim. 23 févr. 2000, n° 99-84.448, P n° 78).

▪ ÉLÉMENTS CONSTITUTIFS – QUALIFICATION

✧ Pour avoir à .... [¤ lieu], le .... [¤ date], en vue de faire obstacle à la manifestation de la vérité [⇨A ou B puis le cas échéant C :]

A. modifié l'état des lieux d'un crime ou d'un délit en altérant, falsifiant, effaçant des traces ou des indices ou en apportant, déplaçant ou supprimant des objets quelconques (A : *N 3290.co*) ;

B. [⇨B1 à B4 :]

B1. détruit (B1 : *N 12378.co*)...

B2. soustrait (B2 : *N 12379.co*)...

B3. recelé (B3 : *N 12380.co*)...

B4. altéré (B4 : *N 12381.co*)...

... un document public ou privé, ou un objet de nature à faciliter la découverte d'un crime ou d'un délit, la recherche des preuves ou la condamnation des coupables ;

C. [• Préciser le cas échéant dans les cas A ou B] avec cette circonstance que les faits ont été commis par une personne appelée par ses fonctions à concourir à la manifestation de la vérité (AC : *N 27869.co* ; B1C : *N 12382.co* ; B2C : *N 12383.co* ; B3C : *N 12384.co* ; B4C : *N 12385.co*).

Faits prévus et réprimés par les articles 434-4 et 434-44 du code pénal. ✧

25.38 Non-révélation aux autorités judiciaires ou administratives de la disparition d'un mineur de 15 ans

▪ PEINES

PERSONNE PHYSIQUE

PP Délit. 2 ans d'emprisonnement, 30 000 € (C. pén., art. 434-4-1).

PC *Idem* n° 25.37.

PERSONNE MORALE

PP 15 000 € (C. pén., art. 131-38).

PC Néant.

▪ ORIENTEUR

AUTRE QUALIFICATION

▪ **Complicité d'enlèvement.** V. n°s 20.95 s.

▪ **Non-dénonciation de fait qualifié Crime.** V. n° 25.27.

ÉLÉMENT LÉGAL

▪ **Application de la loi pénale dans le temps.** Incrimination créée par L. n° 2007-297, 5 mars 2007.

■ **ÉLÉMENTS CONSTITUTIFS – QUALIFICATION**

✧ Pour avoir à .... [¤ lieu], le .... [¤ date], ayant eu connaissance de la disparition d'un mineur de quinze ans, omis d'en informer les autorités judiciaires ou administratives, en vue d'empêcher ou de retarder la mise en œuvre des procédures de recherche de personnes disparues prévues par l'article 74-1 du code de procédure pénale.
Faits prévus et réprimés par les articles 434-4-1 et 434-44 du code pénal (*N 26319.co*). ✧

25.39 Modification des lieux d'un crime par une personne non habilitée

■ **PEINES**

PERSONNE PHYSIQUE

PP Contrav. 4e cl. 750 € (C. pr. pén., art. 55 ; C. pén., art. 131-13).

PC Néant.

PERSONNE MORALE

PP 3 750 € (C. pén., art. 131-41).

PC Néant.

■ **ORIENTEUR**

AUTRE QUALIFICATION

▪ **Modification des preuves d'un crime ou d'un délit.** Dans l'intention de faire obstacle à la manifestation de la vérité, v. nº 25.37.

▪ **Bris de scellés.** V. nº 25.40.

ÉLÉMENT MATÉRIEL

▪ **Fait justificatif.** Les modifications ou prélèvements sont autorisés pour les besoins de la sécurité ou de la salubrité publique ou pour les soins à donner aux victimes (C. pr. pén., art. 55).

■ **ÉLÉMENTS CONSTITUTIFS – QUALIFICATION**

✧ Pour avoir à .... [¤ lieu], le .... [¤ date], avant les premières opérations de l'enquête judiciaire et n'étant pas habilité, [⇨A ou B :]
A. modifié les lieux où un crime a été commis ;
B. effectué des prélèvements quelconques sur les lieux où un crime a été commis.
Faits prévus et réprimés par l'article 55 du code de procédure pénale (*N 6520.c4*). ✧

25.40 Scellé – Bris ou détournement

■ **PEINES**

PERSONNE PHYSIQUE

PP Délit. 2 ans d'emprisonnement, 30 000 € (C. pén., art. 434-22).

PC *Idem* nº 25.37.

PERSONNE MORALE

PP 150 000 € (C. pén., art. 131-38).

PC Néant.

■ **ORIENTEUR**

AUTRE QUALIFICATION

▪ **Destruction ou modification des preuves d'un crime ou d'un délit.** Dans l'intention de faire obstacle à la manifestation de la vérité, v. nº 25.37.

▪ **Modification des lieux d'un crime par une personne non habilitée.** Sans intention de faire obstacle à la manifestation de la vérité, v. nº 25.39.

ÉLÉMENT MATÉRIEL

▪ **Tentative. Punissable.** Cas A. C. pén., art. 434-22.

▪ **Indifférence de l'irrégularité civile.** Dans une affaire où un huissier de justice (commissaire de justice), autorisé par le notaire à lever les scellés dans un cadre successoral, n'avait toutefois pas respecté les formalités de convocation des personnes concernées prévues par C. pr. civ., art. 1317 et 1329, il est jugé que « *la méconnaissance de formalités préalables au bris de scellés découlant de dispositions du code de procédure civile n'entre pas dans les prévisions de C. pén., art. 434-22* » (Crim. 8 nov. 2022, n° 21-86.283, D).

▪ ÉLÉMENTS CONSTITUTIFS – QUALIFICATION

✧ Pour avoir à .... [¤ lieu], le .... [¤ date], [⇨A ou B :]

A. brisé ou tenté de briser des scellés apposés par l'autorité publique sur .... [¤ préciser le bien concerné] ;

B. détourné .... [¤ préciser l'objet concerné], objet placé sous scellé ou sous main de justice.

Faits prévus et réprimés par les articles 434-22 et 434-44 du code pénal (*N* ***164.co***). ✧

25.41 Dissimulation, recel – De malfaiteur

▪ PEINES

PERSONNE PHYSIQUE

PP Délit. Cas A : 3 ans d'emprisonnement, 45 000 €. Cas B : 5 ans, 75 000 € (C. pén., art. 434-6).

PC *Idem* n° 25.37.

PERSONNE MORALE

PP Cas A : 225 000 €. Cas B : 375 000 € (C. pén., art. 131-38).

PC Néant.

▪ ORIENTEUR

AUTRE QUALIFICATION

▪ **Non-dénonciation de crime.** C. pén., art. 434-1, v. n° 25.27.

RÉGIME PROCÉDURAL

▪ **Obstacle aux poursuites. Immunité familiale.** Les parents en ligne directe et leurs conjoints, les frères et sœurs et leurs conjoints, le conjoint ou le concubin de l'auteur ou du complice du crime ou de l'acte de terrorisme ne peuvent être poursuivis (C. pén., art. 434-6). Sur la portée de la jurisprudence (Crim. 15 févr. 2022, n° 19-82.651, P) rendue sur le fondement de l'immunité familiale prévue par C. pén., art. 434-1 en matière de non-dénonciation de crime, v. orienteur du n° 25.27.

▪ **Géolocalisation en temps réel.** Avant L. n° 2019-222, 23 mars 2019, cette mesure d'investigation pouvait spécialement être ordonnée pour cette infraction pour les nécessités de l'enquête. Elle en relève désormais comme tout délit passible d'au moins 3 ans d'emprisonnement (C. pr. pén., art. 230-22) (v. n°s 11.47 et 11.48).

MESURE CIVILE

▪ **Recevabilité de l'action civile.** Les victimes de l'infraction terroriste commise par les malfaiteurs recelés sont recevables à se constituer partie civile contre les auteurs de l'infraction de recel de malfaiteurs. En effet, elles subissent un préjudice personnel et direct résultant de l'infraction de recel de malfaiteurs en ce que l'auteur de cette infraction « *a retardé l'arrestation des terroristes en leur procurant une cache* » (§ 17) (Crim. 15 févr. 2022, n° 19-82.651, D).

▪ ÉLÉMENTS CONSTITUTIFS – QUALIFICATION

✧ Pour avoir à .... [¤ lieu], le .... [¤ date],

A. fourni à .... [¤ personne concernée], auteur ou complice d'un crime ou d'un acte de terrorisme puni d'au moins dix ans d'emprisonnement, un logement, un lieu de retraite, des subsides, des moyens d'existence ou tout autre moyen de se soustraire aux recherches ou à l'arrestation, en l'espèce en .... [¤ décrire l'aide apportée] (A : *N* ***195.co***) ;

B. [• Préciser le cas échéant] avec cette circonstance que les faits ont été commis de manière habituelle (B : *N 23281.co*).
Faits prévus et réprimés par les articles 434-6 et 434-44 du code pénal. ✧

25.42 Dissimulation, recel – De cadavre de mort violente

▪ **PEINES**

PERSONNE PHYSIQUE

PP Délit. 2 ans d'emprisonnement, 30 000 € (C. pén., art. 434-7).

PC *Idem* n° 25.37.

PERSONNE MORALE

PP 150 000 € (C. pén., art. 131-38).

PC Néant.

▪ **ORIENTEUR**

TEXTE DE RÉFÉRENCE

▪ **Médecine légale. • Mort violente.** Sur le traitement judiciaire des morts violentes, v. n°s 14.3 et 14.4.

RÉGIME PROCÉDURAL

▪ **Prescription de l'action publique.** « *en matière de recel de cadavre, le délai de prescription ne court qu'à compter du jour où la dissimulation a cessé, peu important que le corps ait été déplacé ultérieurement à l'insu* » de l'auteur du recel (Crim. 13 déc. 2017, n° 17-83.330, P).

▪ **ÉLÉMENTS CONSTITUTIFS – QUALIFICATION**

✧ Pour avoir à .... [¤ lieu], le .... [¤ date], recelé ou caché le cadavre de .... [¤ personne concernée], victime d'un homicide ou décédée des suites de violences.
Faits prévus et réprimés par les articles 434-7 et 434-44 du code pénal (*N 74.co*). ✧

25.43 Omission de témoigner en faveur d'un innocent

▪ **PEINES**

PERSONNE PHYSIQUE

PP Délit. 3 ans d'emprisonnement, 45 000 € (C. pén., art. 434-11).

PC *Idem* n° 25.37.

▪ **ORIENTEUR**

ÉLÉMENT LÉGAL

▪ **Fait justificatif.** Les personnes astreintes au **secret professionnel** ne sont pas tenues de témoigner en faveur d'un innocent (C. pén., art. 434-11).

RÉGIME PROCÉDURAL

▪ **Obstacle aux poursuites. Immunité.** Ne peuvent être poursuivis pour cette infraction (C. pén., art. 434-11) : le véritable auteur ou complice de l'infraction ; les parents en ligne directe et leurs conjoints, les frères et sœurs et leurs conjoints, le conjoint ou le concubin du véritable auteur ou complice de l'infraction. Sur la portée de la jurisprudence (Crim. 15 févr. 2022, n° 19-82.651, P) rendue sur le fondement de l'immunité familiale prévue par C. pén., art. 434-1 en matière de non dénonciation de crime, v. orienteur du n° 25.27.

RÉGIME DES PEINES

▪ **Exemption de peine.** Est exempté de peine celui qui apporte tardivement mais spontanément son témoignage (C. pén., art. 434-11).

▪ **ÉLÉMENTS CONSTITUTIFS – QUALIFICATION**

✧ Pour s'être à .... [¤ lieu], le .... [¤ date], connaissant la preuve de l'innocence de .... [¤ personne concernée], détenue provisoirement ou jugée pour crime ou délit, abstenu d'en apporter aussitôt le témoignage aux autorités judiciaires ou administratives.
Faits prévus et réprimés par les articles 434-11 et 434-44 du code pénal (*N 1915.co*). ✧

25.44 Refus de déposer – Par une personne déclarant publiquement connaître l'auteur d'un crime ou délit

■ PEINES

PERSONNE PHYSIQUE

PP Délit. 1 an d'emprisonnement, 15 000 € (C. pén., art. 434-12).

PC *Idem* n° 25.37.

PERSONNE MORALE

PP 75 000 € (C. pén., art. 131-38).

PC Néant.

■ ÉLÉMENTS CONSTITUTIFS – QUALIFICATION

✧ Pour avoir à .... [¤ lieu], le .... [¤ date], ayant déclaré publiquement connaître les auteurs d'un crime ou d'un délit, refusé de répondre aux questions posées à cet égard par un juge.
Faits prévus et réprimés par les articles 434-12 et 434-44 du code pénal (*N 12275.co*). ✧

25.45 Refus de prêter serment et de déposer – Par un témoin en matière pénale

■ PEINES

PERSONNE PHYSIQUE

PP Délit. 3 750 € (C. pén., art. 434-15-1 [instruction] ; C. pr. pén., art. 326 [cour d'assises], art. 438 [tribunal correctionnel], art. 438 et 536 [tribunal de police]).

PC Néant.

PERSONNE MORALE

PP 18 750 € (C. pén., art. 131-38).

PC Néant.

■ ORIENTEUR

AUTRE QUALIFICATION

▪ **Faux témoignage sous serment – En matière pénale.** V. n° 25.50.

TEXTE DE RÉFÉRENCE

▪ **Principe. Toute personne** citée pour être entendue comme témoin devant le juge d'instruction (C. pr. pén., art. 109), la cour d'assises (C. pr. pén., art. 326), le tribunal correctionnel (C. pr. pén., art. 437, 438, 439), le tribunal de police (C. pr. pén., art. 536), est **tenue de comparaître, de prêter serment et de déposer**, sous réserve du secret professionnel (C. pr. pén., art. 109). « *La citation délivrée à un témoin doit [...] mentionner que la non-comparution, le refus de témoigner [...] sont punis par la loi* » (C. pr. pén., art. 551). Sur la déposition du témoin lors du procès, v. n° 17.29.

▪ **Dérogation concernant le journaliste.** Tout **journaliste** entendu comme témoin sur des informations recueillies dans l'exercice de son activité est libre de ne pas en révéler l'origine (C. pr. pén., art. 109). Circ. gén., n° C09 : « *il apparaît que ne peut bénéficier de cette disposition que le journaliste professionnel au sens de l'article L. 7111-3 [anc*t *L. 761-2, al. 1 et 2] du code du travail, c'est-à-dire "celui qui a pour occupation principale, régulière et rétribuée, l'exercice de sa profession dans une ou plusieurs publications quotidiennes ou périodiques ou dans une agence ou plusieurs agences de presse et qui en tire le principal de ses ressources". Le plus souvent, cette profession est établie par la présentation de la carte professionnelle de journaliste.* »

▪ **Portée du secret professionnel.** Articulation du secret professionnel et des devoirs ou droits généraux de révélation ou de communication : v. n°s 35.1 s.

RÉGIME PROCÉDURAL

▪ **Exercice de la contrainte sur le témoin défaillant.** Si le témoin ne comparaît pas, le juge d'instruction (C. pr. pén., art. 109), la cour d'assises (C. pr. pén., art. 326), le tribunal correctionnel (C. pr. pén., art. 439) ou le tribunal de police (C. pr. pén., art. 439 et 536 combinés) peut, sur réquisitions du parquet, ou même d'office (sauf pour le juge d'instruction), l'y contraindre par la force publique.

▪ **Jugement sur le champ par la juridiction saisie.** Le délit de défaut de comparution, de refus de prêter serment ou de déposer par un témoin cité à l'audience est directement jugé à l'audience par la cour d'assises (C. pr. pén., art. 326), le tribunal correctionnel (C. pr. pén., art. 438) ou le tribunal de police (C. pr. pén., art. 536), sur réquisitions du ministère public (v. également, sur les infractions commises à l'audience, n° 17.12F). Le témoin qui n'a pas comparu peut faire opposition à sa condamnation dans les 5 jours de la signification de l'arrêt de la cour d'assises à sa personne ou à son domicile (C. pr. pén., art. 326), il en est de même pour le témoin qui n'a pas comparu devant le tribunal correctionnel ou le tribunal de police (C. pr. pén., art. 440 et 536). S'agissant du témoin qui a refusé de prêter serment et de déposer, par hypothèse présent lors de sa condamnation, seule la voie de l'appel lui est ouverte, explicitement pour la condamnation prononcée par le tribunal correctionnel et de police (C. pr. pén., art. 441 et 536), implicitement pour celle prononcée par la cour d'assises (C. pr. pén., art. 326).

▪ **Compétence juridictionnelle. Juge unique.** C. pr. pén., art. 398-1, v. n° 17.15D2), dans l'hypothèse où le témoin n'aura pas été condamné sur le champ par la juridiction saisie.

▪ **Ordonnance pénale. Possible** (C. pr. pén., art. 495-II, v. n° 15.48B1 et tableau n° 17.15D2).

MESURE CIVILE

▪ **Sanction du témoin défaillant en matière civile.** En matière civile, le témoin défaillant ou refusant de déposer ou de prêter serment peut être condamné à une amende civile de 15 à 1 500 € (C. pr. civ., art. 207).

▪ ÉLÉMENTS CONSTITUTIFS – QUALIFICATION

✧ Pour avoir à .... [¤ lieu], le .... [¤ date], sans excuse ni justification, [⇨A à E :]

A. **CITATION DEVANT LE JUGE D'INSTRUCTION**

(C. pén., art. 434-15-1 ; C. pr. pén., art. 109) étant cité devant le juge d'instruction pour y être entendu comme témoin, [⇨A1 ou A2 :]

A1. omis de comparaître (A1 : *N 23180.ju*) ;

A2. refusé de prêter serment (A2a : *N 23181.ju*) ou de faire sa déposition (A2b : *N 23182.ju*).

B. **CITATION DEVANT UN OFFICIER DE POLICE JUDICIAIRE AGISSANT SUR COMMISSION ROGATOIRE**

(C. pén., art. 434-15-1 ; L. n° 2002-1138, 9 sept. 2002, art. 39 ; C. pr. pén., art. 109) étant cité devant un officier de police judiciaire agissant sur commission rogatoire pour y être entendu comme témoin, [⇨B1 ou B2 :]

B1. omis de comparaître (B1 : *N 23242.ju*) ;

B2. refusé de prêter serment ou de faire sa déposition (B2 : *N #.ju*).

C. **CITATION DEVANT LA COUR D'ASSISES**

(C. pr. pén., art. 326) étant cité devant la cour d'assises pour y être entendu comme témoin, [⇨C1 ou C2 :]

C1. omis de comparaître (C1 : *N 23245.ju*) ;

C2. refusé de prêter serment ou de faire sa déposition (C2 : *N 23246.ju*).

D. **CITATION DEVANT LE TRIBUNAL CORRECTIONNEL**

(C. pr. pén., art. 437 et 438) étant cité devant le tribunal correctionnel pour y être entendu comme témoin, [⇨D1 à D2 :]

D1. omis de comparaître (D1 : *N 23243.ju*) ;

D2. refusé de prêter serment ou de faire sa déposition (D2 : *N 23244.ju*).

E. **CITATION DEVANT LE TRIBUNAL DE POLICE**

(C. pr. pén., art. 437, 438 et 536) étant cité devant le tribunal de police pour y être entendu comme témoin, [⇨E1 à E2 :]

E1. omis de comparaître (E1 : *N 23247.ju*) ;

E2. refusé de prêter serment ou de faire sa déposition (E2 : *N 23248.ju*).

Faits prévus et réprimés par les articles [• du cas sélectionné]. ✧

25.46 Refus de communication ou de mise en œuvre d'une clé de déchiffrement

■ PEINES

PERSONNE PHYSIQUE

PP Délit. Cas A : 3 ans d'emprisonnement, 270 000 € (depuis L. n° 2016-731, 3 juin 2016, auparavant 45 000 €) (C. pén., art. 434-15-2). Cas B : 5 ans d'emprisonnement, 450 000 € (depuis L. n° 2016-731, 3 juin 2016, auparavant 75 000 €) (C. pén., art. 434-15-2).

PC Confiscation de la chose ayant servi ou destinée à commettre l'infraction (C. pén., art. 434-44).

PERSONNE MORALE

PP Cas A : 1 350 000 € (depuis L. n° 2016-731, 3 juin 2016, auparavant 225 000 €) (C. pén., art. 434-15-2, 131-38). Cas B : 2 250 000 € (depuis L. n° 2016-731, 3 juin 2016, auparavant 375 000 €) (C. pén., art. 434-15-2, 131-38).

PC Néant.

■ ORIENTEUR

AUTRE QUALIFICATION

▪ **Circonstance aggravante.** L'emploi de moyens de cryptologie constitue, pour tout crime ou délit, une circonstance aggravante élevant la peine applicable (C. pén., art. 132-79) (sur cette circonstance aggravante générale, v. n° 18.9D).

ÉLÉMENT LÉGAL

▪ **Domaine d'application.** Le texte ne limite pas l'incrimination aux données informatiques cryptées. Des informations sur support non électronique peuvent en effet être également cryptées. Il s'applique aussi à l'auteur de l'infraction qui a connaissance de la clé de cryptage, selon les indications ci-dessous.

▪ **Constitutionnalité.** Pour établir la constitutionnalité de C. pén., art. 434-15-2 pénalisant le refus de remettre aux autorités judiciaires la convention secrète de déchiffrement d'un moyen de cryptologie, le Cons. const. juge, au visa de DDHC, art. 9 consacrant « *le principe selon lequel nul n'est tenu de s'accuser, dont découle le droit de se taire* » (§ 5), et de DDHC art. 2 consacrant « *le droit au respect de la vie privée et le secret des correspondances [dont] les atteintes [...] doivent être justifiées par un motif d'intérêt général et mises en œuvre de manière adéquate et proportionnée à cet objectif* » (§ 4). qu'« *Il résulte de la jurisprudence constante de la C. cass., .../... que cette obligation pèse sur toute personne, y compris celle suspectée d'avoir commis l'infraction à l'aide de ce moyen de cryptologie* » (§ 6), que « *Les dispositions critiquées n'imposent à la personne suspectée d'avoir commis une infraction, en utilisant un moyen de cryptologie, de délivrer ou de mettre en œuvre la convention secrète de déchiffrement que s'il est établi qu'elle en a connaissance. Elles n'ont pas pour objet d'obtenir des aveux de sa part et n'emportent ni reconnaissance ni présomption de culpabilité mais permettent seulement le déchiffrement des données cryptées. En outre, l'enquête ou l'instruction doivent avoir permis d'identifier l'existence des données traitées par le moyen de cryptologie susceptible d'avoir été utilisé pour préparer, faciliter ou commettre un crime ou un délit. Enfin, ces données, déjà fixées sur un support, existent indépendamment de la volonté de la personne suspectée* » (§ 8) (Cons. const. 30 mars 2018, n° 2018-696 QPC,).

▪ **Conventionnalité.** « *le droit de ne pas s'incriminer soi-même concerne en premier lieu le respect de la détermination d'un accusé de garder le silence. Tel qu'il s'entend communément dans les systèmes juridiques des Parties contractantes à la Convention et ailleurs, il ne s'étend pas à l'usage, dans une procédure pénale, de données que l'on peut obtenir de l'accusé en recourant à des pouvoirs coercitifs mais qui existent indépendamment de la volonté du suspect, par exemple les documents recueillis en vertu d'un mandat, les prélèvements d'haleine, de sang et d'urine ainsi que de tissus corporels en vue d'une analyse de l'ADN* » (CEDH, *Saunders c/ Royaume-Uni*, 17 déc. 1996, n° 19187/91, § 69). En cohérence avec cette décision, il est jugé que « *le droit au silence et celui de ne pas contribuer à sa propre incrimination ne s'étendent pas au recueil de données qu'il convient d'obtenir indépendamment de la volonté de la personne concernée* », modalité de recueil de preuve qui est donc conforme au C. pr. pén., art. préliminaire et Conv. EDH, art. 6 (Crim. 6 janv. 2015, n° 13-87.652, P n° 6). De même, au visa de Conv. EDH, art. 6 et 8, « *le droit de ne pas s'incriminer soi-même ne s'étend pas aux données que l'on peut obtenir de la personne concernée en recourant à des pouvoirs coercitifs mais qui existent indépendamment de la volonté de l'intéressé* » (Crim. 10 déc. 2019, n° 18-86.878, P).

▪ **Droit de l'Union.** « *L'exercice du droit de ne pas s'incriminer soi-même n'empêche pas les autorités compétentes de recueillir les preuves qui peuvent être obtenues légalement au moyen de pouvoirs de contrainte licites et qui existent indépendamment de la volonté des suspects ou des personnes poursuivies* » (art. 7 § 3) (dir. (UE) n° 2016/343, 9 mars 2016).

▪ **Définition. • Moyen de cryptologie.** « *On entend par moyen de cryptologie tout matériel ou logiciel conçu ou modifié pour transformer des données, qu'il s'agisse d'informations ou de signaux, à l'aide de conventions secrètes ou pour réaliser l'opération inverse avec ou sans convention secrète. Ces moyens de cryptologie ont principalement pour objet de garantir la sécurité du stockage ou de la transmission de données, en permettant d'assurer leur confidentialité, leur authentification ou le contrôle de leur intégrité. On entend par prestation de cryptologie toute opération visant à la mise en œuvre, pour le compte d'autrui, de moyens de cryptologie* » (L. n° 2004-575, 21 juin 2004, dite LCEN, art. 29). « *L'utilisation des moyens de cryptologie est libre* » (LCEN, art. 30 I). « *La fourniture, le transfert depuis ou vers un État membre de la Communauté européenne, l'importation et l'exportation des moyens de cryptologie assurant exclusivement des fonctions d'authentification ou de contrôle d'intégrité sont libres* » (LCEN, art. 30 II). En revanche, les moyens de cryptologie aussurant d'autres fonctions que celle d'authentification ou de contrôle d'intégrité sont réglementés par la LCEN et les manquement incriminés par LCEN, art. 35. Les définitions ci-dessus sont en cohérence avec les dispositions de C. pr. pén., art. 230-1 prévoyant la mise au clair de données chiffrées, qu'elles aient fait l'objet « *d'opérations de transformation empêchant d'accéder aux informations en clair qu'elles contiennent ou de les comprendre* » ou qu'elles soient « *protégées par un mécanisme d'authentification* ». **• Moyen de cryptologie ou convention de déchiffrement.** Les conventions de déchiffrement « *s'entendent des clés cryptographiques ainsi que de tout moyen logiciel ou de toute autre information permettant la mise au clair de ces données* » (CSI, art. R. 871-4). **• Code de déverrouillage d'un téléphone portable et moyen de cryptologie ou de déchiffrement.** « *la convention secrète de déchiffrement d'un moyen de cryptologie contribue à la mise au clair des données qui ont été préalablement transformées, par tout matériel ou logiciel, dans le but de garantir la sécurité de leur stockage, et d'assurer ainsi notamment leur confidentialité. Le code de déverrouillage d'un téléphone portable peut constituer une telle convention lorsque ledit téléphone est équipé d'un moyen de cryptologie* » (§ 13), « *L'existence d'un tel moyen peut se déduire des caractéristiques de l'appareil ou des logiciels qui l'équipent ainsi que par les résultats d'exploitation des téléphones au moyen d'outils techniques, utilisés notamment par les personnes qualifiées requises ou experts désignés à cette fin, portés, le cas échéant, à la connaissance de la personne concernée* » (§ 14), encourt donc la censure l'arrêt qui énonce, pour relaxer le prévenu, « *en se référant ainsi à la notion inopérante de téléphone d'usage courant* » (§ 16), « *qu'un code de déverrouillage d'un téléphone portable d'usage courant, qui ouvre l'accès aux données qui y sont contenues, ne constitue pas une convention secrète d'un moyen de cryptologie, en ce qu'il ne permet pas de déchiffrer des données ou messages cryptés* » (§ 15) (Crim. 13 oct. 2020, n° 20-80.150, P). Dans le même sens, énonçant de manière plus affirmée : « *le code de déverrouillage d'un téléphone portable constitue une convention de déchiffrement s'il permet de mettre au clair les données qu'il contient* » (§ 12) (Crim. 13 oct. 2020, n° 19-85.984, P), circonstance que la juridiction doit constater à peine de cassation (Crim. 3 mars 2021, n° 19-86.757, D (§ 13)). En cohérence avec ces décisions, la C. cass. réunie en assemblée plénière a précisé que, pour l'application combinée de C. pén., art. 434-15-2 et L. n° 2004-575, 21 juin 2004, dite LCEN, art. 29, une « *convention de déchiffrement s'entend de tout moyen logiciel ou de toute autre information permettant la mise au clair d'une donnée transformée par un moyen de cryptologie, que ce soit à l'occasion de son stockage ou de sa transmission. Il en résulte que le code de déverrouillage d'un téléphone mobile peut constituer une clé de déchiffrement si ce téléphone est équipé d'un moyen de cryptologie* » (§ 12) « *dès lors, il incombe au juge de rechercher si le téléphone en cause est équipé d'un tel moyen et si son code de déverrouillage permet de mettre au clair tout ou partie des données cryptées qu'il contient ou auxquelles il donne accès* » (§ 13). (Ass. plén., 7 nov. 2022, n° 21-83.146, P). L'enquête doit donc permettre au juge de déterminer si le code de déverrouillage du téléphone permet de mettre au clair des fichiers cryptés. Ces éléments peuvent résulter des caractéristiques connues de l'appareil, en particulier de son système d'exploitation. Le système d'exploitation IOS qui équipe les appareils Apple/Iphone chiffre ainsi par défaut (depuis le modèle 4) tous les fichiers et le code de déverrouillage de l'appareil actionne leur déchiffrement. Le système d'exploitation Android, qui équipe un grand nombre d'autres marques, comporte depuis la version 5 une fonction de crytologie que l'utilisateur peut facultativement activer. Un processus de chiffrement peut également résulter d'une « surcouche logicielle » du constructeur, d'un logiciel *ad hoc* installé par l'utilisateur, ou peut être propre à une application déterminée installée sur l'appareil.

ÉLÉMENT MATÉRIEL

▪ **Conditions préalables – Réquisitions judiciaires aux fins de déchiffremenbt.** • **Fondement procédural de la réquisition.** Le texte incrimine le défaut de communication de la clé de déchiffement ou de mise en œuvre de cette dernière en exécution des réquisitions judiciaires prises dans le cadre de l'enquête préliminaire (C. pr. pén., art. 77-1 s.) ou de flagrance (C. pr. pén., art. 60 s.) ou de l'information judiciaire (C. pr. pén., art. 81). Les modalités de ces réquisitions, lorsqu'il s'agit de données informatiques cryptées, sont décrites aux nos 11.55E et 11.54A. • **Forme de la réquisition.** « *La réquisition délivrée par un OPJ en vertu des articles 60-1, 77-1-1 et 99-3 du code de procédure pénale, […], sous le contrôle de l'autorité judiciaire, entre dans les prévisions de C. pén., art. 434-15-2* » (§ 9), toutefois, ajoutant aux textes précités une condition qu'ils ne semblent pas exiger, il est considéré qu'« *une simple demande formulée au cours d'une audition, sans avertissement que le refus d'y déférer est susceptible de constituer une infraction pénale, ne constitue pas une réquisition au sens du texte précité* » (§ 10) (Crim. 13 oct. 2020, n° 20-80.150, P ; dans le même sens : Crim. 12 oct. 2022, n° 21-81.648, D).

RÉGIME PROCÉDURAL

▪ **Communication du code de déverrouillage et exploitation du téléphone.** « *la communication à un OPJ, sur sa sollicitation, d'une information permettant l'accès à un espace privé préalablement identifié, qu'il soit ou non dématérialisé, pour les besoins d'une perquisition, ne constitue pas une audition au sens de C. pr. pén., art. 63-4-2* » (§ 11), il en résulte que cette communication peut valablement être effectuée par une personne en garde à vue hors la présence de l'avocat, en outre « *aucune disposition légale ne prévoit la présence de l'avocat lors de l'exploitation d'un téléphone portable, assimilable à une perquisition* » (§ 10) (Crim. 12 janv. 2021, n° 20-84.045, P) (sur l'absence de droit à l'assistance d'un avocat lors de la perquisition, v. n° 11.57F).

ÉLÉMENT INTENTIONNEL

▪ **Dol spécial.** L'incrimination réprime la personne « *ayant eu connaissance de la convention secrète de déchiffrement d'un moyen de cryptologie* » (C. pén., art. 434-15-2). Il en résulte que le juge doit « *rechercher si les appareils en cause étaient équipés d'un moyen de cryptologie dont le prévenu avait connaissance* » (§ 14) (Crim. 9 mars 2022, n° 21-83.557, D). L'existence d'un tel moyen peut se déduire des caractéristiques de l'appareil et des résultats d'exploitation « *portés, le cas échéant, à la connaissance de la personne concernée* » (§ 14) à l'occasion de la réquisition (Crim. 13 oct. 2020, n° 20-80.150, P). En outre, la jurisprudence considère, touchant à l'élément moral de l'infraction, qu'« *une simple demande formulée au cours d'une audition, sans avertissement que le refus d'y déférer est susceptible de constituer une infraction pénale, ne constitue pas une réquisition au sens du texte précité* » (§ 10) (Crim. 13 oct. 2020, n° 20-80.150, P ; dans le même sens : Crim. 12 oct. 2022, n° 21-81.648, D).

▪ **ÉLÉMENTS CONSTITUTIFS – QUALIFICATION**

✧ Pour avoir à .... [¤ lieu], le .... [¤ date], [⇨A puis le cas échéant B :]

A. ayant connaissance d'une convention secrète de déchiffrement d'un moyen de cryptologie susceptible d'avoir été utilisé pour préparer, faciliter ou commettre un crime ou un délit, refusé de la remettre ou de la mettre en œuvre sur réquisition judiciaire prise dans le cadre d'une enquête préliminaire, de flagrance ou d'une information judiciaire (A : *N 27383.co*) ;

B. [• Préciser le cas échéant] avec cette circonstance que la remise de cette convention secrète de déchiffrement d'un moyen de cryptologie ou sa mise en œuvre aurait permis d'éviter la commission d'un crime ou d'un délit ou d'en limiter les effets (B : *N 27384.co*).

Faits prévus et réprimés par l'article 434-15-2 et 434-44 du code pénal. ✧

25.47 Défaut de réponse à une réquisition judiciaire aux fins de remise de documents intéressant l'enquête

▪ **PEINES**

PERSONNE PHYSIQUE

PP Délit. 3 750 € (C. pr. pén., art. 60-1).

PC Néant.

PERSONNE MORALE

PP Délit. 18 750 € (C. pr. pén., art. 60-1 ; C. pén., art. 131-38).

PC Néant.

■ ORIENTEUR

AUTRE QUALIFICATION

▪ **Défaut de réponse à une réquisition judiciaire ou administrative.** V. n° 25.48.

▪ **Défaut de réponse à une réquisition de l'autorité publique par un médecin.** V. n° 25.48.

ÉLÉMENT LÉGAL

▪ **Domaine d'application.** Incrimination non applicable aux avocats, entreprises de presse ou de communication audiovisuelle, médecin, notaire ou commissaire de justice (anc^t^ huissier), lorsqu'ils refusent de remettre les documents réclamés (C. pr. pén., art. 60-1).

TEXTE DE RÉFÉRENCE

▪ **Régime de la réquisition judiciaire.** V. n° 11.54.

RÉGIME PROCÉDURAL

▪ **Compétence juridictionnelle. Juge unique** (C. pr. pén., art. 398-1, v. n° 17.15D2).

▪ **Ordonnance pénale. Possible** (C. pr. pén., art. 495-II, v. n° 15.48B1 et tableau n° 17.15D2).

■ ÉLÉMENTS CONSTITUTIFS – QUALIFICATION

✧ Pour s'être à .... [¤ lieu], le .... [¤ date], abstenu de répondre dans les meilleurs délais « et *s'il y a lieu selon les normes exigées* » (L. n° 2019-222, 23 mars 2019) à une réquisition de remettre des documents intéressant l'enquête émanant [⇨A à C :]

A. d'un officier de police judiciaire, dans le cadre d'une enquête de flagrance (C. pr. pén., art. 60-1) (A : *N 25618.ju*) ;

B. du procureur de la République ou, sur son autorisation, d'un officier de police judiciaire, dans le cadre d'une enquête préliminaire (C. pr. pén., art. 77-1-1) (B : *N 25619.ju*) ;

C. d'un juge d'instruction ou de l'officier de police judiciaire par lui commis, dans le cadre d'une information judiciaire (C. pr. pén., art. 99-3) (C : *N #.ju*).

Faits prévus et réprimés par les articles 60-1 et [• du cas sélectionné] du code de procédure pénale. ✧

25.48 Défaut de réponse à une réquisition administrative ou judiciaire

■ PEINES

PERSONNE PHYSIQUE

PP Cas A : Délit., 6 mois d'emprisonnement, 10 000 € (CGCT art. L. 2215-1) ;

Cas B : Contrav. 2e cl., 150 € (C. pén., art. R. 642-1 ; 131-13).

PC Néant.

PERSONNE MORALE

PP Cas A : Délit., 50 000 € (CGCT, art. L. 2215-1, C. pén., art. 131-38) ;

Cas B : Contrav. 2e cl., 750 € (C. pén., art. R. 642-1, 131-41).

PC Néant.

■ ORIENTEUR

AUTRE QUALIFICATION

▪ **Défaut de réponse à une réquisition judiciaire aux fins de remise de documents intéressant l'enquête.** V. n° 25.47.

▪ **Défaut de réponse à une réquisition de l'autorité publique par un médecin.** V. n° 25.49.

▪ **Abstention volontaire de combattre un sinistre.** V. n° 25.26.

▪ **Entrave aux secours.** V. n° 25.23.

■ ÉLÉMENTS CONSTITUTIFS – QUALIFICATION

✧ Pour avoir à .... [¤ lieu], le .... [¤ date], [⇨A ou B :]

A. refusé d'exécuter une réquisition de biens ou de service ou de toute personne nécessaire à l'usage de ce bien ou au fonctionnement de ce service, ou de toute mesure utile, prescrite par arrêté motivé du préfet en cas d'urgence lorsque l'atteinte constatée ou prévisible au bon ordre, à la salubrité, à la tranquillité et à la sécurité publiques l'exige et jusqu'à ce que l'atteinte à l'ordre public ait pris fin ou que les conditions de son maintien soient assurées (CGCT, art. L. 2215-1) (A : *N 23943.co*).

B. sans motif légitime, refusé ou négligé de répondre à une réquisition émanant (C. pén., art. R. 642-1) [⇨B1 ou B2 :]

B1. d'un magistrat ou d'une autorité de police judiciaire agissant dans l'exercice de ses fonctions (B1 : *N 12000.c2*) ;

B2. de l'autorité administrative compétente, en cas d'atteinte à l'ordre public, de sinistre ou de toute situation présentant un danger pour les personnes (B2 : *N 6046.c2*).

Faits prévus et réprimés par les articles [¤ de l'infraction sélectionnée]. ✧

25.49 Défaut de réponse à une réquisition de l'autorité publique par un médecin

■ **PEINES**

PERSONNE PHYSIQUE

PP Délit. 3 750 € (CSP, art. L. 4163-7, 2°).

PC Néant.

PERSONNE MORALE

PP Délit. 18 750 € (CSP, art. L. 4163-7, 2°).

PC Néant.

■ **ORIENTEUR**

AUTRE QUALIFICATION

▪ **Défaut de réponse à une réquisition judiciaire aux fins de remise de documents intéressant l'enquête.** V. nº 25.47.

▪ **Défaut de réponse à une réquisition judiciaire ou administrative.** V. nº 25.48.

▪ **Abstention volontaire de combattre un sinistre.** V. nº 25.26.

▪ **Entrave aux secours.** V. nº 25.23.

RÉGIME PROCÉDURAL

▪ **Compétence juridictionnelle. Juge unique** (C. pr. pén., art. 398-1, v. nº 17.15D2).

▪ **Ordonnance pénale. Possible** (C. pr. pén., art. 495-II, v. nº 15.48B1 et tableau nº 17.15D2).

■ **ÉLÉMENTS CONSTITUTIFS – QUALIFICATION**

✧ Pour avoir à .... [¤ lieu], le .... [¤ date], étant médecin, sans motif légitime, omis de déférer aux réquisitions de l'autorité publique.

Faits prévus et réprimés par l'article L. 4163-7, 2° du code de la santé publique (*N 2633.ju*). ✧

25.50 Faux témoignage sous serment – En matière pénale

■ **PEINES**

PERSONNE PHYSIQUE

PP Délit. Cas A : 5 ans d'emprisonnement, 75 000 € (C. pén., art. 434-13). Cas B et C : 7 ans, 100 000 € (C. pén., art. 434-14).

PC *Idem* nº 25.37.

PERSONNE MORALE

PP Cas A : 375 000 €. Cas B et C : 500 000 € (C. pén., art. 131-38).

PC Néant.

■ **ORIENTEUR**

AUTRE QUALIFICATION

▪ **Faux serment – En matière civile.** V. nº 25.52.

▪ **Attestation ou certificat faux ou inexact.** V. nº 24.12.

▪ **Refus de prêter serment et de déposer – Par un témoin en matière pénale.** V. nº 25.45.

TEXTE DE RÉFÉRENCE

▪ **Principe.** Sur la prestation de serment et la déposition du témoin lors du procès : devant la cour d'assises (C. pr. pén., art. 333 et 342), le tribunal correctionnel (C. pr. pén., art. 457), v. n° 17.29. « *La citation délivrée à un témoin doit [...] mentionner que [...] le faux témoignage sont punis par la loi* » (C. pr. pén., art. 551).

RÉGIME DES PEINES

▪ **Exemption de peine.** Le faux témoin est exempt de peine s'il s'est rétracté spontanément avant la décision mettant fin à la procédure rendue par la juridiction d'instruction ou de jugement (C. pén., art. 434-13).

▪ ÉLÉMENTS CONSTITUTIFS – QUALIFICATION

✧ Pour avoir à .... [¤ lieu], le .... [¤ date], [⇨A puis le cas échéant B ou C :]

A. fait sous serment un témoignage mensonger devant une juridiction ou devant un officier de police judiciaire agissant sur commission rogatoire (A : *N 20066.co*).

[• Préciser le cas échéant] avec cette circonstance que le témoignage mensonger [⇨B ou C :]

B. a été provoqué par la remise d'un don ou d'une récompense quelconque (B : *N 20269.co*) ;

C. a été commis contre une personne passible d'une peine criminelle ou en sa faveur (C : *N 20270.co*).

Faits prévus et réprimés par les articles 434-13 (+ cas B et C : 434-14) et 434-44 du code pénal. ✧

25.51 Subornation de témoin, d'interprète ou d'expert

▪ PEINES

PERSONNE PHYSIQUE

PP Délit. 3 ans d'emprisonnement, 45 000 € (C. pén., art. 434-15 [témoin] ; 434-19 [interprète] ; 434-21 [expert]).

PC *Idem* n° 25.37.

PERSONNE MORALE

PP 225 000 € (C. pén., art. 131-38).

PC Néant.

▪ ORIENTEUR

AUTRE QUALIFICATION

▪ **Menace et intimidation visant une victime.** V. n° 20.52.

▪ **Corruption d'expert.** V. n° 23.38.

TEXTE DE RÉFÉRENCE

▪ **Principe.** Sur la déposition du témoin lors du procès, v. n° 17.29., sur la déposition de l'expert, v. n° 17.30.

ÉLÉMENT MATÉRIEL

▪ **Illustration. Indifférence de la vérité de la déclaration du témoin.** La Ch. crim. confirme la condamnation d'un avocat intervenu à plusieurs reprises auprès d'un témoin et dont « *le but recherché était d'obtenir une déposition plus favorable à son client* » en ce que « *le fait d'exercer des pressions sur une personne pour l'inciter à déclarer autre chose que ce qu'elle pense être la vérité caractérise le délit de subornation* » (Crim. 12 juin 2019, n° 18-83.844, P ; à rapprocher, Crim. 25 janv. 1984, n° 83-90.646, P n° 303).

▪ ÉLÉMENTS CONSTITUTIFS – QUALIFICATION

✧ Pour avoir à .... [¤ lieu], le .... [¤ date], au cours d'une procédure ou en vue d'une demande ou défense en justice, usé de promesses, offres, présents, pressions, menaces, voies de fait, manœuvres ou artifices pour déterminer .... [¤ nom de la personne visée par la subornation] [⇨A à C :]

A. **SUBORNATION DE TÉMOIN**

à faire ou délivrer une déposition, une déclaration ou une attestation mensongère, ou pour s'abstenir de faire une déposition, une déclaration ou une attestation (A : *N 194.co*) ;

B. **Subornation d'interprète**

..., interprète, à faire ou délivrer une traduction mensongère, ou pour s'abstenir de faire une traduction (B : *N 1708.co*) ;

C. **Subornation d'expert**

..., expert, à falsifier, dans ses rapports écrits ou ses exposés oraux, les données ou les résultats de l'expertise, ou pour s'abstenir de faire une expertise (C : *N 28512.co*).

Faits prévus et réprimés par les articles 434-15 (+ cas B : 434-19. Cas C : 434-21) et 434-44 du code pénal. ✧

25.52 Faux serment – En matière civile

▪ PEINES

PERSONNE PHYSIQUE

PP Délit. 3 ans d'emprisonnement, 45 000 € (C. pén., art. 434-17).

PC *Idem* nº 25.37.

▪ ORIENTEUR

AUTRE QUALIFICATION

▪ Fausse attestation. V. nº 24.12.

▪ Faux témoignage sous serment – En matière pénale. V. nº 25.50 ;

TEXTE DE RÉFÉRENCE

▪ Serment en matière civile. C. civ., art. 1357. « *Le serment judiciaire est de deux espèces : 1° Celui qu'une partie défère à l'autre pour en faire dépendre le jugement de la cause : il est appelé décisoire. 2° Celui qui est déféré d'office par le juge à l'une ou à l'autre des parties* » (appelé supplétoire). Circ. 14 mai 1993, nº 347. « *Ce mode de preuve [le serment judiciaire civil] est totalement tombé en désuétude de nos jours.* »

▪ ÉLÉMENTS CONSTITUTIFS – QUALIFICATION

✧ Pour avoir à .... [¤ lieu], le .... [¤ date], étant partie à une instance civile, affirmé sous serment des faits qu'il savait faux, en l'espèce .... [¤ préciser les faits concernés].

Faits prévus et réprimés par les articles 434-17 et 434-44 du code pénal (*N 1705.co*). ✧

25.53 Dénaturation de paroles ou de documents par un interprète

▪ PEINES

PERSONNE PHYSIQUE

PP Délit. Cas A : 5 ans d'emprisonnement, 75 000 €. Cas B et C : 7 ans, 100 000 € (C. pén., art. 434-18).

PC *Idem* nº 25.37.

▪ ORIENTEUR

AUTRE QUALIFICATION

▪ Subornation d'interprète. V. nº 25.51.

▪ ÉLÉMENTS CONSTITUTIFS – QUALIFICATION

✧ Pour avoir à .... [¤ lieu], le .... [¤ date], étant interprète, en toute matière, dénaturé la substance de paroles ou de documents traduits [⇨A puis le cas échéant B ou C :]

A. devant une juridiction ou devant un officier de police judiciaire agissant sur commission rogatoire (A : *N 23038.co*).

[• Préciser le cas échéant] avec cette circonstance que les faits [⇨B ou C :]

B. ont été provoqués par la remise d'un don ou d'une récompense quelconque (B : *N 23041.co*) ;

C. ont été commis contre une personne passible d'une peine criminelle ou en sa faveur (C : *N 5119.co*).

Faits prévus et réprimés par les articles 434-13 (+ cas B et C : 434-14), 434-18 et 434-44 du code pénal. ✧

25.54 Falsification d'expertise par un expert

■ PEINES

PERSONNE PHYSIQUE

PP Délit. Cas A : 5 ans d'emprisonnement, 75 000 €. Cas B et C : 7 ans, 100 000 € (C. pén., art. 434-20).

PC *Idem* n° 25.37.

PERSONNE MORALE

PP Cas A : 375 000 €. Cas B et C : 500 000 € (C. pén., art. 131-38).

PC Néant.

■ ORIENTEUR

AUTRE QUALIFICATION

▪ Subornation d'expert. V. n° 25.51.

TEXTE DE RÉFÉRENCE

▪ Principe. Sur la déposition de l'expert lors du procès, v. n° 17.30.

MESURE CIVILE

▪ Sanction disciplinaire. « *Toute contravention aux lois et règlements relatifs à sa profession ou à sa mission d'expert, tout manquement à la probité ou à l'honneur, même se rapportant à des faits étrangers aux missions qui lui ont été confiées, expose l'expert qui en serait l'auteur à des poursuites disciplinaires.* » (L. n° 71-498, 29 juin 1971, art. 6-2).

■ ÉLÉMENTS CONSTITUTIFS – QUALIFICATION

✧ Pour avoir à .... [¤ lieu], le .... [¤ date], étant expert, en toute matière, falsifié les données ou les résultats de l'expertise dans ses rapports écrits ou ses exposés oraux [⇨A puis le cas échéant B ou C :]

A. devant une juridiction ou devant un officier de police judiciaire agissant sur commission rogatoire (A : *N 23254.co*).

[• Préciser le cas échéant] avec cette circonstance que les faits [⇨B ou C :]

B. ont été provoqués par la remise d'un don ou d'une récompense quelconque (B : *N 23256.co*) ;

C. ont été commis contre une personne passible d'une peine criminelle ou en sa faveur (C : *N 23255.co*).

Faits prévus et réprimés par les articles 434-13 (+ cas B et C : 434-14), 434-20 et 434-44 du code pénal. ✧

25.55 Usurpation d'identité – Prise du nom d'un tiers dans des conditions pouvant déterminer contre lui des poursuites ou une décision

■ PEINES

PERSONNE PHYSIQUE

PP Délit. 5 ans d'emprisonnement, 75 000 € (Cas A et B : C. pén., art. 434-23 ; cas C : C. route, art. L. 225-7 et C. pén., art. 434-23).

PC *Idem* n° 25.37.

PERSONNE MORALE

PP 375 000 € (C. pén., art. 131-38).

PC Néant.

■ ORIENTEUR

AUTRE QUALIFICATION

▪ Usage de fausse plaque ou inscription sur un véhicule. C. route, art. L. 317-4-1, v. n° 36.25.

▪ Désignation inexacte ou erronée d'un autre conducteur en cas d'infraction routière relevée sans interception – Non désignation du conducteur par une personne morale titulaire de l'immatriculation. V. n° 36.31.

▪ **Utilisation d'un document d'identité d'un tiers pour entrer ou se maintenir sur le territoire.** V. n° 24.3.

▪ **Atteintes à l'état civil – Non déclaration d'enfant dans le délai – Modification illicite du nom.** V. n° 25.56.

▪ **Usage de l'identité ou de données d'identification d'autrui (identité numérique) en vue de porter atteinte à sa tranquillité ou à son honneur (L. n° 2011-267, 14 mars 2011).** V. n° 35.49.

TEXTE DE RÉFÉRENCE

▪ **Mesure de rectification.** C. pr. pén., art. 778 : le procureur de la République procède d'office aux diligences nécessaires (saisine sur requête du président du tribunal ou de la cour ayant rendu la décision) lorsqu'il est constaté qu'un individu a été condamné sous une fausse identité ou a usurpé un état civil.

ÉLÉMENT MATÉRIEL

▪ **Faits incriminés. • Champ d'application.** Cas A. « *L'usurpation d'état civil résulte ordinairement de l'affirmation orale d'une identité inexacte – mais qui correspond à celle d'une personne existante – au cours d'une enquête de police, devant un juge d'instruction ou à l'audience d'une juridiction de jugement. Elle ne doit pas être confondue avec l'hypothèse dans laquelle la personne poursuivie fournit des renseignements purement imaginaires, qui ne lèsent donc aucune personne. De tels faits [sont] sanctionnés par l'article 781 du code de procédure pénale.* » (Circ. 14 mai 1993, n° 351), v. n° 25.57 (cas B). Cas B. « *Peut ainsi être sanctionné le tiers qui vient faussement confirmer l'identité d'emprunt utilisée par la personne poursuivie.* » (Circ. 14 mai 1993, n° 351). • **Circonstances pouvant déterminer des poursuites pénales.** Est censurée la décision de condamnation pour usurpation d'identité dans des circonstances pouvant déterminer des poursuites pénales pour diffamation, qui ne précise pas en quoi le message diffamatoire incriminé « *contenaient des imputations portant atteinte à l'honneur ou à la considération de personnes nommément désignées* » (Crim. 29 mars 2006, n° 05-85.857, P n° 94). Est en revanche approuvée la condamnation en cas d'emprunt du nom d'un tiers : pour diffuser sur différents sites les photographies d'une personne nue dans un lieu privé, éléments matérialisant le délit d'atteinte à l'intimité de la vie privée (Crim. 20 janv. 2009, n° 08-83.255, D) ; pour ouvrir des comptes bancaires et faire usage des moyens de paiement accordés en exposant ainsi ce tiers à des poursuites pénales notamment pour faux, usage de faux et escroquerie (Crim. 21 mars 2018, n° 16-86.961, D). • **Notion de nom d'un tiers.** L'emprunt de l'adresse électronique d'un tiers, comprenant en l'espèce partie de son nom et prénom, matérialise l'infraction (Crim. 20 janv. 2009, n° 08-83.255, D), à cet égard v. aussi C. pén., art. 226-4-1, issu L. n° 2011-267, 14 mars 2011, réprimant le fait de faire usage « *d'une ou plusieurs données de toute nature permettant* » d'identifier un tiers, en vue de troubler la tranquillité d'autrui (usurpation d'identité numérique, v. n° 35.49).

RÉGIME PROCÉDURAL

▪ **Compétence juridictionnelle. Juge unique.** C. pr. pén., art. 398-1 1° pour les cas A et B ; C. pr. pén., art. 398-1 2° pour le cas C, v. n° 17.15D2).

▪ **Ordonnance pénale. Possible** (C. pr. pén., art. 495-II, v. n° 15.48B1 et tableau n° 17.15D2).

▪ **Preuve de l'usurpation d'identité.** Depuis Ord. n° 2022-1524, 7 déc. 2022, relative au casier judiciaire national automatisé, les empreintes digitales des personnes physiques condamnées « *par une juridiction répressive pour un crime ou un délit puni d'emprisonnement* » sont enregistrées et conservées par le casier judiciaire national (C. pr. pén., art. 771-2, issu Ord. n° 2022-1524, 7 déc. 2022). Ces dispositions permettent notamment de s'assurer de la concordance ou de la discordance entre la personne physique condamnée et son état civil déclaré (sur l'enregistrement des empreintes digitales au casier judiciaire national, v. n° 13.31D).

MESURE CIVILE

▪ **Mention sur les registres de l'état civil.** « *Toute décision juridictionnelle rendue en raison de l'usurpation d'identité dont une personne a fait l'objet et dont la mention sur les registres de l'état civil est ordonnée doit énoncer ce motif dans son dispositif* » (L. n° 2012-410, 27 mars 2012, art. 11, non codifié).

RÉGIME DES PEINES

▪ **Cumul des peines.** Par dérogation au C. pén., art. 132-2 à 132-5, les peines prononcées pour le délit d'usurpation d'identité se cumulent, sans possibilité de confusion, avec celles qui auront été prononcées pour l'infraction à l'occasion de laquelle l'usurpation a été commise (C. pén., art. 434-23) (sur le principe de confusion de plein droit des peines en cas d'infractions multiples poursuivies ensemble, C. pén, art. 132-3, v. n° 18.2 ; ou de confusion facultative en cas d'infractions poursuivies séparément, C. pén, art. 132-4, v. n° 18.4C, sur les exceptions légales au principe de confusion, v. n° 18.3). Est donc censurée la décision qui prononce une peine, d'une part pour le délit d'usurpation d'identité, d'autre part, pour des infractions qui n'ont pas été commises à l'occasion de la première (Crim. 29 mars 2006, n° 05-85.857, P n° 94).

■ ÉLÉMENTS CONSTITUTIFS – QUALIFICATION

✧ Pour avoir à .... [¤ lieu], le .... [¤ date], [⇨A ou B :]

A. pris le nom de .... [¤ nom du tiers concerné], dans des circonstances qui ont déterminé ou qui auraient pu déterminer contre lui des poursuites pénales (C. pén., art. 434-23 et 434-44) (A : *N 161.ju*) ;

B. fait de fausses déclarations relatives à l'état civil de .... [¤ nom de l'auteur concerné], qui ont déterminé ou auraient pu déterminer des poursuites pénales contre un tiers, en l'espèce .... [¤ nom du tiers concerné] (C. pén., art. 434-23 et 434-44) (B : *N 3303.ju*) ;

C. pris le nom de .... [¤ nom du tiers concerné], dans des circonstances qui ont déterminé ou qui auraient pu déterminer contre cette personne l'inscription d'une condamnation ou d'une décision administrative dans le système national des permis de conduire (C. route, art. L. 225-1, L. 225-7 et C. pén., art. 434-23) (C : *N 22249.ju*).

Faits prévus et réprimés par les articles [¤ de l'infraction sélectionnée]. ✧

25.56 Atteintes à l'état civil – Non déclaration d'enfant dans le délai – Modification illicite du nom

■ PEINES

PERSONNE PHYSIQUE

PP Délit. Cas A : 6 mois d'emprisonnement, 3 750 € (C. pén., art. 433-18-1, L. n° 2007-293, 5 mars 2007). Cas B : 6 mois d'emprisonnement, 7 500 € (C. pén., art. 433-19).

PC 1. Interdiction droits civiques civils et de famille ⩽ 5 ans (vote, éligibilité, fonction juridictionnelle, expert, témoin, tuteur, curateur) (C. pén., art. 433-22 et 131-26) ;

2. Interdiction définitive ou ⩽ 10 ans activité professionnelle ou sociale (en relation avec l'infraction), ou fonction publique, (sauf mandat électif ou syndical) (C. pén., art. 433-22, 131-27 et 131-28) ;

3. Affichage, ⩽ 2 mois, *et/ou* (L. n° 2011-525, 17 mai 2011) diffusion de la décision ou d'extraits aux frais (⩽ amende encourue) du condamné (C. pén., art. 433-22, 131-35).

PERSONNE MORALE

PP Cas A : 18 750 € (C. pén., art. 433-18-1 et 131-38). Cas B : 37 500 € (C. pén., art. 433-19 et 131-38).

PC Néant.

■ ORIENTEUR

AUTRE QUALIFICATION

▪ **Substitution d'enfants – Simulation d'enfant – Dissimulation d'enfant.** V. n° 21.16, Cas C.

▪ **Usurpation d'identité – Prise du nom d'un tiers dans des conditions pouvant déterminer contre lui des poursuites ou une décision.** V. n° 25.55.

ÉLÉMENT LÉGAL

▪ **Application de la loi pénale dans le temps.** Cas A : contravention érigée en délit par L. n° 2007-293, 5 mars 2007, les faits restent également incriminés dans les mêmes termes, implicitement abrogés, par C. pén., art. R. 645-4 (contrav. 5e classe).

TEXTE DE RÉFÉRENCE

▪ **Régime de la déclaration de naissance.** Cas A : C. civ., art. 55 et 56 régissent l'obligation de déclaration de la naissance d'un enfant. Cette obligation s'impose à toute personne qui a assisté à l'accouchement et au premier chef au père, ou, à défaut de père, aux docteurs en médecine, sages-femmes, officiers de santé ou la personne chez qui la mère a accouché (C. civ., art. 56). Le délai de déclaration est de 5 jours (depuis L. n° 2016-1547, 18 nov. 2016, auparavant 3 jours), ou de 8 jours pour les communes difficiles d'accès déterminées par D. n° 2017-278, 2 mars 2017, art. 2 (certaines communes du département de Guyane) (depuis L. n° 2016-1547, 18 nov. 2016), ou de 15 jours devant les agents diplomatiques ou consulaires en pays étranger (C. civ., art. 55). Le jour de l'accouchement n'est pas compté dans le calcul du délai de déclaration de naissance et lorsque le dernier jour est un samedi, un dimanche ou un jour férié ou chômé le délai est prorogé jusqu'au premier jour ouvrable suivant (D. n° 2017-278, 2 mars 2017, art. 1). À défaut de déclaration dans le délai légal, l'enfant ne peut être inscrit sur les registres d'état civil qu'en vertu d'un jugement déclaratif de naissance (C. civ., art. 55).

ÉLÉMENT MATÉRIEL

- **Régime spécifique du nom d'emprunt. Cas B** : L'infraction n'est pas constituée dans les cas où la règlementation en vigueur autorise à souscrire des actes ou documents publics, authentiques ou administratifs sous un **état civil d'emprunt** (C. pén., art. 433-19).

RÉGIME PROCÉDURAL

- **Compétence juridictionnelle. Juge unique** (C. pr. pén., art. 398-1 1°, v. n° 17.15D2).
- **Ordonnance pénale. Possible** (C. pr. pén., art. 495-II, v. n° 15.48B1 et tableau n° 17.15D2).

■ ÉLÉMENTS CONSTITUTIFS – QUALIFICATION

✧ Pour avoir à .... [¤ lieu], le .... [¤ date], [⇨A ou B :]

A. ayant assisté à un accouchement, étant père de l'enfant, docteur en médecine, sage-femme, officier de santé ou une autre personne, omis de faire dans les délais fixés par l'article 55 du code civil la déclaration de naissance de l'enfant auprès de l'officier d'état civil du lieu de naissance (C. pén., art. 433-18-1, 433-22, C. civ., art. 55 et 56) (A : *N 26343.ju*) ;

B. dans .... [¤ préciser le document concerné], acte public ou authentique ou document administratif destiné à l'autorité publique (C. pén., art. 433-19 et 433-22) [⇨B1 ou B2 :]

B1. pris un nom ou un accessoire du nom autre que le sien, (B1 : *N 12327.ju*)...

B2. changé, altéré, ou modifié son nom ou un de ses accessoires, (B2 : *N 12326.ju*)...

... en l'espèce en prenant le nom de .... [¤ préciser le nom utilisé].

Faits prévus et réprimés par les articles [• du cas sélectionné]. ✧

25.57 Fourniture d'une identité imaginaire – Délivrance indue du casier judiciaire

■ PEINES

PERSONNE PHYSIQUE

PP Délit. 7 500 € (C. pr. pén., art. 781).

PC Néant.

■ ORIENTEUR

AUTRE QUALIFICATION

- **Usurpation d'identité. Cas B** : en cas d'usurpation d'identité d'un tiers, v. n° 25.55.
- **Modification illicite du nom.** V. n° 25.56.

RÉGIME PROCÉDURAL

- **Compétence juridictionnelle. Juge unique** (C. pr. pén., art. 398-1, v. n° 17.15D2).
- **Ordonnance pénale. Possible** (C. pr. pén., art. 495-II, v. n° 15.48B1 et tableau n° 17.15D2).

TEXTE DE RÉFÉRENCE

- **Modalités de délivrance du relevé intégral du casier judiciaire. Cas C.** « *Toute personne justifiant de son identité obtient, sur demande adressée au procureur de la République près le tribunal de grande instance* [devenu tribunal judiciaire à compter du 1er janv. 2020] *dans le ressort duquel elle réside, communication du relevé intégral des mentions du casier judiciaire la concernant [...]. Aucune copie de ce relevé intégral ne peut être délivrée.* » (C. pr. pén., art. 777-2).

■ ÉLÉMENTS CONSTITUTIFS – QUALIFICATION

✧ Pour avoir à .... [¤ lieu], le .... [¤ date], [⇨A à C :]

A. obtenu la délivrance du casier judiciaire de .... [¤ nom du tiers concerné] en prenant le faux nom ou la fausse qualité de .... [¤ nom ou qualité concernée] (A : *N 11763.ju*) ;

B. fourni des renseignements d'identité imaginaire qui ont provoqué ou qui auraient pu provoquer des mentions erronées au casier judiciaire (B : *N 7891.ju*) ;

C. obtenu la délivrance par .... [¤ personne concernée] de tout ou partie des mentions du relevé intégral de son casier judiciaire obtenu auprès du procureur de la République en application de l'article 777-2 du code de procédure pénale (C : *N #.ju*).

Faits prévus et réprimés par l'article 781 du code de procédure pénale. ✧

25.58 Fourniture d'une identité ou d'une adresse fausse – Alerte sur un contrôle de voyageurs – Refus de rester à disposition – (Obstacles au contrôle de l'identité)

■ PEINES

PERSONNE PHYSIQUE

PP Délit. Cas A : 2 mois, 3 750 € (depuis L. n° 2016-339, 22 mars 2016, auparavant peine limitée à l'amende 3 750 €) (C. transp., art. L. 2242-5). Cas B : 2 mois, 3 750 € (L. n° 2016-339, 22 mars 2016) C. transp., art. L. 2242-10). Cas C : : 2 mois, 7 500 € (L. n° 2016-339, 22 mars 2016) C. transp., art. L. 2242-6). Cas D : 2 mois, 7 500 € (L. n° 2017-258, 28 févr. 2017) C. pr. pén., art. 78-6).

PC Néant.

PERSONNE MORALE

PP 18 750 € (C. pén., art. 131-38).

PC Néant.

■ ORIENTEUR

AUTRE QUALIFICATION

- **Fourniture d'une identité imaginaire.** V. n° 25.57.
- **Usurpation d'identité.** V. n° 25.55.
- **Filouterie de transport par chemin de fer ou tramway – Voyage sans titre de transport.** V. n° 22.33.
- **Filouterie de transport public routier.** V. n° 22.34.
- **Filouterie d'habitude de transport public de personnes – Voyage sans titre de transport.** V. n° 22.35.

ÉLÉMENT LÉGAL

- **Domaine d'application. Cas A à C : dispositions applicables** à tous les transports publics ferroviaires ou guidés (ancienne rédaction : « *à tous les transports publics de personnes ou de marchandises guidés le long de leur parcours en site propre* ») et aux services de transports public routier de personnes réguliers et à la demande (C. transp., art. L. 2240-1 et L. 3114-3).
- **Application de la loi pénale dans le temps.** Cas B et C : incriminations créées par L. n° 2016-339, 22 mars 2016.
- **Application de la loi pénale dans le temps.** Cas D : incrimination créée par L. n° 2017-258, 28 févr. 2017.

TEXTE DE RÉFÉRENCE

- **Relevé d'identité par les agents d'un service public de transport terrestre.** V. n° 11.23J.
- **Relevé d'identité par les APJ adjoints.** V. n° 11.23I.

RÉGIME PROCÉDURAL

- **Compétence juridictionnelle. Juge unique** dans les cas A à C (C. pr. pén., art. 398-1 4°, v. n° 17.15D2).
- **Ordonnance pénale.** Possible dans les cas A à C (C. pr. pén., art. 495-II, v. n° 15.48B1 et tableau n° 17.15D2).

■ **ÉLÉMENTS CONSTITUTIFS – QUALIFICATION**

✧ Pour avoir à ……… [¤ lieu], le ……… [¤ date], [⇨A à D :]

A. déclaré intentionnellement une fausse adresse ou une fausse identité à un agent assermenté pour constater les infractions à la police du transport ferroviaire ou guidé ou des transports public routier de personnes (C. transp., art. L. 2242-5) (A : *N* ***23950.ju***) ;

B. diffusé, par quelque moyen que ce soit et quel qu'en soit le support, tout message de nature à signaler la présence de contrôleurs ou d'agents de sécurité employés ou missionnés par un exploitant de transport public de voyageurs, en l'espèce en… [matérialiser l'infraction] (C. transp., art. L. 2242-10) (B : *N* ***31550.ju***) ;

C. étant contrevenant aux dispositions relatives à la police du transport ferroviaire ou guidé ou aux règlements relatifs à la police ou à la sûreté du transport ou à la sécurité de l'exploitation des systèmes de transport ferroviaire ou guidé, et refusant ou se déclarant dans l'impossibilité de justifier de son identité, omis de demeurer, le temps de l'information et de la décision d'un OPJ, à la disposition d'un agent assermenté de l'exploitant ou du service de sécurité interne (C. pr. pén., art. 529-4, C. transp., art. L. 2241-1, L. 2241-2) (C : *N* ***31560.ju***).

D. étant l'auteur d'une contravention pouvant être verbalisée ou constatée par un agent de police judiciaire adjoint et refusant ou se déclarant dans l'impossibilité de justifier de son identité, omis de demeurer, le temps de l'information et de la décision d'un officier de police judiciaire, à la disposition d'un agent de police judiciaire adjoint (C. pr. pén., art. 78-6, L. n° 2017-258, 28 févr. 2017) (D : *N* ***32249.co***).

Faits prévus et réprimés par l'article… ✧

25.59 Évasion

■ **PEINES**

PERSONNE PHYSIQUE

PP Délit. Cas A : 3 ans, 45 000 €. Cas B à D : 5 ans, 75 000 € (auparavant 3 ans, 45 000 € [L. n° 2004-204, 9 mars 2004, art. 194-I]) (C. pén., art. 434-27). Cas E : 7 ans, 100 000 € (art. 434-30). Cas F et G : 10 ans, 150 000 € (C. pén., art. 434-30).

PC *Idem* n° 25.37 + cas E, F et G : auteur étranger : interdiction du territoire français, définitive ou ⩽ 10 ans (C. pén., art. 434-46, 131-30 à 131-30-2).

PERSONNE MORALE

PP Cas A : 225 000 €. Cas B à D : 375 000 €. Cas E : 500 000 €. Cas F et G : 750 000 € (C. pén., art. 131-38).

PC Néant.

■ **ORIENTEUR**

ÉLÉMENT LÉGAL

▪ **Application de la loi pénale dans le temps.** Cas A : incrimination créée par L. n° 2004-204, 9 mars 2004, art. 194-I, jusqu'à cette date, l'évasion par simple ruse n'était pas punissable. Cas B à D : pénalités aggravées par L. n° 2004-204, 9 mars 2004, art. 194-I.

TEXTE DE RÉFÉRENCE

▪ **Avis aux autorités.** Toute évasion ou tentative d'évasion fait l'objet d'une information immédiate par le chef d'établissement services de police ou de gendarmerie, au procureur de la République, ainsi qu'au juge d'instruction si la personne est détenue, et au JAP si elle est condamnée, au préfet, au directeur interrégional des services pénitentiaires et au ministre de la justice (C. pr. pén., art. D. 283 et C. pénit., art. D. 214-29 et D. 214-16).

▪ **Avis à la victime.** « *En cas d'évasion d'une personne, le procureur de la République informe sans délai de cette évasion la victime des faits ayant entraîné la détention ou sa famille, dès lors que cette évasion est susceptible de leur faire courir un risque et sauf s'il ne paraît pas opportun de communiquer cette information au regard du risque qu'elle pourrait entraîner pour l'auteur des faits* » (C. pr. pén., art. 40-5, L. n° 2013-711, 5 août 2013).

ÉLÉMENT MATÉRIEL

▪ **Tentative. Punissable** (C. pén., art. 434-36).

▪ **Faits incriminés. C. pén., art. 434-28.** Est **considérée comme détenue** au sens de l'incrimination d'évasion toute personne entrant dans l'un des **cas 1** à **6** ci-dessous. Circ. 14 mai 1993, nº 357 : « **Ne sont donc toujours pas considérées comme des détenus** *susceptibles d'être poursuivis pour évasion, d'une part les personnes incarcérées en raison d'une* **contrainte par corps** *[désormais dénommée contrainte judiciaire] et d'autre part les personnes faisant l'objet d'une détention administrative (ainsi les* **étrangers en situation irrégulière retenus** *en application [...] de l'ordonnance de 1945 et les* **malades mentaux** *ayant fait l'objet d'un internement administratif).* » L'évasion ou la soustraction à la surveillance par une personne retenue dans un centre de rétention est susceptible de qualifier la soustraction à une mesure d'éloignement si cette mesure administrative a été notifiée à l'intéressé (v. nº 27.5).

RÉGIME PROCÉDURAL

▪ **Géolocalisation en temps réel.** Avant L. nº 2019-222, 23 mars 2019, cette mesure d'investigation pouvait spécialement être ordonnée pour cette infraction pour les nécessités de l'enquête. Elle en relève désormais comme tout délit passible d'au moins 3 ans d'emprisonnement (C. pr. pén., art. 230-22) (v. nºˢ 11.47 et 11.48).

▪ **Régime complet de la criminalité organisée** applicable au **Cas F**, à l'exception de la garde à vue qui est limitée à 48 h 00 (C. pr. pén., art. **706-73-1 1°** (réd. issue L. nº 2016-731, 3 juin 2016, v. nº 11.21C).

MESURE CIVILE

▪ **Affectation d'office du compte nominatif du détenu à la partie civile.** « *En cas d'évasion du détenu, la part disponible de son compte nominatif est affectée d'office à l'indemnisation des parties civiles. Le reliquat est versé au Trésor, sauf décision de l'administration pénitentiaire qu'il soit rétabli en tout ou partie au profit du détenu lorsque ce dernier a été repris. À l'expiration d'un délai d'un an à compter de l'évasion du détenu et si sa reprise n'a pas été signalée, les objets laissés sont remis à l'administration chargée des domaines et les valeurs pécuniaires sont versées au Trésor* » (C. pénit, art. L. 332-4, ancᵗ C. pr. pén., art. 728-1, issu L. nº 2021-1729, 22 déc. 2021). Sur le compte nominatif et son affectation à l'indemnisation des parties civiles, v. nº 16.18B9.

RÉGIME DES PEINES

▪ **Exemption de peine.** Pour l'auteur ou le complice qui empêche que l'évasion ne se réalise en avertissant l'autorité judiciaire ou administrative (C. pén., art. 434-37).

▪ **Cumul des peines.** Par dérogation au C. pén., art. 132-2 à 132-5, les peines prononcées pour le délit d'évasion se cumulent, sans possibilité de confusion, avec celles que l'évadé subissait ou celles prononcées pour l'infraction à raison de laquelle il était détenu (C. pén., art. 434-31). Mais le principe du non cumul des peines énoncé au C. pén., art. 132-3 et la possibilité d'une confusion prévue par C. pén., art. 132-4 en cas de poursuites distinctes subsistent entre, d'une part, l'infraction d'évasion, d'autre part, les infractions concomitantes ou postérieures (Crim. 26 mai 1992, nº 91-84.137, P nº 213) (sur le principe de confusion de plein droit des peines en cas d'infractions multiples poursuivies ensemble, C. pén, art. 132-3, v. nº 18.2 ; ou de confusion facultative en cas d'infraction poursuivies séparément, C. pén, art. 132-4, v. nº 18.4C, sur les exceptions légales au principe de confusion, v. nº 18.3).

▪ ÉLÉMENTS CONSTITUTIFS – QUALIFICATION

✧ Pour s'être à .... [¤ lieu], le .... [¤ date], [⇨A puis le cas échéant B à G :]

A. étant détenu, en l'espèce en étant [⇨1 à 6 :]

1. placé en garde à vue ...

2. en cours de présentation à l'autorité judiciaire à l'issue d'une garde à vue ou en exécution d'un mandat d'amener ou d'arrêt ...

3. sous l'effet d'un mandat de dépôt ou d'arrêt notifié ...

4. détenu en cours d'exécution de peine ...

5. arrêté pour exécuter une peine ...

6. sous écrou extraditionnel ...

... soustrait ou avoir tenté de se soustraire à la garde à laquelle il était soumis (A : *N* ***25281.co***).

[• Préciser le cas échéant] avec cette circonstance que les faits ont été commis [⇨B à G :]

B. avec violence (B : *N 7951.co*)...

C. avec effraction (C : *N 7950.co*)...

D. avec corruption (D : *N 11796.co*)...

E. sous la menace d'une arme, ou d'une substance explosive, incendiaire ou toxique (E : *N 12209.co*) ;

F. en bande organisée, que les membres de cette bande soient ou non détenus (L. n° 2004-204, 9 mars 2004, art. 6-XII) (F : *N 25282.co*) ;

G. avec usage d'une arme ou d'une substance explosive, incendiaire ou toxique (G : *N 12211.co*).

Faits prévus et réprimés par les articles 434-27, 434-28, 434-31, 434-36 et 434-44 (+ cas E, F et G : 434-30 et 434-46) du code pénal. ✧

25.60 Évasion – Soustraction à la surveillance

■ PEINES

PERSONNE PHYSIQUE

PP Délit. 3 ans d'emprisonnement, 45 000 € (C. pén., art. 434-27, 434-29). Cas A1 et A2 : 7 ans, 100 000 €. Cas A3 et A3 : 10 ans, 150 000 € (C. pén., art. 434-30).

PC *Idem* n° 25.37 + cas A1 à A3 : auteur étranger : interdiction du territoire français, définitive ou ⩽ 10 ans (C. pén., art. 434-46, 131-30 à 131-30-2).

■ ORIENTEUR

ÉLÉMENT LÉGAL

▪ **Définition. Bande organisée.** Cas A4, v. n° 11.20 (C. pén., art. 132-71).

TEXTE DE RÉFÉRENCE

▪ **Détention à domicile sous surveillance électronique.** Sur le régime de cette mesure, se substituant au placement sous surveillance électronique, v. n° 18.15 (C. pén., art. 131-4-1 et 132-25, L. n° 2019-222, 23 mars 2019, en vigueur le 24 mars 2020).

ÉLÉMENT MATÉRIEL

▪ **Tentative. Punissable.** *Idem* n° 25.59.

RÉGIME PROCÉDURAL

▪ **Géolocalisation en temps réel.** Avant L. n° 2019-222, 23 mars 2019, cette mesure d'investigation pouvait spécialement être ordonnée pour cette infraction pour les nécessités de l'enquête. Elle en relèvent désormais comme tout délit passible d'au moins 3 ans d'emprisonnement (C. pr. pén., art. 230-22) (v. n°s 11.47 et 11.48).

POLITIQUE PUBLIQUE

▪ **Information de la victime ou de sa famille.** *Idem* n° 25.59.

MESURE CIVILE

▪ **Affectation d'office du compte nominatif du détenu à la partie civile.** *Idem* n° 25.59 (C. pénit, art. L. 332-4, anc^t C. pr. pén., art. 728-1).

RÉGIME DES PEINES

▪ **Exemption de peine.** *Idem* n° 25.59.

▪ **Cumul des peines.** *Idem* n° 25.59.

▪ **Réduction de peine.** En cas de condamnation pour un crime ou un délit volontaire commis à l'occasion d'une **permission de sortir**, (sur la permission de sortir de la personne condamnée, v. C. pr. pén., art. D. 142 s.) la juridiction peut décider que le condamné perdra le bénéfice des réductions de peine qui lui ont été accordées antérieurement (C. pr. pén., art. 723-5). Sur les réductions de peine, v. n° 18.10.

■ ÉLÉMENTS CONSTITUTIFS – QUALIFICATION

✧ Pour s'être ou avoir à .... [¤ lieu], le .... [¤ date], [⇨A à D :]

A. étant détenu placé dans un établissement sanitaire ou hospitalier, soustrait à la surveillance à laquelle il était soumis (A : *N 1426.co*) ;

[• Préciser le cas échéant] avec cette circonstance que les faits ont été commis [⇨A1 à A4 :]

A1. avec menace d'une arme, ou d'une substance explosive, incendiaire ou toxique (A1 : *N 11797.co*) ;

~~A2. dans le cadre d'une action concertée entre plusieurs détenus~~ *(abrogé par L. nº 2004-204, 9 mars 2004)* ~~(N 11798.co) ;~~

A3. avec usage d'une arme ou d'une substance explosive, incendiaire ou toxique (A3 : *N 11799.co*) ;

A4. en bande organisée, que les membres de cette bande soient ou non détenus (A4 : *N 25282.co*) ;

B. étant condamné [⇨B1 à B4 :]

B1. placé à l'extérieur d'un établissement pénitentiaire (B1 : *N 5710.co*) ...

B2. placé sous le régime de la détention à domicile sous surveillance électronique (B2 : *N 23249.co*) ...

B3. bénéficiant du régime de la semi-liberté (B3 : *N 5711.co*) ...

B4. bénéficiant d'une permission de sortir (B4 : *N 5712.co*) ...

... soustrait au contrôle auquel il était soumis ;

C. étant condamné bénéficiant d'une mesure de [⇨C1 à C5 :]

C1. suspension de l'emprisonnement (C1 : *N 5713.co*) ...

C2. fractionnement de l'emprisonnement (C2 : *N 5714.co*) ...

C3. placement à l'extérieur (C3 : *N 5710.co*) ...

C4. semi-liberté (C4 : *N 5711.co*) ...

C5. permission de sortir (C4 : *N 5712.co*) ...

... omis de réintégrer l'établissement pénitentiaire à l'issue de cette mesure ;

D. étant condamné placé sous le régime de la détention à domicile sous surveillance électronique, neutralisé par quelque moyen que ce soit le procédé permettant de détecter à distance sa présence ou son absence dans le lieu désigné par le juge de l'application des peines (D : *N 23249.co*).

Faits prévus et réprimés par les articles 434-27, 434-29, 434-31, 434-36 et 434-44 (+ cas A1 à A3 : 434-30 et 434-46) du code pénal. ✧

25.61 Détenu – Connivence à évasion

■ PEINES

PERSONNE PHYSIQUE

PP Délit. Cas A : 3 ans d'emprisonnement, 45 000 €. Cas B, C et D : 5 ans, 75 000 €. Cas E et F : 7 ans, 100 000 € (C. pén., art. 434-32).

PC *Idem* nº 25.37 + Cas E et F : auteur étranger : interdiction du territoire français, définitive ou ⩽ 10 ans (C. pén., art. 434-46, 131-30 à 131-30-2).

PERSONNE MORALE

PP Cas A : 225 000 €. Cas B, C et D : 375 000 €. Cas E et F : 500 000 € (C. pén., art. 131-38).

PC Néant.

■ ORIENTEUR

ÉLÉMENT MATÉRIEL

▪ Tentative. Punissable. *Idem* nº 25.59.

MESURE CIVILE

▪ Solidarité civile. Le prévenu peut être solidairement condamné aux intérêts civils que la victime aurait eu le droit d'obtenir du détenu évadé (C. pén., art. 434-34).

RÉGIME DES PEINES

▪ Exemption de peine. *Idem* nº 25.59.

■ **ÉLÉMENTS CONSTITUTIFS – QUALIFICATION**

✧ Pour avoir à .... [¤ lieu], le .... [¤ date], [⇨A puis le cas échéant B à F :]

A. procuré à .... [¤ nom du détenu concerné], détenu, tout moyen de se soustraire à la garde à laquelle il était soumis, en l'espèce .... [¤ préciser le moyen concerné] (A : *N 12200.co*) ;

[• Préciser le cas échéant] avec cette circonstance que le concours ainsi apporté [⇨B à F :]

B. s'est accompagné de violence (B : *N 12201.co*) ;

C. s'est accompagné d'effraction (C : *N 12202.co*) ;

D. s'est accompagné de corruption (D : *N 12203.co*) ;

E. a consisté en la fourniture d'une arme ou d'une substance explosive, incendiaire ou toxique (E : *N 12204.co*) ;

F. a consisté en l'usage d'une arme ou d'une substance explosive, incendiaire ou toxique (F : *N 12205.co*).

Faits prévus et réprimés par les articles 434-32, 434-36 et 434-44 (+ cas E et F : 434-46) du code pénal. ✧

25.62 Détenu – Connivence à évasion par le personnel pénitentiaire ou habilité

■ **PEINES**

PERSONNE PHYSIQUE

PP Délit. Cas A : 10 ans d'emprisonnement, 150 000 €. Crime. Cas B : 15 ans de réclusion, 225 000 € (C. pén., art. 434-33).

PC 1. Confiscation (réelle ou en valeur) chose ayant servi à l'infraction ou destinée à la commettre (obligatoire pour objets qualifiés dangereux ou nuisibles par loi ou règlement ou dont la détention est illicite) (C. pén., art. 434-44 et 131-21) ;

2. Interdiction droits civiques civils et de famille ⩽ 5 (cas A) ou 10 ans (cas B) (vote, éligibilité, fonction juridictionnelle, expert, témoin, tuteur, curateur) (C. pén., art. 434-44 et 131-26). Cas B : sauf dispense spécialement motivée, la peine d'inéligibilité est obligatoirement prononcée (C. pén., art. 131-26-2, L. n° 2017-1339, 15 sept. 2017) ;

3. Auteur étranger : interdiction du territoire français, définitive ou ⩽ 10 ans (C. pén., art. 434-46, 131-30 à 131-30-2) ;

4. Interdiction définitive ou ⩽ 5 ans d'activité professionnelle ou sociale (en relation avec l'infraction), ou de la fonction publique, sauf mandat électif ou syndical (C. pén., art. 434-44, 131-27 et 131-28) ;

5. Cas B : Interdiction définitive ou ⩽ 15 ans (10 ans avant L. n° 2013-1117, 6 déc. 2013) de diriger, d'administrer, de gérer ou de contrôler à un titre quelconque, directement ou indirectement, pour son propre compte ou pour le compte d'autrui, une entreprise commerciale ou industrielle ou une société commerciale (C. pén., art. 434-44, 131-27 [mod. par L. n° 2008-776, 4 août 2008]).

PERSONNE MORALE

PP Cas A : 750 000 €. Cas B : 1 125 000 € (C. pén., art. 131-38).

PC Néant.

■ **ORIENTEUR**

ÉLÉMENT MATÉRIEL

▪ **Tentative. Punissable.** *Idem* n° 25.59.

RÉGIME PROCÉDURAL

▪ **Procédure d'assises. • Cas B : compétence de la cour criminelle départementale.** Sauf si l'auteur est en récidive ou si l'un des accusés est poursuivi pour un crime ne relevant pas de sa compétence, les faits commis par un majeur relèvent en premier ressort de la cour criminelle départementale à compter du 1er janv. 2023, selon les précisions apportées au n° 17.15A (C. pr. pén., art. 380-16, issu L. n° 2021-1729, 22 déc. 2021).

MESURE CIVILE

▪ **Solidarité civile.** *Idem* n° 25.61.

RÉGIME DES PEINES

▪ Exemption de peine. *Idem* n° 25.59.

▪ ÉLÉMENTS CONSTITUTIFS – QUALIFICATION

✧ Pour avoir à .... [¤ lieu], le .... [¤ date], étant [⇨1 ou 2 puis A et le cas échéant B :]

1. chargé de sa surveillance...

2. habilité par ses fonctions à pénétrer dans un établissement pénitentiaire ou à approcher, à quelque titre que ce soit, des détenus...

A. ...facilité ou préparé, même par abstention volontaire, l'évasion de .... [¤ nom du détenu concerné], détenu, en l'espèce en .... [¤ décrire l'aide apportée] (A : *N 12206.co*).

B. [• Préciser le cas échéant dans le cas A] avec cette circonstance que le concours ainsi apporté a consisté en [⇨B1 ou B2 :]

B1. la fourniture d'une arme ou d'une substance explosive, incendiaire ou toxique (B1 : *N 12207.cc*) ;

B2. l'usage d'une arme ou d'une substance explosive, incendiaire ou toxique (B2 : *N 12208.cc*).

Faits prévus et réprimés par les articles 434-33, 434-36, 434-44 et 434-46 du code pénal. ✧

25.63 Détenu – Remise ou sortie illicite de correspondance ou d'objet – Communication illicite

▪ PEINES

PERSONNE PHYSIQUE

PP Délit. Cas A et B : 1 an d'emprisonnement, 15 000 €. Cas C : 3 ans, 45 000 € (C. pén., art. 434-35).

PC *Idem* n° 25.37.+ Cas C : Interdiction définitive ou ⩽ 5 ans d'activité professionnelle ou sociale (en relation avec l'infraction), ou de la fonction publique, sauf mandat électif ou syndical (C. pén., art. 434-44, 131-27 et 131-28).

PERSONNE MORALE

PP Cas A : 75 000 €. Cas B : 225 000 € (C. pén., art. 131-38).

PC Néant.

▪ ORIENTEUR

AUTRE QUALIFICATION

▪ **Recel.** C. pén., art. 321-1, v. n° 22.45. La détention en connaissance de cause de biens provenant d'une remise illicite à une personne détenue matérialise l'infraction de recel. Le délit de recel étant continu, l'alerte sur l'imminence d'une fouille, donnée par un surveillant pénitentiaire à un détenu en possession d'un téléphone remis irrégulièrement par un tiers, « *a contribué à faciliter une dissimulation visant à permettre, même sur une courte période et malgré la découverte des objets durant la fouille, la poursuite de la détention illicite caractérisant la complicité du délit de recel* [...] *et, d'autre part, l'aide ou l'assistance apportée, en connaissance de cause* » (Crim. 5 juin 2019, n° 18-80.783, P).

ÉLÉMENT LÉGAL

▪ **Constitutionnalité.** Le Cons. const., au visa du principe de légalité des délits et des peines (DDHC, art. 8) et de l'article 34 de la Constitution prévoyant que « *la loi fixe les règles...concernant la détermination des crimes et délits...* » (§ 4), a jugé inconstitutionnelles les dispositions qui lui étaient soumises (cas A3) incriminant le fait « *de communiquer par tout moyen avec une personne détenue* » « *en dehors des cas autorisés par les règlements* », en considérant que le législateur, en s'en remettant « *au pouvoir règlementaire pour déterminer la portée du délit de communication irrégulière avec une personne détenue* » « *n'a pas fixé lui-même le champ d'application de la loi pénale* » et a ainsi « *méconnu les exigences découlant du principe de légalité des délits et des peines* » (§ 6) (Cons. const. 24 janv. 2017, n° 2016-608 QPC). La L. n° 2017-258, 28 févr. 2017 a remédié à cette inconstitutionnalité en précisant les conditions de la nouvelle incrimination figurant au cas B. L'incrimination des cas A1 et A2 continue de faire référence aux "*cas autorisés par les règlements*".

TEXTE DE RÉFÉRENCE

▪ **Fouille administrative au sein de l'établissement pénitentiaire.** « *Hors les cas où les personnes détenues accèdent à l'établissement pénitentiaire sans être restées sous la surveillance constante de l'administration pénitentiaire ou des forces de police ou de gendarmerie, les fouilles intégrales des personnes détenues doivent être justifiées par la présomption d'une infraction ou par les risques que leur comportement fait courir à la sécurité des personnes et au maintien du bon ordre dans l'établissement. Leur nature et leur fréquence sont strictement adaptées à ces nécessités et à la personnalité des personnes détenues. Elles peuvent être réalisées de façon systématique lorsque les nécessités de l'ordre public et les contraintes du service public pénitentiaire l'imposent. Dans ce cas, le chef de l'établissement pénitentiaire doit prendre une décision pour une durée maximale de trois mois renouvelable après un nouvel examen de la situation de la personne détenue* » (C. pénit., art. L. 225-1, anc^t^. L n° 2009-1436, 24 nov. 2009, art. 57). « *Lorsqu'il existe des raisons sérieuses de soupçonner l'introduction au sein de l'établissement pénitentiaire d'objets ou de substances interdits ou constituant une menace pour la sécurité des personnes ou des biens, le chef de l'établissement pénitentiaire peut également ordonner des fouilles de personnes détenues dans des lieux et pour une période de temps déterminés, indépendamment de leur personnalité. Ces fouilles doivent être strictement nécessaires et proportionnées. Elles sont spécialement motivées et font l'objet d'un rapport circonstancié transmis au procureur de la République territorialement compétent et à la direction de l'administration pénitentiaire* » (C. pénit., art. L. 225-2, anc^t^. L n° 2009-1436, 24 nov. 2009, art. 57). « *Les fouilles intégrales ne sont possibles que si les fouilles par palpation ou l'utilisation des moyens de détection électronique sont insuffisantes. Les investigations corporelles internes sont proscrites, sauf impératif spécialement motivé. Elles ne peuvent alors être réalisées que par un médecin n'exerçant pas au sein de l'établissement pénitentiaire et requis à cet effet par l'autorité judiciaire* » (C. pénit., art. L. 225-3, anc^t^. L n° 2009-1436, 24 nov. 2009, art. 57). « *Pour des motifs liés au maintien du bon ordre et de la sécurité ou à la prévention des infractions, les personnels de surveillance procèdent, en l'absence des personnes détenues, à des fouilles fréquentes et minutieuses des cellules et locaux divers où les personnes détenues séjournent, travaillent ou ont accès* » (C. pénit., art. L. 225-4, anc^t^. L n° 2009-1436, 24 nov. 2009, art. 57).

▪ **Contrôle administratif des personnes autres que détenues.** « *Les personnels de surveillance de l'administration pénitentiaire affectés aux équipes de sécurité pénitentiaire et individuellement désignés par le chef de l'établissement pénitentiaire ou par le directeur interrégional des services pénitentiaires peuvent procéder, sur l'ensemble du domaine affecté à l'établissement pénitentiaire ou à ses abords immédiats, au contrôle des personnes, autres que les personnes détenues, à l'égard desquelles existe une ou plusieurs raisons sérieuses de penser qu'elles se préparent à commettre une infraction portant atteinte à la sécurité de l'établissement pénitentiaire* » (C. pénit., art. L. 223-17, anc^t^. L n° 2009-1436, 24 nov. 2009, art. 12-1, créé par L. n° 2017-258, 28 févr. 2017). Dans le cadre de ce contrôle « *les personnels de surveillance peuvent inviter la personne intéressée à justifier, par tout moyen, de son identité, procéder à des palpations de sécurité, à l'inspection visuelle de ses bagages et, avec le consentement de la personne intéressée, à leur fouille. La palpation de sécurité doit être faite par une personne de même sexe que la personne qui en fait l'objet* » (C. pénit., art. L. 223-17, anc^t^. L n° 2009-1436, 24 nov. 2009, art. 12-1, créé par L. n° 2017-258, 28 févr. 2017). « *En cas de refus de la personne intéressée de se soumettre au contrôle ou d'impossibilité de justifier de son identité, le personnel [...] peut la retenir en utilisant le cas échéant la force strictement nécessaire. Il en rend compte immédiatement à tout OPJ de la police nationale ou de la gendarmerie nationale territorialement compétent, qui peut alors lui ordonner sans délai de lui présenter sur-le-champ la personne ou de la retenir jusqu'à son arrivée ou celle d'un APJ placé sous son contrôle. La personne intéressée ne peut être retenue si aucun ordre n'est donné* » (C. pénit., art. L. 223-19, anc^t^. L n° 2009-1436, 24 nov. 2009, art. 12-1, créé par L. n° 2017-258, 28 févr. 2017). Lorsque l'OPJ décide de procéder à une vérification d'identité, le délai de rétention court à compter du début du contrôle (*ibid.* v. n° **11.25**).

▪ **Régime de la réception et des envois d'objets.** « *la réception d'objets de l'extérieur et l'envoi d'objets vers l'extérieur sont interdits* », toutefois, une liste d'objets ou catégories d'objets dont la réception ou l'envoi est autorisé est établie par arrêté (C. pénit., art. R. 332-42). L'envoi et la réception de publications écrites et audiovisuelles sont régis par C. pénit., art. R. 370-1 et R. 370-2.

▪ **Découverte d'un équipement terminal ou dispositif informatique.** « *Le procureur de la République est immédiatement avisé de la découverte, dans un établissement [pénitentiaire], de tout équipement terminal, système informatique ou support de données informatiques dont la détention est illicite. Sous réserve d'une éventuelle saisie de ces matériels par l'autorité judiciaire [...], le procureur de la République peut autoriser, par tout moyen, l'administration pénitentiaire à les conserver, s'il estime que ceux-ci ne sont pas utiles à la manifestation de la vérité* » (C. pénit., art. L. 223-2 ; C. pr. pén., art. 727-1).

▪ **Découverte de sommes ou d'objets irrégulièrement détenus.** « *L'entrée ou la sortie des sommes d'argent, correspondances ou objets quelconques n'est régulière que si elle est conforme [au C. pénit.] et du règlement intérieur de l'établissement [...] ou si elle a été expressément autorisée par le chef de l'établissement pénitentiaire dans le cas où celui-ci est habilité à le faire. En toute hypothèse, les sommes, correspondances ou objets doivent être soumis au contrôle de l'administration. Indépendamment des avis prévus par [C. pénit., art. D. 214-26], il est donné connaissance à l'autorité judiciaire, en vue de l'application éventuelle des pénalités prévues par [C. pén., art. 434-35], de la découverte des sommes, correspondances ou objets qui seraient trouvés en possession des personnes détenues ou de leurs visiteurs et qui auraient été envoyés ou remis contrairement aux prescriptions* » qui précèdent (C. pénit., art. D. 221-5 et C. pr. pén., art. D. 274).

▪ **Modalités autorisées de communication avec les détenus.** La communication est autorisée en application de C. pr. pén., art. 145-4, lorsque la personne est prévenue ou des dispositions du C. pénit, art. L. 341-1 s. (anc[t] L. n° 2009-1436, 24 nov. 2009, art. 39 et 40) et réalisée par les moyens autorisés (C. pén., art. 434-35, mod. par L. n° 2017-258, 28 févr. 2017) (sur les règles régissant le contrôle des correspondances envoyées ou reçues par une personne détenue, v. n°s 12.41C et 12.41E).

ÉLÉMENT MATÉRIEL

▪ **Tentative. Punissable.** *Idem* n° 25.59.

▪ **Transmission de correspondance remise par un détenu. • Transmission par un avocat.** Cas A2 : matérialise l'infraction (anc[t] prévue par C. pén., art. 248) l'avocat qui, sous couvert de la protection due aux correspondances de la personne détenue à son avocat (sur cette protection, v. n°s 12.41C1 et 12.41E3), a été « *mis en possession de lettres qui ne lui étaient pas destinées* » et les a remis « *au destinataire réel* » (Crim. 21 nov. 1979, n° 79-92.192, P n° 332 ; dans le même sens : Crim. 12 mai 1992, n° 91-82.973, P n° 184).

ÉLÉMENT INTENTIONNEL

▪ **Communications ayant pour origine le détenu.** « *En cas d'appel téléphonique passé de façon illicite par un détenu, en utilisant un téléphone portable introduit en fraude dans l'établissement pénitentiaire, avec une personne se trouvant à l'extérieur, le correspondant du détenu ne pourra évidemment se voir reprocher l'infraction que s'il est établi qu'il savait que cet appel était réalisé de façon irrégulière* » Circ. Crim. 2017-5/H, 7 mars 2017, n° 4.4.

RÉGIME PROCÉDURAL

▪ **Compétence juridictionnelle. Juge unique.** C. pr. pén., art. 398-1 1°, v. n° 17.15D2).

▪ **Ordonnance pénale. Possible** (C. pr. pén., art. 495-II, v. n° 15.48B1 et tableau n° 17.15D2).

RÉGIME DES PEINES

▪ **Exemption de peine.** *Idem* n° 25.59.

▪ ÉLÉMENTS CONSTITUTIFS – QUALIFICATION

✧ Pour avoir à .... [¤ lieu], le .... [¤ date], [⇨A ou B puis le cas échéant C :]

A. en quelque lieu que ce soit, en dehors de cas autorisés par les règlements, [⇨A1 à A3 :]

A1. **remis** ou fait parvenir à .... [¤ nom du détenu], détenu ...

A2. **reçu** de .... [¤ nom du détenu], détenu, et transmis ...

... des sommes d'argent, correspondances, objets ou substances quelconques, en l'espèce .... [¤ indication des objets remis] (A : *N 1427.ju*) ;

A3. ~~communiqué par tout moyen avec .... [¤ nom du détenu], détenu~~ (incrimination créée par L. n° 2003-239, 18 mars 2003, art. 73, abrogée par Cons. const. 24 janv. 2017, n° 2016-608 QPC) ~~(*N 23889.ju*)~~ ;

B. se trouvant à l'extérieur d'un établissement pénitentiaire ou d'un établissement de santé habilité à recevoir des détenus, **communiqué** avec une personne détenue à l'intérieur de l'un de ces établissements, y compris par la voie des communications électroniques, hors les cas où cette communication est autorisée (incrimination créée par L. n° 2017-258, 28 févr. 2017) (B : *N 32243.ju*) ;

C. [• Préciser le cas échéant dans les A et B :] avec cette circonstance qu'il était [⇨C1 ou C2 :]

C1. chargé de la surveillance de détenus (AC1 : *N 1428.ju* ; BC1 : *N 32398.ju*) ;

C2. habilité par ses fonctions à pénétrer dans un établissement pénitentiaire ou à approcher, à quelque titre que ce soit, des détenus (AC2 : *N 21746.ju* ; BC2 : *N 32399.ju*).

Faits prévus et réprimés par les articles 434-35, 434-36 et 434-44 du code pénal. ✧

25.64 Établissement pénitentiaire – Pénétration sans autorisation

■ PEINES

PERSONNE PHYSIQUE

PP Délit. 1 an d'emprisonnement, 15 000 €. (C. pén., art. 434-35-1).

PC Néant.

PERSONNE MORALE

PP 75 000 € (C. pén., art. 434-35-1 et 131-38).

PC Néant.

■ ORIENTEUR

ÉLÉMENT LÉGAL

▪ **Application de la loi pénale dans le temps.** Incrimination créée par L. n° 2003-239, 18 mars 2003, art. 73.

ÉLÉMENT MATÉRIEL

▪ **Tentative. Punissable.** *Idem* n° 25.59.

RÉGIME PROCÉDURAL

▪ **Compétence juridictionnelle. Juge unique.** C. pr. pén., art. 398-1 1°, v. n° 17.15D2).

▪ **Ordonnance pénale. Possible** (C. pr. pén., art. 495-II, v. n° 15.48B1 et tableau n° 17.15D2).

RÉGIME DES PEINES

▪ **Exemption de peine.** *Idem* n° 25.59.

■ ÉLÉMENTS CONSTITUTIFS – QUALIFICATION

✧ Pour avoir à .... [¤ lieu], le .... [¤ date], sans y être habilité en vertu de dispositions législatives ou réglementaires ou sans y avoir été autorisé par les autorités compétentes [⇨A ou B :]

A. pénétré dans un établissement pénitentiaire (A : *N 23890.ju*) ;

B. escaladé l'enceinte d'un établissement pénitentiaire (B : *N 23891.ju*).

Faits prévus et réprimés par l'article 434-35-1 du code pénal. ✧

25.65 Non-respect des obligations résultant d'une inscription au fichier judiciaire national automatisé des auteurs d'infractions sexuelles ou violentes (Fijais)

■ PEINES

PERSONNE PHYSIQUE

PP Délit. 2 ans d'emprisonnement, 30 000 € (C. pr. pén., art. 706-53-5).

PC Néant

PERSONNE MORALE

PP 150 000 € (C. pén., art. 131-38).

PC Néant.

■ ORIENTEUR

TEXTE DE RÉFÉRENCE

▪ **Conditions et modalités d'inscription au Fijais.** V. n°s 13.33, 13.34.

▪ **Notification des obligations à la personne inscrite au fichier.** V. n° 13.36.

▪ **Obligations résultant de l'inscription au fichier.** V. n° 13.37.

▪ **Durée des obligations.** V. n° 13.39.

ÉLÉMENT INTENTIONNEL

▪ **Nécessité d'une notification des obligations.** « *En l'absence de notification à la personne concernée de ses obligations, aucune poursuite ne pourra être engagée sur [le] fondement [de l'article 706-53-5]* » (Circ. Crim. 05-15/Q, 1er juill. 2005, n° VII-D).

■ ÉLÉMENTS CONSTITUTIFS – QUALIFICATION

✧ Pour avoir à .... [¤ lieu], le .... [¤ date], étant enregistré au fichier judiciaire national automatisé des auteurs d'infractions sexuelles ou violentes, [⇨A ou B :]

A. omis, soit auprès du gestionnaire du fichier, par lettre recommandée avec demande d'avis de réception, soit auprès du commissariat de police ou de la gendarmerie de son domicile, par lettre recommandée avec demande d'avis de réception ou en se présentant au service, de [⇨A1 ou A2 :] ;

A1. justifier de son adresse, une première fois après avoir reçu notification des mesures et des obligations auxquelles elle était astreinte, puis une fois par an (A1 : *N 25689.co*) ;

A2. déclarer ses changements d'adresse, dans un délai de quinze jours au plus tard après ce changement (A2 : *N 25690.co*) ;

B. et ayant été condamné pour un crime ou pour un délit puni de dix ans d'emprisonnement, omis de justifier de son adresse une fois tous les six mois (ou tous les mois sur décision du tribunal ou du JAP si la dangerosité de la personne le justifie ou en cas de récidive [L. n° 2007-297, 5 mars 2007]) en se présentant à cette fin auprès du commissariat ou de l'unité de gendarmerie de son domicile ou auprès du groupement de gendarmerie départemental ou de la direction départementale de la sécurité publique de son domicile ou auprès de tout autre service désigné par la préfecture (B : *N 25689.co*).

Faits prévus et réprimés par l'article 706-53-5 du code de procédure pénale. ✧

25.66 Non-respect des obligations résultant d'une inscription au fichier judiciaire national automatisé des auteurs d'infractions terroristes (Fijait)

■ PEINES

PERSONNE PHYSIQUE

PP Délit. 2 ans d'emprisonnement, 30 000 € (C. pr. pén., art. 706-25-7).

PC Néant

PERSONNE MORALE

PP 150 000 € (C. pén., art. 131-38).

PC Néant.

■ ORIENTEUR

ÉLÉMENT LÉGAL

▪ **Application de la loi pénale dans le temps.** Incrimination créée par L. n° 2015-912, 24 juill. 2015, créant le fichier judiciaire national automatisé des auteurs d'infractions terroristes (Fijait), dont la mise en œuvre était subordonnée au décret d'application visé au C. pr. pén., art. 706-25-14. Ce décret n° 2015-1840, 29 déc. 2015, est entré en vigueur le 1er juill. 2016 (art. 6).

▪ **Application de la loi dans l'espace.** Les personnes résidant à l'étranger, pour lesquelles l'infraction est matérialisée en dehors du territoire national, sont passibles des mêmes peines (C. pr. pén., art. 706-25-7).

▪ **Domaine d'application.** « *Contrairement aux personnes inscrites pour une infraction de nature terroriste, seules les personnes condamnées pour une infraction prévue à l'article L. 224-1* [V. n° 23.28] *sont astreintes aux obligations.../... les personnes inscrites au Fijait pour une telle infraction mais non condamnées (mise en examen, irresponsabilité pénale etc.) ne sont pas soumises à ces obligations* » (Circ. Crim. 2016/07/Q, 30 juin 2016, n° III.2.5). Si les personnes condamnées pour les infractions prévues par C. pén., art. 421-2-5 (v. n° 35.24) et 421-2-5-1 (v. n° 35.25) sont désormais, depuis L. n° 2021-1109, 24 août 2021, inscrites au Fijait, elles sont néanmoins exemptées des obligations périodiques de justification et de déclaration d'adresse et les sanctions prévues par C. pr. pén., art. 706-25-7 ne leur sont pas applicables. Les personnes condamnées pour les infractions prévues par CSI L. 224-1 et L. 225-7 (v. n° 23.28), qui étaient auparavant inscrites au Fijait, sont désormais, depuis L. n° 2021-1109, 24 août 2021, exemptées de ces mêmes obligations et les sanctions prévues par C. pr. pén., art. 706-25-7 ne leur sont pas davantage applicables.

TEXTE DE RÉFÉRENCE

▪ **Conditions et modalités d'inscription au Fijait.** V. n° 13.40.

ÉLÉMENT INTENTIONNEL

▪ **Nécessité d'une notification des obligations.** Les obligations consécutives à l'inscription au Fijait doivent être notifiées à la personne concernée (C. pr. pén., art. 706-25-8, R. 50-38 à R. 50-42 (v. n° 13.40). « *L'importance de cette notification sera utilement rappelée : .../... La preuve de son existence est aussi la condition nécessaire à l'engagement des poursuites à la suite de la violation des obligations pesant sur la personne inscrite au Fijait* » (Circ. Crim. 2016/07/Q, 30 juin 2016, n° VII.2).

ÉLÉMENT MATÉRIEL

▪ **Tentative.** Punissable dans le cas d'un déplacement à l'étranger (Cas E) (C. pr. pén., art. 706-25-7).

▪ **Caractérisation de l'infraction.** Les manquements incriminés sont définis par référence à C. pr. pén., art. 706-25-7 et au décret pris en application de C. pr. pén., art. 706-25-14, codifié aux articles R. 50-44 et R. 50-45, lesquels précisent les modalités d'exécution de ses obligations par la personne inscrite au Fijait. Les formules de qualification ci-dessous articulent ces modalités.

RÉGIME PROCÉDURAL

▪ **Compétence territoriale.** « *L'article 706-17 du code de procédure pénale instaure une compétence concurrente entre la juridiction du lieu des faits et celle de Paris pour la poursuite, l'instruction et le jugement des infractions au Fijait* » (Circ. Crim. 2016/07/Q, 30 juin 2016, n° IX.2.2). « *En application de l'article 706-16 du C. pr. pén., le pôle anti-terroriste du tribunal de grande instance* [devenu tribunal judiciaire à compter du 1er janv. 2020] *de Paris dispose d'une compétence concurrente à celle des juridictions locales pour la poursuite et le jugement de l'infraction prévue par l'article 706-25-7 du C. pr. pén. Il est même le seul compétent pour les infractions commises à l'étranger* » (Circ. Crim. 2016-08/G1, 30 juin 2016, n° II.B).

▪ ÉLÉMENTS CONSTITUTIFS – QUALIFICATION

✧ Pour avoir à .... [¤ lieu], le .... [¤ date], ayant été informé par l'autorité judiciaire ou ayant reçu notification de son enregistrement au fichier judiciaire national automatisé des auteurs d'infractions terroristes et des mesures et des obligations auxquelles il était astreint [⇨A à E :]

A. **JUSTIFICATION INITIALE ET JUSTIFICATION TRIMESTRIELLE DE DOMICILE (C. PR. PÉN., ART. 706-25-7 1°) [⇨A OU B PUIS A1 À A3 :]**

a. .../...omis dans les 15 jours de cette notification, alors qu'il : [⇨A1 à A3 :]

b. .../...omis tous les trois mois et au plus tard dans les quinze jours suivant l'expiration de ce délai de trois mois, alors qu'il : [⇨A1 à A3 :]

A1. résidait en France, de remettre en personne au commissariat de police ou à la brigade de gendarmerie dont dépend son domicile un justificatif de moins de trois mois établissant la réalité de son domicile (A1 : *N 31786.co*) ;

A2. était de nationalité française et résidait à l'étranger, de remettre en personne au consulat de France ou à la section consulaire de l'ambassade de France la plus proche de son domicile, un justificatif de moins de trois mois établissant la réalité de son domicile (A2 : *N 31786.co*) ;

A3. était de nationalité étrangère et résidait à l'étranger, de transmettre au gestionnaire du fichier, par la voie postale avec demande d'avis de réception, un justificatif de moins de trois mois établissant la réalité de son domicile, accompagné ou revêtu d'un visa émanant soit des autorités étrangères soit des postes diplomatiques et consulaires (A3 : *N 31786.co*) ;

B. **DÉCLARATION ET JUSTIFICATION DE CHANGEMENT D'ADRESSE (C. PR. PÉN., ART. 706-25-7 2°)**

.../...omis dans les quinze jours au plus tard après son changement d'adresse, alors qu'il : [⇨B1 à B3 :]

B1. résidait en France, de remettre en personne au commissariat de police ou à la brigade de gendarmerie dont dépend son domicile un justificatif de moins de trois mois établissant la réalité de son nouveau domicile (B1 : *N 31787.co*) ;

B2. était de nationalité française et résidait à l'étranger, de remettre en personne au consulat de France ou à la section consulaire de l'ambassade de France la plus proche de son domicile, un justificatif de moins de trois mois établissant la réalité de son nouveau domicile (B2 : *N 31787.co*) ;

B3. était de nationalité étrangère et résidait à l'étranger, de transmettre au gestionnaire du fichier, par la voie postale avec demande d'avis de réception, un justificatif de moins de trois mois établissant la réalité de son nouveau domicile, accompagné ou revêtu d'un visa émanant soit des autorités étrangères soit des postes diplomatiques et consulaires (B3 : *N 31787.co*) ;

C. **Déclaration de déplacement à l'étranger (C. pr. pén., art. 706-25-7 3°)**

.../...omis dans les quinze jours au plus tard avant un déplacement à l'étranger, de déclarer en personne ce déplacement au commissariat de police ou à la brigade de gendarmerie dont dépend son domicile, en précisant les dates, la destination du déplacement envisagé et l'adresse où il se trouvait pendant ce déplacement (*N 31788.co*) ;

D. **Tentative de déplacement à l'étranger sans déclaration (C. pr. pén., art. 706-25-7 3°)**

.../...tenté de se déplacer à l'étranger, en l'espèce en [¤ matérialiser le commencement d'exécution], alors qu'il avait omis, dans les quinze jours au plus tard avant ce déplacement, de déclarer ce dernier en personne au commissariat de police ou à la brigade de gendarmerie dont dépend son domicile, en précisant les dates, la destination du déplacement envisagé et l'adresse où il se trouvait pendant ce déplacement (D : *N 31788.co*) ;

E. **Déclaration de déplacement en France (C. pr. pén., art. 706-25-7 4°)**

.../...omis, alors qu'il résidait à l'étranger, de déclarer son déplacement en France au moins quinze avant le déplacement envisagé, : [⇨E1 ou E2 :]

E1. en effectuant cette déclaration en personne, étant de nationalité française, au consulat de France ou à la section consulaire de l'ambassade de France la plus proche de son domicile (E1 : *N 31789.co*) ;

E2. en effectuant cette déclaration, étant de nationalité étrangère, auprès du gestionnaire du fichier, par lettre recommandée avec demande d'avis de réception (E2 : *N 31789.co*).

Faits prévus et réprimés par les articles 706-25-7, 706-25-14, R. 50-44 et R. 50-45 du code de procédure pénale. ✧

25.67 Violation d'une interdiction de séjour

■ PEINES

PERSONNE PHYSIQUE

PP Délit. 2 ans d'emprisonnement, 30 000 € (C. pén., art. 434-38).

PC Confiscation (réelle ou en valeur) chose ayant servi à l'infraction ou destinée à la commettre (obligatoire pour objets qualifiés dangereux ou nuisibles par loi ou règlement ou dont la détention est illicite) (C. pén., art. 434-44 et 131-21).

PERSONNE MORALE

PP 150 000 € (C. pén., art. 131-38).

PC Néant.

■ ORIENTEUR

TEXTE DE RÉFÉRENCE

▪ **Dispositif de l'interdiction de séjour.** Cette mesure, qui s'applique dès la peine privative de liberté si elle l'accompagne (C. pén., art. 131-32), est une peine qui emporte défense de paraître dans les lieux fixés par la juridiction et qui est assortie de mesures de surveillance et d'assistance. Les lieux et mesures sont modifiables par le JAP (C. pén., art. 131-31).

RÉGIME PROCÉDURAL

▪ **Compétence juridictionnelle. Juge unique.** C. pr. pén., art. 398-1 1°, v. n° 17.15D2).

▪ **Ordonnance pénale. Possible** (C. pr. pén., art. 495-II, v. n° 15.48B1 et tableau n° 17.15D2).

■ ÉLÉMENTS CONSTITUTIFS – QUALIFICATION

✧ Pour avoir à .... [¤ lieu], le .... [¤ date], faisant l'objet d'une interdiction de séjour prononcée par jugement du .... [¤ date du jugement] notifié le .... [¤ date de la notification], [⇨A ou B :]

A. paru à .... [¤ lieu en cause], lieu qui lui était interdit (A : *N 13.ju*) ;

B. omis de se soumettre aux mesures de surveillance prescrites par le juge (B : *N 21299.ju*).

Faits prévus et réprimés par les articles 434-38 et 434-44 du code pénal. ✧

25.68 Violation d'une interdiction de participer à des manifestations sur la voie publique (L. nº 2019-290, 10 avr. 2019)

■ PEINES

PERSONNE PHYSIQUE

PP Délit. 1 an d'emprisonnement, 15 000 € (C. pén., art. 434-38-1, incrimination crée par L. nº 2019-290, 10 avr. 2019, anc[t] CSI, art. L. 211-13).

PC Confiscation (réelle ou en valeur) chose ayant servi à l'infraction ou destinée à la commettre (obligatoire pour objets qualifiés dangereux ou nuisibles par loi ou règlement ou dont la détention est illicite) (C. pén., art. 434-44 et 131-21).

PERSONNE MORALE

PP 75 000 € (C. pén., art. 434-38-1 et art. 131-38).

PC Néant.

■ ORIENTEUR

ÉLÉMENT LÉGAL

▪ **Application de la loi pénale dans le temps.** Incrimination issue de L. nº 95-73, 21 janv. 1995, codifiée au CSI, art. L. 211-13, transférée au C. pén., art. 434-38-1 par L. nº 2019-290, 10 avr. 2019.

TEXTE DE RÉFÉRENCE

▪ **Modalités de la peine.** La peine d'interdiction de participer à des manifestations sur la voie publique emporte défense de manifester sur la voie publique dans certains lieux déterminés par la juridiction. Si elle accompagne une peine privative de liberté sans sursis, elle s'applique à compter du jour où la privation de liberté a pris fin (C. pén., art. 131-32-1). La peine est inscrite au FPR (C. pr. pén., art. 230-19 17°, issu L. nº 2019-290, 10 avr. 2019, v. nº 13.17B4).

RÉGIME PROCÉDURAL

▪ **Compétence juridictionnelle. Juge unique.** C. pr. pén., art. 398-1 1°, v. nº 17.15D2).

▪ **Ordonnance pénale. Possible** (C. pr. pén., art. 495-II, v. nº 15.48B1 et tableau nº 17.15D2).

■ ÉLÉMENTS CONSTITUTIFS – QUALIFICATION

✧ Pour avoir à .... [¤ lieu], le .... [¤ date], participé à une manifestation en méconnaissance d'une peine d'interdiction de participer à des manifestations sur la voie publique, prononcée par jugement du .... [¤ date du jugement] notifié le .... [¤ date de la notification].
Faits prévus et réprimés par les articles 434-38-1 et 434-44 du code pénal (*N 33081.ju*). ✧

25.69 Violation d'une interdiction judiciaire de stade – enceinte sportive

■ PEINES

PERSONNE PHYSIQUE

PP Délit. 2 ans d'emprisonnement, 30 000 € (C. sport, art. L. 332-13 [anc[t] L. nº 84-610, 16 juill. 1984, art. 42-11]).

PC Néant.

PERSONNE MORALE

PP 150 000 € (C. pén., art. 131-38).

PC Néant.

■ ORIENTEUR

AUTRE QUALIFICATION

▪ **Violences volontaires – ITT > 8 jours – Dans une enceinte sportive ou lors d'une manifestation publique.** V. nº 20.22.

▪ **Violences volontaires aggravées – ITT > 8 jours – Dans une enceinte sportive ou lors d'une manifestation publique.** V. nº 20.26.

▪ **Violences volontaires aggravées – Sans ITT ou ITT ⩽ 8 jours – Dans une enceinte sportive ou lors d'une manifestation publique.** V. nº 20.30.

▪ **Atteintes à la sécurité des manifestations sportives.** C. sport, art. L. 332-6 (incitation à la haine), L. 332-7 (port de symboles incitant à la haine), L. 332-8 (introduction d'artifice ou d'arme), L. 332-9 (jet de projectile), L. 332-10 (intrusion sur l'aire de compétition), v. nº 23.16.

▪ **Violation d'une mesure administrative collective ou individuelle de restriction des déplacements des supporters.** V. nº 25.70.

▪ **Alcool, ivresse publique et manifeste – Lieux publics ou stades et manifestations sportives – Délits et contraventions.** V. nº 28.16.

POLITIQUE PUBLIQUE

▪ **Dispositif de diffusion des condamnations judiciaires par l'autorité administrative.** • Dans des conditions précisées par décret en Conseil d'État, le préfet communique aux associations et sociétés sportives ainsi qu'aux fédérations sportives et aux associations de supporters agréées l'identité des personnes condamnées à la peine d'interdiction de pénétrer ou de se rendre aux abords d'une enceinte où se déroule une manifestation sportive, prise en application de l'article L. 332-11 du code du sport. Cette identité peut également être communiquée aux autorités d'un pays étranger lorsque celui-ci accueille une manifestation sportive à laquelle participe une équipe française (C. sport, art. L. 332-15). • En outre, la peine d'interdiction judiciaire de stade est inscrite au FPR (V. nº 13.17B4).

▪ ÉLÉMENTS CONSTITUTIFS – QUALIFICATION

✧ Pour avoir à .... [¤ lieu], le .... [¤ date], [⇨A ou B :]

A. (incrimination créée par L. nº 2003-239, 18 mars 2003, art. 79) pénétré ou s'être rendu aux abords d'une enceinte où se déroule une manifestation sportive, en violation d'une peine d'interdiction prononcée, en application de l'article L. 332-11 du code du sport par décision du .... [¤ date du jugement ou de l'arrêt] notifiée le .... [¤ date de la notification] (A : *N **23835**.co*) ;

B. alors qu'il avait fait l'objet par décision du .... [¤ date du jugement ou de l'arrêt] notifiée le .... [¤ date de la notification] d'une peine d'interdiction de pénétrer ou de se rendre aux abords d'une enceinte où se déroule une manifestation sportive, omis de répondre, au moment des manifestations sportives, aux convocations de toute autorité ou de toute personne qualifiée (B : *N 12857.co*).

Faits prévus et réprimés par l'article L. 332-13 du code du sport. ✧

25.70 Violation d'une mesure administrative collective ou individuelle de restriction des déplacements des supporters

▪ PEINES

PERSONNE PHYSIQUE

PP Délit. Cas A : 6 mois d'emprisonnement, 30 000 € (C. sport, art. L. 332-16-1 [L. nº 2011-267, 14 mars 2011]). Cas B : 6 mois d'emprisonnement, 30 000 € (C. sport, art. L. 332-16-2 [L. nº 2011-267, 14 mars 2011]). Cas C : 1 an d'emprisonnement, 3 750 € (C. sport, art. L. 332-16).

PC Cas A et B : interdiction obligatoire, sauf décision contraire spécialement motivée, ⩽ 1 an de pénétrer ou de se rendre aux abords d'une ou plusieurs enceintes où se déroule une manifestation sportive (avec astreinte à répondre, lors des manifestations sportives, aux convocations de toute personne qualifiée que la juridiction désigne dans sa décision. Le tribunal peut prévoir que cette obligation s'applique pour certaines manifestations sportives, qu'elle désigne, se déroulant sur un territoire étranger) (C. sport, art. Cas A : L. 332-16-1, Cas B : L. 332-16-2 et L. 332-11). Cas C : néant.

Sanction du non-respect de l'interdiction de stade, v. nº 25.69.

PERSONNE MORALE

PP Cas A et B : 150 000 € ; Cas C : 18 750 € (C. pén., art. 131-38).

PC Néant.

▪ ORIENTEUR

AUTRE QUALIFICATION

▪ **Violences volontaires – ITT > 8 jours – Dans une enceinte sportive ou lors d'une manifestation publique.** V. nº 20.22.

▪ **Violences volontaires aggravées – ITT > 8 jours – Dans une enceinte sportive ou lors d'une manifestation publique.** V. n° 20.26.

▪ **Violences volontaires aggravées – Sans ITT ou ITT ⩽ 8 jours – Dans une enceinte sportive ou lors d'une manifestation publique.** V. n° 20.30.

▪ **Violation d'une interdiction judiciaire de stade – enceinte sportive.** V. n° 25.69.

▪ **Atteintes à la sécurité des manifestations sportives.** C. sport, art. L. 332-6 (incitation à la haine), L. 332-7 (port de symboles incitant à la haine), L. 332-8 (introduction d'artifice ou d'arme), L. 332-9 (jet de projectile), L. 332-10 (intrusion sur l'aire de compétition), v. n° 23.16.

▪ **Alcool, ivresse publique et manifeste – Lieux publics ou stades et manifestations sportives – Délits et contraventions.** V. n° 28.16.

ÉLÉMENT LÉGAL

▪ **Constitutionnalité.** Cas A et B. Ces dispositions (C. sport, art. L. 332-16-1 et L. 332-16-2) ont été jugées conformes à la Constitution en ce qu'elles concernent les grands rassemblements sportifs, lesquels sont susceptibles d'entraîner des troubles graves pour l'ordre public, qu'il appartient à l'autorité administrative dont les pouvoirs sont renforcés, de définir, sous le contrôle du juge, notamment dans le cadre d'un référé-liberté, à partir de critères objectifs et avec précision, les personnes ou catégories de personnes faisant l'objet de mesures de restriction de déplacement (Cons. const. 10 mars 2011, n° 2011-625 DC, § 48 et 50).

▪ **Application de la loi pénale dans le temps.** Cas A et B : incriminations créées par L. n° 2011-267, 14 mars 2011.

TEXTE DE RÉFÉRENCE

▪ **Interdiction collective par arrêté ministériel.** Cas A : le ministre de l'intérieur peut, par arrêté, **interdire le déplacement** individuel ou collectif de personnes se prévalant de la qualité de *supporter* d'une équipe ou se comportant comme tel sur les lieux d'une manifestation sportive et dont la présence est susceptible d'occasionner des troubles graves pour l'ordre public. Cet arrêté énonce la durée, limitée dans le temps, de la mesure, les circonstances précises de fait qui la motivent ainsi que les communes de point de départ et de destination auxquelles elle s'applique (C. sport, art. L. 332-16-1).

▪ **Restriction collective par arrêté préfectoral.** Cas B : le préfet (préfet de police à Paris), peut, par arrêté, **restreindre la liberté d'aller et de venir** des personnes se prévalant de la qualité de *supporter* d'une équipe ou se comportant comme tel sur les lieux d'une manifestation sportive et dont la présence est susceptible d'occasionner des troubles graves pour l'ordre public. Cet arrêté énonce la durée, limitée dans le temps, de la mesure, les circonstances précises de fait et de lieu qui la motivent, ainsi que le territoire sur lequel elle s'applique (C. sport, art. L. 332-16-2).

▪ **Interdiction individuelle par arrêté préfectoral.** Cas C : lorsque, par « ~~*son comportement d'ensemble*~~ » « *ses agissements répétés portant atteinte à la sécurité des personnes ou des biens* » (réd. issue L. n° 2023-380, 19 mai 2023) à l'occasion de manifestations sportives, par la commission d'un acte grave à l'occasion de l'une de ces manifestations, du fait de son appartenance à une association ou un groupement de fait ayant fait l'objet d'une dissolution en application de l'article L. 332-18 ou du fait de sa participation aux activités qu'une association ayant fait l'objet d'une suspension d'activité s'est vue interdire en application du même article, une personne constitue une menace « *grave* » (réd. issue L. n° 2023-380, 19 mai 2023) pour l'ordre public, le préfet peut, par arrêté motivé, prononcer à son encontre une **mesure d'interdiction de pénétrer ou de se rendre aux abords des enceintes** où de telles manifestations se déroulent ou sont retransmises en public. L'arrêté, valable sur le territoire national, fixe le type de manifestations sportives concernées. Sa durée est ⩽ 12 mois, ou ⩽ 24 mois si dans les 3 années précédentes, la personne a fait l'objet d'une mesure d'interdiction (durées qui étaient respectivement de 24 mois et ⩽ 36 mois jusqu'à L. n° 2023-380, 19 mai 2023, après avoir été de 12 et 24 mois jusqu'à L. n° 2016-564, 10 mai 2016). « *S'il apparaît manifestement que son destinataire entend se soustraire à la mesure d'interdiction* » (condition nouvelle imposée par L. n° 2023-380, 19 mai 2023), l'arrêté peut également imposer à la personne de répondre, au moment des manifestations sportives objet de l'interdiction, aux convocations de toute autorité ou de toute personne qualifiée qu'il désigne, y compris au moment de certaines manifestations sportives, qu'il désigne également, se déroulant sur le territoire d'un État étranger (C. sport, art. L. 332-16-2). Si la personne fait l'objet d'une condamnation définitive pour les mêmes faits, la mesure administrative prend fin si l'intéressé en informe le préfet (C. sport, art. L. 332-16, réd. issue L. nº 2023-380, 19 mai 2023). Il en est de même en cas de relaxe au motif que les faits ne sont pas étblis ou ne lui sont pas imputables (C. sport, art. L. 332-16, réd. issue L. nº 2023-380, 19 mai 2023).

▪ **Inscription au fichier des personnes recherchées.** La personne qui fait l'objet d'une interdiction administrative de stade prise par arrêté individuel du préfet est inscrite au FPR (D. nº 2010-569, 28 mai 2010, art. 2 III 9°, C. sport, art. L. 332-16) (sur le FPR, v. nº 13.17D4).

POLITIQUE PUBLIQUE

▪ **Dispositif de diffusion des sanctions administratives par l'autorité administrative.** Le préfet communique aux associations et sociétés sportives ainsi qu'aux fédérations sportives et, facultativement, aux associations de supporters agréées, l'identité des personnes faisant l'objet d'une mesure administrative individuelle d'interdiction de stade. Cette identité peut également être communiquée aux autorités d'un pays étranger lorsque celui-ci accueille une manifestation sportive à laquelle participe une équipe française (C. sport, art. L. 332-16).

▪ **Organisation du service d'ordre.** Les organisateurs de manifestations sportives à but lucratif peuvent être tenus d'y assurer un service d'ordre (C. sport, art. L. 332-16).

MESURE CIVILE

▪ **Refus ou annulation des titres d'accès aux manifestations sportives.** Les organisateurs de manifestations sportives à but lucratif peuvent être tenus d'y assurer un service d'ordre. Aux fins de contribuer à la sécurité des manifestations sportives, les organisateurs peuvent refuser ou annuler la délivrance de titres d'accès ou en refuser l'accès aux personnes qui ont contrevenu ou contreviennent aux dispositions des conditions générales de vente ou du règlement intérieur relatives à la sécurité de ces manifestations. À cet effet, ils peuvent établir un traitement automatisé de données à caractère personnel (C. sport, art. L. 332-16, mod. L. nº 2016-564, 10 mai 2016).

▪ ÉLÉMENTS CONSTITUTIFS – QUALIFICATION

✧ Pour avoir à .... [¤ lieu], le .... [¤ date], [⇨A à C :]

A. **Interdiction collective par arrêté ministériel.** (C. sport, art. L. 332-16-1 et L. 332-11) étant supporter d'une équipe ou se comportant comme tel sur les lieux d'une manifestation sportive, omis de se conformer à l'arrêté pris le [date de l'arrêté] par le ministre de l'intérieur interdisant le déplacement individuel ou collectif des supporters (A : *N* ***28144.co***) ;

B. **Restriction collective par arrêté préfectoral.** (C. sport, art. L. 332-16-2 et L. 332-11) étant supporter d'une équipe ou se comportant comme tel sur les lieux d'une manifestation sportive, omis de se conformer à l'arrêté pris le [date de l'arrêté] par le préfet de [autorité concernée] restreignant la liberté d'aller et de venir des supporters (B : *N* ***28145.co***) ;

C. **Interdiction individuelle par arrêté préfectoral.** (C. sport, art. L. 332-16) omis de se conformer à un arrêté individuel pris le [date de l'arrêté] par le préfet de [autorité concernée], [⇨C1 ou C2 :]

C1. prononçant à son encontre une mesure d'interdiction de pénétrer ou de se rendre aux abords d'enceintes ou des manisfestations sportives se déroulent ou sont retransmises (C1 : *N* ***26010.co***) ;

C2. lui imposant de répondre à des convocations d'autorités ou de personnes qualifiées désignées (C2 : *N* ***26011.co***).

Faits prévus et réprimés par les articles [• du cas sélectionné] du code des sports. ✧

25.71 Suppression, lacération d'une affiche apposée à titre de peine

▪ PEINES

PERSONNE PHYSIQUE

PP Délit. 6 mois d'emprisonnement, 7 500 € (C. pén., art. 434-39).

PC 1. *Idem* nº 25.67.

2. Le jugement ordonnera à nouveau l'exécution de l'affichage aux frais du condamné (C. pén., art. 434-39).

PERSONNE MORALE

PP Délit. 37 500 € (C. pén., art. 434-47 ; 131-38).

PC 1. Interdiction ⩽ 5 ans une ou plusieurs activités professionnelles ou sociales en relation avec l'infraction (C. pén., art. 434-47 et 131-39 2°) ;

2. Surveillance judiciaire ⩽ 5 ans, sauf personnes morales de droit public, partis, groupements politiques, syndicats (C. pén., art. 434-47, 131-39 3° et 131-46) ;

3. Fermeture, définitive ou ⩽ 5 ans, d'un ou plusieurs établissements en relation avec l'infraction (C. pén., art. 434-47 et 131-39 4°) ;

4. Exclusion, définitive ou ⩽ 5 ans marchés publics (C. pén., art. 434-47 et 131-39 5°) ;

5. Interdiction, définitive ou ⩽ 5 ans, de *faire appel public à l'épargne* (procéder à une offre au public de titres financiers ou de les faire admettre aux négociations sur un marché réglementé, selon L. n° 2009-80, 22 janv. 2009) (C. pén., art. 434-47 et 131-39 6°) ;

6. Interdiction, ⩽ 5 ans, d'utiliser des cartes de paiement ou d'émettre des chèques autres que de retrait ou certifiés (C. pén., art. 434-47 et 131-39 7°) ;

▪ ORIENTEUR

AUTRE QUALIFICATION

▪ **Violation d'une peine restrictive prononcée contre une personne morale.** V. n° 25.78.

RÉGIME PROCÉDURAL

▪ **Compétence juridictionnelle. Juge unique.** C. pr. pén., art. 398-1 1°, v. n° 17.15D2).

▪ **Ordonnance pénale. Possible** (C. pr. pén., art. 495-II, v. n° 15.48B1 et tableau n° 17.15D2).

▪ ÉLÉMENTS CONSTITUTIFS – QUALIFICATION

✧ Pour avoir à .... [¤ lieu], le .... [¤ date], supprimé, dissimulé ou lacéré totalement ou partiellement l'affichage de décision de condamnation ordonné à titre de peine.
Faits prévus et réprimés par les articles : **PERSONNES PHYSIQUES.** 434-39 et 434-44 du code pénal (*N 1911.ju*). **PERSONNES MORALES.** 434-39 et 434-47 du code pénal (*N #.ju*). ✧

25.72 Violation d'une interdiction professionnelle, industrielle ou commerciale prononcée à titre de peine

▪ PEINES

PERSONNE PHYSIQUE

PP Délit. Cas A : 2 ans d'emprisonnement, 30 000 € (C. pén., art. 434-40) ; Cas B : 2 ans d'emprisonnement, 375 000 € C. pén., art. 434-40-1).

PC 1. Confiscation (réelle ou en valeur) chose ayant servi à l'infraction ou destinée à la commettre (obligatoire pour objets qualifiés dangereux ou nuisibles par loi ou règlement ou dont la détention est illicite) (C. pén., art. 434-44 et 131-21) ;

2. Interdiction droits civiques civils et de famille ⩽ 5 ans (vote, éligibilité, fonction juridictionnelle, expert, témoin, tuteur, curateur) (C. pén., art. 434-44 et 131-26).

PERSONNE MORALE

PP Cas A : 150 000 € (C. pén., art. 434-40 et 131-38) ; Cas B : 1 875 000 € (C. pén., art. 434-40-1 et 131-38).

PC Néant.

▪ ORIENTEUR

AUTRE QUALIFICATION

▪ **Violation d'une peine restrictive prononcée contre une personne morale.** V. n° 25.78.

RÉGIME PROCÉDURAL

▪ **Compétence juridictionnelle. Juge unique.** C. pr. pén., art. 398-1 1°, v. n° 17.15D2).

▪ **Ordonnance pénale. Possible** (C. pr. pén., art. 495-II, v. n° 15.48B1 et tableau n° 17.15D2).

■ **ÉLÉMENTS CONSTITUTIFS – QUALIFICATION**

✧ Pour avoir à .... [¤ lieu], le .... [¤ date], [⇨A ou B :]

A. exercé l'activité professionnelle ou sociale *ou une fonction publique* (L. nº 2011-525, 17 mai 2011) de .... [¤ activité concernée] malgré interdiction prononcée à titre de peine par jugement du .... [¤ date du jugement] porté à sa connaissance le .... [¤ date de la notification] (C. pén., art. 434-40) (A : *N 7952.ju*) ;

B. violé l'interdiction d'exercer une profession commerciale ou industrielle, de diriger, d'administrer, de gérer ou de contrôler à un titre quelconque, directement ou indirectement, pour son propre compte ou pour le compte d'autrui une entreprise industrielle ou commerciale ou une société commerciale, prononcée à titre de peine par jugement du .... [¤ date du jugement] porté à sa connaissance le .... [¤ date de la notification] (C. pén., art. 434-40-1) (B : *N 28631.ju*).

Faits prévus et réprimés par les articles [• du cas sélectionné] et 434-44 du code pénal. ✧

25.73 Violation d'une peine complémentaire ou alternative

■ **PEINES**

PERSONNE PHYSIQUE

PP Délit. 2 ans d'emprisonnement, 30 000 € (C. pén., art. 434-41).

PC *Idem* nº 25.72.

PERSONNE MORALE

PP 150 000 € (C. pén., art. 131-38).

PC Néant.

■ **ORIENTEUR**

AUTRE QUALIFICATION

▪ **Violation d'une peine restrictive prononcée contre une personne morale.** V. nº 25.78.

▪ **Destruction ou détournement d'un objet confisqué ou immobilisé.** V. nºs 25.74.

▪ **Refus de remise d'un permis ou d'un objet confisqué.** V. nº 25.75.

ÉLÉMENT LÉGAL

▪ **Domaine d'application.** Cette infraction **ne concerne pas** la violation des peines complémentaires, suspension, annulation du permis de conduire, interdiction de conduire, prononcées en application du code de la route, pour laquelle seule l'incrimination de l'article L. 224-17 du code de la route est applicable (v. nº 36.28).

TEXTE DE RÉFÉRENCE

▪ **Régime des peines alternatives et complémentaires.** Sur le régime des peines alternatives à l'emprisonnement et à l'amende (C. pén., art. 131-6 et 131-7), v. nº 18.32 ; des peines complémentaires (C. pén., art. 131-10 et 131-16), v. nº 18.34 ; le régime particulier de la peine de stage (C. pén., art. 131-5-1), v. nº 18.33).

RÉGIME PROCÉDURAL

▪ **Compétence juridictionnelle. Juge unique.** C. pr. pén., art. 398-1 1º, v. nº 17.15D2).

▪ **Ordonnance pénale. Possible** (C. pr. pén., art. 495-II, v. nº 15.48B1 et tableau nº 17.15D2).

■ **ÉLÉMENTS CONSTITUTIFS – QUALIFICATION**

✧ Pour avoir à .... [¤ lieu], le .... [¤ date], malgré la notification qui lui avait été faite d'une décision prononçant le .... [¤ date de la décision] à son encontre [⇨A à V :]

A. la suspension de son permis de conduire (C. pén., art. 131-6 1° et 434-41) (A : *N 7953.ju*) ...

B. l'annulation de son permis de conduire (C. pén., art. 131-6 3° et 434-41) (B : *N 7954.ju*) ...

C. l'interdiction de conduire certains véhicules terrestre à moteur (C. pén., art. 131-6 2° et 434-41) (C : *N 7954.ju*) ...

D. l'interdiction de paraître dans certains lieux ou catégories de lieux fixés par la juridiction (C. pén., art. 131-6 12° et 434-41 ; L. nº 2004-204, 9 mars 2004, en vigueur depuis le 1er oct. 2004) (D : *N 25809.ju*) ...

E. l'interdiction de fréquenter certains condamnés spécialement désignés par la juridiction, notamment les auteurs ou complices de l'infraction (C. pén., art. 131-6 13° et 434-41 ; L. n° 2004-204, 9 mars 2004, en vigueur depuis le 1er oct. 2004) (E : *N 25810.ju*) ...

F. l'interdiction d'entrer en relation avec la victime de l'infraction (C. pén., art. 131-6 14° et 434-41 ; L. n° 2004-204, 9 mars 2004, en vigueur depuis le 1er oct. 2004) (F : *N 25810.ju*) ...

G. l'obligation d'exécuter un stage de sensibilisation à la sécurité routière aux frais du condamné (C. pén., art. 131-5-1, R. 131-35 2° et 434-41) (G : *N 24084.ju*) ...

H. l'obligation d'accomplir un stage de citoyenneté (C. pén., art. 131-5-1 ; L. n° 2004-204, 9 mars 2004, en vigueur depuis le 1er oct. 2004, 434-41, R. 131-35 1°) (H : *N 25808.ju*) ...

I. l'obligation d'accomplir un stage de responsabilité parentale (C. pén., art. 131-5-1, 434-41 et R. 131-35 4°) (I : *N 27096.ju*) ...

J. l'obligation d'exécuter un stage de sensibilisation aux dangers de l'usage de produits stupéfiants (C. pén., art. 131-5-1 et R. 131-35 3°) (J : *N 27095.ju*) ...

K. l'obligation d'exécuter un stage de sensibilisation à la lutte contre l'achat d'acte sexuel (C. pén., art. 131-5-1 et R. 131-35 3°) (K : *N 32511.ju*) ...

L. l'obligation d'exécuter un stage de responsabilisation pour la prévention et la lutte contre les violences au sein du couple et sexistes (C. pén., art. 131-5-1 et R. 131-35 5°) (L : *N 32562.ju*) ...

M. l'interdiction de détenir une arme (C. pén., art. 131-6 6° et 434-41) (M : *N 7957.ju*) ...

N. l'interdiction de porter une arme (C. pén., art. 131-6 6° et 434-41) (N : *N 7958.ju*) ...

O. le retrait du permis de chasser (C. pén., art. 131-6 8° et 434-41) (O : *N 7959.ju*) ...

P. l'interdiction de détenir un animal (C. pén., art. 131-6 11°, 131-21-2 et 434-41, L. n° 2007-297, 5 mars 2007) (P : *N 26333.ju*) ...

Q. l'interdiction d'émettre des chèques autres que de retrait ou certifiés (C. pén., art. 131-6 9°, 131-14 5°, 131-17 et 434-41) (Q : *N 12223.ju*) ...

R. l'interdiction d'utiliser des cartes de paiement (C. pén., art. 131-6 9°, 131-14 5° et 434-41) (R : *N 12224.ju*) ...

S. la fermeture d'un établissement (C. pén., art. 131-10° et 434-41) (S : *N 12225.ju*) ...

T. l'exclusion des marchés publics (C. pén., art. 131-10° et 434-41) (T : *N #.ju*) ...

U. l'interdiction de souscrire un nouveau contrat d'abonnement à un service de communication au public en ligne (C. pén., art. 434-41, CPI, art. L. 335-7, L. n° 2009-1311, 28 oct. 2009) U : *N 28617.ju*) ...

V. l'interdiction d'acheter un bien immobilier ou un fonds de commerce d'un établissement recevant du public à usage total ou partiel d'hébergement (C. pén., art. 434-41, CCH, art. L. 511-22 (depuis Ord. n° 2020-1144, 16 sept. 2020 ; anct. CCH, art. L. 511-6 et CSP, art. L. 1337-4 ; L. n° 2014-366, 24 mars 2014) (V : *N 30312.ju*) ...

... violé les interdictions ou obligations résultant de cette mesure, prononcée en application des articles 131-5-1, 131-6, 131-10, 131-14, 131-16 ou 131-17 du code pénal.

Faits prévus et réprimés par les articles [• du cas sélectionné] et 434-44 du code pénal. ✧

25.74 Destruction ou détournement d'un objet confisqué ou immobilisé

▪ PEINES

PERSONNE PHYSIQUE

PP Délit. 2 ans d'emprisonnement, 30 000 € (C. pén., art. 434-41).

PC *Idem* n° 25.72.

PERSONNE MORALE

PP 150 000 € (C. pén., art. 434-41 et 131-38).

PC Néant.

■ ORIENTEUR

AUTRE QUALIFICATION

▪ **Détournement d'objet saisi.** V. n° 22.43.

▪ **Scellé – Bris ou détournement.** V. n° 25.40.

▪ **Refus de remise d'un permis suspendu ou annulé ou d'un objet confisqué.** V. n° 25.75.

▪ **Destruction ou détournement de véhicule confisqué ou immobilisé à titre de peine complémentaire (C. route).** V. n°s 36.27.

▪ **Immobilisation administrative du véhicule – Non-respect.** V. n° 36.90.

ÉLÉMENT LÉGAL

▪ **Domaine d'application.** Cette infraction **ne concerne pas** la destruction ou le détournement d'un véhicule confisqué en application de l'article L. 234-12 du code de la route, pour laquelle seule l'incrimination prévue par cet article est applicable (v. n° 36.27).

TEXTE DE RÉFÉRENCE

▪ **Régime des peines alternatives et complémentaires.** Sur le régime des peines alternatives à l'emprisonnement et à l'amende (C. pén., art. 131-6 et 131-7), v. n° 18.32 ; des peines complémentaires (C. pén., art. 131-10 et 131-16), v. n° 18.34 ; le régime particulier de la peine complémentaire de confiscation d'un bien corporel ou incorporel (C. pén., art. 131-21), v. n° 18.35 ; d'un animal (C. pén., art. 131-21-1), v. n° 18.36.

ÉLÉMENT MATÉRIEL

▪ **Tentative. Punissable** (C. pén., art. 434-41).

▪ **Bien confisqué situé à l'étranger.** C. pén., art. 113-2 « *prévoit l'application de la loi pénale française, et ainsi la compétence du juge pénal national, à la seule condition qu'un des faits constitutifs de l'infraction ait eu lieu sur le territoire de la République* » (§ 11), C. pén., art. 434-41 « *suppose que le bien détourné a été confisqué. La décision prononçant la confiscation est, par conséquent, un fait constitutif de l'infraction* » (§ 12), le juge français est donc compétent pour le détournement d'un immeuble confisqué situé à l'étranger, dès lors que « *la confiscation a été rendue par une juridiction pénale française* » (§ 10) (Crim. 15 sept. 2021, n° 20-85.840, P).

RÉGIME PROCÉDURAL

▪ **Compétence juridictionnelle. Juge unique.** C. pr. pén., art. 398-1 1°, v. n° 17.15D2.

▪ **Ordonnance pénale. Possible** (C. pr. pén., art. 495-II, v. n° 15.48B1 et tableau n° 17.15D2).

■ ÉLÉMENTS CONSTITUTIFS – QUALIFICATION

✧ Pour avoir à .... [¤ lieu], le .... [¤ date], [⇨A ou B puis 1 à 5 :]

A. détruit ou tenté de détruire [⇨1 à 5 :]

B. détourné ou tenté de détourner [⇨1 à 5 :]

1. un véhicule immobilisé, en l'espèce .... [¤ indication du véhicule immobilisé] (A1 : *N **12226.ju*** ; B1 : *N **7955.ju***) ...

2. un véhicule confisqué, en l'espèce .... [¤ indication du véhicule confisqué] (A2 : *N **10460.ju*** ; B2 : *N **10459.ju***) ...

3. une arme confisquée, en l'espèce .... [¤ indication de l'arme confisquée] (A3 : *N **10462.ju*** ; B3 : *N **10461.ju***) ...

4. un ~~objet~~ « *bien corporel ou incorporel* » (L. n° 2013-1117, 6 déc. 2013) confisqué, en l'espèce .... [¤ indication de l'objet confisqué] (A4 : *N **10464.ju*** ; B4 : *N **10463.ju***) ...

5. un animal confisqué, en l'espèce .... [¤ animal confisqué] (L. n° 2007-297, 5 mars 2007) (C. pén., art. R. 131-50 et R. 131-51) (A5 : *N **#.ju*** ; B5 : *N **26334.ju***) ...

... en vertu d'une décision de condamnation prononcée le .... [¤ date du jugement] en application des articles 131-6, 131-10, 131-14, 131-16, « *131-21 ou 131-39* » (L. n° 2013-1117, 6 déc. 2013) du code pénal.

Faits prévus et réprimés par les articles 434-41 et 434-44 du code pénal. ✧

25.75 Refus de remise d'un permis suspendu ou annulé ou d'un objet confisqué

■ PEINES

PERSONNE PHYSIQUE

PP Délit. 2 ans d'emprisonnement, 30 000 € (C. pén., art. 434-41).

PC *Idem* n° 25.72.

PERSONNE MORALE

PP 150 000 € (C. pén., art. 131-38).

PC Néant.

■ ORIENTEUR

AUTRE QUALIFICATION

- **Scellé – Bris ou détournement.** V. n° 25.40.
- **Détournement d'objet saisi.** V. n° 22.43.
- **Scellé – Bris ou détournement.** V. n° 25.40.
- **Destruction ou détournement d'un objet confisqué ou immobilisé.** V. n° 25.74.
- **Destruction ou détournement de véhicule confisqué ou immobilisé à titre de peine complémentaire (C. route).** V. n°s 36.27.
- **Refus de restitution d'un permis suspendu ou annulé (C. route).** V. n° 36.29.
- **Immobilisation administrative du véhicule – Non-respect.** V. n° 36.90.

ÉLÉMENT LÉGAL

- **Domaine d'application.** • Cas A et B : ces incriminations **ne concernent pas** la violation des peines complémentaires, suspension, annulation **permis de conduire, interdiction de conduire,** prononcées en application du code de la route, pour laquelle seule l'incrimination de l'article L. 224-17 du code de la route est applicable (v. n° 36.29). • Cas C : l'incrimination ne s'applique pas aux décisions de retrait du permis de chasser ou de l'autorisation de chasser mentionnées au C. envir., art. L. 423-2 prises par application de C. envir., art. L. 428-14 ou d'une décision de suspension du permis de chasser ou de l'autorisation de chasser mentionnée au C. envir., art. L. 423-2 prise par application de C. envir., art. L. 423-25-2, L. 423-25-4 ou L. 428-15. Dans ces cas, « *le fait de refuser de remettre son permis ou son autorisation à l'agent de l'autorité chargé de l'exécution* » de la décision est incriminé par C. envir., art. L. 428-3, lequel renvoie aux peines prévues par C. pén., art. 434-41 (*N 2168.ju*).

TEXTE DE RÉFÉRENCE

- **Régime des peines alternatives et complémentaires.** *Idem* n° 25.74.

RÉGIME PROCÉDURAL

- **Compétence juridictionnelle. Juge unique.** C. pr. pén., art. 398-1 1°, v. n° 17.15D2).
- **Ordonnance pénale. Possible** (C. pr. pén., art. 495-II, v. n° 15.48B1 et tableau n° 17.15D2).

■ ÉLÉMENTS CONSTITUTIFS – QUALIFICATION

✧ Pour avoir à .... [¤ lieu], le .... [¤ date], malgré la notification qui lui avait été faite d'une décision du .... [¤ date de la décision] prononçant à son encontre [⇨A à G :]

A. la suspension de son permis de conduire (A : *N 2285.ju*) ...

B. l'annulation de son permis de conduire (B : *N 2285.ju*) ...

C. le retrait de son permis de chasser (C : *N 10780.ju*) ...

D. la confiscation d'un véhicule en l'espèce .... [¤ préciser le véhicule confisqué] (D : *N 12227.ju*) ...

E. la confiscation d'une arme .... [¤ préciser l'arme confisquée] (E : *N 12228.ju*) ...

F. la confiscation d'un ~~objet~~ « *bien corporel ou incorporel* » (L. n° 2013-1117, 6 déc. 2013), en l'espèce .... [¤ préciser l'objet confisqué] (F : *N 12229.ju*) ...

G. la confiscation d'un animal, en l'espèce .... [¤ indication de l'animal] (G : *N 26335.ju*) ...

... refusé de le/la remettre à l'autorité chargée de l'exécution de cette mesure, prononcée en application des articles 131-6, 131-10, 131-14, 131-16, « *131-21 ou 131-39* » (L. n° 2013-1117, 6 déc. 2013) du code pénal.

Faits prévus et réprimés par les articles 434-41 et 434-44 du code pénal. ✧

25.76 Violation d'une peine de travail d'intérêt général

▪ PEINES

PERSONNE PHYSIQUE

PP Délit. 2 ans d'emprisonnement, 30 000 € (C. pén., art. 434-42).

PC *Idem* nº 25.72.

PERSONNE MORALE

PP 150 000 € (C. pén., art. 131-38).

PC Néant.

▪ ORIENTEUR

TEXTE DE RÉFÉRENCE

▪ **Régime du travail d'intérêt général.** Domaine, conditions et révocation du Tig, v. nº 18.28. Conversion de peine en Tig, v. nº 18.26 et 18.29.

RÉGIME PROCÉDURAL

▪ **Compétence juridictionnelle. Juge unique.** C. pr. pén., art. 398-1 1º, v. nº 17.15D2).

▪ **Ordonnance pénale. Possible** (C. pr. pén., art. 495-II, v. nº 15.48B1 et tableau nº 17.15D2).

▪ ÉLÉMENTS CONSTITUTIFS – QUALIFICATION

✧ Pour avoir à .... [¤ lieu], le .... [¤ date], faisant l'objet d'une condamnation prononcée le .... [¤ date du jugement] par .... [¤ indication de la juridiction] prescrivant l'exécution d'un travail d'intérêt général à titre de peine principale ou complémentaire, violé les obligations résultant de cette mesure.

Faits prévus et réprimés par les articles 434-42 et 434-44 du code pénal (*N 7956.ju*). ✧

25.77 Violation d'une décision de protection européenne d'une victime

▪ PEINES

PERSONNE PHYSIQUE

PP Délit. 2 ans d'emprisonnement, 30 000 € (C. pén., art. 434-42-1).

PC *Idem* nº 25.72.

PERSONNE MORALE

PP 150 000 € (C. pén., art. 434-42-1, 131-38).

PC Néant.

▪ ORIENTEUR

ÉLÉMENT LÉGAL

▪ **Application de la loi pénale dans le temps.** Incrimination créée par L. nº 2015-993, 17 août 2015, transposant la directive 2011/99/UE, 13 déc. 2011 relative à la décision de protection européenne.

TEXTE DE RÉFÉRENCE

▪ **Reconnaissance et exécution d'une décision de protection européenne.** V. nº 16.2C3.

ÉLÉMENT INTENTIONNEL

▪ **Notification de la décision et des sanctions applicables.** L'ordonnance du JLD reconnaissant la décision de protection européenne est notifiée à l'auteur de l'infraction et rappelle les dispositions de C. pén., art. 434-42-1 (C. pr. pén., art. 696-102 et 696-103).

RÉGIME PROCÉDURAL

▪ **Compétence juridictionnelle. Juge unique.** C. pr. pén., art. 398-1 1º, v. nº 17.15D2).

▪ **Ordonnance pénale. Possible** (C. pr. pén., art. 495-II, v. nº 15.48B1 et tableau nº 17.15D2).

■ ÉLÉMENTS CONSTITUTIFS – QUALIFICATION

✧ Pour avoir à .... [¤ lieu], le .... [¤ date], faisant l'objet d'une ou plusieurs obligations ou interdictions imposées par une ordonnance du juge des liberté et de la détention prise le .... [¤ date de l'ordonnance] en application d'une décision de protection européenne, omis de se conformer à l'une de ces obligations ou interdictions, en l'espèce .... [¤ matérialiser la violation]. Faits prévus et réprimés par les articles 434-42-1 et 434-44 du code pénal (*N #.ju*). ✧

25.78 Violation d'une peine restrictive prononcée contre une personne morale

■ PEINES

PERSONNE PHYSIQUE

PP Délit. Cas A : 2 ans d'emprisonnement, 30 000 € (C. pén., art. 434-43). Cas B : 3 ans, 45 000 € (C. pén., art. 434-43). Cas C : 5 ans, 75 000 € (C. pén., art. 434-43).

PC *Idem* n° 25.72.

PERSONNE MORALE

PP Délit. Cas A : 150 000 € (C. pén., art. 434-43 et 131-38). Cas B : 225 000 € (C. pén., art. 434-43 et 131-38). Cas C : 375 000 € (C. pén., art. 434-43 et 131-38).

PC *Idem* n° 25.71 + dans les cas B et C : dissolution (sauf personnes morales de droit public, partis, groupements politiques, syndicats, institutions représentatives du personnel) si personne morale créée ou détournée de son objet pour commettre l'infraction (C. pén., art. 434-47, 131-39 1° et 131-45).

■ ORIENTEUR

AUTRE QUALIFICATION

▪ **Sanction prononcée contre une personne physique.** V. n°s 25.71, 25.72 et 25.73.

▪ **Reconstitution d'une secte dissoute.** Une personne morale sectaire peut être dissoute par le tribunal judiciaire saisi sur requête du procureur de la République lorsqu'elle a fait l'objet, ou ses dirigeants de droit ou de fait, d'une condamnation définitive pour l'une des infractions prévues par L. n° 2001-504, 12 juin 2001, art. 1. « *Le maintien ou la reconstitution, ouverte ou déguisée, d'une personne morale dissoute en application* » de ces dispositions est punie des peines prévues par C. pén., art. 434-43 (L. n° 2001-504, 12 juin 2001, art. 1, v. n° 35.45). La dissolution de la personne morale peut également être prononcée, lorsqu'elle est poursuivie, au titre des peines complémentaires prévues pour l'infraction reprochée (ex. escroquerie, art. 313-9 et 131-39 1°), la reconstitution d'une secte ainsi dissoute entre également dans les prévisions de C. pén., art. 434-43 (v. cas B).

ÉLÉMENT LÉGAL

▪ **Application de la loi pénale dans le temps.** L'incrimination B et sa circonstance aggravante C ont été créées par la loi n° 2001-504 du 12 juin 2001 tendant à renforcer la prévention et la répression des mouvements sectaires portant atteinte aux droits de l'Homme et aux libertés fondamentales.

ÉLÉMENT MATÉRIEL

▪ **Auteur de l'infraction.** Si la violation doit avoir été commise « *par une personne physique* » (C. pén., art. 434-43), l'infraction peut également être imputée à une personne morale aux conditions requises par C. pén., art. 121-2 (v. n° 10.10) en application du principe général de responsabilité pénale des personnes morales, ce que confirme C. pén., art. 434-47.

RÉGIME PROCÉDURAL

▪ **Compétence juridictionnelle. Juge unique.** C. pr. pén., art. 398-1 1°, v. n° 17.15D2).

▪ **Ordonnance pénale. Possible** (C. pr. pén., art. 495-II, v. n° 15.48B1 et tableau n° 17.15D2).

■ ÉLÉMENTS CONSTITUTIFS – QUALIFICATION

✧ Pour avoir à .... [¤ lieu], le .... [¤ date], [⇨A ou B puis le cas échéant C :]

A. violé les obligations découlant d'une peine [⇨A1 à A9 :]

A1. de dissolution...

A2. d'**interdiction** d'exercer directement ou indirectement une ou plusieurs activités professionnelle ou sociale...

A3. de placement sous **surveillance judiciaire**...

A4. de **fermeture** d'un ou plusieurs établissements...

A5. d'exclusion des **marchés publics**...

A6. d'interdiction de *faire appel public à l'épargne* (procéder à une offre au public de titres financiers ou de les faire admettre aux négociations sur un marché réglementé, selon L. n° 2009-80, 22 janv. 2009)...

A7. d'interdiction d'émettre des **chèques** autres que de retrait ou certifiés...

A8. d'interdiction d'utiliser des **cartes de paiement**...

A9. d'**affichage** ou de **diffusion** de la décision...

... prononcée contre une personne morale en application de l'article 131-39 du code pénal, en l'espèce en .... [¤ matérialiser l'infraction] (A : *N 21792.ju*).

B. participé au maintien ou à la reconstitution, ouverte ou déguisée, d'une personne morale dont la dissolution avait été prononcée en application du 1° de l'article 131-39 du code pénal par la décision rendue le .... [¤ date de la condamnation] par .... [¤ juridiction concernée], en l'espèce en .... [¤ matérialiser l'infraction] (B : *N 33340.ju*).

C. [¤ préciser le cas échéant dans le **cas** B], avec cette circonstance que la dissolution avait été prononcée [⇨C1 ou C2 :]

C1. pour une infraction commise en récidive (C1 : *N 33341.ju*)

C2. pour la même infraction de participation au maintien ou à la reconstitution d'une personne morale dissoute (C2 : *N 33346.ju*).

Faits prévus et réprimés par les articles : **PERSONNES PHYSIQUES.** 434-43 et 434-44 du code pénal. **PERSONNES MORALES.** 434-43 et 434-47 du code pénal (*N #.ju*). ✧

25.79 Violation des obligations de contrôle judiciaire imposées à une personne morale

■ PEINES

PERSONNE PHYSIQUE

PP Délit. 2 ans d'emprisonnement, 30 000 € (C. pén., art. 434-43 ; C. pr. pén., art. 706-45).

PC *Idem* n° 25.72.

PERSONNE MORALE

PP Délit. 150 000 € (C. pén., art. 434-43 ; 131-38).

PC 1. Interdiction ⩽ 5 ans une ou plusieurs activités professionnelles ou sociales en relation avec l'infraction (C. pr. pén., art. 706-45, C. pén., art. 434-47 et 131-39 2°) ;

2. Surveillance judiciaire ⩽ 5 ans, sauf personnes morales de droit public, partis, groupements politiques, syndicats (C. pr. pén., art. 706-45, C. pén., art. 434-47, 131-39 3° et 131-46) ;

3. Fermeture, définitive ou ⩽ 5 ans, d'un ou plusieurs établissements en relation avec l'infraction (C. pr. pén., art. 706-45, C. pén., art. 434-47 et 131-39 4°) ;

4. Exclusion, définitive ou ⩽ 5 ans marchés publics (C. pr. pén., art. 706-45, C. pén., art. 434-47 et 131-39 5°) ;

5. Interdiction, définitive ou ⩽ 5 ans, de *faire appel public à l'épargne* (procéder à une offre au public de titres financiers ou de les faire admettre aux négociations sur un marché réglementé, selon L. n° 2009-80, 22 janv. 2009) (C. pr. pén., art. 706-45, C. pén., art. 434-47 et 131-39 6°) ;

6. Interdiction, ⩽ 5 ans, d'utiliser des cartes de paiement ou d'émettre des chèques autres que de retrait ou certifiés (C. pr. pén., art. 706-45, C. pén., art. 434-47 et 131-39 7°) ;

7. Confiscation de la chose ayant servi à l'infraction ou destinée à la commettre, ou son produit (obligatoire pour objets qualifiés dangereux ou nuisibles par loi ou règlement ou dont la détention est illicite) (C. pr. pén., art. 706-45, C. pén., art. 434-37 et 131-21) ;

8. Affichage, ⩽ 2 mois, et/ou diffusion de la décision ou d'extraits aux frais (⩽ amende encourue) du condamné (C. pén., art. 434-47 et 131-35) ;

▪ ORIENTEUR

TEXTE DE RÉFÉRENCE

▪ **Contrôle judiciaire.** Sur la mesure de contrôle judiciaire imposée aux personnes morales (C. pr. pén., art. 706-45), v. nº 12.51.

ÉLÉMENT MATÉRIEL

▪ **Auteur de l'infraction.** La violation doit avoir été commise « *par une personne physique* » (C. pén., art. 434-43), sans préjudice de poursuites contre la personne morale dans les conditions de droit commun (sur la responsabilité pénale de la personne morale, v. nº 10.10).

RÉGIME PROCÉDURAL

▪ **Compétence juridictionnelle. Juge unique.** C. pr. pén., art. 398-1 1º, v. nº 17.15D2).

▪ **Ordonnance pénale. Possible** (C. pr. pén., art. 495-II, v. nº 15.48B1 et tableau nº 17.15D2).

▪ ÉLÉMENTS CONSTITUTIFS – QUALIFICATION

✧ Pour avoir à .... [¤ lieu], le .... [¤ date], violé les obligations imposant à une personne morale placée sous contrôle judiciaire [⇨A à E :]

A. le dépôt d'un **cautionnement ;**

B. la constitution de **sûretés** personnelles ou réelles ;

C. l'interdiction d'émettre des **chèques** autres que de retrait ou certifiés ;

D. l'interdiction d'utiliser des **cartes de paiement ;**

E. l'**interdiction** d'exercer une activité professionnelle ou sociale.

Faits prévus et réprimés par les articles : **PERSONNES PHYSIQUES.** 434-43 et 434-44 du code pénal et 706-45 du code de procédure pénale (*N 21791.ju*). **PERSONNES MORALES.** 434-43, 434-47 du code pénal et 706-45 du code de procédure pénale (*N #.ju*). ✧

25.80 Violation d'une peine de mise en conformité – Lutte contre la corruption et le trafic d'influence

▪ PEINES

PERSONNE PHYSIQUE

PP Délit. 2 ans d'emprisonnement, 50 000 € (C. pén., art. 434-43-1).

PC Affichage, ⩽ 2 mois, et/ou diffusion de la décision ou d'extraits aux frais (⩽ amende encourue) du condamné (C. pén., art. 434-43-1 et 131-35).

PERSONNE MORALE

PP Délit. Amende ⩽ montant encouru au titre du délit pour lequel la peine de programme de mise en conformité a été prononcée (C. pén., art. 434-43-1).

PC 1. Affichage, ⩽ 2 mois, et/ou diffusion de la décision ou d'extraits aux frais (⩽ amende encourue) du condamné (C. pén., art. 434-43-1 et 131-35) ;

2. autres peines encourues au titre du délit pour lequel la peine de programme de mise en conformité a été prononcée (C. pén., art. 434-43-1) ;

2. Obligation de se soumettre pour une durée ⩽ 5 ans, sous le contrôle de l'Agence française anticorruption, à un **programme de mise en conformité** du dispositif de contrôle interne pour prévenir et détecter la commission de faits de corruption ou de trafic d'influence (C. pén., art. 434-48 et 131-39-2).

▪ ORIENTEUR

ÉLÉMENT LÉGAL

▪ **Application de la loi pénale dans le temps.** Incrimination créée par L. nº 2016-1691, 9 déc. 2016.

ÉLÉMENT MATÉRIEL

▪ **Auteur de l'infraction.** La violation doit avoir été commise « *par les organes ou représentants* » de la personne morale condamnée (C. pén., art. 434-43), sans préjudice de poursuites contre la personne morale dans les conditions de droit commun (sur la responsabilité pénale de la personne morale, v. nº 10.10).

RÉGIME PROCÉDURAL

- **Compétence juridictionnelle. Juge unique.** C. pr. pén., art. 398-1 1°, v. n° **17.15D2**).
- **Ordonnance pénale. Possible** (C. pr. pén., art. 495-II, v. n° **15.48B1** et tableau n° **17.15D2**).

■ ÉLÉMENTS CONSTITUTIFS – QUALIFICATION

✧ Pour s'être à .... [¤ lieu], le .... [¤ date], étant organe ou représentant d'une personne morale condamnée à se soumettre, sous le contrôle de l'Agence française anticorruption, à un **programme de mise en conformité** du dispositif de contrôle interne pour prévenir et détecter la commission de faits de corruption ou de trafic d'influence, abstenu de prendre les mesures nécessaires ou fait obstacle à la bonne exécution des obligations qui découlaient de la condamnation. Faits prévus et réprimés par les articles : **PERSONNES PHYSIQUES.** **434-43-1** (*N #.ju*). **PERSONNES MORALES.** **434-43-1** et 434-48 du code pénal (*N #.ju*). ✧

26. La protection de la sécurité publique – La sécurité privée – Les armes – Les infractions militaires

26.1 Sécurité privée – Entreprises de surveillance et de gardiennage ou de transport de fonds – Agents de sécurité privée

■ PEINES

PERSONNE PHYSIQUE

PP Délit. Cas A à I : 3 ans d'emprisonnement, 45 000 € (CSI, art. L. 617-1 (cas A à C, H et I), art. L. 617-4 (cas D à F), art. L. 617-3 (cas G)).

Cas J et K : 2 ans, 30 000 € (CSI, art. L. 617-7 (cas J1 et J2), art. L. 617-11 (cas K)).

Cas L à N : 1 an, 15 000 € (CSI, art. L. 617-5 (cas L), art. L. 617-14 (cas M), art. L. 617-8 (cas N)).

Cas O à Q : 3 750 € (CSI, art. L. 617-6 (cas O et P), art. L. 617-2 (cas Q)).

PC 1. Fermeture, définitive ou ⩽ 5 ans, d'un ou des établissements exerçant une activité de sécurité privée, dirigée ou gérée par la personne condamnée (C. pén., art. 131-39 4° ; CSI, art. L. 617-15 1) ;

2. Interdiction, définitive ou ⩽ 5 ans, d'exercer une activité de sécurité privée (C. pén., art. 131-39 2° ; CSI, art. L. 617-15 2) ;

3. Interdiction, ⩽ 5 ans, de détention ou port d'arme soumise à autorisation (CSI, art. L. 617-15 3°).

PERSONNE MORALE

PP Délit. Cas A à I : 225 000 € (CSI, art. L. 617-1 (cas A à C, H et I), art. L. 617-4 (cas D à F), art. L. 617-3 (cas G) ; art. L. 617-16).

Cas J et K : 150 000 € (CSI, art. L. 617-7 (cas J1 et J2), art. L. 617-11 (cas K) ; art. L. 617-16).

Cas L à N : 75 000 € (CSI, art. L. 617-5 (cas L), art. L. 617-14 (cas M), art. L. 617-8 (cas N) ; art. L. 617-16).

Cas O à Q : 18 750 € (CSI, art. L. 617-6 (cas O et P), art. L. 617-2 (cas Q) ; art. L. 617-16).

PC 1. Dissolution (sauf personnes morales de droit public, partis, groupements politiques, syndicats, institutions représentatives du personnel) si personne morale créée ou, dans les cas A à I : détournée de son objet, pour commettre l'infraction (C. pén., art. 131-39 1° et 131-45 ; CSI, art. L. 617-16) ;

2. Interdiction, définitive ou ⩽ 5 ans, une ou plusieurs activités professionnelles ou sociales, dans l'exercice ou à l'occasion de l'exercice desquelles l'infraction a été commise (C. pén., art. 131-39 2° ; CSI, art. L. 617-16) ;

3. Fermeture, définitive ou ⩽ 5 ans, d'un ou plusieurs établissements ayant servi à commettre les faits incriminés (C. pén., art. 131-39 4° ; CSI, art. L. 617-16) ;

4. Interdiction, ⩽ 5 ans, d'utiliser des cartes de paiement ou d'émettre des chèques autres que de retrait ou certifiés (C. pén., art. 131-39 7° ; CSI, art. L. 617-16) ;

5. Confiscation de la chose ayant servi à l'infraction ou destinée à la commettre, ou son produit (obligatoire pour objets qualifiés dangereux ou nuisibles par loi ou règlement ou dont la détention est illicite) (C. pén., art. 131-39 8° ; CSI, art. L. 617-16) ;

6. Affichage, ⩽ 2 mois, *et/ou* (L. n° 2011-525, 17 mai 2011) diffusion de la décision ou d'extraits aux frais (⩽ amende encourue) du condamné (C. pén., art. 131-39 9°, 131-48 et 131-35 ; CSI, art. L. 617-16).

■ ORIENTEUR

AUTRE QUALIFICATION

- **Conditions d'acquisition et de détention d'armes par les entreprises de sécurité privée.** V. n°s 26.9 et 26.10.

▪ **Activité ou document créant confusion avec une fonction ou des documents publics.** V. n° 25.17.

▪ **Port ou usage illégal d'un costume, d'un uniforme, d'une décoration, d'un document ou d'un insigne réglementé, d'un véhicule de police ou militaire.** V. n° 25.18.

▪ **Costume, uniforme, véhicule, insigne ou document, pouvant causer une méprise avec la police ou les militaires.** V. n° 25.19.

▪ **Costume, uniforme, insigne ou document pouvant causer une méprise avec l'autorité publique.** V. n° 25.20.

▪ **Imprimé ressemblant aux imprimés officiels, fabrication, distribution, usage.** V. n° 24.39.

▪ **Fabrication ou vente d'objet ou d'imprimé prêtant à confusion avec les titres fiduciaires publics.** V. n° 24.31.

▪ **Usage de titre officiel dans une publicité commerciale.** V. n° 25.22.

ÉLÉMENT LÉGAL

▪ **Définition.** • **Gardiennage**. Activité consistant à fournir des services ayant pour objet la surveillance humaine ou la surveillance par des systèmes électroniques de sécurité ou le gardiennage de biens meubles ou immeubles ainsi que la sécurité des personnes se trouvant dans ces immeubles (CSI, art. L. 611-1). • **Transport de fonds ou valeurs.** Activité consistant à transporter et à surveiller, jusqu'à leur livraison effective, des bijoux représentant une valeur d'au moins 100 000 euros, ou des fonds, ou des métaux précieux, ainsi qu'à assurer le traitement des fonds transportés (CSI, art. L. 611-1). • **Protection physique des personnes.** Activité consistant à protéger l'intégrité physique des personnes (CSI, art. L. 611-1).

ÉLÉMENT LÉGAL

▪ **Application de la loi pénale dans le temps.** • **Cas G**. La L. n° 2021-646, 25 mai 2021 a réécrit et modifié CSI, art. L. 617-3, en étendant les incriminations à la direction sans agrément d'un établissement secondaire ou d'un service interne de sécurité. Ces nouvelles incriminations sont applicables 18 mois après la publication de L. n° 2021-646, 25 mai 2021 (art. 25 II), intervenue le 26 mai 2021.

TEXTE DE RÉFÉRENCE

▪ **Obligation d'immatriculation au registre du commerce.** Seules peuvent être **autorisées à exercer** à titre professionnel, pour elles-mêmes ou pour autrui, une activité de gardiennage, de transport de fonds ou de valeurs ou de protection physique des personnes, les personnes physiques ou morales immatriculées au RCS ou celles établies dans un autre État membre de l'Union européenne ou un autre des États parties à l'accord sur l'Espace économique européen (CSI, art. L. 612-1).

▪ **Autorisation administrative préalable pour l'entreprise exerçant une activité de sécurité privée.** (CSI, art. L. 612-6). L'exercice d'une activité de **gardiennage**, de **transport de fonds ou de valeurs** ou de **protection de l'intégrité physique** des personnes, par une personne physique ou par une personne morale, y compris la direction d'un établissement secondaire (L. n° 2021-646, 25 mai 2021), est subordonnée à la **délivrance d'un agrément**, par la commission régionale d'agrément et de contrôle (L. n° 2011-267, 14 mars 2011, art. 31), et d'une **autorisation pour l'établissement principal et pour chaque établissement secondaire** (CSI, art. L. 612-9). Les **exploitants de transports de passagers**, tenus d'assurer la sûreté des personnes et des biens transportés conformément aux cahiers des charges fixés pes les autorités organisatrices de transport, peuvent à cette fin se doter de services de sécurité internes, soumis au livre VI du CSI (C. transp., art. L. 2261-1, L. n° 2016-339, 22 mars 2016).

L'autorisation est refusée si l'exercice de l'activité est de nature à causer un trouble à l'ordre public (CSI, art. L. 612-12). Toute modification, suppression ou adjonction affectant l'un des éléments d'identification de l'entreprise ou tout changement substantiel dans la répartition du capital de la personne morale, doit faire l'objet d'une déclaration complémentaire (CSI, art. L. 612-13). « *L'autorisation administrative préalable ne confère aucun caractère officiel à l'entreprise ou aux personnes qui en bénéficient. Elle n'engage en aucune manière la responsabilité des pouvoirs publics* » (CSI, art. L. 612-14). Mention de cette dernière disposition, ainsi que l'identification de l'autorisation administrative, doivent figurer dans tout **document informatif, contractuel ou publicitaire**, annonce ou correspondance, de l'entreprise (CSI, art. L. 612-15). En aucun cas il ne peut être fait état de la qualité d'ancien fonctionnaire de police ou d'ancien militaire de l'un des dirigeants ou employés de l'entreprise (CSI, art. L. 612-15). Pour éviter toute **confusion avec un service public**, notamment un service de police, la dénomination de personne de droit privé doit être employée dans la dénomination sociale (CSI, art. L. 612-3), et la **tenue des agents** ne doit entraîner aucune confusion avec celle des services publics, notamment de police (CSI, art. L. 613-4 et L. 613-8). Cette tenue, dont le port n'est pas obligatoire lorsque les agents ne sont au contact du public (CSI, art. L. 613-6-1), comporte « *un ou plusieurs éléments d'identification communs* » déterminés par arrêté du ministre de l'intérieur et, « *de façon visible un numéro d'identification individuel* » (CSI, art. L. 613-4 et L. 613-8).

▪ **Agrément de l'entrepreneur individuel ou dirigeant d'entreprise de sécurité privée.** (CSI, art. L. 612-6). Pour la personne à titre individuel ou le dirigeant d'une personne morale exerçant une activité de gardiennage, de transport de fonds ou de valeurs ou de protection de l'intégrité physique des personnes, un **agrément doit être délivré par la commission régionale d'agrément et de contrôle** (L. n° 2011-267, 14 mars 2011, art. 31, D. n° 2005-1122, 6 sept. 2005, art. 7-1), selon les conditions prévues à CSI, art. L. 612-6, au vu d'une certification ou qualification justifiant d'une aptitude professionnelle (D. n° 2005-1122, 6 sept. 2005, art. 1 et 2). Cet agrément est réservé aux personnes de nationalité française ou ressortissants d'un État membre de l'Union européenne ou d'un État partie à l'Espace économique européen, ne faisant pas l'objet d'un arrêté d'expulsion non abrogé ou d'une interdiction du territoire français non entièrement exécutée. Lorsqu'elle utilise un chien dans le cadre de ces activités, la personne doit justifier d'une qualification professionnelle. L'agrément est exclu en cas de condamnation à une peine correctionnelle ou criminelle inscrite au bulletin n° 2 du casier judiciaire, ou si le comportement ou les agissements de la personne, au terme d'une enquête administrative, sont contraires à l'honneur, la probité, les bonnes mœurs, ou de nature à porter atteinte à la sécurité des personnes ou des biens, à la sécurité publique ou à la sûreté de l'État (CSI, art. L. 612-7).

▪ **Encadrement de la sous-traitance.** Depuis L. n° 2021-646, 25 mai 2021, la sous-traitance des activités de surveillance et de gardiennage est encadrée par CSI, art. L. 612-5-1, à peine de sanctions délictuelles prévues par CSI, art. **L. 617-2-1**.

▪ **Carte professionnelle d'agent de sécurité privée.** (CSI, art. L. 612-20). Le salarié employé à une activité de gardiennage, de transport de fonds ou de valeurs ou de protection de l'intégrité physique des personnes doit produire une certification ou qualification justifiant de son aptitude professionnelle. S'il utilise un chien, il doit également justifier d'une qualification appropriée. Il ne doit pas faire l'objet d'une condamnation à une peine correctionnelle ou criminelle inscrite au bulletin n° 2 du casier judiciaire ou, pour les ressortissants étrangers, dans un document équivalent. Au terme d'une enquête administrative, son comportement ou ses agissements ne doivent pas apparaître incompatibles avec les fonctions concernées comme contraires à l'honneur, la probité, les bonnes mœurs, ou de nature à porter atteinte à la sécurité des personnes ou des biens, à la sécurité publique ou à la sûreté de l'État. Le respect de ces conditions est attesté, par la commission régionale d'agrément et de contrôle, L. n° 2011-267, 14 mars 2011, art. 31] qui instruit la demande, par la **délivrance d'une carte professionnelle**, sous la forme dématérialisée d'un numéro d'enregistrement (géré au moyen de la base dénommée Dracar – Délivrance réglementaire des autorisations et cartes professionnelles des agents de sécurité privée – D. n° 2009-137, 9 févr. 2009, art. 1, Arr. 9 févr. 2009, NOR : IOCA0901643A, *JO* 11 févr., p. 2425), dont la validité est de 5 ans à compter de sa date de délivrance (art. 2). Tout candidat à l'emploi communique à l'employeur le numéro de la carte professionnelle qui lui a été délivrée par la commission régionale d'agrément et de contrôle (L. n° 2011-267, 14 mars 2011, art. 31). L'employeur, qui a accès aux informations relatives à l'autorisation au moyen du téléservice « Téléc@rtepro », extraction de la base Dracar précitée (Arr. 9 févr. 2009), établit et remet au salarié une carte professionnelle propre à l'entreprise, comportant l'identification du titulaire, de l'employeur, le cas échéant de chacun des chiens utilisés, et le numéro de carte professionnelle délivré par le préfet (D. n° 86-1099, 10 oct. 1986, art. 5).

Toute personne physique ou morale ayant recours aux services d'une entreprise exerçant une activité de sécurité privée peut demander **communication des références de la carte professionnelle de chacun des employés** participant à l'exécution de la prestation. Le prestataire lui communique ces informations sans délai (CSI, art. L. 612-15).

La carte professionnelle doit être présentée à toute réquisition d'un agent de l'autorité publique et restituée à l'employeur à l'expiration du contrat de travail (D. n° 86-1099, 10 oct. 1986, art. 5).

▪ **Autorisation d'exercer sur la voie publique une activité de surveillance ou de gardiennage.** Les agents exerçant une activité de surveillance humaine ou de surveillance par des systèmes électroniques, ou le gardiennage de biens meubles ou immeubles ainsi que la sécurité des personnes se trouvant dans ces immeubles, ne peuvent exercer leurs fonctions qu'à l'intérieur des bâtiments ou dans la limite des lieux dont ils ont la garde. À titre exceptionnel, ils peuvent être autorisés à exercer sur la voie publique des missions, même itinérantes, de surveillance contre les vols, dégradations et effractions visant les biens dont ils ont la garde. Cette surveillance des biens par un ou plusieurs gardiens postés ou circulant sur la voie publique est soumise à autorisation préalable du préfet (CSI, art. L. 613-1, D. n° 86-1099, 10 oct. 1986, art. 6).

▪ **Protection des personnes exerçant une activité privée de sécurité.** Depuis L. n° 2021-646, 25 mai 2021, le fait que la victime soit une personne exerçant une activité privée de sécurité dans l'exercice ou du fait de ses fonctions constitue une circonstance aggravante des faits de violences incriminés par C. pén., art. 222-8 (v. n° **20.16**), 222-10 (v. n° **20.19**), 222-12 (v. n° **20.25**) et 222-13 (v. n° **20.29**) ou des menaces et intimidations prévues par C. pén., art. 433-3 (v. n° **25.1**).

RÉGIME PROCÉDURAL

▪ **Compétence juridictionnelle. Juge unique** dans les cas 0 à Q (C. pr. pén., art. 398-1, v. n° **17.15D2**).

▪ **Ordonnance pénale. Possible** dans les cas 0 à Q (C. pr. pén., art. 495-II, v. n° **15.48B1** et tableau n° **17.15D2**).

▪ **Pouvoir des agents de contrôle. • Pouvoirs des agents habilités du CNAPS. • Pouvoir de constatation des infractions au CSI.** « *Les agents du CNAPS qui sont commissionnés par son directeur et assermentés sont habilités à rechercher et à constater par procès-verbal, à l'occasion des contrôles qu'ils réalisent, les infractions* » du CSI relatives aux activées privées de sécurité (livre VI) (CSI, art. L. 634-3-2, issu L. n° 2021-646, 25 mai 2021). « *Les procès-verbaux qu'ils établissent, qui peuvent comporter les déclarations spontanées des personnes présentes lors du contrôle, sont transmis au procureur de la République territorialement compétent* » (CSI, art. L. 634-3-2, issu L. n° 2021-646, 25 mai 2021). **• Pouvoir de relevé d'identité.** Pour l'établissement de ces procès-verbaux, ces agents « *sont habilités à recueillir ou à relever l'identité et l'adresse de l'auteur présumé de l'infraction* » (CSI, art. L. 634-3-3, issu L. n° 2021-646, 25 mai 2021). **• Pouvoirs de retenue et de conduite devant l'OPJ.** « *Si ce dernier refuse ou se trouve dans l'impossibilité de justifier de son identité, l'agent qui dresse le procès-verbal en rend compte immédiatement à tout OPJ de la police nationale ou de la gendarmerie nationale territorialement compétent, qui peut alors lui ordonner sans délai de lui présenter sur-le-champ la personne concernée ou de la retenir pendant le temps nécessaire à son arrivée ou à celle d'un APJ agissant sous son contrôle* » (CSI, art. L. 634-3-3, issu L. n° 2021-646, 25 mai 2021). **• Sanctions du refus de se soumettre aux pouvoirs de retenue et de conduite devant l'OPJ.** « *Le refus d'obtempérer à l'ordre de suivre l'agent pour se voir présenter à l'OPJ est puni* » de 2 mois d'emprisonnement et 7 500 € (CSI, art. **L. 634-3-3**, issu L. n° 2021-646, 25 mai 2021). Le refus de demeurer à la disposition de l'agent du CNAPS pendant le temps nécessaire à l'information de l'OPJ est puni des mêmes peines (CSI, art. **L. 634-3-3**, issu L. n° 2021-646, 25 mai 2021). **• Pouvoir de constatation des infractions de travail illégal et d'emploi illicite d'étranger.** Les agents du CNAPS commissionnés par son directeur et assermentés sont compétents pour rechercher et constater les infractions constitutives de travail illégal (C. trav., art. L. 8271-1 et L. 8271-1-2 9° mod. par L. n° 2021-646, 25 mai 2021). Ils sont également compétents pour rechercher et constater par procès-verbal les infractions relatives à l'emploi d'étranger sans titre de travail (C. trav., art. L. 8271-17 mod. par L. n° 2021-646, 25 mai 2021).

MESURE ADMINISTRATIVE

▪ **Contrôle administratif des activités de sécurité privée.** (CSI, art. L. 616-1). Les commissaires de police, les officiers de police et les officiers et sous-officiers de la gendarmerie nationale assurent, pour le compte de l'autorité administrative, le contrôle des personnes exerçant une activité de sécurité privée.

Sans préjudice des compétences des inspecteurs et contrôleurs du travail, ils peuvent demander la **communication du registre unique du personnel** prévu à l'article L. 1221-13 du code du travail et de tous autres registres, livres et documents rendus obligatoire par le code du travail (C. trav., art. L. 8113-4) ainsi que recueillir, sur convocation ou sur place, les renseignements et justifications nécessaires.

En présence de l'occupant des lieux ou de son représentant, ils peuvent, entre 8 h 00 et 20 h 00, **accéder aux locaux** dans lesquels est habituellement exercée une activité de sécurité privée ; ils peuvent également y accéder à tout moment lorsque l'exercice de cette activité est en cours. Ils ne peuvent accéder à ceux de ces locaux qui servent de domicile.

Un compte rendu de visite est établi, dont une copie est remise immédiatement au responsable de l'entreprise, et adressé au préfet.

Les membres et les agents du Conseil national des activités privées de sécurité ainsi que les membres des commissions régionales assurent également le contrôle des activités privées de sécurité (CSI, art. L. 634-1, anc^t^ L. n° 83-629, 12 juill. 1983, art. 33-8, créé par L. n° 2011-267, 14 mars 2011, art. 31).

▪ **Retrait de l'autorisation administrative.** L'autorisation administrative peut être retirée lorsque le dirigeant ne remplit plus les **conditions d'octroi** de son agrément, lorsque la personne morale est dirigée par **personne interposée**, lorsque son capital social est constitué en tout ou en partie par des fonds apportés directement ou indirectement par l'auteur d'un crime ou d'un délit, dans les conditions des dispositions du code pénal relatives au **blanchiment** (C. pén., art. 324-1, v. n° 22.49), lorsque l'entreprise ne se conforme pas à la législation relative aux activités de sécurité privée, à celles relatives aux conditions d'entrée et de séjour des étrangers, ou aux **dispositions du code du travail** [NB. Dans sa rédaction antérieure à la promulgation du CSI, le texte ne visait que les dispositions du code du travail relatives au contrat de travail (ex. contrat à durée déterminée en dehors des cas autorisés, discriminations, harcèlement, travail temporaire, marchandage) et au salaire (ex. SMIC, rémunération des heures supplémentaires), aux conditions de travail (ex. durée du travail, travail de nuit), aux repos et congés, à l'emploi (ex. travail dissimulé), à la main-d'œuvre étrangère et à la protection de la main-d'œuvre nationale, à la représentation (ex. syndicats professionnels, délégués du personnel, comités d'entreprise) et à l'intéressement de salariés] (CSI, art. L. 612-16).

▪ **Suspension provisoire de l'autorisation administrative.** Le retrait de l'autorisation administrative peut être précédé d'une suspension dont la durée **ne peut excéder 6 mois** (CSI, art. L. 612-17). L'autorisation peut également être suspendue lorsque la personne physique ou l'un des dirigeants de la personne morale fait l'objet de **poursuites pénales**. Il est mis fin à la suspension dès que l'autorité administrative a connaissance d'une décision judiciaire sur le fond (CSI, art. L. 612-17).

▪ **Suspension et retrait de l'agrément de l'entrepreneur individuel ou du dirigeant d'entreprise de sécurité.** L'agrément peut être retiré par l'autorité administrative lorsque son titulaire cesse d'en remplir les **conditions d'octroi**, et suspendu immédiatement, pour une durée ne pouvant excéder trois mois, en cas d'urgence ou de nécessité tenant à l'ordre public (CSI, art. L. 612-8, D. n° 2005-1122, 6 sept. 2005, art. 7-5).

▪ **Retrait de la carte professionnelle d'agent de sécurité privée.** La carte professionnelle peut être retirée lorsque l'intéressé cesse de remplir les conditions relatives au **casier judiciaire**, à son comportement ou ses agissements, ou s'il fait l'objet d'un arrêté d'expulsion non abrogé ou d'une interdiction du territoire français non entièrement exécutée, ou en cas de méconnaissance des dispositions de l'article L. 214-1 du code rural (qui prévoit que l'animal doit être placé par son propriétaire dans des conditions compatibles avec les impératifs biologiques de son espèce) (CSI, art. L. 612-20).

▪ **Sanctions disciplinaires.** « *Tout manquement aux lois, règlements et obligations professionnelles et déontologiques applicables aux activités privées de sécurité peut donner lieu à sanction disciplinaire* » pouvant aller de l'avertissement à l'interdiction d'exercice et à des pénalités financières (CSI, art. L. 634-4 s.).

MESURE CIVILE

▪ **Rupture de plein droit du contrat de travail.** Le contrat de travail est rompu de plein droit lorsque le salarié cesse de remplir les **conditions d'octroi de la carte professionnelle**, sans préjudice du versement de l'indemnité légale de licenciement, par l'employeur, et de l'indemnité chômage, dans les conditions prévues aux articles L. 1234-9 et L. 5421-1 du code du travail (CSI, art. L. 612-21).

■ ÉLÉMENTS CONSTITUTIFS – QUALIFICATION

✧ Pour avoir [ou s'être] à .... [¤ lieu], le .... [¤ date], [⇨A à Q :]

A. EXERCICE D'UNE ACTIVITÉ DE SÉCURITÉ PRIVÉE SANS INSCRIPTION AU RCS (CSI, ART. L. 611-1 ET L. 617-1 1)

Sans être immatriculé au registre du commerce et des sociétés, exercé pour autrui, à titre professionnel, une activité de gardiennage, de transport de fonds ou de valeurs ou de protection de l'intégrité physique des personnes (A : *N 23847.co*).

B. CUMUL PROHIBÉ D'UNE ACTIVITÉ DE GARDIENNAGE OU DE TRANSPORTS DE FONDS ET D'UNE AUTRE ACTIVITÉ (CSI, ART. L. 611-1, L. 612-2 ET L. 617-1 2)

Exercé une activité de gardiennage, de transports de fonds ou valeurs, et en outre soit une activité qui n'est pas liée à la sécurité ou au transport de fonds, de bijoux ou de métaux précieux, soit l'activité d'agent privé de recherches (B : *N 6330.co*) ;

C. CUMUL PROHIBÉ D'UNE ACTIVITÉ DE PROTECTION PHYSIQUE ET D'UNE AUTRE ACTIVITÉ (CSI, ART. L. 611-1, L. 612-2 ET L. 617-1 3)

Exercé une activité de protection de l'intégrité physique des personnes en ayant autre activité (C : *N 6329.co*).

D. EXERCICE D'UNE ACTIVITÉ DE SÉCURITÉ PRIVÉE SANS AUTORISATION ADMINISTRATIVE (CSI, ART. L. 611-1, L. 612-9 ET L. 617-4 1)

Sans être titulaire d'une autorisation délivrée par la commission régionale d'agrément et de contrôle, pour l'établissement principal et pour chaque établissement secondaire, exercé à titre professionnel, pour soi-même ou pour autrui, une activité de gardiennage, de transport de fonds ou de valeurs ou de protection de l'intégrité physique des personnes (D : *N 6337.co*, par personne morale : *N 34332.co*).

E. EXERCICE D'UNE ACTIVITÉ DE SÉCURITÉ PRIVÉE MALGRÉ SUSPENSION OU RETRAIT DE L'AUTORISATION ADMINISTRATIVE (CSI, ART. L. 611-1, L. 612-9, L. 612-16 À L. 612-18 ET L. 617-4 1)

Malgré la suspension ou le retrait de l'autorisation délivrée par la commission régionale d'agrément et de contrôle, pour l'établissement principal et pour chaque établissement secondaire, continué d'exercer à titre professionnel, pour soi-même ou pour autrui, une activité de gardiennage, de transport de fonds ou de valeurs ou de protection de l'intégrité physique des personnes (E : *N 23848.co*).

F. SOUS-TRAITANCE D'UNE ACTIVITÉ DE SÉCURITÉ PRIVÉE À UNE ENTREPRISE DÉPOURVUE D'AUTORISATION ADMINISTRATIVE (CSI, ART. L. 611-1, L. 612-9 ET L. 617-4 2)

Sous-traité l'exercice d'une activité de gardiennage, de transport de fonds ou de valeurs ou de protection de l'intégrité physique des personnes, à une entreprise dépourvue d'autorisation administrative (F : *N 23852.co*).

G. EXERCICE D'UNE ACTIVITÉ DE SÉCURITÉ PRIVÉE SANS AGRÉMENT (CSI, ART. L. 612-6 À 612-81 ET L.617-3)

à titre individuel, ou en étant dirigeant de droit ou de fait d'une société exerçant une telle activité, exercé sans agrément, à titre professionnel, pour soi-même ou pour autrui, une activité de gardiennage, de transport de fonds ou de valeurs ou de protection de l'intégrité physique des personnes (G : *N 23849.co*).

H. IMMIXTION, DANS L'EXERCICE D'UNE ACTIVITÉ DE SÉCURITÉ PRIVÉE, DANS UN CONFLIT DU TRAVAIL (CSI, ART. L. 611-1, L. 612-4 ET L. 617-1 4°)

Exerçant une activité de gardiennage, de transport de fonds ou de valeurs ou de protection de l'intégrité physique des personnes, immiscé, à quelque moment que ce soit et sous quelque forme que ce soit, dans le déroulement d'un conflit du travail ou d'évènement s'y rapportant (H : *N 23851.co*).

I. SURVEILLANCE, DANS L'EXERCICE D'UNE ACTIVITÉ DE SÉCURITÉ PRIVÉE, DE L'OPINION DES PERSONNES (CSI, ART. L. 611-1, L. 612-4 ET L. 617-1 4°)

Exerçant une activité de gardiennage, de transport de fonds ou de valeurs ou de protection de l'intégrité physique des personnes, livré à une surveillance relative aux opinions politiques, philosophiques ou religieuses ou aux appartenances syndicales des personnes (I : *N 23850.co*).

J1. **EMPLOI D'UN SALARIÉ DÉPOURVU DE CARTE D'AGENT DE SÉCURITÉ PRIVÉE (CSI, ART. L. 611-1, L. 612-20 ET** L. 617-7 1°**)**

Employé une personne non titulaire de la carte professionnelle d'agent de sécurité privée, en vue de la faire participer à une activité de gardiennage, de transport de fonds ou de valeurs ou de protection de l'intégrité physique des personnes (J1 : *N* ***23853.co***).

J2. **SOUS-TRAITANCE D'UNE ACTIVITÉ DE SÉCURITÉ PRIVÉE À UNE ENTREPRISE EMPLOYANT DES AGENTS DE SÉCURITÉ PRIVÉE DÉPOURVUS DE CARTE (CSI, ART. L. 611-1, L. 612-20 ET** L. 617-7 2°**)**

Sous-traité l'exercice d'une activité de gardiennage, de transport de fonds ou de valeurs ou de protection de l'intégrité physique des personnes, à une entreprise employant des personnes dépourvues de la carte professionnelle (J2 : *N* ***23852.co***).

K. **EXERCICE D'UNE FONCTION DE SURVEILLANCE SUR LA VOIE PUBLIQUE SANS AUTORISATION PRÉFECTORALE (CSI, ART. L. 611-1, L. 613-1 ET** L. 617-11°**)**

sans autorisation du préfet, exercé ou fait exercer sur la voie publique des fonctions de surveillance contre les vols, dégradations, effractions et actes de terrorisme visant les biens dont il a la garde (**K** : *N* ***23854.co***).

L. **NON-DÉCLARATION D'UNE MODIFICATION AFFECTANT L'AUTORISATION ADMINISTRATIVE (CSI, ART. L. 612-18, L. 612-11, L. 612-13 ET** L. 617-5°**)**

Exerçant une activité de gardiennage, de transport de fonds ou de valeurs ou de protection de l'intégrité physique des personnes, omis, dans le délai d'un mois, de souscrire une déclaration auprès de la commission régionale d'agrément et de contrôle pour toute modification, suppression ou adjonction affectant l'un des renseignements du dossier d'autorisation administrative, ou pour tout changement substantiel dans la répartition du capital de la personne morale (L : *N* ***23855.co***).

M. **OBSTACLE AU CONTRÔLE ADMINISTRATIF D'UNE ACTIVITÉ DE SÉCURITÉ PRIVÉE (CSI, ART. L. 611-1, L. 616-1 ET** L. 617-14°**)**

Exerçant une activité de gardiennage, de transport de fonds ou de valeurs ou de protection de l'intégrité physique des personnes, fait obstacle à l'accomplissement des contrôles exercés, pour le compte de l'autorité administrative, par les commissaires de police, les officiers de police ou les officiers et sous-officiers de la gendarmerie nationale (**M** : *N* ***23857.co***).

N. **CONCLUSION D'UN CONTRAT DE TRAVAIL PAR UN SALARIÉ DÉPOURVU DE CARTE D'AGENT DE SÉCURITÉ PRIVÉE (CSI, ART. L. 611-1, L. 612-20 ET** L. 617-8°**)**

Conclu un contrat de travail, en tant que salarié d'une entreprise exerçant une activité de gardiennage, de transport de fonds ou de valeurs ou de protection de l'intégrité physique des personnes, en vue de participer à l'une de ces activités, sans être titulaire d'une carte d'agent de sécurité privée (**N** : *N* ***23858.co***).

O. **NON-CONFORMITÉ D'UN DOCUMENT ÉMANANT D'UNE ENTREPRISE DE SÉCURITÉ PRIVÉE (CSI, ART. L. 611-1, L. 612-14, L. 612-15 ET** L. 617-6°**)**

Omis, dans tout document, qu'il soit de nature informative, contractuelle ou publicitaire, y compris dans toute annonce ou correspondance, émanant d'une entreprise exerçant une activité de gardiennage, de transport de fonds ou de valeurs ou de protection de l'intégrité physique des personnes, de reproduire [⇨**O1** à **O2** :]

O1. l'identification de l'autorisation administrative (**O1** : *N* ***6339.ju***).

O2. la mention « *L'autorisation administrative préalable ne confère aucun caractère officiel à l'entreprise ou aux personnes qui en bénéficient. Elle n'engage en aucune manière la responsabilité des pouvoirs publics* » (**O2** : *N* ***6339.ju***).

P. **MENTION DE SA QUALITÉ D'ANCIEN FONCTIONNAIRE OU D'ANCIEN MILITAIRE PAR LE DIRIGEANT OU SALARIÉ D'UNE ENTREPRISE DE SÉCURITÉ PRIVÉE (CSI, ART. L. 611-1, L. 612-15 ET** L. 617-6°**)**

Étant titulaire d'une autorisation d'exercer une activité de gardiennage, de transport de fonds ou de valeurs ou de protection de l'intégrité physique des personnes, ou dirigeant ou salarié d'une personne exerçant une telle activité, fait état de sa qualité d'ancien fonctionnaire ou d'ancien militaire (**P** : *N* ***23843.ju***).

Q. **RISQUE DE CONFUSION ENTRE UNE SOCIÉTÉ DE SÉCURITÉ PRIVÉE ET UN SERVICE PUBLIC (CSI, ART. L. 612-3 ET L. 617-2)**
Omis de mentionner, dans la dénomination d'une personne morale exerçant une activité de gardiennage, de transport de fonds ou de valeurs ou de protection, son caractère de personne de droit privé (Q : *N 6331.ju*).
Faits prévus et réprimés par les articles : **PERSONNES PHYSIQUES.** [• du cas sélectionné] + CSI, art. L. 617-15. **PERSONNES MORALES.** [• du cas sélectionné] + CSI, art. L. 617-16. ✧

26.2 Sécurité privée – Entreprise dont certains salariés sont chargés, pour son compte, d'activité de sécurité privée

▪ PEINES

PERSONNE PHYSIQUE

PP Délit. Cas A à C : 3 ans d'emprisonnement, 45 000 € (CSI, art. L. 617-13).
Cas D et E : 2 ans, 30 000 € (CSI, art. L. 617-9 (cas D), L. 617-11 (cas E)).
Cas F : 1 an, 15 000 € (CSI, art. L. 617-9).

PC *Idem* n° 26.1.

PERSONNE MORALE

PP Délit. Cas A à C : 225 000 € (CSI, art. L. 617-13 et L. 617-16 ; C. pén., art. 131-38).
Cas D et E : 150 000 € (CSI, art. L. 617-9 (cas D), L. 617-11 (cas E) et L. 617-16 ; C. pén., art. 131-38).
Cas F : 75 000 € (CSI, art. L. 617-10 et L. 617-16).

PC *Idem* n° 26.1.

▪ ORIENTEUR

AUTRE QUALIFICATION

▪ Renvoi. V. n° 26.1.

ÉLÉMENT LÉGAL

▪ **Définition. Gardiennage, transport de fonds ou valeurs, protection physique des personnes,** V. n° 26.1.

▪ **Domaine d'application.** Cas E. Dans sa rédaction issue de la loi n° 83-629 du 12 juillet 1983 (art. 14-1 II 2°), cette incrimination concernait explicitement les entreprises employant des salariés exerçant pour leur propre compte une activité de sécurité privée. CSI, art. L. 117-11 vise désormais de manière indifférenciée toute activité de surveillance sur la voie publique.

TEXTE DE RÉFÉRENCE

▪ **Renvoi partiel aux dispositions relatives aux activités de sécurité privée.** V. n° 26.1. L'entreprise qui emploie certains salariés chargés, pour son propre compte, d'une activité de gardiennage, de transport de fonds ou de valeurs ou de protection de l'intégrité physique des personnes, est en partie soumise aux dispositions du CSI relatives aux activités de sécurité privée (CSI, art. L. 612-25). De manière expresse (CSI, art. L. 612-25), elle n'est pas soumise aux dispositions prohibant le cumul de certaines activités (CSI, art. L. 612-2) imposant l'usage d'une dénomination faisant ressortir qu'il s'agit d'une personne de droit privé (CSI, art. L. 612-3), à celles relatives à l'agrément du responsable de l'entreprise (CSI, art. L. 612-6 à L. 612-8), ni à celles concernant l'identification de l'autorisation administrative dans les documents émanant de l'entreprise (CSI, art. L. 612-15). Toutefois, dans un délai de 18 mois après l'entrée en vigueur de la L. n° 2021-646, 25 mai 2021, « *nul ne peut diriger ou gérer le service interne de sécurité de l'entreprise [...] s'il n'est pas titulaire de l'agrément* » mentionné au CSI, art. L. 612-6 (CSI, art. L. 612-25, mod. par L. n° 2021-646, 25 mai 2021). L'entreprise est expressément soumise à l'obligation d'immatriculation au RCS par CSI, art. L. 612-2, qui vise l'exercice d'une activité de sécurité privée pour « *elles-mêmes ou pour autrui* » mais, de façon explicite, cette obligation n'est pas pénalement sanctionnée (CSI, art. L. 617-1). Dans sa rédaction issue de la loi n° 83-629 du 12 juillet 1983 (art. 14-1) les règles d'interprétation *exceptio generalibus derogant* et *a contrario* conduisaient à penser qu'elle n'était au surplus pas soumise, pour cette activité, au régime de l'autorisation administrative préalable, ou en tout cas que la violation de cette obligation n'était pas pénalement sanctionnée.

MESURE ADMINISTRATIVE

- **Contrôle administratif des activités de sécurité privée.** V. nº 26.1. Si les prérogatives de contrôle administratif des autorités définies à CSI, art. L. 616-1, semblent également concerner les entreprises qui emploient, pour elles-mêmes, des agents de sécurité, l'incrimination d'obstacle au contrôle peut être discutée puisqu'elle ne figure pas dans la liste des infractions, énoncées à CSI, art. L. 617-9, L. 617-10 et L. 617-13, spécialement prévues pour ces entreprises. Toutefois, l'incrimination visée à CSI, art. L. 617-14 (v. nº 26.1) est conçue en termes généraux et ne distingue pas les personnes selon qu'elles exercent, pour elles-mêmes ou pour autrui, des activités de sécurité privée.
- **Retrait de la carte professionnelle d'agent de sécurité privée.** V. nº 26.1.

MESURE CIVILE

- **Rupture de plein droit du contrat de travail.** V. nº 26.1.

■ ÉLÉMENTS CONSTITUTIFS – QUALIFICATION

✧ Pour avoir [ou s'être] à .... [¤ lieu], le .... [¤ date], dans le cadre d'une entreprise dont certains salariés sont chargés, pour son propre compte, d'une activité de gardiennage, de transport de fonds ou de valeurs ou de protection de l'intégrité physique des personnes, [⇨A à F :]

A. IMMIXTION, PAR LES AGENTS DE SÉCURITÉ D'UNE ENTREPRISE, DANS UN CONFLIT DU TRAVAIL (CSI, ART. L. 612-4, L. 612-25 ET L. 617-13 1°)

immiscé, dans l'exercice de cette activité, à quelque moment que ce soit et sous quelque forme que ce soit, dans le déroulement d'un conflit du travail ou d'évènement s'y rapportant (A : *N 23863.co*).

B. SURVEILLANCE, PAR LES AGENTS DE SÉCURITÉ D'UNE ENTREPRISE, DE L'OPINION DES PERSONNES (CSI, ART. L. 612-4, L. 612-25 ET L. 617-13 1)

livré, dans l'exercice de cette activité, à une surveillance relative aux opinions politiques, philosophiques ou religieuses ou aux appartenances syndicales des personnes (B : *N 23862.co*).

C. SOUS-TRAITANCE, POUR LE SERVICE DE SÉCURITÉ D'UNE ENTREPRISE, À UNE ENTREPRISE DÉPOURVUE D'AUTORISATION ADMINISTRATIVE (CSI, ART. L. 611-1, L. 612-9, L. 612-25 ET L. 617-13 2°)

sous-traité l'exercice de cette activité à une entreprise dépourvue d'autorisation préfectorale (C : *N 23864.co*).

D. EMPLOI, DANS LE SERVICE DE SÉCURITÉ D'UNE ENTREPRISE, D'UN SALARIÉ DÉPOURVU DE CARTE D'AGENT DE SÉCURITÉ PRIVÉE (CSI, ART. L. 611-1, L. 612-20, L. 612-25 ET L. 617-9 2°)

employé, en vue de la faire participer à cette activité, une personne non titulaire de la carte professionnelle d'agent de sécurité privée (D : *N 23865.co*).

E. EXERCICE, PAR LE SERVICE DE SÉCURITÉ D'UNE ENTREPRISE, D'UNE FONCTION DE SURVEILLANCE SUR LA VOIE PUBLIQUE, SANS AUTORISATION PRÉFECTORALE (CSI, ART. L. 611-1, L. 612-25, L. 613-1 ET L. 617-11°)

sans autorisation du préfet, exercé ou fait exercer, sur la voie publique, des fonctions de surveillance contre les vols, dégradations, effractions et actes de terrorisme visant les biens gardés (E : *N 23866.co*).

F. CONCLUSION D'UN CONTRAT DE TRAVAIL PAR UN SALARIÉ DÉPOURVU DE CARTE D'AGENT DE SÉCURITÉ PRIVÉE (CSI, ART. L. 611-1, L. 612-20, L. 612-25 ET L. 617-10°)

conclu, en tant que salarié, un contrat de travail, en vue de participer à l'une de ces activités, sans être titulaire d'une carte d'agent de sécurité privée (F : *N 23869.co*).

Faits prévus et réprimés par les articles : **PERSONNES PHYSIQUES.** [• du cas sélectionné] + CSI, art. L. 617-15. **PERSONNES MORALES.** [• du cas sélectionné] + CSI, art. L. 617-16. ✧

26.3 Sécurité privée – Service interne de sécurité de la SNCF et de la RATP

■ PEINES

PERSONNE PHYSIQUE

PP Délit. Cas A à C : 3 ans d'emprisonnement, 45 000 € (C. transp., art. L. 2252-1).

Cas D : 1 an, 15 000 € (C. transp., art. L. 2252-1).

Cas E : 6 mois, 7 500 € (C. transp., art. L. 2252-1).

PC *Idem* n° 26.1 (C. transp., art. L. 2251-5).

PERSONNE MORALE

PP Délit. Cas A à C : 225 000 € (C. transp., art. L. 2251-5 et L. 2252-1 ; C. pén., art. 131-38).

Cas D : 75 000 €.

Cas E : 37 500 €.

PC *Idem* n° 26.1 (C. transp., art. L. 2251-5).

■ ORIENTEUR

AUTRE QUALIFICATION

▪ **Renvoi.** V. n° 26.1.

▪ **Armes.** Conditions d'acquisition et de détention d'armes par les agents des services internes de sécurité de la SNCF et RATP, v. n°s 26.9 et 26.10.(C. transp. L. 2251-4).

ÉLÉMENT LÉGAL

▪ **Définition. Gardiennage, transport de fonds ou valeurs, protection physique des personnes,** V. n° 26.1.

TEXTE DE RÉFÉRENCE

▪ **Renvoi.** V. n° 26.1

▪ **Missions du service interne de sécurité de la SNCF et de la RATP.** La SNCF et la RATP sont autorisées à disposer d'un **service interne de sécurité** chargé, dans les entreprises [emprises] immobilières nécessaires à l'exploitation du service géré par l'établissement public ou dans ses véhicules de transport public de voyageurs, dans le cadre d'une mission de prévention, de veiller à la sécurité des personnes et des biens, de protéger les agents de l'entreprise et son patrimoine et de veiller au bon fonctionnement du service (C. transp., art. L. 2251-1). Ces agents sont astreints au respect d'un code de déontologie (C. transp., art. L. 2251-7, L. n° 2016-339, 22 mars 2016).

▪ **Exercice des missions du service interne de sécurité de la SNCF et RATP sur la voie publique.** Les agents des services internes peuvent exercer leur mission sur la voie publique lorsque leur présence y est indispensable à la bonne exécution de la mission et s'ils y ont été préalablement autorisés par un responsable de ce service, qui leur délivre un **ordre de mission** indiquant la date, la durée, le lieu et l'objet de la mission. Ces informations sont portées par écrit par l'entreprise, avant le début de la mission, à la connaissance des services de la police et de la gendarmerie nationales territorialement compétents. Chaque mission sur la voie publique fait l'objet d'un compte-rendu conservé par l'entreprise pendant une durée de deux ans (C. transp., art. L. 2251-1).

▪ **Non-confusion avec les services de police.** Sauf cas exceptionnels dont les conditions sont fixées par voie réglementaire, les agents des services internes de sécurité de la SNCF et de la RATP sont obligatoirement **porteurs d'une tenue et d'une carte professionnelle.** Ces dernières, ainsi que les **moyens d'identification** matériels dont ils sont dotés, ne doivent entraîner aucune confusion avec celles des autres agents des services publics (C. transp., art. L. 2251-3). Ils présentent leur carte professionnelle à quiconque en fait la demande (C. transp., art. L. 2251-3).

RÉGIME PROCÉDURAL

▪ **Compétence juridictionnelle. Juge unique** (C. pr. pén., art. 398-1 4°, v. n° 17.15D2).

MESURE ADMINISTRATIVE

▪ **Contrôle par le préfet des agents du service interne de sécurité de la SNCF et de la RATP.** L'affectation d'un agent au service interne de sécurité est subordonnée à la transmission par le préfet de ses observations. Ne peut être affecté ou maintenu dans ce service l'agent qui a fait l'objet d'une **condamnation à une peine correctionnelle ou criminelle inscrite au bulletin n° 2 du casier judiciaire,** ou qui a commis des actes contraires à l'honneur, la probité, les bonnes mœurs, ou de nature à porter atteinte à la sécurité des personnes ou des biens, à la sécurité publique ou à la sûreté de l'État. Il en va de même si l'agent a fait l'objet d'un arrêté d'expulsion non abrogé ou d'une interdiction du territoire français non entièrement exécutée (C. transp., art. L. 2251-2). Le contrôle des agents de services interne est effectué, pour le compte du préfet, par les commissaires de police, OPJ et sous officiers de gendarmerie des services désignés par arrêté, sans préjudice des contrôles des services de l'inspection du travail. Ils ont un droit d'accès aux locaux professionnels et de communication des registres et documents rendus obligatoires par le code du travail (C. transp., art. L. 2251-6, L. n° 2016-339, 22 mars 2016). L'obstacle à ces contrôles, par un agent du service interne de sécurité, est puni de 1 an d'emprisonnement et de 15 000 € (C. transp., art. L. 2252-2, L. n° 2016-339, 22 mars 2016. V. aussi : obstacle aux contrôles de l'inspection du travail, n° 32.1), obstacle au contrôle administratif d'une activité de sécurité privée (CSI, art. L. 617-14 (v. n° 26.1)).

■ ÉLÉMENTS CONSTITUTIFS – QUALIFICATION

✧ Pour avoir [ou s'être] à .... [¤ lieu], le .... [¤ date], dans le cadre du service interne de sécurité de la [⇨1 ou 2 puis A à F :]

1. Société nationale des chemins de fer français (SNCF),
2. Régie autonome des transports parisiens (RATP),

chargé de veiller à la sécurité des personnes et des biens, de protéger les agents de l'entreprise et son patrimoine et de veiller au bon fonctionnement du service [⇨A à F :]

A. **IMMIXTION, PAR LES AGENTS DU SERVICE INTERNE DE SÉCURITÉ DE LA SNCF OU DE LA RATP, DANS UN CONFLIT DU TRAVAIL (C. TRANSP., ART. L. 2251-1 ET L. 2252-1 I 1° ; CSI, ART. L. 612-4)**

immiscé, dans l'exercice de cette activité, à quelque moment que ce soit et sous quelque forme que ce soit, dans le déroulement d'un conflit du travail ou d'évènement s'y rapportant (A : *N 23870.ju*).

B. **SURVEILLANCE, PAR LES AGENTS DU SERVICE INTERNE DE SÉCURITÉ DE LA SNCF OU DE LA RATP, DE L'OPINION DES PERSONNES (C. TRANSP., ART. L. 2251-1 ET L. 2252-1 I 1° ; CSI, ART. L. 612-4)**

livré, dans l'exercice de cette activité, à une surveillance relative aux opinions politiques, philosophiques ou religieuses ou aux appartenances syndicales des personnes (B : *N 23871.ju*).

C. **SOUS-TRAITANCE, POUR LE SERVICE INTERNE DE SÉCURITÉ DE LA SNCF OU DE LA RATP, À UNE ENTREPRISE DÉPOURVUE D'AUTORISATION ADMINISTRATIVE (C. TRANSP., ART. L. 2251-1 ET L. 2252-1 I 2° ; CSI, ART. L. 611-1, L. 612-9)**

sous-traité l'exercice de cette activité à une entreprise dépourvue d'autorisation préfectorale (C : *N 23872.ju*).

D. **AFFECTATION, DANS LE SERVICE INTERNE DE SÉCURITÉ DE LA SNCF OU DE LA RATP, D'UN SALARIÉ NE REMPLISSANT PAS LES CONDITIONS DE MORALITÉ (C. TRANSP., ART. L. 2251-1, L. 2251-2 ET L. 2252-1 II ; CSI, ART. L. 611-1)**

affecté ou maintenu dans ce service un agent ne remplissant par les conditions de moralité requises (D : *N 23795.ju*).

E. **ACTIVITÉ D'AGENT DU SERVICE INTERNE DE SÉCURITÉ DE LA SNCF OU DE LA RATP, SANS REMPLIR LES CONDITIONS DE MORALITÉ (C. TRANSP., ART. L. 2251-1, L. 2251-2 ET L. 2252-1 III ; CSI, ART. L. 611-1)**

été employé dans ce service alors qu'il ne remplissait pas les conditions de moralité requises (E : *N 23796.ju*).

Faits prévus et réprimés par les articles : **PERSONNES PHYSIQUES.** [• du cas sélectionné] + C. transp., art. L. 2251-5. **PERSONNES MORALES.** [• du cas sélectionné] + C. transp., art. L. 2251-5. ✧

26.4 Sécurité privée – Agence de recherches privée

■ PEINES

PERSONNE PHYSIQUE

PP Délit. Cas A à G : 3 ans d'emprisonnement, 45 000 € (CSI, art. L. 624-1 (cas A et B), L. 624-5 (cas C, D et F), L. 624-3 (cas F), L. 632-6 (cas F)).

Cas H et I : 2 ans, 30 000 € (CSI, art. L. 624-1 (cas H), L. 624-8 (cas I), anc[t] L. n° 83-629, 12 juill. 1983, 31 II mod. par L. n° 2011-267, 14 mars 2011 élevant les pénalités initialement de 1 an et 15 000 €).

Cas J à M : 6 mois, 7 500 € (CSI, art. L. 624-6 (cas K), L. 624-12 (cas L), L. 624-9 (cas M), anc[t] L. n° 83-629, 12 juill. 1983, 31 III mod. par L. n° 2011-267, 14 mars 2011 abrogeant le cas J).

Cas N à P : 3 750 € (CSI, art. L. 624-7 (cas N et O), L. 624-3 (cas P)).

Cas Q : 1 an, 15 000 € (CSI, art. L. 624-10, anc[t] L. n° 83-629, 12 juill. 1983, 31 V, incrimination créée par L. n° 2011-267, 14 mars 2011).

PC 1. Fermeture, définitive ou ⩽ 5 ans, d'un ou des établissements exerçant une activité d'agence de recherches privée, dirigée ou gérée par la personne condamnée (C. pén., art. 131-39 4° ; CSI, art. L. 624-13) ;

2. Interdiction, définitive ou ⩽ 5 ans, d'exercer une activité d'agence de recherches privée (C. pén., art. 131-39 2° ; CSI, art. L. 624-13) ;

3. Interdiction, ⩽ 5 ans, de détention ou port d'arme soumise à autorisation (CSI, art. L. 624-13).

PERSONNE MORALE

PP Délit. Cas A à G : **225 000 €** (C. pén., art. 131-38 ; CSI, art. **L. 624-1** (cas A et B), **L. 624-5** (cas C, D et F), **L. 624-3** (cas F), **L. 632-6** (cas F)).

Cas H et I : **150 000 €** (CSI, art. **L. 624-1** (cas H), **L. 624-8** (cas I), anc^{t} L. n° 83-629, 12 juill. 1983, **31 II** mod. par L. n° 2011-267, 14 mars 2011 élevant les pénalités initialement de 75 000 €).

Cas J à M : **37 500 €** (CSI, art. **L. 624-6** (cas K), **L. 624-12** (cas L), **L. 624-9** (cas M), anc^{t} L. n° 83-629, 12 juill. 1983, **31 III** mod. par L. n° 2011-267, 14 mars 2011 abrogeant le cas J).

Cas N à P : **18 750 €** (CSI, art. **L. 624-7** (cas N et O), **L. 624-3** (cas P)).

Cas Q : **75 000 €** (CSI, art. **L. 624-10**, anc^{t} L. n° 83-629, 12 juill. 1983, **31 V**, incrimination créée par L. n° 2011-267, 14 mars 2011).

PC **1.** Dissolution (sauf personnes morales de droit public, partis, groupements politiques, syndicats, institutions représentatives du personnel) si personne morale créée ou, dans les cas A à G : détournée de son objet, pour commettre l'infraction (C. pén., art. 131-39 1° et 131-45 ; CSI, art. L. 624-14) ;

2. Interdiction, définitive ou ⩽ 5 ans, une ou plusieurs activités professionnelles ou sociales, dans l'exercice ou à l'occasion de l'exercice desquelles l'infraction a été commise (C. pén., art. 131-39 2° ; CSI, art. L. 624-14) ;

3. Fermeture, définitive ou ⩽ 5 ans, d'un ou plusieurs établissements ayant servi à commettre les faits incriminés (C. pén., art. 131-39 4° ; CSI, art. L. 624-14) ;

4. Interdiction, ⩽ 5 ans, d'utiliser des cartes de paiement ou d'émettre des chèques autres que de retrait ou certifiés (C. pén., art. 131-39 7° ; CSI, art. L. 624-14) ;

5. Confiscation de la chose ayant servi à l'infraction ou destinée à la commettre, ou son produit (obligatoire pour objets qualifiés dangereux ou nuisibles par loi ou règlement ou dont la détention est illicite) (C. pén., art. 131-39 8° ; CSI, art. L. 624-14) ;

6. Affichage, ⩽ 2 mois, *et/ou* (L. n° 2011-525, 17 mai 2011) diffusion de la décision ou d'extraits aux frais (⩽ amende encourue) du condamné (C. pén., art. 131-39 9°, 131-48 et 131-35 ; CSI, art. L. 624-14).

■ ORIENTEUR

ÉLÉMENT LÉGAL

▪ **Définition. L'agence de recherches privée** est « *la profession libérale qui consiste, pour une personne, à recueillir, même sans faire état de sa qualité ni révéler l'objet de sa mission, des informations ou renseignements destinés à des tiers, en vue de la défense de leurs intérêts* » (CSI, art. L. 621-1).

▪ **Constitutionnalité.** CSI, art. L. 621-1, qui définit l'activité des agences de recherches privées, « *est rédigé en des termes suffisamment clairs et précis pour exclure tout risque d'arbitraire et laisse au juge, dont c'est l'office, à la lumière, notamment, des dispositions du code de déontologie, édictées au CSI, art. R. 631-1 à R. 631-31, le soin de qualifier des comportements que le législateur ne peut énumérer a priori de façon exhaustive* » (Crim. 12 juill. 2022, n° 22-90.011, D).

▪ **Application de la loi pénale dans le temps. • Cas** E. La L. n° 2021-646, 25 mai 2021 a réécrit et modifié CSI, art. **L. 624-4**, en étendant les incriminations à la direction sans agrément d'un établissement secondaire d'une agence de recherches privée. Cette nouvelle incrimination est applicable 18 mois après la publication de L. n° 2021-646, 25 mai 2021 (art. 25 II), intervenue le 26 mai 2021.

TEXTE DE RÉFÉRENCE

▪ **Obligation d'immatriculation au centre de formalités des entreprises.** Seules peuvent être autorisées à exercer à titre professionnel l'activité d'agence de recherches privées les personnes physiques ou morales immatriculées auprès de l'organisme visé au 2e alinéa de l'article 2 de la loi n° 94-126 du 11 février 1994, relative à l'initiative et à l'entreprise individuelle (Centre de formalités des entreprises « CFE » ; CSI, art. L. 622-1 1°).

▪ **Autorisation administrative préalable pour l'agence de recherches privée.** CSI, art. L. 622-9 : l'exercice d'une activité d'agence de recherches privée, est subordonnée à une **autorisation distincte, délivrée par l'autorité préfectorale,** pour l'établissement principal et pour chaque établissement secondaire. L'autorisation est refusée si l'exercice de l'activité est de nature à causer un trouble à l'ordre public (CSI, art. L. 622-12). Toute modification, suppression ou adjonction affectant l'un des éléments d'identification de l'entreprise ou tout changement substantiel dans la répartition du capital de la personne morale, doit faire l'objet d'une déclaration complémentaire dans le délai d'un mois (CSI, art. L. 622-13). Le **numéro de l'autorisation administrative**, doit figurer dans tout document informatif, contractuel, publicitaire ou correspondance, de l'entreprise, ainsi que la mention du caractère privé de l'activité. En aucun cas il ne peut être fait état de la qualité d'ancien fonctionnaire de police ou d'ancien militaire de l'un des dirigeants ou employés (CSI, art. L. 622-18).

- **Agrément de l'entrepreneur individuel ou dirigeant d'agence de recherches privée.** CSI, art. L. 622-6 : pour la personne exerçant à titre individuel ou le dirigeant d'une personne morale exerçant une activité d'agence de recherches privée, un **agrément doit être délivré par la commission régionale d'agrément et de contrôle** (D. nº 2005-1123, 6 sept. 2005, art. 7-1), selon les conditions prévues à CSI, art. L. 622-6, au vu d'une certification ou qualification justifiant d'une aptitude professionnelle (D. nº 2005-1123, 6 sept. 2005, art. 1 et 2). L'exigence d'un agrément est étendue à la personne qui assure la direction d'un établissement secondaire (CSI, art. L. 622-6, mod. par L. nº 2021-646, 25 mai 2021, applicable 18 mois après la publication de cette loi). Cet agrément est réservé aux personnes de nationalité française ou aux ressortissants d'un État membre de l'Union européenne ou d'un État partie à l'Espace économique européen, ne faisant pas l'objet d'un arrêté d'expulsion non abrogé ou d'une interdiction du territoire français non entièrement exécutée. L'agrément est exclu en cas de condamnation à une peine correctionnelle ou criminelle inscrite au bulletin nº 2 du casier judiciaire, ou si le comportement ou les agissements de la personne, au terme d'une enquête administrative, sont contraires à l'honneur, la probité, les bonnes mœurs, ou de nature à porter atteinte à la sécurité des personnes ou des biens, à la sécurité publique ou à la sûreté de l'État (CSI, art. L. 622-7).
- **Conditions de moralité et d'aptitude de l'agent de recherches privé.** CSI, art. L. 622-19 : le salarié employé à une activité d'agent de recherches privé doit produire une certification ou qualification justifiant de son aptitude professionnelle (D. nº 2005-1123, 6 sept. 2005, art. 1 et 2). Il ne doit pas faire l'objet d'une **condamnation à une peine correctionnelle ou criminelle inscrite au bulletin nº 2** du casier judiciaire ou, pour les ressortissants étrangers, dans un document équivalent. Nul ne peut être employé s'il n'a fait l'objet, préalablement à son embauche, d'une déclaration auprès de la commission régionale d'agrément et de contrôle. Au terme d'une enquête administrative, son comportement ou ses agissements ne doivent pas apparaître incompatibles avec les fonctions concernées comme contraires à l'honneur, la probité, les bonnes mœurs, ou de nature à porter atteinte à la sécurité des personnes ou des biens, à la sécurité publique ou à la sûreté de l'État. Le respect de ces conditions est attesté par la **délivrance d'une carte professionnelle** par la commission régionale d'agrément et de contrôle.
- **Prohibition de l'usage de la coercition.** CSI, art. L. 622-24 : il est interdit aux personnes physiques ou morales qui exercent l'activité d'agence de recherches privée de recourir à quelque forme que ce soit **d'entrave au libre usage des biens et de coercition à l'égard des personnes**, sans préjudice de C. pr. pén., art. 73 (v. nº **12.1A1**), qui autorise toute personne à interpeller l'auteur d'un crime flagrant ou d'un délit flagrant passible d'emprisonnement et à la conduire devant l'OPJ le plus proche, ou de C. pén., art. 122-7 relatif à la légitime défense (v. nº **10.14**).

RÉGIME PROCÉDURAL

- **Compétence juridictionnelle. Juge unique** dans les **cas N** à **P** (C. pr. pén., art. 398-1, v. nº **17.15D2**).
- **Ordonnance pénale. Possible** dans les **cas N** à **P** (C. pr. pén., art. 495-II, v. nº **15.48B1** et tableau nº **17.15D2**).

MESURE ADMINISTRATIVE

- **Contrôle administratif de l'agence de recherches privée.** CSI, art. L. 622-24 : les commissaires de police, les officiers de police et les officiers et sous-officiers de la gendarmerie nationale assurent, pour le compte de l'autorité administrative, le contrôle des personnes exerçant l'activité d'agence de recherches privée.

Sans préjudice des compétences des inspecteurs et contrôleurs du travail, ils peuvent demander la **communication du registre unique du personnel** prévu à l'article L. 1221-13 du code du travail et de tous autres registres, livres et documents rendus obligatoire par le code du travail (C. trav., art. L. 8113-4) ainsi que recueillir, sur convocation ou sur place, les renseignements et justifications nécessaires.

En présence de l'occupant des lieux ou de son représentant, ils peuvent, entre 8 h 00 et 20 h 00, **accéder aux locaux** dans lesquels est habituellement exercée une activité d'agence de recherches privée ; ils peuvent également y accéder à tout moment lorsque l'exercice de cette activité est en cours. Ils ne peuvent accéder à ceux de ces locaux qui servent de domicile.

Un compte rendu de visite est établi, dont une copie est remise immédiatement au responsable de l'entreprise, et adressé au préfet.

▪ **Retrait de l'autorisation administrative préalable.** L'autorisation peut être retirée lorsque le dirigeant ne **remplit plus les conditions d'octroi de son agrément** ; lorsque la personne morale est dirigée par **personne interposée** ; lorsque son capital social est constitué en tout ou en partie par des fonds apportés directement ou indirectement par l'auteur d'un crime ou d'un délit, dans les conditions des dispositions du code pénal relatives au **blanchiment** (C. pén., art. 324-1) ; lorsque son activité porte atteinte à la sécurité publique, à la sûreté de l'État ou aux intérêts fondamentaux de la Nation dans les domaines économiques, scientifique, industriel ou commercial ; lorsque l'entreprise ne se conforme pas à la législation relative aux activités d'agence de recherches privées, à celles relatives aux conditions d'entrée et de séjour des étrangers, ou aux **dispositions du code du travail** [NB. Dans sa rédaction antérieure à la promulgation du CSI, le texte ne visait que les dispositions du code du travail relatives au contrat de travail (ex. contrat à durée déterminée en dehors des cas autorisés, discriminations, harcèlement, travail temporaire, marchandage) et au salaire (ex. SMIC, rémunération des heures supplémentaires), aux conditions de travail (ex. durée du travail, travail de nuit), aux repos et congés, à l'emploi (ex. travail dissimulé), à la main-d'œuvre étrangère et à la protection de la main-d'œuvre nationale, à la représentation (ex. syndicats professionnels, délégués du personnel, comités d'entreprise) et à l'intéressement de salariés] (CSI, art. L. 622-14).

▪ **Suspension de l'autorisation administrative préalable.** Le retrait peut être précédé d'une suspension dont la durée **ne peut excéder 6 mois** (CSI, art. L. 622-15). L'autorisation peut également être suspendue lorsque la personne physique ou l'un des dirigeants de la personne morale fait l'objet de **poursuites pénales**. Il est mis fin à la suspension dès que l'autorité administrative a connaissance d'une décision judiciaire sur le fond (CSI, art. L. 622-15).

▪ **Retrait ou suspension de l'agrément de l'entrepreneur individuel ou du dirigeant d'agence de recherches privée.** L'agrément peut être **retiré par la commission régionale d'agrément et de contrôle** lorsque son titulaire cesse d'en remplir les conditions d'octroi, et **suspendu immédiatement**, par le président de la commission régionale d'agrément et de contrôle ou par le préfet, pour une durée ne pouvant excéder trois mois, en cas d'urgence ou de nécessité tenant à l'ordre public (CSI, art. L. 622-8, D. n° 2005-1123, 6 sept. 2005, art. 7-4).

MESURE CIVILE

▪ **Rupture de plein droit du contrat de travail.** Le contrat de travail est rompu de plein droit lorsque le **salarié cesse de remplir les conditions** requises pour participer à l'activité de l'agence de recherches privée, sans préjudice du versement de l'indemnité légale de licenciement, par l'employeur, et de l'indemnité chômage, dans les conditions prévues aux articles L. 1234-9 et L. 5421-1 du code du travail (CSI, art. L. 622-20).

▪ ÉLÉMENTS CONSTITUTIFS – QUALIFICATION

✧ Pour avoir [ou s'être] à .... [¤ lieu], le .... [¤ date], [⇨A à P :]

A. EXERCICE D'UNE ACTIVITÉ D'AGENCE DE RECHERCHES PRIVÉE SANS INSCRIPTION AU CFE (CSI, ART. L. 621-1, L. 622-1 1° ET L. 624-1 1°)

Sans être immatriculé auprès d'un centre de formalités des entreprises, exercé pour autrui, à titre professionnel, une activité d'agence de recherches privée (A : *N 23876.co*).

B. CUMUL PROHIBÉ D'UNE ACTIVITÉ D'AGENCE DE RECHERCHES PRIVÉE ET D'UNE ACTIVITÉ DE SÉCURITÉ PRIVÉE (CSI, ART. L. 621-1, L. 622-2, L. 611-1 ET L. 624-1 2°)

Exercé une activité d'agence de recherches privée et en outre une activité de gardiennage, de transport de fonds ou de valeurs, ou de protection de l'intégrité physique des personnes (B : *N 23875.co*) ;

C. EXERCICE D'UNE ACTIVITÉ D'AGENCE DE RECHERCHES PRIVÉE SANS AUTORISATION ADMINISTRATIVE (CSI, ART. L. 621-1, L. 622-9 ET L. 624-5 1°)

Sans être titulaire d'une autorisation délivrée par la commission régionale d'agrément et de contrôle, pour l'établissement principal et pour chaque établissement secondaire, exercé, à titre professionnel, une activité d'agence de recherches privée (C : *N 13261.co*).

D. EXERCICE D'UNE ACTIVITÉ D'AGENCE DE RECHERCHES PRIVÉE MALGRÉ SUSPENSION OU RETRAIT DE L'AUTORISATION ADMINISTRATIVE (CSI, ART. L. 621-1, L. 622-9 ET L. 624-5 1°)

Malgré la suspension ou le retrait de l'autorisation délivrée par la commission régionale d'agrément et de contrôle, pour l'établissement principal et pour chaque établissement secondaire, continué d'exercer, à titre professionnel, une activité d'agence de recherches privée (D : *N 23877.co*).

E. EXERCICE D'UNE ACTIVITÉ D'AGENCE DE RECHERCHES PRIVÉE SANS AGRÉMENT (CSI, ART. L. 621-1, L. 622-6, L. 622-7 ET L. 624-4°)

à titre individuel, ou en étant dirigeant de droit ou de fait d'une personne morale exerçant une telle activité, exercé sans agrément, à titre professionnel, une activité d'agence de recherches privée (E : *N 23878.co*).

F. SOUS-TRAITANCE D'UNE ACTIVITÉ D'AGENCE DE RECHERCHES PRIVÉE À UNE ENTREPRISE DÉPOURVUE D'AUTORISATION ADMINISTRATIVE (CSI, ART. L. 621-1, L. 622-9 ET L. 624-5 2°)

Sous-traité l'exercice d'une activité d'agence de recherches privée, à une entreprise dépourvue d'autorisation délivrée par la commission régionale d'agrément et de contrôle (F : *N 23879.co*).

G. RECOURS À LA COERCITION LORS D'UNE ACTIVITÉ D'AGENCE DE RECHERCHES PRIVÉE (CSI, ART. L. 621-1, L. 622-24 ET L. 624-11)

Exerçant l'activité d'agence de recherches privée, eu recours à quelque forme que ce soit [⇨G1 ou G2 :]

G1. d'entrave au libre usage des biens (G1 : *N 23880.co*) ;

G2. de coercition à l'égard des personnes (G2 : *N 23881.co*).

H. EXERCICE SANS AUTORISATION, PAR UN ANCIEN FONCTIONNAIRE DE POLICE OU DE GENDARMERIE, D'UNE ACTIVITÉ D'AGENT DE RECHERCHES PRIVÉE (CSI, ART. L. 621-1, L. 622-4 ET L. 624-2)

Étant un ancien fonctionnaire de la police nationale ou ancien officier ou sous-officier de la gendarmerie nationale, exercé sans autorisation écrite du ministre de l'intérieur ou du ministre de la défense, avant l'expiration d'un délai de cinq années suivant la date à laquelle il a cessé temporairement ou définitivement ses fonctions, une activité d'agent de recherches privée (H : *N 23888.co*).

I. EMPLOI, POUR UNE ACTIVITÉ D'AGENCE DE RECHERCHES PRIVÉE, D'UNE PERSONNE NON TITULAIRE DE LA CARTE PROFESSIONNELLE (CSI, ART. L. 621-1, L. 622-19 ET L. 624-8)

Exerçant l'activité d'agence de recherches privée, employé une personne non titulaire d'une carte professionnelle (I : *N 23129.co*).

J. EMPLOI D'UN AGENT DE RECHERCHES PRIVÉ SANS DÉCLARATION PRÉALABLE AU PRÉFET (L. N° 83-629, 12 JUILL. 1983, ART. 20, 23 ET 31 III 1°) (ABROGÉ, L. N° 2011-267, 14 MARS 2011)

~~Employé un agent de recherches privé sans déclaration préalable d'embauche au préfet (*N 23882.co*).~~

K. NON DÉCLARATION D'UNE MODIFICATION AFFECTANT L'AUTORISATION D'UNE AGENCE DE RECHERCHES PRIVÉE (CSI, ART. L. 621-1, L. 622-10, L. 622-11, L. 622-13 ET L. 624-6°)

Exerçant l'activité d'agence de recherches privée, omis, dans le délai d'un mois, de souscrire une déclaration auprès de la commission régionale d'agrément et de contrôle pour toute modification, suppression ou adjonction affectant l'un des renseignements du dossier d'autorisation administrative, ou pour tout changement substantiel dans la répartition du capital de la personne morale (K : *N 23883.co*).

L. OBSTACLE AU CONTRÔLE ADMINISTRATIF D'UNE AGENCE DE RECHERCHES PRIVÉE (CSI, ART. L. 621-1, L. 623-1 ET L. 624-12)

Exerçant une activité agence de recherches privée, fait obstacle à l'accomplissement des contrôles exercés, pour le compte de l'autorité administrative, par les commissaires de police, les officiers de police ou les officiers et sous-officiers de la gendarmerie nationale (L : *N 23884.co*).

M. **EXERCICE MALGRÉ INCAPACITÉ D'UNE ACTIVITÉ D'AGENT DE RECHERCHES PRIVÉ (CSI, ART. L. 621-1, L. 622-19 ET L. 624-9)**

Été employé d'une entreprise exerçant une activité d'agence de recherches privée, en vue de participer à cette activité, en violation des dispositions relatives aux conditions de moralité et d'aptitude professionnelle (M : *N 23885.co*).

N. **NON CONFORMITÉ D'UN DOCUMENT ÉMANANT D'UNE ACTIVITÉ D'AGENCE DE RECHERCHES PRIVÉE (CSI, ART. L. 621-1, L. 622-18 ET L. 624-7)**

Omis, dans tout document, qu'il soit informatif, publicitaire ou contractuel, ou toute correspondance, émanant d'une entreprise exerçant une activité d'agence de recherches privée, de reproduire l'identification de l'autorisation administrative ou la mention du caractère privé de cette activité (N : *N 23886.ju*).

O. **MENTION DE SA QUALITÉ D'ANCIEN FONCTIONNAIRE OU D'ANCIEN MILITAIRE PAR LE DIRIGEANT OU SALARIÉ D'UNE AGENCE DE RECHERCHES PRIVÉE (CSI, ART. L. 621-1, L. 622-18 ET L. 624-7)**

Étant titulaire d'une autorisation d'exercer une activité d'agence de recherches privée, ou dirigeant ou salarié d'une personne exerçant une telle activité, fait état de sa qualité d'ancien fonctionnaire ou d'ancien militaire (O : *N 23887.ju*).

P. **RISQUE DE CONFUSION ENTRE UNE AGENCE DE RECHERCHES PRIVÉE ET UN SERVICE PUBLIC (CSI, ART. L. 621-1, L. 622-3 ET L. 624-3)**

Omis de mentionner, dans la dénomination d'une personne morale exerçant une activité d'agence de recherches privée, son caractère de personne de droit privé (P : *N 13263.ju*).

Q. **CONCLUSION D'UN CONTRAT DE TRAVAIL SANS CARTE PROFESSIONNELLE PAR UN SALARIE D'UNE ENTREPRISE EXERÇANT L'ACTIVITÉ D'AGENT DE RECHERCHES PRIVÉ (CSI, ART. L. 621-1, L. 622-19 ET L. 624-10) (INCRIMINATION CRÉÉE PAR L. N° 2011-267, 14 MARS 2011)**

Conclu un contrat de travail en tant que salarié d'une entreprise exerçant une activité d'agence de recherches privée, en vue de participer à cette activité, sans être titulaire d'un carte professionnelle (Q : *N 28326.co*).

Faits prévus et réprimés par les articles : **PERSONNES PHYSIQUES.** [• du cas sélectionné] + CSI, art. L. 624-13. **PERSONNES MORALES.** [• du cas sélectionné] + CSI, art. L. 2251-5. ✧

26.5 Armes – Les définitions importantes (CSI, art. R. 311-1)

• **Arme** : tout objet ou dispositif conçu ou destiné par nature à tuer, blesser, frapper, neutraliser ou à provoquer une incapacité. Ne sont pas des armes au sens du CSI les objets tirant un projectile non métallique avec une énergie à la bouche inférieure à 2 joules.

• **Arme à canon lisse** : arme dont l'âme du canon est de section circulaire et ne peut donner aucun mouvement de rotation à un projectile unique ou multiple.

• **Arme à canon rayé** : arme dont l'âme du canon n'est pas de section circulaire et présente une ou plusieurs rayures conventionnelles ou polygonales destinées à donner un mouvement de rotation à un projectile unique ou multiple.

• **Arme à répétition automatique** : toute arme qui, après chaque coup tiré, se recharge automatiquement et qui peut, par une seule pression sur la détente, lâcher une rafale de plusieurs coups.

• **Arme à répétition manuelle** : arme qui, après chaque coup tiré, est rechargée manuellement par introduction dans le canon d'une munition prélevée dans un système d'alimentation et transportée à l'aide d'un mécanisme.

• **Arme à répétition semi-automatique** : arme qui, après chaque coup tiré, se recharge automatiquement et qui ne peut, par une seule pression sur la détente, lâcher plus d'un seul coup ;

• **Arme à un coup** : arme sans système d'alimentation, qui est chargée avant chaque coup par introduction manuelle de la munition dans la chambre ou dans un logement prévu à cet effet à l'entrée du canon.

• **Arme blanche** : toute arme dont l'action perforante, tranchante ou brisante n'est due qu'à la force humaine ou à un mécanisme auquel elle a été transmise, à l'exclusion d'une explosion. Au regard de cette définition, une lame de scie sauteuse peut être regardée comme une arme blanche (Crim. 21 juin 2017, n° 16-81.743, D).

• **Arme camouflée** : toute arme dissimulée sous la forme d'un autre objet, y compris d'un autre type d'arme.

• **Arme d'épaule** : arme que l'on épaule pour tirer. La longueur hors-tout d'une arme d'épaule à crosse amovible ou repliable se mesure sans la crosse ou la crosse repliée. Une arme d'épaule à crosse amovible ou repliable est assimilée à une arme de poing et est soumise au même régime juridique. La longueur de référence du canon d'une arme d'épaule se mesure de l'extrémité arrière de la chambre jusqu'à l'autre extrémité du canon, les parties démontables non comprises.

• **Arme de poing** : arme qui se tient par une poignée à l'aide d'une seule main et qui n'est pas destinée à être épaulée. La longueur de référence d'une arme de poing se mesure hors tout.

• **Arme incapacitante agissant par projection ou émission** : arme ayant pour effet de provoquer une incapacité et agissant par projection à distance ou émission du procédé ou moyen incapacitant.

• **Arme incapacitante de contact** : arme de défense ayant pour effet de provoquer une incapacité et agissant à bout touchant.

• **Arme neutralisée** : arme qui a été rendue définitivement impropre au tir de toute munition par l'application de procédés techniques définis assurant que tous les éléments de l'arme à feu à neutraliser ont été rendus définitivement inutilisables et impossibles à modifier.

• **Élément d'arme** : partie d'une arme essentielle à son fonctionnement : canon, carcasse, culasse, système de fermeture, barillet, conversion, y compris les systèmes d'alimentation qui leur sont assimilés.

• **Élément d'arme neutralisé** : partie d'une arme essentielle à son fonctionnement rendue définitivement impropre à son usage par l'application de procédés techniques définis.

• **Élément de munition** : partie essentielle d'une munition telle que projectile, amorce, douille, douille amorcée, douille chargée, douille amorcée et chargée.

• **Munition à projectile expansif** : munition dont le projectile est spécialement façonné, de quelque façon que ce soit, pour foisonner, s'épandre ou champignonner à l'impact. Entrent notamment dans cette catégorie les projectiles à pointe creuse.

• **Arme à blanc** : objet ou dispositif ayant ou non l'apparence d'une arme à feu conçu et destiné par la percussion de la munition à provoquer uniquement un effet sonore et dont les caractéristiques excluent le tir ou la conversion sans recourir à un procédé industriel pour le tir de tout projectile (arme de starter, arme d'alarme).

• **Arme de signalisation** : arme à feu destinée à tirer un dispositif pyrotechnique de signalisation, dont les caractéristiques excluent le tir ou la conversion sans recourir à un procédé industriel pour le tir de tout autre projectile ;

• **Arme didactique** : arme authentique sur laquelle ont été pratiquées des coupes ou des opérations permettant d'en observer les mécanismes internes, sans en modifier le fonctionnement et n'ayant pas subi le procédé de neutralisation ;

• **Arme factice** : objet ayant l'apparence d'une arme à feu susceptible d'expulser un projectile non métallique avec une énergie à la bouche inférieure à 2 joules.

• **Maquette** : reproduction d'arme à feu à une échelle autre que 1 : 1 et garantissant la non-interchangeabilité des pièces.

• **Munition inerte** : munition factice qui ne peut être transformée en une munition active.

• **Lanceur de *paintball*** : système permettant de propulser de façon non pyrotechnique un projectile destiné à ne laisser sur la cible qu'une trace visualisant l'emplacement de l'impact.

• **Reproduction d'arme** : arme à feu reproduisant à l'identique une arme ayant existé dans sa forme et dans son fonctionnement ;

• **Dépôt d'armes** : détention illicite, par une personne ou en bande organisée, dans un ou plusieurs lieux, d'armes ou munitions au-delà du nombre maximum légalement autorisé.

• **Port d'arme** : fait d'avoir une arme sur soi utilisable immédiatement.

• **Trafic illicite** : acquisition, vente, livraison, transport d'armes à feu, d'éléments d'arme, de munitions ou d'éléments de munitions, d'outils ou matériels spécifiques à la fabrication des armes, sans autorisation ou en violation d'une règlementation européenne ou internationale, à partir, à destination ou au travers du territoire national ou vers le territoire d'un autre État.

• Transport d'arme : fait de déplacer une arme en l'ayant auprès de soi et inutilisable immédiatement.

26.6 Armes – La classification des armes (CSI, art. R. 311-2)

La loi n° 2012-304, 6 mars 2012, a introduit une nouvelle classification des armes, comportant quatre catégories se substituant aux huit précédentes catégories. L'entrée en vigueur de cette réforme fut différée au 6 septembre 2013, afin d'écrire els les nouvelles dispositions réglementaires fixant les caractéristiques techniques des armes par catégorie (D. n° 2013-700, 30 juill. 2013 codifié dans la partie réglementaire du CSI par le D. n° 2014-1253, 27 oct. 2014).

A. Le dispositif de classement des armes : C. défense, art. L. 2331-1 et CSI, art. R. 311-2

La classification des armes, qui détermine leur régime (fabrication, négoce, commerce de gros ou de détail, détention, port ou transport) est divisée en quatre catégories A à D par C. défense, art. L. 2331-1. En application de cet article, les caractéristiques des armes figurant dans ces catégories sont précisées par CSI, art. R. 311-2. La classification relève des compétences du ministre de l'Intérieur, à l'exception de la catégorie A2 qui relève du ministre de la Défense (CSI, art. R. 311-3). Cette nomenclature s'est substituée à celle prévue par le décret n° 95-589, 6 mai 1995, art. 2, qui comptait huit catégories. La numérotation par type d'arme adoptée ci-dessous fait successivement référence à la lettre de la catégorie, au numéro de la rubrique lorsque la catégorie est divisée en plusieurs rubriques, puis au numéro de paragraphe de la rubrique, précédé d'un tiret.

B. La catégorie A : armes et matériels de guerre interdits à l'acquisition et la détention

1. Les armes et éléments d'arme interdits à l'acquisition et la détention : la catégorie A1 (CSI, art. R. 311-2)

A1-1° Armes à feu camouflées sous la forme d'un autre objet ;

A1-2° Armes à feu de poing, quel que soit le type ou le système de fonctionnement, cumulant les caractéristiques suivantes :

– permettant le tir de plus de 21 munitions sans qu'intervienne un réapprovisionnement ;

– accompagnées d'un système d'alimentation de plus de 20 cartouches ; (NB. Un système d'alimentation d'au moins 21 cartouches (lui-même arme de cat. A1-8° ci-dessous), avec une cartouche en chambre (total 22 munitions), fait entrer l'arme de poing dans cette catégorie ; les armes à feu à répétition automatique ou tout dispositif additionnel permettant le tir en rafale relèvent de la cat. A2-1° ;

A1-3° Armes à feu d'épaule, quel que soit le type ou le système de fonctionnement, cumulant les caractéristiques suivantes :

– permettant le tir de plus de 31 munitions sans qu'intervienne un réapprovisionnement ;

– accompagnées d'un système d'alimentation de plus de 30 cartouches, (NB. Un système d'alimentation d'au moins 31 cartouches (lui-même arme de cat. A1-9° ci-dessous), avec une cartouche en chambre (total 32 munitions), fait entrer l'arme d'épaule dans cette catégorie ; les armes à feu à répétition automatique ou tout dispositif additionnel permettant le tir en rafale relèvent de la cat. A2-1° ;

A1-4° Armes à feu à canons rayés et leurs munitions dont le projectile a un diamètre maximum supérieur ou égal à 20 mm à l'exception des armes conçues pour tirer exclusivement des projectiles non métalliques ;

A1-5° Armes à feu à canon lisse et leurs munitions d'un calibre supérieur au calibre 8, à l'exclusion des armes de catégorie C ou D classées par arrêté conjoint des ministres de la défense, de l'intérieur et des ministres chargés des douanes et de l'industrie ;

A1-6° Munitions dont le projectile est supérieur ou égal à 20 mm, à l'exception de celles utilisées par les armes classées en catégorie D1° ;

A1-7° Éléments de ces armes et éléments de ces munitions ;

A1-8° Système d'alimentation d'arme de poing contenant plus de 20 munitions ;

A1-9.° Système d'alimentation d'arme d'épaule contenant plus de 30 munitions ;

A1-10° Armes ou type d'armes présentant des caractéristiques techniques équivalentes et qui, pour des raisons tenant à leur dangerosité, d'ordre ou de sécurité publics ou de défense nationale, sont classées dans cette catégorie par arrêté conjoint des ministres de la défense, de l'intérieur et des ministres chargés des douanes et de l'industrie.

2. Les armes et matériels de guerre interdits à l'acquisition et la détention : la catégorie A2 (CSI, art. R. 311-2)

Les armes relevant des matériels de guerre, les matériels destinés à porter ou à utiliser au combat les armes à feu, les matériels de protection contre les gaz de combat, qui sont classés en catégorie A2, sont les suivants :

A2-1° Armes à feu à répétition automatique, leurs éléments essentiels spécifiquement conçus pour elles et tout dispositif additionnel permettant le tir en rafale ;

A2-2° Munitions à projectiles perforants, explosifs ou incendiaires et leurs éléments ;

A2-3° Armes auxquelles un rayon laser confère des capacités de mise hors de combat ou de destruction ;

A2-4° Canons, obusiers, mortiers, lance-roquettes et lance-grenades, de tous calibres, lance-projectiles et systèmes de projection spécifiquement destinés à l'usage militaire ou au maintien de l'ordre, ainsi que leurs tourelles, affûts, bouches à feu, tubes de lancement, lanceurs à munition intégrée, culasses, traîneaux, freins et récupérateurs ;

A2-5° Munitions et éléments de munitions pour les armes énumérées au A2-4° ;

A2-6° Bombes, torpilles, mines, missiles, grenades, engins incendiaires, chargés ou non chargés, leurres ; équipements de lancement ou de largage pour les matériels visés au présent alinéa ; artifices et appareils, chargés ou non chargés, destinés à faire éclater les engins ou munitions visés au A2-5° et au A2-6° ;

A2-7° Engins nucléaires explosifs, leurs composants spécifiques et les matériels ou logiciels spécialisés de développement, de fabrication et d'essai ;

A2-8° Véhicules de combat blindés ou non blindés, équipés à poste fixe ou munis d'un dispositif spécial permettant le montage ou le transport d'armes ainsi que leurs blindages et leurs tourelles ;

A2-9° Aéronefs plus lourds ou plus légers que l'air, montés ou non, à voilure fixe ou tournante, pilotés ou non pilotés, conçus pour les besoins militaires ainsi que leurs éléments suivants : moteurs, fuselages, cellules, ailes, empennages ;

A2-10° Navires de guerre de toutes espèces ainsi que leurs blindages, tourelles, affûts, rampes et tubes de lancement et les éléments suivants de ces navires : systèmes de combat, chaufferies nucléaires, accumulateurs d'électricité pour sous-marins, systèmes de propulsion anaérobies ;

A2-11° Moteurs aéronautiques spécialement conçus ou modifiés pour les missiles ;

A2-12° Matériels de transmission et de télécommunication conçus pour les besoins militaires ou pour la mise en œuvre des forces et leurs logiciels spécialement conçus ; matériels de contre-mesures électroniques et leurs logiciels spécialement conçus ;

A2-13° Moyens de cryptologie spécialement conçus ou modifiés pour porter, utiliser ou mettre en œuvre les armes, soutenir ou mettre en œuvre les forces armées ;

A2-14° Matériels d'observation ou de prise de vues conçus pour l'usage militaire ; matériels de visée ou de vision nocturne ou par conditions de visibilité réduite utilisant l'intensification de lumière ou l'infrarouge passif destinés exclusivement à l'usage militaire et matériels utilisant les mêmes technologies qui peuvent être mis en œuvre sans l'aide des mains ;

A2-15° Matériels, y compris les calculateurs, de navigation, de détection, d'identification, de pointage, de visée ou de désignation d'objectif, de conduite de tir, pour l'utilisation des armes et matériels de la présente catégorie ;

A2-16° Matériels de détection ou de brouillage des communications conçus pour l'usage militaire ou la sécurité nationale ;

A2-17° Matériels, spécialement conçus pour l'usage militaire, de détection et de protection contre les agents biologiques ou chimiques et contre les risques radiologiques ;

A2-18° Armes ou type d'armes, matériels ou type de matériels présentant des caractéristiques techniques équivalentes classés dans cette catégorie pour des raisons de défense nationale définies par arrêté conjoint des ministres de la défense, de l'intérieur et des ministres chargés des douanes et de l'industrie.

C. La catégorie B : armes soumises à autorisation pour l'acquisition et la détention

B-1° Armes à feu de poing et armes converties en armes de poing non comprises dans les autres catégories ;

B-2° Armes à feu d'épaule :

B-2° a) **À répétition semi-automatique**, dont le projectile a un diamètre inférieur à 20 mm (à partir de 20 mm, les armes à feu à canon rayés et leurs munitions relèvent de la catégorie A1-4°), d'une capacité supérieure à 3 coups (jusqu'à 3 coups, l'arme relève de la catégorie C-1, a)) ou équipées d'un système d'alimentation amovible et n'excédant pas 31 coups sans qu'intervienne un réapprovisionnement (au-delà de 31 coups, l'arme à feu d'épaule relève de la catégorie A1-3°) ;

B-2° b) **À répétition manuelle**, dont le projectile a un diamètre inférieur à 20 mm (à partir de 20 mm, les armes à feu à canon rayés et leurs munitions relèvent de la catégorie A1-4°), d'une capacité supérieure à 11 coups (jusqu'à 11 coups, l'arme relève de la catégorie C-1, b)) et n'excédant pas 31 coups sans qu'intervienne un réapprovisionnement (au-delà de 31 coups, l'arme à feu d'épaule relève de la catégorie A1-3°) ;

B-2° c) **A canon rayé** dont la longueur totale minimale est ⩽ à 80 centimètres ou dont la longueur du canon est ⩽ à 45 centimètres ;

B-2° d) **A canon lisse** à répétition ou semi-automatiques dont la longueur totale minimale est ⩽ à 80 centimètres ou dont la longueur du canon est ⩽i à 60 cm ;

B-2° e) **Ayant l'apparence d'une arme automatique de guerre** ;

B-2° f) À répétition à **canon lisse munies d'un dispositif de rechargement à pompe** ;

B-3° Armes à feu fabriquées pour tirer une balle ou plusieurs projectiles non métalliques et munitions classées dans cette catégorie par arrêté conjoint des ministres de la défense, de l'intérieur et des ministres chargés des douanes et de l'industrie ;

B-4° Armes chambrant les calibres suivants, quel que soit leur type ou le système de fonctionnement ainsi que leurs munitions, à l'exception de celles classées dans la catégorie A :

B-4° a) Calibre 7,62 × 39 ;

B-4° b) Calibre 5,56 × 45 ;

B-4° c) Calibre 5,45 × 39 Russe ;

B-4° d) Calibre 12,7 × 99 ;

B-4° e) Calibre 14,5 × 114 ;

B-5° Éléments des armes classées en B-1°, B-2°, B-3° et B-4° ;

B-6° Armes à impulsion électrique permettant de provoquer un choc électrique à distance et leurs munitions ;

B-7° Armes à impulsion électrique de contact permettant de provoquer un choc électrique à bout touchant, sauf celles classées dans une autre catégorie définie par arrêté conjoint des ministres de la défense, de l'intérieur et des ministres chargés des douanes et de l'industrie (v. D-2 c)) ;

B-8° Générateurs d'aérosols incapacitants ou lacrymogènes, sauf ceux classés dans une autre catégorie par arrêté conjoint des ministres de la défense, de l'intérieur et des ministres chargés des douanes et de l'industrie (v. D-2 b)) ;

B-9° Armes ou type d'armes présentant des caractéristiques techniques équivalentes qui, pour des raisons tenant à leur dangerosité, d'ordre ou de sécurité publics ou de défense nationale sont classées dans cette catégorie par arrêté conjoint des ministres de la défense, de l'intérieur et des ministres chargés des douanes et de l'industrie ;

B-10° Munitions à percussion centrale et leurs éléments conçus pour les armes de poing mentionnées au B-1° à l'exception de celles classées en catégorie C par un arrêté conjoint des ministres de la défense, de l'intérieur et des ministres chargés des douanes et de l'industrie.

D. La catégorie C : armes soumises à déclaration pour l'acquisition et la détention

C-1° Armes à feu d'épaule :

C-1° a) **À répétition semi-automatique** dont le projectile a un diamètre inférieur à 20 mm (à partir de 20 mm, les armes à feu à canon rayés et leurs munitions relèvent de la catégorie A1-4°) équipées de systèmes d'alimentation inamovibles permettant le tir de 3 munitions au plus sans qu'intervienne le réapprovisionnement (au-delà de 3 coups, l'arme à feu d'épaule à répétition semi-automatique relève de la catégorie B-2 a)).

C-1° b) **À répétition manuelle** dont le projectile a un diamètre inférieur à 20 mm (à partir de 20 mm, les armes à feu à canon rayés et leurs munitions relèvent de la catégorie A1-4°) équipées de systèmes d'alimentation permettant le tir de 11 munitions au plus, sans qu'intervienne le réapprovisionnement (au-delà de 11 coups, l'arme à feu d'épaule à répétition manuelle relève de la catégorie B-2 b)), ainsi que les systèmes d'alimentation de ces armes.

~~C-1° c) A un coup par canon dont l'un au moins n'est pas lisse (NB. L'arme est de catégorie D-1° a) (soumise à déclaration) lorsque tous les canons sont lisses)~~ (mod. par D. n° 2018-542, 29 juin 2018, qui a supprimé l'ancienne catégorie D1).

C-1° c) A un coup par canon (D. n° 2018-542, 29 juin 2018, qui a supprimé l'ancienne catégorie D1).

C-1° c) À répétition manuelle à canon rayé munies d'un dispositif de rechargement à pompe chambré pour les calibres 8, 10, 12, 14, 16, 20, 24, 28, 32, 36 et 410, d'une capacité inférieure ou égale à 5 coups, dont la longueur totale est supérieure à 80 cm, dont la longueur du canon est supérieure à 60 cm et dont la crosse est fixe (D. n° 2018-542, 29 juin 2018).

C-2° Éléments de ces armes.

C-3° Armes à feu fabriquées pour tirer une balle ou plusieurs projectiles non métalliques classées dans cette catégorie par arrêté conjoint des ministres de la défense, de l'intérieur et des ministres chargés des douanes et de l'industrie.

C-4° Armes et lanceurs dont le projectile est propulsé de manière non pyrotechnique avec une énergie à la bouche supérieure ou égale à 20 joules (si l'énergie est < à 2 joules, il ne s'agit pas d'une arme (CSI, art. R. 311-1), si elle est ⩾ 2 joules mais < 20 joules, il s'agit d'une catégorie D-2° h).

C-5° Armes ou type d'armes présentant des caractéristiques équivalentes qui, pour des raisons tenant à leur dangerosité, d'ordre ou de sécurité publics ou de défense nationale sont classées dans cette catégorie par arrêté conjoint des ministres de la défense, de l'intérieur et des ministres chargés des douanes et de l'industrie.

C-6° Munitions et éléments de munitions classés dans cette catégorie selon les modalités prévues en catégorie B-10°.

C-7° Munitions et éléments de munitions classés dans cette catégorie par arrêté conjoint des ministres de la défense, de l'intérieur et des ministres chargés des douanes et de l'industrie.

C-8° Autres munitions et éléments de munitions des armes de catégorie C.

E. La catégorie D : armes soumises à enregistrement ou armes dont l'acquisition et la détention sont libres

Le port ou le transport d'armes de catégorie D sont réprimés selon les distinctions des n°s 26.29 et 26.30, le port ou le transport d'armes de catégorie D présentant une **faible dangerosité** et figurant sur une liste fixée par arrêté est réprimé par une contravention de 4e classe prévue par D. n° 2013-700, 30 juill. 2013 (CSI, art. L. 317-8 3° et L. 317-9) (v. n° 26.31).

Le D. n° 2018-542, 29 juin 2018, pris pour l'exécution de L. n° 2018-133, 16 févr. 2018, a transféré l'ancienne catégorie D1 dans la catégorie C. Ne subsiste plus qu'une catégorie D :

1. Armes à feu soumises à enregistrement (ancienne catégorie D1 supprimée D. n° 2018-542, 29 juin 2018)

~~D-1° a) Armes d'épaule à canon lisse tirant un coup par canon (NB. L'arme est de catégorie C-1° c) lorsque au moins l'un des canons n'est pas lisse) ;~~

~~D-1° b) Éléments de ces armes ;~~

~~D-1° c) Munitions et éléments des munitions de ces armes ;~~

Ces armes et éléments d'arme sont désormais compris dans la catégorie C (D. n° 2018-542, 29 juin 2018).

2. ARMES ET MATÉRIELS DONT L'ACQUISITION ET LA DÉTENTION SONT LIBRES (ANCIENNE CATÉGORIE D2)

D-a) Tous objets susceptibles de constituer une arme dangereuse pour la sécurité publique (ancienne 6e catégorie) dont :

— les armes non à feu camouflées ;

— les poignards, les couteaux-poignards, les matraques, les projecteurs hypodermiques et les autres armes figurant sur un arrêté du ministre de l'intérieur ;

D-b) Générateurs d'aérosols lacrymogènes ou incapacitants d'une capacité inférieure ou égale à 100 ml classés dans cette catégorie par arrêté conjoint des ministres de la défense, de l'intérieur et des ministres chargés des douanes et de l'industrie ;

D-c) Armes à impulsions électriques de contact permettant de provoquer un choc électrique à bout touchant classées dans cette catégorie par arrêté conjoint des ministres de la défense, de l'intérieur et des ministres chargés des douanes et de l'industrie ;

D-d) Armes à feu dont tous les éléments ont été neutralisés :

— par l'application de procédés techniques et selon des modalités définies par arrêté conjoint des ministres de la défense, de l'intérieur et des ministres chargés des douanes et de l'industrie.

— ou par des procédés définis et contrôlés par un autre État membre de l'Union européenne et attestés par l'apposition de poinçons et la délivrance d'un certificat, sous réserve qu'ils offrent des garanties équivalentes à la neutralisation réalisée en France.

Les armes doivent être rendues inaptes au tir de toutes munitions par un établissement agréé (pour les armes à feu : banc d'épreuve de Saint-Étienne). Celui-ci appose un poinçon et délivre une attestation justifiant de la neutralisation (Arr. 7 sept. 1995, NOR : DEFC9501873A, *JO* 8 oct., p. 14711, art. 9 à 17) ;

D-e) Armes historiques et de collection dont le modèle est antérieur au 1er janvier 1900, à l'exception de celles classées dans une autre catégorie, en raison de leur dangerosité avérée, notamment en raison de leur année de fabrication, par arrêté conjoint des ministres de la défense, de l'intérieur et des ministres chargés des douanes et de l'industrie.

Le contrôle de la date du modèle et de l'année de fabrication des armes importées est effectué dans les cas et selon des modalités qui sont définis par arrêté conjoint des ministres de la défense et de l'intérieur et des ministres chargés de l'industrie et des douanes.

D-f) Reproductions d'arme dont le modèle est antérieur au 1er janvier 1900 ne pouvant tirer que des munitions sans étui métallique. Ces reproductions d'armes historiques et de collection ne peuvent être importées, mises sur le marché ou cédées que si elles sont conformes aux caractéristiques techniques définies par arrêté conjoint des ministres de la défense et de l'intérieur et des ministres chargés de l'industrie et des douanes et constatées dans un procès-verbal d'expertise effectuée par un établissement technique désigné par le ministre de la défense, dans les cas et les conditions déterminés par l'arrêté interministériel prévu ci-dessus. Les reproductions d'armes historiques et de collection qui ne satisfont pas à ces dispositions relèvent, selon leurs caractéristiques techniques, du régime applicable aux armes des catégories A, B, et C).

D-g) Armes historiques et de collection dont le modèle est postérieur au 1er janvier 1900 et qui sont énumérées par un arrêté conjoint du ministre de l'intérieur et de la défense compte tenu de leur intérêt culturel, historique ou scientifique.

D-h) Armes et lanceurs dont le projectile est propulsé de manière non pyrotechnique avec une énergie à la bouche comprise entre 2 et 20 joules (les objets tirant un projectile non métallique en développant à la bouche une énergie < à deux joules ne sont pas des armes au sens du CSI, art. R. 311-1. Si l'énergie est ⩾ 20, il s'agit d'une catégorie C-4).

D-i) Armes conçues exclusivement pour le tir de munitions à blanc, à gaz ou de signalisation et non convertibles pour le tir d'autres projectiles et les munitions de ces armes.

D-j) Munitions et éléments de munition à poudre noire utilisables dans les armes historiques et de collection ainsi que les munitions des armes du h de la présente catégorie.

D-k) Matériels de guerre antérieurs au 1er janvier 1946 et dont les armements sont rendus impropres au tir par l'application de procédés techniques définis par arrêté du ministre de la Défense.

D-l) Matériels de guerre postérieurs au 1er janvier 1946 dont les armements sont neutralisés et qui sont énumérés par arrêté du ministre de la défense.

26.7 Armes – Fabrication ou commerce illicites – Délits

PEINES

PERSONNE PHYSIQUE

PP Délit. Cas A et B : 7 ans d'emprisonnement, 100 000 € (C. défense, art. L. 2339-2).

Cas C : 5 ans, 75 000 € (depuis L. nº 2016-731, 3 juin 2016, amende auparavant de 9 000 €) (C. défense, art. L. 2339-10).

Cas D : 10 ans, 500 000 € (C. défense, art. L. 2339-2 et L. 2339-10).

PC Cas A et B : confiscation obligatoire du matériel fabriqué ou à vendre, le tribunal ordonne sa mise aux enchères publiques (C. défense, art. L. 2339-2).

PERSONNE MORALE

PP Délit. Cas A et B : 500 000 € (C. pén., art. 131-38 ; C. défense, art. L. 2339-2).

Cas C : 375 000 € (depuis L. nº 2016-731, 3 juin 2016, amende auparavant de 45 000 €) (C. défense, art. L. 2339-10 ; C. pén., art. 131-38).

Cas D : 2 500 000 € (C. défense, art. L. 2339-2 et L. 2339-10 ; C. pén., art. 131-38).

PC 1. Cas A et B : Dissolution (sauf personnes morales de droit public, partis, groupements politiques, syndicats, institutions représentatives du personnel) si personne morale créée ou détournée de son objet pour commettre l'infraction (C. pén., art. 131-39 1º et 131-45 ; C. défense, art. L. 2339-2) ;

2. Cas A et B : Interdiction, définitive ou ⩽ 5 ans, une ou plusieurs activités professionnelles ou sociales en relation avec l'infraction (C. pén., art. 131-39 2º ; C. défense, art. L. 2339-2 et 2339-3) ;

3. Cas A et B : Fermeture, définitive ou ⩽ 5 ans, d'un ou plusieurs établissements en relation avec l'infraction (C. pén., art. 131-39 4º ; C. défense, art. L. 2339-2) ;

4. Cas A et B : Exclusion, définitive ou ⩽ 5 ans marchés publics (C. pén., art. 131-39 5º ; C. défense, art. L. 2339-2) ;

5. Cas A et B : Confiscation de la chose ayant servi à l'infraction ou destinée à la commettre, ou son produit (obligatoire pour objets qualifiés dangereux ou nuisibles par loi ou règlement ou dont la détention est illicite) (C. pén., art. 131-39 8º et 131-21 ; C. défense, art. L. 2339-2) ;

6. Cas A et B : Affichage, ⩽ 2 mois, *et/ou* (L. nº 2011-525, 17 mai 2011) diffusion de la décision ou d'extraits aux frais (⩽ amende encourue) du condamné (C. pén., art. 131-39 9º, 131-48 et 131-35 ; C. défense, art. L. 2339-2).

ORIENTEUR

AUTRE QUALIFICATION

- **Armes ou munitions catégories A, B ou D – Dépôt illicite.** V. nº 26.23.
- **Délits douaniers – Contrebande – Importation, exportation de marchandise prohibée.** C. douanes, art. 414 : v. nº 33.36.

ÉLÉMENT LÉGAL

- **Définition. Bande organisée.** Cas D, v. nº 11.20 (C. pén., art. 132-71).

TEXTE DE RÉFÉRENCE

- **Classification des armes.** V. nº 26.6.

RÉGIME PROCÉDURAL

- **Régime complet de la criminalité organisée.** Applicable au Cas D, C. pr. pén.(C. pr. pén., art. 706-73 12°, v. nº 11.21).
- **Communication d'éléments de la procédure aux services de renseignement.** Sur la faculté de communication d'éléments de la procédure aux services de renseignements par le parquet ou le juge d'instruction de Paris lorsque la Junalco est saisie, v. nº 35.2A9 (C. pr. pén., art. 706-105-1 II issu L. nº 2021-998, 30 juill. 2021).

MESURE ADMINISTRATIVE

▪ **Mise hors d'usage.** Cas A et B : **l'autorité administrative** peut prescrire ou faire effectuer la mise hors d'usage, aux frais de l'auteur de l'infraction, du matériel avant sa mise aux enchères publiques (C. défense, art. L. 2339-2).

RÉGIME DES PEINES

▪ **Récidive. Délits assimilés.** Les délits prévus par le titre Ier du livre III du code de la sécurité intérieure (Armes et munitions, CSI, art. L. 311-2 à L. 317-12) et par le titre III, du livre III de la partie 2 du code de la défense (Matériels de guerre, armes et munitions, C. défense, art. L. 2331-1 à L. 2339-10), sont considérés comme un même délit au regard de la récidive (CSI, art. L. 317-10 et C. défense, art. L. 2339-12) (sur les conditions et les effets de la récidive, v. n° 18.5).

▪ **Réduction de peine.** Applicable au **repenti** (C. pén., art. 132-78 ; C. défense, art. L. 2339-13, v. n° 18.8D).

▪ ÉLÉMENTS CONSTITUTIFS – QUALIFICATION

✧ Pour avoir ou s'être à .... [¤ lieu], le .... [¤ date], [⇨A à C puis le cas échéant D :]

A. **Fabrication ou commerce armes catégories A ou B sans autorisation préalable** : livré à la fabrication ou au commerce de matériel de guerre ou d'armes ou de munitions de défense des catégories A ou B ou de leurs éléments essentiels sans y être régulièrement autorisé par l'État (C. défense, art. L. 2332-1 I et L. 2339-2) (A : *N 2022.co*) ;

B. **Intermédiaire ou agents de publicité pour fabrication ou commerce armes catégories A ou B sans autorisation préalable** : sans y être régulièrement autorisé par l'État, exercé l'activité d'intermédiaire ou d'agent de publicité à l'occasion de la fabrication ou du commerce de matériel de guerre ou d'armes ou de munitions de défense des catégories A ou B ou de leurs éléments essentiels (C. défense, art. L. 2332-1 I et L. 2339-2) (B : *N 2133.co*) ;

C. **Importation sans autorisation d'armes des catégories A à D** : importé ou tenté d'importer d'un État non membre de l'Union européenne, sans autorisation d'importation, des armes ou matériels des catégories A, B, C, D figurant sur une liste fixée en Conseil d'État (C. défense, art. L. 2331-1, L. 2335-1 et L. 2339-10) (C : *N 2045.co*) ;

D. [• Préciser le cas échéant dans les cas A, B ou C :], avec cette circonstance que les faits ont été commis en bande organisée (AD : *N 25134.co* ; BD : *N 25133.co* ; CD : *N 25135.co*).

Faits prévus et réprimés par les articles [• du cas sélectionné]. ✧

26.8 Armes – Fabrication, commerce ou cession – Obligations administratives des professionnels et particuliers – Délits

▪ PEINES

PERSONNE PHYSIQUE

PP Délit. Cas A : 7 ans d'emprisonnement, 100 000 € (CSI, art. L. 317-1-1).

Cas A1 : 10 ans, 500 000 € (CSI, art. L. 317-1-1).

Cas B à D : 5 ans, 75 000 € (CSI, art. L. 317-2).

Cas E : 3 ans, 45 000 € (CSI, art. L. 317-3-1).

Cas F : 6 mois, 7 500 € (CSI, art. L. 317-3-2).

Cas G : 6 mois, 7 500 € (C. défense, art. L. 2339-4-1).

PC 1. Cas A : confiscation **obligatoire** du matériel fabriqué ou à vendre, le tribunal sa mise aux enchères publiques (CSI, art. L. 317-1-1) ;

2. Cas E : confiscation **obligatoire** arme ou munition (CSI, art. L. 317-3-1) ;

3. Cas A à F et G : Interdiction **obligatoire** (sauf dispense par décision spécialement motivée) ⩽ 5 ans détention, port arme soumise à autorisation, (CSI, art. L. 317-12 et C. défense, art. L. 2339-19) ;

4. Cas A à F et G : Confiscation **obligatoire** (sauf dispense par décision spécialement motivée) d'une ou plusieurs armes dont le condamné est propriétaire ou dont il a la libre disposition (CSI, art. L. 317-12 et C. défense, art. L. 2339-19) ;

5. Cas A à F et G : Retrait **obligatoire** (sauf dispense par décision spécialement motivée) du permis de chasser avec interdiction ⩽ 5 ans de solliciter la délivrance d'un nouveau permis (CSI, art. L. 317-12 et C. défense, art. L. 2339-19).

PERSONNE MORALE

PP Délit. Cas A : **500 000 €** (C. pén., art. 131-38 ; CSI, art. **L. 317-1-1**) ;

Cas A1 : **2 500 000 €** (C. pén., art. 131-38 ; CSI, art. **L. 317-1-1**).

Cas B à D : **375 000 €** (C. pén., art. 131-38 ; CSI, art. **L. 317-2**) ;

Cas E : **225 000 €** (C. pén., art. 131-38 ; CSI, art. **L. 317-3-1**) ;

Cas F : **37 500 €** (C. pén., art. 131-38 ; CSI, art. **L. 317-3-2**) ;

Cas G : **37 500 €** (C. pén., art. 131-38 ; C. défense, art. **L. 2339-4-1**).

PC 1. Cas A : Dissolution (sauf personnes morales de droit public, partis, groupements politiques, syndicats, institutions représentatives du personnel) si personne morale créée ou détournée de son objet pour commettre l'infraction (C. pén., art. 131-39 1° et 131-45 ; CSI, art. L. 317-1-2) ;

2. Cas A à C : Interdiction, définitive ou ⩽ 5 ans, une ou plusieurs activités professionnelles ou sociales en relation avec l'infraction (C. pén., art. 131-39 2° ; CSI, art. L. 317-1-2 (**Cas** A) ou L. 317-3 (**Cas** B et C)) ;

3. Cas A à C : Fermeture, définitive ou ⩽ 5 ans, d'un ou plusieurs établissements en relation avec l'infraction (C. pén., art. 131-39 4° ; CSI, art. L. 317-1-2 (**Cas** A) ou L. 317-3 (**Cas** B et C)) ;

4. Cas A à C : Exclusion, définitive ou ⩽ 5 ans marchés publics (C. pén., art. 131-39 5° ; CSI, art. L. 317-1-2 (**Cas** A) ou L. 317-3 (**Cas** B et C)) ;

5. Cas A à C : Confiscation de la chose ayant servi à l'infraction ou destinée à la commettre, ou son produit (obligatoire pour objets qualifiés dangereux ou nuisibles par loi ou règlement ou dont la détention est illicite) (C. pén., art. 131-39 8° et 131-21 ; CSI, art. L. 317-1-2 (**Cas** A) ou L. 317-3 (**Cas** B et C)) ;

6. Cas A à F : Affichage, ⩽ 2 mois, *et/ou* (L. n° 2011-525, 17 mai 2011) diffusion de la décision ou d'extraits aux frais (⩽ amende encourue) du condamné (C. pén., art. 131-39 9°, 131-48 et 131-35 ; CSI, art. L. 317-1-2 (**Cas** A) ou L. 317-3 (**Cas** B à C)).

▪ ORIENTEUR

AUTRE QUALIFICATION

▪ **Renvoi.** V. n° 26.7.

ÉLÉMENT LÉGAL

▪ **Application de la loi pénale dans le temps.** Les infractions de tenue irrégulière des registres portant sur les transactions d'armes constituaient des contraventions de 5ᵉ ou 4ᵉ classe avant la loi n° 2012-304 et son décret d'application n° 2013-700 du 30 juillet 2013 (v. éditions de cet ouvrage antérieures à la 15ᵉ édition).

▪ **Définition. Bande organisée. Cas** A1, v. n° 11.20 (C. pén., art. 132-71).

TEXTE DE RÉFÉRENCE

▪ **Classification des armes.** V. n° 26.6.

▪ **Agrément administratif.** Nul ne peut exercer à titre individuel l'activité qui consiste, à titre principal ou accessoire, en la fabrication, le commerce, l'échange, la location, la réparation, ou la transformation d'armes, d'éléments d'armes ou de munitions, ni diriger ou gérer une personne morale exerçant cette activité s'il n'est titulaire d'un agrément relatif à son honorabilité et à ses compétences professionnelles, délivré par l'autorité administrative (CSI, art. L. 313-2).

▪ **Cession d'arme entre particuliers. Cas** D. Toute personne qui n'est pas titulaire d'une autorisation de fabrication ou de commerce et qui transfère la propriété d'une arme, d'un élément d'arme ou de munitions des **catégories A et B** doit en faire la déclaration au préfet qui lui a accordé l'autorisation ou délivré le récépissé valant autorisation d'acquisition et de détention (CSI, art. R. 314-16). Lorsque l'arme, l'élément d'arme ou les munitions sont transférés à un particulier, celui-ci doit être régulièrement autorisé à les acquérir et à les détenir (CSI, art. R. 314-16). Le transfert est opéré en présence d'un commerçant autorisé qui s'assure de l'identité des parties et se fait présenter les documents nécessaires à l'acquisition ainsi que l'arme, l'élément d'arme ou les munitions, objet de la transaction, ou constaté par un courtier agréé qui s'assure de l'identité des parties ainsi que des caractéristiques de l'arme, de l'élément d'arme ou des munitions, objet de la transaction et se fait présenter les documents nécessaires à l'acquisition (CSI, art. R. 314-17). Ces professionnels procèdent à la consultation du fichier national des interdits d'acquisition et de détention d'armes (CSI, art. R. 314-17). Tout particulier qui transfère à un autre particulier la propriété d'une arme ou d'un élément d'arme de la **catégorie C** opère cette vente en présence d'un armurier ou fait constater cette transaction par un courtier agréé. (CSI, art. R. 314-20).

RÉGIME PROCÉDURAL

▪ **Prélèvement des empreintes génétiques** de la personne suspectée ou condamnée (C. pr. pén., art. 706-54 et 706-55 5°, v. nos **13.23** et **13.25**). **Sanction** du refus de prélèvement, v. no **25.35**.

▪ **Régime complet de la criminalité organisée.** Applicable au **Cas A1** (C. pr. pén., art. **706-73 12°**, v. no **11.21**).

▪ **Communication d'éléments de la procédure aux services de renseignement. Cas B à D** : *idem* no **26.7** (C. pr. pén., art. 706-105-1 II issu L. no 2021-998, 30 juill. 2021).

MESURE ADMINISTRATIVE

▪ **Mise hors d'usage. Cas A** : l'**autorité administrative** peut prescrire ou faire effectuer la mise hors d'usage, aux frais de l'auteur de l'infraction, du matériel avant sa mise aux enchères publiques (CSI, art. L. 317-1-1).

RÉGIME DES PEINES

▪ **Récidive. Délits assimilés.** *Idem* no **26.7** (CSI, art. L. 317-10 et C. défense, art. L. 2339-12) (sur les conditions et les effets de la récidive, v. no **18.5**).

▪ ÉLÉMENTS CONSTITUTIFS – QUALIFICATION

✧ Pour avoir ou s'être à ……… [¤ lieu], le ……… [¤ date], [⇨**A** à **G** :]

A. Ouverture de commerce de détail d'armes de catégorie C ou D sans autorisation préalable : ouvert un local destiné au commerce de détail d'armes, de munitions ou de leurs éléments de catégorie C ou D énumérés par décret en Conseil d'État, sans autorisation préalable du préfet (**CSI**, art. L. 313-3, **L. 317-1-1**, L. 317-1-2 et L. 317-12) (**A** : *N 25761.co*) ;

A1. [• Préciser le cas échéant dans le cas **A** :] … avec cette circonstance que les faits ont été commis en bande organisée (**A1** : *N #.co*) ;

B. Cession d'arme à un mineur en dehors des cas autorisés : cédé ou vendu du matériel de guerre, des armes, des munitions ou leurs éléments à un mineur de 18 ans, hors les cas où cette vente est autorisée dans des conditions fixées par décret en Conseil d'État (CSI, art. **L. 317-2 3°**, L. 317-3 et L. 317-12) (**B** : *N 23065.co*) ;

B1. [• Préciser le cas échéant dans le cas **B** :] … avec cette circonstance que les faits ont été commis en bande organisée (CSI, art. **L. 317-2-1**) (**B1** : *N #.co*) ;

C. Acquisition aux enchères d'armes des catégories A, B ou C : porté acquéreur, dans une vente publique, sans autorisation ou déclaration préalable au titre d'une activité de fabrication ou de commerce d'armes, de matériels de guerre, armes, munitions et de leurs éléments des catégories A, B ou C (**CSI**, art. L. 312-5, **L. 317-2 1°**, L. 317-3 et L. 317-12) (**C** : *N 2039.co*) ;

C1. [• Préciser le cas échéant dans le cas **C** :] … avec cette circonstance que les faits ont été commis en bande organisée (CSI, art. **L. 317-2-1**) (**C1** : *N #.co*) ;

D. Cession d'armes de catégorie A à D entre particuliers en dehors d'un local autorisé : étant particulier cédant ou acquérant, directement ou à distance, une ou plusieurs armes ou munitions des catégories A, B ou C ou des armes, munitions ou leurs éléments de catégorie D énumérées par décret en Conseil d'État, omis de les livrer ou d'en prendre livraison dans un local autorisé destiné au commerce de détail des armes et munitions, afin de vérification de l'identité de l'acquéreur, du certificat médical attestant d'un état de santé physique et psychique compatible avec l'acquisition et la détention d'une arme ou, le cas échéant, de l'autorisation d'acquisition et de détention de l'acquéreur (CSI, art. L. 313-4, L. 313-5, **L. 317-2 2°**, L. 317-12, R. 314-17 et R. 314-20) (**D** : *N 23465.co*) ;

D1. [• Préciser le cas échéant dans le cas **D** :] … avec cette circonstance que les faits ont été commis en bande organisée (CSI, art. **L. 317-2-1**) (**D1** : *N #.co*) ;

E. Cession d'armes de catégorie A à D à une personne non autorisée : étant fabriquant ou commerçant détenteur d'une autorisation de commerce de détail d'armes ou de munitions, cédé une ou plusieurs armes ou munitions des catégories A, B ou C, ou une ou plusieurs armes ou munitions de catégorie D énumérées par décret en Conseil d'État, à une personne démunie d'une autorisation d'acquisition et de détention (CSI, art. L. 312-4-2, L. 312-1 à L. 312-4-3, L. 313-3, L. 314-3, L. 317-3-1, et L. 317-12) (E : *N 2051.co*) ;

F. **Non-respect des obligations administratives portant sur les transactions d'armes de catégories C** : étant titulaire d'une autorisation de fabrication ou de commerce de détail d'armes et de munitions, ou de leurs éléments essentiels [⇨F1 à F6 :]

F1. Omis de tenir à jour le registre spécial dans lequel sont enregistrés les matériels mis en fabrication, réparation ou transformation, achetés, vendus, loués ou détruits (CSI, art. L. 313-3, L. 317-3-2 1°, L. 317-12 et R. 313-24) (F1 : *N 29803.co*) ;

F2. Omis de tenir à jour le registre spécial dans lequel sont enregistrés le nom des entreprises mises en relation ou des autres participants à l'opération d'intermédiation ainsi que le contenu de ces opérations (CSI, art. L. 313-3, L. 317-3-2 2°, L. 317-12, R. 313-24 et R. 313-40) (F2 : *N 29804.co*) ;

F3. Omis, en cas de cessation d'activité, de déposer auprès de l'autorité administrative le registre spécial des armes (F3a : *N 29805.co*) ou des opérations d'intermédiation (F3b : *N 29806.co*) (CSI, art. L. 313-3, L. 317-3-2 3°, L. 317-12, R. 313-40 er R. 313-41) ;

F4. Omis, pendant toute la durée de son activité, de conserver les registres spéciaux (CSI, art. L. 313-3, L. 317-3-2 3°, L. 317-12, R. 313-24, R. 313-25 et R. 313-40) (F4 : *N 29807.co*) ;

F5. Cédé à une autre commerçant ou fabricant autorisé un matériel, arme, un élément essentiel ou des munitions de catégories A, B ou C ou une arme sans s'assurer qu'il dispose d'une autorisation en cours de validité (CSI, art. L. 313-3, L. 317-3-2 4°, L. 317-12 et R. 313-43) (F5 : *N 29808.co*) ;

F6. Vendu par correspondance des matériels, armes, munitions et leurs éléments essentiels sans avoir reçu et conservé les documents nécessaires à leur inscription sur le registre spécial (CSI, art. L. 313-3, L. 317-3-2 5°, L. 317-12 et R. 313-26 (F6 : *N 29809.co*).

G. **Non-respect des obligations administratives portant sur les transactions d'armes de catégories A et B** : étant titulaire d'une autorisation de fabrication ou de commerce de matériel de guerre, d'armes, munitions ou de leurs éléments de catégorie A et B [⇨G1 à G6 :]

G1. Omis de tenir à jour le registre spécial dans lequel sont enregistrés les matériels mis en fabrication, réparation ou transformation, achetés, vendus, loués ou détruits (C. défense, art. L. 2332-1, L. 2339-4-1 1°, L. 2339-19, R. 2332-17 et R. 2332-18) (G1 : *N 29803.co*) ;

G2. Omis de tenir à jour le registre spécial dans lequel sont enregistrés le nom des entreprises mises en relation ou des autres participants à l'opération d'intermédiation ainsi que le contenu de ces opérations (C. défense, art. L. 2332-1, L. 2339-4-1 2°, L. 2339-19, R. 2332-17 et R. 2332-18) (G2 : *N 29804.co*) ;

G3. Omis, en cas de cessation d'activité, de déposer auprès de l'autorité administrative le registre spécial des armes (G3a : *N 29805.co*) ou des opérations d'intermédiation (G3b : *N 29806.co*) (C. défense, art. L. 2332-1, L. 2339-4-1 3°, L. 2339-19, R. 2332-17, R. 2332-18, R. 2332-19 et R. 2332.20) ;

G4. Omis, pendant toute la durée de son activité, de conserver les registres spéciaux (C. défense, art. L. 2332-1, L. 2339-4-1 3°, L. 2339-19, R. 2332-18) (G4 : *N 29807.co*) ;

G5. Cédé à un autre commerçant ou fabricant autorisé un matériel, arme, un élément essentiel ou des munitions de catégories A, B ou C, sans accomplir les formalités requises (C. défense, art. L. 2332-1, L. 2339-4-1 4°, L. 2339-19 et R. 2332-21) (G5 : *N 29808.co*) ;

G6. Vendu par correspondance des matériels, armes, munitions et leurs éléments essentiels sans avoir reçu et conservé les documents nécessaires à leur inscription sur le registre spécial (C. défense, art. L. 2331-1, L. 2339-4-1 4°, L. 2339-19 et R. 2332-22) (G6 : *N 29809.co*).

Faits prévus et réprimés par les articles [• du cas sélectionné].✧

26.9 Armes – Conservation – Obligations des professionnels (armuriers) – Contraventions

■ **PEINES**

PERSONNE PHYSIQUE

PP Contrav. 4e cl. 750 € (C. pén., art. 131-13 ; CSI, art. R. 317-10).

PC 1. Interdiction ⩽ 3 ans, de détention ou port d'arme soumise à autorisation (C. pén., art. 131-16 ; CSI, art. R. 317-13) ;

2. Confiscation d'une ou plusieurs armes dont le condamné est propriétaire ou dont il a la libre disposition (C. pén., art. 131-16 ; CSI, art. R. 317-13) ;

3. Confiscation de la chose qui a servi ou était destinée à commettre l'infraction ou de la chose qui en est le produit (C. pén., art. 131-16 ; CSI, art. R. 317-13) ;

4. Stage de citoyenneté (C. pén., art. 131-16 8 ; CSI, art. R. 317-13) (pour les faits commis avant le 24 mars 2020 et jugés après cette date, L. nº 2019-222, 23 mars 2019, en vigueur le 24 mars 2020. Pour les faits commis à partir du 24 mars 2020, v. nouvelle réd. C. pén., art. 131-16 7° renvoyant à C. pén., art. 131-5-1 et nº 18.33).

PERSONNE MORALE

PP Contrav. 4e cl. 3 750 € (C. pén., art. 131-13, 131-41 ; CSI, art. R. 317-10).

PC Confiscation de la chose qui a servi ou était destinée à commettre l'infraction ou de la chose qui en est le produit (C. pén., art. 131-16 5° et 131-43 ; CSI, art. R. 317-14).

■ ORIENTEUR

TEXTE DE RÉFÉRENCE

▪ Classification des armes. V. nº 26.6.

■ ÉLÉMENTS CONSTITUTIFS – QUALIFICATION

✧ Pour avoir ou s'être à .... [¤ lieu], le .... [¤ date], étant fabriquant ou commerçant d'armes, de munitions et de leurs éléments d'armes des catégories A, B, C, D-1°, ou des rubriques h, i, j de la catégorie D-2° [⇨A à J :]

1. Nécessité d'un local fixe et protégé

A. Défaut de protection des locaux

Omis, alors qu'il exposait en permanence des armes de la catégorie C, D-1°, ou des armes ou lanceurs non pyrotechniques dégageant une énergie à la bouche ⩾ 2 joules et ⩽ 20 joules (catégorie D-2 h), de protéger hors des heures d'ouverture au public la vitrine extérieure et la porte principale, les portes secondaires, les fenêtres et portes vitrées par des dispositifs anti-effraction (CSI, art. R. 313-16 1°, R. 317-10 1°, R. 317-13 et R. 317-14) (A : *N 20443.c4*) ;

B. Défaut de système d'alarme

Omis d'installer un système d'alarme sonore audible depuis la voie publique ou relié à un service de télésurveillance dans un local où sont mis en vente (B1 : *N 20444.c4*) ou conservés (B2 : *N 20445.c4*) ces armes (CSI, art. R. 313-16 4°, R. 317-10 1°, R. 317-13 et R. 317-14) ;

2. Protection des armes

C. Conservation hors d'un local commercial, catégories A et B

conservé hors d'un local commercial des armes, éléments d'armes ou des munitions de la catégorie A ou B (CSI, art. R. 313-16 1°, R. 317-10 1°, R. 317-13 et R. 317-14) (C : *N 20438.c4*) ;

D. Détention hors coffre ou armoire forte, catégories A et B

détenu des armes, munitions et leurs éléments de catégorie A et B dans des locaux accessibles au public, hors d'un coffre-fort ou d'une armoire forte scellés dans les murs ou au sol ou d'un poids à vide supérieur à 350 kg (CSI, art. R. 313-16 1°, R. 317-10 1°, R. 317-13 et R. 317-14) (D : *N 20440.c4*) ;

E. Neutralisation et protection, catégories A et B, hors lieux de vente

détenu des armes munitions et leurs éléments de catégorie A et B dans des locaux autres que les lieux de vente sans les rendre inutilisables par enlèvement d'une ou plusieurs pièces de sécurité, ou en dehors d'un coffre-fort ou d'une armoire forte scellés dans les murs ou au sol ou d'un poids à vide supérieur à 350 kg ou d'une chambre forte ou resserre protégée (CSI, art. R. 313-16 1°a), R. 317-10 1°, R. 317-13 et R. 317-14) (E : *N 20441.c4*) ;

F. **Enchaînement armes catégories C**

omis d'enchaîner par passage d'une chaîne ou d'un câble fixé au mur des armes de catégories C°, ou des armes ou lanceurs non pyrotechniques dégageant une énergie à la bouche ⩾ 2 joules et ⩽ 20 joules (catégorie D-h), exposées en vitrine ou détenues dans des locaux accessibles au public (CSI, art. R. 313-16 2°, R. 317-10 1°, R. 317-13 et R. 317-14) (F : *N 20442.c4*) ;

G. **Munitions en libre accès**

de conserver (G1 : *N 20446.c4*) ou de présenter (G2 : *N 20447.c4*) les munitions dans des conditions interdisant l'accès libre au public (CSI, art. R. 313-16 5°, R. 317-10 1°, R. 317-13 et R. 317-14).

3. Protection du public

H. **Exposition au public, catégories A et B**

exposé à la vue du public des armes, munitions et leurs éléments des catégories A ou B (CSI, art. R. 313-16 1°, R. 317-10 1°, R. 317-13 et R. 317-14) (H : *N 20437.c4*) ;

I. **Mentions en vitrine extérieure, catégories A et B**

exposé en vitrine extérieure du magasin des mentions, sous quelque forme que ce soit, afférentes à des armes, munitions et leurs éléments des catégories A ou B (CSI, art. R. 313-16 1°, R. 317-10 1°, R. 317-13 et R. 317-14) (I : *N 20439.c4*) ;

J. **Affichage des restrictions d'acquisition et de détention**

titulaire d'une autorisation de fabrication ou de commerce d'armes, d'éléments d'armes et de munitions, omis d'afficher sur les lieux de vente (J1 : *N 20449.c4*) ou d'exposition (J2 : *N 20448.c4*) les restrictions à l'acquisition et à la détention des armes, des munitions et de leurs éléments (CSI, art. R. 313-16 6°, R. 317-10 1°, R. 317-13 et R. 317-14).

Faits prévus et réprimés par les articles [• du cas sélectionné]. ✧

26.10 Armes – Sécurité des transports – Obligations des professionnels ou des particuliers – Contraventions

■ **PEINES**

PERSONNE PHYSIQUE

PP Contrav. 4e cl. 750 € (C. pén., art. 131-13 ; CSI, art. 317-12).

PC 1. Interdiction ⩽ 3 ans, de détention ou port d'arme soumise à autorisation (C. pén., art. 131-16 ; CSI, art. 317-13) ;

2. Confiscation d'une ou plusieurs armes dont le condamné est propriétaire ou dont il a la libre disposition (C. pén., art. 131-16 ; CSI, art. 317-13) ;

3. Confiscation de la chose qui a servi ou était destinée à commettre l'infraction ou de la chose qui en est le produit (C. pén., art. 131-16 ; CSI, art. 317-13) ;

4. Stage de citoyenneté (C. pén., art. 131-16 8°, D. n° 2013-700 ; CSI, art. 317-13) (pour les faits commis avant le 24 mars 2020 et jugés après cette date, L. n° 2019-222, 23 mars 2019, en vigueur le 24 mars 2020. Pour les faits commis à partir du 24 mars 2020, v. nouvelle réd. C. pén., art. 131-16 7° renvoyant à C. pén., art. 131-5-1 et n° 18.33).

PERSONNE MORALE

PP Contrav. 4e cl. 3 750 € (C. pén., art. 131-13, 131-41 ; CSI, art. 317-12).

PC Confiscation de la chose qui a servi ou était destinée à commettre l'infraction ou de la chose qui en est le produit (C. pén., art. 131-16 5° et 131-43 ; CSI, art. 317-14).

■ **ORIENTEUR**

TEXTE DE RÉFÉRENCE

▪ **Classification des armes.** V. n° 26.6.

▪ **Sécurisation de la conservation des armes.** CSI, art. L. 314-1 : la conservation par toute personne des armes, des munitions et de leurs éléments des catégories A et B est assurée selon des **modalités qui en garantissent la sécurité et évitent leur usage par un tiers.** Les armes, les munitions et leurs éléments des catégories C et D figurant sur une liste fixée par décret en Conseil d'État doivent être conservés hors d'état de fonctionner immédiatement (un décret en Conseil d'État détermine les conditions d'application de ces dispositions).

■ ÉLÉMENTS CONSTITUTIFS – QUALIFICATION

✧ Pour avoir à .... [¤ lieu], le .... [¤ date], [⇨A à I :]

A. **EXPÉDITION D'ARME AVEC MENTION APPARENTE DU CONTENU**

expédié une arme ou un élément d'arme de la catégorie A, B, C, une arme historique et de collection dont le modèle est postérieur au 1er janv. 1900 énumérée par arrêté (catégorie D-g), une arme ou lanceur non pyrotechnique dégageant une énergie à la bouche ⩾ 2 joules et ⩽ 20 joules (catégorie D-h, à l'exception des lanceurs de paint ball), avec une mention faisant apparaître la nature du contenu sur l'emballage extérieur (CSI, art. R. 315-12, R. 315-13, R. 317-12 1°, R. 317-13 et R. 317-14) (A : *N 3708.c4*) ;

B. **EXPÉDITION D'ARMES PAR VOIE POSTALE SANS RECOMMANDATION**

par voie postale une arme ou un élément d'arme de la catégorie A, B, C, une arme historique et de collection dont le modèle est postérieur au 1er janv. 1900 énumérée par arrêté (catégorie D-g), une arme ou lanceur non pyrotechnique dégageant une énergie à la bouche ⩾ 2 joules et ⩽ 20 joules (catégorie D-h, à l'exception des lanceurs de paint ball), sans envoi suivi délivré contre signature (CSI, art. R. 315-12, R. 315-15, R. 317-12 1°, R. 317-13 et R. 317-14) (B : *N 3710.c4*) ;

C. **EXPÉDITION D'ARME DE CATÉGORIE A ET B EN ÉTAT DE MARCHE**

(D. n° 2013-700, 30 juill. 2013, art. 127, 128, 174 2°, 177 et 178) expédié, en dehors des dérogations prévues (scellés judiciaires et dérogations accordées par le ministre de la défense), une arme ou un élément d'arme de la catégorie A (C1 : *N 29848.c4, 29849.c4*) ou B (C2 : *N 29849.c4*), sans expédier de manière séparée et à 24 h d'intervalle au moins, d'une part, les armes proprement dites, d'autre part, leurs pièces de sécurité (CSI, art. R. 315-12, R. 315-13, R. 317-12 2°, R. 317-13 et R. 317-14) ;

D. **EXPÉDITION D'ARME PAR VOIE FERRÉE**

expédié à titre professionnel par voie ferrée une arme ou un élément d'arme de la catégorie A, B, C, une arme historique et de collection dont le modèle est postérieur au 1er janv. 1900 énumérée par arrêté (catégorie D-g), une arme ou lanceur non pyrotechnique dégageant une énergie à la bouche ⩾ 2 joules et ⩽ 20 joules (catégorie D-h, à l'exception des lanceurs de paint ball), sans [⇨D1 ou D2 :]

D1. prendre toutes dispositions utiles pour que le séjour de ces matériels en gare n'excède pas 24 h (CSI, art. R. 315-12, R. 315-16, R. 315-18, R. 317-12 3°, R. 317-13 et R. 317-14) (D1 : *N 20464.c4*) ;

D2. les placer dans des cartons ou des caisses cerclés ou des conteneurs cadenassés (CSI, art. R. 315-12, R. 315-16, R. 315-18, R. 317-12 3°, R. 317-13 et R. 317-14) (D2 : *N 20463.c4*) ;

E. **TRANSPORT D'ARME PAR VOIE ROUTIÈRE**

(D. n° 2013-700, 30 juill. 2013, art. 131, 174 4°, 177 et 178) : en connaissance de cause, transporté à titre professionnel par voie routière une arme ou un élément d'arme de la catégorie A, B, C, une arme historique et de collection dont le modèle est postérieur au 1er janv. 1900 énumérée par arrêté (catégorie D-g), une arme ou lanceur non pyrotechnique dégageant une énergie à la bouche ⩾ 2 joules et ⩽ 20 joules (catégorie D-h, à l'exception des lanceurs de paint ball) sans (CSI, art. R. 315-12, R. 315-17, R. 317-12 4°, R. 317-13 et R. 317-14) [⇨A1 à A4 :]

E1. utiliser de véhicule fermé à clé (E1 : *N 20465.c4*) ;

E2. les placer dans des cartons ou des caisses cerclés ou des conteneurs cadenassés (E2 : *N 20468.c4*) ;

E3. les maintenir pendant toute la durée du transport, y compris pendant les opérations de chargement déchargement et les arrêts, sous la garde permanente du conducteur du véhicule ou d'un convoyeur (E3 : *N 20466.c4*) ;

E4. prendre les mesures de sécurité appropriées pour se prémunir contre les vols au cours des diverses manipulations ou des stockages provisoires dans ses magasins (E4 : *N 20467.c4*) ;

F. **EXPÉDITION D'ARME PAR VOIE ROUTIÈRE**

expédié ou fait transporter à titre professionnel par voie routière une arme ou un élément d'arme de la catégorie A, B, C, une arme historique et de collection dont le modèle est postérieur au 1er janv. 1900 énumérée par arrêté (catégorie D-g), une arme ou lanceur non pyrotechnique dégageant une énergie à la bouche ⩾ 2 joules et ⩽ 20 joules (catégorie D-h, à l'exception des lanceurs de paint ball), sans (CSI, art. R. 315-12, R. 315-17, R. 317-12 5°, R. 317-13 et R. 317-14) [⇨F1 à F5 :]

F1. utiliser de véhicule fermé à clé (F1 : *N 20469.c4*) ;

F2. les placer dans des cartons ou des caisses cerclés ou des conteneurs cadenassés (F2 : *N 20468.c4*) ;

F3. les maintenir pendant toute la durée du transport, y compris pendant les opérations de chargement déchargement et les arrêts, sous la garde permanente du conducteur du véhicule ou d'un convoyeur (F3 : *N 20466.c4*) ;

F4. informer l'entreprise de transport du contenu des colis qui lui sont remis (F4 : *N 3713.c4*) ;

G. **Transport par voie routière catégories A, B, C par particulier**

transporté à titre particulier par voie routière une arme ou un élément d'arme de la catégorie A, B, C, une arme historique et de collection dont le modèle est postérieur au 1er janv. 1900 énumérée par arrêté (catégorie D-g), une arme ou lanceur non pyrotechnique dégageant une énergie à la bouche ⩾ 2 joules et ⩽ 20 joules (catégorie D-h, à l'exception des lanceurs de paint ball), sans utiliser de véhicule fermé à clé (CSI, art. R. 315-17, R. 317-12 6°, R. 317-13 et R. 317-14) (G : *N 20470.c4*).

H. **Séjour prolongé d'arme en gare, aéroport ou port**

étant expéditeur à titre professionnel ou destinataire d'une arme ou d'un élément d'arme de la catégorie A, B, C, d'une arme historique et de collection dont le modèle est postérieur au 1er janv. 1900 énumérée par arrêté (catégorie D-g), d'une arme ou lanceur non pyrotechnique dégageant une énergie à la bouche ⩾ 2 joules et ⩽ 20 joules (catégorie D-h, à l'exception des lanceurs de paint ball), laissé par négligence séjourner celle-ci (CSI, art. R. 315-12, R. 315-18, R. 317-12 7°, R. 317-13 et R. 317-14) [⇨H1 ou H2 :]

H1. plus de 24 h dans une gare ou aéroport (H1 : *N 20471.c4*) ;

H2. plus de 72 h dans un port (H2 : *N 20472.c4*) ;

I. **Transport d'arme, non-respect des conditions de chargement, déchargement ou transit**

effectué à titre professionnel une opération de chargement, de déchargement ou de transit dans une gare routière ou ferroviaire, un port ou un aéroport, portant sur des armes ou éléments d'arme de la catégorie A, B, C, des armes historiques et de collection dont le modèle est postérieur au 1er janv. 1900 énumérée par arrêté (catégorie D-g), des armes ou des lanceurs non pyrotechniques dégageant une énergie à la bouche ⩾ 2 joules et ⩽ 20 joules (catégorie D-h, à l'exception des lanceurs de paint ball), sans satisfaire aux conditions de sécurité fixées par arrêté ministériel (CSI, art. R. 315-12, R. 315-18, R. 317-12 8°, R. 317-13 et R. 317-14) (H2 : *N 20476.c4*).

Faits prévus et réprimés par les articles [• du cas sélectionné]. ✧

26.11 Armes – Catégorie B – Conditions d'acquisition, détention ou port – Principes généraux

A. Autorisation d'acquisition et de détention

L'acquisition et la détention d'armes des **catégories** A (v. classification no 26.6) est interdite, sauf pour les besoins de la défense nationale et de la sécurité publique (CSI, art. L. 311-2, L. 312-1 et L. 312-2, C. défense, art. L. 2336-).

Les armes de **catégories** B sont soumises à autorisation pour l'acquisition et la détention (CSI, art. L. 311-2, L. 312-3).

L'acquisition et la détention d'armes des catégories A et B par des personnes morales à but non lucratif sont interdites, sauf pour les associations sportives agréées (CSI, art. L. 312-2-1, issu L. no 2022-52, 24 janv. 2022, relative à la responsabilité pénale et à la sécurité intérieure, en vigueur au plus tard le 1er janv. 2023 (L. no 2022-52, 24 janv. 2022, art. 20 III)).

L'autorisation est refusée par l'autorité administrative si la personne se signale par un comportement laissant objectivement craindre une utilisation de l'arme ou du matériel dangereuse pour elle-même ou pour autrui, ou pour des raisons d'ordre public ou de sécurité des personnes, ou si l'état de santé physique ou psychique n'est pas compatible avec la détention de ce matériel (CSI, art. L. 312-3 2°, L. 312-6, L. 312-7, L. 312-11, R. 312-4 4°, R. 312-21) ou si la personne a été condamnée pour l'une des infractions énoncées à l'art. L. 312-3 du CSI, figurant au bulletin no 2 du casier judiciaire, ou si elle fait l'objet d'une peine d'interdiction de détention ou de port d'arme soumise à autorisation, ou si elle a été condamnée à la confiscation d'une ou plusieurs armes, ou (depuis L. n° 2022-52, 24 janv. 2022) si elle fait l'objet d'une mesure de contrôle judiciaire ou d'ARSE lui interdisant de détenir ou de porter une arme. Le demandeur doit produire un certificat médical de moins d'un mois attestant de la compatibilité de son état physique et psychique avec la détention d'arme (CSI, art. L. 312-4, L. 312-6). Si, la personne a été traitée dans le service ou le secteur de psychiatrie d'un établissement de santé, ce certificat ne peut être établi que par un médecin psychiatre figurant parmi les spécialistes décrits à l'article R. 312-6 (CSI, art. L. 312-6). L'autorisation n'est pas accordée lorsque la personne fait l'objet d'une mesure de protection au titre de C. civ., art. 425 (sauvegarde de justice, tutelle, curatelle) ou est ou a été hospitalisée sans son consentement pour troubles mentaux au titre de CSP, art. L. 3212-1 et L. 3213-1 ou C. pr. pén., art. 706-35 (admission en soins psychiatriques à la suite d'une déclaration d'irresponsabilité pénale) (CSI, art. R. 312-21 4°).

La personne entrant en possession d'une arme de catégorie B par voie successorale ou testamentaire doit s'en défaire dans un délai de 3 mois au profit d'une personne titulaire d'une autorisation (CSI, art. L. 312-4, 314-2), ou obtenir une autorisation de détention, ou les céder à un armurier ou expert agréé, ou la rendre inapte au tir (CSI, art. R. 312-51).

B. Caducité et caractère temporaire de l'autorisation

L'autorisation est « caduque » si l'arme n'est pas acquise dans les 3 mois de sa notification, sauf délai plus long exceptionnellement prévu par l'autorisation (CSI, art. R. 312-12).

Elle est autorisée pour une durée maximale de 5 ans renouvelable selon les mêmes conditions d'instruction (CSI, art. R. 312-51).

C. Retrait administratif de l'autorisation

L'autorisation est **nulle de plein droit aussitôt que le titulaire cesse de remplir les conditions** requises ou s'il est inscrit au Fichier national des interdits d'acquisition et de détention d'arme (FINIADA) (CSI, art. L. 312-16 et R. 312-15). Par ailleurs, les autorisations d'acquisition et de détention de matériels de guerre, armes et munitions peuvent être retirées, pour des raisons d'ordre public ou de sécurité des personnes, par l'autorité qui les a délivrées (CSI, art. R. 312-16).

D. Conservation des armes, obligations des personnes morales ou physiques

Les personnes physiques ou morales détentrices d'armes à feu doivent conserver les armes, éléments d'armes et munitions dans des **coffres-forts ou armoires fortes**, justifier de l'existence de ces installations pour obtenir ou renouveler une autorisation, et prendre toutes dispositions pour éviter l'usage de ces armes par des tiers (CSI, art. R. 314-2 et R. 314-3).

Sanction. Contrav. 2e cl., C. pén., art. R. 610-5, ou caducité de l'autorisation, v. ci-dessus ; V. aussi abandon d'armes ou d'objets dangereux n° 26.35. Les professionnels sont soumis à des prescriptions identiques, mais pénalement sanctionnées par une contravention de 4e classe (v. n° 26.9).

26.12 Armes – Les mesures administratives individuelles de prévention en cas de comportement dangereux

A. L'interdiction préventive de l'acquisition ou de la détention d'arme (CSI, art. L. 312-3-1, L. n° 2016-731, 3 juin 2016)

L'autorité administrative peut **interdire l'acquisition et la détention** des armes des catégories B et C et des armes de catégorie D soumises à enregistrement aux personnes dont le comportement laisse craindre une utilisation de ces armes dangereuse pour elles-mêmes ou pour autrui.

Les personnes interdites d'acquisition et de détention d'armes sont recensées dans le fichier national des interdits d'acquisition et de détention d'armes dit FINIADA (CSI, art. L. 312-16). Ce fichier, par dérogation au C. pr.pén., art. 777-3, est interconnecté avec le casier judiciaire depuis L. n° 2022-52, 24 janv. 2022, relative à la responsabilité pénale et à la sécurité intérieure, pour les interdictions résultant de plein droit des condamnations prononcées pour l'une des infractions dont la liste est prévue par CSI, art. L. 312-3 1° (CSI, art. L. 312-16-1).

Lorsque l'interdiction résulte du prononcé d'une peine de confiscation d'une arme (CSI, art. L. 312-3 2°), l'inscription au FINIADA est prononcée par le représentant de l'État pour une durée ⩽ 5 ans, renouvelable en considération du comportement de l'intéressé (CSI, art. L. 312-16-2 issu L. n° 2022-52, 24 janv. 2022).

Les personnes inscrites au FINIADA ne peuvent exercer l'activité de sécurité privée par un agent armé (CSI, L. 611-1 1° *bis*), comme employé ou comme dirigeant (CSI, art. L. 613-7-2).

Mentionnons que les personnes faisant l'objet d'une interdiction de **détenir ou de porter une arme** prononcée dans le cadre d'une ordonnance de protection sur le fondement de C. civ., art. 515-11 2° sont de plein droit « *interdites d'acquisition et de détention d'armes de toutes catégories* » et sont dès lors inscrites au FINIADA (CSI, art. L. 312-3-2, issu L. n° 2019-1480, 28 déc. 2019) (sur les mesures imposées par l'ordonnance de protection, v. n° 16.4A2).

B. La saisie administrative des armes de toute catégorie en cas de comportement dangereux (CSI, art. L. 312-7)

Si le **comportement ou l'état de santé** d'une personne détentrice d'armes et de munitions présente un **danger grave pour elle-même ou pour autrui,** le préfet peut lui ordonner, sans formalité préalable ni procédure contradictoire, de les remettre à l'autorité administrative, **quelle que soit leur catégorie** (CSI, art. L. 312-7).

L'arme et les munitions doivent être remises immédiatement par le détenteur ou une personne susceptible d'agir dans son intérêt aux services de police ou de gendarmerie. Le commissaire de police ou le commandant de la brigade de gendarmerie peut procéder, sur autorisation du JLD, saisi par le préfet qui informe le procureur de la République (CSI, art. R. 312-68), à la saisie de l'arme et des munitions entre 6 heures et 21 heures au domicile du détenteur (CSI, art. L. 312-8).

L'arme et les munitions sont confiées pendant une durée ⩽ 1 an aux services de la police nationale ou de la gendarmerie nationale territorialement compétents. Durant cette période, le préfet décide leur restitution ou leur saisie définitive, après que la personne intéressée a été mise à même de présenter ses observations et des éléments propres à établir que son état ne présente pas de danger (CSI, art. L. 312-9, R. 312-69). La saisie définitive s'impose lorsque l'acquisition ou la détention des armes et munitions saisies est prohibée (CSI, art. R. 312-70).

Les armes et les munitions définitivement saisies sont vendues aux enchères, sauf renonciation volontaire à cette procédure et remise à l'État (CSI, art. R. 312-73) et le produit net de la vente revient aux intéressés.

Les personnes dont l'arme et les munitions ont été saisies ne peuvent acquérir ou détenir toutes armes ou munitions ; ~~le préfet peut cependant limiter cette interdiction à certaines catégories ou types d'armes~~ (faculté supprimée par L. n° 2022-52, 24 janv. 2022) (CSI, art. L. 312-10).

Cette interdiction emporte inscription au FINIADA (CSI, art. L. 312-16).

L'interdiction cesse de produire effet si le préfet décide la restitution de l'arme et des munitions. Elle peut être levée par le préfet en considération du comportement du demandeur ou de son état de santé depuis la décision de saisie (CSI, art. L. 312-10).

C. Le dessaisissement des armes soumises à autorisation ou déclaration pour des raisons d'ordre public ou de sécurité des personnes (CSI, art. L. 312-11)

Sans préjudice des dispositions qui précèdent, le préfet, ou le préfet de police à Paris, peut, pour des **raisons d'ordre public ou de sécurité des personnes**, ordonner à tout détenteur d'une arme **soumise au régime de l'autorisation ou de la déclaration** de s'en dessaisir (v. aussi le retrait de l'autorisation administrative de détention d'arme, n° 26.11C) (CSI, art. L. 312-11).

Le dessaisissement consiste soit à vendre l'arme à une entreprise habilitée à fabriquer ou faite commerce d'armes ou à un tiers remplissant les conditions légales d'acquisition et de détention, soit à la neutraliser, soit à la remettre à l'État (CSI, art. L. 312-11).

Sauf urgence, la procédure est contradictoire. Le préfet fixe le délai au terme duquel le détenteur doit s'être dessaisi de son arme (CSI, art. L. 312-11).

Lorsque l'intéressé ne s'est pas dessaisi de l'arme dans le délai fixé par le préfet, celui-ci lui ordonne de la remettre, ainsi que ses munitions, aux services de police ou de gendarmerie (CSI, art. L. 312-12).

Le commissaire de police ou le commandant de la brigade de gendarmerie peut demander au JLD l'autorisation de procéder à la saisie de l'arme et des munitions, entre 6 heures et 21 heures, au domicile du détenteur. La demande comporte toutes les informations en leur possession de nature à justifier le bien-fondé de cette saisie (CSI, art. L. 312-12).

La saisie s'effectue sous l'autorité et le contrôle du JLD qui l'a autorisée ou d'un juge par lui désigné. Ce magistrat peut se rendre sur les lieux et suspendre ou interrompre la saisie au domicile. Celle-ci est effectuée en présence de l'occupant des lieux ou de son représentant ; en cas d'impossibilité, le commissaire de police ou le commandant de la brigade de gendarmerie requiert deux témoins choisis en dehors des personnes relevant de son autorité. Le PV de saisie est dressé sur-le-champ. Il comporte un inventaire des armes saisies, est signé par le commissaire de police ou par le commandant de la brigade de gendarmerie ainsi que par les personnes présentes ; en cas de refus, mention en est faite au procès-verbal. Il est transmis dans les meilleurs délais au JLD et le préfet est informé de la saisie opérée (CSI, art. L. 312-12, R. 312-74 à R. 312-76).

La remise ou la saisie des armes et des munitions ne donne lieu à aucune indemnisation (CSI, art. L. 312-12).

Le Cons. const. a jugé que cette procédure est conforme à la Constitution en ce qu'elle est entourée de garanties procédurales, est justifiée par des raisons d'ordre public et de sécurité des personnes, et ne porte pas une atteinte disproportionnée au droit de propriété (Cons. const. 17 janv. 2012, n° 2011-209 QPC ; § 6).

Il est interdit aux personnes ayant fait l'objet de cette procédure d'acquérir ou de détenir des armes soumises au régime de l'autorisation ou de la déclaration ; ~~le préfet peut cependant limiter cette interdiction à certaines catégories ou types d'armes~~ (faculté supprimée par L. n° 2022-52, 24 janv. 2022) (CSI, art. L. 312-13).

Cette interdiction emporte inscription au FINIADA (CSI, art. L. 312-16).

L'interdiction est levée par le préfet s'il apparaît que l'acquisition ou la détention d'armes par la personne concernée n'est plus de nature à porter atteinte à l'ordre public ou à la sécurité des personnes (CSI, art. L. 312-13).

26.13 Armes – Catégorie B – Fonctionnaire, agent public, officier – Conditions d'acquisition, de détention, ou de port

Les administrations ou services publics peuvent acquérir ou détenir des matériels, armes ou munitions et leurs éléments de toute catégorie en vue de leur remise à leurs fonctionnaires et agents, pour l'exercice de leur mission (CSI, art. R. 312-22). Certaines catégories d'agents chargés d'une mission de police, déterminées par arrêté, ainsi que les officiers et sous officiers d'active ou de réserve, peuvent également bénéficier d'une autorisation individuelle d'acquisition et de détention d'arme de catégorie B (CSI, art. R. 312-24).

A. Acquisition et détention

Les fonctionnaires et agents publics chargés d'une mission de police, les fonctionnaires et agents des administrations ou service publics exposés à des risques d'agression, les officiers d'active, officiers généraux des cadres de réserve, officiers de réserve et sous-officiers d'active, sont ou peuvent être autorisés à acquérir et détenir des armes, éléments d'arme et munitions de la catégorie B (CSI, art. R. 312-24).

Préalablement à tout achat, ils doivent faire au préfet une **déclaration d'intention** d'acquérir l'arme accompagnée d'une attestation de leur autorité spécifiant que l'acquisition est nécessaire au service. Le préfet leur délivre un **récépissé** dont le volet n° 1 sera complété par le vendeur et remis à l'intéressé, le volet n° 2 adressé au préfet (CSI, art. R. 312-24).

Par ailleurs, toute personne majeure exposée à des risques sérieux du fait de l'exercice de son activité professionnelle peut être autorisée à acquérir et à détenir une arme sur le lieu de son activité professionnelle et une seconde arme à son domicile ou sa résidence secondaire (CSI, art. R. 312-39).

B. Port et usage des armes

1. Les conditions du port d'arme

Les fonctionnaires et agents des administrations publiques exposés à des risques d'agression sont autorisés à s'armer dans l'exercice de leurs fonctions dans des conditions définies par décret en Conseil d'État (CSI, art. L. 315-1). Les fonctionnaires et agents des administrations publiques chargés d'une mission de police (CSI, art. R. 312-24 et R. 315-8), les fonctionnaires de l'administration des douanes et de l'administration pénitentiaire (R. 315-10) sont autorisés à porter leurs armes dans les conditions fixées par ces articles.

« *Le fait pour un fonctionnaire de la police nationale ou un militaire de la gendarmerie nationale de porter son arme hors service dans des conditions définies par décret en Conseil d'État ne peut lui être opposé lors de l'accès à un établissement recevant du public* » (CSI, art. L. 315-3, issu L. n° 2021-646, 25 mai 2021).

Les fonctionnaires et agents des administrations publiques chargés d'une mission de police, lesquels sont autorisés à acquérir et à détenir des armes, éléments d'arme et munitions et leurs éléments de la catégorie B (CSI, art. R. 312-24), « *sont autorisés à porter, dans l'exercice ou à l'occasion de leurs fonctions, des armes et munitions du 1° de la catégorie B et de la catégorie D qu'ils détiennent dans des conditions régulières* » (CSI, art. R. 315-8). Cette autorisation est toutefois limitée à l'arme et aux munitions délivrées par leur administration (Crim. 15 juin 2022, nº 21-85.892, P).

« *Les fonctionnaires actifs des services de la police nationale reçoivent en dotation une arme individuelle. Ils doivent, lorsqu'ils sont en service, qu'ils soient revêtus de leur tenue d'uniforme ou en tenue civile, être porteur de l'arme individuelle qui leur est affectée. Le port de l'arme est alors lié à celui du gilet pare-balles individuel à port dissimulé* » (CSI, art. R. 411-3).

Les militaires portent leurs armes et munitions dans les conditions définies par leurs règlements particuliers (CSI, art. L. 315-2, R. 315-8, C. défense, art. L. 2338-2).

2. Les conditions de l'usage des armes

Les conditions d'**usage des armes** par les agents de la police nationale et les militaires de la gendarmerie nationale sont réglées, dans les conditions précisées au nº **10.14E**, par CSI, art. L. 435-1 issu L. nº 2017-248, 28 févr. 2017, dispositions s'appliquant également aux agents des douanes (C. douanes, art. 56) et aux militaires déployés sur réquisition légale sur le territoire national au titre de C. défense, art. L. 1321-1 (C. défense, art. L. 2338-3) et, dans certaines limites, aux agents de police municipale (CSI, art. L. 511-5-1), aux militaires chargés de la protection des installations militaires (C. défense, art. L. 2338-3), aux personnels de surveillance de l'administration pénitentiaire (C. pénit, art. L. 227-1, anc[t] L. nº 2009-1436, 24 nov. 2009, art. 12).

26.14 Armes – Entreprise de sécurité ou devant assurer la sécurité de biens – Conditions d'acquisition et de détention

A. Professionnels concernés (v. nos 26.1 s.)

Les définitions et obligations administratives propres aux entreprises de sécurité privée figurent aux numéros ci-dessus.

B. Acquisition et détention

Les agents exerçant les **activités privées de surveillance et de gardiennage**, de transport de fonds et de protection physique des personnes (définies par CSI, art. L. 611-1) peuvent être armés dans des conditions fixées par décret en Conseil d'État (CSI, art. L. 613-5, L. 613-9 et R. 312-37). Les **convoyeurs privés** sont autorisés à acquérir et à détenir des armes et éléments d'arme, dans les conditions et selon les modalités prévues par la règlementation de cette profession (CSI, art. R. 613-41 à R. 613-46).

Peuvent être autorisées à acquérir et à détenir des armes, munitions et éléments de la catégorie B ou C **les entreprises qui se trouvent dans l'obligation d'assurer la sécurité de leurs biens ou le gardiennage de leurs immeubles**. Ces entreprises, sous leur responsabilité, remettent les armes et munitions acquises aux personnels qu'elles chargent d'assurer ces missions pendant le temps nécessaire à leur accomplissement. Le choix de ces personnels doit être agréé par le préfet (CSI, art. R. 312-38).

C. Port

Les membres du personnel **des entreprises qui se trouvent dans l'obligation d'assurer la sécurité de leurs biens ou le gardiennage de leurs immeubles** peuvent, lorsque leur mission le justifie, être autorisés à porter les armes et munitions dont ils sont pourvus à l'extérieur des bâtiments et locaux de ces entreprises.

Les autorisations sont délivrées par le préfet du département où sont situés les lieux à surveiller. Elles sont révocables à tout moment par le préfet qui les a délivrées (CSI, art. R. 312-38 et R. 315-11).

Les agents exerçant les activités de transport de fonds (CSI L. 611-1 2°) sont armés, sauf lorsque les fonds sont placés dans des dispositifs garantissant qu'ils peuvent être détruits ou rendus impropres à leur destination et transportés dans des véhicules banalisés (CSI, art. L. 613-9). Chacun des convoyeurs porte une arme de catégorie B1 (CSI, art. R. 613-41). Seul le personnel agréé par le préfet est autorisé à porter cette arme (CSI, art. R. 613-42).

Les personnels des entreprises de surveillance, gardiennage et transport de fonds ainsi que ceux des services internes de sécurité (mentionnés à l'article 11 de la loi du 12 juillet 1983) ne peuvent utiliser que les armes de catégorie B ainsi que les armes d'alarme (D n° 86-1099, 10 oct. 1986, art. 7).

Les agents de sécurité de la personne morale constituée par des propriétaires ou exploitants d'immeuble afin d'en assurer la surveillance et le gardiennage peuvent être autorisés à porter une arme de la catégorie D lorsque les immeubles collectifs à usage d'habitation dans lesquels ils assurent leur fonction son particulièrement exposés à des risques d'agression sur les personnes (CSI, art. L. 614-4).

26.15 Armes – Entreprise de sécurité – Obligations de conservation – Contraventions

▪ PEINES

PERSONNE PHYSIQUE

PP Contrav. 5ᵉ cl. 1 500 € (CSI, art. R. 617-1 ; C. pén., art. 131-13).

PC Néant.

PERSONNE MORALE

PP Contrav. 5ᵉ cl. 7 500 € (CSI, art. R. 617-1 ; C. pén., art. 131-41).

PC Néant.

▪ ORIENTEUR

ÉLÉMENT LÉGAL

▪ Application de la loi dans le temps. Ces faits étaient auparavant incriminés comme contraventions de 4ᵉ cl. par CSI, art. R. 317-10 4° renvoyant à CSI, art. R. 314-5 2°. Les pénalités ont été aggravées par D. n° 2017-1844, 29 déc. 2017, abrogeant notamment CSI, art. R. 314-5 2° et modifiant R. 617-1.

TEXTE DE RÉFÉRENCE

▪ Conditions d'acquisition et de détention des armes. V. nᵒˢ 26.11 s.

▪ ÉLÉMENTS CONSTITUTIFS – QUALIFICATION

✧ Pour avoir à .... [¤ lieu], le .... [¤ date], étant exploitant individuel, dirigeant, gérant ou employé d'une entreprise exerçant une activité de surveillance, de gardiennage, de transport de fonds, de protection individuelle ou de protection de navire, omis de [⇨A à D :]

A. conserver, en dehors de toute mission, les armes de la catégorie A1 et de la catégorie B et, le cas échéant, leurs éléments et munitions ainsi que les systèmes d'alimentation d'arme d'épaule semi-automatique à percussion centrale contenant plus de 10 munitions et les armes de la catégorie D, dans des coffres-forts ou des armoires fortes scellés au mur ou au sol d'une pièce sécurisée ou dans des chambres fortes comportant une porte blindée et dont les ouvertures sont protégées par des barreaux ou des volets métalliques (CSI, art. R. 613-3, R. 613-3-1, R. 613-3-4 et R. 617-1 6°) (A : *N **2116.c5***) ;

B. tenir un registre d'inventaire des armes, éléments d'armes, munitions et, le cas échéant, des systèmes d'alimentation d'arme d'épaule semi-automatique à percussion centrale contenant plus de 10 munitions, permettant leur identification (CSI, art. R. 613-3-1, R. 613-3-5 et R. 617-1 7°) (B : *N **32981.c5***) ;

C. tenir un état journalier retraçant les sorties et les réintégrations des armes, munitions et, le cas échéant, des systèmes d'alimentation d'arme d'épaule semi-automatique à percussion centrale contenant plus de 10 munitions, figurant au registre d'inventaire (CSI, art. R. 613-3-1, R. 613-3-5 et R. 617-1 7°) (C : *N **32982.c5***) ;

D. réserver l'accès aux armes de la catégorie A1 et de la catégorie B ainsi qu'aux systèmes d'alimentation d'arme d'épaule semi-automatique à percussion centrale contenant plus de 10 munitions, à une personne responsable spécialement désignée par le chef d'entreprise ou d'établissement (CSI, art. R. 613-3, R. 613-3-1, R. 613-3-5 et R. 617-1 8°) (D : *N **2117.c5***).

Faits prévus et réprimés par les articles [• du cas sélectionné]. ✧

26.16 Armes – Catégorie A et B– Entreprise de location pour le spectacle, théâtre national – Conditions d'acquisition et de détention

A. Acquisition et détention

Peuvent être autorisées à acquérir et à détenir des armes de catégorie A et B les entreprises les louant à des sociétés de production de film ou de spectacle, ainsi que les théâtres nationaux. Ces entités peuvent également par déclaration ou enregistrement, acquérir et détenir des catégories C et D-1. Ces armes ne doivent tirer aucun projectile (CSI, art. R. 312-26).

B. Munitions

L'autorisation d'acquisition et de détention vaut autorisation d'acquisition et de détention de 1000 cartouches inertes ou à blanc par arme (CSI, art. R. 312-26 et R. 312-47).

C. Conservation des armes

La conservation des armes est soumise au respect de prescriptions de sécurité (contrav. 4e cl., CSI, art. R. 314-5, R. 314-7, R. 314-6, R. 317-10 4°, R. 317-10 5°, R. 317-13 et R. 317-14) (*N* ***2118.c4, 2119.c4, 3703.c4, 3707.c4, 20454.c4, 20455.c4*** et ***20456.c4***).

26.17 Armes – Catégorie B – Association sportive et tireur sportif – Conditions d'acquisition et de détention

A. Acquisition et détention

Peuvent acquérir et détenir, en nombre limité, pour la pratique du tir sportif, certaines armes, munitions et leurs éléments de la catégorie B (B-1°, B-2°, B-4°, B-5°, B-9°, B-10°) (classement des armes, v. no 26.6) les associations sportives agréées membres d'une fédération sportive (1 arme par fraction de 15 tireurs, avec un maximum de 60 armes) et les tireurs sportifs (12 armes maximum) licenciés d'une fédération agréée (CSI, art. R. 312-40 et R. 312-41°).

L'acquisition et la détention d'armes des catégories B et C par des personnes morales à but non lucratif sont interdites, sauf pour les associations sportives agréées (CSI, art. L. 312-2-1, issu L. no 2022-52, 24 janv. 2022, relative à la responsabilité pénale et à la sécurité intérieure (L. no 2022-52, 24 janv. 2022, art. 20 III)).

B. Conditions d'utilisation

Les tireurs ne peuvent utiliser leurs armes que dans un stand de tir déclaré, doivent être titulaires d'un **carnet de tir,** délivré par une association sportive agréée, indiquant la date de chaque séance et participer à au moins trois séances de tir contrôlées espacées d'au moins deux mois. Les associations sportives tiennent un **registre journalier** des participants aux séances de tir (CSI, art. R. 312-43, Arr. 16 déc. 1998, NOR : INTD9800495A, *JO* 17 déc., p. 19049, art. 2).

Ces documents doivent être présentés à toute réquisition des services de police ou de gendarmerie (CSI, art. R. 312-43).

C. Munitions

L'autorisation d'acquisition et de détention vaut, pour le tireur sportif, autorisation d'acquisition et de détention de 1.000 cartouches par arme et par an (CSI, art. R. 312-47 2°).

D. Conservation des armes

Les associations sportives pour la pratique du tir doivent prendre des mesures de sécurité pour la conservation des armes en dehors des heures d'accès (contrav. 4e cl., CSI, art. R. 314-8, R. 317-10 2°, R. 317-13 et R. 317-14, v. no 26.18).

E. Port

La licence de tir en cours de validité délivrée par une fédération sportive ayant reçu délégation du ministre chargé des sports vaut titre de transport légitime des armes, éléments d'arme et munitions des catégories B, C et D-1 ainsi que des armes, éléments d'arme et munitions de catégorie D2 utilisés dans la pratique du sport relevant de ladite fédération (CSI, art. R. 315-2 3°).

L'autorisation de transport ne vaut pas autorisation de port.

Les armes doivent être transportées de manière à ne pas être immédiatement utilisables, soit en recourant à un dispositif technique répondant à cet objectif, soit par démontage d'une de leurs pièces de sécurité (CSI, art. R. 315-4)). Sur la sécurité du transport, v. contraventions n° 26.10. Cas D à H.

26.18 Armes – Catégories B et C – Association de tir – Obligations de conservation – Contraventions

■ **PEINES**

PP Contrav. 4e cl. 750 € (C. pén., art. 131-13 ; CSI, art. R. 317-10 2°).

PC 1. Interdiction ⩽ 3 ans, de détention ou port d'arme soumise à autorisation (C. pén., art. 131-16 ; CSI, art. R. 317-13) ;

2. Confiscation d'une ou plusieurs armes dont le condamné est propriétaire ou dont il a la libre disposition (C. pén., art. 131-16 ; CSI, art. R. 317-13) ;

3. Confiscation de la chose qui a servi ou était destinée à commettre l'infraction ou de la chose qui en est le produit (C. pén., art. 131-16 ; CSI, art. R. 317-13) ;

4. Stage de citoyenneté (C. pén., art. 131-16 8° ; CSI, art. R. 317-13) (pour les faits commis avant le 24 mars 2020 et jugés après cette date, L. n° 2019-222, 23 mars 2019, en vigueur le 24 mars 2020. Pour les faits commis à partir du 24 mars 2020, v. nouvelle réd. C. pén., art. 131-16 7° renvoyant à C. pén., art. 131-5-1 et n° 18.33).

PERSONNE MORALE

PP Contrav. 4e cl. 3 750 € (C. pén., art. 131-13, 131-41 ; CSI, art. R. 317-10 2°).

PC Confiscation de la chose qui a servi ou était destinée à commettre l'infraction ou de la chose qui en est le produit (C. pén., art. 131-16 5° et 131-43 ; CSI, art. R. 317-14).

■ **ORIENTEUR**

TEXTE DE RÉFÉRENCE

▪ Conditions d'acquisition et de détention des armes pour les associations sportives et tireurs sportifs. V. n° 26.17.

■ **ÉLÉMENTS CONSTITUTIFS – QUALIFICATION**

✧ Pour avoir ou s'être à .... [¤ lieu], le .... [¤ date], étant responsable d'une association sportive agréée pour la pratique du tir ou autorisée pour la préparation militaire, [⇨A à C :]

A. **Neutralisation et protection des armes de la catégorie B**

détenu des armes de la catégorie B ou leurs munitions en dehors des heures d'accès aux installations en dehors d'un coffre-fort ou d'une armoire forte scellés dans les murs ou d'une chambre forte ou d'une resserre protégée (CSI, art. R. 314-8 1°, R. 317-10 2°, R. 317-13 et R. 317-14) (A : *N 2110.c4*) ;

B. **Enchaînement des armes catégorie C**

omis, en dehors des heures d'accès aux installations, d'enchaîner par passage d'une chaîne ou d'un câble fixé au mur des armes de catégorie C, ou de les munir d'un système de sécurité individuel ou collectif assurant leur fixation (CSI, art. R. 314-8 2°, R. 317-10 2°, R. 317-13 et R. 317-14) (B : *N 2111.c4*) ;

C. **Absence de contrôle de l'accès aux armes**

omis de placer l'accès aux armes sous le contrôle d'une ou plusieurs personnes désignées par lui (CSI, art. R. 314-8, R. 317-10 2°, R. 317-13 et R. 317-14) (C : *N 2112.c4*).

Faits prévus et réprimés par les articles [• du cas sélectionné]. ✧.

26.19 Armes – Catégorie B – Exploitant de tir forain – Conditions d'acquisition et de détention

Les exploitants de tir forain peuvent être autorisés à acquérir et détenir des armes de poing à un coup de la catégorie B-1° à percussion annulaire, de calibre ⩽ 6 mm (CSI, art. R. 312-44).

Les personnes majeures peuvent acquérir les munitions des armes de la catégorie B (CSI, art. R. 312-46).

Les conditions de conservation des armes sont définies par CSI, art. R. 314-9, sous les pénalités prévues par CSI, art. R. 317-10 3° (v. n° 26.20).

26.20 Arme – Catégories B, C, D – Exploitant de tir forain – Obligations de conservation – Contraventions

■ PEINES

PERSONNE PHYSIQUE

PP Contrav. 4e cl. 750 € (C. pén., art. 131-13 ; CSI, art. R. 317-10 3°).

PC 1. Interdiction ⩽ 3 ans, de détention ou port d'arme soumise à autorisation (C. pén., art. 131-16 ; CSI, art. R. 317-13) ;

2. Confiscation d'une ou plusieurs armes dont le condamné est propriétaire ou dont il a la libre disposition (C. pén., art. 131-16 ; CSI, art. R. 317-13) ;

3. Confiscation de la chose qui a servi ou était destinée à commettre l'infraction ou de la chose qui en est le produit (C. pén., art. 131-16 ; CSI, art. R. 317-13) ;

4. Stage de citoyenneté (C. pén., art. 131-16 8° ; CSI, art. R. 317-13) (pour les faits commis avant le 24 mars 2020 et jugés après cette date, L. n° 2019-222, 23 mars 2019, en vigueur le 24 mars 2020. Pour les faits commis à partir du 24 mars 2020, v. nouvelle réd. C. pén., art. 131-16 7° renvoyant à C. pén., art. 131-5-1 et n° 18.33).

PERSONNE MORALE

PP Contrav. 4e cl. 3 750 € (C. pén., art. 131-13, 131-41 ; CSI, art. R. 317-10 3°).

PC Confiscation de la chose qui a servi ou était destinée à commettre l'infraction ou de la chose qui en est le produit (C. pén., art. 131-16 5° et 131-43 ; CSI, art. R. 317-14).

■ ORIENTEUR

TEXTE DE RÉFÉRENCE

▪ Conditions d'acquisition et de détention des armes. V. n° 26.19.

■ ÉLÉMENTS CONSTITUTIFS – QUALIFICATION

✧ Pour avoir à .... [¤ lieu], le .... [¤ date], étant exploitant de tir forain, [⇨A ou B :]

A. **Enchaînement au banc de tir**

pendant leur durée d'utilisation, détenu des armes de la catégorie B et C sans les enchaîner au banc de tir (CSI, art. R. 314-9, R. 317-10 3°, R. 317-13 et R. 317-14) (A : *N 20453.c4*) ;

B. **Protection des armes inutilisées**

omis [⇨B1 à B3 :]

B1. de retirer des installations de tir (B1 : *N 20451.c4*)...

B2. d'entreposer dans un local surveillé (B2 : *N 20452.c4*)...

B3. de transporter en caisses fermées (B3 : *N #.c4*)...

... des armes de la catégorie B, C, ou D-h (arme ou lanceur non pyrotechnique dégageant une énergie à la bouche ⩾ 2 joules et ⩽ 20 joules) non mises en service (CSI, art. R. 314-9, R. 317-10 3°, R. 317-13 et R. 317-14).

Faits prévus et réprimés par les articles [• du cas sélectionné]. ✧

26.21 – Armes catégories A et B – Musée, expert en armes – Conditions d'acquisition et de détention

A. Musées publics ou privés

Ils peuvent être autorisés à acquérir des matériels de guerre les personnes exposant dans des musées publics ou privés des armes et munitions constituant des collections permanentes, ouvertes au public (CSI, art. R. 312-27).

La conservation des armes est soumise au respect de prescriptions de sécurité (contrav. 4e cl., CSI, art. R. 314-10, R. 317-10 7°, R. 317-13 et R. 317-14) (*N 20457.c4, 20458.c4, 20459.c4* et *20460.c4*).

B. Experts en armes et entreprises testant des armes

Ils peuvent être autorisés à acquérir des armes de catégorie A1, A2-1° et B (CSI, art. R. 312-30 et R. 312-31 s.).

Pour les entreprises testant des armes, l'autorisation d'acquisition et de détention vaut autorisation d'acquisition et de détention de 1 000 cartouches par arme (CSI, art. R. 312-47 2°). Les experts peuvent acquérir 10 000 munitions tous calibres confondus (CSI, art. R. 312-31).

La conservation des armes est soumise au respect de prescriptions de sécurité : pour les entreprises testant des armes : **Contrav. 4e cl.**, CSI, art. R. 314-5 et R. 317-10 4) (*N* ***20461.c4*** et ***20462.c4***) pour les experts, celles imposées aux professionnels de la fabrication et du commerce des armes prévues : **Contrav. 4e cl.**, CSI, art. R. 313-16 et R. 317-10 1°, v. n° **26.9**.

26.22 Armes – Catégories A et B – Particulier – Conditions d'acquisition et de détention

A. Principes

Les personnes majeures exposées à des risques sérieux pour leur sécurité du fait de la nature de leur activité professionnelle ou du lieu d'exercice de cette activité peuvent être autorisées à acquérir et détenir une arme de catégorie B-1°, B-8° et B-10° et à les détenir sur le lieu d'exercice de leur activité professionnelle (CSI, art. R. 312-39). Elles peuvent être autorisées à acquérir une seconde arme pour la détenir à leur domicile ou leur résidence principale. Les conditions générales d'autorisation décrites au n° **26.11** leur sont applicables.

B. Munitions

L'autorisation d'acquisition et de détention de l'arme vaut autorisation d'acquisition et de détention de 50 cartouches par arme (CSI, art. R. 312-47 1°).

C. Port et transport

Le port des armes et munitions de catégorie A et B est interdit (CSI, art. R. 315-1) sauf autorisation spéciale, valable un an renouvelable, de porter et transporter une arme de poing et ses munitions, délivrée par le ministre de l'intérieur à la personne exposés à des risques exceptionnels d'atteinte à sa vie (CSI, art. 315-5).

Le transport d'arme de catégorie B ne peut être effectué sans motif légitime et doit être effectué de manière à ce que les armes ne soient pas immédiatement utilisables, soit en recourant à un dispositif technique, soit par démontage de pièces de sécurité (CSI, art. R. 315-4).
Sur la sécurité du transport d'arme par un particulier, v. contraventions n° **26.10**.

26.23 Armes ou munitions catégories A ou B – Dépôt illicite

■ Peines

Personne physique

PP **Délit.** Cas A : 5 ans d'emprisonnement, **75 000 €** depuis L. n° 2016-731, 3 juin 2016 (auparavant 5 ans, 3 075 €). Cas B : 10 ans, **100 000 €** depuis L. n° 2016-731, 3 juin 2016 (auparavant 10 ans, 3 750 €). Cas C : 10 ans, **500 000 €** (C. pén., art. 222-53 depuis L. n° 2016-731, 3 juin 2016, anct CSI, art. L. 317-7).

PC 1. Confiscation **obligatoire** (sauf dispense par décision spécialement motivée) d'une ou plusieurs armes dont le condamné est propriétaire ou dont il a la libre disposition (C. pén., art. 222-62) ;

2. Interdiction **obligatoire** (sauf dispense par décision spécialement motivée) ⩽ 15 ans détention, port arme soumise à autorisation (C. pén., art. 222-62) ;

3. Interdiction de séjour ⩽ 5 ans (C. pén., art. 222-63, 131-31 et 131-32 ; C. pr. pén., art. 762-1 à 763).

4. Auteur étranger : **interdiction du territoire** français définitive ou ⩽ 10 ans (C. pén., art. 222-64 ; C. pén., art. 131-30 à 131-30-2) ;

5. **Suivi socio-judiciaire** ⩽ 10 ans (C. pén., art. 131-36-1 et 222-65) avec injonction de soins si expertise médicale conclut au traitement (C. pén., art. 131-36-4). La juridiction fixe la peine

encourue (⩽ 3 ans) en cas d'inobservation (C. pén., art. 131-36-1). Ne peut être prononcé avec un sursis probatoire (anc[t] SME) (C. pén., art. 131-36-6). Peut être ordonné comme peine principale (C. pén., art. 131-37-7) ; sur cette peine, v. n° 18.31 ;

6. Confiscation obligatoire des installations, matériel, ou de tout bien ayant servi directement ou indirectement à la commission de l'infraction, ou de son produit, dès lors que leur propriétaire ne pouvait en ignorer l'origine ou l'utilisation frauduleuse (C. pén., art. 222-66) ;

7. Confiscation de tout ou partie des biens du condamné (C. pén., art. 222-66).

PERSONNE MORALE

PP Cas A : 375 000 € depuis L. n° 2016-731, 3 juin 2016 (auparavant 18 750 €). Cas B : 2 500 000 € depuis L. n° 2016-731, 3 juin 2016 (auparavant 18 750 €). Cas C : 2 500 000 € (C. pén., art. 131-38).

PC 1. Dissolution (sauf personnes morales de droit public, partis, groupements politiques, syndicats, institutions représentatives du personnel) si la personne morale a été créée ou détournée de son objet pour commettre l'infraction (C. pén., art. 222-61 et 131-39 1°) ;

2. Interdiction, définitive ou ⩽ 5 ans, d'exercer une ou plusieurs activités professionnelles ou sociales en relation avec l'infraction (C. pén., art. 222-61 et 131-39 2°) ;

3. Surveillance judiciaire, ⩽ 5 ans (C. pén., art. 222-61, 131-39 3° et 131-46) ;

4. Fermeture, définitive ou ⩽ 5 ans, un ou plusieurs établissements en relation avec l'infraction (C. pén., art. 222-61 et 131-39 4°) ;

5. Exclusion, définitive ou ⩽ 5 ans, marchés publics (C. pén., art. 222-61 et 131-39 5°) ;

6. Interdiction, définitive ou ⩽ 5 ans, procéder à une offre au public de titres financiers ou de les faire admettre aux négociations sur un marché réglementé (C. pén., art. 222-61 et 131-39 6°) ;

7. Interdiction, ⩽ 5 ans, d'utiliser des cartes de paiement ou d'émettre des chèques autres que de retrait ou certifiés (C. pén., art. 222-61 et 131-39 7°) ;

8. Confiscation de la chose ayant servi à l'infraction ou destinée à la commettre ou de son produit (C. pén., art. 222-61 et 131-39 8°) ;

8 *bis.* Confiscation obligatoire des installations, matériel, ou de tout bien ayant servi directement ou indirectement à la commission de l'infraction, ou de son produit, dès lors que leur propriétaire ne pouvait en ignorer l'origine ou l'utilisation frauduleuse (C. pén., art. 222-66) ;

8 *ter.* Confiscation de tout ou partie des biens du condamné (C. pén., art. 222-66) ;

9. Affichage, ⩽ 2 mois, *et/ou* (L. n° 2011-525, 17 mai 2011) diffusion de la décision ou d'extraits aux frais (⩽ amende encourue) du condamné (C. pén., art. 222-61, 131-39 9°, 131-48 et 131-35) ;

10. Confiscation de l'animal utilisé pour commettre l'infraction ou à l'encontre duquel l'infraction a été commise (C. pén., art. 222-61, 131-39 10°) ;

11. Interdiction ⩽ 5 ans de détenir un animal (C. pén., art. 222-61, 131-39 11°) ;

12. Interdiction ⩽ 5 ans percevoir toute aide publique de l'État, des collectivités territoriales et de leurs établissements, ou d'une personne chargée d'une mission de service public (C. pén., art. 222-61, 131-39 12°).

▪ ORIENTEUR

AUTRE QUALIFICATION

▪ **Délits douaniers – Contrebande – Importation, exportation de marchandise prohibée.** C. douanes, art. 414 : v. n° 33.36.

▪ **Poudre et explosif.** V. n° 26.36.

▪ **Armes ou munitions des catégories C ou D – Dépôt illicite.** V. n° 26.27.

ÉLÉMENT LÉGAL

▪ **Application de la loi dans le temps.** Ces infractions ont été transférées de l'article L. 317-7 du CSI à l'article 222-53 du code pénal par L. n° 2016-731, 3 juin 2016, laquelle a aggravé les peines principales et complémentaires applicables. L'aggravation liée au passé pénal (Cas B) a été adoucie en ce sens que le texte antérieur visait l'auteur déjà condamné pour crime ou délit à l'emprisonnement ou à une peine plus grave, tandis que les dispositions nouvelles exigent que l'auteur ait déjà été condamné, pour une ou plusieurs infractions relevant de la criminalité organisée mentionnée au C. pr. pén., art. 706-73 et 706-73-1 (v. la liste de ces infractions au 11.21), à une peine égale ou supérieure à un an d'emprisonnement ferme. La circonstance de réunion désormais incriminée dans le Cas C est toutefois plus sévère que le texte antérieur qui exigeait une action en bande organisée.

▪ **Domaine d'application. • Cas des professionnels.** Ces infractions ne sont pas « *applicables, dans la mesure où ils exercent leur industrie ou leur commerce, aux fabricants et aux vendeurs régulièrement autorisés* » (CSI, art. L. 317-7). **• Cas des dépôts d'arme de catégorie C et D.** CSI, art. L. 317-7 incrimine la détention irrégulière d'un dépôt d'armes ou de munitions de catégorie C ou d'armes de la catégorie D définies par décret. **• Cas des explosifs.** C. défense, art. L. 2353-13 : « *L'acquisition, la détention, le transport ou le port illégal de produits explosifs ou d'engins explosifs sont punis selon les dispositions.../... applicables aux armes de la catégorie A* ».

TEXTE DE RÉFÉRENCE

▪ **Classification des armes.** V. n° 26.6.

RÉGIME PROCÉDURAL

▪ **Pouvoir des agents de constatation.** Outre les autorités de police judiciaire, les agents des douanes, du ministère de la défense « et *les agents du ministère de l'intérieur* » (depuis L. n° 2022-52, 24 janv. 2022), peuvent constater ces infractions. Les agents habilités de l'État jouissent d'un droit de visite et de communication à l'égard des professionnels de ce secteur d'activité (CSI, art. L. 317-1, C. pén., art. 222-67).

▪ **Régime complet de la criminalité organisée.** Applicable. V. n° 11.22 (C. pr. pén., art. 706-73 12°). Avant L. n° 2016-731, 3 juin 2016, ce régime n'était applicable que lorsque l'infraction était commise en bande organisée.

▪ **Prélèvement des empreintes génétiques** de la personne suspectée ou condamnée (C. pr. pén., art. 706-54 et 706-55 5°, v. n°s 13.23 et 13.25). **Sanction** du refus de prélèvement, v. n° 25.35.

▪ **Alimentation du Redex.** Centralisation des examens de personnalité au fichier Redex à tous les stades de la procédure (C. pr. pén., art. 706-56-2) (v. n° 13.41).

▪ **Communication d'éléments de la procédure aux services de renseignement.** Sur la faculté de communication d'éléments de la procédure aux services de renseignements par le parquet ou le juge d'instruction de Paris lorsque la Junalco est saisie, v. n° 35.2A9 (C. pr. pén., art. 706-105-1 II issu L. n° 2021-998, 30 juill. 2021).

RÉGIME DES PEINES

▪ **Récidive. Délits assimilés.** Les délits relatifs au trafic d'armes prévus aux articles 222-52 à 222-67 du code pénal (v. n° 26.23 à 26.27) sont considérés, au regard de la récidive, comme une même infraction (C. pén., art. 132-16-4-1, L. n° 2016-731, 3 juin 2016, anc^{t}, CSI, art. L. 317-10 et C. défense, art. L. 2339-12) (sur les conditions et les effets de la récidive, v. n° 18.5).

▪ ÉLÉMENTS CONSTITUTIFS – QUALIFICATION

✧ Pour avoir à .... [¤ lieu], le .... [¤ date], [⇨A puis le cas échéant B ou C :]

A. détenu un dépôt d'armes ou de munitions de catégorie A ou B (A : *N 87.co*) ; [• Préciser le cas échéant]

B. ..., avec cette circonstance qu'il avait été antérieurement condamné pour ~~crime ou délit à l'emprisonnement ou à une peine plus grave~~ une ou plusieurs infractions mentionnées aux articles 706-73 et 706-73-1 du code de procédure pénale relatifs à la criminalité organisée à une peine égale ou supérieure à un an d'emprisonnement ferme (réd. issue L. n° 2016-731, 3 juin 2016) (B : *N 31756.co*) ;

C. ..., avec cette circonstance que les faits ont été commis ~~en bande organisée~~ par au moins deux personnes agissant en qualité d'auteur ou complice (réd. issue L. n° 2016-731, 3 juin 2016) (C : *N 31757.co*).

Faits prévus et réprimés par les articles 222-53, 222-62 à 222-66 du code pénal, L. 311-2, R. 311-2 du code de la sécurité intérieure et L. 2339-12 du code de la défense. ✧

26.24 Armes catégories A ou B – Produit ou engin explosif – Acquisition – Cession – ou détention illicite

▪ PEINES

PERSONNE PHYSIQUE

PP Délit. Cas A à E : 5 ans d'emprisonnement, 75 000 € depuis L. n° 2016-731, 3 juin 2016 (auparavant 3 ans, 45 000 €). Cas F : 7 ans, 100 000 € depuis L. n° 2016-731, 3 juin 2016 (auparavant 5 ans, 45 000 €). Cas G : 10 ans, 500 000 € (C. pén., art. 222-52 depuis L. n° 2016-731, 3 juin 2016, anc[t] CSI, art. L. 317-4).

PC *Idem* n° 26.23, y compris suivi socio-judiciaire (C. pén., art. 222-65).

PERSONNE MORALE

PP Cas A à E : 375 000 € depuis L. n° 2016-731, 3 juin 2016 (auparavant 225 000 €). Cas F : 500 000 € depuis L. n° 2016-731, 3 juin 2016 (auparavant 225 000 €). Cas G : 2 500 000 € (C. pén., art. 131-38).

PC *Idem* n° 26.23.

▪ ORIENTEUR

AUTRE QUALIFICATION

▪ **Armes ou munitions catégories A, B ou D – Dépôt illicite.** Si les armes sont détenues en nombre significatif, v. n° 26.23 (dépôt d'armes).

▪ **Armes catégories A ou B – Produit ou engin explosif – Port ou transport prohibé.** V. n° 26.25.

▪ **Poudre et explosif.** Infractions du C. défense, v. n° 26.36.

▪ **Détention ou transport de substances ou produits incendiaires ou explosifs.** V. n° 26.38.

▪ **Délits douaniers – Contrebande – Importation, exportation de marchandise prohibée.** C. douanes, art. 414 : v. n° 33.36.

ÉLÉMENT LÉGAL

▪ **Application de la loi dans le temps.** Ces infractions ont été transférées de l'article L. 317-4 du CSI à l'article 222-52 du code pénal par L. n° 2016-731, 3 juin 2016, laquelle a aggravé les peines principales et complémentaires applicables. L'aggravation liée au passé pénal (Cas F) a été adoucie en ce sens que le texte antérieur visait l'auteur déjà condamné pour crime ou délit à l'emprisonnement ou à une peine plus grave, tandis que les dispositions nouvelles exigent que l'auteur ait déjà été condamné, pour une ou plusieurs infractions relevant de la criminalité organisée mentionnée au C. pr. pén., art. 706-73 et 706-73-1 (v. la liste de ces infractions au 11.21), à une peine égale ou supérieure à un an d'emprisonnement ferme. La circonstance de réunion désormais incriminée dans le Cas G est toutefois plus sévère que le texte antérieur qui exigeait une action en bande organisée.

▪ **Domaine d'application. • Produits ou engins explosifs.** Cas B et D : « *L'acquisition, la détention, le transport ou le port illégal de produits explosifs ou d'engins explosifs sont punis selon les dispositions applicables .../... aux armes de la catégorie A* » (C. défense, art. L. 2353-13) (sur la fabrication, l'importation ou l'exportation du produits explosifs à destination militaire, v. n° 26.36). **• Poudre noire et poudre à usage civil.** Cas B et D : l'acquisition, la détention, le transport et le port d'une quantité de 2 kg au plus de **poudre noire** ou de poudre à usage civil, en vue de la confection de munitions de chasse ou de tir, n'est pas punissable (C. défense, art. L. 2353-13).

TEXTE DE RÉFÉRENCE

▪ **Classification des armes.** V. n° 26.6.

▪ **Conditions d'acquisition et de détention des armes.** V. n° 26.11.

ÉLÉMENT MATÉRIEL

▪ **Tentative. Punissable** (C. pén., art. 222-60).

RÉGIME PROCÉDURAL

▪ **Régime complet de la criminalité organisée.** Applicable. V. n° 11.22 (C. pr. pén., art. 706-73 12°). Avant L. n° 2016-731, 3 juin 2016, ce régime n'était applicable que lorsque l'infraction était commise en bande organisée.

▪ **Pouvoir des agents de constatation.** *Idem* n° 26.23 (CSI, art. L. 317-1, C. pén., art. 222-67).

▪ **Prélèvement des empreintes génétiques.** *Idem* nº 26.23.

▪ **Alimentation du Redex.** *Idem* nº 26.23 (C. pr. pén., art. 706-56-2).

▪ **Communication d'éléments de la procédure aux services de renseignement.** *Idem* nº 26.23 (C. pr. pén., art. 706-105-1 II issu L. nº 2021-998, 30 juill. 2021).

MESURE ADMINISTRATIVE

▪ **Saisie administrative des armes.** Pour la protection des personnes ou de l'ordre public, v. nº 26.12.

RÉGIME DES PEINES

▪ **Récidive. Délits assimilés.** *Idem* nº 26.23 (C. pén., art. 132-16-4-1) (sur les conditions et les effets de la récidive, v. nº 18.5).

▪ ÉLÉMENTS CONSTITUTIFS – QUALIFICATION

✧ Pour avoir à .... [¤ lieu], le .... [¤ date], à quelque titre que ce soit [⇨A à E puis le cas échéant F ou G :], :

A. **acquis sans autorisation** une ou plusieurs armes, munitions ou de leurs éléments essentiels [⇨A1 ou A2 :]

A1. de la **catégorie** A, en l'espèce .... [¤ arme concernée] (A1 : *N 29840.co*)...
A2. de la **catégorie** B, en l'espèce .... [¤ arme concernée] (A2 : *N 29842.co*)...

B. **acquis sans autorisation** un produit explosif ou un engin explosif, assimilés à la **catégorie** A en l'espèce .... [¤ produit ou engin concerné] (C. défense, art. L. 2353-13, L. 2353-14) (B : *N 1931.co*)....

C. **détenu sans autorisation** une ou plusieurs armes, munitions ou de leurs éléments essentiels [⇨C1 ou C2 :]

C1. de la **catégorie** A, en l'espèce .... [¤ arme concernée]. (C1 : *N 29841.co*)...

C2. de la **catégorie** B, en l'espèce .... [¤ arme concernée]. (C2 : *N 29843.co*)...

D. **détenu sans autorisation** un produit explosif ou un engin explosif, assimilés à la **catégorie** A en l'espèce .... [¤ produit ou engin concerné] (C. défense, art. L. 2353-13, L. 2353-14) (D : *N 1930.co*)....

E. **irrégulièrement cédé** une ou plusieurs armes, munitions ou de leurs éléments essentiels [⇨E1 ou E2 :]

E1. de la **catégorie** A, en l'espèce .... [¤ arme concernée]. (E1 : *N 29876.co*)...

E2. de la **catégorie** B, en l'espèce .... [¤ arme concernée]. (E2 : *N 2068.co*)...

F. [• Préciser le cas échéant dans les cas A, à E :] ..., avec cette circonstance qu'il avait été antérieurement condamné pour ~~crime ou délit à l'emprisonnement ou à une peine plus grave~~ une ou plusieurs infractions mentionnées aux articles 706-73 et 706-73-1 du code de procédure pénale relatifs à la criminalité organisée à une peine égale ou supérieure à un an d'emprisonnement ferme (réd. issue L. nº 2016-731, 3 juin 2016) (A1F : *N 31740.co* ; A2F : *N 31743.co* ; BF : *N 31752.co* ; C1F : *N 31741.co* ; C2F : *N 31744.co* ; DF : *N 31753.co* ; E1F : *N 31742.co* ; E2F : *N 31745.co*).

G. [• Préciser le cas échéant dans les cas A à E :] ..., avec cette circonstance que les faits ont été commis ~~en bande organisée~~ par au moins deux personnes agissant en qualité d'auteur ou complice (réd. issue L. nº 2016-731, 3 juin 2016) (A1G : *N 31746.co* ; A2G : *N 31749.co* ; BG : *N 31754.co* ; C1G : *N 31747.co* ; C2G : *N 31750.co* ; DG : *N 31755.co* ; E1G : *N 31748.co* ; E2G : *N 31751.co*).

Faits prévus et réprimés par les articles L. 2332-1 du code de la défense, L. 312-1 à L. 312-4, L. 312-4-3, L. 314-2 et L. 314-3 du code de la sécurité intérieure, 222-52, 222-62 à 222-66 du code pénal (+ Cas B et D, C. défense, art. L. 2353-13). ✧

26.25 Armes catégories A ou B – Produit ou engin explosif – Port ou transport prohibé

■ **PEINES**

PERSONNE PHYSIQUE

PP Délit. Cas A à C : 7 ans d'emprisonnement, 100 000 € depuis L. n° 2016-731, 3 juin 2016 (auparavant 5 ans, 75 000 €) Cas D et E : 10 ans, 500 000 € (C. pén., art. 222-54 depuis L. n° 2016-731, 3 juin 2016, anc[t] CSI, art. L. 317-8 et L. 317-9).

PC *Idem* n° 26.23, y compris suivi socio-judiciaire (C. pén., art. 222-65).

PERSONNE MORALE

PP Cas A à C : 500 000 € depuis L. n° 2016-731, 3 juin 2016 (auparavant 375 000 €) Cas D et E : 2 500 000 € (C. pén., art. 131-38).

PC *Idem* n° 26.23.

■ **ORIENTEUR**

AUTRE QUALIFICATION

▪ **Armes ou munitions catégories A, B – Dépôt illicite.** Si les armes sont détenues en nombre significatif, v. n° 26.23 (dépôt d'armes).

▪ **Armes catégories A ou B – Produit ou engin explosif – Acquisition – Cession – ou détention illicite.** V. n° 26.24.

▪ **Armes – Catégories C ou D – Port ou transport illicite.** V. n° 26.29.

▪ **Armes – Catégories C ou D – Port ou transport illicite en réunion.** V. n° 26.30.

▪ **Poudre et explosif.** Infractions du C. défense, v. n° 26.36.

▪ **Détention ou transport de substances ou produits incendiaires ou explosifs.** V. n° 26.38.

▪ **Délits douaniers – Contrebande – Importation, exportation de marchandise prohibée.** C. douanes, art. 414 : v. n° 33.36.

▪ **Intrusion avec arme dans un établissement scolaire.** V. n° 23.18.

ÉLÉMENT LÉGAL

▪ **Application de la loi dans le temps.** Ces infractions ont été transférées des articles L. 317-8 et L. 317-9 du CSI à l'article 222-54 du code pénal par L. n° 2016-731, 3 juin 2016, laquelle a aggravé les peines principales et complémentaires applicables. L'aggravation liée au passé pénal (Cas C) a été adoucie en ce sens que le texte antérieur visait l'auteur déjà condamné pour crime ou délit à l'emprisonnement ou à une peine plus grave, tandis que les dispositions nouvelles exigent que l'auteur ait déjà été condamné, pour une ou plusieurs infractions relevant de la criminalité organisée mentionnée au C. pr. pén., art. 706-73 et 706-73-1 (v. la liste de ces infractions au 11.21), à une peine égale ou supérieure à un an d'emprisonnement ferme. La circonstance de réunion désormais incriminée dans le Cas G est toutefois plus sévère que le texte antérieur qui exigeait une action en bande organisée.

▪ **Domaine d'application.** • **Produits ou engins explosifs.** Cas B : *idem* n° 26.24 (C. défense, art. L. 2353-13). • **Poudre noire et poudre à usage civil.** Cas B : *idem* n° 26.24 (C. défense, art. L. 2353-13).

TEXTE DE RÉFÉRENCE

▪ **Classification des armes.** V. n° 26.6.

▪ **Conditions d'acquisition et de détention des armes.** V. n°s 26.11 s. « *CSI, art. L. 315-1 soumet à autorisation la détention et le port d'armes de catégorie B et de leurs munitions. En application de l'article R. 411-3 du même code, les fonctionnaires des services actifs de la police nationale bénéficient d'une telle autorisation, mais elle est limitée à l'arme et aux munitions délivrées par l'administration, comme le prévoit l'article 114-7 de l'arrêté du 6 juin 2006 portant règlement général d'emploi de la police nationale, sans que ces dispositions puissent être étendues aux armes que ces fonctionnaires peuvent régulièrement détenir, par ailleurs, au titre de la pratique sportive, en application de CSI, art. R. 315-2, 3°* » (Crim. 15 juin 2022, n° 21-85.892, P).

RÉGIME PROCÉDURAL

- **Régime complet de la criminalité organisée.** Applicable. V. n° 11.22 (C. pr. pén., art. 706-73 12°). Avant L. n° 2016-731, 3 juin 2016, ce régime n'était applicable que lorsque l'infraction était commise en bande organisée.
- **Pouvoir des agents de constatation.** *Idem* n° 26.23 (CSI, art. L. 317-1, C. pén., art. 222-67).
- **Prélèvement des empreintes génétiques.** *Idem* n° 26.23.
- **Alimentation du Redex.** *Idem* n° 26.23 (C. pr. pén., art. 706-56-2).
- **Communication d'éléments de la procédure aux services de renseignement.** *Idem* n° 26.23 (C. pr. pén., art. 706-105-1 II issu L. n° 2021-998, 30 juill. 2021).

MESURE ADMINISTRATIVE

- **Saisie administrative des armes.** Pour la protection des personnes ou de l'ordre public, v. n° 26.12.

RÉGIME DES PEINES

- **Récidive. Délits assimilés.** *Idem* n° 26.23 (C. pén., art. 132-16-4-1) (sur les conditions et les effets de la récidive, v. n° 18.5).

■ ÉLÉMENTS CONSTITUTIFS – QUALIFICATION

✧ Pour avoir à .... [¤ lieu], le .... [¤ date], hors de son domicile et sans motif légitime, même en étant régulièrement détenteur, [⇨A à C puis le cas échéant D ou E :], :

A. **ARME DE CATÉGORIE A [⇨A1 OU A2]**

A1. porté (A1 : *N 29838.co*)...

A2. transporté (A2 : *N 29839.co*)...

...du matériel de guerre, une arme ou un élément d'arme ou de munition relevant de la **catégorie** A en l'espèce .... [¤ arme concernée] ;

B. **ARME DE CATÉGORIE A PAR ASSIMILATION : EXPLOSIFS OU ENGINS EXPLOSIFS [⇨B1 OU B2]**

B1. porté (B1 : *N 1934.co*)...

B2. transporté (B2 : *N 1935.co*)...

...un produit explosif ou un engin explosif, assimilés à la **catégorie** A en l'espèce .... [¤ produit ou engin concerné] (C. défense, art. L. 2353-13, L. 2353-14).

C. **ARME DE CATÉGORIE B [⇨C1 OU C2]**

C1. porté (C1 : *N 570.co*)...

C2. transporté (C2 : *N 571.co*)...

...une arme ou un élément d'arme ou de munition relevant de la **catégorie B** en l'espèce .... [¤ arme concernée] ;

D. [• Préciser le cas échéant dans les cas A, à C :] ..., avec cette circonstance qu'il avait été antérieurement condamné pour ~~crime ou délit à l'emprisonnement ou à une peine plus grave~~ une ou plusieurs infractions mentionnées aux articles 706-73 et 706-73-1 du code de procédure pénale relatifs à la criminalité organisée à une peine égale ou supérieure à un an d'emprisonnement ferme (réd. issue L. n° 2016-731, 3 juin 2016) (A1D : *N 31758.co* ; A2D : *N 31759.co* ; B1D : *N 31762.co* ; B2D : *N 31763.co* ; C1D : *N 31760.co* ; C2D : *N 31761.co*).

E. [• Préciser le cas échéant dans les cas A à C :] ..., avec cette circonstance que les faits ont été commis ~~en bande organisée~~ par au moins deux personnes agissant en qualité d'auteur ou complice (réd. issue L. n° 2016-731, 3 juin 2016) (A1e : *N 29858.co* ; A2e : *N 29868.co* ; B1e : *N 2067.co* ; B2e : *N 2067.co* ; C1e : *N 29859.co* ; C2e : *N 29869.co*).

Faits prévus et réprimés par les articles L. 2332-1 du code de la défense, L. 312-1 à L. 312-4, L. 312-4-3 et L. 314-2 du code de la sécurité intérieure, 222-54, 222-62 à 222-66 du code pénal. ✧

26.26 Altération ou modification d'éléments d'identification d'armes à feu – Constitution ou reconstitution d'arme

PERSONNE PHYSIQUE

PP Délit.

Cas A : 5 ans d'emprisonnement, 75 000 € (C. pén., art. 222-56) ;

Cas B1 à B4 : 5 ans, 75 000 € (C. pén., art. 222-57) ;
Cas B5 : 10 ans, 500 000 € (C. pén., art. 222-57) ;
Cas C1 : 5 ans, 75 000 € (C. pén., art. 222-59) ;
Cas C2 : 7 ans, 100 000 € (C. pén., art. 222-59) ;
Cas C3 : 10 ans, 100 000 € (C. pén., art. 222-59) ;
Cas D : 5 ans, 75 000 € (C. pén., art. 222-58) ;
Cas E1 et E2 : 5 ans, 75 000 € (C. pén., art. 222-59) ;
Cas E3 : 7 ans, 100 000 € (C. pén., art. 222-59) ;
Cas E4 : 10 ans, 100 000 € (C. pén., art. 222-59).

PC *Idem* n° 26.23, y compris suivi socio-judiciaire (C. pén., art. 222-65).

PERSONNE MORALE

PP Cas A : 375 000 € (C. pén., art. 222-56) ;
Cas B1 à B4 : 375 000 € (C. pén., art. 222-57) ;
Cas B5 : 2 500 000 € (C. pén., art. 222-57) ;
Cas C1 : 375 000 € (C. pén., art. 222-59) ;
Cas C2 : 500 000 € (C. pén., art. 222-59) ;
Cas C3 : 500 000 € (C. pén., art. 222-59) ;
Cas D : 375 000 € (C. pén., art. 222-58) ;
Cas E1 et E2 : 375 000 € (C. pén., art. 222-59) ;
Cas E3 : 500 000 € (C. pén., art. 222-59) ;
Cas E4 : 500 000 € (C. pén., art. 222-59).

PC *Idem* n° 26.23.

▪ ORIENTEUR

ÉLÉMENT LÉGAL

▪ **Application de la loi dans le temps.** Certaines de ces infractions ont été transférées des articles L. 317-7-1 (Cas A), L. 317-7-2 et L. 317-7-3 du CSI (Cas B), L. 2339-11, al. 2 du code de la défense (Cas D), aux articles 222-56 à 222-59 du code pénal par L. n° 2016-731, 3 juin 2016, laquelle a aggravé les peines principales et complémentaires applicables.

TEXTE DE RÉFÉRENCE

▪ **Décret régissant les marques d'identification des armes à feu.** Les infractions ci-dessous se réfèrent aux éléments d'identification, précisées par décret en Conseil d'État, portées sur les armes dont les catégories sont définies par CSI, art. L. 311-2. Ces dispositions d'application figurent à l'article R. 311-5 du CSI (anc[t], art. 4, D. n° 2013-700, 30 juill. 2013) : « *Les armes à feu font l'objet, lors de leur fabrication, d'un marquage comportant l'indication du fabricant, du pays ou du lieu de fabrication, de l'année de fabrication, du modèle, du calibre et du numéro de série. Elles font également l'objet, avant leur mise sur le marché, de l'apposition des poinçons d'épreuves selon les modalités prévues par les stipulations de la convention du 1er juillet 1969 pour la reconnaissance réciproque des poinçons d'épreuves des armes à feu portatives. Les armes à feu appartenant à l'État font en outre l'objet, en cas de cession, d'un marquage portant l'indication de cette cession. Les conditionnements élémentaires de munitions complètes destinées à des armes à feu font l'objet, avant leur mise sur le marché, d'un marquage comportant l'indication du nom du fabricant, du numéro d'identification du lot, du calibre et du type de munitions* ».

▪ **Classification des armes.** V. n° 26.6.

ÉLÉMENT MATÉRIEL

▪ **Tentative. Punissable** dans les cas A, B et D (C. pén., art. 222-60).

RÉGIME PROCÉDURAL

▪ **Prélèvement des empreintes génétiques** de la personne suspectée ou condamnée (C. pr. pén., art. 706-54 et 706-55 5°, v. n°s 13.23 et 13.25). **Sanction** du refus de prélèvement, v. n° 25.35.

▪ **Régime complet de la criminalité organisée.** Applicable. V. n° 11.22 (C. pr. pén., art. 706-73 12° mod. L. n° 2016-731, 3 juin 2016).

▪ **Pouvoir des agents de constatation.** *Idem* n° 26.23 (CSI, art. L. 317-1, C. pén., art. 222-67).

▪ **Alimentation du Redex.** *Idem* n° 26.23 (C. pr. pén., art. 706-56-2).

▪ **Communication d'éléments de la procédure aux services de renseignement.** *Idem* n° 26.23 (C. pr. pén., art. 706-105-1 II issu L. n° 2021-998, 30 juill. 2021).

RÉGIME DES PEINES

▪ **Récidive. Délits assimilés.** *Idem* n° 26.23 (C. pén., art. 132-16-4-1) (sur les conditions et les effets de la récidive, v. n° 18.5).

▪ ÉLÉMENTS CONSTITUTIFS – QUALIFICATION

✧ Pour avoir à .... [¤ lieu], le .... [¤ date], [⇨A à E :]

A. MODIFICATION OU ALTÉRATION FRAUDULEUSE DES ÉLÉMENTS D'IDENTIFICATION D'UNE ARME (C. PÉN., ART. 222-56)

Frauduleusement supprimé, masqué, altéré ou modifié de façon quelconque les marquages, poinçons, numéro de série, emblèmes ou signes de toute nature apposés ou intégrés sur des matériels de guerre, des armes à feu ou leurs éléments essentiels afin de garantir leur identification de manière certaine (A : *N 29860.co*).

B. ACQUISITION, VENTE, LIVRAISON OU TRANSPORT D'ARME DONT LES ÉLÉMENTS D'IDENTIFICATION ONT ÉTÉ MODIFIÉS OU ALTÉRÉS (C. PÉN., ART. 222-56, 222-57)

[⇨B1 à B4 puis le cas échéant B5 :]

B1. acquis (B1 : *N 29862.co*) ;

B2. vendu (B2 : *N 29863.co*) ;

B3. livré (B3 : *N 29864.co*) ;

B4. transporté (B4 : *N 29865.co*) ;

.../... des matériels de guerre, des armes à feu ou leurs éléments essentiels dépourvus de marquages, poinçons, numéro de série, emblèmes ou signes de toute nature apposés ou intégrés afin de garantir leur identification de manière certaine, ou dont ces éléments avaient supprimés, masqués, altérés ou modifiés ;

B5. [• Préciser le cas échéant dans le cas B1 à B4 :] avec cette circonstance que les faits ont été commis en bande organisée (B1B5 : *N 31779.co* ; B2B5 : *N 31780.co* ; B3B5 : *N 31781.co* ; B4B5 : *N 31782.co*).

C. DÉTENTION D'UNE ARME DONT LES ÉLÉMENTS D'IDENTIFICATION SONT ALTÉRÉS (C. PÉN., ART. 222-56, 222-59)

[⇨C1 puis le cas échéant C2 ou C3 :]

C1. Détenu en connaissance de cause une arme à feu dont les marquages, poinçons, numéro de série, emblèmes ou signes de toute nature apposés ou intégrés afin de garantir leur identification de manière certaine ont été supprimés, masqués, altérés ou modifiés (C1 : *N 29861.co*) ;

C2. [• Préciser le cas échéant dans le cas C1 :]..., avec cette circonstance qu'il avait été antérieurement condamné pour une ou plusieurs infractions mentionnées aux articles 706-73 et 706-73-1 du code de procédure pénale relatifs à la criminalité organisée à une peine égale ou supérieure à un an d'emprisonnement ferme (C2 : *N 31738.co*) ;

C3. [• Préciser le cas échéant dans le cas C1 :] ..., avec cette circonstance que les faits ont été commis en bande organisée (C3 : *N 31739.co*).

D. CONTREFAÇON DE POINÇON D'ÉPREUVE D'UNE ARME OU USAGE DE POINÇON CONTREFAIT (C. PÉN., ART. 222-58)

[⇨D1 ou D2 :]

D1. Contrefait un poinçon d'épreuve d'une arme à feu (D1 : *N 2048.co*) ;

D2. Frauduleusement utilisé un poinçon d'épreuve d'une arme à feu contrefait (D2 : *N 2136.co*) ;

E. CONSTITUTION, RECONSTITUTION, MODIFICATION D'UNE ARME (C. PÉN., ART. 222-59)

[⇨E1 ou E1 puis le cas échéant E3 ou E4 :]

E1. Constitué ou reconstitué une arme (E1 : *N 31732.co*) ;

E2. Modifié une arme et en avoir ainsi changé la catégorie (E2 : *N 31735.co*) ;

E3. [• Préciser le cas échéant dans le cas E1 ou E2 :] ..., avec cette circonstance qu'il avait été antérieurement condamné pour une ou plusieurs infractions mentionnées aux articles 706-73 et 706-73-1 du code de procédure pénale relatifs à la criminalité organisée à une peine égale ou supérieure à un an d'emprisonnement ferme (E1e3 : *N 31733.co* ; E2e3 : *N 31736.co*) ;

E4. [• Préciser le cas échéant dans le cas E1 ou E2 :] Avec cette circonstance que les faits ont été commis en bande organisée (**E1e4** : *N* ***31734.co*** ; **E2e4** : *N* ***31737.co***).
Faits prévus et réprimés par les articles L. 311-2 du code de la sécurité intérieure, (+ articles de la formule sélectionnée), 222-62 à 222-66 du code pénal, 4 du décret nº 2013-700 du 30 juillet 2013. ✧

26.27 Armes ou munitions des catégories C – Dépôt illicite

▪ PEINES

PERSONNE PHYSIQUE

PP Délit. Cas A : 3 ans d'emprisonnement, 45 000 €. Cas B : 7 ans, 100 000 €. Cas C : 7 ans, 100 000 € (CSI, art. L. 317-7).

PC 1. Confiscation obligatoire armes ou munitions (CSI, art. L. 317-7) ;

2. Cas B : interdiction de séjour ⩽ 5 ans (CSI, art. L. 317-7 ; C. pén., art. 131-31 et 131-32 ; C. pr. pén., art. 762-1 à 763).

3. Interdiction **obligatoire** (sauf dispense par décision spécialement motivée) ⩽ 5 ans détention, port arme soumise à autorisation, (CSI, art. L. 317-12) ;

4. Confiscation **obligatoire** (sauf dispense par décision spécialement motivée) d'une ou plusieurs armes dont le condamné est propriétaire ou dont il a la libre disposition (CSI, art. L. 317-12) ;

5. Retrait **obligatoire** (sauf dispense par décision spécialement motivée) du permis de chasser avec interdiction ⩽ 5 ans de solliciter la délivrance d'un nouveau permis (CSI, art. L. 317-12) ;

6. Si **Récidive** : interdiction de séjour ⩽ 5 ans (CSI, art. L. 317-10 ; C. pén., art. 131-31 et 131-32 ; C. pr. pén., art. 762-1 à 763) ;

7. Si **Récidive** : interdiction droits civiques civils et de famille ⩽ 5 ans (vote, éligibilité, fonction juridictionnelle, expert, témoin, tuteur, curateur) (CSI, art. L. 317-10 ; C. pén., art. 131-26).

PERSONNE MORALE

PP Cas A : 225 000 €. Cas B et Cas C : 500 000 € (C. pén., art. 131-38).

PC Néant.

▪ ORIENTEUR

AUTRE QUALIFICATION

▪ **Délits douaniers – Contrebande – Importation, exportation de marchandise prohibée.** C. douanes, art. 414 : v. nº 33.36.

▪ **Poudre et explosif.** V. nº 26.36.

▪ **Armes ou munitions catégories A ou B – Dépôt illicite.** V. nº 26.23.

ÉLÉMENT LÉGAL

▪ **Domaine d'application. Cas des professionnels.** Ces infractions ne sont pas « *applicables, dans la mesure où ils exercent leur industrie ou leur commerce, aux fabricants et aux vendeurs régulièrement autorisés* » (CSI, art. L. 317-7).

▪ **Domaine d'application. Cas des explosifs.** C. défense, art. L. 2353-13 : « *L'acquisition, la détention, le transport ou le port illégal de produits explosifs ou d'engins explosifs sont punis selon les dispositions.../... applicables aux armes de la catégorie A* ».

▪ **Définition. Bande organisée.** Cas C : V. nº 11.20 (C. pén., art. 132-71).

TEXTE DE RÉFÉRENCE

▪ **Classification des armes.** V. nº 26.6.

RÉGIME PROCÉDURAL

▪ **Prélèvement des empreintes génétiques** de la personne suspectée ou condamnée (C. pr. pén., art. 706-54 et 706-55 5°, v. nºs 13.23 et 13.25). **Sanction** du refus de prélèvement, v. nº 25.35.

▪ **Régime complet de la criminalité organisée.** Applicable au **Cas** C (C. pr. pén., art. 706-73 12°, v. nº 11.21).

▪ **Communication d'éléments de la procédure aux services de renseignement.** *Idem* nº 26.23 (C. pr. pén., art. 706-105-1 II issu L. nº 2021-998, 30 juill. 2021).

▪ **Armes – Arme de catégorie D classée de faible dangerosité par arrêté – Port ou transport illicite.** V. nº **26.31**.

▪ **Délits douaniers – Contrebande – Importation, exportation de marchandise prohibée.** C. douanes, art. 414 : v. nº **33.36**.

TEXTE DE RÉFÉRENCE

▪ **Classification des armes.** V. nº **26.6**.

▪ **Conditions d'acquisition, de détention ou de port d'armes.** V. nº **26.11**.

▪ **Permis de chasser.** Le **permis de chasser** vaut **titre de transport légitime** pour les armes qu'il permet de détenir. Accompagné de la validation en cours ou de celle de l'année précédente, il vaut **titre de port légitime** des armes qu'il permet d'acquérir, pour leur utilisation en action de chasse ou pour toute activité qui y est liée, pour les armes, éléments d'arme et munitions de la catégorie C, D-1, D-2 a) (armes blanches).

▪ **Licence de tir sportif.** La possession d'une **licence de tir sportif** vaut **autorisation de transport légitime** pour les armes qu'il permet de détenir (CSI, art. L. 317-9-1 et R. 315-2 3°).

▪ **Arme de faible dangerosité.** Le port ou le transport d'armes de catégorie D présentant une **faible dangerosité** et figurant sur une liste fixée par arrêté est réprimé par une contravention de 4e classe prévue par D. nº 2013-700, 30 juill. 2013 (CSI, art. L. 317-8 3° et L. 317-9) (v. nº **26.31**).

RÉGIME PROCÉDURAL

▪ **Prélèvement des empreintes génétiques.** *Idem* nº **26.23**.

▪ **Compétence juridictionnelle. Juge unique** dans les **Cas B** et **C** (C. pr. pén., art. 398-1 5°, v. nº **17.15D2**).

▪ **Ordonnance pénale. Possible** dans les **Cas B** et **C** (C. pr. pén., art. 495-II, v. nº **15.48B1** et tableau nº **17.15D2**).

▪ **Amende forfaitaire délictuelle. Cas C . possible** depuis L. nº 2023-22, 24 janv.2023, **sauf en cas de récidive**, si l'infraction est relevée par **procès-verbal électronique** , sauf s'il s'agit d'armes à feu, en cas de remise volontaire de l'arme, des munitions ou des éléments de l'arme à l'agent verbalisateur aux fins de transfert de la propriété à l'État et de destruction éventuelle (CSI, art. **L. 317-8**, C. pr. pén., art. 495-17 s. et **D. 45-3**). Amende minorée : **400 €** ; forfaitaire : **500 €** ; majorée : **1 000 €**. Sur la procédure d'amende forfaitaire délictuelle, v. nº **15.47**.

MESURE ADMINISTRATIVE

▪ **Saisie administrative des armes.** Pour la protection des personnes ou de l'ordre public, v. nº **26.12**.

▪ **Récidive. Délits assimilés.** *Idem* nº **26.7** (CSI, art. L. 317-10 et C. défense, art. L. 2339-12) (sur les conditions et les effets de la récidive, v. nº **18.5**).

▪ ÉLÉMENTS CONSTITUTIFS – QUALIFICATION

✧ Pour avoir à .... [¤ lieu], le .... [¤ date], hors de son domicile et sans motif légitime [⇨A à C :]

A. **ARME DE CATÉGORIE C [⇨A1 OU A2]**

A1. **porté** (A1 : *N 29820.co*)...

A2. **transporté** (A2 : *N 29821.co*)...

... une arme ou un élément essentiel de cette arme ou une munition, de **catégorie C** en l'espèce .... [¤ arme concernée] ;

B. **ARME À FEU DE CATÉGORIE D [⇨B1 OU B2]**

B1. **porté** (B1 : *N 29790.ju*)...
B2. **transporté** (B2 : *N 29800.ju*)...

... une arme ou un élément de cette arme ou une munition, de **catégorie D** en l'espèce .... [¤ arme concernée] ;

C. **Arme blanche ou incapacitante de catégorie D [⇨C1 ou C2]**

C1. porté (C1 : *N 90.ju*)...

C2. transporté (C2 : *N 88.ju*)...

... une arme blanche ou incapacitante de **catégorie D** en l'espèce .... [¤ arme concernée].
Faits prévus et réprimés par les articles L. 311-2, L. 315-1, L. 317-8, L. 317-10, L. 317-12, R. 311-2 et R. 315-1 du code de la sécurité intérieure. ✧

26.30 Armes – Catégories C ou D – Port ou transport illicite en réunion

▪ PEINES

PP Délit. Cas A : 5 ans, 75 000 €. Cas B : 2 ans, 30 000 € (CSI, art. L. 317-9).

PC *Idem* nº 26.28.

PERSONNE MORALE

PP Cas A : 750 000 €. Cas B : 375 000 € (C. pén., art. 131-38 ; CSI, art. L. 317-9).

PC Néant.

▪ ORIENTEUR

AUTRE QUALIFICATION

- **Armes catégories A ou B – Produit ou engin explosif – Port ou transport prohibé.** V. nº 26.25.
- **Armes – Catégories C ou D – Port ou transport illicite.** V. nº 26.29.
- **Armes – Arme de catégorie D classée de faible dangerosité par arrêté – Port ou transport illicite.** V. nº 26.31.
- **Renvoi.** V. orienteur nº 26.29.

TEXTE DE RÉFÉRENCE

- **Renvoi.** V. orienteur nº 26.29.

RÉGIME PROCÉDURAL

- **Renvoi.** V. orienteur nº 26.29.
- **Compétence juridictionnelle. Juge unique** dans le Cas B (C. pr. pén., art. 398-1 5º, v. nº 17.15D2).

MESURE ADMINISTRATIVE

- **Renvoi.** V. orienteur nº 26.29.

RÉGIME DES PEINES

- **Renvoi.** V. orienteur nº 26.29.

▪ ÉLÉMENTS CONSTITUTIFS – QUALIFICATION

✧ Pour avoir à .... [¤ lieu], le .... [¤ date], hors de son domicile et sans motif légitime [⇨A ou B :]

A. **Arme de catégorie C [⇨A1 ou A2]**

A1. avec cette circonstance que deux personnes au moins ont été trouvées ensemble porteuses d'armes, **porté** (A1 : *N 29866.co*)...

A2. avec cette circonstance que le transport était effectué par au moins deux personnes, **transporté** (A2 : *N 29867.co*)...

... une arme ou un élément essentiel de cette arme ou une munition, de **catégorie C** en l'espèce .... [¤ arme concernée] ;

B. **Arme de catégorie D [⇨B1 ou B2]**

B1. avec cette circonstance que deux personnes au moins ont été trouvées ensemble porteuses d'armes, **porté** (B1 : *N 2061.ju*)...

B2. avec cette circonstance que le transport était effectué par au moins deux personnes, **transporté** (B2 : *N 2062.ju*)...

... une arme ou un élément de cette arme ou une munition, de **catégorie D** en l'espèce .... [¤ arme concernée] ;

Faits prévus et réprimés par les articles L. 311-2, L. 315-1, L. 317-8, L. 317-9, L. 317-10, L. 317-12, R. 311-2 et R. 315-1 du code de la sécurité intérieure. ✧

26.31 Armes – Arme de catégorie D classée de faible dangerosité par arrêté – Port ou transport illicite

■ **PEINES**

PERSONNE PHYSIQUE

PP Contrav. 4e cl. 750 € (C. pén., art. 131-13 ; CSI, art. R. 317-11).

PC 1. Interdiction ⩽ 3 ans, de détention ou port d'arme soumise à autorisation (C. pén., art. 131-16 ; CSI, art. R. 317-13) ;

2. Confiscation d'une ou plusieurs armes dont le condamné est propriétaire ou dont il a la libre disposition (C. pén., art. 131-16 ; CSI, art. R. 317-13) ;

3. Confiscation de la chose qui a servi ou était destinée à commettre l'infraction ou de la chose qui en est le produit (C. pén., art. 131-16 ; CSI, art. R. 317-13) ;

4. Stage de citoyenneté (C. pén., art. 131-16 8° ; CSI, art. R. 317-13) (pour les faits commis avant le 24 mars 2020 et jugés après cette date, L. no 2019-222, 23 mars 2019, en vigueur le 24 mars 2020. Pour les faits commis à partir du 24 mars 2020, v. nouvelle réd. C. pén., art. 131-16 7° renvoyant à C. pén., art. 131-5-1 et no 18.33).

PERSONNE MORALE

PP Contrav. 4e cl. 3 750 € (C. pén., art. 131-13, 131-41 ; CSI, art. R. 317-11).

PC Confiscation de la chose qui a servi ou était destinée à commettre l'infraction ou de la chose qui en est le produit (C. pén., art. 131-16 5°, 131-43 ; CSI, art. R. 317-14).

■ **ORIENTEUR**

AUTRE QUALIFICATION

▪ **Armes – Catégories C et D – Port ou transport illicite** V. no 26.29.

▪ **Armes – Catégories C ou D – Port ou transport illicite en réunion.** V. no 26.30.

TEXTE DE RÉFÉRENCE

▪ **Classification des armes.** V. no 26.6.

▪ **Arme de faible dangerosité.** Certaines armes de la catégorie D peuvent être **classées de faible dangerosité par arrêté** (CSI, art. L. 317-8 3°). Le port ou le transport de ces armes ne constitue alors plus le délit prévu par CSI, art. 317-8 3°(v. nos 26.29 et 26.30), mais la contravention de 4e classe prévue par CSI, art. R. 317-11 ici décrite.

MESURE ADMINISTRATIVE

▪ **Saisie administrative des armes.** Pour la protection des personnes ou de l'ordre public, v. no 26.12.

■ **ÉLÉMENTS CONSTITUTIFS – QUALIFICATION**

✧ Pour avoir à .... [¤ lieu], le .... [¤ date], [⇨A ou B :]

A. porté sans motif légitime (A : *N 29781.c4*)...

B. transporté sans motif légitime (B : *N 29802.c4*).

...une arme ou un lanceur dont le projectile est propulsé de manière non pyrotechnique avec une énergie à la bouche comprise entre 2 et 20 joules (catégorie D-h).

Faits prévus et réprimés par les articles L. 317-8, R. 311-2, R. 317-11, R. 317-13 et R. 317-14 du code de la sécurité intérieure. ✧

26.32 Armes – Catégories C ou D – Acquisition ou détention illicite par un mineur

■ **PEINES**

PERSONNE PHYSIQUE

PP Contrav. 4e cl. 750 € (C. pén., art. 131-13 ; CSI, art. R. 317-1).

PC *idem* no 26.31 (CSI, art. R. 317-13).

PERSONNE MORALE

PP Contrav. 4e cl. 3 750 € (C. pén., art. 131-13, 131-38 ; CSI, art. R. 317-1).

PC *idem* nº 26.31 (CSI, art. R. 317-13).

■ ORIENTEUR

AUTRE QUALIFICATION

▪ Cession d'armes à un mineur. V. nº 26.7.

TEXTE DE RÉFÉRENCE

▪ Classification des armes. V. nº 26.6.

■ ÉLÉMENTS CONSTITUTIFS – QUALIFICATION

✧ Pour avoir à .... [¤ lieu], le .... [¤ date], étant **mineur** [⇨A ou B :]
A. détenu une arme de la **catégorie C** en l'espèce .... [¤ arme concernée] [⇨A1 à A3 :]
A1. alors qu'il avait moins de 16 ans (A1 : *N 29786.c4*) ;
A2. sans y être autorisé par la personne exerçant l'autorité parentale (A2 : *N 29787.c4*) ;
A3. sans être titulaire du permis de chasser ou d'une licence de tir sportif ou de ball trap (A3 : *N 29788.c4*).
B. détenu une arme de la **catégorie D** en l'espèce .... [¤ arme concernée] [⇨B1 à B3 :]
B1. alors qu'il avait moins de 16 ans (A1 : *N 29782.c4*) ;
B2. sans y être autorisé par la personne exerçant l'autorité parentale (B2 : *N 29783.c4*) ;
B3. sans être titulaire du permis de chasser ou d'une licence de tir sportif ou de ball trap (B : *N 29784.c4*).
Faits prévus et réprimés par les articles R. 311-2, R. 312-52, R. 317-1, R. 317-13 et R. 317-14 du code de sécurité intérieure. ✧

26.33 Armes – Obligations administratives des détenteurs – Contraventions

■ PEINES

PERSONNE PHYSIQUE

PP Contrav. 4e cl. 750 € (C. pén., art. 131-13 ; CSI, art. R. 317-1).

PC *idem* nº 26.31 (CSI, art. R. 317-13).

PERSONNE MORALE

PP Contrav. 4e cl. 3 750 € (C. pén., art. 131-13, 131-38 ; CSI, art. R. 317-1).

PC *idem* nº 26.31 (CSI, art. R. 317-14).

■ ORIENTEUR

AUTRE QUALIFICATION

▪ **Cession d'armes de catégorie A à C entre particuliers en dehors d'un local autorisé.** V. nº 26.8 Cas D (CSI, art. L. 313-5 et L. 317-2 2º).

▪ **Application de la loi pénale dans le temps. Ancienne catégorie D-1.** La L. nº 2018-133, 26 févr. 2018, entrée sur ce point en vigueur lors de la publication du D. nº 2018-542, 29 juin 2018, modifiant CSI, art. R. 311-2, a abrogé la catégorie des armes de catégorie D soumises à enregistrement (D-1) lesquelles sont désormais classées en catégorie C (v. nº 26.6). Les cas relevant de la catégorie D-1 sont ici maintenus pour mémoire mais les qualifications applicables à ces armes sont celles prévues pour la catégorie C.

TEXTE DE RÉFÉRENCE

▪ **Classification des armes.** V. nº 26.6.

MESURE ADMINISTRATIVE

▪ **Saisie administrative des armes.** Pour la protection des personnes ou de l'ordre public, v. nº 26.12.

■ ÉLÉMENTS CONSTITUTIFS – QUALIFICATION

✧ Pour avoir à .... [¤ lieu], le .... [¤ date], [⇨A à D :]

A. **DÉFAUT DE DÉCLARATION DE VOL D'ARME DE CATÉGORIE A, B, C ET ~~D-1~~**

étant détenteur d'une arme, d'élément d'arme ou de munitions des catégories A, B, C ~~ou D-1~~, omis d'en déclarer sans délai la perte ou le vol aux services de police ou de gendarmerie (CSI, art. R. 311-2, R. 314-12, R. 317-2 1°, R. 317-13 et R. 317-14) (A : *N 20430.c4*) ;

B. **DÉFAUT DE DÉCLARATION EN CAS DE TRANSFERT DE DOMICILE – ARME DE CATÉGORIE B, C ~~ET D-1~~**

étant titulaire d'un titre d'acquisition ou de détention d'arme, omis d'informer de son changement d'adresse le préfet du département dans lequel se situe le nouveau domicile (CSI, art. R. 311-2, R. 312-50, R. 317-3 1°, R. 317-13 et R. 317-14) (B : *N 32763.c4*) ;

C. **DÉFAUT DE DÉCLARATION DE CESSION D'ARME DE CATÉGORIE C ~~OU D-1~~**

étant particulier, transféré à un autre particulier la propriété d'une arme ou d'un élément d'arme de la (CSI, art. R. 311-2, R. 314-20, R. 317-3 2°, R. 317-13 et R. 317-14) [⇨C1 ou C2 :]

C1. [⇨1a ou C1b :]

C1a. catégorie C (C1a : *N 29904.c4*)...

~~C1b. catégorie D-1 (*N 29905.c4*)...~~

...sans s'assurer de l'identité de l'acquéreur ou sans conserver durant cinq ans les documents nécessaires à son acquisition présentés par l'acquéreur ;

C2. [⇨C2a ou C2b :]

C2a. catégorie C (C2a : *N 29904.c4*)...

~~C2b. catégorie D-1 (*N #.c4*)...~~

...sans adresser le récépissé de la déclaration ou de l'enregistrement rayé de la mention « vendu » au préfet de son lieu de domicile ;

D. **DÉFAUT DE DÉCLARATION D'INVENTION OU D'ACQUISITION PAR SUCCESSION D'ARME DE CATÉGORIE C ~~OU D-1~~**

étant particulier, trouvé ou reçu en possession par voie successorale une arme ou un d'élément d'arme (CSI, art. R. 311-2, R. 312-55, R. 317-3 3°, R. 317-13 et R. 317-14) [⇨D1 ou D2 :]

D1. de catégorie C sans effectuer sans délai une déclaration au préfet du lieu de son domicile (D1 : *N 29874.c4*) ;

~~D2. de catégorie D-1 sans effectuer sans délai une demande d'enregistrement au préfet du lieu de son domicile (*N 29875.c4*).~~

Faits prévus et réprimés par les articles .... [¤ du cas sélectionné]. ✧

26.34 Commercialisation illicite d'objet ayant l'apparence d'une arme à feu

■ PEINES

PERSONNE PHYSIQUE

PP Contrav. 5e cl. 1 500 € (D. n° 99-240, 24 mars 1999, art. 5 ; C. pén., art. 131-13).

PC Néant.

PERSONNE MORALE

PP Contrav. 5e cl. 7 500 € (D. n° 99-240, 24 mars 1999, art. 5 ; C. pén., art. 131-41).

PC Néant.

■ ORIENTEUR

ÉLÉMENT LÉGAL

▪ Domaine d'application. Sont visés les objets neufs ou d'occasion ayant l'apparence d'une arme à feu, destinés à lancer des projectiles rigides, lorsqu'ils développent à la bouche une énergie > à 0,08 joule et ⩽ à deux joules (D. n° 99-240, 24 mars 1999, art. 1). Les armes ou objets ayant l'apparence d'une arme développant une énergie > 2 et ⩽ 20 joules relèvent de la catégorie D-2h (v. n° 26.6E).

■ ÉLÉMENTS CONSTITUTIFS – QUALIFICATION

✧ Pour avoir à .... [¤ lieu], le .... [¤ date], [⇨A ou B :]

A. (D. nº 99-240, 24 mars 1999, art. 2) [⇨A1 ou A2 :]

A1. vendu (A : *N 22695.c5*) ...

A2. distribué à titre gratuit à des mineurs, ou mis à leur disposition à titre gratuit ou onéreux (A2 : *N 22696.c5*) ...

... un objet neuf ou d'occasion ayant l'apparence d'une arme à feu, destiné à lancer des projectiles rigides et développant à la bouche une énergie > à 0,08 joule et ⩽ à deux joules ;

B. offert à la vente, mis en vente, vendu ou distribué à titre gratuit ou onéreux un objet neuf ou d'occasion ayant l'apparence d'une arme à feu, destiné à lancer des projectiles rigides et développant à la bouche une énergie > à 0,08 joule et ⩽ à deux joules sans [⇨B1 à B3 :]

B1. faire figurer sur le produit, son emballage ou la notice d'emploi obligatoirement jointe, l'énergie développée en joules (D. nº 99-240, 24 mars 1999, art. 4) (B1 : *N 22697.c5*) ;

B2. faire figurer sur l'emballage et la notice d'emploi en caractères lisibles, visibles et indélébiles la mention « Distribution interdite aux mineurs » (D. nº 99-240, 24 mars 1999, art. 4) (B2 : *N 22698.c5*) ;

B3. faire figurer sur l'emballage et la notice d'emploi en caractères lisibles, visibles et indélébiles la mention « Attention : ne jamais diriger le tir vers une personne » (D. nº 99-240, 24 mars 1999, art. 4) (B3 : *N 22699.c5*).

Faits prévus et réprimés par les articles [• du cas sélectionné] et 5 du décret nº 99-240 du 24 mars 1999. ✧

26.35 Arme ou objet dangereux – Abandon

■ PEINES

PERSONNE PHYSIQUE

PP Contrav. 1re cl. 38 € (C. pén., art. R. 641-1, 131-13).

PC Confiscation de la chose ayant servi à commettre l'infraction (C. pén., art. R. 641-1, 131-14, 131-21).

PERSONNE MORALE

PP 190 € (C. pén., art. 131-41).

PC Néant.

■ ORIENTEUR

TEXTE DE RÉFÉRENCE

▪ **Modalités de conservation des armes.** La conservation par toute personne des armes, des munitions et de leurs éléments essentiels des catégories A et B est assurée selon des modalités, fixées par décret en Conseil d'État qui en garantissent la sécurité et évitent leur usage par un tiers. Les armes, les munitions et leurs éléments essentiels des catégories C et D figurant sur une liste fixée par un décret en Conseil d'État sont conservés hors d'état de fonctionner immédiatement (CSI, art. L. 314-1). Ces obligations sont notamment précisées au CSI, art. R. 314-1 s., et sanctionnées par R. 317-10 (Contrav. 5e cl.).

■ ÉLÉMENTS CONSTITUTIFS – QUALIFICATION

✧ Pour avoir à .... [¤ lieu], le .... [¤ date], abandonné, en un lieu public ou ouvert au public, une arme ou tout autre objet présentant un danger pour les personnes et susceptible d'être utilisé pour commettre un crime ou un délit.
Faits prévus et réprimés par l'article R. 641-1 du code pénal (*N 6041.c1*). ✧

26.36 Poudre et explosif

■ PEINES

PERSONNE PHYSIQUE

PP Délit. Cas A à C : 5 ans d'emprisonnement, 4 500 € (C. défense, art. L. 2353-5).

Cas D : 2 ans, 3 750 € (C. défense, art. L. 2353-6).

Cas E : 3 750 € (C. défense, art. L. 2353-7).

Cas F : 6 mois, 7 500 € (C. défense, art. L. 2353-10).

Cas G : 5 ans, 75 000 € (depuis L. nº 2016-731, 3 juin 2016, auparavant l'amende s'élevait à 3 750 €) (C. défense, art. L. 2353-4).

Cas A1, B1, C1 et H : 10 ans, 500 000 € (C. défense, art. L. 2353-4 et L. 2353-5).

PC 1. Cas A à E, G et H : confiscation des engins explosifs ou incendiaires et des produits explosifs fabriqués, vendus, exportés ou importés sans autorisation (C. défense, art. L. 2353-9) ;

2. Cas F : confiscation de l'objet de l'infraction (C. défense, art. L. 2353-10) ;

3. Cas A à H : interdiction ⩽ 5 ans **obligatoire**, sauf dispense motivée, détention ou port arme soumise à autorisation (C. défense, art. L. 2353-14).

PERSONNE MORALE

PP Cas A à C : 22 500 €. Cas D et E : 18 750 €. Cas F : 37 500 €. Cas G : 375 000 € (depuis L. nº 2016-731, 3 juin 2016, auparavant l'amende s'élevait à 18 750 €). Cas A1, B1, C1 et H : 2 500 000 € (C. pén., art. 131-38).

PC Confiscations : *idem* personnes physiques.

▪ ORIENTEUR

AUTRE QUALIFICATION

▪ **Diffusion de procédés de fabrication d'engins de destruction.** V. nº 26.37.

▪ **Détention ou transport de substances ou produits incendiaires ou explosifs.** V. nº 26.38.

ÉLÉMENT LÉGAL

▪ **Définition de bande organisée.** Cas A1, B1, C1 et H : v. nº 11.20 (C. pén., art. 132-71).

▪ **Emprunt des dispositions applicables aux armes de catégorie A.** « *L'acquisition, la détention, le transport ou le port illégal de produits explosifs ou d'engins explosifs sont punis selon les dispositions applicables .../... aux armes de la catégorie A* » (C. défense, art. L. 2353-13) (v. nºs 26.24 et 26.25).

▪ **Définition des explosifs civils et à usage militaire.** Les produits explosifs destinés à un usage civil sont ceux qui ne figurent pas sur la liste prévue par C. défense, art. D. 2352-7, ou qui figurent sur cette liste ou contiennent de telles substances mais dont l'emploi est autorisé pour un usage civil dans les conditions fixées par arrêtés (C. défense, art. R. 2352-21). C. défense, art. D. 2352-7 détermine la liste des produits explosifs destinés à un usage militaire tout en exceptant du champ des poudres les poudres de chasse et de mine. Mentionnons que l'acquisition, la détention, le transport et le port d'une quantité de 2 kg au plus de **poudre noire** ou de poudre à usage civil, en vue de la confection de munitions de chasse ou de tir, n'est pas punissable (C. défense, art. L. 2353-13).

RÉGIME PROCÉDURAL

▪ **Prélèvement des empreintes génétiques** de la personne suspectée ou condamnée : **cas** G et H (C. pr. pén., art. 706-54 et 706-55 5°, v. nºs 13.23 et 13.25). **Sanction** du refus de prélèvement, v. nº 25.35.

▪ **Régime complet de la criminalité organisée.** Applicable dans les **cas** A1, B1, C1 et H (C. pr. pén., art. 706-73 12°, v. nº 11.21).

▪ **Compétence juridictionnelle. Juge unique** dans les **cas** E (C. pr. pén., art. 398-1, v. nº 17.15D2).

▪ **Ordonnance pénale. Possible** dans les **cas** E (C. pr. pén., art. 495-II, v. nº 15.48B1 et tableau nº 17.15D2).

MESURE ADMINISTRATIVE

▪ **Pouvoirs du maire.** Lorsque, dans un local attenant ou compris dans un immeuble collectif d'habitation, sont entreposées des matières explosives ou inflammables, soit en infraction avec les règles de sécurité applicables, soit dans des conditions de nature à créer des risques sérieux, le maire peut **mettre en demeure**, par arrêté motivé, la personne responsable de la gestion ou de la jouissance du local de prendre toutes les mesures nécessaires pour se conformer aux règles de sécurité applicables ou pour mettre fin au danger dans un délai qu'il fixe. Faute d'exécution par la personne qui y est tenue, le maire y **procède d'office** aux frais de celle-ci ; il peut, si nécessaire, interdire l'accès du local jusqu'à la réalisation des mesures. Le fait de ne pas se conformer à l'arrêté pris en application du premier alinéa est puni de 3 750 euros d'amende (C. constr., art. L. 129-4-1 [L. nº 2007-297, 5 mars 2007]).

RÉGIME DES PEINES

▪ **Réduction de peine.** Applicable au **repenti sauf** dans le cas F (C. défense, art. L. 2353-4 et L. 2353-9, v. nº 18.8D).

▪ ÉLÉMENTS CONSTITUTIFS – QUALIFICATION

✧ Pour avoir ou s'être à .... [¤ lieu], le .... [¤ date], [⇨A à H :]

A. **Entrave au contrôle**

refusé de se soumettre aux contrôles prévus par l'article L. 2352-1 du code de la défense relatif au contrôle des produits explosifs, ou entravé ceux-ci, ou omis de fournir les renseignements demandés en vue de ces contrôles (C. défense, art. L. 2353-5 2°, L. 2353-9 et L. 2353-14) (A : *N 2029.co*) ;

A1. [• Préciser le cas échéant dans le cas A :] avec cette circonstance que les faits ont été commis en bande organisée (A1 : *N #.co*).

B. **Vente, exportation de produits explosifs à usage militaire**

sans agrément technique ou autorisation, livré à la vente (Ba : *N 29828.co*) ou à l'exportation (Bb : *N 29829.co*) de poudres ou de substances explosives destinées à un usage militaire figurant sur la liste établie par C. défense, art. D. 2352-7 (C. défense, art. L. 2352-1, L. 2353-5 1°, L. 2353-9, L. 2353-14, D. 2352-7 et R. 2352-9) ;

B1. [• Préciser le cas échéant dans le cas B :] avec cette circonstance que les faits ont été commis en bande organisée (Ba1 : *N 29833.co* ; Bb1 : *N 29834.co*).

C. **Production, importation de produits explosifs à usage militaire**

sans agrément technique ou autorisation, livré à la production (Ca : *N 29830.co*) ou à l'importation (Cb : *N 29831.co*) de poudres ou de substances explosives destinées à un usage militaire figurant sur la liste établie par C. défense, art. D. 2352-7 (C. défense, art. L. 2352-1, L. 2353-5 1°, L. 2353-9, L. 2353-14, D. 2352-7 et R. 2352-9) ;

C1. [• Préciser le cas échéant dans le cas C :] avec cette circonstance que les faits ont été commis en bande organisée (Ca1 : *N 29835.co* ; Cb1 : *N 29836.co*).

D. **Vente de poudre non militaire**

en dehors des conditions prévues par le code de la défense et ses textes d'application, vendu des produits explosifs non susceptibles d'un usage militaire (C. défense, art. L. 2353-6, L. 2353-9 et L. 2353-14) (D : *N 2031.co*).

E. **Exportation de poudre non militaire**

en dehors des conditions prévues par le code de la défense et ses textes d'application, exporté des produits explosifs non susceptibles d'un usage militaire (C. défense, art. L. 2353-7, L. 2353-9 et L. 2353-14) (E : *N 2032.ju*).

F. **Port, transport d'artifice non détonant**

procédé, sans motifs légitimes, au port ou au transport d'artifices non détonants (C. défense, art. L. 2353-10 et L. 2353-14) (F : *N 21551.co*).

G. **Fabrication d'engin incendiaire ou explosif**

fabriqué sans autorisation (C. défense, art. L. 2353-4, L. 2353-9 et L. 2353-14) [⇨G1 à G3 :]

G1. un engin explosif ou incendiaire (G1 : *N 25778.co*) ;

G2. un produit explosif, quelle que soit sa composition (G2 : *N 25778.co*) ;

G3. un élément ou une substance destinée à entrer dans la composition d'un produit explosif (G3 : *N 25779.co*).

H. **Fabrication, détention sans motif légitime d'engin incendiaire ou explosif en bande organisée**

[• Préciser le cas échéant dans le cas G :] avec cette circonstance que les faits ont été commis en bande organisée (G1H : *N 25780.co* ; G2H : *N 25780.co* ; G3H : *N 25781.co*).

Faits prévus et réprimés par les articles [¤ du cas sélectionné]. ✧

26.37 Diffusion de procédé de fabrication d'engins de destruction

▪ PEINES

PERSONNE PHYSIQUE

PP Délit. Cas A : 3 ans d'emprisonnement, 45 000 € (depuis L. nº 2016-731, 3 juin 2016, auparavant 1 an, 15 000 €) ; Cas B : 5 ans, 75 000 € (depuis L. nº 2016-731, 3 juin 2016, auparavant 3 ans, 45 000 €) (C. pén., art. 322-6-1).

PC 1. Interdiction des droits civiques civils et de famille ⩽ 5 ans (vote, éligibilité, fonction juridictionnelle, expert, témoin, tuteur, curateur) (C. pén., art. 322-15 et 131-26) ;

2. Interdiction ⩽ 5 ans d'activité professionnelle ou sociale (en relation avec l'infraction), ou de la fonction publique (sauf mandat électif ou syndical) (C. pén., art. 322-15, 131-27 et 131-28) ;

3. Interdiction ⩽ 5 ans de détention et de port arme soumise à autorisation (C. pén., art. 322-15) ;

4. Stage de citoyenneté (C. pén., art. 131-5-1 et 322-15 ; L. nº 2004-204, 9 mars 2004, art. 44-XIV) (pour les faits commis avant le 24 mars 2020 et jugés après cette date, L. nº 2019-222, 23 mars 2019, en vigueur le 24 mars 2020. Pour les faits commis à partir du 24 mars 2020, v. nouvelle réd. C. pén., art. 131-5-1 et nº 18.33) ;

5. Stage de sensibilisation aux dangers de l'usage de produits stupéfiants. La juridiction précise si le stage est exécuté aux frais du condamné (C. pén., art. 131-35-1 et 322-15 ; L. nº 2007-297, 5 mars 2007) (pour les faits commis avant le 24 mars 2020 et jugés après cette date, L. nº 2019-222, 23 mars 2019, en vigueur le 24 mars 2020. Pour les faits commis à partir du 24 mars 2020, v. nouvelle réd. C. pén., art. 131-5-1 et nº 18.33) ;

6. **Suivi socio-judiciaire** ⩽ 10 ans (C. pén., art. 131-36-1 et 322-18, L. nº 2005-1549, 12 déc. 2005) avec injonction de soins si expertise médicale conclut au traitement (C. pén., art. 131-36-4). La juridiction fixe la peine encourue (⩽ 3 ans) en cas d'inobservation (C. pén., art. 131-36-1). Ne peut être prononcé avec un sursis probatoire (anc[t] SME) (C. pén., art. 131-36-6). Peut être ordonné comme peine principale (C. pén., art. 131-37-7) ; sur cette peine, v. nº 18.31.

PERSONNE MORALE

PP Délit. Cas A : 225 000 € (depuis L. nº 2016-731, 3 juin 2016, auparavant 75 000 €) Cas B : 375 000 € (depuis L. nº 2016-731, 3 juin 2016, auparavant 225 000 €) (C. pén., art. 322-17, 131-38).

PC Interdiction sans limitation de durée une ou plusieurs activités professionnelles ou sociales en relation avec l'infraction (C. pén., art. 322-17 et 131-39 2º).

▪ ORIENTEUR

ÉLÉMENT LÉGAL

▪ **Application de la loi pénale dans le temps.** Incrimination créée par L. nº 2004-204, 9 mars 2004, art. 7.

ÉLÉMENT MATÉRIEL

▪ **Tentative. Punissable** (C. pén., art. 322-4).

RÉGIME PROCÉDURAL

▪ **Prélèvement des empreintes génétiques** de la personne suspectée ou condamnée (C. pr. pén., art. 706-54 et 706-55 3º, v. nºs 13.23 et 13.25). **Sanction** du refus de prélèvement, v. nº 25.35.

▪ **Alimentation du Redex.** Centralisation des examens de personnalité au fichier Redex à tous les stades de la procédure (C. pr. pén., art. 706-56-2) (v. nº 13.41).

▪ **Communication d'éléments de la procédure aux services de renseignement.** *Idem* nº 26.23 (C. pr. pén., art. 706-105-1 II issu L. nº 2021-998, 30 juill. 2021).

▪ ÉLÉMENTS CONSTITUTIFS – QUALIFICATION

✧ Pour avoir à .... [¤ lieu], le .... [¤ date], [⇨A puis le cas échéant B :]

A. diffusé par tout moyen, sauf à destination des professionnels, des procédés permettant la fabrication d'engins de destruction élaborés à partir de poudre ou de substances explosives, de matières nucléaires, biologiques ou chimiques, ou à partir de tout autre produit destiné à l'usage domestique, industriel ou agricole (A : *N 25229.co*) ;

B. [• Préciser le cas échéant] avec cette circonstance qu'un réseau de « *communication électronique* » (réd. L. n° 2011-525, 17 mai 2011) à destination d'un public non déterminé a été utilisé pour la diffusion des procédés (B : *N* ***25230.co***).

Faits prévus et réprimés par les articles : **PERSONNES PHYSIQUES.** 322-6-1 et 322-15 du code pénal. **PERSONNES MORALES.** 322-17 du code pénal. ✧

26.38 Détention ou transport de substances ou produits incendiaires ou explosifs

■ PEINES

PERSONNE PHYSIQUE

PP Délit. Cas A : 7 ans d'emprisonnement, 100 000 € (depuis L. n° 2016-731, 3 juin 2016, auparavant 5 ans, 75 000 €). Cas B : 10 ans, 500 000 €. Cas C et D : 3 ans, 45 000 € (depuis L. n° 2016-731, 3 juin 2016, auparavant 1 an, 15 000 €) (C. pén., art. 322-11-1).

PC *Idem*. n° 26.37, sauf suivi socio-judiciaire.

PERSONNE MORALE

PP Délit. Cas A : 500 000 € (depuis L. n° 2016-731, 3 juin 2016, auparavant 375 000 €). Cas B : 2 500 000 €. Cas C et D : 225 000 € (depuis L. n° 2016-731, 3 juin 2016, auparavant 75 000 €) (C. pén., art. 322-11-1, 322-17 et 131-38).

PC *Idem*. n° 26.37.

■ ORIENTEUR

AUTRE QUALIFICATION

- **Diffusion de procédés de fabrication d'engins de destruction.** V. n° 26.37.
- **Destruction volontaire par incendie.** V. n°s 22.68 s.
- **Destruction involontaire par incendie.** V. n° 22.66, 22.67 (manquement délibéré), 22.70 (bois, forêt ou lande).
- **Poudre et explosif. Fabrication, détention, d'engin incendiaire ou explosif,** infractions du C. défense, v. n° 26.36.
- **Armes catégories A ou B – Produit ou engin explosif – Acquisition – Cession – ou détention illicite.** V. n° 26.24.
- **Armes catégories A ou B – Produit ou engin explosif – Port ou transport prohibé.** V. n° 26.25.

ÉLÉMENT LÉGAL

- **Application de la loi pénale dans le temps.** Incrimination créée par L. n° 2007-297, 5 mars 2007.
- **Définition. Bande organisée.** Cas B. V. n° 11.20 (C. pén., art., 132-71).

RÉGIME PROCÉDURAL

- **Prélèvement des empreintes génétiques** de la personne suspectée ou condamnée (C. pr. pén., art. 706-54 et 706-55 3°, v. n°s 13.23 et 13.25). **Sanction** du refus de prélèvement, v. n° 25.35 ;
- **Régime partiel de la criminalité organisée.** Applicable au cas B. V. n 11.22 (C. pr. pén., art. 706-74).
- **Communication d'éléments de la procédure aux services de renseignement.** *Idem* n° 26.23 (C. pr. pén., art. 706-105-1 II issu L. n° 2021-998, 30 juill. 2021).

■ ÉLÉMENTS CONSTITUTIFS – QUALIFICATION

✧ Pour avoir à .... [¤ lieu], le .... [¤ date], [⇨A (puis le cas échéant B), C ou D :]

A. en vue de la préparation, caractérisée par un ou plusieurs faits matériels, d'atteintes aux personnes ou d'infractions de destruction, dégradation ou détérioration de bien par substance explosive, par incendie ou tout autre moyen de nature à créer un danger pour les personnes, détenu (A1 : *N* ***26289.co***) ou transporté (A2 : *N* ***26309.co***) des substances ou produits incendiaires ou explosifs ou des éléments ou substances destinés à entrer dans la composition de produits ou engins incendiaires ou explosifs, en l'espèce .... [¤ préciser les substances ou produits concernés] ;

B. [• Préciser le cas échéant dans le cas A :] avec cette circonstance que ces faits ont été commis en bande organisée (A1B Détention : *N* ***26310.co*** ; A2B Transport : *N* ***26311.co***) ;
C. détenu (C1 : *N* ***26285.co***) ou transporté (C2 : *N* ***26286.co***), sans motif légitime, des substances ou produits explosifs dont la détention ou le transport ne sont pas soumis à un régime particulier, en l'espèce .... [¤ préciser les substances ou produits concernés], permettant de commettre des infractions de destruction, dégradation ou détérioration de bien par substance explosive, par incendie ou tout autre moyen de nature à créer un danger pour les personnes ;
D. détenu (D1 : *N* ***26287.co***) ou transporté (D2 : *N* ***26288.co***), sans motif légitime, des substances ou produits incendiaires permettant de commettre des infractions de destruction, dégradation ou détérioration de bien par substance explosive, par incendie ou tout autre moyen de nature à créer un danger pour les personnes, ou des éléments ou substances, destinés à entrer dans la composition de produits ou engins incendiaires ou explosifs, dont la détention ou le transport ont été interdits par arrêté préfectoral en raison de l'urgence ou du risque de trouble à l'ordre public ;
Faits prévus et réprimés par les articles : **PERSONNES PHYSIQUES.** 322-11-1 et 322-15 du code pénal. **PERSONNES MORALES.** 322-11-1 et 322-17 du code pénal. ✧

26.39 Infraction militaire – Insoumission

■ PEINES

PERSONNE PHYSIQUE

PP Délit. Cas A : 1 an d'emprisonnement (CJM, art. L. 321-1) ;
Cas B : 10 ans d'emprisonnement (CJM, art. L. 321-1) ;
PC Cas B : destitution si le prévenu est officier (CJM, art. L. 321-1) ;
Cas B : interdiction droits civiques civils et de famille ⩽ 5 ans (vote, éligibilité, fonction juridictionnelle, expert, témoin, tuteur, curateur) (CJM, art. L. 321-1 ; C. pén., art. 131-26).

PERSONNE MORALE

PP Néant (C. pén., art. 131-38).
PC Néant.

■ ORIENTEUR

ÉLÉMENT LÉGAL

▪ **Codification.** Le code de justice militaire a été recodifié à droit constant par l'ordonnance n° 2006-637 du 1er juin 2006. Cette nouvelle codification est entrée en vigueur au lendemain de la publication au *Journal officiel* de sa partie réglementaire (Ord. n° 2006-637, 1er juin 2006, art. 4).

RÉGIME PROCÉDURAL

▪ **Compétence juridictionnelle.** Les poursuites ne peuvent être exercées que devant les juridictions « *spécialisées en matière militaire* » (C. pr. pén., art. 697 et 697-1, sur cette compétence spécialisée, v. n° 17.1517.16N).

▪ **Dénonciation ou avis préalable de l'autorité militaire.** Les poursuites ne peuvent être exercées, sauf délit flagrant, qu'après dénonciation ou avis de l'autorité militaire (C. pr. pén., art. 698-1). La méconnaissance de ces dispositions, « *édictées dans l'intérêt d'une bonne administration de la justice, est constitutive d'une nullité d'ordre public, à laquelle les dispositions de l'article 802 du code de procédure pénale sont étrangères, d'autre part, le versement ultérieur en procédure de l'avis de l'autorité compétente du ministère chargé de la défense, dans le cas où celui-ci est exigé avant tout acte de poursuite, ne saurait faire obstacle à l'annulation de tels actes accomplis antérieurement* » (§ 21), en revanche, il importe peu que l'urgence « *n'ait pas été visée dans la demande d'avis du procureur de la République* », lorsqu'elle résulte des pièces de la procédures dont la juridiction du second degré ainsi que la Cour de cassation ont le contrôle, en l'espèce tant les « *termes du réquisitoire introductif que de l'avis favorable du ministre des armées* » (§ 30) (Crim. 24 janv. 2023, n° 21-85.569, P).

▪ **Prescription de l'action publique.** La prescription de l'action publique résultant de l'insoumission ou de la désertion ne commence à courir qu'à partir du jour où l'insoumis ou le déserteur a atteint l'âge le dispensant de satisfaire à toute obligation militaire (CJM, art. L. 211-13).

▪ **Modalités de citation.** Citations dans les formes du code de procédure pénale ou, hors du territoire, des articles L. 241-2 et L. 241-9 du code de justice militaire.

RÉGIME DES PEINES

▪ **Inscription au fichier des personnes recherchées.** La décision judiciaire est inscrite au FPR (C. pr. pén., art. 230-19 12°) (v. nº 13.17B6).

▪ ÉLÉMENTS CONSTITUTIFS – QUALIFICATION

✧ Pour avoir à .... [¤ lieu], le .... [¤ date], hors le cas de force majeure,
A. en temps de paix, ...
B. en temps de guerre, ...
...étant assujetti au service national appelé ou rappelé au service à qui un ordre de route a été notifié, omis d'arriver à sa destination au jour fixé par cet ordre et avant l'expiration des délais fixés aux articles L. 125 et L. 126 du code du service national.
Faits prévus et réprimés par l'article L. 321-1 du code de justice militaire, L. 124 et L. 125 du code du service national (*N 4917.co*). ✧

26.40 Infraction militaire – Désertion à l'intérieur du territoire national

▪ PEINES

PERSONNE PHYSIQUE

PP Délit. Cas 1A à 1C : 3 ans d'emprisonnement (CJM, art. L. 321-3) ;
Cas D : 5 ans d'emprisonnement (CJM, art. L. 321-3) ;
Cas 1e : 5 ans d'emprisonnement (CJM, art. L. 321-4) ;
Cas 2 et 3 : 10 ans d'emprisonnement (CJM, art. L. 321-3) ;
Cas 3e : 10 ans d'emprisonnement (CJM, art. L. 321-4).
PC Perte de grade si le prévenu est officier (CJM, art. L. 321-3).

PERSONNE MORALE

PP Néant (C. pén., art. 131-38).
PC Néant.

▪ ORIENTEUR

ÉLÉMENT LÉGAL, RÉGIME PROCÉDURAL, RÉGIME DES PEINES

▪ **Renvoi.** *Idem.* nº 26.39.

ÉLÉMENT LÉGAL

▪ **Définition. • Formation de rattachement.** « *Constituent une formation de rattachement : un corps, un détachement, une base, une formation, un bâtiment ou aéronef militaire, un établissement civil ou militaire de santé en cas d'hospitalisation, un établissement pénitentiaire en cas de détention* » (CJPM, art. L. 321-1). • **Complot.** Cas E : « *Est réputée désertion avec complot toute désertion effectuée de concert par plus de deux individus* » (CJPM, art. L. 321-4).

▪ **Délai de grâce.** • Cas A : le militaire est déclaré déserteur à l'expiration d'un délai de 6 jours à compter du lendemain du jour où l'absence sans autorisation est constatée ou du lendemain du terme prévu de la mission, de la permission ou du congé. En temps de guerre, ce délai est réduit des 2/3, il est donc égal à 2 jours (CJM, art. L. 321-2). • Cas B et C : aucun délai de grâce ne bénéficie dans ces cas au militaire (CJM, art. L. 321-2).

▪ ÉLÉMENTS CONSTITUTIFS – QUALIFICATION

✧ Pour avoir ou s'être à .... [¤ lieu], le .... [¤ date], étant militaire dont la formation de rattachement est située sur le territoire de la République, [⇨1 à 3 :]
1. en temps de paix, [⇨A à C puis le cas échéant D ou E :]
2. sur un territoire où l'état de siège ou l'état d'urgence a été proclamé, [⇨A à C :]
3. en temps de guerre, [⇨A à C puis le cas échéant E :]
A. évadé, absenté sans autorisation (1A1 : *N 4923.co* ; 2A1 : *N 4915.co* ; 3A3 : *N 4924.co*), refusé de rejoindre sa formation de rattachement ou omis de s'y présenter à l'issue d'une mission, d'une permission ou d'un congé (1A2 : *N 4900.co* ; 2A2 : *N 4915.co* ; 3A2 : *N 4924.co*) ;
B. mis en route pour rejoindre une autre formation de rattachement située hors du territoire national et omis de s'y présenter (1B : *N 28687.co* ; 2B : *N 4915.co* ; 3B : *N 4924.co*) ;

C. été absent sans autorisation au moment du départ pour une destination hors du territoire national du bâtiment ou de l'aéronef auquel il appartient ou à bord duquel il est embarqué (1C : *N 4901.co* ; 2C : *N 4915.co* ; 3C : *N 4924.co*) ;
D. [préciser le cas échéant dans le cas 1 puis A, B ou C :] avec cette circonstance qu'il a franchi ou est resté hors des limites du territoire de la République (CJM, art. L. 321-3) (1D : *N 28688.co*) ;
E. [préciser le cas échéant dans le cas 1 ou 3 puis A, B ou C :] avec cette circonstance que la désertion a été effectuée de concert par plus de deux individus (CJM, art. L. 321-4) (1e : *N 4925.co* ; 3e : *N 12533.co*).

Faits prévus et réprimés par les articles L. 321-2 et L. 321-3 (+ articles de la formule sélectionnée) du code de justice militaire. ✧

26.41 Infraction militaire – Désertion à l'étranger

■ **PEINES**

PERSONNE PHYSIQUE

PP Délit. Cas 1 : 5 ans d'emprisonnement (CJM, art. L. 321-6) ;
Cas 2 et 3 : 10 ans d'emprisonnement (CJM, art. L. 321-11) ;
Cas D : 10 ans d'emprisonnement (CJM, art. L. 321-6) ;
Cas E : 3 ans d'emprisonnement (CJM, art. L. 321-6) ;
Cas F : (sauf 3F3) : 10 ans d'emprisonnement (CJM, art. L. 321-7) ;
Crime. Cas 3F3 : 20 ans de réclusion (CJM, art. L. 321-11).

PC Néant.

PERSONNE MORALE

PP Néant (C. pén., art. 131-38).

PC Néant.

■ **ORIENTEUR**

ÉLÉMENT LÉGAL, RÉGIME PROCÉDURAL, RÉGIME DES PEINES

▪ Renvoi. *Idem.* n° 26.39.

ÉLÉMENT LÉGAL

▪ Définition. • Formation de rattachement. « *Constituent une formation de rattachement : un corps, un détachement, une base, une formation, un bâtiment ou aéronef militaire, un établissement civil ou militaire de santé en cas d'hospitalisation, un établissement pénitentiaire en cas de détention* » (CJPM, art. L. 321-5). • Complot. Cas F : « *Est réputée désertion avec complot toute désertion effectuée de concert par plus de deux individus* » (CJPM, art. L. 321-7).

▪ Délai de grâce. • Cas A : le militaire est déclaré déserteur à l'expiration d'un délai de 3 jours à compter du lendemain du jour où l'absence sans autorisation est constatée ou du lendemain du terme prévu de la mission, de la permission ou du congé. En temps de guerre, ce délai est réduit à 1 jour (CJM, art. L. 321-5). • Cas B et C : aucun délai de grâce ne bénéficie dans ces cas au militaire (CJM, art. L. 321-5).

■ **ÉLÉMENTS CONSTITUTIFS – QUALIFICATION**

✧ Pour s'être à .... [¤ lieu], le .... [¤ date], étant militaire dont la formation de rattachement est située hors du territoire de la République, [⇨1 à 3 :]
1. en temps de paix (CJM, art. L. 321-6), [⇨A à C puis le cas échéant D à F :]
2. sur un territoire où l'état de siège ou l'état d'urgence a été proclamé (CJM, art. L. 321-11), [⇨A à C puis le cas échéant D à F :]
3. en temps de guerre (CJM, art. L. 321-11), [⇨A à C puis le cas échéant D à F :]
A. évadé, absenté sans autorisation, refusé de rejoindre sa formation de rattachement ou omis de s'y présenter à l'issue d'une mission, d'une permission ou d'un congé (1A : *N 4926.co* ; 2A : *N 12535.co* ; 3A : *N 12535.co*) ;
B. mis en route pour rejoindre une autre formation de rattachement située sur tout territoire, y compris le territoire national et omis de s'y présenter (1B : *N 4926.co* ; 2B : *N 12535.co* ; 3B : *N 12535.co*) ;

C. absenté sans autorisation au moment du départ du bâtiment ou de l'aéronef auquel il appartient ou à bord duquel il est embarqué (1C : *N 4926.co* ; 2C : *N 12535.co* ; 3C : *N 12535.co*) ;

D. [préciser le cas échéant dans le cas 1 puis A, B ou C :], avec cette circonstance qu'il était officier (CJM, art. L. 321-6) (1D : *N 12534.co*) ;

E. [préciser le cas échéant dans le cas 1 puis A, B ou C :], avec cette circonstance qu'il s'est toutefois maintenu sur le territoire de la République ou y est revenu (CJM, art. L. 321-6) (1e : *N 28689.co*) ;

F. [préciser le cas échéant dans le cas 1 ou 3 puis A, B ou C :], avec cette circonstance (CJM, art. L. 321-7) [⇨F1 à F3 :]

F1. qu'il a emporté une arme ou du matériel de l'État (1F1 : *N 4929.co*).

F2. qu'il était de service (CJM, art. L. 321-7) (1F2 : *N 4927.co*).

F3. que la désertion a été effectuée de concert par plus de deux individus (CJM, art. L. 321-7) (1F3 : *N 4928.co* ; 3F3 : *N 5306.cr*).

Faits prévus et réprimés par les articles L. 321-5 et (+ articles de la formule sélectionnée) du code de justice militaire. ✧

26.42 Infraction militaire – Automutilation volontaire

■ PEINES

PERSONNE PHYSIQUE

PP Délit. Cas A : 5 ans d'emprisonnement (CJM, art. L. 321-22 1°) ;

Cas B à C : 10 ans d'emprisonnement (CJM, art. L. 321-22 1°et 2°) ;

Crime. Cas D : réclusion criminelle à perpétuité (CJM, art. L. 321-22).

PC Cas A : destitution si le prévenu est officier (CJM, art. L. 321-22 1°) ;

Cas A : interdiction droits civiques civils et de famille ⩽ 5 ans (vote, éligibilité, fonction juridictionnelle, expert, témoin, tuteur, curateur) (CJM, art. L. 321-22 1° ; C. pén., art. 131-26).

PERSONNE MORALE

PP Néant (C. pén., art. 131-38).

PC Néant.

■ ORIENTEUR

ÉLÉMENT LÉGAL, RÉGIME PROCÉDURAL

▪ Renvoi. *Idem.* n° 26.39.

ÉLÉMENT MATÉRIEL

▪ Tentative. Punissable : CJM, art. L. 321-22.

▪ Complicité. « *Si les complices sont des médecins ou des pharmaciens, la peine d'emprisonnement encourue peut être portée au double, indépendamment d'une amende de 4 500 euros pour les délinquants non militaires ou non assimilés aux militaires* » (CJM, art. 321-23). En temps de paix, les juridictions de droit commun sont compétentes à l'égard des personnes non militaires au sens de CJM, art. L. 121-3 à L. 121-5 (CJM, art. L. 321-24).

■ ÉLÉMENTS CONSTITUTIFS – QUALIFICATION

✧ Pour s'être à .... [¤ lieu], le .... [¤ date], [⇨A à D :]

A. en temps de paix, (A : *N 4936.co*)...

B. sur un territoire en état de siège ou en état d'urgence ou en présence de bande armée, (B : *N 12536.co*)...

C. en temps de guerre, (C : *N 12537.co*)...

D. en présence de l'ennemi, (D : *N 5319.cr*)...

... étant militaire et dans le but de se soustraire à ses obligations militaires, volontairement rendu impropre au service, soit de manière temporaire, soit de manière permanente, en l'espèce en .... [¤ matérialiser l'infraction].

Faits prévus et réprimés par l'article L. 321-22 du code de justice militaire. ✧

26.43 Infraction militaire – Détournement ou dissipation d'objet militaire

■ **PEINES**

PERSONNE PHYSIQUE

PP Délit. 5 ans d'emprisonnement (CJM, art. L. 322-13).

PC Néant.

PERSONNE MORALE

PP Néant (C. pén., art. 131-38).

PC Néant.

■ **ORIENTEUR**

AUTRE QUALIFICATION

▪ Abus de confiance. V. n° 22.37.

▪ Soustraction de bien public – Par une personne chargée d'une fonction publique. V. n° 23.55.

ÉLÉMENT LÉGAL, RÉGIME PROCÉDURAL

▪ Renvoi. *Idem.* n° 26.39.

■ **ÉLÉMENTS CONSTITUTIFS – QUALIFICATION**

✧ Pour avoir à .... [¤ lieu], le .... [¤ date], étant militaire, détourné ou dissipé .... [¤ indication des armes, munitions, véhicules, deniers, effets ou autres objets concernés], qui lui avaient été remis pour le service ou à l'occasion du service.

Faits prévus et réprimés par l'article L. 322-13 du code de justice militaire (*N 4946.co*). ✧

26.44 Infraction militaire – Violation de consigne

■ **PEINES**

PERSONNE PHYSIQUE

PP Délit. Cas A : 2 ans d'emprisonnement (CJM, art. L. 324-1). Cas B : 5 ans d'emprisonnement (CJM, art. L. 324-1).

PC Néant.

PERSONNE MORALE

PP Néant (C. pén., art. 131-38).

PC Néant.

■ **ORIENTEUR**

ÉLÉMENT LÉGAL, RÉGIME PROCÉDURAL

▪ Renvoi. *Idem.* n° 26.39.

■ **ÉLÉMENTS CONSTITUTIFS – QUALIFICATION**

✧ Pour avoir à .... [¤ lieu], le .... [¤ date], étant militaire, [⇨A ou B :]

A. en temps de paix, (A : *N 4978.co*)...

B. [⇨B1 à B4 :] (B : *N 4979.co*)

B1. en temps de guerre...

B2. sur un territoire en état de siège ou d'urgence...

B3. alors que la sécurité d'un établissement militaire, d'une formation militaire, d'un bâtiment de la marine ou d'un aéronef militaire était menacée...

B4. en présence de bande armée...

...violé une consigne générale donnée à une troupe ou une consigne qu'il a personnellement reçu mission de faire exécuter ou forcé une consigne donnée à un autre militaire, en l'espèce en .... [¤ matérialiser l'infraction].

Faits prévus et réprimés par l'article L. 324-1 du code de justice militaire. ✧

26.45 Intrusion illicite dans une installation militaire – entrave au fonctionnement des armées

■ PEINES

PERSONNE PHYSIQUE

PP Délit. Cas A : 1 an d'emprisonnement, 15 000 € (C. pén., art. 413-5). Cas B : 3 ans d'emprisonnement, 45 000 € (C. pén., art. 413-6) ; Cas C : 6 mois d'emprisonnement, 7 500 € (C. pén., art. 413-7) ; Cas D : Contrav. 4e cl. 750 € (C. pén., art. 131-13, R. 644-1).

PC 1. Interdiction droits civiques civils et de famille ⩽ 5 ans (vote, éligibilité, fonction juridictionnelle, expert, témoin, tuteur, curateur) (C. pén., art. 414-5 et 131-26) ;

2. Interdiction définitive ou ⩽ 5 ans activité professionnelle ou sociale à l'occasion de laquelle l'infraction a été commise, sauf mandat électif ou syndical (C. pén., art. 414-5, 131-27 et 131-28) ;

3. Confiscation de la chose ayant servi à l'infraction ou destinée à la commettre, ou de son produit direct ou indirect (obligatoire pour objets qualifiés dangereux ou nuisibles par loi ou règlement ou dont la détention est illicite) (C. pén., art. 414-5 et 131-21) ;

4. Interdiction de séjour ⩽ 5 ans (C. pén., art. 414-5, 131-31, 131-32 ; C. pr. pén., art. 762-1 à 763).

PERSONNE MORALE

PP Délit et Contrav. 4e cl. : amende applicable ⩽ quintuple de celle prévue pour les personnes physiques (C. pén., art. 131-41).

PC 1. Cas A à C : Dissolution (sauf personnes morales de droit public, partis, groupements politiques, syndicats, institutions représentatives du personnel) si personne morale créée ou détournée de son objet pour commettre l'infraction (C. pén., art. 414-5, 131-39 1° et 131-45) ;

2. Cas A à C : Interdiction, définitive ou ⩽ 5 ans, une ou plusieurs activités professionnelles ou sociales en relation avec l'infraction (C. pén., art. 414-5 et 131-39 2°) ;

3. Cas A à C : Surveillance judiciaire ⩽ 5 ans, sauf personnes morales de droit public, partis, groupements politiques, syndicats (C. pén., art. 414-5, 131-39 3° et 131-46) ;

4. Cas A à C : Fermeture, définitive ou ⩽ 5 ans, un ou plusieurs établissements en relation avec l'infraction (C. pén., art. 414-5 et 131-39 4°) ;

5. Cas A à C : Exclusion, définitive ou ⩽ 5 ans, marchés publics (C. pén., art. 414-5 et 131-39 5°) ;

6. Cas A à C : Interdiction, définitive ou ⩽ 5 ans, de *faire appel public à l'épargne* (procéder à une offre au public de titres financiers ou de les faire admettre aux négociations sur un marché réglementé, selon L. n° 2009-80, 22 janv. 2009) (C. pén., art. 414-5 et 131-39 6°) ;

7. Cas A à C : Interdiction, ⩽ 5 ans, d'utiliser des cartes de paiement ou d'émettre des chèques autres que de retrait ou certifiés (C. pén., art. 414-5 et 131-39 7°) ;

8. Cas A à C : Confiscation de la chose ayant servi à l'infraction ou destinée à la commettre, ou son produit (obligatoire pour objets qualifiés dangereux ou nuisibles par loi ou règlement ou dont la détention est illicite) (C. pén., art. 414-5, 131-39 8° et 131-21) ;

9. Cas A à C : Affichage, ⩽ 2 mois ou diffusion de la décision ou d'extraits aux frais (⩽ amende encourue) du condamné (C. pén., art. 414-5, 131-39 9°, 131-48 et 131-35) ;

10. Cas A à C : Confiscation de l'animal utilisé pour commettre l'infraction ou à l'encontre duquel l'infraction a été commise (C. pén., art. 414-5, 131-39 10°) ;

11. Cas A à C : Interdiction ⩽ 5 ans de détenir un animal (C. pén., art. 414-5, 131-39 11°) ;

12. Cas A à C : Interdiction ⩽ 5 ans percevoir toute aide publique de l'État, des collectivités territoriales et de leurs établissements, ou d'une personne chargée d'une mission de service public (C. pén., art. 414-5, 131-39 12°).

■ ORIENTEUR

AUTRE QUALIFICATION

▪ **Pénétration non autorisée dans la propriété privée rurale ou forestière d'autrui (L. n° 2023-54, 2 févr. 2023).** C. pén., art. 226-4-3, issu L. n°2023-54, 2 févr. 2023, v. n° 22.59.

▪ **Sécurité des installations aéroportuaires – Actes de malveillance – Pénétration non autorisée sur les pistes.** C. transp., art. L. 6372-11 (v. n° 37.20).

ÉLÉMENT MATÉRIEL

▪ **Tentative. Punissable** pour les cas A à C : C. pén., art. 413-8.

ÉLÉMENT INTENTIONNEL

▪ **Signalisation des installations.** L'interdiction d'accès aux terrains, constructions, engins ou appareils visés à l'alinéa précédent fait l'objet d'une signalisation particulière lorsqu'aucune marque distinctive ne signale qu'ils sont affectés à l'autorité militaire ou placés sous son contrôle (C. pén., art. R. 644-1).

▪ ÉLÉMENTS CONSTITUTIFS – QUALIFICATION

✧ Pour avoir ou s'être à .... [¤ lieu], le .... [¤ date], [⇨A à D :]

A. sans autorisation des autorités compétentes, introduit frauduleusement sur un terrain, dans un port, dans une construction ou dans un engin ou appareil quelconque affecté à l'autorité militaire ou placé sous son contrôle, en l'espèce .... [¤ installations ou engins concernés] (C. pén., art. 413-5, 413-8) (A : *N* ***11745.co***) ;

B. en vue de nuire à la défense nationale, entravé le fonctionnement normal des services, établissements ou entreprises, publics ou privés, intéressant la défense nationale, en l'espèce en .... [¤ matérialiser l'infraction] (C. pén., art. 413-6, 413-8) (B : *N* ***11746.co***) ;

C. étant dans un service, un établissement ou une entreprise, public ou privé, intéressant la défense nationale, introduit sans autorisation, à l'intérieur des locaux et terrains clos dans lesquels la libre circulation est interdite et qui sont délimités pour assurer la protection des installations, du matériel ou du secret des recherches, études ou fabrications, en l'espèce .... [¤ locaux ou terrains concernés] (C. pén., art. 413-7, 413-8) (C : *N* ***1814.co***) ;

D. sans autorisation des autorités compétentes, pénétré, séjourné ou circulé [⇨D1 ou D2 :]

D1. sur un terrain, dans une construction (D1 : *N* ***12010.c4***)...

D2. dans un engin ou appareil quelconque (D2 : *N* ***12011.c4***)...

...affecté à l'autorité militaire ou placé sous son contrôle, en l'espèce .... [¤ locaux ou engins concernés] (C. pén., art. R. 644-1)

Faits prévus et réprimés par les articles [• du cas sélectionné] du code pénal. ✧

27. Les étrangers – Les ambulants

27.1 Étranger – Entrée irrégulière d'un étranger sur le territoire français

▪ PEINES

PERSONNE PHYSIQUE

PP Délit. 1 an d'emprisonnement, 3 750 € (Ceseda, art. L. 821-1, anc[t] L. 621-2, 1° et 3°).

PC Auteur étranger : interdiction du territoire français ⩽ 3 ans (C. pén., art. 131-30 à 131-30-2 ; Ceseda, art. L. 821-1, al. 4, anc[t] L. 621-2, al. 5).

PERSONNE MORALE

PP 18 750 € (C. pén., art. 131-38).

PC Néant.

▪ ORIENTEUR

ÉLÉMENT LÉGAL

▪ **Application de la loi pénale dans le temps. Abrogation du délit de séjour irrégulier.** Tirant les conséquences **de la directive « retour » et des arrêts du 28 avr. 2011** (C-61/PPU, *El dridi*) **et du 6 déc. 2011** (C-329/11, *Achughbabian*) de la CJUE, v. « orienteur, texte de référence », n° 27.5, et de deux arrêts de la C. cass. du 5 juillet 2012 (Civ. 1re, 5 juill. 2012, nos 11-30.371 et 11-30.530, P n° 158) rendus sur l'avis conforme de la Ch. crim. (Crim. 5 juin 2012, avis n° 9002), constatant l'absence de conformité au droit de l'UE de l'incrimination de séjour irrégulier, le législateur (L. n° 2012-1560, 31 déc. 2012) a abrogé cette infraction (anc[t] Ceseda, art. L. 621-1). La situation de séjour irrégulier ne relève donc plus, dans un premier temps, que des mesures d'éloignement prises par l'administration (arrêté d'expulsion, mesure de reconduite à la frontière, obligation de quitter le territoire français), dont la violation, dans un deuxième temps, est susceptible de constituer l'infraction nouvelle de maintien sur le territoire malgré la mise en œuvre d'une mesure d'éloignement. Les condamnations prononcées antérieurement pour séjour irrégulier ne peuvent recevoir exécution, et les peines de sursis ou de sursis avec mise à l'épreuve antérieurement prononcées pour cette infraction, si cette dernière constituait le seul chef de condamnation, ou le seul chef passible d'emprisonnement, ne peuvent être révoquées (Circ. 28 janv. 2013, NOR : JUSC1301015C, n° 2.1). L'infraction **d'entrée irrégulière sur le territoire reste incriminée.**

▪ **Constitutionnalité. • Principe de nécessité des peines.** S'agissant des infractions d'entrée et de séjour irrégulier en France, punies de 1 an d'emprisonnent et de 3 750 € d'amende, « *Eu égard à la nature de l'incrimination pour laquelle elles sont instituées, les peines ainsi fixées, qui ne sont pas manifestement disproportionnées, ne méconnaissent pas l'article 8 de la Déclaration de 1789* » (§ 5) (Cons. const. 3 févr. 2012, n° 2011-217 QPC).

TEXTE DE RÉFÉRENCE

▪ **Conditions d'admission sur le territoire.** Pour être admis à entrer sur le territoire français en provenance d'un pays extérieur à l'UE, tout étranger doit être muni d'un **document ou de documents de voyage en cours de validité** permettant le franchissement de la frontière, et être en possession, pour les étrangers hors UE, d'un visa en cours de validité, dans les conditions prévues par le code frontières Schengen (CE 15 mars 2006, req. n° 562/2006, art. 5).

▪ **Conditions de maintien sur le territoire.** Tout étranger doit, à l'expiration des trois mois suivant son entrée en France, être muni d'un visa ou d'une **carte de séjour temporaire ou pluriannuelle,** ou provisoirement, du récépissé de sa demande ou de son renouvellement (Ceseda, art. L. 411-1, anc[t] L. 311-1 à L. 311-4). L'étranger doit quitter la France à l'expiration de la durée de validité de sa carte de séjour temporaire (Ceseda, art. L. 411-2, anc[t] L. 313-1). La *carte de résident* est valable dix ans et renouvelable de plein droit (Ceseda, art. L. 411-3 et L. 433-2, anc[t] L. 311-2, 2°).

ÉLÉMENT MATÉRIEL

▪ **Situations incriminées.** Compte tenu de la matérialité de l'infraction qui suppose, pour qualifier **l'entrée irrégulière sur le territoire**, la concomitance du passage de la frontière et de l'absence de titre de séjour, le texte ne paraît pas permettre de qualifier les situations d'expiration de la validité du titre de séjour initial (durée du visa touristique expirée, carte de séjour non renouvelée, etc.).

RÉGIME PROCÉDURAL

▪ **Nécessité d'un délit flagrant.** « *Pour l'application du présent article (L. 621-2 du Ceseda), l'action publique ne peut être mise en mouvement que lorsque les faits ont été constatés dans les circonstances prévues à l'article 53 du code de procédure pénale.* » – (enquête de flagrance) – « *En pratique, cela implique non seulement que des poursuites ne sont possibles que si le délit a été constaté dans le temps de la flagrance, mais également que ces poursuites doivent consister en une convocation par officier de police judiciaire, une comparution par procès-verbal, ou une comparution immédiate, permettant l'intervention d'un jugement dans un temps très proche de l'entrée irrégulière, et non pas plusieurs mois ou années plus tard. Si ces faits sont commis avec ceux d'aide à l'entrée irrégulière, nécessitant des investigations plus complexes pour identifier les "passeurs", le cas échéant par l'ouverture d'une information, il devra y avoir disjonction des procédures* » (Circ. 28 janv. 2013, NOR : JUSC1301015C, nº 2.1).

POLITIQUE PUBLIQUE

▪ **Politique pénale antérieure à l'abrogation de l'infraction de séjour irrégulier.** La circulaire conjointe Intérieur/Justice Crim. 06.5/E1, 21 févr. 2006, NOR : JUSD0630020C (nº II, A, 111) et la circulaire justice Crim.-AP 06-20 E1, 4 déc. 2006, NOR : JUSD0630129C (nº I, 1.1.1, A) pour les départements et territoires d'outre mer, recommandent, « *afin d'éviter l'encombrement des juridictions qui n'améliorerait pas pour autant l'exécution des décisions de reconduite à la frontière* », « *de n'exercer l'action publique pour entrée ou séjour irréguliers qu'envers les étrangers ayant aussi commis une autre infraction de nature correctionnelle ou criminelle justifiant l'engagement de poursuites ou à l'encontre de ceux faisant l'objet de recherches judiciaires ou de convocations en justice pour autre cause* ».

Les dispositions de cette circulaire du 21 févr. 2006 « *sont bien évidemment abrogées de plein droit, dans la mesure où elles portent sur l'application d'un délit qui a été supprimé* » (l'infraction de séjour irrégulier) (Circ. 28 janv. 2013, NOR : JUSC1301015C, nº 2.1).

RÉGIME DES PEINES

▪ **Interdiction du territoire.** • **Effet de l'interdiction du territoire.** Prononcée à titre de peine principale ou complémentaire (C. pén., art. 131-10 et 131-11), l'interdiction du territoire **entraîne de plein droit reconduite du condamné à la frontière**, le cas échéant, à l'expiration de sa peine d'emprisonnement ou de réclusion (C. pén., art. 131-10). L'interdiction peut être assortie de l'exécution provisoire (C. pr. pén., art. 471). • **Rétention administrative.** L'interdiction du territoire exécutoire entraîne maintien de plein droit de l'étranger en rétention administrative dans des locaux non pénitentiaires pendant 48 h 00 + 28 + 30 + 15 + 15 = 90 jours (depuis le 1er mars 2019 au plus tard, au lieu de 48 h 00 + 28 + 15 = 45 jours) (V. nº 27.4C, Ceseda, art. L. 741-1, L. 742-1 et s., R. 742-1 et s., anct L. 551-1, L. 552-1 et L. 552-7 mod. par L. nº 2018-778, 10 sept. 2018). À l'expiration du délai initial de 48 h 00, exprimé en heures, « *le délai de rétention, dès lors qu'il est exprimé en jours, expire le dernier jour à vingt-quatre heures* » (Crim. 22 janv. 2020, nº 19-84.160, P). • **Relèvement de l'interdiction du territoire.** Sauf durant l'exécution d'une peine d'emprisonnement ferme ou assignation à résidence, l'étranger ne peut obtenir le relèvement d'une interdiction du territoire que s'il réside hors de France (Ceseda, art. L. 641-2, anct L. 541-2), conditions qui « *doivent être remplies depuis le dépôt de la requête jusqu'au moment où celle-ci est examinée par la juridiction saisie.* » (Crim. 21 janv. 2020, nº 19-83.852, P).

▪ ÉLÉMENTS CONSTITUTIFS – QUALIFICATION

✧ Pour avoir à .... [¤ lieu], le .... [¤ date], étant étranger, pénétré sur le territoire Français sans documents, visas ou titres l'y autorisant.

Faits prévus et réprimés par l'article L. 821-1, anct L. 621-2, 1° et 3° du code de l'entrée et du séjour des étrangers et du droit d'asile (*N 29525.co*). ✧

27.2 Étranger – Aide à l'entrée ou au séjour irrégulier

▪ PEINES

PERSONNE PHYSIQUE

PP Délit. Cas A à C : 5 ans d'emprisonnement, 30 000 € (Ceseda, art. L. 823-1 et L. 823-2, anct L. 622-1).

Cas D : **10 ans**, **750 000 €** (Ceseda, art. L. 823-3, anc[t] L. 622-5).

PC 1. Interdiction de séjour ⩽ 5 ans (Ceseda, art. L. 823-4, 1°, anc[t] L. 622-3, 1° ; C. pén., art. 131-31 et 131-32, C. pr. pén., art. 762-1 à 763) ;

2. Suspension, ⩽ 5 ans, du PC (Ceseda, art. L. 823-4, 2°, anc[t] L. 622-3, 2°) ;

3. Retrait temporaire ou définitif autorisation administrative d'exploiter une activité de transports (Ceseda, art. L. 823-4, 3°, anc[t] L. 622-3, 2°) ;

4. Confiscation (réelle ou en valeur) de la chose ayant servi à l'infraction ou destinée à la commettre notamment tout véhicule (terrestre, fluvial, maritime, aérien) et de la chose provenant de l'infraction (Ceseda, art. L. 823-4, 3°, anc[t] L. 622-3, 4° ; C. pén., art. 131-21) ;

5. Interdiction ⩽ 5 ans activité professionnelle ou sociale à l'occasion de laquelle l'infraction a été commise, sauf mandat électif ou syndical (Ceseda, art. L. 823-4, anc[t] L. 622-3 ; C. pén., art. 131-27 et 131-28) ;

6. Auteur étranger : interdiction du territoire français, définitive dans le **cas** D ou ⩽ 10 ans dans les cas A à C (Ceseda, art. L. 823-6, anc[t] L. 622-3, 6°, limitant l'interdiction du territoire à une durée ⩽ 5 ans ; C. pén., art. 131-30 à 131-30-2), v. n° **27.1**.

7. **Cas** D : confiscation de tout ou partie des biens du condamné, meubles ou immeubles, divis ou indivis (Ceseda, art. L. 823-5, anc[t] L. 622-6).

PERSONNE MORALE

PP Délit. Cas A à C : **150 000 €**. Cas D : **3 750 000 €** (Ceseda, art. L. 823-7, anc[t] L. 622-8 ; C. pén., art. 131-38).

PC 1. Dissolution (sauf personnes morales de droit public, partis, groupements politiques, syndicats, institutions représentatives du personnel) si personne morale créée ou détournée de son objet pour commettre l'infraction (Ceseda, art. L. 823-7, anc[t] L. 622-8 ; C. pén., art. 131-39, 1° et 131-45) ;

2. Interdiction, définitive ou ⩽ 5 ans, une ou plusieurs activités professionnelles ou sociales en relation avec l'infraction (Ceseda, art. L. 823-7, anc[t] L. 622-8 ; C. pén., art. 131-39 2°) ;

3. Surveillance judiciaire ⩽ 5 ans, sauf personnes morales de droit public, partis, groupements politiques, syndicats (Ceseda, art. L. 823-7, anc[t] L. 622-8 ; C. pén., art. 131-39 3° et 131-46) ;

4. Fermeture, définitive ou ⩽ 5 ans, d'un ou plusieurs établissements en relation avec l'infraction (Ceseda, art. L. 823-7, anc[t] L. 622-8 ; C. pén., art. 131-39 4°) ;

5. Exclusion, définitive ou ⩽ 5 ans marchés publics (Ceseda, art. L. 823-7, anc[t] L. 622-8 ; C. pén., art. 131-39 5°) ;

6. Confiscation (réelle ou en valeur) chose ayant servi à l'infraction ou destinée à la commettre, ou son produit (obligatoire pour objets qualifiés dangereux ou nuisibles par loi ou règlement ou dont la détention est illicite) (Ceseda, art. L. 823-7, anc[t] L. 622-8 ; C. pén., art. 131-39, 8° et 131-21) ;

7. Affichage, ⩽ 2 mois, *et/ou* (L. n° 2011-525, 17 mai 2011) diffusion de la décision ou d'extraits aux frais (⩽ amende encourue) du condamné (Ceseda, art. L. 823-7, anc[t] L. 622-8 ; C. pén., art. 131-39 9°, 131-48 et 131-35).

▪ ORIENTEUR

ÉLÉMENT LÉGAL

▪ **Définition. Bande organisée. Cas D1** : v. n° **11.20** (C. pén., art. 132-71).

ÉLÉMENT MATÉRIEL

▪ **Tentative. Punissable** (Ceseda, art. 823-1, anc[t] L. 622-1).

▪ **Faits incriminés.** « *le délit d'aide à l'entrée ou au séjour d'un étranger en France ne suppose pas, pour être établi, qu'un étranger ait fait l'objet de poursuites pénales du chef d'entrée ou séjour irrégulier* » (Crim. 20 févr. 2019, n° 18-80.784, P n° 49). Matérialise l'infraction la prévenue qui « *a fourni sciemment à des étudiants étrangers des faux documents que ceux-ci ont remis à l'appui d'un dossier de demande de renouvellement de titre de séjour aux fins d'obtenir indûment un nouveau titre leur permettant ainsi de séjourner irrégulièrement sur le territoire français, peu important que ces étudiants aient été en situation régulière au moment où l'aide a été fournie* » (§ 24) (Crim. 7 sept. 2022, n° 21-84.322, D).

RÉGIME PROCÉDURAL

▪ **Obstacle aux poursuites.** • **Immunité familiale ou humanitaire pour l'aide à la circulation et au séjour.** Tirant les conséquences de la décision Cons. const. 6 juill. 2018, nº 2018-717/718 QPC, constatant l'inconstitutionnalité partielle de Ceseda, art. L. 622-4, au regard du principe de fraternité visé à l'article 2 de la Constitution, duquel découle « *la liberté d'aider autrui, dans un but humanitaire, sans considération de la régularité de son séjour sur le territoire national* » (§ 7 et 8), la loi prévoit désormais que ne peut donner lieu à poursuite, du chef d'aide à la circulation ou au séjour irrégulier, l'aide apportée par les personnes suivantes (Ceseda, art. L. 823-9, anc[t] L. 622-4, mod. par L. nº 2012-1560, 31 déc. 2012 et L. nº 2018-778, 10 sept. 2018) : – ascendants, descendants, ou leur conjoint, de l'étranger ; – frères et sœurs, ou leur conjoint, de l'étranger ; – conjoint ou concubin de l'étranger, ou les ascendants, descendant, frères et sœurs du conjoint ou concubin de l'étranger (les immunités ci-dessus ne s'appliquent si l'étranger est polygame ou si son conjoint polygame réside en France avec le premier conjoint) ; – toute personne physique ou morale, lorsque les actes n'ont donné lieu à aucune contrepartie directe ou indirecte et consistent à fournir des conseils ou accompagnements juridiques, linguistiques ou sociaux ou toute autre aide apportée dans un but exclusivement humanitaire (L. nº 2018-778, 10 sept. 2018 ; immunité immédiatement applicable aux affaires en cours au titre de la loi pénale plus douce (C. pén., art. 112-1, v. nº **10.4**), Crim. 12 déc. 2018, nº 17-85.736). « *il ne résulte nullement de ces dispositions légales que la protection dont bénéficient les auteurs d'actes accomplis dans un but exclusivement humanitaire soit limitée aux actions purement individuelles et personnelles et qu'en soit exclue une action non spontanée et militante exercée au sein d'une association* », en revanche, à condition de caractériser un tel mobile, « *l'aide apportée aux fins de soustraire sciemment des personnes étrangères aux contrôles mis en œuvre par les autorités pour appliquer les dispositions légales relatives à l'immigration peut constituer un but excluant son auteur du bénéfice de l'exemption prévue par Ceseda art. L. 622-4 3°* », enfin, « *la situation de détresse des migrants n'est pas un élément visé par Ceseda art. L. 622-4 3°* » (Crim. 26 févr. 2020, nº 19-81.561, P). De même, matérialise l'infraction l'hôtelier qui accueille à titre lucratif, dans l'attente de leur franchissement de la frontière, des étrangers qu'il savait dépourvus de titre de séjour (Crim. 18 mai 2022, nº 21-82.335, D). • **Exclusion de l'immunité humanitaire pour l'aide à l'entrée.** En revanche, Ceseda, art. L. 622-1 ne prévoit pas d'immunité pour les faits d'aide à l'entrée sur le territoire. Soulignons en effet que « *l'aide apportée à l'étranger pour sa circulation n'a pas nécessairement pour conséquence, à la différence de celle apportée à son entrée, de faire naître une situation illicite* » (§ 12) (Cons. const. 6 juill. 2018, nº 2018-717/718 QPC). De même, « *la directive 2002/90/CE du Conseil du 28 nov. 2002, art. 1er permet de réprimer l'aide apportée à l'entrée irrégulière sur le territoire d'un État de l'Union, sans imposer [aux États membres] d'immunité en cas de poursuite d'un but humanitaire* » (§ 18), ainsi « *la personne qui, dans un but humanitaire, apporte une aide à l'entrée sur le territoire français, favorise la commission d'une infraction, ce qui explique qu'elle ne puisse bénéficier de l'immunité prévue en cas d'aide, poursuivant le même but, apportée au séjour et à la circulation* » (§ 20) ; enfin « *l'interdiction de poursuivre pénalement un étranger qui fait l'objet d'une procédure d'éloignement en cours, n'interdit pas de poursuivre pénalement une personne qui a aidé cet étranger à franchir une frontière d'un État de l'Union, et qui, elle-même, ne fait pas l'objet d'une procédure d'éloignement, compte tenu de la différence de leurs situations respectives* » (§ 19) (Crim. 25 janv. 2023, nº 21-86.839, P). • ***Non bis in idem.*** Aucune poursuite ne pourra être exercée contre une personne justifiant qu'elle a été jugée définitivement à l'étranger pour les mêmes faits et que la peine a été subie ou prescrite (Ceseda, art. L. 823-10, anc[t] L. 622-2).

▪ **Condition d'engagement des poursuites. Cas C** : les poursuites ne peuvent être engagées que sur dénonciation officielle ou sur attestation des autorités compétentes de l'État partie concerné (Ceseda, art. L. 823-10, anc[t] L. 622-2).

▪ **Régime complet de la criminalité organisée.** Applicable dans le **cas D1** (C. pr. pén., art. **706-73 13°**, v. nº **11.21**).

▪ **Exception préjudicielle portant sur la nationalité.** L'exception préjudicielle portant sur la nationalité étrangère des personnes concernées par l'infraction ne peut être réglée par le tribunal correctionnel (C. civ., art. 29) (sur l'exception préjudicielle, v. nº **17.26A**), mais elle « *ne peut être présentée que par la personne dont la nationalité est en cause, par ses héritiers si elle est décédée en cours d'instance, ou par le ministère public* » (Crim. 20 févr. 2019, nº 18-80.784, P nº 49).

▪ **Communication d'éléments de la procédure aux services de renseignement. Cas D1** : sur la faculté de communication d'éléments de la procédure aux services de renseignements par le parquet ou le juge d'instruction de Paris lorsque la Junalco est saisie, v. nº 35.2A9 (C. pr. pén., art. 706-105-1 II issu L. nº 2021-998, 30 juill. 2021).

■ ÉLÉMENTS CONSTITUTIFS – QUALIFICATION

✧ Pour avoir à .... [¤ lieu], le .... [¤ date], [⇨A à C puis le cas échéant D :]

A. par aide directe ou indirecte, en l'espèce en .... [¤ description de l'aide apportée], facilité ou tenté de faciliter l'entrée, la circulation ou le séjour irréguliers en France de .... [¤ nom du ou des étrangers concernés], étranger(s) (A : *N 16.co*, par personne morale : *N 33464.co*) ;

B. alors qu'il se trouvait sur le territoire d'un État partie à la convention de Schengen, par aide directe ou indirecte, en l'espèce en .... [¤ description de l'aide apportée], facilité ou tenté de faciliter l'entrée, la circulation ou le séjour irréguliers en France de .... [¤ nom du ou des étrangers concernés], étranger(s) (B : *N 20057.co*) ;

C. alors qu'il se trouvait en France, par aide directe ou indirecte, en l'espèce en .... [¤ description de l'aide apportée], facilité ou tenté de faciliter l'entrée, la circulation ou le séjour irréguliers sur le territoire d'un État partie à la convention de Schengen de .... [¤ nom du ou des étrangers concernés], étranger(s) (C : *N 20057.co*) ;

D. [• Préciser le cas échéant dans les cas A à C :] avec cette circonstance que les faits ont (Ceseda, art. L. 823-3, anc[t] L. 622-5) : [⇨D1 à D5 :]

D1. été commis en bande organisée (D1 : *N 22098.co*) ;

D2. été commis dans des circonstances exposant directement les étrangers à un risque immédiat de mort ou de blessures de nature à entraîner une mutilation ou une infirmité permanente (D2 : *N 25485.co*) ;

D3. eu pour effet de soumettre les étrangers à des conditions de vie, de transport, de travail ou d'hébergement incompatibles avec la dignité de la personne humaine (D3 : *N 25486.co*) ;

D4. été commis au moyen d'une habilitation ou d'un titre de circulation en zone réservée d'un aérodrome ou d'un port (D4 : *N 27159.co*) ;

D5. eu pour effet d'éloigner des mineurs étrangers de leur milieu familial ou de leur environnement traditionnel (D5 : *N 25487.co*).

Faits prévus et réprimés par les articles : **PERSONNES PHYSIQUES.** L. 823-1 et L. 823-2, L. 823-4, L. 823-5 et L. 823-6, anc[t] L. 622-1, L. 622-3 + le cas échéant [• du cas sélectionné] du code de l'entrée et du séjour des étrangers et du droit d'asile. **PERSONNES MORALES.** L. 823-1 et L. 823-2, L. 823-7 et L. 823-8, anc[t] L. 622-1, L. 622-3, L. 622-8 et L. 622-9, + le cas échéant [• du cas sélectionné] du code de l'entrée et du séjour des étrangers et du droit d'asile. ✧

27.3 Étranger – Mariage frauduleux, mariage blanc, reconnaissance frauduleuse d'enfant – Pour obtenir un titre de séjour ou la nationalité française

■ PEINES

PERSONNE PHYSIQUE

PP Délit. Cas A à D : 5 ans d'emprisonnement, 15 000 € (Ceseda, art. L. 823-11, anc[t] L. 623-1) ; Cas E : 10 ans, 750 000 € (Ceseda, art. L. 823-12, anc[t] art. L. 623-1).

PC 1. Interdiction de séjour ⩽ 5 ans (Ceseda, art. L. 823-13, anc[t] L. 623-2 ; C. pén., art. 131-31 et 131-32 ; C. pr. pén., art. 762-1 à 763) ;

2. Auteur étranger : interdiction du territoire français, définitive ou ⩽ 10 ans (Ceseda, art. L. 823-15, anc[t] L. 623-2 ; C. pén., art. 131-30 à 131-30-2), v. nº 27.1 ;

3. Interdiction définitive ou ⩽ 5 ans d'activité professionnelle ou sociale à l'occasion de laquelle l'infraction a été commise, sauf mandat électif ou syndical (Ceseda, art. L. 823-13, anc[t] L. 623-2) ; C. pén., art. 131-27 et 131-28) ;

4. Cas C : Confiscation de tout ou partie des biens du condamné, meubles ou immeubles, divis ou indivis (Ceseda, art. L. 823-14, anc[t] L. 623-2).

PERSONNE MORALE

PP Délit. Cas A à D : 75 000 €. Cas E : 3 750 000 € (Ceseda, art. L. 823-16, anc^t L. 623-3).

PC 1. Dissolution (sauf personnes morales de droit public, partis, groupements politiques, syndicats, institutions représentatives du personnel) si personne morale créée ou détournée de son objet pour commettre l'infraction (Ceseda, art. L. 823-16, anc^t L. 623-3 ; C. pén., art. 131-39 1° et 131-45) ;
2. Interdiction, définitive ou ⩽ 5 ans, une ou plusieurs activités professionnelles ou sociales en relation avec l'infraction (Ceseda, art. L. 823-16, anc^t L. 623-3 ; C. pén., art. 131-39 2°) ;
3. Surveillance judiciaire ⩽ 5 ans, sauf personnes morales de droit public, partis, groupements politiques, syndicats (Ceseda, art. L. 823-16, anc^t L. 623-3 ; C. pén., art. 131-39 3° et 131-46) ;
4. Fermeture, définitive ou ⩽ 5 ans, d'un ou plusieurs établissements en relation avec l'infraction (Ceseda, art. L. 823-16, anc^t L. 623-3 ; C. pén., art. 131-39 4°) ;
5. Exclusion, définitive ou ⩽ 5 ans marchés publics (Ceseda, art. L. 823-16, anc^t L. 623-3 ; C. pén., art. 131-39 5°) ;
6. Affichage, ⩽ 2 mois, *et/ou* (L. n° 2011-525, 17 mai 2011) diffusion de la décision ou d'extraits aux frais (⩽ amende encourue) du condamné (Ceseda, art. L. 823-16, anc^t L. 623-3 ; C. pén., art. 131-39 9°, 131-48 et 131-35).
7. Cas E : Confiscation de tout ou partie des biens de la personne morale, meubles ou immeubles, divis ou indivis (Ceseda, art. L. 823-17, anc^t L. 623-3).

▪ ORIENTEUR

AUTRE QUALIFICATION

▪ **Faux en écriture administrative – Usage de faux administratif.** Cas C et D : sur la reconnaissance mensongère d'enfant et la qualification de faux administratif, C. pén., art. 441-2, v. n° 24.2.

ÉLÉMENT LÉGAL

▪ **Définition. Bande organisée.** Cas E : v. n° 11.20 (C. pén., art. 132-71).

▪ **Texte de référence. • Modalités de la reconnaissance d'enfant.** lorsqu'elle n'est pas établie par d'autres modes, la filiation est établie par une reconnaissance de paternité ou de maternité, faite avant ou après la naissance. Elle est faite dans l'acte de naissance, ou par un acte distinct reçu par l'officier d'état civil, ou par tout autre acte authentique (C. civ., art. 316). La L. n° 2018-778, 10 sept. 2018, impose désormais à l'auteur de la reconnaissance de justifier de son identité par un document officiel délivré par une autorité publique, et de justifier également de son domicile (C. civ., art. 316). **• Le sursis et l'opposition à la reconnaissance frauduleuse d'enfant. Cas C et D :** lorsqu'il existe des indices sérieux laissant présumer que la reconnaissance est frauduleuse, l'officier d'état civil saisit le procureur de la République. Dans les 15 jours de sa saisine, ce dernier peut, soit laisser l'officier d'état civil enregistrer la reconnaissance, soit surseoir à cette décision en ordonnant une enquête, soit faire opposition à la reconnaissance. **La durée du sursis** ne peut excéder un mois renouvelable une fois par décision spécialement motivée (soit deux mois), ou deux mois renouvelable dans les mêmes conditions (soit 4 mois) si l'enquête est menée à l'étranger (C. civ., art. 316-1, issu L. n° 2018-778, 10 sept. 2018). Le procureur de la République peut, avant de surseoir ou au terme du sursis, faire **opposition** à la reconnaissance. L'acte d'opposition, qui doit obéir aux conditions de forme et de fond imposées par C. civ., art. 316-2, est notifié à l'officier d'état civil et l'auteur de la reconnaissance en est informé sans délai (C. civ., art. 316-2, issu L. n° 2018-778, 10 sept. 2018). Ce dernier peut former une demande de mainlevée de l'opposition devant le tribunal judiciaire qui doit statuer dans les dix jours (C. civ., art. 316-3, issu L. n° 2018-778, 10 sept. 2018). **• Qualification de faux. Cas C et D :** Sur la reconnaissance mensongère d'enfant naturel et la qualification de faux administratif, v. Crim. 8 mars 1988, n° 87-92.108, P n° 117 et Crim, 23 nov. 2022, n° 21-83.673, D, au n° 24.2.

RÉGIME PROCÉDURAL

▪ **Régime partiel de la criminalité organisée.** Applicable au **Cas** E : V. n° 11.22 (C. pr. pén., art. 706-74).

▪ **Obstacle de droit à la condamnation. Cas** C. En cas d'infraction portant atteinte à la filiation d'une personne, il ne peut être statué sur l'action pénale qu'après le jugement passé en force de chose jugée sur la question de filiation (C. civ., art. 319). Cet obstacle de droit constitue une cause de suspension de la prescription de l'action publique au sens de C. pr. pén., art. 9-3 issu de L. nº 2017-242, 27 févr. 2017 (v. nº 17.20A).

■ ÉLÉMENTS CONSTITUTIFS – QUALIFICATION

✧ Pour avoir à .... [¤ lieu], le .... [¤ date], [⇨A à B puis le cas échéant E dans les cas B ou D :]

A. contracté mariage aux seules fins d'obtenir ou de faire obtenir un titre de séjour, ou d'acquérir ou de faire acquérir la nationalité française (A : *N 25078.co*) ;

B. organisé ou tenté d'organiser un mariage aux seules fins d'obtenir ou de faire obtenir un titre de séjour, ou d'acquérir ou de faire acquérir la nationalité française (B : *N 25079.co*) ;

C. reconnu un enfant aux seules fins d'obtenir, ou de faire obtenir, un titre de séjour ou le bénéfice d'une protection contre l'éloignement, ou aux seules fins d'acquérir, ou de faire acquérir, la nationalité française (C : *N 26359.co*) ;

D. organisé une reconnaissance d'enfant aux seules fins d'obtenir, ou de faire obtenir, un titre de séjour ou le bénéfice d'une protection contre l'éloignement, ou aux seules fins d'acquérir, ou de faire acquérir, la nationalité française (D : *N 26360.co*) ;

E. [• préciser le cas échéant dans le cas B et D :] avec cette circonstance que les faits ont été commis en bande organisée (BE : *N 25080.co ; DE : N 26361.co*).

Faits prévus et réprimés par les articles : **PERSONNES PHYSIQUES.** L. 823-11, L. 823-12, anc^t^ L. 623-1 et L. 623-2 du code de l'entrée et du séjour des étrangers et du droit d'asile. **PERSONNES MORALES.** L. 823-11, L. 823-12 et L. 823-16, anc^t^ L. 623-1 et L. 623-3 du code de l'entrée et du séjour des étrangers et du droit d'asile.✧

27.4 Étranger – Le régime de l'expulsion ou de la reconduite à la frontière

A. Le statut de l'étranger au regard des normes constitutionnelles

« *Aucun principe non plus qu'aucune règle de valeur constitutionnelle n'assure aux étrangers des droits de caractère général et absolu d'accès et de séjour sur le territoire national. Les conditions de leur entrée et de leur séjour peuvent être restreintes par des mesures de police administrative conférant à l'autorité publique des pouvoirs étendus et reposant sur des règles spécifiques. Le législateur peut ainsi mettre en œuvre les objectifs d'intérêt général qu'il s'assigne. Dans ce cadre juridique, les étrangers se trouvent placés dans une situation différente de celle des nationaux* » (§ 50) ; « *Toutefois, si le législateur peut prendre à l'égard des étrangers des dispositions spécifiques, il lui appartient de respecter les libertés et droits fondamentaux de valeur constitutionnelle reconnus à tous ceux qui résident sur le territoire de la République. S'ils doivent être conciliés avec la sauvegarde de l'ordre public qui constitue un objectif de valeur constitutionnelle, figurent, parmi ces droits et libertés, notamment la liberté d'aller et venir et le droit de mener une vie familiale normale* » (§ 51) ; sous ces principes, ont en l'espèce été censurées comme méconnaissant « *l'objectif de valeur constitutionnelle d'accessibilité et d'intelligibilité de la loi* » (§ 55) les dispositions de la L. nº 2021-1109, 24 août 2021 (art. 26) qui prévoyaient le refus de titre de séjour à un étranger manifestant un rejet des principes de la République au motif qu'« *en faisant référence aux "principes de la République", sans autre précision, et en se bornant à exiger que la personne étrangère ait "manifesté un rejet" de ces principes* », ces dispositions ne permettaient pas « *de déterminer avec suffisamment de précision les comportements justifiant le refus* » de titre de séjour (§ 54) (Cons. const. 13 août 2021, nº 2021-823 DC).

B. La décision de refus d'entrée sur le territoire français

L'accès au territoire français **peut être refusé à tout étranger** dont la présence constituerait une menace pour l'ordre public ou qui fait l'objet soit d'un signalement aux fins de non-admission sur le territoire français introduit dans le système d'information Schengen (SIS) soit d'une peine d'interdiction judiciaire du territoire, soit d'un arrêté d'expulsion, soit d'une interdiction de retour sur le territoire français, soit d'une interdiction de circulation sur le territoire français, soit d'une interdiction administrative du territoire (Ceseda, art. L. 311-2, anc^t^ L. 213-1). Tout refus d'entrée en France doit faire l'objet d'une décision administrative écrite et motivée notifiée à l'intéressé dans une langue qu'il comprend (Ceseda, art. L. 332-2). La décision peut être exécutée d'office par l'administration, mais la personne peut refuser d'être rapatriée avant l'expiration d'un délai d'un jour franc (Ceseda, art. L. 333-1 et L. 332-2, anc^t^ L. 213-2).

En application de la convention d'application de l'accord de Schengen, 19 juin 1990, art. 26, et de la directive 2001/51/CE du Conseil, 28 juin 2001, lorsque l'entrée en France est refusée à un étranger, l'entreprise de transport aérien ou maritime qui l'a acheminé est tenue, à peine de sanctions administratives prévues par Cesesa, art. L. 821-10 (anc^{t}. L. 625-7) de le ramener sans délai, à la requête des autorités chargées du contrôle des personnes à la frontière, au point où il a commencé à utiliser le moyen de transport de cette entreprise (Ceseda, art. L. 333-3, anc^{t}., art. L. 213-4). « *les entreprises de transport aérien ne sont tenues, à la requête de ces autorités, que de prendre en charge ces personnes et d'assurer leur transport* » (§ 16), elles « *n'ont ni pour objet ni pour effet de mettre à la charge de ces entreprises une obligation de surveiller la personne devant être réacheminée ou d'exercer sur elle une contrainte, de telles mesures relevant des seules compétences des autorités de police* » (§ 17) (Cons. const. 15 oct. 2021, n° 2021-940 QPC, *Soc. Air France*).

L'étranger constituant une menace pour l'ordre public susceptible de justifier un refus d'entrée sur le territoire peut être inscrit au FPR (D. n° 2010-569, 28 mai 2010, art. 2 III 1°, sur le FPR, v. n° **13.17D2**).

C. L'expulsion

Si sa présence constitue une menace grave pour l'ordre public, l'étranger peut faire l'objet d'un **arrêté d'expulsion** pris par le préfet après avis d'une commission d'expulsion présidée par le président du TJ ou un juge délégué par lui (Ceseda, art. L. 631-1, L. 632-2, anc^{t} L. 521-1 et L. 522-1 ; art. R. 632-1, anc^{t} R. 522-1).

Une décision d'expulsion peut être prise à l'encontre des ressortissants d'un État membre de l'Union européenne, d'un autre État partie à l'accord sur l'Espace économique européen ou de la Confédération suisse, ou d'un membre de leur famille, si leur comportement personnel représente une menace réelle, actuelle et suffisamment grave pour un intérêt fondamental de la société (Ceseda, art. L. 252-1, anc^{t} L. 521-5).

En cas d'urgence absolue, l'arrêté d'expulsion peut être pris par le ministre de l'Intérieur sans avis préalable de la commission (Ceseda, art. L. 632-1, anc^{t} L. 522-1 ; R. 632-2, anc^{t} R. 522-2), et sans que l'étranger à l'encontre duquel la procédure d'expulsion est engagée n'en soit avisé (Ceseda, R. 632-3, anc^{t} R. 522-4).

L'arrêté est exécutoire d'office par l'autorité administrative (Ceseda, art. L. 722-4, anc^{t} L. 523-1). L'étranger faisant l'objet d'un arrêté d'expulsion est inscrit au FPR (D. n° 2010-569, 28 mai 2010, art. 2 IV 8°) (sur le FPR, v. n° **13.17D2**).

L'étranger justifiant d'une résidence durable en France, de motifs familiaux ou de santé ne peut faire l'objet d'un arrêté d'expulsion, sauf nécessité impérieuse pour la sûreté de l'État ou la sécurité publique (Ceseda, art. L. 631-2 et L. 631-3, anc^{t} L. 521-2 à L. 521-3) ; l'étranger mineur ne peut faire l'objet d'un arrêté d'expulsion (Ceseda, art. L. 631-4, anc^{t} L. 521-4).

L'engagement de la procédure d'expulsion doit être notifié à l'étranger par un bulletin de notification, remis en mains contre décharge ou par LRAR et lettre simple du même jour, l'avisant des motifs de la procédure, de la date, de l'heure et du lieu de la réunion de la commission, du droit à l'assistance d'un conseil à l'aide juridictionnelle, et de son droit d'être entendu avec un interprète (Ceseda, art. R. 632-3 à R. 632-5, anc^{t} R. 522-5 et R. 522-6).

L'étranger visé par un arrêté d'expulsion ne pouvant quitter immédiatement le territoire français peut être maintenu en **rétention administrative** dans des locaux non pénitentiaires, le temps strictement nécessaire à son départ, **2 jours** par décision du préfet puis, après ordonnance du juge de la liberté et de la détention autorisant la prolongation de la rétention administrative, **28 jours puis**, depuis le 1er mars 2019 au plus tard (L. n° 2018-778, 10 sept. 2018, art. 71), **30 jours** supplémentaires, puis **15 jours** et **15 jours**, soit un maximum de **90 jours** (Ceseda, art. L. 741-1, L.742-3, L. 742-4, L. 742-5, anc^{t} L. 551-1, L. 552-1, L. 552-7 mod. par L. n° 2018-778, 10 sept. 2018, auparavant 2 J + 28 J + 15 J, total 45 jours).

Mentionnons que selon les réserves d'interprétation exprimées par Cons. const., dans sa décision n° 2018-770 DC, 6 sept. 2018, § 75, relative à la durée maximale de 90 jours de la rétention éloignement « *l'autorité judiciaire conserve la possibilité d'interrompre à tout moment la prolongation du maintien en rétention, de sa propre initiative ou à la demande de l'étranger, lorsque les circonstances de droit ou de fait le justifient* ».

Le JLD est saisi dans la 48h de la notification du placement en rétention aux fins de prolongation de cette dernière au-delà de cette durée. Il statue dans les 48h après audition d'un représentant de l'administration s'il est présent, et de l'intéressé et de son conseil (Ceseda, art. L. 743-4 et L. 743-6, anc[t] L. 552-1) (sur les pouvoirs du JLD en matière de contrôle de la régularité de la retenue-vérification et de la retenue-éloignement, v. n° **12.34A** et **F**).

L'étranger mineur ne peut être retenu que s'il accompagne un étranger placé en rétention et ce dernier ne peut, puisqu'il est accompagné d'un mineur, être placé en rétention qu'à des conditions particulières (Ceseda, art. L. 741-5, anc[t] L. 551-1 III *bis*, réd. issue L. n° 2018-778, 10 sept. 2018). Par périodes de 30 jours renouvelées par la JLD de Paris, la rétention administrative peut aller jusqu'à 180 jours (6 mois) en cas de condamnation préalable à une peine d'interdiction du territoire pour des actes de terrorisme ou si une mesure d'expulsion a été prononcée pour un comportement lié à des activités à caractère terroriste pénalement constatée (Ceseda, art. L. 742-6, anc[t] L. 552-7, al. 4, mod. L. n° 2016-274, 7 mars 2016). Ce délai peut aller jusqu'à 210 jours (7 mois) après deux prolongations de 15 jours (Ceseda, art. L. 742-7, anc[t] L. 552-7, al. 5, mod. L. n° 2018-778, 10 sept. 2018, applicable au plus tard le 1er mars 2019).

D. La reconduite à la frontière

1. L'obligation de quitter le territoire français (OQTF)

L'autorité administrative peut obliger, par décision motivée, l'étranger à **quitter le territoire français** s'il est dépourvu de titre de séjour ou s'il a été retiré ou non renouvelé, (Ceseda, art. L. 611-1, anc[t] L. 511-1, I).

L'étranger dispose d'un **délai de 30 jours**, dit **délai de départ volontaire**, lequel peut faire l'objet d'une prolongation, pour quitter le territoire selon ses propres moyens (Ceseda, art. L. 612-1, anc[t] L. 511-1 II). Il peut durant ce délai être astreint à se présenter aux autorités pour y indiquer ses diligences pour la préparation de son départ (Ceseda, art. L. 721-7, anc[t] L. 513-4, al. 1).

L'obligation de **quitter sans délai le territoire** peut toutefois être imposée par l'autorité administrative en cas de menace pour l'ordre public, de risque de soustraction à l'obligation, de garanties de représentation insuffisantes, d'absence de documents d'identité ou de voyage, de décision exécutoire d'éloignement d'un État de l'espace Schengen ou si l'étranger s'est maintenu sans titre de séjour sur cet État, si l'étranger s'est vu refuser la délivrance ou le renouvellement d'un titre de séjour aux motifs que sa demande était manifestement infondée ou frauduleuse, ou si l'étranger a explicitement déclaré son intention de ne pas se conformer à son obligation de quitter le territoire français (Ceseda, art. L. 612-2, anc[t] L. 511-1 II, mod. par. L. n° 2018-778, 10 sept. 2018). L'arrêté ne peut être exécuté avant l'expiration du délai de départ volontaire de 30 jours suivant la notification de la décision dans les formes administratives, ou avant l'expiration d'un délai de 48 h si aucun délai n'a été accordé, ou avant la décision du président du tribunal administratif s'il a été saisi d'un recours (Ceseda, art. L. 722-3 et L. 722-7, anc[t] L. 512-3, al. 2).
Les étrangers mineurs, ou titulaires d'une rente d'accident du travail ou maladie professionnelle servie par un organisme français, ou résidant habituellement en France et pris en charge médicalement pour une affection grave, ou résidant en France depuis une certaine durée, ne peuvent faire l'objet d'une obligation de quitter le territoire français (Ceseda, art. L. 611-3, anc[t] L. 511-4).

Le **ressortissant d'un État membre de l'Union européenne**, et les membres de sa famille peuvent également faire l'objet d'une OQTF s'ils ne justifient plus d'aucun droit au séjour, si le séjour est constitutif d'un abus de droit (ex. séjour dans le but essentiel de bénéficier du système d'assistance sociale, Ceseda, art. L. 251-1, al. 5) ou si son comportement constitue une menace réelle, actuelle et suffisamment grave à l'encontre d'un intérêt fondamental de la société (Ceseda, art. L. 251-1, anc[t] L. 511-3-1).
L'OQTF qui n'a pas été contestée dans les délais ou qui n'a pas fait l'objet d'une annulation peut être **exécutée d'office** par l'administration (Ceseda, art. L. 614-7, L. 614-8, anc[t] L. 722-3, anc[t] L. 513-1).
L'étranger faisant l'objet d'une obligation de quitter le territoire français non exécutée est inscrit au FPR (D. n° 2010-569, 28 mai 2010, art. 2 IV 5°) (sur le FPR, v. n° **13.17D2**).

L'étranger devant être reconduit à la frontière ne pouvant quitter immédiatement le territoire français peut être placé en **rétention administrative** dans des locaux non pénitentiaires dans les conditions énoncées au point C ci-dessus (Ceseda, art. L. 614-7, L. 614-8, anc[t] L. 512-3, L. 551-1, L. 552-1, L. 552-7).

2. La reconduite résultant d'une interdiction judiciaire du territoire

L'interdiction judiciaire du territoire français entraîne de plein droit reconduite à la frontière, le cas échéant à l'expiration de la peine d'emprisonnement (C. pén., art. 131-30° ; Ceseda, art. L. 722-6, anc[t] L. 624-3, al. 3). Prononcée à titre de peine principale ou complémentaire (C. pén., art. 131-10 et 131-11), l'interdiction peut être assortie de l'exécution provisoire (C. pr. pén., art. 471). Elle entraîne dans ce cas maintien de plein droit de l'étranger en rétention administrative dans les conditions énoncées au point C ci-dessus (Ceseda, art. L. 741-1, L. 741-2, L. 741-8 et L. 741-9 ; anc[t] L. 555-1, L. 552-1 et L. 552-7).

E. L'interdiction administrative du territoire, de retour et de circulation

1. L'interdiction administrative du territoire

L'interdiction administrative du territoire fait l'objet d'une décision écrite rendue après une procédure non contradictoire (Ceseda, art. L. 321-2, anc[t] art. L. 214-3) à l'encontre d'un étranger qui ne réside pas habituellement en France et **ne se trouve pas sur le territoire** national (Ceseda, art. L. 321-1, anc[t] L. 214-1 et L. 214-2).

Cette mesure semble pouvoir être prise à l'encontre d'un **ressortissant d'un État membre de l'Union européenne**, si sa présence constituerait une menace grave pour un intérêt fondamental de la société (Ceseda, art. L. 214-1), quoique les nouvelles dispositions du Ceseda ne le prévoient pas expressément.

Elle peut être prise contre **tout autre ressortissant étranger** si sa présence constitue une menace grave pour l'ordre public, la sécurité intérieure ou les relations internationales de la France (Ceseda, art. L. 321-1, anc[r] L. 214-2).

L'étranger faisant l'objet d'une interdiction administrative du territoire est inscrit au FPR (D. n° 2010-569, 28 mai 2010, art. 2 IV 12°) (sur le FPR, v. n° 13.17D2).

L'interdiction administrative du territoire donne lieu à un **refus d'entrée** ou à une **reconduite à la frontière** si la personne concernée s'apprête à rentrer en France ou s'y trouve (Ceseda, art. L. 322-2, anc[t] L. 214-4).

2. L'interdiction de retour

L'autorité administrative assortit l'OQTF d'une **interdiction de retour** d'une durée maximale de 3 ans lorsque l'étranger n'a **pas bénéficié du délai de départ volontaire** (Ceseda, art. L. 612-6, anc[t] L. 511-1, III, al. 1 ; voir 1 ci-dessus sur les motifs permettant à l'administration d'exclure le délai de départ volontaire en cas d'OQTF).

Lorsque **l'étranger s'est maintenu irrégulièrement sur le territoire français après l'expiration du délai de départ volontaire**, l'autorité administrative peut édicter une interdiction de retour d'une durée maximale de **2 ans** (Ceseda, art. L. 612-7, anc L. 511-1, III, al. 6).

Il en est de même pour une durée maximale de **2 ans** lorsque l'étranger n'a **pas exécuté son obligation** de quitter le territoire (Ceseda, art. L. 612-8, anc[t] L. 511-1 III, al. 4).

Dans ces trois cas, la durée de l'interdiction de retour court à compter, non plus de sa notification, mais de « *l'exécution de l'obligation de quitter le territoire français* » (Ceseda, art. L. 612-6, L. 612-7 et L. 612-8, anc[t] L. 511-1, III, al. 1 mod. par. L. n° 2018-778, 10 sept. 2018).

L'étranger à l'encontre duquel a été prise une interdiction de retour est informé qu'il fait l'objet d'un signalement aux fins de non-admission dans les systèmes d'information Schengen (SIS) (Ceseda, art. L. 613-5, anc[t] L. 511-1 III, al. 5).

Pour d'autres motifs, l'administration peut également assortir l'OQTF d'une interdiction de retour pour une durée maximale de 2 ans. Cette interdiction est **de droit abrogée si** l'étranger s'est conformé à son obligation de quitter le territoire au plus tard deux mois après l'expiration du délai de départ volontaire (Ceseda, art. L. 511-1, III, al. 12). À l'inverse, l'interdiction de retour **peut être prolongée** pour une durée supplémentaire de 2 ans si l'étranger s'est maintenu irrégulièrement sur le territoire alors qu'il était obligé de le quitter sans délai ou au-delà du délai de départ volontaire lui ayant été accordé, ou y est revenu durant le délai d'interdiction de retour (Ceseda, art. L. 612-11, anc[t] L. 511-1, III, al. 7).

L'étranger faisant l'objet d'une interdiction de retour est inscrit au FPR pendant la période de validité de cette mesure (D. n° 2010-569, 28 mai 2010, art. 2 IV 6°) (sur le FPR, v. n° 13.17D2).

L'étranger faisant l'objet d'une interdiction de retour peut être **reconduit d'office à la frontière** L. 722-8, anc[t] L. 513-1, II).

3. L'interdiction de circulation

L'OQTF visant un **ressortissant d'un État membre de l'Union européenne** peut, en cas d'abus du droit de séjour ou de menace réelle, actuelle et suffisamment grave à l'encontre d'un intérêt fondamental de la société, être assortie d'une **interdiction de circulation** sur le territoire français pour une **durée maximale de 3 ans** (Ceseda, art. L. 251-1, L. 251-4, anc[t] L. 511-3-1 et L. 511-3-2).

L'étranger faisant l'objet d'une interdiction de circulation est inscrit au FPR pendant la durée de validité de cette mesure (D. n° 2010-569, 28 mai 2010, art. 2 IV 7°) (sur le FPR, v. n° 13.17D2).

L'étranger faisant l'objet d'une interdiction de circulation peut être **reconduit d'office à la frontière** (Ceseda, art. L. 722-8, anc[t] L. 513-1, II).

F. L'articulation de la peine et de la mesure d'éloignement : l'aménagement expulsion

Dans les conditions précisées au n° 18.10H6, le JAP peut ordonner une libération conditionnelle, même contre l'accord de la personne, conditionnée par l'exécution d'une mesure judiciaire ou administrative d'éloignement du territoire concernant l'étranger détenu (C. pr. pén., art. 729-2).

G. Les mesures de contrainte pour l'exécution des mesures d'éloignement – Conduite sous escorte et visite domiciliaire.

1. La conduite sous escorte devant les autorités consulaires

S'il n'a pas déféré à une demande de présentation aux autorités consulaires « *dont il est raisonnable de penser qu'il a la nationalité* », l'étranger assigné à résidence peut faire l'objet d'une **escorte aux fins de présentation aux autorités consulaires** en vue de la délivrance d'un document de voyage, dans les conditions et pour le temps strictement nécessaire à cette démarche (Ceseda, art. L. 733-6, anc[t] L. 513-5).

En cas d'obstruction volontaire de la part de la personne assignée à résidence, une autorisation de visite domiciliaire peut être donnée par le JLD aux fins de s'assurer de sa présence et de sa conduite auprès des autorités consulaires (Ceseda, art. L. 733-7, anc[t] L. 513-5, al. 2).

Ces dispositions sont également applicables dans le cas où l'étranger qui fait l'objet d'une interdiction judiciaire du territoire n'est plus assigné à résidence mais est astreint à déclarer les locaux où il réside et à se présenter aux convocations des services de police ou de gendarmerie (Ceseda, art. L. 733-16, anc[t] L. 513-5 et L. 541-3, mod. par L. n° 2018-778, 10 sept. 2018, applicable au plus tard le 1er janv. 2019, art. 71 III).

2. La visite domiciliaire aux fins d'exécution de la mesure d'éloignement

Outre le cas ci-dessus concernant la personne assignée à résidence, en vue de l'exécution d'une mesure de reconduite à la frontière (Ceseda, art. L. 722-2 et L. 733-8, anc[t] L. 214-4, al. 3 réd. L. n° 2016-274, 7 mars 2016), d'un arrêté d'expulsion (Ceseda, art. L. 722-2 et L. 733-8, anc[t] L. 523-1, réd. L. n° 2016-274, 7 mars 2016, L. 214-4, al. 3), d'une interdiction du territoire français, en cas d'obstruction (Ceseda, art. L. 733-6, L. 733-7, L. 733-16, anc[t] L. 541-3, al. 1, réd. L. n° 2016-274, 7 mars 2016) ou d'une mesure d'éloignement (Ceseda, art. L. 733-8, anc[t] L. 561-2, réd. L. n° 2016-274, 7 mars 2016), l'autorité administrative peut demander au JLD de l'autoriser à requérir les services de police et de gendarmerie pour qu'ils **visitent le domicile** de l'étranger afin de s'assurer de sa présence, de permettre de procéder à son éloignement effectif ou lui notifier une mesure de rétention administrative.

Les modalités communes de la décision du JLD, de sa formalisation et de son exécution sont précisées au Ceseda, art. L. 133-9 à L. 133-13, anc[t] 561-2, II, al. 3 à 6.

H. La prohibition des expulsions collectives

Conv. EDH, protocole n° 4, art. 4 « *les expulsions collectives d'étrangers sont interdites* ».

CEDH 5 févr. 2002, *Conka c/ Belgique,* req. n° 51564/99. Dans cette espèce, plusieurs Tziganes slovaques demandeurs d'asile, dont les requérants, avaient fait l'objet d'un rapatriement collectif coordonné. Ils avaient reçu une convocation au commissariat en vue de « compléter leur dossier relatif à leur demande d'asile », où ils se sont vus remettre un ordre de quitter le territoire ; une décision de remise à la frontière et d'arrestation. La cour énonce que si la police peut légitiment user de stratagèmes pour déjouer des activités criminelles, « *en revanche, le comportement de l'administration qui cherche à donner confiance à des demandeurs d'asile en vue de les arrêter, puis de les expulser, n'est pas à l'abri de la critique au regard des principes généraux énoncés par la Convention ou impliqués par elle* » (§ 41) ;

qu'il n'est pas compatible avec l'article 5 de la Convention (relatif à la liberté et à la sûreté) que « *dans le cadre d'une opération planifiée d'expulsion et dans un souci de facilité ou d'efficacité, l'administration décide consciemment de tromper les personnes, même en situation illégale, sur le but de la convocation, pour mieux pouvoir les priver de leur liberté* » (§ 42). Sous l'angle du protocole n° 4, la CEDH précise ensuite (§ 59) « *il faut entendre par expulsion collective, au sens de l'article 4 du protocole n° 4, toute mesure contraignant les étrangers, en tant que groupe, à quitter un pays, sauf dans le cas où cette mesure est prise à l'issue et sur la base d'un examen raisonnable et objectif de la situation particulière de chacun des étrangers qui forment le groupe* » ; tel n'est pas le cas selon la Cour lorsque (§ 62) « *préalablement à l'opération litigieuse, les instances politiques responsables avaient annoncé des opérations de ce genre et donné des instructions à l'administration compétente en vue de leur réalisation ; que tous les intéressés ont été convoqués simultanément au commissariat ; que les ordres de quitter le territoire et d'arrestation qui leur ont été remis présentaient un libellé identique ; qu'il était très difficile pour les intéressés de contacter un avocat ; enfin que la procédure d'asile n'était pas terminée* » ; (§ 63) « *Bref, à aucun stade de la période allant de la convocation des intéressés au commissariat à leur expulsion, la procédure suivie n'offrait des garanties suffisantes attestant d'une prise en compte réelle et différenciée de la situation individuelle de chacune des personnes concernées.* »

27.5 Étranger – Soustraction aux mesures d'éloignement – Refus d'entrée, arrêté d'expulsion, de reconduite à la frontière, d'interdiction du territoire ou d'assignation à résidence

▪ PEINES

PERSONNE PHYSIQUE

PP Délit. Cas A : 1 an d'emprisonnement, 3 750 € (Ceseda, art. L. 824-3, anc^{t} L. 624-1) ;

Cas B à G : 3 ans d'emprisonnement (Ceseda, art. L. 824-9, anc^{t} L. 624-1-1) ;

Cas H : 3 ans d'emprisonnement (Ceseda, art. L. 824-4, anc^{t} L. 624-4) ;

Cas I : 1 an d'emprisonnement (Ceseda, art. L. 824-5, anc^{t} L. 624-4) ;

PC Étranger condamné : Cas A à G : interdiction du territoire français, ⩽ 3 ans dans le Cas A (Ceseda, art. L. 824-3), ⩽ 10 ans dans les cas B (Ceseda, art. L. 821-5), C (Ceseda, art. L. 824-9), D (Ceseda, art. L. 824-9), E (Ceseda, art. L. 824-11), F (Ceseda, art. L. 824-1), G (Ceseda, art. L. 821-3) (Ceseda anc^{t} art. L. 624-2, C. pén., art. 131-30 à 131-30-2).

PERSONNE MORALE

PP Amende applicable ⩽ quintuple de celle prévue pour les personnes physiques (C. pén., art. 131-38).

PC Néant.

▪ ORIENTEUR

AUTRE QUALIFICATION

▪ Étranger – Soustraction au maintien en zone d'attente ou à une mesure de rétention administrative. V. n° 27.6.

▪ Utilisation d'un document d'identité d'un tiers pour entrer ou se maintenir sur le territoire ou obtenir un avantage. V. n° 24.3.

▪ Refus de se prêter aux prises d'empreintes digitales ou de photographies – Contrôle d'identité – Séjour des étrangers. V. n° 25.34.

ÉLÉMENT LÉGAL

▪ **Application de la loi pénale dans le temps.** Cas A : incriminations créées par L. n° 2012-1560, 31 déc. 2012. Cas D : incrimination créée par L. n° 2018-778, 10 sept. 2018. Cas D *bis* : incrimination créée par L. n° 2021-10-40, 5 août 2021 (v. élément matériel).

▪ **Octroi du statut de réfugié. Rétroactivité de la reconnaissance du statut de réfugié.** L'autorité administrative ne peut obliger un étranger à quitter le territoire français lorsqu'il a obtenu la qualité de réfugié (Convention de Genève, 28 juill. 1951 relative au statut de réfugié, art. 33 ; Ceseda, art. L. 721-2 et L. 511-1). La décision de l'Office français de protection des réfugiés et apatrides (Ofpra) d'octroi du statut de réfugié intervenue depuis la commission de l'infraction « *est déclarative et récognitive de sorte que la qualité de réfugié reconnue à l'intéressé est réputée lui appartenir depuis le jour de son arrivée en France* » (§ 10), « *Cette reconnaissance a pour conséquence nécessaire d'enlever toute* *base légale à la poursuite, du chef de soustraction à un arrêté portant obligation de quitter le territoire français* » (Crim. 11 mars 2020, n° 19-81.541, P).

▪ **Abrogation ou annulation de la mesure administrative. • Non-rétroactivité de l'abrogation.** Le délit de soustraction à un arrêté préfectoral de reconduite à la frontière est consommé malgré l'abrogation ultérieure de cet arrêté, car « *n'ayant pas de portée rétroactive, l'abrogation d'un acte administratif individuel pénalement sanctionné est sans effet sur la validité de poursuites fondées sur la violation antérieure de cet acte* » (Crim. 19 févr. 1997, n° 96-80.130, P n° 68). **• Rétroactivité de l'annulation.** L'annulation pour illégalité de l'acte administratif fondant les poursuites par le tribunal administratif « *a pour conséquence nécessaire d'enlever toute base légale à la poursuite* [...], *les faits qui l'ont motivée étant dépourvus de tout caractère d'infraction pénale* » (Crim. 12 déc. 1990, n° 90-81.056, D).

TEXTE DE RÉFÉRENCE

▪ **Refus d'entrée, expulsion ou reconduite à la frontière.** V. n° **27.4**.

▪ **Directive européenne.** La cour de justice de l'Union européenne (CJUE 28 avr. 2011, *El Dridi*, aff. C-61/11 PPU), estime que la **directive 2008/115/CE dite « directive retour »**, notamment ses articles 15 et 16, s'oppose à une règlementation d'un État membre prévoyant l'infliction d'une peine d'emprisonnement à un ressortissant d'un pays tiers en **séjour irrégulier**, pour le seul motif qu'il demeure sans justification sur le territoire en violation d'un ordre de quitter ce dernier. La rétention administrative paraît donc la seule mesure admise, prévue par la directive, permettant d'atteindre l'objectif d'éloignement, sans préjudice, selon la décision de la CJUE (§ 60), de dispositions réglant les cas où cette mesure n'a pas permis de parvenir à l'éloignement de l'étranger en situation irrégulière. Le placement en garde à vue et la poursuite d'un étranger sur le fondement de la seule situation de séjour (Ceseda, ancien art. L. 624-1 abrogé par L. n° 2012-1560, 31 déc. 2012), ne paraissent donc envisageables que si les faits sont associés à d'autres comportements matérialisant l'intention de faire échec à l'exécution de la mesure d'éloignement (violences contre les agents chargés de la mise à exécution de la mesure, fraude documentaire, non remise des documents de voyage, fourniture d'une fausse identité, etc.). Toutefois, ces restrictions ne s'appliquent pas à la mesure d'interdiction judiciaire du territoire prononcée dans le cadre d'une condamnation pénale, puisque la directive susvisée permet aux États de ne pas appliquer ses dispositions aux ressortissants des pays tiers faisant l'objet d'une procédure d'extradition ou d'une sanction pénale prévoyant ou ayant pour conséquence leur retour (Dir. 2008/115/CE, art. 2, b). Ainsi, « *les infractions de pénétration non autorisée sur le territoire national après interdiction judiciaire et de soustraction à l'exécution d'une mesure de refus d'entrée en France, reprochées au prévenu, qui sont caractérisées par la violation délibérée de cette interdiction judiciairement prononcée et par le refus d'exécuter la mesure de refus d'entrée en France, sont distinctes de la soustraction à une mesure d'éloignement, et n'entrent pas dans les prévisions de la directive susvisée et n'exigent, pour être poursuivies, aucune mesure de contrainte particulière* » (Crim. 29 juin 2022, n° 21-84.321, P). La Ch. crim. déduit de la directive retour et de la jurisprudence de la CJUE que « *les délits, punis d'une peine d'emprisonnement, dont la poursuite repose sur la circonstance de l'entrée, du séjour ou du maintien irrégulier de la personne poursuivie, et qui ont pour seul objet de sanctionner le manque de coopération de celle-ci à l'exécution de la décision de retour, ne peuvent être poursuivis avant que la procédure de rétention ne soit parvenue à son terme* » (§ 15), en conséquence, elle considère que l'infraction consistant, pour un étranger, à « *refuser de se soumettre aux obligations sanitaires nécessaires à l'exécution d'office de la mesure d'éloignement* » (§ 16) (**Cas D *bis***), « *ne peut être poursuivie que si cet étranger a fait l'objet d'une mesure régulière de placement en rétention ou d'assignation à résidence ayant pris fin* [...], *sans qu'il ait pu être procédé à son éloignement* » (§ 17), dès lors les poursuites pénales ne peuvent être engagées de ce chef « *avant l'expiration du délai de la rétention du prévenu* » (§ 19) (Crim. 13 avr. 2023, n° 22-81.676, P). Une solution identique est apportée pour l'infraction consistant à « *ne pas communiquer à l'autorité administrative compétente les documents de voyage, ou les renseignements qui permettent d'établir son identité, ou encore des renseignements inexacts* » (**Cas F** et **G**) (Crim. 13 avr. 2023, n° 22-85.816, D). Il en résulte que la personne qui fait volontairement échec à la procédure d'éloignement ne peut être poursuivie tant qu'elle est en rétention, mesure coercitive pourtant destinée à favoriser le procédure de retour ou d'éloignement, ce qui semble contraire à l'effet utile de la directive qui poursuit l'objectif d'une politique efficace d'éloignement et de rapatriment. Mentionnons que la directive retour n'est pas applicable aux procédures de transfert d'un État membre de l'Union vers un autre État membre, lesquelles relèvent du règlement n° 604/2013 (Crim. 13 avr. 2023, n° 22-84.426, P (§ 15)).

▪ **Assignation administrative à résidence.** Peut être assigné à résidence l'étranger visé par un arrêté d'expulsion ou de reconduite à la frontière qui établit ne pouvoir regagner son pays d'origine ou un autre pays, ou, en cas de nécessité impérieuse pour la sûreté de l'État, pour une durée n'excédant pas un mois, l'étranger faisant l'objet d'une proposition d'expulsion (Ceseda, art. L. 513-4 et L. 523-3 ; R. 513-2).

▪ **Assignation judiciaire à résidence.** L'étranger visé par un arrêté d'expulsion ou de reconduite à la frontière qui ne peut quitter immédiatement le territoire français peut, à titre exceptionnel, être assigné à résidence par le JLD pendant le temps strictement nécessaire à son départ, s'il dispose de garanties effectives de représentation et après remise aux services de police ou de gendarmerie de l'original de son passeport ou de documents d'identité, en échange d'un récépissé valant justification d'identité sur lequel est porté la mention de la mesure d'éloignement en instance d'exécution (Ceseda, art. L. 552-4).

▪ **Inscription au fichier des personnes recherchées.** L'étranger faisant l'objet d'une assignation à résidence est inscrit au FPR (D. nº 2010-569, 28 mai 2010, art. 2 IV 9º) (sur le FPR, v. nº 13.17D2).

ÉLÉMENT MATÉRIEL

▪ **Tentative. Punissable** pour les **cas** B et C (Ceseda, art. L. 624-1-1).

▪ **Condition préalable.** Cas A. Il se déduit de Ceseda, art. L. 624-1 et de la directive 2008/115/CE 16 déc. 2008, dite « directive retour », art. 8 et 15, « *qu'un étranger ayant fait l'objet d'un placement en rétention administrative ou d'une assignation à résidence ne peut être poursuivi du chef de soustraction à l'exécution d'une décision de reconduite à la frontière que si ces mesures administratives ont pris fin sans qu'il ait été procédé à son éloignement* » (Crim. 1er avr. 2015, nº 13-86.418, P nº 72 ; dans le même sens, Crim. 9 juin 2021, nº 20-80.533, D).

▪ **Soustraction à une mesure d'éloignement.** Cas C et D*bis* : jugé que « *le législateur n'avait entendu sanctionner que la soustraction à l'exécution de la mesure et non le refus de consentir à des actes préparatoires à celle-ci, sauf exceptions spécialement énumérées, parmi lesquelles ne figurait pas le refus de se soumettre à un test de dépistage* » du Covid 19 (Crim. 10 nov. 2021, nº 21-81.925, P ; dans le même sens : Crim. 24 nov. 2021, nº 21-83.113, D). La L. nº 2021-10-40, 5 août 2021 a complété CESEDA, art. L. 824-9 en prévoyant que l'incrimination « *est également applicable en cas de refus, par un étranger, de se soumettre aux obligations sanitaires nécessaires à l'exécution d'office de la mesure dont il fait l'objet* » « *L'expression "obligations sanitaires", éclairée par les travaux parlementaires, doit s'entendre des tests de dépistage de la covid-19. Il appartient par ailleurs au juge pénal, saisi de poursuites ordonnées sur le fondement de ces dispositions, de vérifier la réalité du refus opposé par l'étranger poursuivi et l'intention de l'intéressé de se soustraire à l'exécution d'office de la mesure d'éloignement* » (Cons. const. 5 août 2021, nº 2021-824 DC, § 95).

▪ ÉLÉMENTS CONSTITUTIFS – QUALIFICATION

✧ Pour s'être à .... [¤ lieu], le .... [¤ date], étant étranger [⇨A à I :]

A. **MAINTIEN IRRÉGULIER MALGRÉ MESURE D'ÉLOIGNEMENT (CESEDA, ART. L. 824-3, ANC^T L. 624-1 ET L. 624-2) [⇨A1 À A5 :]**

sans motif légitime, après avoir fait l'objet d'une mesure régulière de placement en rétention ou d'assignation à résidence ayant pris fin sans qu'il ait pu être procédé à son éloignement, **maintenu irrégulièrement** sur le territoire français alors qu'il faisait l'objet [⇨A1 à A5 :]

A1. d'un **arrêté d'expulsion** (A1 : *N 29526.co*) ;

A2. d'une mesure de **reconduite à la frontière** (A2 : *N 29527.co*) ;

A3. d'une **obligation de quitter le territoire** français (A3 : *N 29528.co*) ;

A4. d'une **interdiction judiciaire** du territoire français (A4 : *N 29529.co*) ;

A5. d'une **interdiction administrative** du territoire français (A5 : *N 30739.co*) ;

B. **SOUSTRACTION À UNE MESURE DE REFUS D'ENTRÉE (CESEDA, ART. L. 821-5, ANC^T L. 624-1-1)**

soustrait ou avoir tenté de se soustraire à une mesure de **refus d'entrée** en France (B : *N 22174.co*) ;

C. **SOUSTRACTION À UNE MESURE D'ÉLOIGNEMENT (CESEDA, ART. L. 824-9, ANC^T L. 624-1-1 ET L. 624-2) [⇨C1 À C5 :]**

C1. soustrait ou avoir tenté de se soustraire à l'exécution d'une **interdiction administrative du territoire** prise le .... [¤ date de l'arrêté] par le .... [¤ autorité concernée] (C1 : *N 30740.co*) ;

C2. soustrait ou avoir tenté de se soustraire à l'exécution d'un **arrêté d'expulsion** pris le .... [¤ date de l'arrêté] par le .... [¤ autorité concernée] (C2 : *N 6310.co*) ;

C3. soustrait ou avoir tenté de se soustraire à l'exécution d'une **mesure de reconduite à la frontière** résultant de l'**interdiction judiciaire du territoire** prononcée le .... [¤ date de la décision] par .... [¤ juridiction concernée] (C. pén., art. 131-30 ; Ceseda, art. L. 722-6) (**C3** : *N* ***6311.co***) ;

C4. soustrait ou avoir tenté de se soustraire à l'exécution d'un **arrêté de reconduite à la frontière** régulièrement notifié pris le .... [¤ date de l'arrêté] par le .... [¤ autorité concernée] (**C4** : *N* ***6311.co***) ;

C5. soustrait ou avoir tenté de se soustraire à l'exécution d'une **obligation de quitter le territoire français** régulièrement notifiée prise le .... [¤ date de l'arrêté] par le .... [¤ autorité concernée] (**C5** : *N* ***26357.co***) ;

D. Refus de se soumettre aux modalités de transport pour l'exécution de la mesure d'éloignement (Ceseda, art. L. 824-9, anc^{t} L. 624-1-1 et L. 624-2, L. n° 2018-778, 10 sept. 2018)

refusé de se soumettre aux modalités de transport qui lui ont été désignées pour l'exécution d'office d'une mesure d'éloignement (**D** : *N #.co*) ;

D.*bis* Refus de se soumettre aux obligations sanitaires nécessaires à l'exécution de la mesure d'éloignement (Ceseda, art. L. 824-9, mod. L. n° 2021-1040, 5 août 2021)

refusé de se soumettre aux obligations sanitaires nécessaires à l'exécution d'office d'une mesure d'éloignement (**D*bis*** : *N #.co*) ;

E. Pénétration malgré une mesure d'éloignement (Ceseda, art. L. 824-11, anc^{t} L. 624-1-1 et L. 624-2)

pénétré **de nouveau** sans autorisation sur le territoire national malgré [⇨**E1** à **E5** :]

E1. **expulsion** résultant d'un arrêté du .... [¤ date de l'arrêté] pris par .... [¤ autorité concernée] (**E1** : *N* ***6312.co***) ;

E2. **interdiction judiciaire** du territoire prononcée le .... [¤ date de la décision] par .... [¤ juridiction concernée] (**E2** : *N* ***6313.co***) ;

E3. un arrêté d'**interdiction administrative** du territoire du .... [¤ date de l'arrêté] pris par .... [¤ autorité concernée] (**E3** : *N* ***30741.co***) ;

E4. un arrêté d'**interdiction de retour** du .... [¤ date de l'arrêté] pris par .... [¤ autorité concernée] (**E4** : *N* ***29524.co***) ;

E5. un arrêté d'**interdiction de circulation** du .... [¤ date de l'arrêté] pris par .... [¤ autorité concernée] (**E5** : *N* ***31534.co***) ;

F. Non-communication de documents de voyages ou de renseignements permettant l'expulsion ou la reconduite d'éloignement (Ceseda, art. L. 824-1, anc^{t} L. 624-1-1 et L. 624-2)

omis de communiquer à l'autorité administrative compétente les documents de voyage ou renseignements permettant l'exécution d'une mesure de refus d'entrée, d'expulsion, de reconduite à la frontière ou d'une d'obligation de quitter le territoire (**F** : *N* ***11329.co***) ;

G. Renseignements d'identité inexacts, expulsion ou reconduite d'éloignement (Ceseda, art. L. 821-3, anc^{t} L. 624-1-1 et L. 624-2)

communiqué des renseignements d'identité inexacts à l'autorité administrative compétente poursuivant l'exécution d'une mesure de refus d'entrée, d'expulsion, de reconduite à la frontière, ou d'une d'obligation de quitter le territoire (**G** : *N* ***22124.co***) ;

H. Soustraction aux obligations de résidence en matière d'assignation à résidence (Ceseda, L. 824-4, anc^{t} art. L. 624-4)

Omis de rejoindre dans les délais prescrits la résidence qui lui était assignée ou quitté cette résidence sans autorisation de l'administration alors qu'il faisait l'objet d'une mesure d'assignation à résidence prise dans le cadre [⇨**H1** à **H5** :]

H1. d'une mesure d'obligation de quitter le territoire Français (Ceseda, art. L. 731-3, 1°, anc^{t} L. 561-1)(**H1** : *N* ***29521.co***) ;

H2. d'une mesure d'interdiction de retour sur le territoire français (Ceseda, art. L. 731-3, 2°, anc^{t} L. 561-1) (**H2** : *N #.co*) ;

H3. d'une mesure d'éloignement prise pour la mise en œuvre d'une décision d'un autre État ou la remise de l'étranger aux autorités d'un autre État (Ceseda, art. L. 731-3, 3° et 4°, anc^{t} L. 561-1) (H3 : *N 31496.co*) ;

H4. d'une mesure d'interdiction administrative ou judiciaire de circulation sur le territoire français (Ceseda, art. L. 731-3, 5°, 7°, 8°, anc^{t} L. 561-1) (H4 : *N 6314.co*) ;

H5. d'une décision d'expulsion (Ceseda, art. L. 731-3, 6°, anc^{t} L. 523-3 à L. 523-5) (H5 : *N 4386.co*).

I. SOUSTRACTION AUX OBLIGATIONS DE PRÉSENTATION AUX SERVICES DE POLICE OU DE GENDARMERIE EN CAS D'ASSIGNATION À RÉSIDENCE (CESEDA, ART. L. 824-5, ANC^{T} L. 624-4)

Omis de respecter les obligations de présentation périodique aux services de police ou de gendarmerie alors qu'il était assigné à résidence (I : *N 29523.co*) ;

Faits prévus et réprimés par les articles [¤ de l'infraction sélectionnée] du code de l'entrée et du séjour des étrangers et du droit d'asile. ✧

27.6 Étranger – Soustraction au maintien en zone d'attente ou à une mesure de rétention administrative

■ PEINES

PERSONNE PHYSIQUE

PP Délit. Cas A : 3 ans d'emprisonnement (Ceseda, art. L. 821-4 (Cas 1A), L. 824-8 (Cas 2A), anc^{t} L. 624-1-1) ;

Cas B à D : 5 ans d'emprisonnement (Ceseda, art. L. 821-4 (Cas 1), L. 824-8 (Cas 2), anc^{t} L. 624-1-1) ;

Cas E et F : 7 ans d'emprisonnement (Ceseda, art. L. 821-4 (Cas 1), L. 824-8 (Cas 2), anc^{t} L. 624-1-1).

PC interdiction du territoire ⩽ 10 ans (Ceseda, art. L. 821-4, L. 824-8, anc^{t} L. 624-2, C. pén., art. 131-30, 131-30-1 et 131-30-2).

PERSONNE MORALE

PP Amende applicable ⩽ quintuple de celle prévue pour les personnes physiques (C. pén., art. 131-38).

PC Néant.

■ ORIENTEUR

AUTRE QUALIFICATION

▪ Étranger – Aide et assistance à la soustraction au maintien en zone d'attente ou à une mesure de rétention administrative. V. n° 27.7.

▪ Étranger – Soustraction aux mesures d'éloignement – Refus d'entrée, arrêté d'expulsion, de reconduite à la frontière, d'interdiction du territoire ou d'assignation à résidence. V. n° 27.5.

ÉLÉMENT LÉGAL

▪ **Application de la loi pénale dans le temps.** Incrimination créée par L. n° 2016-274, 7 mars 2016.

ÉLÉMENT MATÉRIEL

▪ **Tentative.** Punissable. Ceseda, art. L. 821-4, anc^{t} L. 624-1-1.

■ ÉLÉMENTS CONSTITUTIFS – QUALIFICATION

✧ Pour s'être à .... [¤ lieu], le .... [¤ date], étant étranger maintenu... [⇨1 ou 2 puis A et le cas échéant B à F :]

1. ...en zone d'attente... (Ceseda, art. L. 821-4, anc^{t} L. 624-1-1 et L. 624-2) [⇨A :]

2. ...en rétention administrative... (Ceseda, art. L. 824-8, anc^{t} L. 624-1-1 et L. 624-2) [⇨A :]

A. soustrait ou avoir tenté de se soustraire à la mesure de surveillance dont il faisait l'objet (1A : *N 31520.co*, 2A : *N 31521.co*) ;

[• **Préciser le cas échéant** dans le cas A :] ...avec cette circonstance que les faits ont été commis... [⇨B à F :]

B. par violence (1B : *N 31523.co*, 2B : *N 31522.co*) ;

C. par effraction (1C : *N 31524.co*, 2C : *N 31525.co*) ;
D. par corruption (1D : *N 31526.co*, 2D : *N 31527.co*) ;
E. en réunion (1e : *N 31528.co*, 2e : *N 31529.co*) ;
F. sous la menace d'une arme ou d'une substance explosive, incendiaire ou toxique (1F : *N 31532.co*, 2F : *N 31533.co*).
Faits prévus et réprimés par les articles [¤ de l'infraction sélectionnée] du code de l'entrée et du séjour des étrangers et du droit d'asile. ✧

27.7 Étranger – Aide et assistance à la soustraction au maintien en zone d'attente ou à une mesure de rétention administrative

▪ PEINES

PERSONNE PHYSIQUE

PP Délit. Cas A : 3 ans d'emprisonnement (Ceseda, art. L. 821-4 (Cas 1A), L. 824-8 (Cas 2A), anc^{t} L. 624-1-1) ;

Cas B à D : 5 ans d'emprisonnement (Ceseda, art. L. 821-4 (Cas 1), L. 824-8 (Cas 2), anc^{t} L. 624-1-1) ;

Cas E et F : 7 ans d'emprisonnement (Ceseda, art. L. 821-4 (Cas 1), L. 824-8 (Cas 2), anc^{t} L. 624-1-1).

PC Auteur étranger : interdiction du territoire français ⩽ 10 ans (Ceseda, art. L. 821-4 (Cas 1), L. 824-8 (Cas 2), anc^{t} L. 624-2 ; C. pén., art. 131-30 à 131-30-2).

PERSONNE MORALE

PP Amende applicable ⩽ quintuple de celle prévue pour les personnes physiques (C. pén., art. 131-38).
PC Néant.

▪ ORIENTEUR

AUTRE QUALIFICATION

▪ Étranger – Soustraction au maintien en zone d'attente ou à une mesure de rétention administrative. V. n° 27.6.

▪ **Utilisation d'un document d'identité d'un tiers pour entrer ou se maintenir sur le territoire ou obtenir un avantage.** Fourniture de ce document, v. n° 24.3.

ÉLÉMENT LÉGAL

▪ **Application de la loi pénale dans le temps.** Incrimination créée par L. n° 2016-274, 7 mars 2016.

ÉLÉMENT MATÉRIEL

▪ **Tentative.** Complicité de tentative punissable (Ceseda, art. L. 821-4 (Cas 1), L. 824-8 (Cas 2), anc^{t}. Ceseda, art. L. 624-1-1).

▪ ÉLÉMENTS CONSTITUTIFS – QUALIFICATION

✧ Pour avoir à .... [¤ lieu], le .... [¤ date], sciemment, par aide et assistance, facilité la préparation ou la commission, par un étranger maintenu... [⇨1 ou 2 puis A et le cas échéant B à F :]

1. ...en zone d'attente... (Ceseda, art. L. 821-4, anc^{t} L. 624-1-1 et L. 624-2) [⇨A :]
2. ...en rétention administrative... (Ceseda, art. L. 824-8, anc^{t} L. 624-1-1 et L. 624-2) [⇨A :]

A. de faits de soustraction ou de tentative de soustraction à la mesure de surveillance dont il faisait l'objet (1A : *N 31530.co*, 2A : *N 31531.co*) ;
[**• Préciser le cas échéant**] ...avec cette circonstance que les faits ont été commis... [⇨B à F :]
B. par violence (1B : *N #.co* ; 2B : *N #.co*) ;
C. par effraction (1C : *N #.co* ; 2C : *N #.co*) ;
D. par corruption (1D : *N #.co* ; 2D : *N #.co*) ;
E. en réunion (1e : *N #.co* ; 2e : *N #.co*) ;

F. sous la menace d'une arme ou d'une substance explosive, incendiaire ou toxique (1F : *N #.co* ; 2F : *N #.co*) ;
Faits prévus et réprimés par les articles [¤ de l'infraction sélectionnée] du code de l'entrée et du séjour des étrangers et du droit d'asile. ✧

27.8 Ambulant – Absence de carnet ou livret de circulation – Dispositions abrogées (L. n° 2017-86, 27 janv. 2017, art. 195)

■ **PEINES**

PERSONNE PHYSIQUE

PP Délit. Cas A : 1 an d'emprisonnement (L. n° 69-3, 3 janv. 1969, art. 5, abrogé par Cons. const. 5 oct. 2012, n° 2012-279 QPC, *JO* 6 oct., p. 15 655 ; *Rec.* p. 514) puis L. n° 2017-86, 27 janv. 2017, art. 195. Cas B : Contrav. 5e cl. 1 500 € (D. n° 70-708, 31 juill. 1970, art. 10 ; C. pén., art. 131-13) (implicitement abrogé par L. n° 2017-86, 27 janv. 2017, art. 195, puis par D. n° 2017-1522, 2 nov. 2017, art. 10).

PC Néant.

PERSONNE MORALE

PP Cas B : 7 500 € (C. pén., art. 131-41).

PC Néant.

■ **ORIENTEUR**

AUTRE QUALIFICATION

▪ **Activité ambulante – Exercice par une personne dépourvue de domicile fixe sans livret spécial de circulation.** V. nos 27.11

▪ **Activité ambulante – Exercice par une personne disposant d'un domicile fixe – Défaut d'attestation ou de carte.** V. n° 27.12.

ÉLÉMENT LÉGAL

▪ **Constitutionnalité. Constitutionnalité de l'obligation de détention d'un titre de circulation pour les personnes sans domicile ni résidence fixe logeant dans un véhicule ou abri mobile.** Le Cons. const., (Cons. const. 5 oct. 2012, n° 2012-279 QPC), a considéré qu'en imposant aux personnes sans domicile fixe « *d'être munies d'un titre de circulation, le législateur a entendu permettre, à des fins civiles, sociales, administratives ou judiciaires, l'identification et la recherche de ceux qui ne peuvent être trouvés à un domicile ou à une résidence fixe d'une certaine durée, tout en assurant, aux mêmes fins, un moyen de communiquer avec ceux-ci, que ces dispositions sont fondées sur une différence de situation entre les personnes.../...qui ont un domicile ou une résidence fixe de plus de six mois et celles qui en sont dépourvues, qu'ainsi la distinction qu'elles opèrent repose sur des critères objectifs et rationnels en rapport direct avec le but que s'est assigné le législateur, qu'elles n'instituent aucune discrimination fondée sur une origine ethnique ; que, par suite, en imposant aux personnes visées d'être porteur d'un titre de circulation, le législateur n'a pas méconnu le principe d'égalité ; que l'atteinte portée la liberté d'aller de venir qui en résulte est justifiée par la nécessité de protéger l'ordre public et proportionnée à cet objectif* » (§ 18).

▪ **Constitutionnalité. Inconstitutionnalité du délit de défaut de carnet de circulation.** Dans cette même décision, le Cons. const. a constaté l'inconstitutionnalité de l'article 5 de la loi n° 69-3 du 3 janvier 1969, prévoyant un régime administratif renforcé pour les personnes dépourvues de ressources, sanctionné par des peines délictuelles, au motif, d'une part, que « *ces dispositions instaurent deux titres de circulation soumis à des régimes différents applicables aux personnes qui résident de façon permanente dans un véhicule, une remorque ou tout autre abri mobile ; que, selon qu'elles justifient ou non de ressources régulières, elles sont soumises à des obligations différentes quant au visa par l'autorité administrative du titre de circulation qui leur est remis ; qu'une telle différence de traitement n'est pas en rapport direct avec les fins civiles, sociales, administratives ou judiciaires poursuivies par la loi* » (§ 21), d'autre part, qu'« *en imposant que le carnet de circulation soit visé tous les trois mois par l'autorité administrative et en punissant d'une peine d'un an d'emprisonnement les personnes circulant sans carnet de circulation, les dispositions de l'article 5 de la loi du 3 janvier 1969 portent à l'exercice de la liberté d'aller et de venir une atteinte disproportionnée au regard du but poursuivi* » (§ 22).

▪ **Constitutionnalité. Modifications du texte induites par la décision QPC.** Le Cons. const. a recomposé le texte de la loi n° 69-3 du 3 janvier 1969 en tirant les conséquences de sa décision.

Jusqu'à la L. n° 2017-86, 27 janv. 2017, art. 195 abrogeant L. n° 69-3, 3 janv. 69, les personnes âgées de plus de 16 ans et dépourvues de domicile ou de résidence fixe depuis plus de six mois, qu'elles justifient ou non de ressources régulières leur assurant des conditions normales d'existence, étaient tenues d'être munies d'un livret de circulation soumis au visa régulier de l'autorité administrative (L. n° 69-3, 3 janv. 1969, art. 3 et 4). Les dispositions qui imposaient un carnet de circulation aux personnes ne justifiant pas de ressources régulières étaient abrogées, ainsi que les pénalités délictuelles qui sanctionnaient le défaut de détention d'un tel titre (L. n° 69-3, 3 janv. 1969, art. 5).

▪ **Abrogation.** La L. n° 2017-86, 27 janv. 2017, art. 195 a abrogé la L. n° 69-3, 3 janv. 69. Désormais, le statut des personnes qui relevaient auparavant du régime défini par L. n° 69-3, 3 janv. 69 se résume à l'application des dispositions relatives à l'élection de domicile des personnes sans domicile stable : « *Pour prétendre au service des prestations sociales légales, réglementaires et conventionnelles, à l'exercice des droits civils qui leur sont reconnus par la loi, ainsi qu'à la délivrance d'un titre national d'identité, à l'inscription sur les listes électorales ou à l'aide juridictionnelle, les personnes sans domicile stable doivent élire domicile soit auprès d'un centre communal ou intercommunal d'action sociale, soit auprès d'un organisme agréé à cet effet. L'organisme compétent pour attribuer une prestation sociale légale, réglementaire ou conventionnelle est celui dans le ressort duquel la personne a élu domicile* » (CASF, art. L. 264-1).

TEXTE DE RÉFÉRENCE

▪ **Durée de validité du titre de circulation.** Les titres de circulation étaient valables 5 ans (D. n° 70-708, 31 juill. 1970, art. 1).

ÉLÉMENT MATÉRIEL

▪ **Situations incriminées. Effet de Cons. const. 5 oct. 2012, n° 2012-279 QPC, sur les incriminations contraventionnelles.** Si l'infraction A était abrogée (v. orienteur/constitutionnalité) l'infraction B restait punissable. D. n° 70-708, 31 juill. 1970, art. 10 visait en effet indistinctement le titre de circulation délivré aux personnes mentionnées à L. n° 69-3, 3 janv. 1969, art. 4. Cette dernière disposition soumettait, désormais sans considération de ressources, les personnes âgées de plus de 16 ans et dépourvues de domicile ou de résidence fixe depuis plus de six mois, au régime unique du livret de circulation. Ce titre de circulation, selon les termes de D. n° 70-708, art. 12, devait être présenté à toute réquisition des OPJ ou APJ ou agents de la force ou de l'autorité publique. Le défaut de justification constituait une contravention de 4e classe (v. n° 27.10) Le défaut de visa administratif du livret de circulation restait une contravention de 5e classe (art. 11) (v. n° 27.9). La L. n° 2017-86, 27 janv. 2017, art. 195 a abrogé l'ensemble des dispositions de la L. n° 69-3, 3 janv. 1969, retirant par conséquent toute base légale au D. n° 70-708, 31 juill. 1970 encore non abrogé. Enfin, ce dernier fut explicitement abrogé par le D. n° 2017-1522, 2 nov. 2017 (art. 10).

▪ ÉLÉMENTS CONSTITUTIFS – QUALIFICATION

~~✧ Pour avoir à .... [¤ lieu], le .... [¤ date], étant âgé de plus de 16 ans, sans domicile ou résidence fixe depuis plus de six mois, logeant de façon permanente dans un véhicule, une remorque ou tout autre abri mobile, et [⇨A ou B :]~~

A. DÉFAUT DE CARNET DE CIRCULATION (ABROGÉ DÉCISION N° 2012-279 QPC, 5 OCT. 2012 ET L. N° 2017-86, 27 JANV. 2017, ART. 195)

~~ne disposant pas de ressources régulières lui assurant des conditions normales d'existence, circulé sans avoir obtenu de **carnet** de circulation (L. n° 69-3, 3 janv. 1969, art. 3, 4 et 5) (*N* ***2565.co***) ;~~

B. DÉFAUT DE LIVRET DE CIRCULATION (ABROGÉ PAR L'EFFET DE L. N° 2017-86, 27 JANV. 2017, ART. 195)

~~circulé sans s'être fait délivrer un **livret** de circulation (L. n° 69-3, 3 janv. 1969, art. 3 et 4 ; D. n° 70-708, 31 juill. 1970, art. 10) (*N* ***255.c5***).~~

~~Faits prévus et réprimés par les articles [• du cas sélectionné]. ✧~~

27.9 Ambulant – Défaut de visa, de carnet ou de livret de circulation – Dispositions abrogées (L. n° 2017-86, 27 janv. 2017, art. 195)

▪ PEINES

PERSONNE PHYSIQUE

PP Contrav. 5ᵉ cl. 1 500 € (D. n° 70-708, 31 juill. 1970, art. 11 ; C. pén., art. 131-13) (implicitement abrogé par L. n° 2017-86, 27 janv. 2017, art. 195, puis par D. n° 2017-1522, 2 nov. 2017, art. 10).

PC Néant.

PERSONNE MORALE

PP 7 500 € (C. pén., art. 131-41).

PC Néant.

▪ ORIENTEUR

AUTRE QUALIFICATION

▪ **Ambulant – Absence de carnet ou livret de circulation.** V. n° 27.8.

TEXTE DE RÉFÉRENCE

▪ **Régime du livret spécial de circulation.** Le livret spécial de circulation (v. cas de délivrance n° 27.11 n'était soumis à aucun visa (D. n° 70-708, 31 juill. 1970, art. 9).

ÉLÉMENT MATÉRIEL

▪ **Situations incriminées. Effet de Cons. const. 5 oct. 2012, n° 2012-279 QPC, sur les incriminations contraventionnelles.** V. n° 27.8, orienteur/élément matériel. Cette décision abrogeait L. n° 69-3, 3 janv. 1969, art. 5 qui, d'une part, instituait le carnet de circulation pour les personnes sans domicile fixe dépourvues de ressources, d'autre part, fixait la périodicité des visas administratifs imposés au détenteur (tous les trois mois). Cette abrogation privait de base légale la disposition du D. n° 70-708, 31 juill. 1970, art. 11, qui incriminait le défaut de visa par référence à L. n° 69-3, 3 janv. 1969, art. 5 (cas A). Concernant le cas B, la permanence des articles qui imposaient le livret de circulation aux personnes sans domicile fixe et leur visa périodique (L. n° 69-3, 3 janv. 1969, art. 3 et 4) pérennisait la base légale du D. n° 70-708, 31 juill. 1970, art. 9 et 11 incriminant le défaut de visa de ce titre. La L. n° 2017-86, 27 janv. 2017, art. 195 a abrogé l'ensemble des dispositions de la L. n° 69-3, 3 janv. 1969, retirant par conséquent toute base légale au D. n° 70-708, 31 juill. 1970 encore non abrogé. Enfin, ce dernier fut explicitement abrogé par le D. n° 2017-1522, 2 nov. 2017 (art. 10).

▪ ÉLÉMENTS CONSTITUTIFS – QUALIFICATION

~~✧ Pour avoir à .... [¤ lieu], le .... [¤ date], étant soumis à la possession d'un [⇨A ou B :]~~

A. **CARNET DE CIRCULATION (ABROGÉ PAR L'EFFET DE CONS. CONST. 5 OCT. 2012, N° 2012-279 QPC ET L. N° 2017-86, 27 JANV. 2017, ART. 195)**

~~omis de le faire viser depuis plus de trois mois par les services de police ou de gendarmerie ;~~

B. **LIVRET DE CIRCULATION (ABROGÉ PAR L'EFFET L. N° 2017-86, 27 JANV. 2017, ART. 195)**

~~omis de le faire viser depuis plus d'un an par les services de police ou de gendarmerie.~~

~~Faits prévus et réprimés par les articles 3 et 4 de la loi n° 69-3 du 3 janvier 1969, 9 et 11 du décret n° 70-708 du 31 juillet 1970 (*N 252.c5*). ✧~~

27.10 Ambulant – Défaut de justification de titre de circulation : carnet, livret ou livret spécial – Dispositions abrogées (L. n° 2017-86, 27 janv. 2017, art. 195)

▪ PEINES

PERSONNE PHYSIQUE

PP Contrav. 4ᵉ cl. 750 € (D. n° 70-708, 31 juill. 1970, art. 12 ; C. pén., art. 131-13) (implicitement abrogé par L. n° 2017-86, 27 janv. 2017, art. 195, puis par D. n° 2017-1522, 2 nov. 2017, art. 10).

PC Néant.

PERSONNE MORALE

PP 3 750 € (C. pén., art. 131-41).

PC Néant.

■ ORIENTEUR

ÉLÉMENT MATÉRIEL

▪ Situations incriminées. Effet de Cons. const. 5 oct. 2012, n° 2012-279 QPC, sur les incriminations contraventionnelles. V. n°s 27.8 et 27.10 orienteur/élément matériel.

■ ÉLÉMENTS CONSTITUTIFS – QUALIFICATION

~~✧ Pour avoir à .... [¤ lieu], le .... [¤ date], [⇨A ou B :]~~

~~A. étant sans domicile ou résidence fixe depuis plus de six mois et logeant de façon permanente dans un véhicule, une remorque ou tout autre abri mobile, **circulé** sans justifier de la possession d'un **livret de circulation**...~~

~~B. n'ayant ni domicile ni résidence fixes de plus de six mois dans un État membre de l'Union européenne, **exercé une activité ambulante** sans justifier de la possession d'un **livret spécial de circulation**...~~

~~... à toute réquisition des officiers ou agents de police judiciaire ou des agents de la force ou de l'autorité publique.~~

~~Faits prévus et réprimés par les articles 2 et 4 de la loi n° 69-3 du 3 janvier 1969, 12 du décret n° 70-708 du 31 juillet 1970 (*N 22953.c4*). ✧~~

27.11 Activité ambulante – Exercice par une personne dépourvue de domicile fixe sans livret spécial de circulation – Dispositions abrogées (L. n° 2017-86, 27 janv. 2017, art. 195)

■ PEINES

PERSONNE PHYSIQUE

PP Contrav. 5e cl. 750 € (D. n° 70-708, 31 juill. 1970, art. 19 ; C. pén., art. 131-13) (implicitement abrogé par L. n° 2017-86, 27 janv. 2017, art. 195, puis par D. n° 2017-1522, 2 nov. 2017, art. 10).

PC Néant.

PERSONNE MORALE

PP 3 750 € (C. pén., art. 131-41).

PC Néant.

■ ORIENTEUR

ÉLÉMENT MATÉRIEL

▪ Situations incriminées. Effet de Cons. const. 5 oct. 2012, n° 2012-279 QPC, sur les incriminations contraventionnelles. V. n°s 27.8 et 27.10, orienteur/élément matériel. La décision n° 2012-279 n'avait pas modifié L. n° 69-3, 3 janv. 1969, art. 2, base légale de D. n° 70-708, 31 juill. 1970, art. 10. La L. n° 2017-86, 27 janv. 2017, art. 195 a abrogé l'ensemble des dispositions de la L. n° 69-3, 3 janv. 1969, retirant par conséquent toute base légale au D. n° 70-708, 31 juill. 1970 encore non abrogé. Enfin, ce dernier fut explicitement abrogé par le D. n° 2017-1522, 2 nov. 2017 (art. 10).

■ ÉLÉMENTS CONSTITUTIFS – QUALIFICATION

~~✧ Pour avoir à .... [¤ lieu], le .... [¤ date], n'ayant ni domicile ni résidence fixes de plus de six mois dans un État membre de l'Union européenne, exercé une activité ambulante sans s'être fait délivrer un livret spécial de circulation.~~

~~Faits prévus et réprimés par les articles 2 de la loi n° 69-3 du 3 janvier 1969, 10 du décret n° 70-708 du 31 juillet 1970 (*N 2566.c5*). ✧~~

27.12 Activité ambulante –Défaut d'attestation ou de carte

■ PEINES

PERSONNE PHYSIQUE

PP Contrav. 4e cl. Cas A : 750 €. Contrav. 3e cl. Cas B : 450 € (C. com., art. R. 123-208-8, anct D. no 70-708, 31 juill. 1970, art. 9 ; C. pén., art. 131-13).

PC Néant.

PERSONNE MORALE

PP Cas A : 3 750 €. Cas B : 2 250 € (C. pén., art. 131-41).

PC Néant.

■ ORIENTEUR

AUTRE QUALIFICATION

▪ Vente à la sauvette (L. no 2011-267, 14 mars 2011). V. no 30.35.

TEXTE DE RÉFÉRENCE

▪ Régime de la déclaration. Toute personne physique ou morale doit, pour exercer ou faire exercer par son conjoint ou ses préposés une activité commerciale ou artisanale ambulante hors du territoire de la commune où est situé son habitation ou son principal établissement, en faire la déclaration préalable auprès de l'autorité compétente. Il en va de même pour toute personne sans domicile stable entendant exercer ou faire exercer par son conjoint ou ses préposés une activité commerciale ou artisanale ambulante. La déclaration, renouvelable périodiquement, donne lieu à délivrance d'une carte permettant l'exercice d'une activité ambulante (C. com., art. L. 123-29, mod. par L. no 2017-86, 27 janv. 2017). La déclaration est renouvelée tous les quatre ans (C. com., art. R. 123-208-4) et la carte, ainsi que la carte d'identité, doivent être présentées à toute réquisition des agents de contrôle (C. com., art. R. 123-208-5).

■ ÉLÉMENTS CONSTITUTIFS – QUALIFICATION

✧ Pour avoir à .... [¤ lieu], le [¤ date], exercé ou fait exercer par ses préposés une profession ou une activité ambulante en dehors de la commune de son habitation ou de son principal établissement [⇨A ou B :]

A. sans déclaration préalable au préfet (C. com., art. R. 123-208-2, R. 123-208-4) (A : *N 254.c4*) ;

B. sans justifier à toute réquisition des officiers ou agents de la force publique ou de l'autorité publique de la possession d'une attestation provisoire ou de la carte permettant l'exercice d'activités non sédentaires (C. com., art. R. 123-208-5, R. 123-208-3) (B : *N 251.c5*).

Faits prévus et réprimés par les articles L. 123-29, R. 123-208-8 du code de commerce [• + articles du cas sélectionné]. ✧

28. Les stupéfiants – Le dopage – Les débits de boissons et l'alcoolisme

28.1 Stupéfiants – Direction d'un groupement ayant pour activité le trafic de stupéfiants

PEINES

PERSONNE PHYSIQUE

PP Crime. Réclusion à perpétuité, 7 500 000 € (C. pén., art. 222-34).

PC 1. Interdiction, définitive ou ⩽ 5 ans activité professionnelle ou sociale en relation avec l'infraction, fonction publique (sauf mandat électif ou syndical) *et/ou* interdiction définitive ou ⩽ 15 ans (10 ans avant L. n° 2013-1117, 6 déc. 2013) d'exercer une profession commerciale ou industrielle, de diriger, d'administrer, de gérer ou de contrôler à un titre quelconque, directement ou indirectement, pour son propre compte ou pour le compte d'autrui, une entreprise commerciale ou industrielle ou une société commerciale (C. pén., art. 222-44, 222-45 et 131-27 [mod. par L. n° 2008-776, 4 août 2008]) ;

2. Interdiction droits civiques civils et de famille ⩽ 10 ans (vote, éligibilité, fonction juridictionnelle, expert, témoin, tuteur, curateur) (C. pén., art. 222-45 et 131-26). Sauf dispense spécialement motivée, la peine d'inéligibilité est obligatoirement prononcée (C. pén., art. 131-26-2, L. n° 2017-1339, 15 sept. 2017) ;

3. Interdiction ⩽ 5 ans, de détention ou port d'arme soumise à autorisation. Cette interdiction est obligatoire et ⩽15 ans si l'infraction est commise avec une arme (L. n° 2012-304, 6 mars 2012) (C. pén., art. 222-44) ;

4. Suspension, annulation, ⩽ 5 ans, du PC (C. pén., art. 222-44) ;

5 Confiscation véhicule(s) (C. pén., art. 222-44) ;

6. Confiscation d'une ou plusieurs armes dont le condamné est propriétaire ou dont il a la libre disposition. Cette confiscation est obligatoire si l'infraction est commise avec une arme (L. n° 2012-304, 6 mars 2012) (C. pén., art. 222-44) ;

7. Confiscation **obligatoire** installations, matériels, tout bien ayant servi à l'infraction ou destiné à la commettre, ou son produit, quel qu'en soit le propriétaire s'il ne pouvait en ignorer l'origine ou la destination (C. pén., art. 222-44, 222-49 et 131-21) ;

8. Stage de sensibilisation aux dangers de l'usage de produits stupéfiants. La juridiction précise si le stage est exécuté aux frais du condamné (C. pén., art. 131-35-1 et 222-44 [L. n° 2007-297, 5 mars 2007]) (pour les faits commis avant le 24 mars 2020 et jugés après cette date, L. n° 2019-222, 23 mars 2019, en vigueur le 24 mars 2020. Pour les faits commis à partir du 24 mars 2020, v. nouvelle réd. C. pén., art. 131-5-1 et n° 18.33) ;

9. Confiscation de l'animal utilisé pour commettre l'infraction ou de la chose ayant servi à l'infraction, la juridiction prévoit que l'animal sera remis à une fondation ou une association de protection animale reconnue d'utilité publique ou déclarée. Lorsqu'il s'agit d'un animal dangereux, la juridiction peut ordonner qu'il soit procédé à son euthanasie, le cas échéant aux frais du condamné (C. pén., art. 222-44, 131-21-1 [L. n° 2007-297, 5 mars 2007]). Sur la peine de confiscation d'un animal (C. pén., art. 131-21-1), v. n° 18.36 ;

10. Interdiction, définitive ou ⩽ 5 ans de détenir certains animaux ou certaines catégories d'animaux (C. pén., art. 222-44, 131-21-2 [L. n° 2007-297, 5 mars 2007]) ;

11. Stage, aux frais du condamné, de responsabilisation pour la prévention et la lutte contre les violences au sein du couple et sexistes (C. pén., art. 222-44 15°, L. n° 2014-873, 4 août 2014) ;

12. Confiscation de tout ou partie des biens du condamné « *ou de ceux dont il a la libre disposition* » L. n° 2012-409, 27 mars 2012 (C. pén., art. 222-49) ;

13. Retrait définitif licence débit de boissons ou restaurant (C. pén., art. 222-50 et 222-51) ;

14. Fermeture, définitive ou ⩽ 5 ans établissement ouvert au public où l'infraction a été commise par l'exploitant ou avec sa complicité (C. pén., art. 222-50) ;

15. Interdiction de séjour ⩽ 10 ans (C. pén., art. 222-47, 131-31 et 131-32, C. pr. pén., art. 762-1 à 763) ;

16. Interdiction ⩽ 5 ans quitter territoire (C. pén., art. 222-47) ;

17. Auteur étranger : interdiction du territoire français, définitive ou ⩽ 10 ans (C. pén., art. 222-48, 131-30 à 131-30-2) ;

18. Stage de citoyenneté (C. pén., art. 131-5-1 et 222-45 ; L. nº 2004-204, 9 mars 2004, art. 44-X, en vigueur depuis le 1er oct. 2004) (pour les faits commis avant le 24 mars 2020 et jugés après cette date, L. nº 2019-222, 23 mars 2019, en vigueur le 24 mars 2020. Pour les faits commis à partir du 24 mars 2020, v. nouvelle réd. C. pén., art. 131-5-1 et nº 18.33) ;

19. Stage de responsabilité parentale (C. pén., art. 131-5-1 et 222-45 [L. nº 2007-297, 5 mars 2007]) (pour les faits commis avant le 24 mars 2020 et jugés après cette date, L. nº 2019-222, 23 mars 2019, en vigueur le 24 mars 2020. Pour les faits commis à partir du 24 mars 2020, v. nouvelle réd. C. pén., art. 131-5-1 et nº 18.33).

PERSONNE MORALE

PP Crime. **37 500 000 €** (C. pén., art. 222-42, 131-38).

PC 1. Dissolution (sauf personnes morales de droit public, partis, groupements politiques, syndicats, institutions représentatives du personnel) si personne morale créée ou détournée pour commettre l'infraction (C. pén., art. 222-42 et 131-39 1º) ;

2. Interdiction, définitive ou ⩽ 5 ans, une ou plusieurs activités professionnelles ou sociales en relation avec l'infraction (C. pén., art. 222-42 et 131-39 2º) ;

3. Surveillance judiciaire ⩽ 5 ans (C. pén., art. 222-42, 131-39 3º et 131-46) ;

4. Fermeture, définitive ou ⩽ 5 ans, d'un ou plusieurs établissements en relation avec l'infraction (C. pén., art. 222-42 et 131-39 4º) ;

5. Exclusion, définitive ou ⩽ 5 ans marchés publics (C. pén., art. 222-42 et 131-39 5º) ;

6. Interdiction, définitive ou ⩽ 5 ans, de *faire appel public à l'épargne* (procéder à une offre au public de titres financiers ou de les faire admettre aux négociations sur un marché réglementé, selon L. nº 2009-80, 22 janv. 2009) (C. pén., art. 222-42 et 131-39 6º) ;

7. Interdiction, ⩽ 5 ans, d'utiliser des cartes de paiement ou d'émettre des chèques autres que de retrait ou certifiés (C. pén., art. 222-42 et 131-39 7º) ;

8. Affichage, ⩽ 2 mois, *et/ou* (L. nº 2011-525, 17 mai 2011) diffusion de la décision ou d'extraits aux frais (⩽ amende encourue) du condamné (C. pén., art. 222-42, 131-39 9º, 131-48 et 131-35) ;

9. + peines complémentaires 7, 8, 9 et 10 prévues pour les personnes physiques.

▪ ORIENTEUR

TEXTE DE RÉFÉRENCE

▪ **Nomenclature des principaux stupéfiants.** CSP, art. L. 5132-7, V. nº 13.7.

▪ **Régime des substances vénéneuses.** CSP, art. L. 5432-1 et L. 5432-2, V. nº 29.46.

RÉGIME PROCÉDURAL

▪ **Compétence juridictionnelle. Cour d'assises spécialement composée** de magistrats professionnels pour le jugement des crimes (C. pr. pén., art. 706-27 et 698-6).

▪ **Prescription de l'action publique. Prescription dérogatoire** de **30 ans** pour les crimes et de **20 ans** pour les délits en matière de stupéfiants (C. pr. pén., art. 706-31, al. 1 transféré au C. pén., art. 7 par L. nº 2017-242, 27 févr. 2017). Sur les délais de prescription de l'action publique, v. nº 17.19.

▪ **Recherches in corpore** par les douanes (C. douanes, art. 60 *bis*), v. nºs 11.59D2 et 25.36.

▪ **Régime complet de la criminalité organisée.** Applicable (C. pr. pén., art. 706-73 3°, v. nº 11.21).

▪ **Perquisition de nuit dans les locaux où l'on use de stupéfiants (C. pr. pén., art. 706-28)**, v. nº 11.58.

▪ **Fermeture conservatoire d'établissement.** Par le juge d'instruction (C. pr. pén., art. 706-33), v. nº 11.68.

▪ **Prélèvement des empreintes génétiques** de la personne suspectée ou condamnée (C. pr. pén., art. 706-54 et 706-55, v. n^os **13.23** et **13.25**). **Sanction** du refus de prélèvement, v. n^o **25.35**.

▪ **Communication d'éléments de la procédure aux services de renseignement.** Sur la faculté de communication d'éléments de la procédure aux services de renseignements par le parquet ou le juge d'instruction de Paris lorsque la Junalco est saisie, v. n^o **35.2A9** (C. pr. pén., art. 706-105-1 II issu L. n° 2021-998, 30 juill. 2021).

MESURE ADMINISTRATIVE

▪ **Fermeture administrative d'établissement. CSP, art. L. 3422-1** : en cas d'infraction à CSP, art. L. 3421-1 (usage de stupéfiants) et C. pén., art. 222-34 à 222-39 (trafic de stupéfiants), le **représentant de l'État** dans le département peut ordonner, pour une durée ⩽ **3 mois**, la fermeture de tout hôtel, maison meublée, pension, débit de boissons, restaurant, club, cercle, dancing, lieu de spectacle ou leurs annexes ou lieu quelconque ouvert au public ou utilisé par le public où l'infraction a été commise. Le **ministre de l'intérieur** peut, dans les mêmes conditions, ordonner la fermeture pour une durée ⩽ **1 an**. Ces mesures cessent de plein droit en cas de décision de non-lieu, de relaxe ou d'acquittement. La durée de la fermeture administrative s'impute sur celle du juge d'instruction (prononcée en application de C. pr. pén., art. 706-33). Le fait de contrevenir à la décision de fermeture est puni de 6 mois d'emprisonnement et 7 500 euros d'amende (CSP, art. L. 3422-2).

▪ **Situation administrative de l'auteur étranger.** Retrait administratif possible de la **carte de séjour temporaire** ou **pluriannuelle** de l'**étranger** « *ayant commis les faits qui l'exposent à l'une des condamnations prévues* » aux C. pén., art. **222-34** à **222-39**, y compris la tentative de ces infractions (C. pén., art. **222-40**) (Ceseda, art. L. 432-6, anc^t L. 313-5, réd. L. n° 2016-274, 7 mars 2016).

RÉGIME DES PEINES

▪ **Exemption ou réduction de peine.** Applicable au **repenti** (C. pén., art. 132-78, 222-43 et **222-43-1**, v. n^o **18.8D**).

▪ **Période de sûreté.** Si peine ferme ⩾ 10 ans ⟶ a) de plein droit = 1/2 de la peine ou 18 ans si perpétuité, ou < sur décision spéciale ; b) sur décision spéciale = 2/3 de la peine ou 22 ans si perpétuité (C. pén., art. **222-34** et 132-23, al. 1 et 2). Sur la période de sûreté, v. n^o **18.7C1**.

▪ **Contrainte judiciaire.** Supérieure à la durée de droit commun (C. pr. pén., art. 706-31), v. tableau n^o **18.17**.

▪ **Prescription de la peine.** Crimes = 30 ans, délits = 20 ans (C. pr. pén., art. 706-31).

▪ **Interdiction du territoire.** « *La Convention ne garantit pas le droit pour un étranger d'entrer ou de résider dans un pays particulier, et, lorsqu'ils assument leur mission de maintien de l'ordre public, les États contractants ont la faculté d'expulser un étranger délinquant, entré et résidant légalement sur leur territoire. Toutefois, leurs décisions en la matière [...], doivent se révéler nécessaires dans une société démocratique, c'est-à-dire être justifiées par un besoin social impérieux et, notamment, proportionnées au but légitime poursuivi* » (§ 39) ; « *S'agissant d'une infraction en matière de stupéfiants, eu égard aux ravages de la drogue dans la population, la Cour a toujours conçu que les autorités fassent preuve d'une grande fermeté à l'égard de ceux qui contribuent activement à la propagation de ce fléau* » (§ 65) (CEDH 7 juill. 2020, *K.A. c/ Suisse*, req. n° 62130/15,).

▪ ÉLÉMENTS CONSTITUTIFS – QUALIFICATION

✧ Pour avoir à .... [¤ lieu], le .... [¤ date], [⇨**A** ou **B** :]

A. dirigé (**A** : *N 12343.cr*)...

B. organisé (**B** : *N 12342.cr*)...

... un groupement ayant pour objet la production, la fabrication, l'importation, le transport, la détention, l'offre, la cession, l'acquisition ou l'emploi de substances vénéneuses classées comme stupéfiantes.

Faits prévus et réprimés par les articles : **PERSONNES PHYSIQUES.** **222-34**, 222-41, 222-43, 222-44, 222-45, 222-47, 222-48, 222-49 et 222-50 du code pénal, L. 5132-7, R. 5132-84, R. 5132-85 et R. 5132-86 du code de la santé publique, Convention internationale unique sur les stupéfiants du 30 mars 1961, Arr. 22 févr. 1990 fixant la liste des stupéfiants. **PERSONNES MORALES.** **222-34**, 222-41, **222-42**, 222-49 et 222-50 du code pénal, L. 5132-7, R. 5132-84, R. 5132-85 et R. 5132-86 du code de la santé publique, Convention internationale unique sur les stupéfiants du 30 mars 1961, Arr. 22 févr. 1990 fixant la liste des stupéfiants. ✧

28.2 Stupéfiants – Production, fabrication illicites

■ **PEINES**

PERSONNE PHYSIQUE

PP Crime. 20 ans de réclusion, 7 500 000 €. Cas B : 30 ans, 7 500 000 € (C. pén., art. 222-35).

PC *Idem* n° 28.1.

PERSONNE MORALE

PP Crime. 37 500 000 € (C. pén., art. 222-42, 131-38).

PC *Idem* n° 28.1.

■ **ORIENTEUR**

AUTRE QUALIFICATION

▪ **Délits douaniers – Contrebande. • Importation, exportation de marchandise prohibée. Qualification douanière** de contrebande aggravée de marchandises prohibées (C. douanes, art. 414) v. n° 33.36. **• Délits douaniers – Emploi de produit précurseur de drogue.** Est passible des peines prévues par C. douanes, art. 414, dern. al. (10 ans, amende ⩽ dix fois l'objet de la fraude, v. n° 33.36), « *l'utilisation de substances non classifiées aux fins de fabrication illicite de stupéfiants ou de substances psychotropes au sens de CSP, art. L. 5132-7* » (L. n° 95-542, 19 juin 1996, art. 19-5, issu L. n° 2023-610, 18 juill. 2023) (sur le régime des produits précurseurs de drogues, v. n° 13.7B7).

ÉLÉMENT LÉGAL

▪ **Définition. Bande organisée.** V. n° 11.20.

TEXTE DE RÉFÉRENCE

▪ **Nomenclature des principaux stupéfiants.** CSP, art. L. 5132-7, V. n° 13.7.

▪ **Régime des substances vénéneuses.** CSP, art. L. 5432-1 et L. 5432-2, V. n° 29.46.

RÉGIME PROCÉDURAL

▪ **Renvoi.** *Idem* n° 28.1.

MESURE ADMINISTRATIVE

▪ **Fermeture administrative d'établissement.** *Idem* n° 28.1.

▪ **Situation administrative de l'auteur étranger.** *Idem* n° 28.1.

RÉGIME DES PEINES

▪ **Renvoi.** *Idem* n° 28.1.

▪ **Période de sûreté.** Si peine ferme ⩾ 10 ans ⟶ a) de plein droit = 1/2 de la peine, ou < sur décision spéciale ; b) sur décision spéciale = 2/3 de la peine (C. pén., art. **222-35** et 132-23, al. 1 et 2). Sur la période de sûreté, v. n° 18.7C1.

■ **ÉLÉMENTS CONSTITUTIFS – QUALIFICATION**

✧ Pour avoir à .... [¤ lieu], le .... [¤ date], [⇨A ou B :]

A. de manière illicite, produit ou fabriqué des stupéfiants, en l'espèce .... [¤ stupéfiants concernés] (A : *N 7892.cr*) ;

B. [• Préciser le cas échéant] avec cette circonstance que les faits ont été commis en bande organisée (B : ***N 12561.cr***).

Faits prévus et réprimés par les articles : **PERSONNES PHYSIQUES.** 222-35, 222-41, 222-43, 222-44, 222-45, 222-47, 222-48, 222-49 et 222-50 du code pénal, L. 5132-7, R. 5132-84, R. 5132-85 et R. 5132-86 du code de la santé publique, Convention internationale unique sur les stupéfiants du 30 mars 1961, Arr. 22 févr. 1990 fixant la liste des stupéfiants. **PERSONNES MORALES.** 222-35, 222-41, 222-42, 222-49 et 222-50 du code pénal, L. 5132-7, R. 5132-84, R. 5132-85 et R. 5132-86 du code de la santé publique, Convention internationale unique sur les stupéfiants du 30 mars 1961, Arr. 22 févr. 1990 fixant la liste des stupéfiants. ✧

28.3 Stupéfiants – Importation, exportation illicites

■ **PEINES**

PERSONNE PHYSIQUE

PP Délit. 10 ans d'emprisonnement, 7 500 000 €. Cas C : Crime 30 ans de réclusion, 7 500 000 € (C. pén., art. 222-36).

PC *Idem* nº 28.1 mais : Cas A et B : Interdiction droits civiques civils et de famille ⩽ 5 ans (vote, éligibilité, fonction juridictionnelle, expert, témoin, tuteur, curateur) (**PC** 2) et inéligibilité facultative (C. pén., art. 222-45 et 131-26) ; interdiction de séjour ⩽ 5 ans (**PC** 15) (C. pén., art. 222-47 et 131-31) ;

Cas C : sauf dispense spécialement motivée, la peine d'inéligibilité ⩽ 10 ans est obligatoirement prononcée (C. pén., art. 131-26-2, L. nº 2017-1339, 15 sept. 2017).

PERSONNE MORALE

PP Délit. 37 500 000 € (C. pén., art. 222-42, 131-38).

PC *Idem* nº 28.1.

■ ORIENTEUR

AUTRE QUALIFICATION

▪ **Délits douaniers – Contrebande. • Importation, exportation de marchandise prohibée.** C. douanes, art. 414, *idem* nº 28.2. • **Délits douaniers – Emploi de produit précurseur de drogue.** L. nº 95-542, 19 juin 1996, art. 19-5, issu L. nº 2023-610, 18 juill. 2023, *idem* nº 28.2.

ÉLÉMENT LÉGAL

▪ **Définition. Bande organisée.** V. nº 11.20.

TEXTE DE RÉFÉRENCE

▪ **Nomenclature des principaux stupéfiants.** CSP, art. L. 5132-7, V. nº 13.7.

▪ **Régime des substances vénéneuses.** CSP, art. L. 5432-1 et L. 5432-2, V. nº 29.46.

RÉGIME PROCÉDURAL

▪ **Renvoi.** *Idem* nº 28.1.

MESURE ADMINISTRATIVE

▪ **Fermeture administrative d'établissement.** *Idem* nº 28.1.

▪ **Situation administrative de l'auteur étranger.** *Idem* nº 28.1.

RÉGIME DES PEINES

▪ **Exemption ou réduction de peine du repenti.** *Idem* nº 28.1.

▪ **Période de sûreté.** Si peine ferme ⩾ 10 ans → a) de plein droit = 1/2 de la peine, ou < sur décision spéciale ; b) sur décision spéciale = 2/3 de la peine (C. pén., art. **222-36** et 132-23, al. 1 et 2). Sur la période de sûreté, v. nº 18.7C1.

■ ÉLÉMENTS CONSTITUTIFS – QUALIFICATION

✧ Pour avoir à .... [¤ lieu], le .... [¤ date], de manière illicite, [⇨A ou B puis le cas échéant C :]

A. importé (A : *N 7995.co*)...

B. exporté (B : *N 7997.co*)...

... des stupéfiants, en l'espèce (stupéfiants concernés).

C. [• Préciser le cas échéant] avec cette circonstance que les faits ont été commis en bande organisée (AC : *N 12559.cr* ; BC : *N 12560.cr*).

Faits prévus et réprimés par les articles : **PERSONNES PHYSIQUES.** 222-36, 222-40, 222-41, 222-43, 222-44, 222-45, 222-47, 222-48, 222-49 et 222-50 du code pénal, L. 5132-7, R. 5132-84, R. 5132-85 et R. 5132-86 du code de la santé publique, Convention internationale unique sur les stupéfiants du 30 mars 1961, Arr. 22 févr. 1990 fixant la liste des stupéfiants. **PERSONNES MORALES.** 222-36, 222-40, 222-41, 222-42, 222-49 et 222-50 du code pénal, L. 5132-7, R. 5132-84, R. 5132-85 et R. 5132-86 du code de la santé publique, Convention internationale unique sur les stupéfiants du 30 mars 1961, Arr. 22 févr. 1990 fixant la liste des stupéfiants. ✧

28.4 Stupéfiants – Transport, détention, offre, cession, acquisition, emploi

■ PEINES

PERSONNE PHYSIQUE

PP Délit. 10 ans d'emprisonnement, 7 500 000 € (C. pén., art. 222-37).

PC *Idem* n° 28.1 mais : interdiction droits civiques civils et de famille ⩽ 5 ans (vote, éligibilité, fonction juridictionnelle, expert, témoin, tuteur, curateur) (**PC** 2) et inéligibilité facultative (C. pén., art. 222-45 et 131-26) ; interdiction de séjour ⩽ 5 ans (**PC** 15) (C. pén., art. 222-47 et 131-31) ;

PERSONNE MORALE

PP Délit. 37 500 000 € (C. pén., art. 222-42, 131-38).

PC *Idem* n° 28.1.

▪ ORIENTEUR

AUTRE QUALIFICATION

▪ **Délits douaniers – Contrebande. • Importation, exportation de marchandise prohibée.** C. douanes, art. 414, *idem* n° 28.2. • **Délits douaniers – Emploi de produit précurseur de drogue.** L. n° 95-542, 19 juin 1996, art. 19-5, issu L. n° 2023-610, 18 juill. 2023, *idem* n° 28.2.

TEXTE DE RÉFÉRENCE

▪ **Nomenclature des principaux stupéfiants.** CSP, art. L. 5132-7, V. n° 13.7.

▪ **Régime des substances vénéneuses.** CSP, art. L. 5432-1 et L. 5432-2, V. n° 29.46.

ÉLÉMENT MATÉRIEL

▪ **Tentative. Punissable** (C. pén., art. 222-40).

RÉGIME PROCÉDURAL

▪ **Renvoi.** *Idem* n° 28.1.

▪ **Livraison contrôlée. Possible sur autorisation du parquet ou du juge d'instruction** (C. pr. pén., art. 706-32, L. n° 2007-297, 5 mars 2007), v. n° 11.34.

MESURE ADMINISTRATIVE

▪ **Fermeture administrative d'établissement.** *Idem* n° 28.1.

▪ **Situation administrative de l'auteur étranger.** *Idem* n° 28.1.

RÉGIME DES PEINES

▪ **Exemption ou réduction de peine du repenti.** *Idem* n° 28.1.

▪ **Période de sûreté.** Si peine ferme = 10 ans ⟶ a) de plein droit = 1/2 de la peine, ou < sur décision spéciale ; b) sur décision spéciale = 2/3 de la peine (C. pén., art. **222-37** et 132-23, al. 1 et 2). Sur la période de sûreté, v. n° 18.7C1.

▪ ÉLÉMENTS CONSTITUTIFS – QUALIFICATION

✧ Pour avoir à .... [¤ lieu], le .... [¤ date], de manière illicite [⇨A à E :]

A. transporté (A : *N 7990.co*)...

B. détenu (B : *N 7991.co*)...

C. offert ou cédé (C : *N 7992.co*)...

D. acquis (D : *N 7993.co*)...

E. employé (E : *N 7994.co*)...

... des stupéfiants, en l'espèce .... [¤ stupéfiants concernés].

Faits prévus et réprimés par les articles : **PERSONNES PHYSIQUES.** 222-37, 222-40, 222-41, 222-43, 222-44, 222-45, 222-47, 222-48, 222-49 et 222-50 du code pénal, L. 5132-7, R. 5132-84, R. 5132-85 et R. 5132-86 du code de la santé publique, Convention internationale unique sur les stupéfiants du 30 mars 1961, Arr. 22 févr. 1990 fixant la liste des stupéfiants. **PERSONNES MORALES.** 222-37, 222-40, 222-42, 222-49 et 222-50 du code pénal, L. 5132-7, R. 5132-84, R. 5132-85 et R. 5132-86 du code de la santé publique, Convention internationale unique sur les stupéfiants du 30 mars 1961, Arr. 22 févr. 1990 fixant la liste des stupéfiants. ✧

28.5 Stupéfiants – Facilitation de l'usage

▪ PEINES

PERSONNE PHYSIQUE

PP Délit. 10 ans d'emprisonnement, 7 500 000 € (C. pén., art. 222-37).

PC *Idem* nº 28.1 mais interdiction droits civiques civils et de famille ⩽ 5 ans (vote, éligibilité, fonction juridictionnelle, expert, témoin, tuteur, curateur) (**PC** 2) et inéligibilité facultative (C. pén., art. 222-45 et 131-26) ; interdiction de séjour ⩽ 5 ans (**PC** 15) (C. pén., art. 222-47 et 131-31) ;

PERSONNE MORALE

PP Délit. 37 500 000 € (C. pén., art. 222-42, 131-38).

PC *Idem* nº 28.1.

■ ORIENTEUR

ÉLÉMENT MATÉRIEL

- **Tentative.** Punissable (C. pén., art. 222-40).

TEXTE DE RÉFÉRENCE

- **Nomenclature des principaux stupéfiants.** CSP, art. L. 5132-7, V. nº 13.7.
- **Régime des substances vénéneuses.** CSP, art. L. 5432-1 et L. 5432-2, V. nº 29.46.

RÉGIME PROCÉDURAL

- **Renvoi.** *Idem* nº 28.1.

MESURE ADMINISTRATIVE

- **Fermeture administrative d'établissement.** *Idem* nº 28.1.
- **Situation administrative de l'auteur étranger.** *Idem* nº 28.1.

RÉGIME DES PEINES

- **Exemption ou réduction de peine du repenti.** *Idem* nº 28.1.
- **Période de sûreté.** Si peine ferme = 10 ans → a) de plein droit = 1/2 de la peine, ou < sur décision spéciale ; b) sur décision spéciale = 2/3 de la peine (C. pén., art. 222-37 et 132-2, al. 1 et 2). Sur la période de sûreté, v. nº 18.7C 1.

■ ÉLÉMENTS CONSTITUTIFS – QUALIFICATION

✧ Pour avoir à .... [¤ lieu], le .... [¤ date], par quelque moyen que ce soit, facilité l'usage de stupéfiants, en l'espèce en .... [¤ description des actes de facilitation et des stupéfiants concernés].

Faits prévus et réprimés par les articles : **PERSONNES PHYSIQUES.** 222-37, 222-40, 222-41, 222-43, 222-44, 222-45, 222-47, 222-48, 222-49 et 222-50 du code pénal, L. 5132-7, R. 5132-84, R. 5132-85 et R. 5132-86 du code de la santé publique, Convention internationale unique sur les stupéfiants du 30 mars 1961, Arr. 22 févr. 1990 fixant la liste des stupéfiants (*N 183.co*). **PERSONNES MORALES.** 222-37, 222-40, 222-41, 222-42, 222-49 et 222-50 du code pénal, L. 5132-7, R. 5132-84, R. 5132-85 et R. 5132-86 du code de la santé publique, Convention internationale unique sur les stupéfiants du 30 mars 1961, Arr. 22 févr. 1990 fixant la liste des stupéfiants (*N #.co*). ✧

28.6 Stupéfiants – Obtention ou délivrance par ordonnance fictive

■ PEINES

PERSONNE PHYSIQUE

PP Délit. 10 ans d'emprisonnement, 7 500 000 € (C. pén., art. 222-37).

PC *Idem* nº 28.1 mais interdiction droits civiques civils et de famille ⩽ 5 ans (vote, éligibilité, fonction juridictionnelle, expert, témoin, tuteur, curateur) (**PC** 2) et inéligibilité facultative (C. pén., art. 222-45 et 131-26) ; interdiction de séjour ⩽ 5 ans (**PC** 15) (C. pén., art. 222-47 et 131-31) ;

PERSONNE MORALE

PP Délit. 37 500 000 € (C. pén., art. 222-42, 131-38).

PC *Idem* nº 28.1.

■ ORIENTEUR

TEXTE DE RÉFÉRENCE

- **Nomenclature des principaux stupéfiants.** CSP, art. L. 5132-7, V. nº 13.7.
- **Régime des substances vénéneuses.** CSP, art. L. 5432-1 et L. 5432-2, V. nº 29.46.

ÉLÉMENT MATÉRIEL

- **Tentative.** Punissable (C. pén., art. 222-40).

RÉGIME PROCÉDURAL

- Renvoi. *Idem* n° 28.1.

MESURE ADMINISTRATIVE

- Fermeture administrative d'établissement. *Idem* n° 28.1.
- Situation administrative de l'auteur étranger. *Idem* n° 28.1.

RÉGIME DES PEINES

- Exemption ou réduction de peine du repenti. *Idem* n° 28.1.
- Période de sûreté. Si peine ferme = 10 ans → a) de plein droit = 1/2 de la peine, ou < sur décision spéciale ; b) sur décision spéciale = 2/3 de la peine (C. pén., art. 222-37 et 132-23, al. 1 et 2). Sur la période de sûreté, v. n° 18.7C1.

■ ÉLÉMENTS CONSTITUTIFS – QUALIFICATION

[⇨A ou B :]

✧ A. Pour s'être à .... [¤ lieu], le .... [¤ date], au moyen d'ordonnances fictives ou de complaisance, fait délivrer des stupéfiants, en l'espèce (stupéfiants concernés) (A : *N 2932.co*) ;

B. Pour avoir à .... [¤ lieu], le .... [¤ date] délivré des stupéfiants, en l'espèce .... [¤ stupéfiants concernés], sur présentation d'ordonnances qu'il (elle) savait fictives ou de complaisance (B : *N 2933.co*).

Faits prévus et réprimés par les articles : **PERSONNES PHYSIQUES.** 222-37, 222-40, 222-41, 222-43, 222-44, 222-45, 222-47, 222-48, 222-49 et 222-50 du code pénal, L. 5132-7, R. 5132-84, R. 5132-85 et R. 5132-86 du code de la santé publique, Convention internationale unique sur les stupéfiants du 30 mars 1961, Arr. 22 févr. 1990 fixant la liste des stupéfiants. **PERSONNES MORALES.** 222-37, 222-40, 222-41, 222-42, 222-49 et 222-50 du code pénal, L. 5132-7, R. 5132-84, R. 5132-85 et R. 5132-86 du code de la santé publique, Convention internationale unique sur les stupéfiants du 30 mars 1961, Arr. 22 févr. 1990 fixant la liste des stupéfiants. ✧

28.7 Blanchiment de stupéfiants – Justification mensongère de l'origine des ressources provenant du trafic

■ PEINES

PERSONNE PHYSIQUE

PP PC Dans tous les cas, amende ⩽ 1/2 biens ou fonds concernés par blanchiment (C. pén., art. 222-38).

Cas A et B : *Idem* n° 28.1 ;

Cas C et D : *Idem* n° 28.2 ;

Cas E et F : *Idem* n° 28.3 ;

Cas G : *Idem* n° 28.4 ;

Cas H : *Idem* n° 28.6.

PERSONNE MORALE

PP Amende applicable ⩽ quintuple de celle prévue pour les personnes physiques (C. pén., art. 131-38).

PC Néant.

■ ORIENTEUR

AUTRE QUALIFICATION

- Blanchiment de stupéfiants – Placement, dissimulation, conversion des produits du trafic. V. n° 28.8.
- Non-justification de ressources ou de l'origine d'un bien par une personne en relation habituelle avec l'auteur d'infractions – Justification de ressources fictives pour l'auteur d'infractions – Infractions voisines du recel. V. n° 22.48.
- Blanchiment douanier de stupéfiants – Opération financière internationale – Délit douanier. V. n° 28.9.
- Blanchiment. Hors stupéfiants. V. n° 22.49.
- Manquement à l'obligation déclarative. V. n° 33.41.

ÉLÉMENT MATÉRIEL

- **Tentative. Punissable** (C. pén., art. 222-40).

RÉGIME PROCÉDURAL

- **Renvoi.** *Idem* n° 28.1.

POLITIQUE PUBLIQUE

- **Prévention de l'infraction.** Obligation de révélation de certaines professions, v. secret professionnel, professions juridiques et assimilées n° 35.4, professions bancaires n° 35.5.

MESURE ADMINISTRATIVE

- **Fermeture administrative d'établissement.** *Idem* n° 28.1.
- **Situation administrative de l'auteur étranger.** *Idem* n° 28.1.

RÉGIME DES PEINES

- **Exemption ou réduction de peine du repenti.** *Idem* n° 28.1.

■ ÉLÉMENTS CONSTITUTIFS – QUALIFICATION

✧ Pour avoir à .... [¤ lieu], le .... [¤ date], par tout moyen, en l'espèce en .... [¤ description des actes de facilitation], facilité la justification mensongère de l'origine de ses biens ou de ses revenus à .... [¤ nom de l'auteur des infractions ci-dessous], qu'il savait être [⇨A à H :]

A. organisateur d'un groupement ayant pour objet le trafic de stupéfiants (A : *N **20668.co***) ;

B. dirigeant d'un groupement ayant pour objet le trafic de stupéfiants (B : *N **20670.co***) ;

C. producteur ou fabricant non autorisé de stupéfiants (C : *N **20672.co***) ;

D. producteur ou fabricant non autorisé de stupéfiants en bande organisée (D : *N **20674.co***) ;

E. exportateur non autorisé de stupéfiants (E : *N **20676.co***) ;

F. importateur non autorisé de stupéfiants (F : *N **20678.co***) ;

G. auteur d'un délit de transport, détention, offre, cession, acquisition ou emploi illicite de stupéfiants (G : *N **20661.co***) ;

H. auteur d'un délit de facilitation de l'usage de stupéfiants, ou d'obtention ou de délivrance de stupéfiants par ordonnance fictive (H : *N **20661.co***).

Faits prévus et réprimés par les articles : **PERSONNES PHYSIQUES.** 222-38, 222-40, 222-41, 222-43, 222-44, 222-45, 222-47, 222-48, 222-49 et 222-50 du code pénal, L. 5132-7, R. 5132-84, R. 5132-85 et R. 5132-86 du code de la santé publique, Convention internationale unique sur les stupéfiants du 30 mars 1961, Arr. 22 févr. 1990 fixant la liste des stupéfiants. **PERSONNES MORALES.** 222-38, 222-40, 222-41, 222-42, 222-49 et 222-50 du code pénal, L. 5132-7, R. 5132-84, R. 5132-85 et R. 5132-86 du code de la santé publique, Convention internationale unique sur les stupéfiants du 30 mars 1961, Arr. 22 févr. 1990 fixant la liste des stupéfiants. ✧

28.8 Blanchiment de stupéfiants – Placement, dissimulation, conversion des produits du trafic

■ PEINES

PERSONNE PHYSIQUE ET PERSONNE MORALE

PP PC Dans tous les cas, amende ⩽ 1/2 biens ou fonds concernés par blanchiment (C. pén., art. 222-38).

Cas A et B : *Idem* n° 28.1 ;

Cas C et D : *Idem* n° 28.2 ;

Cas E et F : *Idem* n° 28.3 ;

Cas G : *Idem* n° 28.4 ;

Cas H : *Idem* n° 28.6 ;

■ ORIENTEUR

AUTRE QUALIFICATION, ÉLÉMENT MATÉRIEL, RÉGIME PROCÉDURAL, POLITIQUE PUBLIQUE, MESURE ADMINISTRATIVE, RÉGIME DES PEINES

- **Renvoi.** *Idem* n° 28.7.

■ **ÉLÉMENTS CONSTITUTIFS – QUALIFICATION**

✧ Pour avoir à .... [¤ lieu], le .... [¤ date], en .... [¤ description des actes de blanchiment], apporté son concours à une opération de placement, de dissimulation ou de conversion de produits qu'il savait provenir des infractions [⇨A à H :]

A. d'organisation d'un groupement ayant pour objet le trafic de stupéfiants (A : *N 20669.co*) ;

B. de direction d'un groupement ayant pour objet le trafic de stupéfiants (B : *N 20671.co*) ;

C. de production ou fabrication non autorisée de stupéfiants (C : *N 20673.co*) ;

D. de production ou fabrication non autorisée de stupéfiants en bande organisée (D : *N 20675.co*) ;

E. d'exportation non autorisée de stupéfiants (E : *N 20677.co*) ;

F. d'importation non autorisée de stupéfiants (F : *N 20679.co*) ;

G. de transport, détention, offre, cession, acquisition ou emploi illicite de stupéfiants (G : *N 20667.co*) ;

H. de facilitation de l'usage de stupéfiants, ou d'obtention ou de délivrance de stupéfiants par ordonnance fictive (H : *N 20667.co*).

Faits prévus et réprimés par les articles : **PERSONNES PHYSIQUES.** 222-38, 222-40, 222-41, 222-43, 222-44, 222-45, 222-47, 222-48, 222-49 et 222-50 du code pénal, L. 5132-7, R. 5132-84, R. 5132-85 et R. 5132-86 du code de la santé publique, Convention internationale unique sur les stupéfiants du 30 mars 1961, Arr. 22 févr. 1990 fixant la liste des stupéfiants. **PERSONNES MORALES.** 222-38, 222-40, 222-41, 222-42, 222-49 et 222-50 du code pénal, L. 5132-7, R. 5132-84, R. 5132-85 et R. 5132-86 du code de la santé publique, Convention internationale unique sur les stupéfiants du 30 mars 1961, Arr. 22 févr. 1990 fixant la liste des stupéfiants. ✧

28.9 Blanchiment douanier de stupéfiants – Blanchiment d'un délit douanier – Délit douanier

■ **PEINES**

PERSONNE PHYSIQUE

PP Délit. Cas A à C : 10 ans d'emprisonnement (depuis L. n° 2018-898, 23 oct. 2018, auparavant 2 à 10 ans), amende ⩽ 5 fois la somme sur laquelle a porté l'infraction (C. douanes, art. 415). Cas D : 10 ans d'emprisonnement, amende ⩽ 10 fois la somme sur laquelle a porté l'infraction (C. douanes, art. 415 mod. par Ord. n° 2019-963, 19 sept. 2019, ratifiée par L. n° 2020-1672, 24 déc. 2020).

PC 1. Confiscation des sommes en infraction ou d'une somme en tenant lieu lorsque la saisie n'a pu être prononcée (C. douanes, art. 415 et 435) ;

2. confiscation des biens ayant servi à commettre l'infraction ou qui étaient destinés à le commettre (C. douanes, art. 415, depuis Ord. n° 2019-963, 19 sept. 2019, ratifiée par L. n° 2020-1672, 24 déc. 2020).

PERSONNE MORALE

PP Amende applicable ⩽ quintuple de celle prévue pour les personnes physiques (C. pén., art. 131-38).

PC Néant.

■ **ORIENTEUR**

AUTRE QUALIFICATION

▪ Renvoi. *Idem* n° 28.7.

ÉLÉMENT LÉGAL

▪ **Application de la loi pénale dans le temps.** Cas B et circonstance aggravante D créés par Ord. n° 2019-963, 19 sept. 2019, ratifiée par L. n° 2020-1672, 24 déc. 2020.

▪ **Infraction douanière d'origine. • Manquement à l'obligation déclarative.** Au sens de C. douanes, art. 415, relatif au blanchiment de délit prévu au code des douanes, l'obligation déclarative des transferts de sommes, titres ou valeurs est prévue par C. douanes, art. 464 et 465, renvoyant pour la répression au délit de manquement à l'obligation déclarative incriminé par CMF, art. L. 152-1 et L. 152-4 (sur ce délit, aussi appelé délit cambiaire, v. n° 33.41), « *Il s'en déduit que le transfert de capitaux sans déclaration constitue une infraction prévue au code des douanes.* » (Crim. 23 oct.

2019, n° 18-85.636, D), il s'en déduit non seulement que ce délit peut constituer l'infraction d'origine de l'infraction de blanchiment douanier mais aussi que la non déclaration de transfert de capitaux peut simultanément matérialiser, selon les conditions matérielles de l'opération, l'action de dissimulation fondant la présomption prévue par C. douanes, art. 415-1, ou la présomption jumelle prévue par C. pén., art. 324-1-1 en matière de blanchiment non douanier (v. n° **22.49**). Toutefois, « *l'article 415-1 du code des douanes n'ayant pas institué une présomption de constitution du délit douanier de blanchiment, mais uniquement un renversement partiel de la charge de la preuve de l'infraction concernant l'origine illicite des fonds, les juges ne pouvaient déduire l'existence d'un flagrant délit de blanchiment douanier des seules conditions de transport des sommes d'argent découvertes en possession de la personne contrôlée, sans relever au préalable la présence d'indices permettant de présumer la réalisation d'une opération financière avec l'étranger* » (§ 15), ainsi, « *le transport d'une importante somme d'argent en espèces dissimulée au niveau de l'entrejambe entre la gare de Montpellier et la gare de Lyon à Paris, qui ne permettent pas de caractériser une telle opération, ne pouvaient révéler l'existence d'un flagrant délit douanier puni d'une peine d'emprisonnement* » (§ 16) (Crim. 26 janv. 2022, n° 21-84.228, P). • **Indifférence de l'identification de l'auteur du délit douanier.** Comme pour le blanchiment non douanier (v. n° **22.49**), « *il n'est pas nécessaire que l'auteur de l'infraction principale soit condamné ou même connu* » (Crim. 16 janv. 2019, n° 17-86.726, D).

ÉLÉMENT MATÉRIEL

▪ **Champ d'application.** L'incrimination est applicable « *y compris si les activités à l'origine de ces fonds ont été exercées sur le territoire d'un autre État membre de l'Union européenne ou sur celui d'un État tiers* » (C. douanes, art. 415). En outre, elle est applicable « *aux opérations de transport et de collecte des fonds d'origine illicite* [comme provenant au sens de C. douanes, art. 415, al. 1, d'un délit prévu par toute législation que les agents des douanes sont chargés d'appliquer ou portant atteinte aux intérêts financiers de l'Union européenne, ou d'une infraction à la législation sur les substances ou plantes vénéneuses classées comme stupéfiants] *qui sont réalisées sur le territoire douanier* », ainsi que « *lorsque l'opération se rapporte à des actifs numériques* » mentionnés au CMF, art. L. 54-10-1 du code monétaire et financier (C. douanes, art. 415, réd. issue L. n° 2023-610, 18 juill. 2023).

▪ **Complicité et intéressement à la fraude.** • **Complicité.** *Idem* n° **33.36** (C. douanes, art. 398). • **Personne intéressée à la fraude.** *Idem* n° **33.36** (C. douanes, art. 399).

▪ **Tentative. Punissable.** C. douanes, art. 409 et 415.

RÉGIME PROCÉDURAL

▪ **Modalités de poursuite.** Les infractions douanières peuvent faire l'objet d'une comparution immédiate (C. douanes, art. 363).

▪ **Régime partiel (étendu) de la criminalité organisée.** Applicable depuis L. n° 2023-610, 18 juill. 2023, visant à donner à la douane les moyens de faire face aux nouvelles menaces (C. pr. pén., **art. 706-1-1 3°**) : **surveillance** (C. pr. pén., art. 706-80, v. n° **11.31**) ; **infiltration** (C. pr. pén., art. 706-81 à 706-87, v. n° **11.33**) ; **interception de communications électroniques** (C. pr. pén., art. 706-95, v. n° **11.36**) ; **sonorisation ou fixation d'image** (C. pr. pén., art. 706-96 à 106-102 ; C. douanes, art. 67 *bis* 5, issu L. n° 2023-610, 18 juill. 2023, v. n° **11.39**) ; **captation de données informatiques** (C. pr. pén., art. 706-102 à 706-102-9, v. n° **11.40**) ; **mesures conservatoires** sur les biens du mis en examen (C. pr. pén., art. 706-103, v. n° **11.68**).

▪ **Cyber infiltration.** Possible (C. douanes, art. 67 *bis*-1 A, L. n° 2016-731, 3 juin 2016), v. n° **11.35C**).

▪ **Limites de la saisine.** Lorsque les juges sont saisis de blanchiment dont l'origine est un transfert de capitaux sans déclaration, ils ne peuvent sans excéder les limites de cette saisine ou sans que le prévenu n'accepte de comparaître sous cette nouvelle qualification, substituer à cette infraction d'origine celle de contrebande de stupéfiants (Crim. 30 janv. 2019, n° 18-83.977, D).

▪ **Preuve. Régime de la preuve – Présomptions.** « *Pour l'application de l'article 415, les fonds sont présumés être le produit direct ou indirect « de l'une des infractions mentionnées à l'article 415 du présent code »* [réd. issue L. n° 2023-610, 18 juill. 2023] ~~*d'un délit prévu au présent code "ou portant atteinte aux intérêts financiers de l'Union européenne"* [L. n° 2020-1672, 20 déc. 2020] *ou d'une infraction à la législation sur les substances ou plantes vénéneuses classées comme stupéfiants*~~ *lorsque les conditions matérielles, juridiques ou financières de l'opération d'exportation, d'importation, de transfert, de compensation « de transport ou de collecte »* [réd. issue L. n° 2023-610, 18 juill. 2023] *ne paraissent obéir à d'autre motif que de dissimuler que les fonds ont une telle origine* » (C. douanes, art. 415-1, L. n° 2016-731, 3 juin 2016). Sur l'application dans le temps de cette disposition, v. orienteur n° **22.49**). Cette présomption, comparable à celle

prévue par C. pén., art. L. 324-1-1 en matière de blanchiment non douanier (v. n° 22.49), lorsque ses conditions matérielles sont réunies, dispense en conséquence de rapporter la preuve du délit d'origine et de la nature douanière de ce dernier (Crim. 20 mars 2019, n° 17-85.664, P n° 59).
• **Exemple d'application de la présomption.** Est censurée au visa de C. douanes, art. 415-1 la décision de relaxe de la cour d'appel qui aurait dû rechercher si « *les conditions matérielles de l'opération de dissimulation des sommes en possession desquelles les prévenus ont été trouvés, ne pouvaient avoir d'autre justification que de dissimuler leur origine illicite et permettaient donc de présumer, en l'absence de preuve contraire apportée par les prévenus, que ces fonds étaient le produit direct ou indirect d'un délit du code des douanes* » alors que la présomption découlait des éléments matériels ainsi décrits : « *en utilisant un véhicule mis à disposition par un tiers et spécialement aménagé, en dissimulant les sommes les plus importantes emballées dans des sachets plastiques thermosoudés dans le levier de vitesse, en omettant de signaler aux douanes la présence de fonds et en variant dans leurs explications quant à l'usage prévu de ces fonds* » (Crim. 20 mars 2019, n° 17-85.664, P n° 59). Sont également censurés les juges du fond qui relaxent le prévenu au motif que, « *simple transporteur* », il « *ignorait l'origine des fonds et leur destination finale* » et « *ne peut d'aucune manière rapporter la preuve contraire dans la mesure où il ne dispose d'aucune information relevant de la traçabilité des fonds* » (§ 10), alors qu'il leur « *appartenait de rechercher si les conditions matérielles du transfert des sommes en possession desquelles le prévenu a été trouvé ne pouvait avoir d'autre justification que de dissimuler leur origine illicite et permettaient donc de présumer que ces fonds étaient le produit direct ou indirect d'une infraction à la législation sur les substances ou plantes vénéneuses classées comme stupéfiants, visée à la prévention, ne pouvaient écarter l'application de cette présomption au seul motif qu'en l'espèce le prévenu n'était pas en mesure de rapporter la preuve de l'origine des fonds qu'il transportait* » (§ 14) (Crim. 9 déc. 2020, n° 19-86.955, D). V. également, pour le blanchiment non douanier, Crim. 6 mars 2019, n° 18-81.059, P n° 52, au n° 22.49 ; sur les présomptions en matière pénale, v. orienteur/élément intentionnel du n° 33.36 (CEDH 7 oct. 1988, *Salabiaku c/ France*, req. n° 10519/83 ; Cons. const. 16 juin 1999, n° 99-411 DC, § 5).

▪ **Mesure provisoire. • Retenue temporaire de l'argent liquide.** La procédure de retenue temporaire des fonds par les agents de douanes prévue par CMF, art. L. 152-4 II (réd. issue L. n° 2020-1508, 3 déc. 2020, en vigueur le 1er juin 2021) (sur cette procédure, v. orienteur n° 33.41) en cas d'infraction de manquement à l'obligation déclarative est également applicable lorsque le flux d'argent liquide est < 10 000 € ou s'il a fait l'objet d'une déclaration valable mais qu'il « *existe des indices* » qu'il « *est lié* » à une « *activité criminelle* » au sens de la directive dite « blanchiment » (UE) 2015/849, 20 mai 2015, art. 3 §4, laquelle vise notamment toutes les infractions passibles d'une peine privative de liberté ⩾ 1 an (art. 3 §4, f)) (CMF, art. L. 152-4-1, réd. issue L. n° 2020-1508, 3 déc. 2020, en vigueur le 1er juin 2021).

▪ **Exercice de l'action douanière ou fiscale.** C. pr. pén., art. 343, v. n° 19.3C2.

POLITIQUE PUBLIQUE

▪**Renvoi.** V. n° 33.36.

MESURE CIVILE

▪**Renvoi.** V. n° 33.36.

RÉGIME DES PEINES

▪ **Peine d'emprisonnement. Peine plancher de 2 ans.** Dans la rédaction antérieure à L. n° 2018-898, 23 oct. 2018, l'infraction était passible d'une peine de 2 à 10 ans. Selon la jurisprudence constante de la Ch. crim., « *la fixation.../...d'une durée minimale de deux ans à la peine d'emprisonnement interdit au juge de prononcer une peine inférieure* ». Le Cons. const., pour juger C. douanes, art. 415, conforme à la Constitution au regard du principe d'individualisation des peines tiré de DDHC, art. 8, a considéré que le délit « *présente une particulière gravité* » (§ 7), « *que la juridiction n'est pas privée de la possibilité de fixer, dans ces limites, la peine d'emprisonnement en fonction des circonstances de l'espèce* » (§ 8), de « *ne prononcer que l'une des peines encourues* » (par application de C. pén., art. 132-17), « *de dispenser le coupable de la peine d'emprisonnement* » (par application de C. douanes, art. 369), et « *d'ordonner qu'il soit sursis à son exécution et décider que la condamnation ne sera pas mentionnée au bulletin n° 2 du casier judiciaire* » (§ 9) (Cons. const. 14 sept. 2018, n° 2018-731 QPC). La L. n° 2018-898, 23 oct. 2018 a mis un terme à ces discussions en supprimant la peine plancher de 2 ans.

▪ **Renvoi.** *Idem* n° 33.36.

▪ ÉLÉMENTS CONSTITUTIFS – QUALIFICATION

✧ Pour avoir à .... [¤ lieu], le .... [¤ date], par exportation, importation, transfert ou compensation, procédé à une opération financière entre la France et l'étranger portant sur des fonds qu'il savait provenir [⇨A à C puis le cas échéant D :]

A. d'un délit prévu « ~~*au code des douanes*~~ » par une *« législation que les agents des douanes sont chargés d'appliquer »* (red. issue L. n° 2023-610, 18 juill. 2023) (A : *N* ***23484.co***)...

B. d'un délit portant atteinte aux intérêts financiers de l'Union européenne (Ord. n° 2019-963, 19 sept. 2019, ratifiée par L. n° 2020-1672, 24 déc. 2020) (B : *N* ***33594.co***)...

C. d'une infraction à la législation sur les substances ou plantes vénéneuses classées comme stupéfiants (C : *N* ***20307.co***)...

..., en l'espèce en .... [¤ matérialiser l'infraction] ;

D. [préciser le cas échéant dans les cas A à C :], avec cette circonstance que les faits ont été commis en bande organisée (Ord. n° 2019-963, 19 sept. 2019, ratifiée par L. n° 2020-1672, 24 déc. 2020) (D : *N #.co*).

Faits prévus et réprimés par l'article 415 du code des douanes. ✧

28.10 Stupéfiants – Cession pour usage personnel

▪ PEINES

PERSONNE PHYSIQUE

PP Délit. Cas A : 5 ans d'emprisonnement, 75 000 €. Cas B à D : 10 ans emprisonnement, 75 000 € (C. pén., art. 222-39).

PC *Idem* n° 28.1, sauf : confiscation spéciale ou générale biens du condamné (**PC** 12) (C. pén., art. 222-49), interdiction droits civiques civils et de famille ⩽ 5 ans (vote, éligibilité, fonction juridictionnelle, expert, témoin, tuteur, curateur) (**PC** 2) et inéligibilité facultative (C. pén., art. 222-45 et 131-26) ; interdiction de séjour ⩽ 5 ans (**PC** 15) (C. pén., art. 222-47 et 131-31) ; interdiction du territoire français (**PC** 17) (C. pén., art. 222-48, 131-30 à 131-30-2).

PERSONNE MORALE

PP Délit. 375 000 € (C. pén., art. 222-42, 131-38).

PC *Idem* n° 28.1, sauf confiscation spéciale ou générale biens de la personne morale condamnée (C. pén., art. 222-49).

▪ ORIENTEUR

TEXTE DE RÉFÉRENCE

- **Nomenclature des principaux stupéfiants.** CSP, art. L. 5132-7, V. n° 13.7.
- **Régime des substances vénéneuses.** CSP, art. L. 5432-1 et L. 5432-2, V. n° 29.46.

ÉLÉMENT MATÉRIEL

- **Tentative. Punissable** (C. pén., art. 222-40).
- **Aggravation résultant de la commission dans un local d'enseignement. Cas D**, v. orienteur/élément matériel du n° 20.29 (Crim. 14 oct. 2020, n° 19-86.759, D).

RÉGIME PROCÉDURAL

- **Renvoi.** *Idem* n° 28.1.
- **Livraison contrôlée. Possible sur autorisation du parquet ou du juge d'instruction** (C. pr. pén., art. 706-32, L. n° 2007-297, 5 mars 2007), v. n° 11.34.
- **Obligation de communication du contrôle judiciaire à l'employeur public ou l'autorité de contrôle.** Si les faits sont commis à l'égard d'un mineur ou dans un établissement d'enseignement (Cas A et B), le parquet doit informer l'employeur ou l'autorité de contrôle de la décision de contrôle judiciaire comportant « *l'obligation de ne pas exercer une activité impliquant un contact habituel avec des mineurs* » prévue par C. pr. pén., art. 138, 12° *bis* (issu de L. n° 2016-457, 14 avr. 2016) (C. pr. pén., art. 706-47-4, L. n° 2016-457, 14 avr. 2016) (v. n° 11.23D).
- **Compétence juridictionnelle. Juge unique sauf Cas B à D** (peine encourue > 5 ans) (C. pr. pén., art. 398-1 1°, v. n° 17.15D2).

▪ **Ordonnance pénale.** Possible sauf Cas B à D (peine encourue > 5 ans) (C. pr. pén., art. 495-II, v. nº 15.48B1 et tableau nº 17.15D2).

MESURE ADMINISTRATIVE

▪ **Fermeture administrative d'établissement.** *Idem* nº 28.1.

▪ **Situation administrative de l'auteur étranger.** *Idem* nº 28.1.

RÉGIME DES PEINES

▪ **Période de sûreté.** Si peine ferme = 10 ans → a) de plein droit = 1/2 de la peine, ou < sur décision spéciale ; b) sur décision spéciale = 2/3 de la peine (C. pén., art. 132-23, al. 1 et 2). Sur la période de sûreté, v. nº 18.7C1.

▪ **Obligation de communication de la condamnation à l'employeur public ou l'autorité de contrôle.** Si les faits sont commis à l'égard d'un mineur ou dans un établissement d'enseignement (Cas A et B), le parquet doit informer l'employeur ou l'autorité de contrôle de la condamnation prononcée en cas d'activité impliquant un contact habituel avec des mineurs (C. pr. pén., art. 706-47-4, L. nº 2016-457, 14 avr. 2016) (v. nº 11.23D).

■ ÉLÉMENTS CONSTITUTIFS – QUALIFICATION

✧ Pour avoir à .... [¤ lieu], le .... [¤ date], [⇨A puis le cas échéant B à D :]

A. offert ou cédé à autrui en vue de sa consommation personnelle des stupéfiants, en l'espèce .... [¤ indication des substances cédées] (A : *N 2924.ju*) ;

[• Préciser le cas échéant] avec cette circonstance que les substances ont été offertes ou cédées [⇨B à D :]

B. à des mineurs (B : *N 1388.co*) ;

C. dans un établissement d'enseignement ou d'éducation ou, lors des entrées ou sorties des élèves ou dans un temps très voisin de celles-ci, aux abords de cet établissement (réd. issue L. nº 2007-297, 5 mars 2007) (C : *N 1389.co*) ;

D. dans un local administratif d'un établissement d'enseignement ou d'éducation ou, lors des entrées ou sorties du public ou dans un temps très voisin de celles-ci, aux abords de ce local (réd. L. nº 2007-297, 5 mars 2007) (D : *N 1391.co*).

Faits prévus et réprimés par les articles : **PERSONNES PHYSIQUES.** 222-39, 222-40, 222-41, 222-43, 222-44, 222-45, 222-47, 222-48, 222-49 et 222-50 du code pénal, L. 5132-7, R. 5132-84, R. 5132-85 et R. 5132-86 du code de la santé publique, Convention internationale unique sur les stupéfiants du 30 mars 1961, Arr. 22 févr. 1990 fixant la liste des stupéfiants. **PERSONNES MORALES.** 222-39, 222-40, 222-41, 222-42, 222-49 et 222-50 du code pénal, L. 5132-7, R. 5132-84, R. 5132-85 et R. 5132-86 du code de la santé publique, Convention internationale unique sur les stupéfiants du 30 mars 1961, Arr. 22 févr. 1990 fixant la liste des stupéfiants. ✧

28.11 Stupéfiants – Usage illicite

■ PEINES

PERSONNE PHYSIQUE

PP Délit. Cas A : 1 an d'emprisonnement, 3 750 €. Cas B : 5 ans d'emprisonnement, 75 000 € (L. nº 2007-297, 5 mars 2007) (CSP, art. L. 3421-1).

PC Cas A.

1. Cure de désintoxication avec exécution provisoire possible (CSP, art. L. 3425-1) ;
2. Confiscation **obligatoire** substances ou plantes saisies (CSP, art. L. 3421-2) ;
3. Confiscation **obligatoire** installations, matériels, tout bien ayant servi à l'infraction ou destiné à la commettre, ou son produit, quel qu'en soit le propriétaire s'il ne pouvait en ignorer l'origine ou la destination (CSP, art. L. 3421-3 ; C. pén., art. 222-49, al. 1 et 131-21) ;
4. Stage de sensibilisation aux dangers de l'usage de produits stupéfiants. La juridiction précise si le stage est exécuté aux frais du condamné (C. pén., art. 131-35-1 et CSP, art. L. 3421-1, L. nº 2007-297, 5 mars 2007) (pour les faits commis avant le 24 mars 2020 et jugés après cette date, L. nº 2019-222, 23 mars 2019, en vigueur le 24 mars 2020. Pour les faits commis à partir du 24 mars 2020, v. nouvelle réd. C. pén., art. 131-5-1 et nº 18.33).

Cas B.

1. Suspension (sans sursis ni aménagement) ⩽ 3 ans, du PC ou du titre de conduite de bateaux de plaisance français à moteur en mer et en eaux intérieures (CSP, art. L. 3421-7, L. n° 2007-297, 5 mars 2007) ;

2. Annulation, ⩽ 3 ans, du PC ou du titre de conduite de bateaux de plaisance français à moteur en mer et en eaux intérieures (CSP, art. L. 3421-7, L. n° 2007-297, 5 mars 2007) ;

3. Tig 20 à **400 h** (depuis L. n° 2019-222, 23 mars 2019, auparavant **280 h** depuis L. n° 2014-896, 15 août 2014, auparavant 210 h) (CSP, art. L. 3421-7, L. n° 2007-297, 5 mars 2007 ; C. pén., art. 131-8, 131-22 à 131-24) ;

4. Jours-amende ⩽ 360 jours x ⩽ 1 000 € (CSP, art. L. 3421-7, L. n° 2007-297, 5 mars 2007 ; C. pén., art. 131-5 et 131-25) ;

5. Interdiction, définitive ou < 5 ans d'exercer une profession ayant trait au transport (CSP, art. L. 3421-7, L. n° 2007-297, 5 mars 2007 ; C. pén., art. 131-27 et 131-28) ;

6. Interdiction ⩽ 5 ans de conduire certains véhicules terrestres à moteur, y compris ceux pour lesquels le permis n'est pas exigé (CSP, art. L. 3421-7, L. n° 2007-297, 5 mars 2007) ;

7. Stage de sensibilisation à la sécurité routière, aux frais du condamné (CSP, art. L. 3421-7, L. n° 2007-297, 5 mars 2007 ; C. pén., art. 131-35-1) (pour les faits commis avant le 24 mars 2020 et jugés après cette date, L. n° 2019-222, 23 mars 2019, en vigueur le 24 mars 2020. Pour les faits commis à partir du 24 mars 2020, v. nouvelle réd. C. pén., art. 131-5-1 et n° 18.33) ;

8. Stage de sensibilisation aux dangers de l'usage de produits stupéfiants, aux frais du condamné (CSP, art. L. 3421-7, L. n° 2007-297, 5 mars 2007 ; C. pén., art. 131-35-1) (pour les faits commis avant le 24 mars 2020 et jugés après cette date, L. n° 2019-222, 23 mars 2019, en vigueur le 24 mars 2020. Pour les faits commis à partir du 24 mars 2020, v. nouvelle réd. C. pén., art. 131-5-1 et n° 18.33).

PERSONNE MORALE

PP Cas A : 18 750 €. Cas B : 375 000 € (C. pén., art. 131-38).

PC Néant.

▪ ORIENTEUR

AUTRE QUALIFICATION

▪ **Refus des vérifications portant sur l'usage de produits stupéfiants par le personnel d'une entreprise de transport exerçant des fonctions touchant à la sécurité du transport. Cas B3**, v. n° 36.20.

▪ **Conduite après usage de stupéfiants.** V. n° 36.9 (C. route, art. L. 235-1).

ÉLÉMENT LÉGAL

▪ **Application de la loi pénale dans le temps. Cas B** : aggravation créée par L. n° 2007-297, 5 mars 2007. **Cas B3**. : cette incrimination, également créée par L. n° 2007-297, 5 mars 2007, est entrée en vigueur à la parution du décret n° 2007-935, 15 mai 2007 (CSP, art. R. 3421-1 à R. 3421-3).

▪ **Domaine d'application. Cas B3**. Sont assimilés au personnel d'une entreprise de transport les travailleurs mis à la disposition de l'entreprise de transport par une entreprise extérieure (CSP, art. L. 3414-1).

▪ **Concours de qualifications.** • **Usage et détention de stupéfiants.** « *les dispositions spéciales du premier de ces textes* [CSP, art. L. 3421-1], *incriminant l'usage illicite de produits stupéfiants, excluent l'application du second* [C. pén., art. 222-37], *incriminant la détention de tels produits, si les substances détenues étaient exclusivement destinées à la consommation personnelle du prévenu* » (Crim. 14 mars 2017, n° 16-81.805, P n° 70, reprenant Crim. 16 sept. 2014, n° 14-90.036 QPC, P n° 188 ; dans le même sens : Crim. 23 janv. 2019, n 18-82.506). • **Usage et acquisition et transport de stupéfiants.** En revanche, est confirmée la condamnation pour, « *outre le délit de consommation de stupéfiants, les infractions distinctes de transport et d'acquisition de résine de cannabis, sans que ces faits procèdent, en l'espèce, de manière indissociable d'une action unique caractérisée par une seule intention coupable* » (Crim. 11 mai 2021, n° 20-84.412, P).

▪ **Fait justificatif. Salle de consommation à moindre risque.** Pour une durée expérimentale de 6 ans, des « *salles de consommation à moindre risque* », destinées à accueillir des personnes majeures usagers de substances psychoactives ou classées comme stupéfiants qui souhaitent bénéficier de conseils en réduction de risques dans le cadre d'usages supervisés, sont autorisées à Paris, Lyon et Marseille. « *Dans ces espaces, ces usagers sont uniquement autorisés à détenir les produits destinés à leur consommation personnelle et à les consommer sur place dans le respect des conditions fixées dans le cahier des charges* ». « *La personne qui détient pour son seul usage personnel et consomme des stupéfiants à l'intérieur d'une salle de consommation à moindre risque créée en application du présent article ne peut être poursuivie pour usage illicite et détention illicite de stupéfiants. Le professionnel intervenant à l'intérieur de la salle de consommation à moindre risque et qui agit conformément à sa mission de supervision ne peut être poursuivi pour complicité d'usage illicite de stupéfiants et pour facilitation de l'usage illicite de stupéfiants* » (L. n° 2016-41, 26 janv. 2016, art. 43). L'AM, 22 mars 2016, NOR : AFSP1601434A, *JO* 25 mars 2016, définit le cahier des charges des salles de consommation. Ces salles doivent viser un public d'usagers injecteurs de substances psychoactives, âgés de plus de 18 ans, vulnérables et cumulant les risques. Les produits admis peuvent être des produits illicites ainsi que des médicaments détournés de leur usage. Une seule consommation (injection ou inhalation) est autorisée par session. L'injection est pratiquée par l'usager lui-même sous la supervision d'un professionnel qui ne saurait participer de manière active aux gestes de consommation. Le fonctionnement des salles, confié à des centres d'accueil et d'accompagnement à la réduction des risques pour usagers de drogue (CAARUD), s'inscrit dans la politique, mise en œuvre par l'État, de réduction des risques et des dommages en direction des usagers de drogue. Elle consiste à délivrer des informations sur les risques ; orienter les usagers de drogue vers les services sociaux et de soins ; promouvoir et distribuer des matériels et produits de santé destinés à la réduction des risques ; promouvoir et superviser les comportements et gestes de prévention des risques. Elle ne comporte toutefois aucune participation active aux gestes de consommation. « *L'intervenant agissant conformément à sa mission de réduction des risques et des dommages bénéficie, à ce titre, de la protection mentionnée à l'article 122-4 du code pénal.* » (CSP, art. L. 3411-8, issu L. n° 2016-41, 26 janv. 2016) selon lequel « *N'est pas pénalement responsable la personne qui accomplit un acte autorisé par des dispositions législatives ou réglementaires* ». L'immunité pénale « *est limitée aux faits de complicité d'usage illicite et de facilitation de l'usage illicite de stupéfiants.../...Cette immunité n'exclut pas qu'en cas d'accident consécutif à une consommation de substances psychoactives effectuées dans une salle de consommation, des enquêtes ou informations judiciaires puissent être ouvertes en recherche des causes de la mort ou du chef de blessures ou homicides involontaires, à l'instar du régime de droit commun applicable en matière d'accident lié au fonctionnement d'une structure médicale ou médico-légale* » Circ. Crim. 2016-09/G1, 13 juill. 2016, n° II.2). Cette circulaire recommande aux procureurs de la République de ne tolérer aucun usage de stupéfiants aux abords de la salle de consommation, et de définir, d'une part, un périmètre dans lequel la détention de produit par les personnes se rendant dans la salle sera admise, d'autre part, des seuils en deçà desquels la détention en vue de la consommation personnelle sera présumée (Circ. Crim. 2016-09/G1, 13 juill. 2016, n° III.1). Elle rappelle à cet égard la circulaire du 25 août 1971 selon laquelle l'incrimination d'usage de stupéfiants « *couvre les faits d'acquisition, de détention, ou de transport lorsqu'il est établi que les substances acquises, détenues ou transportées sont destinées à l'usage exclusif de la personne* ».

▪ **Constitutionnalité. Constitutionnalité de l'immunité pénale des usagers et intervenants des salles de consommation.** Le Cons. const., considère (Cons. const. 21 janv. 2016, n° 2015-727 DC, § 38 et 40) que « *le législateur a précisément délimité le champ de l'immunité [...] en réservant celle-ci à des infractions limitativement énumérées et en précisant dans quelles conditions les personnes se trouvant à l'intérieur de ces salles pouvaient en bénéficier ; que [...] en limitant le bénéfice de l'immunité aux personnes se trouvant à l'intérieur de ces salles, il a entendu inciter les usagers à s'y rendre afin de favoriser la politique poursuivie de réduction des risques et des dommages ; qu'il s'ensuit [que] le législateur a instauré une différence de traitement en rapport avec l'objet de la loi ; qu'il a défini de façon suffisamment précise l'objet et les conditions des expérimentations en cause et le champ d'application de l'immunité qu'il a instaurée ; que les dispositions [...] ne sont en conséquence pas entachées d'inintelligibilité et ne méconnaissent ni le principe d'égalité devant la loi pénale ni le principe de légalité des délits et des peines* ».

TEXTE DE RÉFÉRENCE

▪ **Nomenclature des principaux stupéfiants.** CSP, art. L. 5132-7, V. n° **13.7**.

▪ **Régime des substances vénéneuses.** CSP, art. L. 5432-1 et L. 5432-2, V. n° **29.46**.

▪ **Éléments médico-légaux.** Pharmacocinétique du cannabis et des dérivés morphiniques, v. n° 13.7.

RÉGIME PROCÉDURAL

- **Compétence juridictionnelle. Juge unique** (C. pr. pén., art. 398-1 11°, v. n° 17.15D2).
- **Ordonnance pénale. Possible** (C. pr. pén., art. 495-II, v. n° 15.48B1 et tableau n° 17.15D2).
- **Amende forfaitaire délictuelle. Cas A : possible** depuis L. n° 2019-222, 23 mars 2019, **y compris en cas de récidive** et si l'infraction est relevée par **procès-verbal électronique** (CSP, art. L. 3421-1, C. pr. pén., art. 495-17 et D. 45-3 dans sa rédaction issue de D. n° 2019-507, 24 mai 2019, applicable au lendemain de la publication de l'arrêté modifiant C. pr. pén., art. A. 36-14 à A. 36-16, art. 11 D. n° 2019-507). Amende minorée : **150 €** ; forfaitaire : **200 €** ; majorée : **450 €** (CSP, art. L. 3421-1). Sur la procédure d'amende forfaitaire délictuelle, v. n° 15.47.
- **Transaction pénale.** Le dispositif de la transaction par OPJ (v. n° 15.43), institué par L. n° 2014-896, 15 août 2014, a été abrogé par L. n° 2019-222, 23 mars 2019. Il s'appliquait à l'infraction d'usage illicite de stupéfiant.
- **Régime procédural de droit commun.** Infraction **non concernée par le régime spécial** décrit au n° 28.1 (sauf fermeture provisoire établissements).
- **Preuve de l'usage de stupéfiants par le conducteur de véhicule.** V. n° 13.9.
- **Modalités de contrôle des entreprises de transport. Cas B3 : réquisition de contrôle du personnel des entreprises de transport,** v. n° 13.10.
- **Saisie. Destruction des substances :** lorsque la conservation des plantes et substances saisies n'apparaît pas nécessaire, il est procédé à leur destruction par un OPJ, sur la réquisition du procureur de la République (CSP, art. L. 3423-2).
- **Régime des poursuites. Injonction thérapeutique par le parquet ou soins spontanés.** Sauf réitération de l'infraction, **l'action publique n'est pas exercée** dans les deux cas qui suivent (CSP, art. L. 3423-1) :

a. Injonction thérapeutique. Si la personne se soumet jusqu'à son terme à la cure de désintoxication ou de surveillance médicale enjointe le cas échéant par le parquet. Saisie par celui-ci (CSP, art. L. 3413-1), l'autorité sanitaire procède s'il y a lieu à une enquête sociale et à un examen médical par un médecin relais. Ce dernier l'invite, si elle est dépendante physiquement ou psychologiquement, à se présenter à un centre spécialisé de soins aux toxicomanes ou devant le médecin de son choix ou, à défaut, désigné d'office, ou de faire l'objet d'une surveillance médicale adaptée (CSP, art. L. 3413-2). Le médecin relais informe l'autorité judiciaire de l'évolution de la situation médicale. En cas d'interruption du suivi à l'initiative de l'intéressé, ou de tout autre incident survenant au cours de la mesure, il en informe immédiatement l'autorité judiciaire (CSP, art. L. 3413-3).

b. Traitement spontané. Si la personne s'est soumise de son propre chef à une mesure de traitement depuis les faits (CSP, art. L. 3423-1). Le médecin traitant délivre un certificat nominatif mentionnant les dates, durées et l'objet du traitement (CSP, art. L. 3414-1) dont l'intéressé pourra faire état devant le tribunal ;

- **Régime des poursuites. Injonction thérapeutique par le juge d'instruction, le juge des enfants ou le JLD.** Selon les modalités ci-dessus, ces magistrats peuvent, par ordonnance, prononcer une injonction thérapeutique à l'égard de la personne mise en examen (CSP, art. L. 3424-1).

ÉLÉMENTS CONSTITUTIFS – QUALIFICATION

✧ Pour avoir à .... [¤ lieu], le .... [¤ date] [⇨A puis le cas échéant B :],

A. de manière illicite fait usage de .... [¤ indication du produit utilisé], substance classée comme stupéfiante (A : *N 180.ju*) ;

B. [• Préciser le cas échéant] avec cette circonstance que les fait ont été commis dans l'exercice ou à l'occasion de l'exercice de ses fonctions par [⇨B1 à B3 :]

B1. une personne dépositaire de l'autorité publique (B1 : *N 26398.ju*) ;

B2. une personne chargée d'une mission de service public (B2 : *N 26399.ju*) ;

B3. le personnel d'une entreprise de transport terrestre (B3a : *N 26529.ju*), maritime (B3b : *N 26530.ju*) ou aérien (B3c : *N 26530.ju*), de marchandises ou de voyageurs, exerçant des fonctions mettant en cause la sécurité du transport, dont la liste est fixée par décret en Conseil d'État (CSP, art. R. 3421-1 à R. 3421-3).

Faits prévus et réprimés par les articles L. 3421-1, L. 3421-2, L. 3421-3, R. 5132-84, R. 5132-85 et R. 5132-86 [+ articles du cas sélectionné] du code de la santé publique, Convention internationale unique sur les stupéfiants du 30 mars 1961, Arr. 22 févr. 1990 fixant la liste des stupéfiants. ✧

28.12 Stupéfiants – Provocation à l'usage ou au trafic

■ PEINES

PERSONNE PHYSIQUE

PP Délit. Cas A à C : 5 ans d'emprisonnement, 75 000 €. Cas D : 7 ans d'emprisonnement, 100 000 € (L. nº 2007-297, 5 mars 2007) (CSP, art. L. 3421-4).

PC Stage de sensibilisation aux dangers de l'usage de produits stupéfiants. La juridiction précise si le stage est exécuté aux frais du condamné (C. pén., art. 131-35-1 et CSP, art. L. 3421-4, L. nº 2007-297, 5 mars 2007) (pour les faits commis avant le 24 mars 2020 et jugés après cette date, L. nº 2019-222, 23 mars 2019, en vigueur le 24 mars 2020. Pour les faits commis à partir du 24 mars 2020, v. nouvelle réd. C. pén., art. 131-5-1 et nº 18.33).

PERSONNE MORALE

PP Cas A à C : 375 000 €. Cas D : 500 000 € (C. pén., art. 131-38).

PC Néant.

■ ORIENTEUR

AUTRE QUALIFICATION

▪ **Provocation de mineur – À l'usage de stupéfiants.** V. nº 21.25.

▪ **Provocation de mineur – Au trafic de stupéfiants.** V. nº 21.26.

ÉLÉMENT LÉGAL

▪ **Application de la loi pénale dans le temps.** Cas D : aggravation créée par L. nº 2007-297, 5 mars 2007.

▪ **Fait justificatif. Salle de consommation à moindre risque.** (L. nº 2016-41, 26 janv. 2016, art. 43). V. nº 28.11.

▪ **Constitutionnalité.** L'incrimination n'est pas contraire à la liberté d'expression et de communication (DDHC, art. 11), ni au principe de nécessité des incriminations et de proportionnalité des peines (DDHC, art. 8) en ce que, d'une part, le délit « *suppose, notamment en ce qu'il incrimine la provocation à l'usage illicite de stupéfiants, une intention corruptrice de sorte que les idées et opinions exprimées, à propos du seul usage du cannabis, dans le cadre d'un débat de fond ou dans le cadre de recherches médicales ne sont pas susceptibles de tomber sous le coup de la loi* » (§ 5), d'autre part, « *l'atteinte qui serait portée à la liberté d'expression et de communication par les dispositions contestées est justifiée par les impératifs de protection de la santé et de la sécurité publiques et est nécessaire et proportionnée à l'objectif poursuivi en la matière par le législateur* » (§ 6) (Crim. 25 mars 2020, nº 19-86.572, D, rejet de la QPC).

▪ **Conventionnalité.** • Confirmation de l'arrêt qui énonce que ces dispositions « *qui limitent le droit à la liberté d'expression en vue de la protection de la santé publique, sont compatibles* » avec celles de Conv. EDH, art. 10, s'agissant d'un prévenu dont les « *agissements constituent non un appel à un débat d'idées sur le bien fondé de la prohibition de ce produit, mais une incitation à contrevenir à l'interdiction légale de son usage* » (Crim. 16 janv. 2002, nº 01-83.987, D). • Est rejetée comme « *manifestement mal fondée* » au regard de Conv. EDH, art. 8 (droit au respect de la vie privée et à la protection du domicile) et 11 (liberté d'association), la requête en condamnation de l'État à la suite d'une perquisition et de condamnations à l'encontre d'une association d'étude sur le cannabis dont les membres cultivaient cette plante sur le terrain loué par l'association, l'ingérence dénoncée pouvant être « *considérée comme nécessaire dans une société démocratique, à la prévention des infractions pénales et à la protection de la santé d'autrui* » (CEDH 15 juin 1999, *Asociación Ramón Santos de Estudios sobre el Cannabis (ARSEC) c/ Espagne*, nº 42916/98). Dans le même sens, rejet d'une requête manifestement mal fondée au regard de Conv. EDH, art. 10 (liberté d'expression), portant sur le refus d'enregistrement d'une association ayant pour objet la légalisation de la consommation du cannabis : CEDH 28 mai 1997, *Larmela c/ Finlande*, nº 26712/95.

TEXTE DE RÉFÉRENCE

▪ **Nomenclature des principaux stupéfiants.** CSP, art. L. 5132-7, V. nº 13.7.

▪ **Régime des substances vénéneuses.** CSP, art. L. 5432-1 et L. 5432-2, V. nº 29.46.

ÉLÉMENT MATÉRIEL

▪ **Aggravation résultant de la commission dans un local d'enseignement.** Cas D2, v. orienteur/élément matériel du n° 20.29 (Crim. 14 oct. 2020, n° 19-86.759, D).

▪ **Indifférence du résultat.** La provocation n'a pas besoin d'avoir été suivie d'effet (CSP, art. L. 3421-4).

▪ **Indifférence de l'intérêt personnel.** Confirmation de la condamnation du directeur de publication d'une revue qui, « *au travers d'articles de fond ou d'entretiens avec des personnalités,* [...] *a vanté l'exaltation sensorielle suscitée par l'usage modéré du cannabis, notamment ses effets bénéfiques sur le comportement amoureux, et* [...] *a présenté à son public, essentiellement composé de jeunes lecteurs, l'usage de ce produit comme un phénomène de société répandu et relevant d'une certaine philosophie de la vie* » car l'incrimination « *n'exige pas que l'auteur de l'infraction ait un intérêt personnel dans les opérations concourant à l'usage de stupéfiants, mais vise seulement à interdire toute incitation à la consommation, quelle qu'en soit la forme, y compris par voie de presse* » (Crim. 7 avr. 1998, n° 97-82.157, P n° 137).

▪ **Illustrations.** Sont approuvées les décisions de condamnation reposant sur les éléments de faits suivants. Diffusion d'une « *carte postale portant au recto, en gros caractère, l'inscription "lsd j'aime", agrémentée de dessins en forme de cœurs* » (Crim. 9 janv. 1974, n° 73-90.669, P n° 15). « *le magasin de jardinage dont il était le responsable salarié et où étaient vendues les graines de chanvre destinées à la consommation de canaris, mettait à la disposition du public tout le nécessaire pour obtenir des plants de cannabis* » (Crim. 7 mai 2008, n° 07-87.076, D). Malgré la présence dans la vitrine d'une affiche rappelant la prohibition de l'usage de stupéfiants, « *les objets illustrés par une feuille de cannabis qui sont strictement destinés à l'usage de fumeurs, tels briquets et cendriers, mais aussi les balances de précision, graduées de 0,1 gramme à 150 grammes, qui ne sauraient sérieusement être dites destinées à la cuisine, le sac marqué "marijuana", le tee-shirt représentant des mains se passant une cigarette à la forme qui ne peut que faire penser à un joint et le vaporisateur, qui ne relève manifestement pas des pratiques de fumeurs de tabac, évoquent et suggèrent sans conteste la consommation de stupéfiants, et notamment du cannabis* » (Crim. 11 sept. 2007, n° 06-86.086, D). « *tee-shirts, des autocollants, des cartes postales et des affiches portant les inscriptions suivantes : "fumeurs, cultivez plus, risquez moins", "THC positif", "vive le cannabis", "du cannabis, pour jointer", "marijuana... rouler est devenu un art Y", "du cannabis pour le rouler", "fumeur, le cannabis a besoin de toi" ou le dessin de feuilles de cannabis* » (Crim. 9 nov. 2004, n° 04-82.312, D). « *La proposition à la vente dans la vitrine de son magasin, à la vue du public, de livres vantant les mérites de produits stupéfiants, dont le haschich, disposés à côté de shiloms, de balances à fléau et de boîtes de papier à rouler de longues cigarettes* » (Crim. 30 janv. 2002, n° 01-82.159, D). La distribution sur la voie publique de tracts « *dans lesquels était écrit notamment : "j'aime l'ecstasy", "nous sommes des consommateurs d'ecstasy" et "nous sommes là pour défendre notre plaisir"* » (Crim. 26 oct. 1999, n° 99-80.351, D). Ne justifie pas sa décision de relaxe la cour d'appel qui « *sans rechercher si les ouvrages incriminés incitaient à la consommation de stupéfiants* », « *retient que les ouvrages favorables à la décriminalisation de l'usage de cannabis ont été exposés dans le cadre de l'université d'été d'un parti politique voué par essence aux débats d'idées sur l'organisation de la société ce qui n'exclut pas le recours, tolérable dans ce cas, à une certaine dose d'exagération des expressions employées* » (Crim. 22 juin 2004, n° 03-85.630, P n° 165).

RÉGIME PROCÉDURAL

▪ **Régime procédural de droit commun.** Infraction non concernée par le régime spécial décrit au n° 28.1.

▪ **Infraction de presse.** Si le délit est commis par voie de presse écrite ou audiovisuelle, les poursuites pourront être engagées contre le responsable tel que déterminé par les articles 42 et 43 de la loi du 29 juillet 1881 sur la presse et 93-3 de la loi du 29 juillet 1982 sur la communication audiovisuelle : responsabilité principale du directeur de publication ou du directeur du service de communication audiovisuelle (sauf émission en direct) et responsabilité en « cascade » (v. n° 35.13) (CSP, art. L. 3421-4, al. 3 ; Circ. 14 mai 1993, n° 182). Ces règles de la responsabilité en cascade ne sont toutefois « *pas applicables lorsqu'il s'agit de journaux imprimés et publiés à l'étranger* », dans un tel cas, les prévenus « *ayant distribué la revue incriminée incitant à l'usage du cannabis* [...] *peuvent être poursuivis comme auteur principal du délit* » (Crim. 25 oct. 2005, n° 04-82.400, P n° 266).

▪ ÉLÉMENTS CONSTITUTIFS – QUALIFICATION

✧ Pour avoir à .... [¤ lieu], le .... [¤ date], [⇨A à C, puis le cas échéant D :]

A. provoqué à l'usage ou au trafic de stupéfiants (A : *N 2938.co*) ...

B. provoqué à l'usage de substances présentées comme ayant les effets de stupéfiants (B : *N 182.co*) ...

C. présenté sous un jour favorable les infractions d'usage ou de trafic de stupéfiants (C : *N #.co*) ...

... en l'espèce en .... [¤ description de la provocation et du produit concerné].

D. [• Préciser le cas échéant dans les cas A et B :] avec cette circonstance que cette provocation directe a été commise [⇨D1 ou D2 :]

D1. dans un établissement d'enseignement ou d'éducation ou, lors des entrées ou sorties des élèves ou dans un temps très voisin de celles-ci, aux abords de cet établissement (D1 : *N 26400.co*) ;

D2. dans un local administratif d'un établissement d'enseignement ou d'éducation ou, lors des entrées ou sorties du public ou dans un temps très voisin de celles-ci, aux abords de ce local (D2 : *N 26401.co*).

Faits prévus et réprimés par les articles L. 3421-4, R. 5132-84, R. 5132-85 et R. 5132-86 du code de la santé publique, Convention internationale unique sur les stupéfiants du 30 mars 1961, Arr. 22 févr. 1990 fixant la liste des stupéfiants. ✧

28.13 Infractions en matière de dopage sportif

■ PEINES

PERSONNE PHYSIQUE

PP Délit. Cas A et B : 6 mois d'emprisonnement, 7 500 € (C. sport, art. L. 232-25).

Cas C : 1 an d'emprisonnement, 3 750 € (C. sport, art. L. 232-26 I).

Cas D, F et H : 5 ans d'emprisonnement, 75 000 € (C. sport, art. L. 232-26 II).

Cas E, G et I : 7 ans d'emprisonnement, 150 000 € (C. sport, art. L. 232-26 II).

PC 1. Confiscation des substances ou procédés et des objets ou documents qui ont servi à commettre l'infraction ou à en faciliter la commission (obligatoire pour objets qualifiés dangereux ou nuisibles par la loi ou le règlement ou dont la détention est illicite), et, dans les cas D à I, du produit direct ou indirect de l'infraction (C. sport, art. L. 232-27 1° ; C. pén., art. 131-21) ;

2. Affichage, ⩽ 2 mois, *et/ou* (L. n° 2011-525, 17 mai 2011) diffusion de la décision ou d'extraits aux frais (⩽ amende encourue) du condamné (C. sport, art. L. 232-27 2° ; C. pén., art. 131-35) ;

3. Fermeture ⩽ 1 an, de l'un, de plusieurs ou de l'ensemble des établissements de l'entreprise ayant servi à commettre l'infraction et appartenant à la personne condamnée (C. sport, art. L. 232-27 3° ; C. pén., art. 131-33) ;

4. Interdiction, définitive ou ⩽ 5 ans activité professionnelle ou sociale en relation avec l'infraction (sauf mandat électif ou syndical) (C. sport, art. L. 232-27 4° ; C. pén., art. 131-27) ;

5. Interdiction, définitive ou ⩽ 5 ans fonction publique (C. sport, art. L. 232-27 5° ; C. pén., art. 131-27).

PERSONNE MORALE

PP Délit. Cas A et B : 37 500 € (C. sport, art. L. 232-25). Cas C : 18 750 € (C. sport, art. L. 232-26 I et L. 232-28 ; C. pén., art. 131-38). Cas D, F et H : 375 000 € (C. sport, art. L. 232-26 II et L. 232-28 ; C. pén., art. 131-38). Cas E, G et I : 750 000 € (C. sport, art. L. 232-26 II et L. 232-28 ; C. pén., art. 131-38).

PC 1. Interdiction, définitive ou ⩽ 5 ans, une ou plusieurs activités professionnelles ou sociales en relation avec l'infraction (C. sport, art. L. 232-28 ; C. pén., art. 131-39 2°) ;

2. Confiscation de la chose ayant servi à l'infraction ou destinée à la commettre (obligatoire pour objets qualifiés dangereux ou nuisibles par la loi ou le règlement ou dont la détention est illicite), et, dans les cas D à I, du produit direct ou indirect l'infraction (C. sport, art. L. 232-28 ; C. pén., art. 131-39 8° et 131-21) ;

3. Affichage, ⩽ 2 mois, *et/ou* (L. n° 2011-525, 17 mai 2011) diffusion de la décision ou d'extraits aux frais (⩽ amende encourue) du condamné (C. sport, art. L. 232-28 ; C. pén., art. 131-39 9°, 131-48 et 131-35).

4. Fermeture, ⩽ 1 an, de l'un ou de plusieurs des établissements de l'entreprise ayant servi à commettre l'infraction et appartenant à la personne morale condamnée (C. sport, art. L. 232-28 ; C. pén., art. 131-33).

■ ORIENTEUR

AUTRE QUALIFICATION

▪ **Exercice illégal profession médicale.** Médecin (v. nº 33.2), infirmier (v. nº 33.3).

▪ **Falsification de substance médicamenteuse.** Cette incrimination qui figurait au Cons. consom. a été abrogée par Ord. nº 2012-1427, 19 déc. 2012 et transférée au CSP (art. L. 5111-3 et L. 5421-13) (5 ans, 375 000 €), v. nº 29.25.

▪ **Infraction à la règlementation des substances vénéneuses.** CSP, art. L. 5432-1 et L. 5432-2).

▪ **Délits douaniers – Contrebande – Importation, exportation de marchandise prohibée.** (V. nº 33.36).

▪ **Délits douaniers – Contrebande – Importation, exportation de produits du tabac manufacturé.** (V. nº 33.38).

ÉLÉMENT LÉGAL

▪ **Application de la loi dans le temps.** Les dispositions du C. sport. relatives à la lutte contre le dopage ont été modifiées par Ord. 2018-1178, 19 déc. 2018, transposant les principes du code mondial antidopage entré en vigueur le 1er janv. 2015, issu de la convention internationale contre le dopage dans le sport, signée le 19 oct. 2005 par la France et publiée par D. nº 2007-503, 2 avr. 2007.

▪ **Domaine d'application.** • **Manifestations sportives concernées.** Les manifestations concernées par par les infractions pénales en matière de lutte contre le dopage sont celles organisées par un organisme sportif international ou les fédérations sportives ou toute manifestation sportive donnant lieu à une remise de prix en argent ou en nature. Est considéré comme **sportif** toute personne qui participe ou se prépare à l'une de ces manifestations sportives (C. sport, art. L. 230-2 et L. 230-3). • **Absence d'incrimination pénale de l'usage de produit dopant.** Le seul usage par le sportif de produit dopant, décrit au C. sport, art. L. 232-9 II 3°, établi par la présence « *d'une substance interdite, de ses métabolites ou de ses marqueurs* », sans qu'il y ait lieu de rechercher son caractère intentionnel, n'est pas pénalement incriminé. Ces faits et leur tentative constituent toutefois une infraction administrative passible de sanctions administratives (C. sport, art. L. 232-22-1, v. ci-dessous, mesure administrative). En revanche « *la détention, sans raison médicale dûment justifiée* », de substances ou méthodes interdites est pénalement incriminée par C. sport., art. L. 232-26) (**Cas C**).

ÉLÉMENT MATÉRIEL

▪ **Substances interdites.** La liste des substances et méthodes interdits, fixée par arrêté du ministre chargé des sports, est celle élaborée en application de la **Convention internationale contre le dopage dans le sport**, art. 34 (adoptée à **Paris** le 19 octobre 2005 dans le cadre de l'Unesco, publiée par D. nº 2007-503, 2 avr. 2007) (C. sport, art. L. 232-9 et L. 232-26 I). Cette convention se réfère au code mondial antidopage adopté à Copenhague le 5 mars 2003, lequel prévoit que la liste des interdictions est publiée au moins tous les ans par l'Agence mondiale antidopage. Publiée dans son dernier état (mot-clé sur Légifrance : « Convention internationale contre le dopage ») dans le D. nº 2018-1283 du 27 déc. 2018 portant publication de l'amendement à l'annexe de la convention internationale contre le dopage, cette liste est identique à celle figurant en annexe de la convention de l'Unesco et reprend de fait celle élaborée par l'Agence mondiale antidopage, conformément au code mondial antidopage.

▪ **Tentative.** Si la tentative est punissable dans tous les cas pour les sanctions administratives (C. sport, art. L. 230-6), elle ne paraît plus punissable pour les infractions pénales depuis l'abrogation par Ord. nº 2010-379, 14 avr. 2010, de C. sport, art. L. 230-29, qui l'incriminait dans tous les cas ci-dessous.

RÉGIME PROCÉDURAL

▪ **Pouvoir des agents de contrôle. Agents compétents.** Les OPJ et APJ agissant dans le cadre du C. pr. pén., les agents relevant du ministre chargé des sports, les personnes agréées par l'AFLD et assermentées, sont habilités à procéder aux contrôles et à rechercher et constater les infractions (C. sport, art. L. 232-11). Leurs procès-verbaux font foi jusqu'à preuve contraire (C. sport, art. L. 232-19).

▪ **Réquisitions des agents spécialisés par l'autorité judiciaire.** Les agents relevant du ministre chargé des sports et les personnes agréées par l'agence l'AFLD peuvent être requis par le procureur de la République, le juge d'instruction ou les officiers ou agents de police judiciaire afin de leur prêter assistance. Elles prêtent alors serment, sauf lorsqu'elles le sont déjà au titre de leur commission d'emploi. Ainsi requises, les personnes habilitées peuvent procéder à un prélèvement d'échantillons sur tout sportif se trouvant dans les lieux (C. sport, art. L. 232-19).

▪ **Manifestations sportives concernées.** Les opérations de contrôle sont diligentées par le directeur du département des contrôles de l'AFLD, pendant les **manifestations sportives** organisées par les fédérations sportives ou donnant lieu à une remise de prix en argent ou en nature, ou pendant les **entraînements préparant aux compétitions ou manifestations** sportives (C. sport, art. L. 232-5 et L. 232-16).

▪ **Lieux des contrôles.** Les contrôles sont effectués (C. sport, art. L. 232-13 à L. 232-13-2, L. 232-14) :

– dans tout lieu où se déroulent une manifestation ou compétition ou tout établissement dans lequel sont pratiqués des activités physiques ou sportives, entre 6 h 00 et 23 h 00, ou à tout moment si les lieux sont ouverts au public ;

– tout autre lieu, y compris le domicile du sportif (uniquement entre 6 h 00 et 23 h 00) ;

– dans le cadre d'une garde à vue pour infraction en matière de dopage ;

– au domicile ou au lieu d'hébergement d'un sportif, avec son assentiment, entre 23 h 00 et 6 h 00, dans le respect de sa vie privée et de son intimité et du principe de proportionnalité, lorsqu'il relève de la liste des sportifs de haut niveau ou des sportifs professionnels ou s'il a déjà fait l'objet d'une sanction disciplinaire pour dopage ou s'il participe à une manifestation sportive internationale (C. sport, art. 232-14-1 et L. 232-15). « *Lorsque le contrôle est effectué entre 23 h 00 et 5 h 00, il doit en outre exister, à l'encontre du sportif, des soupçons graves et concordants qu'il a contrevenu ou va contrevenir aux dispositions* [relatives au dopage sportif] *et un risque de disparition de preuves* » (C. sport, art. 232-14-1, disposition issue L. n° 2023-380, 19 mai 2023). A défaut d'accord du sportif pour le contrôle au domicile ou au lieu d'hébergement, l'autorisation est donnée par le JLD dans les conditions prévues par C. sport, art. L. 232-14-4.

▪ **Prélèvements et examens médicaux, cliniques et génétiques.** Les personnes habilitées à relever l'infraction ayant la qualité de médecin peuvent procéder à des examens médicaux cliniques et à des prélèvements biologiques (C. sport, art. L. 232-12) et recueillir des informations à caractère médical (C. sport, art. L. 232-14). Les opérations donnent lieu à l'établissement de procès-verbaux transmis à l'agence. Un double en est laissé aux parties intéressées (C. sport, art. L. 232-12). Le refus de se soumettre au contrôle est passible de sanctions administratives : avertissement, interdictions sportives, sanction financière ⩽ 45 000 € (C. sport, art. L. 232-14-5, L. 232-21 à 232-23). Par dérogation au C. civ., art. 16-10 I (v. orienteur n° **29.8**), aux seules fins de mettre en évidence une substance ou méthode interdite, le laboratoire accrédité peut procéder, sur les échantillons de sang ou d'urine, à une comparaison d'empreintes génétiques et à l'examen de caractéristiques génétiques, afin de rechercher l'administration de sang homologue, une substitution d'échantillons, ou une mutation ou manipulation génétique pour accroître la performance ; à peine de sanction pénale (C. pén., art. **226-25**, v. n° **29.8**), la personne contrôlée en est préalablement informée, en particulier lors de son inscription à l'épreuve (C. sport, art. L. 232-12-2, issu L. n° 2023-380, 19 mai 2023, relative aux jeux Olympiques et Paralympiques de 2024 et portant diverses autres dispositions). « *le législateur a entendu renforcer les moyens de prévenir et de rechercher les manquements aux règles relatives à la lutte contre le dopage, qui tendent à assurer la protection de la santé des sportifs ainsi que la loyauté des compétitions. Il a ainsi poursuivi les objectifs de valeur constitutionnelle de protection de la santé et de sauvegarde de l'ordre public* » (§ 8), sous réserve pour l'autorité administrative de s'assurer, sous le contrôle du juge que « *les conditions dans lesquelles cette information est délivrée au sportif sont de nature à garantir que, en décidant de prendre part à la compétition, il consent également à ce que les échantillons prélevés puissent faire l'objet d'analyses génétiques* » (§ 14), « *ces dispositions ne méconnaissent pas [...] le droit au respect de la vie privée* » (§ 15) (Cons. const. 17 mai 2023, n° 2023-850 DC).

▪ **Droit de communication.** L'agent de contrôle peut demander la communication de toutes pièces ou de tout document utile, en prendre copie et recueillir les observations des intéressés (C. sport, art. L. 232-14). Les agents des douanes, de la direction générale de la concurrence, de la consommation et de la répression des fraudes, ceux relevant du ministre chargé des sports, les agents de l'administration des impôts et de l'AFLD, les OPJ et APJ, sont habilités à se communiquer entre eux tous renseignements obtenus dans l'accomplissement de leur mission respective et relatifs aux substances dopantes, à leur emploi et à leur mise en circulation dans le respect des dispositions de la loi n° 78-17 du 6 janvier 1978 relative à l'informatique, aux fichiers et aux libertés (C. sport, art. L. 232-20).

▪ **Formalisme procédural.** Dans le cas où des opérations de contrôle sont envisagées en vue de la recherche d'infractions, le procureur de la République en est informé et peut s'y opposer. Ce dernier est informé sans délai, par tout moyen, dès qu'une infraction est constatée. Les PV lui sont remis, sous peine de nullité, dans les 5 jours suivant la clôture des opérations. Une copie des PV est également remise dans le même délai à l'intéressé (C. sport, art. L. 232-19).

MESURE ADMINISTRATIVE

▪ **Composition administrative.** Le secrétaire général de l'AFLD adresse au contrevenant une proposition de composition administrative aux termes de laquelle ce dernier reconnaît l'infraction et en accepte les conséquences. Cet accord est soumis à la validation du collège de l'AFLD, puis à l'homologation de la commission de sanctions (C. sport, art. L. 232-21-1). Les poursuites devant la commission des sanctions ne peuvent être engagées par le collège qu'en l'absence de composition administrative homologuée (C. sport, art. L. 232-22).

▪ **Sanction disciplinaire.** Sur les poursuites engagées par le collège de l'AFLD en l'absence de composition administrative homologuée (C. sport, art. L. 232-22), les sportifs qui, à l'occasion des entraînements, compétitions ou manifestations, contreviennent aux dispositions relatives à la lutte contre le dopage, ou utilisent, sans autorisation d'usage à des fins thérapeutiques (AUT) accordée ou validée par l'Agence française de lutte contre le dopage (AFLD), des substances ou procédés interdits, encourent, ainsi que leurs complices, des sanctions disciplinaires prononcées par la commission des sanctions de l'AFLD (avertissement, interdictions sportives, sanction financière ⩽ 45 000 €) (C. sport, art. L. 232-21).

▪ **Tentative. Punissable dans tous les cas pour les sanctions administratives** (C. sport, art. L. 230-6).

MESURE CIVILE

▪ **Constitution de partie civile.** Peuvent exercer les droits reconnus à la partie civile le CIO, pour les faits commis à l'occasion des compétition dont il a la charge, les fédérations sportives agréées, sauf quand l'auteur relève de leur pouvoir disciplinaire, l'AFLD, sauf si elle a exercé ses pouvoirs de sanction administrative à l'égard de la personne (C. sport, art. L. 232-30, L. 131-10).

RÉGIME DES PEINES

▪ **Information du conseil national de l'ordre.** Dans l'hypothèse où une profession médicale est condamnée pour ces faits ou leur complicité, mentionnons qu'en vue d'assurer l'application des dispositions relative à la discipline des professions médicales, l'autorité judiciaire avise obligatoirement et sans délai le conseil national de l'ordre de toute condamnation, devenue définitive, d'un médecin, d'un chirurgien-dentiste ou d'une sage-femme, y compris les condamnations prononcées à l'étranger (CSP, art. L. 4126-6).

▪ ÉLÉMENTS CONSTITUTIFS – QUALIFICATION

✧ Pour avoir (ou pour s'être) à .... [¤ lieu], le .... [¤ date], [⇨A à I :]

A. **OPPOSITION AU CONTRÔLE DES AGENTS HABILITÉS**

opposé à l'exercice des fonctions des agents habilités aux contrôles et à la recherche et à la constatation des infractions en matière de lutte contre le dopage (C. sport, art. L. 232-25) (A : *N* ***13138.co***).

B. **NON-RESPECT D'UNE MESURE ADMINISTRATIVE D'INTERDICTION POUR INFRACTION AUX DISPOSITIONS CONTRE LE DOPAGE**

omis de respecter une décision d'interdiction temporaire ou définitive [⇨B1 à B3 :]

B1. de participer aux compétitions ou manifestations sportives organisées par les fédérations sportives, (B1 : *N* ***13136.co***)...

B2. de participer, directement ou indirectement, à l'organisation et au déroulement des compétitions ou manifestations sportives organisées par les fédérations sportives, et aux entraînements y préparant (B2 : *N* ***13137.co***)...

B3. d'enseigner le sport contre rémunération, (B3 : *N* ***13143.co***)...

...prononcée par une fédération agréée ou par l'Agence française de lutte contre le dopage (C. sport, art. L. 232-25).

C. Détention par un sportif de substance ou procédé interdit

étant sportif participant à une compétition ou manifestation sportive, ou se préparant à y participer, détenu, sans raison médicale dûment justifiée, une ou des substances ou méthodes interdites en application de la Convention internationale contre le dopage dans le sport, en l'espèce [substance utilisée...] (C. sport, art. L. 232-9, L. 232-26 I) (C : *N 26926.co*).

D. Offre ou administration à un sportif de substance ou procédé interdit

[⇨D1 à D3 puis le cas échéant E :]

D1. prescrit (D1 : *N 22433.co*)...

D2. offert ou cédé (D2 : *N 22435.co*)...

D3. administré ou appliqué (D3 : *N 13130.co*)...

... à un sportif participant à une compétition ou manifestation sportive ou se préparant à y participer, une ou des substances ou méthodes interdites en application de la Convention internationale contre le dopage dans le sport, en l'espèce [substance utilisée...] (C. sport, art. L. 232-10, L. 232-26 II)

E. Offre ou administration aggravée à un sportif de substance ou procédé interdit

[préciser le cas échéant dans le cas D :]...avec cette circonstance que les faits ont été commis [⇨E1 à E3 :]

E1. en bande organisée (D1e1 : *N #.co ;* D2e1 : *N 22436.co ;* D3e1 : *N 22438.co*),

E2. à l'égard d'un mineur (D1e2 : *N 22434.co ;* D2e2 : *N 22437.co ;* D3e2 : *N 13142.co*),

E3. par une personne ayant autorité sur un ou plusieurs sportifs (D1e3 : *N #.co ;* D2e3 : *N 26953.co ;* D3e3 : *N 26954.co*).
(C. sport, art. L. 232-10 1°, L. 232-26 II).

F. Aide ou incitation à l'usage par un sportif de substance ou procédé interdit

[⇨F1 ou F2 puis le cas échéant G :]

F1. facilité l'utilisation (F1 : *N 13131.co*)...

F2. incité à l'usage (F2 : *N 11132.co*)...

...par un sportif participant à une compétition ou manifestation sportive ou se préparant à y participer, d'une ou de substances ou méthodes interdites en application de la Convention internationale contre le dopage dans le sport, en l'espèce [substance utilisée...]
(C. sport, art. L. 232-10, L. 232-26 II).

G. Aide ou incitation aggravée à l'usage par un sportif de substance ou procédé interdit

[préciser le cas échéant dans le cas F :]...avec cette circonstance que les faits ont été commis [⇨G1 ou G2 :]

G1. en bande organisée (F1G1 : *N 22439.co ;* F2G1 : *N 22440.co*) ;

G2. à l'égard d'un mineur (F1G2 : *N 13140.co ;* F2G2 : *N 13141.co*) ;

G3. par une personne ayant autorité sur un ou plusieurs sportifs (F1G3 : *N 26955.co ;* F2G3 : *N 26956.co*).
(C. sport, art. L. 232-10 1°, L. 232-26 II)

H. Trafic, aux fins d'usage par un sportif, de substance ou procédé interdit

[⇨H1 à H6 puis le cas échéant I :]

H1. produit ou fabriqué (H1 : *N 26927.co*)...

H2. importé (H2 : *N 26928.co*)...

H3. exporté (H3 : *N 26929.co*)...

H4. transporté (H4 : *N 26930.co*)...

H5. détenu (H5 : *N 26931.co*)...

H6. acquis (H6 : *N 26931.co*)...

...aux fins d'usage par un sportif, sans raison médicale dûment justifiée, une ou des substances ou méthodes interdites en application de la Convention internationale contre le dopage dans le sport, en l'espèce [substance utilisée...]
(C. sport, art. L. 232-10 1°, L. 232-26 II).

I. **TRAFIC AGGRAVÉ, AUX FINS D'USAGE PAR UN SPORTIF, DE SUBSTANCE OU PROCÉDÉ INTERDIT**
[préciser le cas échéant dans le cas H :]...avec cette circonstance que les faits ont été commis [⇨I1 à I3 :]

I1. en bande organisée (H1I1 : *N 26943.co* ; H2I1 : *N 26944.co* ; H3I1 : *N 26945.co* ; H4I1 : *N 26946.co* ; H5I1 : *N 26947.co* ; H6I1 : *N 26948.co*) ;

I2. à l'égard d'un mineur (H1I2 : *N #.co* ; H2I2 : *N #.co* ; H3I2 : *N #.co* ; H4I2 : *N #.co* ; H5I2 : *N 26949.co* ; H6I2 : *N #.co*) ;

I3. par une personne ayant autorité sur un ou plusieurs sportifs (H1I3 : *N #.co* ; H2I3 : *N #.co* ; H3I3 : *N #.co* ; H4I3 : *N 26950.co* ; H5I3 : *N 26951.co* ; H6I3 : *N 26952.co*) ;
(C. sport, art. L. 232-10 1°, L. 232-26 II).

Faits prévus et réprimés par le D. nº 2008-35 du 10 janv. 2008 et les articles [• du cas sélectionné] **PERSONNES PHYSIQUES.** + L. 232-27 du code du sport. **PERSONNES MORALES.** + L. 232-28 du code du sport. ✧

28.14 Infractions en matière de dopage animal

▪ PEINES

PERSONNE PHYSIQUE

PP Délit. Cas A : 6 mois d'emprisonnement, 7 500 € (C. sport, art. L. 241-5 II 2°).
Cas B à D : 5 ans d'emprisonnement, 75 000 € (C. sport, art. L. 241-5 II 1°).

PC *Idem* nº 28.13 (C. sport, art. L. 241-5 IV et L. 232-27).

PERSONNE MORALE

PP Délit. Cas A : 37 500 € (C. sport, art. L. 241-5 V et L. 232-28 ; C. pén., art. 131-38). Cas B à D : 375 000 € (C. sport, art. L. 241-5 V et L. 232-28 ; C. pén., art. 131-38).

PC *Idem* nº 28.13 (C. sport, art. L. 241-5 V et L. 232-28).

▪ ORIENTEUR

AUTRE QUALIFICATION

▪ **Dopage des chevaux.** L. 2 juin 1891 réglementant l'autorisation et le fonctionnement des courses de chevaux, modifiée par Ord. 2019-1015, 2 oct. 2019, entrée en vigueur le 1er janv. 2020 (art. 50), incrimine également l'administration ou l'application aux chevaux « *déclarés à l'élevage, au repos, ou en vue de leur participation aux courses* », des « *substances ou procédés* » fixés par « *les codes des courses de chaque spécialité, approuvés par le ministre chargé de l'agriculture* » (L. 2 juin 1891, art. 4-1).

ÉLÉMENT LÉGAL

▪ **Domaine d'application.** Les **compétitions ou manifestations sportives concernées** sont celles organisées par les fédérations intéressées ou, à défaut de fédération ayant reçu délégation dans la discipline considérée, par une commission spécialisée mise en place par le Comité national olympique français (C. sport, art. L. 241-2, L. 131-19), ou des épreuves organisées en vue de la sélection et de l'amélioration génétique des équidés âgés de six ans et moins (C. sport, art. L. 241-10).

ÉLÉMENT MATÉRIEL

▪ **Substances interdites.** La liste des substances et procédés interdits figure dans l'arrêté du 2 mai 2011 pris en application de C. sport, art. L. 241-2 (NOR : SPOV1120563A), se substituant à l'arrêté du 21 nov. 1996 (*JO* 18 déc. NOR : MJSK9670110A).

▪ **Tentative. Punissable** (pour tous les cas) (C. sport, art. L. 241-5 III).

RÉGIME PROCÉDURAL

▪ **Pouvoir des agents de contrôle. Agents compétents :** *idem* nº 28.13 (C. sport, art. L. 232-11, L. 241-4).

▪ **Modalités du contrôle.** Les opérations de contrôle sont diligentées par le directeur du département des contrôles de l'AFLD, ou, sur délégation, par le directeur régional de la jeunesse et des sports (C. sport, art. R. 241-3). Les modalités sont définies dans l'ordre de mission du directeur du département des contrôles de l'AFLD, qui désigne le vétérinaire agréé chargé du contrôle, ainsi que les modalités de sélection des animaux contrôlés (tirage au sort, classement ou record). Les animaux peuvent aussi être désignés à la seule discrétion du vétérinaire (C. sport, art. R. 241-3).

▪ **Prélèvements et examens médicaux et cliniques.** Le vétérinaire, agréé par l'AFLD (C. sport, art. R. 241-1), peut procéder à tout prélèvement utile à sa mission (C. sport, art. R. 241-5). À peine de nullité, le matériel nécessaire pour recueillir les substances doit être fourni par le laboratoire chargé de réaliser l'analyse. Chaque prélèvement doit être réparti en deux conditionnements scellés identifiés. La personne responsable de l'animal, ou son propriétaire ou l'entraîneur, sont invités à assister aux opérations (C. sport, art. R. 241-6). Le premier conditionnement est employé par le laboratoire d'analyse, le second est conservé pour l'analyse de contrôle, qui est de droit si elle est demandée par la personne responsable de l'animal, ou son propriétaire ou l'entraîneur. Elle est réalisée par le premier laboratoire, en présence d'un expert choisi par le demandeur sur une liste établie par l'AFLD (C. sport, art. R. 241-11).

▪ **Formalisme de la procédure.** Le vétérinaire dresse PV des conditions dans lesquelles il a procédé aux prélèvements et examens (C. sport, art. R. 241-7). Le PV est transmis à l'AFLD et son double au responsable de l'animal (C. sport, art. R. 241-8).

MESURE ADMINISTRATIVE

▪ **Interdiction de l'animal.** L'AFLD peut interdire provisoirement, temporairement ou définitivement au propriétaire ou à l'entraîneur de faire participer l'animal aux compétitions et manifestations sportives organisées par les fédérations intéressées (C. sport, art. L. 241-6).

▪ **Interdiction du propriétaire, entraîneur ou sportif.** Le propriétaire, l'entraîneur et le cas échéant le sportif qui ont enfreint les dispositions relatives à la lutte contre le dopage animal peuvent faire l'objet d'une interdiction temporaire ou définitive, prononcée par l'AFLD, de participer aux compétitions et manifestations, ou à leur organisation (C. sport, art. L. 241-7).

MESURE CIVILE

▪ **Constitution de partie civile.** *Idem* n° 28.13 (C. sport, art. L. 241-5 I, L. 232-30, L. 131-10).

▪ ÉLÉMENTS CONSTITUTIFS – QUALIFICATION

✧ Pour avoir à .... [¤ lieu], le .... [¤ date], [⇨A à D :]

A. **OBSTACLE AUX MESURES DE CONTRÔLE D'UN ANIMAL EN MATIÈRE DE LUTTE CONTRE LE DOPAGE**

soustrait un animal ou s'être opposé par quelque moyen que ce soit aux mesures de contrôle prévues en matière de lutte contre le dopage animal (C. sport, art. L. 241-3 II et L. 241-5 II 2°) (A : *N 13139.co*) ;

B. **ADMINISTRATION OU APPLICATION DE SUBSTANCE OU PROCÉDÉ DOPANT À UN ANIMAL AU COURS D'UNE MANIFESTATION SPORTIVE**

administré ou appliqué à un animal une substance de nature, au cours d'une compétition ou manifestation sportive organisée ou autorisée par les fédérations intéressées ou par une commission spécialisée, ou en vue d'y participer, à modifier artificiellement ses capacités ou à masquer l'emploi de substances ayant cette propriété, en l'espèce [substance concernée...] (C. sport, art. L. 241-2, L. 241-5 II 1°) (B : *N 13133.co*) ;

C. **AIDE OU INCITATION À L'ADMINISTRATION DE SUBSTANCE OU PROCÉDÉ DOPANT À UN ANIMAL AU COURS D'UNE MANIFESTATION SPORTIVE**

[⇨C1 ou C2 :]

C1. facilité l'administration ou l'application (C1 : *N 13135.co*)...

C2. incité à l'administration ou l'application (C2 : *N 13134.co*)...

...à un animal d'une substance ou d'un procédé de nature, au cours d'une compétition ou d'une manifestation sportive organisée ou autorisée par les fédérations intéressées ou par une commission spécialisée, ou en vue d'y participer, à modifier artificiellement ses capacités ou à masquer l'emploi de substances ou procédés ayant cette propriété, en l'espèce [substance ou procédé concerné...] (C. sport, art. L. 241-3 I 1°, L. 241-5 II 1) ;

D. **TRAFIC DE SUBSTANCE OU PROCÉDÉ DOPANT POUR ANIMAL**

[⇨D1 à D7 :]

D1. prescrit, administré, appliqué, cédé ou offert (D1 : *N 26187.co*)...

D2. produit ou fabriqué (D2 : *N 26933.co*)...

D3. importé (D3 : *N 26934.co*)...

D4. exporté (D4 : *N 26935.co*)...

D5. transporté (D5 : *N 26936.co*)...
D6. détenu (D6 : *N 26937.co*)...
D7. acquis (D7 : *N 26938.co*)...
...une substance ou un procédé de nature, au cours d'une compétition ou d'une manifestation sportive organisée ou autorisée par les fédérations intéressées ou par une commission spécialisée, ou en vue d'y participer, à modifier artificiellement les capacités d'un animal ou à masquer l'emploi de substances ou procédés ayant cette propriété, en l'espèce [substance ou procédé utilisé...] (C. sport, art. L. 241-3 I, L. 241-5 II 1).
Faits prévus et réprimés par l'Arr. du 21 nov. 1996 et les articles [• du cas sélectionné] **PERSONNES PHYSIQUES.** + L. 241-5 IV du code du sport. **PERSONNES MORALES.** + L. 241-5 V, L. 232-28 du code du sport. ✧

28.15 Exploitation illicite d'un débit de boissons – Délits

PEINES

PERSONNE PHYSIQUE

PP Délit. Cas A, B, F, G, H, I : 3 750 €, récidive : 6 mois, 7 500 € (CSP, art. L. 3352-10).
Cas C, D, E : 3 750 € ; cas E en récidive : 6 mois, 3 750 € (CSP, art. L. 3351-6).
Cas J et K : 7 500 € (CSP, art. L. 3353-3).
Cas L : 15 000 € (depuis L. nº 2016-41, 26 janv. 2016, auparavant, 1 an, 15 000 €) (CSP, art. L. 3353-3).
Cas M : 2 mois, 3 750 € (CSP, art. L. 3352-6).
Cas N : 3 750 € (CSI, art. L. 334-1).

PC 1. Cas A à M : Interdiction, définitive ou < 5 ans d'exercice de la profession de débitant de boissons, le tribunal fixe la durée pendant laquelle le condamné devra continuer à payer son personnel (CSP, art. L. 3355-6 ; C. pén., art. 131-27 et 131-28) ;
2. Cas D et J : Interdiction droits civiques civils et de famille ⩾ 1 an ⩽ 5 ans (vote, éligibilité, fonction juridictionnelle, expert, témoin, tuteur, curateur) (CSP, art. L. 3355-3 ; C. pén., art. 131-26) ;
3. Cas A à M : Fermeture, définitive ou temporaire de l'établissement, le tribunal fixe la durée pendant laquelle le condamné devra continuer à payer son personnel (CSP, art. L. 3355-4, L. 3355-5 et L. 3355-6 ; C. pén., art. 131-33º). Cas C, G et H : Fermeture définitive obligatoire de l'établissement (cas C : CSP, art. L. 3352-2 ; cas G et H : CSP, art. L. 3352-9 ; C. pén., art. 131-33º). Cas I : fermeture ⩽ 5 ans de l'établissement (CSP, art. L. 3352-8, C. pén., art. 131-33º) ;
4. Cas J : Interdiction ⩽ 1 an d'exercer les droits attachés à une licence de débit de boissons à consommer sur place ou à emporter (CSP, art. L. 3353-3) ;
5. Cas E : saisie et confiscation obligatoire du distributeur ayant servi à l'infraction (CSP, art. L. 3351-6 ; C. pén., art. 131-21) ;
6. Cas J à L : affichage jugement (CSP, art. L. 3353-6 ; C. pén., art. 131-35).
7. Cas J à L : Stage de responsabilité parentale (C. pén., art. 131-5-1 et CSP, art. L. 3353-3 (cas J), L. 3353-4 (cas K) L. nº 2007-297, 5 mars 2007) (pour les faits commis avant le 24 mars 2020 et jugés après cette date, L. nº 2019-222, 23 mars 2019, en vigueur le 24 mars 2020. Pour les faits commis à partir du 24 mars 2020, v. nouvelle réd. C. pén., art. 131-5-1 et nº 18.33) ;
8. Cas K : retrait de l'autorité parentale (CSP, art. L. 3353-4) ;

PERSONNE MORALE

PP Cas A, B, F, G, H, I : 18 750 €, récidive : 37 500 € (CSP, art. L. 3352-10).
Cas C, D, E : 18 750 € (CSP, art. L. 3351-6).
Cas J et K : 37 500 € (CSP, art. L. 3353-3).
Cas L : 75 000 € (CSP, art. L. 3353-3).
Cas M : 18 750 € (CSP, art. L. 3352-6).
Cas N : 18 750 € (CSI, art. L. 334-1).
(C. pén., art. 131-38).

PC Néant.

■ ORIENTEUR

AUTRE QUALIFICATION

▪ **Provocation de mineur – À la consommation alcoolique.** Cas J et K : v. nº **21.27**.

ÉLÉMENT LÉGAL

▪ **Constitutionnalité.** Cas C, G et H : la peine complémentaire obligatoire de fermeture du débit de boissons prévue par CSP, art. L. 3352-2 « *est directement liée au comportement délictuel réprimé ; qu'en adoptant les dispositions contestées, le législateur a entendu, aux fins de lutter contre l'alcoolisme et de protéger la santé publique, assurer le respect de la règlementation relative aux débits de boissons ; qu'en permettant de prononcer une fermeture, qui peut être temporaire ou définitive, du débit de boissons, le législateur n'a pas institué une peine manifestement disproportionnée* » (§ 6) ; en outre, « *en vertu des dispositions de l'article 132-58 du code pénal, le juge peut décider de dispenser la personne condamnée de cette peine complémentaire ; qu'il résulte de la jurisprudence constante de la C. cass. que la peine prononcée peut faire l'objet d'un relèvement en application de l'article 132-21 du code pénal ; que le juge dispose du pouvoir de fixer la durée de la fermeture du débit de boissons prononcée en tenant compte des circonstances propres à chaque espèce ; que, dans ces conditions, les dispositions contestées ne méconnaissent pas le principe d'individualisation des peines* » (§ 7) (Cons. const. 16 oct. 2015, nº 2015-493 QPC). Notons que la C. cass. jugeait que la peine complémentaire de fermeture du débit de boissons ne pouvait faire l'objet d'un relèvement en raison de son appartenance à la catégorie des « *mesures à caractère réel* » (Crim. 16 oct. 1973, nº 73-90.470, P nº 357).

ÉLÉMENT MATÉRIEL

▪ **Situation incriminée.** Cas A. Est considéré comme ouverture d'un nouveau débit de boissons le fait de vendre des boissons sans procéder à la déclaration de l'article L. 3332-3 du code de la santé publique, ou de détenir ou vendre des boissons d'un groupe ne correspondant pas à la catégorie de débit pour laquelle la déclaration a été faite (CSP, art. L. 3332-6).

ÉLÉMENT INTENTIONNEL

▪ **Erreur sur l'âge. Obstacle aux poursuites** : cas J et K. Aucune peine n'est applicable au prévenu qui peut prouver qu'il a été induit en erreur sur l'âge du mineur, sur la qualité ou l'âge de la personne l'accompagnant (CSP, art. L. 3353-5). Toutefois, « *La personne qui délivre la boisson exige du client qu'il établisse la preuve de sa majorité* » (CSP, art. L. 3342-1, réd. issue L. nº 2016-41, 26 janv. 2016).

RÉGIME PROCÉDURAL

▪ **Compétence juridictionnelle. Juge unique** sauf dans le **cas** M ou sauf récidive lorsqu'elle est punie d'emprisonnement (C. pr. pén., art. 398-1, v. nº **17.15D2**).

▪ **Ordonnance pénale. Possible** sauf dans le **cas** M ou sauf récidive lorsqu'elle est punie d'emprisonnement (C. pr. pén., art. 495-II, v. nº **15.48B1** et tableau nº **17.15D2**).

MESURE ADMINISTRATIVE

▪ **Fermeture administrative des débits de boissons ou restaurants (CSP art. L. 3332-15 et L. 3332-16).** La fermeture des débits de boissons et des restaurants peut être ordonnée pour une durée ⩽ 6 mois par le représentant de l'État dans le département, ou pour une durée de 3 mois à un an par le ministre de l'intérieur, à la suite d'infractions à la police des débits de boissons (ivresse, accueil irrégulier de mineurs, etc.). Cette fermeture doit être précédée d'un avertissement qui peut, le cas échéant, s'y substituer, lorsque les faits résultent d'une défaillance exceptionnelle de l'exploitant ou à laquelle il lui est aisé de remédier.

En cas d'atteintes à l'ordre public, à la santé, à la tranquillité ou à la moralité publiques, si ces atteintes sont en relation avec la fréquentation de l'établissement ou ses conditions d'exploitation, la fermeture peut être ordonnée pour une durée ⩽ 2 mois par le préfet, ou de 3 mois à un an par le ministre de l'intérieur.

Elle peut atteindre 6 mois en cas d'actes criminels ou délictueux, autres que les infractions à la police des débits de boissons, si ces faits sont également en relation avec la fréquentation de l'établissement ou ses conditions d'exploitation. Dans ce cas, la fermeture entraîne l'annulation du permis d'exploitation.

Le non-respect de la fermeture administrative est sanctionné par CSP, art. L. 3352-6 (v. **Cas** M).

▪ **Fermeture administrative des établissements de vente à emporter de boissons alcoolisées (CSI art. L. 332-1).** Les établissements fixes ou mobiles de vente à emporter de boissons alcoolisées ou d'aliments assemblés et préparés sur place, destinés à une remise immédiate au consommateur, dont l'activité cause un trouble à l'ordre, la sécurité ou la tranquillité publics peuvent faire l'objet d'un arrêté de fermeture administrative d'une durée ⩽ 3 mois pris par le représentant de l'État dans le département ou, à Paris, par le préfet de police. Le non-respect de la fermeture administrative est sanctionné par CSI, art. L. 334-1 (v. **Cas N**).

■ ÉLÉMENTS CONSTITUTIFS – QUALIFICATION

✧ Pour avoir à .... [¤ lieu], le .... [¤ date], [⇨A à N :]

1. EXPLOITATION IRRÉGULIÈRE. CONDITIONS ADMINISTRATIVES

A. ouvert un débit de boissons à consommer sur place, un café ou un cabaret, vendant de l'alcool, sans en faire la déclaration quinze jours au moins à l'avance par écrit (CSP, art. L. 3332-3 et L. 3352-3) (A : *N 246.ju*) ;

B. [⇨B1 ou B2 :]

B1. omis de déclarer quinze jours au moins à l'avance et par écrit une mutation dans la personne du propriétaire ou du gérant (B1 : *N 245.ju*)...

B2. omis de déclarer deux mois au moins à l'avance et par écrit une mutation d'un lieu à un autre (B2 : *N 245.ju*)...

... d'un café ou d'un débit de boissons à consommer sur place.

(CSP, art. L. 3332-4 et L. 3352-4) ;

C. ouvert irrégulièrement un débit de boissons à consommer sur place de 3e ou 4e catégorie (CSP, art. L. 3352-2) (C : *N 247.ju*).

2. EXPLOITATION IRRÉGULIÈRE. DÉBITS TEMPORAIRES. DISTRIBUTEURS AUTOMATIQUES

D. offert ou vendu, sous quelque forme que ce soit, des boissons autres que celles des deux premiers groupes dans un débit ou café ouvert à l'occasion d'une foire, d'une vente ou d'une fête publique et autorisée par l'autorité municipale (CSP, art. L. 3321-1 et L. 3352-5) (D : *N 2360.ju*) ;

E. mis à disposition du public un distributeur automatique délivrant des boissons de plus de 1,2 degré (CSP, art. L. 3321-1 et L. 3351-6) (E : *N 2351.ju*, en récidive : *N 8093.co*).

3. INCAPACITÉS

F. ouvert un débit de boissons à consommer sur place, un café ou un cabaret sans justifier de la nationalité française ou de celle d'un pays membre de l'Union européenne ou d'un État partie à l'accord sur l'Espace économique européen (CSP, art. L. 3352-3) (F : *N 1523.ju*) ;

G. exploité un débit de boissons à consommer sur place malgré interdiction résultant de plein droit de sa condamnation à la peine de .... [¤ préciser], prononcée le .... [¤ date] ; par .... [juridiction concernée] (CSP, art. L. 3336-2 et L. 3352-9) (G : *N 2362.ju*) ;

H. ayant fait l'objet d'une condamnation définitive à la peine de .... [¤ préciser], prononcée le .... [¤ date], par .... [¤ juridiction concernée] lui interdisant de plein droit d'exploiter son débit de boisson, été employé, à quelque titre que ce soit (CSP, art. L. 3336-3 et L. 3352-9) (H : *N 2362.ju*) [⇨H1 ou H4 :]

H1. dans l'établissement qu'il exploitait ;

H2. au service de celui auquel il a vendu ou loué son établissement ;

H3. par celui par qui il a fait gérer son établissement ;

H4. dans un établissement exploité par son conjoint même séparé ;

I. étant mineur non émancipé ou majeur en tutelle, exploité un débit de boissons à consommer sur place (CSP, art. L. 3336-1 et L. 3352-8) (I : *N 2363.ju*).

4. PROTECTION DES MINEURS

J. dans un débit de boissons, un commerce ou un lieu public, vendu ou offert à titre gratuit des boissons alcooliques à consommer sur place ou à emporter à un mineur (CSP, art. L. 3342-1, L. 3353-3 et L. 3353-6) (J : *N 20556.ju*) ;

K. fait boire jusqu'à l'ivresse un mineur (CSP, art. L. 3353-3, L. 3353-4 et L. 3353-6) (K : *N 2543.ju*) ;

L. [• Préciser le cas échéant dans le cas J ou K :] avec cette circonstance qu'il avait été condamné depuis moins de cinq ans pour un délit prévu au chapitre relatif à la répression de l'ivresse publique et à la protection des mineurs de la 3e partie du code de la santé publique (JL : *N 8339.ju* ; KL : *N #.ju*).

5. NON-RESPECT D'UNE MESURE DE FERMETURE ADMINISTRATIVE

M. omis de se conformer à une mesure de fermeture administrative d'un établissement de **débit de boissons ou de restaurant** ordonnée par l'autorité administrative par arrêté du .... [¤ date de l'arrêté] notifié le [¤ date de la notification de l'arrêté] (CSP, art. L. 3332-15, L. 3332-16, L. 3352-6, L. 3355-4 et L. 3355-6) (M : *N* ***2365.co***) ;

N. omis, étant propriétaire ou exploitant d'un établissement **de vente à emporter de boissons alcoolisées ou d'aliments préparés sur place** destinés à une remise immédiate au consommateur, malgré une mise en demeure du représentant de l'État dans le département, ou, à Paris, du préfet de police, d'avoir à se conformer à un arrêté de fermeture administrative du .... [¤ date de l'arrêté] notifié le [¤ date de la notification de l'arrêté], de procéder à la fermeture de l'établissement. (CSI., art. L. 332-1 et L. 334-1) (N : *N* ***23934.ju*** ou *N* ***23935.ju*** pour un arrêté de fermeture émanant du préfet de police à Paris).

Faits prévus et réprimés par les articles [• du cas sélectionné] + L. 3355-6 du code de la santé publique. ✧

28.16 Alcool, ivresse publique et manifeste – Lieux publics ou stades et manifestations sportives – Délits et contraventions

▪ PEINES

PERSONNE PHYSIQUE

PP Délit. Cas A : 1 an d'emprisonnement, 15 000 € (C. sport, art. L. 332-3). Cas B : 1 an d'emprisonnement, 15 000 € (C. sport, art. L. 332-5). Cas C : 7 500 € (C. sport, art. L. 332-4). Cas D : Contrav. 2e cl. :150 € (C. pén., art. 131-13).

Cas E et F : Contrav. 4e cl. 750 € (D. n° 2016-541, art. 18, C. pén., art. 131-13).

PC Cas A à C : 1. Interdiction (**obligatoire**, sauf dispense motivée, pour les cas B et C1, depuis L. n° 2023-380, 19 mai 2023) ⩽ 5 ans de pénétrer ou de se rendre aux abords d'une ou plusieurs enceintes où se déroule une manifestation sportive, avec astreinte à répondre, lors des manifestations sportives, aux convocations de toute personne qualifiée que la juridiction désigne dans sa décision, à défaut de précision, la personne est convoquée devant les services de police ou de gendarmerie (L. n° 2023-380, 19 mai 2023). Le tribunal tient « *compte des obligations familiales, sociales et professionnelles de la personne condamnée* » (L. n° 2023-380, 19 mai 2023). Il peut prévoir que cette obligation s'applique pour certaines manifestations sportives, qu'elle désigne, se déroulant sur un territoire étranger (C. sport, art. L. 332-11 et L. 332-14). **Sanction** du non-respect de l'interdiction de stade, v. n° 25.69 ;

2. ITF ⩽ 2 ans si étranger non domicilié en France (peine alternative à l'interdiction de stade) (C. sport, art. L. 332-11 et L. 332-14).

CAS D : néant.

PERSONNE MORALE

PP Cas A et B : 75 000 €. Cas C : 37 500 €. Cas D : 750 €. Cas E et F : 3 750 €. (C. pén., art. 131-41).

PC Néant.

▪ ORIENTEUR

AUTRE QUALIFICATION

▪ **Violences volontaires – ITT > 8 jours – Dans une enceinte sportive ou lors d'une manifestation publique.** V. n° 20.22.

▪ **Violences volontaires aggravées – ITT > 8 jours – Dans une enceinte sportive ou lors d'une manifestation publique.** V. n° 20.26.

▪ **Violences volontaires aggravées – Sans ITT ou ITT ⩽ 8 jours – Dans une enceinte sportive ou lors d'une manifestation publique.** V. n° 20.30.

▪ **Atteintes à la sécurité des manifestations sportives.** C. sport, art. L. 332-6 (incitation à la haine), L. 332-7 (port de symboles incitant à la haine), L. 332-8 et L. 332-8-1 (introduction d'artifice ou d'arme), L. 332-9 (jet de projectile), L. 332-10 (intrusion sur l'aire de compétition), v. n° 23.16.

▪ **Violation d'une interdiction judiciaire de stade – enceinte sportive.** V. n° 25.69.

▪ **Violation d'une mesure administrative collective ou individuelle de restriction des déplacements des supporters.** V. nº **25.70**.

RÉGIME PROCÉDURAL

▪ **Compétence juridictionnelle. Juge unique** dans le **cas C** (C. pr. pén., art. 398-1, v. nº **17.15D2**).

▪ **Ordonnance pénale. Possible** dans le **cas C** (C. pr. pén., art. 495-II, v. nº **15.48B1** et tableau nº **17.15D2**).

▪ **Amende forfaitaire délictuelle. Cas A : possible** depuis L. nº 2023-22, 24 janv.2023, **sauf en cas de récidive**, si l'infraction est relevée par **procès-verbal électronique** (C. sport., art. **L. 332-3**, C. pr. pén., art. 495-17 s. et **D. 45-3**). Amende minorée : **400 €** ; forfaitaire : **500 €** ; majorée : **1 000 €**. Sur la procédure d'amende forfaitaire délictuelle, v. nº **15.47**.

▪ **Garde à vue. Articulation du placement en dégrisement et de la garde à vue** : v. nº **12.12B** (le dégrisement ne constitue pas la contrainte ouvrant les droits du gardé à vue), nº **12.14B** (la notification des droits en cas d'ébriété), nº **12.31D** (le point de départ du délai d'une garde à vue consécutive à un dégrisement).

MESURE ADMINISTRATIVE

▪ **Retenue administrative pour dégrisement.** « *Une personne trouvée en état d'ivresse dans les rues, chemins, places, cafés, cabarets et autres lieux publics doit être, par mesure de police, conduite au poste le plus voisin ou dans une chambre de sûreté, pour y être retenue jusqu'à ce qu'elle ait recouvré la raison.* » (CSP, art. L. 3341-1).

▪ **Constitutionnalité. Validité de la rétention administrative pour dégrisement** : pour rejeter le grief d'inconstitutionnalité de cette mesure privative de liberté, le Cons. const., souligne qu'il s'agit d'une mesure « *relevant de la police administrative dont l'objet est de prévenir les atteintes à l'ordre public et de protéger la personne dont il s'agit* » (§ 5), que « *la privation de la liberté ne peut se poursuivre après que la personne a recouvré la raison ; que la condition ainsi posée par le législateur a pour effet de limiter cette privation de liberté à quelques heures au maximum.../... que, prévu et organisé par la loi, le placement en chambre de sûreté n'est pas une détention arbitraire* » (§ 6) ; « *eu égard à la brièveté de cette privation de liberté organisée à des fins de police administrative par les dispositions contestées, l'absence d'intervention de l'autorité judiciaire ne méconnaît pas les exigences de l'article 66 de la Constitution* » (§ 8) aux termes duquel « *Nul ne peut être arbitrairement détenu. – L'autorité judiciaire, gardienne de la liberté individuelle, assure le respect de ce principe dans les conditions prévues par la loi* ». Toutefois, par une réserve, le Cons. const., définit les conditions d'articulation entre mesure de dégrisement et une mesure consécutive de garde à vue (§ 9, v. nº **12.31D**) (Cons. const. 8 juin 2012, nº 2012-253 QPC).

▪ **Conventionnalité.** Au visa de Conv. EDH, art. 5 §1, c, qui autorise la détention lorsqu'il « *y a des motifs raisonnables de croire à la nécessité de l'empêcher de commettre une infraction de commettre une infraction* », la CEDH estime que cette disposition offre aux États « *un moyen d'empêcher la commission d'une infraction concrète et déterminée* » (§ 89) et valide un dispositif permettant la rétention administrative préventive pendant 7 heures, sans traduction devant un juge (§ 134), de hooligans qui étaient en train d'organiser une rixe (CEDH 22 oct. 2018, nº 35553/12, 36678/12 et 36711/2, *V. et A. c/ Danemark*).

▪ **Fermeture administrative des débits de boissons ou restaurants (CSP art. L. 3332-15 et L. 3332-16).** (V. orienteur/mesure administrative, nº **28.15**.

▪ **Fermeture administrative des établissements de vente à emporter de boissons alcoolisées (CSI art. L. 332-1).** (V. orienteur/mesure administrative, nº **28.15**.

RÉGIME DES PEINES

▪ **Interdiction de stade obligatoire.** Le caractère obligatoire, depuis L. nº 2023-380, 19 mai 2023, du prononcé de la peine d'interdiction de stade dans les **cas A** à **C** n'est pas contraire aux principes de nécessité et d'individualisation des peines car « *la juridiction compétente peut, par une décision spécialement motivée, décider de ne pas prononcer cette peine, en considération des circonstances de l'infraction et de la personnalité de son auteur. Dans ces conditions, le juge n'est pas privé du pouvoir d'individualiser la peine* » (§ 96) (Cons. const. 17 mai 2023, nº 2023-850 DC).

▪ ÉLÉMENTS CONSTITUTIFS – QUALIFICATION

✧ Pour avoir à .... [¤ lieu], le .... [¤ date], [⇨**A** à **D** :]

A. introduit ou tenté d'introduire par force ou par fraude dans une enceinte sportive, lors du déroulement ou de la retransmission en public d'une manifestation sportive, des boissons alcooliques (C. sport, art. L. 332-3, L. 332-11 et L. 332-14, CSP, art. L. 3321-1) (A : *N 12856.co*) ;

B. en état d'ivresse, pénétré ou tenté de pénétrer par force ou par fraude dans une enceinte sportive lors du déroulement ou de la retransmission en public d'une manifestation sportive (C. sport, art. L. 332-5, L. 332-11 et L. 332-14) (B : *N 12853.co*) ;

C. en état d'ivresse, accédé à une enceinte sportive lors du déroulement ou de la retransmission en public d'une manifestation sportive (C. sport, art. L. 332-4, L. 332-11 et L. 332-14) (C1 : *N 12855.ju*), [• Préciser le cas échéant dans le cas C :] avec cette circonstance que l'auteur s'est rendu coupable de violences ayant entraîné une incapacité totale de travail d'une durée inférieure ou égale à huit jours (C2 : *N 12854.co*).

D. été trouvé en état d'ivresse publique et manifeste dans un lieu public (CSP, art. R. 3353-1) (D : *N 6252.c2*) ;

E. s'être introduit ou maintenu en état d'ivresse manifeste dans un espace ou véhicule affecté au transport public ferroviaire ou guidé de voyageurs ou de marchandises (D. n° 2016-541, 3 mai 2016, art. 8 et 18) (E : *N 4097.c4*) ;

F. s'être introduit ou maintenu en état d'ivresse manifeste dans un espace ou véhicule affecté au transport public routier de personnes régulier et à la demande (C. transp., art. R. 3116-9 et R. 3116-33, D. n° 2016-541, 3 mai 2016, art. 8 et 18) (F : *N 6367.c4*)

Faits prévus et réprimés par les articles [• du cas sélectionné]. ✧

28.17 Débit de boissons – Contraventions de 4ᵉ classe – Accueil ou service de personne ivre ou de mineur

■ PEINES

PERSONNE PHYSIQUE

PP Contrav. 4ᵉ cl. 750 € (C. pén., art. 131-13).

PC Néant.

PERSONNE MORALE

PP Contrav. 4ᵉ cl. 3 750 € (C. pén., art. 131-41).

PC Néant.

■ ORIENTEUR

AUTRE QUALIFICATION

▪ **Exploitation illicite d'un débit de boissons – Délits.** Vente de boissons alcoolisées à un mineur : v. n° 28.15 cas J et K.

ÉLÉMENT INTENTIONNEL

▪ **Erreur sur l'âge. Obstacle aux poursuites** : aucune peine ne sera applicable au prévenu faisant la preuve qu'il a été induit en erreur sur l'âge du mineur, la qualité ou l'âge de la personne l'accompagnant (CSP, art. R. 3353-9). Toutefois, « *la personne qui délivre la boisson exige du client qu'il établisse la preuve de sa majorité* » (CSP, art. L. 3342-1, réd. issue L. n° 2016-41, 26 janv. 2016, v. n° 28.15, protection des mineurs).

MESURE ADMINISTRATIVE

▪ **Fermeture administrative des débits de boissons ou restaurants** (CSP, art. L. 3332-15 et L. 3332-16). (V. orienteur/mesure administrative, n° 28.15.

▪ **Fermeture administrative des établissements de vente à emporter de boissons alcoolisées** (CSI, art. L. 332-1). (V. orienteur/mesure administrative, n° 28.15.

■ ÉLÉMENTS CONSTITUTIFS – QUALIFICATION

✧ Pour avoir à .... [¤ lieu], le .... [¤ date], étant débitant de boissons [⇨A à C :]

A. [⇨A1 ou A2 :]

A1. reçu dans son établissement (A1 : *N 11360.c4*)...

A2. donné à boire à (A2 : *N 6253.c4*)...

... une personne manifestement ivre (CSP, art. R. 3353-2) ;

~~B. vendu ou offert à titre gratuit à un mineur âgé de 16 ans ou dix-sept ans des boissons du 3e, 4e ou 5e groupe (CSP, art. R. 3353-7) (*N* ***6257.c4***)~~ (contravention abrogée, infraction correctionnalisée par L. nº 2009-879, 21 juill. 2009 ; v. nº 28.15, protection des mineurs) ;

C. reçu dans un débit de boissons un mineur de moins de 16 ans non accompagné par son père, sa mère, son tuteur ou par toute personne de plus de 18 ans en ayant la charge ou la surveillance (CSP, art. R. 3353-8) (C : *N* ***6256.c4***).

Faits prévus et réprimés par les articles [• du cas sélectionné]. ✧

28.18 Débit de boissons à consommer sur place ou à emporter – Affichage irrégulier – ouverture tardive

▪ PEINES

PERSONNE PHYSIQUE

PP Cas A à D : Contrav. 2e cl. :150 € (CSP, art. R. 3353-7, C. pén., art. 131-13).

Cas E : Contrav. 2e cl., 150 € (depuis D. nº 2022-185, 5 févr. 2022, auparavant contrav. 1re cl. 38 €) (C. pén., art. R. 610-5 et 131-13).

PC Néant.

PERSONNE MORALE

PP Cas A à D : Contrav. 2e cl. :750 € (CSP, art. R. 3353-7, C. pén., art. 131-41).

Cas E : Contrav. 2e cl., 750 € (depuis D. nº 2022-185, 5 févr. 2022, auparavant contrav. 1re cl. 190 €) (C. pén., art. R. 610-5, 131-41).

PC Néant.

▪ ORIENTEUR

TEXTE DE RÉFÉRENCE

▪ **Prévention de l'ivresse publique et protection des mineurs. Cas A à D** : Une affiche rappelant les dispositions du code de la santé publique en matière de répression de l'ivresse publique et de protection des mineurs est apposée dans les débits de boissons à consommer sur place. Une affiche spécifique est également apposée dans les débits de boissons à emporter. Les modèles et lieux d'exposition, sont déterminés par arrêté du ministre de la santé. Les modèles d'affiche et les modalités d'affichage sont déterminés par cet arrêté en fonction des établissements concernés : débits de boissons à consommer sur place, débits de boissons à emporter, point de vente de carburant. Les prescriptions relatives au contenu, au format minimum, à la couleur et à la typographie des affiches ne peuvent être modifiées (CSP, art. L. 3342-4, arr. 27 janv. 2010, *JO* 31 janv. 2010, NOR : SASP1002542A).

▪ **Horaires d'ouverture des débits de boissons. Cas E** : Au titre de ses pouvoirs de police (CGCT, art. L. 2215-1), le **préfet du département** ou le préfet de police à Paris prend « *pour toutes les communes du département ou plusieurs d'entre elles.../...toutes mesures relatives au maintien de la salubrité, de la sûreté et de la tranquillité publiques* ». Il réglemente ainsi par arrêté préfectoral les horaires d'ouverture et de fermeture des débits de boissons à consommer sur place ou à emporter. **Le maire** a également en charge la police municipale, qui comprend notamment le soin de « *réprimer les atteintes à la tranquillité publique telles que les rixes et disputes accompagnées d'ameutement dans les rues, le tumulte excité dans les lieux d'assemblée publique, les attroupements, les bruits, les troubles de voisinage, les rassemblements nocturnes qui troublent le repos des habitants et tous actes de nature à compromettre la tranquillité publique* » (CGCT, art. 2212-2). Il n'existe pas d'incrimination particulière concernant les horaires d'ouverture des débits de boissons. La répression s'exerce sur le fondement de C. pén., art. R. 610-5 (contrav. 2e cl. depuis D. nº 2022-185, 5 févr. 2022, auparavant contrav. 1re cl.) qui sanctionne le non-respect des arrêtés de police.

MESURE ADMINISTRATIVE

▪ **Fermeture administrative des débits de boissons ou restaurants (CSP, art. L. 3332-15 et L. 3332-16).** (V. orienteur/mesure administrative, nº 28.15.

▪ **Fermeture administrative des établissements de vente à emporter de boissons alcoolisées (CSI, art. L. 332-1).** (V. orienteur/mesure administrative, nº 28.15.

■ **ÉLÉMENTS CONSTITUTIFS – QUALIFICATION**

✧ Pour avoir à .... [¤ lieu], le .... [¤ date], [⇨A à E :]

A. étant **débitant de boissons à consommer sur place**, [⇨A1 à A3 :]

A1. omis d'apposer dans son établissement l'affiche dont le modèle est fixé par l'administration relative à la répression de l'ivresse publique et à la protection des mineurs (CSP, art. R. 3353-7 I 1°°, arr. 27 janv. 2010, NOR : SASP1002542A) (A1 : *N 27658.c2*) ;

A2. apposé une affiche relative à la répression de l'ivresse publique et à la protection des mineurs non immédiatement visible par la clientèle soit à proximité de l'entrée, soit à proximité du comptoir (CSP, art. R. 3353-7 I 1°, arr. 27 janv. 2010, NOR : SASP1002542A) (A2 : *N 27659.c2*) ;

A3. apposé une affiche relative à la répression de l'ivresse publique et à la protection des mineurs d'un autre modèle que celui fixé par l'administration (CSP, art. R. 3353-7 I 2°, arr. 27 janv. 2010, NOR : SASP1002542A) (A3 : *N 27644.c2*) ;

B. étant **débitant de boissons à emporter**, [⇨B1 à B3 :]

B1. omis d'apposer dans son établissement l'affiche dont le modèle est fixé par l'administration relative à la répression de l'ivresse publique et à la protection des mineurs (CSP, art. R. 3353-7 I 1°°, arr. 27 janv. 2010, NOR : SASP1002542A) (B1 : *N 27660.c2*) ;

B2. apposé une affiche relative à la répression de l'ivresse publique et à la protection des mineurs non immédiatement visible par la clientèle à proximité des rayons présentant des boissons alcooliques et aux caisses enregistreuses de l'établissement (CSP, art. R. 3353-7 I 1°, arr. 27 janv. 2010, NOR : SASP1002542A) (B2 : *N 27661.c2*) ;

B3. apposé une affiche relative à la répression de l'ivresse publique et à la protection des mineurs d'un autre modèle que celui fixé par l'administration (CSP, art. R. 3353-7 I 2°, arr. 27 janv. 2010, NOR : SASP1002542A) (B3 : *N 27665.c2*) ;

C. étant **responsable d'un point de vente de carburant vendant des boissons à emporter**, [⇨C1 à C3 :]

C1. omis d'apposer dans son établissement l'affiche dont le modèle est fixé par l'administration relative à la répression de l'ivresse publique et à la protection des mineurs (CSP, art. R. 3353-7 I 1°°, arr. 27 janv. 2010, NOR : SASP1002542A) (C1 : *N 27662.c2*) ;

C2. apposé une affiche relative à la répression de l'ivresse publique et à la protection des mineurs non immédiatement visible par la clientèle à proximité des rayons présentant des boissons alcooliques et aux caisses enregistreuses de l'établissement (CSP, art. R. 3353-7 I 1°, arr. 27 janv. 2010, NOR : SASP1002542A) (C2 : *N 27663.c2*) ;

C3. apposé une affiche relative à la répression de l'ivresse publique et à la protection des mineurs d'un autre modèle que celui fixé par l'administration (CSP, art. R. 3353-7 I 2°, arr. 27 janv. 2010, NOR : SASP1002542A) (C3 : *N 27666.c2*) ;

D. détruit, lacéré ou altéré l'affiche dont le modèle est fixé par l'administration relative à la répression de l'ivresse publique et à la protection des mineurs (CSP, art. R. 3353-7 II, arr. 27 janv. 2010, NOR : SASP1002542A) (D : *N 7937.c2*) ;

E. ouvert un débit de boissons à consommer sur place ou à emporter en dehors des horaires d'ouverture et de fermeture fixés par l'arrêté du préfet ou du maire du .... [¤ date de l'arrêté] publié ou notifié le [¤ date de la publication ou de la notification de l'arrêté] (C. pén., art. R. 610-5, CGCT, art. L. 2212-2 et L. 2215-1) (E : *N 6000.c2*).

Faits prévus et réprimés par les articles [• du cas sélectionné]. ✧

28.19 Débit de boissons –Vente de boissons alcooliques en dehors des heures autorisées en station-service – Offre gratuite à volonté ou vente au forfait (open bar) (L. n° 2009-879, 21 juill. 2009)

■ **PEINES**

PERSONNE PHYSIQUE

PP Délit. 7 500 €, récidive : 6 mois, 15 000 €, (Cas A : CSP, art. L. 3351-6-1. Cas B : CSP, art. L. 3351-6-2).

PC Néant.

PERSONNE MORALE

PP Délit. 37 500 €, récidive : 75 000 € (Cas A : CSP, art. L. 3351-6-1. Cas B : CSP, art. L. 3351-6-2 ; C. pén., art. 131-38).

PC 1. Interdiction, définitive ou ⩽ 5 ans, une ou plusieurs activités professionnelles ou sociales en relation avec l'infraction (Cas A : CSP, art. L. 3351-6-1. Cas B : CSP, art. L. 3351-6-2 ; C. pén., art. 131-39 2°) ;

2. Fermeture, définitive ou ⩽ 5 ans, d'un ou plusieurs établissements en relation avec l'infraction (Cas A : CSP, art. L. 3351-6-1. Cas B : CSP, art. L. 3351-6-2 ; C. pén., art. 131-39 4°) ;

3. Confiscation de la chose ayant servi à l'infraction ou destinée à la commettre, ou son produit (obligatoire pour objets qualifiés dangereux ou nuisibles par loi ou règlement ou dont la détention est illicite) (Cas A : CSP, art. L. 3351-6-1. Cas B : CSP, art. L. 3351-6-2 ; C. pén., art. 131-39 8°, 131-21) ;

4. Affichage, ⩽ 2 mois, *et/ou* (L. n° 2011-525, 17 mai 2011) diffusion de la décision ou d'extraits aux frais (⩽ amende encourue) du condamné (Cas A : CSP, art. L. 3351-6-1. Cas B : CSP, art. L. 3351-6-2 ; C. pén., art. 131-39 9°, 131-48, 131-35).

■ ORIENTEUR

ÉLÉMENT LÉGAL

▪ **Application de la loi pénale dans le temps.** Cas A1 : faits anciennement contraventionnels réprimés par CSP, art. R. 3353-6 jusqu'à L. n° 2009-879, 21 juill. 2009, qui a étendu de 18 h 00 à 8 h 00 la plage d'interdiction de vente, au lieu de 20 h 00 à 6 h 00.

▪ **Domaine d'application.** Cas B : les pratiques décrites sont autorisées dans le cadre de fêtes et foires traditionnelles déclarées ou autorisées par le représentant de l'État, ou lorsqu'il s'agit de dégustation en vue de la vente au sens de C. civ., art. 1587 (CSP, art. L. 3322-9 et L. 3351-6-2).

RÉGIME PROCÉDURAL

▪ **Compétence juridictionnelle. Juge unique** sauf récidive (C. pr. pén., art. 398-1, v. n° 17.15D2).

▪ **Ordonnance pénale. Possible** sauf récidive (C. pr. pén., art. 495-II, v. n° 15.48B1 et tableau n° 17.15D2).

MESURE CIVILE

▪ **Conséquences civiles de l'infraction. L'action en paiement** des boissons vendues en infraction n'est pas recevable (CSP, art. L. 3322-9).

■ ÉLÉMENTS CONSTITUTIFS – QUALIFICATION

✧ Pour avoir à .... [¤ lieu], le .... [¤ date], [⇨A ou B :]

A. dans un point de vente de carburant, vendu des boissons alcooliques (CSP, art. L. 3351-6-1) [⇨A1 ou A2 :]

A1. à emporter entre 18 h 00 et 8 h 00 (A1 : *N **13098.ju** ;* en récidive : *N **13099**.co*) ;

A2. réfrigérées (A2 : *N **27362.ju** ;* en récidive : *N **27363**.co*) ;

B. en dehors des cas autorisés (CSP, art. L. 3351-6-2) [⇨B1 ou B2 :]

B1. offert à titre gratuit à volonté, dans un but commercial, des boissons alcooliques (B1 : *N **27364.ju** ;* en récidive : *N **27365**.co*) ;

B2. vendu des boissons alcooliques à titre principal contre une somme forfaitaire (B2 : *N **27366.ju** ;* en récidive : *N **27367**.co*).

Faits prévus et réprimés par les articles L. 3322-9 et + ... [¤ articles du cas sélectionné] du code de la santé publique. ✧

28.20 Infractions en matière de commercialisation de protoxyde d'azote (L. n° 2021-695, 1er juin 2021)

■ PEINES

PERSONNE PHYSIQUE

PP Délit. 3 750 € (incrimination crée par L. n° 2021-695, 1er juin 2021) (CSP, art. L. 3611-3).

PC Néant.

PERSONNE MORALE

PP Délit. 18 750 € (incrimination crée par L. nº 2021-695, 1er juin 2021) (CSP, art. L. 3611-3 ; C. pén., art. 131-38).

PC Néant.

■ ORIENTEUR

AUTRE QUALIFICATION

▪ **Provocation de mineur – À l'usage détourné de produit de consommation courante à des fins psychoactives (L. nº 2021-695, 1er juin 2021).** CSP, art. L. 3611-1 issu L. nº 2021-695, 1er juin 2021, v. nº 21.28.

ÉLÉMENT LÉGAL

▪ **Application de la loi pénale dans le temps.** Incrimination crée par L. nº 2021-695, 1er juin 2021 tendant à prévenir les usages dangereux du protoxyde d'azote (aussi dénommé gaz hilarant) (CSP, art. L. 3611-1).

RÉGIME PROCÉDURAL

▪ **Compétence juridictionnelle. Juge unique** (C. pr. pén., art. 398-1, v. nº 17.15D2).

▪ **Ordonnance pénale. Possible** (C. pr. pén., art. 495-II, v. nº 15.48B1 et tableau nº 17.15D2).

▪ **Agents de constatation de l'infraction.** Outre les OPJ et APJ, sont compétents pour procéder à la recherche et à la constatation de ces infractions les agents mentionnés au CSP, art. L. 1421-1 et L. 1435-7, et les agents des collectivités territoriales habilités et assermentés (CSP, art. L. 3631-1 issu L. nº 2021-695, 1er juin 2021). Ils peuvent notamment exiger que le cessionnaire établisse la preuve de sa majorité par la production de tout document officiel muni d'une photographie (CSP, art. L. 3631-1 issu L. nº 2021-695, 1er juin 2021). Les agents de police municipale, les gardes champêtres, les agents de surveillance de Paris ainsi que les agents de la Ville de Paris chargés d'un service de police, peuvent également constater par procès-verbal ces infractions, lorsqu'elles sont commises sur le territoire communal, sur le territoire de la Ville de Paris ou sur le territoire pour lequel ils sont assermentés et lorsqu'elles ne nécessitent pas d'actes d'enquête de leur part ; ils peuvent également exiger que le cessionnaire établisse la preuve de sa majorité par la production de tout document officiel muni d'une photographie (CSP, art. L. 3631-2 issu L. nº 2021-695, 1er juin 2021).

POLITIQUE PUBLIQUE

▪ **Prévention de l'infraction. • Obligations des producteurs.** Une quantité maximale autorisée pour la vente aux particuliers de produits de consommation courante dont l'usage détourné peut entraîner des effets psychoactifs peut être fixée par arrêté conjoint des ministres chargés de la santé et de l'économie (CSP, art. L. 3611-2, issu L. nº 2021-695, 1er juin 2021). **• Mention de la dangerosité du protoxyde d'azote.** Une mention indiquant la dangerosité de l'usage détourné du protoxyde d'azote est, selon des modalités fixées par décret, apposée sur chaque unité de conditionnement des produits contenant ce gaz, qui ne peuvent être commercialisés sans cette mention (CSP, art. L. 3621-1, issu L. nº 2021-695, 1er juin 2021).

■ ÉLÉMENTS CONSTITUTIFS – QUALIFICATION

✧ Pour avoir à .... [¤ lieu], le .... [¤ date], [⇨A à E :]

A. vendu ou offert à un mineur du protoxyde d'azote, quel qu'en soit le conditionnement (A : *N **34027.ju***) ;

B. cédé un produit contenant du protoxyde d'azote, quel qu'en soit le conditionnement, sans exiger que le cessionnaire établisse la preuve de sa majorité (B : *N **#.ju***) ;

C. omis de spécifier sur les pages d'un site de commerce électronique permettant l'achat en ligne de protoxyde d'azote, quel qu'en soit le conditionnement, l'interdiction de la vente de ce produit aux mineurs (C : *N **34028.ju***) ;

D. vendu ou offert du protoxyde d'azote, y compris à une personne majeure, dans un débit de [⇨D1 ou D2 :]

D1. boissons (CSP, art. L. 3331-1, L. 3334-1 et L. 3334-2) (D1 : *N **34029.ju***) ;

D2. tabac (D2 : *N **34030.ju***) ;

E. vendu ou distribué un produit spécifiquement destiné à faciliter l'extraction du protoxyde d'azote afin d'en obtenir des effets psychoactifs (E : *N **34031.ju***).

Faits prévus et réprimés par l'article L. 3611-3 du code de la santé publique. ✧

29. La santé publique – Les professions médicales

29.1 État d'urgence sanitaire – Délits et contraventions

■ PEINES

PERSONNE PHYSIQUE

PP Délit. Cas A : 6 mois d'emprisonnement, 10 000 € (CSP, art. L. 3136-1, al. 1).
Cas B : 6 mois d'emprisonnement, 10 000 € (CSP, art. L. 3136-1, al. 2).
Cas C : 6 mois d'emprisonnement, 3 750 € (CSP, art. L. 3136-1, al. 4).
Contrav. 5e cl. Cas D : 1 500 € (CSP, art. L. 3136-1, al. 3 ; C. pén., art. 131-13).
Contrav. 4e cl. Cas E : 750 € (CSP, art. L. 3136-1, al. 3 ; C. pén., art. 131-13).

PC Cas C : 1. Tig 20 à 400 h (CSP, art. L. 3136-1, al. 4 ; C. pén., art. 131-8, 131-22 à 131-24) ; 2. Suspension PC ⩽ 3 ans, exécution provisoire possible (CSP, art. L. 3136-1, al. 4 ; C. pr. pén, art. 471) ;

PERSONNE MORALE

PP Délit. Cas A : 50 000 € (CSP, art. L. 3136-1, al. 1 ; C. pén., art. 131-38).
Cas B : 50 000 € (CSP, art. L. 3136-1, al. 2 ; C. pén., art. 131-38).
Cas C : 18 750 € (CSP, art. L. 3136-1, al. 4 ; C. pén., art. 131-38).
Contrav. 5e cl. Cas D : 7 500 € (CSP, art. L. 3136-1, al. 3 ; C. pén., art. 131-41).
Contrav. 4e cl. Cas E : 3 750 € (CSP, art. L. 3136-1, al. 3 ; C. pén., art. 131-41).

PC Néant.

■ ORIENTEUR

TEXTE DE RÉFÉRENCE

▪ **État d'urgence sanitaire. • Le cadre législatif général.** Selon les dispositions issues de L. n° 2020-290, 23 mars 2020, applicables jusqu'au 1er avr. 2021 (art. 7), date prorogée jusqu'au 31 déc. 2021 par L. n° 2021-160, 15 févr. 2021 (art. 1), puis jusqu'au 31 juill. 2022 par L. n° 2021-1465, 10 nov. 2021, art. 1er, l'état d'urgence sanitaire peut être déclaré sur tout ou partie du territoire « *en cas de catastrophe sanitaire mettant en péril, par sa nature et sa gravité, la santé de la population* » (CSP, art. L. 3131-12). Il est déclaré par décret motivé pris en conseil des ministres sur le rapport du ministre de la santé, sa prorogation au-delà d'un mois ne peut être autorisée que par la loi (CSP, art. L. 3131-13), laquelle fixe sa durée (CSP, art. L. 3131-14). Dans les circonscriptions territoriales où l'état d'urgence sanitaire est déclaré, le Premier ministre peut, « *aux seules fins de garantir la santé publique* », prendre par décret des mesures relevant en temps normal de la loi, notamment réglementer ou interdire la circulation des personnes et des véhicules, ordonner la fermeture ou réglementer l'ouverture des établissements recevant du public, interdire les rassemblements sur la voie publique ainsi que les réunions, ordonner des mesures de mise en quarantaine, de placement ou de maintien en isolement, ordonner la réquisition de toute personne et de tous biens et services nécessaires à la lutte contre la catastrophe sanitaire (CSP, art. L. 3131-15). Ces mesures sont le cas échéant déclinées par des arrêtés règlementaire ou individuels pris par le ministre de la santé (CSP, art. L. 3131-16), ou par le représentant de l'État territorialement compétent habilité par le Premier ministre ou le ministre de la santé (CSP, art. L. 3131-17). Les mesures individuelles de mise en quarantaine, de placement ou de maintien en isolement peuvent faire l'objet à tout moment d'un recours par la personne ou le procureur de la République devant le JLD, lequel doit statuer dans les 72 h et peut également se saisir d'office (CSP, art. L. 3131-17). Les autres mesures peuvent faire l'objet d'un recours devant le juge administratif statuant selon la procédure du référé administratif (CSP, art. L. 3131-18). Indépendamment de l'état d'urgence sanitaire, en cas de menace sanitaire grave (CSP, art. L. 3131-1), si le nombre de victimes ou la situation sanitaire le justifie, le représentant de l'État dans le département peut, sur proposition du directeur général de l'ARS « *procéder aux réquisitions nécessaires de tous biens et services, et notamment requérir le service de tout professionnel de santé,* *quel que soit son mode d'exercice* » (CSP, art. L. 3131-8). Ces réquisitions peuvent également être prises par le préfet de zone de défense ou le premier ministre si l'ampleur de la situation le justifie (CSP, art. L. 3131-9). • **Le cadre législatif provisoire de sortie de crise sanitaire.** La L. n° 2021-689, 31 mai 2021, pour les parties du territoire sortis de l'état d'urgence sanitaire (l'état d'urgence sanitaire ayant été prolongé dans les outre-mer notamment par L. n° 2021-1172, 11 sept. 2021), a institué un régime de sortie de crise sanitaire autorisant le Premier ministre à réglementer par décret la circulation des personnes, l'ouverture au public des établissements et les rassemblements de personnes, et à subordonner l'accès des personnes à certains lieux à la présentation de justificatifs sanitaires (notamment passe sanitaire) (art. 1). Les dispositions de cette loi ont été complétées par la L. n° 2021-689, 5 août 2021, prolongeant notamment ses effets du 30 sept. au 15 nov. 2021, puis par la L. n° 2021-1465 les repoussant au 31 juill. 2022 ; étendant aux personnes intervenant dans certains lieux, notamment en qualité de salarié, l'obligation de production de justificatifs sanitaires, à peine de suspension du contrat de travail et de la rémunération ; instituant à la charge des exploitants de service de transport ou d'un lieu ou établissement dont l'accès est subordonné à la présentation de justificatifs sanitaires, l'obligation de contrôler les personnes qui souhaitent y accéder, à peine de sanctions pénales prévues par L. n° 2021-689, 31 mai 2021, art. 1 II D (contrôle par les exploitants de service de transport et par les exploitants des lieux dont l'accès est règlementé) ; instituant l'obligation vaccinale pour certaines professions (art. 12) et l'obligation par l'employeur de s'assurer du respect de l'obligation vaccinale de son salarié, à peine de sanctions pénales prévues, pour la personne non vaccinée exerçant son activité comme pour l'employeur, par L. n° 2021-1040, 5 août 2021, art. 16. • **Le cadre réglementaire spécifique et provisoire.** Les décrets règlementaires pris par le Premier ministre en cas de déclaration de l'état d'urgence sanitaire, ou sur le fondement de la L. n° 2021-689, 31 mai 2021 (modifiée par L. n° 2021-1040, 5 août 2021) organisant la sortie de crise sanitaire, par hypothèse conjoncturels, sont adaptés à la nature du risque sanitaire et à l'évolution de la situation. Les mesures règlementaires et individuelles prises dans le cadre de l'état d'urgence sanitaire « *cessent d'avoir effet en même temps que prend fin l'état d'urgence sanitaire* ». En raison de leur caractère provisoire, les dispositions règlementaires issues de l'épidémie de covid-19, notamment, pour les plus récentes, les dispositions du D. 2021-699, 1er juin 2021 modifié par D. n° 2021-1059, 7 août 2021, ne sont pas examinées dans le présent ouvrage. • **Le cadre répressif**. La violation des dispositions règlementaires prises par le Premier ministre dans le cadre de l'état d'urgence sanitaire déclaré, à l'exception de celles qui concernent les réquisitions de biens ou de services qui sont des délits, constitue une contravention de 4e classe qui peut être relevée par amende forfaitaire (C. pr. pén., art. 529, v. n° 15.46). Si cette violation est constatée à nouveau dans un délai de 15 jours, elle constitue une contravention de 5e classe. Si cette violation est verbalisée à plus de trois reprises dans le délai de 30 jours, soit au moins 4 verbalisations intervenues dans ce délai, elle constitue un délit (CSP, art. L. 3136-1). • **L'adaptation du cadre répressif au dispositif du passe sanitaire ou vaccinal.** Les L. n° 2021-1465, 10 nov. 2021, et n° 2022-46, 22 janv. 2022, ont créé de nouvelles infractions de présentation d'un passe sanitaire ou vaccinal authentique mais appartenant à autrui (*N* ***34153.ju***) ; de transmission à autrui d'un passe sanitaire ou vaccinal authentique en vue de son utilisation frauduleuse (*N* ***34154.ju***) ; de faux (*N* ***34311.ju***) et d'usage de faux (*N* ***34312.ju***) passe sanitaire ou vaccinal, de proposition ou fourniture de faux document sanitaire (*N* ***34313.ju***), de détention d'un (*N* ***34407.ju***) ou plusieurs (*N* ***34408.ju***) faux documents sanitaires ; aggravé les peines applicables dans ces cas aux professions soumises à l'obligation vaccinale ; institué une cause d'extinction de l'action publique en cas de justification de l'administration d'une dose de vaccin dans les 30 jours de l'infraction ; et aggravé les peines applicables en cas de défaut de contrôle de la détention du passe par l'exploitant d'un lieu soumis à cette obligation de contrôle ; ces dispositions ne sont pas davantage exposées en raison de l'abrogation par la L. n° 2022-1089, 30 juillet 2022, des régimes d'exception créés pour lutter contre l'épidémie liée à la covid-19.

▪ **Constitutionnalité.** En cohérence avec sa précédente décision Cons. const. 26 juin 2020, n° 2020-846/847/848 QPC, le Cons. const., analysant CSP, art. L. 3136-1, à l'occasion de l'examen de L. n° 2020-856, 9 juill. 2020 organisant la sortie de l'état d'urgence sanitaire, pour écarter le grief de méconnaissance du principe de légalité des délits et des peines, juge que « *le législateur a suffisamment déterminé le champ des obligations et interdictions qui peuvent être édictées par le pouvoir réglementaire ainsi que les conditions dans lesquelles leur méconnaissance constitue un délit.* » (Cons. const. 9 juill. 2020, n° 2020-803 DC, § 33 et 34). Sans toutefois exprimer de réserve d'interprétation, le

Cons. cons. a relevé que ces dispositions « *répriment la violation de cette interdiction lorsqu'elle est commise alors que, dans les trente jours précédents, trois autres violations de la même interdiction ont déjà été verbalisées* » (§ 10) et « *ne permettent pas qu'une même sortie, qui constitue une seule violation de l'interdiction de sortir, puisse être verbalisée à plusieurs reprises.* » (§ 11) (Cons. const. 26 juin 2020, nº 2020-846/847/848 QPC). V. également la décision de rejet de QPC portant sur CSP, art. L. 3136-1, al. 4 : Crim. 29 juin 2021, nº 21-90.017, D.

RÉGIME PROCÉDURAL

▪ **Compétence juridictionnelle. Cas A à C : juge unique** (depuis L. nº 2021-1040, 5 août 2021, art. 20) (C. pr. pén., art. 398-1 10º *bis*, v. nº **17.15D2**).

▪ **Amende forfaitaire. Cas E** : amende forfaitaire applicable (CSP, art. L. 3136-1, al. 3) (sur l'amende forfaitaire contraventionnelle, C. pr. pén., art. 529, v. nº **15.46**).

▪ ÉLÉMENTS CONSTITUTIFS – QUALIFICATION

✧ Pour avoir à .... [¤ lieu], le .... [¤ date], [⇨A à D :]

A. en cas de **menace sanitaire grave**, omis de respecter les mesures de réquisitions de biens ou de services prescrites par le représentant de l'État, le préfet de zone de défense ou le premier ministre, justifiées par le nombre de victimes ou la situation sanitaire (CSP, art. L. 3131-1, L. 3131-8, L. 3131-9 et L. 3136-1) (A : *N 25443.ju*) ;

B. en cas de déclaration de l'**état d'urgence sanitaire**, omis de respecter les mesures de réquisitions de personnes ou de tous biens nécessaires à la lutte contre la catastrophe sanitaire prises par le Premier ministre, le ministre chargé de la santé ou par le représentant de l'État habilité par ces derniers à prendre ces mesures (CSP, art. L. 3131-15, L. 3131-16, L. 3131-17 et L. 3136-1) (B : *N 33468.ju*) ;

C. en cas de déclaration de l'**état d'urgence sanitaire, violé à plus trois reprises dans un délai de 30 jours** l'interdiction ou l'obligation de [prescription concernée], prévue par l'article [disposition concernée] du [référence et date du décret pris par le Premier ministre ou de l'arrêté pris par le ministre de la santé ou par le préfet] (CSP, art. L. 3131-15, L. 3131-16, L. 3131-17 et L. 3136-1) (C : *N 33482.ju*) ;

D. en cas de déclaration de l'**état d'urgence sanitaire, violé à deux reprises dans un délai de 15 jours** l'interdiction ou l'obligation de [prescription concernée], prévue par l'article [disposition concernée] du [référence et date du décret pris par le Premier ministre ou de l'arrêté pris par le ministre de la santé ou par le préfet] (CSP, art. L. 3131-15, L. 3131-16, L. 3131-17 et L. 3136-1) (D : *N 33481.c5*).

E. en cas de déclaration de l'**état d'urgence sanitaire**, violé l'interdiction ou l'obligation de [prescription concernée], prévue par l'article [disposition concernée] du [référence et date du décret pris par le Premier ministre ou de l'arrêté pris par le ministre de la santé ou par le préfet] (CSP, art. L. 3131-15, L. 3131-16, L. 3131-17 et L. 3136-1) (E : *N #.c4*).

Faits prévus et réprimés par les articles [¤ de l'infraction sélectionnée] ✧

29.2 Assurance obligatoire des professions de santé – Défaut

▪ PEINES

PERSONNE PHYSIQUE

PP Délit. 45 000 € (CSP, art. L. 1142-25).

PC Interdiction définitive ou ⩽ 5 ans activité professionnelle ou sociale en relation avec l'infraction (sauf mandat électif ou syndical) (CSP, art. L. 1142-25 ; C. pén., art. 131-27).

PERSONNE MORALE

PP Délit. 225 000 € (CSP, art. L. 1142-26 ; C. pén., art. 131-38).

PC Interdiction, définitive ou ⩽ 5 ans, une ou plusieurs activités professionnelles ou sociales en relation avec l'infraction (CSP, art. L. 1142-26 ; C. pén., art. 131-39, 2º).

▪ ORIENTEUR

AUTRE QUALIFICATION

▪ **Médecin, chirurgien-dentiste, sage-femme – Exercice illégal de la profession.** CSP, art. L. 4161-5, v. nº **33.2**.

▪ **Infirmier – Exercice illégal de la profession.** CSP, art. L. 1142-25, v. nº 33.3.

ÉLÉMENT LÉGAL

▪ **Domaine d'application. Régime spécifique** : les dispositions ci-dessous ne sont pas applicables aux **producteurs, exploitants ou fournisseurs de produits sanguins labiles**, qui sont soumis à des prescriptions spéciales (CSP, art. L. 1142-2, L. 5311-1).

RÉGIME PROCÉDURAL

▪ **Compétence juridictionnelle. Juge unique** (C. pr. pén., art. 398-1, v. nº 17.15D2).

▪ **Ordonnance pénale. Possible** (C. pr. pén., art. 495-II, v. nº 15.48B1 et tableau nº 17.15D2).

RÉGIME DES PEINES

▪ **Interdiction professionnelle.** La peine d'interdiction professionnelle le cas échéant prononcée est portée à la connaissance de l'État dans la région qui en informe les organismes d'assurance maladie (CSP, art. L. 1142-25 et L. 1142-26).

▪ ÉLÉMENTS CONSTITUTIFS – QUALIFICATION

✧ Pour avoir à .... [¤ lieu], le .... [¤ date], étant [⇨A à C :]

A. professionnel de santé exerçant à titre libéral...

B. un établissement, un service ou un organisme dans lequel sont réalisés des actes individuels de prévention, de diagnostic ou de soins ou toute autre personne morale, autre que l'État, exerçant des activités de prévention, de diagnostic ou de soins...

C. producteur, exploitant ou fournisseur de produits de santé à l'état de produits finis utilisés à l'occasion d'activités de prévention, de diagnostic ou de soins...

... omis de souscrire une assurance destinée à garantir sa responsabilité civile ou administrative susceptible d'être engagée en raison des dommages *subis* par des tiers et résultant d'atteintes à la personne, survenant dans le cadre de l'activité de prévention, de diagnostic ou de soins.

Faits prévus et réprimés par les articles : **PERSONNES PHYSIQUES.** L. 1142-1, L. 1142-2 et L. 1142-25 du code de la santé publique (*N 22236.ju*). **PERSONNES MORALES.** L. 1142-1, L. 1142-2, L. 1142-25 et L. 1142-26 du code de la santé publique (*N #.ju*) ✧

29.3 Recherche biomédicale – Le cadre législatif

L'incrimination principale de réalisation d'une recherche biomédicale sans consentement est prévue à l'article 223-8 du code pénal (**sanction**, v. nº 29.6), repris à l'article L. 1126-1 du code de la santé publique, les autres infractions relatives à l'organisation de cette activité se trouvent dans ce dernier code.

A. Le principe général

Des essais ou expérimentation sur l'être humain (recherches biomédicales, dites « *recherches impliquant la personne humaine* », CSP, art. L. 1121-1) visant à en améliorer la connaissance, fondées sur le dernier état des connaissances scientifiques, et présentant un risque proportionné au bénéfice individuel ou général escompté (CSP, art. L. 1121-2), peuvent être pratiquées à l'initiative de « *promoteurs* », personnes physiques ou morales, obligatoirement assurés pour les conséquences dommageables de ces recherches (CSP, art. L. 1121-10 ; **sanction**, v. nº 29.5), et réalisées sous la direction et la surveillance d'un médecin dénommé « *investigateur* » (CSP, art. L. 1121-1) justifiant d'une expérience appropriée (CSP, art. L. 1121-3), dans des conditions matérielles et techniques garantissant la rigueur scientifique et la sécurité des personnes (CSP, art. L. 1121-3).

B. Le contrôle administratif

Le promoteur doit soumettre au préalable son projet pour avis (CSP, art. L. 1121-4) à un comité de protection des personnes régionalement compétent (CSP, L. 1123-1) et doit obtenir l'autorisation de l'Agence nationale de sécurité du médicament et des produits de santé ou du ministre de la santé (CSP, art. L. 1121-4 et L. 1123-12) (**sanction**, v. nº 29.4).

Sous les conditions précisées à l'article L. 1123-11, l'autorité compétente peut suspendre ou interdire la recherche (**sanction**, v. nº 29.4).

C. Le consentement des patients

1. La forme du consentement

Le consentement « *libre et éclairé* » du patient doit être préalablement recueilli par écrit par l'investigateur ou un médecin le représentant qui lui fait connaître, lors d'un entretien et dans un document écrit remis à l'intéressé, les caractéristiques de la recherche, les bénéfices attendus, ses contraintes et risques, son droit de refuser ou d'interrompre l'essai, et l'avis du comité des personnes ainsi que l'autorisation de l'autorité compétente (CSP, art. L. 1122-1-1) (**sanction** v. n° 29.6).

En cas d'urgence, si le consentement du patient ne peut être recueilli, le consentement des membres de la famille ou de la personne de confiance mentionnée au CSP, art. L. 1111-6 pourra être sollicité dans les mêmes formes, à charge d'obtenir celui du patient dès que possible (CSP, art. L. 1122-1-3).

2. Les mineurs ou majeurs protégés

S'ils peuvent exprimer leur volonté leur consentement doit être recherché et leur refus ou révocation de consentement empêche toute recherche (CSP, art. L. 1122-2).

Pour les mineurs non émancipés le consentement est en outre donné par les titulaires de l'autorité parentale (CSP, art. L. 1122-2), pour les majeurs sous tutelle par le tuteur.

L'autorisation du conseil de famille ou du juge des tutelles est en outre requise si le comité des personnes considère que la recherche présente un risque sérieux.

D. Les restrictions

Les recherches sont interdites ou limitées pour certaines catégories de personnes (femmes enceintes, détenus, mineurs, majeurs protégés etc. ; CSP, art. L. 1121-5 à L. 1121-8) (**sanction** v. n° 29.7).

29.4 Recherche biomédicale – Sans avis préalable ou autorisation, ou malgré interdiction ou suspension

■ PEINES

PERSONNE PHYSIQUE

PP Délit. 1 an d'emprisonnement, 15 000 € (CSP, art. L. 1126-5).

PC Néant.

PERSONNE MORALE

PP 75 000 € (C. pén., art. 131-38).

PC Néant.

■ ORIENTEUR

TEXTE DE RÉFÉRENCE

▪ Recherche biomédicale – Cadre législatif. V. n° 29.3.

■ ÉLÉMENTS CONSTITUTIFS – QUALIFICATION

✧ Pour avoir à .... [¤ lieu], le .... [¤ date], [⇨A ou B :]

A. pratiqué ou fait pratiquer une recherche impliquant la personne humaine sans avoir obtenu l'avis favorable d'un comité de personnes et l'autorisation de l'autorité compétente conformément à l'article L. 1121-4 du code de santé publique (A : *N 21550.co*) ;

B. pratiqué ou fait pratiquer une recherche impliquant la personne humaine malgré interdiction ou suspension par l'autorité compétente conformément à l'article L. 1123-12 du code de la santé publique (B : *N 21552.co*).

Faits prévus et réprimés par les articles L. 1126-5 du code de la santé publique + ... [¤ articles du cas sélectionné]. ✧

29.5 Recherche biomédicale – Sans assurance

■ PEINES

PERSONNE PHYSIQUE

PP Délit. 1 an d'emprisonnement, 15 000 € (CSP, art. L. 1126-6).

PC Néant.

PERSONNE MORALE

PP 75 000 € (C. pén., art. 131-38).

PC Néant.

▪ **ORIENTEUR**

TEXTE DE RÉFÉRENCE

▪ Recherche biomédicale – Cadre législatif. V. n° 29.3.

▪ **ÉLÉMENTS CONSTITUTIFS – QUALIFICATION**

✧ Pour avoir à .... [¤ lieu], le .... [¤ date], étant promoteur d'une recherche impliquant la personne humaine, omis de souscrire préalablement une assurance garantissant sa responsabilité civile et celle de tout intervenant à l'égard de la personne qui s'y prête et de ses ayants droit. Faits prévus et réprimés par les articles L. 1121-10 et L. 1126-6 du code de la santé publique (*N 5842.co*). ✧

29.6 Recherche biomédicale – Sans consentement

▪ **PEINES**

PERSONNE PHYSIQUE

PP Délit. 3 ans d'emprisonnement, 45 000 € (C. pén., art. 223-8).

PC 1. Interdiction droits civiques civils et de famille ⩽ 5 ans (vote, éligibilité, fonction juridictionnelle, expert, témoin, tuteur, curateur) (C. pén., art. 223-16 et 131-26) ;

2. Interdiction définitive ou ⩽ 5 ans activité professionnelle ou sociale en relation avec l'infraction (sauf mandat électif ou syndical) *et/ou* interdiction définitive ou ⩽ 15 ans (10 ans avant L. n° 2013-1117, 6 déc. 2013) d'exercer une profession commerciale ou industrielle, de diriger, d'administrer, de gérer ou de contrôler à un titre quelconque, directement ou indirectement, pour son propre compte ou pour le compte d'autrui, une entreprise commerciale ou industrielle ou une société commerciale (C. pén., art. 223-17 et 131-27 [mod. par L. n° 2008-776, 4 août 2008]) ;

3. Confiscation de la chose ayant servi à l'infraction ou destinée à la commettre, ou son produit (obligatoire pour objets qualifiés dangereux ou nuisibles par loi ou règlement ou dont la détention est illicite) (C. pén., art. 223-17 et 131-21) ;

4. Fermeture, définitive ou ⩽ 5 ans établissement(s) ayant servi à commettre l'infraction (C. pén., art. 223-17 et 131-33) ;

5. Exclusion, définitive ou ⩽ 5 ans marchés publics (C. pén., art. 223-17 et 131-34) ;

6. Affichage, ⩽ 2 mois, *et/ou* (L. n° 2011-525, 17 mai 2011) diffusion de la décision ou d'extraits aux frais (⩽ amende encourue) du condamné (C. pén., art. 223-20 et 131-35).

PERSONNE MORALE

PP Délit. 225 000 € (C. pén., art. 223-9 ; art. 131-38).

PC 1. Dissolution (sauf personnes morales de droit public, partis, groupements politiques, syndicats, institutions représentatives du personnel) si personne morale créée ou détournée de son objet, pour commettre l'infraction (C. pén., art. 223-9, 131-39, 1° et 131-45) ;

2. Interdiction, définitive ou ⩽ 5 ans, une ou plusieurs activités professionnelles ou sociales en relation avec l'infraction (C. pén., art. 223-9 et 131-39, 2°) ;

3. Surveillance judiciaire ⩽ 5 ans, sauf personnes morales de droit public (C. pén., art. 223-9, 131-39, 3° et 131-46) ;

4. Fermeture, définitive ou ⩽ 5 ans, d'un ou plusieurs établissements en relation avec l'infraction (C. pén., art. 223-9 et 131-39, 4°) ;

5. Exclusion, définitive ou ⩽ 5 ans marchés publics (C. pén., art. 223-9 et 131-39, 5°) ;

6. Interdiction, définitive ou ⩽ 5 ans appel public à l'épargne (C. pén., art. 223-9 et 131-39, 6°) ;

7. Interdiction ⩽ 5 ans cartes de paiement ou émission chèques autres que de retrait ou certifiés (C. pén., art. 223-9 et 131-39, 7°) ;

8. Confiscation de la chose ayant servi à l'infraction ou destinée à la commettre, ou son produit (obligatoire pour objets qualifiés dangereux ou nuisibles par loi ou règlement ou dont la détention est illicite) (C. pén., art. 223-9, 131-39, 8° et 131-21) ;

9. Affichage, ⩽ 2 mois, *et/ou* (L. n° 2011-525, 17 mai 2011) diffusion de la décision ou d'extraits aux frais (⩽ amende encourue) du condamné (C. pén., art. 223-9, 131-39, 9°, 131-48 et 131-35).

■ ORIENTEUR

AUTRE QUALIFICATION

▪ **Recherche biomédicale d'urgence – Sans consentement.** V. n° 29.7.

TEXTE DE RÉFÉRENCE

▪ **Recherche biomédicale – Cadre législatif.** V. n° 29.3.

■ ÉLÉMENTS CONSTITUTIFS – QUALIFICATION

✧ Pour avoir à .... [¤ lieu], le .... [¤ date], pratiqué ou fait pratiquer une recherche impliquant la personne humaine sur .... [¤ nom de la victime], [⇨A à D :]

A. sans avoir recueilli son consentement libre, éclairé et exprès (A : *N 5821.co*) ;

B. malgré le retrait de son consentement (B : *N 5825.co*) ;

C. sans avoir recueilli le consentement libre, éclairé et exprès des titulaires de l'autorité parentale ou du tuteur ou d'autres personnes, autorités ou organes désignés pour consentir à la recherche ou l'autoriser (C : *N 26790.co ; N 26792.co*) ;

D. malgré le retrait du consentement des titulaires de l'autorité parentale ou du tuteur ou d'autres personnes, autorités ou organes désignés pour consentir à la recherche ou l'autoriser (D : *N 26791.co ; N 26793.co*).

Faits prévus et réprimés par les articles : **PERSONNES PHYSIQUES.** L. 1122-1 à L. 1122-2 du code de la santé publique, 223-8, 223-16, 223-17 et 223-20 du code pénal. **PERSONNES MORALES.** L. 1122-1 à L. 1122-2 du code de la santé publique, 223-8 et 223-9 du code pénal. ✧

29.7 Recherche biomédicale – Publics protégés

■ PEINES

PERSONNE PHYSIQUE

PP Délit. 3 ans d'emprisonnement, 45 000 € (CSP, art. L. 1126-3).

PC 1. Interdiction droits civiques civils et de famille ⩽ 5 ans (vote, éligibilité, fonction juridictionnelle, expert, témoin, tuteur, curateur) (CSP, art. L. 1126-3 ; C. pén., art. 131-26) ;

2. Interdiction définitive ou ⩽ 5 ans activité professionnelle ou sociale en relation avec l'infraction, (sauf mandat électif ou syndical) (CSP, art. L. 1126-3 ; C. pén., art. 131-27) ;

3. Confiscation de la chose ayant servi à l'infraction ou destinée à la commettre, ou son produit (obligatoire pour objets qualifiés dangereux ou nuisibles par loi ou règlement ou dont la détention est illicite) (CSP, art. L. 1126-3 ; C. pén., art. 131-21) ;

4. Exclusion, définitive ou ⩽ 5 ans marchés publics (CSP, art. L. 1126-3 ; C. pén., art. 131-34).

PERSONNE MORALE

PP Délit. 225 000 € (CSP, art. L. 1126-4 ; C. pén., art. 131-38).

PC *Idem* n° 29.6 (CSP, art. L. 1126-4).

■ ORIENTEUR

TEXTE DE RÉFÉRENCE

▪ **Recherche biomédicale – Cadre législatif.** V. n° 29.3.

■ ÉLÉMENTS CONSTITUTIFS – QUALIFICATION

✧ Pour avoir à .... [¤ lieu], le .... [¤ date], alors que [⇨1 ou/et 2 puis A à E :]

1. l'importance du bénéfice escompté pour la personne concernée n'était pas de nature à justifier le risque prévisible encouru...

2. ces recherches ne se justifiaient pas au regard du bénéfice escompté pour d'autres personnes se trouvant dans la même situation ou que les risques prévisibles et les contraintes que comportaient la recherche pour la personne concernée ne présentaient pas un caractère minimal...

...pratiqué ou fait pratiquer une recherche impliquant la personne humaine sur .... [¤ nom de la victime] [⇨A à E :]

A. femme enceinte, parturiente ou allaitante (CSP, art. L. 1121-5) (A : *N 26803.co*) ;

B. personne privée de liberté par une décision judiciaire ou administrative (CSP, art. L. 1121-6) (B : *N 5832.co*) ;

C. mineur (CSP, art. L. 1121-7) (C : *N 26807.co*) ;

D. majeur protégé (CSP, art. L. 1121-8) (D : *N 26807.co*) ;

E. personne hors d'état d'exprimer son consentement (CSP, art. L. 1121-8) (E : *N 26808.co*) ;

Faits prévus et réprimés par les articles : [articles des la formule selectionnée +] **PERSONNES PHYSIQUES. ET** L. 1126-3 du code de la santé publique. **PERSONNES MORALES. ET** L. 1126-4 du code de la santé publique. ✧

29.8 Examen et identification génétiques illicites

▪ PEINES

PERSONNE PHYSIQUE

PP Délit. 1 an d'emprisonnement, 15 000 €. Cas B3 à B5, avant L. nº 2011-267, 14 mars 2011 : 1 an, 1 500 € (C. pén., art. 226-25 à 226-28).

PC 1. Interdiction droits civiques civils et de famille 5 ans (vote, éligibilité, fonction juridictionnelle, expert, témoin, tuteur, curateur) (C. pén., art. 226-31 et 131-26) ;

2. Interdiction, définitive ou ⩽ 5 ans activité professionnelle ou sociale en relation avec l'infraction (sauf mandat électif ou syndical) (C. pén., art. 226-31 et 131-27) ;

3. Interdiction ⩽ 5 ans détention, port arme soumise à autorisation (C. pén., art. 226-31) ;

4. Affichage, ⩽ 2 mois, *et/ou* (L. nº 2011-525, 17 mai 2011) diffusion de la décision ou d'extraits aux frais (⩽ amende encourue) du condamné (C. pén., art. 226-31 et 131-35) ;

5. Cas B3 à B5 : confiscation de la chose ayant servi à l'infraction ou destinée à la commettre, ou son produit (obligatoire pour objets qualifiés dangereux ou nuisibles par loi ou règlement ou dont la détention est illicite) (C. pén., art. 226-31 et 131-21) ;

6. Cas B3 à B5 : radiation de la liste des experts judiciaires (C. pén., art. 226-32).

PERSONNE MORALE

PP Délit. 75 000 €. Cas B3 à B5, avant L. nº 2011-267, 14 mars 2011 : 7 500 € (C. pén., art. 226-30 et 131-38).

PC 1. Interdiction, définitive ou ⩽ 5 ans, une ou plusieurs activités professionnelles ou sociales en relation avec l'infraction (C. pén., art. 226-30 et 131-39 2º) ;

2. Surveillance judiciaire ⩽ 5 ans, sauf personnes morales de droit public (C. pén., art. 226-30, 131-39 3º et 131-46) ;

3. Fermeture, définitive ou ⩽ 5 ans, d'un ou plusieurs établissements en relation avec l'infraction (C. pén., art. 226-30 et 131-39 4º) ;

4. Exclusion, définitive ou ⩽ 5 ans marchés publics (C. pén., art. 226-30 et 131-39 5º) ;

5. Interdiction ⩽ 5 ans cartes de paiement ou émission chèques autres que de retrait ou certifiés (C. pén., art. 226-30 et 131-39 7º) ;

6. Confiscation de la chose ayant servi à l'infraction ou destinée à la commettre, ou son produit (obligatoire pour objets qualifiés dangereux ou nuisibles par loi ou règlement ou dont la détention est illicite) (C. pén., art. 226-30, 131-39 8º et 131-21) ;

7. Affichage, ⩽ 2 mois, *et/ou* (L. nº 2011-525, 17 mai 2011) diffusion de la décision ou d'extraits aux frais (⩽ amende encourue) du condamné (C. pén., art. 226-30, 131-39 9º, 131-48 et 131-35).

▪ ORIENTEUR

ÉLÉMENT LÉGAL

▪ **Constitutionnalité. Constitutionnalité de C. civ., art. 16-11 qui impose l'accord exprès de la personne** : en disposant que les personnes décédées sont présumées ne pas avoir consenti à une identification par empreintes génétiques, le législateur a entendu faire obstacle aux exhumations afin d'assurer le respect dû aux morts. En déclarant cette disposition conforme à la Constitution, le Cons. const., précise qu'il ne lui appartient pas de substituer son appréciation à celle du législateur pour faire prévaloir, comme le soutenait le requérant, le respect dû à la vie privée et le droit de mener une vie familiale normale, en vue d'élargir les possibilités de recours à l'expertise génétique de la personne décédée avec laquelle un lien biologique est revendiqué ou contesté (Cons. const. 30 sept. 2011, n° 2011-173 QPC, § 5 et 6).

TEXTE DE RÉFÉRENCE

▪ **Cadre législatif de l'analyse génétique. • Encadrement de l'examen des caractéristiques génétiques et de l'identification génétique.** L'examen des « *caractéristiques génétiques constitutionnelles d'une personne* » (C. civ., art. 16-10, réd. issue L. n° 2021-1017, 2 août 2021, opération définie par CSP, art. L. 1130-1 issu de la même loi) ou son « *identification par ses empreintes génétiques* » (C. civ., art. 16-11) ne peut être réalisé que dans les cas autorisés qui suivent. • **Procédure pénale.** L'identification génétique des personnes est autorisée « *dans le cadre de mesures d'enquête ou d'instruction diligentées lors d'une procédure judiciaire* » civile ou pénale (C. civ., art. 16-11), selon les précisions apportées, s'agissant des procédures pénales, aux n°s 13.22 s. • **Lutte contre le dopage sportif.** Par dérogation au C. civ., art. 16-10 I (v. orienteur n° 29.8), aux seules fins de mettre en évidence une substance ou méthode interdite, le laboratoire accrédité par l'Agence mondiale antidopage peut procéder, sur les échantillons de sang ou d'urine, « *à la comparaison d'empreintes génétiques et à l'examen de caractéristiques génétiques* », afin de rechercher l'administration de sang homologue, une substitution d'échantillons, ou une mutation ou manipulation génétique visant à accroître la performance sportive ; sous les sanctions prévues par C. pén., art. 226-25, « *la personne contrôlée est expressément informée, préalablement au prélèvement, en particulier au moment de l'inscription à la compétition sportive* » de l'éventualité de cette analyse et de son incidence, laquelle peut en particulier se traduire par la révélation qui lui sera faite de la découverte incidente de caractéristiques génétiques pouvant justifier des mesures de prévention ou de soins pour elle-même et sa famille (C. sport, art. L. 232-12-2 et C. pén., art. 226-25 III, issus L. n° 2023-380, 19 mai 2023, relative aux jeux Olympiques et Paralympiques de 2024 et portant diverses autres dispositions). • **Procédure civile.** En matière civile, l'identification par les empreintes génétiques ne peut être recherchée qu'en exécution d'une mesure d'instruction ordonnée par le juge saisi d'une action relative à la filiation ou à des subsides. Le consentement de l'intéressé doit être recueilli. Sauf accord exprès de la personne manifesté de son vivant, aucune identification par empreintes génétiques ne peut être réalisée après sa mort (C. civ., art. 16-11). • **Identification des personnes décédées.** L'identification par les empreintes génétiques est autorisée aux fins d'établir, lorsqu'elle est inconnue, l'identité de personnes décédées (C. civ., art. 16-11 3°). Pour l'identification par ses empreintes génétiques d'un militaire décédé en opération, ou (hypothèses ajoutées par L. n° 2011-267, 14 mars 2011) d'une victime d'une catastrophe naturelle ou d'une personne faisant l'objet de recherches pour disparition inquiétante (procédure dont le volet judiciaire est régi par C. pr. pén., art. 74-1 et le volet administratif par L. n° 95-73, 21 janv. 1995, art. 26), des prélèvements de traces peuvent être opérés dans des lieux fréquentés par la personne disparue, sous réserve de l'accord du responsable des lieux ou autorisation du JLD, ou auprès des ascendants, descendants ou collatéraux, avec leur consentement préalable exprès donné par écrit (C. civ., art. 16-11). • **Opérations militaires extérieures.** Lors des opérations militaires extérieures, les membres des forces armées peuvent procéder à des prélèvements biologiques destinés à l'identification génétique des personnes décédées, capturées ou dont il existe des raisons précises de penser qu'elles présentent une menace pour la sécurité des forces ou des populations civiles. Dans ce même cadre d'intervention, les forces armées peuvent également procéder à l'identification génétique des personnes recrutées localement ou accédant à une zone protégée (C. civ., art. 16-11 et C. défense, art. L. 2381-1). • **Finalités thérapeutiques ou de recherche scientifique.** À des fins médicales ou de recherche scientifique, l'examen des caractéristiques génétiques constitutionnelles d'une personne ne peut être réalisée qu'après avoir recueilli par écrit le consentement de la personne (C. civ., art. 16-10 I), selon les modalités d'information préalable prévues au C. civ., art. 16-10 II (issu L. n° 2021-1017, 2 août 2021) et au CSP, art. L. 1131-1 (issu L. n° 2021-1017, 2 août 2021) ou, si elle n'est pas en état d'exprimer sa volonté ou lorsqu'elle est décédée, selon les modalités précisées par CSP, art. L. 1130-3 et L. 1130-4 (issus L. n° 2021-1017, 2 août 2021). Cet examen peut également être réalisé sur des éléments du corps d'une personne prélevés à d'autres fins, lorsque la personne, dûment informée d'un programme de recherche, n'a pas exprimé son opposition (C. civ., art. 16-10 III et CSP, art. L. 1130-5, issus L. n° 2021-1017, 2 août 2021). • **Prohibition du démarchage publicitaire.** Mentionnons que « *tout démarchage à caractère publicitaire portant sur l'examen des caractéristiques génétiques constitutionnelles d'une personne est interdit* » (C. civ., art. 16-10 IV, issu L. n° 2021-1017, 2 août 2021).

▪ Agrément des personnes. L'examen des caractéristiques génétiques d'une personne ou son identification par empreintes génétiques ne peut être effectué que par les praticiens agréés (CSP, art. L. 1131-3) et par les laboratoires de biologie médicale autorisés et accrédités (CSP, art. L. 1131-2-1).

ÉLÉMENT MATÉRIEL

▪ Tentative. Punissable (C. pén., art. 226-29).

▪ ÉLÉMENTS CONSTITUTIFS – QUALIFICATION

✧ Pour avoir à .... [¤ lieu], le .... [¤ date], [⇨A ou B :]

A. ÉTUDE DES CARACTÉRISTIQUES GÉNÉTIQUES

A1. **Fins non autorisées** : procédé à l'examen des caractéristiques génétiques d'une personne à des fins autres que médicales, de recherche scientifiques « *ou de lutte contre le dopage* » (L. n° 2023-380, 19 mai 2023) (A1 : *N 26809.co*) (C. pén., art. 226-25 I) ;

A2. **Défaut de consentement – recherches médicales** : procédé à l'examen des caractéristiques génétiques d'une personne à des fins médicales ou de recherche scientifique sans avoir préalablement recueilli son consentement dans les conditions prévues à l'article 16-10 du code civil (C. civ., art. 16-10, C. pén., art. 226-25 II) (A2 : *N 20070.co*) ;

A3. **Défaut d'information – lutte contre le dopage** : procédé à l'examen des caractéristiques génétiques d'une personne à des fins de lutte contre le dopage sans l'en avoir préalablement informée dans les conditions prévues à l'article L. 232-12-2 du code du sport (C sport, art. L. 232-12-2, C. pén., art. 226-25 III) (A3 : *N 35068.co*) ;

A4. **Détournement des informations recueillies** : détourné de leurs finalités médicales ou de recherche scientifique les informations recueillies sur une personne au moyen de l'examen de ses caractéristiques génétiques (C. pén., art. 226-26) (A4 : *N 20071.co*) ;

B. IDENTIFICATION PAR EMPREINTES GÉNÉTIQUES

B1. **Défaut de consentement, fins médicales ou scientifiques** : recherché l'identification d'une personne par ses empreintes génétiques à des fins médicales ou de recherche scientifique sans avoir préalablement recueilli son consentement dans les conditions prévues par l'article 16-11 du code civil (C. pén., art. 226-27) (B1 : *N 20072.co*) ;

B2. **Défaut de consentement, prélèvement de traces sur les membres de la famille pour l'identification d'une personne décédée** : aux fins de l'établissement, par ses empreintes génétiques, de l'identité d'une personne décédée, procédé à prélèvement de traces biologiques sur un ascendant, descendant ou collatéral supposé de cette personne, sans avoir préalablement recueilli son consentement exprès par écrit dans les conditions prévues par l'article 16-11 du code civil (C. pén., art. 226-27, incrimination créée par L. n° 2011-267, 14 mars 2011) (B2 : *N 28178.co*) ;

B3. **Identification par empreinte génétique en dehors des cas autorisés** : recherché l'identification d'une personne par ses empreintes génétiques en dehors des cas prévus par l'article 16-11 du code civil ou en dehors d'une mesure d'enquête ou d'instruction judiciaire (C. pén., art. 226-28 (réd. L. n° 2011-267, 14 mars 2011) et 226-32) (B3 : *N 20073.co*) ;

B4. **Divulgation des informations recueillies** : divulgué des informations relatives à l'identification d'une personne par ses empreintes génétiques (C. pén., art. 226-28 et 226-32) (B4 : *N 20074.co*) ;

B5. **Défaut d'agrément** : procédé à l'identification d'une personne par ses empreintes génétiques sans être titulaire de l'agrément prévu à l'article L. 1131-3 du code de la santé publique ou de l'autorisation prévue à l'article L. 1131-2-1 du code de la santé publique (C. pén., art. 226-28 et 226-32) (B5 : *N 26810.co*).

Faits prévus et réprimés par les articles [• du cas sélectionné] **PERSONNES PHYSIQUES.** + 226-29 et 226-31 du code pénal. **PERSONNES MORALES.** + 226-30 du code pénal. ✧

29.9 Interruption de grossesse – Le cadre législatif et réglementaire

L'interruption de grossesse ne peut s'accomplir qu'avec le consentement de la femme (C. pén., art. 223-10, **sanction**, v. n° 29.10) et sous les conditions fixées par le CSP, détaillées ci-dessous (sur l'interruption illégale de grossesse, CSP, art. L. 2222-2, v. n° 29.11). L'intervention ou ses actes préparatoires sont protégés contre l'entrave (**sanction**, v. n° 28.12). Le commerce et la distribution des abortifs sont réglementés (**sanction**, v. n° 29.17). L'aide illégale à l'interruption de sa grossesse par la femme est réprimée (CSP, art. L. 2222-4, v. n° 29.16). Sous le bénéfice de ces textes spéciaux, l'enfant à naître n'est pas regardé comme un sujet vivant au regard de la qualification d'homicide (sur la notion de mort, v. n° 14.3A).

A. L'IVG sans motif médical jusqu'à la fin de la 14e semaine de grossesse

À la demande de la femme enceinte « ~~*que son état place dans une situation de détresse*~~ » (réd. issue L. n° 75-17, 17 janv. 1975, dite « loi Veil » (anc^{t}. CSP, art. 162-1)) « *qui ne veut pas poursuivre une grossesse* » (mod. issue L. n° 2014-873, 4 août 2014), sa grossesse peut être interrompue avant la fin de la **quatorzième** semaine (CSP, art. L. 2212-1 ; **sanction**, v. n° 29.11). Le délai maximal de l'IVG sans motif thérapeutique, issu de la loi L. n° 75-17, 17 janv. 1975, légalisant l'IVG, fixé à 10 semaines, fut porté à 12 semaines par L. n° 2001-588, 4 juill. 2001, relative à l'interruption volontaire de grossesse et à la contraception, et à 14 semaines par L. n° 2022-295, 2 mars 2022, visant à renforcer le droit à l'avortement.

L'IVG ne peut advenir qu'après trois consultations successives : **1.** Médecin l'informant des risques de l'intervention et lui remettant un dossier guide (CSP, art. L. 2212-3). **2.** Consultation préalable, obligatoire pour la femme mineure non émancipée, avec une personne qualifiée en conseil conjugal ou toute autre personne qualifiée d'un centre de planification familiale. L'organisme concerné délivre une attestation de consultation. Pour la femme majeure, cette consultation doit être proposée avant et après l'intervention, elle ne donne pas lieu à délivrance d'une attestation (CSP, art. L. 2212-4). **3.** Recueil par un médecin de la confirmation écrite de la demande d'IVG, au moins deux jours après le second entretien (CSP, art. L. 2212-5, réd. issue L. n° 2016-41, 26 janv. 2016).

B. L'IVG pour motif médical à toute époque de la grossesse

« *L'interruption volontaire d'une grossesse peut, à toute époque, être pratiquée si deux médecins attestent, après examen et discussion, que la poursuite de la grossesse met en péril grave la santé de la femme ou qu'il existe une forte probabilité que l'enfant à naître soit atteint d'une affection d'une particulière gravité reconnue comme incurable au moment du diagnostic* » (CSP, art. L. 2213-1 I, cette rédaction est identique à celle issue de L. n° 75-17, 17 janv. 1975, légalisant l'IVG (anc^{t}. CSP, art. 162-12)).

Depuis L. n° 2021-1017, 2 août 2021, relative à la bioéthique, l'IVG pour motif médical est étendue à l'interruption partielle d'une grossesse multiple mettant en péril la santé de la femme, jusqu'à la 12e semaine de grossesse (délai non modifié par L. n° 2022-295, 2 mars 2022 élargissant de 12 à 14 semaines le délai de l'IVG non thérapeutique) ; toutefois, « *Aucun critère relatif aux caractéristiques des embryons ou des fœtus, y compris leur sexe, ne peut être pris en compte pour l'interruption volontaire partielle d'une grossesse multiple* » (CSP, art. L. 2213-1 II issu L. n° 2021-1017, 2 août 2021). L'IVG pour motif médical ne peut être pratiquée que par un médecin et elle ne peut avoir lieu que dans un établissement de santé, public ou privé (CSP, art. L. 2213-3, réd. issue L. n° 2021-1017, 2 août 2021).

C. Les conditions médico-administratives

1. Les établissements et médecins

L'IVG doit être exclusivement pratiquée par un médecin, ou par une sage-femme (CSP, art. L. 2212-2 ; **sanction**, v. n° 29.11), dans un établissement hospitalier public ou titulaire, s'il est privé, d'une autorisation préfectorale préalable, ou, dans des conditions fixées par décret en Conseil d'État, dans le cadre d'une convention conclue entre le praticien et l'établissement (CSP, art. L. 2212-2 et L. 2322-1 ; **sanction**, v. n° 29.15). La sage-femme, qui ne pouvait auparavant procéder à l'avortement que par voie médicamenteuse, peut procéder par voie chirurgicale depuis L. n° 2022-295, 2 mars 2022 visant à renforcer le droit à l'avortement, mais dans ce cas exclusivement dans un établissement de santé (CSP, art. L. 2212-2).

Précisons que l'interruption de grossesse par voie médicamenteuse ne peut intervenir que jusqu'à la fin de la 7e semaine de grossesse lorsqu'elle est pratiquée par un praticien, un centre de planification familiale ou un centre de santé dans le cadre d'une convention conclue avec un établissement de santé (CSP, art. L. 2212-2, mod. par L. n° 2022-295, 2 mars 2022).

2. La clause de conscience du médecin, de la sage-femme et de l'établissement de santé privé

« *Un médecin ou une sage-femme n'est jamais tenu de pratiquer une IVG mais il doit informer, sans délai, l'intéressée de son refus et lui communiquer immédiatement le nom de praticiens ou de sages-femmes susceptibles de réaliser cette intervention [...]. Aucune sage-femme, aucun infirmier ou infirmière, aucun auxiliaire médical, quel qu'il soit, n'est tenu de concourir à une interruption de grossesse. Un établissement de santé privé peut refuser que des interruptions volontaires de grossesse soient pratiquées dans ses locaux. Toutefois ce refus ne peut être opposé par un établissement de santé privé habilité à assurer le service public hospitalier que si d'autres établissements sont en mesure de répondre aux besoins locaux* » (CSP, art. L. 2212-8).

« *Le médecin ne peut pratiquer une IVG que dans les cas et les conditions prévus par la loi ; il est toujours libre de s'y refuser et doit en informer l'intéressée dans les conditions et délais prévus par la loi* » (CSP, art. R. 4127-18, code de déontologie médicale). Les ARS publient « *un répertoire recensant, sous réserve de leur accord, les professionnels de santé ainsi que l'ensemble des structures pratiquant l'interruption volontaire de grossesse […]. L'accès à ce répertoire doit être libre et effectif. Cette effectivité est assurée par tous moyens* » (CSP, art. L. 2212-3, mod. issue L. n° 2022-295, 2 mars 2022).

3. Les formalités d'admission

Le directeur de l'établissement d'hospitalisation doit (CSP, art. L. 2212-6) se faire remettre et conserver (**sanction,** v. n° 29.13) les attestations justifiant que la femme s'est au préalable soumise aux consultations des articles L. 2212-3 à L. 2212-5 ou L. 2213-1 du code de la santé publique.

4. La déclaration à l'administration

Les interruptions de grossesse doivent être déclarées sous forme non nominative au médecin inspecteur régional de la santé (CSP, L. 2212-10 ; **sanction,** v. n° **29.14**).

5. Le cas de la femme mineure

• **IVG non thérapeutique.** Les articles L. 1111-5 et L. 1111-5-1 du CSP (modifiés par L. n° 2016-41, 26 janv. 2016) définissent les conditions dans lesquelles le médecin, la sage-femme ou l'infirmier peuvent, par dérogation au C. civ., art. 371-1, en présence d'une personne majeure choisie par le mineur, se dispenser d'obtenir le consentement des titulaires de l'autorité parentale pour une action de prévention, de dépistage, de traitement ou pour une intervention, lorsque celles-ci s'imposent pour sauvegarder la santé d'une personne mineure qui souhaite garder le secret sur son état de santé. Par ailleurs, le consentement des titulaires de l'autorité parentale ou, le cas échéant, du représentant légal n'est pas requis pour la prescription, la délivrance ou l'administration de contraceptifs aux personnes mineures. Enfin, la délivrance de contraceptifs, la réalisation d'examens de biologie médicale en vue d'une prescription contraceptive, la prescription de ces examens ou d'un contraceptif, ainsi que leur prise en charge, sont protégées par le secret pour les personnes mineures. La contraception d'urgence peut être délivrée gratuitement par un pharmacien ainsi que par un infirmier dans un établissement d'enseignement du second degré (CSP, art. L. 5134-1).

• **IVG thérapeutique.** Les conditions de consentement de l'une des personnes investies de l'exercice de l'autorité parentale ou, en l'absence de consentement de ces dernières ou si la mineure désire garder le secret, d'IVG à la demande de la mineure, sont définies au CSP, art. L. 2213-2 issu L. n° 2021-1017, 2 août 2021.

29.10 Interruption de grossesse – Sans consentement de l'intéressée

■ PEINES

PERSONNE PHYSIQUE

PP Délit. 5 ans d'emprisonnement, 75 000 € (C. pén., art. 223-10).

PC 1. Interdiction des droits civiques civils et de famille ⩽ 5 ans (vote, éligibilité, fonction juridictionnelle, expert, témoin, tuteur, curateur) (C. pén., art. 223-16 et 131-26) ;

2. Interdiction définitive ou ⩽ 5 ans d'activité professionnelle ou sociale en relation avec l'infraction, (sauf mandat électif ou syndical) (C. pén., art. 223-17 et 131-27) ;

3. Confiscation de la chose ayant servi à l'infraction ou destinée à la commettre, ou son produit (obligatoire pour objets qualifiés dangereux ou nuisibles par loi ou règlement ou dont la détention est illicite) (C. pén., art. 223-17 et 131-21) ;

4. Fermeture, définitive ou ⩽ 5 ans établissement(s) ayant servi à commettre l'infraction (C. pén., art. 223-17 et 131-33) ;

5. Interdiction ⩽ 5 ans activité médicale ou paramédicale (C. pén., art. 223-19) ;

6. Auteur étranger : interdiction du territoire français, définitive ou ⩽ 10 ans (C. pén., art. 223-21, 131-30 à 131-30-2, depuis L. n° 2018-778, 10 sept. 2018).

PERSONNE MORALE

PP 375 000 € (C. pén., art. 131-38).

PC Néant.

■ ORIENTEUR

ÉLÉMENT LÉGAL

▪ **Enfant à naître.** Sur la question de l'homicide et de l'enfant à naître, v. nº 14.3A. « *les actes involontaires ayant entraîné une interruption de grossesse* » ne sont pas pénalement sanctionnés (lecture *a contrario* de Crim. 12 juin 2018, nº 17-86.661, D).

ÉLÉMENT MATÉRIEL

▪ **Tentative. Punissable** (C. pén., art. 223-11, L. nº 2013-711, 5 août 2013).

■ ÉLÉMENTS CONSTITUTIFS – QUALIFICATION

✧ Pour avoir à .... [¤ lieu], le .... [¤ date], interrompu sans son consentement la grossesse de .... [¤ nom de la victime].

Faits prévus et réprimés par les articles 223-10, 223-16, 223-17, 223-19 et 223-21 du code pénal (*N 11510.co*). ✧

29.11 Interruption illégale de grossesse

■ PEINES

PERSONNE PHYSIQUE

PP Délit. 2 ans d'emprisonnement, 30 000 €. Cas D : 5 ans, 75 000 € (CSP, art. L. 2222-2).

PC Néant.

PERSONNE MORALE

PP Cas A à C : 150 000 €. Cas D : 5 ans, 375 000 € (C. pén., art. 131-38).

PC Néant.

■ ORIENTEUR

ÉLÉMENT LÉGAL

▪ **Enfant à naître.** Sur la question de l'homicide et de l'enfant à naître, v. nº 14.3A.

TEXTE DE RÉFÉRENCE

▪ **Régime de l'interruption volontaire de grossesse.** V. nº 29.9.

ÉLÉMENT MATÉRIEL

▪ **Tentative. Punissable** (CSP, art. L. 2222-2).

■ ÉLÉMENTS CONSTITUTIFS – QUALIFICATION

✧ Pour avoir à .... [¤ lieu], le .... [¤ date], interrompu en connaissance de cause la grossesse de .... [¤ nom de la victime] [⇨A à C puis le cas échéant D :]

A. après la fin de la « *quatorzième* » semaine (mod. issue L. nº 2022-295, 2 mars 2022) ~~« *douzième* »~~ (L. nº 2001-588, 4 juill. 2001), sans motif médical (A : *N 1573.co*) ;

B. sans avoir la qualité de médecin ou de sage-femme (B : *N 1573.co*) ;

C. dans un lieu autre qu'un établissement hospitalier public où qu'un établissement hospitalier privé titulaire d'une autorisation préfectorale préalable ou en dehors du cadre d'une convention conclue entre le praticien et l'établissement selon les modalités prévues à l'article L. 2212-2 du code de la santé publique (C : *N 1573.co*) ;

D. [• Préciser le cas échéant dans les cas A à C :] avec cette circonstance que les faits ont été pratiqués habituellement (D : *N 1574.co*).

Faits prévus et réprimés par l'article L. 2222-2 du code de la santé publique... ✧

29.12 Entrave à l'interruption volontaire de grossesse

■ PEINES

PERSONNE PHYSIQUE

PP Délit. 2 ans d'emprisonnement, 30 000 € (CSP, art. L. 2223-2).

PC Néant.

PERSONNE MORALE

PP 150 000 € (C. pén., art. 131-38).

PC Néant.

■ ORIENTEUR

AUTRE QUALIFICATION

▪ **Entrave concertée aux libertés – Menaces ou violences.** C. pén., art. 431-1, v. nº 23.11.

ÉLÉMENT LÉGAL

▪ **Constitutionnalité.** La L. nº 2017-347, 20 mars 2017 a modifié la rédaction du texte d'incrimination en précisant que l'entrave pouvait être constituée « *par tout moyen, y compris par voie électronique ou en ligne, notamment par la diffusion ou la transmission d'allégations ou d'indications de nature à induire intentionnellement en erreur, dans un but dissuasif, sur les caractéristiques ou les conséquences médicales d'une interruption volontaire de grossesse* » alors que les 1° et 2° de CSP, art. L. 2223-2 définissent l'entrave de manière beaucoup plus étroite et sans cohérence évidente avec l'emploi de moyens dématérialisés. Au demeurant, comme le souligne le Cons. const., pour écarter le grief d'inintelligibilité de cette nouvelle rédaction, l'infraction n'est constituée « *qu'en cas de perturbations dans l'accès ou le fonctionnement des établissements habilités à pratiquer l'interruption volontaire de grossesse ou en cas de pressions, menaces ou actes d'intimidation* » (§ 7 et 8). Le Cons. const. a toutefois entouré l'incrimination de **deux réserves d'interprétation** au regard du principe de liberté d'expression et de communication (DDHC de 1789, art. 11). **D'une part**, « *la seule diffusion d'informations à destination d'un public indéterminé sur tout support, notamment sur un site de communication au public en ligne, ne saurait être regardée comme constitutive de pressions, menaces ou actes d'intimidation au sens des dispositions contestées, sauf à méconnaître la liberté d'expression et de communication. Ces dispositions ne peuvent donc permettre que la répression d'actes ayant pour but d'empêcher ou de tenter d'empêcher une ou plusieurs personnes déterminées de s'informer sur une interruption volontaire de grossesse ou d'y recourir* » (§ 14). **D'autre part**, « *le délit d'entrave, lorsqu'il réprime des pressions morales et psychologiques, des menaces ou tout acte d'intimidation à l'encontre des personnes cherchant à s'informer sur une interruption volontaire de grossesse, ne saurait être constitué qu'à deux conditions : que soit sollicitée une information, et non une opinion ; que cette information porte sur les conditions dans lesquelles une interruption volontaire de grossesse est pratiquée ou sur ses conséquences et qu'elle soit donnée par une personne détenant ou prétendant détenir une compétence en la matière.* » (§ 15). Enfin, le Cons. const. a considéré que les peines prévues n'étaient pas disproportionnées au regard du principe de nécessité des peines (DDHC, art. 8) (§ 18) (Cons. const, 16 mars 2017, nº 2017-747 DC).

▪ **Conventionnalité.** « *en l'état de la déclaration interprétative faite par la France lors de la signature à New-York, le 26 janvier 1990, de la Convention relative aux droits de l'enfant et selon laquelle celle-ci ne saurait être interprétée comme faisant obstacle à l'application des dispositions de la législation française relative à l'IVG, les demandeurs ne sont pas recevables à présenter une exception prise d'une prétendue incompatibilité des textes fondant la poursuite avec cette convention* » (Crim. 27 nov. 1996, nº 96-80.223, P nº 431).

ÉLÉMENT MATÉRIEL

▪ **Tentative. Punissable** (CSP, art. L. 2223-2).

▪ **Fait justificatif.** L'état de nécessité, revendiqué comme l'action pour sauvegarder l'enfant à naître d'une atteinte à sa vie, au sens de C. pén., art. 122-7, « *ne saurait être invoqué pour justifier le délit d'entrave à l'interruption volontaire de grossesse, dès lors que celle-ci est autorisée, sous certaines conditions* » (Crim. 27 nov. 1996, nº 96-80.223, P nº 431).

■ ÉLÉMENTS CONSTITUTIFS – QUALIFICATION

✧ Pour avoir à .... [¤ lieu], le .... [¤ date], « par tout moyen » (L. nº 2017-347, 20 mars 2017), empêché ou tenté d'empêcher [⇨1 ou 2 puis A ou B :]

1. une interruption volontaire de grossesse ou les actes préalables prévus par les articles L. 2212-3 à L. 2212-8 du code de la santé publique (consultations préalables à l'IVG non thérapeutique, consentement des titulaires de l'autorité parentale ou du représentant légal) [⇨A ou B :] ;

2. de s'informer sur une interruption de grossesse ou les actes préalables prévus par les articles L. 2212-3 à L. 2212-8 (consultations préalables à l'IVG non thérapeutique, consentement des titulaires de l'autorité parentale ou du représentant légal) (L. n° 2014-873, 4 août 2014) [⇨A ou B :] ;

A. en perturbant *de ~~quelque manière que ce soit~~* ~~(L. n° 2001-588, 4 juill. 2001)~~ (L. n° 2017-347, 20 mars 2017) l'accès ou la libre circulation des personnes, *les conditions de travail des personnels médicaux et non médicaux* (L. 4 juill. 2001), à l'intérieur d'un établissement d'hospitalisation habilité à pratiquer des interruptions volontaires de grossesse (A : *N **12530.co***) ;

B. en exerçant des *pressions morales ou psychologiques* (L. n° 2001-588, 4 juill. 2001) des menaces ou tout acte d'intimidation à l'encontre des ~~« femmes venues…/…s'informer »~~ « *personnes cherchant à s'informer* » (L. n° 2017-347, 20 mars 2017) sur une interruption volontaire de grossesse, à l'encontre des personnels médicaux et non médicaux travaillant dans un établissement d'hospitalisation habilité à pratiquer des interruptions volontaires de grossesse, ou à l'encontre des femmes, venues recourir à une interruption volontaire de grossesse, *ou de l'entourage de ces dernières* (L. 4 juill. 2001) (B : *N **12531.co***).

Faits prévus et réprimés par l'article L. 2223-2 du code de la santé publique. ✧

29.13 Défaut de conservation des attestations de consultation préalables à l'IVG

▪ PEINES

PERSONNE PHYSIQUE

PP Contrav. 5ᵉ cl. 1 500 € (CSP, art. R. 2222-1 ; C. pén., art. 131-13).
Récidive. 3 000 € (CSP, art. R. 2222-3 ; C. pén., art. 132-11).

PC Néant.

PERSONNE MORALE

PP 7 500 €. Récidive. 15 000 € (C. pén., art. 131-41).

PC Néant.

▪ ORIENTEUR

TEXTE DE RÉFÉRENCE

▪ **Régime de l'interruption volontaire de grossesse.** V. n° 29.9.

▪ ÉLÉMENTS CONSTITUTIFS – QUALIFICATION

✧ Pour avoir à .... [¤ lieu], le .... [¤ date], étant directeur d'un établissement d'hospitalisation admettant une femme en vue d'une interruption volontaire de grossesse, omis de se faire remettre ou de conserver pendant [⇨A ou B :]

A. un an les attestations justifiant des consultations prescrites, en matière d'interruption volontaire de grossesse pratiquée avant la fin de la douzième semaine, aux articles L. 2212-3 à L. 2212-5 du code de la santé publique (A : *N #.c5*) ;

B. trois ans l'attestation médicale prescrite, en matière d'interruption volontaire de grossesse pratiquée pour motif médical, à l'article L. 2213-1 du code de la santé publique (B : *N #.c5*).

Faits prévus et réprimés par l'article R. 2222-1 du code de la santé publique. ✧

29.14 Défaut de déclaration de l'IVG

▪ PEINES

PERSONNE PHYSIQUE

PP Contrav. 5ᵉ cl. 1 500 € (CSP, art. R. 2222-2 ; C. pén., art. 131-13).
Récidive. 3 000 € (CSP, art. R. 2222-3 ; C. pén., art. 132-11).

PC Néant.

PERSONNE MORALE

PP 7 500 €. Récidive. 15 000 € (C. pén., art. 131-41).

PC Néant.

■ **ORIENTEUR**

TEXTE DE RÉFÉRENCE

▪ Régime de l'interruption volontaire de grossesse. V. nº 29.9.

■ **ÉLÉMENTS CONSTITUTIFS – QUALIFICATION**

✧ Pour avoir à .... [¤ lieu], le .... [¤ date], [⇨A ou B :]

A. étant directeur d'un établissement d'hospitalisation admettant une femme en vue d'une interruption volontaire de grossesse, omis de déclarer celle-ci au médecin inspecteur régional de la santé (A : *N 13278.c5* ; récidive : *N 13279.c5*) ;

B. étant médecin ayant pratiqué une interruption volontaire de grossesse, omis d'en établir la déclaration (B : *N 13276.c5* ; récidive : *N 13277.c5*).

Faits prévus et réprimés par les articles L. 2212-10 du code de la santé publique et l'article R. 2222-1 du code de la santé publique. ✧

29.15 Exploitation illicite d'un établissement privé recevant des femmes enceintes

■ **PEINES**

PERSONNE PHYSIQUE

PP Délit. 4 500 € (CSP, art. L. 2326-2).

Récidive dans les 3 ans : 2 ans, 9 000 € (CSP, art. L. 2326-2).

PC Fermeture de l'établissement (CSP, art. L. 2326-2).

PERSONNE MORALE

PP 22 500 € (C. pén., art. 131-38).

PC Néant.

■ **ORIENTEUR**

AUTRE QUALIFICATION

▪ Interruption illégale de grossesse. Ou complicité de cette infraction, v. nº 29.11.

▪ Aide illégale à l'interruption de grossesse. V. nº 29.16.

TEXTE DE RÉFÉRENCE

▪ Régime de l'interruption volontaire de grossesse. V. nº 29.9.

RÉGIME PROCÉDURAL

▪ Compétence juridictionnelle. Juge unique sauf récidive (C. pr. pén., art. 398-1, v. nº 17.15D2).

▪ Ordonnance pénale. Possible sauf récidive (C. pr. pén., art. 495-II, v. nº 15.48B1 et tableau nº 17.15D2).

■ **ÉLÉMENTS CONSTITUTIFS – QUALIFICATION**

✧ Pour avoir à .... [¤ lieu], le .... [¤ date], ouvert ou dirigé un établissement de santé privé recevant habituellement en nombre quelconque des femmes en état réel, apparent ou présumé de grossesse sans avoir obtenu l'autorisation préalable du préfet ou sans se conformer aux conditions de l'autorisation.

Faits prévus et réprimés par l'article L. 2322-1 et L. 2326-2 du code de la santé publique (*N 1591.ju* ; Récidive : *N 8149.co*). ✧

29.16 Aide illégale à l'interruption de grossesse

■ **PEINES**

PERSONNE PHYSIQUE

PP Délit. 3 ans d'emprisonnement, 45 000 €. Cas B : 5 ans, 75 000 € (CSP, art. L. 2222-4).

PC Néant.

PERSONNE MORALE

PP Cas A : 225 000 €. Cas B : 375 000 € (C. pén., art. 131-38).

PC Néant.

▪ ORIENTEUR

AUTRE QUALIFICATION

▪ **Distribution illicite d'abortifs.** V. n° 29.17.

TEXTE DE RÉFÉRENCE

▪ **Régime de l'interruption volontaire de grossesse.** V. n° 29.9.

▪ **Contraceptif d'urgence.** Le **consentement des titulaires de l'autorité parentale** ou, le cas échéant, du représentant légal **n'est pas requis** pour la prescription, la délivrance ou l'administration de contraceptifs aux personnes mineures. La délivrance de contraceptifs, la réalisation d'examens de biologie médicale en vue d'une prescription contraceptive, la prescription de ces examens ou d'un contraceptif, ainsi que leur prise en charge, sont **protégées par le secret pour les personnes mineures**. La délivrance aux mineures des médicaments ayant pour but **la contraception d'urgence** et qui ne sont pas soumis à prescription médicale obligatoire s'effectue à titre gratuit dans les **pharmacies** selon des conditions définies par décret. Dans les **établissements d'enseignement du second degré**, les infirmiers peuvent, en application d'un protocole national déterminé par décret, dans les cas d'urgence, administrer aux élèves mineures et majeures une contraception d'urgence. Ils s'assurent de l'accompagnement psychologique de l'élève et veillent à la mise en œuvre d'un suivi médical, notamment en orientant l'élève vers un centre de planification ou d'éducation familiale (CSP, art. L. 5134-1 ; L. n° 2000-1209, 13 déc. 2000, mod. L. n° 2016-41, 26 janv. 2016).

ÉLÉMENT MATÉRIEL

▪ **Situation incriminée.** La prescription ou la délivrance de médicaments autorisés ayant pour but de provoquer une interruption volontaire de grossesse ne peut être assimilée à cette infraction (CSP, art. L. 2222-4 ; L. n° 2001-588, 4 juill 2001).

▪ **Complicité.** En aucun cas la femme ne peut être considérée complice de cette infraction (CSP, art. L. 2222-4 issu L. n° 2001-588, 4 juill. 2001).

▪ ÉLÉMENTS CONSTITUTIFS – QUALIFICATION

✧ Pour avoir à .... [¤ lieu], le .... [¤ date], [⇨A puis le cas échéant B :]

A. fourni à .... [¤ nom de la personne concernée] les moyens matériels de pratiquer une intervention de grossesse sur elle-même, en l'espèce en .... [¤ description des moyens fournis] (A : *N 11511.co*) ;

B. [• Préciser le cas échéant] avec cette circonstance que les faits ont été commis habituellement (B : *N 11512.co*).

Faits prévus et réprimés par l'article L. 2222-4 du code de la santé publique. ✧

29.17 Distribution illicite d'abortifs

▪ PEINES

PERSONNE PHYSIQUE

PP Délit. 2 ans d'emprisonnement, 30 000 € (CSP, art. L. 5435-1 [L. n° 2001-588, 4 juill. 2001]).

PC 1. Confiscation obligatoire des abortifs saisis (CSP, art. L. 5435-1) ;

2. Suspension ⩽ 5 ans ou incapacité d'exercer la profession en relation avec l'infraction (CSP, art. L. 5435-1 ; C. pén., art. 131-27).

PERSONNE MORALE

PP Délit. 150 000 € (CSP, art. L. 5435-1 [L. n° 2001-588, 4 juill. 2001] ; C. pén., art. 131-38).

PC 1. *Idem* PC personne physique (CSP, art. L. 5435-1).

▪ ORIENTEUR

AUTRE QUALIFICATION

▪ **Aide illégale à l'interruption de grossesse.** Si les abortifs sont remis à une personne déterminée en vue d'interrompre sa grossesse, v. n° 29.16.

TEXTE DE RÉFÉRENCE

▪ **Régime de l'interruption volontaire de grossesse.** V. nº 29.9.

▪ **Cadre législatif de la distribution d'abortifs.** Les transactions commerciales ne peuvent avoir lieu qu'en direction du corps médical ou d'autres professionnels autorisés (CSP, art. L. 5135-1).

▪ **ÉLÉMENTS CONSTITUTIFS – QUALIFICATION**

✧ Pour avoir à .... [¤ lieu], le .... [¤ date], étant fabricant ou négociant d'appareils gynécologiques, vendu des dispositifs médicaux utilisables pour une interruption de grossesse à des personnes n'appartenant pas au corps médical ou ne faisant pas elle-même profession de vendre des dispositifs.

Faits prévus et réprimés par les articles L. 5135-1 et L. 5435-1 du code de la santé publique (*N 1593.co*). ✧

29.18 Pharmacie et médicament – La règlementation

A. La définition du médicament à usage humain et vétérinaire

1. Le médicament par présentation

« *Toute substance ou composition présentée comme possédant des propriétés curatives à l'égard des maladies humaines ou animales* » (CSP, art. L. 5111-1).

2. Le médicament par fonction

« ***toute substance ou composition pouvant être utilisée chez l'homme ou chez l'animal ou pouvant leur être administrée, en vue d'établir un diagnostic médical ou de restaurer, corriger ou modifier leurs fonctions physiologiques en exerçant une action pharmacologique, immunologique ou métabolique*** » (CSP, art. L. 5111-1). « *constitue un médicament par fonction le produit, qui, examiné au cas par cas, en tenant compte de l'ensemble de ses caractéristiques, notamment sa composition, ses modalités d'emploi, les risques liés à son utilisation, ses propriétés pharmacologiques, immunologiques ou métaboliques, est capable de restaurer, corriger ou modifier les fonctions physiologiques de manière significative* » (Crim. 8 juill. 2015, nº 14-83.624, D).

3. Le médicament vétérinaire

« *Tout médicament destiné à l'animal, tel que défini à l'article L. 5111-1* » du code de la santé publique (v. ci-dessus) (CSP, art. L. 5141-1).

4. Les autres produits soumis en tout ou partie au régime du médicament

– **Produits** présentés comme supprimant l'envie de **fumer** ou réduisant l'accoutumance au **tabac** (CSP, art. L. 5121-2) ;

– Eau minérale naturelle modifiée par l'addition d'un produit autre que le gaz s'échappant de sa source et présentée comme curative ou préventive, eau minérale naturelle présentée sous une forme pharmaceutique particulière en vue d'une utilisation spéciale de ses propriétés thérapeutiques générales (A. 15 mai 1944) ;

– **Produits diététiques** comportant des substances chimiques ou biologiques (ne constituant pas des aliments) leur conférant des propriétés de thérapeutique diététique ou de repas d'épreuve (CSP, art. L. 5111-1) ;

– Objets de **pansements** et tous **articles présentés** comme conformes à la **pharmacopée** (CSP, art. L. 4211-1 2º), leur préparation étant réservée aux pharmaciens (la pharmacopée est un recueil autrefois dénommé codex contenant la nomenclature des drogues, médicaments simples et composés, les posologies usuelles, les méthodes de préparation, d'essai et de contrôle, CSP, art. R. 5112-1) ;

– **Insecticides, acaricides** et **antiparasitaires** à usage humain (CSP, art. L. 5311-1 1º) ;

– Produits d'**entretien** des **lentilles de contact** ou destinés à leur application (CSP, art. L. 5311-1 9º) ;

– **Produits et réactifs** conditionnés **en vue de la vente au public** destinés au diagnostic médical ou de grossesse (CSP, art. L. 4211-1 2º) ;

– Générateurs, trousses ou précurseurs utilisés en **radiopharmacie** (CSP, art. devenu L. 4211-1 3º) ;

– **Plantes médicinales** inscrites à la pharmacopée sauf bardane, bouillon-blanc, bourgeon de pin, bourrache, bruyère, camomille, chiendent, cynorrhodon, eucalyptus, frêne, gentiane, guimauve, hi*bis*cus, houblon, lavande, lierre terrestre, matricaire, mauve, mélisse, menthe, ményanthe, olivier, oranger, ortie blanche, pariétaire, pensée sauvage, pétales de roses, queue de cerise, reine des prés, feuilles de ronces, sureau, tilleul, verveine, violette qui peuvent être vendues en l'état par toute personne (CSP, art. L. 4211-1 5° ; D. n° 79-480, 15 juin 1979 devenu CSP, art. D. 4211-11) ;

– **Huiles essentielles** d'absinthe, petite absinthe, armoise, cèdre, hysope, sauge, tanaisie, thuya (sauf leurs dilutions ou préparations en produits cosmétiques, ménagers, denrées ou boissons alimentaires) (CSP, art. L. 4211-1, 6°, D. n° 86-778, 23 juin 1986 devenu CSP, art. D. 4211-13) ;

– **Aliments lactés diététiques** (dont les protéines sont hydrolysées, A. 9 mars 1992, NOR : COMC9200006A, *JO* 10 mars, p. 3496) pour nourrissons et **aliments de régime** pour enfants de moins de 4 mois (atteints de troubles métaboliques ou nutritionnels, A. 9 mars 1992) (CSP, art. L. 4211-1 7°) ;

– dispositifs médicaux de **diagnostic in vitro** destinés à être utilisés par le public (les tests destinés au diagnostic de la grossesse ainsi que les tests d'ovulation peuvent être vendus au détail en dehors des pharmacies) (CSP, art. L. 4211-1 8°).

B. La typologie des médicaments à usage humain

CSP, art. L. 5111-2 et L. 5121-1 :

– Préparation magistrale : médicament préparé en pharmacie selon prescription destinée à un malade déterminé ;

– Préparation hospitalière : médicament préparé selon prescription par la pharmacie intérieure d'un établissement hospitalier ;

– Préparation officinale : médicament préparé en pharmacie conformément à la pharmacopée destinée aux clients de l'officine ;

– Spécialité pharmaceutique : tout médicament préparé à l'avance sous un conditionnement et une dénomination particuliers (désigne le médicament courant issu de l'industrie pharmaceutique) (CSP, art. L. 5111-2), ainsi que les spécialités génériques d'une spécialité de référence (CSP, art. L. 5121-1 5°) ;

– Médicament immunologique (allergène, vaccin, toxine, sérum) ;

– Médicament radiopharmaceutique, générateur, trousse, précurseur (médicaments ou préparations contenant des isotopes radioactifs ou radionucléides ou se combinant à un produit radiopharmaceutique) ;

– Médicament homéopathique ;

– Préparation de thérapie génique ou cellulaire ;

– Médicament dérivé du sang.

C. La typologie des médicaments vétérinaires

CSP, art. L. 5141-1 et L. 5141-2 :

– Médicament vétérinaire préfabriqué et spécialité pharmaceutique vétérinaire (médicaments issus de l'industrie pharmaceutique) ;

– Médicament vétérinaire immunologique (administré pour provoquer l'immunité active ou passive ou diagnostiquer l'immunité) ;

– Autovaccin vétérinaire : fabriqué à partir de prélèvements sur un animal ou plusieurs du même élevage pour leur propre traitement ;

– Prémélange médicamenteux : destiné à la fabrication d'aliments médicamenteux ;

– Aliment médicamenteux : mélange d'aliments et d'un prémélange médicamenteux, présenté comme curatif ou préventif (soumis à un régime particulier) (v. n°s 29.19A et 29.19B) ;

– Médicament vétérinaire antiparasitaire (par voie externe ou interne).

29.19 Fabrication et distribution en gros du médicament – La règlementation

A. L'autorisation préalable des établissements pharmaceutiques

1. Le médicament à usage humain

La fabrication, l'importation, l'exportation, la distribution en gros, produits et objets définis au nº 29.18 ne peuvent être effectués (CSP, art. L. 5124-1 et L. 5136-2) que dans des établissements pharmaceutiques autorisés par l'Agence nationale de sécurité du médicament et des produits de santé (CSP, art. L. 5124-3) appartenant à un pharmacien ou à une société gérée ou dirigée (directeur général) par un pharmacien dénommé pharmacien responsable, ayant sous son autorité dans chaque établissement un pharmacien délégué, chacun devant exercer personnellement sa profession (CSP, art. L. 5124-2 et L. 5124-4) et justifier d'une expérience pratique appropriée (CSP, art. L. 5124-2) (**Sanctions**, v. nº 29.21).

Principe de spécialité de l'autorisation préalable. Toute modification des éléments figurant dans l'autorisation initiale (CSP, art. L. 5124-3), toute modification concernant l'équipement technique et les formes pharmaceutiques fabriquées (CSP, art. R. 5124-10), tout établissement d'une même entreprise (CSP, art. R. 5124-7) doit faire l'objet d'une nouvelle autorisation préalable ou d'une autorisation distincte (**sanctions**, v. nº 29.21).

2. Le médicament vétérinaire

Principes identiques (CSP, art. L. 5142-1) : Autorisation administrative préalable (CSP, art. L. 5142-2) délivrée par l'Agence nationale chargée de la sécurité sanitaire de l'alimentation, de l'environnement et du travail (CSP, art. R. 5142-5), établissement appartenant à un pharmacien ou vétérinaire, ou société gérée ou dirigée par pharmacien ou vétérinaire (CSP, art. L. 5142-1), le cas échéant assistés de délégués, justifiant d'une expérience pratique appropriée (CSP, art. L. 5142-1), exerçant sa fonction de façon permanente et continue (CSP, art. R. 5142-31), spécialité de l'autorisation préalable (CSP, art. L. 5142-2) (**Sanctions**, v. nºs 29.22 et 29.23).

B. Le régime de la mise sur le marché du médicament en France

1. Le médicament à usage humain

Sauf autorisation de mise sur le marché (AMM) délivrée par l'Agence européenne des médicaments en application du règl. (CE) nº 726/2004 du Parlement européen et du Conseil, 31 mars 2004, toute spécialité pharmaceutique (v. nº 29.18B) ou tout autre médicament fabriqué industriellement, tout générateur, trousse ou précurseur (v. nº 29.18B) commercialisé ou distribué, en gros ou en détail, en France, doit au préalable jouir d'une AMM valable 5 ans (CSP, art. L. 5121-8), délivrée à la demande du responsable de la mise sur le marché (CSP, art. R. 5121-21) par le directeur général (CSP, art. R. 5121-36) de l'Agence nationale de sécurité du médicament et des produits de santé, sur le fondement d'un dossier comprenant le résumé des caractéristiques du produit (RCP) (CSP, art. R. 5121-21). Toute modification de l'AMM (CSP, art. R. 5121-41-1), des méthodes de fabrication et de contrôle (CSP, art. R. 5121-37), de l'étiquetage et de la notice (CSP, art. R. 5121-41), du titulaire de l'AMM (CSP, art. R. 5121-46), doit être préalablement autorisée par le directeur de l'Agence nationale de sécurité du médicament et des produits de santé. (**Sanctions**, v. nº 29.24).

Une autorisation temporaire de médicaments dépourvus d'AMM peut être délivrée par l'Agence nationale de sécurité du médicament et des produits de santé, à titre exceptionnel, pour les maladies graves ou rares (CSP, art. L. 5121-12, R. 5121-68 s.).

Les médicaments homéopathiques par voie orale ou externe dont la dilution garantit l'innocuité sont dispensés d'AMM mais soumis à enregistrement préalable auprès de l'Agence du médicament (CSP, art. L. 5121-13).

2. Le médicament vétérinaire

Sauf AMM délivrée par l'Union européenne en application du règl. (CE) nº 726/2004 du Parlement européen et du Conseil, 31 mars 2004, tout médicament vétérinaire délivré au public doit au préalable jouir d'une AMM, valable 5 ans (CSP, art. L. 5141-5), délivrée par le directeur de l'Agence nationale de sécurité sanitaire de l'alimentation, de l'environnement et du travail (CSP, art. R. 5141-26) (**Sanctions**, v. nº 29.27).

L'aliment médicamenteux n'a pas besoin d'AMM (CSP, art. L. 5141-5), mais ne peut être fabriqué qu'à partir d'un prémélange médicamenteux pourvu d'une AMM (CSP, art. L. 5141-11).

Le prémélange médicamenteux ne peut être délivré directement au public (CSP, art. L. 5141-11).

C. Les normes de fabrication et de distribution du médicament

La préparation, l'importation, l'exportation et la distribution des médicaments à usage humain doivent (CSP, art. L. 5121-5, R. 5124-49 à R. 5124-64) être réalisées conformément aux bonnes pratiques définies par décision de l'Agence nationale de sécurité du médicament et des produits de santé (Arr. 10 mai 1995, NOR : SANP9501524A, *JO* 13 mai, p. 8095) (**Sanctions**, v. n° **29.29**). Les défauts de qualité intentionnels (CSP, art. L. 5111-3) sont susceptibles de relever de l'incrimination de falsification de médicament à usage humain (CSP., art. L. **5421-13**, v. n° **29.25**).

Les **bonnes pratiques de fabrication** (« BPF », A. 10 mai 1995) imposent une définition précise des processus de fabrication et de contrôle, au moyen de spécifications, d'instructions et de procédures écrites, la mise en œuvre de personnel qualifié, de locaux, matériels et moyens de transports appropriés, l'établissement de relevés de production prouvant que le produit est conforme aux spécifications, de dossiers de fabrication et de distribution permettant de retracer l'historique complet des lots (traçabilité du produit), l'organisation d'un système de rappel des lots défectueux, la recherche des causes des défectuosités et la réalisation d'actions correctives ; la mise en œuvre d'un système de **contrôle de la qualité** assurant, pour chaque lot de produit, le prélèvement, le contrôle et la conservation d'échantillons des matières premières, produits intermédiaires et finis, articles de conditionnement, et l'enregistrement des relevés de contrôle.

Principes identiques pour les **médicaments vétérinaires** (CSP, art. L. 5142-3, R. 5143-1 et R. 5442-1, Arr. 9 juin 2004, NOR : SANP0422019A, *JO* 11 juill., p. 12607) (contrav. 5e cl., CSP, art. R. 5442-1, *N* ***25030.c5***). Les défauts de qualité intentionnels (CSP, art. L. 5111-3) sont susceptibles de relever de l'incrimination de falsification de médicament à usage vétérinaire (CSP., art. L. **5442-14**, v. n° **29.28**).

D. Importation du médicament

1. Le médicament à usage humain

L'importation sur le territoire douanier de médicaments à usage humain est soumise à autorisation préalable de l'Agence nationale de sécurité du médicament et des produits de santé (CSP, art. R. 5121-108). L'AMM, où l'enregistrement pour les médicaments homéopathiques, valent autorisation d'importation (CSP, art. R. 5121-108). Les particuliers ne peuvent importer des médicaments qu'en quantité compatible avec un traitement personnel n'excédant pas 3 mois. Ils sont dispensés d'autorisation s'ils transportent personnellement le médicament (CSP, art. R. 5121-110).

Ces dispositions peuvent être poursuivies sous les articles conjugués 38 (« *Lorsque l'importation [...] n'est permise que sur présentation d'une autorisation [...], la marchandise est prohibée si elle n'est pas accompagnée d'un titre régulier* ») et 414 du code des douanes (contrebande de marchandise prohibée, v. n° **33.36**), sous les articles L. 5124-1 et L. 5124-3 du code de la santé publique si l'importateur ne jouit pas d'une autorisation d'ouverture pour cette activité (v. n° **29.21**), ou sous la qualification de commercialisation de médicament sans AMM (v. n° **29.24**).

2. Le médicament vétérinaire

L'importation d'un médicament vétérinaire dépourvu d'AMM est subordonnée à une autorisation délivrée par l'Agence nationale chargée de la sécurité sanitaire de l'alimentation, de l'environnement et du travail. L'AMM vaut autorisation d'importation (CSP, art. L. 5142-7) (**Sanctions**, v. n° **29.30**).

E. L'exportation du médicament

1. Le médicament à usage humain

L'établissement pharmaceutique exportateur doit (CSP, art. L. 5124-11, R. 5121-133) demander à l'Agence nationale de sécurité du médicament et des produits de santé de lui délivrer, en vue de l'exportation, un certificat attestant qu'il possède l'autorisation d'ouverture prévue à l'article L. 5124-3 du code de la santé publique (v. A) (**Sanctions**, v. n° **29.31**).

Si le médicament n'a pas d'AMM, l'exportateur doit, lors de sa première expédition vers le pays importateur, adresser une déclaration expliquant les raisons pour lesquelles cette autorisation n'est pas disponible à l'Agence nationale de sécurité du médicament et des produits de santé, qui en informe l'État destinataire (CSP, art. L. 5124-11, R. 5121-135).

2. Le médicament vétérinaire

Pas de restrictions prévues au CSP, que le médicament jouisse ou non d'une AMM.

F. La publicité en faveur du médicament

1. La définition de la publicité et son champ d'application

La publicité en faveur du médicament est définie comme toute forme d'information, y compris le démarchage, de prospection ou d'incitation visant à promouvoir la prescription, la délivrance, la vente ou la consommation de médicament (CSP, art. L. 5122-1).

Qu'elle soit destinée au public ou aux professionnels de santé, elle « *ne doit pas être trompeuse ni porter atteinte à la protection de la santé publique. Elle doit présenter le médicament ou produit de façon objective et favoriser son bon usage. Elle doit respecter les dispositions de l'autorisation de mise sur le marché ainsi que les stratégies thérapeutiques recommandées par la Haute Autorité de santé* » (CSP, art. L. 5122-2).

Certaines des restrictions relatives à la publicité du médicament sont applicables aux produits suivants :

1. générateurs, trousses et précurseurs (radiopharmacie) (CSP, art. L. 5122-13) ;
2. produits et objets contraceptifs, y compris préservatifs (CSP, art. L. 5434-1 ; L. n° 67-1176, 28 déc. 1967, art. 5).

2. Les conditions

Mentionnons que les règles régissant la publicité pour le médicament à usage humain sont également applicables au commerce électronique de médicaments (CSP, art. L. 5122-6-1) (sur la vente en ligne de médicaments, CSP, art. L. 5125-33 s., v. n° **29.20B**).

a. La publicité destinée au public

Elle n'est admise qu'à la condition que ce médicament ne soit pas soumis à prescription médicale, qu'aucune de ses différentes présentations ne soit remboursable par les régimes obligatoires d'assurance maladie et que l'autorisation de mise sur le marché ou l'enregistrement ne comporte pas d'interdiction ou de restrictions en matière de publicité auprès du public en raison d'un risque (CSP, art. L. 5122-6). Sous ces restrictions, elle est soumise à une autorisation préalable de l'Agence nationale de sécurité du médicament et des produits de santé dénommée « *visa de publicité* » (CSP, art. L. 5122-8) (**sanctions**, v. n° **29.32**).

b. La publicité destinée aux professionnels

Destinée aux professionnels de santé habilités à prescrire ou dispenser des médicaments ou à les utiliser dans l'exercice de leur art, elle est également soumise à l'autorisation préalable de l'Agence nationale de sécurité du médicament et des produits de santé dénommée « *visa de publicité* » (CSP, art. L. 5122-9) (**sanctions**, v. n° **29.33**).

G. La publicité en faveur des objets, appareils et méthodes de santé

La publicité ou propagande, quelle que soit sa forme, est libre pour les objets, appareils et méthodes présentés comme diagnostiques, préventifs ou curatifs, mais peut être interdite par l'Agence nationale de sécurité du médicament et des produits de santé. L'interdiction prend effet trois semaines après sa publication au *JO* et est opposable au fabricant, importateur, distributeur ou promoteur et aux agents de publicité et de diffusion (CSP, art. L. 5122-15) (**Sanctions**, CSP, art. L. 5422-12, v. n° **29.34**).

H. La publicité en faveur des médicaments vétérinaires

Définie par CSP, art. R. 5141-82 et soumise aux conditions de loyauté précisées par CSP, art. R. 5141-84-1, elle n'est autorisée que pour les médicaments vétérinaires pourvus d'AMM (CSP, art. R. 5141-82), interdite auprès du public pour les médicaments délivrés sur ordonnance (CSP, art. R. 5141-84), doit comporter les caractéristiques du médicament (CSP, art. R. 5141-85), et être, pour certains médicaments ou pour les publicités destinées au public, préalablement autorisée par le directeur général de l'Agence nationale de sécurité sanitaire de l'alimentation, de l'environnement et du travail (CSP, art. R. 5141-86) (**Sanctions**, v. n° **29.35**).

I. Les pratiques commerciales prohibées ou réglementées

1. L'interdiction de l'intéressement des professions médicales aux ventes

Les médecins, chirurgiens-dentistes et sages-femmes ne peuvent recevoir, et les pharmaciens leur attribuer (CSP, art. L. 4163-4), directement ou indirectement, sous quelque forme que ce soit, des intérêts ou ristournes proportionnels ou non au nombre prescrits ou vendus de médicaments, appareils orthopédiques ou autres, de quelque nature qu'ils soient. Est aussi interdite la constitution de sociétés dont le but manifeste est la recherche de ces intérêts ou ristournes, revenant aux individus eux-mêmes ou au groupe (CSP, art. L. 4163-4, sanctions, v. n^os^ **29.37** et **29.38**).

L'offre de primes ou d'avantages est prohibée dans le cadre de la promotion du médicament (CSP, art. R. 5124-65).

V. aussi nos 29.20C et 29.50.

2. La remise d'échantillon gratuit

Des échantillons gratuits de médicaments (à l'exclusion des psychotropes ou stupéfiants), dans la limite de quatre par an, par produit et par destinataire, durant une période de deux ans suivant la première commercialisation effective du produit, ne peuvent être remis qu'à leur demande écrite et signée (CSP, art. R. 5122-17) qu'aux seules personnes habilitées à les prescrire ou aux pharmaciens hospitaliers (pharmacie à usage intérieur) (CSP, art. L. 5122-10, **sanctions**, v. no 29.39). Des règles comparables s'appliquent à la remise aux vétérinaires d'échantillons de médicaments vétérinaires (CSP, art. R. 5141-88, contrav. 5e cl., CSP, art. R. 5441-1).

3. Le médicament vétérinaire

Toute exclusivité de vente de médicaments vétérinaires au bénéfice d'une ou plusieurs catégorie de revendeurs est interdite (CSP, art. L. 5141-14) (**Sanctions,** v. nos 29.40 et 29.41).

S'agissant de l'intéressement des professions médicales aux ventes de médicaments vétérinaires et des échantillons gratuits, des principes comparables aux médicaments à usage humain sont applicables (Contrav. 5e classe, CSP, art. R. 5141-87, R. 5141-88 et R. 5441-1).

29.20 Pharmacie d'officine – La règlementation

A. Les conditions d'exercice de la pharmacie d'officine

L'exercice de la profession de pharmacien est réservé aux personnes de nationalité française titulaires du diplôme d'État de docteur en pharmacie (enregistré à la préfecture) ou de diplômes reconnus équivalents dans le cadre de l'Union européenne ou de l'Espace économique européen, inscrites à l'Ordre des pharmaciens (CSP, art. L. 4221-1) (sanction de l'exercice illégal de la pharmacie, v. nos 29.42).

La création, le transfert ou le regroupement d'officine est autorisé par le directeur général de l'agence régionale de santé (CSP, art. L. 5125-3). Le pharmacien, ou une SNC, SARL ou SEL constituée de pharmaciens et gérée par des pharmaciens, doit être propriétaire de son officine et d'elle seule (CSP, art. L. 5125-11). Le pharmacien doit exercer personnellement sa profession (CSP, art. L. 5125-15 et R. 4235-50) et ne peut exercer d'autre activité pharmaceutique (CSP, art. L. 5125-11). Il doit participer au service de garde (CSP, art. L. 5125-22, D. 4235-49), embaucher un pharmacien adjoint par tranche de CA de 900 000 euros HT après dépassement de ce seuil (CSP, art. L. 5125-20, R. 5125-34 à R. 5125-36, Arr. 5 juill. 2002, *JO* 7 févr. 2003, Arr. 5 juill. 2004, *JO* 20 juill.), se faire régulièrement remplacer en cas d'absence (CSP, art. L. 5125-19 et R. 5125-39 à R. 5125-43), ne peut se faire seconder (CSP, art. L. 4241-1) que par des préparateurs en pharmacie titulaires du brevet professionnel (CSP, art. L. 4241-4) ou ayant obtenu une autorisation administrative (CSP, art. L. 4241-6 et L. 4241-8) ou par des étudiants en 3e année de pharmacie après stage officinal (CSP, art. L. 4241-10) (sanctions de l'exploitation irrégulière de l'officine de pharmacie, v. nos 29.44 à 29.45)

Pharmaciens et préparateurs doivent porter l'insigne indiquant leur qualité (CSP, art. L. 5125-29, sanction administrative financière, CSP, art. L. 5424-4).

B. L'étendue du monopole de la pharmacie d'officine

1. Le principe

La pharmacie d'officine a l'exclusivité de la dispensation au détail des médicaments, produits ou objets à usage humain définis au no 29.18A (CSP, art. L. 4211-1 et L. 5125-24) et des médicaments vétérinaires (CSP, art. L. 5143-2 ; v. no 29.18A). La fabrication, l'importation, l'exportation, la distribution en gros sont réservées aux établissements pharmaceutiques décrits au no 29.19A (CSP, art. L. 5124-1) et au no 29.19B (CSP, art. L. 5142-1 et L. 5142-4).

Le pharmacien exécute également les préparations magistrales ou officinales (CSP, art. L. 5125-1 ; v. no 29.18B), les préparations extemporanées vétérinaires (CSP, art. L. 5143-2).

Il ne peut exercer d'autre profession (CSP, art. L. 5125-2) (**sanction**, v. n° 29.44), sauf celle, dans leur officine, de vente des seuls produits parapharmaceutiques fixés par arrêté (CSP, art. L. 5125-24 ; v. AM 15 févr. 2002, *JO* 24 févr., NOR : SANS0220607A, anc[t] Arr. 19 mars 1990, *JO* 29 mars).

2. La vente en ligne de médicaments par la pharmacie d'officine

Limitées aux médicaments qui ne sont pas soumis à prescription obligatoire (CSP, art. L. 5125-34), la vente à distance et la dispensation au public de « *médicaments à usage humain* » **par voie électronique** sont exclusivement réservées au pharmacien titulaire d'une officine ou au pharmacien gérant une pharmacie mutualiste ou de secours minière (CSP, art. L. 5125-33). La cessation d'activité de l'officine entraîne la fermeture de son site internet dont il est ainsi l'accessoire (CSP, art. L. 5125-38). La création du site internet de commerce électronique de médicaments fait l'objet d'une déclaration préalable auprès du directeur de l'ARS (CSP, art. L. 5125-36) dans les conditions précisées par décret (CSP, art. L. 5125-41 et R. 5125-70 s.). Une personne habilitée à vendre des médicaments dans un État membre de l'UE ne peut vendre en ligne à destination d'une personne établie en France que des médicaments non soumis à prescription obligatoire et bénéficiant d'une AMM en France (CSP, art. L. 5125-40).

Sans préjudice des dispositions sanctionnant l'exercice illégal de la pharmacie lorsque le site de commerce électronique n'est pas l'accessoire d'une officine de pharmacie, la méconnaissance des règles applicables au commerce électronique de médicaments est passible des sanctions administratives financières (CSP, art. L. 5424-4), prononcées par le directeur de l'ARS, prévues par CSP, art. L. 5472-1.

Les règles régissant la publicité pour le médicament à usage humain (CSP, art. L. 5122-1 s, v. n° 29.19F) sont applicables au commerce électronique de médicaments (CSP, art. L. 5122-6-1).

3. Les extensions du monopole de la pharmacie d'officine

Sont également réservées aux officines de pharmacie, sauf droits concurrents, la vente :

– de seringues et aiguilles (CSP, art. D. 3121-27, anc[t] D. n° 72-200, 13 mars 1972) ;

– sur ordonnance, d'essences servant à la fabrication de boissons alcooliques (CSP, art. L. 3322-5).

4. Les droits concurrents

• **Pharmacies mutualistes ou assimilées.** Les mutuelles (CSP, art. L. 5125-10), les sociétés de secours minières, peuvent être autorisées par arrêté ministériel à créer, acquérir et exploiter une pharmacie ;

• Médecins dits **propharmaciens.** Dans les agglomérations dépourvues d'officine, ils peuvent être autorisés par le directeur général de l'agence régionale de santé, sans tenir une officine ouverte au public, à détenir les seuls médicaments inscrits sur une liste fixée par arrêté pour les délivrer à leurs patients (CSP, art. L. 4211-3) ;

• **Pharmacies à usage intérieur.** Pour les besoins pharmaceutiques des personnes prises en charge par l'établissement (CSP, art. L. 5126-1), les établissements de santé et médico-sociaux peuvent être autorisés par le directeur général de l'agence régionale de santé à disposer d'une ou plusieurs pharmacies placées sous la responsabilité d'un pharmacien (CSP, art. L. 5126-3 et L. 5126-4), dans les conditions précisées par CSP, art. R. 5126-1 s.) ;

• **Vétérinaires.** Sans droit de tenir officine ouverte (sanctions, CSP, art. L. 5442-1, v. n° 29.43), les vétérinaires peuvent préparer extemporanément, détenir et délivrer des médicaments vétérinaires, pour les animaux qu'ils soignent (CSP, art. L. 5143-2 et L. 5143-3), dans les conditions précisées par CSP, art. R. 5141-112-1 ;

• **Groupements agricoles.** S'ils sont spécialement agréés par l'autorité administrative, les groupements agricoles dont l'action concourt à l'organisation de la production agricole peuvent, pour la mise en œuvre d'un programme d'élevage, sous la surveillance et la responsabilité d'un vétérinaire ou pharmacien, acheter des médicaments vétérinaires aux fabricants ou grossistes, les détenir et les délivrer à leurs membres (CSP, art. L. 5143-6, L. 5143-7 et L. 5143-8) ;

• **Centres de planification ou d'éducation familiale** agréés. Peuvent délivrer à titre gratuit des médicaments, produits ou objets contraceptifs sur prescription médicale (L. n° 67-1176, 28 déc. 1967, art. 4) ;

• Associations à but non lucratif ou personnes physiques menant une action de prévention du sida ou de réduction des risques chez les usagers de drogue : elles peuvent délivrer à titre gratuit des **seringues et aiguilles** (CSP, art. D. 3121-27, anc[t] D. n° 72-200, 13 mars 1972, art. 1) ;

• **Antiparasitaire externes pour animaux de compagnie.** Ils sont qualifiés médicaments vétérinaires par l'article L. 5141-2 du code de la santé publique, mais leur vente au détail est libre sauf s'ils sont soumis à prescription obligatoire d'un vétérinaire (CSP, art. L. 5143-2).

C. Les pratiques commerciales de l'officine prohibées ou réglementées

1. La publicité en faveur de l'officine

Elle est règlementée par CSP, art. L. 5125-31 et L. 5125-32 et leurs décrets d'application et sanctionnée par CSP, art. L. 5424-2 (sanction administrative financière prononcée par le directeur général de l'ARS territorialement compétente, CSP, art. L. 5472-1).

2. Les remèdes secrets

Le pharmacien ne peut vendre « *aucun remède secret* » (CSP, art. L. 5125-24), lequel est défini comme un médicament ne comportant pas le nom et l'adresse du pharmacien, sa composition, ou s'il s'agit d'une préparation conforme à la pharmacopée, du nom qui lui est attribué (CSP, art. R. 5125-57) (**Sanctions**, CSP, art. L. 5424-6, v. n° 29.47).

3. La vente à l'étalage

Tout débit, étalage ou distribution de médicaments sur la voie publique, foires ou marchés est interdit, même par un pharmacien (CSP, art. L. 5125-27), il en est de même pour les produits vétérinaires (CSP, art. L. 5143-9) (**Sanctions**, CSP, art. L. 5424-9 (médicaments à usage humain), v. n° 29.47 et CSP, art. L. 5424-9 (médicaments à usage vétérinaire), v. n° 29.48).

4. Le colportage, les sollicitations et l'intéressement de la clientèle

Les pharmaciens ne peuvent solliciter des commandes auprès du public, recevoir des commandes par l'entremise habituelle de courtiers (CSP, art. L. 5125-25, sanction administrative financière prononcée par le directeur général de l'ARS territorialement compétente, CSP, art. L. 5424-4 et L. 5472-1). Il en est de même pour les médicaments vétérinaires, mais sous peine de sanctions pénales (CSP, art. L. 5143-9 et L. 5442-3, v. n° 29.48). Il est également interdit à toute personne, par offre, promesses d'argent ou ristournes, d'attirer ou de retenir dans une officine de pharmacie des assurés sociaux (CSS, art. L. 377-3, **sanctions**, v. n° 29.49).

5. L'intéressement des professions médicales aux ventes

Toute convention d'après laquelle un pharmacien assure un médecin, un chirurgien-dentiste ou une sage-femme un bénéfice quelconque sur la vente des produits pharmaceutiques, médicamentaux ou cosmétiques qu'ils peuvent prescrire est interdite (CSP, art. L. 5125-28). V. aussi n°s 29.19I, 29.37 et 29.38 (**Sanctions**, CSP, art. L. 5424-10, v. n° 29.50).

29.21 Exploitation illicite d'un établissement pharmaceutique

■ PEINES

PERSONNE PHYSIQUE

PP Délit. 2 ans, 150 000 € (Cas A : CSP, art. L. 5423-1 ; Cas B : CSP, art. L. 5423-3).

PC 1. Affichage, ⩽ 2 mois ou diffusion de la décision ou d'extraits aux frais, ⩽ amende encourue, du condamné (CSP, art. L. 5421-10 ; C. pén., art. 131-35) ;

2. Interdiction, définitive ou ⩽ 5 ans une activité professionnelle régie par le code de la santé publique ou toute autre activité professionnelle ou sociale en relation avec l'infraction (CSP, art. L. 5421-10 ; C. pén., art. 131-27) ;

3. Confiscation de la chose ayant servi à l'infraction ou destinée à la commettre ou son produit (obligatoire pour objets qualifiés dangereux ou nuisibles par la loi ou le règlement) CSP, art. L. 5421-10 ; C. pén., art. 131-21).

PERSONNE MORALE

PP Délit. 750 000 € (CSP, art. L. 5423-1 et L. 5423-3 ; C. pén., art. 131-38).

PC 1. Interdiction, définitive ou ⩽ 5 ans, une ou plusieurs activités professionnelles ou sociales en relation avec l'infraction (CSP, art. L. 5421-11 ; C. pén., art. 131-39 2°) ;

2. Surveillance judiciaire ⩽ 5 ans, sauf personnes morales de droit public, partis, groupements politiques, syndicats (CSP, art. L. 5421-11 ; C. pén., art. 131-39 3° et 131-46) ;

3. Fermeture, définitive ou ⩽ 5 ans, d'un ou plusieurs établissements en relation avec l'infraction (CSP, art. L. 5421-11 ; C. pén., art. 131-39 4°) ;

4. Exclusion, définitive ou ⩽ 5 ans marchés publics (CSP, art. L. 5421-11 ; C. pén., art. 131-39 5°) ;

5. Interdiction, définitive ou ⩽ 5 ans appel public à l'épargne (CSP, art. L. 5421-11 ; C. pén., art. 131-39 6°) ;

6. Interdiction ⩽ 5 ans cartes de paiement ou émission chèques autres que de retrait ou certifiés (CSP, art. L. 5421-11 ; C. pén., art. 131-39 7°) ;

7. Confiscation de la chose ayant servi à l'infraction ou destinée à la commettre, ou son produit (obligatoire pour objets qualifiés dangereux ou nuisibles par loi ou règlement) (CSP, art. L. 5421-11 ; C. pén., art. 131-39 8° et 131-21) ;

8. Affichage, ⩽ 2 mois ou la diffusion de la décision ou d'extraits aux frais (⩽ amende encourue) du condamné (CSP, art. L. 5421-11 ; C. pén., art. 131-39 9°, 131-48 et 131-35).

■ ORIENTEUR

AUTRE QUALIFICATION

▪ **Exercice illégal de la pharmacie.** V. n° 29.42.

ÉLÉMENT LÉGAL

▪ **Application de la loi pénale dans le temps. Infraction et pénalités** modifiées et réécrites par Ord. n° 2013-1183, 19 déc. 2013.

TEXTE DE RÉFÉRENCE

▪ **Fabrication et distribution en gros du médicament – Règlementation.** Autorisation préalable des établissements pharmaceutiques, v. n° 29.19A.

MESURE ADMINISTRATIVE

▪ **Fermeture administrative provisoire.** Lorsque l'autorité judiciaire est saisie d'une poursuite, le représentant de l'État dans le département peut prononcer la fermeture provisoire de l'établissement (CSP, art. L. 5423-7).

▪ **Sanction administrative financière.** Le fait de diriger une entreprise pharmaceutique sans avoir un pharmacien délégué dans chaque établissement (CSP, art. L. 5423-8 4°), ou le fait par un pharmacien responsable ou par un pharmacien délégué de ne pas exercer personnellement sa profession (CSP, art. L. 5423-8 7°), constitue un manquement soumis à **sanction financière** administrative prononcée par l'Agence nationale de sécurité du médicament et des produits de santé (CSP, art. L. 5471-1).

■ ÉLÉMENTS CONSTITUTIFS – QUALIFICATION

✧ Pour avoir à .... [¤ lieu], le .... [¤ date], fabriqué, importé, exporté ou distribué en gros des médicaments, produits ou objets mentionnés à l'article L. 4211-1 du code de la santé publique, ou exploité des spécialités pharmaceutiques, en l'espèce .... [¤ préciser les produits commercialisés], sans [⇨A ou B :]

A. que l'établissement appartienne à un pharmacien ou à une société gérée ou dirigée par un pharmacien responsable (CSP, art. L. 5124-1, L. 5124-2, L. 5423-1, L. 5423-7 et L. 5421-10) (A : *N 22421.co*) ;

B. autorisation préalable de l'Agence nationale de sécurité du médicament et des produits de santé (CSP, art. L. 5124-1, L. 5124-3, L. 5423-3, L. 5423-7 et L. 5421-10) (B : *N 22425.co*) ;

Faits prévus et réprimés par les articles [• du cas sélectionné] du code de la santé publique. ✧

29.22 Ouverture illicite d'un établissement de préparation et de vente en gros de produits vétérinaires (CSP, art. L. 5441-5)

▪ PEINES

PERSONNE PHYSIQUE

PP Délit. 2 ans, 30 000 € (CSP, art. L. 5441-5).

PC Fermeture, définitive ou temporaire de l'établissement (CSP, art. L. 5441-10).

PERSONNE MORALE

PP Délit. 150 000 € (CSP, art. L. 5441-5 ; C. pén., art. 131-38).

PC Néant.

▪ ORIENTEUR

TEXTE DE RÉFÉRENCE

▪ **Fabrication et distribution en gros du médicament – Règlementation.** Autorisation préalable des établissements pharmaceutiques, v. nº 29.19A.

▪ ÉLÉMENTS CONSTITUTIFS – QUALIFICATION

✧ Pour avoir à .... [¤ lieu], le .... [¤ date], ouvert ou fait fonctionner un établissement de fabrication, d'importation, d'exportation, d'exploitation ou de distribution en gros de médicaments vétérinaires, en l'espèce .... [¤ préciser les produits concernés], sans autorisation préalable de l'Agence nationale chargée de la sécurité sanitaire de l'alimentation, de l'environnement et du travail ou sans que celle-ci ait été renouvelée en cas de modification des éléments figurant dans l'autorisation initiale.

Faits prévus et réprimés par les articles L. 5142-1, L. 5142-2, L. 5441-5 et L. 5441-10 du code de la santé publique (*N 13016.co*). ✧

29.23 Exploitation illicite d'un établissement de préparation et de vente en gros de produits vétérinaires (CSP, art. L. 5441-4)

▪ PEINES

PERSONNE PHYSIQUE

PP Délit. 2 ans, 30 000 € (CSP, art. L. 5441-4).

PC Fermeture, définitive ou temporaire de l'établissement (CSP, art. L. 5441-10).

PERSONNE MORALE

PP Délit. 150 000 € (CSP, art. L. 5441-4, C. pén., art. 131-38).

PC Néant.

▪ ORIENTEUR

TEXTE DE RÉFÉRENCE

▪ **Fabrication et distribution en gros du médicament – Règlementation.** Autorisation préalable des établissements pharmaceutiques, v. nº 29.19A.

▪ ÉLÉMENTS CONSTITUTIFS – QUALIFICATION

✧ Pour avoir à .... [¤ lieu], le .... [¤ date], été propriétaire ou dirigé une entreprise comportant au moins un établissement de fabrication, d'importation, d'exportation, d'exploitation ou de distribution en gros de médicaments vétérinaires, en l'espèce .... [¤ préciser les produits concernés] [⇨A à D :],

A. sans être pharmacien ou vétérinaire (A : *N #.co*) ;

B. sans avoir désigné un pharmacien ou un vétérinaire à sa direction générale ou à sa gérance (B : *N 13003.co*) ;

C. en concédant sa location-gérance à une société qui n'est pas la propriété d'un pharmacien ou d'un vétérinaire ou qui ne comporte pas la participation d'un pharmacien ou d'un vétérinaire à sa direction générale ou à sa gérance (C : *N #.co*) ;

D. sans disposer dans chaque établissement d'un pharmacien ou d'un vétérinaire délégué (D : *N 27175.co*).

Faits prévus et réprimés par les articles L. 5142-1, L. 5441-4 et L. 5441-10 du code de la santé publique. ✧

29.24 Commercialisation de médicament dépourvu d'AMM ou non enregistré

■ **PEINES**

PERSONNE PHYSIQUE

PP Délit. Cas A : 5 ans d'emprisonnement, 375 000 € (CSP, art. L. 5421-2). Cas B : 7 ans d'emprisonnement, 750 000 € (CSP, art. L. 5421-2). Cas C : 2 ans d'emprisonnement, 150 000 € (CSP, art. L. 5421-3). Cas D : 5 ans d'emprisonnement, 375 000 € (CSP, art. L. 5421-3).

PC *idem* n° 29.21 (CSP, L. 5421-10) + fermeture temporaire ou définitive de l'établissement (CSP, art. L. 5421-7 ; C. pén., art. 131-33).

PERSONNE MORALE

PP Délit. Cas A : 1 875 000 € (CSP, art. L. 5421-2). Cas B : 3 750 000 € (CSP, art. L. 5421-2). Cas C : 750 000 € (CSP, art. L. 5421-3). Cas D : 1 875 000 € (CSP, art. L. 5421-3), C. pén., art. 131-38.

PC *idem* n° 29.21 (CSP, L. 5421-11).

■ **ORIENTEUR**

AUTRE QUALIFICATION

▪ **Exportation illicite de médicament à usage humain.** V. n° 29.31.

TEXTE DE RÉFÉRENCE

▪ **Fabrication et distribution en gros du médicament – Règlementation.** Régime de la mise sur le marché du médicament en France, v. n° 29.19B.

▪ **Tentative. Punissable** (CSP, art. L. 5421-9).

RÉGIME PROCÉDURAL

▪ **Régime partiel de la criminalité organisée.** Initialement applicable au **cas** B2 par C. pr. pén., art. 706-74, puis complété depuis le 1er juin 2019 par C. pr. pén., art. 706-2-2 issu de L. n° 2019-222, 23 mars 2019, étendant au **cas** B les techniques spéciales d'enquête, à l'exception dans un premier temps de l'interception des communications électroniques, puis incluant cette technique d'investigation depuis L. n° 2020-1672, 24 déc. 2020 (v. n° 11.22).

■ **ÉLÉMENTS CONSTITUTIFS – QUALIFICATION**

✧ Pour avoir à .... [¤ lieu], le .... [¤ date], commercialisé, distribué à titre gratuit ou onéreux, en gros ou au détail, réalisé le courtage [⇨A ou C puis le cas échéant B ou D :]

A. d'une spécialité pharmaceutique ou tout autre médicament fabriqué industriellement ou selon une méthode dans laquelle intervient un processus industriel, en l'espèce .... [¤ produit concerné], dépourvu d'autorisation de mise sur le marché, d'autorisation délivrée par l'Agence nationale de sécurité du médicament et des produits de santé, d'autorisation temporaire d'utilisation, d'autorisation d'importation ou dont l'autorisation est refusée, suspendue, retirée ou devenue caduque (CSP, art. L. 5121-8, L. 5421-2 et L. 5421-7) (A : *N **21307.co** ; N **29605.co*** pour le courtage) ;

B. [• Préciser le cas échéant dans le cas A :] avec cette circonstance que les faits ont été [⇨B1 à B4 :]

B1. de nature à entraîner un risque grave pour la santé de l'homme (B1 : *N **31805.co***) ;

B2. commis en bande organisée (B2 : *N #.co*) ;

B3. commis sur un réseau de télécommunication à destination d'un public non déterminé (B3 : *N **31065.co***) ;

B4. commis par un établissement pharmaceutique autorisé, un courtier déclaré, un pharmacien d'officine titulaire de la licence ou une pharmacie à usage intérieur (B4 : *N #.co*) ;

C. d'un médicament homéopathique ou d'un médicament traditionnel à base de plantes, en l'espèce .... [¤ produit concerné], sans enregistrement préalable auprès de l'Agence nationale de sécurité du médicament et des produits de santé ou dont l'enregistrement est refusé, suspendu, retiré ou devenu caduc (CSP, art. L. 5121-13, L. 5421-3 et L. 5421-7) (C : *N 22312.co* ; *N 29606.co* pour le courtage) ;

D. [• Préciser le cas échéant dans le cas C :] avec cette circonstance que les faits ont été [⇨D1 à D4 :]

D1. de nature à entraîner un risque grave pour la santé de l'homme (D1 : *N #.co*) ;

D2. commis en bande organisée (D2 : *N #.co*) ;

D3. commis sur un réseau de télécommunication à destination d'un public non déterminé (D3 : *N #.co*) ;

D4. commis par un établissement pharmaceutique autorisé, un courtier déclaré, un pharmacien d'officine titulaire de la licence ou une pharmacie à usage intérieur (D4 : *N #.co*) ;
Faits prévus et réprimés par les articles [• du cas sélectionné] du code de la santé publique. ✧

29.25 Commercialisation ou détention de médicament à usage humain falsifié

▪ PEINES

PERSONNE PHYSIQUE

PP Délit. Cas A : 5 ans d'emprisonnement, 375 000 € (CSP, art. L. 5421-13).
Cas B : 7 ans d'emprisonnement, 750 000 € (CSP, art. L. 5421-13).
Cas C1 : 2 ans d'emprisonnement, 75 000 € (CSP, art. L. 5421-14).
Cas C2 : 5 ans d'emprisonnement, 375 000 € (CSP, art. L. 5421-14).
PC *idem* n° 29.21 (CSP, L. 5421-10).

PERSONNE MORALE

PP Délit. Cas A : 1 875 000 € (CSP, art. L. 5421-13 ; C. pén., art. 131-38).
Cas B : 3 750 000 € (CSP, art. L. 5421-13 ; C. pén., art. 131-38).
Cas C1 : 375 000 € (CSP, art. L. 5421-14 ; C. pén., art. 131-38).
Cas C1 : 3 750 000 € (CSP, art. L. 5421-14 ; C. pén., art. 131-38).
PC *idem* n° 29.21 (CSP, L. 5421-11).

▪ ORIENTEUR

AUTRE QUALIFICATION

▪ **Commercialisation ou détention de matière première à usage pharmaceutique falsifiée.** V. n° 29.26.

▪ **Commercialisation de médicament à usage vétérinaire falsifié.** V. n° 29.28.

▪ **Non-respect des normes de fabrication du médicament à usage humain.** V. n° 29.29.

▪ **Tromperie ou fraude sur l'origine ou les qualités substantielles, d'une marchandise ou d'une prestation de service.** V. n° 30.10.

▪ **Produit corrompu ou toxique – Exposition, vente.** V. n° 30.13.

▪ **Produit corrompu ou toxique – Détention.** V. n° 30.14.

ÉLÉMENT LÉGAL

▪ **Transfert d'incrimination. • Cas A.** L'incrimination de commercialisation de « *substances médicamenteuses falsifiées* », qui figurait au C. consom. (anc[t] art. L. 213-1 et L. 213-3), a été transférée au CSP (art. L. 5111-3 et L. 5421-13 pour les médicaments à usage humain) par Ord. n° 2012-1427, 19 déc. 2012, avec des pénalités aggravées. L'élément légal exclut désormais de l'incrimination les « *défauts de qualité non intentionnels* » (CSP, art. L. 5111-3). **• Cas C. Détention de substance médicamenteuse falsifiée.** L'incrimination de détention de « *substances médicamenteuses falsifiées* » dans les lieux de vente ou de fabrication, autrefois incriminée par C. consom., art. L. 213-4, devenu L. 451-3 (V. n° 30.14) entre désormais dans les prévisions de CSP, art. L. 5421-14.

▪ **Définition. Médicament falsifié.** On entend par médicament falsifié tout médicament, tel que défini par CSP, art. L. 5111-1 (sur la définition du médicament, v. n° 29.18A), comportant une fausse présentation : 1° De son identité, y compris de son emballage et de son étiquetage, de son nom ou de sa composition s'agissant de n'importe lequel de ses composants, y compris les excipients, et du dosage de ces composants ; 2° De sa source, y compris de son fabricant, de son pays de fabrication, de son pays d'origine ou du titulaire de son autorisation de mise sur le marché ; 3° Ou de son historique, y compris des autorisations, des enregistrements et des documents relatifs aux circuits de distribution utilisés (CSP, art. L. 5111-3). Cette définition exclut les « *défauts de qualité non intentionnels* » (CSP, art. L. 5111-3), lesquels sont susceptibles de relever de l'incrimination de non-respect des bonnes pratiques de fabrication prévue par CSP, art. L. 5421-1 (v. n° 29.29), ou de sanctions administratives financières prévues par CSP, art. L. 5421-8 6° et L. 5471-1. Mentionnons que les bonnes pratiques de fabrication, définies au CSP, art. L. 5138-3, impliquent un processus de vérification de la qualité et de l'authenticité des matières premières utilisées (sur l'emploi de matières premières à usage pharmaceutique falsifiées, v. n° 29.26).

TEXTE DE RÉFÉRENCE

▪ **Fabrication et distribution en gros du médicament – Règlementation.** Régime de la mise sur le marché du médicament à usage humain, v. n°s 29.19B et 29.19C

▪ **Acteurs autorisés du commerce du médicament. Cas** B2 : cette circonstance aggravante est matérialisée lorsque les faits ont été commis par un établissement pharmaceutique autorisé conformément au CSP, art. L. 5124-3, un courtier en médicaments déclaré conformément au CSP, art. L. 5124-20, un pharmacien d'officine titulaire de la licence mentionnée au CSP, art. L. 5125-18 ou un pharmacien à usage intérieur mentionné au CSP, art. L. 5126-3.

ÉLÉMENT MATÉRIEL

▪ **Tentative. Punissable** dans le **cas** A (CSP, art. L. 5421-15).

RÉGIME PROCÉDURAL

▪ **Régime partiel de la criminalité organisée.** Initialement applicable au **cas** B3 par C. pr. pén., art. 706-74, puis complété depuis le 1er juin 2019 par C. pr. pén., art. 706-2-2 issu de L. n° 2019-222, 23 mars 2019, étendant les techniques spéciales d'enquête, à l'exception dans un premier temps de l'interception des communications électroniques, puis incluant cette technique d'investigation depuis L. n° 2020-1672, 24 déc. 2020, à toutes les hypothèses du **cas** B (v. n° 11.22). Le **cas** C n'entre pas dans les prévisions de C. pr. pén., art. 706-2-2.

▪ ÉLÉMENTS CONSTITUTIFS – QUALIFICATION

✧ Pour avoir à .... [¤ lieu], le .... [¤ date], [⇨A ou C :]

A. Commercialisation de médicaments falsifiés (CSP, art. L. 5111-3, L. 5421-10 et L. 5421-13) [⇨A1 à A7 puis le cas échéant B1 à B4 :]

A1. fabriqué des (A1 : *N* ***29554.co***)...

A2. effectué le courtage de (A2 : *N* ***29555.co***)...

A3. distribué des (A3 : *N* ***29557.co***)...

A4. effectué de la publicité pour des (A4 : *N* ***29556.co***)...

A5. offert à la vente ou vendu des (A5 : *N* ***2495.co***)...

A6. importé des (A6 : *N* ***29558.co***)...

A7. exporté des (A7 : *N* ***29559.co***)...

...médicaments falsifiés, en l'espèce en .... [¤ matérialiser l'infraction] ;

B. Commercialisation aggravée de médicaments falsifiés (CSP, art. L. 5111-3, L. 5421-10 et L. 5421-13)

Préciser le cas échéant dans les **cas** A : ..., avec cette circonstance que... [⇨B1 à B4 :]

B1. le médicament falsifié était dangereux pour la santé de l'homme (A1B1 : *N* ***29560.co*** ; A2B1 : *N* ***29561.co*** ; A3B1 : *N* ***29562.co*** ; A4B1 : *N* ***29563.co*** ; A5B1 : *N* ***2499.co*** ; A6B1 : *N* ***29564.co*** ; A7B1 : *N* ***29565.co***) ;

B2. les faits ont été commis par un établissement pharmaceutique autorisé, un courtier déclaré, un pharmacien d'officine titulaire de la licence ou un pharmacien à usage intérieur (A1B2 : *N* ***29566.co*** ; A2B2 : *N* ***29567.co*** ; A3B2 : *N* ***29568.co*** ; A4B2 : *N* ***29569.co*** ; A5B2 : *N* ***29570.co*** ; A6B2 : *N* ***29571.co*** ; A7B2 : *N* ***29572.co***) ;

B3. les faits ont été commis en bande organisée (A1B3 : *N* ***29573.co*** ; A2B3 : *N* ***#.co*** ; A3B3 : *N* ***29575.co*** ; A4B3 : *N* ***#.co*** ; A5B3 : *N* ***29577.co*** ; A6B3 : *N* ***29578.co*** ; A7B3 : *N* ***29579.co***) ;

B4. [aggravation applicable aux seuls cas A4 et A5] les faits de publicité (A4B4 : *N* ***29576.co***), d'offre de vente ou de vente (A5B4 : *N* ***29580.co***) de médicaments falsifiés ont été commis sur un réseau de télécommunication à destination d'un public non déterminé ;

C. Détention de médicaments falsifiés (CSP, art. L. 5111-3, L. 5421-10 et L. 5421-14)

[⇨C1 puis le cas échéant C2 :]
C1. sans motif légitime, était trouvé détenteur de médicaments falsifiés (C1 : *N 2502.co*) ;
C2. préciser le cas échéant dans les cas C1 : ..., avec cette circonstance que le médicament falsifié était dangereux pour la santé de l'homme (C2 : *N 2505.co*).
Faits prévus et réprimés par les articles [.........] de l'infraction sélectionnée. ✧

29.26 Commercialisation ou détention de matière première à usage pharmaceutique falsifiée

▪ PEINES

PERSONNE PHYSIQUE

PP Délit. Cas A : 5 ans d'emprisonnement, 375 000 € (CSP, art. L. 5438-4).
Cas B : 7 ans d'emprisonnement, 750 000 € (CSP, art. L. 5438-4).
Cas C1 : 2 ans d'emprisonnement, 75 000 € (CSP, art. L. 5438-5).
Cas C2 : 5 ans d'emprisonnement, 375 000 € (CSP, art. L. 5438-5).

PC 1. Affichage, ⩽ 2 mois ou diffusion de la décision ou d'extraits aux frais, ⩽ amende encourue, du condamné (CSP, art. L. 5438-7 ; C. pén., art. 131-35) ;

2. Interdiction, définitive ou ⩽ 5 ans une activité professionnelle régie par le code de la santé publique ou toute autre activité professionnelle ou sociale en relation avec l'infraction (CSP, art. L. 5438-7 ; C. pén., art. 131-27) ;

3. Confiscation de la chose ayant servi à l'infraction ou destinée à la commettre ou son produit (obligatoire pour objets qualifiés dangereux ou nuisibles par la loi ou le règlement) CSP, art. L. 5438-7 ; C. pén., art. 131-21).

PERSONNE MORALE

PP Délit. Cas A : 1 875 000 € (CSP, art. L. 5438-4 ; C. pén., art. 131-38).
Cas B : 3 750 000 € (CSP, art. L. 5438-4 ; C. pén., art. 131-38).
Cas C1 : 375 000 € (CSP, art. L. 5438-5 ; C. pén., art. 131-38).
Cas C1 : 3 750 000 € (CSP, art. L. 5438-5 ; C. pén., art. 131-38).

PC 1. Interdiction, définitive ou ⩽ 5 ans, une ou plusieurs activités professionnelles ou sociales en relation avec l'infraction (CSP, art. L. 5438-8 ; C. pén., art. 131-39 2°) ;

2. Surveillance judiciaire ⩽ 5 ans, sauf personnes morales de droit public, partis, groupements politiques, syndicats (CSP, art. L. 5438-8 ; C. pén., art. 131-39 3° et 131-46) ;

3. Fermeture, définitive ou ⩽ 5 ans, d'un ou plusieurs établissements en relation avec l'infraction (CSP, art. L. 5438-8 ; C. pén., art. 131-39 4°) ;

4. Exclusion, définitive ou ⩽ 5 ans marchés publics (CSP, art. L. 5438-8 ; C. pén., art. 131-39 5°) ;

5. Interdiction, définitive ou ⩽ 5 ans appel public à l'épargne (CSP, art. L. 5438-8 ; C. pén., art. 131-39 6°) ;

6. Interdiction ⩽ 5 ans cartes de paiement ou émission chèques autres que de retrait ou certifiés (CSP, art. L. 5438-8 ; C. pén., art. 131-39 7°) ;

7. Confiscation de la chose ayant servi à l'infraction ou destinée à la commettre, ou son produit (obligatoire pour objets qualifiés dangereux ou nuisibles par loi ou règlement) (CSP, art. L. 5438-8 ; C. pén., art. 131-39 8° et 131-21) ;

8. Affichage, ⩽ 2 mois ou la diffusion de la décision ou d'extraits aux frais (⩽ amende encourue) du condamné (CSP, art. L. 5438-8 ; C. pén., art. 131-39 9°, 131-48 et 131-35).

▪ ORIENTEUR

AUTRE QUALIFICATION

- **Commercialisation ou détention de médicament à usage humain falsifié.** V. n° 29.25.
- **Non-respect des normes de fabrication du médicament à usage humain.** V. n° 29.29.
- **Tromperie ou fraude sur l'origine ou les qualités substantielles, d'une marchandise ou d'une prestation de service.** V. n° 30.10.
- **Produit corrompu ou toxique – Exposition, vente.** V. n° 30.13.

▪ **Produit corrompu ou toxique – Détention.** V. nº 30.14.

ÉLÉMENT LÉGAL

▪ **Définition. • Matière première à usage pharmaceutique.** Elle est définie comme tous les composants du médicament au sens de CSP, art. L. 5111-1 (sur la définition du médicament, v. nº 29.18A), c'est-à-dire : 1° La ou les substances actives. Est une substance active toute substance ou tout mélange de substances destiné à être utilisé pour la fabrication d'un médicament et qui, lorsqu'utilisé pour sa production, devient un composant actif de ce médicament exerçant une action pharmacologique, immunologique ou métabolique en vue de restaurer, corriger ou modifier des fonctions physiologiques, ou d'établir un diagnostic médical ; 2° Le ou les excipients. Est un excipient tout composant d'un médicament autre qu'une substance active et que les matériaux d'emballage (CSP, art. L. 5138-2). **• Usage pharmaceutique.** Sauf attestation contraire émanant de l'acheteur, l'usage pharmaceutique de la matière première est présumée lorsqu'elle est cédée à un établissement pharmaceutique, une pharmacie à usage intérieur ou d'officine, un médecin ou un vétérinaire (CSP, art. L. 5138-2). **• Matière première à usage pharmaceutique falsifiée.** Elle est définie comme toute substance active ou tout excipient, dont l'usage pharmaceutique est établi, et comportant une présentation mensongère de son identité, y compris de son emballage et de son étiquetage, de son nom ou de sa composition, de son origine, y compris de son fabricant, de son pays de fabrication, ou de son historique, y compris des autorisations, des déclarations et des documents relatifs aux circuits de distribution utilisés (CSP, art. 5138-6). **• Fabrication.** On entend par fabrication d'une matière première à usage pharmaceutique la fabrication complète ou partielle de cette matière première ainsi que les divers procédés de division ou de conditionnement préalables à son incorporation dans un médicament et le stockage, en vue de sa vente (CSP, art. L. 5138-2). **• Distribution.** On entend par distribution d'une matière première à usage pharmaceutique les activités d'achat, de vente, de reconditionnement, de réétiquetage et de stockage (CSP, art. L. 5138-2).

▪ **Champ d'application. Médicaments à usage humain et médicaments vétérinaires.** Les matières premières à usage pharmaceutique sont non seulement celles qui entrent dans la composition des médicaments à usage humain (CSP, art. L. 5138-3) mais aussi celles qui entrent dans la composition des médicaments vétérinaires (CSP, art. L. 5138-3-1).

TEXTE DE RÉFÉRENCE

▪ **Fabrication et distribution en gros du médicament – Règlementation.** Régime de la mise sur le marché du médicament à usage humain, v. nºs 29.19B et 29.19C.

▪ **Acteurs autorisés du commerce du médicament. Cas** B2 : cette circonstance aggravante est matérialisée lorsque les faits ont été commis par un établissement pharmaceutique autorisé conformément au CSP, art. L. 5124-3, un fabricant, un importateur ou un distributeur autorisé en application de CSP, art. L. 5138-1 (CSP, art. L. 5438-4).

ÉLÉMENT MATÉRIEL

▪ **Tentative. Punissable** dans le cas A (CSP, art. L. 5438-6).

RÉGIME PROCÉDURAL

▪ **Régime partiel de la criminalité organisée.** Initialement applicable au cas B3 par C. pr. pén., art. 706-74, puis complété depuis le 1er juin 2019 par C. pr. pén., art. 706-2-2 issu de L. nº 2019-222, 23 mars 2019, étendant les techniques spéciales d'enquête, à l'exception dans un premier temps de l'interception des communications électroniques, puis incluant cette technique d'investigation depuis L. nº 2020-1672, 24 déc. 2020, à toutes les hypothèses du cas B (v. nº 11.22). Le cas C n'entre pas dans les prévisions de C. pr. pén., art. 706-2-2.

▪ ÉLÉMENTS CONSTITUTIFS – QUALIFICATION

✧ Pour avoir à .... [¤ lieu], le .... [¤ date], [⇨A ou C :]

A. **Commercialisation de médicaments falsifiés (CSP, art. L. 5138-2, L. 5138-6, L. 5438-4, L. 5438-7 et L. 5438-8)**

[⇨A1 à A8 puis le cas échéant B1 à B4 :]

A1. fabriqué des (A1 : *N* ***29581.co***)...

A2. effectué le courtage de (A2 : *N* ***29582.co***)...

A3. distribué des (A3 : *N* ***29583.co***)...

A4. effectué de la publicité pour des (A4 : *N* ***29584.co***)...

A5. offert à la vente ou vendu des (A5 : *N* ***#.co***)...

A6. importé des (A6 : *N 29586.co*)...

A7. exporté des (A7 : *N 29587.co*)...

A8. acheté des (A8 : *N #.co*)...

...matières premières à usage pharmaceutique falsifiées, en l'espèce en .... [¤ matérialiser l'infraction] ;

B. COMMERCIALISATION AGGRAVÉE DE MÉDICAMENTS FALSIFIÉS (CSP, ART. L. 5138-2, L. 5138-6, L. 5438-4, L. 5438-7 ET L. 5438-8)

Préciser le cas échéant dans les cas A : ..., avec cette circonstance que... [⇨B1 à B4 :]

B1. le médicament falsifié était dangereux pour la santé de l'homme (A1B1 : *N 29585.co* ; A2B1 : *N 29588.co* ; A3B1 : *N 29589.co* ; A4B1 : *N 29590.co* ; A5B1 : *N #.co* ; A6B1 : *N 29591.co* ; A7B1 : *N 29592.co* ; A8B1 : *N #.co*) ;

B2. les faits ont été commis par un établissement pharmaceutique, un fabricant, un importateur ou un distributeur autorisé (A1B2 : *N 29593.co* ; A2B2 : *N #.co* ; A3B2 : *N 29594.co* ; A4B2 : *N 29597.co* ; A5B2 : *N #.co* ; A6B2 : *N 29595.co* ; A7B2 : *N 29596.co* ; A8B1 : *N #.co*) ;

B3. les faits ont été commis en bande organisée (A1B3 : *N 2998.co* ; A2B3 : *N #.co* ; A3B3 : *N 29574.co* ; A4B3 : *N #.co* ; A5B3 : *N #.co* ; A6B3 : *N 29599.co* ; A7B3 : *N 29600.co* ; A8B1 : *N #.co*) ;

B4. [aggravation applicable aux seuls cas A4 et A5] les faits de publicité (A4B4 : *N 29601.co*), d'offre de vente ou de vente (A5B4 : *N 29602.co*) de médicaments falsifiés ont été commis sur un réseau de télécommunication à destination d'un public non déterminé ;

C. DÉTENTION DE MÉDICAMENTS FALSIFIÉS (CSP, ART. L. 5138-2, L. 5138-6, L. 5438-5, L. 5438-7 ET L. 5438-8)

[⇨C1 puis le cas échéant C2 :]

C1. sans motif légitime, était trouvé détenteur de médicaments falsifiés (C1 : *N 29603.co*) ;

C2. préciser le cas échéant dans les cas C1 : ..., avec cette circonstance que le médicament falsifié était dangereux pour la santé de l'homme (C2 : *N 29604.co*).

Faits prévus et réprimés par les articles [.........de l'infraction sélectionnée]. ✧

29.27 Mise sur le marché de médicament vétérinaire dépourvu d'AMM

■ PEINES

PERSONNE PHYSIQUE

PP Délit. 2 ans d'emprisonnement, 30 000 € (CSP, art. L. 5441-8).

PC 1. Affichage, ⩽ 2 mois ou diffusion de la décision ou d'extraits aux frais, ⩽ amende encourue, du condamné (CSP, art. L. 5441-11, C. pén., art. 131-35) ;

2. Confiscation de la chose ayant servi à l'infraction ou destinée à la commettre ou son produit (obligatoire pour objets qualifiés dangereux ou nuisibles par la loi ou le règlement) CSP, art. L. 5441-11 ; C. pén., art. 131-21) ;

3. Fermeture temporaire ⩽ 5 ans ou définitive de l'établissement ayant servi à commettre les faits incriminés (CSP, art. L. 5441-11 ; C. pén., art. 131-33) ;

4. Fermeture, définitive ou temporaire de l'établissement (CSP, art. L. 5441-10).

PERSONNE MORALE

PP Délit. 150 000 € (CSP, art. L. 5441-8 ; C. pén., art. 131-38).

PC 1. Affichage, ⩽ 2 mois ou la diffusion de la décision ou d'extraits aux frais (⩽ amende encourue) du condamné (CSP, art. L. 5441-12 ; C. pén., art. 131-39 9°, 131-48 et 131-35).

2. Confiscation de la chose ayant servi à l'infraction ou destinée à la commettre, ou son produit (CSP, art. L. 5441-12, obligatoire pour objets qualifiés dangereux ou nuisibles par loi ou règlement) (C. pén., art. 131-39 8° et 131-21) ;

3. Fermeture, définitive ou ⩽ 5 ans, d'un ou plusieurs établissements ayant servi à commettre les faits incriminés (CSP, art. L. 5441-12 ; C. pén., art. 131-39 4°) ;

■ ORIENTEUR

AUTRE QUALIFICATION

▪ **Importation sans autorisation de médicament vétérinaire dépourvu d'AMM.** V. n° 29.30.

TEXTE DE RÉFÉRENCE

▪ **Fabrication et distribution en gros du médicament – Règlementation.** Régime de la mise sur le marché du médicament en France, v. n° 29.19B.

■ ÉLÉMENTS CONSTITUTIFS – QUALIFICATION

✧ Pour avoir à .... [¤ lieu], le .... [¤ date], mis sur le marché à titre gratuit ou onéreux un médicament vétérinaire, en l'espèce .... [¤ produit concerné], dépourvu d'autorisation de mise sur le marché, d'enregistrement ou d'autorisation temporaire d'utilisation.
Faits prévus et réprimés par les articles L. 5145-5, L. 5141-9, L. 5141-10, L. 5441-8, L. 5441-10, L. 5441-11 et L. 5441-12 du code de la santé publique (*N 3650.co*). ✧

29.28 Commercialisation de médicament à usage vétérinaire falsifié

■ PEINES

PERSONNE PHYSIQUE

PP Délit. Cas A : 5 ans d'emprisonnement, 375 000 € (CSP, art. L. 5442-14).
Cas B : 7 ans d'emprisonnement, 750 000 € (CSP, art. L. 5442-14).

PC Fermeture, définitive ou temporaire de l'établissement (CSP, art. L. 5442-5).

PERSONNE MORALE

PP Délit. Cas A : 1 875 000 € (CSP, art. L. 5442-14 ; C. pén., art. 131-38).
Cas B : 3 750 000 € (CSP, art. L. 5442-14 ; C. pén., art. 131-38).

PC Néant.

■ ORIENTEUR

AUTRE QUALIFICATION

▪ **Commercialisation ou détention de matière première à usage pharmaceutique falsifiée.** V. n° 29.26.

▪ **Commercialisation ou détention de médicament à usage humain falsifié.** V. n° 29.25. Notons que la détention sans motif légitime de médicament vétérinaire falsifié ne semble pas spécifiquement incriminée, à la différence du médicament à usage humain falsifié (CSP, art. L. 5421-14). Toutefois ce dernier article, s'il est placé dans le titre II « *médicaments à usage humain* », ne réserve pas à la lettre son domaine d'application aux médicaments à usage humain mais aux « *médicaments falsifiés* ».

▪ **Non-respect des normes de fabrication du médicament vétérinaire.** Comme le médicament à usage humain, le médicament vétérinaire doit être élaboré et distribué selon des bonnes pratiques de fabrication (CSP, art. L. 5142-3, R. 5143-1 et R. 5442-1, Arr. 9 juin 2004, NOR : SANP0422019A, *JO* 11 juill., p. 12607) (contrav. 5e cl., CSP, art. R. 5442-1, *N 25030.c5*).

▪ **Tromperie ou fraude sur l'origine ou les qualités substantielles, d'une marchandise ou d'une prestation de service.** V. n° 30.10.

▪ **Produit corrompu ou toxique – Exposition, vente.** V. n° 30.13.

▪ **Produit corrompu ou toxique – Détention.** V. n° 30.14.

ÉLÉMENT LÉGAL

▪ **Transfert d'incrimination.** L'incrimination de commercialisation de « *substances médicamenteuses falsifiées* », qui figurait au C. consom. (anct art. L. 213-1 et L. 213-3), a été transférée au CSP (art. L. 5111-3 et L. 5442-14 pour les médicaments vétérinaires) par Ord. n° 2012-1427, 19 déc. 2012, avec des pénalités aggravées. L'élément légal exclut désormais de l'incrimination les « *défauts de qualité non intentionnels* » (CSP, art. L. 5111-3).

▪ **Définition. Médicament vétérinaire falsifié.** Le médicament vétérinaire falsifié répond aux définitions fixées par CSP, art. L. 5111-1 et L. 5111-3, communes aux médicaments à usage humain et à usage animal (v. orienteur du n° 29.25) (sur la définition du médicament, v. n° 29.18A). Cette définition exclut les « *défauts de qualité non intentionnels* » (CSP, art. L. 5111-3), lesquels sont susceptibles de relever de l'incrimination de non-respect des bonnes pratiques de fabrication du médicament vétérinaire prévue par CSP, art. L. 5142-3, R. 5143-1 et R. 5442-1, Arr. 9 juin 2004, NOR : SANP0422019A, *JO* 11 juill., p. 12607 (contrav. 5e cl., CSP, art. R. 5442-1, *N 25030.c5*).

TEXTE DE RÉFÉRENCE

▪ **Fabrication et distribution en gros du médicament – Règlementation.** Régime de la mise sur le marché du médicament vétérinaire, v. nos 29.19B et 29.19C.

▪ **Acteurs autorisés du commerce du médicament vétérinaire. Cas** B2 : cette circonstance aggravante est matérialisée lorsque les faits ont été commis par des établissements pharmaceutiques vétérinaires autorisés en application de CSP, art. L. 5142-2, les professionnels mentionnés au CSP, art. L. 5143-2 (pharmacien d'officine titulaire de la licence, vétérinaire ou chef de service de pharmacie et toxicologie d'une école nationale vétérinaire), ou les groupements mentionnés au CSP, art. L. 5143-6 (groupement de producteurs ou groupement professionnel agricole agréé) (CSP, art. L. 5442-14).

ÉLÉMENT MATÉRIEL

▪ **Tentative.** À la différence des infractions de commercialisation de médicaments falsifiés à usage humain (CSP, art. L. 5421-15, v. no 29.25), la tentative n'est pas punissable en matière de médicament vétérinaire falsifié.

RÉGIME PROCÉDURAL

▪ **Régime partiel de la criminalité organisée.** Initialement applicable au cas B3 par C. pr. pén., art. 706-74, puis complété depuis le 1er juin 2019 par C. pr. pén., art. 706-2-2 issu de L. no 2019-222, 23 mars 2019, étendant les techniques spéciales d'enquête, à l'exception dans un premier temps de l'interception des communications électroniques, puis incluant cette technique d'investigation depuis L. no 2020-1672, 24 déc. 2020, à toutes les hypothèses du cas B (v. no 11.22).

▪ ÉLÉMENTS CONSTITUTIFS – QUALIFICATION

✧ Pour avoir à .... [¤ lieu], le .... [¤ date], [⇨A puis le cas échéant B :]

A. COMMERCIALISATION DE MÉDICAMENTS VÉTÉRINAIRES FALSIFIÉS

[⇨A1 à A6 puis le cas échéant B1 à B4 :]

A1. fabriqué des (A1 : *N 30707.co*)...

A2. distribué des (A2 : *N 30708.co*)...

A3. effectué de la publicité pour des (A3 : *N 30709.co*)...

A4. offert à la vente ou vendu des (A4 : *N 30710.co*)...

A5. importé des (A5 : *N 30711.co*)...

A6. exporté des (A6 : *N 30712.co*)...

...médicaments falsifiés à usage vétérinaire, en l'espèce en .... [¤ matérialiser l'infraction] ;

B. COMMERCIALISATION AGGRAVÉE DE MÉDICAMENTS VÉTÉRINAIRES FALSIFIÉS

Préciser le cas échéant dans les cas A : ..., avec cette circonstance que... [⇨B1 à B4 :]

B1. le médicament falsifié était dangereux pour la santé de l'animal ou de l'homme ou pour l'environnement (A1B1 : *N 30713.co* ; A2B1 : *N 30714.co* ; A3B1 : *N 30715.co* ; A4B1 : *N 30716.co* ; A5B1 : *N 30717.co* ; A6B1 : *N 30718.co*) ;

B2. les faits ont été commis par un établissement pharmaceutique vétérinaire autorisé, un pharmacien d'officine titulaire de la licence, un vétérinaire ou un chef de service de pharmacie et toxicologie d'une école nationale vétérinaire, un groupement de producteurs ou un groupement professionnel agricole agréé (A1B2 : *N 30719.co* ; A2B2 : *N 30720.co* ; A3B2 : *N 30721.co* ; A4B2 : *N 30722.co* ; A5B2 : *N 30723.co* ; A6B2 : *N 30724.co*) ;

B3. les faits ont été commis en bande organisée (A1B3 : *N 30725.co* ; A2B3 : *N 30726.co* ; A3B3 : *N #.co* ; A4B3 : *N 30727.co* ; A5B3 : *N 30728.co* ; A6B3 : *N 30729.co*) ;

B4. [aggravation applicable aux seuls cas A3 et A4] les faits de publicité (A3B4 : *N 30730.co*), d'offre de vente ou de vente (A4B4 : *N 30731.co*) de médicaments falsifiés ont été commis sur un réseau de télécommunication à destination d'un public non déterminé.

Faits prévus et réprimés par les articles L. 5111-1, L. 5111-3, L. 5442-5 et L. 5442-14 du code de la santé publique. ✧

29.29 Non-respect des normes de fabrication du médicament à usage humain

■ PEINES

PERSONNE PHYSIQUE

PP Délit. 1 an d'emprisonnement, 150 000 € (CSP, art. L. 5421-1).

PC *idem* n° 29.21 (CSP, L. 5421-10) + fermeture temporaire ou définitive de l'établissement (CSP, art. L. 5421-7 ; C. pén., art. 131-33).

PERSONNE MORALE

PP Délit. 750 000 € (CSP, art. L. 5421-1 ; C. pén., art. 131-38).

PC *idem* n° 29.21 (CSP, art. L. 5421-11).

■ ORIENTEUR

AUTRE QUALIFICATION

▪ **Commercialisation ou détention de médicament à usage humain falsifié.** V. n° 29.25 en cas de défauts de qualité intentionnels (CSP, art. L. 5111-3 et L. 5421-13).

▪ **Non-respect des normes de fabrication du médicament vétérinaire.** Comme le médicament à usage humain, le médicament vétérinaire doit être élaboré et distribué selon des bonnes pratiques de fabrication (CSP, art. L. 5142-3, R. 5143-1 et R. 5442-1, Arr. 9 juin 2004, NOR : SANP0422019A, *JO* 11 juill., p. 12607) (contrav. 5e cl., CSP, art. R. 5442-1) (*N* ***25030.c5***).

ÉLÉMENT LÉGAL

▪ **Application de la loi pénale dans le temps. Infraction et pénalités** modifiées et réécrites par Ord. n° 2013-1183, 19 déc. 2013.

TEXTE DE RÉFÉRENCE

▪ **Fabrication et distribution en gros du médicament – Règlementation.** Normes de fabrication et de distribution du médicament, v. n° 29.19C.

MESURE ADMINISTRATIVE

▪ **Sanction financière administrative.** Le fait de ne pas respecter les règles de bonnes pratiques, à l'exclusion des règles de bonnes pratiques de dispensation par voie électronique, constitue un manquement soumis à **sanction financière administrative** prononcée par l'Agence nationale de sécurité du médicament et des produits de santé (CSP, art. L. 5421-8 6°, L. 5471-1).

■ ÉLÉMENTS CONSTITUTIFS – QUALIFICATION

✧ Pour avoir à .... [¤ lieu], le .... [¤ date], préparé (A : *N* ***30218.co***), importé, exporté, distribué en gros, effectué le courtage (B : *N* ***30219.co***), ou dispensé (C : *N* ***30220.co***) des médicaments à usage humain sans se conformer aux bonnes pratiques, dont la méconnaissance est de nature à entraîner un risque grave pour la santé publique, définies par l'arrêté du 10 mai 1995 pris en application de l'article L. 5121-5 du code de la Santé publique.
Faits prévus et réprimés par les articles L. 5121-5, L. 5421-1, L. 5421-7, L. 5421-10 et L. 5421-11 du code de la santé publique. ✧

29.30 Importation sans autorisation de médicament vétérinaire dépourvu d'AMM

■ PEINES

PERSONNE PHYSIQUE

PP Délit. 2 ans d'emprisonnement, 30 000 € (CSP, art. L. 5441-8).

PC *idem* n° 29.27 (CSP, art. L. 5441-10 et L. 5441-11).

PERSONNE MORALE

PP Délit. 150 000 € (CSP, art. L. 5441-8 ; C. pén., art. 131-38).

PC *idem* n° 29.27 (CSP, art. L. 5441-12).

■ ORIENTEUR

AUTRE QUALIFICATION

▪ **Mise sur le marché de médicament vétérinaire dépourvu d'AMM.** V. n° 29.27.

TEXTE DE RÉFÉRENCE

▪ **Fabrication et distribution en gros du médicament – Règlementation.** Importation du médicament, v. nº 29.19D.

▪ ÉLÉMENTS CONSTITUTIFS – QUALIFICATION

✧ Pour avoir à .... [¤ lieu], le .... [¤ date], importé un médicament vétérinaire, en l'espèce .... [¤ produit concerné], sans avoir préalablement obtenu, selon le cas, l'autorisation d'importation, l'autorisation de mise sur le marché, l'autorisation temporaire d'utilisation, l'enregistrement ou le certificat mentionné à l'article L. 5142-7 du code de la santé publique.

Faits prévus et réprimés par les articles L. 5142-7, L. 5441-8, L. 5441-10 et L. 5441-12 du code de la santé publique (*N* ***1609.co***). ✧

29.31 Exportation illicite de médicament à usage humain

▪ PEINES

PERSONNE PHYSIQUE

PP Délit. 5 ans d'emprisonnement, 375 000 € (CSP, art. L. 5423-4).

PC *Idem* nº 29.21 (CSP, L. 5421-10 et L. 5421-7).

PERSONNE MORALE

PP Délit. 1 875 000 € (CSP, art. L. 5423-4 ; C. pén., art. 131-38).

PC *Idem* nº 29.21 (CSP, art. L. 5421-11).

▪ ORIENTEUR

AUTRE QUALIFICATION

▪ **Commercialisation de médicament dépourvu d'AMM ou non enregistré.** V. nº 29.24.

TEXTE DE RÉFÉRENCE

▪ **Fabrication et distribution en gros du médicament – Règlementation.** Exportation du médicament, v. nº 29.19E.

▪ ÉLÉMENTS CONSTITUTIFS – QUALIFICATION

✧ Pour avoir à .... [¤ lieu], le .... [¤ date], omis de respecter l'interdiction d'exportation d'un médicament prononcée par l'Agence nationale de sécurité du médicament et des produits de santé.

Faits prévus et réprimés par les articles L. 5421-7, L. 5421-10, L. 5421-11, L. 5124-11, L. 5423-4 et L. 5423-7 du code de la santé publique (*N* ***22427.co***). ✧

29.32 Publicité irrégulière pour un médicament

▪ PEINES

PERSONNE PHYSIQUE

PP Délit. 1 an d'emprisonnement, 150 000 € (CSP, art. L. 5422-6).

PC *idem* nº 29.21 (CSP, L. 5421-10 et L. 5421-7).

PERSONNE MORALE

PP Délit. 750 000 € (CSP, art. L. 5422-6 ; C. pén., art. 131-38).

PC *idem* nº 29.21 (CSP, art. L. 5421-11).

▪ ORIENTEUR

ÉLÉMENT LÉGAL

▪ **Application de la loi pénale dans le temps. Infraction et pénalités** modifiées et réécrites par Ord. nº 2013-1183, 19 déc. 2013. L'incrimination recouvre désormais la publicité en faveur des professionnels de santé auparavant distinctement incriminée par CSP, art. L. 5422-3.

TEXTE DE RÉFÉRENCE

▪ **Fabrication et distribution en gros du médicament – Règlementation.** Publicité en faveur du médicament ou du produit de santé à usage humain, v. nº 29.19F.

MESURE ADMINISTRATIVE

▪ **Sanction financière administrative.** Les différents manquements aux règles relatives à la publicité en matière de médicaments sont susceptibles d'une **sanction financière administrative** prononcée par l'Agence nationale de sécurité du médicament et des produits de santé (CSP, art. L. 5422-18, L. 5471-1).

▪ **ÉLÉMENTS CONSTITUTIFS – QUALIFICATION**

✧ Pour avoir à .... [¤ lieu], le .... [¤ date], par toute forme d'information, y compris le démarchage, la prospection ou l'incitation, visant à promouvoir la prescription, la délivrance, la vente ou la consommation, effectué une publicité destinée au public ou aux membres des professions de santé habilités à prescrire ou à dispenser des médicaments ou à les utiliser, en faveur d'un médicament à usage humain, dépourvue de « visa de publicité » préalable délivré par l'Agence nationale de sécurité du médicament et des produits de santé, ou malgré la suspension ou le retrait du « visa de publicité », en l'espèce en .... [¤ matérialiser l'infraction].

Faits prévus et réprimés par les articles L. 5122-1, L. 5122-8, L. 5122-9, L. 5421-7, L. 5421-10, L. 5421-11, L. 5422-6 et L. 5422-14 du code de la santé publique (*N* ***22410.co***). ✧

29.33 Publicité irrégulière pour un médicament ou produit de santé – Destinée aux professionnels de santé (anc. CSP, art. L. 5422-3 abrogé, v. nº 29.32)

29.34 Publicité en faveur d'objets, appareils ou méthodes de santé malgré interdiction

▪ **PEINES**

PERSONNE PHYSIQUE

PP Délit. 1 an d'emprisonnement, 150 000 € (CSP, art. L. 5422-12).

PC *idem* nº 29.21 (CSP, art. L. 5421-10) + saisie, confiscation marchandises concernées et documents et objets publicitaires (CSP, art. L. 5422-14).

PERSONNE MORALE

PP Délit. 750 000 € (CSP, art. L. 5422-12 ; C. pén., art. 131-38).

PC *idem* nº 29.21 (CSP, art. L. 5421-11).

▪ **ORIENTEUR**

TEXTE DE RÉFÉRENCE

▪ **Fabrication et distribution en gros du médicament – Règlementation.** Publicité en faveur des objets, appareils et méthodes de santé, v. nº 29.19G.

▪ **ÉLÉMENTS CONSTITUTIFS – QUALIFICATION**

✧ Pour avoir à .... [¤ lieu], le .... [¤ date], effectué une publicité ou une propagande, quelque forme que ce soit, relative aux objets, appareils et méthodes, présentés comme favorisant le diagnostic, la prévention ou le traitement des maladies, des affections relevant de la pathologie chirurgicale et des dérèglements physiologiques, le diagnostic ou la modification de l'état physique ou physiologique, la restauration, la correction ou la modification des fonctions organiques, [⇨A ou B :]

A. sans respecter l'obligation de mentionner les avertissements et précautions d'emplois nécessaires à l'information du consommateur imposés par l'Agence nationale de sécurité du médicament et des produits de santé (A : *N* ***29405.co***) ;

B. en dépit de l'interdiction prononcée par le directeur général de l'Agence nationale de sécurité du médicament et des produits de santé (B : *N* ***29404.co***).

Faits prévus et réprimés par les articles L. 5122-15, L. 5422-12 et L. 5422-14, L. 5421-10 et L. 5421-11 du code de la santé publique. ✧

29.35 Publicité irrégulière en faveur d'un médicament vétérinaire

▪ **PEINES**

PERSONNE PHYSIQUE

PP Contrav. 5e cl. 1 500 € (CSP, art. R. 5441-1 ; C. pén., art. 131-13).

PC 1. Confiscation du médicament vétérinaire qui a servi ou était destiné à commettre l'infraction (CSP, art. R. 5441-2).

2. Interdiction vente du produit faisant l'objet de la publicité irrégulière (CSP, art. L. 5442-6).

PERSONNE MORALE

PP Contrav. 5e cl. 7 500 € (C. pén., art. 131-41).

PC 1. Confiscation du médicament vétérinaire qui a servi ou était destiné à commettre l'infraction (CSP, art. R. 5441-3).

2. Interdiction vente du produit faisant l'objet de la publicité irrégulière (CSP, art. L. 5442-6).

▪ **ORIENTEUR**

TEXTE DE RÉFÉRENCE

▪ **Fabrication et distribution en gros du médicament – Règlementation.** Publicité en faveur des médicaments vétérinaires, v. no 29.19H.

ÉLÉMENT MATÉRIEL

▪ **Imputabilité.** Sont punies des peines prévues pour les infractions aux conditions auxquelles est subordonnée la publicité concernant les médicaments vétérinaires, les personnes qui bénéficient d'une publicité irrégulière et les agents de diffusion de cette publicité (CSP, art. L. 5442-6).

▪ **ÉLÉMENTS CONSTITUTIFS – QUALIFICATION**

✧ Pour avoir à .... [¤ lieu], le .... [¤ date], sous quelque forme que ce soit, réalisé une publicité en faveur d'un médicament vétérinaire, en l'espèce .... [¤ produit concerné], [⇨A à D :]

A. produit ne disposant pas d'une autorisation de mise sur le marché (CSP, art. R. 5141-82) (A : *N 25023.c5*) ;

B. auprès du public, alors que ledit médicament ne pouvait être prescrit que sur ordonnance (CSP, art. R. 5141-84) (B : *N 25025.c5*) ;

C. sans qu'elle comporte les caractéristiques du médicament (CSP, art. R. 5141-85) (C : *N 25026.c5*) ;

D. sans déposer préalablement les textes et documents publicitaires auprès du directeur de l'Agence française de sécurité sanitaire des aliments (CSP, art. R. 5141-85) (D : *N 25027.c5*).

Faits prévus et réprimés par les articles L. 5442-6, R. 5441-1 et article [• du cas sélectionné] du code de la santé publique.✧

29.36 Perception ou fourniture illicite d'avantages aux professions de santé

▪ **PEINES**

PERSONNE PHYSIQUE

PP Délit. Cas A : 1 an, 75 000 € (CSP, art. L. 1454-7) ;

Cas B : 2 ans, 150 000 € ou 50 % des dépenses engagées pour la pratique constituant le délit (CSP, art. L. 1454-8).

PC 1. Affichage, ⩽ 2 mois, ou diffusion de la décision ou d'un ou plusieurs communiqués informant le public aux frais (⩽ amende encourue) du condamné (CSP, art. L. 1454-4 ; C. pén., art. 131-35) ;

2. Interdiction droits civiques civils et de famille ⩽ 5 ans (vote, éligibilité, fonction juridictionnelle, expert, témoin, tuteur, curateur) (CSP, art. L. 1454-4 ; C. pén., art. 131-26) ;

3. Interdiction, définitive ou ⩽ 5 ans activité professionnelle régie par le code de la santé publique ou toute autre activité professionnelle ou sociale en relation avec l'infraction, ainsi que l'activité de prestataire de formation professionnelle continue (CSP, art. L. 4223-1 [Ord. no 2005-1040, 26 août 2005, art. 11 III] ; C. pén., art. 131-27) ;

4. Interdiction, définitive ou ⩽ 5 ans d'exercer une ou plusieurs professions de santé réglementées dans le champ de la santé (CSP, art. L. 1454-4 ; C. pén., art. 131-27) et/ou interdiction, définitive ou ⩽ 15 ans d'exercer une profession commerciale ou industrielle, de diriger, d'administrer, de gérer ou de contrôler à un titre quelconque, directement ou indirectement, pour son propre compte ou pour le compte d'autrui, une entreprise commerciale ou industrielle ou une société commerciale ou toute autre activité professionnelle ou sociale à l'occasion de l'exercice de laquelle l'infraction a été commise (CSP, art. L. 1454-4 ; C. pén., art. 131-27) ;

5. Confiscation de la chose ayant servi à l'infraction ou destinée à la commettre ou son produit (obligatoire pour objets qualifiés dangereux ou nuisibles par la loi ou le règlement) (CSP, art. L. 1454-4 ; C. pén., art. 131-21).

PERSONNE MORALE

PP Délit. Cas A : **375 000 €** (CSP, art. L. 1454-7 ; C. pén., art. 131-38) ;

Cas B : **750 000 €** ou **50 %** des dépenses engagées pour la pratique constituant le délit (CSP, art. L. 1454-8 ; C. pén., art. 131-38).

PC 1. Interdiction, définitive ou ⩽ 5 ans, une ou plusieurs activités professionnelles ou sociales en relation avec l'infraction (CSP, art. L. 1454-5 ; C. pén., art. 131-39 2°) ;
2. Surveillance judiciaire ⩽ 5 ans (CSP, art. L. 1454-5 ; C. pén., art. 131-39 3° et 131-46) ;
3. Fermeture, définitive ou ⩽ 5 ans, d'un ou plusieurs établissements en relation avec l'infraction (CSP, art. L. 1454-5 ; C. pén., art. 131-39 4°) ;

4. Exclusion, définitive ou ⩽ 5 ans marchés publics (CSP, art. L. 1454-5 ; C. pén., art. 131-39 5°) ;

5. Interdiction, définitive ou ⩽ 5 ans appel public à l'épargne (CSP, art. L. 1454-5 ; C. pén., art. 131-39 6°) ;

6. Interdiction ⩽ 5 ans cartes de paiement ou émission chèques autres que de retrait ou certifiés (CSP, art. L. 1454-5 ; C. pén., art. 131-39 7°) ;

7. Confiscation de la chose ayant servi à l'infraction ou destinée à la commettre, ou son produit (CSP, art. L. 1454-5, obligatoire pour objets qualifiés dangereux ou nuisibles par loi ou règlement) (C. pén., art. 131-39 8° et 131-21) ;

8. Affichage, ⩽ 2 mois, *et/ou* (L. n° 2011-525, 17 mai 2011) diffusion de la décision ou d'extraits aux frais (⩽ amende encourue) du condamné (CSP, art. L. 1454-5 ; C. pén., art. 131-39 9°, 131-48 et 131-35) ;

■ ORIENTEUR

AUTRE QUALIFICATION

- **Corruption passive ou active – Personnes n'exerçant pas une fonction publique.** V. n° 23.43.
- **Intéressement illicite des professions médicales à la vente de médicament.** V. n° 29.37.
- **Promotion illicite du médicament, primes, avantages.** V. n° 29.38.
- **Intéressement illicite des professions médicales.** V. n° 29.50.

ÉLÉMENT LÉGAL

- **Application de la loi pénale dans le temps.** Cas A : Incriminations réécrites et pénalités modifiées par Ord. 2017-49, 19 janv. 2017 entrée en vigueur le 1er juill. 2018.
- **Domaine d'application.** Cas A : l'incrimination est également imputable aux professionnels collaborant aux travaux de la **Haute autorité de santé** (CSP, art. L. 1414-4 et L. 1419-1). Elle l'était également aux membres de l'**Agence française de sécurité sanitaire des aliments** (CSP, art. L. 1324-5) et de l'**Agence nationale de sécurité du médicament et des produits de santé** (CSP, art. L. 5451-4), lesquels sont désormais directement visés au titre des autorités administratives qui élaborent ou participent à l'élaboration d'une politique publique en matière de santé ou de sécurité sociale ou titulaires de pouvoirs de police administrative à caractère sanitaire.

TEXTE DE RÉFÉRENCE

- **Fabrication et distribution en gros du médicament – Règlementation.** Pratiques commerciales prohibées ou réglementées. V. n° 29.19I.
- **Pharmacie d'officine – Règlementation.** Pratiques commerciales de l'officine prohibées ou réglementées. V. n° 29.20C.

▪ **Obligations de déclaration d'intérêt de professions médicales.** Les membres des professions médicales qui ont des liens avec des entreprises et des établissements produisant ou exploitant des produits de santé ou avec des organismes de conseil intervenant sur ces produits sont tenus de faire connaître ces liens au public lorsqu'ils s'expriment sur lesdits produits lors d'une manifestation publique, d'un enseignement universitaire ou d'une action de formation continue ou d'éducation thérapeutique, dans la presse écrite ou audiovisuelle ou par toute publication écrite ou en ligne. Les manquements à ces règles sont punis de sanctions prononcées par l'ordre professionnel compétent (CSP, art. L. 4113-13, issu L. n° 2016-41, 26 janv. 2016).

ÉLÉMENT MATÉRIEL

▪ **Situations incriminées.** L'incrimination n'est notamment pas applicable aux avantages prévus par conventions (CSP, art. L. 1453-8) passées entre les membres des professions médicales et les entreprises concernées, si ces **conventions ont pour objet la rémunération, l'indemnisation ou le défraiement d'activités de recherche ou d'évaluation scientifique**, préalablement déclarées à l'autorité administrative ou à l'ordre professionnel concerné (CSP, art. L. 1453-7), selon les modalités précisées par CSP, art. L. 1453-11 s.

Elle ne s'applique pas non plus à **l'hospitalité offerte**, de manière directe ou indirecte, lors de manifestations de promotion ou lors de **manifestations à caractère exclusivement professionnel et scientifique** lorsque cette hospitalité est d'un niveau raisonnable, strictement limitée à l'objectif principal de la manifestation et n'est pas étendue à d'autres personnes que les professionnels de santé (CSP, art. L. 1453-7).

▪ ÉLÉMENTS CONSTITUTIFS – QUALIFICATION

✧ Pour avoir à .... [¤ lieu], le .... [¤ date], [⇨A ou B :]

A. [⇨A1 à A4 :]

A1. exerçant une profession de santé réglementée par le code de la santé publique, ostéopathe, chiropracteur ou psychothérapeute (A1 : *N 32951.co*) ...

A2. étant étudiant en formation initiale se destinant à l'exercice d'une profession de santé réglementée par le code de la santé publique, d'ostéopathe, de chiropracteur ou de psychothérapeute ou étant en formation continue ou suivant une action de développement professionnel continu dans ce champ (A2 : *N 31098.co*) ...

A3. étant une association regroupant des professionnels de santé réglementés par le code de la santé publique, des ostéopathes, chiropracteurs ou psychothérapeutes ou intervenant dans le champ de la formation de ces personnes (A3 : *N 31099.co*) ...

A4. étant fonctionnaire ou agent d'une administration de l'État, d'une collectivité territoriale ou de leurs établissements publics ou d'une autorité administrative qui élabore ou participe à l'élaboration d'une politique publique en matière de santé ou de sécurité sociale (A4a : *N 31098.co*) ou titulaire de pouvoirs de police administrative à caractère sanitaire (A4b : *N 31098.co*) ...

... reçu des avantages en espèces ou en nature, sous quelque forme que ce soit, d'une façon directe ou indirecte, proposés ou procurés par les personnes assurant des prestations de santé, produisant ou commercialisant des produits faisant l'objet d'une prise en charge par les régimes obligatoires de sécurité sociale (CSP, art. L. 1453-3, L. 1453-4, L. 1453-5, L. 1454-4, L. 1454-5 et L. 1454-7) ;

B. étant une personne assurant des prestations de santé, produisant ou commercialisant des produits faisant l'objet d'une prise en charge par les régimes obligatoires de sécurité sociale, proposé ou procuré des avantages en espèces ou en nature, sous quelque forme que ce soit, d'une façon directe ou indirecte, à (CSP, art. L. 1453-3, L. 1453-4, L. 1453-5, L. 1454-4, L. 1454-5 et L. 1454-8) [⇨B1 à B4 :]

B1. une personne exerçant une profession de santé réglementée par le code de la santé publique, ostéopathe, chiropracteur ou psychothérapeute (B1 : *N 32954.co* ; personne morale : *N 25770.co*) ...

B2. un étudiant en formation initiale se destinant à l'exercice d'une profession de santé réglementée par le code de la santé publique, d'ostéopathe, de chiropracteur ou de psychothérapeute ou étant en formation continue ou suivant une action de développement professionnel continu dans ce champ (B2 : *N 31105.co*) ...

B3. une association regroupant des professionnels de santé réglementés par le code de la santé publique, des ostéopathes, chiropracteurs ou psychothérapeutes ou intervenant dans le champ de la formation de ces personnes (B3 : *N 31106.co*) ...

B4. un fonctionnaire ou agent d'une administration de l'État, d'une collectivité territoriale ou de leurs établissements publics ou d'une autorité administrative qui élabore ou participe à l'élaboration d'une politique publique en matière de santé ou de sécurité sociale (B4a : *N 32955.co*) ou titulaire de pouvoirs de police administrative à caractère sanitaire (B4b : *N 32956.co*).

Faits prévus et réprimés par les articles [¤ de l'infraction sélectionnée]. ✧

29.37 Intéressement illicite des professions médicales à la vente de médicament

■ PEINES

PERSONNE PHYSIQUE

PP Délit. 4 500 € (CSP, art. L. 4163-4).

Récidive : 6 mois d'emprisonnement, 9 000 € (CSP, art. L. 4163-4).

PC Interdiction professionnelle de 1 à 10 ans (CSP, art. L. 4163-4).

PERSONNE MORALE

PP Délit. 22 500 €. Récidive : 45 000 € (CSP, art. L. 4163-4, C. pén., art. 131-38).

PC Néant.

■ ORIENTEUR

AUTRE QUALIFICATION

- **Corruption passive ou active – Personnes n'exerçant pas une fonction publique.** V. nº 23.43.
- **Perception ou fourniture illicite d'avantages aux professions de santé.** V. nº 29.36.
- **Promotion illicite du médicament, primes, avantages.** V. nº 29.38.
- **Intéressement illicite des professions médicales.** V. nº 29.50.

ÉLÉMENT LÉGAL

- **Champ d'application.** CSP, art. L. 4163-4 est applicable aux professions médicales visées au livre 1 de la 4e partie du CSP, soit les **médecins** (CSP, art. L. 4130-1 s.), **chirurgiens-dentistes** (CSP, art. L. 4141-1 s.) et **sages-femmes** (CSP, art. L. 4151-1 s.) (CSP, art. L. 4163-4). « *Les pharmaciens coauteurs du délit sont punis des mêmes peines* » (**Cas** C) (CSP, art. L. 4163-4). Les infractions prévues par CSP, art. L. 4163-4 sont également applicables, avec des pénalités plus importantes, aux **infirmiers** (CSP, art. L. 4314-6, 2 ans, 75 000 €) (*N 25042.co*), **masseurs-kinésithérapeutes** (CSP, art. L. 4323-6, 2 ans, 75 000 €) (*N 25043.co*), ainsi qu'aux **orthophonistes et orthoptistes** (CSP, art. L. 4344-3, 2 ans, 75 000 €) (*N 25044.co*).

TEXTE DE RÉFÉRENCE

- **Fabrication et distribution en gros du médicament – Règlementation.** Pratiques commerciales prohibées ou réglementées. V. nº 29.19I,
- **Pharmacie d'officine – Règlementation.** Pratiques commerciales de l'officine prohibées ou réglementées. V. nº 29.20C.

RÉGIME PROCÉDURAL

- **Compétence juridictionnelle. Juge unique** sauf récidive (C. pr. pén., art. 398-1, v. nº 17.15D2).
- **Ordonnance pénale. Possible** sauf récidive (C. pr. pén., art. 495-II, v. nº 15.48B1 et tableau nº 17.15D2).

■ ÉLÉMENTS CONSTITUTIFS – QUALIFICATION

✧ Pour avoir à .... [¤ lieu], le .... [¤ date], [⇨A à C :]

A. étant médecin, chirurgien-dentiste ou sage-femme, reçu, directement ou indirectement, sous quelque forme que ce soit, des intérêts ou ristournes proportionnels ou non au nombre prescrits ou vendus de médicaments, appareils orthopédiques ou autres, de quelque nature qu'ils soient (A : *N 2638.ju*, récidive : *N 8167.co*) ;

B. constitué ou fait fonctionner une société dont le but manifeste était la recherche d'intérêts ou ristournes revenant aux individus eux mêmes ou au groupe constitué à cet effet, proportionnels ou non au nombre prescrits ou vendus de médicaments, appareils orthopédiques ou autres, de quelque nature qu'ils soient (B : *N 2639.ju,* récidive : *N 8456.co*) ;

C. étant pharmacien, attribué à un médecin, chirurgien-dentiste ou sage-femme, ou à une société constituée à cet effet, directement ou indirectement, sous quelque forme que ce soit, des intérêts ou ristournes proportionnels ou non au nombre prescrits ou vendus de médicaments, appareils orthopédiques ou autres, de quelque nature qu'ils soient, et ainsi participé en qualité de coauteur au délit prévu à l'article L. 4163-4 du code de la santé publique (C : *N 2638.ju,* récidive : *N 8167.co*).

Faits prévus et réprimés par les articles L. 4113-8 et L. 4163-4 du code de la santé publique. ✧

29.38 Promotion illicite de médicament – Primes, avantages

■ PEINES

PERSONNE PHYSIQUE

PP Délit. 2 ans d'emprisonnement, 75 000 € (CSP, art. L. 5422-9).

PC *Idem* n° 29.21 (CSP, art. L. 5421-10) + saisie, confiscation marchandises concernées et documents et objets publicitaires (CSP, art. L. 5422-14).

PERSONNE MORALE

PP Délit. 375 000 € (CSP, art. L. 5422-9 ; C. pén., art. 131-38).

PC *Idem* n° 29.21 (CSP, art. L. 5421-11).

■ ORIENTEUR

AUTRE QUALIFICATION

- **Corruption passive ou active – Personnes n'exerçant pas une fonction publique.** V. n° 23.43.
- **Perception ou fourniture illicite d'avantages aux professions de santé.** V. n° 29.36.
- **Intéressement illicite des professions médicales à la vente de médicament.** V. n° 29.37.
- **Intéressement illicite des professions médicales.** V. n° 29.50.

ÉLÉMENT LÉGAL

- **Application de la loi pénale dans le temps. Infraction et pénalités** modifiées et réécrites par Ord. n° 2013-1183, 19 déc. 2013.
- **Domaine d'application.** Il n'y a pas d'infraction lorsque les avantages promotionnels sont « *de valeur négligeable* » (CSP, art. L. 5422-9). L'incrimination n'est pas non plus applicable à la remise d'échantillons gratuits de médicaments répondant aux conditions restrictives prévues par CSP, art. L. 5122-10 et R. 5122-17 (décret d'application pris sur le fondement de CSP, art. L. 5122-16) (sur ces conditions, v. n° 29.39).

TEXTE DE RÉFÉRENCE

- **Fabrication et distribution en gros du médicament – Règlementation.** Pratiques commerciales prohibées ou réglementées. V. n° 29.19I.
- **Pharmacie d'officine – Règlementation.** Pratiques commerciales de l'officine prohibées ou réglementées. V. n° 29.20C.

■ ÉLÉMENTS CONSTITUTIFS – QUALIFICATION

✧ Pour avoir à .... [¤ lieu], le .... [¤ date], pour promouvoir des médicaments, octroyé, offert ou promis à des personnes habilitées à prescrire ou à délivrer des médicaments une prime, un avantage pécuniaire ou en nature.

Faits prévus et réprimés par les articles L. 5122-10, L. 5422-9, L. 5421-10, L. 5421-11 et L. 5422-14 du code de la santé publique (*N 22412.co*). ✧

29.39 Remise illicite d'échantillons de médicament à usage humain

■ PEINES

PERSONNE PHYSIQUE

PP Délit. 1 an d'emprisonnement, 75 000 € (CSP, art. L. 5422-8).

PC *idem* n° 29.21 (CSP, art. L. 5421-10) + Saisie, confiscation marchandises concernées et documents et objets publicitaires (CSP, art. L. 5422-14).

PERSONNE MORALE

PP Délit. 375 000 € (CSP, art. L. 5422-8 ; C. pén., art. 131-38).

PC *idem* nº 29.21 (CSP, art. L. 5421-11).

■ ORIENTEUR

AUTRE QUALIFICATION

▪ **Promotion illicite du médicament, primes, avantages.** V. nº 29.38.

ÉLÉMENT LÉGAL

▪ **Application de la loi pénale dans le temps. Infraction et pénalités** modifiées et réécrites par Ord. nº 2013-1183, 19 déc. 2013.

TEXTE DE RÉFÉRENCE

▪ **Fabrication et distribution en gros du médicament – Règlementation.** Pratiques commerciales prohibées ou réglementées. V. nº 29.19I.

■ ÉLÉMENTS CONSTITUTIFS – QUALIFICATION

✧ Pour avoir à .... [¤ lieu], le .... [¤ date], remis des échantillons gratuits de médicaments [⇨A à H :]

A. à des personnes non habilitées à prescrire ou à dispenser des médicaments dans le cadre des pharmacies à usage intérieur (A : *N **31311**.co*) ;

B. à des personnes habilitées à prescrire ou à dispenser des médicaments dans le cadre des pharmacies à usage intérieur, sans que ces personnes en aient exprimé la demande (B : *N **31304**.co*) ;

C. contenant des substances classées comme psychotropes ou comme stupéfiants, ou auxquels la règlementation des stupéfiants est appliquée en tout ou en partie (C : *N **31305**.co*) ;

D. dans les enceintes accessibles au public à l'occasion de congrès médicaux ou pharmaceutiques (D : *N **31306**.co*) ;

E. différents des spécialités pharmaceutiques concernées (E : *N **31307**.co*) ;

F. ne portant pas la mention « échantillon gratuit » (F : *N **31308**.co*) ;

G. au public à des fins promotionnelles (G : *N **31309**.co*) ;

H. aux personnes habilitées à les prescrire ou à les délivrer, en quantité supérieure au nombre fixé par voie réglementaire (CSP, art. R. 5122-17) (H : *N **31310**.co*).

Faits prévus et réprimés par les articles L. 5122-10, L. 5422-8, L. 5421-10, L. 5421-11 et L. 5422-14 du code de la santé publique. ✧

29.40 Exclusivité de vente de produit vétérinaire

■ PEINES

PERSONNE PHYSIQUE

PP Délit. 3 750 € (CSP, art. L. 5441-13).

PC Fermeture, définitive ou temporaire de l'établissement (CSP, art. L. 5441-10).

PERSONNE MORALE

PP Délit. 18 750 € (CSP, art. L. 5441-13 ; C. pén., art. 131-38).

PC Néant.

■ ORIENTEUR

TEXTE DE RÉFÉRENCE

▪ **Fabrication et distribution en gros du médicament – Règlementation.** Pratiques commerciales prohibées ou réglementées. V. nº 29.19I.

RÉGIME PROCÉDURAL

▪ **Compétence juridictionnelle. Juge unique** (C. pr. pén., art. 398-1, v. nº 17.15D2).

▪ **Ordonnance pénale. Possible** (C. pr. pén., art. 495-II, v. nº 15.48B1 et tableau nº 17.15D2).

■ **ÉLÉMENTS CONSTITUTIFS – QUALIFICATION**

✧ Pour avoir à .... [¤ lieu], le .... [¤ date], établi une exclusivité de vente de médicaments vétérinaires au bénéfice d'une ou plusieurs catégories de revendeurs.

Faits prévus et réprimés par les articles L. 5441-10 et L. 5441-13 du code de la santé publique (*N 1615.ju*). ✧

29.41 Procédés commerciaux illicites – Produit vétérinaire

■ **PEINES**

PERSONNE PHYSIQUE

PP Contrav. 5e cl. 1 500 € (CSP, art. R. 5441-1 ; C. pén., art. 131-13).

PC Confiscation du médicament vétérinaire qui a servi ou était destiné à commettre l'infraction (CSP, art. R. 5441-2).

PERSONNE MORALE

PP Contrav. 5e cl. 7 500 € (CSP, art. R. 5441-1 ; C. pén., art. 131-41).

PC Néant.

■ **ORIENTEUR**

TEXTE DE RÉFÉRENCE

▪ **Fabrication et distribution en gros du médicament – Règlementation.** Pratiques commerciales prohibées ou réglementées. V. nº 29.191.

■ **ÉLÉMENTS CONSTITUTIFS – QUALIFICATION**

✧ Pour avoir à .... [¤ lieu], le .... [¤ date], [⇨A ou B :]

A. étant fabricant, responsable de la mise sur le marché ou distributeur de médicaments vétérinaires, remis directement ou indirectement aux utilisateurs ou personnes habilités à les prescrire ou délivrer, des **primes**, objets ou produits quelconques, ou consenti des **avantages** matériels directs ou indirects autres que les conditions tarifaires autorisées (CSP, art. R. 5141-87) (A : *N 3399.c5*) ;

B. étant fabricant, responsable de la mise sur le marché, grossiste ou dépositaire, délivré des **échantillons** de médicaments vétérinaires à des personnes autres que des docteurs vétérinaires ou à des docteurs vétérinaires n'en ayant pas fait la demande écrite (CSP, art. R. 5141-88) (B : *N 3400.c5*).

Faits prévus et réprimés par les articles R. 5441-1 et article [• du cas sélectionné] du code de la santé publique. ✧

29.42 Exercice illégal de la pharmacie

■ **PEINES**

PERSONNE PHYSIQUE

PP Délit. 2 ans d'emprisonnement, 30 000 € d'amende (auparavant 1 an, 15 000 € [Ord. nº 2005-1040, 26 août 2005]) (CSP, art. L. 4223-1).

PC 1. Affichage, ⩽ 2 mois, ou diffusion de la décision ou d'extraits aux frais (⩽ amende encourue) du condamné (CSP, art. L. 4223-1 [Ord. nº 2005-1040, 26 août 2005] ; C. pén., art. 131-35) ;

2. Confiscation de la chose ayant servi à l'infraction ou destinée à la commettre ou son produit (obligatoire pour objets qualifiés dangereux ou nuisibles par la loi ou le règlement) (CSP, art. L. 4223-1 [Ord. nº 2005-1040, 26 août 2005] ; C. pén., art. 131-21) ;

3. Interdiction, définitive ou ⩽ 5 ans activité professionnelle régie par le code de la santé publique ou toute autre activité professionnelle ou sociale en relation avec l'infraction, ainsi que l'activité de prestataire de formation professionnelle continue (CSP, art. L. 4223-1 [Ord. nº 2005-1040, 26 août 2005] ; C. pén., art. 131-27) ;

4. Fermeture, définitive ou ⩽ 5 ans de l'établissement dans lequel l'infraction a été commise (CSP, art. L. 4223-1 [Ord. nº 2005-1040, 26 août 2005]).

PERSONNE MORALE

PP Délit. 1 500 000 € (auparavant 75 000 € [Ord. n° 2005-1040, 26 août 2005]) (CSP, art. L. 4223-1 ; C. pén., art. 131-38).

PC 1. Interdiction, définitive ou ⩽ 5 ans, une ou plusieurs activités professionnelles ou sociales en relation avec l'infraction (CSP, art. L. 4223-1 ; C. pén., art. 131-39 2°) ;

2. Surveillance judiciaire ⩽ 5 ans, sauf personnes morales de droit public, partis, groupements politiques, syndicats (CSP, art. L. 4223-1 ; C. pén., art. 131-39 3° et 131-46) ;

3. Fermeture, définitive ou ⩽ 5 ans, d'un ou plusieurs établissements en relation avec l'infraction (CSP, art. L. 4223-1 ; C. pén., art. 131-39 4°) ;

4. Exclusion, définitive ou ⩽ 5 ans marchés publics (CSP, art. L. 4223-1 ; C. pén., art. 131-39 5°) ;

5. Interdiction, définitive ou ⩽ 5 ans appel public à l'épargne (CSP, art. L. 4223-1 ; C. pén., art. 131-39 6°) ;

6. Interdiction ⩽ 5 ans cartes de paiement ou émission chèques autres que de retrait ou certifiés (CSP, art. L. 4223-1 ; C. pén., art. 131-39 7°) ;

7. Confiscation de la chose ayant servi à l'infraction ou destinée à la commettre, ou son produit (CSP, art. L. 4223-1, obligatoire pour objets qualifiés dangereux ou nuisibles par loi ou règlement) (C. pén., art. 131-39 8° et 131-21) ;

8. Affichage, ⩽ 2 mois, *et/ou* (L. n° 2011-525, 17 mai 2011) diffusion de la décision ou d'extraits aux frais (⩽ amende encourue) du condamné (CSP, art. L. 4223-1 ; C. pén., art. 131-39 9°, 131-48 et 131-35).

■ ORIENTEUR

AUTRE QUALIFICATION

▪ **Infractions aux règles d'exploitation de la pharmacie d'officine.** V. n° 29.44.

▪ **Exercice illégal de la pharmacie vétérinaire.** V. n° 29.43.

▪ **Usurpation de titre, diplôme ou qualité.** L'usage de la qualité de pharmacien sans remplir les conditions exigées par CSP, art. L. 4221-1, notamment de diplôme et d'inscription à l'ordre des pharmaciens, ou l'usage sans droit d'un diplôme, certificat ou autre titre légalement requis pour l'exercice de cette profession, est passible des sanctions prévues par C. pén., art. 433-17 incriminant l'usurpation de titre, diplôme ou qualité (CSP, art. L. 4223-2) (*N* ***2612.co***). Sur cette infraction, v. n° 25.21.

ÉLÉMENT LÉGAL

▪ **Application de la loi pénale dans le temps. Personnes morales. Cas** A : l'imputabilité de l'infraction a été étendue aux personnes morales, avant la généralisation de leur responsabilité pénale (L. n° 2004-204, 19 mars 2004 modifiant C. pén., art. 121-2), par L. n° 2001-504, 12 juin 2001, tendant à renforcer la prévention et la répression des mouvements sectaires portant atteinte aux droits de l'Homme et aux libertés fondamentales.

TEXTE DE RÉFÉRENCE

▪ **Pharmacie d'officine – Règlementation.** Conditions d'exercice. V. n° 29.20A.

MESURE ADMINISTRATIVE

▪ **Fermeture administrative provisoire.** Lorsque l'autorité judiciaire a été saisie d'une poursuite, le préfet peut prononcer la fermeture provisoire de l'établissement (CSP, art. L. 4223-3 [Ord. n° 2005-1040, 26 août 2005, art. 11 III]).

■ ÉLÉMENTS CONSTITUTIFS – QUALIFICATION

✧ Pour s'être à .... [¤ lieu], le .... [¤ date],

A. livré à des opérations réservées aux pharmaciens sans réunir les conditions exigées pour l'exercice de la profession de pharmacien, en l'espèce en .... [¤ matérialiser l'infraction] (A : *N* ***176.co***, par personne morale : ***25815.co***) ;

B. exercé l'activité de pharmacien, en l'espèce en .... [¤ matérialiser l'infraction], malgré une décision judiciaire d'interdiction définitive ou temporaire d'exercer cette activité (B : *N* ***26185.co***).

Faits prévus et réprimés par les articles L. 4211-1 et L. 4223-1 du code de la santé publique. ✧

29.43 Exercice illégal de la pharmacie vétérinaire

■ PEINES

PERSONNE PHYSIQUE

PP Délit. 2 ans d'emprisonnement, 30 000 € d'amende (CSP, art. L. 5442-1).

PC Fermeture, définitive ou temporaire de l'établissement (CSP, art. L. 5442-5).

PERSONNE MORALE

PP Délit. 1 500 000 € (CSP, art. L. 5442-1 ; C. pén., art. 131-38).

PC Néant.

■ ORIENTEUR

AUTRE QUALIFICATION

▪ Exercice illégal de la pharmacie. V. nº 29.42.

TEXTE DE RÉFÉRENCE

▪ **Droits concurrents des vétérinaires.** Cas B : sur le droit des vétérinaires, **sans tenir officine ouverte**, de délivrer des médicaments vétérinaires pour les animaux qu'ils soignent (CSP, art. L. 5143-2 et L. 5143-3), v. nº 29.20B4, dans les conditions précisées par CSP, art. R. 5141-112-1).

MESURE ADMINISTRATIVE

▪ **Fermeture administrative provisoire.** Lorsque l'autorité judiciaire a été saisie d'une poursuite, le représentant de l'État dans le département peut prononcer la fermeture provisoire de l'établissement (CSP, art. L. 5442-5).

■ ÉLÉMENTS CONSTITUTIFS – QUALIFICATION

✧ Pour s'être à .... [¤ lieu], le .... [¤ date],

A. n'étant pas pharmacien titulaire d'une officine, vétérinaire ou chef des services de pharmacie et toxicologie des écoles nationales vétérinaires, préparé extemporanément ou détenu des médicaments vétérinaires pour les céder ou les délivrer, à titre gratuit ou onéreux (A : *N 3680.co*) ;

B. étant vétérinaire, tenu une officine ouverte (B : *N #.co*).

Faits prévus et réprimés par les articles L. 5143-2, L. 5442-1 et L. 5442-5 du code de la santé publique. ✧

29.44 Infractions aux règles d'exploitation de la pharmacie d'officine

■ PEINES

PERSONNE PHYSIQUE

PP Délit. 75 000 € (Cas A : CSP, art. L. 5424-13. Cas B : CSP, art. L. 5424-14).

PC *idem* nº 29.21 (CSP, art. L. 5421-10) + fermeture définitive ou temporaire de l'officine (CSP, art. L. 5424-19).

PERSONNE MORALE

PP Délit. 375 000 € (Cas A : CSP, art. L. 5424-13. Cas B : CSP, art. L. 5424-14 ; C. pén., art. 131-38).

PC *idem* nº 29.21 (CSP, art. L. 5421-11).

■ ORIENTEUR

ÉLÉMENT LÉGAL

▪ **Application de la loi pénale dans le temps. Infraction et pénalités** modifiées et réécrites par Ord. nº 2013-1183, 19 déc. 2013.

TEXTE DE RÉFÉRENCE

▪ **Pharmacie d'officine – Règlementation.** Conditions d'exercice. V. nº 29.20A.

▪ **Pharmacie d'officine – Règlementation.** Étendue du monopole de la pharmacie d'officine. V. nº 29.20B.

RÉGIME PROCÉDURAL

▪ **Compétence juridictionnelle. Juge unique** (C. pr. pén., art. 398-1, v. nº 17.15D2).

▪ **Ordonnance pénale. Possible** (C. pr. pén., art. 495-II, v. nº 15.48B1 et tableau nº 17.15D2).

MESURE ADMINISTRATIVE

▪ **Sanction financière administrative.** Les autres manquements aux règles relatives au fonctionnement de la pharmacie d'officine sont susceptibles d'une sanction financière administrative prononcée par le directeur général de l'agence régionale de santé territorialement compétent (CSP, art. L. 5424-2 à L. 5424-4 et L. 5472-1).

▪ **Fermeture administrative provisoire.** Lorsque l'autorité judiciaire a été saisie d'une poursuite, le directeur général de l'agence régionale de santé peut prononcer la fermeture provisoire de l'officine (CSP, art. L. 5424-19).

▪ ÉLÉMENTS CONSTITUTIFS – QUALIFICATION

✧ Pour avoir à .... [¤ lieu], le .... [¤ date], étant pharmacien d'officine [⇨A ou B :]

A. omis d'exercer personnellement sa profession (CSP, art. L. 5125-20, L. 5424-13, L. 5424-19 et R. 4235-50) (A : *N 22341.ju*) ;

B. omis, en cas d'absence, de se faire régulièrement remplacer (CSP, art. L. 5125-21, L. 5424-14 et L. 5424-19) (B : *N 21227.ju*).

Faits prévus et réprimés par les articles [• du cas sélectionné] du code de la santé publique. ✧

29.45 Emploi de personnel non titulaire du diplôme de préparateur en pharmacie

▪ PEINES

PERSONNE PHYSIQUE

PP Délit. 1 an d'emprisonnement, 15 000 € (CSP, art. L. 4243-3).

PC Néant.

PERSONNE MORALE

PP Délit. 75 000 € (CSP, art. L. 4243-3 ; C. pén., art. 131-38).

PC Néant.

▪ ORIENTEUR

TEXTE DE RÉFÉRENCE

▪ **Pharmacie d'officine – Règlementation.** Conditions d'exercice. V. n° 29.20A.

▪ ÉLÉMENTS CONSTITUTIFS – QUALIFICATION

✧ Pour s'être à .... [¤ lieu], le .... [¤ date], étant pharmacien d'officine, fait seconder, même occasionnellement, dans la préparation et la délivrance au public de médicaments à usage humain ou vétérinaire, par une personne non titulaire des qualifications requises pour exercer la profession de préparateur en pharmacie.

Faits prévus et réprimés par les articles L. 4241-1, L. 4241-2 et L. 4243-3 du code de la santé publique (*N 2643.co*). ✧

29.46 Infractions en matière de substances vénéneuses

▪ PEINES

PERSONNE PHYSIQUE

PP Délit. Cas A : 5 ans d'emprisonnement, 375 000 € (CSP, art. L. 5432-1) ;
Cas B : 7 ans d'emprisonnement, 750 000 € (CSP, art. L. 5432-1) ;
Cas C : 5 ans d'emprisonnement, 375 000 € (CSP, art. L. 5432-2) ;
Cas D : 7 ans d'emprisonnement, 750 000 € (CSP, art. L. 5432-2).

PC 1. Affichage, ⩽ 2 mois, ou diffusion de la décision ou d'un ou plusieurs communiqués informant le public aux frais (⩽ amende encourue) du condamné (CSP, art. L. 5432-4 ; C. pén., art. 131-35) ;

2. Interdiction, définitive ou ⩽ 5 ans d'exercer une ou plusieurs professions régie par le code de la santé publique (CSP, art. L. 5432-4 ; C. pén., art. 131-27) et/ou interdiction, définitive ou ⩽ 15 ans d'exercer une profession commerciale ou industrielle, de diriger, d'administrer, de gérer ou de contrôler une entreprise commerciale ou industrielle ou une société commerciale ou toute autre

activité professionnelle ou sociale à l'occasion de l'exercice de laquelle l'infraction a été commise (CSP, art. L. 5432-4 ; C. pén., art. 131-27) ;

3. Confiscation de la chose ayant servi à l'infraction ou destinée à la commettre ou son produit (obligatoire pour objets qualifiés dangereux ou nuisibles par la loi ou le règlement) (CSP, art. L. 5432-4 ; C. pén., art. 131-21).

4. Confiscation des plantes ou substances saisies (CSP, art. L.5432-1).

PERSONNE MORALE

PP Délit. Cas A : 1 875 000 € (CSP, art. L. 5432-1 ; C. pén., art. 131-38) ;

Cas B : 3 750 000 € (CSP, art. L. 5432-1 ; C. pén., art. 131-38) ;

Cas C : 1 875 000 € (CSP, art. L. 5432-2 ; C. pén., art. 131-38) ;

Cas D : 3 750 000 € (CSP, art. L. 5432-2 ; C. pén., art. 131-38).

PC. 1. Interdiction définitive ou ⩽ 5 ans une ou plusieurs activités prof. ou sociales en relation avec l'infraction (CSP, art. L. 5432-5 ; C. pén., art. 131-39 2°) ;

2. Surveillance judiciaire ⩽ 5 ans, sauf personnes morales de droit public, partis, groupements politiques, syndicats (CSP, art. L. 5432-5 ; C. pén., art. 131-39 3° et 131-46) ;

3. Fermeture définitive ou ⩽ 5 ans un ou plusieurs établissements en relation avec l'infraction (CSP, art. L. 5432-5 ; C. pén., art. 131-39 4°) ;

4. Exclusion définitive ou ⩽ 5 ans marchés publics (CSP, art. L. 5432-5 ; C. pén., art. 131-39 5°) ;

5. Interdiction définitive ou ⩽ 5 ans appel public à l'épargne (CSP, art. L. 5432-5 ; C. pén., art. 131-39 6°) ;

6. Interdiction ⩽ 5 ans cartes de paiement ou émission chèques autres que de retrait ou certifiés (CSP, art. L. 5432-5 ; C. pén., art. 131-39 7°) ;

7. Confiscation chose ayant servi à l'infraction ou destinée à la commettre, ou son produit (obligatoire pour objets qualifiés dangereux ou nuisibles par loi ou règlement) (CSP, art. L. 5432-5 ; C. pén., art. 131-39 8° et 131-21) ;

8. Affichage (⩽ 2 mois) ou diffusion décision ou extrait aux frais (⩽ amende encourue) du condamné (CSP, art. L. 5432-5 ; C. pén., art. 131-39 9°, 131-48 et 131-35).

▪ ORIENTEUR

AUTRE QUALIFICATION

▪ **Infractions en matière de stupéfiants.** C. pén., art. 222-34 s., v. n° 23.43 s. Cas B3, v. aussi C. pén., art. 222-37, n° 28.6 (obtention ou délivrance de stupéfiants au moyen d'ordonnance fictive ou de complaisance).

ÉLÉMENT LÉGAL

▪ **Définition et domaine.** • **Définition des substances vénéneuses.** Sont des substances vénéneuses : les **substances stupéfiantes** (sur la nomenclature des principaux stupéfiants, v. n° 13.7 s. ; sur les infractions en matière de stupéfiants, v. n° 28.1 s.) ; les **substances psychotropes** ; les substances inscrites sur les **listes I et II** (CSP, art. L. 5132-1). Les listes I et II comprennent : certaines substances classées dangereuses pour la santé en application de CSP, art. L. 1342-2 ; les médicaments susceptibles de présenter directement ou indirectement un danger pour la santé ; les médicaments à usage humain contenant des substances dont l'activité ou les effets indésirables nécessitent une surveillance médicale ; tout autre produit ou substance présentant pour la santé des risques directs ou indirects (CSP, art. L. 5132-6). • **Modalités de classement des substances vénéneuses.** Les plantes, substances ou préparations vénéneuses sont classées comme stupéfiants ou comme psychotropes ou sont inscrites sur les listes I et II par arrêté du ministre chargé de la santé (CSP, art. L. 5132-7). La liste I comprend les substances ou préparations présentant les risques les plus élevés pour la santé (CSP, art. L. 5132-6). • **Définition des substances et préparations.** On entend par « substances » les éléments chimiques et leurs composés comme ils se présentent à l'état naturel ou tels qu'ils sont produits par l'industrie, contenant éventuellement tout additif nécessaire à leur mise sur le marché. On entend par « préparations » les mélanges ou solutions composés de deux substances ou plus (CSP, art. L. 5132-1). • **Définition du mésusage et de l'abus. Cas B3** : on entend par « *Mésusage* » « *une utilisation intentionnelle et inappropriée d'un médicament ou d'un produit, non-conforme à l'autorisation de mise sur le marché ou à l'enregistrement ainsi qu'aux recommandations de bonnes pratiques* » (CSP, art. R. 5121-152). On entend par « *Abus* » « *un* *usage excessif intentionnel, persistant ou sporadique, de médicaments ou de produits [...], accompagné de réactions physiques ou psychologiques nocives* » (CSP, art. R. 5121-152).

▪ **Fait justificatif.** Cas B3 : dans les conditions précisées par CSP, art. L. 5121-12-1, la circonstance aggravante d'aide au mésusage ou à l'abus de substance vénéneuse ne peut être retenue en cas de prescription d'une spécialité pharmaceutique non-conforme à son AMM dans le cas où cet emploi a fait l'objet d'une « *recommandation temporaire d'utilisation* » délivrée par l'Agence nationale de sécurité du médicament et des produits de santé ou en cas d'absence d'alternative médicamenteuse appropriée (CSP, art. L. 5432-1).

ÉLÉMENT MATÉRIEL

▪ **Règlementation des substances vénéneuses. • Décrets d'application.** En raison de leur nocivité, la production, la fabrication, le transport, l'importation, l'exportation, la détention, l'offre, la cession, l'acquisition et l'emploi de plantes, de substances ou de préparations classées comme vénéneuses sont soumises à des conditions définies par décrets en Conseil d'État. Ces décrets peuvent prohiber toute opération relative à ces plantes ou substances (c'est ainsi, à titre d'exemple, que sont prohibés le Kath (CSP, art. R. 5132-85) et le cannabis (CSP, art. R. 5132-86), v. n° 13.7 s.), interdire la prescription et l'incorporation dans des préparations de certaines de ces plantes et substances ou des spécialités qui en contiennent, fixer les conditions de prescription et de délivrance de ces préparations (CSP, art. L. 5132-8). **• Infractions imputables aux professionnels.** La violation de ces dispositions particulières « *dans le cadre d'une activité réglementée* » (établissement pharmaceutique, pharmacie, médecin, vétérinaire) constitue l'incrimination visée par CSP, art. L. 5432-1, y compris lorsqu'il s'agit de produits stupéfiants dont la détention, la transformation et la commercialisation n'est pas interdite (ex. morphine, codéine). **• Infractions imputables à toute personne.** Relève de CSP, art. L. 5432-2 le fait « *pour quiconque* » « *de fabriquer, d'importer, d'exporter, de transporter, d'offrir, de céder, d'acquérir, de détenir, d'employer de manière illicite ou de se faire délivrer au moyen d'ordonnances fictives ou de complaisance* » des substances, plantes, préparations, médicaments classés comme psychotropes ou inscrits sur les listes I et II, ou des médicaments non inscrits sur ces listes mais contenant des composants inscrits sur ces listes. Lorsque de telles opérations portent sur des produits stupéfiants (sur la liste des stupéfiants v. n° 13.7 s.), lesquels appartiennent à la catégorie des substances vénéneuses, les incriminations particulières prévues par C. pén., art. 222-34 s. sont applicables (v. n° 28.1 s). **• Principales prescriptions en matière de stupéfiants.** Les opérations portant sur les stupéfiants sont interdites, sauf autorisation expresse (CSP, art. R. 5132-74) délivrée par le directeur de l'Agence nationale de sécurité du médicament et des produits de santé (CSP, art. R. 5132-75). Tiennent notamment lieu d'autorisation, « *pour le seul usage professionnel* » l'inscription à l'ordre des pharmaciens ou vétérinaires (CSP, art. R. 5132-75). L'importation ou l'exportation de stupéfiants est interdite sans autorisation spéciale délivrée pour chaque opération par le directeur général de l'Agence nationale de sécurité du médicament et des produits de santé (CSP, art. R. 5132-78). Les substances stupéfiantes sont détenues dans des armoires ou des locaux fermés à clef, tout vol ou détournement est signalé sans délai aux autorités de police et sanitaires (CSP, art. R. 5132-80), les entrées ou sorties de matière sont comptabilisées sur un registre (CSP, art. R. 5132-36), il en est de même pour les opérations de fabrication, de transformation ou de division (CSP, art. R. 5132-82). Un état annuel récapitule les opérations (CSP, art. L. 5132-83). Les conditions de prescription et de délivrance des spécialités pharmaceutiques ou préparations contenant des stupéfiants sont encadrées par CSP, art. R. 5132-27 s. Mentionnons qu'il est interdit de prescrire ou de délivrer des substances classées comme stupéfiants lorsqu'elles ne sont pas contenues dans une spécialité pharmaceutique ou une préparation (CSP, art. R. 5132-29). **• Principales prescriptions en matière de substances psychotropes.** Les opérations portant sur les substances psychotropes sont interdites, sauf autorisation expresse (CSP, art. R. 5132-88) délivrée par le directeur de l'Agence nationale de sécurité du médicament et des produits de santé (CSP, art. R. 5132-88-1). À l'instar du régime des stupéfiants, tiennent notamment lieu d'autorisation, « *pour le seul usage professionnel* », l'autorisation d'ouverture d'un établissement pharmaceutique, l'inscription à l'ordre des pharmaciens ou vétérinaires (CSP, art. R. 5132-89). L'importation ou l'exportation de psychotropes est interdite sans autorisation spéciale délivrée pour chaque opération par le directeur général de l'Agence nationale de sécurité du médicament et des produits de santé (CSP, art. R. 5132-92). La comptabilité matière des substances psychotropes doit être tenue sur un registre (CSP, art. R. 5132-91). Un état annuel récapitule les opérations de fabrication ou de transformation des psychotropes par les industriels (CSP, art. R. 5132-93), ou les opérations d'acquisition ou de vente (CSP, art. R. 5132-94). • **Dispositions communes aux médicaments des listes I et II et des médicaments stupéfiants.** Sous réserve de dispositions propres aux médicaments relevant des listes I et II (CSP, art. R. 5132-21 s.) ou contenant des stupéfiants (CSP, art. R. 5132-27 s.), des règles communes entourent la prescription et la délivrance de ces médicaments afin d'assurer la traçabilité des opérations, le contingement des flux, et de prévenir le mésusage et l'abus des produits (CSP, art. R. 5132-3 s.). Mentionnons qu'une spécialité pharmaceutique (médicament ayant fait l'objet d'une AMM) contenant des substances vénéneuses ne peut être déconditionnée par un pharmacien d'officine en vue de son incorporation dans une préparation magistrale (préparation confectionnée par le pharmacien d'officine pour un malade déterminé, CSP, art. L. 5121-1, v. nº 29.18B) (CSP, art. R. 5132-8, *N 7783.co*).

▪ **Tentative. Punissable** (CSP, art. L. 5432-3).

▪ ÉLÉMENTS CONSTITUTIFS – QUALIFICATION

✧ Pour avoir à .... [¤ lieu], le .... [¤ date], [⇨A puis le cas échéant B ; ou C puis le cas échéant D :]

A. dans le cadre d'une activité réglementée, en l'espèce en .... [¤ matérialiser l'infraction et la substance concernée] omis de respecter les conditions définies par décret en Conseil d'État (CSP, art. L. 5132-1, L. 5132-8, L. 5432-1, L. 5432-4, L. 5432-5) [⇨A1 à A3 puis le cas échéant B :]

A1. fixant les conditions de production (A1a : *N 31324.co*), de transport, d'importation, d'exportation, de détention, d'offre, de cession, d'acquisition, d'emploi, (A1b : *N 2930.co*), de prescription (A1c : *N 25860.co*), de délivrance (A1d : *N 25861.co*), de médicaments, plantes, substances ou préparations classées comme vénéneuses ;

A2. prohibant les opérations relatives à des plantes ou substances vénéneuses (A2 : *N #.co*) ;

A3. interdisant la prescription ou l'incorporation dans des préparations, de plantes ou substances vénéneuses ou de spécialités qui en contiennent, ou fixant les conditions particulières de prescription ou de délivrance de ces préparations (A3 : *N #.co*) ;

B. [préciser le cas échéant dans le cas A :], avec cette circonstance que les faits [⇨B1 à B3 :]

B1. ont été commis en bande organisée (B1 : *N 21197.co*) ;

B2. [circonstance aggravante applicable aux seuls cas d'offre, de cession, ou d'acquisition] d'offre, de cession (B2a : *N 30173.co*) ou d'acquisition (B2b : *N 30172.co*) ont été commis sur un réseau de télécommunication à destination d'un public non déterminé ;

B3. ont été commis en vue de faciliter, par quelque moyen que ce soit, notamment à l'aide d'ordonnances ou de délivrances de complaisance, le mésusage ou l'abus tels que définis par voie réglementaire, de médicaments, de plantes, de substances ou préparations classées comme vénéneuses (B3 : *N 30174.co*).

C. [⇨C1 à C9 puis le cas échéant D :] fabriqué (C1 : *N 30175.co*), importé (C2 : *N 30176.co*), exporté (C3. : *N 30177.co*), transporté (C4 : *N 30178.co*), offert ou cédé (C5 : *N 30179.co*), acquis (C6 : *N 30180.co*), détenu (C7 : *N 30182.co*), employé de manière illicite (C8 : *N 30183.co*), s'être fait délivrer au moyen d'ordonnances fictives ou de complaisance (C9 : *N 30181.co*), des substances, plantes ou préparations inscrites sur les listes I et II ou classées comme psychotropes ou des médicaments inscrits sur les listes I et II ou des médicaments non inscrits dans ces listes mais contenant une ou plusieurs substances ou préparations inscrites dans ces mêmes listes, en l'espèce [¤ substance concernée] (CSP, art. L. 5132-1, L. 5132-8, L. 5432-2, L. 5432-4, L. 5432-5) [⇨le cas échéant D :].

D. [préciser le cas échéant dans le cas C :], avec cette circonstance que les faits [⇨D1 ou D2 :]

D1. ont été commis en bande organisée (C1D1 : *N 30313.co* ; C2D1 : *N 30314.co* ; C3D1 : *N 30315.co* ; C4D1 : *N 30316.co* ; C5D1 : *N 30317.co* ; C6D1 : *N 30318.co* ; C7D1 : *N 30319.co* ; C8D1 : *N 30320.co* ; C9D1 : *N 30321.co*) ;

D2. [circonstance aggravante applicable aux seuls cas C5 et C6] d'offre, de cession (D2a : *N 30185.co*) ou d'acquisition (D2b : *N 30184.co*) ont été commis sur un réseau de télécommunication à destination d'un public non déterminé.

Faits prévus et réprimés par les articles [• du cas sélectionné] du code de la santé publique. ✧

29.47 Pratiques commerciales prohibées en pharmacie d'officine – Remède secret, vente à l'étalage – Médicament à usage humain

■ **PEINES**

PERSONNE PHYSIQUE

PP Délit. Cas A : 2 ans d'emprisonnement, 150 000 € (CSP, art. L. 5424-6). Cas B : 1 an d'emprisonnement, 150 000 € (CSP, art. L. 5424-9).

PC *idem* n° 29.21 (CSP, art. L. 5421-10) + fermeture définitive ou temporaire de l'officine (CSP, art. L. 5424-19).

PERSONNE MORALE

PP Délit. Cas A et B : 750 000 € (CSP, art. L. 5424-6, L. 5424-9 ; C. pén., art. 131-38).

PC *idem* n° 29.21 (CSP, L. 5421-11).

■ **ORIENTEUR**

TEXTE DE RÉFÉRENCE

▪ **Pharmacie d'officine – Règlementation.** Pratiques commerciales de l'officine prohibées ou réglementées. V. n° 29.20C.

ÉLÉMENT LÉGAL

▪ **Application de la loi pénale dans le temps. Infraction et pénalités** modifiées et réécrites par Ord. n° 2013-1183, 19 déc. 2013.

▪ **Définition. Remède secret.** Il est défini par CSP, art. R. 5125-57 (v. n° 29.20C2).

MESURE ADMINISTRATIVE

▪ **Sanction financière administrative.** Les autres manquements aux règles relatives aux pratiques commerciales de la pharmacie d'officine sont susceptibles d'une **sanction financière administrative** prononcée par le directeur général de l'agence régionale de santé territorialement compétent (CSP, art. L. 5424-2 à L. 5424-4 et L. 5472-1).

▪ **Fermeture administrative provisoire.** Lorsque l'autorité judiciaire a été saisie d'une poursuite, le directeur général de l'agence régionale de santé peut prononcer la **fermeture provisoire de l'officine** (CSP, art. L. 5424-19).

■ **ÉLÉMENTS CONSTITUTIFS – QUALIFICATION**

✧ Pour avoir à .... [¤ lieu], le .... [¤ date], étant pharmacien d'officine [⇨A ou B :]

A. (CSP, art. L. 5125-24, L. 5424-6 et L. 5424-19) [⇨A1 à A4 :]

A1. omis de faire préparer les médicaments par ou sous la surveillance directe d'un pharmacien (A1 : *N 2658.co*) ;

A2. dispensé une préparation magistrale ou officinale comportant une ou des substances dont l'utilisation pour ces préparations est interdite (A2 : *N* ***27173.co***) ;

A3. dispensé des drogues simples, des produits chimiques ou des préparations ne répondant pas aux spécifications décrites à la pharmacopée (A3 : *N* ***22333.co***) ;

A4. vendu des remèdes secrets (CSP, art. R. 5125-57) (A4 : *N* ***21309.co***) ;

B. débité, étalé ou distribué un ou plusieurs médicaments à usage humain sur la voie publique, ou dans une foire ou un marché (CSP, art. L. 5125-27, L. 5424-9 et L. 5424-19) (B : *N* ***22338.co***).

Faits prévus et réprimés par les articles [• du cas sélectionné] du code de la santé publique. ✧

29.48 Pratiques commerciales prohibées en pharmacie d'officine – Vente à l'étalage, colportage – Médicament vétérinaire

■ **PEINES**

PERSONNE PHYSIQUE

PP Délit. 2 ans d'emprisonnement, 30 000 € (CSP, art. L. 5442-3).

PC Fermeture, définitive ou temporaire de l'établissement (CSP, art. L. 5442-5).

PERSONNE MORALE

PP Délit. 150 000 € (CSP, art. L. 5442-3 ; C. pén., art. 131-38).

PC Néant.

■ **ORIENTEUR**

TEXTE DE RÉFÉRENCE

▪ **Pharmacie d'officine – Règlementation.** Pratiques commerciales de l'officine prohibées ou réglementées. V. nº 29.20C.

ÉLÉMENT MATÉRIEL

▪ **Faits incriminés.** Ces faits sont imputables à toute personne. Ils caractérisent l'exercice illégal de la pharmacie (v. nº 29.42) s'ils sont commis pas un non pharmacien ou par un vétérinaire hors les soins aux animaux qui lui sont confiés.

MESURE ADMINISTRATIVE

▪ **Fermeture administrative provisoire.** Lorsque l'autorité judiciaire a été saisie d'une poursuite, le représentant de l'État dans le département peut, si l'intérêt de l'hygiène publique ou de la santé animale l'exige, prononcer la **fermeture provisoire de l'établissement** (CSP, art. L. 5442-5).

■ **ÉLÉMENTS CONSTITUTIFS – QUALIFICATION**

✧ Pour avoir à .... [¤ lieu], le .... [¤ date], [⇨A à C :]

A. sollicité auprès du public des commandes de médicaments vétérinaires par l'entremise de courtier ou tout moyen (A1 : *N* ***13024.co***), ou satisfait à de telles commandes (A2 : *N* ***13026.co***) ;

B. n'étant pas vétérinaire, vendu des médicaments vétérinaires à domicile (B : *N* ***13028.co***) ;

C. cédé à titre onéreux ou gratuit des médicaments vétérinaires sur la voie publique, une foire ou un marché (C : *N* ***13030.co***).

Faits prévus et réprimés par les articles L. 5143-9, L. 5442-3 et L. 5442-5 du code de la santé publique. ✧

29.49 Intéressement illicite des assurés sociaux ou entrave à leur liberté de choix du praticien

■ **PEINES**

PERSONNE PHYSIQUE

PP Délit. 6 mois d'emprisonnement, 3 750 € (CSS, art. L. 377-3).

PC 1. Exclusion du service des assurances sociales (CSS, art. L. 377-5) ;

2. Si déjà condamné pour les mêmes faits : publication du jugement dans des journaux locaux (coût ⩽ 7,5 €) (CSS, art. L. 377-4).

PERSONNE MORALE

PP Délit. 18 750 € (CSS, art. L. 377-3 ; C. pén., art. 131-38).

PC Néant.

■ **ORIENTEUR**

TEXTE DE RÉFÉRENCE

▪ **Pharmacie d'officine – Règlementation.** Pratiques commerciales de l'officine prohibées ou réglementées. V. nº 29.20C.

■ **ÉLÉMENTS CONSTITUTIFS – QUALIFICATION**

✧ Pour avoir à .... [¤ lieu], le .... [¤ date], par menaces ou abus d'autorité, offre, promesse d'argent, ristourne sur les honoraires médicaux ou fournitures pharmaceutiques, attiré ou tenté d'attirer ou de retenir des assurés sociaux notamment dans une clinique, un cabinet médical ou dentaire, ou une officine de pharmacie.

Faits prévus et réprimés par les articles L. 377-3, L. 377-4 et L. 377-5 du code de la sécurité sociale (*N* ***3739.co***). ✧

29.50 Intéressement illicite des professions médicales

■ **PEINES**

PERSONNE PHYSIQUE

PP Délit. 2 ans d'emprisonnement, 75 000 € (CSP, art. L. 5424-10).

PC *idem* n° 29.21 (CSP, art. L. 5421-10) + fermeture définitive ou temporaire de l'officine (CSP, art. L. 5424-19).

PERSONNE MORALE

PP Délit. 375 000 € (CSP, art. L. 5424-10 ; C. pén., art. 131-38).

PC *idem* n° 29.21 (CSP, art. L. 5421-11).

▪ ORIENTEUR

AUTRE QUALIFICATION

▪ **Corruption passive ou active – Personnes n'exerçant pas une fonction publique.** V. n° 23.43.

▪ **Perception ou fourniture illicite d'avantages aux professions de santé.** V. n° 29.36.

▪ **Intéressement illicite des professions médicales à la vente de médicament.** V. n° 29.37.

▪ **Promotion illicite du médicament, primes, avantages.** V. n° 29.38.

ÉLÉMENT LÉGAL

▪ **Application de la loi pénale dans le temps. Infraction et pénalités** modifiées et réécrites par Ord. n° 2013-1183, 19 déc. 2013.

TEXTE DE RÉFÉRENCE

▪ **Pharmacie d'officine – Règlementation.** Pratiques commerciales de l'officine prohibées ou réglementées. V. n° 29.20C.

MESURE ADMINISTRATIVE

▪ **Sanction financière administrative.** Les différents manquements aux règles relatives aux pratiques commerciales de la pharmacie d'officine sont susceptibles d'une **sanction financière administrative** prononcée par le directeur général de l'agence régionale de santé territorialement compétent (CSP, art. L. 5424-2 à L. 5424-4 et L. 5472-1).

▪ **Fermeture administrative provisoire.** Lorsque l'autorité judiciaire a été saisie d'une poursuite, le directeur général de l'agence régionale de santé peut prononcer la **fermeture provisoire de l'officine** (CSP, art. L. 5424-19).

▪ ÉLÉMENTS CONSTITUTIFS – QUALIFICATION

✧ Pour avoir à .... [¤ lieu], le .... [¤ date], étant pharmacien, passé une convention avec un médecin, un chirurgien-dentiste ou une sage-femme, lui assurant un bénéfice d'une nature quelconque sur la vente de produits pharmaceutiques, médicamenteux ou cosmétiques qu'il peut prescrire.
Faits prévus et réprimés par les articles L. 5125-28, L. 5424-10, L. 5421-10 et L. 5424-19 du code de la santé publique (*N 22339.co*). ✧

29.51 Délits en matière de distribution de produits du tabac, de produits du vapotage, de produits à fumer autres que le tabac

▪ PEINES

PERSONNE PHYSIQUE

PP Délit. 100 000 € (CSP, art. L. 3515-3 I); récidive : 200 000 € (CSP, art. L. 3515-3 III).

PC 1. Confiscation de la chose ayant servi à l'infraction ou destinée à la commettre, ou son produit (obligatoire pour objets qualifiés dangereux ou nuisibles par loi ou règlement ou dont la détention est illicite) (CSP, art. L. 3515-3 II ; C. pén. 131-21) ;

2. Supression, enlèvement ou confiscation de la publicité interdite, aux frais de la personne condamnée (CSP, art. L. 3515-3 III).

PERSONNE MORALE

PP Délit. 500 000 € (CSP, art. L. 3515-3 I ; C. pén., art. 131-38) ; récidive : 1 000 000 € (CSP, art. L. 3515-3 III ; C. pén., art. 131-38).

PC 1. Confiscation de la chose ayant servi à l'infraction ou destinée à la commettre, ou son produit (obligatoire pour objets qualifiés dangereux ou nuisibles par loi ou règlement ou dont la détention est illicite) (CSP, art. L. 3515-3 II ; C. pén., art. 131-39 8° 131-21) ;

2. Supression, enlèvement ou confiscation de la publicité interdite, aux frais de la personne condamnée (CSP, art. L. 3515-6).

■ ORIENTEUR

AUTRE QUALIFICATION

▪ Contraventions en matière de lutte contre le tabac ou le vapotage. CSP, art. R. 3515-2 à R. 3515-8, v. n° 29.52.

ÉLÉMENT LÉGAL

▪ **Définition.** • **Directive européenne.** Les définitions qui suivent découlent de l'art. 2 de la directive 2014/40/UE, du parlement européen et du conseil, 3 avr. 2014, relative au rapprochement des dispositions législatives, réglementaires et administratives des États membres en matière de fabrication, de présentation et de vente des produits du tabac et des produits connexes, abrogeant la directive 2001/37/CE. • **Tabac.** « *Les feuilles et toute autre partie naturelle, transformée ou non, de la plante de tabac, y compris le tabac expansé et reconstitué* » (Dir. 2014/40/UE, 3 avr. 2014, art. 2). • **Produits du tabac.** « *Sont considérés comme produits du tabac les produits pouvant être consommés et composés, même partiellement, de tabac, qu'il soit ou non génétiquement modifié. Les produits du tabac comprennent les cigarettes, le tabac à rouler, le tabac à pipe, le tabac à pipe à eau, les cigares, les cigarillos, le tabac à mâcher, le tabac à priser et le tabac à usage oral* », ainsi que les produits « *qui sont mis sur le marché après le 19 mai 2014* » (CSP, art. L. 3512-1). « *Est considéré comme du tabac à rouler, le produit du tabac destiné à être utilisé par les consommateurs ou les détaillants pour confectionner des cigarettes. Si un produit peut être utilisé à la fois dans une pipe à eau et comme tabac à rouler, il est réputé être du tabac à rouler* » (CSP, art. L. 3512-3). • **Ingrédients du tabac.** « *Est considéré comme ingrédient, le tabac, un additif, ainsi que toute autre substance ou tout autre élément présent dans un produit fini du tabac, y compris le papier, le filtre, l'encre, les capsules et les colles* » (CSP, art. L. 3512-2). • **Produits du vapotage.** A l'exception des dispositifs médicaux (CSP, art. L. 3513-1), « *sont considérés comme produits du vapotage : 1° Les dispositifs électroniques de vapotage, c'est-à-dire des produits, ou tout composant de ces produits, y compris les cartouches, les réservoirs et les dispositifs dépourvus de cartouche ou de réservoir, qui peuvent être utilisés, au moyen d'un embout buccal, pour la consommation de vapeur contenant le cas échéant de la nicotine. Les dispositifs électroniques de vapotage peuvent être jetables ou rechargeables au moyen d'un flacon de recharge et d'un réservoir ou au moyen de cartouches à usage unique ; 2°Les flacons de recharge, c'est-à-dire les récipients renfermant un liquide contenant le cas échéant de la nicotine, qui peuvent être utilisés pour recharger un dispositif électronique de vapotage* » (CSP, art. L. 3513-1). • **Ingrédients du vapotage.** « *Est considéré comme ingrédient, un additif ainsi que toute autre substance ou tout autre élément présent dans un produit du vapotage* » (CSP, art. L. 3513-3). • **Produits à fumer autres que le tabac.** « *Sont considérés comme des produits à fumer à base de plantes autres que le tabac des produits à base de végétaux, de plantes aromatiques ou de fruits, ne contenant pas de tabac et pouvant être consommés au moyen d'un processus de combustion* » (CSP, art. L. 3514-1). • **Ingrédient des produits à fumer autres que le tabac.** « *Est considéré comme ingrédient un additif ainsi que toute autre substance ou tout autre élément présent dans un produit à fumer à base de plantes autres que le tabac, y compris le papier, le filtre, l'encre, les capsules et les colles* » (CSP, art. L. 3514-1).

ÉLÉMENT MATÉRIEL

▪ **Fait justificatif en matière de publicité pour le tabac.** • **Exercice de la liberté d'expression.** « *sont prohibées toutes formes de communication commerciale, quel qu'en soit le support, et toute diffusion d'objets ayant pour but ou pour effet de promouvoir le tabac ou un produit du tabac ; [...] la protection de la santé publique autorise que des restrictions soient apportées à la liberté d'expression, sous réserve qu'elles soient nécessaires et proportionnées au but légitime poursuivi* », est ainsi censurée la relaxe prononcée au titre de la diffusion, en l'espèce confidentielle, d'une revue d'amateur de cigares, dès lors que la décision « *avait relevé des éléments ayant pour effet de promouvoir le tabac ou ses produits qui, compte tenu de la diffusion de la revue en kiosque, justifiaient une restriction à la liberté d'expression* » (Crim. 18 mai 2016, n° 15-80.922, P n° 151).• **Enseigne de tabac. Cas** A : l'incrimination ne s'applique pas « *aux enseignes des débits de tabac, à condition que ces enseignes soient conformes à des caractéristiques définies par arrêté interministériel* », en l'espèce l'AM 6 sept. 2016 relative à la signalétique des débits de tabac, NOR : ECFD1615311A (CSP, art. L. 3512-4). • **Publications professionnelles spécialisées concernant le tabac. Cas** A : l'incrimination ne s'applique pas « *aux publications et services de communication en ligne édités par les organisations professionnelles de producteurs, fabricants et distributeurs des produits du tabac, réservés à leurs adhérents, ni aux publications professionnelles spécialisées dont la liste est établie par arrêté [...], ni aux services de communication en ligne édités à titre professionnel qui ne sont accessibles qu'aux professionnels de la production, de la fabrication et de la distribution des produits du tabac* » (CSP, art. L. 3512-4 1°). L'AM 18 oct. 2019, NOR : SSAP1927571A, fixe la liste des publications professionnelles spécialisées relatives aux produits du tabac et aux produits du vapotage. • **Publications extérieures à l'espace**

européen. Cas A : l'incrimination ne s'applique pas « *aux publications imprimées et éditées et aux services de communication en ligne mis à disposition du public par des personnes établies dans un pays n'appartenant pas à l'UE ou à l'Espace économique européen, lorsque ces publications et services de communication en ligne ne sont pas principalement destinés au marché communautaire* » (CSP, art. L. 3512-4 2°). • **Retransmission des compétitions de sport mécanique.** Cas B : les chaînes de télévision peuvent assurer la retransmission des compétitions de sport mécanique qui se déroulent dans des pays où la publicité pour le tabac est autorisée, contenant de la publicité directe ou indirecte en faveur d'un organisme, d'un service, d'une activité ou d'un article autre que le tabac mais qui par son graphisme, sa présentation, l'utilisation d'une marque, d'un emblème publicitaire ou un autre signe distinctif, [...] rappelle le tabac, un produit du tabac ou un ingrédient du tabac (CSP, art. L. 3512-5 et L. 3512-6). En revanche, la retransmission d'une compétition de sport mécanique par un moyen autre qu'une chaîne de télévision reste dans ces même cas incriminée (CSP, art. L. 3515-3 I 2°). Cette dérogation n'est applicable qu'au direct et non à la **rediffusion** : est approuvée la décision qui retient que « *l'exception de retransmission des compétitions de sport mécanique de l'article L. 3511-5 du code de la santé publique se limite à la possibilité de diffuser ces compétitions, pour satisfaire aux nécessités de l'information, en temps réel ou dans des situations proches de celui-ci, sans s'étendre aux rediffusions d'images intervenant plusieurs heures ou plusieurs jours après l'épreuve* » (Crim. 14 mai 2008, n° 07-87.128, P n° 118). De même, cette dérogation ne peut être revendiquée par la **presse écrite** et cette différence de traitement, au regard des principes de liberté d'expression et d'égalité respectivement garantis par Conv. EDH, art. 10 et 14, « *procède d'une distinction objective et proportionnée aux buts légitimes poursuivis par la loi* » (Crim. 19 juin 2007, n° 06-88.014, P n° 170). • **Exploitation dérivée des marques de tabac.** L'incrimination n'est pas applicable « *à la propagande ou à la publicité en faveur d'un produit autre que le tabac, un produit du tabac ou un ingrédient [du tabac] qui a été mis sur le marché avant le 1er janv. 1990 par une entreprise juridiquement et financièrement distincte de toute entreprise qui fabrique, importe ou commercialise du tabac un produit du tabac ou un ingrédient* » du tabac, « *la création d'un lien juridique ou financier entre ces entreprises rend caduque cette dérogation* » (CSP, art. L. 3512-5, anc[t], art. L. 355-26). La L. n° 91-32, 10 janv. 1991 (dite loi Evin), à l'origine de cette disposition, visait à limiter l'utilisation de marques de tabac dans des activités dérivées (ex. marques, produits ou services *Camel Trophy*, *Raid Gauloises*, *Peter Stuyvesant Travel*, *Marlboro classics)*, afin de contourner le principe d'interdiction de la propagande en faveur du tabac, institué par la L. n° 76-616, 9 juill. 1976 (dite loi Veil). «*La dérogation au régime de la publicité indirecte en faveur du tabac, au sens de ce texte, est exclue pour les produits commercialisés, même avant le 1er janv. 1990, par les entreprises qui, sans constituer juridiquement et financièrement une entité avec celle qui fabrique, importe ou commercialise du tabac ou un produit du tabac, se rattachent à cette dernière par un lien juridique ou financier, fût-il indirect ou occasionnel* » ainsi, *le lien né d'un contrat de licence de marque , quelle que soit sa date, est de nature à mettre obstacle à la dérogation prévue* » par CSP, art. L. 355-26, devenu art. L. 3512-5 (Crim. 22 janv. 1997, n° 95-82.674, P n° 29 ; dans le même sens : Crim. 10 avr. 1997, n° 96-83.152, P n° 140 ; Crim. 26 oct. 1999, n° 98-87.256, D). • **Parrainage ou mécénat.** L'opération de parrainage ou de mécénat n'est incriminée que « *lorsqu'elle est effectuée par les fabricants, les importateurs ou les distributeurs de produits du tabac ou lorsqu'elle a pour objet ou pour effet la propagande ou la publicité directe ou indirecte en faveur du tabac, des produits du tabac et des ingrédients* » du tabac (CSP, art. L. 3512-4).

▪ **Fait justificatif en matière de publicité pour le vapotage.** • **Affichettes sur les lieux de vente.** Cas K : l'incrimination ne s'applique pas « *aux affichettes relatives aux produits du vapotage, disposées à l'intérieur des établissements les commercialisant et non visibles de l'extérieur* » (CSP, art. L. 3513-4 3°). • **Publications professionnelles spécialisées concernant le vapotage.** Cas K : l'incrimination ne s'applique pas « *aux publications et services de communication en ligne édités par les organisations professionnelles de producteurs, fabricants et distributeurs des produits du vapotage, réservés à leurs adhérents, ni aux publications professionnelles spécialisées dont la liste est établie par arrêté [...] ni aux services de communication en ligne édités à titre professionnel qui ne sont accessibles qu'aux professionnels de la production, de la fabrication et de la distribution des produits du vapotage* » (CSP, art. L. 3513-4 1°). L'AM 18 oct. 2019, NOR : SSAP1927571A, fixe la liste des publications professionnelles spécialisées relatives aux produits du tabac et aux produits du vapotage. • **Publications extérieures à l'espace européen.** Cas K : l'incrimination ne s'applique pas « *aux publications imprimées et éditées et aux services de communication en ligne mis à disposition du public par des personnes établies dans un pays n'appartenant pas à l'UE ou à l'Espace économique européen, lorsque ces publications et services de communication en ligne ne sont pas principalement destinés au marché communautaire* » (CSP, art. L. 3513-4 2°). • **Parrainage ou mécénat.** L'opération de parrainage ou de mécénat n'est incriminée que « *lorsqu'elle a pour objet ou pour effet la propagande ou la publicité directe ou indirecte en faveur de produits du vapotage* » (CSP, art. L. 3513-4 2°). • **Retransmission des compétitions de sport mécanique.** La loi ne prévoit pas, pour les produits de vapotage, de dérogations comparables à celles prévues par CSP, art. CSP, art. L. 3512-5 et L. 3512-6 en faveur du tabac pour la retransmission de compétitions de sport mécanique (v. ci-dessus). Est rejetée la QPC soulevant l'atteinte portée par CSP, art. L. 3513-4, aux principes, notamment, d'égalité et à la liberté d'entreprendre, au motif que ces dispositions, « *qui se bornent à tirer les conséquences nécessaires de dispositions inconditionnelles et précises de la directive 2014/40/UE du Parlement européen et du Conseil du 3 avr. 2014, ne mettent en cause aucune règle ni aucun principe inhérent à l'identité constitutionnelle de la France* » (§ 4) (Crim. 20 sept. 2022, n° 22-90.012, D) (sur la notion d'identité constitutionnelle de la France et l'appréciation de la constitutionnalité des lois de transposition des directives de l'UE, v. n° **17.25A4**). La directive 2014/40/UE, 3 avr. 2014, ne prévoit en effet aucune dérogation à cet égard (art. 20 point 5).

▪ **Eléments constitutifs en matière de tabac.** • **Additifs interdits du tabac.** Cas **E4** : sont interdits les additifs suivants : vitamines ou autres additifs laissant entendre qu'un produit du tabac a des effets bénéfiques sur la santé ou que les risques qu'il présente pour la santé ont été réduits ; caféine, taurine ou autres additifs et stimulants associés à l'énergie et à la vitalité ; additifs qui confèrent des propriétés colorantes aux émissions de fumée ; additifs qui facilitent l'inhalation ou l'absorption de nicotine ; additifs qui, sans combustion, ont des propriétés cancérogènes, mutagènes ou toxiques pour la reproduction humaine ; additifs qui augmentent, lors de la consommation, de manière significative ou mesurable, leurs effets toxiques ou l'effet de dépendance qu'ils engendrent (CSP, art. L. 3515-3 I 5°, d) à i)). • **Teneur maximale des émissions des cigarettes.** Cas **D** : le niveau d'émission des cigarettes mises sur le marché ou fabriquées sur le territoire national ne peut excéder, par cigarette : 10 milligrammes de goudron, 1 milligramme de nicotine, 10 milligrammes de monoxyde de carbone (AM 22 août 2016, NOR : AFSP1622636A, art. 2).

▪ **Eléments constitutifs en matière de vapotage.** • **Additifs interdits du vapotage.** Cas **L** : sont interdits les : additifs créant l'impression que le produit a des effets bénéfiques sur la santé ou que les risques qu'il présente pour la santé ont été réduits ; additifs et stimulants associés à l'énergie et à la vitalité (notamment la caféine et la taurine, CSP, art. R. 3513-5) ; additifs qui confèrent des propriétés colorantes aux émissions ; additifs qui facilitent l'inhalation ou l'absorption de nicotine ; additifs qui, sans combustion, ont des propriétés cancérogènes, mutagènes ou toxiques pour la reproduction humaine (CSP, art. L. 3513-7). • **Teneur maximale en nicotine des produits de vapotage.** Cas **M** : la teneur maximale en nicotine des produits du vapotage, fixée par arrêté (CSP, art. L. 3513-8), est supérieure à 20 milligrammes par millilitre (AM 19 mai 2016, NOR : AFSP1613086A, art. 1). • **Dispositif de sûreté pour les produits de vapotage contenant de la nicotine.** Cas **N** : « *Le dispositif de sûreté imposé par CSP, art. L. 3513-9 est destiné à protéger les enfants. Ce dispositif est inviolable. Lorsqu'ils contiennent de la nicotine, les dispositifs électroniques de vapotage et les flacons de recharge sont protégés contre le bris et les fuites, quels que soient les matériaux utilisés* » (AM 19 mai 2016, NOR : AFSP1613086A, art. 2). • **Mentions obligatoires des produits de vapotage contenant de la nicotine.** Cas **P** : les emballages extérieurs de produits du vapotage contenant de la nicotine portent les mentions obligatoires suivantes : 1° Composition intégrale du liquide contenant de la nicotine ; 2° Teneur moyenne en nicotine et de la quantité diffusée par dose ; 3° Numéro de lot ; 4° Recommandation selon laquelle le produit doit être tenu hors de portée des enfants ; 5° Avertissement sanitaire apposé deux fois (CSP, art. L. 3513-16). Ces mentions sont imprimées en français dans une police lisible et proportionnée à la taille du conditionnement (AM 19 mai 2016, NOR : AFSP1613086A, art. 4). • **Notice obligatoire des produits de vapotage contenant de la nicotine.** Cas **Q** : « *les unités de conditionnement des produits du vapotage contenant de la nicotine comprennent une notice* » (CSP, art. L. 3513-17) dont le contenu est fixé par AM 19 mai 2016, NOR : AFSP1613086A, art. 7 (avertissements sanitaires).

RÉGIME PROCÉDURAL

▪ **Mesure provisoire.** • **Cessation de la publicité.** « *La cessation de la publicité peut être ordonnée soit sur réquisition du ministère public, soit d'office par le juge d'instruction ou le tribunal saisi des poursuites. La mesure ainsi prise est exécutoire nonobstant toutes voies de recours. Mainlevée peut en être donnée par la juridiction qui l'a ordonnée ou qui est saisie du dossier. La mesure cesse d'avoir effet en cas de décision de non-lieu ou de relaxe. Les décisions statuant sur les demandes de mainlevée peuvent faire l'objet d'un recours devant la CHINS ou devant la cour d'appel selon qu'elles ont été prononcées par un juge d'instruction ou par le tribunal* *saisi des poursuites. La CHINS ou la cour d'appel statue dans un délai de dix jours à compter de la réception des pièces* » (CSP, art. L. 3515-3 III, L. 3515-6 pour les personnes morales).

MESURE ADMINISTRATIVE

■ ÉLÉMENTS CONSTITUTIFS – QUALIFICATION

✧ Pour avoir à .... [¤ lieu], le .... [¤ date], [⇨A à T :]

A. en dehors des cas autorisés, effectué une **propagande ou une publicité**, directe (A1 : *N 2003.ju* ; récidive : *N 20806.ju*) ou indirecte (A2 : *N 2020.ju* ; récidive : *N 20807.ju*), du tabac, d'un produit du tabac ou d'un ingrédient présent dans un produit fini du tabac, en l'espèce en .... [¤ matérialiser l'infraction] (CSP, art. L. 3512-1, L. 3512-2, **L. 3512-4** et **L. 3515-3 I 1°**) ;

B. **retransmis** [⇨B1 ou B2 :]

B1. une **compétition de sport mécanique** contenant de la publicité directe ou indirecte pour le tabac et se déroulant dans un pays où la publicité pour le tabac est interdite (B1 : *N 31666.ju*) (CSP, art. L. 3512-1, L. 3512-2, **L. 3512-6** et **L. 3515-3 I 2°**) ;

B2. par un moyen autre qu'une chaîne de télévision, une **compétition de sport mécanique** contenant de la publicité directe ou indirecte pour le tabac et se déroulant dans un pays où la publicité pour le tabac est autorisée (B2 : *N 31667.ju*) (CSP, art. L. 3512-1, L. 3512-2, **L. 3512-6** et **L. 3515-3 I 2°**) ;

C. vendu, distribué ou offert à titre gratuit des (CSP, art. L. 3512-1, L. 3512-2, **L. 3512-14** et **L. 3515-3 I 3°**) [⇨C1 à C4 :]

C1. paquets de moins de **vingt cigarettes** (C1 : *N 25442.ju*) ;

C2. paquets de plus de **vingt cigarettes** qui ne sont pas composés d'un nombre de cigarettes multiple de cinq (C2 : *N 31067.ju*) ;

C3. contenants de moins de **trente grammes de tabacs** fine coupe destinés à rouler des cigarettes (C3 : *N 31068.ju*) ;

C4. contenants de plus de **trente grammes de tabacs** fine coupe destinés à rouler des cigarettes dont le poids en grammes n'est pas un multiple de cinq (C3 : *N 33331.ju*) ;

D. vendu, distribué ou offert à titre gratuit des cigarettes dont les teneurs en **goudron**, en **nicotine** et en **monoxyde de carbone** des émissions dépassent les teneurs maximales fixées par arrêté du ministre chargé de la santé (D : *N 31668.ju*) (CSP, art. L. 3512-1, L. 3512-2, **L. 3512-15** et **L. 3515-3 I 4°** ; AM 22 août 2016, NOR : AFSP1622636A, art. 2) ;

E. vendu, distribué ou offert à titre gratuit des **cigarettes ou du tabac à rouler** (CSP, art. L. 3512-1, L. 3512-2, **L. 3512-16** et **L. 3515-3 I 5°**) [⇨E1 à E4 :]

E1. aromatisé(es) ayant une odeur ou un goût clairement identifiable avant ou pendant la consommation, autre que ceux du tabac (E1 : *N 31669.ju*) ;

E2. dont les filtres, le papier, les capsules, le conditionnement ou tout autre composant contiennent du tabac, de la nicotine ou des arômes (E2 : *N 31670.ju*) ;

E3. contenant tout dispositif technique permettant de modifier l'odeur ou le goût des produits du tabac ou leur intensité de combustion (E3 : *N 31671.ju*) ;

E4. contenant un additif prohibé, en l'espèce [préciser l'additif concerné par référence aux additifs interdits énumérés au CSP, art. L. 3515-3 I 5°, d) à i), v. orienteur/élément matériel] (E4 : *N 31672.ju*) ;

F. vendu, distribué ou offert à titre gratuit du **papier à cigarette et des filtres** (CSP, art. L. 3512-1, L. 3512-2, **L. 3512-16** et **L. 3515-3 I 6°**) [⇨F1 ou F2 :] :

F1. contenant du tabac, de la nicotine ou des arômes (F1 : *N 31673.ju*) ;

F2. contenant tout dispositif technique permettant de modifier leur odeur ou leur goût ou l'intensité de la combustion de la cigarette (E4 : *N 31674.ju*) ;

G. vendu, distribué ou offert à titre gratuit des cigarettes ou du tabac à rouler (G1 : *N 31675.ju*), du papier à cigarette ou du papier à rouler les cigarettes (G2 : *N 31676.ju*) en méconnaissance des dispositions imposant une **neutralité et une uniformisation** des unités de conditionnement, des emballages extérieurs et des suremballages (CSP, art. L. 3512-1, L. 3512-2, **L. 3512-20** et **L. 3515-3 I 7°**);

H. utilisé sur l'étiquetage des unités de conditionnement, sur tout **emballage extérieur**, ainsi que sur les produits du tabac proprement dit, un message, un symbole, une marque, une dénomination commerciale, un signe figuratif ou tout autre élément ou dispositif qui (CSP, art. L. 3512-1, L. 3512-2, **L. 3512-21**, R. 3512-30 et **L. 3515-3 I 8°**) [⇨H1 ou H2 :]

H1. contribue à la promotion d'un produit du tabac (H1 : *N 31677.ju*) ;

H2. ressemble à un produit alimentaire ou cosmétique (H2 : *N 31678.ju*) ;

I. utilisé une marque ou une dénomination sur l'étiquetage des unités de conditionnement, sur tout emballage extérieur, ainsi que sur les produits du tabac proprement dit (H2 : *N #.ju*) (CSP, art. L. 3512-1, L. 3512-2, **L. 3512-21** et **L. 3515-3 I 9°**) ;

J. vendu, distribué ou offert à titre gratuit des produits du tabac ou du papier à rouler les cigarettes dans des unités de conditionnement et des emballages extérieurs méconnaissant les obligations fixées en matière d'**avertissement sanitaire**, en l'espèce en [qualifier l'absence d'avertissement sanitaire par référence aux obligations prévues par CSP, art. L. 3512-22 et AM 19 mai 2016, NOR : AFSP1613083A, art. 2 à 5] (J : *N 22080.ju*) (CSP, art. L. 3512-1, L. 3512-2, **L. 3512-22** et **L. 3515-3 I 10°** ; AM 19 mai 2016, NOR : AFSP1613083A, art. 2 à 5) ;

K. en dehors des cas autorisés, effectué une **propagande ou une publicité**, directe ou indirecte en faveur des produits du **vapotage**, en l'espèce en .... [¤ matérialiser l'infraction] (K : *N 31679.ju*) (CSP, art. L. 3513-1, L. 3513-2, L. 3513-2, **L. 3513-4** et **L. 3515-3 I 11°**) ;

L. vendu, distribué ou offert à titre gratuit des dispositifs électroniques de **vapotage** jetables, des flacons de recharge ou des cartouches à usage unique contenant de la nicotine, comportant un **additif prohibé**, en l'espèce [préciser l'additif concerné par référence aux additifs interdits énumérés au CSP, art. L. 3513-7), v. orienteur/élément matériel] (L : *N 31680.ju*) (CSP, art. L. 3513-1, L. 3513-2, L. 3513-2, **L. 3513-7** et **L. 3515-3 I 12°**) ;

M. vendu, distribué ou offert à titre gratuit des produits du **vapotage** dont la **teneur en nicotine** dépasse 20 milligrammes par millilitre (M : *N 31681.ju*) (CSP, art. L. 3513-1, L. 3513-2, L. 3513-2, **L. 3513-8** et **L. 3515-3 I 13°**; AM 19 mai 2016, NOR : AFSP1613086A, art. 1) ;

N. vendu, distribué ou offert à titre gratuit des produits du vapotage contenant de la nicotine sans **dispositif de sûreté** ou dont le dispositif de sûreté méconnaît les caractéristiques déterminées par arrêté du ministre chargé de la santé (N : *N 31682.ju*) (CSP, art. L. 3513-1, L. 3513-2, L. 3513-2, **L. 3513-9** et **L. 3515-3 I 14°**; AM 19 mai 2016, NOR : AFSP1613086A, art. 2) ;

O. vendu, distribué ou offert à titre gratuit (CSP, art. L. 3513-1, L. 3513-2, L. 3513-2, **L. 3513-15** ; AM 19 mai 2016, NOR : AFSP1613086A, art. 2) [⇨O1 à O3 :]

O1. un dispositif électronique de **vapotage jetable** contenant de la nicotine dont le **réservoir dépasse le volume** de 2 millilitres (O1 : *N 31683.ju*) (CSP, art. **L. 3515-3 I 15°**) ;

O2. des **cartouches à usage unique** contenant de la nicotine dont le **réservoir dépasse le volume** de 2 millilitres (O2 : *N 31684.ju*) (CSP, art. **L. 3515-3 I 16°**) ;

O3. des **flacons de recharge** contenant de la nicotine dont le **réservoir dépasse le volume** de 10 millilitres (O3 : *N 31685.ju*) (CSP, art. **L. 3515-3 I 17°**) ;

P. vendu, distribué ou offert à titre gratuit un produit du vapotage contenant de la nicotine dont l'unité de conditionnement ou l'emballage extérieur ne comporte pas l'une ou plusieurs des **mentions obligatoires** (P : *N 31686.ju*) (CSP, art. L. 3513-1, L. 3513-2, L. 3513-2, **L. 3513-16** et **L. 3515-3 I 18°**; AM 19 mai 2016, NOR : AFSP1613086A, art. 4) ;

Q. vendu, distribué ou offert à titre gratuit un produit du vapotage contenant de la nicotine dont l'unité de conditionnement ne comprend pas la **notice obligatoire conforme** (Q : *N 31687.ju*) (CSP, art. L. 3513-1, L. 3513-2, L. 3513-2, **L. 3513-17** et **L. 3515-3 I 19°**; AM 19 mai 2016, NOR : AFSP1613086A, art. 7) ;

R. utilisé, sur les unités de conditionnement ainsi que sur tout emballage extérieur de produits du vapotage contenant de la nicotine, un message, un symbole, une marque, une dénomination commerciale, un signe figuratif ou tout autre élément ou dispositif qui (CSP, art. L. 3513-1, L. 3513-2, L. 3513-2, **L. 3513-18** et **L. 3515-3 I 20°**) [⇨R1 à R5 :]

R1. contribue à la promotion des produits du vapotage ou incite à leur consommation en donnant une impression erronée quant aux caractéristiques, effets sur la santé, risques ou émissions du produit (R1 : *N 31688.ju*) ;

R2. suggère que le produit est moins nocif que d'autres ou vise à réduire l'effet de certains composants nocifs de la fumée ou présente des propriétés vitalisantes, énergisantes, curatives, rajeunissantes, naturelles, biologiques ou a des effets bénéfiques sur la santé ou le mode de vie (R2 : *N #.ju*) ;

R3. ressemble à un produit alimentaire ou cosmétique (R3 : *N 31689.ju*) ;

R4. suggère que le produit est plus facilement biodégradable ou présente d'autres avantages pour l'environnement (R4 : *N 31690.ju*) ;

R5. suggère un avantage économique au moyen de bons imprimés, d'offres de réduction, de distribution gratuite, de promotion de type " deux pour le prix d'un " ou d'autres offres similaires (R4 : *N 31691.ju*) ;

S. utilisé, sur les unités de conditionnement ainsi que sur tout emballage extérieur de **produits à fumer à base de plantes autres que le tabac**, un message, un symbole, une marque, une dénomination commerciale, un signe figuratif ou tout autre élément ou dispositif qui (CSP, art. L. 3514-1, L. 3514-2, **L. 3514-3** et **L. 3515-3 I 21°**) [⇨S1 à S5 :]

S1. contribue à la promotion du produit ou incite à sa consommation en donnant une impression erronée quant aux caractéristiques, effets sur la santé, risques ou émissions du produit ; les étiquettes ne comprennent aucune information sur la teneur en nicotine, en goudron ou en monoxyde de carbone du produit (S1 : *N 31692.ju*) ;

S2. suggère qu'un produit est moins nocif que d'autres ou vise à réduire l'effet de certains composants nocifs de la fumée ou présente des propriétés vitalisantes, énergisantes, curatives, rajeunissantes, naturelles, biologiques ou a des effets bénéfiques sur la santé ou le mode de vie (S2 : *N #.ju*) ;

S3. indique que le produit est exempt d'additifs ou d'arômes (S3 : *N 31693.ju*) ;

S4. ressemble à un produit alimentaire ou cosmétique (S4 : *N 31694.ju*) ;

T. vendu, distribué ou offert à titre gratuit un **produit à fumer à base de plantes autres que le tabac** dont l'unité de conditionnement et l'emballage extérieur **ne comprend pas d'avertissement sanitaire conforme** (T : *N 31694.ju*) (CSP, art. L. 3514-1, L. 3514-2, **L. 3514-4** et **L. 3515-3 I 22°** ; AM 19 mai 2016, NOR : AFSP1613083A, art. 6).

Faits prévus et réprimés par les articles [¤ de l'infraction sélectionnée]. ✧

29.52 Contraventions en matière de lutte contre le tabac ou le vapotage

▪ PEINES

PERSONNE PHYSIQUE

PP Cas A : Contrav. 3e cl., **450 €** (CSP, art. **R. 3515-2** ; C. pén., art. 131-13) ;

Cas B : Contrav. 2e cl., **150 €** (CSP, art. **R. 3515-7** ; C. pén., art. 131-13) ;

Cas C : Contrav. 4e cl., **750 €** (CSP, art. **R. 3515-3** ; C. pén., art. 131-13) ;

Cas D : Contrav. 3e cl., **450 €** (CSP, art. **R. 3515-8** ; C. pén., art. 131-13) ;

Cas E : Contrav. 4e cl., **750 €** (CSP, art. **R. 3515-5** ; C. pén., art. 131-13) ;

Cas F : Contrav. 4e cl., **750 €** (CSP, art. **R. 3515-6** ; C. pén., art. 131-13) ;

Cas G : Contrav. 4e cl., **750 €** (CSP, art. **R. 3515-4** ; C. pén., art. 131-13).

PC Néant.

PERSONNE MORALE

PP Amendes égales au quintuple de celles encourues par les personnes physiques (C. pén., art. 131-41).

PC Néant.

▪ ORIENTEUR

AUTRE QUALIFICATION

▪ Délits en matière de distribution de produits du tabac, de produits du vapotage, de produits à fumer autres que le tabac. CSP, art. **L. 3515-3**, v. n° **29.51**.

ÉLÉMENT LÉGAL

▪ **Domaine d'application.** • **Produits du tabac concernés. Cas E** : les produits concernés par l'interdiction de vente ou d'offre aux mineurs sont ceux visés à CSP, art. L. 3512-1, il s'agit de l'ensemble des produits du tabac (cigarettes, tabac à rouler, tabac de narguilé, tabac à pipe, cigares, cigarillos, tabac à priser ou à usage oral etc.) mais aussi des ingrédients, y compris feuilles et filtres (CSP, art. L. 3512-13) (Circ. 3 août 2011, NOR : ETSP1103804C, nº I-1). • **Produits de vapotage concernés. Cas F** : les produits concernés par l'interdiction de vente ou d'offre aux mineurs sont ceux visés à CSP, art. L. 3513-1, il s'agit de l'ensemble des dispositifs électroniques de vapotage, jetables ou rechargeables, des produits, cartouches, réservoirs et flacons de recharge.

▪ **Application de la loi pénale dans le temps. Cas E** : l'offre de tabac à un mineur était réprimée comme contravention de 2e classe par CSP, art. L. 3512-1-1. La loi nº 2009-879 du 21 juillet 2009, art. 95 IV, a abrogé cet article à compter de l'entrée en vigueur des dispositions réglementaires s'y substituant. Les faits sont désormais prévus et réprimés par CSP, art. R. 3512-3, comme contravention de 4e classe.

TEXTE DE RÉFÉRENCE

▪ **Principe de l'interdiction de fumer et de vapoter dans les lieux collectifs.** Il est interdit de **fumer** dans les lieux affectés à un usage collectif, notamment scolaire, et dans les moyens de transport collectif, sauf dans les emplacements expressément réservés aux fumeurs (CSP, art. L. 3512-8). Il est interdit de **vapoter** dans les établissements scolaires et les établissements destinés à l'accueil des mineurs, les moyens de transport collectif fermés, les lieux de travail fermés et couverts à usage collectif (CSP, art. L. 3513-6).

ÉLÉMENT INTENTIONNEL

▪ **Erreur sur l'âge. Cas E et F** : dans le droit antérieur, l'infraction n'était pas caractérisée si le contrevenant faisait la preuve qu'il avait été induit en erreur sur l'âge du mineur (CSP, anct art. L. 3512-1-1). La production d'une pièce d'identité ou de tout autre document officiel muni d'une photographie de nature à faire preuve de l'âge de l'intéressé pouvait être exigée par le débitant (CSP, art. R. 3512-3). Désormais, la personne qui délivre un produit du tabac ou de vapotage « *exige du client qu'il établisse la preuve de sa majorité* » (CSP, anct art. L. 3512-12 et L. 3513-5). « *en cas de doute sur la majorité du client, le vendeur a la possibilité de lui refuser la vente pour motif légitime par dérogation aux dispositions de C. consom., art. L. 122-1* » réprimant le refus de vente (Devenu L. 121-11 C. consom.) (Circ. 3 août 2011, NOR : ETSP1103804C, nº I-1).

RÉGIME PROCÉDURAL

▪ **Pouvoir des agents de constatation.** Les agents de police municipale, les gardes champêtres, les agents de surveillance de Paris, peuvent notamment constater par procès-verbal les contraventions à l'interdiction de fumer dans les lieux affectés à un usage collectif lorsqu'elles sont commises sur le territoire de la commune où ils sont habilités (C. pr. pén., art. R. 15-33-29-3, v. nº **11.12**).

POLITIQUE PUBLIQUE

▪ **Action administrative.** La circulaire conjointe Min. travail, emploi santé et min. intérieur, du 3 août 2011 demande aux préfets la mise en place de plans de contrôle, parallèlement aux actions de prévention et de sensibilisation au niveau local, de développer notamment des opérations de contrôle de nature à assurer le respect des mesures d'interdiction de vente de tabac aux mineurs et d'interdiction de fumer dans les lieux affectés à un usage collectif.

▪ **Politique pénale.** La circulaire Crim. 09-F-14-F1, renvoyant aux orientations de la précédente circulaire Crim. 07-2/G4 du 26 janvier 2007, recommande une réponse pénale empreinte de fermeté et rappelle qu'en application de C. pr. pén., art. 530-1, l'amende prononcée en cas de condamnation se saurait être inférieure, selon le cas, au montant de l'amende forfaitaire ou au montant de l'amende forfaitaire majorée.

▪ ÉLÉMENTS CONSTITUTIFS – QUALIFICATION

✧ Pour avoir à .... [¤ lieu], le .... [¤ date], [⇨A à G :]

A. fumé dans un(e) [⇨A1 à A6 :]

A1. lieu fermé et couvert accueillant du public (CSP, art. L. 3512-8, R. 3512-2 1° et **R. 3515-2**) (A1 : *N* ***11280.c3***) ;

A2. lieu fermé et couvert, affecté à un usage collectif, constituant un lieu de travail (CSP, art. L. 3512-8, R. 3512-2 1° et **R. 3515-2**) (A2 : *N* ***11281.c3***) ;

A3. moyen de transport collectif, un véhicule affecté au transport public de voyageurs, dans une gare ou une dépendance du domaine public ferroviaire accessible au public ou dans un espace ou véhicule affecté au transport public routier de personnes régulier et à la demande (CSP, art. L. 3512-8, R. 3512-2 2° et R. 3515-2, C. transp., art. R. 2241-17, R. 3116-9 et R. 3116-33, D nº 2016-541, 3 mai 2016, art. 8 et 19) (A3a : *N* ***6357.c3*** (transport routier) ; A3b : *N* ***4087.c3*** (transport ferroviaire)) ;

A4. espace non couvert d'une école, d'un collège ou d'un lycée public ou privé (CSP, art. L. 3512-8, R. 3512-2 3° et R. 3515-2) (A4 : *N* ***11282.c3***) ;

A5. espace non couvert d'un établissement destiné à l'accueil, à la formation ou à l'hébergement de mineurs (CSP, art. L. 3512-8, R. 3512-2 3° et R. 3515-2) (A5 : *N* ***26092.c3***) ;

A6. aire collective de jeux (CSP, art. L. 3512-8, R. 3512-2 4° et R. 3512-2, D. nº 96-1136, 18 déc. 1986) (A6 : *N* ***31064.c3***) ;

B. vapoté dans un [⇨B1 à B4 :]

B1. établissement scolaire (CSP, art. L. 3513-6 1° et R. 3515-7) (B1 : *N* ***32456.c2***) ;

B2. établissement destiné à l'accueil, à la formation et à l'hébergement des mineurs (CSP, art. L. 3513-6 1° et R. 3515-7) (B2 : *N* ***32457.c2***) ;

B3. moyen de transport collectif fermé (CSP, art. L. 3513-6 2° et R. 3515-7) (B3 : *N* ***32461.c2***) ;

B4. lieu de travail fermé ou couvert à usage collectif (CSP, art. L. 3513-6 3°, R. 3513-2 et R. 3515-7) (B4 : *N* ***32462.c2***) ;

C. étant responsable d'un lieu où s'applique l'interdiction de fumer prévue à l'article R. 3512-2 du code de la santé publique [⇨C1 à C3 :]

C1. omis de mettre en place la signalisation apparente rappelant le principe de l'interdiction de fumer dont le modèle est déterminé par arrêté du ministre chargé de la santé (CSP, art. L. 3512-8, R. 3512-2, R. 3512-7 et R. 3515-3 1°) (C1 : *N* ***11283.c4***) ;

C2. mis à disposition de fumeurs un emplacement non-conforme (CSP, art. R. 3512-3, R. 3512-4 et R. 3515-3 2°) (C2 : *N* ***11285.c4***) ;

C3. favorisé sciemment, par quelque moyen que ce soit, la violation de l'interdiction de fumer dans les lieux affectés à un usage collectif (CSP, art. R. 3512-2 et R. 3515-3 3°) (C3 : *N* ***26093.c4***) ;

D. étant responsable d'un lieu où s'applique l'interdiction de vapoter prévue aux articles L. 3513-6 et R. 3513-3 du code de la santé publique, omis de mettre en place une signalisation apparente rappelant le principe de l'interdiction de vapoter (CSP, art. L. 3513-6, R. 3513-3 et R. 3515-8) (D : *N* ***32463.c3***) ;

E. vendu (E1 : *N* ***25410.c4***) ou offert gratuitement (E2 : *N* ***25413.c4***) dans un débit de tabac, un commerce ou un lieu public, des produits du tabac à un mineur de moins de 18 ans (L. nº 2009-879, 21 juill. 2009, auparavant 16 ans) (CSP, art. L. 3512-12 et R. 3515-5) ;

F. vendu (F1 : *N* ***31906.c4***) ou offert gratuitement (F2 : *N* ***31907.c4***) dans un débit de tabac, un commerce ou un lieu public, des produits de vapotage à un mineur de moins de 18 ans (CSP, art. L. 3513-5 et R. 3515-6) ;

G. fumé dans un véhicule en présence d'un mineur (CSP, art. L. 3512-9 et R. 3515-4) (G : *N* ***31904.c4***).

Faits prévus et réprimés par les articles [.........] de l'infraction sélectionnée. ✧

30. La consommation – La concurrence – La sécurité alimentaire

30.1 Perception anticipée de fonds – Par un constructeur de maison individuelle

▪ PEINES

PERSONNE PHYSIQUE

PP Délit. 2 ans d'emprisonnement, 9 000 € (CCH, art. L. 241-1).

PC Néant.

PERSONNE MORALE

PP 45 000 € (C. pén., art. 131-38).

PC Néant.

▪ ORIENTEUR

- **Compétence juridictionnelle. Juge unique** (C. pr. pén., art. 398-1 8°, v. nº 17.15D2).
- **Ordonnance pénale. Possible** (C. pr. pén., art. 495-II, v. nº 15.48B1 et tableau nº 17.15D2).

▪ ÉLÉMENTS CONSTITUTIFS – QUALIFICATION

✧ Pour avoir à .... [¤ lieu], le .... [¤ date], étant constructeur de maison individuelle avec fourniture de plan, exigé (A : *N 4588.ju*) ou accepté (B : *N 4632.ju*) un versement, un dépôt de fonds ou une acceptation d'effets de commerce [⇨1 à 3 :]

1. avant la signature du contrat ...
2. avant la date d'exigibilité de la créance ...
3. alors que le contrat ne satisfaisait pas aux conditions de l'article L. 231-1 du code de la construction et de l'habitation ...

... et ce au préjudice de .... [¤ nom de la victime].

Faits prévus et réprimés par les articles L. 231-1, L. 231-2, L. 231-4-II, L. 241-1, R. 231-7 du code de la construction et de l'habitation. ✧

30.2 Construction de maison individuelle sans contrat écrit ou garantie de livraison

▪ PEINES

PERSONNE PHYSIQUE

PP Délit. 2 ans d'emprisonnement, 37 500 € (CCH, art. L. 241-8).

PC Néant.

PERSONNE MORALE

PP 187 500 € (C. pén., art. 131-38).

PC Néant.

▪ ORIENTEUR

- **Compétence juridictionnelle. Juge unique** (C. pr. pén., art. 398-1 8°, v. nº 17.15D2).
- **Ordonnance pénale. Possible** (C. pr. pén., art. 495-II, v. nº 15.48B1 et tableau nº 17.15D2).

▪ ÉLÉMENTS CONSTITUTIFS – QUALIFICATION

✧ Pour avoir à .... [¤ lieu], le .... [¤ date], étant constructeur de maison individuelle avec ou sans fourniture de plan, entrepris l'exécution des travaux sans avoir [⇨A ou B :]

A. conclu de **contrat écrit** (CCH, art. L. 231-1 et L. 232-1) (A : *N 20529.ju*) ;

B. obtenu la **garantie de livraison** à prix et délais convenus (CCH, art. L. 231-2, L. 231-6 et L. 232-2) (B : *N 20530.ju*).

Faits prévus et réprimés par les articles L. 241-8, + les articles [• du cas sélectionné] du code de la construction et de l'habitation. ✧

30.3 Ouverture de chantier sans assurance obligatoire par un constructeur ou propriétaire

■ PEINES

PERSONNE PHYSIQUE

PP Délit. 6 mois d'emprisonnement, 75 000 € (CCH, art. L. 111-34).

PC Néant.

PERSONNE MORALE

PP 375 000 € (C. pén., art. 131-38).

PC Néant.

■ ORIENTEUR

- **Compétence juridictionnelle. Juge unique** (C. pr. pén., art. 398-1 8°, v. n° 17.15D2).
- **Ordonnance pénale. Possible** (C. pr. pén., art. 495-II, v. n° 15.48B1 et tableau n° 17.15D2).

■ ÉLÉMENTS CONSTITUTIFS – QUALIFICATION

✧ Pour avoir à .... [¤ lieu], le .... [¤ date] [⇨A ou B :],

A. **Assurance de responsabilité décennale.** Étant constructeur d'un ouvrage dont la responsabilité décennale peut être engagée envers le maître ou l'acquéreur de l'ouvrage au titre des dommages, même résultant d'un vice du sol, qui compromettent la solidité de l'ouvrage ou qui, l'affectant dans l'un de ses éléments constitutifs ou l'un de ses éléments d'équipement, le rendent impropre à sa destination, omis de souscrire avant l'ouverture du chantier un contrat d'assurance le couvrant pour celle responsabilité (CCH, art. L. 111-13 à L. 111-17, L. 111-20-1, L. 111-20-2 et L. 111-28) (A : *N 4622.ju*) ;

B. **Assurance de dommages obligatoire.** étant propriétaire de l'ouvrage, vendeur ou mandataire du propriétaire de l'ouvrage, fait réaliser des travaux de construction sans souscrire avant l'ouverture du chantier, pour son compte ou pour celui des propriétaires successifs, une assurance garantissant, en dehors de toute recherche des responsabilités, le paiement de la totalité des travaux de réparation des dommages de la nature de ceux dont sont responsables les constructeurs au sens de l'article 1792-1 du code civil, ou les fabricants et importateurs ou le contrôleur technique sur le fondement de l'article 1792 du code civil (CCH, art. L. 111-30) (B : *N 4623.ju*)

Faits prévus et réprimés par les articles L. 111-34, + les articles [• du cas sélectionné] du code de la construction et de l'habitation. ✧

30.4 Perception de fonds par un intermédiaire – Gestion de dettes

■ PEINES

PERSONNE PHYSIQUE

PP Délit. 1 an d'emprisonnement, 300 000 € (depuis L. n° 2014-344, 17 mars 2014, auparavant 30 000 €) (C. consom., art. L. 342-5 (anc^{t} L. 322-1)).

PC 1. Diffusion décision ou extrait aux frais (⩽ amende encourue) du condamné (C. consom., art. L. 342-5 (anc^{t} L. 322-1) ; C. pén., art. 131-35) ;

2. Interdiction, définitive ou ⩽ 5 ans activité professionnelle ou sociale en relation avec l'infraction, fonction publique (sauf mandat électif ou syndical) *et/ou* interdiction définitive ou ⩽ 15 ans (10 ans avant L. n° 2013-1117, 6 déc. 2013) d'exercer une profession commerciale ou industrielle, de diriger, d'administrer, de gérer ou de contrôler à un titre quelconque, directement ou indirectement, pour son propre compte ou pour le compte d'autrui, une entreprise commerciale ou industrielle ou une société commerciale (C. consom., art. L. 342-6 (anc^{t} L. 322-1 [mod. par L. n° 2014-344, 17 mars 2014]) ; C. pén., art. 131-27).

PERSONNE MORALE

PP 1 500 000 € (depuis L. n° 2014-344, 17 mars 2014, auparavant 150 000 €) (C. pén., art. 131-38).

PC Néant.

■ ORIENTEUR

ÉLÉMENT LÉGAL

▪ **Domaine d'application. Dispositions non applicables** aux professions juridiques ou judiciaires réglementées, aux conciliateurs désignés par le président du tribunal de commerce dans le cadre de la prévention des difficultés des entreprises, aux administrateurs judiciaires, mandataire liquidateurs et experts en diagnostic d'entreprise, dans le cadre de leur mandat (C. consom., art. L. 321-1 (anc^t L. 322-2)).

▪ **Recodification.** Dispositions recodifiées à droit constant par Ord. n° 2016-301, 14 mars 2016 et D. n° 2016-884, 29 juin 2016.

MESURE CIVILE

▪ **Conséquence civile de l'infraction. Nullité du contrat :** la convention contrevenant aux interdictions ci-dessous est nulle de plein droit (C. consom., art. L. 342-2 (anc^t, L. 321-1)).

■ ÉLÉMENTS CONSTITUTIFS – QUALIFICATION

✧ Pour avoir à .... [¤ lieu], le .... [¤ date], perçu une somme d'argent à l'occasion [⇨A à C :]

A. de l'examen de la situation de .... [¤ nom de la victime], débiteur, en vue de l'établissement d'un plan de remboursement (A : *N 20483.co*) ;

B. de la recherche pour le compte de .... [¤ nom de la victime], débiteur, de l'obtention [⇨B1 ou B2 :]

B1. de délais de paiement (B1 : *N 20485.co*) ;

B2. d'une remise de dette (B2 : *N 20484.co*) ;

C. de l'intervention, pour le compte du débiteur, sous quelque forme que ce soit, pour les besoins d'une procédure de surendettement (C : *N 23169.co*).

Faits prévus et réprimés par les articles L. 311-1, L. 321-1, L. 322-1 et L. 342-5 (anc^t L. 321-1, L. 322-1 et L. 322-2) du code de la consommation. ✧

30.5 Publicité irrégulière pour le crédit

■ PEINES

PERSONNE PHYSIQUE

PP Délit. Cas A : amende ⩽ 30 000 (C. consom., art. L. 341-21 (anc^t L. 312-32)). Cas B : 150 000 € (depuis L. n° 2014-344, 17 mars 2014, auparavant 3 750 €) (C. consom., art. L. 341-56 (anc^t L. 314-16)). Cas C : **Contrav. 5e classe**, 1 500 € (C. consom., art. R. 341-1 (anc^t L. 311-49) ; C. pén., art. 131-13) ; Cas D : **Contrav. 5e classe**, 1 500 € (C. consom., art. R. 341-7 (anc^t L. 311-49) ; C. pén., art. 131-13).

PC 1. Cas B. Interdiction, définitive ou ⩽ 5 ans activité professionnelle ou sociale en relation avec l'infraction, fonction publique (sauf mandat électif ou syndical) *et/ou* interdiction définitive ou ⩽ 15 ans (10 ans avant L. n° 2013-1117, 6 déc. 2013) d'exercer une profession commerciale ou industrielle, de diriger, d'administrer, de gérer ou de contrôler à un titre quelconque, directement ou indirectement, pour son propre compte ou pour le compte d'autrui, une entreprise commerciale ou industrielle ou une société commerciale (C. consom., art. L. 341-60 (anc^t L. 314-16 [mod. par L. n° 2014-344, 17 mars 2014]) ; C. pén., art. 131-27) ;

2. Cas C et D. Publication du jugement aux frais du condamné (C. consom., art. : Cas C. R. 341-1 (anc^t L. 311-49) ; Cas D. R. 341-7 ; C. pén., art. 131-35) ;

3. Cas C et D. Rectification de la publicité aux frais du condamné (C. consom., art. : Cas C. R. 341-1 (anc^t L. 311-49) ; Cas D. R. 341-7 ; C. pén., art. 131-35).

PERSONNE MORALE

PP Délit. Cas A : amende ⩽ **150 000 €** (C. consom., art. L. 341-21 (anc[t] L. 312-32) ; C. pén., art. 131-38). Cas B : **750 000 €** (depuis L. n° 2014-344, 17 mars 2014, auparavant **18 750 €**) (C. consom., art. L. 341-56 (anc[t] L. 314-16) ; C. pén., art. 131-38). Cas C : Contrav. 5e classe, **1 500 €** (C. consom., art. R. 341-1 (anc[t] L. 311-49) ; C. pén., art. 131-38). Cas D : Contrav. 5e classe, **1 500 €** (C. consom., art. R. 341-7 (anc[t] L. 311-49) ; C. pén., art. 131-38).

PC 2. Cas C et D. Publication du jugement aux frais du condamné (C. consom., art. : Cas C. R. 341-1 (anc[t] L. 311-49) ; Cas D. R. 341-7 ; C. pén., art. 131-35) ;

3. Cas C et D. Rectification de la publicité aux frais du condamné (C. consom., art. : Cas C. R. 341-1 (anc[t] L. 311-49) ; Cas D. R. 341-7 ; C. pén., art. 131-35).

ORIENTEUR

ÉLÉMENT LÉGAL

- **Recodification.** Dispositions recodifiées à droit constant par Ord. n° 2016-301, 14 mars 2016 et D. n° 2016-884, 29 juin 2016.
- **Champ d'application. Crédit à la consommation.** Cas C : les dispositions relatives au crédit à la consommation sont applicables « *dès lors que le montant total du crédit est ⩾ 200 euros et ⩽ 75 000 €* » (C. consom., art. L. 312-1). Elles sont également applicables, lorsque l'opération dépasse 75 000 €, aux opérations de regroupement de crédit ou de financement de dépenses d'amélioration de l'habitat non garanties par une hypothèque ou sûreté comparable (C. consom., art. L. 312-4 3°). Les incriminations sont aussi applicables aux prêts sur gage corporel souscrits auprès des caisses de crédit municipal (C. consom., art. L. 312-1). En sont notamment exclus les opérations de crédit immobilier, de crédit hypothécaire, les autorisations de découvert remboursable dans le délai d'un mois, le crédit gratuit ne dépassant pas 3 mois (C. consom., art. L. 312-4).

RÉGIME PROCÉDURAL

- **Compétence juridictionnelle. Juge unique** (Cas A et B) (C. pr. pén., art. 398-1, v. n° **17.15D2**).
- **Ordonnance pénale. Possible** (Cas A et B) (C. pr. pén., art. 495-II, v. n° **15.48B1** et tableau n° **17.15D2**).

ÉLÉMENTS CONSTITUTIFS – QUALIFICATION

✧ Pour avoir à .... [¤ lieu], le .... [¤ date] [⇨A à D :]

A. étant annonceur, diffusé ou fait diffuser une publicité pour un **crédit immobilier** destiné à financer l'acquisition d'immeubles à usage d'habitation ou à usage professionnel et d'habitation ou les terrains destinés à la construction de tels immeubles (C. consom., art. L. 313-1, et L. 341-21 (anc[t] L. 312-2, L. 312-4 et L. 312-32)) (A : *N 5970.ju*) [⇨A1 à A5 :]

A1. sans que cette publicité figurant sur un document publicitaire mis à disposition de l'emprunteur ne mentionne qu'il dispose d'un délai de réflexion de dix jours, que la vente est subordonnée à l'obtention du prêt et que, si celui-ci n'est pas obtenu, le vendeur doit lui rembourser les sommes versées (C. consom., art. L. 313-3) ;

A2. sans que cette publicité, reçue ou perçue en France, quel que soit son support, ne précise l'identité du prêteur ou de l'intermédiaire de crédit, la nature et l'objet du prêt (C. consom., art. L. 313-4) ;

A3. sans que cette publicité faite, reçue ou perçue en France, quel que soit son support, ne précise, alors qu'elle comportait un taux d'intérêt ou des chiffres relatifs au coût du crédit pour l'emprunteur, de façon claire, concise et visible, les informations complémentaires sur les caractéristiques du crédit, fournies, le cas échéant, à l'aide d'un exemple représentatif (C. consom., art. L. 313-4) ;

A4. alors que cette publicité effectuée sur une communication publicitaire et commerciale, assimilait les mensualités de remboursement à des loyers ou faisait référence, pour le calcul des échéances, à des prestations sociales qui ne sont pas assurées pendant toute la durée du contrat (C. consom., art. L. 313-5) ;

A5. alors que cette publicité effectuée sur une communication publicitaire et commerciale, comportait une formulation susceptible de faire naître chez le consommateur de fausses attentes concernant la disponibilité ou le coût du crédit (C. consom., art. L. 313-5).

B. étant annonceur, diffusé ou fait diffuser une publicité reçue ou perçue en France, quel que soit son support, pour une opération de **prêt viager hypothécaire** (C. consom., art. L. 315-1 et L. 341-56 (anc[t] L. 314-1, L. 314-3 et L. 314-16)) (B : *N 28080.ju*) [⇨B1 à B7 :]

B1. sans mentionner l'identité du prêteur, la nature de l'opération proposée, son coût total et le taux effectif global, à l'exclusion de tout autre taux, calculé par tranches de cinq ans, ainsi que les perceptions forfaitaires (C. consom., art. L. 315-4) ;

B2. sans mentionner les modalités du terme de l'opération proposée (C. consom., art. L. 315-4) ;

B3. sans mentionner que l'acceptation de l'offre ne peut intervenir que dix jours après sa réception par l'emprunteur et qu'elle fait l'objet d'un acte notarié (C. consom., art. L. 315-4 et L. 315-11) ;

B4. sans mentionner que jusqu'à l'acceptation de l'offre, aucun versement sous quelque forme que ce soit ne peut être fait, au titre de l'opération en cause, par le prêteur à l'emprunteur ou pour le compte de celui-ci, ni par l'emprunteur au prêteur (C. consom., art. L. 315-4 et L. 315-11) ;

B5. sans inscrire dans le corps principal du texte publicitaire, dans une taille de caractère au moins aussi importante que celle utilisée pour toute autre information relative aux caractéristiques du financement, les informations relatives à la nature de l'opération, aux conditions de détermination du taux effectif global et, s'il s'agit d'un taux promotionnel, à la période durant laquelle ce taux s'applique, les informations relatives à la nature de l'opération (C. consom., art. L. 315-5) ;

B6. en mentionnant que le prêt peut être octroyé sans élément d'information permettant d'apprécier la situation financière et patrimoniale de l'emprunteur (C. consom., art. L. 315-6) ;

B7. en indiquant la ressource supplémentaire qu'offre le prêt sans faire suivre cette indication d'une information sur les modalités du terme de l'opération telles que prévues par les dispositions des articles L. 315-20 et L. 315-21 (C. consom., art. L. 315-6).

C. étant annonceur, diffusé ou fait diffuser une publicité pour un **crédit à la consommation** (C. consom., art. L. 311-1, L. 312-1 et R. 341-1 (anc[t] L. 311-2, L. 311-4 et L. 311-49) (C : *N 1285.c5*) [⇨C1 à C8]

C1. sans que cette publicité ne contienne, quel que soit le support utilisé, à l'exception des publicités radiodiffusées, la mention suivante : « Un crédit vous engage et doit être remboursé. Vérifiez vos capacités de remboursement avant de vous engager » (C. consom., art. L. 312-5) ;

C2. en indiquant un taux d'intérêt ou des informations chiffrées liées au coût du crédit, sans mentionner, de façon claire, précise et visible, à l'aide d'un exemple représentatif, les informations suivantes (C. consom., art. L. 312-6, D. 312-23) [⇨C2a à C2f] ;

C2a. le taux débiteur et la nature fixe, variable ou révisable du taux, sauf pour les opérations de location-vente ou de location avec option d'achat, ainsi que les informations relatives à tous les frais compris dans le coût total du crédit pour l'emprunteur ;

C2b. le montant total du crédit ;

C2c. le taux annuel effectif global, sauf pour les opérations de location-vente ou de location avec option d'achat ;

C2d. s'il y a lieu, la durée du contrat de crédit ;

C2e. en cas de crédit accordé sous la forme d'un délai de paiement pour un bien ou un service donné, le prix au comptant et le montant de tout acompte ;

C2f. le montant total dû par l'emprunteur et le montant des échéances ;

C3. sur un écrit, quel que soit le support utilisé, sans faire figurer, dans le corps principal du texte publicitaire et dans une taille de caractère plus importante que celle utilisée pour toute autre information relative aux caractéristiques du financement, notamment le taux promotionnel, les informations relatives au taux annuel effectif global, à sa nature fixe, variable ou révisable, au montant total dû par l'emprunteur et au montant des échéances, ou la mention « Un crédit vous engage et doit être remboursé. Vérifiez vos capacités de remboursement avant de vous engager » (C. consom., art. L. 312-8) ;

C4. par voie postale ou par courrier électronique, distribué directement à domicile ou sur la voie publique (C. consom., art. L. 312-9) [⇨C4a ou C4b] ;

C4a. sans que le document envoyé au consommateur rappelle de façon claire, précise et visible son droit de s'opposer sans frais à l'utilisation de ses données personnelles à des fins de prospection ainsi que les modalités d'exercice de ce droit ;

C4b. alors que cette publicité indiquait un taux d'intérêt ou des informations chiffrées liées au coût du crédit, sans faire figurer, sous forme d'encadré, en en-tête du texte publicitaire, les informations relatives au taux annuel effectif global, à sa nature fixe, variable ou révisable, au montant total dû par l'emprunteur et au montant des échéances, ou la mention « Un crédit vous engage et doit être remboursé. Vérifiez vos capacités de remboursement avant de vous engager » (C. consom., art. L. 312-8) ;

C5. en indiquant qu'une opération ou un contrat de crédit, ou une opération de crédit consistant à regrouper des crédits antérieurs (C. consom., art. L. 312-10) [⇨C5a ou C5b] ;

C5a. peut être consenti sans élément d'information permettant d'apprécier la situation financière de l'emprunteur ;

C5b. en laissant entendre que le prêt améliore la situation financière ou le budget de l'emprunteur, entraîne une augmentation de ressources, constitue un substitut d'épargne ou accorde une réserve automatique d'argent immédiatement disponible sans contrepartie financière identifiable ;

C6. en comparant le montant des échéances d'un ou plusieurs crédits antérieurs, et le cas échéant d'autres dettes, à celui d'une échéance résultant d'une opération de regroupement de crédits, sans mentionner de manière claire et apparente, d'une part, la somme des coûts totaux des crédits antérieurs et, d'autre part, le coût total du crédit postérieur à l'opération précitée (C. consom., art. L. 312-10) ;

C7. en mentionnant l'existence d'une période de franchise de paiement de loyers ou de remboursement des échéances du crédit supérieure à trois mois (C. consom., art. L. 312-10) ;

C8. en proposant sous quelque forme que ce soit des lots promotionnels liés à l'acceptation d'une offre préalable de crédit (C. consom., art. L. 312-11).

D. étant annonceur, diffusé ou fait diffuser une publicité, quel qu'en soit le support, pour une opération de **crédit dit gratuit** dont la durée est supérieure à trois mois et pour laquelle ne sont pas requis d'intérêts ou d'autres frais, sans indiquer le montant de l'escompte sur le prix d'achat éventuellement consenti en cas de paiement comptant ou sans préciser qui prend en charge le coût du crédit consenti gratuitement (C. consom., art. L. 311-1, L. 312-1, L. 312-41 et R. 341-7 (anc[t] L. 311-2, L. 311-27 4 et L. 311-49) (D : *N 28117.c5*).Faits prévus et réprimés par les articles : **PERSONNES PHYSIQUES.** [• du cas sélectionné]. **PERSONNES MORALES.** [• du cas sélectionné] ✧

30.6 Pratique commerciale trompeuse – Publicité fausse

■ **PEINES**

PERSONNE PHYSIQUE

PP Délit. Cas A à ZF : 2 ans d'emprisonnement, amende ⩽ 300 000 € ou ⩽ 10 % du chiffre d'affaires moyen des trois derniers exercices à la date des faits, ou ⩽ 50 % des dépenses de publicité engagées (depuis L. n° 2014-344, 17 mars 2014, auparavant 37 750 € ou ⩽ 50 % des dépenses de publicité engagées), ou ⩽ 80 % en cas de fausses allégations environnementales dans les cas B14 et B21 (depuis L. n° 2021-1104, 22 août 2021) (C. consom., art. L. 132-2 (anc[t] L. 121-6)) ;

Cas ZG : 3 ans d'emprisonnement, amende identique aux seuils ci-dessus (C. com., art. L. 132-2-1, depuis L. n° 2022-1158, 16 août 2022) ;

Cas ZH : 7 ans d'emprisonnement, amende identique aux seuils ci-dessus (C. com., art. L. 132-2-2, depuis L. n° 2022-1158, 16 août 2022).

PC 1. Affichage ou diffusion (durant 2 mois) de la décision, intégrale ou par extraits ou d'un communiqué aux frais (⩽ amende encourue) du condamné (C. consom., art. L. 132-4 (anc[t] L. 121-4 [mod. par L. n° 2014-344, 17 mars 2014]) ; C. pén., art. 131-35) ;

2. Diffusion d'une ou plusieurs annonces rectificatives ; contenu et modalités fixés par le tribunal, aux frais du condamné et dans les délais impartis (C. consom., L. 132-4 (anc[t] art. L. 121-4)), sous les peines de l'article L. 121-6 du code de la consommation (C. consom., art. L. 132-5 (anc[t] L. 121-7)) ;

3. Interdiction, définitive ou ⩽ 5 ans activité professionnelle ou sociale en relation avec l'infraction, fonction publique (sauf mandat électif ou syndical) *et/ou* interdiction définitive ou ⩽ 15 ans (10 ans avant L. n° 2013-1117, 6 déc. 2013) d'exercer une profession commerciale ou industrielle, de diriger, d'administrer, de gérer ou de contrôler à un titre quelconque, directement ou indirectement,

pour son propre compte ou pour le compte d'autrui, une entreprise commerciale ou industrielle ou une société commerciale (C. consom., art. L. 132-3 (anc^{t} L. 121-6 [mod. par L. n° 2014-344, 17 mars 2014]) ; C. pén., art. 131-27) ;

PERSONNE MORALE

PP Délit. amende ⩽ **1 500 000 €** ou ⩽ **50 %** du chiffre d'affaires moyen des trois derniers exercices à la date des faits, ou ⩽ **50 %** des dépenses de publicité engagées (depuis L. n° 2014-344, 17 mars 2014, auparavant **187 500 €** ou ⩽ **50 %** des dépenses de publicité engagées), ou ⩽ **80 %** en cas de fausses allégations environnementales dans les **cas B14** et **B21** (depuis L. n° 2021-1104, 22 août 2021) (C. consom., art. L. 132-2 (anc^{t} L. 121-6 ; C. pén., art. 131-38).

PC **1.** Interdiction ⩽ 5 ans, une ou plusieurs activités professionnelles ou sociales dans le cadre de laquelle l'infraction a été commise (C. consom., art. 132-3 (anc^{t} L. 121-6) ; C. pén., art. 131-39 2°) ;

2. Surveillance judiciaire ⩽ 5 ans, sauf personnes morales de droit public, partis, groupements politiques, syndicats (C. consom., art. 132-3 (anc^{t} L. 121-6) ; C. pén., art. 131-39 3° et 131-46) ;

3. Fermeture, définitive ou ⩽ 5 ans, d'un ou plusieurs établissements en relation avec l'infraction (C. consom., art. 132-3 (anc^{t} L. 121-6) ; C. pén., art. 131-39 4°) ;

4. Exclusion, définitive ou ⩽ 5 ans marchés publics (C. consom., art. 132-3 (anc^{t} L. 213-6) ; C. pén., art. 131-39 5°) ;

5. Interdiction, définitive ou ⩽ 5 ans appel public à l'épargne (C. consom., art. 132-3 (anc^{t} L. 121-6) ; C. pén., art. 131-39 6°) ;

6. Interdiction ⩽ 5 ans cartes de paiement ou émission chèques autres que de retrait ou certifiés (C. consom., art. 132-3 (anc^{t} L. 121-6) ; C. pén., art. 131-39 7°) ;

7. Confiscation de la chose ayant servi à l'infraction ou destinée à la commettre, ou son produit (obligatoire pour objets qualifiés dangereux ou nuisibles par loi ou règlement ou dont la détention est illicite) (C. consom., art. 132-3 (anc^{t} L. 121-6) ; C. pén., art. 131-39 8° et 131-21) ;

8. Affichage, ⩽ 2 mois, *et/ou* (L. n° 2011-525, 17 mai 2011) diffusion de la décision ou d'extraits aux frais (⩽ amende encourue) du condamné (C. consom., art. 132-3 (anc^{t} L. 121-6) ; C. pén., art. 131-39 9°, 131-48 et 131-35).

■ ORIENTEUR

AUTRE QUALIFICATION

▪ **Pratique promotionnelle interdite par un influenceur (L. n° 2023-451, 9 juin 2023).** L. n° 2023-451, 9 juin 2023, art. 4 et 5, v. n° 30.7.

▪ **Pratique commerciale agressive.** V. n° 30.9.

▪ **Tromperie ou fraude sur l'origine ou les qualités substantielles, d'une marchandise ou d'une prestation de service.** V. n° 30.10.

▪ **Pratique commerciale réglementée – Publicité comparative illicite.** C. consom., art. L. 132-25, v. n° 30.8.

▪ **Prix et conditions de vente – Défaut de marquage ou d'information du consommateur (infraction administrative).** C. consom., art. L. 135-1, v. n° 30.25.

▪ **Contraventions relatives à l'obligation d'emploi de la langue française.** D. n° 95-240, 3 mars 1995, obligation d'employer la langue française dans la publicité écrite, parlée ou audiovisuelle, v. n° 30.26.

▪ **Pratique commerciale réglementée – Publicité par voie électronique.** Sans préjudice des sanctions pénales prévues en matière de publicité trompeuse ou comparative ou de pratique commerciale agressive, les publicités par voie électronique (« spam ») doivent obéir à des conditions d'intelligibilité et de transparence définies par C. com., art. L. 122-8 (envoi de publicité ou promotion non identifiée comme telle, *N* ***25363.ia***) et L. 122-9 (accessibilité des conditions d'offres ou de jeux promotionnels, *N* ***25364.ia***). La publicité doit permettre de transmettre une demande visant à obtenir que les publicités cessent (C. consom., art. L. 122-8)). La violation de ces dispositions, également applicable aux publicités à destination des professionnels, est passible d'une **amende administrative** de **3 000 €** pour les personnes physiques et **15 000 €** pour les personnes morales (C. consom., art. L. 132-26). Mentionnons que la publicité par voie électronique à des clients non professionnels portant sur certains produits financiers est interdite, à peine d'une sanction administrative de **100 000 €** (C. consom., art. L. 222-16-1 et L. 222-16-2).

▪ **Démarchage ou remises de sommes sans contreparties réelles – Abus de la faiblesse ou de l'ignorance.** V. nº 30.20.

▪ **Prix et conditions de vente – Défaut de marquage ou d'information du consommateur (infraction administrative).** V. nº 30.25.

▪ **Étiquetage trompeur de denrée alimentaire.** V. nº 30.28,

▪ **Offre d'emploi – Allégations fausses ou induisant en erreur.** C. trav., art. L. 5334-1, v. nº 32.39.

▪ **Contrefaçon de marque de fabrique, de commerce ou de service.** V. nº 34.5 (notamment contrefaçon de marque de certification).

ÉLÉMENT LÉGAL

▪ **Application de la loi pénale dans le temps. • Domaine d'application.** Le champ des articles visés, qui se limitait auparavant à l'infraction de publicité mensongère, a été étendu par L. nº 2008-776, 4 août 2008 (dite loi Châtel), transposant notamment la directive 2005/29/CE 11 mai 2005, relative aux pratiques commerciales déloyales des entreprises vis-à-vis des consommateurs. Le délit de publicité mensongère est désormais inclus (cas B) dans une liste importante de pratiques déloyales incriminées. **• Loi climat et résilience. Cas B14 et B21** : la loi nº 2021-167, 22 août 2021, portant lutte contre le dérèglement climatique et le renforcement de la résilience face à ses effets, dite « *loi climat et résilience* », pénalise les pratiques commerciales consistant à promouvoir faussement les qualités environnementales d'un produit (écoblanchiment ou greenwashing). Si les fausses allégations environnementales pouvaient également être réprimées dans les termes du droit antérieur, elles sont néanmoins désormais passibles d'une peine d'amende accrue (80 % des dépenses de publicité engagées au lieu de 50 % dans les autres cas) (C. consom., art. L. 132-2). **• Cas ZB : pictogramme figurant l'origine française d'un aliment.** Depuis L. nº 2021-1357, 18 oct. 2021, visant à protéger la rémunération des agriculteurs, dite loi Égalim 2, sont réputées trompeuses les pratiques commerciales consistant à faire figurer un drapeau français, une carte de France ou tout symbole représentatif de la France sur les emballages alimentaires lorsque les ingrédients primaires tels que définis par différents règlements et directives de l'Union européenne ne sont pas d'origine française (C. consom., art. L. 121-4 24°, issu L. nº 2021-1357, 18 oct. 2021). **• Cas ZC à ZF : référencement ou classement en ligne.** Cas issus Ord. nº 2021-1734, 22 déc. 2021, transposant directive (UE) 2019/2161 du Parlement européen et du Conseil, 27 nov. 2019, relative à une meilleure application et une modernisation des règles de l'Union en matière de protection des consommateurs, en vigueur le 28 mai 2022. Ces dispositions adaptent notamment à l'économie numérique les dispositions relatives aux pratiques commerciales trompeuses. L'absence des informations requises permet de caractériser une pratique commerciale trompeuse par omission.

▪ **Recodification.** Dispositions recodifiées à droit constant par Ord. nº 2016-301, 14 mars 2016 et D. nº 2016-884, 29 juin 2016.

▪ **Application de la loi pénale dans l'espace.** Le délit est constitué dès lors que la pratique commerciale est mise en œuvre ou qu'elle produit ses effets en France (C. consom., art. 132-1 (anc[t] L. 121-5, L. nº 2014-344, 17 mars 2014)).

▪ **Domaine d'application. Pratiques imputables aux seuls professionnels.** Les dispositions de C. consom., art. L. 121-2 à L. 121-4 relatives aux pratiques commerciales déloyales ou trompeuses sanctionnent les pratiques des professionnels « *qui visent les professionnels et les non-professionnels* » (C. consom., art. L. 121-5). On entend par professionnel « *toute personne physique ou morale, publique ou privée, qui agit à des fins entrant dans le cadre de son activité commerciale, industrielle, artisanale, libérale ou agricole, y compris lorsqu'elle agit au nom ou pour le compte d'un autre professionnel* » (C. consom., art. préliminaire, conforme à la directive 2005/29/CE 11 mai 2005, art. 2b).

▪ **Définition. • Pratique commerciale déloyale, trompeuse ou agressive.** « *Une pratique commerciale est déloyale lorsqu'elle est contraire aux exigences de la diligence professionnelle et qu'elle altère ou est susceptible d'altérer de manière substantielle le comportement économique du consommateur normalement informé et raisonnablement attentif et avisé, à l'égard d'un bien ou d'un service* » (C. consom., art. L. 121-1), ce que doit établir le juge lorsqu'il entre en voie de condamnation (Crim. 29 janv. 2019, nº 18-80.898, D). D'une part, les **pratiques commerciales trompeuses** (C. consom., art. L. 121-2 à L. 121-5), d'autre part, les **pratiques commerciales agressives** (C. consom., art. L. 121-6 à L. 121-7, v. nº 30.9), définies et décrites dans ces dispositions, constituent des pratiques commerciales déloyales (C. consom., art. L. 121-1). Sont ainsi réputées pratiques commerciales déloyales les pratiques commerciales trompeuses définies au C. consom., art. L. 121-2 à L. 121-4 (C. consom., art. L. 121-1). Dans la mesure où elles sont déloyales par nature au sens de l'article 5 § 5 de la directive 2005/29 CE 11 mai 2005, ou figurent à son annexe I, elles « *sont considérées comme déloyales en toutes circonstances, sans qu'il soit nécessaire pour le juge répressif de caractériser une altération du comportement économique d'un consommateur normalement informé et raisonnablement attentif et avisé* » (Crim. 28 janv. 2020, nº 19-80.496, P).

TEXTE DE RÉFÉRENCE

▪ **Information substantielle. Cas D** : dans toute communication commerciale constituant une invitation à l'achat et destinée au consommateur mentionnant le prix et les caractéristiques du bien ou du service proposé, **sont considérées comme substantielles les informations suivantes** : 1° Les caractéristiques principales du bien ou du service ; 2° L'adresse et l'identité du professionnel ; 3° Le prix toutes taxes comprises et les frais de livraison à la charge du consommateur, ou leur mode de calcul, s'ils ne peuvent être établis à l'avance ; 4° Les modalités de paiement, de livraison, d'exécution et de traitement des réclamations des consommateurs, dès lors qu'elles sont différentes de celles habituellement pratiquées dans le domaine d'activité professionnelle concerné ; 5° L'existence d'un droit de rétractation, si ce dernier est prévu par la loi ; 6° la qualité de professionnel ou non du vendeur qui propose des produits sur une place de marché en ligne, telle qu'elle a été déclarée à l'opérateur de la place de marché en ligne (mod. issue Ord. nº 2021-1734, 22 déc. 2021, transposant directive (UE) 2019/2161, 27 nov. 2019, renforçant la protection des consommateurs contre les pratiques commerciales déloyales, en vigueur le 28 mai 2022 ; sur la définition de la place de marché en ligne, v. C. consom., art. préliminaire, 14°, issu Ord.nº 2021-1734) (C. consom., art. L. 121-3 (anc[t] L. 121-1).

ÉLÉMENT MATÉRIEL

▪ **Appréciation de la qualité de professionnel.** « *le délit de pratique commerciale trompeuse, qui s'est substitué au délit de publicité mensongère, ne sanctionne plus que les pratiques des professionnels à l'égard des consommateurs, des professionnels et des non professionnels* », justifie sa décision le juge qui apprécie souverainement que le prévenu, entrepreneur spécialisé dans les travaux en hauteur ayant vendu par internet une nacelle automotrice, « *n'avait pas agi à des fins qui entraient dans le cadre de son activité, commerciale, industrielle, artisanale ou libérale, au sens des articles 2b de la directive 2005/29/CE du 11 mai 2005 et liminaire du code de la consommation, et qu'il avait effectué la publicité litigieuse en qualité de particulier* », il en est autrement pour le délit de tromperie qui est imputable aux non professionnels (v. nº **30.10**), qualification que la juridiction d'instruction saisie se devait notamment de rechercher (Crim. 19 mars 2019, nº 17-83.543). De même « *les dispositions [...] relatives aux pratiques commerciales trompeuses ne s'appliquent pas aux opérations relatives à l'achat d'un produit par un professionnel à un consommateur* » (en l'espèce achat de métaux précieux à des consommateurs) (Crim. 5 déc. 2017, nº 16-86.729, P nº 278).

▪ **Champ d'application. • Activité de recouvrement de créance.** « *la notion de pratique commerciale, telle qu'interprétée à la lumière de la directive 2005/29/CE du Parlement européen et du Conseil, du 11 mai 2005* [v. son art. 3,1 spécifiant que la directive s'applique "*aux pratiques commerciales déloyales des entreprises vis-à-vis des consommateurs .../...avant, pendant et après une transaction commerciale portant sur un produit*"], *relative aux pratiques commerciales déloyales des entreprises vis-à-vis des consommateurs dans le marché intérieur (CJUE, 20 juill. 2017, "Gelvora" UAB (aff. C-357/16))* [v. le § 32 de cet arrêt : "*la directive sur les pratiques commerciales déloyales, doit être interprétée en ce sens que relève de son champ d'application matériel la relation juridique entre une société de recouvrement de créances et le débiteur défaillant d'un contrat de crédit à la consommation dont la dette a été cédée à cette société. Relèvent de la notion de "produit", au sens de l'article 2, sous c), de cette directive les pratiques auxquelles une telle société se livre en vue de procéder au recouvrement de sa créance", s'applique à toute mesure prise en relation non seulement avec la conclusion d'un contrat, mais aussi avec l'exécution de celui-ci, notamment aux mesures prises en vue d'obtenir le paiement du produit* », est ainsi infirmée la décision de relaxe d'une cour d'appel fondée sur le fait que le consommateur n'est par le client de la société de recouvrement (Crim. 19 mars 2019, nº 17-87.534, P nº 55). **• Règlementation concurrente – Produits cosmétiques.** « *Le règlement (CE) 1223/2009, 30 nov. 2009, relatif aux produits cosmétiques, n'a pas pour effet de soustraire ceux-ci aux dispositions issues de la transposition de la directive [2005/29 CEE, 11 mai 2005, relative aux pratiques commerciales déloyales], ces textes ayant tous deux pour objectif de protéger les consommateurs et la directive pouvant s'appliquer, de manière complémentaire, aux allégations relatives aux produits cosmétiques dans la mesure où celles-ci sont le fruit d'une pratique commerciale trompeuse* » (§ 14) (Crim. 20 oct. 2020, nº 19-81.207, P). **• Règlementation**

concurrente – Compléments alimentaires. « *la directive 2002/46/CE 10 juin 2002, [...] concernant les compléments alimentaires, transposée en droit interne par le D. n° 2006-352, 20 mars 2006, et qui soumet les compléments alimentaires qu'elle régit à des dispositions particulières destinées à répondre à certaines de leurs spécificités, n'a pas pour effet de les soustraire à l'application des dispositions prévues, pour l'ensemble des denrées alimentaires, par le règl. (CE) 178/2002, 28 janv. 2002 établissant les principes généraux et les prescriptions générales de la législation alimentaire [...] ; que l'article 2 de ce règlement définit les denrées alimentaires comme toute substance ou produit, transformé, partiellement transformé ou non transformé, destiné à être ingéré ou raisonnablement susceptible de l'être par l'être humain et n'exclut pas les compléments alimentaires ; qu'en conséquence, le règl. (CE) 1924/2006, 20 déc. 2006 concernant les allégations nutritionnelles et de santé portant sur les denrées alimentaires, qui se réfère à la définition figurant à l'article 2 du règlement du 28 janv. 2002 précité, s'applique à l'ensemble des denrées alimentaires, y compris aux compléments alimentaires* », dès lors, les allégations nutritionnelles fallacieuses et les allégations de santé non autorisées portant sur ces compléments alimentaires caractérisent le délit de pratique commerciale trompeuse (Crim. 20 mars 2018, n° 17-80.290, P n° 48). • **Règlementation concurrente – Pratique promotionnelle interdite par un influenceur.** L'absence d'indication de la véritable intention commerciale d'une communication, réalisée par un influenceur, au moyen des mentions obligatoires, « publicité » ou « collaboration commerciale » constitue une pratique commerciale trompeuse par omission au sens de C. consom., art. L. 121-3 (L. n° 2023-451, 9 juin 2023, art. 5 I, v. n° **30.7**).

▪ **Illustrations. Réduction de prix trompeuse.** Constitue une pratique trompeuse de nature à induire en erreur le consommateur moyen une offre de réduction de prix en annonçant « *un prix de référence autre que le prix réellement pratiqué aux cours des mois précédant ces promotions* » (§ 22) (Crim. 22 févr. 2022, n° 21-81.179, D).

▪ **Responsabilité pénale de la personne morale.** Conformément au droit commun (C. pén., art. 121-2, sur la matérialité de l'infraction commise par une personne morale, v. n° **10.10**), la personne morale ne peut être déclarée coupable de pratique commerciale trompeuse sans que la juridiction n'ait recherché « *par quel organe ou représentant le délit reproché à la personne morale avait été commis pour son compte* » (Crim. 9 sept. 2014, n° 13-85.079, D ; dans le même sens : Crim. 2 déc. 2014, n° 13-86.990, D ; Crim. 10 nov. 2015, n° 14-86.799, D). Répond aux exigences du texte la cour d'appel qui décrit en quoi l'infraction s'inscrivait, selon les auditions recueillies auprès de son représentant légal, de son directeur juridique ainsi qu'auprès du responsable de la zone territoriale considérée, dans la politique commerciale de la société poursuivie (ex : Crim. 22 févr. 2022, n° 21-81.179, § 28, D).

RÉGIME PROCÉDURAL

▪ **Compétence territoriale – Lieu de commission de l'infraction.** V. ci-dessus : Élément légal/Application dans l'espace.

▪ **Mesure conservatoire.** Le juge d'instruction ou le tribunal saisi des poursuites peuvent ordonner d'office ou sur réquisition du ministère public la **cessation de la pratique commerciale trompeuse**, la décision est exécutoire par provision et peut faire l'objet d'un recours devant la CHINS ou la cour d'appel (C. consom., art. 132-8 (anc[t] L. 121-3)).

▪ **Prescription de l'action publique. Cas B : infraction occulte par nature.** Selon la jurisprudence (Crim. 20 févr. 1986, n° 85-91.357 et 84-91.600, P, n° 70 et Crim. 22 mai 2002, n° 01-85.763, NP), consacrée par L. n° 2017-242, 27 févr. 2017 créant C. pr. pén., art. 9-1, l'infraction de publicité trompeuse est une infraction occulte par nature. Le point de départ de la prescription est « *le jour ou l'infraction est apparue et a pu être constatée dans des conditions permettant la mise en mouvement ou l'exercice de l'action publique, sans toutefois que le délai de prescription puisse dépasser 12 années révolues à compter du jour où l'infraction a été commise* » (C. pr. pén., art. 9-1, L. n° 2017-242, 27 févr. 2017). Sur les causes d'allongement de la prescription de l'action publique, v. n° **17.20** s.

▪ **Preuve.** Les agents de la DGCCRF peuvent exiger de l'annonceur tous **éléments propres à justifier les allégations**, indications ou présentations inhérentes à la pratique commerciale, y « *compris lorsque ces éléments sont détenus par un fabricant implanté hors du territoire national* » L. n° 2014-344, 17 mars 2014) ; ils peuvent également exiger de l'annonceur, de l'agence de publicité ou du responsable du support la mise à disposition des messages publicitaires diffusés (C. consom., art. L. 512-15 (anc[t] L. 121-2).

MESURE ADMINISTRATIVE

▪ **Transaction administrative.** L'Autorité administrative chargée de la concurrence et de la consommation a droit, pour les contraventions et les délits qui ne sont pas punis de peines d'emprisonnement ainsi que pour les pratiques commerciales trompeuses définies à C. consom., art. L. 121-2 à L. 121-4 (anc^{t} L. 121-1), tant que l'action publique n'a pas été mise en mouvement, de **transiger, après accord du procureur de la République**, selon des modalités fixées par décret en Conseil d'État (D. n° 2006-513, 4 mai 2006). L'acte par lequel le procureur de la République donne son accord à la proposition de transaction est interruptif de la prescription de l'action publique. L'action publique est éteinte lorsque l'auteur de l'infraction a exécuté dans le délai imparti les obligations résultant pour lui de l'acceptation de la transaction (C. consom., art. L. 523-1 s. et R. 523-1 s. (anc^{t} L. 141-2, R. 141-3)).

MESURE CIVILE

▪ **Indemnisation du dommage.** • **Indemnisation en cas d'absence de demande de restitution.** En l'absence de demande de restitution du matériel vendu par le prévenu condamné « *il ne saurait être considéré que l'allocation de dommages et intérêts à des victimes correspondant à l'intégralité des sommes payées pour l'achat de biens dont elles conservent par ailleurs l'usage et dont la restitution n'a pas été demandée, violerait le principe de réparation intégrale* » (Crim. 19 nov. 2019, n° 18-84.693, D ; v. également Crim. 22 févr. 2022, n° 21-83.974, D). • **Indemnisation en cas de gains de loterie promis.** Dans le cas d'une publicité faisant miroiter des gains de loterie inexistants, « *l'absence de perception des gains promis n'est de nature à constituer par la déception qu'elle engendre, sur le fondement de la responsabilité délictuelle, qu'un préjudice moral* » (§ 11), les juges doivent en outre « *suffisamment caractéris[er] l'intérêt patrimonial auquel les comportements sanctionnés avaient porté atteinte* » (§ 12) (Crim. 22 nov. 2022, n° 21-86.010, P).

▪ ÉLÉMENTS CONSTITUTIFS – QUALIFICATION

✧ Pour avoir à .... [¤ lieu], le .... [¤ date], en l'espèce en .... [¤ matérialiser la pratique trompeuse], commis une pratique commerciale trompeuse [⇨A à Z :]

A. en créant une confusion avec un autre bien ou service, une marque, un nom commercial, ou un signe distinctif d'un concurrent ;

B. reposant sur des allégations, indications ou présentations fausses ou de nature à induire en erreur portant sur l'un ou plusieurs des éléments suivants :

[⇨B1 à B24 :]

B1. l'existence... B2. la disponibilité... B3. la nature...

...du bien ou du service ;

B4. les qualités substantielles... B5. la composition... B6. les accessoires... B7. l'origine, « *notamment au regard des règles justifiant l'apposition des mentions "fabriqué en France" ou "origine France" ou de toute mention, signe ou symbole équivalent, au sens du code des douanes de l'Union sur l'origine non préférentielle des produits* » (réd. issue L. n° 2021-1104, 22 août 2021) ... B8. la quantité... B9. le mode de fabrication... B10. la date de fabrication... B11. les conditions de l'utilisation...B12. l'aptitude à l'usage... B13. les propriétés... B14. les résultats attendus de l'utilisation « *notamment son impact environnemental* » (réd. issue L. n° 2021-1104, 22 août 2021) ...du bien ou du service ;

B15. les résultats et les principales caractéristiques des tests et contrôles effectués sur le bien ou le service ;

B16. le prix ou le mode de calcul du prix... B17. le caractère promotionnel du prix... B18. les conditions de vente, de paiement et de livraison...du bien ou du service ;

B19. le service après-vente... B20. la nécessité d'un service, d'une pièce détachée, d'un remplacement ou d'une réparation ;

B21. la portée des engagements de l'annonceur « *notamment en matière environnementale* » (réd. issue L. n° 2021-1104, 22 août 2021) ; B22. la nature, le procédé ou le motif de la vente ou de la prestation de services ;

B23. l'identité, les qualités, les aptitudes et les droits du professionnel ;

B24. le traitement des réclamations et les droits du consommateur ;

C. en mettant en œuvre une pratique commerciale sans que la personne pour le compte de laquelle elle est mise en œuvre soit clairement identifiable ;

D. en omettant, en dissimulant ou en fournissant de façon inintelligible, ambiguë ou à contretemps, compte tenu des limites propres au moyen de communication utilisé et des circonstances qui l'entourent, une information substantielle, ou n'indiquant pas sa véritable intention commerciale dès lors que celle-ci ne ressort pas déjà du contexte, en l'espèce en .... [¤ matérialiser la communication commerciale trompeuse par référence à l'une des informations considérées comme substantielles par C. consom., art. L. 121-3, v. Orienteur/Texte de référence] ;

E. en se prétendant, étant professionnel, signataire d'un code de conduite alors qu'il ne l'était pas ;

F. en affichant un certificat, un label de qualité ou un équivalent sans avoir obtenu l'autorisation nécessaire ;

G. en affirmant qu'un code de conduite a reçu l'approbation d'un organisme public ou privé alors que ce n'était pas le cas ;

H. en affirmant qu'un professionnel, y compris à travers ses pratiques commerciales, ou qu'un produit ou service a été agréé, approuvé ou autorisé par un organisme public ou privé alors que ce n'était pas le cas, ou en ne respectant pas les conditions de l'agrément, de l'approbation ou de l'autorisation reçue ;

I. en proposant l'achat de produits ou la fourniture de services à un prix indiqué sans révéler les raisons plausibles que pourrait avoir le professionnel de penser qu'il ne pourra fournir lui-même, ou faire fournir par un autre professionnel, les produits ou services en question ou des produits ou services équivalents au prix indiqué, pendant une période et dans des quantités qui soient raisonnables compte tenu du produit ou du service, de l'ampleur de la publicité faite pour le produit ou le service et du prix proposé ;

J. en proposant l'achat de produits ou la fourniture de services à un prix indiqué, et ensuite :

J1. en refusant de présenter aux consommateurs l'article ayant fait l'objet de la publicité ;

J2. en refusant de prendre des commandes concernant ces produits ou ces services ou de les livrer ou de les fournir dans un délai raisonnable ;

J3. en en présentant un échantillon défectueux, dans le but de faire la promotion d'un produit ou d'un service différent ;

K. en déclarant faussement qu'un produit ou un service ne sera disponible que pendant une période très limitée ou qu'il ne sera disponible que sous des conditions particulières pendant une période très limitée afin d'obtenir une décision immédiate et priver les consommateurs d'une possibilité ou d'un délai suffisant pour opérer un choix en connaissance de cause ;

L. en s'engageant à fournir un service après-vente aux consommateurs avec lesquels il a communiqué avant la transaction dans une langue qui n'est pas une langue officielle de l'État membre de l'Union européenne dans lequel il est établi et, ensuite, en assurant ce service uniquement dans une autre langue sans clairement en informer le consommateur avant que celui-ci ne s'engage dans la transaction ;

M. en déclarant ou en donnant l'impression que la vente d'un produit ou la fourniture d'un service était licite alors qu'elle ne l'était pas ;

N. en présentant les droits conférés au consommateur par la loi comme constituant une caractéristique propre à la proposition faite par le professionnel ;

O. en utilisant un contenu rédactionnel dans les médias pour faire la promotion d'un produit ou d'un service alors qu'il avait financé celle-ci lui-même, sans l'indiquer clairement dans le contenu ou à l'aide d'images ou de sons clairement identifiables par le consommateur (publicité rédactionnelle) ;

P. en formulant des affirmations matériellement inexactes en ce qui concerne la nature et l'ampleur des risques auxquels s'exposait le consommateur sur le plan de sa sécurité personnelle ou de celle de sa famille s'il n'achetait pas le produit ou le service ;

Q. en promouvant un produit ou un service similaire à celui d'un autre fournisseur clairement identifié, de manière à inciter délibérément le consommateur à penser que le produit ou le service provenait de ce fournisseur alors que tel n'était pas le cas ;

R. en déclarant que le professionnel était sur le point de cesser ses activités ou de les établir ailleurs alors que tel n'était pas le cas ;

S. en affirmant d'un produit ou d'un service qu'il augmentait les chances de gagner aux jeux « *d'argent et* » (Ord. n° 2019-1015, 2 oct. 2019, en vigueur le 1er janv. 2020 (art. 50)) de hasard ;

T. en affirmant faussement qu'un produit ou une prestation de services était de nature à guérir des maladies, des dysfonctionnements ou des malformations ;

U. en communiquant des informations matériellement inexactes sur les conditions de marché ou sur les possibilités de trouver un produit ou un service, dans le but d'inciter le consommateur à acquérir celui-ci à des conditions moins favorables que les conditions normales de marché ;

V. en affirmant, dans le cadre d'une pratique commerciale, qu'un concours était organisé ou qu'un prix pouvait être gagné sans attribuer les prix décrits ou un équivalent raisonnable ;

W. en décrivant un produit ou un service comme étant « gratuit », « à titre gracieux », « sans frais » ou autres termes similaires alors que le consommateur devait payer d'autres coûts que ceux inévitablement liés à la réponse à la pratique commerciale et au fait de prendre possession ou livraison de l'article ;

X. en incluant dans un support publicitaire une facture ou un document similaire demandant paiement donnant consommateur l'impression qu'il avait déjà commandé le produit ou le service commercialisé alors que tel n'était pas le cas ;

Y. en affirmant faussement ou en donnant l'impression que le professionnel n'agissait pas à des fins entrant dans le cadre de son activité commerciale, industrielle, artisanale ou libérale, ou en se présentant faussement comme un consommateur ;

Z. en créant faussement l'impression que le service après-vente en rapport avec un produit ou un service était disponible dans un État membre de l'Union européenne autre que celui dans lequel le produit ou le service était vendu ;

ZA. en donnant l'impression, dans une publicité, par des opérations de promotion coordonnées à l'échelle nationale, que le consommateur bénéficie d'une réduction de prix comparable à celle des soldes en dehors de leur période légale (sur le régime des soldes, C. com., art. L. 310-3, v. n° **30.33**) ;

ZB. en faisant figurer un drapeau français, une carte de France ou tout symbole représentatif de la France sur les emballages alimentaires lorsque les ingrédients primaires tels que définis par la règlementation applicable de l'Union européenne ne sont pas d'origine française (cas issu L. n° 2021-1357, 18 oct. 2021) ;

ZC. en fournissant des résultats de recherche en réponse à une requête réalisée en ligne par un consommateur sans l'informer clairement de tout paiement effectué spécifiquement par un tiers pour obtenir un meilleur classement de l'un ou de plusieurs des produits apparaissant dans les résultats de recherche ou pour qu'un ou plusieurs produits y apparaissent (cas issu Ord. n° 2021-1734, 22 déc. 2021, en vigueur le 28 mai 2022) ;

ZD. en revendant des billets pour des manifestations à des consommateurs lorsque le professionnel les a acquis en utilisant un moyen automatisé lui permettant de contourner toute limite imposée au nombre de billets qu'une personne peut acheter ou toute interdiction applicable à l'achat de billets (cas issu Ord. n° 2021-1734, 22 déc. 2021, en vigueur le 28 mai 2022) ;

ZE. en affirmant que des avis sur un produit sont diffusés par des consommateurs qui ont effectivement utilisé ou acheté le produit sans avoir pris les mesures nécessaires pour le vérifier (cas issu Ord. n° 2021-1734, 22 déc. 2021, en vigueur le 28 mai 2022) ;

ZF. en diffusant ou en faisant diffuser par une autre personne morale ou physique des faux avis ou de fausses recommandations de consommateurs ou modifier des avis de consommateurs ou des recommandations afin de promouvoir des produits (cas issu Ord. n° 2021-1734, 22 déc. 2021, en vigueur le 28 mai 2022) ;

ZG. avec cette circonstance que ces pratiques commerciales trompeuses ont été suivies de la conclusion d'un ou de plusieurs contrats (C. consom., art. L. 132-2-1, circ. aggr. issue L. n° 2022-1158, 16 août 2022) (**ZG** : *N* ***34756.co***) ;

ZH. avec cette circonstance que ces pratiques commerciales trompeuses ont été commises en bande organisée (C. consom., art. L. 132-2-2, circ. aggr. issue L. n° 2022-1158, 16 août 2022) (*N #.co*).

Faits prévus et réprimés par les articles : **PERSONNES PHYSIQUES.** L. 121-2, L. 121-3, L. 121-4, L. 121-5, L. 132-1, L. 132-2, L. 132-3, L. 132-4, L. 132-8 (anc[t] L. 121-1, L. 121-1-1, L. 121-4, L. 121-5 et L. 121-6 du code de la consommation (*N* ***193.co***). **PERSONNES MORALES.** L. 121-2, L. 121-3, L. 121-4, L. 121-5, L. 132-1, L. 132-2, L. 132-3, L. 132-4, L. 132-8 (anc[t] L. 121-1, L. 121-4, L. 121-5 et L. 121-6) du code de la consommation (*N* ***23524.co***). ✧

30.7 Pratique promotionnelle interdite par un influenceur (L. nº 2023-451, 9 juin 2023)

■ PEINES

PERSONNE PHYSIQUE

PP Délit. Cas A à D : 2 ans d'emprisonnement, 300 000 € (L. nº 2023-451, 9 juin 2023, art. 4 IX) ;

Cas E. infraction administrative , 100 000 € (L. nº 2023-451, 9 juin 2023, art. 4 V ; C. consom., art. L. 222-16-1 et L. 222-16-2) ;

Cas F : 2 ans d'emprisonnement, 300 000 € ou ⩽ 10 % du chiffre d'affaires moyen des trois derniers exercices à la date des faits, ou ⩽ 50 % des dépenses de publicité engagées (L. nº 2023-451, 9 juin 2023, art. 4 VI ; C. consom., art. L. 132-2) ;

Cas G : 100 000 € ou amende ⩽ 4 fois les dépenses publicitaires engagées (L. nº 2023-451, 9 juin 2023, art. 4 VII ; CSI, art. L. 324-8-1) ;

Cas H : 2 ans d'emprisonnement, 300 000 € (L. nº 2023-451, 9 juin 2023, art. 5 I) ;

Cas I et J : 1 an d'emprisonnement, 4 500 € (L. nº 2023-451, 9 juin 2023, art. 5 IV).

PC Cas A à G : interdiction, définitive ou ⩽ 5 ans activité professionnelle ou sociale en relation avec l'infraction, fonction publique (sauf mandat électif ou syndical) (L. nº 2023-451, 9 juin 2023, art. 4 IX ; C. pén., art. 131-27).

Cas H : *idem* nº 30.6 (L. nº 2023-451, 9 juin 2023, art. 5 I renvoyant à C. consom., art. L. 132-1 à L. 132-9) ;

Cas I : néant.

PERSONNE MORALE

PP Délit. Cas A à D : 1 500 000 € (L. nº 2023-451, 9 juin 2023, art. 4 IX ; C. pén., art. 131-38) ;

Cas E. infraction administrative , 100 000 € (L. nº 2023-451, 9 juin 2023, art. 4 V ; C. consom., art. L. 222-16-1 et L. 222-16-2) ;

Cas F : 1 500 000 € ou ⩽ 10 % du chiffre d'affaires moyen des trois derniers exercices à la date des faits, ou ⩽ 50 % des dépenses de publicité engagées (L. nº 2023-451, 9 juin 2023, art. 4 VI ; C. consom., art. L. 132-2 ; C. pén., art. 131-38) ;

Cas G : 500 000 € ou amende ⩽ 4 fois les dépenses publicitaires engagées (L. nº 2023-451, 9 juin 2023, art. 4 VII ; CSI, art. L. 324-8-1 ; C. pén., art. 131-38) ;

Cas H : 2 ans d'emprisonnement, 1 500 000 € (L. nº 2023-451, 9 juin 2023, art. 5 I ; C. pén., art. 131-38) ;

Cas I et J : 1 an d'emprisonnement, 22 500 € (L. nº 2023-451, 9 juin 2023, art. 5 IV ; C. pén., art. 131-38).

PC Néant.

■ ORIENTEUR

AUTRE QUALIFICATION

▪ **Pratique commerciale trompeuse – Publicité fausse.** C. consom., art. L. 121-6, v. nº 30.6.

▪ **Pratique commerciale agressive.** C. consom., art. L. 132-11, v. nº 30.9.

▪ **Tromperie ou fraude sur l'origine ou les qualités substantielles, d'une marchandise ou d'une prestation de service.** C. consom., art. L. 454-1, v. nº 30.10.

▪ **Pratique commerciale réglementée – Publicité comparative illicite.** C. consom., art. L. 132-25, v. nº 30.8.

ÉLÉMENT LÉGAL

▪ **Application de la loi pénale dans le temps.** Incrimination créée par L. nº 2023-451, 9 juin 2023, visant à encadrer l'influence commerciale et à lutter contre les dérives des influenceurs sur les réseaux sociaux. Ces dispositions ne sont pas codifiées. Le législateur prohibe l'exercice de l'activité d'influenceur pour certains produits sensibles susceptibles de présenter un risque pour la santé publique (Cas A à C), interdit l'emploi à des fins promotionnelle des animaux non domestiques dont la détention n'est pas autorisée comme animal de compagnie (Cas D), encadre cette activité en matière de promotion de produits financiers (Cas E), de jeux d'argent (Cas F et G) et de formation professionnelle (Cas I). Il impose enfin aux influenceurs, dans des conditions définies par décret en

Conseil d'État, des obligations de transparence consistant à indiquer clairement la véritable intention commerciale de leur communication (**Cas H**), et de mentionner explicitement les images retouchées ou virtuelles relatives au visage et à la silhouette (**Cas J**).

▪ **Définition.** • **Influenceur.** « *les personnes physiques ou morales qui, à titre onéreux, mobilisent leur notoriété auprès de leur audience pour communiquer au public, par voie électronique, des contenus visant à faire la promotion, directement ou indirectement, de biens, de services ou d'une cause quelconque exercent l'activité d'influence commerciale par voie électronique* » (L. n° 2023-451, 9 juin 2023, art. 1er). Cette définition cantonne donc aux activités exercées **à titre onéreux** l'encadrement de l'activité d'influenceur institué par la loi et les incriminations associées, qui s'appliquent aussi bien aux personnes physiques qu'aux personnes morales. Les peines prévues par L. n° 2023-451, 9 juin 2023, art. 4 IX s'appliquent « *sous réserve des sanctions prévues* » par C. consom., art. L. 132-2 pour les pratiques commerciales trompeuses (v. n° **30.6**), par C. consom., art. L. 222-16-1 et L. 222-16-2 pour la publicité par voie électronique à des clients non professionnels portant sur certains produits financiers, par C. trav., art. L. 6323-8-1 pour la prospection commerciale des titulaires d'un compte personnel de formation, par CSI, art. L. 324-8-1 pour la promotion irrégulière d'un opérateur de jeux d'argent et de hasard autorisé (v. n° **23.60**), auxquelles renvoient, en fonction des cas, L. n° 2023-451, 9 juin 2023, art. 4. Les dispositions relatives aux pratiques commerciales trompeuses (C. consom., art. **L. 121-6**, v. n° **30.6**) ou agressives (C. consom., art. **L. 132-11**, v. n° **30.9**), dès lors que l'influenceur peut être considéré comme un professionnel au sens de C. com., art. préliminaire, peuvent également trouver à s'appliquer.

POLITIQUE PUBLIQUE

▪ **Obligations des fournisseurs d'accès à internet et hébergeurs.** « *les fournisseurs de services d'hébergement mettent en place des mécanismes permettant à toute entité ou à tout particulier de leur signaler la présence au sein de leur service d'éléments d'information spécifiques que le particulier ou l'entité considère comme du contenu illicite, y compris au regard de L. n° 2023-451, 9 juin 2023, visant à encadrer l'influence commerciale et à lutter contre les dérives des influenceurs sur les réseaux sociaux* » (L. n° 2004-575, 21 juin 2004, dite LCEN, art. 6-4-1 créé par L. n° 2023-451, 9 juin 2023, en vigueur le 17 févr. 2024 ou à la date, si elle est postérieure, de l'avis de conformité au droit de l'Union délivré par la Commission européenne.

▪ **Action de sensibilisation.** • **Formation aux outils numériques.** La formation à l'utilisation responsable des outils et des ressources numériques dispensée dans les écoles et les établissements d'enseignement comporte une « *sensibilisation contre la manipulation d'ordre commercial et les risques d'escroquerie en ligne et à l'apprentissage de la citoyenneté numérique. Elle comporte une sensibilisation à l'usage des dispositifs de signalement des contenus illicites mis à disposition par les plateformes* » (C. éduc., art. L. 312-9 mod. par L. n° 2023-451, 9 juin 2023).

MESURE CIVILE

▪ **Responsabilité civile de l'influenceur.** • **Responsabilité de plein droit à l'égard de l'acheteur.** L'influenceur dont l'activité est limitée à la seule commercialisation des produits et qui ne prend pas en charge la livraison « *est responsable de plein droit à l'égard de l'acheteur* », il communique à ce dernier l'identité du fournisseur et « *s'assure de la disponibilité des produits et de leur licéité, notamment qu'il ne s'agit pas de produits contrefaisants* » (L. n° 2023-451, 9 juin 2023, art. 6)

▪ **Solidarité civile.** • **Solidarité civile de l'annonceur, de l'influenceur et de son agent.** L'annonceur (c'est-à-dire le bénéficiaire de l'opération promotionnelle), son mandataire, l'influenceur et son agent sont « *solidairement responsables des dommages causés aux tiers dans l'exécution du contrat d'influence commerciale qui les lie* » (L. n° 2023-451, 9 juin 2023, art. 8 III).

▪ **Assurance obligatoire.** • **Assurance obligatoire de l'influenceur établi hors de l'espace européen visant le marché français.** Lorsqu'il est établi en dehors de l'Union européenne, de la Confédération suisse ou de l'Espace économique européen, l'influenceur dont l'activité vise, même accessoirement, un public établi sur le territoire français, est tenu de souscrire auprès d'un assureur établi dans l'Union européenne une assurance civile garantissant les conséquences pécuniaires de sa responsabilité civile professionnelle (L. n° 2023-451, 9 juin 2023, art. 9 II).

▪ ÉLÉMENTS CONSTITUTIFS – QUALIFICATION

✧ Pour avoir à .... [¤ lieu], le .... [¤ date], à titre onéreux, mobilisé sa notoriété auprès de son audience pour communiquer au public, par voie électronique, des contenus visant à faire une promotion, directe ou indirecte, [⇨A à H :]

A. pour des actes, des procédés, des techniques et des méthodes à visée esthétique présentant des risques pour la santé des personnes et des interventions de chirurgie esthétique (CSP, art. L. 1151-2 et L. 6322-1) (L. n° 2023-451, 9 juin 2023, art. 4 I et IX) (A : *N* ***35109.co***) ;

B. pour de produits, d'actes, de procédés, de techniques et de méthodes présentés comme comparables, préférables ou substituables à des actes, des protocoles ou des prescriptions thérapeutiques (L. n° 2023-451, 9 juin 2023, art. 4 II et IX) (B : *N* ***35109.co***) ;

C. pour des produits considérés comme produits de nicotine pouvant être consommés et composés, même partiellement, de nicotine (L. n° 2023-451, 9 juin 2023, art. 4 III et IX) (C : *N* ***35109.co***) ;

D. impliquant des animaux d'espèces non domestiques dont la détention comme animaux de compagnie n'est pas autorisée (C. envir., art. L. 413-1 A I et L. 413-3) (L. n° 2023-451, 9 juin 2023, art. 4 IV et IX) (E : *N* ***35109.co***) ;

E. pour (**Infraction administrative** : L. n° 2023-451, 9 juin 2023, art. V ; C. consom., art. L. 222-16-1 et L. 222-16-2) (E : *N* ***#.ia***) [⇨E1 à E4 :]

E1. des contrats financiers qui ne sont pas admis aux négociations sur un marché réglementé ou un système multilatéral de négociation, relevant de l'une des catégories de contrats définies par le règlement général de l'Autorité des marchés financiers (CMF, art. L. 533-12-7) ;

E2. la fourniture de services sur actifs numériques pour un annonceur non enregistré par l'Autorité des marchés financiers ou non agréé par elle (CMF, art. L. 54-10-2, L. 54-10-3 et L. 54-10-5) ;

E3. une offre au public de souscription à des jetons sous forme numérique ne disposant pas du visa de l'Autorité des marchés financiers (CMF, art. L. 552-3)

E4. la fourniture d'actifs numériques pour un annonceur non enregistré par l'Autorité des marchés financiers ou non agréé par elle (CMF, art. L. 54-10-2, L. 54-10-3 et L. 54-10-5) ;

F. en faveur d'abonnements à des conseils ou à des pronostics sportifs (L. n° 2023-451, 9 juin 2023, art. 4 VI ; C. consom., art. L. 132-2) (F : *N* ***35109.co***) ;

G. en faveur de jeux d'argent et de hasard sur une plateforme en ligne n'offrant pas la possibilité technique d'exclure les mineurs de l'audience ou sans mentionner l'interdiction du contenu aux mineurs (L. n° 2023-451, 9 juin 2023, art. 4 VII ; CSI, art. L. 324-8-1) (G : *N* ***35109.co***) ;

H. de biens, services ou d'une cause quelconque sans indication explicite claire, lisible et identifiable sur l'image ou sur la vidéo, sous tous les formats, durant l'intégralité de la promotion, de la mention « Publicité » ou de la mention « Collaboration commerciale » (L. n° 2023-451, 9 juin 2023, art. 5 I ; C. consom., art. L. 132-1 à L. 132-9) (H : *N* ***35109.co***) ;

I. de l'inscription à une action de formation professionnelle continue financée par les organismes de financement de la formation professionnelle, sans indication explicite claire, lisible et identifiable sur l'image ou sur la vidéo, sous tous les formats, durant l'intégralité de la promotion, des informations liées au financement, aux engagements et aux règles d'éligibilité associées, à l'identification du ou des prestataires responsables de cette action de formation ainsi que du prestataire référencé (L. n° 2023-451, 9 juin 2023, art. 5 III et 5 IV ; C trav., art. L. 6313-1, L. 6316-1 et L. 6329-9) (I : *N* ***35111.co***) ;

J. de biens, services ou d'une cause quelconque, sans accompagner l'image ou la vidéo, sous tous les formats et durant l'intégralité du visionnage, de façon claire, lisible et identifiable, de la mention (L. n° 2023-451, 9 juin 2023, art. 5 II et 5 IV) (J : *N* ***35110.co***) [⇨I1 ou I2 :]

I1. « Images retouchées » les images ayant fait l'objet d'une modification par tous procédés de traitement d'image visant à affiner ou à épaissir la silhouette ou à modifier l'apparence du visage,

I2. « Images virtuelles » les images ayant fait l'objet d'une production par tous procédés d'intelligence artificielle visant à représenter un visage ou une silhouette.

Faits prévus et réprimés par les articles : [de la formule sélectionnée]. ✧

30.8 Pratique commerciale réglementée – Publicité comparative illicite

▪ PEINES

PERSONNE PHYSIQUE

PP Délit. 2 ans d'emprisonnement, amende ⩽ 300 000 € ou ⩽ 10 % du chiffre d'affaires moyen des trois derniers exercices à la date des faits, ou ⩽ 50 % des dépenses de publicité engagées (depuis L. nº 2014-344, 17 mars 2014, auparavant 37 750 € ou ⩽ 50 % des dépenses de publicité engagées) (C. consom., art. L. 132-25 renvoyant à L. 132-2).

PC *Idem* nº 30.6 (C. consom., art. L. 132-25 renvoyant à L. 132-3 et L. 132-4).

PERSONNE MORALE

PP Délit. amende ⩽ 1 500 000 € ou ⩽ 50 % du chiffre d'affaires moyen des trois derniers exercices à la date des faits, ou ⩽ 50 % des dépenses de publicité engagées (depuis L. nº 2014-344, 17 mars 2014, auparavant 187 500 € ou ⩽ 50 % des dépenses de publicité engagées) (C. consom., art. L. 132-25 renvoyant à L. 132-2 ; C. pén., art. 131-38).

PC *Idem* nº 30.6 (C. consom., art. L. 132-25 renvoyant à L. 132-3 et L. 132-4).

■ ORIENTEUR

AUTRE QUALIFICATION

▪ **Pratique commerciale trompeuse – Publicité fausse.** V. nº 30.6.

▪ **Pratique promotionnelle interdite par un influenceur (L. nº 2023-451, 9 juin 2023).** L. nº 2023-451, 9 juin 2023, art. 4 et 5, v. nº 30.7.

▪ **Pratique commerciale agressive.** V. nº 30.9.

▪ **Tromperie ou fraude sur l'origine ou les qualités substantielles, d'une marchandise ou d'une prestation de service.** V. nº 30.10.

▪ **Contrefaçon de marque de fabrique, de commerce ou de service.** C. consom., art. L. 132-25 renvoie « *le cas échéant* » aux infractions en matière de contrefaçon de marque prévues par CPI, art. L. 716-9 et L. 716-12 pour qualifier pénalement les faits de publicité comparative (V. nº 34.5).

ÉLÉMENT LÉGAL

▪ **Application de la loi pénale dans le temps.** La publicité comparative a été autorisée par L. nº 92-60, 18 janv. 1992, sous les conditions prévues par C. consom., art. L. 121-8 s., recodifiées par Ord. nº 2016-301, 14 mars 2016 aux art. L. 122-1 s. Les dispositions applicables ont notamment été modifiées par Ord. nº 2001-741, 23 août 2001 transposant la directive 97/55/CE 10 oct. 1997, remplacée par la directive 2006/114/CE.

ÉLÉMENT MATÉRIEL

▪ **Caractéristiques essentielles. Cas A3.** Le « *prix peut faire partie* » des caractéristiques essentielles mises en comparaison dans la publicité (C. consom., art. L. 122-1).

RÉGIME PROCÉDURAL

▪ **Mesure conservatoire.** Le juge d'instruction ou le tribunal saisi des poursuites peut ordonner d'office ou sur réquisition du ministère public la **cessation de la publicité illicite**, la décision est exécutoire par provision et peut faire l'objet d'un recours devant la CHINS ou la cour d'appel (C. consom., art. L. 132-25 renvoyant à L. 132-8).

▪ **Preuve. • Charge de la preuve.** « *L'annonceur pour le compte duquel la publicité comparative est diffusée doit être en mesure de prouver dans un bref délai l'exactitude matérielle des énonciations, indications et présentations contenues dans la publicité* » (C. consom., art. L. 122-5). **• Obligation de communication des justificatifs.** Les agents de la DGCCRF peuvent exiger de l'annonceur tous **éléments propres à justifier les allégations**, indications ou présentations de la publicité, y « *compris lorsque ces éléments sont détenus par un fabricant implanté hors du territoire national* » L. nº 2014-344, 17 mars 2014) ; ils peuvent également exiger de l'annonceur, de l'agence de publicité ou du responsable du support la mise à disposition des messages publicitaires diffusés (C. consom., art. L. 512-15).

MESURE ADMINISTRATIVE

▪ **Transaction administrative.** La faculté de transaction de l'administration avec l'accord du ministère public n'est pas prévue pour cette infraction par C. consom., art. L. 523-1.

■ ÉLÉMENTS CONSTITUTIFS – QUALIFICATION

✧ Pour avoir à .... [¤ lieu], le .... [¤ date], en l'espèce en .... [¤ matérialiser la publicité comparative illicite], mis en comparaison dans une publicité des biens ou services en identifiant, implicitement ou explicitement, un concurrent ou des biens ou services offerts par un concurrent alors que cette publicité [⇨A à D :]

A. (C. consom., art. L. 122-1) [⇨A1 à A3 :]

A1. était trompeuse ou de nature à induire en erreur ;

A2. ne portait pas sur des biens ou services répondant aux mêmes besoins ou ayant le même objectif ;

A3. ne comparait pas objectivement une ou plusieurs caractéristiques essentielles, pertinentes, vérifiables et représentatives de ces biens ou services ;

B. (C. consom., art. L. 122-1) [⇨B1 à B4 :]

B1. tirait indûment profit de la notoriété attachée à une marque de produits ou de services, à un nom commercial, à d'autres signes distinctifs d'un concurrent ou à l'appellation d'origine ainsi qu'à l'indication géographique protégée d'un produit concurrent ;

B2. entraînait le discrédit ou le dénigrement des marques, noms commerciaux, autres signes distinctifs, biens, services, activité ou situation d'un concurrent ;

B3. engendrait une confusion entre l'annonceur et un concurrent ou entre les marques, noms commerciaux, autres signes distinctifs, biens ou services de l'annonceur et ceux d'un concurrent ;

B4. présentait des biens ou des services comme une imitation ou une reproduction d'un bien ou d'un service bénéficiant d'une marque ou d'un nom commercial protégé ;

C. était effectuée pour des produits bénéficiant d'une appellation d'origine ou d'une indication géographique protégée, alors que ces produits ne bénéficiaient pas chacun de la même appellation ou de la même indication (C. consom., art. L. 122-3) ;

D. figurait sur des emballages, des factures, des titres de transport, des moyens de paiement ou des billets d'accès à des spectacles ou à des lieux ouverts au public (C. consom., art. L. 122-4).

Faits prévus et réprimés par les articles [• du cas sélectionné], L. 132-2, L. 132-3, L. 132-4 et L. 132-25 du code de la consommation (*N 29705.co*). ✧

30.9 Pratique commerciale agressive

■ PEINES

PERSONNE PHYSIQUE

PP Délit. Cas A à I : 2 ans d'emprisonnement, amende 300 000 € ou ⩽ 10 % du chiffre d'affaires moyen des trois derniers exercices à la date des faits (depuis L. n° 2014-344, 17 mars 2014, auparavant 150 000 €) (C. consom., art. L. 132-11 (anc^t L. 122-12).

Cas J : 3 ans d'emprisonnement, amende identique aux seuils ci-dessus (C. com., art. L. 132-11-1, depuis L. n° 2022-1158, 16 août 2022) ;

Cas K : 7 ans d'emprisonnement, amende identique aux seuils ci-dessus (C. com., art. L. 132-11-2, depuis L. n° 2022-1158, 16 août 2022).

PC 1. Interdiction ⩽ 5 ans d'exercer directement ou indirectement une activité commerciale (C. consom., art. L. 132-12 (anc^t L. 122-13)).

2. Affichage ou diffusion **obligatoire**, par tous moyens appropriées, de l'intégralité ou d'une partie de la décision ou d'un communiqué informant le public des motifs et du dispositif de celle-ci (C. consom., art. L. 132-11, depuis L. n° 2018-938, 30 oct. 2018).

PERSONNE MORALE

PP Délit. 1 500 000 € ou ⩽ 50 % du chiffre d'affaires moyen des trois derniers exercices à la date des faits (depuis L. n° 2014-344, 17 mars 2014, auparavant 750 000 €) (C. consom., art. L. 122-12 ; C. pén., art. 131-38).

PC 1. *Idem* n° 30.6 (C. consom., art. L. 132-11 (anc^t 122-14)). NB : la peine complémentaire de dissolution, auparavant prévue par C. consom., art. 122-14, a été supprimée par L. n° 2014-344, 17 mars 2014.

2. Affichage ou diffusion **obligatoire**, par tous moyens appropriées, de l'intégralité ou d'une partie de la décision ou d'un communiqué informant le public des motifs et du dispositif de celle-ci (C. consom., art. L. 132-11, depuis L. n° 2018-938, 30 oct. 2018).

■ ORIENTEUR

AUTRE QUALIFICATION

- Abus de l'ignorance ou de la faiblesse d'un mineur ou d'un majeur. V. n° 22.30.
- Pratique commerciale trompeuse – Publicité fausse. V. n° 30.6.

▪ **Pratique promotionnelle interdite par un influenceur (L. n° 2023-451, 9 juin 2023).** L. n° 2023-451, 9 juin 2023, art. 4 et 5, v. n° 30.7.

▪ **Démarchage ou remises de sommes sans contreparties réelles – Abus de la faiblesse ou de l'ignorance.** V. n° 30.20.

▪**Renvoi.** V. rubrique Autre qualification du n° 30.6.

ÉLÉMENT LÉGAL

▪ **Application de la loi pénale dans le temps.** Incrimination créée par L. n° 2008-3, 3 janv. 2008, art. 39 (créant C. consom., art. L. 122-11 devenu L. 121-6 (**Cas** A)). Extension de l'incrimination aux pratiques « *réputées agressives* » définies par C. consom., art. L. 122-11-1 devenu L. 121-7 par L. n° 2008-776, 4 août 2008 (**Cas** B à I).

▪ **Recodification.** Dispositions recodifiées à droit constant par Ord. n° 2016-301, 14 mars 2016 et D. n° 2016-884, 29 juin 2016.

▪ **Définition. • Pratique commerciale déloyale, trompeuse ou agressive.** *Idem* n° 30.6. Les pratiques commerciales agressives sont, d'une part, celles définies par C. consom., art. L. 121-6 (anc^{t} L. 122-11) (**Cas** A), d'autre part, celles « *réputées agressives* » et définies par C. consom., art. L. 121-7 (anc^{t} L. 122-11-1) (**Cas** B à I).

MESURE CIVILE

▪ **Conséquence civile de l'infraction. Nullité du contrat** : lorsqu'une pratique commerciale agressive aboutit à la conclusion d'un contrat, celui-ci est nul et de nul effet (C. consom., art. L. 132-10 (anc^{t} L. 122-15)).

▪ ÉLÉMENTS CONSTITUTIFS – QUALIFICATION

✧ Pour avoir à .... [¤ lieu], le .... [¤ date], commis une pratique commerciale agressive en l'espèce [⇨A à H :]

A. en effectuant des sollicitations répétées et insistantes ou en faisant usage d'une contrainte physique ou morale, ayant, compte tenu des circonstances qui l'entouraient (C. consom., art. L. 121-6 (anc^{t} L. 122-11) [⇨A1 à A3 :]

A1. altéré ou ayant été de nature à altérer de manière significative la liberté de choix du consommateur ;

A2. vicié ou ayant été de nature à vicier le consentement du consommateur

A3. entravé l'exercice des droits contractuels du consommateur ;

B. en donnant au consommateur l'impression qu'il ne pourra quitter les lieux avant qu'un contrat n'ait été conclu ;

C. en effectuant des visites personnelles au domicile du consommateur, en ignorant sa demande de voir le professionnel quitter les lieux ou de ne pas y revenir, sauf si la législation nationale l'y autorise pour assurer l'exécution d'une obligation contractuelle ;

D. en se livrant à des sollicitations répétées et non souhaitées par téléphone, télécopieur, courrier électronique ou tout autre outil de communication à distance ;

E. en obligeant un consommateur qui souhaite demander une indemnité au titre d'une police d'assurance à produire des documents qui ne peuvent raisonnablement être considérés comme pertinents pour établir la validité de la demande ou en s'abstenant systématiquement de répondre à des correspondances pertinentes, dans le but de dissuader ce consommateur d'exercer ses droits contractuels ;

F. en incitant directement, dans une publicité, les enfants à acheter ou à persuader leurs parents ou d'autres adultes de leur acheter le produit faisant l'objet de la publicité ;

~~G. exigeant le paiement immédiat ou différé de produits fournis, sans que le consommateur les ait demandés, ou en exigeant leur renvoi ou leur conservation~~ (abrogé, L. n° 2011-525, 17 mai 2011) ;

H. en informant explicitement le consommateur que s'il n'achète pas le produit ou le service, l'emploi ou les moyens d'existence du professionnel seront menacés ;

I. en donnant l'impression que le consommateur a déjà gagné, gagnera ou gagnera en accomplissant tel acte un prix ou un autre avantage équivalent, alors que, en fait [⇨I1 ou I2 :]

I1. il n'existe pas de prix ou autre avantage équivalent ;

I2. l'accomplissement d'une action en rapport avec la demande du prix ou autre avantage équivalent est subordonné à l'obligation pour le consommateur de verser de l'argent ou de supporter un coût ;

J.°avec cette circonstance que ces pratiques commerciales trompeuses ont été suivies de la conclusion d'un ou de plusieurs contrats (C. consom., art. L. 132-11-1, circ. aggr. issue L. n° 2022-1158, 16 août 2022) (J : *N 34757.co*) ;
K.°avec cette circonstance que ces pratiques commerciales trompeuses ont été commises en bande organisée (C. consom., art. L. 132-11-2, circ. aggr. issue L. n° 2022-1158, 16 août 2022) (*N #.co*).
Faits prévus et réprimés par les articles : **PERSONNES PHYSIQUES.** L. 121-6, L. 121-7, L. 132-11 et L. 132-12 (anc[t] L. 122-11, L. 122-11-1, L. 122-12 et L. 122-13) du code de la consommation (*N 26585.co*). **PERSONNES MORALES.** L. 121-6, L. 121-7, L. 132-11 et L. 132-12 (anc[t] L. 122-11, L. 122-11-1, L. 122-12 et L. 122-14) du code de la consommation (*N 26586.co*). ✧

30.10 Tromperie ou fraude sur l'origine ou les qualités substantielles, d'une marchandise ou d'une prestation de service

■ PEINES

PERSONNE PHYSIQUE

PP Délit. Cas A à D : 2 ans d'emprisonnement, amende 300 000 € (depuis L. n° 2014-344, 17 mars 2014, auparavant 37 500 €) ou ⩽ 10 % du chiffre d'affaires (C. consom., art. L. 454-1 (anc[t] L. 213-1)). Cas E : 5 ans, amende 600 000 € ou ⩽ 10 % du chiffre d'affaires (depuis L. n° 2014-344, 17 mars 2014, auparavant 4 ans, 75 000 €) (C. consom., art. L. 454-2 (anc[t] L. 213-2)). Cas F : 7 ans, amende 750 000 € ou ⩽ 10 % du chiffre d'affaires (depuis L. n° 2014-344, 17 mars 2014, auparavant 4 ans, 75 000 €) (C. consom., art. L. 454-3 (anc[t] L. 213-2).

PC 1. Interdiction, définitive ou ⩽ 5 ans activité professionnelle ou sociale en relation avec l'infraction, fonction publique (sauf mandat électif ou syndical) *et/ou* interdiction définitive ou ⩽ 15 ans (10 ans avant L. n° 2013-1117, 6 déc. 2013) d'exercer une profession commerciale ou industrielle, de diriger, d'administrer, de gérer ou de contrôler à un titre quelconque, directement ou indirectement, pour son propre compte ou pour le compte d'autrui, une entreprise commerciale ou industrielle ou une société commerciale (C. consom., art. L. 454-5 (anc[t] L. 216-8), C. pén., art. 131-27 [mod. par L. n° 2008-776, 4 août 2008]).
2. Affichage, ⩽ 7 jours, aux portes domicile, magasins, usines ou ateliers du condamné, à ses frais (⩽ amende encourue), le tribunal fixe les dimensions de l'affiche et ses caractères typographiques (C. consom., art. L. 454-7 (anc[t] L. 216-3) ; C. pén., art. 131-35) ;
3. Diffusion décision ou extrait aux frais (⩽ amende encourue) du condamné (C. consom., art. L. 454-7 (anc[t] L. 216-3) ; C. pén., art. 131-35) ;
4. Diffusion d'un ou plusieurs messages informant le public ; contenu et modalités fixés par le tribunal, aux frais du condamné et dans les délais impartis (C. consom., art. L. 454-7 (anc[t] L. 121-4 et L. 216-8) ;
6. Retrait des produits ou interdiction de la prestation de service (C. consom., art. L. 454-7 (anc[t] L. 216-8)).

PERSONNE MORALE

PP Délit. Cas A à D : amende 1 500 000 € ou ⩽ 50 % du chiffre d'affaires (depuis L. n° 2014-344, 17 mars 2014, auparavant 187 500 €) (C. consom., art. L. 454-1 (anc[t] L. 213-1)). Cas E : 3 000 000 € ou ⩽ 50 % du chiffre d'affaires (depuis L. n° 2014-344, 17 mars 2014, auparavant 375 000 €) (C. consom., art. L. 454-2 (anc[t] L. 213-2)). Cas F : 3 750 000 € ou ⩽ 50 % du chiffre d'affaires (depuis L. n° 2014-344, 17 mars 2014, auparavant 375 000 €) (C. consom., art. L. 454-3 (anc[t] L. 213-2) (C. consom., art. anc[t] L. 213-6 ; C. pén., art. 131-38).

PC *Idem* n° 30.6 (C. consom., art. L. 454-5).

■ ORIENTEUR

AUTRE QUALIFICATION

▪ Escroquerie. V. n° 22.18.

▪ **Commercialisation ou détention de médicament à usage humain falsifié.** L'incrimination de commercialisation de substances médicamenteuses falsifiées, qui figurait initialement au Cons. consom. (anc[t] art. L. 213-1 et L. 213-2), a été transférée au CSP (art. L. 5111-3, L. 5421-13 et L. 5421-13) par Ord. n° 2012-1427, 19 déc. 2012, avec des pénalités aggravées (V. n° 29.25).

▪ **Commercialisation ou détention de matière première à usage pharmaceutique falsifiée.** CSP, art. L. 5438-4, et L. 5438-5, v. nº 29.26.

▪ **Commercialisation de médicament à usage vétérinaire falsifié.** CSP, art. L. 5442-14, v. nº 29.28.

▪ **Pratique commerciale trompeuse – Publicité fausse.** V. nº 30.6.

▪ **Pratique commerciale agressive.** V. nº 30.9.

▪ **Inexécution des obligations de signalement, de retrait, de rappel ou de mesures correctives en matière de produits non conformes ou dangereux.** C. consom., art. L. 451-1, L. 451-5, L. 452-7, R. 452-2, R. 452-5, v. nº 30.11.

▪ **Obligations de retrait ou de rappel de produits alimentaires non animaux préjudiciables à la santé ou dangereux.** C. consom., art. L. 452-5, R. 451-3, R. 452-3-1, v. nº 30.44.

▪ **Obligations de retrait ou de rappel des produits alimentaires d'origine animale préjudiciables à la santé ou dangereux.** C. rur., art. L. 237-2 III, R. 237-2, v. nº 30.45.

▪ **Produit corrompu ou toxique – Exposition, vente.** V. nº 30.13.

▪ **Produit corrompu ou toxique – Détention.** V. nº 30.14.

▪ **Recours à des techniques d'obsolescence programmée** . V. nº 30.15.

▪ **Démarchage ou remises de sommes sans contreparties réelles – Abus de la faiblesse ou de l'ignorance.** V. nº 30.20.

ÉLÉMENT LÉGAL

▪ **Domaine d'application. • Professionnels et particuliers.** Ces dispositions sont applicables à « *toute personne, partie ou non au contrat* » (C. consom., art. L. 441-1 (ancᵗ L. 216-1)) et incriminent en conséquence les professionnels comme les particuliers, à la différence des pratiques commerciales trompeuses (V. nº 30.6), qui ne sont imputables qu'aux professionnels agissant dans le cadre de leur activité, que leurs pratiques visent des consommateurs, des professionnels ou des non professionnels. **• Prestations de services.** Ces dispositions sont également applicables aux « *prestations de services* » (C. consom., art. L. 441-1 (ancᵗ L. 216-1)).

▪ **Recodification.** Dispositions recodifiées à droit constant par Ord. nº 2016-301, 14 mars 2016 et D. nº 2016-884, 29 juin 2016.

TEXTE DE RÉFÉRENCE

▪ **Obligation générale de conformité.** « *Dès la première mise sur le marché, les produits et les services doivent répondre aux prescriptions en vigueur relatives à la sécurité et à la santé des personnes, à la loyauté des transactions commerciales et à la protection des consommateurs. Le responsable de la première mise sur le marché d'un produit ou d'un service vérifie que celui-ci est conforme aux prescriptions en vigueur. À la demande des agents habilités, il justifie des vérifications et contrôles effectués* » (C. consom., art. L. 411-1 (ancᵗ L. 212-1)).

▪ **Obligation de sécurité. • Principe de sécurité des produits ou services.** « *Les produits et les services doivent présenter, dans des conditions normales d'utilisation ou dans d'autres conditions raisonnablement prévisibles par le professionnel, la sécurité à laquelle on peut légitimement s'attendre et ne pas porter atteinte à la santé des personnes* » (C. consom., art. L. 421-3). **• Procédure de rappel de produit.** Ces procédures, qui imposent aux professionnels de rappeler les produits qui ne satisfont pas à l'obligation de sécurité, sont décrites aux nº 30.11 pour les produits manufacturés, 30.44 pour les produits alimentaires non animaux et 30.45.

ÉLÉMENT MATÉRIEL

▪ **Tentative. Punissable** (C. consom., art. L. 441-1 (ancᵗ L. 213-1)). « *la détention, dans les locaux professionnels d'un négociant dont l'activité est d'acheter et vendre* », de vins falsifiés (en l'espèce des vins d'appellation d'origine en excédent de production détenus sans titre de mouvement et sans comptabilité matières conforme à la règlementation fiscale des contributions indirectes) « *détermine un début de processus de fabrication et de commercialisation, présume leur offre à la vente et caractérise l'intention de vendre ces vins sous lesdites appellations* » (§ 9) et ces circonstances « *établissent la volonté des prévenus de commercialiser, sous des appellations trompeuses, les vins qu'ils détenaient et caractérisent un commencement d'exécution constitutif de la tentative du délit de tromperie* » (§ 12) (Crim. 4 oct. 2022, nº 21-84.517, D).

▪ **Imputabilité. Absence de délégation de pouvoirs.** Ne peut s'exonérer de sa responsabilité pénale le chef d'entreprise qui n'a justifié d'aucune délégation de pouvoir (Crim. 14 janv. 2020, nº 19-83.479, D).

▪ **Portée de la tromperie.** • **Véhicule accidenté.** « *le mutisme du vendeur d'une voiture d'occasion sur un accident antérieur est un fait de nature à écarter certains acquéreurs même si les dégâts causés au véhicule ont été réparés conformément aux règles de l'art* » (Crim. 10 mai 1995, n° 94-83.274, P n° 169). « *l'existence d'un accident antérieur ayant gravement endommagé, au point de le réduire à l'état d'épave, un véhicule d'occasion est de nature à écarter certains acheteurs et doit être révélée par le vendeur même si les dégâts causés audit véhicule ont été normalement réparés* » (Crim. 27 janv. 1987, n° 85-95.759, P n° 42). • **Prestation de service.** C. consom., art. L. 441-1, « *qui définit le délit de tromperie, est applicable à la conclusion ou à l'exécution de tout contrat de prestation de service* » (§ 25), dans le cas d'espèce à l'exécution de contrats de vérification périodique des structures démontables recevant du public par des vérificateurs habilités par le ministère de l'intérieur au titre de la règlementation des établissements recevant du public (ERP) (Crim. 9 sept. 2020, n° 18-82.746, P).

RÉGIME PROCÉDURAL

▪ **Régime partiel de la criminalité organisée.** Initialement applicable au **cas F3** par C. pr. pén., art. 706-74, puis complété depuis le 1er juin 2019 par C. pr. pén., art. 706-2-2 issu de L. n° 2019-222, 23 mars 2019, étendant au **cas F** les techniques spéciales d'enquête, à l'exception dans un premier temps de l'interception des communications électroniques, puis incluant cette technique d'investigation depuis L. n° 2020-1672, 24 déc. 2020 (v. n° **11.22**).

▪ **Prescription de l'action publique. Infraction occulte par nature.** Selon la jurisprudence (Crim. 7 juill. 2005, n° 05-81.119, P n° 206 [Affaire dite de l'hormone de croissance]), consacrée par L. n° 2017-242, 27 févr. 2017 créant C. pr. pén., art. 9-1, l'infraction de tromperie est une infraction occulte par nature. Le point de départ de la prescription est « *le jour où l'infraction est apparue et a pu être constatée dans des conditions permettant la mise en mouvement ou l'exercice de l'action publique, sans toutefois que le délai de prescription puisse dépasser 12 années révolues à compter du jour où l'infraction a été commise* » (C. pr. pén., art. 9-1, L. n° 2017-242, 27 févr. 2017). Sur les causes d'allongement de la prescription de l'action publique, v. n° **17.20** s.

▪ **Mesure conservatoire.** Le juge d'instruction ou le tribunal saisi des poursuites peut **suspendre la commercialisation** des marchandises ; la mesure est exécutoire nonobstant appel (C. consom., art. L. 455-1 (anct L. 216-7)).

▪ **Saisie probatoire. Prélèvement des échantillons :** sauf produit rapidement altérable ou inconvénient particulier empêchant le prélèvement de plusieurs échantillons et que la contre-expertise ne peut être réalisée sur l'échantillon utilisé (C. consom., art. L. 512-47, anct L. 215-15), les prélèvements réalisés par les agents de contrôle comportent au moins **trois échantillons**, l'un destiné au laboratoire pour analyse (C. consom., art. R. 512-17, anct R. 215-4), l'autre remis au propriétaire ou détenteur du produit (C. consom., art. R. 517-15, anct R. 215-10).

▪ **Expertise.** • **Régime de l'expertise non judiciaire.** Si l'infraction de fraude ou de falsification résulte de l'analyse faite par le laboratoire, **les agents de recherche et de constatations** transmettent le rapport d'essai et d'analyse à l'auteur présumé de l'infraction. Ils l'avisent qu'il dispose d'un délai de trois jours francs pour présenter des observations au procureur de la République et solliciter une **expertise contradictoire** prévue au C. consom., art. L. 512-39, anct L. 215-9) (C. consom., art. L. 512-40 et L. 512-41, anct L. 215-10, mod. par L. n° 2014-344, 17 mars 2014). L'absence de communication des résultats d'analyse ne constitue pas une cause de nullité, puisque l'expertise contradictoire peut être ultérieurement ordonnée par le juge d'instruction ou la juridiction de jugement (Crim. 8 févr. 2005, n° 04-86.873, P n° 43). L'impossibilité de mettre en œuvre la deuxième expertise (ex. altération des prélèvements) ne vicie pas davantage la procédure mais a pour seule conséquence de priver de valeur probante la première analyse (Crim. 16 nov. 2004, n° 04-85.089, P n° 287). • **Régime de l'expertise judiciaire.** Il s'agit d'un régime particulier défini par C. consom., art. L. 512-41 anct L. 215-12. Le procureur de la République, s'il estime, au vu du rapport, des analyses et de l'enquête préalable, que l'action publique doit être engagée, saisit le tribunal ou le juge d'instruction. S'il y a lieu à expertise, celle-ci est décidée par le procureur de la République, le juge d'instruction ou le tribunal (C. consom., art. L. 512-42, anct L. 215-12). Ainsi ordonnée, elle obéit aux dispositions du C. pr. pén., art. 156 à 169, et non, s'agissant de l'expertise décidée par le parquet, aux constatations et examens techniques prévus par C. pr. pén., art. 77-1, lesquels ne sont contradictoires qu'à l'initiative du parquet (v. n° **11.49**). Deux experts sont désignés, l'un par le parquet, le juge d'instruction ou la juridiction, l'autre par l'intéressé. Sauf décision motivée et à titre exceptionnel, ils sont choisis sur la liste de la C. cass. ou des cours d'appel ; un agent d'un laboratoire d'État peut également être désigné. L'expert choisi par le mis en cause en dehors des listes doit recevoir l'agrément du parquet ou de la juridiction. Si l'intéressé n'a pas choisi son expert, ce dernier est désigné par le parquet ou la juridiction. L'expertise porte sur les **deux échantillons** non analysés (C. consom., art. L. 512-44 et L. 512-45, anc^{t} L. 215-14).

▪ **Requalification. Restrictions aux pouvoirs de requalification des juridictions.** Selon les dispositions antérieures, les poursuites ne pouvaient être continuées et terminées qu'en vertu des mêmes textes (C. consom., art. L. 216-4). Cette disposition n'a pas été reprise dans la recodification issue de Ord. nº 2016-301, 14 mars 2016 et D. nº 2016-884, 29 juin 2016.

MESURE CIVILE

▪ **Autorité de la chose jugée au pénal sur le civil. • Engagement de la responsabilité sur un autre fondement après relaxe.** « *l'autorité de la chose jugée attachée à une relaxe du chef de tromperie sur les qualités substantielles ne constitue pas un obstacle à l'exercice, devant le juge civil, d'une action indemnitaire fondée sur la non-conformité de la chose délivrée, faute contractuelle qui, procédant d'une obligation de résultat, diffère de la faute pénale en ce que, hors toute absence de dissimulation fautive du vendeur, elle est fondée sur la délivrance d'une chose qui n'est pas conforme à celle commandée, au sens de C. civ., art. 1604* », en conséquence, « *si la relaxe du chef de tromperie faisait obstacle à ce que l'acquéreur puisse, devant les juridictions civiles, invoquer un dol ayant vicié son consentement, tel n'était pas le fondement de sa demande de réparation reposant sur un défaut de conformité à la commande du matériel livré* » (1re Civ., 6 avr. 2016, nº 15-12.881, P nº 78).

▪ ÉLÉMENTS CONSTITUTIFS – QUALIFICATION

✧ Pour avoir à .... [¤ lieu], le .... [¤ date], par quelque moyen que ce soit, même par l'intermédiaire d'un tiers, étant partie ou non au contrat, trompé ou tenté de tromper .... [¤ nom du contractant], contractant, sur [⇨A à D puis le cas échéant E ou F :]

A. [⇨A1 à A6 :] A1. la nature ; A2. l'espèce ; A3. l'origine ; A4. les qualités substantielles ; A5. la composition ; A6. la teneur en principes utiles...

... de marchandises, en l'espèce en .... [¤ matérialiser la tromperie] (C. consom., art. L. 454-1 (anc^{t} L. 213-1)) (A : *N* ***149.co***, par personne morale : *N* ***23522.co***) ;

B. la quantité de choses livrées, ou sur leur identité par la livraison d'une marchandise autre que la chose déterminée ayant fait l'objet du contrat, en l'espèce en .... [¤ matérialiser la tromperie] (C. consom., art. L. 454-1 (anc^{t} L. 213-1)) (B : *N* ***149.co***, par personne morale : *N* ***23522.co***) ;

C. [⇨C1 à C5 :] C1. l'aptitude à l'emploi ; C2. les risques inhérents à l'utilisation du produit ; C3. les contrôles effectués ; C4. les modes d'emploi ; C5. les précautions à prendre, en l'espèce en .... [¤ matérialiser la tromperie] (C. consom., art. L. 454-1 (anc^{t} L. 213-1)) (C : *N* ***149.co***, par personne morale : ***23522.co***) ;

D. [⇨D1 à D6 :] D1. la nature ; D2. l'espèce ; D3. l'origine ; D4. les qualités substantielles ; D5. la quantité ; D6. l'identité...

... de **prestations de services**, en l'espèce en .... [¤ matérialiser la tromperie] (C. consom., art. L. 454-1 (anc^{t} L. 213-1)) (D : *N* ***340.co***, par personne morale : *N* ***25830.co***) ;

E. [• Préciser le cas échéant dans les **cas** A à D :] avec cette circonstance que les faits ont été commis à l'aide [⇨E1 à E3 :]

E1. de poids, mesures ou autres instruments faux ou inexacts...

E2. de manœuvres ou procédés tendant à fausser les opérations d'analyse ou de dosage, pesage ou mesurage, ou à modifier frauduleusement la composition, le poids ou le volume des marchandises...

E3. d'indications frauduleuses tendant à faire croire à une opération antérieure et exacte...

... en l'espèce en .... [¤ matérialiser l'infraction] (C. consom., art. L. 454-2, anc^{t} L. 213-2) (AE : *N* ***2529.co***, par personne morale : *N* ***25384.co*** ; DE : *N* ***28393.co***, par personne morale : *N* ***#.co***) ;

F. [• Préciser le cas échéant dans les **cas** A à D :] avec cette circonstance que les faits ont [⇨F1 à F3 :]

F1. eu pour conséquence de rendre l'utilisation de la **marchandise** dangereuse pour la santé de l'homme ou de l'animal (C. consom., art. L. 454-3, anc^{t} L. 213-2 et L. 216-8) (F1 : *N* ***2487.co***, par personne morale : *N* ***25842.co***) ;

F2. eu pour conséquence de rendre l'utilisation de la **prestation de service** dangereuse pour la santé de l'homme ou de l'animal (C. consom., art. L. 454-3, anc^{t} L. 213-2 et L. 216-8) (F2 : *N* ***27078.co***, par personne morale : *N* ***27079.co***) ;

F3. été commis en bande organisée (L. n° 2014-344, 17 mars 2014) (C. consom., art. L. 454-3, anc[t] L. 213-2 et L. 216-8) (AF3 : *N 30787.co*, par personne morale : *N #.co* ; DF3 : *N 30786.co*, par personne morale : *N #.co*) ;

Faits prévus et réprimés par les articles : **PERSONNES PHYSIQUES.** L. 441-1, L. 454-4, L. 454-5, L. 454-7 + articles [• du cas sélectionné] (anc[t] L. 213-1, L. 216-1, L. 216-2, L. 216-3 + articles [• du cas sélectionné]) du code de la consommation. **PERSONNES MORALES.** L. 441-1, L. 454-4, L. 454-5, L. 454-7 + articles [• du cas sélectionné] (anc[t] L. 213-1, L. 213-6, L. 216-1, L. 216-2, L. 216-3 + articles [• du cas sélectionné]) du code de la consommation (*N*...). ✧

30.11 Inexécution des obligations de signalement, de retrait, de rappel ou de mesures correctives en matière de produits non conformes ou dangereux

PERSONNE PHYSIQUE

PP Cas A : **Délit.** 1 an d'emprisonnement, 150 000 € ou ⩽ 10 % du chiffre d'affaires (C. consom., art. L. 451-1 et L. 451-5) ;

Cas B : **Contrav. 5e cl.** 1 500 € (C. consom., art. R. 452-2 ; C. pén., art. 131-13). **Récidive** : 3 000 € (C. consom., art. R. 452-2, C. pén., art. 132-11) ;

Cas C à F : **Délit.** 1 an d'emprisonnement, 15 000 € (C. consom., art. L. 532-3) ;

Cas G : **Délit.** 5 000 € (C. consom., art. L. 452-7) ;

Cas H : **Contrav. 5e cl.** 1 500 € (C. consom., art. R. 452-5 ; C. pén., art. 131-13). **Récidive** : 3 000 € (C. consom., art. R. 452-5, C. pén., art. 132-11).

PC 1. Cas A : interdiction définitive ou ⩽ 5 ans d'exercer une fonction publique ou d'exercer l'activité professionnelle ou sociale dans le cadre de laquelle l'infraction a été commise (C. consom., art. L. 451-6 ; C. pén., art. 131-27) ;

2. Cas A : et/ou interdiction définitive ou ⩽ 15 ans d'exercer une profession commerciale ou industrielle, de diriger, d'administrer, de gérer ou de contrôler à un titre quelconque, directement ou indirectement, pour son propre compte ou pour le compte d'autrui, une entreprise commerciale ou industrielle ou une société commerciale (C. consom., art. L. 451-6 ; C. pén., art. 131-27) ;

PERSONNE MORALE

PP Cas A : **Délit.** 750 000 € ou ⩽ 50 % du chiffre d'affaires (C. consom., art. L. 451-1 et L. 451-5 ; C. pén., art. 131-38) ;

Cas B : **Contrav. 5e cl.** 7 500 € (C. consom., art. R. 452-2 ; C. pén., art. 131-41). **Récidive** : 15 000 € (C. consom., art. R. 452-2, C. pén., art. 132-15).

Cas C à F : **Délit.** 75 000 € (C. consom., art. L. 532-3 ; C. pén., art. 131-38) ;

Cas G : **Délit.** 25 000 € (C. consom., art. L. 452-7 ; C. pén., art. 131-38) ;

Cas H : **Contrav. 5e cl.** 7 500 € (C. consom., art. R. 452-5 ; C. pén., art. 131-41). **Récidive** : 15 000 € (C. consom., art. R. 452-5, C. pén., art. 132-15).

PC 1. Cas A : interdiction ⩽ 5 ans, une ou plusieurs activités professionnelles ou sociales dans le cadre de laquelle l'infraction a été commise (C. consom., art. L. 451-6 ; C. pén., art. 131-39 2°) ;

2. Cas A : surveillance judiciaire ⩽ 5 ans, sauf personnes morales de droit public, partis, groupements politiques, syndicats (C. consom., art. L. 451-6 ; C. pén., art. 131-39 3° et 131-46) ;

3. Cas A : fermeture ⩽ 5 ans, d'un ou plusieurs établissements en relation avec l'infraction (C. consom., art. L. 451-6 ; C. pén., art. 131-39 4°) ;

4. Cas A : exclusion, définitive ou ⩽ 5 ans marchés publics (C. consom., art. L. 451-6 ; C. pén., art. 131-39 5°) ;

5. Cas A : interdiction, définitive ou ⩽ 5 ans appel public à l'épargne (C. consom., art. L. 451-6 ; C. pén., art. 131-39 6°) ;

6. Cas A : interdiction ⩽ 5 ans cartes de paiement ou émission chèques autres que de retrait ou certifiés (C. consom., art. L. 451-6 ; C. pén., art. 131-39 7°) ;

7. Cas A : confiscation de la chose ayant servi à l'infraction ou destinée à la commettre, ou son produit (obligatoire pour objets qualifiés dangereux ou nuisibles par loi ou règlement ou dont la détention est illicite) (C. consom., art. L. 451-6 ; C. pén., art. 131-39 8° et 131-21) ;

8. Cas A : affichage, ⩽ 2 mois, *et/ou* (L. n° 2011-525, 17 mai 2011) diffusion de la décision ou d'extraits aux frais (⩽ amende encourue) du condamné (C. consom., art. L. 451-6 ; C. pén., art. 131-39 9°, 131-48 et 131-35).

▪ ORIENTEUR

AUTRE QUALIFICATION

▪ **Tromperie ou fraude sur l'origine ou les qualités substantielles, d'une marchandise ou d'une prestation de service.** C. consom., art. L. 454-1, v. n° **30.10**.

▪ **Obligations de retrait ou de rappel de produits alimentaires non animaux préjudiciables à la santé ou dangereux.** C. consom., art. L. 452-5, R. 451-3, R. 452-3-1, v. n° **30.44**.

▪ **Obligations de retrait ou de rappel des produits alimentaires d'origine animale préjudiciables à la santé ou dangereux.** C. rur., art. L. 237-2 III, R. 237-2, v. n° **30.45**.

▪ **Denrée alimentaire impropre à la consommation – Détention, offre, distribution.** C. consom., art. R. 451-2, C. rur., art. R. 237-2, v. n° **30.46**.

ÉLÉMENT LÉGAL

▪ **Application de la loi dans le temps. • Cas A** : omise par l'Ord. n° 2016-301, 14 mars 2016 portant recodification du C. consom., l'incrimination prévue par C. consom., art. L. 411-2, qui figurait auparavant au C. consom., anc[t] art. L. 217-5, a été rétablie par L. n° 2017-203, 21 févr. 2017.

▪ **Champ d'application.** Les obligations ici incriminées par C. consom. désignent tout produit sans établir de distinction entre produits alimentaires et non alimentaires, sans préjudice des incriminations spéciales, le cas échéant plus sévères, s'appliquant aux denrées alimentaires, développées aux n[os] **30.44** et **30.45**.

ÉLÉMENT MATÉRIEL

▪ **Obligations des professionnels en matière de sécurité des produits. • Obligation du producteur d'engager d'initiative les mesures nécessaires pour maîtriser les risques d'un produit.** « *Le producteur adopte les mesures qui, compte tenu des caractéristiques des produits qu'il fournit, lui permettent : 1° De se tenir informé des risques que les produits qu'il commercialise peuvent présenter ; 2° D'engager les actions nécessaires pour maîtriser ces risques, y compris le retrait du marché, la mise en garde adéquate et efficace des consommateurs ainsi que le rappel auprès des consommateurs des produits mis sur le marché* » (C. consom., art. L. 423-2). Sans préjudice des sanctions encourues en cas de tromperie (C. com., art. L. 454-1 s., v. n° **30.10**), l'absence de mise en œuvre spontanée par le producteur d'une mesure de retrait ou de rappel de produits non alimentaires (s'agissant de ces derniers, v. au contraire n[os] **30.44** et **30.45**) n'est pas en tant que telle pénalement sanctionnée. Sont en revanche sanctionnés le défaut d'information des autorités administratives (**Cas B**), l'absence de suivi chiffré des produits retirés ou rappelés (**Cas G**), ainsi que la non-déclaration en ligne du rappel de produits (**Cas H**). Est aussi pénalement sanctionnée l'inexécution des mesures de contrôle de conformité, de retrait, de rappel ou de fermeture d'établissement ordonnées par arrêté pris par l'administration dans le cadre de ses pouvoirs de police administrative (**Cas C** à **F**, v. ci-dessous, rubrique Mesure administrative). En l'absence d'exclusions prévues par les textes, ces incriminations (**Cas B** à **H**) sont également applicables aux denrées alimentaires • **Obligation du producteur ou distributeur d'informer l'administration en cas de produit présentant un risque.** « *Lorsqu'un producteur ou un distributeur sait que des produits destinés aux consommateurs qu'il a mis sur le marché ne répondent pas aux exigences* [de sécurité énoncées au C. consom., art. L. 421-3], *il engage les actions nécessaires pour prévenir les risques pour les consommateurs et en informe immédiatement les autorités administratives compétentes* » (C. consom., art. L. 423-3). Les autorités auxquelles l'information est adressée sont : a) **La direction générale de la concurrence, de la consommation et de la répression des fraudes** (DGCCRF) pour l'information concernant les produits non alimentaires et les denrées alimentaires et les aliments pour animaux qui ne sont pas d'origine animale ; b) **La direction générale de l'alimentation** (DGAL) pour l'information concernant les denrées alimentaires animales ou d'origine animale destinées à l'alimentation humaine ou animale ; c) **La direction de la sécurité et de la circulation routières** (DGEC) pour l'information émanant des constructeurs automobiles et de leur réseau de distribution (Arr., 9 sept. 2004, NOR : ECOC0400076A, *JO* 25 sept., complété par l'avis du ministère chargé de l'économie NOR : EFIC1203531V, *JO* 11 févr. 2012). L'absence de signalement à l'administration caractérise la contrav. 5e cl. incriminée par C. consom., art. R. 552-2 (v. **Cas B**).

• **Obligation du professionnel d'établir un état des produits retirés ou rappelés.** Lorsqu'une mesure de retrait ou de rappel est mise en œuvre, « *les professionnels établissent et maintiennent à jour un état chiffré des produits retirés ou rappelés* » (C. consom., art. L. 423-3, délit incriminé par L. 452-7, v. **Cas** G). • **Obligation du professionnel de déclarer en ligne les produits rappelés.** En outre, « *les professionnels qui procèdent au rappel de produits en font la déclaration de façon dématérialisée sur un site internet dédié, mis à la disposition du public par l'administration* » (C. consom., art. L. 423-3). Cette déclaration s'opère sur le site « *RappelConso* », créé sur le fondement de l'Arr., 20 janv. 2021, NOR : ECOC2030070A, destiné au rappel des produits industriels ou alimentaires (v. n° 30.44), y compris des denrées alimentaires d'origine animale, lesquelles sont régies par le C. rur., art. L. 205-7-1 (v. n° 30.45). Le défaut de déclaration en ligne caractérise la contrav. 5e cl. prévue par C. consom., art. R. 552-5 (v. **Cas** H).

ÉLÉMENT INTENTIONNEL

▪ **Présomption de connaissance des risques.** • **Cas** B. « *Le producteur ou le distributeur ne peut s'exonérer de ses obligations en soutenant n'avoir pas eu connaissance des risques qu'il ne pouvait raisonnablement ignorer* » (C. consom., art. L. 423-3).

MESURE ADMINISTRATIVE

▪ **Mesure de police administrative.** • **Contrôle de conformité d'un produit présumé dangereux ordonné par l'administration.** « *Lorsqu'il existe des éléments de nature à mettre en doute la conformité du produit aux prescriptions en vigueur relatives à la sécurité et à la santé des consommateurs ou à l'obligation générale de sécurité .../... et que le responsable de la mise sur le marché national n'est pas en mesure de justifier des contrôles et vérifications effectués .../... afin de vérifier le respect de ces obligations, l'autorité administrative peut lui enjoindre par arrêté de faire procéder, dans un délai qu'elle fixe, à des contrôles à ses frais par un organisme présentant des garanties d'indépendance, de compétence et d'impartialité* » (C. consom., art. L. 521-12). Le préfet est l'autorité administrative compétente (C. consom., art. R. 521-3). Il peut également suspendre la mise sur le marché du produit dans l'attente de la réalisation des contrôles et ordonner la consignation d'une somme correspondant au coût des contrôles à réaliser (C. consom., art. L. 521-12). L'inexécution du contrôle de conformité dans le délai imparti caractérise le délit incriminé par C. consom., art. L. 532-3 (v. **Cas** C). • **Mesures correctives ou fermeture d'établissement ordonnées par l'administration.** « *Lorsque du fait d'un manquement à la règlementation prise pour l'application des dispositions du* [C. consom., livre IV relatif à la conformité et à la sécurité des produits ou services] *ou d'un règlement de l'Union européenne, les conditions de fonctionnement d'un établissement sont telles que les produits fabriqués, détenus ou mis sur le marché présentent ou sont susceptibles de présenter un danger pour la santé publique ou la sécurité des consommateurs, les agents habilités peuvent ordonner toutes mesures correctives, notamment le renforcement des autocontrôles, des actions de formation du personnel, la réalisation de travaux ou d'opérations de nettoyage. En cas de nécessité, l'autorité administrative peut prononcer par arrêté la fermeture de tout ou partie de l'établissement ou l'arrêt d'une ou de plusieurs de ses activités* » (C. consom., art. L. 521-5). Le préfet est l'autorité administrative compétente pour prononcer la fermeture (C. consom., art. R. 521-3). L'inexécution de cette dernière caractérise le délit incriminé par C. consom., art. L. 532-3 (v. **Cas** D). • **Suspension de mise sur le marché, retrait ou rappel de produits ordonnés par l'administration.** Si les « *produits ne sont pas conformes à la règlementation en vigueur ou présentent ou sont susceptibles de présenter un danger pour la santé publique ou la sécurité des consommateurs, l'autorité administrative peut ordonner par arrêté une ou plusieurs des mesures suivantes : la suspension de la mise sur le marché, le retrait, le rappel et la destruction. L'autorité administrative peut également, lorsque les produits présentent ou sont susceptibles de présenter un danger pour la santé publique ou la sécurité des consommateurs, ordonner la diffusion de mise en garde ainsi que le rappel des produits en vue d'un échange, d'une modification ou d'un remboursement total ou partiel* » (C. consom., art. L. 521-7). Le préfet est l'autorité administrative compétente pour ordonner la mesure (C. consom., art. R. 521-3). Son inexécution caractérise le délit incriminé par C. consom., art. L. 532-3 (v. **Cas** E). • **Suspension de mise sur le marché, retrait ou rappel de produits ordonnés par arrêté ministériel.** « *En cas de danger grave ou immédiat, le ministre chargé de la consommation et le ou les ministres intéressés peuvent suspendre par arrêté conjoint, pour une durée n'excédant pas un an, la fabrication, l'importation, l'exportation, la mise sur le marché à titre gratuit ou onéreux d'un produit et faire procéder à son retrait en tous lieux où il se trouve ou à sa destruction lorsque celle-ci constitue le seul moyen de faire cesser le danger. Ils ont également la possibilité d'ordonner la diffusion de mises en garde ou de précautions d'emploi ainsi que le rappel en vue d'un échange ou d'une modification ou d'un remboursement total ou partiel* » (C. consom., art. L. 521-17). L'inexécution de la mesure caractérise la contrav. 5e cl. incriminée par C. consom., art. R. 532-1 (v. **Cas** F).

RÉGIME PROCÉDURAL

- **Compétence juridictionnelle. Juge unique** dans le cas G (C. pr. pén., art. 398-1, v. n° **17.15D2**).
- **Mesure conservatoire.** Cas A et B, G1 et H : le juge d'instruction ou le tribunal saisi des poursuites peut **suspendre la commercialisation** des marchandises ; la mesure est exécutoire nonobstant appel (C. consom., art. L. 455-1).

RÉGIME DES PEINES

- **Amende.** Cas H : l'amende est encourue autant de fois qu'il y a de produits concernés par le rappel (C. consom., art. R. 452-5).

▪ ÉLÉMENTS CONSTITUTIFS – QUALIFICATION

✧ Pour avoir à .... [¤ lieu], le .... [¤ date], [⇨A à H :]

A. **DÉFAUT DE SIGNALEMENT AUX FOURNISSEURS ET CLIENTS EN CAS DE NON-CONFORMITÉ D'UN PRODUIT PORTANT SUR UNE QUALITÉ SUBSTANTIELLE (C. CONSOM., ART. L. 411-2, L. 451-1)**

étant opérateur ayant eu connaissance, après avoir acquis ou cédé des produits, en l'espèce .... [¤ produits concernés], d'une non-conformité à la règlementation portant sur une qualité substantielle de tout ou partie de ces produits, omis d'informer sans délai, par tous moyens dont il peut justifier, celui qui lui a fourni ces produits et ceux à qui il les a cédés (C. consom., art. L. 411-2, L. 451-1, L. 451-5, L. 451-6) (A : *N 32202.co*).

B. **DÉFAUT D'INFORMATION DES AUTORITÉS ADMINISTRATIVES EN CAS DE MISE SUR LE MARCHÉ DE PRODUITS NON CONFORMES À L'OBLIGATION DE SÉCURITÉ (C. CONSOM., ART. R. 452-2)**

étant producteur ou distributeur ayant eu connaissance que des produits destinés au consommateur, en l'espèce .... [¤ produits concernés], qu'il avait mis sur le marché ne répondaient pas aux exigences de sécurité, omis d'informer immédiatement les autorités administratives compétentes des actions engagées pour prévenir les risques pour les consommateurs (C. consom., art. L. 421-3, L. 423-3 et R. 452-2) (B : *N 30759.c5*).

C. **INEXÉCUTION DU CONTRÔLE DE CONFORMITÉ D'UN PRODUIT SUPPOSÉ DANGEREUX ORDONNÉ PAR L'ADMINISTRATION (C. CONSOM., ART. L. 521-12, L. 532-3)**

étant responsable de la mise sur le marché national d'un produit, en l'espèce .... [¤ produit concerné], alors qu'il existait des éléments de nature à mettre en doute sa conformité aux prescriptions en vigueur relatives à la sécurité et à la santé des consommateurs ou à l'obligation générale de sécurité définie à l'article L. 421-3 du code de la consommation et qu'il n'était pas en mesure de justifier des contrôles et vérifications effectués afin de vérifier le respect de ces obligations, omis de faire procéder, dans le délai imparti et à ses frais, par un organisme présentant des garanties d'indépendance, de compétence et d'impartialité, à un contrôle du produit ordonné par arrêté du préfet en date du .... notifié le .... (C. consom., art. L. 521-12, L. 532-3) (C : *N 27336.co*).

D. **INEXÉCUTION D'UNE MESURE CORRECTIVE OU DE FERMETURE D'ÉTABLISSEMENT PRISE PAR L'ADMINISTRATION EN CAS DE PRODUIT DANGEREUX (C. CONSOM., ART. L. 521-5, L. 532-3)**

alors que les conditions de fonctionnement d'un établissement étaient telles que les produits fabriqués, détenus ou mis sur le marché, en l'espèce .... [¤ produits concernés], présentaient ou étaient susceptibles de présenter un danger pour la santé publique ou la sécurité des consommateurs, du fait d'un manquement à la règlementation prise pour l'application des dispositions du livre IV du code de la consommation relatif à la conformité et à la sécurité des produits ou d'un règlement de l'Union européenne, omis d'exécuter (C. consom., art. L. 521-5, L. 532-3) [⇨D1 ou D2 :]

D1. des mesures correctives, notamment le renforcement des autocontrôles, des actions de formation du personnel, la réalisation de travaux ou d'opérations de nettoyage, ordonnées par les agents habilités en date du .... notifiées le .... (D1 : *N 25510.co*) ;

D2. une mesure de fermeture de tout ou partie de l'établissement ou d'arrêt d'une ou de plusieurs de ses activités prise par le préfet en date du .... notifié le .... (D2 : *N 25511.co*).

E. **INEXÉCUTION D'UNE MESURE DE SUSPENSION DU MARCHÉ, DE RETRAIT OU DE RAPPEL D'UN PRODUIT DANGEREUX (C. CONSOM., ART. L. 521-7, L. 532-3)**

alors qu'il était établi qu'un produit, en l'espèce .... [¤ produit concerné], n'était pas conforme à la règlementation en vigueur ou présentait ou était susceptible de présenter un danger pour la santé publique ou la sécurité des consommateurs, omis d'exécuter un arrêté du préfet en date du .... notifié le .... ordonnant (C. consom., art. L. 521-7, L. 532-3) [⇨E1 à E3 :]

E1. sa suspension de la mise sur le marché (E1 : *N 25514.co*) ;

E2. son retrait ou son rappel (E2 : *N 25513.co*) ;

E3. sa destruction (E3 : *N 25518.co*).

F. **Inexécution d'une mesure ordonnant la diffusion d'une mise en garde ou le rappel d'un produit dangereux en vue d'une modification ou d'un remboursement (C. consom., art. L. 521-7, L. 532-3)**

alors qu'il était établi qu'un produit, en l'espèce .... [¤ produit concerné], présentait ou était susceptible de présenter un danger pour la santé publique ou la sécurité des consommateurs, omis d'exécuter un arrêté du préfet en date du .... notifié le ....ordonnant (C. consom., art. L. 521-7, L. 532-3) [⇨F1 ou F2 :]

F1. la diffusion d'une mise en garde (F1 : *N 31582.co*) ;

F2. le rappel du produit en vue d'un échange, d'une modification ou d'un remboursement total ou partiel (F2 : *N 31583.co*).

G. **Défaut de tenue d'un état chiffré des produits retirés ou rappelés par un professionnel (C. consom., art. L. 452-7 ou C. rur., art. L. 237-4)**

[⇨G1 ou G2 :]

G1. étant professionnel procédant à une mesure de retrait ou de rappel de produits destinés aux consommateurs, omis d'établir et de maintenir à jour un état chiffré des produits rappelés ou retirés (C. consom., art. L. 423-3, L. 452-7) (G1 : *N 33281.ju*) ;

G2. étant exploitant procédant à une mesure de retrait ou de rappel de produits, omis d'établir et de maintenir à jour un état chiffré des produits rappelés ou retirés (C. rur., art. L. 205-7-1, L. 237-4) (G2 : *N 32998.ju*).

H. **Défaut de déclaration en ligne d'une mesure de rappel de produit par un professionnel (C. consom., art. R. 452-5)**

étant professionnel procédant à une mesure de rappel de produits, en l'espèce .... [¤ désignation et nombre de produits concernés par le rappel], omis d'en faire la déclaration de façon dématérialisée sur un site internet dédié, mis à la disposition du public par l'administration ou communiqué des informations inexactes ou incomplètes (C. consom., art. L. 423-3, R. 452-5, AM 20 janv. 2021, NOR : ECOC2030070A) (H : *N 33323.c5*).

Faits prévus et réprimés par les articles (articles de la formule sélectionnée) du code de la consommation. ✧

30.12 Appellations et indications d'origine – spécialités protégées – Valorisation des produits ou services

■ PEINES

PERSONNE PHYSIQUE

PP Délit. Cas A à I : 2 ans d'emprisonnement, 300 000 € (Cas A : C. consom., art. L. 453-1 ; Cas B : C. consom., art. L. 453-4 ; Cas C à E : C. consom., art. L. 453-5 ; Cas F : C. consom., art. L. 453-6 ; Cas G : C. consom., art. L. 453-7 ; Cas H : C. consom., art. L. 453-1 ; Cas I : C. consom., art. L. 453-8).

PC 1. Interdiction ⩽ 5 ans d'exercer une fonction publique ou d'exercer l'activité professionnelle ou sociale dans le cadre de laquelle l'infraction a été commise (C. consom., art. L. 453-9 ; C. pén., art. 131-27) ;

2. et/ou interdiction ⩽ 5 ans d'exercer une profession commerciale ou industrielle, de diriger, d'administrer, de gérer ou de contrôler à un titre quelconque, directement ou indirectement, pour son propre compte ou pour le compte d'autrui, une entreprise commerciale ou industrielle ou une société commerciale (C. consom., art. L. 453-9 ; C. pén., art. 131-27) ;

3. Affichage, ⩽ 2 mois, et/ou diffusion de la décision ou d'extraits aux frais (⩽ amende encourue) du condamné (C. com., art. L. 453-10 ; C. pén., art. 131-35).

PERSONNE MORALE

PP Délit. Cas A à I : 1 500 000 € (C. pén., art. 131-38 et Cas A : C. consom., art. L. 453-1 ; Cas B : C. consom., art. L. 453-4 ; Cas C à E : C. consom., art. L. 453-5 ; Cas F : C. consom., art. L. 453-6 ; Cas G : C. consom., art. L. 453-7 ; Cas H : C. consom., art. L. 453-1 ; Cas I : C. consom., art. L. 453-8).

PC **1.** Interdiction ⩽ 5 ans, une ou plusieurs activités professionnelles ou sociales dans le cadre de laquelle l'infraction a été commise (C. consom., art. L. 453-9 ; C. pén., art. 131-39 2°) ;
2. Surveillance judiciaire ⩽ 5 ans, sauf personnes morales de droit public, partis, groupements politiques, syndicats (C. consom., art. L. 453-9 ; C. pén., art. 131-39 3° et 131-46) ;
3. Fermeture ⩽ 5 ans, d'un ou plusieurs établissements en relation avec l'infraction (C. consom., art. L. 453-9 ; C. pén., art. 131-39 4°) ;
4. Exclusion, définitive ou ⩽ 5 ans marchés publics (C. consom., art. L. 453-9 ; C. pén., art. 131-39 5°) ;
5. Interdiction, définitive ou ⩽ 5 ans appel public à l'épargne (C. consom., art. L. 453-9 ; C. pén., art. 131-39 6°) ;
6. Interdiction ⩽ 5 ans cartes de paiement ou émission chèques autres que de retrait ou certifiés (C. consom., art. L. 453-9 ; C. pén., art. 131-39 7°) ;
7. Confiscation de la chose ayant servi à l'infraction ou destinée à la commettre, ou son produit (obligatoire pour objets qualifiés dangereux ou nuisibles par loi ou règlement ou dont la détention est illicite) (C. consom., art. L. 453-9 ; C. pén., art. 131-39 8° et 131-21) ;
8. Affichage, ⩽ 2 mois, *et/ou* (L. n° 2011-525, 17 mai 2011) diffusion de la décision ou d'extraits aux frais (⩽ amende encourue) du condamné (C. consom., art. L. 453-9 ; C. pén., art. 131-39 9°, 131-48 et 131-35).

■ ORIENTEUR

AUTRE QUALIFICATION

▪ **Pratique commerciale trompeuse – Publicité fausse.** C. consom., art. L. 132-2, n° 30.6.

▪ **Tromperie ou fraude sur l'origine ou les qualités substantielles, d'une marchandise ou d'une prestation de service.** C. consom., art. L. 454-1, n° 30.10.

ÉLÉMENT MATÉRIEL

▪ **Régime de l'appellation d'origine contrôlée (AOC) des produits agricoles ou alimentaires.** Cas A. • **Définition et domaine.** « *Constitue une appellation d'origine la dénomination d'un pays, d'une région ou d'une localité servant à désigner un produit qui en est originaire et dont la qualité ou les caractères sont dus au milieu géographique, comprenant des facteurs naturels et des facteurs humains* » (C. consom., art. L. 431-1). « *Peuvent bénéficier d'une appellation d'origine contrôlée les produits agricoles, forestiers ou alimentaires et les produits de la mer, bruts ou transformés, qui remplissent les conditions fixées par les dispositions de l'article L. 115-1 du code de la consommation* [devenu L. 431-1], *possèdent une notoriété dûment établie et dont la production est soumise à des procédures comportant une habilitation des opérateurs, un contrôle des conditions de production et un contrôle des produits* » (C. rur., art. L. 641-5). • **Régime de la reconnaissance préalable.** « *La reconnaissance d'une appellation d'origine contrôlée est proposée par l'Institut national de l'origine et de la qualité, après avis du groupement d'opérateurs qui sollicite la reconnaissance en qualité d'organisme de défense et de gestion.../...La proposition de l'institut porte sur la délimitation de l'aire géographique de production .../...ainsi que sur la détermination des conditions de production qui figurent dans un cahier des charges* » (C. rur., art. L. 641-6). « *La reconnaissance d'une appellation d'origine contrôlée est prononcée par un arrêté du ou des ministres intéressés qui homologue un cahier des charges où figurent notamment la délimitation de l'aire géographique de production de cette appellation ainsi que ses conditions de production* », ou par décret en Conseil d'État (C. rur., art. L. 641-7). • **Conformité du produit à la règlementation européenne de l'appellation d'origine protégée**. Tout produit bénéficiant d'une appellation d'origine contrôlée doit solliciter le bénéfice de « *l'appellation d'origine protégée* » instituée par le règlement (UE) n° 1151/2012 du Parlement européen et du Conseil, 21 nov. 2012 (C. rur., art. L. 641-10). Le produit perd l'appellation d'origine contrôlée lorsqu'il se voit refuser le bénéfice de l'appellation d'origine protégée (C. rur., art. L. 641-10). • **Désignation d'un organisme de défense et de gestion de l'appellation d'origine contrôlée.** La reconnaissance d'une appellation d'origine contrôlée implique la reconnaissance d'un organisme doté de la personnalité civile « *en qualité d'organisme de défense et de gestion* » du produit concerné (C. rur., art. L. 641-6 et L. 642-17), en charge notamment de l'élaboration du cahier des charges, de la tenue de la liste des opérateurs, des actions de défense du produit (C. rur., art. L. 642-22). L'organisme de défense et de gestion qui sollicite le bénéfice d'un signe d'identification de la qualité et de l'origine pour un produit choisit un organisme chargé du contrôle du cahier des charges (C. rur., art. R. 642-37). • **Adhésion obligatoire des opérateurs à l'organisme de défense et de gestion.** Les opérateurs, définis comme « *toute personne qui participe effectivement aux activités de production, de transformation, d'élaboration ou de conditionnement prévues par le cahier des charges* » du produit (C. rur., art. L. 642-3), adhèrent obligatoirement à l'organisme de défense et de gestion (C. rur., art. L. 642-21). Ils sont soumis à des opérations de contrôle par un organisme de contrôle accrédité et agréé (C. rur., art. L. 642-3, R. 642-41). • **Identification par logo et conditions de son usage.** « *Un signe d'identification visuelle officiel, dénommé logo "appellation d'origine contrôlée" .../..., est utilisé dans toute présentation des produits agricoles et des denrées alimentaires bénéficiant d'une appellation d'origine contrôlée, à l'exception des vins, des boissons spiritueuses et des produits intermédiaires* » (C. consom., art. L. 431-3). « *L'utilisation d'un signe d'identification de la qualité et de l'origine est subordonnée à l'identification des opérateurs auprès de l'organisme de défense et de gestion en vue de leur habilitation, au respect du plan de contrôle ou du plan d'inspection approuvé par l'Institut national de l'origine et de la qualité, et aux résultats des contrôles effectués* » par un organisme de contrôle accrédité et agréé (C. rur., art. L. 642-3).

▪ **Régime du « label rouge » des produits alimentaires et agricoles. Cas B. • Définition et domaine.** « *Peuvent bénéficier d'un label rouge les denrées alimentaires et les produits agricoles non alimentaires et non transformés. Le label rouge atteste que ces denrées et produits possèdent des caractéristiques spécifiques établissant un niveau de qualité supérieure, résultant notamment de leurs conditions particulières de production ou de fabrication et conformes à un cahier des charges, qui les distinguent des denrées et produits similaires habituellement commercialisés.* » (C. rur., art. L. 641-1). • **Cumul du label rouge avec d'autres appellations de valorisation.** Les conditions de cumul du label rouge avec une indication géographique, une spécialité traditionnelle garantie, une appellation d'origine ou une référence géographique sont régies par C. rur., art. L. 641-2. • **Régime de l'homologation préalable.** La demande tendant à l'homologation d'un label rouge est présentée par un groupement de producteurs ou de transformateurs auquel a été reconnue la qualité d'organisme de défense et de gestion (C. rur., art. L. 641-3). L'homologation est prononcée, sur proposition de l'Institut national de l'origine et de la qualité, par un arrêté du ou des ministres intéressés (C. rur., art. L. 641-4, R. 641-1 s.). • **Désignation d'un organisme de défense et de gestion et adhésion obligatoire des opérateurs.** L'homologation du label rouge d'un produit implique la reconnaissance d'un organisme doté de la personnalité civile « *en qualité d'organisme de défense et de gestion* » du produit concerné (C. rur., art. L. 642-17), en charge notamment de l'élaboration du cahier des charges, de la tenue de la liste des opérateurs, des actions de défense du produit (C. rur., art. L. 642-22). Les opérateurs, définis au C. rur., art. L. 642-3 (v. Régime de l'AOC ci-dessus), adhèrent obligatoirement à l'organisme de défense et de gestion (C. rur., art. L. 642-21). Ils sont soumis à des opérations de contrôle par un organisme de contrôle accrédité et agréé (C. rur., art. L. 642-3, R. 642-41). • **Identification par logo et conditions de son usage.** Le logo « label rouge », marque déposée par le ministre chargé de l'agriculture, « *est apposé sur tout produit bénéficiant du label, accompagné du numéro d'homologation* » (C. rur., art. R. 641-7). « *Tout opérateur souhaitant intervenir pour tout ou partie dans la production, la transformation, l'élaboration ou le conditionnement d'un produit bénéficiant d'un label rouge .../... est tenu de se faire identifier auprès de l'organisme de défense et de gestion pour les signes qu'il revendique* » (C. rur., art. D. 642-39-1).

▪ **Régime de l'appellation d'origine protégée (AOP) européenne. Cas C. • Définition et domaine.** Le règl. (UE) n° 1151/2012 du Parlement européen et du Conseil, 20 nov. 2012 (succédant aux règlements (CE) 509/2006 et 510/2006, 20 mars 2006), institue au bénéfice des produits agricoles destinés à la consommation humaine et de certaines denrées alimentaires (art. 2) le dispositif européen de « *l'appellation d'origine protégée* », « *dénomination qui identifie un produit : a) comme étant originaire d'un lieu déterminé, d'une région, ou, dans des cas exceptionnels, d'un pays ; b) dont la qualité ou les caractéristiques sont dues essentiellement ou exclusivement au milieu géographique comprenant les facteurs naturels et humains ; et c) dont toutes les étapes de production ont lieu dans l'aire géographique délimitée* » (art. 5). • **Régime de l'enregistrement préalable auprès de la commission européenne.** La demande d'enregistrement de l'appellation d'origine protégée est effectuée par un groupement travaillant avec le produit concerné devant l'État membre qui l'instruit (C. rur., art. R. 641-11 s.) par la voie de l'Institut national de l'origine et de la qualité (C. rur., art. R. 641-12), lequel dépose une demande d'enregistrement auprès de la Commission européenne (règl. (UE) n° 1151/2012 du Parlement européen et du Conseil, 20 nov. 2012, art. 49). Cette dernière, si les conditions sont remplies, publie la demande au Journal officiel de l'Union européenne (art. 50) puis enregistre la dénomination en l'absence de procédure d'opposition (art. 52). Tout produit agricole bénéficiant d'une « *appellation d'origine contrôlée* » nationale (v. ci-dessus) doit également être enregistré comme « *appellation* *d'origine protégée* » par la Commission européenne s'il entre dans le champ d'application du règl. (UE) n° 1151/2012 (C. rur., art. L. 641-10). • **Désignation d'un organisme de défense et de gestion et adhésion obligatoire des opérateurs.** L'enregistrement de l'appellation d'origine protégée implique la reconnaissance d'un organisme doté de la personnalité civile « *en qualité d'organisme de défense et de gestion* » du produit concerné (C. rur., art. L. 642-17 et règl. (UE) n° 1151/2012, 20 nov. 2012, art. 49), en charge notamment de l'élaboration du cahier des charges, de la tenue de la liste des opérateurs, des actions de défense du produit (C. rur., art. L. 642-22). Les opérateurs, définis au C. rur., art. L. 642-3 (v. Régime de l'AOC ci-dessus), adhèrent obligatoirement à l'organisme de défense et de gestion (C. rur., art. L. 642-21). Ils sont soumis à des opérations de contrôle par un organisme de contrôle accrédité et agréé (C. rur., art. L. 642-3, R. 642-41). • **Identification par logo et conditions de son usage.** La dénomination enregistrée en tant qu'appellation d'origine protégée, ainsi qu'un symbole et la mention « appellation d'origine protégée » ou « AOP » peuvent être utilisées par tout opérateur qui se conforme au cahier des charges (règl. (UE) n° 1151/2012, 20 nov. 2012, art. 12 et 44). • **Protection.** L'AOP est protégée contre l'utilisation commerciale parasite, l'usurpation, l'imitation ou l'évocation, les indications fausses ou fallacieuses ou toute autre pratique induisant le consommateur en erreur (règl. (UE) n° 1151/2012, 20 nov. 2012, art. 13).

▪ **Régime de l'indication géographique protégée (IGP) européenne. Cas D. • Définition et domaine.** Le règl. (UE) n° 1151/2012 du Parlement européen et du Conseil, 20 nov. 2012, institue au bénéfice des produits agricoles destinés à la consommation humaine et de certaines denrées alimentaires (art. 2) le dispositif européen de l'« *indication géographique* », « *qui identifie un produit : a) comme étant originaire d'un lieu déterminé, d'une région ou d'un pays ; b) dont une qualité déterminée, la réputation ou une autre propriété peut être attribuée essentiellement à son origine géographique ; et c) dont au moins une des étapes de production a lieu dans l'aire géographique délimitée* » (art. 5). • **Régime de l'enregistrement préalable après de la commission européenne.** « *Doivent solliciter le bénéfice d'une indication géographique protégée les produits agricoles ou alimentaires qui satisfont aux conditions posées par le règl. (UE) n° 1151/2012 du Parlement européen et du Conseil, 21 nov. 2012 .../... et qui font l'objet, pour l'application de ces règlements, d'un cahier des charges proposé par l'Institut national de l'origine et de la qualité, homologué par arrêté du ou des ministres intéressés* » (C. rur., art. L. 641-11). La procédure d'enregistrement de l'indication géographique obéit aux mêmes règles que celles précisées ci-dessus pour l'AOP (C. rur., art. R. 641-11 s. ; règl. (UE) n° 1151/2012 du Parlement européen et du Conseil, 20 nov. 2012, art. 49, 50 et 52). • **Désignation d'un organisme de défense et de gestion et adhésion obligatoire des opérateurs.** Les règles sont identiques à celles détaillées ci-dessus pour l'AOP (C. rur., art. L. 642-3 et R. 642-41, L. 642-17, L. 642-21 et règl. (UE) n° 1151/2012, 20 nov. 2012, art. 49). • **Identification par logo et conditions de son usage.** La dénomination enregistrée en tant qu'indication géographique protégée, ainsi qu'un symbole et la mention « indication géographique protégée » ou « IGP » peuvent être utilisées par tout opérateur qui se conforme au cahier des charges (règl. (UE) n° 1151/2012, 20 nov. 2012, art. 12 et 44). • **Protection.** L'IGP est protégée comme l'AOP (v. dessus, règl. (UE) n° 1151/2012, 20 nov. 2012, art. 13).

▪ **Régime de la spécialité traditionnelle garantie (STG). Cas E. • Définition et domaine.** Le règl. (UE) n° 1151/2012 du Parlement européen et du Conseil, 20 nov. 2012, institue au bénéfice des produits agricoles destinés à la consommation humaine et de certaines denrées alimentaires (art. 2) la dénomination européenne de « *la spécialité traditionnelle garantie* » (STG). « *Une dénomination peut être enregistrée en tant que spécialité traditionnelle garantie lorsqu'elle décrit un produit ou une denrée alimentaire spécifique : a) qui résulte d'un mode de production, d'une transformation ou d'une composition correspondant à une pratique traditionnelle pour ce produit ou cette denrée alimentaire ; ou b) qui est produit à partir de matières premières ou d'ingrédients qui sont ceux traditionnellement utilisés* » (règl. (UE) n° 1151/2012, 20 nov. 2012, art. 18). • **Régime de l'enregistrement préalable après de la commission européenne.** La spécialité traditionnelle garantie respecte un cahier des charges (art. 19), elle est enregistrée dans un registre des spécialités traditionnelles garanties tenu par la Commission européenne (art. 22). La procédure d'enregistrement de la spécialité traditionnelle garantie obéit aux mêmes règles que celles précisées ci-dessus pour l'AOP (C. rur., art. R. 641-11 s. ; règl. (UE) n° 1151/2012 du Parlement européen et du Conseil, 20 nov. 2012, art. 49, 50 et 52). La spécialité traditionnelle garantie fait l'objet, pour l'application du règl. (UE) n° 1151/2012, 20 nov. 2012, « *d'un cahier des charges proposé par l'Institut national de l'origine et de la qualité, homologué par arrêté du ou des ministres intéressés* » (C. rur., art. L. 641-12). • **Identification par logo et conditions de son usage.** La dénomination enregistrée en tant que spécialité traditionnelle garantie, ainsi qu'un symbole et la mention « spécialité traditionnelle garantie » ou « STG » peuvent être utilisées par tout opérateur qui se conforme au cahier des charges (règl. (UE) n° 1151/2012, 20 nov. 2012, art. 23 et 44). • **Protection.** La spécialité traditionnelle garantie est protégée contre toute usurpation, imitation ou évocation, ou toute autre pratique induisant le consommateur en erreur (règl. (UE) n° 1151/2012, 20 nov. 2012, art. 24).

▪ **Régime de la mention « agriculture biologique » (AB).** Cas F. • **Définition et domaine.** « *Peuvent bénéficier de la mention "agriculture biologique" les produits agricoles, transformés ou non, qui satisfont aux exigences de la règlementation de l'Union européenne relative à la production biologique et à l'étiquetage des produits biologiques ou, le cas échéant, aux conditions définies par les cahiers des charges homologués par arrêté du ou des ministres intéressés sur proposition de l'Institut national de l'origine et de la qualité* » (C. rur., art. L. 641-13). Le règlement (UE) 2018/848 du Parlement européen et du Conseil du 30 mai 2018, relatif à la production biologique et à l'étiquetage des produits biologiques (abrogeant et remplaçant règl. (CE) 834/2007, Conseil) définit le régime de la production biologique. Il s'applique aux produits agricoles vivants ou non transformés, y compris les semences et autres matériels de reproduction des végétaux ; aux produits agricoles transformés destinés à l'alimentation humaine ; aux aliments pour animaux (art. 2). Les opérateurs doivent se conformer aux règles de production végétale ou animale ou de production de denrées alimentaires transformées énoncées dans le règlement (art. 9 s.). • **Régime de certification ou d'homologation préalable du cahier des charges.** « *Avant de mettre des produits sur le marché en tant que produits biologiques .../..., les opérateurs .../..., notifient leur activité aux autorités compétentes de l'État membre dans lequel leur activité est exercée et dans lequel leur entreprise est soumise au système de contrôle* » (règl. (UE) 2018/848, 30 mai 2018 (art. 34). « *Les autorités compétentes ou, selon le cas, les autorités de contrôle ou les organismes de contrôle délivrent un certificat à tout opérateur .../...qui a notifié son activité .../..., et se conforme* » au règlement européen (art. 35). « *Toute demande tendant à la reconnaissance du bénéfice de la mention "Agriculture biologique" par homologation d'un cahier des charges est déposée auprès de l'Institut national de l'origine et de la qualité* » (C. rur., art. R. 641-26). « *L'arrêté homologuant le cahier des charges d'un produit bénéficiant de la mention "Agriculture biologique" est pris par les ministres chargés de l'agriculture et de la consommation* » (C. rur., art. R. 641-30). • **Identification par logo et conditions de son usage.** « *Le logo de production biologique de l'Union européenne peut être utilisé pour l'étiquetage, la présentation et la publicité concernant les produits conformes* » au règl. (UE) 2018/848, 30 mai 2018 (art. 33). « *Le logo correspondant à la marque "AB" déposée par le ministère de l'agriculture peut être apposé sur tout produit auquel le bénéfice de la mention "Agriculture biologique" a été reconnu* » (C. rur., art. R. 641-31).

▪ **Régime du certificat de conformité des produits alimentaires ou agricoles.** Cas G. • **Définition et domaine.** « *Peuvent faire l'objet d'une certification de conformité les denrées alimentaires et les produits agricoles non alimentaires et non transformés qui respectent des règles portant, selon le cas, sur la production, la transformation ou le conditionnement, fixées par produit ou par famille de produits par arrêté du ou des ministres intéressés* » (C. rur., art. L. 641-20). • **Régime de délivrance du certificat de conformité.** « *Les déclarations d'engagement dans une démarche de certification sont enregistrées par le ministre chargé de l'agriculture* » (C. rur., art. L. 641-22). « *Le certificat de conformité est délivré par un organisme certificateur accrédité* » (C. rur., art. L. 641-23 et R. 641-61). « *Le certificat de conformité est délivré à un opérateur pour un produit qui respecte .../... les exigences posées par les règles de production, de transformation et de conditionnement du produit* » (C. rur., art. R. 641-58) « *homologuées par arrêté des ministres chargés de l'agriculture et de la consommation* » (C. rur., art. R. 641-58). « *La démarche de certification validée fait l'objet d'une déclaration auprès du ministre chargé de l'agriculture* » (C. rur., art. R. 641-62) et donne lieu à enregistrement (C. rur., art. R. 641-63) ainsi qu'à une publication au *JO* et sur un internet sur une liste des certifications enregistrées (C. rur., art. R. 641-65). • **Restrictions de délivrance du certificat de conformité.** « *Les produits bénéficiant d'une appellation d'origine ou d'un label rouge, ainsi que les produits vitivinicoles, les produits vinicoles aromatisés et les boissons spiritueuses bénéficiant d'une indication géographique, ne peuvent faire l'objet d'une certification de conformité. Le certificat de conformité ne peut comporter de mention géographique, à moins que celle-ci figure dans la dénomination devenue générique du produit* » (C. rur., art. L. 641-21). • **Identification du certificat de conformité et conditions de son usage.** « *Le numéro d'enregistrement de la démarche de certification .../... est apposé sur l'étiquetage de tout produit bénéficiant d'une certification de conformité* » (C. rur., art. R. 641-65-1). « *La certification de conformité d'un produit peut être identifiée par un logo approuvé par les ministres chargés de l'agriculture et de la consommation. En ce cas, les caractéristiques certifiées et le nom de l'organisme certificateur figurent sur l'étiquetage* » (C. rur., art. R. 641-66).

▪ **Régime de l'indication d'origine géographique des produits industriels et artisanaux. Cas H. • Définition.** « *Constitue une* *indication géographique* *la dénomination d'une zone géographique ou d'un lieu déterminé servant à désigner un produit, autre qu'agricole, forestier, alimentaire ou de la mer, qui en est originaire et qui possède une qualité déterminée, une réputation ou d'autres caractéristiques qui peuvent être attribuées essentiellement à cette origine géographique. Les conditions de production ou de transformation de ce produit, telles que la découpe, l'extraction ou la fabrication, respectent un cahier des charges homologué* » (CPI, art. L. 721-2). **• Régime de l'homologation préalable.** La demande d'homologation est instruite par l'Institut national de la propriété industrielle (INPI) et l'homologation prononcée par décision de son directeur général (CPI, art. L. 411-4, L. 721-2 et L. 721-3). **• Adhésion obligatoire des opérateurs à l'organisme de défense et de gestion.** « *Un opérateur ne peut se prévaloir d'une indication géographique que s'il est membre de l'organisme de défense et de gestion de cette indication géographique et est inscrit sur la liste des opérateurs figurant dans le cahier des charges* » de l'indication géographique (CPI, art. L. 721-5). **• Identification par logo.** « *Un logo dédié aux indications géographiques .../... est défini par arrêté conjoint du ministre chargé de la propriété industrielle et du ministre chargé de l'artisanat. Lorsqu'un opérateur, membre de l'organisme de défense et de gestion, souhaite indiquer que le produit respecte le cahier des charges homologué d'une indication géographique, le logo, accompagné du nom de l'indication géographique et du numéro d'homologation, peut être apposé sur le produit, sur son emballage ou sur son étiquetage* » (CPI, art. R. 721-8).

▪ **Régime de la certification des services et produits autres qu'agricoles ou alimentaires. Cas I. • Définition et domaine.** « *Constitue une certification de produit ou de service .../...l'activité par laquelle un organisme, distinct du fabricant, de l'importateur, du vendeur, du prestataire ou du client, atteste qu'un produit, un service ou une combinaison de produits et de services est conforme à des caractéristiques décrites dans un référentiel de certification. Le référentiel de certification est un document technique définissant les caractéristiques que doit présenter un produit, un service ou une combinaison de produits et de services, et les modalités de contrôle de la conformité à ces caractéristiques* » (C. consom., art. L. 433-3). Cette certification n'est pas applicable aux produits agricoles, forestiers, alimentaires ou de la mer, aux autorisations de mise sur le marché (AMM) des médicaments à usage humain ou vétérinaire (sur l'AMM, v. n° **29.19B**), aux poinçons, estampilles visas, certificats d'homologation, marques de garantie ou attestations de conformité aux dispositions européennes délivrés par l'autorité publique ou par des organismes désignés à cet effet et soumis au contrôle de l'autorité publique (C. consom., art. L. 433-8). **• Régime de délivrance de la certification.** « *Peuvent seuls procéder à la certification de produits ou de services les organismes qui bénéficient d'une accréditation délivrée par l'instance nationale d'accréditation, ou l'instance nationale d'accréditation d'un autre État membre de l'Union européenne, membre de la coopération européenne pour l'accréditation et ayant signé les accords de reconnaissance mutuelle multilatéraux couvrant la certification considérée* » (C. consom., art. L. 433-4). « *L'accréditation est l'attestation de compétence des organismes qui effectuent des activités d'évaluation de la conformité* », elle est délivrée par une instance nationale d'accréditation (L. n° 2008-776, 4 août 2008, art. 137), le Comité français d'accréditation (COFRAC) (D. n° 2008-1401, 19 déc. 2008, art. 1). **• Identification de la certification et conditions de son usage.** « *Toute référence à la certification dans la publicité, l'étiquetage ou la présentation de tout produit ou service, ainsi que sur les documents commerciaux qui s'y rapportent est accompagnée d'informations claires permettant au consommateur ou à l'utilisateur d'avoir facilement accès aux caractéristiques certifiées* » (C. consom., art. L. 433-6 et **R. 433-2** ; les dispositions règlementaires relatives à l'information du consommateur sont sanctionnées par C. consom., art. R. 453-1, contrav. 5e cl., *N* ***21028.c5***). « *Le signe distinctif qui, le cas échéant, accompagne ou matérialise la certification est déposé comme marque de garantie, conformément à la législation sur les marques de produits ou de services* » (C. consom., art. L. 433-7).

RÉGIME PROCÉDURAL

▪ **Mesure conservatoire.** La mesure de suspension de la commercialisation des marchandises par le juge d'instruction ou le tribunal saisi des poursuites prévue par C. consom., art. L. 455-1 n'est pas applicable aux infractions ici visées.

▪ ÉLÉMENTS CONSTITUTIFS – QUALIFICATION

✧ Pour avoir à .... [¤ lieu], le .... [¤ date], [⇨A à I :]

A. APPELLATION D'ORIGINE CONTRÔLÉE (AOC) DES PRODUITS AGRICOLES OU ALIMENTAIRES (C. CONSOM., ART. L. 431-2, L. 453-1)

A1. délivré une appellation d'origine contrôlée sans être un organisme de contrôle accrédité et agréé (C. rur., art. L. 642-3) (**A1** : *N* ***26488.co***) ;

A2. délivré une appellation d'origine contrôlée n'ayant pas fait l'objet d'une homologation par arrêté ou décret en Conseil d'État (C. rur., art. L. 641-7) (A2 : *N 26490.co*) ;

A3. utilisé ou tenté d'utiliser frauduleusement une appellation d'origine (A3 : *N 11163.co ; par personne morale : N 31471.co*) ;

A4. en la sachant inexacte, apposé ou fait apparaître, par addition, retranchement ou par une altération quelconque, une appellation d'origine sur des produits, naturels ou fabriqués, mis en vente ou destinés à être mis en vente (A4 : *N 3128.co*) ;

A5. fait croire ou tenté de faire croire qu'un produit bénéficie d'une appellation d'origine (A5 : *N 22946.co*) ;

A6. fait croire ou tenté de faire croire qu'un produit assorti d'une appellation d'origine est garanti par l'État ou par un organisme public (A6 : *N 26489.co*) ;

A7. mentionné sur un produit la présence dans sa composition d'un autre produit bénéficiant d'une appellation d'origine alors que cette mention détourne ou affaiblit la réputation de l'appellation concernée (A7 : *N #.co*).

B. Label rouge des produits alimentaires ou agricoles (C. consom., art. L. 432-2, L. 453-4)

B1. délivré un label rouge sans être un organisme de contrôle accrédité et agréé (C. rur., art. L. 642-3) (B1 : *N 26494.co*) ;

B2. délivré un label rouge n'ayant pas fait l'objet d'une homologation par arrêté (C. rur., art. L. 641-4) (B2 : *N 13222.co*) ;

B3. délivré un label rouge en méconnaissance des dispositions relatives au cumul de ce label avec une appellation d'origine ou la mention d'une référence géographique (C. rur., art. L. 641-2) (B3 : *N #.co*) ;

B4. utilisé ou tenté d'utiliser frauduleusement un label rouge (B4 : *N 26491.co*) ;

B5. en le sachant inexact, apposé ou fait apparaître, par addition, retranchement ou par une altération quelconque, sur des produits, naturels ou fabriqués, mis en vente ou destinés à être mis en vente, un label rouge (B5 : *N 26495.co*) ;

B6. utilisé un mode de présentation faisant croire ou de nature à faire croire qu'un produit bénéficie d'un label rouge (B6 : *N 26492.co*) ;

B7. fait croire ou tenté de faire croire qu'un produit assorti d'un label rouge est garanti par l'État ou par un organisme public (B7 : *N 26493.co*).

C. Appellation d'origine protégée (AOP) des produits alimentaires ou agricoles (C. consom., art. L. 432-4, L. 453-5)

C1. délivré une appellation d'origine protégée sans être un organisme de contrôle accrédité et agréé (C. rur., art. L. 642-3) (C1 : *N 31614.co*) ;

C2. délivré une appellation d'origine protégée qui n'a pas fait l'objet d'un enregistrement par la Commission européenne (C. rur., art. L. 641-10) (C2 : *N 31617.co*) ;

C3. utilisé ou de tenté d'utiliser frauduleusement une appellation d'origine protégée (C3 : *N 31620.co*) ;

C4. en les sachant inexactes, apposé ou faite apparaître, par addition, retranchement ou par une altération quelconque, sur des produits, naturels ou fabriqués, mis en vente ou destinés à être mis en vente, une appellation d'origine (C4 : *N 31622.co*) ;

C5. utilisé un mode de présentation faisant croire ou de nature à faire croire qu'un produit bénéficie d'une appellation d'origine protégée (C5 : *N 31624.co*) ;

C6. fait croire ou tenté de faire croire qu'un produit assorti d'une appellation d'origine protégée est garanti par l'État ou par un organisme public (C6 : *N 31627.co*).

D. Indication géographique protégée (IGP) des produits alimentaires ou agricoles (C. consom., art. L. 432-4, L. 453-5)

D1. délivré une indication géographique protégée sans être un organisme de contrôle accrédité et agréé (C. rur., art. L. 642-3) (D1 : *N 31615.co*) ;

D2. délivré une indication géographique protégée qui n'a pas fait l'objet d'un cahier des charges homologué par arrêté du ou des ministres intéressés (C. rur., art. L. 641-11) (D2 : *N 31618.co*) ;

D3. utilisé ou de tenté d'utiliser frauduleusement une indication géographique protégée (D3 : *N 31621.co*) ;

D4. en les sachant inexactes, apposé ou faite apparaître, par addition, retranchement ou par une altération quelconque, sur des produits, naturels ou fabriqués, mis en vente ou destinés à être mis en vente, une indication géographique protégée (**D4** : *N* ***31623.co***) ;

D5. utilisé un mode de présentation faisant croire ou de nature à faire croire qu'un produit bénéficie d'une indication géographique protégée (**D5** : *N* ***31625.co***) ;

D6. fait croire ou tenté de faire croire qu'un produit assorti d'une appellation d'origine protégée est garanti par l'État ou par un organisme public (**D6** : *N* ***31628.co***).

E. SPÉCIALITÉ TRADITIONNELLE GARANTIE DES PRODUITS ALIMENTAIRES OU AGRICOLES (C. CONSOM., ART. L. 432-4, L. 453-5)

E1. délivré une spécialité traditionnelle garantie sans être un organisme de contrôle accrédité et agréé (C. rur., art. L. 642-3) (**E1** : *N* ***31616.co***) ;

E2. délivré une spécialité traditionnelle garantie qui n'a pas fait l'objet d'un cahier des charges homologué par arrêté du ou des ministres intéressés (C. rur., art. L. 641-12) (**E2** : *N* ***31619.co***) ;

E3. utilisé ou de tenté d'utiliser frauduleusement une spécialité traditionnelle garantie (**E3** : *N* ***21771.co***) ;

E4. en les sachant inexactes, apposé ou faite apparaître, par addition, retranchement ou par une altération quelconque, sur des produits, naturels ou fabriqués, mis en vente ou destinés à être mis en vente, une spécialité traditionnelle garantie (**E4** : *N* ***21769.co***) ;

E5. utilisé un mode de présentation faisant croire ou de nature à faire croire qu'un produit bénéficie d'une spécialité traditionnelle garantie (**E5** : *N* ***31626.co***) ;

E6. fait croire ou tenté de faire croire qu'un produit assorti d'une spécialité traditionnelle garantie est garanti par l'État ou par un organisme public (**E6** : *N* ***31629.co***).

F. MENTION "AGRICULTURE BIOLOGIQUE" DES PRODUITS ALIMENTAIRES OU AGRICOLES (C. CONSOM., ART. L. 432-6, L. 453-6)

F1.°délivré une mention "agriculture biologique" sans être un organisme de contrôle accrédité et agréé (C. rur., art. L. 642-3) (**F1** : *N* ***26571.co***) ;

F2.°délivré une mention "agriculture biologique" à un produit qui ne remplit pas les conditions de la règlementation de l'Union européenne relative à la production biologique et à l'étiquetage des produits biologiques ou aux conditions définies par les cahiers des charges homologués par arrêté (C. rur., art. L. 641-13) (**F2** : *N* ***26572.co***) ;

F3.°utilisé ou tenté d'utiliser frauduleusement le signe "agriculture biologique" (**F3** : *N* ***21974.co***) ;

F4.°utilisé un mode de présentation faisant croire ou de nature à faire croire qu'un produit a la qualité de produit de l'agriculture biologique (**F4** : *N* ***26504.co***) ;

F5.°fait croire ou tenté de faire croire qu'un produit ayant la qualité de produit de l'agriculture biologique est garanti par l'État ou par un organisme public (**F5** : *N* ***26505.co***).

G. CERTIFICAT DE CONFORMITÉ DES PRODUITS ALIMENTAIRES OU AGRICOLES (C. CONSOM., ART. L. 433-2, L. 453-7)

G1. délivré un certificat de conformité sans être un organisme certificateur accrédité (C. rur., art. L. 641-23) (**G1** : *N* ***26502.co***) ;

G2. délivré un certificat de conformité en méconnaissance des dispositions prohibant le cumul de cette certification avec une appellation d'origine, un label rouge, ou une mention géographique (C. rur., art. L. 641-21) (**G1** : *N* ***#.co***) ;

G3. utilisé ou tenté d'utiliser frauduleusement un certificat de conformité (**G1** : *N* ***26500.co***) ;

G4. en le sachant inexact, apposé ou fait apparaître, par addition, retranchement ou par une altération quelconque, sur des produits, naturels ou fabriqués, mis en vente ou destinés à être mis en vente, un certificat de conformité (**G1** : *N* ***26543.co***) ;

G5. utilisé un mode de présentation faisant croire ou de nature à faire croire qu'un produit bénéficie d'un certificat de conformité (**G1** : *N* ***26501.co***) ;

G6. fait croire ou tenté de faire croire qu'un produit assorti d'un certificat de conformité est garanti par l'État ou par un organisme public (**G1** : *N* ***26503.co***) ;

G7. s'être prévalu de l'engagement d'une démarche de certification sans que celle-ci ait été enregistrée par le ministre chargé de l'agriculture (C. rur., art. L. 641-22) (**G1** : *N* ***#.co***).

H. **INDICATION GÉOGRAPHIQUE DES PRODUITS INDUSTRIELS OU ARTISANAUX (CPI, ART. L. 721-2, C. CONSOM., ART. L. 431-2, L. 453-1)**

H1. utilisé ou tenté d'utiliser frauduleusement une indication géographique (CPI, art. L. 721-2) (H1 : *N #.co*) ;

H2. en la sachant inexacte, apposé ou fait apparaître, par addition, retranchement ou par une altération quelconque, une indication géographique sur des produits, naturels ou fabriqués, mis en vente ou destinés à être mis en vente, (CPI, art. L. 721-2) (H1 : *N #.co*) ;

H3. fait croire ou tenté de faire croire qu'un produit bénéficie d'une indication géographique (CPI, art. L. 721-2) (H3 : *N #.co*) ;

H4. fait croire ou tenté de faire croire qu'un produit assorti d'une indication géographique est garanti par l'État ou par un organisme public (CPI, art. L. 721-2) (H4 : *N #.co*) ;

H5. mentionné sur un produit la présence dans sa composition d'un autre produit bénéficiant d'une indication géographique lorsque cette mention détourne ou affaiblit la réputation de l'indication concernée (H5 : *N #.co*).

I. **CERTIFICATION DES PRODUITS INDUSTRIELS OU DES SERVICES (C. CONSOM., ART. L. 433-9, L. 453-8)**

I1. n'étant pas accrédité par une instance d'accréditation, délivré un titre, un certificat ou tout autre document attestant qu'un produit ou un service présente certaines caractéristiques ayant fait l'objet d'une certification (C. consom., art. L. 433-4) (I1 : *N 12955.co*) ;

I2. utilisé tout moyen de nature à faire croire faussement qu'un organisme certificateur est accrédité par une instance d'accréditation (C. consom., art. L. 433-4) (I2 : *N 12960.co*).

Faits prévus et réprimés par les articles [• du cas sélectionné]. ✧

30.13 Produit corrompu ou toxique – Exposition, vente, incitation à l'emploi

■ PEINES

PERSONNE PHYSIQUE

PP Délit. Cas A à D : **2 ans** d'emprisonnement, amende **300 000 €** (depuis L. n° 2014-344, 17 mars 2014, auparavant **37 500 €**) ou **⩽ 10 %** du chiffre d'affaires (C. consom., art. **L. 451-1** et **L. 451-5**, anc[t] **L. 213-1** et **L. 213-3**). Cas **E** : **7 ans**, amende **750 000 €** ou **⩽ 10 %** du chiffre d'affaires (depuis L. n° 2014-344, 17 mars 2014, auparavant 4 ans, **75 000 €**) (C. consom., art. **L. 451-2** et **L. 451-5**, anc[t] **L. 213-3**).

PC 1. Interdiction, définitive ou ⩽ 5 ans activité professionnelle ou sociale en relation avec l'infraction, fonction publique (sauf mandat électif ou syndical) *et/ou* interdiction définitive ou ⩽ 15 ans (10 ans avant L. n° 2013-1117, 6 déc. 2013) d'exercer une profession commerciale ou industrielle, de diriger, d'administrer, de gérer ou de contrôler à un titre quelconque, directement ou indirectement, pour son propre compte ou pour le compte d'autrui, une entreprise commerciale ou industrielle ou une société commerciale (C. consom., art. L. 454-6, C. pén., art. 131-27) ;

Cas E1. Affichage (⩽ 7 jours) aux portes domicile, magasins, usines ou ateliers du condamné, à ses frais (⩽ amende encourue), le tribunal fixe les dimensions de l'affiche et ses caractères typographiques (C. consom., art. L. 451-7 (anc[t] L. 216-3) ; C. pén., art. 131-35) ;

Cas E1. Diffusion décision ou extrait aux frais (⩽ amende encourue) du condamné (C. consom., art. L. 451-7 (anc[t] L. 216-3) ; C. pén., art. 131-35) ;

Cas E1. Diffusion d'un ou plusieurs messages informant le public ; contenu et modalités fixés par le tribunal, aux frais du condamné et dans les délais impartis (C. consom., art. L. 451-7 (anc[t] L. 121-4 et L. 216-8)) ;

Cas E1. Retrait des produits ou interdiction de la prestation de service (C. consom., art. L. 451-7 (anc[t] L. 216-8)).

PERSONNE MORALE

PP Délit.

Cas A à D : amende **1 500 000 €** (depuis L. n° 2014-344, 17 mars 2014, auparavant **187 500 €**) ou **⩽ 50 %** du chiffre d'affaires (C. consom., art. **L. 451-1** et **L. 451-5**, anc[t] **L. 213-1** et **L. 213-3**). Cas E : **3 750 000 €** ou **⩽ 50 %** du chiffre d'affaires (depuis L. n° 2014-344, 17 mars 2014, auparavant **375 000 €**) (C. consom., art. **L. 451-2** et **L. 451-5**, anc[t] **L. 213-3**) (C. pén., art. 131-38).

PC *Idem* nº 30.6 (C. consom., art. L. 451-6, anc[t] 213-6).

■ ORIENTEUR

AUTRE QUALIFICATION

▪ **Commercialisation ou détention de médicament à usage humain falsifié.** CSP, art. L. 5421-13 et CSP, art. L. 5421-14, v. nº 29.25.

▪ **Commercialisation ou détention de matière première à usage pharmaceutique falsifiée.** CSP, art. L. 5438-4 et L. 5438-5, v. nº 29.26.

▪ **Commercialisation de médicament à usage vétérinaire falsifié.** CSP, art. L. 5442-14, v. nº 29.28.

▪ **Tromperie ou fraude sur l'origine ou les qualités substantielles, d'une marchandise ou d'une prestation de service.** V. nº 30.10.

▪ **Produit corrompu ou toxique – Détention.** V. nº 30.14.

▪ **Denrée alimentaire impropre à la consommation – Détention, offre, distribution.** C. consom., art. R. 451-2 ; C. rur., art. R. 237-2 1 9°, v. nº 30.46.

▪ Denrée alimentaire périmée. C. consom., art. R. 451-1, C. rur., art. R. 237-2 1 9°, v. nº 30.47.

▪ **Recours à des techniques d'obsolescence programmée** . V. nº 30.15.

ÉLÉMENT LÉGAL

▪ **Recodification.** Dispositions recodifiées à droit constant par Ord. nº 2016-301, 14 mars 2016 et D. nº 2016-884, 29 juin 2016.

▪ **Domaine d'application.** Dispositions non applicables aux **fruits et légumes** fermentés ou corrompus (fruits et légumes falsifiés ou toxiques) (C. consom., art. L. 413-3-7 (anc[t] L. 213-3)).

▪ **Transfert d'incrimination. Faits portant sur les substances médicamenteuses.** Cette incrimination qui figurait au C. consom., art. L. 213-3, (*N* ***2495.co***) a été abrogée par Ord. nº 2012-1427, 19 déc. 2012 et transférée au CSP (art. L. 5111-3 et L. 5421-13, pour les médicaments à usage humain (v. nº 29.25), art. L. 5111-3 et L. 5442-14 pour les médicaments vétérinaires (v. nº 29.28)) avec des pénalités plus importantes (5 ans, 375 000 €). Désormais, l'élément légal exclut de l'incrimination les « *défauts de qualité non intentionnels* » (art. L. 5111-3).

TEXTE DE RÉFÉRENCE

▪Renvoi. *Idem* nº 30.10.

ÉLÉMENT INTENTIONNEL

▪ **Consentement de la victime.** Les peines sont applicables même au cas où la falsification nuisible est connue de l'acheteur ou du consommateur (C. consom., art. L. 413-1, anc[t] L. 213-3).

RÉGIME PROCÉDURAL

▪ **Régime partiel de la criminalité organisée.** Initialement applicable au **cas** E2 par C. pr. pén., art. 706-74, puis complété depuis le 1er juin 2019 par C. pr. pén., art. 706-2-2 issu de L. nº 2019-222, 23 mars 2019, étendant au **cas** E les techniques spéciales d'enquête, à l'exception dans un premier temps de l'interception des communications électroniques, puis incluant cette technique d'investigation depuis L. nº 2020-1672, 24 déc. 2020 (v. nº 11.22).

▪Renvoi. *Idem* nº 30.10.

RÉGIME DES PEINES

▪ **Confiscation.** Les peines de confiscation prévues dans l'ancienne version du C consom. (anc[t] art. L. 216-2 et L. 216-8) n'ont pas été reprises dans la version recodifiée issue de Ord. nº 2016-301, 14 mars 2016. Elles peuvent néanmoins être prononcées en application des dispositions générales de l'article 131-21 du code pénal qui prévoit que la peine de confiscation est applicable pour tous les délits punis d'une peine supérieure à un an d'emprisonnement.

■ ÉLÉMENTS CONSTITUTIFS – QUALIFICATION

✧ Pour avoir à .... [¤ lieu], le .... [¤ date], [⇨A à D puis le cas échéant E :]

A. **falsifié** des **produits** servant à l'alimentation humaine ou animale, des boissons ou des produits agricoles ou naturels destinés à être vendus, en l'espèce en .... [¤ matérialiser l'infraction] (C. consom., art. L. 413-1 1°, L. 451-1, L. 451-5, L. 451-6 (anc[t] L. 213-1, L. 213-3, L. 216-2, 216-3 et L. 216-8)) (A : *N* ***2497.co*** ; par personne morale : *N* ***23489.co***) ;

B. **exposé, mis en vente ou vendu** des **produits** servant à l'alimentation humaine ou animale, des boissons ou des produits agricoles ou naturels qu'il savait falsifiés, corrompus ou toxiques, en l'espèce en .... [¤matérialiser l'infraction] (C. consom., art. L. 413-1 2°, L. 451-1, L. 451-5, L. 451-6 (anc[t] L. 213-1, L. 213-3, L. 216-2, 216-3 et L. 216-8)) (B : *N 381.co ;* par personne morale : *23488.co*) ;

C. exposé, mis en vente ou vendu, connaissant leur destination, des **produits, objets ou appareils propres à effectuer la falsification** des produits servant à l'alimentation humaine ou animale, des boissons ou des produits agricoles ou naturels, en l'espèce en .... [matérialiser l'infraction] (C. consom., art. L. 413-1 3°, L. 451-1, L. 451-5, L. 451-6 (anc[t] L. 213-1, L. 213-3, L. 216-2, 216-3 et L. 216-8)) (C : *N 2496.co ;* par personne morale : *N 25356.co*) ;

D. au moyen de brochures, circulaires, prospectus, affiches, annonces ou instructions quelconques, **incité à l'emploi** de produits, objets ou appareils propres à effectuer la falsification de produits servant à l'alimentation humaine ou animale, des boissons ou des produits agricoles ou naturels, en l'espèce en .... [¤ matérialiser l'infraction] (C. consom., art. L. 413-1 4°, L. 451-1, L. 451-5, L. 451-6 (anc[t] L. 213-1, L. 213-3, L. 216-2, 216-3 et L. 216-8)) (D : *N 2496.co ;* par personne morale : *N 25356.co*) ;

E. [• Préciser le cas échéant dans les **cas** A à D :] avec cette circonstance que [⇨E1 ou E2 :]

E1. la substance falsifiée ou corrompue était **nuisible à la santé** humaine ou animale (C. consom., art. L. 413-1, L. 451-2, L. 451-5, L. 451-6 et L. 451-7 (anc[t] L. 213-1, L. 213-3, L. 216-2, 216-3 et L. 216-8)) (AE1 : *N 2500.co ;* par personne morale : *N 23491.co ;* BE1 : *N 2498.co ;* par personne morale : *N 23490.co ;* CE1 : *N 31648.co ;* DE1 : *N 31649.co*) ;

E2. les faits ont été commis en bande organisée (L. n° 2014-344, 17 mars 2014) (C. consom., art. L. 413-1, L. 451-2, L. 451-5, L. 451-6 et L. 451-7 (anc[t] L. 213-1, L. 213-3, L. 216-2, 216-3 et L. 216-8)) (E2 : *N #.co ;* par personne morale : *N #.co*).

Faits prévus et réprimés par les articles [• du cas sélectionné]. ✧

30.14 Produit corrompu ou toxique – Détention

■ PEINES

PERSONNE PHYSIQUE

PP Délit. Cas A à C : 1 an d'emprisonnement, amende 150 000 € (depuis L. n° 2014-344, 17 mars 2014, auparavant 3 mois, 4 500 €) ou ⩽ 10 % du chiffre d'affaires (C. consom., art. L. 451-3 (anc[t] L. 213-4)). Cas D : 2 ans d'emprisonnement, amende 300 000 € (depuis L. n° 2014-344, 17 mars 2014, auparavant 37 500) ou ⩽ 10 % du chiffre d'affaires (C. consom., art. L. 451-4 (anc[t] L. 213-4)).

PC *Idem* n° 30.10.

PERSONNE MORALE

PP Délit. Cas A à C : amende 750 000 € (depuis L. n° 2014-344, 17 mars 2014, auparavant 22 500 €) ou ⩽ 50 % du chiffre d'affaires (C. consom., art. L. 451-3 (anc[t] L. 213-4, L. 213-6)). Cas D : amende 1 500 000 € (depuis L. n° 2014-344, 17 mars 2014, auparavant 180 000 €) ou ⩽ 50 % du chiffre d'affaires (C. consom., art. L. 451-4 (anc[t] L. 213-4, L. 213-6)). (C. pén., art. 131-38).

PC *Idem* n° 30.6 (C. consom., art. L. 451-6 (anc[t] 213-6)).

■ ORIENTEUR

AUTRE QUALIFICATION

- **Commercialisation ou détention de médicament à usage humain falsifié.** CSP, art. L. 5421-13 et CSP, art. L. 5421-14, v. n° 29.25.
- **Commercialisation ou détention de matière première à usage pharmaceutique falsifiée.** CSP, art. L. 5438-4 et L. 5438-5, v. n° 29.26.
- **Commercialisation de médicament à usage vétérinaire falsifié.** CSP, art. L. 5442-14, v. n° 29.28.
- **Tromperie ou fraude sur l'origine ou les qualités substantielles, d'une marchandise ou d'une prestation de service.** V. n° 30.10.

- **Produit corrompu ou toxique – Exposition, vente.** V. n° 30.13.
- **Denrée alimentaire impropre à la consommation – Détention, offre, distribution.** C. consom., art. R. 451-2 ; C. rur., art. R. 237-2 1 9°, v. n° 30.46.
- **Denrée alimentaire périmée.** C. consom., art. R. 451-1, C. rur., art. R. 237-2 1 9°, v. n° 30.47.
- **Recours à des techniques d'obsolescence programmée** . V. n° 30.15.

ÉLÉMENT LÉGAL

- **Domaine d'application.** Dispositions non applicables « *aux fruits et légumes fermentés ou corrompus* » (C. consom., art. L. 413-3, (anc[t] L. 213-4)). Les fruits et légumes *falsifiés ou toxiques* restent cependant concernés par cette incrimination.
- **Transfert d'incrimination. Détention de substance médicamenteuse falsifiée.** Infraction auparavant prévue par C. consom., art. L. 213-4 devenu L. 451-3 (*N **2502.co***) transférée au CSP, art. L. 5421-14 (V. n° 29.25, cas C).

TEXTE DE RÉFÉRENCE

- **Renvoi. Obligation générale de conformité.** *Idem* n° 30.10 (C. consom., art. L. 411-).

RÉGIME PROCÉDURAL

- **Renvoi.** *Idem* n° 30.10.

■ **ÉLÉMENTS CONSTITUTIFS – QUALIFICATION**

✧ Pour avoir à .... [¤ lieu], le .... [¤ date], sans motifs légitimes, été trouvé détenteur dans un lieu de fabrication, production, conditionnement, stockage, dépôt ou vente, ou dans un véhicule de transport de marchandises, ou dans un lieu où sont hébergés et abattus les animaux dont la viande ou les produits sont destinés à l'alimentation humaine et animale [⇨A à C puis le cas échéant D dans le cas B :]

A. de poids ou mesures faux ou autres appareils inexacts servant à peser et mesurer les marchandises (A : *N **2504.co***) ;

B. de produits servant à l'alimentation de l'homme ou des animaux, de boissons, produits agricoles ou naturels qu'il savait être falsifiés, corrompus ou toxiques (B : *N **2530.co***) ;

C. de produits, objets ou appareils propres à effectuer la falsification des produits servant à l'alimentation de l'homme ou des animaux, des boissons, ou des produits agricoles ou naturels (C : *N **2528.co** ; par personne morale : N **29634.co***) ;

D. **Circonstance aggravante** : [• Préciser le cas échéant dans le cas B :] avec cette circonstance que la substance alimentaire falsifiée ou corrompue était **nuisible à la santé** humaine ou animale (C. consom., art. L. 451-4 (anc[t] L. 216-8)) (BD : *N **2506.co***).

Faits prévus et réprimés par les articles : **PERSONNES PHYSIQUES.** L. 413-2, L. 451-3, L. 451-5, L. 451-6 (anc[t] L. 213-4, L. 216-2, L. 216-3), + les articles [• du cas sélectionné] du code de la consommation. **PERSONNES MORALES.** L. 413-2, L. 451-3, L. 451-5, L. 451-6 (anc[t] L. 213-4, L. 213-6, L. 216-2, L. 216-3, + les articles [• du cas sélectionné] du code de la consommation. ✧

30.15 Recours à des techniques d'obsolescence programmée ou de restriction de la réparabilité des produits

■ **PEINES**

PERSONNE PHYSIQUE

PP Délit. 2 ans d'emprisonnement, amende 300 000 € ou ⩽ 5 % du chiffre d'affaires (C. consom., art. L. 454-6 (anc[t] L. 213-4-1)).

PC 1. Interdiction, définitive ou ⩽ 5 ans activité professionnelle ou sociale en relation avec l'infraction, fonction publique (sauf mandat électif ou syndical) *et/ou* interdiction définitive ou ⩽ 15 ans (10 ans avant L. n° 2013-1117, 6 déc. 2013) d'exercer une profession commerciale ou industrielle, de diriger, d'administrer, de gérer ou de contrôler à un titre quelconque, directement ou indirectement, pour son propre compte ou pour le compte d'autrui, une entreprise commerciale ou industrielle ou une société commerciale (C. consom., art. L. 454-6, C. pén., art. 131-27) ;

2. Affichage (⩽ 7 jours) aux portes domicile, magasins, usines ou ateliers du condamné, à ses frais (⩽ amende encourue), le tribunal fixe les dimensions de l'affiche et ses caractères typographiques (C. consom., art. L. 454-7 ; C. pén., art. 131-35) ;

3. Diffusion décision ou extrait aux frais (⩽ amende encourue) du condamné (C. consom., art. L. 454-7 ; C. pén., art. 131-35) ;

4. Diffusion d'un ou plusieurs messages informant le public ; contenu et modalités fixés par le tribunal, aux frais du condamné et dans les délais impartis (C. consom., art. L. 454-7) ;

5. Retrait des produits ou interdiction de la prestation de service (C. consom., art. L. 454-7).

PERSONNE MORALE

PP Délit. Amende **1 500 000 €** ou ⩽ **25 %** du chiffre d'affaires (C. consom., art. L. 454-6 (anc[t] L. 213-4-1) ; C. pén., art. 131-38).

PC 1. Affichage (⩽ 7 jours) aux portes domicile, magasins, usines ou ateliers du condamné, à ses frais (⩽ amende encourue), le tribunal fixe les dimensions de l'affiche et ses caractères typographiques (C. consom., art. L. 454-7 ; C. pén., art. 131-35) ;

2. Diffusion décision ou extrait aux frais (⩽ amende encourue) du condamné (C. consom., art. L. 454-7 ; C. pén., art. 131-35) ;

3. Diffusion d'un ou plusieurs messages informant le public ; contenu et modalités fixés par le tribunal, aux frais du condamné et dans les délais impartis (C. consom., art. L. 454-7) ;

4. Retrait des produits ou interdiction de la prestation de service (C. consom., art. L. 454-7).

■ ORIENTEUR

AUTRE QUALIFICATION

▪ **Tromperie ou fraude sur l'origine ou les qualités substantielles, d'une marchandise ou d'une prestation de service.** V. n° 30.10.

ÉLÉMENT LÉGAL

▪ **Application de la loi pénale dans le temps.** • **Cas A** : incrimination créée par L. n° 2015-992, 17 août 2015, relative à la transition énergétique pour la croissance verte (titre IV : lutter contre les gaspillages et promouvoir l'économie circulaire), créant le nouvel article L. 231-4-1 C. consom., recodifié aux articles L. 441-2 et L. 454-6 par Ord. n° 2016-301, 14 mars 2016. • **Cas B et C** : incriminations créées par L. n° 2020-105, 10 févr. 2020 relative à la lutte contre le gaspillage et à l'économie circulaire, créant C. consom., art. L. 441-3 et L. 441-4.

TEXTE DE RÉFÉRENCE

▪ **Réparabilité du produit.** « *La réparabilité du produit est considérée comme une des caractéristiques essentielles du bien ou du service tel que défini par C. consom., art. L. 111-1 à L. 111-7* » (C. consom., art. L. 441-3). Ces dispositions relatives aux obligations d'information précontractuelle du consommateur sont sanctionnées par une amende administrative de 3 000 € pour une personne physique, ou de 15 000 € pour une personne morale (C. consom., art. L. 131-1 et L. 131-2). Le mensonge sur une « qualité substantielle » d'un produit ou d'un service matérialise l'infraction de tromperie incriminée par C. consom., art. L. 441-1 (v. cette infraction au n° 30.10).

■ ÉLÉMENTS CONSTITUTIFS – QUALIFICATION

✧ Pour avoir à .... [¤ lieu], le .... [¤ date], [⇨A à C :]

A. étant responsable de la mise sur le marché d'un produit, eu recours à des techniques visant à réduire délibérément la durée de vie de ce produit pour en augmenter le taux de remplacement, en l'espèce en... [matérialiser l'infraction] (C. consom., art. L. 441-2) (A : *N 31143.co*) ;

B. étant responsable de la mise sur le marché d'un appareil, hors les dérogations prévues par arrêté, employé toute technique, y compris logicielle, visant à rendre impossible sa réparation ou son reconditionnement hors de ses circuits agréés, en l'espèce en... [matérialiser l'infraction] (C. consom., art. L. 441-3 issu L. n° 2020-105, 10 févr. 2020) (B : *N 33488.co*) ;

C. établi un accord ou une pratique ayant pour objet de limiter l'accès d'un professionnel de la réparation aux pièces détachées, mode d'emploi, informations techniques ou à tout autre instrument, équipement ou logiciel permettant la réparation des produits, en l'espèce en... [matérialiser l'infraction] (C. consom., art. L. 441-4 issu L. n° 2020-105, 10 févr. 2020) (C : *N 33489.co*).

Faits prévus et réprimés par les articles [• du cas sélectionné], + L. 454-6 et L. 454-7 (anc[t] L. 231-4-1) du code de la consommation. ✧

30.16 Suppression, altération, fausseté des indications, noms, chiffres ou lettres identifiant les marchandises ou leur origine

■ PEINES

PERSONNE PHYSIQUE

PP Délit. Cas A : 2 ans d'emprisonnement, amende 300 000 € (C. consom., art. L. 451-9) ;

Cas B : 2 ans d'emprisonnement, amende 300 000 € (C. consom., art. L. 451-10) ;

Cas C : 2 ans d'emprisonnement, amende 300 000 € (depuis L. n° 2014-344, 17 mars 2014, auparavant 2 ans, 37 500 €) (C. consom., art. L. 451-11 (anc^{t} L. 213-1, L. 217-2)) ;

Cas D : 1 an, 150 000 (depuis L. n° 2014-344, 17 mars 2014, auparavant 3 mois, 4 500 €) (C. consom., art. L. 451-12 (anc^{t} art. L. 213-4, L. 217-3). Cas E : 2 ans d'emprisonnement, amende 300 000 € (C. consom., art. L. 451-13) ;

Cas F : 2 ans d'emprisonnement, amende 300 000 € (C. consom., art. L. 451-14).

PC 1. Interdiction ⩽ 5 ans d'exercer une fonction publique ou d'exercer l'activité professionnelle ou sociale dans le cadre de laquelle l'infraction a été commise (C. consom., art. L. 451-15 ; C. pén., art. 131-27) ;

2. Interdiction ⩽ 5 ans d'exercer une profession commerciale ou industrielle, de diriger, d'administrer, de gérer ou de contrôler à un titre quelconque, directement ou indirectement, pour son propre compte ou pour le compte d'autrui, une entreprise commerciale ou industrielle ou une société commerciale (C. consom., art. L. 451-15 ; C. pén., art. 131-27) ;

3. Cas A à D : Affichage, ⩽ 2 mois, et/ou diffusion de la décision ou d'extraits aux frais (⩽ amende encourue) du condamné (C. com., art. L. 451-16 ; C. pén., art. 131-35).

PERSONNE MORALE

PP

Cas A : 1 500 000 € (C. consom., art. L. 451-9 ; C. pén., art. 131-38) ;

Cas B : 1 500 000 € (C. consom., art. L. 451-10 ; C. pén., art. 131-38) ;

Cas C : 1 500 000 € (depuis L. n° 2014-344, 17 mars 2014, auparavant 187 500 €) (C. consom., art. L. 451-11 (anc^{t} L. 213-1, L. 217-2) ; C. pén., art. 131-38) ;

Cas D : 750 000 (depuis L. n° 2014-344, 17 mars 2014, auparavant 22 500 €) (C. consom., art. L. 451-12 (anc^{t} art. L. 213-4, L. 217-3) ; C. pén., art. 131-38 ;

Cas E : 1 500 000 € (C. consom., art. L. 451-13 ; C. pén., art. 131-38) ;

Cas F : 1 500 000 € (C. consom., art. L. 451-14 ; C. pén., art. 131-38).

PC *Idem* n° 30.6 (C. consom., art. L. 451-15).

■ ÉLÉMENTS CONSTITUTIFS – QUALIFICATION

✧ Pour avoir à .... [¤ lieu], le .... [¤ date], [⇨A à F :]

A. apposé ou fait apparaître par addition, retranchement ou par altération quelconque sur des produits, de fausses indications concernant le nom du fabricant, la raison sociale ou le lieu de fabrication (C. consom., art. L. 413-4, L. 451-9 et L. 451-16) (anc^{t} L. 216-9 et L. 217-1) (A : *N 3244.co*) ;

B. étant professionnel, exposé ou mis en vente des produits marqués de noms faux ou altérés (C. consom., art. L. 413-5, L. 451-10 et L. 451-16) (anc^{t} L. 216-9 et L. 217-1) (B : *N 31613.co*) ;

C. frauduleusement supprimé, masqué, altéré, ou modifié de façon quelconque les noms, signatures, monogrammes, lettres, chiffres, numéros de série, emblèmes ou signes de toute nature apposés « *ou intégrés* » (L. n° 2003-239, 18 mars 2003, art. 71) sur « *ou dans* » (L. n° 2003-239, 18 mars 2003, art. 71) .... [¤ marchandise concernée], et servant à l'identifier « *de manière physique ou électronique* » (L. n° 2003-239, 18 mars 2003) ; C. consom., art. L. 413-6, L. 451-11 et L. 451-16 (anc^{t} L. 213-1 et L. 217-2)) (C : *N 2492.co*) ;

D. sciemment exposé, mis en vente, vendu, ou détenu dans des locaux utilisés à des fins professionnelles, une marchandise dont les signes d'identification ont été altérés (C. consom., art. L. 413-7, L. 451-12 et L. 451-16 (anc^{t} L. 213-4, L. 217-2 et L. 217-3)) (D : *N 2501.co*) ;

E. sur des produits naturels ou fabriqués, détenus ou transportés en vue de la vente, mis en vente ou vendus, apposé ou utilisé une marque de produits ou de services, un nom, un signe ou une indication quelconque de nature à faire croire, s'ils sont étrangers, qu'ils ont été fabriqués en France ou qu'ils sont d'origine française et, dans tous les cas, qu'ils ont une origine différente de leur véritable origine française ou étrangère (C. consom., art. L. 413-8, L. 451-13) (anc[t] L. 213-1 et L. 217-6) (E : *N 2491.co*) ;

F. par addition, retranchement ou par une altération quelconque des mentions primitivement portées sur le produit, par des annonces, brochures, circulaires, prospectus ou affiches, par la production de factures ou de certificats d'origine mensongers, par une affirmation verbale ou par tout autre moyen, fait croire à l'origine française de produits étrangers ou, pour tous produits, à une origine différente de leur véritable origine (C. consom., art. L. 413-9, L. 451-14) (anc[t] L. 213-1 et L. 217-7) (F : *N 2494.co*).

Faits prévus et réprimés par les articles [• du cas sélectionné], + L. 451-15 du code de la consommation. ✧

30.17 Démarchage – Contrat non conforme

▪ PEINES

PERSONNE PHYSIQUE

PP Délit. 2 ans d'emprisonnement, amende 150 000 € (depuis L. n° 2014-344, 17 mars 2014, auparavant 1 an d'emprisonnement, 3 750 €) (C. consom., art. L. 242-5, anc[t] L. 121-23, L. 121-18-1).

PC Interdiction ⩽ 5 ans activité professionnelle ou sociale dans le cadre de laquelle l'infraction a été commis, fonction publique (sauf mandat électif ou syndical) *et/ou* interdiction d'exercer une profession commerciale ou industrielle, de diriger, d'administrer, de gérer ou de contrôler à un titre quelconque, directement ou indirectement, pour son propre compte ou pour le compte d'autrui, une entreprise commerciale ou industrielle ou une société commerciale (C. consom., art. L. 242-8 (anc[t] L. 121-23), C. pén., art. 131-27 [mod. par L. n° 2008-776, 4 août 2008]).

PERSONNE MORALE)

PP 750 000€ (depuis L. n° 2014-344, 17 mars 2014, auparavant 18 750 €) (C. pén., art. 131-38).

PC *Idem* n° 30.6 (C. consom., art. L. 242-8 (anc[t] 121-23)).

▪ ORIENTEUR

AUTRE QUALIFICATION

▪ Démarchage malgré opposition. « *Est interdite toute visite non sollicitée d'un professionnel au domicile d'un consommateur en vue de vendre des produits ou de fournir des services lorsque le consommateur a manifesté de manière claire et non ambiguë ne pas vouloir faire l'objet d'une telle visite* » (C. consom., art. L. 221-10-1). Le fait de contrevenir à cette disposition est puni d'1 an d'emprisonnement et 150 000 € (C. consom., art. L. 242-7-2). Ces dispositions en vigueur le 28 mai 2022 sont issues de Ord. 2021-1734, 22 déc. 2021, transposant directive 2019/2161, 27 nov. 2019, relative à une meilleure application et modernisation des règles de l'Union en matière de protection des consommateurs.

MESURE CIVILE

▪ Régime de l'action civile. « *le consommateur qui s'est constitué partie civile est recevable à demander devant la juridiction répressive une somme égale au montant des paiements effectués ou des effets souscrits, sans préjudice de tous dommages et intérêts* » (C. consom., art. L. 242-9 (anc[t] L. 121-23)).

▪ ÉLÉMENTS CONSTITUTIFS – QUALIFICATION

✧ Pour avoir à .... [¤ lieu], le .... [¤ date], ayant démarché ou fait démarcher .... [¤ nom de la victime] à son domicile, sa résidence ou son lieu de travail, même à sa demande, afin de lui proposer l'achat, la vente, la location-vente ou la location avec option d'achat de biens ou la fourniture de services, [⇨A ou B :]

A. omis de lui remettre un contrat (A : *N 1164.co* ; par personne morale : *N 34624.co*)

B. remis à celui-ci un contrat ne comportant pas (B : *N #.co*) [⇨B1 à B10 :]

B1. les noms du fournisseur ou du démarcheur ;

B2. l'adresse du fournisseur ;

B3. l'adresse du lieu de conclusion du contrat ;

B4. la désignation précise des biens ou services proposés ;

B5. les conditions d'exécution du contrat, notamment les modalités ou délais de livraison ou d'exécution ;

B6. le prix global à payer ;

B7. les modalités de paiement ;

B8. en cas de vente à tempérament ou à crédit le taux nominal de l'intérêt ou le taux effectif global ;

B9. la faculté de renonciation dans les sept jours ;

B10. les modalités d'exercice de la faculté de renonciation.

Faits prévus et réprimés par les articles L. 221-1, L. 221-9, L. 221-10, L. 242-5, et L. 242-8 (anc[t] L. 121-21, L. 121-23 et L. 121-28) du code de la consommation. ✧

30.18 Contrat hors établissement – Absence de formulaire de rétractation

▪ PEINES

PERSONNE PHYSIQUE

PP Délit. 2 ans d'emprisonnement, amende 150 000 € (depuis L. n° 2014-344, 17 mars 2014, auparavant 1 an d'emprisonnement, 3 750 €) (C. consom., art. L. 242-6 (anc[t] L. 121-23, L. 121-18-1)).

PC Néant. L'Ord. n° 2016-301, 14 mars 2016, portant recodification du C. consom. a omis de faire référence en son art. L. 242-8 aux peines complémentaires du n° 30.17 auparavant applicables à cette infraction.

PERSONNE MORALE

PP 750 000€ (depuis L. n° 2014-344, 17 mars 2014, auparavant 18 750 €) (C. pén., art. 131-38).

PC Néant. L'Ord. n° 2016-301, 14 mars 2016, portant recodification du C. consom. a omis de faire référence aux peines complémentaires du n° 30.6.

▪ ORIENTEUR

AUTRE QUALIFICATION

▪ **Démarchage malgré opposition.** C. consom., art. L. 242-7-2, v. orienteur n° 30.17.

TEXTE DE RÉFÉRENCE

▪ **Formulaire type.** Le formulaire type de rétractation figure en annexe au code la consommation (C. consom., art. R. 221-1).

MESURE CIVILE

▪ **Régime de l'action civile.** *Idem* n° 30.17.

▪ **Conséquence civile de l'infraction. Nullité partielle du contrat :** « *Toute clause du contrat par laquelle le consommateur-vendeur abandonne son droit de rétractation est nulle* » (C. consom., art. L. 242-35, (anc[t] L. 121-25)).

▪ ÉLÉMENTS CONSTITUTIFS – QUALIFICATION

✧ Pour avoir à .... [¤ lieu], le .... [¤ date], ayant démarché ou fait démarcher .... [¤ nom de la victime] à son domicile, sa résidence ou son lieu de travail, même à sa demande, afin de lui proposer l'achat, la vente, la location-vente ou la location avec option d'achat de biens ou la fourniture de services, remis à celui-ci un contrat ne comportant pas de formulaire type destiné à faciliter l'exercice de la faculté de renonciation dans les sept jours de la commande ou de l'engagement, ou fourni un formulaire de rétractation non-conforme.

Faits prévus et réprimés par les articles L. 221-1, L. 221-5, L. 221-9, L. 221-10, L. 242-6 et R. 221-1 (anc[t] L. 121-17, L. 121-18, L. 121-23, L. 121-24 et L. 121-28 du code de la consommation (*N* ***31631.co***). ✧

30.19 Contrat hors établissement – Paiement ou exécution de la prestation avant délai de réflexion

■ PEINES

PERSONNE PHYSIQUE

PP Délit. 2 ans d'emprisonnement, amende 150 000 € (depuis L. n° 2014-344, 17 mars 2014, auparavant 1 an d'emprisonnement, 3 750 €) (C. consom., art. L. 242-7 (anc[t] L. 121-23)).

PC > *Idem* n° 30.10 (C. consom., art. L. 242-8 (anc[t] 121-23)).

PERSONNE MORALE

PP 750 000€ (depuis L. n° 2014-344, 17 mars 2014, auparavant 18 750 €) (C. consom., art. L. 242-8 (anc[t] L. 121-23) ; C. pén., art. 131-38).

PC *Idem* n° 30.6 (C. consom., art. L. 242-8 (anc[t] 121-23).

■ ORIENTEUR

AUTRE QUALIFICATION

▪ Démarchage malgré opposition. C. consom., art. L. 242-7-2, v. orienteur n° 30.17.

MESURE CIVILE

▪ Régime de l'action civile. *Idem* n° 30.17 (C. consom., art. L. 242-9).

■ ÉLÉMENTS CONSTITUTIFS – QUALIFICATION

✧ Pour avoir à .... [¤ lieu], le .... [¤ date], ayant démarché ou fait démarcher .... [¤ nom de la victime] hors établissement, à son domicile, sa résidence ou son lieu de travail, même à sa demande, afin de lui proposer l'achat, la vente, la location-vente ou la location avec option d'achat de biens ou la fourniture de services, [⇨A ou B :]

A. obtenu ou exigé de son client, directement ou indirectement, à quelque titre et sous quelque forme que ce soit, un paiement, une contrepartie quelconque ou un engagement en l'espèce .... [¤ contrepartie concernée], avant l'expiration du délai de réflexion de 7 jours suivant la commande ou l'engagement ;

B. effectué une prestation de services de quelque nature que ce soit en l'espèce .... [¤ prestation concernée], avant l'expiration du délai de réflexion de 7 jours suivant la commande ou l'engagement. Faits prévus et réprimés par les articles L. 221-1, L. 221-10, L. 242-7 et L. 242-8 (anc[t] L. 121-16, L. 121-18-2 et L. 121-23) code de la consommation (*N 3034.co ; par personne morale : N 30734.co*). ✧

30.20 Démarchage ou remises de sommes sans contreparties réelles – Abus de la faiblesse ou de l'ignorance

■ PEINES

PERSONNE PHYSIQUE

PP Délit. 3 ans d'emprisonnement, amende 375 000 € ou ⩽ 10 % du chiffre d'affaires (depuis L. n° 2014-344, 17 mars 2014, auparavant 5 ans d'emprisonnement, 9 000 €) (C. consom., art. L. 132-14 (anc[t] L. 122-8).

PC Interdiction ⩽ 5 ans activité professionnelle ou sociale dans le cadre de laquelle l'infraction a été commise, fonction publique (sauf mandat électif ou syndical) *et/ou* interdiction d'exercer une profession commerciale ou industrielle, de diriger, d'administrer, de gérer ou de contrôler à un titre quelconque, directement ou indirectement, pour son propre compte ou pour le compte d'autrui, une entreprise commerciale ou industrielle ou une société commerciale (C. consom., art. L. 132-15 (anc[t] L. 122-8), C. pén., art. 131-27 [mod. par L. n° 2008-776, 4 août 2008]).

PERSONNE MORALE

PP Amende 1 875 000 € ou ⩽ 50 % du chiffre d'affaires (depuis L. n° 2014-344, 17 mars 2014, auparavant 45 000 €) (C. consom., art. L. 132-14 (anc[t] L. 122-8) ; C. pén., art. 131-38).

PC *Idem* n° 30.6 (C. consom., art. L. 122-8).

■ ORIENTEUR

AUTRE QUALIFICATION

▪ **Abus de l'ignorance ou de la faiblesse d'un mineur ou d'un majeur.** C. pén., art. 223-15-2, v. n° 22.30.

▪ **Pratique commerciale trompeuse – Publicité fausse.** C. consom., art. L. 132-2, v. n° **30.6**.

▪ **Pratique commerciale agressive.** C. consom., art. L. 132-11, v. n° **30.9**.

▪ **Démarchage malgré opposition.** C. consom., art. L. 242-7-2, v. orienteur n° 30.17.

ÉLÉMENT LÉGAL

▪ **Recodification.** Dispositions recodifiées à droit constant par Ord. n° 2016-301, 14 mars 2016 et D. n° 2016-884, 29 juin 2016 (anc^t^ C. consom., art. L. 122-8, L. 122-9 et L. 122-10).

POLITIQUE PUBLIQUE

▪ **Prévention de l'infraction. Dispositif d'encadrement du démarchage téléphonique.** Le consommateur qui ne souhaite pas faire l'objet de prospection commerciale par voie électronique peut gratuitement s'inscrire sur une liste d'opposition au démarchage téléphonique (C. consom., art. L. 223-1). Il est interdit au professionnel de démarcher un consommateur inscrit sur cette liste d'opposition (C. consom., art. **L. 223-1**), ou de louer ou de vendre un fichier comportant des coordonnées de consommateurs qui y sont inscrits (C. consom., art. L. 223-3). La liste d'opposition repose sur un traitement automatisé de données à caractère personnel dont la gestion est confiée, par arrêté du ministre de l'économie pris après mise en concurrence et avis de la Cnil, à un organisme de droit public ou de droit privé (C. consom., art. L. 223-4 et R. 223-4). Il s'agit du téléservice dénommé « **Bloctel** ». Le professionnel qui exerce à titre habituel une activité de démarchage téléphonique saisit au moins mensuellement cet organisme afin de s'assurer de la conformité de ses fichiers de prospection commerciale avec la liste des oppositions à démarchage (C. consom., art. R. 223-6). Les manquements au dispositif de la liste d'opposition sont passibles d'une amende administrative de 75 000 € pour une personne physique et de 375 000 € pour une personne morale (depuis L. n° 2020-901, 24 juill. 2020, auparavant 15 000 € et 75 000 € (C. consom., art. L. 242-16). Sous les mêmes sanctions, la L. n° 2020-901, 24 juill. 2020 visant à encadrer le démarchage téléphonique et à lutter contre les appels frauduleux renforce les obligations d'information pesant sur les professionnels définies au C. consom., art. **L. 221-16**, prohibe le démarchage téléphonique en matière d'économie d'énergie et impose le respect d'un code de bonne conduite (C. consom., art. **L. 223-1**). Soulignons que « *tout professionnel ayant tiré profit de sollicitations commerciales de consommateurs réalisées par voie téléphonique en violation des dispositions* [de C. com., art. **L. 223-1**] *est présumé responsable du non-respect de ces dispositions, sauf s'il démontre qu'il n'est pas à l'origine de leur violation* » (C. com., art. L. 223-1).

MESURE CIVILE

▪ **Conséquence civile de l'infraction. Nullité du contrat :** « *Lorsqu'un contrat est conclu à la suite d'un abus de faiblesse, celui-ci est nul et de nul effet* » (C. consom., art. L. 132-13 (anc^t^ L. 122-8)). « *Tout contrat conclu avec un consommateur à la suite d'un démarchage téléphonique réalisé en violation des dispositions* » du C. com., art. L. 223-1 relatif au démarchage téléphonique « *est nul* » (C. com., art. L. 223-1).

▪ **Indemnisation du dommage. • Indemnisation et restitution de l'objet de l'infraction.** Est censuré l'arrêt qui rejette la demande d'indemnisation au motif que le linge de maison, vendu à la suite d'un abus de faiblesse commis par démarchage, n'a pas été restitué, « *excluant ainsi par principe tout préjudice matériel, sans rechercher le montant de l'enrichissement qui serait de nature à limiter l'indemnisation de la partie civile* » (Crim. 22 févr. 2022, n° 21-83.974, D ; dans le même sens, v. Crim. 19 nov. 2019, n° 18-84.693).

■ ÉLÉMENTS CONSTITUTIFS – QUALIFICATION

✧ Pour avoir à .... [¤ lieu], le .... [¤ date], [⇨A à C :]

A. par le moyen de **visites à domicile**, abusé de la faiblesse ou de l'ignorance de .... [¤ nom de la victime] pour lui faire souscrire, des engagements au comptant ou à crédit sous quelque forme que ce soit, alors qu'elle n'était pas en mesure d'apprécier la portée des engagements qu'elle prenait ou de déceler les ruses ou artifices déployés pour la convaincre à y souscrire ou qu'elle a été soumise à une contrainte (C. consom., art. **L. 121-8**) (A : *N* ***472.co*** ; par personne morale : *N* ***31587.co***) ;

B. abusé de la faiblesse ou de l'ignorance de .... [¤ nom de la victime] (C. consom., art. L. 121-9) (B : *N 472.co* ; par personne morale : *N 31587.co*) [⇨B1 à B5 :]

B1. à la suite d'un démarchage par téléphone ou télécopie ;

B2. à la suite d'une sollicitation personnalisée, sans que cette sollicitation soit nécessairement nominative, effectuée à domicile et assortie de l'offre d'avantages particuliers, à se rendre sur un lieu de vente ;

B3. à l'occasion de réunions ou d'excursions organisées par l'auteur de l'infraction ou à son profit ;

B4. lorsque la transaction a été faite dans des lieux non destinés à la commercialisation du bien ou du service proposé ou dans le cadre de foires ou de salons ;

B5. lorsque la transaction a été conclue dans une situation d'urgence ayant mis la victime dans l'impossibilité de consulter un ou plusieurs professionnels qualifiés, tiers au contrat ;

C. abusé de la faiblesse ou de l'ignorance de .... [¤ nom de la victime] pour se faire remettre, sans contreparties réelles, des sommes en numéraire ou par virement, des chèques bancaires ou postaux, des ordres de paiement par carte de paiement ou carte de crédit ou bien des valeurs mobilières (C. consom., art. L. 121-10) (C : *N 11406.co* ; par personne morale : *N #.co*).

Faits prévus et réprimés par les articles [• du cas sélectionné], L. 132-14 et L. 132-15 du code de la consommation. ✧

30.21 Vente à prix imposé

▪ PEINES

PERSONNE PHYSIQUE

PP Délit. 15 000 € (C. com., art. L. 442-6).

PC Affichage, ⩽ 2 mois, *et/ou* (L. nº 2011-525, 17 mai 2011) diffusion de la décision ou d'extraits aux frais (⩽ amende encourue) du condamné (C. com., art. L. 490-2 , C. pén., art. 131-35).

PERSONNE MORALE

PP 75 000 € (C. com., art. L. 442-6 et C. pén., art. 131-38).

PC Néant.

▪ ORIENTEUR

ÉLÉMENT LÉGAL

▪ **Application de la loi dans le temps.** Incrimination transférée à droit constant du C. com., art. L. 442-5 au C. com., art. L. 442-6 par Ord. nº 2019-359, 24 avr. 2019.

RÉGIME PROCÉDURAL

▪ **Compétence juridictionnelle. Juge unique** (C. pr. pén., art. 398-1, v. nº 17.15D2).

▪ **Ordonnance pénale. Possible** (C. pr. pén., art. 495-II, v. nº 15.48B1 et tableau nº 17.15D2).

RÉGIME DES PEINES

▪ **Solidarité financière des personnes morales.** La juridiction peut condamner solidairement les personnes morales au **paiement des amendes** prononcées contre leurs dirigeants (C. com., art. L. 490-1).

▪ **Régime de la récidive.** Par dérogation au délai de récidive fixé à 5 ans pour les délits par C. pén., art. 132-10 (pour les personnes physiques) et C. pén., art. 132-14 (pour les personnes morales), le délai de récidive est fixé à 2 ans (C. com., art. L. 490-3) (sur la récidive spéciale et temporaire en matière délictuelle, v. nºˢ 18.5B3 pour les personnes physiques et 18.5C3 pour les personnes morales).

▪ ÉLÉMENTS CONSTITUTIFS – QUALIFICATION

✧ Pour avoir à .... [¤ lieu], le .... [¤ date], imposé directement ou indirectement un caractère minimal au prix de revente d'un produit ou d'un bien, au prix d'une prestation de service ou à une marge commerciale, en l'espèce en .... [¤ matérialiser l'infraction].

Faits prévus et réprimés par les articles L. 442-6, L. 490-1 et L. 490-2 du code de commerce (*N 2889.ju*, récidive : *N 9113.ju* ; par personne morale : *N 26109.ju*). ✧

30.22 Vente à perte

▪ PEINES

PERSONNE PHYSIQUE

PP Délit. 75 000 € ou ⩽ 50 % des dépenses de publicité faisant état d'un prix inférieur au prix d'achat effectif (C. com., art. L. 442-5).

PC Affichage, ⩽ 2 mois, *et/ou* (L. n° 2011-525, 17 mai 2011) diffusion de la décision ou d'extraits aux frais (⩽ amende encourue) du condamné (C. com., art. L. 490-2 ; C. pén., art. 131-35).

PERSONNE MORALE

PP Délit. 375 000 € (C. com., art. L. 442-5 ; C. pén., art. 131-38).

PC Affichage, ⩽ 2 mois, ou diffusion de la décision ou d'extraits aux frais (⩽ amende encourue) du condamné (C. com., art. L. 442-5 III ; C. pén., art. 131-39 9°, 131-48 et 131-35).

▪ ORIENTEUR

ÉLÉMENT LÉGAL

▪ **définition. Prix d'achat effectif :** le prix d'achat effectif est le prix unitaire net figurant sur la facture d'achat, minoré du montant de l'ensemble des autres avantages financiers consentis par le vendeur, exprimé en pourcentage du prix unitaire net du produit et majoré des taxes sur le chiffre d'affaires, des taxes spécifiques afférentes à cette revente et du prix du transport. Ce prix d'achat ainsi défini est affecté d'un coefficient de 0,9 pour le grossiste, qui distribue des produits ou services exclusivement à des professionnels qui lui sont indépendants et qui exercent une activité de revendeur au détail, de transformateur ou de prestataire de services final. Est considérée comme indépendante toute entreprise libre de déterminer sa politique commerciale et dépourvue de lien capitalistique ou d'affiliation avec le grossiste (C. com., art. L. 442-5).

▪ **Application de la loi dans le temps.** Incrimination transférée à droit constant de C. com., art. L. 442-2 au C. com., art. L. 442-5 par Ord. n° 2019-359, 24 avr. 2019.

ÉLÉMENT MATÉRIEL

▪ **Champ d'application.** • **Produits exclus.** Les dispositions incriminant la vente à perte ne sont pas applicables aux ventes ou aux produits désignés au C. com., art. L. 442-5 II (notamment en cas de caractère saisonnier marqué du produit, de produit périssable menacé d'altération rapide, de produit soldé). • **Conformité au droit de l'Union.** Au moyen soulevant que « *la directive 2005/29/CE du 11 mai 2005 s'oppose à ce qu'une disposition nationale* [en l'espèce C. com., art. L. 442-2 réprimant la vente à perte] *qui poursuit des finalités tenant à la protection des consommateurs prévoie une interdiction générale d'offrir à la vente ou de vendre des biens à perte* », la Ch. crim. répond que « *La directive 2005/29/CE du Parlement et du Conseil du 11 mai 2005, relatives aux pratiques commerciales déloyales des entreprises vis-à-vis des consommateurs, telle qu'interprétée par la Cour de justice de l'Union européenne (CJUE, 19 oct. 2017, Europamur Alimentacion SA, C-295/16, § 28) ne trouve à s'appliquer qu'aux pratiques qui portent directement atteinte aux intérêts économiques des consommateurs et, ainsi, ne s'applique pas aux transactions entre professionnels* » (Crim. 16 janv. 2018, n° 16-83.457, P n° 13). • **Notion de professionnel – Vente par internet**. Les dispositions des directives 2005/29 (art. 2, b) et d)) et, de la directive 2011/83 (art. 2, point 2) « *doivent être interprétés en ce sens qu'une personne physique, qui publie sur un site Internet, simultanément, un certain nombre d'annonces offrant à la vente des biens neufs et d'occasion [...], ne saurait être qualifiée de "professionnel" et une telle activité ne saurait constituer une "pratique commerciale" que si cette personne agit à des fins qui entrent dans le cadre de son activité commerciale, industrielle, artisanale ou libérale, ce qu'il appartient à la juridiction [...] de vérifier, au vu de toutes les circonstances pertinentes du cas d'espèce* » (CJUE, 4 oct. 2018, n° C-105/17, § 45).

RÉGIME PROCÉDURAL

▪ **Compétence juridictionnelle. Juge unique** (C. pr. pén., art. 398-1, v. n° 17.15D2).

▪ **Ordonnance pénale. Possible** (C. pr. pén., art. 495-II, v. n° 15.48B1 et tableau n° 17.15D2).

▪ **Mesure conservatoire.** Le juge d'instruction ou le tribunal saisi des poursuites peuvent ordonner d'office ou sur réquisition du ministère public la **cessation de l'annonce publicitaire** annonçant une revente à perte, la décision est exécutoire par provision (C. com., art. L. 442-5 et C. consom., art. L. 121-3).

RÉGIME DES PEINES

▪ **Solidarité financière des personnes morales.** La juridiction peut condamner solidairement les personnes morales au **paiement des amendes** prononcées contre leurs dirigeants (C. com., art. L. 490-1).

▪ **Régime de la récidive.** Par dérogation au délai de récidive fixé à 5 ans par C. pén., art. 132-14, le délai de récidive est fixé à 2 ans pour les personnes physiques (C. com., art. L. 490-3) et pour les personnes morales (C. com., art. L. 490-4).

▪ ÉLÉMENTS CONSTITUTIFS – QUALIFICATION

✧ Pour avoir à .... [¤ lieu], le .... [¤ date], étant commerçant [⇨A ou B :]

A. revendu un (A : *N 2862.ju*, en récidive : *N 9108.ju* ; par personne morale : *N 23748.ju*)...

B. annoncé la revente d'un (B : *N 20861.ju*, en récidive : *N 20862.ju* ; par personne morale : *N 23749.ju*)...

... produit en l'état à un prix inférieur à son prix d'achat effectif, en l'espèce en .... [¤ matérialiser l'infraction].

Faits prévus et réprimés par les articles L. 442-5, L. 490-1 et L. 490-2 du code de commerce. ✧

30.23 Manipulation frauduleuse des cours de biens ou services – Fausses informations ou manœuvres

▪ PEINES

PERSONNE PHYSIQUE

PP Délit. Cas A : 2 ans d'emprisonnement, 30 000 € (C. com., art. L. 442-9). Cas B : 3 ans d'emprisonnement, 45 000 € (C. com., art. L. 442-9).

PC 1. Interdiction droits civiques civils et de famille ⩽ 5 ans (vote, éligibilité, fonction juridictionnelle, expert, témoin, tuteur, curateur) (C. com., art. L. 442-9 ; C. pén., art. 131-26) ;

2. Affichage, ⩽ 2 mois, *et/ou* (L. n° 2011-525, 17 mai 2011) diffusion de la décision ou d'extraits aux frais (⩽ amende encourue) du condamné (C. com., art. L. 442-9 et L. 490-2 ; C. pén., art. 131-35) ;

PERSONNE MORALE

PP Délit. Cas A : 150 000 € (C. com., art. L. 442-9 ; C. pén., art. 131-38). Cas B : 225 000 € (C. com., art. L. 442-9 ; C. pén., art. 131-38).

PC 1. Interdiction, définitive ou ⩽ 5 ans, une ou plusieurs activités professionnelles ou sociales en relation avec l'infraction (C. com., art. L. 442-9 et 131-39 2°) ;

2. Surveillance judiciaire ⩽ 5 ans, sauf personnes morales de droit public, partis, groupements politiques, syndicats (C. com., art. L. 442-9, 131-39 3° et 131-46) ;

3. Fermeture, définitive ou ⩽ 5 ans, un ou plusieurs établissements en relation avec l'infraction (C. com., art. L. 442-9 et 131-39 4°) ;

4. Exclusion, définitive ou ⩽ 5 ans, marchés publics (C. com., art. L. 442-9 et 131-39 5°) ;

5. Interdiction, définitive ou ⩽ 5 ans, procéder à une offre au public de titres financiers ou de les faire admettre aux négociations sur un marché réglementé (C. com., art. L. 442-9 et 131-39 6°) ;

6. Affichage, ⩽ 2 mois, ou diffusion de la décision ou d'extraits aux frais (⩽ amende encourue) du condamné (C. com., art. L. 442-9 ; C. pén., art. 131-39 9°, 131-48 et 131-35).

▪ ORIENTEUR

AUTRE QUALIFICATION

▪ **Entrave aux enchères publiques.** V. n° 22.36.

▪ **Atteintes à la transparence des marchés financiers : délits d'initiés – abus de marché.** CMF, art. L. 465-1, manipulations de cours et d'indice, CMF, art. L. 465-3-1 et L. 465-3-2 (v. n° 33.28).

ÉLÉMENT LÉGAL

▪ **Application de la loi dans le temps.** Incrimination auparavant prévue au C. com., art. L. 443-2 transférée à droit constant au C. com., art. L. 442-9 par Ord. n° 2019-359, 24 avr. 2019.

ÉLÉMENT MATÉRIEL

▪ **Tentative. Punissable** (C. com., art. L. 442-9).

RÉGIME DES PEINES

▪ **Solidarité financière des personnes morales.** La juridiction peut condamner solidairement les personnes morales au **paiement des amendes** prononcées contre leurs dirigeants (C. com., art. L. 490-1).

▪ ÉLÉMENTS CONSTITUTIFS – QUALIFICATION

✧ Pour avoir à .... [¤ lieu], le .... [¤ date],

A. opéré la hausse ou la baisse artificielle du prix de biens ou de services, ou d'effets publics ou privés, notamment à l'occasion d'enchères à distance (A : *N 1818.co*) [⇨A1 à A3 puis le cas échéant B :]

A1. en diffusant, par quelque moyen que ce soit, des informations mensongères ou calomnieuses.../...

A2. en introduisant sur le marché ou en sollicitant soit des offres destinées à troubler les cours, soit des sur-offres ou sous-offres faites aux prix demandés par les vendeurs ou prestataires de services.../...

A3. en utilisant tout moyen frauduleux .../...

.../...en l'espèce en .... [¤ matérialiser l'infraction].

B. [¤ préciser le cas échéant dans le cas A :], avec cette circonstance que la hausse ou la baisse artificielle des prix a concerné des produits alimentaires (B : *N 1819.co*).

Faits prévus et réprimés par les articles L. 442-9, L. 490-1 et L. 490-2 du code de commerce. ✧

30.24 Vente à la boule de neige – Chaîne et liste – Réseau, pyramide

▪ PEINES

PERSONNE PHYSIQUE

PP Délit. 2 ans d'emprisonnement, amende 300 000 € ou ⩽ 10 % du chiffre d'affaires moyen des trois derniers exercices à la date des faits (depuis L. nº 2014-344, 17 mars 2014, auparavant 1 an d'emprisonnement, 4 500 €) (C. consom., art. L. 132-19 (anc^{t} L. 122-7).

PC Interdiction ⩽ 5 ans activité professionnelle ou sociale dans le cadre de laquelle l'infraction a été commise, fonction publique (sauf mandat électif ou syndical) *et/ou* d'exercer une profession commerciale ou industrielle, de diriger, d'administrer, de gérer ou de contrôler à un titre quelconque, directement ou indirectement, pour son propre compte ou pour le compte d'autrui, une entreprise commerciale ou industrielle ou une société commerciale (C. consom., art. L. 132-19 (anc^{t} L. 122-7) ; C. pén., art. 131-27 L. nº 2014-344, 17 mars 2014).

PERSONNE MORALE

PP 1 500 000 € ou ⩽ 50 % du chiffre d'affaires moyen des trois derniers exercices à la date des faits (depuis L. nº 2014-344, 17 mars 2014, 22 500 €) (C. consom., art. L. 132-19 (anc^{t} L. 122-7) ; C. pén., art. 131-38).

PC *Idem* nº 30.6 (C. consom., art. 132-20).

▪ ORIENTEUR

ÉLÉMENT LÉGAL

▪ **Domaine d'application.** Cas D : la garantie de reprise des stocks peut être limitée à un an et diminuée d'au moins 10 %.

▪ ÉLÉMENTS CONSTITUTIFS – QUALIFICATION

✧ Pour avoir à .... [¤ lieu], le .... [¤ date], [⇨A à D :]

A. **VENTE À LA BOULE DE NEIGE**

offert des marchandises au public, en l'espèce (marchandises proposées), en lui faisant espérer l'obtention de ces marchandises à titre gratuit ou contre remise d'une somme inférieure à leur valeur réelle et en subordonnant les ventes au placement de bons ou de tickets à des tiers ou à la collecte d'adhésions ou d'inscriptions, en l'espèce .... [¤ matérialiser l'infraction] (A : *N 3025.co*) ;

B. **Adhésion, chaîne et liste**

proposé à une personne de collecter des adhésions ou de s'inscrire sur une liste en exigeant d'elle le versement d'une contrepartie quelconque et en lui faisant espérer des gains financiers résultant d'une progression du nombre de personnes recrutées ou inscrites plutôt que de la vente, de la fourniture ou de la consommation de biens ou de services (B : *N 5818.co*) ;

C. **Vente en réseau ou pyramide, perception de droit d'entrée**

dans le cadre d'un réseau de vente constitué par recrutement en chaîne d'adhérents ou d'affiliés, obtenu d'un adhérent ou d'un affilié le versement d'une somme correspondant à un droit d'entrée ou à l'acquisition de matériels ou de services à vocation pédagogique, de formation, de démonstration ou de vente ou de tout autre matériel ou service analogue, en l'espèce .... [¤ préciser le matériel ou service concerné], ledit versement conduisant à l'attribution d'un paiement ou d'un avantage bénéficiant à un ou plusieurs adhérents ou affiliés du réseau (C : *N 21797.co*) ;

D. **Vente en réseau ou pyramide, absence de garantie de reprise des stocks**

dans le cadre d'un réseau de vente constitué par recrutement en chaîne d'adhérents ou d'affiliés, obtenu d'un adhérent ou d'un affilié, sans garantie de reprise aux conditions de l'achat, l'acquisition d'un stock de marchandises destinées à la revente (D : *N 21798.co*).

Faits prévus et réprimés par les articles L. 121-15, L. 132-19, L. 132-20 (anc^{t} L. 122-6 et L. 122-7) du code de la consommation. ✧

30.25 Prix et conditions de vente – Défaut de marquage ou d'information du consommateur (infraction administrative)

▪ PEINES

PERSONNE PHYSIQUE

PP Amende administrative. 3 000 € (C. consom., art. L. 131-5 (anc^{t} L. 113-3-2)).

PC Publication intégrale ou par extrait de la décision ou par communiqué, par voie de presse, voie électronique ou voie d'affichage (durée ⩽ 2 mois) (C. consom., art. L. 522-6, R. 522-3 à R. 522-5 (anc^{t} L. 141-1-2, R. 141-6).

PERSONNE MORALE

PP Amende administrative. 15 000 € (C. consom., art. L. 131-5 (anc^{t} L. 113-3-2).

PC *Idem* personne physique.

▪ ORIENTEUR

AUTRE QUALIFICATION

▪ Pratique commerciale trompeuse – Publicité fausse. V. n° 30.6.

▪ Contraventions relatives à l'obligation d'emploi de la langue française. D. n° 95-240, 3 mars 1995, v. n° 30.26.

ÉLÉMENT LÉGAL

▪ Dépénalisation. Les comportements ci-dessous, auparavant incriminés comme contraventions de 5e classe, ne relèvent plus depuis le 3 octobre 2014 que de l'amende administrative depuis la loi n° 2014-344 du 17 mars 2014, modifiant C. consom., anc^{t} art. L. 113-3-2 et le décret n° 2014-1109 du 30 septembre 2014 abrogeant C. consom., anc^{t} art. R. 113-1, al. 2, qui servait de base aux poursuites.

TEXTE DE RÉFÉRENCE

▪ Information sur les prix et conditions de vente. Arrêtés d'application. « *Tout vendeur de produit ou tout prestataire de services informe le consommateur, par voie de marquage, d'étiquetage, d'affichage ou par tout autre procédé approprié, sur les prix et les conditions particulières de la vente et de l'exécution des services, selon des modalités fixées par arrêtés du ministre chargé de l'économie, après consultation du Conseil national de la consommation* » (C. consom., art. L. 112-1 (anc^{t} L. 113-3)). Sur la liste de ces arrêtés, v. C. consom., éd. Dalloz, sous L. 112-1).

MESURE ADMINISTRATIVE

▪ **Sanction administrative financière.** Tout manquement à C. consom., art. L. 112-1 (anc[t] L. 113-3) relatif à l'affichage des prix et conditions de vente et à l'information du consommateur et aux arrêtés pris pour son application est passible d'une **amende administrative** prononcée par l'autorité administrative chargée de la concurrence et de la consommation dans les conditions prévues par C. consom., art. L. 522-1 s. (anc[t] L. 141-1-2) et R. 522-1 s. (anc[t] R. 141-6 (D. n° 2014-1109, 30 sept. 2014) (C. consom., art. L. 131-5 (anc[t] L. 113-3-2)).

▪ ÉLÉMENTS CONSTITUTIFS – QUALIFICATION

✧ Pour avoir à .... [¤ lieu], le .... [¤ date], [⇨A à F :]

A. étant vendeur de produit ou prestataire de services, omis selon les modalités déterminées par l'arrêté du .... [¤ références de l'arrêté concerné], d'informer le consommateur sur les prix, les limitations éventuelles de responsabilité contractuelle et les conditions particulières de vente par marquage, étiquetage, affichage, ou tout autre procédé approprié, et ce pour les produits suivants : .... [¤ produits concernés] (A : *N* ***2902.ia***) ;

B. effectué sur les lieux de vente une publicité de réduction de prix sur des articles ou des services sans annoncer le prix de référence (Arr. 11 mars 2015, NOR : EINC1426951A, *JO* 24 mars 2015, (anc[t] Arr. 31 déc. 2008, NOR : ECEC0831181A, *JO* 13 janv. 2009)) (B : *N* ***21300.ia***) ;

C. effectué une publicité de réduction de prix sur des articles ou des services sans être à même de justifier du prix de référence à la demande des agents de contrôle (Arr. 11 mars 2015) (C : *N* ***21301.ia***) ;

D. livré ou fourni un produit ou un service à un prix différent de celui annoncé dans une publicité (Arr. 11 mars 2015) (D : *N* ***20275.ia***) ;

E. effectué une publicité de prix ou de réduction de prix sur des articles indisponibles ou des services ne pouvant être fournis sur la période à laquelle se rapportait la publicité (Arr. 11 mars 2015) (E : *N* ***20276.ia***) ;

F. fourni une prestation de service dont le prix était supérieur à 15 € TTC sans délivrer de note au client avant paiement du prix (Arr. n° 83-50/A, 3 oct. 1983, art. 1) (F : *N* ***21306.ia***).

Infraction administrative prévue et réprimée par les articles L. 112-1, L. 131-5, L. 522-1 et s., R. 522-1 et s. (anc[t] L. 113-3, L. 113-3-2, L. 141-1-2 et R. 141-6) du code de la consommation et......... [¤ articles concernés] de l'arrêté......... [¤ arrêté concerné]. ✧

30.26 Contraventions relatives à l'obligation d'emploi de la langue française

▪ PEINES

PERSONNE PHYSIQUE

PP Cas A à F : Contrav. 4e cl. 750 € (Cas A à C : D. n° 95-240, 3 mars 1995, art. 1 ; Cas D : art. 2 ; Cas E : art. 3 ; Cas F : C. trav., art. R. 1323-1 ; C. pén., art. 131-13).
Cas G : Contrav. 3e cl. 450 € (C. trav., art. R. 5334-1 ; C. pén., art. 131-13).

PC Néant.

PERSONNE MORALE

PP Cas A à F : Contrav. 4e cl. 3 750 € (Cas A à C : D. n° 95-240, 3 mars 1995, art. 1 ; Cas D : art. 2 ; Cas E : art. 3 ; Cas F : C. trav., art. R. 1323-1 ; C. pén., art. 131-41).
Cas G : Contrav. 3e cl. 2 250 € (C. trav., art. R. 5334-1 ; C. pén., art. 131-41).

PC Néant.

▪ ORIENTEUR

TEXTE DE RÉFÉRENCE

▪ **Dispositions de principe.** • **Disposition constitutionnelle.** « *la langue de la République est le français* » (Constitution, 4 oct. 1958, art. 2). « *Les langues régionales appartiennent au patrimoine de la France* » (Constitution, 4 oct. 1958, art. 75-1). • **Dispositions législatives.** « *Langue de la République en vertu de la Constitution, la langue française est un élément fondamental de la personnalité et du patrimoine de la France* » (L. n° 94-665, 4 août 1994, art. 1er). Toutefois, ces dispositions « *ne font pas obstacle* *à l'usage des langues régionales et aux actions publiques et privées menées en leur faveur* » (L. n° 94-665, 4 août 1994, art. 21, réd. issue L. n° 2021-641, 21 mai 2021). Le patrimoine culturel et immatériel s'entend également « *du patrimoine linguistique, constitué de la langue française et des langues régionales* » (C. patr., art. L. 1, réd. issue L. n° 2021-641, 21 mai 2021). • **Conciliation avec la liberté de communication et d'expression.** Il incombe « *au législateur d'opérer la conciliation nécessaire entre ces dispositions d'ordre constitutionnel* [art. 2 relatif au français langue de la République] *et la liberté de communication et d'expression proclamée par l'article 11 de la Déclaration des droits de l'homme et du citoyen ; que cette liberté implique le droit pour chacun de choisir les termes jugés par lui les mieux appropriés à l'expression de sa pensée ; que la langue française évolue, comme toute langue vivante, en intégrant dans le vocabulaire usuel des termes de diverses sources, qu'il s'agisse d'expressions issues de langues régionales, de vocables dits populaires, ou de mots étrangers* » (§ 6) ; s'il était loisible au législateur « *de prescrire, ainsi qu'il l'a fait, aux personnes morales de droit public comme aux personnes de droit privé dans l'exercice d'une mission de service public l'usage obligatoire d'une terminologie officielle* » (§ 8), en revanche, « *eu égard à la liberté fondamentale de pensée et d'expression proclamée par l'article 11 de la Déclaration des droits de l'homme et du citoyen, il ne pouvait imposer, sous peine de sanctions, pareille obligation aux organismes et services de radiodiffusion sonore et télévisuelle qu'ils soient publics ou privés* » (§ 9), ni « *imposer à des personnes privées, hors l'exercice d'une mission de service public, l'obligation d'user, sous peine de sanctions, de certains mots ou expressions définis par voie réglementaire sous forme d'une terminologie officielle* » (§ 10) (Cons. const. 29 juill. 1994, n° 94-345 DC). • **Conciliation entre la primauté de la langue française et les langues régionales.** « *En vertu des dispositions de l'article 2 de la Constitution, l'usage du français s'impose aux personnes morales de droit public et aux personnes de droit privé dans l'exercice d'une mission de service public. Les particuliers ne peuvent se prévaloir, dans leurs relations avec les administrations et les services publics, d'un droit à l'usage d'une langue autre que le français, ni être contraints à un tel usage* » (§ 16), en conséquence, méconnaissent l'article 2 les dispositions d'une loi qui prévoit « *que des mentions des actes de l'état civil peuvent être rédigées avec des signes diacritiques autres que ceux employés pour l'écriture de la langue française* [car elles] *reconnaissent aux particuliers un droit à l'usage d'une langue autre que le français dans leurs relations avec les administrations et les services publics* » (§ 22) ou qui prévoit que l'enseignement d'une langue régionale peut être proposé sous la forme d'un « *enseignement immersif* » car ce dernier « *est une méthode qui ne se borne pas à enseigner cette langue mais consiste à l'utiliser comme langue principale d'enseignement et comme langue de communication au sein de l'établissement* » (§ 19) (Cons. const. 21 mai 2021, n° 2021-818 DC).

▪ **Communication audiovisuelle.** • **Principe.** « *L'emploi du français est obligatoire dans l'ensemble des émissions et des messages publicitaires des organismes et services de communication audiovisuelle, quel que soit leur mode de diffusion ou de distribution, à l'exception des œuvres cinématographiques et audiovisuelles en version originale* » « *Lorsque les émissions ou les messages publicitaires .../...sont accompagnés de traductions en langues étrangères, la présentation en français doit être aussi lisible, audible ou intelligible que la présentation en langue étrangère* » (L. n° 86-1067, 30 sept. 1986, art. 20-1). • **Tempéraments au principe.** Les dispositions qui précèdent « *ne s'appliquent pas aux œuvres musicales dont le texte est, en tout ou partie, rédigé en langue étrangère* », sous réserve des dispositions qui imposent une proportion substantielle d'œuvres musicales d'expression française dans les programmes de variétés des services de radio autorisés par le CSA. Elles ne sont pas non plus applicables « *aux programmes, parties de programme ou publicités incluses dans ces derniers qui sont conçus pour être intégralement diffusés en langue étrangère ou dont la finalité est l'apprentissage d'une langue, ni aux retransmissions de cérémonies cultuelles* » (L. n° 86-1067, 30 sept. 1986, art. 20-1). • **Sanctions administratives.** Le respect des dispositions qui précèdent est assuré par le CSA qui dispose de pouvoirs de contrôle et de sanction (L. n° 86-1067, 30 sept. 1986, art. 42-1 s., 42-10). S'agissant des publicités, v. **cas A7** pour la responsabilité pénale de l'annonceur.

▪ **Information du consommateur et du contractant.** • **Présentation des produits ou services : principe et champ d'application.** La langue française « *est la langue.../... des échanges* » (L. n° 94-665, 4 août 1994, art. 6) « *l'emploi de la langue française est obligatoire* » « *dans la désignation, l'offre, la présentation, le mode d'emploi ou d'utilisation, la description de l'étendue et des conditions de garantie d'un bien, d'un produit ou d'un service, ainsi que dans les factures et quittances* » (L. n° 94-665, 4 août 1994, art. 2, **cas A1** à **A6**). Sont concernés « *1° tous les documents destinés à informer l'utilisateur ou le consommateur : étiquetages, prospectus, catalogues, brochures et autres documents d'information, bons de commande, bons de livraison, certificats de garantie, modes d'emploi, menus et cartes des vins, factures, quittances, reçus et tickets de caisse, programmes de spectacles, titres de transport, contrats d'adhésion (contrats d'assurance, offres de service financier, etc.). Les modes d'utilisation intégrés dans les logiciels d'ordinateurs et de jeux vidéo et comportant* *des affichages sur écran ou des annonces sonores sont assimilés à des modes d'emploi. En conséquence, les modes d'utilisation des logiciels d'application et des logiciels d'exploitation doivent être établis en français, qu'ils soient sur papier ou intégrés dans le logiciel.../...2° Les inscriptions sur les produits, sur leur contenant ou sur leur emballage. Dans le cas de biens ou produits comportant des inscriptions gravées, moulées ou tissées en langue étrangère, des termes ou expressions peuvent être admis sans traduction, s'il s'agit de termes ou expressions entrés dans le langage courant ou résultant de l'application de conventions internationales (par exemple : on/off, made in, copyright* » (Circ., 19 mars 1996, *JO* 20 mars, NOR : PRMX9601403C, n° 2.1.1). • **Exception en faveur des spécialités d'appellation étrangère.** Toutefois ces dispositions « *ne sont pas applicables à la dénomination des produits typiques et spécialités d'appellation étrangère connus du plus large public* » (L. n° 94-665, 4 août 1994, art. 2), ainsi « *les dénominations de certains produits spécifiques et connus du plus large public (par exemple : chorizo, cookie, couscous, gin, hot dog, jeans, paella, pizza, sandwich...) ainsi que les dénominations étrangères protégées en France à la suite d'accords internationaux (par exemple : gorgonzola, scotch whisky) peuvent être employées sans traduction* » (Circ., 19 mars 1996, *JO* 20 mars, NOR : PRMX9601403C, n° 2.1.3). • **Exception en faveur du droit des marques.** Enfin, en application de « *la législation sur les marques* » (L. n° 94-665, 4 août 1994, art. 2), « *les dispositions de la loi ne s'étendent ni aux dénominations sociales, ni aux enseignes, ni aux noms commerciaux, ni aux marques de fabrique, de commerce ou de service. Des marques, ou déclinaisons de marque, constituées d'un ou plusieurs termes étrangers, peuvent donc être déposés, enregistrés ou utilisés en France sans traduction.../...En revanche .../...les mentions et messages en langue étrangère accompagnant une marque doivent, quand ils sont employés en France, comporter une traduction en français aussi lisible, audible et intelligible que la présentation en langue étrangère* » (Circ., 19 mars 1996, *JO* 20 mars, NOR : PRMX9601403C, n° 2.1.1 5°). • **Qualité de la traduction.** En cas de traduction des mentions de présentation du produit ou du service, « *la présentation en français doit être aussi lisible, audible et intelligible que la présentation en langue étrangère* » (L. n° 94-665, 4 août 1994, art. 4, **cas** C). « *un texte est réputé être incompréhensible s'il faut se reporter à sa version dans une autre langue pour le comprendre* » (Circ., 19 mars 1996, *JO* 20 mars, NOR : PRMX9601403C, n° 2.1.2). • **Indifférence de la qualité du destinataire.** L'emploi de la langue française s'impose même si le produit (en l'espèce un progiciel) est destiné « *à un installateur spécialisé et non pas à l'utilisateur final* » (Crim. 3 nov. 2004, n° 03-85.642, P n° 266). • **Imputabilité.** « *le responsable de la première mise sur le marché est tenu de vérifier que celui-ci est conforme aux prescriptions en vigueur* » (s'agissant d'étiquette de modalités d'entretien de vêtements accompagnée de logotypes normalisés mais rédigée en langue étrangère) (Crim. 14 nov. 2000, n° 99-86.216, P n° 342). • **Conformité au droit de l'Union : jurisprudence nationale.** « *la mesure d'effet équivalent à des restrictions quantitatives à l'importation qui pourrait résulter de la législation prescrivant l'utilisation de la langue française dans les modes d'emploi et d'utilisation des produits est justifiée, conformément à l'article 36, devenu l'article 30, du traité* [devenu TFUE, art. 36], *par la protection des consommateurs sur le territoire national* » (Crim. 14 nov. 2000, n° 99-86.216, P n° 342 ; dans le même sens : Crim. 13 nov. 2007, n° 06-89.330, D ; Crim. 26 avr. 2000, n° 98-86.408, P n° 163). • **Conformité au droit de l'Union : jurisprudence européenne.** « *en l'absence d'harmonisation complète des exigences linguistiques applicables aux mentions figurant sur des produits importés, les États membres peuvent adopter des mesures nationales exigeant que ces mentions soient libellées dans la langue de la région dans laquelle les produits sont vendus ou dans une autre langue aisément compréhensible pour les consommateurs de cette région, à la condition que lesdites mesures nationales soient indistinctement applicables à tous les produits nationaux et importés et soient proportionnées au but de protection des consommateurs qu'elles poursuivent. Ces mesures nationales doivent, notamment, être limitées aux mentions auxquelles l'État membre attribue un caractère obligatoire et pour lesquelles l'emploi d'autres moyens que leur traduction ne permettrait pas d'assurer une information des consommateurs appropriée* » (§ 44) (CJCE 3 juin 1999, *Colim NV contre Bigg's Continent Noord NV*, n° C-33/97). Toutefois, « *les articles 30 du traité* [devenu TFUE, art. 36] *et 14 de la directive 79/112 doivent être interprétés en ce sens qu'ils s'opposent à ce qu'une règlementation nationale, telle que celle en cause au principal, impose l'utilisation d'une langue déterminée pour l'étiquetage des denrées alimentaires, sans retenir la possibilité qu'une autre langue facilement comprise par les acheteurs soit utilisée ou que l'information de l'acheteur soit assurée par d'autres mesures* » (§ 28) (§ (CJCE 12 sept. 2000, *Procédure pénale contre Yannick Geffroy et Casino France SNC*, n° C-366/98).

▪ **Publicité et information du public.** • **Publicité.** « *l'emploi de la langue française est obligatoire* » dans « *toute publicité écrite, parlée ou audiovisuelle* » (L. n° 94-665, 4 août 1994, art. 2, **cas** A7). « *compte tenu des exceptions prévues par l'article 12 de la loi en faveur des œuvres cinématographiques audiovisuelles et musicales en version originale,* [ces dispositions], *ne s'appliquent pas aux extraits d'œuvres originales en langue étrangère accompagnant une publicité diffusée par les services audiovisuels. Cette règle vaut également pour toute publicité* *diffusée dans un lieu public* » (Circ., 19 mars 1996, *JO* 20 mars, NOR : PRMX9601403C, n° 2.1.1 3°). • **Information du public.** « *Toute inscription ou annonce apposée ou faite sur la voie publique, dans un lieu ouvert au public ou dans un moyen de transport en commun et destinée à l'information du public doit être formulée en langue française* » (L. n° 94-665, 4 août 1994, art. 3, **cas B**). Il faut entendre par inscriptions ou annonces les « *informations de nature non commerciale, effectuées sous forme d'inscription ou d'annonces apposées ou faites sur la voie publique ou dans un lieu ouvert au public que celui-ci appartienne à un propriétaire public ou privé (gares, aéroports, stations et abribus, salles de spectacles, cafés, restaurants, musées, galeries marchandes, commerces...) et dans les moyens de transport en commun, quel que soit leur mode d'exploitation public ou privé* » (Circ., 19 mars 1996, *JO* 20 mars, NOR : PRMX9601403C, n° 2.1.1 4°). • **Qualité de la traduction.** Comme en matière de présentation des produits ou services, en cas de traduction des annonces ou inscriptions, « *la présentation en français doit être aussi lisible, audible et intelligible que la présentation en langue étrangère* » (L. n° 94-665, 4 août 1994, art. 4, **cas C**). • **Traduction en langue régionale.** « *Les services publics peuvent assurer sur tout ou partie de leur territoire l'affichage de traductions de la langue française dans la ou les langues régionales en usage sur les inscriptions et les signalétiques apposées sur les bâtiments publics, sur les voies publiques de circulation, sur les voies navigables, dans les infrastructures de transport ainsi que dans les principaux supports de communication institutionnelle, à l'occasion de leur installation ou de leur renouvellement* » (L. n° 2021-641, 21 mai 2021, art. 8).

▪ **Manifestation, colloque ou congrès.** La langue française « *est la langue de l'enseignement, du travail, des échanges* » (L. n° 94-665, 4 août 1994, art. 1) « *Tout participant à une manifestation, un colloque ou un congrès organisé en France par des personnes physiques ou morales de nationalité française a le droit de s'exprimer en français. Les documents distribués aux participants avant et pendant la réunion pour en présenter le programme doivent être rédigés en français et peuvent comporter des traductions en une ou plusieurs langues étrangères. Lorsqu'une manifestation, un colloque ou un congrès donne lieu à la distribution aux participants de documents préparatoires ou de documents de travail, ou à la publication d'actes ou de comptes rendus de travaux, les textes ou interventions présentés en langue étrangère doivent être accompagnés au moins d'un résumé en français. Ces dispositions ne sont pas applicables aux manifestations, colloques ou congrès qui ne concernent que des étrangers, ni aux manifestations de promotion du commerce extérieur de la France* » (L. n° 94-665, 4 août 1994, art. 6, **cas D**).

▪ **Travail.** • **Principe.** La langue française « *est la langue.../... du travail* » (L. n° 94-665, 4 août 1994, art. 6). • **Fondement des incriminations.** Les infractions aux dispositions imposant le français dans le cadre du travail sont sanctionnées soit par les dispositions générales du D. n° 95-240, 3 mars 1995, art. 3 (**Cas E**) soit par des dispositions spéciales du C. trav. (**Cas F** et **G**). • **Contrat de travail.** « *Le contrat de travail établi par écrit est rédigé en français* » (C. trav., art. L. 1221-3). • **Règlement intérieur.** « *Le règlement intérieur est rédigé en français* » (C. trav., art. L. 1321-6, sanction **R. 1323-1**, **cas F**). • **Conventions et accords collectifs.** « *Les conventions et accords ainsi que les conventions d'entreprise ou d'établissement sont rédigés en français. Toute clause rédigée en langue étrangère est inopposable au salarié à qui elle ferait grief* » (C. trav., art. L. 2231-4). • **Institutions représentatives des salariés.** « *Les documents communiqués aux représentants des salariés* [du comité d'entreprise européen] *comportent une version en français* » (C. trav., art. L. 2243-17). « *Les documents communiqués aux représentants des salariés* [du comité de la société européenne] *comportent au moins une version en français* » (C. trav., art. L. 2353-21). « *Les documents communiqués aux représentants des salariés* [de la société coopérative européenne] *comportent au moins une version en français* » (C. trav., art. L. 2362-8). • **Délivrance d'un titre de travail.** « *L'étranger qui souhaite entrer en France en vue d'y exercer une profession salariée et qui manifeste la volonté de s'y installer durablement atteste d'une connaissance suffisante de la langue française sanctionnée par une validation des acquis de l'expérience ou s'engage à l'acquérir après son installation en France* » (C. trav., art. L. 5221-3). • **Offre d'emploi.** « *Il est interdit de faire publier dans un journal, revue ou écrit périodique ou de diffuser par tout autre moyen de communication accessible au public une insertion d'offres d'emploi ou d'offres de travaux à domicile comportant un texte rédigé en langue étrangère* » (C. trav., art. L. 5331-4, sanction **R. 5334-1**, 3e cl., **cas G**). • **Hygiène et sécurité du travail.** S'agissant des règles techniques de santé et de sécurité applicables aux machines neuves « *Toute information et tout avertissement écrit ou verbal est exprimé en français* » (C. trav., art. R. 4312-1, annexe I, n° 1.7.1), « *Chaque machine est accompagnée d'une notice d'instructions en français* » (n° 1.7.4).

RÉGIME PROCÉDURAL

▪ **Compétence des agents de constatation de l'infraction.** Sans préjudice des compétences générales des OPJ et APJ, Les infractions aux dispositions des textes d'application de L. n° 94-665, 4 août 1994, art. 2 (**Cas A**) relatif à l'obligation d'emploi de la langue française dans la présentation des produits ou services ou dans la publicité écrite, parlée ou audiovisuelle, sont recherchées et constatées par les agents de la concurrence, de la consommation et de la répression des fraudes et par les autres agents habilités limitativement énumérés au C. consom., art. L. 511-22 (L. n° 94-665, 4 août 1994, art. 16).

MESURE CIVILE

▪ **Action civile des associations agréées.** Toute association régulièrement déclarée ainsi que toute fondation reconnue d'utilité publique se proposant par ses statuts la défense de la langue française et agréée dans les conditions fixées par décret en Conseil d'État (D. n° 95-240, 3 mars 1995, art. 9 s.) peut exercer les droits reconnus à la partie civile en ce qui concerne les infractions aux dispositions des textes pris pour l'application des articles 2 (**Cas** A), 3 (**cas** B), 4 (**cas** C), 6 (**cas** D), 7 et 10 (**cas** G) de la L. n° 94-665, 4 août 1994, relative à l'emploi de la langue française (C. pr. pén., art. 2-14).

RÉGIME DES PEINES

▪ **Ajournement avec injonction. Cas** A à E : les dispositions relatives à l'ajournement du prononcé de la peine avec injonction de régularisation, le cas échéant sous astreinte (C. pén., art. 132-66 à 132-70), sont applicables aux personnes morales (D. n° 95-240, 3 mars 1995, art. 4). Elles sont également applicables aux personnes physiques dans les seuls cas A à C (D. n° 95-240, 3 mars 1995, art. 1) (sur l'ajournement avec injonction, v. n° 18.6B4).

▪ **Cumul des amendes. Cas** A : il est à bon droit « *prononcé autant d'amendes que de contraventions constatées dès lors que la commercialisation de chaque article sans mode d'utilisation en langue française constitue une faute distincte punissable séparément* » (Crim. 14 nov. 2000, n° 99-86.216, P n° 342 ; dans le même sens : Crim. 26 avr. 2000, n° 98-86.408, P n° 163).

▪ ÉLÉMENTS CONSTITUTIFS – QUALIFICATION

✧ Pour avoir à .... [¤ lieu], le .... [¤ date], [⇨A à G :]

A. omis d'employer la langue française dans (L. n° 94-665, 4 août 1994, art. 2, D. n° 95-240, 3 mars 1995, art. 1er I) [⇨A1 à A7 :]

A1. la désignation d'un bien ou d'un produit (A1a : *N* ***20534.c3***) ou d'un service (A1b : *N* ***20535.c4***) ;

A2. l'offre d'un bien ou d'un produit (A2a : *N* ***20536.c4***) ou d'un service (A2b : *N* ***20537.c4***) ;

A3. la présentation d'un bien ou d'un produit (A3a : *N* ***20538.c4*** ; par personne morale : *N* ***25490.c4***) ou d'un service (A3b : *N* ***20539.c4***) ;

A4. le mode d'emploi ou d'utilisation d'un bien ou d'un produit (A4 : *N* ***20539.c4***) ;

A5. la description de l'étendue et des conditions de garantie d'un bien ou d'un produit (A5a : *N* ***20541.c4***) ou d'un service (A5b : *N* ***20542.c4***) ;

A6. dans une facture (A6a : *N* ***20543.c4***) ou une quittance (A6a : *N* ***20544.c4***) ;

A7. dans une publicité écrite, parlée ou audiovisuelle (A7 : *N* ***20545.c4***) ;

B. pour une inscription ou annonce destinée à l'information du public, apposée ou faite sur la voie publique, dans un lieu ouvert au public ou dans un moyen de transport en commun (L. n° 94-665, 4 août 1994, art. 3, D. n° 95-240, 3 mars 1995, art. 1er II) (B : *N* ***20546.c4***) ;

C. présenté d'une manière qui n'est pas aussi lisible, audible ou intelligible que sa présentation en langue étrangère la version française (L. n° 94-665, 4 août 1994, art. 4, D. n° 95-240, 3 mars 1995, art. 1er III) (C : *N* ***20547.c4***) [⇨C1 à C3 :]

C1. d'une désignation, d'une offre, d'une présentation, d'un mode d'emploi ou d'utilisation, d'une description de l'étendue et des conditions de garantie d'un bien, d'un produit ou d'un service, d'une facture ou d'une quittance ;

C2. d'une publicité écrite, parlée ou audiovisuelle ;

C3. d'une inscription ou annonce destinée à l'information du public, apposée ou faite sur la voie publique, dans un lieu ouvert au public ou dans un moyen de transport en commun ;

D. étant de nationalité française et organisant une manifestation, un colloque ou un congrès (L. n° 94-665, 4 août 1994, art. 6, D. n° 95-240, 3 mars 1995, art. 2) [⇨D1 à D4 :]

D1. interdit aux participants de s'exprimer en français (D1 : *N* ***20548.c4***) ;

D2. distribué aux participants des documents avant et pendant la réunion pour en présenter le programme, sans les accompagner d'une version française (D2 : *N 20549.c4*) ;

D3. omis d'établir au moins un résumé en français des documents préparatoires ou de travail distribués aux participants (D3 : *N 20550.c4*) ;

D4. omis d'inclure, dans les actes ou comptes rendus de travaux publiés, au moins un résumé en français des textes ou interventions présentés en langue étrangère (D4 : *N 20551.c4*) ;

D5. à l'initiative d'une personne morale de droit public ou d'une personne morale de droit privé chargée d'une mission de service public, omis de mettre en place un dispositif de traduction en langue française (D5 : *N 20552.c4*) ;

E. omis de mettre à la disposition d'un salarié une version en langue française d'un document comportant des obligations à l'égard de ce salarié ou des dispositions dont la connaissance est nécessaire à celui-ci pour l'exécution de son travail (D. n° 95-240, 3 mars 1995, art. 3) (E : *N 20553.c4*) ;

F. étant employeur, omis de rédiger en français le règlement intérieur (C. trav., art. L. 1321-1, L. 1321-6 et R. 1323-1) (F : *N 20554.c4*) ;

G. fait publier dans un journal, revue ou écrit périodique ou diffusé par tout autre moyen de communication accessible au public une insertion d'offres d'emploi ou d'offres de travaux à domicile comportant un texte rédigé en langue étrangère (L. n° 94-665, 4 août 1994, art. 10, C. trav., art. L. 5331-4 et R. 5334-1) (G : *N 27236.c3*).

Faits prévus et réprimés par les articles [• du cas sélectionné]. ✧

30.27 Dénomination de vente, denrée alimentaire non préemballée – Défaut

■ PEINES

PERSONNE PHYSIQUE

PP Contrav. 5ᵉ cl. **1 500 €** (depuis Ord. n° 2016-301, 14 mars 2016 et D. n° 2016-884, 29 juin 2016, auparavant **Contrav. 3ᵉ cl. 450 €**) (C. consom., art. R. 451-1 (ancᵗ L. 214-2 ; C. pén., art. 131-13)).

Récidive : **3 000 €** (C. consom., art. R. 451-1, C. pén., art. 132-11).

PC Néant.

PERSONNE MORALE

PP Contrav. 5ᵉ cl. **7 500 €** (depuis Ord. n° 2016-301, 14 mars 2016 et D. n° 2016-884, 29 juin 2016, auparavant **Contrav. 3ᵉ cl. 2 250 €**) (C. consom., art. R. 451-1 (ancᵗ L. 214-2 ; C. pén., art. 131-41)).

Récidive : **15 000 €** (C. consom., art. R. 451-1, C. pén., art. 132-15).

PC Néant.

■ ORIENTEUR

AUTRE QUALIFICATION

▪ **Prix et conditions de vente – Défaut de marquage ou d'information du consommateur (infraction administrative).** V. n° 30.25.

▪ **Contraventions relatives à l'obligation d'emploi de la langue française.** D. n° 95-240, 3 mars 1995, v. n° 30.26.

ÉLÉMENT LÉGAL

▪ **Décrets d'application des dispositions nationales et du droit de l'Union.** Des décrets en Conseil d'État définissent notamment les règles d'étiquetage, les modes de présentation ou les inscriptions de toute nature sur les marchandises elles-mêmes (C. consom., art. L. 412-1). Sur ce même fondement, des décrets en Conseil d'État (ex. C. consom., art. R. 412-18 s.) sont pris pour l'application des règlements européens contenant des dispositions relevant du champ d'application de C. consom., art. L. 412-1 (C. consom., art. L. 412-2).

▪ **Application de la loi dans le temps.** Pour l'application des dispositions de C. consom., art. R. 451-1, les règlements européens, au sens de C. consom., art. L. 412-2, sont ceux en vigueur à la date à laquelle les faits sont commis (C. consom., art. R. 412-17).

▪ ÉLÉMENTS CONSTITUTIFS – QUALIFICATION

✧ Pour avoir à .... [¤ lieu], le .... [¤ date], présenté au consommateur final sur les lieux de vente des denrées alimentaires non préemballées sans indiquer, sur elles-mêmes ou à proximité de celles-ci, leur dénomination ou les mentions obligatoire qui doivent les accompagner, de façon qu'il n'existe aucune incertitude quant à la denrée à laquelle ces indications se rapportent.

Faits prévus et réprimés par le Règlement UE 1169/2011 du 25 octobre 2011 et les articles L. 412-1, L. 412-2, R. 412-11, R. 412-17 et R. 451-1 (anc^{t} R. 112-6, R. 112-14, R. 112-14-1, R. 112-31, L. 214-1 et L. 214-2) du code de la consommation (*N 11269.c5*). ✧

30.28 Étiquetage trompeur de denrée alimentaire

▪ PEINES

PERSONNE PHYSIQUE

PP Contrav. 5e cl. 1 500 € (depuis Ord. n° 2016-301, 14 mars 2016 et D. n° 2016-884, 29 juin 2016, auparavant Contrav. 3e cl. 450 €) (C. consom., art. R. 451-1 (anc^{t} L. 214-2 ; C. pén., art. 131-13)).

Récidive : 3 000 € (C. consom., art. R. 451-1, C. pén., art. 132-11).

PC Néant.

PERSONNE MORALE

PP Contrav. 5e cl. 7 500 € (depuis Ord. n° 2016-301, 14 mars 2016 et D. n° 2016-884, 29 juin 2016, auparavant Contrav. 3e cl. 2 250 €) (C. consom., art. R. 451-1 (anc^{t} L. 214-2 ; C. pén., art. 131-41)).

Récidive : 15 000 € (C. consom., art. R. 451-1, C. pén., art. 132-15).

PC Néant.

▪ ORIENTEUR

AUTRE QUALIFICATION

▪ **Pratique commerciale trompeuse – Publicité fausse.** V. n° 30.6.

▪ **Contraventions relatives à l'obligation d'emploi de la langue française.** D. n° 95-240, 3 mars 1995, v. n° 30.26.

ÉLÉMENT LÉGAL

▪ **Décrets d'application des dispositions nationales et du droit de l'Union.** *Idem* orienteur n° 30.27 (C. consom., art. L. 412-1 et L. 412-2).

▪ **Application de la loi dans le temps.** *Idem* orienteur n° 30.27 (C. consom., art. R. 412-17).

▪ ÉLÉMENTS CONSTITUTIFS – QUALIFICATION

✧ Pour avoir à .... [¤ lieu], le .... [¤ date], détenu en vue de la vente ou de la distribution à titre gratuit, mis en vente, vendu ou distribué à titre gratuit des denrées alimentaires comportant une information de nature à induire en erreur, notamment sur ses caractéristiques, nature, identité, qualités, composition, quantité, durabilité, origine ou provenance, mode de fabrication ou d'obtention, en l'espèce en .... [¤ matérialiser l'infraction et préciser le nombre de produits concernés].

Faits prévus et réprimés par le Règlement UE 1169/2011 du 25 octobre 2011, art. 7 et les articles L. 412-1, L. 412-2, R. 412-17 et R. 451-1 (anc^{t} L. 214-1, L. 214-2, R. 112-6 et R. 112-7) du code de la consommation (*N 11268.c5*). ✧

30.29 Publicité promotionnelle irrégulière – Denrée périssable ou produit alimentaire

▪ PEINES

PERSONNE PHYSIQUE

PP Délit. 15 000 € (C. com., art. L. 443-1).

PC Affichage ou diffusion (⩽ 2 mois) de la décision, intégrale ou par extraits ou d'un communiqué, aux frais (⩽ amende encourue) du condamné (C. com, art. L. 490-2 ; C. pén., art. 131-35).

PERSONNE MORALE

PP 75 000 € (C. com., art. L. 443-1, C. pén., art. 131-38).

PC *Idem* personne physique.

▪ ORIENTEUR

AUTRE QUALIFICATION

▪ Pratique commerciale trompeuse – Publicité fausse. V. nº 30.6.

ÉLÉMENT LÉGAL

▪ Application de la loi dans le temps. Cas A et C : incriminations auparavant prévues au C. com., art. L. 441-2 transférées à droit constant au C. com., art. L. 443-1 par Ord. nº 2019-359, 24 avr. 2019. Cas B créé par Ord. nº 2019-359, 24 avr. 2019.

RÉGIME PROCÉDURAL

▪ Compétence juridictionnelle. Juge unique (C. pr. pén., art. 398-1, v. nº 17.15D2).

▪ Ordonnance pénale. Possible (C. pr. pén., art. 495-II, v. nº 15.48B1 et tableau nº 17.15D2).

▪ **Mesure conservatoire.** Le juge d'instruction ou le tribunal saisi des poursuites peuvent ordonner d'office ou sur réquisition du ministère public la **cessation de la publicité**, la décision est exécutoire par provision (C. com., art. L. 443-1 ; C. consom., art. L. 121-3).

RÉGIME DES PEINES

▪ **Solidarité financière des personnes morales.** La juridiction peut condamner solidairement les personnes morales au **paiement des amendes** prononcées contre leurs dirigeants (C. com., art. L. 490-1).

▪ ÉLÉMENTS CONSTITUTIFS – QUALIFICATION

✧ Pour avoir à .... [¤ lieu], le .... [¤ date], [⇨A à C :]

A. effectué une publicité à destination du consommateur, diffusée sur tout support ou visible de l'extérieur du lieu de vente, mentionnant une réduction de prix ou un prix promotionnel sur des produits alimentaires périssables sans préciser la nature ou l'origine des produits offerts ou la période pendant laquelle l'offre promotionnelle était maintenue, en l'espèce en .... [¤ matérialiser l'infraction] (A : *N 20860.ju*) ;

B. étant opérateur de vente d'un produit alimentaire, utilisé le terme « gratuit » comme outil marketing et promotionnel dans le cadre d'une relation commerciale (B : *N 32995.ju*) ;

C. effectué une opération promotionnelle portant sur un produit alimentaire en dehors de la périodicité ou de la durée fixée pour le produit concerné par l'arrêté ministériel ou préfectoral du...... [préciser la date de l'arrêté ministériel ou préfectoral pris en cas d'opération promotionnelle dont l'ampleur et la fréquence sont susceptibles de désorganiser le marché] publié le...... [date de publication de l'arrêté] (C : *N 21609.ju*).

Faits prévus et réprimés par les articles L. 443-1, L. 490-1 et L. 490-2 du code de commerce. ✧

30.30 Vente – Refus de vente – Vente avec prime – Vente subordonnée

▪ PEINES

PERSONNE PHYSIQUE

PP Contrav. 5e cl. 1 500 € (C. consom., art. R. 132-1 (Cas B) et R. 132-2 (Cas C et D) ; C. pén., art. 131-13).

Récidive. 3 000 € (C. consom., art. R. 132-1 (Cas B) et R. 132-2 (Cas C et D) ; C. pén., art. 132-11).

PC Néant.

PERSONNE MORALE

PP 7 500 € (C. consom., art. R. 132-1 (Cas B) et R. 132-2 (Cas C et D) ; C. pén., art. 131-41).
Récidive. 15 000 € (C. consom., art. R. 132-1 (Cas B) et R. 132-2 (Cas C et D) ; C. pén., art. 132-15).

PC Néant.

■ ORIENTEUR

AUTRE QUALIFICATION

- **Pratique commerciale trompeuse – Publicité fausse.** C. com., art. L. 132-2, v. n° 30.6.
- **Pratique commerciale agressive.** C. com., art. L. 132-11, v. n° 30.9.

ÉLÉMENT LÉGAL

- **Application de la loi dans le temps. Abrogation de l'infraction de vente avec prime.** Cas A : la contravention de vente avec prime a été abrogée par le, D. n° 2014-1109, 30 sept. 2014, art. 38, supprimant le 1° du R. 121-13 servant de base aux poursuites. Les dispositions des articles anciens L. 121-35 et R. 121-8 à R. 121-10 qui autorisaient les primes de faible valeur ont été abrogées pour mise en conformité avec la règlementation communautaire par D. n° 2014-1061, 17 sept. 2014. Si la vente avec prime fait l'objet d'une prohibition générale au C. consom., art. L. 121-19, cette interdiction ne fait plus l'objet d'une incrimination spécifique, autrement que par celles qui visent les pratiques déloyales au sens de C. consom., art. L. 121-1 (V. n° 30.6 et 30.9). La souscription de contrats de crédit à la consommation assortis de primes d'une valeur supérieure à celle autorisée par l'arrêté du 30 nov. 2010 reste toutefois incriminée par une contravention de 5e classe (C. consom., art. L. 312-15, R. 341-3, *N 28121.c5*).

■ ÉLÉMENTS CONSTITUTIFS – QUALIFICATION

✧ Pour avoir à .... [¤ lieu], le .... [¤ date], [⇨A à D :]

A. **Vente avec prime.** ~~vendu ou offert de vendre des produits ou des prestations de service donnant droit, immédiatement ou à terme, à une prime consistant en produits, biens ou services non identiques à ceux faisant l'objet de la vente ou de la prestation et dépassant la valeur maximale autorisée, en l'espèce .... [¤ matérialiser l'infraction], la pratique en cause revêtant un caractère déloyal au sens de l'article L. 120-1 du code de la consommation (L. n° 2011-525, 17 mai 2011) (C. consom., art. L. 121-35 et R. 121-13 1°) (*N 2892.c5*)~~ (abrogé, D. n° 2014-1109, 30 sept. 2014) ;

B. **Refus de vente** (v. aussi discrimination). refusé sans motif légitime à un consommateur la vente d'un produit ou la prestation d'un service (C. consom., art. L. 121-11 (anc^{t} L. 122-1) et R. 132-1) (B : *N 2893.c5* ; récidive : *N 9116.c5*) ;

C. **Vente subordonnée.** Subordonné la vente à un consommateur d'un produit à l'achat d'une quantité imposée ou à l'achat concomitant d'un autre produit ou d'un autre service, ou subordonné la prestation d'un service à un consommateur à celle d'un autre service ou à l'achat d'un produit, *cette subordination constituant une pratique commerciale déloyale au sens de l'article L. 120-1 du code de la consommation* (L. n° 2011-525, 17 mai 2011) (C. consom., art. L. 121-11 (anc^{t} L. 122-1) et R. 132-2) (C : *N 2894.c5* ; récidive : *N 9116.c5*) ;

D. **Vente subordonnée à une assurance accessoire.** subordonné la vente d'un bien ou la fourniture d'un service à la conclusion d'un contrat d'assurance accessoire au bien ou au service vendu, sans permettre au consommateur d'acheter le bien ou d'obtenir la fourniture du service séparément (C. consom., art. L. 121-11 et R. 132-2) (D : *N 33041.c5* ; récidive : *N #.c5*) ;

Faits prévus et réprimés par les articles [• du cas sélectionné] du code de la consommation. ✧

30.31 Vente forcée de bien par correspondance – code pénal

■ PEINES

PERSONNE PHYSIQUE

PP Contrav. 5e cl. 1 500 € (C. pén., art. R. 635-2, 131-13).
Récidive. 3 000 € (C. pén., art. R. 635-2 ; C. pén., art. 132-11).

PC 1. Interdiction ⩽ 3 ans émission chèques autres que de retraits ou certifiés (C. pén., art. R. 635-2 et 131-19) ;

2. Confiscation (réelle ou en valeur) chose ayant servi à l'infraction ou destinée à la commettre ou son produit (obligatoire pour objets qualifiés dangereux ou nuisibles par loi ou règlement ou dont la détention est illicite) (C. pén., art. R. 635-2 et 131-21).

PERSONNE MORALE

PP Contrav. 5e cl. 7 500 € (C. pén., art. R. 635-2, 131-41).

Récidive. 15 000 € (C. pén., art. R. 635-2 ; C. pén., art. 132-15).

PC 1. Interdiction ⩽ 3 ans émission chèques autres que de retrait ou certifiés (C. pén., art. R. 635-2 et 131-39 7°) ;

2. Confiscation (réelle ou en valeur) chose ayant servi à l'infraction ou destinée à la commettre, ou son produit (obligatoire pour objets qualifiés dangereux ou nuisibles par loi ou règlement ou dont la détention est illicite) (C. pén., art. R. 635-2, 131-39 8° et 131-21).

■ ORIENTEUR

AUTRE QUALIFICATION

▪ **Vente forcée de bien ou de service – code de la consommation.** V. n° 30.32.

■ ÉLÉMENTS CONSTITUTIFS – QUALIFICATION

✧ Pour avoir à .... [¤ lieu], le .... [¤ date], adressé à une personne, sans demande préalable de celle-ci, un objet quelconque accompagné d'une correspondance indiquant qu'il pouvait être accepté contre versement d'un prix ou renvoyé même sans frais à son expéditeur.

Faits prévus réprimés par les articles R. 132-3 du code de la consommation et R. 635-2 du code pénal (*N #.c5*). ✧

30.32 Vente forcée de bien ou de service – code de la consommation

■ PEINES

PERSONNE PHYSIQUE

PP Délit. 2 ans d'emprisonnement, amende 300 000 € ou ⩽ 10 % du chiffre d'affaires moyen des trois derniers exercices à la date des faits (depuis L. n° 2014-344, 17 mars 2014, auparavant 15 000 €) (C. consom., art. L. 132-17 (anc^{t} L. 122-3, L. 122-12)).

PC Interdiction ⩽ 5 ans d'exercer directement ou indirectement une activité commerciale (C. consom., art. L. 132-18 (anc^{t} L. 122-13)).

PERSONNE MORALE

PP Délit. 1 500 000 € ou ⩽ 50 % du chiffre d'affaires moyen des trois derniers exercices à la date des faits (depuis L. n° 2014-344, 17 mars 2014, auparavant 175 000 €) (C. consom., art. L. 132-17 (anc^{t} L. 122-3, L. 122-12) ; C. pén., art. 131-38).

PC *Idem* n° 30.6 (C. consom., art. L. 132-18 (anc^{t} 122-14)). NB : la peine complémentaire de dissolution, auparavant prévue par C. consom., art. 122-14, a été supprimée par L. n° 2014-344, 17 mars 2014.

■ ORIENTEUR

AUTRE QUALIFICATION

▪ **Vente forcée de bien par correspondance – code pénal.** C. pén., art. R. 635-2, v. n° 30.31.

MESURE CIVILE

▪ **Conséquence civile de l'infraction. Nullité du contrat :** tout contrat conclu consécutivement à la mise en œuvre d'une pratique commerciale illicite est nul et de nul effet. Tout professionnel vendeur de bien ou prestataire de services qui aura indûment perçu d'un consommateur un paiement sans engagement exprès et préalable de ce dernier est tenu de restituer les sommes ainsi prélevées qui sont productives d'intérêts au taux légal calculés à compter de la date du paiement indu et d'intérêts au taux légal majoré de moitié à compter de la demande de remboursement faite par le consommateur (C. consom., art. L. 132-16 (anc^{t} L. 122-3)).

■ ÉLÉMENTS CONSTITUTIFS – QUALIFICATION

✧ Pour avoir à .... [¤ lieu], le .... [¤ date], étant professionnel, fourni au consommateur, sans sa commande préalable, un [⇨A ou B :]

A. **bien** et exigé son paiement immédiat ou différé ou son renvoi ou sa conservation (A : *N* ***120.co*** ; par personne morale : *N* ***28342.co***) ;

B. **service** et exigé son paiement immédiat ou différé (B : *N* ***28343.co*** ; par personne morale : *N* ***28344.co***).

Faits prévus et réprimés par les articles L. 121-12, L. 132-17 et L. 132-18 (anc[t] L. 122-3, L. 122-12 et L. 122-13) du code de la consommation. ✧

30.33 Liquidation, soldes, vente au déballage, magasin d'usine, parc d'exposition et salon professionnel

■ PEINES

PERSONNE PHYSIQUE

PP Cas A à E : Délit. 15 000 € (C. com., art. L. 310-5).

Cas F : Contrav. 5ᵉ cl. 1 500 € (C. com., art. R. 310-19 ; C. pén., art. 131-13).

PC Cas A à E : affichage, ⩽ 2 mois, *et/ou* (L. nº 2011-525, 17 mai 2011) diffusion de la décision ou d'extraits aux frais (⩽ amende encourue) du condamné (C. com., art. L. 310-5 ; C. pén., art. 131-35).

PERSONNE MORALE

PP Cas A à E : Délit.75 000 € (C. com., art. L. 310-6 ; C. pén., art. 131-38).

Cas F : Contrav. 5ᵉ cl. 7 500 € (C. com., art. R. 310-19 ; C. pén., art. 131-41).

PC Cas A à E : affichage, ⩽ 2 mois, ou diffusion de la décision ou d'extraits aux frais (⩽ amende encourue) du condamné (C. com., art. L. 310-6 ; C. pén., art. 131-39 9º, 131-48 et 131-35).

■ ORIENTEUR

AUTRE QUALIFICATION

▪ **Liquidation, vente au déballage, soldes, vente directe, salon professionnel – Publicité en faveur d'une opération irrégulière (infraction administrative).** C. consom., art. L. 121-22 et L. 132-24, v. nº 30.34.

▪ **Vente à la sauvette (L. no 2011-267, 14 mars 2011).** V. nº 30.35.

ÉLÉMENT LÉGAL

▪ **Définition.** • **Liquidations :** ventes précédées ou accompagnées de publicité et annoncées comme tendant, par une réduction du prix, à l'écoulement accéléré de la totalité ou d'une partie des marchandises à la suite d'une décision de cessation, de suspension saisonnière ou de changement d'activité, ou de modification substantielle des conditions d'exploitation (C. com., art. L. 310-1). • **Ventes au déballage :** ventes et rachats de marchandises dans des locaux ou emplacements non destinés à la vente au public ou au rachat de ces marchandises ou à partir de véhicules spécialement aménagés à cet effet, ne concerne pas les tournées des voitures boutiques vendant des produits de consommation courante dans l'agglomération de leur établissement ou son voisinage, les personnes justifiant d'une permission de voirie ou de stationnement, les manifestations commerciales comportant des ventes de marchandises au public dans un parc d'exposition, les manifestations commerciales qualifiées de salon professionnel, les fêtes foraines et de manifestations agricoles lorsque seuls des producteurs ou des éleveurs y sont exposants (C. com., art. L. 310-2). V. également vente à la sauvette, nº 30.35. • **Soldes** : il s'agit des ventes accompagnées ou précédées de publicité et annoncées comme tendant, par une réduction de prix, à l'écoulement accéléré de marchandises en stock. Elles ont lieu durant deux périodes fixées par un arrêté du ministre chargé de l'économie. (C. com., art. L. 310-3, mod. par. L. nº 2019-486, 22 mai 2019). • **Magasins d'usine :** la dénomination de magasin ou dépôt d'usine ne peut être utilisée que par le producteur vendant directement au public la production non écoulée de la saison antérieure ou faisant l'objet de retour (C. com., art. L. 310-4). • **Parc d'exposition** : ensemble immobilier clos indépendant, doté d'installations et d'équipements appropriés ayant un caractère permanent et non soumis au régime d'autorisation par la commission départementale d'aménagement commercial des grandes surfaces de commerce de détail prévu par C. com., art. L. 751-1 et L. 752-1, qui accueille, pendant tout ou partie de l'année, des manifestations commerciales ou autres, à caractère temporaire (C. com., art. L. 762-1). • **Salon professionnel** : manifestation commerciale consacrée à la promotion d'un ensemble d'activités professionnelles réservée à des visiteurs justifiant d'un titre d'accès payant ou gratuit (C. com., art. L. 762-2).

TEXTE DE RÉFÉRENCE

▪ **Régime de la liquidation. Déclaration préalable** (jusqu'à Ord. n° 2004-274, 25 mars 2004, la vente en liquidation était subordonnée à une autorisation administrative préalable) auprès du maire de la commune ou la vente est prévue (C. com., art. R. 310-2) (jusqu'à Ord. n° 2014-295, 6 mars 2014, la déclaration était effectuée auprès de l'autorité administrative) accompagnée d'un inventaire des marchandises à liquider (C. com., art. L. 310-1). Le bénéficiaire ne peut vendre durant l'opération (dont la durée ne peut être > 2 mois) d'autres marchandises que celles figurant sur l'inventaire et doit justifier auprès de l'administration compétente, dans les six mois de l'autorisation, de l'absence de réalisation de l'événement ayant motivé sa demande (radiation du RCS, travaux etc.) (C. com., art. L. 310-1). Aucune vente en liquidation ne peut intervenir tant que le récépissé de déclaration n'a pas été délivré par le maire (C. com., art. R. 310-3). Ce récépissé de déclaration doit être affiché sur les lieux de vente (C. com., art. R. 310-4). La publicité relative à la vente ne peut porter que sur les produits inscrits à l'inventaire annexé à la déclaration préalable (C. com., art. R. 310-7). C. com., art. A. 310-1 à A. 310-6 fixent les conditions de la déclaration et de l'information sur les lieux de vente.

▪ **Régime de la vente au déballage. Déclaration préalable** (jusqu'à Ord. n° 2004-274, 25 mars 2004, la vente au déballage était subordonnée à une autorisation préalable du maire, ou de l'autorité administrative lorsque la surface dépassait 300 m²) auprès du maire de la commune du lieu de vente et copie concomitante à l'autorité administrative chargée de la concurrence et de la consommation. L'opération ne peut excéder deux mois par an sur un même emplacement ou dans le même arrondissement (C. com., art. L. 310-2 et R. 310-8 (anc[t] (D. n° 96-1097, 16 déc. 1996, art. 8)). V. également vente à la sauvette, n° **30.35**. Les particuliers non inscrits au RCS peuvent participer aux ventes au déballage « *en vue de vendre exclusivement des objets personnels et usagés deux fois par an au plus* » (C. com., art. L. 310-2). Ces ventes (ex. brocante, vide-greniers) sont contrôlées au moyen du registre permettant l'identification des vendeurs, qui doit être tenu en application de C. pén., art. 321-7 (v. n° **22.51**, cas **B**) par la personne qui organise une manifestation en vue de la vente ou de l'échange d'objets mobiliers usagés au déballage (C. com., art. R. 310-9).

▪ **Régime des soldes. Conditions** : les soldes ne peuvent être réalisées qu'au cours des périodes autorisées par arrêté du ministre chargé de l'économie (AM 27 mai 2019, NOR : ECOI1911930A, *JO* 29 mai 2019) et doivent porter sur des marchandises déjà proposées à la vente et payées depuis au moins un mois à la date du début de l'opération (C. com., art. L. 310-3). Dans toute publicité, enseigne, dénomination sociale ou nom commercial, les mots « *solde(s)* » ou ses dérivés ne peuvent être employés que pour une opération régulière de soldes (C. com., art. L. 310-3). Le vendeur doit tenir à disposition des agents de contrôle les documents justifiant que les marchandises avaient préalablement été proposées à la vente et payées depuis au moins un mois à la date de début des soldes (C. com., art. R. 310-16). Les conditions d'information du consommateur sur les produits soldés et leur prix sont fixées par C. com., art. A. 310-7 à A. 310-9.

▪ **Régime des magasins d'usine. Contrôle** : le vendeur doit tenir à disposition des agents de contrôle les documents justifiant de la date de fabrication des produits (C. com., art. R. 310-18 (anc[t] D. n° 96-1097, 16 déc. 1996, art. 14)).

▪ **Régime des parcs d'exposition. Enregistrement préalable et déclaration des manifestations commerciales** : le parc d'exposition est enregistré auprès de l'autorité administrative compétente (préfet, C. com., art. R. 762-1). Le programme des manifestations commerciales qu'il accueille fait chaque année l'objet d'une déclaration préalable auprès de l'autorité administrative compétente (C. com., art. L. 762-1), avant le 1er octobre pour l'année suivante (C. com., art. R. 762-5). Toute modification du programme initial fait l'objet d'une nouvelle déclaration (C. com., art. R. 762-7).

▪ **Régime des salons professionnels. Déclaration préalable** : le salon professionnel fait l'objet d'une déclaration préalable auprès de l'autorité administrative compétente (préfet, C. com., art. R. 762-10). Il ne propose à la vente sur place que des marchandises destinées à l'usage personnel de l'acquéreur, dont la valeur n'excède pas un plafond fixé par décret (C. com., art. L. 762-2), en l'espèce 80 € TTC (C. com., art. R. 762-13).

ÉLÉMENT MATÉRIEL

▪ **Illustration.** Dans une affaire où, dans le cadre d'un contrat de « commission-affiliation », le détaillant affilié vendait, pour le compte d'une autre société juridiquement indépendante, un stock de marchandises dont il n'était pas propriétaire et qu'il détenait donc en dépôt-vente, est approuvée la décision de condamnation du détaillant qui « *ne s'est pas bornée à écouler le stock qu'elle détenait, mais a effectué, au cours de la période de soldes, un réassortiment auprès d'un fournisseur qui constituait une entité juridique distincte et écoulait ainsi son propre stock* » (§ 15) et qui énonce que « *les produits soldés par la prévenue n'avaient pas été proposés à la vente depuis au moins un mois* » (§ 16) (Crim. 22 févr. 2022, n° 21-83.226, P).

RÉGIME PROCÉDURAL

▪ **Compétence juridictionnelle. Cas A à E : juge unique correctionnel** (C. pr. pén., art. 398-1, v. n° 17.15D2).

▪ **Ordonnance pénale délictuelle. Cas A à E : possible** (C. pr. pén., art. 495-II, v. n° 15.48B1 et tableau n° 17.15D2).

▪ **Amende forfaitaire délictuelle. Cas A à E : possible** depuis L. n° 2023-22, 24 janv.2023, **y compris en cas de récidive**, si l'infraction est relevée par **procès-verbal électronique** (C. com., art. L. 310-5, C. pr. pén., art. 495-17 s. et **D. 45-3**). Amende minorée : **150 €** ; forfaitaire : **200 €** ; majorée : **450 €** ; C. pr. pén., art. 495-20 et 495-21 relatifs à l'exigence d'une consignation préalable à la contestation ne sont pas applicables. Sur la procédure d'amende forfaitaire délictuelle, v. n° **15.47**.

MESURE ADMINISTRATIVE

▪ **Transaction administrative.** Tant que l'action publique n'a pas été mise en mouvement, l'autorité administrative chargée de la concurrence et de la consommation peut transiger, après accord du procureur de la République (C. com., art. L. 310-6-1 et L. 470-4-1).

▪ ÉLÉMENTS CONSTITUTIFS – QUALIFICATION

✧ Pour avoir à .... [¤ lieu], le .... [¤ date], [⇨A à H :]

A. **LIQUIDATION**

procédé à une vente en liquidation...(C. com., art. L. 310-1, L. 310-5 et L. 310-6) [⇨A1 à A4 :]

A1. ...sans déclaration préalable auprès du maire (A1 : *N* ***689.ju*** ; par personne morale : *N* ***21922.ju***) ;

A2. ...excédant une durée de deux mois (A2 : *N* ***30604.ju*** ; par personne morale : *N* ***#.ju***) ;

A3. ...en proposant à la vente d'autres marchandises que celles figurant à l'inventaire accompagnant une déclaration de vente en liquidation (A3 : *N* ***25483.ju*** ; par personne morale : *N* ***#.ju***) ;

A4. ...en omettant d'informer l'autorité administrative compétente, au plus tard dans les six mois de la déclaration, de l'absence de réalisation de l'événement ayant motivé la déclaration de vente en liquidation (A4 : *N* ***29033.ju*** ; par personne morale : *N* ***#.ju***) ;

B. **VENTE AU DÉBALLAGE**

procédé à une vente au déballage sans déclaration préalable auprès du maire ou en méconnaissance des conditions de cette déclaration (C. com., art. L. 310-2, L. 310-5 et L. 310-6) (B : *N* ***690.ju*** ; par personne morale : *N* ***21921.ju***) ;

C. **SOLDES**

réalisé des soldes...[⇨C1 ou C2 :]

~~C1. en dehors des périodes autorisées (C. com., art. L. 310-3, L. 310-5 et L. 310-6) (*N* ***13196.ju*** ; par personne morale : *N* ***22767.ju***)~~ (abrogé par L. n° 2008-776, 4 août 2008) ;

C2. ...portant sur des marchandises détenues depuis moins d'un mois à la date de début des soldes considérées (C. com., art. L. 310-3, L. 310-5 et L. 310-6) (C2 : *N* ***20854.ju*** ; par personne morale : *N* ***21923.ju***) ;

D. **EMPLOI IRRÉGULIER DU MOT « SOLDES »**

utilisé le mot « soldes » ou ses dérivés en dehors d'une opération de soldes telle que définie par l'article L. 310-3 du code de commerce (C. com., art. L. 310-3, L. 310-5 et L. 310-6) (D : *N 10239.ju ;* par personne morale : *N #.ju*) ;

E. **EMPLOI IRRÉGULIER DU MOT « MAGASIN D'USINE » OU « DÉPÔT D'USINE »**

utilisé le mot « magasin d'usine » ou « dépôt d'usine » en dehors des cas prévus par l'article L. 310-4 du code de commerce (C. com., art. L. 310-4, L. 310-5 et L. 310-6) (E : *N 20855.ju ;* par personne morale : *N 22528.ju*) ;

F. **PARC D'EXPOSITION**

F1. omis d'enregistrer un parc d'exposition auprès de l'autorité administrative compétente (C. com., art. L. 762-1, R. 762-1, L. 310-5 et L. 310-6) (F1 : *N 27255.ju ;* par personne morale : *N #.ju*) ;

F2. omis de déclarer le programme annuel d'un parc d'exposition ou de déclarer les modifications au programme auprès de l'autorité administrative compétente (C. com., art. L. 762-1, R. 762-4, R. 762-7, L. 310-5 et L. 310-6) (F2 : *N 27256.ju ;* par personne morale : *N #.ju*) ;

G. **SALON PROFESSIONNEL**

organisé une manifestation commerciale sans déclaration préalable auprès de l'autorité administrative compétente (C. com., art. L. 762-2, R. 762-10, L. 310-5 et L. 310-6) (G : *N 26116.ju ;* par personne morale : *N #.ju*) ;

H. **CONTRAVENTIONS EN MATIÈRE DE LIQUIDATION, VENTE AU DÉBALLAGE ET SOLDES**

H1. omis d'afficher le récépissé de déclaration de la vente en liquidation sur les lieux de vente (C. com., art. R. 310-4 et R. 319-19 1°) (H1 : *N 25484.c5*) ;

H2. omis de mentionner dans une publicité relative à une opération de liquidation que la vente ne portait que sur les produits inscrits à l'inventaire de la déclaration de liquidation (C. com., art. R. 310-7 et R. 319-19 2°) (H2 : *N 21731.c5*) ;

H3. réalisé une vente au déballage dépassant la durée de deux mois par année civile dans un même local, sur un même emplacement ou dans un même arrondissement, dont il avait été informé par le maire (C. com., art. L. 310-2, R. 310-8 et R. 319-19 3°) (H3 : *N 27140.c5*) ;

H4. omis de mentionner dans une publicité relative à une opération de soldes la date de début de l'opération et la nature des marchandises sur lesquelles porte l'opération (C. com., art. R. 310-17 et R. 319-19 4°) (H4 : *N 21732.c5*) ;

Faits prévus et réprimés par les articles [• du cas sélectionné]. ✧

30.34 Liquidation, vente au déballage, soldes, vente directe, salon professionnel – Publicité en faveur d'une opération irrégulière (infraction administrative)

■ PEINES

PERSONNE PHYSIQUE

PP Amende administrative 15 000 € (C. consom., art. L. 132-24 (anc^t L. 121-15).

PC Publication intégrale ou par extrait de la décision ou par communiqué, par voie de presse, voie électronique ou voie d'affichage (durée ⩽ 2 mois) (C. consom., art. L. 522-6, R. 522-3 à R. 522-5 (anc^t L. 141-1-2, R. 141-6).

PERSONNE MORALE

PP Amende administrative 75 000 € (C. consom., art. L. 132-24 (anc^t L. 121-15).

PC *Idem* personne physique.

■ ORIENTEUR

AUTRE QUALIFICATION

▪ Liquidation, soldes, vente au déballage, magasin d'usine, parc d'exposition et salon professionnel. C. consom., art. L. 310-5, v. n° 30.33.

ÉLÉMENT LÉGAL

▪ **Dépénalisation.** Les comportements ci-dessous, auparavant incriminés comme délits passibles d'une amende de 35 000 € (pour les personnes physiques), ne relèvent plus depuis le 19 mars 2014 que de l'amende administrative (L. n° 2014-344, 17 mars 2014, modifiant C. consom., art. L. 121-15 devenu L. 121-22).

MESURE ADMINISTRATIVE

▪ **Sanction administrative financière.** Tout manquement à C. consom., art. L. 121-22 (anc[t] L. 121-15) est passible d'une amende administrative prononcée par l'autorité administrative chargée de la concurrence et de la consommation dans les conditions prévues par C. consom., art. L. 522-1 et s (anc[t] L. 141-1-2) et R. 522-1 s. (anc[t] R. 141-6 (D. n° 2014-1109, 30 sept. 2014) (C. consom., art. L. 132-24 (anc[t] L. 121-15)).

▪ ÉLÉMENTS CONSTITUTIFS – QUALIFICATION

✧ Pour avoir à .... [¤ lieu], le .... [¤ date], étant annonceur, effectué ou fait effectuer une publicité en faveur... [⇨A à E :]

A. **Liquidation**

...d'une vente en liquidation n'ayant pas fait l'objet d'une déclaration préalable (C. com., art. L. 310-1) (A : *N 21696.ia*) ;

B. **Vente au déballage**

d'une vente au déballage n'ayant pas fait l'objet d'une déclaration préalable (C. com., art. L. 310-2) (B : *N 10197.ia*) ;

C. **Soldes**

...d'une vente en soldes effectuée en dehors des périodes autorisées (C. com., art. L. 310-3) (C : *N 21695.ia*) ;

D. **Vente directe**

...d'une vente directe du producteur au public en dehors des cas autorisés (C. com., art. L. 310-4) (D : *N 13073.ia*) ;

E. **Salon professionnel**

...d'un salon professionnel n'ayant pas fait l'objet d'une déclaration préalable (C. com., art. L. 762-2) (E : *N 25465.ia*).

Infraction administrative prévue et réprimée par les articles L. 121-22, L. 132-24, L. 522-1 et s, R. 522-1 s. (anc[t] L. 121-15, L. 113-3, L. 121-15, L. 141-1-2 et R. 141-6) du code de la consommation et......... [¤ articles concernés]. ✧

30.35 Vente à la sauvette (L. n° 2011-267, 14 mars 2011)

▪ PEINES

PERSONNE PHYSIQUE

PP Délit. Cas A : 6 mois d'emprisonnement, 3 750 € (C. pén., art. 446-1, L. n° 2011-267, 14 mars 2011) ; Cas B : 1 an d'emprisonnement, 15 000 € (C. pén., art. 446-2, L. n° 2011-267, 14 mars 2011).

PC 1. Confiscation de la chose ayant servi à commettre l'infraction ou destinée à la commettre ou qui en est le produit (C. pén., art. 446-3 1°) ;

2. Destruction de la chose ayant servi à commettre l'infraction ou destinée à la commettre ou qui en est le produit (C. pén., art. 446-3 2°) ;

3. Condamnation à verser au Trésor public une somme correspondant à la valeur des produits consignés, dans le cas où il n'a pas été procédé à une saisie (C. com., art. L. 442-11).

PERSONNE MORALE

PP Délit. Cas A : 18 750 (C. pén., art. 446-1 et 446-4, L. n° 2011-267, 14 mars 2011, art. 131-38) ; Cas B : 75 000 € (C. pén., art. 446-2 et 446-4, L. n° 2011-267, 14 mars 2011, C. pén., art. 131-38).

PC 1. Dissolution (sauf personnes morales de droit public, partis, groupements politiques, syndicats, institutions représentatives du personnel) si personne morale créée pour commettre l'infraction (C. pén., art. 446-4, 131-39 1° et 131-45) ;

2. Interdiction, définitive ou ⩽ 5 ans, une ou plusieurs activités professionnelles ou sociales en relation avec l'infraction (C. pén., art. 446-4 et 131-39 2°) ;

3. Surveillance judiciaire ⩽ 5 ans, sauf personnes morales de droit public, partis, groupements politiques, syndicats (C. pén., art. 446-4, 131-39 3° et 131-46) ;

4. Fermeture, définitive ou ⩽ 5 ans, un ou plusieurs établissements en relation avec l'infraction (C. pén., art. 446-4 et 131-39 4°) ;

5. Exclusion, définitive ou ⩽ 5 ans, marchés publics (C. pén., art. 446-4 et 131-39 5°) ;

6. Interdiction, définitive ou ⩽ 5 ans, procéder à une offre au public de titres financiers ou de les faire admettre aux négociations sur un marché réglementé (C. pén., art. 446-4 et 131-39 6°) ;

7. Interdiction, ⩽ 5 ans, d'utiliser des cartes de paiement ou d'émettre des chèques autres que de retrait ou certifiés (C. pén., art. 446-4 et 131-39 7°) ;

8. Confiscation de la chose ayant servi à l'infraction ou destinée à la commettre, ou son produit (obligatoire pour objets qualifiés dangereux ou nuisibles par loi ou règlement ou dont la détention est illicite) (C. pén., art. 446-4, 131-39 8° et 131-21) ;

9. Affichage, ⩽ 2 mois, *et/ou* (L. n° 2011-525, 17 mai 2011) diffusion de la décision ou d'extraits aux frais (⩽ amende encourue) du condamné (C. pén., art. 446-4, 131-39 9°, 131-48 et 131-35).

■ ORIENTEUR

AUTRE QUALIFICATION

▪ **Vente au déballage sans déclaration.** C. consom., art. L. 310-2 et L. 310-5, v. n° 30.33.

▪ **Exercice non autorisé du commerce dans une gare ou dans un train.** C. transp., art. R. 2241-11, anc^t^ D. n° 2016-541, 3 mai 2016, art. 21 ; v. n° 30.38.

▪ **Activité ambulante –Défaut d'attestation ou de carte.** V. n° 27.12.

▪ **Exploitation de la vente à la sauvette (L. n° 2011-267, 14 mars 2011).** V. n° 30.36.

▪ **Vente irrégulière dans les lieux publics.** C. com., art. R. 442-4 (anc^t^. R-442-2), v. n° 30.37.

▪ **Vente habituelle de billets de spectacle sans autorisation du producteur ou exploitant.** V. n° 34.13.

▪ **Délits douaniers – Contrebande – Importation, exportation de produits du tabac manufacturé.** Dans le cas où la vente à la sauvette porte sur des produits du tabac manufacturé, v. n° 33.39 (C. pén., art. R. 644-3).

▪ **Acquisition de tabac manufacturé vendu à la sauvette (D. n° 2019-1396, 18 déc. 2019).** Dans le cas où l'acquisition porte sur des produits du tabac manufacturé vendus à la sauvette, v. n° 33.39 (C. pén., art. R. 644-3).

ÉLÉMENT LÉGAL

▪ **Application de la loi dans le temps.** Auparavant contravention de 4e cl. incriminée dans les mêmes termes par C. pén., art. R. 644-3 (v. n° 30.37), la vente à la sauvette a été érigée en délit par L. n° 2011-267, 14 mars 2011. C. pén., art. R. 644-3, qui continuait toutefois à incriminer dans les mêmes termes la vente à la sauvette, a été adapté par D. n° 2019-1396, 18 déc. 2019 qui a mis fin à cette incrimination contraventionnelle et voué C. pén., art. R. 644-3 à la nouvelle contravention d'acquisition de produits du tabac manufacturés vendus à la sauvette créée par le même décret (v. n° 33.39).

▪ **Définition. Vente à la sauvette** : la vente à la sauvette est le fait, sans autorisation ou déclaration régulière, d'offrir, de mettre en vente ou d'exposer en vue de la vente des biens ou d'exercer toute autre profession dans les lieux publics en violation des dispositions réglementaires sur la police de ces lieux (C. pén., art. 446-1).

TEXTE DE RÉFÉRENCE

▪ **Prohibition de la vente à la sauvette.** « *Il est interdit à toute personne d'offrir à la vente des produits ou de proposer des services en utilisant, dans des conditions irrégulières, le domaine public de l'État, des collectivités locales et de leurs établissements publics* » (C. com., art. L. 442-11, an^t^. L. 442-8)).

RÉGIME PROCÉDURAL

▪ **Compétence juridictionnelle. Juge unique** (C. pr. pén., art. 398-1 5°).

▪ **Ordonnance pénale. Possible** (C. pr. pén., art. 495 II), sur la procédure d'ordonnance pénale délictuelle, v. n° 15.47.

▪ **Amende forfaitaire délictuelle.** Cas A : **possible** depuis L. n° 2019-222, 23 mars 2019, **y compris en cas de récidive**, si l'infraction est relevée par **procès-verbal électronique** (C. pén., art. **446-1**, C. pr. pén., art. 495-17 s. et **D. 45-3**). Amende minorée : **250 €** ; forfaitaire : **300 €** ; majorée : **600 €** (C. pén., art. **446-1**). **Cas** B : **possible** aux mêmes conditions depuis L. n° 2023-22, 24 janv.2023, **y compris en cas de récidive** (C. pén., art. **446-2**). Amende minorée : **400 €** ; forfaitaire : **500 €** ; majorée : **1000 €**. Sur la procédure d'amende forfaitaire délictuelle, v. n° 15.47. « *Sous l'autorité des procureurs généraux qui doivent veiller à l'harmonisation des politiques pénales déclinées sur leurs ressorts, les procureurs de la République fixeront, par des instructions circonstanciées aux forces de sécurité intérieure, les modalités de recours à ces procédures et s'assureront de leur respect dans le cadre de leurs prérogatives de direction de la police judiciaire* » (Circ. Crim. 2023-9/E1, 6 juill. 2023 ; NOR : JUSD231868C).

▪ **Pouvoir des agents de constatation.** • **Lieux et véhicules destinés au transport de voyageurs. Constatation du délit et appréhension des marchandises.** Les OPJ et APJ et les agents assermentés de l'exploitant du service de transport (les agents mentionnés au I de C. transp., art. L. 2241) peuvent constater par procès-verbal l'infraction prévue au C. pén., art. 446-1 si elle est commise dans les véhicules et emprises immobilières des transports public de voyageurs. Ils peuvent y appréhender, en vue de leur confiscation par le tribunal, les marchandises de toute nature offertes, mises en vente ou exposées en vue de la vente sans autorisation administrative, ainsi que leurs étals. Les denrées impropres à la consommation humaine sont détruites, les denrées périssables remises à des organisations caritatives ou humanitaires d'intérêt général. Il est rendu compte à l'OPJ compétent de la saisie, destruction, ou remise aux organisations caricatives ou humanitaires, des marchandises (C. transp., art. L. 2241-5, mod. L. n° 2016-339 ; 22 mars 2016). • **Consignation des marchandises et installations.** Sans préjudice des pouvoirs de saisie sur le fondement du C. pr. pén. (sur les saisies, v. n° 11.61), les agents de constatation peuvent consigner, dans des locaux qu'ils déterminent et pendant une durée qui ne peut être > 1 mois, les produits offerts à la vente et les biens ayant permis la vente des produits ou l'offre de services. La consignation donne lieu à l'établissement immédiat d'un procès-verbal. Celui-ci comporte un inventaire des biens et des marchandises consignés ainsi que la mention de leur valeur. Il est communiqué dans les 5 jours de sa clôture au procureur de la République et à l'intéressé (C. com., art. L. 442-11).

▪ **ÉLÉMENTS CONSTITUTIFS – QUALIFICATION**

✧ Pour, à .... [¤ lieu], le .... [¤ date], [⇨A puis le cas échéant B :]

A. [⇨A1 ou A2 :]

A1. sans autorisation ou déclaration régulière, offert, mis en vente ou exposé en vue de la vente des biens dans un lieu public, en l'espèce en .... [¤ matérialiser l'infraction] (A1 : *N 2223.ju*) ;

A2. exercé une profession dans un lieu public en violation des dispositions réglementaires sur la police de ces lieux, en l'espèce en .... [¤ matérialiser l'infraction] (A2 : *N 21288.ju*) ;

B. [• Préciser le cas échéant dans le **cas** A :] avec cette circonstance que l'infraction a été [⇨B1 ou B2 :]

B1. accompagnée de voies de fait ou de menaces (B1 : *N 28123.ju*) ;

B2. commise en réunion (B2 : *N 28124.ju*) ;

Faits prévus et réprimés par les articles : **PERSONNES PHYSIQUES.** 446-1 (+ Cas B : 446-2) et 446-3 du code pénal. **PERSONNES MORALES.** 446-1 (+ Cas B : 446-2) et 446-4 du code pénal. ✧

30.36 Exploitation de la vente à la sauvette (L. n° 2011-267, 14 mars 2011)

■ PEINES

PERSONNE PHYSIQUE

PP Délit. Cas A et B : 3 ans d'emprisonnement, 45 000 € (C. pén., art. 225-12-8, L. n° 2011-267, 14 mars 2011) ; Cas C : 5 ans d'emprisonnement, 75 000 € (C. pén., art. 225-12-9, L. n° 2011-267, 14 mars 2011) ; Cas D : 10 ans d'emprisonnement, 1 500 000 € (C. pén., art. 225-12-10, L. n° 2011-267, 14 mars 2011).

PC 1. Interdiction, ⩽ 5 ans, des droits civiques, civils et de famille (vote, éligibilité, fonction juridictionnelle, expert, témoin, tuteur, curateur) (C. pén., art. 225-20 1° et 131-26) ;

2. Interdiction, définitive ou ⩽ 5 ans, d'exercer l'activité professionnelle ou sociale en relation avec l'infraction, fonction publique (sauf mandat électif ou syndical) (C. pén., art. 225-20 2° et 131-27) ;

3. Interdiction de séjour, ⩽ 5 ans (C. pén., art. 225-20 3, 131-31 et 131-32 ; C. pr. pén., art. 762-1 à 763) ;

4. Interdiction d'exploiter, directement ou indirectement, les établissements ouverts au public ou utilisés par le public spécifiés par le jugement, d'y être employé, ou d'y conserver une participation financière. (C. pén., art. 225-20 4°) ;

5. Interdiction, ⩽ 5 ans, de détention ou de port d'arme soumise à autorisation (C. pén., art. 225-20 5°) ;

6. Interdiction, ⩽ 5 ans, de quitter le territoire (C. pén., art. 225-20 6°) ;

7. Interdiction, définitive ou ⩽ 10 ans, d'exercer une activité professionnelle ou bénévole impliquant un contact habituel avec des mineurs (C. pén., art. 225-20 7°) ;

8. Stage de responsabilité parentale (C. pén., art. 131-5-1 et 225-20 8) (pour les faits commis avant le 24 mars 2020 et jugés après cette date, L. n° 2019-222, 23 mars 2019, en vigueur le 24 mars 2020. Pour les faits commis à partir du 24 mars 2020, v. nouvelle réd. C. pén., art. 131-5-1 et n° 18.33) ;

9. Auteur étranger : interdiction du territoire français, définitive ou ⩽ 10 ans (C. pén., art. 225-21, 131-30 à 131-30-2) ;

PERSONNE MORALE

PP Délit. Cas A et B : 225 000 € (C. pén., art. 225-12-8 et 131-38, L. n° 2011-267, 14 mars 2011). Cas C : 375 000 € (C. pén., art. 225-12-9 et 131-38, L. n° 2011-267, 14 mars 2011). Cas D : 7 500 000 € (C. pén., art. 225-12-10 et 131-38, L. n° 2011-267, 14 mars 2011).

PC Néant.

■ ORIENTEUR

AUTRE QUALIFICATION

▪ **Exploitation de la mendicité d'autrui.** V. n° 20.115.

▪ **Vente au déballage sans autorisation.** V. n° 30.34.

▪ **Vente à la sauvette (L. n° 2011-267, 14 mars 2011).** V. n° 30.35.

▪ **Vente irrégulière dans les lieux publics.** V. n° 30.37.

▪ **Délits douaniers – Contrebande – Importation, exportation de produits du tabac manufacturé.** Dans le cas où la vente à la sauvette porte sur des produits du tabac manufacturé, v. n° 33.39 (C. pén., art. R. 644-3).

▪ **Acquisition de tabac manufacturé vendu à la sauvette (D. n° 2019-1396, 18 déc. 2019).** Dans le cas où l'acquisition porte sur des produits du tabac manufacturé vendus à la sauvette, v. n° 33.39 (C. pén., art. R. 644-3).

ÉLÉMENT LÉGAL

▪ **Application de la loi pénale dans le temps.** Incrimination créée par L. n° 2011-267, 14 mars 2011.

▪ **définition. Exploitation de la vente à la sauvette.** L'exploitation de la vente à la sauvette est le fait, par quiconque, afin d'en tirer profit de quelque manière que ce soit, d'embaucher, d'entraîner ou de détourner une personne en vue de l'inciter à offrir, mettre en vente ou exposer en vue de la vente des biens sans autorisation ou déclaration régulière, ou à exercer toute autre profession dans les lieux publics en violation des dispositions réglementaires sur la police de ces lieux, ou d'exercer une pression pour qu'elle commette cette infraction ou continue de le faire (C. pén., art. 225-12-8).

▪ **Domaine d'application. Infractions assimilées à l'exploitation de la vente à la sauvette** : sont assimilés à l'exploitation de la vente le fait de recevoir des subsides d'une personne se livrant habituellement à la vente à la sauvette et le fait de **ne pouvoir justifier de ressources correspondant à son train de vie** tout en exerçant une influence de fait, permanente ou non, sur une ou des personnes se livrant habituellement à la vente à la sauvette, ou en étant en relation habituelle avec cette ou ces dernières (C. pén., art. 225-12-8).

▪ ÉLÉMENTS CONSTITUTIFS – QUALIFICATION

✧ Pour, à .... [¤ lieu], le .... [¤ date], [⇨A ou B puis le cas échéant C ou D :]

A. **EXPLOITATION DE LA VENTE À LA SAUVETTE [C. PÉN., ART. 225-12-8]**

Afin d'en tirer profit de quelque manière que ce soit, embauché, entraîné ou détourné une personne en vue de l'inciter à [⇨A1 ou A2 puis le cas échéant C ou D :]

A1. offrir, mettre en vente ou exposer en vue de la vente des biens sans autorisation ou déclaration régulière, ou exercé une pression pour qu'elle commette cette infraction ou continue de le faire, en l'espèce en .... [¤ matérialiser l'infraction] (A1 : *N 28125.co*) ;

A2. exercer une profession dans les lieux publics en violation des dispositions réglementaires sur la police de ces lieux, ou exercé une pression pour qu'elle commette cette infraction ou continue de le faire, en l'espèce en .... [¤ matérialiser l'infraction] (A2 : *N 28125.co*) ;

B. **INFRACTIONS ASSIMILÉES À L'EXPLOITATION DE LA VENTE À LA SAUVETTE [C. PÉN., ART. 225-12-8]**

[⇨B1 ou B2 puis le cas échéant C ou D :]

B1. reçu des subsides d'une personne commettant habituellement des faits de vente à la sauvette (B1 : *N 28125.co*) ;

B2. omis de justifier de ressources correspondant à son train de vie tout en exerçant une influence de fait, permanente ou non, sur une ou des personnes se livrant habituellement à la vente à la sauvette, ou en étant en relation habituelle avec cette ou ces dernières (B2 : *N #.co*) ;

C. **EXPLOITATION AGGRAVÉE DE LA VENTE À LA SAUVETTE [C. PÉN., ART. 225-12-9]**

[• Préciser le cas échéant dans le cas A ou B :] avec cette circonstance que l'infraction a été commise [⇨C1 à C9 :]

C1. à l'égard d'un mineur (C1 : *N 28126.co*) ;

C2. à l'égard d'une personne présentant une particulière vulnérabilité, apparente ou connue de l'auteur, due à une maladie, une infirmité, une déficience physique ou psychique ou un état de grossesse (C2 : *N 28127.co*) ;

C3. à l'égard de plusieurs personnes (C3 : *N 28128.co*) ;

C4. à l'égard d'une personne incitée à se livrer à la vente à la sauvette hors du territoire national (C4 : *N 28129.co*) ;

C5. à l'égard d'une personne incitée à se livrer à la vente à la sauvette à son arrivée sur le territoire national (C5 : *N 28130.co*) ;

C6. par un ascendant ou par une personne ayant autorité (C6 : *N 28131.co*) ;

C7. par une personne abusant de l'autorité conférée par ses fonctions (C7 : *N 28132.co*) ;

C8. avec l'emploi de la contrainte, de violences ou de manœuvres dolosives, sur la personne se livrant à la vente à la sauvette ou sur sa famille ou sur une personne étant en relation habituelle avec elle (C8 : *N 28133.co*) ;

C9. par plusieurs personnes agissant en qualité d'auteurs ou de complices, sans qu'elles constituent une bande organisée (C9 : *N 28134.co*) ;

D. **EXPLOITATION DE LA VENTE À LA SAUVETTE EN BANDE ORGANISÉE [C. PÉN., ART. 225-12-10]**

[• Préciser le cas échéant dans le cas A ou B :] avec cette circonstance que l'infraction a été commise en bande organisée (D : *N 28135.co*).

Faits prévus et réprimés par les articles **PERSONNES PHYSIQUES.** 225-12-8 (+ Cas B : 225-12-9 ; + Cas C : 225-12-10), 225-20 et 225-21 du code pénal. **PERSONNES MORALES.** 225-12-8 (+ Cas B : 225-12-9 ; + Cas C : 225-12-10), 131-38 du code pénal. ✧

30.37 Vente irrégulière dans les lieux publics

■ **PEINES**

PERSONNE PHYSIQUE

PP Cas A : Contrav. 5e cl. 1 500 € (C. com., art. R. 442-4 (anct. R-442-2) ; C. pén., art. 131-13). Récidive. 3 000 € (C. com., art. R. 442-4 ; C. pén., art. 132-11).

~~Cas B : Contrav. 4e cl. 750 € (C. pén., art. R. 644-3 ; C. pén., art. 131-13)~~ (abrogé par D. no 2019-1396, 18 déc. 2019).

PC Cas A. 1. Confiscation des produits offerts à la vente et des biens ayant permis la vente des produits ou l'offre de services (C. com., art. L. 442-11) ;

Cas A. 2. Condamnation à verser au Trésor public une somme correspondant à la valeur des produits consignés, dans le cas où il n'a pas été procédé à une saisie (C. com., art. L. 442-11) ;

~~Cas B. Confiscation de la chose qui a servi ou était destinée à commettre l'infraction ou de la chose qui en est le produit (C. pén., art. R. 644-3)~~ (abrogé par D. no 2019-1396, 18 déc. 2019).

PERSONNE MORALE

PP Cas A : Contrav. 5e cl. 7 500 € (C. com., art. R. 442-4 ; C. pén., art. 131-41). Récidive. 15 000 € (C. com., art. R. 442-4 ; C. pén., art. 132-15).

~~Cas B : Contrav. 4e cl. 3 750 € (C. pén., art. 131-41)~~ (abrogé par D. no 2019-1396, 18 déc. 2019).

PC Cas A. *Idem* personne physique.

~~Cas B. *Idem* personne physique~~ (abrogé par D. no 2019-1396, 18 déc. 2019).

■ **ORIENTEUR**

AUTRE QUALIFICATION

- **Exploitation de la mendicité d'autrui.** V. no 20.115.
- **Vente au déballage irrégulière.** V. no 30.34.
- **Vente à la sauvette (L. no 2011-267, 14 mars 2011).** V. no 30.35.
- **Exploitation de la vente à la sauvette (L. no 2011-267, 14 mars 2011).** V. no 30.36.
- **Exercice non autorisé du commerce dans une gare ou dans un train.** C. transp., art. R. 2241-11, anct D. no 2016-541, 3 mai 2016, art. 21 ; v. no 30.38.

ÉLÉMENT LÉGAL

- **Application de la loi dans le temps.** • Cas A : C. com., art. L. 442-8, support de l'incrimination prévue par C. com., art. R. 442-2, a été transféré à droit constant au C. com., art. L. 442-11 par Ord. no 2019-359, 24 avr. 2019. À droit constant, C. com., art. R-442-2 est devenu R. 442-4 depuis D. no 2021-211, 24 févr. 2021.

• Cas B : ces dispositions, devenues caduques à la suite de L. no 2011-267, 14 mars 2011, érigeant en délit la vente à la sauvette (C. pén., art. 446-1, v. no 30.35), ont été abrogées par D. no 2019-1396, 18 déc. 2019 insérant dans C. pén., art. R. 644-3 la contravention d'acquisition de produits du tabac manufacturés vendus à la sauvette créée par le même décret (v. no 33.39).

RÉGIME PROCÉDURAL

- **Consignation conservatoire.** Cas A : les agents peuvent consigner, dans des locaux qu'ils déterminent et pendant une durée qui ne peut être supérieure à un mois, les produits offerts à la vente et les biens ayant permis la vente des produits ou l'offre de services. La consignation donne lieu à l'établissement immédiat d'un procès-verbal. Celui-ci comporte un inventaire des biens et des marchandises consignés ainsi que la mention de leur valeur. Il est communiqué dans les 5 jours de sa clôture au procureur de la République et à l'intéressé (C. com., art. L. 442-8 devenu L. 442-11).

■ **ÉLÉMENTS CONSTITUTIFS – QUALIFICATION**

✧ Pour avoir à .... [¤ lieu], le .... [¤ date], [⇨A ou B :]

A. offert à la vente des produits ou proposé des services en utilisant, dans des conditions irrégulières, le domaine public de l'État, des collectivités locales ou de leurs établissements publics. (C. com., art. L. 442-11 et R. 442-4 (anct. R. 442-2)) (A : *N* ***2897.c5*** ; récidive *N* ***9120.c5***) ;

~~B. sans autorisation ou déclaration régulière, en violation des dispositions réglementaires sur la police de ces lieux (C. pén., art. R. 644-3) [⇨B1 ou B2 :]~~

~~B1. offert, mis en vente ou exposé en vue de la vente des marchandises dans les lieux publics (*N 2223.c4*)~~ ;

~~B2. exercé une profession dans les lieux publics (*N 21288.c4*)~~ (contraventions abrogées par D. n° 2019-1396, 18 déc. 2019).

Faits prévus et réprimés par les articles [• du cas sélectionné]. ✧

30.38 Exercice non autorisé du commerce dans une gare ou dans un train

■ PEINES

PERSONNE PHYSIQUE

PP Contrav. 5e cl. 1 500 € (C. transp., art. R. 2241-11, anc^t^ D. n° 2016-541, 3 mai 2016, art. 21 ; C. pén., art. 131-13).

PC Confiscation des marchandises saisies, de la chose ayant servi à commettre l'infraction ou de son produit (C. transp., art. R. 2241-11, anc^t^ D. n° 2016-541, 3 mai 2016, art. 21).

PERSONNE MORALE

PP 7 500 € (C. transp., art. R. 2241-11, anc^t^ D. n° 2016-541, 3 mai 2016, art. 21 ; C. pén., art. 131-41).

PC Confiscation des marchandises saisies, de la chose ayant servi à commettre l'infraction ou de son produit (C. transp., art. R. 2241-11, anc^t^ D. n° 2016-541, 3 mai 2016, art. 21).

■ ORIENTEUR

AUTRE QUALIFICATION

- **Vente à la sauvette.** C. pén., art. 446-1, v. n° 30.35.
- **Vente irrégulière dans les lieux publics.** C. com., art. R. 442-4 (anc^t^. R-442-2), v. n° 30.37.

RÉGIME PROCÉDURAL

- **Pouvoir des agents de constatation. Appréhension des marchandises.** C. transp., art. L. 2241-5 et R. 2241-11 (anc^t^ D. n° 2016-541, 3 mai 2016, art. 21) : les OPJ et APJ et les agents assermentés de l'exploitant du service de transport (les agents mentionnés au I de C. transp., art. L. 2241) peuvent saisir, en vue de leur confiscation par le tribunal, les marchandises de toute nature offertes, mises en vente ou exposées en vue de la vente dans les trains, cours et bâtiments des gares, stations et dépendances du domaine public ferroviaire sans autorisation administrative, ainsi que leurs étals. Les denrées impropres à la consommation humaine sont détruites, les denrées périssables remises à des organisations caritatives ou humanitaires d'intérêt général. Il est rendu compte à l'OPJ compétent de la saisie, destruction, ou remise aux organisations caritatives ou humanitaires, des marchandises.

■ ÉLÉMENTS CONSTITUTIFS – QUALIFICATION

✧ Pour avoir à .... [¤ lieu], le .... [¤ date], exercé une activité d'exploitation ou de distribution commerciale d'objets quelconques dans [⇨A ou B :]

A. les cours et bâtiments de gares sans titre d'occupation du domaine public ferroviaire ;

B. un train sans contrat autorisant la réalisation de la prestation commerciale ou de la distribution d'objets.

Faits prévus et réprimés par les articles L. 2241-5 et R. 2241-11 du code des transports (*N 615.c5*). ✧

30.39 Facturation absente ou non conforme (infraction administrative)

■ PEINES

PERSONNE PHYSIQUE

PP Amende administrative. 75 000 € ou 150 000 € en cas de réitération dans les 2 ans de la date à laquelle la 1re sanction est devenue définitive (C. com., art. L. 441-9).

PC Néant.

PERSONNE MORALE

PP Délit. Amende administrative. 375 000 € ou 750 000 € en cas de réitération dans les 2 ans de la date à laquelle la 1re sanction est devenue définitive (C. com., art. L. 441-9).

PC Néant.

■ ORIENTEUR

AUTRE QUALIFICATION

▪ **Contraventions relatives à l'obligation d'emploi de la langue française.** D. n° 95-240, 3 mars 1995, obligation de délivrer une facture ou une quittance rédigée en français, v. n° 30.26.

▪ **Infraction fiscale.** Les infractions aux règles de facturation, inexactitude, omission, fictivité, absence, sont réprimées par CGI, art. 1737. Le cumul des amendes sanctionnant les irrégularités de chaque facture est conforme à la Constitution (Cons. const. 16 juin 2023, n° 2023-1054 QPC).

ÉLÉMENT LÉGAL

▪ **Dépénalisation.** Les faits ci-dessous, auparavant incriminés par C. com., art. L. 441-4 et L. 441-5 comme délits passibles d'une amende de 75 000 € ou ⩽ 50 % de la somme facturée pour les personnes physiques, de 375 000 € ou ⩽ 50 % de la somme facturée pour les personnes morales, et des peines complémentaires d'affichage (anct C. com., art. L. 470-2) et, pour les personnes morales, d'exclusion des marchés publics (anct C. com., art. L. 441-5), constituent depuis Ord. n° 2019-359, 24 avr. 2019 des infractions administratives (v. ci-dessous mesure administrative).

▪ **Application de la loi dans le temps.** Les dispositions de C. com., art. L. 441-3 ancien relatives aux factures restent applicables, dans leur rédaction antérieure au C. com., art. L. 441-9 nouveau résultant de Ord. n° 2019-359, 24 avr. 2019, aux factures émises avant le 1er oct. 2019 (Ord. n° 2019-359, 24 avr. 2019, art. 5 III).

MESURE ADMINISTRATIVE

▪ **Sanction administrative financière.** Tout manquement à C. com., art. L. 441-9 est passible d'une **amende administrative** prononcée par l'autorité administrative chargée de la concurrence et de la consommation (C. com., art. L. 441-9 II), dans les conditions prévues par C. com., art. L. 470-2.

■ ÉLÉMENTS CONSTITUTIFS – QUALIFICATION

✧ Pour avoir à .... [¤ lieu], le .... [¤ date], dans le cadre d'une activité professionnelle [⇨A à D :]

A. étant vendeur de produits ou de prestations de services, omis de délivrer une facture dès la réalisation de la livraison ou de la prestation (A : *N 2886.ia* ; personne morale : *N 21920.ia*) ;

B. étant vendeur de produits ou prestations de services, établi une facture ne comportant pas le nom des parties, leur adresse et leur adresse de facturation, la date de la vente ou de la prestation de service, la quantité, la dénomination précise, le prix unitaire hors TVA des produits ou des services vendus, toute réduction de prix acquise à la date de la vente ou de la prestation de services et directement liée à l'opération, la date de règlement à intervenir, les conditions d'escompte en cas de paiement anticipé, le taux des pénalités exigibles, le montant de l'indemnité forfaitaire pour frais de recouvrement due au créancier en cas de retard de paiement, le numéro du bon de commande lorsqu'il a été préalablement établi par l'acheteur (B : *N 2887.ia* ; personne morale : *N 21924.ia*) ;

C. étant vendeur ou acheteur de produits ou de prestations de services, omis de conserver ses factures d'achat ou de vente (C : *N 2888.ia* ; personne morale : *N 26110.ia*) ;

D. étant acheteur de produits ou de prestations de services, omis de réclamer une facture d'achat (D : *N 2886.ia* ; personne morale : *N 21920.ia*).

Infraction administrative prévue et réprimée par les articles L. 441-9 et L. 470-2 du code de commerce. ✧

30.40 Délais de paiement (infractions administratives)

■ PEINES

PERSONNE PHYSIQUE

PP Amende administrative. 75 000 € € ou 150 000 € en cas de réitération dans les 2 ans de la date à laquelle la 1re sanction est devenue définitive (C. com., art. L. 441-16).

PC Publication de la décision sur le site internet de l'autorité administrative et, aux frais de la personne sanctionnée, sur d'autres supports (C. com., art. L. 470-2).

PERSONNE MORALE

PP **Amende administrative.** 2 000 000 € ou 4 000 000 € en cas de réitération dans les 2 ans de la date à laquelle la 1re sanction est devenue définitive (depuis Ord. nº 2019-359, 24 avr. 2019, auparavant 375 000 €, C. com., art. L. 443-1 ancien) (C. com., art. L. 441-16).

PC *Idem* personne physique.

■ ORIENTEUR

ÉLÉMENT LÉGAL

▪ **Dépénalisation.** Les comportements ci-dessous, auparavant incriminés comme délits passibles d'une amende de 75 000 € (pour les personnes physiques), ne relèvent plus depuis le 19 mars 2014 que de l'amende administrative (v. mesure administrative) (L. nº 2014-344, 17 mars 2014, modifiant C. com., art. L. 443-1). Les dispositions relatives aux délais de paiement interentreprises, auparavant réparties aux C. com., art. L. 441-6, L. 441-6-1, L. 441-6-2 et L. 443-1, ont été rassemblées par Ord. nº 2019-359, 24 avr. 2019, au C. com., art. L. 441-10 à L. 441-13, sanctionnés par L. 441-16.

MESURE ADMINISTRATIVE

▪ **Sanction administrative financière.** Tout manquement à C. com., art. L. 441-16 est passible d'une **amende administrative** prononcée par l'autorité administrative chargée de la concurrence et de la consommation (C. com., art. L. 441-16), dans les conditions prévues par C. com., art. L. 470-2.

■ ÉLÉMENTS CONSTITUTIFS – QUALIFICATION

✧ Pour avoir à .... [¤ lieu], le .... [¤ date], étant producteur, revendeur ou prestataire de services [⇨A à O :]

A. omis de **régler à 30 jours** après la date de réception des marchandises ou d'exécution de la prestation demandée (C. com., art. L. 441-10 I) (A : *N* ***26607.ia*** ; réitération : *N* ***#.ia*** ; par personne morale : *N* ***#.ia***) ;

B. convenu un **délai de règlement supérieur à 60 jours** après la date d'émission de la facture (C. com., art. L. 441-10 I) (B : *N* ***26607.ia*** ; réitération : *N* ***#.ia*** ; par personne morale : *N* ***#.ia***) ;

C. dépassé un délai de paiement de 30 jours après la fin de la décade de livraison pour un achat de **produits alimentaires périssables** ou de viandes congelées ou surgelées, de poissons surgelés, de plats cuisinés et de conserves fabriqués à partir de produits alimentaires périssables, hors le cas d'achats de produits saisonniers effectués dans le cadre de contrats d'intégration conclus dans le secteur des fruits et légumes (C. com., art. L. 441-11 II 1°) (C : *N* ***2890.ia*** ; réitération : *N* ***9114.ia*** ; par personne morale : *N* ***26108.ia***) ;

D. dépassé un délai de paiement de 20 jours après le jour de livraison pour un achat de **bétail sur pied** destiné à la consommation ou de viandes fraîches dérivées (C. com., art. L. 441-11 II 2°) (D : *N* ***2890.ia*** ; réitération : *N* ***9114.ia*** ; par personne morale : *N* ***26108.ia***) ;

E. dépassé un délai de paiement de 30 jours après la fin du mois de livraison pour un achat de **boissons alcooliques** passibles des droits de consommation prévus à l'article 403 du code général des impôts (C. com., art. L. 441-11 II 3°) (E : *N* ***2890.ia*** ; réitération : *N* ***9114.ia*** ; par personne morale : *N* ***26108.ia***) ;

F. dépassé un délai de paiement de 45 jours fin de mois ou 60 jours après la date d'émission de la facture pour un achat de **raisins ou de moûts** destinés à l'élaboration de vins ou de boissons alcooliques passibles des droits de circulation prévus à l'article 438 du code général des impôts, sauf dispositions dérogatoires (C. com., art. L. 441-11 II 4°) (F : *N* ***2890.ia*** ; réitération : *N* ***9114.ia*** ; par personne morale : *N* ***26108.ia***) ;

G. dépassé un délai de paiement de 30 jours après la date d'émission de la facture pour le **transport routier** de marchandises, la location de véhicules avec ou sans conducteur, la commission de transport ou pour l'activité de transitaire, d'agent maritime et de fret aérien, de courtier de fret ou de commissionnaire en douane (C. com., art. L. 441-11 II 5°) (G : *N* ***26607.ia*** ; réitération : *N* ***#.ia*** ; par personne morale : *N* ***#.ia***) ;

H. pour une vente entre, d'une part, un industriel de **l'agroéquipement**, constructeur ou importateur et, d'autre part, une entreprise de distribution spécialisée et de réparation, dans le secteur de l'agroéquipement, dépassé un délai de paiement de (H : *N* ***26607.ia*** ; réitération : *N* ***#.ia*** ; par personne morale : *N* ***#.ia***) [⇨H1 ou H2 :]

H1. 55 jours fin de mois après la date d'émission de la facture pour du matériel d'entretien d'espaces verts (C. com., art. L. 441-11 II 6°a)) ;

H2. 110 jours fin de mois après la date d'émission de la facture pour du matériel agricole autre que tracteur, matériel de transport ou d'élevage (C. com., art. L. 441-11 II 6°b)) ;

I. dépassé un délai de paiement de 90 jours après la date d'émission de la facture pour le règlement du solde de factures relatives à des livraisons effectuées avant l'ouverture de la saison d'activité dans le secteur des **articles de sport**, pour les ventes d'équipements nécessaires à la pratique des sports de glisse sur neige, entre fournisseur et entreprise dont l'activité est exclusivement ou quasi exclusivement saisonnière (C. com., art. L. 441-11 II 7°) (I : *N* ***26607.ia*** ; réitération : *N* ***#.ia*** ; par personne morale : *N* ***#.ia***) ;

J. dépassé un délai de paiement de 54 jours fin de mois après la date d'émission de la facture dans le secteur de la **filière du cuir**, pour une entre fournisseur et distributeur spécialisés (C. com., art. L. 441-11 II 8°) (J : *N* ***26607.ia*** ; réitération : *N* ***#.ia*** ; par personne morale : *N* ***#.ia***) ;

K. dépassé un délai de paiement de 59 jours fin de mois ou 74 jours nets après la date d'émission de la facture dans le secteur de l'horlogerie, de la **bijouterie, de la joaillerie** ou de l'orfèvrerie pour une vente entre, d'une part, un fournisseur, fabricant, importateur ou grossiste et, d'autre part, un distributeur spécialisé, au titre de leur activité au sein d'un point de vente ou dans le cadre de leur activité de vente à distance ou les centrales d'achat dont l'activité principale est de revendre des produits de l'horlogerie, de la bijouterie, de la joaillerie et de l'orfèvrerie à des distributeurs spécialisés (C. com., art. L. 441-11 II 9°) (K : *N* ***26607.ia*** ; réitération : *N* ***#.ia*** ; par personne morale : *N* ***#.ia***) ;

L. pour une vente entre fabricant et distributeur spécialisés dans le secteur du **commerce du jouet**, dépassé un délai de paiement de (L : *N* ***26607.ia*** ; réitération : *N* ***#.ia*** ; par personne morale : *N* ***#.ia***) [⇨L1 ou L2 :]

L1. 80 jours nets après la date d'émission de la facture pour la période « du permanent » s'étendant du mois de janvier au mois de septembre inclus (C. com., art. L. 441-11 II 10° a)) ;

L2. 75 jours nets après la date d'émission de la facture pour la période de fin d'année, s'étendant du mois d'octobre au mois de décembre inclus (C. com., art. L. 441-11 II 10° b)) ;

M. omis de mentionner, dans les conditions de règlement fixées aux conditions générales de vente, les conditions d'application et le taux d'intérêt des **pénalités de retard** exigibles le jour suivant la date de règlement figurant sur la facture ainsi que le montant de l'indemnité forfaitaire pour frais de recouvrement due au créancier dans le cas où les sommes dues sont réglées après cette date. (C. com, art. L. 441-1 I, L. 441-10 II) (M : *N* ***26609.ia*** ; réitération : *N* ***#.ia*** ; par personne morale : *N* ***#.ia***) ;

N. fixé un taux ou des conditions d'exigibilité de **pénalités de retard non-conformes** aux prescriptions du II de l'article L. 441-10 du code de commerce (N : *N* ***26609.ia*** ; réitération : *N* ***#.ia*** ; par personne morale : *N* ***#.ia***) ;

O. omis de respecter les **modalités de computation des délais** de paiement convenues entre les parties conformément au dispositions de l'article L. 441-10, alinéas 2 à 4 (O : *N* ***#.ia*** ; réitération : *N* ***#.ia*** ; par personne morale : *N* ***#.ia***) ;

P. établi des clauses ou des pratiques ayant pour effet de retarder abusivement le **point de départ des délais** de paiement mentionnés à l'article L. 441-16 du code de commerce (P : *N* ***#.ia*** ; réitération : *N* ***#.ia*** ; par personne morale : *N* ***#.ia***) ;

Infraction administrative prévue et réprimée par les articles L. 441-16 et 470-2 du code de commerce (+ articles de la formule sélectionnée). ✧

30.41 Obstacle aux fonctions des agents de la concurrence, consommation et répression des fraudes et des autres agents habilités

▪ PEINES

PERSONNE PHYSIQUE

PP Délit. 2 ans d'emprisonnement, amende 300 000 € (depuis L. n° 2014-344, 17 mars 2014, auparavant 37 500 €) ou ⩽ 10 % du chiffre d'affaires moyen des trois derniers exercices à la date des faits (C. consom., art. L. 531-1 (anc[t] L. 213-1, L. 217-10)).

PC 1. Interdiction, définitive ou ⩽ 5 ans activité professionnelle ou sociale en relation avec l'infraction, fonction publique (sauf mandat électif ou syndical) *et/ou* interdiction ⩽ 5 ans d'exercer une profession commerciale ou industrielle, de diriger, d'administrer, de gérer ou de contrôler à un titre quelconque, directement ou indirectement, pour son propre compte ou pour le compte d'autrui, une entreprise commerciale ou industrielle ou une société commerciale (C. com., art. L. 531-2 (anc[t] L. 217-10-1) ; C. pén., art. 131-27 [mod. par L. n° 2008-776, 4 août 2008]).

PERSONNE MORALE

PP Délit. Amende 1 500 000 € (depuis L. n° 2014-344, 17 mars 2014, auparavant 187 500 €) ou ⩽ 10 % du chiffre d'affaires moyen des trois derniers exercices à la date des faits (C. consom., art. L. 531-1 (anc[t] L. 213-1, L. 213-3 et L. 213-6) ; C. pén., art. 131-38).

PC *Idem* n° 30.6 (C. consom., art. (anc[t] 213-6)).

▪ ORIENTEUR

ÉLÉMENT LÉGAL

▪ **Application de la loi dans le temps.** Dans sa rédaction antérieure à Ord. n° 2004-670, 9 juill. 2004, C. consom., art. L. 217-10 (devenu L. 531-1) incriminait « *quiconque aura mis les agents de la direction générale de la concurrence, de la consommation et de la répression des fraudes dans l'impossibilité d'accomplir leurs fonctions, soit en leur refusant l'entrée de leurs locaux de fabrication, de dépôt ou de vente, soit de toute autre manière* ». L'élément matériel de l'infraction est désormais défini par C. consom., art. L. 531-1 comme « *le fait de faire obstacle à l'exercice des fonctions des agents en violation de* » C. consom., art. L. 512-4 qui prévoit qu'il « *est interdit de faire obstacle à l'exercice des fonctions d'agents habilités* ».

TEXTE DE RÉFÉRENCE

▪ **Agents habilités.** Les agents pour lesquels les faits d'obstacle aux fonctions sont incriminés sont ceux de la concurrence, de la consommation et de la répression des fraudes, pour les infractions qu'ils sont habilités à relever (C. consom., art. L. 511-3 s.), ainsi que les autres agents habilités au titre de C. consom., art. L. 511-20 à L. 511-25 à relever certaines infractions limitativement énumérées.

▪ **Pouvoirs d'enquête.** La recherche et la constatation des infractions et des manquements au code de la consommation ainsi que l'exercice de contrôles administratifs sont effectuées conformément aux habilitations et aux pouvoirs d'enquête définis aux articles L. 512-1 s. (C. consom., art. L. 511-1) : droit d'accès aux locaux et moyens de transport (C. consom., art. L. 512-5 s.), droit de communication et de recueil de renseignements (C. consom., art. L. 512-18 s.), droit de prélèvement (C. consom., art. L. 512-23), droit de consignation et de saisie (C. consom., art. L. 512-25 s.), opérations de visite et de saisie sur autorisation du JLD (C. consom., art. L. 512-51 s.).

ÉLÉMENT INTENTIONNEL

▪ **Matérialisation de l'intention.** « *la carence répétée à satisfaire aux demandes des agents de la concurrence, de la consommation et de la répression des fraudes, de même que la fourniture incomplète de pièces ne répondant qu'imparfaitement à leurs demandes, sont constitutives d'un obstacle à l'exercice des fonctions de ces agents* » (obstacle ou entrave aux fonctions d'agent de la consommation et de la répression des fraudes, C. consom., art. L. 531-1) (Crim. 16 janv. 2018, n° 17-80.291, NP). « *le délit d'obstacle à l'exercice des fonctions d'inspecteur ou de contrôleur, dans le cas d'un défaut de communication de documents obligatoires, suppose établie une obstruction apportée à des demandes réitérées d'un fonctionnaire de contrôle, en vue de l'empêcher d'exercer sa mission* », ce que ne traduit pas le simple défaut de communication de registre obligatoire (obstacle ou entrave aux fonctions d'agent de contrôle de la santé publique vétérinaire, C. rural, art. L. 205-11) (Crim. 31 oct. 2017, n° 16-86.310, NP). « *le délit d'obstacle à l'exercice, par les autorités habilitées, du droit de visite des constructions en cours suppose établie une volonté de se soustraire à leur contrôle* », ce que ne matérialise pas la seule absence sur les lieux après l'annonce d'une visite par lettre recommandée (obstacle ou entrave au fonctionnaire municipal chargé de contrôler la conformité des travaux, C. urb., art. L. 480-12) (Crim. 21 nov. 2017, n° 16-86.745, NP).

■ ÉLÉMENTS CONSTITUTIFS – QUALIFICATION

✧ Pour avoir à .... [¤ lieu], le .... [¤ date], fait obstacle à l'exercice des fonctions des agents habilités à rechercher et constater les infractions ou manquements mentionnés au code de la consommation.

Faits prévus et réprimés par les articles L. 511-1, L. 511-3, L. 511-21, L. 511-22, L. 512-4, L. 531-1 et L. 531-2 (anc[t] L. 213-1, L. 216-3, L. 217-10) du code de la consommation (*N* ***31630.co***). ✧

30.42 Obstacle aux fonctions des contrôleurs des prix et de la concurrence

■ PEINES

PERSONNE PHYSIQUE

PP Délit. 2 ans d'emprisonnement, amende 300 000 € (depuis L. n° 2014-344, 17 mars 2014, auparavant 6 mois, 7 500 €) (C. com., art. L. 450-8).

PC Néant.

PERSONNE MORALE

PP Amende 1 500 000 € (depuis L. n° 2014-344, 17 mars 2014, auparavant 37 500 €) (C. com., art. L. 450-8 ; C. pén., art. 131-38).

PC Néant.

■ ORIENTEUR

TEXTE DE RÉFÉRENCE

▪ **Pouvoir des agents de contrôle.** Les agents des services d'instruction de l'Autorité de la concurrence, les fonctionnaires habilités à cet effet par le ministre chargé de l'économie, « *peuvent opérer sur la voie publique, pénétrer entre 8 heures et 20 heures dans tous lieux utilisés à des fins professionnelles et dans les lieux d'exécution d'une prestation de services, ainsi qu'accéder à tous moyens de transport à usage professionnel. Ils peuvent également pénétrer en dehors de ces heures dans ces mêmes lieux lorsque ceux-ci sont ouverts au public ou lorsqu'à l'intérieur de ceux-ci sont en cours des activités de production, de fabrication, de transformation, de conditionnement, de transport ou de commercialisation. Lorsque ces lieux sont également à usage d'habitation, les contrôles ne peuvent être effectués qu'entre 8 heures et 20 heures et avec l'autorisation du JLD du TJ dans le ressort duquel sont situés ces lieux, si l'occupant s'y oppose. Les agents peuvent exiger la communication et obtenir ou prendre copie, par tout moyen et sur tout support, des livres, factures et autres documents professionnels de toute nature, entre quelques mains qu'ils se trouvent, propres à faciliter l'accomplissement de leur mission. Ils peuvent exiger la mise à leur disposition des moyens indispensables pour effectuer leurs vérifications. Ils peuvent également recueillir, sur place ou sur convocation, tout renseignement, document ou toute justification nécessaire au contrôle. Pour le contrôle des opérations faisant appel à l'informatique, ils ont accès aux logiciels et aux données stockées ainsi qu'à la restitution en clair des informations propres à faciliter l'accomplissement de leurs missions. Ils peuvent en demander la transcription par tout traitement approprié des documents directement utilisables pour les besoins du contrôle* » (C. com., art. L. 450-3). Ils doivent obtenir l'autorisation préalable du « *contrôleur des demandes de données de connexion* » s'ils souhaitent avoir communication de ces dernières auprès des opérateurs de télécommunications, fournisseur d'accès ou hébergeurs en ligne (C. com., art. L. 450-3-3, issu L. n° 2019-486, 22 mai 2019). Ces mêmes agents peuvent, « *sans se voir opposer le secret professionnel, accéder à tout document ou élément d'information détenu par les services et établissements de l'État et des autres collectivités publiques.* » (C. com., art. L. 450-7).

▪ **Constitutionnalité.** Les dispositions de C. com., art. L. 450-3, dans sa rédaction issue de L. n° 2014-344, 17 mars 2014, ne méconnaissent pas la garantie des droits, le principe de séparation des pouvoirs, le droit à un recours juridictionnel effectif, ou le droit au respect de la vie privé, en ce qu'elles ne confèrent pas aux agents habilités « *un pouvoir d'exécution forcée pour obtenir la remise de documents, ni un pouvoir général d'audition ou un pouvoir de perquisition* » (§ 7), « *ne portent pas atteinte au droit des personnes intéressées de faire contrôler, par les juridictions compétentes, la régularité des mesures d'enquête* » (§ 9) et « *permettent uniquement la communication de livres, factures et autres documents professionnels* » et non des « *documents protégés par le droit au respect de la vie privée ou par le secret professionnel* » (§ 14) (Cons. const. 8 juill. 2016, n° 2016-552 QPC). Dans le même sens, pour les droits de visite et de communication en matière de police de l'environnement : Cons. const. 13 avr. 2023, nº 023-1044 QPC, v. nº 31.7).

ÉLÉMENT INTENTIONNEL

▪ **Matérialisation de l'intention.** Jurisprudence en matière d'opposition aux fonctions des agents de contrôle, v. nº 30.41, Orienteur/élément moral.

MESURE ADMINISTRATIVE

▪ **Sanction administrative.** C. com., art. L. 464-2 V prévoit que l'Autorité de la concurrence peut prononcer une sanction administrative pécuniaire à l'encontre de l'entreprise ou de l'organisme qui ne défère pas à une convocation ou ne répond pas dans le délai à une demande de renseignements ou de communication de pièces émanant des agents des services d'instruction de l'Autorité de la concurrence. « *la répression administrative prévue par [C. com., art. L. 464-2 V] et la répression pénale organisée par l'article L. 450-8 du code de commerce relèvent de corps de règles identiques protégeant les mêmes intérêts sociaux aux fins de sanctions de même nature. Les dispositions contestées [C. com., art. L. 464-2 V] méconnaissent donc le principe de nécessité et de proportionnalité des peines* » (§ 24) « *la déclaration d'inconstitutionnalité peut être invoquée lorsque l'entreprise poursuivie a préalablement fait l'objet de poursuites sur le fondement de l'article L. 450-8 du code de commerce* » (§ 27) (Cons. const. 26 mars 2021, nº 2021-892 QPC). Dans le même sens : Cons. const. 26 mars 2021, nº 2021-892 QPC, § 24.

RÉGIME DES PEINES

▪ **Solidarité financière des personnes morales.** La juridiction peut condamner solidairement les personnes morales au **paiement des amendes** prononcées contre leurs dirigeants (C. com., art. L. 490-1).

▪ ÉLÉMENTS CONSTITUTIFS – QUALIFICATION

✧ Pour s'être à .... [¤ lieu], le .... [¤ date], de quelque façon que ce soit, en l'espèce en .... [¤ matérialiser l'opposition], opposé à l'exercice des fonctions des agents des services d'instruction de l'Autorité de la concurrence ou des fonctionnaires .... [¤ nom du/des agents concernés], habilité(s) à procéder à des enquêtes pour l'application du Livre IV du code de commerce, relatif à la liberté des prix et de la concurrence.
Faits prévus et réprimés par les articles L. 450-1, L. 450-3, L. 450-7, L. 450-8 et L. 490-1 du code de commerce (*N 2891.co*). ✧

30.43 Hygiène et sécurité alimentaire

Les contraventions en la matière sont essentiellement définies par les articles **R. 231-4** et suivants du code rural pour les denrées d'origine animale (v. nº 30.48), et le **D. nº 2009-1121, 16 sept. 2009**, portant application de C. consom. L. 412-1 (anc^t L. 214-1), pour les produits et denrées alimentaires autres qu'animales, ainsi que par les décrets et arrêtés qui constituent des mesures d'exécution des règlements européens (C. rur., art. L. 231-6 et R. 231-13 ; C. consom., art. L. 412-2, et R. 412-17), notamment des règlements suivants :

– règlement (CE) nº 178/2002 du Parlement européen et du Conseil, 28 janv. 2002, établissant les principes généraux et les prescriptions générales de la législation alimentaire, instituant l'Autorité européenne de sécurité des aliments et fixant des procédures relatives à la sécurité des denrées alimentaires (règlement dit « Food law »). Ce règlement (art. 19 et 20) impose notamment les procédures de retrait et de rappel des denrées alimentaires préjudiciables à la santé ou dangereuses (C. consom., art. L. 452-5 pour les denrées non animales et C. rur., art. L. 237-2, pour les denrées animales, v. nº 30.11) ;

– règlement (CE) nº 37/2005 de la Commission, 12 janv. 2005, relatif au contrôle des températures dans les moyens de transport et les locaux d'entreposage et de stockage des aliments surgelés destinés à l'alimentation humaine ;

– règlement (CE) nº 852/2004 du Parlement européen et du Conseil, 29 avr. 2004, relatif à l'hygiène des denrées alimentaires ;

– règlement (CE) nº 853/2004 du Parlement européen et du Conseil, 29 avr. 2004, fixant des règles spécifiques d'hygiène applicables aux denrées alimentaires d'origine animale ;

– règlement (CE) n° 854/2004 du Parlement européen et du Conseil, 29 avr. 2004, modifié fixant les règles spécifiques d'organisation des contrôles officiels concernant les produits d'origine animale destinés à la consommation humaine ;

– règlement (CE) n° 882/2004 du Parlement européen et du Conseil, 29 avr. 2004 relatif aux contrôles officiels effectués pour s'assurer de la conformité avec la législation sur les aliments pour animaux et les denrées alimentaires et avec les dispositions relatives à la santé animale et au bien-être des animaux ;

Des arrêtés ministériels déclinent chacune de ces dispositions, en traitant des établissements de transformation, de conditionnement, de stockage, de distribution, de leurs conditions administratives (agrément, déclaration), de leurs équipements et modes opératoires, ainsi que des opérations de transport et des conditions administratives ou techniques propres aux moyens de transport employés. Ils constituent le support essentiel des incriminations contraventionnelles dont ils définissent les éléments matériels.

La liste ci-dessous, non exhaustive, rend compte de la diversité des champs couverts par les arrêtés d'application et de leur succession.

A. Arrêtés communs aux produits animaux et non animaux

~~Arr. 9 mai 1995, NOR : ECOC9500071A, *JO* 16 mai, p. 8219 : hygiène des aliments remis directement aux consommateurs (restauration, distribution)~~ (abrogé et remplacé par Arr. 8 oct. 2013, NOR : ESSC1325344A) ;

~~Arr. 29 sept. 1997, NOR : AGRG9700715A, *JO* 23 oct., p. 15437 : conditions d'hygiène applicables aux établissements de restauration collective à caractère social~~ (abrogé et remplacé par Arr. 8 oct. 2013, NOR : ESSC1325344A) ;

~~Arr. 20 juill. 1998, NOR : AGRG9800344A, *JO* 6 août, p. 12044 : transport des aliments~~ (abrogé par Arr. 11 févr. 2015, NOR : AGRG1425192A) ;

~~Arr. 1er juill. 2008, NOR : AGRG0810436A, *JO* 1er août, p. 12322 fixant les modalités du contrôle technique des engins de transport de denrées périssables~~ (abrogé et remplacé par Arr. 27 nov. 2020, NOR : AGRG2031110A, ci-dessous) ;

Arr. 27 nov. 2020, NOR : AGRG2031110A, relatif aux conditions techniques du transport des denrées périssables sous température dirigée.

B. Produits animaux ou d'origine animale

~~Arr. 26 juin 1974, *JO* 31 juill. : congélation des denrées animales~~

(abrogé par Arr. 15 févr. 2012, NOR : AGRG1204467A, *JO* 2 mars) ;

~~Arr. 30 déc. 1991, NOR : AGRG9200029A, *JO* 12 févr. 1992 : transformation des déchets animaux et production d'aliments pour animaux d'origine animale (abrogé et remplacé par Arr., 6 août 2005, NOR : AGRG0501830A, *JO* 22 sept. 2005~~ ; abrogé et remplacé par Arr. 28 févr. 2008, NOR : AGRG0805659A, *JO* 7 mars) ;

Arr. 17 mars 1992, NOR : AGRG9200594A, *JO* 29 mars, p. 4378 : abattoirs de boucherie ;

~~Arr. 17 mars 1992, NOR : AGRG9200601A *JO* 29 mars, p. 4373 : ateliers de découpe de viandes~~ (abrogé et remplacé par Arr. 18 déc. 2009, NOR : AGRG0927648A, ci-dessous) ;

~~Arr. 28 déc. 1992, NOR : AGRG9202616A, *JO* 9 janv. 1993, p. 519 : ateliers de manipulation de produits de la pêche~~ (abrogé et remplacé par Arr. 18 déc. 2009, NOR : AGRG0927648A, ci-dessous) ;

Arr. 22 janv. 1993, NOR : AGRG9300122A, *JO* 16 mars, p. 4083 : ateliers de production de préparations à base de viandes ;

Arr. 30 déc. 1993, NOR : AGRG9400032A, *JO* 11 janv. 1994, p. 606 : collecte, traitement du lait et produits à base de lait ;

Arr. 14 janv. 1994, NOR : AGRG9301669A, *JO* 12 févr., p. 2440 : abattoirs de volailles ;

Arr. 28 juin 1994, NOR : AGRG9401352A, *JO* 31 juill., p. 11162 : agrément sanitaire des établissements de traitement de denrées animales ou d'origine animale et marquage de salubrité ;

~~Arr. 20 janv. 1995, NOR : AGRG9500141A, relatif aux denrées animales ou d'origine animale altérables dont la date limite de consommation est dépassée~~ (abrogé et remplacé par Arr. 18 déc. 2009, NOR : AGRG0927648A, ci-dessous) ;

~~Arr. 29 mai 1995, NOR : AGRG9500972A, *JO* 29 juin, p. 9709 : ateliers de découpe de viande de volaille~~ (abrogé et remplacé par Arr. 18 déc. 2009, NOR : AGRG0927648A, ci-dessous) ;

~~Arr. 29 févr. 1996, NOR : AGRG9600464A, *JO* 23 mars, p. 4496 : production et mise sur le marché de viandes hachées et préparations de viandes~~ (abrogé et remplacé par Arr. 18 déc. 2009, NOR : AGRG0927648A, ci-dessous) ;

~~Arr. 3 avr. 1996, NOR : AGRG9600766A, *JO* 19 avr., p. 6029 : agrément des établissements d'entreposage de denrées animales ou d'origine animale~~ (abrogé et remplacé par Arr. 21 déc. 2009, NOR : AGRG0927709A, ci-dessous) ;

~~Arr. 28 févr. 2000, NOR : AGRM0000509A, *JO* 19 mars, p. 4310 : transport des coquillages vivants~~ (abrogé et remplacé par Arr. 6 nov. 2013, NOR : AGRG1322935A, ci-dessous) ;

Arr. 8 juin 2006, NOR : AGRG0601032A, *JO* 8 août, agrément sanitaire des établissements mettant sur le marché des produits d'origine animale ou des denrées contenant des produits d'origine animale ;

Arr. 18 déc. 2009, NOR : AGRG0927648A, *JO* 29 déc. relatif aux règles sanitaires applicables aux produits d'origine animale et aux denrées alimentaires en contenant ;

Arr. 21 déc. 2009, NOR : AGRG0927709A, *JO* 31 déc. relatif aux règles sanitaires applicables aux activités de commerce de détail, d'entreposage et de transport de produits d'origine animale et denrées alimentaires en contenant ;

Arr. 6 nov. 2013, NOR : AGRG1322935A, fixant les conditions sanitaires de transfert et de traçabilité des coquillages vivants.

C. Produits alimentaires d'origine non animale

~~Arr. 28 mai 1997, NOR : AGRG9700991A, *JO* 1er juin, p. 8785 : règles applicables aux aliments d'origine non animale~~ (abrogé et remplacé par 8 oct. 2013, NOR : ESSC1325344A) ;

Arr. 8 oct. 2013, NOR : ESSC1325344A, *JO* 18 oct., p. 17179, relatif aux règles sanitaires applicables aux activités de commerce de détail, d'entreposage et de transport de produits et denrées alimentaires autres que les produits d'origine animale et les denrées alimentaires en contenant.

30.44 Obligations de retrait ou de rappel de produits alimentaires non animaux préjudiciables à la santé ou dangereux

PERSONNE PHYSIQUE

PP Cas A et B : **Délit.** 5 ans d'emprisonnement, 600 000 € ou ⩽ 10 % du chiffre d'affaires (C. consom., art. L. 452-5) ;

Cas C à E : **Contrav.** 5e cl. 1 500 € (C. consom., Cas C : art. R. 451-3 ; Cas D et E : art. R. 452-3-1 ; C. pén., art. 131-13). **Récidive** : 3 000 € (C. consom., Cas C : art. R. 451-3 ; Cas D et E : art. R. 452-3-1 ; C. pén., art. 132-11).

PC 1. Cas A et B : interdiction ⩽ 5 ans d'exercer une fonction publique ou d'exercer l'activité professionnelle ou sociale dans le cadre de laquelle l'infraction a été commise (C. consom., art. L. 452-6 ; C. pén., art. 131-27) ;

2. Cas A et B : et/ou interdiction ⩽ 5 ans d'exercer une profession commerciale ou industrielle, de diriger, d'administrer, de gérer ou de contrôler à un titre quelconque, directement ou indirectement, pour son propre compte ou pour le compte d'autrui, une entreprise commerciale ou industrielle ou une société commerciale (C. consom., art. L. 452-6 ; C. pén., art. 131-27).

PERSONNE MORALE

PP Cas A et B : **Délit.** 3 000 000 € ou ⩽ 50 % du chiffre d'affaires (C. consom., art. L. 452-5) ;

Cas C à E : **Contrav.** 5e cl. 7 500 € (C. consom., Cas C : art. R. 451-3 ; Cas D et E : art. R. 452-3-1 ; C. pén., art. 131-41). **Récidive** : 15 000 € (C. consom., Cas C : art. R. 451-3 ; Cas D et E : art. R. 452-3-1 ; C. pén., art. 132-15).

PC 1. Cas A et B : interdiction ⩽ 5 ans, une ou plusieurs activités professionnelles ou sociales dans le cadre de laquelle l'infraction a été commise (C. consom., art. L. 452-6 ; C. pén., art. 131-39 2°) ;

2. Cas A et B : surveillance judiciaire ⩽ 5 ans, sauf personnes morales de droit public, partis, groupements politiques, syndicats (C. consom., art. L. 452-6 ; C. pén., art. 131-39 3° et 131-46) ;

3. Cas A et B : fermeture ⩽ 5 ans, d'un ou plusieurs établissements en relation avec l'infraction (C. consom., art. L. 452-6 ; C. pén., art. 131-39 4°) ;

4. Cas A et B : exclusion, définitive ou ⩽ 5 ans marchés publics (C. consom., art. L. 452-6 ; C. pén., art. 131-39 5°) ;

5. Cas A et B : interdiction, définitive ou ⩽ 5 ans appel public à l'épargne (C. consom., art. L. 452-6 ; C. pén., art. 131-39 6°) ;

6. Cas A et B : interdiction ⩽ 5 ans cartes de paiement ou émission chèques autres que de retrait ou certifiés (C. consom., art. L. 452-6 ; C. pén., art. 131-39 7°) ;

7. Cas A et B : confiscation de la chose ayant servi à l'infraction ou destinée à la commettre, ou son produit (obligatoire pour objets qualifiés dangereux ou nuisibles par loi ou règlement ou dont la détention est illicite) (C. consom., art. L. 452-6 ; C. pén., art. 131-39 8° et 131-21) ;

8. Cas A et B : affichage, ⩽ 2 mois, *et/ou* (L. n° 2011-525, 17 mai 2011) diffusion de la décision ou d'extraits aux frais (⩽ amende encourue) du condamné (C. consom., art. L. 452-6 ; C. pén., art. 131-39 9°, 131-48 et 131-35).

■ ORIENTEUR

AUTRE QUALIFICATION

▪ **Tromperie ou fraude sur l'origine ou les qualités substantielles, d'une marchandise ou d'une prestation de service.** C. consom., art. L. 454-1, v. n° 30.10.

▪ **Inexécution des obligations de signalement, de retrait, de rappel ou de mesures correctives en matière de produits non conformes ou dangereux.** C. consom., art. L. 451-1, L. 452-7, L. 532-3, R. 452-2, R. 452-5, 30.11.

▪ **Obligations de retrait ou de rappel des produits alimentaires d'origine animale préjudiciables à la santé ou dangereux.** C. rur., art. L. 237-2 III, R. 237-2, v. n° 30.45.

▪ **Denrée alimentaire impropre à la consommation – Détention, offre, distribution.** C. consom., art. R. 451-2 pour les denrées non animales et C. rur., art. R. 237-2 pour les denrées d'origine animale, v. n° 30.46.

▪ **Denrée alimentaire périmée.** C. consom., art. R. 451-1, C. rur., art. R. 237-2 1 9°, v. n° 30.47.

ÉLÉMENT LÉGAL

▪ **définition. • Définition de l'exploitant du secteur de l'alimentation.** Au sens du Règl. (CE) n° 178/2002 du Parlement européen et du Conseil, 28 janv. 2002 établissant les principes généraux et les prescriptions générales de la législation alimentaire, instituant l'Autorité européenne de sécurité des aliments et fixant des procédures relatives à la sécurité des denrées alimentaires, qui sert de base à l'incrimination prévue par C. consom., art. L. 452-5 et C. rur., art. L. 237-2 III, on entend par « *"exploitant du secteur alimentaire", la ou les personnes physiques ou morales chargées de garantir le respect des prescriptions de la législation alimentaire dans l'entreprise du secteur alimentaire qu'elles contrôlent* » (art. 3 § 3)) et par « *"exploitant du secteur de l'alimentation animale", la ou les personnes physiques ou morales chargées de garantir le respect des prescriptions de la législation alimentaire dans l'entreprise du secteur de l'alimentation animale qu'elles contrôlent* » (art. 3 § 6)). **• Définition de la denrée alimentaire préjudiciable à la consommation humaine (Cas A).** « *Pour déterminer si une denrée alimentaire est préjudiciable à la santé, il est tenu compte : a) de l'effet probable immédiat et/ou à court terme et/ou à long terme de cette denrée alimentaire sur la santé non seulement d'une personne qui la consomme, mais aussi sur sa descendance ; b) des effets toxiques cumulatifs probables ; c) des sensibilités sanitaires particulières d'une catégorie spécifique de consommateurs lorsque la denrée alimentaire lui est destinée* » (Règl. (CE) n° 178/2002 du Parlement européen et du Conseil, 28 janv. 2002, art. 14 § 4). **• Définition de la denrée alimentaire pour animal dangereuse (Cas B).** « *Un aliment pour animaux est dit dangereux compte tenu de l'utilisation prévue s'il est considéré qu'il : a un effet néfaste sur la santé humaine ou animale ; rend dangereuses pour la consommation humaine les denrées alimentaires dérivées des animaux producteurs de denrées alimentaires* » (§ 2) ; « *Sont considérés comme sûrs les aliments pour animaux qui sont conformes à des dispositions communautaires spécifiques régissant la sécurité des aliments pour animaux, en ce qui concerne les aspects couverts par ces dispositions* » (§ 4). (Règl. (CE) n° 178/2002 du Parlement européen et du Conseil, 28 janv. 2002, art. 15). **• Définition de la denrée alimentaire impropre à la consommation humaine (Cas C).** « *pour déterminer si une denrée alimentaire est impropre à la consommation humaine, il est tenu compte de la question de savoir si cette denrée alimentaire est inacceptable pour la consommation humaine compte tenu de l'utilisation prévue, pour* *des raisons de contamination, d'origine externe ou autre, ou par putréfaction, détérioration ou décomposition* » (Règl. (CE) n° 178/2002 du Parlement européen et du Conseil, 28 janv. 2002, art. 15 §5).

ÉLÉMENT MATÉRIEL

▪ **Obligations des exploitants du secteur alimentaire.** • **Obligations de l'exploitant des denrées alimentaires destinées à la consommation humaine (Cas A).** Si l'exploitant « *considère ou a des raisons de penser qu'une denrée alimentaire qu'il a importée, produite, transformée, fabriquée ou distribuée ne répond pas aux prescriptions relatives à la sécurité des denrées alimentaires, il engage immédiatement les procédures de retrait du marché de la denrée alimentaire en question, lorsque celle-ci ne se trouve plus sous le contrôle direct de ce premier exploitant du secteur alimentaire, et en informe les autorités compétentes. Lorsque le produit peut avoir atteint le consommateur, l'exploitant informe les consommateurs de façon effective et précise des raisons du retrait et, au besoin, rappelle les produits déjà fournis aux consommateurs lorsque les autres mesures sont insuffisantes pour atteindre un niveau élevé de protection de la santé* » (§ 1). Il « *informe immédiatement les autorités compétentes lorsqu'il considère ou a des raisons de penser qu'une denrée alimentaire qu'il a mise sur le marché peut être préjudiciable à la santé humaine. Il informe les autorités compétentes des mesures qu'il prend pour prévenir les risques pour le consommateur final et n'empêche ni ne décourage personne de coopérer avec les autorités compétentes, conformément aux législations et pratiques juridiques nationales, lorsque cela peut permettre de prévenir, réduire ou éliminer un risque provoqué par une denrée alimentaire* » (§ 3) (Règl. (CE) n° 178/2002 du Parlement européen et du Conseil, 28 janv. 2002, art. 19). • **Obligations de l'exploitant des denrées alimentaires destinées à la consommation animale (Cas B).** « *Si un exploitant du secteur de l'alimentation animale considère ou a des raisons de penser qu'un aliment pour animaux qu'il a importé, produit, transformé, fabriqué ou distribué ne répond pas aux prescriptions relatives à la sécurité des aliments pour animaux, il engage immédiatement les procédures de retrait du marché de l'aliment en question et en informe les autorités compétentes* » (§ 1). Il « *informe immédiatement les autorités compétentes s'il considère ou a des raisons de penser qu'un aliment pour animaux qu'il a mis sur le marché ne répond pas aux prescriptions relatives à la sécurité des aliments pour animaux* » (§ 3) (Règl. (CE) n° 178/2002 du Parlement européen et du Conseil, 28 janv. 2002, art. 20). • **Obligations particulières du détaillant ou distributeur des denrées alimentaires (Cas D et E).** C. consom., art. L. 452-5 n'incrimine pas le distributeur, toutefois, « *l'exploitant du secteur alimentaire responsable d'activités de commerce de détail ou de distribution qui n'affectent pas l'emballage, l'étiquetage, la sécurité ou l'intégrité des denrées alimentaires engage, dans les limites de ses activités propres, les procédures de retrait du marché des produits ne répondant pas aux prescriptions relatives à la sécurité des denrées alimentaires et contribue à la sécurité des denrées alimentaires en transmettant les informations nécessaires pour retracer le cheminement d'une denrée alimentaire et en coopérant aux mesures prises par les producteurs, les transformateurs, les fabricants et/ou les autorités compétentes* » (Règl. (CE) n° 178/2002 du Parlement européen et du Conseil, 28 janv. 2002, art. 19 § 2). Le non-respect des obligations pesant sur le détaillant et le distributeur est sanctionné par C. consom., art. R. 452-3-1 (Cas D et E).

▪ ÉLÉMENTS CONSTITUTIFS – QUALIFICATION

✧ Pour avoir à .... [¤ lieu], le .... [¤ date], [⇨A à I :]

A. **DÉFAUT DE RETRAIT OU DE RAPPEL DE DENRÉES ALIMENTAIRES NON ANIMALES PRÉJUDICIABLES À LA SANTÉ HUMAINE (RÈGL. (CE) N° 178/202, C. CONSOM., ART. L. 452-5)**

étant exploitant du **secteur alimentaire**, omis de mettre en œuvre une procédure de retrait ou de rappel, alors qu'il avait connaissance qu'un produit ou une denrée alimentaire, autre qu'un produit d'origine animale ou une denrée en contenant, qu'il avait importé, produit ou transformé était **préjudiciable à la santé humaine** (Règl. (CE) n° 178/202, art. **19** ; C. consom., art. L. 452-5 et L. 452-6) (A : *N 27273.co*) ;

B. **DÉFAUT DE RETRAIT OU DE RAPPEL DE DENRÉES ALIMENTAIRES NON ANIMALES DANGEREUSES POUR L'ANIMAL (RÈGL. (CE) N° 178/202, C. CONSOM., ART. L. 452-5)**

étant exploitant du **secteur de l'alimentation animale**, omis de mettre en œuvre une procédure de retrait ou de rappel, alors qu'il avait connaissance qu'un **aliment pour animaux** autre qu'un aliment pour animaux d'origine animale ou contenant des produits d'origine animale qu'il avait importé, produit ou transformé était **dangereux** (Règl. (CE) n° 178/202, art. **20** ; C. consom., art. L. 452-5 et L. 452-6) (B : *N 29153.co*) ;

C. Défaut de retrait ou de rappel de denrées alimentaires non animales impropres à la consommation humaine (Règl. (CE) n° 178/202, C. consom., art. R. 451-3)

omis de ne mettre en œuvre une procédure de retrait ou de rappel d'une denrée alimentaire autre qu'un produit d'origine animale ou une denrée en contenant **impropre à la consommation humaine** (Règl. (CE) n° 178/202, art. **14 §5 et 19** ; C. consom., art. **R. 451-3**) (**C** : *N* ***31821.c5***) ;

D. Non-engagement d'une procédure de retrait de marché par un détaillant ou distributeur – Denrées alimentaires non animales destinées à la consommation humaine (C. consom., art. R. 452-3-1)

étant exploitant du secteur alimentaire, responsable d'activités de commerce de détail ou de distribution de denrées alimentaires non animales destinées à **l'alimentation humaine**, omis (Règl. (CE) n° 178/202, art. **19 §2** ; C. consom., art. **R. 452-3-1**) [⇨**D1** ou **D2** :]

D1. d'engager une procédure de retrait du marché de produits ne répondant pas aux prescriptions relatives à la sécurité des denrées alimentaires (**D1** : *N* ***33319.c5***) ;

D2. de transmettre les informations nécessaires pour retracer le cheminement d'une denrée alimentaire ne répondant pas aux prescriptions relatives à la sécurité des denrées alimentaires (**D2** : *N* ***33320.c5***) ;

E. Non-engagement d'une procédure de retrait de marché par un détaillant ou distributeur – Denrées alimentaires non animales destinées à la consommation animale (C. consom., art. R. 452-3-1)

étant exploitant du secteur de l'alimentation animale, responsable d'activités de commerce de détail ou de distribution de denrées alimentaires non animales destinées à **l'alimentation animale**, omis (Règl. (CE) n° 178/202, art. **20 §2** ; C. consom., art. **R. 452-3-1**) [⇨**E1** ou **E2** :]

E1. d'engager une procédure de retrait du marché de produits ne répondant pas aux prescriptions relatives à la sécurité des aliments pour animaux (**E1** : *N* ***33321.c5***) ;

E2. de transmettre les informations nécessaires pour retracer le cheminement d'un aliment pour animaux ne répondant pas aux prescriptions relatives à la sécurité des aliments pour animaux (**E2** : *N* ***33322.c5***).

Faits prévus et réprimés par les articles : [de la formule sélectionnée]. ✧

30.45 Obligations de retrait ou de rappel des produits alimentaires d'origine animale préjudiciables à la santé ou dangereux

PERSONNE PHYSIQUE

PP Cas **A** et **B** : **Délit. 5 ans** d'emprisonnement, **600 000 €** ou **⩽ 10 %** du chiffre d'affaires (C. rur., art. **L. 237-2 III**) ;

Cas **C** : **Contrav. 5e cl. 1 500 €** (C. rur., art. **R. 237-2 1 9°** ; C. pén., art. 131-13). **Récidive** : **3 000 €** (C. rur., art. **R. 237-8** ; C. pén., art. 132-11).

PC 1. Cas **A** et **B** : interdiction, ⩽ 5 ans, d'utiliser des cartes de paiement ou d'émettre des chèques autres que de retrait ou certifiés (C. rur., art. L. 237-2 IV) ;

2. Cas **A** et **B** : confiscation de la chose ayant servi à l'infraction ou destinée à la commettre, ou son produit (obligatoire pour objets qualifiés dangereux ou nuisibles par loi ou règlement ou dont la détention est illicite) (C. rur., art. L. 237-2 IV ; C. pén., art. 131-21) ;

3. Cas **A** et **B** : interdiction ⩽ 5 ans d'exercer une activité professionnelle ou sociale (sauf mandat électif ou syndical) dont les facilités ont été sciemment utilisées pour préparer ou commettre l'infraction (C. rur., art. L. 237-2 IV ; C. pén., art. 131-27) ;

4. Cas **A** et **B** : affichage, ⩽ 2 mois, et/ou diffusion de la décision ou d'extraits aux frais (⩽ amende encourue) du condamné (C. rur., art. L. 237-2 IV ; C. pén., art. 131-35) ;

5. Cas **C** : Confiscation (réelle ou en valeur) chose ayant servi à l'infraction ou destinée à la commettre ou son produit (obligatoire pour objets qualifiés dangereux ou nuisibles par loi ou règlement ou dont la détention est illicite) (C. rur., art. R. 237-8 ; C. pén., art. 131-16 5° et 131-21).

PERSONNE MORALE

PP Délit. Cas A et B : **3 000 000 €** ou ⩽ **50 %** du chiffre d'affaires (C. rur., art. L. 237-2 III) ; Cas C : Contrav. 5e cl. **7 500 €** (C. rur., art. R. 237-2 1 9° ; C. pén., art. 131-41). **Récidive** : **15 000 €** (C. rur., art. R. 237-8 ; C. pén., art. 132-15).

PC **1.** Cas A et B : interdiction ⩽ 5 ans, une ou plusieurs activités professionnelles ou sociales dans le cadre de laquelle l'infraction a été commise (C. rur, art. L. 237-2 V ; C. pén., art. 131-39 2°) ;

2. Cas A et B : fermeture ⩽ 5 ans, d'un ou plusieurs établissements en relation avec l'infraction (C. rur, art. L. 237-2 V ; C. pén., art. 131-39 4°) ;

3. Cas A et B : interdiction ⩽ 5 ans cartes de paiement ou émission chèques autres que de retrait ou certifiés (C. rur, art. L. 237-2 V ; C. pén., art. 131-39 7°) ;

4. Cas A et B : confiscation de la chose ayant servi à l'infraction ou destinée à la commettre, ou son produit (obligatoire pour objets qualifiés dangereux ou nuisibles par loi ou règlement ou dont la détention est illicite) (C. rur, art. L. 237-2 V ; C. pén., art. 131-39 8° et 131-21) ;

5. Cas A et B : affichage, ⩽ 2 mois, *et/ou* (L. n° 2011-525, 17 mai 2011) diffusion de la décision ou d'extraits aux frais (⩽ amende encourue) du condamné (C. rur, art. L. 237-2 V ; C. pén., art. 131-39 9°, 131-48 et 131-35).

6. Cas C : Confiscation (réelle ou en valeur) chose ayant servi à l'infraction ou destinée à la commettre ou son produit (obligatoire pour objets qualifiés dangereux ou nuisibles par loi ou règlement ou dont la détention est illicite) (C. rur., art. R. 237-8 ; C. pén., art. 131-16 5° et 131-21).

■ ORIENTEUR

AUTRE QUALIFICATION

▪ **Tromperie ou fraude sur l'origine ou les qualités substantielles, d'une marchandise ou d'une prestation de service.** C. consom., art. L. 454-1, v. n° **30.10**.

▪ **Inexécution des obligations de signalement, de retrait, de rappel ou de mesures correctives en matière de produits non conformes ou dangereux.** C. consom., art. L. 451-1, L. 452-7, L. 532-3, R. 452-2, R. 452-5, **30.11**.

▪ **Obligations de retrait ou de rappel des produits alimentaires d'origine animale préjudiciables à la santé ou dangereux.** C. rur., art. L. 237-2 III, R. 237-2, v. n° **30.45**.

▪ **Denrée alimentaire impropre à la consommation – Détention, offre, distribution.** C. consom., art. R. 451-2 pour les denrées non animales et C. rur., art. R. 237-2 pour les denrées d'origine animale, v. n° **30.46**.

▪ **Denrée alimentaire périmée.** C. consom., art. R. 451-1, C. rur., art. R. 237-2 1 9°, v. n° **30.47**.

ÉLÉMENT LÉGAL

▪ **Décrets d'application.** Les articles 14, 15, 17, 19 et 20 du règlement (CE) n° 178/2002 du Parlement européen et du Conseil, 28 janv. 2002, constituent des mesures d'exécution des dispositions du C. rur. ayant le même champ d'application (C. rur., art. L. 231-6 et R. 231-13).

▪ **définition.** • **Définition de l'exploitant du secteur de l'alimentation humaine ou animale.** Règl. (CE) n° 178/2002 du Parlement européen et du Conseil, 28 janv. 2002, art. 3 §3 et § 6, v. Orienteur n° **30.44**. • **Définition de la denrée alimentaire préjudiciable à la consommation humaine (Cas A).** Règl. (CE) n° 178/2002 du Parlement européen et du Conseil, 28 janv. 2002, art. 14 §4, v. Orienteur n° **30.44**. • **Définition de la denrée alimentaire pour animal dangereuse (Cas B).** Règl. (CE) n° 178/2002 du Parlement européen et du Conseil, 28 janv. 2002, art. 15 § 2 et 4, v. Orienteur n° **30.44**. • **Définition de la denrée alimentaire impropre à la consommation humaine (Cas C).** Règl. (CE) n° 178/2002 du Parlement européen et du Conseil, 28 janv. 2002, art. 14 §5, v. Orienteur n° **30.44**.

ÉLÉMENT MATÉRIEL

▪ **Obligations des exploitants du secteur alimentaire.** • **Obligations de l'exploitant de denrées alimentaires animales destinées à la consommation humaine (Cas A).** Règl. (CE) n° 178/2002 du Parlement européen et du Conseil, 28 janv. 2002, art. 19 § 1 et § 3, v. Orienteur n° **30.44**. • **Obligations de l'exploitant des denrées alimentaires destinées à la consommation animale (Cas B).** Règl. (CE) n° 178/2002 du Parlement européen et du Conseil, 28 janv. 2002, art. 20 § 1 et § 3, v. Orienteur n° **30.44**. • **Obligations de déclaration des mesures de rappel sur le site internet dédié.** « *les professionnels qui procèdent au rappel de produits en font la déclaration de* *façon dématérialisée sur le site internet mentionné* » au C. consom., art. L. 423-3 (C. rur., art. L. 205-7-1) (site « *RappelConso* ») (Contrav. 5e cl, C. consom., art. R. 452-5, v. no 30.11, cas H).

■ ÉLÉMENTS CONSTITUTIFS – QUALIFICATION

✧ Pour avoir à .... [¤ lieu], le .... [¤ date], [⇨A à I :]

A. **MISE SUR LE MARCHÉ OU DÉFAUT DE RAPPEL DE DENRÉES ALIMENTAIRES ANIMALES PRÉJUDICIABLES À LA SANTÉ HUMAINE (RÈGL. (CE) No 178/202, C. RUR., ART. L. 237-2)**

étant exploitant, [⇨A à I :]

A1. mis sur le marché un produit d'origine animale ou une denrée en contenant préjudiciable à la santé humaine (Règl. (CE) no 178/202, 28 janv. 2002, art. **14 §4** ; C. rur., art. L. 237-2 III) (A1 : *N 26731.co*) ;

A2. omis de mettre en œuvre une procédure de retrait ou de rappel d'un produit d'origine animale ou une denrée en contenant préjudiciable à la santé humaine qu'il a importé, produit ou transformé (Règl. (CE) no 178/202, 28 janv. 2002, art. **19** ; C. rur., art. L. 237-2 III) (A2 : *N 26732.co*) ;

B. **MISE SUR LE MARCHÉ OU DÉFAUT DE RAPPEL DE DENRÉES ALIMENTAIRES ANIMALES DANGEREUSES POUR LA SANTÉ ANIMALE (RÈGL. (CE) No 178/202, C. RUR., ART. L. 237-2)**

étant exploitant, [⇨A à I :]

B1. mis sur le marché un aliment pour animaux d'origine animale ou contenant des produits d'origine animale dangereux pour la santé animale (Règl. (CE) no 178/202, 28 janv. 2002, art. **15 §2** ; C. rur., art. L. 237-2 III) (B1 : *N 29151.co*) ;

B2. omis de mettre en œuvre une procédure de retrait ou de rappel d'un aliment pour animaux d'origine animale ou contenant des produits d'origine animale dangereux pour la santé animale qu'il a importé, produit ou transformé (Règl. (CE) no 178/202, 28 janv. 2002, art. **15 § 2 et 20** ; C. rur., art. L. 237-2 III) (B2 : *N 20152.co*) ;

C. **DÉFAUT DE RAPPEL DE DENRÉES ALIMENTAIRES ANIMALES IMPROPRES À LA CONSOMMATION HUMAINE (RÈGL. (CE) No 178/202, C. RUR., ART. R. 237-2)**

étant exploitant du secteur alimentaire et de l'alimentation animale, omis de mettre en œuvre une procédure de retrait ou de rappel d'un produit d'origine animale ou d'une denrée en contenant ne répondant pas aux prescriptions relatives à la sécurité des denrées alimentaires (Règl. (CE) no 178/202, 28 janv. 2002, art. **19** ; C. rur., art. R. 237-2 1 9° et R. 237-8) (C : *N 28574.c5*).

Faits prévus et réprimés par les articles : [de la formule sélectionnée]. ✧

30.46 Denrée alimentaire impropre à la consommation – Détention, offre, distribution

■ PEINES

PERSONNE PHYSIQUE

PP Cas A : Contrav. 5e cl. 1 500 € (C. consom., art. R. 451-2 ; C. pén., art. 131-13). Récidive : 3 000 € (C. consom., art. R. 451-2, C. pén., art. 132-11) ;

Cas B : Contrav. 5e cl. 1 500 € (C. rur., art. R. 237-2 1 9° ; C. pén., art. 131-13). Récidive : 3 000 € (C. rur., art. R. 237-8 ; C. pén., art. 132-11).

PC Cas B : Confiscation (réelle ou en valeur) chose ayant servi à l'infraction ou destinée à la commettre ou son produit (obligatoire pour objets qualifiés dangereux ou nuisibles par loi ou règlement ou dont la détention est illicite) (°, C. rur., art. R. 237-8 ; C. pén., art. 131-16 5° et 131-21).

PERSONNE MORALE

PP Cas A : Contrav. 5e cl. 7 500 € (C. consom., art. R. 451-2 ; C. pén., art. 131-41). Récidive : 15 000 € (C. consom., art. R. 451-2, C. pén., art. 132-15) ;

Cas B : Contrav. 5e cl. 7 500 € (C. rur., art. R. 237-2 1 9° ; C. pén., art. 131-41). Récidive : 15 000 € (C. rur., art. R. 237-8 ; C. pén., art. 132-15).

PC Cas B : Confiscation (réelle ou en valeur) chose ayant servi à l'infraction ou destinée à la commettre ou son produit (obligatoire pour objets qualifiés dangereux ou nuisibles par loi ou règlement ou dont la détention est illicite) (C. rur., art. R. 237-8 ; C. pén., art. 131-16 5° et 131-43).

■ ORIENTEUR

AUTRE QUALIFICATION

▪ **Produit corrompu ou toxique – Exposition, vente.** C. consom., art. L. 451-1 et L. 451-5, v. n° 30.13.

▪ **Produit corrompu ou toxique – Détention.** C. consom., art. L. 451-3 et L. 451-4, v. n° 30.14.

▪ **Obligations de retrait ou de rappel de produits alimentaires non animaux préjudiciables à la santé ou dangereux.** C. consom., art. L. 452-5, R. 451-3, R. 452-3-1, v. n° 30.44.

▪ **Obligations de retrait ou de rappel des produits alimentaires d'origine animale préjudiciables à la santé ou dangereux.** C. rur., art. L. 237-2 III, R. 237-2, v. n° 30.45.

▪ **Denrée alimentaire périmée.** C. consom., art. R. 451-1, C. rur., art. R. 237-2 1 9°, v. n° 30.47.

ÉLÉMENT LÉGAL

▪ **Décrets et mesures d'application des dispositions nationales et du droit de l'Union.** Des décrets en Conseil d'État définissent notamment la définition, la composition et la dénomination des marchandises de toute nature, les traitements licites dont elles peuvent être l'objet, les caractéristiques qui les rendent impropres à la consommation (C. consom., art. L. 412-1). Sur ce même fondement, des décrets en Conseil d'État (ex. C. consom., art. **R. 412-18** s.) sont pris pour l'application des règlements européens contenant des dispositions relevant du champ d'application de C. consom., art. L. 412-1 (C. consom., art. L. 412-2). Les mesures prises par la Commission européenne en application du règlement (CE) n° 178/2002, art. 53, constituent également des mesures d'exécution de C. consom., art. L. 412-1 (C. consom., art. L. 422-3). Il en est de même pour les denrées d'origine animale (C. rur., art. L. 231-6 et **R. 231-13**).

▪ **définition. Denrée alimentaire impropre à la consommation.** Une denrée alimentaire est considérée par C. consom., art. R. 451-2, comme impropre à la consommation (**Cas** A) si elle n'est pas conforme au § 5 de l'article 14 du règlement (CE) n° 178/2002 qui prévoit que « ***pour déterminer si une denrée alimentaire est impropre à la consommation humaine, il est tenu compte de la question de savoir si cette denrée alimentaire est inacceptable pour la consommation humaine compte tenu de l'utilisation prévue, pour des raisons de contamination, d'origine externe ou autre, ou par putréfaction, détérioration ou décomposition*** ». Cette définition s'applique également aux denrées d'origine animale destinées à la consommation humaine (**Cas** B), dont le régime est régi par le C. rur. (C. rur., art. R. 237-2 1 9°).

■ ÉLÉMENTS CONSTITUTIFS – QUALIFICATION

✧ Pour avoir à .... [¤ lieu], le .... [¤ date], [⇨A ou B :]

A. détenu en vue de la vente ou de la distribution à titre gratuit, mis en vente, vendu ou distribué à titre gratuit une denrée alimentaire impropre à la consommation (Règl. (CE) n° 178/2002, 28 janv. 2002, art. **14** § **5** ; C. consom., art. L. 412-1, L. 412-2, L. 422-3, **R. 412-18** et R. 451-2 (A : *N 31822.c5*) ;

B. étant exploitant du secteur alimentaire et de l'alimentation animale, mis sur le marché un produit d'origine animale ou une denrée en contenant impropre à la consommation humaine (Règl. (CE) n° 178/202, 28 janv. 2002, art. **14 §5** ; C. rur., art. L. 231-6, R. 231-13, R. 237-2 1 9° et R. 237-8) (B : *N 28573.c5*).

Faits prévus et réprimés par les articles : [de la formule sélectionnée]. ✧

30.47 Denrée alimentaire périmée

■ PEINES

PERSONNE PHYSIQUE

PP Contrav. 5e cl. 1 500 € (C. consom., art. R. 451-1, C. pén., art. 131-13) (depuis D. n° 2016-884, 29 juin 2016, auparavant **Contrav.** 3e cl. 450 €, C. consom., anct art. L. 214-2 et R. 112-25).

Récidive : 3 000 € (C. patr., art. R. 451-1, C. pén., art. 132-11).

PERSONNE MORALE

PP Contrav. 5e cl. 7 500 € (C. consom., art. R. 451-1, C. pén., art. 131-13 et 2 250 € (C. pén., art. 131-41).

Récidive : 15 000 € (C. patr., art. R. 451-1, C. pén., art. 132-15).

PC Néant.

▪ ORIENTEUR

AUTRE QUALIFICATION

▪ **Tromperie ou fraude sur l'origine ou les qualités substantielles, d'une marchandise ou d'une prestation de service.** V. n° 30.10,

▪ **Produit corrompu ou toxique – Exposition, vente.** V. n° 30.13

▪ **Produit corrompu ou toxique – Détention.** V. n° 30.14

▪ **Denrée alimentaire impropre à la consommation – Détention, offre, distribution.** C. consom., art. R. 451-2 ; C. rur., art. R. 237-2 1 9°, v. n° 30.46.

▪ **Hygiène alimentaire – Conditions applicables aux animaux vivants et aux denrées animales – Obligations et sanctions (C. rur., art. R. 231-12 s.). Denrées animales ou d'origine animale** : les produits de la pêche, viandes, produits à base de viande et plats cuisinés, ovoproduits, œufs réfrigérés, volailles, lapins, petits et gros gibiers, lait pasteurisé et produits à base de lait, dont la DLC est dépassée, étaient auparavant considérés comme impropres à la consommation (Arr. 20 janv. 1995, NOR : AGRG9500141A *JO* 31 janv., art. 2, abrogé et remplacé par Arr. 18 déc. 2009, NOR : AGRG0927648A), et qualifiés de denrées animales ou d'origine animale non-conformes aux normes sanitaires (contrav. 5e cl., D. n° 71-636, 21 juill. 1971, art. 5 et 26,) (*N 3596.c5*, v. n° 30.48D). Ces faits entrent désormais sous la qualification prévue par C. consom., art. R. 412-9, qui s'applique indistinctement aux « *denrées alimentaires* », qu'elles soient d'origine animale ou non animale.

ÉLÉMENT LÉGAL

▪ **Application de la loi pénale dans le temps.** Contravention de 3e cl. (C. consom., anct art. L. 214-2 et R. 112-25) jusqu'au D. n° 2016-884, 29 juin 2016, recodifiant la partie réglementaire du C. consom., en vigueur le 1er juill. 2016.

▪ ÉLÉMENTS CONSTITUTIFS – QUALIFICATION

✧ Pour avoir à .... [¤ lieu], le .... [¤ date], détenu en vue de la vente ou de la distribution à titre gratuit, mis en vente, vendu ou distribué à titre gratuit des denrées alimentaires, en l'espèce .... [¤ énumération des produits distincts concernés], comportant une date limite de consommation dépassée.

Faits prévus et réprimés par les articles L. 412-1 L. 412-1, R. 412-9 et R. 451-1 (anct L. 214-2 et R. 112-25) du code de la consommation (*N 393.c5*). ✧

30.48 Hygiène alimentaire – Conditions applicables aux animaux vivants et aux denrées animales – Obligations et sanctions (C. rur., art. R. 231-4 s.)

A. Champ d'application des dispositions

1. Les denrées (C. rur., art. R. 231-4)

Animaux dont la chair est destinée à la consommation du public (animaux de boucherie, volailles, lapins, gibier, produits de la mer et d'eau douce), vivants ou non, entiers ou découpés, leurs préparations et produits, et les denrées d'origine animale (produits comestibles élaborés par les animaux tels que le lait, les œufs et le miel), naturelles ou transformées.

2. Les établissements (C. rur., art. R. 234-4)

Établissements d'abattage, de préparation, traitement, transformation, entreposage, exposition, mise en vente et vente des denrées ci-dessus.

B. Obligations administratives des établissements

1. Les obligations

Ils sont tenus de déclarer leur activité à l'autorité administrative (C. rur., art. R. 233-4).

2. Les infractions

(Contrav. 5e cl., 1 500 € ; C. pén., art. 131-13).

– exploité un établissement de **traitement** (*N 20003.c5*) **vente** (*N 20004.c5*), **entreposage** (*N 20005.c5*), de denrées animales ou d'origine animale sans déclaration préalable (C. rur., art. R. 233-4 et R. 237-2 7°) ;

– exploité sans déclaration à l'administration un établissement dans lequel sont **congelées** des denrées animales ou d'origine animale (C. rur., art. R. 233-4 et R. 237-2 7° ; Arr. 28 juin 1994, art. 2, NOR : AGRG9600766A, *JO* 31 juill.) (*N* ***20003.c5***).

C. Surveillance vétérinaire de l'abattage

1. Abattage et estampillage, les obligations des établissements

Les animaux de boucherie ne peuvent être abattus hors d'un abattoir, sauf urgence pour cause d'accident (mais suivi d'un examen sanitaire dans un abattoir), ou pour les caprins, ovins, porcins volailles ou lapins élevés pour la seule consommation familiale (C. rur., art. R. 231-6).

Il est interdit de procéder à un abattage rituel en dehors d'un abattoir (C. rur., art. R. 214-73).

Tout animal de boucherie ou volaille introduit dans un abattoir doit faire l'objet d'un contrôle vétérinaire avant et après abattage, avec apposition d'un estampillage. Les carcasses ou parties ne peuvent être commercialisées ou circuler sans estampillage (C. rur., art. R. 231-17).

Les denrées : exportées (*N* ***27265.co***) sont soumises à l'estampillage ; importées (*N* ***27267.co***) en provenance de pays non-membres l'Union européenne, à un contrôle vétérinaire sanitaire et qualitatif (sanctions délictuelles, C. rur., art. L. 236-1 et L. 237-3).

2. Les infractions

Délit. 6 mois d'emprisonnement, **15 000 €** (C. rur., art. L. 237-2).

– abattage d'animal en dehors d'un établissement d'abattage dans des conditions illicites (l'abattage hors abattoir n'est autorisé que pour les caprins, ovins, porcins, volailles, par la personne qui les a élevés et pour la consommation de la famille). L'abattage rituel doit être effectué en abattoir (C. rur., art. L. 237-2, R. 231-6, R. 214-69 à R. 214-71, R. 214-73) (*N* ***27075.co***), par un sacrificateur habilité (C. rur., art. R. 214-75 et **R. 215-8 II 10°**, Contrav. 5e cl) (*N* ***6915.c5***), en mesure de justifier de son habilitation (C. rur., art. **R. 215-8 II 11°**, Contrav. 3e cl.) (*N* ***21353.c3***).

Contrav. 5e cl. 1 500 € ; C. pén., art. 131-13 :

– omis de présenter au **contrôle vétérinaire** un animal de boucherie ou une volaille avant ou après abattage (C. rur., art. R. 231-7 et **R. 237-2 1°**) (*N* ***3598.c5***) ;

– omis de soumettre un animal de boucherie abattu d'urgence à un examen sanitaire dans un abattoir (C. rur., art. R. 231-6, R. 231-7 et **R. 237-2 1°**) (*N* ***20001.c5***) ;

– exposé, mis en circulation ou en vente un animal de boucherie ou une volaille sans estampille vétérinaire (*N* ***3597.c5***) ou avec une estampille non-conforme (*N* ***21581.c5***) (C. rur., art. R. 231-7 et **R. 237-2 2°**).✧

D. Conformité sanitaire

1. Les normes applicables

Sont interdits à la mise sur le marché les denrées ne satisfaisant pas aux normes sanitaires et qualitatives fixées par les règlements et décisions de l'Union européenne et par arrêtés (C. rur., art. R. 231-13).

Les produits de la pêche, viandes, produits à base de viande et plats cuisinés, ovoproduits, œufs réfrigérés, volailles, lapins, petits et gros gibiers, lait pasteurisé et produits à base de lait, dont la DLC est dépassée, étaient auparavant considérés comme impropres à la consommation et qualifiés de denrées animales ou d'origine animale non-conformes aux normes sanitaires (Arr. 20 janv. 1995, NOR : AGRG9500141A, *JO* 31 janv., p. 1640, art. 2, abrogé et remplacé par Arr. 18 déc. 2009, NOR : AGRG0927648A). Ces faits entrent désormais sous la qualification prévue par C. consom., art. R. 412-9 (v. n° 30.47), qui s'applique indistinctement aux « *denrées alimentaires* », qu'elles soient d'origine animale ou non animale.

Dans les établissements d'équarrissage, pour chaque catégorie de cadavres d'animaux, de viandes, de déchets ou de sous-produits animaux, ne sont autorisés que les traitements permettant d'obtenir des produits finis répondant à des normes fixées par arrêté (C. rur., art. R. 226-2).

2. Les infractions

Contrav. 5e cl., 1 500 € ; C. pén., art. 131-13 :

– exposé, mis en circulation ou en vente des denrées animales ou d'origine animale non-conformes aux **normes sanitaires** (C. rur., art. R. 231-13 et **R. 237-3 2°**) (*N* ***3596.c5***) ;

– dans un établissement d'équarrissage ou de traitement de sous-produits animaux, utilisé des traitements de viandes ne permettant pas d'obtenir des produits finis conformes aux normes fixées par le ministre de l'agriculture ou de la pêche (C. rur., art. R. 226-2 et R. 228-11) (*N 3586.c5*). ✧

E. Conditions d'équipement des locaux

1. Les obligations des établissements

– locaux et emplacements de travail en nombre suffisant ;

– faciles à nettoyer et désinfecter ;

– superficie, agencement et aménagement adaptés ;

– approvisionnement en eau potable ;

– éclairage, aération et ventilation convenables ;

– température ne présentant pas de risque d'insalubrité ;

– protégés contre les souillures ;

– absence de communication avec une source d'insalubrité ;

– installations sanitaires permettant d'assurer la propreté corporelle et vestimentaire du personnel ;

– ateliers de découpe et de traitement de sous-produits animaux aménagés et entretenus pour permettre l'exécution sans danger du travail et la mise en vente de produits finis exempts de substances ou germes nocifs.

2. Les infractions

Contrav. 5e cl., 1 500 € ; C. pén., art. 131-13 :

a. exploité un établissement d'abattage, traitement, transformation, stockage, exposition, mise en vente ou vente de denrées animales ou de d'origine animale [⇨ :]

– dans des locaux et emplacements de travail inadaptés (*N 20007.c5*), non approvisionnés en eau potable (*N 20009.c5*) (C. rur., art. R. 237-2 4°) ;

– dans un local : mal éclairé (*N 20010.c5*), mal aéré ou ventilé (*N 20011.c5*), malaisé à nettoyer ou désinfecter (*N 20012.c5*), mal aménagé constituant un risque d'insalubrité (*N 20013.c5*), comportant une température inadaptée constituant un risque d'insalubrité (*N 20014.c5*), non protégé contre les souillures ou une source d'insalubrité (*N 20016.c5*) (C. rur., art. R. 237-2 5°) ;

– dans un local : non doté d'installations sanitaires à l'usage du personnel ou comportant des installations non-conformes (*N 7811.c5*) (C. rur., art. R. 237-2 6°) ;

b. exploité un établissement d'équarrissage ou de traitement de sous-produits animaux dans un local : mal aménagé risquant de contaminer les produits finis (*N 20023.c5*), mal entretenu risquant de contaminer les produits finis (*N 20024.c5*), mal aménagé créant un danger pour le personnel (*N 20026.c5*), mal entretenu créant un danger pour le personnel (*N 20025.c5*) (C. rur., art. R. 226-1 et R. 228-11). ✧

F. Matériel, conditionnement et opérations de traitement

1. Les règles d'hygiène applicables

– machines et matériels au contact des denrées faciles à nettoyer et désinfecter, en état permanent d'entretien et de propreté, et insusceptibles de les altérer (C. rur., art. R. 231-15) ;

– conditions d'emploi ou de réemploi des conditionnements et emballages n'altérant pas l'état sanitaire des denrées (C. rur., art. R. 231-15) ;

– opérations pratiquées dans les locaux ne doivent pas constituer un risque d'insalubrité (C. rur., art. R. 231-22) ;

– personnel manipulant des denrées astreint à la plus grande propreté corporelle et vestimentaire, soumis à surveillance médicale périodique, insusceptible de contaminer les denrées (C. rur., art. R. 231-16) ;

– denrées destinées aux animaux exposés ou mis en vente sur des emplacements particuliers signalés comme tels et distincts de ceux réservés à l'alimentation humaine (C. rur., art. R. 231-13) ;

– cadavres d'animaux entreposés en atmosphère réfrigérée (C. rur., art. R. 226-3) ;

– dépeçage et éviscération interdits dans les dépôts de cadavres d'animaux (C. rur., art. R. 226-3) ;

– cadavres doivent arriver entiers dans ateliers d'équarrissage (C. rur., art. R. 226-3).

2. Les infractions

Contrav. 5e cl., 1 500 € ; C. pén., art. 131-13 :

a. exploité un établissement d'abattage, traitement, transformation, stockage, exposition, mise en vente ou vente de denrées animales ou d'origine animale [⇨ :]

– avec des ustensiles, machines ou récipients malpropres (*N* ***20018.c5***), ou susceptibles d'altérer les marchandises (*N* ***20019.c5***) (C. rur., art. R. 237-2 7°) ;

– en employant des enveloppes, conditionnements ou emballages altérant l'état sanitaire de denrées (C. rur., art. R. 237-2 8°) (*N* ***20020.c5***) ;

– en pratiquant dans les locaux des opérations créant un risque d'insalubrité pour les denrées (C. rur., art. R. 237-2 9°) (*N* ***20015.c5***) ;

– en employant du personnel : susceptible de contaminer les denrées (C. rur., art. R. 237-2 15, *N* ***20021.c5***), non soumis à contrôle médical régulier (C. rur., art. R. 231-12 et R. 237-2 14°) (*N* ***20022.c5***) ;

– en exposant ou mettant en vente des denrées destinées aux animaux : sur un emplacement non séparé des denrées destinées à l'homme (*N* ***3593.c5***), sur un emplacement particulier non signalé comme tel (*N* ***21521.c5***) (C. rur., art. R. 231-4 et R. 237-3 3°) ;

– en entreposant des cadavres d'animaux en dépôt non réfrigéré pendant plus de 24 h 00 (C. rur., art. R. 226-3 et R. 228-11) (*N* ***3585.c5***) ;

– en manipulant de manière irrégulière des cadavres d'animaux (C. rur., art. R. 226-3 et R. 228-11) (*N* ***26422.c5***) ;

b. employé, pour la manipulation de denrées animales ou d'origine animale, une personne ne respectant pas les règles d'hygiène corporelles ou vestimentaires (C. rur., art. R. 237-2 15°) (*N* ***28334.c5***). ✧

G. Transport des denrées animales, conditions administratives

1. Les obligations des établissements

Arr. 27 nov. 2020, NOR : AGRG2031110A (ancᵗ Arr. 1er juill. 2008, NOR : AGRG0810436A).

2. Les infractions

Contrav. 4e cl. 750 € ; C. pén., art. 131-13 :

Transporté des denrées animales ou d'origine animale périssables [⇨ :]

– dans un engin sous température dirigée sans **attestation de conformité technique** (C. rur., art. R. 231-59-5 et R. 237-7, art. 14 et 26 ; Arr. 27 nov. 2020, NOR : AGRG2031110A) (*N* ***26745.c4***) ;

– en liaison chaude dans un véhicule dépourvu d'équipement spécial calorifique (C. rur., art. R. 231-45 et R. 237-7 ; Arr. 27 nov. 2020, NOR : AGRG2031110A) (*N* ***26744.c4***) ;

– dans un engin démuni de **marque d'identification conforme** (C. rur., art. R. 231-45 et R. 237-7 ; Arr. 27 nov. 2020, NOR : AGRG2031110A) (*N* ***466.c4***).

H. Transport des animaux vivants

1. Les obligations des établissements

(C. rur., art. R. 231-11)

– animaux transportés de sorte de ne pas altérer leur état de santé et d'entretien ;

– équipements de transports et de chargement adaptés aux différentes espèces animales, aménagés pour ne pas polluer ou contaminer, nettoyés et désinfectés après déchargement ;

– installations de nettoyage sur les lieux de déchargement.

2. Les infractions

Contrav. 5e cl., 1 500 € ; C. pén., art. 131-13 :

1. transporté des animaux vivants destinés à la consommation humaine [⇨ :]

– dans des conditions susceptibles d'altérer leur état de santé et d'entretien (C. rur., art. R. 231-13 et R. 237-2 10°) (*N* ***20286.c5***) ;

– sans nettoyage et désinfection du matériel de transport après déchargement (C. rur., art. R. 231-11 et R. 237-2 11°) (*N* ***20287.c5***) ;

2. omis d'installer des équipements de nettoyage dans un lieu de déchargement d'animaux vivants (C. rur., art. R. 231-13 et R. 237-2 11°) (*N* ***20288.c5***). ✧

I. Transport des denrées animales et d'origine animale, règles d'hygiène

1. Les règles d'hygiène applicables

C. rur., art. R. 231-25 :

– aménagement, entretien et chargement des moyens de transport insusceptibles de contaminer, altérer ou souiller les denrées ;

– équipements nécessaires à la bonne conservation des denrées ;

– sauf dérogations particulières, les équipements ne peuvent servir au transport d'animaux vivants ou marchandises pouvant les altérer ou contaminer.

2. Les infractions

Contrav. 5e cl., 1 500 € ; C. pén., art. 131-13 :

Transporté des denrées animales ou d'origine animale [⇨ :]

– dans un moyen de transport : mal aménagé créant un risque de contamination, altération ou souillure, mal entretenu ou présentant un risque de contamination, altération ou souillure (*N* ***3676.c5***), chargé ou déchargé de manière non-conforme, créant un risque de contamination, altération ou souillure (*N* ***20278.c5***) (C. rur., art. R. 231-13 et R. 237-2 12°) ;

– avec du fret susceptible d'altérer les denrées ou en transportant de façon alternée ou simultanée des denrées et animaux vivants (C. rur., art. R. 231-13 et R. 237-2 13°) (*N* ***3678.c5***). ✧

30.49 Hygiène alimentaire – Denrées non animales (D. nº 2009-1121, 16 sept. 2009)

■ PEINES

PERSONNE PHYSIQUE

PP Contrav. 5e cl. 1 500 € (depuis D. nº 2016-884, 29 juin 2016 modifiant D. nº 2009-1121, 16 sept. 2009, art. 5, auparavant **Contrav. 3e cl. 450 €**) (C. pén., art. 131-13).

PC Néant.

PERSONNE MORALE

PP Contrav. 5e cl. 7 500 € (depuis D. nº 2016-884, 29 juin 2016 modifiant D. nº 2009-1121, 16 sept. 2009, art. 5, auparavant **Contrav. 3e cl. 2 250 €**) (C. pén., art. 131-13, 131-41).

PC Néant.

■ ORIENTEUR

ÉLÉMENT LÉGAL

▪ **Application de la loi pénale dans le temps.** Le D. nº 2009-1121, 16 sept. 2009, abroge et remplace le D. nº 91-409, 26 avr. 1991. Les arrêtés pris en application du précédent texte restent en vigueur jusqu'à leur remplacement par les arrêtés pris en application du D. nº 2009-1121, 16 sept. 2009.

▪ **Application de la loi pénale dans le temps.** Le D. nº 2016-884, 29 juin 2016 a aggravé les peines pour ces faits qui constituent désormais une contravention de 5e au lieu de la 3e classe.

■ ÉLÉMENTS CONSTITUTIFS – QUALIFICATION

✧ Pour avoir à .... [¤ lieu], le .... [¤ date], [⇨A ou B :]

A. [⇨A1 à A5 :]

A1. importé (A1 : *N* ***#.c5***)...

A2. fabriqué (A2 : *N* ***27626.c5***)...

A3. détenu en vue de la vente ou de la distribution à titre gratuit, (A3 : *N* ***27623.c5***) ...

A4. mis en vente ou vendu (A4 : *N* ***27624.c5***)...

A5. distribué à titre gratuit (A5 : *N* ***27625.c5***) ...

...des produits ou denrées alimentaires qui ne répondaient pas aux caractéristiques hygiéniques, définies par arrêté, auxquels doivent satisfaire les produits et denrées alimentaires pour être reconnus propres à la consommation humaine, en l'espèce en .... [¤ matérialiser l'infraction par référence à l'arrêté d'application concerné] ;

B. omis de satisfaire aux prescriptions des arrêtés déterminant des mesures nationales spécifiques relatives [⇨B1 à B5 :]

B1. à la production (B1 : *N* ***27627.c5***) ...

B2. à la transformation (B2 : *N* ***27628.c5***) ...

B3. à la distribution (B3 : *N* ***27629.c5***) ...

B4. à la conservation (B4 : *N* ***27630.c5***) ...

B5. au transport (B5 : *N* ***27631.c5***) ...

... des denrées alimentaires autorisées par le règlement CE n° 852/2004 du Parlement européen et du Conseil du 29 avril 2004 relatif à l'hygiène des denrées alimentaires, en l'espèce en .... [¤ matérialiser l'infraction par référence à l'arrêté d'application concerné].

Faits prévus et réprimés par l'article 5 du Décret n° 2009-1121 du 16 sept. 2009 + [• dispositions de l'arrêté d'application concerné]. ✧

31. L'environnement – L'urbanisme – Les biens culturels

31.1 Défaut d'autorisation environnementale – Installation classée pour la protection de l'environnement (ICPE) – Installation, ouvrage, travaux ou activité (IOTA) nuisible à l'eau

■ **PEINES**

PERSONNE PHYSIQUE

PP Délit. Cas A et B : 1 an d'emprisonnement, 75 000 € (C. envir., art. L. 173-1 I) ;

Cas C : 3 ans d'emprisonnement, 250 000 € ou ⩽ triple de l'avantage tiré de la commission de l'infraction (C. envir., art. L. 173-3-1 issu L. n° 2021-1104, 22 août 2021).

PC 1. Affichage et diffusion décision (C. envir., art. L. 173-7 ; C. pén., art. 131-35) ;

2. Confiscation de la chose ayant servi ou destinée à commettre l'infraction, ou de la chose qui en est le produit direct ou indirect (C. envir., art. L. 173-7 ; C. pén., art. 131-21) ;

3. Immobilisation, ⩽ 1 an, véhicule, navire, bateau, embarcation, aéronef dont le condamné s'est servi pour commettre l'infraction, s'il en est propriétaire (C. envir., art. L. 173-7) ;

4. Interdiction ⩽ 5 ans d'exercer l'activité professionnelle dans l'exercice ou à l'occasion de l'exercice de laquelle l'infraction a été commise (C. envir., art. L. 173-7 ; C. pén., art. 131-27 à 131-29).

PERSONNE MORALE

PP Délit. Cas A et B : 375 000 € (C. envir., art. L. 173-1 I ; C. pén., art. 131-38) ;

Cas C : 1 250 000 € ou ⩽ triple de l'avantage tiré de la commission de l'infraction (C. envir., art. L. 173-3-1 issu L. n° 2021-1104, 22 août 2021 ; C. pén., art. 131-38).

PC 1. Interdiction, définitive ou ⩽ 5 ans, une ou plusieurs activités professionnelles ou sociales en relation avec l'infraction (C. envir., art. L. 173-8 ; C. pén., art. 131-39 2°) ;

2. Surveillance judiciaire ⩽ 5 ans, sauf personnes morales de droit public, partis, groupements politiques, syndicats (C. envir., art. L. 173-8 ; C. pén., art. 131-39 3° et 131-46) ;

3. Fermeture, définitive ou ⩽ 5 ans, d'un ou plusieurs établissements en relation avec l'infraction (C. envir., art. L. 173-8 ; C. pén., art. 131-39 4°) ;

4. Exclusion, définitive ou ⩽ 5 ans marchés publics (C. envir., art. L. 173-8 ; C. pén., art. 131-39 5°) ;

5. Interdiction, définitive ou ⩽ 5 ans appel public à l'épargne (C. envir., art. L. 173-8 ; C. pén., art. 131-39 6°) ;

6. Confiscation de la chose ayant servi à l'infraction ou destinée à la commettre, ou de son produit direct ou indirect (obligatoire pour objets qualifiés dangereux ou nuisibles par loi ou règlement ou dont la détention est illicite) (C. envir., art. L. 173-8 ; C. pén., art. 131-39 8°, 131-21) ;

7. Affichage, ⩽ 2 mois, *et/ou* (L. n° 2011-525, 17 mai 2011) diffusion de la décision ou d'extraits aux frais (⩽ amende encourue) du condamné (C. envir., art. L. 173-8 ; C. pén., art. 131-39 9°, 131-48 et 131-35).

■ **ORIENTEUR**

AUTRE QUALIFICATION

▪ **Installation classée pour la protection de l'environnement (ICPE) – Installation, ouvrage, travaux ou activité (IOTA) nuisible à l'eau – Poursuite d'exploitation malgré suspension, interdiction ou mise en demeure.** C. envir., art. L. 173-1 II et L. 173-1 III, v. n° 31.2.

▪ **Installation classée pour la protection de l'environnement (ICPE) – Contraventions.** C. envir., art. R. 514-4, v. n° 31.3.

▪ **Atteinte durable délibérée ou intentionnelle aux milieux physiques – Écocide (L. n° 2021-1104, 22 août 2021).** C. envir., art. L. 231-1, L. 231-2 et L. 231-3, issus L. n° 2021-1104, 22 août 2021, v. n° 31.31.

ÉLÉMENT LÉGAL

▪ **Application de la loi pénale dans le temps. Cas C** : circonstance aggravante créée par L. n° 2021-1104, 22 août 2021 portant lutte contre le dérèglement climatique et renforcement de la résilience face à ses effets (C. envir., art. L. 173-3-1).

▪ **définition. Cas C** : au sens de C. envir., art. L. 173-3-1, sont « *considérées comme durables, [...], les atteintes susceptibles de durer au moins sept ans* » (C. envir., art. L. 173-3-1).

TEXTE DE RÉFÉRENCE

▪ **Régime des installations classées pour la protection de l'environnement.** Les usines, ateliers, dépôts, chantiers et d'une manière générale, les installations exploitées ou détenues par une personne physique ou morale, privée ou publique, qui peuvent présenter des dangers ou des inconvénients pour le voisinage, la santé, la sécurité, la salubrité publique ou la protection de la nature, de l'environnement et des paysages (C. envir., art. L. 511-1), sont définis dans une **nomenclature des installations classées**, dites « **installations classées pour la protection de l'environnement** » (ICPE) (C. envir., art. L. 511-2), établie par décret en Conseil d'État (C. envir., art. R. 511-9). Selon la gravité des dangers ou l'importance des inconvénients que peut présenter leur exploitation, qui dépend notamment de la taille de l'exploitation (ex. station-service (rubrique 1435), élevage de bovins (rubrique 2101)), cette nomenclature répartit les installations dans trois régimes distincts prévus par la loi : le régime de **l'autorisation préalable** (C. envir., art. L. 512-1), de l'**enregistrement**, qui constitue un régime d'autorisation simplifiée (C. envir., art. L. 512-7), ou de la simple **déclaration** (C. envir., art. L. 512-8, v. n° **31.3**). Le régime de l'autorisation est celui de « *l'autorisation environnementale* » décrite au C. envir., art. L. 181-1 s. (C. envir., art. L. 512-1). L'exploitant de l'ICPE doit respecter les mesures générales et techniques fixées selon les cas par arrêté du ministre chargé des installations classées, par l'autorisation environnementale ou par arrêté initial ou complémentaire du préfet (Contrav. 5e cl, C. envir., art. **R. 514-4**, v. n° **31.3**).

▪ **Régime des installations nuisibles à l'eau ou au milieu aquatique.** Les installations, ouvrages, travaux et activités (dits IOTA) « *entraînant des prélèvements sur les eaux superficielles ou souterraines, restitués ou non, une modification du niveau ou du mode d'écoulement des eaux, la destruction de frayères, de zones de croissance ou d'alimentation de la faune piscicole ou des déversements, écoulements, rejets ou dépôts directs ou indirects, chroniques ou épisodiques, même non polluants.* » (C. envir., art. L. 214-1), sont soumis à un régime d'autorisation administrative s'ils sont « *susceptibles de présenter des dangers pour la santé et la sécurité publique, de nuire au libre écoulement des eaux, de réduire la ressource en eau, d'accroître notablement le risque d'inondation, de porter gravement atteinte à la qualité ou à la diversité du milieu aquatique, notamment aux peuplements piscicoles* » ou de déclaration préalable s'ils « *ne sont pas susceptibles de présenter de tels dangers* » (C. envir., art. **L. 214-3**). C. envir., art. R. 214-1 établit la nomenclature des IOTAS soumis à autorisation ou déclaration « *suivant les dangers qu'ils présentent et la gravité de leurs effets sur la ressource en eau et les écosystèmes aquatiques* » (C. envir., art. L. 214-2). Le régime de l'autorisation est celui de « *l'autorisation environnementale* » décrite au C. envir., art. L. 181-1 s. (C. envir., art. L. 214-3). Les contraventions en matière d'installations soumises à autorisation ou déclaration pour la protection de l'eau et des milieux aquatiques sont notamment prévues par C. envir., art. **R. 216-12**.

▪ **Régime de l'autorisation environnementale.** « *L'autorisation environnementale ne peut être accordée que si les mesures qu'elle comporte assurent la prévention des dangers ou inconvénients pour les intérêts* » environnementaux concernés, outre ceux prévus par d'autres règlementations (C. envir., art. L. 181-3 et L. 181-4). « *L'autorisation environnementale fixe les prescriptions nécessaires au respect* » de ces dispositions (C. envir., art. L. 181-12). « *Toute modification substantielle des activités, installations, ouvrages ou travaux qui relèvent de l'autorisation environnementale est soumise à la délivrance d'une nouvelle autorisation, qu'elle intervienne avant la réalisation du projet ou lors de sa mise en œuvre ou de son exploitation. En dehors des modifications substantielles, toute modification notable intervenant dans les mêmes circonstances est portée à la connaissance de l'autorité administrative compétente* ». Cette dernière « *peut imposer toute prescription complémentaire nécessaire au respect des dispositions.../... à l'occasion de ces modifications, mais aussi à tout moment s'il apparaît que le respect de ces dispositions n'est pas assuré par l'exécution des prescriptions préalablement édictées* » (C. envir., art. L. 181-14). La décision de rejet de la demande ou l'autorisation fixant les prescriptions applicables sont soumises au contentieux administratif de pleine juridiction (C. envi., art. L. 181-17).

MESURE ADMINISTRATIVE

▪ **Injonction de régularisation.** Sans préjudice des poursuites pénales, si l'activité n'a pas fait l'objet de l'autorisation, de l'enregistrement, de l'agrément, de l'homologation, de la certification ou de la déclaration requis (C. envir., art. L. 171-7), ou si l'exploitant ne respecte pas les prescriptions applicables (C. envir., art. L. 171-8), **l'administration met en demeure** l'intéressé de régulariser. En cas d'urgence, elle peut édicter des **mesures nécessaires** pour prévenir les dangers graves et imminents (C. envir., art. L. 171-8) ou, s'agissant des installations non autorisées ou déclarées, suspendre leur fonctionnement (C. envir., art. L. 171-7).

▪ **Mesures provisoires.** Après mise en demeure désignant des **travaux ou opérations à réaliser** et si l'intéressé n'a pas obtempéré à l'injonction à l'expiration du délai imparti, l'autorité administrative peut l'obliger à **consigner une somme** correspondant au montant des travaux, faire **procéder d'office** à l'exécution des mesures prescrites, **suspendre le fonctionnement** des installations (C. envir., art. L. 171-8) ou, s'agissant des installations non autorisées ou déclarées, ordonner leur **fermeture ou la suppression** des installations ou ouvrages (C. envir., art. L. 171-7).

▪ **Sanction administrative financière. • Régime.** L'autorité administrative compétence peut, après mise en demeure désignant des travaux ou opérations à réaliser et si l'intéressé n'a pas obtempéré à l'injonction à l'expiration du délai imparti, ordonner le paiement d'une **amende administrative** ⩽ 15 000 € et une astreinte journalière ⩽ 1500 €. Les amendes et les astreintes sont proportionnées à la gravité des manquements constatés et tiennent compte de l'importance du trouble causé à l'environnement. L'amende ne peut être prononcée plus ~~d'un an~~ de trois ans (Ord. 2017-124, 2 févr. 2017) après la constatation des manquements (C. envir., art. L. 171-8 II et L. 171-7 II). **• Compatibilité avec le principe de nécessité des peines.** « *à la différence de l'article L. 171-8 qui prévoit uniquement une sanction de nature pécuniaire, l'article L. 173-1 prévoit une peine d'amende et une peine d'emprisonnement pour les personnes physiques ou, pour les personnes morales, une peine de dissolution, ainsi que* » d'autres peines (§ 10) ; ainsi, les faits prévus et réprimés par L. 171-8, d'une part, et L. 173-1 (v. nº **31.2**), d'autre part, « *doivent être regardés comme susceptibles de faire l'objet de sanctions de nature différente. Par conséquent, le grief tiré de la méconnaissance des principes de nécessité et de proportionnalité des peines doit être écarté* » (§ 11) (Cons. const. 3 déc. 2021, nº 2021-953).

▪ **Voies de recours.** Les décisions administratives à caractère de sanction ci-dessus sont soumises au contentieux administratif de pleine juridiction (C. envir., art. L. 171-11).

▪ **Transaction administrative.** Pour toute contravention et pour tout délit punis d'une peine ⩽ 2 ans prévus par C. envir., l'autorité administrative, tant que l'action publique n'est pas mise en mouvement, peut soumettre à l'homologation du procureur de la République une transaction, acceptée par l'auteur de l'infraction, comportant l'obligation, dans le délai imparti, de payer une **amende transactionnelle** ⩽ 1/3 de l'amende encourue, ainsi que le cas échéant des **obligations tendant à faire cesser l'infraction**, à éviter son renouvellement, à réparer le dommage ou à remettre en conformité les lieux. L'action publique est éteinte lorsque l'auteur de l'infraction a exécuté dans les délais impartis l'intégralité des obligations résultant de l'acceptation de la transaction (C. envir., art. L. 173-12).

MESURE CIVILE

▪ **Conséquences civiles de l'infraction.** Pour la durée de la suspension d'activité ordonnée par le tribunal, l'exploitant est tenu d'assurer le **paiement des salaires et accessoires** à son personnel (C. envir., art. L. 173-6). Il en est de même pendant la durée de la suspension ordonnée par l'autorité administrative (C. envir., art. L. 171-9).

▪ **Constitution de partie civile. • Association agréée de protection de l'environnement.** C. envir., art. L. 142-2 prévoit que les associations agréées peuvent exercer les droits reconnus à la partie civile en ce qui concerne les faits portant un préjudice direct ou indirect aux intérêts collectifs qu'elles défendent et constituant une infraction aux dispositions législatives relatives notamment à la protection de l'environnement ou en matière d'urbanisme. « *Les associations agréées ou déclarées répondant aux conditions [fixées par C. envir., art. L. 142-2] et qui ont notamment pour objet la protection de l'environnement ou la sûreté nucléaire, peuvent obtenir réparation du préjudice moral que causent aux intérêts collectifs qu'elles ont pour objet de défendre le non-respect de la règlementation destinée à la protection de l'environnement ou relative aux installations classées* » (§ 9) ; même en l'absence d'atteinte environnementale, « *la seule violation de la règlementation applicable est de nature à causer aux associations concernées un préjudice moral indemnisable* » (§ 13) (Crim. 29 juin 2021, nº 20-82.245, P).

▪ **Préjudice écologique.** • **Définition.** Tout d'abord reconnu par la jurisprudence à l'occasion du naufrage le 11 déc. 1999 au large de la Bretagne du navire citerne battant pavillon Maltais « *Erika* », chargé de fioul lourd, « *le préjudice écologique, consistant en l'atteinte directe ou indirecte portée à l'environnement et découlant de l'infraction* » (Crim. 25 sept. 2012, n° 10-82.938, P n° 198), a ensuite été consacré par la L. n° 2016-1087, 8 août 2016, pour la reconquête de la biodiversité, de la nature et des paysages, qui l'inscrit dans la législation civile (au titre de la responsabilité extracontractuelle) et en restreint le champ aux atteintes non négligeables (définition empruntée à l'arrêt de la cour d'appel de Paris dans l'affaire « *Erika* ») : « *Est réparable [...], le préjudice écologique consistant en une atteinte non négligeable aux éléments ou aux fonctions des écosystèmes ou aux bénéfices collectifs tirés par l'homme de l'environnement* » (C. civ., art. 1247). Le C. civ. privilégie sa réparation en nature sans exclure, à titre subsidiaire, sa réparation sous forme de dommages et intérêts (C. civ., art. 1249) (sur le constat de l'impossibilité d'une réparation en nature pour des pêches illégales dans le parc national des Calanques, v. Crim. 4 oct. 2022, n° 21-85.290 (§ 7), D). Il reviendra à la jurisprudence de déterminer autant que nécessaire si ces préjudices, l'un défini par la jurisprudence de la Ch. crim., l'autre par le C. civ., désignent sous le même nom le même dommage et obéissent au même régime de réparation, ce qui semble mis en doute par une partie de la doctrine. • **Concours du préjudice écologique et des autres préjudices.** Le préjudice écologique défini et réparé selon les dispositions du C. civ. précitées n'est pas exclusif des autres dommages réparés dans les conditions de droit commun. En effet, en adoptant la L. n° 2016-1087, 8 août 2016, le législateur « *a prévu que, outre les dommages à l'environnement préjudiciant aux personnes physiques ou morales qui sont, de ce fait, réparés dans les conditions de droit commun, doivent également être réparés les dommages affectant exclusivement l'environnement* » (§ 7) ; ainsi il « *n'a pas méconnu le principe selon lequel toute personne doit contribuer à la réparation des dommages qu'elle cause à l'environnement* » (§ 8) et « *les dispositions contestées n'ont ni pour objet ni pour effet de limiter la réparation qui peut être accordée aux personnes qui subissent un préjudice du fait d'une atteinte à l'environnement* » (§ 9) (Cons. const. 5 févr. 2021, n° 2020-881 QPC). Ainsi, « *l'indemnisation du préjudice moral personnel d'une association habilitée n'est pas exclusive d'une indemnisation du préjudice écologique* » (§ 13) (Crim. 25 janv. 2022, n° 21-84.366, D). • **Personnes ayant intérêt à agir.** Selon les dispositions du C. civ., « *l'action en réparation du préjudice écologique est ouverte à toute personne ayant qualité et intérêt à agir, telle que l'État, l'Office français de la biodiversité, les collectivités territoriales et leurs groupements dont le territoire est concerné, ainsi que les établissements publics et les associations agréées ou créées depuis au moins cinq ans à la date d'introduction de l'instance qui ont pour objet la protection de la nature et la défense de l'environnement* » (C. civ., art. 1248). • **Evaluation du préjudice.** « *Il appartient aux juridictions du fond de réparer, dans les limites des conclusions des parties, le préjudice dont elles reconnaissent le principe et d'en rechercher l'étendue* » ; est donc censurée la cour d'appel qui rejette la demande d'indemnisation aux « *motifs pris de l'insuffisance ou de l'inadaptation du mode d'évaluation proposé par la Ligue pour la protection des oiseaux alors qu'il lui incombait de chiffrer, en recourant, si nécessaire, à une expertise, le préjudice écologique dont elle avait reconnu l'existence, et consistant en l'altération notable de l'avifaune et de son habitat, pendant une période de deux ans, du fait de la pollution* » (Crim. 22 mars 2016, n° 13-87.650, P n° 87). La juridiction du fond, « *tenue d'assurer la réparation intégrale du préjudice écologique dont elle a retenu l'existence et dès lors que [le prévenu] n'a sollicité aucune expertise et ne s'est prévalu d'aucune autre méthode précise de calcul, n'a fait qu'user de son pouvoir d'apprécier souverainement, dans les limites des conclusions des parties, celle qui lui a paru la plus adaptée pour évaluer l'indemnité propre à le réparer* » (§ 20) (Crim. 4 avr. 2023, n° 22-82.999, D).

RÉGIME DES PEINES

▪ **Mesures de régularisation.** Le tribunal peut ordonner les mesures suivantes en cas de condamnation : • **Arrêt ou suspension d'activité.** Lorsque l'opération, les travaux, l'activité, l'utilisation d'un ouvrage ou d'une installation à l'origine de l'infraction sont soumis à autorisation, enregistrement, déclaration, homologation ou certification, **décider de leur arrêt** ou de leur suspension pour une durée ⩽ 1 an (**sanction**, v. n° **31.2**) (C. envir., art. L. 173-5). • **Mesure de remise en état. Ordonner**, dans un délai qu'il fixe, **des mesures destinées à remettre en état les lieux** ou à réparer les dommages causés à l'environnement, le cas échéant avec astreinte journalière au plus égale à 3 000 €, pour une durée ⩽ 1 an, avec « *exécution provisoire* » (mod. issue L. n° 2021-1104, 22 août 2021) (C. envir., art. L. 173-5). • **Exécution d'office** de ces mesures aux frais de l'exploitant, le cas échéant en ordonnant la consignation par l'exploitant entre les mains d'un comptable public du montant des travaux (C. envir., art. L. 173-5). • **Poursuites simplifiées.** Les mesures qui précèdent peuvent également être ordonnées en cas de condamnation par ordonnance pénale délictuelle (prévue par C. pr. pén., art. 495 à 495-6, v. n° 15.48 s.) ou selon la procédure de CRPC (prévue par C. pr. pén., art. 495-7 à 495-16, v. n° 15.53 s.) (C. envir., art. L. 173-5 mod. par L. n° 2021-1104, 22 août 2021).

▪ **Ajournement avec injonction.** Les dispositions des articles 132-66 à 132-70 du code pénal sur l'ajournement avec injonction (v. n° 18.6B4) sont applicables aux personnes physiques et aux personnes morales en cas de condamnation ; le tribunal peut assortir l'injonction d'une astreinte de 3 000 euros au plus par jour de retard (C. envir., art. L. 173-9). Le délai de droit commun ⩽ 1 an prévu par C. pén., art. 132-69 pour statuer sur la peine est allongé à 2 ans lorsque le tribunal ordonne une remise en état des lieux ou la réparation des dommages causés à l'environnement (C. envir., art. L. 173-9).

▪ ÉLÉMENTS CONSTITUTIFS – QUALIFICATION

✧ Pour avoir à .... [¤ lieu], le .... [¤ date], [⇨A ou B puis le cas échéant C :]

A. **Exploitation d'une installation classée sans autorisation environnementale ou sans enregistrement**

exploité une installation de .... [¤ exploitation concernée], [⇨A1 ou A2 :]

A1. installation classée pour la protection de l'environnement soumise à autorisation préalable, sans autorisation environnementale délivrée par l'autorité administrative (C. envir., art. L. 512-1) (A1 : *N **4618.co** ;* par personne morale : *N **23527.co***) ;

A2. installation classée pour la protection de l'environnement soumise à enregistrement préalable, sans enregistrement (C. envir., art. L. 512-7) (A2 : *N **27773.co** ;* par personne morale : *N **29709.co***).

B. **Réalisation d'installation nuisible à l'eau ou au milieu aquatique sans autorisation environnementale**

sans autorisation environnementale délivrée par l'autorité administrative, réalisé des installations ou ouvrages (B1 : *N **13165.co** ;* par personne morale : *N **29637.co***), des travaux (B2 : *N **13167.co** ;* par personne morale : *N **29638.co***), ou des activités (B3 : *N **13169.co** ;* par personne morale : *N **29639.co***) susceptibles de présenter des dangers pour la santé et la sécurité publique, de nuire au libre écoulement des eaux, de réduire la ressource en eau, d'accroître notablement le risque d'inondation, de porter gravement atteinte à la qualité ou à la diversité du milieu aquatique, notamment aux peuplements piscicoles (C. envir., art. L. 214-1, L. 214-2, L. 214-3, R. 214-1) ;

C. **Circonstance aggravante de risque d'atteinte durable à l'environnement**

[préciser le cas échéant dans le cas A ou B :] avec cette circonstance que les faits ont exposé directement la faune, la flore ou la qualité de l'eau à un risque immédiat d'atteinte grave et durable (C. envir., art. L. 173-3-1, circonstance aggravante créée par L. n° 2021-1104, 22 août 2021) (AC : *N #.co ;* par personne morale : *N #.co* ; B1C : *N 34241.co ;* par personne morale : *N 34303.co ;* B2C : *N 34300.co ;* par personne morale : *N 34304.co*) ; B3C : *N 34300.co ;* par personne morale : *N 34304.co*).

Faits prévus et réprimés par les articles : **PERSONNES PHYSIQUES.** L. 511-1, L. 511-2, L. 173-1 I, L. 173-5, L. 173-7, L. 173-9, L. 173-10 du code de l'environnement. **PERSONNES MORALES.** L. 511-1, L. 511-2, L. 173-1 I, L. 173-5, L. 173-8, L. 173-9, L. 173-10 du code de l'environnement. ✧

31.2 Installation classée pour la protection de l'environnement (ICPE) – Installation, ouvrage, travaux ou activité (IOTA) nuisible à l'eau – Poursuite d'exploitation malgré suspension, interdiction ou mise en demeure

▪ PEINES

PERSONNE PHYSIQUE

PP Délit. 2 ans d'emprisonnement, 100 000 € (C. envir., art. L. 173-1 II).

PC *Idem* n° 31.1.

PERSONNE MORALE

PP Délit. 500 000 € (C. envir., art. L. 173-1 II ; C. pén., art. 131-38).

PC *Idem* n° 31.1.

■ ORIENTEUR

AUTRE QUALIFICATION

▪ **Défaut d'autorisation environnementale – Installation classée pour la protection de l'environnement (ICPE) – Installation, ouvrage, travaux ou activité (IOTA) nuisible à l'eau.** C. envir., art. L. 173-1 I, v. nº 31.1.

▪ **Installation classée pour la protection de l'environnement (ICPE) – Contraventions.** C. envir., art. R. 514-4, v. nº 31.3.

▪ **Atteinte durable délibérée ou intentionnelle aux milieux physiques – Écocide (L. nº 2021-1104, 22 août 2021).** C. envir., art. L. 231-1, L. 231-2 et L. 231-3, issus L. nº 2021-1104, 22 août 2021, v. nº 31.31.

TEXTE DE RÉFÉRENCE – MESURE ADMINISTRATIVE – MESURE CIVILE – RÉGIME DES PEINES

▪Renvoi. *Idem* nº 31.1.

■ ÉLÉMENTS CONSTITUTIFS – QUALIFICATION

✧Pour avoir à .... [¤ lieu], le .... [¤ date], exploité une installation ou un ouvrage, exercé une activité ou réalisé des travaux portant sur une installation classée en violation [⇨A à F :]

A. d'une décision d'opposition à déclaration (A1 : *N **26094.co** ;* par personne morale : *N **29644.co***), ou de refus d'autorisation (A2 : *N **29653.co** ;* par personne morale : *N **29710.co***) d'installations entraînant des prélèvements sur les eaux, une modification du niveau ou du mode d'écoulement des eaux, la destruction de frayères ou de leur zone de croissance ou d'alimentation de la faune piscicole, des déversements ou rejets (C. envir., L. 214-3) ;

B. d'une mesure de retrait (B : *N **13239.co** ;* par personne morale : *N **29641.co***) [⇨B1 à B6 :]

B1. d'une autorisation délivrée au titre des installations, ouvrages et travaux présentant des dangers pour les ressources en eau et les écosystèmes aquatiques (C. envir., L. 214-3) ;

B2. d'une autorisation délivrée au titre des installations classées (C. envir., L. 512-1) ;

B3. d'un enregistrement délivré au titre des installations classées (C. envir., L. 512-7) ;

B4. d'une autorisation délivrée au titre des canalisations de transport de gaz naturel ou assimilé, d'hydrocarbures ou de produits chimiques, soumises à autorisation (C. envir., L. 555-1) ;

B5. d'une homologation ou d'une certification au titre de la conformité des objets aux prescriptions relatives aux niveaux sonores admissibles (C. envir., L. 571-2) ;

B6. d'une autorisation délivrée au titre des activités bruyantes (C. envir., L. 571-6) ;

C.°d'une mesure administrative de...[⇨C1 ou C2 :]

C1. fermeture ou suppression ...(C1 : *N **22480.co** ;* par personne morale : *N **23530.co***) ;

C2. suspension...(C2 : *N **22479.co** ;* par personne morale : *N **23529.co***) ;

...d'une installation classée, prise en application de l'article L. 171-7 de l'article L. 171-8 ou de l'article L. 514-7 du code de l'environnement ;

D. d'une mesure d'arrêt (D1 : *N **29660.co**,* par personne morale : *N **29717.co***), de suspension (D2 : *N **29661.co**,* par personne morale : *N **29718.co***) ou d'interdiction d'une installation classée soumise à autorisation préalable prononcée par le tribunal en application de l'article L. 173-5 ;

E. d'une mesure d'arrêt (E1 : *N **29662.co** ;* par personne morale : *N **29719.co***), de suspension (E2 : *N **29663.co** ;* par personne morale : *N **29720.co***) ou d'interdiction d'une installation classée soumise à enregistrement préalable prononcée par le tribunal en application de l'article L. 173-5 ;

F. d'une mesure de mise en demeure prononcée par l'autorité administrative en application de l'article L. 171-7 ou de l'article L. 171-8 pour une installation classée soumise à : [⇨F1 ou F2 :]

F1. autorisation préalable (F1 : *N **29664.co** ;* par personne morale : *N **29665.co***) ;

F2. enregistrement préalable (F2 : *N **29666.co** ;* par personne morale : *N **29712.co***) ;

G. omis de se conformer aux obligations de remise en état prescrites par l'autorité administrative après la cessation d'activité (C. envir., art. L. 171-7, L. 171-8, L. 173-1 III) [⇨G1 ou G2 :]

G1. d'une opération, d'une installation ou d'un ouvrage nuisible à l'eau ou au milieu aquatique (G1 : *N **33730.co***) ;

G2. d'une installation classée pour la protection de l'environnement (G2 : *N **33731.co***) ;

H. omis de se conformer aux obligations de surveillance prescrites par l'autorité administrative après la cessation d'activité (C. envir., art. L. 171-7, L. 171-8, L. 173-1 III) [⇨H1 ou H2 :]

H1. d'une opération, d'une installation ou d'un ouvrage nuisible à l'eau ou au milieu aquatique (H1 : *N 33732.co*) ;

H2. d'une installation classée pour la protection de l'environnement (H2 : *N 33733.co*).

Faits prévus et réprimés par les articles : **PERSONNES PHYSIQUES.** L. 173-1 II, L. 173-5, L. 173-7, L. 173-9, L. 173-10 du code de l'environnement. **PERSONNES MORALES.** L. 173-1 II, L. 173-5, L. 173-8, L. 173-9, L. 173-10 du code de l'environnement.✧

31.3 Installation classée pour la protection de l'environnement (ICPE) – Contraventions

■ PEINES

PERSONNE PHYSIQUE

PP Contrav. 5e cl. 1 500 € (C. envir., art. R. 514-4 (anc^t^ D. n° 77-1133, 21 sept. 1977, art. 43) ; C. pén., art. 131-13).

PC Néant.

PERSONNE MORALE

PP Contrav. 5e cl. 7 500 € (C. envir., art. R. 514-4 (anc^t^ D. n° 77-1133, 21 sept. 1977, art. 43) ; C. pén., art. 131-38).

PC Néant.

■ ORIENTEUR

AUTRE QUALIFICATION

▪ **Installation classée pour la protection de l'environnement (ICPE) – Installation, ouvrage, travaux ou activité (IOTA) nuisible à l'eau – Poursuite d'exploitation malgré suspension, interdiction ou mise en demeure.** C. envir., art. L. 173-1 II et L. 173-1 III, v. n° 31.2.

▪ **Défaut d'autorisation environnementale – Installation classée pour la protection de l'environnement (ICPE) – Installation, ouvrage, travaux ou activité (IOTA) nuisible à l'eau.** C. envir., art. L. 173-1 I, v. n° 31.1.

ÉLÉMENT LÉGAL

▪ **Application de la loi dans le temps.** Le D. n° 77-1133, 21 sept. 1977, définissant et réprimant les contraventions en matière d'ICPE a été codifié au C. envir. par le D. n° 2007-1467, 12 oct. 2007.

ÉLÉMENT MATÉRIEL

▪ **Imputabilité de l'infraction. Cas A4, B3 et C3** : l'infraction de non-déclaration de changement d'exploitant est imputable au nouvel exploitant.

▪ **Mesures d'urgence en cas d'épisode de pollution. Cas D3** : l'arrêté préfectoral, publié au Recueil des actes administratifs de la préfecture ainsi que dans deux journaux quotidiens, dont l'un régional ou local, diffusés dans le département concerné, est en outre « *notifié aux exploitants des sources fixes concernées ainsi qu'aux maires des communes intéressés* » (C. envir., art. R. 232-2).

RÉGIME DES PEINES

▪ **Mesures de régularisation.** *Idem* n° 31.1 (C. envir., art. L. 173-5).

MESURE CIVILE

▪ **Constitution de partie civile. • Association agréée de protection de l'environnement.** C. envir., art. L. 142-2, *Idem* n° 31.1.

■ ÉLÉMENTS CONSTITUTIFS – QUALIFICATION

✧ Pour avoir à .... [¤ lieu], le .... [¤ date], exploité une installation de .... [¤ exploitation concernée], [⇨A à D :]

A. **INSTALLATION CLASSÉE SOUMISE À DÉCLARATION PRÉALABLE**

installation classée pour la protection de l'environnement soumise à déclaration préalable, sans [⇨A1 à A6 :]

A1. **déclaration préalable** (C. envir., art. L. 512-8 et R. 514-4 1°) (A1 : *N 4800.c5*) ;

A2. satisfaire aux **prescriptions générales ou particulières** fixées par arrêté du préfet (C. envir., art. L. 512-9, R. 512-40 à R. 512-53 et R. 514-4 4°) (A2 : *N 4801.c5*) ;

A3. porter à la connaissance du préfet avant leur réalisation les **modifications apportées à l'installation**, son mode d'exploitation ou à son voisinage, entraînant un changement notable du dossier de déclaration initiale (C. envir., art. R. 512-54 II et R. 514-4 5°) (A3 : *N 4803.c5*) ;

A4. sans déclarer au préfet le **changement d'exploitant** dans le mois suivant la prise en charge de l'exploitation (C. envir., art. R. 512-68 et R. 514-4 6°) (A4 : *N 4804.c5*) ;

A5. sans notifier au préfet la **mise à l'arrêt définitif** au moins un mois avant la date de cet arrêt (C. envir., art. R. 512-66-1 et R. 514-4 6°) (A5 : *N 4898.c5*) ;

A6. sans respecter, après cessation de l'exploitation de l'installation classée, les prescriptions de l'arrêté préfectoral déterminant les presciption nécessaires (C. envir., art. R. 512-66-2 et R. 514-4 7°) (A6 : *N 4899.c5*).

B. **INSTALLATION CLASSÉE SOUMISE À ENREGISTREMENT**

installation classée pour la protection de l'environnement soumise à enregistrement préalable, sans [⇨B1 à B5 :]

B1. satisfaire aux **prescriptions générales** fixées par arrêté du ministre chargé des installations classées **ou particulières** fixées par l'arrêté d'enregistrement du préfet ou par arrêté complémentaire (C. envir., art. L. 512-7, L. 512-7-3, L. 512-7-5 et R. 514-4 3°*bis*) (B1 : *N 27774.c5*) ;

B2. porter à la connaissance du préfet avant leur réalisation les **modifications apportées à l'installation**, son mode d'exploitation ou à son voisinage, entraînant un changement notable du dossier de demande d'enregistrement initiale (C. envir., art. R. 512-46-23 II et R. 514-4 5°) (B2 : *N 27775.c5*) ;

B3. sans déclarer au préfet le **changement d'exploitant** dans le mois suivant la prise en charge de l'exploitation (C. envir., art. R. 512-68 et R. 514-4 6°) (B3 : *N 4804.c5*) ;

B4. sans notifier au préfet la **mise à l'arrêt définitif** au moins trois mois avant la date de cet arrêt (C. envir., art. R. 512-46-25 et R. 514-4 6°) (B4 : *N 4898.c5*) ;

B5. sans respecter, après cessation de l'exploitation de l'installation classée, les prescriptions de l'arrêté préfectoral déterminant les travaux et les mesures de surveillance nécessaires (C. envir., art. R. 512-46-27, R. 512-46-28 et R. 514-4 7°) (B5 : *N 4899.c5*).

C. **INSTALLATION CLASSÉE SOUMISE À AUTORISATION**

installation classée pour la protection de l'environnement soumise à **autorisation**, sans [⇨C1 à C5 :]

C1. satisfaire aux **prescriptions générales et prescriptions techniques** fixées par arrêté du ministre chargé des installations classées ou aux prescriptions nécessaires ou aux modalités d'application **particulières** fixées par l'arrêté d'autorisation environnementale préfectoral ou aux prescriptions complémentaires fixées par arrêtés complémentaires du préfet (C. envir., art. L. 512-5, L. 181-12, L. 181-14, R. 181-43, R. 181-45, R. 181-54, R. 512-75, R. 515-71 et R. 514-4 3°) (C1 : *N 4808.c5*) ;

C2. porter à la connaissance du préfet avant leur réalisation, avec tous les éléments d'appréciation, une **modification notable apportée à l'activité, l'installation, les ouvrages et travaux autorisés,** leurs modalités d'exploitation ou de mise en œuvre, ou aux autres équipements, installations et activités connexes ou dont la proximité est de nature à en modifier notablement les dangers ou inconvénients (C. envir., art. L. 181-1, R. 181-46 II et R. 514-4 5°) (C2 : *N 4802.c5*).

C3. sans déclarer au préfet le **changement d'exploitant** dans les trois mois suivant le transfert de l'autorisation environnementale au nouveau bénéficiaire (C. envir., art. R. 181-47 et R. 514-4 6°) (C3 : *N 4804.c5*) ;

C4. sans notifier au préfet la **mise à l'arrêt définitif** au moins trois mois avant la date de cet arrêt (C. envir., art. R. 512-39-1 et R. 514-4 6°) (C4 : *N 4898.c5*) ;

C5. sans respecter, après cessation de l'exploitation de l'installation classée, les prescriptions de l'arrêté préfectoral déterminant les travaux et les mesures de surveillance nécessaires (C. envir., art. R. 512-39-3 à R. 512-39-5 et R. 514-4 7°) (C5 : N *4899.c5*).

D. **CONTRAVENTIONS COMMUNES AUX INSTALLATIONS CLASSÉES**

installation classée pour la protection de l'environnement soumise à déclaration, enregistrement ou autorisation sans [⇨D1 à D3 :]

D1. déclarer dans les meilleurs délais à l'inspection des installations classées les **accidents ou incidents** survenus du fait du fonctionnement de l'installation de nature à porter atteinte à la commodité du voisinage, la santé, la sécurité ou la salubrité publiques (C. envir., art. R. 512-69 et R. 514-4 9°) (D1 : N *4757.c5*) ;

D2. respecter les mesures d'évaluation ou les remèdes prescrits par arrêté préfectoral en cas d'accident ou d'incident, d'absence d'observation des conditions imposées à l'installation classée ou de menace d'atteinte à la commodité du voisinage, la santé, la sécurité ou la salubrité publiques (C. envir., art. L. 512-20 et R. 514-4 11°) (D2 : N *27776.c5*) ;

D3. respecter les **mesures d'urgence** de restriction ou de suspension des activités ou de réduction des émissions prescrites par arrêté du préfet en cas d'**épisode de pollution atmosphérique** (C. envir., art. L. 223-1, R. 223-2 et R. 514-4 12°) (D3 : N *32376.c5*).

Faits prévus et réprimés par les articles [• du cas sélectionné] ✧

31.4 Lutte contre le bruit – Établissement diffusant à titre habituel de la musique, non-respect des prescriptions générales – code de l'environnement

▪ PEINES

PERSONNE PHYSIQUE

PP Contrav. 5e cl. 1 500 € (C. envir., art. R. 571-96 ; C. pén., art. 131-13).

PC 1. Affichage, ⩽ 2 mois, et/ou diffusion de la décision ou d'extraits aux frais (⩽ amende encourue) du condamné (C. envir., art. L. 173-7 (anct, L. 571-26) ; C. pén., art. 131-35) ;

2. Confiscation de la chose ayant servi ou destinée à commettre l'infraction, ou de la chose qui en est le produit direct ou indirect (C. envir., art. L. 173-7 ; C. pén., art. 131-21) ;

3. Confiscation des dispositifs ou matériels de sonorisation ayant servi à commettre l'infraction (C. envir., art. R. 571-96).

4. Immobilisation, ⩽ 1 an, véhicule, navire, bateau, embarcation, aéronef dont le condamné s'est servi pour commettre l'infraction, s'il en est propriétaire (C. envir., art. L. 173-7) ;

5. Interdiction ⩽ 5 ans d'exercer l'activité professionnelle dans l'exercice ou à l'occasion de l'exercice de laquelle l'infraction a été commise (C. envir., art. L. 173-7 (anct, L. 571-24) ; C. pén., art. 131-27 à 131-29).

PERSONNE MORALE

PP Contrav. 5e cl. 7 500 € (C. envir., art. R. 571-96 ; C. pén., art. 131-41).

PC Confiscation des dispositifs ou matériels de sonorisation ayant servi à commettre l'infraction (C. envir., art. R. 571-96).

▪ ORIENTEUR

AUTRE QUALIFICATION

▪ Agression sonore. V. no 20.47.

▪ Tapage injurieux ou nocturne. V. no 20.48.

▪ Lutte contre le bruit – Non-respect des dispositions relatives au contrôle de conformité des objets bruyants ou des dispositifs d'insonorisation. V. no 131.5.

▪ Lutte contre le bruit – Bruits de voisinage – code de la santé publique. V. no 31.6.

ÉLÉMENT LÉGAL

- **définition. Décibel, fréquence, émergence globale, émergence spectrale**, v. n° 31.6.
- **Application de la loi dans le temps.** Ces dispositions ont été réécrites par le D. n° 2017-1244, 7 août 2017, modifiant notamment les valeurs d'émergence, lesquelles étaient auparavant prévues pour partie par renvoi au CSP, art. R. 1334-33, lui aussi modifié par le même décret, et élargissant au producteur et au diffuseur la responsabilité pénale auparavant limitée à l'exploitant et à l'organisateur.
- **Domaine d'application.** Ces dispositions n'étaient auparavant pas applicables aux salles dont l'activité étaient réservée à l'enseignement de la musique et de la danse, exception abrogée par D. n° 2017-1244, 7 août 2017 (C. envir., art. R. 571-25). Elles visent à protéger **la tranquillité ou la santé du voisinage** des lieux ou sont diffusés des sons amplifiés (C. envir., art. R. 571-26) et s'appliquent (C. envir., art. R. 571-26) sans préjudice de celles prévues par CSP, art. R. 1336-1 relatives à la prévention des risques liés au bruit à l'intérieur des lieux ouverts au public et diffusant des sons amplifiés, qui visent pour leur part la **protection du public de ces lieux contre les risques auditifs** (Contrav. 5e cl., CSP, art. R. 1336-14 (*N* ***32947.c5*** ; *N* ***32948.c5*** ; *N* ***32949.c5***) et R. 1336-15 (*N* ***32950.c5***)).

TEXTE DE RÉFÉRENCE

- **Droit à un environnement sonore sain.** « *L'État et ses établissements publics, les collectivités territoriales et leurs établissements publics ainsi que les personnes privées concourent, chacun dans son domaine de compétence et dans les limites de sa responsabilité, à une politique dont l'objectif est la mise en œuvre du droit reconnu à chacun de vivre dans un environnement sonore sain. Cette action d'intérêt général consiste à prévenir, surveiller, réduire ou supprimer les pollutions sonores et à préserver la qualité acoustique* » (C. envir., art. L. 571-1 A, issu L. n° 2019-1428, 24 déc. 2019). «

« *Les bruits générés par les activités impliquant la diffusion de sons amplifiés à des niveaux sonores élevés dans les lieux ouverts au public ou recevant du public ne peuvent par leur durée, leur répétition ou leur intensité porter atteinte à la tranquillité ou à la santé du voisinage* » (C. envir., art. R. 571-26). Sans préjudice des infractions en matière de bruits de voisinage prévues par CSP, art. R. 1337-6 à R. 1337-10-1 (v. n° 31.6), ces dispositions de principe ne sont pas en tant que telles pénalement sanctionnées par le C. envir., les textes (C. envir., art. R. 571-96) n'incriminant en effet que le dépassement des valeurs d'émergence prévues par C. envir., art. R. 571-26, al. 2 (v. **cas A**). Leur violation peut toutefois donner lieu à fermeture administrative de l'établissement (v. ci-dessous, Mesure administrative, CSI, art. L. 333-1).

ÉLÉMENT MATÉRIEL

- **Valeur maximale d'émergence. Cas A** : pour les valeurs d'émergence, le D. n° 2017-1244, 7 août 2017, a supprimé la distinction entre période diurne (anct 5 décibels A de 7 h à 22 h) et période nocturne (anct 3 dB (A) de 22 h à 7 h), au profit d'une émergence spectrale de 3 décibels dans les octaves normalisées de 125 à 4 000 hertz ou d'une émergence globale de 3 décibels pondérés A (C. envir., art. R. 571-26).

RÉGIME PROCÉDURAL

- **Agents de constatation de l'infraction.** Sont habilités à constater les infractions visées aux nos 31.4 et 31.5 les OPJ et APJ ; les inspecteurs de l'environnement mentionnés au C. envir., art. L. 172-1, les agents de la concurrence, de la consommation et de la répression des fraudes, les agents de douanes (C. envir., art. L. 571-18).
- **Pouvoirs d'enquête.** V. n° 31.7.
- **Preuve. Prélèvements et consignation des objets ou dispositifs.** *Idem* n° 31.5.
- **Formalisme de l'enquête.** Les dispositions qui prévoyaient que les infractions étaient constatées par des procès-verbaux adressés sous peine de nullité dans les 5 jours suivant leur clôture au procureur de la République et qu'une copie en était remise, dans le même délai, à l'intéressé, ont été abrogées par L. n° 2018-727, 10 août 2018) (C. envir., art. L. 571-20).

MESURE ADMINISTRATIVE

- **Régularisation administrative.** Indépendamment des poursuites pénales encourues, lorsque l'autorité administrative compétente (le préfet ou, à Paris, le préfet de police) a constaté l'inobservation des dispositions applicables, elle **met en demeure l'exploitant** ou le responsable de l'activité d'y satisfaire dans un délai déterminé. Si, à l'expiration du délai fixé pour l'exécution, il n'a pas été obtempéré à cette injonction, l'autorité administrative peut, après avoir mis l'intéressé en mesure de présenter ses observations (C. envir., art. L. 171-8 (anc[t] L. 571-17), R. 571-28) :

1° Obliger l'exploitant ou le responsable de l'activité à **consigner entre les mains d'un comptable public** une somme correspondant au montant des travaux à réaliser, laquelle sera restituée au fur et à mesure de l'exécution des mesures prescrites ;

2° Faire **procéder d'office**, aux frais de l'exploitant ou du responsable de l'activité (notamment en utilisant les sommes consignées), à l'exécution des mesures prescrites ;

3° **Suspendre le fonctionnement** des installations ou ouvrages jusqu'à exécution des mesures prescrites ;

4° Ordonner le paiement d'une **amende administrative** ⩽ 15 000 € et une astreinte journalière ⩽ 1500 €.

▪ **Fermeture administrative.** « *Les établissements diffusant de la musique, dont l'activité cause un trouble à l'ordre, la sécurité ou la tranquillité publics* », peuvent faire l'objet d'un arrêté de **fermeture administrative** ⩽ 3 mois par le représentant de l'État dans le département (ou par le préfet de police à Paris), ou par le maire si cette compétence lui a été déléguée par le préfet (CSI, art. L. 333-1 (anc[t], CGTC, art. L. 2215-7)). Le fait ne pas procéder à la fermeture de l'établissement malgré une mise en demeure du représentant de l'État dans le département (*N* ***2393.ju***) ou du préfet de police à Paris (*N* ***23937.ju***) d'avoir à se conformer à l'arrêté de fermeture est puni de **3 750** euros d'amende (CSI, art. **L. 334-2** (anc[t], CGCT, art. L. 2512-14-2)).

RÉGIME DES PEINES

▪ **Ajournement avec injonction.** Les dispositions des articles 132-66 à 132-70 du code pénal sur l'ajournement avec injonction (v. n° **18.6B4**) sont applicables aux personnes physiques et aux personnes morales en cas de condamnation ; le tribunal peut assortir l'injonction d'une astreinte de 3 000 euros au plus par jour de retard (C. envir., art. L. 173-9, anc[t], art. L. 571-25). Le délai de droit commun ⩽ 1 an prévu par C. pén., art. 132-69 pour statuer sur la peine est allongé à 2 ans lorsque le tribunal ordonne une remise en état des lieux ou la réparation des dommages causés à l'environnement (C. envir., art. L. 173-9).

▪ ÉLÉMENTS CONSTITUTIFS – QUALIFICATION

✧ Pour avoir à .... [¤ lieu], le .... [¤ date], [⇨**A** à **C** :]

A. étant exploitant du lieu, producteur, diffuseur ayant reçu la responsabilité du public dans le cadre d'un contrat, ou responsable légal d'une activité se déroulant dans un lieu ouvert au public ou recevant du public, clos ou ouvert et impliquant la diffusion de sons amplifiés, généré des bruits dans les lieux ouverts au public ou recevant du public à des niveaux sonores dépassant les valeurs limites de l'émergence spectrale de 3 décibels dans les octaves normalisées de 125 à 4 000 hertz ou dépassant l'émergence globale de 3 décibels pondérés A (C. envir., art. R. 571-25, **R. 571-26, al. 2** et **R. 571-96 I**) (**A** : *N* ***32946.c5***) ;

B. étant exploitant d'un lieu ouvert au public ou recevant du public, clos ou ouvert et impliquant la diffusion de sons amplifiés, omis de présenter aux agents de constatation des infractions (C. envir., art. L. 571-18, R. 571-27 et **R. 571-96 II**) [⇨**B1** ou **B2** :]

B1. l'étude de l'impact des nuisances sonores de nature à porter atteinte à la tranquillité ou à la santé du voisinage (**B1** : *N* ***22242.c5***) ;

B2. l'attestation de vérification du ou des limiteurs, lorsque la pose d'un ou de limiteurs est exigée par l'étude de l'impact des nuisances sonores de nature à porter atteinte à la tranquillité ou à la santé du voisinage (**B2** : *N* **#.*c5***) ;

C. étant exploitant d'un lieu ouvert au public ou recevant du public, clos ou ouvert et impliquant la diffusion de sons amplifiés, omis de **mettre en place le ou les limiteurs prescrits** par l'étude de l'impact des nuisances sonores de nature à porter atteinte à la tranquillité ou à la santé du voisinage, ou **entravé leur fonctionnement** (C. envir., art. R. 571-27 et **R. 571-96 III**) (**C** : *N* ***32945.c5***).

Faits prévus et réprimés par les articles [• du cas sélectionné] + L. 571-6, L. 571-25, L. 571-26 et **R. 571-96** du code de l'environnement.

31.5 Lutte contre le bruit – Non-respect des dispositions relatives au contrôle de conformité des objets bruyants ou des dispositifs d'insonorisation

■ PEINES

PERSONNE PHYSIQUE

PP Cas A et B : Délit. 1 an d'emprisonnement, 75 000 € (C. envir., art. L. 173-1, anc[t] L. 571-23 1°).

Cas C et D : Contrav. 5e cl. 1 500 € (C. envir., art. R. 571-95 ; C. pén., art. 131-13). Récidive : 3 000 € (C. envir., art. R. 571-95, C. pén., art. 132-11).

Cas E à G : Contrav. 3e cl. 450 € (C. envir., art. R. 571-94 ; C. pén., art. 131-13).

PC Cas A et B : *idem* n° 31.1 (C. envir., art. L. 173-7).

PERSONNE MORALE

PP Cas A et B : Délit. 375 000 € (C. envir., art. L. 173-1, anc[t] L. 571-23 1° ; C. pén., art. 131-38).

Cas C et D : Contrav. 5e cl. 7 500 € (C. envir., art. R. 571-95 ; C. pén., art. 131-13, 131-41). Récidive : 15 000 € (C. envir., art. R. 571-95, C. pén., art. 132-15).

Cas E à G : Contrav. 3e cl. 2 250 € (C. envir., art. R. 571-94 ; C. pén., art. 131-13, 131-41).

PC Cas A et B : *idem* n° 31.1 (C. envir., art. L. 173-8).

■ ORIENTEUR

AUTRE QUALIFICATION

- Agression sonore. V. n° 20.47.
- Tapage injurieux ou nocturne. V. n° 20.48.
- Lutte contre le bruit – Bruits de voisinage – code de la santé publique. V. n° 31.6.
- Lutte contre le bruit – établissement diffusant à titre habituel de la musique, non-respect des prescriptions générales – code de l'environnement. V. n° 31.4.
- Bruit irrégulier de véhicule automobile, avertisseur sonore, dispositif d'échappement, moteur. V. n° 36.72.

ÉLÉMENT LÉGAL

- Application de la loi dans le temps. Cas A et B : ces incriminations auparavant prévues par C. envir., art. L. 571-23 1°, alors punies de 2 ans d'emprisonnement et de 30 000 € d'amende, ont été transférées dans une rédaction modifiée au C. envir., art. L. 173-1, avec des pénalités plus douces pour l'emprisonnement mais plus sévères pour l'amende (1 an, 75 000 €) (Ord. 2012-34, 11 janv. 2012, applicable à compter du 1er juill. 2013). Mentionnons que si C. envir., art. L. 571-23 ancien réprimait clairement le fait de « *fabriquer, importer ou mettre sur le marché* » des objets bruyants non homologués ou certifiés, la loi nouvelle (C. envir., art. L. 173-1) réprime en revanche de façon plus générale et moins précise le fait, sans l'homologation ou la certification mentionnée au C. envir., art. L. 571-2 et L. 571-6, pour un acte, une activité, une opération, une installation ou un ouvrage, de commettre cet acte ou d'exercer cette activité, de conduire ou d'effectuer cette opération, d'exploiter cette installation ou cet ouvrage, ou de mettre en place ou de participer à la mise en place d'une telle installation ou un tel ouvrage. Parallèlement, C. envir., art. **R. 571-1**, décret d'application de C. envir., art. L. 571-2, prévoit qu'il « *est interdit de fabriquer pour le marché, de mettre en vente, d'importer, de louer, de détenir ou d'exposer en vue de la vente, de mettre à disposition, de céder à quelque titre que ce soit ou d'utiliser tout objet susceptible de provoquer des nuisances sonores élevées ou tout dispositif d'insonorisation qui ne répond pas aux dispositions* » d'application.

TEXTE DE RÉFÉRENCE

- Homologation des objets bruyants. La mise sur le marché d'objets relevant de la catégorie des « *objets bruyants* » ou des « *dispositifs destinés à réduire les émissions sonores* » est soumise à une **procédure d'homologation** ou de **certification**, destinée à assurer le respect, pour chaque famille d'objet, de caractéristiques acoustiques et de valeurs limites admissibles définies par arrêté (C. envir., art. L. 571-2, R. 571-1 à R. 571-4, R. 571-8). La conformité aux caractéristiques et aux valeurs applicables est attestée par un marquage apposé sur l'objet ainsi que par un document, dit « *document de conformité* », que tout utilisateur doit être en mesure de présenter (C. envir., art. R. 571-14).

▪ **Nomenclature des objets bruyants.** Relèvent de la règlementation des « *objets bruyants* » ou des dispositifs d'insonorisation les éléments suivants (C. envir., art. R. 571-2) : engins, matériels, machines et appareils utilisés ou susceptibles d'être utilisés dans les activités industrielles, artisanales, commerciales, agricoles, de services, de loisirs, tels que les engins utilisés ou destinés à être utilisés sur les chantiers de travaux, publics ou non, les engins et matériels destinés à l'entretien des voiries, des espaces publics et des espaces verts, les appareils d'entretien et de nettoyage, les appareils de préparation et de conservation des denrées alimentaires ou agricoles, les appareils de production ou de diffusion de calories et de frigories, les appareils de conditionnement d'air, les matériels et équipements de bureau ; les matériels et engins de jardinage, de bricolage et appareils domestiques ; les dispositifs sonores de protection des biens et des personnes, en particulier les dispositifs d'alarme ; les silencieux et dispositifs d'échappement des engins et véhicules et les capotages et dispositifs d'insonorisation des machines et matériels.

RÉGIME PROCÉDURAL

▪ **Agents de constatation.** *Idem* nº 31.4.

▪ **Formalisme de l'enquête.** *Idem* nº 31.4.

▪ **Preuve. Prélèvement et consignation des objets ou dispositifs.** En vue de rechercher et de constater les infractions, les agents chargés des contrôles peuvent prélever un ou plusieurs objets ou dispositifs dans les lieux où ils se trouvent, afin de faire vérifier leur conformité par un organisme agréé (C. envir., art. R. 571-17 et L. 172-14 (anc^{t} L. 571-21)). Lorsque des investigations complémentaires sont nécessaires, ils peuvent, sur autorisation du JLD rendue sur requête du procureur de la République, pour une période de 15 jours renouvelable une fois dans les mêmes formes, consigner les objets ou dispositifs suspectés d'être non-conformes (C. envir., art. L. 172-15 (anc^{t} L. 571-21)).

▪ ÉLÉMENTS CONSTITUTIFS – QUALIFICATION

✧ Pour avoir à ……… [¤ lieu], le ……… [¤ date], [⇨A à G :]

A. **MISE SUR LE MARCHÉ D'UN OBJET BRUYANT NON HOMOLOGUÉ OU CERTIFIÉ**

[⇨A1 à A3 :]

A1. fabriqué (A1 : *N 13307.co*)…

A2. importé (A2 : *N 13309.co*)…

A3. mis sur le marché (A3 : *N 13311.co*) …

…un **objet**, relevant de la catégorie des « objets bruyants », non pourvu de l'homologation ou de la certification (C. envir., art. **L. 571-2**, **L. 173-1 I**, L. 173-7, L. 173-8, R. 571-1, R. 571-2 I et R. 571-4) ;

B. **MISE SUR LE MARCHÉ D'UN DISPOSITIF D'INSONORISATION NON HOMOLOGUÉ OU CERTIFIÉ**

[⇨B1 à B3 :]

B1. fabriqué (B1 : *N 13308.co*)…

B2. importé (B2 : *N 13310.co*)…

B3. mis sur le marché (B3 : *N 13312.co*) …

…un **dispositif**, destiné à réduire les émissions sonores, non pourvu de l'homologation ou de la certification (C. envir., art. **L. 571-2**, **L. 173-1 I**, L. 173-7, L. 173-8, R. 571-1, R. 571-2 II et R. 571-4) ;

C. **UTILISATION D'UN OBJET BRUYANT OU D'UN DISPOSITIF D'INSONORISATION NON HOMOLOGUÉ**

utilisé ou fait utiliser un… [⇨C1 ou C2 :]

C1. objet, relevant de la catégorie des « objets bruyants », (C1 : *N 23091.c5* ; récidive : *N 23095.c5*)…)

C2. dispositif, destiné à réduire les émissions sonores, (C2 : *N 23092.c5*)…

…n'ayant pas fait l'objet d'une procédure d'homologation, d'attestation ou de déclaration (C. envir., art. L. 571-2, **R. 571-95 1°**, R. 571-2 et R. 571-4).

D. **UTILISATION D'UN OBJET BRUYANT OU D'UN DISPOSITIF D'INSONORISATION RENDU NON CONFORME APRÈS SON HOMOLOGATION**

utilisé ou fait utiliser, en connaissance de cause, un [⇨D1 ou D2 :]

D1. **objet**, relevant de la catégorie des « objets bruyants » (D1 : *N 23093.c5*)...
D2. **dispositif**, destiné à réduire les émissions sonores, (D2 : *N 23094.c5*)...

...ayant fait l'objet d'une procédure d'homologation, d'attestation ou de déclaration, mais ayant subi des modifications le rendant non-conforme (C. envir., art. L. 571-2, R. 571-95 2°, R. 571-2 et R. 571-4).

E. **MISE SUR LE MARCHÉ D'OBJET BRUYANT DÉPOURVU DE MARQUAGE DE CONFORMITÉ**
[⇨E1 ou E2 :]

E1. mis en vente ou vendu (E1 : *N 23083.c3*)...

E2. loué, exposé en vue de la vente, mis à disposition ou cédé, (E2 : *N 23085.c3*)...

... à quelque titre que ce soit, un **objet**, relevant de la catégorie des « objets bruyants », ne comportant pas de marquage de conformité (C. envir., art. L. 571-2, R. 571-94 1°, R. 571-2 I et R. 571-14).

F. **MISE SUR LE MARCHÉ DE DISPOSITIF D'INSONORISATION DÉPOURVU DE MARQUAGE DE CONFORMITÉ**
[⇨F1 ou F2 :]

F1. mis en vente ou vendu (F1 : *N 23084.c3*)...

F2. loué, exposé en vue de la vente, mis à disposition ou cédé, (F2 : *N 23086.c3*)...
...à quelque titre que ce soit, un **dispositif**, destiné à réduire les émissions sonores, ne comportant pas de marquage de conformité (C. envir., art. L. 571-2, R. 571-94 1°, R. 571-2 II et R. 571-14).

G. **NON-PRODUCTION DU DOCUMENT DE CONFORMITÉ D'UN OBJET BRUYANT OU D'UN DISPOSITIF D'INSONORISATION**

omis, étant détenteur d'un [⇨G1 ou G2 :]

G1. **objet**, relevant de la catégorie des « objets bruyants », (G1 : *N 23089.c3*)...

G2. **dispositif**, destiné à réduire les émissions sonores, (G2 : *N 23090.c3*)...

... de produire sous huit jours le document de conformité (C. envir., art. L. 571-2, R. 571-942°, R. 571-2 et R. 571-14).

Faits prévus et réprimés par les articles [• du cas sélectionné]. ✧

31.6 Lutte contre le bruit – Bruits de voisinage – code de la santé publique

■ PEINES

PERSONNE PHYSIQUE

PP Cas A à C : Contrav. 5e cl. 1 500 € (CSP, art. R. 1337-6 ; C. pén., art. 131-13). **Récidive** : 3 000 € (CSP, art. R. 1337-10-1, C. pén., art. 132-11).

Cas D : Contrav. 3e cl. 450 € (CSP, art. R. 1337-7 ; C. pén., art. 131-13).

PC Confiscation de la chose qui a servi ou était destiné à commettre l'infraction ou de la chose qui en est le produit (CSP, art. 1337-8).

PERSONNE MORALE

PP Cas A à C : Contrav. 5e cl. 7 500 € (CSP, art. R. 1337-6, R. 1337-10 ; C. pén., art. 131-13, 131-41). **Récidive** : 15 000 € (CSP, art. R. 1337-10-1, C. pén., art. 132-15).

Cas D : Contrav. 3e cl. 2 250 € (CSP, art. R. 1337-6, R. 1337-10 ; C. pén., art. 131-13, 131-41).

PC Confiscation de la chose qui a servi ou était destiné à commettre l'infraction ou de la chose qui en est le produit (CSP, art. 1337-10).

■ ORIENTEUR

AUTRE QUALIFICATION

▪ **Agression sonore.** V. n° 20.47.

▪ **Tapage injurieux ou nocturne.** V. n° 20.48.

▪ **Lutte contre le bruit – établissement diffusant à titre habituel de la musique, non-respect des prescriptions générales – code de l'environnement.** V. n° 31.4.

▪ **Lutte contre le bruit – Non-respect des dispositions relatives au contrôle de conformité des objets bruyants ou des dispositifs d'insonorisation.** V. n° 131.5.

▪ **Bruit irrégulier de véhicule automobile, avertisseur sonore, dispositif d'échappement, moteur.** V. n° 36.72.

ÉLÉMENT LÉGAL

▪ **Domaine d'application. Les bruits de voisinage sont tous ceux ne faisant pas l'objet d'une règlementation spécifique.** Les dispositions du code de la santé publique relatives aux bruits de voisinage s'appliquent à tous les bruits de voisinage, à l'exception des bruits provenant des infrastructures de transport et des véhicules qui y circulent, des aéronefs, des activités et installations particulières de la défense nationale, des installations nucléaires de base, des installations classées pour la protection de l'environnement, des réseaux publics et privés de transport et de distribution de l'énergie électrique soumis à la règlementation prévue à l'article 19 de la loi du 15 juin 1906 sur les distributions d'énergie, des bruits perçus à l'intérieur des mines et carrières (CSP, art. R. 1336-4).

▪ **Définition. Les trois catégories de bruits de voisinage.** Les bruits de voisinage comportent trois catégories : les **bruits de comportement** ou bruits domestiques (cris, voix, aboiements, appareils électroménagers, travaux de réparation, etc.) (CSP, art. R. 1336-5) ; les **bruits d'activité** (activités artisanales ou industrielles ne relevant pas de la catégorie des installations classées, activités du secteur tertiaire, manifestations culturelles ou sportives) (CSP, art. R. 1336-6 s.) ; les **bruits de chantier** de travaux publics ou privés ou, s'ils sont soumis à une procédure de déclaration ou d'autorisation, de travaux intéressant le bâtiment et leurs équipements (CSP, art. R. 1336-10).

TEXTE DE RÉFÉRENCE

▪ **Principe.** « *Les activités impliquant la diffusion de sons à un niveau sonore élevé, dans tout lieu public ou recevant du public, clos ou ouvert, sont exercées de façon à protéger l'audition du public et la santé des riverains.* » (CSP, art. 1336-1, issu L. n° 2015-41, 26 janv. 2016). Aucun bruit particulier ne doit, par sa durée, sa répétition ou son intensité, porter atteinte à la **tranquillité du voisinage ou à la santé** de l'homme, dans un lieu public ou privé, qu'une personne en soit elle-même à l'origine ou que ce soit par l'intermédiaire d'une personne, d'une chose dont elle a la garde ou d'un animal placé sous sa responsabilité (CSP, art. R. 1336-5).

▪ **Règlementation générale et locale.** Sans préjudice de l'application de législations spéciales et des pouvoirs reconnus aux autorités locales, des décrets en Conseil d'État.../...fixent les règles générales d'hygiène et toutes autres mesures propres à préserver la santé de l'homme, notamment en matière.../...de **lutte contre les nuisances sonores** ... (CSP, art. L. 1311-1). Ces dispositions peuvent être complétées par le préfet pour le département ou par le maire pour la commune (CSP, art. L. 1311-2).

ÉLÉMENT MATÉRIEL

▪ **Complicité. Punissable par aide ou assistance** (CSP, art. R. 1337-9).

▪ **Référence technique. • Le décibel.** La pression sonore se mesure en pascal sur l'échelle de 20 micro pascals à 20 pascals, ou en décibels (dB), de la valeur 0, seuil de l'audibilité, à 120, seuil de la douleur. Pour restituer la sensibilité particulière de l'oreille aux sons aigus, le niveau sonore, s'agissant de l'émergence globale, est mesuré en décibels pondérés A, noté dB (A). **• La fréquence.** Le nombre de vibrations par seconde d'un son, la fréquence, se mesure en hertz (Hz), qui exprime le caractère grave ou aigu d'un son. L'oreille humaine perçoit les sons dans une plage de fréquence allant de 20 Hz (basses fréquences, sons graves) à 20 000 Hz (hautes fréquences, sons très aigus). En deçà de 20 Hz, se trouvent les infrasons, et au-delà de 20 000 Hz les ultrasons, inaudibles pour l'oreille humaine. Pour la mesure de l'émergence spectrale (v. ci-dessous), le spectre sonore est découpé en six intervalles ou bandes normalisés, dites « bandes d'octaves », désignées par leur fréquence centrale : 125 Hz, 250 Hz, 500 Hz, 1 000 Hz, 2 000 Hz, 4 000 Hz. **• L'émergence globale.** Mesurée en décibels pondérés (dB (A)), elle est définie par la différence, dans un lieu donné, entre le niveau de bruit ambiant, comportant le bruit particulier en cause, et le niveau de bruit résiduel constitué par l'ensemble des bruits habituels, extérieurs et intérieurs, correspondant à l'occupation normale des locaux et au fonctionnement habituel des équipements, en l'absence du bruit particulier en cause (CSP, art. R. 1336-7). • **L'émergence spectrale.** Elle correspond également à la différence, mesurée en dB, entre l'ensemble des bruits habituels et ces mêmes bruits complétés par le bruit en cause, mais dans une bande (spectre) d'octave normalisée (v. ci-dessus) (CSP, art. R. 1336-8). L'émergence spectrale permet de tenir compte, notamment dans un bruit ambiant de faible intensité globale, des bruits qui émergent significativement dans une bande d'octave particulière (ex. équipements frigorifiques).

▪ **Matérialité de l'infraction.** • **Les bruits de comportement (Cas D).** L'infraction se caractérise **sans mesure acoustique**, par le seul constat d'un bruit causé, dans un lieu public ou privé, directement ou par l'intermédiaire d'une personne, d'une chose dont l'intéressé a la garde, ou d'un animal placé sous sa responsabilité, de nature, « *par sa durée, sa répétition ou son intensité* », « *à porter atteinte à la tranquillité du voisinage ou à la santé de l'homme* » (CSP, art. R. 1337-7 et R. 1336-5). « *les bruits de comportement relevant de CSP, art. R. 1337-7 et R. 1334-31* [devenu R. 1336-5] *du code de la santé publique, n'imposent pas une mesure du son* » (Crim. 14 janv. 2020, n° 19-82.085), ainsi des bruits « *de musique, des rires et des éclats de voix constituant non pas des bruits d'activités, mais des bruits de comportement relevant de CSP, art. R. 1337-7* [...] *ne nécessitant pas la réalisation de mesure acoustique* » (Crim. 8 mars 2016, n° 15-83.503, P n° 67). Sont qualifiées de bruits de comportement les nuisances musicales provenant d'un restaurant (Crim. 21 sept. 2016, n° 15-83.408, NP). • **Les bruits d'activité dépassant les valeurs limites (Cas A).** Pour cette catégorie de bruits provenant d'une activité professionnelle, ou d'une activité culturelle, sportive ou de loisir organisée de façon habituelle ou soumise à autorisation, l'atteinte à la tranquillité du voisinage ou à la santé de l'homme est caractérisée si **l'émergence globale** de ce bruit est > 5 décibels A entre 7 h à 22 h ou de 3 dB (A) de 22 h à 7 h, valeurs auxquelles s'ajoute un terme correctif en dB (A), fonction de la durée cumulée du bruit en cause (CSP, art. R. 1336-7 et R. 1337-6 1°). Lorsque le bruit provenant des « *équipements d'activités professionnelles* » est perçu à l'intérieur des pièces principales de tout logement d'habitation, fenêtres ouvertes ou fermées, l'atteinte est également caractérisée si **l'émergence spectrale** de ce bruit est de 7 dB dans les bandes d'octave centrées sur 125 Hz et 250 Hz et de 5 dB dans les bandes d'octave centrées sur 500 Hz, 1 000 Hz, 2 000 Hz et 4 000 Hz (CSP, art. R. 1336-6, R. 1336-8 et R. 1337-6 1°). Les mesures de l'émergence globale et spectrale sont effectuées selon les dispositions de la norme NF S 31-010 modifiées et complétées par les dispositions de l'arrêté du 5 déc. 2006 (CSP, art. R. 1336-9, Arr. 5 déc. 2006, NOR : SANP0624911A, *JO* 20 déc., p. 19183, art. 1). La durée cumulée des intervalles de mesurage des niveaux sonores, qui doit comprendre des périodes de présence du bruit particulier et des périodes de présence du bruit résiduel seul, est au moins égale à 30 minutes (Arr. précité, art. 4). • **Les bruits d'activité non-conformes aux conditions d'exercice (Cas B).** L'infraction est également matérialisée si les conditions d'exercice de l'activité professionnelle, de l'activité culturelle, sportive ou de loisir organisée de façon habituelle ou soumise à autorisation, relatives au bruit, fixées par l'autorité compétente, n'ont pas été respectées (CSP, art. R. 1337-6 2°). • **Les bruits de chantier (Cas C).** L'atteinte à la tranquillité du voisinage ou à la santé de l'homme est caractérisée, **sans mesure acoustique**, par le constat du non-respect des conditions fixées par les autorités compétentes concernant la réalisation des travaux ou l'utilisation des équipements (ex. horaire du chantier), par l'insuffisance de précautions pour limiter le bruit, ou par un comportement anormalement bruyant (CSP, art. R. 1337-6 3° et R. 1336-10).

▪ **Imputabilité.** Est à bon droit condamnée la société de logistique qui soutenait qu'elle n'était pas responsable du bruit des équipements frigorifiques des camions de ses fournisseurs stationnant « *à proximité de l'établissement, dans l'attente des chargements ou des déchargements* » (§ 9), car ces circonstances établissent « *d'une part, que la société prévenue est à l'origine des nuisances sonores reprochées, d'autre part, qu'elle était en mesure de les prévenir ou de les faire cesser par les moyens dont elle disposait, y compris vis-à-vis de ses fournisseurs* » (§ 15) (Crim. 7 mars 2023, n° 22-80.743, D).

RÉGIME PROCÉDURAL

▪ **Amende forfaitaire.** Applicable au **Cas D**, y compris en cas de complicité (C. pr. pén., art. R. 48-1 9°, D. n° 2012-343, 9 mars 2012).

▪ **Agents de constatations.** Les infractions aux règles relatives aux bruits de voisinage sont recherchées et constatées par les OPJ et APJ, conformément aux dispositions du code de procédure pénale, ainsi que par les fonctionnaires et agents du ministère de la santé ou des collectivités territoriales habilités et assermentés dans des conditions fixées par décret en Conseil d'État (CSP, art. L. 1312-1 ; C. envir., art. L. 571-18 II).

Peuvent également constater et rechercher les infractions aux bruits de voisinage, s'ils sont habilités et assermentés à cet effet :

– les médecins inspecteurs de santé publique, les inspecteurs de l'action sanitaire et sociale, les ingénieurs du génie sanitaire, les ingénieurs d'études sanitaires et les techniciens sanitaires, ainsi que les ingénieurs territoriaux et les techniciens supérieurs territoriaux exerçant leurs fonctions dans les communes ou dans les groupements de communes mentionnés à l'article L. 1422-1, les inspecteurs de salubrité de la ville de Paris et les inspecteurs de salubrité de la préfecture de police (CSP, art. R. 1337-10-2 et R. 1312-1) ;

– les agents des communes désignés par le maire, à la condition qu'ils soient agréés par le procureur de la République et assermentés (CSP, art. R. 1337-10-2 ; C. envir., art. R. 571-92).

POLITIQUE PUBLIQUE

▪ **Politique pénale.** La circulaire Crim. 03-G4 du 16 oct. 2003, NOR : JUSD03-30158C, recommande (§ II A 1°), lorsque les nuisances surviennent entre des personnes contraintes de partager un même environnement, de privilégier la pacification des relations de voisinage par la mise en œuvre de **mesures alternatives aux poursuites**, notamment par le rappel solennel à la loi, l'obligation de mise en conformité, ou surtout la médiation pénale. En présence de réitérant hostile à toute modification de comportement, elle préconise des poursuites immédiates visant à obtenir une sanction rapide.

▪ **Mission de police municipale.** La police municipale « *a pour objet d'assurer le bon ordre, la sûreté, la sécurité et la salubrité publiques. Elle comprend notamment : .../...le soin de réprimer les atteintes à la tranquillité publique, telles que .../...les bruits y compris les bruits de voisinage* » (CGCT, art. L. 2212-2).

MESURE ADMINISTRATIVE

▪ **Régularisation administrative.** Suspension d'activité, consignation de fonds et exécution d'office de travaux, *idem* n° 31.4 (CSP, art. R. 1336-11 ; C. envir., art. L. 171-8 (anc[t] L. 571-17)).

▪ ÉLÉMENTS CONSTITUTIFS – QUALIFICATION

✧ Pour avoir à .... [¤ lieu], le .... [¤ date], [⇨A à D :]

A. **BRUIT D'ACTIVITÉ DÉPASSANT LES VALEURS LIMITES**

Lors d'une [⇨A1 ou A2 :]

A1. activité professionnelle (A1 : *N* ***13314.c5*** ; complicité : *N* ***25878.c5***)...

A2. activité culturelle, sportive ou de loisir organisée de façon habituelle ou soumise à autorisation (A2 : *N* ***13315.c5*** ; complicité : *N* ***25879.c5***)...

...dont les conditions d'exercice relatives au bruit n'ont pas été fixées par les autorités compétentes, été à l'origine d'un bruit de voisinage dépassant les valeurs limites de l'émergence globale ou de l'émergence spectrale prévues à l'article R. 1334-32 du code de la santé publique, en l'espèce... (préciser le niveau d'émergence générale ou spectrale mesuré par sonomètre) (CSP, art. R. 1336-4, R. 1336-6, R. 1337-6 1°, R. 1337-8 et R. 1337-10) ;

B. **BRUIT D'ACTIVITÉ NON-CONFORME AUX CONDITIONS D'EXERCICE**

Lors d'une [⇨B1 ou B2 :]

B1. activité professionnelle (B1 : *N* ***32315.c5***)...

B2. activité culturelle, sportive ou de loisir organisée de façon habituelle ou soumise à autorisation (B2 : *N* ***32316.c5***)...

...omis de respecter les conditions d'exercice relatives au bruit fixées par les autorités compétentes (CSP, art. R. 1337-6 2°, R. 1337-8 et R. 1337-10) ;

C. **BRUIT DE CHANTIER**

à l'occasion d'un chantier de travaux publics ou privés ou de travaux intéressant le bâtiment et leurs équipements, [⇨C1 à C3 :]

C1. causé du bruit en omettant de respecter les conditions de la réalisation du chantier ou d'utilisation des matériels et équipements fixées par les autorités compétentes (C1 : *N* ***5194.c5*** ; complicité : *N* ***25881.c5***)...

C2. omis de prendre les précautions appropriées pour limiter le bruit (C2 : *N 5193.c5* ; complicité : *N 25880.c5*)...

C3. adopté un comportement anormalement bruyant (C3 : *N 5198.c5* ; complicité : *N 25882.c5*)...

... (CSP, art. R. 1336-10, R. 1337-6 3°, R. 1337-8 et R. 1337-10) ;

D. **Bruit de comportement**

été, dans un lieu public ou privé, directement ou par l'intermédiaire d'une personne, d'une chose dont il avait la garde ou d'un animal placé sous sa responsabilité, à l'origine d'un bruit particulier, autre que ceux relevant d'une activité professionnelle, d'une activité culturelle, sportive ou de loisir organisée de façon habituelle ou soumise à autorisation, ou de travaux, de nature, par sa durée, sa répétition ou son intensité, à porter atteinte à la tranquillité du voisinage ou à la santé de l'homme (CSP, art. R. 1336-5, R. 1337-7, R. 1337-8 et R. 1337-10) (D : *N 13313.c3* ; complicité : *N 25877.c3* ; par personne morale : *N 26365.c3*).

Faits prévus et réprimés par les articles [• du cas sélectionné]. ✧

31.7 Police de l'environnement – Obstacle au contrôle des agents habilités

▪ PEINES

PERSONNE PHYSIQUE

PP Délit. 6 mois d'emprisonnement, 15 000 € (C. envir., art. L. 173-4).

PC *Idem* n° 31.1 (C. envir., art. L. 173-7).

PERSONNE MORALE

PP Délit. 75 000 € (C. envir., art. L. 173-4 ; C. pén., art. 131-38).

PC *Idem* n° 31.1 (C. envir., art. L. 173-8).

▪ ORIENTEUR

AUTRE QUALIFICATION

▪ **Chasse – Principales contraventions. Droit de visite des carniers.** Sur le conflit de qualification entre le délit ici traité prévu par C. envir., art. L. 173-4, créé par Ord. n° 2012-34, 11 janv. 2012, et la contravention d'opposition au droit de visite des carniers en matière de police de la chasse prévue par C. envir., art. L. 428-29 et R. 428-11 9° (Contrav. 5e cl., v. n° 31.45), v. orienteur n° 31.44.

ÉLÉMENT LÉGAL

▪ **Constitutionnalité.** • **Droit de visite.** C. envir., art. **L. 171-1** qui reconnaît un droit de visite aux fonctionnaires et agents chargés des contrôles administratifs prévus par le code de l'environnement est jugé conforme à la Constitution (Cons. const. 13 avr. 2023, n° 2023-1044 QPC, § 15). Il en est de même pour C. envir., art. **L. 172-5**, relatif au droit de visite pour la recherche des infractions (§ 29) en ce que « *les agents ne peuvent procéder à des visites que sous certaines conditions qui diffèrent selon la nature des lieux faisant l'objet du contrôle* » (§ 26) et que ce « *droit de visite n'est reconnu qu'à des agents publics spécialement habilités et aux inspecteurs de l'environnement, commissionnés et assermentés à cette fin* » (§ 27) (Cons. const. 13 avr. 2023, n° 2023-1044 QPC) • **Droit de communication.** Les dispositions de C. envir., art. **L. 171-3**, qui confèrent un droit de communication aux agents chargés des contrôles administratifs, « *ne portent pas une atteinte disproportionnée au droit au respect de la vie privée* » (§ 20) car « *elles ne leur confèrent pas un pouvoir d'exécution forcée pour obtenir la remise de ces documents. Il en résulte que la communication d'un document doit être volontaire. La circonstance que le refus de communication des documents demandés puisse être à l'origine d'une sanction pénale ne confère pas une portée différente aux pouvoirs dévolus aux agents par les dispositions contestées* » (§ 19) (Cons. const. 13 avr. 2023, n° 2023-1044 QPC). Il en est de même, pour les mêmes motifs, et parce que ce droit de communication n'est reconnu qu'à des agents publics spécialement habilités et aux inspecteurs de l'environnement, commissionnés et assermentés à cette fin, pour ce qui est du C. envir., art. **L. 172-11**, relatif au droit de communication pour la recherche des infractions (§ 36) (Cons. const. 13 avr. 2023, n° 2023-1044 QPC). Dans le même sens, pour les droits de visite et de communication des agents de l'Autorité de la concurrence (C. com., art. L. 450-3) : Cons. const. 8 juill. 2016, n° 2016-552 QPC, v. n° 30.42. • **Droit de saisie.** C. envir., art. L. 171-12 relatif aux pouvoirs de saisie des agents de contrôle ne méconnaît pas le droit à un recours juridictionnel effectif car la personne peut demander la restitution du bien saisi au juge d'instruction au cours d'une information judiciaire et au procureur de la République dans les autres cas, sur le fondement de C. pr. pén., art. 41-4 et 99 (§ 40) (Cons. const. 13 avr. 2023, nº 2023-1044 QPC).

TEXTE DE RÉFÉRENCE

▪ **Pouvoirs de contrôle administratif. • Droit de visite.** Les agents de contrôle ont accès aux espaces clos et aux locaux accueillant des installations, des ouvrages, des travaux, des aménagements, des opérations, des objets, des dispositifs et des activités soumis au code de l'envionnement, à l'exclusion des domiciles ou de la partie des locaux à usage d'habitation (C. envir., art. L. 171-1). Ils peuvent y accèder entre 8 h 00 et 20 h 00 et, en dehors de ces heures, lorsqu'ils sont ouverts au public ou lorsque sont en cours des opérations ; ils ne peuvent avoir accès aux domiciles et à la partie des locaux à usage d'habitation qu'en présence de l'occupant et avec son assentiment (C. envir., art. L. 171-1). **• Droit de communication.** Les agents chargés de contrôle peuvent se faire communiquer et prendre copie des documents qui sont relatifs à l'objet du contrôle, quel que soit leur support et en quelques mains qu'ils se trouvent, et qui sont nécessaires à l'accomplissement de leur mission (C. envir., art. L. 171-1).

▪ **Pouvoirs de contrôle pour la recherche des infractions. • Droit de visite des installations.** Les pouvoirs de contrôle pour la recherce et la constatation des infractions, auparavant propres à différentes catégories d'infraction (ex. en matière de bruit, anciens articles L. 571-18, L. 571-22, L. 571-25 et L. 571-26 du code de l'environnement), sont désormais communs aux différents agents chargés de la police de l'environnement, dont les pouvoirs sont précisés au C. envir., art. L. 172-1 s. En vue de rechercher ces infractions, ces agents ont accès aux locaux, aux installations et lieux où sont réalisées les opérations à l'origine des infractions, à l'exclusion des domiciles ou de la partie des locaux qui sert de domicile (C. envir., art. L. 172-5). Ils ne peuvent accéder à ces locaux qu'entre 6 h 00 et 21 h 00 ou en dehors de ces heures si l'établissement est ouvert au public ou lorsqu'une activité est en cours. Le procureur de la République est préalablement informé et peut s'opposer à ces opérations de visite (C. envir., art. L. 172-5), l'absence d'avis au parquet « *affecte nécessairement la validité des actes* » (Crim. 21 mars 2023, nº 22-82.343, P), ce qui dispense donc le demandeur à la nullité de faire la démonstration d'un grief. **• Droit de communication.** Les agents de contrôle peuvent demander la communication de tout document professionnel et en prendre copie (C. envir., art. L. 172-11 et L. 172-12) et recueillir sur convocation ou sur place les renseignements et justifications utiles (C. envir., art. L. 172-8).**• Droit de saisie et de consignation.** Les agents peuvent procéder à la saisie de l'objet de l'infraction ou de son produit direct ou indirect, des armes et munitions, objets, instruments et engins ayant servi à commettre l'infraction ou y étant destinés ainsi que des embarcations, automobiles et autres véhicules utilisés pour la commission de l'infraction, pour se rendre sur les lieux où elle a été commise ou s'en éloigner, ou pour transporter l'objet de l'infraction (C. envir., art. L. 172-12) et demander la consignation des objets suspectés d'être non-conformes (C. envir., art. L. 172-15, v. nº 31.5).

ÉLÉMENT MATÉRIEL

▪ **Illustration. Visite de gabion.** Sont coupables d'opposition à fonction les chasseurs qui, au motif que ce local constituait un domicile, ont refusé aux agents de l'Office national de la chasse et de la faune sauvage l'accès de nuit (3 h 45) à l'intérieur de leur gabion destiné à la chasse des oiseaux de nuit dans les marais, car ce local « *ne comporte pas de raccordement à l'eau ni à l'électricité, qu'il ne dispose pas d'un compteur électrique, [...] n'est pas assujetti à la taxe foncière ni à la taxe d'habitation, [...] ne comporte pas de point de réception du courrier postal et [...] quand bien même ce lieu comporte des aménagements de confort nécessaires pour les besoins d'une nuit, cette hutte de chasse, qui est avant tout un poste d'observation et de tir, ne comporte pas les équipements élémentaires lui permettant de recevoir la dénomination de domicile* » (§ 5) (Crim. 20 oct. 2020, nº 19-87.656, D ; dans le même sens, pour une visite de nuit dans une hutte de chasse ni raccordée au réseau électrique ni desservie en eau courante : Crim. 6 mai 2002, nº 01-85.565, D) (sur les conditions requises pour qu'un local soit considéré comme un domicile au sens de C. pr. pén., art. 59 qui encadre la perquisition domiciliaire, v. nº 11.57B2).

■ ÉLÉMENTS CONSTITUTIFS – QUALIFICATION

✧ Pour avoir à .... [¤ lieu], le .... [¤ date], fait obstacle aux fonctions exercées par les fonctionnaires et agents habilités, en application du code de l'environnement, à exercer des missions de [⇨A ou C :]

A. contrôle administratif (A : *N* ***29674.co***) ;

B. recherche et de constatation des infractions (B : *N* ***29675.co***).

Faits prévus et réprimés par les articles : **PERSONNES PHYSIQUES.** L. 173-4, L. 173-5, L. 173-7, L. 173-9, L. 173-10 du code de l'environnement. **PERSONNES MORALES.** L. 173-4, L. 173-5, L. 173-8, L. 173-9, L. 173-10 du code de l'environnement.

31.8 Acte de cruauté envers un animal – Abandon, expérimentation animale, gallodrome

■ PEINES

PERSONNE PHYSIQUE

PP Délit. Cas A1, B1, C et D : 3 ans d'emprisonnement, 45 000 € (depuis L. n° 2021-1539, 30 nov. 2021, auparavant 2 ans et 30 000 €) (Cas A1, B1, C et D : C. pén., art. 521-1 ; Cas D : C. pén., art. 521-2).

Cas A2 : 5 ans d'emprisonnement, 75 000 € (Circ. aggr. créée par L. n° 2021-1539) (C. pén., art. 521-1) ;

Cas A3 à A5 et B2 : 4 ans d'emprisonnement, 60 000 € (Circ. aggr. créée par L. n° 2021-1539) (C. pén., art. 521-1).

PC 1. Confiscation facultative de l'animal, la juridiction prévoit que l'animal sera remis à une fondation ou une association de protection animale reconnue d'utilité publique ou déclarée, qui pourra librement en disposer (C. pén., art. 521-1, 131-21-1). Sur la peine de confiscation d'un animal (C. pén., art. 131-21-1), v. n° 18.36 ;

2. Interdiction, définitive ou ⩽ 5 ans de détenir certains animaux ou certaines catégories d'animaux (C. pén., art. 521-1, 131-21-2) ;

3. Interdiction ⩽ 5 ans activité professionnelle ou sociale dont les facilités ont été sciemment utilisées pour préparer ou commettre l'infraction (sauf mandat électif ou syndical) (C. pén., art. 521-1, 131-27, 131-28 et 131-29) ;

PERSONNE MORALE

PP Cas A1, B1, C et D : 225 000 € (depuis L. n° 2021-1539, 30 nov. 2021, auparavant 150 000 €) (Cas A1, B1, C et D : C. pén., art. 521-1 et 131-38 ; Cas D : C. pén., art. 521-2 et 131-38).

Cas A2 : 375 000 € (Circ. aggr. créée par L. n° 2021-1539) (C. pén., art. 521-1 et 131-38) ;

Cas A3 à A5 et B2 : 300 000 € (Circ. aggr. créée par L. n° 2021-1539) (C. pén., art. 521-1 et 131-38).

PC 1. Interdiction, définitive ou ⩽ 5 ans, une ou plusieurs activités professionnelles ou sociales en relation avec l'infraction (C. pén., art. 521-1 et 131-39 2°) ;

2. Fermeture, définitive ou ⩽ 5 ans, d'un ou plusieurs établissements en relation avec l'infraction (C. pén., art. 521-1 et 131-39 4°) ;

3. Interdiction, ⩽ 5 ans, d'utiliser des cartes de paiement ou d'émettre des chèques autres que de retrait ou certifiés (C. pén., art. 521-1 et 131-39 7°) ;

4. Confiscation (réelle ou en valeur) chose ayant servi à l'infraction ou destinée à la commettre, ou son produit (obligatoire pour objets qualifiés dangereux ou nuisibles par loi ou règlement ou dont la détention est illicite) (C. pén., art. 521-1, 131-39 8° et 131-21) ;

5. Affichage, ⩽ 2 mois, *et/ou* diffusion de la décision ou d'extraits aux frais (⩽ amende encourue) du condamné (C. pén., art. 521-1, 131-39 9°, 131-48 et 131-35).

■ ORIENTEUR

AUTRE QUALIFICATION

- Enregistrement ou diffusion d'images de sévices, de mauvais traitements ou d'atteintes sexuelles sur un animal à d'autres fins que l'information du public ou la preuve en justice (« happy slapping ») (L. n° 2021-1539, 30 nov. 2021). C. pén., art. 521-1-2, v. n° 31.10.
- Atteinte sexuelle sur un animal et proposition ou sollicitation de ces actes (L. n° 2021-1539, 30 nov. 2021). C. pén., art. 521-1-1, v. n° 31.9.
- Destruction sans nécessité d'un animal (délit) (L. n° 2021-1539, 30 nov. 2021). C. pén., art. 522-1, issu L. n° 2021-1539, 30 nov. 2021, v. n° 31.11.
- Destruction sans nécessité d'un animal. V. n° 31.12.

- **Mauvais traitement à un animal – Établissement de vente, toilettage, garde, dressage, sécurité privée, refuge, élevage.** V. n° 31.13.
- **Mauvais traitement à un animal.** V. n° 31.14.
- **Défaut de soins à un animal domestique ou captif.** C. rur., art. R. 215-4, v. n° 31.15.

ÉLÉMENT LÉGAL

- **Constitutionnalité. • Tradition locale ininterrompue.** Si « *l'exclusion de responsabilité pénale instituée par les dispositions contestées* [C. pén., art. 521-1] *n'est applicable que dans les parties du territoire national où l'existence d'une telle tradition ininterrompue est établie et pour les seuls actes qui relèvent de la tradition (...) la différence de traitement instaurée par le législateur entre agissements de même nature accomplis dans des zones géographiques différentes est en rapport direct avec l'objet de la loi qui l'établit (...) s'il appartient aux juridictions compétentes d'apprécier les situations de fait répondant à la tradition locale ininterrompue, cette notion, qui ne revêt pas un caractère équivoque, est suffisamment précise pour garantir contre le risque d'arbitraire* » (Cons. const. 21 sept. 2012, n° 2012-271 QPC, § 5). **• Gallodromes.** Les dispositions relatives à l'incrimination de la création de nouveaux gallodromes ont été déclarées conformes à la Constitution : « *si le législateur a entendu, tant pour les courses de taureaux que pour les combats de coqs, fonder l'exclusion de responsabilité pénale sur l'existence d'une tradition ininterrompue, il s'agit toutefois de pratiques distinctes par leur nature ; qu'il ressort des travaux préparatoires [...] que le législateur a entendu encadrer plus strictement l'exclusion de responsabilité pénale pour les combats de coqs afin d'accompagner et de favoriser l'extinction de ces pratiques* » (§ 4) (Cons. const. 31 juill. 2015, 2015-477 QPC). **• Sacrifice rituel.** Est dépourvue de sérieux la QPC soutenant que l'absence de dérogation aux dispositions de C. pén., art. 521-1 pour les sacrifices rituels d'animaux porte atteinte au principe de la liberté religieuse, en que ce principe « *n'implique pas que soit autorisée la pratique, sur les animaux domestiques apprivoisés ou tenus en captivité, de sévices et actes de cruauté au sens de l'article 521-1 du code pénal, qui ne s'entendent que d'actes accomplis intentionnellement dans le but de provoquer leur souffrance ou leur mort* », et en ce que « *le principe d'égalité [...] n'impose pas d'étendre l'exonération de responsabilité pénale prévue à l'article 521-1 du code pénal à d'autres cas que ceux, limitativement énumérés, des combats de coqs et des courses de taureaux* » (Crim. 5 mars 2019, n° 18-81.554). Dans cette même affaire, est condamnée la pratique de sacrifices rituels d'animaux dans des conditions répondant à l'incrimination d'actes de cruauté, et l'argument revendiquant « *la liberté de manifester sa religion par le culte et l'accomplissement des rites* » rejeté au motif que « *nul ne peut se prévaloir de ses croyances religieuses pour s'affranchir des règles communes édictées par la loi pénale* » (Crim. 5 nov. 2019, n° 18-84.554, D).

- **Application de la loi pénale dans le temps. Cas A à D** : Les peines auparavant de 2 ans et 30 000 € ont été élevées à 3 ans et 45 000 € par la L. n° 2021-1539, 30 nov. 2021, visant à lutter contre la maltraitance animale et conforter le lien entre les animaux et les hommes (C. pén., art. 521-1). Cette loi a supprimé de cet article la référence aux sévices de nature sexuelle commis sur un animal et créé au C. pén., art. 521-1-1 une nouvelle incrimination d'atteinte sexuelle sur animal domestique, apprivoisé ou tenu en captivité (v. n° 31.9). **Cas A1** : circonstances aggravantes A2 à A5 créées par L. n° 2021-1539, 30 nov. 2021. **Cas D** : les prescriptions fixées par décret en Conseil d'État visées au C. pén., art. 521-2 et R. 511-1, auparavant fixées par le D. n° 87-848, 19 oct. 1987, figurent désormais au C. rur, art. R. 214-87 s. depuis le D. n° 2013-118, 1er févr. 2013.

ÉLÉMENT MATÉRIEL

- **Fait justificatif. • Tradition locale ininterrompue. Cas A.** Les dispositions de C. pén., art. 521-1 « *ne sont pas applicables aux courses de taureaux lorsqu'une tradition locale ininterrompue peut être invoquée. Elles ne sont pas non plus applicables aux combats de coqs dans les localités où une tradition ininterrompue peut être établie* » (C. pén., art. 521-1). **• Courses de taureaux.** Si « *les juges du fond [...] apprécient souverainement l'existence d'une coutume invoquée par les prévenus à titre d'immunité légale, cette appréciation cesse d'être souveraine lorsqu'elle est déduite de motifs insuffisants, ou entachés d'illégalité* », est ainsi censurée la cour d'appel qui, sur la base d'un avis administratif, déniait l'existence d'une tradition ininterrompue sur la commune du Grau-du-Roi sans considérer notamment « *l'ensemble géographique* » dans lequel cette commune s'inscrivait (Crim. 27 mai 1972, n° 72-90.875, P n° 171). Le caractère « local » de la tradition n'est pas réduit au territoire de la commune : est ainsi approuvée la CHINS qui retient « *que s'il n'existait pas, dans cette commune [Gimont], de tradition tauromachique ininterrompue, des corridas étaient organisées dans d'autres communes et que, dans le département du Gers et dans les départements voisins, une telle tradition était vivace* » (Crim. 22 oct. 1996, n° 96-80.661, D ; dans le même sens). Justifie sa décision la cour d'appel qui « *énonce que Tarascon " se trouve dans un ensemble démographique où existe une* *tradition taurine très ancienne " et comprenant des villes, telles que Beaucaire, localité voisine, et Arles où se pratiquent régulièrement, depuis 1893 en ce qui concerne cette dernière, des corridas avec mise à mort de taureaux ; que les juges ajoutent que Tarascon est située "dans une zone géographique où la population vit en suivant un ensemble de traditions et coutumes locales, particulières et persistantes, dont celle d'organiser, de participer ou assister à des corridas dites espagnoles"* » (Crim. 8 juin 1994, n° 93-82.459, P n° 225). De même pour l'arrêt qui retient, en écartant un arrêté préfectoral n'autorisant que les spectacles sans mise à mort que « *Floirac appartient à l'ensemble démographique dont Bordeaux est la capitale, où se retrouvent la permanence et la persistance d'une tradition tauromachique qui a donné lieu dès le milieu du XIXème siècle à des corridas avec mises à mort, et que cette tradition n'est pas localement tombée en désuétude* » quand bien même « *l'effondrement en 1961 des précédentes arènes construites au Bouscat, autre proche banlieue bordelaise, avait de fait matériellement longtemps interdit que ne soient organisées des nouvelles corridas ; que, pour autant, la tradition dont ces spectacles étaient l'ultime manifestation n'était point localement tombée en désuétude, les autochtones amateurs de tauromachies fréquentant nombreux les arènes voisines girondines ou landaises* » (Crim. 16 sept. 1997, n° 96-82.649, P n° 295 ; dans le même sens, pour la commune de Floirac : Crim. 6 févr. 1992, n° 89-84.675, D) ; ou pour la décision qui « *énonce qu'une corrida a eu lieu dans cette ville [Bayonne] pour la première fois en 1853, que les arènes actuelles, les plus grandes du Sud-Ouest, y ont été construites en 1893 et que, depuis plus d'un siècle et demi, des corridas sont organisées chaque année, actuellement à raison de cinq par an* » (§ 12), « *que, pour être cause d'impunité, la tradition suppose la persistance de l'intérêt que lui porte un nombre suffisant de personnes* », (§ 13) et qui « *retient que la réalité d'un public assidu est établie puisque chacune des deux férias de la saison attire des milliers de personnes et qu'il existe à Bayonne cinq associations consacrées à la tauromachie, laquelle inspire diverses manifestations intellectuelles, culturelles et artistiques au travers d'expositions, de colloques et de travaux universitaires* » (§ 14) (Crim. 6 déc. 2022, n° 22-80.156, D). Le bénéfice de l'immunité est en revanche à bon droit refusé dans la région où « *les courses de taureaux traditionnellement organisées étaient de type provençal ou languedocien et excluaient la mise à mort ou la pose de banderilles* », ou lorsque « *les courses à la mode espagnole, avec mise à mort ou simulacre de mise à mort ne sont pratiquées dans ces régions qu'exceptionnellement, et ne suivent pas une tradition* » (Crim. 10 nov. 1992, n° 90-84.873, D). • **Combats de coqs.** Si C. pén., art. 521-1 admet les combats de coqs dans les « *localités* » bénéficiant d'une tradition locale ininterrompue, il n'en réprime pas moins « *toute création d'un nouveau gallodrome* », ce qui signifie que les notions d'ensemble géographique ou démographique retenues par la jurisprudence en matière de courses de taureaux ne peuvent justifier l'organisation d'un combat de coqs dans une localité jusqu'alors dépourvue d'un gallodrome, quand bien même la tradition du combat de coqs serait vivante dans l'ensemble géographique ou démographique considéré.

RÉGIME PROCÉDURAL

▪ **Compétence juridictionnelle. Juge unique** (C. pr. pén., art. 398-1 1°, v. n° **17.15D2**).

▪ **Ordonnance pénale. Possible** (C. pr. pén., art. 495-II, v. n° **15.48B1** et tableau n° **17.15D2**).

POLITIQUE PUBLIQUE

▪ **Droit de révélation du vétérinaire.** L'infraction de violation du secret professionnel incriminée par C. pén., art. L. 226-13 (v. n° **35.10**) ne peut être reprochée au vétérinaire qui porte à la connaissance du procureur de la République des informations relatives à des sévices graves, actes de cruauté ou atteintes sexuelles sur un animal mentionnés au C. pén., art. 521-1 et 521-1-1, ou relative à des mauvais traitements sur un animal (C. pén., art. 226-14 5°, mod. issue L. n° 2021-1539, 30 nov. 2021) (sur le secret professionnel et le droit de révélation du vétérinaire, C. rur., art. L. 241-5, v. n° **35.7G**).

▪ **Protection des mineurs en danger.** • **Missions de l'aide sociale à l'enfance et recueil des informations préoccupantes.** Le service de l'aide sociale à l'enfance est notamment chargé de « *veiller au repérage et à l'orientation des mineurs condamnés pour maltraitance animale ou dont les responsables ont été condamnés pour maltraitance animale* » (CASF, art. L. 221-1, issu L. n° 2021-1539, 30 nov. 2021). « *Les mises en cause pour sévices graves ou acte de cruauté ou atteinte sexuelle sur un animal* » mentionnées au C. pén., art. 521-1 et 521-1-1 « *donnent lieu à l'évaluation de la situation du mineur* » lorsqu'elles sont signalées à la cellule de recueil des informations préoccupantes (CRIP) par une fondation ou une association de protection animale reconnue d'intérêt général (CASF, art. L. 226-3, issu L. n° 2021-1539, 30 nov. 2021).

▪ **Actions de prévention et de sensibilisation.** • **Service national universel.** Au sein des modules visant à développer une culture de l'engagement et à transmettre le socle républicain du service national universel, les « *participants reçoivent une sensibilisation à l'éthique animale concernant les animaux de compagnie* » (L. n° 2021-1539, 30 nov. 2021, art. 25). • **Enseignement moral et civique.** « *L'enseignement moral et civique sensibilise également, à l'école primaire, au collège et au lycée, les élèves au respect des animaux de compagnie. Il présente les animaux de compagnie comme sensibles et contribue à prévenir tout acte de maltraitance animale* » (C. éduc., art. L. 312-15, mod. par L. n° 2021-1539, 30 nov. 2021).

■ ÉLÉMENTS CONSTITUTIFS – QUALIFICATION

✧ Pour avoir à .... [¤ lieu], le .... [¤ date], [⇨A à D :]

A. publiquement ou non, exercé des sévices [⇨A1 puis le cas échéant A2 à A5 :]

A1. graves ou commis un acte de cruauté (A1 : *N* ***125.ju***)...

~~A2. de nature sexuelle (L. n° 2004-204, 9 mars 2004, art. 50) (A2 : *N* ***25169.ju***)~~ (circonstance aggravante supprimée par L. n° 2021-1539, 30 nov. 2021, créant une infraction distincte d'atteinte sexuelle sur un animal ; C. pén., art. 521-1-1, v. n° 31.9), ...

... envers un animal domestique ou apprivoisé ou tenu en captivité, en l'espèce en .... [¤ matérialiser l'infraction] ;

[préciser le cas échéant dans le cas A1 :] avec cette circonstance que les faits ont [⇨A2 à A5 :] :

A2. entraîné la mort de l'animal (circ. aggr. créée par L. n° 2021-1539, 30 nov. 2021) (A2 : *N* ***34320.ju***) ;

A3. été commis en présence d'un mineur (circ. aggr. créée par L. n° 2021-1539, 30 nov. 2021) (A3 : *N* ***34321.ju***) ;

A4. été commis par le propriétaire ou le gardien de l'animal (circ. aggr. créée par L. n° 2021-1539, 30 nov. 2021) (A4 : *N* ***34319.ju***) ;

A5. été commis sur un animal détenu par des agents dans l'exercice de missions de service public (circ. aggr. créée par L. n° 2021-1539, 30 nov. 2021) (A5 : *N* ***34318.ju***) ;

B. abandonné un animal domestique, apprivoisé ou tenu en captivité (B1 : *N* ***1549.ju***) ;

[préciser le cas échéant dans le cas B1 :] avec cette circonstance que les faits ont été commis en connaissance de cause dans des conditions présentant un risque de mort immédiat ou imminent pour l'animal (circ. aggr. créée par L. n° 2021-1539, 30 nov. 2021) (B2 : *N* ***34322.ju***) ;

C. créé un nouveau gallodrome (C : *N* ***1869.ju***) ;

D. pratiqué des expériences ou recherches scientifiques ou expérimentales sur des animaux sans se conformer aux prescriptions fixées par décret en Conseil d'État, en l'espèce en .... [¤ matérialiser l'infraction] (C. pén., art. 521-2 et R. 511-1 ; C. rur., art. 214-87 et suivants (D : *N* ***1870.ju***).

Faits prévus et réprimés par l'article 521-1 du code pénal, + les articles [• du cas sélectionné]. ✧

31.9 Atteinte sexuelle sur un animal et proposition ou sollicitation de ces actes (L. n° 2021-1539, 30 nov. 2021)

■ PEINES

PERSONNE PHYSIQUE

PP Délit. Cas A : 3 ans d'emprisonnement, 45 000 € (depuis L. n° 2021-1539, 30 nov. 2021, auparavant 2 ans et 30 000 €) (C. pén., art. 521-1-1 issu L. n° 2021-1539, 30 nov. 2021) ;

Cas B : 4 ans d'emprisonnement, 60 000 € (circ. aggr. créées par L. n° 2021-1539) (C. pén., art. 521-1-1 issu L. n° 2021-1539, 30 nov. 2021) ;

Cas C : 1 an d'emprisonnement, 15 000 € (C. pén., art. 521-1-3 issu L. n° 2021-1539, 30 nov. 2021).

PC Cas A et B : 1. Confiscation facultative de l'animal, la juridiction prévoit que l'animal sera remis à une fondation ou une association de protection animale reconnue d'utilité publique ou déclarée, qui pourra librement en disposer (C. pén., art. 521-1-1, 131-21-1). Sur la peine de confiscation d'un animal (C. pén., art. 131-21-1), v. n° 18.36 ;

Cas A et B : 2. Interdiction définitive de détenir certains animaux ou certaines catégories d'animaux (C. pén., art. 521-1-1, 131-21-2) ;

Cas A et B : 3. Interdiction définitive activité professionnelle ou sociale dont les facilités ont été sciemment utilisées pour préparer ou commettre l'infraction (sauf mandat électif ou syndical) (C. pén., art. 521-1-1, 131-27, 131-28 et 131-29) ;

PERSONNE MORALE

PP Cas A : 225 000 € (depuis L. nº 2021-1539, 30 nov. 2021, auparavant 150 000 €) (C. pén., art. 521-1-1 issu L. nº 2021-1539, 30 nov. 2021 ; C. pén., art. 131-38) ;

Cas B : 300 000 € (circ. aggr. créées par L. nº 2021-1539) (C. pén., art. 521-1-1 issu L. nº 2021-1539, 30 nov. 2021 ; C. pén., art. 131-38).

Cas C : 75 000 € (C. pén., art. 521-1-3 issu L. nº 2021-1539, 30 nov. 2021).

PC Cas A et B : 1. Interdiction, définitive ou ⩽ 5 ans, une ou plusieurs activités professionnelles ou sociales en relation avec l'infraction (C. pén., art. 521-1-1 et 131-39 2º) ;

Cas A et B : 2. Fermeture, définitive ou ⩽ 5 ans, d'un ou plusieurs établissements en relation avec l'infraction (C. pén., art. 521-1-1 et 131-39 4º) ;

Cas A et B : 3. Interdiction, ⩽ 5 ans, d'utiliser des cartes de paiement ou d'émettre des chèques autres que de retrait ou certifiés (C. pén., art. 521-1-1 et 131-39 7º) ;

Cas A et B : 4. Confiscation (réelle ou en valeur) chose ayant servi à l'infraction ou destinée à la commettre, ou son produit (obligatoire pour objets qualifiés dangereux ou nuisibles par loi ou règlement ou dont la détention est illicite) (C. pén., art. 521-1-1, 131-39 8º et 131-21) ;

Cas A et B : 5. Affichage, ⩽ 2 mois, *et/ou* diffusion de la décision ou d'extraits aux frais (⩽ amende encourue) du condamné (C. pén., art. 521-1-1, 131-39 9º, 131-48 et 131-35).

■ ORIENTEUR

AUTRE QUALIFICATION

▪ **Fabrication, diffusion de message violent ou pornographique perceptible par un mineur.** Depuis L. nº 2021-1539, 30 nov. 2021, la fabrication et la diffusion des « *images pornographiques impliquant un ou plusieurs animaux* » susceptibles d'être vues ou perçues par un mineur sont désormais incriminées par C. pén., art. 227-24 (v. nº 21.33).

▪ **Acte de cruauté envers un animal – Abandon, expérimentation animale, gallodrome.** C. pén., art. 521-1, v. nº 31.8.

▪ **Enregistrement ou diffusion d'images de sévices, de mauvais traitements ou d'atteintes sexuelles sur un animal à d'autres fins que l'information du public ou la preuve en justice (« happy slapping ») (L. nº 2021-1539, 30 nov. 2021).** C. pén., art. 521-1-2, v. nº 31.10.

▪ **Destruction sans nécessité d'un animal.** V. nº 31.12.

▪ **Mauvais traitement à un animal – Établissement de vente, toilettage, garde, dressage, sécurité privée, refuge, élevage.** V. nº 31.13.

▪ **Mauvais traitement à un animal.** V. nº 31.14.

▪ **Défaut de soins à un animal domestique ou captif.** C. rur., art. R. 215-4, v. nº 31.15.

ÉLÉMENT LÉGAL

▪ **Application de la loi pénale dans le temps. Cas A** : la L. nº 2021-1539, 30 nov. 2021, visant à lutter contre la maltraitance animale et conforter le lien entre les animaux et les hommes a supprimé de C. pén., art. 521-1 (v. nº 31.8) la référence aux sévices de nature sexuelle commis sur un animal et créé au C. pén., art. 521-1-1 une nouvelle incrimination d'atteinte sexuelle sur animal domestique, apprivoisé ou tenu en captivité, accompagnée de circonstances aggravantes (**Cas B**) qui n'étaient pas prévues dans l'incrimination précédente. **Cas C** : le délit de proposition ou de sollicitation d'actes constitutifs d'atteintes sexuelles sur un animal (C. pén., art. 521-1-3) est également créé par la L. nº 2021-1539, 30 nov. 2021.

ÉLÉMENT MATÉRIEL

▪ **Fait justificatif.** Les soins médicaux et d'hygiène nécessaires ainsi que les actes nécessaires à l'insémination artificielle ne peuvent être considérés comme des atteintes sexuelles (C. pén., art. 521-1-1).

RÉGIME PROCÉDURAL

▪ **Compétence juridictionnelle.** Cas A : cette infraction qui relevait du juge unique correctionnel (et aussi par voie de conséquence de la procédure de l'ordonnance pénale) avant L. n° 2021-1539, 30 nov. 2021, relève désormais de la compétence de la formation correctionnelle collégiale. En effet, C. pén., art. 521-1-1 ne figure pas dans la liste des infractions visées par C. pr. pén., art. 398-1 1° (v. n° 17.15D2).

▪ **Régime des infractions sexuelles.** Applicable dans les cas A et B (C. pr. pén., art. 706-47 15°, issu L. n° 2021-1539, 30 nov. 2021, v. n° 11.23).

POLITIQUE PUBLIQUE

▪ **Droit de révélation du vétérinaire.** C. rur., art. L. 241-5 et C. pén., art. 226-14 5°, *idem* n° 31.8.

▪ **Protection des mineurs en danger. • Missions de l'aide sociale à l'enfance et recueil des informations préoccupantes.** CASF, art. L. 221-1 et L. 226-3, *idem* n° 31.8.

RÉGIME DES PEINES

▪ **Inscription au Fijais.** Cas A et B : inscription sur décision expresse, suivi normal 20 ans (C. pr. pén., art. 706-47, 706-53-2, 706-53-4 ; v. n° 13.32 s.).

▪ ÉLÉMENTS CONSTITUTIFS – QUALIFICATION

✧ Pour avoir à .... [¤ lieu], le .... [¤ date], [⇨A puis le cas échéant B, ou C :]

A. commis une atteinte sexuelle sur un animal domestique ou apprivoisé ou tenu en captivité (C. pén., art. 521-1-1) (A : *N 25169.co*) ;

B. [préciser le cas échéant dans le cas A :] avec cette circonstance que les faits ont été commis [⇨B1 à B3 :] :

B1. en réunion (circ. aggr. créée par L. n° 2021-1539, 30 nov. 2021) (B1 : *N 34325.co*) ;

B2. en présence d'un mineur (circ. aggr. créée par L. n° 2021-1539, 30 nov. 2021) (B2 : *N 34324.co*) ;

B3. par le propriétaire ou le gardien de l'animal (circ. aggr. créée par L. n° 2021-1539, 30 nov. 2021) (B3 : *N 34323.co*) ;

C. proposé (C1 : *N 34328.co*) ou sollicité (C2 : *N 34329.co*) des actes d'atteintes sexuelles sur un animal domestique ou apprivoisé ou tenu en captivité (C. pén., art. 521-1-3).

Faits prévus et réprimés par l'article [¤ de l'infraction sélectionnée] du code pénal. ✧

31.10 Enregistrement ou diffusion d'images de sévices, de mauvais traitements ou d'atteintes sexuelles sur un animal à d'autres fins que l'information du public ou la preuve en justice (« happy slapping ») (L. n° 2021-1539, 30 nov. 2021)

▪ PEINES

PERSONNE PHYSIQUE

PP Délit. Cas A : *idem* n° 31.8 (C. pén., art. 521-1 et 521-1-2) ;

Cas B : *idem* n° 31.9 (C. pén., art. 521-1-1 et 521-1-2) ;

Cas C : Contrav. 4e cl. 750 € (C. pén., art. 521-1-2, 131-13) ;

Cas D : 2 ans d'emprisonnement, 30 000 € (C. pén., art. 521-1-2).

PC Cas A : *idem* n° 31.8 (C. pén., art. 521-1 et 521-1-2) ;

Cas B : *idem* n° 31.9 (C. pén., art. 521-1-1 et 521-1-2) ;

Cas C : néant (C. pén., art. 521-1-2) ;

Cas D : néant (C. pén., art. 521-1-2).

PERSONNE MORALE

PP Cas A : *idem* nº 31.8 (C. pén., art. 521-1, 521-1-2 et 131-38) ;

Cas B : *idem* nº 31.9 (C. pén., art. 521-1-1, 521-1-2 et 131-38) ;

Cas C : Contrav. 4e cl. 750 € (C. pén., art. 521-1-2, 131-41) ;

Cas D : 150 000 € (C. pén., art. 521-1-2 et 131-38).

PC Cas A : *idem* nº 31.8 (C. pén., art. 521-1 et 521-1-2) ;

Cas B : *idem* nº 31.9 (C. pén., art. 521-1-1 et 521-1-2) ;

Cas C : néant (C. pén., art. 521-1-2) ;

Cas D : néant (C. pén., art. 521-1-2).

■ ORIENTEUR

AUTRE QUALIFICATION

▪ **Acte de cruauté envers un animal – Abandon, expérimentation animale, gallodrome.** C. pén., art. 521-1, v. nº 31.8.

▪ **Atteinte sexuelle sur un animal et proposition ou sollicitation de ces actes (L. nº 2021-1539, 30 nov. 2021).** C. pén., art. 521-1-1, v. nº 31.9.

▪ **Destruction sans nécessité d'un animal (délit) (L. nº 2021-1539, 30 nov. 2021).** C. pén., art. 522-1, issu L. nº 2021-1539, 30 nov. 2021, v. nº 31.11.

▪ **Destruction sans nécessité d'un animal.** V. nº 31.12.

▪ **Mauvais traitement à un animal – Établissement de vente, toilettage, garde, dressage, sécurité privée, refuge, élevage.** V. nº 31.13.

▪ **Mauvais traitement à un animal.** V. nº 31.14.

▪ **Diffusion de circonstance d'un crime ou délit portant atteinte à la dignité de la victime.** V. nº 35.32.

▪ **Enregistrement ou diffusion d'images de violence à d'autres fins que l'information du public ou la preuve en justice (« happy slapping ») (L. nº 2007-297, 5 mars 2007).** C. pén., art. 222-33-3, v. nº 35.33.

ÉLÉMENT LÉGAL

▪ **Application de la loi pénale dans le temps.** Incriminations créées par L. nº 2021-1539, 30 nov. 2021, visant à lutter contre la maltraitance animale et conforter le lien entre les animaux et les hommes.

ÉLÉMENT MATÉRIEL

▪ **Complicité.** • **Cas A et B : complicité d'actes de cruauté et d'atteintes sexuelles par assimilation.** Complétant les dispositions générales relatives à la complicité (sur la complicité, C. pén., art. 121-6 et 121-7, v. nº 10.9), le législateur prévoit que le fait d'enregistrer sciemment des images d'infractions de sévices graves ou d'actes de cruauté prévues au C. pén., art. 521-1 (v. nº 31.8) ou d'atteintes sexuelles sur un animal domestique, apprivoisé ou en captivité, prévues au C. pén., art. 521-1-1 (v. nº 31.9), « *est constitutif d'un acte de complicité* » de ces infractions (C. pén., art. 521-1-2). Les peines principales et complémentaires prévues par ces dispositions sont donc applicables à l'auteur de l'enregistrement, y compris celles découlant des circonstances aggravantes dont il a eu connaissance. • **Cas C : complicité de mauvais traitement par assimilation.** L'enregistrement de mauvais traitements sur un animal constitue également un cas de complicité de cette infraction diversement incriminée par C. rur., art. L. 215-11 (délit, v. nº 31.13) ou R. 654-1 (contrav. 4e cl, v. nº 31.14). Dans tous les cas, cet enregistrement constitue une contrav. 4e cl. (C. pén., art. 521-1-2). En revanche la diffusion de ces images constitue un délit (v. **cas D**).

▪ **Infraction spécifique de diffusion. Cas D** : la diffusion des images constitue une infraction autonome qui n'est pas assimilée à la complicité (C. pén., art. 521-1-2).

▪ **Fait justificatif.** Il n'y a pas d'infraction « *lorsque l'enregistrement, la détention, la diffusion ou la consultation de ces images vise à apporter une contribution à un débat public d'intérêt général ou à servir de preuve en justice* » (C. pén., art. 521-1-2).

RÉGIME PROCÉDURAL

▪ **Compétence juridictionnelle.** Cas A : si le fait principal incriminé par C. pén., art. 521-1 relève du juge unique, la complicité par assimilation de ces faits relèvent de la composition correctionnelle collégiale, en effet, C. pén., art. 521-1-2 ne figure pas dans la liste des infractions visées par C. pr. pén., art. 398-1 1° (v. nº 17.15D2).

▪ **Exclusion du régime des infractions de presse.** S'agissant d'infractions de droit commun, les règles propres aux infractions en matière de presse (prescription, plainte de la victime) ne s'appliquent pas.

POLITIQUE PUBLIQUE

▪ **Droit de révélation du vétérinaire.** C. rur., art. L. 241-5 et C. pén., art. 226-14 5°, *idem* nº 31.8.

▪ **Protection des mineurs en danger. • Missions de l'aide sociale à l'enfance et recueil des informations préoccupantes.** CASF, art. L. 221-1 et L. 226-3, *idem* nº 31.8.

▪ **Actions de prévention et de sensibilisation. • Service national universel.** L. nº 2021-1539, 30 nov. 2021, art. 25, *idem* nº 31.8. **• Enseignement moral et civique.** C. éduc., art. L. 312-15, mod. par L. nº 2021-1539, 30 nov. 2021, *idem* nº 31.8.

▪ ÉLÉMENTS CONSTITUTIFS – QUALIFICATION

✧ Pour avoir à .... [¤ lieu], le .... [¤ date], [⇨A à D :]

A. en enregistrant sciemment, par quelque moyen que ce soit et sur tout support que ce soit, des images relatives à la commission des faits, été complice de l'infraction [⇨A1 puis le cas échéant A2 à A5 :]

A1. de **sévices graves ou d'actes de cruauté** commis sur un animal domestique, apprivoisé ou en captivité (C. pén., art. 521-1, v. nº 31.8) (A1 : *N 125.ju*) ;

[préciser le cas échéant dans le cas A1, si l'auteur a eu connaissance des circonstances aggravantes accompagnant le fait principal :] avec cette circonstance que les faits ont [⇨A2 à A5 :] :

A2. entraîné la mort de l'animal (A2 : *N 34320.co*) ;

A3. été commis en présence d'un mineur (A3 : *N 34321.co*) ;

A4. été commis par le propriétaire ou le gardien de l'animal (A4 : *N 34319.co*) ;

A5. été commis sur un animal détenu par des agents dans l'exercice de missions de service public (A5 : *N 34318.co*).

B. en enregistrant sciemment, par quelque moyen que ce soit et sur tout support que ce soit, des images relatives à la commission des faits, été complice de l'infraction [⇨B1 puis le cas échéant B2 à B4 :]

B1. d'**atteintes sexuelles** sur un animal domestique, apprivoisé ou en captivité (C. pén., art. 521-1-1, v. nº 31.9) (B1 : *N 125.ju*) ;

[préciser le cas échéant dans le cas B1 :] avec cette circonstance que les faits ont été commis [⇨B2 à B4 :] :

B2. en réunion (B2 : *N 34325.co*) ;

B3. en présence d'un mineur (B3 : *N 34324.co*) ;

B4. par le propriétaire ou le gardien de l'animal (B4 : *N 34323.co*).

C. en enregistrant sciemment, par quelque moyen que ce soit et sur tout support que ce soit, des images relatives à la commission des faits, été complice de l'infraction de **mauvais traitements** sur un animal (C. pén., art. 521-1-2) (C : *N 34331.c4*).

D. **diffusé sur internet** l'enregistrement d'images relatives à la commission de sévices graves, d'actes de cruauté, de mauvais traitements ou d'atteintes sexuelles sur un animal domestique, apprivoisé ou en captivité (D : *N 34326.co*).

Faits prévus et réprimés par les articles 521-1-2 [+ articles d'incrimination et de répression de l'infraction sélectionnée] du code pénal.✧

31.11 Destruction sans nécessité d'un animal (délit) (L. n° 2021-1539, 30 nov. 2021)

■ PEINES

PERSONNE PHYSIQUE

PP Délit. 6 mois d'emprisonnement, 7 500 € (depuis L. n° 2021-1539, 30 nov. 2021, auparavant contrav. 5e cl. incriminée par C. pén., art. R. 655-1) (C. pén., art. 522-1, issu L. n° 2021-1539, 30 nov. 2021).

PC 1. Interdiction, définitive ou ⩽ 5 ans de détenir certains animaux ou certaines catégories d'animaux (C. pén., art. 522-2, 131-21-2) ;

2. Interdiction ⩽ 5 ans activité professionnelle ou sociale dont les facilités ont été sciemment utilisées pour préparer ou commettre l'infraction (sauf mandat électif ou syndical) (C. pén., art. 522-2, 131-27, 131-28 et 131-29) ;

PERSONNE MORALE

PP Délit. 37 500 € (depuis L. n° 2021-1539, 30 nov. 2021, auparavant contrav. 5e cl. incriminée par C. pén., art. R. 655-1) (C. pén., art. 522-1, issu L. n° 2021-1539, 30 nov. 2021, et 131-38).

PC Néant.

■ ORIENTEUR

AUTRE QUALIFICATION

▪ **Acte de cruauté envers un animal – Abandon, expérimentation animale, gallodrome.** V. n° 31.8.

▪ **Mauvais traitement à un animal – Établissement de vente, toilettage, garde, dressage, sécurité privée, refuge, élevage.** V. n° 31.13.

▪ **Mauvais traitement à un animal.** V. n° 31.14.

▪ **Défaut de soins à un animal domestique ou captif.** C. rur., art. R. 215-4, v. n° 31.15.

ÉLÉMENT LÉGAL

▪ **Application de la loi pénale dans le temps.** Cette incrimination auparavant prévue par C. pén., art. R. 655-1 (contrav. 5e cl., v. n° 31.12) est devenue un délit depuis L. n° 2021-1539, 30 nov. 2021, visant à lutter contre la maltraitance animale et conforter le lien entre les animaux et les hommes.

ÉLÉMENT MATÉRIEL

▪ **Fait justificatif.** Dispositions non applicables aux **courses de taureaux et combats de coqs** lorsqu'une tradition locale ininterrompue peut être invoquée (C. pén., art. 522-1, v. orienteur n° 31.8). En outre, le texte réserve désormais le fait de donner la mort à un animal dans le « *cadre d'activités légales* » (C. pén., art. 522-1).

POLITIQUE PUBLIQUE

▪ **Droit de révélation du vétérinaire.** C. rur., art. L. 241-5 et C. pén., art. 226-14 5°, *idem* n° 31.8.

▪ **Protection des mineurs en danger. • Missions de l'aide sociale à l'enfance et recueil des informations préoccupantes.** CASF, art. L. 221-1 et L. 226-3, *idem* n° 31.8.

▪ **Actions de prévention et de sensibilisation. • Service national universel.** L. n° 2021-1539, 30 nov. 2021, art. 25, *idem* n° 31.8. **• Enseignement moral et civique.** C. éduc., art. L. 312-15, mod. par L. n° 2021-1539, 30 nov. 2021, *idem* n° 31.8.

■ ÉLÉMENTS CONSTITUTIFS – QUALIFICATION

✧ Pour avoir à .... [¤ lieu], le .... [¤ date], sans nécessité et hors du cadre d'activités légales, publiquement ou non, donné volontairement la mort à un animal domestique ou apprivoisé ou tenu en captivité.
Faits prévus et réprimés par les articles 522-1 et 622-2 du code pénal (*N 8472.co*). ✧

31.12 Destruction sans nécessité d'un animal (contravention)

■ PEINES

PERSONNE PHYSIQUE

PP Contrav. 5e cl. 1 500 € (C. pén., art. R. 655-1, 131-13). Récidive : 3 000 € (C. pén., art. R. 655-1, 132-11).

PC Néant.

PERSONNE MORALE

PP 7 500 € (C. pén., art. R. 655-1, 131-41). Récidive : 15 000 € (C. pén., art. R. 655-1, 132-15).

PC Néant.

■ ORIENTEUR

AUTRE QUALIFICATION

▪ **Acte de cruauté envers un animal – Abandon, expérimentation animale, gallodrome.** V. no 31.8.

▪ **Destruction sans nécessité d'un animal (délit) (L. no 2021-1539, 30 nov. 2021).** C. pén., art. 522-1, issu L. no 2021-1539, 30 nov. 2021, v. no 31.11.

▪ **Mauvais traitement à un animal – Établissement de vente, toilettage, garde, dressage, sécurité privée, refuge, élevage.** V. no 31.13.

▪ **Mauvais traitement à un animal.** V. no 31.14.

▪ **Défaut de soins à un animal domestique ou captif.** C. rur., art. R. 215-4, v. no 31.15.

ÉLÉMENT LÉGAL

▪ **Application de la loi pénale dans le temps.** Cette incrimination contraventionnelle est devenue un délit depuis L. no 2021-1539, 30 nov. 2021, visant à lutter contre la maltraitance animale et conforter le lien entre les animaux et les hommes (C. pén., art. 522-1, v. no 31.11). En application du principe de non-rétroactivité de la loi pénale plus sévère, elle continue, jusqu'à son abrogation, à s'appliquer aux faits commis avant le 2 déc. 2021, date d'entrée en vigueur de C. pén., art. 522-1.

▪ **Domaine d'application. Fait justificatif.** Dispositions non applicables aux **courses de taureaux et combats de coqs** lorsqu'une tradition locale ininterrompue peut être invoquée (C. pén., art. R. 655-1, v. orienteur no 31.8.

RÉGIME PROCÉDURAL

▪ **Agents de constatation de l'infraction.** Les agents de police municipale, les gardes champêtres, les agents de surveillance de Paris ainsi que les agents de la ville de Paris chargés d'un service de police sont compétents pour constater par procès-verbal cette contravention lorsqu'elle est commise sur le territoire communal ou sur le territoire d'assermentation et qu'elle ne nécessite pas de leur part d'actes d'enquête (C. pr. pén., art. R. 15-33-29-3).

■ ÉLÉMENTS CONSTITUTIFS – QUALIFICATION

✧ Pour avoir à .... [¤ lieu], le .... [¤ date], sans nécessité, publiquement ou non, donné volontairement la mort à un animal domestique ou apprivoisé ou tenu en captivité.
Faits prévus et réprimés par l'article R. 655-1 du code pénal (*N 8472.c5*, récidive : *N 10492.c5*). ✧

31.13 Mauvais traitement à un animal – Établissement de vente, toilettage, garde, dressage, sécurité privée, refuge, élevage, abattage et transport – Manège à poneys

■ PEINES

PERSONNE PHYSIQUE

PP Délit. 1 an d'emprisonnement, 15 000 € (depuis L. no 2018-938, 30 oct. 2018, auparavant 6 mois et 7 500 €) (C. rur., art. L. 215-11).

PC 1. Interdiction ⩽ 5 ans activité professionnelle ou sociale dont les facilités ont été sciemment utilisées pour préparer ou commettre l'infraction (sauf mandat électif ou syndical) (C. rur., art. L. 215-11 ; C. pén., art. 131-6 11o, 131-28 et 131-29) ;

2. Interdiction définitive ou non de détenir un animal (C. rur., art. L. 215-11, depuis Ord. no 2015-1243, 7 oct. 2015) ;

3. Confiscation de l'animal, le tribunal peut prévoir sa remise à une fondation ou à une association de protection animale reconnue d'utilité publique ou déclarée qui pourra librement en disposer (C. rur., art. L. 215-11, depuis Ord. nº 2015-1243, 7 oct. 2015).

PERSONNE MORALE

PP Délit. **75 000 €** (depuis L. nº 2018-938, 30 oct. 2018, auparavant 37 500 €) (C. rur., art. L. 215-11 ; C. pén., art. 131-38).

PC 1. Fermeture, définitive ou ⩽ 5 ans, d'un ou plusieurs établissements en relation avec l'infraction (C. rur., art. L. 215-11 ; C. pén., art. 131-39, 4º) ;

2. Confiscation de l'animal utilisé pour commettre l'infraction ou à l'encontre duquel l'infraction a été commise, le tribunal peut prévoir sa remise à une fondation ou à une association de protection animale reconnue d'utilité publique ou déclarée qui pourra librement en disposer (C. rur., art. L. 215-11, depuis Ord. nº 2015-1243, 7 oct. 2015 ; C. pén., art. 131-39 10º) ;

3. Interdiction ⩽ 5 ans de détenir un animal (C. rur., art. L. 215-11, depuis Ord. nº 2015-1243, 7 oct. 2015 ; C. pén., art. 131-39 11º).

■ ORIENTEUR

AUTRE QUALIFICATION

▪ **Acte de cruauté envers un animal – Abandon, expérimentation animale, gallodrome.** V. nº **31.8**.

▪ **Destruction sans nécessité d'un animal (délit) (L. nº 2021-1539, 30 nov. 2021).** C. pén., art. 522-1, issu L. nº 2021-1539, 30 nov. 2021, v. nº **31.11**.

▪ **Destruction sans nécessité d'un animal.** V. nº **31.12**.

▪ **Mauvais traitement à un animal.** Commis par un particulier, v. nº **31.14**.

▪ **Défaut de soins à un animal domestique ou captif.** C. rur., art. R. 215-4, v. nº **31.15**.

▪ **Transport d'animaux vivant sans autorisation.** Est puni de 6 mois d'emprisonnement et de 7 500 euros d'amende le fait « *de transporter des animaux sans être titulaire de l'autorisation prévue à l'article 6 du règlement (CE) nº 1/2005 du Conseil du 22 décembre 2004 sur la protection des animaux pendant le transport et les opérations annexes, pour l'espèce transportée et pour la durée du voyage* » (C. rur., art. L. 215-13) (*N 22475.ju*). Ce règlement « *s'applique au transport d'animaux vertébrés vivants à l'intérieur de la Communauté* » mais « *ne s'applique pas au transport d'animaux qui n'est pas effectué dans le cadre d'une activité économique ni au transport direct d'animaux à destination ou en provenance de cabinets ou de cliniques vétérinaires qui a lieu sur avis d'un vétérinaire* » (art. 1). L'autorisation est délivrée par une autorité compétente (art. 6), en l'espèce par le préfet du département du siège social pour les transporteurs établis sur le territoire national (C. rur., art. R. 214-51).

ÉLÉMENT LÉGAL

▪ **Application de la loi dans le temps.** *Idem* nº **31.14**. Les peines complémentaires ont été aggravées par Ord. nº 2015-1243, 7 oct. 2015, les peines principales par L. nº 2018-938, 30 oct. 2018, qui a également étendu l'incrimination aux établissements d'abattage et de transport d'animaux vivants. La L. nº 2021-1539, 30 nov. 2021, visant à lutter contre la maltraitance animale et conforter le lien entre les animaux et les hommes, a étendu l'incrimination aux « *activités privées de sécurité, de surveillance, de gardiennage, de protection physique des personnes ou des biens employant des agents cynophiles* » et incriminé sous les mêmes peines l'activité de manège à poney désormais interdite par C. rur., art. L. 214-10-1 (cas B).

▪ **Définition.** • **Cas B : manège à poneys.** Les manèges à poneys sont « *entendus comme attractions permettant, pour le divertissement du public, de chevaucher tout type d'équidé, via un dispositif rotatif d'attache fixe privant l'animal de liberté de mouvement* » (C. rur., art. L. 214-10-1 issu L. nº 2021-1539, 30 nov. 2021).

TEXTE DE RÉFÉRENCE

▪**Renvoi.** *Idem* nº **31.14**.

RÉGIME PROCÉDURAL

▪ **Compétence juridictionnelle. Juge unique** (C. pr. pén., art. 398-1 9º, v. nº **17.15D2**).

▪ **Ordonnance pénale. Possible** (C. pr. pén., art. 495 II), sur la procédure d'ordonnance pénale délictuelle, v. nº **15.48**.

POLITIQUE PUBLIQUE

▪ **Droit de révélation du vétérinaire.** C. rur., art. L. 241-5 et C. pén., art. 226-14 5°, *idem* nº 31.8.

▪ ÉLÉMENTS CONSTITUTIFS – QUALIFICATION

✧ Pour avoir à .... [¤ lieu], le .... [¤ date], étant exploitant d'un établissement de vente, de toilettage, de transit, de garde, d'éducation, de dressage, « *d'activités privées de sécurité, de surveillance, de gardiennage, de protection physique des personnes ou des biens employant des agents cynophiles* » (L. nº 2021-1539, 30 nov. 2021), de présentation au public d'animaux de compagnie, d'une fourrière, d'un refuge, « *d'un établissement d'abattage ou de transport d'animaux vivants* » (L. nº 2018-938, 30 oct. 2018) ou d'un élevage [⇨A ou B :],

A. sans nécessité, exercé ou laissé exercer sans nécessité des mauvais traitements envers les animaux placés sous sa garde, en l'espèce en .... [¤ matérialiser l'infraction] (A : *N 22458.ju* ; par personne morale : *26363.ju*) ;

B. omis de respecter l'interdiction des manèges à poneys (C. rur., art. L. 214-10) (incrimination issue L. nº 2021-1539, 30 nov. 2021) (B : *N 34330.ju*).

Faits prévus et réprimés par l'article L. 215-11 du code rural. ✧

31.14 Mauvais traitement à un animal

▪ PEINES

PERSONNE PHYSIQUE

PP Contrav. 4e cl. 750 € (C. pén., art. R. 654-1, 131-13).

PC Remise de l'animal à une œuvre de protection animale (C. pén., art. R. 654-1).

PERSONNE MORALE

PP Contrav. 4e cl. 3 750 € (C. pén., art. R. 654-1, C. pén., art. 131-41).

PC Remise de l'animal à une œuvre de protection animale (C. pén., art. R. 654-1).

▪ ORIENTEUR

AUTRE QUALIFICATION

▪ **Acte de cruauté envers un animal – Abandon, expérimentation animale, gallodrome.** V. nº 31.8.

▪ **Destruction sans nécessité d'un animal (délit) (L. nº 2021-1539, 30 nov. 2021).** C. pén., art. 522-1, issu L. nº 2021-1539, 30 nov. 2021, v. nº 31.11.

▪ **Destruction sans nécessité d'un animal.** V. nº 31.12.

▪ **Mauvais traitement à un animal – Établissement de vente, toilettage, garde, dressage, sécurité privée, refuge, élevage.** V. nº 31.13.

▪ **Mauvais traitement à un animal.** Commis par un particulier, C. pén., art. R. 654-1, v. nº 31.14.

▪ **Défaut de soins à un animal domestique ou captif.** C. rur., art. R. 215-4, v. nº 31.15.

ÉLÉMENT LÉGAL

▪ **Domaine d'application. Fait justificatif.** Dispositions non applicables aux **courses de taureaux et combats de coqs** lorsqu'une tradition locale ininterrompue peut être invoquée (C. pén., art. R. 654-1).

TEXTE DE RÉFÉRENCE

▪ **Principe.** « *Tout animal étant un être sensible doit être placé par son propriétaire dans des conditions compatibles avec les impératifs biologiques de son espèce.* » (C. rur., art. L. 214-1). « *Il est interdit d'exercer des mauvais traitements envers les animaux domestiques ainsi qu'envers les animaux sauvages apprivoisés ou tenus en captivité. Des décrets en Conseil d'État déterminent les mesures propres à assurer la protection de ces animaux contre les mauvais traitements ou les utilisations abusives et à leur éviter des souffrances lors des manipulations inhérentes aux diverses techniques d'élevage, de parcage, de transport et d'abattage des animaux* » (C. rur., art. L. 214-3).

POLITIQUE PUBLIQUE

▪ **Politique de prévention de l'infraction.** « *toute personne physique qui acquiert à titre onéreux ou gratuit un animal de compagnie signe un certificat d'engagement et de connaissance des besoins spécifiques de l'espèce* » et « *toute personne cédant un animal de compagnie à titre onéreux ou gratuit s'assure que le cessionnaire a signé le certificat d'engagement et de connaissance* » (C. rur., art. L. 214-8, mod. par L. n° 2021-1539, 30 nov. 2021 visant à lutter contre la maltraitance animale). « *la cession à titre gratuit ou onéreux aux mineurs d'un animal de compagnie est interdite en l'absence de consentement des parents ou des personnes exerçant l'autorité parentale* » (C. rur., art. L. 214-8, mod. par L. n° 2021-1539, 30 nov. 2021 visant à lutter contre la maltraitance animale).

▪ **Droit de révélation du vétérinaire.** C. rur., art. L. 241-5 et C. pén., art. 226-14 5°, *idem* n° 31.8.

▪ **Protection des mineurs en danger. • Missions de l'aide sociale à l'enfance et recueil des informations préoccupantes.** CASF, art. L. 221-1 et L. 226-3, *idem* n° 31.8.

▪ **Actions de prévention et de sensibilisation. • Service national universel.** L. n° 2021-1539, 30 nov. 2021, art. 25, *idem* n° 31.8. **• Enseignement moral et civique.** C. éduc., art. L. 312-15, mod. par L. n° 2021-1539, 30 nov. 2021, *idem* n° 31.8.

RÉGIME PROCÉDURAL

▪ **Agents de constatation de l'infraction.** Les agents de police municipale, les gardes champêtres, les agents de surveillance de Paris ainsi que les agents de la ville de Paris chargés d'un service de police sont compétents pour constater par procès-verbal cette contravention lorsqu'elle est commise sur le territoire communal ou sur le territoire d'assermentation et qu'elle ne nécessite pas de leur part d'actes d'enquête (C. pr. pén., art. R. 15-33-29-3).

POLITIQUE PUBLIQUE

▪ **Politique de prévention de l'infraction.** « *toute personne physique qui acquiert à titre onéreux ou gratuit un animal de compagnie signe un certificat d'engagement et de connaissance des besoins spécifiques de l'espèce* » et « *toute personne cédant un animal de compagnie à titre onéreux ou gratuit s'assure que le cessionnaire a signé le certificat d'engagement et de connaissance* » (C. rur., art. L. 214-8, mod. par L. n° 2021-1539, 30 nov. 2021 visant à lutter contre la maltraitance animale). « *la cession à titre gratuit ou onéreux aux mineurs d'un animal de compagnie est interdite en l'absence de consentement des parents ou des personnes exerçant l'autorité parentale* » (C. rur., art. L. 214-8, mod. par L. n° 2021-1539, 30 nov. 2021 visant à lutter contre la maltraitance animale).

▪ **Droit de révélation du vétérinaire.** C. rur., art. L. 241-5 et C. pén., art. 226-14 5°, *idem* n° 31.8.

RÉGIME DES PEINES

▪ **Remise de l'animal à une œuvre de protection animale.** En cas de condamnation du propriétaire de l'animal ou si le propriétaire est inconnu, le tribunal peut décider de remettre l'animal à une œuvre de protection animale reconnue d'utilité publique ou déclarée, qui pourra librement en disposer (C. pén., art. R. 654-1).

▪ ÉLÉMENTS CONSTITUTIFS – QUALIFICATION

✧ Pour avoir à .... [¤ lieu], le .... [¤ date], sans nécessité, publiquement ou non, exercé volontairement des mauvais traitements envers un animal domestique ou apprivoisé ou tenu en captivité, en l'espèce en .... [¤ matérialiser l'infraction].
Faits prévus et réprimés par l'article R. 654-1 du code pénal (*N 6070.c4*). ✧

31.15 Défaut de soins à un animal domestique ou captif

▪ PEINES

PERSONNE PHYSIQUE

PP Contrav. 4e cl. 750 € (Cas A à C et F : C. rur., art. R. 215-4 ; Cas D et E : C. rur., art. R. 215-9 ; C. pén., art. 131-13).

PC Cas A : remise de l'animal à une œuvre de protection animale (C. pén., art. R. 654-1 et C. rur., art. R. 215-4 I).

PERSONNE MORALE

PP Contrav. 4e cl. 3 750 € (Cas A à C et F : C. rur., art. R. 215-4 ; Cas D et E : C. rur., art. R. 215-9 ; C. pén., art. 131-41).

PC Cas A : remise de l'animal à une œuvre de protection animale (C. pén., art. R. 654-1 et C. rur., art. R. 215-4 I).

■ ORIENTEUR

AUTRE QUALIFICATION

▪ **Acte de cruauté envers un animal – Abandon, expérimentation animale, gallodrome.** C. pén., art. 521-1 et 521-2, v. nº 31.8.

▪ **Destruction sans nécessité d'un animal (délit) (L. nº 2021-1539, 30 nov. 2021).** C. pén., art. 522-1, issu L. nº 2021-1539, 30 nov. 2021, v. nº 31.11.

▪ **Destruction sans nécessité d'un animal (délit) (L. nº 2021-1539, 30 nov. 2021).** C. pén., art. 522-1, issu L. nº 2021-1539, 30 nov. 2021, v. nº 31.11.

▪ **Destruction sans nécessité d'un animal.** C. pén., art. R. 655-1, v. nº 31.12.

▪ **Mauvais traitement à un animal – Établissement de vente, toilettage, garde, dressage, sécurité privée, refuge, élevage.** C. rur., art. L. 215-11, v. nº 31.13.

TEXTE DE RÉFÉRENCE

▪ **Principe.** V. nº 31.14 (C. rur., art. L. 214-1 et L. 214-3).

POLITIQUE PUBLIQUE

▪ **Droit de révélation du vétérinaire.** C. rur., art. L. 241-5 et C. pén., art. 226-14 5°, *idem* nº 31.8.

POLITIQUE PUBLIQUE

▪ **Droit de révélation du vétérinaire.** C. rur., art. L. 241-5 et C. pén., art. 226-14 5°, *idem* nº 31.8.

▪ **Protection des mineurs en danger. • Missions de l'aide sociale à l'enfance et recueil des informations préoccupantes.** CASF, art. L. 221-1 et L. 226-3, *idem* nº 31.8.

▪ **Actions de prévention et de sensibilisation. • Service national universel.** L. nº 2021-1539, 30 nov. 2021, art. 25, *idem* nº 31.8. • **Enseignement moral et civique.** C. éduc., art. L. 312-15, mod. par L. nº 2021-1539, 30 nov. 2021, *idem* nº 31.8.

RÉGIME DES PEINES

▪ **Remise de l'animal à une œuvre de protection animale. Cas A** : en cas de condamnation du propriétaire de l'animal ou si le propriétaire est inconnu, le tribunal peut décider de remettre l'animal à une œuvre de protection animale reconnue d'utilité publique ou déclarée, qui pourra librement en disposer (C. rur., art. R. 215-4 I ; C. pén., art. R. 654-1).

■ ÉLÉMENTS CONSTITUTIFS – QUALIFICATION

✧ Pour avoir à .... [¤ lieu], le .... [¤ date], [⇨A à F :]

A. élevé, gardé ou détenu un animal domestique ou un animal sauvage apprivoisé ou en captivité, en [⇨A1 à A4 :]

A1. le privant de la nourriture ou de l'abreuvement nécessaires à la satisfaction des besoins physiologiques propres à son espèce et à son degré de développement, d'adaptation ou de domestication (C. rur., art. R. 215-4 I 1°) (A1 : *N 6897.c4*) ;

A2. le laissant sans soins en cas de maladie ou de blessure (C. rur., art. R. 215-4 I 2°) (A2 : *N 6898.c4*) ;

A3. le plaçant ou en le maintenant dans un habitat ou un environnement susceptible d'être, en raison de son exiguïté, de sa situation inappropriée aux conditions climatiques supportables par l'espèce considérée ou de l'inadaptation des matériels, installations ou agencements utilisés, une cause de souffrances, de blessures ou d'accidents (C. rur., art. R. 215-4 I 3°) (A3 : *N 6899.c4*) ;

A4. utilisant, sauf en cas de nécessité absolue, des dispositifs d'attache ou de contention ainsi que de clôtures, des cages ou plus généralement tout mode de détention inadaptés à l'espèce considérée ou de nature à provoquer des blessures ou des souffrances (C. rur., art. R. 215-4 I 4°) (A4 : *N 6900.c4*).

B. gardé en plein air des bovins, ovins, caprins ou équidés [⇨B1 ou B2 :]

B1. sans dispositifs ou installations destinés à éviter les souffrances pouvant résulter des variations climatiques (C. rur., art. R. 215-4 II 1°) (B1 : *N 25324.c4*) ;

B2. alors que l'absence de clôtures, d'obstacles naturels ou de dispositifs d'attache ou de contention en nombre suffisant était de nature à leur faire courir un risque d'accident (C. rur., art. R. 215-4 II 2°) (B2 : *N 25325.c4*).

C. pratiqué, sous quelque forme et en quelque lieu que ce soit, le tir aux pigeons vivants offerts comme cibles aux tireurs après avoir été libérés (C. rur., art. R. 214-35, R. 215-4 III)) (C : *N 6918.c4*).

D. dans une foire, fête foraine ou autre lieu ouvert au public, fait participer un animal à des jeux ou attractions pouvant donner lieu à mauvais traitement (C. rur., art. R. 214-85, R. 215-9 2°) (D : *N 1234.c4*) ;

E. dans un jeu et en dehors d'une activité relevant de la législation de la chasse, utilisé un animal vivant comme cible à des projectiles vulnérants ou mortels (C. rur., art. R. 214-86, R. 215-9 3°) (E : *N 1235.c4*) ;

F. utilisé un aiguillon, c'est-à-dire tout objet terminé à l'une de ses extrémités par une fine pointe métallique ou une lame acérée, pour exciter ou faire se déplacer des animaux (C. rur., art. R. 214-36, R. 215-4 IV) (F : *N 6919.c4*).

Faits prévus et réprimés par les articles [¤ de l'infraction sélectionnée] du code rural. ✧

31.16 Atteinte involontaire à la vie ou à l'intégrité d'un animal

■ PEINES

PERSONNE PHYSIQUE

PP Contrav. 3e cl. 450 € (C. pén., art. R. 653-1 et 131-13).

PC Remise de l'animal à une œuvre de protection animale (C. pén., art. R. 653-1).

PERSONNE MORALE

PP Contrav. 3e cl. 2 250 € (C. pén., art. R. 653-1 et 131-41).

PC Remise de l'animal à une œuvre de protection animale (C. pén., art. R. 653-1).

■ ORIENTEUR

AUTRE QUALIFICATION

▪ **Acte de cruauté envers un animal – Abandon, expérimentation animale, gallodrome.** C. pén., art. 521-1 et 521-2, v. n° 31.8.

▪ **Mauvais traitement à un animal – Établissement de vente, toilettage, garde, dressage, sécurité privée, refuge, élevage.** V. n° 31.13.

▪ **Mauvais traitement à un animal.** V. n° 31.14.

▪ **Destruction sans nécessité d'un animal (délit) (L. n° 2021-1539, 30 nov. 2021).** C. pén., art. 522-1, issu L. n° 2021-1539, 30 nov. 2021, v. n° 31.11.

▪ **Destruction sans nécessité d'un animal.** V. n° 31.12.

▪ **Défaut de soins à un animal domestique ou captif.** C. rur., art. R. 215-4, v. n° 31.15.

TEXTE DE RÉFÉRENCE

▪ **Prévention des accidents routiers.** Les troupeaux ou animaux isolés sur une route ne doivent pas constituer une entrave pour la circulation (C. route, art. R. 412-46), les conducteurs de troupeaux ou animaux isolés, sauf les cavaliers, doivent porter une lanterne à la tombée du jour (C. route, art. R. 412-48). Tout animal isolé ou en groupe doit avoir un conducteur (C. route, art. 412-44).

RÉGIME PROCÉDURAL

▪ **Agents de constatation de l'infraction.** Les personnels assermentés de l'office national des forêts, si l'infraction est commise sur les chemins forestiers ouverts à la circulation publique (C. route, art. R. 130-1), les agents de police municipale (C. pr. pén., art. 21 2°, C. route, art. R. 130-2) ainsi que les gardes champêtres (C. route, art. R. 130-3), si l'infraction est commise sur le territoire communal et sur des voies autres que des autoroutes et se rapporte à la circulation routière, peuvent constater l'infraction prévue par C. pén., art. R. 653-1. Cette compétence est également rappelée par C. pr. pén., art. R. 15-33-29-3 pour les agents de police municipale, les gardes champêtres, les agents de surveillance de Paris ainsi que les agents de la ville de Paris chargés d'un service de police, lorsque la contravention est commise sur le territoire communal ou sur le territoire d'assermentation et qu'elle ne nécessite pas de leur part d'actes d'enquête.

RÉGIME DES PEINES

▪ **Remise de l'animal à une œuvre de protection animale.** En cas de condamnation du propriétaire de l'animal ou si le propriétaire est inconnu, le tribunal peut décider de remettre l'animal à une œuvre de protection animale reconnue d'utilité publique ou déclarée, qui pourra librement en disposer (C. pén., art. R. 653-1).

▪ ÉLÉMENTS CONSTITUTIFS – QUALIFICATION

✧ Pour avoir à .... [¤ lieu], le .... [¤ date], par maladresse, imprudence, inattention, négligence ou manquement à une obligation de prudence ou de sécurité imposée par la loi ou les règlements, en l'espèce en .... [¤ matérialiser la faute], occasionné la mort ou la blessure d'un animal domestique ou apprivoisé ou tenu en captivité.
Faits prévus et réprimés par l'article R. 653-1 du code pénal (*N 12008.c3*). ✧

31.17 Atteintes à la conservation d'espèce animale ou végétale protégée

▪ PEINES

PERSONNE PHYSIQUE

PP Délit. Cas A à D : 3 ans d'emprisonnement, 150 000 € (depuis L. nº 2019-773, 24 juill. 2019, auparavant 2 ans, 150 000€ depuis L. nº 2016-1087, 8 août 2016, auparavant 1 an, 15 000 € depuis L. nº 2010-778, 12 juill. 2010) (C. envir., art. L. 415-3).

Cas E : 7 ans, 750 000 € (depuis L. nº 2016-1087, 8 août 2016, auparavant 7 ans, 150 000 €) (C. envir., art. L. 415-6).

PC *Idem* nº 31.1 (C. envir., art. L. 173-7).

PERSONNE MORALE

PP Délit. Cas A à D : 750 000 € (depuis L. nº 2016-1087, 8 août 2016, auparavant 75 000 € depuis L. nº 2010-778, 12 juill. 2010).

Cas E : 3 750 000 € (depuis L. nº 2016-1087, 8 août 2016, auparavant 750 000 €) (C. envir., art. L. 415-3 ; C. pén., art. 131-38).

PC *Idem* nº 31.1 (C. envir., art. L. 173-8).

▪ ORIENTEUR

AUTRE QUALIFICATION

▪ **Atteintes à la protection des milieux naturels – Habitat naturel – Site d'intérêt géologique –Lutte contre les espèces envahissantes.** C. envir., art. L. 415-3 1° (v. nº 31.18).

▪ **Chasse – Principaux délits.** V. nº 31.44.

▪ **Chasse – Principales contraventions.** V. nº 31.45.

▪ **Délits douaniers – Contrebande – Importation, exportation de marchandise prohibée.** S'agissant de l'importation ou de l'exportation d'espèce animale ou végétale protégée par la convention de Washington (CITES) et les règlements européens dits CITES, v. orienteur ci-dessous et C. douanes, art. 414, nº 33.36.

ÉLÉMENT LÉGAL

▪ **définition.** • **Espèce animale non domestique.** « *sont considérées comme espèces animales non domestiques celles qui n'ont pas subi de modification par sélection de la part de l'homme* » (C. envir., art. R. 411-5). • **Espèce végétale non cultivée.** « *sont considérées comme espèces végétales non cultivées celles qui ne sont ni semées, ni plantées à des fins agricoles ou forestières* » (C. envir., art. R. 411-5).

▪ **Constitutionnalité.** Une QPC soutenant l'inconstitutionnalité de C. envir., art. L. 411-1 et L. 415-3 comme portant atteinte au droit de propriété, dont la chasse est un des attributs, en ce que ces dispositions ne prévoient aucune dérogation fondée sur une tradition locale ininterrompue (en l'espèce la chasse aux oiseaux de l'espèce protégée ortolan), est rejetée comme dénuée de sérieux en ce que, « *d'une part, s'il est loisible au législateur d'instaurer une exonération de responsabilité pénale tirée d'une tradition ininterrompue qui ne porte atteinte à aucun droit constitutionnellement garanti, aucune exigence constitutionnelle ne le lui impose* » (§ 5), « *d'autre part, les dispositions contestées, en ce qu'elles* *ne fixent de limites au droit de chasse qu'en ce qui concerne des espèces classées comme protégées en vue de leur préservation, obéissent à des fins d'intérêt général et ne revêtent pas un caractère de gravité tel que le sens et la portée du droit de propriété, dont le droit de chasse est un attribut, s'en trouveraient dénaturés* » (Crim. 19 août 2020, n° 20-80.649, D ; dans le même sens : arrêts du même jour n° 20-80.634 et n° 20-80.648).

ÉLÉMENT MATÉRIEL

▪ **Tentative.** Punissable dans les cas **A** et **C** (C. envir., art. L. 415-3).

▪ **Liste des espèces non domestiques ou non cultivées protégées.** Un décret en Conseil d'État détermine les conditions de fixation de « *la liste limitative [...] des espèces animales non domestiques ou végétales non cultivées* » protégés et « *la partie du territoire sur laquelle elles s'appliquent* » (C. envir., art. L. 411-2), pour lesquelles, sauf dérogation accordée pour un motif d'intérêt public par le préfet ou par le ministre chargé de la protection de la nature (C. envir., art. L. 411-2 et R. 411-6 s.), « *sont interdits* », s'agissant des animaux, « *La destruction ou l'enlèvement des œufs ou des nids, la mutilation, la destruction, la capture ou l'enlèvement, la perturbation intentionnelle, la naturalisation d'animaux de ces espèces ou, qu'ils soient vivants ou morts, leur transport, leur colportage, leur utilisation, leur détention, leur mise en vente, leur vente ou leur achat* » et, s'agissant des végétaux « *La destruction, la coupe, la mutilation, l'arrachage, la cueillette ou l'enlèvement de végétaux de ces espèces, de leurs fructifications ou de toute autre forme prise par ces espèces au cours de leur cycle biologique, leur transport, leur colportage, leur utilisation, leur mise en vente, leur vente ou leur achat, la détention de spécimens prélevés dans le milieu naturel* » (C. envir., art. **L. 411-1**). La perturbation intentionnelle d'une espèce animale protégée constitue une contrav. 5e cl. incriminée pr C. envir., art. **R. 415-1** (*N* ***26427.c5***). Les listes de ces espèces protégées sont établies par arrêtés conjoints, selon les cas, des ministres en charge de l'environnement, de l'agriculture ou des pêches maritimes (C. envir., art. R. 411-1). Ces arrêtés précisent la nature des interdictions applicables, leur durée, les parties du territoire concernées ainsi que les périodes de l'année où elles s'appliquent (C. envir., art. R. 411-3). Ces arrêtés sont notamment pris pour l'exécution de la directive 2009/147/CE du Parlement européen et du Conseil, 30 nov. 2009, concernant la conservation des oiseaux sauvages (directive dite « oiseaux »). La chasse des espèces non protégées mais qui ne sont pas chassables constitue une contrav. 5e cl. (C. envir., art. **R. 428-5 1°** ; v. n° **31.45**).

▪ **Liste des espèces non domestiques ou non cultivées protégées au titre de la convention de Washington dite CITES intégrée dans les règlements européens. • Articulation entre la convention de Washington, les textes européens et les textes d'incrimination du C. envir.** Sauf autorisation administrative ou déclaration à l'administration dans les conditions fixées par C. envir., art. R. 412-1-1, R. 412-2 et R. 412-5, sont interdits « *La production, le ramassage, la récolte, la capture, la détention, la cession à titre gratuit ou onéreux, "à travers tout support, y compris numérique"* [L. n° 2016-1087, 8 août 2016], *l'utilisation, le transport, l'introduction quelle qu'en soit l'origine, l'importation sous tous régimes douaniers, l'exportation, la réexportation de tout ou partie d'animaux d'espèces non domestiques et de leurs produits ainsi que de tout ou partie de végétaux d'espèces non cultivées et de leurs produits, dont la liste est fixée* » par arrêté ministériel (C. envir., art. L. 412-1 (anct, C. rur., art. L. 212-1)). Au visa de ces dispositions, Arr. 30 juin 1998, NOR : ATEN9870251A, fixe la liste des spécimens animaux ou végétaux soumis à autorisation ou déclaration au titre d'une des opérations précitées, en se référant aux listes prévues par le règlement (CE) n° 338/97 du Conseil, 9 déc. 1996, relatif à la protection des espèces de faune et de flore sauvages par le contrôle de leur commerce, règlement européen qui emprunte à son tour la nomenclature de la Convention sur le commerce international des espèces de faune et de flore sauvages menacées d'extinction (Convention de Washington du 3 mars 1973, dite CITES pour Convention on international trade in endangered species or wild fauna an flora), en l'élargissant à des espèces d'intérêt communautaire ou en modifiant le cas échéant le niveau de protection de certains spécimens. La convention CITES est intégrée depuis le 1er janv. 1984 dans l'ordre juridique communautaire par le règlement (CEE) n° 3626/82 du Conseil, 3 déc. 1982, et dans l'ordre juridique interne français par le D. n° 78-959, 30 août 1978, portant publication de la convention de Washington. La convention de Washington ou CITES classe les espèces protégées en trois catégories figurant dans ses trois annexes. L'**annexe I** (correspondant à l'annexe A du règlement (CE) n° 338/97, complétées d'espèces communautaires notamment protégées dans les directives n° 74/409/CEE, 2 avr. 1979 (directive dite « Oiseaux ») et n° 92/43/CEE du Conseil, 21 mai 1992 (faune et flore sauvage et habitats naturels, dite directive « Habitats ») comprend les espèces les plus menacées dont l'importation et l'exportation sont interdites, sauf dérogation, attestée par un permis d'exportation ou d'importation portant sur des animaux issus d'élevage agréés ou sur des plantes issues de pépinières enregistrées. L'**annexe II** (correspondant à l'annexe B du règlement (CE) n° 338/97) porte sur les espèces susceptibles d'être menacées et dont le commerce transnational est en conséquence régulé au moyen de permis ou de certificats. L'**annexe III** (correspondant à l'annexe C du règlement (CE) n° 338/97), portant sur les espèces unilatéralement déclarées par un État membre de la convention CITES comme nécessitant une protection et dont l'importation dans un autre État membre de la convention doit être accompagnée d'un permis CITES attestant de la régularité de la sortie de son territoire d'origine. Une annexe D figure enfin dans le règlement (CE) n° 338/97, comprenant des espèces qui ne figurent pas dans la convention CITES, mais dont le commerce justifie des mesures de surveillance. Mentionnons que pour tenir compte des modifications apportées aux listes CITES lors des conférences des parties à la convention de Washington, les listes figurant dans le règlement (CE) n° 338/97 ont été actualisées par le règlement (UE) n° 750/2013 de la Commission, 29 juill. 2013. Enfin, les modalités d'application du règlement (CE) n° 338/97 sont fixées par le règlement (CE) n° 865/2006, 4 mai 2006, de la Commission. Ces trois derniers règlements (n°s 338/97, 865/2006 et 750/2013) sont communément qualifiés « règlements CITES ».

• **Régime douanier des espèces protégées par la convention de Washington et les règlements communautaires.** Sont qualifiées de « *marchandises prohibées au titre d'engagements internationaux* » « *spécialement désignées par arrêté du ministre du budget* », au sens du C. douanes, art. 215, « *Les spécimens d'espèces de la faune et de la flore sauvages menacées d'extinction, inscrites aux annexes de la convention signée à Washington le 3 mars 1973 ou aux annexes du règlement communautaire mettant, notamment en œuvre cette convention, ainsi que les produits ou parties issus de ces spécimens* » (Arr. 11 déc. 2001, NOR : ECOD0150001A, art. 1 5). À première réquisition des agents des douanes, l'importateur de ces espèces doit justifier « *que ces marchandises ont été régulièrement importées sur le territoire douanier de la communauté européenne* » (C. douanes, art. 215). Les marchandises visées au C. douanes, art. 215, « *sont réputées importées en contrebande à défaut, soit de justificatif d'origine, soit de présentation de l'un des documents prévus...ou si les documents présentés sont faux, inexacts, incomplets ou non applicables* » (C. douanes, art. 419). La contrebande de marchandises prohibées au sens douanier est incriminée par C. douanes, art. 414 (v. n° 33.36).

ÉLÉMENT INTENTIONNEL

▪ **Obligations pesant sur l'auteur en matière de protection des espèces et milieux.** • **Abstention, imprudence ou négligence.** « *le délit, prévu par C. envir., art. L. 415-3 1°, d'atteinte à la conservation des habitats naturels ou espèces animales non domestiques, en violation des prescriptions prévues par les règlements ou décisions individuelles pris en application de l'article L. 411-2 du même code, peut être consommé par la simple abstention de satisfaire aux dites prescriptions* » (§ 16), « *une faute d'imprudence ou négligence suffit à caractériser l'élément moral du délit* » (§ 17), est donc coupable la société qui n'a pas procédé aux plantations auxquelles elle s'était engagée pour bénéficier de dérogations pour la construction d'un projet d'intérêt public majeur (gazoduc) en application de C. envir., art. L. 411-2 (Crim. 18 oct. 2022, n° 21-86.965, P). • **Obligation de vérification pesant sur le maître d'œuvre professionnel.** Est approuvée la condamnation du maître d'œuvre (architecte) de travaux ayant entraîné la destruction de tulipes sauvages protégées et de leur habitat sans autorisation préfectorale en ce que « *la seule constatation de la violation, en connaissance de cause, d'une prescription légale ou réglementaire implique, de la part de son auteur, l'intention coupable* » (Crim. 23 oct. 2012, n° 12-80.414, D). • **Obligation d'identifier l'espèce de l'animal pesant sur le chasseur.** La cour d'appel écarte à bon droit l'argumentation du chasseur qui soutient avoir confondu un jeune bouquetin, espèce protégée, et un jeune chamois, au motif « *que la confusion qu'il prétend avoir faite ne saurait le disculper* » car il « *avait l'obligation d'identifier l'animal avant de le tirer et, en cas de doute, de s'abstenir* » (Crim. 20 mars 2001, n° 00-87.439, D). • **Obligation de prudence pesant sur le chasseur.** Une cour d'appel écarte à bon droit l'état de nécessité revendiqué par le chasseur ayant tué un ours, espèce protégée, auquel il était confronté, en retenant qu'il « *s'est placé lui-même dans une situation de danger, et que ce comportement fautif antérieur au coup de feu ne lui permet pas d'invoquer l'état de nécessité pour justifier son acte* », car « *une faute d'imprudence suffit à caractériser l'élément moral du délit d'atteinte à la conservation d'espèces animales non domestiques protégées* » (Crim. 1er juin 2010, n° 09-87.159, P n° 96). Mentionnons que le fait, pour un propriétaire ou fermier, de détruire une bête fauve protégée en application de C. envir., art. L. 411-1, constitue une contrav. 5e cl. lorsque l'animal porte dommage à ses propriétés (C. envir., art. **L. 427-9**, **R. 427-27** et **R. 428-19 I**, v. n° **31.45**, **cas L8**). • **Caractère inopérant d'une tolérance administrative en matière de** chasse. « *une tolérance des autorités administratives, contraire à des textes en vigueur instituant des infractions à la police de la chasse, ne saurait faire disparaître ces dernières* » (Chasse de l'espèce protégée *bruant ortolan*) (Crim. 16 oct. 2018, nº 17-86.802, P nº 167 et 9 autres arrêts du même jour en ce sens).

RÉGIME PROCÉDURAL

▪ **Compétence juridictionnelle. Juge unique** sauf dans le cas **E** (peine encourue > 5 ans) (C. pr. pén., art. 398-1 6°, v. nº **17.15D2**).

▪ **Ordonnance pénale. Possible** sauf dans le cas **E** (peine encourue > 5 ans) (C. pr. pén., art. 495-II, v. nº **15.48B1** et tableau nº **17.15D2**).

POLITIQUE PUBLIQUE

▪ **Politique pénale.** Les orientations de politique pénale en matière d'espèces protégées sont décrites dans la Circ. Crim. 2013-14/G4, 16 déc. 2013, NOR : JUSD1330992C. Cette circulaire met notamment l'accent sur la nécessité d'un travail d'enquête coordonné avec les services spécialisés, l'attention particulière à porter à la protection des spécimens relevant de l'annexe A du règlement (CE) nº 338/97, elle proscrit la transaction douanière dans le cas des comportements récidivistes et recommande la réalisation d'enquêtes patrimoniales approfondies au regard de l'importance des gains financiers générés par ces trafics. Son annexe 2 décrit notamment les documents (permis ou certicat CITES) exigés pour les importations et exportations des spécimens protégés. Son annexe 3 livre les éléments d'information relatifs aux espèces protégées les plus importantes.

MESURE CIVILE

▪ **Constitution de partie civile. • Association agréée de protection de l'environnement.** C. envir., art. L. 142-2, *Idem* nº **31.1**.

▪ **Préjudice écologique.** C. civ., art. 1247, *Idem* nº **31.1**.

RÉGIME DES PEINES

▪ **Amende encourue.** L'amende est doublée lorsque l'infraction est commise dans un **parc national** ou une **réserve naturelle** (C. envir., art. L. 415-3).

▪ **Condamnation aux frais.** Le tribunal peut mettre à la charge de la personne condamnée les frais exposés pour la capture, les prélèvements, la garde ou la destruction des spécimens rendus nécessaires (C. envir., art. L. 415-3).

▪ ÉLÉMENTS CONSTITUTIFS – QUALIFICATION

✧ Pour avoir à .... [¤ lieu], le .... [¤ date] [⇨A à D puis le cas échéant E :]

A. ATTEINTE À LA CONSERVATION D'UNE ESPÈCE ANIMALE PROTÉGÉE

sans dérogation administrative ou en violation d'une dérogation administrative, détruit (A1 : *N 10411.ju*), détruit l'habitat naturel (A2 : *N 10431.ju*), altéré ou dégradé l'habitat naturel (A3 : *N 10434.ju*), enlevé les œufs ou le nid (A4 : *N 10412.ju*), détruit les œufs ou le nid (A5 : *N 10414.ju*), mutilé (A6 : *N 10413.ju*), capturé ou enlevé (A7 : *N 10415.ju*), naturalisé (A8 : *N 10416.ju*), transporté (A9 : *N 10417.ju*), colporté (A10 : *N 10418.ju*), utilisé (A11 : *N 10419.ju*), détenu (A12 : *N 20978.ju*), mis en vente ou vendu (A13 : *N 10420.ju*), acheté (A14 : *N 10421.ju*) .... [¤ espèce animale concernée], et ainsi porté atteinte à la conservation de cette espèce animale non domestique protégée (C. envir., art. L. 411-1 1°, L. 411-2, **L. 415-3 1°a)**, R. 411-1, R. 411-6 s. [+ références de l'arrêté protégeant l'espèce animale concernée]).

B. ATTEINTES À LA CONSERVATION D'UNE ESPÈCE ANIMALE PROTÉGÉE PAR LA CONVENTION DE WASHINGTON ET LES RÈGLEMENTS EUROPÉENS

sans autorisation administrative ou sans déclaration préalable auprès des autorités administratives compétentes, ou en violation d'une autorisation ou d'une déclaration, produit (B1 : *N 10436.ju*), ramassé (B2 : *N #.ju*), récolté (B3 : *N #.ju*), capturé (B4 : *N #.ju*), détenu (B5 : *N 10438.ju*), cédé à titre gratuit ou onéreux, à travers tout support, y compris numérique (B6 : *N 10440.ju*), utilisé (B7 : *N 10442.ju*), transporté (B8 : *N 10444.ju*), introduit (B9 : *N #.ju*), importé sous tous régimes douaniers (B10 : *N 10446.ju*), exporté ou réexporté (B11 : *N 10448.ju*), tout ou partie d'un animal, en l'espèce .... [¤ espèce animale concernée], protégé au titre de l'arrêté ministériel du 30 juin 1998, NOR : ATEN9870251A, pris en application de l'article L. 412-1 du code de l'environnement (C. envir., art. L. 412-1, L. 411-2, **L. 415-3 3**, R. 412-1-1, R. 412-2 et R. 412-5).

C. **Atteinte à la conservation d'une espèce végétale protégée**
sans dérogation administrative ou en violation d'une dérogation administrative, en l'espèce .... [¤ disposition protégeant l'espèce végétale concernée], détruit (C1 : *N 10422.ju*), détruit l'habitat naturel (C2 : *N 10432.ju*), altéré ou dégradé l'habitat naturel (C3 : *N 10433.ju*), coupé, arraché ou cueilli (C4 : *N 10423.ju*), mutilé (C5 : *N 10424.ju*), enlevé (C6 : *N 10425.ju*), transporté (C7 : *N 10426.ju*), colporté (C8 : *N 10427.ju*), utilisé (C9 : *N 10428.ju*), mis en vente ou vendu (C10 : *N 10429.ju*), acheté (C11 : *N 10430.ju*), détenu un spécimen prélevé dans le milieu naturel (C12 : *N 21747.ju*) .... [¤ espèce végétale concernée], et ainsi porté atteinte à la conservation de cette espèce végétale non cultivée protégée, de ses fructifications ou de toute autre forme de son cycle biologique (C. envir., art. L. 411-1 2°, L. 415-3 1°b), L. 411-2, R. 411-1, R. 411-6 s. [+ références de l'arrêté protégeant l'espèce végétale concernée]).

D. **Atteintes à la conservation d'une espèce végétale protégée par la convention de Washington et les règlements européens**
sans autorisation administrative ou sans déclaration préalable auprès des autorités administratives compétentes, ou en violation d'une autorisation ou d'une déclaration, produit (D1 : *N 10436.ju*), ramassé (D2 : *N #.ju*), récolté (D3 : *N #.ju*), capturé (D4 : *N #.ju*), détenu (D5 : *N 10438.ju*), cédé à titre gratuit ou onéreux, à travers tout support, y compris numérique (D6 : *N 10440.ju*), utilisé (D7 : *N 10442.ju*), transporté (D8 : *N 10444.ju*), introduit (D9 : *N #.ju*), importé sous tous régimes douaniers (D10 : *N 10446.ju*), exporté ou réexporté (D11 : *N 10448.ju*), tout ou partie d'un animal, en l'espèce .... [¤ espèce animale concernée], protégé au titre de l'arrêté ministériel du 30 juin 1998, NOR : ATEN9870251A, pris en application de l'article L. 412-1 du code de l'environnement (C. envir., art. L. 412-1, L. 411-2, L. 415-3 3, R. 412-1-1, R. 412-2 et R. 412-5).

E. **Bande organisée**
[préciser le cas échéant dans le cas A à D :] avec cette circonstance que les faits ont été commis en bande organisée (AE : *N 29753.co* ; B5e : *N 29759.co* ; B6e : *N 29760.co* ; B10e : *N 29761.co* ; B11e : *N 29762.co* ; CE : *N 29752.co* ; D5e : *N 29755.co* ; D6e : *N 29756.co* ; D10e : *N 29757.co* ; D11e : *N 29758.co*) (C. envir., art. L. 415-6).
Faits prévus et réprimés par les articles L. 173-5, L. 173-7, L. 173-8, L. 173-9, L. 173-10, (+ articles de la formule sélectionnée) du code de l'environnement. ✧

31.18 Atteintes à la protection des milieux naturels – Habitat naturel – Site d'intérêt géologique –Lutte contre les espèces envahissantes

▪ Peines

Personne physique

PP Délit. Cas A à F : 3 ans d'emprisonnement, 150 000 € (depuis L. n° 2019-773, 24 juill. 2019, auparavant 2 ans, 150 000€ depuis L. n° 2016-1087, 8 août 2016, auparavant 1 an, 15 000 € depuis L. n° 2010-778, 12 juill. 2010) (C. envir., art. L. 415-3).

Cas G : 7 ans, 750 000 € (depuis L. n° 2016-1087, 8 août 2016, auparavant 7 ans, 150 000 €) (C. envir., art. L. 415-6).

PC *Idem* n° 31.1 (C. envir., art. L. 173-7).

Personne morale

PP Délit. Cas A à F : 750 000 € (depuis L. n° 2016-1087, 8 août 2016, auparavant 75 000 € depuis L. n° 2010-778, 12 juill. 2010).

Cas G : 3 750 000 € (depuis L. n° 2016-1087, 8 août 2016, auparavant 750 000 €) (C. envir., art. L. 415-3 ; C. pén., art. 131-38).

PC *Idem* n° 31.1 (C. envir., art. L. 173-8).

▪ Orienteur

Autre qualification

▪ **Atteintes à la conservation d'espèce animale ou végétale protégée.** C. envir., art. L. 415-3 1° (v. n° 31.17).

▪ **Introduction non autorisée de poissons en eau douce – Contrôle des peuplements.** Est puni de 9 000 € l'introduction dans les cours d'eau, canaux, ruisseaux, plans d'eau et exploitations de pisciculture établis en dérivation ou par barrage, d'espèces qui n'y sont pas représentées (*N 7374.ju*) ou qui sont fixées par décret comme susceptibles de provoquer des déséquilibres biologiques (*N 7370.ju*) (C. envir., art. L. 432-10, R. 432-5). Est puni de la même peine le rempoissonnement et l'alevinage avec des poissons qui ne proviennent pas d'établissements de pisciculture ou d'aquaculture agréés (C. envir., art. L. 432-12) (*N 7379.ju*).

- **Chasse – Principaux délits.** V. n° **31.44**.
- **Chasse – Principales contraventions.** V. n° **31.45**.
- **Fouille archéologique terrestre irrégulière.** C. patr., art. L. 544-1 s., v. n° **31.61**.
- **Fouille archéologique maritime irrégulière.** C. patr., art. L. 544-5 s., v. n° **31.63**.

ÉLÉMENT LÉGAL

- **définition.** • **Habitat naturel.** On entend par « *habitats naturels : des zones terrestres ou aquatiques se distinguant par leurs caractères géographiques, abiotiques et biotiques, qu'elles soient entièrement naturelles ou semi-naturelles* » et par « *habitat d'une espèce : le milieu défini par des facteurs abiotiques et biotiques spécifiques ou vit l'espèce à l'un des stades de son cycle biologique* » (Dir. 92/43/CEE, Conseil, 21 mai 1992 concernant la conservation des habitats naturels ainsi que de la faune et de la flore sauvages, art. 1er, b) et f)). • **Biotope.** « *on entend par biotope l'habitat nécessaire à l'alimentation, la reproduction, le repos ou la survie de spécimens d'une espèce figurant sur l'une des listes* » d'espèces protégées (C. envir., art. R. 411-15).

ÉLÉMENT MATÉRIEL

- **Tentative. Punissable** dans les cas A et B (C. envir., art. L. 415-3).
- **Liste des habitats naturels protégés.** Un décret en Conseil d'État détermine les conditions de fixation de « *la liste limitative des habitats naturels* » protégés et de « *la partie du territoire sur laquelle elles s'appliquent* » (C. envir., art. L. 411-2), dont « *la destruction, l'altération ou la dégradation* » est interdite, sauf dérogation accordée par le préfet pour un motif d'intérêt public (C. envir., art. L. 411-2 et R. 411-17-8). La liste de ces habitats naturels protégés est établie par arrêté du ministre chargé de la protection de la nature (C. envir., art. R. 411-17-7), sur la base duquel le préfet du département, pour les espaces terrestres, ou le représentant de l'État en mer, pour les espaces maritimes, peut prendre par arrêté les mesures tendant à favoriser la protection ou la conservation de ces habitats naturels protégés (C. envir., art. R. 411-17-7). La violation d'un tel arrêté constitue une contravention de 4e cl. (C. envir., art. R. 415-1 3° ; *N 33062.c4*).
- **Liste des « biotopes » protégés.** « *Pour l'application de la partie règlementaire du code de l'environnement* », le préfet du département, pour les espaces terrestres, ou le représentant de l'État en mer, pour les espaces maritimes, peut prendre par arrêté « *les mesures tendant à favoriser la protection ou la conservation des biotopes* » (v. définition ci-dessus) (C. envir., art. R. 411-15). La violation des dispositions d'un arrêté de biotope constitue une contravention de 4e cl. (C. envir., art. R. 415-1 3° ; *N 12527.c4*). Mentionnons que « *la constitution du délit de destruction ou d'altération du milieu particulier* [devenu « *habitat naturel* »] *à une espèce protégée, défini en termes clairs et précis par les articles L. 411-1, L. 411-2, R. 411-1 et L. 415-3 du code de l'environnement, ainsi que par les arrêtés ministériels qui dressent la liste des espèces animales et végétales concernées, n'est pas subordonnée à l'intervention d'un arrêté préfectoral de biotope* » (Crim. 27 juin 2006, n° 05-84.090, P n° 199). Inversement, la violation d'un arrêté de biotope est de nature à caractériser le délit de destruction ou d'altération de l'habitat naturel d'une espèce protégée et non la contravention de méconnaissance d'un arrêté de biotope (Crim. 12 juin 1996, n° 95-85.270, D).
- **Liste des sites d'intérêt géologique protégés.** Un décret en Conseil d'État détermine les conditions de fixation de « *la liste limitative des [...] sites d'intérêt géologique, y compris des types de cavités souterraines* » protégés et de « *la partie du territoire sur laquelle elles s'appliquent* » sur (C. envir., art. L. 411-2) dont « *la destruction, l'altération ou la dégradation* » « *ainsi que le prélèvement, la destruction ou la dégradation des fossiles, minéraux et concrétions présents ces sites* » sont interdits (C. envir., art. L. 411-1), sauf autorisation exceptionnelle de prélèvement accordée par le préfet pour un motif d'intérêt public (C. envir., art. L. 411-2 et R. 411-17-1). « *Dans chaque département, la liste des sites d'intérêt géologique [...] est arrêtée par le préfet* » (C. envir., art. R. 411-17-1).
- **Liste des espèces indigènes dont l'introduction dans le milieu naturel est interdite.** Sauf autorisation d'introduction accordée par le préfet pour un motif d'intérêt général (C. envir., art. R. 411-32), est interdite l'introduction dans le milieu naturel de spécimen animal ou végétal indigènes désignés par arrêté ministériel (C. envir., art. R. 411-31) comme « *susceptibles de porter préjudice aux milieux naturels, aux usages qui leur sont associés ou à la faune ou à la flore sauvages* » (C. envir., art. **L. 411-4**).

L'introduction « *par négligence ou par imprudence* » d'une espèce animale (*N* ***26432.c5***) ou végétale (*N* ***26431.c5***) indigène classée comme envahissante au titre de C. envir., art. **L. 411-4** constitue une contrav. 5e cl. incriminée par C. envir., art. **R. 415-1 2°**. Le délit incriminé par C. envir., art. **L. 415-3 2°** (cas **C**) exige *a contrario* une intention que la négligence ou l'imprudence ne suffit pas à matérialiser.

▪ **Liste des espèces exotiques sauvages dont la propagation est interdite.** • **Liste des espèces exotiques dont l'introduction dans le milieu naturel est seule interdite.** Sauf autorisation d'introduction accordée par le préfet (ou le président du conseil exécutif pour la collectivité de Corse) pour un motif d'intérêt général (C. envir., art. L. 411-5 II et R. 411-38), est interdite « *l'introduction dans le milieu naturel* » de spécimens animaux ou végétaux à la fois non indigènes (c'est-à-dire exotiques) et non domestiques ou non cultivés, ou de leurs hybrides (C. envir., art. R. 411-37), désignés par arrêté ministériel comme « *susceptibles de porter préjudice aux milieux naturels, aux usages qui leur sont associés ou à la faune ou à la flore sauvages* » (C. envir., art. **L. 411-5**). Cette liste comprend nécessairement les « *espèces envahissantes préoccupantes pour l'Union* », déterminées par la Commission européenne en application du Règl. (UE), n° 1143/2014 du Parlement européen et du Conseil du 22 oct. 2014 relatif à la gestion de l'introduction et de la propagation des espèces exotiques envahissantes (C. envir., art. L. 411-5). • **Liste des espèces exotiques dont la diffusion est également interdite.** Sauf autorisation d'introduction accordée par le préfet (ou le président du conseil exécutif pour la collectivité de Corse) ou par le ministre chargé de la protection de la nature pour un motif d'intérêt général (C. envir., art. L. 411-6 II et R. 411-40), pour certaines espèces dont la diffusion doit être évitée afin de préserver le patrimoine biologique et les milieux naturels, dont la liste est également fixée par arrêté ministériel (C. envir., art. L. 411-6), la prohibition de l'introduction dans le milieu naturel (qui est induite par l'incrimination de la détention) s'élargit à « *l'introduction sur le territoire national, y compris le transit sous surveillance douanière, la détention, le transport le colportage, l'utilisation, l'échange, la mise en vente, la vente ou l'achat* » de « *tout spécimen vivant* » (C. envir., art. **L. 411-6**), ou de ses hybrides (C. envir., art. R. 411-37). Cette liste comprend également et nécessairement les « *espèces envahissantes préoccupantes pour l'Union* » déterminées par la Commission européenne en application du Règl. (UE), n° 1143/2014 précité (C. envir., art. L. 411-6). • **Arrêtés de référence.** Deux arrêtés du 14 févr. 2018, NOR : TREL1704132A pour les espèces végétales et NOR : TREL1705136A pour les espèces animales, fixent les listes de ces espèces exotiques classées comme envahissantes sur le territoire métropolitain, réparties selon les deux catégories qui précèdent. • **Introduction non intentionnelle des espèces exotiques envahissantes.** L'introduction « *par négligence ou par imprudence* » d'une espèce animale (*N* ***26429.c5***) ou végétale (*N* ***26430.c5***) exotique classée comme envahissante au titre de C. envir., art. **L. 411-5** et **L. 411-6** constitue une contrav. 5e cl. incriminée par C. envir., art. **R. 415-1 2°**. Le délit incriminé par C. envir., art. **L. 415-3 2°** (cas **D**) exige *a contrario* une intention que la négligence ou l'imprudence ne suffit pas à matérialiser.

ÉLÉMENT INTENTIONNEL

▪ **Obligations pesant sur l'auteur en matière de protection des milieux naturels.** *Idem* v. n° **31.17**.

RÉGIME PROCÉDURAL

▪ **Compétence juridictionnelle. Juge unique** sauf dans le cas **G** (peine encourue > 5 ans) (C. pr. pén., art. 398-1 6°, v. n° **17.15D2**).

▪ **Ordonnance pénale. Possible** sauf dans le cas **G** (peine encourue > 5 ans) (C. pr. pén., art. 495-II, v. n° **15.48B1** et tableau n° **17.15D2**).

MESURE CIVILE

▪ **Constitution de partie civile.** • **Association agréée de protection de l'environnement.** C. envir., art. L. 142-2, *Idem* n° **31.1**.

▪ **Préjudice écologique.** C. civ., art. 1247, *Idem* n° **31.1**.

RÉGIME DES PEINES

▪ **Amende encourue.** L'amende est doublée lorsque l'infraction est commise dans un **parc national** ou une **réserve naturelle** (C. envir., art. L. 415-3).

▪ **Condamnation aux frais.** Le tribunal peut mettre à la charge de la personne condamnée les frais exposés pour la capture, les prélèvements, la garde ou la destruction des spécimens rendus nécessaires (C. envir., art. L. 415-3).

■ ÉLÉMENTS CONSTITUTIFS – QUALIFICATION

✧ Pour avoir à .... [¤ lieu], le .... [¤ date] [⇨A à F puis le cas échéant G :]]

A. **ATTEINTES À LA CONSERVATION DE L'HABITAT NATUREL D'UNE ESPÈCE PROTÉGÉE**

sans dérogation accordée par le préfet ou en violation des conditions de cette dérogation, détruit (A1 : *N 27942.ju*), altéré ou dégradé (A2 : *N 27943.ju*) un habitat naturel d'une espèce protégée, en l'espèce .... [¤ habitat naturel concerné], protégé par arrêté ministériel du [¤ références de l'arrêté ministériel protégeant l'habitat naturel concerné] (C. envir., art. L. 411-1 3°, L. 411-2, L. 415-3 1°c), R. 411-17-7 et R. 411-17-8).

B. **ATTEINTES À LA CONSERVATION D'UN SITE D'INTÉRÊT GÉOLOGIQUE**

sans autorisation de prélèvement de fossiles, minéraux et concrétions accordée par le préfet ou en violation des conditions de cette autorisation [⇨B1 ou B2 :]

B1. détruit (B1a : *N 10435.ju*), altéré ou dégradé (B1b : *N 27944.ju*), un site d'intérêt géologique, ...

B2. prélevé (B2a : *N 21749.ju*), détruit ou dégradé (B2b : *N 21748.ju*) des fossiles, minéraux et concrétions présents sur un site d'intérêt géologique, ...

...en l'espèce .... [¤ site protégé], protégé par arrêté préfectoral du [¤ références de l'arrêté préfectoral protégeant le site d'intérêt géologique concerné] (C. envir., art. L. 411-1 4°, L. 411-2, L. 415-3 1°d) et R. 411-17-1).

C. **INTRODUCTION MALGRÉ INTERDICTION DE SPÉCIMEN ANIMAL OU VÉGÉTAL INDIGÈNE DANS LE MILIEU NATUREL**

introduit volontairement dans le milieu naturel un spécimen d'une espèce animale (C1 : *N 21752.ju*) ou végétale (C2 : *N 21753.ju*) indigène, en l'espèce .... [¤ spécimen de l'espèce animale ou végétale concernée], désigné par arrêté ministériel du .... [¤ références de l'arrêté ministériel concerné] comme susceptible de porter préjudice aux milieux naturels, aux usages qui leur sont associés ou à la faune et à la flore sauvage (C. envir., art. L. 411-4, L. 415-3 2° et R. 411-31).

D. **INTRODUCTION SANS AUTORISATION DANS LE MILIEU NATUREL D'ESPÈCE ANIMALE OU VÉGÉTALE EXOTIQUE ENVAHISSANTE POUR LE MILIEU NATUREL**

sans autorisation, introduit volontairement dans le milieu naturel un spécimen d'une espèce animale (D1 : *N 21750.ju*) ou végétale (D2 : *N 21751.ju*), non indigène et non domestique ou non cultivée, en l'espèce .... [¤ spécimen de l'espèce animale ou végétale concernée] désigné par arrêté ministériel du .... [¤ références de l'arrêté ministériel concerné], comme susceptible de porter préjudice aux milieux naturels, aux usages qui leur sont associés ou à la faune et à la flore sauvage (C. envir., art. L. 411-5, L. 415-3 2° et R. 411-38).

E. **PROPAGATION SANS AUTORISATION DE SPÉCIMEN ANIMAL EXOTIQUE ENVAHISSANT POUR LE MILIEU NATUREL**

sans autorisation, introduit sur le territoire national (E1 : *N 31920.ju*), transporté ou colporté (E2 : *N 28205.ju*), utilisé (E3 : *N 28207.ju*), mis en vente ou vendu (E4 : *N 28209.ju*), acheté (E5 : *N 28211.ju*) un spécimen d'une espèce animale non indigène et non domestique, en l'espèce .... [¤ spécimen de l'espèce animale concernée] interdit par arrêté ministériel du .... [¤ références de l'arrêté ministériel concerné] afin de préserver le patrimoine biologique, les milieux naturels et les usages qui leurs sont associés (C. envir., art. L. 411-6, L. 415-3 3° et R. 411-40).

F. **PROPAGATION SANS AUTORISATION DE SPÉCIMEN VÉGÉTAL EXOTIQUE ENVAHISSANT POUR LE MILIEU NATUREL**

sans autorisation, introduit sur le territoire national (F1 : *N 31921.ju*), transporté ou colporté (F2 : *N 28206.ju*), utilisé (F3 : *N 28208.ju*), mis en vente ou vendu (F4 : *N 28210.ju*), acheté (F5 : *N 28212.ju*) un spécimen d'une espèce végétale non indigène et non domestique, en l'espèce .... [¤ spécimen de l'espèce végétale concernée] interdit par arrêté ministériel du .... [¤ références de l'arrêté ministériel concerné] afin de préserver le patrimoine biologique, les milieux naturels et les usages qui leurs sont associés (C. envir., art. L. 411-6, L. 415-3 3° et R. 411-40).

G. **BANDE ORGANISÉE**

[préciser le cas échéant dans le cas A à F :] avec cette circonstance que les faits ont été commis en bande organisée (AG : *N #.co* ; BG : *N 29754.co* ; CG : *N #.co* ; DG : *N #.co* ; EG : *N #.co* ; FG : *N #.co*) (C. envir., art. L. 415-6).

Faits prévus et réprimés par les articles L. 173-5, L. 173-7, L. 173-8, L. 173-9, L. 173-10 (+ articles de la formule sélectionnée) du code de l'environnement. ✧

31.19 Établissement détenant des animaux d'espèces non domestiques – Exploitation irrégulière

■ PEINES

PERSONNE PHYSIQUE

PP Délit. 3 ans d'emprisonnement, 150 000 € (depuis L. n° 2019-773, 24 juill. 2019, auparavant 2 ans, 150 000€ depuis L. n° 2016-1087, 8 août 2016, auparavant 1 an, 15 000 € depuis L. n° 2010-778, 12 juill. 2010) (C. envir., art. L. 415-3).

PC *Idem* n° 31.1 (C. envir., art. L. 173-7).

PERSONNE MORALE

PP Délit. 750 000 € (depuis L. n° 2016-1087, 8 août 2016, auparavant 75 000 € depuis L. n° 2010-778, 12 juill. 2010) (C. envir., art. L. 415-3 ; C. pén., art. 131-38).

PC *Idem* n° 31.1 (C. envir., art. L. 173-8).

■ ORIENTEUR

AUTRE QUALIFICATION

▪ **Atteintes à la conservation d'espèce animale ou végétale protégée.** C. envir., art. L. 415-3 1° (v. n° 31.17).

ÉLÉMENT LÉGAL

▪ **Droit de l'Union.** « *l'article L. 413-3 du code de l'environnement et les textes pris pour son application, qui subordonnent à une autorisation l'ouverture, sur le territoire national, des élevages d'animaux d'espèces non domestiques, ne sont pas contraires à l'article 29 du Traité CE dès lors qu'ils n'ont pas pour objet, ou pour effet, de restreindre spécifiquement les courants d'exportation et d'établir ainsi une différence de traitement entre le commerce national et le commerce d'exportation de manière à assurer un avantage particulier à la production nationale ; [...] d'autre part, ces mêmes dispositions ne créent aucune discrimination directe à l'encontre des marchandises importées d'autres États membres* » (Crim. 21 févr. 2006, n° 05-84.916, P n° 51, dans le même sens : Crim. 6 févr. 2001, n° 00-80.686, D).

▪ **Champ d'application.** Les dispositions qui suivent ne se réduisent pas aux espèces protégées mais à toutes les espèces animales non domestiques, une distinction est toutefois opérée par C. envir., art. R. 413-1 III entre les espèces chassables et non chassables, induisant un régime administratif différencié mais sans incidence sur l'incrimination (v. ci-dessous).

ÉLÉMENT MATÉRIEL

▪ **Exigence d'un certificat de capacité du responsable d'établissement.** « *Les responsables des établissements d'élevage d'animaux d'espèces non domestiques, de vente, de location, de transit, ainsi que ceux des établissements destinés à la présentation au public de spécimens vivants de la faune locale ou étrangère, doivent être titulaires d'un certificat de capacité pour l'entretien de ces animaux* » (C. envir., art. **L. 413-2 I**). Ce certificat de capacité est personnel (C. envir., art. R. 413-3), il est délivré par le préfet au vu des diplômes, certificats ou document justifiant des compétences acquises et de l'aménagement et du fonctionnement de l'établissement (C. envir., art. R. 413-4). La seule absence, le jour du contrôle, du responsable de l'établissement titulaire du certificat de capacité ne caractérise par l'infraction d'exploitation sans certificat de capacité (Crim. 4 oct. 2011, n° 11-80.198, D). Le changement d'exploitant doit être déclaré au préfet par le nouvel exploitant qui doit produire un certificat de capacité (C. envir., art. R. 413-23). Les professionnels ressortissants d'un autre État membre de l'UE doivent, « *lorsqu'ils effectuent pour la première fois leur prestation en France, en informer au préalable l'autorité administrative compétente* [le préfet du département du lieu de la première prestation, C. envir., art. R. 413-4] *par une déclaration qui peut donner lieu à une vérification des qualifications professionnelles du prestataire.* » (C. envir., art. **L. 413-2 II**).

▪ **Exigence d'une autorisation de l'établissement fixe ou mobile. • Délivrance de l'autorisation préalable.** Sans préjudice de la législation applicable aux ICPE (ex. Rubrique 2140, sous C. envir., art. R. 511-9, Installations fixes et permanentes de présentation au public d'animaux d'espèces non domestiques, régime de l'autorisation ou de la déclaration en fonction de la quantité d'azote produite par les animaux, sur les installations classées, v. n° 31.1 s.), « *l'ouverture* *des établissements d'élevage d'animaux d'espèces non domestiques, de vente, de location, de transit, ainsi que l'ouverture des établissements destinés à la présentation au public de spécimens vivants de la faune locale ou étrangère, doivent faire l'objet d'une autorisation* » (C. envir., art. **L. 413-3**), qu'il s'agisse, pour les établissements destinés à la présentation de ces animaux au public, d'établissements fixes ou mobiles (C. envir., art. R. 413-8). L'autorisation est délivrée par arrêté du préfet, lequel fixe les prescriptions nécessaires à la préservation de la sécurité, de la santé publique et de la protection des animaux, les espèces autorisées et leur nombre (C. envir., art. R. 413-19 et R. 413-21) selon un régime différenciant les établissements en deux catégories en fonction des dangers et inconvénients qu'ils présentent pour les espèces et la sécurité des personnes (C. envir., art. R. 413-14). • **Notion d'établissement.** « *la seule détention dans une propriété non ouverte au public de deux cygnes tuberculés ne pouvait être regardée comme permettant de caractériser l'existence d'un établissement d'élevage au sens des dispositions des articles L. 413-2 et L. 413-3 du Code de l'environnement* » (Crim. 4 oct. 2005, n° 05-82.565, D). • **Incrimination de l'exploitation non-conforme à l'arrêté d'autorisation.** Tout changement notable des installations et des conditions de fonctionnement nécessite une nouvelle autorisation (C. envir., art. R. 413-22). C. envir., art. L. 413-3 5° incrimine la violation « *des décisions individuelles* » (soit les arrêtés d'autorisation, actes administratifs individuels), prises pour l'application de C. envir., art. L. 413-3. Il en résulte que « *l'incrimination définie par l'article L. 413-3 [...] et réprimée par l'article L. 415-3 s'applique à l'inobservation du volume maximum des activités fixé par l'arrêté d'autorisation* » (Crim. 13 nov. 2007, n° 07-84.806, P n° 275).

▪ **Régime particulier des établissements détenant des espèces chassables.** Selon les distinctions apportées par C. envir., art. R. 413-1 III, les « *établissements d'élevage, de vente et de transit des espèces de gibier dont la chasse est autorisée* » (ex. élevage de sangliers) sont soumis à des dispositions spécifiques relatives au certificat de capacité (C envir., art. R. 413-26) et à l'autorisation d'ouverture (C. envir., art. R. 413-28 s.). La violation de ces conditions reste toutefois incriminée dans les mêmes termes par C. envir., **L. 415-3.** Ainsi l'arrêté d'autorisation fixe les conditions d'exploitation, la liste des espèces et variétés dont la détention est autorisée, le volume maximum des activités (C. envir., art. R. 413-36) ; le certificat de capacité est personnel (C. envir., art. R. 413-25) ; le nouvel exploitant doit produire son certificat de capacité (C. envir., art. R. 413-39) ; tout changement notable de l'exploitation doit être déclaré au préfet (C. envir., art. R. 413-38).

▪ **Exigence de marquage et d'enregistrement des animaux. • Marquage et enregistrement des espèces protégées.** « *Les mammifères, oiseaux, reptiles et amphibiens d'espèces non domestiques figurant sur les listes* » des espèces protégées « *détenus en captivité doivent être identifiés individuellement* » (C. envir., art. L. 413-6) par marquage (C. envir., art. R. 413-23-1) et leurs données d'identification, composante de l'identification obligatoire (C. envir., art. R. 413-23-1), doivent être enregistrées dans le fichier national d'identification des animaux d'espèces non domestiques détenus en captivité (C. envir., art. L. 413-6 et R. 413-23-5). Les manquements aux obligations de marquage, qui s'imposent à tout propriétaire et pas seulement aux établissements, sont réprimés par C. envir., art. **R. 415-4**, contrav. 5e cl. • **Marquage des espèces chassables.** Tout animal chassable détenu par un établissement et destiné à être introduit dans la nature doit être muni « *d'une marque inamovible permettant d'identifier sa provenance* » (C. envir., art. R. 413-30). Ces prescriptions figurent parmi les conditions de l'arrêté d'ouverture (C. envir., art. R. 413-30) et leur violation susceptible de qualifier le délit d'exploitation irrégulière de l'établissement (v. **cas C2**).

▪ **Exigence d'autorisation de détention des espèces protégées.** L'exploitant détenant des espèces protégées par la convention de Washington et les règlements CITES (C. envir., art. L. 412-1 et R. 412-1) ou par la règlementation nationale (C. envir., art. L. 411-2 et R. 411-6) doit être titulaire des permis, certificats, autorisations ou dérogations justifiant cette détention (sur les incriminations, v. n° **31.19**).

MESURE CIVILE

▪ **Constitution de partie civile. • Association agréée de protection de l'environnement.** C. envir., art. L. 142-2, *Idem* n° **31.1**.

RÉGIME PROCÉDURAL

▪ **Compétence juridictionnelle. Juge unique** (C. pr. pén., art. 398-1 6°, v. n° **17.15D2**).

▪ **Ordonnance pénale. Possible** (C. pr. pén., art. 495-II, v. n° **15.48B1** et tableau n° **17.15D2**).

▪ **Prescription de l'action publique.** « *la prescription de l'action publique en matière d'ouverture sans autorisation d'un élevage d'animaux non domestiques ne court qu'à compter du jour où la situation illicite a pris* *fin, l'infraction s'accomplissant pendant toute la durée de la présence d'animaux dans l'établissement sans qu'ait été obtenue l'autorisation requise par le code de l'environnement* » (Crim. 21 févr. 2006, nº 05-84.916, P nº 51).

MESURE ADMINISTRATIVE

▪ **Contrôle et sanctions administratifs.** Les agents énumérés au C. envir., art. L 415-1 sont habilités à contrôler les établissements (C. envir., art. R. 413-44). En application de C. envir., art. L. 413-5), en cas d'exploitation sans autorisation, le préfet met l'exploitant en demeure de régulariser (C. envir., art. R. 413-45), le cas échéant en suspendant l'exploitation (C. envir., art. R. 413-45), à peine d'exécution d'office des mesures prescrites ou de consignation des montants nécessaires (C. envir., art. R. 413-46), ou de fermeture ou de suppression de l'établissement (C. envir., art. R. 413-47). Des dispositions comparables s'appliquent en cas de méconnaissance des prescriptions imposées par la règlementation, par les règles de détention des animaux ou par l'arrêté d'autorisation (C. envir., art. R. 413-48 et R. 413-49). En cas de suspension de l'exploitation ordonnée par arrêté du préfet, l'exploitant est tenu au paiement des salaires de son personnel (C. envir., art. R. 413-51).

RÉGIME DES PEINES

▪ **Amende encourue.** L'amende est doublée lorsque l'infraction est commise dans un **parc national** ou une **réserve naturelle** (C. envir., art. L. 415-3).

▪ **Condamnation aux frais.** Le tribunal peut mettre à la charge de la personne condamnée les frais exposés pour la capture, les prélèvements, la garde ou la destruction des spécimens rendus nécessaires (C. envir., art. L. 415-3).

▪ ÉLÉMENTS CONSTITUTIFS – QUALIFICATION

✧ Pour avoir à .... [¤ lieu], le .... [¤ date] [⇨A à C :]

A. **ABSENCE DE CERTIFICAT DE CAPACITÉ PAR LE RESPONSABLE D'UN ÉTABLISSEMENT DÉTENANT DES ESPÈCES NON DOMESTIQUES**

sans être titulaire d'un certificat de capacité pour l'entretien de ces animaux, été responsable d'un établissement (C. envir., art. **L. 413-2**, R. 413-3, R. 413-4, **L. 415-3 1°**) [⇨A1 à A3 :]

A1. d'élevage, de vente, de location ou de transit d'animaux d'espèces non domestiques (A1 : *N* ***10452.ju*** *;* par personne morale : *N* ***29702.ju***) ;

A2. d'élevage, de vente ou de transit d'animaux d'espèces non domestiques dont la chasse est autorisée (C. envir., art. R. 413-1 III, R. 413-26) (A2 : *N* ***#.ju***) ;

A3. destiné à la présentation au public de spécimens vivants de la faune locale ou étrangère (A3 : *N* ***#.ju***).

B. **EXPLOITATION SANS AUTORISATION D'UN ÉTABLISSEMENT DÉTENANT DES ESPÈCES NON DOMESTIQUES**

ouvert ou exploité sans autorisation préfectorale un établissement (C. envir., art. **L. 413-3**, R. 413-19, R. 413-21, R. 413-22, **L. 415-3 5°**) [⇨B1 à B3 :]

B1. d'élevage, de vente, de location ou de transit d'animaux d'espèces non domestiques (B1 : *N* ***10450.ju*** *;* par personne morale : *N* ***29703.ju***) ;

B2. d'élevage, de vente ou de transit d'animaux d'espèces non domestiques dont la chasse est autorisée (C. envir, art. R. 413-1 III, R. 413-28) (B2 : *N* ***21806.ju***) ;

B3. destiné à la présentation au public de spécimens vivants de la faune locale ou étrangère (B3 : *N* ***10451.ju***).

C. **EXPLOITATION IRRÉGULIÈRE D'UN ÉTABLISSEMENT DÉTENANT DES ESPÈCES NON DOMESTIQUES**

ouvert ou exploité en violation des dispositions règlementaires ou de l'arrêté préfectoral d'autorisation un établissement (C. envir., art. **L. 413-3**, R. 413-19, R. 413-21, R. 413-22, **L. 415-3 5°**) [⇨C1 à C3 :]

C1. d'élevage, de vente, de location ou de transit d'animaux d'espèces non domestiques (C1 : *N* ***25588.ju***) ;

C2. d'élevage, de vente ou de transit d'animaux d'espèces non domestiques dont la chasse est autorisée (C. envir., art. R. 413-1 III, R. 413-36) (C2 : *N* ***#.ju***) ;

C3. destiné à la présentation au public de spécimens vivants de la faune locale ou étrangère (C3 : *N* ***#.ju***).

Faits prévus et réprimés par les articles L. 173-5, L. 173-7, L. 173-8, L. 173-9, L. 173-10 (+ articles de la formule sélectionnée) du code de l'environnement. ✧

31.20 Détention irrégulière de chien dangereux, d'attaque, de garde ou de défense

▪ PEINES

PERSONNE PHYSIQUE

PP Délit. 6 mois d'emprisonnement, 7 500 € (depuis L. nº 2007-297, 5 mars 2007, auparavant : 3 mois, 3 750 €) (C. rur., art. L. 215-1).

PC 1. Confiscation (réelle ou en valeur) du ou des chiens concernés (obligatoire pour objets qualifiés dangereux ou nuisibles par loi ou règlement ou dont la détention est illicite) (C. rur., art. L. 215-1 [L. nº 2007-297, 5 mars 2007] ; C. pén., art. 131-21-1). Sur la peine de confiscation d'un animal (C. pén., art. 131-21-1), v. nº 18.36 ;

2. Interdiction ⩽ 5 ans, détention de chien de 1re ou 2e catégorie (C. rur., art. L. 215-1 [L. nº 2007-297, 5 mars 2007]) ;

PERSONNE MORALE

PP 37 500 € (C. rur., art. L. 215-1 ; C. pén., art. 131-38).

PC 1. Confiscation (réelle ou en valeur) du ou des chiens concernés (obligatoire pour objets qualifiés dangereux ou nuisibles par loi ou règlement ou dont la détention est illicite) (C. rur., art. L. 215-1 [L. nº 2007-297, 5 mars 2007] ; C. pén., art. 131-39, 8º, 131-48 et 131-21-1. Sur la peine de confiscation d'un animal (C. pén., art. 131-21-1), v. nº 18.36) ;

2. Interdiction ⩽ 5 ans, détention de chien de 1re ou 2e catégorie (C. rur., art. L. 215-1 [L. nº 2007-297, 5 mars 2007]).

▪ ORIENTEUR

AUTRE QUALIFICATION

▪ **Acquisition, cession de chien de 1re catégorie – Détention de chien de 1re catégorie non stérilisé.** V. nº 31.21.

▪ **Dressage au mordant en dehors des cas autorisés.** V. nº 31.22.

▪ **Chien de 1re ou 2e catégorie – Absence de permis de détention malgré mise en demeure.** V. nº 31.23.

▪ **Chien de 1re ou 2e catégorie – Obligations du détenteur – Contraventions.** V. nº 31.24.

▪ **Lutte contre la rage – Divagation des animaux – Excitation d'animal dangereux.** V. nº 31.25.

▪ **Homicide involontaire résultant de l'agression par un chien.** V. nº 20.61.

▪ **Blessures involontaires – ITT > 3 mois résultant de l'agression par un chien.** V. nº 20.65.

▪ **Blessures involontaires – ITT ⩽ 3 mois résultant de l'agression par un chien.** V. nº 20.68.

TEXTE DE RÉFÉRENCE

▪ **Classification des chiens susceptibles d'être dangereux.** Arr. 27 avr. 1999, NOR : AGRG9900639A, *JO* 30 juin, pris en application de l'article L. 211-12 du code rural :

• **1re catégorie, chiens d'attaque** : chiens non inscrits à un livre généalogique reconnu par le ministre de l'Agriculture et de la pêche, assimilables par leurs caractéristiques morphologiques aux chiens de race :

– staffordshire terrier et american staffordshire terrier, appelés communément « pitt-bulls » ;

– mastiff, communément « bœrs-bulls » ;

– tosa.

• **2e catégorie, chiens de garde et de défense** : chiens de race (c'est-à-dire inscrits sur un livre généalogique) :

– staffordshire terrier et american staffordshire terrier, appelés communément « pitt-bulls » ;

– tosa ;

– chiens rottweiller (inscrits ou non à un registre généalogique).

▪ **Attestation d'aptitude imposée au propriétaire ou détenteur.** Le propriétaire ou détenteur d'un chien relevant de la catégorie des chiens dangereux est tenu d'être titulaire d'une attestation d'aptitude, délivrée par un formateur agréé, sanctionnant une formation portant sur l'éducation et le comportement canins ainsi que la prévention des accidents (C. rur., art. L. 211-13-1, L. n° 2008-582, 20 juin 2008 ; R. 211-5-3 à R. 211-5-5).

▪ **Permis de détention de chien relevant de la catégorie des chiens dangereux.** Leur détention est subordonnée à la délivrance d'un permis de détention par la mairie, après justification de son tatouage, de sa vaccination antirabique, d'une assurance garantissant les dommages causés par l'animal, de l'attestation d'aptitude, de l'évaluation comportementale, de la stérilisation pour les chiens de 1re catégorie (C. rur., art. L. 211-14, L. n° 2008-582, 20 juin 2008 ; R. 211-5).

▪ **Évaluation comportementale obligatoire du jeune chien relevant de la catégorie des chiens dangereux.** Le propriétaire ou détenteur est tenu, lorsque l'âge du chien < huit mois et ⩽ 12 mois, de le soumettre à une évaluation comportementale (C. rur., art. L. 211-13-1, L. n° 2008-582, 20 juin 2008, D. 211-3-1).

▪ **Déclaration obligatoire des morsures et évaluation comportementale obligatoire de tout chien après morsure.** Tout fait de morsure doit être déclaré à la mairie par son propriétaire ou détenteur ou par tout professionnel. Le propriétaire ou détenteur est en outre tenu de soumettre le chien à une évaluation comportementale. À défaut de respect de ces obligations, l'animal peut être placé ou euthanasié en cas de danger grave et immédiat (C. rur., art. L. 211-14-2, L. n° 2008-582, 20 juin 2008, R. 215-2).

▪ **Casier judiciaire.** Les condamnations figurant au bulletin n° 2 du casier judiciaire entraînant interdiction de détenir un chien de 1re ou 2e catégorie sont précisées au C. pr. pén., art. 775.

RÉGIME PROCÉDURAL

▪ **Saisie, placement et euthanasie judiciaire de l'animal.** Sur le régime de la saisie judiciaire et du placement d'un animal vivant (C. pr. pén., art. 99-1), v. n° 11.61H.

▪ **Compétence juridictionnelle. Juge unique** (C. pr. pén., art. 398-1 9°, v. n° 17.15D2).

▪ **Ordonnance pénale. Possible** (C. pr. pén., art. 495-II, v. n° 15.48B1 et tableau n° 17.15D2).

MESURE ADMINISTRATIVE

▪ **Placement et euthanasie administratifs par décision du préfet ou du maire.** En cas de danger grave et immédiat pour les personnes ou les animaux domestiques, le maire ou à défaut le préfet peut ordonner par arrêté que l'animal (quelle que soit sa catégorie) soit **placé dans un lieu de dépôt** adapté à la garde de celui-ci et, le cas échéant, faire procéder à son **euthanasie** (C. rur., art. L. 211-11). Est réputé présenter un danger grave et immédiat tout chien appartenant à une des catégories mentionnées à l'article L. 211-12 (1re et 2e catégories), qui est détenu par une personne à qui sa détention est interdite (art. L. 211-13) ou qui se trouve dans un lieu où sa présence est interdite par le I de l'article L. 211-16, ou qui circule sans être muselé et tenu en laisse dans les conditions prévues par le II du même article, ou « *dont le propriétaire ou le détenteur n'est pas titulaire de l'attestation d'aptitude* » (L. n° 2008-582, 20 juin 2008). L'euthanasie peut intervenir sans délai, après avis d'un vétérinaire désigné par la direction des services vétérinaires. Cet avis doit être donné au plus tard quarante-huit heures après le placement de l'animal. À défaut, l'avis est réputé favorable à l'euthanasie. Les frais afférents aux opérations de capture, de transport de garde et d'euthanasie de l'animal sont intégralement mis à la charge de son propriétaire ou de son détenteur. Une mesure d'euthanasie peut également être prescrite par le maire ou le préfet si le propriétaire ou détenteur d'un chien relevant de la catégorie des chiens dangereux, dépourvu de permis de détention, ne procède pas à la régularisation dans un délai d'un mois au plus (C. rur., art. L. 211-14, L. n° 2008-582, 20 juin 2008).

▪ **Mesure administrative de prévention imposée au propriétaire de tout animal dangereux.** Si un animal (quelle que soit sa catégorie) est susceptible, compte tenu des modalités de sa garde, de présenter un danger pour les personnes ou les animaux domestiques, le maire ou, à défaut, le préfet peut prescrire à son propriétaire ou à son détenteur de prendre des mesures de nature à prévenir le danger (C. rur., art. L. 211-11, L. n° 2008-582, 20 juin 2008). Il peut à ce titre, à la suite de l'évaluation comportementale du chien consécutive à une morsure (C. rur., art. L. 211-14-1), imposer à son propriétaire ou à son détenteur de **suivre la formation** et d'obtenir l'attestation d'aptitude prévues ci-dessus (C. rur., art. L. 211-13-1 (L. n° 2008-582, 20 juin 2008)). En cas d'inexécution, par le propriétaire ou le détenteur de l'animal, des mesures prescrites, le maire peut, par arrêté, placer l'animal dans un lieu de dépôt adapté à l'accueil et à la garde de celui-ci. À défaut de garanties présentées par le propriétaire ou le détenteur au terme d'un délai franc de huit jours, le maire autorise le gestionnaire du lieu de dépôt, après avis d'un vétérinaire désigné par la direction des services vétérinaires, soit à faire procéder à l'euthanasie de l'animal, soit à en disposer (C. rur., art. L. 211-11, L. nº 2008-582, 20 juin 2008).

■ ÉLÉMENTS CONSTITUTIFS – QUALIFICATION

✧ Pour avoir à .... [¤ lieu], le .... [¤ date], détenu un chien appartenant à la 1re ou 2e catégorie, en l'espèce un .... [¤ type de chien] en [⇨A à D :]

A. étant âgé de moins de 18 ans (A : *N* ***22054.ju***) ;

B. étant placé sous le régime de la tutelle et ne disposant pas d'autorisation du juge des tutelles (B : *N* ***22055.ju***) ;

C. ayant été condamné pour crime ou à une peine d'emprisonnement avec ou sans sursis inscrite au bulletin nº 2 de son casier judiciaire (C : *N* ***22055.ju***) ;

D. ayant fait l'objet d'une mesure de retrait de la propriété ou de la garde d'un chien susceptible de présenter un danger pris par le maire en application de l'article L. 211-12 du code rural (D : *N* ***22055.ju***).

Faits prévus et réprimés par les articles L. 211-13 et L. 215-1 du code rural. ✧

31.21 Acquisition, cession de chien de 1re catégorie – Détention de chien de 1re catégorie non stérilisé

■ PEINES

PERSONNE PHYSIQUE

PP Délit. 6 mois d'emprisonnement, 15 000 € (C. rur., art. L. 215-2).

PC 1. Confiscation (réelle ou en valeur) chien concerné (obligatoire pour objets qualifiés dangereux ou nuisibles par loi ou règlement ou dont la détention est illicite) (C. rur., art. L. 215-2 ; C. pén., art. 131-21) ;

2. Interdiction ⩽ 5 ans (L. nº 2007-297, 5 mars 2007, auparavant 3 ans) activité professionnelle ou sociale dont les facilités ont été sciemment utilisées pour préparer ou commettre l'infraction (sauf mandat électif ou syndical) (C. rur., art. L. 215-2 ; C. pén., art. 131-27, 131-28 et 131-29) ;

3. Interdiction ⩽ 5 ans, détention de chien de 1re ou 2e catégorie (C. rur., art. L. 215-2 [L. nº 2007-297, 5 mars 2007]).

PERSONNE MORALE

PP 75 000 € (C. rur., art. L. 215-2 ; C. pén., art. 131-38).

PC 1. Confiscation (réelle ou en valeur) du ou des chiens concernés (obligatoire pour objets qualifiés dangereux ou nuisibles par loi ou règlement ou dont la détention est illicite) (C. rur., art. L. 215-2 [L. nº 2007-297, 5 mars 2007] ; C. pén., art. 131-39, 8º, 131-48 et 131-21) ;

2. Interdiction ⩽ 5 ans, détention de chien de 1re ou 2e catégorie (C. rur., art. L. 215-2 [L. nº 2007-297, 5 mars 2007]) ;

■ ORIENTEUR

AUTRE QUALIFICATION

▪ Renvoi. *Idem* nº 31.20.

TEXTE DE RÉFÉRENCE

▪ **Classification des chiens et régime administratif de la détention des chiens dangereux.** V. nº 31.20.

RÉGIME PROCÉDURAL

▪ **Compétence juridictionnelle. Juge unique** (C. pr. pén., art. 398-1 9º, v. nº 17.15D2).

▪ **Ordonnance pénale. Possible** (C. pr. pén., art. 495-II, v. nº 15.48B1 et tableau nº 17.15D2).

▪ **Amende forfaitaire délictuelle. Possible** depuis L. nº 2023-22, 24 janv.2023, **sauf en cas de récidive**, si l'infraction est relevée par **procès-verbal électronique** (C. rur., art. L. 215-2, C. pr. pén., art. 495-17 s. et D. 45-3). Amende minorée : 250 € ; forfaitaire : 300 € ; majorée : 600 €. C. pr. pén., art. 495-20 et 495-21 relatifs à l'exigence d'une consignation préalable à la contestation ne sont pas applicables. Sur la procédure d'amende forfaitaire délictuelle, v. nº 15.47.

▪ **Placement et euthanasie judiciaire de l'animal.** V. nº 31.20.

▪ **Pouvoir des agents de constatation de l'infraction. • Agents compétents pour constater l'infraction.** Outre les OPJ ou APJ, les agents de police municipale et les gardes-champêtres sont compétents pour constater par procès-verbaux les infractions au C. rur., art. L. 211-14 et L. 211-16 ainsi que des textes ou décisions pris pour leur application (C. rur., art. L. 215-3-1).

MESURE ADMINISTRATIVE

▪**Renvoi.** *Idem* n° 31.20.

RÉGIME DES PEINES

▪ **Confiscation de l'animal.** *Idem* n° 31.20.

▪ ÉLÉMENTS CONSTITUTIFS – QUALIFICATION

✧ Pour avoir à .... [¤ lieu], le .... [¤ date], [⇨A à D :]

A. acquis (A : *N 22056.ju*)...

B. cédé à titre gratuit ou onéreux (B : *N 22057.ju*)...

C. importé ou introduit sur le territoire métropolitain, les départements d'outre mer ou dans la collectivité territoriale de Saint-Pierre-et-Miquelon (C : *N 22058.ju*)...

D. détenu sans avoir fait procéder à sa stérilisation (D : *N 22059.ju*)...

... un chien appartenant à la première catégorie, en l'espèce un .... [¤ type de chien]. Faits prévus et réprimés par les articles L. 211-15 et L. 215-2 du code rural. ✧

31.22 Dressage au mordant en dehors des cas autorisés

▪ PEINES

PERSONNE PHYSIQUE

PP Délit. 6 mois d'emprisonnement, 7 500 € (C. rur., art. L. 215-3).

PC 1. Confiscation (réelle ou en valeur) du chien concerné et objets et matériels ayant servi au dressage (obligatoire pour objets qualifiés dangereux ou nuisibles par loi ou règlement ou dont la détention est illicite) (C. rur., art. L. 215-3 ; C. pén., art. 131-21) ;

2. Interdiction ⩽ 5 ans activité professionnelle ou sociale dont les facilités ont été sciemment utilisées pour préparer ou commettre l'infraction (sauf mandat électif ou syndical) (C. rur., art. L. 215-3 [L. n° 2007-297, 5 mars 2007] ; C. pén., art. 131-27, 131-28 et 131-29) ;

3. Interdiction ⩽ 5 ans de détention de chien de 1re ou 2e catégorie (C. rur., art. L. 215-3 [L. n° 2007-297, 5 mars 2007]) ;

PERSONNE MORALE

PP 37 500 € (C. pén., art. 131-38).

PC 1. Confiscation (réelle ou en valeur) du ou des chiens concernés (obligatoire pour objets qualifiés dangereux ou nuisibles par loi ou règlement ou dont la détention est illicite) (C. rur., art. L. 215-3 [L. n° 2007-297, 5 mars 2007] ; C. pén., art. 131-39, 8°, 131-48 et 131-21) ;

2. Interdiction ⩽ 5 ans activité professionnelle ou sociale dont les facilités ont été sciemment utilisées pour préparer ou commettre l'infraction (sauf mandat électif ou syndical) (C. rur., art. L. 215-3 [L. n° 2007-297, 5 mars 2007] ; C. pén., art. 131-29 et 131-39, 2°) ;

3. Interdiction ⩽ 5 ans de détention de chien de 1re ou 2e catégorie (C. rur., art. L. 215-3 [L. n° 2007-297, 5 mars 2007]).

▪ ORIENTEUR

AUTRE QUALIFICATION

▪**Renvoi.** *Idem* n° 31.20.

TEXTE DE RÉFÉRENCE

▪ **Exigence du certificat de capacité.** *Idem* n° 31.20. « *Le dressage des chiens au mordant n'est autorisé que dans le cadre des activités de sélection canine encadrées par une association agréée par le ministre chargé de l'agriculture et des activités de surveillance, de gardiennage et de transport de fonds. Seuls les dresseurs détenant un certificat de capacité peuvent exercer l'activité de dressage des chiens au mordant et acquérir des objets et des matériels destinés à ce dressage.../... Le certificat de capacité est délivré par l'autorité administrative aux candidats justifiant d'une aptitude professionnelle. L'acquisition, à titre gratuit ou onéreux, par des personnes non titulaires* *du certificat de capacité, d'objets et de matériels destinés au dressage au mordant est interdite. Le certificat de capacité doit être présenté au vendeur avant toute cession.* » (C. rur., art. L. 211-17).

RÉGIME PROCÉDURAL

▪ **Compétence juridictionnelle. Juge unique** (C. pr. pén., art. 398-1 9°, v. n° 17.15D2).

▪ **Ordonnance pénale. Possible** (C. pr. pén., art. 495-II, v. n° 15.48B1 et tableau n° 17.15D2).

▪ **Amende forfaitaire délictuelle.** Cas A et B : **possible** depuis L. n° 2023-22, 24 janv.2023, **sauf en cas de récidive**, si l'infraction est relevée par **procès-verbal électronique** (C. rur., art. L. 215-3, C. pr. pén., art. 495-17 s. et D. 45-3). Amende minorée : 250 € ; forfaitaire : 300 € ; majorée : 600 €. Sur la procédure d'amende forfaitaire délictuelle, v. n° 15.47.

▪ **Placement et euthanasie judiciaire de l'animal.** V. n° 31.20.

MESURE ADMINISTRATIVE

▪**Renvoi.** *Idem* n° 31.20.

RÉGIME DES PEINES

▪ **Confiscation de l'animal.** *Idem* n° 31.20.

▪ ÉLÉMENTS CONSTITUTIFS – QUALIFICATION

✧ Pour avoir à .... [¤ lieu], le .... [¤ date], [⇨A à C :]

A. en dehors d'une activité de sélection canine encadrée par une association agréée par le ministre de l'Agriculture, ou d'une activité de surveillance, gardiennage ou transport de fonds, dressé ou fait dresser un chien au mordant ou utilisé celui-ci (A : *N 22447.ju*) ;

B. sans certificat de capacité, exercé une activité de dressage au mordant (B : *N 22448.ju*) ;

C. vendu ou cédé des objets ou du matériel destinés au dressage au mordant à une personne non titulaire du certificat de capacité (C : *N 22449.ju*).

Faits prévus et réprimés par les articles L. 211-17 et L. 215-3 du code rural. ✧

31.23 Chien de 1re ou 2e catégorie – Absence de permis de détention malgré mise en demeure

▪ PEINES

PERSONNE PHYSIQUE

PP Délit. 3 mois d'emprisonnement, 3 750 € (C. rur., art. L. 215-2-1).

PC 1. Dans le cas où l'euthanasie n'a pas été prononcée, confiscation (réelle ou en valeur) du chien concerné (obligatoire pour objets qualifiés dangereux ou nuisibles par loi ou règlement ou dont la détention est illicite) (C. rur., art. L. 215-2-1 ; C. pén., art. 131-21) ;

2. Interdiction, définitive ou ⩽ 3 ans de détenir un animal (C. rur., art. L. 215-2-1 ; C. pén., art. 131-16, 10°, L. n° 2007-297, 5 mars 2007) ;

PERSONNE MORALE

PP 18 750 € (C. pén., art. 131-38).

PC Néant.

▪ ORIENTEUR

AUTRE QUALIFICATION

▪**Renvoi.** *Idem* n° 31.20.

ÉLÉMENT LÉGAL

▪ **Application de la loi pénale dans le temps.** L'incrimination a été réécrite par la loi n° 2008-582 du 20 juin 2008 qui incrimine désormais, eu égard à l'obligation nouvelle pour tout propriétaire ou détenteur d'un chien appartenant à la catégorie des chiens dangereux de disposer d'un permis de détention, le non-respect de la demande de régularisation dans le délai d'un mois formée par le maire ou le préfet (v. n° 31.20) (C. rur., art. L. 211-14, L. n° 2008-582, 20 juin 2008).

TEXTE DE RÉFÉRENCE

▪ **Classification des chiens et régime administratif de la détention des chiens dangereux.** V. n° 31.20.

RÉGIME PROCÉDURAL

▪ **Placement et euthanasie judiciaire de l'animal.** V. n° 31.20.

▪ **Compétence juridictionnelle. Juge unique** (C. pr. pén., art. 398-1 9°, v. n° 17.15D2).

▪ **Ordonnance pénale. Possible** (C. pr. pén., art. 495-II, v. n° 15.48B1 et tableau n° 17.15D2).

▪ **Amende forfaitaire délictuelle. Possible** depuis L. n° 2023-22, 24 janv.2023, **sauf en cas de récidive**, si l'infraction est relevée par **procès-verbal électronique** (C. rur., art. **L. 215-2-1**, C. pr. pén., art. 495-17 s. et **D. 45-3**). Amende minorée : 250 € ; forfaitaire : 300 € ; majorée : 600 €. C. pr. pén., art. 495-20 et 495-21 relatifs à l'exigence d'une consignation préalable à la contestation ne sont pas applicables. Sur la procédure d'amende forfaitaire délictuelle, v. n° 15.47.

▪ **Pouvoir des agents de constatation de l'infraction. • Agents compétents pour constater l'infraction.** C. rur., art. L. 215-3-1, v. n° 31.21.

MESURE ADMINISTRATIVE

▪Renvoi. *Idem* n° 31.20.

RÉGIME DES PEINES

▪ **Confiscation de l'animal.** V. n° 31.20.

▪ ÉLÉMENTS CONSTITUTIFS – QUALIFICATION

✧ Pour avoir à .... [¤ lieu], le .... [¤ date], omis, étant propriétaire ou détenteur d'un chien de la 1re ou 2e catégorie, d'obtenir le permis de détention de l'animal dans le mois de la mise en demeure du maire ou du préfet.
Faits prévus et réprimés par les articles L. 211-14 et L. 215-2-1 du code rural (*N* ***26186.ju***). ✧

31.24 Chien de 1re ou 2e catégorie – Obligations du détenteur – Contraventions

▪ PEINES

PERSONNE PHYSIQUE

PP Cas A : Contrav. 4e cl., 750 € (C. pén., art. 131-13).
Cas B à F : 3e cl., 450 € (C. pén., art. 131-13).
Cas G à K : 2e cl., 150 € (C. pén., art. 131-13).
PC Néant.

PERSONNE MORALE

PP Cas A : 3. 750 €. Cas B à F : 2. 250 €. Cas G à K : 750 € (C. pén., art. 131-41).
PC Néant.

▪ ORIENTEUR

AUTRE QUALIFICATION

▪Renvoi. *Idem* n° 31.20.

TEXTE DE RÉFÉRENCE

▪ **Classification des chiens et régime administratif de la détention des chiens dangereux.** V. n° 31.20.

RÉGIME PROCÉDURAL

▪ **Placement et euthanasie judiciaire de l'animal.** V. n° 31.20.

▪ **Pouvoir des agents de constatation de l'infraction. • Agents compétents pour constater l'infraction.** C. rur., art. L. 215-3-1, v. n° 31.21.

MESURE ADMINISTRATIVE

▪Renvoi. *Idem* n° 31.20.

▪ **Régularisation ou euthanasie administratifs de l'animal détenu sans permis par décision du préfet ou du maire. Cas A.** : C. rur., art. L. 211-14. En cas de constatation de défaut de permis de détention, le maire ou à défaut le préfet met en demeure le propriétaire ou le détenteur de celui-ci de procéder à la régularisation de la situation dans un délai d'un mois au plus. L'absence de régularisation dans le mois de la mise en demeure constitue un délit (v. n° 31.23). Faute de régularisation, le maire ou à défaut le préfet peut ordonner que l'animal soit placé dans un lieu de dépôt adapté à l'accueil et à la garde de celui-ci et peut faire procéder sans délai et sans nouvelle mise en demeure à son euthanasie. Les frais afférents aux opérations de capture, de transport de garde et d'euthanasie de l'animal sont intégralement mis à la charge de son propriétaire ou de son détenteur.

▪ **Euthanasie administrative par décision du préfet ou du maire** du chien circulant sans être muselé ou tenu en laisse. Cas I, J et K. V. nº 31.20.

▪ ÉLÉMENTS CONSTITUTIFS – QUALIFICATION

✧ Pour avoir à .... [¤ lieu], le .... [¤ date], [⇨A à K :]

A. **DÉFAUT DE PERMIS DE DÉTENTION**

étant propriétaire ou détenteur d'un chien de la 1re (A1 : *N 22158.c4*) ou 2e catégorie (A2 : *N 22159.c4*), omis d'être titulaire d'un permis de détention ou d'un permis provisoire (C. rur., art. L. 211-14) ;

B. **DÉFAUT D'ASSURANCE**

étant propriétaire ou détenteur d'un chien de la 1re ou 2e catégorie, omis d'être couvert pas une assurance garantissant sa responsabilité civile pour les dommages causés aux tiers par l'animal (B : *N 22153.c3*) (C. rur., art. L. 211-14) ;

C. **DÉFAUT DE VACCINATION CONTRE LA RAGE**

étant propriétaire ou détenteur d'un chien de la 1re ou 2e catégorie, omis, même dans un département non officiellement déclaré infecté de rage, de procéder à sa vaccination contre la rage (C : *N 22154.c3*) ;

D. **DÉFAUT DE PRÉSENTATION DU PERMIS DE DÉTENTION**

étant propriétaire ou détenteur d'un chien de la 1re (D1 : *N 22167.c3*) ou 2e catégorie (D2 : *N 22168.c3*), omis de présenter à toute réquisition des forces de police ou de gendarmerie le permis de détention de l'animal (C. rur., art. L. 211-14) ;

E. **DÉFAUT DE PRÉSENTATION DU CERTIFICAT D'ASSURANCE OU DE VACCINATION**

étant propriétaire ou détenteur d'un chien de la 1re ou 2e catégorie, omis de présenter à toute réquisition des forces de police ou de gendarmerie une pièce en cours de validité justifiant (C. rur., art. L. 211-14, R. 211-5-1) [⇨E1 ou E2 :]

E1. l'assurance garantissant sa responsabilité civile pour les dommages causés aux tiers par l'animal (E1 : *N 22170.c3*) ;

E2. sa vaccination antirabique (E2 : *N 22169.c3*) ;

F. **DÉFAUT D'IDENTIFICATION, TATOUAGE**

étant propriétaire ou détenteur d'un chien de la 1re ou 2e catégorie, omis de faire procéder à son identification par un procédé agréé par le ministère de l'Agriculture (C. rur., art. L. 212-10, D. 212-6-3) (F : *N 22166.c3*) ;

G. **DÉTENTION DE CHIEN DE 1RE CATÉGORIE DANS LES LIEUX PUBLICS**

détenu un chien de 1re catégorie dans des (C. rur., art. L. 211-16) [⇨G1 ou G2 :]

G1. transports en commun (G1 : *N 22155.c2*) ;

G2. lieux publics autres que la voie publique ou dans des locaux ouverts au public (G2 : *N 22156.c2*) ;

H. **STATIONNEMENT DE CHIEN DE 1RE CATÉGORIE DANS LES PARTIES COMMUNES**

laissé stationner un chien de 1re catégorie dans les parties communes d'un immeuble collectif (C. rur., art. L. 211-16) (H : *N 22157.c2*) ;

I. **DÉFAUT DE LAISSE OU DE MUSELIÈRE, VOIE PUBLIQUE**

étant propriétaire ou détenteur d'un chien de la 1re ou 2e catégorie, laissé celui-ci sur la voie publique (C. rur., art. L. 211-14) [⇨I1 ou I2 :]

I1. non muselé (I1 : *N 22160.c2*) ;

I2. non tenu en laisse par une personne majeure (I2 : *N 22161.c2*) ;

J. **DÉFAUT DE LAISSE OU DE MUSELIÈRE, LIEUX PUBLICS, CHIEN DE 2E CATÉGORIE**

étant propriétaire ou détenteur d'un chien de la 1re ou 2e catégorie, laissé celui-ci dans des lieux publics ou des locaux ouverts au public (C. rur., art. L. 211-16) [⇨J1 ou J2 :]

J1. non muselé (J1 : *N 22164.c2*) ;

J2. non tenu en laisse par une personne majeure (J2 : *N 22165.c2*) ;

K. **DÉFAUT DE LAISSE OU DE MUSELIÈRE, TRANSPORTS EN COMMUN, CHIENS 2E CATÉGORIE**
étant propriétaire ou détenteur d'un chien de la 1re ou 2e catégorie, laissé celui-ci dans des transports en commun (C. rur., art. L. 211-16) [⇨K1 ou K2 :]

K1. non muselé (K1 : *N 22162.c2*) ;

K2. non tenu en laisse par une personne majeure (K2 : *N 22163.c2*).

Faits prévus et réprimés par les articles L. 211-12 et R. 215-2 du code rural + les articles [• du cas sélectionné]. ✧

31.25 Lutte contre la rage – Divagation des animaux – Excitation d'animal dangereux

■ **PEINES**

PERSONNE PHYSIQUE

PP Cas A : Contrav. 1re cl., 38 € (C. rur., art. R. 228-8 ; C. pén., art. 131-13).

Cas B : Contrav. 4e cl., 750 € (C. rur., art. R. 228-8 ; C. pén., art. 131-13).

Cas C : Contrav. 5e cl., 1 500 € (C. rur., art. R. 228-5 ; C. pén., art. 131-13).

Cas D : Contrav. 2e cl., 150 € (C. pén., art. R. 622-2 ; 131-13).

Cas E : Contrav. 3e cl., 450 € (C. pén., art. R. 623-3 ; 131-13).

PC Cas C : 1. Confiscation (réelle ou en valeur) armes, filets, engins, instruments de chasse ou moyens de transport utilisés (obligatoire pour objets qualifiés dangereux ou nuisibles par loi ou règlement ou dont la détention est illicite) (C. rur., art. L. 228-14 et L. 228-16 ; C. pén., art. 131-21) ;

2. Privation, ⩽ 5 ans, du droit de conserver ou d'obtenir un permis de chasser (C. rur., art. L. 228-21) ;

3. Suspension, ⩽ 3 ans, du PC lorsque l'infraction aura été commise avec un véhicule à moteur, même si l'auteur n'est pas conducteur (C. rur., art. L. 228-25 et R. 228-19).

PERSONNE MORALE

PP Cas A : 190 €. Cas B : 3 750 €. Cas C : 7 500 €. Cas D : 750 €. Cas E : 2 250 €.
PC Néant.

■ **ORIENTEUR**

AUTRE QUALIFICATION

▪ **Infractions relatives aux chiens dangereux.** V. nº 31.20.

▪ **Chien de 1re ou 2e catégorie – Obligations du détenteur – Contraventions.** V. nº 31.24.

▪ **Chasse – Principales contraventions.** Infractions en matière de divagation de chiens instituées pour la protection du gibier, C. envir., art. R. 428-6 2°, Arr. 16 mars 1955, v. nº 31.45, cas E5.

ÉLÉMENT LÉGAL

▪ **Définition de la divagation.** • **Divagation du chien.** « *Est considéré comme en état de divagation tout chien qui, en dehors d'une action de chasse ou de la garde ou de la protection du troupeau, n'est plus sous la surveillance effective de son maître, se trouve hors de portée de voix de celui-ci ou de tout instrument sonore permettant son rappel, ou qui est éloigné de son propriétaire ou de la personne qui en est responsable d'une distance dépassant cent mètres. Tout chien abandonné, livré à son seul instinct, est en état de divagation, sauf s'il participait à une action de chasse et qu'il est démontré que son propriétaire ne s'est pas abstenu de tout entreprendre pour le retrouver et le récupérer, y compris après la fin de l'action de chasse* » (C. rur., art. L. 211-23). • **Divagation du chat.** « *Est considéré comme en état de divagation tout chat non identifié trouvé à plus de deux cents mètres des habitations ou tout chat trouvé à plus de mille mètres du domicile de son maître et qui n'est pas sous la surveillance immédiate de celui-ci, ainsi que tout chat dont le propriétaire n'est pas connu et qui est saisi sur la voie publique ou sur la propriété d'autrui* » (C. rur., art. L. 211-23).

TEXTE DE RÉFÉRENCE

▪ **Prohibition de la divagation des animaux.** « *Il est interdit de laisser divaguer les animaux domestiques et les animaux sauvages apprivoisés ou tenus en captivité* » (C. rur., art. L. 211-19-1).

RÉGIME PROCÉDURAL

▪ **Agents de constatation de l'infraction.** Les agents de police municipale, les gardes champêtres, les agents de surveillance de Paris ainsi que les agents de la ville de Paris chargés d'un service de police sont compétents pour constater par procès-verbal les contraventions des **cas** D et E lorsqu'elles sont commises sur le territoire communal ou sur le territoire d'assermentation et qu'elles ne nécessitent pas de leur part d'actes d'enquête (C. pr. pén., art. R. 15-33-29-3).

MESURE ADMINISTRATIVE

▪**Renvoi.** Mesures prévues dans le code rural relatives aux animaux dangereux et errants : *Idem* n° 31.20.

RÉGIME DES PEINES

▪ **Remise de l'animal.** Cas D et E : en cas de condamnation du propriétaire de l'animal ou si le propriétaire est inconnu, le tribunal peut décider de le remettre à une œuvre de protection animale reconnue d'utilité publique ou déclarée, qui pourra librement en disposer (C. pén., art. R. 622-2 et R. 623-3).

▪ ÉLÉMENTS CONSTITUTIFS – QUALIFICATION

✧ Pour avoir à .... [¤ lieu], le .... [¤ date], [⇨A à D :]

A. NON-PRÉSENTATION DU CERTIFICAT DE VACCINATION ANTIRABIQUE

étant propriétaire ou détenteur d'un carnivore domestique dans un département officiellement déclaré infecté de rage ou dans un autre lieu où la vaccination antirabique est imposée par arrêté du ministre chargé de l'agriculture, omis de présenter à toute réquisition de l'autorité investie des pouvoirs de police un certificat de vaccination antirabique valablement établi et en cours de validité sur lequel est indiqué le numéro d'identification de l'animal (C. rur., art. R. 228-8) (A : *N 335.c1*) ;

B. DÉFAUT DE VACCINATION ANTIRABIQUE – DÉFAUT DE SURVEILLANCE D'UN ANIMAL AYANT MORDU OU GRIFFÉ

[⇨B1 ou B2 :]

B1. étant propriétaire ou détenteur d'un carnivore domestique, omis de faire procéder à la vaccination antirabique de son animal dans le mois suivant la date de publication de l'arrêté déclarant infecté de rage dans le département où il réside (C. rur., art. R. 228-8) (B1 : *N 20780.c4*) ;

B2. étant propriétaire ou détenteur d'un animal sensible à la rage ayant, en quelque lieu que ce soit, mordu ou griffé une personne, ou, dans un département officiellement infecté de rage, mordu ou griffé un animal domestique ou un animal sauvage apprivoisé ou tenu en captivité, omis de le soumettre à trois visites effectuées par un vétérinaire investi d'un mandat sanitaire (C. rur., art. R. 228-8) (B2 : *N 20785.c4*) ;

C. ~~DIVAGATION DE CHIEN NUISIBLE AUX OISEAUX ET AU GIBIER~~

~~laissé divaguer un chien susceptible de détruire des oiseaux et du gibier ou pouvant compromettre leur repeuplement (art. 1 et 2 arrêté du 16 mars 1955, R. 228-5, R. 228-19, L. 228-14, L. 228-16, L. 228-21, L. 228-25 du code rural) (*N 3487.c5*)~~ (dispositions transférées au C. envir., v. n° 31.45, cas E5b.

D. DIVAGATION D'ANIMAL DANGEREUX

étant gardien d'un animal susceptible de présenter un danger pour les personnes, laissé divaguer celui-ci (C. pén., art. R. 622-2) (D : *N 225.c2*) ;

E. EXCITATION D'ANIMAL DANGEREUX

étant gardien d'un animal susceptible de présenter un danger pour les personnes, excité celui-ci ou omis de le retenir alors qu'il attaquait ou poursuivait un passant (C. pén., art. R. 623-3) (E : *N 225.c3*).

Faits prévus et réprimés par les articles [• du cas sélectionné]. ✧

31.26 Traitement et gestion des déchets – Délits prévus par le code de l'environnement

▪ PEINES

PERSONNE PHYSIQUE

PP Cas A à Y : 2 ans, 75 000 € (C. envir., art. L. 541-46 I). Cas Z (bande organisée) : 7 ans, 150 000 € (C. envir., art. L. 541-46 VII).

PC 1. Affichage, ⩽ 2 mois, *et/ou* diffusion de la décision ou d'extraits aux frais (⩽ amende encourue) du condamné (C. envir., art. L. 173-7 ; C. pén., art. 131-35) ;

2. Confiscation de la chose ayant servi à l'infraction ou destinée à la commettre ou son produit direct ou indirect (obligatoire pour objets qualifiés dangereux ou nuisibles par loi ou règlement ou dont la détention est illicite) (C. envir., art. L. 173-7 ; C. pén., art. 131-21) ;

3. Immobilisation ⩽ 1 an, véhicule, navire, bateau, embarcation ou aéronef dont le condamné s'est servi pour commettre l'infraction, s'il en est le propriétaire (C. envir., art. L. 173-7) ;

4. Interdiction ⩽ 5 ans d'exercer l'activité professionnelle dans l'exercice ou à l'occasion de l'exercice de laquelle l'infraction a été commise (sauf mandat électif ou syndical) (C. pén., art. 131-27 à 131-29 ; C. envir., art. L. 173-7) ;

5. Cas K et L : fermeture temporaire ou définitive de l'installation (C. envir., art. L. 541-46 III) ;

6. Cas K et L : interdiction contre l'exploitant d'exercer l'activité d'éliminateur ou de récupérateur (C. envir., art. L. 541-46 III) ;

7. Cas J, K, L, et Q : en cas d'infraction commises à l'aide d'un véhicule, suspension du PC ⩽ 5 ans (C. envir., art. L. 541-46 IV);

9. Cas Q : interdiction, définitive ou ⩽ 5 ans, d'intervenir dans un transfert transfrontalier de déchets à titre de notifiant ou de personne responsable d'un transfert au sens du règlement CE req. n° 1013/2006 du Parlement européen et du Conseil du 14 juin 2006 concernant les transferts de déchets (C. pén., art. 131-27 ; C. envir., art. L. 541-46 V).

PERSONNE MORALE

PP Cas A à Y : 375 000 € (C. envir., art. L. 541-46 I) ; Cas Z (bande organisée) : 750 000 € (C. envir., art. L. 541-46 VII).

PC 1. Interdiction, définitive ou ⩽ 5 ans, une ou plusieurs activités professionnelles ou sociales en relation avec l'infraction (C. envir., art. L. 173-8 ; C. pén., art. 131-39 2°) ;

2. Surveillance judiciaire ⩽ 5 ans, sauf personnes morales de droit public, partis, groupements politiques, syndicats (C. envir., art. L. 173-8 ; C. pén., art. 131-39 3° et 131-46) ;

3. Fermeture, définitive ou ⩽ 5 ans, d'un ou plusieurs établissements en relation avec l'infraction (C. envir., art. L. 173-8 ; C. pén., art. 131-39 4°) ;

4. Exclusion, définitive ou ⩽ 5 ans marchés publics (C. envir., art. L. 173-8 ; C. pén., art. 131-39 5°) ;

5. Interdiction, définitive ou ⩽ 5 ans appel public à l'épargne (C. envir., art. L. 173-8 ; C. pén., art. 131-39 6°) ;

6. Confiscation de la chose ayant servi à l'infraction ou destinée à la commettre, ou de son produit direct ou indirect (obligatoire pour objets qualifiés dangereux ou nuisibles par loi ou règlement ou dont la détention est illicite) (C. envir., art. L. 173-8 ; C. pén., art. 131-39 8°, 131-21) ;

7. Affichage, ⩽ 2 mois, *et/ou* (L. n° 2011-525, 17 mai 2011) diffusion de la décision ou d'extraits aux frais (⩽ amende encourue) du condamné (C. envir., art. L. 173-8 ; C. pén., art. 131-39 9°, 131-48 et 131-35).

▪ ORIENTEUR

AUTRE QUALIFICATION

▪ **Délits douaniers – Contrebande – Importation, exportation de marchandise prohibée.** V. n° 33.36. La détention, sans justification d'un titre régulier d'origine, de déchets dont l'importation, l'exportation ou le transit sont régis par C. envir., art. L. 514-40 à L. 541-42-2 ou par le règlement (CE) n° 1013/2006 du Parlement européen et du Conseil, 14 juin 2006, concernant les transferts de déchets, et les décisions des autorités de l'Union européenne prises en application de ce règlement, s'agissant de marchandises prohibées ou soumises à des restrictions, est susceptible de caractériser l'infraction de contrebande au sens des articles 38 14° et 414 du code des douanes, le cas échéant aggravée par le fait que l'infraction porte sur des marchandises dangereuses pour la santé ou la sécurité publiques.

▪ **Installations classées pour la protection de l'environnement (ICPE).** Les installations de transit, regroupement, tri ou préparation de déchets constituent des ICPE (v. notamment rubriques 2710 à 2795 de la nomenclature des installations classées, annexe au C. envir., art. R. 511-9), v. n°s 31.1 à 31.3, C. envir., art. L. 173-1 et R. 514-4).

▪ **Non-respect de la règlementation en matière de collecte d'ordure.** V. n° 31.27.

▪ **Abandon d'épave de véhicule – Abandon d'ordures ou de déchets à l'aide d'un véhicule.** V. n° 31.28. Pour l'abandon d'épave de véhicule, cette qualification est en concours avec le **cas G** ci-dessous.

▪ **Atteinte durable délibérée ou intentionnelle aux milieux physiques – Écocide (L. n° 2021-1104, 22 août 2021).** C. envir., art. L. 231-1, L. 231-2 et L. 231-3, issus L. n° 2021-1104, 22 août 2021, notamment le **cas B** (C. envir., art. L. 231-2) incriminant la gestion irrégulière de déchets ayant provoqué une **dégradation substantielle** de la faune et de la flore ou de la qualité de l'air, du sol ou de l'eau, v. n° **31.31**.

▪ **Traitement et gestion des déchets – Contraventions prévues par le code de l'environnement.** C. envir., art. R. 541-78, v. n° 31.29. La remise de déchets à une personne non autorisée à les prendre en charge (**cas J**) et ainsi que les faits de brûlage de biodéchets à l'air libre (**cas Q**) sont également incriminés comme contraventions de 4e cl. par C. envir., art. R. 541-78) (v. n° 31.29, **cas N** et **J**).

▪ **Abandon de déchets animaux.** • Est puni de **3 ans** d'emprisonnement et **45 000 €** le fait « *d'abandonner, par négligence ou incurie, des cadavres d'animaux, des débris de boucherie, fumier, matières fécales et, en général, des résidus d'animaux putrescibles dans les failles, gouffres, bétoires ou excavations de toute nature, autres que les fosses nécessaires au fonctionnement d'établissements classés* » (CSP, art. L. 1324-4) (*N 3422.co*). • Est aussi puni de **3 750 €** le fait de « *jeter en quelque lieu que ce soit des sous-produits animaux ou produits dérivés au sens de l'article 3 du règlement (CE) n° 1069/2009 du Parlement européen et du Conseil du 21 octobre 2009 établissant des règles sanitaires applicables aux sous-produits animaux et produits dérivés non destinés à la consommation humaine* » (C. rur., art. L. 228-5) (*N 25717.ju*).

▪ **Déversement de substances nuisibles ou de déchets dans les eaux souterraines ou superficielles, mer territoriale – Pollution.** V. n° 31.33 (C. envir., art. L. 216-6).

ÉLÉMENT LÉGAL

▪ **définition.** • **Déchet.** Constitue un déchet « *toute substance ou tout objet, ou plus généralement tout bien meuble, dont le détenteur se défait ou dont il a l'intention ou l'obligation de se défaire* » (C. envir., art. L. 541-1-1). Une substance ou un objet issu d'un processus de production dont le but premier n'est pas la production de cette substance ou de cet objet est considéré comme un déchet, à moins qu'il ne présente l'ensemble des conditions requises pour relever de la catégorie des sous-produits (C. envir., art. L. 541-4-2). Un déchet cesse d'être un déchet s'il a été valorisé, recyclé ou préparé en vue de sa réutilisation, par une installation autorisée, enregistrée ou déclarée (C. envir., art. L. 541-4-2). • **Abandon de déchet. Cas F** et **G** : est réputé « *abandon* » tout acte tendant, sous le couvert d'une cession à titre gratuit ou onéreux, à soustraire son auteur aux prescriptions législatives et règlementaires relatives à la gestion des déchets prévues au Livre 5, titre 4, chapitre 1 du C. envir. (tous articles commençant par le préfixe « 541 ») (C. envir., art. L. 541-3 III). • **Gestion de déchet. Cas K** et **L** : la « *gestion* » de déchet est le tri à la source, la collecte, le transport, la valorisation, y compris le tri, l'élimination, ou toute activité consistant à organiser la prise en charge des déchets depuis leur production jusqu'à leur traitement final, y compris la surveillance des installations classées de stockage de déchets après leur fermeture, ainsi que le négoce ou le courtage ou la supervision de toutes ces opérations (C. envir., art. L. 541-1-1). • **Bande organisée. Cas Z** : v. n° 11.20 (C. pén., art. 132-71).

▪ **Champ d'application.** • **Déchets exclus des dispositions de C. envir., art. L. 541-46.** Sont exclus des dispositions ici exposées les sols pollués non excavés, les bâtiments, les sédiments non dangereux, les effluents gazeux, le dioxyde de carbone capté et transporté en vue de son stockage géologique, la paille et autres matières naturelles non dangereuses issues de l'agriculture et de la sylviculture (à la différence des déchets des entreprises de jardinage dont l'évacuation fait l'objet d'un régime de traçage, v. C. envir., art. L. 541-21-2-3 II, **cas** M), les matières radioactives (qui jouissent d'un régime spécifique défini au C. envir., art. L. 541-4, L. 542-1 s. et R. 542-1 s.), les sous-produits animaux à l'exception de ceux destinés à l'incinération, les explosifs déclassés non démilitarisés placés sous la responsabilité du ministère de la défense, les substances non animales destinées à être utilisées comme matières premières pour l'alimentation animale (C. envir., art. L. 541-4-1). • **Déchets inertes.** Le déchet inerte est défini comme « *tout déchet qui ne subit aucune modification physique, chimique ou biologique importante, qui ne se décompose pas, ne brûle pas, ne produit aucune réaction physique ou chimique, n'est pas biodégradable et ne détériore pas les matières avec lesquelles il entre en contact d'une manière susceptible d'entraîner des atteintes à l'environnement ou à la santé humaine* » (C. envir., art. R. 541-8). L'exploitation d'une installation de stockage de déchets inertes (ISDI), déchets provenant principalement des travaux du bâtiment, était auparavant soumise à une autorisation administrative (C. envir., art. L. 541-30 et R. 541-65 à R. 541-75) sous la sanction délictuelle prévue par C. envir., art. **L. 541-46 I 9°** ; anc[t] *N* ***26013.co***). Ces dispositions ont été abrogées par L. n° 2015-992, 17 août 2015. Désormais, les ISDI ne relèvent que du régime d'enregistrement des installations classées (rubrique n° 2760-3 de la nomenclature des installations classées sous C. envir., art. R. 511-9 ; sur les installations classées soumises à enregistrement, C. envir., art. L. 173-1 II, v. n° **31.2**). Précisons toutefois que les dispositions relatives aux déchets imposent un régime de traçabilité de tous déchets issus de travaux du bâtiment, incluant donc les déchets inertes, pesant tant sur le collecteur de déchets que sur l'entreprise dont les déchets de chantier sont issus (C. envir., art. **L. 541-21-2-3 II**, créé par L. n° 2020-105, 10 févr. 2020, v. **cas M**).

TEXTE DE RÉFÉRENCE

▪ **Régime administratif de la gestion des déchets.** • **Liste des catégories de déchets.** Les déchets dont la liste est fixée par décret ne peuvent être **traités** que dans des installations pour lesquelles l'exploitant dispose d'un agrément de l'administration (C. envir., art. L. 541-22). Sur ce fondement, les déchets font l'objet d'une **liste unique et d'une classification** (C. envir., art. R. 541-7) établie par renvoi aux directives du Conseil 75/442/CEE relative aux déchets et 91/689/CEE relative aux déchets dangereux ainsi qu'aux décisions d'application de la Commission ou du Conseil. Cette liste distingue notamment par astérisque les déchets dangereux et classe les déchets en trois niveaux (20 chapitres divisés en sections puis en types de déchets distingués par une numérotation à six chiffres). « *l'article L. 541-7 du code de l'environnement, qui renvoie à l'autorité réglementaire l'établissement d'une nomenclature des déchets pouvant générer des nuisances particulières au sens de l'article L. 541-2 du même code, n'offre pas matière à un contrôle de constitutionnalité dès lors qu'il ne fait que tirer les conséquences nécessaires de dispositions claires et précises de ces directives et des mesures prises pour leur exécution par décision de la Commission européenne du 20 décembre 1993 et décision modificative du 3 mai 2000 établissant une liste communautaire unique et harmonisée des déchets, qui s'impose aux États membres sauf dérogation exceptionnelle dont les conditions de forme et de fond sont également strictement définies au niveau communautaire* » (Crim. 10 août 2016, n° 16-90.016, D). • **L'articulation du régime des installations classées et de l'agrément pour le traitement des déchets.** L'autorisation environnementale, prévue notamment pour les installations classées soumises à autorisation (sur le régime des installations classées soumises à autorisation, v. n° **31.1**), vaut agrément pour le traitement des déchets exigée par C. envir., art. L. 541-22 (C. envir., art. L. 181-2 9°). Lorsque l'installation classée est soumise à enregistrement, ce dernier vaut également agrément pour le traitement des déchets (C. envir., art. R. 515-37). L'arrêté d'autorisation ou d'enregistrement fixe la nature, l'origine, la quantité maximale et les conditions de traitement des déchets (C. envir., art. R. 515-37). L'installation soumise à déclaration est réputée agréée si le dossier de déclaration est conforme aux exigences applicables et s'il précise la nature, les quantités maximales et les conditions de traitement des déchets (C. envir., art. R. 515-37). • **Régime des opérations portant sur les déchets.** La collecte, le transport, le courtage et le négoce de déchets, sont, dans des conditions fixées par décret en Conseil d'État, réglementés et soumis soit à autorisation de l'autorité administrative, si ces déchets présentent de graves dangers ou inconvénients, soit à déclaration (C. envir., art. L. 541-8). Sont ainsi réglementées les opérations suivantes : • **Traitement des déchets** (C. envir., art. R. 541-12 s.) ; • **Collecte, transport, négoce, courtage de déchets** (C. envir., art. R. 541-19 s.) ; • **Mouvements transfrontaliers (transferts) de déchets** (C. envir., art. R. 541-62, R. 541-83, R. 541-84) ; • **Stockage de déchets inertes** (C. envir., art. R. 541-65, abrogé) ; • **Circuit de traitement** des déchets (C. envir., art. R. 541-78) ; • **Modalités de transport par route** (C. envir., art. R. 541-79).

▪ **Régime particulier de certains déchets.** Certaines catégories de déchets font l'objet de dispositions règlementaires particulières, dont le respect est assuré par des sanctions contraventionnelles ou administratives, sans préjudice des incriminations délictuelles ici explosées : • **Déchets d'activité de soins et assimilés** (C. envir., art. R. 543-1 ; CSP, art. R. 1335-1 à R. 1335-14 ; contraventions : CSP, art. R. 1337-15 s.) ; • **Déchets d'exploitation et résidus des cargaisons de navire** (C. transp., art. R. 5334-4 à R. 5334-6 ; C. envir., art. R. 543-2) ; • **Huiles usagées** (huiles non domestiques) (C. envir., art. R. 543-3) ; • **Substances dites « PCB »** (C. envir., art. R. 543-17 s. ; contraventions : R. 543-41) ; • **Sacs plastique à usage unique** (C. envir., art. R. 543-72-1 s. ; contraventions : R. 543-73 et R. 543-74) ; • **Emballages et étiquettes** (C. envir., art. R. 543-42 s. ; contraventions : R. 543-73 et R. 543-74, v. à cet égard Cons. const. 16 juin 2023, n° 2023-1055 QPC, jugeant conforme à la Constitution la L. n° 2020-105, 10 févr. 2020, art. 80, fondement législatif de ces dispositions règlementaires) ; • **Fluides frigorigènes** (C. envir., art. R. 543-75 s. ; contraventions : R. 543-122 et R. 543-123) ; • **Piles et accumulateurs portables** (C. envir., art. R. 543-124 s. ; contraventions : R. 543-133 et R. 543-134) ; • **Piles et accumulateurs automobiles** (C. envir., art. R. 543-128 s. ; contraventions : R. 543-133 et R. 543-134) ; • **Pneumatiques** (C. envir., art. R. 543-139 s. ; contraventions : R. 543-133 et R. 543-152) ; • **Véhicules (dispositif « véhicules hors d'usage » dit VHU)** (C. envir., art. R. 543-153 s. ; contraventions : R. 543-171) ; • **Équipements électriques et électroniques** dits DEEE (déchets d'équipements électriques et électroniques) (C. envir., art. R. 543-171-1 s. ; contraventions : R. 543-171-12, R. 543-205 et R. 543-206) ; • **Déchets d'imprimés papiers** et de papiers à usage graphique destinés à être imprimés (C. envir., art. D. 543-207) ; • **Déchets de produits textiles** d'habillement, de chaussures ou de linge de maison (C. envir., art. R. 543-214 s. ; contraventions : R. 543-223) ; • **Biodéchets** (C. envir., art. R. 543-225) ; • **Déchets ménagers chimiques** présentant un risque (C. envir., art. R. 543-228 s. ; sanctions administratives : R. 543-239) ; • **Déchets d'ameublement** (C. envir., art. R. 543-240 s. ; sanctions administratives : R. 543-255) ; • **Bouteilles de gaz** à usage individuel (C. envir., art. R. 543-257 s. ; sanctions administratives : R. 543-270). • **Déchets radioactifs.** Ils font l'objet d'un régime spécifique défini au C. envir., art. L. 541-4, L. 542-1 s. et R. 542-1 s.

ÉLÉMENT MATÉRIEL

▪ **Dépôt de déchet sur une propriété privée.** Cas F : caractérise l'infraction de dépôt irrégulier de déchet incriminée par C. envir., art. L. 541-46, le fait de détenir sur une propriété privée des « *machines et objets hors d'usage, stockés pour une durée indéterminée en vue d'une utilisation éventuelle* [dont le détenteur], *se défait ou a l'intention de se défaire* [...], *lesquels doivent par voie de conséquence être qualifiés de déchets* » (Crim. 16 avr. 2019, n° 18-83.183).

▪ **Imputabilité.** Les incriminations prévues par C. envir., art. L. 541-46 sont « *applicable[s] à tous ceux qui, chargés à un titre quelconque de la direction, de la gestion ou de l'administration de toute entreprise ou établissement, ont sciemment laissé méconnaître par toute personne relevant de leur autorité ou de leur contrôle les dispositions mentionnées audit article* » (C. envir., art. L. 541-48).

ÉLÉMENT INTENTIONNEL

▪ **Preuve de l'intention.** « *la seule violation, en connaissance de cause, d'une prescription légale ou réglementaire implique, de la part de son auteur, l'intention coupable exigée par l'article 121-3, alinéa 1er, du Code pénal* » (Crim. 9 sept. 2003, n° 02-84.133, D).

▪ **Obligation de caractériser les déchets.** « *Tout producteur ou, à défaut, tout détenteur de déchets est tenu de caractériser ses déchets et en particulier de déterminer s'il s'agit de déchets dangereux ou de déchets qui contiennent des substances figurant sur la liste de l'annexe IV du règlement (UE) 2019/1021 du Parlement européen et du Conseil du 20 juin 2019 concernant les polluants organiques persistants* » (C. envir., art. L. 541-47-1). Ces dispositions ne sont toutefois pas applicables aux ménages (C. envir., art. L. 541-47-1).

▪ **Concours de qualifications et intentions coupables distinctes.** En retenant, pour des faits d'exécution de travaux de construction précédés de remblaiement du terrain agricole avec des déchets de construction, « *les trois qualifications d'exécution de travaux sans permis de construire, d'infraction aux dispositions du plan local d'urbanisme et d'enfouissement ou de dépôt de déchets de construction non autorisé sur une terre agricole, la cour d'appel n'a pas méconnu le principe ne bis in idem, dès lors que chaque fait incriminé procédait d'intentions coupables différentes* » (Crim. 15 janv. 2019, n° 17-87.104, D).

RÉGIME PROCÉDURAL

▪ **Mesure provisoire. Immobilisation judiciaire et mise en fourrière du véhicule.** Lorsqu'un véhicule a été utilisé pour commettre l'infraction, la personne constatant l'infraction peut, avec l'autorisation préalable du procureur de la République donnée par tout moyen, faire procéder, dans les conditions prévues aux trois derniers alinéas de C. route, art. L. 325-1-1 (sur l'immobilisation judiciaire du véhicule, v. n° **11.69D**), à l'immobilisation et à la mise en fourrière du véhicule dont la confiscation est encourue en application de C. pén., art. 131-21 (sur les biens confiscables en application de cet article, v. n° **18.35**) (C. envir., art. L. 541-46 IX, issu L. n° 2020-105, 20 févr. 2020).

▪ **Amende forfaitaire délictuelle.** Cas **F** : **possible sauf récidive** et si l'infraction est relevée par **procès-verbal électronique** (C. envir., art. L. 541-46 VIII, issu L. n° 2020-105, 20 févr. 2020, C. pr. pén., art. 495-17 et D. 45-3). Amende minorée : **1 000 €** ; forfaitaire : **1 500 €** ; majorée : **2 500 €** (C. envir., art. L. 541-46 VIII). Sur la procédure d'amende forfaitaire délictuelle, v. n° **15.47**.

▪ **Prescription de l'action publique. Infraction dissimulée.** « *le délai de prescription de l'action publique ne commence à courir, en cas de dissimulation destinée à empêcher la connaissance de l'infraction, qu'à partir du jour où celle-ci est apparue et a pu être constatée dans des conditions permettant l'exercice des poursuites* » (§ 13) ; l'infraction de dépôt illicite de déchet est ainsi dissimulée lorsque cette « *activité avait un caractère occulte se traduisant par la dissimulation du dépôt de ces déchets dangereux, certains étant enfouis [...], d'autres dissimulés sous une quarantaine de centimètres de remblais, d'autres encore servant eux-mêmes de remblais sur un terrain destiné à être cultivé* » (§ 9), et alors « *que l'existence de ces déchets était ignorée des utilisateurs de ces terrains, leur présence dans les remblais n'apparaissant pas sur les factures et les enquêteurs n'ayant pu retracer leur cheminement et leur importance qu'à travers la comptabilité analytique de la société* » (§ 10) (Crim. 12 avr. 2022, n° 21-83.696, P) (sur la notion d'infraction occulte ou dissimulée, C. pr. pén., art. 9-1, v. n° **17.20A**).

MESURE ADMINISTRATIVE

▪ **Mesure conservatoire et sanction administrative.** Lorsque des déchets sont abandonnés, déposés ou gérés dans des conditions contraires à la règlementation, l'autorité administrative peut, au terme d'une procédure contradictoire, enjoindre au producteur ou détenteur des déchets d'effectuer les opérations nécessaires au respect de la règlementation, l'obliger à consigner une somme correspondant au montant des mesures prescrites, faire procéder d'office à l'exécution de ces dernières, suspendre le fonctionnement des installations, ordonner le paiement d'une astreinte, et ordonner le paiement d'une amende administrative ⩽ 150 000 € (C. envir., art. L. 541-3).

▪ **Transaction administrative.** L'autorité administrative peut, tant que l'action publique n'a pas été mise en mouvement, transiger avec les personnes physiques et les personnes morales sur la poursuite des contraventions et délits prévus et réprimés par le C. envir. La transaction proposée par l'administration et acceptée par l'auteur de l'infraction doit être homologuée par le procureur de la République (C. envir., art. L. 173-12 I).

MESURE CIVILE

▪ **Solidarité civile.** « *Toute personne qui remet ou fait remettre des déchets à tout autre qu'une personne autorisée à la prendre en charge est solidairement responsable avec lui des dommages causés par ces déchets* » (C. envir., art. L. 541-23).

▪ **Constitution de partie civile. • Association agréée de protection de l'environnement.** C. envir., art. L. 142-2, *Idem* n° **31.1**.

▪ **Préjudice écologique.** C. civ., art. 1247, *Idem* n° **31.1**.

RÉGIME DES PEINES

▪ **Exécution provisoire.** L'exécution provisoire des peines complémentaires prononcées peut être ordonnée (C. envir., art. L. 173-10). De portée générale, C. pr. pén., art. 471 prévoit également que le tribunal peut ordonner l'exécution provisoire des peines complémentaires (combinaison C. pr. pén., art. 471 et C. pén., art. 131-10).

▪ **Remise en état sous astreinte et sous consignation – Dispositions générales.** En cas de condamnation, le tribunal peut ordonner, dans un délai qu'il détermine, des mesures destinées à remettre en état les lieux auxquels il a été porté atteinte par les faits incriminés ou à réparer les dommages causés à l'environnement. L'injonction peut être assortie d'une astreinte journalière ⩽ 3 000 €, pour une durée ⩽ 3 mois. Le tribunal peut décider que ces mesures seront exécutées d'office aux frais de l'exploitant. Il peut dans ce cas ordonner la consignation par l'exploitant entre les mains d'un comptable public d'une somme répondant du montant des travaux à réaliser (C. envir., art. L. 173-5).

▪ **Remise en état sous astreinte – Dispositions propres aux cas nos F, J et L.** Le tribunal peut ordonner, sous astreinte, la remise en état des lieux endommagés par les déchets qui n'ont pas été traités dans les conditions conformes à la loi (C. envir., art. L. 541-46 II).

▪ **Ajournement avec injonction.** Les dispositions relatives à l'ajournement avec injonction (C. pén., art. 132-66 à 132-70, v. nº 18.6B4) sont applicables aux personnes physiques et aux personnes morales en cas de condamnation. Le tribunal peut assortir l'injonction d'une astreinte ⩽ 3 000 € par jour de retard (C. envir., art. L. 173-9).

▪ **Arrêt ou suspension d'activité.** Lorsque l'opération, les travaux, l'activité, l'utilisation d'un ouvrage ou d'une installation à l'origine de l'infraction sont soumis à autorisation, enregistrement, déclaration, homologation ou certification, le tribunal peut, en cas de condamnation, décider de leur arrêt ou de leur suspension pour une durée ⩽ 1 an. En cas de suspension ordonnée par le tribunal, l'exploitant est tenu d'assurer à son personnel, pendant la durée de cette suspension, le paiement des salaires, indemnités et rémunérations de toute nature auxquels il avait droit jusqu'alors (C. envir., art. L. 173-6).

▪ **Consignation des lieux et installations en cas de poursuite d'activité malgré arrêt ou suspension.** Le procureur de la République peut faire procéder par un agent de la force publique à l'apposition des scellés sur les installations, ouvrages, objets ou dispositifs utilisés pour des travaux, opérations, aménagements ou activités, maintenus en fonctionnement en violation d'une mesure d'arrêt ou de suspension d'activité. Le procureur peut ordonner la mainlevée de la mesure de consignation à tout moment. (C. envir., art. L. 173-11).

■ **ÉLÉMENTS CONSTITUTIFS – QUALIFICATION**

✧ Pour avoir à .... [¤ lieu], le .... [¤ date], [⇨A à Y puis le cas échéant Z :]

A. **DÉFAUT D'INFORMATION RELATIVE AUX MODES DE GESTION DES DÉCHETS**

étant producteur, importateur ou exportateur de produits.../...

A1. refusé de fournir à l'administration toutes informations utiles (A1 : *N 25428.co*).../...

A2. fourni des informations inexactes (A2 : *N 25429.co*).../...

.../...sur les modes de gestion des déchets engendrés, à quelque stade que ce soit, par les produits qu'il fabrique, importe ou exporte, en l'espèce [produits concernés], et sur les conséquences de la mise en œuvre de ces modes de gestion (C. envir., art. L. 541-2, L. 541-9 III, L. 541-46, I 1°, L. 541-48, R. 542-7, R. 541-8) ;

B. **DÉFAUT D'INFORMATION RELATIVE AUX CARACTÉRISTIQUES DES DÉCHETS**

étant producteur, importateur, exportateur, traiteur, collecteur, transporteur, courtier ou négociant de déchets .../...

B1. refusé de fournir toutes informations (B1 : *N 22670.co* ; par personne morale : *N 25974.co*).../...

B2. fourni des informations inexactes (B2 : *N 22671.co*).../...

B3. s'être volontairement mis dans l'impossibilité matérielle de fournir toutes informations (B3 : *N #.co*).../...

.../...à l'administration concernant l'origine, la nature, les caractéristiques, les quantités, la destination et les modalités de traitement, d'élimination ou de transport des déchets produits, remis à un tiers ou pris en charge (C. envir., art. L. 541-7, L. 541-46, I 3°, L. 541-48, R. 541-7, R. 541-8) ;

C. **NON-RESPECT DE LA RÈGLEMENTATION DESTINÉE À FACILITER LA GESTION DES DÉCHETS**

fabriqué, détenu en vue de la vente, mis en vente, vendu ou mis à la disposition de l'utilisateur, sous quelque forme que ce soit, des produits générateurs de déchets, en l'espèce [produits concernés], sans respecter la règlementation ou les interdictions destinées à faciliter la gestion desdits déchets, en l'espèce [manquements reprochés] (C. envir., art. L. 541-9 I, L. 541-46 I 2°) (C : *N #.co*) ;

D. **EMPLOI DE MATÉRIAUX OU PROCÉDÉS NON CONFORMES**

omis de respecter les modes d'utilisation de certains matériaux, éléments ou forme d'énergie, fixés par décret en Conseil d'État afin de faciliter leur valorisation ou celle des matériaux ou éléments qui leur sont associés dans certaines fabrications, ou de respecter l'interdiction de certains traitements, mélanges ou associations avec d'autres matériaux, ou l'obligation de se conformer à certains modes de fabrication, en l'espèce en [manquements reprochés] (C. envir., art. L. 541-31, L. 541-46 I 9°) (D : *N #.co*) ;

E. **Mise sur le marché de bouteilles de gaz sans dispositif de consignation**

mis sur le marché des bouteilles de gaz destinées à un usage individuel sans les assortir d'une consigne ou d'un système équivalent favorisant leur réemploi, ou omis de prendre en charge la reprise à titre gratuit de déchets de bouteille de gaz dont le détenteur s'est défait hors du circuit de consigne ou du système équivalent mis en place par le producteur (C. envir., art. L. 541-10-22, L. 541-46 I 2°, L. 541-48, D. 543-260) (E : *N 27945.co*) ;

F. **Abandon de déchet**

étant producteur ou détenteur de déchets, en l'espèce [déchets concernés], **abandonné, déposé ou fait déposer** ces derniers dans des conditions contraires aux dispositions du chapitre 1er du titre IV du livre V du code de l'environnement, relatif à la prévention et à la gestion des déchets (C. envir., art. L. 541-2, L. 541-46, I 4°, L. 541-48) (F : *N 22661.co ;* par personne morale *N 25975.co*) ;

G. **Abandon d'épave de véhicule**

abandonné un véhicule privé des éléments indispensables à son utilisation normale et insusceptible de réparation immédiate à la suite de dégradations ou de vols sur le domaine public ou le domaine privé de l'État ou des collectivités territoriales (C. envir., art. L. 541-46 I 15°) (G : *N 31144.co*) ;

H. **Collecte ou transport de déchet sans autorisation ou déclaration**

effectué la **collecte ou le transport** de déchets, en l'espèce [déchets concernés] .../...

H1. sans autorisation de l'autorité administrative s'agissant de déchets présentant de graves dangers ou inconvénients (H1 : *N #.co*) ;

H2. sans déclaration à l'autorité administrative, s'agissant de déchets ne présentant pas de graves dangers ou inconvénients (H2 : *N 22677.co*).

(C. envir., art. L. 541-8, L. 541-46, I 5°, L. 541-48, R. 541-7, R. 541-49, R. 541-50, R. 541-52) ;

I. **Courtage ou négoce de déchet sans autorisation ou déclaration**

effectué des opérations de **courtage ou de négoce** portant sur des déchets, en l'espèce [déchets concernés] .../...

I1. sans autorisation de l'autorité administrative s'agissant de déchets présentant de graves dangers ou inconvénients (I1 : *N #.co*) ;

I2. sans déclaration à l'autorité administrative, s'agissant de déchets ne présentant pas de graves dangers ou inconvénients (I2 : *N 22678.co*) ;

(C. envir., art. L. 541-8, L. 541-46 I 5°, R. 541-7, R. 541-49, R. 541-55, R. 541-57) ;

J. **Remise de déchets à un exploitant non agréé**

remis ou fait remettre des déchets, en l'espèce [déchets concernés], déchets relevant d'une catégorie pour laquelle les conditions d'exercice de l'activité de gestion sont fixées par l'administration, à un exploitant non titulaire d'un agrément de l'administration (C. envir., art. L. 541-22, L. 541-46 I 6°, L. 541-48, R. 541-7, R. 541-8) (J : *N 22660.co ;* par personne morale : *N 33958.co*) ;

K. **Gestion de déchet sans agrément**

sans être titulaire d'un agrément de l'administration, **géré des déchets**, en l'espèce [déchets concernés], en assurant leur collecte, leur transport, leur valorisation, leur élimination, ou toute activité consistant à organiser leur prise en charge depuis leur production jusqu'à leur traitement final, y compris le négoce ou le courtage, ou assuré la supervision de ces opérations (C. envir., art. L. 541-1-1, L. 541-22, L. 541-46, I 7°, L. 541-48, R. 515-37, R. 515-38, R. 541-7, R. 541-8) (K : *N 10298.co*) ;

L. **Gestion de déchets sans satisfaire aux prescriptions applicables**

géré irrégulièrement des déchets, en l'espèce [déchets concernés], en assurant leur collecte, leur transport, leur valorisation, leur élimination, ou toute activité consistant à organiser leur prise en charge depuis leur production jusqu'à leur traitement final, y compris le négoce ou le courtage, ou assuré la supervision de ces opérations, sans satisfaire aux prescriptions concernant les caractéristiques, les quantités, les conditions techniques et financières de prise en charge de ces déchets et les procédés de traitement mis en œuvre, en l'espèce (L : *N 10299.co ;* par personne morale : *N 23264.co*) [⇨L1 à L8 :]

L1. sans s'assurer que la personne à qui il les remet est autorisée à les prendre en charge (C. envir., art. L. 541-1, **L. 541-2**, L. 541-2-1, L. 541-22, **L. 541-46 I 8°**, L. 541-48, R. 541-7, R. 541-8) ;

L2. en omettant de respecter la hiérarchie des modes de traitement consistant à privilégier, dans l'ordre, la préparation en vue de la réutilisation, le recyclage, la valorisation, puis l'élimination (C. envir., art. L. 541-2, L. 541-1, **L. 541-2-1 I**, L. 541-22, **L. 541-46 I 8°**, L. 541-48, R. 541-7, R. 541-8) ;

L3. en éliminant ou en faisant éliminer des déchets non ultimes comme susceptibles d'être réutilisés ou valorisés dans les conditions techniques et économiques du moment, notamment par extraction de leur part valorisable ou par réduction de son caractère polluant ou dangereux (C. envir., art. L. 541-2, L. 541-1, **L. 541-2-1 II**, L. 541-22, **L. 541-46 I 8°**, L. 541-48, R. 541-7, R. 541-8) ;

L4. en procédant au mélange de déchets dangereux de catégories différentes, ou au mélange de déchets dangereux avec des déchets non dangereux, ou au mélange de déchets dangereux avec des substances, matières ou produits qui ne sont pas des déchets, en l'espèce au procédant au mélange des déchets suivants [déchets concernés] (C. envir., art. L. 541-1-1, **L. 541-7-2**, **L. 541-46 I 8°**, R. 541-8, D. 541-12-1) (**L4** : *N 28164.co*) ;

L5. en omettant de mettre en place un tri à la source et une valorisation biologique ou une collecte sélective alors qu'il produisait ou détenait une quantité importante de déchets composés majoritairement de biodéchets (C. envir., art. **L. 541-21-1**, **L. 541-46 I 8°**) (**L5** : *N 33457.co*) ;

L6. en omettant de mettre en place un tri à la source ou, lorsque ses déchets ne sont pas traités sur place, une collecte séparée des déchets, notamment papier, métaux, plastiques, verre et bois (C. envir., art. **L. 541-21-2**, **L. 541-46 I 8°**) (**L6** : *N 33457.co*) ;

L7. en omettant, étant producteur ou détenteur de déchets de construction et de démolition, de mettre en place un tri à la source ou, lorsque ses déchets ne sont pas traités sur place, une collecte séparée des déchets, notamment bois, fractions minérales, métal, verre, plastique et plâtrepapier, métaux, plastiques, verre et bois (C. envir., art. **L. 541-21-2**, **L. 541-46 I 8°**) (**L7** : *N 33457.co*) ;

L8. en omettant de respecter les conditions d'exercice de l'activité de gestion de déchets fixées par l'administration (C. envir., art. **L. 541-22**, **L. 541-46 I 8°**) ;

M. Traçabilité des déchets des travaux du bâtiment ou de jardinage

M1. étant en charge d'une installation de collecte de déchets, omis de délivrer à une entreprise réalisant des travaux de construction, rénovation ou démolition de bâtiments ou des travaux de jardinage, un bordereau de dépôt précisant l'origine, la nature et la quantité des déchets collectés (infraction issue L. n° 2020-105, 10 févr. 2020) (C. envir., art. **L. 541-21-2-3 II**, **L. 546 I 17°**) (**M1** : *N 33490.co*) ;

M2. étant responsable d'une entreprise ayant réalisé des travaux de construction, rénovation ou démolition de bâtiments ou des travaux de jardinage, omis de prouver la traçabilité des déchets issus des chantiers dont elle a la charge en conservant les bordereaux de dépôt précisant l'origine, la nature et la quantité des déchets collectés par une installation de collecte de déchets (infraction issue L. n° 2020-105, 10 févr. 2020) (C. envir., art. **L. 541-21-2-3 II**, **L. 546 I 17°**) (**M2** : *N 33491.co*) ;

N. Défaut de justification des conditions d'emploi de déchets pour la réalisation de travaux

valorisant des déchets pour la réalisation de travaux d'aménagement, de réhabilitation ou de construction, omis de justifier auprès des autorités compétentes de la nature des déchets utilisés ou de l'utilisation de ces déchets dans un but de valorisation et non pas d'élimination en l'espèce en [.../...] (C. envir., art. **L. 541-32**, **L. 541-46 I 9°**) (**N** : *N 31145.co*) ;

O. Enfouissement ou dépôt irrégulier de déchets sur des terres agricoles

dans le cadre de travaux d'aménagement, de réhabilitation ou de construction, et hors les cas de valorisation de déchets à des fins de travaux d'aménagement ou de la valorisation de déchets autorisés à être utilisés comme matières fertilisantes et comme support de culture, procédé à l'enfouissement ou au dépôt de déchets, en l'espèce [déchets concernés], sur des terres agricoles (C. envir., art. **L. 541-32**, **L. 541-46 I 9°**) (**O** : *N 31146.co*) ;

P. Perception de contrepartie financière pour l'emploi de déchets dans des travaux

hors le cas d'un ouvrage supportant un trafic routier ou d'une carrière en activité, reçu une contrepartie financière pour la réception, sur un terrain lui appartenant, de déchets à des fins de réalisation de travaux d'aménagement, de réhabilitation ou de construction (C. envir., art. L. 541-32-1, L. 541-46 I 9°) (P : *N 33486.co*) ;

Q. **Brûlage à l'air libre de biodéchets**

sans dérogation individuelle délivrée par le représentant de l'État dans le département, éliminé des biodéchets, issus notamment de jardins ou de parcs, par brûlage à l'air libre ou au moyen d'équipements ou matériels extérieurs (C. envir., art. L. 541-21-1 II, L. 541-46 I 8°) (Q : *N 33458.co*) ;

R. **Transfert irrégulier de déchets**

procédé ou fait procéder à un transfert de déchets, en l'espèce [déchets concernés] [⇨R1 à R7 :]

R1. sans avoir notifié ce transfert aux autorités compétentes françaises ou étrangères alors que cette notification était requise (C. envir., art. L. 541-46 I 11°a), R. 541-62, R. 541-63) (R1 : *N 27913.co*) ;

R2. sans avoir obtenu le consentement préalable des autorités compétentes françaises ou étrangères alors que ce consentement était requis (C. envir., art. L. 541-40, L. 541-46 I 11°a), R. 541-62) (R2 : *N 27914.co*) ;

R3. alors que le consentement des autorités compétentes concernées a été obtenu par fraude, en l'espèce en [.../...] (C. envir., art. L. 541-40, L. 541-46 I 11°b), R. 541-62) (R3 : *N 27915.co*) ;

R4. alors que le transfert n'était pas accompagné du document de notification et de mouvement prévu par l'article 4 du règlement CE req. n° 1013/2006 du Parlement européen et du Conseil du 14 juin 2006 concernant les transferts de déchets (C. envir., art. L. 541-40, L. 541-46 I 11°c)) (R4 : *N 27916.co*) ;

R5. alors que le producteur (R5a : *N 27918.co*), le destinataire ou l'installation de destination (R5b : *N 27919.co*) des déchets n'étaient pas ceux mentionnés dans les documents de notification ou de mouvement prévus par l'article 4 du règlement CE req. n° 1013/2006 du Parlement européen et du Conseil du 14 juin 2006 concernant les transferts de déchets (C. envir., art. L. 541-40, L. 541-46 I 11°d)) ;

R6. d'une nature différente de celle indiquée dans les documents de notification ou de mouvement prévus par l'article 4 du règlement (CE) 1013/2006 du Parlement européen et du Conseil du 14 juin 2006 concernant les transferts de déchets, ou portant sur une quantité de déchets significativement supérieure, en l'espèce en [.../...] (C. envir., art. L. 541-40, L. 541-46 I 11°e)) (R6 : *N 27920.co*) ;

R7. dont la valorisation ou l'élimination est réalisée en méconnaissance de la règlementation communautaire ou internationale, en l'espèce en [.../...] (C. envir., art. L. 541-40, L. 541-46 I 11°f)) (R7 : *N 27921.co*) ;

S. **Mélange illicite de déchets au cours d'un transfert**

procédé à un **mélange de déchets**, en l'espèce [déchets concernés], **au cours d'un transfert** de déchets, en méconnaissance de l'article 19 du règlement (CE req. n° 1013/2006) du Parlement européen et du Conseil du 14 juin 2006 concernant les transferts de déchets, en l'espèce en [.../...] (C. envir., art. L. 541-40, L. 541-46 I 11°i)) (S : *N 27917.co*) ;

T. **Non-respect d'une mise en demeure en cas de transfert irrégulier de déchets**

dans le cas d'un transfert illicite de déchets ou d'un transfert de déchet non mené à terme, en l'espèce [opération et déchets concernés], omis de **déférer à une mise en demeure** effectuée par l'autorité compétente, en l'espèce [autorité concernée], d'avoir à [⇨T1 ou T2 :]

T1. reprendre ou traiter (T1 : *N 27924.co*) ...

T2. stocker temporairement (T2 : *N 27925.co*) ...

.../...les déchets dans un délai compatible avec le règlement (CE req. n° 1013/2006) du Parlement européen et du Conseil du 14 juin 2006 concernant les transferts de déchets (C. envir., art. L. 541-40, L. 541-41, L. 541-42, L. 541-46 I 11°) ;

U. **Exportation ou exportation illicite de déchets**

U1. **exporté** des déchets, en l'espèce [déchets concernés] en méconnaissance des dispositions des articles 34,36,39 et 40 du règlement (CE req. n° 1013/2006) du Parlement européen et du Conseil du 14 juin 2006 concernant les transferts de déchets, en l'espèce en [.../...] (C. envir., art. L. 541-40, L. 541-46 I 11°g)) (U1 : *N 27922.co*) ;

U2. **importé** des déchets, en l'espèce [déchets concernés] en méconnaissance des dispositions des articles 41 et 43 du règlement (CE req. n° 1013/2006) du Parlement européen et du Conseil du

14 juin 2006 concernant les transferts de déchets, en l'espèce en [.../...] (C. envir., art. L. 541-40, L. 541-46 I 11°h)) (U2 : *N 27923.co*) ;

V. **COLLECTE DE DÉCHETS D'EXPLOITATION DE NAVIRES SANS FOURNIR LES JUSTIFICATIONS À L'ADMINISTRATION**

étant prestataire assurant ou participant à la réception ou au dépôt des déchets d'exploitation ou des résidus de cargaison des navires, en l'espèce [déchets concernés] (C. transp., art. L. 5334-7, L. 5334-9, R. 5334-4 à R. 5334-6, C. envir., art. L. 541-46 I 12°, R. 543-2) (V : *N 25612.co*) [⇨V1 ou V2 :]

V1. omis de fournir à l'autorité portuaire ainsi que, sur sa demande, à l'autorité administrative, les éléments techniques et financiers permettant de connaître la nature et les conditions d'exécution de son activité ;

V2. omis de justifier auprès de l'autorité portuaire des agréments ou des autorisations nécessaires à l'exercice de son activité.

W. **NON-RESPECT DES PRESCRIPTIONS RELATIVES AU RECYCLAGE DES NAVIRES**

omis de respecter les exigences du règlement (UE) 1257/2013 du Parlement européen et du Conseil, du 20 novembre 2013, relatif au recyclage des navires et modifiant le règlement (CE req. n° 1013/2006) et la directive 2009/16/ CE, en l'espèce en [.../...]. (C. envir., art. L. 541-46 I 16°) (W : *N #.co*) ;

X. **NON-RESPECT DES PRESCRIPTIONS RELATIVES AUX POLLUANTS ORGANIQUES PERSISTANTS (POP)**

omis de respecter les prescriptions édictées en application de l'article 7 du règlement (CE req. n° 850/2004) du Parlement européen et du Conseil, du 29 avril 2004, concernant les polluants organiques persistants et modifiant la directive 79/117/ CEE, en l'espèce en [.../...] (C. envir., art. L. 541-46 I 13°) (X : *N 27417.co*) ;

Y. **NON-RESPECT DES INTERDICTIONS RELATIVES AU MERCURE MÉTALLIQUE ET COMPOSANTS ASSIMILÉS**

omis de respecter les interdictions édictées à l'article 1er du règlement (CE req. n° 1102/2008) du Parlement européen et du Conseil du 22 octobre 2008 relatif à l'interdiction des exportations de mercure métallique et de certains composés et mélanges de mercure et au stockage en toute sécurité de cette substance, en l'espèce en [.../...]. (C. envir., art. L. 541-46 I 14°) (Y : *N 28166.co*) ;

Z. **INFRACTION COMMISE EN BANDE ORGANISÉE**

Préciser le cas échéant dans les cas A à Y : avec cette circonstance que les faits ont été commis en bande organisée (C. envir., art. L. 541-46 III, C. pén., art. 132-71) (FZ : *N **32579.co*** ; par personne morale : *N **32578.co*** ; I2Z : *N **33375.co*** ; LZ : *N **32576.co*** ; par personne morale : *N **32577.co*** ; FZ : *N **32579.co*** ; par personne morale : *N **32578.co*** ; Q1Z : *N **30231.co*** ; Q4Z : *N **33373.co***) ;

Faits prévus et réprimés par les articles L. 173-5, L. 173-7, L. 173-8, [+ articles du cas sélectionné] du code de l'environnement. ✧

31.27 Non-respect de la règlementation en matière de collecte d'ordure

■ PEINES

PERSONNE PHYSIQUE

PP Cas A : Contrav. 2e cl. 150 € (C. pén., art. R. 632-1, 131-13).

Cas B : Contrav. 4e cl. 750 € (C. pén., art. R. 634-2 (anct. R. 633-6), 131-13) (depuis D. n° 2020-1573, 11 déc. 2020, auparavant contrav. 3e cl.

PERSONNE MORALE

PP Cas A : Contrav. 2e cl. 750 € (C. pén., art. R. 632-1, 131-41).

Cas B : Contrav. 4e cl. 3 750 € (C. pén., art. R. 634-2 (anct. R. 633-6), 131-41) (depuis D. n° 2020-1573, 11 déc. 2020, auparavant contrav. 3e cl.

■ ORIENTEUR

AUTRE QUALIFICATION

■ Abandon d'épave de véhicule – Abandon d'ordures ou de déchets à l'aide d'un véhicule. V. n° 31.28 (contravention).

▪ **Traitement et gestion des déchets – Délits prévus par le code de l'environnement.** V. nº 31.26 (cas G).

▪ **Traitement et gestion des déchets – Contraventions prévues par le code de l'environnement.** C. envir., art. R. 541-78, v. nº 31.29.

▪ **Protection du domaine public routier.** V. nº 31.58 (dépôts ou écoulement de substances sur le domaine public routier).

▪ **Entrave à la circulation – Contravention.** Embarras de la voie publique par des matériaux ou objets ; C. pén., art. R. 644-2, v. nº 36.22.

ÉLÉMENT LÉGAL

▪ **Application de la loi pénale dans le temps. Cas A** : nouvelle rédaction de C. pén., art. R. 632-1 issue D. nº 2020-1573, 11 déc. 2020 se substituant à celle qui incriminait auparavant le fait d'avoir de « *déposer, aux emplacements désignés à cet effet par l'autorité administrative compétente, des ordures, déchets, matériaux ou tout autre objet de quelque nature qu'il soit, en vue de leur enlèvement par le service de collecte, sans respecter les conditions fixées par cette autorité, notamment en matière d'adaptation du contenant à leur enlèvement, de jours et d'horaires de collecte ou de tri des ordures* ». **Cas B** : nouvelle rédaction de C. pén., art. R. 633-5 issue du D. nº 2015-337, 25 mars 2015, se substituant à celle qui incriminait auparavant le fait d'avoir, « *sans autorisation de la personne ayant la jouissance des lieux ou en dehors des emplacements désignés à cet effet par l'autorité administrative, déposé, abandonné ou jeté en un lieu public ou privé des ordures, déchets, matériaux ou tout autre objet* ». Les dispositions de C. pén., art. R. 633-5, issues D. nº 2015-337, 25 mars 2015, ont été transférées à droit quasi constant au C. pén., art. R. 634-2 par D. nº 2020-1573, 11 déc. 2020 et les pénalités aggravées (Contrav. 4e cl. au lieu de 3e cl).

TEXTE DE RÉFÉRENCE

▪ **Compétence des collectivités territoriales.** Les modalités de collecte des déchets des ménages et autres déchets sont fixées par le maire ou le président du groupement de collectivités territoriales compétent en matière de collecte des déchets (C. envir., art. R. 541-61-1 renvoyant à CGTC, art. R. 2224-23 à R. 2224-29-1).

ÉLÉMENT MATÉRIEL

▪ **Illustrations. Cas B1** : ne caractérise pas « *à la charge du prévenu les faits de dépôt, d'abandon ou de rejet de déchets sur le terrain d'autrui* » (anct C. pén., art. R. 632-1 devenu R. 634-2), la décision qui « *retient que les détritus jetés sur le parking de ce magasin par des clients sont emportés par le vent sur des fonds voisins* » (Crim. 28 juin 2005, nº 05-80.185, P nº 195).

RÉGIME PROCÉDURAL

▪ **Agents de constatation de l'infraction.** Les agents de police municipale, les gardes champêtres, les agents de surveillance de Paris ainsi que les agents de la ville de Paris chargés d'un service de police sont compétents pour constater par procès-verbal ces contraventions lorsqu'elles sont commises sur le territoire communal ou sur le territoire d'assermentation et qu'elles ne nécessitent pas de leur part d'actes d'enquête (C. pr. pén., art. R. 15-33-29-3).

▪ ÉLÉMENTS CONSTITUTIFS – QUALIFICATION

✧ Pour avoir à .... [¤ lieu], le .... [¤ date], [⇨A ou B :]

A. déposé, dans des conteneurs, poubelles ou bennes adaptés aux déchets ou aux emplacements désignés à cet effet pour ce type de déchets par l'autorité administrative compétente, des ordures, déchets, matériaux ou tout autre objet de quelque nature qu'il soit, en vue de leur enlèvement par le service de collecte, sans respecter les conditions fixées par cette autorité, notamment en matière d'adaptation du contenant à leur enlèvement, de jours et d'horaires de collecte, ou de tri des ordures (C. envir., art. R. 541-76 ; C. pén., art. R. 632-1) (A : *N 26511.c2*) ;

B. hors des emplacements, conteneurs, poubelles ou bennes adaptés aux déchets désignés à cet effet pour ce type de déchet par l'autorité administrative compétente, et alors qu'il n'avait pas la jouissance du lieu, public ou privé, ou l'autorisation de la personne ayant la jouissance du lieu (C. envir., art. R. 541-76-1 ; C. pén., art. R. 634-1) (anct. R. 633-6) [⇨B1 à B4 :]

B1. déposé, abandonné ou jeté des ordures, déchets, matériaux, ou tout autre objet de quelque nature qu'il soit (B1 : *N 1086.c4*) ;

B2. abandonné des déjections (B2 : *N 26512.c4*) ;

B3. déversé des liquides insalubres (B3 : *N 26513.c4*) ;

B4. uriné sur la voie publique (B4 : *N 26513.c4*).

Faits prévus et réprimés par l'article [• du cas sélectionné] du code pénal. ✧

31.28 Abandon d'épave de véhicule – Abandon d'ordures ou de déchets à l'aide d'un véhicule

■ PEINES

PERSONNE PHYSIQUE

PP Contrav. 5e cl. 1 500 € (C. pén., art. R. 635-8, 131-13).

> Récidive. 3 000 € (C. pén., art. R. 635-8, 132-11).

PC Confiscation (réelle ou en valeur) chose ayant servi à l'infraction ou destinée à la commettre ou son produit (obligatoire pour objets qualifiés dangereux ou nuisibles par loi ou règlement ou dont la détention est illicite) (C. pén., art. R. 635-8 et 131-21).

PERSONNE MORALE

PP Contrav. 5e cl. 7 500 € (C. pén., art. R. 635-8, 131-41).

> Récidive. 15 000 € (C. pén., art. R. 635-8, 132-15).

PC Confiscation (réelle ou en valeur) chose ayant servi à l'infraction ou destinée à la commettre ou son produit (C. pén., art. R. 635-8, 131-48 et 131-21).

PC Néant.

■ ORIENTEUR

AUTRE QUALIFICATION

▪ **Traitement et gestion des déchets – Délits prévus par le code de l'environnement.** V. nº 31.26 (cas G : délit d'abandon d'épave de véhicule).

▪ **Traitement et gestion des déchets – Contraventions prévues par le code de l'environnement.** C. envir., art. R. 541-78, v. nº 31.29.

▪ **Protection du domaine public routier.** V. nº 31.58 (dépôts ou écoulement de substances sur le domaine public routier).

▪ **Non-respect de la règlementation en matière de collecte d'ordure.** V. nº 31.27 (abandon de déchets, matériaux, déjections, liquides insalubres sans véhicule).

RÉGIME PROCÉDURAL

▪ **Agents de constatation de l'infraction.** • Cas A à C : les agents de police municipale, les gardes champêtres, les agents de surveillance de Paris ainsi que les agents de la ville de Paris chargés d'un service de police sont compétents pour constater par procès-verbal ces contraventions lorsqu'elles sont commises sur le territoire communal ou sur le territoire d'assermentation et qu'elles ne nécessitent pas de leur part d'actes d'enquête (C. pr. pén., art. R. 15-33-29-3).

• Cas D : les infractions prévues et réprimées par le code pénal en matière de dépôt ou abandon de matières, d'ordures, de déchets ou d'épaves sont également des infractions forestières lorsqu'elles sont commises dans les bois et forêts ou les autres terrains ou espaces soumis aux dispositions du code forestier (C. for., art. L. 161-1). Les infractions forestières peuvent être relevées par tout OPJ ou APJ ainsi que par les agents, fonctionnaires et gardes désignés par C. for., art. L. 161-4 à L. 161-7.

MESURE ADMINISTRATIVE

▪ **Mesure provisoire. Immobilisation et mise en fourrière.** Depuis L. nº 2019-1428, 24 déc. 2019, lorsqu'un véhicule a été utilisé pour commettre les faits, l'OPJ ou l'APJ peut avec l'autorisation préalable du préfet faire procéder à son immobilisation et à sa mise en fourrière provisoire durant 7 jours jusqu'à la décision d'immobilisation judiciaire prise par le parquet (C. route, art. L. 325-1-2, v°nº 11.69C).

■ ÉLÉMENTS CONSTITUTIFS – QUALIFICATION

✧ Pour avoir à .... [¤ lieu], le .... [¤ date], sans autorisation de la personne ayant la jouissance des lieux et en dehors des emplacements désignés à cet effet par l'autorité administrative, déposé, abandonné, jeté ou déversé en un lieu public ou privé [⇨A à D :]

A. une épave de véhicule (A : *N 118.c5* ; récidive : *N 9802.c5*) ;

B. des ordures, déchets, matériaux, ou tout autre objet de quelque nature qu'il soit, en les transportant à l'aide d'un véhicule (B : *N 98.c5* ; récidive : *N 9801.c5*) ;

C. des déjections, liquides insalubres ou tout autre objet de quelque nature qu'il soit, en les transportant à l'aide d'un véhicule (C : *N 26510.c5*) ;

D. en l'espèce dans un bois, une forêt, un terrain ou un espace soumis aux dispositions du code forestier, des ordures, déchets, déjections, matériaux, liquides insalubres ou tout autre objet de quelque nature qu'il soit, en les transportant à l'aide d'un véhicule (C. for., art. L. 161-1) (D : *N 29646.c5*).

Faits prévus et réprimés par les articles R. 541-77 du code de l'environnement et R. 635-8 du code pénal. ✧

31.29 Traitement et gestion des déchets – Contraventions prévues par le code de l'environnement

■ PEINES

PERSONNE PHYSIQUE

PP Contrav. 4ᵉ cl. 750 € (C. envir., art. R. 541-78 ; C. pén., art. 131-13).

PC 1. Affichage, ⩽ 2 mois, *et/ou* diffusion de la décision ou d'extraits aux frais (⩽ amende encourue) du condamné (C. envir., art. L. 173-7 ; C. pén., art. 131-35) ;

2. Confiscation de la chose ayant servi à l'infraction ou destinée à la commettre ou son produit direct ou indirect (obligatoire pour objets qualifiés dangereux ou nuisibles par loi ou règlement ou dont la détention est illicite) (C. envir., art. L. 173-7 ; C. pén., art. 131-21) ;

3. Immobilisation ⩽ 1 an, véhicule, navire, bateau, embarcation ou aéronef dont le condamné s'est servi pour commettre l'infraction, s'il en est le propriétaire (C. envir., art. L. 173-7).

PERSONNE MORALE

PP Contrav. 4ᵉ cl. 3 750 € (C. envir., art. R. 541-78 ; C. pén., art. 131-41).

PC Néant.

■ ORIENTEUR

AUTRE QUALIFICATION

▪ **Traitement et gestion des déchets – Délits prévus par le code de l'environnement.** C. envir., art. L. 541-46 I, v. nᵒ 31.26.

▪ **Protection du domaine public routier.** C. voirie rout., art. R. 116-2, v. nᵒ 31.58 (dépôts ou écoulement de substances sur le domaine public routier).

▪ **Non-respect de la règlementation en matière de collecte d'ordure.** C. pén., art. R. 632-1 et R. 633-6, v. nᵒ 31.27 (abandon de déchets, matériaux, déjections, liquides insalubres sans véhicule).

▪ **Qualifications en concours.** Les faits de brûlage de biodéchets à l'air libre (cas N) ainsi que la remise de déchets à une personne non autorisée à les prendre en charge (cas J) sont également incriminés comme délits par C. envir., art. L. 541-21-1 II et L. 541-46 I 8°) (v. nᵒ 31.26, cas Q et J).

MESURE CIVILE

▪ **Constitution de partie civile. • Association agréée de protection de l'environnement.** C. envir., art. L. 142-2, *Idem* nᵒ 31.1.

■ ÉLÉMENTS CONSTITUTIFS – QUALIFICATION

✧ Pour avoir à .... [¤ lieu], le .... [¤ date], [⇨A à R :]

A. **DÉFAUT DE TENUE DU REGISTRE CHRONOLOGIQUE DES DÉCHETS**

A1. étant producteur (A1a : *N 25991.c4*) ou expéditeur (A1b : *N 25992.c4*) de déchets, collecteur (A1c : *N 25993.c4*), transporteur (A1d : *N 25994.c4*), négociant ou courtier (A1e : *N 25995.c4*), ou exploitant d'une installation de transit (A1f : *N 28566.c4*), de regroupement (A1g : *N 28567.c4*), ou de traitement (A1h : *N 28565.c4*) de **déchets**, omis de tenir à jour un registre chronologique de la production, de l'expédition, de la réception et du traitement de ces déchets et des produits et matières issus de la valorisation de ces déchets (C. envir., art. L. 541-7 I, R. 541-43, R. 541-78 1°) ;

A2. étant producteur (A2a : *N 33882.c4*) ou expéditeur (A2b : *N 33883.c4*) de terres excavées ou de sédiments, collecteur (A2c : *N 33884.c4*), transporteur (A2d : *N 33885.c4*), négociant ou courtier (A2e : *N 33886.c4*), exploitant d'une installation de transit (A2f : *N 33888.c4*), de regroupement (A2g : *N 33889.c4*) ou de traitement (A2h : *N 33887.c4*) de **terres excavées ou de sédiments**, ou valorisant des terres excavées ou des sédiments, omis de tenir à jour un registre chronologique de la production, de l'expédition et de la réception de ces terres et sédiments (C. envir., art. L. 541-7 II, R. 541-43, R. 541-78 1°).

B. **Défaut de présentation du registre chronologique des déchets**

étant producteur ou expéditeur, collecteur, transporteur, négociant ou courtier, exploitant d'une installation de transit, de regroupement ou de traitement de [⇨B1 ou B2 :]

B1. déchets (B1 : *N 25998.c4*)...

B2. terres excavées ou de sédiments, ou valorisant des terres excavées ou des sédiments (B2 : *N 33890.c4*)...

...refusé de mettre le registre chronologique des déchets à la disposition des officiers et agents de police judiciaire, des inspecteurs de l'environnement ou des agents habilités (C. envir., art. L. 541-44, R. 541-78 2°).

C. **Défaut de déclaration annuelle relative aux déchets**

étant exploitant d'un(e) [⇨C1 à C5 :]

C1. installation nucléaire produisant des déchets (C1 : *N 28568.c4*), ...

C2. installation individuelles de base secrète produisant des déchets (C. défense, art. R. 1333-40) (C2 : *N #.c4*), ...

C3. système nucléaire militaire produisant des déchets (C. défense, art. L. 1333-15) (C3 : *N #.c4*), ...

C4. installation classée produisant des déchets (C4 : *N 25999.c4*), ...

C5. installation assurant le traitement de déchets (C5 : *N 26000.c4*), ...

... omis de fournir à l'administration compétente une déclaration annuelle sur la nature, les quantités le traitement réalisé et la destination ou l'origine de ces déchets (C. envir., art. R. 541-44, R. 541-78 3°).

D. **Défaut de déclaration des déchets exportés par un éco-organisme**

étant exploitant d'un éco-organisme agréé, omis d'adresser par voie électronique au ministre chargé de l'environnement la déclaration de la nature, de la quantité et de la destination des déchets exportés dont il a assuré, soutenu ou fait assurer la collecte (C. envir., art. L. 541-10-6 III, R. 541-44-1, R. 541-78 3°) (D : *N #.c4*).

E. **Défaut de suivi par bordereau des déchets dangereux**

E1. étant producteur de déchets dangereux (E1 : *N 33855.c4*)...

E2. étant collecteur de petites quantités de déchets dangereux (E2 : *N 33856.c4*)...

E3. ayant reconditionné (E3a : *N 33857.c4*) ou transformé (E3b : *N 33858.c4*) des déchets dangereux ...

E4. détenant des déchets dangereux dont le producteur n'est pas connu (E4 : *N #.c4*)...

... remis ces déchets à un tiers sans émettre à cette occasion un bordereau de suivi accompagnant les déchets (C. envir., art. R. 541-45, R. 541-78 4°) (E : *N 33852.c4*) ;

E5. étant transporteur (E5a : *N 33853.c4*) de déchets dangereux ou ayant reçu (E5b : *N 33854.c4*) de tels déchets, omis de compléter le bordereau de suivi accompagnant ces derniers (C. envir., art. R. 541-45, R. 541-78 4°) ;

E6. ayant reçu des déchets dangereux et refusé leur prise en charge, omis d'aviser les autorités chargées du contrôle de l'émetteur du bordereau de suivi de déchets (C. envir., art. R. 541-45, R. 541-78 4°) (E6 : *N 33859.c4*) ;

E7. omis d'aviser les autorités compétentes en cas de non-réception du bordereau de suivi attestant de la prise en charge de déchets dangereux dans le mois suivant la date prévue pour leur réception (C. envir., art. R. 541-45, R. 541-78 4°) (E7 : *N 33860.c4*).

F. **Défaut de suivi par bordereau des déchets contenant des polluants organiques persistants (POP)**

F1. étant producteur de déchets POP (F1 : *N 33873.c4*)...

F2. étant collecteur de petites quantités de déchets POP (F2 : *N 33874.c4*)...

F3. ayant reconditionné (F3a : *N 33875.c4*) ou transformé (F3b : *N 33876.c4*) des déchets POP ou de déchets ...

F4. détenant des déchets dangereux dont le producteur n'est pas connu (D : *N #.c4*)...

... remis ces déchets à un tiers sans émettre à cette occasion un bordereau de suivi accompagnant les déchets (C. envir., art. R. 541-45, R. 541-78 4°) (F : *N 33870.c4*) ;

F5. étant transporteur (F5a : *N 33871.c4*) de déchets POP ou ayant reçu (F5b : *N 33872.c4*) de tels déchets, omis de compléter le bordereau de suivi accompagnant ces derniers (C. envir., art. R. 541-45, R. 541-78 4°) ;

F6. ayant reçu des déchets POP et refusé leur prise en charge, omis d'aviser les autorités chargées du contrôle de l'émetteur du bordereau de suivi de déchets (C. envir., art. R. 541-45, R. 541-78 4°) (F6 : *N 33877.c4*) ;

F7. omis d'aviser les autorités compétentes en cas de non-réception du bordereau de suivi attestant de la prise en charge de déchets POP dans le mois suivant la date prévue pour leur réception (C. envir., art. R. 541-45, R. 541-78 4°) (F7 : *N 33878.c4*).

G. **Défaut de suivi par bordereau des déchets radioactifs**

G1. étant producteur de déchets radioactifs (G1 : *N 33864.c4*)...

G2. étant collecteur de petites quantités de déchets radioactifs (G2 : *N 33865.c4*)...

G3. ayant reconditionné (G3a : *N 33866.c4*) ou transformé (G3b : *N 33867.c4*) des déchets radioactifs...

G4. détenant des déchets dangereux dont le producteur n'est pas connu...

... remis ces déchets à un tiers sans émettre à cette occasion un bordereau de suivi accompagnant les déchets (C. envir., art. R. 541-45, R. 541-78 4°) (G4 : *N 33861.c4*) ;

G5. étant transporteur (G5a : *N 33862.c4*) de déchets radioactifs ou ayant reçu (G5b : *N 33863.c4*) de tels déchets, omis de compléter le bordereau de suivi accompagnant ces derniers (C. envir., art. R. 541-45, R. 541-78 4°) ;

G6. ayant reçu des déchets radioactifs et refusé leur prise en charge, omis d'aviser les autorités chargées du contrôle de l'émetteur du bordereau de suivi de déchets (C. envir., art. R. 541-45, R. 541-78 4°) (G6 : *N 33868.c4*) ;

G7. omis d'aviser les autorités compétentes en cas de non-réception du bordereau de suivi attestant de la prise en charge de déchets radioactifs dans le mois suivant la date prévue pour leur réception (C. envir., art. R. 541-45, R. 541-78 4°) (G7 : *N 33869.c4*).

H. **Refus de remise du bordereau de suivi de déchets dangereux, POP ou radioactifs**

ayant produit, collecté, reconditionné, transformé, détenu, transporté ou reçu des déchets dangereux (H1 : *N 33879.c4*), des déchets POP (H2 : *N 33881.c4*), ou des déchets radioactifs (H3 : *N 33880.c4*), refusé de mettre le bordereau de suivi des déchets à disposition des agents de contrôle (C. envir., art. L. 541-44, R. 596-1, R. 541-45, R. 541-78 5°).

I. **Réception de type ou de quantités de déchets non autorisés dans une installation de gestion de déchets**

étant exploitant d'une installation de gestion de déchets [⇨I1 ou I2 :]

I1. réceptionné des déchets que l'exploitant n'est pas autorisé à y recevoir (C. envir., art. R. 541-78 6°) (I1 : *N #.c4*) ;

I2. détenu des quantités de déchets supérieures aux quantités maximales autorisées (C. envir., art. R. 541-78 7°) (I2 : *N #.c4*).

J. **Remise de déchets à une personne non autorisée**

étant producteur ou détenteur de déchets, remis des déchets à une personne non autorisée à les prendre en charge (C. envir., art. L. 541-2, R. 541-78 8°) (J : *N #.c4*).

K. **Non-justification du respect de l'obligation de tri des déchets**

étant producteur ou détenteur [⇨K1 ou K2 :]

K1. de déchets, notamment de papier, métaux, plastiques, verre ou bois, omis de justifier du respect de ses obligations de tri à la source de ces déchets (C. envir., art. L. 541-2-1, L. 541-21-2, R. 541-78 9°) (K1 : *N 33760.c4*) ;

K2. d'une quantité importante de déchets composés majoritairement de biodéchets, omis de justifier du respect de ses obligations de tri à la source de ces déchets (C. envir., art. L. 541-2-1, L. 541-21-1, R. 541-78 9°) (K2 : *N 33761.c4*) ;

L. **NON-RESPECT DE L'OBLIGATION DE TRI DES DÉCHETS**

étant producteur ou détenteur [⇨L1 ou L2 :]

L1. de déchets, notamment de papier, métaux, plastiques, verre ou bois, omis de respecter son obligation de tri à la source de ces déchets (C. envir., art. L. 541-2-1, L. 541-21-2, R. 541-78 11°) (L1 : *N 33755.c4*) ;

L2. d'une quantité importante de déchets composés majoritairement de biodéchets, omis de respecter son obligation de tri à la source de ces déchets (C. envir., art. L. 541-2-1, L. 541-21-1, R. 541-78 11°) (L2 : *N 33754.c4*).

M. **MÉLANGE DE DÉCHETS PRÉALABLEMENT TRIÉS**

M1. mélangé des déchets qui ont été collectés séparément afin de faire l'objet d'une opération de préparation en vue de la réutilisation, du recyclage ou d'autres opérations de valorisation, avec d'autres déchets ou matériaux ayant des propriétés différentes (C. envir., art. L. 541-21 I, R. 541-78 10°) (M1 : *N 33762.c4*) ;

M2. en dehors des cas autorisés de mélange de matières végétales avec des boues d'épuration ou des digestats issus de la méthanisation de boues dépurations, mélangé des biodéchets ayant fait l'objet d'un tri à la source avec d'autres types de déchets (C. envir., art. L. 541-21-1, L. 541-38, R. 541-78 12°) (M2 : *N 33763.c4*).

N. **BRÛLAGE À L'AIR LIBRE DE BIODÉCHETS SANS DÉROGATION**

N1. étant une personne physique, sans dérogation délivrée par le préfet du département, éliminé des biodéchets (C. envir., art. L. 541-21-1, D. 543-227-1, R. 541-78 15°) [⇨N1a ou N1b :].

N1a. par brûlage à l'air libre (N1a : *N 33756.c4*) ;

N1b. au moyen d'équipements ou matériels extérieurs (N1b : *N 33757.c4*).

N2. mis à disposition ou vendu un équipement ou matériel extérieur destiné à l'élimination des biodéchets par brûlage (C. envir., art. L. 541-21-1, R. 541-78 16°) (N2 : *N 33764.c4*).

O. **ACTIVITÉ DE COLLECTE OU DE TRANSPORT DE DÉCHETS SANS DÉCLARATION D'ACTIVITÉ**

sans déclaration auprès de préfet du département de son siège social ou de son domicile, exercé une activité de collecte (O1 : *N 33759.c4*) ou de transport (O2 : *N 33759.c4*) de déchets d'une quantité supérieure à 0,1 tonne par chargement de déchets dangereux ou supérieure à 0,5 tonne par chargement pour les déchets non dangereux (C. envir., art. R. 541-50, R. 541-78 17°).

P. **DÉFAUT DE DÉLIVRANCE D'ATTESTATION ANNUELLE DE VALORISATION DE DÉCHETS**

étant [⇨P1 ou P2 :]

P1. exploitant d'une installation de valorisation de déchets (P1 : *N 33765.c4*),...

P2. intermédiaire assurant une activité de collecte, de transport, de négoce ou de courtage de déchets (P2 : *N 33766.c4*), ...

...omis de délivrer avant le 31 mars chaque année, aux producteurs ou détenteurs de déchets de papier, de métal, de plastique, de verre et de bois leur ayant cédé des déchets l'année précédente, une attestation mentionnant les quantités exprimées en tonnes, la nature des déchets confiés ou collectés l'année précédente en vue de leur valorisation et leurs destinations de valorisation finale (C. envir., art. D. 543-282, D. 543-284, R. 541-78 18°) ;

Q. **SORTIE IRRÉGULIÈRE DU SATUT DE DÉCHET**

après traitement et valorisation, effectué une sortie du statut de déchet sans respecter les critères de sortie de statut de déchet prévus par arrêté du ministre chargé de l'environnement (C. envir., art. L. 541-4-3, D. 541-12-11, R. 541-78 19°) (Q : *N 33767.c4*) ;

R. **DÉFAUT DE COLLECTE SÉPARÉE DES DÉCHETS D'UN ÉTABLISSEMENT RECEVANT DU PUBLIC**

étant exploitant d'un établissement recevant du public, omis d'organiser la collecte séparée des déchets du public reçu dans son établissement ainsi que des déchets générés par son personnel (CCH., art. L. 123-1, C. envir., art. L. 541-21-2-2, R. 541-61-2, R. 541-78 20°) (R : *N 33768.c4*).

Faits prévus et réprimés par les articles [• du cas sélectionné] du code de l'environnement. ✧

31.30 Lutte contre le gaspillage alimentaire, l'emploi de plastique dans la restauration, la diffusion d'imprimés publicitaires

■ PEINES

PERSONNE PHYSIQUE

PP Cas A : **Délit.** Amende ⩽ 0,1 % du chiffre d'affaires HT du dernier exercice clos réalisé par l'établissement coupable de l'infraction (C. envir., art. L. 541-47).

Cas B1 et B2 : **Contrav. 3e cl.** 450 € (C. envir., art. R. 541-350 ; C. pén., art. 131-13).

Cas B3 à C4 : **Contrav. 5e cl.** 1 500 € (C. envir., art. R. 541-351 ; C. pén., art. 131-13). **Récidive :** 3 000 € (C. envir., art. R. 541-351 ; C. pén., art. 132-11).

PC 1. Affichage, ⩽ 2 mois, *et/ou* diffusion de la décision ou d'extraits aux frais (⩽ amende encourue) du condamné (C. envir., art. L. 173-7 ; C. pén., art. 131-35) ;

2. Confiscation de la chose ayant servi à l'infraction ou destinée à la commettre ou son produit direct ou indirect (obligatoire pour objets qualifiés dangereux ou nuisibles par loi ou règlement ou dont la détention est illicite) (C. envir., art. L. 173-7 ; C. pén., art. 131-21) ;

3. Immobilisation ⩽ 1 an, véhicule, navire, bateau, embarcation ou aéronef dont le condamné s'est servi pour commettre l'infraction, s'il en est le propriétaire (C. envir., art. L. 173-7) ;

4. Cas A : interdiction ⩽ 5 ans d'exercer l'activité professionnelle dans l'exercice ou à l'occasion de l'exercice de laquelle l'infraction a été commise (sauf mandat électif ou syndical) (C. pén., art. 131-27 à 131-29 ; C. envir., art. L. 173-7) ;

PERSONNE MORALE

PP Cas A : **Délit.** Amende ⩽ 0,5 % du chiffre d'affaires HT du dernier exercice clos réalisé par l'établissement coupable de l'infraction (C. envir., art. L. 541-47 ; C. pén., art. 131-38).

Cas B1 et B2 : **Contrav. 3e cl.** 2 250 € (C. envir., art. R. 541-350 ; C. pén., art. 131-41).

Cas B3 à C4 : **Contrav. 5e cl.** 7 500 € (C. envir., art. R. 541-351 ; C. pén., art. 131-13). **Récidive :** 15 000 € (C. envir., art. R. 541-351 ; C. pén., art. 132-15).

PC Cas A : interdiction, définitive ou ⩽ 5 ans, une ou plusieurs activités professionnelles ou sociales en relation avec l'infraction (C. envir., art. L. 173-8 ; C. pén., art. 131-39 2°) ;

2. Cas A : surveillance judiciaire ⩽ 5 ans, sauf personnes morales de droit public, partis, groupements politiques, syndicats (C. envir., art. L. 173-8 ; C. pén., art. 131-39 3° et 131-46) ;

3. Cas A : fermeture, définitive ou ⩽ 5 ans, d'un ou plusieurs établissements en relation avec l'infraction (C. envir., art. L. 173-8 ; C. pén., art. 131-39 4°) ;

4. Cas A : exclusion, définitive ou ⩽ 5 ans marchés publics (C. envir., art. L. 173-8 ; C. pén., art. 131-39 5°) ;

5. Cas A : interdiction, définitive ou ⩽ 5 ans appel public à l'épargne (C. envir., art. L. 173-8 ; C. pén., art. 131-39 6°) ;

6. Cas A : confiscation de la chose ayant servi à l'infraction ou destinée à la commettre, ou de son produit direct ou indirect (obligatoire pour objets qualifiés dangereux ou nuisibles par loi ou règlement ou dont la détention est illicite) (C. envir., art. L. 173-8 ; C. pén., art. 131-39 8°, 131-21) ;

7. Cas A : affichage, ⩽ 2 mois, *et/ou* (L. n° 2011-525, 17 mai 2011) diffusion de la décision ou d'extraits aux frais (⩽ amende encourue) du condamné (C. envir., art. L. 173-8 ; C. pén., art. 131-39 9°, 131-48 et 131-35).

■ ORIENTEUR

ÉLÉMENT LÉGAL

▪ **Définition.** • **Plastique.** « *matériau constitué d'un polymère tel que défini à l'article 3, point 5, du règlement (CE) n° 1907/2006 du Parlement européen et du Conseil du 18 décembre 2006, auquel des additifs ou autres substances peuvent avoir été ajoutés, et qui peut jouer le rôle de composant structurel principal de produits finaux, à l'exception des polymères naturels qui n'ont pas été chimiquement modifiés et des peintures, encres et adhésifs* » (C. envir., art. D. 541-330 1°). • **Produit en plastique à usage unique.** « *produit fabriqué entièrement ou partiellement à partir de plastique et qui n'est pas conçu, créé ou mis sur le marché pour accomplir, pendant sa durée de vie, plusieurs trajets ou rotations en étant retourné à un producteur pour être rempli à nouveau, ou qui n'est pas conçu, créé ou mis sur le marché pour être réutilisé pour un usage identique à celui* *pour lequel il a été conçu* » (C. envir., art. D. 541-330 1°). • **Plastiques oxodégradables.** « *matières plastiques renfermant des additifs qui, sous l'effet de l'oxydation, conduisent à la fragmentation de la matière plastique en micro-fragments ou à une décomposition chimique* » (C. envir., art. D. 541-330 6°).

RÉGIME PROCÉDURAL

▪ **Compétence juridictionnelle. Juge unique correctionnel** dans le **cas** A (C. pr. pén., art. 398-1, v. n° **17.15D2**).

▪ **Ordonnance pénale délictuelle. Possible** dans les **cas** A (C. pr. pén., art. 495-II, v. n° **15.48B1** et tableau n° **17.15D2**).

MESURE CIVILE

▪ **Constitution de partie civile.** • **Association agréée de protection de l'environnement.** C. envir., art. L. 142-2, *Idem* n° **31.1**.

RÉGIME DES PEINES

▪ **Amende délictuelle proportionnelle.** Cas A : « *le montant de l'amende est proportionnée à la gravité des faits constatés, notamment au nombre et au volume des produits en infraction* » (C. envir., art. L. 541-47).

▪ ÉLÉMENTS CONSTITUTIFS – QUALIFICATION

✧ Pour avoir à .... [¤ lieu], le .... [¤ date], [⇨A à C :]

A. **LUTTE CONTRE LE GASPILLAGE ALIMENTAIRE**

étant distributeur du secteur alimentaire, opérateur de commerce de gros, opérateur de l'industrie agroalimentaire produisant des denrées alimentaires pouvant être livrées en l'état à un commerce de détail alimentaire ou opérateur de la restauration collective, assurant la commercialisation de ses denrées alimentaires ou leur valorisation, rendu délibérément impropres à la consommation humaine des denrées alimentaires invendues encore consommables (C. envir., art. L. 173-7, L. 173-8, L. 541-15-5, L. 541-47) (A : *N 31785.ju*) ;

B. **LUTTE CONTRE L'EMPLOI DE PRODUITS EN PLASTIQUE À USAGE UNIQUE DANS LA RESTAURATION**

B1. **Absence de tarif préférentiel pour la boisson à emporter servie dans un récipient présenté par le consommateur.** Étant vendeur de boissons à emporter, omis d'adopter une tarification pus basse lorsque la boisson est vendue dans un récipient réemployable présenté par le consommateur par rapport au prix demandé lorsque la boisson est servie dans un gobelet jetable (C. envir., art. L. 541-15-10 III, R. 541-350 1°) (B1 : *N 33738.c3*) ;

B2. **Distribution gratuite de bouteilles en plastique contenant des boissons.** Étant exploitant d'un établissement recevant du public ou responsable d'un local professionnel, distribué gratuitement des bouteilles en plastique contenant des boissons (C. envir., art. L. 541-15-10 III, R. 541-350 2°) (B2 : *N 33739.c3*) ;

B3. **Mise sur le marché de produit plastique malgré interdiction.** Étant producteur, importateur ou distributeur, malgré interdiction, mis à disposition du public ou mis sur le marché des produits plastiques à usage unique (C. envir., art. L. 541-15-10 III al. 2, 3, 4, 10 et 11, R. 541-351 1°) (B3 : *N 33740.c5*) ;

B4. **Mise sur le marché de produit plastique oxodégradable.** Étant producteur, importateur ou distributeur, malgré interdiction, mis sur le marché des produits fabriqués à base de plastique oxodégradable (C. envir., art. L. 541-15-10 III al. 10, R. 541-351 1°) (B4 : *N 33741.c5*) ;

B5. **Mise sur le marché de sachets de thé ou tisane en plastique.** Étant producteur, importateur ou distributeur, malgré interdiction, mis sur le marché des sachets de thé et de tisane en plastique non biodégradable (incrimination applicable à/c 1er janv. 2022 ; C. envir., art. L. 541-15-10 III al. 17, R. 541-351 2°) (B5 : *N 34363.c5*) ;

B6. **Défaut de fontaine à eau dans un établissement recevant du public.** Étant exploitant d'un établissement recevant du public relevant de la 1re, 2e ou 3e catégorie raccordé à un réseau d'eau potable, omis de mettre une fontaine à eau à disposition du public (C. envir., art. L. 541-15-10 III al. 14, D. 541-340, R. 541-351 3°) (B6 : *N 34364.c5*) ;

B7. **Emploi de vaisselle ou couverts non réemployables – Service de restauration à domicile par abonnement.** Étant exploitant d'un service de restauration à domicile proposant un abonnement à des prestations de repas préparés qui sont livrés au moins quatre fois par semaine, utilisé de la vaisselle, des couverts ou des récipients de transport des aliments ou boissons qui ne sont pas réemployables (B7a : *N 34365.c5*) ou omis de procéder à leur collecte en vue de leur réemploi (B7b : *N 34366.c5*) (C. envir., art. L. 541-15-10 III al. 19, **D. 541-341**, **R. 541-351 4°**) ;

B8. Emploi de vaisselle ou couverts non réemployables – Restauration sur place. Ayant une activité de restauration sur place, en intérieur ou en extérieur, à titre principal ou non, permettant de restaurer simultanément au moins 20 personnes, omis de servir les repas et boissons dans de la vaisselle réemployable ou avec des couverts réemployables (incrimination applicable à/c 1er janv. 2023 ; C. envir., art. L. 541-15-10 III al. 18, **D. 541-342**, **R. 541-351 5°**) (B8 : *N #.c5*).

C. **Lutte contre la diffusion d'imprimés publicitaires**

C1. Remise d'imprimés publicitaires au domicile malgré opposion. Remis au domicile ou au siège social d'une personne physique ou morale une publicité non adressée malgré une mention apposée faisant état du refus de recevoir une telle publicité (C. envir., art. **L. 541-15-15**) (C1 : *N 33716.c5*) ;

C2. Dépôt d'imprimés publicitaire sur les véhicules. Déposé sur les véhicules des imprimés publicitaires à visée commerciale (C. envir., art. **L. 541-15-16 I**) (C2 : *N 33717.c5*) ;

C3. Distribution de cadeaux non sollicités en boîte aux lettres. Distribué en boîte aux lettres des cadeaux non sollicités visant à faire de la promotion commerciale à l'attention des consommateurs (C. envir., art. **L. 541-15-16 II**) (C3 : *N 33718.c5*) ;

C4. Utilisation de papier non recyclé à des fins publicitaires. Effectué de la promotion commerciale à l'attention des consommateurs au moyen de prospectus publicitaires ou catalogues non imprimés sur du papier recyclé ou issu de forêts gérées durablement (C. envir., art. **L. 541-15-17**) (C4 : *N 33718.c5*) ;

Faits prévus et réprimés par les articles [• du cas sélectionné] du code de l'environnement. ✧

31.31 Atteinte durable délibérée ou intentionnelle aux milieux physiques – Écocide (L. n° 2021-1104, 22 août 2021)

■ PEINES

PERSONNE PHYSIQUE

PP **Délit.** Cas **A** : **5 ans** d'emprisonnement, **1 000 000 €** ou **quintuple** de l'avantage tiré de la commission de l'infraction (C. envir., art. **L. 231-1**, issu L. n° 2021-1104, 22 août 2021) ;

Cas **B** : **3 ans** d'emprisonnement, **150 000 €** (C. envir., art. **L. 231-2**, issu L. n° 2021-1104, 22 août 2021) ;

Cas **C** et **D** : **10 ans** d'emprisonnement, **4 500 000 €** ou **décuple** de l'avantage tiré de la commission de l'infraction (C. envir., art. **L. 231-3**, issu L. n° 2021-1104, 22 août 2021).

PC *Idem* n° **31.1** (C. envir., art. L. 173-7).

PERSONNE MORALE

PP **Délit.** Cas **A** : **5 000 000 €** ou **quintuple** de l'avantage tiré de la commission de l'infraction (C. envir., art. **L. 231-1** et L. 231-4 2° issus L. n° 2021-1104, 22 août 2021 ; C. pén., art. 131-38) ;

Cas **B** : **750 000 €** (C. envir., art. **L. 231-2** et L. 231-4 2° issus L. n° 2021-1104, 22 août 2021 ; C. pén., art. 131-38) ;

Cas **C** et **D** : **22 500 000 €** ou **décuple** de l'avantage tiré de la commission de l'infraction (C. envir., art. **L. 231-3** et L. 231-4 2° issus L. n° 2021-1104, 22 août 2021 ; C. pén., art. 131-38).

PC *Idem* n° **31.1** (C. envir., art. L. 173-8).

■ ORIENTEUR

AUTRE QUALIFICATION

▪ **Installation, ouvrage, travaux ou activité (IOTA) nuisible à l'eau.** C. envir., art. **L. 173-1 I** (v. n° **31.1**) et C. envir., art. **L. 173-1 II** (v. n° **31.2**).

▪ **Traitement et gestion des déchets – Délits prévus par le code de l'environnement.** C. envir., art. **L. 541-46 I**, v. n° **31.26**.

▪ **Traitement et gestion des déchets – Contraventions prévues par le code de l'environnement.** C. envir., art. **R. 541-78**, v. n° **31.29**.

▪ **Pollution de cours d'eau, canal, ruisseau, entraînant des dégâts piscicoles.** V. n° **31.32**.

▪ **Déversement de substances nuisibles dans les eaux souterraines ou superficielles, mer territoriale – Pollution.** V. n° **31.33**.

▪ **Pollution maritime, eaux salées.** V. n° **31.34**.

▪ **Pollution maritime des eaux territoriales par substance polluante.** V. n° **31.35**

▪ **Protection du domaine public routier.** V. n° **31.58** cas **D** (Déversement de substances nuisibles sur la voie publique, contravention de voirie routière).

ÉLÉMENT LÉGAL

▪ **Champ d'application. Cas A** et **B** : ces incriminations ne s'appliquent pas aux pollutions des eaux salées n'entraînant que des effets « *nuisibles pour la conservation ou la reproduction des mammifères marins, poissons, crustacés, coquillages, mollusques ou végétaux, ou de nature à les rendre impropres à la consommation* » au sens de C. envir., art. L. 218-73 (v. n° **31.34**), ou des eaux douces « *dont l'action ou les réactions ont détruit le poisson ou nui à sa nutrition, à sa reproduction ou à sa valeur alimentaire* » au sens de C. envir., art. L. 432-2 (v. n° **31.32**) (C. envir., art. L. 231-1).

▪ **définition. Atteinte durable aux milieux physiques.** Dans les cas **A** (C. envir., art. L. 231-1), **C** et **D** (C. envir., art. L. 231-3) « *Sont considérés comme durables les effets nuisibles sur la santé ou les dommages à la flore ou à la faune qui sont susceptibles de durer au moins sept ans* ».

ÉLÉMENT MATÉRIEL

▪ **Fait justificatif. Cas A et C.** L'incrimination n'est applicable, « *s'agissant des émissions dans l'air, qu'en cas de dépassement des valeurs limites d'émission fixées par décision de l'autorité administrative compétente* » ; « *s'agissant des opérations de rejet autorisées et de l'utilisation de substances autorisées, qu'en cas de non-respect des prescriptions fixées par l'autorité administrative compétente* » (C. envir., art. L. 231-1).

▪ **Éléments constitutifs. • Cas B et D.** L'incrimination n'est applicable que si les déchets ont été déposés ou abandonnés dans des conditions contraires au C. envir., art. L. 541-1 à L. 541-50 relatifs à la prévention et à la gestion des déchets, ou si ces derniers ont été gérés sans satisfaire aux prescriptions concernant les caractéristiques, les quantités, les conditions techniques de prise en charge et les procédés de traitement mis en œuvre fixées en application de C. envir., art. L. 541-2, L. 541-2-1, L. 541-7-2, L. 541-21-1 et L. 541-22 (C. envir., art. **L. 231-2**) (sur les obligations en matière de déchets, v. n^{os} **31.26** et **31.29**).

MESURE CIVILE

▪ **Constitution de partie civile. • Association agréée de protection de l'environnement.** C. envir., art. L. 142-2, *Idem* n° **31.1**.

▪ **Préjudice écologique.** C. civ., art. 1247, *Idem* n° **31.1**.

RÉGIME PROCÉDURAL

▪ **Compétence juridictionnelle. Juge unique** dans les cas **A** et **B** (C. pr. pén., art. 398-1 6°, v. n° **17.15D2**), compétence collégiale dans les cas **C** et **D** (peine encourue > 5 ans).

▪ **Ordonnance pénale. Possible** dans les cas **A** et **B** (C. pr. pén., art. 495-II, v. n° **15.48B1** et tableau n° **17.15D2**).

▪ **Prescription de l'action publique.** « *le délai de prescription de l'action publique [...] court à compter de la découverte du dommage* » (C. envir., art. L. 231-1 (cas **A**), L. 231-2 (cas **B**) et L. 231-3 (cas **C** et **D**) (sur le point de départ du délai de prescription de l'action publique, v. n° **17.19E**).

▪ **Pouvoir des agents de constatation de l'infraction. • Agents compétents pour constater l'infraction.** Outre les OPJ, APJ et inspecteurs de l'environnement, sont compétents pour rechercher et constater ces infractions les agents mentionnés au C. envir., art. L. 231-5 (issu L. n° 2021-1104, 22 août 2021). **• Validité des commissionnements des inspecteurs de l'environnement.** Les commissionnements délivrés aux inspecteurs de l'environnement en application C. envir., art. L. 172-1 pour rechercher et constater l'infraction au C. envir., art. L. 216-6 (pollution des eaux, v. n° **31.33**) valent, à compter de la publication de la L. n° 2021-1104, 22 août 2021, pour rechercher et constater les infractions prévues au C. envir., art. L. 231-1 à L. 231-3 (L. n° 2021-1104, 22 août 2021, art. 280 III).

MESURE ADMINISTRATIVE

▪ **Injonction de régularisation.** *Idem* n° **31.1** (C. envir., art. L. 171-7 et L. 171-8).

▪ **Mesures provisoires.** *Idem* n° **31.1** (C. envir., art. L. 171-7 et L. 171-8).

▪ **Sanction administrative financière.** *Idem* n° **31.1** (C. envir., art. L. 171-7 II et L. 171-8 II).

▪ **Voies de recours.** *Idem* n° 31.1 (C. envir., art. L. 171-11).

▪ **Transaction administrative.** *Idem* n° 31.1 (C. envir., art. L. 171-12).

MESURE CIVILE

▪**Renvoi.** *Idem* n° 31.1 (C. envir., art. L. 171-9 et L. 173-6).

RÉGIME DES PEINES

▪ **Mesures de régularisation.** *Idem* n° 31.1 (C. envir., art. L. 173-5).

▪ **Ajournement avec injonction.** *Idem* n° 31.1, C. envir., art. L. 173-9, le tribunal peut imposer dans ce cadre la « *restauration du milieu naturel* » C. envir., art. L. 231-4 1°.

▪ ÉLÉMENTS CONSTITUTIFS – QUALIFICATION

✧ Pour avoir à .... [¤ lieu], le .... [¤ date], [⇨A à D :]

A. en violation **manifestement délibérée** d'une obligation particulière de prudence ou de sécurité prévue par la loi ou le règlement, émis dans l'air, jeté, déversé ou laissé s'écouler dans les eaux superficielles ou souterraines ou dans les eaux de la mer dans la limite des eaux territoriales, directement ou indirectement, une ou plusieurs substances dont l'action ou les réactions entraînent des **effets nuisibles graves et durables** sur la santé, la flore, la faune, ou des modifications graves du régime normal d'alimentation en eau (C. envir., art. L. 231-1, issu L. n° 2021-1104, 22 août 2021) (A : *N 34244.ju ;* par personne morale : *N #.ju*) ;

B. dans des conditions contraires aux dispositions du code de l'environnement, abandonné, déposé ou de fait déposer des **déchets**, ou géré des déchets, sans satisfaire aux prescriptions concernant les caractéristiques, les quantités, les conditions techniques de prise en charge des déchets et les procédés de traitement mis en œuvre fixées en application du dit code, en l'espèce en......[matérialiser l'infraction par référence aux dispositions du C. envir., visées à l'orienteur/élément matériel], les faits ayant provoqué une **dégradation substantielle** de la faune et de la flore ou de la qualité de l'air, du sol ou de l'eau (C. envir., art. L. 231-2, issu L. n° 2021-1104, 22 août 2021) (B : *N 34245.ju ;* par personne morale : *N #.ju*) ;

C. de **manière intentionnelle**, émis dans l'air, jeté, déversé ou laissé s'écouler dans les eaux superficielles ou souterraines ou dans les eaux de la mer dans la limite des eaux territoriales, directement ou indirectement, une ou plusieurs substances dont l'action ou les réactions entraînent des **effets nuisibles graves et durables** sur la santé, la flore, la faune, ou des modifications graves du régime normal d'alimentation en eau (C. envir., art. L. 231-1 et L. 231-3, issus L. n° 2021-1104, 22 août 2021) (C : *N 34246.ju ;* par personne morale : *N #.co*) ;

D. de **façon intentionnelle**, dans des conditions contraires aux dispositions du code de l'environnement, abandonné, déposé ou de fait déposer des **déchets**, ou géré des déchets, sans satisfaire aux prescriptions concernant les caractéristiques, les quantités, les conditions techniques de prise en charge des déchets et les procédés de traitement mis en œuvre fixées en application du dit code, en l'espèce en......[matérialiser l'infraction par référence aux dispositions du C. envir., visées à l'orienteur/élément matériel], les faits ayant provoqué des **atteintes graves et durables** à la santé, à la flore, à la faune ou à la qualité de l'air, du sol ou de l'eau (C. envir., art. L. 231-2 et L. 231-3, issus L. n° 2021-1104, 22 août 2021) (D : *N 34247.ju ;* par personne morale : *N #.co*).

Faits prévus et réprimés par les articles : **PERSONNES PHYSIQUES.** [¤ de l'infraction sélectionnée +] L. 173-7, L. 173-9, L. 173-10 et L. 231-4 du code de l'environnement. **PERSONNES MORALES.** [¤ de l'infraction sélectionnée +] L. 173-8, L. 173-9, L. 173-10 et L. 231-4 du code de l'environnement. ✧

31.32 Pollution de cours d'eau, canal, ruisseau, entraînant des dégâts piscicoles

▪ PEINES

PERSONNE PHYSIQUE

PP **Délit.** Cas A : 2 ans d'emprisonnement, 18 000 € (C. envir., art. L. 432-2) ;

Cas B : 4 ans d'emprisonnement, 36 000 € (C. envir., art. L. 432-2 et L. 437-19).

PC *Idem* n° 31.1 (C. envir., art. L. 173-7).

PERSONNE MORALE

PP **Délit.** Cas A : **90 000 €** (C. envir., art. L. 437-23 ; C. pén., art. 131-38).

Cas B : **180 000 €** (C. envir., art. L. 432-2 et L. 437-19 ; C. pén., art. 131-38).

PC *Idem* n° **31.1** (C. envir., art. L. 173-8).

■ ORIENTEUR

AUTRE QUALIFICATION

▪ **Installation, ouvrage, travaux ou activité (IOTA) nuisible à l'eau.** C. envir., art. L. 173-1 I (v. n° 31.1) et C. envir., art. L. 173-1 II (v. n° 31.2).

▪ **Atteinte durable délibérée ou intentionnelle aux milieux physiques – Écocide (L. n° 2021-1104, 22 août 2021).** C. envir., art. L. 231-1, L. 231-2 et L. 231-3, issus L. n° 2021-1104, 22 août 2021, v. n° 31.31.

▪ **Déversement de substances nuisibles dans les eaux souterraines ou superficielles, mer territoriale – Pollution.** V. n° 31.33.

▪ **Pollution maritime, eaux salées.** V. n° 31.34.

▪ **Protection du domaine public routier.** V. n° 31.58 cas D (Déversement de substances nuisibles sur la voie publique, contravention de voirie routière).

ÉLÉMENT LÉGAL

▪ **Champ d'application.** Pour les cours d'eau et canaux affluant à la mer, l'incrimination ne s'applique qu'en amont de la limite de la salure des eaux (C. envir., art. L. 431-3). Elle s'applique également aux fossés, canaux, étangs, réservoirs et autres plans d'eau dans lesquels le poisson ne peut passer naturellement (C. envir., art. L. 431-4).

ÉLÉMENT MATÉRIEL

▪ **Concours de qualification – Règle non bis in idem.** Ne méconnaît pas la règle *non bis in idem* le cumul des poursuites et la double déclaration de culpabilité pour l'infraction prévue par C. envir., art. L. 216-6 (v. n° 31.33) qui protège les eaux superficielles et souterraines et pour celle prévue par C. envir., art. L. 432-2 qui « *tend à la protection spécifique du poisson que l'article L. 216-6 exclut expressément de son propre champ d'application, de sorte que seul le cumul de ces deux chefs de poursuite permet d'appréhender l'action délictueuse dans toutes ses dimensions* » (Crim. 16 avr. 2019, n° 18-84.073, P n° 77). • **Renvoi.** Sur l'application de la règle *non bis in idem* en cas de concours d'infraction, v. n° 17.32B2.

RÉGIME PROCÉDURAL

▪ **Compétence juridictionnelle. Juge unique** (C. pr. pén., art. 398-1 6°, v. n° 17.15D2).

▪ **Ordonnance pénale. Possible** (C. pr. pén., art. 495-II, v. n° 15.48B1 et tableau n° 17.15D2).

▪ **Prescription de l'action publique.** « *le délai de prescription de l'action publique [...] court à compter de la découverte du dommage* » (C. envir., art. L. 432-2, réd. issue L. n° 2016-1087, 8 août 2016) (sur le point de départ du délai de prescription de l'action publique, v. n° 17.19E).

MESURE ADMINISTRATIVE

▪ **Injonction de régularisation.** *Idem* n° 31.1 (C. envir., art. L. 171-7 et L. 171-8).

▪ **Mesures provisoires.** *Idem* n° 31.1 (C. envir., art. L. 171-7 et L. 171-8).

▪ **Sanction administrative financière.** *Idem* n° 31.1 (C. envir., art. L. 171-7 II et L. 171-8 II).

▪ **Voies de recours.** *Idem* n° 31.1 (C. envir., art. L. 171-11).

▪ **Transaction administrative.** *Idem* n° 31.1 (C. envir., art. L. 171-12).

MESURE CIVILE

▪ **Renvoi.** *Idem* n° 31.1 (C. envir., art. L. 171-9 et L. 173-6 ; L. 142-2).

▪ **Préjudice écologique.** C. civ., art. 1247, *Idem* n° 31.1.

RÉGIME DES PEINES

▪ **Mesures de régularisation.** *Idem* n° 31.1 (C. envir., art. L. 173-5).

▪ **Ajournement avec injonction.** *Idem* n° 31.1 (C. envir., art. L. 173-9).

■ ÉLÉMENTS CONSTITUTIFS – QUALIFICATION

✧ Pour avoir à .... [¤ lieu], le .... [¤ date], [⇨A puis le cas échéant B :]

A. déversé dans un cours d'eau, un canal, un ruisseau ou un plan d'eau, des substances quelconques, en l'espèce .... [¤ substances polluantes concernées], dont l'action ou les réactions ont détruit le poisson ou nui à sa nutrition, sa reproduction ou sa valeur alimentaire (A : *N 7360.ju ;* par personne morale : *N 23624.ju*) ;

B. [préciser le cas échéant dans le cas A :], avec cette circonstance que les faits ont été commis la nuit (C. envir., art. L. 437-19) (B : *N 7361.ju ;* par personne morale : *N 23988.ju*).

Faits prévus et réprimés par les articles : **PERSONNES PHYSIQUES.** L. 173-5, L. 173-7, L. 173-9, L. 173-10, L. 431-3, L. 432-2 et L. 432-4 du code de l'environnement. **PERSONNES MORALES.** L. 173-5, L. 173-8, L. 173-9, L. 173-10, L. 431-3, L. 432-2, L. 432-4 et L. 437-23 du code de l'environnement. ✧

31.33 Déversement de substances nuisibles ou de déchets dans les eaux souterraines ou superficielles, mer territoriale – Pollution

■ PEINES

PERSONNE PHYSIQUE

PP Délit. 2 ans d'emprisonnement, 75 000 € (C. envir., art. L. 216-6).

PC *Idem* n° 31.1 (C. envir., art. L. 173-7).

PERSONNE MORALE

PP Délit. 375 000 € (C. pén., art. 131-38).

PC *Idem* n° 31.1 (C. envir., art. L. 173-8).

■ ORIENTEUR

AUTRE QUALIFICATION

▪ Installation, ouvrage, travaux ou activité (IOTA) nuisible à l'eau. C. envir., art. L. 173-1 I (v. n° 31.1) et C. envir., art. L. 173-1 II (v. n° 31.2).

▪ Traitement et gestion des déchets – Délits prévus par le code de l'environnement. V. n° 31.26.

▪ Traitement et gestion des déchets – Contraventions prévues par le code de l'environnement. V. n° 31.29.

▪ Atteinte durable délibérée ou intentionnelle aux milieux physiques – Écocide (L. n° 2021-1104, 22 août 2021). C. envir., art. L. 231-1, L. 231-2 et L. 231-3, issus L. n° 2021-1104, 22 août 2021, v. n° 31.31.

▪ Pollution de cours d'eau, canal, ruisseau, entraînant des dégâts piscicoles. V. n° 31.32.

▪ Pollution maritime, eaux salées. V. n° 31.34.

▪ Protection du domaine public routier. V. n° 31.58 cas D (Déversement de substances nuisibles sur la voie publique, contravention de voirie routière).

ÉLÉMENT LÉGAL

▪ Domaine d'application. Cas B : ces dispositions ne s'appliquent pas aux rejets en mer effectués à partir des navires (C. envir., art. L. 216-6).

▪ Constitutionnalité. Est rejetée la QPC qui soutient que C. envir., art. L. 216-6 n'est pas conforme au principe de légalité garanti par DDHC, art. 8, « *faute de préciser de façon suffisante d'une part les substances qu'il vise et dont le déversement dans les eaux serait interdit, d'autre part les effets nuisibles sur la santé ou les dommages à la flore et à la faune dont la constatation entraînerait la réalisation de l'infraction* », car « *les dispositions critiquées sont suffisamment claires et précises pour permettre leur interprétation et leur sanction, qui relèvent de l'office du juge, sans risque d'arbitraire* » (Crim. 7 oct. 2014, n° 14-81.897, D).

RÉGIME PROCÉDURAL

▪ Prescription de l'action publique. « *le délai de prescription de l'action publique [...] court à compter de la découverte du dommage* » (C. envir., art. L. 216-6, réd. issue L. n° 2016-1087, 8 août 2016) (sur le point de départ du délai de prescription de l'action publique, v. n° 17.19E).

ÉLÉMENT MATÉRIEL

▪ **Concours de qualification – Règle non bis in idem.** Ne méconnaît pas la règle *non bis in idem* le cumul des poursuites et la double déclaration de culpabilité pour l'infraction prévue par C. envir., art. L. 216-6 qui protège les eaux superficielles et souterraines et pour celle prévue par C. envir., art. L. 432-2 (v. nº 31.32) qui « *tend à la protection spécifique du poisson que l'article L. 216-6 exclut expressément de son propre champ d'application, de sorte que seul le cumul de ces deux chefs de poursuite permet d'appréhender l'action délictueuse dans toutes ses dimensions* » (Crim. 16 avr. 2019, nº 18-84.073, P). • **Renvoi.** Sur l'application de la règle *non bis in idem* en cas de concours d'infraction, v. nº 17.32B2.

▪ **Imputabilité. • Personne morale.** Il y a contradiction, d'une part, à condamner une personne morale au motif qu'elle « *a commis une faute en ne prenant pas toutes les précautions requises et recommandées tant par le constructeur que dans les guides de bonnes pratiques pour éviter une pollution* » (§ 9) et que des « *manquements ou négligences ont été commis dans l'intérêt de la personne morale et par son représentant agissant pour son compte* » (§ 10), d'autre part, à relaxer son représentant légal, alors que la personne morale et la personne physique sont poursuivis pour le « *même délit prévu au C. envir., art. L. 216-6, réprimant les rejets intentionnels ou non intentionnels dans les eaux superficielles ou souterraines qui entraînent des dommages à la faune ou à la flore, cause directe du dommage* »(§ 11) (Crim. 7 mars 2023, nº 22-82.921, D, sur la responsabilité pénale de la personne morale, C. pén., art. 121-2, v. nº 10.10).

▪ **Illustrations. • Cas B : responsabilité du propriétaire en raison de dépôts sauvages.** « *ne caractérisent pas à la charge du prévenu un fait personnel entrant dans les prévisions de la loi* » (§ 10) les motifs qui énoncent que « *le propriétaire des terrains sur lesquels ont été déversés ces déchets ne saurait s'exonérer de sa responsabilité pénale résultant des dispositions de C. envir., art. L. 216-6 [al. 3] en arguant qu'il s'agit de dépôts sauvages sur lesquels il n'avait aucune maîtrise, alors qu'il lui appartenait en tant que propriétaire des terrains litigieux de prendre [...] des dispositions afin de prévenir ces dépôts* » (§ 9) (Crim. 6 sept. 2022, nº 21-81.708, D). • **Cas A : source de l'écoulement.** Est appouvée la cour d'appel qui énonce que « *l'entreposage de déchets à proximité d'un cours d'eau et d'un captage réalise par voie d'infiltration l'écoulement prévu et réprimé au C. envir., art. L. 216-6* » (Crim. 25 juin 2019, nº 18-85.417, D) ; de même pour la décision « *faisant état de l'affaissement d'un talus dans le cours d'eau ayant obstrué le ruisseau [...], ayant entraîné un colmatage du fond et une retenue d'eau [...] ayant profondément modifié l'écosystème aquatique* », « *d'où il résulte que l'affaissement du terrain provoqué par les travaux réalisés par les prévenus a entraîné, même provisoirement, des dommages à la flore ou à la faune* » (Crim. 5 mars 2019, nº 18-81.732, D). • **Faute caractérisée de l'auteur indirect.** Est l'auteur indirect de faits de pollution le directeur technique, titulaire d'une délégation de pouvoirs en matière d'environnement ; ayant « *donné des consignes insuffisantes en matière de prévention [...], notamment faute d'avoir ordonné la fermeture des vannes* », il a ainsi « *contribué à créer la situation ayant permis la réalisation du dommage et n'a pas pris les mesures permettant de l'éviter, a commis une faute caractérisée créant un risque d'une particulière gravité* » au sens de C. pén., art. 121-3 (Crim. 19 oct. 2004, nº 04-82.485, P nº 247) (sur la faute caractérisée de l'auteur indirect, v. nº 10.12B).

MESURE ADMINISTRATIVE

▪ **Injonction de régularisation.** *Idem* nº 31.1 (C. envir., art. L. 171-7 et L. 171-8).

▪ **Mesures provisoires.** *Idem* nº 31.1 (C. envir., art. L. 171-7 et L. 171-8).

▪ **Sanction administrative financière.** *Idem* nº 31.1 (C. envir., art. L. 171-7 II et L. 171-8 II).

▪ **Voies de recours.** *Idem* nº 31.1 (C. envir., art. L. 171-11).

▪ **Transaction administrative.** *Idem* nº 31.1 (C. envir., art. L. 171-12).

MESURE CIVILE

▪**Renvoi.** *Idem* nº 31.1 (C. envir., art. L. 171-9 et L. 173-6 ; L. 142-2).

▪ **Préjudice écologique.** C. civ., art. 1247, *Idem* nº 31.1.

RÉGIME DES PEINES

▪ **Mesures de régularisation.** *Idem* nº 31.1 (C. envir., art. L. 173-5).

▪ **Ajournement avec injonction.** *Idem* nº 31.1 (C. envir., art. L. 173-9).

▪ ÉLÉMENTS CONSTITUTIFS – QUALIFICATION

✧ Pour avoir à .... [¤ lieu], le .... [¤ date], [⇨A ou B :]

A. **jeté, déversé ou laissé s'écouler** dans les eaux superficielles, souterraines, ou les eaux de la mer dans la limite des eaux territoriales, directement ou indirectement, une ou des **substances** quelconques, dont l'action ou les réactions ont, même provisoirement, entraîné des [⇨A1 à A3 :]

A1. effets nuisibles sur la santé ou des dommages à la flore ou à la faune (A1 : *N **13172.co** ;* par personne morale : *N **21919.co***)...

A2. modifications significatives du régime normal d'alimentation en eau (A2 : *N **13173.co***)...

A3. limitations d'usage des zones de baignade (A3 : *N **13174.co***)...

... en l'espèce en .... [¤ matérialiser l'infraction] ;

B. jeté ou abandonné des **déchets en quantité importante** [⇨B1 ou B2 :]

B1. dans les eaux superficielles, souterraines, ou les eaux de la mer dans la limite des eaux territoriales, (B1 : *N **13176.co** ;* par personne morale : *N **32672.co***)...

B2. sur les plages ou sur les rivages de la mer, (B2 : *N **13175.co***), en l'espèce en .... [¤ matérialiser l'infraction].

Faits prévus et réprimés par les articles : **PERSONNES PHYSIQUES.** L. 173-5, L. 173-7, L. 173-9, L. 173-10 et L. 216-6 du code de l'environnement. **PERSONNES MORALES.** L. 173-5, L. 173-8, L. 173-9, L. 173-10 et L. 216-6 du code de l'environnement. ✧

31.34 Pollution maritime, eaux salées

▪ PEINES

PERSONNE PHYSIQUE

PP Délit. 100 000 € (depuis L. n° 2021-1104, 22 août 2021, auparavant 22 500 €) ou ⩽ double de l'avantage tiré de la commission de l'infraction (depuis L. n° 2021-1104, 22 août 2021) (C. envir. L. 218-73).

PC *Idem* n° 31.1 (C. envir., art. L. 173-7).

PERSONNE MORALE

PP 100 000 € (depuis L. n° 2021-1104, 22 août 2021, auparavant 112 500 €) ou ⩽ double de l'avantage tiré de la commission de l'infraction (depuis L. n° 2021-1104, 22 août 2021) (C. envir. L. 218-73, C. pén., art. 131-38).

PC *Idem* n° 31.1 (C. envir., art. L. 173-8).

▪ ORIENTEUR

AUTRE QUALIFICATION

- **Atteinte durable délibérée ou intentionnelle aux milieux physiques – Écocide** (L. n° 2021-1104, 22 août 2021). C. envir., art. L. 231-1, L. 231-2 et L. 231-3, issus L. n° 2021-1104, 22 août 2021, v. n° 31.31.
- **Pollution de cours d'eau, canal, ruisseau, entraînant des dégâts piscicoles.** V. n° 31.32.
- **Déversement de substances nuisibles ou de déchets dans les eaux souterraines ou superficielles, mer territoriale – Pollution.** V. n° 31.33.
- **Pollution maritime des eaux territoriales par substance polluante.** V. n° 31.35
- **Pollution maritime au-delà de la mer territoriale par substance polluante.** C. envir., art. L. 218-12 et L. 218-13, v. n° 31.36.
- **Pollution maritime atmosphérique – Teneur en soufre du carburant non conforme.** C. envir., art. L. 218-2 et L. 218-15 II, v. n° 31.37.
- **Pollution maritime involontaire.** C. envir., art. L. 218-19, v. n° 31.38.

RÉGIME PROCÉDURAL

- **Compétence juridictionnelle. Juge unique** (C. pr. pén., art. 398-1, v. n° 17.15D2).
- **Ordonnance pénale. Possible** (C. pr. pén., art. 495-II, v. n° 15.48B1 et tableau n° 17.15D2).

MESURE ADMINISTRATIVE

▪ **Injonction de régularisation.** *Idem* n° **31.1** (C. envir., art. L. 171-7 et L. 171-8).

▪ **Mesures provisoires.** *Idem* n° **31.1** (C. envir., art. L. 171-7 et L. 171-8).

▪ **Sanction administrative financière.** *Idem* n° **31.1** (C. envir., art. L. 171-7 II et L. 171-8 II).

▪ **Voies de recours.** *Idem* n° **31.1** (C. envir., art. L. 171-11).

▪ **Transaction administrative.** *Idem* n° **31.1** (C. envir., art. L. 171-12).

MESURE CIVILE

▪ **Renvoi.** *Idem* n° **31.1** (C. envir., art. L. 171-9 et L. 173-6 ; L. 142-2).

▪ **Préjudice écologique.** C. civ., art. 1247, *Idem* n° **31.1**.

RÉGIME DES PEINES

▪ **Mesures de régularisation.** *Idem* n° **31.1** (C. envir., art. L. 173-5).

▪ **Ajournement avec injonction.** *Idem* n° **31.1** (C. envir., art. L. 173-9).

▪ **Mesure de régularisation sous astreinte.** En cas de condamnation le tribunal fixe s'il y a lieu les mesures à prendre pour faire cesser l'infraction ou en éviter la récidive, dans un délai qu'il fixe, sous astreinte maximale de 300 € par jour de retard (C. envir., art. L. 218-76).

▪ **Mise à la charge de l'amende.** Peuvent être déclarés responsables du paiement des amendes les armateurs, pour les faits des patrons et équipages du bateau, les exploitants d'établissements de cultures marines et dépôts de coquillages, pour les faits de leurs agents ou employés. Ils sont dans tous les cas responsables des condamnations civiles (C. envir., art. L. 218-74).

▪ ÉLÉMENTS CONSTITUTIFS – QUALIFICATION

✧ Pour avoir à .... [¤ lieu], le .... [¤ date], jeté, déversé ou laissé écouler, directement ou indirectement, en mer ou dans la partie des cours d'eau, canaux ou plans d'eau où les eaux sont salées, des substances ou organismes nuisibles pour la conservation ou la reproduction des mammifères marins, poissons, crustacés, coquillages, mollusques ou végétaux, ou de nature à les rendre impropres à la consommation, en l'espèce en .... [¤ matérialiser l'infraction].

Faits prévus et réprimés par les articles : **PERSONNES PHYSIQUES.** L. 173-5, L. 173-7, L. 173-9, L. 173-10, L. 218-73, L. 218-74, L. 218-76 et L. 218-79 du code de l'environnement (*N 2611.ju*). **PERSONNES MORALES.** L. 173-5, L. 173-8, L. 173-9, L. 173-10, L. 218-73, L. 218-74, L. 218-76 et L. 218-80 du code de l'environnement (*N #.ju*). ✧

31.35 Pollution maritime des eaux territoriales par substance polluante

▪ PEINES

PERSONNE PHYSIQUE

PP Délit. Cas A (C. envir., art. L. 218-13) et B (C. envir., art. L. 218-12) : **10 ans** d'emprisonnement, **15 000 000 €**. Cas C : **100 000 €** (depuis L. n° 2021-1104, 22 août 2021, auparavant 50 000 €) ; récidive : **1 an**, **200 000 €** (depuis L. n° 2021-1104, 22 août 2021, auparavant 100 000 €) (art. L. 218-11).

PC *Idem* n° **31.1** (C. envir., art. L. 173-7).

PERSONNE MORALE

PP Délit. Cas A (C. envir., art. L. 218-13) et B (C. envir., art. L. 218-12) : **75 000 000 €**. Cas C : **500 000 €** (depuis L. n° 2021-1104, 22 août 2021, auparavant 250 000 €) ; récidive **1 000 000 €** (depuis L. n° 2021-1104, 22 août 2021, auparavant 500 000 €) (C. envir., art. L. 218-11 ; C. pén., art. 131-38).

PC *Idem* n° **31.1** (C. envir., art. L. 173-8).

▪ ORIENTEUR

AUTRE QUALIFICATION

▪ **Atteinte durable délibérée ou intentionnelle aux milieux physiques – Écocide** (L. n° 2021-1104, 22 août 2021). C. envir., art. L. 231-1, L. 231-2 et L. 231-3, issus L. n° 2021-1104, 22 août 2021, v. n° **31.31**.

▪ **Déversement de substances nuisibles dans les eaux souterraines ou superficielles, mer territoriale – Pollution.** V. n° 31.33.

▪ **Pollution maritime au-delà de la mer territoriale par substance polluante.** C. envir., art. L. 218-12 et L. 218-13, v. n° 31.36.

▪ **Pollution maritime atmosphérique – Teneur en soufre du carburant non conforme.** C. envir., art. L. 218-2 et L. 218-15 II, v. n° 31.37.

▪ **Pollution maritime involontaire.** C. envir., art. L. 218-19, v. n° 31.38.

ÉLÉMENT LÉGAL

▪ **Modalités de l'incrimination.** Les pénalités varient selon la nature et le tonnage du navire. Lorsque le bâtiment n'entre pas dans l'une des catégories A ou B, le cas C est applicable par défaut.

▪ **Domaine d'application. • Navires de guerre.** Ne relèvent pas de ces incriminations les navires de guerre et les navires de guerre auxiliaires ainsi que les autres navires appartenant à un État ou exploités par un État et affectés exclusivement, au moment considéré, à un service public non commercial (C. envir., art. L. 218-21). **• Eaux intérieures.** L'incrimination est applicable à tout capitaine pour les faits commis « *dans les voies navigables jusqu'aux limites de la navigation maritime* » (C. envir., art. L. 218-16).

TEXTE DE RÉFÉRENCE

▪ **Convention Marpol.** Le rejet de substance polluante est défini par référence aux règles 15 à 34 de l'annexe I, relatives aux contrôles des rejets d'hydrocarbures, et de la règle 13 de l'annexe II, relatives aux contrôles des résidus des substances liquides nocives transportées en vrac, de la convention de Londres du 2 novembre 1973 (dite convention Marpol) publiée le 2 octobre 1983 (C. envir., art. L. 218-11).

ÉLÉMENT MATÉRIEL

▪ **Imputabilité de l'infraction. • Responsabilités des opérateurs.** L'infraction est imputable au capitaine mais aussi au propriétaire, à l'exploitant ou à son représentant légal ou dirigeant de fait s'il s'agit d'une personne morale, ou à toute autre personne que le capitaine exerçant, en droit ou en fait, un pouvoir de contrôle ou de direction dans la gestion ou la marche du navire, lorsque ce propriétaire ou cet exploitant ou cette personne a été à l'origine d'un rejet ou n'a pas pris les mesures nécessaires pour l'éviter (C. envir., art. L. 218-18). **• Représentant ou organe engageant la personne morale.** « *le capitaine du navire, salarié de l'armateur, en était le représentant par application de C. transp., art. L. 5412-2 à L. 5412-15 et au sens C. pén., art. 121-2* » et engage en conséquence la responsabilité pénale de la personne morale (Crim. 2 mai 2018, n° 17-82.971, D). **• Responsabilité personnelle du capitaine.** « *les règles relatives aux interdictions de rejets d'hydrocarbures en mer édictées dans un intérêt de protection du milieu marin sont personnellement imposées aux capitaines des navires qui doivent exercer une action directe sur leurs subordonnés pour faire cesser un rejet prohibé et que, d'autre part, c'est au capitaine du navire d'apporter la preuve des diligences entreprises à cet effet* » (Crim. 18 mars 2008, n° 07-84.180, D ; dans le même sens : Crim. 18 mars 2008, n° 07-84.030, D ; Crim. 10 janv. 2006, n° 05-80.587, D).

▪ **Fait justificatif.** Les faits ne sont pas punissables si le rejet est effectué à des fins de sécurité, de sauvetage ou de lutte contre la pollution ou s'il provient d'une avarie, si les conditions applicables de la convention MARPOL sont remplies (C. envir., art. L. 218-20).

RÉGIME PROCÉDURAL

▪ **Compétence de la juridiction du littoral spécialisée (JULIS).** La JULIS est compétente, en concurrence avec le TJ territorialement compétent, pour l'instruction, la poursuite et le jugement de l'affaire (C. pr. pén., art. 706-107 et 706-11-1), ainsi que le TJ de Paris pour les affaires d'une grande complexité (C. pr. pén., art. 706-107) ; v. n° 17.16L.

▪ **Compétence juridictionnelle. Juge unique** dans le cas C (C. pr. pén., art. 398-1, v. n° 17.15D2).

▪ **Ordonnance pénale. Possible** dans le cas C (C. pr. pén., art. 495-II, v. n° 15.48B1 et tableau n° 17.15D2).

▪ **Mesure conservatoire. Immobilisation du navire.** Le navire qui a servi à commettre l'infraction peut être immobilisé, aux frais de l'armateur, sur décision du procureur de la République ou du juge d'instruction saisi. Cette mesure peut être levée en cas de paiement d'un cautionnement, dont le montant est déterminé par l'autorité judiciaire. La décision d'immobilisation peut être contestée dans les 5 jours devant le JLD, qui a 3 jours pour statuer. Il peut en ordonner la mainlevée, le cas échéant conditionnée par le versement d'un cautionnement. L'appel contre la décision, interjeté dans les 5 jours de la notification, est portée devant le CHINS. Il n'est pas suspensif. Toutefois, s'il existe un risque sérieux de réitération ou qu'il est nécessaire de garantir le paiement des amendes, le parquet peut solliciter auprès du 1er président la suspension des effets d'une décision de restitution dans les 6 heures de sa notification (C. envir., art. L. 218-30, mod. L. n° 2016-731, 3 juin 2016).

MESURE CIVILE

▪ **Constitution de partie civile. • Association agréée de protection de l'environnement.** C. envir., art. L. 142-2, *Idem* n° 31.1.

▪ **Préjudice écologique.** C. civ., art. 1247, *Idem* n° 31.1.

RÉGIME DES PEINES

▪ **Peine d'emprisonnement.** Lorsque l'infraction a été commise au-delà de la mer territoriale, seules les peines d'amende peuvent être prononcées (C. envir., art. L. 218-22).

▪ **Mise à la charge de l'amende.** Lorsque l'infraction a été commise par le capitaine, le tribunal peut, compte tenu des circonstances de fait et notamment des conditions de travail de l'intéressé, décider que le paiement des amendes prononcées conte lui sera mis, en totalité ou en partie, à la charge du **propriétaire ou de l'exploitant** si celui-ci a été cité à l'audience (C. envir., art. L. 218-23).

▪ ÉLÉMENTS CONSTITUTIFS – QUALIFICATION

✧ Pour avoir à .... [¤ lieu], le .... [¤ date], étant capitaine ou responsable à bord d'un(e) [⇨A à C :]

A. **NAVIRE CITERNE ⩾ 150 TX OU NON CITERNE ⩾ 400 TX, PLATE-FORME**

[⇨A1 à A3 :]

A1. navire-citerne d'une jauge brute d'au moins 150 tonneaux (A1 : *N 2304.co*)...

A2. navire autre qu'un navire citerne, d'une jauge brute d'au moins 400 tonneaux (A2 : *N 2305.co*)...

A3. plate-forme (A3 : *N 2306.co*)...

... rejeté des substances polluantes dans les eaux maritimes territoriales en infraction aux règles 15 à 34 de l'annexe I, relatives aux contrôles des rejets d'hydrocarbures, et de la règle 13 de l'annexe II, relatives aux contrôles des résidus des substances liquides nocives transportées en vrac, de la convention de Londres du 2 novembre 1973 (dite convention Marpol) publiée le 2 octobre 1983 (C. envir., art. L. 218-11, L. 218-13).

B. **NAVIRE CITERNE < 150 TX OU NON CITERNE < 400 TX**

[⇨B1 à B3 :]

B1. navire-citerne d'une jauge brute inférieure à 150 tonneaux (B1 : *N 2307.co*)...

B2. navire autre qu'un navire citerne, d'une jauge brute inférieure à 400 tonneaux dont la machine propulsive a une puissance installée supérieure à 150 kilowatts (B2 : *N 2308.co*)...

... rejeté des substances polluantes dans les eaux maritimes territoriales en infraction aux règles 15 à 34 de l'annexe I, relatives aux contrôles des rejets d'hydrocarbures, et de la règle 13 de l'annexe II, relatives aux contrôles des résidus des substances liquides nocives transportées en vrac, de la convention de Londres du 2 novembre 1973 (dite convention Marpol) publiée le 2 octobre 1983 (C. envir., art. L. 218-11, L. 218-12).

C. **AUTRES NAVIRES**

navire autre que ceux visés aux articles L. 218-12 et L. 218-13 du code de l'environnement, rejeté des substances polluantes dans les eaux maritimes territoriales en infraction aux règles 15 à 34 de l'annexe I, relatives aux contrôles des rejets d'hydrocarbures, et de la règle 13 de l'annexe II, relatives aux contrôles des résidus des substances liquides nocives transportées en vrac, de la convention de Londres du 2 novembre 1973 (dite convention Marpol) publiée le 2 octobre 1983 (C. envir., art. L. 218-10, L. 218-11) (C : *N 2310.ju*).

Faits prévus et réprimés par les articles [• du cas sélectionné] **PERSONNES PHYSIQUES.** + L. 218-23, L. 173-5, L. 173-7, L. 173-9, L. 173-10 du code de l'environnement. **PERSONNES MORALES.** + L. 173-5, L. 173-8, L. 173-9, L. 173-10, L. 218-24 du code de l'environnement. ✧

31.36 Pollution maritime au-delà de la mer territoriale par substance polluante

■ PEINES

PERSONNE PHYSIQUE

PP Délit. 15 000 000 €. (Cas A : C. envir., art. L. 218-13 ; Cas B : C. envir., art. L. 218-12).

PC *Idem* n° 31.1 (C. envir., art. L. 173-7).

PERSONNE MORALE

PP Délit. 75 000 000 € (C. pén., art. 131-38 et Cas A : C. envir., art. L. 218-13 ; Cas B : C. envir., art. L. 218-12).

PC *Idem* n° 31.1 (C. envir., art. L. 173-8).

■ ORIENTEUR

AUTRE QUALIFICATION

▪ Atteinte durable délibérée ou intentionnelle aux milieux physiques – Écocide (L. n° 2021-1104, 22 août 2021). C. envir., art. L. 231-1, L. 231-2 et L. 231-3, issus L. n° 2021-1104, 22 août 2021, v. n° 31.31.

▪ Déversement de substances nuisibles dans les eaux souterraines ou superficielles, mer territoriale – Pollution. V. n° 31.33.

▪ Pollution maritime des eaux territoriales par substance polluante. V. n° 31.35.

▪ Pollution maritime atmosphérique – Teneur en soufre du carburant non conforme. C. envir., art. L. 218-2 et L. 218-15 II, v. n° 31.37.

▪ Pollution maritime involontaire. C. envir., art. L. 218-19, v. n° 31.38.

ÉLÉMENT LÉGAL

▪ Modalités de l'incrimination. *Idem* n° 31.35.

▪ Domaine d'application. *Idem* n° 31.35.

▪ Fait justificatif. *Idem* n° 31.35 (C. envir., art. L. 218-20).

TEXTE DE RÉFÉRENCE

▪ Convention Marpol. *Idem* n° 31.35.

ÉLÉMENT MATÉRIEL

▪ Imputabilité de l'infraction. *Idem* n° 31.35.

RÉGIME PROCÉDURAL

▪ Compétence de la juridiction du littoral spécialisée (JULIS). *Idem* n° 31.35 (C. pr. pén., art. 706-107 et 706-11-1).

▪ Compétence juridictionnelle. Juge unique (C. pr. pén., art. 398-1, v. n° 17.15D2).

▪ Ordonnance pénale. Possible (C. pr. pén., art. 495-II, v. n° 15.48B1 et tableau n° 17.15D2).

▪ Mesure conservatoire. Immobilisation du navire. *Idem* n° 31.35 (C. envir., art. L. 218-30).

MESURE CIVILE

▪ Constitution de partie civile. • Association agréée de protection de l'environnement. C. envir., art. L. 142-2, *Idem* n° 31.1.

▪ Préjudice écologique. C. civ., art. 1247, *Idem* n° 31.1.

RÉGIME DES PEINES

▪ Mise à la charge de l'amende. *Idem* n° 31.35.

■ ÉLÉMENTS CONSTITUTIFS – QUALIFICATION

✧ Pour avoir à .... [¤ lieu], le .... [¤ date], étant capitaine ou responsable à bord d'un(e) [⇨A à E :]

A. **NAVIRE CITERNE ⩾ 150 TX OU NON CITERNE ⩾ 400 TX, PLATE-FORME. AU-DELÀ DE LA MER TERRITORIALE**

[⇨A1 à A3 :]

A1. navire-citerne d'une jauge brute d'au moins 150 tonneaux (A1 : *N 2312.ju*)...

A2. navire non citerne d'une jauge brute d'au moins 400 tonneaux (A2 : *N 2314.ju* ; par personne morale : *N 28450.ju*)...

A3. plate-forme (A3 : *N 2316.ju*)...

... rejeté des substances polluantes au-delà de la mer territoriale en infraction aux règles 15 à 34 de l'annexe I, relatives aux contrôles des rejets d'hydrocarbures, et de la règle 13 de l'annexe II, relatives aux contrôles des résidus des substances liquides nocives transportées en vrac, de la convention de Londres du 2 novembre 1973 (dite convention Marpol) publiée le 2 octobre 1983 (C. envir., art. L. 218-11, L. 218-13) ;

B. **NAVIRE CITERNE < 150 TX OU NON CITERNE < 400 TX. AU-DELÀ DE LA MER TERRITORIALE**

[⇨B1 ou B2 :]

B1. navire-citerne d'une jauge brute inférieure à 150 tonneaux (B1 : *N 2318.ju*)...

B2. navire non citerne d'une jauge brute inférieure à 400 tonneaux (B2 : *N 2320.ju*)...

... rejeté des substances polluantes au-delà de la mer territoriale en infraction aux règles 15 à 34 de l'annexe I, relatives aux contrôles des rejets d'hydrocarbures, et de la règle 13 de l'annexe II, relatives aux contrôles des résidus des substances liquides nocives transportées en vrac, de la convention de Londres du 2 novembre 1973 (dite convention Marpol) publiée le 2 octobre 1983 (C. envir., art. L. 218-11, L. 218-12).

Faits prévus et réprimés par les articles [• du cas sélectionné] **PERSONNES PHYSIQUES.** + L. 218-22, L. 173-5, L. 173-7, L. 173-9, L. 173-10. **PERSONNES MORALES.** + L. 173-5, L. 173-8, L. 173-9, L. 173-10 + L. 218-24 du code de l'environnement. ✧

31.37 Pollution maritime atmosphérique – Teneur en soufre du carburant non conforme

▪ PEINES

PERSONNE PHYSIQUE

PP Délit. Cas A1, B1, C1 et D : 1 an d'emprisonnement, 200 000 €. (C. envir., art. L. 218-15 II) ; Cas A2, B2, C2 : 200 000 €. (C. envir., art. L. 218-15 II et L. 218-22).

PC *Idem* n° 31.1 (C. envir., art. L. 173-7).

PERSONNE MORALE

PP Délit. 1 000 000 € (C. pén., art. 131-38 ; C. envir., art. L. 218-15 II et L. 218-24).

PC *Idem* n° 31.1 (C. envir., art. L. 173-8 et L. 218-24).

▪ ORIENTEUR

AUTRE QUALIFICATION

- **Déversement de substances nuisibles dans les eaux souterraines ou superficielles, mer territoriale – Pollution.** V. n° 31.33.
- **Pollution maritime des eaux territoriales par substance polluante.** V. n° 31.35.
- **Pollution maritime au-delà de la mer territoriale par substance polluante.** C. envir., art. L. 218-12 et L. 218-13, v. n° 31.36.
- **Pollution maritime involontaire.** C. envir., art. L. 218-19, v. n° 31.38.
- **Déclaration et vérification des émissions de dioxyde de carbone d'un navire.** C. envir., art. L. 218-25, et règl[t] (UE) 2015/757, Parlement européen et du Conseil, 29 avr. 2015, concernant la surveillance, la déclaration et la vérification des émissions de dioxyde de carbone du secteur du transport maritime (*N 33934.ju et N 33935.ju*).

ÉLÉMENT LÉGAL

▪ **Application de la loi pénale dans le temps.** L'incrimination est définie par référence à la convention de l'Organisation maritime internationale (OMI) pour la prévention de la pollution maritime, dite convention MARPOL, faite à Londres le 2 nov. 1973, publiée le 2 oct. 1983 (D. nº 83-874, 27 sept. 1983). L'annexe VI de la convention MARPOL, relative à la prévention de la pollution de l'air par les navires, révisée et entrée en vigueur le 1er juil. 2010, désigne en particulier les zones de contrôle des émissions de souffre (ZCES) et institue des valeurs limites de teneur en soufre des combustibles marins plus strictes à l'intérieur de ces ZCES (1,00 % à partir du 1er juill. 2010 et 0,10 % à compter du 1er janv. 2015), ainsi que dans les zones maritimes ne faisant pas partie des ZCES (3,50 % à partir du 1er janvier 2012 et, en principe, 0,50 % à compter du 1er janvier 2020). Par ailleurs, tirant les conséquences des modifications de la convention MARPOL, la directive 2012/33/UE du parlement européen et du conseil, 21 nov. 2012, a modifié la directive 1999/32/CE du Conseil, 26 avr. 1999, en ce qui concerne la teneur en soufre des combustibles marins et a appellé notamment les États membres à établir des sanctions appropriées. Les dispositions de cette directive ont été transposées en droit interne par l'Ord. nº 2015-1736, 24 déc. 2015, créant notamment C. envir., art. **L. 218-2** (texte d'incrimination) et modifiant **L. 218-15** (texte de répression). L'ordonnance a été ratifiée par L. nº 2019-1428, 24 déc. 2019, d'orientation des mobilités.

▪ **Droit de l'Union.** « *C. envir., art L. 218-2, II, interprété à la lumière, d'une part, de la directive 1999/32/CE du Conseil, 26 avr. 1999, concernant une réduction de la teneur en soufre de certains combustibles liquides et modifiant la directive 93/12/CEE, telle que modifiée par la directive 2005/33/CE du Parlement européen et du Conseil, 6 juill. 2005, d'autre part, de l'arrêt de la CJUE du 23 janvier 2014 (CJUE, arrêt du 23 janvier 2014, Mattia Manzi et Compagnia Naviera Orchestra, C-537/11), selon lequel un navire de croisière relève du champ d'application de l'article 4 bis, paragraphe 4, de la directive 1999/32 précitée au regard du critère des « services réguliers », tel qu'énoncé à son article 2, point 3 octies, à condition qu'il effectue des croisières, avec ou sans escales, s'achevant dans le port de départ ou dans un autre port, pour autant que ces croisières sont organisées à une fréquence déterminée, à des dates précises et, en principe, à des heures de départ et d'arrivée précises, les intéressés pouvant librement choisir entre les différentes croisières offertes, est rédigé en termes suffisamment clairs et précis pour que son interprétation se fasse sans risque d'arbitraire, de sorte qu'il ne méconnaît pas Conv. EDH, art. 7* » (§ 10) ; « *Par ailleurs, comme le souligne la directive 2012/33/UE* [considérant 14] *du Parlement Européen et du Conseil, 21 nov. 2012 modifiant la directive 1999/32 précitée, la circonstance que les navires à passagers opèrent principalement dans les ports ou à proximité des zones côtières et ont une incidence notable sur la santé humaine et sur l'environnement est de nature à justifier que, pour améliorer la qualité de l'air à proximité des ports et des côtes, ces navires soient tenus d'utiliser des combustibles marins présentant une teneur maximale en soufre de 1,50 %, jusqu'à ce que des normes plus strictes pour le soufre s'appliquent à tous les navires présents dans les eaux territoriales, zones économiques exclusives et zones de contrôle de la pollution des États membres, de sorte que C. envir., art L. 218-2, II, ne méconnaît pas non plus l'article 14 de la Convention précitée* » (§ 11) (Crim. 6 déc. 2022, nº 21-85.948, P).

ÉLÉMENT MATÉRIEL

▪ **Imputabilité de l'infraction.** C. envir., art. **L. 218-18**, *idem* nº **31.35**. Est censurée la décision de relaxe qui énonce que le capitaine, « *qui suivait les instructions de sa compagnie, pouvait légitimement penser qu'elles étaient conformes à la législation qu'il devait respecter* », car le capitaine, « *garant de la sécurité du navire et de son équipage, de la protection de l'environnement et de la sûreté, et tenu personnellement à ce titre de connaître et de faire respecter les règles relatives à la pollution par les rejets des navires, devait s'assurer de la conformité à la législation du combustible utilisé* » (Crim. 24 nov. 2020, nº 19-87.651, P).

▪ **Eléments constitutifs.** Cas **D** : infraction non applicable au navire qui stoppe toutes les machines et utilise le branchement électrique lorsqu'il est à quai dans le port (C. envir., art. L. 218-2 III).

▪ **Fait justificatif.** L'infraction « *n'est pas punissable* » « *si le capitaine du navire : 1° Fournit la preuve qu'il n'a pas été en mesure d'acheter du combustible marin conforme à la règlementation à l'endroit prévu par son plan de voyage ; 2° A notifié à l'État de son pavillon et à l'autorité compétente du port de destination cette non-disponibilité de combustible marin conforme à la règlementation ; 3° Fournit la preuve qu'il n'aurait pu s'en procurer qu'en s'écartant de la route prévue ou en retardant indûment son voyage* » (conditions d'exonération cumulatives) (C. envir., art. L. 218-20).

ÉLÉMENT INTENTIONNEL

▪ **Elément moral de l'infraction.** Conformément au droit commun, « *il s'agit d'une infraction intentionnelle par application du premier alinéa de l'article 121-3 du code pénal* » (§ 23) car les dispositions particulières de C. envir., art. L. 218-19, relatives à l'élément moral de l'infraction de pollution des eaux marines ne lui sont pas applicables, la décision de condamnation est justifiée lorsque ses motifs permettent d'établir que « *c'est en connaissance de cause que le prévenu a méconnu l'obligation d'utiliser un combustible présentant un taux de soufre* » non conforme (§ 25) (Crim. 6 déc. 2022, nº 21-85.948, P).

RÉGIME PROCÉDURAL

▪ **Compétence de la juridiction du littoral spécialisée (JULIS).** *Idem* nº **31.35** (C. pr. pén., art. 706-107 et 706-11-1).

▪ **Compétence juridictionnelle. Juge unique** dans les cas **A2**, **B2**, **C2** (C. pr. pén., art. 398-1, v. nº **17.15D2**).

▪ **Ordonnance pénale. Possible** dans les cas **A2**, **B2**, **C2** (C. pr. pén., art. 495-II, v. nº **15.48B1** et tableau nº **17.15D2**).

▪ **Mesure conservatoire. Immobilisation du navire.** *Idem* nº **31.35** (C. envir., art. L. 218-30).

MESURE CIVILE

▪ **Constitution de partie civile. • Association agréée de protection de l'environnement.** C. envir., art. L. 142-2, *Idem* nº **31.1**.

▪ **Préjudice écologique.** C. civ., art. 1247, *Idem* nº **31.1**.

RÉGIME DES PEINES

▪ **Peine d'emprisonnement.** Lorsque l'infraction prévue par C. envir., art. L. 218-15 « *a été commise au-delà de la mer territoriale, seules les peines d'amende peuvent être prononcées* » (L. 218-22).

▪ **Mise à la charge de l'amende.** *Idem* nº **31.35** (C. envir., art. L. 218-23).

▪ ÉLÉMENTS CONSTITUTIFS – QUALIFICATION

✧ Pour avoir à .... [¤ lieu], le .... [¤ date], étant capitaine ou responsable à bord d'un [⇨A à E :]

A.°navire naviguant dans les eaux relevant de la souveraineté ou de la juridiction française, navigué [⇨A1 ou A2 :]

A1. dans les eaux territoriales (**A1** : *N 31401.co ;* par personne morale : *N 34865.co*), .../...

A2. au-delà des eaux territoriales (**A2** : *N 34372.ju ;* par personne morale : *N 34865.co*), .../...

.../... en dehors des zones de contrôle des émissions de soufre désignées conformément à la règle 14.3 de l'annexe VI de la convention MARPOL en utilisant ou en transportant à des fins d'utilisation des combustibles dont la teneur en soufre est supérieure à 0,50 % en masse ;

B.°navire naviguant dans les eaux relevant de la souveraineté ou de la juridiction française, navigué [⇨B1 ou B2 :]

B1. dans les eaux territoriales (**B1** : *N 31401.co ;* par personne morale : *N 34865.co*), .../...

B2. au-delà des eaux territoriales (**B2** : *N 34372.ju ;* par personne morale : *N 34865.co*), .../...

.../... dans les zones de contrôle des émissions de soufre en utilisant des combustibles dont la teneur en soufre est supérieure à 0,10 % en masse.

C.°navire à passagers assurant des services réguliers à destination ou en provenance de ports d'un État membre de l'Union européenne, utilisé [⇨C1 ou C2 :]

C1. dans les eaux territoriales (**C1** : *N 31401.co ;* par personne morale : *N 34865.co*), .../...

C2. au-delà des eaux territoriales (**C2** : *N 34372.ju ;* par personne morale : *N 34865.co*), .../...

.../... en dehors des zones de contrôle des émissions de soufre un combustible dont la teneur en soufre est supérieure à 0,50 % en masse.

D.°navire à quai durant plus de deux heures consécutives selon les horaires publiés, utilisé des combustibles marins dont la teneur en soufre est supérieure à 0,10 % en masse (**D** : *N 31401.co ;* par personne morale : *N 34865.co*).

Faits prévus et réprimés par les articles L. 218-2, **L. 218-15 II**, L. 173-5, L. 173-7, L. 173-9, L. 173-10. **PERSONNES MORALES.** L. 218-2, **L. 218-15 II**, L. 173-5, L. 173-8, L. 173-9, L. 173-10 et L. 218-24 du code de l'environnement. ✧

31.38 Pollution maritime involontaire

■ PEINES

PERSONNE PHYSIQUE

PP Délit. Cas A1 et A3 : 400 000 € (C. envir., art. L. 218-19 I 1°).

Cas A2, A4 et A5 : 800 000 € (C. envir., art. L. 218-19 I 2°).

Cas B1 et B3 : 4 500 000 € (C. envir., art. L. 218-19 I 3°).

Cas B2, B4 et B5 : 7 500 000 € (C. envir., art. L. 218-19 I 4°).

Cas C1 et C3 : 3 ans d'emprisonnement, 4 500 000 € (C. envir., art. L. 218-19 II 2°).

Cas C2, C4 et C5 : 5 ans d'emprisonnement, 7 500 000 € (C. envir., art. L. 218-19 II 3°).

Cas D1 et D3 : 5 ans d'emprisonnement, 7 500 000 € (C. envir., art. L. 218-19 III 1°).

Cas D2, D4 et D5 : 7 ans d'emprisonnement, 10 500 000 € (C. envir., art. L. 218-19 III 2°).

Cas E1 et E2 : 4 000 € (C. envir., art. L. 218-19 I).

Cas E3 : 6 000 € (C. envir., art. L. 218-19 II 1°).

PC *Idem* n° 31.1 (C. envir., art. L. 173-7).

PERSONNE MORALE

PP Délit. Cas A1 et A3 : 2 000 000 € (C. pén., art. 131-38 ; C. envir., art. L. 218-19 I 1°).

Cas A2, A4 et A5 : 4 000 000 € (C. pén., art. 131-38 ; C. envir., art. L. 218-19 I 2°).

Cas B1 et B3 : 22 500 000 € (C. pén., art. 131-38 ; C. envir., art. L. 218-19 I 3°).

Cas B2, B4 et B5 : 37 500 000 € (C. pén., art. 131-38 ; C. envir., art. L. 218-19 I 4°).

Cas C1 et C3 : 22 500 000 € (C. pén., art. 131-38 ; C. envir., art. L. 218-19 II 2°).

Cas C2, C4 et C5 : 37 500 000 € (C. pén., art. 131-38 ; C. envir., art. L. 218-19 II 3°).

Cas D1 et D3 : 37 500 000 € (C. pén., art. 131-38 ; C. envir., art. L. 218-19 III 1°).

Cas D2, D4 et D5 : 52 500 000 € (C. pén., art. 131-38 ; C. envir., art. L. 218-19 III 2°).

Cas E1 et E2 : 20 000 € (C. pén., art. 131-38 ; C. envir., art. L. 218-19 I).

Cas E3 : 30 000 € (C. pén., art. 131-38 ; C. envir., art. L. 218-19 II 1°).

PC *Idem* n° 31.1 (C. envir., art. L. 173-8).

■ ORIENTEUR

AUTRE QUALIFICATION

- Atteinte durable délibérée ou intentionnelle aux milieux physiques – Écocide (L. n° 2021-1104, 22 août 2021). C. envir., art. L. 231-1, L. 231-2 et L. 231-3, issus L. n° 2021-1104, 22 août 2021, v. n° 31.31.
- Déversement de substances nuisibles dans les eaux souterraines ou superficielles, mer territoriale – Pollution. V. n° 31.33.
- Pollution maritime des eaux territoriales par substance polluante. V. n° 31.35.
- Pollution maritime au-delà de la mer territoriale par substance polluante. C. envir., art. L. 218-12 et L. 218-13, v. n° 31.36.
- Pollution maritime atmosphérique – Teneur en soufre du carburant non conforme. C. envir., art. L. 218-2 et L. 218-15 II, v. n° 31.37.

ÉLÉMENT LÉGAL

- Modalités de l'incrimination. *Idem* n° 31.35.
- Domaine d'application. • Navires de guerre. *Idem* n° 31.35 (C. envir., art. L. 218-21).
- Fait justificatif. *Idem* n° 31.35 (C. envir., art. L. 218-20).

ÉLÉMENT MATÉRIEL

- Imputabilité de l'infraction. *Idem* n° 31.35.

RÉGIME PROCÉDURAL

▪ **Compétence de la juridiction du littoral spécialisée (JULIS).** *Idem* nº **31.35** (C. pr. pén., art. 706-107 et 706-11-1).

▪ **Compétence juridictionnelle. Juge unique** dans les **cas** A, B et E (C. pr. pén., art. 398-1, v. nº **17.15D2**).

▪ **Ordonnance pénale. Possible** dans les **cas** A, B et E (C. pr. pén., art. 495-II, v. nº **15.48B1** et tableau nº **17.15D2**).

▪ **Mesure conservatoire. Immobilisation du navire.** *Idem* nº **31.35** (C. envir., art. L. 218-30).

MESURE CIVILE

▪ **Constitution de partie civile. • Association agréée de protection de l'environnement.** C. envir., art. L. 142-2, *Idem* nº **31.1**.

▪ **Préjudice écologique.** C. civ., art. 1247, *Idem* nº **31.1**.

RÉGIME DES PEINES

▪ **Mise à la charge de l'amende.** *Idem* nº **31.35**.

▪ ÉLÉMENTS CONSTITUTIFS – QUALIFICATION

✧ Pour avoir à .... [¤ lieu], le .... [¤ date], étant capitaine ou responsable à bord d'un(e) [⇨A à E :]

A. **POLLUTION PAR IMPRUDENCE – EAUX TERRITORIALES OU NON TERRITORIALES**
[⇨A1 à A5 puis A6 ou A7 :]

A1. navire-citerne d'une jauge brute de moins de 150 tonneaux (C. envir., art. L. 218-12) ...

A2. navire-citerne d'une jauge brute d'au moins 150 tonneaux (C. envir., art. L. 218-13) ...

A3. navire non citerne d'une jauge brute de moins de 400 tonneaux dont la machine propulsive a une puissance installée supérieure à 150 kilowatts (C. envir., art. L. 218-12) ...

A4. navire non citerne d'une jauge brute d'au moins 400 tonneaux (C. envir., art. L. 218-13) ...

A5. plate-forme (C. envir., art. L. 218-13) ...

..., provoqué par imprudence, négligence ou inobservation des lois et règlements un ... (C. envir., art. L. 218-19 I) [⇨A6 ou A7 :]

A6. ... rejet de substance polluante (A1A6 : *N **27099.ju** ;* A2A6 : *N **27101.ju** ;* par personne morale : *N **27100.ju** ;* A3A6 : *N **27100.ju** ;* A4A6 : *N **27102.ju** ;* A5A6 : *N **27103.ju***) ;

A7. ... accident de mer, tel que défini par la convention du 29 novembre 1969 relative à l'intervention en haute mer en cas d'accident entraînant ou pouvant entraîner une pollution par les hydrocarbures, ayant entraîné une pollution des eaux (A1A7 : *N **2326.ju** ;* A2A7 : *N **2323.ju** ;* A3A7 : *N **2327.ju** ;* A4A7 : *N **2324.ju** ;* A5A7 : *N **2325.ju***) ;

B. **POLLUTION PAR IMPRUDENCE AYANT ENTRAÎNÉ UN DOMMAGE IRRÉVERSIBLE – EAUX TERRITORIALES OU NON TERRITORIALES**

[⇨B1 à B5 puis B6 ou B7 :]

B1. navire-citerne d'une jauge brute de moins de 150 tonneaux (C. envir., art. L. 218-12) ...

B2. navire-citerne d'une jauge brute d'au moins 150 tonneaux (C. envir., art. L. 218-13) ...

B3. navire non citerne d'une jauge brute de moins de 400 tonneaux dont la machine propulsive a une puissance installée supérieure à 150 kilowatts (C. envir., art. L. 218-12) ...

B4. navire non citerne d'une jauge brute d'au moins 400 tonneaux (C. envir., art. L. 218-13) ...

B5. plate-forme (C. envir., art. L. 218-13) ...

..., provoqué par imprudence, négligence ou inobservation des lois et règlements un ... (C. envir., art. L. 218-19 I) [⇨B6 ou B7 :]

B6. ... rejet de substance polluante ayant pour conséquence, directement ou indirectement, un dommage irréversible ou d'une particulière gravité à l'environnement (B1B6 : *N **27104.ju** ;* B2B6 : *N **27106.ju** ;* B3B6 : *N **27105.ju** ;* B4B6 : *N **27107.ju** ;* B5B6 : *N **27108.ju***).

B7. ... accident de mer, tel que défini par la convention du 29 novembre 1969 relative à l'intervention en haute mer en cas d'accident entraînant ou pouvant entraîner une pollution par les hydrocarbures, ayant entraîné une pollution des eaux ayant pour conséquence, directement ou indirectement, un dommage irréversible ou d'une particulière gravité à l'environnement (B1B7 : *N 25294.ju* ; B2B7 : *N 25291.ju* ; B3B7 : *N 25295.ju* ; B4B7 : *N 25292.ju* ; B5B7 : *N 25293.ju*).

C. **POLLUTION PAR IMPRUDENCE CARACTÉRISÉE – EAUX TERRITORIALES**

[⇨C1 à C5 :]

C1. navire-citerne d'une jauge brute de moins de 150 tonneaux (C. envir., art. L. 218-12) (*N 25287.co*) ...

C2. navire-citerne d'une jauge brute d'au moins 150 tonneaux (C. envir., art. L. 218-13) (*N 25284.co*) ...

C3. navire non citerne d'une jauge brute de moins de 400 tonneaux dont la machine propulsive a une puissance installée supérieure à 150 kilowatts (C. envir., art. L. 218-12) (*N 25288.co*) ...

C4. navire non citerne d'une jauge brute d'au moins 400 tonneaux (C. envir., art. L. 218-13) (*N 25285.co*) ...

C5. plate-forme (C. envir., art. L. 218-13) (*N 25286.co*) ...

..., provoqué par la violation manifestement délibérée d'une obligation particulière de sécurité ou de prudence imposée par la loi ou le règlement, ou par une faute caractérisée qui exposait l'environnement à un risque d'une particulière gravité qu'il ne pouvait ignorer, un rejet de substance polluante dans les eaux territoriales ou un accident de mer, tel que défini par la convention du 29 novembre 1969 relative à l'intervention en haute mer en cas d'accident entraînant ou pouvant entraîner une pollution par les hydrocarbures, ayant entraîné une pollution des eaux territoriales (C. envir., art. L. 218-19 II).

D. **POLLUTION PAR IMPRUDENCE CARACTÉRISÉE AYANT ENTRAÎNÉ UN DOMMAGE IRRÉVERSIBLE – EAUX TERRITORIALES**

[⇨D1 à D5 :]

D1. navire-citerne d'une jauge brute de moins de 150 tonneaux (C. envir., art. L. 218-12) (*N 25301.co*) ...

D2. navire-citerne d'une jauge brute d'au moins 150 tonneaux (C. envir., art. L. 218-13) (*N 25298.co*) ...

D3. navire non citerne d'une jauge brute de moins de 400 tonneaux dont la machine propulsive a une puissance installée supérieure à 150 kilowatts (C. envir., art. L. 218-12) (*N 25302.co*) ...

D4. navire non citerne d'une jauge brute d'au moins 400 tonneaux (C. envir., art. L. 218-13) (*N 25299.co*) ...

D5. plate-forme (C. envir., art. L. 218-13) (*N 25300.co*) ...

..., provoqué par la violation manifestement délibérée d'une obligation particulière de sécurité ou de prudence imposée par la loi ou le règlement, ou par une faute caractérisée qui exposait l'environnement à un risque d'une particulière gravité qu'il ne pouvait ignorer, un rejet de substance polluante dans les eaux territoriales ou un accident de mer, tel que défini par la convention du 29 novembre 1969 relative à l'intervention en haute mer en cas d'accident entraînant ou pouvant entraîner une pollution par les hydrocarbures, ayant entraîné une pollution des eaux territoriales, ladite pollution ayant pour conséquence, directement ou indirectement, un dommage irréversible ou d'une particulière gravité à l'environnement (C. envir., art. L. 218-19 III).

E. **AUTRES NAVIRES – EAUX TERRITORIALES OU NON TERRITORIALES**

navire autre que ceux visés aux articles L. 218-12 et L. 218-13 du code de l'environnement, [⇨E1 à E3 :]

E1. par imprudence, négligence ou inobservation des lois et règlements, provoqué un rejet de substance polluante (C. envir., art. L. 218-19 I) (E1 : *N 27098.ju*) ;

E2. par imprudence, négligence ou inobservation des lois et règlements, provoqué un accident de mer, tel que défini par la convention du 29 novembre 1969 relative à l'intervention en haute mer en cas d'accident entraînant ou pouvant entraîner une pollution par les hydrocarbures, ayant entraîné une pollution des eaux (C. envir., art. L. 218-10, L. 218-19 I) (E2 : *N 2329.ju*) ;

E3. provoqué par la violation manifestement délibérée d'une obligation particulière de sécurité ou de prudence imposée par la loi ou le règlement, ou par une faute caractérisée qui exposait l'environnement à un risque d'une particulière gravité qu'il ne pouvait ignorer, un rejet de substance polluante dans les eaux territoriales ou un accident de mer, tel que défini par la convention du

29 novembre 1969 relative à l'intervention en haute mer en cas d'accident entraînant ou pouvant entraîner une pollution par les hydrocarbures, ayant entraîné une pollution des eaux (C. envir., art. L. 218-10, L. 218-19 III 1°) (E3 : *N 25290.ju*).

Faits prévus et réprimés par les articles [• du cas sélectionné] **PERSONNES PHYSIQUES.** + L. 173-5, L. 173-7, L. 173-9, L. 173-10, L. 218-10, **L. 218-22**. **PERSONNES MORALES.** + L. 173-5, L. 173-8, L. 173-9, L. 173-10, L. 218-10, **L. 218-22**, L. 218-24 du code de l'environnement. ✧

31.39 Pêche maritime – Engin, zone, période, espèce, interdits

▪ PEINES

PERSONNE PHYSIQUE

PP Délit. 22 500 € (C. rur., art. L. 945-4).

PC *Idem* n° 31.41.

PERSONNE MORALE

PP 112 500 € (C. rur., art. L. 945-4 ; C. pén., art. 131-38).

PC *Idem* n° 31.41.

▪ ORIENTEUR

AUTRE QUALIFICATION

▪ Pêche maritime – Non respect d'une zone de protection halieutique. C. rur., art. L. 945-4-2, v. n° 31.40.

▪ Police de la pêche maritime – Soustraction ou entrave à contrôle – Dissimulation des moyens d'identification du navire. C. rur., art. L. 945-1, L. 945-2 et L. 945-3, v. n° 31.41.

RÉGIME PROCÉDURAL

▪ Compétence juridictionnelle. Juge unique (C. pr. pén., art. 398-1 6°, v. n° 17.15D2).

▪ Ordonnance pénale. Possible (C. pr. pén., art. 495-II, v. n° 15.48B1 et tableau n° 17.15D2).

POLITIQUE PUBLIQUE

▪ Politique pénale. Contrôle des tailles minimales. « *La Direction des Pêches maritimes et de l'Aquaculture a estimé nécessaire de mettre l'accent sur le contrôle des tailles minimales, domaine dans lequel il est reproché par la Commission européenne des résultats insuffisants aux autorités françaises. À cet égard, il convient de rappeler que la France a été condamnée, par arrêt du 11 juin 1991 par la CJCE, pour manquement aux obligations de deux règlements du Conseil sur les mesures de contrôle à l'égard des activités de pêche [...] la Commission a décidé, le 6 juin 2000, d'émettre un "avis motivé complémentaire" concluant que la France, en ne prenant par les mesures nécessaires pour l'exécution de l'arrêt de 1991 [...], avait manqué aux obligations qui lui incombaient en vertu de l'article 228 du Traité [...] il faut souligner qu'au-delà des avantages économiques que procure la pêche de poissons sous taille aux contrevenants, un trouble à l'ordre public est créé par la distorsion concurrentielle au détriment des professionnels respectueux de la réglementation. C'est pourquoi il paraît opportun d'éviter la voie des alternatives aux poursuites dès lors que l'infraction revêt une certaine gravité. À cet égard, ces infractions paraissent devoir faire l'objet d'un renvoi devant le tribunal correctionnel dès lors qu'elles ont été commises par des pêcheurs professionnels, quelle que soit la quantité pêchée. Pour les infractions commises par des pêcheurs non professionnels, la quantité pêchée et le caractère réitérant du comportement doivent être pris en compte [...] il paraît particulièrement opportun que ces agissements soient sanctionnés par des peines d'amende dissuasives, compte tenu du bénéfice résultant de la pêche illicite. L'article 4 [...] prévoit la saisie obligatoire des produits des pêches réalisées en infraction [...]. Des réquisitions aux fins de voir prononcée, à titre de peine complémentaire, la confiscation du produit de la pêche ou de son prix permettent de renforcer l'impact économique de la sanction.* » La chancellerie (bureau de la santé publique, du droit social et de l'environnement) préconise, par TJ et cours d'appel, l'établissement, au premier mars de chaque année, d'états statistiques des procès-verbaux établis, des poursuites, des peines requises et prononcées, pour les *N 7983.ju, N 7984.ju, N 7985.ju, N 7986.ju* et *N 7987.ju* (pêche sous taille. Cas O) (Circ. Crim. 94-F-720-F3, 16 oct. 2002).

▪ Politique publique. Sur l'organisation générale du contrôle des pêches maritimes et des produits de la pêche, v. Circ. 8 sept. 2000, NOR : PRM X000465C.

RÉGIME DES PEINES

▪ **Mise à la charge de l'amende.** Compte tenu des circonstances et notamment des conditions de travail de l'intéressé, la juridiction peut décider que le paiement des amendes à raison des faits commis par le capitaine ou un membre de l'équipage du navire est en totalité ou en partie à la charge de l'armateur, qu'il soit propriétaire ou non du navire. Dans les mêmes conditions, la juridiction peut mettre à la charge de l'exploitant de l'établissement de cultures marines ou dépôts de coquillages ou d'installation aquacole, le paiement des amendes à raison des faits commis par ses préposés (C. rur., art. L. 944-5).

▪ **Remise en état. Cas** S. Les exploitations, établissements ou structures formés ou immergés sans autorisation sont détruits aux frais du condamné (C. rur., art. L. 945-4 19°).

▪ ÉLÉMENTS CONSTITUTIFS – QUALIFICATION

✧ Pour avoir à .... [¤ lieu], le .... [¤ date], [⇨A à V :]

A. pêché sans licence de pêche, sans permis de pêche spécial et, d'une manière générale, sans autorisation de pêche délivrée en application de la règlementation (A : *N 27885.ju*) ;

B. pêché avec un navire ou un engin flottant dont les caractéristiques ne sont pas conformes à celles indiquées sur sa licence ou autorisation de pêche (B : *N 27719.ju*) ;

C. pratiqué la pêche dans une zone (C1 : *N 2596.ju*) ou à une profondeur (C2 : *N 27686.ju*) interdite, ou pêché certaines espèces dans une zone (C3 : *N 7061.ju*), à une profondeur (C4 : *N 27687.ju*) ou une période (C5 : *N 7062.ju*) où leur pêche est interdite ;

D. pêché une espèce soumise à quota, au titre d'une autorisation délivrée par l'autorité française, sans avoir un lien économique réel avec le territoire de la République française ou sans être dirigé et contrôlé à partir d'un établissement stable situé sur le territoire français (D : *N 22280.ju*) ;

E. débarqué (E1 : *N 27718.ju*), transbordé (E2 : *N 27717.ju*) ou transféré (E3 : *N 27716.ju*) des produits de pêche maritime et de l'aquaculture marine dans des zones interdites (E4 : *N 10400.ju*) ou sans respecter les conditions fixées par les textes ou l'autorité administrative compétente concernant les notifications préalables, les autorisations, les ports désignés, les lieux et les horaires ;

F. détenu à bord tout engin, dispositif, instrument ou appareil prohibé (F1 : *N 27731.ju*) ou en infraction avec les règles relatives à sa détention (F2 : *N 27723.ju*) – ou utilisé un nombre d'engins ou d'appareils destinés à la pêche supérieur à celui autorisé (F3 : *N 12918.ju*) ;

G. détenu à bord (G1 : *N 7981.ju*) ou utilisé (G2 : *N 7982.ju*) pour la pêche des explosifs, des armes à feu, des substances soporifiques ou toxiques de nature à détruire ou altérer les animaux, les végétaux marins et leur milieu ;

H. pêché avec un engin ou utilisé à des fins de pêche tout instrument, appareil, moyen de détection ou de recueil d'information embarqué ou extérieur au navire dont l'usage est interdit ou de pratiquer tout mode de pêche interdit (H : *N 12828.ju*) ;

I. fabriqué (I1 : *N 7056.ju*), détenu (I2 : *N 7057.ju*) ou mis en vente (I3 : *N 7058.ju*) un engin de pêche maritime dont l'usage est interdit ;

J1. pratiqué la pêche maritime avec un engin dans une zone (J1a : *N 7059.ju*) ou à une période (J1b : *N 7060.ju*) où son emploi est interdit ou détenu à bord (J1c : *N 27724.ju*) ou utilisé (J1d : *N 27725.ju*) un engin de manière non-conforme aux dispositions fixant des mesures techniques de conservation et de gestion des ressources ;

J2. utilisé à des fins de pêche maritime un instrument ou appareil dans une zone (J2a : *N 12898.ju*) ou à une période (J2b : *N 12896.ju*) où son emploi est interdit ou détenu à bord ou utilisé un engin de manière non-conforme aux dispositions fixant des mesures techniques de conservation et de gestion des ressources ;

K. [⇨K1 à K3 :]

K1. accepté un engagement à bord (K1a : *N 27888.ju*), participé à des opérations conjointes de pêche (K1b : *N 27891.ju*), aidé ou ravitaillé (K1c : *N 27894.ju*) un navire non immatriculé ;

K2. accepté un engagement à bord (K2a : *N 27889.ju*), participé à des opérations conjointes de pêche (K2b : *N 27892.ju*), aidé ou ravitaillé (K2c : *N 27895.ju*) un navire inscrit sur une liste de navire pratiquant la pêche illicite ;

K3. accepté un engagement à bord (K3a : *N* ***27890.ju***), participé à des opérations conjointes de pêche (K3b : *N* ***27893.ju***) aidé ou ravitaillé (K3c : *N* ***27896.ju***) un navire dont l'État de pavillon est inscrit sur la liste des États non coopérants contre la pêche illicite ;

L. omis de se conformer aux obligations déclaratives concernant le navire, ses déplacements, les opérations de pêche, les captures et les produits qui en sont issus, l'effort de pêche réalisé, les engins de pêche, le stockage, la transformation, le transbordement, le transfert ou le débarquement des captures et des produits qui en sont issus, la commercialisation, l'importation, l'exportation et le transport des produits de la pêche et de l'aquaculture marine (L : *N* ***27885.ju***) ;

M. omis de respecter les obligations relatives à l'enregistrement et à la communication des données requises dans le cadre du système de surveillance des navires de pêche par satellite ou tout autre moyen de repérage (M1 : *N* ***27688.ju***) ou dans le cadre du système de déclarations par voie électronique (M2 : *N* ***27689.ju***) ;

N. mis en vente, vendu, stocké, transporté, exposé (N1 : *N* ***27897.ju***) ou, en connaissance de cause, acheté (N2 : *N* ***27899.ju***) des produits de la pêche ou de l'aquaculture marine :

– pratiquées sans autorisation ;

– pratiquées dans des zones ou profondeurs ou périodes interdites ;

– débarquées, transbordées ou transférées dans des zones interdites ;

– pratiquées avec un engin ou tout instrument ou appareil ou selon un mode interdit ;

O. [⇨O1 ou O2 :]

O1. pêché (O1a : *N* ***7983.ju***), détenu à bord (O1b : *N* ***28346.ju***), transbordé, transféré, débarqué, transporté (O1c : *N* ***7984.ju***), exposé, vendu (O1d : *N* ***7985.ju***), stocké (O1e : *N* ***7986.ju***), acheté en connaissance de cause (O1f : *N* ***7987.ju***) des produits de la pêche et de l'aquaculture marine qui n'ont pas **la taille, le calibre ou le poids requis** ou enfreint les obligations relatives à l'arrimage, au tri, à la pesée, au rejet, au marquage, à la mutilation, à la préparation et à la transformation des captures ;

O2. pêché (O2a : *N* ***12900.ju***), détenu à bord (O2b : *N* ***28348.ju***), transbordé, transféré, débarqué, transporté (O2c : *N* ***12902.ju***), exposé, vendu (O2d : *N* ***12904.ju***), stocké (O2e : *N* ***12906.ju***), acheté en connaissance de cause (O2f : *N* ***12908.ju***) des produits de la pêche et de l'aquaculture marine **en quantité ou en poids supérieur** à celui autorisé ;

P. omis de respecter l'obligation de débarquement d'espèces capturées au cours d'une opération de pêche lorsque la règlementation l'exige (P : *N* ***27748.ju***) ;

Q. [⇨Q1 à Q3 :]

Q1. détenu à bord, transporté, exposé à la vente, vendu sous quelque forme que ce soit (Q1a : *N* ***7069.ju***) ou, en connaissance de cause, acheté (Q1b : *N* ***7070.ju***) des produits de la pêche provenant de navires ou embarcations non titulaires d'un **permis d'armement de pêche** ;

Q2. détenu à bord, transporté, exposé à la vente, vendu sous quelque forme que ce soit (Q2a : *N* ***7072.ju***) ou, en connaissance de cause, acheté (Q2b : *N* ***7073.ju***) des produits de la pêche provenant de la **pêche sous-marine** pratiquée à titre non professionnel ;

Q3. détenu à bord, transporté, exposé à la vente, vendu sous quelque forme que ce soit (Q3a : *N* ***7075.ju***) ou, en connaissance de cause, acheté (Q3b : *N* ***7076.ju***) des produits de la pêche provenant de la **pêche à pied** pratiquée à titre non professionnel ;

R. immergé des organismes marins dans des conditions irrégulières (R : *N* ***2600.ju***) ;

S. formé ou immergé sans autorisation une exploitation de cultures marines, une exploitation aquacole, un établissement permanent de capture ou une structure artificielle (S : *N* ***2603.ju***) ;

T. exploité un établissement de cultures marines en infraction à la règlementation générale des cultures marines, aux prescriptions des schémas des structures des exploitations de cultures marines (T : *N* ***12920.ju***) ;

U. enfreint les mesures arrêtées en vue de prévenir l'apparition, d'enrayer le développement ou de favoriser l'extinction des maladies affectant les animaux ou végétaux marins (U : *N* ***27747.ju***) ;

V. exercé l'activité de mareyage sans disposer d'un établissement de manipulation des produits de la pêche ayant fait l'objet d'un agrément sanitaire (*N* ***23493.ju***).

Faits prévus et réprimés par les articles L. 945-4 et L. 945-5 du code rural et de la pêche maritime (+ articles et références du décret ou du règlement CEE précisant l'interdiction ou la prescription concernée). ✧

31.40 Pêche maritime – Non respect d'une zone de protection halieutique

▪ PEINES

PERSONNE PHYSIQUE

PP Délit. 6 mois d'emprisonnement, 22 500 € (C. rur., art. L. 945-4-2).

PC *Idem* n° 31.41 (C. rur., art. L. 945-5).

PERSONNE MORALE

PP Délit. 112 500 € (C. rur., art. L. 945-4-2 ; C. pén., art. 131-38).

PC *Idem* n° 31.41 (C. rur., art. L. 945-5).

▪ ORIENTEUR

AUTRE QUALIFICATION

▪ **Pêche maritime – Engin, zone, période, espèce, interdits.** C. rur., art. L. 945-4, v. n° 31.39.

▪ **Police de la pêche maritime – Soustraction ou entrave à contrôle – Dissimulation des moyens d'identification du navire.** C. rur., art. L. 945-1, L. 945-2 et L. 945-3, v. n° 31.41.

ÉLÉMENT LÉGAL

▪ **Définition et régime. • Zone de protection halieutique.** « *Une zone de conservation halieutique est un espace maritime et, le cas échéant, fluvial pouvant s'étendre jusqu'à la limite des eaux territoriales, qui présente un intérêt particulier pour la reproduction, la croissance jusqu'à maturité ou l'alimentation d'une ressource halieutique et dont il convient de préserver ou restaurer les fonctionnalités afin d'améliorer l'état de conservation des ressources concernées* » (C. rur., art. L. 924-1). **• Régime de la zone de protection halieutique.** Le classement en zone de protection halieutique est effectué par décret (C. rur., art. L. 924-3), lequel est affiché à la diligence de l'autorité administrative dans chacune des communes concernées et publié dans deux journaux régionaux ou locaux diffusés dans les départements intéressés (C. rur., art. R. 924-4). Ce décret définit notamment le périmètre de la zone, les objectifs de conservation et désigne une autorité administrative chargée de mettre en œuvre les mesures de conservation (C. rur., art. L. 924-3). L'autorité administrative ainsi désignée « *prend toute mesure de conservation permettant la réalisation des objectifs de préservation ou de restauration des fonctionnalités halieutiques de la zone de conservation Elle peut règlementer ou interdire, dans tout ou partie de la zone et, le cas échéant, pour une période déterminée, les actions et activités susceptibles d'y être exercées* » (C. rur., art. L. 924-4 et R. 924-5).

ÉLÉMENT MATÉRIEL

▪ **Tentative.** Punissable lorsque l'infraction est intentionnelle, non punissable lorsque l'infraction ne résulte que d'une négligence ou d'une imprudence (C. rur., art. L. 945-4-2).

ÉLÉMENT INTENTIONNEL

▪ **Imprudence ou négligence.** Conformément au principe fixé par C. pén., art. 121-3 (v. n° 10.12), l'infraction est intentionnelle. Toutefois l'intention peut également consister en une négligence ou une imprudence (C. rur., art. L. 945-4-2).

RÉGIME PROCÉDURAL

▪ **Compétence juridictionnelle. Juge unique** (C. pr. pén., art. 398-1 6°, v. n° 17.15D2).

▪ **Ordonnance pénale. Possible** (C. pr. pén., art. 495-II, v. n° 15.48B1 et tableau n° 17.15D2).

▪ **Politique publique.** Sur l'organisation générale du contrôle des pêches maritimes et des produits de la pêche, v. Circ. 8 sept. 2000, NOR : PRM X000465C.

RÉGIME DES PEINES

▪ **Mise à la charge de l'amende.** *Idem* n° 31.39 (C. rur., art. L. 944-5).

▪ **Remise en état sous astreinte.** En cas de condamnation, le tribunal peut ordonner, dans un délai qu'il détermine, des mesures destinées à remettre en état les lieux auxquels les faits incriminés ont porté atteinte ou à réparer les dommages causés à l'environnement. L'injonction peut être assortie d'une astreinte journalière ⩽ 3 000 €, pour une durée ⩽ 3 mois (C. rur., art. L. 945-4-2 II).

■ ÉLÉMENTS CONSTITUTIFS – QUALIFICATION

✧ Pour avoir à .... [¤ lieu], le .... [¤ date], omis de respecter, y compris par négligence ou par imprudence, les règles et interdictions édictées par le décret de classement d'une zone de conservation halieutique.

Faits prévus et réprimés par les articles L. 924-3, L. 924-4, L. 945-4-2, L. 945-5 et R. 924-5 du code rural et de la pêche maritime (*N 32588.ju*). ✧

31.41 Police de la pêche maritime – Soustraction ou entrave à contrôle – Dissimulation des moyens d'identification du navire

■ PEINES

PERSONNE PHYSIQUE

PP Délit. Cas A : 2 ans, 375 000 € (C. rur., art. L. 945-1). Cas B et C : 1 an, 75 000 € (C. rur., art. L. 945-2). Cas D : 6 mois, 15 000 € (C. rur., art. L. 945-3).

PC 1. Affichage, ⩽ 2 mois, *et/ou* (L. nº 2011-525, 17 mai 2011) diffusion de la décision ou d'extraits aux frais (⩽ amende encourue) du condamné (C. rur., art. L. 945-5 1° ; C. pén., art. 131-35).

2. Suspension, ⩽ 1 an, ou retrait de la licence de pêche, du permis de pêche spécial, du permis de mise en exploitation et de toute autorisation de pêche délivrée en application de la règlementation, sans préjudice des dispositions prévues par l'article 92 du règlement (CE 20 nov. 2009, req. nº 1224/2009) (C. rur., art. L. 945-5 2°) ;

3. Confiscation de la chose qui a servi ou était destinée à commettre l'infraction ou de la chose qui en est le produit, de tout navire, installation, véhicule ou engin appartenant au condamné (C. rur., art. L. 945-5 3° ; C. pén., art. 131-21).

4. Interdiction ⩽ 5 ans activité professionnelle ou sociale, notamment un commandement, à l'occasion de laquelle l'infraction a été commise (sauf mandat électif ou syndical) (C. rur., art. L. 945-5 4° ; C. pén., art. 131-27 à 131-29)

PERSONNE MORALE

PP Délit. Cas A : 1 875 000 € (C. rur., art. L. 945-1 ; C. pén., art. 131-38). Cas B et C : 375 000 € (C. rur., art. L. 945-2 ; C. pén., art. 131-38). Cas D : 75 000 € (C. rur., art. L. 945-3 ; C. pén., art. 131-38).

PC 1. Affichage, ⩽ 2 mois, *et/ou* (L. nº 2011-525, 17 mai 2011) diffusion de la décision ou d'extraits aux frais (⩽ amende encourue) du condamné (C. rur., art. L. 945-5 1° ; C. pén., art. 131-35 et 131-39 9°) ;

2. Suspension, ⩽ 1 an, ou retrait de la licence de pêche, du permis de pêche spécial, du permis de mise en exploitation et de toute autorisation de pêche délivrée en application de la règlementation, sans préjudice des dispositions prévues par l'article 92 du règlement (CE 20 nov. 2009, req. nº 1224/2009) (C. rur., art. L. 945-5 2°) ;

3. Confiscation de la chose qui a servi ou était destinée à commettre l'infraction ou de la chose qui en est le produit, de tout navire, installation, véhicule ou engin appartenant au condamné (C. rur., art. L. 945-5 3° ; C. pén., art. 131-39 9° [8°]).

4. Dissolution (sauf personnes morales de droit public, partis, groupements politiques, syndicats, institutions représentatives du personnel) si personne morale créée pour commettre l'infraction (C. rur., art. L. 945-5 5° ; C. pén., art. 131-39 1º et 131-45).

■ ORIENTEUR

AUTRE QUALIFICATION

- **Pêche maritime – Engin, zone, période, espèce, interdits.** C. rur., art. L. 945-4, v. nº 31.39.
- **Pêche maritime – Non respect d'une zone de protection halieutique.** C. rur., art. L. 945-4-2, v. nº 31.40.

RÉGIME PROCÉDURAL

- **Compétence juridictionnelle. Juge unique** (C. pr. pén., art. 398-1 9º, v. nº 17.15D2).
- **Ordonnance pénale. Possible** (C. pr. pén., art. 495-II, v. nº 15.48B1 et tableau nº 17.15D2).

RÉGIME DES PEINES

- **Mise à la charge de l'amende.** *Idem* n° 31.39 (C. rur., art. L. 944-5).
- **Faits commis au-delà de la mer territoriale.** Seule la peine d'amende peut être prononcée lorsque l'infraction « *est commise au-delà de la mer territoriale* » (C. rur., art. L. 944-4-1).

■ ÉLÉMENTS CONSTITUTIFS – QUALIFICATION

✧ [⇨A à D :]

A. Pour avoir à .... [¤ lieu], le .... [¤ date], (C. rur., art. L. 945-1) [⇨A1 à A3 :]

A1. détruit, détourné ou tenté de détruire ou de détourner des filets, engins, matériels, équipements, véhicules, navires, engins flottants ou produits de la pêche appréhendés ou saisis et confiés à sa garde (A1 : *N* ***2583.ju***) ;

A2. fait obstacle à l'appréhension ou à la saisie des filets, engins, matériels, équipements, véhicules, instruments, navires, engins flottants utilisés pour les pêches en infraction à la règlementation prévue par les dispositions livre 9 du code rural et de la pêche maritime, par les règlements de l'Union européenne pris au titre de la politique commune de la pêche, par les textes pris pour leur application, par les engagements internationaux de la France, ainsi que par les délibérations rendues obligatoires du comité national ou régional de la conchyliculture ou du comité national ou régional des pêches maritimes et des élevages marins, en application des articles L. 912-10 et L. 921-2-1 et du second alinéa de l'article L. 921-2-2, ainsi que des produits de ces pêches ou des sommes provenant de leur vente (A2 : *N* ***2584.ju***) ;

A3. omis de donner aux produits de la pêche appréhendés ou saisis la destination décidée par le tribunal ou l'autorité compétente (A3 : *N* ***2585.ju***) ;

B. Pour avoir ou s'être à .... [¤ lieu], le .... [¤ date], étant capitaine de navire (C. rur., art. L. 945-2) [⇨B1 à B5 :]

B1. dissimulé ou falsifié les éléments d'identification d'un navire (B1 : *N* ***12922.ju***) ;

B2. navigué avec un navire dont les éléments d'identification sont inexistants, dissimulés ou falsifiés (B2 : *N* ***29204.ju***) ;

B3. battant pavillon d'un État n'appartenant pas à l'Union européenne ou son représentant, pêché, détenu à bord, débarqué, transbordé, transféré, mis en vente, transporté ou acheté des organismes marins en l'absence d'autorisation ou en méconnaissance des termes de l'autorisation accordée, dans les eaux maritimes sous souveraineté ou juridiction française et dans la partie des fleuves, rivières, canaux, étangs où les eaux sont salées (B3 : *N* ***2608.ju***) ;

B4. battant pavillon d'un autre État membre de l'Union européenne ou son représentant, pêché en infraction à l'article 17 du règlement (CE req. n° 2371/2002) du Conseil du 20 décembre 2002 ou aux dispositions nationales définissant les modalités d'accès, dans les eaux maritimes sous souveraineté ou juridiction française et dans la partie des fleuves, rivières, canaux, étangs où les eaux sont salées (B4 : *N* ***2610.ju***) ;

B5. soustrait ou tenter de se soustraire, en mer, aux contrôles en refusant d'obtempérer aux sommations de stopper faites en application des articles L. 941-4 et L. 942-5 (B5 : *N* ***2604.ju***).

C. Pour avoir à .... [¤ lieu], le .... [¤ date], (C. rur., art. L. 945-2) [⇨C1 ou C2 :]

C1. exploité, géré ou possédé, en droit ou en fait, un navire ayant pris part à des activités de pêche alors que [⇨C1a à C1d :]

C1a. le navire est sans immatriculation (C1a : *N* ***27879.ju***) ;

C1b. l'immatriculation du navire a été retirée (C1b : *N* ***#.ju***) ;

C1c. le navire est inscrit sur une des listes mentionnées aux articles 27 et 30 du règlement (CE 29 sept. 2008, req. n° 1005/2008) du ou sur une liste issue d'une organisation régionale de gestion des pêches recensant les navires qui pratiquent la pêche illicite, non déclarée et non autorisée (C1c : *N* ***27880.ju***) ;

C1d. l'État de pavillon du navire est inscrit sur la liste mentionnée à l'article 33 du règlement du règlement (CE 29 sept. 2008, req. n° 1005/2008) ou sur une liste issue d'une organisation régionale de gestion des pêches recensant les navires qui pratiquent la pêche illicite, non déclarée et non autorisée (C1d : *N* ***27881.ju***) ;

C2. fait commerce de produits issus d'un navire ayant pris part à des activités de pêche alors que [⇨**C2a** à **C2d** :]

C2a. le navire est sans immatriculation (**C2a** : *N 27882.ju*) ;

C2b. l'immatriculation du navire a été retirée (**C2b** : *N #.ju*) ;

C2c. le navire est inscrit sur une des listes mentionnées aux articles 27 et 30 du règlement (CE 29 sept. 2008, req. n° 1005/2008) ou sur une liste issue d'une organisation régionale de gestion des pêches recensant les navires qui pratiquent la pêche illicite, non déclarée et non autorisée (**C2c** : *N 27883.ju*) ;

C2d. l'État de pavillon du navire est inscrit sur la liste mentionnée à l'article 33 du règlement (CE 29 sept. 2008, req. n° 1005/2008) ou sur une liste issue d'une organisation régionale de gestion des pêches recensant les navires qui pratiquent la pêche illicite, non déclarée et non autorisée (**C2d** : *N 27884.ju*) ;

D. Pour avoir à .... [¤ lieu], le .... [¤ date], (C. rur., art. **L. 945-3**) [⇨**D1** à **D3** :]

D1. refusé ou d'entravé les contrôles et visites à bord des navires ou engins flottants (**D1a** : *N 2606.ju*) ou à l'intérieur des installations, des locaux et des véhicules à usage professionnel (**D1b** : *N 2607.ju*), effectués par les agents chargés de la police des pêches maritimes, ou par les agents mentionnés à l'article L. 942-1 du code rural et de la pêche maritime ;

D2. dissimulé ou de tenté de dissimuler à la vue des officiers et agents chargés de la police des pêches les captures ou engins et documents détenus à bord (**D2** : *N 27685.ju*) ;

D3. refusé ou d'entravé les contrôles d'une exploitation de cultures marines, d'une exploitation aquacole, d'un établissement permanent de capture ou d'une structure artificielle, effectués par les agents chargés de la police des pêches maritimes en application de l'article L. 941-1 ou par les agents mentionnés à l'article L. 942-1 du code rural et de la pêche maritime (**D3** : *N 2605.ju*).

Faits prévus et réprimés par les articles L. 945-5 et [• du cas sélectionné] du code rural et de la pêche maritime. ✧

31.42 Pêche en eau douce et protection des ressources piscicoles – Principaux délits

■ PEINES

PERSONNE PHYSIQUE

PP Délit. Cas **A** : **20 000 €** (C. envir., art. **L. 432-3**) ;

Cas **B** : **9 000 €** (C. envir., art. **L. 432-10** (cas **B1** à **B3**), **L. 432-12** (cas **B4**)) ;

Cas **C1** : **3 750 €** (C. envir., art. **L. 436-6**) ;

Cas **C2** : **7 500 €** (C. envir., art. **L. 437-19**) ;

Cas **D1** et **D2** : **2 ans** d'emprisonnement, **4 500 €** (C. envir., art. **L. 436-6**) ;

Cas **D3** : **4 ans** d'emprisonnement, **9 000 €** (C. envir., art. **L. 437-19**) ;

Cas **E1** et **E2** : **3 750 €** (C. envir., art. **L. 436-15**) ;

Cas **E3** : **7 500 €** (C. envir., art. **L. 437-19**) ;

Cas **F1** à **F6** : **6 mois** d'emprisonnement, **50 000 €** ou **⩽ double** de l'avantage tiré de la commission de l'infraction (depuis L. n° 2021-1104, 22 août 2021) (C. envir., art. **L. 436-16 I**) ;

Cas **F7** : **1 an** d'emprisonnement, **100 000 €** (C. envir., art. **L. 437-19**) ;

Cas **G1** à **G7** : **22 500 €** ou **⩽ double** de l'avantage tiré de la commission de l'infraction (depuis L. n° 2021-1104, 22 août 2021) (C. envir., art. **L. 436-16 II**) ;

Cas **G8** : **45 000 €** (C. envir., art. **L. 437-19**) ;

Cas **H1** : **30 000 €** (depuis L. n° 2021-1104, 22 août 2021, auparavant 3 750 €) ou **⩽ double** de l'avantage tiré de la commission de l'infraction (depuis L. n° 2021-1104, 22 août 2021) (C. envir., art. **L. 437-22**) ;

Cas **H2** : **7 500 €** (C. envir., art. **L. 437-19**).

PC *Idem* n° **31.1** (C. envir., art. L. 173-7) + exclusion des associations de pêche agréées pour une durée ⩾ 1 an et ⩽ 3 ans, ou ⩾ 2 ans et ⩽ 5 ans en cas de récidive, ou, si l'auteur est un pêcheur professionnel dans l'exercice de son activité, ⩽ 2 ans, ou ⩽ 5 ans en cas de récidive (C. envir., art. L. 437-22).

PERSONNE MORALE

PP **Délit.** Amende égale au quintuple de celle encourue par les personnes physiques (C. pén., art. 131-38).

PC *Idem* n° **31.1** (C. envir., art. L. 173-8).

▪ ORIENTEUR

AUTRE QUALIFICATION

▪ **Installation, ouvrage, travaux ou activité (IOTA) nuisible à l'eau.** C. envir., art. L. 173-1 I (v. n° **31.1**) et C. envir., art. L. 173-1 II (v. n° **31.2**).

▪ **Pêche en eau douce – Principales contraventions.** V. n° **31.43**.

ÉLÉMENT LÉGAL

▪ **Champ d'application. • Eaux concernées.** Pour les cours d'eau et canaux affluant à la mer, l'incrimination ne s'applique qu'en amont de la limite de la salure des eaux (C. envir., art. L. 431-3). Elle s'applique également aux fossés, canaux, étangs, réservoirs et autres plans d'eau dans lesquels le poisson ne peut passer naturellement (C. envir., art. L. 431-4). **• Espèces concernées.** Les dispositions relatives aux poissons s'appliquent également aux crustacés et grenouilles ainsi qu'à leur frai (C. envir., art. L. 431-2).

RÉGIME PROCÉDURAL

▪ **Agents de constatation de l'infraction. • Agents publics.** Outre les OPJ ou APJ et les inspecteurs de l'environnement, sont compétents pour relever les infractions à la pêche en eau douce et à la gestion des ressources piscicoles les agents publics mentionnés au C. envir., art. L. 437-1. **• Gardes-pêche particuliers.** Les gardes-pêche particuliers assermentés, lesquels peuvent aussi être commissionnés par une association agréée de pêcheurs détenant un droit de pêche sur le domaine public fluvial, ou les agents agréés d'une fédération départementale d'associations agréées de pêche liée par une convention au détenteur du droit de pêche sur des eaux n'appartenant pas au domaine public fluvial, sont compétents pour constater par procès-verbal les infractions à la pêche en eau douce et à la gestion des ressources piscicoles « *qui portent préjudice aux détenteurs des droits de pêche qui les emploient* » (C. envir., art. L. 437-13). Leurs procès-verbaux, qui font foi jusqu'à preuve contraire (C. envir., art. L. 437-13), doivent être remis ou envoyés par lettre recommandée directement au procureur de la République, dans les 5 jours suivants les faits constatés, à peine de nullité (C. pr. pén., art. 29 et C. envir., art. L. 437-13). Le garde-pêche particulier est tenu de détenir en permanence sa carte ou sa décision d'agrément et de la présenter à toute personne qui en fait la demande (C. pr. pén., art. R. 15-33-29-1). La mention « *garde-pêche particulier* » doit figurer de manière visible sur ses vêtements (C. pr. pén., art. R. 15-33-29-1). Il ne peut détenir aucune arme, à l'exception de celles nécessaires à la destruction des animaux nuisibles, dans les conditions prévues par C. envir., art. R. 427-21 (C. pr. pén., art. R. 15-33-29-1).

▪ **Droit de visite des instruments et installations de pêche.** « *Tout pêcheur est tenu d'amener son bateau et d'ouvrir ses loges, réfrigérateurs, hangars, bannetons, huches, paniers et autres réservoirs et boutiques à poisson à toute réquisition des fonctionnaires et agents chargés de la police de la pêche. En outre, ces fonctionnaires et agents peuvent procéder à la visite des passages d'eau des moulins ou autre installation fixe implantée sur les cours d'eau* » (C. envir., art. L. 437-7).

▪ **Compétence juridictionnelle. Juge unique** (C. pr. pén., art. 398-1 6°, v. n° **17.15D2**).

▪ **Ordonnance pénale. Possible** (C. pr. pén., art. 495-II, v. n° **15.48B1** et tableau n° **17.15D2**).

MESURE ADMINISTRATIVE

▪ **Transaction administrative.** *Idem* n° **31.1**, mais exclue dans le cas D3 (peine > 2 ans) (C. envir., art. L. 173-12).

MESURE CIVILE

▪ **Renvoi.** *Idem* n° **31.1** (C. envir., art. L. 171-9 et L. 173-6 ; L. 142-2).

▪ **Action civile. • Fédérations et associations de pêche.** Les fédérations départementales ou interdépartementales des associations agréées de pêche et de protection du milieu aquatique, la Fédération nationale de la pêche et de la protection du milieu aquatique, les associations agréées de pêcheurs professionnels en eau douce et le Comité national de la pêche professionnelle en eau douce peuvent exercer les droits reconnus à la partie civile en ce qui concerne les faits constituant une infraction aux dispositions du titre III relatif à la pêche en eau douce et à la gestion des ressources piscicoles et aux textes pris pour son application et portant un préjudice direct ou indirect aux intérêts collectifs qu'ils ont pour objet de défendre (C. envir., art. L. 437-18).

RÉGIME DES PEINES

- **Circonstance de nuit.** Les peines encourues sont doublées lorsque les faits sont commis la nuit (C. envir., art. L. 437-19).
- **Ajournement avec injonction.** *Idem* nº 31.1 (C. envir., art. L. 173-9).

■ ÉLÉMENTS CONSTITUTIFS – QUALIFICATION

✧ Pour avoir ou s'être à .... [¤ lieu], le .... [¤ date], [⇨A à H :]

A. **DESTRUCTION D'UNE ZONE DE FRAYÈRE OU DE CROISSANCE DE LA FAUNE PISCICOLE**

sans autorisation ou déclaration, ou sans respecter les conditions d'une autorisation ou d'une déclaration, et hors le cas de travaux d'urgence exécutés en vue de prévenir un danger grave et imminent, détruit une frayère ou une zone de croissance ou d'alimentation de la faune piscicole (C. envir., art. L. 432-3, R. 432-1-5) (A : *N 26751.ju*).

B. **INTRODUCTION IRRÉGULIÈRE DE POISSON EN EAU DOUCE**

introduit dans un cours d'eau, un canal, un ruisseau ou un plan d'eau, [⇨B1 à B4 puis le cas échéant B5 :]

B1. un poisson, en l'espèce .... [¤ poisson concerné], appartenant à une espèce, dont la liste est fixée par décret, dont l'introduction est interdite comme étant susceptible de provoquer des déséquilibres biologiques (C. envir., art. L. 432-10 1°, R. 432-5) (B1 : *N 7370.ju*) ;

B2. sans autorisation, un poisson, en l'espèce .... [¤ poisson concerné], qui n'y est pas représenté (C. envir., art. L. 432-10 2°) (B2 : *N 7374.ju*) ;

B3. un brochet, une perche, un sandre ou un black-bass dans une eau classée en première catégorie (C. envir., art. L. 436-5, L. 432-10 3°, R. 436-43) (B3 : *N 7377.ju*) ;

B4. pour rempoissonner ou aleviner, des poissons qui ne proviennent pas d'un établissement de pisciculture ou d'aquaculture agréé (C. envir., art. L. 432-12) (B4 : *N 7379.ju*) ;

B5. [préciser le cas échéant dans les **cas** B1 à B4 :], avec cette circonstance que les faits ont été commis la nuit (C. envir., art. L. 437-19) (B1B5 : *N 7371.ju* ; B2B5 : *N 7375.ju* ; B3B5 : *N 7378.ju* ; B4B5 : *N 7380.ju*).

C. **BARRAGE AU PASSAGE DU POISSON**

[⇨C1 puis le cas échéant C2 :]

C1. placé dans un cours d'eau, un canal, un ruisseau ou un plan d'eau un barrage, un appareil ou un établissement quelconque de pêcherie ayant pour objet d'empêcher entièrement le passage du poisson ou de le retenir captif (C. envir., art. L. 436-6) (B1 : *N 7451.ju*) ;

C2. [préciser le cas échéant dans le cas C1 :], avec cette circonstance que les faits ont été commis la nuit (C. envir., art. L. 437-19) (C2 : *N 7452.ju*).

D. **USAGE DE DROGUE, APPÂT PROHIBÉ, EXPLOSIF OU MOYEN NON AUTORISÉ**

[⇨D1 ou D2 puis le cas échéant D3 :]

D1. jeté dans un fossé, canal, étang, réservoir ou autre plan d'eau dans lequel le poisson ne peut passer naturellement des drogues ou appâts en vue d'enivrer le poisson ou de le détruire (C. envir., art. L. 431-3, L. 436-7) (D1 : *N 7453.ju*) ;

D2. servi, en vue de capturer ou de détruire le poisson, d'explosifs, de procédé d'électrocution, ou de produits ou de moyens non autorisés (C. envir., art. L. 436-7) (D2 : *N 7455.ju*) ;

D3. [préciser le cas échéant dans les cas D1 ou D2 :], avec cette circonstance que les faits ont été commis la nuit (C. envir., art. L. 437-19) (D1D3 : *N 7454.ju* ; D2D3 : *N 7456.ju*).

E. **ACHAT OU VENTE DU PRODUIT DE LA PÊCHE NON PROFESSIONNELLE EN EAU DOUCE**

[⇨E1 ou E2 puis le cas échéant E3 :]

E1. sans avoir la qualité de pêcheur professionnel en eau douce, vendu le produit de sa pêche (C. envir., art. L. 436-13, L. 436-15) (E1 : *N 7459.ju*) ;

E2. sciemment acheté ou commercialisé le produit de la pêche d'une personne n'ayant pas la qualité de pêcheur professionnel en eau douce (C. envir., art. L. 436-15) (E2 : *N 7461.ju*) ;

E3. [préciser le cas échéant dans les cas E1 ou E2 :], avec cette circonstance que les faits ont été commis la nuit (C. envir., art. L. 437-19) (E1e3 : *N 7460.ju* ; E2e3 : *N 7462.ju*).

F. **Pêche irrégulière d'anguille, esturgeon, saumon et carpe**

[⇨F1 à F5 puis F6 puis le cas échéant F7 :]

F1. dans une zone où la pêche de cette espèce est interdite, pêché (F1 : *N 31926.ju*) ... [⇨F6] ;

F2. dans une période où la pêche de cette espèce est interdite, pêché (F2 : *N 31927.ju*) ... [⇨F6] ;

F3. utilisé un engin, instrument ou appareil interdit ou pratiqué une mode de pêche interdit pour la pêche (F3 : *N 31928.ju*) ... [⇨F6] ;

F4. dans une période ou dans une zone ou à proximité immédiate d'une zone où la pêche de cette espèce est interdite, détenu un engin, instrument ou appareil utilisable pour la pêche (F4 : *N 31929.ju*) ... [⇨F6] ;

F5. alors qu'il le savait provenir d'actes de pêche effectués dans des conditions illicites pour cette espèce, vendu ou mis en vente (F5a : *N 31930.ju*), transporté ou colporté (F5b : *N 31931.ju*), acheté (F5c : *N 31932.ju*) ... [⇨F6] ;

F6. ...du poisson appartenant à l'espèce (C. envir., art. L. 436-16) [⇨F6a à F6c :]

F6a. de l'anguille européenne (*anguilla anguilla*), y compris le stade alevin (civelle) ;

F6b. de l'esturgeon européen (*acipenser sturio*) ;

F6c. du saumon atlantique (*salmo salar*).

F7. [préciser le cas échéant à la suite du cas F6 :], avec cette circonstance que les faits ont été commis la nuit (C. envir., art. L. 437-19) (F7 : *N #.ju*).

G. **Pêche irrégulière de carpe de plus de 60 cm**

[⇨G1 à G6 puis G7 puis le cas échéant G8 :]

G1. dans une zone où la pêche de cette espèce est interdite, pêché (G1 : *N 31933.ju*) ... [⇨G7] ;

G2. dans une période où la pêche de cette espèce est interdite, pêché (G2 : *N 31934.ju*) ... [⇨G7] ;

G3. utilisé un engin, instrument ou appareil interdit ou pratiqué une mode de pêche interdit pour la pêche (G3 : *N 31935.ju*) ... [⇨G7] ;

G4. dans une période ou dans une zone ou à proximité immédiate d'une zone où la pêche de cette espèce est interdite, détenu un engin, instrument ou appareil utilisable pour la pêche (G4 : *N 31936.ju*) ... [⇨G7] ;

G5. ...alors qu'il les savait provenir d'actes de pêche effectués dans des conditions illicites pour cette espèce, vendu ou mis en vente (G5a : *N 31937.ju*), transporté ou colporté (G5b : *N 31938.ju*), acheté (G5c : *N 31939.ju*) ... [⇨G7] ;

G6. étant pêcheur amateur, transporté vivant (G6 : *N 26102.ju*) ... [⇨G7] ;

G7. ...du poisson d'une longueur de plus de 60 cm appartenant à l'espèce de la carpe commune (*cyprinus carpio*) (C. envir., art. L. 436-16 II) ;

G8. [préciser le cas échéant à la suite du cas G7 :], avec cette circonstance que les faits ont été commis la nuit (C. envir., art. L. 437-19) (G8 : *N #.ju*).

H. **Pêche malgré exclusion des associations de pêche agréées**

H1. livré à l'exercice de la pêche malgré son exclusion des associations de pêche prononcée par jugement ou arrêt du...... [date du jugement ou de l'arrêt de condamnation exécutoire] (C. envir., art. L. 437-22) (H1 : *N 7471.ju*) ;

H2. [préciser le cas échéant dans le cas H1 :], avec cette circonstance que les faits ont été commis la nuit (C. envir., art. L. 437-19) (H2 : *N 12819.ju*).

Faits prévus et réprimés par les articles : **PERSONNES PHYSIQUES.** L. 173-5, L. 173-7, L. 173-9, L. 173-10, L. 431-2, L. 431-3, L. 431-3, L. 437-2 et [articles de la formule sélectionnée] du code de l'environnement. **PERSONNES MORALES.** L. 173-5, L. 173-8, L. 173-9, L. 173-10, L. 431-2, L. 431-3, L. 431-3 et [articles de la formule sélectionnée] du code de l'environnement. ✧

31.43 Pêche en eau douce – Principales contraventions

▪ PEINES

PERSONNE PHYSIQUE

PP Cas A : Contrav. 2e cl., 150 € (C. envir., art. R. 435-1 ; C. pén., art. 131-13).

Cas B à E : Contrav. 3e cl. 450 € (C. envir., art. R. 436-40 ; C. pén., art. 131-13).

Cas F et G : Contrav. 4e cl. 750 € (C. envir., art. R. 436-40, R. 436-79 ; C. pén., art. 131-13).

Cas H : Contrav. 5e cl. 1 500 € (C. envir., art. R. 436-79 ; C. pén., art. 131-13). Récidive : 3 000 € (C. envir., art. R. 436-79 ; C. pén., art. 132-11).

PC *Idem* nº 31.1 (C. envir., art. L. 173-7) + (Sauf cas A) : exclusion des associations de pêche agréées pour une durée ⩾ 1 an et ⩽ 3 ans, ou ⩾ 2 ans et ⩽ 5 ans en cas de récidive dans le cas H, ou, si l'auteur est un pêcheur professionnel dans l'exercice de son activité, ⩽ 2 ans, ou ⩽ 5 ans en cas de récidive (C. envir., art. L. 437-22).

PERSONNE MORALE

PP Cas A : 750 €. Cas B à E : 2 250 €. Cas F et G : 3 750 €. Cas H : 7 500 € (C. pén., art. 131-41).

PC *Idem* nº 31.1 (C. envir., art. L. 173-8).

■ ORIENTEUR

AUTRE QUALIFICATION

▪ **Pêche en eau douce et protection des ressources piscicoles – Principaux délits.** V. nº 31.42.

ÉLÉMENT LÉGAL

▪ **Champ d'application. • Eaux concernées.** *Idem* nº 31.42 (C. envir., art. L. 431-3 et L. 431-4). **• Espèces concernées.** *Idem* nº 31.42 (C. envir., art. L. 431-2).

TEXTE DE RÉFÉRENCE

▪ **Droit de pêche. Titulaires du droit de pêche – Cas A.** le droit de pêche appartient à l'État sur son domaine public fluvial et est exploité à son profit par adjudication, amodiation amiable ou licence (C. envir., art. L. 435-1), selon les distinctions établies par C. envir., art. R. 435-2 s., à des associations agréées de pêche et de protection du milieu aquatique, au profit de leurs membres, ou à la fédération départementale des associations de pêche et de protection du milieu aquatique, au profit des membres des associations adhérentes à la fédération, ou à des pêcheurs professionnels, membre de l'association agréée départementale ou interdépartementale de pêche professionnelle en eau douce. Les fédérations départementales des associations de pêche et de protection du milieu aquatique, qui ont le caractère d'un établissement d'utilité publique et qui participent à l'organisation de la surveillance de la pêche, à la protection du patrimoine piscicole et des milieux aquatiques, exploitent dans l'intérêt des membres des associations agréées de pêche « *les droits de pêche qu'elle détiennent* » (C. envir., art. L. 434-4). Dans le domaine public fluvial d'une collectivité territoriale ou d'un groupement de collectivités territoriales, le droit de pêche appartient à cette collectivité territoriale ou à ce groupement (C. envir., art. L. 434-3-1). Dans les cours d'eau et canaux non domaniaux, le droit de pêche appartient aux riverains, jusqu'au milieu du cours d'eau ou du canal (C envir., art. L. 435-4).

RÉGIME PROCÉDURAL

▪ **Agents de constatation de l'infraction. • Agents publics.** *Idem* nº 31.42 (C. envir., art. L. 437-1). **• Gardes-pêche particuliers.** *Idem* nº 31.42 (C. envir., art. L. 437-13).

▪ **Droit de visite des instruments et installations de pêche.** *Idem* nº 31.42 (C. envir., art. L. 437-7).

MESURE ADMINISTRATIVE

▪ **Transaction administrative.** *Idem* nº 31.1 (C. envir., art. L. 173-12).

MESURE CIVILE

▪ **Renvoi.** *Idem* nº 31.1 (C. envir., art. L. 171-9 et L. 173-6 ; L. 142-2).

▪ **Action civile. • Fédérations et associations de pêche.** *Idem* nº 31.42 (C. envir., art. L. 437-18).

■ ÉLÉMENTS CONSTITUTIFS – QUALIFICATION

✧ Pour avoir à .... [¤ lieu], le .... [¤ date], pêché en eau douce [⇨A à H :]

A. **PÊCHE SANS AUTORISATION**

sans l'autorisation de .... [¤ titulaire du droit de pêche], à qui le droit de pêche appartenait (C. envir., art. L. 436-1, L. 435-4 et L. 437-21 ; R. 435-1) (A : *N 7384.c2*) ;

B. **PÊCHE AVEC ENGIN PROHIBÉ**

à l'aide d'un instrument, filet ou engin prohibé, en l'espèce .... [¤ moyen utilisé] (C. envir., art. L. 437-21 et L. 437-22 ; R. 436-23 à R. 436-28 et R. 436-40 (B : *N 20157.c3*) ;

C. **Procédé ou mode de pêche prohibé**

à l'aide d'un procédé ou d'un mode de pêche prohibé, en l'espèce .... [¤ procédé utilisé] (C. envir., art. L. 437-21 et L. 437-22 ; R. 436-30 à R. 436-35 et R. 436-40) (C : *N 20155.c3*) ;

D. **Pêche en temps prohibé**

en temps prohibé (C. envir., art. L. 437-21 et L. 437-22 ; R. 436-6, R. 437-7, R. 436-10, R. 436-11, R. 436-12 et R. 436-40 (D : *N 20158.c3*) ;

E. **Pêche pendant les heures d'interdiction**

pendant les heures d'interdiction (C. envir., art. L. 437-21 et L. 437-22 ; R. 436-13 à R. 437-17 et R. 436-40 (E : *N 20148.c3*) ;

F. **Pêche de nuit**

...de nuit [⇨F1 à F3 :]...

F1. ... à l'aide d'un instrument, filet ou engin prohibé, en l'espèce .... [¤ moyen utilisé] (C. envir., art. L. 437-21 et L. 437-22 ; R. 436-23 à R. 436-28 et R. 436-40 (F1 : *N 20141.c4*) ;

F2. ... à l'aide d'un procédé ou d'un mode de pêche prohibé, en l'espèce .... [¤ procédé utilisé] (C. envir., art. L. 437-21 et L. 437-22 ; R. 436-30 à R. 436-35 et R. 436-40) (F2 : *N 20142.c4*) ;

F3. ... en temps prohibé (C. envir., art. L. 437-21 et L. 437-22 ; R. 436-6, R. 437-7, R. 436-10, R. 436-11, R. 436-12 et R. 436-40) (F3 : *N 20143.c4*) ;

G. **Pêche à la ligne dans une réserve temporaire**

à la ligne dans une réserve temporaire de pêche (C. envir., art. L. 437-21 et L. 437-22 ; R. 436-73, R. 436-74 et R. 436-79) (G : *N 7422.c4*) ;

H. **Pêche avec un engin ou filet dans une réserve temporaire**

avec un engin ou un filet dans une réserve temporaire de pêche (C. envir., art. L. 437-21 et L. 437-22 ; R. 436-73, R. 436-74 et R. 436-79) (H : *N 7424.c5*).

Faits prévus et réprimés par les articles [.........] de l'infraction sélectionnée. ✧

31.44 Chasse – Principaux délits

■ PEINES

PERSONNE PHYSIQUE

PP Délit. Cas A et H : 1 an d'emprisonnement, 15 000 € (C. envir., art. L. 428-5). Cas B1 : 3 mois, 3 750 € (C. envir., art. L. 428-1). Cas B2 : 2 ans, 3 750 € (C. envir., art. L. 428-1). Cas C, F et G : 3 ans (depuis L. nº 2019-773, 24 juill. 2019, auparavant 2 ans), 30 000 € (C. envir., art. L. 428-4). Cas D et E : 4 ans, 60 000 € (C. envir., art. L. 428-5-1).

PC *Idem* nº 31.1 + : 1. Privation ⩽ 5 ans droit de conserver ou d'obtenir permis de chasser (C. envir., art. L. 428-14) ;

2. Suspension, ⩽ 3 ans, du PC lorsque l'infraction a été commise avec un véhicule à moteur (C. envir., art. L. 428-18).

PERSONNE MORALE (L. Nº 2005-157, 23 FÉVR. 2005, ART. 174)

PP Délit. Cas A et H : 75 000 € (C. envir., art. L. 428-5). Cas B : 18 750 € (C. envir., art. L. 428-1). Cas C, F et G : 1 500 000 € (C. envir., art. L. 428-4). Cas D et E : 3 000 000 € (C. envir., art. L. 428-5-1, L. 428-7-1 ; C. pén., art. 131-38).

PC *Idem* nº 31.1.

■ ORIENTEUR

AUTRE QUALIFICATION

- Atteintes à la conservation d'espèce animale ou végétale protégée. V. nº 31.17.
- Chasse – Principales contraventions. V. nº 31.45.

TEXTE DE RÉFÉRENCE

▪ **Définition et portée de l'acte de chasse.** • **Définition de l'acte de chasse.** « *Constitue un acte de chasse tout acte volontaire lié à la recherche, à la poursuite ou à l'attente du gibier ayant pour but ou pour résultat la capture ou la mort de celui-ci. L'acte préparatoire à la chasse antérieur à la recherche effective du gibier, y compris lorsqu'il consiste en un repérage non armé du gibier sur le territoire où s'exerce le droit de chasse, et l'acte de recherche du gibier accompli par un auxiliaire de la chasse ne constituent pas des actes de chasse. Achever un animal mortellement blessé ou aux abois ne constitue pas un acte de chasse, de même que la curée ou l'entraînement des chiens courants sans capture de gibier sur les territoires où s'exerce le droit de chasse de leur propriétaire durant les périodes d'ouverture de la chasse fixées par l'autorité administrative. Ne constitue pas non plus un acte de chasse le fait, pour un conducteur de chien de sang, de procéder à la recherche d'un animal blessé ou de contrôler le résultat d'un tir sur un animal. Les entraînements, concours et épreuves de chiens de chasse ou d'oiseaux de fauconnerie, autorisés par l'autorité administrative, ne constituent pas des actes de chasse [...]. N'est pas considéré comme une infraction le fait, à la fin de l'action de chasse, de récupérer sur autrui ses chiens perdus* » (C. envir., art. L. 420-3). • **Caractère d'intérêt général de l'acte de chasse.** « *La gestion durable du patrimoine faunique et de ses habitats est d'intérêt général. La pratique de la chasse, activité à caractère environnemental, culturel, social et économique, participe à cette gestion et contribue à l'équilibre entre le gibier, les milieux et les activités humaines en assurant un véritable équilibre agro-sylvo-cynégétique* » (C. envir., art. L. 420-1). • **Protection de la liberté de chasser.** C. envir., art. **R. 428-12-1** incrimine l'obstruction concertée au déroulement des actes de chasse définis par C. envir., art. L. 420-3 (Contrav. 5e cl., v. no **31.45**).

▪ **Territoire de chasse.** • **Chasse sur le terrain d'autrui.** « *Nul n'a la faculté de chasser sur la propriété d'autrui sans le consentement du propriétaire ou de ses ayants droit.* » (C. envir., art. L. 422-1), toutefois, « *peut ne pas être considéré comme une infraction le passage des chiens courants sur l'héritage d'autrui, lorsque ces chiens sont à la suite d'un gibier lancé sur la propriété de leur maître* » (C. envir., art. R. 428-1). Par le seul effet de la loi, le droit de chasse est dévolu à l'association communale de chasse agréée (ACCA) si une telle association a été créée sur le ressort communal et il s'exerce alors sur les terrains visés au C. envir., art. L. 422-10, constitués pour l'essentiel des terrains communaux et des terrains privés non clos sur lesquels le propriétaire n'aura pas régulièrement fait valoir son droit d'opposition à la dévolution du droit de chasse à l'ACCA. L'exercice de ce droit d'opposition est limité à deux hypothèses : d'une part, pour les terrains d'une taille minimale, lorsque le propriétaire entend s'y réserver le droit de chasse (C. envir., art. L. 422-10 3°), d'autre part, quelle que soit la taille du terrain, lorsque propriétaire est opposé par conviction personnelle à l'exercice de la chasse sur son bien (C. envir., art. L. 422-10, 5°) (notons que ce dernier cas lui interdit d'obtenir la délivrance d'un permis de chasser, C. envir., art. L. 423-11 7°). La personne qui s'est opposée à ce que son terrain fasse partie du territoire de chasse de l'ACCA « *est tenue de procéder à la signalisation de son terrain matérialisant l'interdiction de chasser* » (C. envir., art. L. 422-15). Elle reste tenue de procéder sur son fonds au prélèvement minimum des espèces de grand gibier prévues par le plan de chasse, sauf à engager sa responsabilité financière (C. envir., art. L. 425-11). • **Réserve de chasse.** « *Les réserves de chasse et de faune sauvage* » ont vocation à protéger les populations d'espèces chassables et leur milieu (C. envir., art. L. 422-27). À l'initiative du détenteur du droit de chasse ou de la fédération départementale ou interdépartementale des chasseurs, elles sont créées par l'autorité administrative (C. envir., art. L. 422-27), en l'espèce par arrêté du préfet (C. envir., art. R. 422-82) publié dans les conditions fixées par l'arr. 13 déc. 2006, NOR : DEVN0700005A (C. envir., art. R. 422-82). En outre, « *Des panneaux matérialisant la mise en réserve sont apposés aux points d'accès publics à la réserve* » (Arr. 13 déc. 2006, NOR : DEVN0700005A, art. 6).

▪ **Permis de chasser et assurance obligatoire.** • **Modalités d'obtention du permis de chasser.** « *Nul ne peut pratiquer la chasse s'il n'est titulaire et porteur d'un permis de chasser valable* » (C. envir., art. L. 423-1). « *La délivrance du permis de chasser est subordonnée à l'admission à un examen. Cet examen porte notamment sur la connaissance de la faune sauvage, sur la règlementation de la chasse ainsi que sur les règles de sécurité qui doivent être respectées lors du maniement des armes dont la maîtrise sera évaluée à l'occasion d'une épreuve pratique* » (C. envir., art. L. 423-5 et R. 423-4). « *le permis de chasser est délivré à titre permanent* » (C. envir., art. L. 423-9) et il est tenu un « *fichier central des titres permanents du permis de chasser* » géré par l'Office français de la biodiversité (C. envir., art. L. 423-4). • **Modalités de validation périodique du permis de chasser.** Si le permis de chasser est permanent, il n'autorise l'action de chasse que s'il est **validé** par le paiement de la redevance cynégétique annuelle, départementale ou nationale (C. envir., art. L. 423-12 et L. 423-19), ou d'une redevance temporaire de 3 ou 9 jours

(C. envir., art. L. 423-20). De plus, nul ne peut obtenir la validation de son permis de chasser s'il n'est pas membre d'une fédération de chasseurs ou s'il n'a pas acquitté ses cotisations d'adhésion à cette fédération (C. envir., art. L. 423-13). Le paiement des redevances cynégétiques et droits de timbre donne lieu à la délivrance d'un « *document de validation du permis de chasser* » (C. envir., art. R. 423-13) et la Fédération nationale des chasseurs tient un « *fichier central des validations* » (C. envir., art. L. 423-4). Pour la pratique de la chasse maritime, définie par C. envir., art. L. 422-28, les marins pêcheurs professionnels et les conchyliculteurs assimilés « *sont dispensés de validation de leur permis de chasser sous réserve d'être en possession d'une autorisation délivrée [...] par l'autorité administrative sur présentation d'une attestation d'assurance* » (C. envir., art. L. 423-3). • **Absence d'interdiction ou d'incapacité.** Nul ne peut obtenir la délivrance du permis de chasser ou sa validation périodique s'il entre dans les cas d'incapacité ou d'interdiction prévus par C. envir., art. L. 423-11 ou L. 423-15. À cet effet, le demandeur à la délivrance ou à la validation doit déclarer qu'il n'entre pas ces cas d'incapacité ou d'interdiction. En cas de fausse déclaration, il encourt les peines prévues par C. pén., art. 441-6 (v. nº **24.9**). En outre, le permis de chasser (C. envir., art. L. 423-11) ou le document de validation du permis de chasser (C. envir., art. L. 423-15) sont nuls de plein droit et « *il peut être fait application des peines prévues contre ceux qui ont chassé sans permis valable* » (C. envir., art. L. 423-11 et L. 423-15). • **Assurance obligatoire du chasseur.** Nul ne peut obtenir la validation de son permis de chasser s'il n'a pas souscrit une assurance garantissant sa responsabilité civile pour la chasse, y compris pour la responsabilité encourue du fait de ses chiens (C. envir., art. L. 423-16). L'entreprise d'assurance est tenue d'aviser le directeur général de l'Office français de la biodiversité en cas de résiliation du contrat d'assurance ou de suspension de garantie (C. envir., art. L. 423-18 et R. 423-17). « *Le permis cesse d'être valable, et il est retiré provisoirement* » par l'Office français de la biodiversité « *si le contrat d'assurance est résilié ou si la garantie prévue au contrat est suspendue pour quelque cause que ce soit* » (C. envir., art. L. 423-18, R. 423-17).

▪ **Définition du gibier chassable.** • **Liste limitative des espèces chassables.** « *le ministre chargé de la chasse prend des arrêtés pour : – prévenir la destruction ou favoriser le repeuplement des oiseaux ou de toutes espèces de gibier* » (C. envir., art. L. 424-1). Sur ce fondement, l'Arr. 26 juin 1987, NOR : ENVN8700064A, fixe de manière limitative la liste des espèces de gibier dont la chasse est autorisée sur le territoire européen de la France et dans sa zone maritime. • **Définition du gibier d'eau et des oiseaux de passage.** Gibier d'eau et oiseaux de passage sont soumis à des règles de chasse particulières. La nomenclature du gibier d'eau et des oiseaux de passage autres que la caille est fixée par arrêté du ministre chargé de la chasse (C. envir., art. R. 424-14). • **Chasse des espèces non chassables.** La chasse des espèces animales protégées, par hypothèse non chassables, constitue un délit spécialement incriminé par C. envir., art. **L. 411-1** et **L. 415-3** (v. nº **31.17**). Toutefois, le fait pour un propriétaire ou fermier de détruire une bête fauve appartenant à une espèce protégée, lorsqu'elle porte dommage à ses propriétés, constitue la contrav. 5ᵉ cl. prévue par C. envir., art. **R. 427-27** et **R. 428-19 I** (v. nº **31.45**, **cas L8**). La chasse d'une espèce non chassable mais non protégée constitue une contrav. 5ᵉ cl. (C. envir., art. **R. 428-5 1°** ; v. nº **31.45**).

▪ **Période et temps de chasse.** • **Période de chasse.** « *Nul ne peut chasser en dehors des périodes d'ouverture de la chasse fixées par l'autorité administrative selon des conditions déterminées par décret en Conseil d'État* » (C. envir., art. L. 424-2). Sur ce fondement, C. envir., art. R. 424-4 définit les dates d'ouverture de la chasse à courre, à cor et à cri, de la chasse au vol et de la chasse aux oiseaux. La chasse à tir est ouverte pendant les périodes fixées chaque année par « *l'arrêté annuel* » du préfet publié au moins 20 jours avec la date de sa prise d'effet (C. envir., art. R. 424-6), dans les limites des périodes fixées, en fonction des départements, des espèces et, le cas échéant, des modes de chasse, par C. envir., art. R. 424-7 et R. 424-8. L'arrêté du préfet peut également, afin de favoriser la protection et le repeuplement du gibier, pour une ou plusieurs espèces, interdire leur chasse ou limiter le nombre de jours de chasse ou fixer des heures de chasse (C. envir., art. R. 424-1). Les périodes de chasse des oiseaux de passage et gibier d'eau sont quant à elles fixées par arrêté du ministre chargé de la chasse (C. envir., art. R. 425-9), sous les contraintes prévues par la directive 2009/147/CE, du parlement européen et du Conseil, 30 nov. 2009 concernant la conservation des oiseaux sauvages (directive dite « oiseaux »), et sans préjudice de mesures plus restrictives prises par arrêté du préfet pour favoriser la protection et le repeuplement du gibier (C. envir., art. R. 424-1). Enfin, l'exercice de la chasse peut être suspendu par arrêté du préfet « *en cas de calamité, incendie, inondation, gel prolongé, susceptible de provoquer ou de favoriser la destruction du gibier* » (C. envir., art. R. 424-3). • **Dérogation à la période de chasse pour le gibier à poil dans les terrains**

clos attenant à une habitation. « *le propriétaire ou possesseur peut, en tout temps, chasser ou faire chasser le gibier à poil dans ses possessions attenant à une habitation et entourées d'une clôture continue et constante faisant obstacle à toute communication avec les héritages voisins et empêchant complètement le passage de ce gibier et celui de l'homme* » (C. envir., art. L. 424-3). Toutefois, il résulte de la combinaison de C. envir., art. L. 424-3 et L. 428-5-1, qu'il n'est pas dérogé à l'interdiction de la chasse de nuit au bénéfice du particulier chassant sur ces propres terres même closes (§ 10) et l'erreur de droit est vainement soulevée devant la C. cass. faute d'avoir été soutenue devant les juges du fond (§ 11) (Crim. 17 déc. 2019, nº 18-86.358, P). • **Prohibition de la chasse de nuit.** Sauf pratique traditionnelle de la chasse de nuit du gibier d'eau depuis un poste fixe (hutte, tonne, gabion, huteau) déclaré à l'administration dans les conditions prévues par C. envir., art. L. 424-5 et R. 424-17, le permis de chasser ne donne que « *le droit de chasser de jour* » et « *le jour s'entend du temps qui commence une heure avant le lever du soleil au chef-lieu du département et finit une heure après son coucher* » (C. envir., art. L. 424-4). Notons que l'autorisation préfectorale de déplacer une hutte ne jouissant pas d'une autorisation de chasse de nuit « *ne vaut pas en elle-même autorisation de chasser* » (Crim. 9 mars 2021, nº 20-81.330, P). Ces limites sont élargies pour la chasse du gibier d'eau à la passée, dans les seuls lieux fixés par C. envir., art. L. 424-6, « *à partir de deux heures avant le lever du soleil au chef-lieu du département et jusqu'à deux heures après son coucher* » (C. envir., art. L. 424-4). • **Prohibition de la chasse en temps de neige.** Sauf autorisation prévue par l'arrêté annuel du préfet fixant l'ouverture de la période de chasse, « *la chasse en temps de neige est interdite* » (C. envir., art. R. 424-2).

▪ **Modes et moyens de chasse.** • **Prohibition de tout moyen non autorisé.** Sauf modes et moyens de chasse consacrés par les usages traditionnels autorisés par arrêté du ministre chargé de la chasse (C. envir., art. L. 424-4 et R. 424-14 s.), le permis de chasser ne confère que le droit de chasser « *soit à tir, soit à courre, à cor et à cri, soit au vol* » (C. envir., art. L. 424-4)). « *Tous les moyens d'assistance électronique à l'exercice de la chasse, autres que ceux autorisés par arrêté ministériel, sont prohibés* » (C. envir., art. L. 424-4). Dans les cas autorisés de chasse à la glu, « *Les gluaux sont posés une heure avant le lever du soleil et enlevés avant onze heures* » (C. envir., art. L. 424-4). « *Tous les autres moyens de chasse, y compris l'avion et l'automobile, même comme moyens de rabat, sont prohibés. Toutefois, le déplacement en véhicule à moteur d'un poste de tir à un autre est autorisé dès lors que l'action de chasse est terminée et que l'arme de tir est démontée ou placée sous étui* » (C. envir., art. L. 424-4). Arr. 1er août 1986 (*JO* 5 sept. 1986), pris en application de C. envir., art. L. 424-1 et L. 424-4, définit les moyens de chasse interdits et notamment les caractéristiques prohibées des armes à feu (art. 1 à 4), précise les moyens d'assistance électronique autorisés (art. 7) et les modes de chasse interdits pour certains gibiers (art. 8). L'usage d'appeaux (« *instrument utilisé par l'homme pour attirer un animal par le bruit qu'il produit* »), d'appelants vivants (« *animal vivant destiné à attirer un animal* ») ou artificiels (« *objet imitant plus ou moins fidèlement l'aspect d'un animal* ») ou de chanterelles est prohibé, mais peut être autorisé par arrêté du ministre chargé de la chasse pour la chasse à tir du grand gibier soumis à plan de chasse ou des oiseaux de passage et du gibier d'eau ou de certains corvidés (C. envir., art. R. 424-14-1 et R. 424-15). Arr. 4 nov. 2003, NOR : DEVN0320371A, dont les définitions précitées sont issues, régit ainsi l'usage des appeaux et des appelants pour la chasse des oiseaux de passage, du gibier d'eau et de certains corvidés et pour la destruction des animaux nuisibles.

▪ **Modalités de gestion et de régulation des prélèvements des espèces chassables.** • **Principe du prélèvement raisonnable des ressources chassables.** « *Le principe de prélèvement raisonnable sur les ressources naturelles renouvelables s'impose aux activités d'usage et d'exploitation de ces ressources. Par leurs actions de gestion et de régulation des espèces dont la chasse est autorisée ainsi que par leurs réalisations en faveur des biotopes, les chasseurs contribuent au maintien, à la restauration et à la gestion équilibrée des écosystèmes en vue de la préservation de la biodiversité* » (C. envir., art. L. 420-1). • **Schéma départemental de gestion cynégétique.** Dans chaque département, un schéma départemental de gestion cynégétique est élaboré pour une durée de 6 ans par la fédération départementale ou interdépartementale des chasseurs et approuvé par le préfet (C. envir., art. L. 425-1). Il comprend notamment et obligatoirement les plans de chasse et les plans de gestion, la fixation des prélèvements maximum autorisés, ainsi que les prescriptions relatives à l'agrainage et à l'affouragement (pratique consistant à nourrir les animaux sauvages en grains et en fourrage) (C. envir., art. L. 425-2). « *Le schéma départemental de gestion cynégétique et l'arrêté préfectoral qui l'approuve sont publiés au recueil des actes administratifs de la préfecture* » (C. envir., art. R. 425-1). • **Plan de chasse territorial et plan de chasse individuel.** « *Le plan de chasse détermine le nombre minimum et maximum d'animaux à prélever sur les territoires de chasse. Il tend à assurer le développement durable des populations de gibier et à préserver leurs* *habitats* » (C. envir., art. L. 425-6). À cette fin, « *Pour chacune des espèces de grand gibier soumises à un plan de chasse, le représentant de l'État dans le département fixe [...] le nombre minimal et le nombre maximal d'animaux à prélever annuellement dans l'ensemble du département, répartis par sous-ensembles territorialement cohérents pour la gestion de ces espèces, le cas échéant par sexe ou par catégorie d'âge* » (C. envir., art. L. 425-8). « *Le plan de chasse est obligatoire pour les cerfs élaphes, daims, mouflons, chamois, isards et chevreuils* » et peut être étendu à d'autres espèces comme les sangliers (C. envir., art. R. 425-1-1). La chasse de l'espèce soumise à un plan de chasse « *ne peut être pratiquée que par les bénéficiaires de plans de chasse individuels* » (C. envir., art. R. 425-3). Toute personne « *qui désire obtenir un plan de chasse individuel doit en faire la demande* » (C. envir., art. L. 425-7) auprès du président de la fédération départementale des chasseurs (C. envir., art. R. 425-4), lequel « *notifie au demandeur le plan de chasse individuel annuel ou triennal* » (C. envir., art. R. 425-8). « *Pour permettre le contrôle de l'exécution des plans de chasse individuels, chaque animal abattu au titre du plan de chasse est muni d'un dispositif de marquage* » (C. envir., art. R. 425-10). Ces « *dispositifs de marquage sont délivrés par la fédération départementale des chasseurs au bénéficiaire du plan de chasse en nombre égal à celui du nombre maximum d'animaux à tirer qui lui a été accordé* » (C. envir., art. R. 425-10). « *Chaque animal abattu est, préalablement à tout transport et sur les lieux mêmes de sa capture, muni du dispositif de marquage, à la diligence et sous la responsabilité du bénéficiaire du plan de chasse individuel* » (C. envir., art. R. 425-11). « *Dans le cas où le titulaire d'un plan de chasse partage un animal, les morceaux ne peuvent être transportés qu'accompagnés chacun d'une attestation établie par le bénéficiaire du plan* » (C. envir., art. R. 425-11). « *Dans les dix jours suivant la clôture de la chasse de l'espèce en cause, tout bénéficiaire d'un plan de chasse individuel transmet à la fédération départementale ou interdépartementale des chasseurs [...] le nombre d'animaux prélevés en application de ce plan* » (C. envir., art. R. 425-11). Pour les espèces qu'il détermine, le préfet peut en outre renforcer les modalités de contrôle de l'exécution des plans de chasse en imposant la tenue d'un carnet de prélèvement, la déclaration des prélèvements dans tel délai, ainsi que la conservation de l'animal et sa présentation à un agent de contrôle (C. envir., art. R. 425-12). Lorsque la tenue d'un carnet de prélèvement est imposée, ce dernier « *doit être rempli au moment du prélèvement* » et présenté à toute réquisition des agents de contrôle (C. envir., art. R. 425-20 II). Au lieu du carnet de prélèvement, le chasseur peut également utiliser une application en ligne gérée par la Fédération nationale des chasseurs, laquelle délivre, sous forme de code-barre, un accusé de déclaration horodaté (C. envir., art. R. 425-20 II renvoyant à R. 425-20-3) qu'il est tenu de présenter à tout contrôle (C. envir., art. R. 425-20 II renvoyant à R. 425-20-4). La nullité du plan de chasse individuel n'exonère pas le chasseur des obligations pesant sur lui au titre du plan de chasse territorial (Crim. 1er oct. 2002, nº 01-88.708, D). • **Prélèvement maximal autorisé**. Pour les espèces qui ne sont pas soumises obligatoirement à un plan de chasse (C. envir., art. R. 425-18 et R. 425-19), le ministre chargé de la chasse ou le préfet peut « *fixer le nombre maximal d'animaux qu'un chasseur ou un groupe de chasseurs est autorisé à prélever dans une période déterminée sur un territoire donné* » (C. envir., art. L. 425-14). L'arrêté du ministre ou du préfet « *précise, outre la ou les espèces d'animaux concernées, le territoire et la période considérés ainsi que, le cas échéant, les limites quotidienne et hebdomadaire de ce prélèvement* », outre les modalités de contrôle des prélèvements, qui peuvent consister en un carnet de prélèvement ou un enregistrement en ligne sur une application mobile et un dispositif de marquage (C. envir., art. R. 425-19). • **Gestion adaptative des espèces.** « *La gestion adaptative des espèces consiste à ajuster régulièrement les prélèvements de ces espèces en fonction de l'état de conservation de leur population et de leur habitat* » (C. envir., art. L. 425-16). La liste des espèces soumises à gestion adaptative est fixée par C. envir., art. D. 425-20-1. « *Tout chasseur est tenu de transmettre au fur et à mesure à la fédération départementale des chasseurs dont il est membre les données de prélèvements des spécimens d'espèces soumises à gestion adaptative qu'il a réalisés. Cette obligation ne s'applique pas en cas d'absence de prélèvement* » (C. envir., art. L. 425-18). « *dès qu'il est en possession de l'animal* » soumis à gestion adaptative, le chasseur est tenu de renseigner une application en ligne gérée par la Fédération nationale des chasseurs, laquelle lui délivre, sous forme de code-barre, un accusé de déclaration horodaté (C. envir., art. R. 425-20-3) qu'il est tenu de présenter à tout contrôle (C. envir., art. R. 425-20-4). Si le chasseur ne dispose pas d'un téléphone mobile adapté, il est tenu d'apposer sur l'animal un dispositif de prémarquage, d'inscrire le prélèvement sur un carnet de prélèvement et de se rendre dans les 24 H 00 à la fédération départementale des chasseurs pour y enregistrer les informations inscrites sur le carnet de prélèvement (C. envir., art. R. 425-20-3). Lorsque le nombre maximal d'espèces à prélever annuellement est atteint pour l'espèce considérée ou pour le chasseur concerné, les chasseurs sont informés par la Fédération nationale et les fédérations départementales de chasseurs et la possibilité d'enregistrer les prélèvements en ligne est bloquée (C. envir., art.

R. 425-20-3). Lorsqu'une espèce soumise à un prélèvement maximal autorisé est également soumise à gestion adaptative, les dispositions pénales de la gestion adaptative relatives à l'enregistrement du prélèvement prévalent (C. envir., art. R. 428-17-3).

RÉGIME PROCÉDURAL

▪ **Agents de constatation de l'infraction. • Agents publics.** Outre les OPJ ou APJ et les inspecteurs de l'environnement, sont compétents pour relever les infractions en matière de chasse les agents publics mentionnés au C. envir., art. L. 428-20. • **Gardes-chasse particuliers.** Les gardes-chasse particuliers assermentés sont compétents pour constater par procès-verbal les infractions en matière de chasse « *qui portent préjudice aux détenteurs des droits de chasse qui les emploient* » (C. envir., art. L. 428-21). Ils « *sont habilités à procéder à la saisie du gibier tué à l'occasion des infractions qu'ils constatent et ils en font don à l'établissement de bienfaisance le plus proche ou le détruisent* » (C. envir., art. L. 428-21). Leurs procès-verbaux, qui font foi jusqu'à preuve contraire (C. envir., art. L. 428-21), doivent être remis ou envoyés par lettre recommandée directement au procureur de la République, dans les 5 jours suivants les faits constatés, à peine de nullité (C. pr. pén., art. 29). Le garde-chasse est tenu de détenir en permanence sa carte ou sa décision d'agrément et de la présenter à toute personne qui en fait la demande (C. pr. pén., art. R. 15-33-29-1). La mention « *garde-chasse particulier* » doit figurer de manière visible sur ses vêtements (C. pr. pén., art. R. 15-33-29-1). Il ne peut détenir aucune arme, à l'exception de celles nécessaires à la destruction des animaux nuisibles, dans les conditions prévues par C. envir., art. R. 427-21 (C. pr. pén., art. R. 15-33-29-1).

▪ **Droit de fouille des carniers.** « *Hors de leur domicile, les chasseurs et les personnes les accompagnant sont tenus d'ouvrir leurs carniers, sacs ou poches à gibier à toute réquisition des officiers et agents de police judiciaire, des inspecteurs de l'environnement* », des agents de l'Office national des forêts commissionnés et assermentés à cet effet, des agents du domaine national de Chambord commissionnés en matière forestière, de chasse ou de pêche, des gardes champêtres, des lieutenants de louveterie, et des gardes des fédérations départementales de chasseurs pour les infractions relatives au schéma départemental de gestion (C. envir., art. L. 428-29). L'opposition au droit de visite des carniers est spécialement incriminée par C. envir., art. R. 428-11 9° (Contrav. 5e cl., v. n° 31.45), disposition laissée inchangée depuis l'unification sous une qualification délictuelle, au C. envir., art. L. 173-4, créé par Ord. n° 2012-34, 11 janv. 2012, de tous faits d'obstacle aux fonctions exercées par les fonctionnaires et agents habilités, en application du code de l'environnement, à exercer des missions de recherche et de constatation des infractions (v. ce délit au n° 31.7).

▪ **Contrôle du droit de chasser. • Justification du permis de chasser, de sa validation et de l'assurance obligatoire.** « *Le document de validation du permis de chasser et l'attestation d'assurance de son titulaire doivent être présentés en même temps que le permis lors de tout contrôle en action de chasse* » (C. envir., art. R. 423-18).

▪ **Compétence juridictionnelle. Juge unique** (C. pr. pén., art. 398-1 6°, v. n° 17.15D2).

▪ **Ordonnance pénale. Possible** (C. pr. pén., art. 495-II, v. n° 15.48B1 et tableau n° 17.15D2).

▪ **Amende forfaitaire délictuelle. Cas A et H : possible** depuis L. n° 2023-22, 24 janv.2023, **sauf en cas récidive**, si l'infraction est relevée par **procès-verbal électronique** (C. envir., art **L. 428-5 IV**, C. pr. pén., art. 495-17 s. et **D. 45-3**). Amende minorée : 400 € ; forfaitaire : 500 € ; majorée : 1000 €. Sur la procédure d'amende forfaitaire délictuelle, v. n° 15.47.

▪ **Mesure provisoire.** Le juge du tribunal judiciaire peut suspendre, jusqu'à la décision statuant en premier ressort, le permis de chasser ou l'autorisation de chasser lorsqu'a été constaté l'une des infractions suivantes : chasse de nuit sur le terrain d'autrui avec un véhicule à moteur ; chasse dans les réserves approuvées et dans les cœurs des parcs nationaux où la chasse est interdite ; chasse dans les enclos, attenant ou non à des habitations, sans le consentement du propriétaire (C. envir., art. L. 428-15 à L. 428-17).

MESURE ADMINISTRATIVE

▪ **Mesure provisoire de rétention et de suspension du permis de chasser.** « *En cas de constatation d'un incident matériel grave ayant pu mettre en danger la vie d'autrui* » ou « *en cas d'accident ayant entraîné la mort d'une personne ou involontairement causé une atteinte grave à l'intégrité physique d'une personne à l'occasion d'une action de chasse ou de destruction* » les OPJ ou APJ ainsi que les inspecteurs de l'environnement, « *peuvent retenir* » dans le premier cas, ou « *retiennent* » dans le second cas, « *à titre conservatoire le permis de chasser ou l'autorisation de chasser de l'intéressé* » (C. envir., art. L. 423-25-1). Le directeur général de l'Office français de la biodiversité peut, dans les 72 h 00 de cette rétention administrative du permis de chasser, prononcer une mesure de suspension administrative du permis ou de l'autorisation de chasser pour une durée ⩽ 6 mois, ou ⩽ 1 an en cas d'action de chasse ayant entraîné la mort d'une personne (C. envir., art. L. 423-25-2). La suspension administrative, dont la durée s'impute le cas échéant sur « *les mesures du même ordre* » prononcées par le tribunal, prend fin en cas d'ordonnance de non-lieu ou de jugement de relaxe ou si la juridiction ne prononce pas de mesure restrictive du droit de chasser (C. envir., art. L. 423-25-6).

▪ **Transaction administrative.** Possible sauf dans les **cas** C à G (peine > 2 ans) (C. envir., art. L. 173-12, v. n° **31.1**).

MESURE CIVILE

▪ **Paiement des redevances éludées.** Lorsque l'auteur a chassé en temps prohibé ou sans permis, le tribunal le condamne au paiement des frais de visa et de redevances cynégétiques exigibles (C. envir., art. L. 428-12 et L. 428-13).

▪ **Action civile.** • **Fédération départementale de chasseurs.** « *Les fédérations départementales des chasseurs peuvent exercer les droits reconnus à la partie civile en ce qui concerne les faits constituant une infraction aux dispositions* » du titre Ier (Protection du patrimoine naturel) et du titre II (Chasse) et des textes pris pour son application, du livre IV du C. envir. (Patrimoine naturel), soit toute infraction dont l'article d'incrimination commence par 41 ou 42, « et *portant un préjudice direct ou indirect aux intérêts collectifs, matériels et moraux qu'elles ont pour objet de défendre* » (C. envir., art. L. 421-6). À cet effet, les procès-verbaux établis par les agents de constatation énoncés au C. envir., art. L. 172-4 ainsi que par les lieutenants de louveterie et les gardes-chasse particuliers sont adressés en copie au président de la fédération départementale ou interdépartementale concernée (C. envir., art. L. 421-6). • **Association agréée de protection de l'environnement.** C. envir., art. L. 142-2, *Idem* n° **31.1**.

RÉGIME DES PEINES

▪ **Récidive contraventionnelle constituant un délit.** Pour les contraventions de chasse de 5e cl. énumérées au C. envir., art. L. 428-5 III, la récidive constitue un délit. Cette récidive est constituée si les mêmes faits sont commis dans le délai de 3 ans à compter de l'expiration ou de la prescription de la précédente peine (C. pén., art. 132-11).

▪ ÉLÉMENTS CONSTITUTIFS – QUALIFICATION

✧ Pour avoir à .... [¤ lieu], le .... [¤ date], [⇨A à E :]

A. CHASSE – DÉLITS SIMPLES (C. ENVIR., ART. L. 428-5)

en [⇨a à d puis A1 à A7 :]

a. étant déguisé ou masqué ;

b. ayant pris une fausse identité ;

c. ayant usé envers des personnes de violences n'ayant entraîné aucune interruption totale de travail ou une interruption totale de travail inférieure à huit jours ;

d. ayant fait usage d'un véhicule, quelle que soit sa nature, pour se rendre sur le lieu de l'infraction ou pour s'en éloigner ;

[⇨A2 à A7 :]

A1. chassé sur le terrain de .... [¤ nom de propriétaire ou titulaire du droit de chasse] sans son consentement, alors que le terrain est attenant à une maison habitée ou servant d'habitation et entouré d'une clôture continue faisant obstacle à toute communication avec les héritages voisins (A1 : *N* ***2201.ju***) ;

A2. chassé dans une réserve de chasse approuvée par l'État ou dans une réserve de chasse et de faune sauvage ou dans le cœur ou les réserves intégrales d'un parc national ou dans une réserve naturelle en infraction à la règlementation qui y est applicable (C. envir., art. L. 422-27) (A2 : *N* ***5798.ju***) ;

A3. chassé en temps prohibé (A3 : *N* ***5799.ju***) ;

A4. chassé pendant la nuit (A4 : *N* ***6796.ju***) ;

A5. chassé à l'aide d'engins ou d'instruments prohibés ou non autorisés (A5 : *N* ***5797.ju***) ;

A6. employé des drogues ou des appâts de nature à enivrer le gibier ou le détruire (A6 : *N* ***2205.ju***) ;

A7. détenu ou été trouvé porteur, hors de son domicile, de filets, engins ou instruments de chasse prohibés (A7 : *N 2207.ju*).

B. Chasse sans consentement, sur le terrain d'autrui clôturé attenant à une maison d'habitation (C. envir., art. L. 428-1)

B1. chassé sur le terrain de .... [¤ nom de propriétaire ou titulaire du droit de chasse] sans son consentement, alors que le terrain est attenant à une maison habitée ou servant d'habitation et entouré d'une clôture continue faisant obstacle à toute communication avec les héritages voisins (B1 : *N 2181.ju*) ;

B2. [préciser le cas échéant dans le cas B1 :] avec cette circonstance que le délit a été commis la nuit (B2 : *N 2182.ju*) ;

C. Chasse de nuit ou en temps prohibé sur le terrain d'autrui ou dans une réserve de chasse ou un parc national avec plusieurs circonstances aggravantes réelles (C. envir., art. L. 428-4)

alors que l'un des chasseurs était muni d'une arme apparente ou cachée, chassé [⇨1 ou 2 puis C1 ou C2 :]

1. à l'aide d'engins ou d'instruments prohibés ou non autorisés, [⇨C1 ou C2 puis C3 à C5 :]

2. en employant des drogues ou appâts de nature à enivrer le gibier ou à le détruire, [⇨C1 ou C2 puis C3 à C5 :]

C1. la nuit, [⇨C3 à C5 :]

C2. en temps prohibé, [⇨C3 à C5 :]

C3. sur le terrain de .... [¤ nom de propriétaire ou titulaire du droit de chasse] sans son consentement (1C1C3 : *N 25560.ju* ; 1C2C3 : *N 25564.ju* ; 2C1C3 : *N 25563.ju* ; 2C2C3 : *N 25566.ju*) ;

C4. dans une réserve de chasse approuvée par l'État ou dans une réserve de chasse et de faune sauvage (1C1C4 : *N 25561.ju* ; 1C2C4 : *N 25565.ju* ; 2C1C4 : *N 25562.ju* ; 2C2C4 : *N 25567.ju*) ;

C5. dans le cœur ou les réserves intégrales d'un parc national ou dans une réserve naturelle (1C1C5 : *N 25885.ju* ; 1C2C5 : *N 25887.ju* ; 2C1C5 : *N 25886.ju* ; 2C2C5 : *N 25888.ju*).

D. Chasse la nuit ou en temps prohibé, en réunion, avec arme et un véhicule (C. envir., art. L. 428-5-1)

chassé la nuit (D1 : *N 25550.ju*) ou en temps prohibé (D2 : *N 25551.ju*), en réunion et en étant muni d'une arme apparente ou cachée, en utilisant un véhicule, quelle que soit sa nature, pour se rendre sur le lieu de l'infraction ou pour s'en éloigner ;

E. Achat, vente, transport, colportage de gibier provenant de chasse commise la nuit ou en temps prohibé, en réunion, avec arme et un véhicule (C. envir., art. L. 428-5-1)

[⇨E1 ou E2 :]

E1. en dehors des périodes autorisées, [⇨E1a à E1c :]

a. mis en vente ou vendu ...

b. acheté ...

c. transporté ou colporté ...

...du gibier provenant de l'infraction de chasse commise en réunion, avec arme et un véhicule, la nuit (E1a1 : *N 25552.ju* ; E1b1 : *N #.ju* ; E1c1 : *N 25554.ju*) ou en temps prohibé, (E1a2 : *N 25553.ju* ; E1b2 : *N #.ju* ; E1c2 : *N 25555.ju*)

E2. en toute saison, [⇨E2a à E2c :]

a. mis en vente ou vendu ...

b. acheté sciemment ...

c. transporté ou colporté ...

...du gibier provenant de l'infraction de chasse commise en réunion, avec arme et un véhicule, la nuit (E2a1 : *N 25556.ju* ; E2b1 : *N 32135.ju* ; E2c1 : *N 25558.ju*) ou en temps prohibé, (E2a2 : *N 25557.ju* ; E2b2 : *N 32136.ju* ; E2c2 : *N 25559.ju*).

F. ACHAT, VENTE, TRANSPORT, COLPORTAGE EN TEMPS PROHIBÉ DE GIBIER PROVENANT DE DÉLITS DE CHASSE (C. ENVIR., ART. L. 428-4 II)

[⇨F1 puis F2 à F8 :]

F1. en dehors des périodes autorisées, [⇨F1a à F1c puis F2 à F8 :]

a. mis en vente ou vendu ...

b. acheté ...

c. transporté ou colporté ...

... du gibier provenant d'actes de chasse commis... [⇨F2 à F8 :]

F2. la nuit (F1aF2 : *N 25568.ju* ; F1bF2 : *N #.ju* ; F1cF2 : *N 25574.ju*) ;

F3. en temps prohibé (F1aF3 : *N 25569.ju* ; F1bF3 : *N #.ju* ; F1cF3 : *N 25575.ju*) ;

F4. sur le terrain d'autrui sans son consentement (F1aF4 : *N 25571.ju* ; F1bF4 : *N #.ju* ; F1cF4 : *N 25576.ju*) ;

F5. dans une réserve de chasse approuvée par l'État ou dans une réserve de chasse et de faune sauvage (F1aF5 : *N 25570.ju* ; F1bF5 : *N #.ju* ; F1cF5 : *N 25577.ju*) ;

F6. dans le cœur ou les réserves intégrales d'un parc national ou dans une réserve naturelle (F1aF6 : *N 25889.ju* ; F1bF6 : *N #.ju* ; F1cF6 : *N 25890.ju*) ;

F7. à l'aide d'engins ou d'instruments prohibés ou non autorisés (F1aF7 : *N 25573.ju* ; F1bF7 : *N #.ju* ; F1cF7 : *N 25578.ju*) ;

F8. en employant des drogues ou appâts de nature à enivrer le gibier ou à le détruire (F1aF8 : *N 25572.ju* ; F1bF8 : *N #.ju* ; F1cF8 : *N 25579.ju*).

G. ACHAT, VENTE, TRANSPORT, COLPORTAGE EN TOUTE SAISON DE GIBIER PROVENANT DE DÉLITS DE CHASSE COMMIS À L'AIDE D'ENGINS PROHIBÉS (C. ENVIR., ART. L. 428-4 III)

[⇨G1 puis G2 à G6 :]

G1. en toute saison, [⇨G1a à G1c puis G2 à G6 :]

a. mis en vente ou vendu ...

b. acheté ...

c. transporté ou colporté ...

... du gibier tué à l'aide d'engins ou d'instruments prohibés provenant d'actes des chasse commis... [⇨G2 à G6 :]

G2. la nuit (G1aG2 : *N 25580.ju* ; G1bG2 : *N #.ju* ; G1cG2 : *N 25584.ju*) ;

G3. en temps prohibé (G1aG3 : *N 25581.ju* ; G1bG3 : *N #.ju* ; G1cG3 : *N 25585.ju*) ;

G4. sur le terrain d'autrui sans son consentement (G1aG4 : *N 25582.ju* ; G1bG4 : *N #.ju* ; G1cG4 : *N 25586.ju*) ;

G5. dans une réserve de chasse approuvée par l'État ou dans une réserve de chasse et de faune sauvage (G1aG5 : *N 25583.ju* ; G1bG5 : *N #.ju* ; G1cG5 : *N 25587.ju*) ;

G6. dans le cœur ou les réserves intégrales d'un parc national ou dans une réserve naturelle (G1aG6 : *N 25891.ju* ; G1bG6 : *N #.ju* ; G1cG6 : *N 25892.ju*).

H. RÉCIDIVE DE CONTRAVENTION DE CHASSE DE 5E CL. CONSTITUANT UN DÉLIT (C. ENVIR., ART. L. 428-5 III)

étant en récidive pour avoir été condamné pour les mêmes faits le .... [¤ date de la condamnation constituant le 1er terme de la récidive] par [¤ juridiction ayant prononcé la condamnation] [⇨H1 à H10 :]

H1. chassé **sur le terrain d'autrui** sans son consentement, si ce terrain est attenant à une maison habitée ou servant d'habitation et s'il est entouré d'une clôture continue faisant obstacle à toute communication avec les héritages voisins (C. envir., art. L. 422-1, R. 428-1 I 1°, L. 428-5 I 1°, L. 428-5 III) (H1 : *N 8956.ju*) ;

H2. chassé **dans une réserve de chasse** et de faune sauvage en infraction à la règlementation en vigueur (C. envir., art. L. 422-27°, R. 428-1 I 3°, L. 428-5 I 2°, L. 428-5 III ; Arr. 13 déc. 2006, NOR : DEVN0700005A) (H2 : *N 11196.ju*) ;

H3. chassé dans le cœur ou les réserves intégrales d'un **parc national** en infraction à la règlementation qui y est applicable (C. envir., art. L. 331-1, R. 331-62, **R. 331-67 4°**, L. **428-5 I 4°**, **L. 428-5 III**) (**H3** : *N 29687.ju*) ;

H4. chassé dans une **réserve naturelle** en infraction à la règlementation qui y est applicable (C. envir., art. L. 332-1, L. 332-3, **R. 332-73 4°**, **L. 428-5 I 4°**, **L. 428-5 III**) (**H4** : *N 29688.ju*) ;

H5. chassé **en dehors des périodes d'ouverture** de la chasse définies par les articles R. 424-4 à R. 424-13 du code de l'environnement et par les arrêtés pris pour leur application (C. envir., art. L. 424-2, R. 428-7, **L. 428-5 I 3°**, **L. 428-5 III**) (**H5** : *N 11199.ju*) ;

H6 chassé **pendant la nuit** en dehors des conditions autorisées (C. envir., art. **L. 424-4**, L. 424-5, R. 424-17, R. 428-8 1°, **L. 428-5 I 3°**, **L. 428-5 III**) (**H6** : *N 11197.ju*) ;

H7. chassé en contrevenant aux dispositions législatives ou réglementaires relatives à l'emploi de **modes, moyens, d'engins ou d'instruments** pour la chasse du gibier ou pour la destruction des animaux susceptibles d'occasionner des dégâts, en l'espèce en......... [¤ matérialiser les manquements et leur fondement textuel] (C. envir., art. **L. 424-4**, **L. 427-8**, R. 424-14 à R. 424-16, R. 428-8 3°, **L. 428-5 I 4°**, **L. 428-5 III** ; Arr. 1er août 1986 (*JO* 5 sept. 1986)) (**H7** : *N 11194.ju*) ;

H8. chassé en contrevenant aux arrêtés relatifs à l'usage de **drogues, appâts ou substances toxiques** de nature à détruire ou à faciliter la destruction du gibier et des animaux susceptibles d'occasionner des dégâts, en l'espèce en......... [¤ matérialiser les manquements et leur fondement textuel] (C. envir., art. R. 428-8 5°, **L. 428-5 I 5°**, **L. 428-5 III**) (**H8** : *N 8968.ju*) ;

H9. détenu ou été trouvé muni ou porteur, hors de son domicile, de filets, engins ou autres **instruments de chasse prohibés**, en l'espèce .... [¤ instrument concerné et fondement textuel de la prohibition] (C. envir., art. R. 428-8 6°, **L. 428-5 I 6°**, **L. 428-5 III** ; Arr. 1er août 1986 (*JO* 5 sept. 1986)) (**H9** : *N 8962.ju*) ;

H10. en toute saison, sciemment, mis en vente ou vendu (**H10a** : *N 11936.ju*), transporté (**H10b** : *N 11937.ju*) ou acheté (**H10c** : *N 29689.ju*), du **gibier tué à l'aide d'engins ou instruments prohibés** (C. envir., art. **L. 424-4**, R. 428-11 6°, **L. 428-5 II 2°**, **L. 428-5 III**) ;

H11. transporté ou colporté (**H11a** : *N 25525.ju*), vendu, mis en vente ou détenu pour la vente (**H11b** : *N 25527.ju*) ou acheté (**H11c** : *N 29690.ju*) des animaux vivants d'espèces dont la chasse est autorisée, en **méconnaissance des restrictions** apportées par l'autorité administrative pour prévenir la destruction ou favoriser le repeuplement du gibier (C. envir., art. **L. 424-8 II**, R. 428-11 3°, **L. 428-5 II 1°**, **L. 428-5 III**).

Faits prévus et réprimés par les articles [• du cas sélectionné] + L. 173-5, L. 173-7, L. 173-9, L. 173-10, L. 428-12, L. 428-13, L. 428-14 et L. 428-18 du code de l'environnement. ✧

31.45 Chasse – Principales contraventions

■ PEINES

PERSONNE PHYSIQUE

PP Contrav. 5e cl. **1 500 €** (C. pén., art. 131-13). **Récidive** : **3 000 €** (C. pén., art. 132-11) ou délit, v. no **31.44**, cas **H**, C. envir., art. **L. 428-5 III** ;

Contrav. 4e cl. **750 €** (C. pén., art. 131-13) ;

Contrav. 3e cl. **450 €** (C. pén., art. 131-13) ;

Contrav. 1re cl. **38 €** (C. pén., art. 131-13).

PC *Idem* no **31.1** + : **1.** Suspension, ⩽ 3 ans, du PC (C. pén., art. 131-16 1° ; C. envir., art. R. 428-22) ;

2. Interdiction ⩽ 3 ans, de détention ou port d'arme soumise à autorisation (C. pén., art. 131-16 2° ; C. envir., art. R. 428-22) ;

3. Confiscation d'une ou plusieurs armes dont le condamné est propriétaire ou dont il a la libre disposition (C. pén., art. 131-16 3° ; C. envir., art. R. 428-22) ;

4. Retrait permis de chasser et interdiction de solliciter la délivrance d'un nouveau permis ⩽ 3 ans (C. pén., art. 131-16 4° ; C. envir., art. R. 428-22) ;

5. Confiscation (réelle ou en valeur) chose ayant servi à l'infraction ou destinée à la commettre ou son produit (obligatoire pour objets qualifiés dangereux ou nuisibles par loi ou règlement ou dont la détention est illicite) (C. pén., art. 131-16 5° et 131-21 ; C. envir., art. R. 428-22) ;

PERSONNE MORALE

PP Contrav. 5e cl. 7 500 € (C. pén., art. 131-41). **Récidive** : 15 000 € (C. pén., art. 132-15) ou délit, v. no 31.44, cas H, C. envir., art. L. 428-5 III ;

Contrav. 4e cl. 3 750 € (C. pén., art. 131-41) ;

Contrav. 3e cl. 2 250 € (C. pén., art. 131-41) ;

Contrav. 1re cl. 190 € (C. pén., art. 131-41).

PC Confiscation de la chose qui a servi ou était destinée à commettre l'infraction ou de la chose qui en est le produit (C. envir., art. R. 428-21 ; C. pén., art. 131-41).

▪ ORIENTEUR

AUTRE QUALIFICATION

▪ **Pénétration non autorisée dans la propriété privée rurale ou forestière d'autrui** (L. no 2023-54, 2 févr. 2023). C. pén., art. 226-4-3, issu L. no2023-54, 2 févr. 2023, v. no 22.59.

▪ **Atteintes à la conservation d'espèce animale ou végétale protégée.** V. no 31.17.

▪ **Chasse – Principaux délits.** V. no 31.44.

TEXTE DE RÉFÉRENCE

▪**Renvoi.** *Idem* no 31.44.

ÉLÉMENT MATÉRIEL

▪**Prélèvement.** Constitue un prélèvement sans autorisation (**Cas** E11) (C. envir., art. R. 428-11 8°) suivi d'un lâcher non autorisé d'un animal susceptible d'occasionner des dégâts (**Cas** L7) (C. envir., art. R. 428-19 I ; le fait, lors d'une chasse à courre, quel qu'en soit le mobile, de déterrer un renard non pour le remettre en liberté ou le tuer immédiatement à l'arme à feu ou à l'arme blanche mais pour le déplacer en un autre endroit pour poursuivre la chasse à courre de cet animal (Crim. 25 janv. 2022, no 21-84.514, D).

RÉGIME PROCÉDURAL

▪ **Plainte préalable de la victime. Cas** B1 : depuis Ord. no 2012-34, 11 janv. 2012, abrogeant C. envir., art. L. 428-33, les poursuites ne sont plus subordonnées à la plainte de la victime en cas de chasse sur le terrain d'autrui sans le consentement du propriétaire.

▪ **Agents de constatation de l'infraction.** • **Agents publics.** *Idem* no 31.44 (C. envir., art. L. 428-20). • **Gardes-chasse particuliers.** *Idem* no 31.44 (C. envir., art. L. 428-21, C. pr. pén., art. 29 et R. 15-33-29-1).

▪ **Droit de fouille des carniers.** *Idem* no 31.44 (C. envir., art. L. 428-29).

▪ **Contrôle du droit de chasser.** *Idem* no 31.44 (C. envir., art. R. 423-18).

MESURE ADMINISTRATIVE

▪ **Mesure provisoire de rétention et de suspension du permis de chasser.** *Idem* no 31.44 (C. envir., art. L. 423-25-1 s.).

▪ **Transaction administrative.** Possible (C. envir., art. L. 173-12, v. no 31.1).

MESURE CIVILE

▪ **Paiement des redevances éludées.** Chasse en temps prohibé ou sans permis, *idem* no 31.44 (C. envir., L. 428-12 et L. 428-13).

▪ **Action civile.** *Idem* no 31.44 (C. envir., art. L. 421-6 ; L. 142-2).

RÉGIME DES PEINES

▪ **Récidive contraventionnelle constituant un délit.** La récidive dans le délai de 3 ans (C. pén., art. 132-11) des contrav. 5e cl. prévues aux **cas** B1, B4, F, G1, G3, G6, G9, J8 et J9, constitue un délit incriminé par C. envir., art. L. 428-5 III (1 an d'emprisonnement, 15 000 € ; v. no 31.44).

▪ ÉLÉMENTS CONSTITUTIFS – QUALIFICATION

✧ Pour avoir ou s'être à .... [¤ lieu], le .... [¤ date], [⇨A à L :]

A. **Obstruction concertée à un acte de chasse**

par des **actes concertés d'obstruction**, en l'espèce en .... [¤ matérialiser les actes d'obstruction et leur caractère concerté], empêché le déroulement d'un ou plusieurs actes de chasse (C. envir., art. **L.** 420-3, **R. 428-12-1**) (**A** : *N 27749.c5 ;* récidive : *N #.c5*) ;

B. **Territoire de chasse : chasse sur le terrain d'autrui sans autorisation ou malgré opposition du propriétaire, chasse dans une réserve de chasse**

B1. chassé sur le **terrain d'autrui** sans le consentement de .... [¤ nom du détenteur du droit de chasse], propriétaire ou détenteur du droit de chasse (C. envir., art. **L.** 422-1, **R. 428-1 I 1°**) (**B1** : *N 323.c5 ;* récidive : *N 8942.c5 ;* en récidive sur terrain clos et attenant à une maison habitée : délit, v. nº **31.44**, cas **H**, C. envir., art. **L. 428-5 III**) ;

B2. pratiqué la **chasse maritime sans le consentement** de .... [¤ nom du détenteur du droit de chasse], détenteur du droit de chasse (C. envir., art. **L.** 422-28, **R. 428-1 I 1°**) (**B2** : *N 2173.c5 ;* récidive : *N 8978.c5*) ;

B3. chassé sur le terrain de .... [¤ nom de la victime], malgré son **opposition à l'exercice de la chasse** sur ses biens (C. envir., art. **L.** 422-10 5°, **R. 428-1 I 2°**) (**B3** : *N 26264.c5 ;* récidive : *N #.c5*).

B4. chassé dans une **réserve de chasse et de faune sauvage** en infraction à la règlementation en vigueur (C. envir., art. **L.** 422-27°, **R. 428-1 I 3°** ; Arr. 13 déc. 2006, NOR : DEVN0700005A) (**B4** : *N 5981.c5 ;* récidive : délit, v. nº **31.44**, cas **H**, C. envir., art. **L. 428-5 III**) ;

C. **Chasse sans permis ou sans assurance ou sans être porteur de leurs justificatifs**

C1. chassé **sans permis de chasser** valable ou sans autorisation de chasser (C. envir., art. L. 423-1, L. 423-2, L. 423-12, L. 423-19, **R. 428-3 I 1°**) (**C1** : *N 321.c5 ;* récidive : *N 8941.c5*) ;

C2. étant marin pêcheur professionnel ou conchyliculteur assimilé administrativement, pratiqué la **chasse maritime sans permis** de chasser accompagné d'une autorisation délivrée par l'autorité administrative (C. envir., art. L. 422-28, **L.** 423-3, **R. 428-3 I 3°**) (**C2** : *N 2174.c5 ;* récidive : *N 8974.c5*) ;

C3. chassé sans avoir souscrit une **assurance** garantissant sa responsabilité civile en raison des accidents corporels occasionnés par tout acte de chasse ou tout acte de destruction d'animaux d'espèces non domestiques et garantissant la responsabilité civile encourue par le chasseur du fait de ses chiens (C. envir., art. **L.** 423-16, **R. 428-3 II**) (**C3** : *N 26265.c5 ;* récidive : *N #.c5*) ;

C4. chassé sans être **porteur d'un permis de chasser** valable accompagné d'un document de validation de ce permis de chasser et de l'attestation de souscription d'assurance de son titulaire (C. envir., art. R. 423-18, **R. 428-4 1°**) (**C4** : *N 2002.c1*) ;

D. **Opposition à visite de carnier par un agent habilité**

étant chasseur ou une personne accompagnant un chasseur, **opposé à la visite**, hors de son domicile, d'un carnier, poche à gibier ou sac dont l'ouverture a été requise par un officier ou agent de police judiciaire, un inspecteur de l'environnement, un agent de l'Office national des forêts commissionné et assermenté à cet effet, un agent du domaine national de Chambord, un garde champêtre, un lieutenant de louveterie ou un garde d'une fédération départementale de chasseur (C. envir., art. **L.** 428-29, **R. 428-11 9°**) (**D** : *N 2180.c5 ;* récidive : *N 8954.c5*) ;

E. **Préservation du gibier, du repeuplement des espèces chassables et de leur milieu naturel**

E1. chassé une espèce de gibier dont la **chasse n'est pas autorisée**, en l'espèce .... [¤ espèce concernée] (C. envir., art. L. 424-1, **R. 428-5 1°** ; Arr. 26 juin 1987, NOR : ENVN8700064A) (**E1** : *N 26267.c5 ;* récidive : *N #.c5*) ;

E2. chassé en méconnaissance de l'arrêté du .... [¤ référence de l'arrêté] pris par le ministre chargé de la chasse ou de l'arrêté fixant la **période d'ouverture de la chasse** pris par le préfet le .... [¤ référence de l'arrêté] pour prévenir la destruction et favoriser le repeuplement du gibier, en l'espèce en chassant... [⇨**a** à **c** :]

a. ...une espèce interdite ;

b. ...un jour non autorisé ;

c. ...en dehors des heures autorisées ;

(C. envir., art. L. 424-1, R. 424-1, **R. 428-5 2°**) (**E2** : *N 13181.c5 ;* récidive : *N #.c5*) ;

E3. chassé une espèce de **gibier d'eau**, en l'espèce .... [¤ espèce concernée], en dehors d'une zone de chasse maritime, d'un marais non asséché, ou à plus de trente mètre d'un fleuve, rivière, canal, réservoir, lac, étang ou nappe d'eau (C. envir., art. L. 424-6, R. 428-5 3° ; Arr. 26 juin 1987, NOR : ENVN8700064A) (E3 : *N 13183.c5 ; récidive : N #.c5*) ;

E4. contrevenu à l'arrêté .... [¤ référence de l'arrêté] pris par le ministre chargé de la chasse, réglementant le report de la date de **broyage et de fauchage de la jachère** des terrains à usage agricole (C. envir., art. L. 424-1, R. 428-6 1°) (E4 : *N 26268.c4*) ;

E5. contrevenu à l'arrêté du .... [¤ référence de l'arrêté] réglementant... (C. envir., art. L. 424-1, R. 428-6 2°) [⇨a à c :]

a. ...l'**emploi des chiens** pour la chasse (E5a : *N 13184.c4*) ;

b. ...la **divagation des chiens**, en l'espèce en laissant divaguer un chien dans les terres cultivées ou non, les prés, les vignes, les vergers, les bois, ainsi que dans les marais et sur le bord des cours d'eau, étangs et lacs, ou en promenant un chien non tenu en laisse en dehors des allées forestières dans un bois ou une forêt pendant la période du 15 avril au 30 juin (Arr. 16 mars 1955 relatif à l'interdiction de la divagation des chiens) (E5b : *N 3487.c4*) ;

c. ...les entraînements, concours et **épreuves de chiens** de chasse (Arr. 21 janv. 2005, NOR : DEVN0540038A) (E5c : *N 27737.c4*) ;

E6. contrevenu aux dispositions réglementaires de l'arrêté préfectoral annuel fixant l'ouverture de la chasse du .... [¤ référence de l'arrêté], autorisant la **chasse en temps de neige** et fixant les conditions restrictives d'exercice de cette chasse, en l'espèce en......... [¤ matérialiser les manquements aux conditions de la chasse en temps de neige fixées par l'arrêté préfectoral] (C. envir., art. R. 424-2, R. 428-6 3°) (E6 : *N 5986.c4*) ;

E7. contrevenu aux dispositions réglementaires de l'arrêté préfectoral du .... [¤ référence de l'arrêté], **suspendant ou limitant l'exercice de la chasse** en cas de calamité, incendie, inondation ou gel prolongé, en l'espèce en......... [¤ matérialiser les manquements aux interdictions ou restrictions fixées par l'arrêté préfectoral] (C. envir., art. R. 424-3, R. 428-6 3°) (E7 : *N 26312.c4*) ;

E8. contrevenu aux dispositions réglementaires prises par arrêté préfectoral du .... [¤ références de l'arrêté préfectoral instituant la réserve de chasse] pour favoriser la protection du gibier et le repeuplement au sein d'une **réserve de chasse**, en l'espèce en......... [¤ matérialiser les manquements aux prescriptions fixées par l'arrêté préfectoral] (C. envir., art. L. 422-27, R. 422-86 à R. 422-91, R. 428-6 4°) (E8 : *N 27738.c4*) ;

E9. détruit ou endommagé intentionnellement (E9a : *N 25700.c5 ; récidive : N 25705.c5*) ou enlevé (E9b : *N 25699.c5 ; récidive : N 25704.c5*) les **nids ou les œufs d'oiseaux** dont la chasse est autorisée ou les **portées ou petits de mammifères** dont la chasse est autorisée (C. envir., art. L. 424-10, R. 428-11 7°) ;

E10. ramassé dans la nature ou détenu des **œufs d'oiseaux** dont la chasse est autorisée (C. envir., art. L. 424-10, R. 428-11 7°) (E10 : *N 26293.c5 ; récidive : N #.c5*) ;

E11. sans autorisation préfectorale, (C. envir., art. L. 424-11, R. 428-11 8° ; Arr. 7 juill. 2006, NOR : DEVP0650375A) [⇨a ou b :]

a. introduit dans le milieu naturel un cervidé ou des lapins (E11a : *N 26294.c5 ; récidive : N #.c5*) ;

b. prélevé dans le milieu naturel un animal vivant d'une espèce dont la chasse est autorisée (E11b : *N 26295.c5 ; récidive : N #.c5*) ;

E12. transporté un grand gibier tué accidentellement et en tout temps à la suite d'une collision avec un véhicule automobile sans que le conducteur en ait préalablement prévenu les services de la gendarmerie nationale ou de la police nationale (C. envir., art. L. 424-9, R. 428-12) (E12 : *N 26296.c3*) ;

E12. cédé un grand gibier tué accidentellement et en tout temps à la suite d'une collision avec un véhicule automobile (C. envir., art. L. 424-9, R. 428-12) (E12 : *N 27130.c3*) ;

F. CHASSE EN DEHORS DES PÉRIODES AUTORISÉES (CHASSE EN TEMPS PROHIBÉ)

chassé en dehors des **périodes d'ouverture** de la chasse définies par les articles R. 424-4 à R. 424-13 du code de l'environnement et par les arrêtés pris pour leur application (C. envir., art. L. 424-2, R. 428-7) (F : *N 5982.c5 ; récidive : délit, v. n° 31.44, cas H*, C. envir., art. L. 428-5 III) ;

G. Modes et moyens de chasse prohibés

G1. chassé **la nuit** en dehors des conditions autorisées (C. envir., art. **L. 424-4**, L. 424-5, R. 424-17, **R. 428-8 1°**) (**G1** : *N* ***5983.c5*** *; récidive* : délit, v. nº **31.44**, **cas H**, C. envir., art. **L. 428-5 III**) ;

G2. chassé le **gibier d'eau à la passée** en dehors des heures autorisées (C. envir., art. **L. 424-4**, L. 424-6, R. 424-14, **R. 428-8 2°** ; Arr. 26 juin 1987, NOR : ENVN8700064A) (**G2** : *N* ***26270.c5*** *;* récidive : *N #.c5*) ;

G3. contrevenu aux dispositions législatives ou réglementaires relatives à l'emploi de **modes, moyens, d'engins ou d'instruments** pour la chasse du gibier ou pour la destruction des animaux susceptibles d'occasionner des dégâts, en l'espèce en......... [¤ matérialiser les manquements et leur fondement textuel] (C. envir., art. **L. 424-4**, **L. 427-8**, R. 424-14 à R. 424-16, **R. 428-8 3°** ; Arr. 1er août 1986 (*JO* 5 sept. 1986)) (**G3** : *N* ***5984.c5*** *;* récidive : délit, v. nº **31.44**, **cas H**, C. envir., art. **L. 428-5 III**) ;

G4. chassé en se déplaçant en **véhicule à moteur** d'un poste de tir à un autre en dehors des conditions autorisées ou sans que l'arme de tir soit démontée ou placée sous étui (C. envir., art. L. 424-4, **R. 428-8 4°**) (**G4** : *N* ***26271.c5*** *;* récidive : *N #.c5*) ;

G5. transporté à bord d'un véhicule ... [⇨**a** ou **b** :]

a. une **arme de chasse sans la démonter** ou la placer sous étui ou sans la décharger ;

b. un **arc de chasse sans le débander** ou le placer sous étui ;

(C. envir., art. **R. 428-9 3°** ; Arr. 4 nov. 2003, NOR : DEVN0320371A, art. 5) (**G5** : *N* ***26274.c4***) ;

G6. contrevenu aux arrêtés relatifs à l'usage de **drogues, appâts ou substances toxiques** de nature à détruire ou à faciliter la destruction du gibier et des animaux susceptibles d'occasionner des dégâts, en l'espèce en......... [¤ matérialiser les manquements et leur fondement textuel] (C. envir., art. **R. 428-8 5°**) (**G6** : *N* ***2190.c5*** *;* récidive : délit, v. nº **31.44**, **cas H**, C. envir., art. **L. 428-5 III**) ;

G7. contrevenu aux arrêtés relatifs à **l'utilisation d'armes et éléments d'armes pour la chasse** du gibier ou pour la destruction des animaux susceptibles d'occasionner des dégâts, en l'espèce en......... [¤ matérialiser les manquements et leur fondement textuel] (C. envir., art. **R. 428-8 6°** ; Arr. 1er août 1986 (*JO* 5 sept. 1986)), (**G7** : *N* ***26272.c5*** *;* récidive : *N #.c5*) ;

G8. contrevenu aux arrêtés relatifs à **l'utilisation de munitions** pour la chasse du gibier ou pour la destruction des animaux susceptibles d'occasionner des dégâts, en l'espèce en......... [¤ matérialiser les manquements et leur fondement textuel] (C. envir., art. **R. 428-9 2°** ; Arr. 1er août 1986 (*JO* 5 sept. 1986)), (**G8** : *N* ***26273.c4***) ;

G9. détenu ou été trouvé muni ou porteur, hors de son domicile, de **filets, engins ou autres instruments de chasse** prohibés, en l'espèce .... [¤ instrument concerné et fondement textuel de la prohibition] (C. envir., art. **R. 428-8 6°** ; Arr. 1er août 1986 (*JO* 5 sept. 1986)) (**G9** : *N* ***2187.c5*** *;* récidive : délit, v. nº **31.44**, **cas H**, C. envir., art. **L. 428-5 III**) ;

G10. utilisé un **appeau, un appelant vivant ou artificiel ou chanterelle,** sans respecter les conditions fixées par arrêté ministériel pour la chasse des oiseaux de passage et du gibier d'eau ou pour la destruction des animaux susceptibles d'occasionner des dégâts (C. envir., art. R. 424-15, **R. 428-9 1°** ; Arr. 4 nov. 2003, NOR : DEVN0320371A) (**G10** : *N* ***2191.c4***) ;

G11. contrevenu à l'arrêté préfectoral du .... [¤ références de l'arrêté préfectoral] réglementant la **chasse du lapin au furet** (C. envir., art. **R. 428-9 4°** ; Arr. 1er août 1986 (*JO* 5 sept. 1986, art. 8 III) (**G11** : *N* ***26275.c4***) ;

G12. recherché ou poursuivi du gibier à l'aide de **sources lumineuses**, sans y être autorisé par l'autorité administrative pour les comptages et captures à des fins scientifiques ou de repeuplement (C. envir., art. **R. 428-9 5°** ; Arr. 1er août 1986 (*JO* 5 sept. 1986, art. 11*bis*) (**G12** : *N* ***26276.c4***) ;

H. Contraventions aux règles de gestion des prélèvements : plan de chasse, prélèvement maximal autorisé, gestion adaptative des espèces

H1. chassé une espèce de gibier soumise à un plan de chasse sans être bénéficiaire d'un **plan de chasse individuel** obligatoire (C. envir., art. L. 425-6, L. 425-7, R. 425-1-1, **R. 425-3**, **R. 428-13 1°**) (**H1** : *N* ***26305.c5*** *;* récidive : *N #.c5*) ;

H2. prélevé un nombre d'animaux inférieur au minimum attribué par le **plan de chasse individuel** (C. envir., art. L. 425-6, L. 425-7, L. 425-11, R. 425-1-1, **R. 425-8**, **R. 428-13 2°**) (**H2** : *N* ***26306.c5*** *;* récidive : *N #.c5*) ;

H3. prélevé un nombre d'animaux supérieur au maximum attribué par le **plan de chasse individuel** (C. envir., art. L. 425-6, L. 425-7, L. 425-11, R. 425-1-1, **R.** 425-8, **R. 428-13 3°**) (**H3** : *N* ***26307.c5*** ; récidive : *N* ***#.c5***) ;

H4. omis de munir un animal tué en application d'un **plan de chasse individuel**, sur le lieu même où il a été abattu ou retrouvé et préalablement à tout transport, d'un dispositif de marquage ou de prémarquage conforme (C. envir., art. L. 425-6, R. 425-10, **R. 425-11**, **R. 428-13 4°**) (**H4** : *N* ***2172.c5*** ; récidive : *N* ***8975.c5***) ;

H5. omis de dater du jour de la capture, préalablement à sa pose sur l'animal tué en application d'un **plan de chasse individuel**, le dispositif de marquage ou de prémarquage (C. envir., art. L. 425-6, R. 425-10, **R. 425-11**, **R. 428-13 5°**) (**H5** : *N* ***11973.c5*** ; récidive : *N* ***11974.c5***) ;

H6. contrevenu aux dispositions de l'arrêté préfectoral du .... [¤ référence de l'arrêté], fixant les modalités de contrôle de l'exécution du **plan de chasse individuel**, en l'espèce en......... [¤ matérialiser les manquements et les dispositions concernées de l'arrêté préfectoral] (C. envir., art. L. 425-6, **R.** 425-12, **R. 428-14 1°**) (**H6** : *N* ***27741.c3***) ;

H7. omis de communiquer à la fédération départementale ou interdépartementale des chasseurs le nombre d'animaux prélevés en application d'un **plan de chasse individuel** (C. envir., art. L. 425-6, **R.** 425-13, **R. 428-14 2°**) (**H7** : *N* ***26297.c3***) ;

H8. capturé un nombre d'animaux supérieur au **prélèvement maximal autorisé** par chasseur, pour une ou plusieurs espèces, pendant une période déterminée et sur un territoire donné (C. envir., art. L. 425-14, **R.** 425-20, **R. 428-15**) (**H8** : *N* ***26298.c4***) ;

H9. omis de munir d'un dispositif de marquage un animal capturé dans le cadre d'un **prélèvement maximal autorisé**, sur le lieu même où il a été abattu ou retrouvé et préalablement à tout transport (C. envir., art. L. 425-14, **R.** 425-20, **R. 428-16 1°**) (**H9** : *N* ***26299.c4***) ;

H10. omis de remplir le carnet de prélèvement au moment du prélèvement d'un animal capturé dans le cadre d'un **prélèvement maximal autorisé** ou omis d'enregistrer ce prélèvement dès qu'il est en possession de l'animal sur l'application mobile dédiée gérée par la Fédération nationale des chasseurs (C. envir., art. L. 425-14, **R.** 425-20, **R.** 425-20-3, **R. 428-16 2°**) (**H10** : *N* ***26300.c4***) ;

H11. prélevé un spécimen d'une **espèce soumise à gestion adaptative** après que le nombre maximal de spécimens de cette espèce à prélever annuellement a été atteint (C. envir., art. L. 425-16, L. 425-17, D. 425-20-1, **R.** 425-20-3, **R. 428-17-2**) (**H11** : *N* ***33617.c4***) ;

H12. omis, dès qu'il est en possession d'un spécimen d'une **espèce soumise à gestion adaptative**, d'enregistrer le prélèvement sur l'application mobile dédiée gérée par la Fédération nationale des chasseurs ou de l'inscrire sur un carnet de prélèvement (C. envir., art. L. 425-16, L. 425-17, D. 425-20-1, **R.** 425-20-3, **R. 428-17-3**) (**H12** : *N* ***33618.c4***) ;

H13. omis de tenir à jour le **carnet de prélèvement imposé pour la chasse au gibier d'eau** effectuée la nuit à partir d'un poste fixe déclaré à l'autorité administrative (C. envir., art. **L.** 424-5, **R. 428-10**) (**H13** : *N* ***26277.c3***).

I. Contraventions au plan ou schéma de gestion cynégétique

I1. chassé en infraction au **plan de gestion cynégétique** inscrit dans l'arrêté préfectoral annuel d'ouverture ou de fermeture de la chasse et définissant les modalités de gestion d'une espèce de gibier non soumise à un plan de chasse (C. envir., art. **L.** 424-15, **R. 428-17**) (**I1** : *N* ***26301.c4***).

I2. contrevenu aux prescriptions du **schéma départemental de gestion cynégétique**, approuvé par arrêté préfectoral, relatives (C. envir., art. **L.** 425-2, R. 425-1, **R. 428-17**) [⇨**a** à **d** :]

a. à l'agrainage et à l'affouragement (C. envir., art. L. 425-5) (**I2a** : *N* ***27742.c4***) ;

b. à la chasse à tir du gibier d'eau à l'agrainée (**I2b** : *N* ***27743.c4***) ;

c. aux lâchers de gibiers (**I2c** : *N* ***27744.c4***) ;

d. à la sécurité des chasseurs et des non-chasseurs (**I2d** : *N* ***27745.c4***).

J. Transport et commerce illicite de tout ou partie d'une espèce chassable

J1. transporté à des fins commerciales (**J1a** : *N* ***26279.c5*** ; récidive : *N* ***#.c5***), détenu pour la vente, mis en vente, vendu ou acheté (**J1b** : *N* ***26282.c5*** ; récidive : *N* ***#.c5***), des **oiseaux vivants** dont la chasse est autorisée, non nés et élevés en captivité (C. envir., art. **L.** 424-8, **R. 428-11 1°**) ;

J2. vendu (**J2a** : *N 25701.c5 ;* récidive : *N 25706.c5*), acheté (**J2b** : *N 25702.c5 ;* récidive : *N 25707.c5*) ou transporté (**J2c** : *N 25703.c5 ;* récidive : *N 25708.c5*) les portées ou petits de mammifères dont la chasse est autorisée (C. envir., art. L. 424-10, R. 428-11 7°) ;

J3. transporté à des fins commerciales (**J3a** : *N 26280.c5 ;* récidive : *N #.c5*), détenu pour la vente, mis en vente, vendu ou acheté (**J3b** : *N 26283.c5 ;* récidive : *N #.c5*), des **oiseaux licitement tués** à la chasse, non nés et élevés en captivité (C. envir., art. L. 424-8, R. 428-11 2°) ;

J4. transporté (**J4a** : *N 11975.c5 ;* récidive : *N 11977.c5*), détenu pour la vente, mis en vente vendu ou acheté (**J4b** : *N 11976.c5 ;* récidive : *N 11978.c5*), détenu pour la naturalisation (**J4c** : *N 27739.c5 ;* récidive : *N #.c5*), un **animal tué au titre d'un plan de chasse** non muni d'un dispositif de pré-marquage ou de marquage (C. envir., art. R. 424-20, R. 425-11, R. 428-11 4°) ;

J5. n'étant pas titulaire d'un permis de chasse valide pendant la période où la chasse est ouverte, transporté (**J5a** : *N 27735.c5 ;* récidive : *N #.c5*), détenu pour la vente, mis en vente vendu ou acheté (**J5b** : *N 27734.c5 ;* récidive : *N #.c5*), détenu pour la naturalisation (**J5c** : *N #.c5 ;* récidive : *N #.c5*), un **morceau d'un animal tué au titre d'un plan de chasse** non accompagné d'une attestation justifiant de son origine établie par le bénéficiaire du plan (C. envir., art. R. 424-20, R. 425-11, R. 428-11 4°) ;

J6. transporté (**J6a** : *N 26290.c5 ;* récidive : *N #.c5*), détenu pour la vente, mis en vente vendu ou acheté (**J6b** : *N 26291.c5 ;* récidive : *N #.c5*), détenu pour la naturalisation (**J6c** : *N 27740.c5 ;* récidive : *N #.c5*), un **grand gibier licitement tué à l'intérieur d'un enclos**, non muni d'un dispositif de pré-marquage ou de marquage (C. envir., art. L. 424-3 I, R. 424-21, R. 425-11, R. 428-11 5°) ;

J7. transporté (**J7a** : *N 27733.c5 ;* récidive : *N #.c5*), détenu pour la vente, mis en vente vendu ou acheté (**J7b** : *N 27732.c5 ;* récidive : *N #.c5*), détenu pour la naturalisation (**J7c** : *N #.c5 ;* récidive : *N #.c5*), un **morceau de grand gibier licitement tué à l'intérieur d'un enclos**, non accompagné d'une attestation justifiant de son origine, établie par le responsable de l'enclos (C. envir., art. L. 424-3 I, R. 424-21, R. 428-11 5°) ;

J8. en toute saison, sciemment, mis en vente ou vendu (**J8a** : *N 11957.c5*), transporté (**J8b** : *N 11958.c5*) ou acheté (**J8c** : *N 29694.c5*), du **gibier tué à l'aide d'engins ou instruments prohibés** (C. envir., art. L. 424-4, R. 428-11 6° ; récidive : délit, v. n° **31.44**, cas **H**, C. envir., art. L. 428-5 III) ;

J9. transporté (**J9a** : *N 26281.c5*), vendu, mis en vente ou détenu pour la vente (**J9b** : *N 26284.c5*) ou acheté (**J9c** : *N 29691.c5*) des animaux vivants d'espèces dont la chasse est autorisée, en **méconnaissance des restrictions** apportées par l'autorité administrative pour prévenir la destruction ou favoriser le repeuplement du gibier (C. envir., art. L. 424-8 II, R. 428-11 3° ; récidive : délit, v. n° **31.44**, cas **H**, C. envir., art. L. 428-5 III) ;

J10. en période de chasse autorisée, transporté en vue de la vente ou colporté (**J10a** : *N 5968.c5 ;* récidive : *N 11193.c5*), mis en vente, vendu ou acheté (**J10b** : *N 5967.c5 ;* récidive : *N 8987.c5*) du gibier malgré **arrêté préfectoral d'interdiction** du .... [¤ référence de l'arrêté], pris pour sauvegarder l'espèce particulièrement menacée (C. envir., art. L. 424-12, R. 428-11 3°) ;

J11. transporté en vue de la vente, colporté, mis en vente, vendu ou acheté sous toutes ses formes, notamment celles de pâtés et conserves, du **gibier de montagne**, malgré arrêté ministériel du .... [¤ référence de l'arrêté], pris pour assurer la survivance de l'espèce menacée dans son existence (C. envir., art. L. 424-12, R. 428-11 3°) (**J11** : *N 2171.c5 ;* récidive : *N 11979.c5*).

K. CONTRAVENTIONS AUX RÈGLES D'EXPLOITATION DES ÉTABLISSEMENTS PROFESSIONNELS DE CHASSE À CARACTÈRE COMMERCIAL

K1. exploité un établissement professionnel de chasse à caractère commercial sans **inscription au registre du commerce ou au régime agricole** (**K1a** : *N 30597.c5 ;* récidive : *N #.c5*) ou **sans déclaration** auprès du préfet du département (**K1b** : *N 30598.c5 ;* récidive : *N #.c5*) (C. envir., art. L. 424-3 II, R. 424-13-2, R. 428-7-1 1°) ;

K2. étant responsable d'un établissement professionnel de chasse à caractère commercial, [⇨**a** ou **b** :]

a. omis, y compris par négligence, de tenir à jour ... (**K2a** : *N 30599.c5 ;* récidive : *N #.c5*) ;

b. apposé des mentions inexactes sur ... (**K2b** : *N 30600.c5 ;* récidive : *N #.c5*) ;

...le **registre des entrées et des sorties d'animaux** faisant apparaître notamment l'origine des animaux lâchés sur leur territoire (nom et adresse du fournisseur), leur nombre et les espèces concernées, les dates d'achat et de lâcher, ainsi que le nombre d'animaux, en indiquant les espèces concernées, qui sont prélevés lors de chaque journée de chasse (C. envir., art. L. 424-3 II, **R. 424-13-4**, **R. 428-7-1 2°**) ;

K3. sur le territoire d'un établissement professionnel de chasse à caractère commercial, chassé les **perdrix grises, perdrix rouges ou faisans de chasse issus d'élevage** en dehors de la période de chasse autorisée dans le département (C. envir., art. **L. 424-3 II**, **R. 428-7-1 3°**) (K3 : *N **30601.c5** ; récidive : N #.c5*) ;

K4. dans le cadre d'un établissement professionnel de chasse à caractère commercial, procédé au lâcher **d'oiseaux non munis du signe distinctif** aisément visible à distance alors qu'il était obligatoire ou procédé au lâcher d'oiseaux munis d'un signe distinctif obligatoire non-conforme (C. envir., art. **R. 424-13-3**, **R. 428-7-1 4°** ; Arr. 8 janv. 2014, NOR : DEVL1310933A) (K4 : *N **30602.c5** ; récidive : N #.c5*) ;

K5. sur le territoire d'un établissement professionnel de chasse à caractère commercial, chassé des **oiseaux non munis d'un signe distinctif** alors que seule la chasse d'oiseaux munis d'un tel signe était autorisée (C. envir., art. **R. 424-13-3**, **R. 428-7-1 5°** ; Arr. 8 janv. 2014, NOR : DEVL1310933A) (K5 : *N **30603.c5** ; récidive : N #.c5*).

L. CONTRAVENTIONS AUX DISPOSITIONS ENCADRANT LA DESTRUCTION ET LA COMMERCIALISATION DES ANIMAUX SUSCEPTIBLES D'OCCASIONNER DES DÉGÂTS (ANC^{T} « ANIMAUX NUISIBLES »)

L1. employé des **produits toxiques** pour la destruction d'une espèce animale classée comme susceptible d'occasionner des dégâts (C. envir., art. R. 427-6, **R. 424-10**, **R. 428-19 I** ; Arr. 2 sept. 2016, NOR : DEVL1624858A ; Arr. 3 juill. 2019, NOR : TREL1919434A ; Arr. 3 avr. 2012, NOR : DEVL1107123A) (L1 : *N **28967.c5** ; récidive : N #.c5*) ;

L2. utilisé, pour la destruction d'une espèce animale classée comme susceptible d'occasionner des dégâts, un **piège non homologué** de nature à créer des traumatismes physiques (C. envir., art R. 427-6, **R. 424-14**, **R. 428-19 I** ; Arr. 12 août 1988, NOR : ENVN8700279 ; Arr. 29 janv. 2007, NOR : DEVN0700128A, art. 3 et 4) (L2 : *N **28968.c5** ; récidive : N #.c5*) ;

L3. **n'étant pas un piégeur agréé** par le préfet et en dehors des cas autorisés, utilisé un piège pour la destruction d'une espèce animale classée comme susceptible d'occasionner des dégâts (C. envir., art. R. 427-6, **R. 424-16**, **R. 428-19 I** ; Arr. 29 janv. 2007, NOR : DEVN0700128A, art. 5 à 10) (L3 : *N **28969.c5** ; récidive : N #.c5*) ;

L4. étant piégeur agréé par le préfet, omis de respecter les **conditions d'utilisation d'un piège** pour la destruction d'une espèce animale classée comme susceptible d'occasionner des dégâts (C. envir., art. R. 427-6, R. 424-16, **R. 427-17**, **R. 428-19 II** ; Arr. 29 janv. 2007, NOR : DEVN0700128A, art. 13 à 18 ; Arr. 2 sept. 2016, NOR : DEVL1624858A ; Arr. 3 juill. 2019, NOR : TREL1919434A ; Arr. 3 avr. 2012, NOR : DEVL1107123A) (L4 : *N **26303.c4***) ;

L5. **chassé à tir** par arme à feu ou à l'arc une espèce animale classée comme susceptible d'occasionner des dégâts, de nuit ou sans respecter les conditions fixées par le ministre chargé de la chasse (C. envir., art. R. 427-6, **R. 427-18**, **R. 428-19 I** ; Arr. 2 sept. 2016, NOR : DEVL1624858A ; Arr. 3 juill. 2019, NOR : TREL1919434A ; Arr. 3 avr. 2012, NOR : DEVL1107123A) (L5 : *N **28970.c5** ; récidive : N #.c5*) ;

L6. utilisé un **oiseau de chasse au vol** pour la destruction d'une espèce animale classée comme susceptible d'occasionner des dégâts sans respecter les conditions fixées par le ministre chargé de la chasse ou sans autorisation préfectorale individuelle hors période de chasse (C. envir., art. R. 427-6, **R. 427-25**, **R. 428-19 I** ; Arr. 2 sept. 2016, NOR : DEVL1624858A ; Arr. 3 juill. 2019, NOR : TREL1919434A ; Arr. 3 avr. 2012, NOR : DEVL1107123A ; Arr. 10 août 2004, NOR : DEVN0430298A) (L6 : *N **28971.c5** ; récidive : N #.c5*) ;

L7. **lâché** une espèce animale classée comme susceptible d'occasionner des dégâts sans autorisation individuelle délivrée par le préfet ou sans respecter les conditions de l'autorisation individuelle (C. envir., art. R. 427-6, **R. 427-26**, **R. 428-19 I** ; Arr. 2 sept. 2016, NOR : DEVL1624858A ; Arr. 3 juill. 2019, NOR : TREL1919434A ; Arr. 3 avr. 2012, NOR : DEVL1107123A) (L7 : *N **28972.c5** ; récidive : N #.c5*) ;

L8. étant propriétaire ou fermier, **détruit une bête fauve** portant dommage à ses propriétés appartenant à une espèce dont la capture ou la destruction est interdite (C. envir., art. L. 411-1, L. 427-9, R. 427-6, R. 427-8, R. 427-27, R. 428-19 I) (L8 : *N 28973.c5* ; récidive : *N #.c5*) ;

L9. sauf pour les espèces d'oiseaux autorisées par arrêté du ministre chargé de la chasse, transporté (L9a : *N 26292.c5* ; récidive : *N #.c5*), détenu pour la vente, mis en vente, vendu ou acheté (L9b : *N 26308.c5* ; récidive : *N #.c5*), un **oiseau licitement détruit** classé comme susceptible d'occasionner des dégâts, ou ses œufs (C. envir., art. R. 427-6, R. 427-28, R. 428-19 I ; Arr. 2 sept. 2016, NOR : DEVL1624858A ; Arr. 3 juill. 2019, NOR : TREL1919434A ; Arr. 3 avr. 2012, NOR : DEVL1107123A).

Faits prévus et réprimés par les articles [• du cas sélectionné] + L. 428-12, L. 428-13, L. 428-14 et R. 428-22 du code de l'environnement. ✧

31.46 Défrichement illicite de bois et forêt

■ PEINES

PERSONNE PHYSIQUE

PP Délit. Cas. A : amende ⩽ 150 € par m² de bois défriché (C. forest., art. L. 363-1) ;

Cas. B : amende ⩽ 150 € par m² de bois défriché (C. forest., art. L. 261-12 et L. 363-1) ;

Cas. C : amende ⩽ 3 750 € si la surface défrichée est ⩽ 10 m², ou 450 € par m² de bois défriché si la surface est > 10 m² (C. forest., art. L. 363-2) ;

Cas. D : amende ⩽ 3 750 € si la surface défrichée est ⩽ 10 m², ou 450 € par m² de bois défriché si la surface est > 10 m² (C. forest., art. L. 363-5) ;

Cas. AE et BE : amende ⩽ 300 € par m² de bois défriché (C. forest., art. L. 162-1 et L. 363-1) ;

Cas. CE et DE : amende ⩽ 7 500 € si la surface défrichée est ⩽ 10 m², ou 900 € par m² de bois défriché si la surface est > 10 m² (C. forest., art. L. 162-1, L. 363-2 (cas. CE) ou L. 363-5 (cas. DE).

PC Cas. A et B : 1. Affichage de la décision aux frais (⩽ amende encourue) du condamné (C. forest., art. L. 363-1 ; C. pén., art. 131-35) ;

Cas. A et B : 2. Interdiction définitive ou ⩽ 5 ans d'exercer l'activité professionnelle ou sociale (sauf mandat électif ou responsabilités syndicales) dans l'exercice ou à l'occasion de l'exercice de laquelle l'infraction a été commise, notamment celles résultant des opérations ou activités au profit desquelles le défrichement a été réalisé (C. forest., art. L. 363-1 ; C. pén., art. 131-27 et 131-29) ;

Cas. A et B : 3. Exclusion des marchés publics ⩽ 3 ans (C. forest., art. L. 363-1 ; C. pén., art. 131-34) ;

Cas. A et B : 4. Confiscation (réelle ou en valeur) de la chose qui a servi ou était destinée à commettre l'infraction et de la chose qui en est le produit direct ou indirect (obligatoire pour objets qualifiés dangereux ou nuisibles par loi ou règlement ou dont la détention est illicite) (C. forest., art. L. 363-1 ; C. pén., art. 131-21) ;

PERSONNE MORALE

PP Délit.

Cas. A : amende ⩽ 750 € par m² de bois défriché (C. forest., art. L. 363-1 ; C. pén., art. 131-38) ;

Cas. B : amende ⩽ 750 € par m² de bois défriché (C. forest., art. L. 261-12 et L. 363-1 ; C. pén., art. 131-38) ;

Cas. C : amende ⩽ 18 750 € si la surface défrichée est ⩽ 10 m², ou 2 250 € par m² de bois défriché si la surface est > 10 m² (C. forest., art. L. 363-2 ; C. pén., art. 131-38) ;

Cas. D : amende ⩽ 18 750 € si la surface défrichée est ⩽ 10 m², ou 2 250 € par m² de bois défriché si la surface est > 10 m² (C. forest., art. L. 363-5 ; C. pén., art. 131-38) ;

Cas. AE et BE : amende ⩽ 1 500 € par m² de bois défriché (C. forest., art. L. 162-1 et L. 363-1 ; C. pén., art. 131-38) ;

Cas. CE et DE : amende ⩽ 37 500 € si la surface défrichée est ⩽ 10 m², ou 4 500 € par m² de bois défriché si la surface est > 10 m² (C. forest., art. L. 162-1 et L. 363-2 (cas. CE) ou L. 363-5 (cas. DE) ; C. pén., art. 131-38) ;

PC Cas. A et B : 1. Interdiction ⩽ 3 ans, une ou plusieurs activités professionnelles ou sociales en relation avec l'infraction (C. forest., art. L. 363-1 ; C. pén., art. 131-39, 2°) ;

Cas. A et **B** : **2.** Fermeture, ⩽ 3 ans, d'un ou plusieurs établissements en relation avec l'infraction (C. forest., art. L. 363-1 ; C. pén., art. 131-39 4°) ;

Cas. A et **B** : **3.** Exclusion ⩽ 3 ans marchés publics (C. forest., art. L. 363-1 ; C. pén., art. 131-39 5°) ;

Cas. A et **B** : **4.** Affichage, ⩽ 2 mois, *et/ou* (L. n° 2011-525, 17 mai 2011) diffusion de la décision ou d'extraits aux frais (⩽ amende encourue) du condamné (C. forest., art. L. 363-1 ; C. pén., art. 131-39 9°, 131-48 et 131-35).

Cas. A et **B** : **5.** Confiscation de la chose ayant servi à l'infraction ou destinée à la commettre, ou de son produit direct ou indirect (obligatoire pour objets qualifiés dangereux ou nuisibles par loi ou règlement ou dont la détention est illicite) (C. forest., art. L. 363-1 ; C. pén., art. 131-39 8°, 131-21).

■ ORIENTEUR

TEXTE DE RÉFÉRENCE

▪ **Régime du défrichement.** • **Définition.** « *Est un défrichement toute opération volontaire ayant pour effet de détruire l'état boisé d'un terrain et de mettre fin à sa destination forestière. Est également un défrichement toute opération volontaire entraînant indirectement et à terme les mêmes conséquences, sauf si elle est entreprise en application d'une servitude d'utilité publique. La destruction accidentelle ou volontaire du boisement ne fait pas disparaître la destination forestière du terrain* [...] » (C. forest., art. L. 341-1). Ne constituent pas un défrichement les opérations, limitativement énumérées au C. forest., art. L. 341-2, qui ont notamment pour objet de remettre en valeur d'anciens terrains agricoles ou d'entretenir ou de protéger des espaces boisés (C. forest., art. L. 341-2). Le défrichement est à distinguer de la coupe de bois qui, même effectuée de manière illicite ou abusive, ne fait pas perdre au terrain sa destination forestière (sur la coupe de bois, v. C. forest., art. L. 312-11 et les infractions prévues par C. forest., art. **L. 362-1** s. et **R. 163-1**). Est ainsi censurée la décision de non lieu qui retient que les faits ne pouvaient être qualifiés de défrichement en raison de précédentes coupes qui avaient « *tout rasé* », alors que « *les souches de tous les arbres rasés étaient restées, de sorte qu'il n'avait été mis fin ni à l'état boisé ni à la destination forestière des parcelles* » (§ 11) (Crim. 4 janv. 2023, n° 22-80.393, P). • **Régime d'autorisation administrative préalable pour les propriétés privées.** Le propriétaire jouit du droit de défricher mais l'exercice de ce droit est subordonné à une autorisation : « *Nul ne peut user du droit de défricher ses bois et forêts sans avoir préalablement obtenu une autorisation* » (C. forest., art. L. 341-3). L'autorisation de défrichement délivrée par « *l'autorité administrative compétente de l'État* », en l'espèce le préfet (C. forest., art. R. 341-1), ne peut être refusée que dans les cas prévus par C. forest., art. L. 341-5, elle peut être subordonnée à plusieurs conditions destinées à compenser les effets du déboisement (C. forest., art. L. 341-6), notamment « *la conservation sur le terrain de réserves boisées suffisamment importantes* » (C. forest., art. L. 341-6, al. 6) ; en cas d'inexécution de ces conditions, les « *lieux défrichés doivent être rétablis en nature de bois et forêts* » dans un délai fixé par l'autorité administrative (C. forest., art. L. 341-9). Le défrichement d'une réserve boisée dont la conservation à été imposée comme condition d'une autorisation de défrichement est plus sévèrement réprimée par C. forest., art. **L. 363-2** (**Cas. C**). L'autorisation administrative est obligatoirement expresse dans les cas prévus par C. forest., art. L. 341-3, elle peut être tacite dans les autres cas (C. forest., art. L. 341-4 et R. 341-4). • **Régime d'autorisation administrative préalable de l'État pour les bois des collectivités publiques.** « *Les collectivités et autres personnes morales mentionnées au C. forest, art. L. 211-1, I 2°* [régions, collectivité territoriale de Corse, départements, communes ou leurs groupements, sections de communes ; établissements publics ; établissements d'utilité publique ; sociétés mutualistes et caisses d'épargne] *ne peuvent faire aucun défrichement dans leurs bois et forêts, qu'ils relèvent ou non du régime forestier, sans autorisation de l'autorité administrative compétente de l'État* » (C. forest., art. L. 214-13). La constitution de réserve boisée peut également conditionner la délivrance de l'autorisation administrative (C. forest., art. L. 214-14 renvoyant notamment à L. 341-6).

ÉLÉMENT MATÉRIEL

▪ **Champ d'application de l'infraction.** • **Cas. A** : l'incrimination est applicable aux bois et forêts des particuliers ainsi qu'« *aux semis et plantations exécutés en remplacement de bois défrichés* » (C. forest., art. L. 363-1). • **Cas. B** : son champ d'application est étendu aux bois et forêts des collectivités publiques ou de personnes morales d'intérêt public (C. forest., art. **L. 261-12**).

▪ **Imputabilité de l'infraction.** • **Cas. A** : l'incrimination est applicable aux « *auteurs* », « *complices* » et « *bénéficiaires* » du défrichement sans autorisation de bois et forêts de particuliers (C. forest., art. L. 363-1). • **Cas. B** : s'agissant des bois des collectivités publiques ou des personne morales d'intérêt public, les mêmes peines sont applicables au fait « *d'ordonner ou de réaliser* » un défrichement non autorisé, et peuvent également être prononcées « *contre les utilisateurs du sol et les bénéficiaires du défrichement* » (C. forest., art. L. 261-12).

▪ **Circonstance aggravante.** « *Les peines encourues sont doublées lorsque les infractions sont commises la nuit* » (C. forest., art. L. 162-1) (**Cas. E**).

RÉGIME PROCÉDURAL

▪ **Compétence juridictionnelle. Juge unique** (C. pr. pén., art. 398-1 7°, v. n° **17.15D2**).

▪ **Ordonnance pénale. Possible** (C. pr. pén., art. 495-II, v. n° **15.48B1** et tableau n° **17.15D2**).

▪ **Mesure provisoire.** • **Interruption des travaux. Cas. D** : Lorsque l'agent compétent constate par procès-verbal un défrichement irrégulier, il peut ordonner dans ce procès-verbal l'interruption des travaux et la consignation des matériaux et du matériel de chantier, copie en est transmise sans délai au ministère public. La juridiction saisie des faits ou, pendant l'enquête préliminaire, le JLD, peut à tout moment, d'office ou à la demande du bénéficiaire de l'opération, se prononcer sur la mainlevée ou le maintien des mesures d'interruption des travaux. Lorsque aucune poursuite n'a été engagée, le procureur de la République en informe le représentant de l'État dans le département, qui met fin aux mesures prises (C. forest., art. L. 363-4).

▪ **Prescription de l'action publique.** • **Point de départ de la prescription de l'action publique.** L'action ayant pour objet les défrichements effectués en infraction au C. forest., art. L. 341-3 « *se prescrit par six ans à compter de l'époque où le défrichement a été consommé* » (C. forest., art. L. 363-3).

▪ **Pouvoirs des agents de constatation.** • **Compétence et pouvoirs.** Les agents habilités à rechercher et constater les infractions forestières, en ce compris les OPJ et APJ, ainsi que leurs pouvoirs et compétence territoriale, sont décrits au C. forest., art. L. 161-4 s. • **Droit d'accès.** Notamment, les agents des services de l'État chargés des forêts, commissionnés à raison de leurs compétences en matière forestière et assermentés à cet effet, ainsi que les gardes champêtres et les agents de police municipale, disposent d'un **droit d'accès** entre 8h00 et 20h00 ou en dehors de ces heures lorsqu'une activité est en cours, aux bois et forêts clos, aux propriétés closes comportant des bâtiments qui ne sont pas à usage de domicile (dans ce cas en présence de l'occupant des lieux ou de son représentant (C. forest., art. L. 161-18), aux aires de stockage, de stationnement et de déchargement, ainsi qu'aux hangars et ateliers de transformation du bois, aux véhicules professionnels destinés au transport du bois (C. forest., art. L. 161-15). • **Droit de visite.** Entre 8h00 et 20h00 ou en dehors de ces heures lorsqu'une activité est en cours, ces agents **peuvent pénétrer**, en présence de l'occupant des lieux ou de son représentant, dans les locaux à **usage professionnel**, dans les enclos et cours adjacentes, et dans les véhicules de transport à usage professionnel. Lorsque les lieux comportent des parties à **usage de domicile**, ils peuvent les visiter 8h00 et 20h00, avec l'accord écrit de l'intéressé ou en présence d'un OPJ dans les conditions du C. pr. pén. (C. forest., art. L. 161-18). • **Pouvoirs de saisie.** Les agents peuvent saisir les véhicules et autres biens ayant servi ou destinés à la commission d'une infraction forestière et les mettre sous séquestre (C. forest., art. L. 161-18). Le procès-verbal de saisie est transmis le jour même ou au plus tard le premier jour ouvré qui suit la saisine au JLD (C. forest., art. L. 161-19), lequel peut donner mainlevée de la saisie contre le dépôt d'un cautionnement dont il fixe le montant et les modalités de versement (C. forest., art. L. 161-20). • **Incrimination de l'obstacle aux fonctions.** Le fait de « *faire obstacle ou d'entraver l'exercice des fonctions des agents* » de constatation des infractions forestières est puni de **6 mois** d'emprisonnement et de **15 000 €** d'amende (C. forest., art. **L. 163-1**, *N* ***29109.ju***).

▪ **Pouvoir de transaction.** Dans les conditions précisées par C. forest., art. L. 161-25, tant que l'action publique n'a pas été mise en mouvement, le directeur régional de l'administration chargée des forêts peut proposer au mis en cause de transiger sur la poursuite. La transaction proposée par l'administration et acceptée par l'auteur de l'infraction doit être homologuée par le procureur de la République.

▪ **Exercice de l'action publique.** Le procureur de la République exerce l'action publique pour les délits forestiers, à cet égard, le directeur régional de l'administration chargée des forêts lui adresse son avis sur l'orientation de la procédure (C. forest., art. L. 161-23). Il peut également présenter des observations à l'appui de ses conclusions devant toute juridiction saisie d'un délit forestier (C. forest., art. L. 161-27). Mentionnons que pour les contraventions forestières, l'action publique est exercée par le directeur régional de l'administration chargée des forêts (C. forest., art. L. 161-24), qui remplit, ou son délégué, les fonctions du ministère public devant le tribunal de police (C. forest., art. L. 161-22).

MESURE ADMINISTRATIVE

▪ **Remise en état après condamnation.** L'autorité administrative compétente de l'État peut ordonner au propriétaire, ou à toute autre personne, condamné pour défrichement sans autorisation administrative de rétablir les lieux en nature de bois et forêts dans un délai qu'elle fixe, qui ne peut excéder trois années (C. forest., art. L. 341-8).

MESURE CIVILE

▪ **Exercice de l'action civile.** Le directeur régional de l'administration chargée des forêts exerce dans l'intérêt de l'État l'action civile en réparation de tout préjudice causé aux bois et forêts de l'État (C. forest., art. L. 161-28). Lorsque l'action publique est engagée à l'initiative du procureur de la République, le directeur régional de l'administration chargée des forêts exerce, sans mandat spécial, l'action civile dans l'intérêt des collectivités et personnes morales propriétaires de bois et forêts relevant du régime forestier lorsqu'elles ne sont ni présentes ni représentées à l'audience ainsi que dans l'intérêt des propriétaires de bois et forêts des particuliers qui ne sont ni présents ni représentés à l'audience en matière notamment de défrichement (C. forest., art. L. 161-28).

RÉGIME DES PEINES

▪ **Sanction réparation.** Les dispositions du C. pén., relatives à la sanction-réparation (C. pén., art. 131-8-1 en matière délictuelle, sur la sanction-réparation, V. n° 18.30) sont applicables aux délits prévus par le C. forest., à cet effet, « *le procureur de la République délègue le directeur régional de l'administration chargée des forêts pour constater l'exécution de la réparation* » (C. forest, art. L. 162-4).

▪ ÉLÉMENTS CONSTITUTIFS – QUALIFICATION

✧ Pour avoir à .... [¤ lieu], le .... [¤ date], [⇨A à E :]

A. étant un particulier, défriché ses bois et forêts sans avoir préalablement obtenu une autorisation (C. forest., art. L. 341-1, L. 341-3 et L. 363-1) (A : *N 3548.ju* ; par personne morale : *N 31136.ju*) ;

B. ordonné ou réalisé un défrichement de bois et forêts de collectivités publiques ou de personnes morales d'intérêt public, sans autorisation de l'autorité administrative compétente de l'État (C. forest., art. L. 211-1, L. 214-13, L. 261-12, L. 341-1, L. 363-1) (B : *N 3489.ju*) ;

C. défriché une réserve boisée dont la conservation conditionnait une autorisation de défrichement (C. forest., art. L. 341-1, L. 341-3, L. 341-6, L. 363-2) (C : *N 3549.ju*) ;

D. continué un défrichement illicite nonobstant (C. forest., art. L. 341-1, L. 363-4, L. 363-5) [⇨D1 à D3 :]

D1. l'interruption des travaux ordonnée par procès-verbal de l'agent de constatation (D1 : *N 10354.ju*) ;

D2. la décision judiciaire du juge des libertés ou de la détention ou de la juridiction saisie des faits ordonnant le maintien de la mesure d'interruption des travaux (D2 : *N 10353.ju*) ;

D3. la décision de la juridiction administrative prononçant la suspension ou le sursis à exécution de l'autorisation de défrichement (D3 : *N 30669.ju*) ;

E. [• Préciser le cas échéant dans les cas A à D] avec cette circonstance que les faits ont été commis la nuit (C. forest., art. L. 162-1) (AE : *N 3576.ju* ; BE : *N 3490.ju* ; CE : *N 3577.ju* ; DE : *N #.ju*) ;
Faits prévus et réprimés par les articles [• du cas sélectionné] du code forestier. ✧

31.47 Construction sans permis de construire ou au mépris des prescriptions légales ou réglementaires

▪ PEINES

PERSONNE PHYSIQUE

PP Délit. Amende ⩾ 1 200 € et ⩽ 6 000 € par m² de surface de plancher construite, démolie ou rendue inutilisable ou ⩽ 300 000 € dans les autres cas ; + 6 mois d'emprisonnement en cas de récidive (C. urb., art. L. 480-4).

PC 1. [Mesure réelle de nature civile] Mise en conformité des lieux ou ouvrages ou démolition des ouvrages ou réaffectation du sol, dans le délai imparti pas le tribunal, sous astreinte éventuelle ⩽ 500 € (7,5 à 75 € avant L. n° 2014-366, 24 mars 2014) par jour de retard (C. urb., art. L. 480-5 et L. 480-7) (sur le régime de cette mesure réelle, v. orienteur/mesure civile) ;

2. Affichage, ⩽ 2 mois, *et/ou* (L. n° 2011-525, 17 mai 2011) diffusion de la décision ou d'extraits dans deux journaux régionaux ou locaux diffusés dans tout le département, aux frais (⩽ amende encourue) du condamné (C. urb., art. L. 480-5 ; C. pén., art. 131-35).

PERSONNE MORALE

PP **Délit.** Amende ⩽ **quintuple** de celle encourue par les personnes physiques (C. urb., art. L. 480-4, L. 480-4-2 ; C. pén., art. 131-38).

PC 1. Interdiction, définitive ou ⩽ 5 ans, une ou plusieurs activités professionnelles ou sociales en relation avec l'infraction (C. urb., art. L. 480-4-2 ; C. pén., art. 131-39, 2°) ;

2. Surveillance judiciaire ⩽ 5 ans, sauf personnes morales de droit public, partis, groupements politiques, syndicats (C. urb., art. L. 480-4-2 ; C. pén., art. 131-39 3°, 131-46) ;

3. Fermeture, définitive ou ⩽ 5 ans, d'un ou plusieurs établissements en relation avec l'infraction (C. urb., art. L. 480-4-2 ; C. pén., art. 131-39 4°) ;

4. Exclusion, définitive ou ⩽ 5 ans marchés publics (C. urb., art. L. 480-4-2 ; C. pén., art. 131-39 5°) ;

5. Affichage, ⩽ 2 mois, *et/ou* (L. n° 2011-525, 17 mai 2011) diffusion de la décision ou d'extraits aux frais (⩽ amende encourue) du condamné (C. urb., art. L. 480-4-2 ; C. pén., art. 131-39 9°, 131-48 et 131-35).

■ ORIENTEUR

AUTRE QUALIFICATION

▪ **Immeuble classé ou inscrit – Non respect des obligations de protection – Infractions pénales et administratives.** S'agissant des travaux ou modifications apportées sans autorisation administrative à un immeuble **inscrit ou classé au titre des monuments historiques**, ou situé aux **abords d'un monument historique** ou dans le périmètre d'un **site patrimonial remarquable**, C. patr., art. L. 641-1 et L. 642-1, v. n° 31.64.

TEXTE DE RÉFÉRENCE

▪ **Constructions soumises au permis de construire.** Les constructions nouvelles, même ne comportant pas de fondations, doivent être précédées de la délivrance d'un permis de construire (C. urb., art. L. 421-1 et R. 421-1). Certains travaux, installations et aménagements affectant l'utilisation des sols doivent également faire l'objet d'un permis de construire, notamment lorsqu'ils ont pour effet la création d'une surface de plancher ou d'une emprise au sol > 20 m² (C. urb., art. L. 421-1 et R. 421-14). Sont toutefois exemptées de permis de construire certains travaux dont la liste est fixée par décret qui, en raison de leurs dimensions, nature ou de leur localisation, ne sont soumis qu'à déclaration préalable (C. urb., art. L. 421-4) (v. ci-dessous). D'autres travaux ou ouvrages, dont la liste est également fixée par décret, sont exemptés de toutes formalités (C. urb., art. L. 421-5) (v. ci-dessous).

▪ **Constructions soumises à déclaration préalable.** Sont notamment exemptés de permis de construire mais soumis avant leur commencement à déclaration préalable auprès du maire de la commune les constructions ou travaux suivants : constructions d'une surface > 5 m² et ⩽ 20 m² d'une hauteur < 12 m, habitations légères de loisirs < 35 m², piscines non couvertes ⩽ 100 m², châssis et serres dont la hauteur au sol > 1,50 m et la surface au sol ⩽ 2 000 m², murs d'une hauteur > 2 m, les clôtures en secteur sauvegardé, site inscrit ou en cas de disposition du PLU ou de délibération de la commune (C. urb., art. L. 421-4, R. 421-9 à R. 421-12). Lorsque les travaux font l'objet d'une déclaration préalable, l'autorité compétente doit s'opposer à leur exécution ou imposer des prescriptions lorsqu'ils ne sont pas conformes aux dispositions législatives et réglementaires relatives notamment à l'utilisation des sols, à l'implantation, la destination, la nature, l'architecture, les dimensions (C. urb., art. L. 421-7).

▪ **Constructions exemptées de permis de construire et de déclaration préalable.** Sont notamment exemptés les constructions ou travaux suivants : constructions nouvelles d'une surface ⩽ 5 m² et d'une hauteur < 12 m, éoliennes terrestres < 12 m, ouvrages d'énergie solaire < 1,80 m, piscines < 10 m², murs < 2 m (sauf régime particulier des clôtures), travaux de ravalement sauf secteur sauvegardé ou site inscrit, constructions temporaires pour une durée < 3 mois (C. urb., art. L. 421-5 et R. 421-2 à R. 421-8-2).

▪ **Plan local d'urbanisme.** Le plan local d'urbanisme (PLU) est un acte administratif qui succède au plan d'occupation des sols (POS). Il est élaboré à l'initiative et sous la responsabilité de l'établissement public intercommunal ou de la commune (C. urb., art. L. 153-8). Il est approuvé par l'organe délibérant de cet établissement intercommunal ou de la commune (C. urb., art. L. 153-21) et devient exécutoire après avoir été publié et transmis à l'autorité compétente de l'État (C. urb., art. L. 153-23 et L. 153-24). Le PLU comprend notamment un **règlement**, accompagné le cas échéant des documents graphiques (C. urb., art. L. 151-2) qui fixe les « *règles générales et les servitudes d'utilisation des sols* » (C. urb., art. L. 151-8), ainsi que des « *orientations d'aménagement et de programmation* ». « *Tous travaux, constructions, aménagements, plantations, affouillements ou exhaussements des sols, et ouverture d'installations classées* » doivent être conformes au règlement et à ses documents graphiques et doivent être « *compatibles.../...avec les orientations d'aménagement et de programmation* » (C. urb., art. L. 152-1). « *En cas d'infraction aux dispositions des plans locaux d'urbanisme, les articles L. 480-1 à L. 480-9 du code de l'urbanisme [réprimant les faits de constructions sans permis de construire ou sans déclaration préalable] sont applicables* » (C. urb., art. L. 610-1). Lorsque la commune ou l'établissement intercommunal n'a pas élaboré de PLU ou mis son POS en forme de PLU, le POS est caduc à compter du 31 déc. 2015 et le règlement national d'urbanisme s'y substitue au 1er janvier 2016 (C. urb., art. L. 152-1). Sous les conditions définies au C. urb., art. L. 174-2 et L. 174-4, le POS peut toutefois être maintenu provisoirement en vigueur. Dans ce cas, le POS a les mêmes effets que le PLU (C. urb., art. L. 174-4).

▪ **Carte communale.** La commune ou l'établissement public intercommunal compétent en matière d'urbanisme qui n'est pas doté d'un PLU peut élaborer une carte communale (C. urb., art. L. 160-1). Ce document comporte en annexe les servitudes d'utilité publique affectant le sol (C. urb., art. L. 161-1), précise les modalités d'application de la règlementation de l'urbanisme (C. urb., art. L. 161-2) et délimite les secteurs où les constructions sont autorisées (C. urb., art. L. 161-4). Cet acte administratif est approuvé par délibération du conseil municipal ou de l'établissement public (C. urb., art. L. 163-6) et transmis pour approbation au représentant de l'État (C. urb., art. L. 163-7).

▪ **Règlement national d'urbanisme.** Le règlement national d'urbanisme, et les sujétions qu'il impose pour les constructions et travaux, s'applique dans les territoires ou un PLU, un document d'urbanisme en tenant lieu ou une carte communale n'est pas applicable (C. urb., art. L. 111-1 s. et R. 111-1 s.). Ainsi, les constructions sont notamment interdites dans les parties non urbanisées de la commune, sauf l'adaptation des constructions existantes dans le respect des traditions architecturales locales, celles nécessaires à l'exploitation agricole, ou celles autorisées sur délibération motivée du conseil municipale pour l'intérêt de la commune (C. urb., art. L. 111-3 et L. 111-4). Les manquements aux dispositions des articles L. 111-1 à L. 111-10, L. 111-15, L. 111-23, L. 115-3 et L. 131-1 à L. 131-7 ainsi que par les règlements pris pour leur application sont incriminés par C. urb., art. L. 610-1 qui renvoie aux sanctions prévues par L. 480-4.

ÉLÉMENT MATÉRIEL

▪ **Imputabilité de l'infraction.** Les infractions sont imputables aux utilisateurs du sol, bénéficiaires des travaux, architectes et entrepreneurs ou autres personnes responsables de l'exécution des travaux (C. urb., art. L. 480-4).

▪ **Concours de qualification – Règle non bis in idem.** « *En retenant les qualifications d'exécution de travaux non autorisés par un permis de construire et en méconnaissance du règlement national d'urbanisme, par création de murets ayant conduit au rétrécissement de la chaussée et pour lesquels l'obtention d'une autorisation d'urbanisme n'était pas possible en raison de l'atteinte à la sécurité publique, la cour d'appel n'a pas méconnu le principe ne bis in idem, dès lors que la seconde incrimination vise à préserver l'intégrité du domaine public routier, de sorte que seul le cumul de ces deux chefs de poursuite permet d'appréhender l'action délictueuse dans toutes ses dimensions.* » (Crim. 31 mars 2020, nº 19-83.938, D, § 16). Dans le même sens, pour le cumul des qualifications de défaut de déclaration de travaux et de violation du plan local d'urbanisme, qui « *permet d'appréhender l'action délictueuse dans toutes ses dimensions* » (Crim. 22 oct. 2019, nº 18-86.313, D), ou qui « *procède d'intentions coupables différentes* » (Crim. 10 sept. 2019, nº 18-85.194, D). • **Renvoi.** Sur l'application de la règle *non bis in idem* en cas de concours d'infraction, v. nº **17.32B2**.

▪ **Utilisation du sol en méconnaissance du PLU.** L'utilisation du sol en méconnaissance du PLU (ou du POS) (ex. transformation d'un logement unique en plusieurs logement sans création de places de parking correspondants) s'apprécie au regard de la dernière version de ce document applicable avant l'achèvement des travaux (Crim. 14 févr. 2023, n° 22-81.034, D, § 10 et 13). Dans cette même affaire, il avait été préalablement dit que « *les constructions, aménagements, installations et travaux dispensés de toute formalité au titre du code de l'urbanisme doivent être conformes aux dispositions [...] relatives, notamment, à l'utilisation des sols et à l'aménagement des abords, entrées en vigueur avant l'achèvement des travaux* » (Crim. 27 sept. 2016, n° 15-82.796, D).

RÉGIME PROCÉDURAL

▪ **Compétence juridictionnelle. Juge unique** (C. pr. pén., art. 398-1 7°, v. n° **17.15D2**).

▪ **Ordonnance pénale. Possible** (C. pr. pén., art. 495-II, v. n° **15.48B1** et tableau n° **17.15D2**).

▪ **Mesure provisoire. L'interruption judiciaire des travaux** peut être ordonnée par le juge d'instruction saisi ou le tribunal correctionnel, d'office ou sur réquisition du ministère public agissant sur requête du maire, du fonctionnaire compétent ou d'une association agréée de protection de l'environnement. L'autorité judiciaire statue après avoir entendu ou convoqué le bénéficiaire des travaux. La décision judiciaire est exécutoire sur minute nonobstant toute voie de recours (C. urb., art. L. 480-2). La continuation des travaux malgré la décision judiciaire d'interruption est un délit (3 mois d'emprisonnement, 75 000 €) (C. urb., art. L. 480-3, *N* ***4582.co***). Le maire peut prendre toutes mesures de coercition (saisie des matériaux ou du matériel de chantier, apposition des scellés) pour assurer l'application immédiate de la décision judiciaire d'interruption des travaux (v. cet orienteur, Mesure administrative > Mesures provisoires (C. urb., art. L. 480-3).

▪ **Exception d'illégalité du document d'urbanisme.** L'illégalité pour vice de forme ou de procédure d'un schéma de cohérence territoriale, d'un plan local d'urbanisme, d'une carte communale ou d'un document d'urbanisme en tenant lieu ne peut être invoquée par voie d'exception, après l'expiration d'un délai de six mois à compter de la prise d'effet du document en cause, sauf si le vice allégué est soit la méconnaissance substantielle ou la violation des règles de l'enquête publique sur les schémas de cohérence territoriale, les plans locaux d'urbanisme et les cartes communales, soit l'absence du rapport de présentation ou des documents graphiques (C. urb., art. L. 600-1) (Sur l'exception d'illégalité de l'acte administratif servant de base aux poursuites, v. n° **17.26A**). Notons que l'illégalité de l'acte administratif réglementaire (PLU) qui sert de base aux poursuites ne fait pas disparaître l'infraction lorsque cette dernière tire aussi son fondement d'un autre acte administratif dont l'illégalité n'est pas soulevée (plan de prévention des risques naturels prévisibles (PPRI)) (Crim. 21 juin 2022, n° 21-81.392, D).

▪ **Effet de la déclaration d'achèvement et de conformité.** « *ni la déclaration d'achèvement de conformité des travaux ni l'attestation certifiant que la conformité des travaux avec le permis n'a pas été contestée* », délivrées en application de C. urb., art. L. 462-1 et R. 462-10, « *n'ont [...] d'effet sur l'action publique* » (Crim. 3 déc. 2019, n° 18-86.032, P).

▪ **Prescription de l'action publique. • Effet de la prescription de l'action publique.** « *la prescription de l'action publique ôte aux faits poursuivis tout caractère délictueux* », ainsi, « *en raison de la prescription, le bâtiment existant [doit] être considéré comme implanté régulièrement* » (Crim. 27 oct. 1993, n° 92-82.374, n° 320). En revanche, « *les travaux réalisés sur une construction existante, même illégalement édifiée, sont soumis aux prescriptions du code de l'urbanisme* » (Crim. 15 avr. 2008, n° 07-84.150, P n° 100). De même, une mesure de démolition portant à la fois sur une première construction irrégulièrement édifiée mais couverte par la prescription ainsi que sur son extension irrégulière mais non prescrite est admise, ces deux constructions constituant « *un ensemble indissociable* » (Crim. 18 mai 2005, n° 04-86.697, D). **• Point de départ de la prescription de l'action publique.** « *s'agissant d'un ensemble de travaux procédant d'une entreprise unique, la prescription ne courait qu'à la date à laquelle l'immeuble était en état d'être affecté à sa destination* » (§ 11) (Crim. 14 sept. 2021, n° 20-86.773, D). « *en matière d'urbanisme, le délai de prescription de l'action publique ne commence à courir qu'à compter de l'achèvement de l'ensemble des travaux* » (Crim. 21 févr. 2012, n° 11-82.311, D). « *en matière d'urbanisme, la prescription ne commence à courir qu'à compter de l'achèvement d'un ensemble de travaux relevant d'une entreprise unique* » (Crim. 5 déc. 2006, n° 06-82.459, D).

▪ **Droit de visite et de communication.** Les agents de contrôle « *peuvent visiter les lieux accueillants ou susceptibles d'accueillir des constructions, aménagements, installations et travaux .../... afin de vérifier que ces dispositions sont respectées et se faire communiquer tous documents se rapportant à la réalisation de ces* *opérations* » (C. urb., art. L. 461-1). Ce « *droit de visite et de communication .../...s'exerce jusqu'à six ans après l'achèvement des travaux* » (C. urb., art. L. 461-1), à toute heure si les lieux sont ouverts au public, ou entre 6 H 00 et 21 H 00 et avec l'assentiment de l'occupant (C. urb., art. L. 461-2), ou avec l'autorisation du JLD en cas de refus (C. urb., art. L. 461-3). « *Le fait de faire obstacle* » aux fonctions des agents de contrôle est puni de 6 mois d'emprisonnement et de 7 500 € d'amende » (C. urb., art. L. 480-12), qu'il s'agisse de leur mission de recherche et de constatation des infractions (*N* ***33058.co*** ; par personne morale : *N* ***33367.co***), ou de leur mission de contrôle administratif de la conformité des constructions (*N* ***33057.co*** ; par personne morale : *N* ***33366.co***).

MESURE ADMINISTRATIVE

▪ **Mesure provisoire. Arrêté d'interruption des travaux.** Dès qu'un procès-verbal relevant l'infraction est relevé, le maire peut, si l'autorité judiciaire ne s'est pas encore prononcée (v. cet orienteur, Régime procédural > Mesures provisoires), ordonner par **arrêté motivé l'interruption des travaux**. Copie de cet arrêté est transmise sans délai au ministère public. L'autorité judiciaire peut à tout moment, d'office ou à la demande du maire ou du fonctionnaire compétent, se prononcer sur la mainlevée ou le maintien des mesures prises pour assurer l'interruption des travaux. L'arrêté d'interruption des travaux cesse d'avoir effet en cas de décision de non-lieu ou de relaxe (C. urb., art. L. 480-2). La continuation des travaux malgré l'arrêté d'interruption est un délit (3 mois d'emprisonnement, 75 000 €) (C. urb., art. L. 480-3, *N* ***4582.co***).

▪ **Exécution de la mesure provisoire.** Le maire peut prendre toutes mesures de coercition pour assurer l'application immédiate de son arrêté ou de la décision judiciaire d'interruption des travaux (v. Régime procédural/Mesure provisoire). Il peut notamment procéder à la **saisie des matériaux ou du matériel de chantier** et à **l'apposition des scellés** (C. urb., art. L. 480-2). Le bris de scellés apposés par l'autorité publique est passible de 2 ans d'emprisonnement et 30 000 € d'amende (C. pén., art. 434-22, v. n° 25.40).

MESURE CIVILE

▪ **Mise en conformité ou démolition. • Nature non pénale de la mise en conformité.** La mise en conformité des lieux ou des ouvrages, la démolition de ces derniers ou la réaffectation du sol, prévues par **C. urb., art. L. 480-5**, constituent des **mesures à caractère réel** destinées à faire cesser une situation illicite, et non des peines complémentaires, seules susceptibles d'être prononcées à titre principal (3e Civ., 22 nov. 2006, n° 05-14.833, P n° 235 ; Crim. 6 nov. 2012, n° 12-82.449, P n° 239). Ces mesures peuvent donc être prononcées à l'encontre d'une personne morale, bien qu'elles ne figurent pas parmi les peines énumérées au C. urb., art. L. 480-4-2. De nature non pénale, leur prononcé n'obéit pas aux exigences de motivation imposées pour les peines par C. pén., art. 132-1 (Crim. 27 juin 2023, n° 22-84.804, § 7, P). **• Droit au respect de la vie familiale et proportionnalité de la mesure de remise en état.** Est cassé l'arrêt qui ne répond pas « *aux chefs péremptoires des conclusions des parties, selon lesquels une mesure de remise en état porterait une atteinte disproportionnée au droit au respect de la vie familiale* » (Crim. 14 déc. 2021, n° 20-84.114, D). **• Mise en œuvre de la mesure réelle de mise en conformité.** La mise en conformité ou démolition ne peut intervenir qu'au vu des **observations écrites ou après audition du maire ou du fonctionnaire compétent** (représentant de la DDE) (C. urb., art. L. 480-5). La décision peut être prise même en l'absence d'avis en ce sens de ces autorités. Elle peut être prononcée par le tribunal correctionnel, s'il est saisi, nonobstant le constat de l'extinction de l'action publique, ou par le tribunal judiciaire du lieu de l'immeuble statuant comme en matière civile, sur requête du parquet, formée à la demande du maire ou du fonctionnaire compétent (C. urb., art. L. 480-6). **• Cas de la mesure de démolition.** « *Le propriétaire ne peut être condamné par un tribunal de l'ordre judiciaire à la démolir du fait de la méconnaissance des règles d'urbanisme ou des servitudes d'utilité publique que si, préalablement, le permis a été annulé pour excès de pouvoir par la juridiction administrative* » et si la construction est située dans l'une des zones ou espaces naturels spécialement visés (C. urb., art. L. 480-13). De même, « *lorsqu'une construction a été irrégulièrement édifiée sans autorisation, la délivrance ultérieure d'une autorisation tacite, si elle ne fait pas disparaître l'infraction consommée, fait obstacle à une mesure de démolition ou de remise en état des lieux, tant qu'elle n'a pas été annulée* » (Crim. 21 févr. 2017, n° 15-84.507, D). Toutefois, « *le juge répressif est compétent pour constater l'inexistence d'un permis de construire obtenu frauduleusement* », dans un tel cas, le juge peut ordonner la démolition (Crim. 9 sept. 2003, n° 02-84.334, P n° 155). **• Extension de la démolition à des constructions non visées aux poursuites : ensemble indivisible.** Est censurée la décision qui ordonne la démolition de constructions non visées dans l'acte de poursuite au motif que les constructions « *constituent un* *ensemble indissociable [...] et que, si la prescription a ôté à la construction existante son caractère délictueux, l'ensemble est néanmoins soumis à permis de construire* » (§ 8) car la cour d'appel « *ne pouvait ordonner la remise en état de l'ensemble des constructions sans mieux caractériser en quoi la construction existante, qui n'était pas visée dans les poursuites, formait avec les seules constructions objet de la déclaration de culpabilité un tout indivisible, lequel suppose un ensemble d'éléments ne pouvant subsister les uns sans les autres* » (Crim. 16 mai 2023, n° 22-83.634, P). • **Poursuites simplifiées.** Les mesures de mise en conformité et de démolition peuvent également être ordonnées en cas de condamnation par ordonnance pénale délictuelle (prévue par C. pr. pén., art. 495 à 495-6, v. n° **15.48** s.) ou selon la procédure de CRPC (prévue par C. pr. pén., art. 495-7 à 495-16, v. n° **15.53** s.) (C. urb., art. L. 480-5 mod. par L. n° 2021-1104, 22 août 2021). • **Astreinte.** L'astreinte prononcée le cas échéant sur le fondement de C. urb., art. L. 480-7 par le tribunal pour assurer l'exécution de la mise en conformité est recouvrée par l'État et reversée à la commune partie civile (C. urb., art. L. 480-8). Elle « *est une mesure à caractère réel destinée à mettre un terme à une situation illicite et non une peine* » (Crim. 28 juin 2016, n° 15-84.968, P n° 202). La juridiction correctionnelle saisie d'un incident contentieux relatif à l'exécution de l'astreinte en application de C. pr. pén., art. 710 et 711 « *ne peut statuer sur un incident contentieux concernant l'exécution d'une précédente décision sans que toutes les parties intéressées aient été mises en demeure de faire connaître leurs observations* » (§ 13) (Crim. 18 mai 2021, n° 20-83.635, D), il en résulte notamment que la commune concernée doit être appelée à l'instance. La juridiction statue alors en audience publique car « *aucune disposition du code de l'urbanisme ne déroge à la règle de publicité des débats lorsque la juridiction correctionnelle est saisie de toute demande relative à une astreinte prononcée en application* » de C. urb., art. L. 480-7 (même décision et, notamment, Crim. 28 juin 2016, n° 15-84.067 ; Crim. 24 mars 2015, n° 13-86.327, P n° 63). L'action en liquidation de l'astreinte prononcée au titre des intérêts civils est portée devant la juridiction pénale, elle se prescrit par dix ans, en application de CPCE, art. L. 111-3 et L. 111-4 (Crim. 31 mai 2023, n° 22-81.234). • **Exécution d'office des travaux de démolition ou de mise en conformité.** « *Si, à l'expiration du délai fixé par le jugement, la démolition, la mise en conformité ou la remise en état ordonnée n'est pas complètement achevée, le maire ou le fonctionnaire compétent peut faire procéder d'office à tous travaux nécessaires à l'exécution de la décision de justice aux frais et risques du bénéficiaire des travaux irréguliers ou de l'utilisation irrégulière du sol* » (C. urb., art. L. 480-9).

▪ **Constitution de partie civile.** • **La commune et l'établissement public de coopération intercommunal** compétent en matière d'urbanisme peuvent exercer les droits reconnus à la partie civile en ce qui concerne les faits commis sur leur territoire et constituant une infraction à C. urb., art. L. 610-1 et L. 480-4 (C. urb., art. L. 610-1 et L. 480-1). • Il en est de même pour toute **association agréée de protection de l'environnement** pour ce qui concerne les faits portant un préjudice direct ou indirect aux intérêts collectifs qu'elle a pour objet de défendre (C. urb., art. L. 610-1 et L. 480-1). C. envir., art. L. 142-2 prévoit également que les associations agréées peuvent exercer les droits reconnus à la partie civile en ce qui concerne les faits portant un préjudice direct ou indirect aux intérêts collectifs qu'elles défendent et constituant une infraction aux dispositions législatives relatives notamment à la protection de l'environnement ou en matière d'urbanisme (v. également n° **31.1**). • **Mesure de démolition réparant le dommage**. Indépendamment de la mesure réelle de mise en conformité ordonnée par le tribunal, même en l'absence de constitution de partie civile, en application de C. urb., art. L. 480-5 (v. ci-dessus), la remise en état des lieux sous astreinte ordonnée à la demande de la partie civile constitue « *non seulement une mesure propre à réparer le dommage environnemental né des infractions, mais aussi proportionnée au regard de la gravité de l'atteinte portée à un site remarquable par une construction illicite* » (Crim. 23 juin 2020, n° 19-81.106, D). Sur ce point, précisons qu'« *aucune disposition du code de l'urbanisme ne s'oppose à ce que la remise en état soit ordonnée cumulativement au titre de l'action publique et au titre de l'action civile* » (Crim. 8 déc. 2020, n° 19-84.245, P). • **Exécution d'office des travaux par la partie civile.** Même en l'absence de mise en œuvre de ses prérogatives d'exécution d'office par l'administration, qu'elle tient de C. urb., art. L. 480-9 (v. dessus), la partie civile est sans qualité pour solliciter, dans le cadre d'une requête en incident d'exécution fondée sur C. pr. pén., art. 710, non seulement la liquidation de l'astreinte mais aussi l'exécution forcée de la mesure de démolition de la construction illégale prononcée au titre de l'action publique sur le fondement de C. urb., art. L. 480-5, (Crim. 16 déc. 2014, n° 13-87.390, P n° 275).

RÉGIME DES PEINES

▪ **Information de l'administration.** Le ministère public doit porter les décisions prononcées à la connaissance du directeur départemental de l'équipement (Circ. MJ66F641, 20 mars 1975).

▪ ÉLÉMENTS CONSTITUTIFS – QUALIFICATION

✧ Pour avoir à .... [¤ lieu], le .... [¤ date], exécuté des travaux ou utilisé le sol [⇨A à G :]

A. sans permis de construire (C. urb., art. L. 421-1, R. 421-1 et R. 421-14) (A : *N* ***341.ju*** ; récidive : *N* ***9154.ju*** ; par personne morale : *N* ***24120.ju***)...

B. en méconnaissance des obligations imposées par le permis de construire (C. urb., art. L. 421-1) (B : *N* ***341.ju*** ; récidive : *N* ***9154.ju*** ; par personne morale : *N* ***24120.ju***)...

C. sans déclaration préalable avant le commencement des travaux, s'agissant de travaux exemptés du permis de construire mais soumis à déclaration préalable (C. urb., art. L. 421-4, R. 421-1, R. 421-9 à R. 421-12) (C : *N* ***5969.ju*** ; récidive : *N* ***22973.ju*** ; par personne morale : *N* ***26364.ju***)...

D. sans déclaration préalable avant le commencement des travaux, s'agissant de travaux de clôture soumis à déclaration préalable (C. urb., art. L. 421-4, R. 421-1 et R. 421-12) (D : *N* ***4228.ju*** ; récidive : *N* ***8659.ju*** ; par personne morale : *N* ***33080.ju***)...

E. en méconnaissance du plan local d'urbanisme (ou du plan d'occupation des sols maintenu provisoirement en vigueur) (C. urb., art. L. 151-2, L. 151-8, L. 152-1, L. 174-4 et L. 610-1) (E : *N* ***4572.ju*** ; récidive : *N* ***8315.ju*** ; par personne morale : *N* ***25031.ju***)...

F. en méconnaissance du règlement national d'urbanisme (C. urb., art. L. 111-1 à L. 111-10, L. 111-15, L. 111-23, L. 115-3, L. 131-1 à L. 131-7 et L. 610-1) (F : *N* ***23018.ju*** ; récidive : *N* ***23023.ju*** ; par personne morale : *N* ***#.ju***)...

G. en méconnaissance des dispositions interdisant les constructions nouvelles dans la partie non urbanisée d'une commune dépourvue de plan local d'urbanisme ou de carte communale (C. urb., art. L. 111-3, L. 111-4 et L. 610-1) (G : *N* ***23020.ju*** ; récidive *N* ***23025.ju*** ; par personne morale : *N* ***#.ju***)...

... en l'espèce en .... [¤ matérialiser le cas échéant l'infraction].

Faits prévus et réprimés par les articles [• du cas sélectionné] + L. 480-4, L. 480-5, L. 480-7 et L. 480-4-1 du code de l'urbanisme. ✧

31.48 Habitat insalubre – Infractions du code de la santé publique (CSP, art. L. 1337-4) (abrogé et transféré au C. constr., art. L. 511-22, Ord. n° 2020-1144, 16 sept. 2020)

▪ PEINES

PERSONNE PHYSIQUE

PP Délit. ~~Cas A et B : 1 an~~ d'emprisonnement, ~~50 000 €. Cas C : 2 ans~~ d'emprisonnement, ~~75 000 €. Cas D à G : 3 ans~~ d'emprisonnement, ~~100 000 € (CSP, art. L. 1337-4).~~

PC ~~1. Confiscation du fonds de commerce ou de l'immeuble destiné à l'hébergement des personnes et ayant servi à commettre l'infraction (CSP, art. L. 1337-4 ; C. pén., art. 131-21) ;~~

~~2. Confiscation de l'usufruit de tout ou partie des biens, quelle qu'en soit la nature, meubles ou immeubles, divis ou indivis, ayant servi à commettre l'infraction (CSP, art. L. 1337-4 ; C. pén., art. 131-21) ;~~

~~3. Interdiction ⩽ 5 ans d'exercer une activité professionnelle ou sociale (sauf mandat électif ou responsabilités syndicales) sciemment utilisée pour préparer ou commettre l'infraction (CSP, art. L. 1337-4 ; C. pén., art. 131-27 et 131-28) ;~~

~~4. Interdiction ⩽ 5 ans d'acheter, à titre personnel, en tant qu'associé ou mandataire social d'une SCI ou SNC se portant acquéreur, ou sous forme de parts immobilières, un bien immobilier à usage d'habitation (sauf pour son occupation à titre personnel), ou un fonds de commerce d'un Ets recevant du public à usage total ou partiel d'hébergement (CSP, art. L. 1337-4).~~

PERSONNE MORALE

PP Délit. Cas A et B : 250 000 €. Cas C : 375 000 €. Cas D à G : 500 000 € (CSP, art. L. 1337-4 ; C. pén., art. 131-38).

PC 1. Interdiction, définitive ou ⩽ 5 ans, une ou plusieurs activités professionnelles ou sociales en relation avec l'infraction (CSP, art. L. 1337-4 ; C. pén., art. 131-39, 2°) ;

2. Fermeture, définitive ou ⩽ 5 ans, d'un ou plusieurs établissements en relation avec l'infraction (CSP, art. L. 1337-4 ; C. pén., art. 131-39 4°) ;

3. Confiscation (réelle ou en valeur) fonds de commerce ou immeuble destiné à l'hébergement des personnes et ayant servi à commettre l'infraction (CSP, art. L. 1337-4 ; C. pén., art. 131-39 8° et 131-21) ;

4. Affichage, ⩽ 2 mois, *et/ou* (L. n° 2011-525, 17 mai 2011) diffusion de la décision ou d'extraits aux frais (⩽ amende encourue) du condamné (CSP, art. L. 1337-4 ; C. pén., art. 131-39 9°, 131-48 et 131-35).

■ ORIENTEUR

AUTRE QUALIFICATION

▪ **Conditions de travail ou d'hébergement contraires à la dignité.** V. n° 20.122.

▪ **Habitat indigne – Bâtiment menaçant ruine.** Dispositions antérieures à Ord. 2020-1144, 16 sept. 2020, entrée en vigueur le 1er janv. 2021 (art. 19), v. n° 31.49.

▪ **Habitat indigne – Immeuble insalubre ou en situation d'insécurité (C. constr., art. L. 511-22 issu Ord. n° 2020-1144, 16 sept. 2020).** V. n° 31.50.

▪ **Habitat indigne – Infractions relatives à la protection des occupants (C. constr., art. L. 521-4).** V. n° 31.51.

ÉLÉMENT LÉGAL

▪ **Application de la loi dans le temps.** Les incriminations auparavant contenues dans le CSP, art. L. 1337-4 ont été transférées à droit quasi constant au C. constr., art. L. 511-22, par Ord. n° 2020-1144, 16 sept. 2020, entrée en vigueur le 1er janv. 2021 (art. 19). Ce texte a harmonisé et simplifié les polices administratives spéciales des immeubles en péril et des immeubles insalubres en unifiant leur régime (C. constr., art. L. 511-1 s.). Les anciennes dispositions ci-contre sont ici maintenues pour mémoire au titre du droit transitoire. Les nouvelles dispositions figurent au n° 31.50.

RÉGIME PROCÉDURAL

▪ **Compétence juridictionnelle.** Juge unique (C. pr. pén., art. 398-1 12°, v. n° *17.15D2*).

▪ **Ordonnance pénale.** Possible (C. pr. pén., art. 495-II, v. n° *15.48B1* et tableau n° *17.15D2*).

■ ÉLÉMENTS CONSTITUTIFS – QUALIFICATION

✧ Pour avoir à .... [¤ lieu], le .... [¤ date], [⇨ A à G :]

A. alors qu'il avait l'usage de locaux ou d'installations en l'espèce [......... décrire les lieux concernés], ou qu'il les avait mis à disposition, omis de déférer à l'injonction du représentant de l'État, notifiée le [......... date de la notification], prise après avis de la commission départementale compétente, de rendre leur utilisation conforme, dans le délai fixé, aux prescriptions édictées aux motifs que l'utilisation qui était faite des locaux ou installations présentait un danger pour la santé ou la sécurité des occupants (CSP, art. L. 1331-24) (*N* ***3629.ju*** ; par personne morale : *N* ***31828.ju***) ;

B. étant propriétaire ou exploitant de locaux d'hébergement, en l'espèce [......... décrire les lieux concernés], refusé, sans motif légitime et après une mise en demeure, d'exécuter les mesures prescrites par arrêté du représentant de l'État, notifiée le [......... date de la notification], après avis de la commission départementale compétente, pour remédier à l'insalubrité (CSP, art. L. 1331-28 II) (*N* ***26537.ju*** ; par personne morale : *N* ***31830.ju***) ;

C. ayant mis à disposition des locaux, en l'espèce [......... décrire les lieux concernés], aux fins d'habitation, à titre gratuit ou onéreux, dans des conditions conduisant manifestement à leur sur-occupation, omis de déférer à la mise en demeure du représentant de l'État, notifiée le [......... date de la notification], de faire cesser la situation dans le délai fixé (CSP, art. L. 1331-23) (*N* ***26538.ju*** ; par personne morale : *N* ***31831.ju***) ;

~~D. ayant mis à disposition aux fins d'habitation, à titre gratuit ou onéreux, des locaux consistant en caves, sous-sols, combles, pièces dépourvues d'ouverture sur l'extérieur ou d'autres locaux par nature impropres à l'habitation, en l'espèce [......... décrire les lieux concernés], omis de déférer à la mise en demeure du représentant de l'État, notifiée le [......... date de la notification], de faire cesser la situation dans le délai fixé (CSP, art. L. 1331-22) (*N* ***3628.ju*** ; par personne morale : *N* ***31827.ju***) ;~~

~~E. dégradé, détérioré, détruit des locaux ou rendu ces derniers impropres à l'habitation de quelque façon que ce soit, dans le but d'en faire partir les occupants après la notification le [......... date de la notification], de la réunion de la commission départementale compétente en matière d'environnement, de risques sanitaires ou technologiques ou après la notification de la mise en demeure d'un arrêté du représentant de l'État, notifiée le [......... date de la notification], lui impartissant (CSP, art. L. 1331-23) (*N* ***22994.ju*** ; par personne morale : *N* ***31829.ju***) [⇨E1 à E4 :]~~

~~E1. de faire cesser la situation, dans le délai fixé, de mise à disposition aux fins d'habitation, de locaux consistant en caves, sous-sols, combles, pièces dépourvues d'ouverture sur l'extérieur ou d'autres locaux par nature impropres à l'habitation, (CSP, art. L. 1331-22) ;~~

~~E2. de faire cesser la situation de sur-occupation dans le délai fixé (CSP, art. L. 1331-23) ;~~

~~E3. de rendre l'utilisation de locaux conforme, dans le délai fixé, aux prescriptions édictées aux motifs que l'utilisation qui était faite des locaux ou installations présentait un danger pour la santé ou la sécurité des occupants, (CSP, art. L. 1331-24) ;~~

~~E4. de ne pas habiter ou de ne pas utiliser des installations dans un périmètre désigné par le représentant de l'État pour des raisons d'hygiène, de salubrité ou de sécurité, (CSP, art. L. 1331-25) ;~~

~~E5. de faire cesser un danger imminent pour la santé ou la sécurité des occupants lié à la situation d'insalubrité de l'immeuble, (CSP, art. L. 1331-26-1) ;~~

~~F. de mauvaise foi, omis de respecter une interdiction, notifiée le [......... date de la notification], d'habiter et le cas échéant d'utiliser des locaux prise par le représentant de l'État en application des articles L. 1331-22, L. 1331-23, L. 1331-24, L. 1331-25 et L. 1331-28 du code de la santé publique (*N* ***3619.ju*** ; par personne morale : *N* ***31826.ju***) ;~~

~~G. remis à disposition des locaux vacants ayant fait l'objet d'une injonction, notifiée le [......... date de la notification], du représentant de l'État de faire cesser la situation d'occupation de locaux par nature impropres à l'habitation (CSP, art. L. 1331-22) ; de faire cesser la situation de sur-occupation dans le délai fixé (CSP, art. L. 1331-23), de rendre l'utilisation de locaux conforme (CSP, art. L. 1331-24), de ne pas habiter ou de ne pas utiliser des installations (CSP, art. L. 1331-25), de remédier à l'insalubrité (CSP, art. L. 1331-28) (*N* ***1599.ju*** ; par personne morale : *N* ***31825.ju***).~~
~~Faits prévus et réprimés par les articles [• du cas sélectionné] + L. 1337-4 du code de la santé publique.~~ ✧

31.49 Habitat indigne – Bâtiment menaçant ruine (C. constr., art. L. 511-6) (abrogé et transféré au C. constr., art. L. 511-22, Ord. nº 2020-1144, 16 sept. 2020)

■ PEINES

PERSONNE PHYSIQUE

PP ~~Délit. Cas A : 1 an d'emprisonnement, 50 000 € (C. constr., art. L. 511-6 I) ;~~
~~Cas B et C : 3 ans d'emprisonnement, 100 000 € (C. constr., art. L. 511-6 II) ;~~

PC ~~1. Confiscation **obligatoire**, sauf dispense motivée, du fonds de commerce ou de l'immeuble destiné à l'hébergement des personnes et ayant servi à commettre l'infraction. En cas d'expropriation, la confiscation en valeur prévue au C. pén., art. 131-21, al. 9 est égale à l'indemnité d'expropriation (C. constr. ; art. L. 511-6 III 1°) ;~~

~~2. Interdiction ⩽ 5 ans de l'activité professionnelle ou sociale (sauf mandat électif ou syndical) sciemment utilisée pour préparer ou commettre l'infraction (C. constr. ; art. L. 511-6 III 2°) ;~~

~~3. Interdiction ⩽ 10 ans **obligatoire**, sauf dispense motivée, d'acheter, à titre personnel ou par une SCI ou SNC, un bien immobilier à usage d'habitation ou un fonds de commerce à~~

usage d'hébergement ou d'en être l'usufruitier (sauf pour l'habitation personnelle) (C. constr. ; art. L. 511-6 III 3°).

PERSONNE MORALE

PP Cas A : 250 000 € (C. constr., art. L. 511-6 I, C. pén., art. 131-38) ;
Cas B et C : 500 000 € (C. constr., art. L. 511-6 II, C. pén., art. 131-38).

PC 1. Interdiction, définitive ou ⩽ 5 ans, une ou plusieurs activités professionnelles ou sociales (C. constr., art. L. 511-6 IV, C. pén., art. 131-39 2°.) ;

2. Fermeture, définitive ou ⩽ 5 ans, d'un ou plusieurs établissements ayant servi à commettre les faits (C. constr., art. L. 511-6 IV, C. pén., art. 131-39 4°) ;

3. Confiscation **obligatoire**, sauf dispense motivée, du fonds de commerce ou de l'immeuble destiné à l'hébergement de personnes et ayant servi à commettre l'infraction. En cas d'expropriation, la confiscation en valeur prévue au C. pén., art. 131-21, al. 9 est égale à l'indemnité d'expropriation (C. constr., art. L. 511-6 IV, C. pén., art. 131-39 8° et 131-21) ;

4. Affichage, ⩽ 2 mois, et/ou diffusion de la décision ou d'extraits aux frais (⩽ amende encourue) du condamné (C. pén., art. 131-39 9° et 131-35, C. constr., art. L. 511-6 IV) ;

5. Interdiction ⩽ 10 ans **obligatoire**, sauf dispense motivée, d'acheter ou d'être usufruitier d'un bien immobilier à usage d'habitation ou d'un fonds de commerce recevant du public à usage d'hébergement (C. constr. ; art. L. 511-6 IV°).

■ ORIENTEUR

AUTRE QUALIFICATION

▪ **Conditions de travail ou d'hébergement contraires à la dignité.** V. n° 20.122.

▪ **Habitat insalubre – Infractions du code de la santé publique (CSP, art. L. 1337-4).** Dispositions antérieures à Ord. n° 2020-1144, 16 sept. 2020, entrée en vigueur le 1er janv. 2021 (art. 19), v. n° 31.48.

▪ **Habitat indigne – Immeuble insalubre ou en situation d'insécurité (C. constr., art. L. 511-22 issu Ord. n° 2020-1144, 16 sept. 2020).** V. n° 31.50.

▪ **Habitat indigne – Infractions relatives à la protection des occupants (C. constr., art. L. 521-4).** V. n° 31.51.

ÉLÉMENT LÉGAL

▪ **Application de la loi dans le temps.** La L. n° 2018-1021, 23 nov. 2018, a réécrit les dispositions relatives aux peines, supprimant la confiscation de l'usufruit auparavant prévue, ajoutant l'interdiction d'acheter en usufruit, et élevant de 5 à 10 ans l'interdiction d'acheter. Les incriminations auparavant contenues au C. constr., art. L. 511-6 ont été transférées à droit quasi constant au C. constr., art. L. 511-22, par Ord. n° 2020-1144, 16 sept. 2020, entrée en vigueur le 1er janv. 2021 (art. 19). Ce texte, complété par le D. n° 2020-1711, 24 déc. 2020 (C. constr., art. R. 511-1 s.) a harmonisé et simplifié les polices administratives spéciales des immeubles en péril et des immeubles insalubres en unifiant leur régime (C. constr., art. L. 511-1 s.). Les anciennes dispositions ci-contre sont ici maintenues pour mémoire au titre du droit transitoire. Les nouvelles dispositions figurent au n° 31.50.

TEXTE DE RÉFÉRENCE

▪ **Le régime de l'immeuble en péril.** • **Les conditions de l'arrêté de péril.** Le maire, ou à Paris le préfet de police, ou le maire de Paris s'il s'agit d'un immeuble d'habitation ou d'hébergement (C. constr., art. L. 511-2 VI et L. 511-7), « *peut prescrire la réparation ou la démolition des murs, bâtiments ou édifices quelconques lorsqu'ils menacent ruine et qu'ils pourraient, par leur effondrement, compromettre la sécurité ou lorsque, d'une façon générale, ils n'offrent pas les garanties de solidité nécessaires au maintien de la sécurité publique* » (C. constr., art. L. 511-1). Ces prescriptions prennent la forme d'un **arrêté de péril** qui met le propriétaire et le cas échéant l'exploitant en demeure d'effectuer les réparations nécessaires dans un délai déterminé (C. constr., art. L. 511-2 I et R. 511-1). L'arrêté est pris à l'issue d'une **procédure contradictoire** par laquelle le maire informe le propriétaire, en joignant tous éléments utiles relatifs aux désordres de l'immeuble, et l'invite à présenter ses observations dans un délai ⩾ 1 mois (C. constr., art. L. 511-2 I et R. 511-1). • **L'exécution des travaux.** Lorsque les travaux n'ont pas été réalisés dans les délais impartis par l'arrêté de péril, le maire met le propriétaire en demeure de les faire dans un délai ⩾ 1 mois et, à défaut de réalisation dans le délai imparti par la mise en demeure, procède d'office à leur exécution *« par décision motivée »* (C. constr., art. L. 511-2 V). L'inexécution des travaux par la propriétaire dans le délai imparti constitue une infraction si elle est constatée après mise en demeure (v. **Cas** A). • **L'astreinte pour la remise en état des locaux d'habitation.** Lorsque l'immeuble est à usage principal d'habitation ou reçoit du public aux fins d'hébergement, le propriétaire et l'exploitant sont redevables d'une astreinte fixée par le maire d'un montant maximal de 1 000 € par jour de retard si les travaux n'ont pas été réalisés dans le délai fixé par l'arrêté de péril, lequel doit en informer l'intéressé (C. constr., art. L. 511-2 IV et L. 511-2 I). • **L'arrêté de péril imminent.** *« En cas de péril imminent »*, après avoir averti le propriétaire, le maire peut demander la désignation d'un expert par la juridiction administrative et, si ce dernier conclut à *« l'existence d'un péril grave et imminent »*, ordonner *« les mesures provisoires nécessaires pour garantir la sécurité, notamment, l'évacuation de l'immeuble »*. Le maire les fait exécuter d'office aux frais du propriétaire si elles ne sont pas exécutées *« dans le délai imparti »* (C. constr., art. L. 511-3). • **L'interdiction d'habiter et l'obligation de relogement.** Lorsque le bâtiment ne garantit pas *« la sécurité des occupants, le maire peut assortir l'arrêté de péril d'une interdiction d'habiter et d'utiliser les lieux qui peut être temporaire ou définitive »* (C. constr., art. L. 511-2 I, infraction, v. **Cas** C1). L'arrêté précise la date à laquelle le propriétaire ou l'exploitant des locaux d'hébergement, qui est *« tenu d'assurer aux occupants un hébergement décent correspondant à leurs besoins »* (C. constr., art. L. 521-3-1 et L. 511-5), doit informer le maire de l'offre d'hébergement ou de relogement faite aux occupants (C. constr., art. L. 511-2 I). En outre, lorsque les travaux nécessaires pour remédier au danger les rendent temporairement inhabitables, le propriétaire et tenu d'assurer le relogement ou l'hébergement des occupants (C. constr., art. L. 511-5). Enfin, à compter de la notification de l'arrêté de péril, les locaux vacants ne peuvent être ni loués ni mis à disposition pour quelque usage que ce soit (C. constr., art. L. 511-5, infraction, v. **Cas** C2). • **Les modalités de notification des arrêtés.** Les notifications des arrêtés et mises en demeure sont effectuées par *« lettre remise contre signature »* (C. constr., art. L. 511-1-1 et R. 511-11). À défaut d'adresse connue, la notification est effectuée par affichage à la mairie et sur la façade de l'immeuble (C. constr., art. L. 511-1-1). Si l'immeuble est à usage d'hébergement, l'arrêté est également notifié à l'exploitant, ainsi qu'à l'occupant (C. constr., art. L. 511-1-1).

RÉGIME PROCÉDURAL

- Compétence juridictionnelle. **Juge unique** (C. pr. pén., art. 398-1 8°, v. n° *17.15D2*).
- Ordonnance pénale. **Possible** (C. pr. pén., art. 495-II, v. n° *15.48B1* et tableau n° *17.15D2*).

■ ÉLÉMENTS CONSTITUTIFS – QUALIFICATION

✧ Pour avoir à .... [¤ lieu], le .... [¤ date], [⇨A à C :]

A. refusé délibérément et sans motif légitime, après mise en demeure du [date de la mise en demeure] et constatation du [date de la constatation du défaut d'exécution des travaux], d'exécuter les travaux prescrits (C. constr., art., L. 511-6 I) (*N 25875.ju* ; par personne morale : ***N 31838.ju***) (⇨A1 ou A2)

A1. par un arrêté de péril du [date de l'arrêté] notifié le [date de la notification] pris en application de l'article L. 511-2 du code de la construction et de l'habitation ;

A2. par un arrêté de péril imminent du [date de l'arrêté] notifié le [date de la notification] pris en application de l'article L. 511-3 du code de la construction et de l'habitation ;

B. dans le but d'en faire partir les occupants, dégradé, détérioré, détruit ou rendu impropres à l'habitation de quelque façon que ce soit des locaux visés par un arrêté de péril du [date de l'arrêté] notifié le [date de la notification] (C. constr., art. L. 511-2 et L. 511-3) (***N 25621.ju*** ; par personne morale : ***N 31837.ju***) ;

C. de mauvaise foi (⇨C1 ou C2),

C1. omis de respecter une interdiction d'habiter et d'utiliser des locaux prise par un arrêté de péril du [date de l'arrêté] notifié le [date de la notification] (C. constr., art. L. 511-2 I) (***N 25876.ju*** ; par personne morale : ***N 31839.ju***) ;

C2. loué ou mis à disposition pour quelque usage que ce soit des locaux vacants alors qu'ils étaient visés par un arrêté de péril du [date de l'arrêté] notifié le [date de la notification] (C. constr., art. L. 511-5) (***N 25620.ju*** ; par personne morale : ***N 31836.ju***).

Faits prévus et réprimés par les articles L. 511-6 et [• du cas sélectionné] du code de la construction et de l'habitation. ✧

31.50 Habitat indigne – Immeuble insalubre ou en situation d'insécurité (C. constr., art. L. 511-22 issu Ord. nº 2020-1144, 16 sept. 2020)

■ **PEINES**

PERSONNE PHYSIQUE

PP Délit. Cas A : 1 an d'emprisonnement, **50 000 €** (C. constr., art. L. 511-22 I) ;

Cas B : 2 ans d'emprisonnement, **75 000 €** (C. constr., art. L. 511-22 II) ;

Cas C et D : 3 ans d'emprisonnement, **100 000 €** (C. constr., art. L. 511-22 III) ;

PC 1. Confiscation **obligatoire**, sauf dispense motivée, du fonds de commerce ou de l'immeuble destiné à l'hébergement des personnes et ayant servi à commettre l'infraction. En cas d'expropriation, la confiscation en valeur prévue au C. pén., art. 131-21, al. 9 est égale à l'indemnité d'expropriation (C. constr., art. L. 511-22 IV 1°) ;

2. Interdiction ⩽ 5 ans de l'activité professionnelle ou sociale (sauf mandat électif ou syndical) sciemment utilisée pour préparer ou commettre l'infraction (C. constr., art. L. 511-22 IV 2°) ;

3. Interdiction ⩽ 10 ans **obligatoire**, sauf dispense motivée, d'acheter, à titre personnel ou par une SCI ou SNC, un bien immobilier à usage d'habitation ou un fonds de commerce à usage d'hébergement ou d'en être l'usufruitier (sauf pour l'habitation personnelle) (C. constr., art. L. 511-22 IV 3°).

PERSONNE MORALE

PP Cas A : **250 000 €** (C. constr., art. L. 511-22 I ; C.-pén., art. 131-38) ;

Cas B : **375 000 €** (C. constr., art. L. 511-22 II ; C.-pén., art. 131-38) ;

Cas C et D : **500 000 €** (C. constr., art. L. 511-22 II ; C.-pén., art. 131-38).

PC 1. Interdiction, définitive ou ⩽ 5 ans, une ou plusieurs activités professionnelles ou sociales (C. constr., art. L. 511-22 V ; C. pén., art. 131-39 2°,) ;

2. Fermeture, définitive ou ⩽ 5 ans, d'un ou plusieurs établissements ayant servi à commettre les faits (C. constr., art. L. 511-22 V ; C. pén., art. 131-39 4°) ;

3. Confiscation **obligatoire**, sauf dispense motivée, du fonds de commerce ou de l'immeuble destiné à l'hébergement de personnes et ayant servi à commettre l'infraction. En cas d'expropriation, la confiscation en valeur prévue au C. pén., art. 131-21, al. 9 est égale à l'indemnité d'expropriation (C. constr., art. L. 511-22 V ; C. pén., art. 131-39 8° et 131-21) ;

4. Affichage, ⩽ 2 mois, et/ou diffusion de la décision ou d'extraits aux frais (⩽ amende encourue) du condamné (C. constr., art. L. 511-22 V ; C. pén., art. 131-39 9° et 131-35) ;

5. Interdiction ⩽ 10 ans **obligatoire**, sauf dispense motivée, d'acheter ou d'être usufruitier d'un bien immobilier à usage d'habitation ou d'un fonds de commerce recevant du public à usage d'hébergement (C. constr., art. L. 511-22 V).

■ **ORIENTEUR**

AUTRE QUALIFICATION

- **Conditions de travail ou d'hébergement contraires à la dignité.** V. nº 20.122.
- **Habitat insalubre – Infractions du code de la santé publique (CSP, art. L. 1337-4).** Dispositions antérieures à Ord. 2020-1144, 16 sept. 2020, entrée en vigueur le 1er janv. 2021 (art. 19), v. nº 31.48.
- **Habitat indigne – Bâtiment menaçant ruine.** Dispositions antérieures à Ord. 2020-1144, 16 sept. 2020, entrée en vigueur le 1er janv. 2021 (art. 19), v. nº 31.49.
- **Habitat indigne – Infractions relatives à la protection des occupants (C. constr., art. L. 521-4).** V. nº 31.51.
- **Établissements recevant du public (ERP) – Délits.** V. nº 31.52.
- **Établissements recevant du public (ERP) – Contraventions.** V. nº 31.53.

ÉLÉMENT LÉGAL.

▪ **Application de la loi dans le temps.** Ces incriminations auparavant contenues au CSP, art. L. 1337-4 (v. anciennes dispositions au nº **31.48**) et au C. constr., art. L. 511-6 (v. anciennes dispositions au nº **31.49**) ont été transférées à droit quasi constant au C. constr., art. L. 511-22, par Ord. nº 2020-1144, 16 sept. 2020, entrée en vigueur le 1er janv. 2021 (art. 19). Cette ordonnance, complétée par le D. nº 2020-1711, 24 déc. 2020 modifiant les dispositions réglementaires (C. constr., art. R. 511-1 s.), a harmonisé et simplifié les polices administratives spéciales des immeubles en péril et des immeubles insalubres en unifiant leur régime (C. constr., art. L. 511-1 s.).

▪ **définition.** • **Immeuble insalubre**. Relève d'un « *arrêté de traitement d'insalubrité* » « *Tout local, installation, bien immeuble ou groupe de locaux, d'installations ou de biens immeubles, vacant ou non, qui constitue, soit par lui-même, soit par les conditions dans lesquelles il est occupé, exploité ou utilisé, un danger ou risque pour la santé ou la sécurité physique des personnes est insalubre* » (CSP, art. **L. 1331-22** et C. constr., art. **L. 511-2 4°**). La présence de revêtements dégradés contenant du plomb à des concentrations supérieures aux seuils et aux conditions mentionnés au CSP, art. L. 1334-2 rend un local insalubre (CSP, art. L. 1331-22). La définition des situations d'insalubrité est précisée par les décrets pris en application de CSP, L. 1311-1 et, le cas échéant, par les arrêtés pris en application de CSP, art. L. 1311-2 (CSP, art. L. 1331-22). « *Ne peuvent être mis à disposition aux fins d'habitation, à titre gratuit ou onéreux, les locaux insalubres dont la définition est précisée conformément aux dispositions de l'article L. 1331-22, que constituent les caves, sous-sols, combles, pièces dont la hauteur sous plafond est insuffisante, pièces de vie dépourvues d'ouverture sur l'extérieur ou dépourvues d'éclairement naturel suffisant ou de configuration exiguë, et autres locaux par nature impropres à l'habitation, ni des locaux utilisés dans des conditions qui conduisent manifestement à leur sur-occupation* » (CSP, art. **L. 1331-23** et C. constr., art. **L. 511-2 4°**). • **Immeuble en situation d'insécurité – immeuble en péril.** Relèvent d'un « *arrêté de mise en sécurité* » les immeubles qui se trouvent dans l'une ou plusieurs des situations de péril suivantes : « 1° *Les risques présentés par les murs, bâtiments ou édifices quelconques qui n'offrent pas les garanties de solidité nécessaires au maintien de la sécurité des occupants et des tiers* ; 2° *Le fonctionnement défectueux ou le défaut d'entretien des équipements communs d'un immeuble collectif à usage principal d'habitation, lorsqu'il est de nature à créer des risques sérieux pour la sécurité des occupants ou des tiers ou à compromettre gravement leurs conditions d'habitation ou d'utilisation* ; 3° *L'entreposage, dans un local attenant ou compris dans un immeuble collectif à usage principal d'habitation, de matières explosives ou inflammables, lorsqu'il est en infraction avec les règles de sécurité applicables ou de nature à créer des risques sérieux pour la sécurité des occupants ou des tiers* » (C. constr., art. L. 511-2). Les éléments d'équipements communs visés au C. constr., art. L. 511-2 2° sont ceux énumérés au C. constr., art. R. 511-1.

ÉLÉMENT MATÉRIEL

▪ **Nécessité d'un acte administratif préalable.** La matérialisation du **statut d'immeuble insalubre ou en péril**, condition préalable de l'incrimination, réside dans un acte administratif individuel, portant sur l'immeuble en situation d'insalubrité ou de sur-occupation. Pour l'immeuble insalubre, cet acte administratif dit « *arrêté de traitement d'insalubrité* », relève de la compétence du représentant de l'État dans le département (C. constr., art. L. 511-4 2°), pour l'immeuble en péril, désigné dorénavant comme immeuble en situation d'insécurité, l'acte dit « *arrêté de mise en sécurité* » relève de la compétence du maire (C. constr., art. L. 511-4 1°), sous réserve des répartitions de compétence propres à la ville de Paris (C. constr., art. L. 511-5). L'arrêté, pris au terme d'une procédure contradictoire (C. constr., art. L. 511-10), à laquelle il est toutefois dérogé en cas de péril imminent (C. constr., art. L. 511-19), prescrit les mesures de réparation, de démolition, de cessation de mise à disposition à des fins d'habitation et d'interdiction d'habiter (C. constr., art. L. 511-11). Il « *est notifié à la personne tenue d'exécuter les mesures prescrites* » (C. constr., art. L. 511-12), « *par lettre remise contre signature ou tout autre moyen conférant date certaine à la réception, ou à défaut par affichage* » dans les cas prévus (C. constr., art. R. 511-8). L'autorité administrative compétente prononce la mainlevée de l'arrêté de mise en sécurité ou de traitement de l'insalubrité lorsqu'elle constate la réalisation des mesures prescrites (C. constr., art. L. 511-14).

ÉLÉMENT INTENTIONNEL

▪ **Matérialisation de l'intention.** L'élément moral de l'incrimination est conditionné par la connaissance des prescriptions de l'acte administratif ci-dessus (v. orienteur, élément matériel). La preuve de la notification de l'acte administratif ou de sa connaissance est en conséquence un élément de preuve de l'intention. L'élément intentionnel du délit est en effet « *constitué par le* *non-respect, en connaissance de cause, d'arrêtés pris afin d'assurer la protection de la santé et de la dignité des occupants des lieux* » (Crim. 14 nov. 2019, n° 18-84.565, P).

RÉGIME PROCÉDURAL

▪ **Droit de visite des agents de contrôle.** « *L'autorité compétente peut faire procéder à toutes visites qui lui paraissent utiles afin d'évaluer les risques* », « *Lorsque les lieux sont à usage total ou partiel d'habitation, les visites ne peuvent être effectuées qu'entre 6 H 00 et 21 H 00. L'autorisation du JLD du tribunal judiciaire dans le ressort duquel sont situés ces lieux est nécessaire lorsque l'occupant s'oppose à la visite ou que la personne ayant qualité pour autoriser l'accès aux lieux ne peut pas être atteinte* » (C. constr., art. L. 511-7).

▪ **Information du propriétaire de l'immeuble et du fonds.** Le ministère public informe, selon les modalités fixées par C. constr., art. R. 651-2 I, de l'engagement des poursuites et de la désignation d'un administrateur provisoire le propriétaire de l'immeuble et le propriétaire du fonds dans lequel est exploité un établissement d'hébergement de personnes dans des conditions contraires aux prescriptions du règlement sanitaire départemental ou susceptibles de porter atteinte à la dignité humaine, à la sécurité des personnes ou à la santé publique (C. constr., art. L. 651-10 II).

▪ **Exception d'illégalité de l'acte administratif fondant les poursuites.** Le juge pénal est compétent pour apprécier, par voie d'exception, la légalité de l'acte administratif qui constitue la condition préalable aux poursuites (C. pén., art. 111-5, v. n° **17.26A**).

▪ **Compétence juridictionnelle. Juge unique** (C. pr. pén., art. 398-1 8°, v. n° **17.15D2**).

▪ **Ordonnance pénale. Possible** (C. pr. pén., art. 495-II, v. n° **15.48B1** et tableau n° **17.15D2**).

MESURE ADMINISTRATIVE

▪ **Mesure d'expertise en cas d'immeuble en péril.** En cas d'immeuble en situation d'insécurité (immeuble en péril), l'autorité administrative compétente peut demander à la juridiction administrative la désignation d'un expert, lequel doit se prononcer dans les 24 H 00 de sa désignation (C. constr., art. L. 511-9).

▪ **Prononcé d'une astreinte en cas d'inexécution des mesures.** Lorsque les mesures et travaux prescrits par l'arrêté de mise en sécurité ou de traitement de l'insalubrité n'ont pas été exécutés dans le délai prescrit, l'autorité administrative compétente prononce par arrêté une astreinte ⩽ 1 000 € par jour de retard à compter de sa notification (C. constr., art. L. 511-15).

▪ **Exécution d'office des travaux.** Sans préjudice du prononcé d'une astreinte (C. constr., art. L. 511-15 III), « *lorsque les prescriptions de l'arrêté de mise en sécurité ou de traitement de l'insalubrité n'ont pas été mises en œuvre dans le délai fixé, l'autorité compétente peut, par décision motivée, faire procéder d'office à leur exécution, aux frais du propriétaire* » ou, sur autorisation du président du tribunal judiciaire, à la démolition (C. constr., art. L. 511-16).

▪ **Administration provisoire à la requête de l'administration.** Lorsque des « *poursuites sont exercées* » et qu'il « *est avéré que la continuation de l'exploitation d'un établissement d'hébergement des personnes est contraire aux prescriptions du règlement sanitaire départemental ou est susceptible de porter atteinte à la dignité humaine, à la sécurité des personnes ou à la santé publique, l'autorité administrative compétente peut saisir sur requête le président du tribunal judiciaire ou le magistrat du siège délégué par lui, aux fins de faire désigner un administrateur provisoire pour toute la durée de la procédure* » (C. constr., art. L. 651-10 I). Cette requête est dispensée du ministère d'avocat (C. constr., art. R. 651-2 II). L'ordonnance est adressée par le ministère public au propriétaire de l'immeuble et au propriétaire du fonds et publiée au RCS sur sa réquisition (C. constr., art. L. 651-10 II, R. 651-2 II).

MESURE CIVILE

▪ **Protection des occupants. • Définition de l'occupant.** « *l'occupant est le titulaire d'un droit réel conférant l'usage, le locataire, le sous-locataire ou l'occupant de bonne foi des locaux à usage d'habitation et de locaux d'hébergement constituant son habitation principale* ». **• Obligation d'assurer l'hébergement ou le relogement des occupants.** « *Lorsque l'arrêté de mise en sécurité ou de traitement de l'insalubrité .../... est assorti d'une interdiction d'habiter à titre temporaire ou lorsque les travaux nécessaires pour remédier au danger les rendent temporairement inhabitables, le propriétaire ou l'exploitant est tenu d'assurer l'hébergement des occupants* » dans les conditions prévues notamment au C. constr., art. L. 521-3-1 I (C. constr., art. L. 511-18). « *Lorsque l'interdiction d'habiter est prononcée à titre définitif ou lorsqu'est prescrite la cessation de la mise à disposition à des fins d'habitation des locaux .../... le propriétaire, l'exploitant ou la personne qui a mis à disposition le bien est tenu d'assurer le relogement des occupants* » dans les conditions prévues notamment au C. constr., art. L. 521-3-1 II (C. constr., art. L. 511-18). Ceci « *sans préjudice des actions dont dispose* *le propriétaire ou l'exploitant à l'encontre des personnes auxquelles l'état d'insalubrité ou de péril serait en tout ou partie imputable* » (C. constr., art. L. 521-1). • **Suspension du loyer.** « *Pour les locaux visés par un arrêté de mise en sécurité ou de traitement de l'insalubrité .../..., le loyer en principal ou toute autre somme versée en contrepartie de l'occupation du logement cesse d'être dû* » depuis la notification de l'arrêté jusqu'à la mainlevée et les loyers indûment perçus sont restitués à l'occupant ou déduits des loyers ultérieurs (C. constr., art. L. 521-2 I).

RÉGIME DES PEINES

▪ **Exécution de la peine de confiscation.** • **Information relative à la confiscation.** Le ministère public porte à la connaissance du propriétaire de l'immeuble et du propriétaire du fonds la confiscation intervenue ; il fait mentionner cette décision au RCS et au registre sur lesquels sont inscrites les sûretés (C. constr., art. L. 651-10 II, R. 651-2 I).

▪ ÉLÉMENTS CONSTITUTIFS – QUALIFICATION

✧ Pour avoir à .... [¤ lieu], le .... [¤ date], [⇨A à C :]

A. refusé délibérément et sans motif légitime, d'exécuter les travaux et mesures prescrits par un arrêté de [⇨A1 ou A2 :]

A1. mise en sécurité (A1 : *N* ***25875.ju*** *; par personne morale :* *N* ***31838.ju***)...

A2. traitement de l'insalubrité (A2 : *N* ***26537.ju*** *; par personne morale :* *N* ***31830.ju***)...

... pris par [autorité ayant pris l'arrêté] et notifié le [date de notification de l'arrêté] (C. constr., art. L. 511-2, L. 511-11, L. 511-22 I).

B. omis de déférer à une mise en demeure du représentant de l'État dans le département notifiée le [date de notification de la mise en demeure], prescrivant la cessation de la mise à disposition de locaux à des fins d'habitation dans des conditions conduisant manifestement à leur sur-occupation (CSP, art. L. 1331-23, C. constr., art. L. 511-2 4°, L. 511-22 II) (B : *N* ***26538.ju*** *; par personne morale :* *N* ***31831.ju***)

C. dans le but d'en faire partir les occupants, dégradé, détérioré, détruit ou rendu impropres à l'habitation de quelque façon que ce soit des locaux visés par un arrêté de [⇨C1 ou C2 :]

C1. mise en sécurité (C1 : *N* ***25621.ju*** *; par personne morale :* *N* ***31838.ju***)...

C2. traitement de l'insalubrité (C2 : *N* ***22994.ju*** *; par personne morale :* *N* ***31837.ju***)...

... pris par [autorité ayant pris l'arrêté] et notifié le [date de notification de l'arrêté] (C. constr., art. L. 511-2, L. 511-11, L. 511-22 III 1°).

D. de mauvaise foi, omis de respecter une interdiction d'habiter ou d'accéder aux lieux prise par un arrêté de [⇨D1 ou D2 :]

D1. mise en sécurité (D1 : *N* ***25876.ju*** *; par personne morale :* *N* ***31838.ju***)...

D2. traitement de l'insalubrité (D2 : *N* ***3619.ju*** *; par personne morale :* *N* ***31839.ju***)...

... pris par [autorité ayant pris l'arrêté] et notifié le [date de notification de l'arrêté] (C. constr., art. L. 511-2, L. 511-11, L. 511-22 III 2°).

Faits prévus et réprimés par les articles [• du cas sélectionné] du code de la construction et de l'habitation. ✧

31.51 Habitat indigne – Infractions relatives à la protection des occupants (C. constr., art. L. 521-4)

▪ PEINES

PERSONNE PHYSIQUE

PP Délit. 3 ans d'emprisonnement, **100 000 €** (C. constr., art. L. 521-4).

PC 1. Confiscation **obligatoire**, sauf dispense motivée, du fonds de commerce ou des locaux mis à bail. En cas d'expropriation, la confiscation en valeur prévue au C. pén., art. 131-21, al. 9 est égale à l'indemnité d'expropriation (C. constr., art. L. 521-4 II 1° ; C. pén., art. 131-21) ;

2. Interdiction ⩽ 5 ans d'exercer une activité professionnelle ou sociale (sauf mandat électif ou responsabilités syndicales) sciemment utilisée pour préparer ou commettre l'infraction (C. constr., art. L. 521-4 II 2° ; C. pén., art. 131-27 et 131-28) ;

3. Interdiction ⩽ 10 ans **obligatoire**, sauf dispense motivée, d'acheter, à titre personnel ou par une SCI ou SNC, un bien immobilier à usage d'habitation ou un fonds de commerce recevant du public

à usage d'hébergement ou d'en être l'usufruitier (sauf pour l'habitation personnelle) (C. constr., art. L. 521-4 II 3°).

PERSONNE MORALE

PP Délit. 500 000 € (C.-constr., art. L. 521-4 ; C. pén., art. 131-38).

PC 1. Interdiction, définitive ou ⩽ 5 ans, une ou plusieurs activités professionnelles ou sociales en relation avec l'infraction (C. constr., art. L. 521-4 III ; C. pén., art. 131-39, 2°) ;

2. Fermeture, définitive ou ⩽ 5 ans, d'un ou plusieurs établissements en relation avec l'infraction (C. constr., art. L. 521-4 III ; C. pén., art. 131-39 4°) ;

3. Confiscation (réelle ou en valeur) **obligatoire**, sauf dispense motivée, fonds de commerce ou des locaux mis à bail (C. constr., art. L. 521-4 III ; C. pén., art. 131-39 8° et 131-21) ;

4. Affichage, ⩽ 2 mois, *et/ou* (L. n° 2011-525, 17 mai 2011) diffusion de la décision ou d'extraits aux frais (⩽ amende encourue) du condamné (C. constr., art. L. 521-4 III ; C. pén., art. 131-39 9°, 131-48 et 131-35) ;

5. Interdiction ⩽ 10 ans **obligatoire**, sauf dispense motivée, d'acheter un bien immobilier à usage d'habitation ou un fonds de commerce recevant du public à usage d'hébergement ou d'en être l'usufruitier (C. constr., art. L. 521-4 III).

■ ORIENTEUR

AUTRE QUALIFICATION

▪ **Conditions de travail ou d'hébergement contraires à la dignité.** V. n° 20.122.

▪ **Habitat insalubre – Infractions du code de la santé publique (CSP, art. L. 1337-4).** Dispositions antérieures à Ord. n° 2020-1144, 16 sept. 2020, entrée en vigueur le 1er janv. 2021 (art. 19), v. n° 31.48.

▪ **Habitat indigne – Bâtiment menaçant ruine.** Dispositions antérieures à Ord. n° 2020-1144, 16 sept. 2020, entrée en vigueur le 1er janv. 2021 (art. 19), v. n° 31.49.

▪ **Habitat indigne – Immeuble insalubre ou en situation d'insécurité (C. constr., art. L. 511-22 issu Ord. n° 2020-1144, 16 sept. 2020).** V. n° 31.50.

▪ **Établissements recevant du public (ERP) – Délits.** V. n° 31.52.

▪ **Établissements recevant du public (ERP) – Contraventions.** V. n° 31.53.

▪ **Location d'un habitat insalubre par une agence immobilière.** Est sanctionné par une amende administrative de 15 000 € pour une personne physique et de 75 000 € pour une personne morale le fait par un agent immobilier « ***de mettre en location aux fins d'habitation des locaux frappés d'un arrêté de mise en sécurité ou de traitement de l'insalubrité.../... comportant une interdiction temporaire ou définitive d'habiter*** » (L. n° 70-9, 2 janv. 1970, art. 17-1, réd. issue Ord. 2020-1144, 16 sept. 2020).

ÉLÉMENT LÉGAL.

▪ **Application de la loi dans le temps.** Ord. n° 2020-1144, 16 sept. 2020, entrée en vigueur le 1er janv. 2021 (art. 19), complétée par le D. n° 2020-1711, 24 déc. 2020 modifiant les dispositions réglementaires (C. constr., art. R. 511-1 s.), a harmonisé et simplifié les polices administratives spéciales des immeubles en péril et des immeubles insalubres en unifiant leur régime (C. constr., art. L. 511-1 s.). Les incriminations relatives à la protection des occupants, contenues au C. constr., art. L. 521-4, n'ont toutefois pas été modifiées. Les dispositions auxquelles ce texte renvoie ont en revanche subi des modifications formelles consécutives à la réécriture du régime de ces immeubles par l'ordonnance précitée.

ÉLÉMENT MATÉRIEL

▪**Renvoi.** *Idem* n° 31.50.

ÉLÉMENT INTENTIONNEL

▪**Renvoi.** *Idem* n° 31.50.

RÉGIME PROCÉDURAL

▪**Renvoi.** *Idem* n° 31.50.

▪ **Compétence juridictionnelle. Juge unique** (C. pr. pén., art. 398-1 8°, v. n° 17.15D2).

▪ **Ordonnance pénale. Possible** (C. pr. pén., art. 495-II, v. n° 15.48B1 et tableau n° 17.15D2).

MESURE ADMINISTRATIVE

▪**Renvoi.** *Idem* n° 31.50.

MESURE CIVILE

▪Renvoi. *Idem* nº 31.50.

RÉGIME DES PEINES

▪Renvoi. *Idem* nº 31.50.

▪ ÉLÉMENTS CONSTITUTIFS – QUALIFICATION

✧ Pour avoir à .... [¤ lieu], le .... [¤ date], [⇨A à C :]

A. alors que l'immeuble avait fait l'objet d'un arrêté de mise en sécurité ou de traitement de l'insalubrité pris par [autorité ayant pris l'arrêté] et notifié le [date de notification de l'arrêté], prescrivant l'interdiction définitive ou temporaire de l'habiter ou de l'utiliser, la cessation de la mise à disposition à des fins d'habitation, ou en cas d'évacuation à caractère définitif, en vue de contraindre [.........occupant concerné] à renoncer à son droit au relogement ou à un l'hébergement (C. constr., art. L. 511-1, L. 521-1, **L. 521-3-1**) [⇨A1 ou A2 :]

A1. menacé ou commis à son égard tout acte d'intimidation (A1 : *N* ***25871.ju*** *;* par personne morale : *N* ***31832.ju***) ;

A2. rendu impropres à l'habitation les lieux à usage d'habitation ou les locaux d'hébergement qu'il occupait (A2 : *N* ***25872.ju*** *;* par personne morale : *N* ***31833.ju***) ;

B. étant propriétaire, exploitant ou ayant mis à disposition des locaux à usage d'habitation ou d'hébergement constituant l'habitation principale de [.........occupant concerné], continué à percevoir un loyer en principal ou toute autre somme en contrepartie de l'occupation du logement, y compris rétroactivement, alors que les locaux étaient visés par un arrêté de mise en sécurité, de traitement de l'insalubrité ou d'un arrêté prescrivant des mesures pour faire cesser la situation d'insécurité pris par [autorité ayant pris l'arrêté] et notifié le [date de notification de l'arrêté] (C. constr., art. L. 184-1, L. 511-1, L. 521-1, **L. 521-2**) (B : *N* ***25873.ju*** *;* par personne morale : *N* ***31834.ju***)

C. étant propriétaire ou exploitant d'un immeuble, en l'espèce [......... décrire les lieux concernés], refusé, bien qu'étant en mesure de le faire, de procéder à l'hébergement ou au relogement de [......... occupant concerné], occupant de bonne foi pour son habitation principale les lieux à usage d'habitation ou d'hébergement, alors que l'immeuble avait fait l'objet d'un arrêté de mise en sécurité ou de traitement de l'insalubrité pris par [autorité ayant pris l'arrêté] et notifié le [date de notification de l'arrêté] prescrivant l'interdiction définitive ou temporaire de l'habiter ou de l'utiliser, la cessation de la mise à disposition à des fins d'habitation, ou en cas d'évacuation à caractère définitif (C. constr., art. L. 511-1, L. 521-1, **L. 521-3-1**) (C : *N* ***25874.ju*** *;* par personne morale : *N* ***31835.ju***).

Faits prévus et réprimés par les articles [• du cas sélectionné] + L. 521-4 du code de la construction et de l'habitation. ✧

31.52 Établissements recevant du public (ERP) – Délits

▪ PEINES

PERSONNE PHYSIQUE

PP Délit. Cas A : 1 an d'emprisonnement, 50 000 € (C. constr., art. L. 184-4 (anc[t] L. 123-3 IV) ; Cas B : 2 ans d'emprisonnement, 75 000 € (C. constr., art. L. 184-5 (anc[t] L. 123-3 V) ; Cas C et D : 3 ans d'emprisonnement, 100 000 € (C. constr., art. L. 184-6 (anc[t] L. 123-3 VI) ; Cas E : 3 750 € (C. constr., art. L. 143-3 (anc[t] L. 123-4).

PC 1. Cas A à D : confiscation obligatoire, sauf dispense motivée, du fonds de commerce ou de l'immeuble destiné à l'hébergement des personnes et ayant servi à commettre l'infraction. En cas d'expropriation, la confiscation en valeur prévue au C. pén., art. 131-21, al. 9 est égale à l'indemnité d'expropriation (C. constr. ; art. L. 184-7 (anc[t] L. 123-3 VII 1°)) ;

2. Cas A à D : interdiction ⩽ 5 ans de l'activité professionnelle ou sociale (sauf mandat électif ou syndical) sciemment utilisée pour préparer ou commettre l'infraction (C. constr., art. L. 184-7 (anc[t] L. 123-3 VII 2°)) ;

3. Cas A à D : interdiction ⩽ 10 ans obligatoire, sauf dispense motivée, d'acheter, à titre personnel ou par une SCI ou SNC, un bien immobilier à usage d'habitation ou un fonds de commerce à

usage d'hébergement ou d'en être l'usufruitier (sauf pour l'habitation personnelle) (C. constr. ; art. L. 184-7 (anc^t L. 123-3 VII 3°)).

PERSONNE MORALE

PP Délit. Cas A : **250 000 €** (C. constr., art. L. 184-4 (anc^t L. 123-3 IV) ; C. pén., art. 131-38) ;
Cas B : **375 000 €** (C. constr., art. L. 184-5 (anc^t L. 123-3 V) ; C. pén., art. 131-38) ;
Cas C et D : **500 000 €** (C. constr., art. L. 184-6 (anc^t L. 123-3 VI) ; C. pén., art. 131-38) ;
Cas E : **18 750 €** (C. constr., art. L. 143-3 (anc^t L. 123-4) ; C. pén., art. 131-38).

PC 1. Cas A à D : interdiction, définitive ou ⩽ 5 ans, une ou plusieurs activités professionnelles ou sociales (C. constr., art. L. 184-7 (anc^t art. L. 123-3 VIII) ; C. pén, art. 131-39 2°) ;
2. Cas A à D : fermeture, définitive ou ⩽ 5 ans, d'un ou plusieurs établissements ayant servi à commettre les faits (C. constr., art. L. 184-7 (anc^t art. L. 123-3 VIII) ; C. pén., art. 131-39 4°) ;
3. Cas A à D : confiscation obligatoire, sauf dispense motivée, du fonds de commerce ou de l'immeuble destiné à l'hébergement de personnes et ayant servi à commettre l'infraction. En cas d'expropriation, la confiscation en valeur prévue au C. pén., art. 131-21, al. 9 est égale à l'indemnité d'expropriation (C. constr., art. L. 184-7 (anc^t art. L. 123-3 VIII) ; C. pén., art. 131-39 8° et 131-21) ;
4. Cas A à D : affichage, ⩽ 2 mois, et/ou diffusion de la décision ou d'extraits aux frais (⩽ amende encourue) du condamné (C. constr., art. L. 184-7 (anc^t art. L. 123-3 VIII) ; C. pén., art. 131-39 9° et 131-35) ;
5. Cas A à D : interdiction ⩽ 10 ans obligatoire, sauf dispense motivée, d'acheter ou d'être usufruitier d'un bien immobilier à usage d'habitation ou d'un fonds de commerce recevant du public à usage d'hébergement (C. constr., art. L. 184-7 (anc^t art. L. 123-3 VIII)).

■ ORIENTEUR

AUTRE QUALIFICATION

- **Conditions de travail ou d'hébergement contraires à la dignité.** V. n° **20.122**.
- **Habitat indigne – Immeuble insalubre ou en situation d'insécurité (C. constr., art. L. 511-22 issu Ord. n° 2020-1144, 16 sept. 2020).** V. n° **31.50**.
- **Habitat indigne – Infractions relatives à la protection des occupants (C. constr., art. L. 521-4).** V. n° **31.51**.
- **Établissements recevant du public (ERP) – Contraventions.** V. n° **31.53**.

ÉLÉMENT LÉGAL

- **Application de la loi dans le temps.** Ces incriminations auparavant contenues au C. constr., art. L. 123-3 ont été transférées à droit constant au C. constr., art. L. 184-4 à L. 184-6 par Ord. n° 2020-71, 29 janv. 2020, entrée en vigueur le 1er juill. 2021 (art. 8).
- **Constitutionnalité.** Cas B : cette incrimination, transférée du III au V du C. constr., art. L. 123-3 par L. n° 2014-366 puis au C. constr., art. L. 184-5 par Ord. n° 2020-71, 29 janv. 2020, a été créée par L. n° 2009-323, 25 mars 2009 et n'a pas donné lieu à saisine du Cons. const., La QPC soulevant l'inconstitutionnalité de ce texte au motif qu'il ne donne pas de définition de la notion de « *sur-occupation* » ni ne renvoie à d'autres dispositions permettant d'en préciser la matérialité, a été rejetée comme ne présentant « *pas un caractère sérieux, en ce que le texte d'incrimination critiqué est appliqué au regard de dispositions réglementaires suffisamment précises et dont la légalité ne peut être contestée à l'occasion d'une* QPC » (Crim. 16 juin 2015, n° 15-80.920, dans le même sens : Crim. 26 juin 2012, n° 12-90.033). La Ch. crim. a en conséquence confirmé la cour d'appel matérialisant la sur-occupation au vu des dispositions du règlement sanitaire départemental pris en application de CSP, art. L. 1311-1 et L. 1311-2 (Crim. 13 janv., n° 15-80.920). Cette incrimination, qui paraît étrangère, par la généralité de ses termes et l'absence de décision administrative préalable au constat de l'infraction, à la règlementation des ERP, ne renvoie pourtant à aucune disposition d'application et le règlement sanitaire départemental visé dans la décision précitée ne constitue pas une disposition d'application du C. constr. mais du CSP. L'infraction entre en concours avec celle visant la même situation de sur-occupation, prévue par CSP, art. **L. 1331-23** et réprimée par C. constr., art. L. 511-22 II (depuis Ord. n° 2020-1144, 16 sept. 2020, entrée en vigueur le 1er janv. 2021 (art. 19) ; auparavant CSP, art. L. 1337-4), dont la matérialisation est conditionnée par une mise en demeure préalable du représentant de l'État (v. n° **31.50**, **Cas B**).

TEXTE DE RÉFÉRENCE

▪ **Régime général des établissements recevant du public (ERP). • Le régime et la définition de l'ERP.** « *La création, l'aménagement ou la modification d'un établissement recevant du public* » (ERP) est subordonnée à une autorisation délivrée par l'autorité administrative au vu, selon sa taille, de sa conformité aux règles de sécurité contre l'incendie, fixées par décret en Conseil d'État (C. constr., art. L. 122-3, L. 141-2 et L. 143-2 (anc[t] L. 123-1.-1)). Sont des ERP « *tous bâtiments, locaux et enceintes dans lesquels des personnes sont admises, soit librement, soit moyennant une rétribution ou une participation quelconque, ou dans lesquels sont tenues des réunions ouvertes à tout venant ou sur invitation, payante ou non* » (C. constr., art. R. 123-2). **• Les obligations imposées aux ERP.** Les obligations assorties de sanctions contraventionnelles sont détaillées dans l'orienteur du n° **31.53**.

▪ **Régime particulier des ERP à usage d'hébergement. • L'autorisation d'ouverture.** Même s'ils n'atteignent pas le seuil fixé par le règlement de sécurité pour relever de l'autorisation d'ouverture, les ERP comportant des locaux d'hébergement pour le public (ex. hôtels, hôtels meublés, campings, parcs résidentiels de loisirs, établissement recevant des personnes âgées) sont soumis à un arrêté d'autorisation d'ouverture (C. constr., art. R. 123-45 et R. 123-14). **• Les pouvoirs de police renforcés de l'autorité administrative.** Les ERP comportant des locaux d'hébergement pour le public relèvent de pouvoirs de police renforcés de l'autorité administrative dont les prescriptions sont sanctionnées par des incriminations délictuelles (C. constr., art. L. 184-1 et L. 184-4 (anc[t] L. 123-3), v. **Cas B**).

RÉGIME PROCÉDURAL

▪ **Information du propriétaire de l'immeuble et du fonds.** Le ministère public informe de l'engagement de la procédure et de la désignation d'un administrateur provisoire le propriétaire de l'immeuble et le propriétaire du fonds dans lequel est exploité l'établissement (C. constr., art. L. 651-10).

▪ **Exception d'illégalité de l'acte administratif fondant les poursuites.** Renvoi, v. orienteur n° **31.48**.

▪ **Compétence juridictionnelle. Juge unique** (C. pr. pén., art. 398-1 8°, v. n° **17.15D2**).

▪ **Ordonnance pénale. Possible** (C. pr. pén., art. 495-II, v. n° **15.48B1** et tableau n° **17.15D2**).

MESURE ADMINISTRATIVE

▪ **Mesure de fermeture administrative de l'ERP.** Le maire, ou le préfet dans le cas où le maire n'y a pas pourvu, ou le préfet de police à Paris, peut ordonner par arrêté, après avis de la commission de sécurité, la fermeture de l'ERP exploité en infraction aux règles de sécurité, jusqu'à la réalisation des travaux de mise en conformité. L'arrêté de fermeture est pris après mise en demeure restée sans effet de l'exploitant ou du propriétaire de se conformer aux aménagements et travaux prescrits ou de fermer son établissement dans le délai imparti (C. constr., art. L. 143-3 I (anc[t] L. 123-4) et R. 123-52). L'arrêté de fermeture peut être assorti d'une astreinte ⩽ 500 € par jour de retard (C. constr., art. L. 143-3 II et III). Sans préjudice des incriminations particulières prévues pour les ERP à usage d'hébergement (**Cas A** à **D**), le fait de ne pas procéder à cette fermeture après mise en demeure constitue le délit visé au **Cas E** (C. constr., art. L. 143-3 V (anc[t] L. 123-4)).

▪ **Mesures administratives propres aux ERP à usage d'hébergement. • L'astreinte administrative.** L'arrêté prescrivant les travaux informe l'exploitant et le propriétaire qu'ils sont solidairement redevables d'une astreinte d'un montant maximal de 1 000 € par jour de retard à compter de l'expiration du délai fixé (C. constr., art. L. 184-2 et L. 184-3 (anc[t] L. 123-3 II)). **• L'exécution d'office des travaux par l'autorité administrative.** Après avoir prescrit par arrêté à l'exploitant ou au propriétaire d'un ERP à usage total ou partiel d'hébergement de prendre les mesures nécessaires pour remédier à une situation d'insécurité constatée par la commission de sécurité, le maire ou le préfet de police à Paris peut procéder d'office aux travaux nécessaires après mise en demeure infructueuse (C. constr., art. L. 184-1 (anc[t] art. L. 123-3 I)). **• Interdiction temporaire d'habiter.** Dans le cas d'un ERP à usage d'hébergement, le maire ou le préfet de police à Paris peut prononcer une interdiction temporaire d'habiter ou d'utiliser les lieux jusqu'à la réalisation des mesures prescrites (C. constr., art. L. 184-1 (anc[t] L. 123-3 I)). **• Administration provisoire à la requête de l'administration.** Lorsque des « *poursuites sont exercées* » et qu'il « *est avéré que la continuation de l'exploitation d'un établissement d'hébergement des personnes est contraire aux prescriptions du règlement sanitaire départemental ou est susceptible de porter atteinte à la dignité humaine, à la sécurité des personnes ou à la santé publique, l'autorité administrative compétente peut saisir sur requête le président* *du tribunal judiciaire ou le magistrat du siège délégué par lui, aux fins de faire désigner un administrateur provisoire pour toute la durée de la procédure* » (C. constr., art. L. 651-10 I). Cette requête est dispensée du ministère d'avocat (C. constr., art. R. 651-2 II). L'ordonnance est adressée par le ministère public au propriétaire de l'immeuble et au propriétaire du fonds et publiée au RCS sur sa réquisition (C. constr., art. L. 651-10 II, R. 651-2 II).

MESURE CIVILE

▪ **Protection des occupants des ERP à usage d'hébergement. • Obligation d'assurer l'hébergement ou le relogement des occupants.** En cas d'interdiction temporaire d'habiter ou d'utiliser les lieux prononcé par arrêté du maire ou du préfet de police à Paris, le propriétaire ou l'exploitant est tenu d'assurer le relogement ou l'hébergement des occupants ou de contribuer au coût correspondant (C. constr., art. L. 184-1 (anc^{t} L. 123-3 I) et L. 521-1). À défaut, la collectivité publique prend les dispositions nécessaires pour les héberger ou les reloger et recouvre sa créance contre le propriétaire ou l'exploitant défaillant (C. constr., art. L. 184-1 (anc^{t} L. 123-3 I) et L. 521-3-2). • **Suspension du loyer.** « *Le loyer en principal ou toute autre somme versée en contrepartie de l'occupation cessent d'être dus* » lorsque l'**ERP à usage d'hébergement** fait l'objet d'un arrêté prescrivant des mesures pour faire cesser la situation d'insécurité, « *à compter du premier jour du mois qui suit l'envoi de la notification de la mesure de police* » (C. constr., art. L. 521-2 I et L. 184-1). La perception de toute somme en contrepartie de l'occupation en dépit de l'arrêté est réprimée par C. constr., art. L. 521-4 (v. n° 31.51, cas B).

▪ ÉLÉMENTS CONSTITUTIFS – QUALIFICATION

✧ Pour avoir à .... [¤ lieu], le .... [¤ date], [⇨A à E :]

A. refusé délibérément et sans motif légitime, après mise en demeure du [date de la mise en demeure] et constatation du [date de la constatation du défaut d'exécution des travaux], d'exécuter les mesures ou travaux prescrits par le maire, le préfet ou le préfet de police à Paris par arrêté du [date de l'arrêté] notifié le [date de la notification] pour faire cesser la situation d'insécurité, constatée par la commission de sécurité, d'un établissement recevant du public à usage total ou partiel d'hébergement (C. constr., art. L. 184-1, L. 184-4 (anc^{t} L. 123-3 IV)) (A : *N **27550.ju** ; par personne morale : N **31840.ju***) ;

B. loué des chambres ou des locaux dans des conditions conduisant manifestement à leur sur-occupation (C. constr., art., L. 123-3 V) (C. constr., art. L. 184-5 (anc^{t} L. 123-3 V)) (B : *N **27551.ju** ; par personne morale : N **31841.ju***) ;

C. dans le but d'en faire partir les occupants, dégradé, détérioré, détruit ou rendu impropres à l'hébergement de quelque façon que ce soit des locaux visés par un arrêté du maire, du préfet ou du préfet de police à Paris du [date de l'arrêté] notifié le [date de la notification] prescrivant l'exécution de mesures ou travaux pour faire cesser la situation d'insécurité, constatée par la commission de sécurité, d'un établissement recevant du public à usage total ou partiel d'hébergement (C. constr., art. L. 184-1, L. 184-6 (anc^{t} L. 123-3 VI)) (C : *N **27552.ju** ; par personne morale : N **31842.ju***) ;

D. de mauvaise foi, omis de respecter une interdiction d'habiter et d'utiliser des lieux prise par arrêté du maire, du préfet ou du préfet de police à Paris du [date de l'arrêté] notifié le [date de la notification] jusqu'à la réalisation des mesures prescrites pour faire cesser la situation d'insécurité, constatée par la commission de sécurité, d'un établissement recevant du public à usage total ou partiel d'hébergement (C. constr., art. L. 184-1, L. 184-6 (anc^{t} L. 123-3 VI)) (D : *N **27553.ju** ; par personne morale : N **31843.ju***) ;

E. étant propriétaire ou exploitant d'un établissement recevant du public, omis de procéder à sa fermeture malgré une mise en demeure notifiée le [date de la mise en demeure] d'avoir à se conformer à l'arrêté ordonnant sa fermeture du [date de l'arrêté] notifié le [date de la notification], pris après avis de la commission de sécurité par le maire, le préfet ou le préfet de police à Paris (C. constr., art. L. 143-3 (anc^{t} L. 123-4)) (E : *N **23938.ju** ; par personne morale : N **#.ju***).

Faits prévus et réprimés par les articles [¤ de l'infraction sélectionnée] du code de la construction et de l'habitation. ✧

31.53 Établissements recevant du public (ERP) – Contraventions

■ PEINES

PERSONNE PHYSIQUE

PP Contrav. 5e cl. 1 500 €. Cas A à J : C. constr., art. R. 152-6 ; Cas K à N : C. constr., art. R. 152-7 ; C. pén., art. 131-13) ; **récidive** : 3 000 € (C. constr., art. R. 152-7 ; C. pén., art. 132-11).

PC Néant.

PERSONNE MORALE

PP Contrav. 5e cl. 7 500 €. Cas A à J : C. constr., art. R. 152-6 ; Cas K à N : C. constr., art. R. 152-7 ; C. pén., art. 131-13 et 131-41) ; **récidive** : 15 000 € (C. constr., art. R. 152-7 ; C. pén., art. 132-15).

PC Néant.

■ ORIENTEUR

AUTRE QUALIFICATION

▪ **Conditions de travail ou d'hébergement contraires à la dignité.** V. n° 20.122.

▪ **Habitat indigne – Immeuble insalubre ou en situation d'insécurité (C. constr., art. L. 511-22 issu Ord. n° 2020-1144, 16 sept. 2020).** V. n° 31.50.

▪ **Habitat indigne – Infractions relatives à la protection des occupants (C. constr., art. L. 521-4).** V. n° 31.51.

▪ **Établissements recevant du public (ERP) – Délits.** V. n° 31.52.

▪ **Obstacle aux fonctions. Cas K et L** : v. aussi obstacle délictuel aux fonctions exercées par les autorités, fonctionnaires et agents habilités à exercer des missions de recherche et de constatation des infractions prévues par le code de la construction et de l'habitation (6 mois d'emprisonnement, 7 500 € ; C. constr., art. L. 152-10, rédaction et pénalités issues L. n° 2018-1021, 23 nov. 2018, *N 33059.ju*) ou par le code de l'urbanisme (6 mois d'emprisonnement, 7 500 € ; C. urb., art. L. 480-12, rédaction et pénalités issues L. n° 2018-1021, 23 nov. 2018, *N 33057.co* et *33058.co*).

TEXTE DE RÉFÉRENCE

▪ **Régime des ERP. • Renvoi.** V. orienteur n° 31.52. **• Les obligations imposées aux ERP.** Les constructeurs, propriétaires et exploitants d'ERP, tant au moment de la construction qu'au cours de l'exploitation, sont tenus de respecter des mesures propres à assurer la sécurité des personnes, établies en fonction de la nature et de l'exploitation des locaux et du nombre de personnes accueillies (C. constr., art. R. 123-3), selon un classement des établissements en 5 catégories établi en fonction du nombre de personnes accueillies (C. constr., art. R. 123-18 et R. 123-19). Ces règles, communes ou propres à chaque type d'établissement, sont précisées par le ministre de l'intérieur dans un « *règlement de sécurité* » pris après avis de la commission centrale de sécurité (C. constr., art. R. 123-12). Elles portent notamment sur la capacité d'évacuation rapide des occupants et l'existence de deux sorties au moins (C. constr., art. R. 123-4 et R. 123-7, v. **Cas** G), l'éclairage de sécurité (C. constr., art. R. 123-8, v. **Cas** H), le comportement au feu des matériaux (C. constr., art. R. 123-5), la prohibition des produits explosifs, toxiques ou particulièrement inflammables (C. constr., art. R. 123-9, v. **Cas** I), la sécurité des installations techniques (C. constr., art. R. 123-10), les dispositifs d'alarme et de secours contre l'incendie (C. constr., art. R. 123-11, v. **Cas** J). Des prescriptions particulières peuvent en outre être imposées par l'autorité chargée de la délivrance du permis de construire ou par l'autorité de police (C. constr., art. R. 123-13). **• La visite préalable de réception par la commission de sécurité et l'autorisation d'ouverture.** Avant toute ouverture de l'établissement au public ou avant la réouverture des établissements fermés depuis plus de dix mois, il est procédé à une « *visite de réception* » par la commission de sécurité (C. constr., art. R. 123-45, v. **Cas** E). Les petits ERP n'atteignant pas un seuil fixé par le règlement de sécurité, sauf s'ils comportent des locaux d'hébergement pour le public, sont dispensés de demande d'autorisation d'ouverture (C. constr., art. R. 123-45 et R. 123-14). Les autres doivent demander une « *autorisation d'ouverture* » prise par arrêté du maire après avis de la commission de sécurité (C. constr., art. R. 123-45, v. **Cas** F), notifié directement à l'exploitant par voie administrative ou par LRAR (C. constr., art. R. 123-46). Tout changement dans l'organisation de la direction doit faire l'objet d'une déclaration au maire qui impose le cas échéant des mesures complémentaires après avis de la commission de sécurité (C. constr., art. R. 123-21, al. 3, v. **Cas** A). **• La responsabilité**

du constructeur ou exploitant. Les constructeurs, installateurs et exploitants sont tenus, chacun en ce qui le concerne, de s'assurer que les installations ou équipements sont établis, maintenus et entretenus en conformité avec les dispositions applicables aux ERP et font procéder par des prestataires agréés, au cours de la construction ou périodiquement au cours de l'exploitation, aux vérifications nécessaires. Les contrôles effectués par l'administration ou par les commissions de sécurité ne les dégagent pas de leurs responsabilités (C. constr., art. R. 123-43, v. **Cas B** et **C**). Ils doivent tenir à disposition de la commission de sécurité et communiquer au maire les procès-verbaux et comptes rendus de ces vérifications (C. constr., art. R. 123-44, v. **Cas D**). L'exploitant doit tenir un registre de sécurité relatant les renseignements indispensables à la bonne marche du service de sécurité (C. constr., art. R. 123-51, v. **Cas N**). • **Les pouvoirs de contrôle des autorités.** Au cours de la construction ou des travaux d'aménagement, des visites sur place peuvent être faites par la commission de sécurité (C. constr., art. R. 123-45, v. **Cas K**). Dans les conditions fixées par le règlement de sécurité, les ERP font également l'objet « *de visites périodiques de contrôle et de visites inopinées effectuées par la commission de sécurité* » (C. constr., art. R. 123-48, v. **Cas L**), auxquelles l'exploitant est tenu d'assister ou de se faire représenter (C. constr., art. R. 123-49, v. **Cas M**). Cette visite donne lieu à un procès-verbal dont le maire notifie le résultat à l'exploitant par voie administrative ou par LRAR (C. constr., art. R. 123-49). La commission consultative départementale de la protection civile peut procéder, d'initiative ou à la demande du maire au du préfet, à des contrôles périodiques ou inopinés (C. constr., art. R. 123-35). Il en est de même pour les commissions de sécurité d'arrondissement, ou communales ou intercommunales, créées par le préfet après avis de la commission départementale (C. constr., art. R. 123-38 et 123-39). Les membres permanents des commissions de sécurité ont accès aux ERP sur présentation d'une commission délivrée à cet effet par le préfet (C. constr., art. R. 123-42). Les services de police et de gendarmerie peuvent, pendant les heures d'ouverture, vérifier la régularité de la situation de l'ERP et relever des infractions aux règles de sécurité (C. constr., art. R. 123-50).

RÉGIME DES PEINES

▪ **Amende. Cas E** et **F** : l'amende est appliquée autant de fois qu'il y a de journées d'ouverture sans visite de contrôle, sans autorisation ou sans déclaration d'ouverture (C. constr., art. R. 152-6).

▪ ÉLÉMENTS CONSTITUTIFS – QUALIFICATION

✧ Pour avoir à .... [¤ lieu], le .... [¤ date], [⇨A à **N** :]

A. étant constructeur, propriétaire ou exploitant d'un établissement recevant du public, apporté un changement dans l'organisation de la direction sans déclaration préalable au maire (C. constr., art. R. 123-21, al. 3 et **R. 152-6**) (**A** : *N* ***4548.c5*** ; en récidive : *N* ***8378.c5***) ;

B. étant constructeur, propriétaire ou exploitant d'un établissement recevant du public, omis de s'assurer que ses installations ou équipements sont établis, maintenus et entretenus en conformité avec les dispositions applicables (C. constr., art. R. 123-43 et **R. 152-6**) (**B** : *N* ***4558.c5*** ; en récidive : *N* ***8368.c5***) ;

C. étant constructeur, propriétaire ou exploitant d'un établissement recevant du public, omis de faire procéder pendant la construction et périodiquement en cours d'exploitation aux vérifications nécessaires par les organismes ou personnes agréés dans les conditions fixées par arrêté du ministre de l'intérieur aux fins de s'assurer que ses installations ou équipements sont établis, maintenus et entretenus en conformité avec les dispositions applicables (C. constr., art. R. 123-43 et **R. 152-6**) (**C** : *N* ***4558.c5*** ; en récidive : *N* ***8368.c5***) ;

D. étant constructeur, propriétaire ou exploitant d'un établissement recevant du public, omis de tenir les procès-verbaux et comptes rendus des vérifications permettant de s'assurer que ses installations ou équipements sont établis, maintenus et entretenus en conformité avec les dispositions applicables à la disposition des membres de la commission de sécurité ou de les communiquer au maire (C. constr., art. R. 123-44 et **R. 152-6**) (**D** : *N* ***#.c5***) ;

E. étant constructeur, propriétaire ou exploitant, ouvert un établissement recevant du public ou réouvert ce dernier alors qu'il avait été fermé pendant plus de dix mois, sans visite de réception par la commission de sécurité (C. constr., art. R. 123-45, al. 2 et **R. 152-6**) (**E** : *N* ***4552.c5*** ; en récidive : *N* ***8369.c5***) ;

F. étant constructeur, propriétaire ou exploitant, ouvert un établissement recevant du public sans autorisation d'ouverture prise par arrêté du maire après avis de la commission de sécurité (C. constr., art. R. 123-46 et R. 152-6) (F : *N 4559.c5 ; en récidive : N 8376.c5*) ;

G. contrevenu aux obligations imposant deux sorties au moins à un établissement recevant du public (C. constr., art. R. 123-7, al. 2 et R. 152-6) (G : *N 4556.c5 ; en récidive : N 8373.c5*) ;

H. contrevenu aux obligations imposant un éclairage de sécurité à un établissement recevant du public (C. constr., art. R. 123-8 et R. 152-6) (H : *N 4555.c5 ; en récidive : N 8372.c5*) ;

I. Stocké, distribué ou employé, dans les locaux et dégagements accessibles au public d'un établissement recevant du public, des produits explosifs, toxiques ou tous liquides particulièrement inflammables ou liquides inflammables soumis à autorisation ou enregistrement en application des articles L. 512-1 ou L. 512-7 du code de l'environnement (C. constr., art. R. 123-9 et R. 152-6) (I : *N 4554.c5 ; en récidive : N 8371.c5*) ;

J. omis de doter un établissement recevant du public de dispositifs d'alarme et d'avertissement ou d'un service de surveillance et de moyens de secours contre l'incendie appropriés aux risques (C. constr., art. R. 123-11 et R. 152-6) (J : *N 4553.c5 ; en récidive : N 8370.c5*) ;

K. mis obstacle à une visite sur place effectuée par la commission de sécurité au cours de la construction ou de travaux d'aménagement d'un établissement recevant du public (C. constr., art. R. 123-45 et R. 152-7) (K : *N 4561.c5 ; en récidive : N 8367.c5*) ;

L. mis obstacle à une visite périodique de contrôle ou à une visite inopinée d'un établissement recevant du public effectuée par la commission de sécurité (C. constr., art. R. 123-48 et R. 152-7) (L : *N 4561.c5 ; en récidive : N 8367.c5*) ;

M. étant propriétaire ou exploitant d'un établissement recevant du public, omis d'assister à la visite de l'établissement ou de s'y faire représenter par une personne qualifiée (C. constr., art. R. 123-49 et R. 152-7) (M : *N 4587.c5*) ;

N. étant propriétaire ou exploitant d'un établissement recevant du public, omis de tenir un registre de sécurité sur lequel sont reportés les renseignements indispensables à la bonne marche du service de sécurité (C. constr., art. R. 123-51 et R. 152-7) (N : *N 1971.c5*).

Faits prévus et réprimés par les articles [¤ de l'infraction sélectionnée] du code de la construction et de l'habitation. ✧

31.54 Défaut d'affichage du permis de construire – code de l'urbanisme – Abrogé (D. nº 2007-18, 5 janv. 2007), v. nº 32.22

31.55 Camping-caravaning illicite

■ **PEINES**

PERSONNE PHYSIQUE

PP Délit. Amende ⩾ 1 200 € et ⩽ 6 000 € par m² de surface de plancher construite, démolie ou rendue inutilisable ou ⩽ 300 000 € dans les autres cas ; + 6 mois d'emprisonnement en cas de récidive (C. urb., art. L. 480-4).

PC *Idem* nº 31.47.

PERSONNE MORALE

PP Amende ⩽ quintuple de celle encourue par les personnes physiques (C. urb., art. L. 480-4, L. 480-4-2 ; C. pén., art. 131-38).

PC *Idem* nº 31.47.

■ **ORIENTEUR**

RÉGIME PROCÉDURAL

▪ **Compétence juridictionnelle. Juge unique** sauf en cas de récidive (peine d'emprisonnement encourue) (C. pr. pén., art. 398-1, v. nº 17.15D2).

▪ **Ordonnance pénale. Possible** sauf en cas de récidive (peine d'emprisonnement encourue) (C. pr. pén., art. 495-II, v. nº 15.48B1 et tableau nº 17.15D2).

▪ **Mesure provisoire.** *Idem* nº 31.47.

MESURE CIVILE

▪ **Mise en conformité ou démolition.** *Idem* nº 31.47 (C. urb., art. L. 480-5).

▪ ÉLÉMENTS CONSTITUTIFS – QUALIFICATION

✧ Pour avoir à .... [¤ lieu], le .... [¤ date], [⇨A à G :]

A. stationné une caravane dans une zone signalisée comme interdite par arrêté municipal du .... [¤ date de l'arrêté] (C. urb., art. R. 443-3) (A : *N* ***6812.ju*** ; récidive *N* ***9484.co***) ;

B. stationné une caravane pendant plus de trois mois, consécutifs ou non, sur une période d'un an, sans autorisation (C. urb., art. R. 443-4) (B : *N* ***6813.ju*** ; récidive *N* ***9485.co***) ;

C. pratiqué le camping dans une zone signalisée comme interdite par arrêté municipal du .... [¤ date de l'arrêté] (C. urb., art. R. 443-6-1) (C : *N* ***6815.ju*** ; récidive *N* ***9487.co***) ;

D. reçu de façon habituelle sur son terrain soit 20 campeurs à la fois au plus, soit 6 tentes ou caravanes à la fois au plus, sans déclaration préalable (C. urb., art. R. 443-6-4) (D : *N* ***6816.ju*** ; récidive *N* ***9488.co***) ;

E. reçu de façon habituelle sur son terrain soit plus de 20 campeurs à la fois, soit plus de 6 tentes ou caravanes à la fois, sans autorisation préalable (C. urb., art. R. 443-7) (E : *N* ***6818.ju*** ; récidive *N* ***9490.co***) ;

F. stationné une caravane ou pratiqué le camping sur les rivages de la mer (C. urb., art. R. 443-9) (F : *N* ***6825.ju*** ; récidive *N* ***9497.co***) ;

G. stationné une caravane ou pratiqué le camping sur un site classé ou inscrit (C. urb., art. R. 443-9) (G : *N* ***6827.ju*** ; récidive *N* ***9499.co***).

Faits prévus et réprimés par les articles [• du cas sélectionné] + L. 480-4, L. 480-5, L. 480-7 du code de l'urbanisme. ✧

31.56 Publicité sur un immeuble, un site ou un lieu interdit – Véhicules publicitaires

▪ PEINES

PERSONNE PHYSIQUE

PP Délit. 7 500 € (depuis L. nº 2010-788, 12 juill. 2010, auparavant 3 750 €), ~~l'amende est appliquée autant de fois que de publicités en infraction~~ (C. envir., art. L. 581-34 ~~III~~) (dispositions abrogées par L. nº 2021-1104, 22 août 2021, art. 17 I 15°, en vigueur à compter du 1er janv. 2024, art. 17 III).

PC *Idem* nº 31.1 + 1. Suppression ou mise en conformité (obligatoires) publicités, enseignes ou préenseignes qui constituent l'infraction, dans un délai ⩽ 1 mois sous astreinte de 15 à 150 € par jour de retard, le cas échéant avec exécution provisoire (C. envir., art. L. 581-36) ;

2. Remise en état des lieux, le cas échéant avec exécution provisoire (C. envir., art. L. 581-36).

PERSONNE MORALE

PP 37 500 € (C. pén., art. 131-38).

PC *Idem* nº 31.1.

▪ ORIENTEUR

AUTRE QUALIFICATION

▪ **Publicité prêtant à confusion avec un signal routier – Publicité sur un équipement routier ou réduisant la visibilité.** C. route, art. R. 418-9, v. nº 31.57.

ÉLÉMENT LÉGAL

▪ **définition.** • **Publicité.** « *Constitue une publicité, à l'exclusion des enseignes et des préenseignes, toute inscription, forme ou image, destinée à informer le public ou à attirer son attention, les dispositifs dont le principal objet est de recevoir lesdites inscriptions, formes ou images étant assimilées à des publicités* » (C. envir., art. L. 581-3 1°). • **Enseigne.** « *Constitue une enseigne toute inscription, forme ou image apposée sur un immeuble et relative à une activité qui s'y exerce* » (C. envir., art. L. 581-3 2°). • **Préenseigne.** « *Constitue une préenseigne toute inscription, forme ou image indiquant la proximité d'un immeuble où s'exerce une activité déterminée* » (C. envir., art. L. 581-3 3°).

RÉGIME PROCÉDURAL

▪ **Compétence juridictionnelle. Juge unique** (C. pr. pén., art. 398-1 8°, v. n° 17.15D2).

▪ **Ordonnance pénale. Possible** (C. pr. pén., art. 495-II, v. n° 15.48B1 et tableau n° 17.15D2).

▪ **Prescription de l'action publique.** La prescription ne court qu'à partir du jour où la publicité est supprimée ou mise en conformité (C. envir., art. L. 581-38).

▪ ÉLÉMENTS CONSTITUTIFS – QUALIFICATION

✧ Pour avoir à .... [¤ lieu], le .... [¤ date], [⇨1 ou 2 puis A à S :]

1. apposé ou fait apposer...

2. maintenu après mise en demeure...

...une publicité, une enseigne ou une préenseigne en violation des prescriptions légales et réglementaires, en l'espèce [⇨A à S :]

A. sur un immeuble classé ou inscrit au titre des monuments historiques (C. envir., art. L. 581-4 1°) (1A : *N 5867.ju ;* 2A : *N 5868.ju ;*

B. sur un monument naturel (C. envir., art. L. 581-4 2°) (1B : *N 5869.ju ;* 2B : *N 5870.ju*) ;

C. dans un site classé (C. envir., art. L. 581-4 I 2°) (1C : *N 5871.ju ;* 2C : *N 5872.ju*) ;

D. dans le cœur d'un parc national (C. envir., art. L. 581-4 I 3°) (1D : *N 5873.ju ;* 2D : *N 5874.ju*) ;

E. dans un parc naturel régional, situé en agglomération (C. envir., art. L. 581-8 I 3°) (1e : *N 5889.ju ;* 2e : *N 5890.ju*) ;

F. dans une réserve naturelle (C. envir., art. L. 581-4 I 3°) (1F : *N 5875.ju ;* 2F : *N 5876.ju*) ;

G. sur un arbre (C. envir., art. L. 581-4 I 4°) (1G : *N 5877.ju ;* 2G : *N 5878.ju*) ;

H. sur un immeuble présentant un caractère esthétique, historique ou pittoresque protégé par arrêté du maire ou du préfet (C. envir., art. L. 581-4 II) (1H : *N 5879.ju ;* 2H : *N 5880.ju*) ;

I. à moins de 100 m et dans le champ de visibilité d'un immeuble présentant un caractère esthétique, historique ou pittoresque protégé par arrêté du maire ou du préfet (C. envir., art. L. 581-4 II, L. 581-8 5°) (1I : *N 5897.ju ;* 2I : *N 5898.ju*) ;

J. aux abords d'un immeuble classé ou inscrit au titre des monuments historiques (C. envir., art. L. 581-8 I 1° ; C. patr., art. L. 621-30) (1J : *N 5885.ju ;* 2J : *N 5886.ju*) ;

K. dans le périmètre d'un site patrimonial remarquable situé en agglomération (C. envir., art. L. 581-8 I 2° ; C. patr., art. L. 631-1) (1K : *N 5887.ju ;* 2K : *N 5888.ju*) ;

L. dans un lieu non autorisé, situé hors agglomération (C. envir., art. L. 581-7) (1L : *N 5881.ju ;* 2L : *N 5882.ju*) ;

M. dans une zone ou secteur non autorisé par le règlement local de publicité (C. envir., art. L. 581-7, L. 581-14) (1M : *N 27951.ju ;* 2M : *N 27952.ju*) ;

N. en stationnant ou faisant séjourner un véhicule publicitaire sur un lieu visible d'une voie ouverte à la circulation publique (C. envir., art. L. 581-15, R. 581-48) (1N : *N 5703.ju*) ;

O. en faisant circuler en convoi des véhicules publicitaires (C. envir., art. L. 581-15, R. 581-48) (1O : *N 5704.ju*) ;

P. en faisant circuler à une vitesse anormalement réduite un véhicule publicitaire (C. envir., art. L. 581-15, R. 581-48) (1Q : *N 5705.ju*) ;

R. en apposant sur un véhicule des publicités dont la surface totale excède 12 m^2 (C. envir., art. L. 581-15, R. 581-48) (1R : *N 5706.ju*) ;

S. en faisant circuler un véhicule publicitaire dans (C. envir., art. L. 581-15, R. 581-48) [⇨S1 à S4 :]

S1. un site classé (1S1 : *N 21932.ju*) ;

S2. le cœur d'un parc national (1S2 : *N 21933.ju*) ;

S3. une réserve naturelle (1S3 : *N 21934.ju*) ;

S4. une zone où la publicité est interdite en agglomération (1S4 : *N 21936.ju*).

Faits prévus et réprimés par les articles L. 173-5, L. 173-7, L. 173-9, L. 173-10, L. 581-4, L. 581-7, L. 581-8, L. 581-15, L. 581-18, L. 581-19, L. 581-34 et L. 581-36 du code de l'environnement. ✧

31.57 Publicité prêtant à confusion avec un signal routier – Publicité sur un équipement routier ou réduisant la visibilité

▪ PEINES

PERSONNE PHYSIQUE

PP Contrav. 5e cl. 1 500 € (C. route, art. R. 418-9 ; C. pén., art. 131-13).

PC Néant.

PERSONNE MORALE

PP 7 500 € (C. pén., art. 131-41).

PC Néant.

▪ ORIENTEUR

AUTRE QUALIFICATION

▪ **Publicité sur un immeuble, un site ou un lieu interdit – Véhicules publicitaires.** C. envir., art. L. 581-34, v. no 31.56.

▪ **Diffusion de message contraire à la décence.** V. no 35.43, cas A (hypothèse d'une affiche contraire à la décence).

TEXTE DE RÉFÉRENCE

▪ **Dispositifs routiers protégés contre les risques de confusion. Cas C.** Sont notamment interdits les dispositifs ou dessins : triangulaires à fond blanc ou jaune, circulaires à fond rouge, bleu ou blanc, octogonaux à fond rouge, carrés à fond blanc ou jaune disposés sur pointe (C. route, art. R. 418-2).

MESURE ADMINISTRATIVE

▪ **Mise en conformité.** L'autorité investie du pouvoir de police peut dès constatation de l'infraction ordonner et enjoindre la suppression, mise en conformité et remise en état des lieux, et y faire procéder d'office dans l'intérêt de la sécurité s'il n'est pas déféré à l'injonction dans le délai imparti, et en cas d'urgence, faire masquer la publicité et faire procéder à l'extinction s'il s'agit d'une publicité lumineuse (C. route, art. R. 418-9).

▪ ÉLÉMENTS CONSTITUTIFS – QUALIFICATION

✧ Pour avoir à .... [¤ lieu], le .... [¤ date], apposé [⇨A à E :]

A. **Publicité indiquant irrégulièrement une localité**
sur une voie ouverte à la circulation publique ou en bordure de celle-ci, une publicité, une enseigne publicitaire ou préenseigne visible comportant une indication de localité complétée par une flèche ou une distance kilométrique (C. route, art. R. 418-2) (A : *N 6174.c5*) ;

B. **Publicité reproduisant un signal routier**
sur une voie ouverte à la circulation publique ou en bordure de celle-ci, une publicité, une enseigne publicitaire ou préenseigne visible comportant la reproduction d'un signal routier réglementaire ou d'un schéma de présignalisation (C. route, art. R. 418-2) (B : *N 6173.c5*) ;

C. **Publicité créant une confusion avec un signal routier**
sur une voie ouverte à la circulation publique ou en bordure de celle-ci, une publicité, une enseigne publicitaire ou préenseigne visible pouvant être confondue par sa forme, ses couleurs, son texte, ses symboles, ses dimensions ou son emplacement avec les signaux réglementaires (C. route, art. R. 418-2) (C : *N 6172.c5*) ;

D. **Publicité sur une signalisation ou un ouvrage routier**
un placard, papillon, affiche ou marquage sur .... [¤ support de l'affichage], équipement intéressant la circulation routière ou ouvrage situé dans l'emprise du domaine routier ou surplombant celui-ci (C. route, art. R. 418-3) (D : *N 6178.c5*) ;

E. **Publicité réduisant la visibilité des usagers**
une publicité, une enseigne, une enseigne publicitaire ou préenseigne de nature à réduire la visibilité ou l'efficacité des signaux réglementaires ou à éblouir les usagers des voies publiques ou à solliciter leur attention dans des conditions dangereuses pour la sécurité routière (C. route, art. R. 418-4) (E : *N 6176.c5*).

Faits prévus et réprimés par les articles [• du cas sélectionné] + R. 418-9 du code de la route. ✧

31.58 Protection du domaine public routier

■ PEINES

PERSONNE PHYSIQUE

PP Contrav. 5e cl. 1 500 € (C. voirie rout., art. R. 116-2 ; C. pén., art. 131-13).

PC Néant.

PERSONNE MORALE

PP 7 500 € (C. pén., art. 131-41).

PC Néant.

■ ORIENTEUR

AUTRE QUALIFICATION

▪ **Entrave à la circulation – Délit.** V. no 36.21.

▪ **Entrave à la circulation – Contravention.** V. no 36.22 ;

▪ **Trouble à la circulation.** V. no 36.23 ;

▪ **Destruction ou détérioration grave.** V. no 22.61 (biens destinés à l'utilité publique).

▪ **Déversement de substances nuisibles dans les eaux souterraines ou superficielles, mer territoriale – Pollution.** V. no 31.33, cas A, en concours avec le cas D de la présente fiche.

▪ **Non-respect de la règlementation en matière de collecte d'ordure.** V. no 31.27, en concours avec les cas C2 et D de la présente fiche.

▪ **Abandon d'épave de véhicule – Abandon d'ordures ou de déchets à l'aide d'un véhicule.** V. no 31.28, en concours avec le cas C2 de la présente fiche.

RÉGIME PROCÉDURAL

▪ **Action publique. • Exercice de l'action publique par l'administration.** Ces infractions peuvent être poursuivies à la requête du directeur départemental de l'équipement ou du chef du service technique intéressé, qui peuvent faire citer le prévenu et le civilement responsable par les agents de l'administration (C. voirie rout., art. L. 116-4). Pour les infractions concernant la voirie nationale, les fonctions de ministère public près le tribunal de police peuvent être remplies par le directeur départemental de l'équipement ou son suppléant. Devant le tribunal correctionnel ou la cour d'appel, ils peuvent exposer l'affaire ou être entendus à l'appui de leurs conclusions (C. voirie rout., art. L. 116-5). **• Prescription de l'action publique.** « *si les auteurs ou les personnes civilement responsables peuvent être condamnés à la réparation du dommage causé, quel que soit le temps écoulé depuis le fait constitutif de la contravention de voirie routière, cette contravention se prescrit selon les dispositions de C. pr. pén., art. 9* » (Crim. 31 janv. 2023, no 22-83.368, P). **• Transaction sur l'action publique.** « *En matière d'infractions relatives à la police de la conservation du domaine public routier national, le ministre chargé de la voirie routière peut transiger avec les justiciables tant qu'un jugement définitif n'est pas intervenu* » (C. voirie rout., art. L. 116-8), l'accord préalable du procureur de la République n'est pas nécessaire.

▪ **Mesure provisoire.** « *La juridiction saisie d'une infraction à la police de la conservation du domaine public routier peut ordonner l'arrêt immédiat des travaux dont la poursuite serait de nature à porter atteinte à l'intégrité de la voie publique ou de ses dépendances ou à aggraver l'atteinte déjà portée. La décision est exécutoire sur minute nonobstant opposition ou appel. L'administration prend toutes mesures nécessaires pour en assurer l'application immédiate* » (C. voirie rout., art. L. 116-7).

MESURE CIVILE

▪ **Action civile. • Prescription de l'action civile.** « *L'action en réparation de l'atteinte portée au domaine public routier, notamment celle tendant à l'enlèvement des ouvrages faits, est imprescriptible* » (C. voirie rout., art. L. 116-6). **• Préjudice.** « *Les personnes condamnées supportent les frais et dépens de l'instance, ainsi que les frais des mesures provisoires et urgentes que l'administration a pu être amenée à prendre* » (C. voirie rout., art. L. 116-6).

■ ÉLÉMENTS CONSTITUTIFS – QUALIFICATION

✧ Pour avoir à .... [¤ lieu], le .... [¤ date], [⇨A à G :]

A. sans autorisation, **empiété** sur le domaine public routier ou accompli un acte de nature à porter **atteinte à son intégrité** ou à celle des dépendances, ouvrages, installations ou plantations qui y sont établis (A : *N 7564.c5*) ;

B. **dérobé des matériaux** entreposés pour les besoins de la voirie sur le domaine public routier ou ses dépendances (B : *N 7565.c5*) ;

C. sans autorisation préalable et d'une façon non-conforme à sa destination [⇨C1 ou C2 :]

C1. **occupé** le domaine public routier ou ses dépendances (C1 : *N 7566.c5*) ;

C2. effectué des **dépôts** sur le domaine public routier ou ses dépendances (C2 : *N 7567.c5*) ;

D. laissé s'écouler, répandu ou jeté sur la voie publique des **substances** susceptibles de nuire à la salubrité et à la sécurité publiques ou d'incommoder le public (D : *N 7568.c5*) ;

E. établi ou laissé croître sans autorisation des **arbres** ou haies à moins de deux mètres de la limite du domaine public routier (E : *N 7569.c5*) ;

F. exécuté sans autorisation préalable un **travail** sur le domaine public routier (F : *N 7570.c5*) ;

G. creusé sans autorisation un **souterrain** sous le domaine public routier (G : *N 7571.c5*) ;

Faits prévus et réprimés par l'article R. 116-2 du code de la voirie routière. ✧

31.59 Les biens culturels : définitions et régimes

A. Les trésors nationaux

1. La liste des trésors nationaux (C. patr., art. L. 111-1)

Sont des trésors nationaux (C. patr., art. L. 111-1) :

1° Les biens appartenant aux collections des musées de France ;

2° Les archives publiques, au sens de l'article L. 211-4, ainsi que les archives privées classées comme historiques (v. C2 ci-dessous et n° 31.68) ;

3° Les biens classés au titre des monuments historiques (pour les immeubles, v. B ci-dessous et n° 31.64, pour les biens mobiliers, v. D ci-dessous et n° 31.65) ;

4° Les autres biens faisant partie du domaine public mobilier, au sens de CGPPP, art. L. 2112-1 (v. A2 ci-dessous) ;

5° Les autres biens présentant un intérêt majeur pour le patrimoine national au point de vue de l'histoire, de l'art ou de l'archéologie.

2. Les biens du domaine public mobilier relevant des trésors nationaux (CGPPP, art. L. 2112-1)

Par renvoi du C. patr., art. L. 111-1 4° au CGPPP, art. L. 2112-1), entrent dans la catégorie des trésors nationaux (v. A1 4° ci-dessus) une **liste non exhaustive** de biens faisant partie du domaine public mobilier « *présentant un intérêt public du point de vue de l'histoire, de l'art, de l'archéologie, de la science ou de la technique* » figurant au **CGPPP, art. L. 2112-1** : – exemplaire identifié de chacun des documents soumis à la formalité obligatoire du dépôt légal en application de C. patr., art. L. 131-2 – archives publiques (incrimination déjà couverte par le cas A1 2° ci-dessus) – archives issues de fonds privés entrées dans les collections publiques – biens archéologiques mobiliers devenus ou demeurés propriété publique – biens culturels maritimes de nature mobilière – objets mobiliers classés (incrimination déjà couverte par le cas A1 3° ci-dessus) ou inscrits au titre des monuments historiques (v. ci-dessous orienteur) ou situés dans un immeuble classé ou inscrit et concourant à la présentation au public de parties classées ou inscrites dudit immeuble – autres objets mobiliers non classés ou non-inscrits au titre des monuments historiques mais présentant un intérêt historique ou artistique, devenus ou demeurés propriété publique en application de la loi du 9 décembre 1905 concernant la séparation des Églises et de l'État – collections des musées – œuvres et objets d'art contemporain acquis par le Centre national des arts plastiques ainsi que les collections d'œuvres et objets d'art inscrites sur les inventaires du Fonds national d'art contemporain dont le centre reçoit la garde – collections de documents anciens, rares ou précieux des bibliothèques – collections publiques relevant du Mobilier national et de la Manufacture nationale de Sèvres.

3. La prohibition de l'exportation de trésors nationaux

L'exportation définitive de biens relevant de la catégorie des trésors nationaux est interdite (C. patr., art. L. 111-1 et L. 114-1). **L'exportation temporaire** des trésors nationaux hors du territoire douanier peut toutefois être autorisée par l'autorité administrative, aux fins de restauration, d'expertise, de participation à une manifestation culturelle ou de dépôt dans une collection publique (C. patr., art. L. 111-7). **L'autorisation de sortie temporaire** doit être présentée à toute réquisition des agents des douanes (C. patr., art. L. 111-7). Dès l'expiration de l'autorisation d'exportation provisoire, le propriétaire ou le détenteur du bien est tenu de le présenter sur requête de l'administration (C. patr., art. L. 111-7).

Quand l'administration a refusé de délivrer un certificat attestant à titre permanent que le bien culturel n'est pas un trésor national (C. patr., art. L. 111-2, v. F ci-dessous), il présente le caractère d'un trésor national (C. patr., art. L. 111-4) et est alors soumis à un régime de protection. Dès la notification de la **décision de refus de certificat**, le propriétaire ou son mandataire est tenu de déclarer à l'autorité administrative le lieu de sa conservation et de le présenter aux agents habilités qui en font la demande (C. patr., art. L. 111-7-1). Le bien ne peut être modifié ou restauré sans autorisation de l'autorité administrative ou sans respecter ses conditions (C. patr., art. L. 111-7-2). Quand le refus de certificat porte sur un fonds d'archives, une collection ou un ensemble, les biens le composant ne peuvent être aliénés par lot ou pièce (C. patr., art. L. 111-7-3). Le refus de certificat n'a d'effet que pour une durée de 30 mois. Au-delà de ce délai, il ne peut être renouvelé que si l'État offre d'acquérir le bien, ceci sans préjudice de son placement sous protection au titre des objets mobiliers classés (v. D ci-dessous et n° **31.65**), des archives historiques (v. C ci-dessous et n° **31.68**), ou de la revendication de l'objet par l'État en application des dispositions relatives aux fouilles archéologiques (v. n^{os} **31.59G** et **31.61**) ou aux biens culturels maritimes (v. n^{os} **31.59H** et **31.63**) (C. patr., art. L. 111-6).

Sur les infractions en matière d'exportation illicite de trésor national, v. n° **31.60** et sur le **régime douanier** des trésors nationaux dont la détention et l'exportation sont contrôlés, v. orienteur n° **31.60** (C. douanes, art. 38 4 3° et 215 *ter*).

B. Les immeubles classés ou inscrits ou titre de monuments historiques

1. Les immeubles classés monument historique

« *Les immeubles dont la conservation présente, au point de vue de l'histoire ou de l'art, un intérêt public sont classés comme monuments historiques en totalité ou en partie par les soins de l'autorité administrative* » (C. patr., art. L. 621-1). « *La décision de classement de l'immeuble est notifiée par le préfet de région au propriétaire. Celui-ci est tenu d'en informer les affectataires ou occupants successifs* » (C. patr., art. R. 621-8). Cette décision mentionne notamment « *L'étendue totale ou partielle du classement avec les références cadastrales des parcelles, en précisant, si le classement est partiel, les parties de l'immeuble auxquelles il s'applique* » (C. patr., art. R. 621-7). « *L'immeuble classé au titre des monuments historiques ne peut être détruit ou déplacé, même en partie, ni être l'objet d'un travail de restauration, de réparation ou de modification quelconque, sans autorisation de l'autorité administrative* » (C. patr., art. L. 621-9). C. patr., art. R. 621-11 définit de manière non limitative les travaux soumis à autorisation.

Le classement au titre des monuments historiques est attaché à l'immeuble (C. patr., art. L. 621-29-5), il doit être porté à la connaissance du futur acquéreur en cas d'aliénation. Cette dernière doit être préalablement notifiée à l'administration (C. patr., art. L. 621-29-6, R. 621-84) et ne peut avoir lieu qu'après observations du ministre de la culture (C. patr., art. L. 621-29-9).

Sur les infractions en matière d'immeuble classé monument historique, v. n° **31.64**.

2. Les immeubles inscrits au titre des monuments historiques

« *Les immeubles ou parties d'immeubles publics ou privés qui, sans justifier une demande de classement immédiat au titre des monuments historiques, présentent un intérêt d'histoire ou d'art suffisant pour en rendre désirable la préservation peuvent, à toute époque, être inscrits, par décision de l'autorité administrative, au titre des monuments historiques* » (C. patr., art. L. 621-25).

« *L'inscription au titre des monuments historiques est notifiée aux propriétaires* » et leur interdit de procéder à « *une modification de l'immeuble ou partie de l'immeuble inscrit* », sans avoir, quatre mois auparavant, avisé l'autorité administrative des travaux envisagés (C. patr., art. L. 621-27). Lorsque les constructions ou les travaux sont soumis à permis de construire, de démolir ou d'aménager ou à déclaration préalable, la décision accordant le permis ou la décision de non-opposition ne peut intervenir sans l'accord de l'autorité administrative chargée des monuments historiques (C. patr., art. L. 621-27).

Comme pour les immeubles classés, l'inscription au titre des monuments historiques est attachée à l'immeuble (C. patr., art. L. 621-29-5), elle doit être portée à la connaissance du futur acquéreur en cas d'aliénation. Cette dernière doit être préalablement notifiée à l'administration (C. patr., art. L. 621-29-6, R. 621-84) et ne peut avoir lieu qu'après observations du ministre de la culture (C. patr., art. L. 621-29-9).

Sur les infractions en matière d'immeuble inscrit au titre des monuments historiques, v. n° **31.64**.

3. La protection des abords des monuments historiques

« *Les immeubles ou ensembles d'immeubles qui forment avec un monument historique un ensemble cohérent ou qui sont susceptibles de contribuer à sa conservation ou à sa mise en valeur sont protégés au titre des abords. La protection au titre des abords a le caractère de servitude d'utilité publique affectant l'utilisation des sols dans un but de protection, de conservation et de mise en valeur du patrimoine culturel* » (C. patr., art. L. 621-30).

« *La protection au titre des abords s'applique à tout immeuble, bâti ou non bâti, situé dans un périmètre délimité par l'autorité administrative* » (C. patr., art. L. 621-30). « *En l'absence de périmètre délimité, la protection au titre des abords s'applique à tout immeuble, bâti ou non bâti, visible du monument historique ou visible en même temps que lui et situé à moins de cinq cents mètres* » (C. patr., art. L. 621-30).

« *Les travaux susceptibles de modifier l'aspect extérieur d'un immeuble, bâti ou non bâti, protégé au titre des abords sont soumis à une autorisation préalable* » (C. patr., art. L. 621-32, R. 621-96 s.).

Sur les infractions en matière de travaux dans un immeuble situé aux abords d'un monument historique, v. n° **31.64**.

4. La protection des sites patrimoniaux remarquables

« *Par décision du ministre chargé de la culture* » (C. patr., art. L. 631-2), « *sont classés au titre des sites patrimoniaux remarquables les villes, villages ou quartiers dont la conservation, la restauration, la réhabilitation ou la mise en valeur présente, au point de vue historique, architectural, archéologique, artistique ou paysager, un intérêt public. Peuvent être classés, au même titre, les espaces ruraux et les paysages qui forment avec ces villes, villages ou quartiers un ensemble cohérent ou qui sont susceptibles de contribuer à leur conservation ou à leur mise en valeur. Le classement au titre des sites patrimoniaux remarquables a le caractère de servitude d'utilité publique affectant l'utilisation des sols dans un but de protection, de conservation et de mise en valeur du patrimoine culturel* » (C. patr., art. L. 631-1).

« *Dans le périmètre d'un site patrimonial remarquable, sont soumis à une autorisation préalable les travaux susceptibles de modifier l'état des parties extérieures des immeubles bâtis, y compris du second œuvre, ou des immeubles non bâtis* », ainsi que « *les travaux susceptibles de modifier l'état des éléments d'architecture et de décoration, immeubles par nature ou effets mobiliers attachés à perpétuelle demeure* », si ces derniers « *sont protégés par le plan de sauvegarde et de mise en valeur* » (C. patr., art. L. 632-1).

Le régime d'autorisation des travaux compris dans le périmètre d'un site patrimonial remarquable est emprunté à celui des travaux effectués aux abords d'un monument historique (C. patr., art. D. 632-1 renvoyant à R. 621-96 s.).

Sur les infractions en matière de travaux dans le périmètre d'un site patrimonial remarquable, v. n° **31.64**.

C. Les archives

1. Les archives publiques

Les archives publiques sont, selon C. patr., art. L. 211-4 1 : les documents procédant de l'activité de l'État, des collectivités territoriales, des établissements publics ou des autres personnes morales de droit public ; les actes ou documents des assemblées parlementaires ; les documents qui procèdent de la gestion d'un service public ou de l'exercice d'une mission de service public par des personnes de droit privé ; les minutes ou répertoires des officiers publics ou ministériels ou registres de conventions notariées de pacte civil de solidarité.

La protection des archives publiques constitue la garantie du droit d'accès à ces dernières, en effet, « *Aux termes de l'article 15 de la Déclaration de 1789 : "La société a le droit de demander compte à tout agent public de son administration". Est garanti par cette disposition le droit d'accès aux documents d'archives publiques* » (Cons. const. 30 juill. 2021, n° 2021-822 DC, § 45).

2. Les archives privées classées comme archives historiques

a. Définition et statut. Les archives privées qui présentent pour des raisons historiques un intérêt public peuvent être classées comme archives historiques (C. patr., L. 212-15). Les archives privées classées comme archives historiques sont imprescriptibles (C. patr., L. 212-20), les effets du classement suivent l'archive, en quelques mains qu'elle passe (C. patr., L. 212-21).

b. Mise en œuvre du classement. Le classement s'opère par décision de l'autorité administrative (C. patr., L. 212-15). L'administration des archives notifie au propriétaire l'ouverture de la procédure de classement. À compter de cette notification, tous les effets du classement s'appliquent de plein droit (C. patr., L. 212-18).

c. Obligations du propriétaire de l'archive classée. Le propriétaire ou possesseur d'archives classées est tenu de les présenter à l'autorité administrative lorsqu'il en est requis (C. patr., L. 212-22). Sauf autorisation de l'administration, les archives classées ne peuvent être soumises à aucune opération susceptible de les modifier ou de les altérer, être divisées ou aliénées par lot ou pièce, ou faire l'objet de travaux (C. patr., L. 212-25). Elles ne peuvent être détruites (C. patr., L. 212-27), ni être exportées, sauf autorisation d'exportation temporaire aux fins de restauration, d'expertise, de participation à une manifestation culturelle ou de dépôt dans une collection publique (C. patr., L. 212-28 et L. 111-7). Le propriétaire ou le détenteur d'une archive classée qui a l'intention de la déplacer d'un lieu dans un autre est tenu d'en faire préalablement la déclaration à l'administration (C. patr., L. 212-23). Toute aliénation ou transmission d'archive classée doit lui être notifiée, par celui qui l'a consentie ou par le bénéficiaire en cas de transmission par succession, partage ou donation (C. patr., L. 212-23). Le propriétaire qui aliène une archive classée est tenu de faire connaître à l'acquéreur l'existence du classement (C. patr., L. 212-24).

Sur les infractions en matière d'archives, v. nº 31.68.

D. Les objets mobiliers classés au titre des monuments historiques

1. La définition et le statut de l'objet mobilier classé

Les **objets mobiliers** meubles ou immeubles par destination, dont la conservation présente, au point de vue de l'histoire, de l'art, de la science ou de la technique, un **intérêt public**, peuvent être classés au titre des monuments historiques par décision de l'autorité administrative (C. patr., L. 622-1). Une **collection** dont l'intégrité et la cohérence présente un intérêt public peut également être classée au titre des monuments historiques comme ensemble historique mobilier. Les effets du classement s'appliquent à chaque élément de l'ensemble et subsistent pour un élément s'il est dissocié de l'ensemble (C. patr., L. 622-1-1). Lorsque des objets mobiliers classés ou un ensemble historique mobilier classé sont attachés, par des liens historiques ou artistiques remarquables, à un immeuble classé, ces objets mobiliers ou cet ensemble historique mobilier peuvent être grevés d'une **servitude de maintien** dans les lieux par décision de l'autorité administrative. Le déplacement en dehors de ces lieux de l'objet ou de la collection est alors subordonné à une autorisation de l'autorité administrative (C. patr., L. 622-1-2). Les objets mobiliers classés sont **imprescriptibles** (C. patr., L. 622-13) et entrent dans la catégorie des trésors nationaux (C. patr., art. L. 111-1 3°). Les effets du classement suivent l'objet, en quelques mains qu'il passe (C. patr., L. 622-15 et L. 622-29). Les objets appartenant à l'État sont inaliénables, ceux appartenant à une collectivité territoriale ou à un établissement public ou d'utilité publique ne peuvent être transférés qu'à l'État, à une personne publique ou à un établissement d'utilité publique, avec l'accord de l'administration(C. patr., L. 622-14). L'autorité administrative procède au moins tous les 5 ans au **récolement** des objets mobiliers classés (C. patr., L. 622-8).

2. La mise en œuvre du classement

Qu'il appartienne à l'État, à une collectivité territoriale ou à un établissement public de l'État ou d'une collectivité territoriale, ou à une personne privée, le classement de l'objet au titre des monuments historiques est effectué par **décision de l'autorité administrative** (C. patr., L. 622-2 à 622-4-1). Lorsque la conservation ou le maintien sur le territoire national d'un objet mobilier est menacée, l'autorité administrative peut notifier au propriétaire une **instance de classement** au titre des monuments historiques. À compter du jour de la notification tous les effets du classement s'appliquent de plein droit à l'objet mobilier visé (C. patr., L. 622-5).

3. Les obligations du propriétaire de l'objet mobilier classé

Le propriétaire ou détenteur est tenu de le **présenter** à l'autorité administrative lorsqu'il en est requis (C. patr., L. 622-8). Les objets classés au titre des monuments historiques ne peuvent être **modifiés, réparés ou restaurés** sans l'autorisation de l'autorité administrative (C. patr., L. 622-7). Le propriétaire ou le détenteur d'un objet mobilier classé qui a l'intention de le **déplacer** d'un lieu dans un autre est tenu d'en faire préalablement la déclaration à l'autorité administrative (C. patr., L. 622-28). Tout particulier qui **aliène** un objet classé est tenu de faire connaître à l'acquéreur l'existence du classement et de notifier cette aliénation dans les 15 jours à l'autorité administrative (C. patr., L. 622-16). **L'exportation** d'un objet classé au titre des monuments historiques est interdite, sauf autorisation d'exportation temporaire aux fins de restauration, d'expertise, de participation à une manifestation culturelle ou de dépôt dans une collection publique (C. patr., L. 622-18 et L. 111-7).

Sur les infractions pénales et administratives en matière d'objet mobilier classé, v. n° 31.65.

E. Les objets mobiliers inscrits au titre des monuments historiques

1. La définition et le statut de l'objet mobilier inscrit

Les objets mobiliers meubles ou immeubles par destination qui ne relèvent pas dans l'immédiat d'un classement au titre des monuments historiques mais qui présentent un **intérêt suffisant** pour en justifier la préservation, peuvent être inscrits au titre des monuments historiques (C. patr., L. 622-20). Les effets de l'inscription au titre des monuments historiques d'un objet mobilier suivent l'objet en quelques mains qu'il passe (C. patr., L. 622-29). À la différence des objets classés, les objets inscrits n'entrent pas dans la catégorie des trésors nationaux (C. patr., art. L. 111-1).

2. La mise en œuvre du classement

L'objet mobilier ne peut être inscrit qu'avec le consentement de son propriétaire s'il est une personne privée (C. patr., L. 622-20). L'inscription est prononcée par décision notifiée de l'autorité administrative (C. patr., L. 622-21).

3. Les obligations du propriétaire de l'objet mobilier inscrit

Le propriétaire ou le détenteur d'un objet mobilier inscrit qui a l'intention de le **modifier, réparer ou restaurer** est tenu d'en faire préalablement la déclaration à l'autorité administrative (C. patr., L. 622-22). Quiconque **aliène** un objet inscrit au titre des monuments historiques est tenu de faire connaître au futur acquéreur l'existence de l'inscription et doit notifier l'aliénation à l'autorité administrative (C. patr., L. 622-23). Le propriétaire ou détenteur d'un objet mobilier inscrit qui a l'intention de le **déplacer** d'un lieu dans un autre est tenu d'en faire préalablement la déclaration à l'autorité administrative (C. patr., L. 622-28).

Sur les infractions pénales et administratives en matière d'objet mobilier inscrit, v. n° 31.66.

F. Les biens culturels autres que les trésors nationaux dont l'exportation est contrôlée

Ces biens sont définis comme ceux qui, sans être des trésors nationaux, présentent « un intérêt historique, artistique ou archéologique ». Pour relever de ce régime, ils doivent correspondent aux critères de catégorie, d'ancienneté et de la valeur décrits à l'annexe 1 du code du patrimoine (C. patr., art. L. 111-2, R. 111-1, Annexe 1). L'**exportation** temporaire ou définitive hors du territoire douanier de ces biens culturels est subordonnée à l'obtention d'un **certificat**, délivré par l'autorité administrative (ministre chargé de la culture), attestant que le bien n'a pas le caractère de trésor national. Ce titre est permanent ou d'une durée limitée à 20 ans si le bien est âgé de moins de 100 ans. Muni de ce certificat, le bien peut franchir librement la frontière définitivement ou provisoirement. En cas de sortie provisoire du territoire, le certificat n'est pas obligatoire mais doit être suppléé par une **autorisation de sortie provisoire** délivrée par l'administration (ministre chargé de la culture). En cas de refus de délivrance de certificat, le bien acquiert le caractère d'un trésor national (C. patr., art. L. 111-4, v. n°s 31.59A et 31.60) et toute demande nouvelle pour le même bien est irrecevable pendant une durée de 30 mois (C. patr., art. L. 111-6).

Sur le **régime douanier** des biens culturels dont la détention et l'exportation sont contrôlés, v. Orienteur n° 31.60 (C. douanes, art. 38 4 3° et 215 *ter*) et les infractions en matière d'exportation illicite de ces biens, v. n° 31.60.

G. Les biens archéologiques

1. Le régime des fouilles et découvertes archéologiques programmées

a. Autorisation préalable. Nul ne peut effectuer sur un terrain lui appartenant ou appartenant à autrui des fouilles ou des sondages à l'effet de recherches de monuments ou d'objets pouvant intéresser la préhistoire, l'histoire, l'art ou l'archéologie, sans avoir au préalable obtenu l'**autorisation de l'administration**. L'autorisation de fouiller fixe les prescriptions suivant lesquelles les recherches devront être réalisées (C. patr., art. L. 531-1).

b. Surveillance de l'administration. Les fouilles doivent être réalisées par le titulaire de l'autorisation et sous sa responsabilité, conformément aux prescriptions imposées par la décision d'autorisation, et sous la surveillance d'un représentant de l'autorité administrative (C. patr., art. L. 531-3). En cas de manquement aux prescriptions ou si l'administration estime devoir poursuivre elle-même les fouilles en raison de l'importance de la découverte, l'administration peut prononcer le retrait de l'autorisation (C. patr., art. L. 531-6).

c. **Obligation de conservation et de déclaration en cas de découverte.** Toute découverte archéologique de caractère immobilier ou mobilier doit être conservée et immédiatement déclarée au représentant de l'autorité administrative (C. patr., art. L. 531-3).

d. **Obligation de déclaration en cas d'aliénation d'un bien archéologique.** Toute aliénation à titre onéreux ou gratuit d'un bien archéologique mobilier, d'un ensemble reconnu comme cohérent sur le plan scientifique par l'administration, ou toute division par lot ou pièce d'un tel ensemble, est soumise à déclaration préalable auprès des services de l'État chargés de l'archéologie (C. patr., art. L. 541-6).

2. Le régime des découvertes archéologiques fortuites

Obligation de déclaration en cas de découverte. Lorsque, par suite de travaux ou d'un fait quelconque, des monuments, des ruines, substructions, mosaïques, éléments de canalisation antique, vestiges d'habitation ou de sépulture anciennes, des inscriptions ou généralement des objets pouvant intéresser la préhistoire, l'histoire, l'art, l'archéologie ou la numismatique sont mis au jour, l'inventeur de ces vestiges ou objets et le propriétaire de l'immeuble où ils ont été découverts, ainsi que le tiers auprès duquel les objets trouvés ont été mis en garde, sont tenus d'en faire la **déclaration immédiate au maire** de la commune, qui doit la transmettre sans délai au préfet. Celui-ci avise l'autorité administrative compétente en matière d'archéologie (C. patr., art. L. 531-14).

3. La prospection archéologique avec un détecteur de métaux

Nul ne peut utiliser du matériel permettant la **détection d'objets métalliques**, à l'effet de recherches de monuments et d'objets pouvant intéresser la préhistoire, l'histoire, l'art ou l'archéologie, sans avoir, au préalable, obtenu une **autorisation administrative**, délivrée par le préfet de région (C. patr., art. R. 542-1), en fonction de la qualification du demandeur ainsi que de la nature et des modalités de la recherche (C. patr., art. L. 542-1).

La demande d'autorisation précise l'identité, les compétences et l'expérience de son auteur ainsi que la localisation, l'objectif scientifique et la durée des prospections à entreprendre. S'il n'est pas propriétaire du terrain de prospection, le demandeur doit joindre à son dossier le consentement écrit du propriétaire ou de tout autre ayant droit (C. patr., art. R. 542-1). L'arrêté d'autorisation fixe les **conditions de conduite des prospections** (C. patr., art. R. 542-2). Le préfet de région prononce le retrait de l'autorisation du titulaire qui n'en respecte pas les prescriptions (C. patr., art. R. 542-2).

Toute publicité ou notice d'utilisation concernant les détecteurs de métaux rappelle l'interdiction de prospecter sans autorisation, les sanctions pénales encourues ainsi que les motifs de la règlementation (C. patr., art. L. 542-2).

4. Le statut du bien archéologique mobilier

a. **Bien découvert sur un terrain acquis après la date d'entrée en vigueur de L. n° 2016-925, 7 juill. 2016.** Le bien est présumé appartenir à l'État dès sa mise au jour au cours d'une opération d'archéologie programmée (C. patr., art. L. 531-1 à L. 531-13) ou préventive (C. patr., art. L. 523-1 à L. 523-13) et, en cas de découverte fortuite (C. patr., art. L. 531-14), à compter de la reconnaissance de l'intérêt scientifique justifiant sa conservation (C. patr., art. L. 541-4). La reconnaissance de l'intérêt scientifique de l'objet emporte son appropriation publique (C. patr., art. L. 541-4 et L. 546-2).

b. **Bien découvert sur un terrain acquis antérieurement à la date d'entrée en vigueur de L. n° 2016-925, 7 juill. 2016.** Le bien appartient au propriétaire du sol s'il est l'inventeur (C. civ., art. 552), ou par moitié entre lui et l'inventeur (C. civ., art. 716). Ils doivent immédiatement déclarer cette découverte au maire, qui en avise le préfet, lequel doit saisir l'administration compétente (C. patr., art. L. 523-1). Le bien est **confié aux services de l'État** chargés de l'archéologie pendant le délai, qui ne peut excéder 5 ans, nécessaire à son étude scientifique (C. patr., art. L. 541-5). L'État peut **revendiquer**, dans l'intérêt public, la propriété des biens archéologiques mobiliers, moyennant une indemnité (C. patr., art. L. 541-8, R. 541-16). Lorsqu'ils restituent le bien à son propriétaire, les services de l'État peuvent imposer des **prescriptions** destinées à assurer sa bonne conservation et leur accès à ce bien (C. patr., art. L. 541-5). Seuls les biens sélectionnés par l'autorité administrative comme biens archéologiques mobiliers dont la conservation présente un intérêt scientifique peuvent faire l'objet de ces prescriptions (C. patr., art. L. 546-2). La reconnaissance de l'intérêt scientifique de l'objet est constatée par un **arrêté du préfet de région** (C. patr., art.

R. 541-9). Si les biens mobiliers sont découverts au cours de fouilles archéologiques programmées ou d'opérations d'archéologie préventive, leur propriété est partagée entre le propriétaire du sol et l'État qui en est l'inventeur (anc[t] C. patr., art. L. 523-14 et L. 523-11). Les biens archéologiques mobiliers appartenant à des personnes publiques, qui ne sont pas mentionnés dans la décision de sélection prise à l'issue de l'opération archéologique, sont déclassés dans leur domaine privé (C. patr., art. L. 546-2).

Sur les infractions en matière de fouille et de découverte archéologique terrestre, v. n° **31.61**.

H. Les biens culturels maritimes

1. Le régime de la recherche archéologique sous-marine

La prospection à l'aide de matériels spécialisés permettant d'établir la localisation d'un bien culturel maritime, les fouilles ou les sondages, ne peuvent être réalisés sans autorisation préalable du ministre chargé de la culture (C. patr., art. L. 532-7, R. 532-7, R. 532-8). Tout déplacement d'un bien culturel maritime ou tout prélèvement sur celui-ci est également soumis à autorisation préalable (C. patr., art. L. 532-7, R. 532-7). L'autorisation fixe les prescriptions suivant lesquelles les travaux doivent être conduits (C. patr., art. R. 532-8). Les travaux doivent être exécutés sous la direction effective du titulaire de l'autorisation (C. patr., art. L. 532-7). Ce dernier doit présenter une copie de l'autorisation à toute demande des autorités (C. patr., art. R. 532-10). Les travaux sont exécutés sous le contrôle du ministre chargé de la culture et font l'objet d'un rapport d'opération comportant notamment l'inventaire des objets découverts (C. patr., art. R. 532-11). En cas de manquement aux prescriptions ou si l'administration estime devoir poursuivre elle-même les fouilles en raison de l'importance de la découverte, l'administration peut prononcer le retrait de l'autorisation (C. patr., art. R. 532-12).

2. Le statut du bien culturel maritime

a. Définition du bien culturel maritime. Constituent des **biens culturels maritimes** les gisements, épaves, vestiges ou généralement tout bien présentant un intérêt préhistorique, archéologique ou historique qui sont situés dans le **domaine public maritime ou au fond de la mer dans la zone contiguë** (C. patr., L. 532-1). Les biens culturels maritimes situés dans le domaine public maritime dont le propriétaire n'est pas susceptible d'être retrouvé appartiennent à l'État. Ceux dont le propriétaire n'a pu être retrouvé appartiennent à l'État à l'expiration d'un délai de 3 ans suivant la date à laquelle leur découverte a été rendue publique par publication au JORF et dans un quotidien à diffusion nationale (C. patr., L. 532-2 et R. 532-5).

b. Obligations en cas de découverte. Quiconque découvre un bien culturel maritime est tenu de le laisser en place et de ne pas y porter atteinte, de le **déclarer au service des affaires maritimes dans les 48h** de la découverte ou de l'arrivée au premier port (C. patr., L. 532-3, R. 532-1 et R. 532-2). Dans le même délai, quiconque a enlevé fortuitement un bien culturel maritime du domaine public maritime par suite de travaux ou de toute autre activité, est tenu de ne pas s'en départir, de le déclarer au service des affaires maritimes, de l'y déposer ou de le tenir à sa disposition (C. patr., L. 532-4, R. 532-1 et R. 532-2). Le service des affaires maritimes adresse les déclarations au ministère chargé de la culture, lequel procède à l'identification du bien culturel maritime (C. patr., L. 532-4, R. 532-1).

Sur les infractions en matière de prospection archéologique maritime et de découverte de bien culturel maritime, v. n° **31.63**.

I. Les biens culturels protégés par la Convention de Paris du 17 novembre 1970

« Article premier : Aux fins de la présente Convention sont considérés comme biens culturels les biens qui, à titre religieux ou profane, sont désignés par chaque État comme étant d'importance pour l'archéologie, la préhistoire, l'histoire, la littérature, l'art ou la science, et qui appartiennent aux catégories ci-après : (a) collections et spécimens rares de zoologie, de botanique, de minéralogie et d'anatomie ; objets présentant un intérêt paléontologique ; (b) les biens concernant l'histoire, y compris l'histoire des sciences et des techniques, l'histoire militaire et sociale ainsi que la vie des dirigeants, penseurs, savants et artistes nationaux, et les événements d'importance nationale ; (c) le produit des fouilles archéologiques (régulières et clandestines) et des découvertes archéologiques ; (d) les éléments provenant du démembrement de monuments artistiques ou historiques et des sites archéologiques ; (e) objets d'antiquité ayant plus de cent ans d'âge, tels qu'inscriptions, monnaies et sceaux gravés ; (f) le matériel ethnologique ; (g) les biens d'intérêt artistique tels que : (i) tableaux, peintures et dessins faits entièrement à la main sur tout support et en toutes matières (à l'exclusion des dessins industriels et des articles manufacturés à la main) ; (ii) productions originales de l'art statuaire et de la sculpture, en toutes matières ; (iii) gravures,

estampes et lithographies originales ; (iv) assemblages et montages artistiques originaux, en toutes matières ; (h) manuscrits rares et incunables, livres, documents et publications anciens d'intérêt spécial (historique, artistique, scientifique, littéraire, etc.) isolés ou en collections ; (i) timbres-poste, timbres fiscaux et analogues, isolés ou en collections ; (j) archives, y compris les archives phonographiques, photographiques et cinématographiques ; (k) objets d'ameublement ayant plus de cent ans d'âge et instruments de musique anciens. »

Sur l'infraction d'importation irrégulière d'un bien relevant de la convention de Paris du 17 nov. 1970, v. nº 31.60.

31.60 Exportation et importation illégale de bien culturel

■ PEINES

PERSONNE PHYSIQUE

PP Délit. 2 ans d'emprisonnement, 450 000 € (C. patr., art. L. 114-1).

PC Cas D : confiscation des biens en cause (C. patr., art. L. 114-1 III).

PERSONNE MORALE

PP Délit. 2 250 000 € (C. patr., art. L. 114-1, C. pén., art. 131-38).

PC Néant.

■ ORIENTEUR

AUTRE QUALIFICATION

▪ **Délits douaniers – Contrebande – Importation, exportation de marchandise prohibée.** Contrebande de bien culturel, v. nº 33.36.

TEXTE DE RÉFÉRENCE

▪ **Définition et régime.** Sur la définition et le régime du **trésor national** (**Cas** A, v. nº 31.59A) ; du **bien culturel autre qu'un trésor national** dont l'exportation est contrôlée (**Cas** B, v. nº 31.59F) ; du bien culturel protégé par la **convention de Paris** du 17 novembre 1970 (**Cas** C, v. nº 31.59I).

▪ **Régime douanier des trésors nationaux et biens culturels.** Les biens culturels et trésors nationaux relevant des articles L. 111-1 (**Cas** A, v. nº 31.59A) et L. 111-2 (**Cas** B, v. nº 31.59F) du code du patrimoine sont assimilés aux marchandises prohibées pour le régime douanier (C. douanes, art. 38 4 3°). En conséquence, « *ceux qui détiennent ou transportent les biens culturels ou les trésors nationaux visés au 4 de l'article 38 doivent, à première réquisition des agents des douanes, produire soit des documents attestant que ces marchandises peuvent quitter le territoire douanier en conformité avec les dispositions portant prohibition d'exportation soit tout document prouvant que ces biens ont été importés temporairement d'un autre État membre de la Communauté européenne, soit toute justification d'origine émanant de personnes ou de sociétés régulièrement établies à l'intérieur du territoire douanier communautaire* » (C. douanes, art. 215 *ter*). L'absence de document autorisant l'exportation ou l'absence de justification d'origine matérialise de délit de contrebande (v. nº 33.36).

ÉLÉMENT MATÉRIEL

▪ **Tentative.** Punissable (C. patr., art. L. 114-1).

■ ÉLÉMENTS CONSTITUTIFS – QUALIFICATION

✧ Pour avoir à .... [¤ lieu], le .... [¤ date [⇨A à D :]

A. **EXPORTATION ILLICITE D'UN TRÉSOR NATIONAL**

[⇨A1 ou A2, puis A3 à A7]

A1. **exporté définitivement,** un bien culturel relevant de la catégorie des trésors nationaux, en l'espèce...[¤ bien concerné] (C. patr., art. L. 111-1, L. 114-1 I) (A1 : *N 22769.co*) [⇨A3 à A7] ;

A2. **exporté temporairement** aux fins de restauration, d'expertise, de participation à une manifestation culturelle ou de dépôt dans une collection publique, sans autorisation délivrée par l'autorité administrative ou sans respecter les conditions fixées par celle-ci, un bien culturel relevant de la catégorie des trésors nationaux, en l'espèce...[¤ bien concerné], (C. patr., art. L. 111-1, L. 111-7, L. 114-1 I) (A2 : *N 22769.co*) [⇨A3 à A7] ;

A3. bien appartenant aux collections des musées de France (C. patr., art. L. 111-1 1°) ;

A4. archive publique, en l'espèce (C. patr., art. L. 111-1 2°, L. 211-4) ;

A5. bien classé au titre des monuments historiques (C. patr., art. L. 111-1 3°) ;

A6. bien faisant partie du domaine public mobilier d'une personne publique, présentant un intérêt public du point de vue de l'histoire, de l'art, de l'archéologie, de la science ou de la technique (C. patr., art. L. 111-1 4°, L. 2112-1 du code général de la propriété des personnes publiques) ;

A7. bien présentant un intérêt majeur pour le patrimoine national au point de vue de l'histoire, de l'art ou de l'archéologie (C. patr., art. L. 111-1 5°) ;

B. **Exportation illicite d'un bien culturel autre qu'un trésor national**

B1. **exporté définitivement** un bien culturel autre qu'un trésor national, en l'espèce...[¤ bien concerné], sans certificat délivré par l'autorité administrative (C. patr., art. L. 111-2, R. 111-1, Annexe 1) (B1 : *N 22770.co*) ;

B2. **exporté temporairement** un bien culturel autre qu'un trésor national, en l'espèce...[¤ bien concerné], sans autorisation de sortie temporaire délivrée par l'autorité administrative (C. patr., art. L. 111-2, R. 111-1, Annexe 1) (B2 : *N 22770.co*) ;

C. **Importation de bien culturel relevant de la convention de Paris du 17 novembre 1970**
importé un bien culturel, en l'espèce ... [¤ bien concerné] appartenant à l'une des catégories prévues à l'article 1er de la Convention de Paris du 17 novembre 1970, en provenance directe d'un État non-membre de l'Union européenne et partie à cette convention, sans production d'un certificat ou de tout autre document équivalent établi par l'État d'exportation autorisant l'exportation du bien (C. patr., art. L. 114-1 II, L. 111-8) (C : *N 31983.co*) ;

D. **Négoce de bien culturel visé par une résolution du conseil de sécurité de l'ONU**
Importé (D1 : *N 31984.co*), exporté (D2 : *N 31985.co*), fait transiter (D3 : *N 31986.co*), vendu (D4 : *N 31987.co*), acquis (D5 : *N 31988.co*) ou échangé (D6 : *N 31989.co*) un bien culturel en l'espèce...[¤ bien concerné] présentant un intérêt archéologique, artistique, historique ou scientifique ayant quitté illicitement le territoire d'un État dans les conditions fixées par une résolution du Conseil de sécurité de l'Organisation des Nations Unies adoptée en ce sens (C. patr., art. L. 114-1 III, L. 111-9).

Faits prévus et réprimés par les articles [¤ de l'infraction sélectionnée] du code du code du patrimoine. ✧

31.61 Fouille archéologique terrestre irrégulière – Absence de déclaration de découverte de bien culturel – Cession irrégulière de bien archéologique mobilier – Prospection non autorisée avec un détecteur de métaux

■ **PEINES**

PERSONNE PHYSIQUE

PP Délit. Cas A : 7 500 € (C. patr., art. L. 544-1) ;

Cas B : 7 500 € (C. patr., art. L. 544-2) ;

Cas C : 3 750 € (C. patr., art. L. 544-3) ;

Cas D et E : 2 ans d'emprisonnement, 4 500 € ou ⩽ double du prix de la vente du bien (C. patr., art. L. 544-4) ;

Cas F : 3 750 € (C. patr., art. L. 544-4-1) ;

Cas G : Contrav. 5e cl. 1 500 € (C. patr., art. R. 544-3 et R. 544-4 ; C. pén., art. 131-13) ;

PC Cas D et E : diffusion de la décision (C. pén., art. 131-35, C. patr., art. L. 544-4)

PERSONNE MORALE

PP Délit. Cas A : 30 000 € (C. patr., art. L. 544-1, C. pén., art. 131-38) ;

Cas B : 37 500 € (C. patr., art. L. 544-2, C. pén., art. 131-38) ;

Cas C : 18 750 € (C. patr., art. L. 544-3, C. pén., art. 131-38) ;

Cas D et E : 22 500 € ou ⩽ double du prix de la vente du bien (C. patr., art. L. 544-4, C. pén., art. 131-38) ;

Cas F : 18 750 € (C. patr., art. L. 544-4-1, C. pén., art. 131-38) ;

Cas G : Contrav. 5e cl. 7 500 € (C. patr., art. R. 544-3 et R. 544-4 ; C. pén., art. 131-13, 131-41) ;

PC Néant.

■ ORIENTEUR

AUTRE QUALIFICATION

▪ **Site géologique protégé.** Prélèvement non autorisé de minéraux, fossiles, concrétions, C. envir., art. L. 415-31 1° d), v. n° 31.18.

▪ **Intrusion sur un site de fouilles archéologiques.** C. pén., art. R. 645-13, v. n° 31.62.

▪ **Vol aggravé : objet classé ou bien culturel.** V. n° 22.8.

TEXTE DE RÉFÉRENCE

▪ **Définition et régime.** Sur le régime des fouilles archéologiques terrestres et les biens archéologiques terrestres, v. n° 31.59G.

RÉGIME PROCÉDURAL

▪ **Compétence juridictionnelle. Juge unique** dans les cas A, B, C et F (C. pr. pén., art. 398-1, v. n° 17.15D2).

▪ **Ordonnance pénale. Possible** dans les cas A, B, C et F (C. pr. pén., art. 495-II, v. n° 15.48B1 et tableau n° 17.15D2).

■ ÉLÉMENTS CONSTITUTIFS – QUALIFICATION

✧ Pour avoir à .... [¤ lieu], le .... [¤ date [⇨A à G :]

A. **Réalisation de fouille archéologique terrestre sans autorisation**

réalisé, sur un terrain lui appartenant ou appartenant à autrui, des fouilles ou des sondages à l'effet de recherches de monument ou d'objet pouvant intéresser la préhistoire, l'histoire, l'art ou l'archéologie, [⇨A1 à A3 :]

A1. sans avoir obtenu l'autorisation préalable de l'État (L. 531-1, L. 531-15 et L. 544-1) (A1 : *N 1400.ju*) ;

A2. sans se conformer aux prescriptions de l'autorisation délivrée par l'État (L. 531-1, L. 531-3 et L. 544-1) (A2 : *N 1404.ju*) ;

A3. malgré le retrait de l'autorisation de fouille (L. 531-1, L. 531-6 et L. 544-1) (A3 : *N 1401.ju*).

B. **Réalisation irrégulière de fouille archéologique terrestre autorisée**

ayant demandé et obtenu l'autorisation de réaliser des fouilles ou des sondages à l'effet de recherches de monument ou d'objet pouvant intéresser la préhistoire, l'histoire, l'art ou l'archéologie, [⇨B1 à B3 :]

B1. omis de les réaliser lui-même (L. 531-1, L. 531-3 et L. 544-2) (B1 : *N 1403.ju*) ;

B2. omis de déclarer immédiatement au représentant de l'administration chargé de la surveillance des fouilles une découverte de caractère immobilier ou mobilier (L. 531-1, L. 531-3 et L. 544-2) (B2 : *N 1405.ju*) ;

B3. omis de conserver une découverte de caractère immobilier ou mobilier (L. 531-1, L. 531-3 et L. 544-2) (B3 : *N 10300.ju*).

C. **Non-déclaration d'une découverte archéologique fortuite**

étant l'inventeur fortuit, par suite de travaux ou d'un fait quelconque, de vestiges ou objets pouvant intéresser la préhistoire, l'histoire, l'art, l'archéologie ou la numismatique, ou le propriétaire de l'immeuble où ces vestiges ou objets ont été découverts, [⇨C1 ou C2 :]

C1. omis d'en déclarer immédiatement la découverte au maire de la commune (L. 531-14 et L. 544-3) (C1 : *N 1406.ju*) ;

C2. fait une fausse déclaration de découverte au maire de la commune (L. 531-14 et L. 544-3) (C2 : *N 10301.ju*).

D. **Vente ou achat de bien archéologique issu de fouille non autorisée**

aliéné (D1 : *N 7579.co*) ou acquis (D2 : *N 7589.co*) un objet découvert lors de fouilles ou de sondages à l'effet de recherches de monument ou d'objet pouvant intéresser la préhistoire, l'histoire, l'art ou l'archéologie, effectués sans l'autorisation préalable de l'État ou malgré le retrait de l'autorisation de fouille (L. 531-1, L. 531-6 L. 531-15 et L. 544-4).

E. **Vente ou achat de bien archéologique dont la découverte n'a pas été déclarée**

[⇨E1 ou E2 :]

E1. aliéné (E1a : *N 10302.co*) ou acquis (E1b : *N 10303co*) un objet dont la découverte, lors de fouilles ou de sondages autorisés par l'État à l'effet de recherches de monument ou d'objet pouvant intéresser la préhistoire, l'histoire, l'art ou l'archéologie, n'a pas été déclarée au représentant de l'administration chargé de la surveillance des fouilles (L. 531-1, L. 531-3 et L. 544-4) ;

E2. aliéné (E2a : *N 7787.co*) ou acquis (E2b : *N 7788.co*) un objet pouvant intéresser la préhistoire, l'histoire, l'art, l'archéologie ou la numismatique, dont la découverte fortuite, par suite de travaux ou d'un fait quelconque, n'a pas été déclarée immédiatement au maire de la commune (L. 531-14 et L. 544-4).

F. **Division d'un ensemble archéologique sans déclaration préalable**

aliéné un bien archéologique mobilier ou un ensemble de biens archéologiques mobiliers reconnu comme cohérent sur le plan scientifique (F1 : *N 31990.ju*), ou divisé ou aliéné par lot ou pièce un tel ensemble (F2 : *N 31991.ju*), sans déclaration préalable auprès des services de l'État chargés de l'archéologie (C. patr., art. L. 541-6 et L. 544-4-1).

G. **Emploi ou diffusion irrégulière de détecteur de métaux pour la prospection archéologique**

[⇨G1 à G3 :]

G1. utilisé du matériel permettant la détection d'objets métalliques, à l'effet de recherches de monuments et d'objets pouvant intéresser la préhistoire, l'histoire, l'art ou l'archéologie, sans avoir, au préalable, obtenu une autorisation administrative délivrée par arrêté du préfet de région (C. patr., art. L. 542-1, R. 542-1 et R. 544-3) (G1 : *N 13251.c5*) ;

G2. utilisé du matériel permettant la détection d'objets métalliques, à l'effet de recherches de monuments et d'objets pouvant intéresser la préhistoire, l'histoire, l'art ou l'archéologie, sans respecter les conditions de prospection fixées par l'arrêté d'autorisation du préfet de région (C. patr., art. L. 542-1, R. 542-2 et R. 544-3) (G2 : *N. 13252.c5*) ;

G3. ayant fait ou fait faire une publicité (G3a : *N 13253.c5*) ou rédigé une notice d'utilisation (G3b : *N 13254.c5*) relative à un matériel permettant la détection d'objets métalliques, omis d'y faire figurer le rappel de l'interdiction d'en faire usage à des fins de prospection archéologique sans autorisation administrative, le rappel des sanctions pénales encourues ainsi que les motifs de cette règlementation (C. patr., art. L. 542-2 et R. 544-4)

Faits prévus et réprimés par les articles [¤ de l'infraction sélectionnée] du code du code du patrimoine. ✧

31.62 Intrusion non autorisée dans un lieu historique ou culturel : immeuble classé ou inscrit, musée, bibliothèque, médiathèque, site archéologique

PERSONNE PHYSIQUE

PP Contrav. 5e cl. 1 500 € (C. pén., art. R. 645-13 ; C. pén. ; art. 131-13). Récidive : 3 000 € (C. pén., art. R. 645-13 ; C. pén., art. 132-11).

PC 1. Confiscation de la chose ayant servi à l'infraction (obligatoire pour objets qualifiés dangereux ou nuisibles par loi ou règlement ou dont la détention est illicite) (C. pén., art. R. 645-13 et 131-21) ; 2. Tig 20 à 120 h (C. pén., art. R. 645-13).

PERSONNE MORALE

PP Contrav. 5e cl. 7 500 € (C. pén., art. R. 645-13 ; C. pén., art. 131-41). Récidive : 15 000 € (C. patr., art. R. 645-13 ; C. pén., art. 132-15).

PC Confiscation de la chose ayant servi à l'infraction (obligatoire pour objets qualifiés dangereux ou nuisibles par loi ou règlement ou dont la détention est illicite) (C. pén., art. 131-48 et 131-21) ;

■ ORIENTEUR

AUTRE QUALIFICATION

▪ **Pénétration non autorisée dans la propriété privée rurale ou forestière d'autrui** (L. n° 2023-54, 2 févr. 2023). C. pén., art. 226-4-3, issu L. n°2023-54, 2 févr. 2023, v. n° 22.59.

▪ **Site géologique protégé.** Prélèvement non autorisé de minéraux, fossiles, concrétions, C. envir., art. L. 415-31 1° d), v. n° 31.18.

▪ **Fouille archéologique terrestre irrégulière.** C. patr., art. L. 544-1 s., v. n° 31.61.

▪ **Fouille archéologique maritime irrégulière.** C. patr., art. L. 544-5 s., v. n° 31.63.

TEXTE DE RÉFÉRENCE

▪ **Définition et régime.** Sur la définition et le régime du bien ayant le caractère d'un trésor national, v. n° 31.59A.

ÉLÉMENT MATÉRIEL

▪ **Fait justificatif.** L'ingérence disproportionnée dans l'exercice de la liberté d'expression n'est pas retenue s'agissant de la condamnation de manifestants qui se sont introduits sur le chantier de la cathédrale Notre-Dame de Paris pour protester face à l'urgence climatique en déployant une banderole en haut d'une grue, car les manifestants ont été poursuivis sous une qualification contraventionnelle (§ 15) et « *leur intrusion sur le chantier de restauration de Notre-Dame a eu des conséquences certaines, d'une part, sur les travaux de restauration qui ont été arrêtés pendant une journée, d'autre part, sur la sécurité des ouvriers, en raison des vérifications de l'état de la grue, rendues nécessaires par les agissements poursuivis* » (§ 14) (Crim. 12 oct. 2022, n° 21-87.005, D) (sur l'infraction justifiée par l'exercice de la liberté d'expression, v. n° 10.13E1).

RÉGIME PROCÉDURAL

▪ **Inscription au fichier TAJ.** Contravention donnant lieu à inscription de la personne au fichier de traitement des antécédents judiciaires (TAJ), C. pr. pén., art. R. 40-25, v. n° 13.12B.

■ ÉLÉMENTS CONSTITUTIFS – QUALIFICATION

✧ Pour avoir à .... [¤ lieu], le .... [¤ date], sans y être habilité ou y avoir été autorisé par les autorités compétentes ou le propriétaire alors que l'accès à ces lieux appartenant à une personne publique ou à une personne privée assurant une mission d'intérêt général était interdit ou réglementé de façon apparente, pénétré ou s'être maintenu [⇨A à E :]

A. dans un immeuble classé ou inscrit en application des articles L. 621-1 et L. 621-25 du code du patrimoine (A : *N 27179.c5* ; récidive : *N 27184.c5*) ;
B. dans un musée de France (B : *N 27180.c5*) ;

C. dans une bibliothèque ou une médiathèque ouverte au public (C : *N 27181.c5*) ;

D. dans un service d'archives (D : *N 27182.c5*) ;

E. sur un terrain sur lequel se déroule des opérations archéologiques (E : *N 27183.c5*).

Faits prévus et réprimés par l'article R. 645-13 du code pénal. ✧

31.63 Fouille archéologique maritime irrégulière – Absence de déclaration de découverte de bien culturel maritime – Cession irrégulière de bien culturel maritime mobilier

■ PEINES

PERSONNE PHYSIQUE

PP Délit. Cas A : 3 750 € (C. patr., art. L. 544-5) ;
Cas B : 7 500 € (C. patr., art. L. 544-6) ;

Cas C : 2 ans d'emprisonnement, 4 500 € ou ⩽ double du prix de la vente du bien (C. patr., art. L. 544-7).

PC Cas C : diffusion de la décision (C. pén., art. 131-35, C. patr., art. L. 544-7)

PERSONNE MORALE

PP Délit. Cas A : 18 750 € (C. patr., art. L. 544-5, C. pén., art. 131-38) ;

Cas B : 37 500 € (C. patr., art. L. 544-6, C. pén., art. 131-38) ;

Cas C : 22 500 € ou ⩽ double du prix de la vente du bien (C. patr., art. L. 544-7, C. pén., art. 131-38).

PC Néant.

■ **ORIENTEUR**

AUTRE QUALIFICATION

▪ **Vol aggravé : objet classé ou bien culturel.** V. nº 22.8.

▪ **Site géologique protégé.** Prélèvement non autorisé de minéraux, fossiles, concrétions, C. envir., art. L. 415-31 1° d), v. nº 31.18.

▪ **Fouille archéologique terrestre irrégulière.** C patr., art. L. 544-1 s., v. nº 31.61.

▪ **Intrusion sur un site de fouilles archéologiques.** C. pén., art. R. 645-13, v. nº 31.62.

TEXTE DE RÉFÉRENCE

▪ **Définition et régime.** Sur le régime des fouilles archéologiques maritimes et les biens culturels maritimes, v. nº 31.59H.

RÉGIME PROCÉDURAL

▪ **Compétence juridictionnelle. Juge unique** dans les cas A et B (C. pr. pén., art. 398-1, v. nº 17.15D2).

▪ **Ordonnance pénale. Possible** dans les cas A et B (C. pr. pén., art. 495-II, v. nº 15.48B1 et tableau nº 17.15D2).

■ **ÉLÉMENTS CONSTITUTIFS – QUALIFICATION**

✧ Pour avoir à .... [¤ lieu], le .... [¤ date [⇨A à C :]

A. **NON-DÉCLARATION OU DÉCLARATION FAUSSE D'UNE DÉCOUVERTE DE BIEN CULTUREL MARITIME**

[⇨A1 à A3 :]

A1. ayant découvert un bien culturel maritime, omis d'en faire la déclaration au service des affaires maritimes dans les 48h de la découverte ou de l'arrivée au premier port (C. patr., L. 532-3, R. 532-1, R. 532-2 et L. 544-5) (A1 : *N 10304.ju*) ;

A2. ayant enlevé fortuitement un bien culturel maritime du domaine public maritime par suite de travaux ou de toute autre activité, omis d'en faire la déclaration au service des affaires maritimes dans les 48h de la découverte ou de l'arrivée au premier port (C. patr., L. 532-3, L. 532-4, R. 532-1, R. 532-2 et L. 544-5) (A2 : *N 10305.ju*) ;

A3. ayant découvert un bien culturel maritime ou ayant enlevé fortuitement un bien culturel maritime du domaine public maritime, fait auprès de l'autorité publique une fausse déclaration quant au lieu et à la composition du gisement sur lequel l'objet déclaré a été découvert (C. patr., L. 532-3, L. 532-4, R. 532-1, R. 532-2 et L. 544-5) (A3 : *N 10306.ju*).

B. **RÉALISATION IRRÉGULIÈRE DE FOUILLE MARITIME**

[⇨B1 ou B2 :]

B1. à l'aide de matériels spécialisés permettant d'établir la localisation d'un bien culturel maritime, fait des prospections, des sondages, des prélèvements ou des fouilles sur des biens culturels maritimes sans avoir obtenu l'autorisation préalable du ministre chargé de la culture (C. patr., L. 532-7, R. 532-7, R. 532-8 et L. 544-6) (B1 : *N 10307.ju*) ;

B2. ayant découvert un bien culturel maritime, omis de le laisser en place et de ne pas y porter atteinte en procédant, sans autorisation administrative, à son déplacement (N 10308) ou à un prélèvement (N 10309) sur celui-ci (C. patr., L. 532-3, L. 532-7, R. 532-7 et L. 544-6) (B2 : *N 10308.ju*).

C. **VENTE OU ACHAT DE BIEN CULTUREL MARITIME IRRÉGULIER**

[⇨C1 à C3 :]

C1. aliéné (C1a : *N 10310.co*) ou acquis (C1b : *N 10311.co*) un bien culturel maritime enlevé du domaine public maritime ou du fond de la mer dans la zone contiguë et non déclaré au service des affaires maritimes dans les 48h de la découverte ou de l'arrivée au premier port (C. patr., L. 532-3, R. 532-1, R. 532-2 et L. 544-7) ;

C2. aliéné (C2a : *N 10314.co*) ou acquis (C2b : *N 10315.co*) un bien culturel maritime enlevé fortuitement du domaine public maritime ou du fond de la mer dans la zone contiguë et non déclaré au service des affaires maritimes dans les 48h de la découverte ou de l'arrivée au premier port (C. patr., L. 532-4, R. 532-1, R. 532-2 et L. 544-7) ;

C3. aliéné (C3a : *N 10312.co*) ou acquis (C3b : *N 10313.co*) un bien culturel maritime enlevé, sans l'autorisation préalable du ministre chargé de la culture, du domaine public maritime ou du fond de la mer dans la zone contiguë (C. patr., L. 532-7 et L. 544-7).

Faits prévus et réprimés par les articles [¤ de l'infraction sélectionnée] du code du code du patrimoine. ✧

31.64 Immeuble classé ou inscrit – Non respect des obligations de protection – Infractions pénales et administratives

■ **PEINES**

PERSONNE PHYSIQUE

PP Délit. Cas A : amende ⩾ 1 200 € et ⩽ 6 000 € par m² de surface de plancher construite, démolie ou rendue inutilisable ou ⩽ 300 000 € dans les autres cas ; + 6 mois d'emprisonnement en cas de récidive (C. patr., art. L. 641-1 renvoyant à C. urb., art. L. 480-4).

Cas B : sanctions administratives : amende administrative 6 000 € (C. patr., art. L. 642-1).

PC Néant.

PERSONNE MORALE

PP Délit. Cas A : Amende ⩽ quintuple de celle encourue par les personnes physiques (C. patr., art. L. 641-1 renvoyant à C. urb., art. L. 480-4 et L. 480-4-2 ; C. pén., art. 131-38).

Cas B : sanctions administratives : amende administrative 30 000 € (C. patr., art. L. 642-1).

PC Néant.

■ **ORIENTEUR**

AUTRE QUALIFICATION

▪ **Construction sans permis de construire ou au mépris des prescriptions légales ou réglementaires.** C. urb., art. L. 480-4, v. nº 31.47.

TEXTE DE RÉFÉRENCE

▪ **Définition et régime.** Sur la définition et le régime des immeubles classés monuments historiques, inscrits au titre des monuments historiques, situés aux abords d'un monument historique ou situés dans le périmètre d'un site patrimonial remarquable, v. nº 31.59B.

RÉGIME PROCÉDURAL

▪ **Compétence juridictionnelle. Juge unique** dans le cas A, sauf en cas de récidive (peine d'emprisonnement encourue) (C. pr. pén., art. 398-1, v. nº 17.15D2).

▪ **Ordonnance pénale. Possible** dans le cas A, sauf en cas de récidive (peine d'emprisonnement encourue) (C. pr. pén., art. 495-II, v. nº 15.48B1 et tableau nº 17.15D2).

▪ **Mesure provisoire. Interruption judiciaire des travaux** dans le cas A par le juge d'instruction saisi ou le tribunal correctionnel : *idem* nº 31.47 (C. patr., L. 641-1 renvoyant à C. urb., art. L. 480-2 et L. 480-3). L'autorité administrative compétente pour saisir l'autorité judiciaire d'une demande d'interruption de travaux est le préfet de région ou le ministre de la culture (C. patr., L. 641-1).

▪ **Droit de visite et de communication.** Les « *agents publics commissionnés à cet effet par l'autorité administrative compétente et assermentés* » (C. patr., art. L. 641-1 II 4°) « *peuvent visiter les lieux accueillant ou susceptibles d'accueillir des constructions, aménagements, installations et travaux .../... afin de vérifier que ces dispositions sont respectées et se faire communiquer tous documents se rapportant à la réalisation de ces* *opérations* » (C. patr., art. L. 641-1 II 4° renvoyant à C. urb., art. L. 461-1). Ce « *droit de visite et de communication .../...s'exerce jusqu'à six ans après l'achèvement des travaux* » (C. patr., art. L. 641-1 II 4° renvoyant à C. urb., art. L. 461-1). « *Le fait de faire obstacle* » aux fonctions des agents de contrôle est puni de **6 mois** d'emprisonnement et de **7 500 €** d'amende » (C. patr., art. **L. 641-1 II 4°** renvoyant à C. urb., art. **L. 480-12**) (*N 7776.co*).

MESURE ADMINISTRATIVE

▪ **Mesure provisoire. Arrêté d'interruption des travaux. Cas A** : *idem* nº **31.47** (C. patr., L. 641-1 renvoyant à C. urb., art. L. 480-2 et L. 480-3). L'autorité administrative compétente pour ordonner par arrêté l'interruption des travaux est le préfet de région ou le ministre de la culture (C. patr., L. 641-1).

MESURE ADMINISTRATIVE

▪ **Procédure de sanction administrative. Cas B** : le préfet **notifie par LRAR** à la personne mise en cause les griefs qui lui sont reprochés et les sanctions encourues et l'invite à présenter ses observations dans un délai d'un mois. Pendant ce délai, l'intéressé peut prendre **connaissance et copie des pièces du dossier** et se faire assister ou représenter par tout conseil de son choix. La décision, prononcée par arrêté du préfet, est **notifiée** à l'intéressé par lettre recommandée avec demande d'avis de réception. Le titre de perception établi par le préfet est **exécutoire** (C. patr., art. R. 642-1).

MESURE CIVILE

▪ **Mise en conformité.** Cas **A** : *idem* nº **31.47**, le tribunal statue sur les prescriptions formulées par le ministre de la culture (C. patr., L. 641-1 renvoyant à C. urb., art. L. 480-5).

▪ ÉLÉMENTS CONSTITUTIFS – QUALIFICATION

✧ Pour avoir à .... [¤ lieu], le .... [¤ date [⇨A ou B :]

A. **Infractions pénales**

réalisé des travaux [⇨A1 ou A2 :]

A1. de destruction, de déplacement, de restauration ou de modification quelconque d'un **immeuble classé au titre des monuments historiques** (A1a : *N 32027.ju*), ou détaché un effet mobilier attaché à perpétuelle demeure à l'immeuble (A1b : *N 32310.ju*), sans autorisation de l'autorité administrative (C. patr., art. **L. 621-9**, R. 621-11, **L. 641-1 I 1°**) ;

A2. soumis à permis de construire, à permis de démolir, à permis d'aménager ou à déclaration préalable, sur un **immeuble inscrit au titre des monuments historiques**, sans l'accord de l'autorité administrative chargée des monuments historiques, ou détaché un effet mobilier attaché à perpétuelle demeure à l'immeuble sans autorisation de l'autorité administrative (C. patr., art. **L. 621-27**, R. 621-11, **L. 641-1 I 2°**) (A2 : *N 7748.ju*) ;

A3. susceptibles de modifier l'aspect extérieur d'un immeuble ou d'un ensemble d'**immeubles situés aux abords d'un monument historique** et formant avec lui un ensemble cohérent ou susceptible de contribuer à sa conservation ou à sa mise en valeur, sans autorisation préalable (C. patr., art. L. 621-30, **L. 621-32**, R. 621-96-1, **L. 641-1 I 3°**) (A3 : *N 32025.ju*) ;

A4. susceptibles, dans le périmètre d'un **site classé au titre des sites patrimoniaux remarquables**, de modifier l'état des parties extérieures des immeubles bâtis, y compris du second œuvre, ou des immeubles non bâtis, ou de modifier l'état des éléments d'architecture et de décoration, immeubles par nature ou effets mobiliers attachés à perpétuelle demeure, sans autorisation préalable (C. patr., art. L. 631-1, L. 631-2, **L. 632-1**, D. 632-1, R. 621-96-1, **L. 641-1 I 4°**) (A4 : *N 32026.ju*).

B. **Infractions administratives**

aliéné un **immeuble classé** au titre des monuments historiques [⇨B1 à B3 :]

B1. appartenant à une collectivité territoriale ou à l'établissement public d'une collectivité territoriale sans appeler le préfet de région à présenter ses observations en lui notifiant le projet d'aliénation (C. patr., art. **L. 621-22**, R. 621-52 et **L. 642-1 1°**) (B1 : *N #.ia*) ;

B2. sans faire connaître au futur acquéreur l'existence du classement ou de l'inscription (C. patr., art. **L. 621-29-6** et **L. 642-1 1°**) (B2 : *N 7749.ia*) ;

B3. sans notifier l'aliénation au préfet de région dans les 15 jours de sa date (C. patr., art. **L. 621-29-6**, R. 621-84, et **L. 642-1 1°**) (B3 : *N 7750.ia*) ;

Faits prévus et réprimés par les articles [¤ de l'infraction sélectionnée] du code du code du patrimoine. ✧

31.65 Objet mobilier classé – Non respect des obligations de protection – Infractions pénales et administratives

■ **PEINES**

PERSONNE PHYSIQUE

PP Délit. Cas A : 6 mois d'emprisonnement, 7 500 € (C. patr., art. L. 641-2) ;
Cas B : sanctions administratives. Amende administrative 6 000 € (Cas B1 à B3 : C. patr., art. L. 642-1 ; Cas B4 : C. patr., art. L. 642-2).

PC Néant.

PERSONNE MORALE

PP Délit. Cas A : 37 500 € (C. patr., art. L. 641-2, C. pén., art. 131-38) ;
Cas B : sanctions administratives. Amende administrative 30 000 € (Cas B1 à B3 : C. patr., art. L. 642-1 ; Cas B4 : C. patr., art. L. 642-2).

PC Néant.

■ **ORIENTEUR**

AUTRE QUALIFICATION

▪ Vol aggravé : objet classé ou bien culturel. V. n° 22.8.

TEXTE DE RÉFÉRENCE

▪ **Définition et régime.** Sur la définition et le régime du **bien mobilier classé** au titre des monuments historiques, v. n° 31.59C.

MESURE ADMINISTRATIVE

▪ Procédure de sanction administrative. Cas B : *idem* n° 31.64 (C. patr., art. R. 642-1).

■ **ELEMENTS CONSTITUTIFS – QUALIFICATION**

✧ Pour avoir à .... [¤ lieu], le .... [¤ date [⇨A ou B :]

A. **INFRACTIONS PÉNALES**

sans autorisation de l'autorité administrative compétente [⇨A1 à A3 :]

A1. divisé (A1a : *N 32307.co*) ou aliéné (A1b : *N 32306.co*) par lot ou pièce ou ensemble ou une collection d'objets mobiliers classé au titre des monuments historiques comme ensemble historique mobilier par décision de l'autorité administrative (C. patr., art. L. 622-1-1 et L. 641-2 1°) ;

A2. déplacé un objet mobilier classé (A2a : *N 32308.co*) ou de tout ou partie d'un ensemble historique mobilier classé (A2b : *N 32309.co*) grevé par décision de l'autorité administrative d'une servitude de maintien dans les lieux dans un immeuble classé (C. patr., art. L. 622-1-2 et L. 641-2 2°) ;

A3. sans l'autorisation de l'autorité administrative compétente, modifié (A3a : *N 7767.co*), réparé (A3b : *N 7768.co*) ou restauré (A3c : *N 7769.co*) un objet classé au titre des monuments historiques ou un ou plusieurs éléments d'un ensemble historique mobilier classé au titre des monuments historiques (C. patr., art. L. 622-7 et L. 641-2 3°).

B. **INFRACTIONS ADMINISTRATIVES**

[⇨B1 à B4 :]

B1. étant propriétaire ou détenteur d'un objet mobilier classé au titre des monuments historiques, omis de le présenter aux agents accrédités par l'autorité administrative (C. patr., art. L. 622-8 et L. 642-1 2°) (B1 : *N 7753.ia*) ;

B2. [⇨B2a ou B2b :]

B2a. étant particulier, aliéné un objet classé au titre des monuments historiques sans faire connaître à l'acquéreur l'existence du classement (C. patr., art. L. 622-16 et L. 642-1 3°) (B2a : *N 7751.ia*) ;

B2b. étant particulier, omis de notifier à l'autorité administrative, dans les 15 jours de son accomplissement, l'aliénation d'un objet classé au titre des monuments historiques (C. patr., art. L. 622-16 et L. 642-1 3°) (B2b : *N 7752.ia*) ;

B3. étant propriétaire, détenteur, affectataire domanial ou dépositaire d'un objet mobilier classé au titre des monuments historiques, déplacé cet objet d'un lieu dans un autre sans en faire préalablement la déclaration à l'autorité administrative (C. patr., art. L. 622-28 et L. 642-1 4°) (B3 : *N #.ia*) ;

B4. [⇨B4a ou B4b :]

B4a. aliéné ou acquis un objet mobilier classé au titre des monuments historiques appartenant à l'État (C. patr., art. L. 622-14 et L. 642-2) (B4a : *N #.ia*) ;

B4b. sans l'accord de l'autorité administrative, aliéné ou acquis un objet mobilier classé au titre des monuments historiques appartenant à une collectivité territoriale ou à un établissement public ou d'utilité publique (C. patr., art. L. 622-14 et L. 642-2) (B4b : *N #.ia*).

Faits prévus et réprimés par les articles [¤ de l'infraction sélectionnée] du code du code du patrimoine. ✧

31.66 Objet mobilier inscrit – Non respect des obligations de protection – Infractions pénales et administratives

▪ PEINES

PERSONNE PHYSIQUE

PP Délit. Cas A : 6 mois d'emprisonnement, 7 500 € (C. patr., art. L. 641-2 4°) ;
Cas B : sanctions administratives : amende administrative 6 000 € (C. patr., art. L. 642-1).

PC Néant.

PERSONNE MORALE

PP Délit. Cas A : 37 500 € (C. patr., art. L. 641-2 4°, C. pén., art. 131-38) ;
Cas B : sanctions administratives : amende administrative 30 000 € (C. patr., art. L. 642-1).

PC Néant.

▪ ORIENTEUR

AUTRE QUALIFICATION

▪ **Vol aggravé : objet classé ou bien culturel.** V. nº 22.8.

TEXTE DE RÉFÉRENCE

▪ **Définition et régime.** Sur la définition et le régime du **bien mobilier inscrit** au titre des monuments historiques, v. nº 31.59E.

MESURE ADMINISTRATIVE

▪ **Procédure de sanction administrative.** Cas B : *idem* nº 31.64 (C. patr., art. R. 642-1).

▪ ÉLÉMENTS CONSTITUTIFS – QUALIFICATION

✧ Pour avoir à .... [¤ lieu], le .... [¤ date [⇨A ou B :]

A. INFRACTIONS PÉNALES

étant propriétaire, détenteur, affectataire domanial ou dépositaire d'un objet mobilier inscrit au titre des monuments historiques, omis de déclarer préalablement à l'autorité administrative son intention de le modifier (A1 : *N 7756.co*), réparer (A2 : *N 7755.co*) ou restaurer (A3 : *N 7754.co*) (C. patr., art. L. 622-22 et L. 641-2 4°) ;

B. INFRACTIONS ADMINISTRATIVES

[⇨B1 à B3 :]

B1. étant particulier, aliéné un **objet mobilier** inscrit au titre des monuments historiques sans faire connaître à l'acquéreur l'existence du classement (C. patr., art. L. 622-23 et L. 642-1 3°) (B1 : *N 7751.ia*) ;

B2. étant particulier, omis de notifier à l'autorité administrative, dans les 15 jours de son accomplissement, l'aliénation d'un **objet mobilier** inscrit au titre des monuments historiques (C. patr., art. L. 622-23 et L. 642-1 3°) (B2 : *N 7752.ia*) ;

B3. étant propriétaire, détenteur, affectataire domanial ou dépositaire d'un **objet mobilier** inscrit au titre des monuments historiques, déplacé cet objet d'un lieu dans un autre sans en faire préalablement la déclaration à l'autorité administrative (C. patr., art. L. 622-28 et L. 642-1 4°) (B3 : *N 7753.ia*).

Faits prévus et réprimés par les articles [¤ de l'infraction sélectionnée] du code du code du patrimoine. ✧

31.67 Objet mobilier ayant le caractère d'un trésor national – Non respect des obligations de protection

PERSONNE PHYSIQUE

PP Contrav. 5e cl. 1 500 € (C. patr., art. R. 114-18 ; C. pén., art. 131-13). Récidive : 3 000 € (C. patr., art. R. 114-18, C. pén., art. 132-11).

PC Néant.

PERSONNE MORALE

PP Contrav. 5e cl. 7 500 € (C. patr., art. R. 114-18 ; C. pén., art. 131-41). Récidive : 15 000 € (C. patr., art. R. 114-18, C. pén., art. 132-15).

PC Néant.

▪ **ORIENTEUR**

TEXTE DE RÉFÉRENCE

▪ **Définition et régime.** Sur la définition et le régime du **bien ayant le caractère d'un trésor national**, v. n° 31.59A.

▪ **ÉLÉMENTS CONSTITUTIFS – QUALIFICATION**

✧ Pour avoir à .... [¤ lieu], le .... [¤ date], étant propriétaire d'un trésor national ou son mandataire et ayant reçu notification de la décision de refus de délivrance d'un certificat d'exportation [⇨A à D :]

A. omis de déclarer à l'autorité administrative son lieu de conservation ou un changement de son lieu de conservation (C. patr., art. L. 111-1, L. 111-2, L. 111-4, L. 111-7-1 et R. 114-18 1°) (A : *N 33043.c5*) ;

B. omis de le présenter aux agents habilités à cette fin (C. patr., art. L. 111-1, L. 111-2, L. 111-4, L. 111-7-1 et R. 114-18 1°) (B : *N 33044.c5*) ;

C. sans autorisation administrative préalable, réalisé sur ce trésor national des travaux de modification ou de restauration ou omis de les réaliser conformément à l'autorisation délivrée (C. patr., art. L. 111-1, L. 111-2, L. 111-4, L. 111-7-2 et R. 114-18 2°) (C : *N 33045.c5*) ;

D. aliéné par lots ou pièces ce trésor national constitué par un fonds d'archives, une collection ou un ensemble de biens culturels (C. patr., art. L. 111-1, L. 111-2, L. 111-4, L. 111-7-3 et R. 114-18 3°) (D : *N 33046.c5*).

Faits prévus et réprimés par les articles [¤ de l'infraction sélectionnée] du code du code du patrimoine. ✧

31.68 Infractions en matière d'archives publiques et d'archives privées classées

PERSONNE PHYSIQUE

PP Délit. Cas A : 3 ans d'emprisonnement, 45 000 € (C. patr., art. L. 214-3). Cas B : 3 ans d'emprisonnement, 45 000 € (C. patr., art. L. 214-3).

Cas C : 45 000 € ou jusqu'au double de la valeur des archives (C. patr., art. L. 214-7).

Cas D : 30 000 € (C. patr., art. L. 214-8).

PC 1. Cas A : Interdiction droits civiques civils et de famille ⩽ 5 ans (vote, éligibilité, fonction juridictionnelle, expert, témoin, tuteur, curateur) (C. patr., art. L. 214-4C. com., art. L. 654-5 1° ; C. pén., art. 131-26) ;

2. Cas A : interdiction ⩽ 5 ans activité professionnelle ou sociale en relation avec l'infraction (sauf mandat électif ou syndical) (C. patr., art. L. 214-4 ; C. pén., art. 131-27 et 131-28) ;

3. Cas A : confiscation des sommes ou objets irrégulièrement reçus par l'auteur de l'infraction, à l'exception des objets susceptibles de restitution (C. patr., art. L. 214-4, C. pén., art. 131-21).

PERSONNE MORALE

PP Délit. Cas A : **225 000 €** (C. patr., art. L. 214-3 ; C. pén., art. 131-38).

Cas B : **225 000 €** (C. patr., art. L. 214-3 ; C. pén., art. 131-38).

Cas C : **225 000 €** ou jusqu'au double de la valeur des archives (C. patr., art. L. 214-7 ; C. pén., art. 131-38).

Cas D : **150 000 €** (C. patr., art. L. 214-8 ; C. pén., art. 131-38).

PC 1. Cas A : interdiction, définitive ou ⩽ 5 ans, une ou plusieurs activités professionnelles ou sociales en relation avec l'infraction (C. patr., art. L.214-9 ; C. pén., art. 131-39 2°) ;

2. Cas A : confiscation (réelle ou en valeur) chose ayant servi à l'infraction ou destinée à la commettre, ou son produit (obligatoire pour objets qualifiés dangereux ou nuisibles par loi ou règlement ou dont la détention est illicite) (C. patr., art. L. 214-9 ; C. pén., art. 131-39 8° et 131-21) ;

3. Cas A : affichage, ⩽ 2 mois, *et/ou* diffusion de la décision ou d'extraits aux frais (⩽ amende encourue) du condamné (C. patr., art. L. 214-9 ; C. pén., art. 131-39 9°, 131-35).

■ ORIENTEUR

AUTRE QUALIFICATION

▪ **Détournement d'archives.** Cas A : l'incrimination est applicable sans préjudice des articles 322-2 (destruction de registre, minute ou acte original de l'autorité publique, v. nº 22.61 et 22.62), 432-15 (soustraction ou détournement de bien par un dépositaire public, v. nº 23.55), 432-16 (soustraction ou détournement de biens du fait de la négligence d'un dépositaire public, v. nº 23.57) et 433-4 (soustraction de biens contenus dans un dépôt public, v. nº 23.56) du code pénal (C. patr., art. L. 214-3).

▪ **Vol aggravé : objet classé ou bien culturel.** V. nº 22.8.

TEXTE DE RÉFÉRENCE

▪ **Définition et régime.** Sur la définition et le régime des **archives**, v. nº 31.5931.59C.

ÉLÉMENT MATÉRIEL

▪ **Tentative. Punissable** dans le Cas A (C. patr., art. L. 214-3) ;

RÉGIME PROCÉDURAL

▪ **Compétence juridictionnelle. Juge unique** dans les cas C et D (C. pr. pén., art. 398-1, v. nº 17.15D2).

▪ **Ordonnance pénale. Possible** dans les cas C et D (C. pr. pén., art. 495-II, v. nº 15.48B1 et tableau nº 17.15D2).

■ ÉLÉMENTS CONSTITUTIFS – QUALIFICATION

✧ Pour avoir à .... [¤ lieu], le .... [¤ date], [⇨A à D :]

A. **DÉTOURNEMENT, SOUSTRACTION OU DESTRUCTION D'ARCHIVES PUBLIQUES**

étant détenteur d'archives publiques en raison de ses fonctions (C. patr., art. L. 214-3 et L. 214-4) (A : *N* ***5630.co***) [⇨A1 à A3 :]

A1. détourné ou soustrait tout ou partie de ces archives ;

A2. détruit tout ou partie de ces archives sans accord préalable de l'administration des archives ;

A3. laissé détruire, détourner ou soustraire tout ou partie de ces archives sans accord préalable de l'administration des archives.

B. **DESTRUCTION D'ARCHIVES PRIVÉES CLASSÉES**

étant propriétaire d'archives privées classées ou en instance de classement, détruit ces archives sans l'accord préalable de l'administration des archives (C. patr., art. L. 212-27 et L. 214-6) (B : *N* ***5633.co***).

C. **ALIÉNATION SANS AUTORISATION D'ARCHIVES PRIVÉES CLASSÉES**

étant propriétaire d'archives privées classées, procédé à leur aliénation sans en faire préalablement la déclaration à l'administration des archives (C. patr., art. L. 212-23 et L. 214-7 1°) (C : *N* ***5634.ju***).

D. **NON-RESPECT DES MESURES DE PROTECTION ET DE SURVEILLANCE DES ARCHIVES PRIVÉES CLASSÉES**

D1. étant propriétaire d'archives privées classées, procédé à leur aliénation sans faire connaître à l'acquéreur l'existence du classement (C. patr., art. L. 212-24 et L. 214-8 1°) (D1 : *N* ***5638.ju***) ;

D2. Sans l'autorisation de l'administration des archives, (C. patr., art. L. 212-25 et L. 214-8 2°) (D2 : *N* ***5639.ju***) [⇨D2a ou D2b :]

D2a. procédé à des opérations susceptibles de modifier ou d'altérer des archives privées classées ;

D2b. divisé ou aliéné par lot ou pièce des archives privées classées ;

D3. étant propriétaire ou possesseur d'archives privées classées, refusé de les présenter aux agents accrédités à cette fin (C. patr., art. L. 212-22 et L. 214-8 3°) (D3 : *N* ***5640.ju***) ;

D4. étant propriétaire, détenteur ou dépositaire d'archives privées classées, procédé à leur déplacement d'un lieu dans un autre sans autorisation de l'administration (C. patr., art. L. 212-23 et L. 214-8 4°) (D4 : *N* ***27514.ju***) ;

D5. étant héritier, copartageant, donataire ou légataire ayant reçu par voie de succession, de partage, de donation ou de legs, des archives privées classées, omis de notifier cette transmission à l'administration des archives (C. patr., art. L. 212-23 et L. 214-8 5°) (D5 : *N* ***27515.ju***).

Faits prévus et réprimés par les articles [¤ de l'infraction sélectionnée] du code du code du patrimoine. ✧

32. Le droit social – L'hygiène et la sécurité du travail

32.1 Obstacle aux fonctions d'inspecteur, de contrôleur du travail ou d'un agent de contrôle de la législation sociale

▪ PEINES

PERSONNE PHYSIQUE

PP Délit. Cas A : 1 an d'emprisonnement, 37 500 € (Depuis Ord. nº 2016-413, 7 avr. 2016, auparavant l'amende s'élevait à 3 750 €) (C. trav., art. L. 8114-1) ;

Cas B : sanctions administratives. Pénalité jusqu'à 3 750 € pour un particulier employeur ; 7 500 € pour un travailleur indépendant au titre de ses cotisations et contributions sociales dues à titre personnel ; 7 500 € par salarié pour un employeur, plafonnée à 750 000 € par employeur (CSS, art. L. 243-12-1, depuis L. nº 2016-1827, 23 déc. 2016, auparavant délit pénal, 6 mois, 7 500 €, CSS, art. L. 243-12-1).

PC Néant.

PERSONNE MORALE

PP Cas A : 187 500 € (Depuis Ord. nº 2016-413, 7 avr. 2016, auparavant l'amende s'élevait à 18 750 €) (C. pén., art. 131-38).

Cas B : *idem* personnes physiques.

PC Néant.

▪ ORIENTEUR

ÉLÉMENT MATÉRIEL

▪ **Faits incriminés. Compatibilité avec le droit au silence.** « *constituent un obstacle à l'exercice des fonctions de l'inspecteur du travail, sans porter atteinte au droit à ne pas s'auto-incriminer de l'employeur, d'une part, le défaut, par ce dernier, de représentation des documents permettant de vérifier le temps de travail effectif des salariés au sein de l'entreprise, dont la tenue, prévue par la loi, répond à l'objectif d'intérêt général de protection des salariés, d'autre part, en cas de mentions insuffisantes ou irrégulières dans les documents présentés, son abstention de fournir les informations qui lui sont demandées* » (Crim. 25 avr. 2017, nº 16-81.793, P nº 122). Est également justifiée la décision qui relève « *le défaut de réponses aux courriers de l'inspection du travail, la stratégie de fuite adoptée par le prévenu, qui a empêché les fonctionnaires de l'inspection du travail de prendre connaissance des documents obligatoires concernant le personnel, le refus d'explication de l'intéressé sur des documents manifestement erronés mais présentés comme probants* » (Crim. 4 sept. 2018, nº 17-80.908). Plus généralement, « *caractérise le délit d'obstacle à l'accomplissement des devoirs d'un inspecteur du travail toute obstruction apportée aux demandes d'un fonctionnaire de contrôle, en vue de l'empêcher d'exercer sa mission* » (Crim. 14 oct. 2008, nº 07-84.365, P nº 209). Si les faits de défaut d'enregistrement et de consignation des horaires de travail constituent des contraventions distinctes, l'absence de communication de ces éléments à l'inspecteur du travail caractérise néanmoins l'infraction d'obstacle (Crim. 8 nov. 2005, nº 05-81.269, P nº 285 ; Crim. 14 avr. 2015, nº 14-83.267, P nº 89).

ÉLÉMENT INTENTIONNEL

▪ **Matérialisation de l'intention.** Jurisprudence en matière d'opposition aux fonctions des agents de contrôle, v. nº 30.41, Orienteur/élément moral.

MESURE ADMINISTRATIVE

▪ **Pénalité administrative.** Cas B : la pénalité est prononcée par le directeur de l'organisme concerné. Il notifie le montant envisagé et les faits reprochés à la personne afin qu'elle puisse présenter ses observations écrites dans un délai fixé par décret en Conseil d'État. À l'issue de ce délai et après avoir répondu auxdites observations, le directeur de l'organisme prononce, le cas échéant, la pénalité et la notifie à l'intéressé en lui indiquant les voies et délais de recours. (CSS, art. L. 243-12-1).

■ ÉLÉMENTS CONSTITUTIFS – QUALIFICATION

✧ Pour avoir à .... [¤ lieu], le .... [¤ date], fait obstacle à l'exercice des fonctions de .... [¤ nom de la personne concernée], [⇨A à E :]

A. **INFRACTIONS PÉNALES**

[⇨A1 à A3 :]

A1. inspecteur ou contrôleur du travail et de la main-d'œuvre (C. trav., art. L. 8114-1) (A1 : *N* ***3886.co***) ;

A2. contrôleur d'une caisse de congés payés (C. trav., art. L. 3141-31 et L. 8114-1) (A2 : *N* ***20885.co***) ;

A3. inspecteur ou contrôleur de la formation professionnelle (C. trav., art. L. 6363-2 et L. 8114-1) (A3 : *N* ***12771.co***).

B. **INFRACTIONS ADMINISTRATIVES**

agent de contrôle (CSS, art. L. 243-11, 243-12, 243-12-1) (B : *N* ***281.ia***) [⇨B1 à B4 :]

B1. d'un organisme de sécurité sociale ;

B2. d'une caisse d'assurance maladie ;

B3. d'une caisse d'allocations familiales ;

B4. ingénieur conseil ou contrôleur de sécurité accrédité d'une Caisse régionale d'assurance maladie.

Faits prévus et réprimés par les articles [• du cas sélectionné]. ✧

32.2 Entrave au fonctionnement du comité d'entreprise (dispositions transitoires)

■ PEINES

PERSONNE PHYSIQUE

PP Délit. Cas A et B : 1 an d'emprisonnement, 7 500 € (L. nº 2015-990, 6 août 2015, auparavant 3 750 €) (C. trav., art. L. 2328-1). Cas C : 1 an d'emprisonnement, 3 750 € (C. trav., art. L. 2433-1). Cas D à H : 7 500 € (L. nº 2015-990, 6 août 2015, auparavant 3 750 €) (C. trav., art. L. 2328-1).

PC Néant.

PERSONNE MORALE

PP Cas A, B et D à H : 37 500 € (L. nº 2015-990, 6 août 2015, auparavant 18 750 € ; C. pén., art. 131-38 ; C. trav., art. L. 2328-1). Cas C : 18 750 € (C. pén., art. 131-38 ; C. trav., art. L. 2433-1).

PC Néant.

■ ORIENTEUR

ÉLÉMENT LÉGAL

▪ **Application de la loi pénale dans le temps.** Ord. nº 2017-1386, 22 sept. 2017, dont les dispositions sont entrées en vigueur le 1er janv. 2018 (D. nº 2017-2019, 29 déc. 2017, art. 6), a réformé les institutions représentatives du personnel en fusionnant au sein d'une instance unique, le « comité social et économique » (CSE), les anciennes *instances du comité d'entreprise, du CHSCT et du délégué* du personnel. Ces dernières disparaissent au terme des mandats en cours et au plus tard le 31 déc. 2019 (Ord. nº 2017-1386, 22 sept. 2017, art. 8). Pendant la durée des mandats en cours des membres élus du comité d'entreprise, les dispositions anciennes du titre II du livre III relatives au comité d'entreprise, qui fondent les présentes incriminations, demeurent applicables dans leur rédaction en vigueur à la date de publication de l'ordonnance (Ord. nº 2017-1386, 22 sept. 2017, art. 9 V). Sur les nouvelles incriminations concernant le CSE, v. nº 32.3. « *le principe de non-rétroactivité des lois répressives ne fait pas obstacle à ce qu'une loi nouvelle, se substituant à la loi ancienne par des dispositions équivalentes, s'applique à des faits déjà incriminés par la loi ancienne sous l'empire de laquelle ils ont été commis* » (Crim. 1er déc. 2020, nº 19-84.476, D) ; « *tel est le cas de l'ordonnance susvisée [ord. nº 2017-1386, 22 sept. 2017] qui a maintenu l'incrimination d'entrave au fonctionnement régulier du comité social et économique, prévue et réprimée à l'article L. 2317-1 du code du travail, qui s'est ainsi substitué à l'article L. 2328-1 dudit code* » (§ 17) (Crim. 30 mars 2021, nº 20-81.030, D).

ÉLÉMENT MATÉRIEL

▪ **Caractère obligatoire de la consultation.** L'infraction est caractérisée en ce que « *le comité d'établissement devait être informé et consulté sur l'intégration de primes conventionnelles dans le salaire de base des salariés concernés dès lors que cette mesure affectait leur mode de rémunération, peu important qu'elle n'ait pas d'incidence sur les conditions de travail des intéressés ou qu'elle soit plus avantageuse pour ceux-ci* » (§ 15) (Crim. 1er déc. 2020, nº 19-84.476, D).

RÉGIME PROCÉDURAL

▪ **Compétence juridictionnelle. Juge unique** dans les **cas** D à H (C. pr. pén., art. 398-1, v. nº 17.15D2).

▪ **Ordonnance pénale. Possible** dans les **cas** D à H (C. pr. pén., art. 495-II, v. nº 15.48B1 et tableau nº 17.15D2).

▪ ÉLÉMENTS CONSTITUTIFS – QUALIFICATION

✧ Pour avoir à .... [¤ lieu], le .... [¤ date], entravé le fonctionnement du comité d'entreprise de .... [¤ établissement concerné], en ne respectant pas les règles relatives [⇨A à H :]

A. à sa constitution (C. trav., art. L. 2322-1 à L. 2322-7 et L. 2328-1) (A : *N* ***3919.co***)...

B. à la libre désignation de ses membres (L. 2324-3 à 2324-28 et L. 2328-1) (B : *N* ***3919.co***)...

C. au licenciement de ses membres (L. 2421-3 et L. 2433-1) (C : *N* ***3934.co***)...

D. aux heures de délégation (L. 2325-6 à L. 2325-10 et L. 2328-1) (D : *N* ***26709.ju***)...

E. à la périodicité des réunions (L. 2325-14 et L. 2328-1) (E : *N* ***26709.ju***)...

F. à son information et à sa consultation obligatoire (L. 2323-1 à L. 2323-82 et L. 2328-1) (F : *N* ***26709.ju***)...

G. à la communication des documents obligatoires (L. 2323-8 à L. 2323-11 et L. 2328-1) (G : *N* ***26709.ju***)...

H. au libre déplacement de ses membres (L. 2325-11 et L. 2328-1) (H : *N* ***26709.ju***)...

... en l'espèce en [matérialiser l'entrave].
Faits prévus et réprimés par les articles [• du cas sélectionné] du code du travail. ✧

32.3 Entrave au fonctionnement du comité social et économique (CSE) (Ord. nº 2017-1386, 22 sept. 2017)

▪ PEINES

PERSONNE PHYSIQUE

PP Délit. Cas A et B : 1 an d'emprisonnement, 7 500 € (C. trav., art. L. 2317-1, Ord. nº 2017-1386, 22 sept. 2017). Cas C : 1 an d'emprisonnement, 3 750 € (C. trav., art. L. 2432-1, Ord. nº 2017-1386, 22 sept. 2017). Cas D à H : 3 750 € (C. trav., art. L. 2317-1, Ord. nº 2017-1386, 22 sept. 2017).

PC Néant.

PERSONNE MORALE

PP Cas A et B : 37 500 € (C. trav., art. L. 2317-1, Ord. nº 2017-1386, 22 sept. 2017). Cas C : 18 750 € (C. trav., art. L. 2432-1, Ord. nº 2017-1386, 22 sept. 2017). Cas D à H : 18 750 € (C. trav., art. L. 2317-1, 22 sept. 2017). (C. pén., art. 131-38).

PC Néant.

▪ ORIENTEUR

ÉLÉMENT LÉGAL

▪ **Application de la loi pénale dans le temps.** Ord. nº 2017-1386, 22 sept. 2017, dont les dispositions sont entrées en vigueur le 1er janv. 2018 (D. nº 2017-2019, 29 déc. 2017, art. 6), a réformé les institutions représentatives du personnel en fusionnant au sein d'une instance unique, le « comité social et économique » (CSE), les anciennes instances du comité d'entreprise, du CHSCT et du délégué du personnel. Ces dernières disparaissent au terme des mandats en cours et au plus tard le 31 déc. 2019 (Ord. nº 2017-1386, 22 sept. 2017, art. 8). Pendant la durée des mandats en cours des membres élus du comité d'entreprise, les dispositions anciennes du titre II du livre III relatives au comité d'entreprise, qui fondent l'équivalent des présentes incriminations, demeurent applicables dans leur rédaction en vigueur à la date de publication de l'ordonnance (Ord. n° 2017-1386, 22 sept. 2017, art. 9 V).

RÉGIME PROCÉDURAL

▪ **Compétence juridictionnelle. Juge unique** dans les cas D à H (C. pr. pén., art. 398-1, v. n° 17.15D2).

▪ **Ordonnance pénale. Possible** dans les cas D à H (C. pr. pén., art. 495-II, v. n° 15.48B1 et tableau n° 17.15D2).

▪ ÉLÉMENTS CONSTITUTIFS – QUALIFICATION

✧ Pour avoir à .... [¤ lieu], le .... [¤ date], entravé le fonctionnement du comité social et économique de .... [¤ entreprise concernée], en ne respectant pas les règles relatives [⇨A à H :]

A. à sa constitution (L. 2313-1 à L. 2313-10 et L. 2317-1) (A : *N **32599.co***)...

B. à la libre désignation de ses membres (L. 2314-1 à L. 2314-37 et L. 2317-1) (B : *N **32599.co***)...

C. au licenciement des membres élus à la délégation du personnel (C1 : *N **32590.co***) ou des membres représentants syndicaux (C2 : *N **32591.co***) (L. 2421-3 et L. 2432-1) ...

D. aux heures de délégation (L. 2315-7 à L. 2315-13 et L. 2328-1) (D : *N **32600.ju***)...

E. à la périodicité des réunions (L. 2315-27 à L. 2315-28 et L. 2328-1) (E : *N **32600.ju***)...

F. à son information et à sa consultation obligatoire (L. 2312-17 à L. 2312-58 et L. 2328-1) (F : *N **32600.ju***)...

G. à la communication des documents obligatoires au titre de la base de données économiques, sociales « et *environnementales* » (réd. issue L. n° 2021-1104, 22 août 2021) (L. 2312-18, L. 2312-16 et L. 2328-1) (G : *N **32600.ju***)...

H. au libre déplacement de ses membres (L. 2315-14 et L. 2328-1) (H : *N **32600.ju***)...

... en l'espèce en (matérialiser l'entrave).

Faits prévus et réprimés par les articles [• du cas sélectionné] du code du travail. ✧

32.4 Entrave aux fonctions de délégué du personnel (dispositions transitoires)

▪ PEINES

PERSONNE PHYSIQUE

PP Délit. Cas A : 1 an d'emprisonnement, 7 500 € (L. n° 2015-990, 6 août 2015, auparavant 3 750 €, C. trav., art. L. 2316-1). Cas B : 7 500 € (L. n° 2015-990, 6 août 2015, auparavant 3 750 €, C. trav., art. L. 2316-1). Cas C : 1 an d'emprisonnement, 3 750 € (C. trav., art. L. 2432-1).

PC Néant.

PERSONNE MORALE

PP Cas A et B : 37 500 € (L. n° 2015-990, 6 août 2015, auparavant 18 750 €, C. pén., art. 131-38 ; C. trav., art. L. 2316-1). Cas C : 18 750 € (C. pén., art. 131-38 ; C. trav., art. L. 2432-1).

PC Néant.

▪ ORIENTEUR

ÉLÉMENT LÉGAL

▪ **Application de la loi pénale dans le temps.** Cette institution représentative du personnel a été fusionnée dans la nouvelle instance unique, le « comité social et économique », par Ord. n° 2017-1386, 22 sept. 2017, entrée en vigueur le 1er janv. 2018 (D. n° 2017-2019, 29 déc. 2017, art. 6). Sous réserve des mandats en cours et au plus tard le 31 déc. 2019 (Ord. n° 2017-1386, 22 sept. 2017, art. 8), l'institution du délégué du personnel disparaît.

Pendant la durée des mandats de délégué du personnel en cours, les dispositions anciennes du titre Ier du livre III relatives aux délégués du personnel, qui fondent notamment les présentes incriminations, demeurent applicables dans leur rédaction en vigueur à la date de publication de l'ordonnance (Ord. n° 2017-1386, 22 sept. 2017, art. 9 V).

▪ **Constitutionnalité.** Est rejetée la QPC contre C. trav., art. L. 482-1, al. 1 (devenu L. 2316-1) en ce que « *la disposition légale critiquée, qui laisse le soin au juge de qualifier les comportements que le législateur ne peut énumérer a priori de façon exhaustive, est rédigé en des termes suffisamment clairs et précis pour exclure l'arbitraire* » (Crim. 19 mars 2013, n° 12-85.617, NP). De même est rejetée la QPC contre C. trav., art. L. 2316-1) en ce que cet article « *qui prévoit et réprime le délit d'entrave à la libre désignation des délégués du personnel ou à l'exercice régulier de leurs fonctions, sont suffisamment clairs et précis pour que l'interprétation de ce texte, qui entre dans l'office du juge pénal, puisse se faire sans risque d'arbitraire* » (Crim. 28 mai 2013, n° 12-87.266, NP).

ÉLÉMENT MATÉRIEL

▪ **Tentative. Punissable** (C. trav., art. L 2316-1).

RÉGIME PROCÉDURAL

▪ **Compétence juridictionnelle.** Juge unique dans le cas B (C. pr. pén., art. 398-1, v. n° 17.15D2).

▪ **Ordonnance pénale.** Possible dans le cas B (C. pr. pén., art. 495-II, v. n° 15.48B1 et tableau n° 17.15D2).

▪ ÉLÉMENTS CONSTITUTIFS – QUALIFICATION

✧ Pour avoir à .... [¤ lieu], le .... [¤ date], porté atteinte ou tenté de porter atteinte [⇨A à C :]

A. à la libre désignation des délégués du personnel de .... [¤ établissement concerné], en l'espèce en.........[¤ matérialiser les faits] (art. L. 2312-1 à L. 2312-8, L. 2314-2 à L. 2314-31 et L. 2316-1) (A : *N 3882.co*) ...

B. à l'exercice régulier des fonctions des délégués du personnel de .... [¤ établissement concerné], en l'espèce en......... [¤ matérialiser les faits] (art. L. 2315-1 à L. 2315-12 et L. 2316-1) (B : *N 3915.ju*) ...

C. au licenciement des délégués du personnel de .... [¤ établissement concerné], en l'espèce en......... [¤ matérialiser les faits] (art. L. 2421-3, L. 2432-1) (C : *N 3931.co*) ...

... en l'espèce en (matérialiser l'entrave).

Faits prévus et réprimés par les articles [• du cas sélectionné] du code du travail. ✧

32.5 Entrave à l'exercice du droit syndical

▪ PEINES

PERSONNE PHYSIQUE

PP Délit. Cas A : 1 an d'emprisonnement, 3 750 € (C. trav., art. L. 2146-1). Cas B : 1 an d'emprisonnement, 3 750 € (C. trav., art. L. 2431-1).

PC Néant.

PERSONNE MORALE

PP 18 750 € (C. pén., art. 131-38 et C. trav., art. L. 2146-1 (Cas A), ou C. trav., art. L. 2431-1 (Cas B).

PC Néant.

▪ ORIENTEUR

AUTRE QUALIFICATION

▪ **Discrimination syndicale – code du travail.** (C. trav., art. L. 2146-2). V. n° 23.9.

▪ **Discrimination à raison des activités syndicales.** Incrimination prévue par le code pénal, v. n°s 23.2 et 23.3.

▪ ÉLÉMENTS CONSTITUTIFS – QUALIFICATION

✧ Pour avoir à .... [¤ lieu], le .... [¤ date], [⇨A à D :]

A. entravé l'exercice des fonctions d'un délégué syndical (L. 2143-13 à 2143-20 et L. 2146-1) (A : *N 3804.co*) ...

B. entravé l'exercice du droit syndical (L. 2141-1 à L. 2142-11 et L. 2146-1) (B : *N 289.co*) ...

C. entravé la libre désignation d'un délégué syndical (L. 21433, L. 2143-12 et L. 2146-1) à (C : *N 3803.co*) ;

D. licencié irrégulièrement un délégué syndical (L. 2421-1 et L. 2431-1 (D : *N 3933.co*) ...

... en l'espèce en .... [¤ matérialiser l'entrave].

Faits prévus et réprimés par les articles [• du cas sélectionné] du code du travail. ✧

32.6 Travail dissimulé – Obligations d'immatriculation des artisans, des commerçants et des sociétés

A. L'immatriculation au répertoire des métiers (RM)

1. Les professions concernées

Les personnes physiques, et les personnes morales employant moins de 10 salariés, doivent être immatriculées au « répertoire des métiers » ou au « registre des entreprises » (pour les départements de La Moselle, Bas-Rhin et Haut-Rhin) lorsqu'elles exercent à titre principal ou secondaire une activité professionnelle **indépendante** de production, transformation, réparation ou de prestation de service relevant de l'artisanat et figurant sur une liste fixée par décret en Conseil d'État (L. n° 96-603, 5 juill. 1996, art. 19 I).

Le **conjoint collaborateur** fait l'objet d'une mention au répertoire des métiers à la demande du chef d'entreprise, s'il collabore effectivement et habituellement à l'entreprise (D. n° 98-247, 2 avr. 1998, art. 14).

2. Le délai d'immatriculation

La demande d'inscription est présentée à la chambre de métiers et de l'artisanat compétente (D. n° 98-247, 2 avr. 1998, art. 9) dans le délai **d'un mois avant** le début de l'activité (art. 10), ou, dans le mois suivant le début d'activité lorsque celle-ci a été notifiée au président de la chambre des métiers compétente par LRAR par l'intéressé (art. 10).

Tout établissement **secondaire** doit être déclaré (art. 10 *bis*).

3. La justification de l'immatriculation

L'inscription donne lieu à délivrance d'une attestation d'immatriculation renouvelée chaque année, restituée à la chambre des métiers en cas de radiation (D. n° 98-247, 2 avr. 1998, art. 22).

L'attestation d'immatriculation comporte, notamment, la nature de l'activité, l'identification des personnes physiques ou morales immatriculées sous le numéro d'identification unique visé à l'article 3 de la loi n° 94-126 du 11 février 1994, les représentants des personnes morales mentionnés, le cas échéant, la qualité d'artisan, d'artisan d'art ou le titre de maître artisan de la personne physique ou du ou des dirigeants des personnes morales (D. n° 98-247, 2 avr. 1998, art. 22).

4. La surveillance des immatriculations et les sanctions

Lorsque le président de la chambre des métiers compétente est informé par une autorité administrative ou judiciaire de ce que l'évolution de la situation d'une personne immatriculée nécessiterait de compléter ou de modifier les mentions la concernant figurant au répertoire, il invite la personne intéressée à s'acquitter de ses obligations déclaratives. À défaut de régularisation dans un délai d'un mois, les modifications appropriées sont inscrites d'office par le président au dossier individuel de la personne concernée (D. n° 98-247, 2 avr. 1998, art. 15 *bis*).

Lorsque le président de la chambre des métiers est informé par une autorité administrative ou judiciaire de ce qu'une personne immatriculée ne remplit plus les conditions d'immatriculation au répertoire des métiers, il procède d'office à sa radiation après l'avoir mise en demeure, ou, le cas échéant, ses héritiers ou ayants droit, de demander la radiation de son immatriculation par lettre recommandée avec demande d'avis de réception (D. n° 98-247, 2 avr. 1998, art. 17 *bis*).

Les personnes physiques sont radiées à l'issue d'un délai de trois mois après la date de l'accusé de réception et les personnes morales dans le délai de trois mois après leur radiation du registre du commerce et des sociétés (art. 17 *bis*).

Le défaut d'inscription au RM caractérise le délit de travail dissimulé si l'activité n'est pas immatriculée par ailleurs au registre du commerce (v. n° 32.11). Dans le cas contraire, les faits relèvent de l'article 24 de la loi n° 96-603 du 5 juillet 1996.

B. Le registre du commerce et des sociétés (RCS) L'obligation d'immatriculation (D. n° 84-406, 30 mai 1984, art. 1)

1. Les personnes physiques commerçantes

Les personnes physiques ayant la qualité de commerçant sont inscrites sur leur déclaration au RCS (C. com., art. L. 123-1).

C. com., art. L. 121-1 : « *Sont commerçants ceux qui exercent des actes de commerce et en font leur profession habituelle.* » Les actes suivants sont réputés commerciaux (C. com., art. L. 110-1 et L. 110-2) : achats de biens meubles pour les revendre ; location de meubles ; achat d'immeuble pour les revendre (sauf opération de construction) ; opérations d'intermédiaire pour l'achat, la souscription ou la vente d'immeubles, fonds de commerce, actions ou parts de sociétés immobilières ; entreprise de manufacture ou de fournitures ; entreprise de commission ou de transport, agences d'affaires, bureaux d'affaires ; opérations de banque, change, émission et gestion de monnaie électronique et tout service de paiement ; spectacles publics.

Les personnes physiques immatriculées au RM doivent aussi s'immatriculer au RCS quand elles ont la qualité de commerçant.(L. n° 96-603, 5 juill. 1996, art. 19 II et C. com., art. L. 123-1).

2. Les sociétés françaises

Sont immatriculées au RCS les sociétés suivantes (C. com., art. L. 123-1) :

– sociétés commerciales (C. com., art. L. 210-1 et L. 210-6) : société en nom collectif (SNC), société en commandite simple (SCS), société à responsabilité limitée (Sarl), société par actions (SA, SCA, SAS) ;

– sociétés civiles ;

– sociétés d'exercice libéral (SEL) de professions libérales réglementées, constituées sous forme de SARL (Selarl), SA (Selafa), commandite par actions (Selca) (C. com., art. L. 210-6) ;

– groupements d'intérêt économique (GIE, C. com., art. L. 251-4) ;

– sociétés commerciales étrangères ayant un établissement en France.

Autres personnes morales : principe général : les sociétés ne jouissent de la personnalité morale qu'à compter de leur immatriculation (C. civ., art. 1842). La société en participation, qui ne jouit pas de la personnalité morale, n'est pas soumise à immatriculation (C. civ., art. 1871). Les sociétés sont immatriculées au RCS dans les conditions définies par la règlementation de ce registre (D. n° 78-704, 3 juill. 1978, art. 2).

3. Les sociétés étrangères ouvrant un établissement sur le territoire français

Sont immatriculées au RCS, sur leur déclaration, « *Les sociétés commerciales dont le siège est situé hors d'un département français et qui ont un établissement dans l'un de ces départements* » (C. com., art. L. 123-1 I 3°). Toute personne morale demandant son immatriculation au RCS dont le siège de l'entreprise est situé à l'étranger « *doit justifier de la jouissance du ou des locaux où elle installe, seule ou avec d'autres, [...] l'agence, la succursale ou la représentation établie sur le territoire français* » (C. com., art. L. 123-11).

« *Lorsque le siège est situé hors d'un département ou lorsqu'il est situé à l'étranger, l'immatriculation est demandée au greffe du tribunal dans le ressort duquel est ouvert le premier établissement* » ou dans le ressort duquel est située la commune mentionnée au C. com, art. R. 123-208-2 (C. com., art. R. 123-5).

S'agissant des sociétés ayant leur siège dans un autre État membre de l'UE, « *Si la CJUE juge (CJUE, 30 sept. 2003, Inspire art, C-167/01, § 95) qu'il est "sans importance, au regard de l'application des règles relatives à la liberté d'établissement, qu'une société n'ait été constituée dans un État membre qu'en vue de s'établir dans un second État membre, où serait exercé l'essentiel, voire l'ensemble, de ses activités économiques" de sorte que "les raisons pour lesquelles une société choisit de se constituer dans un État membre sont, hors les cas de fraude, sans conséquence au regard de l'application des règles relatives à la liberté d'établissement", elle retient également (CJUE, 12 juill. 2012, Vale, C-378/10, §§ 59-61) qu'en l'absence de règles de droit de l'Union, la procédure d'enregistrement d'une société dans l'État membre d'accueil est régie par le droit de ce dernier, les autorités de cet État étant obligées, en vertu du principe d'effectivité, de tenir dûment compte, lors de l'examen d'une demande d'enregistrement de cette entreprise, des documents émanant des autorités de l'État membre d'origine attestant que cette société s'est effectivement conformée aux conditions de celui-ci, pour autant qu'elles soient compatibles avec le droit de l'Union* » (§ 47) ; « *Il en résulte que, sans contrevenir aux dispositions de TFUE, art. 49 à 54 garantissant le principe de liberté d'établissement, justifient leur décision les juges qui, en application de C. trav., art. L. 8221-1 et L. 8221-3, sanctionnent pénalement le défaut d'enregistrement au registre français du commerce et des sociétés* [travail dissimulé par dissimulation d'activité, v. n° 32.11] *d'une société étrangère tenue à cette formalité en vertu des dispositions de C. com., art. L. 123-1 I 3°, L. 123-11 et R. 123-35, bien qu'elle soit déjà enregistrée dans un autre État membre de l'UE, dès lors qu'elle ouvre un premier établissement dans un département français, c'est-à-dire lorsqu'elle y établit une agence, une succursale ou une représentation* » (§ 48) (Crim. 2 mars 2021, n° 19-80.991, P).

4. Le délai d'immatriculation

a. Les personnes physiques

Établissement principal. Toute personne physique commerçante doit demander son immatriculation dans le délai d'**un mois** qui précède la date déclarée du début de son activité commerciale et, au plus tard, dans le délai de quinze jours à compter de la date du début de cette activité (C. com., art. R. 123-32). La demande d'immatriculation est adressée au greffe du tribunal dans lequel est situé son principal établissement, ou à défaut son domicile ou de sa commune de rattachement (C. com., art. R. 123-32). **Établissement secondaire.** Doit, dans le délai d'**un mois**, avant ou après son ouverture, faire l'objet d'une demande d'immatriculation secondaire ou d'inscription complémentaire (C. com., art. 123-41).

b. Les personnes morales

Établissement principal. L'immatriculation doit être demandée sitôt accomplies les formalités de constitution, publicité comprise pour les sociétés et groupements d'intérêt économique et dans les **quinze jours** de l'ouverture du siège ou de l'établissement pour les autres personnes morales (C. com., art. R. 123-35 et R. 123-36). La demande d'immatriculation est adressée au greffe du tribunal dans le ressort duquel est situé son siège, ou, si celui-ci est situé hors d'un département ou à l'étranger, dans le ressort du premier établissement (C. com., art. R. 123-35).

Établissement secondaire. *Idem* ci-dessus (C. com., art. R. 123-41 et R. 123-63).

5. La justification de l'immatriculation

Sauf dossier incomplet ou complexe le greffier du tribunal de commerce ou du tribunal judiciaire statuant commercialement procède à l'inscription dans le délai d'un jour franc après réception de la demande (C. com., art. R. 123-97).

Le **greffier** délivre à tout demandeur un **extrait** justifiant de l'immatriculation ou un certificat attestant qu'une personne n'est pas immatriculée (C. com., art. R. 123-50 et R. 123-152).

L'institut national de la propriété industrielle (Inpi) délivre à tout demandeur les renseignements figurant au registre national et peut délivrer un certificat attestant qu'une personne n'est pas immatriculée au registre national (C. com., art. R. 123-150).

Le numéro d'immatriculation au répertoire national d'identification des entreprises délivré par l'Insee, la mention RCS suivie de la ville du greffe concerné doivent figurer sur les **papiers commerciaux** : factures, bons de commande, tarifs, publicités, correspondances (C. com., art. R. 123-237).

6. La surveillance des immatriculations et les sanctions

Le juge commis à la surveillance du RCS peut d'office ou à la requête du parquet ou de toute personne y ayant intérêt **enjoindre** (par ordonnance), le cas échéant sous astreinte, **de s'immatriculer** tout commerçant **personne physique** n'y ayant pas procédé dans les délais. Il peut également enjoindre, le cas échéant sous astreinte, toute personne morale ou physique d'opérer les mentions complémentaires ou rectificatives prescrites (C. com., art. L.123-3).

Le greffier avise le procureur de la République lorsque l'assujetti ne défère pas (art. R. 123-42).

Le fait de donner, de mauvaise foi, des indications inexactes ou incomplètes en vue d'une immatriculation, d'une radiation ou d'une mention complémentaire ou rectificative au RCS relève de l'article L. 123-5 du code de commerce (v. n° **33.12**).

Le fait de ne pas s'immatriculer au RCS relève de l'infraction de travail clandestin (v. n° **32.11**).

7. Le cas des agents commerciaux

• **Définition.** L'agent commercial est un mandataire indépendant (non lié par un contrat de travail), personne morale ou physique, chargé de façon permanente de négocier ou conclure des contrats de vente, achat, location ou de prestations de services, au nom et pour le compte de producteurs, d'industriels, de commerçants ou d'autres agents commerciaux (C. com., art. L. 134-1).

• **Obligation et justification d'immatriculation au RCS.** Il doit s'immatriculer avant le commencement de l'activité sur un registre spécial (registre des agents commerciaux) tenu au greffe du tribunal de commerce. Un récépissé de déclaration au registre des agents commerciaux lui est délivré (C. com., art. R. 134-6).

Le lieu et le numéro d'immatriculation doivent figurer sur les papiers commerciaux (**Sanction** : C. com., art. R. 134-16).

• **Sanctions du défaut d'immatriculation.** Le défaut d'immatriculation au registre spécial relève de l'infraction de travail dissimulé (v. n° 32.11), ou de l'article R. 134-15 du code de commerce (cas de la personne morale, agent commercial, immatriculée au RCS mais non inscrite au registre spécial).

32.7 Travail dissimulé – Obligations déclaratives des professionnels – Déclaration d'existence auprès des organismes sociaux et fiscaux

A. Le principe du « guichet unique » du centre de formalités des entreprises (CFE)

L'obligation pour une entreprise de déclarer sa création, sa modification ou sa cessation d'activité auprès des administrations, collectivités locales, établissements publics administratifs, personnes privées chargées d'un service public administratif, organismes de sécurité sociale, est légalement satisfaite par le dépôt d'un seul dossier au CFE concerné (L. n° 94-126, 11 févr. 1994, art. 2). Le centre délivre récépissé (C. com., art. R. 123-10) de la déclaration. La déclaration au CFE vaut déclaration à l'organisme destinataire, « *dès lors qu'elle est régulière et complète à l'égard de ce dernier* » (C. com., art. 123-17).

B. La compétence des centres de formalités des entreprises (CFE)

Des CFE sont organisés selon les catégories d'assujettis par les services suivants (C. com., art. R. 123-3) :

a. **CFE des chambres de commerce et d'industrie** : commerçants, sociétés commerciales ;

b. **CFE des chambres des métiers** : personnes physiques et morales soumises à l'immatriculation au répertoire des métiers ;

c. **CFE des greffes des tribunaux de commerce ou des TJ statuant commercialement** : sociétés civiles et sociétés autres que commerciales, sociétés d'exercice libéral, agents commerciaux, GIE ;

d. **CFE des Urssaf** : professions libérales, employeurs ne relevant pas du RCS ou RM (ex. : associations) ;

e. **CFE des chambres d'agriculture** : personnes physiques ou morales exerçant des activités agricoles.

32.8 Travail dissimulé – Déclarations sociales obligatoires et périodiques en cours d'activité

Le défaut de déclarations sociales périodiques par les personnes exerçant une activité lucrative caractérise le délit de **travail dissimulé** (v. n° 32.11) s'il est intentionnel, sinon les contraventions des n°s 32.23 à 32.25.

La dissimulation sociale d'activité peut notamment résulter de la non-déclaration d'une partie de son chiffre d'affaires ou de ses revenus ou de la continuation d'activité après avoir été radié par les organismes de protection sociale (C. trav., art. L. 8221-3).

A. Les déclarations sociales dues pour le salarié par l'employeur

L'employeur professionnel doit procéder à la **déclaration initiale** de son salarié selon les modalités précisées au n° 32.12 (DPAE). Il doit également procéder aux **déclarations périodiques** de la masse salariale, assiette des cotisations sociales, selon les principes suivants :

1. Le régime non agricole

L'employeur professionnel produit, à l'appui du versement, des cotisations dues au titre de l'assurance maladie, maternité, vieillesse, décès, veuvage, accident du travail et allocations familiales, une **déclaration sociale nominative (DSN)** comprenant la durée de l'activité exercée par chaque salarié au cours du trimestre précédent, l'assiette et le montant des cotisations. L'employeur ne versant pas les cotisations est néanmoins tenu à déclaration (CSS, art. R. 243-13 et R. 243-17).

Périodicité des déclarations (CSS, art. R. 243-6 et R. 243-6-1) :

Entreprises < 11 salariés : déclaration mensuelle (ou trimestrielle sur option).

Entreprises > 11 salariés : déclaration mensuelle.

L'employeur verse le complément de cotisations ou de contributions sociales lors de l'échéance déclarative la plus proche, en cas d'erreurs constatées dans ses déclarations de cotisations et de contributions sociales des mois précédents. Les sommes versées indûment sont déduites du montant des cotisations et contributions à échoir, sauf demande de remboursement (CSS, art. R. 243-10).

2. Le régime agricole

L'employeur de salariés agricoles (v. définition C. rur., art. L. 722-20) doit les affilier à la Caisse de mutualité sociale agricole (CMSA) (C. rur., art. L. 722-25, L. 722-29, L. 741-1 et L. 741-2), et déclarer l'assiette des cotisations à cet organisme (C. rur., art. L. 741-23 et L. 741-25), selon la périodicité suivante (CSS, art. R. 243-6-1 sur renvoi de C. rur., art. R. 741-1-1) :

Entreprises < 11 salariés : déclaration mensuelle (ou trimestrielle sur option).

Entreprises > 11 salariés : déclaration mensuelle.

3. La requalification des relations client-fournisseur en contrat de travail

Sont présumés ne pas être liés au donneur d'ordre par un contrat de travail les prestataires immatriculés au RCS, répertoire des métiers, registre des agents commerciaux, à l'Urssaf, au registre des entreprises de transport routier de personnes, ou les dirigeants de personnes morales inscrites au RCS et leurs salariés (C. trav., art. L. 8221-6).

Mais l'existence d'un contrat de travail entre ces personnes et le donneur d'ordre peut être établie si la fourniture des prestations les place dans un « *lien de subordination juridique permanente* » à l'égard du donneur d'ordre (C. trav., art. L. 8221-6).

Dans ce cas la dissimulation d'emploi est établie si le donneur d'ordre s'est soustrait intentionnellement par ce moyen à l'accomplissement des obligations incombant à l'employeur (DPAE, bulletin de paie, déclarations relatives aux salaires ou aux cotisations sociales assises sur le salaire) (C. trav., art. L. 8221-6).

B. Les déclarations sociales dues par les non-salariés

1. Les professions non agricoles

Les professions artisanales, industrielles, commerciales et libérales sont obligatoirement affiliées à un organisme correspondant à leur groupe professionnel gérant l'**assurance maladie et maternité** (CSS, art. L. 615-1), **l'assurance invalidité et décès**, (CSS, art. L. 632-1 et L. 640-1 pour les professions libérales) et **l'assurance vieillesse** (CSS, art. L. 632-1 et L. 640-1 pour les professions libérales)

La périodicité des déclarations varie selon l'organisme concerné.

2. Les professions agricoles

Les chefs d'exploitation ou d'entreprise agricole relèvent au titre de l'assurance maladie, invalidité et maternité du régime de protection sociale des personnes non salariées des professions agricoles (C. rur., art. L. 722-1 et L. 722-4) et doivent s'affilier auprès de la Mutualité sociale agricole (MSA) ou d'organismes habilités (C. rur., art. L. 722-13 et L. 731-30).

32.9 Travail dissimulé – Déclarations fiscales obligatoires et périodiques en cours d'activité

Le défaut de déclarations fiscales par les personnes exerçant une activité lucrative peut caractériser le délit de **travail dissimulé** (v. n° 32.11) s'il est intentionnel.

La dissimulation fiscale d'activité peut notamment résulter de la non-déclaration d'une partie de son chiffre d'affaires ou de ses revenus (C. trav., art. L. 8221-3).

A. La taxe sur la valeur ajoutée (TVA)

1. Les assujettis

Personnes effectuant de manière indépendante une activité économique de producteur, commerçant ou de prestataire de services, y compris les activités extractives, agricoles et celles des professions libérales ou assimilées (CGI, art. 256 A). Sont soumises à la TVA les livraisons de biens et les prestations de services effectuées à titre onéreux par un assujetti en tant que tel (CGI, art. 256). Tout assujetti est identifié par un numéro individuel (CGI, art. 286 *ter*). Les entreprises étrangères effectuant en France des opérations soumises à TVA doivent faire accréditer en France un représentant responsable des déclarations (représentant fiscal, CGI, art. 289 A).

2. La franchise de taxe (CGI, art. 293 B)

Les assujettis sont dispensés de payer la TVA si le CA de l'exercice précédent n'excède pas 82 800 € HT (ou 91 000 € lorsque le chiffre d'affaires de la pénultième année n'a pas excédé 82 800 €) pour les livraisons de biens ou prestations d'hébergement et 33 200 € HT (ou 35 200 € lorsque le chiffre d'affaires de la pénultième année n'a pas excédé 33 200 €) pour les autres prestations de service (42 900 € HT pour les avocats, auteurs et artistes interprètes).

Lorsque la limite de 91 000 € HT ou 35 200 € HT est franchie en cours d'année, la taxe est due dès le premier jour du mois où la limite est atteinte (52 800 € HT et 21 300 € HT pour les avocats, auteurs et artistes interprètes).

Les bénéficiaires de la franchise doivent indiquer sur la facture, la note d'honoraire ou le document en tenant lieu la mention « *TVA non applicable, article 293 B du code général des impôts* » (CGI, art. 293 E).

La franchise ne dispense pas de la déclaration d'existence aux services des impôts (CGI, art. 286) au moyen de la déclaration au CFE ci-dessus (v. n° 32.7A).

3. La périodicité des déclarations (CGI, art. 287)

Régime réel normal d'imposition. S'applique à toutes les entreprises dont le CA annuel au titre de l'année civile précédente > 789 000 € HT pour les ventes et > 238 000 € HT pour les prestations de services, ou sur option (exercée pour deux ans) aux entreprises dont le CA est inférieur.

Les assujettis sont soumis à déclaration mensuelle (CA3).

Régime simplifié d'imposition (RSI). S'applique à toutes les entreprises dont le CA au titre de l'année civile précédente est > 82 300 € HT < 789 000 € HT pour les ventes ou prestations d'hébergement, ou > 33 200 € HT < 238 000 € HT pour les prestations de service, CGI, art. 302 septies A).

Le régime simplifié n'est pas applicable si le CA au titre de l'année civile en cours > 869 000 € pour les activités de ventes ou les prestations d'hébergement et > 269 000 € pour les prestations de service (CGI, art. 302 septies A).

Les assujettis sont soumis à déclaration annuelle (CA12), et au versement trimestriel d'acomptes en cours d'année. Lors de la première année les nouveaux redevables doivent acquitter des acomptes représentant au moins 80 % de l'impôt dû pour le trimestre correspondant.

B. L'impôt sur les sociétés (IS)

1. Les sociétés soumises à l'IS (CGI, art. 206)

SA, Sociétés en commandite par actions, sociétés coopératives et leurs unions, SARL sauf les SARL formées entre parents ayant opté pour le régime fiscal des sociétés de personnes (CGI, art. 239 *bis* AA), sociétés civiles ayant une activité industrielle ou commerciale, et sur option, SNC, sociétés civiles, sociétés en commandite simple, sociétés en participation, EURL et EARL a associé unique, sociétés civiles professionnelles.

2. La déclaration de résultat (CGI, art. 223)

Les personnes morales assujetties doivent adresser leur déclaration de résultat à l'administration fiscale dans les 3 mois de la clôture de l'exercice ou au plus tard le deuxième jour ouvré suivant le 1er mai si l'exercice est clos le 31 décembre ou si aucun exercice n'est clos au cours d'une année.

C. Les entreprises individuelles, l'impôt sur le revenu des personnes physiques (IRPP)

Les personnes physiques exerçant une activité industrielle, commerciale, artisanale, agricole ou libérale ou les associés des personnes morales relevant du régime des sociétés de personnes (CGI, art. 8), pour leur part des bénéfices sociaux, sont imposables à l'impôt sur le revenu au titre des catégories suivantes.

1. Les bénéfices industriels et commerciaux (BIC) (CGI, art. 34 et 35)

Régime réel normal. CA excédant 789 000 € pour les activités de vente et les prestations d'hébergement, ou 238 000 € pour les prestations de service.

Régime réel simplifié. CA annuel HT > 82 000 € < 789 000 € pour les activités ventes et les prestations d'hébergement, ou > 33 200 € < 238 000 € pour les prestations de service, CGI, art. 302 *septies* A *bis*. Obligations comptables allégées (bilan simplifié) : Déclaration annuelle du résultat avant le 1er mars, ou le 31 mars si l'exercice est arrêté au 31 décembre (CGI, art. 53 A, 172 et 175).

Régime des micro entreprises. CA annuel HT ⩽ 170 000 € pour les ventes, ou ⩽ 70 000 € pour les prestations de service. Obligations comptables allégées. Déclaration annuelle de revenu sur laquelle est directement porté le chiffre d'affaires annuel (CGI, art. 50-0).

2. Les bénéfices des professions non commerciales ou bénéfices non commerciaux (BNC) (CGI, art. 92)

Bénéfices des professions libérales, charges et offices, et de toutes occupations, exploitations lucratives et sources de profit ne se rattachant pas à une autre catégorie de bénéfices ou de revenus.

Régime de la déclaration contrôlée.

Revenus HT de l'année civile précédente ou de la pénultième année > 70 000 € (CGI, art. 96). Déclaration annuelle (CGI, art. 97 et 175).

Microactivité. Revenus HT de l'année civile précédente ou de la pénultième année ⩽ 70 000 €. Les recettes brutes annuelles sont portées directement sur la déclaration de revenus (CGI, art. 102 *ter*).

3. Les bénéfices agricoles (BA) (CGI, art. 63)

Revenus que l'exploitation de biens ruraux procure aux fermiers, métayers ou propriétaires exploitants.

Régime du forfait. Recettes moyennes HT sur trois années consécutives < 82 800 €. Déclaration annuelle de revenu sur laquelle est directement porté le montant des revenus de l'année en cours et des deux années précédentes (CGI, art. 64 *bis*).

Régime du bénéfice réel. Recettes moyennes HT sur trois années consécutives > 82 800 €.

Régime du bénéfice réel simplifié (recettes moyennes HT sur trois années consécutives < 352 000 € ou sur option pour les exploitants relevant en principe du régime du bénéfice du forfait. Déclaration spéciale mentionnant les résultats de l'année précédente (CGI, art. 74A).

Régime du bénéfice réel normal (recettes moyennes HT sur trois années consécutives > 352 000 €) (CGI, art. 69). Déclaration annuelle de revenus (CGI art., 38 *sexdecies* Q).

D. Les taxes assises sur le salaire

1. La taxe d'apprentissage

Taxe assise sur les salaires dus par les personnes physiques assujetties aux BIC (v. C), les personnes morales assujetties à l'IS (v. B), coopératives agricoles et GIE (CGI, art. 1599 *ter* A). Fait l'objet d'une mention dans la DSN (CGI, art. 39, Annexe III).

2. La taxe sur les salaires

Taxe assise sur les salaires dus par les personnes ou organismes non assujettis à la TVA sur plus de 10 % de leur CA au titre de l'année civile précédent celle du paiement des salaires (CGI, art. 231). Déclaration annuelle déposée par l'employeur au plus tard le 15 janvier de l'année qui suit celle au titre de laquelle la taxe est due (CGI, art. 369, ann. III).

2. La participation des employeurs à la formation professionnelle continue

Les employeurs employant au moins onze salariés doivent concourir au financement de la formation professionnelle en effectuant un versement de 1 % des rémunérations versées pendant l'année en cours à un organisme paritaire (CGI, art. 235 *ter* D). Les employeurs de moins de onze salariés financent des actions de formation professionnelle continue à hauteur de 0,55 % du montant des rémunérations versées (CGI, art. 235 *ter* KA ; C. trav., art. L. 6331-2 s.).

Fait l'objet d'une mention dans la DSN (CGI, art. 39, Annexe III).

3. La participation des employeurs à l'effort de construction

Les employeurs employant au moins 20 salariés ne relevant pas du régime agricole (CCH, art. L. 313-1 et R. 313-1) sont tenus de procéder aux investissements prévus par l'article L. 313-1 du code de la construction et de l'habitation (financement et construction de logements, versements à des organismes collecteurs), et à défaut de s'acquitter d'une cotisation assise sur les salaires (CCH, art. 313-4 et CGI, art. 235 *bis*). Le paiement de cette cotisation est accompagné d'un bordereau qui doit être déposé avant le 30 avril (CCH, art. R. 313-3). Fait également l'objet d'une mention dans la DSN (CGI, art. 39, Annexe III).

E. Les obligations fiscales particulières des ambulants sans domicile fixe

Les personnes sans domicile ni résidence fixe depuis plus de six mois exerçant une activité lucrative sur la voie ou dans un lieu public doivent se faire connaître à l'administration fiscale et déposer une somme en garantie du recouvrement des impôts (CGI, art. 302 *octies*). Il leur est délivré un « **récépissé de consignation** » valable trois mois (CGI, art. 111 *septdecies*) devant être produit à toute réquisition des officiers et agents de police judiciaire et agents de la répression des fraudes (LPF, art. L. 225).

Cette formalité, qui vise à garantir les droits du trésor au moyen d'un dépôt, ne dispense ni de l'inscription au RCS ou au répertoire des métiers, ni des déclarations fiscales et sociales obligatoires.

32.10 Travail dissimulé et infractions assimilés – Régime procédural

A. Les réquisitions de contrôle d'établissement (C. pr. pén., art. 78-2-1)

Pour la recherche des infractions de travail dissimulé (v. n°s 32.11 et 32.13), recours au travail dissimulé (v. n° 32.15), publicité en faveur du travail dissimulé (v. n° 32.16), emploi d'étranger non autorisé à travailler ou non-conforme au document l'autorisant à travailler (v. n°s 32.28 et 32.29), le procureur de la République peut, par **réquisition écrite valable 1 mois**, habiliter les OPJ et sur leur ordre et responsabilité les APJ et APJ adjoints, à « *entrer dans les lieux à usage professionnel* » qu'il désigne, « *ainsi que dans leurs annexes et dépendances, sauf s'ils constituent un domicile* », où sont en cours des activités professionnelles, pour y contrôler l'immatriculation au RCS ou RM, l'exécution des déclarations fiscales et sociales, l'inscription des salariés sur le RUP, la justification des DPAE, « *contrôler l'identité des personnes occupées* » dans le seul but de vérifier qu'elles sont déclarées.

La réquisition est présentée à la personne disposant des lieux ou à celle qui la représente. Les mesures prises font l'objet d'un PV remis à l'intéressé.

« *excèdent les pouvoirs qu'ils tiennent de la réquisition du procureur de la République aux fins de recherche et poursuite des infractions visées* [...] *les policiers qui, après être entrés dans des lieux à usage professionnel, sans constater qu'une activité était en cours, effectuent néanmoins des actes d'investigation.* » (§ 9), en l'espèce, « *il se déduit du procès-verbal de contrôle qu'aucune activité* [...] *n'était en cours, de sorte que lesdits enquêteurs ne pouvaient s'y maintenir et procéder à des actes d'investigation, hors le cas de flagrance.* » (§ 18) (Crim. 1 sept. 2020, n° 19-87.499, P).

Le contrôle d'identité des personnes qui ne sont pas « occupées » mais seulement présentes dans un tel local (en l'occurrence un restaurant) est irrégulier (Civ. 1re, 6 janv. 2010, n° 08-15.513, P n° 2). Sont en revanche occupées au sens de C. pr. pén., art. 78-2-1, les ouvriers qui étaient en action de travail tant au sol que sur les échafaudages sur un chantier de rénovation visé dans la réquisition (Crim. 31 oct. 2017, n° 16-86.894, D).

La mise en œuvre de C. pr. pén., art. 78-2-1 n'exclut pas celles des articles 76 et 77-1 pour la constatation des infractions en matière de travail dissimulé, tel est le cas lorsque le contrôle fait apparaître une infraction, donnant lieu à l'ouverture d'une enquête préliminaire et à une perquisition effectuée avec l'assentiment de la personne (C. pr. pén., art. 76, v. n° 11.57D) au cours de laquelle les agents de l'Urssaf sont requis à titre de personnes qualifiées pour prêter leur concours technique à l'exploitation de pièces comptables (C. pr. pén., art. 77-1, v. n°) (Crim. 21 nov. 2000, n° 00-81.443, P n° 346).

B. L'ordonnance autorisant les visites domiciliaires (C. trav., art. L. 8271-13 et L. 8271-18)

Le Cons. const., (4 avr. 2014, n° 2014-387 QPC) après avoir constaté l'inconstitutionnalité de C. trav., art. L. 8271-13 (anct, art. L. 611-13) au motif qu'aucune voie de recours, autre qu'incidente, n'était ouverte pour contester la validité de la décision, a abrogé à compter du 1er janvier 2015 le dispositif au terme duquel le président du TGI [TJ] pouvait, par ordonnance rendue sur requête du procureur de la République fondée sur des éléments de fait laissant présumer l'existence d'infractions de travail dissimulé (v. nos 32.11 et 32.13), recours au travail dissimulé (v. n° 32.15), publicité en faveur du travail dissimulé (v. n° 32.16), emploi d'étranger non autorisé à travailler (v. n° 32.28), autoriser les OPJ et APJ les assistant à procéder à des visites domiciliaires, perquisitions et saisies dans les lieux de travail, y compris dans ceux n'abritant pas de salariés, même lorsqu'il s'agit de locaux habités.

Si la disparition de ce dispositif peut être palliée par les prérogatives d'enquête propres à la criminalité organisée (v. ci-dessous) lorsque les faits ont été commis en bande organisée, ou sur le fondement de C. pr. pén., art. 76 lorsque l'infraction recherchée est passible d'une peine ⩾5 ans (v. n° 11.57D2), il reste à s'interroger sur la fiabilité d'une telle voie qui, au regard de la jurisprudence du Cons. const., n'offre pas davantage de voie de recours à la personne concernée si l'affaire ne donne pas lieu à poursuites. Rappelons cependant que le Cons. const. a validé le mécanisme d'autorisation de perquisition du C. pr. pén., art. 76 lors de sa promulgation par L. n° 2004-204, 9 mars 2004 (Cons. const. 2 mars 2004, n° 2004-492 DC) en estimant qu'il ne portait pas une atteinte excessive au droit de propriété (§ 48 et 52).

L'inconstitutionnalité de C. trav., art. L. 8271-13 a rendu sans objet C. trav., art. L. 8271-18, qui y renvoyait pour les infractions d'emploi d'étrangers sans titre de travail.

C. Le régime dérogatoire de la criminalité organisée en cas d'infraction commise en bande organisée (C. pr. pén., art. 706-73-1)

Lorsque l'infraction de travail dissimulé (dissimulation d'activité, v. n° 32.11 ou dissimulation de salarié, v. n° 32.13), de recours au travail dissimulé (v. n° 32.15), de prêt ou de marchandage illicite de main-d'œuvre (v. n° 32.33), d'emploi d'étranger non autorisé à travailler (v. n° 32.28), est commise en bande organisée, le régime dérogatoire d'enquête propre à la criminalité organisée est applicable (v. n° 11.21C), à l'exclusion de la garde à vue qui est limitée à 48 h 00 (C. pr. pén., art. 706-73-1).

Les infractions de blanchiment (v. n° 22.49) ou de recel (v. n° 22.45) de ces infractions obéissent au même régime.

D. Le secret professionnel, le droit de communication entre les services de contrôle (C. trav., art. L. 8271-2)

Les fonctionnaires et agents de contrôle visés à l'article L. 8271-7 du code du travail (OPJ, APJ, agents de la direction générale des impôts, des douanes, agents agréés et assermentés des organismes de sécurité sociale et des caisses de mutualité sociale agricole, inspecteurs et contrôleurs du travail et fonctionnaires de contrôle assimilés, officiers et agents assermentés des affaires maritimes, fonctionnaires des corps techniques de l'aviation civile commissionnés et assermentés à cet effet, contrôleurs et adjoints de contrôle des transports terrestres) sont habilités à se **communiquer réciproquement** tous renseignements et documents nécessaires à l'accomplissement de leur mission de lutte contre le travail illégal (C. trav., L. 8271-2). Sur demandes écrites, ils échangent avec les organismes de protection sociale et les caisses de congés payés tous renseignements et documents utiles à leurs missions respectives.

Ces mêmes agents de contrôle communiquent leurs procès-verbaux aux organismes de recouvrement des cotisations et contributions sociales qui procèdent à la mise en recouvrement des cotisations et contributions qui leur sont dues sur la base des informations contenues dans lesdits procès-verbaux (C. trav., L. 8271-8-1). Cette dernière disposition a été déclarée constitutionnelle en ce qu'elle se borne à faciliter la communication d'informations relatives aux infractions en matière de lutte contre le travail dissimulé, et ne porte atteinte ni à la présomption d'innocence ni au respect des droits de la défense et ne méconnaît pas davantage la liberté contractuelle, la liberté d'entreprendre ou le droit de propriété (Cons. const. 26 nov. 2010, n° 2010-69 QPC, § 5).

32.11 Travail dissimulé – Dissimulation d'activité

■ PEINES

PERSONNE PHYSIQUE

PP Délit. 3 ans d'emprisonnement, 45 000 € (C. trav., art. L. 8224-1). Cas E à G : 5 ans, 75 000 € (C. trav., art. L. 8224-2). Cas H : 10 ans, 100 000 € (C. trav., art. L. 8224-2, L. n° 2014-790, 10 juill. 2014).

PC 1. Interdiction, définitive ou ⩽ 5 ans activité professionnelle ou sociale en relation avec l'infraction, fonction publique (sauf mandat électif ou syndical) *et/ou* interdiction définitive ou ⩽ 15 ans (10 ans avant L. n° 2013-1117, 6 déc. 2013) d'exercer une profession commerciale ou industrielle, de diriger, d'administrer, de gérer ou de contrôler à un titre quelconque, directement ou indirectement, pour son propre compte ou pour le compte d'autrui, une entreprise commerciale ou industrielle ou une société commerciale (L. n° 2008-776, 4 août 2008) (C. trav., art. L. 8224-3, 1 ; C. pén., art. 131-27 et 131-28) ;

2. Exclusion ⩽ 5 ans marchés publics (C. trav., art. L. 8224-3, 2° ; C. pén., art. 131-34) ;

3. Confiscation (réelle ou en valeur) objets ayant servi directement ou indirectement à l'infraction ou utilisés à cette occasion, ou ceux, appartenant au condamné, qui en sont le produit direct ou indirect (obligatoire pour objets qualifiés dangereux ou nuisibles par loi ou règlement ou dont la détention est illicite) (C. trav., art. L. 8224-3, 3° ; C. pén., art. 131-21) ;

4. Affichage, ⩽ 2 mois, *et/ou* (L. n° 2011-525, 17 mai 2011) diffusion de la décision ou d'extraits aux frais (⩽ amende encourue) du condamné. Lorsqu'une amende est prononcée, la juridiction peut ordonner la diffusion ⩽ 2 ans, par le ministère du travail, sur un site dédié (L. n° 2014-790, 10 juill. 2014). (C. trav., art. L. 8224-3, 4° ; C. pén., art. 131-35) ;

5. Interdiction droits civiques civils et de famille ⩽ 5 ans (vote, éligibilité, fonction juridictionnelle, expert, témoin, tuteur, curateur) (C. trav., art. L. 8224-3, 5° ; C. pén., art. 131-26) ;

6. Auteur étranger : interdiction du territoire français, définitive ou ⩽ 5 ans (C. trav., art. L. 8224-4 ; C. pén., art. 131-30 à 131-30-2).

PERSONNE MORALE

PP Délit. 225 000 €. Cas E à G : 375 000 € (C. trav., art. L. 8224-5 ; C. pén., art. 131-38). Cas H : 500 000 € (C. trav., art. L. 8224-2, L. n° 2014-790, 10 juill. 2014).

PC 1. Dissolution (sauf personnes morales de droit public, partis, groupements politiques, syndicats, institutions représentatives du personnel) si personne morale créée pour commettre l'infraction (C. trav., art. L. 8224-5 ; C. pén., art. 131-39, 1° et 131-45) ;

2. Interdiction, définitive ou ⩽ 5 ans, une ou plusieurs activités professionnelles ou sociales en relation avec l'infraction (C. trav., art. L. 8224-5 ; C. pén., art. 131-39, 2°) ;

3. Surveillance judiciaire ⩽ 5 ans, sauf personnes morales de droit public, partis, groupements politiques, syndicats (C. trav., art. L. 8224-5 ; C. pén., art. 131-39 3°, 131-46) ;

4. Fermeture, définitive ou ⩽ 5 ans, d'un ou plusieurs établissements en relation avec l'infraction (C. trav., art. L. 8224-5 ; C. pén., art. 131-39 4°) ;

5. Exclusion, définitive ou ⩽ 5 ans marchés publics (C. trav., art. L. 8224-5 ; C. pén., art. 131-39 5°) ;

6. Confiscation (réelle ou en valeur) chose ayant servi à l'infraction ou destinée à la commettre, ou son produit (obligatoire pour objets qualifiés dangereux ou nuisibles par loi ou règlement ou dont la détention est illicite) (C. trav., art. L. 8224-5 ; C. pén., art. 131-39 8° et 131-21) ;

7. Affichage, ⩽ 2 mois, *et/ou* (L. n° 2011-525, 17 mai 2011) diffusion de la décision ou d'extraits aux frais (⩽ amende encourue) du condamné. Lorsqu'une amende est prononcée, la juridiction peut ordonner la diffusion ⩽ 2 ans, par le ministère du travail, sur un site dédié (L. n° 2014-790, 10 juill. 2014). (C. trav., art. L. 8224-5 ; C. pén., art. 131-39 9°, 131-48 et 131-35).

■ ORIENTEUR

AUTRE QUALIFICATION

- Travail dissimulé – Dissimulation de salarié. V. n° 32.13.
- **Travail dissimulé – Recours aux services d'une personne exerçant un travail dissimulé.** V. n° 32.15.

▪ **Fraude fiscale – Déclaration absente ou fausse – Organisation d'insolvabilité – Obstacle au recouvrement.** V. nº 33.34 (dissimulation fiscale d'activité).

ÉLÉMENT LÉGAL

▪ **Champ d'application.** Ne sont pas incriminables les **travaux d'urgence** pour prévenir les accidents imminents ou organiser les mesures de sauvetage (C. trav., art. L. 8221-2).

▪ **Définition. • Définition unitaire du travail dissimulé.** Si « *travail dissimulé par dissimulation d'activité et travail dissimulé par dissimulation d'emploi salarié, [...] constituent deux infractions distinctes* » (§ 30) (Crim. 11 oct. 2022, nº 21-86.482, D), il n'en reste pas moins que « *le travail dissimulé étant un délit défini de façon unitaire par C. trav., art. L. 8221-1, il peut être caractérisé quelles que soient les omissions déclaratives dont s'est rendu coupable la personne poursuivie* » (§ 12), « *en outre, la déclaration préalable à l'embauche dont l'omission est reprochée au prévenu est comprise dans les déclarations aux organismes sociaux qui ont été visées à la prévention de travail dissimulé par dissimulation d'activité* » (§ 13) (Crim. 28 juin 2022, nº 21-86.487, D). Il en résulte qu'une personne poursuivie pour travail dissimulé par dissimulation d'activité pour défaut de déclarations fiscales et sociales peut, sans qu'il ne soit ajouté à la prévention et sans que le prévenu ait accepté d'en répondre, être condamnée pour dissimulation de salarié. **• Cas H. Bande organisée.** V. nº 11.20.

ÉLÉMENT MATÉRIEL

▪ **Obligation d'immatriculation. • Défaut d'immatriculation au RCS.** Est censuré l'arrêt de relaxe du prévenu qui « *a admis avoir fait de nombreux achats, auprès de divers fournisseurs, d'objets comme des vêtements, des téléphones portables ou des pièces informatiques qu'il revendait essentiellement après exportation [dans] son pays d'origine* » car « *acquiert la qualité de commerçant assujetti à l'immatriculation au RCS quiconque, agissant en son nom et pour son propre compte, se livre de manière habituelle et professionnelle à des achats de biens meubles en vue de les revendre, que ces reventes aient lieu en France ou à l'étranger* » (Crim. 30 mars 2016, nº 15-81.478, P nº 115). **• Défaut d'immatriculation pour un branche de l'activité exercée.** Est approuvée la condamnation des co-gérants d'une exploitation agricole à responsabilité limitée (EARL), exerçant une activité d'ostréiculture, qui ont développé sans s'immatriculer au RCS une activité de dégustation en ce qu'ils « *ont procédé à la revente habituelle, d'une part, de poissons de mer, d'autre part, d'huîtres et coquillages achetés auprès d'autres producteurs, activités qui ne peuvent être regardées comme ayant pour support leur exploitation* » (§ 22), car ces prestations, « *compte tenu, d'une part, de l'importance des moyens qui leur ont été consacrés, d'autre part, de la fréquence et du montant des achats pour revendre qu'elles ont nécessités, dépourvus de tout lien avec l'activité de production, enfin, de leur prédominance sur celle-ci, d'un point de vue économique, ne peuvent être considérées comme le prolongement de l'activité de production ostréicole* » (§ 23) (Crim. 29 nov. 2022, nº 21-85.579, P). Dans le même sens, pour une personne exerçant l'activité de taxi mais qui exploitait en outre, sans immatriculation au RCS, des voitures de grande remise (Crim. 3 avr. 2013, nº 08-83.982, P nº 77). **• Défaut d'inscription modificative.** S'agissant de l'exploitation d'établissements secondaires n'ayant pas fait l'objet d'une inscription modificative au répertoire des métiers, cette « *demande d'inscription modificative audit répertoire étant une formalité obligatoire, son omission volontaire doit être assimilée au défaut d'immatriculation* » (Crim. 23 mai 1995, nº 93-85.460, 93-85.460, P nº 192). **• Ouverture d'un établissement d'une société étrangère sur le territoire national.** « *une société commerciale immatriculée dans un pays étranger est tenue de s'immatriculer au registre du commerce et des sociétés français, sur le fondement des dispositions des articles L. 123-1, l, 3°, L. 123-11 et R. 123-35 du code de commerce, lorsqu'elle ouvre un tel établissement dans un département français* » (Crim. 20 juin 2017, nº 14-85.879, P nº 173). Il en est de même pour une société « *déjà enregistrée dans un autre État membre de l'UE, dès lors qu'elle ouvre un premier établissement dans un département français, c'est-à-dire lorsqu'elle y établit une agence, une succursale ou une représentation* » (§ 48) (Crim. 2 mars 2021, nº 19-80.991, P) ; pour une personne qui, sous le couvert d'une société qu'il a constitué en Grande-Bretagne, a « *poursuivi sur le territoire national, après sa radiation du registre du commerce, la même activité que celle qu'il exerçait auparavant, en omettant volontairement de se soumettre aux obligations de déclaration auxquelles il était astreint* » (Crim. 3 oct. 2006, nº 05-87.436, P nº 242). **• Défaut d'immatriculation au RCS.** Est censuré l'arrêt de relaxe du prévenu qui « *a admis avoir fait de nombreux achats, auprès de divers fournisseurs, d'objets comme des vêtements, des téléphones portables ou des pièces informatiques qu'il revendait essentiellement après exportation [dans] son pays d'origine* » car « *acquiert la qualité de commerçant assujetti à l'immatriculation au RCS quiconque, agissant en son nom et pour son propre compte, se livre de manière habituelle et professionnelle à des achats de biens meubles en vue de les revendre, que ces reventes aient lieu en France ou à l'étranger* » (Crim. 30 mars 2016, nº 15-81.478, P nº 115).

TEXTE DE RÉFÉRENCE

- **Obligation d'immatriculation au RM.** V. n^os^ **32.6** s. ;
- **Obligation d'immatriculation au RCS.** V. n° **32.6B**.
- **Déclarations sociales obligatoires.** V. n° **32.8** ;
- **Déclarations fiscales obligatoires.** V. n° **32.9**.

RÉGIME PROCÉDURAL

- **Régime complet de la criminalité organisée.** Applicable au **Cas H** (L. n° 2014-790, 10 juill. 2014), à l'exception de la garde à vue qui est limitée à 48 h 00 (C. pr. pén., art. **706-73-1** 2° (réd. issue L. n° 2015-993, 17 août 2015) v. n° **11.21C**).
- **Contrôle d'établissement.** V. n° **32.10**.
- **Visites domiciliaires.** V. n° **32.10**.
- **Communication entre les services de contrôle.** V. n° **32.10**.
- **Preuve. Présomptions légales.** Le **caractère lucratif** de l'activité est présumé dans les cas suivants (C. trav., art. L. 8221-4) :

– recours à la publicité ;

– fréquence ou importance de l'activité ;

– pour les activités artisanales : matériel ou outillage de nature ou d'importance professionnelle ;

– facturation absente ou frauduleuse.

- **Information des personnes visées au procès-verbal.** C. trav., art. L. 8271-8, qui constitue un texte spécial relatif au contrôle du travail illégal, déroge au C. trav., art. L. 8113-7 relatif aux compétences et moyens d'intervention de l'inspection du travail et il est seul applicable en matière de constatation du travail dissimulé. Il n'impose pas l'information des personnes visées au procès-verbal d'infraction avant transmission de celui-ci au procureur de la République (§ 15) (Crim. 12 janv. 2021, n° 20-80.647, D).

MESURE ADMINISTRATIVE

- **Sanction administrative.** Le représentant de l'État dans le département reçoit copie des procès-verbaux relevant des infractions constitutives de travail illégal relevés par les agents de contrôle (C. trav., art. L. 8271-1-3). En cas d'infraction de travail dissimulé, de marchandage ou de prêt illicite de main-d'œuvre, d'emploi d'étranger non autorisé à travailler, il peut, eu égard à la gravité des faits constatés... :

– A.../... à leur répétition et à la nature des aides sollicités et l'avantage qu'elles procurent à l'employeur, **refuser d'accorder**, pendant une durée de cinq ans, certaines des aides publiques en matière d'emploi, de formation et de culture, et **demander le remboursement** des aides des 12 derniers mois (C. trav., art. L. 8272-1) ;

– B.../... à la proportion de salariés concernés, ordonner par décision motivée, pour une durée ⩽ 3 mois, la **fermeture de l'établissement**, cette fermeture provisoire peut s'accompagner de la **saisie à titre conservatoire** du matériel professionnel des contrevenants (C. trav., art. L. 8272-2). La décision de fermeture n'emporte ni rupture ni suspension du contrat de travail (C. trav., art. L. 8272-3). Elle est levée de plein droit en cas de décision de relaxe ou de non-lieu, et sa durée s'impute sur l'éventuelle mesure de fermeture prononcée par la juridiction pénale ;

– C.../...à leur répétition et à la proportion de salariés concernés, ordonner par décision motivée, pour une durée ⩽ 6 mois, l'exclusion des **marchés publics** (C. trav., art. L. 8272-4). La mesure est levée de plein droit en cas de décision classement sans suite, de relaxe ou de non-lieu, ou si la juridiction pénale ne prononce pas cette exclusion.

- **Sanction de la violation des sanctions administratives.** Le fait de ne pas respecter les sanctions administratives ci-dessus est puni de 2 mois d'emprisonnement et 3 750 € d'amende (C. trav., art. L. 8272-5, A : *N* ***30577.ia*** ; B : *N* ***30578.ia*** ; C : *N* ***30579.ia***).

MESURE CIVILE

- **Conséquence civile de l'infraction.** Le salarié dont l'employeur exerce une activité dissimulée a droit en cas de rupture de la relation de travail à une indemnité égale à six mois de salaire (C. trav., art. L. 8223-1) (contentieux relevant de la juridiction prud'homale).
- **Constitution de partie civile. Cas D.** « *les organismes de protection sociale nationaux ne sauraient prétendre avoir subi un préjudice lorsque, comme en l'espèce, la validité du certificat [E101 ou A1] ne peut être*

contestée, faute de retrait dudit certificat par l'organisme qui l'a émis, ou faute d'établissement de la preuve d'une fraude » (§ 38), est en conséquence irrecevable la constitution de partie civile de l'Urssaf (Crim. 12 janv. 2021, n° 18-86.709, P) (Sur la présomption de régularité au regard des assurances sociales du travailleur étranger détaché bénéficiaire du certificat E101 (anc[t] A1), v. n° 32.12D).

■ ÉLÉMENTS CONSTITUTIFS – QUALIFICATION

✧ Pour avoir à .... [¤ lieu], le .... [¤ date], intentionnellement, exercé dans un but lucratif une activité de production, de transformation, de réparation ou de prestation de services, ou accompli des actes de commerce, en l'espèce en exerçant l'activité de .... [¤ activité exercée], [⇨A à D puis le cas échéant E à H :]

A. en se soustrayant à l'obligation de requérir son immatriculation au répertoire des métiers ou des entreprises, ou au registre du commerce et des sociétés ;

B. après refus d'immatriculation au répertoire des métiers ou des entreprises, ou au registre du commerce et des sociétés ;

C. après radiation du répertoire des métiers ou des entreprises, ou du registre du commerce et des sociétés ;

D. en ne procédant pas aux déclarations devant être faites aux organismes de protection sociale ou à l'administration fiscale, en l'espèce en...[qualifier l'infraction].

E. [préciser le cas échéant :] avec cette circonstance que l'emploi dissimulé a concerné un mineur soumis à l'obligation scolaire (L. n° 2004-1, 2 janv. 2004, art. 8 I) (C. trav., art. L. 8224-2) (*N* ***30950.co*** ; par personne morale : *N* ***30951.co***) ;

F. [préciser le cas échéant :] avec cette circonstance que l'emploi dissimulé a concerné plusieurs personnes (L. n° 2014-1554, 22 déc. 2014) (C. trav., art. L. 8224-2) (*N* ***30958.co*** ; par personne morale : *N* ***30977.co***) ;

G. [préciser le cas échéant :] avec cette circonstance que l'emploi dissimulé a concerné une personne dont la vulnérabilité ou l'état de dépendance était connu de l'auteur (L. n° 2014-1554, 22 déc. 2014) (C. trav., art. L. 8224-2) (*N* ***30960.co*** ; par personne morale : ***30979.co***) ;

H. [préciser le cas échéant :] avec cette circonstance que les faits ont été commis en bande organisée (L. n° 2014-790, 10 juill. 2014) (C. trav., art. L. 8224-2) (*N* ***30564.co*** ; par personne morale : *N* ***30952.co***).

Faits prévus et réprimés par les articles : **PERSONNES PHYSIQUES.** L. 8221-1, L. 8221-3, L. 8224-1, (+ Cas E à H : L. 8224-2), L. 8224-3 et L. 8224-4 du code du travail (*N* ***1508.co***). **PERSONNES MORALES.** L. 8221-1, L. 8221-3, L. 8224-1 et L. 8224-5 (+ Cas E à H : L. 8224-2) du code du travail (*N* ***21463.co***). ✧

32.12 Travail dissimulé – Les formalités obligatoires en cas d'emploi de salarié

L'employeur professionnel doit procéder pour ses salariés aux **déclarations périodiques** de la masse salariale, assiette des cotisations sociales, selon les modalités précisées sous n° 32.8. Il doit lors de l'embauche procéder à la **déclaration préalable** de son employé auprès de l'organisme d'affiliation, et délivrer des **bulletins de paie sincères**, éléments de preuve de l'assiette des cotisations. La tenue d'un **registre unique du personnel** permet enfin d'assurer la transparence et le contrôle des effectifs de l'entreprise.

A. LA DÉCLARATION PRÉALABLE À L'EMBAUCHE (DPAE)

L'embauche d'un salarié ne peut intervenir qu'après **déclaration nominative** effectuée par l'employeur (C. trav., art. L. 1221-10) auprès de l'Urssaf ou de la CMSA (C. trav., art. R. 1221-3), au plus tôt dans les huit jours de la date prévisible d'embauche, par télécommunication, télécopie ou LRAR (C. trav., art. D. 1221-29).

Le récépissé délivré par l'organisme destinataire doit être conservé jusqu'au premier bulletin de paie et jusque-là présenté à toute réquisition des agents visés à l'article L. 8271-7 du code du travail (OPJ, APJ, agents des impôts, douanes, agents assermentés des organismes de sécurité sociale et CMSA, inspecteurs et contrôleurs du travail, inspecteurs et contrôleurs du travail maritime, contrôleurs des transports terrestres) (C. trav., art. R. 1221-12 et R. 8221-2).

Domaine de la DPAE. V. Circ. 16 sept. 1993, *JO* 23 oct. : « *I. A. a) "Tous les employeurs, personnes physiques ou morales, sont visées par la procédure de la déclaration préalable à l'embauche [...]. b) Des modalités spécifiques d'application de la DPAE seront précisées ultérieurement pour les particuliers employeurs de salariés occupés à l'un des emplois suivants : (emplois domestiques et familiaux) (nb. L'article L. 8221-5 [anc*t *L. 324-10] du code du travail vise cependant le défaut de DPAE par "tout employeur"). B. L'obligation de DPAE vise tous les salariés [...]. Ainsi [...] les salariés titulaires d'un contrat de travail à durée indéterminée ou déterminée ; – les salariés des entreprises de travail temporaire ; les travailleurs à domicile ; les salariés titulaires de contrats de travail de type particulier (contrat d'apprentissage, contrat de qualification, contrat emploi-solidarité...)* ».

Sanctions. Défaut intentionnel de DPAE : délit, v. nº 32.13 ; pénalités administratives : 300 fois le taux horaire du Smic (C. trav., art. L. 1221-11).

B. La délivrance de bulletin de paie

Tout employeur doit, lors du paiement de leur rémunération, remettre aux apprentis et salariés un bulletin de paie (C. trav., art. L. 3243-2), et conserver celui-ci pendant cinq ans (C. trav., art. L. 3243-4). Un chèque-service peut être utilisé par les particuliers pour la rémunération des services rendus à leur domicile, il se substitue à la remise du bulletin de paie (C. trav., art. L. 1271-3 ; CSS, art. L. 133-8).

Le salaire est payé mensuellement (C. trav., art. L. 3242-1 à L. 3242-4 [v. L. 143-2 ; L. nº 78-49, 19 janv. 1978, art. 1, al. 1, 2, 6).

Le bulletin de paie comporte obligatoirement la période et le nombre d'heures travaillées (C. trav., art. R. 3243-1).

Sanctions. Absence intentionnelle de bulletin de paie, minoration intentionnelle des heures effectuées : délits, v. nº 32.13. Absence non intentionnelle de bulletin de paie ou bulletin non-conforme : **Contrav. 3e cl.**, v. nº 32.18.

C. L'obligation de tenir un registre unique du personnel (RUP)

Contrav. 4e cl., v. nº 32.20.

D. La présomption de régularité de l'emploi du salarié bénéficiaire d'un certificat de détachement A1 (anc^t 101)

1. Les poursuites engagées pour défaut de déclaration aux organismes de sécurité sociale

Le détachement temporaire est défini comme la situation dans laquelle une personne exerce une activité salariée dans un État membre pour le compte d'un employeur y exerçant normalement ses activités, et que cet employeur détache pour effectuer un travail dans un autre État membre.

• **Les effets du certificat A1 (ancien certificat E101).** Comme le rappelle la Ch. crim. (Crim. 18 sept. 2018, nº 13-88.632, P nº 160) « *par arrêt du 27 avril 2017, (A – Rosa Flussschiff GmbH, nº C-620/15), la Cour de justice de l'Union européenne a dit pour droit que l'article 12 bis, point 1 bis, du règlement (CEE) 574/72 du Conseil, du 21 mars 1972, fixant les modalités d'application du règlement (CEE) 1408/71 du Conseil, du 14 juin 1971, relatif à l'application des régimes de sécurité sociale aux travailleurs salariés, aux travailleurs non-salariés et aux membres de leur famille qui se déplacent à l'intérieur de la Communauté, dans sa version modifiée et mise à jour par le règlement (CE) 118/97 du Conseil, du 2 décembre 1996, tel que modifié par le règlement (CE) 647/2005 du Parlement européen et du Conseil, du 13 avril 2005, doit être interprété en ce sens qu'un certificat E 101* [devenu A1] *délivré par l'institution désignée par l'autorité compétente d'un État membre, au titre de l'article 14, paragraphe 2, sous a), du règlement 1408/71, dans sa version modifiée et mise à jour par le règlement 118/97, tel que modifié par le règlement (CE) 647/2005 du Parlement européen et du Conseil, du 13 avril 2005, lie tant les institutions de sécurité sociale de l'État membre dans lequel le travail est effectué que les juridictions de cet État membre, même lorsqu'il est constaté par celles-ci que les conditions de l'activité du travailleur concerné n'entrent manifestement pas dans le champ d'application matériel de cette disposition du règlement 1408/71* ».

Il en résulte qu'une juridiction n'est pas fondée à entrer en voie de condamnation du chef du délit de dissimulation de salarié en écartant les certificats de détachement E101 (devenu certificat A1) « *sans avoir, au préalable, recherché si l'institution émettrice desdits certificats avait été saisie d'une demande de réexamen et de retrait de ceux-ci sur la base des éléments concrets recueillis dans le cadre de l'enquête judiciaire permettant, le cas échéant, de constater que ces certificats avaient été obtenus ou invoqués de manière frauduleuse et que l'institution émettrice s'était abstenue, dans un délai raisonnable, de les prendre en considération aux fins de réexamen du bien-fondé de la délivrance desdits certificats, et, dans l'affirmative, sans établir, sur la base de l'examen des éléments concrets et dans le respect des garanties inhérentes au droit à un procès équitable, l'existence d'une fraude de la part de [l'employeur], constituée, dans son élément matériel, par le défaut, dans les faits de la cause, des conditions prévues à l'article 14, paragraphe 2 sous a) aux fins d'obtention ou d'invocation des certificats E101 en cause et, dans son élément moral, par l'intention de ladite société de contourner ou d'éluder les conditions de délivrance dudit certificat pour obtenir l'avantage qui y est attaché* » (Crim. 18 sept. 2018, n° 13-88.632, P n° 160, dans la continuité de Cass., ass. plén., 22 déc. 2017, n° 13-25.467, P n° 2, rapprochant les jurisprudences jusqu'alors divergentes de la chambre sociale et de la chambre criminelle).

Le certificat A1 (anc[t] E101) est délivré par l'institution compétente de l'État membre de l'UE pour être remis au salarié afin d'attester au sein des autres États de l'Union qu'il est soumis à sa législation sociale et que les cotisations de sécurité sociale ne sont pas exigibles dans l'État ou il exerce une activité détachée.

À moins qu'elle ne démontre que le certificat présenté par un salarié de l'UE effectuant un travail sur le territoire national a été obtenu par fraude, ce que permet désormais la décision CJUE, 6 févr. 2018, aff. C-359/16, *Ömer Altun*, la juridiction nationale ne peut combattre la présomption de régularité de l'emploi instituée par le certificat A1 que si la procédure de retrait de certificat a été mise en œuvre selon la procédure prévue par le règlement 987/2009, 16 sept. 2009 (remplaçant le précédent règl[t] 1408/71, 14 juin 1971). Lorsque le certificat a été obtenu par fraude, la juridiction peut écarter le certificat A1 sans recourir à cette procédure (Crim. 17 mai 2022, n° 21-85.246, P). Lorsque l'organisme social étranger a retiré les certificats A1, l'annulation de ce retrait est indifférente lorsqu'elle a été prononcée « *pour un motif de forme lié à la durée excessive de la procédure* »(Crim. 29 nov. 2022, n° 22-80.545, D).

Précisons qu'il ne peut être fait grief au juge de ne pas avoir recherché si des certificats A1 ou E 101 ont été délivrés par les autorités étrangères compétentes, dès lors que le défendeur ne les a pas produits pour s'opposer aux poursuites ni même n'a allégué leur existence, ce qui revient à considérer qu'il appartient à la personne poursuivie de les produire (Crim. 15 févr. 2022, n° 21-81.592, § 25, D).

Si l'absence de présentation du certificat A1 ou E 101 expose l'employeur à une pénalité administrative prévue par CSS, art. L. 114-15-1, elle ne suffit pas en tant que telle pour qualifier l'élément matériel de travail dissimulé par dissimulation d'emploi dont les éléments constitutifs doivent être caractérisés par le juge (Crim. 22 mars 2022, n° 21-82.225, § 12, D).

• **Les effets du certificat S1 (ancien certificat E106).** S'agissant du **certificat S1 (anc[t] E106)**, il a pour seule finalité de permettre à un salarié de bénéficier de prestations maladie et maternité sur le territoire de l'État membre de sa résidence, alors qu'il est affilié auprès des caisses de sécurité sociale et de protection sociale d'un autre État membre, sur le territoire duquel se trouve son employeur. Il ne crée aucune présomption de régularité de l'affiliation de l'assuré social, à la différence du certificat A1. Est donc justifiée la condamnation du chef de travail dissimulé « *dès lors que la délivrance d'un certificat E 106 devenu S1, qui constitue une simple attestation de droits à prestation en matière d'assurance maladie délivré par un organisme de sécurité sociale d'un État membre de l'Union européenne, ne lie pas le juge répressif, saisi d'un défaut de déclaration aux organismes sociaux français* » (§ 21) (Crim. 12 janv. 2021, n° 20-80.647, P).

2. Les poursuites engagées pour défaut de déclaration préalable d'embauche ou dissimulation d'activité

Dans une espèce où des poursuites ont été engagées non seulement du chef de défaut de déclaration sociale mais également de défaut de déclaration préalable d'embauche (DPAE), la Ch. crim. a de nouveau saisi la CJUE d'une question préjudicielle portant sur la portée du certificat A1. Répondant à cette question, la CJUE énonce que les certificats de détachement A1 « *s'imposent aux juridictions de l'État sur le territoire duquel les travailleurs exercent leurs activités uniquement en matière de sécurité sociale* », conclut que « *ces certificats ne produisent donc pas d'effet contraignant à l'égard des obligations imposées par le droit national dans des matières autres que la sécurité sociale, au sens de ces règlements, telles que, notamment, celles relatives à la relation de travail entre employeurs et travailleurs, en particulier, les conditions d'emploi et de travail de ces derniers* » (§ 48), et précise qu'il appartient à la Ch. Crim de déterminer « si la DPAE « *a pour unique objet d'assurer l'affiliation des travailleurs concernés à l'une ou à l'autre branche du régime de sécurité sociale et, partant, à assurer le seul respect de la législation en la matière, auquel cas les certificats E101 et A1, délivrés par l'institution émettrice, feraient, en principe, obstacle à une telle obligation, ou, alternativement, si cette obligation vise également, fût-ce en partie, à garantir l'efficacité des contrôles opérés par les autorités nationales compétentes afin d'assurer le respect des conditions d'emploi et de travail imposées par le droit du travail, auquel cas ces certificats n'auraient aucune incidence sur ladite obligation, étant entendu que celle-ci ne peut, en tout état de cause, entraîner l'affiliation des travailleurs concernés à l'une ou à l'autre branche du régime de sécurité sociale* » (§ 53) (CJUE, 14 mai 2020, *Bouygues travaux publics*, n° C-17/19).

Tirant les conséquences de cette décision, la Ch. crim, retenant que « *la lutte contre le travail dissimulé recouvre plusieurs finalités qui ne la limitent pas au financement des différentes branches de la sécurité sociale, puisqu'elle permet en outre de faciliter la lutte contre la fraude fiscale* » (§ 34), énonce que « *la DPAE vise, au moins en partie, à garantir l'efficacité des contrôles opérés par les autorités nationales compétentes afin d'assurer le respect des conditions d'emploi et de travail imposées par le droit du travail* » (§39) puisqu'elle a notamment pour conséquence, certes de permettre d'accomplir les demandes d'affiliation à divers régimes de sécurité sociale, mais également de faire présumer l'existence d'un contrat de travail en application de C. trav., art. L. 1221-10 et de permettre l'adhésion à un service de santé au travail en application de C. trav., art. R. 1221-2 (§ 35 à 38). La Ch. Crim en conclut donc « *que l'existence de certificats E101 et A1 ne fait pas obstacle à une condamnation du chef de travail dissimulé pour omission de procéder à la DPAE* » (§ 40), ajoutant que « *de même, le délit de travail dissimulé tant par dissimulation de salariés que par dissimulation d'activité peut être établi, nonobstant la production de certificats E101 ou A1, lorsque les obligations déclaratives qui ont été omises ne sont pas seulement celles afférentes aux organismes de protection sociale […]. Il en est ainsi par exemple, lorsqu'a été omise l'immatriculation au registre du commerce et des sociétés, dans le cas de la dissimulation d'activité* » (§ 41) (Crim. 12 janv. 2021, n° 17-82.553, P ; pour une autre application, v. Crim. 4 janv. 2022, n° 20-84.023, D).

3. Les poursuites engagées pour recours aux services d'une personne employant des travailleurs dissimulés

Il résulte de C. trav., art. D. 8222-7 que « *la personne morale qui contracte avec une entreprise établie ou domiciliée dans un autre État membre de l'Union européenne doit, dans tous les cas, se faire remettre par celle-ci le certificat A1 attestant de la régularité de la situation sociale du cocontractant au regard du règlement (CE) n° 883/2004 du Parlement européen et du Conseil du 29 avril 2004 portant coordination des systèmes de sécurité sociale pour chacun des travailleurs détachés auxquels elle a recours* » (§ 9), dès lors, « *commet sciemment le délit de recours aux services d'une personne exerçant un travail dissimulé celui qui ne vérifie pas la régularité de la situation de l'entreprise dont il utilise les services et, lorsque celle-ci est établie dans un autre État membre de l'Union européenne, qu'elle est en mesure de fournir lesdits certificats pour tous les travailleurs détachés qu'elle met à disposition* » (§ 18) (Crim. 21 févr. 2023, n° 22-81.903, P) (sur le délit de recours aux services d'une personne exerçant un travail dissimulé, C. trav., art.L. 8221-1, v. n° 32.15).

32.13 Travail dissimulé – Dissimulation de salarié

▪ PEINES

PERSONNE PHYSIQUE

PP Délit. Cas A : 3 ans d'emprisonnement, 45 000 € (C. trav., art. L. 8221-5, L. 8224-1). Cas B à D : 5 ans, 75 000 € (C. trav., art. L. 8224-2). Cas E : 10 ans, 100 000 € (C. trav., art. L. 8224-2, L. n° 2014-790, 10 juill. 2014).

PC *Idem* n° 32.11.

PERSONNE MORALE

PP Délit. Cas A : 225 000 €. Cas B à D : 375 000 € (C. trav., art. L. 8224-5 ; C. pén., art. 131-38). Cas E : 500 000 € (C. trav., art. L. 8224-2, L. n° 2014-790, 10 juill. 2014 ; C. pén., art. 131-38).

PC *Idem* n° 32.11.

▪ ORIENTEUR

AUTRE QUALIFICATION

- Travail dissimulé – Dissimulation d'activité. V. n° 32.11.
- Travail dissimulé – Recours aux services d'une personne exerçant un travail dissimulé. V. n° 32.15.
- Bulletin de salaire – Paiement du salaire – Contraventions. V. n° 32.18.
- Registre unique du personnel – Défaut de tenue ou de présentation. V. n° 32.20.
- Emploi d'étranger – Absence d'autorisation de travail. V. n° 32.28.

▪ **Marchandage et prêt illicite de main-d'œuvre.** V. nº 32.33.

ÉLÉMENT LÉGAL

▪ **Champ d'application. Travaux d'urgence.** *Idem* nº 32.11.

▪ **Définition. • Définition unitaire du travail dissimulé.** V. nº 32.11. **• Cas** E. **Bande organisée.** V. nº 11.20.

TEXTE DE RÉFÉRENCE

▪ **Bulletin de paie.** V. nº 32.12.

▪ **Déclaration préalable à l'embauche.** V. nº 32.12.

▪ **Certificat A1 ou E101.** V. nº 32.12.

ÉLÉMENT MATÉRIEL

▪ **Fausse sous-traitance.** Sont fondés à condamner du chef de travail dissimulé par dissimulation de salarié les juges qui relèvent que « *les conditions d'une sous-traitance licite ne sont pas réunies, compte tenu des termes vagues des contrats, notamment sur le savoir-faire et les conditions financières du partenariat, de l'existence, à partir des déclarations des intéressés, d'un lien de subordination entre l'entreprise dirigée par le prévenu et ceux-ci et la régularisation postérieure de leur situation* » (Crim. 6 mars 2018, nº 17-81.105).

▪ **Heures travaillées dissimulées. Cas** A3. « *le statut de salarié, en vertu d'un contrat de travail qui place l'intéressé dans un lien de subordination à l'égard de son employeur, exclut que puisse être reconnue la possibilité de poursuivre, au titre de l'entraide familiale et sans que soient établies les déclarations correspondantes aux organismes sociaux, la même activité au-delà des heures contractuellement dues, fût-ce de façon bénévole* » (§ 13) (Crim. 26 mai 2021, nº 20-85.118, P). « *les faits de faux et usage, qui consistent en l'inscription d'un nombre minoré d'heures de travail sur des feuilles de pointage ensuite utilisées pour l'établissement des bulletins de paie, sont distincts des faits de travail dissimulé, caractérisés par la mention sur les bulletins de paie eux-mêmes d'un nombre d'heures de travail inférieur à celui effectivement accompli* » (§ 13), et la condamnation de ces deux chefs ne viole pas la règle *non bis in idem* (Crim. 15 févr. 2022, nº 21-81.966, D). **• Renvoi.** Sur l'application de la règle *non bis in idem* en cas de concours d'infraction, v. nº **17.32B2**.

▪ **Identification des salariés non nécessaire.** « *l'identification précise des salariés n'est pas nécessaire à la caractérisation de l'infraction de travail dissimulé dès lors que le délit est consommé lorsque l'omission des obligations déclaratives correspondant à l'une ou l'autre des formalités prévues par C. trav., art. L. 8221-5 est relevée à l'égard d'un seul salarié, dès le premier jour de l'embauche* » (§ 14) (Crim. 28 juin 2022, nº 21-86.487, D).

▪ **Lien de subordination. • Jurisprudence de principe.** « *le lien de subordination est caractérisé par l'exécution d'un travail sous l'autorité d'un employeur qui a le pouvoir de donner des ordres et des directives, d'en contrôler l'exécution et de sanctionner les manquements de son subordonné ; que le travail au sein d'un service organisé peut constituer un indice du lien de subordination lorsque l'employeur détermine unilatéralement les conditions d'exécution du travail* » (Soc., 13 nov. 1996, nº 94-13.187, P nº 386 ; arrêt dit « *Société générale* » ; dans le même sens : Crim. 14 janv. 2003, nº 01-87.300, P nº 8). Quelle que soit la qualification formelle donnée par les parties à leur relation contractuelle, « *la seule volonté des parties [est] impuissante à soustraire [la personne] au statut social qui découl[e] nécessairement des conditions d'accomplissement de son travail* » (Ass. plén., 4 mars 1983, nº 81-11.647, 81-15.290, P nº 3). **• Applications récentes.** Statuant sur des poursuites engagées pour travail dissimulé contre une société ayant recours à des « *clicwalkers* », particuliers dont l'activité consistait en l'espèce, « *sur la base du volontariat* » (§ 4), « *à partir d'une application gratuite téléchargée sur leur téléphone* » (§ 2), à fournir pour le compte d'une société, « *en échange d'une gratification en points-cadeaux ou en numéraire, après vérification par la société [...] du respect des modalités de la mission* » (§ 5), « *des informations sur leurs habitudes de consommation, à émettre un avis ou prendre des photographies sur les supports de communication des clients ou enfin à vérifier dans les magasins la présence, le prix et la visibilité des produits, les supports commerciaux ou la qualité des prestations de service des entreprises clientes de la société* » (§ 3)°, la Ch. crim. rappelle après, avoir sollicité l'avis de la chambre sociale (avis Soc., 15 déc. 2021, nº 21-70.017, D), qu'il se déduit de C. trav., art. L. 8221-5 et L. 8224-1 « *que le délit de travail dissimulé par dissimulation d'emploi salarié suppose que soit établie l'existence d'un lien de subordination* » (§ 11) ; que ce « *lien de subordination est caractérisé par l'exécution d'un travail sous l'autorité d'un employeur qui a le pouvoir de donner des ordres et des directives, d'en contrôler l'exécution et de sanctionner les manquements de son subordonné (Soc. 13 nov. 1996, nº 94-13.187, P nº 386)* » (§ 12) ; que l'existence d'une situation de salariat peut être requalifiée par le juge car « *l'existence d'une relation de travail salariée ne dépend ni de la volonté exprimée par les parties, ni de la dénomination qu'elles ont donnée à leur convention, mais dépend des conditions de fait dans lesquelles est* *exercée l'activité professionnelle (Ass. plén., 4 mars 1983, nº 81-11.647 et 81-15.290, P nº 3 ; Soc. 19 déc. 2000, nº 98-40.572, P nº 437 ; Soc. 28 nov. 2018, nº 17-20.079, P)* » (§ 13) et juge que « *n'exécute pas une prestation de travail sous un lien de subordination le particulier qui accepte, par l'intermédiaire d'une plate-forme numérique gérée par une société, d'exécuter des missions [...] dès lors qu'il est libre d'abandonner en cours d'exécution les missions proposées, qu'il ne reçoit aucune instruction ou consigne lors de leur exécution, que la société ne dispose pas, pendant l'exécution de la mission, du pouvoir de contrôler l'exécution de ses directives et d'en sanctionner les manquements, quand bien même la correcte exécution des missions est l'objet d'une vérification par la société qui peut refuser de verser la rémunération prévue et le remboursement des frais engagés, en cas d'exécution non-conforme* » (§ 20) (Crim. 5 avr. 2022, nº 20-81.775, P). Est censurée la condamnation d'un infirmier libéral ayant employé des remplaçants sans procéder intentionnellement à la déclaration nominative préalable à l'embauche, en ce que la décision ne caractérise « *pas un lien de subordination juridique déterminant l'existence d'un contrat de travail entre le prévenu et les personnes appelées à le remplacer dans l'accomplissement d'actes infirmiers* » (Crim. 23 juin 2015, nº 14-83.023, D).

ÉLÉMENT INTENTIONNEL

▪ **Intention déduite de l'élément matériel.** Si la Ch. soc. considère que l'élément intentionnel de l'infraction n'est caractérisé « *que s'il est établi que l'employeur a, de manière intentionnelle, mentionné sur le bulletin de paie un nombre d'heures de travail inférieur à celui réellement effectué* » (Soc. 14 mars 2018, nº 16-13.541, NP), la Ch. crim. juge en revanche que la seule « *constatation de la violation en connaissance de cause de prescriptions légales* » suffit à caractériser l'infraction (Crim. 31 janv. 2012, nº 11-84.111, NP).

RÉGIME PROCÉDURAL

▪ **Régime complet de la criminalité organisée.** Applicable au **Cas E** (L. nº 2014-790, 10 juill. 2014), à l'exception de la garde à vue qui est limitée à 48 h 00 (C. pr. pén., art. **706-73-1 2°** (réd. issue L. nº 2015-993, 17 août 2015) v. nº **11.21C**).

▪ **Contrôle d'établissement.** V. nº **32.10**.

▪ **Visites domiciliaires.** V. nº **32.10**.

▪ **Saisie pénale.** • **Produit de l'infraction.** Les sommes saisies sur le compte bancaire du mis en cause, pour le montant des cotisations réclamées par l'Urssaf pour l'emploi d'un salarié non déclaré, « *correspondant à l'économie réalisée par la fraude, constituent le produit de l'infraction au sens de C. pén., art. 131-21, al. 3* » (Crim. 29 juin 2016, nº 15-81.426, v. également Régime des peines/Confiscation).
• **Instrument de l'infraction.** Le véhicule utilisé par le mis en cause pour se rendre sur les chantiers où il surveillait les travailleurs dissimulés ou pour transporter l'un d'eux « *a servi directement ou indirectement à commettre le délit de travail dissimulé ou été utilisé à cette occasion* », de sorte qu'il était susceptible d'une saisie puis d'une confiscation en application de C. trav., art. L. 8224-3, 3° (Crim. 14 avr. 2015, nº 14-80.896, P nº 81).

▪ **Communication entre les services de contrôle.** V. nº **32.10**.

▪ **Preuve. Présomptions légales.** *Idem* nº **32.11**.

▪ **Prescription de l'action publique.** « *le délit de travail dissimulé par dissimulation de salarié, qui s'accomplit pendant tout le temps où la relation de travail est exécutée, sans que l'employeur ait procédé à l'une des formalités prévues au C. trav., art. L. 8221-1 du code du travail, est une infraction continue* » (§ 6), « *en conséquence, la prescription de l'action publique ne court qu'à compter du jour où la situation illicite a pris fin, soit par la fin de la relation de travail, soit par la poursuite de celle-ci dans le respect des formalités prévues au* C. trav., art. L. 8221-1 » (§ 7) (Crim. 13 oct. 2020, nº 19-87.172, D) (sur la prescription de l'action publique, v. nºs **17.18** s.).

MESURE ADMINISTRATIVE

▪**Renvoi.** *Idem* nº **32.11**.

MESURE CIVILE

▪ **Conséquence civile de l'infraction.** • **Paiement des cotisations éludées.** Celui qui a eu recours, dans des conditions permettant d'établir l'existence d'un contrat de travail (lien de subordination juridique permanente), aux services d'une personne immatriculée au RCS, RM, registre des agents commerciaux ou auprès de l'Urssaf en qualité de travailleur indépendant, est tenu au titre de la période d'emploi au paiement des cotisations dues aux organismes de protection sociale et aux caisses de congés payés (C. trav., art. L. 8221-6). • **Indemnité forfaitaire de rupture.** Le salarié dissimulé a droit en cas de rupture de la relation de travail à une indemnité égale à six mois de salaire (C. trav., art. L. 8223-1 et L. 8223-2) (contentieux relevant de la juridiction prud'homale). • **Indifférence de l'absence d'élément intentionnel en cas de redressement opéré par les organismes sociaux.** « *s'il procède du constat d'infraction de travail dissimulé par dissimulation d'emploi salarié, le redressement effectué par l'Urssaf a pour objet exclusif le recouvrement des cotisations afférentes à cet emploi, sans qu'il soit nécessaire d'établir l'intention frauduleuse de l'employeur* » (Civ. 2e, 9 juill. 2020, no 19-11.860, NP ; Civ. 2e, 9 juill. 2015, no 14-21.490, NP ; Civ. 2e, 9 oct. 2014, no 13-22.943, P no 206). • **Évaluation forfaitaire du redressement.** « *pour le calcul des cotisations et contributions de sécurité sociale, les rémunérations versées ou dues à un salarié en contrepartie d'un travail dissimulé sont, à défaut de preuve contraire, évaluées forfaitairement* » (Civ. 2e, 9 nov. 2017, no 16-25.690, P no 209). « *pour faire obstacle à l'application de l'évaluation forfaitaire de la rémunération servant de base au calcul du redressement, l'employeur doit apporter la preuve non seulement de la durée réelle d'emploi du travailleur dissimulé, mais encore du montant exact de la rémunération versée à ce dernier pendant cette période* » (Civ. 2e, 19 déc. 2013, no 12-27.513, P no 241 ; v. aussi Civ. 2e, 9 mars 2017, no 16-10.117, NP ; Civ. 2e, 23 janv. 2014, no 12-28.552, NP). • **Majoration des cotisations.** « *Le montant du redressement des cotisations et contributions sociales mis en recouvrement à l'issue d'un contrôle* [effectué par un organisme chargé du recouvrement des cotisations] *est majoré de 25 % en cas de constat de l'infraction définie C. trav., art. L. 8221-3* [travail dissimulé par dissimulation d'activité] et *L.8221-5* [travail dissimulé par dissimulation d'activité]. *La majoration est portée à 40 % dans les cas mentionnés au C. trav., art. L. 8224-2* [travail dissimulé aggravé, v. **cas E** à **H**] » (C. trav., art. L. 243-7-7).

▪ **Autorité de la chose jugée au pénal sur le civil.** Une décision définitive de condamnation pour dissimulation de salarié « *qui a autorité de la chose jugée à l'égard de tous, implique l'existence d'un contrat de travail* » entre l'employeur et le salarié dissimulé (Soc., 27 mars 2001, no 98-45.429, P no 105). Une décision définitive de relaxe du chef de dissimulation de salarié fait obstacle au redressement par l'organisme social des cotisations sociales correspondantes et à la notification d'une mise en demeure puis d'une contrainte (2e Civ., 31 mai 2018, no 17-18.142, P no 108 ; dans le même sens, est censuré l'arrêt qui, au motif que la décision pénale ne permet « *pas de déterminer les motifs précis ayant conduit au prononcé de la relaxe* », valide la contrainte délivrée par l'organisme social portant sur un salarié visé par cette décision définitive de relaxe : 2e Civ., 12 mars 2020, no 18-21.648, P).

▪ **Accident du travail subi par un travailleur dissimulé.** « *l'accident survenu à un salarié au temps et au lieu du travail est un accident du travail, la circonstance que l'employeur soit reconnu coupable du délit de travail dissimulé n'ayant pas d'incidence sur le droit de la victime à la protection de la législation sur les accidents du travail* » (Crim. 11 févr. 2003, no 02-81.729, P no 30). Sur les règles particulières d'indemnisation de l'accident du travail (CSS, art. L. 451-1 s.), v. no **16.15**.

▪ **Constitution de partie civile. Cas A4**. « *les organismes de protection sociale nationaux ne sauraient prétendre avoir subi un préjudice lorsque, comme en l'espèce, la validité du certificat [E101 ou A1] ne peut être contestée, faute de retrait dudit certificat par l'organisme qui l'a émis, ou faute d'établissement de la preuve d'une fraude* » (§ 38), est en conséquence irrecevable la constitution de partie civile de l'Urssaf (Crim. 12 janv. 2021, no 18-86.709, P) (Sur la présomption de régularité au regard des assurances sociales du travailleur étranger détaché bénéficiaire du certificat E101 (anct A1), v. no **32.12D**).

RÉGIME DES PEINES

▪ **Amende. • Constitutionnalité du cumul de l'amende et des majorations de cotisation.** Les faits réprimés par l'amende prévue pour les personnes morales par C. trav., art. L. 8224-5 et ceux donnant lieu à la majoration de cotisations prévue par CSS, art. L. 243-7-7 (v. la rubrique ci-dessus « mesure civile »), qui « *revêt le caractère d'une punition* » (§ 8) « *doivent être regardés comme faisant l'objet de sanctions de nature différente* » (§ 10), en conséquence, ces dispositions ne méconnaissent pas le « *principe de nécessité et de proportionnalité des peines* » et le principe *non bis in idem* qui en découle (§ 10), en effet, « *Le principe de nécessité des délits et des peines ne fait pas obstacle à ce que les mêmes faits commis par une même personne puissent faire l'objet de poursuites différentes aux fins de sanctions de nature différente en application de corps de règles distincts* » (§ 6) (Cons. const. 7 oct. 2021, no 2021-937 QPC). Cette solution est transposable à l'amende prévue pour les personnes physiques par C. trav., art. L. 8224-1.

▪ **Confiscation. • Confiscation du produit de l'infraction.** « *le produit du délit de travail dissimulé correspond à la seule économie réalisée par la fraude* » (Crim. 6 nov. 2019, no 18-85.070, D) ; « *et non aux montant des recettes dissimulées* » (§ 13) (Crim. 22 mars 2022, no 21-84.056, D) ; v. également Régime procédural/Saisie pénale.

■ ÉLÉMENTS CONSTITUTIFS – QUALIFICATION

✧ Pour avoir ou s'être à .... [¤ lieu], le .... [¤ date], [⇨1 ou 2 :]

1. étant employeur de......

2. étant dirigeant de droit ou de fait de la personne morale [¤ dénomination sociale de la personne morale concernée] employant......

.... [¤ nom des salariés concernés], [⇨A puis le cas échéant B à E :]

A. (A : *N 1508.co ; par personne morale : N 21463.co*) [⇨A1 à A4 :]

A1. omis intentionnellement de remettre un bulletin de paie lors du paiement de la rémunération ;

A2. omis intentionnellement de procéder à la déclaration nominative préalable à l'embauche ;

A3. mentionné sur le bulletin de paie un nombre d'heures de travail inférieur à celui réellement effectué ;

A4. soustrait intentionnellement aux déclarations relatives aux salaires ou aux cotisations sociales assises sur ceux-ci auprès des organismes de recouvrement des contributions et cotisations sociales ou de l'administration fiscale en vertu des dispositions légales, en l'espèce en...[qualifier l'infraction] (L. n° 2011-672, 16 juin 2011).

B. [préciser le cas échéant dans le cas A :] avec cette circonstance que l'emploi dissimulé a concerné un mineur soumis à l'obligation scolaire (L. n° 2004-1, 2 janv. 2004, art. 8 I) (C. trav., art. L. 8224-2) (B : *N 30950.co ; par personne morale : N 30951.co*) ;

C. [préciser le cas échéant dans le cas A :] avec cette circonstance que l'emploi dissimulé a concerné plusieurs personnes (L. n° 2014-1554, 22 déc. 2014) (C. trav., art. L. 8224-2) (C : *N 30958.co ; par personne morale : N 30977.co*) ;

D. [préciser le cas échéant dans le cas A :] avec cette circonstance que l'emploi dissimulé a concerné une personne dont la vulnérabilité ou l'état de dépendance était connu de l'auteur (L. n° 2014-1554, 22 déc. 2014) (C. trav., art. L. 8224-2) (D : *N 30960.co ; par personne morale : 30979.co*) ;

E. [préciser le cas échéant dans le cas A :] avec cette circonstance que les faits ont été commis en bande organisée (L. n° 2014-790, 10 juill. 2014) (C. trav., art. L. 8224-2) (E : *N 30564.co ; par personne morale : N 30952.co*).

Faits prévus et réprimés par les articles : **PERSONNES PHYSIQUES.** L. 8221-1, L. 8221-5, L. 8224-1, (+ Cas B à E : L. 8224-2), L. 8224-3 et L. 8224-4 du code du travail **PERSONNES MORALES.** L. 8221-1, L. 8221-5, L. 8224-1 et L. 8224-5 (+ Cas B à E : L. 8224-2) du code du travail. ✧

32.14 Travail dissimulé – Précautions imposées aux clients – Solidarité financière

A. Les vérifications imposées au client

Quand l'objet du contrat est ⩾ **5 000 € hors taxe** (depuis D. n° 2015-364, 30 mars 2015, auparavant 3 000 € sans la précision « hors taxes ») le client doit vérifier en exigeant les documents ci-dessous que son contractant s'acquitte de ses obligations fiscales et sociales (C. trav., art. L. 8222-1 et R. 8222-1).

1. Les vérifications imposées aux clients professionnels

Pour le **contractant établi en France**, le donneur d'ordre professionnel doit demander cumulativement les documents suivants **lors de la conclusion du contrat et tous les 6 mois** jusqu'à la fin de son exécution (C. trav., art. D. 8222-5) :

1° Une attestation de fourniture des déclarations sociales et de paiement des cotisations et contributions de sécurité sociale prévue à l'article L. 243-15 émanant de l'organisme de protection sociale chargé du recouvrement des cotisations et des contributions datant de moins de six mois **dont elle s'assure de l'authenticité** auprès de l'organisme de recouvrement des cotisations de sécurité sociale ;

2° Lorsque l'immatriculation du cocontractant au registre du commerce et des sociétés ou au répertoire des métiers est obligatoire ou lorsqu'il s'agit d'une profession réglementée, l'un des documents suivants :

a) Un extrait de l'inscription au RCS (K ou K *bis*) ;

b) Une carte d'identification justifiant de l'inscription au RM ;

c) Un devis, un document publicitaire ou une correspondance professionnelle, à condition qu'y soient mentionnés le nom ou la dénomination sociale, l'adresse complète et le numéro d'immatriculation au registre du commerce et des sociétés ou au répertoire des métiers ou à une liste ou un tableau d'un ordre professionnel, ou la référence de l'agrément délivré par l'autorité compétente ;

d) Un récépissé du dépôt de déclaration auprès d'un CFE pour les personnes en cours d'inscription.

Pour le **contractant établi ou domicilié à l'étranger**, les documents que doit solliciter le donneur d'ordre sont précisés au C. trav., art. D. 8222-7. Ces documents comprennent notamment le certificat A1 exposé au n° 32.12D. Soulignons que le défaut de vérification du certificat A1 caractérise l'infraction de recours intentionnel aux services d'une personne exerçant un travail dissimulé (v. n° 32.15).

2. Les obligations des clients particuliers

Le particulier qui contracte pour son usage personnel, celui de son conjoint, partenaire lié par un PCAS, concubin ou de ses ascendants ou descendants, est considéré comme ayant procédé aux vérifications imposées par C. trav., art. L. 8222-1 s'il se fait remettre, par son cocontractant établi en France, lors de la conclusion du contrat et tous les 6 mois jusqu'à la fin de son exécution, l'un des documents énumérés au C. trav., art. D. 8222-5 énumérés ci-dessus (C. trav., art. D. 8222-4). Si le contractant est établi ou domicilié à l'étranger, il est fait référence à au moins l'une de pièces visées au C. trav., art. D. 8222-7 (C. trav., art. D. 8222-6).

B. Les sanctions du défaut de vérification

1. Les sanctions pénales

Les manquements ci-dessus ne caractérisent pas à eux seuls le délit de recours aux services d'un travailleur dissimulé (v. n° 32.15), mais participent à sa preuve. Il peut être considéré que le respect des obligations de vérification crée une présomption simple de bonne foi, les manquements une présomption simple d'intention frauduleuse, et que ces présomptions sont susceptibles d'être renversées par la preuve contraire. La Ch. crim. juge ainsi que « *commet sciemment le délit de recours aux services d'une personne exerçant un travail dissimulé celui qui ne vérifie pas, alors qu'il y est tenu par l'article L. 8222-1 du code du travail, la régularité, au regard des articles L. 8221-3* [travail dissimulé par dissimulation d'activité, v. n° 32.11] et *L. 8221-5* [travail dissimulé par dissimulation de salarié, v. n° 32.13] *dudit code, de la situation de l'entrepreneur dont il utilise les services* » (Crim. 1er déc. 2015, n° 14-85.828, P n° 274 ; dans le même sens : Crim. 27 févr. 2018, n° 17-82.130, NP, Crim. 10 janv. 2017, n° 16-80.930, NP, Crim. 25 avr. 2017, n° 15-87.590, NP). À l'inverse, l'exécution de ces vérifications ne suffit pas à écarter la responsabilité pénale du donneur d'ordre dès lors « *qu'en confiant à cette entreprise, qui pratiquait des prix très bas, des commandes aussi importantes à exécuter dans de brefs délais, le prévenu avait conscience que cette entreprise artisanale ne pouvait assurer sa prestation avec les seuls salariés régulièrement déclarés et en respectant ses obligations sociales et fiscales* » (Crim. 11 janv. 2000, n° 99-80.823, D).

Au demeurant, ces dispositions « *concernent la seule application de la solidarité financière imposée par ledit code entre les donneurs d'ordre et les maîtres d'ouvrage (Crim. 3 avr. 2013, P n° 12-83.373)* » (§ 13), elles « *n'ont pas pour objet de réduire le champ de l'incrimination du délit de recours aux services d'un travailleur dissimulé, défini au C. trav., art. L. 8221-1 3°, aux seules hypothèses où est méconnue l'obligation de vérification* » (§ 14) (Crim. 7 déc. 2021, n° 20-86.055, D).

2. Les sanctions civiles, la solidarité financière

a. Solidarité financière. Au prorata des travaux réalisés, le client est tenu solidairement au paiement des impôts, taxes et cotisations, aides publiques, rémunérations et charges éludés (C. trav., art. L. 8222-2, L. 8222-3).

Le dispositif de la solidarité financière institué par C. trav., art. L. 8222-2 est jugé conforme à la Constitution, sous réserve de permettre au « *donneur d'ordre de contester la régularité de la procédure, le bien-fondé et l'exigibilité des impôts, taxes et cotisations obligatoires ainsi que des pénalités et majorations y afférentes au paiement solidaire desquels il est tenu* » (§ 14) (Cons. const. 31 juill. 2015, n° 2015-479 QPC).

b. Solidarité financière consécutive à une condamnation pénale. Toute personne condamnée pour avoir recouru directement ou par personne interposée aux services de celui qui exerce un travail dissimulé est tenue solidairement, au prorata de la transaction, aux impôts et cotisations éludées, aux rémunérations et indemnités dues aux salariés dissimulés (C. trav., art. L. 8222-2, L. 8222-3).

c. Cas particulier du donneur d'ordre relaxé et civilement condamné en appel. En cas de relaxe du donneur d'ordre poursuivi pour avoir eu recours à un prestataire dissimulant ses salariés, les juges saisis du seul appel de l'Urssaf partie civile l'ont valablement condamné à payer à cette dernière des dommages-intérêts « *sur la base de la reconstitution* [...] *du montant des salaires bruts et des cotisations éludées* » en relevant les manquements aux devoirs de vérification qui lui étaient imposés et « *n'avaient pas à s'expliquer sur l'existence d'une faute d'une particulière gravité pour caractériser, comme ils en avaient l'obligation* [...], *l'existence d'une faute civile démontrée à partir et dans la limite des faits objet de la poursuite* » (Crim. 7 janv. 2020, n° 18-86.992, D) (sur la portée de l'appel de la partie civile contre un jugement de relaxe, v. n° 19.3D2).

32.15 Travail dissimulé – Recours aux services d'une personne exerçant un travail dissimulé

■ PEINES

PERSONNE PHYSIQUE

PP Délit. Cas A et B : 3 ans d'emprisonnement, 45 000 € (auparavant 2 ans, 30 000 € [L. n° 2003-239, 18 mars 2003, art. 17 *sexdecies*]) (C. trav., art. L. 8221-1 et L. 8224-1). Cas C à E : 5 ans, 75 000 € (C. trav., art. L. 8224-2, L. n° 2004-1, 2 janv. 2004, art. 8 I). Cas F : 10 ans, 100 000 € (C. trav., art. L. 8224-2, L. n° 2014-790, 10 juill. 2014).

PC *Idem* n° 32.11.

PERSONNE MORALE

PP Délit. Cas A et B : 225 000 € (C. trav., art. L. 8224-5, auparavant 150 000 € [L. n° 2003-239, 18 mars 2003, art. 17 *sexdecies*] ; C. pén., art. 131-38). Cas C à E : 375 000 € (L. n° 2004-1, 2 janv. 2004, art. 8 I). Cas F : 500 000 € (C. trav., art. L. 8224-2, L. n° 2014-790, 10 juill. 2014).

PC *Idem* n° 32.11.

■ ORIENTEUR

AUTRE QUALIFICATION

- **Travail dissimulé – Dissimulation d'activité.** V. n° 32.11.
- **Travail dissimulé – Dissimulation de salarié.** V. n° 32.13.

ÉLÉMENT LÉGAL

- **Champ d'application. Travaux d'urgence.** *Idem* n° 32.11.
- **Définition. Cas F. Bande organisée.** V. n° 11.20.

TEXTE DE RÉFÉRENCE

- **Vérification de la situation du partenaire.** Sur les obligations de vérification de la situation du prestataire, v. n° 32.14B).

ÉLÉMENT MATÉRIEL

- **Contrat de vente d'objet mobilier.** La personne qui achète des marchandises à des commerçants ou artisans non immatriculés au RCS ou au répertoire des métiers (en l'espèce il s'agissait d'une société achetant des métaux à des ferrailleurs non immatriculés) ne se trouve « *pas dans la situation du donneur d'ordres ayant recours aux services d'une personne exerçant un travail dissimulé, mais dans celle d'une partie à des contrats de vente* » ; il en résulte que la prévention de recours aux services d'un travailleur dissimulé n'est pas applicable (Crim. 4 sept. 2012, n° 11-87.225, P n° 180).
- **Remise du certificat A1.** Il résulte de C. trav., art. D. 8222-7 que commet sciemment le délit de recours aux services d'une personne exerçant un travail dissimulé celui qui ne se fait pas remettre le certificat A1 justifiant de la régularité de la situation sociale de son contractant (Crim. 21 févr. 2023, n° 22-81.903, P, décision exposée au n° 32.12D3).

ÉLÉMENT INTENTIONNEL

- **Preuve de l'intention.** Sur les manquements aux obligations de vérification de la situation du prestataire et la caractérisation de l'élément intentionnel, v. n° 32.14B).

RÉGIME PROCÉDURAL

▪ **Régime complet de la criminalité organisée.** Applicable au **Cas** F (L. n° 2014-790, 10 juill. 2014), à l'exception de la garde à vue qui est limitée à 48 h 00 (C. pr. pén., art. **706-73-1** 2° (réd. issue L. n° 2015-993, 17 août 2015) v. n° 11.21C).

▪ **Contrôle d'établissement.** V. n° 32.10.

▪ **Visites domiciliaires.** V. n° 32.10.

▪ **Communication entre les services de contrôle.** V. n° 32.10.

▪ **Preuve. Présomptions légales.** *Idem* n° 32.11.

MESURE ADMINISTRATIVE

▪**Renvoi.** *Idem* n° 32.11.

MESURE CIVILE

▪ **Solidarité financière.** Obligations pesant sur le client, solidarité financière civile, v. n° 32.14.

▪ ÉLÉMENTS CONSTITUTIFS – QUALIFICATION

✧ Pour avoir à .... [¤ lieu], le .... [¤ date], directement ou par personne interposée, eu recours sciemment aux services de .... [¤ nom du contractant concerné], [⇨A ou B, puis le cas échéant C à F :]

A. exerçant dans un but lucratif une activité de production, de transformation, de réparation, de prestation de services, ou accomplissant des actes de commerce (A : *N* ***1509.co*** *;* par personne morale : *N* ***21464.co***) [⇨A1 à A4 :]

A1. sans requérir son immatriculation au répertoire des métiers ou des entreprises, ou au registre du commerce et des sociétés ;

A2. après refus d'immatriculation au répertoire des métiers ou des entreprises, ou au registre du commerce et des sociétés ;

A3. après radiation du répertoire des métiers ou des entreprises, ou du registre du commerce et des sociétés ;

A4. sans procéder aux déclarations devant être faites aux organismes de protection sociale ou à l'administration fiscale ;

B. employeur dissimulant l'emploi de ses salariés (B : *N* ***1509.co*** *;* par personne morale : *N* ***21464.co***) ;

C. [préciser le cas échéant :] avec cette circonstance que l'emploi dissimulé a concerné un mineur soumis à l'obligation scolaire (L. n° 2004-1, 2 janv. 2004, art. 8 I) (C. trav., art. L. 8224-2) (*N* ***25076.co*** *;* par personne morale : *N* ***30982.co***) ;

D. [préciser le cas échéant :] avec cette circonstance que l'emploi dissimulé a concerné plusieurs personnes (L. n° 2014-1554, 22 déc. 2014) (C. trav., art. L. 8224-2) (*N* ***30959.co*** *;* par personne morale : *N* ***30978.co***) ;

E. [préciser le cas échéant :] avec cette circonstance que l'emploi dissimulé a concerné une personne dont la vulnérabilité ou l'état de dépendance était connu de l'auteur (L. n° 2014-1554, 22 déc. 2014) (C. trav., art. L. 8224-2) (*N* ***30961.co*** *;* par personne morale : *N* ***30980.co***) ;

F. [préciser le cas échéant :] avec cette circonstance que les faits ont été commis en bande organisée (L. n° 2014-790, 10 juill. 2014) (C. trav., art. L. 8224-2) (*N* ***30565.co*** *;* par personne morale : *N* ***30981.co***).

Faits prévus et réprimés par les articles : **PERSONNES PHYSIQUES.** L. 8221-1, L. 8224-1, (+ Cas C et D : L. 8224-2), L. 8224-3 et L. 8224-4 du code du travail. **PERSONNES MORALES.** L. 8221-1, L. 8224-1 et L. 8224-5 (+ Cas C : L. 8224-2) du code du travail. ✧

32.16 Travail dissimulé – Publicité favorisant le travail dissimulé

▪ PEINES

PERSONNE PHYSIQUE

PP Délit. 3 ans d'emprisonnement, 45 000 € (auparavant 2 ans, 30 000 € [L. n° 2003-239, 18 mars 2003, art. 17 *sexdecies*]) (C. trav., art. L. 8224-1).

PC *Idem* n° 32.11.

PERSONNE MORALE

PP Délit. 225 000 € (auparavant 150 000 € [L. n° 2003-239, 18 mars 2003, art. 17 *sexdecies*]) (C. trav., art. L. 8224-5 ; C. pén., art. 131-38).

PC *Idem* n° 32.11.

■ ORIENTEUR

AUTRE QUALIFICATION

▪ **Pratique commerciale trompeuse – Publicité fausse.** Publicité mensongère sur l'origine, l'identité du revendeur ou prestataire, V. n° 30.6.

▪ **Travail dissimulé – Fourniture d'une identification mensongère lors d'une offre ou annonce.** V. n° 32.17.

MESURE ADMINISTRATIVE

▪Renvoi. *Idem* n° 32.11.

■ ÉLÉMENTS CONSTITUTIFS – QUALIFICATION

✧ Pour avoir à .... [¤ lieu], le .... [¤ date], en toute connaissance de cause, effectué par quelque moyen que ce soit une publicité tendant à favoriser le travail dissimulé, en l'espèce en .... [¤ matérialiser l'infraction].

Faits prévus et réprimés par les articles : **PERSONNES PHYSIQUES.** L. 8221-1, L. 8224-1, L. 8224-3 et L. 8224-4 du code du travail (*N 5790.co*). **PERSONNES MORALES.** L. 8221-1, L. 8224-1 et L. 8224-5 du code du travail (*N 30660.co*). ✧

32.17 Travail dissimulé – Fourniture d'une identification mensongère lors d'une offre ou annonce

■ PEINES

PERSONNE PHYSIQUE

PP Délit. 7 500 € (C. trav., art. L. 8221-7, L. 8224-6).

PC Néant.

PERSONNE MORALE

PP Délit. 37 500 € (C. trav., art. L. 8221-7, L. 8224-6 ; C. pén., art. 131-38).

PC Néant.

■ ORIENTEUR

AUTRE QUALIFICATION

▪ **Pratique commerciale trompeuse – Publicité fausse.** Publicité mensongère sur l'origine, l'identité du revendeur ou prestataire, v. n° 30.6

▪ **Travail dissimulé – Publicité favorisant le travail dissimulé.** V. n° 32.16.

TEXTE DE RÉFÉRENCE

▪ **Obligations des annonceurs.** C. trav., art. L. 8221-7, L. 8224-6 :

A. **Le professionnel** diffusant ou faisant diffuser dans toute publication, service télématique, affiche ou prospectus, une offre de service, de vente, ou une annonce faisant connaître son activité professionnelle au public, doit :

a. y mentionner son numéro SIRET (C. trav., art. R. 8221-3), ou, s'il n'est pas encore attribué, son nom, sa dénomination sociale et son adresse professionnelle ;

b. communiquer au responsable de la publication ou du service télématique son nom, sa dénomination sociale et son adresse professionnelle ;

B. **Le particulier** effectuant les mêmes diffusions doit :

a. mentionner son nom et son adresse sur toute annonce faite par voie d'affiche ou de prospectus ;

b. communiquer son nom et son adresse au responsable de la publication ou du service télématique.

▪ **Obligations du responsable de publication. Le responsable de la publication** ou du service télématique tient ces **informations à disposition des agents de contrôle** de l'article L. 8271-7 du code du travail (v. n° 32.10D).

RÉGIME PROCÉDURAL

- **Compétence juridictionnelle. Juge unique** (C. pr. pén., art. 398-1, v. n° 17.15D2).
- **Ordonnance pénale. Possible** (C. pr. pén., art. 495-II, v. n° 15.48B1 et tableau n° 17.15D2).

■ ÉLÉMENTS CONSTITUTIFS – QUALIFICATION

✧ Pour avoir à .... [¤ lieu], le .... [¤ date], diffusant ou faisant diffuser une [⇨A à C :]

A. offre de service (A : *N **21903.ju***)...

B. offre de vente (B : *N **21902.ju***)...

C. annonce faisant connaître son activité professionnelle au public (C : *N **21904.ju***)...

... dans une publication, un service télématique, une affiche ou un prospectus, diffusé ou fait diffuser, ou communiqué au responsable de la publication ou du service télématique, des informations mensongères relatives à son identification, en l'espèce en .... [¤ matérialiser l'infraction].

Faits prévus et réprimés par les articles : **PERSONNES PHYSIQUES.** L. 8221-7, L. 8224-6 du code du travail. **PERSONNES MORALES.** L. 8221-7, L. 8224-6 du code du travail. ✧

32.18 Bulletin de salaire – Paiement du salaire – Contraventions

■ PEINES

PERSONNE PHYSIQUE

PP Contrav. 3e cl. 450 € (C. trav., art. R. 3246-1 ; C. pén., art. 131-13).

PC Néant.

PERSONNE MORALE

PP 2 250 € (C. pén., art. 131-41).

PC Néant.

■ ORIENTEUR

AUTRE QUALIFICATION

- **Travail dissimulé – Dissimulation de salarié.** V. n° 32.13.

TEXTE DE RÉFÉRENCE

- **Bulletin de salaire.** V. n° 32.12B.
- **Transaction pénale.** Pour cette infraction (C. trav., art. L. 8114-4 s., Ord. n° 2016-413, 7 avr. 2016), l'autorité administrative, tant que l'action publique n'a pas été mise en mouvement, peut transiger avec les personnes physiques ou morales en proposant une amende et des obligations propres à faire cesser l'infraction ou éviter son renouvellement (C. trav., art. L. 8114-5). La proposition de transaction acceptée est soumise à l'homologation du procureur de la République. L'action publique est éteinte lorsque les obligations de la transaction sont exécutées dans le délai imparti (C. trav., art. L. 8114-6).

■ ÉLÉMENTS CONSTITUTIFS – QUALIFICATION

✧ Pour avoir à .... [¤ lieu], le .... [¤ date], étant employeur [⇨A à E :]

A. omis de payer mensuellement le salaire de (X) salarié(s) (C. trav., art. L. 3242-1) (A : *N **6679.c3***) ;

B. omis de remettre un bulletin de salaire à (X) salarié(s) (C. trav., art. L. 3243-2) (B : *N **6678.c3***) ;

C. remis un bulletin de salaire ne comportant pas les mentions obligatoires à (X) salarié(s) (C. trav., art. L. 3243-2 (C : *N **6678.c3***)) ;

D. omis de verser au personnel en contact avec la clientèle les sommes remises à titre de pourboire (C. trav., art. L. 3244-1) (D : *N **6675.c3***) ;

E. omis de pouvoir justifier de l'encaissement et de la remise des pourboires à ses salariés (C. trav., art. R. 3244-1) (E : *N **6675.c3***).

Faits prévus et réprimés par les articles R. 3246-1 et suivants et article [• du cas sélectionné] du code du travail. ✧

32.19 Rémunération inférieure au minimum (smic)

■ PEINES

PERSONNE PHYSIQUE

PP Contrav. 5e cl. 1 500 € (amende applicable autant de fois que de salariés concernés) (C. trav., art. R. 3233-1 ; C. pén., art. 131-13).

PC Néant.

PERSONNE MORALE

PP 7 500 € (C. pén., art. 131-41).

PC Néant.

■ ORIENTEUR

AUTRE QUALIFICATION

▪ Rétribution contraire à la dignité. V. nº 20.121.

MESURE ADMINISTRATIVE

▪ Amende administrative. L'autorité administrative peut, sur rapport de l'agent de contrôle de l'inspection du travail, et sous réserve de l'absence de poursuites pénales, prononcer à l'encontre de l'employeur une amende en cas de manquement aux dispositions relatives au salaire minimum de croissance prévues aux articles L. 3231-1 à L. 3231-11 du code du travail et aux mesures réglementaires prises pour leur application (C. trav., art. L. 8115-1 4°, Ord. nº 2016-413, 7 avr. 2016). Le montant maximal de l'amende est de 2 000 € et peut être appliqué autant de fois qu'il y a de travailleurs concernés par le manquement (C. trav., art. L. 8115-3).

■ ÉLÉMENTS CONSTITUTIFS – QUALIFICATION

✧ Pour avoir à .... [¤ lieu], le .... [¤ date], étant employeur, payé un salaire inférieur [⇨A ou B :]

A. à la rémunération mensuelle minimale .... [¤ égale au produit du montant du salaire minimum de croissance par le nombre d'heures correspondant à la durée légale du travail] (C. trav., art. L. 3232-1, L. 3232-3 et L. 3232-4) (A : *N 13144.c5*) ;

B. au salaire minimum de croissance (Smic) (C. trav., art. L. 3231-1 et L. 3232-2) (B : *N 13145.c5*).

Faits prévus et réprimés par les articles R. 3233-1 et suivants et article [• du cas sélectionné] du code du travail. ✧

32.20 Registre unique du personnel – Défaut de tenue ou de présentation

■ PEINES

PERSONNE PHYSIQUE

PP Contrav. 4e cl. 750 € (C. trav., art. R. 1227-7 ; C. pén., art. 131-13). Amende applicable autant de fois que de salariés concernés (C. trav., art. R. 1227-7).

PC Néant.

PERSONNE MORALE

PP 3 750 € (C. pén., art. 131-41).

PC Néant.

■ ORIENTEUR

AUTRE QUALIFICATION

▪ Travail dissimulé – Dissimulation de salarié. V. nº 32.13.

TEXTE DE RÉFÉRENCE

▪ Registre unique du personnel. Les **employeurs autres que les particuliers** doivent tenir à disposition des délégués du personnel et des corps de contrôle un **registre unique du personnel** (RUP), conservé cinq ans (C. trav., art. R. 1221-26), mentionnant de façon indélébile par ordre d'embauchage les éléments d'identification des salariés, les caractéristiques de leur contrat (ex. contrat à durée déterminée, travail à temps partiel, travail temporaire, apprenti, contrat de qualification ou d'adaptation), et de leur autorisation de travail pour les étrangers qui y sont assujettis (C. trav., art. L. 1221-13 à 1221-15 et R. 1221-23), les mentions relatives aux évènements postérieurs à l'embauche (D. 1221-25), les copies des déclarations de détachement en France de salariés employés par une employeur établi hors de France (D. 1221-24-1).

■ ÉLÉMENTS CONSTITUTIFS – QUALIFICATION

✧ Pour avoir à .... [¤ lieu], le .... [¤ date], étant employeur, omis de tenir un registre unique du personnel comportant [⇨A à F :]

A. par ordre d'embauchage les noms et prénoms de tous les salariés occupés (C. trav., art. L. 1221-13) (A : *N* ***686.c4***) ;

B. les mentions exigées par l'article R. 1221-23 du code du travail (nationalité, date de naissance, sexe, emploi, qualification, date d'entrée et de sortie, « apprenti », « contrat de qualification », « contrat d'adaptation », « contrat à durée déterminée », « travailleur à temps partiel », « travailleur temporaire ») (B : *N* ***11161.c4***) ;

C. s'agissant d'un étranger assujetti à la possession d'une autorisation de travail, une copie du titre autorisant l'exercice d'une activité salariée (C. trav., art. D. 1221-24) (C : *N* ***10817.c4***) ;

D. les mentions relatives à des événements postérieurs à l'embauche du salarié, ou à l'arrivée du stagiaire, au moment où ceux-ci surviennent (C. trav., art. L. 1221-13, D. 1221-25 et R. 1221-26) (D : *N* ***12937.c4***) ;

E. une copie des déclarations de détachement sur le territoire national de salariés d'un employeur établi hors de France (C. trav., art. L. 1262-1, R. 1263-3 et D. 1221-24-1) (E : *N* ***30985.c4***) ;

F. Pour avoir à .... [¤ lieu], le .... [¤ date], étant employeur, omis de tenir le registre unique du personnel à disposition des délégués du personnel ou des fonctionnaires et agents chargés de veiller à l'application du code du travail ou du code de la sécurité sociale (C. trav., art. L. 1221-15) (F : *N* ***685.c4***).

Faits prévus et réprimés par l'article R. 1227-7 et article [• du cas sélectionné] du code du travail. ✧

32.21 Défaut de déclaration d'ouverture d'un établissement employant du personnel ou d'un chantier à l'inspection du travail

■ PEINES

PERSONNE PHYSIQUE

PP Contrav. 4e cl. 750 € (C. trav., art. R. 1227-7 ; C. pén., art. 131-13). Amende applicable autant de fois que de salariés concernés (C. trav., art. R. 1227-7).

PC Néant.

PERSONNE MORALE

PP 3 750 € (C. pén., art. 131-41).

PC Néant.

■ ORIENTEUR

AUTRE QUALIFICATION

▪ **Chantier important – Défaut de déclaration préalable.** V. nº 32.58 (hygiène et sécurité de travail).

ÉLÉMENT LÉGAL

▪ **Champ d'application.** Ne concerne que les établissements industriels et commerciaux, offices publics et ministériels, professions libérales, sociétés civiles, syndicats professionnels et associations (C. trav., art. L. 1221-17 et L. 3111-1).

TEXTE DE RÉFÉRENCE

▪ **Modalités de déclaration d'ouverture.** Les déclarations d'ouverture ou de modification d'établissement employant du personnel (**cas** A à F) peuvent être faites directement au centre de formalités des entreprises compétent (D. nº 96-650, 19 juill. 1996, art. 3, 7 et ann. II).

■ ÉLÉMENTS CONSTITUTIFS – QUALIFICATION

✧ Pour avoir à .... [¤ lieu], le .... [¤ date], [⇨A à J :]

A. se proposant d'occuper du personnel, omis de le déclarer préalablement à l'inspection du travail par lettre recommandée (C. trav., art. L. 1221-17 et R. 1221-33) (A : *N* ***1379.c4***) ;

B. se proposant d'occuper du personnel, omis d'indiquer dans la déclaration préalable à l'inspection du travail s'il s'agissait d'une déclaration d'ouverture, de reprise d'activité, de changement d'exploitant ou de modification d'établissement, ou d'indiquer le nom et l'adresse du déclarant, l'emplacement de l'établissement, la nature exacte de l'activité (C. trav., art. L. 1221-17 et R. 1221-33 (B : *N 1384.c4*) ;

C. sans le déclarer préalablement à l'inspection du travail par lettre recommandée, employé de nouveau du personnel après avoir cessé d'en occuper pendant au moins six mois (C. trav., art. L. 1221-17 et R. 1221-32 (C : *N 1380.c4*) ;

D. repris l'exploitation d'un établissement employant du personnel sans le déclarer préalablement à l'inspection du travail par lettre recommandée (C. trav., art. L. 1221-17 et R. 1221-32) (D : *N 1381.c4*) ;

E. transféré, étendu ou transformé un établissement employant du personnel sans le déclarer préalablement à l'inspection du travail par lettre recommandée (C. trav., art. L. 1221-17 et R. 1221-32) (E : *N 1382.c4*) ;

F. omis, étant employeur de personnel, de présenter à l'inspection du travail le récépissé de déclaration préalable (C. trav., art. L. 1221-17 et R. 1221-32) (F : *N 1385.c4*) ;

G. omis, dans un établissement autre qu'agricole, de tenir à disposition de l'inspection du travail, au siège de l'établissement, une liste des chantiers et autres lieux de travail à caractère temporaire (C. trav., art. R. 8113-1) (G : *N 12173.c4*) ;

H. omis, dans un établissement autre qu'agricole, d'aviser par écrit l'inspection du travail de l'ouverture de tout chantier ou autre lieu de travail occupant dix personnes au moins pendant plus d'une semaine (C. trav., art. R. 8113-1) (H : *N 12172.c4*) ;

I. omis, dans un établissement agricole, d'indiquer à l'inspection du travail et de la protection sociale agricole le lieu de travail de chacun de ses salariés (C. rur., art. R. 719-1-1) (I : *N #.c4*) ;

J. omis, dans un établissement agricole, d'aviser par écrit le chef du service départemental du travail et de la protection sociale agricole de l'ouverture dans les huit jours de tout chantier comptant plus de deux salariés et devant durer au moins un mois, en précisant sa situation exacte, le nombre des salariés et la durée prévisible des travaux (C. rur., art. R. 719-1-1) (J : *N 12179.c4*).

Faits prévus et réprimés par l'article R. 1227-7 et l'article [• du cas sélectionné] du code du travail. ✧

32.22 Défaut d'affichage du nom de l'entrepreneur dans un chantier de construction

■ PEINES

PERSONNE PHYSIQUE

PP Contrav. 5e cl. 1 500 € (C. trav., art. R. 8224-1 ; C. pén., art. 131-13).

PC Néant.

PERSONNE MORALE

PP 7 500 € (C. pén., art. 131-41).

PC Néant.

■ ÉLÉMENTS CONSTITUTIFS – QUALIFICATION

✧ Pour avoir à .... [¤ lieu], le .... [¤ date], étant entrepreneur travaillant sur un chantier ayant donné lieu à délivrance d'un permis de construire, omis d'afficher sur ce chantier un panneau indiquant son nom, sa raison ou dénomination sociale ainsi que son adresse, pendant la durée d'affichage du permis.

Faits prévus et réprimés par les articles R. 8221-1 et R. 8224-1 du code du travail (*N 284.c5*). ✧

32.23 Législation de la Sécurité sociale – Non-respect

■ PEINES

PERSONNE PHYSIQUE

PP Contrav. 3e cl. 450 € (CSS, art. R. 244-4 ; C. pén., art. 131-13), amende appliquée autant de fois que de personnes concernées, sans que le total puisse dépasser 1 500 €.

PC 1. Inéligibilité 6 mois à 5 ans aux tribunaux de commerce, chambres de commerce, d'agriculture, ou des métiers, conseil de prud'hommes (CSS, art. L. 244-4) ;
2. Publication jugement ou extraits, affichage aux frais (⩽ 1 % plafond annuel, CSS, art. L. 241-3) du contrevenant (CSS, art. L. 244-5).

PERSONNE MORALE

PP 2 250 € (C. pén., art. 131-41).

PC Néant.

■ ORIENTEUR

AUTRE QUALIFICATION

▪ **Législation des assurances sociales agricoles – Non-respect.** V. nº 32.24.

▪ **Cotisation d'assurance sociale agricole – Non-paiement.** V. nº 32.25.

▪ **Caisse de congés payés – Défaut d'affiliation ou de cotisation.** V. nº 32.26.

ÉLÉMENT MATÉRIEL

▪ **Faits incriminés.** Les textes répriment le non-respect « *des prescriptions de la législation de sécurité sociale* », les cas A et B ci-dessous concernent la majeure partie du contentieux mais ne sont donc pas limitatifs.

RÉGIME PROCÉDURAL

▪ **Condition préalable à la poursuite.** La poursuite exercée par le ministère public est obligatoirement précédée d'un avertissement par lettre recommandée avec AR du directeur régional des affaires sanitaires et sociales invitant l'intéressé à régulariser dans le mois. Si la poursuite est exercée par une autre partie, le contrevenant doit avoir préalablement fait l'objet d'une mise en demeure par lettre recommandée avec AR (CSS, art. L. 244-2, R. 244-1).

▪ **Prescription de l'action publique.** Les délais commencent à courir à compter de l'expiration du délai d'un mois qui suit l'avertissement ou la mise en demeure (CSS, art. L. 244-7).

■ ELÉMENTS CONSTITUTIFS – QUALIFICATION

✧ Pour avoir à .... [¤ lieu], le .... [¤ date], étant employeur ou travailleur indépendant, omis de se conformer aux prescriptions de la législation de Sécurité sociale, en l'espèce en omettant de [⇨A ou B :]

A. payer les cotisations de sécurité sociale (A : *N* ***6650.c3***) ;

B. de déclarer les rémunérations salariales à un organisme de sécurité sociale (B : *N* ***10811.c3***).

Faits prévus et réprimés par les articles L. 244-4, L. 244-5 et R. 244-4 du code de la sécurité sociale. ✧

32.24 Législation des assurances sociales agricoles – Non-respect

■ PEINES

PERSONNE PHYSIQUE

PP Contrav. 3ᵉ cl. 450 € (C. rur., art. R. 725-23 ; C. pén., art. 131-13).

PC Néant.

PERSONNE MORALE

PP 2 250 € (C. rur., art. R. 725-23 ; C. pén., art. 131-41).

PC Néant.

■ ORIENTEUR

AUTRE QUALIFICATION

▪ **Législation de la Sécurité sociale – Non-respect.** V. nº 32.23 (pour les personnes ne relevant pas du régime agricole).

ÉLÉMENT MATÉRIEL

▪ **Faits incriminés.** Les textes répriment le non-respect des prescriptions relatives à l'immatriculation des chefs d'exploitation au régime agricole de l'assurance maladie, invalidité et maternité (C. rur., art. L. 722-13, R. 722-16 et R. 722-19) et à l'affiliation des salariés agricoles (C. rur., art. L. 722-25 et R. 722-35).

RÉGIME PROCÉDURAL

▪ **Condition préalable à la poursuite.** La poursuite exercée par le ministère public est obligatoirement précédée d'un avertissement par lettre recommandée de la caisse de mutualité sociale agricole compétente invitant l'intéressé à régulariser dans le mois. Si la poursuite est exercée par une autre partie, le contrevenant doit avoir préalablement fait l'objet d'une mise en demeure par lettre recommandée (C. rur., art. R. 725-24).

RÉGIME DES PEINES

▪ **Amende.** L'amende est appliquée autant de fois qu'il y a de personnes employées dans des conditions contraires aux prescriptions relatives à l'immatriculation et au paiement des cotisations sociales agricoles (C. rur., art. R. 725-23).

▪ ÉLÉMENTS CONSTITUTIFS – QUALIFICATION

✧ Pour avoir à .... [¤ lieu], le .... [¤ date], étant exploitant ou employeur soumis au régime agricole, omis de se conformer aux prescriptions de la législation relative aux assurances sociales agricoles, en l'espèce en... [matérialiser l'infraction :]

Faits prévus et réprimés par l'article R. 725-23 du code rural (*N* ***6531.c3***). ✧

32.25 Cotisation d'assurance sociale agricole – Non-paiement

▪ PEINES

PERSONNE PHYSIQUE

PP Contrav. 3e cl. 450 € (C. rur., art. R. 725-25 ; C. pén., art. 131-13).

PERSONNE MORALE

PP 2 250 € (C. pén., art. 131-41).

PC Néant.

▪ ORIENTEUR

RÉGIME PROCÉDURAL

▪ **Condition préalable à la poursuite.** La poursuite est exercée par le ministère public à la demande du ministre de l'Agriculture ou de toute autorité administrative désignée par lui (C. rur., art. R. 725-25).

▪ ÉLÉMENTS CONSTITUTIFS – QUALIFICATION

✧ Pour avoir à .... [¤ lieu], le .... [¤ date], étant assujetti aux cotisations dues au titre des régimes de protection sociale agricole, omis, de régulariser sa situation après mise en demeure et établissement d'un état exécutoire des cotisations.

Faits prévus et réprimés par l'article R. 725-25 du code rural (*N* ***6532.c3***). ✧

32.26 Caisse de congés payés – Défaut d'affiliation ou de cotisation

▪ PEINES

PERSONNE PHYSIQUE

PP Contrav. 5e cl. 1 500 € (C. trav., art. R. 3143-1 ; C. pén., art. 131-13). **Récidive.** 3 000 € (C. trav., art. R. 3143-1 ; 132-11).

PC Néant.

PERSONNE MORALE

PP Contrav. 5e cl. 7 500 € (C. trav., art. R. 3143-1 ; C. pén., art. 131-41). **Récidive.** 15 000 € (C. trav., art. R. 3143-1 ; 132-15).

PC Néant.

▪ ORIENTEUR

TEXTE DE RÉFÉRENCE

▪ **Régime spécifique de congés payés.** Certaines professions industrielles ou commerciales dont l'activité est discontinue (à titre principal le secteur du bâtiment et des travaux publics), déterminées par décret, doivent s'affilier auprès de Caisses de congés payés, leur verser la part salariale représentative des congés payés, laquelle est ensuite reversée par l'organisme au salarié.

MESURE ADMINISTRATIVE

▪ **Transaction pénale.** Pour cette infraction (C. trav., art. L. 8114-4 s., Ord. n° 2016-413, 7 avr. 2016), l'autorité administrative, tant que l'action publique n'a pas été mise en mouvement, peut transiger avec les personnes physiques ou morales en proposant une amende et des obligations propres à faire cesser l'infraction ou éviter son renouvellement (C. trav., art. L. 8114-5). La proposition de transaction acceptée est soumise à l'homologation du procureur. L'action publique est éteinte lorsque les obligations de la transaction sont exécutées dans le délai imparti (C. trav., art. L. 8114-6).

▪ ÉLÉMENTS CONSTITUTIFS – QUALIFICATION

✧ Pour avoir à .... [¤ lieu], le .... [¤ date], exerçant l'activité de .... [¤ activité exercée], omis de [⇨A ou B :]

A. s'affilier à la caisse de congés payés compétente (A : *N* ***283.c5*** ; récidive : *N* ***11153.c5***) ;

B. de justifier à tout moment auprès d'un contrôleur agréé qu'il s'était acquitté de ses obligations envers la caisse de congés payés (B : *N* ***1499.c5*** ; récidive : *N* ***11154.c5***).

Faits prévus et réprimés par les articles L. 3141-30, L. 3141-31 et R. 3143-1 du code du travail. ✧

32.27 Rétention de précompte

▪ PEINES

PERSONNE PHYSIQUE

PP Contrav. 5ᵉ cl. 1 500 € (C. rur., art. R. 725-25-2 [cas A] ; C. trav., art. R. 5429-2 [cas B] ; CSS, art. R. 244-3 [cas C] ; C. pén., art. 131-13).

PC Cas A : v. **PC** abus de confiance, n° 22.37.

Cas B et C : néant.

PERSONNE MORALE

PP Contrav. 5ᵉ cl. 7 500 € (C. rur., art. R. 725-25-2 [cas A] ; C. trav., art. R. 5429-2 [cas B] ; CSS, art. R. 244-3 [cas C] ; C. pén., art. 131-41).

PC Néant.

▪ ORIENTEUR

AUTRE QUALIFICATION

▪**Récidive.** Cas A : **récidive** dans le délai de 3 ans : **Délit.** 2 ans, 3 750 € (C. rur., art. L. 725-21 ; CSS, art. L. 244-6 ; C. pén., art. 132-11) (*N #.co*).

Cas C : **récidive** dans le délai de 3 ans : **Délit.** 2 ans, 3 750 € (CSS, art. L. 244-6 ; C. pén., art. 132-11) (*N* ***8180.co***).

ÉLÉMENT LÉGAL

▪ **Application de la loi dans le temps.** Cas A : à la suite de l'annulation de C. rur., art. L. 725-21 par la décision Cons. const. 9 sept. 2011, n° 2011-161 QPC (v. ci-après), l'incrimination de rétention de précompte en matière de cotisations du régime agricole a été rétablie par D. n° 2013-1222, 23 déc. 2013 (C. rur., art. R. 725-25-2), assortie de sanctions contraventionnelles. Le D. n° 2019-613, 19 juin 2019 a étendu l'incrimination à la retenue à la source de l'impôt sur le revenu, prévue par CGI, art. 204 A.

ÉLÉMENT LÉGAL.

▪ **Constitutionnalité. Cas A : inconstitutionnalité des pénalités prévues par le code rural dans l'ancienne rédaction de L. 725-21.** Les dispositions antérieures appliquaient les pénalités de l'abus de confiance aux faits de rétention de précompte en matière de cotisations sociales agricoles (3 ans d'emprisonnement, 375 000 €, C. rur., art. L. 725-21 ; C. pén., art. 314-1). Pour prononcer, au visa du principe d'égalité devant la loi prévu par DDHC de 1789, art. 6, l'inconstitutionnalité de C. rur., art. L. 725-21 à compter du 10 sept. 2011, date de publication au *JO*, le Cons. const., souligne que « *pour une même infraction, les employeurs agricoles et les autres employeurs sont soumis à une procédure, à un quantum de peine, à des règles de prescription, à des règles en matière de récidive, à des conséquences pour le casier judiciaire et à des incapacités consécutives à la condamnation différents ; que cette différence de traitement, qui n'est pas justifiée par une différence de situation des employeurs agricoles et des autres employeurs au regard de l'infraction réprimée, n'est pas en rapport direct avec l'objet de la loi ; que, par suite, la loi pénale a institué une différence de traitement injustifiée entre les auteurs d'infractions identiques* » (Cons. const. 9 sept. 2011, n° 2011-161 QPC, § 6 et 7). Désormais, depuis L. n° 2011-1906, 21 déc. 2011, les peines délictuelles ne sont applicables qu'en cas de récidive : « *En cas de récidive dans les conditions prévues aux articles L. 244-4 et L. 244-6 du code de la sécurité sociale, l'employeur qui a retenu par-devers lui indûment la cotisation ouvrière précomptée sur le salaire en application de l'article L. 741-20 du présent code est puni des peines prévues aux articles L. 244-5 et L. 244-6 du code de la sécurité sociale* » (C. rur., art. L. 725-21).

■ ÉLÉMENTS CONSTITUTIFS – QUALIFICATION

✧ Pour avoir à .... [¤ lieu], étant employeur, retenu indûment par de vers lui sur la période du .... au .... la contribution précomptée de ses salariés [⇨A à C :]

A. **Cotisation sociales agricoles** : aux assurances sociales agricoles ou au prélèvement à la source de l'impôt sur le revenu (A : C. rur., art. L. 741-20, R. 725-25-2, CGI, art. 204-A) (*N* ***30733.C5***) ;

B. **Cotisations chômage** : à l'assurance chômage (B : C. trav., art. L. 5422-9, R. 5429-2) (*N* ***3874.c5***) ;

C. **Cotisations sécurité sociale** : aux assurances sociales (C : CSS, L. 243-1, art. R. 244-3) (*N* ***3729.c5***).

Faits prévus et réprimés par les articles [• du cas sélectionné]. ✧

32.28 Emploi d'étranger – Absence d'autorisation de travail

■ PEINES

PERSONNE PHYSIQUE

PP Délit. Cas A et B : 5 ans d'emprisonnement, 15 000 € (auparavant 3 ans, 4 500 € [L. n° 2003-1119, 26 nov. 2003, art. 56]) ; cas C : 10 ans, 100 000 € (L. n° 2003-1119, 26 nov. 2003, art. 56) ; (C. trav., art. L. 8256-7).

PC 1. Interdiction ⩽ 5 ans activité professionnelle ou sociale en relation avec l'infraction (sauf mandat électif ou syndical) (C. trav., art. L. 8256-3 1° ; C. pén., art. 131-27 et 131-28) ;

2. Exclusion ⩽ 5 ans marchés publics (C. trav., art. L. 8256-3 2° ; C. pén., art. 131-34) ;

3. Confiscation (réelle ou en valeur) objets ayant servi directement ou indirectement à l'infraction ou qui en sont le produit direct ou indirect (C. trav., art. L. 8256-3 3° ; C. pén., art. 131-21) ;

4. Affichage, ⩽ 2 mois, *et/ou* (L. n° 2011-525, 17 mai 2011) diffusion de la décision ou d'extraits aux frais (⩽ amende encourue) du condamné. Lorsqu'une amende est prononcée, la juridiction peut ordonner la diffusion ⩽ 2 ans, par le ministère du travail, sur un site dédié (L. n° 2014-790, 10 juill. 2014). (C. trav., art. L. 8256-3 4° ; C. pén., art. 131-35) ;

5. Interdiction droits civiques civils et de famille ⩽ 5 ans (vote, éligibilité, fonction juridictionnelle, expert, témoin, tuteur, curateur) (C. trav., art. L. 8256-3 5° ; C. pén., art. 131-26) ;

6. Interdiction de séjour ⩽ 5 ans ; (C. trav., art. L. 8256-3 6° ; C. pén., art. 131-31 et 131-32 ; C. pr. pén., art. 762-1 à 763) ;

7. Auteur étranger : interdiction du territoire français, définitive ou ⩽ 10 ans (auparavant ⩽ 5 ans [L. n° 2003-1119, 26 nov. 2003, art. 58]) (C. trav., art. L. 8256-6 ; C. pén., art. 131-30 à 131-30-2).

8. Cas C : Confiscation de tout ou partie des biens, quelle qu'en soit la nature, meuble ou immeuble, divis ou indivis (C. trav., art. L. 8256-5 ; C. pén., art. 131-21).

PERSONNE MORALE

PP Délit. Cas A et B : 75 000 € (auparavant 22 500 € [L. n° 2003-1119, 26 nov. 2003, art. 56]) ; cas C : 500 000 € (L. n° 2003-1119, 26 nov. 2003, art. 56) (C. trav., art. L. 8256-7 ; C. pén., art. 131-38).

PC 1. Interdiction ⩽ 5 ans, une ou plusieurs activités professionnelles ou sociales en relation avec l'infraction (C. trav., art. L. 8256-7 ; C. pén., art. 131-39, 2°) ;

2. Surveillance judiciaire ⩽ 5 ans, sauf personnes morales de droit public, partis, groupements politiques, syndicats (C. trav., art. L. 8256-7 ; C. pén., art. 131-39, 3° et 131-46) ;

3. Fermeture, définitive ou ⩽ 5 ans, d'un ou plusieurs établissements en relation avec l'infraction (C. trav., art. L. 8256-7 ; C. pén., art. 131-39 4°) ;

4. Exclusion, définitive ou ⩽ 5 ans marchés publics (C. trav., art. L. 8256-7 ; C. pén., art. 131-39 5°) ;

5. Confiscation (réelle ou en valeur) chose ayant servi à l'infraction ou destinée à la commettre, ou son produit (obligatoire pour objets qualifiés dangereux ou nuisibles par loi ou règlement ou dont la détention est illicite) (C. trav., art. L. 8256-7 ; C. pén., art. 131-39 8° et 131-21) ;

6. Affichage, ⩽ 2 mois, *et/ou* (L. n° 2011-525, 17 mai 2011) diffusion de la décision ou d'extraits aux frais (⩽ amende encourue) du condamné. Lorsqu'une amende est prononcée, la juridiction peut ordonner la diffusion ⩽ 2 ans, par le ministère du travail, sur un site dédié (L. n° 2014-790, 10 juill. 2014). (C. trav., art. L. 8256-7 ; C. pén., art. 131-39 9°, 131-48 et 131-35).

7. Cas **C** : Confiscation de tout ou partie des biens, quelle qu'en soit la nature, meuble ou immeuble, divis ou indivis (C. trav., art. L. 8256-8 ; C. pén., art. 131-21, 131-48).

▪ ORIENTEUR

AUTRE QUALIFICATION

▪ **Registre unique du personnel – Défaut de tenue ou de présentation.** V. n° **32.20** (copie dans le RUP de l'autorisation de travail du salarié étranger).

▪ **Étranger – Aide à l'entrée ou au séjour irrégulier.** V. n° **27.2**.

ÉLÉMENT LÉGAL

▪ **définition. Cas C. Bande organisée.** V. n° **11.20**.

▪ **Application de la loi dans le temps.** Sur les effets dans le temps de la suppression de mesures de restriction à l'accès au marché du travail, v. n° **10.4C4**.

TEXTE DE RÉFÉRENCE

▪ **Condition d'emploi d'un salarié étranger.** « *Nul ne peut, directement ou indirectement, embaucher, conserver à son service ou employer pour quelque durée que ce soit un étranger non muni du titre l'autorisant à exercer une activité salariée en France. Il est également interdit à toute personne d'engager ou de conserver à son service un étranger dans une catégorie professionnelle, une profession ou une zone géographique autres que celles qui sont mentionnées* » sur le titre de travail (C. trav., art. L. 8251-1). Tout étranger, pour exercer à temps plein ou partiel une activité salariée, doit être titulaire d'une autorisation de travail valide (C. trav., art. R. 5221-1) délivrée par le préfet, constituée par la mention « salarié » apposée sur sa carte de séjour temporaire, ou par la carte de résident, ou une autorisation provisoire de travail ou un contrat d'introduction de travailleur saisonnier (C. trav., art. R. 5221-3). L'autorisation de travail permet à l'étranger d'exercer une activité professionnelle salariée, « *sous réserve de la justification des conditions d'exercice de cette activité lorsqu'elle est soumise à une règlementation particulière* » (C. trav., art. R. 5221-4).

ÉLÉMENT INTENTIONNEL

▪ **Dol général.** • Circ. interministérielle Justice, Intérieur, Travail 12 mars 1982 (*JO* 24 avr.) : « *L'élément intentionnel [...] doit s'analyser en fonction de l'obligation légale qu'a tout employeur de vérifier que tout étranger qu'il emploie est bien titulaire d'une autorisation de travail [...]. L'employeur a en effet [...] l'obligation de vérifier l'existence du titre avant même l'embauche effective et d'en porter les références sur le registre.* » (RUP, v. n° **32.20**). « *Pourrait être considéré comme de bonne foi l'employeur auquel un faux titre de travail a été présenté et qui a porté les références de ce titre sur son registre (RUP).* » • L'infraction n'est toutefois « *pas applicable à l'employeur qui, sur la base d'un titre frauduleux ou présenté frauduleusement par un étranger salarié, a procédé sans intention de participer à la fraude et sans connaissance de celle-ci à la* [déclaration préalable à l'embauche, sur la DPAE, CSS, art. L. 1221-10, v. n° **32.12A**], *à la déclaration unique d'embauche et à la vérification auprès des administrations territorialement compétentes du titre autorisant cet étranger à exercer une activité salariée en France* » (C. trav., art. L. 8256-2, réd. issue L. n° 2011-672, 16 juin 2011). • « *le prévenu, en s'abstenant de vérifier si le travailleur étranger qu'il envisageait de recruter était autorisé à exercer une activité salariée sur le territoire français, a sciemment commis le délit qui lui est reproché* » (Crim. 8 août 2018, n° 17-84.920, P n° 135).

RÉGIME PROCÉDURAL

▪ **Régime complet de la criminalité organisée.** Applicable au **cas B** (L. n° 2014-790, 10 juill. 2014), à l'exception de la garde à vue qui est limitée à 48 h 00 (C. pr. pén., art. **706-73-1 2°** (réd. issue L. n° 2015-993, 17 août 2015) v. n° **11.21C**).

▪ **Contrôle d'établissement.** V. n° **32.10**.

▪ **Visites domiciliaires.** V. n° **32.10**.

▪ **Communication entre les services de contrôle.** V. n° **32.10**.

MESURE ADMINISTRATIVE

▪ **Sanction financière. Contribution administrative spéciale. L'employeur en infraction** est tenu, « *sans préjudice des poursuites judiciaires pouvant être intentées à son encontre* », d'acquitter une **contribution administrative spéciale** pouvant aller jusqu'à 5 000 fois le taux horaire du Smic au profit de l'Office français de l'immigration et de l'intégration (Ofii), anc[t] Agence nationale de l'accueil des étrangers et des migrations (Anaem), anc[t] Office des migrations internationales (Omi)). Ce plafond est réduit à 2 000 fois en cas de paiement spontané des salaires et indemnités dus au salarié étranger, ou majoré à 15 000 fois en cas de réitération (C. trav., art. L. 8253-1 et R. 8253-1). Les procès-verbaux sont à cette fin transmis au directeur départemental du travail du lieu de constatation de l'infraction (C. trav., art. D. 8254-6). Pour écarter le grief d'inconstitutionnalité résultant du cumul possible, pour les mêmes faits, de sanctions financières administratives (C. trav., art. **L. 8253-1**) et de sanctions pénales (C. trav., art. **L. 8256-2**), le cons. const., saisi par le Conseil d'État, juge que « *les faits prévus et réprimés par les articles précités doivent être regardés comme susceptibles de faire l'objet de sanctions de nature différente* » (§ 7) (Cons. const. 30 mars 2017, n° 2016-621 QPC).

▪ **Retrait du titre de séjour.** La **carte de séjour temporaire ou pluriannuelle** ou la **carte de résident** peut être retirée par l'Administration à tout **employeur**, titulaire de ces cartes, qui serait en infraction à l'article L. 8251-1 du code du travail, ou à tout **salarié** dépourvu d'autorisation de travail (Ceseda, art. L. 432-7, L. 432-11, anc[t] L. 313-5 et L. 314-6).

▪ **Sanction administrative.** Le représentant de l'État dans le département reçoit copie des procès-verbaux relevant des infractions constitutives de travail illégal relevées par les agents de contrôle (C. trav., art. L. 8271-1-3). En cas d'infraction de travail dissimulé, de marchandage ou de prêt illicite de main-d'œuvre, d'emploi d'étranger non autorisé à travailler, il peut, eu égard à la gravité des faits constatés .../...

– A.../... à leur répétition et à la nature des aides sollicités et l'avantage qu'elles procurent à l'employeur, **refuser d'accorder**, pendant une durée de cinq ans, certaines des aides publiques en matière d'emploi, de formation et de culture, et **demander le remboursement** des aides des 12 derniers mois (C. trav., art. L. 8272-1) ;

– B.../... à la proportion de salariés concernés, ordonner par décision motivée, pour une durée ⩽ 3 mois, la **fermeture de l'établissement**, cette fermeture provisoire peut s'accompagner de la **saisie à titre conservatoire** du matériel professionnel des contrevenants (C. trav., art. L. 8272-2). La décision de fermeture n'emporte ni rupture ni suspension du contrat de travail (C. trav., art. L. 8272-3). Elle est levée de plein droit en cas de décision de relaxe ou de non-lieu, et sa durée s'impute sur l'éventuelle mesure de fermeture prononcée par la juridiction pénale ;

– C.../...à leur répétition et à la proportion de salariés concernés, ordonner par décision motivée, pour une durée ⩽ 6 mois, l'exclusion des **marchés publics** (C. trav., art. L. 8272-4). La mesure est levée de plein droit en cas de décision classement sans suite, de relaxe ou de non-lieu, ou si la juridiction pénale ne prononce pas cette exclusion.

▪ **Incrimination de la violation des sanctions administratives.** Le fait de ne pas respecter les sanctions administratives ci-dessus est puni de 2 mois d'emprisonnement et 3 750 € d'amende (C. trav., art. **L. 8272-5**, **A** : *N 30577.co*, **B** : *N 30578.co*, **C** : *N 30579.co*).

MESURE CIVILE

▪ **Conséquence civile de l'infraction.** L'étranger employé illégalement est assimilé à un travailleur régulièrement engagé en ce qui concerne les obligations de l'employeur (C. trav., art. L. 8252-1). Sauf dispositions plus favorables, il a droit en cas de rupture de la relation de travail à une **indemnité forfaitaire** égale à au moins un mois de salaire (C. trav., art. L. 8252-2) (contentieux relevant de la juridiction prud'homale).

RÉGIME DES PEINES

▪ **Amende.** L'amende est appliquée autant de fois qu'il y a d'étrangers concernés (C. trav., art. L. 8256-2).

▪ ÉLÉMENTS CONSTITUTIFS – QUALIFICATION

✧ Pour avoir à .... [¤ lieu], le .... [¤ date] [⇨A ou B puis le cas échéant C :]

A. directement ou par personne interposée, engagé, conservé à son service ou employé pour quelque durée que ce soit .... [¤ nom du salarié concerné], étranger non autorisé à travailler en France (A : *N* ***3968.co*** ; par personne morale : *N* ***21465.co***).

B. eu sciemment recours, directement ou indirectement, aux services de .... [¤ prestataire employeur concerné], employeur d'étranger non autorisé à travailler en France (B : *N* ***29257.co*** ; par personne morale : *N* ***32347.co***) ;

C. [préciser le cas échéant] avec cette circonstance que les faits ont été commis en bande organisée (C : *N* ***25091.co***).

Faits prévus et réprimés par les articles : **PERSONNES PHYSIQUES.** L. 8251-1, L. 8256-2, L. 8256-3, L. 8256-4, (+ Cas C : L. 8256-5), L. 8256-6 du code du travail. **PERSONNES MORALES.** L. 8251-1, L. 8256-2 et L. 8256-7, (+ Cas C : L. 8256-8) du code du travail. ✧

32.29 Emploi d'étranger – Non-conformité à l'autorisation de travail

▪ PEINES

PERSONNE PHYSIQUE

PP Contrav. 5e cl. 1 500 € (C. trav., art. R. 8256-1 ; C. pén., art. 131-13). **Récidive.** 3 000 € (C. trav., art. R. 8256-1 ; C. pén., art. 132-11).

PC Néant.

PERSONNE MORALE

PP Contrav. 5e cl. 7 500 € (C. trav., art. R. 8256-1 ; (C. pén., art. 131-41). **Récidive.** 15 000 € (C. trav., art. R. 8256-1 ; C. pén., art. 132-15).

PC Néant.

▪ ORIENTEUR

TEXTE DE RÉFÉRENCE

▪ **Principe.** Il est interdit à toute personne d'engager ou de conserver à son service un étranger dans une catégorie professionnelle, une profession ou une zone géographique autres que celles qui sont mentionnées, le cas échéant, sur le document l'autorisant à travailler en France (C. trav., art. L. 8251-1). L'autorisation de travail permet à l'étranger d'exercer l'activité professionnelle salariée qu'elle mentionne (C. trav., art. R. 5221-4).

▪ **Titres autorisant l'étranger à travailler.** L'autorisation de travail peut être constituée notamment de l'un des titres suivants (C. trav., art. R. 5221-3) :

– carte de résident ;

– carte de séjour pluriannuelle « passeport talent » ;

– titre de séjour portant la mention « étudiant » ;

– carte de séjour temporaire portant la mention « profession artistique et culturelle » ;

– carte de séjour temporaire portant la mention « vie privée et familiale » ;

– carte de séjour Union européenne portant la mention : « toutes activités professionnelles » ;

Les autorisations de travail qui précèdent sont valables sur l'ensemble du territoire métropolitain (C. trav., art. R. 5221-8). Les autorisations de travail qui suivent ne sont valables que pour une, plusieurs ou toutes les zones géographiques du territoire métropolitain en fonction de la situation de l'emploi (C. trav., art. R. 5221-9).

– carte de séjour temporaire portant la mention « salarié » ;

– carte de séjour temporaire portant la mention « travailleur temporaire » ;

– carte de séjour temporaire portant la mention « travailleur saisonnier » ;

– carte de séjour temporaire portant la mention « salarié en mission » ;

– récépissé de première demande ou de demande de renouvellement d'un titre de séjour portant la mention « autorise son titulaire à travailler » ;
– autorisation provisoire de séjour ;
– autorisation provisoire de travail, d'une durée maximum de douze mois renouvelables, pour l'exercice chez un employeur déterminé d'une activité présentant un caractère temporaire, ne relevant pas des autres autorisations de travail précitées.

▪ ÉLÉMENTS CONSTITUTIFS – QUALIFICATION

✧ Pour avoir à .... [¤ lieu], le .... [¤ date], engagé ou conservé à son service un étranger dans une catégorie professionnelle, une profession ou une zone géographique autre que celle mentionnée sur le document l'autorisant à travailler en France.
Faits prévus et réprimés par les articles L. 8251-1, R. 5221-3, R. 5221-4, R. 5221-8, R. 5221-9 et R. 8256-1 du code du travail (*N* ***3866.c5*** ; récidive : *N* ***9162.c5***). ✧

32.30 Perception de fonds pour l'introduction ou l'emploi de travailleur étranger

▪ PEINES

PERSONNE PHYSIQUE

PP Délit. 3 ans d'emprisonnement, 45 000 € (C. trav., art. L. 5224-2).

PC 1. Interdiction ⩽ 5 ans activité professionnelle ou sociale en relation avec l'infraction (sauf mandat électif ou syndical) (C. trav., art. L. 5224-2 ; C. pén., art. 131-27 et 131-28) ;

2. Exclusion ⩽ 5 ans marchés publics (C. trav., art. L. 5224-2° ; C. pén., art. 131-34) ;

3. Confiscation (réelle ou en valeur) objets ayant servi directement ou indirectement à l'infraction ou qui en sont le produit (C. trav., art. L. 5224-2 ; C. pén., art. 131-21) ;

4. Affichage, ⩽ 2 mois, *et/ou* (L. n° 2011-525, 17 mai 2011) diffusion de la décision ou d'extraits aux frais (⩽ amende encourue) du condamné (C. trav., art. L. 5224-2 ; C. pén., art. 131-35) ;

5. Interdiction droits civiques civils et de famille ⩽ 5 ans (vote, éligibilité, fonction juridictionnelle, expert, témoin, tuteur, curateur) (C. trav., art. L. 5224-2 ; C. pén., art. 131-26) ;

6. Interdiction de séjour ⩽ 5 ans ; (C. trav., art. L. 5224-2 ; C. pén., art. 131-31 et 131-32 ; C. pr. pén., art. 762-1 à 763) ;

7. Auteur étranger : interdiction du territoire français, définitive ou ⩽ 10 ans (auparavant ⩽ 5 ans [L. n° 2003-1119, 26 nov. 2003, art. 58]) (C. trav., art. L. 5224-3 ; C. pén., art. 131-30 à 131-30-2).

PERSONNE MORALE

PP Délit. 225 000 €. (C. trav., art. L. 5224-2 ; C. pén., art. 131-38).

PC Néant.

▪ ORIENTEUR

AUTRE QUALIFICATION

▪ **Étranger – Aide à l'entrée ou au séjour irrégulier.** V. n° 27.2.

ÉLÉMENT LÉGAL

▪ **Domaine d'application.** L'incrimination ne s'applique pas aux sommes perçues par les agents artistiques (C. trav., art. L. 5222-1 et L. 7121-18).

ÉLÉMENT MATÉRIEL

▪ **Tentative. Punissable** (C. trav., art. L. 5222-1).

▪ ÉLÉMENTS CONSTITUTIFS – QUALIFICATION

✧ Pour s'être à .... [¤ lieu], le .... [¤ date], fait remettre ou avoir tenté de se faire remettre, de manière occasionnelle ou renouvelée, des fonds, des valeurs ou des biens mobiliers en vue ou à l'occasion de l'embauche ou de l'introduction en France d'un travailleur étranger.
Faits prévus et réprimés par les articles L. 5222-1, L. 5224-2 **PERSONNES PHYSIQUES.** + L. 5224-3 du code du travail (*N* ***5795.co***). ✧

32.31 Travail temporaire – Règlementation

A. Les conditions d'exercice de l'activité d'entreprise de travail temporaire

1. Définition

C. trav., art. L. 1251-2 : Est entrepreneur de travail temporaire « *toute personne physique ou morale dont l'activité exclusive est de mettre à la disposition provisoire d'utilisateurs, des salariés qu'en fonction d'une qualification convenue elle embauche et rémunère à cet effet.* »

2. Les conditions : exercice exclusif, soumis à déclaration préalable, avec garantie financière

L'activité, **exclusive** de toute autre, sauf celle de placement privé ou de travail à temps partagé (C. trav., art. L. 1251-2 et L. 1251-4), ne peut être exercée qu'après **déclaration** à l'autorité administrative (C. trav., art. L. 1251-45) et obtention d'une **garantie financière** garantissant le paiement des salaires et des cotisations sociales (C. trav., art. L. 1251-45 et L. 1251-49, R. 1251-11). L'entreprise doit en justifier à tout moment (C. trav., art. L. 1251-49 et R. 1251-14), faire figurer ses références sur tous ses documents, l'**afficher** de manière visible dans ses locaux (C. trav., art. R. 1251-15).

B. Les cas autorisant le recours à un travailleur temporaire

Le salarié temporaire ne peut « *pourvoir durablement un emploi lié à l'activité normale et permanente de l'entreprise utilisatrice* », mais seulement exécuter « *une tâche* » précise et temporaire dénommée « *mission* » (C. trav., art. L. 1251-5 et L. 1251-6), pour remplacer un salarié absent, faire face à un accroissement temporaire d'activité, ou occuper un emploi à caractère saisonnier, ou pourvoir au remplacement du chef d'entreprise (C. trav., art. L. 1251-6). Il ne peut pourvoir un contrat suspendu par suite d'un conflit collectif du travail ou effectuer des travaux particulièrement dangereux fixés par arrêté (C. trav., art. L. 1251-10), remplacer un salarié ayant fait l'objet dans les six mois d'un licenciement économique (sauf contrat ⩽ 3 mois ou commande exceptionnelle à l'exportation, C. trav., art. L. 1251-9).

C. La rémunération du salarié temporaire

La rémunération (y compris les primes et accessoires de salaire) ne peut être inférieure à celle que percevrait après période d'essai un salarié de qualification équivalente occupant le même poste de travail dans l'entreprise utilisatrice (C. trav., art. L. 1251-18 et L. 1251-43 6°).

D. La durée réglementée des missions

1. La durée de la mission

Le terme de la mission doit être fixé avec précision (C. trav., art. L. 1251-11). La mission, renouvelable deux fois (C. trav., art. L. 1251-35-1, sauf accord ou convention de branche (C. trav., art. L. 1251-35), ne peut excéder, sauf accord ou convention de branche (C. trav., art. L. 1251-12), les durées suivantes (C. trav., art. L. 1251-12-1) :

– 18 mois : droit commun ;

– 9 mois : attente d'entrée en service d'un salarié recruté par contrat à durée indéterminée, travaux urgents de sécurité ;

– 24 mois : mission exécutée à l'étranger, départ définitif d'un salarié précédant la suppression de son poste, commande exceptionnelle à l'exportation ;

– 36 mois : correspondant à un cycle de formation effectuée en apprentissage.

2. La durée séparant les missions

À l'expiration d'une mission de travail temporaire, le poste ne peut être pourvu par un CDD ou un intérimaire avant l'expiration d'un délai de carence dont la durée est fixée par la convention ou l'accord de branche (C. trav., art. L. 1251-36) ou à défaut par C. trav., art. L. 1251-36-1.

E. L'obligation de formuler par écrit les relations contractuelles

1. La nécessité d'un contrat de mission écrit

Dans les deux jours de sa mise à disposition à l'utilisateur, l'entrepreneur de travail temporaire doit établir et adresser à son salarié un contrat de mission écrit (C. trav., art. L. 1251-17) comportant les mentions obligatoires énoncées au C. trav., art. L. 1251-16.

2. La nécessité d'un contrat de mise à disposition écrit entre l'entrepreneur de travail temporaire et l'utilisateur

L'employeur et l'utilisateur doivent établir dans les deux jours de la mise à disposition du salarié (C. trav., art. L. 1251-42) un contrat de mise à disposition comportant notamment les mentions suivantes (C. trav., art. L. 1251-43) :

– motifs, assortis de justifications précises, du recours au salarié temporaire ;

– terme de la mission ;

– caractéristiques particulières du poste de travail ;

– équipements de protection individuelle devant être utilisés ;

– rémunération et ses composantes.

32.32 Travail temporaire – Délits

■ PEINES

PERSONNE PHYSIQUE

PP Délit. 3 750 €. Récidive. 6 mois d'emprisonnement, 7 500 €.

PC 1. Affichage jugement aux portes de l'entreprise et publication, aux frais (⩽ amende encourue) du condamné (C. trav., art. L. 1255-12 ; C. pén., art. 131-35) ;

2. Cas A, B1 et C : interdiction activité entrepreneur travail temporaire 2 à 10 ans (C. trav., art. L. 1255-1 et L. 1255-2).

PERSONNE MORALE

PP 18 750 €. Récidive. 37 500 € (C. pén., art. 131-38).

PC Néant.

■ ORIENTEUR

TEXTE DE RÉFÉRENCE

▪ **Règlementation du travail temporaire.** V. n° 32.31.

RÉGIME PROCÉDURAL

▪ **Compétence juridictionnelle. Juge unique** sauf récidive (C. pr. pén., art. 398-1, v. n° 17.15D2).

▪ **Ordonnance pénale. Possible** sauf récidive (C. pr. pén., art. 495-II, v. n° 15.48B1 et tableau n° 17.15D2).

■ ÉLÉMENTS CONSTITUTIFS – QUALIFICATION

✧ Pour avoir à .... [¤ lieu], le .... [¤ date] [⇨A à D :]

A. **Activité de travail temporaire hors du cadre légal**

exercé une activité de mise à disposition provisoire de salariés au profit d'utilisateurs [⇨A1 à A3 :]

A1. en dehors du cadre d'une entreprise de travail temporaire (C. trav., art. L. 1251-2 et L. 1255-1) (A1 : *N 3821.ju*) ;

A2. sans **déclaration préalable** à l'inspection du travail (C. trav., art. L. 1251-45 et L. 1255-2 5°) (A2 : *N 3936.ju*) ;

A3. sans **garantie financière** (C. trav., art. L. 1251-49 et L.1255-2 6°) (A3 : *N 3761.ju*) ;

B. **Contrat de mise à disposition absent ou non conforme**

[⇨B1 ou B2 :]

B1. étant **entrepreneur** de travail temporaire, mis un salarié à disposition d'un utilisateur sans conclure dans les deux jours un contrat écrit de mise à disposition (C. trav., art. L. 1251-42, L. 1255-2 4°) (B1 : *N 3764.ju*) ;

B2. étant **utilisateur** de main-d'œuvre temporaire, recouru à un salarié temporaire sans conclure dans les deux jours avec l'entrepreneur un contrat écrit de mise à disposition (C. trav., art. L. 1251-42, L. 1255-10 1°) (B2 : *N 3763.ju*) ;

C. **CONTRAT DE TRAVAIL**

étant entrepreneur de travail temporaire, embauché un salarié temporaire sans [⇨C1 ou C2 :]

C1. lui adresser un contrat de travail dans les deux jours de la mise à disposition (C. trav., art. L. 1251-17, L. 1252-2 1°) (C1 : *N 3762.ju*) ;

C2. conclure de contrat comportant les mentions prévues à l'article L. 1251-16 relatives aux clauses du contrat de mise à disposition, à la qualification professionnelle du salarié ou à ses modalités de rémunération, ou comprenant des mentions volontairement inexactes (C. trav., art. L. 1251-16, L. 1255-2 1°) (C2 : *N 3762.ju*) ;

D. **RECOURS AU TRAVAIL TEMPORAIRE EN DEHORS DES CAS AUTORISÉS**

étant **utilisateur** de main-d'œuvre temporaire [⇨D1 à D3 :]

D1. conclu un contrat de mise à disposition ayant pour objet ou pour effet de pourvoir durablement un emploi lié à l'activité normale et permanente de l'entreprise (C. trav., art. L. 1251-5, L. 1255-3) (D1 : *N 3765.ju*) ;

D2. recouru à un salarié temporaire au-delà de la **durée maximale** autorisée (C. trav., art. L. 1251-12, L. 1255-7) (D2 : *N 3766.ju*) ;

D3. recouru à un salarié temporaire ou à un salarié à contrat déterminé sur un poste préalablement occupé par un salarié intérimaire, avant l'expiration du **délai de carence** (C. trav., art. L. 1251-36, L. 1251-36-1, L. 1255-9) (D3 : *N 11428.ju*).

Faits prévus et réprimés par les articles [• du cas sélectionné] et L. 1255-12 du code du travail. ✧

32.33 Marchandage et prêt illicite de main-d'œuvre

■ PEINES

PERSONNE PHYSIQUE

PP Délit. Cas A et B : 2 ans d'emprisonnement, 30 000 €. Cas A1 et A2, B1 et B2 : 5 ans, 75 000 € (L. n° 2014-15554, 22 déc. 2014). Cas A3 et B3 : 10 ans, 100 000 € (L. n° 2014-790, 10 juill. 2014) (C. trav., art. L. 8234-1 (cas A) et L. 8243-1 (cas B)).

PC 1. Affichage jugement aux portes de l'entreprise et publication, aux frais (⩽ amende encourue) du condamné. Lorsqu'une amende est prononcée, la juridiction peut ordonner la diffusion ⩽ 2 ans, par le ministère du travail, sur un site dédié (L. n° 2014-790, 10 juill. 2014) (C. trav., art. L. 8234-1 (cas A) et L. 8243-1 (cas B) ; C. pén., art. 131-35) ;

2. Confiscation (réelle ou en valeur) chose ayant servi à l'infraction ou destinée à la commettre, ou son produit (obligatoire pour objets qualifiés dangereux ou nuisibles par loi ou règlement ou dont la détention est illicite), depuis L. n° 2015-990, 6 août 2015 (C. trav., art. L. 8234-1 (cas A) ; L. 8243-1 (cas B) ; C. pén., art. 131-21) ;

3. Interdiction 2 à 10 ans activité de sous-traitant de main-d'œuvre (C. trav., art. L. 8234-1 (cas A) et L. 8243-1 (cas B).

PERSONNE MORALE

PP Délit. Cas A et B : 150 000 €. Cas A1 et A2, B1 et B2 : 375 000 € (L. n° 2014-15554, 22 déc. 2014). Cas A3 et B3 : 500 000 € (L. n° 2014-790, 10 juill. 2014) (C. trav., art. L. 8234-2 (cas A) et L. 8243-2 (cas B) ; C. pén., art. 131-38).

PC 1. Dissolution (sauf personnes morales de droit public, partis, groupements politiques, syndicats, institutions représentatives du personnel) si personne morale créée pour commettre l'infraction (C. trav., art. L. 8234-2 (cas A) et L. 8243-2 (cas B) ; C. pén., art. 131-39 1° et 131-45) ;

2. Interdiction, définitive ou ⩽ 5 ans, une ou plusieurs activités professionnelles ou sociales en relation avec l'infraction (C. trav., art. L. 8234-2 (cas A) et L. 8243-2 (cas B) ; C. pén., art. 131-39 2°) ;

3. Surveillance judiciaire ⩽ 5 ans, sauf personnes morales de droit public, partis, groupements politiques, syndicats (C. trav., art. L. 8234-2 (cas A) et L. 8243-2 (cas B) ; C. pén., art. 131-39 3° et 131-46) ;

4. Fermeture, définitive ou ⩽ 5 ans, d'un ou plusieurs établissements en relation avec l'infraction (C. trav., art. L. 8234-2 (cas A) et L. 8243-2 (cas B) ; C. pén., art. 131-39 4°) ;

5. Exclusion, définitive ou ⩽ 5 ans marchés publics (C. trav., art. L. 8234-2 (cas A) et L. 8243-2 (cas B) ; C. pén., art. 131-39 5°) ;

6. Confiscation (réelle ou en valeur) chose ayant servi à l'infraction ou destinée à la commettre, ou son produit (obligatoire pour objets qualifiés dangereux ou nuisibles par loi ou règlement ou dont la détention est illicite) (C. trav., art. L. 8234-2 (cas A) et L. 8243-2 (cas B) ; C. pén., art. 131-39 8° et 131-21) ;

7. Affichage, ⩽ 2 mois, *et/ou* (L. n° 2011-525, 17 mai 2011) diffusion de la décision ou d'extraits aux frais (⩽ amende encourue) du condamné. Lorsqu'une amende est prononcée, la juridiction peut ordonner la diffusion ⩽ 2 ans, par le ministère du travail, sur un site dédié (L. n° 2014-790, 10 juill. 2014). (C. trav., art. L. 8234-2 (cas A) et L. 8243-2 (cas B) ; C. pén., art. 131-39 9°, 131-48 et 131-35).

▪ ORIENTEUR

AUTRE QUALIFICATION

▪ **Travail dissimulé – Dissimulation d'activité.** V. n° **32.11**.

▪ **Travail dissimulé – Dissimulation de salarié.** V. n° **32.13**.

▪ **Travail dissimulé – Recours aux services d'une personne exerçant un travail dissimulé.** V. n° **32.15**.

ÉLÉMENT LÉGAL

Définition. • Marchandage de main-d'œuvre. Le marchandage de main-d'œuvre est « *défini comme toute opération à but lucratif de fourniture de main-d'œuvre qui a pour effet de causer un préjudice au salarié qu'elle concerne ou d'éluder l'application de dispositions légales ou de stipulations d'une convention ou d'un accord collectif de travail* » (C. trav., art. **L. 8231-1**). **• Prêt illicite de main-d'œuvre.** Le prêt illicite de main-d'œuvre est défini comme « *toute opération à but lucratif ayant pour objet exclusif le prêt de main-d'œuvre* » (C. trav., art. **L. 8241-1**). **• Bande organisée. Cas A3** et **B3** : v. n° **11.20** (C. pén., art. 132-71).

▪ **Domaine d'application. Cas B.** L'incrimination ne s'applique pas aux opérations réalisées dans le cadre du travail temporaire (v. n° **32.31** et **32.32**) ~~au portage salarial~~ (Ord. n° 2015-380, 2 avr. 2015), aux entreprises de travail à temps partagé et à l'exploitation d'une agence de mannequin titulaire de la licence, ainsi qu'aux associations ou sociétés sportives dans les conditions prévues à l'article L. 222-3 du code du sport (C. trav., art. L. 8241-1). Les opérations de prêt de main-d'œuvre à but non lucratif sont autorisées (C. trav., art. L. 8241-2).

RÉGIME PROCÉDURAL

▪ **Régime complet de la criminalité organisée.** Applicable aux **cas A3** et **B3** (L. n° 2014-790, 10 juill. 2014), à l'exception de la garde à vue qui est limitée à 48 h 00 (C. pr. pén., art. **706-73-1 2°** (réd. issue L. n° 2015-993, 17 août 2015) v. n° **11.21C**).

▪ **Pouvoir des agents de contrôle.** Les **inspecteurs du travail et fonctionnaires de contrôle assimilés**, les agents et officiers de police judiciaire (C. trav., art. L. 8112-1), les agents de la direction générale des impôts et de la direction générale des douanes (C. trav., art. L. 8271-14), sont habilités à se communiquer tous documents dans leur mission de lutte contre ces infractions (C. trav., art. L. 8271-2). Dans le cadre de leur mission de lutte contre le marchandage ou prêt illicite de main-d'œuvre, ils peuvent se faire présenter les devis, les bons de commande ou de travaux, les factures et les contrats ou documents commerciaux relatifs aux opérations de marchandage (C. trav., art. L. 8271-15 et L. 8271-16).

MESURE ADMINISTRATIVE

▪ **Sanction administrative.** Le représentant de l'État dans le département reçoit copie des procès-verbaux relevant des infractions constitutives de travail illégal relevées par les agents de contrôle (C. trav., art. L. 8271-1-3). En cas d'infraction de travail dissimulé, de marchandage ou de prêt illicite de main-d'œuvre, d'emploi d'étranger non autorisé à travailler, il peut, eu égard à la gravité des faits constatés .../...

– A.../... et à la nature des aides sollicités et l'avantage qu'elles procurent à l'employeur, **refuser d'accorder**, pendant une durée de cinq ans, certaines des aides publiques en matière d'emploi, de formation et de culture, et **demander le remboursement** des aides des 12 derniers mois (C. trav., art. L. 8272-1) ;

– B.../... et à leur répétition et à la proportion de salariés concernés, à la répétition des faits constaté, ordonner par décision motivée, pour une durée ⩽ 3 mois, la **fermeture de l'établissement**, cette fermeture temporaire peut s'accompagner de la **saisie à titre conservatoire** du matériel professionnel des contrevenants (C. trav., art. L. 8272-2). La décision de fermeture n'emporte ni rupture ni suspension du contrat de travail (C. trav., art. L. 8272-3). Elle est levée de plein droit en cas de décision de relaxe ou de non-lieu, et sa durée s'impute sur l'éventuelle mesure de fermeture prononcée par la juridiction pénale ;

– C.../...et à leur répétition et à la proportion de salariés concernés, ordonner par décision motivée, pour une durée ⩽ 6 mois, l'exclusion des **marchés publics** (C. trav., art. L. 8272-4). La mesure est levée de plein droit en cas de décision classement sans suite, de relaxe ou de non-lieu, ou si la juridiction pénale ne prononce pas cette exclusion.

▪ **Sanction pénale de la violation des sanctions administratives.** Le fait de ne pas respecter les sanctions administratives ci-dessus est puni de 2 mois d'emprisonnement et 3 750 € d'amende (C. trav., art. L. 8272-5, A : *N* ***30577.co*** *;* B : *N* ***30578.co*** *;* C : *N* ***30579.co***).

MESURE CIVILE

▪ **Action syndicale.** Les syndicats représentatifs peuvent, sans mandat, exercer toutes actions en faveur d'un salarié après l'avoir averti par LRAR, sauf son opposition (C. trav., art. L. 8233-1).

▪ ÉLÉMENTS CONSTITUTIFS – QUALIFICATION

✧ Pour avoir à .... [¤ lieu], le .... [¤ date], [⇨A ou B :]

A. **MARCHANDAGE DE MAIN-D'ŒUVRE**

réalisé une opération à but lucratif de fourniture de main-d'œuvre ayant pour effet de causer un préjudice au salarié concerné, ou d'éluder l'application des dispositions légales ou des stipulations d'une convention ou d'un accord collectif de travail, en l'espèce en .... [¤ matérialiser l'infraction] (A : *N* ***3818.co*** *;* personnes morales : *N* ***21913.co***) ;

[préciser le cas échéant dans le cas A :] avec cette circonstance que les faits ont été commis [⇨A1 à A3 :]

A1. ...à l'égard de plusieurs personnes (L. n° 2014-1554, 22 déc. 2014) (A1 : *N* ***30987.co*** *;* par personne morale : *N* ***31370.co***) ;

A2. ...à l'égard d'une personne dont la vulnérabilité ou l'état de dépendance étaient apparents ou connus de l'auteur (L. n° 2014-1554, 22 déc. 2014) (A2 : *N* ***30988.co*** *;* par personne morale : *N* ***33697.co***) ;

A3. ...en bande organisée (L. n° 2014-790, 10 juill. 2014) (A3 : *N* ***30567.co*** *;* par personne morale : *N* ***33695.co***).

PERSONNES PHYSIQUES. (C. trav., art. L. 8231-1, L. 8234-1) ; **PERSONNES MORALES.** + L. 8234-2) ;

B. **PRÊT ILLICITE DE MAIN-D'ŒUVRE**

réalisé une opération à but lucratif ayant pour objet exclusif le prêt de main-d'œuvre en dehors des cas autorisés, en l'espèce en ....(B : *N* ***3819.co*** *;* par personne morale : *N* ***21914.co***) [¤ matérialiser l'infraction] ;

[préciser le cas échéant dans le cas B :] avec cette circonstance que les faits ont été commis... [⇨B1 à B3 :]

B1. ...à l'égard de plusieurs personnes (L. n° 2014-1554, 22 déc. 2014) (B1 : *N* ***30989.co*** *;* par personne morale : *N* ***31371.co***) ;

B2. ...à l'égard d'une personne dont la vulnérabilité ou l'état de dépendance étaient apparents ou connus de l'auteur (L. n° 2014-1554, 22 déc. 2014) (B2 : *N* ***30990.co*** *;* par personne morale : *N* ***33698.co***) ;

B3. ...en bande organisée (L. n° 2014-790, 10 juill. 2014) (B3 : *N* ***30566.co*** *;* par personne morale : *N* ***33696.co***).

PERSONNES PHYSIQUES. (C. trav., art. L. 8241-1, L. 8243-1) ; **PERSONNES MORALES.** + L. 8243-2).

Faits prévus et réprimés par les articles [• du cas sélectionné] ✧

32.34 Emploi irrégulier de mineur de moins de 16 ans

■ PEINES

PERSONNE PHYSIQUE

PP Contrav. 5e cl. 1 500 € (C. trav., art. R. 4743-5 ; C. pén., art. 131-13). Amende appliquée autant de fois que de personnes employées irrégulièrement (C. trav., art. R. 4743-6). **Récidive.** 3 000 € (C. trav., art. R. 4743-5 ; C. pén., art. 132-11).

PC Néant.

PERSONNE MORALE

PP Contrav. 5e cl. 7 500 € (C. pén., art. 131-38). **Récidive.** 15 000 € (C. trav., art. R. 4743-5 ; C. pén., art. 132-15).

PC Néant.

■ ORIENTEUR

TEXTE DE RÉFÉRENCE

▪ Régime de l'emploi des mineurs < 16 ans. « *Il est interdit d'employer des travailleurs de moins de seize ans* », sauf, selon les conditions prévues par le code du travail ou du code de l'éducation, s'il s'agit de mineurs de quinze ans et plus titulaires d'un contrat d'apprentissage ; d'élèves de l'enseignement général lorsqu'ils font des visites d'information organisées par leurs enseignants ou, durant les deux derniers niveaux de l'enseignement des collèges ou durant la scolarité au lycée, lorsqu'ils suivent des stages d'observation ; d'élèves qui suivent un enseignement alterné ou un enseignement professionnel durant les deux dernières (C. trav., art. **L. 4153-1**). Ces dispositions « *ne font pas obstacle à ce que les mineurs de plus de quatorze ans soient autorisés pendant leurs vacances scolaires à exercer des travaux adaptés à leur âge, à condition de leur assurer un repos effectif d'une durée au moins égale à la moitié de chaque période de congés* » (C. trav., art. **L. 4153-3**). Les restrictions qui précèdent « *ne sont pas applicables dans les établissements où ne sont employés que les membres de la famille sous l'autorité soit du père, soit de la mère, soit du tuteur, sous réserve qu'il s'agisse de travaux occasionnels ou de courte durée, ne pouvant présenter des risques pour leur santé ou leur sécurité* » (C. trav., art. **L. 4153-3**).

MESURE ADMINISTRATIVE

▪ Transaction pénale. *Idem* n° 32.50 (C. trav., art. L. 8114-4, Ord. n° 2016-413, 7 avr. 2016).

■ ÉLÉMENTS CONSTITUTIFS – QUALIFICATION

✧ Pour avoir à .... [¤ lieu], le .... [¤ date], employé .... [¤ nom de l'employé], mineur âgé de moins de 16 ans, en dehors de cas autorisés.

Faits prévus et réprimés par les articles L. 4153-1 à L. 4153-5, L. R. 4743-6 et R. 4743-5 du code du travail (*N* ***277.c5*** ; récidive : *N* ***11159.c5***). ✧

32.35 Opposition au paiement des cotisations sociales ou à l'affiliation à la sécurité sociale

■ PEINES

PERSONNE PHYSIQUE

PP Délit. Cas A1 (CSS, art. **L. 615-1, al. 1**) et B3 (CSS, art. **L. 114-18, al. 1**) : 2 ans d'emprisonnement, 30 000 € ;

Cas B1 : 6 mois, 7 500 € (CSS, art. **L. 615-1, al. 2**) ;

Cas C : 6 mois, 15 000 € (CSS, art. **L. 114-18, al. 2**).

PC Néant.

PERSONNE MORALE

PP Délit. Cas A1 (CSS, art. **L. 615-1, al. 1**) et B3 (CSS, art. **L. 114-18, al. 1**) : 150 000 € (C. pén., art. 131-38) ;

Cas B1 : 37 500 € (CSS, art. **L. 615-1, al. 2** ; C. pén., art. 131-38) ;

Cas C : 75 000 € (CSS, art. **L. 114-18, al. 2** ; C. pén., art. 131-38).

PC Néant.

■ ORIENTEUR

AUTRE QUALIFICATION

▪ Opposition au paiement des cotisations ou à l'affiliation – Allocations familiales. CSS, art. L. 554-4, v. n° 32.36.

ÉLÉMENT MATÉRIEL

▪ **Tentative.** Punissable dans le cas A1 (CSS, art. L. 615-1, al. 1).

RÉGIME DES PEINES

▪ **Inéligibilité.** Les travailleurs indépendants énumérés au CSS, art. L. 611-1, auxquels le régime de sécurité sociale des travailleurs indépendants est applicable, sont inéligibles pour une durée de 6 ans aux chambres de commerce et d'industrie territoriales et aux chambres des métiers lorsqu'ils sont condamnés au titre de CSS, art. L. 114-18 (Cas B3 et C) ou L. 615-1 (Cas A1 et B1).

■ ÉLÉMENTS CONSTITUTIFS – QUALIFICATION

✧ Pour avoir à .... [¤ lieu], le .... [¤ date], [⇨A ou B :]

A. **VOIE DE FAIT OU CONCERTATION**

par voie de fait, menaces ou manœuvres concertées, organisé ou tenté d'organiser le refus par les assujettis de se conformer aux prescriptions [⇨A1 ou A2 :]

A1. **Régime des non salariés :** du livre VI du code de la sécurité sociale relatif au régime de sécurité sociale des travailleurs indépendants et notamment de s'affilier à un organisme de sécurité sociale ou de payer les cotisations dues, en l'espèce en .... [¤ matérialiser l'infraction] (CSS, art. L. 615-1, al. 1 (anc^{t}, art. L. 652-7, al. 1)) (A1 : *N 21629.co*) ;

~~A2. **Régime agricole :** de la législation applicable aux régimes obligatoires de protection sociale agricole et notamment de s'affilier à une caisse de mutualité sociale agricole ou de payer les cotisations dues en l'espèce en .... [¤ matérialiser l'infraction] (C. rur., art. L. 725-14) (A1 : *N 3317.co*)~~ (abrogé, L. n° 2015-1702, 21 déc. 2015, art. 92 II 3°).

B. **INCITATION AU REFUS D'AFFILIATION À LA SÉCURITÉ SOCIALE**

par quelque moyen que ce soit, en l'espèce en .... [¤ matérialiser l'infraction], incité les assujettis à ne pas se conformer aux prescriptions [⇨B1 ou B2 :]

B1. **Régime des non salariés :** du livre VI du code de la sécurité sociale relatif au régime de sécurité sociale des travailleurs indépendants et notamment à ne pas s'affilier à un organisme de sécurité sociale ou à ne pas payer les cotisations et contributions dues (CSS, art. L. 615-1, al. 2 (anc^{t}, art. L. 652-7, al. 1)) (B1 : *N 21630.co*) ;

~~B2. **Régime agricole :** de la législation applicable aux régimes obligatoires de protection sociale agricole et notamment de s'affilier à une caisse de mutualité sociale agricole ou de payer les cotisations dues (C. rur., art. L. 725-15) (B2 : *N 3318.co*)~~ (abrogé, L. n° 2015-1702, 21 déc. 2015, art. 92 II 3°) ;

B3. **Régimes de base (dispositions communes) :** de la législation de sécurité sociale, et notamment de s'affilier à un organisme de sécurité sociale ou de payer les cotisations et contributions dues (CSS, art. L. 114-18, al. 1) (B3 : *N 21630.co*).

C. **REFUS DÉLIBÉRÉ D'AFFILIATION AUX RÉGIMES DE BASE DE LA SÉCURITÉ SOCIALE**

refusé délibérément de s'affilier ou persisté à ne pas engager les démarches en vue de son affiliation obligatoire à un régime de sécurité sociale, en méconnaissance des prescriptions de la législation en matière de sécurité sociale (CSS, art. L. 114-18, al. 2) (C : *N 30841.co*).

Faits prévus et réprimés par l'article [• du cas sélectionné]. ✧

32.36 Opposition au paiement des cotisations ou à l'affiliation – Allocations familiales

■ PEINES

PERSONNE PHYSIQUE

PP Délit. Cas A : 2 ans d'emprisonnement, 3 000 €. Cas B : 6 mois, 3 750 € (CSS, art. L. 554-4).

PC Néant.

PERSONNE MORALE

PP Cas A : 15 000 €. Cas B : 3 750 € (C. pén., art. 131-38).

PC Néant.

▪ **ORIENTEUR**

AUTRE QUALIFICATION

▪ **Opposition au paiement des cotisations sociales ou à l'affiliation à la sécurité sociale.** CSS, art. L. 114-18 et L. 615-1, v. n° 32.35.

ÉLÉMENT MATÉRIEL

▪ **Tentative.** Punissable dans le cas A (CSS, art. L. 554-4, al. 1).

▪ **ÉLÉMENTS CONSTITUTIFS – QUALIFICATION**

✧ Pour avoir à .... [¤ lieu], le .... [¤ date], [⇨A ou B :]

A. **VOIE DE FAIT OU CONCERTATION**

par voie de fait, menaces ou manœuvres concertées, organisé ou tenté d'organiser le refus par les assujettis de se conformer aux prescriptions de la législation des prestations familiales et notamment de s'affilier à une caisse de sécurité sociale ou d'allocations familiales ou de payer les cotisations dues, en l'espèce en .... [¤ matérialiser l'infraction] (CSS, art. L. 554-4, al. 1) (A : *N 3751.co*) ;

B. **INCITATION AU REFUS D'AFFILIATION À LA CAISSE D'ALLOCATIONS FAMILIALES**

par quelque moyen que ce soit, en l'espèce en .... [¤ matérialiser l'infraction], incité les assujettis à refuser de se conformer aux prescriptions de la législation des prestations familiales et notamment de s'affilier à une caisse de sécurité sociale ou d'allocations familiales ou de payer les cotisations dues (CSS, art. L. 554-4, al. 2) (B : *N 3752.co*).

Faits prévus et réprimés par l'article [• du cas sélectionné] du code de la Sécurité sociale. ✧

32.37 Repos hebdomadaire – Repos dominical – Non-respect

▪ **PEINES**

PERSONNE PHYSIQUE

PP Contrav. 5e cl. 1 500 € (C. trav., art. R. 3135-2 ; C. pén., art. 131-13). **Récidive.** 3 000 € (C. trav., art. R. 3135-2 ; C. pén., art. 132-11).

PC Néant.

PERSONNE MORALE

PP Contrav. 5e cl. 7 500 € (C. trav., art. R. 3135-2 ; C. pén., art. 131-41). **Récidive.** 15 000 € (C. trav., art. R. 3135-2 ; C. pén., art. 132-15).

PC Néant.

▪ **ORIENTEUR**

ÉLÉMENT LÉGAL

▪ **Abrogation de la mesure administrative fondant les poursuites. Absence de rétroactivité.** En application de C. trav., art. L. 3132-29 (v. cas A), lorsqu'un accord est intervenu entre les organisations syndicales de salariés et les organisations d'employeurs d'une profession et d'une zone géographique déterminées sur les conditions dans lesquelles le repos hebdomadaire est donné aux salariés, le préfet peut, par **arrêté**, sur la demande des syndicats intéressés, ordonner la fermeture au public des établissements de la profession ou de la zone géographique concernée pendant toute la durée de ce repos. « *l'abrogation d'un tel arrêté, pris pour l'application de ce texte, n'a pas d'effet rétroactif* », est donc censurée la décision de relaxe qui, au motif d'une telle abrogation, « *invoque la règle de l'application immédiate de la loi pénale plus douce* », la disposition législative support de l'arrêté (C. trav., art. L. 3132-29) n'ayant pas été abrogée, « *en sorte que les poursuites fondées sur la violation de l'arrêté en cause demeuraient permises* » (Crim. 7 janv. 2020, n° 18-83.074, P).

TEXTE DE RÉFÉRENCE

▪ **Principe.** Il est interdit de faire travailler un même salarié **plus de six jours par semaine** (principe du repos hebdomadaire) (C. trav., art. L. 3132-1). Le repos hebdomadaire est d'une **durée minimale** de 24 H 00 consécutives et il **est donné le dimanche** (principe du repos dominical) (C. trav., art. L. 3132-3). Toutefois, dans le commerce de détail alimentaire, le repos hebdomadaire peut être donné le dimanche à partir de 13 H 00 (C. trav., art. L. 3132-13).

▪ **Dérogation.** Des **dérogations permanentes** bénéficient à certaines catégories d'activité (C. trav., art. L. 3132-5 à L. 3132-12) dont la liste est fixée par décret (C. trav., art. R. 3135-2) ou aux établissements de vente au détail situés dans des communes d'intérêt touristique (C. trav., art. L. 3132-25) ou dans un périmètre d'usage de consommation exceptionnel arrêté par le préfet de région (C. trav., art. L. 31352-25-1 et L. 3132-25-2). Dans **l'industrie, pour l'organisation du travail en continu**, des dérogations peuvent être prévues par convention ou autorisées par l'inspecteur du travail (C. trav., art. L. 3132-14 à L. 3132-19). **Le préfet** peut accorder, pour une durée limitée, des dérogations pour toute l'année ou sur certaines périodes de l'année lorsque le repos simultané de tous les salariés « *serait préjudiciable au public ou compromettrait le fonctionnement normal de cet établissement* » (C. trav., art. L. 3132-20). Enfin, **le maire** peut autoriser l'ouverture durant douze dimanches par an pour les commerces de détail dans lesquels le repos hebdomadaire a lieu normalement le dimanche (C. trav., art. L. 3132-26).

▪ **Consentement et protection du salarié.** « *seuls les salariés volontaires ayant donné leur accord par écrit à leur employeur peuvent travailler le dimanche* » (C. trav., art. L. 3132-25-4) dans les cas où des dérogations au repos dominical sont accordées par l'autorité administrative dans l'intérêt du public ou afin de ne pas compromettre le fonctionnement normal de l'établissement (C. trav., art. L. 3132-20), dans les zones touristiques internationales (C. trav., art. L. 3132-24), les zones où l'affluence de touristes est particulièrement importante (C. trav., art. L. 3132-25), les zones commerciales particulièrement importantes (C. trav., art. L. 3132-25-1), certaines gares définies par arrêté ministériel (C. trav., art. L. 3132-25-6) ou dans le cas des dimanches autorisés par décision du maire (C. trav., art. L. 3132-26). « *Une entreprise ne peut prendre en considération le refus d'une personne de travailler le dimanche pour refuser de l'embaucher. Le salarié qui refuse de travailler le dimanche ne peut faire l'objet d'une mesure discriminatoire dans le cadre de l'exécution de son contrat de travail. Le refus de travailler le dimanche pour un salarié ne constitue pas une faute ou un motif de licenciement* » (C. trav., art. **L. 3132-25-4**). Ces cas particuliers de discrimination sont réprimés par C. trav., art. **R. 3135-2** (**Cas E**).

RÉGIME PROCÉDURAL

▪ **Fermeture conservatoire.** Pour les établissements de vente au détail et de prestations de service au consommateur, **l'inspecteur du travail peut saisir en référé** le président du TJ pour faire cesser l'infraction (C. trav., art. L. 3132-31 et D. 3132-24). Le juge peut notamment ordonner la fermeture le dimanche de l'établissement concerné. Il peut assortir sa décision d'une astreinte liquidée au profit du trésor (C. trav., art. L. 3132-31).

MESURE ADMINISTRATIVE

▪ **Amende administrative.** L'autorité administrative peut, sur rapport de l'agent de contrôle de l'inspection du travail, et sous réserve de l'absence de poursuites pénales, prononcer à l'encontre de l'employeur une amende en cas de manquement aux dispositions relatives au repos fixées aux articles L. 3131-1, L. 3131-2, L. 3132-2 du code du travail et aux mesures réglementaires prises pour leur application (C. trav., art. **L. 8115-1 2°**, Ord. n° 2016-413, 7 avr. 2016). Le montant maximal de l'amende, majoré en cas de réitération, est de **4 000 €** (depuis L. n° 2017-771, 5 sept. 2018, auparavant 2 000 €) et peut être appliqué autant de fois qu'il y a de travailleurs concernés par le manquement (C. trav., art. **L. 8115-3**).

RÉGIME DES PEINES

▪ **Amende.** Les contraventions donnent lieu à autant d'amendes qu'il y a de « *salariés illégalement employés* » (C. trav., art. **R. 3135-2**).

▪ ÉLÉMENTS CONSTITUTIFS – QUALIFICATION

✧ Pour avoir à .... [¤ lieu], le .... [¤ date], étant chef d'établissement, directeur ou gérant, enfreint les dispositions légales ou réglementaires relatives au repos hebdomadaire [⇨**A** à **E** :]

A. en employant des salariés pendant la durée du repos hebdomadaire malgré l'arrêté préfectoral du .... [date et références de l'arrêté préfectoral] ordonnant la fermeture au public des établissements de la profession ou de la zone géographique concernée (C. trav., art. L. 3132-29) (A : *N 3809.c5 ; récidive : N 9993.c5*) ;

B. en employant plus de six jours par semaine un même salarié (C. trav., art. L. 3132-1) (B : *N #.c5 ; récidive : N #.c5*) ;

C. en donnant un repos hebdomadaire d'une durée inférieure à 24 h consécutives (C. trav., art. L. 3132-2) (C : *N 13152.c5 ; récidive : N 13156.c5*) ;

D. en donnant le repos hebdomadaire un jour autre que le dimanche (C. trav., art. L. 3132-3) (D : *N 13153.c5 ; récidive : N 13157.c5*) ;

E. en prenant en considération, dans les cas où seuls les salariés volontaires ayant donné leur accord par écrit peuvent travailler le dimanche, le refus de ...... [salarié concerné] de travailler le dimanche pour refuser de l'embaucher (E1 : *N 31175.c5 ; récidive : N #.c5*), le soumettre à une mesure discriminatoire dans le cadre de l'exécution de son contrat de travail (E2 : *N 31176.c5 ; récidive : N #.c5*) ou le licencier E3 : *N 31177.c5 ; récidive : N 13156.c5*) (C. trav., art. L. 2132-20, L. 3132-24, L. 3132-25, L. 3132-25-1, L. 3132-25-6, L. 3132-26, L. 3132-27-1, L. 3132-25-4).

Faits prévus et réprimés par les articles [• du cas sélectionné] + R. 3135-2 du code du travail. ✧

32.38 Cumul d'emploi

■ PEINES

PERSONNE PHYSIQUE

PP Contrav. 5e cl. 1 500 € (C. trav., art. R. 8262-1 et R. 8262-2 ; C. pén., art. 131-13). **Récidive.** 3 000 € (C. trav., art. R. 8262-1 et R. 8262-2 ; C. pén., art. 132-11).

PC Néant.

PERSONNE MORALE

PP Contrav. 5e cl. 7 500 € (C. trav., art. R. 8262-1 et R. 8262-2 ; C. pén., art. 131-41). **Récidive.** 15 000 € (C. trav., art. R. 8262-1 et R. 8262-2 ; C. pén., art. 132-15).

PC Néant.

■ ORIENTEUR

ÉLÉMENT LÉGAL

▪ **Domaine d'application. Le cumul d'emploi par un fonctionnaire** ou agent de l'État ou des collectivités territoriales, d'un office ou établissement public, de la SNCF, d'une régie municipale ou départementale, le personnel titulaire des organismes de sécurité sociale, était auparavant réprimé par référence à C. trav. anc., art. L. 324-1 et R. 362-34 (devenus R. 8262-1 et R. 8262-2). C. trav., art. L. 324-1 a été abrogé par L. nº 2007-148, 2 févr. 2007, art. 24 I 1°.

■ ÉLÉMENTS CONSTITUTIFS – QUALIFICATION

✧ Pour avoir à .... [¤ lieu], le .... [¤ date], [⇨A ou B :]

A. étant salarié d'une profession industrielle, commerciale, artisanale ou agricole, effectué des travaux rémunérés relevant de ces professions au-delà de la durée maximale du travail (C. trav., art. L. 8261-1 et R. 8262-1) (A : *N 10182.c5 ; récidive : N 80182.c5*) ;

B. recouru aux services d'une personne contrevenant aux dispositions relatives à l'interdiction du cumul d'emploi (C. trav., art. L. 8261-1, L. 8261-2 et R. 8262-2) (B : *N 10183.c5 ; récidive : N 80183.c5*).

Faits prévus et réprimés par les articles [• du cas sélectionné] du code du travail. ✧

32.39 Offre d'emploi – Allégations fausses ou induisant en erreur

■ PEINES

PERSONNE PHYSIQUE

PP Délit. 1 an d'emprisonnement, 37 500 € (C. trav., art. L. 5334-1).

PC Néant.

PERSONNE MORALE

PP Délit. 187 500 € (C. trav., art. L. 5334-1 ; C. pén., art. 131-38).

PC Néant.

▪ ORIENTEUR

AUTRE QUALIFICATION

▪ **Pratique commerciale trompeuse – Publicité fausse.** C. consom., art. L. 132-2, v. nº 30.6.

ÉLÉMENT MATÉRIEL

▪ **Imputabilité.** « *L'annonceur qui a demandé la diffusion de l'offre est responsable de l'infraction commise. Le directeur de la publication ou le fournisseur du service ayant communiqué l'offre au public est responsable lorsqu'il a agi sans demande expresse d'insertion de l'offre émanant de l'annonceur.* » (C. trav., art. L. 5334-1).

▪ ÉLÉMENTS CONSTITUTIFS – QUALIFICATION

✧ Pour avoir à .... [¤ lieu], le .... [¤ date], fait publier dans un journal, revue ou écrit périodique ou diffusé par tout autre moyen de communication accessible au public, une insertion [⇨A ou B :]

A. d'offre d'emploi ou une d'offre de travaux à domicile comportant des allégations fausses ou susceptibles d'induire en erreur portant en particulier sur l'existence, le caractère effectivement disponible, la nature et la description de l'emploi ou du travail à domicile offert, la rémunération et les avantages annexes proposés ou le lieu de travail, en l'espèce en .... [¤ matérialiser l'infraction] (C. trav., art. L. 5331-3) (A : *N* ***26682.co***) ;

B. de prestation de services concernant les offres d'emploi ou les carrières et comportant des allégations fausses ou susceptibles d'induire en erreur, notamment sur le caractère gratuit dudit service, en l'espèce en .... [¤ matérialiser l'infraction] (C. trav., art. L. 5331-5) (B : *N* ***20585.co***).

Faits prévus et réprimés par les articles [• du cas sélectionné] + L. 5334-1 du code du travail. ✧

32.40 Organisme de formation professionnelle

▪ PEINES

PERSONNE PHYSIQUE

PP Délit. 4 500 € (C trav., art. L. 6355-1).

PC Interdiction, définitive ou ⩽ 5 ans activité de dirigeant d'un organisme de formation professionnelle (C. trav., art. L. 6355-23 ; C. pén., art. 131-27 et 131-28).

PERSONNE MORALE

PP 22 500 € (C. pén., art. 131-38).

PC Néant.

▪ ORIENTEUR

RÉGIME PROCÉDURAL

▪ **Compétence juridictionnelle. Juge unique** (C. pr. pén., art. 398-1, v. nº 17.15D2).

▪ **Ordonnance pénale. Possible** (C. pr. pén., art. 495-II, v. nº 15.48B1 et tableau nº 17.15D2).

▪ ÉLÉMENTS CONSTITUTIFS – QUALIFICATION

✧ Pour avoir à .... [¤ lieu], le .... [¤ date], étant prestataire d'actions de formation professionnelle [⇨A ou B :]

A. **ABSENCE DE DÉCLARATION PRÉALABLE**

omis de déposer auprès de l'autorité administrative une déclaration d'activité dès la conclusion de la première convention de formation professionnelle (C. trav., art. L. 6313-1, L. 6351-1 et L. 6355-1) (A : *N* ***6723.ju***) ;

B. **NON-TRANSMISSION DES DOCUMENTS, BILAN PÉDAGOGIQUE ET FINANCIER**

continue, omis d'adresser chaque année à l'autorité administrative compétente un état précisant l'utilisation des sommes reçues, un bilan pédagogique et financier, ainsi que le bilan, le compte de résultat et l'annexe du dernier exercice clos (C. trav., art. L. 6352-11 et L. 6355-15) (B : *N* ***6724.ju***).

Faits prévus et réprimés par les articles [• du cas sélectionné] + L. 6355-23 du code du travail. ✧

32.41 Fraude – Allocations aux travailleurs privés d'emploi – Allocations chômage (abrogé, L. nº 2013-1203, 23 déc. 2013, art. 86)

■ PEINES

PERSONNE PHYSIQUE

PP Délit. ~~4 000 € d'amende (auparavant 2 mois d'emprisonnement, 3 750 € [L. nº 2006-339, 23 mars 2006, art. 16 1º]) (C. trav., art. L. 5124-1, L. 5135-1 et L. 5429-1).~~

~~Récidive. 8 000 € (C. trav., art. L. 5124-1, L. 5135-1 et L. 5429-1).~~

PC ~~Néant.~~

PERSONNE MORALE

PP ~~20 000 €. Récidive. 40 000 € (C. pén., art. 131-38, 131-41).~~

PC ~~Néant.~~

■ ORIENTEUR

ÉLÉMENT LÉGAL

▪ **Application de la loi pénale dans le temps.** Ces incriminations ont été abrogées par L. nº 2013-1203, 23 déc. 2013, art. 86, qui a supprimé des incriminations relatives aux fraudes aux prestations sociales en les recentrant sur deux infractions : l'escroquerie aggravée (v. nº 22.22, cas G) et la déclaration fausse ou incomplète prévue à C. pén., art. 441-6, al. 2 (v. nº 24.9).

RÉGIME PROCÉDURAL

▪ **Compétence juridictionnelle.** ~~Juge unique (C. pr. pén., art. 398-1 8º).~~

TENTATIVE

~~> Punissable (C. trav., art. L. 5124-1, L. 5135-1, L. 5429-1).~~

AUTRE QUALIFICATION

~~> V. aussi perception indue d'allocation nºs 24.9 à 24.11, et escroquerie nº 22.18.~~

MESURE ADMINISTRATIVE

~~> Sans préjudice des actions en récupération des allocations indues et des poursuites pénales, l'inexactitude ou le caractère incomplet, lorsqu'ils sont délibérés, des déclarations faites pour le bénéfice des allocations et primes d'aide aux travailleurs privés d'emploi, ainsi que l'absence de déclaration d'un changement dans la situation justifiant de ce bénéfice, ayant abouti à des versements indus remontant à, au plus, deux ans, peuvent être sanctionnés par une pénalité n'excédant pas 3 000 € prononcée par le représentant de l'État après consultation d'une commission. Cette pénalité s'impute sur le montant de l'amende le cas échéant prononcée par la juridiction pénale et est soumise de droit à révision en cas de non-lieu ou de relaxe (C. trav., art. L. 5426-5 à L. 5426-8).~~

TEXTE DE RÉFÉRENCE

~~> Tout demandeur d'emploi peut exercer une activité bénévole. Cette activité ne peut s'effectuer chez un précédent employeur, ni se substituer à un emploi salarié, et doit rester compatible avec l'obligation de recherche d'emploi (C. trav., art. L. 5425-8).~~

■ ~~ÉLÉMENTS CONSTITUTIFS – QUALIFICATION~~

~~✧ Pour avoir à .... [¤ lieu], le .... [¤ date], bénéficié ou tenté de bénéficier frauduleusement d'allocations [⇨ A à C :]~~

~~A. de reclassement ou de reconversion (C. trav., art. L. 5123-2 et L. 5124-1) ;~~

~~B. de retour à l'emploi (C. trav., art. L. 5135-1, L. 5135-1) ;~~

~~C. d'assurance chômage ou d'allocations de solidarité allouées aux travailleurs involontairement privés d'emploi (C. trav., art. L. 5411-1 s, L. 5429-1) ;~~

~~et ce pour un montant de .... [¤ montant des allocations frauduleusement perçues].~~

~~Faits prévus et réprimés par les articles [• du cas sélectionné] du code du travail (*N 3872.co*). ✧~~

32.42 Fraude – Revenu minimum d'insertion (RMI) (abrogé, L. n° 2008-1249, 1er déc. 2008)

■ PEINES

PERSONNE PHYSIQUE

PP Délit. 4 000 € (auparavant 5 ans d'emprisonnement, 375 000 € [L. n° 2006-339, 23 mars 2006, art. 14 1°]) (CASF, art. L. 262-46).

Récidive. 8 000 € (CASF, art. L. 262-46).

PC Néant.

PERSONNE MORALE

PP 20 000 €. Récidive. 40 000 € (C. pén., art. 131-38, 131-41).

PC Néant.

■ ORIENTEUR

ÉLÉMENT LÉGAL

▪ **Application de la loi pénale dans le temps.** Depuis le 1er juin 2009 (L. n° 2008-1249, 1er déc. 2008), le revenu de solidarité active (RSA) a remplacé en France métropolitaine le revenu minimum d'insertion (v. n° 32.43). Toutefois, dans les départements d'outre-mer et les collectivités de Saint-Barthélémy, Saint-Martin et Saint-Pierre et Miquelon, le RSA a remplacé le RMI au plus tard le 1er janvier 2011. Jusqu'à cette date, les dispositions régissant le revenu minimum d'insertion dans leur rédaction antérieure à l'entrée en vigueur de la loi ont continué de s'y appliquer (L. n° 2008-1249, 1er déc. 2008, art. 29).

TEXTE DE RÉFÉRENCE

> L'allocation est servie par les caisses d'allocations familiales ou les caisses de mutualité sociale agricole (CASF, art. L. 262-30).

> L'allocataire est tenu de faire connaître à l'organisme payeur tout changement intervenu dans sa situation familiale et ses ressources (D. n° 88-1111, 12 déc. 1988, art. 28).

ÉLÉMENT MATÉRIEL

▪ Tentative. Punissable (CASF, art. L. 262-46).

RÉGIME PROCÉDURAL

▪ Compétence juridictionnelle. Juge unique (C. pr. pén., art. 398-1 8°).

MESURE ADMINISTRATIVE

▪ Sanction administrative. Sans préjudice des actions en récupération des allocations indues et des poursuites pénales, l'inexactitude ou le caractère incomplet, lorsqu'ils sont délibérés, des déclarations faites pour le bénéfice des allocations et primes d'aide aux travailleurs privés d'emploi, ainsi que l'absence de déclaration d'un changement dans la situation justifiant de ce bénéfice, ayant abouti à des versements indus remontant à, au plus, deux ans, peuvent être sanctionnés par une pénalité n'excédant pas 3 000 € prononcée par le président du conseil général après consultation de la commission locale d'insertion. Cette pénalité s'impute sur le montant de l'amende le cas échéant prononcée par la juridiction pénale et est soumise de droit à révision en cas de non-lieu ou de relaxe (CASF, art. L. 262-47-1 [L. n° 2006-339, 23 mars 2006, art. 14 3°]).

■ ÉLÉMENTS CONSTITUTIFS – QUALIFICATION

✧ Pour avoir à .... [¤ lieu], le .... [¤ date], bénéficié ou tenté de bénéficier frauduleusement de l'allocation du revenu minimum d'insertion, et ce pour un montant de .... [¤ montant des allocations frauduleusement perçues].

Faits prévus et réprimés par les articles L. 262-46 du code de l'action sociale et des familles (*N 5737.ju*). ✧

32.43 Fraude – Revenu de solidarité active (RSA) (abrogé, L. n° 2013-1203, 23 déc. 2013, art. 86)

■ PEINES

PERSONNE PHYSIQUE

PP Cas A. 5 000 € (CASF, art. L. 262-50, CSS, art. L. 114-13).

Cas B. 4 500 € (CASF, art. L. 262-51, CSS, art. L. 554-2).

PC Néant.

PERSONNE MORALE

PP Cas A. 25 000 € (CASF, art. L. 262-50, CSS, art. L. 114-13, C. pén., art. 131-38, 131-41).

Cas B. 22 500 € (CASF, art. L. 262-51, CSS, art. L. 554-2, C. pén., art. 131-38, 131-41).

PC Néant.

■ ORIENTEUR

ÉLÉMENT LÉGAL

▪ **Application de la loi pénale dans le temps.** Cette incrimination spéciale a été abrogée par L. nº 2013-1203, 23 déc. 2013, art. 86, qui a supprimé des incriminations relatives aux fraudes aux prestations sociales en les recentrant sur deux infractions : l'escroquerie aggravée (v. nº 22.22, cas G) et la déclaration fausse ou incomplète prévue à C. pén., art. 441-6, al. 2 (v. nº 24.9).

▪ **Application de la loi pénale dans le temps.** Depuis le 1er juin 2009 (L. nº 2008-1249, 1er déc. 2008), le revenu de solidarité active (RSA) a remplacé en France métropolitaine le revenu minimum d'insertion. Toutefois, dans les départements d'outre-mer et les collectivités de Saint-Barthélémy, Saint-Martin et Saint-Pierre et Miquelon, le RSA remplacera le RMI au plus tard le 1er janvier 2011. Jusqu'à cette date, les dispositions régissant le revenu minimum d'insertion dans leur rédaction antérieure à l'entrée en vigueur de la loi continuent de s'y appliquer (L. nº 2008-1249, 1er déc. 2008, art. 29) (v. nº 32.42.

RÉGIME PROCÉDURAL

▪ **Compétence juridictionnelle.** Juge unique (C. pr. pén., art. 398-1 8º).

■ ÉLÉMENTS CONSTITUTIFS – QUALIFICATION

✧ Pour avoir à .... [¤ lieu], le .... [¤ date], [⇨A ou B :]

A. par fraude ou fausse déclaration, obtenu, ou fait obtenir, ou tenté de faire obtenir le revenu de solidarité active et ce pour un montant de ...., au préjudice de [¤ organisme victime] (CASF, art. L. 262-50, CSS, art. L. 114-13 (*N 5737.ju*) ;

B. offert ou fait offrir ses services à une personne en qualité d'intermédiaire et moyennant rémunération, en vue de lui faire obtenir le revenu de solidarité active (CASF, art. L. 262-51, CSS, art. L. 554-2 (*N 5738.ju*)

Faits prévus et réprimés par les articles [• du cas sélectionné]. ✧

32.44 Fraude – Allocations d'aide sociale indues (abrogé – Cons. const. 28 juin 2013, nº 2013-328 QPC)

■ PEINES

PERSONNE PHYSIQUE

PP Délit. 5 ans d'emprisonnement, 375 000 € (CASF, art. L. 135-1 ; C. pén., art. 313-1).

PC V. peines complémentaires de l'escroquerie, nº 22.18.

PERSONNE MORALE

PP 1 875 000 € (C. pén., art. 131-38, 131-41).

PC Néant.

■ ORIENTEUR

ÉLÉMENT LÉGAL

▪ **Application de la loi pénale dans le temps.** Cette incrimination abrogée par le Cons. const., (Cons. const. 28 juin 2013, nº 2013-328 QPC) entre dans les prévisions de l'article 86 de la L. nº 2013-1203, 23 déc. 2013, qui a supprimé des incriminations relatives aux fraudes aux prestations sociales en les recentrant sur deux infractions : l'escroquerie aggravée (v. nº 22.22, cas G) et la déclaration fausse ou incomplète prévue à C. pén., art. 441-6, al. 2 (v. nº 24.9).

▪ **Constitutionnalité.** Au regard des qualifications alternatives couvrant les mêmes faits, l'une prévoyant une peine de 5 ans et de 375 000 € (CASF, art. L. 135-1), l'autre de 5 000 € (CSS, art., L. 114-13, v. nº 32.45), la nature et l'importance de cette différence de traitement méconnaît le principe d'égalité devant la loi pénale. CASF, art. L. 135-1 est donc déclaré contraire à la constitution (Cons. const. 28 juin 2013, n° 2013-328 QPC).

ÉLÉMENT MATÉRIEL

▪ Tentative. Punissable (CASF, art. L. 135-1).

▪ ÉLÉMENTS CONSTITUTIFS – QUALIFICATION

✧ Pour avoir à .... [¤ lieu], le .... [¤ date], frauduleusement perçu ou tenté de percevoir frauduleusement des prestations au titre de l'aide sociale, et ce pour un montant de .... [¤ prestations frauduleusement perçues].

Faits prévus et réprimés par l'article L. 135-1 du code de l'action sociale et des familles, 313-1, 313-3 et 313-8 du code pénal (*N 1786.co*). ✧

32.45 Fraude – Allocations de toute nature versées par les organismes de protection sociale (abrogé, L. n° 2013-1203, 23 déc. 2013, art. 86)

▪ PEINES

PERSONNE PHYSIQUE

PP 5 000 € (CSS, art. L. 114-13 [L. n° 2005-1579, 19 déc. 2005, art. 92 I]).

PC Néant.

PERSONNE MORALE

PP 25 000 € (C. pén., art. 131-38, 131-41).

PC Néant.

▪ ORIENTEUR

ÉLÉMENT LÉGAL

▪ **Application de la loi pénale dans le temps.** Cette incrimination spéciale a été abrogée par L. n° 2013-1203, 23 déc. 2013, art. 86, qui a supprimé des incriminations relatives aux fraudes aux prestations sociales en les recentrant sur deux infractions : l'escroquerie aggravée (v. n° 22.22, cas G) et la déclaration fausse ou incomplète prévue à C. pén., art. 441-6, al. 2 (v. n° 24.9).

▪ **Application de la loi pénale dans le temps.** Ces dispositions concernent notamment les faits de fraude aux allocations familiales autrefois incriminées par l'article L. 554-1 du CSS, abrogé par la loi n° 2005-1579, 19 déc. 2005, art. 92-VI 1°, qui prévoyait des pénalités de 4 500 €.

ÉLÉMENT MATÉRIEL

▪ Tentative. Punissable (CSS, art. L. 114-13).

RÉGIME PROCÉDURAL

▪ Compétence juridictionnelle. Juge unique (C. pr. pén., art. 398-1 8°).

MESURE ADMINISTRATIVE

▪ Sanction administrative. L'inexactitude ou le caractère incomplet des déclarations faites pour le bénéfice de prestations versées par les organismes chargés de la gestion des prestations familiales ou d'assurance vieillesse, ainsi que l'absence de déclaration d'un changement dans la situation justifiant ce bénéfice, ayant abouti à des versements indus, peuvent être sanctionnés par une pénalité n'excédant pas le double du plafond mensuel de la sécurité sociale (le quadruple en cas de récidive), prononcée par le directeur de l'organisme concerné après l'avis d'une commission (CSS, art. L. 114-17).

▪ ÉLÉMENTS CONSTITUTIFS – QUALIFICATION

✧ Pour avoir à .... [¤ lieu], le .... [¤ date], par fraude ou fausse déclaration, obtenu, ou fait obtenir, ou tenté de faire obtenir des prestations ou des allocations de toute nature, liquidées ou versées par des organismes de protection sociale et ce pour un montant de .... au préjudice de [¤ organisme de protection sociale victime].

Faits prévus et réprimés par l'article L. 114-13 du code de la sécurité sociale (*N 3750.ju*). ✧

32.46 Homicide involontaire – Accident du travail

■ PEINES

PERSONNE PHYSIQUE

PP Délit. Cas A : 3 ans d'emprisonnement, 45 000 €. Cas B : 5 ans, 75 000 € (C. pén., art. 221-6).

PC 1. Interdiction, définitive ou ⩽ 5 ans activité professionnelle ou sociale en relation avec l'infraction (C. pén., art. 221-8 et 131-27) ;

2. Interdiction ⩽ 5 ans détention, port arme soumise à autorisation (catégorie B) (C. pén., art. 221-8) ;

3. Suspension, annulation, ⩽ 5 ans, du PC (C. pén., art. 221-8) ;

4. Stage de sensibilisation aux dangers de l'usage de produits stupéfiants. La juridiction précise si le stage est exécuté aux frais du condamné (C. pén., art. 131-35-1 et 221-8 [L. n° 2007-297, 5 mars 2007]) (pour les faits commis avant le 24 mars 2020 et jugés après cette date, L. n° 2019-222, 23 mars 2019, en vigueur le 24 mars 2020. Pour les faits commis à partir du 24 mars 2020, v. nouvelle réd. C. pén., art. 131-5-1 et n° 18.33).

5. Confiscation arme(s) (C. pén., art. 221-8) ;

6. Retrait permis de chasser ⩽ 5 ans (C. pén., art. 221-8) ;

7. Affichage, ⩽ 2 mois, *et/ou* (L. n° 2011-525, 17 mai 2011) diffusion de la décision ou d'extraits aux frais (⩽ amende encourue) du condamné (C. pén., art. 221-10 et 131-35).

PERSONNE MORALE

PP Délit. Cas A : 225 000 €. Cas B : 375 000 € (C. pén., art. 221-7, 131-38).

PC 1. Interdiction, définitive ou ⩽ 5 ans, d'exercer une ou plusieurs activités professionnelles ou sociales en relation avec l'infraction (C. pén., art. 221-7 et 131-39, 2°) ;

2. Surveillance judiciaire, ⩽ 5 ans (C. pén., art. 221-7, 131-39, 3° et 131-46) ;

3. Cas B : Fermeture, définitive ou ⩽ 5 ans, d'un ou plusieurs établissements en relation avec l'infraction (C. pén., art. 221-7 et 131-39, 4°) ;

4. Confiscation de la chose ayant servi à l'infraction ou destinée à la commettre, ou de son produit (obligatoire pour objets qualifiés dangereux ou nuisibles par loi ou règlement ou dont la détention est illicite) (C. pén., art. 221-7, 131-39, 8°, 131-48 et 131-21) ;

5. Affichage, ⩽ 2 mois, *et/ou* (L. n° 2011-525, 17 mai 2011) diffusion de la décision ou d'extraits aux frais (⩽ amende encourue) du condamné (C. pén., art. 221-7, 131-39, 9°, 131-48 et 131-35).

■ ORIENTEUR

AUTRE QUALIFICATION

▪ **Homicide involontaire.** Hors accident du travail, v. n° 20.60.

▪ **Hygiène et sécurité du travail – Règlementation générale.** V. n° 32.50.

ÉLÉMENT MATÉRIEL

▪ **Médecine légale. • Notion de mort.** Sur la notion de mort en médecine légale, v. n° 14.3.

ÉLÉMENT INTENTIONNEL

▪ **Dol spécial. Auteur indirect.** Distinction de la faute qualifiée de la personne physique et de la faute simple de la personne morale en cas de causalité indirecte (C. pén., art. 121-3). *Idem* n° 20.60.

ÉLÉMENT MATÉRIEL

▪ **Concours de qualification – Règle *non bis in idem*. • Cumul de l'infraction d'homicide involontaire et des délits et contraventions en matière d'hygiène et de sécurité du travail.** « *Ne procèdent pas de manière indissociable d'une action unique caractérisée par une seule intention coupable, d'une part, les atteintes involontaires à la vie ou à l'intégrité des personnes commises par la violation d'une obligation particulière de prudence ou de sécurité prévue par la loi ou le règlement, d'autre part, les délits ou contraventions qui sanctionnent le non-respect de ladite obligation* » (Crim. 9 avr. 2019, n° 17-86.267, P, n° 68 ; dans le même sens : Crim. 15 oct. 2019, n° 17-87.329, D). **• Cumul d'atteintes délictuelles et contraventionnelles.** « *les déclarations de culpabilité des délits et contraventions de blessures involontaires ne sont pas exclusives l'une de l'autre ; par ailleurs, aucune des qualifications telles qu'elles résultent des textes d'incrimination ne correspond à un élément constitutif ou à une circonstance aggravante de* *l'autre et aucune de ces qualifications n'incrimine une modalité particulière de l'action répréhensible sanctionnée par l'autre infraction* » (§ 10) (Crim. 15 févr. 2022, n° 20-81.450, P) • **Renvoi.** Sur l'application de la règle *non bis in idem* en cas de concours d'infraction, v. n° **17.32B2**.

▪ **Imputabilité de l'infraction.** • **Principe de responsabilité du chef d'entreprise.** « *les dispositions édictées par le code du travail ou les règlements d'administration publique pris pour son application dans le dessein d'assurer l'hygiène et la sécurité des travailleurs sont d'application stricte et qu'il appartient au chef d'entreprise de veiller personnellement et à tout moment à leur constante application* » (Crim. 18 déc. 1963, n° 63-91.968, P n° 368). « *il appartient au chef d'entreprise de veiller personnellement à la stricte exécution des prescriptions règlementaires destinées à assurer la protection et la sécurité de son personnel* » (Crim. 4 nov. 1964, n° 64-92.184, P n° 287). « *l'absence de faute personnelle du chef d'entreprise ne saurait résulter de la seule circonstance qu'il n'était pas présent sur les lieux* » (Crim. 2 oct. 1979, n° 78-93.334, P n° 267). • **Responsabilités simultanées du dirigeant de droit et du dirigeant de fait.** « *les gérants de droit ou de fait d'une même société peuvent être simultanément déclarés coupables d'homicide involontaire en cas de décès d'un salarié causé par un manquement à la règlementation relative à la sécurité des travailleurs, dès lors qu'en l'absence de délégation de pouvoirs, chacun des cogérants, de droit ou de fait, a le devoir d'assurer le respect de cette règlementation* » (Crim. 12 sept. 2000, n° 99-88.011, P n° 268). • **Responsabilités concurrentes des chefs de l'entreprise utilisatrice et de l'entreprise intervenante.** L'imprécision des instructions données respectivement par le chef d'une entreprise utilisatrice et le chef d'une entreprise extérieure pour l'exécution d'un chantier dans les locaux de l'entreprise utilisatrice justifie la condamnation de chacun des dirigeants dont les négligences communes ont été la cause de l'accident (Crim. 25 juin 1985, n° 84-93.825, P n° 249 ; dans le même sens : Crim. 1er juin 1987, n° 85-94.602, P n° 228). « *quelle qu'ait été l'intention des parties, il ne pouvait être dérogé par elles à la règlementation, d'ordre public, relative à la sécurité des travailleurs* » (Crim. 14 janv. 2003, n° 01-87.300, P n° 8) « *la seule volonté des intéressés étant impuissante à soustraire des travailleurs au statut social découlant nécessairement des conditions d'accomplissement de leur tâche* » (Crim. 29 oct. 1985, n° 84-95.559, P n° 335). En relevant que, sous couvert d'un prétendu contrat de sous-traitance, deux sociétés s'étaient livrées à un prêt de main-d'oeuvre à but lucratif, et qu'au moment de l'accident du travail, le salarié victime était sous la responsabilité du chef d'entreprise de la société utilisatrice, une cour d'appel est fondée à condamner ce dernier (Crim. 14 févr. 1989, n° 88-80.439, P n° 75). • **Exonération du chef d'entreprise en cas de preuve d'une délégation de pouvoir effective.** « *Le chef d'entreprise, tenu de veiller personnellement à la stricte et constante exécution des dispositions édictées par le Code du travail pour les règlements pris pour son application en vue d'assurer l'hygiène et la sécurité des travailleurs, est pénalement responsable des infractions constatées à cet égard sur ses chantiers ; qu'il ne peut être exonéré de cette responsabilité que s'il rapporte la preuve qu'il a délégué la direction du chantier à un préposé investi et pourvu de la compétence et de l'autorité nécessaires pour veiller efficacement à l'observation des dispositions en vigueur, auquel cas sa responsabilité est transférée à son délégué ; qu'il s'ensuit qu'en cette matière, la même infraction ne peut être retenue à la fois contre le chef d'entreprise et contre le préposé délégué par lui* » (Crim. 12 janv. 1988, n° 85-95.950, n° 15). « *l'existence d'une délégation de la direction effective du chantier ne saurait être "impliquée" par la nature du travail* » (Crim. 2 oct. 1979, n° 78-93.334, P n° 267). • **Pluralité de délégations de pouvoir.** Pour exonérer le chef d'entreprise, le juge doit avoir « *l'assurance que la direction du chantier ait été en réalité confiée à un préposé, ayant autorité sur les autres participants à l'ouvrage et pourvu effectivement de la compétence et des moyens nécessaires, le cumul de plusieurs délégations pour l'exécution du même travail étant, d'ailleurs, de nature à restreindre l'autorité et à entraver les initiatives de chacun des prétendus délégataires* » (Crim. 2 oct. 1979, n° 78-93.334, P n° 267). « *si le chef d'entreprise a la faculté de déléguer la direction d'un chantier à un préposé investi par lui et pourvu de la compétence, de l'autorité et des moyens nécessaires pour veiller efficacement à l'observation des dispositions en vigueur, il ne peut, en revanche, déléguer ses pouvoirs à plusieurs personnes pour l'exécution d'un même travail, un tel cumul étant de nature à restreindre l'autorité et à entraver les initiatives de chacun des prétendus délégataires* » (Crim. 23 nov. 2004, n° 04-81.601, P n° 295, dans le même sens : Crim. 6 juin 1989, n° 88-82.266, P n° 243). • **Responsabilité non exclusive du chef d'entreprise ou de son délégataire.** Mais « *s'il est vrai que le chef d'entreprise [,] tenu de veiller personnellement à la stricte observation des règles protectrices de la sécurité des travailleurs, ne peut dégager sa responsabilité qu'en établissant qu'il a donné, à cet effet, une délégation de pouvoirs a un préposé pourvu de la compétence et de l'autorité nécessaires, ce principe ne saurait mettre obstacle à ce que des maladresses, imprudences, inattentions ou inobservations des règlements relevées à la charge d'autres membres de l'entreprise dans l'exécution des tâches qui leur sont confiées donnent lieu à des poursuites* » (Crim. 23 oct. 1984, n° 82-93.375, P n° 316). • **Indifférence de la pluralité de fautes**

ou de causes. En matière d'homicide et de blessures involontaires, les dispositions pénales punissent « *quiconque aura par sa faute été involontairement la cause de blessures pour autrui sans exiger que cette cause ait été exclusive, directe et immédiate* » (Crim. 30 mai 1972, n° 71-92.097, P n° 179 ; dans le même sens, pour l'homicide involontaire : Crim. 21 mai 1974, n° 73-92.574, P n° 187, Crim. 13 oct. 1980, n° 79-90.780, P n° 256 ; Crim. 18 oct. 1995, 94-80.607, P n° 314 ; en matière d'accident du travail : Crim. 24 janv. 1989, n° 88-83.650, n° 27). • **Indifférence de la faute non exclusive de la victime.** Pour exonérer le chef d'entreprise, la faute de la victime doit être « *la cause exclusive de l'accident* » et le juge ne peut sans mieux s'en expliquer retenir cette dernière tout en relevant « *des manquements à l'encontre notamment du coordonnateur de sécurité et de l'employeur* » (Crim. 7 mai 2019, n° 18-80.418, P n° 85) (jurisprudence constante depuis Crim. 14 mars 1979, n° 78-90.957, P n° 109). En effet, « *la faute commise par la victime d'un homicide involontaire ne saurait exonérer le prévenu de la responsabilité pénale qu'il encourt du fait de sa propre faute* » (Crim. 14 févr. 1989, n° 88-80.439, P n° 75). Le juge doit ainsi rechercher « *si la faute imputée à la victime n'avait pas elle-même été rendue possible par le défaut de surveillance du prévenu ou l'inobservation de prescriptions* » qui s'imposaient à lui (Crim. 12 juill. 1988, n° 87-91.774, P n° 302). Est ainsi condamné l'employeur d'un chauffeur routier dont l'endormissement au volant est dû à l'accumulation des heures de conduites et à l'insuffisance des périodes de repos (Crim. 31 janv. 2012, n° 11-84.198, D). Est exonéré le conducteur de travaux bénéficiaire d'une délégation de pouvoirs « *qui ne pouvait prévoir et empêcher ce comportement dangereux de la part d'un ouvrier doté d'une grande expérience* », le juge ayant « *déduit de ses constatations que le prévenu n'avait commis aucune faute personnelle susceptible d'engager sa responsabilité* » (Crim. 14 oct 1986, n° 86-91.401, P n° 288). Est en revanche indifférente la faute alléguée du salarié, qui a démonté d'initiative des pièces de protection d'une machine en fonctionnement, en ce que l'employeur, qui « *est un professionnel qui emploie de nombreux salariés affectés sur du matériel de travaux publics, de sorte qu'il n'ignore ni les règles de sécurité imposées pour préserver la santé des travailleurs, ni les risques d'accident générés par l'outillage utilisé dans son établissement* », alors que l'incident auquel la victime remédiait par son intervention « *avait un caractère récurrent, et [que] la pratique usuelle en pareil cas des salariés d'intervenir sur la machine sans l'arrêter était ostensible et donc connue de l'employeur* » (Crim. 21 janv. 2020, n° 18-87.109, D). Est également approuvée la cour d'appel qui énonce que « *la circonstance que le salarié n'ait pas fait un usage de la machine conforme à sa destination, n'est pas de nature à exonérer le prévenu de sa responsabilité dès lors que cette faute n'a pas été la cause exclusive du dommage* » (Crim. 30 juin 1998, n° 97-84.263, P n° 210). Il en est de même dans le cas où la victime, technicien expérimenté de la commune, a commis une faute grave, alors que tant le directeur général des services techniques de la commune maître d'ouvrage que le chef de l'entreprise maître d'œuvre ont commis des fautes contribuant à la réalisation de l'accident (Crim. 22 févr. 1995, n° 94-80.810, P n° 82). • **Faute pénale de la personne morale.** Ne donne pas de base légale à sa décision la cour d'appel qui, après avoir relaxé le dirigeant de la personne morale et son délégataire en l'absence de faute délibérée ou caractérisée au sens de C. pén., art. 121-3 (sur ce point, v. n° **10.12B**), relaxe également la personne morale poursuivie « *sans rechercher si [...] ce manquement n'était pas dû pour partie à un défaut de surveillance ou d'organisation du travail imputable au chef d'établissement ou, le cas échéant, à son délégataire en matière de sécurité et susceptible, nonobstant l'absence de faute délibéré ou caractérisée, d'engager la responsabilité pénale de la société* » (Crim. 24 oct. 2000, n° 00-80.378, P n° 308). Il en est de même dans le cas d'une relaxe prononcée parce que le système de protection d'une machine avait été enlevé sans que cette situation n'ait pu être imputée aux organes ou représentants de la société, alors qu'il appartenait au juge du fond de « *rechercher si la société prévenue n'avait pas contribué, par l'un de ses organes ou représentants, à créer la situation ayant permis la réalisation du dommage, en ne prenant pas les mesures permettant de l'éviter, alors qu'elle a laissé en fonction, pendant plusieurs mois, un appareil non-conforme à la règlementation en vigueur et constituant une machine dangereuse pour chacun de ses utilisateurs* » (Crim. 17 oct. 2017, n° 16-84.541, D). • **Délégation de pouvoirs et représentation de la personne morale.** « *le salarié d'une société titulaire d'une délégation de pouvoirs en matière d'hygiène et de sécurité, et comme tel investi dans ce domaine de la compétence, de l'autorité et des moyens nécessaires à l'exercice de sa mission, est un représentant de la personne morale au sens de C. pén., art. 121-2, et engage la responsabilité de celle-ci en cas d'atteinte involontaire à la vie ou à l'intégrité physique trouvant sa cause dans un manquement aux règles qu'il était tenu de faire respecter en vertu de sa délégation* » (Crim. 25 mars 2014, n° 13-80.376, P n° 94) (sur la responsabilité pénale de la personne morale, C. pén., art. 121-2, v. n° **10.10**).

▪ **Obligation générale ou particulière de sécurité.** • **Obligation générale de formation.** C. trav., art. L. 4141-1 et L. 4141-2 selon lesquels « *l'employeur organise et dispense une information* *des travailleurs sur les risques pour la santé et la sécurité et les mesures prises pour y remédier et il organise une formation pratique et appropriée à la sécurité au bénéfice des travailleurs qu'il embauche mais aussi des travailleurs qui changent de poste de travail ou de technique, cette formation devant être répétée périodiquement* » (§ 12) « *ne comportent que des obligations générales de prudence et de sécurité* » (§ 19) et non « *une obligation particulière de prudence ou de sécurité imposée par la loi ou le règlement, de sorte qu'il n'est pas possible de retenir que les manquements constatés constituent une faute caractérisée* » (§ 18) (Crim. 21 juin 2022, n° 21-85.691, P ; en sens contraire : Crim. 11 juin 2013, n° 12-84.499, D). • **Obligation renforcée de formation.** En revanche, « *le non-respect des prescriptions de C. trav., art. L. 4142-2, imposant de faire bénéficier les salariés temporaires, affectés à des postes de travail présentant des risques particuliers pour leur santé ou leur sécurité, d'une formation renforcée à cette sécurité, constitue la violation d'une obligation particulière de prudence ou de sécurité imposée par la loi* » (Crim. 25 avr. 2017, n° 15-85.890, P n° 118). Dans le même sens, constitue la violation manifestement délibérée d'une obligation particulière de prudence ou de sécurité l'absence de formation spécifique à la maintenance d'une extrudeuse, au cours de laquelle le salarié perdait un bras (Crim. 12 mai 2009, n° 08-82.187, D). • **Lien de causalité entre l'absence de formation et le dommage.** Caractérise « *un lien de causalité certain entre la faute retenue et la survenance du dommage* » (§ 30) la cour d'appel qui « *énonce que l'absence de formation de la victime, qui se déplaçait régulièrement entre les stands sans percevoir les risques liés à la circulation d'engins lourds à proximité, a contribué à l'accident qu'elle a subi, en ne lui permettant pas de prendre toutes les précautions nécessaires* » (§ 29) (Crim. 8 juin 2022, n° 21-82.127, D). • **Responsabilité du maître d'ouvrage à l'égard du coordonnateur.** Si C trav., art. R. 4532-11 « *dispose que le coordonnateur exerce sa mission sous la responsabilité du maître d'ouvrage, il n'édicte pas d'obligation particulière de sécurité ou de prudence à la charge de ce dernier, au sens de l'article 222-20 du code pénal* » (Crim. 16 mars 2021, n° 20-81.316, P).

▪ **Risques psychosociaux.** • **Lien de causalité entre la faute de l'employeur et le suicide d'un salarié.** Juge à bon droit que « *le suicide ne puisait pas son origine dans des difficultés professionnelles* » (§ 19) l'arrêt qui retient que le salarié « *n'a laissé aucun mot explicatif sur les motifs de son geste de nature à mettre en cause ses conditions de travail et n'a pas choisi de passer à l'acte dans un lieu professionnel, était apprécié tant par sa hiérarchie que par ses collègues, figurant parmi les commerciaux les plus expérimentés et performants de la région, avec une rémunération en constante augmentation au cours des trois dernières années et en mesure de réaliser les objectifs qui lui avaient été fixés [...] puisqu'à la date de son décès [...] il avait atteint la plupart d'entre eux* » (§ 15) et qui souligne que « *le poids de son engagement syndical ne résulte pas directement des agissements de la société* » (§ 17) (Crim. 3 nov. 2020, n° 20-80.352, D). Est en revanche approuvée la condamnation pour homicide involontaire d'une personne morale dont l'exercice fautif de son pouvoir de sanction sur son salarié est souverainement retenu par les juges du fond comme « *le facteur déclenchant de son passage à l'acte suicidaire* »,« *même à supposer, [...], que la victime ait pu être fragilisée par des éléments privés, extérieurs à son activité professionnelle* », (§ 13), circonstances qui établissent que son employeur « *a commis une faute d'imprudence, en lien indirect mais certain avec le décès* » (§ 14) (Crim. 31 janv. 2023, n° 22-80.482, D)

RÉGIME PROCÉDURAL

▪ **Composition pénale. Exclue** (C. pr. pén., art. 41-2).

▪ **CRPC. Exclue** (C. pr. pén., art. 495-16). Sur le domaine de la CRPC, v. n° **15.53A**.

▪ **Information des personnes visées au procès-verbal.** Comme pour toute infraction relevée par les agents de contrôle de l'inspection du travail et les fonctionnaires de contrôle assimilés, « *avant la transmission au procureur de la République, l'agent de contrôle informe la personne visée au procès-verbal des faits susceptibles de constituer une infraction pénale ainsi que des sanctions encourues* » (C. trav., art. L. 8113-7). Mais « *l'avis ou le rapport technique établi par l'inspection du travail s'agissant d'un accident du travail, répondant à une demande spécifique faite par le procureur de la République et ne servant pas de support à la constatation de l'infraction, ne peut se voir conférer la qualité de procès-verbal au sens de C. trav., art. L. 8113-7 du code du travail* » (Crim. 6 déc. 2022, n° 21-83.414, D).

MESURE CIVILE

▪ **Régime d'indemnisation des accidents du travail.** Selon les précisions apportées au n° **16.15**, le régime de droit commun de la réparation du préjudice corporel est inapplicable en cas d'accident du travail, qui est soumis à un dispositif de responsabilité sans faute et d'indemnisation forfaitaire. La juridiction répressive est incompétente pour statuer sur la faute, allouer des dommages et intérêts, une provision, ordonner une expertise (CSS, art. L. 451-1). La victime peut cependant exercer tous les droits reconnus à la partie civile.

RÉGIME DES PEINES

▪ **Mise à la charge de l'amende.** Lorsque l'infraction a été commise par [~~un préposé~~] un « *délégataire* » (modification apportée par L. n° 2011-525, 17 mai 2011), le tribunal peut, compte tenu des circonstances de fait et des conditions de travail de l'intéressé, décider que le paiement des amendes prononcées sera mis, en totalité ou en partie, **à la charge de l'employeur si celui-ci a été cité à l'audience** (L. n° 2011-525, 17 mai 2011) (C. trav., art. L. 4741-2).

▪ ÉLÉMENTS CONSTITUTIFS – QUALIFICATION

✧ Pour avoir à .... [¤ lieu], le .... [¤ date], étant employeur ou son délégataire, [⇨A ou B :]

A. par maladresse, imprudence, inattention, négligence ou manquement à une obligation de prudence ou de sécurité imposée par la loi ou le règlement, (C. pén., art. 221-6, al. 1) (A : *N* ***293.co***, par personne morale : *N* ***23250.co***)...

B. par la violation manifestement délibérée d'une obligation particulière de prudence ou de sécurité imposée par la loi ou le règlement (C. pén., art. 221-6, al. 2) (B : *N* ***23251.co***, par personne morale : *N* ***23253.co***)...

... en l'espèce en .... [¤ matérialiser la faute commise], involontairement causé la mort de .... [¤ nom de la victime].

Faits prévus et réprimés par les articles 221-6, 221-8, 221-10 du code pénal, L. 4741-1, L. 4741-2 du code du travail. ✧

32.47 Blessures involontaires – ITT > 3 mois – Accident du travail

▪ PEINES

PERSONNE PHYSIQUE

PP Délit. Cas A : 2 ans d'emprisonnement, 30 000 €. Cas B : 3 ans, 45 000 € (C. pén., art. 222-19).

PC 1. Interdiction, définitive ou ⩽ 5 ans activité professionnelle ou sociale en relation avec l'infraction (sauf mandat électif ou syndical) (C. pén., art. 222-44 et 131-27) ;

2. Interdiction ⩽ 5 ans détention, port arme soumise à autorisation (C. pén., art. 222-44) ;

3. Suspension, annulation, ⩽ 5 ans, du PC (C. pén., art. 222-44) ;

4. Confiscation véhicule(s) (C. pén., art. 222-44) ;

5. Confiscation arme(s) (C. pén., art. 222-44) ;

6. Confiscation de la chose ayant servi à l'infraction ou destinée à la commettre, ou son produit (obligatoire pour objets qualifiés dangereux ou nuisibles par loi ou règlement ou dont la détention est illicite) (C. pén., art. 222-44 et 131-21) ;

7. Stage de sensibilisation aux dangers de l'usage de produits stupéfiants. La juridiction précise si le stage est exécuté aux frais du condamné (C. pén., art. 131-35-1 et 222-44 [L. n° 2007-297, 5 mars 2007]) (pour les faits commis avant le 24 mars 2020 et jugés après cette date, L. n° 2019-222, 23 mars 2019, en vigueur le 24 mars 2020. Pour les faits commis à partir du 24 mars 2020, v. nouvelle réd. C. pén., art. 131-5-1 et n° 18.33) ;

8. Confiscation de l'animal utilisé pour commettre l'infraction ou de la chose ayant servi à l'infraction, la juridiction prévoit que l'animal sera remis à une fondation ou une association de protection animale reconnue d'utilité publique ou déclarée. Lorsqu'il s'agit d'un animal dangereux, la juridiction peut ordonner qu'il soit procédé à son euthanasie, le cas échéant aux frais du condamné (C. pén., art. 222-44, 131-21-1 [L. n° 2007-297, 5 mars 2007]). Sur la peine de confiscation d'un animal (C. pén., art. 131-21-1), v. n° 18.36 ;

9. Interdiction, définitive ou ⩽ 5 ans de détenir certains animaux ou certaines catégories d'animaux (C. pén., art. 222-44, 131-21-2 [L. n° 2007-297, 5 mars 2007]) ;

10. Stage, aux frais du condamné, de responsabilisation pour la prévention et la lutte contre les violences au sein du couple et sexistes (C. pén., art. 222-44 15°, L. n° 2014-873, 4 août 2014) ;

11. Affichage, ⩽ 2 mois, *et/ou* (L. n° 2011-525, 17 mai 2011) diffusion de la décision ou d'extraits aux frais (⩽ amende encourue) du condamné (C. pén., art. 222-46 et 131-35).

PERSONNE MORALE

PP Délit. Cas A : 150 000 €. Cas B : 225 000 € (C. pén., art. 222-21 ; art. 131-38).

PC 1. Interdiction, définitive ou ⩽ 5 ans, d'exercer une ou plusieurs activités professionnelles ou sociales en relation avec l'infraction (C. pén., art. 222-21 et 131-39, 2°) ;

2. Surveillance judiciaire, ⩽ 5 ans (C. pén., art. 222-21, 131-39, 3° et 131-46 ;

3. Cas B : Fermeture, définitive ou ⩽ 5 ans, d'un ou plusieurs établissements en relation avec l'infraction (C. pén., art. 222-21 et 131-39, 4° ;

4. Confiscation de la chose ayant servi à l'infraction ou destinée à la commettre, ou de son produit (obligatoire pour objets qualifiés dangereux ou nuisibles par loi ou règlement ou dont la détention est illicite) (C. pén., art. 222-21, 131-39, 8°, 131-48 et 131-21) ;

5. Affichage, ⩽ 2 mois, *et/ou* (L. n° 2011-525, 17 mai 2011) diffusion de la décision ou d'extraits aux frais (⩽ amende encourue) du condamné (C. pén., art. 222-21, 131-39, 9°, 131-48 et 131-35).

■ ORIENTEUR

AUTRE QUALIFICATION

▪ **Blessures involontaires – ITT > 3 .** Hors accident du travail, v. n° 20.64.

▪ **Hygiène et sécurité du travail – Règlementation générale.** V. n° 32.50.

ÉLÉMENT MATÉRIEL

▪ **Médecine légale. • Notion d'incapacité totale de travail.** Sur la notion d'ITT, v. n° 14.2C.

▪ **Concours de qualification – Règle non bis in idem. Cumul de qualifications en matière d'atteintes involontaires aux personnes et d'hygiène et de sécurité du travail.** *Idem* n° 32.46.

▪ **Imputabilité de l'infraction.** *Idem* n° 32.46.

ÉLÉMENT INTENTIONNEL

▪ **Dol spécial. Auteur indirect.** C. pén., art. 121-3, *idem* n° 32.46.

RÉGIME PROCÉDURAL

▪ **Information des personnes visées au procès-verbal.** C. trav., art. L. 8113-7, idem n° 32.46.

MESURE CIVILE

▪ **Régime d'indemnisation des accidents du travail.** *Idem* n° 32.46 (CSS, art. L. 451-1 s.).

RÉGIME DES PEINES

▪ **Paiement de l'amende.** *Idem* n° 32.46.

■ ÉLÉMENTS CONSTITUTIFS – QUALIFICATION

✧ Pour avoir à .... [¤ lieu], le .... [¤ date], dans le cadre d'une relation de travail, [⇨A ou B :]

A. par maladresse, imprudence, inattention, négligence ou manquement à une obligation de prudence ou de sécurité imposée par la loi ou le règlement, (C. pén., art. 222-19, al. 1) (A : *N 294.co*, par personne morale : *N 23230.co*)...

B. par la violation manifestement délibérée d'une obligation particulière de prudence ou de sécurité imposée par la loi ou le règlement, (C. pén., art. 222-19, al. 2) (B : *N 23231.co*, par personne morale : *N 23232.co*)...

... en l'espèce en .... [¤ matérialiser la faute commise], involontairement causé une incapacité totale de travail supérieure à trois mois sur la personne de .... [¤ nom de la victime].

Faits prévus et réprimés par les articles 222-19, 222-44, 222-46 du code pénal, L. 4741-1, L. 4741-2 du code du travail. ✧

32.48 Blessures involontaires – ITT ⩽ 3 mois – Manquement délibéré à une obligation particulière de prudence – Accident du travail

■ PEINES

PERSONNE PHYSIQUE

PP Délit. 1 an d'emprisonnement, 15 000 € (C. pén., art. 222-20).

PC *Idem* n° 32.47.

PERSONNE MORALE

PP Délit. 75 000 € (C. pén., art. 222-21, 131-38).

PC *Idem* n° 32.47.

■ **ORIENTEUR**

AUTRE QUALIFICATION

▪ **Blessures involontaires – ITT ⩽ 3 mois – Manquement délibéré à une obligation particulière de sécurité ou de prudence.** Hors accident du travail, v. n° 20.67.

▪ **Hygiène et sécurité du travail – Règlementation générale.** V. n° 32.50.

ÉLÉMENT MATÉRIEL

▪ **Médecine légale. • Notion d'incapacité totale de travail.** *Idem* n° 32.47.

▪ **Concours de qualification – Règle non bis in idem. Cumul de qualifications en matière d'atteintes involontaires aux personnes et d'hygiène et de sécurité du travail.** *Idem* n° 32.46.

▪ **Imputabilité de l'infraction.** *Idem* n° 32.46.

ÉLÉMENT INTENTIONNEL

▪ **Dol spécial. Auteur indirect.** C. pén., art. 121-3, *Idem* n° 32.46.

RÉGIME PROCÉDURAL

▪ **Information des personnes visées au procès-verbal.** C. trav., art. L. 8113-7, idem n° 32.46.

MESURE CIVILE

▪ **Régime d'indemnisation des accidents du travail.** *Idem* n° 32.46 (CSS, art. L. 451-1 s.).

RÉGIME DES PEINES

▪ **Paiement de l'amende.** *Idem* n° 32.46.

■ **ÉLÉMENTS CONSTITUTIFS – QUALIFICATION**

✧ Pour avoir à .... [¤ lieu], le .... [¤ date], dans le cadre d'une relation de travail, par la violation manifestement délibérée d'une obligation particulière de prudence ou de sécurité imposée par la loi ou le règlement, en l'espèce en .... [¤ matérialiser la faute], involontairement causé une incapacité totale de travail inférieure ou égale à trois mois sur la personne de .... [¤ nom de la victime].

Faits prévus et réprimés par les articles : **PERSONNES PHYSIQUES.** 222-20, 222-44 et 222-46 du code pénal, L. 4741-1, L. 4741-2 du code du travail (*N 25412.co*). **PERSONNES MORALES.** 222-20, 222-21, 131-38 et 131-39 du code pénal, L. 4741-1, L. 4741-2 du code du travail (*N 25405.co*). ✧

32.49 Blessures involontaires – ITT ⩽ 3 mois – Accident du travail

■ **PEINES**

PERSONNE PHYSIQUE

PP Contrav. 5ᵉ cl. 1 500 € (C. pén., art. R. 625-2, 131-13). **Récidive.** 3 000 € (C. pén., art. R. 625-6, 132-11).

PC 1. Suspension, ⩽ 3 ans, du PC (C. pén., art. R. 625-4) ;

2. Interdiction ⩽ 3 ans détention, port, arme soumise à autorisation (catégorie B) (C. pén., art. R. 625-4) ;

3. Confiscation arme(s) (C. pén., art. R. 625-4) ;

4. Retrait permis de chasser ⩽ 3 ans (C. pén., art. R. 625-4) ;

5. Confiscation de la chose ayant servi à l'infraction (obligatoire pour objets qualifiés dangereux ou nuisibles par loi ou règlement ou dont la détention est illicite) (C. pén., art. R. 625-4 et 131-21) ;

6. Tig 20 à 120 h (C. pén., art. R. 625-4).

PERSONNE MORALE

PP Contrav. 5ᵉ cl. 7 500 € (C. pén., art. R. 625-5 ; art. 131-41). **Récidive.** 15 000 € (C. pén., art. R. 625-6, 132-15).

PC Confiscation de la chose ayant servi à l'infraction (obligatoire pour objets qualifiés dangereux ou nuisibles par loi ou règlement ou dont la détention est illicite) (C. pén., art. R. 625-5, 131-21).

■ ORIENTEUR

AUTRE QUALIFICATION

▪ **Blessures involontaires – ITT ⩽ 3 mois.** Hors accident du travail, v. n° 20.66.

▪ **Hygiène et sécurité du travail – Règlementation générale.** V. n° 32.50.

ÉLÉMENT MATÉRIEL

▪ **Médecine légale. • Notion d'incapacité totale de travail.** *Idem* n° 32.47.

▪ **Concours de qualification – Règle non bis in idem. Cumul de qualifications en matière d'atteintes involontaires aux personnes et d'hygiène et de sécurité du travail.** *Idem* n° 32.46.

▪ **Imputabilité de l'infraction.** *Idem* n° 32.46.

ÉLÉMENT INTENTIONNEL

▪ **Dol spécial. Auteur indirect.** Distinction de la faute qualifiée de la personne physique et de la faute simple de la personne morale en cas de causalité indirecte (C. pén., art. 121-3 et R. 610-2). *Idem* n° 20.64.

RÉGIME PROCÉDURAL

▪ **Information des personnes visées au procès-verbal.** C. trav., art. L. 8113-7, idem n° 32.46.

MESURE CIVILE

▪ **Régime d'indemnisation des accidents du travail.** *Idem* n° 32.46 (CSS, art. L. 451-1 s.).

RÉGIME PROCÉDURAL

▪ **Paiement de l'amende.** *Idem* n° 32.46.

■ ÉLÉMENTS CONSTITUTIFS – QUALIFICATION

✧ Pour avoir à .... [¤ lieu], le .... [¤ date], dans le cadre d'une relation de travail, par maladresse, imprudence, inattention, négligence ou manquement à une obligation de prudence ou de sécurité imposée par la loi ou le règlement, en l'espèce en .... [¤ matérialiser la faute commise], involontairement causé une incapacité totale de travail inférieure ou égale à trois mois sur la personne de .... [¤ nom de la victime].

Faits prévus et réprimés par les articles R. 625-2, R. 625-4 du code pénal, L. 4741-1, L. 4741-2 du code du travail (*N* ***299.c5*** *; récidive : N* ***11698.c5*** *; par personne morale : N* ***25411.c5*** *; récidive : N #.c5*). ✧

32.50 Hygiène et sécurité du travail – Règlementation générale

■ PEINES

PERSONNE PHYSIQUE

PP Délit. 10 000 € (depuis Ord. n° 2016-413, 7 avr. 2016, auparavant 3 750 €) (C. trav., art. L. 4741-1).

Récidive. 1 an d'emprisonnement, 30 000 € (depuis Ord. n° 2016-413, 7 avr. 2016, auparavant 9 000 €) (C. trav., art. L. 4741-1).

PC Affichage, ⩽ 2 mois, de la décision aux portes de l'établissement aux frais (⩽ amende encourue) du condamné (C. trav., art. L. 4741-5 ; C. pén., art. 131-35).

Récidive. Interdiction professionnelle ⩽ 5 ans (C. trav., art. L. 4741-5).

PERSONNE MORALE

PP Délit. 50 000 € (depuis Ord. n° 2016-413, 7 avr. 2016, auparavant 18 750 €). **Récidive.** 150 000 € (depuis Ord. n° 2016-413, 7 avr. 2016, auparavant 45 000 €) (C. pén., art. 131-38).

PC Néant.

■ ORIENTEUR

AUTRE QUALIFICATION

▪ **Conformité des équipements de travail.** La L. n° 2021-1018, 2 août 2021, dont l'entrée en vigueur est prévue le 31 mars 2022 (art. 40), créée à la charge des opérateurs économiques des infractions de mise sur le marché d'équipements de travail ou de protection individuelle neufs ou d'occasion non-conformes à la règlementation applicable (C. trav., art. L. 4746-1 issu L. n° 2021-1018, 2 août 2021). Ces dispositions ne s'appliquent toutefois pas aux opérateurs qui mettent de tels équipements en service ou qui le fabriquent pour leur propre usage (C. trav., art. L. 4746-1 issu L. n° 2021-1018, 2 août 2021), lesquels restent en effet tenus par les autres dispositions du C. trav. relatives à sécurité des équipements de travail et des équipements de protection individuelle qui s'imposent aux employeurs.

ÉLÉMENT LÉGAL

▪ **Domaine d'application.** Incrimination non applicable aux établissements publics administratifs et aux établissements publics de santé, sociaux ou médicaux sociaux, bien qu'ils soient soumis aux dispositions générales du code du travail relatives à la santé et à la sécurité au travail. Elle ne s'applique donc qu'aux employeurs de droit privé ainsi qu'aux établissements publics à caractère industriel et commercial (C. trav., art. L. 4111-1 et L. 4741-6).

ÉLÉMENT MATÉRIEL

▪ **Imputabilité.** De jurisprudence constante, « *il appartient à l'employeur ou son délégataire de veiller personnellement à la stricte et constante application des dispositions édictées par le code du travail ou les règlements pris pour leur application en vue d'assurer l'hygiène et la sécurité des travailleurs* » (ex. Crim. 23 mai 2018, n° 17-83.315), encourt donc la cassation la décision qui ne relève pas à la charge du prévenu sa qualité d'employeur des salariés concernés par les manquements. Ainsi, « *le prévenu ne saurait prétendre avoir satisfait à ses obligations légales en se bornant à mettre à la disposition des ouvriers le matériel de sécurité, sans avoir, en sa qualité de chef d'établissement, pris toutes dispositions utiles pour que soient effectivement mis en œuvre les moyens de protection adéquats* », de même, « *la responsabilité du respect des consignes de sécurité ne saurait incomber directement a un chef de chantier à moins qu'il ne soit titulaire d'une délégation de pouvoir certaine et dépourvue d'ambiguïté et qu'il ne dispose de l'autorité, de la compétence et des moyens nécessaires pour assumer ses obligations* » (Crim. 29 oct. 1985, n° 84-95.559, P n° 335). « *les prescriptions du Code du travail en matière d'hygiène et de sécurité sont impératives [...] ; [...] la circonstance qu'elles rendraient plus difficile l'exécution du travail n'est pas de nature à exonérer le chef d'entreprise de sa responsabilité et [...] les juges n'ont donc ni à apprécier l'utilité ou l'efficacité de ces prescriptions ni à rechercher dans quelles conditions elles peuvent être mises en œuvre* » (Crim. 27 nov. 1990, n° 89-84.709, P n° 409).

▪ **Relation de subordination.** « *les ouvriers concernés se trouvaient dans un état de dépendance économique et de subordination juridique caractérisant l'existence de contrats de travail et [...], quelle qu'ait été l'intention des parties, il ne pouvait être dérogé à la règlementation* » relative à la sécurité (Crim. 27 sept. 1989, n° 88-81.182, P n° 332).

▪ **Concours de qualification – Règle non bis in idem. Cumul de qualifications en matière d'atteintes involontaires aux personnes et d'hygiène et de sécurité du travail.** *Idem* n° 32.46.

RÉGIME PROCÉDURAL

▪ **Compétence juridictionnelle. Juge unique,** sauf en cas de récidive (emprisonnement encouru) (C. pr. pén., art. 398-1, v. n° 17.15D2).

▪ **Ordonnance pénale. Possible** (C. pr. pén., art. 495-II, v. n° 15.48B1 et tableau n° 17.15D2).

▪ **Mise en demeure préalable au procès-verbal.** Il résulte de C. trav., art. L. 4721-4, L. 4721-5 que, lorsque cette procédure est prévue (v. la liste des infractions concernées au C. trav., art. R. 4721-5), « *les agents de contrôle de l'inspection du travail mentionnés à l'article L. 8112-1 du même code, lorsqu'ils constatent une infraction au C. trav., art. R. 4424-3* [exposition des travailleurs à un agent biologique dangereux], *sont tenus, s'ils ne dressent pas immédiatement le procès-verbal constatant cette infraction, de mettre l'employeur en demeure de se conformer aux prescriptions des décrets mentionnés aux articles L. 4111-6 et L. 4321-4 dudit code, lorsque les faits qu'ils constatent présentent un danger grave ou imminent pour l'intégrité physique des travailleurs* » (§ 15), « *l'inobservation de cette formalité, dont l'objet est de permettre au contrevenant de se mettre en conformité avant toute poursuite, lui fait nécessairement grief* » (§ 21) (Crim. 19 oct. 2021, n° 21-80.146, P).

MESURE ADMINISTRATIVE

▪ **Transaction pénale.** À moins qu'elles soient passibles d'emprisonnement ⩾ 1 an, les infractions de la partie 4 du code du travail relatives à l'hygiène et à la sécurité du travail (toute disposition législative ou réglementaire commençant par le chiffre 4) sont susceptibles d'une transaction pénale (C. trav., art. L. 8114-4 4° s., Ord. n° 2016-413, 7 avr. 2016). Pour tout comportement dont la sanction est fondée sur l'article L. 4741-1 du code du travail réprimant les manquements aux règlements d'application, l'autorité administrative, tant que l'action publique n'a pas été mise en mouvement, peut donc transiger avec les personnes physiques ou morales en proposant une amende et des obligations propres à faire cesser l'infraction ou éviter son renouvellement (C. trav., art. L. 8114-5). La proposition de transaction acceptée est soumise à l'homologation du procureur de la République. L'action publique est éteinte lorsque les obligations nées de la transaction sont exécutées dans le délai imparti (C. trav., art. L. 8114-6). Toutefois, certaines infractions de la partie 4 du code du travail relatives aux installations sanitaires, à la restauration, aux équipements d'hygiène et d'hébergement, sont passibles d'une amende administrative (toute violation de prescriptions du code du travail commençant par les chiffres R. 4.2.2.8 s. ou R. 4.5.3.2 s.). Dans ce cas la transaction pénale est exclue (C. trav., art. L. 8114-4 4° et L. 8115-1 5° Ord. n° 2016-413, 7 avr. 2016).

RÉGIME DES PEINES

- **Mise en conformité.** Le jugement fixe le délai (⩽ 10 mois) dans lequel sont exécutés les travaux de sécurité ou salubrité imposés par la règlementation (C. trav., art. L. 4741-4) ;
- **Cumul des amendes.** L'amende est appliquée autant de fois qu'il y a de salariés de l'entreprise concernés indépendamment du nombre d'infractions relevées dans le procès-verbal (C. trav., art. L. 4741-1). Au sens de cet article, un salarié présent dans l'entreprise n'est pas nécessairement « concerné » par l'infraction. Si un seul salarié est concerné par plusieurs infractions à l'hygiène et à la sécurité, une seule peine d'amende doit être prononcée (Crim. 21 avr. 2020, n° 19-85.279, D). De même, si deux salariés sont concernés par trois infractions, deux amendes peuvent être prononcées, et non six (Crim. 4 avr. 2023, n° 22-84.092, D).
- **Paiement de l'amende.** L'employeur est civilement responsable du paiement des condamnations prononcées contre ses directeurs, gérants ou [préposés] *délégataires* (modification apportée par L. n° 2011-525, 17 mai 2011 (C. trav., art. L. 4741-7) ;

■ ÉLÉMENTS CONSTITUTIFS – QUALIFICATION

✧ Pour avoir à .... [¤ lieu], le .... [¤ date],], par sa faute personnelle, étant employeur ou son délégataire, alors qu'étaient concernés .... [¤ nombre de salariés concernés par l'infraction] salariés, omis de respecter les mesures relatives à l'hygiène, la sécurité ou les conditions de travail de travail, en l'espèce en .... [¤ matérialiser l'infraction].
Faits prévus et réprimés par les articles L. 4111-1, L. 4111-6, L. 4741-1 et L. 4741-5 du code du travail, + les articles .... [¤ du règlement pris, le cas échéant, pour l'application de l'article L. 4111-6 du code du travail] (*N 3925.ju*, récidive : *N 8312.co*). ✧

32.51 Amiante – Cadre réglementaire : prohibition générale

Sauf exécution des obligations d'élimination des déchets, « *toutes variétés de fibres d'amiante* » sont interdites à la fabrication, transformation et commercialisation, aussi bien au regard de l'hygiène et de la sécurité du travail que de la protection du consommateur (D. n° 96-1133, 24 déc. 1996, art. 1).

À titre exceptionnel et temporaire (1er janv. 2003 [D. n° 2001-1316, 27 déc. 2001] au plus tard pour certains produits), la fibre de chrysotile (variété d'amiante) reste autorisée pour les matériaux, produits ou dispositifs existants, lorsqu'il n'existe pas de produit de substitution, exclusivement pour certaines catégories de produits industriels (D. 24 déc. 1996, art. 2 ; Arr. 24 déc. 1996, NOR : TAST9611752A, *JO* 26 déc., p. 19128), et sous réserve, s'il s'agit de fabrication, transformation, importation et mise sur le marché, de déclarations préalables et annuelles au ministre du Travail (D. 24 déc. 1996, art. 3).

Le code du travail réprime le non-respect de l'interdiction et des règles d'hygiène et de sécurité dans les activités concernant l'amiante (délits, v. nos 32.52 à 32.53).

Les règles protégeant l'usager (interdiction, étiquetage) sont passibles de contraventions (v. nos 32.54 et 32.55).

Le propriétaire d'immeuble est également soumis à certaines obligations (v. n° 32.56).

32.52 Amiante – Fabrication, transformation, vente, ou commercialisation illicite

■ PEINES

PERSONNE PHYSIQUE

PP Délit. *Idem* n° 32.50.

PC *Idem* n° 32.50.

PERSONNE MORALE

PP Délit. *Idem* n° 32.50.

PC Néant.

▪ ORIENTEUR

ÉLÉMENT LÉGAL

▪ Domaine d'application. *Idem* n° 32.50.

TEXTE DE RÉFÉRENCE

▪ Cadre réglementaire. Prohibition de l'amiante : v. n° 32.51.

RÉGIME PROCÉDURAL

▪ Compétence juridictionnelle. *Idem* n° 32.50.

MESURE ADMINISTRATIVE

▪ Transaction pénale. *Idem* n° 32.50 (C. trav., art. L. 8114-4, Ord. n° 2016-413, 7 avr. 2016).

RÉGIME DES PEINES

▪ Mise en conformité. *Idem* n° 32.50.

▪ Cumul des amendes. *Idem* n° 32.50.

▪ Paiement de l'amende. *Idem* n° 32.50.

▪ ÉLÉMENTS CONSTITUTIFS – QUALIFICATION

✧ Pour avoir à .... [¤ lieu], le .... [¤ date],], par sa faute personnelle, étant employeur ou son délégataire, fabriqué, transformé, vendu, importé, mis sur le marché national ou cédé à quelque titre que ce soit des fibres d'amiante, incorporées ou non dans des matériaux, produits ou dispositifs. Faits prévus et réprimés par les articles L. 4111-1, L. 4111-6, L. 4412-1, L. 4741-1 et L. 4741-5 du code du travail, 1 du décret n° 96-1133 du 24 décembre 1996 (*N 3925.ju*, récidive : *N 8312.co*). ✧

32.53 Amiante – Travaux et interventions sur matériaux amiantés

▪ PEINES

PERSONNE PHYSIQUE

PP Délit. Cas A à G : *idem* n° 32.50 (C. trav., art. L. 4741-1).

Cas H : 3 750 € (C. trav., art. L. 4741-9) ; **récidive** : 1 an d'emprisonnement, 9 000 € (C. trav., art. L. 4741-9).

PC Cas A à G : *idem* n° 32.50 (C. trav., art. L. 4741-5).

Cas H : affichage, ⩽ 2 mois, de la décision aux portes de l'établissement aux frais (⩽ amende encourue) du condamné (C. trav., art. L. 4741-10 ; C. pén., art. 131-35) ; **récidive** : interdiction professionnelle ⩽ 5 ans (C. trav., art. L. 4741-10).

PERSONNE MORALE

PP Délit. Cas A à G : *idem* n° 32.50 (C. trav., art. L. 4741-1).

Cas H : 18 750 € (C. trav., art. L. 4741-9, C. pén., art. 131-38) ; **récidive** : 45 000 € (C. trav., art. L. 4741-9, C. pén., art. 131-38).

PC Cas A à H : néant.

▪ ORIENTEUR

ÉLÉMENT LÉGAL

▪ Domaine d'application. • **Opérateurs concernés.** *Idem* n° 32.50 (C. trav., art. L. 4111-1 et L. 4741-6). • **Opérations concernées.** Les dispositions réglementaires particulières du C. trav. relatives aux risques d'exposition à l'amiante (C. trav., art. R. 4412-92 s.), prises en application de C. trav., art. L. 4412-1 et L. 4111-6, s'appliquent aux « *travaux de retrait ou d'encapsulage d'amiante et de matériaux, d'équipements et de matériels ou d'articles en contenant, y compris dans les cas de démolition* » ainsi qu'aux « *interventions sur des matériaux, des équipements, des matériels ou des articles susceptibles de provoquer l'émission de fibres d'amiante* » (C. trav., art. R. 4412-94). Ces travaux et interventions constituent une « *opération* » au sens des dispositions relatives à l'amiante (C. trav., art. R. 4412-96 7°). Ces opérations sont également soumises aux dispositions applicables aux agents chimiques dangereux prévues par C. trav., art. R. 4412-1 s., y compris les dispositions réglementaires spécifiques « *relatives* *à la prévention des risques d'exposition aux agents cancérogènes, mutagènes et toxiques pour la reproduction* », prévues par C. trav., art. R. 4412-59 s. (C. trav., art. R. 4412-95).

▪ **définition.** • **Encapsulage.** Au sens des dispositions relatives aux risques d'exposition à l'amiante, l'encapsulage désigne « *tous les procédés mis en œuvre, tels que encoffrement, doublage, fixation par revêtement, imprégnation, en vue de traiter et de conserver, de manière étanche, l'amiante en place et les matériaux en contenant afin d'éviter la dispersion de fibres d'amiante dans l'atmosphère* » (C. trav., art. R. 4412-96 5°).

TEXTE DE RÉFÉRENCE

▪ **Régime des opérations portant sur l'amiante.** • **Principe de prohibition de l'amiante.** « *Au titre de la protection des travailleurs* », l'amiante est interdite par D. n° 96-1133, 24 déc. 1996, art. 1, v. n° **32.51**, pris en application de C. trav., art. L. 4411-1 (anc[t] C. trav., art. L. 231-7). • **Repérage préalable de l'amiante par le bénéficiaire de l'opération.** « *le donneur d'ordre, le maître d'ouvrage ou le propriétaire d'immeubles par nature ou par destination, d'équipements, de matériels ou d'articles y font rechercher la présence d'amiante préalablement à toute opération comportant des risques d'exposition des travailleurs à l'amiante. Cette recherche donne lieu à un document mentionnant, le cas échéant, la présence, la nature et la localisation de matériaux ou de produits contenant de l'amiante. Ce document est joint aux documents de la consultation remis aux entreprises candidates ou transmis aux entreprises envisageant de réaliser l'opération* » (C. trav., art. L. 4412-2). Cette recherche d'amiante, appelée « *repérage préalable* » (C. trav., art. R. 4412-97), est effectuée par un « *opérateur de repérage* » qui « *dispose des moyens et qualifications nécessaires* » fixés par arrêté, qui exerce sa mission en toute indépendance et sans conflit d'intérêts (C. trav., art. R. 4412-97-1). Lorsqu'il conclut à la présence d'amiante, le rapport de repérage précise sa nature, sa localisation et sa quantité (C. trav., art. R. 4412-97-1). Les modalités du repérage préalable sont notamment fixées, pour les opérations réalisées sur les immeubles bâtis, par l'Arr. 16 juill. 2019, NOR : MTRT1913853A, les navires par l'Arr. 19 juin 2019, NOR : MTRT1904438A, les aéronefs, par l'Arr. 24 déc. 2020, NOR : MTRT2036258A, le matériel roulant ferroviaire, par l'Arr. 13 nov. 2019, NOR : MTRT1921900A. Le non-respect de l'obligation de repérage préalable de l'amiante qui pèse sur le bénéficiaire de l'opération est sanctionné par C. trav., art. **L. 4741-9**, disposition qui incrimine les personnes autres que l'employeur (v. **cas H**). • **Certification de l'entreprise réalisant les travaux de retrait d'amiante.** Pour réaliser les travaux d'encapsulage et de retrait d'amiante, « *le donneur d'ordre fait appel une entreprise justifiant de sa capacité à réaliser les travaux par l'obtention de la certification délivrée par des organismes certificateurs* » (C. trav., art. R. 4412-129). Cette certification, délivrée par un organisme certificateur accrédité par le COFRAC ou assimilé, atteste de la capacité de l'entreprise à réaliser des travaux conformes aux exigences fixées par la norme NF X 46-010, août 2012, Travaux de traitement de l'amiante. — Référentiel technique pour la certification des entreprises. — Exigences générales (C. trav., art. R. 4412-131 ; AM 14 déc. 2012, NOR : ETST1242392A) (v. **cas A**). • **Évaluation des risques par l'employeur.** Lorsque la présence d'amiante est assurée par le rapport de repérage, l'employeur procède à une évaluation des risques en estimant, sur une échelle de 3 niveaux, « *le niveau d'empoussièrement correspondant à chacun des processus de travail* » (C. trav., art. R. 4412-98) et « *transcrit les résultats de son évaluation des risques pour chaque processus dans le document unique d'évaluation des risques* » (C. trav., art. R. 4412-99) (v. **cas B1**). S'agissant des travaux d'encapsulage et de retrait d'amiante, l'employeur établit, en fonction de l'évaluation des risques, un « *plan de démolition, de retrait ou d'encapsulage* » (C. trav., art. R. 4412-133) (v. **cas B2**) qu'il adresse, « *un mois avant le démarrage des travaux* », à l'inspecteur du travail et à l'organisme de prévention de la sécurité sociale et le cas échéant du bâtiment et des travaux publics (C. trav., art. R. 4412-137). Ces personnes doivent également être informées de tout changement « *susceptible d'entraîner une augmentation significative des niveaux d'empoussièrement* » (C. trav., art. R. 4412-138). • **Obligation de formation du personnel.** Outre l'obligation générale de formation à la sécurité imposée par C. trav., art. L. 4141-2, l'employeur assure au travailleur une formation préalable adaptée aux activités et procédés mis en œuvre, attestée par la délivrance au travailleur d'une « *attestation de compétence individuelle* » (C. trav., art. R. 4412-117, Arr. 23 févr. 2012, NOR : ETST1202033A) délivrée par un organisme de formation certifié (C. trav., art. R. 4412-141) (v. **cas C**). Par ailleurs, sauf autorisation préalable de l'administration, fondée notamment sur la vérification d'une formation appropriée à la sécurité (C. trav., art. D. 4154-4), « *Il est interdit d'employer des salariés titulaires d'un contrat de travail à durée déterminée et des salariés temporaires pour l'exécution des travaux les exposant aux agents chimiques dangereux .../... suivants : 1° Amiante : opérations d'entretien ou de maintenance sur des flocages ou calorifugeages ; travaux de confinement, de retrait ou et de démolition* » (C. trav., art. L. 1242-6, L. 1251-10, L. 1254-4, **L. 4154-1**, D. 1242-4 et **D. 4154-1**). Ces dispositions sont incriminées, pour le travail à durée déterminée, par C. trav., art. L. 1248-3 (*N 11184.ju*), pour le travail temporaire, par C. trav., art. L. 1255-5 (*N 11184.ju*) (3 750 €, récidive : 6 mois, 7 500 €). • **Modes opératoires et moyens de protection collective et individuelle.** L'employeur est tenu de mettre en œuvre des **règles techniques** et des **modes opératoires** de réduction de l'empoussièrement, ainsi que des mesures de confinement et de **limitation de la diffusion des fibres** à l'extérieur de la zone d'opération (C. trav., art. R. 4412-108). En outre, il met en place des « *moyens de protection collective adaptés à la nature des opérations* » (C. trav., art. R. 4412-109) et « *met à disposition des travailleurs des équipements de protection individuelle adaptés aux opérations à réaliser et assurant le respect de la valeur limite d'exposition professionnelle* » (C. trav., art. R. 4412-110). Les règles techniques, mesures de prévention et moyens de protection collective sont déterminés par l'Arr., 8 avr. 2013, NOR : ETST1309168A (v. **cas** D). • **Limite d'exposition aux fibres d'amiante et contrôle de l'exposition du travailleur.** La valeur limite de concentration en fibre d'amiante de l'air inhalé par le travailleur est fixée par C. trav., art. R. 4412-100 (v. **cas** E1) et l'employeur s'assure du respect de cette valeur limite (C. trav., art. R. 4412-101) (v. **cas** E2) en faisant appel à un organisme accrédité (C. trav., art. R. 4412-103). L'employeur établit, pour chaque travailleur exposé, une **fiche de suivi de l'exposition** à l'amiante (C. trav., art. R. 4412-120) (v. **cas** E3). La durée maximale des vacations de travail n'excède pas 2 H 30 et la durée maximale quotidienne 6 H 00 (C. trav., art. R. 4412-119) (v. **cas** E4). Lorsque le niveau d'empoussièrement est supérieur au niveau estimé dans le document unique d'évaluation des risques, l'employeur « *suspend les opérations* » jusqu'à la mise en œuvre de mesures correctives suivies d'un nouveau contrôle de l'empoussièrement (C. trav., art. R. 4412-114) (v. **cas** E5). Si l'empoussièrement dépasse le 3e niveau, l'employeur suspend les opérations et alerte le donneur d'ordre, l'inspecteur du travail et l'agent des services de prévention de l'organisme de sécurité sociale (C. trav., art. R. 4412-115) (v. **cas** E5). En outre, lorsque le niveau d'empoussièrement de 5 fibres par litre défini au CSP, art. R. 1334-29-3, est dépassé dans **l'environnement du chantier** (v. **cas** E6), valeur que l'employeur est tenu de vérifier par des mesures d'empoussièrement lors des travaux de retrait et d'encapsulage d'amiante (C. trav., art. R. 4412-128), les opérations sont arrêtées sans délai et « *l'employeur informe sans délai le donneur d'ordre ainsi que le préfet compétent à raison du lieu du chantier, du dépassement, de ses causes et des mesures prises pour y remédier* » (C. trav., art. R. 4412-115). • **Traitement des déchets amiantés.** « *Les déchets de toute nature susceptibles de libérer des fibres d'amiante sont conditionnés et traités de manière à ne pas provoquer d'émission de poussières pendant leur manutention, leur transport, leur entreposage et leur stockage* » (C. trav., art. R. 4412-121) (v. **cas** F), ils sont ramassés, conditionnés et évacués selon les précisions apportées par C. trav., art. R. 4412-122 puis transportés et éliminés selon la législation en vigueur (C. trav., art. R. 4412-123), laquelle prévoit que les déchets amiantés sont accueillis par des installations autorisées (C. envir., art. L. 541-30-1). Comme pour tous les déchets issus de chantiers du bâtiment, l'entrepreneur doit être en mesure de prouver la traçabilité des déchets issus de ses chantiers par des bordereaux de dépôt des déchets remis à une installation de collecte de déchets (infraction issue L. n° 2020-105, 10 févr. 2020) (C. envir., art. **L. 541-21-2-3 II**, **L. 546 I 17°**, v. n° **31.26**, **cas M**). • **Opérations de fin de travaux.** « *En fin de travaux* » d'encapsulage et de retrait d'amiante, « *l'employeur établit un rapport de fin de travaux contenant tous les éléments relatifs au déroulement des travaux notamment les mesures de niveau d'empoussièrement, les certificats d'acceptation préalable des déchets et les plans de localisation de l'amiante mis à jour* »(C. trav., art. R. 4412-139). « *Avant toute restitution de la zone et préalablement à l'enlèvement de tout dispositif de confinement, total ou partiel, l'employeur procède* » à un examen de la zone, à son nettoyage approfondi par aspiration, à une mesure du niveau d'empoussièrement, et à une fixation des fibres éventuellement résiduelles (C. trav., art. R. 4412-140) (v. **cas** G).

RÉGIME PROCÉDURAL

- **Compétence juridictionnelle.** *Idem* n° **32.50**.

MESURE ADMINISTRATIVE

- **Transaction pénale.** *Idem* n° **32.50** (C. trav., art. L. 8114-4, Ord. n° 2016-413, 7 avr. 2016).

RÉGIME DES PEINES

- **Mise en conformité.** *Idem* n° **32.50**.
- **Cumul des amendes.** *Idem* n° **32.50**.
- **Paiement de l'amende.** *Idem* n° **32.50**.

■ ÉLÉMENTS CONSTITUTIFS – QUALIFICATION

✧ Pour avoir à .... [¤ lieu], le .... [¤ date], par sa faute personnelle, étant employeur ou son délégataire, [⇨A à H :]

A. **Travaux de retrait ou d'encapsulage d'amiante sans certification de l'entreprise**

procédé à des travaux de retrait ou d'encapsulage d'amiante et de matériaux, d'équipements et de matériels ou d'articles en contenant, y compris dans les cas de démolition, sans justifier de sa capacité à réaliser ces travaux par l'obtention d'une certification délivrée par un organisme certificateur (C. trav., art. L. 4111-1, **L. 4111-6**, **L. 4412-1**, R. 4412-94 1°, **R. 4412-129**, R. 4412-131, **L. 4741-1**, L. 4741-5, AM 14 déc. 2012, NOR : ETST1242392A) (A : *N* ***30559.ju***) ;

B. **Absence d'évaluation et de documentation préalable des risques**

B1. réalisé une opération comportant des risques d'exposition des travailleurs à l'amiante sans procéder à une évaluation initiale des risques en estimant le **niveau d'empoussièrement** correspondant à chacun des processus de travail ou sans transcrire le résultat de son évaluation des risques dans le **document unique d'évaluation** des risques (C. trav., art. L. 4111-1, **L. 4111-6**, **L. 4412-1**, R. 4412-94, **R. 4412-98**, **R. 4412-99**, **L. 4741-1**, L. 4741-5) (B1 : *N* ***29200.ju***) ;

B2. procédé à des travaux de retrait ou d'encapsulage d'amiante et de matériaux, d'équipements et de matériels ou d'articles en contenant, y compris dans les cas de démolition, sans (C. trav., art. L. 4111-1, **L. 4111-6**, **L. 4412-1**, R. 4412-94 1°, **R. 4412-137**, **L. 4741-1**, L. 4741-5) [⇨B2a à B2c :]

B2a. établir un **plan de démolition, de retrait ou d'encapsulage** ou sans adresser ce plan, un mois avant le démarrage des travaux, à l'inspecteur du travail et à l'organisme de prévention de la sécurité sociale et le cas échéant du bâtiment et des travaux publics (B2a : *N* ***28089.ju***) ;

B2b. établir un **plan de démolition, de retrait ou d'encapsulage** ou sans adresser ce plan, un mois avant le démarrage des travaux, à l'inspecteur du travail et à l'organisme de prévention de la sécurité sociale et le cas échéant du bâtiment et des travaux publics (B2b : *N* ***28089.ju***) ;

B2c. informer l'agent de contrôle de l'inspection du travail et l'agent des services de prévention des organismes de sécurité sociale de **tout changement** dans les conditions de travail, de toute modification du marché de travaux ou du processus ainsi que de l'ajout d'un nouveau processus, susceptible d'entraîner une augmentation significative des niveaux d'empoussièrement, ou sans préciser les mesures d'organisation et de prévention retenues pour la protection des travailleurs et de l'environnement (C. trav., art. L. 4111-1, **L. 4111-6**, **L. 4412-1**, R. 4412-94 1°, **R. 4412-138**, **L. 4741-1**, L. 4741-5) (B2c : *N* ***30645.ju***) ;

C. **Absence de formation du personnel**

réalisé une opération comportant des risques d'exposition des travailleurs à l'amiante sans assurer au travailleur une formation préalable adaptée aux activités et procédés mis en œuvre, attestée par une **attestation de compétence individuelle** délivrée par un organisme de formation certifié (C. trav., art. L. 4111-1, **L. 4111-6**, **L. 4412-1**, L. 4141-2, **R. 4412-117**, R. 4412-141, **L. 4741-1**, L. 4741-5, Arr. 23 févr. 2012, NOR : ETST1202033A) (C : *N* ***#.ju***).

D. **Non-respect des règles de prévention : règles techniques et modes opératoires, moyens de protection collective ou individuelle**

D1. réalisé une opération comportant des risques d'exposition des travailleurs à l'amiante sans mettre en œuvre, afin de réduire au plus bas techniquement possible la durée et le niveau d'exposition des travailleurs et pour garantir l'absence de pollution des bâtiments, équipements, structures et installations, des **techniques** et des **modes opératoires** de réduction de l'empoussièrement, des mesures nécessaires de **confinement** et de limitation de la diffusion des fibres d'amiante, ou des moyens de **protection collective ou individuelle** adaptés aux opérations

(C. trav., art. L. 4111-1, **L. 4111-6**, **L. 4412-1**, R. 4412-94, **R. 4412-108**, **R. 4412-109**, **R. 4412-110**, **R. 4412-111**, **R. 4412-113**, **L. 4741-1**, L. 4741-5, Arr., 8 avr. 2013, NOR : ETST1309168A.) (D1 : *N* ***26202.ju***) ;

D2. réalisé une intervention sur des matériaux, des équipements, des matériels ou des articles susceptibles de provoquer l'émission de fibres d'amiante, sans établir, après évaluation initiale des risques, un **mode opératoire** pour chaque processus mis en œuvre, ou omis de soumettre ce mode opératoire à l'avis du médecin du travail et du comité social et économique ou de le transmettre à l'inspecteur du travail et aux agents des services de prévention des organismes de sécurité sociale (C. trav., art. L. 4111-1, **L. 4111-6**, **L. 4412-1**, R. 4412-94 2°, **R. 4412-145**, **R. 4412-146**, **R. 4412-147**, **L. 4741-1**, L. 4741-5) (**D2** : *N 29202.ju*).

E. Maîtrise et contrôle de l'exposition du travailleur aux fibres d'amiante

réalisé une opération comportant des risques d'exposition des travailleurs à l'amiante [⇨**E1** à **E6** :]

E1. en **dépassant la valeur limite**, sur 8 H 00 de travail, de la concentration moyenne en fibre d'amiante dans l'air inhalé par le travailleur (C. trav., art. L. 4111-1, **L. 4111-6**, **L. 4412-1**, R. 4412-94, **R. 4412-100**, R. 4412-104, R. 4412-103, **L. 4741-1**, L. 4741-5) (**E1** : *N 33828.ju*) ;

E2. en ne **s'assurant pas du respect de la valeur limite** d'exposition aux fibres d'amiante dans l'air inhalé par le travailleur (C. trav., art. L. 4111-1, **L. 4111-6**, **L. 4412-1**, R. 4412-94, R. 4412-100, **R. 4412-101**, R. 4412-104, **L. 4741-1**, L. 4741-5) (**E2** : *N #.ju*) ;

E3. sans établir, pour chaque travailleur exposé, une **fiche de suivi de l'exposition** à l'amiante (C. trav., art. L. 4111-1, **L. 4111-6**, **L. 4412-1**, R. 4412-94, **R. 4412-120**, **L. 4741-1**, L. 4741-5) (**E3** : *N #.ju*) ;

E4. en dépassant la **durée maximale** de 2 H 30 d'une vacation ou la durée maximale quotidienne de 6 H 00 des vacations (C. trav., art. L. 4111-1, **L. 4111-6**, **L. 4412-1**, R. 4412-94, **R. 4412-119**, **L. 4741-1**, L. 4741-5) (**E4** : *N #.ju*) ;

E5. en omettant de suspendre les opérations jusqu'à la mise en œuvre de mesures propres à remédier à la situation alors que le **niveau d'empoussièrement dépassait le niveau** estimé dans le document unique d'évaluation des risques et que, par suite, le respect de la valeur limite d'exposition professionnelle n'était plus garanti, ou en omettant d'alerter, en cas de dépassement du troisième niveau d'empoussièrement, le donneur d'ordre, l'inspection du travail et l'agent des services de prévention des organismes de sécurité sociale (C. trav., art. L. 4111-1, **L. 4111-6**, **L. 4412-1**, R. 4412-94, **R. 4412-114**, **R. 4412-115**, **L. 4741-1**, L. 4741-5) (**E5** : *N #.ju*) ;

E6. en omettant, en cas de **dépassement du seuil** de 5 fibres par litre d'air dans les bâtiments, les équipements, les installations ou les structures dans lesquels ou dans l'environnement desquels les opérations sont réalisées, (CSP, art. R. 1334-29-3 ; C. trav., art. L. 4111-1, **L. 4111-6**, **L. 4412-1**, R. 4412-94, **R. 4412-124**, **L. 4741-1**, L. 4741-5) [⇨**E6a** ou **E6b** :],

E6a. d'arrêter sans délai les opérations et de mettre en place des mesures correctrices et préventives (**E6a** : *N 33850.ju*) ;

E6b. d'informer sans délai le donneur d'ordre ainsi que le préfet compétent à raison du lieu du chantier, du dépassement, de ses causes et des mesures prises pour y remédier (**E6b** : *N 33851.ju*).

F. Traitement irrégulier des déchets

réalisé une opération comportant des risques d'exposition des travailleurs à l'amiante [⇨**F1** ou **F2** :]

F1. sans **conditionner ou traiter** les déchets de toute nature susceptibles de libérer des fibres d'amiante de manière à ne pas provoquer d'émission de poussière pendant leur manutention, transport, entreposage ou stockage (C. trav., art. L. 4111-1, **L. 4111-6**, **L. 4412-1**, R. 4412-94, **R. 4412-121**, **L. 4741-1**, L. 4741-5) (**F1** : *N #.ju*) ;

F2. sans **ramasser les déchets** de toute nature susceptibles de libérer des fibres d'amiante au fur et à mesure de leur production, sans les **conditionner** dans des emballages appropriés et fermés, avec apposition d'un étiquetage conforme ou sans les **évacuer** après décontamination hors du chantier aussitôt que possible alors que le volume le justifiait (D. n° 88-466 du 28 avril 1988 ; C. envir., art. R. 551-1 à R. 551-13 ; C. trav., art. L. 4111-1, **L. 4111-6**, **L. 4412-1**, R. 4412-94, **R. 4412-122**, **L. 4741-1**, L. 4741-5) (**F2** : *N #.ju*).

G. Restitution irrégulière de zone après travaux d'encapsulage et de retrait d'amiante

effectué des travaux de retrait ou d'encapsulage d'amiante et de matériaux, d'équipements et de matériels ou d'articles en contenant, y compris dans les cas de démolition, sans procéder, **avant restitution de la zone** et avant enlèvement de tout dispositif de confinement total ou partiel, à un examen des zones susceptibles d'avoir été polluées, à un nettoyage approfondi de la zone par aspiration, à une mesure du niveau d'empoussièrement et à la fixation des fibres résiduelles sur les parties traitées (C. trav., art. L. 4111-1, **L. 4111-6**, **L. 4412-1**, R. 4412-94 1°, **R. 4412-140**, **L. 4741-1**, L. 4741-5) (**G** : *N 29201.ju*).

H. **DEFAUT DE REPÉRAGE PRÉALABLE DE L'AMIANTE PAR LE BÉNÉFICIAIRE DES TRAVAUX**

étant donneur d'ordre, maître d'ouvrage ou propriétaire d'immeuble par nature ou par destination, d'équipements, de matériels ou d'articles, omis, préalablement à toute opération comportant des risques d'exposition des travailleurs à l'amiante, de (C. trav., art. **L. 4412-2**, R. 4412-97, R. 4412-97-1, **L. 4741-9**, L. 4741-10) [⇨H1 ou H2 :]

H1. faire rechercher la présence d'amiante ou omis de confier la mission de repérage préalable de l'amiante à un opérateur qualifié (H1 : *N* ***32940.ju***) ;

H2. joindre le rapport de repérage d'amiante aux documents de la consultation remis aux entreprises candidates ou transmis aux entreprises envisageant de réaliser l'opération (H2 : *N* ***32997.ju***).

Faits prévus et réprimés par les articles [• du cas sélectionné]. ✧

32.54 Amiante – Protection des consommateurs – Fabrication ou commercialisation illicite d'amiante

■ PEINES

PERSONNE PHYSIQUE

PP Contrav. 5e cl. 1 500 € (D. n° 96-1133, 24 déc. 1996, art. 5 ; C. pén., art. 131-13).

PC Néant.

PERSONNE MORALE

PP 7 500 € (C. pén., art. 131-41).

PC Néant.

■ ORIENTEUR

TEXTE DE RÉFÉRENCE

▪ Cadre réglementaire. Prohibition de l'amiante : v. n° 32.51.

■ ÉLÉMENTS CONSTITUTIFS – QUALIFICATION

✧ Pour avoir à .... [¤ lieu], le .... [¤ date], [⇨A à F puis 1 ou 2 :]

A. fabriqué ; B. importé ; C. vendu, cédé à quelque titre que ce soit, ou mis sur le marché national ; D. exporté ; E. offert ; F. détenu en vue de la vente ; [⇨1 ou 2 :]

1. des fibres d'amiante (A1 : *N* ***21327.c5*** ; B1 : *N* ***20394.c5*** ; C1 : *N* ***20391.c5*** ; D1 : *N* ***21329.c5*** ; E1 : *N* ***20392.c5*** ; F1 : *N* ***20390.c5***) ;

2. des produits contenant des fibres d'amiante (A2 : *N* ***21328.c5*** ; B2 : *N* ***5461.c5*** ; C2 : *N* ***20388.c5*** ; D2 : *N* ***21330.c5*** ; E2 : *N* ***20389.c5*** ; F2 : *N* ***5458.c5***).

Faits prévus et réprimés par les articles 1 et 5 du décret n° 96-1133 du 24 décembre 1996. ✧

32.55 Amiante – Étiquetage ou marquage absent – Étiquetage ou marquage non conforme

■ PEINES

PERSONNE PHYSIQUE

PP Contrav. 3e cl. 450 € (D. n° 88-466, 28 avr. 1988, art. 6 ; C. pén., art. 131-13).

PC Néant.

PERSONNE MORALE

PP 2 250 € (C. pén., art. 131-41).

PC Néant.

■ ORIENTEUR

TEXTE DE RÉFÉRENCE

▪ Cadre réglementaire. Prohibition de l'amiante : v. n° 32.51.

■ ÉLÉMENTS CONSTITUTIFS – QUALIFICATION

✧ Pour avoir à .... [¤ lieu], le .... [¤ date], [⇨A à C puis 1 ou 2 :]
A. détenu en vue de la vente ...
B. mis en vente, vendu ...
C. offert ou distribué à titre gratuit ...
... des produits, en l'espèce .... [¤ produits concernés], contenant des fibres d'amiante sous forme de chrysotile autorisée [⇨1 ou 2 :]
1. sans étiquetage ou marquage conforme (A1 : *N 5466.c3* ; B1 : *N 20384.c3* ; C1 : *N 20385.c3*) ;
2. sans mention de conseils de sécurité (A2 : *N 5676.c3* ; B2 : *N 20386.c3* ; C2 : *N 20387.c3*).
Faits prévus et réprimés par les articles 4, 5 et 6 du décret n° 88-466 du 28 avril 1988. ✧

32.56 Amiante – Obligations des propriétaires d'immeubles bâtis

■ PEINES

PERSONNE PHYSIQUE

PP Cas A à H : Contrav. 5e cl. 1 500 € (C. pén., art. 131-13) ; **récidive** : 3 000 € (CSP, art. R. 1337-5 ; C. pén., art. 132-11).

Cas I : Contrav. 3e cl. 450 € (CSP, art. R. 1337-2-1 ; C. pén., art. 131-13).

PC Néant.

PERSONNE MORALE

PP Cas A à H : Contrav. 5e cl. 7 500 € (C. pén., art. 131-41) ; **récidive** : 15 000 € (CSP, art. R. 1337-5 ; C. pén., art. 132-15).

Cas I : Contrav. 3e cl. 2 250 € (CSP, art. R. 1337-2-1 ; C. pén., art. 131-41).

PC Néant.

■ ORIENTEUR

TEXTE DE RÉFÉRENCE

▪ **Cadre réglementaire. Prohibition de l'amiante** : v. n° 32.51.

▪ **Obligations des propriétaires d'immeuble.** Dans les conditions fixées par décret (CSP, art. L. 1334-12-1), « *Les propriétaires, ou à défaut les exploitants, des immeubles bâtis y font rechercher la présence d'amiante ; en cas de présence d'amiante, ils font établir un diagnostic de l'état de conservation de l'amiante dans les matériaux et produits repérés et mettent en œuvre, le cas échéant, les mesures nécessaires pour contrôler et réduire l'exposition* » (CSP, art. L. 1334-12-1). Les personnes privées ou publiques propriétaires d'immeubles bâtis dont le permis de construire a été délivré **avant le 1er juillet 1997** sont tenus de les soumettre aux vérifications décrites dans les incriminations ci-dessous (CSP, art. R. 1334-14). Les composants de la construction susceptibles de contenir de l'amiante et soumis à l'obligation de repérage de l'amiante sont ventilés dans trois catégories A, B et C figurant à l'annexe 13-9 du CSP (CSP, art. R. 1334-14 IV). Dans les immeubles d'habitation ne comportant qu'un seul logement, l'obligation de repérage de l'amiante n'est imposée qu'au moment de la vente de l'immeuble (CSP, art. R. 1334-5 et L. 1334-13) ou, comme tous les immeubles bâtis, lors de sa destruction (CSP, art. R. 1334-19). L'obligation de repérage est permanente pour les parties privatives et communes des immeubles collectifs d'habitation (CSP, art. R. 1334-16 et R. 1334-17), ainsi que pour les immeubles bâtis ne constituant pas un immeuble d'habitation (CSP, art. R. 1334-18) (ex. usines, bureaux). S'agissant des immeubles collectifs d'habitation en copropriété, on entend par propriétaire, pour les parties privatives, la personne propriétaire de ces parties, pour les parties communes, le syndicat de copropriétaires (CSP, art. R. 1334-14). Rapports de repérages, évaluations périodiques et mesures d'empoussièrement sont versés par les propriétaires respectifs dans le « *dossier amiante – parties privatives* » (CSP, art. R. 1334-29-4) pour les parties privatives et dans le « *dossier technique amiante* » (CSP, art. R. 1334-29-5) pour les parties communes ou les immeubles bâtis, documents tenus notamment à disposition des occupants et des agents de contrôle.

■ ÉLÉMENTS CONSTITUTIFS – QUALIFICATION

✧ Pour avoir à .... [¤ lieu], le .... [¤ date] [⇨A à I :]

A. **Défaut de repérage de l'amiante**

étant propriétaire d'un immeuble bâti dont le permis de construire a été délivré avant le 1er juillet 1997, omis de faire réaliser un repérage des matériaux et produits (CSP, art. R. 1337-3) (A : *N 29069.c5*) [⇨A1 à A4 :]

A1. de la liste A contenant de l'amiante dans les parties privatives d'un immeuble collectif d'habitation (CSP, art. R. 1334-16, al. 1) ;

A2. des listes A et B contenant de l'amiante dans les parties communes d'un immeuble collectif d'habitation (CSP, art. R. 1334-17) ;

A3. des listes A et B contenant de l'amiante dans un immeuble bâti autre qu'un immeuble d'habitation (CSP, art. R. 1334-18) ;

A4. de la liste C contenant de l'amiante préalablement à la démolition de l'immeuble (CSP, art. R. 1334-19).

B. **Défaut de communication du rapport de repérage de l'amiante en cas de démolition**

étant propriétaire d'un immeuble bâti dont le permis de construire a été délivré avant le 1er juillet 1997, omis de communiquer le rapport de repérage des matériaux et produits de la liste C contenant de l'amiante à toute personne physique ou morale appelée à organiser ou à effectuer des travaux de démolition dans l'immeuble (CSP, art. R. 1334-29-6, R. 1337-3) (B : *N 27444.c5*) ;

C. **Defaut de mise en œuvre des préconisations du rapport de repérage de l'amiante dans les parties privatives d'un immeuble collectif d'habitation**

étant propriétaire des parties privatives d'un immeuble collectif d'habitation dont le permis de construire a été délivré avant le 1er juillet 1997, omis de mettre en œuvre les préconisations du rapport de repérage remis contre accusé de réception du [date de l'accusé de réception du propriétaire] consistant en (CSP, art. R. 1334-20 IV, R. 1337-3-1) [⇨C1 à C3 :]

C1. une évaluation périodique de l'état de conservation des matériaux et produits de la liste A contenant de l'amiante dans le délai maximal de 3 ans à compter de la remise du rapport (R. 1334-27 1°) (C1 : *N 29070.c5*) ;

C2. une mesure d'empoussièrement dans l'air dans le délai maximal de 3 mois à compter de la remise du rapport (R. 1334-27 2°) (C2 : *N 29072.c5*) ;

C3. des travaux de confinement ou de retrait de l'amiante dans le délai maximal de 36 mois à compter de la remise du rapport (R. 1334-29, R. 1334-27 3°) (C3 : *N 29074.c5*).

D. **Défaut de suivi des mesures consécutives aux contrôles préconisés par le rapport de repérage de l'amiante dans les parties privatives d'un immeuble collectif d'habitation**

étant propriétaire des parties privatives d'un immeuble collectif d'habitation dont le permis de construire a été délivré avant le 1er juillet 1997, omis de faire procéder, à la suite d'une mesure de l'empoussièrement dans l'air préconisée par un rapport de repérage, concluant à une valeur [⇨D1 ou D2 :]

D1. inférieure ou égale à 5 fibres par litre d'air, à l'évaluation périodique de l'état de conservation des matériaux et produits de la liste A contenant de l'amiante dans le délai de trois ans de la remise du résultat de la mesure d'empoussièrement (CSP, art. R. 1334-20 IV, R. 1334-27, R. 1334-28, R. 1337-3-1) (D1 : *N #.c5*) ;

D2. supérieure à 5 fibres par litre d'air, à des travaux de confinement ou de retrait de l'amiante dans un délai de 36 mois à compter de la remise du résultat de la mesure d'empoussièrement (CSP, art. R. 1334-20 IV, R. 1334-27, R. 1334-28, R. 1334-29, R. 1337-3-1) (D2 : *N #.c5*).

E. **Défaut de mise en œuvre des préconisations du rapport de repérage de l'amiante dans les parties communes d'un immeuble collectif d'habitation ou dans un immeuble bâti**

étant propriétaire de parties communes d'un immeuble collectif d'habitation ou d'un immeuble bâti ne constituant pas un immeuble d'habitation, dont le permis de construire a été délivré avant le 1er juillet 1997, omis de mettre en œuvre les préconisations du rapport de repérage remis contre accusé de réception du [date de l'accusé de réception du propriétaire] consistant en (CSP, art. R. 1334-20 IV, R. 1337-3-2) [⇨E1 à E3 :]

E1. une évaluation périodique de l'état de conservation des matériaux et produits de la liste A contenant de l'amiante dans le délai maximal de 3 ans à compter de la remise du rapport (R. 1334-27 1°) (E1 : *N 29071.c5*) ;

E2. une mesure d'empoussièrement dans l'air dans le délai maximal de 3 mois à compter de la remise du rapport (R. 1334-27 2°) (E2 : *N 29073.c5*) ;

E3. des travaux de confinement ou de retrait de l'amiante dans le délai maximal de 36 mois à compter de la remise du rapport (R. 1334-29, R. 1334-27 3°) (E3 : *N 29075.c5*).

F. Défaut de suivi des mesures consécutives aux contrôles préconisés par le rapport de repérage de l'amiante dans les parties communes d'un immeuble collectif d'habitation ou dans un immeuble bâti

étant propriétaire de parties communes d'un immeuble collectif d'habitation ou d'un immeuble bâti ne constituant pas un immeuble d'habitation, dont le permis de construire a été délivré avant le 1er juillet 1997, omis de faire procéder, à la suite d'une mesure de l'empoussièrement dans l'air préconisée par un rapport de repérage, concluant à une valeur [⇨F1 ou F2 :]

F1. inférieure ou égale à 5 fibres par litre d'air, à l'évaluation périodique de l'état de conservation des matériaux et produits de la liste A contenant de l'amiante dans le délai de trois ans de la remise du résultat de la mesure d'empoussièrement (CSP, art. R. 1334-20 IV, R. 1334-27, **R. 1334-28**, R. 1337-3-2) (F1 : *N #.c5*) ;

F2. supérieure à 5 fibres par litre d'air, à des travaux de confinement ou de retrait de l'amiante dans un délai de 36 mois à compter de la remise du résultat de la mesure d'empoussièrement (CSP, art. R. 1334-20 IV, R. 1334-27, **R. 1334-28**, R. 1334-29, R. 1337-3-2) (F2 : *N #.c5*).

G. Défaut de tenue et de mise à disposition du « dossier amiante » d'un immeuble bâti

G1. étant propriétaire des parties privatives d'un immeuble collectif d'habitation dont le permis de construire a été délivré avant le 1er juillet 1997, omis de constituer et d'actualiser un dossier intitulé **« dossier amiante – parties privatives »** comprenant le rapport de repérage, le cas échéant les évaluations périodiques, les mesures d'empoussièrement, les travaux de retrait ou de confinement (G1a : *N 29076.c5*), et de tenir ce dossier à disposition des occupants (G1b : *N 29079.c5*), des personnes appelées à organiser ou effectuer des travaux dans l'immeuble (G1c : *N 29081.c5*), ou des agents de contrôle (G1d : *N 29083.c5*) (CSP, art. R. 1334-29-4, R. 1337-3-1) ;

G2. étant propriétaire de parties communes d'un immeuble collectif d'habitation ou d'un immeuble bâti ne constituant pas un immeuble d'habitation, dont le permis de construire a été délivré avant le 1er juillet 1997, de constituer et d'actualiser un dossier intitulé **« dossier technique amiante »** comprenant le rapport de repérage, le cas échéant les évaluations périodiques, les mesures d'empoussièrement, les travaux de retrait ou de confinement (G2a : *N 29077.c5*), et de tenir ce dossier à disposition des occupants (G2b : *N 29079.c5*), des personnes appelées à organiser ou effectuer des travaux dans l'immeuble (G2c : *N 29080.c5*), ou des agents de contrôle (G2d : *N 29082.c5*), ou de communiquer la **fiche récapitulative** du dossier technique amiante, dans un délai d'un mois après sa constitution ou sa mise à jour, aux occupants de l'immeuble ou aux employeurs si l'immeuble comporte des locaux de travail (G2e : *N 27448.c5*) (CSP, art. R. 1334-29-5, R. 1337-3-2).

H. Défaut de compétence, d'assurance ou d'indépendance de l'organisme de repérage d'amiante

étant chargé de repérages de matériaux et produits contenant de l'amiante, de l'évaluation périodique de leur état de conservation, ou de l'examen visuel de l'état de surfaces traitées à la suite de travaux de retrait ou de confinement de matériaux et produits contenant de l'amiante, omis de (C. constr., art. L. 271-6, R. 271-1 ; CSP, art. R. 1334-20, R. 1334-21, R. 1334-22, **R. 1334-23**, R. 1334-27, R. 1334-29-3, R. 1337-4) [⇨H1 à H3 :]

H1. respecter les conditions de certification de ses compétences par un organisme accrédité (H1 : *N 26924.c5*) ;

H2. souscrire une assurance permettant de couvrir les conséquences d'un engagement de sa responsabilité en raison de ses interventions (H2 : *N 26925.c5*) ;

H3. respecter les critères d'impartialité et d'indépendance à l'égard du propriétaire ou de son mandataire ou d'une entreprise pouvant réaliser des travaux sur les ouvrages, installations ou équipements pour lesquels il lui est demandé un état mentionnant la présence ou l'absence de matériaux ou produits contenant de l'amiante (H3 : *N #.c5*).

I. **DÉFAUT D'EXAMEN VISUEL ET DU CONTRÔLE DE L'EMPOUSSIÈREMENT À L'ISSUE DE TRAVAUX DE RETRAIT OU DE CONFINEMENT**

omis, à l'issue de travaux de retrait ou de confinement de matériaux et produits de la liste A contenant de l'amiante et avant toute restitution des locaux traités, de faire procéder, par une personne certifiée par un organisme accrédité, à l'examen visuel de l'état des surfaces traitées et à une mesure du niveau d'empoussièrement dans l'air (CSP, art. **R. 1334-29-3**, **R. 1337-2-1**) (**I** : *N 29084.c3*).

Faits prévus et réprimés par les articles [¤ de l'infraction sélectionnée]. ✧

32.57 Chantier BTP – Défaut de coordination de la sécurité et de la santé

■ PEINES

PERSONNE PHYSIQUE

PP Délit. Cas **A** et **B** : **10 000 €** (depuis Ord. nº 2016-413, 7 avr. 2016, auparavant **9 000 €**). Récidive. **1 an** d'emprisonnement, **15 000 €**. (C. trav., art. **L. 4744-4**). Cas **C** et **D** : **9 000 €**. Récidive. **1 an** d'emprisonnement, **15 000 €**. (C. trav., art. **L. 4744-5**).

PC Néant.

PERSONNE MORALE

PP Délit. Cas **A** et **B** : **50 000 €** (depuis Ord. nº 2016-413, 7 avr. 2016, auparavant **45 000 €**). Récidive. **75 000 €** (C. trav., art. **L. 4744-4**, C. pén., art. 131-38). Cas **B** et **C** : **45 000 €**. Récidive. **75 000 €** (C. trav., art. **L. 4744-4**, C. pén., art. 131-38).

PC Néant.

■ ORIENTEUR

AUTRE QUALIFICATION

▪ **Homicide et blessures involontaires.** Si C. trav., art. R. 4532-11 « *dispose que le coordonnateur exerce sa mission sous la responsabilité du maître d'ouvrage, il n'édicte pas d'obligation particulière de sécurité ou de prudence à la charge de ce dernier, au sens de l'article 222-20 du code pénal* » (Crim. 16 mars 2021, nº 20-81.316, P). Sur l'homicide involontaire dans le cadre du travail, v. nº **32.46**.

ÉLÉMENT LÉGAL

▪ **Domaine d'application.** Les obligations définies dans les cas **B**, **C** et **D** ne « *s'appliquent pas aux travaux d'extrême urgence dont l'exécution immédiate est nécessaire pour prévenir des accidents graves et imminents ou organiser des mesures de sauvetage* » (C. trav., art. L. 4532-17).

RÉGIME PROCÉDURAL

▪ **Compétence juridictionnelle. Juge unique** sauf récidive (C. pr. pén., art. 398-1, v. nº **17.15D2**).

▪ **Ordonnance pénale. Possible** sauf récidive (C. pr. pén., art. 495-II, v. nº **15.48B1** et tableau nº **17.15D2**).

MESURE ADMINISTRATIVE

▪ **Transaction pénale.** *Idem* nº **32.50** (C. trav., art. L. 8114-4, Ord. nº 2016-413, 7 avr. 2016).

■ ÉLÉMENTS CONSTITUTIFS – QUALIFICATION

✧ Pour avoir à .... [¤ lieu], le .... [¤ date], [⇨**A** à **D** :]

A. **MAÎTRE D'OUVRAGE, OBLIGATION DE DÉSIGNER UN COORDONNATEUR ET DE FAIRE ÉTABLIR UN DOSSIER D'INTERVENTION**

étant **maître d'ouvrage** d'une opération de bâtiment ou de génie civil appelant à intervenir plusieurs travailleurs indépendants ou entreprises, omis [⇨**A1** à **A5** :]

A1. de désigner au cours de la conception, de l'étude ou de **l'élaboration du projet** un **coordonnateur** en matière de sécurité et de santé (C. trav., art. **L. 4532-4**, L. 4532-18, **L. 4744-4 1°**) (**A1** : *N 21231.ju* ; récidive : *N 21240.co*) ;

A2. de désigner au cours de la **réalisation de l'ouvrage** un **coordonnateur** en matière de sécurité et de santé (C. trav., art. **L. 4532-4**, L. 4532-18, **L. 4744-4 1°**) (**A2** : *N 21232.ju* ; récidive : *N 21241.co*) ;

A3. de désigner au cours de la conception, de l'étude, de l'élaboration ou de la réalisation du projet un **coordonnateur** en matière de sécurité et de santé possédant la **compétence requise** (C. trav., art. L. 4532-18, **R. 4532-17**, L. 4744-4 2° (A3 : *N* ***21235.ju*** *; récidive : N* ***21243.co***) ;

A4. d'assurer au **coordonnateur** en matière de sécurité et de santé **l'autorité et les moyens indispensables** à l'exercice de sa mission (C. trav., art. **L. 4532-5**, L. 4532-18, L. 4744-4 1°) (A4 : *N* ***21234.ju*** *; récidive : N* ***21242.co***) ;

A5. de faire établir et compléter par le coordonnateur au fur et à mesure des phases de conception, d'étude et d'élaboration du projet et de réalisation de l'ouvrage, un dossier dit **dossier d'intervention** rassemblant toutes les données de nature à faciliter la prévention des risques professionnels lors d'interventions ultérieures (C. trav., art. **L. 4532-16**, L. 4532-18, L. 4744-4 4° (A5 : *N* ***21237.ju*** *; récidive : N* ***21245.co***) ;

B. **Maître d'ouvrage, obligation de faire établir un plan général de coordination (PGC)**

étant **maître d'ouvrage** d'une opération de bâtiment ou de génie civil [⇨B1 à B3 :]

B1. supérieure à 30 jours et dont l'effectif prévisible est supérieur à 20 travailleurs à un moment quelconque ...

B2. supérieure à 500 hommes-jours ...

B3. comportant des risques particuliers (la liste des travaux de ce type est fixée par arrêté) ...

... omis de faire établir par le coordonnateur dès la phase de conception, d'étude ou d'élaboration du projet un **plan général de coordination** ou de le faire tenir à jour pendant toute la durée des travaux (C. trav., art. L. 4532-1, **L. 4532-8**, L. 4532-18, R. 4532-2, L. 4744-4 3°) (B : *N* ***21236.ju*** *; récidive : N* ***21244.co***) ;

C. **Entrepreneur, obligation de remettre au coordonnateur un plan particulier de sécurité et de protection de la santé (PPSPS)**

étant **entrepreneur** appelé à intervenir sur une opération de bâtiment ou de génie civil [⇨C1 à C3 :]

C1. supérieure à 30 jours et dont l'effectif prévisible est supérieur à 20 travailleurs à un moment quelconque ...

C2. supérieure à 500 hommes-jours ...

C3. comportant des risques particuliers (la liste des travaux de ce type est fixée par arrêté) ...

... omis de remettre avant le début des travaux au **coordonnateur** un **plan particulier** de sécurité et de protection de la santé (C. trav., art. L. 4532-1, **L. 4532-9**, L. 4532-18, L. 4744-5, **R. 4532-2**, R. 4532-7) (C : *N* ***21238.ju*** *; récidive : N* ***21246.co***) ;

D. **Entrepreneur, obligation de remettre au maître d'ouvrage un plan particulier de sécurité et de protection de la santé (PPSPS)**

étant **entrepreneur** appelé à exécuter seul des travaux d'une durée supérieure à un an et à employer, à un moment quelconque des travaux, plus de 50 salariés pendant plus de 10 jours ouvrés consécutifs, omis de remettre avant le début des travaux au **maître d'ouvrage** un **plan particulier** de sécurité et de protection de la santé (C. trav., art. **L. 4532-9**, L. 4532-18, L. 4744-5, R. 4532-57) (D : *N* ***21238.ju*** *; récidive : N* ***21246.co***).

Faits prévus et réprimés par les articles [¤ de l'infraction sélectionnée]. ✧

32.58 Chantier important – Défaut de déclaration préalable

▪ PEINES

PERSONNE PHYSIQUE

PP Délit. 4 500 € (C. trav., art. L. 4744-2).

PC Néant.

PERSONNE MORALE

PP 22 500 € (C. pén., art. 131-38).

PC Néant.

■ ORIENTEUR

AUTRE QUALIFICATION

▪ **Défaut de déclaration d'ouverture d'un établissement employant du personnel ou d'un chantier à l'inspection du travail.** V. nº 32.21, cas H.

RÉGIME PROCÉDURAL

▪ **Compétence juridictionnelle.** *Idem* nº 32.50.

▪ **Ordonnance pénale.** *Idem* nº 32.50.

MESURE ADMINISTRATIVE

▪ **Transaction pénale.** *Idem* nº 32.50 (C. trav., art. L. 8114-4, Ord. nº 2016-413, 7 avr. 2016).

■ ÉLÉMENTS CONSTITUTIFS – QUALIFICATION

✧ Pour avoir à .... [¤ lieu], le .... [¤ date], étant **maître d'ouvrage** d'une opération de bâtiment ou de génie civil [⇨A ou B :]

A. supérieure à 30 jours et dont l'effectif prévisible est supérieur à 20 travailleurs à un moment quelconque ...

B. supérieure à 500 hommes-jours ...

... omis, au moins trente jours avant le début effectif des travaux ou lors du dépôt de la demande de permis de construire lorsqu'il est requis, d'en déclarer l'existence et les caractéristiques à l'inspecteur du travail ou au fonctionnaire assimilé, à l'organisme professionnel d'hygiène, de sécurité et des conditions de travail dans la branche du bâtiment et des travaux publics (Oppbtp), et à la caisse régionale d'assurance maladie.

Faits prévus et réprimés par les articles L. 4532-1, L. 4532-18, L. 4744-2, R. 4532-2, R. 4532-3 du code du travail (*N* ***21233.ju***). ✧

32.59 Appareil de levage – Défaut de visite initiale ou périodique

■ PEINES

PERSONNE PHYSIQUE

PP PC Délit. *Idem* nº 32.50.

PERSONNE MORALE

PP PC Délit. *Idem* nº 32.50.

■ ORIENTEUR

AUTRE QUALIFICATION

▪ **Hygiène et sécurité – Travaux du bâtiment.** Appareils de levage mus à la main, v. nº 32.60, cas I.

▪ **Défaut de vérification de conformité de l'équipement de travail.** L'incrimination ici adaptée au cas des appareils de levage est la déclinaison de l'infraction générique de mise à disposition du travailleur d'équipement de travail sans vérification de conformité prévue par C. trav., art. L. 4321-1.

ÉLÉMENT LÉGAL

▪ **Domaine d'application.** *Idem* nº 32.50.

▪ **Domaine d'application.** Sont notamment concernés : treuils, palans, vérins, monorails, portiques, grues fixes ou mobiles, systèmes de levage pour bennes amovibles sur véhicule routier, engins de terrassement, tels que les pelles, lorsqu'ils sont équipés pour les levages, tables et hayons élévateurs, monte-matériaux, monte-meubles, ponts élévateurs de véhicule, chariots automoteurs élévateurs, gerbeurs, élévateurs de postes de travail, ascenseurs de chantier, manipulateurs mus mécaniquement. Sont notamment exclus les ascenseurs et monte-charge installés à demeure, engins spécifiques pour fêtes foraines, mâts supportant la conduite de refoulement de pompes à béton, engins à benne basculante, camions à plateaux inclinables pour le transport de véhicules (ann. Arr. 1er mars 2004, NOR : SOCT0410464A, pris en application de C. trav., art. R. 4323-22, R. 4323-23 et R. 4323-28) (anct Arr. 9 juin 1993, NOR : TEFT9300683A, *JO* 30 juin, p. 9277)).

RÉGIME PROCÉDURAL

▪ **Compétence juridictionnelle.** *Idem* nº 32.50.

▪ **Ordonnance pénale.** *Idem* nº 32.50.

MESURE ADMINISTRATIVE

- **Transaction pénale.** *Idem* nº 32.50 (C. trav., art. L. 8114-4, Ord. nº 2016-413, 7 avr. 2016).

RÉGIME DES PEINES

- **Mise en conformité.** *Idem* nº 32.50.
- **Cumul des amendes.** *Idem* nº 32.50.
- **Paiement de l'amende.** *Idem* nº 32.50.

■ ÉLÉMENTS CONSTITUTIFS – QUALIFICATION

✧ Pour avoir à .... [¤ lieu], le .... [¤ date], par sa faute personnelle, étant employeur ou son délégataire, alors qu'étaient concernés .... [¤ nombre de salariés concernés par l'infraction] salariés, omis de soumettre un appareil de levage de charges, d'élévation de poste de travail ou de transport en élévation de personnes, en l'espèce .... [¤ appareil de levage concerné et son numéro d'identification], à une vérification initiale, générale périodique ou lors de sa remise en service, par une personne qualifiée.

Faits prévus et réprimés par les articles **L. 4321-1**, **L. 4741-1**, L. 4741-5 et R. 4323-22 et suivants du code du travail, 20 à 24 de l'Arr. 1er mars 2004, NOR : SOCT0410464A (*N **22603.ju*** ; récidive : *N **33446.co***). ✧

32.60 Hygiène et sécurité – Travaux du bâtiment

■ PEINES

PERSONNE PHYSIQUE

PP PC Délit. *Idem* nº 32.50.

PERSONNE MORALE

PP PC Délit. *Idem* nº 32.50.

■ ORIENTEUR

ÉLÉMENT LÉGAL

- **Domaine d'application.** *Idem* nº 32.50.

RÉGIME PROCÉDURAL

- **Compétence juridictionnelle.** *Idem* nº 32.50.
- **Ordonnance pénale.** *Idem* nº 32.50.

RÉGIME DES PEINES

- **Mise en conformité.** *Idem* nº 32.50.
- **Cumul des amendes.** *Idem* nº 32.50.
- **Paiement de l'amende.** *Idem* nº 32.50.

MESURE ADMINISTRATIVE

- **Amende administrative. Cas S à V** : l'autorité administrative peut, sur rapport de l'agent de contrôle de l'inspection du travail, et sous réserve de l'absence de poursuites pénales, prononcer à l'encontre de l'employeur une amende en cas de manquement aux dispositions relatives aux installations sanitaires, à la restauration et à l'hébergement ainsi qu'aux travaux de bâtiment et génie civil, pour ce qui concerne l'hygiène et l'hébergement (C. trav., art. **L. 8115-1 5º**, Ord. nº 2016-413, 7 avr. 2016). Le montant maximal de l'amende administrative est de **2000 €** et peut être appliqué autant de fois qu'il y a de travailleurs concernés par le manquement (C. trav., art. **L. 8115-3**).
- **Transaction pénale.** Pour les **Cas A à R** (C. trav., art. L. 8114-4 4º s., Ord. nº 2016-413, 7 avr. 2016), l'autorité administrative, tant que l'action publique n'a pas été mise en mouvement, peut transiger avec les personnes physiques ou morales en proposant une amende et des obligations propres à faire cesser l'infraction ou éviter son renouvellement (C. trav., art. L. 8114-5). La proposition de transaction acceptée est soumise à l'homologation du procureur. L'action publique est éteinte lorsque les obligations de la transaction sont exécutées dans le délai imparti (C. trav., art. L. 8114-6). Les **Cas S à V**, passibles d'une sanction administrative, sont exclus de la transaction pénale (C. trav., art. L. 8114-4 4º et L. 8115-1 5º Ord. nº 2016-413, 7 avr. 2016).

■ ÉLÉMENTS CONSTITUTIFS – QUALIFICATION

✧ Pour avoir à .... [¤ lieu], le .... [¤ date], par sa faute personnelle, étant chef d'établissement, directeur, gérant ou préposé d'un établissement, alors qu'il employait .... [¤ nombre de salariés concernés par l'infraction] salariés sur un chantier de bâtiment ou de travaux-publics, [⇨A à V :]

A. Non-conformité des équipements dans les travaux en hauteur

omis de mettre en œuvre, lors de la réalisation des travaux temporaires en hauteur, des équipements de travail garantissant la sécurité des travailleurs contre les risques de chute, en l'espèce en .... [¤ matérialiser l'infraction] (C. trav., art. R. 4323-46 à R. 4323-61) (A : *N* ***25418.ju***) ;

B. Chute des personnes, protection collective

B1. omis d'interdire par des dispositifs matériels l'accès aux parties d'une construction non encore livrable présentant des dangers pour les personnes, en l'espèce en .... [¤ matérialiser l'infraction] (C. trav., art. L. 4321-1, L. 4321-4, R. 4534-1 et **R. 4534-3**) (**B1** : *N* ***25421.ju***) ;

B2. omis de munir les ouvertures d'une construction donnant sur le vide de garde-corps à hauteur de 90 cm et de plinthes d'une hauteur de 15 cm ou de dispositifs de protection contre les chutes de personnes d'une efficacité équivalente, en l'espèce en .... [¤ matérialiser l'infraction] (C. trav., art. L. 4321-1, L. 4321-4, R. 4534-1 et **R. 4534-4**) (**B2** : *N* ***25421.ju***) ;

C. Chute des personnes, protection individuelle

omis, dans le cas où des mesures de protection collective ne pouvaient être mises en œuvre pour l'exécution de travaux temporaires en hauteur, de mettre à leur disposition des moyens de protection individuelle assurant et maintenant des conditions de travail sûres, en l'espèce en .... [¤ matérialiser l'infraction] (C. trav., art. R. 4323-58 à R. 4323-62) (C : *N* ***3802.ju***) ;

D. Chute de matériaux

omis de prendre les mesures de protection destinées à empêcher la chute de matériaux, en l'espèce en .... [¤ matérialiser l'infraction] (C. trav., art. L. 4321-1, L. 4321-4, R. 4534-1 et **R. 4534-7**) (D : *N* ***11815.ju***) ;

E. Pointe saillante

laissé à l'abandon sur le chantier des planches munies de pointes saillantes (C. trav., art. L. 4321-1, L. 4321-4, R. 4534-1 et **R. 4534-8**) (E : *N* ***11816.ju***) ;

F. Conditions météorologiques compromettant la sécurité

réalisé des travaux temporaires en hauteur alors que les conditions météorologiques ou liées à l'environnement du poste de travail étaient susceptibles de compromettre la santé et la sécurité des travailleurs. (C. trav., art. **R. 4323-68**) (F : *N* ***25422.ju***) ;

G. Circulation des véhicules

omis de prendre les mesures de sécurité relatives à la circulation des véhicules, appareils ou engins de chantier, en l'espèce en .... [¤ matérialiser l'infraction] (C. trav., art. L. 4321-1, L. 4321-4, R. 4534-1, **R. 4534-10** à **R. 4534-11**) (G : *N* ***11818.ju***) ;

H. Matériel non conforme

mis à leur disposition des matériels, engins, installations ou dispositifs de protection de toute nature, en l'espèce .... [¤ matériel concerné], sans examen de leur conformité (C. trav., art. L. 4321-1, L. 4321-4, R. 4534-1, **R. 4534-15** et **R. 4534-16**) (H : *N* ***11819.ju***) ;

I. Engin de levage de charges

(*NB.* V. aussi nº **32.59**) : omis de prendre les mesures de sécurité relatives à l'installation et à l'utilisation des appareils de levage de charges, en l'espèce en .... [¤ matérialiser l'infraction] (C. trav., art. **R. 4323-29** à **R. 4323-49**) (I : *N* ***6161.ju***) ;

J. Plate-forme, passerelle, escalier

omis de respecter les mesures de sécurité relatives aux plates-formes de travail, passerelles ou escaliers, en l'espèce en .... [¤ matérialiser l'infraction] (C. trav., art. L. 4321-1, L. 4321-4, R. 4534-1, **R. 4534-75** à **R. 4534-84**) (J : *N* ***25420.ju***) ;

K. Échelle, escabeau, marchepied

réalisé des travaux temporaires en hauteur en mettant en œuvre des échelles, escabeaux ou marchepieds dans des conditions non-conformes, en l'espèce en .... [¤ matérialiser l'infraction] (C. trav., art. R. 4323-63, R. 4323-64, R. 4323-81 à R. 4323-88) (K : *N* ***25419.ju***) ;

L. Travaux sur les toitures

omis de respecter les mesures de sécurité relatives aux travaux sur les toitures, en l'espèce en .... [¤ matérialiser l'infraction] (C. trav., art. L. 4321-1, L. 4321-4, R. 4534-1, **R. 4534-85** à **R. 4534-94**) (**L** : *N 3807.ju*) ;

M. Travaux de montage de charpente et d'ossature

omis de respecter les mesures de sécurité relatives aux travaux de montage, démontage et levage des charpentes ou ossatures, en l'espèce en .... [¤ matérialiser l'infraction] (C. trav., art. L. 4321-1, L. 4321-4, R. 4534-1, **R. 4534-95** à **R. 4534-102**) (**M** : *N 3808.ju*) ;

N. Ligne et installation électriques

effectué des travaux au voisinage de lignes, canalisations ou installations électriques sans prendre les mesures de précaution exigées, en l'espèce en .... [¤ matérialiser l'infraction] (C. trav., art. L. 4321-1, L. 4321-4, R. 4534-1, **R. 4534-107** à **R. 4534-130**) (**N** : *N 3800.ju*) ;

O. Travaux de terrassement à ciel ouvert

omis de respecter les mesures de sécurité relatives aux travaux de terrassement à ciel ouvert, en l'espèce en .... [¤ matérialiser l'infraction] (C. trav., art. L. 4321-1, L. 4321-4, R. 4534-1, **R. 4534-22** et **R. 4534-39**) (**O** : *N 3805.ju*) ;

P. Travaux souterrains

omis de respecter les mesures de sécurité relatives aux travaux souterrains, en l'espèce en .... [¤ matérialiser l'infraction] (C. trav., art. L. 4321-1, L. 4321-4, R. 4534-1, **R. 4534-40** et **R. 4534-59**) (**P** : *N 3796.ju*) ;

Q. Travaux de démolition

omis de respecter les mesures de sécurité relatives aux travaux de démolition, en l'espèce en .... [¤ matérialiser l'infraction] (C. trav., art. L. 4321-1, L. 4321-4, R. 4534-1, **R. 4534-60** à **R. 4534-73**) (**Q** : *N 3797.ju*) ;

R. Mise en œuvre d'éléments préfabriqués lourds

omis d'assurer la stabilité d'éléments préfabriqués lourds dès leur mise en place par des dispositifs rigides appropriés ou fait procéder à l'enlèvement de ces dispositifs sur l'ordre d'une personne autre que le chef de chantier ou sans son contrôle personnel, en l'espèce en .... [¤ matérialiser l'infraction] (C. trav., art. L. 4321-1, L. 4321-4, R. 4534-1, **R. 4534-103** et **R. 4534-104**) (**R** : *N 3799.ju*) ;

S. Abri – local vestiaire

omis de mettre à leur disposition un local vestiaire ou un local-réfectoire (C. trav., art. L. 4111-6, L. 4221-1, **R. 4534-139**) (**S** : *N 11825.ia*) ;

T. Eau potable

omis de mettre à leur disposition en quantité suffisante de l'eau potable pour leur propreté individuelle ou pour la boisson (C. trav., art. L. 4111-6, L. 4221-1, **R. 4534-141**) (**T** : *N 11824.ia*) ;

U. Toilettes

omis de mettre à leur disposition des cabinets d'aisance (C. trav., art. L. 4111-6, L. 4221-1, **R. 4534-144**) (**U** : *N 11823.ia*) ;

V. Hébergement du personnel

[⇨**V1** ou **V2** :]

V1. affecté des locaux non-conformes à leur logement, en l'espèce en .... [¤ matérialiser l'infraction] (C. trav., art. L. 4111-6, L. 4221-1, **R. 4228-27** à **R. 4228-35**) (**V1** : *N 11961.ia*) ;

V2. affecté des locaux industriels ou commerciaux à leur hébergement (C. trav., art. L. 4111-6, L. 4221-1 et **R. 4228-26**) (**V2** : *N 1378.ia*).

Faits prévus et réprimés par les articles L. 4111-1, L. 4111-6, **L. 4741-1** et L. 4741-5 du code du travail, + les articles [• du cas sélectionné]. ✧

32.61 Hygiène et sécurité – Travaux et installations électriques (D. n° 88-1056, 14 nov. 1988)

■ PEINES

PERSONNE PHYSIQUE

PP PC Délit. *Idem* n° 32.50.

PERSONNE MORALE

PP PC Délit. *Idem* n° 32.50.

■ ORIENTEUR

ÉLÉMENT LÉGAL

▪ **Domaine d'application.** *Idem* n° 32.50.

▪ **Application de la loi dans le temps.** Le D. n° 88-1056, 14 nov. 1988, pris pour l'exécution du code du travail en ce qui concerne la protection des personnes contre les dangers d'origine électrique dans les établissements qui mettent en œuvre des courants électriques ainsi que ses arrêtés d'application (ex. Arr. 20 déc. 1988, NOR : TEFT8804187A), ont été implicitement abrogés par D. n° 2010-1017, 30 août 2010 (créant C. trav., art. R. 4215-1 à R. 4215-17 nouveaux), D. n° 2010-1016, 30 août 2010 (créant C. trav., art. R. 4226-1 à R. 4226-21 nouveaux, D. n° 2010-1118, 22 sept. 2010 (créant C. trav., art. R. 4544-1 à R. 4544-11 nouveaux) ainsi que par leurs arrêtés d'application. Toutefois, l'ancien D. n° 88-1056, 14 nov. 1988 et ses arrêtés d'application restent en vigueur pour les installations électriques anciennes (D. n° 2010-1017, 30 août 2010, art. 2).

ÉLÉMENT MATÉRIEL

▪ **Conformité des installations électriques.** • **Conformité initiale des installations.** Les prescriptions applicables au maître d'ouvrage pour la construction ou l'aménagement de bâtiments destinés à recevoir des travailleurs (C. trav., art. R. 4211-1), prévues par C. trav., art. R. 4215-3 à R. 4215-17, pour la conception et la réalisation d'installations électriques, sont éqalement applicables à l'employeur pour la réalisation d'installations électriques permanentes nouvelles ou pour les adjonctions ou modifications de structure d'installations électriques existantes ou pour les installations temporaires (C. trav., art. R. 4226-6). Les normes des installations électriques des bâtiments destinés à recevoir des travailleurs sont fixées, en application de C. trav., art. R. 4215-14 et R. 4215-15, par Arr. 19 avr. 2012, NOR : ETST1134966A. • **Vérification des installations électriques.** Les modalités de vérification des installations, opération qui incombe à l'employeur (C. trav., art. R. 4226-14), et notamment le principe de l'annualité de la vérification périodique, sont précisées par Arr. 26 déc. 2011, NOR : ETST1135026A pris en application de C. trav., art. R. 4226-18. En application de C. trav., art. R. 4226-15 et R. 4226-17, les critères de compétence technique des personnes chargées de procéder aux contrôles de conformité des installations électriques sont fixées par Arr. 21 déc. 2011, NOR : ETST1135021A pour les vérifications initiales, par Arr. 22 déc. 2011, NOR : ETST1135022A pour les vérifications périodiques.

▪ **Opérations sur les installations électriques.** • **Prévention du risque électrique.** Les prescriptions en matière d'opérations sur les installations électriques ou leur voisinage, prises en application de C. trav., art. R. 4544-3, sont précisées par Arr. 20 nov. 2017, NOR : MTRT1732583A, renvoyant (comme le précédent arrêté abrogé Arr. 26 avr. 2012, NOR : ETST1221892A) à la norme homologuée NF C 18-510, janv. 2012. • **Zone de voisinage.** La dimension de la zone de voisinage autour d'une pièce électrique nue sous tension est définie, en application de C. trav., art. R. 4544-2, par Arr. 9 juill. 2013, NOR : ETST1317938A. • **Travaux sous tension.** Les prescriptions en matière de réalisation des travaux sous basse tension (tension ⩽ 1000 volts en courant alternatif ou ⩽ 1500 volts en courant continu lisse ; C. trav., art. R. 4226-2), sont fixées en application de C. trav., art. R. 4544-3 par Arr. 7 avr. 2021, NOR : MTRT2109976A.

RÉGIME PROCÉDURAL

▪ **Compétence juridictionnelle.** *Idem* n° 32.50.

▪ **Ordonnance pénale.** *Idem* n° 32.50.

MESURE ADMINISTRATIVE

▪ **Transaction pénale.** *Idem* n° 32.50 (C. trav., art. L. 8114-4, Ord. n° 2016-413, 7 avr. 2016).

RÉGIME DES PEINES

- Mise en conformité. *Idem* nº 32.50.
- Cumul des amendes. *Idem* nº 32.50.
- Paiement de l'amende. *Idem* nº 32.50.

ÉLÉMENTS CONSTITUTIFS – QUALIFICATION

✧ Pour avoir à .... [¤ lieu], le .... [¤ date], par sa faute personnelle, étant employeur ou son délégataire, alors qu'étaient concernés .... [¤ nombre de salariés concernés par l'infraction] salariés, omis de respecter les mesures de sécurité relatives [⇨A à D :]

A. à la **conformité des installations électriques permanentes** aux dispositions applicables à la date de leur mise en service, en l'espèce en .... [¤ matérialiser l'infraction] (C. trav., art. R. 4226-5 à R. 4226-13 ; Arr. 19 avr. 2012, NOR : ETST1134966A) (A : *N* ***28662.ju***) ;

B. à la **vérification initiale et à la vérification périodique** des installations électriques permanentes (B1 : *N* ***28663.ju***) ou temporaires (B2 : *N* ***28664.ju***), en l'espèce en .... [¤ matérialiser l'infraction] (C. trav., art. R. 4226-14 à R. 4226-21 ; Arr. 26 déc. 2011, NOR : ETST1135026A ; Arr. 22 déc. 2011, NOR : ETST1135022A) ;

C. aux opérations d'ordre électrique ou non électrique effectuées **sur des installations électriques ou dans le voisinage** de pièces nues sous tension électrique, en l'espèce en .... [¤ matérialiser l'infraction] (C. trav., art. R. 4544-1 à R. 4544-8 ; Arr. 20 nov. 2017, NOR : MTRT1732583A ; Arr. 9 juill. 2013, NOR : ETST1317938A ; Arr. 7 avr. 2021, NOR : MTRT2109976A) (C : *N* ***28448.ju***) ;

D. à **l'habilitation des travailleurs** effectuant des opérations d'ordre électrique ou non électrique sur des installations électriques ou dans le voisinage de pièces nues sous tension électrique, en l'espèce en .... [¤ matérialiser l'infraction] (C. trav., art. R. 4544-2, R. 4544-9 à R. 4544-11) (D : *N* ***28449.ju***) ;

Faits prévus et réprimés par les articles L. 4111-1, L. 4111-6, L. 4741-1 et L. 4741-5 du code du travail + les articles [• du cas sélectionné]. ✧

32.62 Violation d'une mise en demeure ou d'une mesure d'arrêt de travaux ou d'activité prise par l'inspection du travail

PEINES

PERSONNE PHYSIQUE

PP Délit. Cas A : 3 750 € (depuis Ord. nº 2016-413, 7 avr. 2016, auparavant 1 an d'emprisonnement, 3 750 €, C. trav., art. L. 4741-3).

Cas B. et C : 1 an d'emprisonnement, 3 750 € (C. trav., art. L. 4741-3-1 créé par Ord. nº 2016-413, 7 avr. 2016).

PC Néant.

PERSONNE MORALE

PP 18 750 € (C. pén., art. 131-38).

PC Néant.

ORIENTEUR

RÉGIME PROCÉDURAL

- **Compétence juridictionnelle. Juge unique** dans le cas A (C. pr. pén., art. 398-1, v. nº 17.15D2).
- **Ordonnance pénale. Possible** dans le cas A (C. pr. pén., art. 495-II, v. nº 15.48B1 et tableau nº 17.15D2).

MESURE ADMINISTRATIVE

- **Mesure provisoire. • Interruption des travaux.** L'agent de contrôle de l'inspection du travail peut prendre toutes mesures utiles en cas de situation de danger grave ou imminent pour la vie ou la santé d'un travailleur dans les cas prévus au B, notamment en prescrivant l'arrêt temporaire de la partie des travaux ou de l'activité en cause (C. trav., art. L. 4731-1). Si la situation persiste au-delà du délai fixé dans une mise en demeure, il peut ordonner l'arrêt de l'activité (C. trav., art. L. 4731-1). Il n'autorise la reprise qu'après vérification, dans les deux jours de l'avis qui lui est adressé par l'employeur, des mesures prises par ce dernier (C. trav., art. L. 4731-3, R. 4731-1 à R. 4731-7). • **Référé judiciaire.** L'inspecteur du travail saisit le juge judiciaire statuant en référé pour faire ordonner toutes mesures propres à faire cesser le risque, le cas échéant sous astreinte liquidée au profit du trésor (C. trav., art. L. 4732-1, L. 4732-2).

▪ **Amende administrative.** Le fait pour l'employeur de ne pas se conformer aux décisions prises par l'agent de contrôle de l'inspection du travail en application des articles L. 4731-1 (**Cas B**) ou L. 4731-2 (**Cas C**) est passible d'une amende administrative ⩽ **10 000 €** par travailleur concerné par l'infraction (C. trav., art. **L. 4752-1**, Ord. nº 2016-413, 7 avr. 2016).

▪ **Transaction pénale.** Pour le **Cas A** (C. trav., art. L. 8114-4 4º s., Ord. nº 2016-413, 7 avr. 2016), l'autorité administrative, tant que l'action publique n'a pas été mise en mouvement, peut transiger avec les personnes physiques ou morales en proposant une amende et des obligations propres à faire cesser l'infraction ou éviter son renouvellement (C. trav., art. L. 8114-5). La proposition de transaction acceptée est soumise à l'homologation du procureur. L'action publique est éteinte lorsque les obligations de la transaction sont exécutées dans le délai imparti (C. trav., art. L. 8114-6). Les **Cas B et C** sont exclus de la transaction pénale (C. trav., art. L. 8114-4 dernier alinéa°, Ord. nº 2016-413, 7 avr. 2016).

▪ **ÉLÉMENTS CONSTITUTIFS – QUALIFICATION**

✧ Pour avoir à .... [¤ lieu], le .... [¤ date], étant employeur, omis de se conformer [⇨A à C :]

A. **MISE EN DEMEURE DE REMÉDIER À UNE SITUATION DANGEREUSE (C. TRAV., ART. L. 4721-1 ET L. 4741-3)**

à la mesure de **mise en demeure** prise par le directeur régional des entreprises, de la concurrence, de la consommation, du travail et de l'emploi, prise sur le rapport de l'agent de contrôle de l'inspection du travail constatant une **situation dangereuse**, de prendre toutes **mesures utiles pour y remédier**, au regard des principes généraux de prévention prévus par les articles L. 4121-1 à L. 4121-5 et L. 4522-1 du code du travail ou du constat d'une infraction à l'obligation générale de santé et de sécurité résultant des dispositions de l'article L. 4221-1 dudit code (A : *N* ***6656.ju***)

B. **ARRÊT TEMPORAIRE DE TRAVAUX – CHANTIER – ÉQUIPEMENT DE TRAVAIL – AMIANTE – RISQUE ÉLECTRIQUE (C. TRAV., ART. L. 4731-1, L. 4741-3-1)**

à la mesure, notamment d'**arrêt temporaire des travaux ou de l'activité**, prise par l'agent de contrôle de l'inspection du travail visant à soustraire immédiatement un travailleur qui ne s'est pas retiré d'une **situation de danger grave et imminent** pour sa vie ou sa santé, constituant une infraction aux décrets pris en application des articles L. 4111-6 du code du travail (évaluation des risques, prescriptions particulières concernant certaines professions ou risques, information sur les risques, formation à la sécurité), L. 4311-7 (conception et certification des équipements de travail) ou L. 4321-4 (utilisation des équipements de travail), en raison [⇨B1 à B6 :] (B : *N* ***12170.co***)

B1. d'un défaut de protection contre les **chutes de hauteur** ;

B2. de l'absence de dispositifs de nature à éviter les **risques d'ensevelissement** ;

B3. de l'absence de dispositifs de protection de nature à éviter les risques liés aux travaux de **retrait ou d'encapsulage d'amiante** et de matériaux, d'équipements et de matériels ou d'articles en contenant, y compris dans les cas de démolition, ainsi qu'aux interventions sur des matériaux, des équipements, des matériels ou des articles susceptibles de provoquer l'émission de fibres d'amiante ;

B4. de l'utilisation **d'équipements de travail dépourvus de protecteurs**, de dispositifs de protection ou de composants de sécurité appropriés ou sur lesquels ces protecteurs, dispositifs de protection ou composants de sécurité sont inopérants ;

B5. du risque résultant de travaux ou d'une activité dans l'environnement des **lignes électriques** aériennes ou souterraines ;

B6. du risque de **contact électrique direct** avec des pièces nues sous tension.

C. **ARRÊT TEMPORAIRE D'ACTIVITÉ – RISQUE CANCÉRIGÈNE OU REPROTOXIQUE (C. TRAV., ART. L. 4721-8, L. 4731-2, L. 4741-3-1)**

à la **mesure d'arrêt temporaire de l'activité** prise par l'agent de contrôle de l'inspection du travail en raison de la persistance d'une situation dangereuse à l'issue du délai fixé dans une mise en demeure du [date de la mise en demeure] de remédier à l'exposition de salariés à une **substance chimique** cancérigène, mutagène ou toxique pour la reproduction (C : *N* ***12170.co***).

Faits prévus et réprimés par les articles (articles de la formule sélectionnée) du code du travail. ✧

32.63 Médecine du travail

■ PEINES

PERSONNE PHYSIQUE

PP Contrav. 5e cl. 1 500 € (C. pén., art. 131-13).

PC Néant.

PERSONNE MORALE

PP 7 500 € (C. pén., art. 131-41).

PC Néant.

■ ORIENTEUR

TEXTE DE RÉFÉRENCE

▪ Missions des services de prévention et de santé au travail. « *Les employeurs relevant du présent titre organisent des services de prévention et de santé au travail* » (C. trav., art. L. 4622-1). « *Les services de prévention et de santé au travail ont pour mission principale d'éviter toute altération de la santé des travailleurs du fait de leur travail. Ils contribuent à la réalisation d'objectifs de santé publique afin de préserver, au cours de la vie professionnelle, un état de santé du travailleur compatible avec son maintien en emploi* » (C. trav., art. L. 4622-2). « *Le rôle du médecin du travail est exclusivement préventif. Il consiste à éviter toute altération de la santé des travailleurs du fait de leur travail, notamment en surveillant leurs conditions d'hygiène au travail, les risques de contagion et leur état de santé, ainsi que tout risque manifeste d'atteinte à la sécurité des tiers évoluant dans l'environnement immédiat de travail* » (C. trav., art. L. 4622-3).

MESURE ADMINISTRATIVE

▪ Transaction pénale. *Idem* no 32.50 (C. trav., art. L. 8114-4, Ord. no 2016-413, 7 avr. 2016).

■ ÉLÉMENTS CONSTITUTIFS – QUALIFICATION

✧ Pour avoir à .... [¤ lieu], le .... [¤ date], étant chef d'établissement, directeur ou gérant, pour le(s) salarié(s) .... [¤ nom ou nombre de salariés concernés] [⇨A à J :]

A. **Défaut d'examen initial**

omis de le(s) soumettre, [⇨A1 ou A2 :]

A1. au plus tard avant le terme de sa période d'essai, à une visite d'information et de prévention (C. trav., art. **R. 4624-10** à R. 4624-14, R. 4625-8, **R. 4745-3**) (*N 11493.c5*) ;

A2. alors qu'il(s) étai(en)t soumis à un suivi individuel renforcé en raison de son(leur) affectation à un poste présentant des risques particuliers, à une visite médicale d'aptitude préalablement à l'affectation sur le poste (C. trav., art. R. 4624-22, R. 4624-23, **R. 4624-24** à R. 4624-27, R. 4625-9, **R. 4745-3**) (*N 32119.c5*) ;

B. **Défaut d'examen périodique**

Omis de le(s) soumettre [⇨B1 ou B2 :]

B1. au moins tous les 5 ans au renouvellement de la visite d'information et de prévention (C. trav., art. **R. 4624-16**, R. 4625-8, **R. 4745-3**) (*N 11494.c5*) ;

B2. alors qu'il(s) relevai(en)t d'un suivi individuel renforcé en raison de son(leur) affectation à un poste présentant des risques particuliers, au moins tous les deux ans à un suivi individuel renforcé de son(leur) état de santé (C. trav., art. R. 4624-22, R. 4624-23, **R. 4624-28**, R. 4625-9, **R. 4745-3**) (*N 11496.c5*) ;

E. **Défaut d'examen après maladie, maternité, accident**

omis de le(s) soumettre, s'agissant d'un (de) salarié(s) reprenant le travail après une absence / pour cause de maladie professionnelle – pour congé de maternité – d'au moins 30 jours pour accident du travail, de maladie ou d'accident non professionnel / à un examen de reprise du travail par un médecin du travail (C. trav., art. **R. 4624-31**, **R. 4745-3**) (*N 11497.c5*) ;

F. **Service médical du travail non agréé**

eu recours à un service médical du travail non agréé par le directeur régional du travail et de l'emploi (C. trav., art. L. 4622-17, **D. 4622-48**, **R. 4745-1**) (*N 11800.c5*) ;

G. **DÉFAUT D'ORGANISATION DE SERVICE DE SANTÉ AU TRAVAIL**

omis d'organiser un service autonome de santé au travail ou d'adhérer à un service de santé au travail interentreprise (C. trav., art. L. 4622-17, D. 4622-1, D. 4622-5, D. 4622-9, D. 4622-14, R. 4745-1) (*N* ***11801.c5***) ;

H. **CESSATION DE L'ADHÉSION À UN SERVICE DE SANTÉ AU TRAVAIL INTERENTREPRISE SANS CONSULTATION DU COMITÉ SOCIAL OU ÉCONOMIQUE OU SANS AUTORISATION ADMINISTRATIVE**

cessé d'adhérer à un service de santé au travail interentreprises sans consulter le comité social et économique ou sans l'autorisation du directeur régional de l'emploi après opposition du comité social et économique (C. trav., art. L. 4622-17, **D. 4622-23**, R. 4622-24, R. 4745-1) (*N* ***11803.c5***) ;

J. **ORGANISATION NON CONFORME DU SERVICE DE SANTÉ AU TRAVAIL**

J1. omis d'assurer, dans un établissement industriel comportant plus de 200 salariés ou dans un établissement non industriel comportant plus de 500 salariés ou lorsque le médecin du travail et le comité social et économique en font la demande, la présence d'un personnel infirmier assurant ses missions de santé au travail sous l'autorité du médecin du travail (C. trav., art. **R. 4623-32**, **R. 4623-33**, R. 4623-34, R. 4745-6) (*N* ***11809.c5***) ;

J2. omis de mettre à disposition du médecin du travail, du collaborateur médecin, de l'interne ou de l'infirmier, un centre de visite et d'examen, son équipement et du matériel conformes (C. trav., art. L. 4622-1, **R. 4624-41**, R. 4745-1) (*N* ***11812.c5***).

Faits prévus et réprimés par les articles [• du cas sélectionné] du code du travail. ✧

33. Les infractions commerciales et financières – Les professions réglementées

33.1 Expert-comptable – Exercice illégal de la profession

▪ PEINES

PERSONNE PHYSIQUE

PP Délit. 1 an d'emprisonnement, 15 000 € (C. pén., art. 433-17 ; Ord. n° 45-2138, 19 sept. 1945, art. 20).

PC 1. Interdiction droits civiques civils et de famille ⩽ 5 ans (vote, éligibilité, fonction juridictionnelle, expert, témoin, tuteur, curateur) (C. pén., art. 433-22 et 131-26) ;
2. Interdiction ⩽ 10 ans activité professionnelle ou sociale dans l'exercice ou à l'occasion de l'exercice de laquelle l'infraction a été commise, ou fonction publique, (sauf mandat électif ou syndical) (C. pén., art. 433-22, 131-27 et 131-28) ;
3. Affichage, ⩽ 2 mois, *et/ou* (L. n° 2011-525, 17 mai 2011) diffusion de la décision ou d'extraits aux frais (⩽ amende encourue) du condamné (C. pén., art. 433-22 et 131-35).

PERSONNE MORALE

PP 75 000 € (C. pén., art. 131-38, 433-17 ; Ord. n° 45-2138, 19 sept. 1945, art. 20).

PC Néant (art. 20 Ord. 55-2138 ne renvoie pas à C. pén., art. 433-35 mais exclusivement à 433-25 relatif aux peines complémentaires des personnes physiques).

▪ ORIENTEUR

AUTRE QUALIFICATION

▪ **Usurpation de titre, diplôme ou qualité.** Usage irrégulier du titre d'expert-comptable, v. n° 25.21 (Ord. n° 45-2138, 19 sept. 1945, art. 20).

ÉLÉMENT LÉGAL

▪ **Champ d'application. • Expert-comptable en entreprise.** L'expert-comptable en entreprise, qui doit remplir les conditions de diplômes des experts-comptables et qui est inscrit au tableau en qualité d'expert-comptable, est la personne physique qui « *est salariée d'une entité juridique non inscrite au tableau de l'ordre* » ; il « *ne peut accomplir aucune des missions mentionnées aux deux premiers alinéas de l'article 2 ou réservées par toute autre disposition législative aux experts-comptables, à l'exception de celles fournies au bénéfice de l'entité juridique qui les emploie* » (Ord. n° 45-2138, 19 sept. 1945, art. 13). **• Activités ne relevant pas du monopole protégé des experts-comptables.** Si les experts-comptables peuvent aussi « *accompagner la création d'entreprise sous tous ses aspects comptables ou à finalité économique et financière* » ou « *assister, dans leurs démarches déclaratives à finalité fiscale, sociale et administrative, les personnes physiques qui leur ont confié les éléments justificatifs et comptables nécessaires auxdites démarches* » (Ord. n° 45-2138, 19 sept. 1945, art. 2), ces activités ne relèvent pas du monopole de l'expert-comptable protégé par Ord. n° 45-2138, 19 sept. 1945, art. 20, incriminant l'exercice illégal de la profession d'expert-comptable.

▪ **Définition. • Documents et travaux comptables.** Si l'Ord. n° 45-2138, 19 sept. 1945, ne donne pas une définition des travaux comptables, le C. com. (anc^{t} D. n° 83-1020, 29 nov. 1983) détermine et définit les livres, documents et pièces comptables obligatoires, en modulant le cas échéant le contenu des obligations comptables en fonction de l'importance de l'activité de l'entreprise. « *Toute personne physique ou morale ayant la qualité de commerçant doit procéder à l'enregistrement comptable des mouvements affectant le patrimoine de son entreprise. Ces mouvements sont enregistrés chronologiquement. Elle doit contrôler par inventaire, au moins une fois tous les douze mois, l'existence et la valeur des éléments actifs et passifs du patrimoine de l'entreprise. Elle doit établir des comptes annuels à la clôture de l'exercice au vu des enregistrements comptables et de l'inventaire. Ces comptes annuels comprennent le bilan, le compte de résultat et une annexe, qui forment un tout indissociable* » (C. com., art. L. 123-12). « *Tout commerçant tient obligatoirement un livre-journal et un grand-livre* » (C. com., art. R. 123-173). « *Les mouvements affectant* *le patrimoine de l'entreprise sont enregistrés opération par opération et jour par jour pour le livre-journal. Tout enregistrement comptable précise l'origine, le contenu et l'imputation de chaque donnée ainsi que les références de la pièce justificative qui l'appuie* » (C. com., art. R. 123-174). « *Les écritures du livre-journal sont portées sur le grand livre et ventilées selon le plan comptable* » (C. com., art. R. 123-175). Mentionnons que le **plan comptable général** est élaboré par règlement pris par l'Autorité des normes comptables (ANC), créée par Ord. n° 2009-79, 22 janv. 2009 et D. n° 2010-56, 15 janv. 2010, succédant au Conseil national de la comptabilité et au Comité de la règlementation comptable. « *Le livre-journal et le grand livre sont détaillés en autant de journaux auxiliaires et de livres auxiliaires que les besoins du commerce l'exigent. Les écritures portées sur les journaux et les livres auxiliaires sont centralisées une fois par mois au moins sur le livre-journal et le grand livre* » (C. com., art. R. 123-176). « *L'inventaire est le contrôle annuel de l'existence et de la valeur de tous les éléments d'actif et de passif à la date de clôture* » (C. com., art. R. 123-176). « *Les éléments du patrimoine de l'entreprise sont classés à l'actif et au passif du bilan suivant leur destination et leur provenance* » (C. com., art. R. 123-181). « *Les produits et les charges de l'exercice sont classés au compte de résultat de manière à faire apparaître par différence les éléments du résultat courant et le résultat exceptionnel dont la réalisation n'est pas liée à l'exploitation courante de l'entreprise* » (C. com., art. R. 123-192). « *l'annexe comporte toutes les informations d'importance significative sur la situation patrimoniale et financière et sur le résultat de l'entreprise* » (C. com., art. R. 123-195). « *L'Autorité des normes comptables* » définit par règlement les modèles et modalités de tenue des documents comptables. • **Notion de comptabilité d'entreprise.** « *en raison de son caractère général le mot "entreprise" doit être interprété comme visant toute activité professionnelle, telle celle de médecin ou de dentiste, qui nécessite d'une façon habituelle des opérations comptables* » (Crim. 24 févr. 1987, n° 85-94.627, P n° 92). Ainsi, entre également dans le champ d'application de Ord. n° 45-2138, art. 2 « *la tenue de comptabilité des avocats, même exerçant à titre indépendant et non sous le statut de société* » (Crim. 20 déc. 2017, n° 16-83.914, D).

▪ **Constitutionnalité.** « *la règlementation des opérations comptables [...] réservées à la profession d'expert-comptable, dont l'indépendance vis à vis des donneurs d'ordre est garantie et qui est soumise à des obligations déontologiques, est justifiée par l'intérêt général* » (§ 5) ; « *l'interdiction faite aux experts-comptables, dont l'exercice de la profession est protégé, en contrepartie des obligations susmentionnées [...], de sous-traiter ces mêmes opérations à des tiers non titulaires du titre, est une conséquence nécessaire de la règlementation de leur activité* » (§ 6) ; « *l'atteinte ainsi portée à la liberté d'entreprendre est proportionnée au but d'intérêt général sus évoqué, dans la mesure où les missions réservées à l'expert-comptable, limitativement énumérées par les dispositions contestées, relèvent de l'encadrement imposé par les finalités ci-dessus définies* » (§ 7) (Crim. 22 févr. 2022, n° 21-85.594, D).

ÉLÉMENT MATÉRIEL

▪ **Absence de contrat de travail et de lien de subordination.** • **Groupement d'employeurs.** C. trav., art. L. 1253-1 (anc[t], C. trav., art. L. 127-1) qui permet aux employeurs entrant dans le champ d'application d'une même convention collective de constituer, sous la forme d'une association ou d'une société coopérative, des groupements pouvant notamment apporter à leurs membres leur aide ou leur conseil en matière d'emploi ou de gestion des ressources humaines, ne contient aucune dérogation à l'Ord. n° 45-2138, 19 sept. 1945. Est donc coupable d'exercice illégal de la comptabilité le président de l'association d'employeurs qui « *a fait effectuer par ses employés des travaux de comptabilité facturés à ses adhérents sur la base d'un tarif horaire sans que ces salariés soient liés à chaque adhérent par un contrat de travail* » (Crim. 19 mai 2004, n° 03-83.647, P n° 128). • **Groupement d'intérêt économique.** L'infraction n'est en revanche pas constituée à l'encontre des salariés d'un GIE réalisant des travaux de comptabilité pour ses membres dès lors que ces salariées se bornaient « *à assurer la tenue des comptes des membres du GIE, au nom et sous la seule responsabilité de chacun d'eux, en regroupant physiquement les pièces justificatives, en les classant, et en centralisant les écritures au moyen d'un système de traitement, et que l'établissement du bilan et des comptes de résultats était assuré par la société d'expertise-comptable* » (Crim. 20 nov. 2001, n° 00-84.216, P n° 240). • **Fictivité du contrat de travail.** Est approuvé l'arrêt qui énonce que le prévenu « *a effectué, habituellement et simultanément, pour dix-huit entreprises, des travaux de comptabilité ; qu'à l'égard de dix de ces entreprises, il ne justifie pas d'un contrat de travail ; que pour les huit autres, il produit des documents allégués être des contrats de travail salarié à temps partiel ; mais que ces prétendus contrats sont fictifs en raison de leur nombre et de l'incompatibilité de certains d'entre eux au regard des horaires indiqués et ne démontrent pas un lien de subordination vis-à-vis des entreprises concernées* » (Crim. 28 juin 1988, n° 84-94.979, P n° 291) ; qui relève qu'ils « *ont effectué habituellement et simultanément, pour une quinzaine d'entreprises commerciales ou artisanales dont ils étaient indépendants en dépit de l'apparence créée par les contrats de travail salarié à domicile qu'ils avaient passés* *avec chacune d'entre elles, des travaux de tenue, centralisation, ouverture, arrêt et surveillance des comptabilités réservés aux experts-comptables* » (Crim. 18 juin 2002, n° 01-83.590, P n° 135) ; qui établit que les prévenus « *étaient des travailleurs indépendants en dépit de l'apparence créée par les contrats de travail à domicile qu'ils avaient passés avec de prétendus employeurs postérieurement au début de l'enquête ouverte* » (Crim. 10 mars 2020, n° 19-80.096, D) ; ou qui retient que « *les dirigeants des entreprises dont le prévenu tenait la comptabilité n'entendaient pas se lier à lui par des contrats de travail mais que cette solution leur était suggérée, sinon imposée, par lui et que, sous le couvert de contrats de travail fictifs, il exerçait son activité professionnelle en toute indépendance et sans aucun contrôle* » (Crim. 27 févr. 1992, n° 91-84.640, D).

▪ **Opérations incriminées. • Indifférence de la nature et de la finalité des documents et prestations comptables.** La loi ne fait « *aucune distinction selon la nature, l'objet et la finalité des documents comptables établis ni selon qu'ils ont été ou non signés par leur auteur véritable* » (Crim. 28 juin 1988, n° 84-94.979, P n° 291 ; dans le même sens : Crim. 22 févr. 1990, n° 89-82.587, D). Est également censurée la décision de relaxe du prévenu, qui n'a pas contesté « *des opérations de tenue de comptabilité* », prononcée au motif que « *l'essence même de la profession d'expert-comptable, qui justifie sa protection et son monopole, est relative aux activités de révision, de redressement, de consolidation, d'appréciation des comptabilités, d'attestation de régularité et de sincérité des comptes* », car Ord. n° 45-2138, art. 2 et 20 « *n'ont établi aucune distinction selon la nature, l'objet et la finalité des documents et des prestations comptables* » (Crim. 18 mars 2020, n° 19-83.062, D). **• Saisie informatique et imputation comptable.** La Ch. Crim. semble approuver la relaxe du prévenu qui s'est borné à effectuer « *des opérations de saisie informatique des articles des comptes* » dans l'hypothèse où ces derniers étaient ensuite centralisés et surveillés par un expert-comptable (Crim. 15 nov. 2005, n° 05-80.121, D). Dans le même sens, elle semble admettre que « *la centralisation provisoire* » n'est pas réservée aux seuls experts-comptables, approuvant la relaxe dans l'hypothèse d'une saisie informatique habituelle, par une entreprise prestataire de services aux entreprises, de diverses pièces et documents (factures, chèques, livres de caisse), affectés à titre provisoire dans un compte ou dans un compte d'attente avant que les données ne soient prises en charge par l'expert-comptable pour la réalisation du grand livre (Crim. 15 janv. 2002, n° 01-83.313, D). Notons toutefois que la saisie informatique dans un logiciel comptable selon la ventilation du plan comptable matérialise en tant que telle « *l'enregistrement comptable* » dans le livre journal défini au C. com., art. R. 123-174 (v. ci-dessus, élément légal), étant d'ailleurs précisé que l'absence d'imputation aux postes correspondant de la nomenclature du plan comptable par une personne qui assure la tenue d'un livre comptable sans être expert-comptable « *ne peut avoir pour effet d'enlever à l'opération portée sur ce livre son caractère d'écriture comptable* » (Crim. 3 mars 1993, n° 92-82.677, P n° 99). Est approuvée la condamnation du prévenu qui a effectué « *la saisie informatique des écritures et la tenue des livres comptables de plusieurs entreprises commerciales et artisanales dont il a ensuite établi les bilans et comptes de résultats* » (Crim. 22 oct. 2003, n° 02-88.117, D). De même pour le prévenu qui « *tenait la comptabilité de ses clients ou, à tout le moins, centralisait et vérifiait leurs écritures comptables et, qu'après avoir effectué les redressements ou rectifications nécessaires, il établissait leurs bilans en vue de leurs déclarations fiscales* » (Crim. 28 sept. 1994, n° 93-83.357, D), ou qui a « *apposé sur certaines des déclarations souscrites par ces derniers un cachet humide portant son nom et son adresse ; qu'il a précisé qu'il tenait la comptabilité de diverses entreprises ; qu'enfin, il introduisait les différentes données de comptabilité de ses clients dans le système informatique dont il était le propriétaire et procédait à la vérification des comptes permettant ainsi l'établissement de balances et de bilans* », ces opérations démontrant qu'il « *révisait, appréciait et organisait les comptabilités des entreprises et tenait, centralisait, ouvrait, arrêtait et surveillait lesdites comptabilités* » (Crim. 9 avr. 1992, n° 91-85.381, D). Est aussi approuvée la condamnation de la prévenue qui, « *après avoir été employée dans un cabinet d'expertise comptable, a continué à servir les clients de ce cabinet sous le couvert d'une société de gestion informatique dont elle était salariée* » nonobstant l'allégation inopérante « *qu'elle utilisait un logiciel en vente libre largement diffusé auprès des particuliers et à propos duquel le conseil de l'Ordre n'avait manifesté aucune désapprobation* » (Crim. 19 déc. 1996, n° 96-80.192, D). **• Recours à la sous-traitance.** Exercent illégalement la profession de comptable, d'une part, la société d'expertise comptable inscrite au tableau de l'ordre, d'autre part, sa sous-traitante non inscrite au tableau de l'ordre effectuant pour elle des travaux comptables tels que la saisie de comptabilité et l'établissement de déclarations fiscales, car, en premier lieu, « *si les travaux [...] relevant du monopole des experts-comptables doivent être exécutés par leur auteur en son nom propre et sous sa responsabilité, cette exigence s'attache, non pas au rapport entre ces travaux et le client au profit duquel ils sont effectués, mais à la qualité de leur auteur direct* » (§ 14), en deuxième lieu, « *le sous-traitant effectue ses travaux sous sa responsabilité propre à l'égard de l'entrepreneur principal, sur le* *fondement de la responsabilité contractuelle de droit commun* » (§ 15), en troisième lieu, « *la sous-traitance de travaux de comptabilité, qui n'implique pas la complète subordination du sous-traitant à l'expert-comptable, ne permet pas de garantir la transparence financière ni la bonne exécution des obligations fiscales, sociales et administratives des acteurs économiques, alors que ces objectifs justifient la prérogative exclusive d'exercice de l'expert-comptable, professionnel titulaire du diplôme afférent, qui prête serment lors de son inscription au tableau de l'ordre, se soumet à un code de déontologie et à des normes professionnelles, et qui, objet de contrôles réguliers de son activité, est en outre soumis à une obligation d'assurance civile professionnelle* » (§ 16) (Crim. 4 oct. 2022, n° 21-85.594, P).

MESURE CIVILE

▪ **Action civile.** • **Droit d'action de l'ordre des experts-comptables.** L'ordre des experts-comptables a la personnalité civile et a pour objet « *d'assurer la défense de l'honneur et de l'indépendance de la profession qu'il représente* » (Ord. n° 45-2138, 19 sept. 1945, art. 1). « *Les conseils de l'ordre peuvent saisir le tribunal par voie de citation directe .../..., des délits prévus par le présent article, sans préjudice, pour le conseil supérieur de l'ordre, de la faculté de se porter, s'il y a lieu, partie civile dans toute poursuite de ces délits intentée par le ministère public* » (Ord. n° 45-2138, 19 sept. 1945, art. 20). Selon les termes de ce texte, « *le droit de se constituer partie civile .../... est exclusivement réservée au Conseil supérieur de l'ordre des experts-comptables et comptables agréés* », est donc censurée la décision qui a déclaré recevable la constitution de partie civile de l'ordre des experts-comptables (Crim. 18 mars 2020, n° 19-82.548 ; dans le même sens Crim. 22 avr. 1986, n° 85-94.882, P n° 134). • **Préjudice de la clientèle.** « *si le délit d'exercice illégal de la profession d'expert-comptable .../... porte atteinte à l'intérêt général, il peut également causer à des particuliers un préjudice personnel de nature à servir de fondement à une action civile devant la juridiction répressive* » (Crim. 12 juill. 1994, n° 93-84.668, P n° 275). Mais, si « *le délit d'exercice illégal de la profession d'expert-comptable ne supposant pas, pour être constitué, un dommage causé à la clientèle, il appartient au particulier, qui allègue un préjudice personnel, d'apporter la preuve d'un lien de causalité direct entre l'infraction et le dommage dont il entend obtenir réparation* » Crim. 5 nov. 1997, n° 96-83.508, P n° 374).

▪ ÉLÉMENTS CONSTITUTIFS – QUALIFICATION

✧ Pour avoir à .... [⌑ lieu], le .... [⌑ date], n'étant pas inscrit au tableau de l'ordre des experts-comptables, en son propre nom et sous sa responsabilité, exercé illégalement la profession d'expert-comptable en [⇨A à D :]

A. exécutant habituellement des travaux de révision et d'appréciation de comptabilités d'entreprises ou d'organismes auxquels il n'est pas lié par un contrat de travail ;

B. attestant de la régularité et de la sincérité des comptes de résultats ;

C. tenant, centralisant, ouvrant, arrêtant, surveillant, redressant ou consolidant les comptabilités d'entreprises ou organismes auxquels il n'est pas lié par un contrat de travail ;

D. assurant la direction suivie de travaux de révision et d'appréciation de comptabilités d'entreprises, de tenue, de centralisation, d'ouverture, d'arrêt, de surveillance, de redressement ou de consolidation des comptes, en intervenant directement dans la tenue, la vérification, l'appréciation ou le redressement des comptes d'entreprises ou d'organismes auxquels il n'est pas lié par un contrat de travail ;

Faits prévus et réprimés par les articles 2 et 20 de l'ordonnance n° 45-2138 du 19 septembre 1945, 433-17 et 433-25 du code pénal (*N* ***539.co*** ; par personne morale : *N* ***31138.co***) ✧

33.2 Médecin, chirurgien-dentiste, sage-femme – Exercice illégal de la profession

▪ PEINES

PERSONNE PHYSIQUE

PP Délit. 2 ans d'emprisonnement, **30 000 €** (auparavant 1 an, 15 000 € [Ord. n° 2005-1040, 26 août 2005, art. 11 II 1°]) (CSP, art. L. 4161-5).

PC 1. Affichage, ⩽ 2 mois, ou diffusion de la décision ou d'extraits aux frais (⩽ amende encourue) du condamné (CSP, art. L. 4161-5 (Ord. n° 2005-1040, 26 août 2005, art. 11 II 1° ; C. pén., art. 131-25) ;

2. Confiscation (réelle ou en valeur) de la chose ayant servi à l'infraction ou destinée à la commettre ou la chose qui en est le produit (obligatoire pour objets qualifiés dangereux ou nuisibles par loi ou

règlement ou dont la détention est illicite) (CSP, art. L. 4161-5 [Ord. n° 2005-1040, 26 août 2005, art. 11 II 1°] ; C. pén., art. 131-21) ;

3. Interdiction, définitive ou ⩽ 5 ans profession régie par le CSP ou toute autre activité professionnelle ou sociale en relation avec l'infraction (CSP, art. L. 4161-5 [Ord. n° 2005-1040, 26 août 2005, art. 11 II 1°] ; C. pén., art. 131-27 et 131-28).

PERSONNE MORALE (CSP, ART. L. 4161-6 [L. N° 2001-504, 12 JUIN 2001, ART. 2])

PP Délit. 375 000 € (auparavant 75 000 € [Ord. n° 2005-1040, 26 août 2005, art. 11 II 1°]) (CSP, art. L. 4161-6 ; C. pén., art. 131-38).

PC 1. Interdiction, définitive ou ⩽ 5 ans d'une ou plusieurs activités professionnelles régie par le CSP ou toute autre activité professionnelle ou sociale en relation avec l'infraction (CSP, art. L. 4161-6 ; C. pén., art. 131-39 2°) ;

2. Surveillance judiciaire ⩽ 5 ans, sauf personnes morales de droit public, partis, groupements politiques, syndicats (CSP, art. L. 4161-6 ; C. pén., art. 131-39 3° et 131-46) ;

3. Fermeture, définitive ou ⩽ 5 ans d'un ou plusieurs établissements en relation avec l'infraction (CSP, art. L. 4161-6 ; C. pén., art. 131-39 4°) ;

4. Exclusion, définitive ou ⩽ 5 ans des marchés publics (CSP, art. L. 4161-6 ; C. pén., art. 131-39 5°) ;

5. Interdiction, définitive ou ⩽ 5 ans d'appel public à l'épargne (CSP, art. L. 4161-6 ; C. pén., art. 131-39 6°) ;

6. Interdiction ⩽ 5 ans de cartes de paiement ou émission chèques autres que de retrait ou certifiés (CSP, art. L. 4161-6 ; C. pén., art. 131-39 7°) ;

7. Confiscation de la chose ayant servi à l'infraction ou destinée à la commettre, ou de son produit (obligatoire pour objets qualifiés dangereux ou nuisibles par loi ou règlement ou dont la détention est illicite) (CSP, art. L. 4161-6 ; C. pén., art. 131-39 8° et 131-21) ;

8. Affichage, ⩽ 2 mois, *et/ou* (L. n° 2011-525, 17 mai 2011) diffusion de la décision ou d'extraits aux frais (⩽ amende encourue) du condamné (CSP, art. L. 4161-6 ; C. pén., art. 131-39 9°, 131-48 et 131-35).

▪ ORIENTEUR

AUTRE QUALIFICATION

▪ **Usurpation de titre, diplôme ou qualité.** Usage irrégulier du titre de médecin, chirurgien-dentiste, sage-femme (CSP, art. **L. 4162-1** et C. pén., art. 433-17), v. n° 25.21 (*N 2632.co*).

▪ **Assurance obligatoire des professions de santé – Défaut.** CSP, art. L. 1142-25, v. n° 29.2.

▪ **Infirmier – Exercice illégal de la profession.** CSP, art. L. 1142-25, v. n° 33.3.

▪ **Masseur-kinésithérapeute – Exercice illégal de la profession.** Définition : CSP, art. L. 4321-1, R. 4321-1 et R. 4321-3 ; incrimination : CSP, art. L. 4323-4 (*N 13255.co*). CSP, art. L. 4321-1, tel qu'issu de L. n° 2016-41, 26 janv. 2016, « *exclut du monopole des masseurs-kinésithérapeutes le massage à visée non thérapeutique* » et n'incrimine donc pas les massages de bien être par une personne non pourvue des titres l'autorisant à exercer la profession de Masseur-kinésithérapeute (Crim. 29 juin 2021, n° 20-83.292, P ; Crim. 29 juin 2021, n° 20-83.294, D).

ÉLÉMENT LÉGAL

▪ **Constitutionnalité. Constitutionnalité de l'incrimination d'exercice illégal de la médecine** (cas A). Est rejetée la QPC soulevant l'imprécision de l'incrimination prévue par CSP, art. L. 4161-1, qui prévoit qu'au-delà des actes ordinaires de leur profession sont réservés aux médecins les « *actes professionnels prévus par une nomenclature fixée par arrêté du ministre chargé de la santé* », « *dès lors qu'en renvoyant, pour partie, sous le contrôle du juge pénal, la définition des actes médicaux réservés aux médecins à une liste fixée par un texte réglementaire, la disposition légale critiquée incrimine en termes clairs et précis les différents modes d'exercice illégal de la médecine* » (Crim. 4 déc. 2012, n° 12-90.059, P n° 270). Dans des termes identiques, ajoutant que « *l'atteinte portée à la liberté d'entreprendre est proportionnée à l'objectif de protection de la santé, s'agissant d'encadrer l'exercice d'activités susceptibles de présenter des risques pour celle-ci en les confiant à des personnes justifiant d'une qualification professionnelle ou agissant sous le contrôle de ces dernières* » (Crim. 3 mai 2017 et 29 janv. 2019, n° 16-85.746). Dans le même sens s'agissant de l'incrimination de l'acupuncture, « *dès lors que le texte est rédigé en des termes suffisamment clairs et précis pour que son interprétation, qui entre dans l'office du juge pénal, puisse se faire, sous le contrôle de la Cour de* *cassation dont la jurisprudence sur les actes relevant de l'acupuncture est constante, sans risque d'arbitraire* » (Crim. 10 août 2022, n° 22-80.673, D).

▪ **Droit de l'Union.** • **Conformité au TFUE de l'incrimination d'exercice illégal de la médecine (cas A).** Rejette à bon droit la demande de question préjudicielle auprès de la CJUE la cour d'appel qui constate que l'incrimination n'est pas contraire au principe de libre concurrence posé par TFUE, art. 49, au motif qu'il résulte de TFUE, art. 168 § 7, que les États membres « *apprécient librement les mesures de protection qu'ils entendent ériger afin de garantir la santé de leur population pourvu que les mesures adoptées soient proportionnées et non discriminatoires ; [...] que des restrictions à la liberté d'établissement et à la libre prestation de services justifiées par des mesures de protection de la santé publique sont envisageables, notamment pour réserver certains soins à une catégorie de professionnels disposant de qualifications spécifiques, et décider ainsi, en l'absence de définition au niveau communautaire des actes réservés aux titulaires d'un diplôme de médecin, de ne pas autoriser des praticiens ne disposant pas d'un tel diplôme à exercer des activités considérées comme de nature médicale* » (Crim. 29 janv. 2019, n° 16-85.746). • **Épilation au laser.** Cette dernière solution, en ce qu'elle concernait la dépilation par des méthodes autres que celles de la pince ou de la cire, en l'espèce par la lumière pulsée ou laser, réservée aux médecins par l'AM du 6 janv. 1962, a été abandonnée par Crim. 31 mars 2020, n° 19-85.121, P, rejoignant ainsi CE 8 nov. 2019, n° 424954, qui a également abandonné sa jurisprudence antérieure CE 8 nov. 2017, n° 398746. Désormais, « *l'interdiction de l'épilation à la lumière pulsée par des personnes autres que des médecins est contraire aux articles* » 49 et 56 du TFUE garantissant la liberté d'établissement et la libre prestation de services (Crim. 31 mars 2020, n° 19-85.121, P ; dans le même sens : Crim. 20 oct. 2020, n° 19-86.718, D). • **Cryothérapie.** L'AM précité du 6 janv. 1962, art. 2 4°, qui réserve aux docteurs en médecine « *l'acte de physiothérapie par cryothérapie aboutissant à la destruction, si limitée soit-elle, des téguments* » (§ 18) est conforme au TFUE, art. 49 et 56 tels qu'interprétés par la CJUE (Crim. 10 mai 2022, n° 21-83.522, P).

ÉLÉMENT MATÉRIEL

▪ **Exercice illégal de la médecine.** Exerce illégalement la médecine « *Toute personne qui prend part habituellement ou par direction suivie, même en présence d'un médecin, à l'établissement d'un diagnostic ou au traitement de maladies, congénitales ou acquises, réelles ou supposées, par actes personnels, consultations verbales ou écrites ou par tous autres procédés quels qu'ils soient, ou pratique l'un des actes professionnels prévus dans une nomenclature fixée par arrêté du ministre chargé de la santé pris après avis de l'Académie nationale de médecine sans être titulaire d'un diplôme, certificat ou autre titre* » mentionné au CSP, art. L. 4131-1 ou sans être bénéficiaire de dispositions l'y autorisant, ou « *Toute personne titulaire d'un diplôme, certificat ou tout autre titre de médecin qui exerce la médecine sans être inscrite à un tableau de l'ordre des médecins* » ou pendant la durée d'une peine d'interdiction (CSP, art. **L. 4161-1**). La nomenclature précitée des actes médicaux qui ne peuvent être pratiqués que par un médecin est fixée par Arr. 6 janv. 1962 (*JO* 1er févr.). • **Ilustrations.** • **Acupuncture.** « *il résulte de l'article L. 4161-1 du code de la santé publique, tel qu'interprété par une jurisprudence constante de la Cour de cassation, que la pratique habituelle de l'acupuncture, tant à raison du diagnostic qu'elle implique que des moyens qu'elle utilise et des réactions organiques qu'elle est susceptible d'entraîner, constitue un acte médical réservé aux docteurs en médecine* » (Crim. 13 juin 2017, n° 16-85.596, D ; dans le même sens : Crim. 9 févr. 2010, n° 09-80.681, P n° 19 ; Crim. 3 févr. 1987, n° 86-92.954, P n° 56). • **Cryolipolyse.** La cryothérapie est réservée au médecin par l'AM du 6 janv. 1962, art. 4, est ainsi approuvée la condamnation pour complicité d'exercice illégal de la médecine du médecin qui en vendant « *une machine de cryolipolyse non bridée, réservée aux médecins, et en assurant, par ses actions de formation, son utilisation par des professionnels d'instituts d'esthétique, a permis à ces derniers de procéder à un refroidissement accru des adipocytes constitutif d'une cryothérapie réservée aux médecins* » (§ 11), car le prévenu s'est ainsi « *rendu complice d'actes de physiothérapie effectués par des personnes non titulaires d'un doctorat en médecine, aboutissant à la destruction des téguments et entrant, comme tels, dans les prévisions dudit arrêté, peu important que ces actes n'aient poursuivi qu'un objectif esthétique* » (§ 12) (Crim. 21 janv. 2023, n° 22-83.399, P). • **Micro-needling.** Cette technique « *consiste à réaliser, dans les différentes couches du derme, des micro-perforations à des profondeurs et vitesses variées, pour stimuler la synthèse des fibroblastes, responsables de la qualité de la peau, afin qu'ils produisent élastine et collagène* » (§ 14), est approuvée la condamnation pour complicité d'exercice illégal de la médecine du médecin qui « *par ses actions de formation et la vente de stylos perforants dont l'usage relevait d'actes réservés aux médecins, puis par l'apport de son expertise de médecin pour le suivi des clientes présentant des dommages* » (§ 21), a permis « *l'exécution, par des personnes non titulaires d'un doctorat en médecine, d'actes d'abrasion instrumentale des téguments à l'aide d'un matériel susceptible de provoquer l'effusion du sang* » (§ 22) (Crim.

21 janv. 2023, n° 22-83.399, P).• **Médecine du travail.** Est approuvé l'arrêt qui énonce que, en application de C. trav., art. L. 4622-3, R. 4623-1 et R. 4624-10, « *le médecin du travail établit [...] des avis médicaux d'aptitude ou d'inaptitude des salariés à leur poste de travail, certificats qui ne peuvent procéder que de l'analyse, dans le cadre d'une consultation médicale, des pathologies dont ils sont porteurs et des éventuels liens de ces dernières avec les risques professionnels auxquels ils sont exposés, de sorte que les examens médicaux [pratiqué habituellement], relèvent de l'action de diagnostic réservée aux médecins par CSP, art. 4161-1* » (Crim. 21 juin 2022, n° 21-86.825, D).

▪ **Exercice illégal de l'art dentaire. • Définition de l'art dentaire.** « *La pratique de l'art dentaire comporte la prévention, le diagnostic et le traitement des maladies congénitales ou acquises, réelles ou supposées, de la bouche, des dents, des maxillaires et des tissus attenants, dans le respect des modalités fixées par le code de déontologie de la profession* » (CSP, art. L. 4141-1). **• Définition de l'exercice illégal de l'art dentaire.** Exerce illégalement l'art dentaire « *Toute personne qui prend part habituellement ou par direction suivie, même en présence d'un praticien, à la pratique de l'art dentaire, par consultation, acte personnel ou tous autres procédés, quels qu'ils soient, notamment prothétiques – sans être titulaire d'un diplôme, certificat ou autre titre mentionné à l'article L. 4141-3 et exigé pour l'exercice de la profession de médecin ou de chirurgien-dentiste* » ou pendant la durée d'une peine d'interdiction (CSP, art. **L. 4161-2**). Si CSP, art. L. 4161-2 ne qualifie pas d'illégal l'exercice de l'art dentaire sans inscription à l'ordre, il reste que « *l'inscription à un tableau de l'ordre rend licite l'exercice de la profession sur tout le territoire national* » (CSP, art. L. 4112-5). Exerce illégalement l'art dentaire le prothésiste dentaire, lequel « *n'est pas un professionnel de santé* » et qui « *n'intervient qu'à un seul stade du traitement prothétique, à savoir celui de la confection de la prothèse sur indications du chirurgien-dentiste qui établit les caractéristiques de conception ainsi que la prescription de la prothèse* », lorsqu'il pratique « *la prise d'empreintes sur ses clients* » et en particulier « *des empreintes de mâchoire et des mesures en bouche afin de réaliser des prothèses dentaires, hors de tout contrôle et toute prescription d'un chirurgien-dentiste* » (Crim. 7 avr. 2021, n° 20-82.599, D ; dans le même sens : Crim. 30 oct. 2000, n° 99-85.638, D).

▪ **Exercice illégal de la profession de sage-femme. • Définition de la profession de sage-femme.** « *L'exercice de la profession de sage-femme comporte la pratique des actes nécessaires au diagnostic, à la surveillance de la grossesse et à la préparation psychoprophylactique à l'accouchement, ainsi qu'à la surveillance et à la pratique de l'accouchement et des soins postnataux en ce qui concerne la mère et l'enfant .../...La sage-femme peut effectuer l'examen postnatal à la condition d'adresser la femme à un médecin en cas de situation pathologique constatée. L'exercice de la profession de sage-femme peut comporter également la réalisation de consultations de contraception et de suivi gynécologique de prévention ainsi que d'interruptions volontaires de grossesse par voie médicamenteuse, sous réserve que la sage-femme adresse la femme à un médecin en cas de situation pathologique.* » (CSP, art. L. 4151-1). Dans les conditions fixées par décret, les sages-femmes peuvent « *concourir aux activités d'assistance médicale à la procréation* » et « *prescrire et pratiquer les vaccinations de la femme et de l'enfant* » (CSP, art. L. 4151-1 et L. 4151-2). Elles peuvent également prescrire les dispositifs médicaux, examens et médicaments dans les conditions fixées par arrêté (CSP, art. L. 4151-4). **• Définition de l'exercice illégal de la profession de sage-femme.** Sans préjudice de l'incrimination d'exercice illégal de la médecine pour les actes non visés au CSP, art. L. 4151-1, exerce illégalement la profession de sage-femme « *Toute personne qui pratique habituellement les actes mentionnés à l'article L. 4151-1 sans remplir les conditions exigées .../... pour l'exercice de la profession de médecin ou de sage-femme* » ou « *pendant la durée d'une peine d'interdiction* » (CSP, art. **L. 4161-3**). Si CSP, art. L. 4161-3 ne qualifie pas d'illégal l'exercice de la profession de sage-femme sans inscription à l'ordre, il reste que « *l'inscription à un tableau de l'ordre rend licite l'exercice de la profession sur tout le territoire national* » (CSP, art. L. 4112-5).

MESURE CIVILE

▪ **Action civile.** « *En ce qui concerne spécialement l'exercice illégal de la médecine, de l'art dentaire ou de la profession de sage-femme, les médecins, les chirurgiens-dentistes et les sages-femmes et les syndicats intéressés peuvent saisir les tribunaux par voie de citations directes, données dans les termes de C. pr. pén., art. 388, sans préjudice de la faculté de se porter, s'il y a lieu, partie civile dans toute poursuite intentée par le ministère public* » (CSP, art. L. 4161-4).

▪ ÉLÉMENTS CONSTITUTIFS – QUALIFICATION

✧ Pour avoir à .... [¤ lieu], le .... [¤ date], exercé illégalement la profession de [⇨A à C :]

A. médecin (CSP, art. L. 4161-1) (A : *N 175.co*)...

B. chirurgien-dentiste (CSP, art. L. 4161-2) (B : *N 2631.co*)...

C. sage-femme (CSP, art. L. 4161-3) (C : *N 12143.co*)...
... en l'espèce en .... [¤ matérialiser l'infraction].
Faits prévus et réprimés par les articles : **PERSONNES PHYSIQUES.** [• du cas sélectionné] et L. 4161-5 du code de la santé publique. **PERSONNES MORALES.** [• du cas sélectionné] +, L. 4161-5 et L. 4161-6 du code de la santé publique. ✧

33.3 Infirmier – Exercice illégal de la profession

■ PEINES

PERSONNE PHYSIQUE

PP Délit. 2 ans d'emprisonnement, 30 000 € (auparavant 3 750 € [Ord. nº 2005-1040, 26 août 2005, art. 11 IV 1º]) (CSP, art. L. 4314-4).

PC Néant.

PERSONNE MORALE

PP 150 000 € (Ord. nº 2005-1040, 26 août 2005, art. 11 IV 1º) ;

PC 1. Interdiction, définitive ou ⩽ 5 ans, une ou plusieurs activités professionnelles régie par le CSP ou toute autre activité professionnelle ou sociale en relation avec l'infraction (CSP, art. L. 4314-4 ; C. pén., art. 131-39 2º) ;

2. Surveillance judiciaire ⩽ 5 ans, sauf personnes morales de droit public, partis, groupements politiques, syndicats (CSP, art. L. 4314-4 ; C. pén., art. 131-39 3º et 131-46) ;

3. Fermeture, définitive ou ⩽ 5 ans, d'un ou plusieurs établissements en relation avec l'infraction (CSP, art. L. 4314-4 ; C. pén., art. 131-39 4º) ;

4. Exclusion, définitive ou ⩽ 5 ans marchés publics (CSP, art. L. 4314-4 ; C. pén., art. 131-39 5º) ;

5. Interdiction, définitive ou ⩽ 5 ans appel public à l'épargne (CSP, art. L. 4314-4 ; C. pén., art. 131-39 6º) ;

6. Interdiction ⩽ 5 ans cartes de paiement ou émission chèques autres que de retrait ou certifiés (CSP, art. L. 4314-4 ; C. pén., art. 131-39 7º) ;

7. Confiscation de la chose ayant servi à l'infraction ou destinée à la commettre, ou son produit (obligatoire pour objets qualifiés dangereux ou nuisibles par loi ou règlement ou dont la détention est illicite) (CSP, art. L. 4314-4 ; C. pén., art. 131-39 8º et 131-21) ;

8. Affichage, ⩽ 2 mois, *et/ou* (L. nº 2011-525, 17 mai 2011) diffusion de la décision ou d'extraits aux frais (⩽ amende encourue) du condamné (CSP, art. L. 4314-4 ; C. pén., art. 131-39 9º, 131-48 et 131-35).

■ ORIENTEUR

AUTRE QUALIFICATION

▪ **Usurpation de titre, diplôme ou qualité.** Usage irrégulier du titre d'infirmier, v. nº 25.21 (*N 11909.co*).

▪ **Assurance obligatoire des professions de santé – Défaut.** CSP, art. L. 1142-25, v. nº 29.2.

▪ **Médecin, chirurgien-dentiste, sage-femme – Exercice illégal de la profession.** CSP, art. L. 4161-5, v. nº 33.2.

ÉLÉMENT MATÉRIEL

▪ **Exercice illégal de la profession d'infirmier. • Définition de la profession d'infirmier.** « *Est considérée comme exerçant la profession d'infirmière ou d'infirmier toute personne qui donne habituellement des soins infirmiers sur prescription ou conseil médical, ou en application du rôle propre qui lui est dévolu* » (CSP, art. L. 4311-1). Dans les conditions fixées par décret ou arrêté, l'infirmier peut effectuer certaines vaccinations, renouveler des prescriptions de certains contraceptifs oraux, adapter la posologie de certains traitements, prescrire certains dispositifs médicaux (CSP, art. L. 4311-1). La nomenclature des actes infirmiers est notamment fixée, pour les actes accomplis sur prescription ou protocole établi par un médecin, par CSP, art. R. 4311-7, pour les actes dévolus en propre à l'infirmier, par CSP, art. R. 4311-5. **• Définition de l'exercice illégal de la profession d'infirmier.** L'exercice de la profession d'infirmier ci-avant définie est réservée aux personnes titulaires d'un diplôme, certificat ou titre les y autorisant (CSP, art. L. 4311-2). Avant son entrée en profession, l'infirmier est tenu de se faire enregistrer (CSP, art. L. 4311-15) auprès du conseil départemental de l'ordre des infirmiers

(CSP, art. D. 4311-95). Nul ne peut exercer la profession d'infirmier s'il n'est pas enregistré et s'il n'est pas inscrit au tableau de l'ordre des infirmiers (CSP, art. L. 4311-15). Le directeur général de l'ARS ainsi que le parquet du tribunal judiciaire ont un droit d'accès permanent au tableau du conseil départemental de l'ordre et peuvent en obtenir copie (CSP, art. L. 4311-15).

MESURE CIVILE

▪ Action civile. « *Les groupements professionnels régulièrement constitués d'infirmiers ou d'infirmières sont habilités à exercer des poursuites devant la juridiction pénale en raison d'infractions relatives à l'exercice de la profession d'infirmier ou d'infirmière, sans préjudice de la faculté de se porter partie civile dans toute poursuite intentée par le ministère public* » (CSP, art. L. 4314-1).

▪ ÉLÉMENTS CONSTITUTIFS – QUALIFICATION

✧ Pour avoir à .... [¤ lieu], le .... [¤ date], sans être titulaire de diplôme, certificat ou titre requis, donné habituellement des soins infirmiers sur prescription ou conseil médical ou en application du rôle propre dévolu à l'infirmier, en l'espèce en .... [¤ matérialiser l'infraction].
Faits prévus et réprimés par les articles **L. 4311-1**, **L. 4311-2**, L. 4314-4, R. 4311-5 et R. 4311-7 du code de la santé publique (*N* ***2613.co***). ✧

33.4 Banquier – Exercice illégal de la profession

▪ PEINES

PERSONNE PHYSIQUE

PP Délit. 3 ans d'emprisonnement, 375 000 € (CMF, art. L. 571-3).
PC Affichage, ⩽ 2 mois, *et/ou* (L. nº 2011-525, 17 mai 2011) diffusion de la décision ou d'extraits aux frais (⩽ amende encourue) du condamné (CMF, art. L. 571-3 ; C. pén., art. 131-35).

PERSONNE MORALE

PP Délit. 1 875 000 € (CMF, art. L. 571-1 ; C. pén., art. 131-38).
PC 1. Dissolution (sauf personnes morales de droit public, partis, groupements politiques, syndicats, institutions représentatives du personnel) si personne morale créée ou détournée de son objet pour commettre l'infraction (CMF, art. L. 571-1 ; C. pén., art. 131-39 1º et 131-45) ;
2. Interdiction, définitive ou ⩽ 5 ans d'une ou plusieurs activités professionnelles ou sociales en relation avec l'infraction. (CMF, art. L. 571-1 ; C. pén., art. 131-39 2º) ;
3. Surveillance judiciaire ⩽ 5 ans, sauf personnes morales de droit public, partis, groupements politiques, syndicats (CMF, art. L. 571-1 ; C. pén., art. 131-39 3º et 131-46) ;
4. Fermeture, définitive ou ⩽ 5 ans d'un ou plusieurs établissements en relation avec l'infraction (CMF, art. L. 571-1 ; C. pén., art. 131-39 4º) ;
5. Exclusion, définitive ou ⩽ 5 ans de marchés publics (CMF, art. L. 571-1 ; C. pén., art. 131-39 5º) ;
6. Interdiction, définitive ou ⩽ 5 ans d'appel public à l'épargne (CMF, art. L. 571-1 ; C. pén., art. 131-39 6º) ;
7. Interdiction ⩽ 5 ans de cartes de paiement ou d'émission de chèques autres que de retrait ou certifiés (CMF, art. L. 571-1 ; C. pén., art. 131-39 7º) ;
8. Confiscation (réelle ou en valeur) de la chose ayant servi à l'infraction ou destinée à la commettre, ou de son produit (obligatoire pour objets qualifiés dangereux ou nuisibles par loi ou règlement ou dont la détention est illicite) (CMF, art. L. 571-1 ; C. pén., art. 131-39 8º et 131-21) ;
9. Affichage, ⩽ 2 mois, *et/ou* (L. nº 2011-525, 17 mai 2011) diffusion de la décision ou d'extraits aux frais (⩽ amende encourue) du condamné (CMF, art. L. 571-1 ; C. pén., art. 131-39 9º, 131-48 et 131-35).

▪ ORIENTEUR

AUTRE QUALIFICATION

▪ **Prestataire sur actifs numériques.** L'exercice de la profession de prestataire sur actifs numériques (ex. bit-coin) (conservation d'actifs numériques, achat ou vente d'actifs numériques en monnaie ayant cours légal) est soumis à l'enregistrement préalable auprès de l'Autorité des marchés financiers (AMF) (CMF, art. L. 54-10-2, L. 54-10-3, L. 54-10-4 et L. 572-23 s. créés par L. nº 2019-486, 22 mai 2019).

ÉLÉMENT LÉGAL

▪ **Définition des opérations.** • **Opérations de banque.** « *Les opérations de banque comprennent la réception de fonds remboursables du public, les opérations de crédit, ainsi que les services bancaires de paiement* » (CMF, art. L. 311-1). • **Fonds remboursables du public.** « *Sont considérés comme fonds remboursables du public les fonds qu'une personne recueille d'un tiers, notamment sous la forme de dépôts, avec le droit d'en disposer pour son propre compte mais à charge pour elle de les restituer* » (CMF, art. L. 312-2). Ne sont toutefois pas considérés comme fonds remboursables du public les fonds laissés en compte courant d'associés ou de dirigeants sociaux et les fonds reçus de ses salariés par une société dans la limite de 10 % des capitaux propres (CMF, art. L. 312-2). • **Services bancaires de paiement.** « *Sont considérés comme moyens de paiement tous les instruments qui permettent à toute personne de transférer des fonds, quel que soit le support ou le procédé technique utilisé. Les opérations de mise à disposition de la clientèle ou de gestion de moyens de paiement comprennent les services bancaires de paiement* » (CMF, art. L. 311-3). La liste des services de paiement est énumérée au CMF, art. L. 314-1 II. • **Opération de crédit.** « *Constitue une opération de crédit tout acte par lequel une personne agissant à titre onéreux met ou promet de mettre des fonds à la disposition d'une autre personne ou prend, dans l'intérêt de celle-ci, un engagement par signature tel qu'un aval, un cautionnement, ou une garantie. Sont assimilés à des opérations de crédit le crédit-bail, et, de manière générale, toute opération de location assortie d'une option d'achat* » (CMF, art. L. 313-1).

▪ **Définition des établissements.** • **Établissements de crédit.** « *Les établissements de crédit sont les entreprises dont l'activité consiste, pour leur propre compte et à titre de profession habituelle, à recevoir des fonds remboursables du public mentionnés à l'article L. 312-2 et à octroyer des crédits mentionnés à l'article L. 313-1* » (CMF, art. L. 511-1 I). • **Sociétés de financement.** « *Les sociétés de financement sont des personnes morales, autres que des établissements de crédit, qui effectuent à titre de profession habituelle et pour leur propre compte des opérations de crédit dans les conditions et limites définies par leur agrément. Elles sont des établissements financiers au sens du 4 de l'article L. 511-21* » (CMF, art. L. 511-1 II). • **Prestataires de services de paiement.** « *Les prestataires de services de paiement sont les établissements de paiement, les établissements de monnaie électronique, les établissements de crédit et les prestataires de services d'information sur les comptes* » (CMF, art. L. 521-1). « *Il est interdit à toute personne autre que celles mentionnées à l'article L. 521-1 de fournir des services de paiement au sens du II de l'article L. 314-1 à titre de profession habituelle* » (CMF, art. L. 521-2).

▪ **Régime des établissements de crédit et de financement.** • **Agrément préalable des établissements de crédit.** « *Avant d'exercer leur activité, les établissements de crédit doivent obtenir un agrément* » délivré par la Banque centrale européenne sur proposition l'Autorité de contrôle prudentiel et de résolution, ou par cette dernière s'il s'agit d'une succursale (CMF, art. L. 511-10 I). « *Les établissements de crédit sont agréés en qualité de banque, de banque mutualiste ou coopérative, d'établissement de crédit spécialisé ou de caisse de crédit municipal* » (CMF, art. L. 511-9). • **Agrément préalable des sociétés de financement.** « *les sociétés de financement doivent obtenir un agrément délivré par l'Autorité de contrôle prudentiel et de résolution* » (CMF, art. L. 511-10 II). • **Agrément préalable des établissements de paiement.** « *Avant de fournir des services de paiement, les établissements de paiement doivent obtenir un agrément qui est délivré par l'Autorité de contrôle prudentiel et de résolution* » (CMF, art. L. 522-6). • **Retrait de l'agrément.** « *L'établissement de crédit ou la société de financement doit satisfaire à tout moment aux conditions de son agrément* » (CMF, art. L. 511-10 V) et le retrait de l'agrément est prononcé par la Banque centrale européenne (CMF, art. L. 511-15), celui d'une société de financement par l'Autorité de contrôle prudentiel (CMF, art. L. 511-15-1). Il en est de même pour les établissements de paiement (CMF, art. L. 522-10 et L. 522-11).

▪ **Illustration.** Dans une affaire où les prévenus collectaient des fonds en euros auprès de nombreux immigrés installés en France pour les convertir soit en machines outils livrées dans leur pays d'origine, soit changés en devise locale remis à des personnes désignées dans ce pays, l'importance des sommes saisies et l'aménagement d'une cache dans le véhicule témoignant du caractère habituel de l'opération, l'exercice illégal d'opérations de banque est caractérisé par « *la réception, auprès d'un public identifié, de fonds que les prévenus, après en avoir eu la libre disposition, devaient rembourser en les remettant à des personnes préalablement désignées* » (Crim. 11 mars 2015, n° 13-88.250, D).

ÉLÉMENT MATÉRIEL

▪ **Fait justificatif. Opérations non punissables.** Les prohibitions définies à l'article L. 511-5 ne font pas obstacle à ce qu'une entreprise, quelle que soit sa nature, puisse : 1. Dans l'exercice de son activité professionnelle consentir à ses contractants des délais ou avances de paiement ;

2. Conclure des contrats de location de logements assortis d'une option d'achat ; 3. Procéder à des opérations de trésorerie avec des sociétés ayant avec elle, directement ou indirectement, des liens de capital conférant à l'une des entreprises liées un pouvoir de contrôle effectif sur les autres ; 4. Émettre des titres financiers et des bons de caisse mentionnés au chapitre III du titre II du livre II si elle n'effectue pas, à titre de profession habituelle, d'opération de crédit mentionnée à l'article L. 313-1 ; 5. Émettre des instruments de paiement délivrés pour l'achat auprès d'elle ou auprès d'entreprises liées avec elle par un accord de franchise commerciale, d'un bien ou d'un service déterminé ; 6 Remettre des espèces en garantie d'une opération sur instruments financiers ou d'une opération de prêt de titres régies par les dispositions des articles L. 211-36 et L. 211-36-1 ; 7 Prendre ou mettre en pension des instruments financiers et effets publics mentionnés aux articles L. 211-27 et L. 211-34 (CMF, art. L. 511-7).

▪ **Caractère habituel.** « *les opérations successives de retrait suivies de remise de fonds à une seule personne, réalisées à la suite d'une remise unique de fonds remboursable par ce tiers ne suffisent pas à démontrer le caractère habituel des opérations de banque au sens de CMF, art. L. 511-5* » (§ 20) (Crim. 9 sept. 2020, nº 19-80.090, P). Est en revanche approuvée la décision qui énonce que « *la pluralité des clients [...] et la multiplicité des opérations boursières effectuées pour leur compte, ainsi que leur accord sur une rémunération, "suffisent à établir le caractère de profession habituelle de fourniture illégale de services d'investissement à laquelle [le prévenu] s'est livré en se présentant comme un spécialiste en la matière"* » car « *ces énonciations, [...] font apparaître l'existence, à l'égard de plusieurs clients, d'opérations distinctes caractérisant un délit d'habitude commis sciemment* » (Crim. 20 avr. 2005, nº 04-87.038, D).

RÉGIME PROCÉDURAL

▪ **Avis de l'Autorité de contrôle prudentiel.** Les autorités judiciaires saisies des poursuites peuvent en tout état de la procédure demander à l'Autorité de contrôle prudentiel et de résolution (anc^t Commission bancaire) tous avis et informations utiles (CMF, art. L. 571-2).

MESURE CIVILE

▪ **Action civile.** L'Autorité de contrôle prudentiel et de résolution (anc^t Commission bancaire) peut se constituer partie civile à tous les stades de la procédure pénale ; pour l'accomplissement des missions qui sont confiées à l'Autorité de contrôle prudentiel et de résolution, le président de l'Autorité a qualité pour agir devant toute juridiction (CMF, art. L. 612-16 (anc^t L. 613-24)).

RÉGIME DES PEINES

▪ **Confiscation.** Les fonds reçus dans le cadre des opérations de banque illicite constituent l'objet de l'infraction et peuvent donc être saisis en application de C. pén., art. 131-21 (Crim. 11 mars 2015, nº 13-88.250, D).

▪ ÉLÉMENTS CONSTITUTIFS – QUALIFICATION

✧ Pour avoir à .... [¤ lieu], le .... [¤ date], à titre habituel et sans être un établissement de crédit, [⇨A ou B :]

A. ou une société de financement, effectué des opérations de crédit (A : *N 4317.co*) ;

B. reçu des fonds remboursables du public (B : *N 4318.co*) ;

C. fourni des services bancaires de paiement (C : *N 30936.co*) ;

Faits prévus et réprimés par les articles : **PERSONNES PHYSIQUES.** L. 311-1, L. 311-3, L. 312-2, L. 313-1, L. 511-1, L. 511-5, L. 511-10 et L. 571-3 du code monétaire et financier. **PERSONNES MORALES.** L. 311-1, L. 311-3, L. 312-2, L. 313-1, L. 511-1, L. 511-5, L. 511-10, L. 571-1 et L. 571-3 du code monétaire et financier (*N #.co*). ✧

33.5 Avocat – Exercice illégal de la profession

▪ PEINES

PERSONNE PHYSIQUE

PP Délit. 1 an d'emprisonnement, 15 000 € (depuis L. nº 2014-344, 17 mars 2014, auparavant 4 500 € ou, en cas de **récidive**, 6 mois et 9 000 €) (C. pén., art. 433-17 et L. nº 71-1130, 31 déc. 1971, art. 72).

PC Interdiction 5 ans de l'activité de prestataire de formation professionnelle continue (depuis L. nº 2014-344, 17 mars 2014 renvoyant aux peines prévues par C. pén., art. 433-17).

PERSONNE MORALE

PP 75 000 € (depuis L. n° 2014-344, 17 mars 2014, auparavant 22 500 € ou, en cas de **récidive**, 45 000 €) (C. pén., art. 433-17 et L. n° 71-1130, 31 déc. 1971, art. 72 ; C. pén., art. 131-38).

PC Interdiction 5 ans de l'activité de prestataire de formation professionnelle continue (depuis L. n° 2014-344, 17 mars 2014 renvoyant aux peines prévues par C. pén., art. 433-17).

■ ORIENTEUR

AUTRE QUALIFICATION

▪ **Usurpation de titre, diplôme ou qualité.** Usage irrégulier du titre d'avocat ou de conseil juridique, v. n° **25.21** et L. n° 71-1130, 31 déc. 1971, art. **72** et **74** (*N* ***4353.co***).

▪ **Exercice illégal de l'activité de consultation ou rédaction d'actes juridiques.** V. L. 71-1130, 31 déc. 1971, art. 66-2 et **72** (*N* ***4349.co***, récidive : *N* ***8478.co***).

TEXTE DE RÉFÉRENCE

▪ **Dérogations au principe de l'assistance ou de la représentation en justice par un avocat.** Les parties peuvent se faire assister devant le **conseil de prud'hommes** par un salarié ou employeur appartenant à la même branche d'activité, un défenseur syndical, le conjoint, concubin ou partenaire pacsé, un membre de l'entreprise ou de l'établissement pour l'employeur (C. trav., art. L. 1453-1 A et R. 1453-2). Devant le **tribunal de commerce**, pour les litiges dont l'intérêt est ⩽ 10 000 € ou pour les procédures collectives régies par le livre VI du C. com., les parties ont la faculté de se faire assister ou représenter par toute personne de leur choix munie, si elle n'est avocat, d'un pouvoir spécial (C. pr. civ., art. 853). Les parties peuvent se faire assister et représenter devant le **tribunal paritaire des baux ruraux** par un membre ou un salarié d'une organisation professionnelle agricole ou par le concubin ou le partenaire pacsé (L. n° 90-85, 23 janv. 1990, art. 83 modifié).

ÉLÉMENT MATÉRIEL

▪ **Indifférence de l'habitude.** « *l'habitude n'est pas un élément constitutif du délit prévu et réprimé par L. 31 déc. 1971, art. 1 et 72* » (Crim. 5 févr. 2013, n° 12-81 155, P n° 35).

▪ **Faits incriminés. • Activités ne relevant pas de l'incrimination.** « *ne constituent ni des actes de représentation, ni des actes d'assistance [réservés] aux avocats devant les juridictions et les organismes juridictionnels ou disciplinaires de quelque nature que ce soit* » les activités par lesquelles un site internet permet aux justiciables « *moyennant le règlement d'un prix forfaitaire, adapté à la prestation choisie, de faire envoyer à leur adversaire une mise en demeure à partir d'un modèle correspondant à l'objet du litige, qu'ils complètent en ligne avec les informations utiles, puis, le cas échéant, de faire saisir un tribunal d'instance ou de proximité, ou un conseil de prud'hommes, la société se chargeant d'envoyer au greffe de la juridiction compétente une déclaration signée électroniquement et accompagnée des pièces justificatives* » car le rôle du site, faute de « *prestation intellectuelle syllogistique consistant à analyser la situation de fait qui lui est personnelle pour y appliquer ensuite la règle de droit abstraite correspondante* », « *est purement matériel, permettant la transmission informatique des documents numériques à un centre de traitement postal, puis, après impression et mise sous pli, leur envoi physique au greffe de la juridiction* » (Crim. 21 mars 2017, n° 16-82.437, D). **• Nécessité de qualifier les activités visées.** Ne justifie pas sa décision la cour d'appel qui condamne le prévenu sans « *mentionner de prestations entrant dans le champ des activités visées par L. n° 71-1130, 31 déc. 1971, art. 4, ou sans préciser en quoi les prestations citées constitueraient des actes de représentation ou d'assistance devant les juridictions et les organismes juridictionnels ou disciplinaires de quelque nature que ce soit, qui seuls sont réservés par le texte précité aux avocats* » (Crim. 9 sept. 2020, n° 19-80.090, D).

▪ **Concours de qualification – Règle non bis in idem. Usurpation du titre d'avocat et exercice illégal.** Viole le principe *non bis in idem* la juridiction qui ne s'explique pas sur le « *caractère distinct des faits constitutifs d'usurpation du titre d'avocat de ceux qui caractérisent l'exercice illégal de cette profession* » (§ 39) (Crim. 2 mars 2021, n° 20-80.482, D). **• Renvoi.** Sur l'application de la règle *non bis in idem* en cas de concours d'infraction, v. n° **17.32B2**.

RÉGIME PROCÉDURAL

▪ **Prescription de l'action publique.** Les infractions d'exercice illégal de la profession d'avocat et d'usurpation du titre d'avocat sont des infractions instantanées (§ 19), en revanche les « *faits d'exercice illégal de la profession d'avocat et d'usurpation du titre d'avocat procèdent d'un mode opératoire unique* » (§ 20) (Crim. 2 mars 2021, n° 20-80.482, D) (sur les effets en matière de prescription, de la doctrine du « *mode opératoire unique* », v. n° **17.21B**).

■ ÉLÉMENTS CONSTITUTIFS – QUALIFICATION

✧ Pour avoir à .... [¤ lieu], le .... [¤ date], sans être régulièrement inscrit au barreau, assisté ou représenté des parties, postulé ou plaidé devant les juridictions ou organismes juridictionnels ou disciplinaires de quelque nature que ce soit, assisté une partie dans une procédure participative, en l'espèce en .... [¤ matérialiser l'infraction].

Faits prévus et réprimés par les articles 4 et 72 de la loi n° 71-1130 du 31 décembre 1971 et 433-17 du code pénal (*N* ***4350.co*** ; récidive : *N* ***8302.co***). ✧

33.6 Agent immobilier – Cadre réglementaire de la profession

A. Le domaine de l'activité réglementée (L. n° 70-9, 2 janv. 1970, art. 1)

Relèvent de la règlementation les personnes physiques ou morales se livrant ou prêtant leur concours, de manière **habituelle**, même à titre accessoire, aux opérations suivantes portant sur le bien d'autrui :

– opérations exigeant la carte « *transactions sur immeubles et fonds de commerce* » (D. n° 72-678, 20 juill. 1972, art. 1) : achat, vente, échange, location, location-gérance, d'immeubles, de fonds de commerce ; achat, vente ou souscription de parts de société immobilières donnant lieu à attribution de locaux en jouissance ou propriété ; vente de listes ou fichiers relatifs à la vente ou location d'immeubles (à l'exclusion des publications par voie de presse) ;

– opérations exigeant la carte « *gestion immobilière* » (D. n° 72-678, 20 juill. 1972, art. 1) pour la gestion immobilière ;

– opérations exigeant la carte « *syndic de copropriété* » (D. n° 72-678, 20 juill. 1972, art. 1) pour les fonctions de syndic de copropriété ;

– opérations exigeant la carte « *marchand de liste* » (D. n° 72-678, 20 juill. 1972, art. 1) pour la vente de listes ou de fichiers relatifs à l'achat, la vente, ou la location d'immeubles ou la vente de fonds de commerce.

B. Les conditions d'exercice, la carte professionnelle (L. n° 70-9, 2 janv. 1970, art. 3)

Les activités susdites ne peuvent être exercées qu'après délivrance par le président de la chambre de commerce et d'industrie, valables trois ans (D. n° 72-678, 20 juill. 1972, art. 80), sur justification :

1. Les conditions d'aptitude

par les personnes physiques ou les représentant légaux des personnes morales, les personnes physiques assurant la direction de chaque établissement, succursale ou agence : de leur aptitude professionnelle et de l'**absence d'incapacité ou interdiction** (au vu du bulletin n° 2 du casier judiciaire sollicité par le président de la chambre de commerce et d'industrie ; D. n° 72-678, 20 juill. 1972, art. 3) ;

2. La garantie financière

par les personnes physiques et morales : d'une **garantie financière** (D. n° 20 juill. 1972, art. 19) et d'une **assurance responsabilité civile** (D. n° 20 juill. 1972, art. 49). Toute suspension de garantie ou d'assurance est portée immédiatement à la connaissance du président de la chambre de commerce et d'industrie (D. n° 20 juill. 1972, art. 48 et 50).

3. La déclaration préalable d'activité

Il doit être procédé à une déclaration préalable d'activité pour chaque établissement, succursale, agence ou bureau, par la personne qui en assure la direction (L. n° 70-9, 2 janv. 1970, art. 3, mod. par Ord. n° 2004-634, 1er juill. 2004).

C. L'aptitude des collaborateurs

Le titulaire de la carte professionnelle doit remettre aux personnes habilitées à négocier, s'entremettre ou s'engager pour son compte (L. n° 70-9, 2 janv. 1970, art. 4) une attestation justifiant de leur qualité et pouvoirs, visée par le président de la chambre de commerce et d'industrie après contrôle de leur capacité au vu du bulletin n° 2 de leur casier judiciaire (D. n° 72-678, 20 juill. 1972, art. 3 et 9).

D. Les incapacités (L. n° 70-9, 2 janv. 1970, art. 9 et 10)

Ne peuvent exercer les activités décrites en A, ou y prêter leur concours (v. capacité des collaborateurs en C), y compris sous couvert d'un tiers (art. 12), les personnes faisant l'objet d'une mesure définitive de faillite personnelle ou d'interdiction de gérer, d'une radiation de la liste des administrateurs judiciaires ou mandataires judiciaires ou d'une interdiction d'exercice ⩽ six mois d'une profession libérale réglementée, d'une destitution des fonctions d'officier public ou ministériel (art. 10), ou condamnées depuis moins de dix ans pour crime ou à une peine d'emprisonnement *d'au moins trois mois sans sursis* pour les infractions suivantes (v. liste complète à l'art. 9) :

– vol, extorsion, chantage, escroquerie, abus de confiance, détournement de gage et d'objet saisi, organisation frauduleuse d'insolvabilité, délits punis des peines de l'escroquerie et de l'abus de confiance ;

– recel ou infractions assimilées, blanchiment ;

– corruption active ou passive, trafic d'influence, soustraction et détournement de biens ;

– faux, falsification de titres ou autres valeurs fiduciaire émises par l'autorité publique, falsification des marques de l'autorité ;

– association de malfaiteurs, trafic de stupéfiants, proxénétisme ;

– conditions de travail et d'hébergement indignes, travail dissimulé ;

– banqueroute, infraction à la législation sur les sociétés commerciales, fraude fiscale, infraction à la législation et à la règlementation des relations financières avec l'étranger ;

– usure, démarchage bancaire ou financier irrégulier ;

– infractions relatives au démarchage et fraudes sur les qualités substantielles ;

– infractions en matière de loteries et de jeux de hasard ;

– atteintes aux systèmes de traitement automatisé de données.

Les personnes doivent cesser leur profession ou activité dans le délai d'un mois à compter du jour où la décision entraînant l'incapacité est devenue définitive et leur a été notifiée (L. n° 70-9, 2 janv. 1970, art. 13).

Le ministère public et le greffier chargé du RCS sont respectivement tenus d'aviser sans délai le président de la chambre de commerce et d'industrie de toute condamnation pénale entraînant une incapacité d'exercer ou d'une radiation du RCS (D. n° 72-678, 20 juill. 1972, art. 86-1).

E. Les obligations administratives et comptables

Les personnes recevant des sommes d'argent, des biens, des effets ou valeurs au titre de l'activité décrite au A ci-dessus sont tenues aux obligations suivantes (L. n° 70-9, 2 janv. 1970, art. 5) :

1. Le mandat écrit

Les opérations décrites au A ci-dessus (à l'exception de la vente de listes) doivent faire l'objet d'un **mandat écrit** (L. n° 70-9, 2 janv. 1970, art. 6). Aucune somme ne peut être reçue avant son établissement.

2. Le registre des mandats

Les mandats sont mentionnés par ordre chronologique sur un **registre des mandats** (D. n° 72-678, 20 juill. 1972, art. 65 et 72) et doivent comporter le n° sous lequel ils y sont enregistrés.

3. Le registre-répertoire

Le titulaire de la carte « transactions » doit immédiatement mentionner sur un registre répertoire relié et coté, dit « de la loi du 2 janvier 1970 », tous les versements ou remises (D. n° 72-678, 20 juill. 1972, art. 51).

4. Les reçus et le carnet de reçus

Tous les versements ou remises doivent donner lieu à délivrance d'un **reçu** dont le double reste dans un carnet de reçus (D. n° 72-678, 20 juill. 1972, art. 52).

5. Le compte spécial

Le titulaire de la carte « Transactions » doit faire ouvrir un compte exclusivement affecté à la réception des versements ou remises, compte usuellement appelé « Compte séquestre » (D. n° 72-678, 20 juill. 1972, art. 55 et 59).

6. Les pouvoirs de contrôle

Le président de la chambre de commerce et d'industrie et les garants peuvent à tout moment se faire communiquer les documents ci-dessus (D. n° 72-678, 20 juill. 1972, art. 86).

33.7 Agent immobilier – Exercice de la profession sans carte professionnelle – Négociation sans habilitation

▪ PEINES

PERSONNE PHYSIQUE

PP Délit. 6 mois d'emprisonnement, 7 500 € (auparavant 4 500 € [Ord. n° 2004-634, 1er juill. 2004]) (L. n° 70-9, 2 janv. 1970, art. 14).

PC Néant.

PERSONNE MORALE

PP Délit. 37 500 € (L. n° 70-9, 2 janv. 1970, art. 18 ; C. pén., art. 131-38).

PC 1. Dissolution (sauf personnes morales de droit public, partis, groupements politiques, syndicats, institutions représentatives du personnel) si personne morale créée pour commettre l'infraction (L. n° 70-9, 2 janv. 1970, art. 18 ; C. pén., art. 131-39, 1° et 131-45) ;

2. Interdiction, définitive ou ⩽ 5 ans de l'activité ayant donné lieu à l'infraction (L. n° 70-9, 2 janv. 1970, art. 18 ; C. pén., art. 131-39 2°) ;

3. Surveillance judiciaire ⩽ 5 ans, sauf personnes morales de droit public, partis, groupements politiques, syndicats (L. n° 70-9, 2 janv. 1970, art. 18 ; C. pén., art. 131-39 3° et 131-46) ;

4. Fermeture, définitive ou ⩽ 5 ans, d'un ou plusieurs établissements en relation avec l'infraction (L. n° 70-9, 2 janv. 1970, art. 18 ; C. pén., art. 131-39 4°) ;

5. Exclusion, définitive ou ⩽ 5 ans marchés publics (L. n° 70-9, 2 janv. 1970, art. 18 ; C. pén., art. 131-39 5°) ;

6. Interdiction, définitive ou ⩽ 5 ans appel public à l'épargne (L. n° 70-9, 2 janv. 1970, art. 18 ; C. pén., art. 131-39 6°) ;

7. Interdiction ⩽ 5 ans cartes de paiement ou émission chèques autres que de retrait ou certifiés (L. n° 70-9, 2 janv. 1970, art. 18 ; C. pén., art. 131-39 7°) ;

8. Confiscation (réelle ou en valeur) chose ayant servi à l'infraction ou destinée à la commettre, ou son produit (obligatoire pour objets qualifiés dangereux ou nuisibles par loi ou règlement ou dont la détention est illicite) (L. n° 70-9, 2 janv. 1970, art. 18 ; C. pén., art. 131-39 8° et 131-21) ;

9. Affichage, ⩽ 2 mois, *et/ou* (L. n° 2011-525, 17 mai 2011) diffusion de la décision ou d'extraits aux frais (⩽ amende encourue) du condamné (L. n° 70-9, 2 janv. 1970, art. 18 ; C. pén., art. 131-39 9°, 131-48 et 131-35).

▪ ORIENTEUR

AUTRE QUALIFICATION

▪ **Agent immobilier – Infractions aux obligations administratives et comptables – Obstacle au contrôle.** En cas de maniement de fonds, v. n° 33.9.

▪ ÉLÉMENTS CONSTITUTIFS – QUALIFICATION

✧ Pour, à .... [¤ lieu], le .... [¤ date], [⇨A ou B :]

A. s'être livré ou avoir prêté son concours, d'une manière habituelle, même à titre accessoire, à des opérations réservées aux agents immobiliers [⇨A1 à A4 :]

A1. sans être titulaire d'une carte professionnelle ou après l'avoir restituée ou en ayant omis de la restituer après injonction de l'autorité administrative compétente (L. n° 70-9, 2 janv. 1970, art. 1 et 3) (A1 : *N 4499.co*) ;

A2. sans effectuer la déclaration préalable d'activité d'un établissement, d'une succursale, d'une agence ou d'un bureau dont il assumait la direction (L. n° 70-9, 2 janv. 1970, art. 1 et 3) (A2 : *N 25481.co*) ;

A3. sans disposer d'une attestation visée par le président de la chambre de commerce et d'industrie précisant sa qualité et l'étendue de ses pouvoirs, alors qu'il négociait, s'entremettait ou prenait des engagements pour le compte du titulaire d'une carte professionnelle d'agent immobilier (L. n° 70-9, 2 janv. 1970, art. 4) (A3 : *N 5500.co*) ;

A4. en proposant à ses clients les services d'une entreprise sans les informer, avant la conclusion de tout contrat avec cette entreprise, des éventuels liens directs de nature capitalistique ou des liens de nature juridique qu'il ou ses représentants légaux et statutaires, les dirigeants de ses établissements, succursales, agences ou bureaux ou les personnes habilitées à s'entremettre ou s'engager pour son compte, intervenant pour ces clients, ont avec cette entreprise. (L. n° 70-9, 2 janv. 1970, art. 4-1) (A4 : *N 31155.co*) ;

B. utilisé la dénomination « agent immobilier », « syndic de copropriété » ou « administrateur de biens » sans être titulaire de la carte professionnelle (L. n° 70-9, 2 janv. 1970, art. 1 et 3 ; D. n° 72-678, 20 juill. 1972, art. 1) (B : *N 33071.co*).

Faits prévus et réprimés par les articles : **PERSONNES PHYSIQUES.** [• du cas sélectionné] et 14 de la loi n° 70-9 du 2 janvier 1970. **PERSONNES MORALES.** [• du cas sélectionné], 14 et 18 de la loi n° 70-9 du 2 janvier 1970 (*N #.co*). ✧

33.8 Agent immobilier – Exercice de la profession malgré inaptitude ou incapacité

■ PEINES

PERSONNE PHYSIQUE

PP Délit. Cas A : 6 mois d'emprisonnement, 7 500 € (auparavant cas A1 : 4 500 €. Cas A2 : 2 ans, 22 500 € [Ord. n° 2004-634, 1er juill. 2004]) (L. n° 70-9, 2 janv. 1970, art. 14). Cas B : 5 ans, 375 000 € (auparavant 2 ans, 22 500 € [Ord. n° 2004-634, 1er juill. 2004]) (L. n° 70-9, 2 janv. 1970, art. 15 ; C. pén., art. 313-1).

PC Néant.

PERSONNE MORALE

PP Délit. Cas A : 37 500 €. Cas B : 1 875 000 € (L. n° 70-9, 2 janv. 1970, art. 18 ; C. pén., art. 131-38).

PC *Idem*. n° 33.7.

■ ORIENTEUR

AUTRE QUALIFICATION

▪ **Direction ou gestion malgré une faillite ou une interdiction.** En cas de sanction commerciale prononcée dans le cadre des procédures collectives, v. n° 33.13.

▪ **Exercice d'une profession commerciale ou industrielle ou direction d'une société commerciale malgré incapacité.** Incrimination abrogée par L. n° 2008-776, 4 août 2008, v. n° 33.14.

TEXTE DE RÉFÉRENCE

▪ **Cadre réglementaire de la profession d'agent immobilier.** V. n° 33.6D.

ÉLÉMENT MATÉRIEL

▪ **Tentative.** Punissable dans le Cas B (L. n° 70-9, 2 janv. 1970, art. 15 [mod. par Ord. n° 2004-634, 1er juill. 2004]).

■ ÉLÉMENTS CONSTITUTIFS – QUALIFICATION

✧ Pour, à .... [¤ lieu], le .... [¤ date], [⇨A ou B :]

A. s'être livré ou avoir prêté son concours, d'une manière habituelle, même à titre accessoire, à des opérations réservées aux agents immobiliers sans remplir ou en ayant cessé de remplir, alors qu'il exerçait les fonctions de représentant légal ou statutaire d'une personne morale, les conditions (L. n° 70-9, 2 janv. 1970, art. 1, 3 et 14) [⇨A1 ou A2 :]

A1. d'aptitude (A1 : *N 25479.co*) ;

A2. de capacité (A2 : *N 25480.co*) ;

B. malgré interdiction résultant de la décision prononçant à son encontre, le .... [¤ date de la décision] la mesure de .... [¤ condamnation ou mesure prononcée] pour des faits de [¤ infraction pénale le cas échéant visée] (L. n° 70-9, 2 janv. 1970, art. 9 à 12 et 15, C. pén., art. 313-1) (B : *N 11090.co*) [⇨B1 à B5 :]

B1. réalisé habituellement...

B2. réalisé habituellement sous le couvert d'un tiers...

B3. été employé à un titre quelconque, soit par l'établissement qu'il exploitait, soit par la société qu'il dirigeait, gérait, administrait, ou dont il avait la signature, se livrant habituellement à...

B4. été employé au service de l'acquéreur, du gérant, ou de locataire de son ancienne entreprise se livrant habituellement à...

B5. géré, dirigé, administré une personne morale se livrant habituellement à...

... des opérations réservées aux agents immobiliers.

Faits prévus et réprimés par les articles : **PERSONNE PHYSIQUE** [• du cas sélectionné]. **PERSONNE MORALE** [• du cas sélectionné], et 18 de la loi n° 70-9 du 2 janvier 1970 (*N #.co*). ✧

33.9 Agent immobilier – Infractions aux obligations administratives et comptables – Obstacle au contrôle

■ PEINES

PERSONNE PHYSIQUE

PP Délit. Cas A et B : 2 ans d'emprisonnement, 30 000 € (auparavant 6 mois, 4 500 € [Ord. n° 2004-634, 1er juill. 2004]) (L. n° 70-9, 2 janv. 1970, art. 16). Cas C : 6 mois, 7 500 € (auparavant 6 mois, 4 500 € [Ord. n° 2004-634, 1er juill. 2004]) (L. n° 70-9, art. 17).

PC Néant.

PERSONNE MORALE

PP Délit. Cas A et B : 150 000 €. Cas C : 37 500 € (L. n° 70-9, 2 janv. 1970, art. 18 ; C. pén., art. 131-38).

PC *Idem*. n° 33.7.

■ ÉLÉMENTS CONSTITUTIFS – QUALIFICATION

✧ Pour avoir à .... [¤ lieu], le .... [¤ date], [⇨A à C :]

A. à l'occasion d'opérations réservées aux agents immobiliers, reçu ou détenu, à quelque titre et de quelque manière que ce soit, des sommes d'argent, biens, effets ou valeurs quelconques, sans [⇨A1 à A6 :]

A1. carte professionnelle (L. n° 70-9, 2 janv. 1970, art. 3 et 16 ; D. n° 72-678, 20 juill. 1972, art. 80) (A1 : *N 1846.co* ; personne morale : *N 25622.co*) ;

A2. garantie financière (L. n° 70-9, 2 janv. 1970, art. 3 et 16 ; D. n° 72-678, 20 juill. 1972, art. 17) (A2 : *N #.co*) ;

A3. assurance garantissant sa responsabilité civile (L. n° 70-9, 2 janv. 1970, art. 5 et 16 ; D. n° 72-678, 20 juill. 1972, art. 49) (A3 : *N #.co*) ;

A4. tenir de registre répertoire (L. n° 70-9, 2 janv. 1970, art. 5 et 16 ; D. n° 72-678, 20 juill. 1972, art. 51) (A4 : *N 13323.co*) ;

A5. délivrer de reçu ou tenu un carnet des reçus (L. n° 70-9, 2 janv. 1970, art. 5 et 16 ; D. n° 72-678, 20 juill. 1972, art. 52) (A5 : *N 1885.co*) ;

A6. tenir un registre de mandats (L. n° 70-9, 2 janv. 1970, art. 5 et 16 ; D. n° 72-678, 20 juill. 1972, art. 65 et 72) (A6 : *N 13323.co*) ;

B. exigé ou accepté des sommes d'argent, biens, effets ou valeurs quelconques, au titre d'opérations réservées aux agents immobiliers, sans conclusion préalable d'un mandat écrit (L. n° 70-9, 2 janv. 1970, art. 6 et 16) (B : *N 1847.co* ; par personne morale : *N 25831.co*) ;

C. réalisant des opérations réservées aux agents immobiliers, fait obstacle à l'exercice de la mission des agents publics chargés du contrôle en refusant de leur communiquer les documents réclamés, notamment les documents bancaires ou comptables ainsi que les mandats écrits (L. n° 70-9, 2 janv. 1970, art. 17, D. n° 72-678, 20 juill. 1972, art. 86) (C : *N 1848.co*).

Faits prévus et réprimés par les articles : **PERSONNE PHYSIQUE** [• du cas sélectionné]. **PERSONNE MORALE** [• du cas sélectionné], et 18 de la loi n° 70-9 du 2 janvier 1970. ✧

33.10 Exercice illégal de la profession de géomètre expert

■ PEINES

PERSONNE PHYSIQUE

PP Délit. 1 an d'emprisonnement, 15 000 € (L. n° 46-942, 7 mai 1946, art. 7 ; C. pén., art. 433-17).

PC *Idem* n° 25.21 (C. pén., art. 433-22).

PERSONNE MORALE

PP 75 000 € (L. n° 46-942, 7 mai 1946, art. 7 ; C. pén., art. 433-17 et 131-38).

PC *Idem* n° 25.15 (C. pén., art. 433-25).

■ ORIENTEUR

AUTRE QUALIFICATION

■ **Usurpation de titre, diplôme ou qualité.** C. pén., art. 433-17, v. n° 25.21.

ÉLÉMENT LÉGAL

■ **Définition de l'infraction.** Les éléments constitutifs de l'infraction d'exercice illégal de la profession de géomètre expert sont définis par L. n° 46-942, 7 mai 1946, instituant l'Ordre des géomètres experts, art. 7. Ce sans préjudice de l'incrimination d'usurpation du titre de géomètre expert, définie et sanctionnée quant à elle non par L. n° 46-942, 7 mai 1946, mais par l'incrimination générale prévue au C. pén., art. 433-17 (sur l'usurpation de titre, v. n° 25.21).

■ **Constitutionnalité. • Jurisprudence judiciaire.** L. n° 46-942, 7 mai 1946, art. 1, 2 et 7 « *qui définissent les études et travaux topographiques réservés aux géomètres-experts, tels qu'interprétés par la jurisprudence, précisent suffisamment les champs respectifs des actes réservés à ces derniers, qui fixent les limites des biens fonciers pour l'établissement des droits réels, préparent, accompagnent ou suivent l'intervention d'un notaire et constituent des actes translatifs ou déclaratifs de propriété, et les actes de la compétence des topographes, qui concernent les documents d'arpentage et tous travaux cadastraux relatifs à la situation fiscale du fonds concerné, de sorte qu'il n'est pas porté atteinte au principe de légalité des délits et des peines, de sécurité juridique et de non rétroactivité de la loi pénale plus sévère* » (Crim. 13 juin 2017, n° 16-86.741 QPC). **• Jurisprudence administrative.** « *en réservant aux géomètres-experts la réalisation des études et des travaux topographiques qui fixent les limites des biens fonciers, le législateur a entendu garantir la protection de la propriété foncière en confiant sa délimitation à des professionnels spécialement qualifiés et présentant des garanties d'indépendance et de probité [...], par ailleurs, ce monopole ne concerne que les travaux ayant directement pour objet la délimitation des biens fonciers, les professionnels de la topographie pouvant, en revanche, exercer librement les autres activités mentionnées à l'article 1er de la loi du 7 mai 1946 ; qu'ainsi, les dispositions contestées ne portent pas une atteinte disproportionnée à la liberté d'entreprendre* » (§ 4) (CE, 7 sept. 2012, n° 360032, inédit au *Lebon*).

ÉLÉMENT MATÉRIEL

■ **Périmètre du monopole des géomètres-experts. • Opérations réservées aux géomètres-experts.** Selon la jurisprudence judiciaire, ainsi résumée par la C. cass., « *les actes réservés aux géomètres-experts sont ceux qui fixent les limites des biens fonciers pour l'établissement des droits réels, préparent, accompagnent ou suivent l'intervention d'un notaire et participent des actes translatifs ou déclaratifs de propriété, tandis que les actes relevant de la compétence des géomètres- topographes concernent les documents d'arpentage et tous travaux cadastraux relatifs à la situation fiscale du fonds concerné* » (§ 17) (Crim. 8 nov. 2022, n° 21-86.499, P ; dans le même sens : Crim. 30 nov. 2021, n° 20-85.813, D). Il résulte de L. n° 46-942, 7 mai 1946, art. 1 1° « *que le géomètre-expert réalise les études et les travaux topographiques qui fixent les limites des biens fonciers et, à ce titre, lève et dresse, à toutes échelles et sous quelque forme que ce soit, les plans et documents topographiques concernant la définition des droits attachés à la propriété foncière, tels que les plans de division, de partage, de vente et d'échange des biens fonciers, les plans de bornage ou de délimitation de la propriété foncière* », relève donc du monopole des géomètres experts l'établissement de documents qui « *constatent la modification des limites parcellaires issues des divisions de parcelles pour la réalisation de transactions* », car ces documents « *ont eu pour effet de fixer les nouvelles limites de biens fonciers et de créer des droits réels qui y seraient attachés, et participaient ainsi à la rédaction des actes translatifs de propriété* » (Crim. 1er sept. 2015, n° 14-86.235, P n° 187). Selon la jurisprudence administrative, « *le monopole institué par le législateur au profit des géomètres-experts concerne exclusivement les travaux ayant directement pour objet la délimitation des biens fonciers ; qu'ainsi, les documents d'arpentage cadastral ne relèvent de ce monopole que s'ils ont pour objet ou pour effet de fixer les limites des biens fonciers et les droits qui y sont attachés,* *notamment lorsqu'ils participent à la rédaction d'actes translatifs ou déclaratifs de propriété* » (§ 6) (CE, 6ème - 1ère ch. réunies, 28/09/2016, n° 394065, *Lebon*). • **Opérations autorisées aux géomètres topographes.** En revanche, les géomètres-experts ne disposent d'aucune exclusivité pour la réalisation des prestations topographiques dépourvues d'incidences foncières ou ne débouchant pas sur des travaux affectant la limite des propriétés. Est donc à bon droit relaxé le géomètre topographe, qui est une profession non règlementée), qui a établi des documents d'arpentage déposés au service du cadastre (par un géomètre expert), car « *le cadastre est un document de caractère fiscal dont les indications relatives à la contenance et à la délimitation des biens fonciers n'ont qu'une valeur indicative* », de sorte que « *les opérations effectuées par le prévenu n'ont pas eu directement pour objet de fixer les limites des biens fonciers et de définir les droits qui y sont attachés* » (Crim. 16 mai 2006, n° 05-82.870, P n° 134). Est censuré l'arrêt qui relaxe un géomètre topographe sans rechercher si les plans qu'il avait établi, « *s'agissant notamment d'actes déclaratifs de partage, changeaient les limites de propriété et créaient des droits nouveaux, même s'il ne s'agissait pas de plans participant à des actes translatifs de propriété* » (Crim. 8 févr. 2011, n° 10-83.917, D). • **Avis de l'Autorité de la concurrence.** Saisie par la chambre syndicale nationale des géomètres topographes, l'Autorité de la concurrence est d'avis que « *l'abondante jurisprudence administrative et judiciaire témoignent de difficultés récurrentes d'interprétation de la définition légale du monopole des géomètres-experts* » et « *recommande donc au Législateur, au regard notamment de la nécessité d'assurer aux acteurs économiques un niveau de sécurité juridique compatible avec un exercice serein de leurs activités concurrentielles, de redéfinir précisément le monopole légal des géomètres-experts* » (Autorité de la concurrence, avis du 28 févr. 2018).

RÉGIME PROCÉDURAL

▪ **Compétence juridictionnelle. Formation collégiale du tribunal correctionnel.** Si les infractions prévues par C. pén., art. 433-14 et 433-17 relèvent du juge unique correctionnel en application de C. pr. pén., art. 398-1 1°, celle d'exercice illégal de la profession de géomètre expert est prévue par L. n° 46-942, 7 mai 1946, art. 7, disposition qui n'entre pas dans la liste limitative fixée par C. pr. pén., art. 398-1 (sur cette liste, v. n° **17.15D2**).

MESURE CIVILE

▪ **Constitution de partie civile.** « *Les conseils régionaux de l'ordre et le conseil supérieur peuvent, pour les délits visés [à l'article 7], saisir le tribunal correctionnel par voie de citation directe, ou porter plainte avec constitution de partie civile devant le juge d'instruction, sans préjudice pour le conseil supérieur de la faculté de se constituer partie civile dans toute poursuite de ces délits intentée par le ministère public* » (L. n° 46-942, 7 mai 1946, art. 7).

RÉGIME DES PEINES

▪ **Emprunt de pénalités.** Les pénalités de l'exercice illégal de la profession de géomètre expert sont empruntées par renvoi effectué par L. n° 46-942, 7 mai 1946, art. 7, à celles qui sanctionnent le délit d'usurpation de titre prévue au C. pén., art. 433-14 et 433-17 (le délit d'usurpation de titre n'est en réalité incriminé que par C. pén, art. 433-17). L'exercice illégal « *est puni des peines encourues pour le délit d'usurpation de titre* », sont donc applicables tant les peines principales prévues par C. pén, art. 433-17 que les peines complémentaires prévues par C. pén, art. 433-17 pour les personnes physiques ou 433-25 pour les personnes morales.

▪ ÉLÉMENTS CONSTITUTIFS – QUALIFICATION

✧ Pour avoir à .... [¤ lieu], le .... [¤ date], [⇨A ou B :]

A. sans être inscrit au tableau de l'ordre des géomètres experts ni être admis au stage, exécuté habituellement des études et des travaux topographiques qui fixent les limites des biens fonciers et, à ce titre, levé et dressé, à toutes échelles et sous quelque forme que ce soit, les plans et documents topographiques concernant la définition des droits attachés à la propriété foncière, tels que les plans de division, de partage, de vente et d'échange des biens fonciers, les plans de bornage ou de délimitation de la propriété foncière, ou assuré la direction suivie de ces travaux (A : *N* ***4388.co***) ;

B. continué à exercer la profession de géomètre expert alors qu'il était suspendu ou rayé du tableau de l'ordre des géomètres experts ou interdit temporairement d'exercer (B : *N* ***4388.co***).

Faits prévus et réprimés par l'article 7 de la loi n° 46-942 du 7 mai 1946, **433-17**, 433-22 et 433-25 du code pénal. ✧

33.11 Commerçant étranger – Défaut de carte d'identité spéciale (abrogé par L. nº 2014-1, 2 janv. 2014)

■ **PEINES**

PERSONNE PHYSIQUE

PP Délit. ~~6 mois d'emprisonnement, 3 750 € (C. com., art. L. 122-2).~~

PC ~~Fermeture établissement (C. com., art. L. 122-2 ; C. pén., art. 131-33).~~

PERSONNE MORALE

PP ~~18 750 € (C. pén., art. 131-38, 131-41).~~

PC ~~Néant.~~

■ **ORIENTEUR**

ÉLÉMENT LÉGAL

▪ **Application de la loi pénale dans le temps.** Dispositions abrogées par L. nº 2014-1 du 2 janvier 2014 (art. 21 (V)).

▪ **Domaine d'application.** ~~Ces dispositions ne sont pas applicables aux ressortissants des états membres de l'Union européenne ou d'un État partie à l'accord sur l'Espace économique européen (C. com., art. L. 122-3) ou aux étrangers pouvant se prévaloir d'une convention les dispensant de l'obtention d'une carte d'identité de commerçant (D. nº 98-58, 28 janv. 1998, art. 1). Les étrangers titulaires de la carte de résident sont dispensés de la carte d'identité de commerçant (Ord. nº 45-2658, 2 nov. 1945, art. 17 ; D. 28 janv. 1998, art. 1).~~

■ ~~**ÉLÉMENTS CONSTITUTIFS – QUALIFICATION**~~

✧ ~~Pour avoir à .... [¤ lieu], le .... [¤ date], étant étranger, exercé sur le territoire national une profession commerciale, industrielle ou artisanale, en l'espèce .... [¤ activité exercée], sans justifier de la possession d'une carte d'identité spéciale portant la mention « commerçant » délivrée par le préfet du département où il exerce son activité.~~

~~Faits prévus et réprimés par les articles L. 122-1 et L. 122-2 du code de commerce (*N 3023.co*).~~ ✧

33.12 Fausse déclaration lors d'une inscription au RCS

■ **PEINES**

PERSONNE PHYSIQUE

PP Délit. 6 mois d'emprisonnement, 4 500 € (C. com., art. L. 123-5).

PC Privation ⩽ 5 ans droit de vote et éligibilité aux élections des tribunaux de commerce, CCI et conseils de prud'hommes (C. com., art. L. 123-5).

PERSONNE MORALE

PP 22 500 € (C. pén., art. 131-38).

PC Néant.

■ **ÉLÉMENTS CONSTITUTIFS – QUALIFICATION**

✧ Pour avoir à .... [¤ lieu], le .... [¤ date], de mauvaise foi, donné des indications inexactes ou incomplètes en vue d'une immatriculation, d'une radiation ou d'une mention complémentaire ou rectificative au registre du commerce et des sociétés.

Faits prévus et réprimés par les articles L. 123-1 et L. 123-5 du code de commerce (*N 3026.co*). ✧

33.13 Direction ou gestion malgré une faillite ou une interdiction

■ **PEINES**

PERSONNE PHYSIQUE

PP Délit. 2 ans d'emprisonnement, 375 000 € (C. com., art. L. 654-15).

PC Néant.

PERSONNE MORALE

PP 1 875 000 € (C. pén., art. 131-38).

PC Néant.

■ ORIENTEUR

AUTRE QUALIFICATION

▪ **Exercice d'une profession commerciale ou industrielle ou direction d'une société commerciale malgré incapacité.** Dispositions abrogées par L. nº 2008-776, 4 août 2008, v. nº 33.14.

ÉLÉMENT LÉGAL

▪ **Constitutionnalité. • Décision de faillite ou d'interdiction de gérer prononcée par la juridiction répressive.** Le Cons. const. a abrogé C. com., art. L. 654-6 qui permettait au juge pénal de prononcer une faillite personnelle ou une interdiction de gérer pour l'infraction de banqueroute (Cons. const. 29 sept. 2016, 2016-573 QPC, § 17, v. nº 33.29). En conséquence, l'incrimination prévue par C. com., art. L. 654-15 n'est plus applicable en cas de violation, postérieure à cette décision, d'une faillite ou interdiction antérieurement prononcée par une juridiction répressive pour des faits de banqueroute ; et l'incrimination prévue par C. pén., art. 434-40-1 n'est pas davantage applicable (v. nº 25.72) (Crim. 26 janv. 2022, nº 21-81.822, D).

TEXTE DE RÉFÉRENCE

▪ **Nécessité d'une mesure exécutoire.** L'infraction ne peut être qualifiée que si la décision est exécutoire. La décision de faillite ou d'interdiction peut être assortie de l'exécution provisoire (C. com., art. L. 653-11).

▪ **Casier judiciaire national.** En application de C. pr. pén., art. 768 5°, le **casier judiciaire national** enregistre les décisions de faillite personnelle et d'interdiction, ces décisions figurent sur le bulletin nº 2 du casier judiciaire (C. pr. pén., art. 775), lequel est délivré aux administrations et aux tribunaux de commerce (C. pr. pén., art. 775). Les jugements sont retirés du casier judiciaire en cas de jugement de clôture pour extinction du passif ou de réhabilitation. Ils sont également retirés à l'issue d'un délai de cinq à compter de leur caractère définitif, ou après ce délai si l'interdiction est plus longue (C. pr. pén., art. 769 1°).

▪ **Fichier national automatisé des interdits de gérer.** À ses frais et sous sa responsabilité le Conseil national des greffiers des tribunaux de commerce est autorisé à mettre en œuvre un **fichier national automatisé des interdits de gérer (FNIG)**. Ce fichier, dont les modalités d'alimentation et d'exploitation sont réglées par C. com., art. R. 128-1 s. (D. nº 2015-914, 19 févr. 2015), comprend l'ensemble des mesures d'interdiction de gérer et de faillites personnelles prononcées par les tribunaux correctionnels, civils ou de commerce, à l'exclusion des sanctions disciplinaires (C. com., art. L. 128-1).

■ ÉLÉMENTS CONSTITUTIFS – QUALIFICATION

✧ Pour avoir à .... [¤ lieu], le .... [¤ date], exercé directement ou indirectement une activité de direction, gestion, administration ou contrôle d'une entreprise commerciale ou artisanale, d'une exploitation agricole ou de toute personne morale ayant une activité économique malgré une condamnation de faillite personnelle ou d'interdiction de gérer prononcée le .... [¤ date de la décision] par .... [¤ juridiction ayant prononcé la sanction].

Faits prévus et réprimés par les articles L. 653-2, L. 653-8 et L. 654-15 du code de commerce (*N 1726.co*). ✧

33.14 Exercice d'une profession commerciale ou industrielle ou direction d'une société commerciale malgré incapacité (abrogé par L. nº 2008-776, 4 août 2008)

■ PEINES

PERSONNE PHYSIQUE

PP Délit. ~~5 ans d'emprisonnement, 375 000 € (auparavant 2 ans, 375 000 € [Ord. nº 2005-428, 6 mai 2005]) (C. com., art. L. 128-5 ; C. pén., art. 313-1).~~

PC ~~Confiscation (Ord. nº 2005-428, 6 mai 2005) (réelle ou en valeur) des marchandises et du fonds de commerce ou de leur produit (obligatoire pour objets qualifiés dangereux ou nuisibles par loi ou règlement ou dont la détention est illicite) (C. com., art. L. 128-5, C. pén., art. 131-21).~~

PERSONNE MORALE

PP ~~1 875 000 € (C. pén., art. 131-38, 131-41).~~

PC ~~Néant.~~

■ ORIENTEUR

ÉLÉMENT LÉGAL

▪ **Application de la loi pénale dans le temps.** La loi n° 2008-776, 4 août 2008, de modernisation de l'économie a **abrogé cette incrimination** issue de la loi n° 47-1635 du 30 août 1947 relative à l'assainissement des professions commerciales et industrielles et du décret du 8 août 1935 instituant l'interdiction et la déchéance du droit de gérer ou d'administrer une société. Il n'existe plus désormais, sauf textes spéciaux, d'incapacité de plein droit d'exercer une activité commerciale ou artisanale à raison d'une condamnation pénale. Au régime des incapacités de plein droit succède un régime d'incapacités spécialement prononcées par la juridiction pénale, dans les cas prévus par la loi, à titre de peine complémentaire ou de peine principale. Sauf texte spécial, la violation de telles incapacités est réprimée par C. pén., art. 434-40, v. n° 25.72. S'y ajoute le régime de l'interdiction de gérer ou de la faillite personnelle prononcée par le tribunal de commerce ou le tribunal judiciaire en cas de procédure collective, dont la violation est réprimée par C. com., art. L. 654-15 (v. n° 33.13).

~~> **Codification.** La loi n° 47-1635 du 30 août 1947 relative à l'assainissement des professions commerciales et industrielles et le décret du 8 août 1935 instituant l'interdiction et la déchéance du droit de gérer ou d'administrer une société ont été abrogés et codifiés aux articles L. 128-1 et suivants du code de commerce (Ord. n° 2005-428, 6 mai 2005, art. 3 et 4 ; dispositions transitoires : art. 2).~~

~~> **VRP.** Ces dispositions sont applicables aux personnes qui exercent la représentation commerciale (VRP) (C. com., art. 128-6).~~

AUTRE QUALIFICATION

~~> V. aussi direction ou gestion malgré une faillite ou interdiction, n° *33.13*.~~

RÉGIME PROCÉDURAL

~~> **Incapacité d'exercice.** Toute condamnation, rendue depuis moins de 10 ans, pour crime, ou ⩾ 3 mois sans sursis pour l'un des délits prévus à l'article L. 128-1 du code de commerce, ou à la destitution pour un officier public ou ministériel, entraîne incapacité d'exercer.~~

~~> La personne doit cesser son activité dans un délai de trois mois à compter de la date à laquelle la décision entraînant l'incapacité est devenue définitive (C. com., art. L. 128-2).~~

■ ~~ÉLÉMENTS CONSTITUTIFS – QUALIFICATION~~

~~✧ Pour avoir à .... [¤ lieu], le .... [¤ date], directement ou indirectement, pour son compte ou pour le compte d'autrui, [⇨A à C :]~~

~~A. entrepris l'exercice d'une profession commerciale ou industrielle (*N 354.co*)...~~

~~B. exercé la représentation commerciale (*N 3041.co*)...~~

~~C. dirigé, administré, géré ou contrôlé, à un titre quelconque, une entreprise commerciale ou industrielle ou une société commerciale (*N 3052.co*)...~~

~~... alors qu'il avait fait l'objet le .... [¤ date de la condamnation] d'une condamnation définitive à .... [¤ peine prononcée] pour des faits de .... [¤ infraction reprochée].~~

~~Faits prévus et réprimés par les articles L. 128-1, 128-2, 128-3 et L. 128-5 du code de commerce, 313-1 du code pénal. ✧~~

33.15 SARL – Abus de biens ou de voix – Distribution de dividendes fictifs – Bilan inexact

■ PEINES

PERSONNE PHYSIQUE

PP Délit. 5 ans d'emprisonnement, 375 000 € ; Cas A1 : 7 ans d'emprisonnement, 500 000 € (L. n° 2013-1117, 6 déc. 2013) (C. com., art. L. 241-3).

PC 1. Interdiction, définitive ou ⩽ 5 ans activité professionnelle ou sociale en relation avec l'infraction, fonction publique (sauf mandat électif ou syndical) *et/ou* interdiction définitive ou ⩽ 15 ans (10 ans avant L. n° 2013-1117, 6 déc. 2013) d'exercer une profession commerciale ou industrielle, de diriger, d'administrer, de gérer ou de contrôler à un titre quelconque, directement ou indirectement, pour son propre compte ou pour le compte d'autrui, une entreprise commerciale ou industrielle ou une société commerciale (C. com., art. L. 249-1, C. pén., art. 131-27 [mod. par L. n° 2008-776, 4 août 2008]) ;

2. Inéligibilité ⩽ 5 ans (C. pén., art. 131-26 et 131-26-2, L. n° 2017-1339, 15 sept. 2017). Sauf dispense spécialement motivée, cette peine est obligatoirement prononcée (C. pén., art. 131-26-2 10°, L. n° 2017-1339, 15 sept. 2017), v. Orienteur/Régime des peines.

PERSONNE MORALE

PP 1 875 000 €. Cas A1 : 2 500 000 € (L. n° 2013-1117, 6 déc. 2013) (C. com., art. L. 241-3 ; C. pén., art. 131-38).

PC Néant.

■ ORIENTEUR

AUTRE QUALIFICATION

▪ **Société par actions – Abus de biens ou de voix – Distribution de dividendes fictifs – Bilan inexact.** V. n° 33.19.

TEXTE DE RÉFÉRENCE

▪ **Sincérité des comptes annuels.** Cas D : « *les comptes annuels doivent être réguliers, sincères et donner une image fidèle du patrimoine, de la situation financière et du résultat de l'entreprise* » (C. com., art. L. 123-14).

RÉGIME PROCÉDURAL

▪ **Régime partiel (étendu) de la criminalité organisée. Applicable au cas** A1 (C. pr. pén., art. 706-1-2, L. n° 2013-1117, 6 déc. 2013) : **surveillance** (C. pr. pén., art. 706-80, v. n° 11.31) ; **infiltration** (C. pr. pén., art. 706-81 à 706-87, v. n° 11.33) ; **interception de communications électroniques** (C. pr. pén., art. 706-95, v. n° 11.36) ; **sonorisation ou fixation d'image** (C. pr. pén., art. 706-96 à 106-102, v. n° 11.39) ; **captation de données informatiques** (C. pr. pén., art. 706-102 à 706-102-9, v. n° 11.40) ; **mesures conservatoires** sur les biens du mis en examen (C. pr. pén., art. 706-103, v. n° 11.68).

▪ **Prescription de l'action publique. Infraction occulte par nature.** Selon la jurisprudence (ex Crim. 5 mai 1997, n° 96-81.482, P n° 159 ; Crim. 27 juin 2001, n° 00-87.414, P n° 164 ; Crim. 28 mai 2003, n° 02-83.544, P n° 109), consacrée par L. n° 2017-242, 27 févr. 2017 créant C. pr. pén., art. 9-1, l'infraction d'abus de biens sociaux est une infraction réputée occulte par nature jusqu'à la présentation des comptes annuels. Le point de départ de la prescription est « *le jour ou l'infraction est apparue et a pu être constatée dans des conditions permettant la mise en mouvement ou l'exercice de l'action publique, sans toutefois que le délai de prescription puisse dépasser 12 années révolues à compter du jour où l'infraction a été commise* » (C. pr. pén., art. 9-1, L. n° 2017-242, 27 févr. 2017). Il est habituellement jugé que « *la prescription de l'action publique du chef d'abus de biens sociaux court, sauf dissimulation, à compter de la présentation des comptes annuels par lesquels les dépenses litigieuses sont mises indûment à la charge de la société* » (§ 7) (Crim. 18 janv. 2023, n° 22-82.465, D ; dans le même sens Crim. 2 avr. 2014, n° 13-80.010, D). Il en résulte que l'enregistrement comptable et la présentation des comptes annuels doivent permettre de révéler le caractère frauduleux de l'opération, dans le cas contraire elle est considérée comme dissimulée. Ainsi, la découverte d'un emploi fictif, donc dissimulé, à l'occasion d'une procédure d'information constitue également le point de départ de la prescription (Crim. 14 nov. 2007, n° 06-87.378, P n° 282). De même « *pour fixer à une date postérieure à la présentation des comptes de la société d'économie mixte [...] le point de départ de la prescription de l'action publique relative au délit d'abus de biens sociaux résultant du versement de salaires fictifs au profit de X, l'arrêt énonce que les comptes sociaux englobaient, sans aucune distinction nominative, les salaires et charges de l'ensemble du personnel salarié et que leur lecture ne mettait pas le commissaire aux comptes ou les actionnaires en mesure d'avoir les informations suffisantes pour déceler l'existence de faits constitutifs d'abus de biens sociaux ; que, notamment, ils ne permettaient de connaître ni l'embauche de X en qualité de chargé de mission [...] ni le caractère fictif de cet emploi* » (Crim. 4 nov. 2004, n° 03-87.327, D). Notons qu'il appartient au juge de rechercher, comme il était soutenu par le prévenu, « *si le compte courant débiteur apparaissait dans les comptes annuels et si ces derniers avaient été présentés et à quelle date, le seul fait pour le prévenu de ne pas avoir remis la comptabilité au liquidateur étant insuffisant pour caractériser la dissimulation* » (§ 10)

(Crim. 18 janv. 2023, n° 22-82.465, D). Sur les causes d'allongement de la prescription de l'action publique, v. n° **17.20** s.

ÉLÉMENT MATÉRIEL

▪ **Nécessité de la preuve de l'intérêt personnel du dirigeant. Cas A : • Principe.** À la différence de l'infraction d'abus de confiance qui n'a pas à être commise dans l'intérêt personnel de l'auteur (Sur l'abus de biens confiance, v. n° **22.37**), l'abus de biens sociaux exige la preuve que les faits ont été commis dans l'intérêt personnel direct ou indirect du dirigeant. • **Factures fictives.** Le juge ne peut entrer en voie de condamnation « *sans caractériser que le dirigeant social avait soit pris un intérêt direct ou indirect dans le règlement des factures fictives soit favorisé une autre société ou entreprise dans laquelle il était intéressé directement ou indirectement* » (Crim. 20 nov. 2019, n° 18-82.277, D) ou établir qu'il « *avait pris un intérêt personnel direct ou indirect dans le règlement des fausses factures* » (Crim. 1er mars 2000, n° 98-86.353, P n° 101) ; « *le caractère fictif des factures acquittées ne saurait à lui seul suffire à présumer que le dirigeant avait soit pris un intérêt direct ou indirect dans le règlement des factures fictives, soit favorisé une autre société ou entreprise dans laquelle il était intéressé directement ou indirectement* » (§ 19) (Crim. 7 sept. 2022, n° 21-83.823, D ; cassation pour insuffisance de motifs). • **Salarié fictif.** Le juge doit établir que le dirigeant social « *avait pris un intérêt personnel, direct ou indirect, en employant fictivement* [M. X.] et *en réglant les frais de remise en état de son véhicule* » (Crim. 5 mai 2004, n° 03-82.535, D ; dans le même sens : Crim. 4 nov. 2004, n° 03-87.327, D). • **Nature de l'intérêt personnel.** « *en matière d'abus de biens sociaux, l'intérêt personnel peut être aussi bien moral que matériel et résulter, notamment, comme en l'espèce, du souci d'entretenir de bonnes relations avec un tiers proche des sphères politiques* » (Crim. 15 sept. 1999, n° 98-83.237, D). « *'aucun texte n'exige que l'usage des biens sociaux ait eu lieu à des fins exclusivement personnelles* » (Crim. 25 oct. 2006, n° 05-85.998, P n° 254).

▪ **Opérations présumées faites dans l'intérêt personnel du dirigeant. Cas A : • Dépenses de réception ou de cadeaux d'affaires.** S'agissant de dépenses de bouteilles de champagne pour une quantité très importante, « *en l'absence de justification de leur caractère social, les dépenses de réception et de cadeaux d'affaire engagées en l'espèce par le gérant de la société X., au moyen de fonds sociaux, l'ont nécessairement été dans son intérêt personnel* » (Crim. 30 janv. 2019, n° 17-85.304, P n° 29). • **Indemnités de déplacement non justifiées.** Justifie sa décision de condamnation la cour d'appel qui énonce que « *s'agissant des dépenses de frais kilométriques, ou indemnités de déplacements, versées au profit de ses collaborateurs ou associés, le prévenu n'a pu, comme lors du contrôle fiscal de la société, apporter la moindre justification à ces dépenses* » (Crim. 1er juin 2005, n° 04-87.146). • **Caisse noire.** Dans le cas d'une caisse noire constituée sur les instructions du dirigeant, il résulte que le montant ainsi soustrait de la comptabilité, « *faute de justification de son emploi, le surplus, prélevé par le prévenu, a été utilisé par ce dernier à des fins personnelles* » (Crim. 11 janv 1996, n° 95-81.776, P n° 21). « *à moins qu'il soit justifié de leur utilisation dans le seul intérêt de la société, les fonds sociaux prélevés de manière occulte par des dirigeants sociaux, l'ont nécessairement été dans leur intérêt personnel, direct ou indirect* » (Crim. 20 juin 1996, n° 95-82.078, P n° 271). • **Ventes occultes.** « *d'une part la dissimulation d'une partie de l'activité de vente [...] de la société [...], exposant celle-ci à un risque anormal de sanctions pénales ou fiscales, caractérise l'usage abusif des biens de cette société, d'autre part, le produit de ces opérations, dont il n'est pas justifié qu'il ait été utilisé dans le seul intérêt de la société, l'a nécessairement été dans l'intérêt personnel du dirigeant social qui s'est vu remettre les sommes en espèces* » (Crim. 6 avr. 2016, n° 15-81.859). En cas de cession de stock sans justificatif comptable, « *s'il n'est pas justifié qu'ils ont été utilisés dans le seul intérêt de la société, les biens sociaux, cédés de manière occulte par un dirigeant social, l'ont nécessairement été dans son intérêt personnel* » (Crim. 24 sept. 2008, n° 08-80.872, P n° 196). • **Prélèvements en espèces non justifiés.** Dans le cas de retraits d'espèce représentant une part importante des débits du compte bancaire sans que l'emploi de ces fonds ne soit justifié en comptabilité, « *s'il n'est pas justifié que les fonds sociaux, prélevés de manière occulte par un dirigeant social, ont été utilisés dans le seul intérêt de la société, ils l'ont nécessairement été dans l'intérêt personnel de ce dernier* » (Crim. 29 juin 2016, n° 15-84.228).• **Facturation fictive.** Justifie sa décision la cour d'appel condamnant un prévenu ayant « *procédé à une facturation mensongère, établie au détriment de [la société victime] spoliée du prix de ses prestations au bénéfice de l'Eurl dans laquelle il était directement intéressé* » (Crim. 10 nov. 2020, n° 19-80.557, P). • **Nécessité d'un préjudice malgré de fausses imputations comptables.** « *des prélèvements effectués par la demanderesse qui correspondaient à une rémunération consentie, en contrepartie de son travail, par le dirigeant du groupe auquel appartient la société qu'elle dirigeait* », ne suffisent pas à caractériser l'abus des biens sociaux car « *les fausses imputations comptables ne correspondent pas à l'objectif poursuivi par le délit d'abus de biens sociaux* » (Crim. 15 sept. 2021, n° 20-85.495, D ; dans le même sens : « *l'émission* *de fausses factures n'était pas l'objectif poursuivi par le délit d'abus de biens sociaux* », Crim. 14 mars 2018, n° 16-82.117, P n° 45). • **Emploi des fonds sociaux pour commettre une infraction.** « *quel que soit l'avantage à court terme qu'elle peut procurer, l'utilisation des fonds sociaux ayant pour seul objet de commettre un délit tel que la corruption est contraire à l'intérêt social en ce qu'elle expose la personne morale au risque anormal de sanctions pénales ou fiscales contre elle-même et ses dirigeants et porte atteinte à son crédit et à sa réputation* » (Crim. 27 oct. 1997, n° 96-83.698, P n° 352 ; dans le même sens : Crim. 22 sept. 2004, n° 03-81.282, D)).

▪ **Comptes infidèles. Cas D : • Exigences de caractérisation.** Est censurée la décision de condamnation qui s'abstient de « *caractériser de la part du prévenu, des actes positifs de présentation de ces comptes aux associés [...], ni sa connaissance de l'inexactitude des comptes et la volonté qu'il aurait eue, en les présentant, de dissimuler la situation financière et patrimoniale exacte des sociétés concernées* » (Crim. 27 juin 2018, n° 17-82.048, D). « *le délit de présentation ou publication de comptes annuels infidèles est constitué par la seule connaissance par les dirigeants du caractère irrégulier des comptes publiés* » (Crim. 29 nov. 2000, n° 99-80.324, P n° 359). Caractérise tant l'élément matériel qu'intentionnel de l'infraction l'arrêt qui constate que « *des manipulations informatiques ont été opérées pour transférer des charges de certains chantiers sur d'autres et pour majorer de manière artificielle les encours des travaux [...] ; [ce qui a] permis de modifier de manière significative [...] le résultat de l'exercice ; [et] que les prévenus savaient de par leurs fonctions que l'apparence, recherchée et donnée aux comptes et au bilan, était contraire à la réalité* » (Crim. 26 mars 1990, n° 89-80.448, P n° 133). • **Indifférence de la sincérité des comptes consolidés.** « *saisie par la prévention de faits de présentation de bilans inexacts pour les sociétés [X et Y, la cour d'appel] devait s'assurer de la sincérité des comptes de ces deux sociétés, la présentation de comptes consolidés au niveau du groupe ne pouvant avoir pour effet de dispenser les sociétés de ce groupe de présenter des comptes sincères* » (Crim. 4 mars 2020, n° 18-86.189, D). • **Provisionnement de créances douteuses.** Saisie du défaut de provisionnement d'une créance détenue sur d'autres sociétés du groupe, la juridiction saisie ne pouvait se borner à relever que les titres de ces sociétés présentaient une plus-value latente significative, sans se prononcer sur la valorisation des provisions en question (Crim. 4 mars 2020, n° 18-86.189, D).

▪ **Concours de qualification – Règle non bis in idem. • Abus de biens sociaux et paiement de factures fictives.** Dans une affaire dans laquelle des factures fictives avaient été émises au profit d'une société dans laquelle les dirigeants de la société débitrice avaient des intérêts, il a été considéré que « *les délits d'abus de biens sociaux et d'usage de faux procédaient des mêmes faits d'acceptation du paiement d'une facture non causée* » (§ 25) (Crim. 10 mars 2021, n° 20-80.942). • **Renvoi.** Sur l'application de la règle *non bis in idem* en cas de concours d'infraction, v. n° **17.32B2**.

MESURE CIVILE

▪ **Préjudice des créanciers. • Agent judiciaire du Trésor – Abus de biens sociaux (Cas A).** « *ne peut qu'être indirect le préjudice causé à l'État ayant versé des aides à une société dont les dirigeants sont poursuivis pour avoir abusé des biens de ladite société* » (Crim. 28 févr. 2006, n° 05-83.461, P n° 55). • **Etablissement bancaire – Comptes infidèles (Cas D).** « *l'infraction de présentation de comptes annuels infidèles, à la supposer établie, est susceptible d'avoir occasionné un préjudice personnel et direct à l'établissement bancaire qui a accordé un concours financier sur la base des comptes présentés* » (Crim. 29 janv. 2019, n° 17-86.974).

▪ **Action ut singuli des associés.** « *les associés peuvent, soit individuellement, soit en se groupant dans les conditions fixées par décret en Conseil d'État, intenter l'action sociale en responsabilité contre les gérants. Les demandeurs sont habilités à poursuivre la réparation de l'entier préjudice subi par la société à laquelle, le cas échéant, les dommages-intérêts sont alloués.* » (C. com., art. L. 223-22). Ce texte « *consacre au profit de l'associé un droit propre qu'il exerce au profit de la société. Il ne saurait donc être exigé de lui qu'il mentionne agir au nom de celle-ci.* » (Crim. 29 janv. 2020, n° 19-80.924, D).

RÉGIME DES PEINES

▪ **Inéligibilité obligatoire. Inscription au bulletin n° 2. Réserve d'interprétation.** *Idem* n° **20.18**.

▪ ÉLÉMENTS CONSTITUTIFS – QUALIFICATION

✧ Pour avoir à .... [¤ lieu], le .... [¤ date], étant gérant de droit ou de fait de la SARL (dénomination sociale de la SARL) [⇨A à D :]

A. **Abus des biens sociaux (C. com., art. L. 241-3 4°, L. 241-9 et L. 249-1)**

...fait, de mauvaise foi, des **biens ou du crédit** de cette société, un usage qu'il savait contraire à l'intérêt de celle-ci, à des fins personnelles ou pour favoriser une autre société ou entreprise dans laquelle il était directement ou indirectement intéressé, en l'espèce en .... [¤ matérialiser l'infraction] (A : *N 3129.co*) ;

A1. [• Préciser le cas échéant dans le cas A :] (aggravation créée par L. n° 2013-1117, 6 déc. 2013)avec cette circonstance que les faits ont été réalisés ou facilités au moyen de...[⇨A1a *et/ou* A1b :]

A1a. ...comptes ouverts ou de contrats souscrits auprès d'organismes établis à l'étranger (A1a : *N 30157.co*) ;

A1b. ...l'interposition de personnes physiques ou morales ou de tout organisme, fiducie, ou institution comparable établis à l'étranger (A1b : *N 30158.co*) ;

B. **Abus de pouvoirs ou de voix (C. com., art. L. 241-3 5°, L. 241-9 et L. 249-1)**

...fait, de mauvaise foi, des **pouvoirs** qu'il possédait ou des **voix** dont il disposait, un usage qu'il savait contraire à l'intérêt de celle-ci, à des fins personnelles ou pour favoriser une autre société ou entreprise dans laquelle il était directement ou indirectement intéressé, en l'espèce en .... [¤ matérialiser l'infraction] (B : *N 526.co*) ;

C. **Distribution de dividendes fictifs (C. com., art. L. 241-3 2°, L. 241-9 et L. 249-1)**

...en l'absence d'inventaire ou au moyen d'inventaires frauduleux, sciemment distribué des dividendes fictifs entre les associés, en l'espèce en .... [¤ matérialiser l'infraction] (C : *N 528.co*) ;

D. **Présentation de bilan inexact (C. com., art. L. 241-3 3°, L. 241-9 et L. 249-1)**

...en vue de dissimuler la véritable situation de la société, sciemment présentée aux associés, même en l'absence de toute distribution de dividendes, des comptes annuels ne donnant pas, pour chaque exercice, une image fidèle du résultat des opérations de l'exercice, de la situation financière et du patrimoine à l'expiration de cette période, en l'espèce en .... [¤ matérialiser l'infraction] (D : *N 353.co*).

Faits prévus et réprimés par les articles [• du cas sélectionné]. ✧

33.16 SARL – Défaut d'établissement des comptes annuels

▪ PEINES

PERSONNE PHYSIQUE

PP Délit. 9 000 € (C. com., art. L. 241-4 1°).

PC *Idem* **PC** 1 n° 33.15.

PERSONNE MORALE

PP Délit. 45 000 € (C. com., art. L. 241-4 1° ; C. pén., art. 131-38).

PC Néant.

▪ ORIENTEUR

AUTRE QUALIFICATION

▪ SARL – Défaut de dépôt au greffe des comptes approuvés. V. n° 33.17.

▪ SARL – Défaut de soumission des comptes annuels à l'assemblée des associés. V. n° 33.18.

▪ Société par actions ou associations subventionnées – Défaut d'établissement des comptes annuels. V. n° 33.20.

TEXTE DE RÉFÉRENCE

▪ Définition des comptes annuels. • Comptes annuels. Les « *comptes annuels comprennent le bilan, le compte de résultat et une annexe, qui forment un tout indissociable* » (C. com., art. 123-12). • Bilan. « *Le bilan décrit séparément les éléments actifs et passifs de l'entreprise, et fait apparaître, de façon distincte, les capitaux propres* » (C. com., art. 123-13). • Compte de résultat. « *Le compte de résultat récapitule les produits et les charges de l'exercice, sans qu'il soit tenu compte de leur date d'encaissement ou de paiement. Il fait apparaître par différence, après déduction des amortissements, des dépréciations et des provisions, le bénéfice ou la perte de l'exercice. Les produits et les charges, classés par catégorie, doivent être présentés soit sous forme de tableaux, soit sous forme de liste* » (C. com., art. 123-13). • Annexe. « *L'annexe complète et commente l'information donnée par le bilan et le compte de résultat* » (C. com., art. 123-13).

RÉGIME PROCÉDURAL

- **Compétence juridictionnelle. Juge unique** (C. pr. pén., art. 398-1, v. nº 17.15D2).
- **Ordonnance pénale. Possible** (C. pr. pén., art. 495-II, v. nº 15.48B1 et tableau nº 17.15D2).

■ ÉLÉMENTS CONSTITUTIFS – QUALIFICATION

✧ Pour avoir à .... [¤ lieu], le .... [¤ date], étant gérant de droit ou de fait de la SARL .... [¤ dénomination sociale de la SARL], omis d'établir, pour chaque exercice, l'inventaire, les comptes annuels ou le rapport de gestion.

Faits prévus et réprimés par les articles L. 241-4 1º, L. 241-9 et L. 249-1 du code de commerce (*N 3131.ju*). ✧

33.17 SARL – Défaut de dépôt au greffe des comptes approuvés

■ PEINES

PERSONNE PHYSIQUE

PP Contrav. 5e cl. 1 500 € (C. com., art. R. 247-3 ; C. pén., art. 131-13).

PC Néant.

PERSONNE MORALE

PP Contrav. 5e cl. 7 500 € (C. com., art. R. 247-3 ; C. pén., art. 131-41).

PC Néant.

■ ORIENTEUR

AUTRE QUALIFICATION

- **SARL – Défaut d'établissement des comptes annuels.** V. nº 33.16.
- **SARL – Défaut de soumission des comptes annuels à l'assemblée des associés.** V. nº 33.18.
- **Société par actions – Défaut de dépôt au greffe des comptes approuvés.** V. nº 33.21.

ÉLÉMENT LÉGAL

- **Application de la loi pénale dans le temps.** Effets des codifications successives, permanence de l'incrimination. V. Circ. Crim. 05-F 457-B1/06-D-29, 26 janv. 2007.

TEXTE DE RÉFÉRENCE

- **Définition des comptes annuels.** V. nº 33.16.
- **Déclaration de confidentialité du compte de résultat.** Les sociétés répondant à la définition des « **petites entreprises** » au sens de C. com., art. L. 123-16 et D. 123-200, à l'exception des sociétés de groupe, peuvent bénéficier de l'option de **confidentialité du compte de résultat** (C. com., art. L. 232-25, L. nº 2015-990, 6 août 2015). Elles restent tenues de déposer leurs comptes annuels auprès du greffe, mais parmi ces documents, le compte de résultat ne pourra dès lors être communiqué aux tiers. Ce compte de résultat reste néanmoins accessible aux autorités judiciaires et administratives, à la banque de France et au secteur bancaire.
- **Déclaration de confidentialité des comptes annuels.** Les sociétés répondant à la définition des « **micro entreprises** » au sens de C. com., art. L. 123-16-1 et D. 123-200, à l'exception des sociétés de participation, peuvent bénéficier de l'option de **confidentialité des comptes annuels** (C. com., art. L. 232-25, L. nº 2015-990, 6 août 2015). Elles restent tenues de déposer leurs comptes annuels auprès du greffe mais ces documents ne seront accessibles qu'aux autorités judiciaires et administratives, à la banque de France et au secteur bancaire (C. com., art. L. 232-25).
- **Déclaration de présentation simplifiée du bilan et de l'annexe.** Les sociétés répondant à la définition des « **moyennes entreprises** » au sens de C. com., art. L. 123-16 et D. 123-200, à l'exception des sociétés de groupe, peuvent bénéficier de l'option de publication d'une présentation simplifiée de leur bilan et de leur annexe, sans rapport du commissaire aux comptes (C. com., art. L. 123-16 et L. 232-25 modifiés par. L. nº 2019-486, 22 mai 2019). Elles restent tenues de déposer leurs comptes annuels auprès du greffe mais ces documents ne seront accessibles qu'aux autorités judiciaires et administratives, à la banque de France et au secteur bancaire (C. com., art. L. 232-25).

■ **ÉLÉMENTS CONSTITUTIFS – QUALIFICATION**

✧ Pour avoir à .... [¤ lieu], le .... [¤ date], étant gérant de la SARL .... [¤ dénomination sociale de la SARL], omis de déposer au greffe du tribunal de commerce, dans le mois suivant l'approbation des comptes annuels par l'assemblée ou l'associé unique, les comptes annuels et le rapport de gestion, la proposition d'affectation du résultat soumise à l'assemblée, le cas échéant les comptes consolidés, le rapport sur la gestion du groupe, les rapports des commissaires aux comptes. Faits prévus et réprimés par les articles L. 232-22, R. 123-111 et R. 247-3 du code de commerce (*N 3150.c5*). ✧

33.18 SARL – Défaut de soumission des comptes annuels à l'assemblée des associés

■ **PEINES**

PERSONNE PHYSIQUE

PP Délit. 9 000 € (depuis L. n° 2012-387, 22 mars 2012, auparavant 6 mois, 9 000 € ; C. com., art. L. 241-5).

PC *Idem* **PC** 1 n° 33.15.

PERSONNE MORALE

PP Délit. 45 000 € (C. com., art. L. 241-5 ; C. pén., art. 131-38).

PC Néant.

■ **ORIENTEUR**

AUTRE QUALIFICATION

- SARL – Défaut d'établissement des comptes annuels. V. n° 33.16.
- SARL – Défaut de dépôt au greffe des comptes approuvés. V. n° 33.17.

■ **ÉLÉMENTS CONSTITUTIFS – QUALIFICATION**

✧ Pour avoir à .... [¤ lieu], le .... [¤ date], étant dirigeant de droit ou de fait de la SARL .... [¤ dénomination sociale de la SARL] omis de soumettre à l'approbation de l'assemblée des associés ou de l'associé unique l'inventaire, les comptes annuels et le rapport de gestion établis pour chaque exercice.

Faits prévus et réprimés par les articles L. 223-26, L. 223-27, L. 241-4 1°, L. 241-5 et L. 249-1 du code de commerce (*N 3134.ju*). ✧

33.19 Société par actions – Abus de biens ou de voix – Distribution de dividendes fictifs – Bilan inexact

■ **PEINES**

PERSONNE PHYSIQUE

PP Délit. 5 ans d'emprisonnement, 375 000 €. Cas A1 : 7 ans d'emprisonnement, 500 000 € (L. n° 2013-1117, 6 déc. 2013) (C. com., art. L. 242-6).

PC *Idem* n° 33.15.

PERSONNE MORALE

PP 1 875 000 €. Cas A1 : 2 500 000 € (L. n° 2013-1117, 6 déc. 2013) (C. com., art. L. 242-6 ; C. pén., art. 131-38).

PC Néant.

■ **ORIENTEUR**

AUTRE QUALIFICATION

- SARL – Abus de biens ou de voix – Distribution de dividendes fictifs – Bilan inexact. V. n° 33.15.

ÉLÉMENT LÉGAL

▪ **Domaine d'application.** • **SAS.** Selon C. com., art. L. 244-1, les incriminations prévues par C. com., art. L. 242-1 à L. 242-6, L. 242-8, L. 242-17 à L. 242-24 pour les SA sont applicables au SAS et les peines prévues pour le président, les administrateurs ou les directeurs généraux des SA sont applicables au président et aux dirigeants des SAS (Crim. 25 sept. 2019, nº 18-83.113, P). • **Comptes consolidés.** « *la présentation des comptes annuels consolidés [...] est exclue du champ d'application du délit de présentation ou publication de comptes infidèles prévu par C. com., art. L. 242-6 2°* » (§ 19) (Crim. 17 févr. 2021, nº 20-82.068, P). Précisons que les comptes annuels consolidés sont soumis à l'approbation de l'assemblée générale des actionnaires (C. com., art. L. 225-100) et doivent être certifiés par le commissaire aux comptes (C. com., art. L. 823-9). Si la présentation de comptes consolidés infidèles n'est pas pénalement réprimée, il reste que l'absence d'établissement de tels comptes ou de leur transmission aux actionnaires est passible d'une amende de 9 000 € (C. com., art. L. 247-1 II). Soulignons que « *saisie par la prévention de faits de présentation de bilans inexacts pour les sociétés [X et Y, la cour d'appel] devait s'assurer de la sincérité des comptes de ces deux sociétés, la présentation de comptes consolidés au niveau du groupe ne pouvant avoir pour effet de dispenser les sociétés de ce groupe de présenter des comptes sincères* » (Crim. 4 mars 2020, nº 18-86.189, D).

TEXTE DE RÉFÉRENCE

▪ **Sincérité des comptes annuels.** Cas D, v. nº 33.15.

ÉLÉMENT MATÉRIEL

▪ **Faits incriminés.** • **Abus de biens sociaux.** Cas A : *idem* nº 33.15. • **Présentation ou publication de bilan inexact.** Cas D : *idem* nº 33.15.

▪ **Imputabilité. Administrateur.** Il est nécessaire de « *caractériser une action personnelle de [l'intéressé], ressortissant aux pouvoirs de l'administrateur, ayant permis la réalisation de l'opération dans laquelle il se trouvait intéressé* » (§ 30) (Crim. 10 mars 2021, nº 20-80.942, D ; dans le même sens : Crim. 9 mars 2016, nº 15-80.547).

RÉGIME PROCÉDURAL

▪ **Régime partiel (étendu) de la criminalité organisée. Applicable au cas** A1 (C. pr. pén., art. 706-1-2, L. nº 2013-1117, 6 déc. 2013) : **surveillance** (C. pr. pén., art. 706-80, v. nº 11.31) ; **infiltration** (C. pr. pén., art. 706-81 à 706-87, v. nº 11.33) ; **interception de communications électroniques** (C. pr. pén., art. 706-95, v. nº 11.36) ; **sonorisation ou fixation d'image** (C. pr. pén., art. 706-96 à 106-102, v. nº 11.39) ; **captation de données informatiques** (C. pr. pén., art. 706-102 à 706-102-9, v. nº 11.40) ; **mesures conservatoires** sur les biens du mis en examen (C. pr. pén., art. 706-103, v. nº 11.68).

▪ **Prescription de l'action publique. Infraction occulte par nature.** V. nº 33.15.

MESURE CIVILE

▪ **Préjudice des tiers.** Cas D, *Idem* nº 33.15.

RÉGIME DES PEINES

▪ **Inéligibilité obligatoire. Inscription au bulletin nº 2. Réserve d'interprétation.** *Idem* nº 20.18.

▪ ÉLÉMENTS CONSTITUTIFS – QUALIFICATION

✧ Pour avoir à .... [¤ lieu], le .... [¤ date], étant [⇨1 à 3 puis A à D :]

1. président, administrateur, directeur général, membre du directoire, membre du conseil de surveillance, dirigeant de fait / de la **société anonyme** .... [¤ dénomination sociale de la SA] (C. com., art. L. 246-2, L. 242-30), [⇨A à D :] ;

2. gérant de droit ou de fait de la société en **commandite par actions** .... [¤ dénomination sociale de la SCA], (C. com., art. L. 243-1 et L. 246-2), [⇨A à D :] ;

3. dirigeant de droit ou de fait de la **société par actions simplifiée** .... [¤ dénomination sociale de la SAS], (C. com., art. L. 244-1 et L. 244-4), [⇨A à D :]

A. **ABUS DE BIENS SOCIAUX (C. COM., ART. L. 242-6 3° ET L. 249-1)**

fait, de mauvaise foi, des **biens ou du crédit** de cette société, un usage qu'il savait contraire à l'intérêt de celle-ci, à des fins personnelles ou pour favoriser une autre société ou entreprise dans laquelle il était directement ou indirectement intéressé, en l'espèce en .... [¤ matérialiser l'infraction] (A : *N **3188.co***) ;

A1. [• Préciser le cas échéant dans le cas A :] (aggravation créée par L. n° 2013-1117, 6 déc. 2013) avec cette circonstance que les faits ont été réalisés ou facilités au moyen de...[⇨A1a *et/ou* A1b :]

A1a. ...comptes ouverts ou de contrats souscrits auprès d'organismes établis à l'étranger (A1a : *N 30159.co*) ;

A1b. ...l'interposition de personnes physiques ou morales ou de tout organisme, fiducie, ou institution comparable établis à l'étranger (A1b : *N 30160.co*) ;

B. **Abus de pouvoirs ou de voix (C. com., art. L. 242-6 4° et L. 249-1)**

fait, de mauvaise foi, des **pouvoirs** qu'il possédait ou des **voix** dont il disposait, un usage qu'il savait contraire à l'intérêt de celle-ci, à des fins personnelles ou pour favoriser une autre société ou entreprise dans laquelle il était directement ou indirectement intéressé, en l'espèce en .... [¤ matérialiser l'infraction] (B : *N 527.co*) ;

C. **Distribution de dividendes fictifs (C. com., art. L. 242-6 1° et L. 249-1)**

en l'absence d'inventaire ou au moyen d'inventaires frauduleux, sciemment distribué des dividendes fictifs entre les actionnaires, en l'espèce en .... [¤ matérialiser l'infraction] (C : *N 529.co*) ;

D. **Publication ou présentation de bilan inexact (C. com., art. L. 242-6 2° et L. 249-1)**

en vue de dissimuler la véritable situation de la société, sciemment publié ou présenté aux actionnaires, même en l'absence de toute distribution de dividendes, des comptes annuels ne donnant pas, pour chaque exercice, une image fidèle du résultat des opérations de l'exercice, de la situation financière et du patrimoine à l'expiration de cette période, en l'espèce en .... [¤ matérialiser l'infraction] (D : *N 352.co*).

Faits prévus et réprimés par les articles [• des cas sélectionnés]. ✧

33.20 Société par actions ou associations subventionnées – Défaut d'établissement des comptes annuels

■ **PEINES**

PERSONNE PHYSIQUE

PP Délit. 9 000 € (C. com., art. L. 242-8).

PC *Idem* **PC** 1 n° 33.15.

PERSONNE MORALE

PP Délit. 45 000 € (C. com., art. L. 242-8 ; C. pén., art. 131-38).

PC Néant.

■ **ORIENTEUR**

AUTRE QUALIFICATION

- Société par actions – Défaut de dépôt au greffe des comptes approuvés. V. n° 33.21.
- Société par actions – Défaut de soumission des comptes annuels à l'assemblée générale ordinaire. V. n° 33.22.
- SARL – Défaut d'établissement des comptes annuels. V. n° 33.16.
- SARL – Défaut de dépôt au greffe des comptes approuvés. V. n° 33.17.
- SARL – Défaut de soumission des comptes annuels à l'assemblée des associés. V. n° 33.18.

ÉLÉMENT LÉGAL

- Application de la loi pénale dans le temps. Cas B1 : incrimination créée par L. n° 2021-1109, 24 août 2021, confortant le respect des principes de la République.

TEXTE DE RÉFÉRENCE

- Définition des comptes annuels. V. n° 33.16.

RÉGIME PROCÉDURAL

- Compétence juridictionnelle. Juge unique (C. pr. pén., art. 398-1, v. n° 17.15D2).
- Ordonnance pénale. Possible (C. pr. pén., art. 495-II, v. n° 15.48B1 et tableau n° 17.15D2).

■ **ÉLÉMENTS CONSTITUTIFS – QUALIFICATION**

✧ Pour avoir à .... [¤ lieu], le .... [¤ date], étant [⇨A ou B :]

A. **Société par actions**

A1. président – administrateur – directeur général – membre du directoire – membre du conseil de surveillance – dirigeant de fait / de la **société anonyme** .... [¤ dénomination sociale de la SA] (C. com., art. L. 246-2 et L. 242-30) ...

A2. gérant de droit ou de fait de la société en **commandite par actions** .... [¤ dénomination sociale de la SCA], (C. com., art. L. 243-1 et L. 246-2) ...

A3. dirigeant de droit ou de fait de la **société par actions simplifiée** .... [¤ dénomination sociale de la SAS], (C. com., art. L. 244-1 et L. 244-4) ...

... omis d'établir, pour chaque exercice, l'inventaire, les comptes annuels ou le rapport de gestion (C. com., art. L. 242-8 et L. 249-1) (A : *N 3185.ju*) ;.

B. **Association subventionnée**

dirigeant de l'association .... [¤ dénomination sociale de l'association] ayant reçu annuellement des autorités administratives ou des établissements publics à caractère industriel et commercial une ou plusieurs subventions en numéraire dont le montant global dépasse le seuil de 153 000 € (C. com., art. L. 242-8, L. 612-4 et D. 612-5) [⇨B1 ou B2 :],

B1. omis d'établir, chaque année, un bilan, un compte de résultat et une annexe (B1 : *N #.ju*)

B2. omis d'assurer la publicité des comptes annuels et du rapport du commissaire aux comptes (L. n° 2021-1109, 24 août 2021) (B2 : *N #.ju*).

Faits prévus et réprimés par les articles [• du cas sélectionné]. ✧

33.21 Société par actions – Défaut de dépôt au greffe des comptes approuvés

▪ PEINES

PERSONNE PHYSIQUE

PP Contrav. 5e cl. 1 500 € (C. com., art. R. 247-3 ; C. pén., art. 131-13).

PC Néant.

PERSONNE MORALE

PP Contrav. 5e cl. 7 500 € (C. pén., art. 131-41).

PC Néant.

▪ ORIENTEUR

AUTRE QUALIFICATION

▪ Société par actions ou associations subventionnées – Défaut d'établissement des comptes annuels. V. n° 33.20.

▪ Société par actions – Défaut de soumission des comptes annuels à l'assemblée générale ordinaire. V. n° 33.22.

▪ SARL – Défaut d'établissement des comptes annuels. V. n° 33.16.

▪ SARL – Défaut de dépôt au greffe des comptes approuvés. V. n° 33.17.

▪ SARL – Défaut de soumission des comptes annuels à l'assemblée des associés. V. n° 33.18.

ÉLÉMENT LÉGAL

▪ Application de la loi pénale dans le temps. Effets des codifications successives, permanence de l'incrimination. V. Circ. Crim. 05-F 457-B1/06-D-29, 26 janv. 2007.

TEXTE DE RÉFÉRENCE

▪ Définition des comptes annuels. V. n° 33.16.

▪ Déclaration de confidentialité du compte de résultat. Petites entreprises (C. com., art. L. 123-16 et L. 232-25). V. n° 33.17.

▪ Déclaration de confidentialité des comptes annuels. Micro entreprises (C. com., art. L. 123-16-1 et L. 232-25). V. n° 33.17.

▪ Déclaration de présentation simplifiée du bilan et de l'annexe. Moyennes entreprises (C. com., art. L. 123-161 et L. 232-25). V. n° 33.17.

■ ÉLÉMENTS CONSTITUTIFS – QUALIFICATION

✧ Pour avoir à .... [¤ lieu], le .... [¤ date], étant [⇨A à C :]

A. président, administrateur, directeur général, membre du directoire, membre du conseil de surveillance de la **société anonyme** .... [¤ dénomination sociale de la SA]...

B. gérant de la société en **commandite par actions** .... [¤ dénomination sociale de la SCA]... ;

C. dirigeant de la **société par actions simplifiée** .... [¤ dénomination sociale de la SAS]...

... omis de déposer au greffe du tribunal de commerce, dans le mois suivant l'approbation des comptes annuels par l'assemblée, les comptes annuels et le rapport de gestion, le rapport du commissaire aux comptes sur les comptes annuels, la proposition d'affectation du résultat soumise à l'assemblée et la résolution d'affectation votée, le cas échéant les comptes consolidés, le rapport sur la gestion du groupe et le rapport du commissaire aux comptes sur les comptes consolidés, le rapport du conseil de surveillance.

Faits prévus et réprimés par les articles L. 232-23, R. 123-111 et R. 247-3 du code de commerce (*N 3130.c5*). ✧

33.22 Société par actions – Défaut de soumission des comptes annuels à l'assemblée générale ordinaire

■ PEINES

PERSONNE PHYSIQUE

PP Délit. 6 mois d'emprisonnement, 9 000 € (C. com., art. L. 242-10).

PC *Idem* **PC** 1 nº 33.15.

PERSONNE MORALE

PP Délit. 45 000 € (C. com., art. L. 242-10 ; C. pén., art. 131-38).

PC Néant.

■ ORIENTEUR

AUTRE QUALIFICATION

▪ Société par actions ou associations subventionnées – Défaut d'établissement des comptes annuels. V. nº 33.20.

▪ Société par actions – Défaut de dépôt au greffe des comptes approuvés. V. nº 33.21.

ÉLÉMENT LÉGAL

▪ Domaine d'application. Sociétés en commandite par actions. Les dispositions de C. com., art. L. 242-10 s'appliquent aux sociétés en commandite par actions et « *les peines prévues pour les présidents, les administrateurs.../...sont applicables, en ce qui concerne leurs attributions, aux gérants des sociétés en commandite par actions* » (C. com., art. L. 243-1). • Dirigeants de fait. Les dispositions de C. com., art. L. 242-10 visant le président ou les administrateurs des sociétés anonymes et les gérants des sociétés en commandite par actions « *sont applicables à toute personne qui, directement ou par personne interposée, a, en fait, exercé la direction, l'administration ou la gestion desdites sociétés sous le couvert ou au lieu et place de leurs représentants légaux* » (C. com., art. L. 246-2). • Sociétés par actions simplifiées. Les dispositions de C. com., art. L. 242-10 ne s'appliquent pas aux sociétés par actions simplifiées (C. com., art. L. 244-1).

■ ÉLÉMENTS CONSTITUTIFS – QUALIFICATION

✧ Pour avoir à .... [¤ lieu], le .... [¤ date], étant [⇨A ou B]

A. président ou administrateur ou dirigeant de fait de la **société anonyme** .... [¤ dénomination sociale de la SA] (C. com., art. L. 246-2 et L. 242-30), ...

B. gérant de droit ou de fait de la société en **commandite par actions** .... [¤ dénomination sociale de la SCA], (C. com., art. L. 243-1 et L. 246-2), ... ;

...omis de soumettre à l'approbation de l'assemblée générale ordinaire des actionnaires les comptes annuels et le rapport de gestion.

Faits prévus et réprimés par les articles L. 242-10 et L. 249-1du code de commerce, + articles [• du cas sélectionné] (*N 3159.co*). ✧

33.23 Commissaire aux comptes – Non-désignation ou convocation

■ PEINES

PERSONNE PHYSIQUE

PP Délit. 2 ans d'emprisonnement, 30 000 € (depuis L. n° 2001-420, 15 mai 2001, auparavant 9 000 €) (C. com., art. L. 820-4).

PC Néant.

PERSONNE MORALE

PP Délit. 150 000 € (C. com., art. L. 820-4 ; C. pén., art. 131-38).

PC Néant.

■ ORIENTEUR

AUTRE QUALIFICATION

- **Commissaire aux comptes – Entrave aux fonctions.** C. com., art. L. 820-4, v. n° 33.24.
- **Expertise de gestion – Entrave aux fonctions de l'expert judiciaire.** C. com., art. L. 820-4, v. n° 33.25.

TEXTE DE RÉFÉRENCE

- **Obligation de désignation d'un commissaire aux comptes. • Sociétés commerciales.** La L. n° 2019-486, 22 mai 2019, a supprimé la désignation obligatoire d'un commissaire aux comptes dans les sociétés par actions. Désormais, la désignation d'un commissaire aux comptes est obligatoire au-delà d'un certain seuil pour au moins deux des trois éléments suivants : actifs du bilan, chiffre d'affaires, nombre de salariés. Ceci pour les **sociétés par actions**, société anonyme (SA) (C. com., art. L. 225-218 et D. 225-164-1), société en commandite par actions (C. com., art. L. 226-6), société par actions simplifiée (SAS) (C. com., art. L. 227-9-1, L. 244-1 et D. 227-1), comme pour les **SARL** (C. com., art. L. 223-35 et D. 223-27) et les **SNC** (C. com., art. L. 221-9 et D. 221-5). Les seuils sont définis par C. com., art. D. 221-5 auquel renvoient les autres dispositions (total du bilan : 4 000 000 € ; montant hors taxe du chiffre d'affaires : 8 000 000 € ; nombre moyen de salariés : 50). **• Sociétés d'économie mixte locales.** Les sociétés d'économie mixte locales, par dérogation au C. com. L. 225-218, sont tenues de désigner au moins un commissaire aux comptes (CGTC, art. L. 1524-8 L. n° 2019-486, 22 mai 2019). **• Personnes morales de droit privé non commerçantes.** Les personnes morales de droit privé non commerçantes (ex. : associations) ayant une activité économique sont également tenues de désigner un commissaire aux comptes lorsqu'elles dépassent deux des trois seuils définis par C. com. R. 612-1 (C. com., art. L. 612-1) (total du bilan : 1 550 000 € ; montant hors taxe du chiffre d'affaires ou des ressources : 3 100 000 € ; nombre moyen de salariés : 50). Toute **association** ayant reçu annuellement de l'État ou de ses établissements publics ou des collectivités locales une subvention supérieure au seuil défini par C. com., art. D. 612-5 (153 000 €) est également tenue de nommer un commissaire aux comptes (C. com., art. L. 612-4). Elles sont également tenues d'établir des comptes annuels et, depuis L. n° 2021-1109, 24 août 2021, de les publier (C. com., art. L. 612-4, v. n° 33.20.

■ ÉLÉMENTS CONSTITUTIFS – QUALIFICATION

✧ Pour avoir à .... [¤ lieu], le .... [¤ date], étant [⇨1 à 7 puis A ou B :]

1. **Société anonyme**

président – administrateur – directeur général – membre du directoire – membre du conseil de surveillance – dirigeant de fait / de la société anonyme .... [¤ dénomination sociale de la SA] (C. com., art. L. 246-2, L. 242-30, L. 225-18, D. 221-5, D. 225-164-1), [⇨A ou B] ;

2. **Société en commandite par actions**

gérant de droit ou de fait de la société en commandite par actions .... [¤ dénomination sociale de la SCA], (C. com., art. L. 225-18, L. 226-6, L. 243-1, L. 246-2, D. 221-5), [⇨A ou B] ;

3. **Société par actions simplifiée**

dirigeant de droit ou de fait de la société par actions simplifiée .... [¤ dénomination sociale de la SAS], (C. com., art. L. 225-18, L. 227-9-1, L. 244-1, L. 244-4, D. 221-5, D. 227-1), [⇨A ou B] ;

4. **Société à responsabilité limitée**

gérant de droit ou de fait de la société à responsabilité limitée .... [¤ dénomination sociale de la SARL] soumise à la désignation d'un commissaire aux comptes en raison du nombre de salariés, du montant du chiffre d'affaires ou du total du bilan, (C. com., art. L. 223-35, L. 241-8, D. 221-5, D. 223-27), [⇨A ou B] ;

5. **Société en nom collectif**

gérant de droit ou de fait de la société en nom collectif .... [¤ dénomination sociale de la SNC], soumise à la désignation d'un commissaire aux comptes en raison du nombre de salariés, du montant du chiffre d'affaires ou du total du bilan (C. com., art. L. 221-9, L. 221-11, L. 241-8, D. 221-5), [⇨A ou B] ;

6. **Personne morale de droit privé non commerçante ayant une activité économique**

dirigeant de droit ou de fait de .... [¤ personne morale concernée], personne morale de droit privé non commerçante ayant une activité économique soumise à la désignation d'un commissaire aux comptes en raison du nombre de salariés, du montant du chiffre d'affaires ou du total du bilan (C. com., art. L. 612-1, R. 612-1) [⇨A ou B] ;

7. **Association subventionnée**

dirigeant de droit ou de fait de .... [¤ association concernée], association ayant reçu de l'État ou de ses établissements publics ou des collectivités locales une subvention de 153 000 € (C. com., art. L. 612-4, R. 612-5), [⇨A ou B] ;

A. omis de provoquer la désignation d'un commissaire aux comptes (A : *N* ***23044.co***) ;

B. omis de convoquer le commissaire aux comptes à toute assemblée générale (B : *N* ***23045.co***).

Faits prévus et réprimés par l'article L. 820-4 du code de commerce, + articles [• du cas sélectionné]. ✧

33.24 Commissaire aux comptes – Entrave aux fonctions

▪ PEINES

PERSONNE PHYSIQUE

PP Délit. 5 ans d'emprisonnement, 75 000 € (auparavant 18 000 € [L. n° 2001-420, 15 mai 2001]) (C. com., art. L. 820-4).

PC Néant.

PERSONNE MORALE

PP Délit. 375 000 € (C. com., art. L. 820-4 ; C. pén., art. 131-38).

PC Néant.

▪ ORIENTEUR

AUTRE QUALIFICATION

▪ **Commissaire aux comptes – Non-désignation ou convocation.** C. com., art. L. 820-4, v. n° 33.23.

▪ **Expertise de gestion – Entrave aux fonctions de l'expert judiciaire.** C. com., art. L. 820-4, v. n° 33.25.

TEXTE DE RÉFÉRENCE

▪ **Obligation de désignation d'un commissaire aux comptes.** V. n° 33.23.

MESURE CIVILE

▪ **Recevabilité de la constitution de partie civile.** Est approuvée la décision qui, pour déclarer irrecevable la constitution de partie civile de commissaires aux comptes du chef du délit d'entrave à leurs fonctions, retient que « *les demandeurs ont activement concouru à la commission des infractions et qu'ils ne peuvent invoquer leurs propres manquements pour justifier d'un préjudice personnel et direct à raison des faits délictueux dénoncés* » (§ 34) car ils « *ont participé à un concert frauduleux visant à masquer une situation financière obérée et qu'ils ne sauraient dès lors se prévaloir d'un préjudice découlant directement des faits d'usage de faux et d'entrave aux missions des commissaires aux comptes* » (§ 35) (Crim. 30 mars 2021, n° 20-84.472, P).

■ ÉLÉMENTS CONSTITUTIFS – QUALIFICATION

✧ Pour avoir à .... [¤ lieu], le .... [¤ date], étant [⇨1 à 6 puis A ou B :]

A. **Société anonyme**

président, administrateur, directeur général – membre du directoire, membre du conseil de surveillance, dirigeant de fait, au service / de la société anonyme .... [¤ dénomination sociale de la SA] (C. com., art. L. 246-2 et L. 242-30) ; ...

B. **Société en commandite par actions**

gérant de droit ou de fait ou au service de la société en commandite par actions .... [¤ dénomination sociale de la SCA], (C. com., art. L. 243-1 et L. 246-2) ; ...

C. **Société par actions simplifiée**

dirigeant de droit ou de fait ou au service de la société par actions simplifiée .... [¤ dénomination sociale de la SAS], (C. com., art. L. 244-1 et L. 244-4) ; ...

D. **Société à responsabilité limitée**

gérant de droit ou au service de la société à responsabilité limitée .... [¤ dénomination sociale de la SARL] (C. com., art. L. 223-35 et L. 241-8) ; ...

E. **Société en nom collectif**

gérant de droit ou au service de la société en nom collectif .... [¤ dénomination sociale de la SNC] (C. com., art. L. 221-9, L. 221-11 et L. 241-8) ; ...

F. **Personne morale de droit privé non commerçante ayant une activité économique**

dirigeant ou au service de .... [¤ personne morale concernée], personne morale de droit privé non commerçante ayant une activité économique (C. com., art. L. 612-1) ...

... ayant un commissaire aux comptes, mis obstacle aux vérifications ou contrôles du commissaire aux comptes ou refusé la communication sur place de toutes pièces utiles à l'exercice de sa mission, notamment tous contrats, livres, documents comptables et registres de procès-verbaux.

Faits prévus et réprimés par l'article L. 820-4 du code de commerce, + articles [• du cas sélectionné] (*N 23046.co*). ✧

33.25 Expertise de gestion – Entrave aux fonctions de l'expert judiciaire

■ PEINES

PERSONNE PHYSIQUE

PP Délit. 5 ans d'emprisonnement, 75 000 € (C. com., art. L. 820-4).

PC Néant.

PERSONNE MORALE

PP Délit. 375 000 € (C. com., art. L. 820-4 ; C. pén., art. 131-38).

PC Néant.

■ ORIENTEUR

AUTRE QUALIFICATION

▪ **Commissaire aux comptes – Non-désignation ou convocation.** C. com., art. L. 820-4, v. nº 33.23.

▪ **Commissaire aux comptes – Entrave aux fonctions.** C. com., art. L. 820-4, v. nº 33.24.

TEXTE DE RÉFÉRENCE

▪ **Expertise de gestion.** Un ou plusieurs experts judiciaires peuvent être nommés en référé par le président du tribunal de commerce pour « *présenter un rapport sur une ou plusieurs opérations de gestion* » à la demande, pour une SARL, des associés ou du ministère public (C. com., art. L. 223-37, R. 223-30), ou, pour une société par actions, d'une association d'actionnaires ayant communiqué ses statuts à l'AMF (C. com., art. L. 22-10-44) ou d'un ou plusieurs actionnaires représentant au moins 5 % du capital, ou du ministère public, du comité d'entreprise ou de l'AMF (C. com., art. L. 22-10-68) (C. com., art. L. 225-31, R. 225-163).

■ ÉLÉMENTS CONSTITUTIFS - QUALIFICATION

✧ Pour avoir à .... [¤ lieu], le .... [¤ date], étant dirigeant d'une personne morale, fait obstacle aux vérifications ou contrôles d'un ou plusieurs experts nommés par le président du tribunal de commerce par ordonnance de référé du .... [date de l'ordonnance de référé] pour présenter un rapport sur une ou plusieurs opérations de gestion ou comptes ou refusé la communication sur place de toutes pièces utiles à l'exercice de leur mission, notamment tous contrats, livres, documents comptables et registres de procès-verbaux.
Faits prévus et réprimés par les articles L. 223-37, R. 223-30, L. 225-31, R. 225-163, L. 820-4 du code de commerce (*N 640*.co). ✧

33.26 Commissaire aux comptes – Usage irrégulier du titre – Exercice illégal – Violation des incompatibilité légales

■ PEINES

PERSONNE PHYSIQUE

PP Délit. Cas A à D : 1 an d'emprisonnement, 15 000 € (C. com., art. L. 820-5) ;

Cas E : 6 mois d'emprisonnement, 7 500 € (C. com., art. L. 820-6) ;

PC Néant.

PERSONNE MORALE

PP Délit. Cas A à C : 75 000 € (C. com., art. L. 820-5 ; C. pén., art. 131-38);

Cas E : 37 500 € (C. com., art. L. 820-6 ; C. pén., art. 131-38).

PC Néant.

■ ORIENTEUR

AUTRE QUALIFICATION

▪ **Commissaire aux comptes – Information mensongère – Non-révélation de faits délictueux.** C. com., art. L. 820-7, v. n° 33.27.

ÉLÉMENT LÉGAL

▪ **Définition.** Cas B : • **Fonctions de commissaires aux comptes** « *L'exercice de la profession de commissaire aux comptes consiste en l'exercice, par le commissaire aux comptes, de missions de contrôle légal et d'autres missions qui lui sont confiées par la loi ou le règlement* » (C. com., art. L. 820-1-1). • **Exercice des fonctions de commissaires aux comptes.** « *Les fonctions de commissaire aux comptes sont exercées par des personnes physiques ou par des sociétés inscrites sur une liste établie par le Haut conseil du commissariat aux comptes* » (C. com., art. L. 822-1).

TEXTE DE RÉFÉRENCE

▪ **Usage du titre de commissaire aux comptes.** Cas A : « *Nul ne peut se prévaloir du titre de commissaire aux comptes s'il ne remplit pas les conditions* » (C. com., art. L. 820-2).

ÉLÉMENT MATÉRIEL

▪ **Champ d'application.** • **Champs d'application respectifs des cas D et E.** Le législateur opère une distinction entre les incompatibilités énoncées au C. com., art. L. 822-10, dont la violation constitue l'exercice illégal incriminé au C. com., art. L. 820-5 2°(Cas D), puni d'un an et 15 000 €, et les autres « *incompatilités légales* » qu'il ne désigne pas expressément, dont la violation est sanctionnée des peines moins lourdes prévues par prévues par C. com., art. L. 820-6 (Cas E). On peut dénombrer parmi ces autres incompatibilités légales, toutes de nature à garantir le devoir d'indépendance du commissaire aux comptes, l'interdiction d'accepter une mission de certification pour une entité d'intérêt public pour laquelle le commissaire aux comptes a conçu et mis en œuvre des procédures de contrôle interne (C. com., art. L. 822-11 I), ou pour laquelle il fournit des services autres que d'audit (C. com., art. L. 822-11 II), l'interdiction d'être désigné dans les autres entités en cas de risque d'autorévision et d'atteinte à l'indépendance (C. com., art. L. 822-11 III), l'interdiction de la prise d'intérêt dans une entité contrôlée (C. com., art. L. 822-11-3), l'interdiction d'être dirigeant, administrateur, membre du conseil de surveillance ou directeur d'une entité contrôlée depuis moins de 3 ans (C. com., art. L. 822-12), l'interdiction d'être désigné pour des entités dont on a été dirigeant ou salarié (C. com., art. L. 822-13), l'interdiction de certifier pendant plus de six exercices consécutifs les comptes de certaines entités d'intérêt public (C. com., art. L. 822-14).

■ ÉLÉMENTS CONSTITUTIFS – QUALIFICATION

✧ Pour avoir à .... [¤ lieu], le .... [¤ date], [⇨ A à E :]

A. fait usage du titre de commissaire aux comptes ou d'un titre quelconque tendant à créer une similitude ou une confusion avec le titre de commissaire aux comptes, en l'espèce en ... [matérialiser l'infraction] (C. com., art. **L. 820-2**, L. 822-1, L. 822-10, L. 820-5 1°) (A : *N* ***4887.co***) ;

B. sans être régulièrement inscrit sur la liste des commissaires aux comptes établie par le Haut conseil du commissariat aux comptes ou sans avoir prêté serment, exercé illégalement la profession de commissaire aux comptes en exerçant des missions de contrôle légal ou des missions confiées aux commissaires aux comptes par loi ou le règlement (C. com., art. L. 820-1-1, **L. 822-1** et L. 820-5 2°) (B : *N* ***4886.co***) ;

C. malgré une mesure d'interdiction ou de suspension temporaire, exercé illégalement la profession de commissaire aux comptes en exerçant des missions de contrôle légal ou des missions confiées aux commissaires aux comptes par loi ou le règlement (C. com., art. L. 820-1-1 et L. 820-5 2°) (C : *N* ***4886.co***) ;

D. étant commissaire aux comptes, exercé illégalement cette profession en exerçant (C. com., art. L. 820-1-1, **L. 822-10** et L. 820-5 2°) (D : *N* ***4886.co***) ;

D1. une activité ou en effectuant tout acte de nature à porter atteinte à son indépendance, en l'espèce en ... [matérialiser l'infraction] ;

D1. un emploi salarié en dehors des cas autorisés par la loi, en l'espèce... [matérialiser l'infraction] ;

D1. une activité commerciale, directement ou par personne interposée, en dehors des cas autorisés par la loi, en l'espèce ... [matérialiser l'infraction] ;

E. soit en son nom personnel, soit au titre d'associé dans une société de commissaires aux comptes, accepté, exercé ou conservé les fonctions de commissaire aux comptes, nonobstant les incompatibilités légales, en l'espèce en ... [matérialiser l'infraction] (C. com., art. L. 820-1-1, L. 822-11, L. 822-11-3, L. 822-12, L. 822-13, L. 822-14 et L. 820-6) (E : *N* ***23049.co***) ;

Faits prévus et réprimés par les articles [de la formule sélectionnée]. ✧

33.27 Commissaire aux comptes – Information mensongère – Non-révélation de faits délictueux

■ PEINES

PERSONNE PHYSIQUE

PP Délit. 5 ans d'emprisonnement, 75 000 € (auparavant 18 000 € [L. n° 2001-420, 15 mai 2001]) (C. com., art. L. 820-7).

PC Néant.

PERSONNE MORALE

PP Délit. 375 000 € (C. com., art. L. 820-7 ; C. pén., art. 131-38).

PC Néant.

■ ORIENTEUR

AUTRE QUALIFICATION

▪ **Commissaire aux comptes – Usage irrégulier du titre – Exercice illégal – Violation des incompatibilité légales.** C. com., art. L. 820-5 et L. 820-6, v. n° 33.26.

ÉLÉMENT LÉGAL

▪ **Domaine d'application.** Cas 6 : dans le cas où un commissaire aux comptes a été désigné à titre facultatif au sein d'une personne morale de droit privé non commerçante ayant une activité économique, il est soumis aux mêmes obligations et sanctions pénales que lorsque sa désignation est obligatoire (C. com., art. L. 612-1).

TEXTE DE RÉFÉRENCE

▪ **Devoir de révélation des commissaires aux comptes.** Les commissaires aux comptes « *révèlent au procureur de la République les faits délictueux dont ils ont connaissance, sans que leur responsabilité puisse être engagée par cette révélation* » (C. com., art. L. 823-12 (anc[t]. C. com., art. L. 812-12, réd. issue, Ord. n° 2005-1126, 8 sept. 2005).

MESURE CIVILE

▪ **Responsabilité civile.** La responsabilité des commissaires aux comptes ne peut être « *engagée à raison des informations ou divulgations de faits auxquelles ils procèdent en exécution de leur mission. Ils ne sont pas civilement responsables des infractions commises par les dirigeants et mandataires sociaux, sauf si, en ayant eu connaissance, ils ne les ont pas signalées dans leur rapport à l'assemblée générale ou à l'organe* » exerçant une fonction analogue (C. com., art. L. 822-17 [Ord. n° 2005-1126, 8 sept. 2005]).

▪ ÉLÉMENTS CONSTITUTIFS – QUALIFICATION

✧ Pour avoir à .... [¤ lieu], le .... [¤ date], exerçant de fonctions de commissaire aux comptes de la [⇨**1** à **6** puis **A** ou **B** :]

1. **Société anonyme**

société anonyme......... [¤ dénomination sociale de la SA], [⇨A ou B]

2. **Société en commandite par actions**

société en commandite par actions......... [¤ dénomination sociale de la SCA], (C. com., art. L. 243-1), [⇨A ou B]

3. **Société par actions simplifiée**

société par actions simplifiée......... [¤ dénomination sociale de la SAS], (C. com., art. L. 244-1), [⇨A ou B]

4. **Société à responsabilité limitée**

société à responsabilité limitée......... [¤ dénomination sociale de la SARL] soumise à la désignation d'un commissaire aux comptes en raison du nombre de salariés, du montant du chiffre d'affaires ou du total du bilan, (C. com., art. L. 223-35 et L. 241-8), [⇨A ou B]

5. **Société en nom collectif**

société en nom collectif........ [¤ dénomination sociale de la SNC] (C. com., art. L. 221-9, L. 221-11 et L. 241-8), [⇨A ou B]

6. **Personne morale de droit privé non commerçante ayant une activité économique**

personne morale de droit privé non commerçante ayant une activité économique .... [¤ dénomination de la personne morale], (C. com., art. L. 612-1), [⇨A ou B]

A. **donné ou confirmé des informations mensongères** sur la situation de la personne morale, en l'espèce en .... [¤ matérialiser l'infraction] (A : *N* ***23047.co***) ;

B. **omis de révéler au procureur de la République** des faits délictueux dont il aura eu connaissance, en l'espèce en .... [¤ matérialiser l'infraction] (B : *N* ***23048.co***).

Faits prévus et réprimés par l'article L. 820-7 du code de commerce, + articles [• du cas sélectionné]. ✧

33.28 Atteintes à la transparence des marchés financiers : délits d'initiés – abus de marché

▪ PEINES

PERSONNE PHYSIQUE

PP Délit. 5 ans d'emprisonnement, 100 millions € ou ⩽ 10 fois le montant de l'avantage retiré du délit (CMF, art. L. 465-1 I A).

PC Inéligibilité ⩽ 5 ans, obligatoire sauf dispense spécialement motivée (C. pén., art. 131-26, 131-6-2 9°).

PERSONNE MORALE

PP Délit. 500 millions € ou ⩽ 15 % du chiffre d'affaires annuel total (CMF, art. L. 465-1 I A ; C. pén., art. 131-38).

PC 1. Dissolution (sauf personnes morales de droit public, partis, groupements politiques, syndicats, institutions représentatives du personnel) si personne morale créée ou détournée de son objet pour commettre l'infraction (CMF, art. L. 465-3-5 ; C. pén., art. 131-39 1° et 131-45) ;

2. Interdiction définitive ou ⩽ 5 ans une ou plusieurs activités prof. ou sociales dans l'exercice ou à l'occasion de l'exercice de laquelle l'infraction a été commise (CMF, art. L. 465-3-5 ; C. pén., art. 131-39 2°) ;

3. Surveillance judiciaire ⩽ 5 ans, sauf personnes morales de droit public, partis, groupements politiques, syndicats (CMF, art. L. 465-3-5 ; C. pén., art. 131-39 3° et 131-46) ;

4. Fermeture définitive ou ⩽ 5 ans un ou plusieurs établissements en relation avec l'infraction (CMF, art. L. 465-3-5 ; C. pén., art. 131-39 4°) ;

5. Exclusion définitive ou ⩽ 5 ans marchés publics (CMF, art. L. 465-3-5 ; C. pén., art. 131-39 5°) ;

6. Interdiction définitive ou ⩽ 5 ans appel public à l'épargne (CMF, art. L. 465-3-5 ; C. pén., art. 131-39 6°) ;

7. Interdiction ⩽ 5 ans cartes de paiement ou émission chèques autres que de retrait ou certifiés (CMF, art. L. 465-3-5 ; C. pén., art. 131-39 7°) ;

8. Confiscation chose ayant servi à l'infraction ou destinée à la commettre, ou son produit (obligatoire pour objets qualifiés dangereux ou nuisibles par loi ou règlement) (CMF, art. L. 465-3-5 ; C. pén., art. 131-39 8° et 131-21) ;

9. Affichage (⩽ 2 mois) ou diffusion décision ou extrait aux frais (⩽ amende encourue) du condamné (CMF, art. L. 465-3-5 ; C. pén., art. 131-39 9°, 131-48 et 131-35).

▪ ORIENTEUR

AUTRE QUALIFICATION

▪ **Entrave aux enchères publiques.** C. pén., art. 313-6 (v. nº 22.36).

▪ **Manipulation frauduleuse des cours de biens ou services – Fausses informations ou manœuvres.** C. com., art. L. 442-9 (v. nº 30.23).

ÉLÉMENT LÉGAL

▪ **Constitutionnalité. Présomption de possession d'une information privilégiée.** Deux QPC dirigées contre le texte sous deux rédactions distinctes ont été rejetées, chacune contestant la présomption établie par la loi et la jurisprudence qui l'interprète, portant sur l'existence d'une présomption de possession d'une information privilégiée induite par la réalisation sans motif légitime d'une opération de marché avant que l'information privilégiée ne soit rendue publique (Crim. 8 juill. 2015, nº 14-84.562, P nº 181 ; Crim. 15 déc. 2021, nº 21-83.500, D). Notons que l'opération illicite est « *réputée avoir eu lieu si l'autorité compétente établit qu'il existait une raison illégitime pour les ordres, transactions ou comportements concernés* » au sens du règl. (UE) nº 596/2014 du Parlement européen et du Conseil, 16 avr. 2014 sur les abus de marché, art. 9 §6, auquel renvoie CMF, art. L. 465-1 B. Ce dernier texte interprété *a contrario* induit en outre qu'un comportement illégitime sur le marché implique que la personne détient une information privilégiée. La jurisprudence considère ainsi que l'information privilégiée peut être établie par un faisceau d'indices graves, précis et concordants desquels il résulte que seule la détention de l'information privilégiée peut expliquer les opérations réalisées sans avoir à déterminer précisément les circonstances dans lesquelles l'information privilégiée est parvenue jusqu'à la personne qui l'a utilisée.

▪ **Domaine d'application. • Cas A à H.** Ces incriminations s'appliquent aux « *instruments financiers négociés sur une plate-forme de négociation* » (cf définition de la « plate-forme de négociation » donnée à l'art. 4 §1, 24 de la directive 2014/65/UE et au CMF, art. L. 420-1, L. 421-1, L. 424-1 et L. 425-1) ou pour lesquels une demande d'admission à la négociation sur une plate-forme de négociation a été présentée, aux autres instruments financiers dont le cours ou la valeur dépend du cours ou de la valeur d'un tel instrument financier ou dont le cours ou la valeur a un effet sur le cours ou la valeur de ce dernier, ainsi qu'aux quotas d'émission de gaz à effet de serre (droits à polluer) mentionnés au C. envir., art. L. 229-7 (CMF, art. L. 465-3-4 I). **• Cas F et H.** Les incriminations prévues par CMF, art. L. 465-3-1 et L. 465-3-2 s'appliquent également aux contrats au comptant sur matières premières définis par l'art. 3, § 15,1 du règl. (UE) nº 596/2014 du Parlement européen et du Conseil, 16 avr. 2014 sur les abus de marché, à l'exception des produits énergétiques de gros définis par art. 2 §4 du règl. (UE) nº 1227/2011 du Parlement européen et du Conseil, 25 oct. 2011 concernant l'intégrité et la transparence du marché de gros de l'énergie, « *lorsque l'opération, le comportement ou la diffusion a ou est susceptible d'avoir un effet sur le cours ou la valeur* » de l'instrument financier ci-dessus mentionné ; ainsi qu'aux instruments financiers dont le cours ou la valeur a un effet sur le cours ou la valeur d'un contrat au comptant sur matières premières, au sens de l'art. 3, § 15,1 du règl. (UE) nº 596/2014, 16 avr. 2014, précité, « *lorsque l'opération, le comportement ou la diffusion a ou est susceptible d'avoir un effet sur le cours ou la valeur du contrat au comptant sur matières premières* » (CMF, art. L. 465-3-4 II).

▪ **Définition.** • **Information privilégiée.** La définition de « l'information privilégiée » au sens de CMF, art. L. 465-1 I A, est celle adoptée par l'art. 7 du règl. (UE) n° 596/2014 du Parlement européen et du Conseil, 16 avr. 2014, sur les abus de marché (CMF, art. L. 465-1 I B). Constitue ainsi une information privilégiée « *une information à caractère précis qui n'a pas été rendue publique, qui concerne, directement ou indirectement, un ou plusieurs émetteurs, ou un ou plusieurs instruments financiers, et qui, si elle était rendue publique, serait susceptible d'influencer de façon sensible le cours des instruments financiers concernés ou le cours d'instruments financiers dérivés qui leur sont liés* » (art. 7 §1 a)). Cette définition est déclinée en termes identiques pour les contrats au comptant sur matières premières qui leur sont liés ou les produits mis aux enchères basés sur les quotas d'émission. • **Caractère précis de l'information privilégiée.** « *une information est réputée à caractère précis si elle fait mention d'un ensemble de circonstances qui existe ou dont on peut raisonnablement penser qu'il existera ou d'un événement qui s'est produit ou dont on peut raisonnablement penser qu'il se produira, si elle est suffisamment précise pour qu'on puisse en tirer une conclusion quant à l'effet possible de cet ensemble de circonstances ou de cet événement sur le cours* » (art. 7 § 2). • **Caractère sensible de l'information privilégiée.** « *on entend par information qui, si elle était rendue publique, serait susceptible d'influencer de façon sensible le cours [...], une information qu'un investisseur raisonnable serait susceptible d'utiliser comme faisant partie des fondements de ses décisions d'investissement* » (art. 7 § 4). • **Indice de référence. Cas G** : « *Constitue un indice de référence tout taux, indice ou nombre mis à la disposition du public ou publié, qui est déterminé périodiquement ou régulièrement par application d'une formule ou sur la base de la valeur d'un ou de plusieurs actifs ou prix sous-jacents, y compris des estimations de prix, de taux d'intérêt ou d'autres valeurs réels ou estimés, ou des données d'enquêtes, et par référence auquel est déterminé le montant à verser au titre d'un instrument financier ou la valeur d'un instrument financier* » (CMF, art. L. 465-6-3 I).

ÉLÉMENT MATÉRIEL

▪ **Fait justificatif.** • **Présomption de possession d'une information privilégiée.** V. élément légal/constitutionnalité. • **Comportements légitimes. Cas A** : l'art. 9 du règl. (UE) n° 596/2014 du Parlement européen et du Conseil, 16 avr. 2014 sur les abus de marché, définit des comportements dits « légitimes » qui ne permettent pas de regarder l'opération d'initié comme constituée (CMF, art. L. 465-1 I B). • **Rachat de leurs actions par les sociétés.** En outre, ne sont pas punissables les opérations de rachat par les sociétés de leurs propres actions, au sens de C. com., art. L. 225-206 à L. 225-216, lorsque ces opérations sont réalisées conformément aux exigences, notamment de transparence et de finalités, définies par l'art. 5 § 1 à 3 du règl. précité (UE) n° 596/2014, 16 avr. 2014 (CMF, art. L. 465-3-4 III 1°). • **Opérations de stabilisation des cours.** Ne sont également pas punissables les opérations de stabilisation des cours pendant une durée prédéterminée définies par art. 3 § 2 d, portant sur les instruments financiers mentionnés à l'art. 3 § 2 a et b, lorsque ces opérations sont réalisées conformément à l'art. 5 § 4 et §5 du règl. précité (UE) n° 596/2014, 16 avr. 2014 (CMF, art. L. 465-3-4 III 2°). • **Opérations des États ou institutions financières.** Enfin, ne peuvent enfin être incriminés les opérations ou comportements des États ou d'institutions financières se rapportant à la politique monétaire, à la gestion de la dette publique et à la politique climatique mentionnés à l'art. 6 § 1 à 4 du règl. précité (UE) n° 596/2014, 16 avr. 2014 (CMF, art. L. 465-3-4 III 3°). • **Communication normale d'information privilégiée. Cas E** : l'infraction de communication d'information privilégiée à un tiers n'est pas punissable lorsque la personne prouve que cette communication intervient dans le cadre normal de sa profession ou de ses fonctions, situation répondant au comportement légitime défini ci-dessus par art. 9 règl. (UE) n° 596/2014, 16 avr. 2014, y compris lorsqu'elle relève d'un sondage de marché effectué conformément à l'art. 11 § 1 à 8 du règl. (UE) 596/2014,16 avr. 2014, sur les abus de marché (CMF, art. L. 465-3 I). • **Divulgation d'une information privilégiée par un journaliste. Cas E** : « *est réalisée "à des fins journalistiques", au sens de [règl. (UE) n° 596/2014, art. 21], la divulgation par un journaliste, à l'une de ses sources d'information habituelles, d'une information portant sur la publication prochaine d'un article de presse à sa signature relayant une rumeur de marché, lorsque cette divulgation est nécessaire pour permettre de mener à bien une activité journalistique, laquelle inclut les travaux d'investigation préparatoires des publications* » (§ 71) ; « *une divulgation d'une information privilégiée par un journaliste est licite lorsqu'elle doit être considérée comme étant nécessaire à l'exercice de sa profession et comme respectant le principe de proportionnalité* » (§ 89) (CJUE, Gr. Ch., 15 mars 2022, n° C-302/20, *M.A. c/ AMF*). • **Pratique de marché admise. Cas F1** : l'infraction de manipulation de cours n'est pas punissable dans les cas où l'opération ou le comportement mentionné est fondé sur un motif légitime et est conforme à une pratique de marché admise, au sens de l'art. 3 § 9 1 du règl. (UE) 596/2014,16 avr. 2014 sur les abus de marché (CMF, art. L. 465-3-1 B).

▪ **Tentative.** Punissable dans les cas A (CMF, art. L. 465-1 II), B à D (CMF, art. L. 465-2 IV), E (CMF, art. L. 465-3 II), F (CMF, art. L. 465-3-1 III), G (CMF, art. L. 465-3-3 II) et H (CMF, art. L. 465-3-2 II). Illustration.

RÉGIME PROCÉDURAL

▪ **Compétence exclusive du PNF.** Le procureur de la République financier et les juridictions d'instruction et de jugement de Paris ont seuls compétence pour l'instruction et le jugement des délits prévus par CMF, art. L. 465-1 à L. 465-3-3 et de leurs infractions connexes, le procureur de la République financier et le juge d'instruction de Paris exercent leurs attributions sur toute l'étendue du territoire national (C. pr. pén., art. 705-1). Sur la compétence du PNF, v. nº 17.16H.

▪ **Avis préalable de l'AMF.** L'avis de l'AMF est obligatoirement demandé par les autorités judiciaires saisies des poursuites (CMF, art. L. 466-1).

▪ **Articulation des compétences du PNF et de l'AMF. • Prohibition des doubles poursuites.** Le Cons. const. a censuré les dispositions anciennes au motif qu'elles méconnaissaient le principe de nécessité des délits et des peines en ne prohibant pas que la personne « *puisse faire l'objet, pour les mêmes faits, de poursuites devant la commission des sanctions de l'Autorité des marchés financiers sur le fondement de l'article L. 621-15 et devant l'autorité judiciaire sur le fondement de l'article L. 465-1* » du CMF (§ 28), alors que les sanctions prévues par ces dispositions ne pouvaient « *être regardées comme de nature différente en application de corps de règles distincts devant leur propre ordre de juridiction* » (§ 28) (Cons. const. 18 mars 2015, nº 2014-453/454, 2015-462 QPC) (sur l'application de « *sanctions de nature différente en application de corps de règles distincts* », v. également au nº 33.29, Cons. const. 29 sept. 2016, 2016-570 QPC, admettant le cumul de sanctions prononcées par le juge pénal et le juge civil en matière de banqueroute). La L. nº 2016-819, 21 juin 2016, a remédié à cette inconstitutionnalité en instituant au CMF, art. L. 465-3-6, un dispositif empêchant les doubles poursuites devant l'AMF ou devant le tribunal correctionnel du chef de « manquement d'initié » et de « délit d'initié ». Notons que CMF, art. L. 621-15, qui permet de sanctionner d'une pénalité administrative le fait de refuser à un enquêteur de l'AMF d'accéder à un document, a été jugé inconstitutionnel pour les mêmes motifs en ce que ces faits constituent aussi un délit incriminé par CMF, art. L. 642-2 (Cons. const. 28 janv. 2022, nº 2021-965 QPC, § 20). **• Information préalable de l'AMF par le PNF.** « *Avant toute mise en mouvement de l'action publique [...], le PNF informe de son intention l'AMF. Celle-ci dispose d'un délai de deux mois pour lui faire connaître son intention de procéder à la notification des griefs à la même personne pour les mêmes faits* », « *Si l'AMF ne fait pas connaître, dans le délai imparti, son intention de procéder à la notification des griefs ou si elle fait connaître qu'elle ne souhaite pas y procéder, le PNF peut mettre en mouvement l'action publique* » (CMF, art. L. 465-3-6 II). « *L'absence de réponse de l'AMF [...] dans les délais prévus [...] est définitive et n'est pas susceptible de recours* » (CMF, art. L. 465-3-6 V) et « *toute décision par laquelle l'AMF renonce à procéder à la notification des griefs [...] est définitive et n'est pas susceptible de recours. Elle est versée au dossier de la procédure* » (CMF, art. L. 465-3-6 V). **• Information préalable du PNF par l'AMF.** « *Avant toute notification des griefs [...], l'AMF informe de son intention le PNF. Celui-ci dispose d'un délai de deux mois pour lui faire connaître son intention de mettre en mouvement l'action publique pour les mêmes faits et à l'encontre de la même personne. Si le PNF ne fait pas connaître, dans le délai imparti, son intention de mettre en mouvement l'action publique ou s'il fait connaître qu'il ne souhaite pas y procéder, l'AMF peut procéder à la notification des griefs* » (CMF, art. L. 465-3-6 III). « *L'absence de réponse [...] du PNF dans les délais prévus [...] est définitive et n'est pas susceptible de recours* » (CMF, art. L. 465-3-6 V) et « *toute décision par laquelle [...] le PNF renonce à mettre en mouvement l'action publique est définitive et n'est pas susceptible de recours. Elle est versée au dossier de la procédure* » (CMF, art. L. 465-3-6 V). **• Pouvoir d'arbitrage du procureur général près la cour d'appel de Paris en cas de conflit positif de compétence entre le PNF et l'AMF.** Lorsque le PNF a fait connaître à l'AMF son intention de mettre en mouvement l'action publique alors que cette dernière lui a fait connaître son intention de procéder à une notification des griefs, l'AMF « *dispose d'un délai de quinze jours pour confirmer son intention de procéder à la notification des griefs et saisir le procureur général près la cour d'appel de Paris* » (CMF, art. L. 465-3-6 III). Inversement, lorsque l'AMF a fait connaître au PNF son intention de procéder à la notification des griefs alors que ce dernier lui a fait connaître son intention d'exercer l'action publique, le PNF dispose du même délai « *pour confirmer son intention de mettre en mouvement l'action publique et saisir le procureur général près la cour d'appel de Paris* » (CMF, art. L. 465-3-6 II). « *le procureur* *général près la cour d'appel de Paris dispose d'un délai de deux mois à compter de sa saisine pour autoriser ou non le PNF à mettre en mouvement l'action publique, après avoir mis en mesure le PNF et l'AMF de présenter leurs observations* » (CMF, art. L. 465-3-6 IV). La décision du procureur général « *est définitive et n'est pas susceptible de recours. Elle est versée au dossier de la procédure* » (CMF, art. L. 465-3-6 V). • **Obstacle à l'exercice de poursuites par le PNF.** « *Le PNF ne peut mettre en mouvement l'action publique [...] lorsque l'AMF a procédé à la notification des griefs pour les mêmes faits et à l'égard de la même personne* » (CMF, art. L. 465-3-6 I). « *l'action publique [...] s'éteint [...] par la notification des griefs par l'AMF pour les mêmes faits et à l'égard de la même personne* » (CMF, art. L. 465-3-6 IX). • **Obstacle à la notification des griefs par l'AMF.** « *L'AMF ne peut procéder à la notification des griefs à une personne à l'encontre de laquelle l'action publique a été mise en mouvement pour les mêmes faits par le PNF* » (CMF, art. L. 465-3-6 I). • **Notion de faits distincts.** Les doubles poursuites devant l'AMF et le tribunal correctionnel sont justifiées dès lors que « *les poursuites pénales du chef de présentation de comptes annuels inexacts, ainsi que celles de faux et usage, se fondent sur des faits différents en substance de ceux qui ont été sanctionnés par l'autorité administrative au titre des manquements en matière d'information du marché* » (§ 26) (Crim. 13 avr. 2022, n° 20-83.524, D).

MESURE ADMINISTRATIVE

▪ **Pouvoirs de sanction de l'AMF.** • **Procédure de sanction.** La « commission des sanctions » de l'AMF, qui est saisie par le collège de l'AMF par l'ouverture d'une procédure de sanction, matérialisée par la « notification des griefs », peut prononcer après une procédure contradictoire à l'encontre de toute personne qui s'est livrée à une opération d'initié ou à une manipulation de marché, par décision motivée rendue publique, une « sanction pécuniaire » ⩽ 100 millions € ou ⩽ 10 fois l'avantage retiré du manquement ou ⩽ 15 % du chiffre d'affaires annuel, outre des sanctions disciplinaires à l'encontre des personnes relevant du contrôle de tutelle de l'AMF (CMF, art. L. 621-15). Selon les précisions apportées plus haut, le dispositif institué par CMF, art. L. 465-3-6 prohibe la poursuite d'une même personne pour les mêmes faits devant l'AMF et devant le juge pénal. • **Recours contre la décision de sanction.** La décision de la commission des sanctions de l'AMF est susceptible d'un recours porté, lorsque la sanction est prononcée contre un professionnel relevant du contrôle de l'AMF, devant le juge administratif (CMF, art. L. 621-30), en l'espèce le Conseil d'État (CMF, art. R. 621-45 II) statuant en pleine juridiction (CMF, art. L. 612-16), ou, lorsque la sanction est prononcée contre une autre personne, devant le juge judiciaire (CMF, art. L. 621-30), en l'espèce la cour d'appel de Paris (CMF, art. R. 621-45 II), laquelle statue selon une procédure spécifique instituée par CMF, art. R. 621-46.

MESURE CIVILE

▪ **Action civile.** • **Plainte avec constitution de partie civile devant le juge d'instruction.** La plainte avec constitution de partie civile devant le juge d'instruction (C. pr. pén., art. 85) « *n'est recevable qu'à la condition que le procureur de la République financier ait la possibilité d'exercer les poursuites en application* » [des dispositions de CMF, art. L. 465-3-6 régissant l'articulation des compétences du PNF et de l'AMF (v. ci-dessus)], *et que la personne qui se prétend lésée justifie qu'un délai de trois mois s'est écoulé depuis qu'elle a déposé plainte devant ce magistrat contre récépissé ou par lettre recommandée avec demande d'avis de réception ou depuis qu'elle a adressé, selon les mêmes modalités, copie à ce magistrat de sa plainte déposée devant un service de police judiciaire* » (CMF, art. L. 465-3-6 VII) (sur la plainte avec constitution de partie civile devant le doyen des juges d'instruction, v. n° 16.10B). • **Saisine du tribunal correctionnel par citation directe de la partie civile.** La poursuite devant le tribunal correctionnel sur citation directe de la partie civile (C. pr. pén., art. 551) « *ne peut être délivrée qu'à la demande du procureur de la République financier, à la condition qu'il ait la possibilité d'exercer les poursuites en application* » des dispositions qui régissent l'articulation des compétences du PNF et de l'AMF (v. ci-dessus) (CMF, art. L. 465-3-6 VIII) (sur la citation directe par la partie civile, v. n° 16.10A).

▪ ÉLÉMENTS CONSTITUTIFS – QUALIFICATION

✧ Pour avoir à .... [¤ lieu], le .... [¤ date],

A. **RÉALISATION D'UNE OPÉRATION D'INITIÉ** (CMF, ART. L. 465-1)

[⇨1 à 4 puis A :]

1. étant directeur général, président, membre du directoire, gérant, membre du conseil d'administration ou membre du conseil de surveillance ou exerçant une fonction équivalente d'un émetteur d'instruments financiers concerné par une information privilégiée, ...

2. étant une personne disposant d'une information privilégiée concernant un émetteur d'instruments financiers au sein duquel elle détient une participation, ...
3. étant une personne disposant d'une information privilégiée à l'occasion de sa profession ou de ses fonctions ou à l'occasion de sa participation à la commission d'un crime ou d'un délit, ...
4. étant une personne disposant d'une information privilégiée en connaissance de cause, ...
A. fait usage de cette information privilégiée en réalisant, pour elle-même ou pour autrui, soit directement, soit indirectement, une ou plusieurs opérations ou en annulant ou en modifiant un ou plusieurs ordres passés par cette même personne avant qu'elle ne détienne l'information privilégiée, sur les instruments financiers émis par cet émetteur ou sur les instruments financiers concernés par ces informations privilégiées, en l'espèce en ...... [¤ matérialiser l'infraction] (CMF, art. L. 465-1, L. 465-3-4, L. 465-3-5, C. pén., art. 131-26-2 9°) (A : *N 31808.co*).

B. **INCITATION À LA RÉALISATION D'UNE OPÉRATION D'INITIÉ** (CMF, ART. L. 465-2 I)

[⇨1 à 4 puis B :]
1. étant directeur général, président, membre du directoire, gérant, membre du conseil d'administration ou membre du conseil de surveillance ou exerçant une fonction équivalente d'un émetteur d'instruments financiers concerné par une information privilégiée, ...
2. étant une personne disposant d'une information privilégiée concernant un émetteur d'instruments financiers au sein duquel elle détient une participation, ...
3. étant une personne disposant d'une information privilégiée à l'occasion de sa profession ou de ses fonctions ou à l'occasion de sa participation à la commission d'un crime ou d'un délit, ...
4. étant une personne disposant d'une information privilégiée en connaissance de cause, ...
B. recommandé la réalisation d'une ou plusieurs opérations sur des instruments financiers auxquels cette information privilégiée se rapporte ou incité à la réalisation de telles opérations sur le fondement de cette information privilégiée, en l'espèce en ...... [¤ matérialiser l'infraction] (CMF, art. L. 465-2 I, L. 465-1 I A, L. 465-3-4, L. 465-3-5, C. pén., art. 131-26-2 9°) (B : *N 31809.co*).

C. **USAGE D'UNE INCITATION À LA RÉALISATION D'UNE OPÉRATION D'INITIÉ** (CMF, ART. L. 465-2 II)

fait usage d'une recommandation ou d'une incitation à la réalisation d'une ou plusieurs opérations portant sur des instruments financiers en sachant qu'elle était fondée sur une information privilégiée, en l'espèce en ...... [¤ matérialiser l'infraction] (CMF, art. L. 465-2 II, L. 465-1 I A, L. 465-3-4, L. 465-3-5, C. pén., art. 131-26-2 9°) (C : *N 31808.co*).

D. **COMMUNICATION D'UNE INCITATION À LA RÉALISATION D'UNE OPÉRATION D'INITIÉ** (CMF, ART. L. 465-2 III)

communiqué une recommandation ou une incitation à la réalisation d'une ou plusieurs opérations portant sur des instruments financiers en sachant qu'elle était fondée sur une information privilégiée, en l'espèce en ...... [¤ matérialiser l'infraction] (CMF, art. L. 465-2 III, L. 465-1 I A, L. 465-3-4, L. 465-3-5, C. pén., art. 131-26-2 9°) (D : *N 31810.co*).

E. **COMMUNICATION D'UNE INFORMATION PRIVILÉGIÉE** (CMF, ART. L. 465-3)

[⇨1 à 4 puis E :]
1. étant directeur général, président, membre du directoire, gérant, membre du conseil d'administration ou membre du conseil de surveillance ou exerçant une fonction équivalente d'un émetteur d'instruments financiers concerné par une information privilégiée, ...
2. étant une personne disposant d'une information privilégiée concernant un émetteur d'instruments financiers au sein duquel elle détient une participation, ...
3. étant une personne disposant d'une information privilégiée à l'occasion de sa profession ou de ses fonctions ou à l'occasion de sa participation à la commission d'un crime ou d'un délit, ...
4. étant une personne disposant d'une information privilégiée en connaissance de cause, ...
E. communiqué cette information à un tiers, en l'espèce en ...... [¤ matérialiser l'infraction] (CMF, art. L. 465-3, L. 465-3-4, L. 465-3-5, C. pén., art. 131-26-2 9°) (E : *N 31810.co*).

F. **MANIPULATION DE COURS** (CMF, ART. L. 465-3-1)

F1. réalisé une opération, passé un ordre ou adopté un comportement qui donne ou est susceptible de donner des indications trompeuses sur l'offre, la demande ou le cours d'un instrument financier ou qui fixe ou est susceptible de fixer à un niveau anormal ou artificiel le cours d'un instrument financier, en l'espèce en ...... [¤ matérialiser l'infraction] (CMF, art. L. 465-3-1 I, L. 465-1 I A, L. 465-3-4, L. 465-3-5, C. pén., art. 131-26-2 9°) (F1 : *N 31811.co*).

F2. réalisé une opération, passé un ordre ou adopté un comportement qui affecte le cours d'un instrument financier, en ayant recours à des procédés fictifs ou à toute autre forme de tromperie ou d'artifice, en l'espèce en ...... [¤ matérialiser l'infraction] (CMF, art. L. 465-3-1 II, L. 465-1 I A, L. 465-3-4, L. 465-3-5, C. pén., art. 131-26-2 9°) (F2 : *N 31811.co*).

G. Manipulation d'indice de référence (CMF, art. L. 465-3-3)

G1. fourni ou transmis des données ou des informations fausses ou trompeuses utilisées pour calculer un indice de référence ou des informations de nature à fausser le cours d'un instrument financier ou d'un actif auquel est lié un tel indice, en l'espèce en ...... [¤ matérialiser l'infraction] (CMF, art. L. 465-3-3 I 1°, L. 465-1 I A, L. 465-3-4, L. 465-3-5, C. pén., art. 131-26-2 9°) (G1 : *N 31812.co*) ;

G2. adopté un comportement aboutissant à la manipulation du calcul d'un indice de référence, en l'espèce en ...... [¤ matérialiser l'infraction] (CMF, art. L. 465-3-3 I 2°, L. 465-1 I A, L. 465-3-4, L. 465-3-5, C. pén., art. 131-26-2 9°) (G2 : *N 31812.co*).

H. Diffusion de fausses informations affectant les cours (CMF, art. L. 465-3-2)

diffusé, par tout moyen, des informations qui donnent des indications fausses ou trompeuses sur la situation ou les perspectives d'un émetteur ou sur l'offre, la demande ou le cours d'un instrument financier ou qui fixent ou sont susceptibles de fixer le cours d'un instrument financier à un niveau anormal ou artificiel, en l'espèce en ...... [¤ matérialiser l'infraction] (CMF, art. L. 465-3-2, L. 465-1 I A, L. 465-3-4, L. 465-3-5, C. pén., art. 131-26-2 9°) (H : *N 3071.co*).

Faits prévus et réprimés par les articles [• du cas sélectionné]. ✧

33.29 Banqueroute

■ **PEINES**

PERSONNE PHYSIQUE

PP Délit. Cas A à H : 5 ans d'emprisonnement, 75 000 € (C. com., art. L. 654-2, L. 654-3). Cas I : 7 ans d'emprisonnement, 100 000 € (C. com., art. L. 654-4).

PC 1. Interdiction droits civiques civils et de famille ⩽ 5 ans (vote, éligibilité, fonction juridictionnelle, expert, témoin, tuteur, curateur) (C. com., art. L. 654-5 1° ; C. pén., art. 131-26) ;

2. Interdiction ⩽ 5 ans activité professionnelle ou sociale (en relation avec l'infraction), ou fonction publique (sauf mandat électif ou syndical) (C. com., art. L. 654-5 2° ; C. pén., art. 131-27 et 131-28), *et/ou* interdiction définitive ou ⩽ 15 ans (10 ans avant L. n° 2013-1117, 6 déc. 2013) d'exercer une profession commerciale ou industrielle, de diriger, d'administrer, de gérer ou de contrôler à un titre quelconque, directement ou indirectement, pour son propre compte ou pour le compte d'autrui, une entreprise commerciale ou industrielle ou une société commerciale (C. com., art. L. 654-5 ; C. pén., art. 131-27) ;

3. Exclusion ⩽ 5 ans marchés publics (C. com., art. L. 654-5 3° ; C. pén., art. 131-34) ;

4. Interdiction ⩽ 5 ans émission chèques autres que de retrait ou certifiés (C. com., art. 654-5 4° ; C. pén., art. 131-19) ;

5. Affichage, ⩽ 2 mois, *et/ou* (L. n° 2011-525, 17 mai 2011) diffusion de la décision ou d'extraits aux frais (⩽ amende encourue) du condamné (C. com., art. L. 654-5 5° ; C. pén., art. 131-35) ;

6. ~~Faillite personnelle ou interdiction de diriger, gérer, administrer ou contrôler toute entreprise commerciale, artisanale ou exploitation agricole ou une ou plusieurs de celles-ci, « à moins qu'une juridiction civile ou commerciale ait déjà prononcé une telle mesure par une décision définitive prise à l'occasion des mêmes faits » (C. com., art. L. 654-6). Lorsque le tribunal prononce la faillite personnelle ou l'interdiction, il fixe la durée de la mesure, qui ne peut être supérieure à 15 ans (C. com., art. L. 653-11)~~. Abrogé par Cons. const. 29 sept. 2016, n° 2016-573 QPC, § 17, *JO* 1er oct. 2016.

PERSONNE MORALE

PP Délit. Cas A à H : 375 000 € (C. com., art. L. 654-7) ; Cas I : 500 000 € (C. com., art. L. 654-4) (C. pén., art. 131-38).

PC 1. Dissolution (sauf personnes morales de droit public, partis, groupements politiques, syndicats, institutions représentatives du personnel) si personne morale créée ou détournée de son objet pour commettre l'infraction (C. com., art. L. 654-7 ; C. pén., art. 131-39 1° et 131-45) ;

2. Interdiction, définitive ou ⩽ 5 ans, une ou plusieurs activités professionnelles ou sociales en relation avec l'infraction (C. com., art. L. 654-7 ; C. pén., art. 131-39 2°) ;

3. Surveillance judiciaire ⩽ 5 ans, sauf personnes morales de droit public, partis, groupements politiques, syndicats (C. com., art. L. 654-7 ; C. pén., art. 131-39 3° et 131-46) ;

4. Fermeture, définitive ou ⩽ 5 ans, d'un ou plusieurs établissements en relation avec l'infraction (C. com., art. L. 654-7 ; C. pén., art. 131-39 4°) ;

5. Exclusion, définitive ou ⩽ 5 ans marchés publics (C. com., art. L. 654-7 ; C. pén., art. 131-395°) ;

6. Interdiction, définitive ou ⩽ 5 ans appel public à l'épargne (C. com., art. L. 654-7 ; C. pén., art. 131-39 6°) ;

7. Interdiction ⩽ 5 ans cartes de paiement ou émission chèques autres que de retrait ou certifiés (C. com., art. L. 654-7 ; C. pén., art. 131-39 7°) ;

8. Confiscation (réelle ou en valeur) chose ayant servi à l'infraction ou destinée à la commettre, ou son produit (obligatoire pour objets qualifiés dangereux ou nuisibles par loi ou règlement ou dont la détention est illicite) (C. com., art. L. 654-7 ; C. pén., art. 131-39 8° et 131-21) ;

9. Affichage, ⩽ 2 mois, *et/ou* (L. n° 2011-525, 17 mai 2011) diffusion de la décision ou d'extraits aux frais (⩽ amende encourue) du condamné (C. com., art. L. 654-7 ; C. pén., art. 131-39 9°, 131-48 et 131-35).

▪ ORIENTEUR

AUTRE QUALIFICATION.

▪ **Actes frauduleux passés sur le patrimoine de la personne en procédure collective.** V. n° 33.30.

▪ **Dissimulation ou recel d'actif – Aggravation du passif – organisation d'insolvabilité du dirigeant.** V. n° 33.31.

▪ **Malversations par un mandataire ou administrateur ou autre intervenant à la procédure collective.** V. n° 33.32.

ÉLÉMENT LÉGAL

▪ **Domaine d'application.** • **Profession libérale.** Depuis le 1er janvier 2006, l'infraction peut être reprochée à une personne physique exerçant une profession libérale, y compris si elle est « *soumise à un statut législatif et réglementaire ou dont le titre est protégé* » (C. com., art. L. 654-1 [L. n° 2005-845, 26 juill. 2005]). • **Personne morale.** L'incrimination est également applicable à toute personne morale, y compris, depuis L. n° 2005-845, 26 juill. 2005, si elle n'exerce pas « *une d'activité économique* ».

▪ **Condition préalable.** • **Ouverture d'une procédure collective.** « *l'ouverture d'une procédure de redressement judiciaire ou de liquidation judiciaire n'est qu'une condition préalable à l'exercice de l'action publique* », il importe peu que des pourvois formés contre les arrêts prononçant successivement l'ouverture du redressement judiciaire puis la liquidation judiciaire soient pendants devant la cour de cassation, dès lors que la procédure collective était exécutoire au moment des détournements (Crim. 24 mars 2010, n° 09-84.599, P n° 55). La circonstance que le jugement d'extension du redressement judiciaire d'une personne morale à une autre serait réputé non avenu pour n'avoir pas été notifié dans le délai utile « *est sans incidence sur la validité du réquisitoire et de la procédure ultérieure, l'ouverture du redressement judiciaire, avérée en l'espèce, n'étant qu'une condition préalable à l'exercice de l'action publique* » (Crim. 10 mars 2004, n° 03-87.441, P n° 65). • **Date de cessation des paiements.** « *pour déclarer constitué le délit de banqueroute, le juge répressif a le pouvoir de retenir, en tenant compte des éléments soumis à son appréciation, une date de cessation des paiements autre que celle déjà fixée par la juridiction consulaire* » (Crim. 18 nov. 1991, n° 91-81.646, P n° 415 ; dans le même sens : Crim. 21 juin 1993, n° 92-84.526, P n° 217).

ÉLÉMENT MATÉRIEL

▪ **Concours de qualification – Règle non bis in idem.** • **Banqueroute par absence de comptabilité et omission de conservation des factures.** « *les deux infractions en question ne procèdent pas de manière indissociable d'une action unique caractérisée par une seule intention coupable mais recouvrent, en l'espèce, des faits bien distincts, le délit de banqueroute pour défaut de tenue de comptabilité d'une société commerciale sanctionnant l'absence d'établissement des documents comptables obligatoires, agissements différents du fait de ne pas conserver des factures émises par l'entreprise* » (Crim. 19 déc. 2018, n° 17-80.163) (NB :

l'infraction de non-conservation des factures a été dépénalisée par Ord. n° 2019-359, 24 avr. 2019, v. n° **30.39**) • **Banqueroute par comptabilité irrégulière et banqueroute par détournement d'actif.** Ne méconnaît pas le principe *ne bis in idem* la cour d'appel « *qui a retenu à l'encontre du prévenu des faits constitutifs de banqueroute par tenue de comptabilité incomplète ou irrégulière [...], distincts de ceux pour lesquels elle l'a reconnu coupable de banqueroute par détournement ou dissimulation d'actif* » (Crim. 9 févr. 2022, n° 20-81.038, D). • **Banqueroute par comptabilité irrégulière et faux en comptabilité.** Est censurée la cour d'appel qui condamne, d'une part, pour banqueroute par absence de comptabilité ou comptabilité irrégulière, d'autre part, pour faux en comptabilité (Crim. 9 sept. 2020, n° 18-86.351, D). • **Banqueroute par comptabilité irrégulière et présentation de comptes inexacts.** Fut en revanche admise la condamnation, d'une part, pour banqueroute pour comptabilité incomplète ou irrégulière, d'autre part, pour présentation de comptes annuels inexacts, les deux délits étant matérialisés par l'inscription d'une même créance fictive à l'actif du bilan (Crim. 27 juin 2012, n° 11-86.197, D). • **Renvoi.** Sur l'application de la règle *non bis in idem* en cas de concours d'infraction, v. n° **17.32B2**.

▪ **Complicité.** • Encourent les mêmes peines les complices de banqueroute, même s'ils n'ont pas la qualité de commerçant, d'agriculteur ou d'artisan ou ne dirigent pas, directement ou indirectement, en droit ou en fait, une personne morale de droit privé *[phrase abrogée depuis le 1er janv. 2006 : « ayant une activité économique »]* (C. com., art. L. 626-3). • Illustration de la théorie de la complicité par abstention dans l'accomplissement des devoirs d'une fonction, se rend complice du délit de banqueroute par détournement d'actif « *le banquier* [qui] *avait connaissance des difficultés de trésorerie* » de la société, alors que des « *fonds sociaux virés sur le compte personnel du dirigeant de droit ont été détournés postérieurement à la notification à la société de son interdiction bancaire* » (Crim. 9 oct. 1989, n° 89-80.160, P n° 343), ou l'administrateur provisoire « *qui a sciemment contrevenu à sa mission en maintenant à son poste le président et en mettant en place à ses côtés un "comité de direction"* », laissant ainsi aux auteurs principaux « *les moyens de commettre les détournements dont ceux-ci se sont rendus coupables pendant toute la durée de son mandat* » (Crim. 22 sept. 2010, n° 09-87.363, D).

▪ **Comptabilité absente ou manifestement irrégulière.** « *constitue le délit de banqueroute par abstention de tenue de toute comptabilité, le fait, par tout commerçant ou dirigeant d'une personne morale commerçante, de s'abstenir de procéder, au mépris des dispositions de C. com., art. 8* [devenu C. com., art. L. 123-12], *à l'enregistrement chronologique des mouvements affectant le patrimoine de l'entreprise et à l'établissement de l'inventaire périodique des éléments actifs et passifs de ce patrimoine* » (Crim. 6 déc. 1993, n° 93-81.475, P n° 370). C. com., art. L. 654-2 5° « *qui incrimine le fait d'avoir tenu une comptabilité manifestement incomplète ou irrégulière au regard des dispositions légales, sanctionne tout manquement manifeste aux obligations comptables commis par le prévenu dès lors qu'il se trouve obligé de tenir une comptabilité en vertu d'une disposition légale* » (§ 21) ; « *les demandeurs, qui n'ont pas contesté que la [société] dont ils étaient les gérants était soumise à l'obligation légale de tenir une comptabilité commerciale, ne sauraient se faire un grief de ce que la cour d'appel n'a pas précisé la nature des obligations comptables particulières méconnues* » (§ 22) ; « *l'obligation de tenir une comptabilité régulière en application de C. com., art. L. 123-12 ne se limite pas à l'établissement des comptes annuels à la clôture de l'exercice, mais implique également l'enregistrement chronologique des mouvements affectant le patrimoine dans les livres comptables et l'inventaire périodique, de sorte que le délit de banqueroute par tenue d'une comptabilité manifestement incomplète ou irrégulière se trouve constitué avant ladite clôture lorsque sont constatés des manquements ou des irrégularités manifestes dans la tenue des livres comptables* » (§ 23), peu importe en conséquence que le gérant ait démissionné avant la clôture de l'exercice s'il était en responsabilité durant le temps où les irrégularités ont été commises (Crim. 22 juin 2022, n° 21-83.036, P). Alors qu'il lui était fait grief ne pas avoir précisé les dispositions légales en cause ni la nature des irrégularités en question, est approuvée la décision de condamnation qui énonce que « *la comptabilité n'était pas conforme à la législation et que de nombreuses écritures n'étaient pas renseignées* » (Crim. 8 oct. 2008, n° 08-81.769, D). De même, « *une comptabilité entachée d'écritures fictives est impropre à établir la situation financière véritable de l'entreprise et est donc irrégulière* » (Crim. 25 juill. 1989, n° 88-85.308, P n° 295). Justifie également sa décision la cour d'appel qui constate que les bilans des exercices 1997 et 1998 étaient produits mais non les grands livres, que seul le grand livre de l'exercice 1999 était produit mais pas le bilan, et qui retient en conséquence que « *les prévenus se sont abstenus de procéder à l'enregistrement chronologique des mouvements affectant le patrimoine de l'entreprise ainsi qu'à l'établissement périodique des éléments actifs et passifs de ce patrimoine et d'établir les comptes annuels de l'exercice clos le 31 décembre 1999, commettant ainsi* *le délit de banqueroute par tenue d'une comptabilité manifestement incomplète ou irrégulière* » (Crim. 12 janv. 2005, n° 04-85.653, D).

▪ **Détournement d'actif.** • **Nécessité d'un comportement actif.** Le cas de banqueroute par détournement d'actif se caractérise par « *un acte de disposition accompli personnellement par [le dirigeant] sur un élément d'actif de l'entreprise* », ne peut donc recevoir une telle qualification des faits consistant à faire assurer directement par une société cliente et débitrice le paiement à ses créanciers de ses frais d'exploitation (Crim. 12 janv. 2005, n° 04-81.545, D). Est en revanche coupable d'un détournement d'actif le dirigeant d'une association « *qui connaissait ses graves difficultés financières, s'est sciemment approprié une partie de l'actif de celle-ci, peu important l'accord du conseil d'administration, en continuant à se faire octroyer, après la cessation des paiements, une rémunération excessive* » (Crim. 18 mars 2020, n° 18-86.492, P) ; le dirigeant qui a émis à son ordre un chèque tiré sur le compte de la société sans rapporter, malgré ses contestations, « *la preuve de l'existence d'une créance certaine, liquide et exigible* » (Crim. 23 oct. 1997, n° 96-84.717, P n° 348) ; le dirigeant qui se fait consentir à son profit par la société un contrat de commodat (prêt à usage) lui attribuant gratuitement la jouissance de la clientèle (Crim. 14 févr. 2007, n° 06-86.721, D). • **Détournement d'actif et paiement préférentiel.** « *tout acte de disposition volontaire accompli sur un élément du patrimoine du débiteur après la cessation des paiements, en fraude des droits des créanciers, constitue le délit de banqueroute par détournement d'actif* », constitue un tel détournement, et non un paiement préférentiel non punissable pénalement, le fait, alors que la société était en cessation des paiements, de vendre à ses proches des fonds de commerce et d'employer « *le produit de la vente à payer les dettes de la société pour lesquelles il s'était porté caution solidaire et à rembourser les comptes courants d'associés dont lui-même et son fils étaient titulaires* » (Crim. 11 mai 1995, n° 94-83.515, P n° 172). • **Dissimulation du produit d'un actif vendu.** « *si la cession d'un élément d'actif à sa juste valeur est en soi licite, il en est autrement quand le produit de la vente est dissimulé aux créanciers* » (Crim. 29 mars 2000, n° 99-85.878, P n° 141). • **Articulation avec l'infraction d'abus de biens sociaux.** « *la qualification d'abus de biens sociaux ne peut être appliquée aux détournements commis après la date de cessation des paiements par les dirigeants d'une société placée en redressement judiciaire* » (Crim. 30 juin 2004, n° 03-87.427, D ; dans le même sens : Crim. 6 juin 2007, n° 06-85.644, D ; Crim. 7 avr. 1998, n° 97-83.801, D). Si c'est à tort que les juges ont qualifié de banqueroute des détournements réalisés avant la date de cessation des paiements, la condamnation est néanmoins approuvée car les opérations effectuées dans l'intérêt personnel des dirigeants avant cette date sont constitutives d'abus de biens sociaux (Crim. 18 juin 1998, n° 97-83.996, D).

▪ **Augmentation frauduleuse du passif.** • **Nécessité d'un comportement actif.** La banqueroute par augmentation frauduleuse du passif se caractérise par « *un acte tendant à l'augmentation frauduleuse du passif au détriment des véritables créanciers de la société débitrice* » (§ 19), ne peut donc recevoir une telle qualification des faits d'abstention consistant à ne pas résilier les baux ni procédé aux licenciements qu'imposaient la situation économique de la société (Crim. 26 janv. 2022, n° 21-81.822, D). • **Omission manifestement délibérée.** En revanche, C. com., art. L. 654-2, 3° « *n'exclut aucune modalité d'augmentation du passif* » (§ 19), dès lors « *le comportement du prévenu est frauduleux dès lors qu'il consiste en une omission, manifestement délibérée, de s'acquitter des cotisations sociales dues* » (§ 20) (Crim. 1 févr. 2023, n° 22-82.368, P). • **Illustrations.** Caractérise l'infraction le fait de se faire octroyer un salaire que le dirigeant savait que la société ne pouvait supporter (Crim. 29 nov. 2016, n° 15-86.116, P n° 315) ; une augmentation de salaire du dirigeant et le recrutement d'un salarié jouissant d'une rémunération excessive (Crim. 16 mai 2012, n° 11-85.846, D) ; le fait de doubler sa rémunération en la dissimulant sous forme de remboursement de frais (Crim. 15 mai 2008, n° 07-83.885, D) ; le paiement de salariés de sociétés tierces (Crim. 20 mai 2015, n° 13-87.727, D) ; les avances de trésorerie à une autre société dans laquelle le dirigeant avait des intérêts (Crim. 30 avr. 2003, n° 02-86.760) ; l'achat de marchandises qui sont demeurées impayées bien qu'elles aient été revendues (Crim. 16 juin 1999, n° 98-83.835, D). Notons que « *le fait de soustraire volontairement la société à l'impôt en France, dont était résulté un redressement fiscal ayant entraîné une augmentation des charges de la société et la cessation de ses paiements* » justifie le prononcé d'une sanction commerciale de faillite personnelle pour augmentation frauduleuse du passif (Com., 29 avr. 2014, n° 13-12.563, P n° 75).

ÉLÉMENT INTENTIONNEL

▪ **Dol général.** • **Banqueroute par absence de comptabilité ou comptabilité irrégulière.** « *la caractérisation de l'élément intentionnel des délits de banqueroute par absence de comptabilité ou tenue d'une comptabilité manifestement irrégulière suppose la seule conscience de son auteur de se soustraire à ses obligations* *comptables légales* » (§ 13) « *Elle n'exige pas la preuve que le prévenu a eu la volonté soit d'éviter ou de retarder la constatation de l'état de cessation des paiements, soit d'affecter la consistance de l'actif disponible dans des conditions de nature à placer l'intéressé dans l'impossibilité de faire face au passif exigible* » (§ 14) (Crim. 25 nov. 2020, n° 19-85.205, P). « *l'absence totale de comptabilité démontre, en elle-même, le caractère manifeste de l'irrégularité et la conscience qu'en avait nécessairement le gérant de fait de la société* » (Crim. 20 avr. 2017, n° 16-82.850 ; dans le même sens : Crim. 2 sept. 2015, n° 14-82.980, D ; pour un gérant de fait : Crim. 19 déc. 2012, n° 11-86.702, D).

RÉGIME PROCÉDURAL

▪ **Prescription de l'action publique.** • **Principe.** Dans tous les cas de banqueroute, La prescription de l'action publique ne court que du jour du jugement ouvrant la procédure de *[en vigueur depuis le 1er janv. 2006 : « sauvegarde »]* ou prononçant l'ouverture de la procédure de redressement ou de liquidation judiciaire lorsque les faits incriminés sont apparus avant cette date (C. com., art. L. 626-15 devenu L. 654-16). • **Banqueroute par détournement d'actif.** « *au regard de ses éléments constitutifs, ce délit ne constitue pas une infraction occulte par nature* » (§ 10) ; il résulte de C. com., art. L. 654-16 que « *lorsque les faits sont apparus entre le jour du jugement ouvrant une procédure de redressement judiciaire et le jour du jugement prononçant la liquidation judiciaire, il n'y a pas lieu de repousser le point de départ du délai de prescription à la date de cette seconde décision* » (§ 13) ; en application de C. com., art. L. 654-16, « *lorsque le détournement constitutif du délit de banqueroute a été réalisé postérieurement au jugement ouvrant une procédure de sauvegarde, de redressement ou de liquidation judiciaire, le délai de prescription court [...] à compter de la date de commission des faits, sauf s'il est établi que l'infraction a été délibérément dissimulée* » (§ 14) (Crim. 25 nov. 2020, n° 19-85.091, P).

▪ **Exercice de l'action publique.** « *La juridiction répressive est saisie soit sur la poursuite du ministère public, soit sur constitution de partie civile de l'administrateur, du mandataire judiciaire, du représentant des salariés, du commissaire à l'exécution du plan, du liquidateur* » ou [en vigueur depuis le 1er janv. 2006] : « *de la majorité des créanciers nommés contrôleurs agissant dans l'intérêt collectif des créanciers lorsque le mandataire de justice ayant qualité pour agir n'a pas agi, après une mise en demeure restée sans suite dans un délai et des conditions fixées par décret en Conseil d'État* » (C. com., art. L. 626-16 devenu L. 654-17, art. R. 654-1).

▪ **Obligation de révélation du mandataire ou administrateur.** « *Tout administrateur judiciaire ou mandataire judiciaire qui, dans l'exercice de ses fonctions, acquiert la connaissance d'un crime ou d'un délit est tenu d'en donner avis sans délai au procureur de la République et de transmettre à ce magistrat tous les renseignements, procès-verbaux et actes qui y sont relatifs* » (C. com., art. L. 814-12, sur ce point, v. n° **35.4A2**).

MESURE CIVILE

▪ **Conséquence civile de l'infraction.** • **Droit de poursuite individuelle des créanciers.** Lorsque le débiteur placé en liquidation est reconnu coupable de banqueroute, les créanciers recouvrent leur droit de poursuite individuelle (C. com., art. L. 643-11). Toutefois, il se déduit de C. com., art. L. 654-17 et C. pr. pén., art. 2, que « *les créanciers et actionnaires de la société débitrice ne peuvent se constituer partie civile dans le cadre d'une procédure suivie du chef de banqueroute qu'à la condition d'invoquer un préjudice distinct du montant de leur créance déclarée dans la procédure collective ouverte contre leur débiteur* » (§ 39) (Crim. 22 juin 2022, n° 21-83.036, P). • **Agent judiciaire du trésor.** « *L'agent judiciaire du Trésor ne figure pas au nombre des personnes que C. com., art. L. 654-17 autorise seules, par dérogation à C. pr. pén., art. 2, à se constituer partie civile du chef de banqueroute* » (Crim. 28 févr. 2006, n° 05-83.461, P n° 55).

RÉGIME DES PEINES

▪ **Constitutionnalité.** • **Cumul des poursuites et sanctions pénales et civiles.** Le Cons. const., considère que la sanction possible par le juge civil ou commercial et par le juge pénal des mêmes faits de banqueroute ne méconnaît pas le principe de nécessité des peines (DDHC, art. 8) qui prohibe le cumul des poursuites et des sanctions. En effet, selon sa jurisprudence constante, ce principe « *ne fait pas obstacle, à ce que les mêmes faits commis par une même personne puissent faire l'objet de poursuites différentes aux fins de sanctions de nature différente en application de corps de règles distincts* », sous réserve que le cumul des sanctions ne dépasse pas le maximum encouru (§ 3). S'agissant des faits de banqueroute, ils « *doivent être regardés comme susceptibles de sanctions de nature différente* » (§ 8) car « *le juge pénal peut condamner l'auteur de ce délit à une peine d'emprisonnement et à une peine d'amende, ainsi qu'à plusieurs autres peines d'interdiction* » (§ 7) (Cons. const. 29 sept. 2016, 2016-570 QPC). • **Cumul des sanctions de faillite ou d'interdiction de gérer.** Le Cons. const. a considéré toutefois dans une autre décision rendue à la même date que C. com., art. L. 654-6, dans sa rédaction issue Ord. nº 2008-1345, 18 déc. 2008, qui permettait au juge pénal de prononcer une faillite personnelle ou une interdiction de gérer à moins qu'une juridiction civile ou commerciale ait déjà prononcé une telle mesure, était inconstitutionnel au regard du principe d'égalité devant la loi (DDHC, art. 6). En effet, s'il interdisait au juge pénal de prononcer une sanction commerciale que le juge civil ou commercial avait déjà prononcé pour les mêmes faits, il ne prohibait pas en revanche le prononcé de sanctions commerciales par le juge civil ou commercial dans le cas où le juge pénal avait déjà statué sur ce point (Cons. const. 29 sept. 2016, 2016-573 QPC, § 17). En conséquence de cette décision, seul le juge civil ou commercial peut désormais, en cas de banqueroute, prononcer une faillite personnelle ou une interdiction de gérer sur le fondement de Com. art. L. 653-3, L. 653-4, L. 653-8 et 653-11, dispositions restées inchangées.

▪ ÉLÉMENTS CONSTITUTIFS – QUALIFICATION

✧ Pour avoir à .... [¤ lieu], le .... [¤ date], étant commerçant, artisan, agriculteur, *« personne physique exerçant une activité indépendante » [en vigueur depuis le 1er janv. 2006 :]*, dirigeant ou liquidateur de droit ou de fait d'une personne morale de droit privé *« ~~ayant une activité économique~~ » [phrase abrogée depuis le 1er janv. 2006 :]*...

... faisant l'objet d'un redressement ou d'une liquidation judiciaire, commis le délit de banqueroute en [⇨A à H : puis le cas échéant I]

A. s'abstenant de tenir toute comptabilité alors que [*« la loi », mots remplacés depuis le 1er janv. 2006 par « les textes applicables »]* en faisai[en]t obligation (A : *N 1696.co*) ...

B. faisant disparaître la comptabilité de l'entreprise ou de la personne morale (B : *N 1695.co*) ...

C. tenant une comptabilité fictive (C : *N 1694.co*) ...

D. tenant une comptabilité manifestement incomplète ou irrégulière au regard des dispositions légales (D : *N 20777.co*) ...

E. détournant ou en dissimulant tout ou partie de l'actif (E : *N 1692.co*) ...

F. employant, dans le but d'éviter ou de retarder l'ouverture de la procédure de redressement ou de liquidation judiciaire, des moyens ruineux pour se procurer des fonds (F : *N 1691.co*) ...

G. effectuant, dans le but d'éviter ou de retarder l'ouverture de la procédure de redressement judiciaire ou de liquidation, des achats en vue d'une revente au-dessous du cours (G : *N 1690.co*) ...

H. augmentant frauduleusement son passif (H : *N 1693.co*) ...

... en l'espèce en .... [¤ matérialiser l'infraction] ;

I. [préciser le cas échéant dans le cas A à H :] avec cette circonstance que les faits ont été commis en qualité d'auteur ou de complice par le dirigeant d'une entreprise prestataire de services d'investissement (C. com., art. L. 654-4) (I : *N 1697.co*).

Faits prévus et réprimés par les articles : **PERSONNES PHYSIQUES.** L. 654-1, L. 654-2, L. 654-3 et L. 654-5. **PERSONNES MORALES.** L. 654-1, L. 654-2, L. 654-3 et L. 654-7 (*N #.co*). ✧

33.30 Actes frauduleux passés sur le patrimoine de la personne en procédure collective

PERSONNE PHYSIQUE

PP Délit. 2 ans d'emprisonnement, 30 000 € (C. com., art. L. 654-8).

PC Néant.

PERSONNE MORALE

PP Délit. 150 000 € (C. com., art. L. 654-8 ; C. pén., art. 131-38).

PC Néant.

▪ ORIENTEUR

AUTRE QUALIFICATION.

▪ Banqueroute. Détournement d'actif, V. nº 33.29.

▪ Dissimulation ou recel d'actif – Aggravation du passif – organisation d'insolvabilité du dirigeant. V. nº 33.31.

▪ **Malversations par un mandataire ou administrateur ou autre intervenant à la procédure collective.** V. n° 33.32.

▪ **Abus de confiance aggravé – Mandataire de justice ou officier public ou ministériel.** V. n° 22.40.

TEXTE DE RÉFÉRENCE

▪ **Régime des créances antérieures au jugement d'ouverture.** À partir de la **publication du jugement** d'ouverture de la procédure collective, tous les créanciers dont la créance est née antérieurement au jugement, à l'exception des salariés, adressent la déclaration de leur créance au mandataire (C. com., art. L. 6212-24). Le jugement ouvrant la procédure emporte de plein droit **interdiction de payer toute créance antérieure** au jugement, à l'exception du paiement par compensation de dettes connexes, ou des créances alimentaires. Cette interdiction porte également sur toute créance postérieure au jugement d'ouverture qui ne serait pas née des besoins du déroulement de la procédure ou de la période d'observation, ou d'une prestation fournie au débiteur pendant cette période (C. com., art. L. 622-7 et L. 622-17). Le **juge-commissaire** peut toutefois autoriser le débiteur à payer des créances antérieures au jugement pour retirer le gage ou un droit de rétention légitime, ou pour lever l'option d'achat d'un crédit-bail (C. com., art. L. 622-7).

▪ **Pouvoirs d'engagement du débiteur ou repreneur. • Actes de disposition durant la période d'observation.** Durant la période d'observation, le débiteur ne peut, sans l'autorisation du juge-commissaire, faire un acte de disposition étranger à la gestion courante de l'entreprise, ni consentir une hypothèque, un gage ou un nantissement, compromettre ou transiger (C. com., art. L. 622-7). **• Clause d'inaliénabilité dans le plan de continuation. Cas A4** : Le jugement arrêtant ou modifiant un **plan de continuation** peut décider que les biens qu'il estime indispensables à la continuation de l'entreprise ne pourront être aliénés, pour une durée qu'il fixe, sans l'autorisation du tribunal. À peine de nullité, le tribunal ne peut donner son autorisation qu'après avis du ministère public (C. com., art. L. 626-14). **• Clause d'inaliénabilité dans le plan de cession. Cas B4** : Le jugement arrêtant le **plan de cession** peut prévoir que tout ou partie des biens cédés ne pourront être aliénés, pendant la durée qu'il fixe, sans l'autorisation du tribunal. À peine de nullité, le tribunal ne peut donner son autorisation qu'après avis du ministère public (C. com., art. L. 642-10).

RÉGIME PROCÉDURAL

▪ **Prescription de l'action publique.** *Idem* n° 33.29.

▪ **Exercice de l'action publique.** *Idem* n° 33.29.

▪ **Obligation de révélation du mandataire ou administrateur.** *Idem* n° 33.29.

MESURE CIVILE

▪ **Intérêts civils.** La juridiction pénale saisie statue, même en cas de relaxe, d'office sur la réintégration dans le patrimoine du débiteur de tous les biens, droits et actions qui ont été frauduleusement soustraits, ainsi que sur les dommages et intérêts demandés (C. com., art. L. 654-11).

▪ **Nullité civile.** Tout acte ou tout engagement passé en violation des restrictions imposées au débiteur (v. ci-dessus Texte de référence) est annulé à la demande de tout intéressé ou du ministère public, présentée dans un délai de trois ans à compter de la conclusion de l'acte ou du paiement de la créance (C. com., art. L. 622-7). Il en est de même pour tout acte passé en violation d'une clause d'inaliénabilité d'un bien contenue dans un plan de continuation (C. com., art. L. 626-14).

▪ ÉLÉMENTS CONSTITUTIFS – QUALIFICATION

✧ Pour avoir à .... [¤ lieu], le .... [¤ date], [⇨A à C :]

A. étant commerçant, artisan, agriculteur, personne physique exerçant une activité professionnelle indépendante, dirigeant ou liquidateur de droit ou de fait d'une personne morale de droit privé, faisant l'objet d'une procédure de sauvegarde ou d'un redressement judiciaire, [⇨A à A4 :]

A1. sans autorisation du juge-commissaire, payé durant la période d'observation une créance née antérieurement au jugement d'ouverture (C. com., art. L. 622-7) (A1 : *N* ***1699.co***) ;

A2. sans autorisation du juge-commissaire, fait durant la période d'observation un acte de disposition étranger à la gestion courante de l'entreprise ou consenti une hypothèque, un gage ou un nantissement (C. com., art. L. 622-7) (A2 : *N* ***1698.co***) ;

A3. effectué un paiement en violation des modalités de règlement du passif prévues au plan de sauvegarde ou au plan de redressement (A3 : *N* ***1700.co***) ;

A4. fait un acte de disposition sur un bien dont l'inaliénabilité avait été décidée par le tribunal dans un plan de sauvegarde ou un plan de redressement (C. com., art. L. 626-14) (A4 : *N* ***1701.co***) ;

B. étant un tiers, en connaissance de la situation du débiteur, pendant la période d'observation ou celle d'exécution du plan de redressement, [⇨B1 à B4 :]

B1. sans autorisation du juge-commissaire, reçu du débiteur le paiement d'une créance née antérieurement au jugement d'ouverture (C. com., art. L. 622-7) (B1 : *N* ***1704.co***) ;

B2. sans autorisation du juge-commissaire, passé avec le débiteur un acte de disposition étranger à la gestion courante de l'entreprise ou bénéficié d'une hypothèque, d'un gage ou d'un nantissement (C. com., art. L. 622-7) (B2 : *N* ***1702.co***) ;

B3. reçu un paiement du débiteur en violation des modalités de règlement du passif prévues au plan de sauvegarde ou au plan de redressement (B3 : *N* ***1718.co***) ;

B4. passé avec le débiteur un acte de disposition sur un bien dont l'inaliénabilité avait été décidée par le tribunal dans le plan de sauvegarde ou le plan de redressement (C. com., art. L. 626-14) (B4 : *N* ***1719.co***) ;

C. sans autorisation du tribunal, procédé à la cession d'un bien faisant l'objet d'une inaliénabilité, régulièrement publiée, dans le cadre d'un plan de cession (C. com., art. L. 626-14) (C : *N* ***26115.co***).

Faits prévus et réprimés par les articles : **PERSONNES PHYSIQUES ET PERSONNES MORALES.** L. 654-1, L. 654-8 et [• du cas sélectionné] du code de commerce. ✧

33.31 Dissimulation ou recel d'actif – Aggravation du passif – organisation d'insolvabilité du dirigeant

PERSONNE PHYSIQUE

PP Délit. Cas A à C : 5 ans d'emprisonnement, 75 000 € (C. com., art. L. 654-9°et L. 654-3) ;

Cas D : 5 ans d'emprisonnement, 75 000 € (C. com., art. L. 654-14°et L. 654-3) ;

Cas E et F : 5 ans d'emprisonnement (depuis L. n° 2020-1672, 24 déc. 2020 modifiant C. pén., art. 314-1, auparavant 3 ans), 375 000 € (C. com., art. L. 654-10 et C. pén., art. 314-1) ;

PC Cas A à D : *Idem* n° 33.29 (C. com., art. L. 654-9 et L. 654-5).

Cas E et F : Néant.

PERSONNE MORALE

PP Délit. Cas A à C : 375 000 € (C. com., art. L. 654-9°et L. 654-3, C. pén., art. 131-38).

Cas D : 375 000 € (C. com., art. L. 654-14°et L. 654-3, C. pén., art. 131-38) ;

Cas E et F : 1 875 000 € (C. com., art. L. 654-10, C. pén., art. 314-1 et 131-38) ;

PC Cas A à F : Néant.

■ ORIENTEUR

AUTRE QUALIFICATION.

- Banqueroute. Détournement d'actif, V. n° 33.29.
- Actes frauduleux passés sur le patrimoine de la personne en procédure collective. V. n° 33.30.
- Malversations par un mandataire ou administrateur ou autre intervenant à la procédure collective. V. n° 33.32.
- Abus de confiance aggravé – Mandataire de justice ou officier public ou ministériel. V. n° 22.40.
- Organisation frauduleuse d'insolvabilité. V. n° 22.44.

RÉGIME PROCÉDURAL

- Prescription de l'action publique. *Idem* n° 33.29.
- Exercice de l'action publique. *Idem* n° 33.29.

■ ÉLÉMENTS CONSTITUTIFS – QUALIFICATION

✧ Pour avoir à .... [¤ lieu], le .... [¤ date], [⇨A à F :]

A. **SOUSTRACTION OU RECEL D'UN BIEN DU DIRIGEANT DANS SON INTÉRÊT**

dans l'intérêt d'un commerçant, artisan, agriculteur, personne physique exerçant une activité professionnelle indépendante, dirigeant ou liquidateur de droit ou de fait d'une personne morale de droit privé, faisant l'objet d'une procédure de sauvegarde ou d'un redressement judiciaire, soustrait, recelé, ou dissimulé tout ou partie de ses biens meubles ou immeubles (C. com., art. L. 654-9 1°, L. 654-3 et L. 654-5) (A : *N 1720.co*) ;

B. **DÉCLARATION FRAUDULEUSE DE CRÉANCE**

soit en son nom soit par interposition de personne, déclaré frauduleusement une créance supposée dans une procédure de sauvegarde, de redressement judiciaire ou de liquidation judiciaire (C. com., art. L. 654-9 2°, L. 654-3 et L. 654-5) (B : *N 1721.co*) ;

C. **ORGANISATION FRAUDULEUSE PAR UN TIERS DE L'INSOLVABILITÉ DU DIRIGEANT D'UNE PERSONNE MORALE EN PROCÉDURE COLLECTIVE**

exerçant une activité commerciale, artisanale agricole ou tout autre activité indépendante, sous le nom d'autrui ou sous un nom supposé, de mauvaise foi, en vue de soustraire le patrimoine du dirigeant direct ou indirect, de droit ou de fait d'une personne morale de droit privé faisant l'objet d'un jugement de sauvegarde, de redressement ou de liquidation judiciaire, aux poursuites de la personne morale, de ses associés ou de ses créanciers, détourné ou dissimulé, tenté de détourner ou de dissimuler tout ou partie des biens du dirigeant (C1 : *N #.co*), ou s'être reconnu frauduleusement créancier de sommes qu'il ne devait pas (C2 : *N #.co*) (C. com., art. L. 654-9 3°, L. 654-14, L. 654-3 et L. 654-5) ;

D. **ORGANISATION FRAUDULEUSE DE SON INSOLVABILITÉ PAR LE DIRIGEANT D'UNE PERSONNE MORALE EN PROCÉDURE COLLECTIVE**

étant dirigeant direct ou indirect, de droit ou de fait d'une personne morale de droit privé faisant l'objet d'un jugement d'ouverture de sauvegarde, de redressement ou de liquidation judiciaire, de mauvaise foi, en vue de soustraire son patrimoine aux poursuites de la personne morale, de ses associés ou de ses créanciers, détourné ou dissimulé, tenté de détourner ou de dissimuler tout ou partie de ses biens (D1 : *N 1722.co*), ou s'être reconnu frauduleusement débiteur de sommes qu'il ne devait pas (D2 : *N 1723.co*) (C. com., art. L. 654-14, L. 654-3 et L. 654-5) ;

E. **DÉTOURNEMENT OU RECEL D'ACTIF PAR LES PROCHES DU DÉBITEUR**

étant conjoint, descendant, ascendant, collatéral ou allié de [......], commerçant, artisan, agriculteur, personne physique exerçant une activité professionnelle indépendante, dirigeant ou liquidateur de droit ou de fait d'une personne morale de droit privé, faisant l'objet d'une procédure de redressement ou de liquidation judiciaire, détourné, diverti ou recelé des effets dépendant de l'actif du débiteur (C. com., art. L. 654-10 et C. pén., art. 314-1) (E : *N 1724.co*) ;

F. **CONVENTION ACCORDANT UN AVANTAGE PARTICULIER À UN CRÉANCIER**

étant créancier d'une personne faisant l'objet d'une procédure de sauvegarde, de redressement ou de liquidation judiciaire, passé après le jugement d'ouverture une convention comportant un avantage particulier à la charge du débiteur (C. com., art. L. 654-13 et C. pén., art. 314-1) (F : *N 1725.co*).

Faits prévus et réprimés par les articles : **PERSONNES PHYSIQUES ET PERSONNES MORALES.** [• du cas sélectionné]. ✧

33.32 Malversations par un mandataire ou administrateur ou autre intervenant à la procédure collective

PERSONNE PHYSIQUE

PP Délit. 7 ans d'emprisonnement, 750 000 € (C. com., art. L. 654-12 et C. pén., art. 314-2) ;

PC Néant.

PERSONNE MORALE

PP Délit. 3 750 000 € (C. com., art. L. 654-12 et C. pén., art. 314-2 et 131-38) ;

PC Néant.

■ ORIENTEUR

AUTRE QUALIFICATION.

▪ **Banqueroute. Détournement d'actif**, V. nº 33.29.

▪ **Actes frauduleux passés sur le patrimoine de la personne en procédure collective.** V. nº 33.30.

▪ **Dissimulation ou recel d'actif – Aggravation du passif – organisation d'insolvabilité du dirigeant.** V. nº 33.31.

▪ **Abus de confiance aggravé – Mandataire de justice ou officier public ou ministériel.** V. nº 22.40.

TEXTE DE RÉFÉRENCE

▪ **Interdiction d'acquérir. Cas C.** Ni le débiteur, au titre de l'un quelconque de ses patrimoines, ni les dirigeants de droit ou de fait de la personne morale en liquidation judiciaire, ni les parents ou alliés jusqu'au deuxième degré inclusivement de ces dirigeants ou du débiteur personne physique, ni les personnes ayant eu la qualité de contrôleur au cours de la procédure ne sont admis, directement ou par personne interposée, à présenter une offre. Le tribunal, directement s'il s'agit d'une exploitation agricole, ou saisi sur requête du ministère public dans les autres cas, peut toutefois autoriser la cession par jugement motivé (C. com., art. L. 642-3). Ces interdictions sont également applicables dans le cadre liquidatif en cas de cession d'actif immobilier (C. com., art. L. 642-18) ou mobilier (C. com., art. L. 642-19) (C. com., art. L. 642-20, renvoyant à L. 642-3). Sauf pour le contrôleur, qui est une personne participant « *à un titre quelconque à la procédure* » au sens de C. com., art. L. 654-12, la violation de ces interdictions d'acquérir ne fait pas l'objet d'une incrimination spéciale. En cas d'acquisition irrégulière par ces personnes, la qualification d'escroquerie au jugement est à rechercher si des manœuvres ont conduit à la réalisation de la cession (interposition de personne, etc.). Le représentant des salariés, qui concourt à la procédure, est excepté de l'interdiction d'acquérir (C. com., art. L. 654-12).

ÉLÉMENT MATÉRIEL

▪ **Complicité.** • Illustration de la théorie de la complicité par abstention dans l'accomplissement des devoirs d'une fonction, se rend complice du délit de malversations le magistrat président de chambre au tribunal de commerce et juge commissaire « *dès lors qu'en raison de ses fonctions, le prévenu avait le pouvoir et le devoir de s'opposer à la reprise des actifs de la société* » (Crim. 30 juin 1999, nº 97-85.764, P nº 175).

RÉGIME PROCÉDURAL

▪ **Prescription de l'action publique.** *Idem* nº 33.29.

▪ **Exercice de l'action publique.** *Idem* nº 33.29.

MESURE CIVILE

▪ **Nullité et intérêts civils. Cas C.** La juridiction pénale saisie prononce la nullité de l'acquisition et statue sur les dommages et intérêts demandés (C. com., art. L. 654-12).

■ ÉLÉMENTS CONSTITUTIFS – QUALIFICATION

✧ Pour avoir ou s'être à .... [¤ lieu], le .... [¤ date], [⇨A à C :]

A. étant administrateur, mandataire judiciaire, liquidateur ou commissaire à l'exécution du plan, porté volontairement atteinte aux intérêts des créanciers ou du débiteur en utilisant à son profit des sommes perçues dans l'accomplissement de sa mission ou en se faisant attribuer des avantages qu'il savait ne pas être dus (A : *N 1027.co*) ;

B. étant administrateur, mandataire judiciaire, liquidateur ou commissaire à l'exécution du plan, fait, dans son intérêt, des pouvoirs dont il disposait, un usage qu'il savait contraire aux intérêts des créanciers ou du débiteur (B : *N 1028.co*) ;

C. étant administrateur, mandataire judiciaire, liquidateur ou commissaire à l'exécution du plan, ou toute autre personne ayant participé à un titre quelconque à la procédure de sauvegarde, de redressement ou de liquidation judiciaire, [⇨C1 ou C2 :]

C1. rendu acquéreur, pour son compte, directement ou indirectement, de biens du débiteur (C1 : *N 1030.co*) ;

C2. utilisé les biens du débiteur à son profit (C2 : *N 1029.co*) ;

Faits prévus et réprimés par les articles : **PERSONNES PHYSIQUES ET PERSONNES MORALES.** L. 654-12 du code de commerce et 314-2 du code pénal. ✧

33.33 Les conditions de recevabilité des poursuites pénales pour fraude fiscale : dénonciation ou plainte de l'administration fiscale

La L. n° 2018-898, 23 oct. 2018 a modifié les conditions d'exercice de l'action publique en matière de fraude fiscale. Désormais, l'avis préalable de la commission des infractions fiscales (CIF) imposé par LPF, art. L. 228 (v. B ci-dessous), n'est plus le préalable obligatoire dans certains cas de fraude fiscale caractérisée (v. A ci-dessous). Mais dans tous les cas, l'exercice de l'action publique reste à peine d'irrecevabilité subordonné, selon les cas, soit à la dénonciation obligatoire (v. A ci-dessous), soit à la plainte, de l'administration fiscale (v. C ci-dessous).

A. La dénonciation obligatoire des faits de fraude fiscale ayant donné lieu aux majorations fiscales les plus importances (LPF, art. L. 228 I, mod. par L. n° 2018-898, 23 oct. 2018)

1. Les règles communes aux différents cas de dénonciation obligatoire

Dans les cas énumérés ci-dessous, « *l'action publique pour l'application des sanctions pénales est exercée sans plainte préalable de l'administration* », sur la base des dénonciations au parquet auxquelles est obligatoirement tenue l'administration fiscale lorsqu'elle met en œuvre les majorations fiscales les plus importantes (LPF, art. L. 228 I). L'avis conforme de la commission des infractions fiscales, qui conditionne à peine d'irrecevabilité la plainte de l'administration fiscale dans les autres cas (V. B ci-dessous), n'est donc pas exigé.

L'obligation de dénonciation, et par conséquent l'exercice de l'action publique sans plainte préalable de l'administration fiscale ni avis conforme de la CIF, n'est toutefois pas applicable « *aux contribuables ayant déposé spontanément une déclaration rectificative* » (LPF, art. L. 228 I).

« *L'application des majorations s'apprécie au stade de la mise en recouvrement. Toutefois, lorsqu'une transaction est conclue avant la mise en recouvrement, l'application des majorations s'apprécie au stade des dernières conséquences financières portées à la connaissance du contribuable dans le cadre des procédures prévues* » au LPF, art. L. 57 et L. 76.

« *La transaction conclue par l'administration n'exclut donc pas la dénonciation obligatoire des faits concernés* ». « *la transaction administrative, dont l'autorité judiciaire sera informée pour les procédures qui lui sont transmises, est sans incidence sur l'action publique, le procureur de la République demeurant libre de procéder ou non à un acte de poursuite* » (Circ. conjointe ministère de l'action et des comptes publics et ministère de la justice, 7 mars 2019, NOR : CPAE1832503C, n° I-1-1 et I-4).

Comme il est précisé au C ci-dessous, le ministère public ne peut prendre l'initiative, sans dénonciation préalable de l'administration, de poursuivre sous la qualification de fraude fiscale des faits susceptibles de relever de la dénonciation obligatoire.

2. La dénonciation obligatoire portant sur les droits dont le montant est > 100 000 €

Depuis L. n° 2018-898, 23 oct. 2018 « *l'administration est tenue de dénoncer au procureur de la République les faits qu'elle a examinés dans le cadre de son pouvoir de contrôle.../...qui ont conduit à l'application, sur des droits dont le montant est > 100 000 € :* », de l'une des pénalités aggravées suivantes :

– majoration de 100 % prévue au CGI, art. 1732, applicable en cas d'opposition ou d'obstacle au contrôle fiscal, situation donnant lieu à évaluation d'office (LPF, art. L. 74) ;

– majoration de 80 % prévue au c du 1 de CGI, art. 1728, applicable « *en cas de découverte d'une activité occulte* ». Mentionnons que l'activité fiscalement occulte est susceptible de matérialiser le délit de travail dissimulé par dissimulation d'activité (v. n° 32.6, 32.7 et 32.11) ;

– majoration de 80 % prévue au b ou c de CGI, art. 1729, applicable en cas d'abus de droit au sens de LPF, art. 64, ou de manœuvre frauduleuses ou de dissimulation d'une partie du prix stipulé dans un contrat ;

– majoration de 80 % prévue au I de CGI, art. 1729-0 A, applicable en cas de soustraction à l'obligation de déclaration de comptes ou contrats visés par cet article, notamment de comptes à l'étranger, ou de défaut de déclaration d'un trust dans les conditions prévues par CGI, art. 1649 AB ;

– majoration de 80 % prévue au dernier alinéa de CGI, art. 1758 renvoyant à CGI, art. 1649 *quater*-0 B *bis* relatif à la taxation des trafics illicites, applicable au cas où la personne a eu la libre disposition d'un bien objet des infractions de trafic de stupéfiants, de fausse monnaie, à la législation sur les armes, à la règlementation sur les alcools ou le tabac, de contrefaçon, de délits en matière d'habitat indigne, ou eu la libre disposition d'une somme d'argent, produit direct de ces infractions ;

– majoration de 40 % prévue au b du 1 de CGI, art. 1728 applicable en cas de défaut de production d'une déclaration ou d'un acte comportant l'indication d'éléments à retenir pour l'assiette ou la liquidation de l'impôt, dans les 30 jours suivant la réception d'une mise en demeure, notifiée par pli recommandé, d'avoir à produire cette déclaration ou cet acte, lorsque le contribuable a déjà fait l'objet, au cours de 6 dernières années civiles précédentes, des majorations de 100 %, 80 % ou 40 % précitées ;

– majoration de 40 % prévue au a ou b de CGI, art. 1729 applicable en cas d'inexactitude ou d'omission relevée dans une déclaration ou un acte comportant l'indication d'éléments à retenir pour l'assiette ou la liquidation de l'impôt ou lors de la restitution d'une créance de nature fiscale dont le versement a été indûment obtenu de l'État, lorsque ces manquements sont délibérés ou procèdent d'un abus de droit, si le contribuable a déjà fait l'objet, au cours de 6 dernières années civiles précédentes, des majorations de 100 %, 80 % ou 40 % précitées.

Le Cons. const. a jugé les dispositions de LPF, art. L. 228 I, instaurant ces cas de dénonciation obligatoire, conformes à la constitution en ce que le législateur qui « *a entendu soumettre systématiquement au procureur de la République, aux fins de poursuites pénales, les faits de fraude fiscale les plus graves dont a connaissance l'administration* » en retenant des critères « *objectifs et rationnels* » en lien avec le but poursuivi (§ 6) dont l'application par l'administration est soumise « *au respect des principes de légalité et d'égalité* » (§ 7), « *n'a pas instauré de discrimination injustifiée entre les contribuables* » (§ 10) (Cons. const. 27 sept. 2019, n° 2019-804 QPC).

3. La dénonciation obligatoire portant sur les droits > 50 000 €

Lorsque le contribuable est soumis à une obligation de déclaration auprès de la HATVP au titre de C. électoral, art. L.O, 135-1 (v. n° 23.45) ou de L. n° 2013-907, 11 oct. 2013, (v. n° 23.46 à 23.50), l'obligation de dénonciation de l'administration fiscale porte sur les droits dont les montant sont > 50 000 euros ayant donné lieu à des majorations de 40 %, 80 % et 100 %. La condition de réitération exigée pour les autres contribuables au titre des majorations de 40 % n'est dans ces cas pas imposée (Circ. conjointe ministère de l'action et des comptes publics et ministère de la justice, 7 mars 2019, NOR : CPAE1832503C, n° I-1-1).

B. La plainte de l'administration fiscale et la nécessité de l'avis préalable de la commission des infractions fiscales (CIF)

1. La plainte de l'administration fiscale et l'avis préalable conforme de la CIF, conditions de recevabilité des poursuites (LPF, art. L. 228 II)

En dehors des cas où l'administration fiscale est tenue de dénoncer les faits de fraude fiscale qu'elle constate à l'occasion de ses contrôles (v. A ci-dessus), ses plaintes « *tendant à l'application des sanctions pénales en matière d'impôts directs, de taxe sur la valeur ajoutée et autres taxes sur le chiffre d'affaires, de droits d'enregistrement, de taxe de publicité foncière et de droits de timbre sont déposées par l'administration à son initiative, sur avis conforme de la commission des infractions fiscales* » (LPF, art. L. 228 II).

La condition préalable de la plainte de l'administration fiscale, ainsi que l'avis conforme de la CIF, sont institués à peine d'irrecevabilité des poursuites (LPF, art. L. 228 II).

La sélection des dossiers de plainte de l'administration fiscale s'opère selon les critères fixés par les circulaires communes du ministre de la justice et du ministre du budget du 5 nov. 2010 (NOR : JUSD19289886C) et du 22 mai 2014 (NOR : FCPE1412006C) et des principes posés par le Cons. const., dans ses décisions QPC du 24 juin 2016, n° 2016-545 et 2016-546, et du 23 nov. 2018, n° 2018-745 (Circ. conjointe ministère de l'action et des comptes publics et ministère de la justice, 7 mars 2019, NOR : CPAE1832503C, n° I-2-1) (sur ces décisions QPC du Cons. const., v. orienteur/élément légal/constitutionnalité du n° 33.34).

2. La dispense d'avis de la CIF en cas de risque de dépérissement des preuves d'une fraude fiscale caractérisée (LPF, art. L. 228 II, mod. par L. n° 2018-898, 23 oct. 2018)

Selon les modifications apportées par L. n° 2018-898, 23 oct. 2018, sans préjudice du monopole de l'initiative de la plainte qui reste conféré à l'administration, l'avis préalable de la CIF n'est plus requis « *lorsqu'il existe des présomptions caractérisées qu'une infraction fiscale a été commise pour laquelle il existe un risque de dépérissement des preuves* » résultant d'un des cas suivants :

1° Utilisation, aux fins de se soustraire à l'impôt, de comptes ouverts ou de contrats souscrits auprès d'organismes établis à l'étranger ;

2° Interposition de personnes physiques ou morales ou de tout organisme, fiducie ou institution comparable établis à l'étranger ;

3° Usage d'une fausse identité ou de faux documents au sens de C. pén., art. 441-1 (Faux en écriture privée, v. n° 24.1), ou de toute autre falsification ;

4° Domiciliation fiscale fictive ou artificielle à l'étranger ;

5° Toute autre manœuvre destinée à égarer l'administration.

« *La loi nouvelle permettra d'accélérer le dépôt de plainte auprès du procureur de la République pour des faits laissant présumer une faute grave et qui nécessite, pour être démontrée, la mise en œuvre préalable d'une procédure judiciaire. Les plaintes du chef de présomption caractérisée de fraude fiscale seront donc établies par l'administration fiscale directement par ses soins auprès du procureur de la République* » (Circ. conjointe ministère de l'action et des comptes publics et ministère de la justice, 7 mars 2019, NOR : CPAE1832503C, n° I-2-2).

De même, lorsque l'autorité judiciaire informe l'administration fiscale, comme elle y est tenue par LPF, art. L. 101 (sur le devoir de communication à l'administration fiscale, v. n° 35.2E2), de faits laissant présumer une fraude fiscale recueillis au cours d'une enquête ou d'une information judiciaire, « *afin de caractériser la présomption de fraude fiscale, l'administration fiscale procédera, dans les plus courts délais, à l'examen du dossier fiscal du contribuable au vu à la fois des éléments de faits transmis par le magistrat.../...et des informations qu'elle détient.../...Lorsque les présomptions seront caractérisées, elle pourra directement déposer plainte auprès du procureur de la République, l'avis de la CIF n'étant désormais plus requis* » (Circ. conjointe ministère de l'action et des comptes publics et ministère de la justice, 7 mars 2019, NOR : CPAE1832503C, n° II-2-2).

C. L'extension de l'action publique pour fraude fiscale aux faits connexes à ceux visés dans une dénonciation ou une plainte de l'administration fiscale

L'exercice de l'action publique sous les qualifications de fraude fiscale ne peut résulter de l'initiative du ministère public et doit dans tous les cas procéder, soit d'une dénonciation préalable de l'administration fiscale (v. A ci-dessus), soit d'une plainte de l'administration assortie de l'avis conforme de la commission des infractions fiscale (V. B ci-dessus).

En effet, d'une part, seule l'administration fiscale dispose du pouvoir de déposer plainte dans les cas ne relevant pas de la dénonciation obligatoire, d'autre part, dans cette dernière hypothèse, elle est seule en mesure de déterminer, au terme des contrôles dont elle a la compétence exclusive, le contribuable concerné, les niveaux de majoration fiscale ainsi que le seuil des droits éludés.

Toutefois, « *l'action publique peut être exercée sans nouvelle plainte ou dénonciation en cas de découverte de faits de fraude fiscale concernant le même contribuable et portant sur d'autres impôts ou taxes sur une période différente* » (LPF, art. L. 228 C, issu L. n° 2018-898, 23 oct. 2018), ce qui permet donc au parquet d'étendre les investigations et les poursuites aux infractions fiscales connexes, sans nouvelle dénonciation de l'administration ou nouvelle plainte accompagnée d'un avis conforme de la CIF.

Il en résulte *a contrario* qu'en dehors de ces cas d'extension des poursuites aux faits connexes à une plainte ou une dénonciation préalable de l'administration fiscale, le ministère public ne peut exercer d'office l'action publique sous la qualification de fraude fiscale.

Mentionnons que l'exercice de l'action publique pour des faits de blanchiment de fraude fiscale, infraction autonome, n'est pas subordonné à la plainte préalable de l'administration fiscale (Crim. 20 févr. 2008, n° 07-82.977, P n° 43). L'auteur de l'infraction de blanchiment peut également être l'auteur de l'infraction d'origine dont provient le produit blanchi (auto blanchiment) (Crim. 14 janv. 2004, n° 03-81.165, P n° 12 ; Crim. 9 déc. 2015, n° 15-83.204, P n° 282) (sur le blanchiment, v. n° 22.49).

D. L'articulation des échanges entre le ministère public et l'administration fiscale

1. Les échanges croisés au titre de LPF, art. L. 82 C, L. 101, L. 142 A et C. pr. pén., art. 40

La circulaire conjointe du ministère de l'action et des comptes publics et du ministère de la justice, (Circ. 7 mars 2019, NOR : CPAE1832503C, n° II-1) fixe la doctrine d'échange d'informations entre l'autorité judiciaire et l'administration fiscale.

Elle recommande (n° II-1-2) une systématisation de la transmission à l'administration fiscale par l'autorité judiciaire, en application de LPF, art. L. 82 C et L. 101 (sur le devoir et le droit de communication, v. n° 35.2E2), de « *toute indication qu'elle peut recueillir de nature à faire présumer une fraude ou compromettre un impôt (notamment le recours massif à des cartes prépayées favorisant l'anonymat, l'usage massif d'espèces, la découverte de comptes à l'étranger non déclarés ou encore le détournement de patrimoines dans le cadre d'un abus de faiblesse)* ».

Dans le sens inverse, la circulaire préconise (nº II-1-3) une systématisation de la transmission d'informations par l'administration fiscale à l'autorité judiciaire au titre de C. pr. pén., art. 40 (sur cette disposition, v. nº **35.9B1**) : « *au cours des contrôles fiscaux externes (il s'agit des procédures de vérification de comptabilité, d'examen de comptabilité ou d'examen de la situation fiscale personnelle (ESFP), un examen systématique des faits recueillis sera effectué, afin d'identifier ceux susceptibles de relever des dispositions de C. pr. pén., art. 40. L'agent qui aura détecté de tels faits les portera à la connaissance de sa hiérarchie, laquelle procèdera à leur signalement, dans les délais les plus brefs et sans attendre la fin de la procédure fiscale (la C. cass. autorise en effet la dénonciation de faits délictueux tant par l'agent qui les a constatés dans l'exercice de ses fonctions que par son supérieur hiérarchique. Crim. 14 déc. 2000, nº 00-86.595).../... Les délits les plus susceptibles d'être signalés sont les suivants :*

– les infractions au droit des sociétés, tels que les abus de biens sociaux, les présentations de bilans inexacts ;
– les faux et usage de faux (notamment des fausses factures, fausses attestations ou faux relevés bancaires), les escroqueries ;
– les délits de banqueroute ;
– les faits de blanchiment, les détournements de fonds publics, les délits de prise illégale d'intérêt ou de corruption ;
– l'abus de confiance, l'exercice illégal d'une profession ;
– les vols et recels d'objets volés (dans le cadre des contrôles de stocks notamment) ».

Enfin, la circulaire rappelle (nº II-1-1) les dispositions de LPF, art. L. 142 A, issu de L. nº 2018-898, 23 oct. 2018, selon lequel « *Les agents des finances publiques sont déliés du secret professionnel à l'égard du procureur de la République avec lequel ils peuvent échanger des informations couvertes par ce secret indépendamment de l'existence d'une plainte ou d'une dénonciation déposée en application de l'article L. 228 ou d'une procédure judiciaire en cours* » et souligne qu'« *au-delà des affaires ayant fait l'objet d'une plainte ou d'une dénonciation* », l'administration fiscale « *peut désormais s'entretenir avec le procureur de la République de l'opportunité d'un traitement judiciaire de tout dossier* ».

2. Les échanges institutionnels

La circulaire conjointe du ministère de l'action et des comptes publics et du ministère de la justice, (Circ. 7 mars 2019, NOR : CPAE1832503C, nº II-3) recommande, au titre des échanges institutionnels entre les partenaires, la mise en place d'un « *comité de suivi des échanges* » réunissant au moins annuellement le procureur de la République, la direction régionale ou départementale des finances publiques et la direction spécialisée du contrôle fiscal, afin de dresser « *le bilan des échanges entre leurs services et l'état des procédures en cours* », d'évoquer les suites judiciaires données aux plaintes et aux dénonciations de l'administration fiscale ainsi qu'à ses signalements effectués en application de C. pr. pén., art. 40, et les suites données par l'administration fiscale aux transmissions du parquet effectuées sur le fondement de LPF, art. L. 82 C et L. 101 (sur le devoir et le droit de communication, v. nº **35.2E2**), au moyen notamment de tableaux de suivi.

Elle recommande également la désignation de « *référents fraude fiscale* » dans les parquets des tribunaux judiciaires, agissant en lien avec le « *cadre supérieur représentant de partie civile* » désigné dans chaque direction locale des finances publiques, ainsi qu'au sein des parquets généraux, et la tenue d'une rencontre annuelle entre le procureur général, les directeurs des finances publiques, les directeurs des directions spécialisées de contrôle fiscal, les procureurs de la République et les « *référents fraude fiscale* » afin de déterminer les priorités d'action du ressort et de dresser le bilan annuel des échanges entre l'administration fiscale et l'autorité judiciaire.

33.34 Fraude fiscale – Déclaration absente ou fausse – Organisation d'insolvabilité – Obstacle au recouvrement

■ PEINES

PERSONNE PHYSIQUE

PP Délit. Cas A à D : 5 ans d'emprisonnement, 500 000 € ou, depuis L. nº 2018-898, 23 oct. 2018, ⩽ double du produit tiré de l'infraction ; Cas E et F (L. nº 2013-1117, 6 déc. 2013) : 7 ans, 3 000 000 € (2 000 000 € avant L. nº 2017-1837, 30 déc. 2017) ou, depuis L. nº 2018-898, 23 oct. 2018, ⩽ double du produit tiré de l'infraction, (CGI, art. 1741).

PC 1. Interdiction droits civiques civils et de famille ⩽ 5 ans (vote, éligibilité, fonction juridictionnelle, expert, témoin, tuteur, curateur) (CGI, art. 1741 ; C. pén., art. 131-26). Sauf dispense spécialement motivée, la peine d'inéligibilité est obligatoirement prononcée dans les cas E et F, lesquels correspondent aux cas visés, en termes quasi identiques, au LPF, art. L. 228 II 1° à 5°, auquel il est renvoyé par C. pén., art. 131-26-2 (C. pén., art. 131-26-2, L. n° 2017-1339, 15 sept. 2017), v. Orienteur/Régime des peines.

2. **Diffusion et affichage** (durant 2 mois) de la décision, **obligatoire** depuis L. n° 2018-898, 23 oct. 2018, sauf dispense motivée, intégrale ou par extraits ou d'un communiqué aux frais (⩽ amende encourue) du condamné (CGI, art. 1741 ; C. pén., art. 131-35) ;

3. Pour les impôts directs, TVA et autres taxes sur le chiffre d'affaires, droit d'enregistrement, taxe de publicité foncière et droit de timbre : A. Interdiction, définitive ou ⩽ 15 ans (10 ans avant L. n° 2013-1117, 6 déc. 2013) d'exercer directement ou indirectement, pour son propre compte ou pour le compte d'autrui une profession libérale, commerciale ou industrielle, de diriger, d'administrer, de gérer ou de contrôler à un titre quelconque, une entreprise commerciale ou industrielle ou une société commerciale (disposition réécrite par L. n° 2011-525, 17 mai 2011) (CGI, art. 1750 ; C. pén., art. 131-27 et 131-28) ; B. Suspension ⩽ 3 ans, du PC ou ⩽ 6 ans, en cas de récidive, pouvant être limitée à la conduite en dehors de l'activité professionnelle (disposition réécrite par L. n° 2011-525, 17 mai 2011) (CGI, art. 1750).

PERSONNE MORALE

PP Délit. Cas A à D : 2 500 000 € ou, depuis L. n° 2018-898, 23 oct. 2018, ⩽ double du produit tiré de l'infraction ; Cas E et F (L. n° 2013-1117, 6 déc. 2013) : 15 000 000 € (10 000 000 € avant L. n° 2017-1837, 30 déc. 2017) ou, depuis L. n° 2018-898, 23 oct. 2018, ⩽ double du produit tiré de l'infraction (CGI, art. 1741 ; C. pén., art. 131-38).

PC Néant.

▪ ORIENTEUR

AUTRE QUALIFICATION

- **Escroquerie aggravée.** V. n° 22.22 (Cas G, notamment pour les cas d'escroquerie à la TVA).
- **Déclaration mensongère – Allocation, paiement, avantage.** V. n° 24.9.
- **Organisation frauduleuse d'insolvabilité.** V. n° 22.44.
- **Travail dissimulé – Dissimulation d'activité.** V. n° 32.11 (dissimulation fiscale d'activité).

ÉLÉMENT LÉGAL

- **Constitutionnalité. • Constitutionnalité de l'incrimination.** Le Cons. const., considère dans deux décisions QPC 2016-545 et 2016-546 du 30 mars 2016, rédigées en termes identiques, qu'au regard de l'objectif constitutionnel de lutte contre la fraude fiscale inscrit à l'article 13 de la DDHC selon lequel « *pour l'entretien de la force publique et pour les dépenses de l'administration, une contribution commune est indispensable, elle doit être également répartie entre tous les citoyens, en raison de leurs facultés* » (§ 17), « *le recouvrement de la nécessaire contribution publique et l'objectif de la lutte contre la fraude fiscale justifient l'engagement de procédures complémentaires dans les cas les plus graves. Aux contrôles à l'issue desquels l'administration fiscale applique des sanctions pécuniaires peuvent ainsi s'ajouter des poursuites pénales dans les conditions et selon des procédures organisées par la loi* » (§ 20). Le Cons. const. a toutefois entouré l'application de l'article 1741 du CGI de deux réserves d'interprétation touchant aux composantes de l'infraction. **• La première réserve d'interprétation du Conseil constitutionnel** prévoit que « *ces dispositions ne sauraient, sans méconnaître le principe de nécessité des délits, permettre qu'un contribuable qui a été déchargé de l'impôt par une décision juridictionnelle devenue définitive pour un motif de fond puisse être condamné pour fraude fiscale* » (§ 13) (dans le même sens, Cons. const. 23 nov. 2018, n° 2018-745 QPC, § 11). Il en résulte qu'un « *contribuable ayant été déchargé de toute imposition pour un motif de bien-fondé par un jugement à caractère définitif ne peut plus faire l'objet d'une condamnation pour fraude fiscale. Par extension, et sous réserve de l'interprétation qui en sera faîte par la C. cass., il y a lieu de considérer que le contribuable déchargé de l'impôt par une décision juridictionnelle définitive pour un motif de fond ne peut plus faire l'objet d'une condamnation pénale du chef de blanchiment de fraude fiscale, en l'absence d'impôt fraudé* » (Circ. Crim. 2016/F/0096/FC4, 20 sept. 2016). Dans cette hypothèse, l'existence d'une décision de décharge de l'impôt doit se traduire par une décision de classement sans suite du procureur, ou de relaxe par le tribunal, fondée sur l'absence de matérialité l'infraction, ou d'élément intentionnel. La circulaire précise que cette réserve d'interprétation ne concerne pas la décharge des majorations fiscales, qui sont sans effet sur l'impôt éludé. Elle souligne également qu'elle n'emporte pas, pour le juge répressif, l'obligation de surseoir à statuer dans le cas où le juge de l'impôt est saisi, car l'autorité de la chose jugée qui s'attache aux constatations de la juridiction répressive, en cas de condamnation, s'impose au juge de l'impôt selon la jurisprudence du Conseil d'État (CE 7 janv. 1973, n° 85064). • **Jurisprudence de la chambre criminelle relative à la 1re réserve d'interprétation.** La **Ch. crim.** a ainsi précisé les conditions d'un éventuel sursis à statuer : « *Même lorsque le prévenu de fraude fiscale justifie de l'existence d'une procédure pendante devant le juge de l'impôt tendant à une décharge de l'imposition pour un motif de fond, le juge pénal n'est pas tenu de surseoir à statuer jusqu'à ce qu'une décision définitive du juge de l'impôt soit intervenue. Par exception, il peut prononcer, dans l'exercice de son pouvoir souverain, le sursis à statuer en cas de risque sérieux de contrariété de décisions, notamment en présence d'une décision non définitive déchargeant le prévenu de l'impôt pour un motif de fond. Dans tous les cas, le juge saisi d'une demande de sursis à statuer doit spécialement motiver sa décision* » (§ 17) (Crim. 11 sept 2019, n° 18-81.980, P). Le risque sérieux de contrariété n'est pas avéré lorsque le prévenu, en instance devant le Conseil d'État, a préalablement été débouté tant par le tribunal administratif que par la cour administrative d'appel de sa demande de décharge de l'impôt et des majorations (Crim. 8 avr. 2021, n° 19-87.905, P ; dans le même sens : Crim. 1er déc. 2021, n° 20-83.235, D) • **La deuxième réserve d'interprétation du Conseil constitutionnel** dispose que le principe de nécessité des délits et des peines « *impose néanmoins que les dispositions de l'article 1741 ne s'appliquent qu'aux cas les plus graves de dissimulation de sommes soumises à l'impôt. Cette gravité peut résulter du montant des droits fraudés, de la nature des agissements de la personne poursuivie ou des circonstances de leur intervention* » (§ 21) (dans le même sens, Cons. const. 23 nov. 2018, n° 2018-745 QPC, § 19). La Circ. Crim. 2016/F/0096/FC4, 20 sept. 2016 énonce à cet égard un ensemble de critères susceptibles de conduire le ministère public à engager les poursuites ou à classer l'affaire sans suite, en rappelant que les plaintes pour fraude fiscale émanent déjà du double filtrage opéré par l'administration fiscale et la commission des infractions fiscales. Ceci sans préjudice des poursuites pour blanchiment de fraude fiscale (sur le blanchiment, v. n° **22.49**), infraction autonome poursuivie d'office par le ministère public sans dénonciation ou plainte préalable de l'administration fiscale ni avis de la commission des infractions fiscales. • **Jurisprudence de la chambre criminelle relative à la 2e réserve d'interprétation.** La **Ch. crim.** a ainsi précisé les conditions d'application de la 2e réserve d'interprétation : « *Lorsque le prévenu de fraude fiscale justifie avoir fait l'objet, à titre personnel, d'une sanction fiscale pour les mêmes faits, il appartient au juge pénal, après avoir caractérisé les éléments constitutifs de cette infraction au regard de l'article 1741 du code général des impôts, et préalablement au prononcé de sanctions pénales, de vérifier que les faits retenus présentent le degré de gravité de nature à justifier la répression pénale complémentaire. Le juge est tenu de motiver sa décision, la gravité pouvant résulter du montant des droits fraudés, de la nature des agissements de la personne poursuivie ou des circonstances de leur intervention dont celles notamment constitutives de circonstances aggravantes. À défaut d'une telle gravité, le juge ne peut entrer en voie de condamnation* » (§ 36) (Crim. 11 sept. 2019, n° 18-81.067, P). Faute de motivation en ce sens, la C. cass. s'assure le cas échéant de la gravité des faits retenus au regard des éléments de faits souverainement constatés par la cour d'appel (§ 28) (Crim. 11 sept. 2019, n° 18-84.144, P). Soulignons qu'il revient au prévenu de revendiquer l'existence d'une sanction fiscale concurrente, en effet « *lorsque le prévenu de fraude fiscale ne justifie pas ni même n'allègue avoir fait l'objet, à titre personnel, d'une sanction fiscale pour les mêmes faits, le juge pénal n'a pas à vérifier si les faits retenus présentent le degré de gravité de nature à justifier la répression pénale complémentaire* » (Crim. 1er avr. 2020, n° 18-85.958, D ; dans le même sens, mais dans une formulation moins affirmée : Crim. 22 févr. 2017, n° 16-82.047, P n° 51). Cette 2ème réserve d'interprétation ne s'applique pas lorsque le prévenu « *n'est plus susceptible de faire l'objet [...] d'un cumul de sanctions administratives et pénales* » pour les mêmes faits, tel est le cas lorsqu'il a fait l'objet d'une décharge de l'impôt, au cas d'espèce « *pour un motif d'irrégularié de la procédure d'imposition* » (§ 12) Crim. 7 déc. 2022, n° 22-80.147, D).

▪ **Application de la loi dans le temps.** L'aggravation qui résultait auparavant des faits « *réalisés ou facilités au moyen d'achats ou de ventes sans factures ou au moyen de factures ne se rapportant pas à des opérations réelles* » (ancien *N* ***551.co***) a été réécrite par L. n° 2013-1117, 6 déc. 2013 et se trouve désormais comprise dans le **cas F3**. L'aggravation de la fraude fiscale qui a « *eu pour objet d'obtenir de l'État des remboursements injustifiés* » (ancien *N* ***25453.co***), abrogée par L. n° 2013-1117, 6 déc. 2013, reste notamment comprise dans l'incrimination d'escroquerie aggravée (v. n° **22.22**, **Cas G**).

ÉLÉMENT MATÉRIEL

▪ **Imputabilité.** • **Délégation de pouvoirs.** Est fondée la condamnation qui relève que le dirigeant de droit « *faute de produire une délégation de pouvoirs désignant un délégataire en matière d'établissement de déclarations fiscales, ne peut s'exonérer de sa responsabilité* » « *dès lors qu'il appartient au prévenu qui se prévaut d'une délégation de pouvoir devant être acceptée du délégataire pour être valable, d'en rapporter la* *preuve dont il a la charge* » (Crim. 27 juin 2018, n° 17-81.918). • **Coaction et direction de fait.** « *le dirigeant de fait d'une entreprise artisanale, exploitée en la forme individuelle, peut être déclaré coauteur du délit de fraude fiscale conjointement avec le dirigeant statutaire de l'entreprise concernée* » (Crim. 13 juin 2019, n° 18-81.754, D). • **Gérance d'une personne morale.** Dans le cas d'une fixation rétroactive de la prise de fonction du dirigeant d'une personne morale, la « *participation personnelle* » aux faits de fraude fiscale antérieurs au procès-verbal de désignation du dirigeant doit être établie (§ 24) (Crim. 8 avr. 2021, n° 20-81.425, D).

▪ **Condition préalable.** • **Conséquences de l'exercice d'une option fiscale.** Lorsque l'imposition éludée est consécutive à une option laissée à la discrétion du contribuable (en l'espèce option d'une SCI pour l'impôt sur les sociétés), l'absence de notification régulière de cette option à l'administration fiscale retire aux faits leur qualification pénale puisque le contribuable ne peut être considéré comme valablement assujetti à l'impôt concerné (Crim. 8 mars 2023, n° 22-82.404, D).

▪ **Concours de qualification – Règle non bis in idem.** • **Fraude fiscale et escroquerie à la TVA.** S'il « *se déduit du principe ne bis in idem que des faits qui procèdent de manière indissociable d'une action unique caractérisée par une seule intention coupable ne peuvent donner lieu, contre le même prévenu, à deux déclarations de culpabilité de nature pénale, fussent-elles concomitantes* » (§ 11) « *Il n'en est pas ainsi en cas de double déclaration de culpabilité pour fraude fiscale et escroquerie à la TVA, lorsque l'omission déclarative caractérisant la fraude fiscale ne constitue pas un élément nécessaire des manœuvres frauduleuses de l'infraction d'escroquerie* » (§ 12) (Crim. 6 janv. 2021, n° 19-85.133, D). En sens contraire, pour des faits de fraude fiscale consistant en souscription de déclarations de TVA minorée par de la TVA déductible indue, reposant sur un schéma de fraude constitué de sociétés taxis éphémères succédant les unes aux autres, opérations « *qui comportent des éléments constitutifs distincts, ne procédaient pas de manière indissociable d'une action unique caractérisée par une seule intention coupable* » (§ 17) (Crim. 25 nov. 2020, n° 19-80.525, D). • **Fraude fiscale par dissimulation et fraude fiscale par omission d'écritures comptables.** « *en cas de poursuites concomitantes, le principe ne bis in idem n'interdit le cumul de qualifications lors de la déclaration de culpabilité que lorsque les infractions retenues répriment des faits identiques* » (Crim. 15 déc. 2021, n° 21-81.864, P) » (§ 13) « *les faits réprimés par le délit de fraude fiscale par dissimulation, d'une part, et le délit d'omission d'écritures en comptabilité, d'autre part, sont nécessairement distincts dès lors que CGI, art. 1741 sanctionne la souscription d'une déclaration fiscale minorée, tandis que CGI, art. 1743 sanctionne l'omission, pour tout contribuable soumis à l'obligation de tenir une comptabilité, de passer ou de faire passer des écritures dans les documents comptables obligatoires* » (§ 14) (Crim. 22 juin 2022, n° 21-83.360, P). • **Renvoi.** Sur l'application de la règle *non bis in idem* en cas de concours d'infraction, v. n° **17.32B2**.

ÉLÉMENT INTENTIONNEL

▪ **Dol général.** « *Le ministère public et l'administration doivent apporter la preuve du caractère intentionnel [...] de la soustraction* » (LPF, art. L. 227). Le prévenu, en sa qualité de gérant de droit de la personne morale, a « *nécessairement connaissance des obligations financières et comptables pesant sur lui* » (§ 18) Crim. 8 avr. 2021, n° 20-81.425, D).

RÉGIME PROCÉDURAL

▪ **Compétence territoriale.** Sous réserve des règles de la connexité (C. pr. pén., art. 203 et 210), « *les poursuites sont portées devant le tribunal correctionnel dans le ressort duquel l'un quelconque des impôts en cause aurait dû être établi ou acquitté* » (LPF, art. L. 231).

▪ **Pouvoir des agents de constatation. Officiers fiscaux judiciaires :** compétents pour constater ces infractions et celles qui leur sont connexes (C. pr. pén., art. 28-2 I), lorsqu'il existe des présomptions caractérisées de l'emploi de l'un des moyens du **cas F** (lesquels sont identiques à LPF ; art. L. 228 II, 1° à 5°) ou de toute autre manœuvre destinée à égarer l'administration.

▪ **Exercice de l'action publique. Condition préalable :** sous peine d'irrecevabilité, les poursuites ne peuvent être engagées que **dénonciation de l'administration fiscale**, ou sur sa **plainte, après avis de la commission des infractions fiscales** (LPF, art. L. 228) (sur le cadre juridique de la dénonciation ou de la plainte de l'administration fiscale, v. n° **33.33**). Il n'en est pas de même pour le blanchiment de fraude fiscale, infraction autonome (Crim. 20 févr. 2008, n° 07-82.977, P n° 43, Crim. 27 mars 2018, n° 16-87.585, P n° 55), v. n° **22.49**.

▪ **Compétence du procureur de la République financier.** Pour les **cas E** ou lorsqu'il existe des présomptions caractérisées de l'emploi de l'un des moyens du **cas F** (lesquels sont identiques à LPF ;

art. L. 228), ou de toute autre manœuvre destinée à égarer l'administration (C. pr. pén., art. 705, L. n° 2013-1117, 6 déc. 2013).

▪ **Régime partiel (étendu) de la criminalité organisée.** Applicable pour les **cas E** ou lorsqu'il existe des présomptions caractérisées de l'emploi de l'un des moyens du **cas F** (lesquels sont identiques à LPF ; art. L. 228 II, 1° à 4°), ou de toute autre manœuvre destinée à égarer l'administration (C. pr. pén., art. 706-1-1, L. n° 2013-1117, 6 déc. 2013) : **surveillance** (C. pr. pén., art. 706-80, v. n° **11.31**) ; **infiltration** (C. pr. pén., art. 706-81 à 706-87, v. n° **11.33**) ; **interception de communications électroniques** (C. pr. pén., art. 706-95, v. n° **11.36**) ; **sonorisation ou fixation d'image** (C. pr. pén., art. 706-96 à 106-102, v. n° **11.39**) ; **captation de données informatiques** (C. pr. pén., art. 706-102 à 706-102-9, v. n° **11.40**) ; **mesures conservatoires** sur les biens du mis en examen (C. pr. pén., art. 706-103, v. n° **11.68**).

▪ **Prescription de l'action publique.** « *Les plaintes peuvent être déposées jusqu'à la fin de la ~~troisième~~ "sixième" (L. n° 2013-117, 6 déc. 2013) année qui suit celle au cours de laquelle l'infraction a été commise [...] la prescription de l'action publique est suspendue pendant une durée maximum de 6 mois entre la date de la saisine de la commission des infractions fiscales et la date à laquelle cette commission émet son avis* » (LPF, art. L. 230). « *La prescription spéciale de l'action publique commence à courir du jour où l'infraction a été commise, soit, en cas d'omission de déclaration, le jour où celle-ci aurait dû être faite, en cas de dissimulation de sommes sujettes à l'impôt, le jour où une déclaration inexacte est produite auprès des services fiscaux (Crim. 13 déc. 1982, n° 80-95.151, P n° 284)* » (§ 25), « *Il s'en déduit que le dépôt d'une déclaration, fût-elle tardive au regard des dispositions fiscales la régissant, qui comporte des omissions, fait courir le délai de prescription spéciale prévue à l'article L. 230 du livre des procédures fiscales dès lors qu'elle tend à permettre la liquidation et le paiement de l'impôt* » (§ 26) (Crim. 6 janv. 2021, n° 18-84.570, P). « *Il résulte clairement des dispositions de l'article L. 230 du livre des procédures fiscales, dans sa rédaction issue de L. n° 2013-1117, 6 déc. 2013, que le délai porté de trois à six ans est celui dont dispose l'administration fiscale pour déposer plainte, délai qui ne modifie pas celui de la prescription de l'action publique du délit de fraude fiscale* » (§ 5) (Crim. 13 avr. 2022, n° 21-86.494, D). Il est jugé que la prescription triennale prévue par LPF, art. L. 236, en matière de contributions indirectes, « *est un délai de prescription, susceptible d'être interrompu par tout acte d'instruction ou de poursuite* » (§ 11) accompli pour la recherche d'infractions connexes dans le cadre d'une enquête préliminaire ouverte par le procureur de la République (Crim. 28 juin 2023, n° 22-80.789, D), solution transposable au délai de prescription de 6 ans prévu en matière de contributions directes par LPF, art. L. 230.

▪ **Réponse pénale alternative. CJIP.** Depuis L. n° 2018-898, 23 oct. 2018, le procureur de la République peut proposer à la **personne morale**, pour les infractions de fraude fiscale incriminées par CGI, art. 1741 et 1743 et les infractions connexes, une **Convention judiciaire d'intérêt public** prévoyant le paiement d'une amende d'intérêt public, l'exécution d'un programme de conformité, et la réparation du dommage (Sur la CJIP, C. pr. pén., art. 41-1-2, v. n° **15.58** et **15.59**). Avant la L. n° 2018-898, 23 oct. 2018, la CJIP était limitée aux faits de blanchiment de fraude fiscale et aux infractions connexes, à l'exclusion des infractions de fraude fiscale incriminées par CGI, art. 1741 et 1743.

POLITIQUE PUBLIQUE

▪ **Échange d'informations entre l'autorité judiciaire et l'administration fiscale.** LPF, art. L. 82 C, L. 101 et L. 142 A ; C. pr. pén., art. 40, v. n° **33.33D**.

MESURE CIVILE

▪ **Constitution de partie civile de l'administration.** Lorsque l'information est ouverte par l'autorité judiciaire sur la plainte de l'administration des impôts en matière de droits, taxes, redevances et impositions de toute nature mentionnées au CGI, cette administration peut se constituer partie civile (LPF, art. L. 232). Toutefois, « *la constitution de partie civile devant la juridiction correctionnelle sur des poursuites exercées pour les infractions visées au Code général des impôts, permet à l'administration fiscale de suivre la procédure et d'y intervenir dans l'intérêt du fisc mais ne lui ouvre pas le droit de demander, pour le préjudice causé au Trésor public par la fraude, une réparation distincte de celle qui est assurée par les majorations et amendes fiscales* » (Crim. 17 avr. 1989, n° 88-81.189, P n° 156). En effet, la juridiction correctionnelle est « *incompétente rationae materiae pour accorder au trésor public les réparations sollicitées des chefs de fraude fiscale et complicité* » car « *l'administration fiscale puise son droit de se constituer partie civile devant la juridiction correctionnelle lors de poursuites exercées pour les infractions prévues par le CGI, non point dans les articles 2 et 3 du code de procédure pénale, mais dans l'article 1753 bis dudit code [...], cette constitution* *de partie civile qui a pour but de permettre à l'administration de suivre la procédure et d'y intervenir dans l'intérêt du fisc se trouve limitée dans ses effets par les dispositions mêmes du CGI qui réservent à l'administration fiscale le pouvoir de déterminer et de mettre elle-même à la charge du fraudeur, non seulement le montant des droits, taxes, redevances ou impositions éludés frauduleusement, mais encore celui des majorations et amendes fiscales qui ont, pour partie, le caractère de réparations civiles destinées à dédommager le trésor public du préjudice causé par les fraudes* » (Crim. 16 avr. 1970, n° 68-92.344, P n° 132). Plus récemment jugé que « *si les juges répressifs, saisis de poursuites des chefs de fraude fiscale et blanchiment, peuvent indemniser l'État du dommage résultant du blanchiment, ils n'ont pas compétence pour réparer le préjudice subi par le Trésor public du fait du délit fiscal, qui est indemnisé par les majorations fiscales et les intérêts de retard* » (§ 42) (Crim. 29 janv. 2020, n° 17-83.577, P, dans les mêmes termes : Crim. 5 avr. 2023, n° 22-83.052, D). En revanche, dans le cas d'escroquerie à la TVA (sur l'escroquerie, v. n° **22.18**), « *l'action en réparation du dommage résultant du délit d'escroquerie est distincte de l'action en recouvrement de la taxe fraudée* » (§ 17) et peut donner lieu à l'allocation de dommages-intérêts (Crim. 16 juin 2021, n° 19-86.630, P ; dans le même sens : Crim. 8 avr. 2010, n° 09-85.514, P ; Crim. 31 janv. 2018, n° 17-81.437, D).

▪ **Solidarité fiscale.** • **Principe.** Tous ceux qui ont fait l'objet d'une condamnation définitive, prononcée en application de CGI., art. 1741, 1742 ou 1743, peuvent être solidairement tenus, avec le redevable légal de l'impôt fraudé, au paiement de cet impôt ainsi qu'à celui des pénalités fiscales y afférentes (**CGI, art. 1745**). • **Cumul de la sanction pénale et de la solidarité fiscale.** Ne méconnaît pas le principe *Non bis in idem* la condamnation de la personne physique coupable de fraude fiscale au paiement solidaire des droits fraudés par la société qu'il dirigeait et des pénalités afférentes, dès lors que le prononcé de la solidarité ne revêt pas le caractère d'une punition (Crim. 6 déc. 2017, n° 16-81.857, P n° 282 ; v. également Cons. const. 21 janv. 2011, n° 2010-90 QPC, jugeant que la solidarité prévue par CGI, art. 1754, « *ne revêt pas le caractère d'une punition au sens des articles 8 et 9 de la Déclaration de 1789* » (§ 6)). • **Modalités du prononcé de la solidarité fiscale.** « *le prononcé par le juge correctionnel de la solidarité fiscale prévue au CGI, art. 1745, qui constitue une garantie pour le recouvrement de la créance du Trésor public et non une peine au sens de C. pén., art. 132-1* [principe d'individualisation de la sanction], *n'est pas soumis aux prescriptions de C. pr. pén., art. 485-1* [obligation de motivation] *ni, le cas échéant, au contrôle du caractère proportionné de l'atteinte portée au droit de propriété de l'intéressé* » (§ 9) (Crim. 7 sept. 2022, n° 21-86.515, D). Dit autrement, « *la solidarité fiscale prévue à l'article 1745 du code général des impôts, qui constitue une garantie pour le recouvrement de la créance du Trésor public, ne constitue pas une peine au sens de l'article 8 de la Déclaration de 1789 de sorte que le principe de nécessité des délits et des peines ne lui est pas applicable* » (Crim. 24 juin 2020, n° 19-81.134, P ; dans le même sens : Crim. 23 oct. 2019, n° 18-85.088, P), ce qui exclut donc l'exigence de proportionalité entre la solidarité fiscale et les ressources et les charges de la personne condamnée. « *les juges qui prononcent la solidarité, mesure pénale sans incidence sur la détermination des droits dus, ne peuvent en limiter les effets à une part des impôts fraudés et pénalités fiscales y afférentes* » (§ 8) (Crim. 4 avr. 2023, n° 22-83.995, D). En raison de l'effet dévolutif de l'appel (sur l'effet dévolutif de l'appel, v. n° **19.3**), s'agissant d'une mesure civile, elle ne peut être prononcée par la cour d'appel lorsque l'administration fiscale « *a restreint son appel aux dispositions du jugement relatives aux amendes et aux pénalités fiscales* » (§ 25) (Crim. 16 juin 2021, n° 20-80.911, D). • **Extension aux faits procédant d'une conception unique.** Le prononcé de la solidarité fiscale à l'égard de plusieurs prévenus poursuivis chacun pour la période au cours de laquelle il a exercé les fonctions de dirigeant de droit est confirmée car« *il existe entre les faits de fraude fiscale commis par chacun des prévenus, qui procèdent d'une conception unique, un lien de connexité de nature à justifier le prononcé de la solidarité* » (§ 12) (Crim. 10 nov. 2020, n° 19-82.926, D).

RÉGIME DES PEINES

▪ **Réduction de peine.** Applicable au **repenti** (C. pén., art. 132-78, CGI, art. **1741**, v. n° **18.8D**) (L. n° 2013-117, 6 déc. 2013).

▪ **Sursis probatoire.** Pour les faits commis à compter du 24 mars 2020, le tribunal peut, lorsqu'il prononce un sursis probatoire, imposer à la personne condamnée l'obligation particulière de **justifier du paiement régulier de l'impôt** ou de justifier de la **tenue d'une comptabilité régulière certifiée** par un commissaire aux comptes (C. pén., art. 132-45 **24**°et **25**°, réd. issue L. n° 2019-222, 23 mars 2019, en vigueur au 24 mars 2020) (sur les obligations particulières du sursis probatoire, v. n° **18.25C**).

▪ **Constitutionnalité. Peine complémentaire d'affichage et de publication.** Le 4e alinéa de CGI, art. 1741, qui prévoyait dans sa rédaction initiale la peine d'affichage obligatoire de la condamnation, a été déclaré inconstitutionnel en ce que le juge était tenu d'ordonner la publication du jugement au journal officiel, qu'il ne pouvait faire varier la durée et les modalités de l'affichage, que la seule faculté qui lui était laissée d'ordonner la publication de façon intégrale ou par extraits ne satisfaisait pas au principe d'individualisation des peines découlant de DDHC de 1789, art. 8, qui implique que la peine ne puisse être appliquée que si le juge l'a expressément prononcée, en tenant compte des circonstances propres à chaque espèce (Cons. const. 10 déc. 2010, nº 2010-72/75/82 QPC, § 3 et 5). Ces peines de publication et d'affichage ont été réintroduites par L. nº 2010-1658, 29 déc. 2010, art. 63, sous forme de peines complémentaires prononcées dans les conditions prévues à C. pén., art. 131-10 (v. nº 18.34), 131-35 ou 131-39.

▪ **Constitutionnalité. • Application du principe de proportionnalité pour le cumul des sanctions pénales et fiscales.** Dans les deux décisions précitées (v. élément légal) QPC 2016-545 et 2016-546 du 24 juin 2016, le Cons. const. a émis la réserve d'interprétation suivante : « *Si l'éventualité que deux procédures soient engagées peut conduire à un cumul de sanctions, le principe de proportionnalité implique qu'en tout état de cause le montant global des sanctions éventuellement prononcées ne dépasse pas le montant le plus élevé de l'une des sanctions encourues. Sous cette réserve, l'application combinée des dispositions de l'article 1729 et des dispositions contestées de l'article 1741 du code général des impôts ne méconnaît pas le principe de proportionnalité des peines* » (§ 24) (dans le même sens, Cons. const. 23 nov. 2018, nº 2018-745 QPC, § 22). **• Prise en compte des seules pénalités fiscales.** Pour l'appréciation de cette proportionnalité, ne sont à prendre en compte dans la détermination de la peine que les pénalités fiscales et non les droits éludés. La Ch. crim. juge que l'application du principe de proportionnalité en cas de sanctions fiscales déjà prononcées ne concerne pas la peine d'emprisonnement. En effet « *lorsque le prévenu justifie avoir fait l'objet, à titre personnel, d'une sanction fiscale définitivement prononcée pour les mêmes faits, le juge pénal n'est tenu de veiller au respect de l'exigence de proportionnalité que s'il prononce une peine de même nature* » (§ 23) (Crim. 11 sept. 2019, nº 18-82.430, P). **• Application du principe de proportionnalité par le juge qui statue en dernier.** « *la mise en œuvre du principe constitutionnel de proportionnalité, selon lequel, si l'éventualité que deux procédures, pénale et fiscale, pour des faits de fraude fiscale soient engagées peut conduire à un cumul de sanctions, le montant global des sanctions éventuellement prononcées ne doit pas dépasser le montant le plus élevé de l'une des sanctions encourues, s'applique devant le juge qui se prononce en dernier, qu'il soit le juge pénal ou le juge de l'impôt. Il s'en déduit qu'elle n'implique aucune mesure de sursis à statuer devant le juge répressif* » (§ 25) (Crim. 29 janv. 2020, nº 17-83.577, P).

▪ **Conventionnalité. • Cumul des sanctions pénales et fiscales.** La Ch. crim., au visa de Conv. EDH, protocole nº 7, art. 4, et de la réserve émise par le France, juge pour sa part que le principe *non bis in idem* « *n'interdit pas le prononcé de sanctions fiscales parallèlement aux peines infligées par le juge répressif* » (Crim. 3 mai 2018, nº 17-81.594, NP), ni que des « *poursuites pénales soient engagées pour fraude fiscale à l'encontre de la personne physique, représentant de la personne morale qui a fait l'objet de sanctions fiscales pour les mêmes faits* » (Crim. 6 déc. 2017, nº 16-81.857, P). Constatant que la CEDH n'a pas remis en cause la validité du protocole nº 7, art. 4, et de la réserve émise par le France, la Ch. crim. réaffirme qu'il « *appartient au juge répressif d'appliquer l'article 4 au protocole nº 7 en faisant produire un plein effet à la réserve émise par la France en marge de ce protocole* » (§ 20) (Crim. 11 sept. 2019, nº 18-81.067, P et nº 18-82.430, P (§ 15)).

▪ **Droit de l'Union. • Cumul des sanctions fiscales et pénales contre la société et ses dirigeants.** La CJUE considère qu'il n'y a pas violation de la règle *non bis in idem* visée à la CDFU, art. 50, dans le cas où pour des faits de fraude fiscale, une personne morale fait l'objet de sanctions fiscales, d'une part, et ses dirigeants de sanctions pénales, d'autre part (CJUE, 5 avr. 2017, *Osi et Baldetti*, aff. C-217/15 et C-350/15). **• Cumul des sanctions fiscales et pénales contre une même personne.** La CJUE juge que ces mêmes dispositions ne s'opposent pas au cumul des sanctions pénales et fiscales pour une même personne (CJUE, 20 mars 2018, *Menci*, aff. C-524/15). Elle considère toutefois que, si la jurisprudence interne peut valablement interpréter les conditions d'application de ce régime de cumul, la CDFU, art. 50 et 52 § 1, « *s'oppose à une règlementation nationale qui n'assure pas, dans les cas du cumul d'une sanction pécuniaire et d'une peine privative de liberté, par des règles claires et précises, le cas échéant telles qu'interprétées par les juridictions nationales, que l'ensemble des sanctions infligées n'excède pas la gravité de l'infraction constatée* » (§ 56) (CJUE, 5 mai 2022, *BV c/ Direction départementale des finances publiques de la Haute-Savoie*, aff. C-570/20). Tirant les conséquence de cet arrêt préjudiciel et des décisions QPC nº 2016-545 et 2016-546 précités, la Ch. crim juge « *en premier lieu, que, lorsque le prévenu de fraude fiscale justifie avoir fait l'objet, à titre personnel, d'une sanction fiscale pour les mêmes faits, il appartient au juge pénal, d'une part, s'il est saisi d'un moyen en ce sens, de vérifier qu'il était* *raisonnablement prévisible, au moment où l'infraction a été commise, que celle-ci était susceptible de faire l'objet d'un cumul de poursuites et de sanctions de nature pénale, le cas échéant en tenant compte de la profession du prévenu et des conseils juridiques auxquels il pouvait recourir* » (§ 28) ; « *Il lui appartient, d'autre part, après avoir caractérisé les éléments constitutifs de l'infraction au regard de CGI, art. 1741, et préalablement au prononcé de sanctions pénales, de vérifier que les faits retenus présentent le degré de gravité de nature à justifier la répression pénale complémentaire. Le juge est tenu de motiver sa décision, la gravité pouvant résulter du montant des droits fraudés, de la nature des agissements de la personne poursuivie ou des circonstances de leur intervention dont celles notamment constitutives de circonstances aggravantes* » (§ 29) ; en second lieu, « *lorsque le prévenu de fraude fiscale justifie avoir fait l'objet, à titre personnel, d'une sanction fiscale définitivement prononcée pour les mêmes faits, il appartient au juge pénal, après avoir constaté le montant des pénalités fiscales appliquées, d'une part, s'il prononce une peine de même nature, de vérifier que le montant global des sanctions éventuellement prononcées ne dépasse pas le montant le plus élevé de l'une des sanctions encourues* » (§ 30) ; « *Il lui appartient, d'autre part, de s'assurer que la charge finale résultant de l'ensemble des sanctions prononcées, quelle que soit leur nature, ne soit pas excessive par rapport à la gravité de l'infraction qu'il a commise. Le juge est tenu de motiver sa décision au regard de ces éléments, sans préjudice des exigences résultant des dispositions de C. pén., art. 132-1 et 132-20 concernant la motivation du choix de la peine* » ((§ 31) (Crim. 22 mars 2023, n° 19-80.689, P ; en termes identiques : Crim. 22 mars 2023, n° 19-81.929, P (§§ 23 à 26), et de « *s'expliquer concrètement sur la proportionnalité de l'ensemble des sanctions pénales choisies et fiscales déjà prononcées au regard de la gravité des faits commis* » (§ 21) (Crim. 14 juin 2023, n° 22-81.020, D).

▪ **Inéligibilité obligatoire. Cas E et F : Inscription au bulletin n° 2. Réserve d'interprétation.** *Idem* n° **20.18**.

▪ **Exclusion de plein droit de la commande publique.** Sont exclues de plein droit durant 5 ans de la procédure de passation des marchés les personnes qui ont fait l'objet d'une condamnation définitive pour des faits de fraude fiscale incriminée par CGI, art. 1741 à 1743, 1746 ou 1747, ou pour recel d'une de ces infractions (CCP, art. L. 2141-1). Pour autant, la peine complémentaire d'exclusion des marchés publics n'est pas prévue par pour les délits de fraude fiscale (Crim. 6 janv. 2021, n° 19-85.952, D). Il en est de même pour l'attribution des contrats de concession (CCP, art. L. 3123-1). Ces dispositions de transposition de la directive n° 2014/24/UE du Parlement européen et du Conseil du 26 févr. 2014, sur la passation des marchés publics, et de la directive n° 2014/23/UE du Parlement européen et du Conseil, du 26 févr. 2014, sur l'attribution de contrats de concession, ne méconnaissent aucun principe inhérent à l'identité constitutionnelle de la France (Cons. const. 28 janv. 2022, n° 2021-966 QPC).

▪ **Interdiction professionnelle.** Est censurée la décision prononçant « *une interdiction de gérer toute entreprise ou toute société, alors que CGI, art. 1750 applicable aux délits reprochés, limite une telle interdiction aux entreprises commerciales ou industrielles et aux sociétés commerciales* » (Crim. 9 nov. 2022, n° 22-81.687, D).

▪ ÉLÉMENTS CONSTITUTIFS – QUALIFICATION

✧ Pour s'être à .... [¤ lieu], le .... [¤ date], au titre des années fiscales .... [¤ années fiscales non prescrites visées dans le PV de l'administration fiscale], frauduleusement soustrait à l'établissement ou au paiement de .... [¤ impôts éludés visés dans le PV de l'administration fiscale], [⇨A à D, puis le cas échéant E *et/ou* F :]

A. en omettant volontairement de faire sa déclaration dans les délais prescrits (A : *N* ***4043.co***) ...

B. en dissimulant volontairement une part des sommes sujettes à l'impôt (B : *N* ***4044.co***) ...

C. en organisant son insolvabilité (C : *N* ***4045.co***) ...

D. en faisant obstacle par des manœuvres au recouvrement de l'impôt (D : *N* ***4046.co***) ...

... en l'espèce en .... [¤ matérialiser l'infraction] ;

[• Préciser le cas échéant] avec cette circonstance que les faits ont été [⇨E *et/ou* F :]

E. commis en bande organisée (E : *N* ***30161.co***) ...

F. réalisés ou facilités au moyen [⇨F1 à F5 :]

F1. de comptes ouverts ou de contrats souscrits auprès d'organismes établis à l'étranger (L. n° 2013-1117, 6 déc. 2013) (F1 : *N* ***30162.co***) ;

F2. de l'interposition de personnes physiques ou morales ou de tout organisme, fiducie ou institution comparable établis à l'étranger (L. n° 2013-1117, 6 déc. 2013) (F2 : *N* ***30163.co***) ;

F3. de l'usage d'une fausse identité ou de faux documents, au sens de l'article 441-1 du code pénal, ou de toute autre falsification (L. n° 2013-1117, 6 déc. 2013) (F3 : *N 30164.co*) ;

F4. d'une domiciliation fiscale fictive ou artificielle à l'étranger(L. n° 2013-1117, 6 déc. 2013) (F4 : *N 30165.co*) ;

F5. d'un acte fictif ou artificiel ou de l'interposition d'une entité fictive ou artificielle(L. n° 2013-1117, 6 déc. 2013) (F5 : *N 30166.co*).

Faits prévus et réprimés par les articles 1741, 1742 et 1750 du code général des impôts. ✧

33.35 Fraude fiscale – Écriture comptable absente ou inexacte – Entremise en vue de favoriser la fraude fiscale

▪ PEINES

PERSONNE PHYSIQUE

PP Délit. 5 ans d'emprisonnement, 500 000 € ou, depuis L. n° 2018-898, 23 oct. 2018, ⩽ double du produit tiré de l'infraction (CGI, art. 1741, 1743).

PC *Idem* n° 33.34. Sauf dispense spécialement motivée, la peine d'inéligibilité est obligatoirement prononcée si les faits résultent d'un des comportements mentionnés aux 1° à 5° de LPF, art. L. 228 II (C. pén., art. 131-26-2, L. n° 2017-1339, 15 sept. 2017), v. Orienteur/Régime des peines ;

PERSONNE MORALE

PP 2 500 000 € ou, depuis L. n° 2018-898, 23 oct. 2018, ⩽ double du produit tiré de l'infraction (CGI, art. 1741, 1743 ; C. pén., art. 131-38).

PC Néant.

▪ ORIENTEUR

AUTRE QUALIFICATION

▪Renvoi. *Idem* n° 33.34.

ÉLÉMENT LÉGAL

▪Renvoi. *Idem* n° 33.34.

ÉLÉMENT MATÉRIEL

▪ Tentative. Punissable. (CGI, art. 1743).

▪ Concours de qualification – Règle non bis in idem. • Fraude fiscale par dissimulation et fraude fiscale par omission d'écritures comptables. *Idem* n° 33.34 (Crim. 22 juin 2022, n° 21-83.360, P).

ÉLÉMENT INTENTIONNEL

▪Renvoi. *Idem* n° 33.34.

RÉGIME PROCÉDURAL

▪ Compétence territoriale. *Idem* n° 33.34.

▪ Pouvoir des agents de constatation. Officiers fiscaux judiciaires : compétents pour constater ces infractions et celles qui leur sont connexes (C. pr. pén., art. 28-2 I°), lorsqu'il existe des présomptions caractérisées de l'emploi de l'un des moyens du cas F du n° 33.34 (lesquels sont identiques à LPF ; art. L. 228 II, 1° à 5°) ou de toute autre manœuvre destinée à égarer l'adminsitration.

▪ Exercice de l'action publique. *Idem* n° 33.34.

▪ Prescription de l'action publique. *Idem* n° 33.34.

▪ Réponse pénale alternative. CJIP. *Idem* n° 33.34.

POLITIQUE PUBLIQUE

▪ Échange d'informations entre l'autorité judiciaire et l'administration fiscale. *Idem* n° 33.34.

▪ Prévention de l'infraction. Responsabilité des concepteurs et éditeurs de logiciels de comptabilité ou de caisse. Les entreprises ou les opérateurs qui conçoivent ou éditent des logiciels de comptabilité, de gestion ou des systèmes de caisse ou qui interviennent techniquement sur leurs fonctionnalités sont tenus de présenter à l'administration fiscale, sur sa demande, tous codes, données, traitements ou documentation qui s'y rattachent (LPF, art. L. 96 J). Ces personnes sont passibles d'une amende proportionnelle au chiffre d'affaires lorsque ces logiciels, systèmes ou interventions sont conçus pour permettre la réalisation de faits d'omission de passation d'écritures comptables ou de passation d'écritures comptables inexactes ou fictives. Elles sont en outre solidairement responsables du paiement des droits fiscaux rappelés (CGI, art. 1795).

MESURE CIVILE

- **Constitution de partie civile de l'administration.** *Idem* n° 33.34.
- **Solidarité fiscale.** *Idem* n° 33.34.

RÉGIME DES PEINES

- **Renvoi.** *Idem* n° 33.34.

■ ÉLÉMENTS CONSTITUTIFS – QUALIFICATION

✧ Pour avoir ou pour s'être à .... [¤ lieu], le .... [¤ date], au titre des années fiscales .... [¤ années fiscales non prescrites visées par l'administration fiscale], [⇨A à C :]

A. sciemment omis de passer ou de faire passer des **écritures** au livre journal ou au livre d'inventaire prévus par les articles L. 123-12 à L. 123-14 du code de commerce ou dans les documents qui en tiennent lieu (A : *N* ***1331.co***) ...

B. sciemment passé ou fait passer des **écritures inexactes ou fictives** au livre journal ou au livre d'inventaire prévus par les articles L. 123-12 à L. 123-14 du code de commerce ou dans les documents qui en tiennent lieu (B : *N* ***1324.co***) ...

C. en vue de faire échapper à l'impôt tout ou partie de la fortune d'autrui, entremis ou avoir tenté de s'entremettre, soit en favorisant les dépôts de titres à l'étranger, soit en transférant ou faisant transférer des coupons à l'étranger pour y être encaissés ou négociés, soit en émettant ou encaissant des chèques ou tous autres instruments créés pour le paiement de dividendes, intérêts, arrérages ou produits quelconques de valeurs mobilières (C : *N* ***3976.co***) ...

... en l'espèce en .... [¤ matérialiser l'infraction].

Faits prévus et réprimés par les articles 1741, 1742, 1743 et 1750 du code général des impôts. ✧

33.36 Délits douaniers – Contrebande – Importation, exportation de marchandise prohibée

■ PEINES

PERSONNE PHYSIQUE

PP Délit. Cas A à D : 3 ans d'emprisonnement, amende (pénalité fiscale) entre 1 et 2 fois la valeur de l'objet de fraude ; cas E à H : 10 ans, amende ⩽ 5 fois la valeur de l'objet de fraude (C. douanes, art. 38, 414).

PC 1. Confiscation, réelle ou en valeur, de l'objet de fraude, des moyens de transport, des objets servant à masquer la fraude (C. douanes, art. 414 et 435) ;

2. Confiscation des biens ayant servi à commettre l'infraction ou destinés à la commettre et dont l'auteur de l'infraction est propriétaire ou, sous réserve des droits du propriétaire de bonne foi, dont il a la libre disposition (depuis L. n° 2023-610, 18 juill. 2023, C. douanes, art. 414) ;

3. Confiscation des biens et avoirs qui sont le produit direct ou indirect de l'infraction (C. douanes, art. 414 (L. n° 2011-267, 14 mars 2011) et 435) ;

4. Interdiction, définitive ou ⩽ 15 ans (10 ans avant L. n° 2013-1117, 6 déc. 2013) d'exercer une profession commerciale ou industrielle, de diriger, d'administrer, de gérer ou de contrôler à un titre quelconque, directement ou indirectement, pour son propre compte ou pour le compte d'autrui, une entreprise commerciale ou industrielle ou une société commerciale (disposition réécrite par L. n° 2011-525, 17 mai 2011) (C. douanes, art. 432 *bis*, C. pén., art. 131-27) ;

5. Suspension, ⩽ 3 ans, du PC ou ⩽ 6 ans, en cas de récidive, pouvant être limitée à la conduite en dehors de l'activité professionnelle (disposition réécrite par L. n° 2011-525, 17 mai 2011) (C. douanes, art. 432 *bis*) ;

4. Auteur étranger : interdiction du territoire français ⩽ 10 ans si les faits portent sur des stupéfiants ou des produits du tabac manufacturés (depuis L. n° 2023-610, 18 juill. 2023, C. douanes, art. 432 *ter* ; C. pén., art. 131-30 à 131-30-2) ;

PERSONNE MORALE

PP Amende (pénalité fiscale) applicable ⩽ quintuple de celle prévue pour les personnes physiques (C. pén., art. 131-38).

PC Néant.

■ ORIENTEUR

AUTRE QUALIFICATION

▪ **Enregistrement, diffusion ou détention d'image pornographique d'un mineur – Consultation de site pédopornographique. Détention, importation, exportation de matériel pédopornographique. Cas G** : v. infractions du C. pén., art. 227-23, n° 21.32

▪ **Fabrication, diffusion de message violent ou pornographique perceptible par un mineur.** Cas G : v. infractions du C. pén., art. 227-24, n° 21.33.

▪ **Armes – Fabrication ou commerce illicites. Détention, importation, exportation, transport d'armes.** Cas F : v. infractions du C. défense, art. L. 2339-2, 2339-10 ; du CSI, art. L. 317-4, L. 317-8, L. 317-7, L. 317-9, v. n°s 26.7 s.

▪ **Atteintes à la conservation d'espèce animale ou végétale protégée.** V. aussi n° 31.17 en cas d'importation ou exportation d'espèce animale ou végétale protégée par la convention de Washington du 3 mars 1973 (dite CITES) ou les règlements communautaires mettant en œuvre cette convention (C. envir., art. L. 415-3 et Arr. 30 juin 1998, NOR : ATEN9870251A). Ces faits relèvent également de la qualification de contrebande car sont des « *marchandises prohibées au titre d'engagements internationaux* » « *spécialement désignées par arrêté du ministre du budget* », au sens du C. douanes, art. 215, « *Les spécimens d'espèces de la faune et de la flore sauvages menacées d'extinction, inscrites aux annexes de la convention signée à Washington le 3 mars 1973 ou aux annexes du règlement communautaire mettant, notamment en œuvre cette convention, ainsi que les produits ou parties issus de ces spécimens* » (Arr. 11 déc. 2001, NOR : ECOD0150001A, art. 1 5) (*N* ***28795.co*** et *N* ***28591.co*** en cas de bande organisée).

▪ **Exportation et importation illégale de bien culturel.** C. patr., art. L. 114-1, v. n° 31.60.

▪ **Stupéfiants – Importation, exportation illicites.** Cas E1 : v. infractions du C. pén., art. 222-36, n° 28.3.

▪ **Stupéfiants – Transport, détention, offre, cession, acquisition, emploi.** Cas E1 : v. infractions du C. pén., art. 222-37, v. n° 28.4.

▪ **Traitement et gestion des déchets – Délits prévus par le code de l'environnement. Détention, gestion, importation, exportation de déchets, Cas E4** : v. infractions du C. envir., art. L. 541-46, n° 31.26.

▪ **Délits douaniers – Contrebande intentionnelle – Fausses déclarations (Ord. n° 2019-963, 19 sept. 2019).** V. n° 33.37.

▪ **Délits douaniers – Contrebande – Importation, exportation de produits du tabac manufacturé.** V. n° 33.38.

▪ **Contrefaçon de marque de fabrique, de commerce ou de service.** V. n° 34.5 (infractions au code de la propriété intellectuelle) ;

▪ **Importation exportation de marchandise contrefaite – Contrebande – Délits douaniers.** V. n° 34.6 (infractions douanières).

ÉLÉMENT LÉGAL

▪ **Définition. • Marchandise prohibée au sens douanier (C. douanes art. 38).** « *sont considérées comme prohibées toutes marchandises dont l'importation ou l'exportation est interdite à quelque titre que ce soit, ou soumise à des restrictions, à des règles de qualité ou de conditionnement ou à des formalités particulières* ». Entrent notamment dans cette catégorie : les produits liés à la défense dont le transfert est soumis à l'autorisation préalable et les produits explosifs destinés à des fins militaires ; les biens culturels et trésors nationaux (C. patrimoine, art. L. 111-1 et L. 111-2, sur les biens culturels, v. n° 31.59 s.) ; les produits précurseurs de drogues (sur le régime des produits précurseurs de drogues, v. n° 13.7B7) ; les médicaments, substances ou préparations classés comme stupéfiants ou psychotropes (CSP, art. L. 5132-9, sur les substances stupéfiantes, v. n°s 28.1 s. ; sur la nomenclature des principaux stupéfiants, v. n° 13.7 ; sur les substances psychotropes, v. n° 29.46) ; les médicaments à usage humain et vétérinaires dépourvus d'autorisation de mise sur le marché (sur l'importation de médicament à usage humain ou vétérinaire, CSP, art. R. 5121-108, R. 5121-110 et L. 5142-7, v. nº 29.19D) ; les médicaments falsifiés au sens de CSP, art. L. 5111-3 (mod. issue L. nº 2023-610, 18 juill. 2023, sur ces faits incriminés par CSP art. L. 5421-13, v. nº 29.25) ; les marchandises contrefaisantes (sur les infractions au CPI, v. nº 34.1 s) ; les déchets dont l'importation, l'exportation ou le transit sont réglementés (C. envir., art. L. 541-46, v. nº 31.26) ; les images ou représentations pédopornographiques (C. pén., art. 227-23, v. nº 21.32). • **Bande organisée (cas H)**, v. nº 11.20 (C. pén., art. 132-71). • **Contrebande.** Les marchandises visées aux articles 215, 215 bis et 215 ter sont réputées avoir été importées en contrebande « *à défaut soit de justification d'origine, soit de présentation de l'un des documents prévus par ces mêmes articles ou si les documents présentés sont faux, inexacts, incomplets ou non applicables* » (C. douanes, art. 419).

▪ **Application de la loi pénale dans le temps.** L'abrogation de textes réglementaires qui qualifient une marchandise de prohibée au sens douanier n'a « *aucun effet rétroactif* », dès lors que les dispositions législatives qui constituent le support légal de l'incrimination (C. douanes, art. 38 et 414) sont inchangées (Crim. 30 janv. 1989, nº 86-96.060, P nº 33) (sur la suvie des textes plus sévères en matière douanière et économique, v. nº 10.4C4).

TEXTE DE RÉFÉRENCE

▪ **Articulation entre droit douanier et droit commun.** Importation, exportation, détention ou transport de produits contrefaits – Apport du droit douanier, v. nº 34.4.

ÉLÉMENT MATÉRIEL

▪ **Indifférence du franchissement de frontière.** L'omission de déclaration à l'exportation de marchandises prohibées (en l'espèce des batteries usagées, déchets dangereux) « *suffit à caractériser l'élément matériel du délit prévu au C. douanes, art. 428, 1, réputé exportation sans déclaration de marchandises prohibées, sans qu'il soit nécessaire d'établir le franchissement d'une frontière douanière par la marchandise* » (§ 12) (Crim. 7 sept. 2022, nº 21-85.236, P) ; précisons toutefois que dans cette espèce, les marchandises étaient placées dans des containers déclarés à l'export par une société ayant pour objet l'affrètement et l'organisation de transports, les déchets qu'ils contenaient n'ayant pas été mentionnés dans la déclaration douanière à l'export.

▪ **Complicité et intéressement à la fraude.** • **Complicité.** Les dispositions prévues par C. pén., art. 121-6 et 121-7 (sur la complicité, v. nº 10.9B) « *sont applicables aux complices de délits douaniers* » (C. douanes, art. 398).• **Personne intéressée à la fraude.** Sont passibles des mêmes peines que les auteurs de l'infraction ceux qui « *ont participé comme intéressés d'une manière quelconque aux délits* », sauf à apporter la preuve contraire, sont « *réputés intéressés* » à la fraude les personnes qui ont commis les agissements que le texte énumère (C. douanes, art. 399).

▪ **Tentative. Punissable**. C. douanes, art. 409.

ÉLÉMENT INTENTIONNEL

▪ **Présomption de responsabilité du détenteur.** • **Portée de la présomption.** « *Le détenteur de marchandises de fraude est réputé responsable de la fraude* » (C. douanes, art. 392) (sur la constitutionnalité de cette présomption, v. ci-dessous). Mentionnons que la qualité de détenteur a été conférée au passager d'un véhicule transportant des stupéfiants (Crim. 17 févr. 2021, nº 20-81.282, P). • **Caractère réfragable de la présomption et modalités de preuve de la bonne foi.** Cette présomption n'est pas irréfragable et le détenteur est autorisé à faire la preuve de sa bonne foi (Crim. 5 oct. 2005, nº 05-80.758, P nº 252), en « *rapportant la preuve des diligences effectuées pour s'assurer de la nature des marchandises transportées* » (§ 12) (Crim. 17 févr. 2021, nº 20-81.282, P ; dans le même sens : Crim. 11 sept. 2019, nº 18-84.667), « *la seule existence de discussions relatives à la règlementation européenne et de la réponse d'un fonctionnaire de la Commission européenne aux demandes des [prévenus]* » est « *insuffisante à établir la bonne foi des prévenus* » (Crim. 6 nov. 2019, nº 18-82.724, D). Est censuré l'arrêt qui relaxe le chauffeur salarié au motif qu'il ne lui était pas matériellement possible de vérifier la marchandise (s'agissant d'un transport de 1248 paires de chaussures contrefaites) alors qu'il n'a pas rapporté « *la preuve des diligences effectuées pour s'assurer de la nature des marchandises transportées* » (§ 14) (Crim. 4 mars 2020, nº 19-80.171, D). Les diligences « *pour s'assurer de la nature des marchandises transportées* », doivent être effectuées « *avant même d'en prendre possession* » (§ 14), est ainsi justifiée la condamnation du prévenu qui, s'étant présenté en zone de fret aérien pour récupérer des colis contenant 4,3 kg de cocaïne, soutenait qu'il était dans l'incapacité d'en connaître le contenu car il n'était pas encore entré en possession de cet envoi (Crim. 5 avr. 2023, nº 22-83.427, D). Ne justifie pas de sa bonne foi le détenteur de produits dépourvus d'AMM susceptibles de répondre à la qualification de médicaments qui produit des courriers de l'administration mentionnant que ces produits bénéficiaient d'un accord tacite de commercialisation de la DGCCRF au titre de compléments alimentaires alors qu'il lui incombait « *de s'adresser à l'autorité compétente en matière de santé afin de s'assurer de la nature de ces produits et des conditions de leur mise sur le marché* » (§ 25) (Crim. 22 mars 2023, n° 21-87.028, D). • **Conventionnalité de la présomption.** La CEDH, ayant eu à apprécier la conventionnalité de cette présomption, a précisé admettre le principe de présomptions de fait ou de droit dans les lois répressives en relevant toutefois que les § 1 et 2 de l'article 6 de la Convention européenne des droits de l'Homme relatifs au procès équitable et à la présomption d'innocence commandent aux État de « *les enserrer dans des limites raisonnables, prenant en compte la gravité de l'enjeu et préservant les droits de la défense* » (CEDH 25 sept. 1992, *Pham Hoang c/ France*, req. n° 13191/87, § 33, citant et résumant la décision de principe CEDH 7 oct. 1988, *Salabiaku c/ France*, req. n° 10519/83, § 28). Dans ces deux affaires, elle s'est livrée à une analyse *in concreto* de l'application de cette présomption par les juridictions françaises à l'égard des requérants. Elle souligne ainsi, pour écarter le grief de violation de la Convention européenne des droits de l'Homme, que la présomption ne présentait pas un caractère irréfragable (*Pham Hoang*, § 34), que la juridiction « *ne manqua pas de peser les diverses données en sa possession, de les apprécier avec soin et d'appuyer sur elles son constat de culpabilité. Se gardant de tout recours automatique aux présomptions qu'instituent les clauses litigieuses du code des douanes, elle ne les appliqua pas de manière incompatible avec l'article 6 § 1 et 2 de la Convention* » (*ibid.* § 36, renvoyant là encore à *Salabiaku* précité, § 30), ou que les juges « *ont exercé leur pouvoir d'appréciation "au vu des éléments de preuve contradictoirement débattus devant eux" ;* du *"fait matériel de détention"*, ils ont tiré « *une présomption qu'aucun élément résultant d'un événement non imputable à l'auteur de l'infraction ou qu'il eût été dans l'impossibilité d'éviter n'est venu détruire .../...ils ont discerné dans les circonstances de la cause un certain "élément intentionnel", même s'ils n'en avaient juridiquement pas besoin pour aboutir à une condamnation* » (*Salabiaku*, § 30). • **Constitutionnalité des présomptions de culpabilité en matière répressive.** L'article 392 C. douanes édicte une présomption de responsabilité du détenteur des marchandises fraudées (v. ci-dessus). Le Cons. const., à l'occasion de l'examen de la constitutionnalité de C. route art. L. 21 (devenu L. 121-3) imposant la redevabilité pécuniaire du titulaire de l'immatriculation pour certaines contraventions au code de la route, a admis en ces termes la légalité de telles présomptions : « *Considérant .../... qu'aux termes de l'article 9 de la Déclaration des droits de l'Homme et du citoyen : "Tout homme étant présumé innocent jusqu'à ce qu'il ait été déclaré coupable, s'il est jugé indispensable de l'arrêter, toute rigueur qui ne serait pas nécessaire pour s'assurer de sa personne doit être sévèrement réprimée par la loi" ; qu'il en résulte qu'en principe le législateur ne saurait instituer de présomption de culpabilité en matière répressive ; que, toutefois, à titre exceptionnel, de telles présomptions peuvent être établies, notamment en matière contraventionnelle, dès lors qu'elles ne revêtent pas de caractère irréfragable, qu'est assuré le respect des droits de la défense et que les faits induisent raisonnablement la vraisemblance de l'imputabilité* » (Cons. const. 16 juin 1999, n° 99-411 DC, § 5).

RÉGIME PROCÉDURAL

▪ **Retenue douanière. Cas H** : l'intervention de l'avocat au cours de la retenue douanière peut être différée dans les conditions de C. pr. pén., art. 706-88 (v. n^os^ **12.28B** et **12.33**) (C. douanes, art. 323-5).

▪ **Régime complet ou partiel de la criminalité organisée.** Applicable au **cas H** depuis L. n° 2023-610, 18 juill. 2023, à l'exception de la garde à vue qui est limitée à 48 h 00 (C. pr. pén., art. **706-73 20°** et 706-88, réd. issue L. n° 2023-610, 18 juill. 2023, v. n° **11.21C**). Auparavant le régime partiel de la criminalité organisée était applicable au cas H, et le reste encore pour les **cas** E à **G** (C. pr. pén., **art. 706-1-1**, issu L. n° 2013-1117, 6 déc. 2013) : **surveillance** (C. pr. pén., art. 706-80, v. n° **11.31**) ; **infiltration** (C. pr. pén., art. 706-81 à 706-87, v. n° **11.33**) ; **interception de communications électroniques** (C. pr. pén., art. 706-95, v. n° **11.36**) ; **sonorisation ou fixation d'image** (C. pr. pén., art. 706-96 à 106-102 ; C. douanes, art. 67 *bis* 5, issu L. n° 2023-610, 18 juill. 2023, v. n° **11.39**) ; **captation de données informatiques** (C. pr. pén., art. 706-102 à 706-102-9, v. n° **11.40**) ; **mesures conservatoires** sur les biens du mis en examen (C. pr. pén., art. 706-103, v. n° **11.68**).

▪ **Modalités d'exercice de l'action publique.** Les infractions douanières peuvent faire l'objet d'une comparution immédiate (C. douanes, art. 363).

▪ **Cyber infiltration.** Possible (C. douanes, art. 67 *bis*-1 A, L. n° 2016-731, 3 juin 2016), v. n° **11.35C**).

▪ **Exercice de l'action douanière ou fiscale.** C. pr. pén., art. 343, v. n° **19.3C2**.

POLITIQUE PUBLIQUE

▪ **Politique pénale.** Les orientations de politique pénale en matière de flux transfrontaliers des espèces protégées sont décrites dans la Circ. Crim. 2013-14/G4, 16 déc. 2013, NOR : JUSD1330992C (v. cette même rubrique de l'orienteur du n° **31.17**.

▪ **Prévention des infractions commises au moyen d'internet. Déréférencement des prestataires de services en ligne.** Dans les conditions prévues par C. douanes, art. 67 D-5 s, issus L. n° 2023-610, 18 juill. 2023, les agents des douanes habilités « *peuvent demander à tout opérateur de registre, tout bureau d'enregistrement de domaines ou tout exploitant de moteur de recherche, d'annuaire ou de service de référencement de prendre toutes mesures utiles destinées à faire cesser leur référencement ou de procéder à la suspension du nom de domaine pour une durée de quatre mois renouvelable une fois* » (C. douanes, art. 67 D-7) à l'encontre des prestataires de service en ligne dont les prestations « *ont constitué le moyen de commettre l'infraction* » (C. douanes, art. 67 D-6), lorsqu'ils n'ont pas, malgré la demande de l'administration des douanes, « *rendus inaccessibles* » « *les contenus qui ont constitué le moyen de commettre les infractions* » (C. douanes, art. 67 D-6).

MESURE CIVILE

▪ **Paiement des droits éludés.** En sus de l'amende (pénalité fiscale), le tribunal ordonne le paiement des sommes fraudées ou indûment obtenues (C. douanes, art. 377 *bis*).

▪ **Contestation devant le juge civil de l'avis de mise en recouvrement.** L'avis de mise en recouvrement ou AMR, constitue un titre exécutoire émis par l'administration douanière permettant le recouvrement forcé de la créance douanière. « *L'action portée devant le juge civil tend à contester la validité de l'avis de mise en recouvrement [...] en application de C. douanes, art. 345* » (§ 37) ; « *L'action portée devant le juge pénal tend à l'appréciation de la culpabilité de la personne poursuivie et à l'application, le cas échéant, des sanctions pénales et douanières prévues par le code des douanes* » (§ 38) ; « *Ces instances, si elles peuvent concerner les mêmes parties, n'ont ni le même objet, ni la même cause* » (§ 39), par conséquent, « *la décision du juge civil, saisi de la contestation de l'avis de mise en recouvrement de droits douaniers éludés, constatant une irrégularité de la procédure douanière, ne peut avoir au pénal l'autorité de la chose jugée et ne saurait s'imposer à la juridiction correctionnelle* » (§ 41) (Crim. 9 nov. 2022, n° 21-85.747, P).

▪ **Action civile.** Dans une affaire où la Fédération française de cyclisme, se prévalait d'une atteinte aux intérêts du cyclisme pour des faits de contrebande d'érythropoïétine dite EPO, marchandise prohibée au sens douanier comme soumise à des restrictions, à des règles de qualité ou de conditionnement (médicament, C. douanes, art. 38), il est jugé au visa de C. sport, art. L. 131-10 qui permet aux fédérations agréées d'exercer les droits reconnus à la partie civile en ce qui concerne les infractions portant un préjudice direct ou indirect aux intérêts collectifs de leurs licenciés et des associations sportives qui en sont membres, que « *la seule infraction d'intéressement à la fraude d'importation en contrebande d'EPO en qualité de médicaments soumis à autorisation, dont le bénéficiaire n'a pas été identifié, commise par un licencié de la Fédération française de cyclisme, ne porte atteinte qu'à l'intérêt général et n'est pas susceptible d'avoir causé un préjudice, même indirect, aux intérêts collectifs des licenciés et associations sportives qui en sont membres* » (Crim. 4 déc. 2019, n° 18-85.741, P). Il est jugé dans le même sens, sur la demande d'indemnisation d'un fabriquant de cigarettes dans une affaire de contrebande de cigarettes revêtus de sa marque contrefaite (marchandise prohibée au sens douanier), que « *les infractions douanières, seules retenues contre les prévenus, ne portent atteinte directement qu'à l'intérêt général et aux droits de l'administration des douanes* » (Crim. 11 juin 2008, n° 07-83.400, D).

RÉGIME DES PEINES

▪ **Amende douanière.** V. n° **18.16A4**.

▪ **Cumul des sanctions douanières et pénales.** Sans remettre en cause la possibilité pour le juge pénal, admise par une jurisprudence constante (ex. Crim. 2 juin 1999, n° 98-92.017, Crim. 27 févr. 2002, n° 01-84.301, Crim. 19 mars 2008, n° 07-85.150, Crim. 27 juin 2012, n° 11-86.679, P n° 162), de cumuler sanctions pénales et douanières, comme en matière de stupéfiants, la Ch. crim. précise désormais qu'en cas de condamnation, pour les mêmes faits, sous les qualifications concurrentes d'infraction à la législation des stupéfiants et de contrebande de marchandises prohibées « *le montant global des sanctions éventuellement prononcées ne [doit] pas dépasser le montant le plus élevé de l'une des sanctions encourues* »(Crim. 11 juill. 2017, n° 16-81.797, P n° 196).

▪ **Confiscation.** • **Champ d'application.** La confiscation, au titre des dispositions douanières, porte sur les objets ayant fait l'objet d'une saisie réelle ou fictive (C. douanes, art. 435) dans la procédure douanière. La confiscation peut être prononcée en valeur (C. douanes, art. 435). • **Caractère obligatoire.** La confiscation est obligatoire (C. douanes, art. 369, al. 1 *a contrario*). Toutefois, eu égard à l'ampleur et à la gravité de l'infraction, ainsi qu'à la personnalité de l'auteur, le tribunal peut libérer le contrevenant de la confiscation des moyens de transport ou des objets ayant servi à masquer la fraude. Cependant, sont obligatoirement confisqués les moyens de transport avec lesquels les actes de contrebande ont été commis par dissimulation dans des cachettes spécialement aménagées ou dans des cavités ou espaces vides qui ne sont pas normalement destinés au logement de marchandises, ou les marchandises dangereuses pour la santé ou la moralité et la sécurité publiques, les marchandises contrefaisantes, ainsi que celles qui sont soumises à des restrictions quantitatives (C. douanes, art. 369). • **Modalités de motivation.** « *Le prononcé, par le juge correctionnel, de la confiscation douanière prévue au C. douanes, art. 414, en répression des infractions de contrebande ou d'importation ou d'exportation sans déclaration de marchandises prohibées est soumis aux dispositions spécifiques de C. douanes, art. 369 et échappe, par conséquent, aux prescriptions de C. pr. pén., art. 485 et C. pén., art. 132-1* » (§ 19) (Crim. 7 sept. 2022, n° 21-85.236, P).

▪ **Solidarité pour le recouvrement des amendes et des droits dus.** Les condamnations contre plusieurs personnes pour un même fait de fraude sont solidaires, tant pour les pénalités pécuniaires tenant lieu de confiscation que pour l'amende et les dépens (C. douanes, art. 406). La solidarité ne se présumant pas, il semble nécessaire que le tribunal la prononce, bien qu'il n'ait pas à la motiver, contrairement à la solidarité prévue par C. pr. pén., art. 480-4. Toutefois, eu égard à l'ampleur et à la gravité de l'infraction, ainsi qu'à la personnalité de l'auteur, le tribunal peut limiter l'étendue de la solidarité à l'égard de certains contrevenants (C. douanes, art. 369).

▪ **ÉLÉMENTS CONSTITUTIFS – QUALIFICATION**

✧ Pour avoir à .... [¤ lieu], le .... [¤ date], [⇨A à D puis le cas échéant E à H :]

A. **détenu** des marchandises prohibées sans document justificatif régulier, en violation des dispositions légales ou réglementaires, (*N #.co*).../...

B. **transporté** des marchandises prohibées en violation des dispositions légales ou réglementaires (*N #.co*).../...

C. **exporté** des marchandises prohibées [⇨C1 ou C2 :]

C1. en violation des dispositions légales ou réglementaires (*N **28563.co***) .../...

C2. sans déclaration préalable en douane (*N **28811.co***) .../...

D. **importé** des marchandises prohibées [⇨D1 ou D2 :]

D1. en violation des dispositions légales ou réglementaires (*N **28562.co***) .../...

D2. sans déclaration préalable en douane (*N **28810.co***) .../...

... en l'espèce en .... [¤ matérialiser l'infraction en précisant la quantité et la nature des marchandises concernées] ;

E. [• Préciser le cas échéant dans les **cas** A à D] (aggravation créée par L. n° 2003-239, 18 mars 2003, art. 14) avec cette circonstance que les faits ont porté sur des **marchandises dangereuses pour la santé publique**, en l'espèce des [⇨E1 à E4 :]

E1. plantes ou substances ou préparations classées comme **stupéfiantes** (CSP, art. L. 5132-7, Arr. 29 juill. 2003, NOR : BUDD0350011A, *JO* 27 août, p. 14580) (AE1 : *N **28784.co** ;* BE1 : *N **28841.co** ;* CE1 : *N **28594.co** ;* DE1 : *N **28586.co***) ;

E2. plantes ou substances ou préparations classées comme **psychotropes** (CSP, art. L. 5132-7, Arr. 29 juill. 2003) (AE2 : *N **28909.co** ;* BE2 : *N #.co ;* CE2 : *N **28595.co** ;* DE2 : *N **28589.co***) ;

E3. **précurseurs chimiques** de stupéfiants ou de substances psychotropes (Annexe I règl. (CE) 273/2004, Arr. 29 juill. 2003) (AE3 : *N **28785.co** ;* BE3 : *N #.co ;* CE3 : *N **28596.co** ;* DE3 : *N **28587.co***) ;

E4. **déchets** (C. envir., art. L. 541-1-1, L. 541-40 à L. 541-42-2 ; règl. (CE) 1013/2006, 14 juin 2006 ; Arr. 29 juill. 2003) (AE4 : *N **28786.co** ;* BE4 : *N #.co ;* CE4 : *N **28597.co** ;* DE4 : *N **28588.co***) ;

F. [• Préciser le cas échéant dans les **cas** A à D] (aggravation créée par L. n° 2003-239, 18 mars 2003, art. 14) avec cette circonstance que les faits ont porté sur des **marchandises dangereuses pour la sécurité publique**, en l'espèce des matériels, armes, munitions ou leurs éléments des catégories A, B, C, D-1° (armes à feu de catégorie D soumises à enregistrement) ou d'armes de catégorie D-2° soumises à autorisation d'importation (C. défense, art. L. 2335-1 ; Arr. 29 juill. 2003) (AF : *N 28787.co* ; BF : *N 28788.co* ; CF : *N #.co* ; DF : *N 28590.co*) ;

G. [• Préciser le cas échéant dans les cas A à D] (aggravation créée par L. n° 2003-239, 18 mars 2003, art. 14) avec cette circonstance que les faits ont porté sur des **marchandises dangereuses pour la moralité publique**, en l'espèce [⇨G1 ou G2 :]

G1. des objets de toute nature comportant l'image ou la représentation d'un mineur, à caractère pornographique, visés à l'article 227-23 du code pénal (Arr. 29 juill. 2003) (AG : *N 28789.co* ; BG : *N #.co* ; CG : *N 28600.co* ; DG : *N 28592.co*) ;

G2. des supports comportant un message à caractère violent ou pornographique ou de nature à porter gravement atteinte à la dignité humaine, alors que ce message était susceptible d'être vu ou perçu par un mineur, au sens de l'article 227-24 du code pénal (Arr. 29 juill. 2003) (AG : *N 28789.co* ; BG : *N #.co* ; CG : *N 28600.co* ; DG : *N 28592.co*) ;

H. [• Préciser le cas échéant dans les cas A à D] avec cette circonstance que les faits ont été commis en bande organisée (AH : *N #.co* ; BH : *N #.co* ; CH : *N 28593.co* ; DH : *N 28564.co*).

Faits prévus et réprimés par les articles 38, 215, 414, 417 et suivants, 423 et suivants, 432 *bis* et 435 du code des douanes. ✧

33.37 Délits douaniers – Contrebande intentionnelle – Fausses déclarations (Ord. n° 2019-963, 19 sept. 2019)

■ PEINES

PERSONNE PHYSIQUE

PP Délit. Cas A à C : 5 ans d'emprisonnement, amende (pénalité fiscale) entre 1 et 2 fois la valeur de l'objet de la fraude (C. douanes, art. 414-2 issu Ord. n° 2019-963, 19 sept. 2019, ratifiée par L. n° 2020-1672, 24 déc. 2020). Cas D : 10 ans d'emprisonnement, amende (pénalité fiscale) ⩽ 10 fois la valeur de l'objet de la fraude (C. douanes, art. 414-2 issu Ord. n° 2019-963, 19 sept. 2019, ratifiée par L. n° 2020-1672, 24 déc. 2020).

PC 1. Confiscation, réelle ou en valeur, de l'objet de fraude, des moyens de transport, des objets servant à masquer la fraude (C. douanes, art. 414-2 et 435) ;

2. Confiscation, réelle ou en valeur, des biens ayants servi à commettre l'infraction ou qui étaient destinés à le commettre et dont le condamné est propriétaire ou, sous réserve des droits du propriétaire de bonne foi, dont il a la libre disposition (C. douanes, art. 414-2 et 435) ;

3. Confiscation, réelle ou en valeur, des biens et avoirs qui sont le produit direct ou indirect de l'infraction (C. douanes, art. 414-2 et 435) ;

4. Interdiction, définitive ou ⩽ 15 ans d'exercer une profession commerciale ou industrielle, de diriger, d'administrer, de gérer ou de contrôler à un titre quelconque, directement ou indirectement, pour son propre compte ou pour le compte d'autrui, une entreprise commerciale ou industrielle ou une société commerciale (C. douanes, art. 432 *bis*, C. pén., art. 131-27) ;

5. Suspension, ⩽ 3 ans, du PC ou ⩽ 6 ans, en cas de récidive, pouvant être limitée à la conduite en dehors de l'activité professionnelle (C. douanes, art. 432 *bis*).

PERSONNE MORALE

PP Amende (pénalité fiscale) applicable ⩽ quintuple de celle prévue pour les personnes physiques (C. douanes, art. 414-2, C. pén., art. 131-38).

PC Néant.

■ ORIENTEUR

AUTRE QUALIFICATION

▪ Renvoi. V. n° 33.36.

▪ **Déclaration mensongère – Allocation, paiement, avantage.** V. n° 24.9.

▪ **Contrebande non intentionnelle.** Cas A et B : les faits de contrebande non intentionnels ne portant ni sur des marchandises prohibées (C. douanes, art. 414, v. n° 33.36) ni sur des produits du tabac manufacturé (C. douanes, art. 414, v. n° 33.38) matérialisent, à l'exception du cas visé par C. douanes, art. 65 A *bis* 7° mod. par Ord. n° 2019-963, 18 sept. 2019, ratifiée par

L. nº 2020-1672, 24 déc. 2020, la contravention douanière de 3e classe incriminée par C. douanes, art. 412 (*N 28988.cd*) (mod. par Ord. nº 2019-963, 18 sept. 2019).

▪ **Fausse déclaration non intentionnelle. Cas C** : Sans préjudice de C. douanes, art. **414-2**, « *2° toute fausse déclaration dans l'espèce, la valeur ou l'origine des marchandises importées, exportées ou placées sous un régime suspensif lorsqu'un droit de douane ou une taxe quelconque se trouve éludé ou compromis par cette fausse déclaration* [*N* **6752.cd**] ; *3° toute fausse déclaration dans la désignation du destinataire réel ou de l'expéditeur réel* [*N* **6753.cd**] ; *4° toute fausse déclaration tendant à obtenir indûment le bénéfice des dispositions prévues par la règlementation communautaire en matière de franchises* [*N* **6750.cd**] » constitue une contravention douanière de 3e cl. (C. douanes, art. **412**).

ÉLÉMENT LÉGAL

▪ **Application de la loi pénale dans le temps. • Contrebande intentionnelle. Cas A** et **B** : incriminations créées par Ord. nº 2019-963, 18 sept. 2019. « *Ce nouveau délit.../...concernera les faits intentionnels de contrebande, d'importation et d'exportation sans déclaration et avec fausse déclaration. Il unifie ainsi au sein d'un même article les comportements intentionnels frauduleux jusqu'ici réprimés dans des textes épars* » (in Rapport au président de la République relatif à l'ordonnance nº 2019-963).
• **Fausses déclarations. Cas C** : cette incrimination auparavant prévue par C. douanes, art. 426 4° et réprimée par C. douanes, art. **414** (**3 ans** d'emprisonnement, amende **entre 1 et 2 fois** la valeur de l'objet de fraude), sanctionnant « *les fausses déclarations "~~ou manœuvres~~"* [Ord. 2019-963, 18 sept. 2019] *ayant pour effet d'obtenir, en tout ou partie, un remboursement, une exonération, un droit réduit ou un avantage quelconque attachés à l'importation ou à l'exportation* » (v. nº **33.40**), a été transférée par Ord. 2019-963, 18 sept. 2019, ratifiée par L. nº 2020-1672, 24 déc. 2020, dans une nouvelle rédaction, au C. douanes, nouvel art. **414-2**, **al. 2**, avec des pénalités aggravées (**5 ans** d'emprisonnement) et la circonstance aggravante de bande organisée. C. douanes, art. 426 4° a été abrogé par L. nº 2020-1672, 24 déc. 2020, à compter du 27 déc. 2020. Il est ainsi jugé que « *les faits retenus contre les prévenus entrent tant dans les prévisions de C. douanes, art. 426, 4°, applicable au moment où ils ont été commis, que dans celles de l'article 414-2 dudit code applicable aujourd'hui, seules les peines plus douces encourues sous l'empire du premier texte pouvant être prononcées* » (§ 53) (Crim. 9 nov. 2022, nº 21-85.747, P ; dans le même sens : Crim. 19 avr. 2023, nº 21-86.213 (§ 6), D ; en sens contraire : Crim. 7 sept. 2022, nº 21-80.397, D).

▪ **Application de la loi pénale dans l'espace.** Par dérogation au principe de réciprocité d'incrimination (C. pén., art. 113-6, al. 2), à la nécessité de la plainte préalable de la victime ou de la dénonciation officielle de l'État dans lequel les faits ont été commis (C. pén., art. 113-8, v. nº **10.5B**), ou à l'exigence, en cas de complicité en France d'une infraction commise à l'étranger, de réciprocité d'incrimination et de condamnation définitive du fait principal par la juridiction étrangère (C. pén., art. 113-5) « *la loi pénale française est applicable en toutes circonstances* » aux infractions de contrebande prévue au C. douanes, art. 414-2, commises « *à l'étranger par un Français ou par une personne résidant habituellement ou exerçant tout ou partie de son activité économique sur le territoire français, lorsqu'elles portent atteinte aux recettes perçues, aux dépenses exposées ou aux avoirs qui relèvent du budget de l'Union européenne, des budgets des institutions, organes et organismes de l'Union européenne ou des budgets gérés ou contrôlés directement par eux* » (C. pén., art. 113-14, issu Ord. nº 2019-963, 18 sept. 2019, ratifiée par L. nº 2020-1672, 24 déc. 2020, v. nº **10.5F**).

ÉLÉMENT MATÉRIEL

▪ **Domaine d'application.** Les sanctions prévues par C. douanes, art. 414-2 sont applicables en cas d'acte frauduleux ayant pour but ou pour effet d'obtenir, en tout ou partie, un avantage quelconque alloué par le fonds européen d'orientation et de garantie agricole, section garantie, ou par le fonds européen agricole de garantie, lorsqu'il s'agit de marchandises faisant l'objet d'opérations à l'intérieur du territoire douanier de la Communauté européenne. En cas d'irrégularité non intentionnelle, C. douanes, art. 410 est applicable (Contravention douanière de 1re classe, amende de 300 à 3 000 €) (C. douanes, art. 65 A *bis* 7° mod. par Ord. nº 2019-963, 18 sept. 2019, ratifiée par L. nº 2020-1672, 24 déc. 2020).

▪ **Abus de droit.** Pour une illustration d'opérations constitutives d'abus de droit en matière de contingents d'importation à un tarif douanier préférentiel dans l'Union européenne, qualifiés de fraude douanière au sens de C. douanes, art. 414-2, al. 2., v. Crim. 9 nov. 2022, nº 21-85.747 (§ 56 à 77).

▪ **Complicité et intéressement à la fraude.** • **Complicité.** *Idem* n° 33.36 (C. douanes, art. 398).
• **Personne intéressée à la fraude.** *Idem* n° 33.36 (C. douanes, art. 399).

▪ **Tentative. Punissable.** C. douanes, art. 409.

RÉGIME PROCÉDURAL

▪ **Retenue douanière.** Cas D : depuis L. n° 2020-1672, 24 déc. 2020, l'intervention de l'avocat au cours de la retenue douanière peut être différée dans les conditions de C. pr. pén., art. 706-88 (v. n°s 12.28B et 12.33) (C. douanes, art. 323-5).

▪ **Régime partiel (étendu) de la criminalité organisée.** Applicable pour les cas D (C. pr. pén., art. 706-1-1, L. n° 2013-1117, 6 déc. 2013) : **surveillance** (C. pr. pén., art. 706-80, v. n° 11.31) ; **infiltration** (C. pr. pén., art. 706-81 à 706-87, v. n° 11.33) ; **interception de communications électroniques** (C. pr. pén., art. 706-95, v. n° 11.36) ; **sonorisation ou fixation d'image** (C. pr. pén., art. 706-96 à 106-102 ; C. douanes, art. 67 *bis* 5, issu L. n° 2023-610, 18 juill. 2023, v. n° 11.39) ; **captation de données informatiques** (C. pr. pén., art. 706-102 à 706-102-9, v. n° 11.40) ; **mesures conservatoires** sur les biens du mis en examen (C. pr. pén., art. 706-103, v. n° 11.68).

▪ **Cyber infiltration.** Possible (C. douanes, art. 67 *bis*-1 A, depuis L. n° 2020-1672, 24 déc. 2020), v. n° 11.35C).

▪ **Exercice de l'action douanière ou fiscale.** C. pr. pén., art. 343, v. n° 19.3C2.

POLITIQUE PUBLIQUE

▪**Renvoi.** V. n° 33.36.

MESURE CIVILE

▪**Renvoi.** V. n° 33.36.

RÉGIME DES PEINES

▪**Renvoi.** *Idem* n° 33.36.

▪ ELEMENTS CONSTITUTIFS – QUALIFICATION

✧ Pour avoir à .... [¤ lieu], le .... [¤ date], commis intentionnellement des faits [⇨A à C puis le cas échéant D :]

A. d'importation (A1 : *N 33589.co*) ou d'exportation (A2 : *N 33590.co*) en contrebande se rapportant à des marchandises autres que des marchandises prohibées ou des produits du tabac manufacturé, en l'espèce en .... [¤ matérialiser l'infraction] ;

B. d'importation (B1 : *N 33591.co*) ou d'exportation (B2 : *N 33592.co*) sans déclaration se rapportant à des marchandises autres que des marchandises prohibées ou des produits du tabac manufacturé, en l'espèce en .... [¤ matérialiser l'infraction] ;

C. de fausse déclaration, d'utilisation d'un document faux, inexact ou incomplet, ou de non-communication d'un document, ayant pour but ou pour résultat, en tout ou en partie, d'obtenir un remboursement, une exonération, un droit réduit ou un avantage financier attaché à l'importation ou à l'exportation, en l'espèce en .... [¤ matérialiser l'infraction] (C : *N 33593.co*) ;

D. [préciser le cas échéant dans les cas A à C :], avec cette circonstance que les faits ont été commis en bande organisée (AD : *N 33595.co* ; BD : *N 33596.co* ; CD : *N 33597.co*).

Faits prévus et réprimés par les articles 414-2, 417 et suivants, 423 et suivants, 432 *bis* et 435 du code des douanes. ✧

33.38 Délits douaniers – Contrebande – Importation, exportation de produits du tabac manufacturé

▪ PEINES

PERSONNE PHYSIQUE

PP Délit. Cas A à D : 3 ans d'emprisonnement, amende (pénalité fiscale) entre 1 et 2 fois la valeur de l'objet de fraude ; cas H : 10 ans, amende ⩽ 5 fois la valeur de l'objet de fraude (C. douanes, art. 38, 414).

PC *Idem* n° 33.36.

PERSONNE MORALE

PP Délit. Amende (pénalité fiscale) applicable ⩽ quintuple de celle prévue pour les personnes physiques (C. pén., art. 131-38).

PC Néant.

■ ORIENTEUR

AUTRE QUALIFICATION – ÉLÉMENT LÉGAL – TEXTE DE RÉFÉRENCE – ÉLÉMENT INTENTIONNEL – RÉGIME PROCÉDURAL – MESURE CIVILE – RÉGIME DES PEINES

▪**Renvoi.** V. nº 33.36.

AUTRE QUALIFICATION

▪ **Acquisition de tabac manufacturé vendu à la sauvette (D. nº 2019-1396, 18 déc. 2019).** V. nº 33.39 (C. pén., art. R. 644-3).

▪ **Contributions indirectes.** CGI, art. 1811 10°, incrimine la fabrication, la détention en vue de la vente, la vente, le transport, l'acquisition à distance, de tabac fabriqué en fraude des contributions indirectes. L'emprisonnement d'un an a été porté à 3 ans par L. nº 2023-610, 18 juill. 2023, et de 5 à 10 ans lorsque l'infraction est commise en bande organisée (CGI, art. 1811).

ÉLÉMENT LÉGAL

▪ **Application de la loi pénale dans le temps.** La loi de finances rectificative pour 2016 nº 2016-1918, 29 déc. 2016, a supprimé du C. douanes, art. 414 la référence aux marchandises **fortement taxées** auparavant incriminées par C. douanes, art. 7 et 414, dont relevait le tabac. Le régime de ces marchandises, au regard de l'infraction de contrebande, était similaire à celui des **marchandises prohibées** (*V.* nº 33.36) au sens douanier. Désormais, les faits de contrebande concernant les **marchandises fortement taxées** constituent, sauf si les faits sont intentionnels (v. C. douanes, art. 412 mod. par Ord. nº 2019-963, 19 sept. 2019 et, au nº 33.37, C. douanes, art. 414-2 créé par cette même ordonnance), une contravention douanière de 3e classe relevant du tribunal de police (C. douanes, art. 356), réprimée par C. douanes, art. 412 (*N **28988.cd***). Le législateur a néanmoins spécialement maintenu au C. douanes, art. 414, la mention des **produits du tabac manufacturés**. Il en résulte que tout fait de contrebande concernant ces produits demeure un délit douanier. Relevons que « *si l'abrogation d'une loi pénale entraîne l'extinction de l'action publique fondée sur l'infraction incriminée par cette loi, il n'existe pas d'obstacle qui interdise de rechercher si d'autres infractions pénales ne subsistent pas qui soient susceptibles de poursuites* » (§ 17), en conséquence la juridiction est tenue de requalifier les faits (§ 16 et 25) car, « *si la loi du 29 déc. 2016 a abrogé le délit de contrebande de marchandises fortement taxées, la contrebande demeure punie en vertu [C. douanes, art. 412] aux termes duquel constitue une contravention douanière de troisième classe tout fait de contrebande, lorsque l'infraction ne porte ni sur des produits du tabac manufacturé, ni sur des marchandises prohibées à l'entrée, ni sur des marchandises soumises à des taxes de consommation intérieure, ni prohibées ou taxées à la sortie* » (§ 18) (Crim. 17 févr. 2021, nº 19-86.479, P).

▪ **Définition. Tabac manufacturé.** Sont considérés comme tabacs manufacturés : 1° Les cigares et les cigarillos ; 2° Les cigarettes ; 3° Le tabac fine coupe destiné à rouler les cigarettes ; 4° Les autres tabacs à fumer ; 4° Le tabac à priser ; 5° Le tabac à mâcher (CGI, annexe 2, art. 275 A et s.).

TEXTE DE RÉFÉRENCE

▪ **Régime de la justification d'origine.** Le tabac fait partie des marchandises visées par l'arrêté d'application du C. douanes, **art. 215** (Arr. 11 déc. 2001, NOR : ECOD0150001A) imposant au détenteur de produire un **document justifiant de l'importation régulière** sur le territoire douanier de l'Union européenne, à première réquisition des agents des douanes, pour les « *marchandises faisant l'objet d'un courant de fraude internationale et d'un marché clandestin préjudiciant aux intérêts légitimes du commerce régulier et à ceux du Trésor, spécialement désignées par arrêtés du ministre de l'économie et des finances* ». Sont toutefois exceptés de cette justification d'origine les tabacs manufacturés revêtus des marques et mentions règlementaires prévues au titre des contributions indirectes par CGI, annexe IV, art. 56 AQ, ainsi que les tabacs manufacturés détenus et transportés par les particuliers « *pour leurs besoins propres et transportés par eux-mêmes* » dans les conditions définies au CGI, art. 302 D-1 14° et par l'article 32 de la directive 2008/118/CE 16 déc. 2008 relative au régime général d'accise (Arr. 11 déc. 2001, NOR : ECOD0150001A). Au sens de la directive, les États ne peuvent considérer comme destinées aux besoins propres d'un particulier les quantités ⩾ 800 cigarettes, 400 cigarillos (poids maximal de 3 gr pièce), 200 cigares, 1 kg pour le tabac à fumer (Dir. 2008/118/CE 16 déc.

2008, art. 32). Au-delà de ces seuils, la détention est réputée faite à des fins commerciales au sens fiscal (CGI, art. 575 I, issu L. nº 2018-898, 23 oct. 2018).

▪ **Traçabilité des produits du tabac.** Les **unités de conditionnement de produits du tabac** fabriqués en France, importés ou exportés, « *sont revêtus d'un identifiant unique, imprimé ou apposé de façon inamovible et indélébile* » qui « *permet d'accéder à des données relatives à la fabrication et aux mouvements de ces produits* ». « *Un code identifiant est également fourni pour chaque opérateur économique, chaque installation depuis le lieu de fabrication jusqu'au point de vente au détail ainsi que chaque machine* » (CSP, art. L. 3512-23 I, mod. L. nº 2018-898, 23 oct. 2019). Du fabricant ou importateur jusqu'au dernier opérateur avant le premier détaillant, les opérateurs **enregistrent les mouvements** des unités de conditionnement du tabac et conservent un relevé des opérations (CSP, art. L. 3512-23 VI). Les données sont **transmises sous forme électronique** à une installation de stockage de données exploitée par un tiers indépendant et agréée. Les agents habilités des ministères chargés de la santé et chargés des douanes ont **pleinement accès** aux composantes de l'installation de stockage de données situées sur le territoire français et ont accès électroniquement aux données (CSP, art. L. 3512-24). En outre, les unités de conditionnement du tabac doivent comporter un **dispositif de sécurité infalsifiable**, apposé ou imprimé de façon inamovible ou indélébébile, comportant au moins 5 types d'éléments authentifiants, apparents, semi-apparents et non apparents, qui doivent permettre leur identification et la vérification de leur authenticité. Les **équipements nécessaires** à la détection des éléments authentifiants sont fournis gratuitement par les fabricants et importateurs aux **agents des administrations** chargées de les contrôler (CSP, art. L. 3512-25). L'importation en vue de la vente (*N* ***33242.ju***), la distribution ou l'offre (*N* ***33243.ju***) de produits du tabac dont l'unité de conditionnement ne comporte pas d'identifiant unique ou de dispositif de sécurité infalsifiable (*N* ***33244.ju*** ; *N* ***33245.ju***), la modification ou l'altération des données de mouvement des unités de conditionnement (*N* ***33246.ju***), sont passibles d'une amende de **45 000 €** (CSP, art. L. 3515-4 I. Les autres infractions au CSP, art. L. 3512-23 à L.3512-25, qui peuvent être relevées « *comme en matière de contributions indirectes* » ou par les OPJ conformément au droit commun, sont passibles « *d'une amende de 1 000 à 5 000 €, d'une pénalité de une à cinq fois la valeur des tabacs sur lesquels a porté la fraude, sans préjudice de la confiscation des tabacs* », ou d'une peine d'un an et d'amendes doublées lorsqu'elles sont commises en bande organisée (CSP, art. L. 3515-4 II).

ÉLÉMENT MATÉRIEL

▪ **Présomption de contrebande.** Si les paquets de cigarettes comportent une signalétique étrangère, il en résulte qu'ils ne satisfont pas aux conditions de justification d'origine imposées par CGI, annexe IV, art. 56 AQ (Crim. 13 juin 2019, nº 17-82.031, D).

▪ **Complicité et intéressement à la fraude.** • **Complicité.** *Idem* nº 33.36 (C. douanes, art. 398). • **Personne intéressée à la fraude.** *Idem* nº 33.36 (C. douanes, art. 399).

▪ **Tentative. Punissable.** C. douanes, art. 409.

RÉGIME PROCÉDURAL

▪ **Cyber infiltration.** Possible (C. douanes, art. 67 *bis*-1 A, L. nº 2016-731, 3 juin 2016), v. nº 11.35C).

▪ **Exercice de l'action douanière ou fiscale.** C. pr. pén., art. 343, v. nº 19.3C2.

POLITIQUE PUBLIQUE

▪ **Prévention des infractions commises au moyen d'internet. Déréférencement des prestataires de services en ligne.** C. douanes, art. 67-D-5 s, issus L. nº 2023-610, 18 juill. 2023, v. nº 33.36.

MESURE CIVILE

▪**Renvoi.** V. nº 33.36.

RÉGIME DES PEINES

▪**Renvoi.** *Idem* nº 33.36.

▪ ÉLÉMENTS CONSTITUTIFS – QUALIFICATION

✧ Pour avoir à .... [¤ lieu], le .... [¤ date], [⇨A à D puis le cas échéant E :]

A. détenu ou transporté à l'intérieur du territoire douanier [⇨A1 ou A2 :]

A1. à l'importation (A1 : *N* ***32078.co***) ;

A2. à l'exportation (A2 : *N* ***32132.co***) ;

...des produits du tabac manufacturé en violation des dispositions légales ou réglementaires ;

B. sans déclaration en douane, importé (B1 : *N 32080.co*) ou exporté (B2 : *N 32133.co*) sur le territoire douanier des produits du tabac manufacturé ;

C. détenu ou transporté à l'intérieur du territoire douanier des produits du tabac manufacturé sans justification d'origine (C. douanes, art. 215, Arr. 11 déc. 2001, NOR : ECOD0150001A) (C : *N 28797.co*) ;

D. soustrait à la visite du service des douanes des produits du tabac manufacturé passant par un bureau des douanes en les dissimulant dans des cachettes spécialement aménagées ou dans des cavités ou espaces vides qui ne sont pas normalement destinés au logement des marchandises (C : *N 32079.co*) ;

E. [• Préciser le cas échéant dans les cas A à D] avec cette circonstance que les faits ont été commis en bande organisée (A1e : *N 32081.co* ; A2e : *N 33395.co* ; B1e : *N 32082.co* ; B2e : *N 33394.co* ; CE : *N 28911.co* ; DE : *N #.co*).

Faits prévus et réprimés par les articles 414, 417, 423, 432 *bis* et 435 du code des douanes [+ articles du cas sélectionné]. ✧

33.39 Acquisition de tabac manufacturé vendu à la sauvette (D. n° 2019-1396, 18 déc. 2019)

■ PEINES

PERSONNE PHYSIQUE

PP Contrav. 4e cl. 750 € (C. pén., art. R. 644-3 et 131-13) ;

PC Néant.

PERSONNE MORALE

PP Contrav. 4e cl. 3 750 € (C. pén., art. R. 644-3 et 131-41) ;

■ ORIENTEUR

AUTRE QUALIFICATION

▪ **Délits douaniers – Contrebande – Importation, exportation de produits du tabac manufacturé.** V. orienteur du n° 33.38 sur les exigences de traçabilité des unités de conditionnement des produits du tabac manufacturé dans le circuit légal des opérateurs de distribution (CSP, art. L. 3512-23 s.).

▪ **Vente à la sauvette (L. n° 2011-267, 14 mars 2011).** V. n° 30.35.

▪ **Exploitation de la vente à la sauvette (L. n° 2011-267, 14 mars 2011).** V. n° 30.36.

ÉLÉMENT LÉGAL

▪ **Application de la loi pénale dans le temps.** Incrimination créée par D. n° 2019-1396, 18 déc. 2019, en vigueur le 21 déc. 2019.

▪ **définition.** • **Produits du tabac manufacturé** : v. orienteur du n° 33.38 (CGI, annexe 2, art. 275 A s.). • **Vente à la sauvette** : v. orienteur du n° 30.35 (C. pén., art. 446-1).

ÉLÉMENT MATÉRIEL

▪ **Origine du produit.** Si l'absence des éléments de traçabilité des produits du tabac se prête au circuit de distribution parallèle, de tels éléments restent indifférents pour la matérialisation de l'infraction qui est caractérisée dès lors que l'acquisition s'opère dans le cadre d'une vente à la sauvette.

RÉGIME PROCÉDURAL

▪ **Amende forfaitaire.** Procédure de l'amende forfaitaire applicable (C. pr. pén., art. R. 48-1 15°) (sur l'amende forfaitaire contraventionnelle, v. n° 15.46).

■ ÉLÉMENTS CONSTITUTIFS – QUALIFICATION

✧ Pour avoir à .... [¤ lieu], le .... [¤ date], fait l'acquisition de produits du tabac manufacturé vendus à la sauvette.

Faits prévus et réprimés par l'article R. 644-3 du code pénal (*N 33386.c4*). ✧

33.40 Délits douaniers – Fraudes – Fausses déclarations (abrogé, L. nº 2020-1672, 24 déc. 2020)

■ PEINES

PERSONNE PHYSIQUE

PP Délit. ~~3 ans d'emprisonnement, amende (pénalité fiscale) entre 1 et 2 fois la valeur de l'objet de fraude (C. douanes, art. 414, 426 4°).~~

PC ~~*Idem* nº 33.36.~~

~~**PERSONNE MORALE**~~

PP Délit. ~~Amende (pénalité fiscale) applicable ⩽ quintuple de celle prévue pour les personnes physiques (C. pén., art. 131-38).~~

PC ~~Néant.~~

■ ORIENTEUR

ÉLÉMENT LÉGAL

▪ **Application de la loi pénale dans le temps.** Cette incrimination a été réécrite par Ord. 2019-963, 18 sept. 2019, ratifiée par L. nº 2020-1672, 24 déc. 2020, au C. douanes, nouvel art. 414-2, al. 2, avec des pénalités aggravées (5 ans d'emprisonnement) et la nouvelle circonstance aggravante de bande organisée (v. nº 33.37). C. douanes, art. 426 4° a ensuite été abrogé par L. nº 2020-1672, 24 déc. 2020, à compter du 27 déc. 2020.

■ ÉLÉMENTS CONSTITUTIFS – QUALIFICATION

✧ ~~Pour avoir à ……… [¤ lieu], le ……… [¤ date], fait de fausses déclarations ou manœuvres ayant pour but ou pour effet d'obtenir, en tout ou en partie, un remboursement, une exonération, un droit réduit ou un avantage quelconque attaché à l'importation (*N 28870.co*) ou à l'exportation (*N 28871.co*), en l'espèce en ……… [¤ matérialiser l'infraction].~~

~~Faits prévus et réprimés par les articles 414, 426 4°, 430 et suivants, 432 *bis* et 435 du code des douanes.~~ ✧

33.41 Délits douaniers – Manquement à l'obligation de déclaration (MOD) ou de divulgation (MODIV) de transfert de capitaux (délit cambiaire)

■ PEINES

PERSONNE PHYSIQUE

PP Délit. Amende égale à 50 % de la somme (L. nº 2016-731, 3 juin 2016, auparavant 1/4) objet de l'infraction commise ou tentée (CMF, art. L. 152-4).

PC Confiscation facultative de la somme consignée, aux conditions prévues par CMF, art. L. 152-4 (v. orienteur, régime des peines).

PERSONNE MORALE

PP Délit. Amende égale à 250 % de la somme (L. nº 2016-731, 3 juin 2016, auparavant 125 %) objet de l'infraction commise ou tentée (CMF, art. L. 152-4 ; C. pén., art. 131-38).

PC Confiscation facultative de la somme consignée, aux conditions prévues par CMF, art. L. 152-4 (v. orienteur, régime des peines).

■ ORIENTEUR

AUTRE QUALIFICATION

▪ **Blanchiment.** V. **Blanchiment**, nº 22.49, **Blanchiment de stupéfiants – Placement, dissimulation, conversion des produits du trafic**, nº 28.8, ou **Blanchiment douanier de stupéfiants – Blanchiment d'un délit douanier – Délit douanier**, nº 28.9, notamment les présomptions instituées par C. pén., art. 324-1-1 (sur cette présomption, v. orienteur nº 22.49) et C. douanes, art. 415-1 (sur cette présomption, v. orienteur nº 28.9), lorsque les conditions de dissimulation « *ne peuvent avoir d'autre justification que de dissimuler l'origine ou le bénéficiaire effectif* ». Le manquement à l'obligation déclarative est de nature à matérialiser la dissimulation constitutive du blanchiment (Crim. 18 mars 2020, nº 18-86.491, P, v. orienteur nº 22.49), ces deux infractions pouvant donner lieu à une double déclaration de culpabilité, « *dès lors que les éléments constitutifs des infractions poursuivies* *sont distincts* » (Crim. 16 mai 2012, n° 11-82.409, D), sous réserve d'une décision contraire tirant les conséquences de la jurisprudence de principe exposée au n° 17.32B2 (Crim. 26 oct. 2016, n° 15-84.552, P n° 276).

▪ **Non-justification de ressources ou de l'origine d'un bien par une personne en relation habituelle avec l'auteur d'infractions – Justification de ressources fictives pour l'auteur d'infractions – Infractions voisines du recel.** V. n° 22.48.

ÉLÉMENT LÉGAL

▪ **Domaine d'application et définition.** Ces dispositions, résultant notamment de CMF, art. L. 152-1 renvoyant au règl. (UE) 2018/1672 du Parlement européen et du Conseil, 23 oct. 2018 (relatif aux contrôles de l'argent liquide entrant dans l'Union ou sortant de l'Union, règlement dit « cash controls »), s'appliquent à l'argent liquide « *entrant dans l'Union ou sortant de l'Union* », opération qui désigne « *le fait de provenir d'un territoire situé en dehors du territoire relevant de l'article 355 du traité sur le fonctionnement de l'Union européenne pour arriver sur le territoire relevant dudit article, ou le fait de quitter le territoire relevant dudit article* » (règl. (UE) 2018/1672, art. 2). On entend par « *"argent liquide" : i) les espèces ; ii) les instruments négociables au porteur ; iii) les marchandises servant de réserves de valeur très liquides ; iv) les cartes prépayées* » (règl. (UE) 2018/1672, art. 2). Sont ainsi concernés non seulement l'argent liquide, mais aussi les titres ou valeurs, titres au porteur ou sans bénéficiaire (y compris chèques) (CMF, art. R. 152-7), la monnaie électronique (L. n° 2013-100, 28 janv. 2013), les plaques, jetons ou tickets de jeu (CMF, art. L. 561-13), et, s'agissant de l'or, marchandise servant de réserve de valeur très liquide, les « *pièces contenant au moins 90 % d'or et métal non monnayé tel que lingots, pépites ou autres agglomérats d'or natif contenant au moins 99,5 % d'or* » (règl. (UE) 2018/1672, annexe I). La carte prépayée est définie comme « *une carte non nominative .../... sur laquelle sont déposés une valeur monétaire ou des fonds qui peuvent servir pour des opérations de paiement, pour l'acquisition de biens ou de services ou pour le remboursement d'espèces, ou qui donne accès à une telle valeur ou de tels fonds, et qui n'est pas liée à un compte bancaire* » (règl. (UE) 2018/1672, art. 2).

▪ **Constitutionnalité.** L'incrimination est jugée conforme à la constitution en ce que « *l'obligation déclarative ainsi sanctionnée vise à assurer l'efficacité de la surveillance par l'administration des mouvements financiers internationaux. En réprimant la méconnaissance d'une telle obligation, le législateur a entendu lutter contre le blanchiment de capitaux, la fraude fiscale et les mouvements financiers portant sur des sommes d'origine frauduleuse. Il a ainsi poursuivi l'objectif à valeur constitutionnelle de lutte contre la fraude et l'évasion fiscales ainsi que celui de sauvegarde de l'ordre public* » (§ 8) « *d'une part, en punissant le manquement à l'obligation de déclarer certains transferts de capitaux financiers d'une amende proportionnelle au montant des sommes sur lesquelles a porté l'infraction ou sa tentative, le législateur a instauré une sanction dont la nature est liée à celle de l'infraction. D'autre part, en retenant un taux de 25 %* [50 % depuis L. n° 2016-731, 3 juin 2016], *qui ne constitue qu'un taux maximal pouvant être modulé par le juge sur le fondement de l'article 369 du code des douanes, le législateur a retenu une sanction qui n'est pas manifestement hors de proportion avec la gravité de l'infraction.* » (Cons. const. 23 nov. 2018, n° 2018-746 QPC).

TEXTE DE RÉFÉRENCE

▪ **Condition préalable. • Omission de déclaration pour les capitaux accompagnés (MOD).** Le transfert de capitaux par le porteur (transfert de capitaux dit « accompagnés ») n'est pas incriminable s'il a fait l'objet d'une déclaration écrite ou par voie électronique préalable, au plus tard lors de l'entrée ou de la sortie du territoire, selon les exigences fixées par CMF, art. **R. 152-6**.
• Omission de divulgation pour les capitaux non accompagnés (MODIV). L'incrimination de manquement à l'obligation déclarative concernait également les flux effectués « *par l'intermédiaire d'un prestataire de service postal* », soumis à une déclaration faite par l'expéditeur au plus tard le jour de l'envoi postal ou de l'expédition (CMF, art. R. 152-6, issu D n° 2016-1523, 10 nov. 2016, abrogeant R. 152-8). En application du règlement (UE) 2018/1672 du Parlement européen et du Conseil, 23 oct. 2018, art. 2, ces flux désignés comme « *argent liquide non accompagné* », à savoir « *faisant partie d'un envoi sans l'intervention d'un porteur* » (règl. (UE) 2018/1672, Parlement et Conseil, 23 oct. 2018, art. 2), sont désormais soumis, en application de ce règlement (art. 4) et depuis le décret n° 2021-704, 2 juin 2021, modifiant CMF, art. R. 152-7, pris en application de CMF, art. L. 152-1-1, non à une obligation de déclaration préalable, mais à une obligation de divulgation. L'expéditeur ou le destinataire ou leur représentant est en effet tenu, à la demande des agents des douanes (CMF, art. L. 152-1-1), de faire dans les 30 jours une « *déclaration de divulgation* » portant

notamment sur l'origine, la provenance économique et l'usage projeté de l'argent liquide, dans les conditions prévues par CMF, art. R. 152-7 (réd. issue D. n° 2021-704, 2 juin 2021).

ÉLÉMENT INTENTIONNEL

▪ **Exception de bonne foi. Obligation de s'informer.** « *l'ignorance prétendue des obligations déclaratives ne peut justifier de la bonne foi de l'intéressé à qui il appartenait de s'informer sur les formalités à accomplir pour les transports de fonds qu'il effectuait de manière habituelle* » (Crim. 21 nov. 2018, n° 17-81.725, D).

RÉGIME PROCÉDURAL

▪ **Mesure provisoire. • Retenue temporaire de l'argent liquide.** Dans le cas où l'obligation déclarative n'a pas été respectée, ou dans le cas où « *il existe des indices que l'argent liquide, indépendamment du montant concerné, est lié à une activité criminelle* » (art. 7. 1 b)), les agents des douanes qui ont constaté l'infraction peuvent prononcer la « *retenue temporaire* » de la totalité de l'argent liquide sur lequel a porté l'infraction ou sa tentative, pendant une durée ⩽ 30 jours, . Cette retenue temporaire est renouvelable jusqu'à un maximum de 90 jours, après « *évaluation approfondie de la nécessité et de la proportionnalité d'une prolongation* » (règlement (UE) 2018/1672, art. 7). Les agents des douanes procèdent également à la retenue, pour les besoins de l'enquête, des documents se rapportant aux sommes retenues ou en prennent copie (CMF, art. L. 152-4 II, réd. issue L. n° 2020-1508, 3 déc. 2020, en vigueur le 1er juin 2021). Mentionnons que la procédure de retenue temporaire des fonds par les agents de douanes est également applicable lorsque le flux d'argent liquide est < 10 000 € ou s'il a fait l'objet d'une déclaration valable mais qu'il « *existe des indices* » qu'il « *est lié* » à une « *activité criminelle* » au sens de la directive dite « blanchiment » (UE) 2015/849, 20 mai 2015, art. 3 §4, laquelle vise notamment toutes les infractions passibles d'une peine privative de liberté ⩾ 1 an (art. 3 §4, f)) (CMF, art. L. 152-4-1, réd. issue L. n° 2020-1508, 3 déc. 2020, en vigueur le 1er juin 2021). Les dispositions du règlement relatives à la retenue temporaire d'argent liquide circulant à l'intérieur du territoire douanier européen en lien avec des indices d'activités criminelles ont été transposées au C. douanes, art. 67 ter B, 67 ter C et 67 ter D par L. n° 2023-610, 18 juill. 2023 visant à donner à la douane les moyens de faire face aux nouvelles menaces. **• Recours contre la décision de retenue temporaire de l'argent liquide.** Les motifs de la décision administrative de retenue temporaire sont notifiés à l'auteur et cette dernière « *est susceptible d'un recours effectif* » (règlement (UE) 2018/1672, art. 7), organisé par CMF, art. L. 152-5 et C. douanes, art. 67 *ter* C issu L. n° 2023-610, 18 juill. 2023, devant le président de la CHINS. Ce recours est ouvert non seulement à la personne à laquelle la mesure a été notifiée mais également, malgré le silence initial du texte depuis modifié dans le même sens par L. n° 2023-610, 18 juill. 2023, au propriétaire des fonds (Crim. 22 mars 2023, n° 22-82.759, P). Conformément au règlement (UE) 2018/1672, art. 7 précité, « *La décision de retenue temporaire des douanes ne peut être motivée uniquement sur le montant de la somme transportée* » (§ 19), en outre, « *la juridiction saisie d'un recours contre la décision de retenue temporaire ne peut, pour justifier la mise en oeuvre de cette prérogative par les agents des douanes, se fonder sur des éléments ne résultant pas des énonciations du procès-verbal de constat* » (§ 20) (Crim. 22 mars 2023, n° 22-82.759, P). **• Consignation de l'argent liquide.** Au terme de la durée maximale de 90 jours de la retenue temporaire de l'argent liquide, si les nécessités de l'enquête l'exigent, les agents des douanes peuvent consigner l'argent liquide, sur autorisation du procureur de la République, dans la limite de 12 mois décomptés à partir du premier jour de la retenue temporaire (CMF, art. L. 152-4 II, réd. issue L. n° 2020-1508, 3 déc. 2020, en vigueur le 1er juin 2021). **• Saisie de l'argent liquide.** La recherche, la constatation et la poursuite de l'infraction et la poursuite des investigations nécessaires à la mise en œuvre de la saisie de l'argent liquide s'effectuent dans les conditions fixées par le code des douanes. L'argent liquide est saisi par les agents des douanes dès lors que les conditions de sa confiscation sont établies pendant la durée de sa retenue temporaire ou de sa consignation (sur les conditions de la confiscation, v. ci-dessous régime des peines) (CMF, art. L. 152-4 III, réd. issue L. n° 2020-1508, 3 déc. 2020, en vigueur le 1er juin 2021).

▪ **Preuve. Régime de la preuve – Présomptions**. L'obligation de déclaration n'est pas réputée exécutée « *si les informations fournies sont incorrectes ou incomplètes ou si l'argent liquide n'est pas mis à la disposition de l'administration des douanes à sa demande* ». Sont également considérées comme non exécutées les déclarations portant sur des sommes d'argent liquide « *d'un montant égal ou supérieur à 50 000 € qui ne sont pas accompagnées des documents dont la production permet de justifier de leur provenance* » (CMF, art. L. 152-1, mod. L. n° 2016-731, 3 juin 2016, devenu L. 152-1-2 depuis L. n° 2020-1508,

3 déc. 2020, en vigueur le 1er juin 2021). CMF, art. D. 152-8 issu D. nº 2016-1663, 5 déc. 2016, fixe la liste des documents admis pour justifier de la provenance des fonds ainsi transférés.

▪ **Prescription de l'action publique. Autonomie de chaque opération.** « *la connexité ne peut être retenue entre des faits de non-respect d'obligations déclaratives à chaque transfert de fonds, obligations indépendantes les unes des autres et propres à chaque opération* » (Crim. 21 nov. 2018, nº 17-81.725, D).

▪ **Compétence juridictionnelle. Juge unique** (C. pr. pén., art. 398-1, v. nº **17.15D2**).

▪ **Ordonnance pénale. Possible** (C. pr. pén., art. 495-II, v. nº **15.48B1** et tableau nº **17.15D2**).

RÉGIME DES PEINES

▪ **Confiscation.** La somme retenue temporairement ou consignée est saisie et sa **confiscation peut être prononcée** par la juridiction s'il « *est établi* » que l'auteur du manquement à l'obligation déclarative est ou a été l'auteur d'une infraction douanière, y participe ou y a participé, ou s'il y a « *des raisons plausibles de penser* » qu'il a commis une infraction prévue par le code des douanes ou qu'il y a participé (CMF, art. L. 152-4). « *le prononcé de la peine de confiscation n'impose pas que l'auteur du transfert de capitaux sans déclaration soit poursuivi du chef de cette autre infraction douanière* » (§ 9) ; « *Il ne saurait a fortiori être exigé que cette autre infraction douanière soit établie dès lors que la réunion d'éléments tendant à sa plausibilité est nécessaire mais suffisante pour permettre la confiscation des fonds* » (10) ; « *Il s'en déduit également qu'il importe peu que le prévenu ait été relaxé du chef de cette autre infraction douanière. En effet, si l'autorité de la chose jugée assortissant la relaxe prohibe toute nouvelle poursuite, elle ne peut constituer un obstacle au prononcé d'une peine en répression du délit de transfert de capitaux sans déclaration pour lequel l'intéressé a été déclaré coupable* » (§ 11) (Crim. 9 sept. 2020, nº 19-82.263, P). En tout état de cause, à supposer remplies les conditions de la confiscation des sommes transférées, cette peine reste facultative (Crim. 5 janv. 2023, nº 22-81.301, D).

▪ **Amende. • Nature fiscale de l'amende.** L'amende encourue est de nature fiscale, elle est donc soumise aux modalités de prononcé et de motivation spécifiques prévues par C. douanes, art. 369, et non à celles prévues par C. pén., art. 132-1 et 132-20 (Crim. 3 mai 2018, nº 17-81.854, D) (sur la motivation de la peine d'amende et l'évolution de la jurisprudence en matière douanière, v. nº **18.16A**). **• Modalités de motivation du prononcé de l'amende fiscale.** En cohérence avec l'évolution de la jurisprudence, il est désormais jugé que « *le juge qui prononce une amende en application de CMF, art. L. 152-4 en répression du délit de transfert non déclaré de capitaux, en fonction du montant de l'argent liquide sur lequel a porté l'infraction, doit également motiver sa décision au regard de l'ampleur et de la gravité de l'infraction commise ainsi que de la personnalité de son auteur, quel que soit le montant de l'amende qu'il retient* » (Crim. 1erfévr. 2023, nº 21-84.059, D).

▪ ÉLÉMENTS CONSTITUTIFS – QUALIFICATION

✧ Pour avoir à .... [¤ lieu], le .... [¤ date], [⇨A ou B]

A. sans déclaration préalable auprès de l'administration des douanes, transféré vers un État membre de l'Union européenne ou en provenance d'un État membre de l'union européenne, des sommes, titres ou valeurs d'un montant supérieur ou égal à 10 000 euros, en l'espèce .... [¤ montant concerné], sans l'intermédiaire d'un établissement de crédit, d'un établissement de monnaie électronique, d'un établissement de paiement ou d'un organisme ou service habilité à effectuer des opérations de banque (CMF, art. **L. 152-1, R. 152-6**) (A : *N **20308.ju***) ;

B. étant l'expéditeur ou le destinataire, ou leur représentant, d'un envoi vers un État membre de l'union européenne ou en provenance d'un État membre de l'union européenne, de sommes, titres ou valeurs d'un montant supérieur ou égal à 10 000 euros, en l'espèce .... [¤ montant concerné], omis de faire une déclaration de divulgation dans les trente jours de la demande écrite de l'administration des douanes (CMF, art. **L. 152-1-1, R. 152-7**) (B : *N #.ju*)

Faits prévus et réprimés par les articles [• du cas sélectionné] + L. 152-1-2, L. 152-4, du code monétaire et financier, 464 et 465 du code des douanes, règlement (UE) 2018/1672 du Parlement européen et du Conseil, du 23 octobre 2018 abrogeant le règlement 1889/2005. ✧

34. La propriété intellectuelle

34.1 Contrefaçon de marque de fabrique, de commerce ou de services – Définition de la marque protégeable

A. Les principes (CPI, art. L. 711-1)

« *La marque de produits ou de services est un signe servant à distinguer les produits ou services d'une personne physique ou morale de ceux d'autres personnes physiques ou morales. Ce signe doit pouvoir être représenté dans le registre national des marques de manière à permettre à toute personne de déterminer précisément et clairement l'objet de la protection conférée à son titulaire* » (CPI, art. L. 711-1).

B. Les marques collectives

Une **marque est dite collective** lorsqu'elle peut être exploitée par toute personne respectant un règlement d'usage établi par le titulaire de l'enregistrement (CPI, art. L. 715-6). Régime identique aux marques de fabrique, de commerce ou de service (CPI, art. L. 715-6).

C. Les marques collectives de certification ou marques de garantie

La certification de produit ou de service est l'activité par laquelle un organisme, distinct du fabriquant, de l'importateur, du vendeur ou du prestataire, atteste, à la demande de celui-ci effectuée à des fins commerciales, qu'un produit ou un service est conforme aux caractéristiques d'un référentiel, document technique définissant ces caractéristiques et leurs modalités de contrôle (C. consom., art. L. 433-3 (anc[t] L. 115-27)).

Peuvent procéder à la certification de produits ou de services les organismes qui bénéficient d'une accréditation délivrée par une instance nationale d'accréditation (C. consom., art. L. 433-4 (anc[t] L. 115-28)). Le signe distinctif qui, le cas échéant, accompagne ou matérialise la certification est déposé comme **marque de garantie**, conformément à la législation sur les marques de produits ou de services (C. consom., art. L. 433-7, anc[t] L. 115-28).

La **marque de garantie** est une marque ainsi désignée lors de son dépôt et propre à distinguer les produits ou les services pour lesquels la matière, le mode de fabrication ou de prestation, la qualité, la précision ou d'autres caractéristiques sont garantis (CPI, art. L. 715-1).

D. Les signes distinctifs non protégeables

Ne peuvent notamment être protégés comme marque ou élément de marque les signes suivants (CPI, art. L. 711-2 et L. 711-3) :

– Signes ou dénominations constituant la désignation nécessaire, générique ou usuelle du produit ou service, ou pouvant servir à désigner l'espèce, la qualité, la quantité, la destination, la valeur, la provenance géographique, l'époque de la production du bien ou de la prestation de service ;

– Contraires à l'ordre public ou aux bonnes mœurs, ou dont l'utilisation est légalement interdite ;

– De nature à tromper le public, notamment sur la nature, la qualité ou la provenance géographique du produit ou du service ;

– Signes portant atteinte à une marque antérieure enregistrée ou notoirement connue, ou présentant un risque de confusion avec une dénomination ou raison sociale, ou avec un nom commercial ou une enseigne nationalement connus ;

– Signes portant atteintes à des droits antérieurs : droits d'auteurs, dessin ou modèle protégé, droits de la personnalité d'un tiers (nom patronymique, pseudonyme, image), nom, image ou renommée d'une collectivité territoriale.

34.2 Enregistrement préalable de la marque – Acquisition de la protection

A. Les modalités de l'enregistrement

La propriété sur la marque s'acquiert par le dépôt et l'enregistrement (CPI, art. L. 712-1) auprès de l'Institut national de la propriété industrielle (Inpi) (CPI, art. R. 712-1).

La demande d'enregistrement précise notamment l'identification du déposant, la représentation graphique de la marque, et l'énumération des produits et services auxquels elle s'applique (CPI, art. R. 712-3). Le dépôt donne lieu à l'attribution d'un numéro national (CPI, art. R. 712-6). Après instruction et sauf rejet de la demande, un certificat est adressé au déposant et l'enregistrement est publié au *Bulletin officiel de la propriété industrielle* (CPI, art. R. 712-23).

B. Le refus d'enregistrement (CPI, art. L. 712-7)

a. La demande d'enregistrement est rejetée si le signe déposé n'est pas protégeable, prohibé ou trompeur (v. n° 34.1D) (CPI, art. L. 712-7).

b. Le dépôt reconnu recevable est publié dans les six semaines au *Bulletin officiel de la propriété industrielle*. Dans les deux mois de la publication, les personnes titulaires de droits antérieurs (v. n° 34.1D) peuvent former opposition à l'enregistrement (CPI, art. L. 712-4 et R. 712-8). L'enregistrement est rejeté si l'opposition est reconnue justifiée (CPI, art. L. 712-7) à l'issue d'une procédure contradictoire (CPI, art. L. 712-5).

C. La nullité de l'enregistrement (CPI, art. L. 714-3)

L'enregistrement d'une marque est déclaré nul par décision de justice ou par décision du directeur général de l'Institut national de la propriété industrielle, si la marque ne répond pas aux conditions de son enregistrement.

34.3 Droits conférés par l'enregistrement

A. Le principe

« *L'enregistrement de la marque confère à son titulaire un droit de propriété sur cette marque pour les produits ou services qu'il a désignés* » (CPI, art. L. 713-1), il « *produit ses effets à compter de la date de dépôt de la demande pour une période de dix ans indéfiniment renouvelable* » (CPI, art. L. 712-1).

B. Les interdictions résultant de l'enregistrement

Outre les modalités de contrefaçon énumérées de manière non limitative par CPI, art. L. 713-3-1, sont de manière générale interdits « *sauf l'autorisation du titulaire de la marque* », et constituent une atteinte aux droits de la marque « *l'usage dans la vie des affaires pour des produits ou services :*

1° D'un signe identique à la marque et utilisé pour des produits ou des services identiques à ceux pour lesquels la marque est enregistrée ;

2° D'un signe identique ou similaire à la marque et utilisé pour des produits ou des services identiques ou similaires à ceux pour lesquels la marque est enregistrée, s'il existe, dans l'esprit du public, un risque de confusion incluant le risque d'association du signe avec la marque » (CPI, art. L. 713-2).

Sont aussi et notamment interdits l'usage indu de la marque même accompagnée de mots tels que « *formule, façon, système, imitation, genre, méthode* », la suppression ou la modification d'une marque régulièrement apposée, ou son usage dans une publicité comparative non-conforme aux prescriptions du C. consom. (sur la publicité comparative, C. consom., art. L. 132-25, v. n° 30.8 (CPI, art. L. 713-3-1).

C. Les droits concurrents des tiers

1. La spécialité de la protection

L'enregistrement de la marque ne confère un droit de propriété à son titulaire que « *pour les produits ou services qu'il a désignés* » (CPI, art. L. 713-1). Cette protection s'étend cependant aux produits et services « *similaires* » « *s'il existe, dans l'esprit du public, un risque de confusion* » (CPI, art. L. 713-2 2°) (v. n° 34.334.3B). « *Toute modification du signe ou extension de la liste des produits ou services désignés doit faire l'objet d'un nouveau dépôt* » (CPI, art. L. 712-9).

2. Les droits antérieurs ou concurrents

L'enregistrement d'une marque ne fait pas obstacle à l'utilisation « *dans la vie des affaires, conformément aux usages loyaux du commerce* », du même signe ou d'un signe similaire comme (CPI, art. L. 713-6) :

– le nom de famille ou l'adresse d'une personne physique ;

– les signes ou indications dépourvus de caractère distinctif ;

– le nom commercial, l'enseigne ou le nom de domaine, de portée locale, lorsque son usage est antérieur à la date de la demande d'enregistrement de la marque et s'exerce dans les limites du territoire où ils sont reconnus ;

– une référence indiquant la destination d'un produit ou d'un service, notamment en tant qu'accessoire ou pièce détachée, (ex. : accessoire automobile fabriqué par un équipementier se rapportant aux références et à la marque du constructeur).

3. La déchéance des droits sur la marque

À la demande de toute personne intéressée formée devant l'Inpi ou le tribunal judiciaire (CPI, art. L. 716-3), encourt la déchéance totale ou partielle de ses droits « *le titulaire de la marque qui, sans justes motifs, n'en a pas fait un usage sérieux, pour les produits ou services pour lesquels la marque est enregistrée, pendant une période ininterrompue de cinq ans* » (CPI, art. L. 714-5). « *La preuve de l'exploitation incombe au titulaire de la marque dont la déchéance est demandée* » (CPI, art. L. 716-3-1).

34.4 Importation, exportation, détention ou transport de produits contrefaits – Apport du droit douanier

A. Les qualifications douanières

Ces faits d'importation, d'exportation, de détention ou de transport de produits contrefaisants sont sanctionnables par le code de la propriété intellectuelle (v. n° 34.5). Ils constituent aussi le délit douanier de contrebande réprimé par C. douanes, art. 414) (v. n° 34.6).

Les « *marchandises contrefaisantes* » sont considérées au sens douanier comme « *marchandises prohibées* » à l'importation ou exportation (C. douanes, art. 38, § 4 9°).

Sont également considérés comme prohibés tous produits étrangers portant une marque de fabrique ou de commerce, un nom, un signe ou une indication quelconque de nature à faire croire qu'ils ont été fabriqués en France ou qu'ils sont d'origine française (C. douanes, art. 39).

Ceux qui détiennent ou transportent des marchandises contrefaites doivent à première réquisition des agents des douanes produire les documents attestant de leur introduction ou fabrication régulière sur le territoire douanier communautaire (C. douanes, art. 215) ou national (C. douanes, art. 215 *bis*). Cette justification d'origine ne peut être apportée puisque l'importation ou l'exportation de contrefaçons est prohibée (combinaison C. douanes, art. 38 ; CPI, L. 716-9 et L. 716-10).

Les marchandises ainsi détenues sont alors réputées importées en contrebande (C. douanes, art. 419, § 1) et saisies en quelque lieu qu'elles se trouvent (C. douanes, art. 419, § 2).

Les dispositions de droit commun sur l'instruction des flagrants délits devant les tribunaux correctionnels sont applicables aux procédures douanières (C. douanes, art. 363), ce qui signifie que ces infractions peuvent faire l'objet d'une comparution immédiate.

B. L'articulation des procédures douanières et pénales

La circulaire crim. n° 2004-9/G3 du 9 août 2004 (n° II 1.1) formule les recommandations suivantes : « *le droit de transaction [...] sera mis en œuvre pour le règlement des infractions de faible gravité commises par les voyageurs [...] lorsque la contrefaçon porte sur des quantités peu importantes ou sur des marchandises de faible valeur. Le barème national applicable est repris en annexe 5 (tableau ci-dessous) [...] il apparaît, sauf circonstance particulière, inopportun de poursuivre au titre du droit commun les infractions qui ont fait l'objet d'une transaction conforme au dispositif élaboré en commun par la DACG et la DGDD* ».

Tableau 52 : Contrefaçon de marques – Contentieux des voyageurs Coordination des actions pénales et douanières (d'après Circ. Crim. 2004-9/G3, 9 août 2004, ann. 5)

Nombre ou importance des contrefaçons constatées	Traitement de l'infraction douanière	Traitement de l'infraction au code de la propriété intellectuelle
• Constatation ⩽ 5 articles et d'une valeur ⩽ 2 000 €	• Transaction douanière par abandon des marchandises Information différée du parquet	• Classement sans suite, sauf circonstance particulière

• Constatation > 5 ⩽ 10 articles et d'une valeur ⩽ 2 000 €	• Transaction douanière par abandon des marchandises et amende (50 % de la valeur des marchandises de contrefaçon) Information différée du parquet	• Classement sans suite, sauf circonstance particulière
• Constatation > 10 articles ou valeur > 2 000 €	• Information concomitante du parquet et du titulaire de la marque Engagement des poursuites (possibilité de recourir à la transaction douanière si le ministère public classe sans suite)	• Mise en mouvement de l'action publique par le parquet ou le titulaire de la marque

C. La limitation du coût de stockage des marchandises

« *Dans un souci de rationalisation des coûts budgétaires, il importe de limiter autant que possible la durée de stockage des marchandises de contrefaçon. À cet égard, il convient de souligner l'intérêt des procédures de destruction avant jugement prévues par les articles 99-2, alinéa 3 du code de procédure pénale dans le cadre d'une information judiciaire et 389 bis du code des douanes qui permet la destruction sur autorisation du juge d'instruction ou du juge d'instance en l'absence d'ouverture d'une information.* »

D. La procédure de retenue des marchandises suspectées de contrefaçon

En application du règlement UE n° 668/2013, 12 juin 2013 concernant le contrôle, par les autorités douanières, du respect des droits de propriété intellectuelle, la loi n° 2014-315 du 11 mars 2014 institue un dispositif de retenue des marchandises par l'administration des douanes, dans le cadre de ses contrôles, sur demande écrite et justifiée du titulaire des droits.

Cette retenue est immédiatement notifiée au demandeur et au détenteur, le procureur de la République en est informé.

Elle est levée lorsque le titulaire des droits n'a pas justifié dans les 10 jours, soit avoir obtenu des mesures conservatoires civiles (ex. saisie contrefaçon), soit avoir saisi la juridiction civile ou correctionnelle et avoir dans ce cas constitué une garantie destinée à l'indemnisation éventuelle du détenteur des marchandises, soit avoir déposé plainte auprès du procureur de la République.

Les frais de garde sont à la charge du titulaire des droits.

L'administration des douanes peut également prendre l'initiative de cette même retenue et aviser le titulaire des droits afin qu'il justifie de son droit de propriété intellectuelle sur les marchandises suspectées.

Ce dispositif est construit en termes identiques pour les atteintes aux droits d'auteur ou aux droits voisins (CPI, art. L. 335-10 s.), aux dessins et modèles (CPI, art. L. 521-14, L. 521-17 s.), aux brevets (CPI, art. L. 614-32 s.), aux obtentions végétales (CPI, art. L. 623-36), aux marques (CPI, art. L. 716-8 s.) et aux indications géographiques (CPI, art. L. 722-9).

Observons que la procédure de retenue de marchandises n'est pas une condition préalable à la saisie douanière des marchandises car « *les faits d'importation de marchandises contrefaisantes caractérisent le délit douanier d'infraction d'importation sans déclaration de marchandises prohibées et autorisent les services des douanes à procéder à la saisie de ces marchandises, peu important que celles-ci aient été ou non préalablement retenues* » (Com., 5 juill. 2017, n° 16-13.698, P n° 100).

En revanche, annule valablement les saisies douanières et les autres actes de l'enquête douanière consécutive à une mesure de retenue prise sur le fondement de CPI, art. L. 716-8, la juridiction qui constate « *que les conditions posées par ce texte, à savoir l'existence d'une demande préalable d'intervention écrite du propriétaire d'une marque, l'information sans délai du procureur de la République de la retenue effectuée, et la saisine soit d'une juridiction civile en vue d'une mesure conservatoire, soit d'une juridiction pénale, dans les dix jours de la notification de la retenue, n'ont pas été respectées* » (§ 11) (Crim. 7 sept. 2022, n° 21-81.262, D).

34.5 Contrefaçon de marque de fabrique, de commerce ou de service

■ **PEINES**

PERSONNE PHYSIQUE

PP Délit. Cas A : 4 ans d'emprisonnement, 400 000 €. Cas C, E, G, I : 3 ans, 300 000 € (auparavant 2 ans, 150 000 € [L. n° 2004-204, 9 mars 2004, art. 34-VII et 34-VIII]). Cas B, D, F, H : (circonstances aggravantes) : 7 ans, 750 000 € (depuis L. n° 2016-731, 3 juin 2016, auparavant 5 ans, 500 000 €, L. n° 2004-204, 9 mars 2004, art. 34-VII et 34-VIII) (CPI, art. L. 716-9 à 716-11). Cas B4, D4, F4, G4 : peines encourues portées au double (CPI, art. L. 716-12).

PC 1. Fermeture totale ou partielle, définitive ou ⩽ 5 ans de l'établissement ayant servi à commettre l'infraction (CPI, art. L. 716-11-1) ;

2. Affichage, ⩽ 2 mois, *et/ou* (L. n° 2011-525, 17 mai 2011) diffusion de la décision ou d'extraits aux frais (⩽ amende encourue) du condamné (CPI, art. L. 716-13 ; C. pén., art. 131-35) ;

3. Retrait, aux frais du condamné, des circuits commerciaux des objets contrefaisants et de toute chose ayant servi ou destiné à commettre l'infraction (CPI, art. L. 716-13, L. n° 2007-1544, 29 oct. 2007) ;

4. Destruction aux frais du condamné ou remise à la partie lésée des objets et choses retirés des circuits commerciaux ou confisqués (CPI, art. L. 716-13, L. n° 2007-1544, 29 oct. 2007).

PERSONNE MORALE

PP Délit. Cas A : 2 000 000 € Cas C, E, G, I : 1 500 000 € (auparavant 2 ans, 750 000 € [L. n° 2004-204, 9 mars 2004, art. 34-VII et 34-VIII]). Cas B, D, F, H : (circonstances aggravantes) : 3 750 000 € (depuis L. n° 2016-731, 3 juin 2016, 2 500 000 €, L. n° 2004-204, 9 mars 2004, art. 34-VII et 34-VIII) (CPI, art. L. 716-11-2 ; C. pén., art. 131-38). Cas B4, D4, F4, G4 : peines encourues portées au double (CPI, art. L. 716-12).

PC 1. Dissolution (sauf personnes morales de droit public, partis, groupements politiques, syndicats, institutions représentatives du personnel) si personne morale créée pour commettre l'infraction (CPI, art. L. 716-11-2 ; C. pén., art. 131-39 1°) ;

2. Interdiction, définitive ou ⩽ 5 ans d'une ou plusieurs activités professionnelles ou sociales en relation avec l'infraction (CPI, art. L. 716-11-2 ; C. pén., art. 131-39 2°) ;

3. Surveillance judiciaire ⩽ 5 ans, sauf personnes morales de droit public (CPI, art. L. 716-11-2 ; C. pén., art. 131-39 3° et 131-46) ;

4. Fermeture, définitive ou ⩽ 5 ans d'un ou plusieurs établissements en relation avec l'infraction (CPI, art. L. 716-11-2 ; C. pén., art. 131-39 4°) ;

5. Exclusion, définitive ou ⩽ 5 ans de marchés publics (CPI, art. L. 716-11-2 ; C. pén., art. 131-39 5°) ;

6. Interdiction, définitive ou ⩽ 5 ans d'appel public à l'épargne (CPI, art. L. 716-11-2 ; C. pén., art. 131-39 6°) ;

7. Interdiction ⩽ 5 ans de cartes de paiement ou émission de chèques autres que de retrait ou certifiés (CPI, art. L. 716-11-2 ; C. pén., art. 131-39 7°) ;

8. Confiscation de la chose ayant servi à l'infraction ou destinée à la commettre, ou de son produit (CPI, art. L. 716-11-2 ; C. pén., art. 131-39 8°) ;

9. Affichage, ⩽ 2 mois, *et/ou* (L. n° 2011-525, 17 mai 2011) diffusion de la décision ou d'extraits aux frais (⩽ amende encourue) du condamné (CPI, art. L. 716-11-2 ; C. pén., art. 131-39 9°, 131-48 et 131-35) ;

10. Retrait, aux frais du condamné, des circuits commerciaux des objets contrefaisants et de toute chose ayant servi ou destiné à commettre l'infraction (CPI, art. L. 716-11-2, L. n° 2007-1544, 29 oct. 2007) ;

11. Destruction aux frais du condamné ou remise à la partie lésée des objets et choses retirés des circuits commerciaux ou confisqués (CPI, art. L. 716-11-2, L. n° 2007-1544, 29 oct. 2007) ;

■ **ORIENTEUR**

AUTRE QUALIFICATION

▪ **Délits douaniers – Contrebande – Importation, exportation de marchandise prohibée.** V. n° 33.36.

▪ **Importation exportation de marchandise contrefaite – Contrebande – Délits douaniers.** V. n° 34.6.

▪ **Pratique commerciale réglementée – Publicité comparative illicite.** C. consom., art. L. 132-25 renvoie « *le cas échéant* » aux infractions en matière de contrefaçon de marque prévues par CPI, art. L. 716-9 et L. 716-12 pour qualifier pénalement les faits de publicité comparative (V. n° 30.8).

ÉLÉMENT LÉGAL

▪ **Application de la loi pénale dans le temps.** La loi n° 2004-204, 9 mars 2004, art. 34-VIII a réécrit l'article L. 716-9 du CPI pour distinguer l'infraction commise par un professionnel (Cas A), passible de peines plus élevées.

▪ **définition. Bande organisée** (C. pén., art. 132-71), v. n° 11.20.

TEXTE DE RÉFÉRENCE

▪ **Définition de la marque protégeable.** V. n° 34.1.

▪ **Enregistrement de la marque.** V. n° 34.2.

▪ **Droits conférés par l'enregistrement.** V. n° 34.3.

▪ **Articulation des procédures douanières et pénales.** V. n° 34.4.

ÉLÉMENT MATÉRIEL

▪ **Concours de qualification Règle non bis in idem.** • **Détention et commercialisation de marchandises contrefaites.** La détention sans motif légitime de marchandises présentées sous une marque contrefaisante, d'une part, l'offre à la vente ou la vente de ces mêmes marchandises, d'autre part, constituent un fait unique qui ne peut donner lieu à deux déclarations de culpabilité (Crim. 5 janv. 2021, n° 20-80.390, D). • **Renvoi.** Sur l'application de la règle *non bis in idem* en cas de concours d'infraction, v. n° 17.32B2.

RÉGIME PROCÉDURAL

▪ **Régime partiel de la criminalité organisée.** Applicable aux **Cas** B1, D1, F1, H1 (C. pr. pén., art. 706-74), v. n° 11.22, outre les pouvoirs de **surveillance**, v. n° 11.31, et **d'infiltration**, v. n° 11.33 (C. pr. pén., art. 706-1-1, L. n° 2007-1544, 29 oct. 2007).

▪ **Pouvoirs des agents de constatation.** • **Douane judiciaire.** Elle est ompétente pour constater ces infractions, peut faire usage des pouvoirs de surveillance et d'infiltration, même sans circonstance aggravante de bande organisée, pour les contrefaçons de marque (infractions aux articles L. 716-9 et L. 716-11 CPI) (C. pr. pén., art. 28-1, I et VI). • **Douane administrative.** Elle peut procéder à des opérations de surveillance, de livraison surveillée, d'infiltration ou de coups d'achat, pour l'infraction de contrebande de marchandises contrefaisantes, dans les conditions prévues par C. douanes, art. 67 *bis* et 67 *bis*-1 (quel que soit le type de droit protégé depuis L. n° 2014-315, 11 mars 2014) (v. n° 34.6). • **Agents de la DGCCRF.** Ils peuvent en cas de flagrant délit **saisir sans autorisation judiciaire** les produits présentés sous une marque, une marque collective ou une marque collective de certification contrefaisante (C. consom., art. L. 512-29 (anc^{t} L. 215-5)). Ils peuvent aussi, dans l'attente du résultat des contrôles nécessaires, **consigner les marchandises** susceptibles d'être contrefaisantes pour une durée maximale d'un mois sauf prorogation autorisée par le procureur de la République (C. consom., art. L. 512-26 (anc^{t} L. 215-7) et L. 512-28).

▪ **Droit de communication entre services.** Les services et établissements de l'État et des collectivités publiques sont tenus de communiquer aux agents de la DGCCRF et aux OPJ et APJ tous les renseignements et documents en leur possession utiles à la lutte contre la contrefaçon, sans que puisse être opposé le secret professionnel. Les agents de la DGCCRF, des douanes, les OPJ et APJ peuvent se communiquer spontanément tous les renseignements et documents détenus ou recueillis dans le cadre de leur mission de lutte contre la contrefaçon (C. consom., art. L. 512-21 (anc^{t} L. 215-3-2), C. douanes, art. 59 *quinquies*, L. n° 2007-1544, 29 oct. 2007).

MESURE CIVILE

▪ **Intérêts civils.** Pour fixer les dommages et intérêts, le tribunal prend distinctement en considération les conséquences économiques négatives de la contrefaçon, dont le manque à gagner du titulaire des droits, le préjudice moral et le bénéfice du contrefacteur, y compris les économies d'investissement. Il peut toutefois, à la demande de la partie lésée, allouer un somme forfaitaire indemnisant ces différents postes, non exclusive de celle attribuée au titre du préjudice moral (CPI, art. L. 716-4-10 (issu L. n° 2014-315, 11 mars 2014)).

▪ **Mesures accessoires à la condamnation civile.** En cas de condamnation civile pour contrefaçon, la juridiction peut ordonner, à la demande de la partie lésée et aux frais du contrefacteur, que les produits reconnus comme contrefaisants et les matériaux et instruments de création ou de fabrication soient rappelés et écartés des circuits commerciaux, détruits ou confisqués au profit de la partie lésée. La juridiction peut aussi ordonner aux frais du contrefacteur toute mesure appropriée de publicité du jugement, notamment son affichage ou sa publication intégrale ou par extraits dans les journaux ou sur les services de communication au public en ligne qu'elle désigne, selon les modalités qu'elle précise (CPI, art. L. 716-4-11).

▪ ÉLÉMENTS CONSTITUTIFS – QUALIFICATION

✧ Pour avoir à .... [¤ lieu], le .... [¤ date], [⇨A à I :]

A. **CPI, ART.** L. 716-9

En vue de les vendre, fournir, offrir à la vente ou de les louer [⇨A1 à A6 puis le cas échéant B :]

A1. importé (A1 : *N 25184.co*)...

A2. exporté (A2 : *N 25186.co*)...

A3. réexporté (A3 : *N 25187.co*)...

A4. transbordé (A4 : *N 25189.co*)...

A5. produit industriellement (A5 : *N 25191.co*)...

A6. donné des instructions ou des ordres pour importer, exporter, réexporter, transborder ou produire industriellement (A6 : *N 25193.co*)...

... des marchandises présentées sous une marque contrefaisante ;

B. [• Préciser le cas échéant dans le **cas** A :] avec cette circonstance que les faits [⇨B1 à B4 :]

B1. ont été commis en bande organisée (A1B1 : *N 25194.co ;* A2B1 : *N 2519.co ;* A3B1 : *N 25197.co ;* A4B1 : *N 25198.co ;* A5B1 : *N 25199.co ;* A6B1 : *N 25200.co*) ;

B2. ont été commis sur un réseau de communication au public en ligne (aggravation créée par L. n° 2011-267, 14 mars 2011) (A1B2 : *N 33791.co ;* A2B2 : *N #.co ;* A3B2 : *N #.co ;* A4B2 : *N #.co ;* A5B2 : *N #.co ;* A6B2 : *N #.co*) ;

B3. portent sur des marchandises dangereuses pour la santé, la sécurité de l'homme ou de l'animal (L. n° 2007-1544, 29 oct. 2007) (A1B3 : *N 28354.co ;* A2B3 : *N 28355.co ;* A3B3 : *N 28356.co ;* A4B3 : *N 28357.co ;* A5B3 : *N 28358.co ;* A6B3 : *N 28359.co*) ;

B4. ont été commis par une personne liée ou ayant été liée par convention à la partie lésée (CPI, art. L. 716-12) (A1B4 : *N 20312.co ;* A2B4 : *N 20313.co ;* A3B4 : *N #.co ;* A4B4 : *N #.co ;* A5B4 : *N #.co ;* A6B4 : *N #.co*).

C. **CPI, ART.** L. 716-10

[⇨C1 à C4 puis le cas échéant D :]

C1. détenu sans motifs légitimes des marchandises présentées sous une marque contrefaisante (C1 : *N 1826.co ;* par personne morale : *N 31914.co*) ;

C2. importé des marchandises présentées sous une marque contrefaisante (C2 : *N 20310.co ;* par personne morale : *N 22555.co*) ;

C3. exporté des marchandises présentées sous une marque contrefaisante (C3 : *N 20311.co ;* par personne morale : *N 31915.co*) ;

C4. offert à la vente ou vendu des marchandises présentées sous une marque contrefaisante (C4 : *N 25130.co*) ;

D. [• Préciser le cas échéant dans le **cas** C :] avec cette circonstance que les faits ont été commis [⇨D1 à D4 :]

D1. en bande organisée (L. n° 2004-204, 9 mars 2004) (C1D1 : *N 25240.co ;* C2D1 : *N 25241.co ;* C3D1 : *N 25243.co ;* C4D1 : *N 25244.co*).

D2. sur un réseau de communication au public en ligne (aggravation créée par L. n° 2011-267, 14 mars 2011) (C1D2 : *N #.co ;* C2D2 : *N #.co ;* C3D2 : *N #.co ;* C4D2 : *N 28661.co*) ;

D3. portent sur des marchandises dangereuses pour la santé, la sécurité de l'homme ou de l'animal (L. n° 2014-315, 11 mars 2014) (C1D3 : *N 30875.co ;* C2D3 : *N 30879.co ;* C3D3 : *N 30880.co ;* C4D3 : *N 30881.co*) ;

D4. ont été commis par une personne liée ou ayant été liée par convention à la partie lésée (CPI, art. L. 716-12) (C1D4 : *N 20327.co* ; C2D4 : *N #.co* ; C3D4 : *N #.co* ; C4D4 : *N 25132.co*) ;

E. **CPI, ART.** L. 716-10

[⇨E1 à E6 puis le cas échéant F]

E1. reproduit (E1 : *N 121.co* ; par personne morale : *N 26964.co*)...

E2. imité (E2 : *N 122.co* ; par personne morale : *N 21765.co*)...

E3. utilisé (E3 : *N 123.co* ; par personne morale : *N 21766.co*)...

E4. apposé (E4 : *N 1824.co* ; par personne morale : *N 26965.co*)...

E5. supprimé (E5 : *N 11091.co*)...

E6. modifié (E6 : *N 11093.co*)...

... une marque, une marque collective ou une marque de garantie en violation des droits conférés par son enregistrement et des interdictions qui découlent de celui-ci [• Préciser le cas échéant dans le cas E :] ;

F. [• Préciser le cas échéant dans le **cas** E :] avec cette circonstance que les faits [⇨F1 à F4 :]

F1. ont été commis en bande organisée (L. nº 2004-204, 9 mars 2004) (E1F1 : *N 25245.co* ; E2F1 : *N 25246.co* ; E3F1 : *N 25248.co* ; E4F1 : *N 25251.co* ; E5F1 : *N 25253.co* ; E6F1 : *N 25254.co*) ;

F2. ont été commis sur un réseau de communication au public en ligne (E1F2 : *N 32504.co* ; E2F2 : *N 32505.co* ; E3F2 : *N 32506.co* ; E4F2 : *N 32506.co* ; E5F2 : *N #.co* ; E6F2 : *N #.co*) ;

F3. portent sur des marchandises dangereuses pour la santé, la sécurité de l'homme ou de l'animal (L. nº 2014-315, 11 mars 2014) (E1F3 : *N 30871.co* ; E2F3 : *N 30872.co* ; E3F3 : *N 30873.co* ; E4F3 : *N 30874.co* ; E5F3 : *N 30877.co* ; E6F3 : *N 30878.co*) ;

F4. ont été commis par une personne liée ou ayant été liée par convention à la partie lésée (CPI, art. L. 716-12) (E1F4 : *N 20322.co* ; E2F4 : *N 20323.co* ; E3F4 : *N 20324.co* ; E4F4 : *N 20325.co* ; E5F4 : *N 20333.co* ; E6F4 : *N 20334.co*).

G. **CPI, ART.** L. 716-10

sciemment livré un produit ou fourni un service autre que celui qui lui était demandé sous une marque enregistrée (G : *N 1827.co*) ;

H. [• Préciser le cas échéant dans le **cas** G :] avec cette circonstance que les faits [⇨H1 à H4 :]

H1. ont été commis en bande organisée (L. nº 2004-204, 9 mars 2004, art. 34-VIII) (H1 : *N 25256.co*) ;

H2. ont été commis sur un réseau de communication au public en ligne (H2 : *N #.co*) ;

H3. portent sur des marchandises dangereuses pour la santé, la sécurité de l'homme ou de l'animal (L. nº 2014-315, 11 mars 2014) (H3 : *N 30876.co*) ;

H4. ont été commis par une personne liée ou ayant été liée par convention à la partie lésée (CPI, art. L. 716-12) (H4 : *N 20328.co*).

I. **CPI, ART.** L. 716-11

sciemment vendu ou mis en vente un produit revêtu d'une marque collective ou d'une marque de garantie irrégulièrement employée (I : *N 1829.co*).

Faits prévus et réprimés par les articles [• du cas sélectionné] **PERSONNES PHYSIQUES.** + L. 716-11-1 et L. 716-13 du code de la propriété intellectuelle. **PERSONNES MORALES.** + L. 716-11-2 du code de la propriété intellectuelle. ✧

34.6 Importation exportation de marchandise contrefaite – Contrebande – Délits douaniers

■ PEINES

PERSONNE PHYSIQUE

PP Délit. Cas A à D : 3 ans d'emprisonnement, amende (pénalité fiscale) entre 1 et 2 fois la valeur de l'objet de fraude ; cas E : 10 ans d'emprisonnement, amende (pénalité fiscale) 5 ⩽ fois la valeur de l'objet de la fraude (C. douanes, art. 414).

PC 1. Confiscation, réelle ou en valeur, de l'objet de fraude, des moyens de transport, des objets servant à masquer la fraude (C. douanes, art. 414 et 435) ;

2. Confiscation des biens ayant servi à commettre l'infraction ou destinés à la commettre et dont l'auteur de l'infraction est propriétaire ou, sous réserve des droits du propriétaire de bonne foi, dont il a la libre disposition (C. douanes, art. 414, disposions issues L. n° 2023-610, 18 juill. 2023) ;

3. Confiscation des biens et avoirs qui sont le produit direct ou indirect de l'infraction (C. douanes, art. 414 (L. n° 2011-267, 14 mars 2011) et 435) ;

4. Interdiction, définitive ou ⩽ 15 ans (10 ans avant L. n° 2013-1117, 6 déc. 2013) d'exercer une profession commerciale ou industrielle, de diriger, d'administrer, de gérer ou de contrôler à un titre quelconque, directement ou indirectement, pour son propre compte ou pour le compte d'autrui, une entreprise commerciale ou industrielle ou une société commerciale (disposition réécrite par L. n° 2011-525, 17 mai 2011) (C. douanes, art. 432 *bis*, C. pén., art. 131-27) ;

5. Suspension, ⩽ 3 ans, du PC ou ⩽ 6 ans, en cas de récidive, pouvant être limitée à la conduite en dehors de l'activité professionnelle (disposition réécrite par L. n° 2011-525, 17 mai 2011) (C. douanes, art. 432 *bis*).

PERSONNE MORALE

PP Amende (pénalité fiscale) applicable ⩽ **quintuple** de celle prévue pour les personnes physiques (C. pén., art. 131-38).

PC Néant.

▪ ORIENTEUR

AUTRE QUALIFICATION

▪ **Contrefaçon de marque de fabrique, de commerce ou de service.** V. n° 34.5.

▪ **Délits douaniers – Contrebande – Importation, exportation de marchandise prohibée.** V. n° 33.36.

ÉLÉMENT LÉGAL

▪ **Définition.** • **Marchandise prohibée au sens douanier** Les « *marchandises contrefaisantes* » sont considérées comme prohibées au sens douanier (C. douanes, art. 38), v. sur ce plan orienteur n° 33.36 et n° 34.4. • **Bande organisée (cas E)**, v. n° 11.20 (C. pén., art. 132-71).

TEXTE DE RÉFÉRENCE

▪Renvoi. *Idem* n° 34.5.

ÉLÉMENT MATÉRIEL

▪ **Fait justificatif.** « *le simple paiement des droits de douanes* » n'est « *pas de nature à justifier l'importation régulière des marchandises sur le territoire national* » (Crim. 5 janv. 2021, n° 20-80.390, D).

▪ **Complicité et intéressement à la fraude.** • **Complicité.** *Idem* n° 33.36 (C. douanes, art. 398). • **Personne intéressée à la fraude.** *Idem* n° 33.36 (C. douanes, art. 399).

▪ **Tentative. Punissable**. C. douanes, art. 409.

ÉLÉMENT INTENTIONNEL

▪Renvoi. *Idem* n° 33.36.

RÉGIME PROCÉDURAL

▪ **Retenue douanière. Cas E** : l'intervention de l'avocat au cours de la retenue douanière peut être différée dans les conditions de C. pr. pén., art. 706-88 (v. n°s 12.28B et 12.33) (C. douanes, art. 323-5).

▪ **Régime complet de la criminalité organisée.** Applicable au **Cas E** depuis L. n° 2023-610, 18 juill. 2023, à l'exception de la garde à vue qui est limitée à 48 h 00 (C. pr. pén., art. **706-73 20°** et 706-88, réd. issue L. n° 2023-610, 18 juill. 2023, v. n° 11.21C). Auparavant le régime partiel de la criminalité organisée était applicable (C. pr. pén., **art. 706-1-1**, issu L. n° 2013-1117, 6 déc. 2013) : **surveillance** (C. pr. pén., art. 706-80, v. n° 11.31) ; **infiltration** (C. pr. pén., art. 706-81 à 706-87, v. n° 11.33) ; **interception de communications électroniques** (C. pr. pén., art. 706-95, v. n° 11.36) ; **sonorisation ou fixation d'image** (C. pr. pén., art. 706-96 à 106-102 ; C. douanes, art. 67 *bis* 5, issu L. n° 2023-610, 18 juill. 2023, v. n° 11.39) ; **captation de données informatiques** (C. pr. pén., art. 706-102 à 706-102-9, v. n° 11.40) ; **mesures conservatoires** sur les biens du mis en examen (C. pr. pén., art. 706-103, v. n° 11.68).

▪ **Pouvoirs des agents de constatation. Techniques spéciales d'enquête.** Les douanes administratives peuvent procéder à des opérations de surveillance, de livraison surveillée, d'infiltration ou de coups d'achat, pour l'infraction de contrebande de marchandises contrefaisantes, dans les conditions prévues par C. douanes, art. 67 *bis* et 67 *bis*-1 (quel que soit le type de droit protégé depuis L. nº 2014-315, 11 mars 2014)

▪ **Droit de communication entre services.** *Idem* nº 34.5.

▪ **Modalités d'exercice de l'action publique.** Les infractions douanières peuvent faire l'objet d'une comparution immédiate (C. douanes, art. 363).

▪ **Exception de contestation de la marque.** Par application de C. pr. pén., art. 384 (sur la compétence de la juridiction répressive pour statuer sur toutes exceptions sauf disposition contraire ou droit réel immobilier, v. nº 17.26A), nonobstant les règles de compétence territoriale énoncées au CPI, art. L. 716-3, qui ne concernent que les juridictions et actions civiles (Crim. 19 juin 2013, nº 12-84.533), « *l'action fiscale introduite par l'administration des douanes a le caractère d'une action publique et [...] les juridictions répressives saisies du délit douanier d'importation en contrebande de marchandises prohibées sont compétentes pour statuer sur l'exception afférente à la marque contrefaite, tirée du défaut de son caractère distinctif* » (Crim. 15 mai 2019, nº 18-80.024) (sur l'absence de protection des signes non distinctifs en matière de droit des marques, CPI, art. L. 711-2, v. nº 34.1D).

▪ **Saisie douanière.** « *la marchandise contrefaisante étant, en l'absence de justificatif valable, réputée avoir été importée en contrebande selon les dispositions de C. douanes, art. 419, la constatation de ce délit douanier autorisait les agents des douanes à procéder à la saisie de ces marchandises, peu important que celles-ci aient été ou non préalablement retenues* » (§ 11) par les douanes en application de CPI, art. L. 716-8-1, procédure qui permet à ce service de retenir jusqu'à 10 jours « *une marchandise susceptible de porter atteinte à une marque* », dans l'attente des actions civiles ou pénales susceptibles d'être engagées à l'initiative du titulaire de la marque avisé de la retenue (Crim. 4 déc. 2019, nº 18-81.756, P) (sur la procédure de retenue douanière des marchandises suspectées de contrefaçon, v. nº 34.4D).

▪ **Exercice de l'action douanière ou fiscale.** C. pr. pén., art. 343, v. nº 19.3C2.

POLITIQUE PUBLIQUE

▪**Renvoi.** V. nº 33.36.

MESURE CIVILE

▪**Renvoi.** V. nº 33.36.

RÉGIME DES PEINES

▪**Renvoi.** *Idem* nº 33.36.

▪ ÉLÉMENTS CONSTITUTIFS – QUALIFICATION

✧ Pour avoir à .... [¤ lieu], le .... [¤ date], [⇨A à D puis 1 à 6 et le cas échéant E :]

A. détenu ...

B. transporté ...

C. importé ...

D. exporté ...

... des marchandises prohibées comme [⇨1 à 6 :]

1. présentées sous une marque contrefaisante (A1 : *N 28794.co ;* B1 : *N #.co ;* C1 : *N #.co ;* D1 : *N #.co*) ;

2. reproduites au mépris du droit d'auteur ou des droits voisins (A2 : *N 28791.co ;* B2 : *N #.co ;* C2 : *N #.co ;* D2 : *N #.co*) ;

3. fabriquées sans l'autorisation du titulaire du certificat d'obtention végétale (A3 : *N #.co ;* B3 : *N #.co ;* C3 : *N #.co ;* D3 : *N #.co*) ;

4. fabriquées sans l'autorisation du propriétaire des droits conférés par l'enregistrement d'un dessin et modèle (A4 : *N 28792.co ;* B4 : *N #.co ;* C4 : *N #.co ;* D4 : *N #.co*) ;

5. fabriquées sans l'autorisation du propriétaire du brevet (A5 : *N 28793.co ;* B5 : *N #.co ;* C5 : *N #.co ;* D5 : *N #.co*) ;

6. portant atteinte à la protection résultant d'une appellation d'origine (C. consom., art. L. 431-1 (anc[1] L. 115-1) ou d'une indication géographique (CPI, art. L. 721-2) (A6 : *N #.co ;* B6 : *N #.co ;* C6 : *N #.co ;* D6 : *N #.co*) ;

E. [préciser le cas échéant dans les cas A à D :] avec cette circonstance que les faits ont été commis en bande organisée (A1e : *N 28912.co ;* A2e : *N 33399.co ;* A3e : *N #.co ;* A4e : *N 33226.co ;* A5e : *N 33400.co*).

Faits prévus et réprimés par les articles 38, 215, 215 *bis*, 414, 419, 432 *bis* et 435 du code des douanes. ✧

34.7 La propriété littéraire et artistique – La protection du droit d'auteur

A. Le domaine de la protection du droit d'auteur

1. Le principe

Sont protégées les droits des auteurs sur toutes les œuvres de l'esprit, quels qu'en soient le genre, la forme d'expression, le mérite ou la destination (CPI, art. L. 112-1).

2. La typologie des œuvres protégées

Sont ainsi considérées comme œuvres de l'esprit (liste non limitative de CPI, art. L. 112-2) :

– livres, brochures et autres écrits littéraires, artistiques et scientifiques ;

– conférences allocutions, sermons, plaidoiries et autres œuvres de même nature ;

– œuvres dramatiques ou dramatico-musicales ;

– œuvres chorégraphiques, numéros et tours de cirque, pantomimes, dont la mise en œuvre est fixée par écrit ou autrement ;

– œuvres audiovisuelles ;

– œuvres de dessin, peinture, architecture, sculpture, gravure, lithographie, œuvres graphiques et typographiques ;

– photographies ou procédés analogues ;

– arts appliqués ;

– illustrations, cartes géographiques ;

– logiciels, y compris le matériel de conception préparatoire ;

– créations des industries saisonnières de l'habillement et de la parure ;

– traductions, adaptations, transformations ou arrangements d'une œuvre de l'esprit, anthologies ou recueils d'œuvres ou de données diverses, y compris sous forme de base de données constituant des créations intellectuelles par le choix ou la disposition des matières (CPI, art. L. 112-3) ;

– le titre de l'œuvre est protégé comme l'œuvre elle-même dès lors qu'il présente un caractère original (CPI, art. L. 112-4).

B. Le contenu et la durée des droits de l'auteur sur son œuvre

L'auteur jouit sur son œuvre, du seul fait de sa création et indépendamment de toute divulgation publique, d'un droit de propriété incorporelle exclusif et opposable à tous (CPI, art. L. 111-1 et L. 111-2).

Il a seul le droit de divulguer son œuvre par représentation ou reproduction (CPI, art. L. 121-2), de l'exploiter (CPI, art. L. 122-1) en la communiquant (CPI, art. L. 122-2) au public par un procédé quelconque (exécution publique, télédiffusion) ou en la reproduisant par tous procédés qui permettent de la communiquer au public (CPI, art. L. 122-3), ou de la retirer de l'exploitation (CPI, art. L. 121-4).

Toute représentation, reproduction, adaptation, transformation ou arrangement, intégral ou partiel, fait sans le consentement de l'auteur ou de ses ayants droit ou ayants cause est illicite (CPI, art. L. 122-4).

L'auteur jouit de cette protection sa vie durant, elle bénéficie aux ayants droit durant 70 ans (CPI, art. L. 123-1).

Dans sa forme numérique, l'œuvre bénéficie d'une protection adaptée. L'altération des dispositifs de marquage numérique et de protection contre le piratage font en effet l'objet d'incriminations particulières (v. n° 34.11). La diffusion de logiciels permettant le téléchargement d'œuvres sans l'autorisation des titulaires des droits est en outre spécialement réprimée (v. n° 34.10).

C. Les droits concurrents des tiers

Si l'œuvre a été divulguée, les usages suivants de l'œuvre sont autorisés, sous réserve d'être conformes au test dit « *des trois étapes* » décrit en D (CPI, art. L. 122-5) :

1. Les exceptions à fin d'usage privé

– représentations privées et gratuites dans un cercle de famille ;

– **L'exception de copie privée.** Copies ou reproductions (sauf œuvres d'art) réservées à l'usage privé non collectif. Les copies privées d'œuvres fixées sur phonogramme ou vidéogrammes ouvrent droit à rémunération forfaitaire des auteurs payée par les fabricants et importateurs de supports d'enregistrement aux sociétés civiles de perception et de répartition des droits d'auteur (CPI, art. L. 311-1, L. 311-3 et L. 311-4) ;

2. Les exceptions à fins d'information et d'expression littéraire et artistique avec la mention du nom de l'auteur et la source :

– analyses et courtes citations ;

– revues de presse ;

– diffusion des discours publics à titre d'information d'actualité ;

– reproduction d'œuvres d'art au catalogue d'une vente aux enchères publique ;

– reproduction ou représentation d'une œuvre graphique, plastique ou architecturale par voie de presse écrite, audiovisuelle ou en ligne, dans un but exclusif d'information (L. n° 2006-961, 1er août 2006, art. 1er) ;

– parodie, pastiche et caricature ;

3. L'exception pédagogique. Reproduction ou représentation d'extraits d'œuvre, à des fins pédagogiques. Cette utilisation donne lieu à une compensation financière forfaitaire (L. n° 2006-961, 1er août 2006, art. 1er) ;

4. L'exception au bénéfice des personnes handicapées. La reproduction et la représentation, à des fins non lucratives, par les établissements ouverts au public, en vue d'une consultation par des personnes handicapées (L. n° 2006-961, 1er août 2006, art. 1er). (CPI, art. L. 122-5 7° et L. 122-5-1).

D. La limite générale aux droits d'utilisation des tiers : le test dit « des trois étapes »

L'utilisation de l'œuvre par les tiers doit répondre, sauf à constituer une contrefaçon, aux trois exigences successives suivantes :

– être conforme aux exceptions ci-dessus ;

– ne pas porter atteinte à l'exploitation normale de l'œuvre ;

– ne pas causer un préjudice injustifié aux intérêts légitimes de l'auteur (CPI, art. L. 122-5, L. n° 2006-961, 1er août 2006, art. 1er).

E. Le cas des logiciels

L'auteur d'un logiciel ne peut le retirer de l'exploitation (CPI, art. L. 121-7).

Les copies de logiciels même réservées à l'usage privé du copiste sont interdites (CPI, art. L. 122-5 2°), sauf la copie de sauvegarde faite par l'utilisateur autorisé d'un logiciel lorsque celle-ci est nécessaire pour préserver son utilisation (CPI, art. L. 122-6-1).

Sauf stipulations contractuelles contraires, la personne autorisée à utiliser un logiciel peut le reproduire, le traduire, l'adapter, l'arranger, le modifier ou corriger ses erreurs, lorsque ces opérations sont nécessaires pour permettre son utilisation, conformément à sa destination (CPI, art. L. 122-6-1).

34.8 Droits voisins du droit d'auteur

A. Le domaine des droits voisins du droit d'auteur

1. L'artiste-interprète et le producteur de phonogrammes

L'artiste-interprète ou exécutant est la personne qui exécute de toute manière une œuvre littéraire ou artistique, un numéro de variétés, de cirque ou de marionnettes (CPI, art. L. 212-1). La fixation de sa prestation, sa reproduction et sa communication au public sont soumises à son autorisation écrite (CPI, art. L. 212-3). Le contrat conclu avec un producteur vaut autorisation de fixer, reproduire et communiquer au public sa prestation (CPI, art. L. 212-4).

Le **producteur de phonogrammes** est la personne physique ou morale qui a l'initiative et la responsabilité de la première fixation d'une séquence de son (CPI, art. L. 213-1). Son autorisation est requise avant toute reproduction, mise à disposition du public par la vente, l'échange ou le louage, ou communication au public de son phonogramme (CPI, art. L. 213-1).

Lorsque le phonogramme est commercialisé, l'artiste interprète et le producteur ne peuvent s'opposer à sa communication dans un lieu public (sauf s'il est utilisé dans un spectacle) et à sa radiodiffusion. Cette diffusion ouvre droit à rémunération (CPI, art. L. 214-1).

2. Le producteur de vidéogrammes

C'est la personne physique ou morale qui a l'initiative et la responsabilité de la première fixation d'une séquence d'images sonorisée ou non (CPI, art. L. 215-1). Son autorisation est requise avant toute reproduction, mise à disposition du public par la vente, l'échange ou le louage, ou communication au public de son vidéogramme (CPI, art. L. 215-1).

3. L'entreprise de communication audiovisuelle

Il s'agit de l'entreprise qui exploite un service de communication audiovisuelle au sens de la loi du 30 septembre 1986 relative à la liberté de communication. La reproduction, mise à disposition du public par vente, louage ou échange, télédiffusion, communication au public dans un lieu accessible moyennant paiement, de ses programmes, sont soumises à son autorisation (CPI, art. L. 216-1).

B. La protection des droits voisins du droit d'auteur, les droits concurrents des tiers

La durée des droits patrimoniaux des artistes interprètes et des producteurs de phonogrammes et vidéogrammes est de cinquante années (CPI, art. L. 211-4).

Pour les artistes interprètes et producteurs de phonogrammes ou vidéogrammes le délai est renouvelé pour une période de 50 ans à compter de la dernière communication au public (CPI, art. L. 211-4).

Dans leur forme numérique, les droits voisins du droit d'auteur bénéficient d'une protection adaptée. L'altération des dispositifs de marquage numérique et de protection contre le piratage fait en effet l'objet d'incriminations particulières (v. n° 34.12). La diffusion de logiciels permettant le téléchargement sans l'autorisation des titulaires des droits est en outre spécialement réprimée (v. n° 34.10).

Les titulaires des droits ne peuvent interdire les utilisations suivantes de l'œuvre, sous réserve de leur conformité au test dit « *des trois étapes* » décrit en C (CPI, art. L. 211-3) :

a. représentations privées et gratuites dans un cercle de famille ;

b. reproductions réservées à l'usage privé non collectif. Les copies privées d'œuvres fixées sur phonogramme ou vidéogrammes ouvrent droit à rémunération forfaitaire des artistes-interprètes et producteurs payée par les fabricants et importateurs de supports d'enregistrement aux sociétés civiles de perception et de répartition des droits (CPI, art. L. 311-1, L. 311-3 et L. 311-4) ;

c. communication ou reproduction d'extraits, à des fins pédagogiques. Cette utilisation donne lieu à une compensation financière forfaitaire (L. n° 2006-961, 1er août 2006, art. 2) ;

d. avec la mention du nom de l'auteur et la source :

– analyses et courtes citations ;

– revues de presse ;

– diffusion des discours publics à titre d'information d'actualité ;

e. parodie, pastiche et caricature ;

f. La reproduction ou la communication, à des fins non lucratives, par les établissements ouverts au public, en vue d'une consultation par des personnes handicapées (L. n° 2006-961, 1er août 2006, art. 2).

C. La limite générale aux droits d'utilisation des tiers : le test dit « des trois étapes »

L'utilisation de l'œuvre par les tiers doit répondre, sauf à constituer une contrefaçon, aux trois exigences successives suivantes :

– être conforme aux exceptions ci-dessus ;

– ne pas porter atteinte à l'exploitation normale de l'interprétation, du phonogramme, du vidéogramme ou du programme ;

– ne pas causer un préjudice injustifié aux intérêts légitimes de l'artiste interprète, du producteur ou de l'entreprise de communication audiovisuelle (CPI, art. L. 211-3, L. nº 2006-961, 1er août 2006, art. 2).

34.9 Contrefaçon d'œuvres littéraires et artistiques et délits assimilés

■ PEINES

PERSONNE PHYSIQUE

PP Délit. Cas A à F : 3 ans d'emprisonnement, 300 000 € (auparavant 2 ans, 150 000 € [L. nº 2004-204, 9 mars 2004, art. 34-I, 34-II et 34-III]). Cas A5, B3, C3, D2 et E4 (bande organisée) : 7 ans, 750 000 € (depuis L. nº 2016-731, 3 juin 2016, auparavant 5 ans, 500 000 €, L. nº 2004-204, 9 mars 2004, art. 34-I, 34-II et 34-III). Cas G : 150 000 €.

PC 1. Fermeture totale ou partielle, définitive ⩽ 5 ans de l'établissement ayant servi à commettre l'infraction (CPI, art. L. 335-5) ;

2. Confiscation de tout ou partie des recettes procurées par l'infraction, phonogrammes, vidéogrammes ou objets contrefaits, matériel installé pour le délit, avec remise obligatoire à la victime aux fins d'indemnisation (CPI, art. L. 335-6 et L. 335-7) ;

3. Affichage, ⩽ 2 mois, *et/ou* (L. nº 2011-525, 17 mai 2011) diffusion de la décision ou d'extraits dans les journaux ou services de communication au public en ligne aux frais (⩽ amende encourue) du condamné (CPI, art. L. 335-6 ; C. pén., art. 131-35).

4. Retrait, aux frais du condamné, des circuits commerciaux des objets contrefaisants et de toute chose ayant servi ou destiné à commettre l'infraction (CPI, art. L. 335-6, L. nº 2007-1544, 29 oct. 2007) ;

5. Destruction aux frais du condamné ou remise à la partie lésée des objets et choses retirés des circuits commerciaux ou confisqués (CPI, art. L. 335-6, L. nº 2007-1544, 29 oct. 2007).

6. Sauf Cas D, lorsque l'infraction est commise au moyen d'un service de communication au public en ligne : suspension ⩽ 1 an de l'accès à un service de communication au public en ligne, assortie de l'interdiction de souscrire durant la même période un contrat du même type (CPI, art. L. 335-7, L. nº 2009-1311, 28 oct. 2009).

PERSONNE MORALE

PP Délit. Cas A à F : 1 500 000 €. Cas A5, B3, C3, D3 et E4 (bande organisée) : 3 750 000 € (depuis L. nº 2016-731, 3 juin 2016, auparavant 2 500 000 €, L. nº 2004-204, 9 mars 2004, art. 34-I, 34-II et 34-III). Cas G : 750 000 € (CPI, art. L. 335-8 ; C. pén., art. 131-38).

PC 1. Dissolution (sauf personnes morales de droit public, partis, groupements politiques, syndicats, institutions représentatives du personnel) si personne morale créée pour commettre l'infraction (CPI, art. L. 335-8 ; C. pén., art. 131-39 1º) ;

2. Interdiction, définitive ou ⩽ 5 ans, une ou plusieurs activités professionnelles ou sociales en relation avec l'infraction (CPI, art. L. 335-8 ; C. pén., art. 131-39 2º) ;

3. Surveillance judiciaire ⩽ 5 ans, sauf personnes morales de droit public (CPI, art. L. 335-8 ; C. pén., art. 131-39 3º et 131-46) ;

4. Fermeture, définitive ou ⩽ 5 ans, d'un ou plusieurs établissements en relation avec l'infraction (CPI, art. L. 335-8 ; C. pén., art. 131-39 4º) ;

5. Exclusion, définitive ou ⩽ 5 ans marchés publics (CPI, art. L. 335-8 ; C. pén., art. 131-39 5º) ;

6. Interdiction, définitive ou ⩽ 5 ans appel public à l'épargne (CPI, art. L. 335-8 ; C. pén., art. 131-39 6º) ;

7. Interdiction ⩽ 5 ans cartes de paiement ou émission chèques autres que de retrait ou certifiés (CPI, art. L. 335-8 ; C. pén., art. 131-39 7º) ;

8. Confiscation de la chose ayant servi à l'infraction ou destinée à la commettre, ou son produit (CPI, art. L. 335-8 ; C. pén., art. 131-39 8º) ;

9. Affichage, ⩽ 2 mois, *et/ou* (L. nº 2011-525, 17 mai 2011) diffusion de la décision ou d'extraits aux frais (⩽ amende encourue) du condamné (CPI, art. L. 335-8 ; C. pén., art. 131-39 9º, 131-48 et 131-35).

10. Retrait, aux frais du condamné, des circuits commerciaux des objets contrefaisants et de toute chose ayant servi ou destiné à commettre l'infraction (CPI, art. L. 335-8, L. n° 2007-1544, 29 oct. 2007) ;

11. Destruction aux frais du condamné ou remise à la partie lésée des objets et choses retirés des circuits commerciaux ou confisqués (CPI, art. L. 335-8, L. n° 2007-1544, 29 oct. 2007) ;

■ **ORIENTEUR**

AUTRE QUALIFICATION

▪ **Diffusion ou incitation à l'usage de logiciels de mise à disposition du public d'œuvres sans l'autorisation des titulaires de droits.** V. n° 34.10 (*peer to peer*).

▪ **Droits d'auteur – Altération du marquage ou de la protection numérique de l'œuvre.** V. n° 34.11 (droit d'auteur).

▪ **Droits voisins du droit d'auteur – Altération du marquage ou de la protection numérique de l'œuvre.** V. n° 34.12 (droits voisins du droit d'auteur).

▪ **Contraventions en matière de piratage électronique des œuvres : atteintes au dispositif de protection – défaut de sécurisation de l'accès internet.** V. n° 34.14.

ÉLÉMENT LÉGAL

▪ **Définition. Bande organisée** (C. pén., art. 132-71), v. n° 11.20.

TEXTE DE RÉFÉRENCE

▪ **La propriété littéraire et artistique – La protection du droit d'auteur.** V. n° 34.7.

▪ **Droits voisins du droit d'auteur.** V. n° 34.8.

ÉLÉMENT MATÉRIEL

▪ **Territorialité de la protection. Bande organisée** (C. pén., art. 132-71), v. n° 11.20. Il résulte de la Convention pour la protection des œuvres littéraires et artistiques, 9 sept. 1886, art. 5 § 2 et de CPI, art. L. 335-2 s. que, « *d'une part, la protection due à tout auteur d'un pays unioniste est exclusivement dévolue à la législation du pays où elle est réclamée, cette dernière désignant la loi de l'État sur le territoire duquel se sont produits les agissements délictueux et non celle du pays où le dommage a été subi ; que, d'autre part, la perpétration de la contrefaçon sur le territoire de la République est un élément constitutif de l'infraction* » (Crim. 29 nov. 2011, n° 09-88.250, P n° 240).

RÉGIME PROCÉDURAL

▪ **Compétence juridictionnelle. Juge unique** (sauf **cas** D) lorsque l'infraction est commise au moyen d'un service de communication au public en ligne (v. **cas** A4, B2, C2, E3) et dans tous les cas dans le **cas** G (C. pr. pén., art. 398-1 10°, v. n° 17.15D2).

▪ **Ordonnance pénale. Possible** (sauf **cas** D) lorsque l'infraction est commise au moyen d'un service de communication au public en ligne (v. **cas** A4, B2, C2, E3) et dans tous les cas dans le cas G (C. pr. pén., art. 495-II, v. n° 15.48B1 et tableau n° 17.15D2).

▪ **Régime partiel de la criminalité organisée.** Applicable au **Cas** A5, B3, C3, D2 et E4 (C. pr. pén., art. 706-74), v. n° 11.22, outre les pouvoirs de **surveillance** (C. pr. pén., art. 706-80, v. n° 11.31) et d'**infiltration** (C. pr. pén., art. 706-81 à 706-87, v. n° 11.33) (C. pr. pén., **art. 706-1**, L. n° 2007-1544, 29 oct. 2007).

▪ **Pouvoir des agents de constatation. Douane judiciaire** : compétente pour constater ces infractions (C. pr. pén., art. 28-1, I 6°).

▪ **Droit de communication entre services.** *Idem* n° 34.5

POLITIQUE PUBLIQUE

▪ **Prévention des infractions commises au moyen d'internet. Déréférencement des prestataires de services en ligne.** C. douanes, art. 67-D-5 s, issus L. n° 2023-610, 18 juill. 2023, v. n° 33.36.

MESURE CIVILE

▪ **Intérêts civils.** Pour fixer les dommages et intérêts, le tribunal prend distinctement en considération le manque à gagner du titulaire des droits, le préjudice moral et le bénéfice du contrefacteur, y compris les économies d'investissement. Il peut toutefois, à la demande de la partie lésée, allouer un somme forfaitaire indemnisant ces différents postes, nécessairement supérieure aux redevances d'exploitation éludées, et non exclusive de celle attribuée au titre du préjudice moral (CPI, art. L. 331-1-3, L. n° 2014-315, 11 mars 2014).

RÉGIME DES PEINES

▪ **Régime de la suspension de l'accès à un service de communication au public en ligne.** Pour prononcer cette peine, applicable lorsque l'infraction est commise au moyen d'un service de communication au public en ligne (CPI, art. L. 335-7), la juridiction prend en compte les circonstances et la gravité de l'infraction ainsi que la personnalité de l'auteur, et notamment l'activité professionnelle ou sociale, ainsi que sa situation socio-économique. La durée de la peine prononcée doit concilier la protection des droits de la propriété intellectuelle et le respect du droit de s'exprimer et de communiquer librement, notamment depuis son domicile (CPI, art. L. 335-7-2, L. n° 2009-1311, 28 oct. 2009). Cette peine ne figure pas au bulletin n° 3 du casier judiciaire (CPI, art. L. 335-7, L. n° 2009-1311, 28 oct. 2009, C. pr. pén., art. 777 3°). Lorsqu'elle est exécutoire, elle est portée à la connaissance de la Haute autorité pour la diffusion des œuvres et la protection des droits sur internet (HADOPI), qui la notifie au fournisseur d'accès. L'absence de mise en œuvre de la peine par le fournisseur d'accès est passible d'une amende ⩽ **5 000 €** (CPI, art. L. 335-7, L. n° 2009-1311, 28 oct. 2009, *N 28616.ju*).

▪ ÉLÉMENTS CONSTITUTIFS – QUALIFICATION

✧ Pour avoir à .... [¤ lieu], le .... [¤ date], [⇨A à G :]

A. **CONTREFAÇON D'ŒUVRE IMPRIMÉE (CPI, ART. L. 335-2)**

A1. édité un écrit, une composition musicale, un dessin, une peinture ou toute autre production, imprimée ou gravée en entier ou en partie (A1 : *N 428.co*) ...

A2. débité, exporté ou importé, un écrit, une composition musicale, un dessin, une peinture ou toute autre production, imprimée ou gravée en entier ou en partie, contrefaisant, (A2 : *N 1833.co* ; par personne morale : *N 22551.co*) ...

A3. « transbordé (A3a : *N 30863.co*) ou détenu (A3b : *N 30864.co*) aux fins d'importation, d'exportation, ou de transbordement » (L. n° 2015-351, 11 mars 2014), un écrit, une composition musicale, un dessin, une peinture ou toute autre production, imprimée ou gravée en entier ou en partie, contrefaisant, des ouvrages contrefaisants ...

... au mépris des lois et règlement relatifs à la propriété de son auteur ;

A4. [• Préciser le cas échéant dans les cas A1 à A3 :], l'infraction ayant été commise au moyen d'un service de communication au public en ligne (CPI, art. L. 335-7) (A4 : *N 28609.ju*) ;

A5. [• Préciser le cas échéant dans les cas A1 à A3 :] avec cette circonstance que les faits ont été commis en bande organisée (L. n° 2004-204, 9 mars 2004, art. 34-I) (A1A5 : *N 25214.co* ; A2A5 : *N 25219.co* ; A3aA5 : *N 30869.co* ; A3bA5 : *N 30869.co*).

B. **CONTREFAÇON D'ŒUVRE DE L'ESPRIT (CPI, ART. L. 335-2 ET L. 335-3)**

B1. reproduit (B1a : *N 428.co* ; par personne morale : *N 25804.co*), représenté ou diffusé (B1b : *N 429.co* ; par personne morale : *N 25804.co*) par quelque moyen que ce soit, une œuvre de l'esprit, en violation des droits de son auteur définis par la loi ;

B2. [• Préciser le cas échéant dans le cas B1 :], l'infraction ayant été commise au moyen d'un service de communication au public en ligne (CPI, art. L. 335-7) (B2 : *N 28610.ju*) ;

B3. [• Préciser le cas échéant dans le cas B1 :] avec cette circonstance que les faits ont été commis en bande organisée (L. n° 2004-204, 9 mars 2004, art. 34-I) (B1aB3 : *N 25214.co* ; B1bB3 : *N 25218.co*) ;

C. **CONTREFAÇON DE LOGICIEL (CPI, ART. L. 122-6, L. 335-2 ET L. 335-3)**

C1. sans autorisation de son auteur, reproduit, par tout moyen et sous toute forme, en tout ou en partie, de façon permanente ou provisoire, un logiciel (C1a : *N 428.co*) ; traduit, adapté, arrangé ou modifié un logiciel (C1b : *N 428.co*) ; par tout procédé, y compris par location, mis sur le marché à titre onéreux ou gratuit un logiciel (C1c : *N 429.co*) ;

C2. [• Préciser le cas échéant dans le cas C1 :], l'infraction ayant été commise au moyen d'un service de communication au public en ligne (CPI, art. L. 335-7) (C2 : *N 28605.ju*) ;

C3. [• Préciser le cas échéant dans le cas C1 :] avec cette circonstance que les faits ont été commis en bande organisée (L. n° 2004-204, 9 mars 2004, art. 34-I) (C1aC3 : *N 25214.co* ; C1bC3 : *N 25218.co* ; C1cC3 : *N 25218.co*) ;

D. **CONTREFAÇON DE BASE DE DONNÉES (CPI, ART. L. 342-1 ET L. 343-4)**

D1. porté atteinte aux droits du producteur de base de données (D1 : *N 23306.co*) ;

D2. [• Préciser le cas échéant dans le cas D1 :] avec cette circonstance que les faits ont été commis en bande organisée (L. n° 2004-204, 9 mars 2004, art. 34-III) (D2 : *N 25225.co*) ;

E. **CONTREFAÇON DE PHONOGRAMMES – VIDÉOGRAMMES – PRESTATION AUDIOVISUELLE – PUBLICATION DE PRESSE (CPI, ART. L. 335-4)**

E1. sans autorisation, alors qu'elle était exigée, :

a. de l'artiste-interprète ;

b. du producteur de phonogrammes ;

c. du producteur de vidéogrammes ;

d. de l'entreprise de communication audiovisuelle ...

e. de l'éditeur de presse ou de l'agence de presse ...

... fixé, reproduit, communiqué ou mis à disposition du public, à titre onéreux ou gratuit, ou télédiffusé, une prestation, un phonogramme, un vidéogramme ou un programme audiovisuel, une publication de presse (E1 : *N 1889.co*)...

E2. importé ou exporté (E2a : *N 1888.co ;* par personne morale : *N 22554.co*) « transbordé (E2b : *N 30867.co ;* par personne morale : *N #.co*) ou détenu (E2c : *N 30868.co ;* par personne morale : *N 22554.co*) aux fins d'importation, d'exportation, ou de transbordement » (L. n° 2015-351, 11 mars 2014), des phonogrammes ou vidéogrammes sans autorisation du producteur ou de l'artiste interprète alors qu'elle était exigée ;

E3. [• Préciser le cas échéant dans les cas E1 ou E2 :], l'infraction ayant été commise au moyen d'un service de communication au public en ligne (CPI, art. L. 335-7) (E3 : *N 28607.ju*) ;

E4. [• Préciser le cas échéant dans les cas E1 ou E2 :] avec cette circonstance que les faits ont été commis en bande organisée (L. n° 2004-204, 9 mars 2004, art. 34-II) (E1e4 : *N 25221.co ;* E2aE4 : *N 25220.co ;* E2bE4 : *N 30865.co ;* E2cE4 : *N 30866.co*).

F. **CAPTATION D'ŒUVRE AUDIOVISUELLE DANS UNE SALLE DE SPECTACLE CINÉMATOGRAPHIQUE (CPI, ART. L. 335-3)**

capté totalement ou partiellement une œuvre cinématographique ou audiovisuelle dans une salle de spectacle cinématographique (F : *N 28615.co*).

G. **DÉFAUT DE RÉMUNÉRATION AU TITRE DE LA COPIE PRIVÉE (CPI, ART. L. 335-4)**
omis de verser la rémunération due à l'auteur, à l'artiste interprète ou au producteur au titre de la copie privée de phonogrammes ou vidéogrammes ou de la communication publique ou de la télédiffusion de phonogrammes (G : *N 1887.ju*).

Faits prévus et réprimés par les articles [• du cas sélectionné] **PERSONNES PHYSIQUES.** + L. 335-5, L. 335-6, L. 335-7 du code de la propriété intellectuelle. **PERSONNES MORALES.** + L. 335-8 du code de la propriété intellectuelle. ✧

34.10 Diffusion ou incitation à l'usage de logiciels de mise à disposition du public d'œuvres sans l'autorisation des titulaires de droits

■ PEINES

PERSONNE PHYSIQUE

PP Délit. 3 ans d'emprisonnement, 300 000 € (CPI, art. L. 335-2-1).

PC *Idem* n° 34.9.

PERSONNE MORALE

PP Délit 1 500 000 € (CPI, art. L. 335-2-1, L. 335-8 ; C. pén., art. 131-38).

PC *Idem* n° 34.9.

■ ORIENTEUR

AUTRE QUALIFICATION

- **Contrefaçon d'œuvres littéraires et artistiques et délits assimilés.** V. nº 34.9.
- **Droits d'auteur – Altération du marquage ou de la protection numérique de l'œuvre.** V. nº 34.11 (droit d'auteur).
- **Droits voisins du droit d'auteur – Altération du marquage ou de la protection numérique de l'œuvre.** V. nº 34.12 (droits voisins du droit d'auteur).
- **Contraventions en matière de piratage électronique des œuvres : atteintes au dispositif de protection – défaut de sécurisation de l'accès internet.** V. nº 34.14.

TEXTE DE RÉFÉRENCE

- **La propriété littéraire et artistique – La protection du droit d'auteur.** V. nº 34.7.
- **Droits voisins du droit d'auteur.** V. nº 34.8.

ÉLÉMENT MATÉRIEL

- **Situation incriminée.** L'incrimination vise notamment l'offre de logiciels de partage ou d'échange de fichiers pair à pair (P2P, *peer to peer*), qu'il s'agisse d'un téléchargement descendant ou « *download* » (copie d'une œuvre sur le réseau), ou ascendant ou « *upload* » (mise à disposition d'œuvres sur le réseau).

RÉGIME PROCÉDURAL

- **Pouvoir des agents de constatations. Douane judiciaire :** compétente pour constater ces infractions (C. pr. pén., art. 28-1, I).

MESURE CIVILE

- **Intérêts civils.** CPI, art. L. 331-1-3, L. nº 2014-315, 11 mars 2014, v. orienteur nº 34.9.

■ ÉLÉMENTS CONSTITUTIFS – QUALIFICATION

✧ Pour avoir à .... [¤ lieu], le .... [¤ date], [⇨A ou B :]

A. sciemment [⇨A1 ou A2 :]

A1. édité, mis à disposition du public (A1 : *N* ***27241.co***) ...

A2. communiqué au public (A2 : *N* ***27242.co***) ...

... sous quelque forme que ce soit, un logiciel manifestement destiné à la mise à disposition du public, non autorisée, d'œuvres ou d'objets protégés au titre de la propriété intellectuelle (CPI, art. L. 335-2-1 1°, L. nº 2006-961, 1er août 2006, art. 21) ;

B. incité sciemment, y compris à travers une annonce publicitaire, à l'usage d'un logiciel manifestement destiné à la mise à disposition du public, non autorisée, d'œuvres ou d'objets protégés au titre de la propriété intellectuelle (CPI, art. L. 335-2-1 2°, L. nº 2006-961, 1er août 2006, art. 21) (B : *N* ***27243.co***).

Faits prévus et réprimés par les articles [• articles du cas sélectionné] **PERSONNES PHYSIQUES.** + L. 335-5, L. 335-6 du code de la propriété intellectuelle. **PERSONNES MORALES.** + L. 335-8 du code de la propriété intellectuelle. ✧

34.11 Droits d'auteur – Altération du marquage ou de la protection numérique de l'œuvre

■ PEINES

PERSONNE PHYSIQUE

PP Délit. Cas A, B et C : 6 mois d'emprisonnement, 30 000 €. Cas D et E : 3 750 € (CPI, art. L. 335-3-1, L. 335-3-2).

PC *Idem* nº 34.9.

PERSONNE MORALE

PP Délit. Cas A, B et C : 150 000 € (CPI, art. L. 335-3-1, L. 335-3-2, L. 335-8, C. pén., art. 131-38). Cas D et E : 18 750 € (CPI, art. L. 335-3-1, L. 335-3-2, L. 335-8 ; C. pén., art. 131-38).

PC *Idem* nº 34.9.

■ ORIENTEUR

AUTRE QUALIFICATION

▪ **Diffusion ou incitation à l'usage de logiciels de mise à disposition du public d'œuvres sans l'autorisation des titulaires de droits.** V. nº 34.10 (*peer to peer*).

▪ **Contraventions en matière de piratage électronique des œuvres : atteintes au dispositif de protection – défaut de sécurisation de l'accès internet.** V. nº 34.14.

ÉLÉMENT LÉGAL

▪ **définition. • Élément d'information, tatouage ou marquage numérique.** On entend par « *élément d'information* » toute information sous forme électronique fournie par un titulaire de droit qui permet d'identifier une œuvre (autre qu'un logiciel), une interprétation, un phonogramme, un vidéogramme, un programme ou un titulaire de droit, ou toute information sur les conditions et les modalités d'utilisation d'une œuvre, d'une interprétation, d'un phonogramme, d'un vidéogramme ou d'un programme, ou d'une publication de presse, ou tout numéro ou code représentant tout ou partie de ces informations (CPI, art. L. 331-22 devenu **L. 331-11**, L. nº 2006-961, 1er août 2006, art. 18). Ce marquage, intégré dans l'œuvre de format numérique, permet d'assurer la traçabilité des droits. Indépendamment de la protection accordée à l'œuvre sous l'aspect du droit d'auteur ou des droits voisins (contrefaçon, v. nº 34.9) ; l'altération du marquage numérique est pénalement sanctionnée (v. qualification ci-dessous). **• Mesure technique de protection.** On entend par mesure technique de protection ou « *mesure technique efficace* », ou système de gestion numérique des droits ou *Digital Rights Management Systems (DRM)*, toute technologie, dispositif ou composant qui empêche ou limite, grâce à l'application d'un code d'accès, d'un procédé de protection tel que le cryptage, le brouillage ou tout autre moyen qui atteint cet objectif de protection, les utilisations d'une œuvre qui ne seraient pas autorisées par les titulaires d'un droit d'auteur ou d'un droit voisin. Un protocole, un format, une méthode de cryptage, de brouillage, ou de transformation ne constitue pas en tant que tel une « *mesure technique efficace* », encore faut-il que le moyen mis en œuvre poursuive l'objectif de protection contre le piratage (CPI, art. **L. 331-5**, L. nº 2006-961, 1er août 2006, art. 13). Les mesures techniques de protection peuvent avoir pour objectif de limiter le nombre de copies, ou de garantir que l'exercice de ses droits par l'utilisateur (en pratique le droit de copie), procède d'un accès licite à l'œuvre, ou ne porte atteinte à son exploitation normale ou ne cause un préjudice injustifié aux intérêts légitime du titulaire des droits (CPI, art. L. 331-9, L. nº 2006-961, 1er août 2006, art. 16). Elles ne peuvent néanmoins s'opposer au libre usage de l'œuvre dans les limites des droits prévus par le code de la propriété intellectuelle et ne peuvent avoir pour effet d'empêcher l'interopérabilité (CPI, art. L. 331-5, L. nº 2006-961, 1er août 2006, art. 13). Indépendamment de la protection accordée à l'œuvre sous l'aspect du droit d'auteur ou des droits voisins (contrefaçon, v. nº 34.9) ; l'altération des mesures de protection est, en tant que telle, pénalement sanctionnée (v. qualification ci-dessous), sauf en ce qui concerne les logiciels, exclus du champ de cette incrimination particulière.

TEXTE DE RÉFÉRENCE

▪ **La propriété littéraire et artistique – La protection du droit d'auteur.** V. nº 34.7.

RÉGIME PROCÉDURAL

▪ **Compétence juridictionnelle. Juge unique** dans les cas D et E (C. pr. pén., art. 398-1, v. nº 17.15D2).

▪ **Ordonnance pénale. Possible** dans les cas D et E (C. pr. pén., art. 495-II, v. nº 15.48B1 et tableau nº 17.15D2).

▪ **Pouvoir des agents de constatations. Douane judiciaire** : compétente pour constater ces infractions (C. pr. pén., art. 28-1, I).

MESURE CIVILE

▪ **Intérêts civils.** CPI, art. L. 331-1-3, L. nº 2014-315, 11 mars 2014, v. orienteur nº 34.9.

■ ÉLÉMENTS CONSTITUTIFS – QUALIFICATION

✧ Pour avoir à .... [¤ lieu], le .... [¤ date], [⇨A à E :]

A. **Fourniture de moyens pour altérer les mesures de protection d'une œuvre contre la copie illicite**

procuré ou proposé sciemment à autrui, directement ou indirectement, des moyens conçus ou spécialement adaptés pour porter atteinte à une mesure technique efficace de protection du droit d'auteur en (CPI, art. L. 331-5, L. 335-3-1 II, L. n° 2006-961, 1er août 2006, art. 22) (A : *N 27436.co*) [⇨A1 à A4 :]

A1. fabriquant ou important une application technologique, un dispositif ou un composant, à des fins autres que la recherche ;

A2. détenant en vue de la vente, du prêt ou de la location, en offrant à ces mêmes fins ou en mettant à disposition du public, sous quelque forme que ce soit, une application technologique, un dispositif ou un composant ;

A3. fournissant un service à cette fin ;

A4. incitant à l'usage ou en commandant, concevant, organisant, reproduisant, distribuant ou diffusant une publicité en faveur d'une application technologique, d'un dispositif, d'un composant ou d'une fourniture de service.

B. **Fourniture de moyens pour altérer le marquage numérique d'une œuvre**

procuré ou proposé sciemment à autrui, directement ou indirectement, des moyens conçus ou spécialement adaptés pour supprimer ou modifier, même partiellement, dans le but de porter atteinte à un droit d'auteur, ou de dissimuler ou de faciliter une telle atteinte, un élément d'information sous forme électronique permettant d'identifier une œuvre en (CPI, art. L. 331-11 et L. 335-3-2 II, L. n° 2006-961, 1er août 2006, art. 18 et 22) (B : *N 27438.co*) [⇨B1 à B4 :]

B1. fabriquant ou important une application technologique, un dispositif ou un composant, à des fins autres que la recherche ;

B2. détenant en vue de la vente, du prêt ou de la location, en offrant à ces mêmes fins ou en mettant à disposition du public, sous quelque forme que ce soit, une application technologique, un dispositif ou un composant ;

B3. fournissant un service à cette fin ;

B4. incitant à l'usage ou en commandant, concevant, organisant, reproduisant, distribuant ou diffusant une publicité en faveur d'une application technologique, d'un dispositif, d'un composant ou d'une fourniture de service.

C. **Diffusion d'œuvre au marquage numérique altéré**

sciemment [⇨C1 à C2 :]

C1. importé (C1 : *N 27439.co*) ...

C2. distribué, mis à disposition du public sous quelque forme que ce soit ou communiqué au public, directement ou indirectement (C2 : *N 27440.co*) ...

...une œuvre dont un élément d'information sous forme électronique permettant de l'identifier avait été supprimé ou modifié, dans le but de porter atteinte à un droit d'auteur, ou de dissimuler ou de faciliter une telle atteinte (CPI, art. L. 331-11 et L. 335-3-2 III, L. n° 2006-961, 1er août 2006, art. 18 et 22) ;

D. **Altération des mesures de protection d'une œuvre contre la copie illicite**

porté sciemment atteinte, à des fins autres que la recherche, à une mesure technique efficace, afin d'altérer la protection d'une œuvre par un décodage, un décryptage, ou effectué autre intervention personnelle destinée à contourner, neutraliser ou supprimer un mécanisme de protection ou de contrôle (CPI, art. L. 331-5, L. 335-3-1 I, L. n° 2006-961, 1er août 2006, art. 22) (D : *N 27435.ju*) ;

E. **Altération du marquage électronique d'une œuvre**

par une intervention personnelle ne nécessitant pas l'usage d'une application technologique, d'un dispositif ou d'un composant existant, conçus ou spécialement adaptés à cette fin, sciemment supprimé, modifié, à des fins autres que la recherche, dans le but de porter atteinte à un droit d'auteur, ou de dissimuler ou de faciliter une telle atteinte, tout élément d'information sous forme électronique permettant d'identifier une œuvre ou ses conditions d'utilisation (CPI, art. L. 331-11 et L. 335-3-2 I, L. n° 2006-961, 1er août 2006, art. 18 et 22) (E : *N 27437.ju*) ;

Faits prévus et réprimés par les articles [• articles du cas sélectionné] **Personnes physiques.** + L. 335-5, L. 335-6, L. 335-7 du code de la propriété intellectuelle. **Personnes morales.** + L. 335-8 du code de la propriété intellectuelle. ✧

34.12 Droits voisins du droit d'auteur – Altération du marquage ou de la protection numérique de l'œuvre

▪ PEINES

PERSONNE PHYSIQUE

PP Délit. Cas A, B et C : 6 mois d'emprisonnement, 30 000 €. Cas D et E : 3 750 €.

PC *Idem* n° 34.9.

PERSONNE MORALE

PP Cas A, B et C : 150 000 € (CPI, art. L. 335-4-1, L. 335-4-2, L. 335-8 ; C. pén., art. 131-38). Cas D et E : 18 750 € (CPI, art. L. 335-4-1, L. 335-4-2, L. 335-8 ; C. pén., art. 131-38).

PC *Idem* n° 34.9.

▪ ORIENTEUR

AUTRE QUALIFICATION

▪ Diffusion ou incitation à l'usage de logiciels de mise à disposition du public d'œuvres sans l'autorisation des titulaires de droits. V. n° 34.10 (*peer to peer*).

▪ Contraventions en matière de piratage électronique des œuvres : atteintes au dispositif de protection – défaut de sécurisation de l'accès internet. V. n° 34.14.

ÉLÉMENT LÉGAL

▪ définition. • Élément d'information, tatouage ou marquage numérique. CPI, art. L. 331-11, v. n° 34.11. • Mesure technique de protection. CPI, art. L. 331-5, v. n° 34.11.

TEXTE DE RÉFÉRENCE

▪ Droits voisins du droit d'auteur. V. n° 34.8.

RÉGIME PROCÉDURAL

▪ Compétence juridictionnelle. Juge unique dans les cas D et E (C. pr. pén., art. 398-1, v. n° 17.15D2).

▪ Ordonnance pénale. Possible dans les cas D et E (C. pr. pén., art. 495-II, v. n° 15.48B1 et tableau n° 17.15D2).

▪ Pouvoir des agents de constatations. Douane judiciaire : compétente pour constater ces infractions (C. pr. pén., art. 28-1, I).

MESURE CIVILE

▪ Intérêts civils. CPI, art. L. 331-1-3, L. n° 2014-315, 11 mars 2014, v. orienteur n° 34.9.

▪ ÉLÉMENTS CONSTITUTIFS – QUALIFICATION

✧ Pour avoir à .... [¤ lieu], le .... [¤ date], [⇨A à E :]

A. **FOURNITURE DE MOYENS POUR ALTÉRER LES MESURES DE PROTECTION D'UN PHONOGRAMME, D'UN VIDÉOGRAMME OU D'UN PROGRAMME CONTRE LA COPIE ILLICITE**

procuré ou proposé sciemment à autrui, directement ou indirectement, des moyens conçus ou spécialement adaptés pour porter atteinte à une mesure technique efficace de protection d'une interprétation, d'un phonogramme, d'un vidéogramme ou d'un programme ou d'une publication de presse, en (CPI, art. L. 331-5, L. 335-4-1 II, L. n° 2006-961, 1er août 2006, art. 23) (A : *N 27442.co*) [⇨A1 à A4 :]

A1. fabriquant ou important une application technologique, un dispositif ou un composant, à des fins autres que la recherche ;

A2. détenant en vue de la vente, du prêt ou de la location, en offrant à ces mêmes fins ou en mettant à disposition du public, sous quelque forme que ce soit, une application technologique, un dispositif ou un composant ;

A3. fournissant un service à cette fin ;

A4. incitant à l'usage ou en commandant, concevant, organisant, reproduisant, distribuant ou diffusant une publicité en faveur d'une application technologique, d'un dispositif, d'un composant ou d'une fourniture de service ;

B. **FOURNITURE DE MOYENS POUR ALTÉRER LE MARQUAGE NUMÉRIQUE D'UN PHONOGRAMME, D'UN VIDÉOGRAMME OU D'UN PROGRAMME**

procuré ou proposé sciemment à autrui, directement ou indirectement, des moyens conçus ou spécialement adaptés pour supprimer ou modifier, même partiellement, dans le but de porter atteinte à un droit voisin du droit d'auteur, ou de dissimuler ou de faciliter une telle atteinte, un élément d'information sous forme électronique permettant d'identifier une interprétation, un phonogramme, un vidéogramme ou un programme ou une publication de presse, en (CPI, art. L. 331-11 et L. 335-4-2 II, L. nº 2006-961, 1er août 2006, art. 23) (B : *N #.co*) [⇨B1 à B4 :]

B1. fabriquant ou important une application technologique, un dispositif ou un composant, à des fins autres que la recherche ;

B2. détenant en vue de la vente, du prêt ou de la location, en offrant à ces mêmes fins ou en mettant à disposition du public, sous quelque forme que ce soit, une application technologique, un dispositif ou un composant ;

B3. fournissant un service à cette fin ;

B4. incitant à l'usage ou en commandant, concevant, organisant, reproduisant, distribuant ou diffusant une publicité en faveur d'une application technologique, d'un dispositif, d'un composant ou d'une fourniture de service.

C. **DIFFUSION D'UN PHONOGRAMME, D'UN VIDÉOGRAMME OU D'UN PROGRAMME AU MARQUAGE NUMÉRIQUE ALTÉRÉ**

sciemment importé, distribué, mis à disposition du public sous quelque forme que ce soit ou communiqué au public, directement ou indirectement, une interprétation, un phonogramme, un vidéogramme ou un programme ou une publication de presse, dont un élément d'information sous forme électronique permettant de l'identifier avait été supprimé ou modifié, dans le but de porter atteinte à un droit voisin du droit d'auteur, ou de dissimuler ou de faciliter une telle atteinte (CPI, art. L. 331-11 et L. 335-4-2 III, L. nº 2006-961, 1er août 2006, art. 23) (C : *N #.co*).

D. **ALTÉRATION DES MESURES DE PROTECTION D'UN PHONOGRAMME, D'UN VIDÉOGRAMME OU D'UN PROGRAMME CONTRE LA COPIE ILLICITE**

porté sciemment atteinte, à des fins autres que la recherche, à une mesure technique efficace, afin d'altérer la protection d'une interprétation, d'un phonogramme, d'un vidéogramme ou d'un programme ou d'une publication de presse par un décodage, un décryptage, ou toute autre intervention personnelle destinée à contourner, neutraliser ou supprimer un mécanisme de protection ou de contrôle (CPI, art. L. 331-5, L. 335-4-1 I, L. nº 2006-961, 1er août 2006, art. 23) (D : *N 27441.ju*).

E. **ALTÉRATION DU MARQUAGE ÉLECTRONIQUE D'UN PHONOGRAMME, D'UN VIDÉOGRAMME OU D'UN PROGRAMME**

par une intervention personnelle ne nécessitant pas l'usage d'une application technologique, d'un dispositif ou d'un composant existant, conçus ou spécialement adaptés à cette fin, sciemment supprimé, modifié, à des fins autres que la recherche, dans le but de porter atteinte à un droit voisin du droit d'auteur, ou de dissimuler ou de faciliter une telle atteinte, tout élément d'information sous forme électronique permettant d'identifier une interprétation, un phonogramme, un vidéogramme ou un programme ou une publication de presse, ou d'identifier ses conditions d'utilisation (CPI, art. L. 331-11 et L. 335-4-2 I, L. nº 2006-961, 1er août 2006, art. 23) (E : *N #.ju*).

Faits prévus et réprimés par les articles [• articles du cas sélectionné] **PERSONNES PHYSIQUES.** + L. 335-5, L. 335-6 du code de la propriété intellectuelle. **PERSONNES MORALES.** + L. 335-8 du code de la propriété intellectuelle. ✧

34.13 Vente habituelle de billets de spectacle sans autorisation du producteur ou exploitant

▪ PEINES

PERSONNE PHYSIQUE

PP Délit. 15 000 €, 30 000 € en récidive (C. pén., art. 313-6-2).

PC Néant.

PERSONNE MORALE

PP 75 000 €, 150 000 € en récidive (C. pén., art. 313-6-2 et C. pén., art. 131-38).

PC Néant.

■ ORIENTEUR

AUTRE QUALIFICATION

▪ Vente à la sauvette (L. n° 2011-267, 14 mars 2011). V. n° 30.35.

ÉLÉMENT LÉGAL

▪ Application de la loi dans le temps. Incrimination créée par L. n° 2012-348, 12 mars 2012.

▪ définition. Titre d'accès. « *est considéré comme un titre d'accès tout billet, document, message ou code, quels qu'en soient la forme et le support, attestant de l'obtention auprès du producteur, de l'organisateur ou du propriétaire des droits d'exploitation du droit d'assister à la manifestation ou au spectacle* » (C. pén., art. 313-6-2).

▪ Constitutionnalité. L'incrimination « *ne méconnaît ni le principe de nécessité des délits et des peines, ni celui de légalité des délits et des peines* » (§ 9) en ce que la législateur a « *entendu prévenir les troubles à l'ordre public dans certaines manifestations, notamment sportives. En effet, la mise en œuvre de certaines mesures de sécurité, comme les interdictions administratives ou judiciaires d'accès à ces manifestations ou le contrôle du placement des spectateurs, qui reposent sur l'identification des personnes achetant ces titres, peut être entravée par la revente des titres d'accès* » (§ 5). Il a « *a également souhaité garantir l'accès du plus grand nombre aux manifestations sportives, culturelles, commerciales et aux spectacles vivants. En effet, l'incrimination en cause doit permettre de lutter contre l'organisation d'une augmentation artificielle des prix des titres d'accès à ces manifestations et spectacles* » (§ 6). Enfin « *il résulte des travaux parlementaires qu'en ne visant que les faits commis "de manière habituelle", le législateur n'a pas inclus dans le champ de la répression les personnes ayant, même à plusieurs reprises, mais de manière occasionnelle, vendu, cédé, exposé ou fourni les moyens en vue de la vente ou de la cession des titres d'accès à une manifestation ou à un spectacle* » (§ 7) (Cons. const. 14 déc. 2018, n° 2018-754 QPC).

RÉGIME PROCÉDURAL

▪ Compétence juridictionnelle. Juge unique (C. pr. pén., art. 398-1, v. n° 17.15D2).

▪ Ordonnance pénale. Possible (C. pr. pén., art. 495-II, v. n° 15.48B1 et tableau n° 17.15D2).

■ ÉLÉMENTS CONSTITUTIFS – QUALIFICATION

✧ Pour avoir à .... [¤ lieu], le .... [¤ date], de manière habituelle et sans l'autorisation du producteur, de l'organisateur ou du propriétaire des droits d'exploitation de la manifestation ou du spectacle, [⇨A à C :]

A. vendu, offert à la vente (*N 28739.ju*, par personne morale : *N #.ju*)…/…

B. exposé en vue de la vente ou de la cession (*N 28740.ju*, par personne morale : *N #.ju*)…/…

C. fourni les moyens en vue de la vente ou de la cession (*N 28741.ju*, par personne morale : *N #.ju*)…/…

…/…des titres d'accès à une manifestation sportive, culturelle ou commerciale ou à un spectacle vivant.

Faits prévus et réprimés par l'article 313-6-2 du code pénal. ✧

34.14 Contraventions en matière de piratage électronique des œuvres : atteintes au dispositif de protection – défaut de sécurisation de l'accès internet

PERSONNE PHYSIQUE

PP Cas A : Contrav. 4e cl. 750 € (CPI, art. R. 335-3 ; C. pén., art. 131-13) ;

Cas B : Contrav. 4e cl. 750 € (CPI, art. R. 335-4 ; C. pén., art. 131-13). ;

Cas C : Contrav. 5e cl. 1 500 € (CPI, art. R. 335-5 ; C. pén., art. 131-13).

PC Néant. Cas C : la peine complémentaire de suspension de l'accès à un service de communication au public en ligne ⩽ 1 mois (v. ancienne réd. de CPI, art. R. 335-5 III) a été supprimée par D. n° 2013-596, 8 juill. 2013.

PERSONNE MORALE

PP Cas A : Contrav. 4e cl. 3 750 € (CPI, art. R. 335-3 ; C. pén., art. 131-41) ;
Cas B : Contrav. 4e cl. 3 750 € (CPI, art. R. 335-4 ; C. pén., art. 131-41) ;
Cas C : Contrav. 5e cl. 7 500 € (CPI, art. R. 335-5 ; C. pén., art. 131-41).

PC Néant.

▪ ORIENTEUR

AUTRE QUALIFICATION

▪ **Contrefaçon d'œuvres littéraires et artistiques et délits assimilés.** V. n° 34.9.

▪ **Diffusion ou incitation à l'usage de logiciels de mise à disposition du public d'œuvres sans l'autorisation des titulaires de droits.** V. n° 34.10.

▪ **Droits d'auteur – Altération du marquage ou de la protection numérique de l'œuvre.** V. n° 34.11.

▪ **Droits voisins du droit d'auteur – Altération du marquage ou de la protection numérique de l'œuvre.** V. n° 34.12.

TEXTE DE RÉFÉRENCE

▪ **Missions de la Hadopi. Cas C : rôle de la commission de protection des droits.** La Haute autorité pour la diffusion des œuvres et la protection des droits sur internet (Hadopi) est une autorité publique indépendante (CPI, art. L. 331-12). Elle exerce « *Une mission de protection [des œuvres et des objets auxquels est attaché un droit d'auteur ou un droit voisin] à l'égard des atteintes à ces droits commises sur les réseaux de communications électroniques utilisés pour la fourniture de services de communication au public en ligne* » (CPI, art. L. 331-13). La Hadopi est notamment composée « *d'une commission de protection des droits* » (CPI, art. L. 331-15). Pour l'exercice des missions de la commission des droits, la Hadopi dispose d'agents publics assermentés (CPI, art. L. 331-21), qui procèdent à l'examen des saisines de la Hadopi émanant des agents assermentés et agréés par les organismes de défense professionnelle de la propriété littéraire et artistique ou de gestion collective des droits d'auteur ou droits voisin, par le Centre national du cinéma et de l'image animée, ou des informations transmises par le procureur de la République (CPI, art. L. 331-24). Ces agents disposent d'un droit de communication et de copie, notamment auprès des opérateurs de communication électronique (CPI, art. L. 331-21). Ils peuvent constater les infractions de contrefaçon punies de la peine complémentaire de suspension de l'accès à un service de communication au public en ligne et entendre les personnes concernées (CPI, art. L. 331-21-1, R. 331-36). La commission de protection des droits « *est chargée de prendre les mesures prévues à l'article L. 331-25* » (CPI, art. L. 331-17), lesquelles consistent à apporter une réponse graduée aux faits, dont elle est saisie, de défaut de sécurisation contre le piratage des œuvres auquel est astreint le titulaire d'un accès à internet.

▪ **Obligations du titulaire de l'accès en ligne. Cas C : obligation de sécurisation de l'accès à internet.** « *La personne titulaire de l'accès à des services de communication au public en ligne a l'obligation de veiller à ce que cet accès ne fasse pas l'objet d'une utilisation à des fins de reproduction, de représentation, de mise à disposition ou de communication au public d'œuvres ou d'objets protégés par un droit d'auteur ou par un droit voisin sans l'autorisation des titulaires des droits* » (CPI, art. L. 336-3). « *Le manquement de la personne titulaire de l'accès à [cette obligation de sécurisation] n'a pas pour effet d'engager la responsabilité pénale de l'intéressé, sous réserve* » des dispositions relatives aux délits de contrefaçon commis « *au moyen d'un service de communication au public en ligne* » (CPI, art. L. 335-7) ou à la contravention de négligence caractérisée dans la sécurisation de son accès en ligne (CPI, art. L. 335-7-1 et R. 335-5) (CPI, art. L. 336-3).

ÉLÉMENT MATÉRIEL

▪ **Domaine d'application. Cas A et B :** Ces dispositions ne s'appliquent pas aux actes qui ne portent pas préjudice aux titulaires de droits et qui sont réalisés à des fins de sécurité informatique ou à des fins de recherche scientifique en cryptographie.

▪ **Condition préalable. Cas C : matérialisation de la négligence caractérisée.** Lorsqu'elle est saisie de faits de piratage de droits d'auteur ou de droits voisins par internet, « *la commission de protection des droits peut envoyer à l'abonné.../... par la voie électronique et par l'intermédiaire de la personne dont l'activité est d'offrir un accès à des services de communication au public en ligne ayant conclu un contrat avec l'abonné, une recommandation lui.../...enjoignant de respecter l'obligation* » de sécurisation de son accès à internet contre le piratage (définie par CPI, art. L. 336-3, v. Orienteur/Texte de référence ci-dessus) »

« et *l'avertissant des sanctions encourues* » (en application des articles L. 335-7 et L. 335-7-1). Cette recommandation contient également une information de l'abonné « *sur l'existence de moyens de sécurisation permettant de prévenir les manquements* » (CPI, art. L. 331-25). En cas de renouvellement de faits de piratage dans un délai de six mois à compter de l'envoi de la première recommandation, « *la commission peut adresser une nouvelle recommandation comportant les mêmes informations que la précédente par la voie électronique* » et « *doit assortir cette recommandation d'une lettre remise contre signature ou de tout autre moyen propre à établir la preuve de la date de présentation de cette recommandation* » (CPI, art. L. 331-25). Il résulte de cette disposition qu'après l'écoulement d'un délai de 6 mois après la première recommandation, la commission de protection des droits ne peut envoyer qu'une nouvelle première recommandation et non la seconde recommandation. Les deux recommandations successives « *mentionnent la date et l'heure auxquelles les faits [de défaut de sécurisation contre le piratage] ont été constatés* » (CPI, art. L. 331-25). Les **opérateurs de communication électronique** en ligne sont tenus, à peine d'amende de 5e classe (CPI, art. R. 331-37) de communiquer à la commission des droits les données techniques nécessaires à l'identification du titulaire de l'accès et d'adresser à l'abonné chacune des recommandations (CPI, art. R. 331-37). « *La négligence caractérisée s'apprécie sur la base des faits commis au plus tard un an après la présentation de la recommandation* » par laquelle « *la commission de protection des droits.../... a préalablement adressé, par voie d'une lettre remise contre signature ou de tout autre moyen propre à établir la preuve de la date de présentation, une recommandation l'invitant à mettre en œuvre un moyen de sécurisation de son accès à internet* » (seconde recommandation) (CPI, art. L. 335-7-1).

RÉGIME PROCÉDURAL

▪ **Procédure suivie devant la Hadopi. Cas C : notification, audition, délibération et transmission au parquet.** Lorsque, dans le délai d'un an suivant la présentation de deuxième recommandation la commission de protection des droits est saisie de nouveaux faits susceptibles de constituer une négligence caractérisée, elle **informe l'abonné, par lettre remise contre signature**, que ces faits sont susceptibles de poursuite et l'invite à présenter ses observations dans un délai de quinze jours (CPI, art. R. 331-40). Elle peut d'initiative ou à la demande de l'intéressé procéder à son **audition par procès-verbal**, le cas échéant en présence de son conseil (CPI, art. R. 331-40 et R. 331-41). La commission de protection des droits **constate par délibération** que les faits sont susceptibles de recevoir la qualification de contrefaçon ou de défaut de sécurisation (CPI, art. R. 331-42), et **transmet au procureur de la République** territorialement compétent la délibération de la commission ainsi qu'un procès-verbal récapitulatif de l'ensemble des faits et procédure ainsi que toutes pièces utiles (CPI, art. R. 331-43). Le procureur de la République informe la commission de protection des droits des suites données à la procédure (CPI, art. R. 331-44).

▪ ÉLÉMENTS CONSTITUTIFS – QUALIFICATION

✧ Pour avoir à .... [¤ lieu], le .... [¤ date], [⇨A à C :]

A. **DÉTENTION, UTILISATION, DE DISPOSITIF OU RECOURS À UN SERVICE PORTANT ATTEINTE À UNE MESURE TECHNIQUE DE PROTECTION DES ŒUVRES (CPI, ART. R. 335-3) (C4)**

(CPI, art. L. 331-5 et R. 335-3) [⇨A1 ou A2 :]

A1. détenu en vue de son usage personnel (A1a : *N 27819.c4*) ou utilisé (A1b : *N 27820.c4*) une application technologique, un dispositif ou un composant conçu ou spécialement adapté pour porter atteinte à une mesure technique efficace destinée à empêcher ou à limiter les utilisations non autorisées d'une œuvre par les titulaires d'un droit d'auteur ou d'un droit voisin du droit d'auteur ;

A2. recouru à un service conçu ou spécialement adapté pour porter atteinte à une mesure technique efficace destinée à empêcher ou à limiter les utilisations non autorisées d'une œuvre par les titulaires d'un droit d'auteur ou d'un droit voisin du droit d'auteur (A2 : *N 27821.c4*).

B. **DÉTENTION OU UTILISATION D'UN DISPOSITIF DE SUPPRESSION D'UN DISPOSITIF ÉLECTRONIQUE DE GESTION DES DROITS SUR UNE ŒUVRE (CPI, ART. R. 335-4) (C4)**

(CPI, art. L. 331-11, R. 335-4) [⇨B1 ou B2 :]

B1. détenu en vue d'un usage personnel (B1a : *N 27822.c4*) ou utilisé (B1b : *N 27823.c4*) une application technologique, un dispositif ou un composant conçu ou spécialement adapté pour supprimer ou modifier un élément d'information sous forme électronique concernant le régime des droits afférents à une œuvre, et ayant pour but de porter atteinte à un droit d'auteur, à un droit voisin ou à un droit de producteur de base de données, ou de dissimuler ou de faciliter une telle atteinte ;

B2. recouru à un service conçu ou spécialement adapté pour supprimer ou modifier un élément d'information sous forme électronique concernant le régime des droits afférents à une œuvre, et ayant pour but de porter atteinte à un droit d'auteur, à un droit voisin ou à un droit de producteur de base de données, ou de dissimuler ou de faciliter une telle atteinte (B2 : *N 27824.c4*).

C. **Négligence caractérisée pour la sécurisation de son accès en ligne contre le piratage des œuvres protégées (CPI, art. R. 335-5) (C5)**

étant titulaire d'un accès à des services de communication au public en ligne, sans motif légitime (CPI, art. L. 331-25, L. 335-7-1, L. 336-3 et R. 335-5), [⇨C1 ou C2 :]

C1. omis de mettre en place un moyen de sécurisation de cet accès (C1 : *N 27825.c5*).../...

C2. manqué de diligence dans la mise en œuvre d'un moyen de sécurisation de cet accès (C2 : *N 27826.c5*).../...

.../...en utilisant ou en laissant utiliser celui-ci à des fins de reproduction, de représentation ou de mise à disposition ou de communication au public d'œuvres ou d'objets protégés par un droit d'auteur ou par un droit voisin, sans l'autorisation des titulaires des droits, alors que dans l'année précédant cette utilisation, la commission de protection des droits de la Hadopi lui avait recommandé le [date de l'envoi de la recommandation par la Hadopi], par lettre remise contre signature ou tout autre moyen propre à établir la preuve de sa date de présentation, de mettre en œuvre un moyen de sécurisation de son accès permettant de prévenir le renouvellement de son utilisation à des fins de reproduction, de représentation ou de mise à disposition ou de communication au public d'œuvres ou d'objets protégés par un droit d'auteur ou par un droit voisin, sans l'autorisation des titulaires des droits.

Faits prévus et réprimés par les articles [• articles du cas sélectionné] du code de la propriété intellectuelle. ✧

34.15 Brevet – Acquisition de la protection

A. Les inventions brevetables (CPI, art. L. 611-10 et L. 611-11)

Sont brevetables les inventions remplissant ces trois conditions :

1. nouvelles (non comprises dans l'état de la technique, CPI, art. L. 611-11) ;
2. impliquant une activité inventive (ne découlant pas de manière évidente, pour un homme du métier, de l'état de la technique, CPI, art. L. 611-14) ;
3. susceptibles d'application industrielle (si son objet peut être fabriqué ou utilisé dans tout genre d'industrie, y compris l'agriculture, CPI, art. L. 611-15).

Ne sont pas brevetables les théories scientifiques et mathématiques, les créations esthétiques, les plans, principes et méthodes dans l'exercice d'activités intellectuelles et économiques, en matière de jeux, les logiciels, les présentations d'informations (CPI, art. L. 611-10), les méthodes de traitement chirurgical ou thérapeutique (sauf produits mis en œuvre dans ces méthodes) (CPI, art. L. 611-16), les inventions dont la publication ou la mise en œuvre serait contraire à l'ordre public et aux bonnes mœurs (CPI, art. L. 611-17), le corps humain, ses éléments ou ses produits, ainsi que la connaissance de la structure partielle ou totale d'un gène humain (CPI, art. L. 611-18), les races animales (CPI, art. L. 611-19).

B. L'enregistrement du brevet

Toute invention peut faire l'objet d'un titre de propriété industrielle délivré par le directeur de l'Institut national de la propriété industrielle (Inpi) (CPI, art. L. 611-1).

Le demandeur dépose à l'Inpi un descriptif de son invention et de ses revendications, qui définissent l'objet de la protection demandée (CPI, art. L. 612-2, L. 612-5 et L. 612-6).

Le ministre de la Défense prend connaissance auprès de l'Inpi des demandes de brevet (CPI, art. L. 612-8). Sauf autorisation spéciale, l'invention ne peut être divulguée, exploitée, ou la demande de brevet rendue publique durant la période de 5 mois suivant le dépôt, qui peut être prorogée à la demande du ministre de la Défense (CPI, art. L. 612-9 et L. 612-10).

Le directeur de l'Inpi examine la conformité de la demande (CPI, art. L. 612-11) et délivre le brevet (L. 612-17) à l'issue d'un rapport de recherche, portant sur l'état de la technique, permettant d'apprécier la brevetabilité de l'invention (L. 612-14). Le brevet fait l'objet d'une diffusion légale au *Bulletin officiel de la propriété industrielle* (CPI, art. L. 612-21).

C. Les droits conférés par le brevet

Le titre de propriété industrielle délivré par le directeur de l'Inpi « *confère à son titulaire ou à ses ayants cause un droit exclusif d'exploitation* » (CPI, art. L. 611-1) durant 20 ans à compter du jour du dépôt de la demande (CPI, art. L. 611-2 et L. 613-1).

Sauf consentement du propriétaire du brevet, constituent des contrefaçons les faits suivants :

– fabrication, offre, mise dans le commerce, utilisation, importation, exportation, transbordement ou détention à ces fins du produit objet du brevet (CPI, art. L. 613-3). Si l'auteur n'est pas fabricant, les faits n'engagent sa responsabilité que s'ils ont été commis en connaissance de cause (CPI, art. L. 615-1) ;

– utilisation du procédé objet du brevet (CPI, art. L. 613-3) ;

– offre, commercialisation, utilisation, importation, exportation, transbordement ou détention à ces fins du produit obtenu directement par le procédé objet du brevet (CPI, art. L. 613-3) ;

– livraison ou offre de livraison, sauf s'ils se trouvent couramment dans le commerce, de moyens essentiels de mise en œuvre de l'invention, si le tiers en est informé ou si les circonstances rendent évidente cette information (CPI, art. L. 613-4).

D. La perte des droits sur le brevet

1. Le non-paiement de la redevance annuelle

Tout brevet donne lieu au paiement de redevance annuelle (CPI, art. L. 612-19), sous peine de déchéance des droits du propriétaire constatée par décision publiée et notifiée du directeur de l'Inpi (CPI, art. L. 613-22).

2. La nullité judiciaire

Le brevet peut être déclaré nul par décision de justice, notamment sur action du ministère public (CPI, art. L. 613-26), si l'invention n'est pas brevetable, où s'il n'expose pas l'invention de façon suffisamment claire et précise pour qu'un homme du métier puisse l'exécuter (CPI, art. L. 613-25).

3. Le défaut d'exploitation du brevet

Toute personne peut solliciter, contre redevance, l'obtention d'une licence obligatoire du brevet si dans les trois ans de sa délivrance ou les quatre ans du dépôt de la demande le propriétaire s'est abstenu de l'exploiter ou de faire des préparatifs effectifs et sérieux d'exploitation, ou ne l'a pas commercialisé en quantité suffisante pour le marché français, ou a abandonné son exploitation ou commercialisation depuis plus de trois ans (CPI, art. L. 613-11).

E. Les droits concurrents des tiers (CPI, art. L. 613-5)

Les droits conférés par le brevet n'interdisent pas :

– les actes accomplis dans un cadre privé à des fins non commerciales, les actes expérimentaux portant sur l'objet de l'invention, les préparations extemporanées et par unité réalisées dans les officines de pharmacie, sur ordonnance médicale (CPI, art. L. 613-5) ;

– les actes concernant le produit s'il a été commercialisé avec le consentement du propriétaire du brevet (CPI, art. L. 613-6) ;

– l'exploitation de l'invention par toute personne de bonne foi qui se trouvait en sa possession à la date du dépôt. Ce droit est attaché au fonds de commerce ou à l'entreprise avec lesquels il peut être transmis (CPI, art. L. 613-7).

34.16 Brevet – Usage indu de la qualité de propriétaire de brevet

■ **PEINES**

PERSONNE PHYSIQUE

PP Délit. 7 500 € (CPI, art. L. 615-12).

PC Néant.

PERSONNE MORALE

PP 37 500 € (CPI, art. L. 615-12 ; C. pén., art. 131-38).

PC Néant.

▪ ORIENTEUR

TEXTE DE RÉFÉRENCE

▪ **Brevet – Acquisition de la protection.** V. nº 34.15.

RÉGIME PROCÉDURAL

▪ **Compétence juridictionnelle. Juge unique** (C. pr. pén., art. 398-1, v. nº 17.15D2).

▪ **Ordonnance pénale. Possible** (C. pr. pén., art. 495-II, v. nº 15.48B1 et tableau nº 17.15D2).

▪ **Pouvoir des agents de constatation. Douane judiciaire** : compétente pour constater ces infractions (C. pr. pén., art. 28-1, I).

▪ ÉLÉMENTS CONSTITUTIFS – QUALIFICATION

✧ Pour s'être à .... [¤ lieu], le .... [¤ date], prévalu indûment de la qualité de propriétaire d'un brevet ou d'une demande de brevet.

Faits prévus et réprimés par l'article L. 615-12 du code de la propriété intellectuelle (*N 29776.ju*). ✧

34.17 Brevet – Divulgation non autorisée d'une demande de brevet

▪ PEINES

PERSONNE PHYSIQUE

PP Délit. Cas A : 4 500 € ; cas B : 5 ans d'emprisonnement, 4 500 € (CPI, art. L. 615-13).

PC Néant.

PERSONNE MORALE

PP 22 500 € (CPI, art. L. 615-13 ; C. pén., art. 131-38).

PC Néant.

▪ ORIENTEUR

ÉLÉMENT LÉGAL

▪ **Domaine d'application.** Dispositions identiques pour les brevets européens (CPI, art. L. 614-4, L. 614-5 et L. 615-16) et internationaux (CPI, art. L. 614-20, L. 614-21 et L. 615-15).

TEXTE DE RÉFÉRENCE

▪ **Brevet – Acquisition de la protection.** V. nº 34.15.

RÉGIME PROCÉDURAL

▪ **Compétence juridictionnelle. Juge unique** dans le cas A (C. pr. pén., art. 398-1, v. nº 17.15D2).

▪ **Ordonnance pénale. Possible** dans le cas A (C. pr. pén., art. 495-II, v. nº 15.48B1 et tableau nº 17.15D2).

▪ **Pouvoir des agents de constatation. Douane judiciaire** : compétente pour constater ces infractions (C. pr. pén., art. 28-1, I).

▪ ÉLÉMENTS CONSTITUTIFS – QUALIFICATION

✧ Pour avoir à .... [¤ lieu], le .... [¤ date], [⇨A ou B :]

A. divulgué, exploité ou rendu publique sans autorisation une demande de brevet (A : *N 3108.ju*).

B. [• Préciser le cas échéant] avec cette circonstance que les faits ont porté préjudice à la défense nationale (B : *N 3107.co*.

Faits prévus et réprimés par l'article L. 612-9, L. 612-10 et L. 615-13 du code de la propriété intellectuelle. ✧

34.18 Brevet – Contrefaçon

▪ PEINES

PERSONNE PHYSIQUE

PP Délit. Cas A : 3 ans d'emprisonnement, 300 000 € (auparavant 2 ans, 150 000 € [L. n° 2004-204, 9 mars 2004, art. 34-I, 34-II et 34-III]). Cas B : (circonstances aggravantes) : 7 ans, 750 000 € (depuis L. n° 2016-731, 3 juin 2016, auparavant 5 ans, 500 000, L. n° 2004-204, 9 mars 2004, art. 34-V) (CPI, art. L. 615-14). Cas B4 : peines encourues portées au double (CPI, art. L. 615-14-1).

PC 1. Retrait, aux frais du condamné, des circuits commerciaux des objets contrefaisants et de toute chose ayant servi ou destiné à commettre l'infraction (CPI, art. L. 615-14-2, L. n° 2007-1544, 29 oct. 2007) ;

2. Destruction aux frais du condamné ou remise à la partie lésée des objets et choses retirés des circuits commerciaux ou confisqués (CPI, art. L. 615-14-2, L. n° 2007-1544, 29 oct. 2007).

3. Affichage, ⩽ 2 mois, *et/ou* (L. n° 2011-525, 17 mai 2011) diffusion de la décision ou d'extraits dans les journaux ou services de communication au public en ligne aux frais (⩽ amende encourue) du condamné (CPI, art. L. 615-14-2 ; C. pén., art. 131-35).

PERSONNE MORALE

PP Cas A : 1 500 000 €. Cas B (circonstances aggravantes) : 3 750 000 € (depuis L. n° 2016-731, 3 juin 2016, auparavant 2 500 000 €) (CPI, art. L. 615-14-3 ; C. pén., art. 131-38). Cas B4 : peines encourues portées au double (CPI, art. L. 615-14-1).

PC 1. Dissolution (sauf personnes morales de droit public, partis, groupements politiques, syndicats, institutions représentatives du personnel) si personne morale créée pour commettre l'infraction (CPI, art. L. 615-14-3 ; C. pén., art. 131-39 1°, L. n° 2007-1544, 29 oct. 2007) ;

2. Interdiction, définitive ou ⩽ 5 ans d'une ou plusieurs activités professionnelles ou sociales en relation avec l'infraction (CPI, art. L. 615-14-3 ; C. pén., art. 131-39 2°, L. n° 2007-1544, 29 oct. 2007) ;

3. Surveillance judiciaire ⩽ 5 ans, sauf personnes morales de droit public (CPI, art. L. 615-14-3 ; C. pén., art. 131-39 3° et 131-46, L. n° 2007-1544, 29 oct. 2007) ;

4. Fermeture, définitive ou ⩽ 5 ans d'un ou plusieurs établissements en relation avec l'infraction (CPI, art. L. 615-14-3, ; C. pén., art. 131-39 4°, L. n° 2007-1544, 29 oct. 2007) ;

5. Exclusion, définitive ou ⩽ 5 ans de marchés publics (CPI, art. L. 615-14-3 ; C. pén., art. 131-39 5°, L. n° 2007-1544, 29 oct. 2007) ;

6. Interdiction, définitive ou ⩽ 5 ans d'appel public à l'épargne (CPI, art. L. 615-14-3 ; C. pén., art. 131-39 6°, L. n° 2007-1544, 29 oct. 2007) ;

7. Interdiction ⩽ 5 ans de cartes de paiement ou émission de chèques autres que de retrait ou certifiés (CPI, art. L. 615-14-3 ; C. pén., art. 131-39 7°, L. n° 2007-1544, 29 oct. 2007) ;

8. Confiscation de la chose ayant servi à l'infraction ou destinée à la commettre, ou de son produit (CPI, art. L. 615-14-3 ; C. pén., art. 131-39 8°, L. n° 2007-1544, 29 oct. 2007) ;

9. Affichage, ⩽ 2 mois, *et/ou* (L. n° 2011-525, 17 mai 2011) diffusion de la décision ou d'extraits aux frais (⩽ amende encourue) du condamné (CPI, art. L. 615-14-3 ; C. pén., art. 131-39 9°, 131-48 et 131-35, L. n° 2007-1544, 29 oct. 2007) ;

10. Retrait, aux frais du condamné, des circuits commerciaux des objets contrefaisants et de toute chose ayant servi ou destiné à commettre l'infraction (CPI, art. L. 615-14-3, L. n° 2007-1544, 29 oct. 2007) ;

11. Destruction aux frais du condamné ou remise à la partie lésée des objets et choses retirés des circuits commerciaux ou confisqués (CPI, art. L. 615-14-3, L. n° 2007-1544, 29 oct. 2007) ;

▪ ORIENTEUR

ÉLÉMENT LÉGAL

▪ **Définition. Bande organisée** (C. pén., art. 132-71), v. n° 11.20.

TEXTE DE RÉFÉRENCE

▪ **Brevet – Acquisition de la protection.** V. n° 34.15.

ÉLÉMENT MATÉRIEL

▪ **Territorialité de la protection.** Est approuvée la décision qui énonce, pour en déduire « *que la loi pénale française est inapplicable et que les juridictions françaises sont incompétentes* », que « *la législation sur les brevets est territoriale et que la protection n'est acquise qu'à l'intérieur des frontières de l'État concerné par cette protection ; que les juges précisent qu'en l'espèce la France n'est pas désignée par le brevet européen qui sert de fondement aux poursuites et qu'aucun acte n'a été commis sur le territoire français ; qu'ils indiquent que la contrefaçon d'un brevet consiste dans la violation d'un titre juridique délivré par un État pour son territoire et conférant à son titulaire un droit de propriété sur ce territoire et que la portée territoriale limitée du brevet en droit français, résultant de sa définition donnée par le code de la propriété intellectuelle, est confirmée par les conventions internationales* » (Crim. 19 juin 2007, n° 06-88.165, P n° 166).

RÉGIME PROCÉDURAL

▪ **Régime partiel de la criminalité organisée.** Applicable au **Cas B1** (bande organisée) (C. pr. pén., art. 706-74), v. n° 11.22, outre les pouvoirs de **surveillance** (C. pr. pén., art. 706-80, v. n° 11.31) et d'**infiltration** (C. pr. pén., art. 706-81 à 706-87, v. n° 11.33) (C. pr. pén., art. **706-1**, L. n° 2007-1544, 29 oct. 2007).

▪ **Pouvoir des agents de constatation. Douane judiciaire :** compétente pour constater ces infractions (C. pr. pén., art. 28-1, I).

MESURE CIVILE

▪ **Intérêts civils.** Pour fixer les dommages et intérêts, le tribunal prend distinctement en considération le manque à gagner du titulaire des droits, le préjudice moral et le bénéfice du contrefacteur, y compris les économies d'investissement. Il peut toutefois, à la demande de la partie lésée, allouer un somme forfaitaire indemnisant ces différents postes, nécessairement supérieure aux redevances d'exploitation éludées, et non exclusive de celle attribuée au titre du préjudice moral (CPI, art. L. 615-7, L. n° 2014-315, 11 mars 2014).

▪ ÉLÉMENTS CONSTITUTIFS – QUALIFICATION

✧ Pour avoir à .... [¤ lieu], le .... [¤ date], [⇨A puis le cas échéant B :]

A. sans l'autorisation du propriétaire du brevet (A : *N 3103.co* ; récidive : *N 8111.co*), [⇨A1 à A4 :] ;

A1. fabriqué, offert, mis dans le commerce, utilisé, importé, « exporté, transbordé » (L. n° 2015-351, 11 mars 2014), ou détenu à ces fins un produit faisant l'objet dudit brevet ;

A2. utilisé un procédé faisant l'objet dudit brevet ;

A3. offert, commercialisé, utilisé, importé « exporté, transbordé » (L. n° 2015-351, 11 mars 2014) ou détenu à ces fins un produit obtenu directement par un procédé objet dudit brevet ;

A4. livré ou offert de livrer sur le territoire français des moyens de mise en œuvre de l'invention brevetée, se rapportant à un élément essentiel de celle-ci.

B. [• Préciser le cas échéant dans le cas A :] avec cette circonstance que les faits [⇨B1 à B3 :]

B1. ont été commis en bande organisée (L. n° 2004-204, 9 mars 2004, art. 34-V) (B1 : *N 25227.co*) ;

B2. ont été commis sur un réseau de communication au public en ligne (aggravation créée par L. n° 2011-267, 14 mars 2011) (B2 : *N 29774.co*) ;

B3. portent sur des marchandises dangereuses pour la santé, la sécurité de l'homme ou de l'animal (L. n° 2007-1544, 29 oct. 2007) (B3 : *N 28352.co*) ;

B4. ont été commis par une personne liée ou ayant été liée par convention à la partie lésée (CPI, art. L. 615-14-1) (B4 : *N 28353.co*).

Faits prévus et réprimés par les articles : **PERSONNES PHYSIQUES.** L. 613-3, L. 613-4, L. 615-14 et L. 615-14-2 du code de la propriété intellectuelle. **PERSONNES MORALES.** L. 613-3, L. 613-4, L. 615-14 et L. 615-14-3. ✧

34.19 Dessins et modèles – Acquisition de la protection

A. Le domaine de la protection (CPI, art. L. 511-1)

La protection à titre de dessin ou modèle est applicable à l'apparence, caractérisée par les lignes, contours, couleurs, forme, texture ou matériaux, de tout objet industriel ou artisanal, des emballages, présentations, symboles graphiques et caractères typographiques. Seul peut être protégé le dessin ou modèle nouveau, soit le dessin ou modèle qui n'a fait l'objet d'aucune divulgation avant le dépôt de l'enregistrement et qui se différencie de ses similaires par des détails autres qu'insignifiants (CPI, art. L. 511-2 et L. 511-3). Le modèle doit également avoir un caractère propre, c'est-à-dire présenter des caractéristiques telles que l'impression visuelle d'ensemble produite sur l'observateur averti diffère de celle produite par tout autre dessin ou modèle divulgué avant l'enregistrement (CPI, art. L. 511-4). Un modèle est réputé avoir été divulgué s'il a été rendu accessible au public par une publication, un usage ou tout autre moyen (CPI, art. L. 511-6). Ne sont pas protégeables les pièces de produits complexes (dont les éléments peuvent être démontés, remontés, remplacés) lorsqu'elles ne sont plus visibles lors de l'utilisation finale (ex. pièces d'une automobile placées sous le capot) (CPI, art. L. 511-5). N'est également pas protégée l'apparence d'un produit lorsqu'elle est exclusivement imposée par sa fonction technique (CPI, art. L. 511-8).

B. La formalité préalable du dépôt

Les dessins ou modèles régulièrement enregistrés jouissent seuls de la protection (CPI, art. L. 511-9).

Le dépôt est effectué à l'Inpi ou le cas échéant au greffe du tribunal de commerce (L. 512-1). Il comprend notamment une reproduction graphique ou photographique du dessin ou modèle (CPI, art. R. 512-3). Il est accusé réception du dépôt (CPI, art. R. 512-1) qui donne lieu à l'attribution d'un numéro national (R. 512-7).

Tout dépôt présenté dans les formes et conditions prescrites et ne portant pas atteinte aux bonnes mœurs ou à l'ordre public (CPI, art. L. 512-7 et R. 512-9) est publié au *Bulletin officiel de la propriété industrielle* (CPI, art. R. 512-10).

C. Les droits conférés par le dépôt

Le créateur et ses ayants cause ont sur le dessin ou modèle un droit de propriété (CPI, art. L. 513-2) pour une durée de 5 ans prorogeable par périodes de 5 ans jusqu'à un maximum de 25 ans à compter de la date de dépôt (CPI, art. L. 513-1). L'auteur de la demande d'enregistrement est regardé comme le bénéficiaire de la protection jusqu'à preuve contraire (CPI, art. L. 511-9).

Sont interdits sans le consentement du propriétaire des droits, « *la fabrication, l'offre, la mise sur le marché, l'importation, l'exportation, le transbordement, l'utilisation, ou la détention à ces fins, d'un produit incorporant le dessin ou le modèle* » (CPI, art. L. 513-4). La protection s'étend contre tout dessin ou modèle qui ne produit pas sur « *l'observateur averti une impression visuelle d'ensemble différente* » (CPI, art. L. 513-5). Sont cependant autorisés les actes portant sur le dessin ou modèle protégé s'ils sont accomplis à titre privé, à titre non commercial, à des fins expérimentales, ou les actes de reproduction à des fins d'illustration ou d'enseignement (CPI, art. L. 513-6).

34.20 Dessin ou modèle – Contrefaçon

■ PEINES

PERSONNE PHYSIQUE

PP Délit. Cas A : 3 ans d'emprisonnement, 300 000 € (auparavant 2 ans, 150 000 € [L. n° 2004-204, 9 mars 2004, art. 34-IV]) (CPI, art. L. 521-10). **Cas** B : (circonstances aggravantes) : 7 ans, 750 000 € (depuis L. n° 2016-731, 3 juin 2016, auparavant 5 ans, 500 000 €, L. n° 2004-204, 9 mars 2004, art. 34-IV) (CPI, art. L. 521-10 et L. 521-12). **Cas** B4 : peines encourues portées au double (CPI, art. L. 521-13).

PC 1. Fermeture totale ou partielle, définitive ou ⩽ 5 ans de l'établissement ayant servi à commettre l'infraction (CPI, art. L. 521-10).

2. Retrait, aux frais du condamné, des circuits commerciaux des objets contrefaisants et de toute chose ayant servi ou destiné à commettre l'infraction (CPI, art. L. 521-11, L. n° 2007-1544, 29 oct. 2007) ;

3. Destruction aux frais du condamné ou remise à la partie lésée des objets et choses retirés des circuits commerciaux ou confisqués (CPI, art. L. 521-11, L. n° 2007-1544, 29 oct. 2007).

4. Affichage, ⩽ 2 mois, *et/ou* (L. n° 2011-525, 17 mai 2011) diffusion de la décision ou d'extraits aux frais (⩽ amende encourue) du condamné (CPI, art. L. 521-11 ; C. pén., art. 131-35) ;

PERSONNE MORALE

PP Délit. Cas A : 1 500 000 € (auparavant 2 ans, 750 000 € [L. n° 2004-204, 9 mars 2004, art. 34-IV]) (CPI, art. L. 521-10). Cas B : (circonstances aggravantes) : 3 750 000 € (depuis L. n° 2016-731, 3 juin 2016, auparavant 2 500 000 €, L. n° 2004-204, 9 mars 2004, art. 34-IV) (CPI, art. L. 521-10, L. 521-12 ; C. pén., art. 131-38). Cas B4 : peines encourues portées au double (CPI, art. L. 521-13).

PC 1. Dissolution (sauf personnes morales de droit public, partis, groupements politiques, syndicats, institutions représentatives du personnel) si personne morale créée pour commettre l'infraction (CPI, art. L. 521-12 ; C. pén., art. 131-39, 1°) ;

2. Interdiction, définitive ou ⩽ 5 ans, une ou plusieurs activités professionnelles ou sociales en relation avec l'infraction (CPI, art. L. 521-12 ; C. pén., art. 131-39, 2°) ;

3. Surveillance judiciaire ⩽ 5 ans, sauf personnes morales de droit public (CPI, art. L. 521-12 ; C. pén., art. 131-39, 3° et 131-46) ;

4. Fermeture, définitive ou ⩽ 5 ans, d'un ou plusieurs établissements en relation avec l'infraction (CPI, art. L. 521-12 ; C. pén., art. 131-39, 4°) ;

5. Exclusion, définitive ou ⩽ 5 ans marchés publics (CPI, art. L. 521-12 ; C. pén., art. 131-39, 5°) ;

6. Interdiction, définitive ou ⩽ 5 ans appel public à l'épargne (CPI, art. L. 521-12 ; C. pén., art. 131-39, 6°) ;

7. Interdiction ⩽ 5 ans cartes de paiement ou émission chèques autres que de retrait ou certifiés (CPI, art. L. 521-12 ; C. pén., art. 131-39, 7°) ;

8. Confiscation de la chose ayant servi à l'infraction ou destinée à la commettre, ou son produit (CPI, art. L. 521-12 ; C. pén., art. 131-39, 8°) ;

9. Affichage, ⩽ 2 mois, *et/ou* (L. n° 2011-525, 17 mai 2011) diffusion de la décision ou d'extraits aux frais (⩽ amende encourue) du condamné (CPI, art. L. 521-12 ; C. pén., art. 131-39, 9°, 131-48 et 131-35) ;

10. Retrait, aux frais du condamné, des circuits commerciaux des objets contrefaisants et de toute chose ayant servi ou destiné à commettre l'infraction (CPI, art. L. 521-12, L. n° 2007-1544, 29 oct. 2007) ;

11. Destruction aux frais du condamné ou remise à la partie lésée des objets et choses retirés des circuits commerciaux ou confisqués (CPI, art. L. 521-12, L. n° 2007-1544, 29 oct. 2007).

▪ ORIENTEUR

ÉLÉMENT LÉGAL

▪ **définition. Bande organisée** (C. pén., art. 132-71), v. n° 11.20.

TEXTE DE RÉFÉRENCE

▪ **Dessins et modèles – Acquisition de la protection.** V. n° 34.19.

RÉGIME PROCÉDURAL

▪ **Régime partiel de la criminalité organisée.** Applicable au **Cas** B1 (bande organisée) (C. pr. pén., art. 706-74), v. n° 11.22, outre les pouvoirs de **surveillance** (C. pr. pén., art. 706-80, v. n° 11.31) et d'**infiltration** (C. pr. pén., art. 706-81 à 706-87, v. n° 11.33) (C. pr. pén., **art. 706-1**, L. n° 2007-1544, 29 oct. 2007).

▪ **Pouvoir des agents de constatation. Douane judiciaire** : compétente pour constater ces infractions (C. pr. pén., art. 28-1, I).

MESURE CIVILE

▪ **Intérêts civils.** Pour fixer les dommages et intérêts, le tribunal prend distinctement en considération le manque à gagner du titulaire des droits, le préjudice moral et le bénéfice du contrefacteur, y compris les économies d'investissement. Il peut toutefois, à la demande de la partie lésée, allouer un somme forfaitaire indemnisant ces différents postes, nécessairement supérieure aux redevances d'exploitation éludées, et non exclusive de celle attribuée au titre du préjudice moral (CPI, art. L. 521-73, L. n° 2014-315, 11 mars 2014).

■ **ÉLÉMENTS CONSTITUTIFS – QUALIFICATION**

✧ Pour avoir à .... [¤ lieu], le .... [¤ date], [⇨A puis le cas échéant B :]

A. porté sans son consentement sciemment atteinte au droit de .... [¤ victime], propriétaire des droits conférés par l'enregistrement d'un dessin et modèle, en l'espèce en fabriquant, offrant, mettant sur le marché, important, exportant, « transbordant » (L. n° 2015-351, 11 mars 2014), utilisant, ou en détenant à ces fins, un produit incorporant le dessin ou le modèle protégé ou tout produit similaire ne produisant pas sur l'observateur averti une impression visuelle d'ensemble différente (A : *N 3068.co* ; récidive : *N 8108.co* ; par personne morale : *N 22556.co*).

B. [• Préciser le cas échéant dans le cas A :] avec cette circonstance que les faits [⇨B1 à B4 :]

B1. ont été commis en bande organisée (L. n° 2004-204, 9 mars 2004, art. 34-V) (B1 : *N 25226.co*) ;

B2. ont été commis sur un réseau de communication au public en ligne (aggravation créée par L. n° 2011-267, 14 mars 2011) (B2 : *N 29773.co*) ;

B3. portent sur des marchandises dangereuses pour la santé, la sécurité de l'homme ou de l'animal (L. n° 2007-1544, 29 oct. 2007) (B3 : *N 28351.co*) ;

B4. ont été commis par une personne liée ou ayant été liée par convention à la partie lésée (CPI, art. L. 521-13) (B4 : *N 3069.co*).

Faits prévus et réprimés par les articles : **PERSONNES PHYSIQUES.** L. 513-4, L. 513-5, L. 521-10, L. 521-11 du CPI. **PERSONNES MORALES.** L. 513-4, L. 513-5, L. 521-10 et L. 521-12 du CPI. ✧

35. La communication – La presse – L'informatique

35.1 Le secret professionnel et son articulation avec les droits ou devoirs de révélation

A. Les principes

1. La protection des secrets professionnels par une incrimination unique

De nombreuses professions sont soumises, selon les dispositions législatives ou règlementaires exposées de manière non limitative aux n°s 35.2 à 35.9, à un devoir de confidentialité ou de secret professionnel. « *La révélation d'une information à caractère secret* » par un tel professionnel caractérise l'infraction prévue par C. pén., art. 226-13 (v. l'infraction de violation du secret professionnel au n° 35.10).

Si « *l'article 226-13 [du code pénal] réprime la violation du secret professionnel [...] Dans un souci de concision, le législateur n'a pas reproduit la liste de certains professionnels tenus au secret [...] Celle-ci est en effet inutile au regard de la définition générale que retient l'article 226-13 : sont soumises au secret professionnel les personnes dépositaires, soit par état soit par profession, soit en raison d'une fonction ou d'une mission temporaire, d'informations à caractère secret.* » (Circ. 14 mai 1993, n° 203).

2. La protection différenciée des secrets professionnels

Parmi les nombreux professionnels soumis au secret professionnel, seuls certains d'entre eux jouissent d'un régime procédural particulier en cas d'investigations judiciaires ; il en est ainsi des avocats, des médecins, des notaires et des commissaires de justice [huissiers].

Le secret professionnel ne présente en outre pas un caractère absolu et des motifs d'intérêt public prépondérants (protection des personnes, lutte contre la fraude ou la criminalité) délient certains professionnels de leur secret en leur permettant, voire en leur imposant, de révéler ou de dénoncer des faits à l'autorité publique, ou de partager l'information avec d'autres professionnels également tenus au secret. Ils ne sont alors pas punissables, mais un tel fait justificatif ne s'applique que « *dans les cas où la loi impose ou autorise la révélation du secret* » (C. pén., art. 226-14), selon les précisions apportées ci-après.

B. Les droits et devoirs de révélation du secret professionnel

1. L'irresponsabilité pénale du lanceur d'alerte en cas de violation du secret professionnel (C. pén., art. 122-9, renvoi)

Selon les conditions et limites précisées aux n°s 10.13D et 16.2D, le lanceur d'alerte bénéficie d'une cause d'irresponsabilité pénale en cas d'« *atteinte à un secret protégé par la loi* » (C. pén., art. 122-9 et L. n° 2016-1691, 9 déc. 2016).

2. Les devoirs ou droits généraux de révélation ou de communication

L'article 226-13 réprimant la violation du secret professionnel n'est pas applicable (C. pén., art. 226-14) :

1° « *dans les cas où la loi impose ou autorise la révélation du secret* » ;

2° « *à celui qui informe les autorités judiciaires, médicales ou administratives de privations ou de sévices, y compris lorsqu'il s'agit d'atteintes "ou mutilations"* (L. n° 2006-399, 4 avr. 2006, art. 14) sexuelles dont il a eu connaissance et qui ont été infligées à un mineur de moins de 15 ans ou à une personne qui n'est pas en mesure de se protéger à raison de son âge ou de son état physique ou psychique. »

« *Toute autorité constituée, tout officier public ou fonctionnaire qui, dans l'exercice de ses fonctions, acquiert la connaissance d'un crime ou d'un délit est tenu d'en donner avis sans délai au procureur de la République et de transmettre à ce magistrat tous les renseignements, procès-verbaux et actes qui y sont relatifs* » (C. pr. pén., art. 40). Cette disposition applicable aux fonctionnaires de l'État et des collectivités territoriales constitue un fait justificatif de l'infraction ou de la faute disciplinaire résultant de la violation du secret professionnel auquel sont tenus ces agents (sur le secret des administrations, v. n° 35.9).

Toute personne, nonobstant le secret professionnel auquel elle est astreinte, a le devoir de répondre aux réquisitions d'enquête émanant d'un OPJ ou du procureur de la République. Les médecins, journalistes, avocats, notaires ou commissaires de justice peuvent cependant, sans encourir de sanctions, refuser de répondre (C. pr. pén., art. 60-1 et 77-1-1, v. n° **11.54**). Les autres professions exposent leur responsabilité pénale (v. n° **25.47**) en ne satisfaisant pas aux demandes.

Toute personne citée comme témoin est tenue de comparaître, de prêter serment et de déposer, sous réserve du secret professionnel (C. pr. pén., art. **109**).

3. Les devoirs de dénonciation et d'assistance à personne en péril

Les personnes astreintes au secret professionnel ne sont pas tenues de dénoncer les crimes (C. pén., art. 434-1, v. n° **25.27**) ou les mauvais traitements (C. pén., art. 434-3, v. n° **25.28**) dont elles ont connaissance, mais en ont dans certains cas la faculté.

L'article 226-14 du code pénal permet en effet de lever le secret professionnel pour informer les autorités judiciaires, médicales ou administratives en cas de privations ou de sévices, y compris d'atteintes *ou de mutilations* (L. n° 2006-399, 4 avr. 2006, art. 14) sexuelles, infligés à un mineur de 15 ans ou à une personne qui n'est pas en mesure de se protéger en raison de son âge ou de son état physique ou psychique. Le secret professionnel ne peut également être opposé au médecin qui, avec l'accord de la victime, porte à la connaissance du procureur de la République les sévices qu'il a constatés dans l'exercice de sa profession et qui lui permettent de présumer que des violences sexuelles de toute nature ont été commises (Sur le droit de révélation du médecin ou professionnel de santé, C. pén., art. 226-14, v. n° **35.7A2**). L'accord de la victime n'est pas nécessaire si elle est mineure ou hors d'état de se protéger en raison de son âge ou de son incapacité physique ou psychique (*ibid.* mod. par L. n° 2007-297, 5 mars 2007). V. aussi l'orienteur des fiches secret professionnel, professions médicales et sociales, n^{os} **35.7** et **35.8**.

« *Il convient [...] de rappeler que les dispositions de l'article 223-6 [...] réprimant la non-assistance à personne en péril* (v. n^{os} **25.24** et **25.25**) *sont applicables aux personnes soumises au secret professionnel et qu'en cas de mauvais traitement [...] un médecin ne saurait rester passif sans encourir les peines prévues par cet article [...]. Cette intervention peut revêtir diverses formes, et avoir par exemple pour objet l'hospitalisation de la victime. Mais elle peut également consister en un signalement aux autorités administratives ou judiciaires, puisque l'article 226-14 lève le secret professionnel dans cette hypothèse [...]. Par ailleurs [cette disposition] [...] n'interdit pas au législateur de prévoir que certaines catégories de professionnels, bien que soumises au secret [...], soient néanmoins tenues de signaler ces sévices aux autorités administratives. C'est pour cette raison que [...] l'article 434-3 précise que les personnes astreintes au secret sont exceptées des dispositions de cet article "sauf lorsque la loi en dispose autrement [...] en raison du principe d'interprétation stricte de la loi pénale, les textes qui ne font que prévoir une obligation de signalement à l'encontre de certaines personnes tenues au secret, sans indiquer que le non-respect de cette obligation est réprimé par les dispositions de l'article 434-3, ne tombent pas sous le coup de cet article. Il en est notamment ainsi en ce qui concerne les travailleurs sociaux, dont la situation sera désormais régie par l'article L. 221-6 du code de l'action sociale et des familles [...] [qui impose] [...] à ces travailleurs une obligation de signalement à leur supérieur hiérarchique [président du conseil général ou responsable désigné par lui] des mauvais traitements à mineurs. Cependant, le non-respect de cette obligation, s'il peut justifier des poursuites disciplinaires, n'est pas sanctionné des peines prévues par l'article 434-3. Seules les dispositions de l'article 223-6 réprimant la non-assistance à personne en danger pourront donc [...] être applicables à l'encontre d'une personne participant aux missions de l'aide sociale à l'enfance qui serait restée passive devant une situation de maltraitance.* » (Circ. 14 mai 1993, n° 332).

Sur le non-empêchement d'un crime ou d'un délit contre l'intégrité corporelle, v. n° **25.24** ; la non-assistance à personne en péril, v. n° **25.25** ; la non-dénonciation de crime, v. n° **25.27** ; la non-dénonciation de mauvais traitements sur une personne vulnérable, v. n° **25.28**.

C. L'articulation du secret professionnel et de la protection de l'enfance : la Convention de Lanzarote

Les États parties à cette Convention du Conseil de l'Europe sur la protection des enfants contre l'exploitation et les abus sexuels, également appelée « la Convention de Lanzarote », signée à Lanzarote le 25 octobre 2007, publié par D. n° 2011-1385, 27 oct. 2011, s'engagent notamment (art. 12), à prendre « *les mesures législatives ou autres nécessaires pour que les règles de confidentialité imposées par le droit interne à certains professionnels amenés à travailler en contact avec des enfants ne fassent pas obstacle à la possibilité, pour ces professionnels, de signaler aux services chargés de la protection de l'enfance, toute situation d'un enfant pour lequel ils ont des motifs raisonnables de croire qu'il est victime d'exploitation ou d'abus sexuels* ». Chaque partie prend également les « *mesures législatives ou autres nécessaires pour encourager toute personne ayant connaissance ou suspectant, de bonne foi, des faits d'exploitation ou d'abus sexuels concernant des enfants à les signaler aux services compétents* ».

D. La question du secret des ministres du culte

Aucune disposition légale ou règlementaire ne consacre dans le droit positif la reconnaissance du secret des ministres du culte, notamment le secret de la confession.

« *l'obligation imposée aux ministres du culte de garder le secret des faits dont ils ont connaissance dans l'exercice de leur ministère ne fait pas obstacle à ce que le juge d'instruction procède à la saisie de tous documents pouvant être utiles à la manifestation de la vérité* » (Crim. 17 déc. 2002, n° 02-83.679, P n° 231).

Est approuvée la CHINS qui déclare recevable la constitution de partie civile contre un évêque qui n'a pas révélé aux autorités judiciaires ou administratives le comportement sexuel d'un prêtre envers des enfants (Crim. 27 févr. 2001, n° 00-84.532, P n° 48), de même que fut poursuivi, sans que le secret du ministre du culte n'ait été opposé ni soulevé, un évêque qui n'avait pas dénoncé des faits d'agression sexuelle commis par un prêtre de son diocèse (Crim. 14 avr. 2021, n° 20-81.196, P).

La commission indépendante chargée de faire la lumière sur les abus sexuels commis dans l'Église par des clercs, des religieux ou des religieuses, dite « CIASE », instituée par la Conférence des évêques (CEF) et la Conférence des religieux et religieuses de France (CORREF) et présidée par M. J.-M. Sauvé, vice-président honoraire du Conseil d'État, recommande dans son rapport (oct. 2021) de « *Relayer, de la part des autorités de l'Église, un message clair indiquant aux confesseurs et aux fidèles que le secret de la confession ne peut déroger à l'obligation, prévue par le code pénal et conforme, selon la commission, à l'obligation de droit divin naturel de protection de la vie et de la dignité de la personne, de signaler aux autorités judiciaires et administratives les cas de violences sexuelles infligées à un mineur ou à une personne vulnérable* » (recommandation n° 8).

35.2 Le secret de l'enquête, de l'instruction et du délibéré

A. L'étendue du secret de l'enquête et de l'instruction

1. Le principe : C. pr. pén., art. 11

« *Sauf le cas où la loi en dispose autrement et sans préjudice des droits de la défense, la procédure au cours de l'enquête et de l'instruction est secrète. Toute personne qui concourt à cette procédure est tenue au secret professionnel dans les conditions et sous les peines ~~des articles 226-13 et 226-14~~ "prévues à l'article 434-7-2"* [mod. issue L. n° 2021-1729, 22 déc. 2021, pour la confiance dans l'institution judiciaire, v. cette incrimination au n° 35.12] *du code pénal.* » (C. pr. pén., art. 11).

Ces dispositions incriminent donc dans les mêmes termes la violation du secret de l'enquête, préliminaire ou de flagrance, et de l'instruction.

Elles ont été jugées conformes à la constitution en ce que, en premier lieu, « *le législateur a entendu, d'une part, garantir le bon déroulement de l'enquête et de l'instruction, poursuivant ainsi les objectifs de valeur constitutionnelle de prévention des atteintes à l'ordre public et de recherche des auteurs d'infractions, tous deux nécessaires à la sauvegarde de droits et de principes de valeur constitutionnelle. Il a entendu, d'autre part, protéger les personnes concernées par une enquête ou une instruction, afin de garantir le droit au respect de la vie privée et de la présomption d'innocence* » (§ 8) ; en second lieu, l'atteinte portée à l'exercice de la liberté d'expression et de communication est limitée en ce que « *la portée du secret instauré [...] est limitée aux actes d'enquête et d'instruction et à la durée des investigations correspondantes. Ces dispositions ne privent pas les tiers, en particulier les journalistes, de la possibilité de rendre compte d'une procédure pénale et de relater les différentes étapes d'une enquête et d'une instruction* » (§ 9) (Cons. const. 2 mars 2018, n° 2017-693 QPC).

Jusqu'à la L. n° 2021-1729, 22 déc. 2022, les pénalités prévues pour la violation du secret de l'enquête ou de l'instruction étaient celles prévues pour la violation du secret professionnel (1 an, 15 000 €, C. pén., art. 226-13, v. n° 35.10), outre l'incrimination spéciale de diffusion, par toute personne en ayant eu connaissance du fait de ses fonctions, d'informations issues d'une enquête aux personnes susceptibles d'être impliquées comme coauteurs, complices ou receleurs (C. pén., art. 434-7-2, v. n° 35.12), lorsque cette révélation était faite dans le dessein d'entraver les investigations. Depuis L. n° 2021-1729, 22 déc. 2022, la violation du secret de l'enquête et de l'instruction en révélant sciemment à des tiers des informations connues en raison de ses fonctions est désormais spécialement incriminée par les peines plus sévères prévues par C. pén., art. 434-7-2, C. pr. pén., art. 11 renvoyant à cette disposition (3 ans, 45 000 €, v. n° 35.12).

La violation du secret de l'enquête ou de l'instruction ne donne pas lieu en principe à nullité car « *peut seule entraîner l'annulation de la procédure la violation du secret de l'instruction concomitante à des actes et dont il est résulté un grief* » (Crim. 11 juill. 2017, n° 17-80.313, P n° 208). Il en est donc autrement d'une violation du secret concomitante à l'accomplissement d'un acte de procédure. Ainsi dans le cas de la présence d'un journaliste admis par l'autorité judiciaire à assister à une perquisition (sur le secret de l'enquête et la perquisition, v. n° 11.57B6) pour effectuer un reportage, car « *constitue une violation du secret de l'enquête ou de l'instruction concomitante à l'accomplissement d'une perquisition, portant nécessairement atteinte aux intérêts de la personne qu'elle concerne, l'exécution d'un tel acte par un juge d'instruction ou un OPJ en présence d'un tiers qui, ayant obtenu d'une autorité publique une autorisation à cette fin, en capte le déroulement par le son ou l'image* » (Crim. 10 janv. 2017, n° 16-84.740, P n° 11), fût-ce, dans le cas d'une perquisition effectuée en présence de journalistes mais sans captation du son ou de l'image « *pour en relater le déroulement dans le but d'une information du public* » (Crim. 9 janv. 2019, n° 17-84.026, P n° 8). Cette jurisprudence a été étendue aux « *actes d'enquête* » autres que la perquisition et aux agents ou fonctionnaires mentionnés au C. pr. pén., art. 28, auxquels la loi attribue des pouvoirs de police judiciaire, qui sont dans les termes de C. pr. pén., art. 11, également « *soumis au secret de l'enquête* » (§ 8) ; ainsi, s'agissant d'un contrôle effectué dans un restaurant par les agents de la direction départementale de la protection des populations (DDPP) en présence d'une équipe de télévision, « *la présence d'un tiers ayant obtenu d'une autorité publique l'autorisation de capter, par le son ou l'image, fût-ce dans le but d'informer le public, le déroulement des actes d'enquête auxquels procèdent ces agents ou fonctionnaires, constitue une violation de ce secret. Une telle violation porte nécessairement atteinte aux intérêts de la personne concernée* » (§ 8) (Crim. 9 mars 2021, n° 20-83.304, P). Elle a également été étendue à l'enquête douanière (Crim. 5 janv. 2023, n° 21-87.442, D).

Soulignons enfin que « *l'enregistrement de la parole ou de l'image d'une personne placée en garde à vue est susceptible de constituer une atteinte à l'intimité de sa vie privée* », incriminée par C. pén., art. 226-1 (v. n° 35.46) (Crim. 21 avr. 2020, n° 19-81.507, P). En revanche, s'agissant des modalités de preuve de la violation du secret des investigations, « *la seule présence de tiers lors d'une interpellation sur la voie publique ne suffit pas à caractériser la violation du secret de l'instruction par les fonctionnaires de police* » (§ 13), en outre la seule « *publication d'actes de procédure, postérieurement à leur réalisation, ne permet pas d'établir qu'ils aient été effectués en violation du secret de l'instruction* » (§ 14) (Crim. 19 oct. 2021, n° 21-81.569, P).

Mentionnons que le Conseil d'État a rejeté le recours dirigé contre la dépêche du garde des Sceaux CRIM-PJ n° 2017-0063-A8, 27 avr. 2017 tirant les conséquences de la décision précitée Crim. 30 janv. 2017, n° 16-84.740, en soulignant que les dispositions de cette dépêche, qui invite « *les magistrats du parquet à faire preuve d'une grande prudence dans le traitement des demandes d'autorisation de tournage de reportages portant sur ces actes* », ne portent pas une atteinte disproportionnée à la liberté des journalistes garantie par Conv. EDH, art. 10 (CE 19 oct. 2018, n° 411915).

Enfin, signalons qu'une atteinte à la présomption d'innocence au moyen d'une communication au public, laquelle est susceptible de résulter de la diffusion de l'enregistrement d'un acte d'enquête, permet à la personne suspectée d'accéder au dossier de la procédure d'enquête préliminaire, selon les précisions apportées au n° 15.3C1 (C. pr. pén., art. 77-2 II 3°).

2. L'inopposabilité du secret de l'enquête et de l'instruction au Défenseur des droits (LO n° 2011-33, 29 mars 2011, art. 20) et le droit de communication de certains PV au CGLPL

« *Le Défenseur des droits, autorité administrative indépendante* » (art. 2), qui est notamment chargé « *de défendre les droits et libertés dans le cadre des relations avec les administrations de l'État* », « *de défendre et de promouvoir l'intérêt supérieur et les droits de l'enfant* », « *de lutter contre les discriminations, directes ou indirectes* », « *de veiller au respect de la déontologie par les personnes exerçant des activités de sécurité* » (art. 4), est nommé par décret en conseil des ministres pris après avis de la commission permanente de chaque assemblée (art. 1), « *Le secret de l'enquête et de l'instruction ne peut lui être opposé* » (art. 20, LO n° 2011-33, 29 mars 2011).

Précisons qu'en revanche le secret de l'enquête et de l'instruction peut être opposé au Contrôleur général des lieux de privation de liberté (CGLPL), autre autorité administrative indépendante ; néanmoins les procès-verbaux relatifs aux conditions dans lesquelles une personne est ou a été retenue, quel qu'en soit le motif, dans des locaux de police, de gendarmerie ou de douane lui sont communicables, sauf lorsqu'ils sont relatifs aux auditions des personnes (L. n° 2007-1545, 30 oct. 2007, art. 8-1).

3. Le droit exclusif du procureur de la République de faire des communiqués de presse (C. pr. pén., art. 11)

Eu égard à l'article 10 de la Conv. EDH protégeant la liberté d'expression et notamment le droit de recevoir des informations, l'article 6 §2 protégeant la présomption d'innocence « *ne saurait empêcher les autorités de renseigner le public sur des enquêtes pénales en cours, mais elle rappelle qu'il requiert qu'elles le fassent avec toute la discrétion et toute la réserve que commande le respect de la présomption d'innocence* » (§ 63) (CEDH 21 févr. 2019, *Lolov c/ Bulgarie*, n° 6123/11).

« *les États membres prennent les mesures nécessaires pour veiller à ce que les déclarations publiques des autorités publiques, ainsi que les décisions judiciaires, autres que celles statuant sur la culpabilité, ne présentent pas un suspect ou une personne poursuivie comme étant coupable aussi longtemps que sa culpabilité n'a pas été légalement établie* » (dir. (UE) 2016/343, 9 mars 2016, art. 4 § 1).

« *Afin d'éviter la propagation d'informations parcellaires ou inexactes ou pour mettre fin à un trouble à l'ordre public "ou lorsque tout autre impératif d'intérêt public le justifie"* [mod. issue L. n° 2021-1729, 22 déc. 2022], *le procureur de la République peut, d'office et à la demande de la juridiction d'instruction ou des parties, "directement ou par l'intermédiaire d'un OPJ agissant avec son accord et sous son contrôle"* [mod. issue L. n° 2021-1729, 22 déc. 2022], *rendre publics des éléments objectifs tirés de la procédure ne comportant aucune appréciation sur le bien-fondé des charges retenues contres les personnes mises en cause* » (C. pr. pén., art. 11 ; L. n° 2000-516, 15 juin 2000).

L'« *élargissement des objectifs de la communication judiciaire [...] permet désormais d'évoquer publiquement toute affaire si cela apparaît opportun au regard des circonstances de l'affaire, dans le respect du secret de l'enquête et de la présomption d'innocence* » ; « *une communication par les forces de sécurité intérieure s'est fortement développée en pratique, l'action des services d'enquête les plaçant au plus près de l'information* » ; les autorisations de communication sont « *délivrées aux chefs des services d'enquête conformément à leurs prérogatives d'encadrement* » ; « *les possibilités de communication accordées aux services d'enquête doivent cependant être graduées en fonction de la sensibilité des affaires* » ; au-delà des « *autorisations ponctuelles, une autorisation permanente de communiquer donnée aux chefs de services d'enquête peut être envisagée sur certaines activités courantes de leur quotidien* » ; s'agissant des « *affaires à forte intensité médiatique ou sensibles* », par « *exemple des affaires susceptibles de donner lieu à une ouverture d'information judiciaire ou à un suivi spécifique dans le cadre d'un bureau des enquêtes [...] la communication relève de la compétence et de la responsabilité exclusives du procureur qui est le seul à même d'apprécier l'opportunité de rendre publics certains éléments de la procédure ainsi que la temporalité et les modalités de cette communication* » ; « *Si le nouvel article 11 du code de procédure pénale a étendu les objectifs de cette communication, il demeure inchangé sur la nature des informations susceptibles d'être rendues publiques, qui ne peuvent concerner que des « éléments objectifs tirés de la procédure ne comportant aucune appréciation sur le bien-fondé des charges retenues contre les personnes mises en cause »* » (Circ. Crim. 01/E1, 19 janv. 2023, NOR : JUSD2301996C).

Notons également que lorsqu'une **convention judiciaire d'intérêt public** (CJIP) proposée par le procureur de la République a été acceptée, ce dernier fait un **communiqué de presse** (C. pr. pén., art. 41-1-2, L. n° 2016-1691, 9 déc. 2016, v. n^{os} **15.58** et **15.59**).

Le droit du procureur de la République de communiquer des éléments de la procédure au stade de l'enquête ne s'étend pas aux enquêteurs. Ainsi « *Les fonctionnaires de police peuvent s'exprimer librement dans les limites résultant de l'obligation de réserve à laquelle ils sont tenus et des règles relatives à la discrétion et au secret professionnel.* » (D. n° 86-592,18 mars 1986, art. **11**, portant déontologie de la police nationale). « *Seul le ministère public est investi du droit de communiquer sur une enquête en cours, dans les conditions restrictives énoncées par le troisième alinéa de l'article 11 du code de procédure pénale, de sorte que la communication de renseignements connus des seuls enquêteurs par un OPJ à des journalistes est susceptible de constituer, le cas échéant, la violation du secret professionnel par une personne qui concourt à la procédure* » au sens de C. pén., art. 226-13 et 226-14 (Crim. 24 mars 2020, n° 19-80.909, P). Cette jurisprudence garde sa pertinence pour des informations qui auraient été délivrées par l'intermédiaire de l'OPJ, modalité de communication désormais autorisée, si elle est intervenue sans l'accord ou sans le contrôle du procureur de la République (C. pr. pén., art. 11, mod. issue L. n° 2021-1729, 22 déc. 2022).

4. La faculté d'enregistrer et de diffuser certains actes au cours de l'enquête et de l'instruction (L. n° 29 juill. 1881, art. 38 quater, issu L. n° 2021-1729, 22 déc. 2021)

La L. n° 2021-1729, 22 déc. 2021, pour la confiance dans l'institution judiciaire, créant L. n° 29 juill. 1881, art. 38 *quater*, prévoit que les dispositions relatives à l'enregistrement et à la diffusion des audiences pour un motif d'intérêt public d'ordre pédagogique, informatif, culturel ou scientifique, dont les conditions d'autorisation sont exposées au n° 17.14, sont applicables, par dérogation au C. pr. pén., art. 11, « *aux audiences intervenant au cours d'une enquête ou d'une instruction ainsi qu'aux auditions, interrogatoires et confrontations réalisés par le juge d'instruction. Lors des auditions, interrogatoires et confrontations, l'enregistrement est subordonné à l'accord préalable et écrit des personnes entendues et le juge d'instruction peut, à tout moment, suspendre ou arrêter l'enregistrement* » (L. n° 29 juill. 1881, art. 38 *quater* III).

Ces dispositions sont donc notamment applicables aux audiences devant le JLD ou la CHINS portant sur le contentieux des mesures de sûreté ou des saisies.

Le fait de diffuser un enregistrement autorisé sans respecter les conditions de diffusion est réprimé par L. n° 29 juill. 1881, art. 38 *quater* IV (v. n° 35.41).

B. Les cas de partage de l'information entre services ou parties prenantes

1. Le partage d'informations entre administrations pour la prise en charge des victimes en cas de catastrophe (C. pr. pén., art. 10-6, L. n° 2019-774, 24 juill. 2019)

À la suite d'accidents, de sinistres, de catastrophes ou d'infractions susceptibles de provoquer de nombreuses victimes (ex. terrorisme et accidents collectifs), les administrations intervenant dans la gestion de la crise, la prise en charge des victimes, les parquets et les juridictions en charge de la procédure ainsi que les associations d'aide aux victimes agréées peuvent échanger entre elles les données, informations ou documents strictement nécessaires à la conduite de ces missions ainsi qu'à l'information des personnes présentes sur les lieux des événements et de leurs proches. Les personnes recevant ces informations sont tenues au secret professionnel. Mentionnons qu'en cas d'infractions susceptibles de provoquer de nombreuses victimes, C. pr. pén., art. 10-6, issu de L. n° 2019-774, 24 juill. 2019, institue pour leur prise en charge le partage d'information entre administrations et associations agréés d'aide aux victimes (V. n° 35.2A1). Ce partage d'information a notamment pour support un traitement de données à caractère personnel dénommé « *système d'information interministériel des victimes d'attentat et de catastrophes* » (SIVAC), mis en œuvre par le ministère de la justice, qui a « *pour objet de permettre aux acteurs d'échanger les informations nécessaires à l'aide aux victimes d'attentats ou de catastrophes, et [...] d'améliorer les conditions de leur prise en charge et de leur suivi* » (D. n° 2021-1182, 13 sept. 2021, C. pr. pén., art. R. 2-15 s.).

2. Le droit du ministère public de communiquer des informations à l'autorité publique employant ou contrôlant la personne poursuivie ou condamnée (C. pr. pén., art. 11-2, L. n° 2016-457, 14 avr. 2016)

« *S'il estime cette transmission nécessaire, en raison de la nature des faits ou des circonstances de leur commission, pour mettre fin ou prévenir un trouble à l'ordre public ou pour assurer la sécurité des personnes ou des biens* », « *le ministère public peut informer par écrit l'administration des décisions suivantes rendues contre une personne qu'il emploie, y compris à titre bénévole, lorsqu'elles concernent un crime ou un délit puni d'une peine d'emprisonnement : 1° La condamnation, même non définitive ; 2° La saisine d'une juridiction de jugement par le procureur de la République ou par le juge d'instruction ; 3° La mise en examen* ». Il ne peut toutefois notifier une condamnation faisant l'objet d'une dispense d'inscription au bulletin n° 2, sauf s'il a préalablement informé l'autorité au stade de la saisine de la juridiction ou de la mise en examen et en faisant alors expressément état de cette dispense.

Dans les mêmes conditions, il peut porter ces mêmes informations à la connaissance des « *personnes publiques* », des « *personnes morales de droit privé chargées d'une mission de service public* » ou des « *ordres professionnels* » pour la personne dont « *l'activité professionnelle ou sociale est placée sous leur contrôle ou leur autorité.* »

« *Aucune information ne peut désormais intervenir avant la mise en mouvement de l'action publique, notamment au cours de l'enquête. Il n'est donc plus possible d'informer une administration au stade de la garde à vue, contrairement aux pratiques antérieures* » (Circ CRIM 2016-14/H2 du 4 août 2016, n° 1-1-1).

« *L'objectif de l'information est.../...de permettre à l'autorité administrative de prendre les mesures qu'elle estime nécessaires, mesures qui peuvent notamment consister, selon les cas, en des décisions provisoires de suspension d'activité et/ou des poursuites disciplinaires, des suspensions ou retrait d'agrément, d'habilitation ou d'autorisation, ou dans des mesures de gestion des ressources humaines (déplacement de l'agent dans le service, renforcement du contrôle de celui-ci, etc.)* » (Circ CRIM 2016-14/H2 du 4 août 2016, n° 1-1-3).

« *l'information ne peut concerner qu'une autorité publique employant ou contrôlant la personne à la date à laquelle l'information intervient. Ainsi, aucune information ne doit intervenir s'il est établi que, depuis la commission des faits, la personne n'est plus employée ou contrôlée par l'administration* » (Circ CRIM 2016-14/H2 du 4 août 2016, n° 1-1-2).

Sauf si l'information porte sur une condamnation prononcée publiquement, l'information est confidentielle et toute personne destinataire ou en ayant connaissance et tenue au secret professionnel.

Le dispositif d'information obligatoire prévu par C. pr. pén., art. 706-47-4 (L. n° 2016-457, 14 avr. 2016) (v. n° 11.23D), limité aux décisions de condamnation et de placement sous contrôle judiciaire avec interdiction professionnelle pour les infractions relevant du régime des infractions sexuelles (C. pr. pén., art. 706-47) et certaines atteintes aux personnes limitativement énumérées, commises par des personnes exerçant au contact habituel de mineurs, ne préjudicie par à la mise en œuvre de l'information facultative par le parquet sur le fondement de C. pr. pén., art. 11-2. En effet « *pour les personnes et les infractions relevant de l'article 706-47-4.../...il est souhaitable que l'information soit donnée en amont dès la mise en mouvement de l'action publique, en application de l'article 11-2, afin que l'autorité administrative puisse prendre sans délai les mesures nécessaires à la protection des mineurs* ») (Circ CRIM 2016-14/H2 du 4 août 2016, n° 2-1-3).

La personne concernée est informée par le ministère public de sa décision de communiquer l'information à l'autorité dont elle dépend. Le défaut d'information ne constitue toutefois pas une cause de nullité de la procédure (C. pr. pén., art. D. 1-13 III 4° (D. n° 2016-612, 18 mai 2016)).

Lorsque le ministère public a décidé d'informer l'autorité au stade de l'engagement de l'action publique, il est tenu dans ce cas de notifier « *sans délai* » « *l'issue de la procédure* ».

Le contenu de l'information délivrée à l'administration et les modalités d'information de la personne sont précisées par C. pr. pén., art. D. 1-13 (D. n° 2016-612, 18 mai 2016).

« *le cas échéant, en cas de condamnation, même non définitive, de saisine d'une juridiction ou de mise en examen peut également être adressée, d'office ou à la demande de l'administration ou de l'autorité compétente, copie de tout ou partie des pièces de la procédure utiles pour permettre à cette autorité de prendre les décisions relevant de sa compétence* » (C. pr. pén., art. D. 1-13 II).

« *Il s'agit d'une faculté laissée à l'appréciation du ministère public, tant sur le principe de la transmission des pièces que sur le choix de celles-ci, sauf s'il s'agit d'une décision de condamnation dont la transmission est de droit à la demande de l'administration ou de l'autorité compétente. En autorisant expressément la communication des pièces de procédures, les nouvelles dispositions consacrent évidemment la possibilité, déjà reconnue par la jurisprudence, de les produire devant les instances disciplinaires et, en cas de contentieux, devant les juridictions administratives* » (Circ. CRIM 2016-14/H2 du 4 août 2016, n° 3.3.2).

3. La communication d'éléments de procédure pour la recherche scientifique ou technique (C. pr. pén., art. 11-1)

Sur autorisation du procureur de la République ou du juge d'instruction selon les cas, peuvent être communiqués à des autorités ou organismes habilités par le ministre de la Justice, des éléments de procédure en vue d'études scientifiques ou techniques. Les agents de ces autorités ou organismes sont alors tenus au secret professionnel (C. pr. pén., art. 11-1 ; L. n° 2004-204, 9 mars 2004, art. 75-II).

4. L'accès de l'avocat à certaines pièces de la procédure durant la garde à vue (C. pr. pén., art. 63-4-1) (v. n° 12.25)

5. La communication du dossier de la procédure d'enquête préliminaire avant l'engagement des poursuites (C. pr. pén., art. 77-2, issu de L. n° 2016-731, 3 juin 2016 puis de L. n° 2021-1729, 22 déc. 2021, v. n° 15.2)

6. La communication d'informations entre le maire, le procureur de la République et les responsables locaux de police ou de gendarmerie (CSI, art. 132-2 s.)

• Échanges d'informations relatives aux infractions commises sur le territoire de la commune. Conformément à C. pr. pén., art. 40, le maire est tenu de signaler sans délai au procureur de la République les crimes ou les délits dont il acquiert la connaissance dans l'exercice de ses fonctions (CSI, art. 132-2).

Le maire est informé sans délai par les responsables locaux de la police ou de la gendarmerie nationales des infractions causant un trouble à l'ordre public commises sur le territoire de sa commune. Pour ces mêmes infractions, il est informé, à sa demande, par le procureur de la République, des classements sans suite, des mesures alternatives aux poursuites ou des poursuites. Il est également informé des jugements devenus définitifs ou des appels interjetés pour ces infractions ou celles signalées par lui en application de l'article 40 du code de procédure pénale (CSI, art. L. 132-2 et L. 132-3).

• **Échanges d'information dans le cadre de la politique de prévention de la délinquance.** Sous réserve des compétences de l'autorité judiciaire, du représentant de l'État et du département, le maire anime sur sa commune la politique de prévention de la délinquance. Dans les communes > 10 000 habitants et dans celles comprenant un quartier prioritaire de la politique de la ville, le maire ou son représentant préside un conseil local de sécurité et de prévention de la délinquance (CLSPD) (CSI, art. L. 132-4). Le CLSPD peut constituer en son sein un ou plusieurs groupes de travail et d'échange d'informations à vocation territoriale ou thématique. Des informations confidentielles peuvent être échangées dans ce cadre (CSI, art. L. 132-5). Le procureur de la République peut porter à la connaissance du maire ou du président de l'établissement public de coopération intercommunale toutes les mesures ou décisions de justice, civiles ou pénales, dont la communication paraît nécessaire à la mise en œuvre d'actions de prévention, de suivi et de soutien, engagées ou coordonnées par l'autorité municipale ou intercommunale. Les règles du secret professionnel s'appliquent alors aux destinataires de l'information (CSI, art. 132-4).

7. La communication de pièces de la procédure aux services de renseignement par le procureur antiterroriste (C. pr. pén., art. 706-25-2) (renvoi, v. n° 23.23C9)

8. La communication de pièces de la procédure aux services de l'État en charge de la lutte contre les atteintes aux STAD par le procureur de la République et le juge d'instruction de Paris (C. pr. pén., art. 706-105-1 I, L. n° 2021-998, 30 juill. 2021)

Par dérogation au C. pr. pén., art. 11 relatif au secret de l'enquête et de l'instruction, pour les infractions d'atteintes aux STAD prévues par C. pén., art. 323-1 à 323-4-1 (v. n° 35.70 à 35.73) et 411-9, le procureur de la République de Paris et, s'il est saisi, le juge d'instruction de Paris, lesquels sont compétents pour en connaître en application de C. pr. pén., art. 706-72 et 706-72-1, peuvent communiquer, d'initiative ou à leur demande, aux services de l'État en charge de la lutte contre les attaques informatiques affectant la sécurité nationale mentionnés au C. défense, art. L. 2321-2, al. 2 « *des éléments de toute nature figurant dans ces procédures et nécessaires à l'exercice de leur mission en matière de sécurité et de défense des systèmes d'information* » (C. pr. pén., art. 706-105-1 I, issu L. n° 2021-998, 30 juill. 2021).

Sauf si l'information porte sur une condamnation prononcée publiquement, les destinataires de ces éléments sont tenus au secret professionnel ; les informations communiquées ne peuvent faire l'objet d'un échange avec des services de renseignement étrangers ou des organismes internationaux compétents en la matière (C. pr. pén., art. 706-105-1 III, issu L. n° 2021-998, 30 juill. 2021).

9. La communication de pièces de la procédure aux services de renseignement pour certaines infractions de criminalité organisée traitées par la Junalco (C. pr. pén., art. 706-105-1 II, L. n° 2021-998, 30 juill. 2021)

Par dérogation au C. pr. pén., art. 11 relatif au secret de l'enquête et de l'instruction, pour les infractions suivantes ainsi que le blanchiment de ces infractions :

– trafic de stupéfiants prévues par C. pén., art. 222-34 à 222-40 (v. n°s 28.1 à 28.8 et 28.10) (C. pr. pén., art. 706-73 3°) ;

– traite des êtres humains prévues par C. pén., art. 225-4-2 à 225-4-7 (v. n° 20.117) (C. pr. pén., art. 706-73 5°) ;

– armes et produits explosifs prévues par C. pén., art. 222-52 à 222-54 (v. n°s 26.23 à 26.25), 222-56 à 222-59 (v. n° 26.26), 322-6-1 (v. n° 26.37) et 322-11-1 (v. n° 26.38) ; C. défense, art. L. 2339-2, L. 2339-3 et L. 2339-10 (v. n° 26.7), L. 2341-4, L. 2353-4 et L. 2353-5 (v. n° 26.36) ; CSI, art. L. 317-2 (v. n° 26.8) et L. 317-7 (v. n° 26.27) (C. pr. pén., art. 706-73 12°) ;

– aide à l'entrée et au séjour irrégulier d'étranger commis en bande organisée prévu par Ceseda, art. L. 823-1 et L. 823-2, anc^t^ L. 622-1 (v. n° 27.2) (C. pr. pén., art. 706-73 13°) ;

le procureur de la République de Paris et, s'il est saisi, le juge d'instruction de Paris, lesquels sont compétents pour connaître des affaires « *d'une très grande complexité* » en application de C. pr.

pén., art. 706-75 dernier al. définissant la compétence de la Junalco (sur la Junalco, v. nº 17.16E), peuvent communiquer, d'initiative ou à leur demande, aux services spécialisés de renseignement (CSI, art. L. 811-2) ou aux autres services habilités à recourir à des techniques spéciales de recueil du renseignement (CSI, art. L. 811-4) « *des éléments de toute nature figurant dans ces procédures et nécessaires à l'exercice des missions de ces services au titre de la prévention de la criminalité et de la délinquance organisées* » (C. pr. pén., art. 706-105-1 II, issu L. nº 2021-998, 30 juill. 2021).

Sauf si l'information porte sur une condamnation prononcée publiquement, les destinataires de ces éléments sont tenus au secret professionnel ; les informations communiquées ne peuvent faire l'objet d'un échange avec des services de renseignement étrangers ou des organismes internationaux compétents en la matière (C. pr. pén., art. 706-105-1 III, issu L. nº 2021-998, 30 juill. 2021).

C. L'interdiction de divulgation de certaines pièces de procédure

Les dispositions qui suivent interdisent la divulgation de certains documents issus de l'enquête ou de l'instruction. Ces dispositions sont notamment applicables aux personnes (ex. journalistes) qui ne sont pas tenues au secret de l'enquête ou de l'instruction.

1. Les documents provenant de perquisition

Sous réserve des nécessités de l'enquête ou de l'instruction, est interdite toute communication ou divulgation sans l'autorisation de la personne mise en examen ou de ses ayants droit ou du signataire ou du destinataire d'un document provenant d'une perquisition, à une personne non qualifiée par la loi pour en prendre connaissance (C. pr. pén., art. 58 et 98) (**sanction** v. nº 35.40).

2. Les actes d'accusation et de procédure

Il est interdit de publier les actes d'accusation et tous autres actes de procédure criminelle avant qu'ils aient été lus en audience publique (L. 29 juill. 1881, art. 38, infraction relevant du régime de la presse) (**sanction** v. nº 35.39).

3. La diffusion de pièces ou actes de procédure d'instruction

Une partie à qui une reproduction des pièces ou actes d'une procédure d'instruction a été remise en application de l'article 114 du code de procédure pénale ne peut la diffuser auprès d'un tiers (C. pr. pén., art. 114-1) (**sanction** v. nº 35.42 ; v. aussi les règles de délivrance de copies de pièces pénales au D ci-dessous).

D. Les règles de délivrance des copies de pièces de procédures pénales (renvois)

Les règles régissant l'accès au dossier pénal et la communication de copie de pièces en fonction du cadre procédural et du stade d'avancement de l'affaire sont exposées aux nº 15.2 s'agissant des enquêtes préliminaires en cours (C. pr. pén., art. 77-2), au nº 15.4, s'agissant des procédures d'instruction en cours (C. pr. pén., art. 114), au nº 17.3 s'agissant des enquêtes et instructions clôturées, notamment au stade de leur phase juridictionnelle, et, s'agissant de la victime, au nº 16.7.

E. Les droits et devoirs de communication des procédures judiciaires

1. La commission d'indemnisation des victimes (Civi)

La commission d'indemnisation des victimes d'infraction, saisie d'une demande, « *peut procéder ou faire procéder à toutes auditions ou investigations utiles, sans que puisse [...] être opposé le secret professionnel* », elle peut « *notamment se faire communiquer copie des procès-verbaux constatant l'infraction ou de toutes les pièces de la procédure pénale, même en cours* » (C. pr. pén., art. 706-6).

2. Les administrations fiscales et douanières

Sur la doctrine d'échange entre l'administration fiscale et l'autorité judiciaire et la circulaire conjointe du ministère de l'action et des comptes publics et du ministère de la justice du 7 mars 2019, NOR : CPAE1832503C, nº II-1, v. nº 33.33D.

« *Le droit de communication permet aux agents de l'administration, pour l'établissement de l'assiette et le contrôle des impôts, d'avoir connaissance des documents et des renseignements [...] [il] s'exerce quel que soit le support utilisé pour la conservation des documents, y compris lorsqu'il est magnétique* » (LPF, art. L. 81).

« *À l'occasion de toute instance devant les juridictions civiles ou criminelles, le ministère public peut communiquer les dossiers à l'administration des finances.* » (LPF, art. L. 82 C). Cette dernière porte à la connaissance du ministère public, spontanément dans un délai de six mois ou à sa demande, l'état d'avancement de ses recherches de nature fiscale consécutives la communication. Le résultat définitif fait l'objet d'une communication au ministère public. (L. nº 2013-1117, 6 déc. 2013).

« *Les agents des finances publiques sont déliés du secret professionnel à l'égard du procureur de la République avec lequel ils peuvent échanger des informations couvertes par ce secret indépendamment de l'existence d'une plainte ou d'une dénonciation déposée en application de l'article L. 228 ou d'une procédure judiciaire en cours* » (LPF, art. **L. 142 A**, issu de L. n° 2018-898, 23 oct. 2018).

« *Les agents de l'administration peuvent prendre copie des documents dont ils ont connaissance en application de l'article L. 81* » (LPF, art. **R. 81-4**).

« *L'autorité judiciaire doit communiquer à l'administration des finances toute indication qu'elle peut recueillir, de nature à faire présumer une fraude commise en matière fiscale ou une manœuvre quelconque ayant eu pour objet ou ayant eu pour résultat de frauder ou de compromettre un impôt, qu'il s'agisse d'une instance civile ou commerciale ou d'une information criminelle ou correctionnelle même terminée par un non-lieu* » (LPF, art. **L. 101**). L'autorité judiciaire est informée des résultats de la communication (L. n° 2013-1117, 6 déc. 2013).

« *L'autorité judiciaire communique à l'administration des douanes toute information qu'elle recueille, à l'occasion de toute procédure judiciaire, de nature à faire présumer une infraction commise en matière douanière ou une manœuvre quelconque ayant eu pour objet ou pour résultat de frauder ou de compromettre le recouvrement de droits ou de taxes prévus au* » C. douanes (C. douanes, art. **343** ***bis***, réd. issue L. n° 2023-610, 18 juill. 2023).

3. Les litiges en matière de consommation

Le ministère public peut, devant la juridiction (civile ou répressive) saisie par une association agréée de consommateurs pour la réparation du préjudice direct ou indirect porté à leur intérêt collectif ou pour la suppression de clauses abusives, produire nonobstant les dispositions législatives contraires les procès-verbaux ou rapports d'enquête qu'il détient, dont la production est utile à la solution du litige (C. consom., art. **L. 621-10** (anc[t] L. 421-8)).

4. Les procédures collectives

« *Le procureur de la République communique au juge-commissaire sur la demande de celui-ci ou d'office, nonobstant toute disposition législative contraire, tous les renseignements qu'il détient et qui peuvent être utiles à la procédure.* » (C. com., art. **L. 621-8**). L'administrateur (C. com., art. L. 621-56), le représentant des créanciers en cas de procédure simplifiée (C. com., art. L. 621-56, L. 621-30 et L. 621-133 combinés), le liquidateur (C. com., art. L. 622-12) reçoivent du juge-commissaire tous renseignements et documents utiles à l'accomplissement de leur mission.

5. Le contrôle de la gestion publique : les relations avec les juridictions financières

Le procureur de la République peut transmettre d'office ou à la demande du destinataire « *toute pièce d'une procédure judiciaire relative à des faits de nature à constituer des irrégularités dans les comptes ou dans la gestion* », au procureur général près la Cour des comptes pour l'État, les établissements publics ou organismes relevant de la Cour des comptes (CJF, art. **L. 140-1-1**), ou pour les faits de nature à constituer des infractions passibles de la Cour de discipline budgétaire et financière (CJF, art. **L. 314-18**), au ministère public près la chambre régionale des comptes pour les collectivités ou organismes relevant de la compétence de cette chambre (CJF, art. **L. 241-2-1**).

6. La lutte contre le travail dissimulé

Les OPJ et APJ, agents de la direction générale des impôts et des douanes, agents agréés et assermentés des organismes de sécurité sociale et de mutualité sociale agricole, inspecteurs et contrôleurs du travail et fonctionnaires de contrôle assimilés, officiers et agents assermentés des affaires maritimes, fonctionnaires des corps techniques de l'aviation civile commissionnés et assermentés, contrôleurs et adjoints de contrôle des transports terrestres, sont habilités à se communiquer réciproquement tous renseignements et documents nécessaires à leur mission de lutte contre le travail dissimulé (C. trav., art. **L. 8271-7** et **L. 8271-2**).

7. La lutte contre les activités lucratives non déclarées portant atteinte à l'ordre public

Dans le cadre de la lutte contre les activités lucratives non déclarées portant atteinte à l'ordre public et à la sécurité publique, les OPJ et APJ doivent communiquer aux agents de la direction générale de la comptabilité publique, de la direction générale des douanes et droits indirects, de la direction générale des impôts et de la direction générale de la concurrence, de la consommation et de la répression des fraudes tous les éléments susceptibles de comporter une implication de nature financière, fiscale ou douanière, sans que puisse être opposée l'obligation au secret (CSI, art. **L. 214-4**).

8. La lutte contre la fraude aux prestations sociales

L'autorité judiciaire est habilitée à communiquer aux organismes de protection sociale toute indication qu'elle peut recueillir de nature à faire présumer une fraude commise en matière sociale ou une manœuvre quelconque ayant eu pour objet ou ayant pour résultat de frauder ou de compromettre le recouvrement des cotisations sociales, qu'il s'agisse d'une instance civile ou commerciale ou d'une information criminelle ou correctionnelle même terminée par un non-lieu (CSS, art. **L. 114-16** [L. nº 2005-1579, 19 déc. 2005 art. 92]). Cette disposition a été déclarée constitutionnelle en ce qu'elle se borne à faciliter la communication d'informations relatives aux infractions en matière de lutte contre le travail dissimulé, et ne porte atteinte ni à la présomption d'innocence ni au respect des droits de la défense et ne méconnaît pas davantage la liberté contractuelle, la liberté d'entreprendre ou le droit de propriété (Cons. const. 26 nov. 2010, nº 2010-69 QPC, § 5).

9. La communication à l'Autorité de la concurrence

Les juridictions d'instruction et de jugement peuvent communiquer à l'Autorité de la concurrence, sur sa demande, les procès-verbaux, rapports d'enquête ou autres pièces de l'instruction pénale ayant un lien direct avec des faits dont l'Autorité est saisie (C. com., art. **L. 463-5**).

F. Le secret des délibérations juridictionnelles

Tout magistrat de l'ordre judiciaire prête serment « *de garder le secret des délibérations* » (Ord. nº 58-1270, 22 déc. 1958, art. 6). Il en est de même pour le juré d'assises (C. pr. pén., art. 304), l'assesseur du tribunal pour enfants (COJ, art. L. 251-5), le juge du tribunal de commerce (juge consulaire) (C. com., art. 722-7), le conseiller prud'homme (C. trav., art. L. 1421-2 et D. 1442-13) ; CJPM, art. L. 231-4), le juge administratif (CJA, art. 8), le membre nommé du Conseil constitutionnel (Ord. nº 58-1067, 7 nov. 1958, art. 3).

« *le secret des délibérations dans les assemblées juridictionnelles est un principe général du droit public français ; [...] ce principe a pour objet d'assurer l'indépendance des juges et l'autorité morale de leurs décisions ; [...] il s'impose dès lors à toutes les juridictions, à moins d'exception formelle consacrée par la loi* » (CE 17 nov. 1922, *Legillon*, nº 75618).

« *s'il est loisible au législateur de permettre la saisie d'éléments couverts par le secret du délibéré, il lui appartient de prévoir les conditions et modalités selon lesquelles une telle atteinte au principe d'indépendance peut être mise en œuvre afin que celle-ci demeure proportionnée* » (§ 15) (Cons. const. 4 déc. 2015, nº 2015-506, § 15) (sur les modalités de préservation du secret du délibéré en cas de perquisition dans une juridiction ou au domicile d'une personne exerçant des fonctions juridictionnelles, C. pr. pén., art. 56-4, v. nº **11.65D**).

La violation du secret du délibéré matérialise la violation du secret professionnel prévu par C. pén., art. **226-13** (v. nº **35.10**) et l'irresponsabilité pénale du lanceur d'alerte est exclue lorsque la divulgation des informations révélées est interdite par le « *secret des délibérations judiciaires* » (L. nº 2016-1691, 9 déc. 2016, art. 6 II, mod. par L. nº 2022-401, 21 mars 2022).

« *l'obligation de conserver le secret des délibérations, édictée par la loi française dans le but de garantir l'indépendance des juges et l'autorité de leurs décisions, applicable, devant toutes les juridictions, aussi bien aux magistrats professionnels qu'aux citoyens prêtant leur concours à la justice, ne contrevient pas à la liberté de conscience* » (Crim. 17 avr. 2013, nº 13-90.004, D). Même si le « *procès appartient à l'histoire et si les faits et documents qui ont été soumis à l'appréciation des juges peuvent être librement discutés et commentés, cette circonstance ne permet pas cependant à ceux qui ont participé à son jugement de violer le secret des délibérations [...], qu'ils avaient fait le serment de respecter, en révélant les opinions manifestées par les membres de cette juridiction* » (Crim. 25 janv. 1968, nº 66-93.877, P nº 25).

En cas de poursuite pour violation du secret du délibéré, une demande d'audition des personnes ayant participé au délibéré faite dans l'intérêt de défense du prévenu, en l'espèce un juré d'assises, ne saurait être admise « *sans qu'il soit porté atteinte tant à l'indépendance des juges, professionnels comme non-professionnels, qu'à l'autorité de leurs décisions* » (Crim. 25 mai 2016, nº 15-84.099, P nº 160). Dans le même sens, notons que le juge constitutionnel a rejeté une demande, présentée par un juge d'instruction, de communication du « *rapport présenté devant la section d'instruction du Conseil constitutionnel* » statuant en matière de contentieux électoral, au motif qu'un tel document « *est couvert par le secret qui s'attache aux délibérations du Conseil constitutionnel ; qu'il ne peut être regardé comme une pièce détachable de ces délibérations* » (Cons. const. 10 nov. 1998, nº 97-2113/2119/2146/2154/2234/2235/2242/2243A AN). De même, le projet de décision établi par le magistrat qui rapporte l'affaire est « *un élément établi au sein de la juridiction dans le cadre du processus d'élaboration de la décision finale. Partant, un tel document de travail interne à la formation de jugement, couvert par le secret, ne saurait être soumis au principe du contradictoire* » (CEDH, 4 juin 2013, *Marc-Antoine c/ France*, n° 54984/09, § 31).

35.3 Le secret des sources des journalistes

A. Le droit au secret et à la confidentialité des sources

Les journalistes ne sont pas précisément soumis au secret professionnel, aucune sanction pénale ne paraît en effet devoir résulter de la divulgation, par eux-mêmes, de leurs sources, mais la loi en protège la confidentialité, notamment dans le cas où les informations qu'ils rapportent sont issues d'une violation du secret professionnel commise par un tiers.

« *Toute personne a droit à la liberté d'expression. Ce droit comprend la liberté d'opinion et la liberté de recevoir ou de communiquer des informations ou des idées sans qu'il puisse y avoir ingérence d'autorités publiques* » (Conv. EDH, art. 10).

« *La protection des sources journalistiques est l'une des pierres angulaires de la liberté de la presse, comme cela ressort des lois et codes déontologiques en vigueur dans nombre d'États contractants et comme l'affirment en outre plusieurs instruments internationaux sur les libertés journalistiques [...]. L'absence d'une telle protection pourrait dissuader les sources journalistiques d'aider la presse à informer le public sur des questions d'intérêt général. En conséquence, la presse pourrait être moins à même de jouer son rôle indispensable de "chien de garde" et son aptitude à fournir des informations précises et fiables pourrait s'en trouver amoindrie. Eu égard à l'importance que revêt la protection des sources journalistiques pour la liberté de la presse dans une société démocratique et à l'effet négatif sur l'exercice de cette liberté que risque de produire une ordonnance de divulgation, pareille mesure ne saurait se concilier avec l'article 10 de la Convention que si elle se justifie par un impératif prépondérant d'intérêt public* » (§ 39) (CEDH, 27 mars 1996, n° 17488/90, *Goodwin c/ Royaume-Uni*).

Le Cons. const., saisi d'un projet de loi renforçant la protection du secret des sources et modifiant la L. 29 juill. 1881, art. 2, relevant que « *La liberté d'expression et de communication est d'autant plus précieuse que son exercice est une condition de la démocratie et l'une des garanties du respect des autres droits et libertés. Pour autant, aucune disposition constitutionnelle ne consacre spécifiquement un droit au secret des sources des journalistes.* » (§ 17) (dans le même sens, v. Cons. const. 24 juill. 2015, n° 2015-478 QPC, § 16) a censuré ses dispositions au motif que la protection (§ 21) et l'immunité pénale (§ 22) que la loi instituait n'assuraient pas une conciliation équilibrée entre, en premier lieu, la liberté d'expression et de communication, en second lieu, le droit au respect de la vie privée et le secret des correspondances, d'une part, et « *les exigences inhérentes à la sauvegarde des intérêts fondamentaux de la Nation, la recherche des auteurs d'infractions et la prévention des atteintes à l'ordre public nécessaires à la sauvegarde de droits et de principes de valeur constitutionnelle.* », d'autre part (§ 23) (Cons. const. 10 nov. 2018, n° 2016-738 DC).

« *Le secret des sources des journalistes est protégé dans l'exercice de leur mission d'information du public* » (L. 29 juill. 1881, art. 2, mod. par L. n° 2010-1, 4 janv. 2010) ; « *un journaliste ne peut donc exciper de la protection due au secret des sources lorsqu'il a obtenu une information dans un cadre autre que celui de l'exercice de sa profession* » (Circ. Crim. 10-2/E8, 20 janv. 2010, NOR : JUSD1001800C).

« *Est considérée comme journaliste toute personne qui, exerçant sa profession dans une ou plusieurs entreprises de presse, de communication au public en ligne, de communication audiovisuelle ou une ou plusieurs agences de presse, y pratique, à titre régulier et rétribué, le recueil d'informations et leur diffusion au public* » (L. 29 juill. 1881, art. 2, mod. par L. n° 2010-1, 4 janv. 2010).

« *Il ne peut être porté atteinte, directement ou indirectement, au secret des sources que si un impératif prépondérant d'intérêt public le justifie et si les mesures envisagées sont strictement nécessaires et proportionnées au but légitime poursuivi. Cette atteinte ne peut en aucun cas consister en une obligation pour le journaliste de révéler ses sources* » (L. 29 juill. 1881, art. 2, mod. par L. n° 2010-1, 4 janv. 2010). « *en pratique, comme cela a été indiqué lors des débats, l'exigence de proportionnalité entre l'atteinte au secret des sources et l'infraction poursuivie exclut par exemple le recours à des perquisitions ou des interceptions téléphoniques afin de découvrir la source d'un journaliste dans une enquête portant sur des faits de violation du secret professionnel ou du secret de l'instruction, ou du recel de ces délits, mais permet ces mesures dans des procédures portant sur des faits de criminalité organisée ou de terrorisme* » (Circ. Crim. 10-2/E8, 20 janv. 2010).

« *Est considéré comme une atteinte indirecte au secret des sources .../... le fait de chercher à découvrir les sources d'un journaliste au moyen d'investigations portant sur toute personne qui, en raison de ses relations habituelles avec un journaliste, peut détenir des renseignements permettant d'identifier ces sources* » (L. 29 juill. 1881, art. 2, mod. par L. n° 2010-1, 4 janv. 2010).

S'agissant d'éléments de preuve (en l'espèce des enregistrements sonores) remis aux enquêteurs par un journaliste qui a invoqué le secret des sources pour refuser d'en dévoiler l'origine, leur versement au dossier « *ne saurait être déclaré irrégulier au seul motif que les conditions de leur recueil sont restées incertaines* » (Crim. 1er déc. 2020, n° 20-82.078, P).

B. La protection de la confidentialité des sources : l'encadrement des perquisitions, saisies et recherches d'informations

« *La liberté d'expression constitue l'un des fondements essentiels d'une société démocratique et les garanties à accorder à la presse revêtent une importance particulière* » (CEDH, 27 mars 1996, Grd. Ch. n° 17488/90, § 39). « *Le droit des journalistes de taire leurs sources ne saurait être considéré comme un simple privilège qui leur serait accordé ou retiré en fonction de la licéité ou de l'illicéité des sources, mais un véritable attribut du droit à l'information, à traiter avec la plus grande circonspection* » (CEDH, 28 juin 2012, n° 15954/07 et 15066/07, § 124).

Indépendamment du régime particulier de certains actes de procédures touchant à la presse, la loi sur la presse, en écho au C. pr. pén., art. préliminaire, introduit les exigences générales de nécessité et de proportionnalité pour l'appréciation du bien fondé des investigations portant atteinte au secret des sources. En effet, « *Au cours d'une procédure pénale, il est tenu compte, pour apprécier la nécessité de l'atteinte au secret des sources, de la gravité du crime ou du délit, de l'importance de l'information recherchée pour la répression ou la prévention de cette infraction et du fait que les mesures d'investigation envisagées sont indispensables à la manifestation de la vérité* » (L. 29 juill. 1881, art. 2, mod. par L. n° 2010-1, 4 janv. 2010).

Les règles relatives aux perquisitions et saisies dans une entreprise de presse sont exposées aux nos **11.61** et **11.65B**.

« *Tout journaliste, entendu comme témoin sur des informations recueillies dans l'exercice de son activité, est libre de ne pas en révéler l'origine* » (C. pr. pén., art. **109**, **326** et **437**) (v. orienteur, « champ d'application » du n° **25.45**).

Le journaliste a la faculté de ne pas répondre aux réquisitions émanant d'un OPJ ou de procureur de la République dans le cadre d'une enquête judiciaire (C. pr. pén., art. 60-1 et 77-1-1, v. n° **11.54**). Lors d'une interception judiciaire de télécommunications, les correspondances avec un journaliste ne peuvent être transcrites que s'il est satisfait au principe de nécessité et de proportionnalité énoncé dans L. 29 juill. 1881, art. 2 (C. pr. pén., art. 100-5, v. n° **11.36E**).

Des réquisitions à des tiers, en l'espèce des opérateurs de téléphonie, prises dans le cadre d'une l'enquête préliminaire sur le fondement de C. pr. pén., art. 77-1-1 (ces réquisitions de données de connexion sont désormais régies par C. pr. pén., art. 60-1-2 depuis L. n° 2022-299, 2 mars 2022, v. n° **11.44B**), en vue d'obtenir la facturation détaillée permettant d'identifier les numéros de téléphone de correspondants de journalistes dans l'objectif de rapporter la preuve d'une violation du secret professionnel ou du secret de l'enquête ou de l'instruction, portent atteinte au secret des sources des journalistes et ne sont pas justifiées par l'existence d'un impératif prépondérant d'intérêt public ni strictement nécessaires et proportionnées au but légitime poursuivi (Crim. 6 déc. 2011, n° 11-83.970, P n° 248).

Notons que le législateur n'a pas institué de régime particulier pour les réquisitions de données de connexion concernant les journalistes, à la différence de celui prévu pour les avocats par L. n° 2021-1729, 22 déc. 2021 modifiant C. pr. pén., art. 60-1-1 (sur ce point, v. n° **11.44B2**).

Soulignons qu'à la suite d'une requête en nullité d'un acte d'investigation déposée par un journaliste n'ayant ni la qualité de partie à la procédure ni celle de témoin assisté, il est jugé qu'en « *ne permettant pas à un journaliste, comme à tout autre tiers à la procédure, d'obtenir l'annulation d'un acte d'investigation accompli en violation du secret des sources, le législateur n'a pas, compte tenu de l'ensemble des voies de droit qui sont ouvertes, méconnu le droit à un recours juridictionnel effectif* » (§ 15) (Cons. const. 28 oct. 2022, n° 2022-1021 QPC).

35.4 Le secret professionnel des professions juridiques ou comptables

A. Les professions concernées

1. L'avocat

• **Principe.** « *En toutes matières, que ce soit dans le domaine du conseil ou dans celui de la défense, les consultations adressées par un avocat à son client ou destinées à celui-ci, les correspondances échangées entre le client et son avocat, entre l'avocat et ses confrères, les notes d'entretien et, plus généralement, toutes les pièces du dossier sont couvertes par le secret professionnel* » (L. n° 71-1130, 31 déc. 1971, art. **66-5**).

« *Sous réserve des strictes exigences de sa propre défense devant toute juridiction et des cas de déclaration ou de révélation prévues ou autorisées par la loi, l'avocat ne commet, en toute matière, aucune divulgation contrevenant au secret professionnel* » (D. n° 2005-790, 12 juill. 2005, art. **4** (anc[t] D. n° 91-1197, 27 nov. 1991, art. 160)). « *L'avocat respecte le secret de l'enquête et de l'instruction en matière pénale, en s'abstenant de communiquer, sauf pour l'exercice des droits de la défense, des renseignements extraits du dossier, ou de publier des documents, pièces ou lettres intéressant une enquête ou une information en cours. Il ne peut transmettre de copies de pièces ou actes du dossier de la procédure à son client ou à des tiers que dans les conditions prévues à l'article 114 du code de procédure pénale* » (D. n° 2005-790, 12 juill. 2005, art. **5** (mod. par D. n° 2007-932, 15 mai 2007)).

La violation du secret professionnel par l'avocat relève selon les cas de l'incrimination générale prévue par C. pén., art. **226-13**, pour la violation du secret professionnel (v. n° **35.10**), ou, si le secret divulgué provient d'une enquête pénale ou d'une instruction, de l'incrimination aggravée prévue par C. pén., art. **434-7-2** (v. n° **35.12**).

• **Protection du secret dans le cadre des investigations judiciaires.** La L. n° 2022-1729, 22 déc. 2021, pour la confiance dans l'institution judiciaire, a renforcé la protection du secret professionnel des avocats lors des investigations judiciaires.

Les **perquisitions** dans le **cabinet** d'un avocat ou à son **domicile** ne peuvent être effectuées que par un magistrat et en présence du bâtonnier ou de son délégué. Depuis L. n° 2022-1729, 22 déc. 2022, la perquisition ne peut être autorisée que par le JLD et à condition que l'avocat soit suspecté. Le magistrat et le bâtonnier ou son délégué ont seuls le droit de prendre connaissance des documents découverts lors de la perquisition. Le bâtonnier ou son délégué peut s'opposer à la saisie d'un document, qui sera dès lors placé sous scellé fermé et transmis au JLD qui statuera sur la contestation dans les 5 jours (C. pr. pén., art. 56-1 [mod. par L. n° 2000-516, 15 juin 2000 et L. n° 2022-1729, 22 déc. 2022]). Enfin, depuis L. n° 2022-1729, 22 déc. 2022, les correspondances d'avocat saisies chez un tiers font également l'objet d'une protection spécifique (C. pr. pén., art. 56-1-1 issu L. n° 2022-1729, 22 déc. 2022) (sur la perquisition et la saisie concernant un avocat, v. n° **11.65A** et **11.66A**).

Aucune interception (**écoute**) ne peut avoir lieu sur une ligne dépendant du **cabinet** d'un avocat ou de son **domicile** sans que le bâtonnier en soit informé par le juge d'instruction (C. pr. pén., art. 100-7). Depuis L. n° 2022-1729, 22 déc. 2022, le placement sous écoute de la ligne d'un avocat ne peut être décidée que par le JLD, saisi par le juge d'instruction ou par le procureur selon le cadre procédural, à condition que l'avocat soit suspecté d'avoir participé à l'infraction (sur les règles applicables en matière d'écoute ou de transcription des communications d'un avocat, C. pr. pén., art. 100 et 100-5, v. n[os] **11.36B3** et **11.36E**).

Depuis L. n° 2022-1729, 22 déc. 2022, les réquisitions de **données de connexion** d'un avocat ne peuvent être faites que sur ordonnance du JLD saisi par le procureur ou le juge d'instruction, à condition que l'avocat soit suspecté d'avoir participé à l'infraction (C. pr. pén., art. 60-1-1 et 77-1-1 (devenu art. 60-1-2 depuis L. n° 2022-299, 2 mars 2022) mod. par L. n° 2022-1729, 22 déc. 2021, v. n° **11.44B**).

2. Les autres auxiliaires de justice ou professions juridiques

• **Principe.** Les notaires, commissaires de justice [huissiers], commissaires-priseurs, administrateurs judiciaires, mandataires-liquidateurs, personnes donnant ou rédigeant à titre habituel et gratuit des consultations juridiques ou des actes sous seing privé sont soumis au secret professionnel (L. n° 71-1130, 31 déc. 1971, art. 55 et 56 combinés).

• **Protection du secret.** Les perquisitions dans le **cabinet** d'un **notaire** ou d'un **commissaire de justice** (anc[t] huissier) sont effectuées par un magistrat et en présence d'un représentant de l'ordre ou de l'organisation professionnelle concernée (C. pr. pén., art. 56-3) (v. nº **11.65C**).

• **Limites.**

– « *Tout administrateur judiciaire ou mandataire judiciaire qui, dans l'exercice de ses fonctions, acquiert la connaissance d'un crime ou d'un délit est tenu d'en donner avis sans délai au procureur de la République et de transmettre à ce magistrat tous les renseignements, procès-verbaux et actes qui y sont relatifs* » (C. com., art. L. 814-12).

3. Les commissaires aux comptes

• **Principe.** Les commissaires aux comptes sont astreints, ainsi que leurs collaborateurs et experts, au secret professionnel, pour les faits, actes et renseignements dont ils ont pu avoir connaissance à raison de leurs fonctions (C. com., art. L. 820-5).

• **Limites.**

– Obligation de signaler les irrégularités et inexactitudes à l'assemblée générale ou à l'organe compétent (C. com., art. L. 823-12), et de révélation de faits délictueux au parquet (C. com., art. L. 820-7, L. 823-12, v. nº **33.27**) ;

– Prérogatives d'alerte au président du président du tribunal lorsqu'ils constatent « *des faits de nature à compromettre la continuité de l'exploitation* » pour les SA (C. com., art. L. 234-1), et d'autres personnes morales pour lesquelles la désignation d'un commissaire aux comptes est obligatoire en raison de leur importance : SNC (C. com., art. L. 221-9 et L. 221-11 ; D. nº 67-236, 23 mars 1967, art. 12), SARL (C. com., art. L. 223-35 et L. 223-39 ; D. 23 mars 1967, art. 12 et 43), GIE (C. com., art. L. 251-12, L. 251-13 et L. 251-15), personnes morales de droit privé non commerçantes (C. com., art. L. 612-1 et L. 612-3 ; D. nº 85-295, 1er mars 1985, art. 22) ;

– Inopposabilité du secret au président du tribunal de commerce agissant d'office dans le cadre de la prévention des difficultés des entreprises lorsque lui apparaissent des « *difficultés de nature à compromettre la continuité de l'exploitation* » (C. com., art. L. 611-2) ou en cas de procédure de règlement amiable (devenue procédure de « conciliation » depuis le 1er janv. 2006, L. nº 2005-845, 26 juill. 2005) (C. com., art. L. 611-3), ou, à l'égard du juge-commissaire dans le cadre d'une procédure collective (C. com., art. L. 621-55, devenu L. 623-2 depuis le 1er janv. 2006, L. nº 2005-845, 26 juill. 2005).

4. Les experts-comptables

« *Les experts-comptables, les comptables agréés et les experts-comptables stagiaires sont tenus au secret professionnel* » (Ord. 19 sept. 1945, art. 21).

B. Les devoirs de révélation et l'exercice des droits de communication

1. La lutte contre le blanchiment

Les personnes qui, dans l'exercice de leur profession, réalisent, contrôlent ou conseillent des opérations entraînant des mouvements de capitaux sont **tenues** de déclarer au procureur de la République les opérations portant sur des sommes qu'elles savent provenir du trafic de stupéfiants ou de l'activité d'organisations criminelles (CMF, art. L. 561-1). Aucune poursuite fondée sur la violation du secret professionnel ne peut être intentée contre les déclarants de bonne foi (CMF, art. L. 561-1 et L. 562-8). La déclaration est secrète et ne peut être portée à la connaissance du propriétaire des sommes ou de l'auteur de l'opération (CMF, art. L. 561-1 et L. 574-1).

2. Le livre des procédures fiscales, art. L. 86

Les agents de l'Administration fiscale ont un droit de communication à l'égard des professions dont l'exercice autorise l'intervention dans des transactions, la prestation de services à caractère juridique, financier ou comptable ou la détention de biens ou de fonds pour le compte de tiers.

3. Le code pénal, art. 132-22 (v. nº *35.5A*)

4. Le devoir de réponse aux réquisitions d'enquête judiciaire

Ces professions juridiques et comptables, nonobstant le secret professionnel, ont le devoir de répondre aux réquisitions d'enquête émanant d'un OPJ ou du procureur de la République. Les avocats, notaires ou commissaires de justice peuvent cependant, sans encourir de sanctions, refuser de répondre en opposant, pour un motif légitime, le secret professionnel (C. pr. pén., art. 60-1 et 77-1-1, v. nº **11.54**). Les autres professions juridiques et comptables exposent leur responsabilité pénale en ne satisfaisant pas dans les meilleurs délais aux demandes.

35.5 Le secret bancaire

A. Les principes

1. L'obligation au secret

« *Tout membre d'un conseil d'administration et, selon le cas, d'un conseil de surveillance et toute personne qui à un titre quelconque participe à la direction ou à la gestion d'un établissement de crédit, d'une société de financement ou [à certains organismes de services bancaires] ou qui est employé par l'un de ceux-ci, est tenu au secret professionnel...* » (CMF, art. L. 511-33).

2. L'inopposabilité du secret aux autorités bancaires et judiciaires

« *Outre les cas où la loi le prévoit, le secret professionnel ne peut être opposé ni à l'Autorité de contrôle prudentiel et de résolution ni à la Banque de France ni à l'Institut d'émission des départements d'outre-mer, ni à l'Institut d'émission d'outre-mer, ni à l'autorité judiciaire agissant dans le cadre d'une procédure pénale, ni aux commissions d'enquête* » parlementaires (CMF, art. L. 511-33).

Les établissements de crédit sont tenus, nonobstant le secret professionnel, de répondre aux réquisitions judiciaires (C. pr. pén., art. 60-1 et 77-1-1, v. n° **11.54**).

B. Le secret bancaire et les missions juridictionnelles pénales et civiles

1. La recherche de la situation financière et fiscale des prévenus

« *Le procureur de la République, le juge d'instruction ou le tribunal saisi peuvent obtenir des parties, de toute administration, de tout établissement financier, ou de toute personne détenant des fonds du prévenu, la communication des renseignements utiles de nature financière ou fiscale, sans que puisse être opposée l'obligation au secret.* » (C. pén., art. 132-22).

« *Cette disposition [...] donne ainsi aux autorités judiciaires un droit de réquisition à l'égard des tiers, qui vient utilement compléter les pouvoirs généraux d'investigation aujourd'hui reconnus aux juridictions d'instruction. En particulier, les personnes entendues comme témoins devant le juge d'instruction ne pourront plus, en application de l'article 109 du code de procédure pénale, invoquer le secret professionnel pour refuser de déposer sur les renseignements financiers visés par l'article 132-22.* » (Circ. 14 mai 1993, § 99).

2. L'information de l'autorité judiciaire par la Banque de France

« *La Banque de France communique à tout magistrat et à tout officier de police judiciaire agissant sur instructions du procureur de la République ou sur commission rogatoire, le relevé des incidents de paiement enregistrés au nom d'un titulaire de compte* » (CMF, art. R. 131-40, v. aussi CMF, art. L. 131-85). Le relevé des incidents pourra notamment être exploité dans le cadre des prérogatives du parquet en matière de procédures collectives : requête en redressement judiciaire, en report de la date de cessation des paiements...

3. La recherche des débiteurs par les commissaires de justice [huissiers] dans les procédures civiles d'exécution

« *Les établissements habilités par la loi à tenir des comptes de dépôt doivent indiquer au commissaire de justice [huissier] chargé de l'exécution si un ou plusieurs comptes, comptes joints ou fusionnés sont ouverts au nom du débiteur ainsi que les lieux où sont tenus les comptes, à l'exclusion de tout autre renseignement, sans pouvoir opposer le secret professionnel* » (C. pr. exéc., art. L. 152-2 – anc[t] L. n° 91-650, 9 juill. 1991, art. 39, 40 et 41) (v. également n° **35.9B3**).

4. Le devoir de révélation : la lutte contre le blanchiment de capitaux, Tracfin

Les personnes énumérées au CMF, art. L. 561-2, notamment les établissements de crédit, le trésor public, la Banque de France, les services financiers de la poste, la caisse de dépôts et consignations, les experts-comptables, commissaires aux comptes, avocats, notaires, commissaire de justice (anc[t] huissier), administrateurs judiciaires et mandataires judiciaires, tenues à une obligation de vigilance à l'égard de la clientèle (CMF, art. L. 561-5) sont **tenus** de déclarer (déclaration de soupçon) au service dit **Tracfin** (Traitement du renseignement et action contre les circuits financiers clandestins), placé sous l'autorité du ministre de l'économie et des finances, les opérations et sommes paraissant provenir d'une infraction passible d'une peine privative de liberté supérieure à un an ou liées au financement du terrorisme (CMF, art. L. 561-15). Aucune poursuite du chef de dénonciation calomnieuse ou de violation du secret professionnel ne peut être intentée contre les dirigeants et préposés des personnes ayant fait la déclaration de bonne foi (CMF, art. L. 561-22). La déclaration de soupçon est secrète et ne peut être portée à la connaissance du propriétaire des sommes ou de l'auteur de l'opération (CMF, art. L. 561-18), sous les peines prévues par CMF, art. L. 574-1.

5. Les procédures collectives et la prévention des difficultés des entreprises

– « *Le juge-commissaire peut, nonobstant toute disposition législative ou réglementaire contraire, obtenir la communication par [...] les établissements de crédit ainsi que les services chargés de centraliser les risques bancaires et les incidents de paiement des renseignements de nature à lui donner une exacte information sur la situation économique et financière* » du débiteur (C. com., art. L. 623-2). Des dispositions identiques sont prévues au bénéfice de l'administrateur et du mandataire judiciaire dans les procédures collectives (C. com., art. L. 622-6, L. 631-14, L. n° 2005-845, 26 juill. 2005).

– mêmes principes à l'égard du président du tribunal de commerce agissant d'office dans le cadre de la prévention des difficultés des entreprises lorsque lui apparaissent des « *difficultés de nature à compromettre la continuité de l'exploitation* » (C. com., art. L. 611-2), ou en cas de procédure de règlement amiable (devenue procédure de « *conciliation* » depuis le 1er janv. 2006, L. n° 2005-845, 26 juill. 2005) (C. com., art. L. 611-6).

35.6 Le secret des affaires, commercial ou industriel

A. La protection pénale du secret des affaires

La révélation, par un directeur ou un salarié, d'un secret de fabrication (anct dénommé secret de fabrique), est incriminée par C. trav., art. L. 1227-1, al. 1 (v. n° 35.11). Le bénéficiaire de cette révélation est passible des peines prévues pour l'infraction de recel (v. n° 22.45) ou de recel aggravé, notamment facilité par l'exercice d'une activité professionnelle (v. n° 22.46).

Le secret professionnel des agents investis de pouvoirs de contrôle des entreprises s'étend à la protection des secrets de fabrication (v. n° 35.9C).

Les hypothèses de communication à des autorités publiques étrangères de renseignements d'ordre économique, commercial ou industriel, financier ou technique de nature à porter atteinte à la souveraineté ou aux intérêts économiques essentiels de la France sont incriminées par L. n° 68-678, 26 juill. 1968, art. 3 (6 mois emprisonnement et 18 000 €) (*N 2590.co*). Celles de livraison à une puissance étrangère d'informations de nature à porter atteinte aux intérêts fondamentaux de la Nation sont prévues par C. pén., art. 411-6 s.

Est passible des peines prévues pour la violation du secret professionnel (v. n° 35.10) la divulgation, par l'une des parties, des informations concernant une autre partie ou un tiers dont elle n'a pu avoir connaissance qu'à la suite des communications ou consultations auxquelles il a été procédé dans le cadre des attributions de l'Autorité de la concurrence (avis, consultations, communications du dossier de la procédure d'enquête) (C. com., art. L. 463-6) (*N 2590.co*). Les pièces intéressant le secret des affaires d'autres personnes peuvent d'ailleurs ne pas être communiquées et faire l'objet d'une version ou d'un résumé non-confidentiel (C. com., L. 463-4, R. 420-1, R. 430-7, R. 463-13 s., R. 464-9-1).

Les opérations d'espionnage industriel peuvent le cas échéant être qualifiées au travers des infractions incriminant la violation de correspondance et de communication électronique (v. n° 35.54), la détention de matériel d'interception de communications (v. n° 35.52), l'accès frauduleux à un système informatique (v. n° 35.70) et le recel de ces infractions. Enfin, les faits d'atteinte au secret des affaires, commercial ou industriel peuvent prendre la forme ou s'accompagner d'une soustraction ou d'un détournement de documents ou d'informations immatérielles. Ces agissements sont susceptibles de recevoir la qualification de vol (v. n° 22.1, orienteur/élément matériel) ou d'abus de confiance (v. n° 22.37, orienteur/élément matériel) au regard de la jurisprudence de la Ch. crim. incriminant les appropriations frauduleuses d'informations immatérielles, et sont comparables aux atteintes civiles au secret des affaires ci-après définies par le code de commerce.

Mentionnons que C. com., art. L. 443-6 issu Ord. n° 2021-859, 30 juin 2021, sanctionne d'une amende administrative de 75 000 € pour les personnes physiques et de 375 000 € pour les personnes morales l'obtention, l'utilisation ou la divulgation de secrets d'affaires par un acheteur de produits agricoles et alimentaires.

B. La protection civile du secret des affaires

La L. n° 2018-670, 30 juill. 2018, portant transposition de la directive (UE) 2016/943, 8 juin 2016, du parlement européen et du conseil, institue au C. com., art. L. 151-1 s. un dispositif civil de prévention, de cessation ou de réparation des atteintes illicites au secret des affaires.

Le secret des affaires y est défini comme « *toute information* » qui n'est « *pas.../...connue ou aisément accessible* », qui « *revêt une valeur commerciale, effective ou potentielle, du fait de son caractère secret* », et faisant l'objet par son détenteur « *de mesures de protection raisonnables.../...pour en conserver le caractère secret* » (C. com., art. L. 151-1).

L'obtention d'un secret des affaires est notamment considérée comme illicite « *lorsqu'elle.../...résulte : 1°d'un accès non autorisé à tout document, objet ou matériau, substance ou fichier numérique qui contient le secret.../...ou bien d'une appropriation ou d'une copie non autorisée de ces éléments* » (C. com., art. L. 151-4).

« *L'utilisation ou la divulgation d'un secret des affaires est illicite lorsqu'elle est réalisée sans le consentement de son détenteur légitime par une personne qui a obtenu le secret dans les conditions* » précitées, « *ou qui agit en violation d'une obligation de ne pas divulguer le secret ou de limiter son utilisation* » (C. com., art. L. 151-5).

35.7 Le secret des professions de santé humaine et animale

A. Les règles communes aux professions de santé humaine

1. Les droits de la personne au secret, les obligations des professions de santé (CSP, art. L. 1110-4)

« *Toute personne prise en charge par un professionnel de santé, un établissement ou un service de santé.../...un professionnel de secteur médico-social ou un établissement ou service social et médico social.../... a droit au respect de sa vie privée et du secret des informations la concernant. Excepté dans les cas de dérogations expressément prévus par la loi, ce secret couvre l'ensemble des informations concernant la personne venues à la connaissance du professionnel, de tout membre du personnel de ces établissements services ou organismes et de toute autre personne en relation, de par ses activités, avec ces établissements ou organismes. Il s'impose à tous les professionnels intervenant dans le système de santé.*

Un professionnel peut échanger avec un ou plusieurs professionnels identifiés des informations relatives à une même personne prise en charge, à condition qu'ils participent tous à sa prise en charge et que ces informations soient strictement nécessaires à la coordination ou à la continuité des soins, à la prévention ou à son suivi médico-social et social.

... /...Le partage, entre des professionnels ne faisant pas partie de la même équipe de soins, d'informations nécessaires à la prise en charge d'une personne requiert son consentement préalable, recueilli par tout moyen, y compris de façon dématérialisée [dossier médical partagé], dans des conditions définies par décret pris après avis de la Cnil.

En cas de diagnostic ou de pronostic grave, le secret médical ne s'oppose pas à ce que la famille, les proches de la personne malade ou la personne de confiance .../... reçoivent les informations nécessaires destinées à leur permettre d'apporter un soutien direct à celle-ci, sauf opposition de sa part. Seul un médecin est habilité à délivrer, ou à faire délivrer sous sa responsabilité, ces informations.

Le secret médical ne fait pas obstacle à ce que les informations concernant une personne décédée soient délivrées à ses ayants droit, son concubin ou son partenaire lié par un pacte civil de solidarité, dans la mesure où elles leur sont nécessaires pour leur permettre de connaître les causes de la mort, de défendre la mémoire du défunt ou de faire valoir leurs droits, sauf volonté contraire exprimée par la personne avant son décès. Toutefois, en cas de décès d'une personne mineure, les titulaires de l'autorité parentale conservent leur droit d'accès à la totalité des informations médicales la concernant, à l'exception des éléments relatifs aux décisions médicales pour lesquelles la personne mineure, le cas échéant, s'est opposée à l'obtention de leur consentement » (CSP, art. L. 1110-4, réd. issue L. n° 2016-41, 26 janv. 2016).

2. Les droits de révélation pour la protection de l'enfance ou contre les violences au sein du couple (C. pén., art. 226-14)

Afin de favoriser la connaissance par l'autorité judiciaire des violences physiques, sexuelles ou psychiques commises, ou les violences commises au sein du couple, les dispositions pénales relatives à la violation du secret professionnel ne s'appliquent pas :

- « *Au médecin ou à tout autre professionnel de santé qui, avec l'accord de la victime, porte à la connaissance du procureur de la République ou de la cellule de recueil, de traitement et d'évaluation des informations préoccupantes* [CRIP] *relatives aux mineurs en danger ou qui risquent de l'être, mentionnée au CASF, art. L. 226-3, al. 2, les sévices ou privations qu'il a constatés, sur le plan physique ou psychique, dans l'exercice de sa profession et qui lui permettent de présumer que des violences physiques, sexuelles ou psychiques de toute nature ont été commises. Lorsque la victime est un mineur ou une personne qui n'est pas en mesure de se protéger en raison de son âge ou de son incapacité physique ou psychique, son accord n'est pas nécessaire* » (C. pén., art. 226-14 2°, v. aussi n°s 25.27 et 25.28) ;

• « *Au médecin ou à tout autre professionnel de santé qui porte à la connaissance du procureur de la République une information relative à des violences exercées au sein du couple relevant de l'article 132-80 du présent code, lorsqu'il estime en conscience que ces violences mettent la vie de la victime majeure en danger immédiat et que celle-ci n'est pas en mesure de se protéger en raison de la contrainte morale résultant de* l'emprise *exercée par l'auteur des violences. Le médecin ou le professionnel de santé doit s'efforcer d'obtenir l'accord de la victime majeure ; en cas d'impossibilité d'obtenir cet accord, il doit l'informer du signalement fait au procureur de la République* » (C. pén., art. 226-14 3°, réd. issue L. n° 2020-936, 30 juill. 2020). « *C'est au seul médecin* [ou plus généralement au seul professionnel de santé] *d'apprécier en conscience si ces violences mettent la vie de la victime en danger immédiat et si celle-ci n'est pas en mesure de se protéger en raison de la contrainte morale résultant de l'emprise exercée par l'auteur des violences* » (Circ. Crim. 2020-17-H2, 3 août 2020, NOR : JUSD2020619C, n° 1.1).

B. Les médecins

1. Le principe et l'étendue du secret

« *Le secret professionnel, institué dans l'intérêt des patients, s'impose à tout médecin dans les conditions établies par la loi. Le secret couvre tout ce qui est venu à la connaissance du médecin dans l'exercice de sa profession, c'est-à-dire non seulement ce qui lui a été confié, mais aussi ce qu'il a vu, entendu ou compris.* » (CSP, art. R. 4127-4 (anc. D. n° 95-1000, 6 sept. 1995, art. 4).

« *Le médecin doit protéger contre toute indiscrétion les documents médicaux, concernant les personnes qu'il a soignées ou examinées, quels que soient le contenu et le support de ces documents. Il en va de même des informations médicales dont il peut être le détenteur.* » (CSP, art. R. 4127-73 (anc. D. n° 95-1000, 6 sept. 1995, art. 73).

« *Le fait pour un médecin d'être lié dans son exercice professionnel par un contrat ou un statut à une administration une collectivité ou tout autre organisme public ou privé n'enlève rien à ses devoirs professionnels.* » (CSP, art. R. 4127-95 (anc. D. n° 95-1000, 6 sept. 1995, art. 95).

« *Un dossier médical en santé au travail, constitué par le médecin du travail, retrace dans le respect du secret médical les informations relatives à l'état de santé du travailleur .../... Ce dossier ne peut être communiqué qu'au médecin de son choix, à la demande de l'intéressé. En cas de risque pour la santé publique ou à sa demande, le médecin du travail le transmet au médecin inspecteur du travail* » (C. trav., art. L. 4624-8, anc^{t} D. 4624-46). La fiche médicale d'aptitude établie par le médecin du travail ne doit contenir aucun renseignement sur la nature des affections de l'intéressé mais contenir seulement les contre-indications ou recommandations relatives au poste de travail (C. trav., art. D. 4626-35).

2. La protection du secret

Les perquisitions dans le **cabinet** d'un médecin sont effectuées par un magistrat et en présence d'un représentant de l'ordre (C. pr. pén., art. 56-3, sur la protection du secret médical lors des perquisitions, v. n° 11.65C).

3. Les devoirs et les droits de révélation

Comme tout professionnel de santé, le médecin est délié du secret médical envers l'autorité judiciaire pour la révélation des violences physiques, sexuelles ou psychiques, ou les violences commises au sein du couple, dans les conditions prévues par C. pén., art. 226-14 (v. A ci-dessus).

« *Lorsqu'un médecin discerne qu'une personne auprès de laquelle il est appelé est victime de sévices ou de privations, il doit mettre en œuvre les moyens les plus adéquats pour la protéger en faisant preuve de prudence et de circonspection. S'il s'agit d'un mineur ou d'une personne qui n'est pas en mesure de se protéger en raison de son âge ou de son état physique ou psychique, il alerte les autorités judiciaires, médicales ou administratives, sauf circonstances particulières qu'il apprécie en conscience.* » (CSP, art. R. 4127-44, D. n° 95-1000, 6 sept. 1995, art. 44).

Pour la mise en œuvre de l'**injonction de soins** dans le cadre du suivi socio-judiciaire (C. pén., art. 131-36-4), le médecin traitant est habilité en cas d'interruption du traitement à informer le Jap ou l'agent de probation, en cas de difficultés dans l'exécution du traitement à informer le médecin coordonnateur, lui-même habilité à informer ces derniers (CSP, art. L. 3711-3).

Le médecin, nonobstant le secret professionnel, a le devoir de répondre aux réquisitions d'enquête émanant d'un OPJ ou du procureur de la République. Il peut cependant, sans encourir de sanctions pénales, refuser de répondre (C. pr. pén., art. 60-1 et 77-1-1, v. n° 11.54).

4. L'instance disciplinaire et le signalement

« *Aucune sanction disciplinaire ne peut être prononcée du fait du signalement de sévices par le médecin aux autorités compétentes dans les conditions prévues* » à l'article 226-14 du code pénal exposées ci-dessus (C. pén., art. 226-14).

C. Les établissements de santé

Les établissements de santé, publics ou privés, « *sont tenus de protéger la confidentialité des informations qu'ils détiennent sur les personnes qu'ils accueillent* » (CSP, art. L. 1112-1).

Ils sont tenus, nonobstant le secret professionnel, de répondre aux réquisitions judiciaires (C. pr. pén., art. 60-1 et 77-1-1, v. n° 11.54).

D. Les infirmiers

1. Le principe et l'étendue du secret

V. CSP, art. L. 4314-3 et R. 4311-1 (anc[t] D. n° 93-221, 16 févr. 1993, art. 4).

2. Le devoir de révélation

« *Lorsque l'infirmier discerne qu'une personne auprès de laquelle il est amené à intervenir est victime de sévices, de privations, de mauvais traitements ou d'atteintes sexuelles, il doit mettre en œuvre, en faisant preuve de prudence et de circonspection, les moyens les plus adéquats pour la protéger. S'il s'agit d'un mineur ou d'une personne qui n'est pas en mesure de se protéger en raison de son âge, d'une maladie ou de son état physique ou psychique, l'infirmier doit, sauf circonstances particulières qu'il apprécie en conscience, alerter les autorités judiciaires, médicales ou administratives* » (CSP, art. R. 4312-18, anc[t] D. 16 févr. 1993, art. 7.)

L'infirmier est tenu, nonobstant le secret professionnel, de répondre aux réquisitions judiciaires (C. pr. pén., art. 60-1 et 77-1-1, v. n° 11.54).

E. Les sages-femmes

1. Le principe et l'étendue du secret

CSP, art. R. 4127-303, anc[t] D. n° 91-779, 8 août 1991, art. 3.

2. Le devoir de révélation

« *Lorsqu'une sage-femme discerne qu'une femme auprès de laquelle elle est appelée ou son enfant est victime de sévices, elle doit mettre en œuvre les moyens les plus adéquats pour les protéger en faisant preuve de prudence et de circonspection. S'il s'agit d'un enfant mineur ou d'une femme qui n'est pas en mesure de se protéger en raison de son âge ou de son état physique ou psychique, elle doit, sauf circonstances particulières qu'elle apprécie en conscience, alerter les autorités judiciaires, médicales ou administratives* ».

(CSP, art. R. 4127-316, anc[t] D. n° 91-779, 8 août 1991, art. 16).

« *Une sage-femme sollicitée ou requise pour examiner une personne privée de liberté doit informer l'autorité judiciaire lorsqu'elle constate que cette personne ne reçoit pas les soins justifiés par son état ou a subi des sévices ou des mauvais traitements.* » (CSP, art. R. 4127-317, anc[t] D. n° 91-779, 8 août 1991, art. 17).

La sage-femme est tenue, nonobstant le secret professionnel, de répondre aux réquisitions judiciaires (C. pr. pén., art. 60-1 et 77-1-1, v. n° 11.54).

F. Les autres professions de santé humaine

Elles sont tenues, nonobstant le secret professionnel, de répondre aux réquisitions judiciaires (C. pr. pén., art. 60-1 et 77-1-1, v. n° 11.54).

1. Les chirurgiens-dentistes

« *Lorsqu'un chirurgien-dentiste discerne, dans le cadre de son exercice, qu'un mineur paraît être victime de sévices ou de privations, il doit, en faisant preuve de prudence et de circonspection, mettre en œuvre les moyens les plus adéquats pour le protéger et, le cas échéant, alerter les autorités compétentes s'il s'agit d'un mineur de quinze ans, conformément aux dispositions du code pénal relatives au secret professionnel* » (CSP, art. R. 4127-235, anc[t] D. n° 67-671, 22 juill. 1967, art. 5).

2. Les pharmaciens

V. CSP, art. R. 4235-5 (anc[t] R. 5015-5) et R. 4235-7.

3. Les masseurs-kinésithérapeutes, pédicures podologues

V. CSP, art. L. 4323-3 ; R. 4321-90 (masseurs-kinésithérapeutes) ; R. 4322-58 (pédicures podologues).

4. Les audioprothésistes

V. CSP, art. L. 4363-1.

5. Les orthophonistes, les orthoptistes

V. CSP, art. L. 4344-2.

G. Les vétérinaires

1. Le principe et l'étendue du secret (C. rur., art. L. 241-5)

« *tout vétérinaire, y compris un assistant vétérinaire, est tenu au respect du secret professionnel dans les conditions établies par la loi. Le secret professionnel du vétérinaire couvre tout ce qui est venu à la connaissance du vétérinaire dans l'exercice de sa profession, c'est-à-dire ce qui lui a été confié mais également ce qu'il a vu, entendu ou compris* » (C. rur., art. L. 241-5, issu L. nº 2021-1539, 30 nov. 2021, visant à lutter contre la maltraitance animale et conforter le lien entre les animaux et les hommes).

2. Le droit de révélation pour la lutte contre la maltraitance animale (C. pén., art. 226-14 5°)

L'infraction de violation du secret professionnel prévue par C. pén., art. 226-13 (v. nº 35.10) n'est pas applicable « *au vétérinaire qui porte à la connaissance du procureur de la République toute information relative à des sévices graves, à un acte de cruauté ou à une atteinte sexuelle sur un animal* » mentionnés au C. pén., art. 521-1 (v. nº 31.8) et 521-1-1 (v. nº 31.9) « et *toute information relative à des mauvais traitements sur un animal, constatés dans le cadre de son exercice professionnel* » (C. pén., art. 226-14 5°, mod. issue L. nº 2021-1539, 30 nov. 2021, visant à lutter contre la maltraitance animale et conforter le lien entre les animaux et les hommes).

35.8 Le secret des travailleurs sociaux

Les intervenants et établissements ci-dessous, astreints au secret, sont néanmoins tenus de répondre aux réquisitions judiciaires (C. pr. pén., art. 60-1 et 77-1-1, v. nº 11.54).

A. Le service de la protection maternelle et infantile (PMI)

1. Les principes

Le service départemental de PMI est, sous l'autorité du président du conseil général, placé sous la responsabilité d'un médecin. Il comprend des personnels qualifiés dans les domaines médical, paramédical, social et psychologique (CSP, art. L. 2112-1). Il organise, soit directement soit par voie de convention avec d'autres collectivités publiques ou des personnes morales de droit privé à but non lucratif (CSP, art. L. 2112-4), des consultations prénuptiales, prénatales et postnatales en faveur des femmes enceintes, des consultations et des actions de prévention médico-sociales pour les enfants de moins de six ans, et participe aux actions de prévention des mauvais traitements et de prise en charge des mineurs maltraités menées par le service départemental d'aide sociale à l'enfance (ASE) (CSP, art. L. 2112-2 ; CASF, art. L. 221-1 et L. 226-1).

« *Les articles 226-13 et 226-14 du code pénal relatifs au secret professionnel sont applicables à toute personne appelée à collaborer au service départemental de protection maternelle et infantile.* » (ex. : nourrices, gardiennes d'enfants, assistantes maternelles) (CSP, art. L. 2112-9).

2. Les droits et devoirs de révélation

1. V. C. pén., art. 226-14, nos 25.27 et 25.28 ; C. pr. pén., art. 60-1 et 77-1-1, nº 11.54.

2. « *Chaque fois que le personnel du service départemental de PMI constate que la santé ou le développement de l'enfant sont compromis ou menacés par des mauvais traitements, et sans préjudice des compétences et de la saisine de l'autorité judiciaire* », il « *en rend compte sans délai au médecin responsable du service qui provoque d'urgence toutes mesures appropriées. Lorsqu'un médecin du service de PMI estime que les circonstances font obstacle à ce que l'enfant reçoive les soins nécessaires, il lui appartient de prendre toutes mesures relevant de sa compétence propre à faire face à la situation. Il en rend compte au médecin responsable du service* » (CSP, L. 2112-6).

B. Le service départemental d'aide sociale à l'enfance (ASE)

1. Les missions de l'ASE

Le service départemental d'aide sociale à l'enfance est chargé d'apporter un soutien matériel, éducatif et psychologique aux mineurs, à leur famille, aux majeurs de moins de 21 ans, confrontés à des difficultés sociales graves. Il mène, à l'égard de ces mineurs, des actions de protection et de prise en charge, de prévention des mauvais traitements et, sans préjudice des compétences de l'autorité judiciaire, organise le recueil des informations relatives aux mineurs maltraités et participe à leur protection. Il exerce ses missions directement ou par l'intermédiaire d'organismes publics ou privés habilités ou de personnes physiques, qu'il contrôle, en vue de s'assurer des conditions matérielles et morales de placement des mineurs confiés (CASF, art. L. 221-1).

Les missions de prévention des mauvais traitements, de recueil des informations relatives aux mineurs maltraités et de leur protection sont menées en liaison avec le service départemental de PMI, le service départemental d'action sociale et avec les autres services publics compétents (CASF, art. L. 226-1).

Un service d'accueil téléphonique gratuit, dont l'affichage des coordonnées est obligatoire dans les établissements recevant habituellement des mineurs, créé à l'échelon national par un groupement d'intérêt public réunissant l'État, les départements et des personnes morales de droit public ou privé, concourt à la mission de prévention des mauvais traitements et de protection des mineurs maltraités. Ce service transmet immédiatement au président du conseil départemental les informations qu'il recueille (CASF, art. L. 226-6).

2. Le secret, les droits et devoirs de révélation et le secret partagé

• « *Toute personne participant aux missions de l'aide sociale à l'enfance est tenue au secret professionnel [...] dans les conditions prévues par les articles 226-13 et 226-14 du code pénal. Elle est tenue de transmettre sans délai au président du conseil général ou au responsable désigné par lui toute information nécessaire pour déterminer les mesures dont les mineurs et leur famille peuvent bénéficier [...]* » notamment toute information sur les mineurs maltraités (CASF, art. L. 221-6).

• « *Le secret professionnel est applicable aux agents du service d'accueil téléphonique (v. ci-dessus a.) dans les conditions prévues aux articles 226-13 et 226-14 du code pénal.* » (CASF, art. L. 226-9).

• **Cellule de recueil des informations préoccupantes (CRIP).** « *Le président du conseil départemental est chargé du recueil, du traitement et de l'évaluation, à tout moment et quelle qu'en soit l'origine, des informations préoccupantes relatives aux mineurs en danger ou qui risquent de l'être. Le représentant de l'État et l'autorité judiciaire lui apportent leur concours.*

Des protocoles sont établis à cette fin entre le président du conseil départemental, le représentant de l'État dans le département, les partenaires institutionnels concernés et l'autorité judiciaire en vue de centraliser le recueil des informations préoccupantes au sein d'une cellule de recueil, de traitement et d'évaluation de ces informations [cellule dite CRIP] » (CASF, art. L. 226-3). Le médecin ou tout autre professionnel de santé est délié du professionnel lorsqu'il porte à la connaissance de la CRIP des informations préoccupantes relatives à un mineur en danger (C. pén., art. 226-14 2°).

• « *Lorsqu'un mineur est victime de mauvais traitements ou lorsqu'il est présumé l'être, et qu'il est impossible d'évaluer la situation ou que la famille refuse manifestement d'accepter l'intervention du service de l'aide sociale à l'enfance, le président du conseil général avise sans délai l'autorité judiciaire et, le cas échéant, lui fait connaître les actions déjà menées auprès du mineur et de la famille concernés* » (CASF, art. L. 226-4).

• **Secret partagé.** « *Par exception au C. pén., art. 226-13, les personnes soumises au secret professionnel qui mettent en œuvre la politique de protection de l'enfance définie au CASF, art. L. 112-3 ou qui lui apportent leur concours sont autorisées à partager entre elles des informations à caractère secret afin d'évaluer une situation individuelle, de déterminer et de mettre en œuvre les actions de protection et d'aide dont les mineurs et leur famille peuvent bénéficier. Le partage des informations relatives à une situation individuelle est strictement limité à ce qui est nécessaire à l'accomplissement de la mission de protection de l'enfance. Le père, la mère, toute autre personne exerçant l'autorité parentale, le tuteur, l'enfant en fonction de son âge et de sa maturité sont préalablement informés, selon des modalités adaptées, sauf si cette information est contraire à l'intérêt de l'enfant* » (CASF, art. L. 226-2-2). Sur l'application de cette disposition, v. la décision Crim. 8 juin 2021, n° 20-86.000, P, exposée au n° **35.10**.

C. Les établissements accueillant des mineurs ou des majeurs en difficulté

Tout établissement hébergeant ou recevant habituellement et collectivement des mineurs (CASF, art. L. 312-1 et L. 321-1) doit tenir un registre d'entrée et de sortie des personnes y séjournant. « *Toute personne appelée par ses fonctions à prendre connaissance de ce registre est tenue au secret professionnel.* » (CASF, art. L. 331-2). Les autorités et agents chargés de la surveillance de ces établissements sont également astreints au secret (CASF, art. L. 331-3).

Mêmes règles pour les établissements hébergeant des personnes âgées, des adultes infirmes, des indigents valides et des personnes accueillies en vue de leur réadaptation sociale (CASF, art. L. 312-1, L. 331-2 et L. 331-3).

D. Les établissements et professionnels de santé intervenant auprès des personnes âgées

Les institutions et les professionnels de santé intervenant auprès des personnes âgées en perte d'autonomie dans le secteur social, médico-social et sanitaire, sont tenus au secret professionnel, dans les conditions prévues aux articles 226-13 et 226-14 du code pénal (CASF, art. L. 113-3, L. n° 2015-1776, 28 déc. 2015). Ils peuvent toutefois échanger des informations relatives à une même personne prise en charge et ils sont considérés comme constituant une équipe de soins lorsqu'ils comptent parmi eux au moins un professionnel de santé (CASF, art. L. 113-3, CSP, art. L. 1110-4 et L. 1110-12).

E. Les assistants et travailleurs sociaux

1. Les assistants sociaux

« *Les assistantes, assistants ou auxiliaires du service social et les élèves des écoles se préparant à l'exercice de cette profession sont tenus au secret professionnel dans les conditions et sous les réserves énoncées aux articles 226-13 et 226-14 du code pénal* » (CASF, art. L. 411-3).

2. Les travailleurs sociaux de l'administration pénitentiaire

« *Les membres du service pénitentiaire d'insertion et de probation sont tenus au secret professionnel dans les conditions prévues aux articles 226-13 et 226-14 du code pénal* » (C. pr. pén., art. D. 581). Dans le cadre de leurs missions « *ils fournissent à l'autorité judiciaire ou aux services de l'administration pénitentiaire les éléments permettant de mieux individualiser la situation des personnes placées sous main de justice* » et « *ne peuvent opposer le secret professionnel aux autorités judiciaires, sauf pour les renseignements recueillis par voie de confidences auprès des personnes prises en charge.* »

3. Le médiateur pénal

« *Le médiateur* [médiation pénale, C. pr. pén., art. 41] *est tenu à l'obligation du secret. Les informations qu'il recueille dans l'exercice de sa mission ne peuvent être divulguées.* » (C. pr. pén., art. D. 15-4).

F. Les commissions médico-sociales ou sociales

Aide sociale. Personnes appelées à instruire, attribuer ou réviser des demandes d'aide sociale (centres communaux d'action sociale, commission d'admission, commission départementale ; CASF, art. L. 133-5).

RMI. Toute personne intervenant dans l'instruction des demandes ou l'élaboration et la mise en œuvre du contrat d'insertion : centre communal ou intercommunal d'insertion sociale, service départemental d'action sociale, associations agréées, organisme instructeur, organisme payeur (CAF) (L. n° 88-1088, 1er déc. 1988, art. 22).

RSA. Toute personne appelée à intervenir dans l'instruction des demandes ou l'attribution du RSA ainsi que dans l'élaboration, l'approbation et la mise en œuvre du projet personnalisé d'accès à l'emploi ou de l'un des contrats (CASF, art. L. 262-44, L. n° 2008-1249, 1er déc. 2008).

Commission départementale des hospitalisations psychiatriques (CSP, art. L. 3223-2).

35.9 Le secret des administrations

A. Le principe général

« *L'agent public est tenu au secret professionnel dans le cadre des articles 226-13 et 226-14 du code pénal* » (CGFP, art. L. 121-6), il « *doit faire preuve de discrétion professionnelle pour tous les faits, informations ou documents dont il a connaissance dans l'exercice ou à l'occasion de l'exercice de ses fonctions. En dehors des cas expressément prévus par les dispositions en vigueur, notamment en matière de liberté d'accès aux documents administratifs, il ne peut être délié de cette obligation que par décision expresse de l'autorité dont il dépend* » (CGFP, art. L. 121-7, anc^{t} L. n° 83-634, 13 juill. 1983, art. 26, portant statut général des fonctionnaires de l'État et des collectivités territoriales).

Au-delà de ce secret professionnel, les agents qui contribuent à des missions de police judiciaire en recherchant et constatant les infractions sont tenus au secret de l'enquête et de l'instruction. En effet, les agents ou fonctionnaires mentionnés au C. pr. pén., art. 28, auxquels la loi attribue des pouvoirs de police judiciaire, sont dans les termes de C. pr. pén., art. 11, également « *soumis au secret de l'enquête* » (§ 8), y compris lorsqu'ils procèdent à une opération de contrôle, qui constitue une mission de police judiciaire (Crim. 9 mars 2021, n° 20-83.304, P) (sur le secret de l'enquête et de l'instruction, dont la violation est désormais sanctionnée par des peines plus sévères que celles relatives à la violation du secret professionnel, C. pén., art. 434-7-2 issu L. n° 2021-1729, 22 déc. 2021, pour la confiance dans l'institution judiciaire, v. n°s 35.2A et 35.12.

B. Les droits et devoirs de communication

1. Le devoir de révélation au parquet et de réponse aux réquisitions judiciaires, C. pr. pén., art. 40, 60-1 et 77-1-1

« *Toute autorité constituée, tout officier public ou fonctionnaire qui, dans l'exercice de ses fonctions, acquiert la connaissance d'un crime ou d'un délit est tenu d'en donner avis sans délai au procureur de la République et de transmettre à ce magistrat tous les renseignements, procès-verbaux et actes qui y sont relatifs* » (C. pr. pén., art. 40). Ce devoir de révélation est décliné au CGFP, art. L. 121-11, L. 135-1 et L. 135-4 pour les agents publics, et au C. défense, art. L. 4122-4 pour les militaires, dispositions qui interdisent de prononcer une sanction à leur encontre en raison de l'exercice de ce devoir de révélation.

Cette disposition, qui s'impose aux fonctionnaires de l'État et des collectivités territoriales mais dont la violation n'est pas pénalement sanctionnée, est un fait justificatif de la violation de leur obligation de secret ou de discrétion. Est ainsi entaché d'illégalité l'arrêté de révocation d'un agent qui, sans en référer à son supérieur hiérarchique, « *s'est borné à faire application des prescriptions de l'article 40 du code de procédure pénale en transmettant directement au procureur de la République./...une relation des faits dont il avait eu connaissance* » et dont le caractère frauduleux a été établi (CE 15 mars 1996, n° 146326). La révélation par le supérieur hiérarchique de faits personnellement constatés par son subordonné répond de même aux exigences de C. pr. pén., art. 40 (Crim. 14 déc. 2000, n° 00-86.595). La relation, dans un procès-verbal, d'infractions échappant à la compétence matérielle d'un agent de contrôle (ex. inspecteur du travail), n'encourt pas la nullité car il lui appartient en effet « *de faire état des infractions de droit commun dont les éléments constitutifs lui paraissent réunis et de les porter à la connaissance du procureur de la République en application de* » C. pr. pén., art. 40 (Crim. 9 janv. 2018, n° 17-80.200, P n° 5).

« *l'exécution par un fonctionnaire de son obligation [...] d'aviser le procureur de la République des infractions qu'il a constaté dans l'exercice de ses fonctions, à la supposer* <u>*tardive*</u>*, n'est pas sanctionnée par la nullité* » (Crim. 18 mars 2020, n° 19-81.001, P ; dans le même sens : Crim. 20 sept. 2000, n° 00-84.328, P n° 275).

Les administrations, nonobstant leur astreinte au secret ou leur devoir de discrétion, sont tenues de répondre aux réquisitions judiciaires (C. pr. pén., art. 60-1 et 77-1-1, v. n°s 11.54 et 25.47).

Dans le cadre de la lutte contre les activités lucratives non déclarées portant atteinte à l'ordre public et à la sécurité publique, les agents de la direction générale de la comptabilité publique, de la direction générale des douanes et droits indirects, de la direction générale des impôts et de la direction générale de la concurrence, de la consommation et de la répression des fraudes doivent répondre aux demandes formulées par le OPJ et APJ concernant les renseignements et documents de nature financière, fiscale ou douanière, sans que puisse être opposée l'obligation au secret (L. n° 2002-1094, 29 août 2002, art. 5 ; mod. par L. n° 2004-204, 9 mars 2004, art. 16).

Sur la doctrine de révélation au parquet par l'administration fiscale au titre de C. pr. pén., art. 40, v. la circulaire conjointe du ministère de l'action et des comptes publics et du ministère de la justice du 7 mars 2019, NOR : CPAE1832503C, n° II-1, v. n° 33.33D.

2. La communication d'informations aux services de renseignement (CSI, art. L. 863-2, L. n° 2021-998, 30 juill. 2021)

« *Les autorités administratives, [...] peuvent transmettre aux services spécialisés de renseignement* [mentionnés au CSI, art. L. 811-2] et *aux services désignés par le décret en Conseil d'État* [prévu au CSI, art. L. 811-4], *à la demande d'un de ces services, toute information, même couverte par un secret protégé par la loi, strictement nécessaire à l'accomplissement des missions de ce service et susceptible de concourir à la défense et la promotion des intérêts fondamentaux de la Nation* » mentionnés au CSI, art. L. 811-3 ; « *Toute personne qui est rendue destinataire de ces transmissions est tenue au secret professionnel* » (CSI, art. L. 863-2, issu L. n° 2021-998, 30 juill. 2021). Les informations transmises peuvent être des « *données à caractère personnel* » au sens de L. n° 78-17, 6 janv. 1978, art. 6 I) (CSI, art. L. 863-2, issu L. n° 2021-998, 30 juill. 2021).

3. La recherche des débiteurs par le commissaire de justice [anc^{t} huissier] dans les procédures civiles d'exécution

Les administrations de l'État et des collectivités territoriales, les établissements publics ou organismes contrôlés par l'autorité administrative, « *doivent communiquer au commissaire de justice chargé de l'exécution les renseignements qu'ils détiennent permettant de déterminer l'adresse du débiteur, l'identité et l'adresse de son employeur ou de tout tiers débiteur ou dépositaire de sommes liquides ou exigibles et la composition de son patrimoine immobilier, à l'exclusion de tout autre renseignement, sans pouvoir opposer le secret professionnel* » (C. pr. exéc., art. L. 152-1 –anc^t, L. n° 91-650, 9 juill. 1991, art. 39, 40 et 41) (v. également n° 35.5B3).

4. Les contrôleurs de la concurrence, C. com., art. L. 450-7

Les fonctionnaires enquêteurs chargés de procéder aux enquêtes nécessaires à l'application des dispositions relative à la liberté des prix et de la concurrence (anc^t n° 86-1243, Ord. 1er déc. 1986), peuvent, sans se voir opposer le secret professionnel, accéder à tout document ou élément d'information détenu par les services et établissements de l'État et des collectivités publiques.

5. L'administration fiscale ou douanière LPF, art. L. 86 et C. douanes, art. 64A

Les Administrations de l'État, les départements et les communes, ainsi que les entreprises qu'ils concèdent, les établissements ou organismes quelconques soumis au contrôle de l'autorité administrative, ne peuvent opposer le secret professionnel aux agents de l'administration fiscale ou des finances.

L'administration fiscale transmet au Fonds de garantie des victimes des actes de terrorisme et d'autres infractions (FGVAT) les informations relatives à la situation des condamnés ayant à répondre financièrement des dommages qu'ils ont provoqués (LPF, art. L. 135 M ; L. n° 2004-204, 9 mars 2004, art. 172, en vigueur depuis le 1er janv. 2005).

C. Les obligations expresses au secret des administrations ou organismes de contrôle

Administration fiscale (LPF, art. L. 103). Droit de communication (art. L. 113 s.).

Douanes (C. douanes, art. 59 *bis*). Droit de communication (59 *ter*).

Archivistes (C. patr., art. L. 211-3, L. 214-1).

Inspecteurs et contrôleurs du travail (C. trav., art. L. 8113-10 et L. 8113-11). Secret de fabrication et procédés d'exploitation.

Inspecteurs et contrôleurs des lois sociales en agriculture (C. rur., art. L. 719-2). Secret de fabrique.

Inspecteurs et contrôleurs de la formation professionnelle (C. trav., art. L. 6361-5).

Contrôleurs des caisses de congés payés (C. trav., art. L. 3141-33). Secret de fabrication et procédés et résultats d'exploitation.

Agents de contrôle des organismes recouvrant les cotisations du régime général de sécurité sociale (CSS, art. L. 243-9). Secret de fabrique.

Médecins inspecteurs du travail (C. trav., art. L. 8123-1 et L. 8123-2).

Ingénieurs de prévention des directions régionales du travail, de l'emploi et de la formation professionnelle (C. trav., art. L. 8123-5). Secret de fabrication et procédés d'exploitation.

Caisses de mutualité sociale agricole (C. rur., art. L. 723-42 et 1246).

35.10 Violation du secret professionnel – L'infraction

■ PEINES

PERSONNE PHYSIQUE

PP Délit. 1 an d'emprisonnement, 15 000 € (C. pén., art. 226-13).

PC 1. Interdiction droits civiques civils et de famille 5 ans (vote, éligibilité, fonction juridictionnelle, expert, témoin, tuteur, curateur) (C. pén., art. 226-31 et 131-26) ;

2. Interdiction, définitive ou ⩽ 5 ans activité professionnelle ou sociale en relation avec l'infraction (sauf mandat électif ou syndical) (C. pén., art. 226-31 et 131-27) ;

3. Interdiction ⩽ 5 ans détention, port arme soumise à autorisation (C. pén., art. 226-31) ;

4. Affichage, ⩽ 2 mois, *et/ou* (L. n° 2011-525, 17 mai 2011) diffusion de la décision ou d'extraits aux frais (⩽ amende encourue) du condamné (C. pén., art. 226-31 et 131-35).

PERSONNE MORALE

PP 75 000 € (C. pén., art. 131-38).

PC Néant.

ORIENTEUR

AUTRE QUALIFICATION

▪ **Violation du secret de l'enquête et de l'instruction.** C. pén., art. 434-7-2, v. nº 35.12.

▪ **Diffusion de l'enregistrement audiovisuel d'une audition.** C. pr. pén., art. 64-1, 116-1 et Ord. nº 45-174, 2 févr. 1945, art. 4 VI devenu CJPM, art. L. 413-14 : sur la protection des enregistrements audiovisuels des auditions des personnes placées en garde à vue ou mises en examen pour crime ou des mineurs en garde à vue, v. nº 11.4D.

▪ **Diffusion auprès d'un tiers de pièce d'une procédure d'instruction.** C. pr. pén., art. 114-1, v. nº 35.42.

▪ **Recel de violation du secret professionnel ou de l'enquête.** C. pr. pén., art. 321-1, v. nº 22.45. L'infraction de recel de violation du secret professionnel ne peut être établie sans « *caractériser la révélation d'une information à caractère secret par une personne qui en aurait été dépositaire* », est en conséquence censurée la condamnation d'un journaliste au seul motif que l'information diffusée constituait un document médical protégé par le secret professionnel (Crim. 6 mars 2012, nº 11-80.801, P nº 61). En outre la seule « *publication d'actes de procédure, postérieurement à leur réalisation, ne permet pas d'établir qu'ils aient été effectués en violation du secret de l'instruction* » (§ 14) (Crim. 19 oct. 2021, nº 21-81.569, P).

ÉLÉMENT LÉGAL

▪ **Constitutionnalité.** L'absence de définition de la notion « *d'information à caractère secret* » par le législateur ne porte pas atteinte au principe de légalité des délits et des peines car « *l'interprétation de l'article 226-13 du code pénal, qui définit de manière suffisamment claire et précise le délit de violation du secret professionnel, entre dans l'office du juge pénal, de sorte qu'il n'est porté aucune atteinte au principe de légalité des délits et des peines* » (Crim. 5 sept. 2012, nº 12-90.045, D).

▪ **Violation du secret de l'enquête et de l'instruction.** Depuis L. nº 2022-1729, 22 déc. 2021, pour la confiance dans l'institution judiciaire, la violation du secret de l'enquête et de l'instruction, auparavant incriminée par les présentes dispositions générales réprimant la violation du secret professionnel (C. pr. pén., art. 11 renvoyait initialement à C. pén., art. 226-13, v. nº 35.10), est désormais spécialement incriminée par les dispositions plus sévères de C. pén., art. 434-7-2, C. pr. pén., art. 11 renvoyant à cette disposition (3 ans, 45 000 €, v. nº 35.12).

ÉLÉMENT MATÉRIEL

▪ **Fait justificatif.** • **Lanceur d'alerte.** Sur l'irresponsabilité pénale du lanceur d'alerte au regard de la violation du secret, C. pén., art. 122-9 et L. nº 2016-1691, 9 déc. 2016, v. nº 10.13D et 16.2D. • **Secret partagé.** Échappent au grief de violation du secret professionnel les propos tenus par deux médecins participant à la prise en charge d'un mineur, lors d'une réunion de synthèse à laquelle participaient, sous l'égide du conseil général, des membres du service d'éducation spéciale et de soins à domicile, une assistante sociale de secteur, le directeur de l'école et l'institutrice spécialisée de l'enfant, réunion dont le compte rendu a été joint à un signalement du conseil général au procureur de la République aux fins d'ouverture d'une mesure d'assistance éducative pour le mineur (§ 2), car si « *les participants à la réunion [...] étaient soumis au secret professionnel par application, pour les uns, des dispositions de CASF, art. L. 221-6, pour les autres, de celles de L. nº 83-634, 13 juill. 1983 portant droits et obligations des fonctionnaires, art. 26, la mère de l'enfant avait été préalablement informée de la tenue de cette réunion, et l'objet de celle-ci était d'évaluer la situation d'un mineur et de déterminer les actions de protection et d'aide dont lui et sa famille pouvaient bénéficier* », « *Il résulte de CASF, art. L. 226-2-2, que, par exception au C. pén., art. 226-13, les personnes soumises au secret professionnel qui mettent en œuvre ou apportent leur concours à la politique de la protection de l'enfance sont autorisées à partager entre elles des informations à caractère secret afin d'évaluer une situation individuelle, de déterminer et de mettre en œuvre les actions de protection et d'aide dont les mineurs et leur famille peuvent bénéficier, après en avoir informé les personnes responsables du mineur* » (§ 9) (Crim. 8 juin 2021, nº 20-86.000, P) (sur le secret partagé en matière de protection de l'enfance, CASF, art. L. 226-2-2, v. aussi nº 35.8B2). En revanche, la communication par un médecin traitant ou par un médecin-conseil d'une compagnie d'assurances à un expert désigné par le juge d'éléments couverts par le secret professionnel n'est pas justifiée par la notion de secret partagé, l'exécution de la mission d'expertise est sur ce point subordonnée à l'autorisation préalable du patient concerné. Ainsi, pour les chambres civiles, « *si le juge civil a le pouvoir d'ordonner à un tiers de communiquer à l'expert les documents nécessaires à l'accomplissement de sa mission, il ne peut, en l'absence de disposition législative spécifique, contraindre un médecin à lui transmettre* *des informations couvertes par le secret lorsque la personne concernée ou ses ayants droits s'y sont opposés* » (1re Civ., 15 juin 2004, n° 01-02.338, P n° 171) ; « *le juge civil ne peut, en l'absence de disposition législative spécifique l'y autorisant, ordonner une expertise judiciaire en impartissant à l'expert une mission qui porte atteinte au secret médical sans subordonner l'exécution de cette mission à l'autorisation préalable du patient concerné, sauf à tirer toutes conséquences du refus illégitime* » (1re Civ., 11 juin 2009, n° 08-12.742, P n° 128). La chambre criminelle adopte une position convergente lorsqu'il s'agit de matérialiser l'infraction de violation du secret médical (Crim. 16 mars 2021, n° 20-80.125, D) (sur le secret partagé en matière médicale, CSP, art. L. 1110-4, v. aussi n° **35.7A1**). • **Prévalence des droits de la défense sur le secret professionnel en matière de diffamation.** Dans les poursuites pour diffamation, le prévenu peut produire pour les nécessités de sa défense, sans que cette production puisse donner lieu à des poursuites pour recel, des éléments provenant d'une « *violation du secret de l'enquête ou de l'instruction ou de tout autre secret professionnel* » s'ils sont de nature à établir sa bonne foi ou la vérité des faits diffamatoires (L. 29 juill. 1881, art. 35, mod. par L. n° 2010-1, 4 janv. 2010) (sur la violation du secret de l'enquête ou de l'instruction, C. pén., art. **434-7-2**, v. n° **35.12** ; sur l'exception de vérité en matière de diffamation, v. orienteur n° **35.13**). Notons que le juge ne peut se borner à énoncer que le délit de recel de violation du secret est couvert par l'exercice des droits de la défense « *sans rechercher si, en l'espèce, la production en justice des pièces litigieuses, objet des poursuites exercées contre l'intéressé, n'avait pas été rendue nécessaire par l'exercice des droits de la défense* » (Crim. 11 juin 2002, n° 01-85.237, P n° 132).

▪ **Information à caractère secret.** • **Indifférence de la portée et de la valeur de l'information divulguée.** Est approuvé l'arrêt de condamnation qui retient qu'un fonctionnaire de l'administration fiscale, au cours de conversations téléphoniques privées, « *a communiqué à son interlocuteur des informations sur la situation fiscale d'un tiers, quelles que soient la portée et la valeur de celles-ci* » (Crim. 9 déc. 2015, n° 14-86.833, D). « *La connaissance par d'autres personnes, de faits couverts par le secret professionnel, n'est pas de nature à enlever à ces faits leur caractère confidentiel et secret* » (Crim. 16 mai 2000, n° 99-85.304, P n° 192, en l'espèce secret professionnel de l'avocat). • **Faits en partie connus.** Il y a violation du secret même dans le cas ou la révélation porte « *sur un fait connu dans son ensemble lorsque l'intervention du dépositaire du secret entraîne la divulgation de précisions qu'il était seul à connaître* » (Crim. 7 mars 1989, n° 87-90.500, P n° 109, en l'espèce secret professionnel de l'avocat).

▪ **Révélation.** • **Divulgation non nécessaire.** Une plainte avec constitution de partie civile devant le juge d'instruction matérialise l'infraction, car « *la révélation d'une information à caractère secret [...] n'en suppose pas la divulgation ; qu'elle peut exister légalement, lors même qu'elle en est donnée à une personne unique et lors même que cette personne est elle-même tenue au secret* » (Crim. 16 mai 2000, n° 99-85.304, P n° 192 (secret professionnel de l'avocat)). Il en est de même pour l'avocat qui, dans une citation directe, a « *révélé des informations et reproduit des extraits de pièces provenant de perquisitions ordonnées par un juge d'instruction dans le cadre d'une autre procédure dans laquelle son client était constitué partie civile* » (Crim. 28 sept. 2004, n° 03-84.003, D).

▪ **Caractère absolu du secret.** Le secret professionnel « *est général et absolu* » et le dépositaire du secret ne peut, même s'agissant d'un fait connu de tous, divulguer des « *précisions qu'il était seul à connaître* » (Crim. 7 mars 1989, n° 87-90.500, P n° 109 (secret professionnel de l'avocat)). Est approuvé l'arrêt qui énonce que l'avocat « *qui avait, dans le cadre de l'exercice de sa profession, reçu des confidences de son client ne pouvait, sans trahir le secret professionnel, révéler à un tiers, fût-ce à la demande de son client, le contenu de leur entretien* » et qu'en « *communiquant à un tiers des informations provenant du dossier de l'instruction auquel il avait eu accès [il] s'est encore rendu coupable de violation du secret professionnel* » (Crim. 27 oct. 2004, n° 04-81.513, P n° 259). « *L'obligation au secret professionnel, [...] pour assurer la confiance nécessaire à l'exercice de certaines professions ou de certaines fonctions, s'impose à l'avocat, hormis les cas où la loi en dispose autrement comme un devoir de son état et que sous cette réserve, elle est générale et absolue, de sorte que l'avocat ne peut en être délié par son client* » (1re Civ., 6 avr. 2004, n° 00-19.245, D).

ÉLÉMENT INTENTIONNEL

▪ **Composantes de l'élément intentionnel.** • **Exigence d'une intention frauduleuse.** L'« *intention frauduleuse de commettre le délit de violation du secret de l'instruction et le recel de ce délit* » doit être caractérisée, tel n'est pas le cas lorsqu'un juge d'instruction autorise la communication des pièces d'une procédure au visa de LPF, art. L. 101, alors que ces dispositions ne sont pas applicables en Nouvelle Calédonie et que le code des impôts de ce territoire, de nature réglementaire, autorisant une telle communication, ne peut déroger au C. pr. pén., art. 11, de nature législative, instituant le secret de l'instruction (Crim. 25 nov. 2015, nº 14-82.689, D). • **Indifférence du mobile.** « *l'intention frauduleuse consiste dans la conscience qu'a le prévenu de révéler le secret dont il a connaissance, quel que soit le mobile qui a pu le déterminer* » (Crim. 7 mars 1989, nº 87-90.500, P nº 109).

TEXTE DE RÉFÉRENCE

- **La demande de documents probants auprès des tiers – La réquisition judiciaire (C. pr. pén., art. 60-1 et 77-1-1).** V. nº 11.54.
- **Le secret professionnel.** V. nº 35.1.
- **Le secret de l'enquête, de l'instruction et des délibérés.** V. nº 35.2.
- **Le secret des sources des journalistes.** V. nº 35.3.
- **Le secret professionnel des professions juridiques ou comptables.** V. nº 35.4.
- **Le secret bancaire.** V. nº 35.5.
- **Le secret des affaires, commercial ou industriel.** V. nº 35.6.
- **Le secret des professions de santé humaine et animale.** V. nº 35.7.
- **Le secret des travailleurs sociaux.** V. nº 35.8.
- **Le secret des administrations.** V. nº 35.9.

RÉGIME PROCÉDURAL

- **Prescription de l'action publique.** La violation du secret professionnel (C. pén., art. 226-13), et le recel de violation du secret professionnel ne sont « *pas des infractions commises, par nature de manière clandestine* » (Crim. 30 janv. 2001, nº 00-81.309, NP et Crim. 8 nov. 2005, nº 05-80.370, P nº 284). Il s'agit d'infractions instantanées et l'action publique, sauf manœuvre caractérisée de dissimulation, se prescrit donc à compter du jour où l'infraction a été commise (C. pr. pén., art. 8 et 9-1, réd. issue L. nº 2017-242, 27 févr. 2017). Sur les causes d'allongement de la prescription de l'action publique, v. nº 17.20 s.

MESURE CIVILE

- **Action civile.** Dans une affaire ou une assistante salariée d'un cabinet médical avait produit dans le cadre d'un litige prud'homal qui l'opposait à son employeur des documents de ce cabinet soumis au secret médical, Il est énoncé que « *l'infraction prévue au C. pén., art. 226-13 est destinée à protéger la sécurité des confidences qu'un particulier est dans la nécessité de faire à une personne dont l'état ou la profession, dans un intérêt général et d'ordre public, fait d'elle un confident nécessaire* » (§ 8), « *en conséquence, la violation du secret professionnel ne porte directement préjudice qu'à l'intérêt général et à l'auteur de ces confidences* » (§ 9), s'agissant du secret médical, « *il résulte de CSP, art. L. 1110-4 que toute personne prise en charge par un professionnel participant à la prévention et aux soins a droit au respect de sa vie privée et du secret des informations la concernant* » (§ 13), d'une part, « *il s'ensuit que le secret médical étant un droit propre au patient, son médecin n'est pas recevable à se constituer partie civile du chef de violation du secret professionnel, dans l'intérêt de celui-ci* » (§14), d'autre part « *ne peut être qu'indirect, pour un médecin ou la société dans le cadre de laquelle il exerce ses fonctions, le préjudice résultant de l'atteinte que porterait à sa réputation la violation du secret professionnel par une salariée de cette société* » (§ 15) (Crim. 13 oct. 2020, nº 19-87.341, P).

▪ ÉLÉMENTS CONSTITUTIFS – QUALIFICATION

✧ Pour avoir à .... [¤ lieu], le .... [¤ date], étant par état ou par profession, ou en raison d'une fonction ou d'une mission temporaire, dépositaire d'une information à caractère secret, révélé celle-ci, en l'espèce .... [¤ matérialiser l'infraction].
Faits prévus et réprimés par les articles 226-13 et 226-31 du code pénal (*N 173.co*). ✧

35.11 Violation de secret de fabrication par un directeur ou salarié

▪ PEINES

PERSONNE PHYSIQUE

PP Délit. 2 ans d'emprisonnement, 30 000 € (C. trav., art. L. 1227-1).

PC Interdiction droits civiques civils et de famille 5 ans (vote, éligibilité, fonction juridictionnelle, expert, témoin, tuteur, curateur) (C. trav., art. L. 1227-1 ; C. pén., art. 131-26) ;

PERSONNE MORALE

PP 150 000 € (C. pén., art. 131-38).

PC Néant.

■ **ORIENTEUR**

ÉLÉMENT LÉGAL

▪ **Cause d'irresponsabilité. Lanceur d'alerte.** Sur l'irresponsabilité pénale du lanceur d'alerte au regard de la violation du secret, C. pén., art. 122-9 et L. nº 2016-1691, 9 déc. 2016, v. nº 10.13D et 16.2D.

TEXTE DE RÉFÉRENCE

▪ **Le secret des affaires, commercial ou industriel.** V. nº 35.6.

ÉLÉMENT MATÉRIEL

▪ **Tentative.** Punissable (C. trav., art. L. 1227-1).

■ **ÉLÉMENTS CONSTITUTIFS – QUALIFICATION**

✧ Pour avoir à .... [¤ lieu], le .... [¤ date], étant directeur ou salarié, révélé ou tenté de révéler un secret de fabrication, en l'espèce en .... [¤ révélation reprochée].

Faits prévus et réprimés par les articles L. 1227-1 du code du travail (*N 12276.co*). ✧

35.12 Violation du secret de l'enquête et de l'instruction

■ **PEINES**

PERSONNE PHYSIQUE

PP Délit. Cas A : 3 ans d'emprisonnement, 45 000 € (C. pén., art. 434-7-2, cas créé par L. nº 2022-1729, 22 déc. 2021) ;

Cas B : 5 ans d'emprisonnement, 75 000 € (C. pén., art. 434-7-2, depuis L. nº 2022-1729, 22 déc. 2021 ; auparavant 2 ans et 30 000 € depuis L. nº 2005-1549, 12 déc. 2005, art. 6 ; auparavant 5 ans et 75 000 €, depuis L. nº 2004-204, 9 mars 2004 créant l'incrimination) ;

Cas C : 7 ans d'emprisonnement, 100 000 € (C. pén., art. 434-7-2, depuis L. nº 2022-1729, 22 déc. 2021 ; auparavant 5 ans, 75 000 € depuis L. nº 2005-1549, 12 déc. 2005, art. 6, créant l'aggravation).

PC 1. Confiscation (réelle ou en valeur) chose ayant servi à l'infraction ou destinée à la commettre (obligatoire pour objets qualifiés dangereux ou nuisibles par loi ou règlement ou dont la détention est illicite) (C. pén., art. 434-44 et 131-21) ;

2. Interdiction droits civiques civils et de famille ⩽ 5 ans (vote, éligibilité, fonction juridictionnelle, expert, témoin, tuteur, curateur) (C. pén., art. 434-44 et 131-26).

PERSONNE MORALE

PP Cas A : 225 000 € (C. pén., art. 434-7-2, C. pén., art. 131-38) ;

Cas B : 375 000 € (C. pén., art. 434-7-2, C. pén., art. 131-38, depuis L. nº 2022-1729, 22 déc. 2021 ; auparavant 150 000 € depuis L. nº 2005-1549, 12 déc. 2005, art. 6 ; auparavant 375 000 €, depuis L. nº 2004-204, 9 mars 2004) ;

Cas C : 500 000 € (C. pén., art. 434-7-2, C. pén., art. 131-38, depuis L. nº 2022-1729, 22 déc. 2021 ; auparavant 375 000 € depuis L. nº 2005-1549, 12 déc. 2005, art. 6).

PC Néant.

■ **ORIENTEUR**

AUTRE QUALIFICATION

▪ **Violation du secret professionnel – L'infraction.** C. pén., art. 226-13, v. nº 35.10.

▪ **Diffusion de l'enregistrement audiovisuel d'une audition.** C. pr. pén., art. 64-1, 116-1 et Ord. nº 45-174, 2 févr. 1945, art. 4 VI devenu CJPM, art. L. 413-14 : sur la protection des enregistrements audiovisuels des auditions des personnes placées en garde à vue ou mises en examen pour crime ou des mineurs en garde à vue, v. nº 11.4D.

▪ **Recel de violation du secret professionnel ou de l'enquête.** V. nº 22.45.

ÉLÉMENT LÉGAL

▪ **Application de la loi pénale dans le temps.** **Cas A** : incrimination créée par L. n° 2022-1729, 22 déc. 2021, pour la confiance dans l'institution judiciaire, identique à celle du **Cas B** mais n'exigeant pas que la révélation soit « *réalisée dans le dessein d'entraver le déroulement des investigations ou la manifestation de la vérité* » (dol spécial). Ce cas réprime désormais spécialement la violation du secret de l'enquête et de l'instruction, auparavant incriminée par les dispositions générales, moins sévères, réprimant la violation du secret professionnel (C. pr. pén., art. 11 renvoyant à C. pén., art. **226-13**, v. n° **35.10**). **Cas B** : incrimination créée par L. n° 2004-204, 9 mars 2004, art. 13. **Cas C** : aggravation créée par L. n° 2005-1549, 12 déc. 2005, art. 6.

TEXTE DE RÉFÉRENCE

▪ **Le secret de l'enquête et de l'instruction.** « *Sauf le cas où la loi en dispose autrement et sans préjudice des droits de la défense, la procédure au cours de l'enquête et de l'instruction est secrète. Toute personne qui concourt à cette procédure est tenue au secret professionnel dans les conditions et sous les peines* ~~*des articles 226-13 et 226-14*~~ *"prévues à l'article 434-7-2"* [mod. issue L. n° 2021-1729, 22 déc. 2022] *du code pénal.* » (C. pr. pén., art. 11). Sur le secret de l'enquête et de l'instruction, v. également n° **35.2**.

▪ **Le secret professionnel des professions juridiques.** V. n° **35.4**.

ÉLÉMENT MATÉRIEL

▪ **Fait justificatif.** • **Exercice des droits de la défense.** Les faits ne sont pas punissables lorsqu'ils constituent l'exercice « *des droits de la défense reconnus à la personne suspectée ou poursuivie ou des droits de victimes* » (C. pén., art. 434-7-2, réd. issue L. n° 2022-1729, 22 déc. 2021, ancienne rédaction « *des droits de la défense* »). Est ainsi justifié l'arrêt de condamnation qui relève que l'auteur « *était en litige avec la partie civile ; qu'à la faveur de sa qualité d'avocat, il a obtenu des services du procureur de la République des renseignements sur des procédures pénales dans lesquelles était impliqué son adversaire et qu'il en a révélé l'existence à des tiers* » (Crim. 18 déc. 2001, n° 01-84.170, P n° 273). Est également sanctionné le fait, pour un avocat, « *de s'entretenir avec son client en présence de l'épouse de celui-ci, certes mise en cause dans la même procédure, mais aux intérêts divergents et défendue par un conseil distinct* » (§ 9), alors qu'il n'était « *pas soutenu, et encore moins démontré, que la communication des éléments du dossier d'instruction [à l'épouse] aurait été indispensable à l'exercice des droits de la défense du client de l'avocat* » (§ 12), car « *aucun texte du code de procédure pénale ou du règlement intérieur normalisé de la profession d'avocat n'autorise l'avocat à communiquer des renseignements tirés d'une procédure pénale à une personne qui n'est pas son client, fût-elle par ailleurs partie à la procédure* » (§ 11) (Crim. 10 janv. 2023, n° 22-80.969, D). Sur l'infraction justifiée par l'exercice des droits de la défense, v. n° **10.13E3**. • **Lanceur d'alerte.** Sur l'irresponsabilité pénale du lanceur d'alerte au regard de la violation du secret, C. pén., art. 122-9 et L. n° 2016-1691, 9 déc. 2016, v. n° **10.13D** et **16.2D**.

▪ **Domaine d'application. Cas C : liste des infractions relevant de la criminalité organisée** : V. n° **11.21**.

■ ÉLÉMENTS CONSTITUTIFS – QUALIFICATION

✧ Pour avoir à .... [¤ lieu], le .... [¤ date], ayant eu connaissance, « *en raison* » ~~du fait~~ (mod. issue L. n° 2022-1729, 22 déc. 2021) de ses fonctions et en application des dispositions du code procédure pénale, d'informations issues d'une enquête ou d'une instruction en cours concernant un crime ou un délit, révélé sciemment ces informations à [⇨A ou B puis le cas échéant C dans le cas B :]

A. des tiers, en l'espèce en .... [¤ matérialiser l'infraction] (A : *N* ***7999.co***) ;

B. des personnes qu'elle savait susceptibles d'être impliquées, comme auteurs, coauteurs, complices ou receleurs, dans la commission de ces infractions, ladite révélation étant réalisée dans le dessein d'entraver le déroulement des investigations ou la manifestation de la vérité, en l'espèce en .... [¤ matérialiser l'infraction] (B : *N* ***25231.co***) ;

C. [• Préciser le cas échéant dans le **cas B** :] avec cette circonstance que l'enquête ou l'instruction concernait un crime ou un délit puni de dix ans d'emprisonnement relevant des dispositions de l'article 706-73 du code de procédure pénale relatif à la criminalité organisée (C : *N* ***27374.co***).

Faits prévus et réprimés par les articles **434-7-2** et 434-44 du code pénal. ✧

35.13 Diffamation publique envers un particulier

■ PEINES

PERSONNE PHYSIQUE

PP Délit. 12 000 € (L. 29 juill. 1881, art. 32, al. 1).
1 8°).

PC Néant.

PERSONNE MORALE

PP Délit. 60 000 € (C. pén., art. 131-38) (NB : L. 29 juill. 1881, art. 43-1 : les personnes morales ne sont pas pénalement responsables s'il y a lieu à mise en œuvre des articles 42 ou 43, L. 29 juill. 1881, art. 43-1 (infractions par voie de presse écrite) (Crim. 10 sept. 2013, n° 12-83.672, P n° 178 ; Crim. 11 juill. 2017, n° 16-84.859, P n° 207)). Elles ne sont également pas pénalement responsables lorsque l'infraction est commise « *par un moyen de communication au public par voie électronique* » (L. n° 82-652, 29 juill. 1982, sur la communication audiovisuelle, art. 93-3 et 93-4).

PC Néant.

■ ORIENTEUR

AUTRE QUALIFICATION

- Dénonciation calomnieuse. V. n° 25.29.
- Diffamation publique envers un particulier à raison de l'origine, de l'appartenance religieuse, raciale, du sexe ou du handicap. V. n° 35.14.
- Diffamation ou injure non publique. V. n° 35.17.
- Diffamation ou injure discriminatoire non publique. V. n° 35.18.

ÉLÉMENT LÉGAL

- Définition. Diffamation. « *Toute allégation ou imputation d'un fait qui porte atteinte à l'honneur ou à la considération de la personne ou du corps auquel le fait est imputé est une diffamation. La publication directe ou par voie de reproduction de cette allégation ou de cette imputation est punissable, même si elle est faite sous forme dubitative ou si elle vise une personne ou un corps non expressément nommé, mais dont l'identification est rendue possible par les termes des discours, cris, menaces, écrits ou imprimés, placards ou affiches incriminés.* » (L. 29 juill. 1881, art. 29, al. 1). Appréciation de la diffamation. « *pour déterminer si l'allégation ou l'imputation d'un fait porte atteinte à l'honneur ou à la considération de la personne à laquelle le fait est imputé, les juges n'ont pas à rechercher quelles peuvent être les conceptions personnelles et subjectives de celle-ci concernant la notion de l'honneur et celle de la considération ; qu'ils n'ont pas, non plus, à tenir compte, à cet égard, de l'opinion que le public a de cette personne ; que les lois qui prohibent et punissent la diffamation protègent tous les individus, sans prévoir aucun cas d'exclusion fondé sur de tels éléments* » (Crim. 2 juill. 1975, n° 74-91.717, P n° 174).
- Champ d'application. Mémoire des morts. L'infraction est applicable aux diffamations « *dirigées contre la mémoire des morts* » si les auteurs ont « *eu l'intention de porter atteinte à l'honneur ou à la considération des héritiers, époux ou légataires universels vivants* » (L. 29 juill. 1881, art. 29, al. 1). « *Ces dispositions "impliquent que soit établie la qualité d'héritier ayant accepté la succession* » (Crim. 10 mai 2011, n° 09-86.272, P n° 96). Dans le même sens, approuvant ce motif par lequel le juge du fond a déclaré la partie civile irrecevable : « *il incombe en conséquence à la personne qui entend se prévaloir de ces dispositions d'établir sa qualité d'héritier ayant accepté la succession* » (Crim. 15 juillet 2021, n° 20-86.280, D).
- Constitutionnalité. Est rejetée la QPC portant sur les dispositions d'incrimination de l'infraction de diffamation au motif « *Que les dispositions combinées des articles 23, 29, alinéa 1er, et 32, alinéa 1er, de la loi du 29 juillet 1881 sur la liberté de la presse et 121-7 du code pénal définissent, en des termes suffisamment clairs et précis, les éléments matériels des délits de diffamation publique et de complicité de ces infractions pour permettre que leur interprétation, qui relève de l'office du juge, se fasse sans risque d'arbitraire ; Que la présomption d'imputabilité au titre de l'élément moral du délit de diffamation à l'auteur des propos incriminés, qui est inhérente aux dispositions en cause, est dépourvue de tout caractère irréfragable, le prévenu ayant la faculté de démontrer, soit la vérité du fait diffamatoire, selon les modalités prévues par les articles 35, 55 et 56 de la loi du 29 juillet 1881 précitée, soit l'existence de circonstances particulières de nature à le faire bénéficier de la bonne foi ; qu'elle ne fait pas obstacle à l'exercice des droits de la défense ; Qu'ainsi, il ne résulte ni des incriminations de diffamation publique et de complicité prévues par les articles 23, 29, alinéa 1er, et 32, alinéa 1er de ladite loi et l'article 121-7*

du code pénal ni des conditions dans lesquelles peut être retenue la culpabilité d'une personne poursuivie pour l'un de ces délits, que les atteintes ainsi portées à la liberté d'expression ou à l'un des droits ou principes constitutionnels invoqués seraient inappropriées ou disproportionnées » (Crim. 7 mai 2019, n° 19-81.627 et 19-81.629 ; dans le même sens : Crim. 15 sept. 2020, n° 19-82.124 et n° 19-82.125, D ; Crim. 6 mai 2014, n° 14-81.189, D).

ÉLÉMENT MATÉRIEL

▪ **Imputabilité de l'infraction –Responsabilité en cascade. • Presse écrite et édition.** Si le délit a été commis par la voie de la presse écrite et de l'édition, l'article 43 de la loi du 29 juillet 1881 prévoit ce que la doctrine appelle une responsabilité pénale « en cascade ». Les responsabilités échelonnées ci-dessous sont en principe exclusives, et non cumulatives, sauf complicité de l'auteur de l'écrit (L. 29 juill. 1881, art. 43, al. 1), et responsabilité conjointe de l'auteur principal et de son complice, à l'exception de la complicité de l'imprimeur (L. 29 juill. 1881, art. 43, al. 2) : **a. Directeur de publication** (presse écrite ou audiovisuelle) ou éditeur (livre). **b. Auteur** (à défaut de directeur de publication ou d'éditeur identifié). **c. Imprimeur** (à défaut d'auteur identifié). **d. Vendeur, distributeur ou afficheur** (à défaut d'imprimeur identifié). Ce dispositif de responsabilité en cascade « *ne s'applique que lorsque le journal est imprimé et publié en France* » (Crim. 25 oct. 2005, n° 04-82.400, P n° 266). À défaut, l'auteur de l'infraction est poursuivi selon les règles de droit commun au vu des éléments qui établissent sa participation personnelle à l'infraction. **• Responsabilité en cascade – Services de communication audiovisuelle ou en ligne.** S'agissant de la communication audiovisuelle ou de la communication en ligne, les dispositions, empruntant au régime de la presse écrite, prévoient également une responsabilité en cascade pour la poursuite des infractions prévues par le chapitre IV (il s'agit des articles 23 à 41-1) de L. 29 juill. 1881. Lorsque le message incriminé a fait l'objet d'une fixation préalable à sa communication au public (ce qui exclut donc le direct, v. ci-dessous), le directeur de la publication ou, dans le cas où ce dernier jouit d'une immunité de juridiction, le codirecteur de la publication qu'il est tenu de désigner, est poursuivi comme auteur principal. À défaut, sont poursuivis comme auteur principal l'auteur, et à défaut de l'auteur, le producteur. Lorsque le directeur ou le codirecteur est mis en cause, l'auteur est poursuivi comme complice, sans préjudice des poursuites contre toute personne ayant agi comme complice au sens de C. pén., art. 121-7 (L. n° 82-652, 29 juill. 1982, art. 93-3). Ce dispositif de responsabilité en cascade « *ne s'applique que lorsque le service de communication au public par voie électronique est fourni depuis la France* » (Crim. 18 juin 2019, n° 18-85.298, P n° 125). À défaut, comme en matière de presse écrite, l'auteur de l'infraction est poursuivi selon les règles de droit commun au vu des éléments qui établissent sa participation personnelle à l'infraction. « *A l'instar de la loi sur la presse, aucune disposition de la loi sur la communication audiovisuelle ne subordonne la mise en cause de l'auteur des propos à la poursuite du directeur de la publication, à titre d'auteur principal, ou à celle, à quelque titre que ce soit, d'autres personnes pénalement responsables en application de ces textes* » (Crim. 17 mai 2022, n° 21-82.949, D). **• Presse audiovisuelle – distinction entre le message préalablement fixé et le message diffusé en direct.** « *Lorsque l'infraction est commise par la voie de la presse audiovisuelle, la responsabilité du directeur de publication n'est engagée comme auteur principal "que lorsque le message incriminé a fait l'objet d'une fixation préalable à sa communication au public" ainsi que le précise l'article 93-3 de la loi du 29 juillet 1982. Un message diffusé "en direct" n'engage donc pas la responsabilité pénale du directeur de publication, sauf s'il peut lui être reproché, en application des règles du droit commun, un acte de complicité (mais l'élément intentionnel de la complicité risque d'être difficile à établir)* » (Circ. MJ 14 mai 1993). **• Message délivré par un internaute.** Lorsque l'infraction résulte du contenu d'un **message adressé par un internaute** à un service de communication au public en ligne et mis par ce service à la disposition du public dans un espace de contributions personnelles identifié comme tel, le directeur ou le codirecteur de publication ne peut pas voir sa responsabilité pénale engagée comme auteur principal s'il est établi qu'il n'avait pas effectivement connaissance du message avant sa mise en ligne ou si, dès le moment où il en a eu connaissance, il a agi promptement pour retirer ce message (L. n° 82-652, 29 juill. 1982, art. 93-3).

▪ **Imputabilité de l'infraction – Complicité de droit commun. • Presse écrite et édition.** L. 29 juill. 1881, art. 43 prévoit expressément que les règles de droit commun relatives à la complicité prévues par C. pén., art. 121-6 et 121-7 (v. n° **10.9B**) sont applicables en matière de presse. En application de ces dispositions, est ainsi complice de l'infraction de diffamation « *par fourniture de moyens sachant qu'ils devaient y servir* » la personne qui accorde une interview sur le contenu de laquelle il n'exprime aucun désaccord avant sa publication (Crim. 19 mars 1991, n° 90-81.621,

P n° 132) ; ou qui adresse à un journal un document qu'il présente comme faux en répondant de surcroît par téléphone au journaliste qui l'interviewait (Crim. 5 oct. 1999, n° 98-83.869, P n° 208). Il en est de même pour la personne qui distribue dans des boîtes aux lettres un écrit diffamatoire dont elle n'est ni l'auteur ni la responsable de publication, qui ne peut être poursuivie qu'en qualité de complice au sens des dispositions de droit commun, ce qui suppose dans un tel cas « *la preuve de l'élément intentionnel* » (§ 14) (Crim. 1er sept. 2020, n° 20-80.281, P).

▪ **Constitutionnalité du régime d'imputabilité. Validité du régime de responsabilité du directeur de publication d'un site internet (L. n° 82-652, 29 juill. 1982, art. 93-3).** Le Cons. const. a apporté la réserve d'interprétation suivante à cet article : « *Compte tenu, d'une part, du régime de responsabilité spécifique dont bénéficie le directeur de la publication en vertu des premier et dernier alinéas de l'article 93-3 [de la loi du 29 juill. 1982 relative à la communication audiovisuelle] et, d'autre part, des caractéristiques d'internet qui, en l'état des règles et des techniques, permettent à l'auteur d'un message diffusé sur internet de préserver son anonymat, les dispositions [précitées] ne sauraient, sans instaurer une présomption irréfragable de responsabilité pénale en méconnaissance des exigences constitutionnelles [...], être interprétées comme permettant que le créateur ou l'animateur d'un site de communication au public en ligne mettant à la disposition du public des messages adressés par des internautes, voie sa responsabilité pénale engagée en qualité de producteur à raison du seul contenu d'un message dont il n'avait pas connaissance avant la mise en ligne ; que, sous cette réserve, les dispositions contestées [art. 93-3 précité] ne sont pas contraires à l'article 9 de la Déclaration de 1789* » (Cons. const. 16 sept. 2011, n° 2011-164 QPC, § 7).

▪ **Fait justificatif. Ordre de la loi.** En cohérence avec la jurisprudence des chambres civiles de la C. cass. (Civ. 1re, 28 sept. 2016, n° 15-21.823, P n° 182 ; Soc. 29 sept 2010, n° 09-42.057, D ; Soc. 31 mars 2010, n° 07-44.675, D), la Ch. crim. juge que les dispositions qui favorisent la dénonciation des faits de harcèlement moral (v. n° **20.90**) ou sexuel (v. n° **20.87**) au travail sont susceptibles de constituer l'ordre de la loi (C. pén., art. 122-4, sur ce fait justificatif, v. n° **10.13C2**) justifiant l'exonération de responsabilité pénale en cas de poursuites pour diffamation, à condition que la révélation des faits ait été faite dans les conditions prévues par le code du travail, « *auprès de son employeur ou des organes chargés de veiller à l'application des dispositions dudit code* » (Crim. 26 nov. 2019, n° 19-80.360, P).

▪ **Imputation de faits précis.** À la différence de l'injure, « *pour constituer une diffamation, l'allégation ou l'imputation qui porte atteinte à l'honneur ou à la considération de la personne visée doit se présenter sous la forme d'une articulation précise de faits de nature à être, sans difficulté, l'objet d'une preuve et d'un débat contradictoire* », tel n'est pas « *de l'expression d'une opinion et d'un jugement de valeur sur la personnalité de la partie civile* » (Crim. 7 janv. 2020, n° 19-82.581, D ; dans le même sens : Crim. 7 févr. 2023, n° 22-81.226, D ; Crim. 13 avr. 2010, n° 09-82.389, n° 70 ; Crim. 28 mars 2006, n° 05-80.634, P n° 90). L'imputation à une personne dépositaire de l'autorité publique ou investie d'un mandat électif d'être actionnaire d'une société, faits susceptibles de caractériser le délit de prise illégale d'intérêt, est assez précise en ce sens que « *l'imputation de commission d'une infraction pénale porte nécessairement atteinte à l'honneur ou à la considération du responsable public concerné* » (Crim. 7 janv. 2020, n° 19-80.029, D) ; de même « *l'imputation d'un comportement illicite* [en l'espèce une fraude douanière] *porte nécessairement atteinte à* [la] *considération* » (Crim. 30 mars 2016, n° 15-80.719) ; « *la prochaine audition, par des enquêteurs agissant sur instructions du PNF, du président de la région [...] sur des faits de versement d'une importante commission irrégulière en vue de l'attribution de marchés publics ...[qui]... contiennent l'insinuation que le président [...] pourrait avoir une part de responsabilité dans de tels faits délictueux* » (Crim. 13 oct. 2020, n° 19-84.694, D).

▪ **Conditions de publicité et de diffusion. • Conditions de publicité – Destinataires liés par une communauté d'intérêt.** Le délit de diffamation suppose la diffusion au public des allégations ou imputations diffamatoires. Tel n'est pas le cas lorsque ces dernières sont diffusées entre personnes liées par une communauté d'intérêt. Est ainsi censurée la décision qui, ayant « *relevé que le tract avait été distribué dans des lieux privés et à des personnes liées entre elles par une communauté d'intérêt, [...] ne pouvait déduire l'existence de la publicité d'une éventuelle distribution du tract à des personnes étrangères à l'entreprise* » (Crim. 4 janvier 1990, n° 85-94.880, P n° 10). Est en revanche approuvée la relaxe pour des tracts distribués aux abords d'une usine mais à son seul personnel, « *personnes liées entre elles par une communauté d'intérêts* » (Crim. 5 oct. 2021, n° 20-85.396, D ; dans le même sens : Crim. 14 janv. 1992, n° 91-80.185, P n° 14 ; en sens contraire, pour des tracts distribués dans la cour d'un hôpital, lieu public accessible aux usagers : Crim. 10 avr. 2018, n° 17-80.315, D).

S'agissant d'un mail adressé à plusieurs personnes, en l'espèce 9, « *lorsque le courriel a été adressé à des tiers par rapport à la personne visée, il convient d'apprécier, avant toute autre chose, si ledit courriel a été envoyé aux destinataires dans des conditions exclusives de toute confidentialité et ce n'est que si ce courriel a été adressé de manière non-confidentielle qu'il convient alors de déterminer s'il a été envoyé à des destinataires liés par une communauté d'intérêts* » (Crim. 14 juin 2022, n° 21-84.537, P). • **Envoi non-confidentiel.** « *les expressions diffamatoires visant une personne autre que les destinataires du message qui les contient ne sont punissables que si l'envoi a été fait dans des conditions exclusives d'un caractère confidentiel* » (Crim. 30 mai 2007, n° 06-86.326, P n° 144) ; de même, « *les imputations diffamatoires contenues dans une correspondance personnelle et privée, et visant le seul destinataire de la lettre qui les contient, ne sont punissables, sous la qualification de diffamation non publique, que si ladite lettre a été adressée dans des conditions exclusives de tout caractère confidentiel* » (Crim. 11 avr. 2012, n° 11-87.688, P n° 89) ; tel n'est pas le cas lorsque « *le courriel litigieux a revêtu le caractère d'une correspondance personnelle et privée, et n'a perdu son caractère confidentiel que par le fait de son destinataire et de tiers* » (Crim. 14 mai 2013, n° 12-84.042, P n° 105 ; dans le même sens : Crim. 12 avr. 2016, n° 14-86.176, D, Crim. 7 mai 2018, n° 16-85.035, D) ; ou dans le cas « *d'une conversation privée, entre deux professionnels, et présentant un caractère confidentiel* » (Crim. 22 févr. 2000, n° 99-82.874, D). • **Conditions de diffusion.** V. la jurisprudence citée au titre du point de départ de la prescription, s'agissant des actes de diffusion et de rediffusion du contenu litigieux, lesquels matérialisent la consommation de l'infraction et par voie de conséquence le point de départ de la prescription.

RÉGIME PROCÉDURAL

▪ **Compétence juridictionnelle. Juge unique exclu.** Si la compétence de principe du juge unique est prévue pour tous les délits qui ne sont pas passibles d'emprisonnement, elle est toutefois exclue pour les « *délits de presse* » (C. pr. pén., art. 398-1) (v. n° **17.15D2**).

▪ **Compétence territoriale. Diffusion par internet.** « *en l'absence de tout critère rattachant au territoire de la République les propos incriminés, la circonstance que ceux-ci, du fait de leur diffusion sur le réseau internet, aient été accessibles depuis ledit territoire ne caractér[e] pas, à elle seule, un acte de publication sur ce territoire rendant le juge français compétent pour en connaître* » (Crim. 12 juill. 2016, n° 15-86.645, P n° 218, pour des faits de diffamation publique ; dans le même sens pour des faits d'injure publique (v. n° **35.15**) : Crim. 6 mars 2018, n° 16-87.533). Il en est autrement lorsque la publication par internet depuis l'étranger « *accessible depuis le territoire français* », est destinée au public français en ce que « *le journal déclare vouloir "en finir avec la loi du 9 décembre 1905" et œuvrer "au rassemblement de tous les laïques et les républicains voulant défendre en France, en Europe et dans le monde ce principe émancipateur* » (Crim. 19 juin 2018, n° 17-86.604, pour des faits de provocation à la discrimination ou à la haine, v. n° **35.26**).

▪ **Ordonnance pénale délictuelle. Possible**, y compris en cas de circonstance aggravante (v. n° **35.14**), sauf si les faits ont été commis au moyen d'une publication écrite ou audiovisuelle susceptible d'entraîner la responsabilité pénale du directeur de publication. « *cette extension de l'ordonnance pénale permettra notamment de réprimer ces délits lorsqu'ils ont été commis sur internet, spécialement lorsqu'ils présenteront un caractère raciste, sexiste, homophobe ou handiphobe* » (Circ. Crim. 2019-18/H2, 2 août 2019, JUSD1923026C, n° 2.1.1) (C. pr. pén., art. 495 II, issu L. n° 2019-222, 23 mars 2019, applicable au 1er sept. 2019). Sur le domaine de la procédure d'ordonnance pénale délictuelle, v. n° **15.48B1** et tableau n° **17.15D2**.

▪ **Convocation par OPJ. Possible** « *la poursuite par la voie de la convocation en justice notifiée au prévenu, sur instructions du procureur de la République, valant citation à personne, prévue par* [C. pr. pén., art. 390-1], *ne figure pas au rang des procédures inapplicables aux délits de presse, limitativement énumérées par l'article 397-6 du même code* » (Crim. 15 déc. 2015, n° 14-85.570, P n° 301).

▪ **Composition pénale. Exclue** (C. pr. pén., art. 41-2).

▪ **CRPC. Exclue** (C. pr. pén., art. 495-16). Sur le domaine de la CRPC, v. n° **15.53A**.

▪ **Comparution par procès-verbal. Exclue** (C. pr. pén., art. 397-6).

▪ **Comparution immédiate ou différée. Exclue** (C. pr. pén., art. 397-6).

▪ **Exercice de l'action publique. Plainte préalable de la victime.** L'action publique ne peut être engagée par le ministère public que sur plainte préalable de la victime, dont le désistement arrêtera les poursuites (L. 29 juill. 1881, art. 48 (6°) et 49). « *dans le cas d'une poursuite introduite par un acte unique du plaignant incriminant, sous la même qualification, plusieurs propos tenus dans le même article de presse, le désistement de la partie civile, même limité à certains des passages incriminés, emporte désistement de* *l'action en son entier, l'acte initial de poursuite en matière de diffamation fixant de manière irrévocable la nature et l'étendue de la poursuite* » (Crim. 6 mars 2018, n° 17-80.526, P).

▪ **Prescription de l'action publique.** • **Délai de 3 mois** (L. 29 juill. 1881, art. 65). En cas de diffamation portant sur un fait susceptible de recevoir une qualification pénale, le délai est rouvert au profit de la personne visée à compter du jugement pénal définitif le mettant hors de cause (L. 29 juill. 1881, art. 65-2). • **Formalisation des actes interruptifs de prescription.** Pour interrompre valablement la prescription, les réquisitions d'enquête doivent, à peine de nullité, articuler et qualifier les faits à raisons desquels l'enquête est ordonnée (L. 29 juill. 1881, art. 65). Le soit-transmis du procureur de la République qui se borne à joindre la plainte sans articuler ni qualifier les faits ne peut « *constituer une réquisition d'enquête* » au sens de ces dispositions (Crim. 22 mai 2012, n° 11-82.416, P n° 130) ; ni celui qui ne fait que prescrire la constatation par procès-verbal de l'accessibilité sur internet de la page de blog incriminée et l'identification du responsable juridique de l'hébergeur (Crim. 22 juin 2010, n° 09-81.027, P n° 114) ; ni la seule transmission « *aux fins d'enquête* » (Crim. 30 oct. 2001, n° 00-87.818, P n° 225). Les procès-verbaux d'enquête préliminaire ne peuvent interrompre la prescription dès lors « *qu'aucun acte de poursuite ou d'instruction, ni aucune réquisition d'enquête articulant et qualifiant la diffamation, n'ont été réalisés entre la date des faits et la mise en mouvement de l'action publique* » (Crim. 16 sept. 2014, n° 13-85.457, P n° 187). « *Il se déduit de ce même texte que ces réquisitions ne peuvent viser une qualification incompatible avec celle ensuite retenue par l'acte de poursuite* », ainsi une enquête ouverte du chef de diffamation publique envers un particulier ne peut donner lieu à des poursuites pour diffamation publique envers une personne publique (Crim. 30 mars 2021, n° 19-85.806, D). Ces exigences s'appliquent également au réquisitoire introductif et à la citation directe (L. 29 juill. 1881, art. 50 et 53, v. ci-dessus orienteur/régime procédural). Toutefois, depuis L. n° 2017-86, 27 janv. 2017, les exigences particulières relatives à la formalisation des réquisitions d'enquête (communément appelées soit-transmis) sont écartées pour les infractions, de provocation à la haine (v. n° **35.26**), de diffamation (v. n° **35.14**) et d'injure (v. n° **35.16**) à raison de la race, de la nationalité ou de la religion, ou à raison du sexe, de l'orientation sexuelle ou du handicap, qu'elles soient publiques (délits) L. 29 juill. 1881, art. 65-3) ou non publiques (contraventions) (v. n^{os} **35.18** et **35.27**) (L. 29 juill. 1881, art. 65-4). Depuis L. n° 2021-1109, 24 août 2021, cette dérogation au principe de formalisation particulière des actes interruptifs de prescription a été étendue aux délits de provocation à la commission d'atteintes aux personnes et aux biens ou aux intérêts fondamentaux de la Nation (L. 29 juill. 1881, art. 65-3, mod. par L. n° 2021-1109, 24 août 2021, v. n° **35.26**). S'agissant de l'effet interruptif des actes de poursuite, notamment de la citation et des décisions de renvoi, v. n° **17.23A**. • **Actes suspensifs de prescription.** Comme pour les infractions de droit commun (v. n° **17.22A**), les obstacles de droit ont un effet suspensif : ainsi la « *prescription est suspendue de la date du dépôt de la plainte à celle du versement de la consignation dans le délai imparti* » par le juge d'instruction en application de C. pr. pén., art. 88 (Crim. 5 janv. 2010, n° 09-80.204, D) ; de même, « *le délai de prescription est suspendu entre la date de dépôt de la plainte avec constitution de partie civile et la délivrance du réquisitoire par le procureur de la République* » (§ 12) (Crim. 8 mars 2022, n° 21-83.037, P). La prescription est suspendue entre les deux temps du rappel à la loi, soit entre la décision du procureur de la République en premier lieu, et la notification de la mesure à l'intéressé en second lieu (Crim. 29 nov. 2022, n° 22-81.814, P). • **Absence d'effet de l'acte interruptif nul.** « *la prescription des actions publique et civile, prévue par L. 29 juill. 1881, art. 65, n'est pas interrompue par une citation entachée de nullité* » (Crim. 7 mai 1991, n° 90-84.122, P n° 195. • **Point de départ de la prescription – Communication électronique.** Dans le cas d'une « *diffusion sur le réseau internet, d'un message figurant sur un site, le point de départ du délai de prescription de l'action publique [...] doit être fixé à la date du premier acte de publication ; [...] cette date est celle à laquelle le message a été mis pour la première fois à la disposition des utilisateurs du réseau* » (Crim. 16 oct. 2001, n° 00-85.728, P n° 210) « *toute reproduction, dans un écrit rendu public, d'un texte déjà publié, est constitutive d'une publication nouvelle dudit texte, qui fait courir un nouveau délai de prescription ; que l'insertion, sur internet, par l'auteur d'un écrit, d'un lien hypertexte renvoyant directement audit écrit, précédemment publié, caractérise une telle reproduction* » (Crim. 2 nov. 2016, n° 15-87.163, P n° 283 ; dans le même sens : 10 avr. 2018, n° 17-82.814, P n° 71). Est également une reproduction faisant courir un nouveau délai de prescription la mise à disposition du public d'un contenu précédemment mis en ligne sur un site internet que le titulaire a volontairement réactivé après l'avoir désactivé (Crim. 7 févr. 2017, n° 15-83.439, P n° 38). L'insertion d'un « *lien hypertexte qui [...] renvoie directement à un écrit qui a été mis en ligne par un tiers sur un site distinct, constitue une reproduction de ce texte, qui fait courir un nouveau délai de prescription* » (Crim.

1er sept. 2020, n° 19-84.505, P). En revanche, « *la simple adjonction d'une seconde adresse pour accéder à un site existant ne saurait caractériser un nouvel acte de publication de textes figurant déjà à l'identique sur ce site* » (Crim. 6 janv. 2009, n° 05-83.491, P n° 4). De même, « *ne saurait constituer une nouvelle publication sur le réseau internet [...] d'un contenu déjà diffusé la juxtaposition de mots, résultant d'un processus purement automatique et aléatoire issu d'une fonction intégrée dans un moteur de recherche, exclusive, en l'espèce, de toute volonté de son exploitant d'émettre, à nouveau, les propos critiqués* » (Crim. 10 janv. 2017, n° 15-86.019, P n° 13). Jugé dans le même sens au civil : « *la fonctionnalité aboutissant au rapprochement critiqué est le fruit d'un processus purement automatique dans son fonctionnement et aléatoire dans ses résultats, de sorte que l'affichage des "mots-clés" qui en résulte est exclusif de toute volonté de l'exploitant du moteur de recherche d'émettre les propos en cause ou de leur conférer une signification autonome au-delà de leur simple juxtaposition et de leur seule fonction d'aide à la recherche* » (Civ. 1re, 19 juin 2013, n° 12-17.591, P n° 130). • **Point de départ de la prescription – Support papier.** « *tout délit résultant d'une publication de presse est réputé commis le jour où la publication est faite, c'est-à-dire à la date à laquelle l'écrit est porté à la connaissance du public et mis à sa disposition* » (Crim. 15 déc. 2015, n° 14-80.756, P n° 300). La publication étant l'élément par lequel les infractions de diffamation et d'injures publiques sont consommées, toute reproduction dans un écrit rendu public d'un texte déjà publié est elle-même constitutive d'infraction, dès lors le point de départ de la prescription, lorsqu'il s'agit d'une publication nouvelle, est fixé au jour de cette publication (Crim. 8 janv. 1991, n° 90-80.593, P n° 13 ; Crim. 2 oct. 2012, n° 12-80.419, P n° 204). En revanche, « *la rediffusion d'un même écrit, sans reproduction ni réimpression, ne constitue pas une nouvelle publication* » et le délai de prescription court donc à compter de la première diffusion (Crim. 28 oct. 2014, n° 13-86.303, P n° 218). • **Point de départ de la prescription – Diffusion hertzienne.** Une analyse comparable est appliquée pour les rediffusions à la radio ou à la télévision (Crim. 8 juin 1999, n° 98-84.175, P n° 128). • **Vérification de l'accomplissement d'un acte interruptif de prescription par le juge.** Il incombe au juge du fond de constater « *l'intervention d'un acte interruptif de prescription* » entre la diffusion des propos et la délivrance de la citation directe lorsque, comme en l'espèce, plus de trois mois se sont écoulés entre ces deux évènements (Crim. 23 nov. 2021, n° 21-80.510, D). • **Exception d'ordre public.** « *la prescription de l'action publique constitue une exception péremptoire et d'ordre public et doit être relevée d'office par les juges* » (Crim. 14 févr. 1995, n° 93-85.640, P n° 66). L'exception « *peut être proposée pour la première fois devant la **C. cass.** sous la seule condition que cette Cour trouve dans les constatations des juges du fond les éléments nécessaires pour lui permettre d'en apprécier la valeur* » (Crim. 14 oct. 2014, n° 13-84.635, D). Mais, « *les juges ne peuvent prononcer d'office la prescription de l'action publique sans avoir permis aux parties d'en débattre* » Crim. 23 juin 2015, n° 14-83.836, P n° 160). Les mêmes règles s'appliquent pour la prescription de l'action civile, qui est également de trois mois (L. 29 juill. 1881, art. 65) (Civ. 1re, 10 sept. 2015, n° 14-18.262, D).

▪ **Formes de la citation.** • **Articulation des faits reprochés.** À peine de nullité la citation **précise et qualifie très exactement le fait incriminé**, et indique les textes de loi applicables à la poursuite (L. 29 juill. 1881, art. 53). Nuançant sa jurisprudence initiale qui annulait en son entier la citation créant une incertitude sur les faits poursuivis (Cass., ass. plén., 15 févr. 2013, n° 11-14.637, P, Ass. plén., n° 1 ; Crim. 27 févr. 2018, n° 17-80.325, P), la C. cass. juge désormais, « *La nullité ne peut être prononcée que si l'acte a pour effet de créer une incertitude dans l'esprit du prévenu quant à l'étendue des faits dont il a à répondre* » (§ 10) et « *lorsque plusieurs propos sont incriminés dans une même citation délivrée du chef d'une ou plusieurs infractions de presse, l'irrégularité affectant la poursuite s'agissant d'un de ces propos ne s'étend à l'ensemble de l'acte que si, en raison de l'indivisibilité existant entre les différents faits poursuivis, c'est sur la nature et l'étendue de l'intégralité de ceux-ci qu'il en résulte une incertitude dans l'esprit du prévenu* » (§ 18) (Crim. 3 nov. 2020, n° 19-87.463, P). Ces exigences de L. 29 juill. 1881, art. 53, ne s'appliquent pas à la citation à comparaître devant la cour d'appel, « *celle-ci étant simplement indicative de la date d'audience [...], cette règle trouve également à s'appliquer lorsque l'annulation de la citation introductive d'instance par le tribunal correctionnel constitue l'objet même de l'appel de la partie civile* » (Crim. 5 nov. 2013, n° 12-82.257, D). • **Élection de domicile et notification au parquet.** En cas de citation par la partie civile, l'acte contient élection de domicile dans la ville de la juridiction, et il est notifié également au ministère public (L. 29 juill. 1881, art. 53). « *S'agissant d'une formalité substantielle prescrite à peine de nullité de la poursuite, cette élection de domicile doit être expresse* » et « *l'existence d'un domicile réel dans la ville où siège le tribunal ne dispensait pas les plaignants de la formalité substantielle de l'élection de domicile* » (Crim. 1 févr. 2022, n° 20-86.619, D). « *en imposant que la citation précise et qualifie le fait incriminé et que l'auteur de la citation élise domicile dans la ville où siège la juridiction saisie, le législateur a entendu que le défendeur soit mis à même de préparer utilement sa défense dès la réception de la* *citation et, notamment, puisse, s'il est poursuivi pour diffamation, exercer le droit [...], de formuler en défense une offre de preuve dans un délai de dix jours à compter de la citation* » (§ 5) (Cons. const. 17 mai 2013, n° 2013-311 QPC). • **Constitutionnalité de L. 29 juill. 1881, art. 50** relatif à la forme de la citation directe. Cet article « *ne porte pas atteinte au principe d'égalité devant la justice ni aux droits à un recours effectif et à une procédure juste et équitable, dès lors d'une part, qu'il est loisible au législateur de régler de façon différente des situations différentes, que, d'autre part, dans le but d'éviter une atteinte disproportionnée à la liberté d'expression, les prescriptions de l'article 50.../..., assurent un juste équilibre entre les droits des victimes d'infractions de presse et les droits de la défense, et qu'enfin, ces mêmes prescriptions ne constituent pas un obstacle excessif à l'exercice d'un recours juridictionnel effectif* » (Crim. 15 févr. 2013, n° 12-84.302 QPC).

▪ **Délai de la citation.** 20 jours (L. 29 juill. 1881, art. 54) au lieu du délai de 10 jours prévu par C. pr. pén., art. 552. Tirant les conséquences de Cons. const. 24 mai 2019, n° 2019-786 QPC, l'exigence obsolète d'allongement du délai d'un jour « *par cinq myriamètres de distance* » (50 km) a été supprimée par L. n° 2010-1672, 24 déc. 2020.

▪ **Formes de la plainte avec constitution de partie civile et du réquisitoire introductif.** • **Plainte avec constitution de partie civile.** « *si l'action publique est mise en mouvement par la plainte avec constitution de partie civile dès que la consignation a été versée, encore faut-il,[...] que ladite plainte réponde aux exigences de l'article 50 [de la . 29 juill. 1881], lesquelles sont prescrites à peine de nullité de la poursuite ; qu'une telle nullité est d'ordre public et doit être soulevée d'office tant par les juges du fond que par la C. cass.* » (Crim. 8 nov. 2005, n° 05-83.598, P n° 283 ; dans le même sens, énonçant que le moyen peut être soulevé d'office devant la cour de renvoi après cassation : Crim. 11 oct. 2022, n° 22-84.417, P). Toutefois est indifférente « *'une erreur de plume dont il n'est résulté aucune incertitude dans l'esprit de la prévenue sur l'objet des poursuites* » (emploi du mot Twitter au lieu de Facebook) (Crim. 25 oct. 2022, n° 22-80.056, D). Le réquisitoire introductif, à condition de répondre aux mêmes exigences, peut réparer les insuffisances de la plainte (Crim. 13 nov. 1978, n° 76-91.071, P n° 313). Inversement, « *les éventuelles insuffisances du réquisitoire introductif, sans incidences sur la régularité de la plainte, elle-même régulière, n'étaient pas, en conséquence, de nature à retirer à cet acte et aux actes subséquents leur caractère interruptif de prescription* » (Crim. 16 oct. 2018, n° 17-84.821, D). • **Réquisitoire introductif.** Comme la plainte avec constitution de partie civile, le réquisitoire introductif doit à peine de nullité articuler et qualifier les faits à raisons desquels la poursuite est intentée, avec indication des textes dont l'application est demandée (L. 29 juill. 1881, art. 50). « *la nullité encourue est d'ordre public et doit être soulevée d'office tant par les juges du fond que par la Cour de cassation* » mais cette nullité « *ne saurait affecter la régularité du réquisitoire quant aux infractions de droit commun qui y sont visées, celles-ci fussent-elles connexes aux délits de presse* » (Crim. 30 mai 2007, n° 06-84.365, P n° 145). Toutefois, « *lorsque la poursuite est introduite par une plainte avec constitution de partie civile, répondant aux exigences de L. 29 juill. 1881, art. 50, c'est cet acte qui, dès que la consignation a été faite, met l'action publique en mouvement, sans que sa validité puisse être affectée par un vice entachant le réquisitoire d'information postérieur ou l'ordonnance de renvoi* » (Crim. 23 janv. 1996, n° 94-82.498, P n° 36 ; dans le même sens : Crim. 28 févr. 1984, n° 83-91.533, P n° 80 ; Crim. 17 mars 1981, n° 79-93.291, P n° 97 et Crim. 31 mars 1981, n° 79-95.027, P n° 111).

▪ **Déroulement de l'instruction.** • **Modalités de mise en examen.** Par dérogation au C. pr. pén., art. 80-1 et 116, le juge d'instruction qui envisage de mettre en examen une personne pour le délit de diffamation ou d'injure « *informe la personne de son intention de la mettre en examen par lettre recommandée avec avis de réception en précisant chacun des faits qui lui sont reprochés ainsi que leur qualification juridique et en l'avisant de son droit de faire connaître des observations écrites dans le délai d'un mois.../...Il peut aussi, par le même avis, interroger la personne par écrit afin de solliciter, dans le même délai, sa réponse à différentes questions écrites. En ce cas, la personne est informée qu'elle peut choisir de répondre auxdites questions directement en demandant à être entendue par le juge d'instruction* ». L'avis informe la personne de son droit de désigner un avocat et celui-ci peut accéder à la procédure et s'en faire délivrer copie. À l'issue du délai d'un mois « *le juge d'instruction peut procéder à la mise en examen* » par courrier (L. 29 juill. 1881 ; art. 51-1 créé par L. n° 2019-222, 23 mars 2019). « *L'objectif de ces dispositions est principalement de simplifier le déroulement des procédures mettant en cause les directeurs de publication, dont la responsabilité pénale – si le délit est constitué – est automatiquement encourue, en tant qu'auteur principal.../...en permettant d'éviter dans ce cas aux juges d'instruction de devoir procéder à des interrogatoires de première comparution, et aux responsables des organes de presse de devoir se déplacer* » (Circ. Crim. 2019-12/H2, 27 mai 2019, NOR : JUSD1915381C, n° 2.3). • **Modalités de règlement.** Les dispositions de L. 29 juill. 1881 ; art. 51-1 dernier al., également issues de L. n° 2019-222, 23 mars 2019, qui prévoyaient que les dispositions de droit commun de C. pr. pén., art. 175 III à VIII permettant aux parties, au stade du règlement de l'information, d'adresser au juge des observations, formuler des demandes d'actes ou présenter des requêtes en nullité, n'étaient pas applicables en matière de diffamation, ont été déclarées inconstitutionnelles et immédiatement abrogées par le Cons. const., au motif que « *les parties sont privées, dès l'envoi de l'avis de fin d'information, de la possibilité d'obtenir l'annulation d'un acte ou d'une pièce de la procédure qui serait entaché d'une irrégularité affectant leurs droits* » (§. 11) (Cons. const. 14 sept. 2021, n° 2021-929/941 QPC). • **Prohibition d'instruire sur la vérité des faits diffamatoires ou la bonne foi.** « *Le juge d'instruction ne peut instruire sur les preuves éventuelles de la vérité des faits diffamatoires, ni sur celle de la bonne foi en matière de diffamation, ni non plus instruire sur l'éventuelle excuse de provocation en matière d'injure* » (L. 29 juill. 1881 ; art. 51-1 créé par L. n° 2019-222, 23 mars 2019) Ces règles, qui consacrent « *la jurisprudence traditionnelle de la C. cass.* » (v. ci-dessous l'exception de vérité) « *concernent toutes les diffamations et injures, y compris celles commises contre des personnes publiques ou celles présentant un caractère discriminatoire* » (Circ. Crim. 2019-12/H2, 27 mai 2019, NOR : JUSD1915381C, n° 2.3). En effet, « *il n'appartient pas aux juridictions d'instruction de rechercher si les imputations considérées comme diffamatoires sont vraies ou fausses ou si leur auteur présumé peut se prévaloir du bénéfice de la bonne foi ; que seule la juridiction de jugement peut prononcer sur ces points lorsque le prévenu est admis à rapporter la preuve de la vérité des faits* » (Crim. 2 nov. 2016, n° 16-82.328, NP). Cette jurisprudence est consacrée par L. 29 juill. 1881 ; art. 51-1 créé par L. n° 2019-222, 23 mars 2019, précité. • **Prohibition d'instruire sur l'identification de la victime.** C'est à tort qu'une CHINS, saisie de l'appel contre une ordonnance de non-lieu « *fondée sur l'absence d'identification de la personne visée par les propos diffamatoires* », ordonne un supplément d'information car « *les éléments relatifs à l'identification de la victime relèvent du débat contradictoire et que, soumis à l'appréciation souveraine des juges du fond, ils échappent à la compétence de la juridiction d'instruction* » (§ 10) (Crim. 13 déc. 2022, n° 22-85.880, P ; dans le même sens : Ass. plén., 23 déc. 1999, n° 99-86.298, P n° 312). En effet, « *il appartient aux juges du fond d'identifier, d'après les circonstances de la cause, la personne diffamée ou injuriée, et cette appréciation est souveraine dans la mesure où elle repose sur des éléments de fait extrinsèques aux propos incriminés* » (Crim. 19 mars 2002, n° 01-84.592, P n° 67 ; dans le même sens : Crim. 18 juin 1985, n° 83-91.345, P n° 235). Il appartient aussi à la C. cass. de contrôler « *l'identification de la victime de l'infraction* » (Crim 7 déc. 1993, n° 92-81.094, P n° 373).

▪ **Pouvoir de requalification.** • **Caractère irrévocable de la qualification.** En matière d'infractions de presse, la qualification est irrévocablement fixée dans l'acte de poursuite (réquisitoire introductif puis ordonnance de renvoi ou citation directe). Ainsi, il appartient aux « *seuls juges saisis de la poursuite, et non aux juridictions d'instruction, d'apprécier* » la pertinence de la qualification retenue par la plainte avec constitution de partie civile (Crim. 20 juin 2017, n° 16-87.063, P n° 170). De plus, par dérogation aux principes qui permettent ou qui imposent à la juridiction de requalifier les faits (v. n° 17.32) le tribunal ne peut changer la qualification sous laquelle a été introduite l'instance. • **Concours de qualification.** « *lorsque les expressions outrageantes ou appréciations injurieuses sont indivisibles d'une imputation diffamatoire, le délit d'injure est absorbé par celui de la diffamation et ne peut être relevé seul* » (Crim. 24 janv. 1995, n° 93-84.701, P n° 33). • **Contraventionnalisation.** « *lorsque l'élément de publicité fait défaut, les imputations diffamatoires caractérisent la contravention prévue et réprimée par C. pén., art. R. 621-1* [V. n° 35.17] *; [...] la juridiction ayant constaté que les faits retenus constituent l'infraction de diffamation non publique a le devoir de statuer sur la prévention* » car « *la prohibition de requalifier la prévention en matière de presse connaît ici sa seule exception* » Crim. 8 avr. 2008, n° 07-87.226, P n° 94). • **Requalification en infraction de droit commun.** « *la plainte initiale avec constitution de partie civile ne fixe irrévocablement la nature et l'étendue de la poursuite qu'en ce qui concerne les seules infractions à la loi sur la presse, et que cette règle ne fait pas obstacle à ce qu'une telle infraction puisse être requalifiée en infraction de droit commun* » (Crim. 25 sept. 1991, n° 90-83.140, P). • **Tempérament à l'impossibilité de requalifier.** Toutefois, depuis L. n° 2017-86, 27 janv. 2017, la requalification est autorisée entre les infractions, d'une part, de provocation à la haine (v. n° 35.26), de diffamation (v. n° 35.14) et d'injure (v. n° 35.16) à raison de la race, de la nationalité ou de la religion, d'autre part, de provocation à la haine (v. n° 35.26), de diffamation (v. n° 35.14) ou d'injure (v. n° 35.16) à raison du sexe, de l'orientation sexuelle ou du handicap, qu'elles soient publiques (L. 29 juill. 1881, art. 54-1) ou non publiques (v. n° 35.18 et 35.27) (L. 29 juill. 1881, art. 65-4). Le Cons. const. juge que ces dispositions ne portent atteinte ni au principe d'égalité devant la loi puisqu'elles sont proportionnées au but poursuivi, ni aux droits de la défense car l'*exceptio veritatis* (v. ci-dessous) reste toujours admise en cas de requalification en diffamation (Cons. const. 26 janv. 2017, nº 2016-745 DC, § 95 à 97).

▪ **Exception de vérité.** • **Principe et formalisme de l'exception de vérité.** Par voie d'exception, le prévenu peut s'exonérer des poursuites en faisant la preuve de la vérité des faits dénoncés comme diffamatoires (exception dite « *exceptio veritatis* »). Il doit alors, dans le délai de 10 jours après la signification de la citation, faire signifier au ministère public ou à la partie civile poursuivante la copie des pièces et l'identité des témoins par lesquels il entend faire cette preuve (L. 29 juill. 1881, art. 35 et 55). À défaut d'avoir procédé dans ces formes, il est déchu du droit d'administrer cette preuve (Crim. 17 mars 1981, nº 79-93.291, P nº 97). Selon la jurisprudence antérieure (Crim. 22 mai 1990, nº 87-81.387, P nº 211), ce moyen de défense qui revient pour le prévenu à reconnaître qu'il a imputé des faits précis à la personne diffamée, rendait par voie de conséquence irrecevable le moyen subsidiaire consistant à discuter la qualification de diffamation en soulevant l'absence d'imputation d'un fait précis, élément constitutif du délit. Afin de préserver les droits de la défense, il est désormais « *jugé que le prévenu qui a offert de prouver la vérité des faits diffamatoires [...], reste recevable à soutenir, lors des débats au fond, que les propos poursuivis ne renferment pas l'imputation ou l'allégation d'un fait précis, susceptible de faire l'objet d'un débat sur la preuve de sa vérité* » (§ 13) (Crim. 26 mai 2021, nº 20-80.884, P). Notons que l'exception de bonne foi (v. ci-dessous), peut également être soulevée malgré le rejet préalable de l'*exceptio veritatis* (Crim. 24 avr. 2001, nº 00-85.175, D). Ajoutons que « *le prévenu, qui a spontanément demandé dans les conditions déterminées par l'article 55 de la loi du 29 juillet 1881 à faire la preuve de la vérité des faits allégués, conserve la faculté de soutenir que les propos ou écrits incriminés ne portent pas atteinte à l'honneur et à la considération de la partie civile* » (Crim. 2 sept. 2003, nº 03-80.349, P nº 150). C. pr. pén., art. 179-2, qui permet au juge d'instruction de notifier au prévenu une date d'audience dans son ordonnance de renvoi (sur ces dispositions, v. nº 15.36C), n'est pas contraire à la Constitution en ce qu'il ne prive pas le prévenu de l'offre de preuve de la vérité des faits diffamatoires (Crim. 15 sept. 2020, nº 20-90.015, D ; dans le même sens : Crim. 27 sept. 2022, nº 22-90.013, D). • **Prévalence des droits de la défense sur le secret professionnel.** Dans la mise en œuvre de l'*exceptio veritatis*, le prévenu peut produire pour les nécessités de sa défense, sans que cette production puisse donner lieu à des poursuites pour recel, « *des éléments provenant d'une violation du secret de l'enquête ou de l'instruction ou de tout autre secret professionnel* » s'ils sont de nature à établir sa bonne foi ou la vérité des faits diffamatoires (L. 29 juill. 1881, art. 35, mod. par L. nº 2010-1, 4 janv. 2010) (sur la constitutionnalité de l'impossibilité de se référer à une infraction amnistiée ou prescrite, v. rubrique constitutionnalité ci-après). • **Prévalence des droits de la défense sur l'interdiction de rappeler une condamnation amnistiée ou des faits anciens – Constitutionnalité.** Si l'article **35 L. 29 juill. 1881** permet à la partie poursuivie d'établir la vérité du fait diffamatoire, elle lui interdisait toutefois de se référer à un fait constituant une infraction amnistiée ou prescrite, ou ayant donné lieu à une condamnation effacée par la réhabilitation ou la révision. Au visa de l'art. 11 de la déclaration de 1789 (liberté d'opinion et d'expression) le Cons. const. a déclaré cette disposition contraire à la constitution en ce que « *l'interdiction vise sans distinction.../...tous les propos ou écrits résultant de travaux historiques ou scientifiques ainsi que les imputations se référant à des évènements dont le rappel ou le commentaire s'inscrivent dans un débat public d'intérêt général ; que par son caractère général et absolu, cette interdiction porte à la liberté d'expression une atteinte qui n'est pas proportionnée au but poursuivi* » (Cons. const. 7 juin 2013, nº 2013-319 QPC, § nº 9). Le Cons. const. a tenu le même raisonnement s'agissant de l'alinéa 5 de l'article 35 qui interdisait de rapporter la preuve des faits diffamatoires lorsque l'imputation se référait à des faits remontant à plus de dix ans, estimant pour les mêmes motifs que cette interdiction portait à la liberté d'expression une atteinte qui n'était pas proportionnée au but poursuivi (Cons. const. 20 mai 2011, nº 2011-131 QPC). • **Prévalence de la vie privée contre l'exception de vérité.** La vérité des faits diffamatoires ne peut être prouvée lorsque « *l'imputation concerne la vie privée de la personne* » diffamée (L. 29 juill. 1881, art. 35, al. 3), sauf si cette imputation concerne des faits d'agression sexuelle (viol et autres agressions sexuelles et exhibition sexuelle) (C. pén., art., 222-23 à 222-32) de corruption de mineur et d'atteintes sexuelles sur mineur (C. pén., art. 227-22 à 227-27) (infractions ajoutées par L. nº 2021-1729, 22 déc. 2021).

▪ **Exception de bonne foi.** • **Portée et charge de la preuve de la bonne foi.** « *si la présomption d'intention de nuire, résultant des imputations diffamatoires elles-mêmes, peut être combattue et éventuellement détruite par la preuve de l'existence de faits justificatifs suffisants de nature à faire admettre la bonne foi, c'est à la personne poursuivie et à elle seule qu'incombe cette preuve devant la juridiction de jugement* » (Crim. 11 avr.

2012, nº 11-86.331, P nº 92 ; dans le même sens : Crim. 5 oct. 1993, nº 92-81.749, P nº 276) ; laquelle n'a pas à se prononcer d'office sur la bonne foi (Crim. 26 mars 1996, nº 93-84.306, P nº 134). La preuve de la bonne foi ne se confond pas avec la preuve de la vérité des faits (Crim. 17 juin 2008, nº 07-80.767, P nº 151. Le juge ne peut en effet « *subordonner l'existence de la bonne foi du prévenu à la preuve de la vérité des faits* » (§ 17) (Crim. 21 févr. 2023, nº 22-81.747, 22-82.139, D). • **Antériorité nécessaire des preuves de la bonne foi.** « *la bonne foi du prévenu ne peut être déduite de faits postérieurs à la diffusion du propos litigieux* » (Crim. 8 sept. 2015, nº 14-81.681, P nº 194 ; dans le même sens : Crim. 6 mai 2008, nº 07-82.251, P nº 103) ; « *ni de pièces établies postérieurement à celle-ci, sauf le cas d'attestations rapportant des faits antérieurs et établissant que le prévenu en avait connaissance au moment de cette diffusion* » (Crim. 3 nov. 2020, nº 19-84.700, P). • **Méthode d'appréciation de la bonne foi.** « *En matière de diffamation, lorsque l'auteur des propos soutient qu'il était de bonne foi, il appartient aux juges, qui examinent à cette fin si celui-ci s'exprimait dans un but légitime, était dénué d'animosité personnelle, s'est appuyé sur une enquête sérieuse et a conservé prudence et mesure dans l'expression, de rechercher d'abord, en application de* [Conv. EDH, art. 10, relatif à la liberté d'expression], *tel qu'interprété par la CEDH, si lesdits propos s'inscrivent dans un débat d'intérêt général et reposent sur une base factuelle suffisante, afin, s'ils constatent que ces deux conditions sont réunies, d'apprécier moins strictement ces quatre critères, notamment s'agissant de l'absence d'animosité personnelle et de la prudence dans l'expression.* » (§ 16) (Crim. 21 avr. 2020, nº 19-81.172, D). • **Auteur anonyme.** « *la bonne foi ne pouvait être refusée au prévenu aux motifs du recours par celui-ci à l'anonymat, pourtant fréquent sur le réseau internet, d'une animosité personnelle qui lui était prêtée de ce seul fait, et du ton affirmatif du propos, et alors que ledit propos n'excédait pas les limites admissibles de la liberté d'expression* » (Crim. 7 janv. 2020, nº 18-85.159, D). • **Animosité personnelle préexistante.** L'animosité personnelle envers la victime, exclusive de la bonne foi, « *ne peut se déduire seulement de la gravité des accusations et du ton sur lequel elles sont formulées, mais n'est susceptible de faire obstacle à la bonne foi de l'auteur des propos que si elle est préexistante à ceux-ci et qu'elle résulte de circonstances qui ne sont pas connues des lecteurs* » (Crim. 7 janv. 2020, nº 18-85.620, P). Elle ne peut non plus se déduire « *de la seule circonstance que l'auteur de l'article ou d'autres journalistes du même quotidien avaient précédemment publié dans les colonnes de celui-ci des articles critiques à l'égard de la partie civile* » (§ 20) (Crim. 26 nov. 2019, nº 18-85.046, D). • **Base factuelle suffisante et professionnel de l'information.** « *le prévenu, qui n'est pas un professionnel de l'information, n'était pas tenu aux mêmes exigences déontologiques qu'un journaliste* » (§ 12) (Crim. 31 mai 2022, nº 21-83.647, D). Pour l'appréciation de la base factuelle suffisante sur laquelle s'est fondé le journaliste auteur des propos, le juge ne peut « *écarter les documents présentés comme des notes blanches au seul motif que le prévenu ne révélait pas par quelles sources il les avait obtenus* » (Crim. 7 janv. 2020, nº 18-85.620, P). « *La reprise, par le journaliste, des propos tenus par un tiers, ne fait pas disparaître l'obligation à laquelle il est tenu d'effectuer des vérifications sérieuses pour s'assurer que ceux-ci reflètent la réalité des faits* » (Crim. 8 avr. 2008, nº 07-82.972, D). Les propos incriminés « *ne reposent pas sur une base factuelle suffisante, faute pour le journaliste d'avoir satisfait à ses obligations de contradiction et de vérification et d'avoir, ainsi, procédé à une enquête sérieuse* » (Crim. 12 mars 2019, nº 18-82.750, D) • **Devoir d'examen des pièces produites à l'appui de l'exception de bonne foi.** « *si c'est au seul auteur d'imputations diffamatoires qui entend se prévaloir de sa bonne foi d'établir les circonstances particulières qui démontrent cette exception, celle-ci ne saurait être légalement admise ou rejetée par les juges qu'autant qu'ils analysent les pièces produites par le prévenu et énoncent précisément les faits sur lesquels ils fondent leur décision* » (Crim. 15 oct. 2019, nº 18-83.255, P ; dans le même sens : Crim. 21 févr. 2023, nº 22-81.747, 22-82.139, D, (§ 12) ; Crim. 28 juin 2022, nº 21-83.735, D (§ 9)).

MESURE CIVILE

▪ **Proportionnalité de la réparation civile. Mesure civile de publication**. Est censurée la décision qui ne répond pas à l'argumentaire du prévenu soutenant que la « *mesure de publication, exceptionnelle dans son principe et ses modalités, excédait ce qui était strictement nécessaire à la réparation intégrale du préjudice invoqué par la partie civile et s'apparentait dès lors à une sanction non prévue par la loi et, en tout état de cause, disproportionnée au regard de l'atteinte portée à la liberté d'expression* » alors que « *la liberté d'expression ne peut être soumise à des ingérences que constituent les réparations civiles que dans les cas où celles-ci, prévues par la loi et poursuivant un but légitime dans une société démocratique, constituent des mesures nécessaires au regard* [de Conv. EDH, art. 10] et *ne portent pas une atteinte disproportionnée à l'exercice de cette liberté* » (Crim. 8 janv. 2019, nº 17-85.110, D, dans le même sens : Crim. 18 juin 2019, nº 18-84.209, D) (sur les limites admissibles de la liberté d'expression justifiant la commission d'une infraction, v. nº **10.13E**).

RÉGIME DES PEINES

▪ **Proportionnalité de la sanction.** Sur la proportionnalité nécessaire entre la sanction pénale et l'atteinte au principe de la liberté d'expression, v. Crim. 1er févr. 2017, nº 15-84.511, P nº 30, cité à la même rubrique du nº 35.26. Est ainsi confirmée la cour d'appel qui « *a vérifié que ni la sanction pénale ni les réparations civiles qu'elle a ordonnées ne portaient une atteinte disproportionnée à la liberté d'expression ou n'étaient de nature à emporter un effet dissuasif pour l'exercice de cette liberté* » (Crim. 18 juin 2019, nº 18-84.209, D).

▪ ÉLÉMENTS CONSTITUTIFS – QUALIFICATION

✧ Pour avoir à .... [¤ lieu], le .... [¤ date], [• préciser le cas échéant en cas d'infraction commise par voie de presse :] étant .... (qualité du prévenu par référence à l'orienteur élément matériel/Imputabilité de l'infraction –Responsabilité en cascade).

par [⇨A à D :]

A. des discours, cris ou menaces proférés dans un lieu ou réunion publics en l'espèce .... [¤ lieu de commission des faits] ...

B. des écrits – imprimés – dessins – gravures – peintures – emblèmes – images / vendus, distribués, mis en vente – exposés / dans un lieu ou réunion publics en l'espèce .... [¤ lieu de diffusion] ...

C. des placards ou des affiches exposés au regard du public ...

D. tout moyen de communication au public par voie électronique, en l'espèce .... [¤ moyen utilisé] ...

... porté des allégations ou imputations d'un fait portant atteinte à l'honneur ou à la considération de .... [¤ nom de la victime], en l'espèce en .... [¤ reprendre textuellement les imputations diffamatoires exprimées].

Faits prévus et réprimés par les articles 23, 29, al. 1, 32, al. 1, 42, 43, 48 (6º) de la loi du 29 juillet 1881 (*N 372.co*). ✧

35.14 Diffamation publique envers un particulier à raison de l'origine, de l'appartenance religieuse, raciale, du sexe ou du handicap

▪ PEINES

PERSONNE PHYSIQUE

PP Délit. 1 an d'emprisonnement, 45 000 € (L. 29 juill. 1881, art. 32, al. 2 et 3).

PC 1. Affichage, ⩽ 2 mois, *et/ou* (L. nº 2011-525, 17 mai 2011) diffusion de la décision ou d'extraits aux frais (⩽ amende encourue) du condamné (L. 29 juill. 1881, art. 32 ; C. pén., art. 131-35) ;

2. Stage de citoyenneté (depuis L. nº 2017-86, 27 janv. 2017) (L. 29 juill. 1881, art. 32, C. pén., art. 131-5-1) (pour les faits commis avant le 24 mars 2020 et jugés après cette date, L. nº 2019-222, 23 mars 2019, en vigueur le 24 mars 2020. Pour les faits commis à partir du 24 mars 2020, v. nouvelle réd. C. pén., art. 131-5-1 et nº 18.33).

PERSONNE MORALE

PP Délit. 225 000 € (C. pén., art. 131-38) (NB : L. 29 juill. 1881, art. 43-1 : les personnes morales ne sont pas pénalement responsables s'il y a lieu à mise en œuvre des articles 42 ou 43, L. 29 juill. 1881, art. 43-1 (infractions par voie de presse écrite) (Crim. 10 sept. 2013, nº 12-83.672, P nº 178 ; Crim. 11 juill. 2017, nº 16-84.859, P nº 207)). Elles ne sont également pas pénalement responsables lorsque l'infraction est commise « *par un moyen de communication au public par voie électronique* » (L. nº 82-652, 29 juill. 1982, sur la communication audiovisuelle, art. 93-3 et 93-4).

PC Néant.

▪ ORIENTEUR

AUTRE QUALIFICATION

▪ **Diffamation publique envers un particulier.** V. nº 35.13.

▪ **Diffamation ou injure discriminatoire non publique.** V. nº 35.18.

▪ **Provocation publique à la commission de crimes ou délits, à la discrimination ou à la haine raciale ou sexiste ou à raison du handicap– Apologie de crime.** V. nº 35.26.

ÉLÉMENT LÉGAL – ÉLÉMENT MATÉRIEL – RÉGIME PROCÉDURAL

▪**Renvoi.** Mêmes observations que sous le nº 35.13, sauf en ce qui concerne la plainte préalable de la victime, qui n'est pas nécessaire à l'exercice des poursuites par le parquet (L. 29 juill. 1881, art. 48 6º), et la prescription de l'action publique, qui est de 1 an dans le **cas** 1 depuis L. nº 2004-204, 9 mars 2004, art. 45, et dans le **cas** 2, 3 et 4 depuis L. nº 2014-56, 27 janv. 2014 (L. 29 juill. 1881, art. 65-3).

▪ **Causes d'aggravation.** Les causes générales d'aggravation des peines en cas d'infraction à finalité raciste ou sexiste créées par L. nº 2017-86, 27 janv. 2017 (C. pén., art. 132-76 et 132-77º) (v. nº 18.9) ne sont pas applicables à cette infraction. Les infractions des **cas** 1 à 3 (art. 32, al. 2 et 3) sont donc punies des peines prévues par L. 29 juill. 1881, art. 32.

RÉGIME PROCÉDURAL

▪ **Prescription de l'action publique. • Délai de prescription.** Un an (L. 29 juill. 1881, art. **65-3**). **• Formalisation des actes interruptifs de prescription.** Depuis L. nº 2017-86, 27 janv. 2017, les réquisitions aux fins d'enquête obéissent au formalisme de droit commun pour ces infractions (L. 29 juill. 1881, art. **65-3**), v. nº 35.13.

▪ **Constitutionnalité – Prescription de l'action publique.** L'article **65-3** qui porte de 3 mois à un an le délai de prescription « *a pour objet de faciliter la poursuite et la condamnation /...des auteurs de propos ou d'écrits provoquant à la discrimination, à la haine ou à la violence, diffamatoires ou injurieux, à caractère ethnique, national, racial, ou religieux ou contestant l'existence d'un crime contre l'humanité ; que le législateur a précisément défini les infractions auxquelles cet allongement du délai de la prescription est applicable ; que la différence de traitement qui en résulte, selon la nature des infractions poursuivies, ne revêt pas un caractère disproportionné au regard de l'objectif poursuivi ; qu'il n'est pas porté atteinte aux droits de la défense* » (Cons. const. 12 avr. 2013, nº 2013-302 QPC).

▪ **Pouvoir de requalification. Possibilité de requalification.** Depuis L. nº 2017-86, 27 janv. 2017, le tribunal n'est plus tenu de manière irrévocable par la citation et a la faculté de requalifier les faits pour ces infractions, dans les limites précisées au nº 35.13 (L. 29 juill. 1881, art. **54-1**).

▪ **Concours de qualifications. • Cumul des poursuites pour diffamation aggravée et provocation à la haine raciale.** Sont approuvés les juges qui pour rejeter l'exception de nullité d'une citation pour des faits, d'une part, de diffamation aggravée, d'autre part, de provocation à la haine raciale (v. nº 35.26), relèvent que « *le délit de diffamation aggravée vise à protéger l'honneur et la considération d'une personne ou d'un groupe de personnes, tandis que le délit de provocation à la haine, à la discrimination et à la violence a pour objet de préserver une valeur sociale et la paix civile, de sorte que les deux délits, qui ne sont pas incompatibles entre eux, visent la protection d'intérêts distincts* », « *dès lors que, ces deux infractions visées à la prévention ne comportant pas d'éléments constitutifs inconciliables entre eux, il n'a pu résulter de cette qualification cumulative aucune incertitude dans l'esprit du prévenu quant à l'étendue de la poursuite* » (Crim. 15 oct. 2019, nº 18-85.366, P).

▪ **Ordonnance pénale délictuelle. Possible**, sauf si les faits ont été commis au moyen d'une publication écrite ou audiovisuelle susceptible d'entraîner la responsabilité pénale du directeur de publication (v. orienteur nº 35.14 et domaine de l'*OP* au nº 15.48B1 et tableau nº 17.15D2) (C. pr. pén., art. 495 II, issu L. nº 2019-222, 23 mars 2019, applicable au 1er sept. 2019).

MESURE CIVILE

▪ **Arrêt du service de communication en ligne par le juge des référés.** Depuis L. nº 2017-86, 27 janv. 2017, en cas de diffusion par un service de communication en ligne, l'arrêt de ce service peut être prononcé par le juge des référés dans les conditions précisées au nº 35.26. (L. 29 juill. 1881, art. 50-1). V. aussi les dispositions de L. nº 2004-575, 21 juin 2004, dite LCEN, v. nº 35.22.

▪ **Modalités de l'action en référé.** v. nº 35.22.

▪ **Modalités de l'action civile engagée par le parquet.** v. nº 35.22.

▪ **Action civile des associations habilitées.** Les associations répondant aux conditions fixées par L. 29 juill. 1881, art. 48-1 peuvent exercer les droits reconnus à la partie civile. Modifiant sa jurisprudence antérieure qui rejetait la constitution de partie civile de ces associations pas voie d'intervention au motif que l'acte initial de poursuite fixait son objet de manière irrévocable (Crim. 10 mai 2006, nº 05-81.403, P nº 125), la C. cass. considère désormais qu'« *aucune disposition ne fait* *obstacle à l'intervention d'une association habilitée par L. 29 juill. 1881, art. 48-1 et qui entend se constituer partie civile dans une procédure engagée par une autre partie ou le ministère public du chef des infractions visées par ce texte* » (Crim. 12 oct. 2010, nº 10-80.825, P nº 157).

▪ ÉLÉMENTS CONSTITUTIFS – QUALIFICATION

✧ Pour avoir à .... [¤ lieu], le .... [¤ date], [• préciser le cas échéant en cas d'infraction commise par voie de presse :] étant .... (qualité du prévenu par référence à l'orienteur élément matériel/Imputabilité de l'infraction –Responsabilité en cascade du nº 35.13)] par [⇨A à D puis 1 à 4 :]

A. des discours, cris ou menaces proférés dans un lieu ou réunion publics en l'espèce .... [¤ lieu de commission des faits] ...

B. des écrits – imprimés – dessins – gravures – peintures – emblèmes – images / vendus, distribués, mis en vente – exposés / dans un lieu ou réunion publics en l'espèce .... [¤ lieu de diffusion] ...

C. des placards ou des affiches exposés au regard du public ...

D. tout moyen de communication au public par voie électronique, en l'espèce .... [¤ moyen utilisé] ...

... porté des allégations ou imputations d'un fait portant atteinte à l'honneur ou à la considération de .... [¤ nom de la victime] à raison de [⇨1 à 4 :]

1. son origine – son appartenance ou sa non-appartenance à / – une ethnie – une nation – une race – une religion (D1 : *N 373.co*)...

2. son sexe (D2 : *N 26544.co*)...

3. son orientation « sexuelle ou identité de genre » (L. nº 2017-86, 27 janv. 2017) (au lieu d'orientation « ou identité » (L. nº 2012-954, 6 août 2012) sexuelle) (D3 : *N 26545.co*)...

4. son handicap (D4 : *N 26148.co*)...

...en l'espèce en .... [¤ reprendre textuellement les imputations diffamatoires exprimées].
Faits prévus et réprimés par les articles 23, 29, al. 1, 32, al. 2 et 3, 42, 43, 48-6º de la loi du 29 juillet 1881. ✧

35.15 Injure publique envers un particulier

▪ PEINES

PERSONNE PHYSIQUE

PP Délit. 12 000 € (L. 29 juill. 1881, art. 33, al. 2).

PC Néant.

PERSONNE MORALE

PP 60 000 € (C. pén., art. 131-38) (NB : L. 29 juill. 1881, art. 43-1 : les personnes morales ne sont pas pénalement responsables s'il y a lieu à mise en œuvre des articles 42 ou 43, L. 29 juill. 1881, art. 43-1 (infractions par voie de presse écrite) (Crim. 10 sept. 2013, nº 12-83.672, P nº 178 ; Crim. 11 juill. 2017, nº 16-84.859, P nº 207)). Elles ne sont également pas pénalement responsables lorsque l'infraction est commise « *par un moyen de communication au public par voie électronique* » (L. nº 82-652, 29 juill. 1982, sur la communication audiovisuelle, art. 93-3 et 93-4).

PC Néant.

▪ ORIENTEUR

AUTRE QUALIFICATION

▪ Diffamation ou injure non publique. V. nº 35.17.

ÉLÉMENT LÉGAL

▪ Définition. Injure. « *Toute expression outrageante, termes de mépris ou invective qui ne renferme l'imputation d'aucun fait est une injure.* » (L. 29 juill. 1881, art. 29, al. 2).

▪ Champ d'application. Mémoire des morts. L'infraction est applicable aux injures « *dirigées contre la mémoire des morts* » si les auteurs ont « *eu l'intention de porter atteinte à l'honneur ou à la considération des héritiers, époux ou légataires universels vivants* » (L. 29 juill. 1881, art. 29, al. 1) (v. jurisprudence citée au nº 35.13).

ÉLÉMENT MATÉRIEL

▪ **Fait justificatif. • Limites admissibles de la liberté d'expression. • Droit et jurisprudence européens.** « *Toute personne a droit à la liberté d'expression [...]. L'exercice de ces libertés comportant des devoirs et des responsabilités peut être soumis à certaines formalités, conditions, restrictions ou sanctions prévues par la loi, qui constituent des mesures nécessaires, dans une société démocratique [...] à la protection de la réputation ou des droits d'autrui [...]* » (Conv. EDH, art. 10) « *les limites de la critique admissible à l'égard d'un homme politique, visé en cette qualité, sont plus larges qu'à l'égard d'un simple particulier : à la différence du second, le premier s'expose inévitablement et consciemment à un contrôle attentif de ses faits et gestes, tant par les journalistes que par la masse des citoyens ; il doit, par conséquent, montrer une plus grande tolérance* » (§ 54) ; « *Ce principe visant les hommes politiques vaut pour tout personnage public, à savoir toute personne qui fait partie de la sphère publique, que ce soit par ses actes ou par sa position même* » (§ 55) (CEDH 7 oct. 2015, *Morar c/ Roumanie*, n° 25217/06). Précisons que « *la satire est une forme d'expression artistique et de commentaire social qui, de par l'exagération et la déformation de la réalité qui la caractérisent, vise naturellement à provoquer et à agiter. C'est pourquoi il faut examiner avec une attention particulière toute ingérence dans le droit d'un artiste à s'exprimer par ce biais* » (§ 33) (CEDH 25 janv. 2007, *Vereinigung Bildender Künstler c/ Autriche*, n° 68354/01). • **Jurisprudence interne.** La liberté d'expression « *ne peut être soumise à des ingérences que dans les cas où celles-ci constituent des mesures nécessaires au regard de Conv. EDH, art. 10 §2* » (§ 7) « *Le droit au respect de la vie privée et le droit à la liberté d'expression ayant la même valeur normative, il appartient au juge saisi de rechercher, en cas de conflit, un juste équilibre entre ces deux droits* » (§ 11), « *L'exigence de proportionnalité implique de rechercher si, au regard des circonstances particulières de l'affaire, la publication litigieuse dépasse les limites admissibles de la liberté d'expression* » (§ 16), est ainsi rejeté le pourvoi de la partie civile contre une décision relaxant l'animateur d'une émission de télévision au cours de laquelle furent montrées des caricatures de candidats à l'élection présidentielle, l'une représentant l'un d'eux sous forme d'un excrément fumant, « *alors même que l'injure est caractérisée en tous ses éléments constitutifs, les faits objet de la poursuite ne peuvent donner lieu à des réparations civiles* » (§ 17) car « *la publication litigieuse ne dépassait pas les limites admissibles de la liberté d'expression* » (§ 19) (Cass., ass. plén., 25 oct. 2019, n° 17-86.605, P) (sur les limites admissibles de la liberté d'expression justifiant la commission d'une infraction, V. n° **10.13E**). Dans le même sens, au même visa de Conv. EDH, art. 10, pour une chronique émanant d'un humoriste, reconnue comme injurieuse au sens pénal « *mais exprimant l'opinion de leur auteur sur un mode satirique, dans un contexte polémique, au sujet des idées prêtées au responsable d'un parti politique* » (Crim. 20 sept. 2016, n° 15-82.944, D), ou pour un dessin satirique se référant à « *l'inspiration idéologique prêtée* » à un tel responsable (Crim. 20 sept. 2016, n° 15-82.941, D). De même pour des affiches assimilant le Président de la République au plus haut dignitaire de l'Allemagne nazie et au plus haut dignitaire du régime de Vichy, car, d'une part, « *les photomontages en cause, pour outrageants qu'ils fussent vis-à-vis de l'actuel Président de la République, se sont inscrits dans le débat d'intérêt général et la polémique qui s'est développée au sujet du passe vaccinal contre le virus du Covid* » (§ 12), d'autre part « *l'auteur s'est placé sur un mode satirique résultant, pour la première affiche, de la mention « affichage satirique et parodique » et, pour la seconde, du jeu de mots « il n'y a qu'un pass à franchir », de sorte que les affiches incriminées n'ont pas dépassé les limites admissibles de la liberté d'expression* » (§ 13) (Crim. 13 déc. 2022, n° 22-82.189, D).

ÉLÉMENT INTENTIONNEL

▪ **Excuse de provocation.** Entre particuliers, l'injure précédée de provocations n'est pas punissable (L. 29 juill. 1881, art. 33, al. 2) si ces dernières, dont il appartient au prévenu d'administrer la preuve, sont en rapport avec le contenu de l'injure.

RÉGIME PROCÉDURAL

▪ **Compétence juridictionnelle. Juge unique exclu.** *Idem* n° **35.13**.

▪ **Ordonnance pénale. Possible.** *Idem* n° **35.13**.

▪ **Exercice de l'action publique.** *Idem* n° **35.13**.

▪ **Prescription de l'action publique.** *Idem* n° **35.13**.

▪ **Formes de la citation.** *Idem* n° **35.13**.

▪ **Constitutionnalité – Formes de la citation.** *Idem* n° **35.13**.

▪ **Délai de la citation.** *Idem* n° **35.13**.

▪ **Formes du réquisitoire introductif.** *Idem* n° **35.13**.

▪ **Déroulement de l'instruction. • Modalités de mise en examen. • Prohibition d'instruire sur la vérité des faits diffamatoires.** *Idem* nº 35.13.

POLITIQUE PUBLIQUE

▪ **Obligations des fournisseurs d'accès à internet et hébergeurs.** Les fournisseurs d'accès à internet et hébergeurs « *doivent concourir à la lutte contre la diffusion des infractions visées* » à la L. 29 juill. 1881, art. 33 (L. nº 2004-575, 21 juin 2004, dite LCEN, art. 6, mod. par L. nº 2023-566, 7 juill. 2023, entrée en vigueur différée), v. nº 35.22.

▪ ÉLÉMENTS CONSTITUTIFS – QUALIFICATION

✧ Pour avoir à .... [¤ lieu], le .... [¤ date], [• préciser le cas échéant en cas d'infraction commise par voie de presse :] étant .... (qualité du prévenu par référence à l'orienteur élément matériel/Imputabilité de l'infraction –Responsabilité en cascade du nº 35.13)] par [⇨A à D :]

A. des discours, cris ou menaces proférés dans un lieu ou réunion publics en l'espèce .... [¤ lieu de commission des faits] ...

B. des écrits – imprimés – dessins – gravures – peintures – emblèmes – images / vendus, distribués, mis en vente – exposés / dans un lieu ou réunion publics en l'espèce .... [¤ lieu de diffusion] ...

C. des placards ou des affiches exposés au regard du public ...

D. tout moyen de communication au public par voie électronique, en l'espèce .... [¤ moyen utilisé] ...

... comportant une expression outrageante, un terme de mépris ou une invective, injurié .... [¤ nom de la victime], en l'espèce en .... [¤ reprendre textuellement les injures exprimées]. Faits prévus et réprimés par les articles 23, 29, al. 2, 33, al. 2, 42, 43, 48-6º de la loi du 29 juillet 1881 (D : *N 376.co*). ✧

35.16 Injure publique discriminatoire envers les particuliers

▪ PEINES

PERSONNE PHYSIQUE

PP Délit. Cas 1 à 4 : 1 an d'emprisonnement, 45 000 € (depuis L. nº 2017-86, 27 janv. 2017, auparavant 6 mois d'emprisonnement, 22 500 €) ; cas E : 3 ans d'emprisonnement, 75 000 € (aggr. issue L. nº 2021-1109, 24 août 2021) (L. 29 juill. 1881, art. 33, al. 2, 3, 4 et 5).

PC 1. Affichage, ⩽ 2 mois, *et/ou* (L. nº 2011-525, 17 mai 2011) diffusion de la décision ou d'extraits aux frais (⩽ amende encourue) du condamné (L. 29 juill. 1881, art. 32 ; C. pén., art. 131-35) ;

2. Stage de citoyenneté (depuis L. nº 2017-86, 27 janv. 2017) (L. 29 juill. 1881, art. 33, C. pén., art. 131-5-1) (pour les faits commis avant le 24 mars 2020 et jugés après cette date, L. nº 2019-222, 23 mars 2019, en vigueur le 24 mars 2020. Pour les faits commis à partir du 24 mars 2020, v. nouvelle réd. C. pén., art. 131-5-1 et nº 18.33).

PERSONNE MORALE

PP Cas 1 à 4 : 225 000 € (depuis L. nº 2017-86, 27 janv. 2017, auparavant 112 500 €) ; cas E : 375 000 € (aggr. issue L. nº 2021-1109, 24 août 2021) (L. 29 juill. 1881, art. 33, al. 2, 3, 4 et 5 ; C. pén., art. 131-38) (NB : L. 29 juill. 1881, art. 43-1 : les personnes morales ne sont pas pénalement responsables s'il y a lieu à mise en œuvre des articles 42 ou 43, L. 29 juill. 1881, art. 43-1 (infractions par voie de presse écrite) (Crim. 10 sept. 2013, nº 12-83.672, P nº 178 ; Crim. 11 juill. 2017, nº 16-84.859, P nº 207)). Elles ne sont également pas pénalement responsables lorsque l'infraction est commise « *par un moyen de communication au public par voie électronique* » (L. nº 82-652, 29 juill. 1982, sur la communication audiovisuelle, art. 93-3 et 93-4).

PC Néant.

▪ ORIENTEUR

AUTRE QUALIFICATION

▪ **Diffamation ou injure raciale non publique.** V. nº 35.18.

▪ **Provocation publique à la commission de crimes ou délits, à la discrimination ou à la haine raciale – Apologie de crime.** V. nº 35.26.

ÉLÉMENT LÉGAL

▪ **définition. Injure.** *Idem* nº 35.15.

▪ **Application de la loi pénale dans le temps. Cas E.** Aggravation issue L. nº 2021-1109, 24 août 2021 confortant le respect des principes de la République.

▪ **Causes générales d'aggravation.** Les causes générales d'aggravation des peines en cas d'infraction à finalité raciste ou sexiste créées par L. nº 2017-86, 27 janv. 2017 (C. pén., art. 132-76 et 132-77°) (v. nº 18.9) ne sont pas applicables à cette infraction. Les infractions des **cas** 1 à 3 (art. 33, al. 4) sont donc punies des peines prévues par L. 29 juill. 1881, art. 33.

ÉLÉMENT MATÉRIEL

▪ **Notion de groupe de personnes.** Sur cette notion, v. orienteur du nº 35.26.

ÉLÉMENT INTENTIONNEL

▪ **Excuse de provocation.** L'excuse de provocation (V. nº 35.15) a été supprimée en matière d'injures raciales ou discriminantes par L. nº 2017-86, 27 janv. 2017.

RÉGIME PROCÉDURAL

▪**Renvoi.** Mêmes observations que sous le nº 35.13 sauf en ce qui concerne la plainte préalable de la victime, qui n'est pas nécessaire à l'exercice des poursuites par le parquet (L. 29 juill. 1881, art. 48 6°), et la prescription de l'action publique, qui est de 1 an dans le **cas** 1 depuis L. nº 2004-204, 9 mars 2004, art. 45, et dans le **cas** 2, 3 et 4 depuis L. nº 2014-56, 27 janv. 2014 (L. 29 juill. 1881, art. 65-3).

▪ **Prescription de l'action publique. Formalisation des actes interruptifs de prescription.** Depuis L. nº 2017-86, 27 janv. 2017, les réquisitions aux fins d'enquête obéissent au formalisme de droit commun pour ces infractions (L. 29 juill. 1881, art. **65-3**), v. nº 35.13.

▪ **Constitutionnalité – Prescription de l'action publique. Constitutionnalité de l'article 65-3** qui porte de 3 mois à un an le délai de prescription, v. nº 35.14.

▪ **Ordonnance pénale. Possible**, sauf si les faits ont été commis au moyen d'une publication écrite ou audiovisuelle susceptible d'entraîner la responsabilité pénale du directeur de publication (v. orienteur nº 35.14 et domaine de l'*OP* au nº 15.48B1 et tableau nº 17.15D2) (C. pr. pén., art. 495 II, issu L. nº 2019-222, 23 mars 2019, applicable au 1er sept. 2019).

▪ **Pouvoir de requalification. Possibilité de requalification.** Depuis L. nº 2017-86, 27 janv. 2017, le tribunal n'est plus tenu de manière irrévocable par la citation et a la faculté de requalifier les faits pour ces infractions, dans les limites précisées au nº 35.13 (L. 29 juill. 1881, art. **54-1**).

▪ **Procédures rapides. Possibles.** Depuis L. nº 2011-1109, 24 août 2021, par dérogation au C. pr. pén., art. 397-6 (v. nº 15.13B2) qui prohibe la convocation par procès-verbal (C. pr. pén., art. 394, v. nº 15.14), la comparution immédiate (C. pr. pén., art. 395, v. nº 15.15) et la comparution différée (C. pr. pén., art. 397-1-1, v. nº 15.16) « *en matière de délits de presse* », ces procédures rapides sont désormais possibles pour les infractions de presse prévues par L. 29 juill. 1881, art. 24 (Provocation publique à la commission de crimes ou délits, à la discrimination ou à la haine raciale ou sexiste ou à raison du handicap– Apologie de crime, v. nº 35.26), 24 *bis* (Contestation de crime contre l'humanité – Révisionnisme, v. nº 35.28), et 33 (Injure publique discriminatoire envers les particulier, v. la présente fiche), « *sauf si ces délits résultent du contenu d'un message placé sous le contrôle d'un directeur de la publication* » en application de L. 29 juill. 1881, art. 6, sur la presse, ou de L. nº 82-652, 29 juill. 1982, art. 93-2, sur la communication audiovisuelle (presse écrite et audiovisuelle) (C. pr. pén., art. 397-6, mod. par L. nº 2021-1109, 24 août 2021).

POLITIQUE PUBLIQUE

▪ **Obligations des fournisseurs d'accès à internet et hébergeurs.** Les fournisseurs d'accès à internet et hébergeurs « *doivent concourir à la lutte contre la diffusion des infractions visées* » à la L. 29 juill. 1881, art. 33 (L. nº 2004-575, 21 juin 2004, dite LCEN, art. 6, mod. par L. nº 2023-566, 7 juill. 2023, entrée en vigueur différée), v. nº 35.22.

MESURE CIVILE

▪ **Arrêt du service de communication en ligne par le juge des référés.** Depuis L. nº 2017-86, 27 janv. 2017, en cas de diffusion par un service de communication en ligne, l'arrêt de ce service peut être prononcé par le juge des référés dans les conditions précisées au nº 35.22. (L. 29 juill. 1881, art. 50-1). V. aussi les dispositions de L. nº 2004-575, 21 juin 2004, dite LCEN, v. nº 35.22.

▪ **Modalités de l'action en référé.** V. nº 35.22.

▪ **Modalités de l'action civile engagée par le parquet.** V. n° 35.22.

■ ÉLÉMENTS CONSTITUTIFS – QUALIFICATION

✧ Pour avoir à .... [¤ lieu], le .... [¤ date], [• préciser le cas échéant en cas d'infraction commise par voie de presse :] étant .... (qualité du prévenu par référence à l'orienteur élément matériel/Imputabilité de l'infraction –Responsabilité en cascade du n° 35.13)], par [⇨A à D puis 1 à 4 puis le cas échéant E :]

A. des discours, cris ou menaces proférés dans un lieu ou réunion publics en l'espèce .... [¤ lieu de commission des faits] ...

B. des écrits – imprimés – dessins – gravures – peintures – emblèmes – images / vendus, distribués, mis en vente – exposés / dans un lieu ou réunion publics en l'espèce .... [¤ lieu de diffusion] ...

C. des placards ou des affiches exposés au regard du public ...

D. tout moyen de communication au public par voie électronique, en l'espèce .... [¤ moyen utilisé] ...

... comportant une expression outrageante, un terme de mépris ou une invective, injurié une personne, en l'espèce .... [¤ nom de la victime], ou un groupe de personnes, à raison de [⇨1 à 4 :]

1. son origine – son appartenance ou sa non-appartenance à / – une ethnie – une nation – une race – une religion (1 : *N 377.co*)...

2. son sexe (2 : *N 25692.co*)...

3. son orientation « sexuelle ou identité de genre » (L. n° 2017-86, 27 janv. 2017) (au lieu d'orientation « ou identité » (L. n° 2012-954, 6 août 2012) sexuelle) (3 : *N 25691.co*)...

4. son handicap (4 : *N 25693.co*)...

...en l'espèce en .... [¤ reprendre textuellement les injures exprimées].

E. [préciser le cas échéant (aggravation prévue par art. 33, al. 5 issu L. n° 2021-1109, 24 août 2021) :] avec cette circonstance que les faits ont été commis, dans l'exercice ou à l'occasion de l'exercice de ses fonctions ou de sa mission, par une personne [⇨E1 ou E2 :]

E1. dépositaire de l'autorité publique (1e1 : *N 34195.co ;* 2e1 : *N 34199.co ;* 3e1 : *N 34197.co ;* 4e1 : *N 34201.co*) ;

E2. chargée d'une mission de service public (1e2 : *N 34196.co ;* 2e2 : *N 34200.co ;* 3e2 : *N 34198.co ;* 4e2 : *N 34202.co*) ;

Faits prévus et réprimés par les articles 23, 29, al. 2, 33, al. 2, 3 et 4, 42, 43, 48-6° de la loi du 29 juillet 1881. ✧

35.17 Diffamation ou injure non publique

■ PEINES

PERSONNE PHYSIQUE

PP Contrav. 1re cl. 38 € (C. pén., art. R. 621-1, R. 621-2, 131-13).

PC Néant.

PERSONNE MORALE

PP 190 € (C. pén., art. 131-41).

PC Néant.

■ ORIENTEUR

RÉGIME PROCÉDURAL

▪ **Prescription de l'action publique.** « *Conformément à la jurisprudence antérieure, et dans la mesure où les articles R. 621-1 et R. 621-2 ne définissent pas les notions d'injures ou de diffamation, renvoyant ainsi implicitement aux définitions données par l'article 29 de la loi du 29 juillet 1881 sur la liberté de la presse, les règles particulières de procédure et de prescription prévues par ce texte en cas de diffamation ou d'injures publiques sont applicables à la diffamation et à l'injure non publiques. Ces contraventions se prescriront donc à l'issue d'un délai de trois mois, et non pas d'un an.* » (Circ. MJ 18 janv. 1994, n° 40).

▪ **Composition pénale.** Elle n'est pas exclue par les textes (C. pr. pén., art. 41-2 et 41-3).

▪ **Composition du tribunal de police.** En application de C. pr. pén., art. 523, le tribunal de police ne peut pas être constitué par un magistrat temporaire ou un magistrat honoraire exerçant des fonctions juridictionnelles pour le jugement de ces contraventions (C. pr. pén., art. R. 41-11, mod. par D. nº 2022-889, 14 juin 2022).

▪ ÉLÉMENTS CONSTITUTIFS – QUALIFICATION

✧ Pour avoir à .... [¤ lieu], le .... [¤ date], de manière non publique [⇨A ou B :]

A. allégué ou imputé un fait portant atteinte à l'honneur ou à la considération de (C. pén., art. R. 621-1) (A : *N 11699.c1*)...

B. porté une expression outrageante, un terme de mépris ou une invective sur la personne de (C. pén., art. R. 621-2) (B : *N 6034.c1*)...

.... [¤ nom de la victime], en l'espèce en......... [¤ énoncé de la diffamation ou des injures proférées].

Faits prévus et réprimés par l'article [• du cas sélectionné] + 29 de la loi du 29 juillet 1881. ✧

35.18 Diffamation ou injure discriminatoire non publique

▪ PEINES

PERSONNE PHYSIQUE

PP Contrav. 5e cl. 1 500 € depuis D. nº 2017-1230, 3 août 2017, auparavant contrav. 4e cl (C. pén., art. R. 625-8 (Cas A et B) et R. 625-8-1 (Cas C et D) (anct R. 624-3 et R. 624-4, D. nº 2017-1230, 3 août 2017) 131-13). **Récidive.** 3 000 € (C. pén., art. R. 625-8-2, 132-11).

PC 1. Interdiction ⩽ 3 ans détention, port arme soumise à autorisation (C. pén., art. R. 625-8-2 (anct R. 624-5, D. nº 2017-1230, 3 août 2017) ;

2. Confiscation arme(s) (C. pén., art. R. 625-8-2 (anct R. 624-5, D. nº 2017-1230, 3 août 2017) ;

3. Confiscation (réelle ou en valeur) chose ayant servi à l'infraction ou destinée à la commettre ou son produit (obligatoire pour objets qualifiés dangereux ou nuisibles par loi ou règlement ou dont la détention est illicite) (C. pén., art. R. 625-8-2 (anct R. 624-5, D. nº 2017-1230, 3 août 2017) et 131-21) ;

4. Tig 20 à 120 h (C. pén., art. R. 625-8-2 (depuis D. nº 2017-1230, 3 août 2017)) ;

5. Stage de citoyenneté (C. pén., art. 131-16 8 ; R. 625-8-2 (depuis D. nº 2017-1230, 3 août 2017)) (pour les faits commis avant le 24 mars 2020 et jugés après cette date, L. nº 2019-222, 23 mars 2019, en vigueur le 24 mars 2020. Pour les faits commis à partir du 24 mars 2020, v. nouvelle réd. C. pén., art. 131-16 7° renvoyant à C. pén., art. 131-5-1 et nº 18.33).

PERSONNE MORALE

PP Contrav. 5e cl. 7 500 € depuis D. nº 2017-1230, 3 août 2017, auparavant contrav. 4e cl (C. pén., art. R. 625-8-2, (anct R. 624-6, D. nº 2017-1230, 3 août 2017), 131-41). > **Récidive.** 15 000 € (C. pén., art. R. 625-8-2, 132-15).

PC Confiscation (réelle ou en valeur) chose ayant servi à l'infraction ou destinée à la commettre ou son produit (C. pén., art. R. 625-8-2 (anct R. 624-6, D. nº 2017-1230, 3 août 2017), 131-48 et 131-21).

▪ ORIENTEUR

AUTRE QUALIFICATION

▪ **Provocation non publique à la discrimination ou à la haine à raison de l'origine, de l'appartenance religieuse, raciale, du sexe ou du handicap.** V. nº 35.27

ÉLÉMENT MATÉRIEL

▪ **Notion de groupe de personnes.** Sur cette notion, v. orienteur du nº 35.26.

RÉGIME PROCÉDURAL

▪ **Prescription de l'action publique. • Régime postérieur à la L. nº 2017-86, 27 janv. 2017 : prescription d'un an.** L. 29 juill. 1881, art. 65-4 et 65-3 combinés, mod. par L. nº 2017-86, 27 janv. 2017. **• Régime antérieur à la L. nº 2017-86, 27 janv. 2017 : prescription de 3 mois.** « *Les règles de prescription et de procédure prévues par la loi du 29 juillet 1881 sur la liberté de la presse doivent être appliquées à ces contraventions* » (Circ. MJ 18 janv. 1994) (v. nº 35.17). La Ch. crim. (Crim. 23 mai 2006, nº 06-80.820, P nº 144) a estimé que la prescription d'un an introduite par la loi nº 2004-204 du 9 mars 2004 pour le délit d'injure raciale publique n'était pas applicable à la contravention d'injure raciale non publique. « *La motivation adoptée permet semble-t-il de considérer que les contraventions de diffamation raciale non publique et provocation non publique à la discrimination, à la haine et à la violence raciale, prévue aux articles R. 624-3 et R. 625-7 du code pénal, se prescrivent également par trois mois révolus* » (Circ. Crim. AP n° 06-246-A4, 16 août 2006 se substituant aux instructions contraires contenues dans Circ. Crim. 2004-04 E8, 14 mai 2004, NOR : JUSD0430092C, n° 3.1). • **Formalisation des actes interruptifs de prescription.** Depuis L. n° 2017-86, 27 janv. 2017, les réquisitions aux fins d'enquête obéissent au formalisme de droit commun pour ces infractions (L. 29 juill. 1881, art. 65-3 et 65-4), v. n° 35.13.

▪ **Composition pénale.** Elle n'est pas exclue par les textes (C. pr. pén., art. 41-2 et 41-3).

▪**Composition du tribunal de police.** En application de C. pr. pén., art. 523, le tribunal de police ne peut pas être constitué par un magistrat temporaire ou un magistrat honoraire exerçant des fonctions juridictionnelles pour le jugement de ces contraventions (C. pr. pén., art. R. 41-11, mod. par D. n° 2022-889, 14 juin 2022).

▪ **Pouvoir de requalification. Possibilité de requalification.** Depuis L. n° 2017-86, 27 janv. 2017, le tribunal n'est plus tenu de manière irrévocable par la citation et a la faculté de requalifier les faits pour ces infractions, dans les limites précisées au n° 35.13 (L. 29 juill. 1881, art. **54-1** et **65-4**).

▪ ÉLÉMENTS CONSTITUTIFS – QUALIFICATION

✧ Pour avoir à .... [¤ lieu], le .... [¤ date], de manière non publique, en l'espèce .... [¤ matérialiser la diffamation (**Cas A** et **B**) ou les injures proférées (**Cas C** et **D**)] [⇨A à D :]

A. allégué ou imputé un fait portant atteinte à l'honneur ou à la considération de .... [¤ nom de la victime] ou d'un groupe de personnes, à raison de [⇨ :] son origine – son appartenance ou sa non-appartenance à / – une ethnie – une nation – une « prétendue » (D. n° 2017-1230, 3 août 2017) race – une religion (C. pén., art. R. 625-8 (anc[t] R. 624-3, D. n° 2017-1230, 3 août 2017)) (A : *N* ***12292.c5***) ;

B. (créé par D. n° 2005-284, 25 mars 2005) allégué ou imputé un fait portant atteinte à l'honneur ou à la considération de [¤ nom de la victime] ou d'un groupe de personnes, à raison de son (C. pén., art. R. 625-8 (anc[t] R. 624-3, D. n° 2017-1230, 3 août 2017) [⇨ B1 à B3 :]

B1. sexe (B1 : *N* ***26406.c5***) ;

B2. orientation sexuelle « ou identité de genre » (D. n° 2017-1230, 3 août 2017) (B2 : *N* ***26407.c5***) ;

B3. handicap (B3 : *N* ***26408.c5***).

C. porté une expression outrageante, un terme de mépris ou une invective sur la personne de .... [¤ nom de la victime], ou sur un groupe de personnes, à raison de [⇨ :] son origine – son appartenance ou sa non-appartenance à / – une ethnie – une nation – une « prétendue » (D. n° 2017-1230, 3 août 2017) race – une religion (C. pén., art. R. 625-8-1 (anc[t] R. 624-4, D. n° 2017-1230, 3 août 2017)) (C : *N* ***12293.c5***) ;

D. (créé par D. n° 2005-284, 25 mars 2005) porté une expression outrageante, un terme de mépris ou une invective sur la personne de [¤ nom de la victime] ou sur un groupe de personnes, à raison de son (C. pén., art. R. 625-8-1 (anc[t] R. 624-4, D. n° 2017-1230, 3 août 2017)) [⇨D1 à D3 :]

D1. sexe (D1 : *N* ***26409.c5***) ;

D2. orientation sexuelle « ou identité de genre » (D. n° 2017-1230, 3 août 2017) (D2 : *N* ***26410.c5***) ;

D3. handicap (D3 : *N* ***26411.c5***).

Faits prévus et réprimés par l'article [• du cas sélectionné] **PERSONNES PHYSIQUES.** + R. 625-8-2 (anc[t] R. 624-5, D. n° 2017-1230, 3 août 2017) du code pénal, 29 de la loi du 29 juillet 1881. **PERSONNES MORALES.** + R. 625-8-2 (anc[t] R. 624-6, D. n° 2017-1230, 3 août 2017), 29 de la loi du 29 juillet 1881. ✧

35.19 Diffamation publique envers un corps constitué ou une administration publique

▪ PEINES

PERSONNE PHYSIQUE

PP Délit. 45 000 € (L. 29 juill. 1881, art. 30).

1 8°).

PC Néant.

PERSONNE MORALE

PP Délit. 225 000 € (C. pén., art. 131-38) (NB : L. 29 juill. 1881, art. 43-1 : les personnes morales ne sont pas pénalement responsables s'il y a lieu à mise en œuvre des articles 42 ou 43, L. 29 juill. 1881, art. 43-1 (infractions par voie de presse écrite) (Crim. 10 sept. 2013, n° 12-83.672, P n° 178 ; Crim. 11 juill. 2017, n° 16-84.859, P n° 207)). Elles ne sont également pas pénalement responsables lorsque l'infraction est commise « *par un moyen de communication au public par voie électronique* » (L. n° 82-652, 29 juill. 1982, sur la communication audiovisuelle, art. 93-3 et 93-4).

PC Néant.

▪ ORIENTEUR

AUTRE QUALIFICATION

- Dénonciation calomnieuse. V. n° 25.29.
- Diffamation publique envers un particulier. L. 29 juill. 1881, art. 32, al. 1, v. n° 35.13.
- Diffamation publique envers un particulier à raison de l'origine, de l'appartenance religieuse, raciale, du sexe ou du handicap. V. n° 35.14.
- Diffamation ou injure non publique. V. n° 35.17.
- Diffamation ou injure discriminatoire non publique. V. n° 35.18.
- Diffamation publique envers un membre d'un corps constitué ou d'une administration publique. L. 29 juill. 1881, art. 31, v. n° 35.20.
- Injure publique envers un corps constitué ou une administration publique. L. 29 juill. 1881, art. 33, al. 1, v. n° 35.21.

ÉLÉMENT LÉGAL

- Définition. Diffamation. *Idem* n° 35.13 (L. 29 juill. 1881, art. 29, al. 1).
- Constitutionnalité. cf. n° 35.13.

ÉLÉMENT MATÉRIEL

- Imputabilité de l'infraction –Responsabilité en cascade. *Idem* n° 35.13 (L. 29 juill. 1881, art. 43 et L. n° 82-652, 29 juill. 1982, art. 93-3).
- Imputabilité de l'infraction – Complicité de droit commun. *Idem* n° 35.13 (L. 29 juill. 1881, art. 43).
- Constitutionnalité du régime d'imputabilité. Validité du régime de responsabilité du directeur de publication d'un site internet (L. n° 82-652, 29 juill. 1982, art. 93-3). *Idem* n° 35.13.
- Fait justificatif. Ordre de la loi. *Idem* n° 35.13.
- Imputation de faits précis. *Idem* n° 35.13.
- Conditions de publicité et de diffusion. *Idem* n° 35.13.

RÉGIME PROCÉDURAL

- Compétence juridictionnelle. Juge unique exclu. *Idem* n° 35.13 (C. pr. pén., art. 398-1, v. n° 17.15D2).
- Compétence territoriale. Diffusion par internet. *Idem* n° 35.13.
- Ordonnance pénale délictuelle. Exclue (C. pr. pén., art. 495 II).
- Convocation par OPJ. Possible *Idem* n° 35.13.
- Composition pénale. Exclue (C. pr. pén., art. 41-2).
- CRPC. Exclue (C. pr. pén., art. 495-16). Sur le domaine de la CRPC, v. n° 15.53A.
- Comparution par procès-verbal. Exclue (C. pr. pén., art. 397-6).

▪ **Comparution immédiate ou différée.** Exclue (C. pr. pén., art. 397-6).

▪ **Exercice de l'action publique. Délibération ou plainte préalable du ministre ou chef de corps.** « *Dans le cas d'injure ou de diffamation envers les cours, tribunaux et autres corps indiqués en l'article 30, la poursuite n'aura lieu que sur une délibération prise par eux en assemblée générale et requérant les poursuites, ou, si le corps n'a pas d'assemblée générale, sur la plainte du chef du corps ou du ministre duquel ce corps relève* » (L. 29 juill. 1881, art. 48 1°). Il résulte de CGTC, art. L. 2212-1 et de CSI, art. L. 511-1 et L. 511-2, que la police municipale est un service administratif, qui n'a pas d'assemblée générale, « *placé sous l'autorité du maire, qui en nomme les agents, et ce pour exécuter des tâches qui relèvent de sa compétence propre* » (§ 24), « *Il en résulte que le maire doit être regardé comme le chef de corps de la police municipale, au sens de l'article 48, 1°[...]. C'est donc à lui, et non à la commune, qu'il appartenait de porter plainte et de se constituer partie civile* » pour des faits de diffamation visant la police municipale de la ville (Crim. 7 janv. 2020, n° 18-87.048, P).

▪ **Prescription de l'action publique. • Délai de 3 mois.** *Idem* n° 35.13 (L. 29 juill. 1881, art. 65). **• Actes interruptifs de prescription et point de départ de la prescription.** *Idem* n° 35.13 (L. 29 juill. 1881, art. 65). **• Exception d'ordre public.** *Idem* n° 35.13.

▪ **Formes de la citation.** *Idem* n° 35.13 (L. 29 juill. 1881, art. 53).

▪ **Délai de la citation.** *Idem* n° 35.13 (20 jours, L. 29 juill. 1881, art. 54).

▪ **Formes du réquisitoire introductif.** *Idem* n° 35.13 (L. 29 juill. 1881, art. 50).

▪ **Déroulement de l'instruction.** *Idem* n° 35.13 (L. 29 juill. 1881 ; art. 51-1).

▪ **Pouvoir de requalification.** *Idem* n° 35.13.

▪ **Exception de vérité.** *Idem* n° 35.13 (L. 29 juill. 1881, art. 35 et 55). « *La vérité du fait diffamatoire, mais seulement quand il est relatif aux fonctions, pourra être établie par les voies ordinaires, dans le cas d'imputations contre les corps constitués, les armées de terre, de mer ou de l'air et de l'espace, les administrations publiques* » (L. 29 juill. 1881, art. 35, al. 1 et 55) ».

▪ **Exception de bonne foi.** *Idem* n° 35.13.

MESURE CIVILE

▪ **Proportionnalité de la réparation civile.** *Idem* n° 35.13.

RÉGIME DES PEINES

▪ **Proportionnalité de la sanction.** *Idem* n° 35.13.

▪ ÉLÉMENTS CONSTITUTIFS – QUALIFICATION

✧ Pour avoir à .... [¤ lieu], le .... [¤ date], [• préciser le cas échéant en cas d'infraction commise par voie de presse :] étant .... (qualité du prévenu par référence à l'orienteur élément matériel/Imputabilité de l'infraction –Responsabilité en cascade du n° 35.13)]

par [⇨A à D :]

A. des discours, cris ou menaces proférés dans un lieu ou réunion publics en l'espèce .... [¤ lieu de commission des faits] ...

B. des écrits – imprimés – dessins – gravures – peintures – emblèmes – images / vendus, distribués, mis en vente – exposés / dans un lieu ou réunion publics en l'espèce .... [¤ lieu de diffusion] ...

C. des placards ou des affiches exposés au regard du public ...

D. tout moyen de communication au public par voie électronique, en l'espèce .... [¤ moyen utilisé] ...

... porté des allégations ou imputations d'un fait portant atteinte à l'honneur ou à la considération des [cours ; tribunaux ; armées de terre, de mer ou de l'air et de l'espace ; corps constitués ; administrations publiques] .... [¤ préciser le corps visé par la diffamation], en l'espèce en .... [¤ reprendre textuellement les imputations diffamatoires exprimées].

Faits prévus et réprimés par les articles 23, 29, al. 1, 30, 42, 43, 48 (1°) de la loi du 29 juillet 1881 (*N 370.co*). ✧

35.20 Diffamation publique envers un membre d'un corps constitué ou d'une administration publique

■ PEINES

PERSONNE PHYSIQUE

PP Délit. 45 000 € (L. 29 juill. 1881, art. 31).
1 8°).

PC Néant.

PERSONNE MORALE

PP Délit. 225 000 € (C. pén., art. 131-38) (NB : L. 29 juill. 1881, art. 43-1 : les personnes morales ne sont pas pénalement responsables s'il y a lieu à mise en œuvre des articles 42 ou 43, L. 29 juill. 1881, art. 43-1 (infractions par voie de presse écrite) (Crim. 10 sept. 2013, n° 12-83.672, P n° 178 ; Crim. 11 juill. 2017, n° 16-84.859, P n° 207)). Elles ne sont également pas pénalement responsables lorsque l'infraction est commise « *par un moyen de communication au public par voie électronique* » (L. n° 82-652, 29 juill. 1982, sur la communication audiovisuelle, art. 93-3 et 93-4).

PC Néant.

■ ORIENTEUR

AUTRE QUALIFICATION

- **Dénonciation calomnieuse.** V. n° 25.29.
- **Diffamation publique envers un particulier.** L. 29 juill. 1881, art. 32, al. 1, v. n° 35.13.
- **Diffamation publique envers un particulier à raison de l'origine, de l'appartenance religieuse, raciale, du sexe ou du handicap.** V. n° 35.14.
- **Diffamation ou injure non publique.** V. n° 35.17.
- **Diffamation ou injure discriminatoire non publique.** V. n° 35.18.
- **Diffamation publique envers un corps constitué ou une administration publique.** L. 29 juill. 1881, art. 30, v. n° 35.19.
- **Injure publique envers un corps constitué ou une administration publique.** L. 29 juill. 1881, art. 33, al. 1, v. n° 35.21.

ÉLÉMENT LÉGAL

- **Définition. Diffamation.** *Idem* n° 35.13 (L. 29 juill. 1881, art. 29, al. 1).
- **Constitutionnalité.** cf. n° 35.13.

ÉLÉMENT MATÉRIEL

- **Imputabilité de l'infraction –Responsabilité en cascade.** *Idem* n° 35.13 (L. 29 juill. 1881, art. 43 et L. n° 82-652, 29 juill. 1982, art. 93-3).
- **Imputabilité de l'infraction – Complicité de droit commun.** *Idem* n° 35.13 (L. 29 juill. 1881, art. 43).
- **Constitutionnalité du régime d'imputabilité. Validité du régime de responsabilité du directeur de publication d'un site internet (L. n° 82-652, 29 juill. 1982, art. 93-3).** *Idem* n° 35.13.
- **Fait justificatif. Ordre de la loi.** *Idem* n° 35.13.
- **Imputation de faits précis.** *Idem* n° 35.13.
- **Conditions de publicité et de diffusion.** *Idem* n° 35.13.

RÉGIME PROCÉDURAL

- **Compétence juridictionnelle. Juge unique exclu.** *Idem* n° 35.13 (C. pr. pén., art. 398-1, v. n° 17.15D2).
- **Compétence territoriale. Diffusion par internet.** *Idem* n° 35.13.
- **Ordonnance pénale délictuelle. Exclue** (C. pr. pén., art. 495 II).
- **Convocation par OPJ. Possible** *Idem* n° 35.13.
- **Composition pénale. Exclue** (C. pr. pén., art. 41-2).
- **CRPC. Exclue** (C. pr. pén., art. 495-16). Sur le domaine de la CRPC, v. n° 15.53A.
- **Comparution par procès-verbal. Exclue** (C. pr. pén., art. 397-6).

▪ **Comparution immédiate ou différée. Exclue** (C. pr. pén., art. 397-6).

▪ **Exercice de l'action publique. Plainte préalable.** « *Dans le cas d'injure ou de diffamation envers le Président de la République, un membre du Gouvernement ou un membre du Parlement, la poursuite n'aura lieu que sur la plainte de la personne ou des personnes intéressées* » (L. 29 juill. 1881, art. 48 2°). « *Dans le cas d'injure ou de diffamation envers les fonctionnaires publics, les dépositaires ou agents de l'autorité publique autres que les ministres et envers les citoyens chargés d'un service ou d'un mandat public, la poursuite aura lieu, soit sur leur plainte, soit d'office sur la plainte du ministre dont ils relèvent* » (L. 29 juill. 1881, art. 48 3°). « *Dans le cas de diffamation envers un juré ou un témoin, délit prévu par l'article 31, la poursuite n'aura lieu que sur la plainte du juré ou du témoin qui se prétendra diffamé* » (L. 29 juill. 1881, art. 48 4°). « *Dans le cas d'outrage envers les agents diplomatiques étrangers, la poursuite aura lieu sur leur demande adressée au ministre des affaires étrangères et par celui-ci au ministre de la justice* » (L. 29 juill. 1881, art. 48 2°à 5°).

▪ **Prescription de l'action publique. • Délai de 3 mois.** *Idem* n° **35.13** (L. 29 juill. 1881, art. 65). **• Actes interruptifs de prescription et point de départ de la prescription.** *Idem* n° **35.13** (L. 29 juill. 1881, art. 65). **• Exception d'ordre public.** *Idem* n° **35.13**.

▪ **Formes de la citation.** *Idem* n° **35.13** (L. 29 juill. 1881, art. 53).

▪ **Délai de la citation.** *Idem* n° **35.13** (20 jours, L. 29 juill. 1881, art. 54).

▪ **Formes du réquisitoire introductif.** *Idem* n° **35.13** (L. 29 juill. 1881, art. 50).

▪ **Déroulement de l'instruction.** *Idem* n° **35.13** (L. 29 juill. 1881 ; art. 51-1).

▪ **Pouvoir de requalification.** *Idem* n° **35.13**.

▪ **Exception de vérité.** *Idem* n° **35.13** (L. 29 juill. 1881, art. 35 et 55). « *La vérité du fait diffamatoire, mais seulement quand il est relatif aux fonctions, pourra être établie par les voies ordinaires, dans le cas d'imputations [...] toutes les personnes énumérées dans l'article 31* » (L. 29 juill. 1881, art. 35, al. 1 et 55) ».

▪ **Exception de bonne foi.** *Idem* n° **35.13**.

MESURE CIVILE

▪ **Proportionnalité de la réparation civile.** *Idem* n° **35.13**.

▪ **Protection fonctionnelle de l'agent de l'État victime.** CGFP, art. L. 134-1, v. n° **16.9**.

RÉGIME DES PEINES

▪ **Proportionnalité de la sanction.** *Idem* n° **35.13**.

▪ ÉLÉMENTS CONSTITUTIFS – QUALIFICATION

✧ Pour avoir à .... [¤ lieu], le .... [¤ date], [• préciser le cas échéant en cas d'infraction commise par voie de presse :] étant .... (qualité du prévenu par référence à l'orienteur élément matériel/Imputabilité de l'infraction –Responsabilité en cascade du n° **35.13**)] par [⇨A à D :]

A. des discours, cris ou menaces proférés dans un lieu ou réunion publics en l'espèce .... [¤ lieu de commission des faits] ...

B. des écrits – imprimés – dessins – gravures – peintures – emblèmes – images / vendus, distribués, mis en vente – exposés / dans un lieu ou réunion publics en l'espèce .... [¤ lieu de diffusion] ...

C. des placards ou des affiches exposés au regard du public ...

D. tout moyen de communication au public par voie électronique, en l'espèce .... [¤ moyen utilisé] ...

... porté, à raison de sa fonction ou de sa qualité, des allégations ou imputations d'un fait portant atteinte à l'honneur ou à la considération de .... [¤ nom de la personne], [[¤ préciser la qualité de la personne visée par la diffamation : Président de la République (*N* ***30143.co***) ; membre d'un ministère ; membre de l'une ou de l'autre Chambre ; fonctionnaire public ; dépositaire ou agent de l'autorité publique ; ministre de l'un des cultes salariés par l'État ; citoyen chargé d'un service ou d'un mandat public temporaire ou permanent ; juré ; témoin, à raison de sa déposition], en l'espèce en .... [¤ reprendre textuellement les imputations diffamatoires exprimées].

Faits prévus et réprimés par les articles 23, 29, al. 1, **31**, 42, 43, 48 (2° à 5°) de la loi du 29 juillet 1881 (*N* ***371.co***). ✧

35.21 Injure publique envers un corps constitué ou une administration publique

■ PEINES

PERSONNE PHYSIQUE

PP Délit. 12 000 € (L. 29 juill. 1881, art. 33, al. 1).

PC Néant.

PERSONNE MORALE

PP 60 000 € (C. pén., art. 131-38) (NB : L. 29 juill. 1881, art. 43-1 : les personnes morales ne sont pas pénalement responsables s'il y a lieu à mise en œuvre des articles 42 ou 43, L. 29 juill. 1881, art. 43-1 (infractions par voie de presse écrite) (Crim. 10 sept. 2013, n° 12-83.672, P n° 178 ; Crim. 11 juill. 2017, n° 16-84.859, P n° 207)). Elles ne sont également pas pénalement responsables lorsque l'infraction est commise « *par un moyen de communication au public par voie électronique* » (L. n° 82-652, 29 juill. 1982, sur la communication audiovisuelle, art. 93-3 et 93-4).

PC Néant.

■ ORIENTEUR

AUTRE QUALIFICATION

- Outrage à un membre d'une juridiction. C. pén., art. 434-24, v. n° 25.4.
- Outrage à une personne chargée d'une mission de service public. C. pén., art. 433-5, v. n° 25.6.
- Outrage à une personne dépositaire de l'autorité publique. C. pén., art. 433-5, v. n° 25.8.
- Outrage délictuel au drapeau tricolore, à l'hymne national ou à l'armée. C. pén., art. 433-5-1, CJM, art. L. 322-17, v. n° 25.9.
- Diffamation ou injure non publique. V. n° 35.17.
- Diffamation publique envers un corps constitué ou une administration publique. L. 29 juill. 1881, art. 30, v. n° 35.19.
- Diffamation publique envers un membre d'un corps constitué ou d'une administration publique. L. 29 juill. 1881, art. 31, v. n° 35.20.

ÉLÉMENT LÉGAL

- Définition. Injure. *Idem* n° 35.15 (L. 29 juill. 1881, art. 29, al. 2).
- Champ d'application. Mémoire des morts. *Idem* n° 35.15 (L. 29 juill. 1881, art. 29, al. 1) (v. jurisprudence citée au n° 35.13).

ÉLÉMENT MATÉRIEL

- Fait justificatif. • Limites admissibles de la liberté d'expression. *Idem* n° 35.15.
- Distinction de l'outrage et de l'injure publique relevant du droit de la presse. V. cette même rubrique de l'orienteur du n° 25.8 (Crim. 29 mars 2017, n° 16-82.884, P n° 96 et Crim. 12 janv. 2021, n° 20-90.028, D).

RÉGIME PROCÉDURAL

- Compétence juridictionnelle. Juge unique exclu. *Idem* n° 35.13.
- Ordonnance pénale. Possible. *Idem* n° 35.13.
- Exercice de l'action publique. *Idem* n° 35.13.
- Prescription de l'action publique. *Idem* n° 35.13.
- Formes de la citation. *Idem* n° 35.13.
- Constitutionnalité – Formes de la citation. *Idem* n° 35.13.
- Délai de la citation. *Idem* n° 35.13.
- Formes du réquisitoire introductif. *Idem* n° 35.13.
- Déroulement de l'instruction. • Modalités de mise en examen. • Prohibition d'instruire sur la vérité des faits diffamatoires. *Idem* n° 35.13.

POLITIQUE PUBLIQUE

- **Obligations des fournisseurs d'accès à internet et hébergeurs.** Les fournisseurs d'accès à internet et hébergeurs « *doivent concourir à la lutte contre la diffusion des infractions visées* » à la L. 29 juill. 1881, art. 33 (L. n° 2004-575, 21 juin 2004, dite LCEN, art. 6, mod. par L. n° 2023-566, 7 juill. 2023, entrée en vigueur différée), v. n° 35.22.

MESURE CIVILE

- **Protection fonctionnelle de l'agent de l'État victime.** CGFP, art. L. 134-1, v. n° 16.9.

▪ ÉLÉMENTS CONSTITUTIFS – QUALIFICATION

✧ Pour avoir à ……… [¤ lieu], le ……… [¤ date], [• préciser le cas échéant en cas d'infraction commise par voie de presse :] étant ……… (qualité du prévenu par référence à l'orienteur élément matériel/Imputabilité de l'infraction –Responsabilité en cascade du n° 35.13)] par [⇨A à D :]

A. des discours, cris ou menaces proférés dans un lieu ou réunion publics en l'espèce ……… [¤ lieu de commission des faits] …

B. des écrits – imprimés – dessins – gravures – peintures – emblèmes – images / vendus, distribués, mis en vente – exposés / dans un lieu ou réunion publics en l'espèce ……… [¤ lieu de diffusion] …

C. des placards ou des affiches exposés au regard du public …

D. tout moyen de communication au public par voie électronique, en l'espèce ……… [¤ moyen utilisé] …

… comportant une expression outrageante, un terme de mépris ou une invective, en l'espèce en ……… [¤ reprendre textuellement les injures exprimées], injurié ……… [⇨1 ou 2 :]

1. [les : cours ; tribunaux ; armées de terre, de mer ou de l'air et de l'espace ; corps constitués ; administrations publiques ; en l'espèce ……… [¤ préciser le corps visé par l'injure], …/…

2. [¤ préciser le nom et la qualité de la personne visée par l'injure : Président de la République (*N 30144.co*) ; membre d'un ministère ; membre de l'une ou de l'autre Chambre ; fonctionnaire public ; dépositaire ou agent de l'autorité publique ; ministre de l'un des cultes salariés par l'État ; citoyen chargé d'un service ou d'un mandat public temporaire ou permanent ; juré ; témoin, à raison de sa déposition], …/…

Faits prévus et réprimés par les articles 23, 29, al. 2, 33, al. 1, 42, 43, 48-6° de la loi du 29 juillet 1881 (*N 375.co*). ✧

35.22 Les dispositifs de lutte contre les contenus en ligne illicites (LCEN)

A. Le principe de la liberté de communication en ligne

Si « *la communication au public par voie électronique est libre* », l'exercice de cette liberté peut être limité « *dans la mesure requise, d'une part, par le respect de la dignité de la personne humaine, de la liberté et de la propriété d'autrui, du caractère pluraliste de l'expression des courants de pensée et d'opinion et, d'autre part, par la sauvegarde de l'ordre public, par les besoins de la défense nationale, par les exigences de service public, par les contraintes techniques inhérentes aux moyens de communication* » (L. n° 86-1067, 30 sept. 1986 relative à la liberté de communication, art. 1 ; L. n° 2004-575, 21 juin 2004, dite LCEN, art. 1 IV).

« *On entend par communication au public par voie électronique toute mise à disposition du public ou de catégories de public, par un procédé de communication électronique, de signes, de signaux, d'écrits, d'images, de sons ou de messages de toute nature qui n'ont pas le caractère d'une correspondance privée* » (LCEN, art. 1 V).

« *On entend par communication au public en ligne toute transmission, sur demande individuelle, de données numériques n'ayant pas un caractère de correspondance privée, par un procédé de communication électronique permettant un échange réciproque d'informations entre l'émetteur et le récepteur* » (LCEN, art. 1 V).

Les personnes physiques ou morales qui mettent à disposition du public un service de communication en ligne dont le contenu est fourni par ce public ne peuvent voir leur responsabilité pénale engagée à raison des informations stockées sur ces services « *si elles n'avaient pas effectivement connaissance de l'activité ou de l'information illicites ou si, dès le moment où elles en ont eu connaissance, elles ont agi promptement pour retirer ces données ou en rendre l'accès impossible* » (LCEN, art. 6 I-2 et 3). Cette connaissance est présumée acquise lorsque les faits et leur localisation lui sont notifiés dans les formes prévues (LCEN, art. 6 I-5).

B. L'obligation des fournisseurs d'accès et des hégergeurs de concourir à la lutte contre la diffusion de certaines infractions

1. Le cadre européen du règlement sur les services numériques (Réglement (UE) 2022/2065)

Le « *règlement sur les services numériques* » (UE) 2022/2065 du Parlement européen et du Conseil, 19 oct. 2022, relatif à un marché unique des services numériques et modifiant la directive 2000/31/CE, établit « *des règles harmonisées pour un environnement en ligne sûr, prévisible et fiable* ». Il prévoit notamment un régime « *d'exemptions conditionnelles de responsabilité* » des hébergeurs et fournisseurs d'accès à internet, « *d'injonctions d'agir contre des contenus illicites* » (art. 9), « *d'injonctions de fournir des informations* » (art. 10) émises par les autorités judiciaires ou administratives nationales, des « *mécanismes de notification et d'action* » (art. 16) permettant à tout particulier ou à toute entité de signaler du contenu illicite aux prestataires, et de « *notification des soupçons d'infraction pénale* » (art. 18) lorsqu'un hébergeur « *a connaissance d'informations conduisant à soupçonner qu'une infraction pénale présentant une menace pour la vie ou la sécurité* » est commise.

2. Le droit interne : l'obligation de concourir à la lutte contre la diffusion de certaines infractions imposée par la LCEN

Sans préjudice « *de toute activité de surveillance ciblée et temporaire demandée par l'autorité judiciaire* », les fournisseurs d'accès à internet et hébergeurs ne sont pas soumis « *à une obligation générale de surveiller les informations qu'ils transmettent ou stockent, ni à une obligation générale de rechercher des faits ou des circonstances révélant des activités illicites* » (LCEN, art. 6 I-7). Ils doivent toutefois « *concourir à la lutte contre la diffusion des infractions* » suivantes : provocation à la discrimination, à la haine ou à la violence (L. 29 juill. 1881, art. 24, v. n° **35.26**) ; contestation de crime contre l'humanité ou révisionnisme (L. 29 juill. 1881, art. 24 *bis*, v. n° **35.28**) ; harcèlement et de chantage sexuel (C. pén., art. 222-33, v. n° **20.87**, infraction ajoutée par L. n° 2018-703, 3 août 2018) ; harcèlement scolaire (C. pén., art. 222-33-2-3 issu L. n° 2022-299, 2 mars 2022, v. n° **20.93**) ; traite des êtres humains (C. pén., art. 225-4-1, v. n° **20.117**) ; pratiques visant à modifier l'orientation sexuelle ou l'identité de genre (thérapies de conversion) (C. pén., art. 225-4-13 issu L. n° 2022-92, 31 janv. 2022, v. n° **20.120**) ; proxénétisme (C. pén., art. 225-5 et 225-6, v. n° **20.105** à **20.109**) ; pédopornographie (C. pén., art. 227-23, v. n° **21.32**) ; diffusion de messages à caractère violent ou pornographique susceptibles d'être vus par des mineurs (C. pén., art. 227-24, v. n° **21.33**) ; provocation ou d'apologie du terrorisme (C. pén., art. 421-2-5, v. n° **35.24**) (LCEN, art. 6 I-7).

Le devoir de concours des fournisseurs d'accès et des hébergeurs a été en outre étendu par la L. n° 2023-566, 7 juill. 2023 visant à instaurer une majorité numérique et à lutter contre la haine en ligne (dont l'entrée en vigueur est déterminée par un décret subordonné à l'avis de conformité au droit de l'Union donné par la Commission européenne) aux atteintes « *à la représentation, à la vie privée et à la sécurité des personnes et à la lutte contre toutes les formes de chantage et de harcèlement* », matérialisées par les infractions suivantes : injure publique envers un particulier ou un corps constitué ou une administration (L. 29 juill. 1881, art. 33, v. n^os^ **35.15**, **35.16** et **35.21**) ; harcèlement moral sur conjoint (C. pén. art. 222-33-2-1, v. n° **20.91**) et harcèlement moral générique (C. pén. art. 222-33-2-2, v. n° **20.92**) ; divulgation d'informations personnelles pour exposer une personne ou son entourage à un risque d'atteinte aux personnes ou aux biens (C. pén. art. 223-1-1, v. n° **35.50**) ; atteinte à l'intimité de la vie privée (C. pén. art. 226-1 et 226-2-1, v. n° **35.46**) et détention ou diffusion de paroles ou d'images portant atteinte à l'intimité de la vie privée (C. pén. art. 226-2, v. n° **35.48**) ; publication de montage portant atteinte à la représentation de la personne (C. pén. art. 226-8, v. n° **35.51**) ; détournement de finalité de données personnelles (C. pén. art. 226-21, v. n° **35.65**) ; divulgation intentionnelle ou par imprudence de données personnelles confidentielles (C. pén. art. 226-22, v. n° **35.66**) ; chantage (C. pén. art. 312-10, 312-11 et 312-12, v. n° **22.17**).

Notons qu'à l'entrée en vigueur de L. n° 2023-566, 7 juill. 2023, et du décret d'application de ce dispositif, les prestataires « *rendent visibles à leurs utilisateurs des messages de prévention contre le harcèlement défini au C. pén., art. 222-33-2-2 et indiquent aux personnes auteurs de signalement les structures d'accompagnement face au harcèlement en ligne* » (LCEN, art. 6 I § 7).

L'obligation de concourir aux infractions qui précèdent se traduit en outre par l'obligation de respecter les prescriptions positives suivantes.

3. L'obligation de favoriser et de recevoir les signalements de contenus illicites et d'informer les autorités

Les fournisseurs d'accès en ligne et les hébergeurs de contenu en ligne ont l'obligation, sous peine de sanctions pénales (LCEN, art. 6 VI-1, v. n° 35.23), d'informer promptement les autorités publiques compétentes des contenus illicites qui leur seraient signalées et doivent mettre en place un dispositif accessible et visible permettant à toute personne de porter à leur connaissance ces contenus (LCEN, art. 6 I-7).

Ils ont également l'obligation, pénalement sanctionnée (LCEN, art. 6 VI-1, v. n° 35.23), de détenir et de conserver les données de nature à permettre l'identification des personnes ayant contribué à la création d'un contenu illicite, et de satisfaire aux réquisitions de transmission de ces données émanant de l'autorité judiciaire (LCEN, art. 6 II). Les données relatives à l'identité civile de l'uilisateur, les données techniques permettant d'identifier la source de la connexion ou celles relatives aux équipements terminaux utilisés, ainsi que leur durée de conservation, sont précisées par le D. n° 2021-1362, 20 oct. 2021 pris en application de la LCEN, art. 6 II.

4. La prévention de l'accès aux contenus illites par les mineurs au moyen des réseaux sociaux

La loi L. n° 2023-566, 7 juill. 2023, à son entrée en vigueur, modifie la LCEN, en y introduisant une majorité numérique fixée à 15 ans pour l'inscription auprès d'un « *service de réseaux sociaux en ligne* » qu'elle définit comme « *toute plateforme permettant aux utilisateurs finaux de se connecter et de communiquer entre eux, de partager des contenus et de découvrir d'autres utilisateurs et d'autres contenus, sur plusieurs appareils* », conformément à la définitition donnée par l'art. 2 7) du règlement européen n° 2022/1825, 14 sept. 2022, relatif aux marchés contestables et équitables dans le secteur numérique (règlement sur les marchés numériques dit digital market act ou DMA). Sous peine d'une amende ⩽ 1 % du chiffre d'affaires mondial, les fournisseurs de service de « *réseaux sociaux en ligne* » exerçant leur activité en France sont tenus de refuser l'inscription à leurs services des mineurs de 15 ans, sauf autorisation d'un des titulaires de l'autorité parentale, et doivent mettre en place des solutions techniques afin de vérifier l'âge de l'utilisateur et l'autorisation parentale (LCEN, art. 6-7).

5. Les obligations d'identification pesant sur les éditeurs de contenus en ligne

Les personnes physiques et morales dont l'activité est d'éditer un service de communication au public en ligne mettent à disposition du public, dans un standard ouvert leurs données d'identification et d'adresse et le cas échéant leur numéro d'inscription au RCS ; elles précisent également le nom du directeur ou du codirecteur de la publication (LCEN, art. 6 III). Les personnes physiques non professionnelles peuvent préserver leur anonymat mais sont tenues de s'identifier auprès de leur hébergeur (LCEN, art. 6 III).

Le manquement à ces obligations d'identification est sanctionné par LCEN, art. 6 VI -2 (v. n° 35.23).

C. Le dispositif européen d'injonction de retrait, de blocage et de signalement de ontenu à caractère terroriste (Règlement (UE) 2021/784)

1. Les définitions du fournisseur de services d'hébergement et du fournisseur de contenus

Au sens du règlement (UE) 2021/784 du Parlement européen et du Conseil du 29 avril 2021, relatif à la lutte contre la diffusion des **contenus à caractère terroriste** en ligne est un « *fournisseur de services d'hébergement », un fournisseur de services [...], qui consistent à stocker des informations fournies par un fournisseur de contenus à la demande de celui-ci* » (Règl^t^ (UE) n° 2021/784, art. 2 § 1).

Est un « *fournisseur de contenus », un utilisateur qui a fourni des informations qui sont stockées, ou qui l'ont été, et diffusées au public par un fournisseur de services d'hébergement* » (art. 2 § 2).

2. La procédure d'injonction de retrait de contenu à caractère terroriste ou de blocage d'accès

« *L'autorité compétente de chaque État membre a le pouvoir d'émettre une injonction de retrait enjoignant aux fournisseurs de services d'hébergement de retirer les contenus à caractère terroriste ou de bloquer l'accès à ces contenus dans tous les États membres* » (Règl^t^ (UE) n° 2021/784, art. 3 § 1).

L'autorité administrative compétente en France pour émettre une injonction est **l'Office central de lutte contre la criminalité liée aux technologies de l'information et de la communication** (LCEN, art. 6-1-1 renvoyant à art. 6-1 et D. n° 2015-125, 5 févr. 2015, art. 1).

L'injonction doit être émise au moyen d'un modèle figurant en annexe I du règlement, et comprendre des mentions obligatoires (art. 3 § 4). Elle est adressée « *à l'établissement principal du fournisseur de services d'hébergement ou à son représentant légal* » (art. 3 § 5), par moyen électronique au « *point de contact* » désigné à cet effet (art. 3 § 5 et 15 § 1).

« *Les fournisseurs de services d'hébergement retirent les contenus à caractère terroriste ou bloquent l'accès à ces contenus dans tous les États membres dès que possible et, en tout état de cause, dans un délai d'une heure à compter de la réception de l'injonction de retrait* » (art. 3 § 3).

L'autorité peut également émettre une **injonction de retrait transfrontalière**, qui produit les mêmes effets obligatoires, à l'égard d'un fournisseur de services d'hébergement qui n'a pas sur son territoire son établissement principal ou de représentant légal, à charge de communiquer l'injonction à l'État membre dans lequel le fournisseur de services d'hébergement a son établissement principal ou dans lequel son représentant légal réside ou est établi. L'État auquel l'injonction a ainsi été communiquée peut, par décision notifiée, constater une violation du règlement européen et faire alors cesser les effets de l'injonction (art. 4).

« *les fournisseurs de services d'hébergement et les fournisseurs de contenus concernés par une injonction de retrait [...] peuvent demander au président du tribunal administratif ou au magistrat délégué par celui-ci l'annulation de cette injonction, dans un délai de quarante-huit heures à compter soit de sa réception, soit, s'agissant du fournisseur de contenus, du moment où il est informé par le fournisseur de services d'hébergement du retrait du contenu* » (LCEN, art. 6-1-5, issu L. n° 2022-1159, 16 août 2022).

La méconnaissance de l'obligation de retrait de contenu ou de blocage d'accès pesant sur les services d'hébergement est incriminée par LCEN, art. 6-1-3 II, issu L. n° 2022-1159, 16 août 2022, v. n° 35.23).

3. L'obligation de signalement aux autorités incombant aux services d'hébergement

« *Lorsque les fournisseurs de services d'hébergement prennent connaissance d'un contenu à caractère terroriste présentant une menace imminente pour la vie, ils en informent immédiatement les autorités compétentes pour les enquêtes et les poursuites en matière d'infractions pénales dans les États membres concernés. Lorsqu'il est impossible d'identifier les États membres concernés, les fournisseurs de services d'hébergement informent le point de contact [...] dans l'État membre de leur établissement principal ou dans lequel leur représentant légal réside ou est établi, et transmettent les informations concernant ledit contenu à caractère terroriste à Europol* » (Règl[t] (UE) n° 2021/784, art. 14 § 5).

La méconnaissance de l'obligation de signalement pesant sur les services d'hébergement est incriminée par LCEN, art. 6-1-3 II, issu L. n° 2022-1159, 16 août 2022, v. n° 35.23).

D. Les mesures de blocage, de déréfencement et de retrait de contenu à la demande de l'administration ou des parties et du ministère public

1. La procédure administrative de blocage de site et de déréférencement en matière d'apologie du terrorisme et de pédopornographie

• **Le blocage de site à la demande de l'autorité administrative.** Lorsque la mesure est justifiée par les nécessités de la lutte contre la provocation à des actes terroristes ou l'apologie de tels actes relevant de C. pén., art. 421-2-5 (sur l'infraction d'apologie du terrorisme, v. n° 35.24, L. n° 2014-1353, 13 nov. 2014), ou de la lutte contre la diffusion des images ou des représentations de mineurs relevant de C. pén., art. 227-23 (pédopornographie, v. n° 21.32), l'autorité administrative demande à **l'éditeur du site ou à l'hébergeur de retirer les contenus illicites** et en informe dans le même temps les fournisseurs d'accès. En l'absence de retrait dans un délai de 24 h 00, elle notifie les adresses électroniques des sites contrevenant aux dispositions de cet article aux fournisseurs d'accès, qui doivent alors **empêcher sans délai l'accès à ces adresses** (LCEN, art. 7 devenu 6-1, mod. par L. n° 2011-267, 14 mars 2011 et L. n° 2014-1353, 13 nov. 2014). Ces dispositions ont été jugées conformes à la Constitution (Cons. const. 10 mars 2011, n° 2011-625 DC, § 5 à 8). L'autorité administrative compétente est **l'Office central de lutte contre la criminalité liée aux technologies de l'information et de la communication** (D. n° 2015-125, 5 févr. 2015, art. 1). Elle informe de ses demandes de blocage de site une personnalité qualifiée, désignée au sein de ~~la Cnil~~ l'ARCOM (depuis le 7 juin 2022), qui s'assure de leur régularité et qui peut demander à l'administration d'y mettre fin ou saisir la juridiction administrative si l'autorité administrative ne suit pas sa recommandation (LCEN, art. 6-1 ; D. n° 2015-125, 5 févr. 2015, art. 5).

La méconnaissance de la demande de blocage de site est incriminée par LCEN, art. 6 VI -1 (v. n° 35.23). Soulignons que l'entrave aux mesures de blocage d'un site faisant l'apologie du terrorisme fait l'objet d'une incrimination particulière (C. pén., art. 421-2-5-1, v. n° 35.25).

• **Le déréférencement du site internet à la demande de l'autorité administrative.** L'autorité administrative peut notifier les adresses électroniques dont les contenus contreviennent au C. pén., art. 421-2-5 (infraction d'apologie du terrorisme, v. nº 35.24, L. nº 2014-1353, 13 nov. 2014) ou au C. pén., art. 227-23 (pédopornographie, v. nº 21.32), aux exploitants des **moteurs de recherche ou d'annuaires**, lesquels prennent les mesures utiles pour faire cesser le référencement du site (LCEN, art. 6-1, mod. par L. nº 2011-267, 14 mars 2011 et L. nº 2014-1353, 13 nov. 2014). L'autorité administrative compétente est l'Office central de lutte contre la criminalité liée aux technologies de l'information et de la communication (D. nº 2015-253, 4 mars 2015, art. 1). Elle informe de ses demandes de déréférencement la personnalité qualifiée désignée *supra*, laquelle contrôle la régularité de l'opération de déréférencement et peut demander à l'administration d'y mettre fin (LCEN, art. 6-1 ; D. nº 2015-253, 4 mars 2015, art. 5).

La méconnaissance de la demande de déréférencement est incriminée par LCEN, art. 6 VI -1, v. nº 35.23).

2. L'ACTION EN RÉFÉRÉ DEVANT LE JUGE JUDICIAIRE

• **La mesure conservatoire ou provisoire civile par le juge des référés**

À la demande du ministère public ou de toute personne physique ou morale ayant un intérêt à agir, **l'arrêt du service de communication en ligne** peut être prononcé par le juge des référés lorsque les faits d'apologie du terrorisme prévus au C. pén., art. 421-2-5 (v. nº 35.24) constituent un trouble manifestement illicite (C. pr. pén., art. 706-23).

En outre, lorsque des faits diffamation publique envers un particulier à raison de l'origine, de l'appartenance religieuse, raciale, du sexe ou du handicap (L. 29 juill. 1881, art. 32, al. 2 et 3, v. nº 35.14), d'injure publique discriminatoire envers les particuliers (L. 29 juill. 1881, art. 33, al. 3 et 4, v. nº 35.16), de provocation publique à la commission de crimes ou délits, à la discrimination ou à la haine raciale ou sexiste ou à raison du handicap, d'apologie de crime (L. 29 juill. 1881, art. 24, v. nº 35.26), de contestation de crime contre l'humanité et de révisionnisme (L. 29 juill. 1881, art. 24 bis, v. nº 35.28) résultent de messages ou informations mis à disposition du public par un service de communication en ligne et qu'ils constituent un trouble manifestement illicite, l'arrêt de ce service peut être prononcé par le juge des référés à la demande du ministère public et de toute personne physique ou morale ayant intérêt à agir (L. 29 juill. 1881, art. 50-1 [L. nº 2007-297, 5 mars 2007]).

Enfin, le ~~juge des référés~~ président du TJ, statuant selon la procédure ~~du référé~~ (mod. issues L. nº 2021-1109, 24 août 2021) accélérée au fond (prévue par C. pr. civ., art. 481-1), peut prescrire à toute personne susceptible d'y contribuer **toute mesure propre à prévenir un dommage ou à faire cesser un dommage** occasionné par le contenu d'un service de communication au public en ligne (L. nº 2004-575, 21 juin 2004, dite LCEN, art. 6 I-8).

• **Les principales modalités de l'action en référé**

Même en présence d'une contestation sérieuse, le juge des référés peut prescrire les mesures conservatoires qui s'imposent pour faire cesser un trouble manifestement illicite (C. pr. civ., art. 809). La demande est portée par voie d'assignation à l'audience prévue pour les référés, sauf autorisation préalable donnée par le juge des référés d'assigner à heure fixe à une autre date (C. pr. civ., art. 485). L'assignation est délivrée par un commissaire de justice [huissier] (C. pr. civ., art. 55). Elle contient notamment, à peine de nullité, la juridiction devant laquelle l'instance est portée, l'objet de la demande avec un exposé des moyens en fait et en droit, l'indication des pièces sur lesquelles la demande est fondée, énumérée sur un bordereau qui lui est annexé (C. pr. civ., art. 56). La juridiction compétente est le tribunal judiciaire (COJ, art. L. 211-3) du lieu où le défendeur personne physique a sa résidence ou son domicile, ou du lieu ou la personne morale est établie, ou celui du lieu ou demeure le demandeur si le défendeur n'a ni domicile ni résidence connus, ou celui du lieu du fait dommageable ou du dommage (C. pr. civ., art. 42, 43 et 46). La procédure de référé est orale et la représentation par avocat n'est pas obligatoire (C. pr. civ., art. 446-1). L'ordonnance de référé bénéficie de l'exécution provisoire (C. pr. civ., art. 485) et le juge peut prononcer des condamnations à des astreintes (C. pr. civ., art. 491).

• **Les principales modalités de l'action en référé exercée par le parquet**

Le ministère public agit d'office dans les cas spécifiés par la loi (C. pr. civ., art. 422). En dehors de ces cas, il peut agir pour la défense de l'ordre public à l'occasion des faits qui portent atteinte à celui-ci

(C. pr. civ., art., 423). Agissant comme partie principale, il est alors tenu d'assister à l'audience (C. pr. civ., art. 431).

35.23 Lutte contre les contenus illicites – Manquements aux obligations des fournisseurs d'accès et hébergeurs en ligne (LCEN)

▪ **PEINES**

PERSONNE PHYSIQUE

PP Délit. Cas A : 1 an d'emprisonnement, 250 000 € (L. n° 2004-575, 21 juin 2004, art. 6-1-3 I) ;

Cas A1 : 1 an d'emprisonnement, amende ⩽ 4 % du chiffre d'affaires mondial de l'exercice précédent (L. n° 2004-575, 21 juin 2004, art. 6-1-3 I) ;

Cas B : 1 an d'emprisonnement, 250 000 € (L. n° 2004-575, 21 juin 2004, art. 6-1-3 II) ;

Cas B1 : 1 an d'emprisonnement, amende ⩽ 4 % du chiffre d'affaires mondial de l'exercice précédent (L. n° 2004-575, 21 juin 2004, art. 6-1-3 II) ;

Cas C à F : 1 an d'emprisonnement, 250 000 € (L. n° 2004-575, 21 juin 2004, 6 IV-1) ;

Cas G : 1 an d'emprisonnement, 75 000 € (L. n° 2004-575, 21 juin 2004, art. 6 IV-2).

PC Néant.

PERSONNE MORALE

PP Délit.

Cas A : 1 250 000 € (L. n° 2004-575, 21 juin 2004 ; art. 6-1-3 I, C. pén., art. 131-38) ;

Cas A1 : amende ⩽ 4 % du chiffre d'affaires mondial de l'exercice précédent (L. n° 2004-575, 21 juin 2004, art. 6-1-3 I ; C. pén., art. 131-38) ;

Cas B : 1 250 000 € (L. n° 2004-575, 21 juin 2004, art. 6-1-3 II ; C. pén., art. 131-38) ;

Cas B1 : amende ⩽ 4 % du chiffre d'affaires mondial de l'exercice précédent (L. n° 2004-575, 21 juin 2004, art. 6-1-3 II ; C. pén., art. 131-38) ;

Cas C à F : 1 250 000 € (L. n° 2004-575, 21 juin 2004, 6 IV-1 ; C. pén., art. 131-38) ;

Cas G : 375 000 € (L. n° 2004-575, 21 juin 2004, art. 6 IV-2 ; C. pén., art. 131-38).

PC 1 Interdiction, définitive ou ⩽ 5 ans, une ou plusieurs activités professionnelles ou sociales en relation avec l'infraction (L. n° 2004-575, 21 juin 2004, art. 6 IV et 6-1-3 ; C. pén., art. 131-39 2°) ; 8. Affichage, ⩽ 2 mois, *et/ou* (L. n° 2011-525, 17 mai 2011) diffusion de la décision ou d'extraits aux frais (⩽ amende encourue) du condamné (L. n° 2004-575, 21 juin 2004, art. 6 IV et 6-1-3 ; C. pén., art. 131-39 9°, 131-48 et 131-35).

▪ **ORIENTEUR**

ÉLÉMENT LÉGAL – ÉLÉMENT MATÉRIEL

▪ **Renvoi.** V. les dispositifs de lutte contre les contenus en ligne illicites (LCEN), n° 35.22.

▪ **ÉLÉMENTS CONSTITUTIFS – QUALIFICATION**

✧ Pour avoir à .... [¤ lieu], le .... [¤ date], [⇨A à G :]

1. **MANQUEMENTS AUX OBLIGATIONS DES SERVICES D'HÉBERGEMENT EN MATIÈRE DE CONTENU TERRORISTE**

A. **Non respect d'une injonction de retrait.** étant fournisseur de service d'hébergement, omis de retirer des **contenus à caractère terroriste** ou de bloquer l'accès à ces contenus dans tous les États membres dans un délai d'une heure à compter de la réception d'une **injonction de retrait** (Règlement (UE) 2021/784 du Parlement européen et du Conseil du 29 avril 2021, art. 3 § 3 et 4 § 2, L. n° 2004-575, 21 juin 2004, art. 6-1-3 I) (A : *N 34815.co* ; par personne morale : *N 34816.co*) ;

A1. [préciser le cas échéant dans le **cas** A], avec cette circonstance que les faits ont été commis de **manière habituelle** par une personne morale (A1 : *N 34821.co*) ;

B. **Non respect de l'obligation de signalement.** étant fournisseur de services d'hébergement, ayant pris connaissance d'un contenu à caractère terroriste présentant une menace imminente pour la vie, omis d'en **informer immédiatement les autorités compétentes** pour les enquêtes et les poursuites en matière d'infractions pénales dans les États membres de l'Union européenne concernés, ou alors qu'il était impossible d'identifier les États membres concernés, omis d'informer le point de contact dans l'État membre de son établissement principal ou dans lequel son représentant légal réside ou est établi, ou de transmettre à Europol les informations concernant le contenu à caractère terroriste » (Règlement (UE) 2021/784 du Parlement européen et du Conseil du 29 avril 2021, art. 14 § 5 ; L. n° 2004-575, 21 juin 2004, art. 6-1-3 II) (A : *N* ***34817.co*** ; par personne morale : *N* ***34818.co***) ;

B1. [préciser le cas échéant dans le **cas** B], avec cette circonstance que les faits ont été commis de **manière habituelle** par une personne morale (B1 : *N* ***34822.co***) ;

2. **MANQUEMENTS AUX OBLIGATIONS DES FOURNISSEURS D'ACCÈS ET HÉBERGEURS EN MATIÈRE DE CONTENUS ILLICITES**

C. étant fournisseur d'accès à des services de communication en ligne ou hébergeur de contenus en ligne [⇨C1 à C5 :]

C1. omis de mettre en place un **dispositif facilement accessible et visible permettant à toute personne de porter à sa connaissance des données** consistant en l'apologie des crimes contre l'humanité, la provocation à la commission d'actes de terrorisme et à leur apologie, l'incitation à la haine raciale, à la haine à l'égard de personnes à raison de leur sexe, de leur orientation ou identité sexuelle ou de leur handicap, la pornographie enfantine, l'incitation à la violence, notamment l'incitation aux violences sexuelles et sexistes, ainsi que les atteintes à la dignité humaine (L. n° 2004-575, 21 juin 2004, art. **6 I-7** et **6 IV-1**) (C1 : *N* ***32256.co***) ;

C2. omis **d'informer promptement les autorités publiques** compétentes de toutes activités illicites qui lui ont été signalées ou qu'exerçaient les destinataires de ses services, consistant en l'apologie des crimes contre l'humanité, la provocation à la commission d'actes de terrorisme et à leur apologie, l'incitation à la haine raciale, à la haine à l'égard de personnes à raison de leur sexe, de leur orientation ou identité sexuelle ou de leur handicap, la pornographie enfantine, l'incitation à la violence, notamment l'incitation aux violences sexuelles et sexistes, ainsi que les atteintes à la dignité humaine (L. n° 2004-575, 21 juin 2004, art. **6 I-7** et **6 IV-1**) (C2 : *N* ***32257.co***) ;

C3. omis de **rendre public les moyens qu'il consacre** à la lutte contre les activités illicites consistant en l'apologie des crimes contre l'humanité, la provocation à la commission d'actes de terrorisme et à leur apologie, l'incitation à la haine raciale, à la haine à l'égard de personnes à raison de leur sexe, de leur orientation ou identité sexuelle ou de leur handicap, la pornographie enfantine, l'incitation à la violence, notamment l'incitation aux violences sexuelles et sexistes, ainsi que les atteintes à la dignité humaine (L. n° 2004-575, 21 juin 2004, art. 6 I-7 et **6 IV-1**) (C3 : *N* ***32258.co***) ;

C4. omis de **conserver les données de nature à permettre l'identification** de quiconque a contribué à la création du contenu ou de l'un des contenus des services dont il est prestataires (L. n° 2004-575, 21 juin 2004, art. **6 II** et **6 IV-1**) (C4 : *N* ***32487.co***) ;

C5. omis de **déférer à une demande de l'autorité judiciaire** d'obtenir les données de nature à permettre l'identification de quiconque a contribué à la création du contenu ou de l'un des contenus des services dont il est prestataires (L. n° 2004-575, 21 juin 2004, art. **6 II** et **6 IV-1**) (C5 : *N* ***32488.co***) ;

3. **MANQUEMENTS AUX OBLIGATIONS DES FOURNISSEURS D'ACCÈS ET HÉBERGEURS EN MATIÈRE D'APOLOGIE DU TERRORISME ET DE PÉDOPORNOGRAPHIE**

D. **Demande de retrait de contenu d'un site.** étant **hébergeur de contenu en ligne ou éditeur de contenu** en ligne, malgré la demande de l'autorité administrative, omis **de retirer un contenu en ligne** qui contrevient à l'article 421-2-5 du code pénal réprimant la provocation à des actes terroristes ou à l'article 227-23 du code pénal réprimant la diffusion des images ou des représentations pédopornographiques de mineurs (L. n° 2004-575, 21 juin 2004, art. **6-1** et **6 IV-1**) (D : *N* ***#.co***) ;

E. **Demande de blocage de l'accès à un site.** étant **fournisseur d'accès en ligne**, malgré la demande de l'autorité administrative, omis d'empêcher sans délai **l'accès à l'adresse électronique** d'un service de communication au public dont le contenu en ligne contrevient à l'article 421-2-5 du code pénal réprimant la provocation à des actes terroristes ou à l'article 227-23 du code pénal réprimant la diffusion des images ou des représentations pédopornographiques de mineurs (L. n° 2004-575, 21 juin 2004, art. **6-1** et **6 IV-1**) (E : *N* ***32489.co***) ;

F. **Demande de déréférencement d'un site.** étant **exploitant d'un moteur de recherche en ligne** ou d'un annuaire en ligne, malgré la demande de l'autorité administrative, omis de prendre toute mesure utile pour faire cesser le référencement d'un service de communication au public en ligne dont le contenu contrevient à l'article 421-2-5 du code pénal réprimant la provocation à des actes terroristes ou à l'article 227-23 du code pénal réprimant la diffusion des images ou des représentations pédopornographiques de mineurs (L. n° 2004-575, 21 juin 2004, art. 6-1 et 6 IV-1) (F : *N 32490.co*).

4. MANQUEMENTS DES ÉDITEURS DE CONTENU EN LIGNE AUX OBLIGATIONS DE S'IDENTIFIER AUPRÈS DU PUBLIC

G. étant personne physique ou dirigeant de droit ou de fait d'une personne morale exerçant l'activité d'éditeur de service de communication au public en ligne, omis de mettre à disposition du public, dans un standard ouvert, ses données d'identification et d'adresse et le cas échéant le numéro d'inscription au RCS ou de préciser le nom du directeur ou du codirecteur de la publication (L. n° 2004-575, 21 juin 2004, art. 6 III et 6 IV-2) (G : *N 26508.co*).
Faits prévus et réprimés par les articles : [de la formule sélectionnée]. ✧

35.24 Provocation au terrorisme – Apologie du terrorisme (L. n° 2014-1353, 13 nov. 2014)

▪ PEINES

PERSONNE PHYSIQUE

PP Délit. Cas A et B : 5 ans d'emprisonnement, 75 000 €. Cas C : 7 ans d'emprisonnement, 100 000 € (C. pén., art. 421-2-5).

PC *Idem* n° 23.25.

PERSONNE MORALE

PP Délit. Cas A et B : 375 000 €. Cas C : 500 000 € (C. pén., art. 421-2-5, 422-5, 131-38).

PC *Idem* n° 23.25.

▪ ORIENTEUR

AUTRE QUALIFICATION

▪ **Menace de mort, ou de crime ou délit contre les personnes.** C. pén., art. 222-17, v. n° 20.49. Est censurée la requalification de faits de menaces réitéréees de mort en provocation directe à des actes de terrorisme dès lors que « *les faits retenus par la cour d'appel pour affirmer le caractère terroriste des actes à la commission desquels il était provoqué n'étaient pas compris dans la citation, laquelle ne visait par ailleurs aucun propos portant sur des actes en relation avec une entreprise individuelle ou collective ayant pour but de troubler gravement l'ordre public par l'intimidation ou la terreur* » (§ 10) (Crim. 10 janv. 2023, n° 20-85.968, P).

▪ **Diffusion de message violent susceptible d'être vu par un mineur.** V. qualification n° 21.33 (dans sa rédaction issue L. n° 2014-1353, 13 nov. 2014).

▪ **Infractions terroristes par finalité (C. pén., art. 421-1).** Définition, v. n° 23.23A1 ; tableau des infractions concernées v. n° 23.23B ; tableau des peines applicables n° 23.23D.

▪ **Actes de terrorisme – Infractions spécifiques.** V. n° 23.25.

▪ **Entreprise individuelle terroriste (L. n° 2014-1353, 13 nov. 2014).** V. n° 23.26.

▪ **Entrave aux mesures de blocage d'un site faisant l'apologie du terrorisme (L. n° 2016-731, 3 juin 2016).** V. n° 35.25.

▪ **Consultation habituelle de site provoquant au terrorisme ou en faisant l'apologie (L. n° 2016-731, 3 juin 2016 et L. n° 2017-258, 28 févr. 2017).** V. n° 23.27.

▪ **Infractions de presse.** V. n° 35.26.

▪ **Recel.** V. n° 22.45. • **Recel de fichiers informatiques faisant l'apologie du terrorisme.** Jurisprudence de la Ch. crim. « *entre dans les prévisions des articles 321-1 et 421-2-5 du code pénal le fait de détenir, à la suite d'un téléchargement effectué en toute connaissance de cause, des fichiers caractérisant l'apologie du terrorisme* » (§ 6), cependant, une condamnation de ce chef n'est compatible avec Conv. EDH, art. 10, qui garantit la liberté de recevoir ou de communiquer des informations ou des idées, « *que si est caractérisée, en la personne du receleur, son adhésion à l'idéologie exprimée dans de tels fichiers* » (§ 7), « *la multiplicité, la diversité et le caractère volontaire de la sélection des documents téléchargés excluent qu'il ait pu agir de bonne foi* » et permettent d'établir l'adhésion du prévenu à l'idéologie incriminée

(§ 9) (Crim. 7 janv. 2020, n° 19-80.136, P). Tirant les conséquences de sa jurisprudence, la Ch. crim. a transmis une QPC portant sur la conformité à la Constitution de C. pén., art. 321-1 et 421-2-5 tels qu'interprétés par elle pour incriminer le recel de fichiers faisant l'apologie du terrorisme (Crim. 24 mars 2020, n° 19-86.706, D). • **Jurisprudence du Cons. const.**, « *si l'apologie publique d'actes de terrorisme favorise la large diffusion d'idées et de propos dangereux, la détention des fichiers ou documents apologétiques n'y participe qu'à la condition de donner lieu ensuite à une nouvelle diffusion publique* » (§ 23) ; « *Si, conformément à l'interprétation qu'en a retenue la* **C. cass.**, *la poursuite de cette infraction suppose d'établir l'adhésion du receleur à l'idéologie exprimée dans les fichiers ou documents apologétiques, ni cette adhésion ni la détention matérielle desdits fichiers ou documents ne sont susceptibles d'établir, à elles seules, l'existence d'une volonté de commettre des actes terroristes ou d'en faire l'apologie.* » (§ 24) ; il en résulte que « *le délit de recel d'apologie d'actes de terrorisme porte à la liberté d'expression et de communication une atteinte qui n'est pas nécessaire, adaptée et proportionnée. Les mots "ou de faire publiquement l'apologie de ces actes" figurant au premier alinéa de l'article 421-2-5 du code pénal ne sauraient donc, sans méconnaître cette liberté, être interprétés comme réprimant un tel délit.* » (§ 26) (Cons. const. 19 juin 2020, n° 2020-845 QPC). Cette réserve d'interprétation prohibe donc les poursuites du chef de recel d'apologie d'actes de terrorisme (*N* ***33163.co*** et *N* ***33164.co***). En application de C. pén., art. 112-4, al. 2, il doit donc être mis fin à l'exécution d'une peine prononcée pour une telle infraction (Crim. 9 nov. 2021, n° 20-87.078, P ; v. n° **10.4C5**).

ÉLÉMENT LÉGAL

▪ **Application de la loi pénale dans le temps.** Les infractions de provocation au terrorisme et d'apologie du terrorisme, auparavant infractions de presse inscrites dans L. 29 juill. 1881 sur la liberté de la presse (v. anciennes pénalités et qualifications n° **35.26**) ont été insérées dans la partie du code pénal relative aux infractions de terrorisme par L. n° 2014-1353, 13 nov. 2014. Si les peines sont identiques aux peines antérieures (5 ans), la circonstance de commission de l'infraction par internet est plus sévèrement réprimée (7 ans).

▪ **Constitutionnalité.** La Ch. crim. a refusé de transmettre au Cons. const. la question de la constitutionnalité de C. pén., art. 421-2-5, dans sa rédaction issue de L. n° 2014-1353, 13 nov. 2014, en ce que ces dispositions « *qui laissent au juge le soin de qualifier des comportements que le législateur ne peut énumérer a priori de façon exhaustive, sont suffisamment clairs et précis pour que l'interprétation de ce texte, qui entre dans l'office du juge pénal, puisse se faire sans risque d'arbitraire, d'autre part, l'atteinte portée à la liberté d'opinion et à la liberté d'expression par une telle incrimination apparaît nécessaire, adaptée et proportionnée à l'objectif de lutte contre le terrorisme et de défense de l'ordre public poursuivi par le législateur, enfin, il est possible de fixer des règles de procédure différentes selon les faits, les situations et les personnes auxquelles elles s'appliquent, quand ces différences ne procèdent pas de discriminations injustifiées et lorsque sont assurées aux justiciables des garanties égales, notamment quant au respect des droits de la défense* » (Crim. 1 déc. 2015, n° 15-90.017 QPC, D). Elle a ensuite transmis une QPC au motif que les dispositions relatives aux peines pouvaient méconnaître le principe de nécessité et de proportionnalité des peines et porter une atteinte excessive à la liberté de communication (Crim. 27 févr. 2018, n° 17-83.602 QPC, D). Ainsi saisi, le Cons. const. juge, d'une part, que C. pén., art. 422-3 et 422-6 prévoyant certaines des peines complémentaires applicables, ne méconnaissent aucun droit ou liberté que la Constitution garantit, d'autre part, que l'incrimination prévue par C. pén., art. 421-2-5, n'est ni équivoque ni imprécise et ne méconnaît ni le principe de légalité en ce que « *d'une part, le comportement incriminé doit inciter à porter un jugement favorable sur une infraction expressément qualifiée par la loi d'"acte de terrorisme" ou sur son auteur. D'autre part, ce comportement doit se matérialiser par des propos, images ou actes présentant un caractère public, c'est-à-dire dans des circonstances traduisant la volonté de leur auteur de les rendre publics* » (§ 9), ni la liberté d'expression et de communication (§ 24) (Cons. const. 18 mai 2018, n° 2018-706 QPC). Il en est autrement de l'incrimination de recel d'apologie d'actes de terrorisme, qui fait l'objet d'une réserve d'interprétation (v. Cons. const. 19 juin 2020, n° 2020-845 QPC (§ 26), précité en rubrique « Autre qualification ».

▪ **Application de la loi dans l'espace.** « *Tout crime ou tout délit réalisé au moyen d'un réseau de communication électronique, lorsqu'il est tenté ou commis au préjudice d'une personne physique résidant sur le territoire de la République ou d'une personne morale dont le siège se situe sur le territoire de la République, est réputé commis sur le territoire de la République.* » (C. pén., art. 113-2-1, réd. L. n° 2016-731, 3 juin 2016) (v. n° **10.5A2**).

▪ **Définition. Définition de l'acte terroriste.** V. n° **23.23A**. **Apologie.** « *L'apologie d'actes de terrorisme [...] consiste dans le fait d'inciter publiquement à porter sur ces infractions ou leurs auteurs un* *jugement favorable* », commet ainsi ce délit « *le prévenu [qui], par son comportement lors d'un rassemblement public, a manifesté une égale considération pour des victimes d'actes de terrorisme et l'un des auteurs à qui il s'identifiait* » (Crim. 25 avr. 2017, n° 16-83.331, P n° 121).

▪ **Droit européen. • Droit de l'Union – Règlement européen.** Le règlement (UE) 2021/784 du Parlement européen et du Conseil, 29 avr. 2021, relatif à la lutte contre la diffusion des contenus à caractère terroriste en ligne, établit des règles uniformes pour lutter contre l'utilisation abusive de services d'hébergement pour diffuser au public des contenus à caractère terroriste en ligne. • **Conseil de l'Europe.** La Convention du Conseil de l'Europe pour la prévention du terrorisme du 16 mai 2005 (STCE n° 196) prévoit que les États parties s'engagent à incriminer la provocation publique à commettre une infraction terroriste.

ÉLÉMENT MATÉRIEL

▪ **Imputabilité de l'infraction. Identification du pénalement responsable.** Lorsque les faits sont commis par la voie de la presse écrite ou audiovisuelle ou de la communication au public en ligne, les dispositions des lois régissant ces matières s'appliquent pour la détermination des personnes responsables (C. pén., art. 421-2-5). Les poursuites pourront être engagées contre le responsable tel que déterminé par les articles 42 et 43 de la loi du 29 juillet 1881 sur la presse, 93-3 de la loi du 29 juillet 1982 sur la communication audiovisuelle : responsabilité principale du directeur de publication, de l'auteur ou du directeur du service de communication audiovisuelle et responsabilité dite « en cascade », ou 6 de L. n° 2004-575, 21 juin 2004 (LCEN), renvoyant à la loi sur la presse et prévoyant une responsabilité de l'hébergeur (v. orienteur « régime procédural » du n° 35.13).

▪ **Notion de publicité. Cas A** : « *le délit d'apologie d'actes de terrorisme est constitué lorsque les propos qu'il incrimine ont été prononcés publiquement, c'est-à-dire tenus à haute voix dans des circonstances traduisant une volonté de les rendre publics* » (propos tenus en présence des seuls gendarmes qui l'escortaient, dans un fourgon cellulaire ou dans les geôles du tribunal devant lequel il devait comparaître) (Crim. 11 juill. 2017, n° 16-86.965, P n° 212). Est aussi confirmée la condamnation pour des propos tenus, d'une part, devant un membre de l'administration pénitentiaire au motif que « *la publicité ne suppose pas un nombre minimum d'auditeurs mais nécessite qu'une personne au moins ait entendu les propos d'apologie* », d'autre part, pour des propos tenus en présence de plusieurs personnes ne constituant « *pas un groupement de personnes liées par une communauté d'intérêts* », sous la précision que ces propos ont été tenus « *sans être provoqué à les proférer ni répondre à une accusation en matière pénale dont il aurait fait l'objet* » (Crim. 19 juin 2018, n° 17-87.087). Est confirmée la relaxe intervenue au motif « *que la condition de publicité fait défaut dès lors que les propos ont été tenus à des militaires, liés par une communauté d'intérêts, dans une enceinte militaire, hors la présence de tiers* » en ce qu'« *il ne résulte pas que le prévenu, en tenant les propos litigieux dans ces circonstances, ait eu l'intention de les rendre publics* » (propos tenus à des militaires, par un militaire, au sein de leur caserne) (Crim. 13 déc. 2017, n° 17-82.030, NP).

▪ **Faits incriminés. Liberté d'expression et débat d'intérêt général**. Est justifiée la condamnation au regard de Conv. EDH, art. 10 relatif à la liberté d'expression, « *dont le second paragraphe prévoit des restrictions à la liberté d'expression, qui, comme en l'espèce, constituent des mesures nécessaires à la sécurité nationale, à l'intégrité territoriale et à la sûreté publique, à la défense de l'ordre et à la prévention du crime* », en ce que « *les propos incriminés tendent à inciter autrui à porter un jugement favorable sur une infraction qualifiée de terroriste ou sur son auteur, même s'ils sont prononcés dans le cadre d'un débat d'intérêt général et se revendiquent comme participant d'un discours de nature politique* » (Crim. 27 nov. 2018, n° 17-83.602). Dans cette même affaire où il était reproché à un ancien membre, condamné à la réclusion criminelle à perpétuité, du groupe terroriste Action directe d'avoir, au cours d'un entretien avec un journaliste, déclaré à propos des auteurs des attentats commis à Paris et en Seine-Saint-Denis en 2015, « *Moi je les ai trouvés très courageux, ils se sont battus courageusement ils se battent dans les rues de Paris, ils savent qu'il y a deux ou trois mille flics autour d'eux* », et « *les frères Kouachi quand ils étaient dans l'imprimerie, ils se sont battus jusqu'à leur dernière balle. Bon bah voilà [...], on peut [...] pas dire que c'est des gamins qui sont lâches* », la peine privative de liberté de 18 mois dont 10 assortis d'un sursis probatoire infligée est toutefois jugée disproportionnée au regard des motifs retenus dans leur décision par les juridictions internes (§ 75) (CEDH 23 juin 2022, n° 28000/19, *Rouillan c/ France*).

▪ **Illustration. • Apologie et actes de menace et d'intimidation.** Ne relèvent pas de l'incrimination d'apologie du terrorisme « *les propos, par lesquels le prévenu se prévalait de son appartenance personnelle à une organisation terroriste, responsable de plusieurs attentats* [...], *pour intimider et menacer ses interlocuteurs* [car ces propos] *ne pouvaient, compte tenu des circonstances dans lesquelles ils avaient été tenus, que susciter* *en eux des sentiments de crainte et de rejet, exclusifs de tout regard favorable sur ladite organisation* » (Crim. 4 juin 2019, n° 18-85.042, P). • **Indifférence de l'entreprise terroriste.** « *le délit d'apologie d'actes de terrorisme [...] consiste dans le fait d'inciter publiquement à porter sur ces infractions ou leurs auteurs un jugement favorable, sans qu'il y ait à établir que les propos en cause ont été proférés en relation avec une entreprise individuelle ou collective ayant pour but de troubler gravement l'ordre public par l'intimidation ou la terreur* », pour une personne exhibant au cours d'un rassemblement sur la voie publique, une pancarte comportant d'un côté les inscriptions « je suis humain – je suis Charlie », de l'autre, associées à la représentation d'un cœur, « je suis la vie – je suis Kouachi) (Crim. 11 déc. 2018, n° 18-82.712, D).

RÉGIME PROCÉDURAL

▪ **Compétence territoriale. Procureur de la République antiterroriste, tribunal judiciaire et cour d'appel de Paris** (C. pr. pén., art. 706-17) (v. n° **23.23C**). Toutefois, selon les recommandations de la Circ. Crim n° 2019/17-G1, 1er juill. 2019, NOR JUSD1919006C, n° II 1, les parquets locaux ont vocation à conduire les enquêtes et à exercer l'action publique pour les faits d'apologie publique du terrorisme et de provocation à de tels actes.

▪ **Compétence juridictionnelle. Crime ou un délit réalisé par voie électronique** (C. pén., art. 113-2-1). Compétence territoriale du procureur de la République (C. pr. pén., art. 43), du juge d'instruction (C. pr. pén., art. 52) ou du tribunal correctionnel (C. pr. pén., art. 382) du lieu de résidence ou du siège des personnes physiques ou morales victimes (L. n° 2016-731, 3 juin 2016) (v. n° **10.5A2**), sans préjudice de la compétence du procureur de la République antiterroriste.

▪ **Prescription de l'action publique. 6 ans.** Par dérogation aux dispositions prévoyant une prescription de 20 ans pour les délits de terrorisme, le délai est celui de droit commun de 6 ans (délai de 3 ans devenu 6 ans depuis L. n° 2017-242, 27 févr. 2017) (C. pr. pén., art. 706-25-1 transféré à l'article 8 par L. n° 2017-242, 27 févr. 2017) (v. n° **23.23C**). Sur les délais de prescription de l'action publique, v. n° **17.19**.

▪ **Régime complet de la criminalité organisée. Applicable sauf garde à vue, limitée à 48 H 00,** et régime de la **perquisition domiciliaire de nuit inapplicable** (v. n° **11.21B**, **12.29C** et **23.23C5**) (C. pr. pén., art. 706-73 11 et 706-24-1).

▪ **Anonymat des enquêteurs.** *Idem* n° **23.25** (C. pr. pén., art. 706-24).

▪ **Continuation des mesures de surveillance secrète après l'ouverture d'information.** *Idem* n° **23.25** (C. pr. pén., art. 80-5 substitué à 706-24-2 abrogé).

▪ **Détention provisoire. Durée maximale de 6 mois renouvelable** jusqu'à 2 ans (v. n° **23.23C11**) (C. pr. pén., art. 706-24-3, mod. L. n° 2016-731, 3 juin 2016).

▪ **Régime des poursuites.** Ces incriminations appartiennent aux infractions relevant du régime procédural du terrorisme (C. pr. pén., art. 706-16). Elles ne relèvent plus du droit de la presse depuis qu'elles ont été déplacées dans le code pénal par L. n° 2014-1353, 13 nov. 2014. Les modalités de poursuite propres au droit de la presse (articulation et qualification complète des faits dans les actes interrompant la prescription, prescription courte, impossibilité pour le tribunal de requalifier les faits, v. orienteur n° **35.13**), ou les dispositions prohibant le recours à la comparution immédiate (C. pr. pén., art. 397-6), ne sont donc plus applicables, à l'exception du principe de la responsabilité dite « en cascade » si l'infraction a été commise par voie de presse écrite ou audiovisuelle (v. élément matériel/imputabilité ci-dessus). S'agissant de dispositions de procédure, ces dispositions s'appliquent immédiatement aux affaires non prescrites et non définitivement jugées (C. pén., art. 112-2).

▪ **Inscription de la personne mise en examen au Fijait.** Inscription de plein droit de la **personne mise en examen** au Fijait, sauf décision contraire et spécialement motivée du juge d'instruction (depuis L. n° 2021-1109, 24 août 2021, auparavant cette infraction était exclue de l'inscription au Fijait (v. n° **13.40** et **23.23C12**) (C. pr. pén., art. 706-25-4, L. n° 2015-912, 24 juill. 2015). La personne est toutefois exemptée des obligations périodiques de justification et de déclaration d'adresse et des sanctions prévues par C. pr. pén., art. 706-25-7 (v. n° **25.66**).

▪ **Obligation de communication du contrôle judiciaire à l'employeur public ou l'autorité de contrôle.** *Idem* n° **23.25** (C. pr. pén., art. 706-47-4).

POLITIQUE PUBLIQUE

▪ **Obligations des fournisseurs d'accès à internet et hébergeurs.** V. n° **35.22**.

▪ **Affectation du produit des sanctions financières au fonds de garantie.** (v. n° 23.23E1) (C. pén., art. 422-7).

MESURE ADMINISTRATIVE

▪ **Blocage de site internet à la demande de l'autorité administrative.** V. n° 35.22.

▪ **Déréférencement du site internet à la demande de l'autorité administrative.** V. n° 35.22.

MESURE CIVILE

▪ **Mesure conservatoire ou provisoire civile par le juge des référés ou le juge des requêtes.** V. n° 35.22.

▪ **Modalités de l'action en référé.** V. n° 35.22.

▪ **Modalités de l'action en référé ou sur requête engagée par le parquet.** V. n° 35.22.

RÉGIME DES PEINES

▪ **Prescription de la peine.** Par dérogation aux dispositions prévoyant un délai de prescription de la peine de 20 ans pour les délits de terrorisme, la prescription est celle de droit commun de 5 ans (C. pr. pén., art. 706-25-1, C. pén., art. 133-3) (v. n° 23.23G7).

▪ **Crédit de réduction de peine.** Par dérogation aux dispositions prohibant l'octroi du crédit de réduction de peine en matière terroriste, ce dispositif est applicable pour cette infraction (C. pr. pén., art. 721-1-1, L. n° 2016-987, 21 juill. 2016, v. n° 23.23G3).

▪ **Obligation de communication de la condamnation à l'employeur public ou l'autorité de contrôle.** *Idem* n° 23.25 (C. pr. pén., art. 706-47-4).

▪ **Inscription de la personne condamnée au Fijait.** Inscription de plein droit de la **personne condamnée** au Fijait, sauf décision contraire et spécialement motivée de la juridiction (depuis L. n° 2021-1109, 24 août 2021, auparavant l'inscription au Fijait était exclue pour cette infraction) (C. pr. pén., art. 706-25-4, L. n° 2015-912, 24 juill. 2015) (v. n° 13.40 et 23.23G6). La personne est toutefois exemptée des obligations périodiques de justification et de déclaration d'adresse et des sanctions prévues par C. pr. pén., art. 706-25-7 (v. n° 25.66).

▪ **Inéligibilité obligatoire. Inscription au bulletin n° 2. Réserve d'interprétation.** *Idem* n° 20.18.

▪ ÉLÉMENTS CONSTITUTIFS – QUALIFICATION

✧ Pour avoir à .... [¤ lieu], le .... [¤ date], [• préciser le cas échéant en cas d'infraction commise par voie de presse] étant .... (qualité du prévenu par référence à l'orienteur élément matériel/Imputabilité de l'infraction –Responsabilité en cascade du n° 35.13)] [⇨A ou B puis le cas échéant C :]

A. directement **provoqué** à des actes de terrorisme, en l'espèce en [matérialiser la provocation] (A : *N 7324.co*)...

B. fait publiquement **l'apologie** d'actes de terrorisme, en l'espèce en [matérialiser l'apologie] (B : *N 7325.co*)...

C. avec cette circonstance que les faits ont été commis en utilisant un service de communication au public en ligne (AC : *N 30735.co* ; BC : *N 30736.co*).

Faits prévus et réprimés par les articles 421-2-5, 421-8, 422-3, 422-4, 422-5 et 422-6 du code pénal. ✧

35.25 Entrave aux mesures de blocage d'un site faisant l'apologie du terrorisme (L. n° 2016-731, 3 juin 2016)

▪ PEINES

PERSONNE PHYSIQUE

PP Délit. 5 ans d'emprisonnement, 75 000 € (C. pén., art. 421-2-5-1).

PC *Idem* n° 23.25.

PERSONNE MORALE

PP Délit. 375 000 € (C. pén., art. 421-2-5-1, 422-5, 131-38).

PC *Idem* n° 23.25.

■ ORIENTEUR

AUTRE QUALIFICATION

▪ **Infractions terroristes par finalité (C. pén., art. 421-1).** Définition, v. nº 23.23A1 ; tableau des infractions concernées v. nº 23.23B ; tableau des peines applicables nº 23.23D.

▪ **Actes de terrorisme – Infractions spécifiques.** V. nº 23.25.

▪ **Entreprise individuelle terroriste (L. nº 2014-1353, 13 nov. 2014).** V. nº 23.26.

▪ **Provocation au terrorisme – Apologie du terrorisme (L. nº 2014-1353, 13 nov. 2014).** C. pén., art. 421-2-5, V. nº 35.24.

▪ **Consultation habituelle de site provoquant au terrorisme ou en faisant l'apologie (L. nº 2016-731, 3 juin 2016 et L. nº 2017-258, 28 févr. 2017).** V. nº 23.27.

ÉLÉMENT LÉGAL

▪ **Application de la loi pénale dans le temps.** Incrimination créée par L. nº 2016-731, 3 juin 2016.

▪ **Définition. Définition de l'acte terroriste.** V. nº 23.23A.

TEXTE DE RÉFÉRENCE

▪ **Mesures administratives ou judiciaires de neutralisation de site.** Sur les mesures de blocage ou de déréférencement de site à la demande de l'autorité administrative (art. 6 I L. nº 2004-575, 21 juin 2004, dite LCEN) ou de fermeture de site en référé ou sur requête (C. pr. pén., art. 706-23), v. nº 35.22.

RÉGIME PROCÉDURAL

▪ **Compétence territoriale. Procureur de la République antiterroriste, tribunal judiciaire et cour d'appel de Paris** (C. pr. pén., art. 706-17) (v. nº 23.23C). Contrairement aux infractions d'apologie publique du terrorisme et de provocations à de tels actes (v. nº 35.24), la Circ. Crim nº 2019/17-G1, 1er juill. 2019, NOR JUSD1919006C, nº II 1, ne recommande pas la saisine des parquets locaux.

▪ **Compétence juridictionnelle. Crime ou délit réalisé par voie électronique** (C. pén., art. 113-2-1). *Idem* nº 35.24.

▪ **Prescription de l'action publique. 6 ans.** *Idem* nº 35.24 (C. pr. pén., art. 706-25-1 transféré à l'article 8 par L. nº 2017-242, 27 févr. 2017).

▪ **Régime complet de la criminalité organisée. Applicable sauf garde à vue, limitée à 48 H 00,** et régime de la **perquisition domiciliaire de nuit inapplicable** (v. nº 11.21B, 12.29C et 23.23C5) (C. pr. pén., art. 706-73 11 et 706-24-1).

▪ **Anonymat des enquêteurs.** *Idem* nº 23.25 (C. pr. pén., art. 706-24).

▪ **Continuation des mesures de surveillance secrète après l'ouverture d'information.** *Idem* nº 23.25 (C. pr. pén., art. 80-5 substitué à 706-24-2 abrogé).

▪ **Détention provisoire. Durée maximale de 6 mois renouvelable** jusqu'à 2 ans (v. nº 23.23C11) (C. pr. pén., art. 706-24-3, mod. L. nº 2016-731, 3 juin 2016).

▪ **Inscription de la personne mise en examen au Fijait.** Inscription de plein droit de la personne mise en examen au Fijait, sauf décision contraire et spécialement motivée du juge d'instruction (depuis L. nº 2021-1109, 24 août 2021, auparavant cette infraction était exclue de l'inscription au Fijait (v. nº 13.40 et 23.23C12) (C. pr. pén., art. 706-25-4, L. nº 2015-912, 24 juill. 2015). La personne est toutefois exemptée des obligations périodiques de justification et de déclaration d'adresse et des sanctions prévues par C. pr. pén., art. 706-25-7 (v. nº 25.66).

▪ **Obligation de communication du contrôle judiciaire à l'employeur public ou l'autorité de contrôle.** *Idem* nº 23.25 (C. pr. pén., art. 706-47-4).

RÉGIME DES PEINES

▪ **Prescription de la peine.** Par dérogation aux dispositions prévoyant un délai de prescription de la peine de 20 ans pour les délits de terrorisme, la prescription est celle de droit commun de 5 ans (C. pr. pén., art. 706-25-1, C. pén., art. 133-3) (v. nº 23.23G7).

▪ **Crédit de réduction de peine.** Par dérogation aux dispositions prohibant l'octroi du crédit de réduction de peine en matière terroriste, ce dispositif est applicable pour cette infraction (C. pr. pén., art. 721-1-1, L. nº 2016-987, 21 juill. 2016, v. nº 23.23G3).

▪ **Obligation de communication de la condamnation à l'employeur public ou l'autorité de contrôle.** *Idem* nº 23.25 (C. pr. pén., art. 706-47-4).

▪ **Inscription de la personne condamnée au Fijait.** Inscription de plein droit de la personne condamnée au Fijait, sauf décision contraire et spécialement motivée de la juridiction (depuis L. nº 2021-1109, 24 août 2021, auparavant l'inscription au Fijait était exclue pour cette infraction) (C. pr. pén., art. 706-25-4, L. nº 2015-912, 24 juill. 2015) (v. nº 13.40 et 23.23G6). La personne est toutefois exemptée des obligations périodiques de justification et de déclaration d'adresse et des sanctions prévues par C. pr. pén., art. 706-25-7 (v. nº 25.66).

▪ **Inéligibilité obligatoire. Inscription au bulletin nº 2. Réserve d'interprétation.** *Idem* nº 20.18.

▪ ÉLÉMENTS CONSTITUTIFS – QUALIFICATION

✧ Pour avoir à .... [¤ lieu], le .... [¤ date], afin d'entraver, en connaissance de cause, l'efficacité d'une mesure, prévue à l'article 6-1 de la loi nº 2004-575 du 21 juin 2004 ou à l'article 706-23 du code de procédure pénale, de blocage, de déréférencement ou d'arrêt d'un site de communication au public en ligne, extrait, reproduit, transmis intentionnellement des données faisant l'apologie publique d'actes de terrorisme ou provoquant directement à ces actes.

Faits prévus et réprimés par les articles **PERSONNES PHYSIQUES.** 421-2-5-1, 421-8, 422-3, 422-4, 422-5 et 422-6 du code pénal (*N 31714.co*). **PERSONNES MORALES.** 421-2-5-1 et 422-5 du code pénal (*N #.co*). ✧

35.26 Provocation publique à la commission de crimes ou délits, à la discrimination ou à la haine raciale ou sexiste ou à raison du handicap– Apologie de crime

▪ PEINES

PERSONNE PHYSIQUE

PP Délit. Cas A et B : 5 ans d'emprisonnement, 45 000 € ; cas C et D : 1 an, 45 000 € ; cas E : 3 ans d'emprisonnement, 75 000 € (aggr. issue L. nº 2021-1109, 24 août 2021) (L. 29 juill. 1881, art. 24).

PC 1. Cas A et B : confiscation écrits, imprimés, placards ou affiches saisis, saisie et suppression ou destruction exemplaires mis en vente, distribués ou exposés au regard du public (L. 29 juill. 1881, art. 61) ;

2. Cas A : suspension du journal ou périodique durée ⩽ 3 mois, l'exploitant restant tenu de ses obligations envers ses salariés (L. 29 juill. 1881, art. 62) ;

3. Cas C et D : interdiction ⩽ 5 ans éligibilité, fonction juridictionnelle, expert, assistance et représentation en justice, sauf pour les directeurs de publication, éditeurs, auteurs, imprimeurs, vendeurs, distributeurs ou afficheurs (L. 29 juill. 1881, art. 24 ; C. pén., art. 131-26) ;

4. Cas C et D : affichage, ⩽ 2 mois, *et/ou* (L. nº 2011-525, 17 mai 2011) diffusion de la décision ou d'extraits aux frais (⩽ amende encourue) du condamné (L. 29 juill. 1881, art. 24 ; C. pén., art. 131-35) ;

5. Cas C et D : stage de citoyenneté (depuis L. nº 2017-86, 27 janv. 2017) (L. 29 juill. 1881, art. 24, C. pén., art. 131-5-1) (pour les faits commis avant le 24 mars 2020 et jugés après cette date, L. nº 2019-222, 23 mars 2019, en vigueur le 24 mars 2020. Pour les faits commis à partir du 24 mars 2020, v. nouvelle réd. C. pén., art. 131-5-1 et nº 18.33).

PERSONNE MORALE

PP Délit. Cas A à D : 225 000 € ; cas E : 375 000 € (aggr. issue L. nº 2021-1109, 24 août 2021) (L. 29 juill. 1881, art. 24 ; C. pén., art. 131-38) (NB : L. 29 juill. 1881, art. 43-1 : les personnes morales ne sont pas pénalement responsables s'il y a lieu à mise en œuvre des articles 42 ou 43, L. 29 juill. 1881, art. 43-1 (infractions par voie de presse écrite) (Crim. 10 sept. 2013, nº 12-83.672, P nº 178 ; Crim. 11 juill. 2017, nº 16-84.859, P nº 207)). Elles ne sont également pas pénalement responsables lorsque l'infraction est commise « *par un moyen de communication au public par voie électronique* » (L. nº 82-652, 29 juill. 1982, sur la communication audiovisuelle, art. 93-3 et 93-4).

PC Néant.

ORIENTEUR

AUTRE QUALIFICATION

▪ **Fabrication, diffusion de message violent ou pornographique perceptible par un mineur.** V. nº 21.33.

▪ **Atteintes à la sécurité des manifestations sportives.** Incitation à la haine (C. sport., art. L. 332-6) et exhibition de symboles incitant à la haine (C. sport., art. L. 332-7) dans une enceinte sportive ou lors d'une manifestation sportive, v. nº 23.16.

▪ **Provocation au terrorisme – Apologie du terrorisme (L. nº 2014-1353, 13 nov. 2014).** C. pén., art. 421-2-5, V. nº 35.24.

▪ **Provocation à la rébellion.** V. nº 25.14.

▪ **Provocation non publique à la discrimination ou à la haine raciale.** V. nº 35.27.

▪ **Port d'uniforme ou d'insigne d'une organisation ou d'une personne criminelle contre l'humanité.** C. pén., art. R. 645-1 (faits commis hors enceinte sportive), v. nº 35.29.

ÉLÉMENT LÉGAL

▪ **Constitutionnalité.** L. 29 juill. 1881, art. 24, al. 8 (cas C) est conforme à la constitution en ce que les comportements incriminés « *sont suffisamment clairs et précis pour que l'interprétation de ce texte, qui entre dans l'office du juge pénal, puisse se faire sans risque d'arbitraire, et que, d'autre part, l'atteinte portée à la liberté d'expression par une telle incrimination apparaît nécessaire, adaptée et proportionnée à l'objectif de lutte contre le racisme et de protection de l'ordre public poursuivi par le législateur* » (Crim. 16 avr. 2013, nº 13-90.008, NP). L'alinéa 9 du même article (cas D), est également jugé conforme à la constitution en termes identiques (Crim. 16 avr. 2013, nº 13-90.010, NP).

▪ **Application de la loi pénale dans le temps. •Transfert dans le code pénal.** Les infractions de provocation directe aux actes de terrorisme prévus par le titre II du livre IV du code pénal ou d'apologie de ces faits, auparavant incriminés par L. 29 juill. 1881, art. 24) ont été transférées, avec des pénalités aggravées, dans les dispositions du code pénal (C. pén., art. 421-2-5, v. nº 35.24, cas A et B) relatives au terrorisme par L. nº 2014-1353, 13 nov. 2014 et ne relèvent plus du droit pénal de la presse. • **Cas E.** Aggravation issue L. nº 2021-1109, 24 août 2021 confortant le respect des principes de la République.

▪ **Causes générales d'aggravation.** Les causes générales d'aggravation des peines en cas d'infraction à finalité raciste ou sexiste créées par L. nº 2017-86, 27 janv. 2017 (C. pén., art. 132-76 et 132-77°) (v. nº 18.9) ne sont pas applicables à cette infraction. Les infractions des **cas C** et **D** (art. 24, al. 7 et 8) sont donc punies des peines prévues par L. 29 juill. 1881, art. 24.

ÉLÉMENT MATÉRIEL

▪ **Fait justificatif. • Limites admissibles de la liberté d'expression. • Jurisprudence européenne. Appel au boycott (Cas C).** L'appel au boycott de produits en provenance d'un pays, lorsqu'il s'inscrit dans un « *sujet d'intérêt général* » et dans « *l'expression politique et militante* » (§ 78), relève du droit à la liberté d'expression garantit par Conv. EDH, art. 10, lequel « *exige un niveau élevé de protection du droit à la liberté d'expression* » (§ 78). Pour condamner les auteurs d'un tel appel au boycott, qui est « *avant tout une modalité d'expression d'opinions protestataires* » (§ 63), le juge interne doit établir par une « *motivation circonstanciée* » (§ 78) qu'au regard des éléments de l'espèce la condamnation des militants pour provocation publique à la discrimination sur le fondement de L. 29 juill. 1881, art. 24, al. 8, qui, « *tel qu'interprété et appliqué en l'espèce* [v. la décision Crim. 20 oct. 2015, nº 14-80.020, P nº 227 confirmant la condamnation prononcée par la cour d'appel] *interdit tout appel au boycott de produits en raison de leur origine géographique, quels que soient la teneur de cet appel, ses motifs et les circonstances dans lequel il s'inscrit* » (§ 75), « *était nécessaire, dans une société démocratique, pour atteindre le but légitime poursuivi, à savoir la protection des droits d'autrui* » (§ 77) (CEDH 11 juin 2020, nº 15271/16, *Baldassi et a. c/ France*). • **Jurisprudence interne. Cas C.** comme en matière de diffamation, il incombe au juge, non seulement de motiver la peine dans les conditions de droit commun au regard de la gravité des faits, de la personnalité de l'auteur et de sa situation personnelle (C. pén., art. 132-1 et C. pr. pén., art. 485, v. nº 18.6A), mais aussi d'apprécier dans le choix de la peine « *le caractère proportionné de l'atteinte portée au principe de la liberté d'expression défini par l'article 10 de la Convention européenne des droits de l'homme tel qu'interprété par la Cour européenne* » (Crim. 1 févr. 2017, nº 15-84.511, P nº 30) (sur les limites admissibles de la liberté d'expression justifiant la commission d'une infraction, v. nº 10.13E).

▪ **Illustration. • Cas B : apologie de crimes d'atteintes volontaires à la vie.** L'envoi à l'école d'un très jeune enfant vêtu d'un tee-shirt comportant les inscriptions « *"Jihad, né le 11 septembre", et : "Je suis une bombe"* », « *comme support d'un jugement bienveillant sur des actes criminels, caractérisent le délit d'apologie de crime* » (Crim. 17 mars 2015, n° 13-87.358, P n° 56) ; la CEDH jugeant que ces inscriptions « *ne sauraient être considérées comme relevant d'un quelconque débat d'intérêt général au regard des attentats du 11 septembre 2001 ou d'autres sujets* » et estimant proportionnées les peines prononcées de 4 000 € et de 2 mois d'emprisonnement avec sursis (CEDH 2 sept. 2021, req. n° 46883/15, *Z.B. c/France*).

▪ **Caractérisation. • Cas C : provocation à la discrimination, à la haine ou à la violence.** Le délit de provocation « *n'est caractérisé que si les juges constatent que, tant par leur sens que par leur portée, les propos incriminés tendent à inciter le public à la discrimination, à la haine ou à la violence envers une personne ou un groupe de personnes déterminées* » (Crim. 7 juin 2017, n° 16-80.322, 2017, n° 157). L'absence de suppression pendant plusieurs semaines de commentaires haineux publiés sur son mur d'un compte Facebook traduit le « *manque de vigilance et de réaction* » (§ 90) de son titulaire, homme politique en campagne électorale, de nature à justifier sa condamnation (§ 93) comme auteur de l'infraction, en application de L. n° 82-652, 29 juill. 1982, art. 93-3, à une peine d'amende qui constitue une ingérence proportionnée dans son droit à la liberté d'expression (§ 103) (CEDH 2 sept. 2021, *Sanchez c/ France*, n° 45581/15 ; décision réitérée en formation de grande chambre : CEDH, 15 mai 2023, n° 45581/15). **• Cas C : notion de groupe de personnes.** Les délits de provocation et d'injure « *sont caractérisés si les juges constatent que, tant par leur sens que par leur portée, les propos incriminés sont tenus à l'égard d'une personne ou d'un groupe de personnes en raison de leur origine ou de leur appartenance ou de leur non-appartenance à une ethnie, une nation, une race ou une religion déterminée* » (§ 14), les propos désignant « *les immigrés de confession musulmane venant d'Afrique, soit un groupe de personnes déterminé tant par leur origine que par leur religion, entrant dans les prévisions de la loi* » (§ 22) (Crim. 21 févr. 2023, n° 21-86.068, P). De même, une imputation diffamatoire « *faite aux juifs américains, vise un groupe de personnes à raison de leur appartenance à une religion déterminée, et entre dans les prévisions* » de la loi (Crim. 8 oct. 1991, n° 90-83.336, P n° 34), ainsi que des injures ou diffamations « *dirigées contres les personnes de race blanche résidant en Nouvelle-Calédonie* » (Crim. 11 juill. 1972, n° 70-93.211, P n° 236).

RÉGIME PROCÉDURAL

▪ **Renvoi.** Mêmes observations que sous le n° 35.13, sauf en ce qui concerne la plainte préalable de la victime, qui n'est pas nécessaire à l'exercice des poursuites par le parquet. Par dérogation à la prescription de 3 mois des infractions de presse prévue par L. 29 juill. 1881, art. 65, al. 1, la prescription de l'action publique a été étendue à 1 an dans le **cas** C depuis L. n° 2004-204, 9 mars 2004, art. 45, et dans le **cas** D depuis L. n° 2014-56, 27 janv. 2014. Depuis L. n° 2021-1109, 24 août 2021, la prescription dérogatoire de 1 an a été étendue à tous les cas incriminés par L. 29 juill. 1881, art. **24** (**cas** A à E) (L. 29 juill. 1881, art. **65-3**, mod. par L. n° 2021-1109, 24 août 2021).

▪ **Prescription de l'action publique. Formalisation des actes interruptifs de prescription.** Depuis L. n° 2017-86, 27 janv. 2017, les réquisitions aux fins d'enquête obéissaient au formalisme de droit commun pour les infractions des **cas** C et D (L. 29 juill. 1881, art. **65-3**), v. n° 35.13. Depuis L. n° 2021-1109, 24 août 2021 cette dérogation aux dispositions de L. 29 juill. 1881, art. 65, al. 2 s'applique dans tous les cas incriminés par L. 29 juill. 1881, art. **24** (**cas** A à E) (L. 29 juill. 1881, art. **65-3**, mod. par L. n° 2021-1109, 24 août 2021).

▪ **Pouvoir de requalification. Possibilité de requalification.** Depuis L. n° 2017-86, 27 janv. 2017, le tribunal n'est plus tenu de manière irrévocable par la citation et a la faculté de requalifier les faits pour les infractions des **cas** C et D, dans les limites précisées au n° 35.13 (L. 29 juill. 1881, art. **54-1**).

▪ **Concours de qualifications. • Cumul des poursuites pour diffamation aggravée et provocation à la haine raciale.** V. orienteur n° 35.14 (Crim. 15 oct. 2019, n° 18-85.366, P).

▪ **Procédures rapides. Possibles** depuis L. n° 2011-1109, 24 août 2021 modifiant C. pr. pén., art. 397-6, sous les précisions apportées au n° 35.16 (v. Orienteur/régime procédural).

POLITIQUE PUBLIQUE

▪ **Obligations des fournisseurs d'accès à internet et hébergeurs.** Les fournisseurs d'accès à internet et hébergeurs « *doivent concourir à la lutte contre la diffusion des infractions visées* » à la L. 29 juill. 1881, art. 24 (L. n° 2004-575, 21 juin 2004, dite LCEN, art. 6), v. n° 35.22.

MESURE CIVILE

▪ **Arrêt du service de communication en ligne par le juge des référés.** V. n° 35.22.

▪ **Modalités de l'action en référé.** V. n° 35.22.

▪ **Modalités de l'action civile engagée par le parquet.** V. n° 35.22.

▪ ÉLÉMENTS CONSTITUTIFS – QUALIFICATION

✧ Pour avoir à .... [¤ lieu], le .... [¤ date], [• préciser le cas échéant en cas d'infraction commise par voie de presse :] étant .... (qualité du prévenu par référence à l'orienteur élément matériel/Imputabilité de l'infraction –Responsabilité en cascade du n° 35.13)] par [⇨1 à 4 puis A à D, puis le cas échéant E dans les cas C et D :]

1. des discours proférés dans un lieu ou réunion publics en l'espèce .... [¤ lieu de commission des faits] ...

2. des écrits – imprimés – dessins – gravures – peintures – emblèmes – images / vendus, distribués, mis en vente – exposés / dans un lieu ou réunion publics en l'espèce .... [¤ lieu de diffusion] ...

3. des placards ou des affiches exposés au regard du public...

4. tout moyen de communication au public par voie électronique, en l'espèce .... [¤ moyen utilisé] ...

... [⇨A à D :]

A. directement provoqué à (A : *N 420.co*) [⇨A1 à A3 :]

A1. la commission d'atteintes volontaires à la vie, à l'intégrité de la personne ou d'agressions sexuelles définies par le livre II du code pénal (L. 29 juill. 1881, art. 24 (1°), 61 et 62) ...

A2. la commission de vols, extorsions, destructions, dégradations et détériorations volontaires dangereuses pour les personnes définies par le livre III du code pénal (L. 29 juill. 1881, art. 24 (2°), 61 et 62)...

A3. l'un des crimes ou délits portant atteinte aux intérêts fondamentaux de la Nation prévus par le titre Ier du livre IV du code pénal (L. 29 juill. 1881, art. 24 (2°), 61 et 62) ...

B. fait l'apologie de (B : *N 426.co*) [⇨B1 à B4 :]

B1. crimes d'atteintes volontaires à la vie, à l'intégrité de la personne ou d'agressions sexuelles définies par le livre II du code pénal (L. 29 juill. 1881, art. 24 et 61) ...

B2. crimes de vols, extorsions, destructions, dégradations et détériorations volontaires dangereuses pour les personnes définies par le livre III du code pénal (L. 29 juill. 1881, art. 24 et 61) ...

B3. crimes portant atteinte aux intérêts fondamentaux de la Nation prévus par le titre Ier du livre IV du code pénal (L. 29 juill. 1881, art. 24 et 61) ...

B4. crimes de guerre, de crimes contre l'humanité, « des crimes de réduction en esclavage ou d'exploitation d'une personne réduite en esclavage » (L. n° 2017-86, 27 janv. 2017) ou de crimes et délits de collaboration avec l'ennemi, « y compris si ces crimes n'ont pas donné lieu à la condamnation de leurs auteurs » (L. n° 2017-86, 27 janv. 2017) (L. 29 juill. 1881, art. 24 et 61) ...

C. provoqué à la [⇨C1 ou C2 :]

C1. discrimination (C1 : *N 425.co*)...

C2. haine ou à la violence (C2 : *N 26578.co*)...

...à l'égard d'une personne ou d'un groupe de personnes à raison de leur origine ou de leur appartenance ou de leur non-appartenance à une ethnie, une nation, une race ou une religion déterminée (L. 29 juill. 1881, art. 24) ...

D. provoqué à la [⇨D1 ou D2 puis a à c :]

D1. discrimination...

D2. haine ou à la violence...

...à l'égard d'une personne ou d'un groupe de personnes à raison de (L. 29 juill. 1881, art. 24) [⇨a à c :]

a. son sexe (D1a : *N 25756.co* ; D2a : *N 25753.co*) ...

b. son orientation « sexuelle ou identité de genre » (L. nº 2017-86, 27 janv. 2017) (au lieu d'orientation « ou identité » (L. nº 2012-954, 6 août 2012) sexuelle) (D1b : *N 25757.co* ; D2b : *N 25754.co*) ...

c. son handicap (D1c : *N 25758.co* ; D2c : *N 25755.co*) ...

... en l'espèce en .... [¤ matérialiser l'infraction].

E. [préciser le cas échéant dans les cas C et D (aggravation prévue par art. 24, al. 9 issu L. nº 2021-1109, 24 août 2021) :] avec cette circonstance que les faits ont été commis, dans l'exercice ou à l'occasion de l'exercice de ses fonctions ou de sa mission, par une personne [⇨E1 ou E2 :]

E1. dépositaire de l'autorité publique (C1e1 : *N 34179.co* ; C2e1 : *N 34181.co* ; D1aE1 : *N 34183.co* ; D1bE1 : *N 34185.co* ; D1cE1 : *N 34187.co* ; D2aE1 : *N 34189.co* ; D2bE1 : *N 34191.co* ; D2cE1 : *N 34193.co*) ;

E2. chargée d'une mission de service public (C1e2 : *N 34180.co* ; C2e2 : *N 34182.co* ; D1aE2 : *N 34184.co* ; D1bE2 : *N 34186.co* ; D1cE2 : *N 34188.co* ; D2aE2 : *N 34190.co* ; D2bE2 : *N 34192.co* ; D2cE2 : *N 34194.co*).

Faits prévus et réprimés par les articles 23, 24, 42, 43 + les articles [• du cas sélectionné] de la loi du 29 juillet 1881. ✧

35.27 Provocation non publique à la discrimination ou à la haine à raison de l'origine, de l'appartenance religieuse, raciale, du sexe ou du handicap

▪ PEINES

PERSONNE PHYSIQUE

PP Contrav. 5e cl. 1 500 € (C. pén., art. R. 625-7, 131-13). Récidive : 3 000 € (C. pén., art. R. 625-8-2, 132-11).

PC 1. Interdiction ⩽ 3 ans détention, port arme soumise à autorisation (C. pén., art. R. 625-8-2 (anct R. 625-7, D. nº 2017-1230, 3 août 2017)) ;

2. Confiscation arme(s) (C. pén., art. R. 625-8-2 (anct R. 625-7, D. nº 2017-1230, 3 août 2017)) ;

3. Confiscation (réelle ou en valeur) chose ayant servi à l'infraction ou destinée à la commettre ou son produit (obligatoire pour objets qualifiés dangereux ou nuisibles par loi ou règlement ou dont la détention est illicite) (C. pén., R. 625-8-2 (anct R. 625-7, D. nº 2017-1230, 3 août 2017) et 131-21) ;

4. Tig 20 à 120 h (C. pén., art. R. 625-8-2 (anct R. 625-7, D. nº 2017-1230, 3 août 2017)) ;

5. Stage de citoyenneté (C. pén., art. 131-16 8 ; R. 625-8-2 (depuis D. nº 2017-1230, 3 août 2017)) (pour les faits commis avant le 24 mars 2020 et jugés après cette date, L. nº 2019-222, 23 mars 2019, en vigueur le 24 mars 2020. Pour les faits commis à partir du 24 mars 2020, v. nouvelle réd. C. pén., art. 131-16 7° renvoyant à C. pén., art. 131-5-1 et nº 18.33).

PERSONNE MORALE

PP Contrav. 5e cl. 7 500 € (C. pén., art. R. 625-8-2, (anct R. 625-7, D. nº 2017-1230, 3 août 2017) 131-41). Récidive : 15 000 € (C. pén., art. R. 625-8-2, 132-15).

PC Confiscation (réelle ou en valeur) chose ayant servi à l'infraction ou destinée à la commettre ou son produit (C. pén., art. R. 625-8-2 (anct R. 625-7, D. nº 2017-1230, 3 août 2017), 131-48 et 131-21).

▪ ORIENTEUR

AUTRE QUALIFICATION

▪ Provocation publique à la commission de crimes ou délits, à la discrimination ou à la haine raciale ou sexiste ou à raison du handicap– Apologie de crime. V. nº 35.26.

▪ Diffamation ou injure discriminatoire non publique. V. nº 35.18.

ÉLÉMENT LÉGAL.

▪ **Incrimination par renvoi.** Sont également réprimées les provocations non publiques aux discriminations prévues par C. pén., art. 225-2 (v. nº 23.2) et 432-7 (v. nº 23.3) (C. pén., art. R. 625-7).

ÉLÉMENT MATÉRIEL

▪ **Notion de groupe de personnes.** Sur cette notion, v. orienteur du nº 35.26.

RÉGIME PROCÉDURAL

▪ **Prescription de l'action publique. • Régime postérieur à la L. nº 2017-86, 27 janv. 2017. Prescription de un an.** L. 29 juill. 1881, art. 65-4 et 65-3 combinés, modifiés par L. nº 2017-86, 27 janv. 2017. • **Régime antérieur à la L. nº 2017-86, 27 janv. 2017. Prescription de 3 mois.** V. nº 35.18. Circ. Crim. 18 janv. 1994, nº 52 : « *Comme en matière d'injure ou de diffamation non publique, les règles de prescription et de procédure prévues par la loi sur la liberté de la presse seront applicables à cette contravention* », v. nºs 35.17 s. • **Formalisation des actes interruptifs de prescription.** Depuis L. nº 2017-86, 27 janv. 2017, les réquisitions aux fins d'enquête obéissent au formalisme de droit commun pour ces infractions (L. 29 juill. 1881, art. **65-3** et **65-4**), v. nº 35.13.

▪ **Pouvoir de requalification. Possibilité de requalification.** Depuis L. nº 2017-86, 27 janv. 2017, le tribunal n'est plus tenu de manière irrévocable par la citation et a la faculté de requalifier les faits pour ces infractions, dans les limites précisées au nº 35.13 (L. 29 juill. 1881, art. **54-1** et **65-4**).

▪ **Composition pénale.** Elle n'est pas exclue par les textes (C. pr. pén., art. 41-2 et 41-3).

▪ **Composition du tribunal de police.** En application de C. pr. pén., art. 523, le tribunal de police ne peut pas être constitué par un magistrat temporaire ou un magistrat honoraire exerçant des fonctions juridictionnelles pour le jugement de ces contraventions (C. pr. pén., art. R. 41-11, mod. par D. nº 2022-889, 14 juin 2022).

▪ **Inscription au fichier TAJ.** Contravention donnant lieu à inscription de la personne au fichier de traitement des antécédents judiciaires (TAJ), C. pr. pén., art. R. 40-25, v. nº 13.12B.

▪ ÉLÉMENTS CONSTITUTIFS – QUALIFICATION

✧ Pour avoir à .... [¤ lieu], le .... [¤ date], de manière non publique, provoqué à la [⇨A ou B puis 1 à 4 :]

A. discrimination (A : récidive *N* ***12318.c5***) .../...

B. à la haine ou à la violence (B : récidive *N* ***26580.c5***) .../...

.../... à l'égard d'une personne ou d'un groupe de personnes à raison de leur [⇨1 à 4 :]

1. origine ou de leur appartenance ou de leur non-appartenance, vraie ou supposée, à une ethnie, une nation, une « prétendue » (D. nº 2017-1230, 3 août 2017) race ou une religion déterminée (A1 : *N* ***12317.c5*** ; B1 : *N* ***26579.c5***) ;
2. « sexe » (D. nº 2005-284, 25 mars 2005) (A2 : *N* ***26415.c5*** ; B2 : *N* ***26412.c5***) ;
3. « orientation sexuelle » (D. nº 2005-284, 25 mars 2005) « ou identité de genre » (D. nº 2017-1230, 3 août 2017) (A3 : *N* ***26416.c5*** ; B3 : *N* ***26413.c5***) ;
4. « handicap » » (D. nº 2005-284, 25 mars 2005), (A4 : *N* ***26417.c5*** ; B4 : *N* ***26414.c5***) ;

.../... en l'espèce en .... [¤ matérialiser l'infraction].

Faits prévus et réprimés par les articles R. 625-7 et R. 625-8-2 du code pénal. ✧

35.28 Contestation de crime contre l'humanité – Révisionnisme

▪ PEINES

PERSONNE PHYSIQUE

PP Délit. Cas A et B : 1 an d'emprisonnement, 45 000 € ; cas C : 3 ans d'emprisonnement, 75 000 € (aggr. issue L. nº 2021-1109, 24 août 2021) (L. 29 juill. 1881, art. 24 *bis*).

PC Affichage, ⩽ 2 mois, *et/ou* (L. nº 2011-525, 17 mai 2011) diffusion de la décision ou d'extraits aux frais (⩽ amende encourue) du condamné (L. 29 juill. 1881, art. 24 *bis* ; C. pén., art. 131-35).

PERSONNE MORALE

PP Cas A et B : **225 000 €** ; cas C : **375 000 €** (aggr. issue L. n° 2021-1109, 24 août 2021) (L. 29 juill. 1881, art. *24 bis* ; C. pén., art. 131-38) (NB : L. 29 juill. 1881, art. 43-1 : les personnes morales ne sont pas pénalement responsables s'il y a lieu à mise en œuvre des articles 42 ou 43, L. 29 juill. 1881, art. 43-1 (infractions par voie de presse écrite) (Crim. 10 sept. 2013, n° 12-83.672, P n° 178 ; Crim. 11 juill. 2017, n° 16-84.859, P n° 207)). Elles ne sont également pas pénalement responsables lorsque l'infraction est commise « *par un moyen de communication au public par voie électronique* » (L. n° 82-652, 29 juill. 1982, sur la communication audiovisuelle, art. 93-3 et 93-4).

PC Néant.

ORIENTEUR

ÉLÉMENT LÉGAL

▪ **Constitutionnalité.** • **Cas A.** Est rejetée la QPC contre **l'article 24 *bis*** (dans sa rédaction antérieure à L. n° 2017-86, 27 janv. 2017 créant le **cas B**.) au motif qu'elle « *se réfère à des textes régulièrement introduits en droit interne, définissant, de façon claire et précise, l'infraction de contestation de l'existence d'un ou plusieurs crimes contre l'humanité, tels qu'ils ont été définis par l'article 6 du statut militaire international annexé à l'accord de Londres du 8 août 1945 et qui ont été commis, soit par des membres d'une organisation criminelle en application de l'article 9 dudit statut, soit par une personne reconnue coupable de tels crimes par une juridiction française ou internationale, d'autre part, l'atteinte portée à la liberté d'expression par une telle incrimination apparaît nécessaire, adaptée et proportionnée à l'objectif poursuivi par le législateur : la lutte contre le racisme et l'antisémitisme ainsi que la protection de l'ordre public* » (Crim. 5 déc. 2012, n° 12-86.382 QPC). • **Cas B.** Le Cons. const. a censuré d'office les dispositions de L. n° 2017-86, 27 janv. 2017 qui prévoyaient que l'incrimination du **cas B** pouvait également être reprochée en l'absence de condamnation préalable, par une juridiction française ou internationale, du crime considéré, lorsque les faits constituaient une incitation à la violence ou à la haine par référence à la prétendue race, la couleur, la religion, l'ascendance ou l'origine nationale. Au visa de DDHC 1789, art. 11 selon lequel « *La libre communication des pensées et des opinions est un des droits les plus précieux de l'homme : tout citoyen peut donc parler, écrire, imprimer librement, sauf à répondre de l'abus de cette liberté dans les cas déterminés la loi* »,(§ 192), le juge constitutionnel, en soulignant que les faits d'incitation à la haine raciale étaient par ailleurs déjà incriminés par L. 24 juill. 1881, art. 24 (§ 195) (V. n° **35.26**), a en effet considéré que les dispositions censurées faisaient « *peser une incertitude sur la licéité d'actes ou de propos portant sur des faits susceptibles de faire l'objet de débats historiques qui ne satisfait pas à l'exigence de proportionnalité qui s'impose s'agissant de l'exercice de la liberté d'expression.* » (§ 196) et que « *le législateur, en réprimant la négation, la minoration et la banalisation de certains crimes n'ayant fait l'objet d'aucune condamnation judiciaire préalable, a porté une atteinte à l'exercice de la liberté d'expression qui n'est ni nécessaire ni proportionnée* » (Cons. const. 26 janv. 2017, n° 2016-745 DC).

▪ **Application de la loi pénale dans le temps. Cas B** : incrimination créée par L. n° 2017-86, 27 janv. 2017. **Cas C** : aggravation issue L. n° 2021-1109, 24 août 2021, confortant le respect des principes de la République.

TEXTE DE RÉFÉRENCE

▪ **Désignation des organisations criminelles.** « *Il convient de rappeler que le tribunal de Nuremberg a, dans son jugement (cette disposition du jugement a été lue à l'audience du 30 septembre 1946) du 1er octobre 1946, déclaré criminelles, sous certaines réserves, les organisations suivantes :*

– le corps des chefs du parti nazi ;

– la gestapo et le SD (SD : "Sicherheitsdienst des Reichführers SS", service de renseignements du parti nazi rattaché en 1939 au service principal de la sûreté du Reich [RSHA] dont faisait partie la gestapo) ;

– les SS. » (Circ. Crim. 88-06, 25 mars 1988).

ÉLÉMENT MATÉRIEL

▪ **Contenu de la contestation.** La contestation de crime contre l'humanité est incriminée « *même si elle est présentée sous forme déguisée ou dubitative ou encore par voie d'insinuation* » (Crim. 13 nov. 2019, n° 18-85.263, D ; dans le même sens : Crim. 26 mars 2019, n° 18-81.770, D ; Crim. 12 sept. 2000, n° 98-88.202, D ; Crim. 29 janv 1998, n° 96-82.731, D ; Crim. 19 oct. 2021, n° 20-84.127, D).

RÉGIME PROCÉDURAL

▪**Renvoi.** Mêmes observations que sous le n° **35.13**, sauf en ce qui concerne la plainte préalable de la victime, qui n'est pas nécessaire à l'exercice des poursuites par le parquet, et la prescription de l'action publique, qui est de 1 an (L. 29 juill. 1881, art. 65-3 ; L. nº 2004-204, 9 mars 2004, art. 45).

▪ **Procédures rapides. Possibles** depuis L. nº 2011-1109, 24 août 2021 modifiant C. pr. pén., art. 397-6, sous les précisions apportées au nº 35.16 (v. Orienteur/régime procédural).

POLITIQUE PUBLIQUE

▪ **Obligations des fournisseurs d'accès à internet et hébergeurs.** Les fournisseurs d'accès à internet et hébergeurs « *doivent concourir à la lutte contre la diffusion des infractions visées* » à la L. 29 juill. 1881, art. 24 *bis* (L. nº 2004-575, 21 juin 2004, dite LCEN, art. 6), v. nº 35.22.

MESURE CIVILE

▪ **Arrêt du service de communication en ligne par le juge des référés.** v. nº 35.22.

▪ ÉLÉMENTS CONSTITUTIFS – QUALIFICATION

✧ Pour avoir à .... [¤ lieu], le .... [¤ date], [• préciser le cas échéant en cas d'infraction commise par voie de presse] étant .... (qualité du prévenu par référence à l'orienteur élément matériel/Imputabilité de l'infraction –Responsabilité en cascade du nº 35.13)] par [⇨1 à 4 puis A ou B :]

1. des discours proférés dans un lieu ou réunion publics en l'espèce .... [¤ lieu de commission des faits] ...

2. des écrits – imprimés – dessins – gravures – peintures – emblèmes – images / vendus, distribués, mis en vente – exposés / dans un lieu ou réunion publics en l'espèce .... [¤ lieu de diffusion] ...

3. des placards ou des affiches exposés au regard du public...

4. tout moyen de communication au public par voie électronique, en l'espèce .... [¤ moyen utilisé] ...

A.... **contesté l'existence d'un ou plusieurs crimes contre l'humanité** tels que définis par l'article 6 du statut du tribunal militaire international annexé à l'accord de Londres du 8 août 1945, commis soit par les membres d'une organisation déclarée criminelle en application de l'article 9 dudit statut, soit par une personne reconnue coupable de tels crimes par une juridiction française ou internationale (A : *N 11022.co*) ;

B.... alors que ce crime a donné lieu à une condamnation prononcée par une juridiction française ou internationale, **nié, minoré ou banalisé de façon outrancière**, l'existence d'un crime [⇨B1 à B3 :]

B1. de génocide ou d'un autre crime contre l'humanité (autres que ceux mentionnés au A) (B1 : *N 34215.co*) ;

B2. de réduction en esclavage ou d'exploitation d'une personne réduite en esclavage (B2 : *N 34216.co*) ;

B3. de guerre défini aux articles 6, 7 et 8 du statut de la Cour pénale internationale signé à Rome le 18 juillet 1998 et aux articles 211-1 à 212-3, 224-1 A à 224-1 C et 461-1 à 461-31 du code pénal (incrimination créée par L. nº 2017-86, 27 janv. 2017) (B3 : *N 34217.co*) ;

C. [préciser le cas échéant (aggravation prévue par art. 24 *bis* al. 4 issu L. nº 2021-1109, 24 août 2021) :] avec cette circonstance que les faits ont été commis, dans l'exercice ou à l'occasion de l'exercice de ses fonctions ou de sa mission, par une personne [⇨C1 ou C2 :]

C1. dépositaire de l'autorité publique (AC1 : *N 34218.co* ; B1C1 : *N 34220.co* ; B2C1 : *N 34222.co* ; B3C1 : *N 34224.co*) ;

C2. chargée d'une mission de service public (AC2 : *N 34219.co* ; B1C2 : *N 34221.co* ; B2C2 : *N 34223.co* ; B3C2 : *N 34225.co*).

Faits prévus et réprimés par les articles 23, 24 *bis*, 42, 43 + les articles [• du cas sélectionné] de la loi du 29 juillet 1881. ✧

35.29 Port d'uniforme ou d'insigne d'une organisation ou d'une personne criminelle contre l'humanité

▪ PEINES

PERSONNE PHYSIQUE

PP Contrav. 5e cl. 1 500 € (C. pén., art. R. 645-1, 131-13). Récidive : 3 000 € (C. pén., art. R. 645-1, 132-11).

PC 1. Interdiction ⩽ 3 ans détention, port arme soumise à autorisation (C. pén., art. R. 645-1) ;
2. Confiscation arme(s) (C. pén., art. R. 645-1) ;
3. Confiscation (réelle ou en valeur) chose ayant servi à l'infraction ou destinée à la commettre ou son produit (C. pén., art. R. 645-1, 131-14 et 131-21) ;
4. Tig de 20 à 120 h (C. pén., art. R. 645-1).

PERSONNE MORALE

PP Contrav. 5e cl. 7 500 € (C. pén., art. R. 645-1, 131-41). **Récidive** : 15 000 € (C. pén., art. R. 645-1, 132-15).

PC Confiscation (réelle ou en valeur) chose ayant servi à l'infraction ou destinée à la commettre ou son produit (C. pén., art. R. 645-1, 131-48 et 131-21).

▪ ORIENTEUR

AUTRE QUALIFICATION

▪ **Atteintes à la sécurité des manifestations sportives.** Incitation à la haine (C. sport., art. L. 332-6) et exhibition de symboles incitant à la haine (C. sport., art. L. 332-7) dans une enceinte sportive ou lors d'une manifestation sportive, v. no 23.16.

ÉLÉMENT LÉGAL

▪ **Fait justificatif.** L'infraction n'est pas caractérisée si les uniformes, insignes ou emblèmes sont portés ou exhibés pour les besoins d'un film, d'un spectacle ou d'une exposition comportant une évocation historique (C. pén., art. R. 645-1).

TEXTE DE RÉFÉRENCE

▪ **Désignation des organisations criminelles.** Organisations déclarées comme criminelles par le tribunal de Nurenberg, v. no 35.28.

RÉGIME PROCÉDURAL

▪ **Inscription au fichier TAJ.** Contravention donnant lieu à inscription de la personne au fichier de traitement des antécédents judiciaires (TAJ), C. pr. pén., art. R. 40-25, v. no 13.12B.

▪ ÉLÉMENTS CONSTITUTIFS – QUALIFICATION

✧ Pour avoir à .... [¤ lieu], le .... [¤ date], porté ou exhibé en public un uniforme, un insigne ou un emblème, en l'espèce .... [¤ uniforme, emblème ou insigne concerné], rappelant les uniformes, insignes ou emblèmes qui ont été portés ou exhibés [⇨A ou B :]

A. par les membres d'une organisation déclarée criminelle par le tribunal militaire international créé en application de l'accord de Londres du 8 août 1945 (tribunal militaire international de Nuremberg) (A : *N 5654.c5* ; récidive : *N 9818.c5*) ;

B. par .... [¤ criminel concerné], reconnu coupable par une juridiction française ou internationale d'un ou plusieurs crimes contre l'humanité (B : *N 5655.c5* ; récidive : *N 9819.c5*).

Faits prévus et réprimés par l'article R. 645-1 du code pénal. ✧

35.30 Diffusion d'image d'une personne menottée ou détenue – Réalisation ou diffusion de sondage sur la culpabilité d'une personne

▪ PEINES

PERSONNE PHYSIQUE

PP Délit. 15 000 € (L. 29 juill. 1881, art. 35 *ter*).

PC Néant.

PERSONNE MORALE

PP Délit. 75 000 € (L. 29 juill. 1881, art. 35 *ter* ; C. pén., art. 131-38).

PC Néant.

▪ ORIENTEUR

TEXTE DE RÉFÉRENCE

▪ **Prévention de l'infraction.** « *toutes mesures doivent être prises, dans les conditions compatibles avec les exigences de sécurité, pour éviter qu'une personne menottée ou entravée soit photographiée ou fasse l'objet d'un enregistrement audiovisuel* » (C. pr. pén., art. 803) (sur le principe de la sauvegarde de la dignité de la personne durant la garde à vue, v. nº 12.1C).

ÉLÉMENT MATÉRIEL

▪ **Illustration.** Cas A : « *la seule diffusion, en connaissance de cause, quel qu'en soit le motif, de l'image d'une personne identifiée ou identifiable, sans autorisation de celle-ci, faisant apparaître qu'elle est placée en détention provisoire, suffit à caractériser l'infraction* » (§ 16), et la charge de la preuve du consentement de l'intéressé pèse sur le prévenu (§ 15) (Crim. 12 janv. 2021, nº 20-83.031, D).

RÉGIME PROCÉDURAL

▪ **Compétence juridictionnelle. Juge unique exclu** (infraction de presse) (C. pr. pén., art. 398-1), v. orienteur nº 35.13.

▪**Renvoi.** Mêmes observations que sous le nº 35.13, mais la plainte préalable de la victime n'est nécessaire à l'exercice des poursuites par le parquet que dans le seul **cas** A (L. 29 juill. 1881, art. 48 7º).

▪ ÉLÉMENTS CONSTITUTIFS – QUALIFICATION

✧ Pour avoir à .... [¤ lieu], le .... [¤ date], [• préciser le cas échéant en cas d'infraction commise par voie de presse :] étant .... (qualité du prévenu par référence à l'orienteur élément matériel/Imputabilité de l'infraction –Responsabilité en cascade du nº 35.13)] [⇨A à C :]

A. diffusé sans l'accord de l'intéressé, par quelque moyen que ce soit et quel qu'en soit le support, l'image identifiée ou identifiable de .... [¤ nom de la victime], mise en cause à l'occasion d'une procédure pénale, mais n'ayant pas fait l'objet d'un jugement de condamnation, faisant apparaître qu'elle [⇨A1 ou A2 :]

A1. portait des menottes ou entraves (A1 : *N 22941.co*)...

A2. qu'elle était placée en détention provisoire (A2 : *N 22942.co*)...

B. réalisé, publié ou commenté un sondage d'opinion, ou toute autre consultation, portant sur la culpabilité ou sur la peine susceptible d'être prononcée à l'encontre de .... [¤ nom de la victime], personne mise en cause à l'occasion d'une procédure pénale (B : *N #.co*)...

C. publié des indications permettant d'avoir accès à un sondage d'opinion, ou toute autre consultation, portant sur la culpabilité ou sur la peine susceptible d'être prononcée à l'encontre de .... [¤ nom de la victime], personne mise en cause à l'occasion d'une procédure pénale (C : *N #.co*)...

... en l'espèce en .... [¤ matérialiser l'infraction].

Faits prévus et réprimés par les articles 35 *ter*, 42, 43 de la loi du 29 juillet 1881. ✧

35.31 Révélation de l'identité ou de l'adresse d'un témoin, OPJ, APJ ou agent des douanes autorisé à garder l'anonymat

▪ PEINES

PERSONNE PHYSIQUE

PP Délit. Cas A à G : 5 ans d'emprisonnement, 75 000 €. Cas C1 à G1 : 7 ans, 100 000 €. Cas C2 à G2 : 10 ans, 150 000 €.

PC Néant.

PERSONNE MORALE

PP Délit. Cas A à G : 375 000 €. Cas C1 à G1 : 500 000 €. Cas C2 à G2 : 750 000 € (C. pén., art. 131-38).

PC Néant.

■ ORIENTEUR

AUTRE QUALIFICATION

▪ **Violation du secret professionnel – L'infraction.** V. n° **35.10** si la révélation est commise par une personne concourant à l'enquête et tenue au secret de l'enquête ou de l'instruction (v. n° **35.2**).

▪ **Révélation d'information d'une enquête aux auteurs ou complices de l'infraction par un professionnel accédant à la procédure – Entrave aux investigations.** C pén., art. 434-7-2, v. n° **35.12**.

▪ **Infraction de presse.** Révélation, par quelque moyen d'expression que ce soit, de l'identité de personnels dont les missions exigent le respect de l'anonymat (L. 29 juill. 1881, art. ***39 sexies***, 15 000 €, *N* ***22004.co***). « *Cette interdiction n'est pas limitée à la révélation des nom et prénom des personnes concernées mais s'applique à la diffusion d'informations qui en permettent l'identification* » (Deux décisions : Crim. 12 déc. 2017, n° 17-80.818, P).

TEXTE DE RÉFÉRENCE

▪ **L'obligation d'apporter son concours à la justice et le droit à la protection de la victime ou du témoin.** Anonymat du témoin autorisé à ne pas révéler son adresse (**Cas A**, C. pr. pén., art. 706-57) ou du témoin « sous X » (**Cas B**, C. pr. pén., art. 706-58), V. n° **16.2B**.

▪ **L'infiltration en matière de criminalité organisée ou pour les délits douaniers les plus graves.** Anonymat des enquêteurs participant à des opérations d'infiltration (**Cas C** : C. pr. pén., art. 706-81 ; **Cas D** : C. douanes art. 67 *bis*, v. n° **11.33C2**).

▪ **L'identification sous un numéro des enquêteurs chargés de la lutte contre le terrorisme dans les actes de la procédure. Cas E** : C. pr. pén., art. 706-24, v. n° **23.23C8**.

▪ **L'identification sous un numéro des enquêteurs dans les actes de la procédure. Cas F** : C. pr. pén., art. 15-4 ; **Cas G** : C. douanes art. 55 *bis*, v. n° **11.3A**.

■ ÉLÉMENTS CONSTITUTIFS – QUALIFICATION

✧ Pour avoir à .... [¤ lieu], le .... [¤ date], révélé [⇨A à G :]

A. l'adresse de [¤ nom du témoin concerné], **témoin** autorisé par application de l'article 706-57 du code de procédure pénale à ne pas faire apparaître son **adresse** dans le dossier de la procédure (A : *N* ***28529.co***) (C. pr. pén., art. **706-59**) ;

B. l'identité ou l'adresse de [¤ nom du témoin concerné], **témoin** autorisé par application de l'article 706-58 du code de procédure pénale à ne pas faire apparaître son **identité et son adresse** dans le dossier de la procédure (B : *N* ***28529.co***) (C. pr. pén., art. **706-59**) ;

C. l'identité réelle d'un **officier ou agent de police judiciaire** ayant effectué une **infiltration** sous une identité d'emprunt (C. pr. pén., art. **706-84**) (C : *N* ***28495.co***) [• Préciser le cas échéant dans le **cas C** :], avec cette circonstance que cette révélation a causé [⇨C1 ou C2 :]

C1. des violences, coups et blessures, à son encontre ou sur son conjoint, enfant ou ascendant direct (C1 : *N* ***28496.co***) ;

C2. sa mort ou celle de son conjoint, enfant ou ascendant direct (C2 : *N* ***28497.co***) ;

D. l'identité réelle d'un **agent des douanes** ayant effectué une **infiltration** sous une identité d'emprunt (C. douanes, art. **67 *bis* V**) (D : *N* ***22006.co***) [• Préciser le cas échéant dans le **cas D** :], avec cette circonstance que cette révélation a causé [⇨D1 ou D2 :]

D1. des violences, coups et blessures, à son encontre ou sur son conjoint, enfant ou ascendant direct (D1 : *N* ***28510.co***) ;

D2. sa mort ou celle de son conjoint, enfant ou ascendant direct (D2 : *N* ***28511.co***)

E. l'identité réelle d'un officier ou agent de police judiciaire affecté dans un service spécialement chargé de la **lutte contre le terrorisme**, nominativement autorisé par le procureur général près la cour d'appel de Paris, par application de l'article 706-24 du code de procédure pénale, à procéder aux investigations en matière de terrorisme en s'identifiant sous son numéro d'immatriculation administrative (C. pr. pén., art. **706-84** et **706-24**) (E : *N* ***28495.co***) [• Préciser le cas échéant dans le **cas E** :], avec cette circonstance que cette révélation a entraîné [⇨E1 ou E2 :]

E1. des violences à son encontre ou sur son conjoint, enfant ou ascendant direct (E1 : *N* ***28496.co***) ;

E2. sa mort ou celle de son conjoint, enfant ou ascendant direct (E2 : *N* ***28497.co***) ;

F. le nom ou prénom ou tout élément permettant l'identification personnelle ou la localisation d'un **agent de la police nationale ou de la gendarmerie nationale** autorisé par application de l'article 15-4 du code de procédure pénale à ne pas être identifié par ses nom et prénom dans les actes de procédure qu'il établit ou dans « lesquels il intervient » (L. n° 2019-222, 23 mars 2019) (C. pr. pén., art. 15-4) (F : *N* ***32678.co***) [• Préciser le cas échéant dans le **cas** F :], avec cette circonstance que cette révélation a entraîné [⇨F1 ou F2 :]

F1. des violences à son encontre ou sur son conjoint, enfant ou ascendant direct (F1 : *N* ***32679.co***) ;

F2. sa mort ou celle de son conjoint, enfant ou ascendant direct (F2 : *N* ***32680.co***) ;

G. le nom ou prénom ou tout élément permettant l'identification personnelle ou la localisation d'un **agent des douanes** autorisé par application des articles 55 *bis* du code des douanes et 15-4 du code de procédure pénale à être identifié par le numéro de sa commission d'emploi, sa qualité et son service ou unité d'affectation dans les actes de procédure qu'il établit ou dans « lesquels il intervient » (L. n° 2019-222, 23 mars 2019) (C. pr. pén., art. 15-4 et C. douanes, art. 55 *bis*) (G : *N* ***32678.co***) [• Préciser le cas échéant dans le **cas** G :], avec cette circonstance que cette révélation a entraîné [⇨G1 ou G2 :]

G1. des violences à son encontre ou sur son conjoint, enfant ou ascendant direct (G1 : *N* ***32679.co***) ;
G2. sa mort ou celle de son conjoint, enfant ou ascendant direct (G2 : *N* ***32680.co***).

Faits prévus et réprimés par l'article [• du cas sélectionné]. ✧

35.32 Diffusion de circonstance d'un crime ou délit portant atteinte à la dignité de la victime

■ PEINES

PERSONNE PHYSIQUE

PP Délit. 15 000 € (L. 29 juill. 1881, art. 35 *quater*).

PC Néant.

PERSONNE MORALE

PP Délit. 75 000 € (L. 29 juill. 1881, art. 35 *quater* ; C. pén., art. 131-38).

PC Néant.

■ ORIENTEUR

AUTRE QUALIFICATION

▪ **Enregistrement ou diffusion d'images de violence à d'autres fins que l'information du public ou la preuve en justice (happy slapping) (L. no 2007-297, 5 mars 2007).** V. n° 35.33.

RÉGIME PROCÉDURAL

▪ **Compétence juridictionnelle. Juge unique exclu.** (infraction de presse) (C. pr. pén., art. 398-1), v. orienteur n° 35.13.

▪**Renvoi.** Mêmes observations que sous le n° 35.13, la plainte préalable de la victime est nécessaire pour l'exercice des poursuites par le parquet (L. 29 juill. 1881, art. 48 8°).

■ ÉLÉMENTS CONSTITUTIFS – QUALIFICATION

✧ Pour avoir à .... [¤ lieu], le .... [¤ date], [• préciser le cas échéant en cas d'infraction commise par voie de presse :] étant .... (qualité du prévenu par référence à l'orienteur élément matériel/Imputabilité de l'infraction –Responsabilité en cascade du n° 35.13)], diffusé sans l'accord de .... [¤ nom de la victime], par quelque moyen que ce soit et quel qu'en soit le support, la reproduction des circonstances d'un crime ou d'un délit, ladite reproduction portant gravement atteinte à la dignité de la victime, en l'espèce en .... [¤ matérialiser l'infraction].

Faits prévus et réprimés par les articles 35 *quater*, 42, 43 de la loi du 29 juillet 1881 (*N* ***2802.co***). ✧

35.33 Enregistrement ou diffusion d'images de violence à d'autres fins que l'information du public ou la preuve en justice (« happy slapping ») (L. nº 2007-297, 5 mars 2007)

■ PEINES

PERSONNE PHYSIQUE

PP Cas A : crime ou délit, peines principales prévues pour les infractions dont les images ont été enregistrées. Cas B : délit, 5 ans d'emprisonnement, 75 000 € (C. pén., art. 222-33-3).

PC Cas A : peines complémentaires prévues pour les infractions dont les images ont été enregistrées.

Cas B : 1. Interdiction, définitive ou ⩽ 5 ans, d'exercer l'activité professionnelle ou sociale en relation avec l'infraction, ou une fonction publique (sauf mandat électif ou syndical) (C. pén., art. 222-44, 222-45 et 131-27) ;

2. Interdiction **obligatoire**, ⩽ 15 ans, de détention, ou de port d'arme soumise à autorisation (L. nº 2012-304, 6 mars 2012, auparavant interdiction facultative ⩽ 5 ans) (C. pén., art. 222-44) ;

3. Suspension ou annulation, ⩽ 5 ans, du PC (C. pén., art. 222-44) ;

4. Confiscation d'un ou plusieurs véhicules (C. pén., art. 222-44) ;

5. Confiscation **obligatoire** (L. nº 2012-304, 6 mars 2012, auparavant confiscation facultative) d'une ou plusieurs armes dont le condamné est propriétaire ou dont il a la libre disposition (C. pén., art. 222-44) ;

6. Confiscation de la chose ayant servi à l'infraction ou destinée à la commettre, de l'objet de l'infraction ou de son produit direct ou indirect (obligatoire pour objets qualifiés dangereux ou nuisibles par la loi ou le règlement) (C. pén., art. 222-44 et 131-21) ;

7. Stage de sensibilisation aux dangers de l'usage de produits stupéfiants. La juridiction précise si le stage est exécuté aux frais du condamné (C. pén., art. 131-35-1 et 222-44 [L. nº 2007-297, 5 mars 2007]) (pour les faits commis avant le 24 mars 2020 et jugés après cette date, L. nº 2019-222, 23 mars 2019, en vigueur le 24 mars 2020. Pour les faits commis à partir du 24 mars 2020, v. nouvelle réd. C. pén., art. 131-5-1 et nº 18.33) ;

8. Confiscation de l'animal utilisé pour commettre l'infraction ou de la chose ayant servi à l'infraction, la juridiction prévoit que l'animal sera remis à une fondation ou une association de protection animale reconnue d'utilité publique ou déclarée. Lorsqu'il s'agit d'un animal dangereux, la juridiction peut ordonner qu'il soit procédé à son euthanasie, le cas échéant aux frais du condamné (C. pén., art. 222-44, 131-21-1 [L. nº 2007-297, 5 mars 2007]). Sur la peine de confiscation d'un animal (C. pén., art. 131-21-1), v. nº 18.36 ;

9. Interdiction, définitive ou ⩽ 5 ans de détenir certains animaux ou certaines catégories d'animaux (C. pén., art. 222-44, 131-21-2 [L. nº 2007-297, 5 mars 2007]) ;

10. Stage, aux frais du condamné, de responsabilisation pour la prévention et la lutte contre les violences au sein du couple et sexistes (C. pén., art. 222-44 15°, L. nº 2014-873, 4 août 2014) ;

11. Interdiction, ⩽ 3 ans, de participer à des manifestations publiques aux lieux fixés par le tribunal, si les faits ont été commis lors du déroulement de manifestations sur la voie publique (L. nº 95-73, 21 janv. 1995, art. 18) ;

12. Stage de citoyenneté (C. pén., art. 131-5-1 et 222-45) (pour les faits commis avant le 24 mars 2020 et jugés après cette date, L. nº 2019-222, 23 mars 2019, en vigueur le 24 mars 2020. Pour les faits commis à partir du 24 mars 2020, v. nouvelle réd. C. pén., art. 131-5-1 et nº 18.33) ;

13. Stage de responsabilité parentale (C. pén., art. 131-5-1 et 222-45 [L. nº 2007-297, 5 mars 2007]) (pour les faits commis avant le 24 mars 2020 et jugés après cette date, L. nº 2019-222, 23 mars 2019, en vigueur le 24 mars 2020. Pour les faits commis à partir du 24 mars 2020, v. nouvelle réd. C. pén., art. 131-5-1 et nº 18.33).

PERSONNE MORALE

PP 375 000 € (C. pén., art. 131-38).

PC Cas A : peines complémentaires prévues pour les infractions dont les images ont été sciemment enregistrées.

Cas B : néant.

▪ ORIENTEUR

AUTRE QUALIFICATION

▪ **Diffusion de circonstance d'un crime ou délit portant atteinte à la dignité de la victime.** V. n° 35.32.

▪ **Enregistrement ou diffusion d'images de sévices, de mauvais traitements *ou* d'atteintes sexuelles sur un animal à d'autres fins que l'information du public ou la preuve en justice (« happy slapping ») (L. n° 2021-1539, 30 nov. 2021).** C. pén., art. 521-1-2, v. n° 31.10.

ÉLÉMENT LÉGAL

▪ **Application de la loi pénale dans le temps.** Incrimination créée par L. n° 2007-297, 5 mars 2007, l'extension de la complicité par assimilation à l'infraction prévue par C. pén., art. 222-33 (harcèlement et chantage sexuel) est issue de L. n° 2014-873, 4 août 2014.

▪ **Fait justificatif.** Il n'y a pas d'infraction lorsque l'enregistrement ou la diffusion résulte de l'exercice normal d'une profession ayant pour objet d'informer le public ou est réalisé afin de servir de preuve en justice (C. pén., art. 222-33-3).

▪ **Infraction spécifique de diffusion. Cas B** : la diffusion des images constitue une infraction spécifique (C. pén., art. 222-33-3).

ÉLÉMENT MATÉRIEL

▪ **Complicité. Cas A : complicité par assimilation.** Complétant les dispositions générales relatives à la complicité (sur la complicité, C. pén., art. 121-6 et 121-7, v. n° 10.9), le législateur prévoit que l'enregistrement d'images d'infractions d'atteintes volontaires à l'intégrité de la personne, limitativement prévues aux articles 222-1 à 222-14-1 et 222-23 à 222-31 « et *222-33* » (L. n° 2014-873, 4 août 2014), « *est constitutif d'un acte de complicité* » de ces mêmes infractions (C. pén., art. 222-33-3).

RÉGIME PROCÉDURAL

▪ **Exclusion du régime des infractions de presse.** S'agissant d'infractions de droit commun, les règles propres aux infractions en matière de presse (prescription, plainte de la victime) ne s'appliquent pas.

▪ ÉLÉMENTS CONSTITUTIFS – QUALIFICATION

✧ Pour avoir à .... [¤ lieu], le .... [¤ date], [⇨A ou B :]

A. en enregistrant sciemment, par quelque moyen et sur tout support que ce soit, des images relatives à la commission des faits, été complice, au préjudice de .... [¤ nom de la victime], de l'infraction [⇨A1 à A27 :]

A1. d'actes de torture ou de barbarie (C. pén., art. 222-1, v. n° 20.7) ;

A2. d'actes de torture ou de barbarie concomitants à un crime autre que le meurtre ou le viol (C. pén., art. 222-2, v. n° 20.9) ;

A3. d'actes de torture ou de barbarie aggravés, en l'espèce [• préciser les circonstances aggravantes relevées] (C. pén., art. 222-3, v. n° 20.10) ;

A4. d'actes de torture ou de barbarie commis en bande organisée (C. pén., art. 222-4, v. n° 20.11) ;

A5. d'actes de torture ou de barbarie commis de manière habituelle sur une personne vulnérable, en l'espèce [• préciser la circonstance relevée] (C. pén., art. 222-4, v. n° 20.11) ;

A6. d'actes de torture ou de barbarie ayant entraîné une mutilation ou infirmité permanente (C. pén., art. 222-5, v. n° 20.12) ;

A7. d'actes de torture ou de barbarie ayant entraîné la mort sans intention de la donner (C. pén., art. 222-1 et 222-6 v. n° 20.13) ;

A8. de coups mortels (C. pén., art. 222-7, v. n° 20.15) ;

A9. de coups mortels aggravés, en l'espèce [• préciser les circonstances aggravantes relevées] (C. pén., art. 222-8, v. n° 20.16) ;

A10. de violences volontaires ayant entraîné une mutilation ou une infirmité permanente (C. pén., art. 222-9, v. n° 20.18) ;

A11. de violences volontaires aggravées ayant entraîné une mutilation ou une infirmité permanente (C. pén., art. 222-10, v. n° 20.19) ;

A12. de violences volontaires ayant entraîné une incapacité totale de travail supérieure à huit jours (C. pén., art. 222-11, v. n° 20.21) ;

A13. de violences volontaires aggravées ayant entraîné une incapacité totale de travail supérieure à huit jours, en l'espèce [• préciser les circonstances aggravantes relevées] (C. pén., art. 222-12, v. n° 20.25) ;

A14. de violences volontaires aggravées n'ayant pas entraîné une incapacité totale de travail supérieure à huit jours ou n'ayant pas entraîné d'incapacité totale de travail, en l'espèce [• préciser les circonstances aggravantes relevées] (C. pén., art. 222-13, v. n° 20.29) ;

A15. de violences habituelles sur une personne vulnérable, suivie de mort ou d'une infirmité permanente (C. pén., art. 222-14, v. n° 20.31) ;

A16. de violences habituelles sur une personne vulnérable, ayant entraîné une incapacité totale de travail supérieure à huit jours ou inférieure ou égale à huit jours (C. pén., art. 222-14, v. n° 20.32) ;

A17. de violences avec arme en bande organisée ou avec guet-apens sur dépositaire de l'autorité publique ou chargé de service public (C. pén., art. 222-14-1, v. n° 20.33) ;

A18. de viol (C. pén., art. 222-23, v. n° 20.72) ;

A19. de viol aggravés, en l'espèce [• préciser les circonstances aggravantes relevées] (C. pén., art. 222-24, v. n° 20.74) ;

A20. de viol ayant entraîné la mort (C. pén., art. 222-25, v. n° 20.76) ;

A21. de viol accompagné d'actes de tortures ou d'actes de barbarie (C. pén., art. 222-26, v. n° 20.77) ;

A22. d'agression sexuelle (C. pén., art. 222-27, v. n° 20.79) ;

A23. d'agression sexuelle aggravée, en l'espèce [• préciser les circonstances aggravantes relevées] (C. pén., art. 222-28, v. n° 20.81) ;

A24. d'agression sexuelle sur un mineur de moins de 15 ans ou une personne vulnérable (C. pén., art. 222-29, v. n° 20.83) ;

A25. d'agression sexuelle aggravée sur un mineur de moins de 15 ans ou une personne vulnérable (C. pén., art. 222-30, v. n° 20.84) ;

A26. de harcèlement sexuel ou de chantage sexuel (C. pén., art. 222-33 (v. n° 20.87, incrimination créée par L. n° 2014-873, 4 août 2014) ;

A27. de harcèlement sexuel ou de chantage sexuel aggravés, en l'espèce [• préciser les circonstances aggravantes relevées] (C. pén., art. 222-33 (v. n° 20.87, incrimination créée par L. n° 2014-873, 4 août 2014) ;

B. diffusé l'enregistrement d'images relatives à la commission d'infraction d'atteintes volontaires à l'intégrité de la personne prévues par les articles 222-1 à 222-14-1, 222-23 à 222-31 « et *222-33* » (L. n° 2014-873, 4 août 2014) du code pénal, sciemment enregistrées par quelque moyen et sur tout support que ce soit (B : *N 26246.co*).

Faits prévus et réprimés par les articles : **PERSONNES PHYSIQUES.** Cas A : 222-33-3 [+ articles d'incrimination et de répression et n° *N* de l'infraction concernée] du code pénal ; Cas B : 222-33-3 et 222-44 du code pénal.✧

35.34 Diffusion de renseignement d'identité – D'une victime d'agression sexuelle

■ PEINES

PERSONNE PHYSIQUE

PP Délit. 15 000 € (L. 29 juill. 1881, art. 39 *quinquies*).

PC Néant.

PERSONNE MORALE

PP Délit. 75 000 € (L. 29 juill. 1881, art. 39 *quinquies* ; C. pén., art. 131-38).

PC Néant.

■ ORIENTEUR

ÉLÉMENT LÉGAL

▪ **Domaine d'application. Victime de harcèlement sexuel.** « *Dans la mesure où le harcèlement sexuel fait partie des agressions sexuelles (il figure dans la section 3 du code pénal intitulée "Des agressions sexuelles", terme générique qui inclut le viol, les agressions sexuelles stricto sensu et le harcèlement sexuel), ces dispositions sont également applicables aux victimes de harcèlement sexuel* » (Circ. Crim. 2012-15/E8, 7 août 2012, NOR : JUSD1231944C, n° 4.3). Sur l'incrimination de harcèlement ou de chantage sexuel, v. n° **20.87**.

▪ **Constitutionnalité. • Principe de légalité.** L'absence de définition de la victime par le législateur ne méconnaît pas le principe de légalité « *dès lors que la notion de victime d'une agression ou d'une atteinte sexuelles est suffisamment claire et précise pour que son interprétation, qui entre dans l'office du juge pénal, puisse se faire sans risque d'arbitraire* » (§ 5) (Crim. 10 août 2022, n° 22-81.057, D). **• Liberté d'expression.** L'incrimination « *poursuit un objectif d'intérêt général, soit la protection de la dignité et de la vie privée de la victime d'infraction sexuelle, protection qui est également de nature à éviter des pressions sur celle-ci* » (§ 7) ; elle « *ne prescrit pas une interdiction générale de diffusion mais est limitée à certains éléments, ce dont il se déduit qu'elle n'interdit pas toute expression sur des faits d'agression ou d'atteinte sexuelles* » (§ 8), « *elle prévoit une dérogation en cas d'accord écrit de la victime* » (§ 9), dès lors, elle assure « *une conciliation, qui n'est pas manifestement disproportionnée, entre la protection des victimes et le principe de la liberté d'expression* » (Crim. 10 août 2022, n° 22-81.057, D). **• Notion de victime.** « *la notion de victime d'une agression ou d'une atteinte sexuelles est suffisamment claire et précise pour que son interprétation, qui entre dans l'office du juge pénal, puisse se faire sans risque d'arbitraire* » (§ 5) (Crim. 10 août 2022, n° 22-81.057, D).

ÉLÉMENT MATÉRIEL

▪ **Notion de victime.** Le texte « *n'a pas entendu réserver sa protection aux seules victimes reconnues comme telles par décision définitive ayant prononcé la condamnation de l'auteur des faits* » (§ 10) (Crim. 7 févr. 2023, n° 22-81.057, P).

▪ **Fait justificatif. • Limites admissibles de la liberté d'expression.** « *Il résulte de la jurisprudence de la CEDH que la réputation d'une personne, même lorsque celle-ci est critiquée au cours d'un débat public, fait partie de son identité personnelle et de son intégrité morale et, dès lors, relève de la vie privée de celle-ci au sens de l'article 8 de la Conv. EDH (CEDH, arrêt du 15 novembre 2007, Pfeifer c/ Autriche, n° 12556/03). L'identité d'une victime de violences sexuelles relève également de sa vie privée et bénéficie de la protection offerte par l'article 8 précité (CEDH, arrêt du 17 janvier 2012, Kurier Zeitungsverlag und Druckerei GmbH c/ Autriche, n° 3401/07)* » (16) ; « *Le droit au respect de la vie privée et le droit à la liberté d'expression ayant la même valeur normative, il appartient au juge saisi de rechercher, en cas de conflit, un juste équilibre entre ces deux droits* » (§ 17) ; « *Pour ce faire, le juge doit examiner si la diffusion de l'identité de la victime d'infraction sexuelle contribue à un débat d'intérêt général, tenant compte de l'éventuelle notoriété de la personne visée et de son comportement avant la diffusion, de l'objet de cette dernière, son contenu, sa forme et ses répercussions* » (§ 18) ; « *Enfin, s'il retient que l'infraction prévue à l'article 39 quinquies [...] est caractérisée, le juge doit prononcer une sanction proportionnée à l'ingérence dans l'exercice de la liberté d'expression du prévenu, au regard des circonstances particulières de l'affaire (CEDH [GC], arrêt du 7 février 2012, Axel Springer AG c/ Allemagne, n° 39954/08)* » (§ 19) ; soulignons qu'après ce rappel méthodologique, la Ch. crim. juge que dans cette affaire, dans laquelle l'auteur présumé d'une agression sexuelle avait révélé le nom de la plaignante qui l'accusait, « *la publication litigieuse ne contribuait pas à un débat d'intérêt général* » (§ 25) (Crim. 7 févr. 2023, n° 22-81.057, P) (sur l'infraction justifiée par l'exercice d'un droit ou d'une liberté fondamentale, v. n° **10.13E**).

RÉGIME PROCÉDURAL

▪ **Compétence juridictionnelle. Juge unique exclu** (infraction de presse) (C. pr. pén., art. 398-1), v. orienteur n° **35.13**.

▪**Renvoi.** Mêmes observations que sous le n° **35.13**, la plainte préalable de la victime n'est pas nécessaire à l'exercice des poursuites par le parquet (L. 29 juill. 1881, art. 48).

MESURE CIVILE

▪ **Dommages-intérêts.** Si « *la diffusion de l'identité d'une personne et de la nature sexuelle des crimes ou délits dont elle a été victime est poursuivie sur le fondement de L. 29 juill. 1881, art. 39 quinquies, la divulgation, sans le consentement de l'intéressée, d'informations relatives aux circonstances précises dans lesquelles ces infractions ont été commises est un fait distinct constitutif d'une atteinte à sa vie privée, qui peut être sanctionné sur le fondement de C. civ., art. 9* » (Civ. 1re, 9 sept. 2020, n° 19-16.415.

■ ÉLÉMENTS CONSTITUTIFS – QUALIFICATION

✧ Pour avoir à .... [¤ lieu], le .... [¤ date], [• préciser le cas échéant en cas d'infraction commise par voie de presse :] étant .... (qualité du prévenu par référence à l'orienteur élément matériel/Imputabilité de l'infraction –Responsabilité en cascade du nº 35.13)], diffusé par quelque moyen que ce soit et quel qu'en soit le support, sans l'accord écrit de .... [¤ nom de la victime], victime d'une agression sexuelle ou d'une atteinte sexuelle, des renseignements concernant son identité ou son image identifiable, en l'espèce en .... [¤ matérialiser l'infraction].

Faits prévus et réprimés par les articles 39 *quinquies*, 42, 43 de la loi du 29 juillet 1881 (*N 1137.co*). ✧

35.35 Diffusion de renseignement d'identité – D'un mineur en fugue, abandonné, suicidé ou victime

■ PEINES

PERSONNE PHYSIQUE

PP Délit. 15 000 € (L. 29 juill. 1881, art. 39 *bis*).

PC Néant.

PERSONNE MORALE

PP Délit. 75 000 € (L. 29 juill. 1881, art. 39 *bis* ; C. pén., art. 131-38).

PC Néant.

■ ORIENTEUR

RÉGIME PROCÉDURAL

▪ Compétence juridictionnelle. Juge unique exclu. (infraction de presse) (C. pr. pén., art. 398-1), v. orienteur nº 35.13.

▪Renvoi. Mêmes observations que sous le nº 35.13.

■ ÉLÉMENTS CONSTITUTIFS – QUALIFICATION

✧ Pour avoir à .... [¤ lieu], le .... [¤ date], [• préciser le cas échéant en cas d'infraction commise par voie de presse :] étant .... (qualité du prévenu par référence à l'orienteur élément matériel/Imputabilité de l'infraction –Responsabilité en cascade du nº 35.13)], diffusé de quelque manière que ce soit, sans la demande des personnes ayant sa garde ou des autorités administratives ou judiciaires, des informations relatives à l'identité ou permettant l'identification d'un mineur [⇨A à D :]

A. ayant quitté ses parents, son tuteur, ou la personne ou l'institution chargée de sa garde ou à laquelle il était confié (A : *N 2803.co*)...

B. délaissé en un lieu quelconque dans des circonstances n'assurant pas sa santé ou sécurité (B : *N 5958.co*)...

C. qui s'est suicidé (C : *N 2805.co*)...

D. victime d'une infraction (D : *N 22952.co*)...

... en l'espèce en .... [¤ matérialiser l'infraction].

Faits prévus et réprimés par les articles 39 *bis*, 42, 43 de la loi du 29 juillet 1881. ✧

35.36 Diffusion de l'enregistrement audiovisuel d'une audition judiciaire

■ PEINES

PERSONNE PHYSIQUE

PP Délit. 1 an d'emprisonnement, 15 000 €

Cas A : C. pr. pén., art. 64-1 ;
Cas B : C. pr. pén., art. 116-1 ;
Cas C : CJPM, art. L. 413-14 (anc[t] Ord. nº 45-174, 2 févr. 1945, art. 4 VI) ;
Cas D : C. pr. pén., art. 706-52.

PC Néant.

PERSONNE MORALE

PP Délit. 75 000 € (C. pén., art. 131-38).
Cas A : C. pr. pén., art. 64-1 ;
Cas B : C. pr. pén., art. 116-1 ;
Cas C : CJPM, art. L. 413-14 (anc[t] Ord. n° 45-174, 2 févr. 1945, art. 4 VI) ;
Cas D : C. pr. pén., art. 706-52.

PC Néant.

■ ORIENTEUR

AUTRE QUALIFICATION

▪ **Violation du secret de l'enquête ou de l'instruction.** V. n° 35.10.

▪ **Enregistrement sonore ou visuel d'une audience ou diffusion de cet enregistrement.** V. n° 35.41.

▪ **Recel de violation du secret de l'enquête ou de l'instruction.** V. n° 22.45.

TEXTE DE RÉFÉRENCE

▪ **Obligation ou faculté d'enregistrement de certaines auditions.** Sur l'obligation d'enregistrement de l'audition de la personne **gardée à vue pour crime** (Cas A, C. pén., art. 64-1), de la personne **mise en examen pour crime** (Cas B, C. pén., art. 116-1), du **mineur placé en garde à vue ou en retenue** (Cas C, Ord. n° 45-174, 2 févr. 1945, art. 4 VI devenu CJPM, art. L. 413-14), du **mineur victime d'infraction sexuelle** (Cas D, C. pr. pén., art. 706-52), v. n°s 11.4 et 16.8C1. Sur la faculté d'enregistrement de l'audition du mineur victime de harcèlement moral ou de harcèlement scolaire (Cas D, C. pr. pén., art. 706-52, mod. par L. n° 2022-299, 2 mars 2022, v. n° 16.8C1).

ÉLÉMENT MATÉRIEL

▪ **Situations incriminées.** « *La diffusion n'a pas besoin d'être intégrale pour être sanctionnée. La diffusion d'une seule image [...], ainsi que celle de la seule voix [...], tombent sous le coup de la loi. Sous réserve de l'interprétation qu'en feront les juridictions, il semble qu'il en soit de même de la diffusion de tout ou partie d'une retranscription écrite des paroles enregistrées [...]. Il n'existe [...] aucune possibilité, à l'instar des documents couverts par le secret professionnel, de légitimer ou d'autoriser la diffusion du document, fût-ce avec le consentement de la victime. L'infraction est constituée même s'il n'est pas possible de découvrir quelle personne est à l'origine de la remise de l'enregistrement aux médias [...] la diffusion [...] peut être faite par tout moyen, et quel qu'en soit le support. Il semble toutefois qu'elle suppose une mise à disposition du / ou d'un public [...]. Toutefois, en l'absence de diffusion, la détention du document par un tiers non autorisé peut être poursuivie sur le fondement du recel. En effet, une telle détention provient avec certitude d'une infraction pénale, soit d'un vol, soit d'une violation du secret de l'instruction ou du secret professionnel, puisque seules des personnes tenues par ce secret peuvent détenir l'enregistrement.* » (Circ. Crim. 90-4 F1, 20 avr. 1999, NOR : JUSD9930060C, n° 2.1.4, relative à C. pr. pén., art. 706-52).

▪ **Auteurs incriminés.** Les infractions A à D incriminent « *toute personne* » ayant diffusé l'enregistrement audiovisuel.

RÉGIME PROCÉDURAL

▪ **Exclusion du régime des infractions de presse.** Cette infraction n'est pas explicitement soumise au régime particulier des infractions de presse décrit au n° 35.13. Sous réserve de la jurisprudence, l'action publique pourrait donc être exercée selon les conditions de droit commun.

■ ÉLÉMENTS CONSTITUTIFS – QUALIFICATION

✧ Pour avoir à .... [¤ lieu], le .... [¤ date], en l'espèce en .... [¤ matérialiser l'infraction], diffusé l'enregistrement audiovisuel [⇨A à D :]

A. de l'audition d'une personne placée en **garde à vue pour crime** (C. pr. pén., art. 64-1) (A : *N* ***28534.co***) ;

B. de l'interrogatoire d'une personne **mise en examen pour crime** (C. pr. pén., art. 116-1) (B : *N* ***28535.co***) ;

C. original, ou sa copie, de l'interrogatoire d'un **mineur placé en garde à vue ou en retenue** (CJPM, art. L. 413-14 (anc[t], Ord. n° 45-174, 2 févr. 1945, art. 4 VI)) (C : *N* ***28533.co***) ;

D. ou sonore, ou sa copie, de l'audition d'un **mineur victime d'une infraction sexuelle** ou de **harcèlement moral ou scolaire** (C. pr. pén., art. 706-52) (D : *N* ***21734.co***).

Faits prévus et réprimés par l'article [• du cas sélectionné]. ✧

35.37 Publication de commentaire tendant à influencer témoins ou juridictions

■ PEINES

PERSONNE PHYSIQUE

PP Délit. 6 mois d'emprisonnement, 7 500 € (C. pén., art. 434-16).

PC 1. Confiscation (réelle ou en valeur) chose ayant servi à l'infraction ou destinée à la commettre (obligatoire pour objets qualifiés dangereux ou nuisibles par loi ou règlement ou dont la détention est illicite) (C. pén., art. 434-44 et 131-21) ;

2. Affichage, ⩽ 2 mois, *et/ou* (L. n° 2011-525, 17 mai 2011) diffusion de la décision ou d'extraits aux frais (⩽ amende encourue) du condamné (C. pén., art. 434-44 et 131-35).

PERSONNE MORALE

PP Délit. 37 500 € (C. pén., art. 434-16 ; C. pén., art. 131-38).

PC Néant.

■ ORIENTEUR

RÉGIME PROCÉDURAL

▪ **Régime des infractions de presse.** Si le délit est commis par voie de presse écrite ou audiovisuelle, les poursuites pourront être engagées contre le responsable tel que déterminé par les articles 42 et 43 de la loi 29 juillet 1881 sur la presse et 93-3 de la loi du 29 juillet 1982 sur la communication audiovisuelle : responsabilité principale du directeur de publication ou du directeur du service de communication audiovisuelle (sauf émission en direct) et responsabilité en « *cascade* » (v. n° 35.13) (C. pén., art. 434-16 ; Circ. 14 mai 1993, n° 182). Jugé que « *la communication au public en ligne ne relève pas de la communication audiovisuelle, dès lors qu'elle en est expressément exclue par L. n° 86-1067, 30 sept. 1986, art. 2, al. 3, dans sa rédaction issue de la loi n° 2004-575 du 21 juin 2004* » (§ 26), « *en conséquence, la publication des articles litigieux par internet, c'est-à-dire par la voie de la communication au public en ligne, n'a pas été commise par la voie de la presse écrite ou audiovisuelle, ce qui exclut les dispositions particulières des lois qui régissent ces matières en ce qui concerne la détermination des personnes responsables* » (§ 27) (Crim. 5 oct. 2021, n° 20-85.985, P). Cette décision, fondée sur C. pén., art. 434-25, est transposable à l'infraction prévue par C. pén., art. 434-16.

■ ÉLÉMENTS CONSTITUTIFS – QUALIFICATION

✧ Pour avoir à .... [¤ lieu], le .... [¤ date], avant l'intervention de la décision juridictionnelle définitive, publié des commentaires tendant à exercer des pressions en vue d'influencer des témoins ou la décision de la juridiction d'instruction ou de jugement, en l'espèce en .... [¤ préciser le contenu des commentaires publiés].

Faits prévus et réprimés par les articles 434-16 et 434-44 du code pénal (*N 1411.co*). ✧

35.38 Discrédit porté sur une décision juridictionnelle

■ PEINES

PERSONNE PHYSIQUE

PP Délit. 6 mois d'emprisonnement, 7 500 € (C. pén., art. 434-25).

PC *Idem* n° 35.37.

PERSONNE MORALE

PP Délit. 37 500 € (C. pén., art. 434-25 ; C. pén., art. 131-38).

PC Néant.

■ ORIENTEUR

AUTRE QUALIFICATION

▪ **Outrage à un membre d'une juridiction.** V. n° 25.4.

▪ **La police et la sérénité des débats : expulsion en cas de trouble et infractions commises à l'audience.** V. n° 17.12 (modalités de qualification pénale des troubles commis à l'audience).

ÉLÉMENT LÉGAL

▪ **Fait justificatif.** Sont autorisés les commentaires techniques ou les actes, paroles, écrits ou images de toute nature tendant à la réformation, cassation ou révision d'une décision (C. pén., art. 434-25).

TEXTE DE RÉFÉRENCE

▪ **Jurisprudence de la CEDH. Droit d'expression de l'avocat au titre de la défense pénale.** À la suite d'une instance disciplinaire, initiée par le procureur général au visa du D. nº 91-1197, 27 nov. 1991, organisant la profession d'avocat, à l'encontre de l'avocat d'une partie civile qui avait, au sortir d'un procès criminel, déclaré à la presse en dehors du prétoire « *Un jury blanc, exclusivement blanc, où les communautés ne sont pas toutes représentées avec, on peut bien le dire, une accusation extrêmement molle, des débats dirigés de manière extrêmement orientée, la voie de l'acquittement était une voie royalement ouverte, ce n'est pas une surprise* » (§ 13), la CEDH, a considéré, dans la continuité de sa jurisprudence (CEDH 23 avr. 2015, *Morice c/ France, req.* nº 29369/10) que la peine d'avertissement prononcée à son encontre par la cour d'appel pour manquement à la délicatesse et à la modération constituait une « *ingérence disproportionnée dans le droit à la liberté d'expression de l'intéressé* » (§ 75) garanti par Conv. EDH, art. 10 car « *les propos reprochés au requérant constituaient une critique à l'égard du jury et des magistrats de la cour d'assises ayant prononcé le verdict d'acquittement mais qu'ils s'inscrivaient dans un débat d'intérêt général relatif au fonctionnement de la justice pénale dans le contexte d'une affaire médiatique. S'ils étaient susceptibles de choquer, ils n'en constituaient pas moins un jugement de valeur reposant sur une base factuelle suffisante et s'inscrivant dans le cadre de la défense pénale de son client* » (§ 74) (CEDH 19 avr. 2018, *Ottan c/ France*, req. nº 41841/12).

RÉGIME PROCÉDURAL

▪ **Régime des infractions de presse.** *Idem* nº **35.37**.

▪ **Prescription de l'action publique.** Le délai de prescription était celui des infractions de presse (3 mois) jusqu'à L. nº 2017-242, 27 févr. 2017 (C. pén., art. 434-25). Désormais ce délit est prescrit selon les règles de droit commun (6 ans, C. pr. pén., art. 8, v. nº **17.19B**).

▪ ÉLÉMENTS CONSTITUTIFS – QUALIFICATION

✧ Pour avoir à .... [¤ lieu], le .... [¤ date], publiquement, par actes, paroles, écrits ou images de toute nature, en l'espèce en .... [¤ préciser les actes, commentaires ou images rendus publics], cherché à jeter le discrédit sur un acte ou une décision juridictionnelle, dans des conditions de nature à porter atteinte à l'autorité de la justice ou à son indépendance.

Faits prévus et réprimés par les articles 434-25 et 434-44 du code pénal (*N 1410.co*). ✧

35.39 Publication d'acte de procédure pénale avant l'audience

▪ PEINES

PERSONNE PHYSIQUE

PP Délit. 3 750 € (L. 29 juill. 1881, art. 38).

PC Néant.

PERSONNE MORALE

PP Délit. 18 750 € (L. 29 juill. 1881, art. 38 ; C. pén., art. 131-38).

PC Néant.

▪ ORIENTEUR

ÉLÉMENT LÉGAL

▪ **Conventionnalité. • Conflit entre l'incrimination et le droit à la liberté d'expression.** Sans préjudice de l'exigence de proportionnalité de la sanction, il est jugé, pour apprécier si L. 29 juill. 1881, art. 38, est conforme à Conv. EDH art. 10 garantissant la liberté d'expression, notamment pour les professionnels de la presse, que l'incrimination revêt « *la prévisibilité requise* » (§ 79), qu'elle poursuit un but légitime en ce qu'elle a pour objet la protection des droits des personnes concernées et de « *garantir une bonne administration de la justice, afin d'éviter toute influence extérieure au cours de celle-ci* », buts qui « *correspondent à la protection "de la réputation et des droits d'autrui" et à la garantie de l'autorité et l'impartialité du pouvoir judiciaire* » (§ 82) (CEDH 1er juin 2017, nº 68974/11, 2395/12 et 76324/13, *Giesbert et autres c/ France*).

TEXTE DE RÉFÉRENCE

▪ **Le secret de l'enquête, de l'instruction et du délibéré.** V. nº **35.2**.

RÉGIME PROCÉDURAL

▪ **Compétence juridictionnelle. Juge unique exclu.** (infraction de presse) (C. pr. pén., art. 398-1), v. orienteur n° 35.13.

▪**Renvoi.** Mêmes observations que sous le n° 35.13, la plainte préalable de la victime n'est pas nécessaire à l'exercice des poursuites par le parquet (L. 29 juill. 1881, art. 48).

▪ ÉLÉMENTS CONSTITUTIFS – QUALIFICATION

✧ Pour avoir à .... [¤ lieu], le .... [¤ date], [• préciser le cas échéant en cas d'infraction commise par voie de presse : étant .... (qualité du prévenu par référence à l'orienteur élément matériel/Imputabilité de l'infraction –Responsabilité en cascade du n° 35.13)], publié un acte d'accusation ou tout autre acte d'une procédure criminelle ou correctionnelle avant qu'il ait été lu en audience publique, en l'espèce .... [¤ matérialiser l'infraction].

Faits prévus et réprimés par les articles 38, 42, 43 de la loi du 29 juillet 1881 (*N **2801**.co*). ✧

35.40 Communication de document provenant d'une perquisition

▪ PEINES

PERSONNE PHYSIQUE

PP Délit. 2 ans d'emprisonnement, 4 500 € (C. pr. pén., art. 58 (cas A) ; art. 98 (cas A)).

PC Néant.

PERSONNE MORALE

PP Délit. 22 500 € (C. pr. pén., art. 58 (cas A) ; art. 98 (cas A) ; C. pén., art. 131-38).

PC Néant.

▪ ORIENTEUR

TEXTE DE RÉFÉRENCE

▪ Le secret de l'enquête, de l'instruction et du délibéré. V. n° 35.2.

▪ ÉLÉMENTS CONSTITUTIFS – QUALIFICATION

✧ Pour avoir à .... [¤ lieu], le .... [¤ date], hors des nécessités de [⇨A ou B :]

A. l'enquête (C. pr. pén., art. 58) (A : *N **3291**.co*)...

B. l'information judiciaire (C. pr. pén., art. 98) (B : *N **3294**.co*)...

... communiqué ou divulgué à une personne non qualifiée par la loi, sans autorisation de la personne mise en examen ou de ses ayants droit ou de son signataire ou destinataire, un document, en l'espèce .... [¤ document concerné], provenant d'une perquisition.

Faits prévus et réprimés par l'article [• du cas sélectionné]. ✧

35.41 Enregistrement sonore ou visuel d'une audience ou diffusion de cet enregistrement

▪ PEINES

PERSONNE PHYSIQUE

PP Délit. Cas A et B : 2 mois d'emprisonnement (depuis L n° 2021-1729, 22 déc. 2021), 4 500 € (L. 29 juill. 1881, art. 38 *ter*) ;

Cas C : 1 an d'emprisonnement, 15 000 € (L. 29 juill. 1881, art. 38 *quater IV*, incrimination créée par L n° 2021-1729, 22 déc. 2021) ;

Cas D : 18 000 € (C. pr. pén., art. 308).

PC Cas A et B : confiscation du matériel ayant servi à commettre l'infraction et du support de l'image utilisé (L. 29 juill. 1881, art. 38 *ter*) ;

Cas C et D : néant.

PERSONNE MORALE

PP Délit. Cas A et B : 22 500 € (L. 29 juill. 1881, art. 38 *ter*, C. pén., art. 131-38) ;
Cas C : 75 000 € (L. 29 juill. 1881, art. 38 *quater*, incrimination créée par L n° 2021-1729, 22 déc. 2021 ; C. pén., art. 131-38) ;
Cas D : 90 000 € (C. pr. pén., art. 308, C. pén., art. 131-38).
PC *Idem* personne physique.

■ **ORIENTEUR**

AUTRE QUALIFICATION

▪ **Diffusion de l'enregistrement audiovisuel d'une audition judiciaire.** V. n° 35.36.

▪ **Enregistrement ou diffusion de la retransmission sonore des débats devant une juridiction pénale spécialisée.** Sur cette modalité de retransmission des débats devant les juridictions spécialisées aux seules parties civiles et l'interdiction d'enregistrement et de diffusion, C. pr. pén., art. 802-3, issu L. n° 2020-1672, 24 déc. 2020, v. n° 17.13B3).

ÉLÉMENT LÉGAL

▪ **Application de la loi pénale dans le temps. Cas C** : L. 29 juill. 1881, art. 38 *quater*, régime d'autorisation et de diffusion de l'enregistrement d'audience et incrimination institués par L n° 2021-1729, 22 déc. 2021 pour la confiance dans l'institution judiciaire, entrée en vigueur le 2 avr. 2022, lendemain de la publication au *JO* du décret d'application D. n° 2022-462, 31 mars 2022 (sur ce régime, v. n° 17.14).

▪ **Constitutionnalité. Cas A et B** : Cons. const. 6 déc. 2019, n° 2019-817 QPC, v. les motifs de cette décision jugeant les incriminations prévues par L. 29 juill. 1881, art. 38 *ter* conformes à la constitution au n° 17.14A.

▪ **Portée de l'interdiction.** L'interdiction instituée par L. 29 juill. 1881, art. 38 *ter* « *commence dès l'ouverture de l'audience et se prolonge jusqu'à ce que celle-ci soit levée, s'applique pendant les périodes de suspension de l'audience* » (Crim. 24 mars 2020, n° 19-81.769, P).

TEXTE DE RÉFÉRENCE

▪ **Conditions d'enregistrement d'une audience.** L'enregistrement audiovisuel ou sonore ou la retransmission d'une audience devant les juridictions administratives ou judiciaires ne peut intervenir que sur les fondements suivants. • **Archives historiques de la justice.** Pour la constitution d'archives historiques de la justice, sur autorisation donnée, selon la juridiction concernée, par le vice président du Tribunal des conflits ou du Conseil d'État, ou du président de la cour administrative d'appel ou le président du tribunal administratif, par le président de la C. cass. ou par le premier président de la cour d'appel pour la cour d'appel et les juridictions de son ressort (C. patrimoine, art. L. 221-1 s.). L'enregistrement, assuré par les services du ministère de la justice ou de l'intérieur, ou par un prestataire dans le cadre d'un marché public, est remis aux Archives de France (D. n° 86-74, 15 janv. 1986, art. 12). • **Enregistrement sonore des débats devant la cour d'assises.** Obligation imposée par C. pr. pén., art. 308, dans le but de préserver les éléments de preuve indispensables à l'instruction des demandes de révision, de procéder à un enregistrement sonore, et le cas échéant audiovisuel, des débats devant la cour d'assises statuant en appel et le cas échéant en premier ressort, sous le contrôle du président (V. n° 17.13A4). • **Retransmission sonore des débats d'une juridiction pénale spécialisée.** Cette modalité de retransmission sonore, réservée aux seules parties civiles, des débats qui se tiennent devant une juridiction spécialisée couvrant plusieurs ressorts est prévue par C. pr. pén., art. 802-3, issu L. n° 2020-1672, 24 déc. 2020, v. n° 17.13B3). • **Enregistrement de l'ouverture de l'audience.** Devant toute juridiction de l'ordre administratif ou judiciaire, l'autorisation d'enregistrement peut être accordée par le président de l'audience, mais uniquement pour des prises de vue lors de l'ouverture de l'audience quand les débats ne sont pas commencés et à condition que les parties ou leurs représentants et le ministère public y consentent (L. 29 juill. 1881, art. 38 *ter*). • **Autorisation d'enregistrement d'une audience pour un motif d'intérêt public.** Dans les conditions prévues par L. 29 juill. 1881, art. 38 *quater* exposées au n° 17.14, régime institué par L n° 2021-1729, 22 déc. 2021 pour la confiance dans l'institution judiciaire, l'autorisation d'enregistrer une audience peut être accordée, après avis du ministre de la justice, par le premier président de la cour d'appel s'agissant des juridictions de l'ordre judiciaire. Les conditions de diffusion de l'enregistrement sont encadrées par la nécessité de préserver la présomption d'innocence, la vie privée et la sécurité, et la violation de ces conditions matérialise l'infraction visée au cas C. • **Autorisation d'enregistrement d'une audience dans le cadre de l'enquête ou de l'instruction ou d'une audition du juge d'instruction.** Les dispositions qui précèdent de L. n° 29 juill. 1881, art. 38 *quater* issues de L. n° 2021-1729, 22 déc. 2021, pour la confiance dans l'institution judiciaire, sont également applicables, par dérogation au C. pr. pén., art. 11 (v. n° 35.2A4), aux audiences intervenant au cours d'une enquête ou d'une instruction ainsi qu'aux auditions, interrogatoires et confrontations réalisés par le juge d'instruction (L. n° 29 juill. 1881, art. 38 *quater* III). Dans les deux cas, le fait de diffuser un enregistrement autorisé sans respecter les conditions de diffusion est réprimé par (L. n° 29 juill. 1881, art. 38 *quater IV*).

RÉGIME PROCÉDURAL

▪ **Régime des infractions de presse. Cas A à C** : s'agissant d'infractions de presse, elles obéissent au régime procédural défini par cette loi : modalités et délais de citation, art. 53 et 54, prescription de trois mois de l'action publique et formalisme des actes interruptifs, art. 65, v. orienteur n° 35.13.

▪ **Compétence juridictionnelle. Juge unique** dans le cas D (exclu pour les infractions de presse des **cas** A à C) (C. pr. pén., art. 398-1, v. n° 17.15D2).

▪ **Ordonnance pénale. Possible** dans le **cas** D (exclu pour les infractions de presse des **cas** A à C) (C. pr. pén., art. 495-II, v. n° 15.48B1 et tableau n° 17.15D2).

▪ ÉLÉMENTS CONSTITUTIFS – QUALIFICATION

✧ Pour avoir à .... [¤ lieu], le .... [¤ date], [⇨ A à D :]

A. après l'ouverture d'une audience d'une juridiction administrative ou judiciaire, employé sans autorisation un appareil permettant d'enregistrer, de fixer ou de transmettre la parole ou l'image (L. 29 juill. 1881, art. 38 *ter*) (A : *N* ***7223.co***) ;

B. cédé ou publié, de quelque manière que ce soit, un document ou un enregistrement obtenu par l'emploi non autorisé, lors d'une audience d'une juridiction administrative ou judiciaire, d'un appareil permettant d'enregistrer, de fixer ou de transmettre la parole ou l'image (L. 29 juill. 1881, art. 38 *ter*) (B : *N* ***7223.co***) ;

C. étant bénéficiaire d'une autorisation d'enregistrement sonore ou audiovisuel d'une audience ou cessionnaire des droits sur les images enregistrées, omis de respecter les conditions de diffusion de cet enregistrement, en l'espèce en (L. 29 juill. 1881, art. 38 *quater* issu L. n° 2021-1729, 22 déc. 2021, D. n° 2022-462, 31 mars 2022) (C : *N* ***34605.co***) [⇨ C1 à C4 :] :

C1. procédant à cette diffusion avant que la décision ne soit définitive ;

C2. diffusant sans les occulter l'image ou les autres éléments d'identification d'une personne enregistrée alors qu'elle n'avait pas consenti à cette diffusion par écrit préalablement à l'audience ou alors qu'elle avait rétracté ce consentement dans le délai de 15 jours qui lui était imparti ;

C3. diffusant sans les occulter l'image ou les autres éléments d'identification d'un mineur ou d'un majeur bénéficiant d'une mesure de protection ;

C4. diffusant sans les occulter, 5 ans après la première diffusion de l'enregistrement ou 10 ans après l'autorisation d'enregistrement, l'image ou les autres éléments d'identification de toute personne enregistrée ;

D. après l'ouverture d'une audience criminelle, employé sans autorisation un appareil d'enregistrement ou de diffusion sonore, une caméra de télévision ou de cinéma ou un appareil photographique (C. pr. pén., art. 308) (D : *N* ***3296.ju***).

Faits prévus et réprimés par les articles : [de la formule sélectionnée]. ✧

35.42 Diffusion auprès d'un tiers de pièce d'une procédure d'instruction

▪ PEINES

PERSONNE PHYSIQUE

PP Délit. 3 ans d'emprisonnement, **45 000 €** (depuis L. n° 2021-1729, 22 déc. 2021 ; auparavant amende seule de 10 000 € depuis L. n° 2014-535, 27 mai 2014 ; auparavant 3 750 €) (C. pr. pén., art. 114-1).

PC Néant.

PERSONNE MORALE

PP Délit. 225 000 € (depuis L. nº 2021-1729, 22 déc. 2021 ; auparavant amende seule de 50 000 € depuis L. nº 2014-535, 27 mai 2014 ; auparavant 18 750 €) (C. pr. pén., art. 114-1, C. pén., art. 131-38).

PC Néant.

■ ORIENTEUR

AUTRE QUALIFICATION

▪ **Violation du secret professionnel – L'infraction.** C. pén., art. 226-13, v. nº 35.10.

TEXTE DE RÉFÉRENCE

▪ **Le secret de l'enquête, de l'instruction et du délibéré.** C. pén., art. 226-13, v. nº 35.2.

▪ **Accès au dossier de la procédure. • Modalités d'exercice du droit de consultation ou de copie du dossier** dans le cadre de l'information (C. pr. pén., art. 114), v. nº 15.4. • **Droits de la victime.** V. nº 16.7.

RÉGIME PROCÉDURAL

▪ **Compétence juridictionnelle. Juge unique** (C. pr. pén., art. 398-1, v. nº 17.15D2).

▪ **Ordonnance pénale. Possible** (C. pr. pén., art. 495-II, v. nº 15.48B1 et tableau nº 17.15D2).

ÉLÉMENT MATÉRIEL

▪ **Origine des pièces de la procédure.** Est censuré l'arrêt qui, condamnant du chef de recel de diffusion auprès d'un tiers de pièces d'une procédure d'instruction la personne qui détenait la copie d'une procédure d'instruction qui lui avait été remise selon ses dires par un journaliste, ne constate pas que « *les pièces de la procédure avaient été diffusées auprès d'un tiers en violation de l'article 114-1 du code de procédure pénale* », c'est-à-dire par une partie à qui la reproduction de pièce a été régulièrement remise en application de C. pr. pén., art. 114 (Crim. 11 mars 2020, nº 19-84.887, P).

■ ÉLÉMENTS CONSTITUTIFS – QUALIFICATION

✧ Pour avoir à .... [¤ lieu], le .... [¤ date], étant partie dans une procédure d'instruction, diffusé auprès d'un tiers une reproduction d'une pièce ou d'un acte de procédure d'information délivré en application de l'article 114 du code de procédure pénale.

Faits prévus et réprimés par l'article 114-1 du code de procédure pénale (*N* ***21729.co***). ✧

35.43 Diffusion de message contraire à la décence

■ PEINES

PERSONNE PHYSIQUE

PP Contrav. 4ᵉ cl. 750 € (C. pén., art. R. 624-2 ; art. 131-13).

PC Confiscation (réelle ou en valeur) chose ayant servi à l'infraction ou destinée à la commettre ou son produit (obligatoire pour objets qualifiés dangereux ou nuisibles par loi ou règlement ou dont la détention est illicite) (C. pén., art. R. 624-2 et 131-21).

PERSONNE MORALE

PP Contrav. 4ᵉ cl. 3 750 € (C. pén., art. R. 624-2 ; art. 131-41).

PC Confiscation (réelle ou en valeur) chose ayant servi à l'infraction ou destinée à la commettre ou son produit (C. pén., art. R. 624-2, 131-48 et 131-21).

■ ORIENTEUR

AUTRE QUALIFICATION

▪ **Enregistrement, diffusion ou détention d'image pornographique d'un mineur – Consultation habituelle ou à titre onéreux de site pédopornographique.** V. nº 21.32.

▪ **Fabrication, diffusion de message violent ou pornographique perceptible par un mineur.** V. nº 21.33.

ÉLÉMENT MATÉRIEL

▪ **Complicité. Punissable par aide ou assistance** (C. pén., art. R. 624-2).

■ **ÉLÉMENTS CONSTITUTIFS – QUALIFICATION**

✧ Pour avoir à .... [¤ lieu], le .... [¤ date], [⇨A à C :]

A. diffusé sur la voie publique ou dans des lieux publics des messages contraires à la décence, (A : *N 12004.c4*)...

B. sans demande préalable du destinataire, envoyé ou distribué à domicile des messages contraires à la décence, (B : *N 6071.c4*)...

C. par aide et assistance, facilité sciemment la préparation ou la consommation de faits [⇨C1 ou C2 :] ...

C1. de diffusion sur la voie publique ou dans des lieux publics de messages contraires à la décence, (C1 : *N 21195.c4*)...

C2. d'envoi ou de distribution à domicile sans demande préalable du destinataire de messages contraires à la décence, (C2 : *N 21194.c4*)...

... en l'espèce .... [¤ matérialiser le cas échéant l'infraction].

Faits prévus et réprimés par l'article R. 624-2 du code pénal. ✧

35.44 Propagande ou publicité en faveur de produits ou méthodes permettant de se donner la mort

■ **PEINES**

PERSONNE PHYSIQUE

PP Délit. 3 ans d'emprisonnement, 45 000 € (C. pén., art. 223-14).

PC 1. Interdiction droits civiques civils et de famille ⩽ 5 ans (vote, éligibilité, fonction juridictionnelle, expert, témoin, tuteur, curateur) (C. pén., art. 223-16 et 131-26) ;

2. Interdiction ⩽ 5 ans activité professionnelle ou sociale en relation avec l'infraction (sauf mandat électif ou syndical) (C. pén., art. 223-17 et 131-27) ;

3. Confiscation de la chose ayant servi à l'infraction ou destinée à la commettre, ou son produit (obligatoire pour objets qualifiés dangereux ou nuisibles par loi ou règlement ou dont la détention est illicite), documents écrits, visuels ou sonores ayant servi à l'infraction (C. pén., art. 223-17 et 131-21) ;

4. Fermeture, définitive ou ⩽ 5 ans établissement(s) ayant servi à commettre l'infraction (C. pén., art. 223-17 et 131-33).

PERSONNE MORALE

PP Délit. 225 000 € (C. pén., art. 223-15-1, 131-38).

PC 1 Interdiction, définitive ou ⩽ 5 ans, une ou plusieurs activités professionnelles ou sociales en relation avec l'infraction (C. pén., art. 223-15-1, 131-39 2°) ;

2. Surveillance judiciaire ⩽ 5 ans, sauf personnes morales de droit public, partis, groupements politiques, syndicats (C. pén., art. 223-15-1, 131-39 3° et 131-46) ;

3. Fermeture, définitive ou ⩽ 5 ans, d'un ou plusieurs établissements en relation avec l'infraction (C. pén., art. 223-15-1, 131-39 4°) ;

4. Exclusion, définitive ou ⩽ 5 ans marchés publics (C. pén., art. 223-15-1, 131-39 5°) ;

5. Interdiction, définitive ou ⩽ 5 ans appel public à l'épargne (C. pén., art. 223-15-1, 131-39 6°) ;

6. Interdiction ⩽ 5 ans cartes de paiement ou émission chèques autres que de retrait ou certifiés (C. pén., art. 223-15-1, 131-39 7°) ;

7. Confiscation de la chose ayant servi à l'infraction ou destinée à la commettre, ou son produit (obligatoire pour objets qualifiés dangereux ou nuisibles par loi ou règlement ou dont la détention est illicite) (C. pén., art. 223-15-1, 131-39 8° et 131-21) ;

8. Affichage, ⩽ 2 mois, *et/ou* (L. n° 2011-525, 17 mai 2011) diffusion de la décision ou d'extraits aux frais (⩽ amende encourue) du condamné (C. pén., art. 223-15-1, 131-39 9°, 131-48 et 131-35).

■ **ORIENTEUR**

AUTRE QUALIFICATION

▪ Provocation au suicide suivie d'effet. V. n° 20.71.

RÉGIME PROCÉDURAL

▪ **Infractions par voie de presse.** Si le délit est commis par voie de presse écrite ou audiovisuelle, les poursuites pourront être engagées contre le responsable tel que déterminé par les articles 42 et 43 de la loi du 29 juillet 1881 sur la presse et 93-3 de la loi du 29 juillet 1982 sur la communication audiovisuelle : responsabilité principale du directeur de publication ou du directeur du service de communication audiovisuelle (sauf émission en direct) et responsabilité dite en « *cascade* » (sur le régime de la responsabilité en matière de presse, v. n° 35.13) (C. pén., art. 223-15).

▪ ÉLÉMENTS CONSTITUTIFS – QUALIFICATION

✧ Pour avoir à .... [¤ lieu], le .... [¤ date], par quelque mode que ce soit, fait de la [⇨A ou B :]

A. propagande (A : *N 1753.co*)...

B. publicité (B : *N 1754.co*)...

... en faveur de produits, objets ou méthodes préconisés comme moyens de se donner la mort, en l'espèce en .... [¤ matérialiser l'infraction].

Faits prévus et réprimés par les articles : **PERSONNES PHYSIQUES.** 223-14, 223-15, 223-16 et 223-17 du code pénal. **PERSONNES MORALES.** 223-14, 223-15 et 223-15-1 du code pénal. ✧

35.45 Publicité destinée à la jeunesse en faveur d'une personne morale sectaire condamnée

▪ PEINES

PERSONNE PHYSIQUE

PP Délit. 7 500 € (L. n° 2001-504, 12 juin 2001, art. 19).

PC Néant.

PERSONNE MORALE

PP Délit. 37 500 € (L. n° 2001-504, 12 juin 2001, art. 19, C. pén., art. 131-38).

PC Néant.

▪ ORIENTEUR

AUTRE QUALIFICATION

▪ **Reconstitution d'une secte dissoute.** Une personne morale sectaire peut être dissoute par le tribunal judiciaire saisi sur requête du procureur de la République lorsqu'elle a fait l'objet, ou ses dirigeants de droit ou de fait, d'une condamnation définitive pour l'une des infractions prévues par L. n° 2001-504, 12 juin 2001, art. 1 (cette liste d'infraction est comparable, sans être identique, à celle prévue par l'article 19, v. ci-dessous). Cette dissolution peut être étendue par la même procédure à d'autres personnes morales dès lors qu'elles « *poursuivent le même objectif et sont unies par une communauté d'intérêts et qu'a été prononcée à l'égard de chacune d'entre elles ou de ses dirigeants de droit ou de fait au moins une condamnation pénale définitive* » pour l'une des infractions qui précèdent (L. n° 2001-504, 12 juin 2001, art. 1). « *Le maintien ou la reconstitution, ouverte ou déguisée, d'une personne morale dissoute en application* » de ces dispositions est punie des peines prévues par C. pén., art. 434-43 (v. n° 25.78) (L. n° 2001-504, 12 juin 2001, art. 1). La dissolution de la personne morale peut également être prononcée, lorsqu'elle est poursuivie, au titre des peines complémentaires prévues pour l'infraction reprochée (ex. escroquerie, art. 313-9 et 131-39 1°), la reconstitution d'une secte ainsi dissoute entre égalemennt dans les prévisions de C. pén., art. 434-43.

ÉLÉMENT LÉGAL

▪ **Application de la loi pénale dans le temps.** Incrimination issue de la L. n° 2001-504, 12 juin 2001, tendant à renforcer la prévention et la répression des mouvements sectaires portant atteinte aux droits de l'homme et aux libertés fondamentales.

ÉLÉMENT MATÉRIEL

▪ **Champ d'application.** • **Personne morale.** La forme juridique et l'objet de la personne morale sectaire visée dans la promotion sont indifférents. • **Causes de la condamnation.** La condamnation de la personne morale sectaire ou de ses dirigeants doit avoir porté sur les infractions d'atteintes volontaires ou involontaires à la vie ou à l'intégrité physique ou psychique de la personne, de mise en danger de la personne, d'atteinte aux libertés de la personne, d'atteinte à la dignité de la personne, d'atteinte à la personnalité, de mise en péril des mineurs ou d'atteintes aux biens incriminées par les articles suivants du code pénal : 221-1 à 221-6 (atteintes volontaires et involontaires à la vie), 222-1 à 222-40 (actes de torture et de barbarie, violences volontaires délictuelles, administration de substance nuisible, harcèlement téléphonique ou par communication électronique, menaces, atteintes involontaires à l'intégrité de la personne, viol et autres agressions sexuelles, soumission chimique, exhibition sexuelle, harcèlement sexuel, outrage sexiste et sexuel, harcèlement moral, harcèlement au sein du couple, harcèlement scolaire, enregistrement et diffusion d'images d'atteintes volontaires aux personnes, trafic de stupéfiants), 223-1 à 223-15 (mise en danger de la personne, diffusion des données d'identification d'une personne l'exposant à un risque, délaissement d'une personne, entrave aux secours, omission de porter secours, abstention de combattre un sinistre, expérimentation médicale illicite, interruption illégale de grossesse, provocation au suicide et propagande en faveur du suicide), 223-15-2 (abus frauduleux de l'état d'ignorance ou de faiblesse), 224-1 à 224-4 (enlèvement, séquestration), 225-5 à 225-15 (proxénétisme, recours à la prostitution d'autrui en récidive, exploitation de la mendicité, de la vente à la sauvette, conditions de travail et d'hébergement indignes, travail forcé, réduction en servitude), 225-17 (atteinte à l'intégrité d'un cadavre ou d'une sépulture), 226-1 à 226-23 (atteintes à la vie privée, voyeurisme, violation de domicile, usurpation d'identité, expulsion sauvage, atteintes à la représentation de la personne, dénonciation calomnieuse, atteinte au secret professionnel, atteinte au secret des correspondances, infractions en matière de traitement de données personnelle), 227-1 à 227-27 (délaissement de mineur, abandon de famille, soustraction de mineur, provocation à l'abandon d'enfant, substitution ou dissimulation d'enfant, privation de soins d'un mineur, abandon moral et matériel d'un mineur, non scolarisation de mineur, provocation d'un mineur à la commission d'infractions et à la consommation de stupéfiants ou d'alcool, corruption de mineur, pédopornographie, incitation d'un mineur à une mutilation sexuelle, atteinte sexuelle sur mineur), 311-1 à 311-13 (vol), 312-1 à 312-12 (extorsion, chantage), 313-1 à 313-3 (escroquerie), 314-1 à 314-3 (abus de confiance) et 324-1 à 324-6 (blanchiment) ; pour les infractions d'exercice illégal de la médecine ou de la pharmacie prévues par les articles L. 4161-5 et L. 4223-1 du code de la santé publique ; ou pour les infractions de publicité mensongère, de fraudes ou de falsifications prévues par les articles L. 121-6 et L. 213-1 à L. 213-4 du code de la consommation.

RÉGIME PROCÉDURAL

- **Compétence juridictionnelle. Juge unique** (C. pr. pén., art. 398-1°, v. n° **17.15D2**).
- **Ordonnance pénale. Possible** (C. pr. pén., art. 495-II, v. n° **15.48B1** et tableau n° **17.15D2**).

▪ ÉLÉMENTS CONSTITUTIFS – QUALIFICATION

✧ Pour avoir à .... [¤ lieu], le .... [¤ date], par quelque moyen que ce soit, en l'espèce en .... [¤ matérialiser l'infraction], diffusé des messages destinés à la jeunesse et faisant la promotion d'une personne morale qui poursuit des activités ayant pour but ou pour effet de créer, de maintenir ou d'exploiter la sujétion psychologique ou physique des personnes qui participent à ces activités, alors qu'il avait été prononcé au moins une fois, contre la personne morale elle-même ou ses dirigeants de droit ou de fait, en l'espèce le......... [date de la condamnation définitive], une condamnation pénale définitive pour une infraction [⇨A à C :]

A. d'atteinte volontaire ou involontaire à la vie ou à l'intégrité physique ou psychique de la personne, de mise en danger de la personne, d'atteinte aux libertés de la personne, d'atteinte à la dignité de la personne, d'atteinte à la personnalité, de mise en péril des mineurs ou d'atteintes aux biens ;

B. d'exercice illégal de la médecine ou de la pharmacie ;

C. de publicité mensongère, de fraudes ou de falsifications.

Faits prévus et réprimés par l'article 19 de la L. n° 2001-504, 12 juin 2001 (*N 33342.ju*). ✧

35.46 Atteinte à l'intimité de la vie privée

▪ PEINES

PERSONNE PHYSIQUE

PP Délit. Cas A à C : **1 an** d'emprisonnement, **45 000 €** (C. pén., art. **226-1**). Cas D : **2 ans** d'emprisonnement, **60 000 €** (C. pén., art. **226-1**, circ. aggr. créée par L. n° 2020-936, 30 juill. 2020). Cas E : **2 ans** d'emprisonnement, **60 000 €** (C. pén., art. **226-2-1**, L. n° 2016-1321, 7 oct. 2016).

PC 1. Interdiction droits civiques civils et de famille ⩽ 5 ans (vote, éligibilité, fonction juridictionnelle, expert, témoin, tuteur, curateur) (C. pén., art. 226-31 et 131-26) ;

2. Interdiction, définitive ou ⩽ 5 ans activité professionnelle ou sociale en relation avec l'infraction (sauf mandat électif ou syndical) (C. pén., art. 226-31 et 131-27) ;

3. Interdiction ⩽ 5 ans détention, port arme soumise à autorisation (C. pén., art. 226-31) ;

4. Affichage, ⩽ 2 mois, *et/ou* (L. nº 2011-525, 17 mai 2011) diffusion de la décision ou d'extraits aux frais (⩽ amende encourue) du condamné (C. pén., art. 226-31 et 131-35) ;

5. Confiscation de la chose ayant servi ou destinée à commettre l'infraction ou son produit, obligatoire pour les appareils conçus pour intercepter les communications (C. pén., art. 226-31 et 131-21).

PERSONNE MORALE

PP Délit. Cas A à C : 225 000 € (C. pén., art. 226-7 ; art. 131-38).

Cas D et E : 300 000 € (C. pén., art. 226-7, 226-2-1 (L. nº 2016-1321, 7 oct. 2016) et 131-38).

PC 1. Interdiction, définitive ou ⩽ 5 ans, une ou plusieurs activités professionnelles ou sociales en relation avec l'infraction (C. pén., art. 226-7) ;

2. Affichage, ⩽ 2 mois, *et/ou* (L. nº 2011-525, 17 mai 2011) diffusion de la décision ou d'extraits aux frais (⩽ amende encourue) du condamné (C. pén., art. 226-7 et 131-35).

▪ ORIENTEUR

AUTRE QUALIFICATION

▪ **Détention, diffusion de paroles ou d'images portant atteinte à l'intimité de la vie privée.** V. nº 35.48.

▪ **Usage d'un moyen pour apercevoir les parties intimes d'une personne sans son consentement – Voyeurisme (L. nº 2018-703, 3 août 2018).** V. nº 35.47.

▪ **Localisation à distance d'un véhicule non volé.** Ces procédés sont incriminés par L. nº 95-73, 21 janv. 1995, art. 15 et art. 10 devenu CSI, art. L. 254-1 (sur cet article, v. nº 35.53) s'ils sont mis en œuvre pour localiser à distance un véhicule **non volé**.

ÉLÉMENT LÉGAL

▪ **Application de la loi pénale dans le temps. • Cas** C : incrimination créée par L. nº 2020-936, 30 juill. 2020. « *Cette extension de l'incrimination du délit* [d'atteinte à l'intimité de la vie privée] *permet ainsi de sanctionner la surveillance électronique d'une personne, consistant à installer un logiciel espion de géolocalisation dans son téléphone portable, comportement qui peut notamment être commis contre une personne par son ex-conjoint ou concubin* » (Circ. Crim. 2020-17-H2, 3 août 2020, NOR : JUSD2020619C, nº 2.5.1). Sur la géolocalisation, v. nº 11.46 s. • **Cas** D : circonstance aggravante créée par L. nº 2020-936, 30 juill. 2020. • **Cas** E (« *revenge porn* ») : circonstance aggravante introduite dans le nouvel article 226-2-1 C. pén. par L. nº 2016-1321, 7 oct. 2016 (v. aussi nº 35.48).

TEXTE DE RÉFÉRENCE

▪ **Respect de la vie privée. • Conventions internationales.** « *Droit au respect de la vie privée et familiale. – 1. Toute personne a droit au respect de sa vie privée et familiale, de son domicile [...]* » (Conv. EDH, art. 8). « *nul ne sera l'objet d'immixtions arbitraires dans sa vie privée [...]. Toute personne a droit à la protection de la loi contre de telles immixtions...* » (DUDH, art. 12). • **Droits civils.** « *Chacun a droit au respect de sa vie privée* » (C. civ., art. 9). • **Procédure pénale.** « *Au cours de la procédure pénale, les mesures portant atteinte à la vie privée d'une personne ne peuvent être prises, sur décision ou sous le contrôle effectif de l'autorité judiciaire, que si elles sont, au regard des circonstances de l'espèce, nécessaires à la manifestation de la vérité et proportionnées à la gravité de l'infraction* » (C. pr. pén., art. préliminaire). • **Autorité publique – Recueil de renseignement.** « *Le respect de la vie privée, dans toutes ses composantes .../..., est garanti par la loi. L'autorité publique ne peut y porter atteinte que dans les seuls cas de nécessité d'intérêt public prévu par la loi, dans les limites fixées par celle-ci et dans le respect du principe de proportionnalité* ». L'autorisation et la mise en œuvre des techniques de renseignement doivent procéder d'une autorité compétente, résulter d'une procédure conforme, respecter les missions confiées aux services compétents, être justifiées par les menaces, les risques et les enjeux liés aux intérêts fondamentaux de la Nation et porter une atteinte proportionnée aux motifs invoqués (CSI, art. L. 801-1, L. nº 2015-912, 24 juill. 2015). • **Système de santé.** « *Toute personne prise en charge par un professionnel de santé, un établissement ou un des services de santé [...] a droit au respect de sa vie privée* » (CSP, art. L. 1110-4).

▪ **Régime des interceptions de correspondance et des techniques de recueil du renseignement.** V. nº 35.55.

▪ **Régime de la géolocalisation judiciaire.** V. nº 11.46 s.

ÉLÉMENT MATÉRIEL

▪ **Tentative. Punissable** (C. pén., art. 226-5).

▪ **Illustrations. • Entretien professionnel.** Le délit « *suppose non seulement l'enregistrement au moyen d'un appareil quelconque des paroles prononcées dans un lieu privé par une personne, sans le consentement de celle-ci, mais que les propos en cause concernent l'intimité de la vie privée de cette dernière* », tel n'est pas le cas d'enregistrements de conversations téléphoniques et d'un entretien prélable au licenciement car « *l'objet des entretiens portait sur le licenciement du prévenu par ses employeurs ; que dès lors, les propos tenus par ceux-ci entrant dans le cadre de leur seule activité professionnelle n'étaient pas de nature à porter atteinte à l'intimité de leur vie privée* » (Crim. 16 janv. 1990, nº 89-83.075, P nº 25) ; de l'enregistrement, à leur insu, d'entretiens téléphoniques avec d'anciens collègues de travail, dès lors que « *ces propos entraient dans le cadre de la seule activité professionnelle des intéressés et n'étaient pas de nature à porter atteinte à l'intimité de leur vie privée* » (Crim. 14 févr. 2006, nº 05-84.384, P nº 38). Quand bien même les propos enregistrés auraient été tenus dans un lieu privé, n'est pas de nature à porter atteinte à l'intimité de la vie privée l'enregistrement, par un délégué syndical, de la conversation d'un salarié qu'il assiste avec son employeur, lors d'un entretien préalable au licenciement (Crim. 12 avr. 2023, nº 22-83.581, D). Notons que de tels faits peuvent également être justifiés par l'exercice des droits de la défense, selon les précisions apportées au nº 10.13E3. En revanche, quelle qu'ait été la nature professionnelle des informations recherchées, il y a atteinte à l'intimité de la vie privée lorsque « *les branchements clandestins ont, par leur conception, leur objet et leur durée, nécessairement conduit leur auteur à pénétrer dans la vie privée des personnes écoutées* » (Crim. 7 oct. 1997, nº 96-81.485, P nº 324). **• Image d'une personne se trouvant dans un lieu privé.** « *la fixation de l'image d'une personne se trouvant dans un lieu privé, sans son autorisation, est prohibée* », tel est le cas d'une photographie depuis une position surélevée en face de l'immeuble occupé par la victime, « *prise à travers une fenêtre fermée de son appartement* » (Crim. 25 avr. 1989, nº 86-93.632, P nº 165), ou des photographies d'une personne dans son jardin prises depuis le balcon de l'appartement du prévenu (Crim. 24 mai 2023, nº 21-87.509, D). Il en est de même pour le fait de filmer « *à la faveur d'un reflet sur les parois de verre d'un immeuble faisant face, une scène permettant d'identifier notamment* » des jurés situés « *dans une salle de la cour d'assises où ils s'étaient retirés pour délibérer* » (Crim. 16 févr. 2010, nº 09-81.492, P nº 25). « *Ni l'intervention des services de secours ni l'exposition involontaire aux regards d'autrui d'une victime gravement atteinte lors d'un accident ne font perdre au véhicule la transportant son caractère de lieu privé au sens de C. pén., art. 226-1* » (Crim. 12 avr. 2005, nº 04-85.637, P nº 122). « *l'enregistrement de la parole ou de l'image d'une personne placée en garde à vue est susceptible de constituer une atteinte à l'intimité de sa vie privée* », incriminée par C. pén., art. 226-1 et « *une personne faisant l'objet d'une garde à vue n'est pas en mesure de s'opposer à cet enregistrement* » (Crim. 21 avr. 2020, nº 19-81.507, P).

▪ **Aggravation résultant de la qualité de conjoint ou de concubin de la victime.** Cas D : *idem* Orienteur/élément matériel nº 20.3 (C. pén., art. 132-80).

ÉLÉMENT INTENTIONNEL

▪ **Consentement de la victime. • Victime majeure.** Lorsque les faits ont été commis au vu et au su de la victime sans qu'elle s'y soit opposée alors qu'elle pouvait le faire, son consentement est présumé (C. pén., art. 226-1). Toutefois, cette présomption ne saurait être opposée pour « *une personne faisant l'objet d'une garde à vue [laquelle] n'est pas en mesure de s'opposer à cet enregistrement* », effectué lors d'un reportage (Crim. 21 avr. 2020, nº 19-81.507, P). Tel n'est pas le cas lorsque la personne est filmée par un policier municipal « *à la suite d'un contrôle routier au cours duquel il a fait usage d'une caméra, en dehors de tout cadre légal, et filmé le conducteur au volant de son véhicule* » (§ 2) ; dans cette hypothèse, il appartient à la partie poursuivante de prouver que « *le conducteur était opposé à être filmé* » (§ 11) (Crim. 28 mars 2023, nº 22-83.069, D). Selon les précisions apportées au nº 11.32, aux conditions qu'il prévoit le CSI donne un cadre légal à l'emploi de caméras individuelles par les forces de sécurité intérieure en intervention, y compris aux policiers municipaux. Lorsque les faits (cas A à C) « *ont été accomplis sur la personne d'un mineur, le consentement doit émaner des titulaires de l'autorité parentale* » (C. pén., art. 226-1, réd. issue L. nº 2020-936, 30 juill. 2020) ; « *l'objectif de cette précision est double. D'une part, elle permet de ne pas incriminer les parents qui, même sans l'accord de leur enfant mineur, enregistrent ses paroles ou son image ou procèdent à sa géolocalisation. D'autre part, elle permet de* *sanctionner le parent qui installerait un dispositif de géolocalisation sur le téléphone de son enfant mineur, sans l'accord de l'autre parent, aux seules fins de pouvoir localiser* » ce dernier (Circ. Crim. 2020-17-H2, 3 août 2020, NOR : JUSD2020619C, n° 2.5.1). • **Victime mineure.** Est approuvée la condamnation du prévenu qui, depuis le balcon de son appartement, photographie une mineure dans son jardin, au motif qu'il « *ne peut justifier d'aucune autorisation donnée par les titulaires de l'autorité parentale de photographier leur fille* » et qu'il a « *volontairement porté atteinte à l'intimité de la vie privée de la victime qui, étant mineure, n'était pas en mesure de s'opposer* » aux prises de vue (Crim. 24 mai 2023, n° 21-87.509, D).

RÉGIME PROCÉDURAL

▪ **Plainte préalable de la victime.** Les poursuites ne peuvent être exercées que sur plainte de la victime, de son représentant légal ou de ses ayants droit (C. pén., art. 226-6).

▪ **Prescription de l'action publique. Infraction occulte par nature.** Selon la jurisprudence (Crim. 4 mars 1997, n° 96-84.773, P n° 83 – affaire dite des écoutes de l'Élysée), consacrée par L. n° 2017-242, 27 févr. 2017 créant C. pr. pén., art. 9-1, l'infraction d'atteinte à l'intimité de la vie privée d'autrui est une infraction occulte par nature. Le point de départ de la prescription est « *le jour ou l'infraction est apparue et a pu être constatée dans des conditions permettant la mise en mouvement ou l'exercice de l'action publique, sans toutefois que le délai de prescription puisse dépasser 12 années révolues à compter du jour où l'infraction a été commise* » (C. pr. pén., art. 9-1, L. n° 2017-242, 27 févr. 2017). Sur les causes d'allongement de la prescription de l'action publique, v. n° 17.20 s.

▪ **Compétence juridictionnelle. Juge unique** (C. pr. pén., art. 398-1 1°, v. n° 17.15D2).

▪ **Ordonnance pénale. Possible** (C. pr. pén., art. 495-II, v. n° 15.48B1 et tableau n° 17.15D2).

POLITIQUE PUBLIQUE

▪ **Obligations des fournisseurs d'accès à internet et hébergeurs.** Les fournisseurs d'accès à internet et hébergeurs « *doivent concourir à la lutte contre la diffusion des infractions visées* » au C. pén., art. 226-1 et 226-2-1 (L. n° 2004-575, 21 juin 2004, dite LCEN, art. 6, mod. par L. n° 2023-566, 7 juill. 2023, entrée en vigueur différée), v. n° 35.22.

MESURE CIVILE

▪ **Mesure conservatoire.** « *Chacun a droit au respect de sa vie privée. Les juges peuvent, sans préjudice de la réparation du dommage subi, prescrire toutes mesures, telles que séquestre, saisie et autres, propres à empêcher ou faire cesser une atteinte à l'intimité de la vie privée ; ces mesures peuvent, s'il y a urgence, être ordonnées en référé* » (C. civ., art. 9).

▪ ÉLÉMENTS CONSTITUTIFS – QUALIFICATION

✧ Pour avoir à .... [¤ lieu], le .... [¤ date], au moyen d'un procédé quelconque, volontairement [⇨A à C puis le cas échéant D ou E :]

A. capté, enregistré ou transmis, sans son consentement, des paroles prononcées par .... [¤ nom de la victime] à titre privé ou confidentiel (A : *N* ***10764.ju***) ;

B. fixé, enregistré ou transmis, sans son consentement, l'image de .... [¤ nom de la victime] se trouvant dans un lieu privé (B : *N* ***10765.ju***) ;

C. capté, enregistré ou transmis, par quelque moyen que ce soit, sans son consentement, la localisation en temps réel ou en différé de [¤ nom de la victime] (C : *N* ***33600.ju***) (incrimination créée par L. n° 2020-936, 30 juill. 2020) ;

D. [• Préciser le cas échéant dans les cas A à C :] avec cette circonstance que les faits ont été commis par le conjoint ou le concubin de la victime ou le partenaire lié à la victime par un pacte civil de solidarité ou par l'ancien conjoint, concubin ou partenaire (C. pén., art. 132-80) (AD : *N* ***33601.ju*** ; BD : *N* ***33602.ju***, CD : *N* ***33603.ju***) (circ. aggr. créée par L. n° 2020-936, 30 juill. 2020) ;

E. [• Préciser le cas échéant dans les seuls cas A ou B :] avec cette circonstance que les faits ont porté sur des paroles ou des images présentant un caractère sexuel prises dans un lieu public ou privé (AE : *N* ***31998.ju*** ; BE : *N* ***31999.ju***) (C. pén., art. 226-2-1, circ. aggr. créée par L. n° 2016-1321, 7 oct. 2016).

Faits prévus et réprimés par les articles : **PERSONNES PHYSIQUES.** 226-1, (+ C. pén., art. 226-2-1 dans le cas E), 226-5, 226-6 et 226-31 du code pénal. **PERSONNES MORALES.** 226-1, (+ C. pén., art. 226-2-1 dans le cas E), 226-5, 226-6 et 226-7 du code pénal. ✧

35.47 Usage d'un moyen pour apercevoir les parties intimes d'une personne sans son consentement – Voyeurisme (L. nº 2018-703, 3 août 2018)

PERSONNE PHYSIQUE

PP Délit. Cas A : 1 an d'emprisonnement, 15 000 € (C. pén., art. 226-3-1) ;

Cas B : 2 ans d'emprisonnement, 30 000 € (C. pén., art. 226-3-1) ;

PC *Idem* nº 35.46 (C. pén., art. 226-31).

PERSONNE MORALE

PP Délit. Cas A : 75 000 € (C. pén., art. 226-3-1 ; art. 131-38).

Cas B : 150 000 € (C. pén., art. 226-3-1 ; 131-38).

PC *Idem* nº 35.46 (C. pén., art. 226-7).

▪ ORIENTEUR

AUTRE QUALIFICATION

▪ **Atteinte à l'intimité de la vie privée.** V. nº 35.46.

▪ **Détention, diffusion de paroles ou d'images portant atteinte à l'intimité de la vie privée.** V. nº 35.48.

▪ **Outrage sexiste (L. nº 2018-703, 3 août 2018 - Incriminations contraventionnelles abrogées à compter du 1er avr. 2023).** V. nº 20.89.

▪ **Harcèlement sexuel – Chantage sexuel (L. nº 2012-954, 6 août 2012).** V. nº 20.87.

▪ **Violences volontaires.** Ne constituent pas des violences le fait d'utiliser un miroir pour regarder à leur insu des femmes qui se changent dans les cabines d'une piscine (Crim. 5 oct. 2010, nº 10-80.050, D). Sur les violences psychologiques, v. orienteur nº 20.21.

ÉLÉMENT LÉGAL

▪ **Application de la loi pénale dans le temps.** Incrimination créée par L. nº 2018-703, 3 août 2018, renforçant la lutte contre les violences sexuelles et sexistes.

ÉLÉMENT MATÉRIEL

▪ **Tentative. Punissable** (C. pén., art. 226-5).

▪ **Faits incriminés.** Ce délit, également désigné sous le nom de « *Upskirting* », créé par L. nº 2018-703, 3 août 2018 « *comble une lacune de notre droit pénal.../...en permettant de réprimer les personnes qui, notamment dans les transports en commun, utilisent un miroir ou leur téléphone portable ou de petits appareils photo ou de petites caméras, afin de regarder ou filmer l'entrejambe des femmes, assises ou debout lorsque celles-ci sont en robe ou en jupe [note nº 5 : la qualification de ces faits étaient en effet jusqu'à présent problématique. Il ne pouvait s'agir d'agression sexuelle en l'absence de contact physique entre l'auteur et la victime, ni d'atteinte à la vie privée par captation d'images présentant un caractère sexuel car les faits se déroulent dans un espace public. Par défaut, dans la majorité des cas, ces faits étaient poursuivis sous la qualification de violences. Toutefois, la violence supposant a minima un choc émotif, si la victime ne s'apercevait de rien, ce choc ne pouvait être caractérisé].../...Il permet ainsi de réprimer ces faits de "voyeurisme", qui peuvent également survenir lorsqu'une personne regarde en cachette une autre dans une cabine d'essayage, ou dans des espaces sanitaires ou toilettes publiques* » (Circ. Crim. 2018-10/H2, 3 sept. 2018, NOR : JUSD1823892C, nº 4.2).

RÉGIME PROCÉDURAL

▪ **Compétence juridictionnelle. Juge unique** (C. pr. pén., art. 398-1 1º, v. nº 17.15D2).

▪ **Ordonnance pénale. Possible** (C. pr. pén., art. 495-II, v. nº 15.48B1 et tableau nº 17.15D2).

▪ ÉLÉMENTS CONSTITUTIFS – QUALIFICATION

✧ Pour avoir à .... [¤ lieu], le .... [¤ date], [⇨A puis le cas échéant B :]

A. à l'insu ou sans le consentement de... [nom de la victime], usé de tout moyen, en l'espèce...[matérialiser le moyen mis en œuvre], afin d'apercevoir ses parties intimes, cachées à la vue des tiers du fait de son habillement ou de sa présence dans un lieu clos (A : *N 32829.ju*)

B. [• Préciser le cas échéant dans le cas A :] avec cette circonstance que les faits ont été commis... [⇨B1 à B7 :]

B1. par une personne qui abuse de l'autorité que lui confèrent ses fonctions (B1 : *N 32830.ju*) ;

B2. sur un mineur (B2 : *N 32831.ju*) ;

B3. sur une personne dont la particulière vulnérabilité, due à son âge, à une maladie, à une infirmité, à une déficience physique ou psychique ou à un état de grossesse, est apparente ou connue de leur auteur (B3 : *N 32832.ju*) ;

B4. par plusieurs personnes agissant en qualité d'auteur ou de complice (B4 : *N 32833.ju*) ;

B5. dans un véhicule affecté au transport collectif de voyageurs (B5 : *N 32834.ju*) ;

B6. dans un lieu destiné à l'accès à un moyen de transport collectif de voyageurs (B6 : *N 32835.ju*) ;

B7. et que des images ont été fixées, enregistrées ou transmises (B7 : *N 32836.ju*).

Faits prévus et réprimés par les articles : **PERSONNES PHYSIQUES.** 226-3-1 et 226-31 du code pénal. **PERSONNES MORALES.** 226-3-1 et 226-7 du code pénal. ✧

35.48 Détention, diffusion de paroles ou d'images portant atteinte à l'intimité de la vie privée

■ PEINES

PERSONNE PHYSIQUE

PP Délit. Cas A et B : 1 an d'emprisonnement, 45 000 € (C. pén., art. 226-2) ;
Cas C et D : 2 ans d'emprisonnement, 60 000 € (C. pén., art. 226-2-1, L. nº 2016-1321, 7 oct. 2016).

PC *Idem* nº 35.46 (C. pén., art. 226-2).

PERSONNE MORALE

PP Délit. Cas A et B : 225 000 € (C. pén., art. 226-7 ; art. 131-38).
Cas C et D : 300 000 € (C. pén., art. 226-2-1, L. nº 2016-1321, 7 oct. 2016, 226-7 et 131-38).

PC *Idem* nº 35.46 (C. pén., art. 226-7).

■ ORIENTEUR

AUTRE QUALIFICATION

- Atteinte à l'intimité de la vie privée. V. nº 35.46.
- Usage d'un moyen pour apercevoir les parties intimes d'une personne sans son consentement – Voyeurisme (L. nº 2018-703, 3 août 2018). V. nº 35.47.
- Usage de l'identité ou de données d'identification d'autrui (identité numérique) en vue de porter atteinte à sa tranquillité ou à son honneur (L. nº 2011-267, 14 mars 2011). V. nº 35.49.
- Traitement de données personnelles – Détournement de finalité de données. V. nº 35.65.
- Traitement de données personnelles – Divulgation intentionnelle ou par imprudence de données confidentielles. V. nº 35.66.

ÉLÉMENT LÉGAL

- Application de la loi pénale dans le temps. Cas C et D : circonstance aggravante et nouvelle incrimination introduites dans le nouvel article 226-2-1 C. pén. par L. nº 2016-1321, 7 oct. 2016.
- Constitutionnalité. • Cas D. « *les termes "un caractère sexuel" et "absence d'accord de la personne pour la diffusion" sont suffisamment clairs et précis pour garantir contre le risque d'arbitraire. Il appartient aux juridictions compétentes d'apprécier le caractère sexuel des paroles ou images diffusées ainsi que l'absence de consentement de la personne à cette diffusion* » (§ 5), « *en faisant référence aux enregistrements ou documents obtenus "à l'aide de l'un des actes prévus au C. pén., art. 226-1", qui recouvrent la captation, la fixation, l'enregistrement ou la transmission de paroles ou d'images, le législateur a uniquement défini les actes matériels ayant permis à l'auteur de leur diffusion d'obtenir ces enregistrements et documents, sans les restreindre aux seuls actes réalisés dans un lieu privé. D'autre part, il n'a pas entendu incriminer un mode particulier de diffusion* » (§ 6) (Cons. const. 30 sept. 2021, nº 2021-933 QPC).

ÉLÉMENT MATÉRIEL

- Tentative. Punissable (C. pén., art. 226-5).
- Portée du consentement de la personne. « *le fait de porter à la connaissance du public ou d'un tiers, soit des paroles prononcées à titre privé ou confidentiel, soit l'image d'une personne se trouvant dans un lieu privé, n'est punissable que si l'enregistrement ou le document qui les contient a été réalisé sans le consentement de la personne concernée* », par conséquent, en application du principe d'interprétation stricte de la loi

pénale, « *n'est pas pénalement réprimé le fait de diffuser, sans son accord, l'image d'une personne réalisée dans un lieu privé avec son consentement* » (Crim. 16 mars 2016, n° 15-82.676, P n° 86). La L. n° 2016-1321, 7 oct. 2016, a tiré les conséquence de cette jurisprudence en incriminant désormais de tels faits (*revenge porn*) au C. pén., art. 226-2-1 (**Cas** D) (v. aussi n° 35.46).

RÉGIME PROCÉDURAL

▪ Renvoi. *Idem* n° 35.46.

▪ **Compétence juridictionnelle. Juge unique** (C. pr. pén., art. 398-1 1°, v. n° 17.15D2).

▪ **Ordonnance pénale. Possible** (C. pr. pén., art. 495-II, v. n° 15.48B1 et tableau n° 17.15D2).

▪ **Infractions par voie de presse.** Si le délit est commis par voie de presse écrite ou audiovisuelle, les poursuites pourront être engagées contre le responsable tel que déterminé par les articles 42 et 43 de la loi du 29 juillet 1881 sur la presse et 93-3 de la loi du 29 juillet 1982 sur la communication audiovisuelle : responsabilité principale du directeur de publication ou du directeur du service de communication audiovisuelle (sauf émission en direct) et responsabilité dite en « *cascade* » (sur le régime de la responsabilité en matière de presse, v. n° 35.13) (C. pén., art. 226-2).

POLITIQUE PUBLIQUE

▪ **Obligations des fournisseurs d'accès à internet et hébergeurs.** Les fournisseurs d'accès à internet et hébergeurs « *doivent concourir à la lutte contre la diffusion des infractions visées* » au C. pén., art. 226-2 (L. n° 2004-575, 21 juin 2004, dite LCEN, art. 6, mod. par L. n° 2023-566, 7 juill. 2023, entrée en vigueur différée), v. n° 35.22.

▪ ÉLÉMENTS CONSTITUTIFS – QUALIFICATION

✧ Pour avoir à .... [¤ lieu], le .... [¤ date], [⇨A ou B puis le cas échéant C ; ou ⇨D :]

A. conservé, porté ou laisser porter à la connaissance du public ou d'un tiers ou utilisé de quelque manière que ce soit les paroles de .... [¤ nom de la victime], prononcées à titre privé ou confidentiel, captées, enregistrées ou transmises sans son consentement (A : *N 439.ju*) ;

B. conservé, porté ou laisser porter à la connaissance du public ou d'un tiers ou utilisé de quelque manière que ce soit les images de .... [¤ nom de la victime], fixées, enregistrées ou transmises sans son consentement alors qu'elle se trouvait dans un lieu privé (B : *N 439.ju*) ;

C. [• Préciser le cas échéant dans le cas A ou B :] avec cette circonstance que les faits ont porté sur des paroles ou des images présentant un caractère sexuel prises dans un lieu public ou privé (C. pén., art. 226-2-1, L. n° 2016-1321, 7 oct. 2016) (C : *N 32022.ju*) ;

D. en l'absence d'accord de .... [¤ nom de la victime], porté à la connaissance du public ou d'un tiers tout enregistrement ou tout document, obtenu avec le consentement exprès ou présumé de la personne, portant sur des paroles prononcées à titre privé ou confidentiel ou des images de la personne présentant un caractère sexuel (C. pén., art. 226-2-1, L. n° 2016-1321, 7 oct. 2016) (D : *N 32000.ju*).

Faits prévus et réprimés par les articles : **PERSONNES PHYSIQUES.** 226-1, 226-2, (+ C. pén., art. 226-2-1 dans le cas C et D), 226-5, 226-6 et 226-31 du code pénal. **PERSONNES MORALES.** 226-1, 226-2, (+ C. pén., art. 226-2-1 dans le cas C et D), 226-5, 226-6 et 226-7 du code pénal. ✧

35.49 Usage de l'identité ou de données d'identification d'autrui (identité numérique) en vue de porter atteinte à sa tranquillité ou à son honneur (L. n° 2011-267, 14 mars 2011)

▪ PEINES

PERSONNE PHYSIQUE

PP Délit. Cas A : 1 an d'emprisonnement, 15 000 € (C. pén., art. 226-4-1). Cas B : 2 ans d'emprisonnement, 30 000 € (C. pén., art. 226-4-1, circ. aggr. créée par L. n° 2020-936, 30 juill. 2020).

PC 1. Interdiction droits civiques civils et de famille ⩽ 5 ans (vote, éligibilité, fonction juridictionnelle, expert, témoin, tuteur, curateur) (C. pén., art. 226-31 et 131-26) ;

2. Interdiction, définitive ou ⩽ 5 ans activité professionnelle ou sociale en relation avec l'infraction (sauf mandat électif ou syndical) (C. pén., art. 226-31 et 131-27) ;

3. Interdiction, ⩽ 5 ans, de détention ou de port d'arme soumise à autorisation (C. pén., art. 226-31) ;

4. Affichage, ⩽ 2 mois, *et/ou* (L. n° 2011-525, 17 mai 2011) diffusion de la décision ou d'extraits aux frais (⩽ amende encourue) du condamné (C. pén., art. 226-31 et 131-35) ;

PERSONNE MORALE

PP Délit. Cas A : 75 000 € (C. pén., art. 226-7, 131-38). Cas B : 150 000 € (C. pén., art. 226-7, circ. aggr. créée par L. n° 2020-936, 30 juill. 2020).

PC 1. Interdiction, définitive ou ⩽ 5 ans, une ou plusieurs activités professionnelles ou sociales en relation avec l'infraction (C. pén., art. 226-7) ;

2. Affichage, ⩽ 2 mois, *et/ou* (L. n° 2011-525, 17 mai 2011) diffusion de la décision ou d'extraits aux frais (⩽ amende encourue) du condamné (C. pén., art. 226-7 et 131-35).

▪ ORIENTEUR

AUTRE QUALIFICATION

▪ **Diffamation publique envers un particulier.** V. n° 35.13.

▪ **Atteinte à l'intimité de la vie privée.** V. n°s 35.46.

▪ **Détention, diffusion de paroles ou d'images portant atteinte à l'intimité de la vie privée.** V. n° 35.48.

▪ **Divulgation d'informations personnelles pour exposer une personne ou son entourage à un risque d'atteinte aux personnes ou aux biens (L. n° 2021-1109, 24 août 2021).** C. pén., art. 223-1-1, v. n° 35.50.

▪ **Publication de montage portant atteinte à la représentation de la personne.** V. n° 35.51.

▪ **Traitement de données personnelles – Détournement de finalité de données.** V. n° 35.65.

▪ **Traitement de données personnelles – Divulgation intentionnelle ou par imprudence de données confidentielles.** V. n° 35.66.

ÉLÉMENT LÉGAL

▪ **Application de la loi pénale dans le temps.** Cas A : incrimination créée par L. n° 2011-267, 14 mars 2011. Cas B : circonstance aggravante créée par L. n° 2020-936, 30 juill. 2020.

ÉLÉMENT MATÉRIEL

▪ **Mode opératoire.** L'infraction est punie des mêmes peines lorsqu'elle est commise sur un réseau de communication au public en ligne (C. pén., art. 226-4-1).

▪ **Tentative. Punissable** (C. pén., art. 226-5).

▪ **Aggravation résultant de la qualité de conjoint ou de concubin de la victime.** Cas B : *idem* Orienteur/élément matériel n° 20.3 (C. pén., art. 132-80).

▪ **Faits incriminés. Faux site internet.** Matérialise l'infraction le fait de créer un « *site internet présentant l'apparence du site officiel de la plaignante, reproduisant sa photographie ainsi que des éléments graphiques propres, mais diffusant des commentaires insultants et diffamatoires* » « *de nature soit à troubler sa tranquillité, soit à porter atteinte à son honneur et à sa considération* » (Crim. 16 nov. 2016, n° 16-80.207, NP).

RÉGIME PROCÉDURAL

▪ **Compétence juridictionnelle. Juge unique** (C. pr. pén., art. 398-1 1°, v. n° 17.15D2).

▪ **Ordonnance pénale. Possible** (C. pr. pén., art. 495-II, v. n° 15.48B1 et tableau n° 17.15D2).

▪ ÉLÉMENTS CONSTITUTIFS – QUALIFICATION

✧ Pour avoir à .... [¤ lieu], le .... [¤ date], [⇨A puis le cas échéant B :]

A. en vue de troubler sa tranquillité ou celle d'autrui, ou de porter atteinte à son honneur ou à sa considération, usurpé l'identité de .... [¤ nom de la victime] ou fait usage d'une ou de plusieurs données de toute nature permettant de l'identifier (A : *N 28139.ju*).

B. [• Préciser le cas échéant dans le cas A :] avec cette circonstance que les faits ont été commis par le conjoint ou le concubin de la victime ou le partenaire lié à la victime par un pacte civil de solidarité ou par l'ancien conjoint, concubin ou partenaire (C. pén., art. 132-80) (B : *N 33609.ju*) (circ. aggr. créée par L. n° 2020-936, 30 juill. 2020).

Faits prévus et réprimés par les articles : **PERSONNES PHYSIQUES.** 226-4-1, 226-5 et 226-31 du code pénal. **PERSONNES MORALES.** 226-4-1, 226-5 et 226-7 du code pénal. ✧

35.50 Divulgation d'informations personnelles pour exposer une personne ou son entourage à un risque d'atteinte aux personnes ou aux biens (L. nº 2021-1109, 24 août 2021)

■ PEINES

PERSONNE PHYSIQUE

PP Délit. Cas A : 3 ans d'emprisonnement, 45 000 € ; cas B : 5 ans d'emprisonnement, 75 000 € (C. pén., art. 223-1-1 issu L. nº 2021-1109, 24 août 2021).

PC Néant.

PERSONNE MORALE

PP Délit. Cas A : 225 000 € ; cas B : 375 000 € (C. pén., art. 223-1-1 issu L. nº 2021-1109, 24 août 2021 ; C. pén., art. 131-38).

PC Néant.

■ ORIENTEUR

AUTRE QUALIFICATION

▪ **Mise en danger de la personne.** Cette infraction figure dans la même section du C. pén., « *Des risques causés à autrui* », C. pén., art. 223-1, v. nº 20.59.

▪ **Usage de l'identité ou de données d'identification d'autrui (identité numérique) en vue de porter atteinte à sa tranquillité ou à son honneur (L. nº 2011-267, 14 mars 2011).** C. pén., art. 226-4-1, v. nº 35.49.

▪ **Traitement de données personnelles – Détournement de finalité de données.** V. nº 35.65.

▪ **Traitement de données personnelles – Divulgation intentionnelle ou par imprudence de données confidentielles.** V. nº 35.66.

ÉLÉMENT LÉGAL

▪ **Application la loi pénale dans le temps.** Incrimination créée par L. nº 2021-1109, 24 août 2021, confortant le respect des principes de la République. Elle vise à réprimer les faits dits de « doxxing », consistant à diffuser à des fins malveillantes des informations permettant d'identifier ou de localiser une personne.

▪ **Constitutionnalité.** D'une part, « *cette infraction est définie, tant dans son élément matériel que dans son élément moral, en termes suffisamment clairs et précis pour ne pas méconnaître le principe de légalité des délits et des peines* » (§ 60), d'autre part, « *le législateur n'a pas institué une peine manifestement disproportionnée au regard de la nature du comportement réprimé* », en conséquence, C. pén., al. 1 « *qui ne méconnaît pas non plus la liberté d'expression et de communication ni aucune autre exigence constitutionnelle, est conforme à la Constitution* » (§ 62) (Cons. const. 13 août 2021, nº 2021-823 DC).

▪ **Définition. Définition du journaliste (Cas B4).** C. pén., art. 223-1-1 se réfère, pour la définition du journaliste, à celle donnée par la loi sur la liberté de la presse : « *Est considérée comme journaliste toute personne qui, exerçant sa profession dans une ou plusieurs entreprises de presse, de communication au public en ligne, de communication audiovisuelle ou une ou plusieurs agences de presse, y pratique, à titre régulier et rétribué, le recueil d'informations et leur diffusion au public* » (L. 29 juill. 1881, art. 2, mod. par L. nº 2010-1, 4 janv. 2010).

RÉGIME PROCÉDURAL

▪ **Infractions par voie de presse.** Si le délit est commis par voie de presse écrite ou audiovisuelle, les poursuites pourront être engagées contre le responsable tel que déterminé par les articles 42 et 43 de la loi du 29 juillet 1881 sur la presse et 93-3 de la loi du 29 juillet 1982 sur la communication audiovisuelle : responsabilité principale du directeur de publication ou du directeur du service de communication audiovisuelle (sauf émission en direct) et responsabilité dite en « *cascade* » (sur le régime de la responsabilité en matière de presse, v. nº 35.13) (C. pén., art. 223-1-1).

POLITIQUE PUBLIQUE

▪ **Obligations des fournisseurs d'accès à internet et hébergeurs.** Les fournisseurs d'accès à internet et hébergeurs « *doivent concourir à la lutte contre la diffusion des infractions visées* » au C. pén., art. 223-1-1 (L. nº 2004-575, 21 juin 2004, dite LCEN, art. 6, mod. par L. nº 2023-566, 7 juill. 2023, entrée en vigueur différée), v. nº 35.22.

■ ÉLÉMENTS CONSTITUTIFS – QUALIFICATION

✧ Pour avoir à .... [¤ lieu], le .... [¤ date], [⇨A puis le cas échéant B :]

A. aux fins de l'exposer ou d'exposer les membres de sa famille à un risque direct d'atteinte à la personne ou aux biens qu'il ne pouvait ignorer, révélé, diffusé ou transmis, par quelque moyen que ce soit, des informations relatives à la vie privée, familiale ou professionnelle permettant d'identifier ou de localiser .... [¤ nom de la victime] (A : *N 34168.co*).

B. [• Préciser le cas échéant dans le cas A :] avec cette circonstance que les faits ont été commis au préjudice [⇨B1 à B6 :]

B1. d'une personne dépositaire de l'autorité publique (B1 : *N 34169.co*) ;

B2. d'une personne chargée d'une mission de service public (B2 : *N 34170.co*) ;

B3. d'une personne titulaire d'un mandat électif public (B3 : *N 34171.co*) ;

B4. d'un journaliste (B4 : *N 34172.co*) ;

B5. d'une personne mineure (B5 : *N 34173.co*) ;

B6. d'une personne dont la particulière vulnérabilité, due à son âge, à une maladie, à une infirmité, à une déficience physique ou psychique ou à un état de grossesse, était apparente ou connue de l'auteur (B6 : *N 34174.co*).

Faits prévus et réprimés par l'article 223-1-1 du code pénal. ✧

35.51 Publication de montage portant atteinte à la représentation de la personne

■ PEINES

PERSONNE PHYSIQUE

PP Délit. 1 an d'emprisonnement, 15 000 € (C. pén., art. 226-8).

PC *Idem* n° 35.46.

PERSONNE MORALE

PP Délit. 75 000 € (C. pén., art. 226-7 ; 131-38).

PC *Idem* n° 35.46.

■ ORIENTEUR

ÉLÉMENT MATÉRIEL

▪ Tentative. Punissable (C. pén., art. 226-5 et 226-9).

RÉGIME PROCÉDURAL

▪ Compétence juridictionnelle. Juge unique (C. pr. pén., art. 398-1 1°, v. n° 17.15D2).

▪ Ordonnance pénale. Possible (C. pr. pén., art. 495-II, v. n° 15.48B1 et tableau n° 17.15D2).

POLITIQUE PUBLIQUE

▪ **Obligations des fournisseurs d'accès à internet et hébergeurs.** Les fournisseurs d'accès à internet et hébergeurs « *doivent concourir à la lutte contre la diffusion des infractions visées* » au C. pén., art. 226-8 (L. n° 2004-575, 21 juin 2004, dite LCEN, art. 6, mod. par L. n° 2023-566, 7 juill. 2023, entrée en vigueur différée), v. n° 35.22.

■ ÉLÉMENTS CONSTITUTIFS – QUALIFICATION

✧ Pour avoir à .... [¤ lieu], le .... [¤ date], par quelque voie que ce soit, alors qu'il n'apparaissait pas à l'évidence qu'il s'agissait d'un montage, ou sans en faire expressément mention, publié un montage réalisé sans son consentement avec les paroles ou l'image de .... [¤ nom de la victime].

Faits prévus et réprimés par les articles : **PERSONNES PHYSIQUES.** 226-5, 226-8, 226-9 et 226-31 du code pénal (*N 440.ju*). **PERSONNES MORALES.** 226-5, 226-7, 226-8 et 226-9 du code pénal (*N #.ju*). ✧

35.52 Commercialisation ou détention illicite d'appareils conçus pour intercepter les communications électroniques, conversations ou données informatiques

■ PEINES

PERSONNE PHYSIQUE

PP Cas A et B : **Délit.** 5 ans d'emprisonnement, **300 000 €** (C. pén., art. 226-3 mod. par L. n° 2011-1012, 24 août 2011 aggravant les peines initiales de 1 an et **45 000 €**).

Cas C1 : Contrav. 5e cl. 1 500 € (C. pén., art. R. 625-9 ; C. pén., art. 131-13). **Récidive :** 3 000 € (C. pén., art. R. 625-9, 132-11).

Cas C2 : Contrav. 3e cl. 450 € (C. pén., art. R. 623-4 ; C. pén., art. 131-13).

PC Cas A et B : *idem* n° 35.46 + confiscation obligatoire des appareils concernés (C. pén., art. 226-31 5°).

Cas C1 : confiscation de la chose qui a servi ou était destinée à commettre l'infraction ou qui en est le produit (C. pén., art. R. 625-9).

PERSONNE MORALE

PP Cas A et B : **Délit.** 1 500 000 € (C. pén., art. 226-7 mod. par L. n° 2011-1012, 24 août 2011, aggravant la peine initiale de 225 000 € ; art. 131-38) ;

Cas C1 : Contrav. 5e cl. 7 500 € (C. pén., art. R. 625-9 ; C. pén., art. 131-41). **Récidive :** 15 000 € (C. pén., art. R. 625-9, 132-15) ;

Cas C2 : Contrav. 3e cl. 2 250 € (C. pén., art. R. 623-4 ; C. pén., art. 131-41).

PC Cas A et B : *idem* n° 35.46.

Cas C1 : confiscation de la chose qui a servi ou était destinée à commettre l'infraction ou qui en est le produit (C. pén., art. R. 625-9).

■ ORIENTEUR

AUTRE QUALIFICATION

- **Violation de correspondance ou de communication.** V. n° 35.54 (Installation d'appareils permettant d'intercepter des communications).
- **Violation de correspondance ou de télécommunication – Par une personne exerçant une fonction publique ou un agent de télécommunication.** V. n° 35.56.
- **Importation, détention, offre, cession, promotion, de matériel ou programme conçu pour commettre des atteintes informatiques.** V. n° 35.73.

TEXTE DE RÉFÉRENCE

Régime des appareils conçus pour intercepter les communications ou conversations. • **Appareils réglementés.** Les appareils et dispositifs techniques concernés sont ceux spécialement visés par l'autorité réglementaire en application des articles 226-3 et R. 226-1 du code pénal (Arr. 4 juill. 2012, NOR : PRMD1230326A, *JO* 1er août, p. 12564). • **Conditions de commercialisation.** La fabrication, l'importation, l'exposition, l'offre, la location ou la vente (C. pén., art. 226-3) des appareils ou dispositifs ci-dessus doit faire l'objet d'une autorisation administrative préalable, valable 6 ans (C. pén., art. R. 226-5), délivrée par demandeur et par type d'appareil par le directeur général de l'Agence nationale de la sécurité des systèmes d'information (C. pén., art. R. 226-1). • **Conditions d'acquisition et de détention.** L'acquisition ou la détention de ces appareils ou dispositifs techniques est soumise à autorisation préalable du directeur général de l'Agence nationale de la sécurité des systèmes d'information, valable 3 ans (C. pén., art. R. 226-7 à R. 226-9). L'autorisation est délivrée de plein droit aux agents ou services de l'État autorisés à utiliser ces appareils ou dispositifs en application de la loi (C. pén., art. R. 226-9). Les professionnels titulaires d'une autorisation ne peuvent offrir, céder ou louer ces appareils qu'à d'autres professionnels eux-mêmes autorisés ou aux personnes titulaires d'une autorisation de détention ou d'acquisition. Ils tiennent un registre retraçant les transactions (C. pén., art. R. 226-10). Le modèle de ce registre, fixé par Arr. 16 août 2006, NOR : PRMX0609553A, permet notamment d'identifier les clients et fournisseurs, le numéro de leur autorisation administrative, et le numéro d'identification individuel que ces appareils doivent porter en application de C. pén., art. R. 226-6.

ÉLÉMENT MATÉRIEL

- Tentative. Punissable dans les cas A et B (C. pén., art. 226-5).

■ ÉLÉMENTS CONSTITUTIFS – QUALIFICATION

✧ Pour avoir à .... [¤ lieu], le .... [¤ date], [⇨A à C :]

A. **Commercialisation ou détention sans autorisation**

« y compris par négligence » (Ord. nº 2011-1012, 24 août 2011), sans autorisation administrative, fabriqué (A1 : *N* ***21255.co***) ; importé (A2 : *N* ***21256.co***) ; détenu (A3 : *N* ***21261.co***) ; exposé (A4 : *N* ***21257.co***) ; offert (A5 : *N* ***21258.co***) ; loué (A6 : *N* ***21259.co***) ; vendu (A7 : *N* ***21260.co***)...

... un appareil « ou un dispositif technique » (L. nº 2011-267, 14 mars 2011), en l'espèce ...., (C. pén., art. 226-3, 226-5, 226-7, 226-31 ; Arr. 4 juill. 2012, NOR : PRMD1230326A) [⇨1 à 3]

1. conçu pour intercepter, détourner, utiliser ou divulguer des correspondances émises, transmises ou reçues par la « voie électronique » (L. nº 2011-525, 17 mai 2011) (C. pén., art. 226-15) ;

2. conçu pour la détection à distance des conversations, permettant de capter, enregistrer ou transmettre, sans le consentement de leur auteur, des paroles prononcées à titre privé ou confidentiel ;

3. ayant pour objet la captation de données informatiques sans le consentement des intéressés (L. nº 2011-267, 14 mars 2011) ;

B. **Publicité irrégulière**

réalisé une publicité en faveur d'un appareil « ou d'un dispositif technique » (L. nº 2011-267, 14 mars 2011) susceptible de permettre la réalisation d'atteintes à la vie privée par captation, fixation, enregistrement ou transmission de paroles prononcées à titre privé ou confidentiel ou d'image d'une personne se trouvant dans un lieu privé, « ou pour un dispositif technique ayant pour objet la captation de données informatiques sans le consentement des intéressés » (L. nº 2011-267, 14 mars 2011), en l'espèce en .... [¤ matérialiser l'infraction], ladite publicité constituant une incitation à « en faire un usage frauduleux » (réd. L. nº 2011-267, 14 mars 2011) (B : *N* ***21262.co***) (C. pén., art. 226-3, 226-5, 226-7, 226-31 ; Arr. 4 juill. 2012, NOR : PRMD1230326A).

C. **Contraventions imputables aux opérateurs autorisés**

étant titulaire d'une autorisation administrative de fabrication, d'importation, d'exposition, d'offre, de location ou de vente d'appareils ou de dispositifs techniques permettant, sans le consentement des intéressés, d'intercepter les correspondances électroniques, de détecter à distance les conversations ou d'accéder aux données informatiques [⇨C1 ou C2 :]

C1. proposé (C1a : *N* ***20706.c5*** ; récidive : *N* ***20712.c5***) ; cédé (C1b : *N* ***20707.c5*** ; récidive : *N* ***20713.c5***) ; loué (C1c : *N* ***20708.c5*** ; récidive : *N* ***20714.c5***) ; vendu (C1d : *N* ***20709.c5*** ; récidive : *N* ***20715.c5***) un tel appareil ou dispositif à une personne non autorisée (C. pén., art. 226-3, R. 226-1, R. 226-3, R. 226-10, R. 625-9 ; Arr. 4 juill. 2012, NOR : PRMD1230326A) ;

C2. omis de tenir un registre, dont le modèle est fixé par arrêté, retraçant l'ensemble des opérations relatives à ces matériels (C. pén., art. 226-3, R. 226-1, R. 226-3, R. 226-10, R. 623-4 ; Arr. 16 août 2006, NOR : PRMX0609553A) (C2 : *N* ***20705.c3***).

Faits prévus et réprimés par les articles [de la formule sélectionnée]. ✧

35.53 Vidéoprotection illicite

■ PEINES

PERSONNE PHYSIQUE

PP Délit. 3 ans d'emprisonnement, 45 000 € (CSI, art. L. 254-1).

PC Néant.

PERSONNE MORALE

PP Délit. 225 000 € (CSI, art. L. 254-1 ; C. pén., art. 131-38).

PC Néant.

■ ORIENTEUR

AUTRE QUALIFICATION

▪ **Atteinte à l'intimité de la vie privée.** V. n° 35.46.

▪ **Détournement de finalité d'un dispositif de sécurité d'un véhicule.** Le fait de détourner les dispositifs ou procédés de sécurité ou de marquage de véhicules pour localiser à distance un véhicule non volé est incriminé par L. n° 95-73, 21 janv. 1995, art. 15 et 10, et par CSI, art. L. 254-1 (*N 32112.co*).

ÉLÉMENT LÉGAL

▪ **Application de la loi pénale dans le temps. • Abrogation des incriminations.** Les incriminations auparavant prévues par CSI art. L. 254-1, à l'exception du **cas E**, ont été abrogé par L. n° 2023-380, 19 mai 2023 (art.9 I 14°), relative aux jeux Olypiques et Paralympiques de 2024 et portant diverses autres dispositions. En effet, CSI, art. L. 251-1, a été réécrit par cette même loi pour consacrer le fait qu'au sens du RGPD, art. 4.6 et de la L. n° 78-17, 6 janv. 1978, art. 2, les « *systèmes de vidéoprotection [...] sont des traitements de données à caractère personnel* » régis par le RGPD et par la L. n° 78-17, 6 janv. 1978, relative à l'informatique, aux fichiers et aux libertés (CSI, art. L. 251-1, réd. issue L. n° 2023-380, 19 mai 2023), ceci en accord avec la jurisprudence de la CJUE : « *l'image d'une personne enregistrée par une caméra constitue une donnée à caractère personnel [...] dans la mesure où elle permet d'identifier la personne concernée* » (§ 22) et « *une surveillance effectuée par un enregistrement vidéo des personnes, [...], stocké dans un dispositif d'enregistrement continu, à savoir le disque dur, constitue, [...], un traitement de données à caractère personnel* » (§ 25) (CJUE, 11 déc. 2014, aff. C-212/13, *Rynes*) (sur ce point, v. n° 11.31D). Ainsi, les comportements auparavant spécialement incriminés par le CSI (**cas A** à **D** et **F** et **G**) entrent désormais dans les prévisions des incriminations prévues par le C. pénal en matière de traitement de données personnelles. Comme le souligne le Cons. const. pour rejeter le grief d'atteinte au droit au respect à la vie privée, « *en application de CSI, art. L. 251-1 [...] les systèmes de vidéoprotection mis en œuvre sur la voie publique par les autorités publiques sont soumis au régime des traitements de données à caractère personnel. Leur sont ainsi applicables les dispositions pénales prévues au C. pén., art. 226-16 à 226-24 qui répriment les atteintes aux droits des personnes résultant des fichiers ou des traitements informatiques* » (§ 21) (Cons. const. 17 mai 2023, n° 2023-850 DC).

TEXTE DE RÉFÉRENCE

▪ **Régime des installations de vidéoprotection. • Autorisation administrative préalable.** L'installation, par les personnes publiques ou privées, d'un système de vidéoprotection permettant la transmission et l'enregistrement d'images prises sur la voie publique ou dans les lieux et établissements ouverts au public est subordonnée à une **autorisation du préfet**, prise après avis de la commission départementale de vidéoprotection, présidée par un magistrat honoraire ou une personnalité qualifiée, aux fins notamment d'assurer la protection des bâtiments et installations publics et de leurs abords, la sauvegarde des installations utiles à la défense nationale, la régulation des flux de transport, la constatation des infractions aux règles de circulation, la prévention des atteintes à la sécurité des personnes et des biens dans des lieux particulièrement exposés à des risques d'agression, de vol ou de trafic de stupéfiants, la prévention des fraudes douanières dans des zones particulièrement exposées à ces infractions, la prévention d'actes de terrorisme, la prévention des risques naturels et technologiques, le secours aux personnes et la défense contre l'incendie, la sécurité des installations accueillant du public dans les parcs d'attraction, le respect de l'obligation d'assurance des véhicules automobiles, la prévention et la constatation des infractions d'abandon de déchets. L'autorisation prescrit les précautions utiles quant à la qualité des personnes exploitant le système ou visionnant les images, et notamment les conditions dans lesquelles les images et enregistrements sont transmises aux agents des services de police et de gendarmerie (CSI, art. L. 223-1 s. et L. 251-1 s.). • **Information du public.** Le public est informé **de manière claire et permanente** de l'existence du système de vidéoprotection et de l'autorité et de la personne responsable auprès de laquelle elle peut faire valoir son droit d'accès. Initialement prévues par CSI, art. L. 255-1 et R. 253-3, ces obligations sont désormais inhérentes au droit commun du RGPD et de la L. n° 78-17, 6 janv. 1978, art. 48 ou 104. • **Délai de conservation des enregistrements.** Sauf pour les besoins d'une procédure pénale, les enregistrements sont détruits dans le délai maximum prévu par l'autorisation, qui **ne peut excéder un mois**. (CSI, art. L. 252-5). • **Droit de réclamation.** Toute personne peut saisir commission départementale de vidéoprotection, de toute difficulté tenant au fonctionnement d'un système de vidéoprotection, la commission peut déléguer un de ses membres pour recueillir les informations utiles à l'examen de la réclamation (CSI, art. L. 253-5, R. 253-1). • **Droit d'accès.** Initialement organisé par CSI, art. L. 253-5, le droit d'accès est désormais inhérent au droit commun du RGPD et de la L. nº 78-17, 6 janv. 1978, art. 105 et 107. • **Contrôle des installations par l'autorité administrative.** Sauf en matière de défense nationale, la commission départementale peut effectuer, à tout moment, un contrôle sur les conditions de fonctionnement des installations de vidéoprotection, émettre des recommandations et proposer la suspension des dispositifs anormalement utilisés (CSI, art. L. 253-1). Les membres de la commission départementale disposent d'un droit d'accès aux locaux et installations concernées entre 6 h 00 et 21 h 00, à l'exclusion des parties affectés au domicile privé. Le responsable des locaux professionnels privés peut s'opposer à la visite. Cette dernière peut néanmoins s'effectuer sur autorisation préalable du JLD et sous sa direction (CSI, art. L. 253-3). • **Contrôle par la CNIL.** La L. nº 2023-380, 19 mai 2023 a supprimé les dispositions particulières du CSI relatives au pouvoir de contrôle de la CNIL en matière de vidéoprotection, ce pouvoir de contrôle est désormais inhérent au droit commun du RGPD et de la L. nº 78-17, 6 janv. 1978, art. 18, 19 et 25).

▪ **Autres régimes de vidéoprotection.** Selon les précisions exposées au nº **11.32**, les forces de sécurité intérieures et les agents de la SNCF peuvent recourir à des caméras individuelles ou à des caméras embarquées sur des véhicules ou sur des aéronefs lors de leurs interventions ou pour leurs missions.

▪ **Traitements algorithmiques.** A titre expérimental et jusqu'au 31 mars 2025, les images collectées au moyen des systèmes de vidéoprotection ici décrits ou au moyen de caméras embarquées sur des aéronefs par les forces de sécurité intérieure (v. nº **11.32G**), peuvent faire l'objet de traitements algorithmiques, autorisés par décret pris après avis de la CNIL, ayant « *pour unique objet de détecter, en temps réel, des évènements prédéterminés susceptibles de présenter ou de révéler* » « *des risques d'actes de terrorisme ou d'atteintes graves à la sécurité des personnes* » « *et de les signaler, en vue de la mise en œuvre des mesures nécessaires par les services de la police nationale et de la gendarmerie nationale, les services d'incendie et de secours, les services de police municipale et les services internes de sécurité de la SNCF et de la Régie autonome des transports parisiens dans le cadre de leurs missions respectives* » (L. nº 2023-380, 19 mai 2023, relative aux jeux Olypiques et Paralympiques de 2024 et portant diverses autres dispositions, art. 10 I). « *Ces traitements n'utilisent aucun système d'identification biométrique, ne traitent aucune donnée biométrique et ne mettent en œuvre aucune technique de reconnaissance faciale. Ils ne peuvent procéder à aucun rapprochement, à aucune interconnexion ni à aucune mise en relation automatisée avec d'autres traitements de données à caractère personnel. Ils procèdent exclusivement à un signalement d'attention, strictement limité à l'indication du ou des événements prédéterminés qu'ils ont été programmés à détecter. Ils ne produisent aucun autre résultat et ne peuvent fonder, par eux-mêmes, aucune décision individuelle ni aucun acte de poursuite* » (L. nº 2023-380, 19 mai 2023 (art. 10 IV). Le Cons. const. a validé à cette occasion le principe du recours au traitement algorithmique des images, dont il souligne qu'il « *n'a ni pour objet ni pour effet de modifier les conditions dans lesquelles ces images sont collectées* » (§ 33) ; en énonçant que, « *pour répondre à l'objectif de valeur constitutionnelle de prévention des atteintes à l'ordre public, le législateur peut autoriser le traitement algorithmique des images collectées au moyen d'un système de vidéoprotection ou de caméras installées sur des aéronefs* » (§ 33) ; toutefois, comme ce traitement procède « *à une analyse systématique et automatisée de ces images de nature à augmenter considérablement le nombre et la précision des informations qui peuvent en être extraites* », sa mise en œuvre « *doit être assortie de garanties particulières de nature à sauvegarder le droit au respect de la vie privée* » (§ 33), garanties que le Cons. const. a jugées satisfaisantes au cas d'espèce (§ 46), en soulignant que l'appréciation de la constitutionnalité d'un tel disposif, s'il devait être pérennisé, s'opérera à la lumière de l'évaluation de l'expérimentation (§ 48) (Cons. const. 17 mai 2023, nº 2023-850 DC).

▪ **Exploitation des images de vidéoprotection dans le cadre de l'enquête judiciaire.** L'autorisation administrative peut prescrire que les agents individuellement désignés et dûment habilités des **services de police et de gendarmerie** nationales, des douanes et des services d'incendie et de secours, *des services de police municipale, des agents de la ville de Paris chargés d'un service de police, des agents de surveillance de Paris* (mod. issues L. nº 2021-646, 25 mai 2021), sont destinataires des images et enregistrements (CSI, art. L. 252-3). L'absence d'une telle autorisation « *ne saurai[en]t priver un OPJ des pouvoirs qu'il tient de l'article 60-1 du code de procédure pénale* » lui permettant d'obtenir de toute administration ou organisme public ou privé des informations intéressant l'enquête et de « *visionner les enregistrements et annexer à ses procès-verbaux les éléments utiles à l'enquête* » (Crim. 9 janv. 2018, nº 17-82.946, P nº 4) (sur les réquisitions fondées sur C. pr. pén., art. 60-1 et 77-1-1, v° n° 11.54) et notamment la possibilité pour le procureur de la République d'autoriser les OPJ ou APJ, par voie d'instructions générales, à requérir toute personne pour qu'elle remette « *des informations intéressant l'enquête qui sont issues d'un système de vidéoprotection* » (C. pr. pén., art. 77-1-1, mod. par L. n° 2020-1672, 24 déc. 2020). Au surplus, « *la consultation sur place, par les policiers, d'images issues du système de vidéosurveillance équipant les lieux, et la communication de renseignements, faite volontairement aux officiers de police judiciaire, sans recours à un moyen coercitif.../...n'exigent pas l'autorisation préalable du procureur de la République* » prévue par C. pr. pén., art. 77-1-1 dans le cadre de l'enquête préliminaire (Crim. 9 févr. 2016, n° 15-85.068 ; dans le même sens, Crim. 12 févr. 2014, n° 13-86.674). Enfin, « *en ce qu'elle ne constitue pas la violation d'une règle de procédure pénale* », l'irrégularité alléguée de l'installation de vidéoprotection au regard des règles qui encadrent son installation ou son emploi est sans effet sur la validité des preuves tirées de ce dispositif par les enquêteurs (Crim. 6 févr. 2018, n° 17-84.380, P n° 30) (sur la loyauté de la preuve, v. n° 11.6C). Sur la vidéosurveillance secrète mise en place dans le cadre de l'enquête, v. n° 11.31C.

■ ÉLÉMENTS CONSTITUTIFS – QUALIFICATION

✧ Pour avoir à .... [¤ lieu], le .... [¤ date], [⇨A à G :]

~~A. sans autorisation, installé (A1 : *N 27380.co*) ou maintenu (A2 : *N 28691.co*) un système de vidéoprotection~~ (abrogé par L. n° 2023-380, 19 mai 2023, v. désormais C. pén., art. 226-16, n° 35.60) ;

~~B. procédé à des enregistrements de vidéoprotection sans autorisation (B : *N 20919.co*)~~ (abrogé par L. n° 2023-380, 19 mai 2023, v. désormais C. pén., art. 226-16, n° 35.60) ;

~~C. omis de détruire des enregistrements de vidéoprotection dans le délai prévu par l'autorisation (C : *N 20920.co*)~~ (abrogé par L. n° 2023-380, 19 mai 2023, v. désormais C. pén., art. 226-20, n° 35.64) ;

~~D. falsifié des enregistrements de vidéoprotection (D : *N 20918.co*) ;~~

E. entravé l'action de la commission départementale des systèmes de vidéoprotection « ~~ou de la Cnil~~ » (E : *N 20921.co*) ; (abrogé, s'agissant de l'entrave à la CNIL, par L. n° 2023-380, 19 mai 2023, v. désormais C. pén., art. 226-22-2, n° 35.69) ;

~~F. fait accéder des personnes non habilitées à des images de vidéoprotection (F : *N 20922.co*)~~ (abrogé par L. n° 2023-380, 19 mai 2023, v. désormais C. pén., art. 226-17, n° 35.61) ;

~~G. utilisé des images de vidéoprotection à d'autres fins que celles pour lesquelles elles sont autorisées (G : *N 20923.co*)~~ (abrogé par L. n° 2023-380, 19 mai 2023, v. désormais C. pén., art. 226-21, n° 35.65).

Faits prévus et réprimés par l'article L. 254-1 du code de la sécurité intérieure. ✧

35.54 Violation de correspondance ou de communication électronique

■ PEINES

PERSONNE PHYSIQUE

PP Délit. Cas A à C : 1 an d'emprisonnement, 45 000 € (C. pén., art. 226-15). Cas D : 2 ans d'emprisonnement, 60 000 € (C. pén., art. 226-15, circ. aggr. créée par L. n° 2020-936, 30 juill. 2020).

PC 1. Interdiction droits civiques civils et de famille 5 ans (vote, éligibilité, fonction juridictionnelle, expert, témoin, tuteur, curateur) (C. pén., art. 226-31 et 131-26) ;

2. Interdiction, définitive ou ⩽ 5 ans activité professionnelle ou sociale en relation avec l'infraction (sauf mandat électif ou syndical) (C. pén., art. 226-31 et 131-27) ;

3. Interdiction ⩽ 5 ans détention, port arme soumise à autorisation (C. pén., art. 226-31) ;

4. Affichage, ⩽ 2 mois, *et/ou* (L. n° 2011-525, 17 mai 2011) diffusion de la décision ou d'extraits aux frais (⩽ amende encourue) du condamné (C. pén., art. 226-31 et 131-35) ;

5. Confiscation de la chose ayant servi à l'infraction ou destinée à la commettre, ou son produit, obligatoire pour les appareils conçus pour intercepter les télécommunications (C. pén., art. 226-31 et 131-21).

PERSONNE MORALE

PP Délit. Cas A à C : 225 000 € (C. pén., art. 226-15, 131-38). Cas D : 300 000 € (C. pén., art. 226-7, 131-38, circ. aggr. créée par L. n° 2020-936, 30 juill. 2020).

PC Néant.

■ ORIENTEUR

AUTRE QUALIFICATION

▪ **Violation de correspondance ou de télécommunication – Par une personne exerçant une fonction publique ou un agent de télécommunication.** V. n° 35.56.

▪ **Commercialisation ou détention illicite d'appareils conçus pour intercepter les communications électroniques, conversations ou données informatiques.** V. n° 35.52.

TEXTE DE RÉFÉRENCE

▪ **Régime des appareils conçus pour intercepter les télécommunications ou conversations.** V. orienteur n° 35.52.

Obligations des opérateurs de communication. « *I. – Les opérateurs, ainsi que les membres de leur personnel, sont tenus de respecter le secret des correspondances. Le secret couvre le contenu de la correspondance, l'identité des correspondants ainsi que, le cas échéant, l'intitulé du message et les documents joints à la correspondance. II. – Les fournisseurs de services de communication au public en ligne permettant à leurs utilisateurs d'échanger des correspondances, ainsi que les membres de leur personnel, respectent le secret de celles-ci. Le secret couvre le contenu de la correspondance, l'identité des correspondants ainsi que, le cas échéant, l'intitulé du message et les documents joints à la correspondance* » (CPCE, art. L. 32-3).

ÉLÉMENT LÉGAL

▪ **Application de la loi pénale dans le temps.** Cas D : circonstance aggravante créée par L. n° 2020-936, 30 juill. 2020.

▪ **Inviolabilité des correspondances et renseignement.** « *Le respect de la vie privée, dans toutes ses composantes, notamment le secret des correspondances.../..., est garanti par la loi. L'autorité publique ne peut y porter atteinte que dans les seuls cas de nécessité d'intérêt public prévu par la loi, dans les limites fixées par celle-ci et dans le respect du principe de proportionnalité* ». L'autorisation et la mise en œuvre des techniques de renseignement doivent procéder d'une autorité compétente, résulter d'une procédure conforme, respecter les missions confiées aux services compétents, être justifiées par les menaces, les risques et les enjeux liés aux intérêts fondamentaux de la Nation et porter une atteinte proportionnée aux motifs invoqués (CSI, art. L. 801-1, L. n° 2015-912, 24 juill. 2015).

▪ **Régime des interceptions de correspondance et des techniques de recueil du renseignement.** V. n° 35.55.

ÉLÉMENT MATÉRIEL

▪ **Aggravation résultant de la qualité de conjoint ou de concubin de la victime.** Cas D : *idem* Orienteur/élément matériel n° 20.3 (C. pén., art. 132-80).

■ ÉLÉMENTS CONSTITUTIFS – QUALIFICATION

✧ Pour avoir à .... [¤ lieu], le .... [¤ date], de mauvaise foi, [⇨A à C puis le cas échéant D :]

A. ouvert, supprimé, retardé ou détourné des correspondances adressées à des tiers, ou frauduleusement pris connaissance de celles-ci (A : *N 117.co*)...

B. intercepté, détourné, utilisé ou divulgué des correspondances émises, transmises ou reçues par la voie *électronique* (L. n° 2011-525, 17 mai 2011) (B : *N 12377.co*)...

C. procédé à l'installation d'appareils de nature à permettre la réalisation d'interceptions de correspondances émises, transmises ou reçues par voie électronique (C : *N 12377.co*)...

... et ce au préjudice de .... [¤ nom de la victime] ;

D. [• Préciser le cas échéant dans les cas A à C :] avec cette circonstance que les faits ont été commis par le conjoint ou le concubin de la victime ou le partenaire lié à la victime par un pacte civil de solidarité ou par l'ancien conjoint, concubin ou partenaire (C. pén., art. 132-80) (AD : *N 33607.co* ; BD : *N 33608.co* ; CD : *N 33608.co*) (circ. aggr. créée par L. n° 2020-936, 30 juill. 2020).

Faits prévus et réprimés par les articles 226-15 et 226-31 du code pénal. ✧

35.55 Régime des interceptions de correspondance et des techniques de recueil du renseignement

A. Les interceptions judiciaires – Renvoi, v. n° 11.36

Les interceptions effectuées dans le cadre de l'enquête ou de l'information judiciaire sont examinées au n° 11.36 s.

B. Les interceptions administratives (interceptions de sécurité) et autres techniques de renseignement administratif

1. Finalités, conditions de mise en œuvre et de contrôle des techniques de recueil de renseignement administratif

Le dispositif de recueil du renseignement prévu par le CSI a été refondu et adapté aux technologies nouvelles ainsi qu'aux enjeux nouveaux du renseignement par la L. n° 2015-912, 24 juillet 2015, relative au renseignement. Les modalités d'entrée en vigueur des nouvelles dispositions succédant à CSI, art. L. 241-1 s., pour certaines subordonnées à la publication de décrets en Conseil d'État, sont déterminées par les articles 25 et 26 de cette loi.

Les services spécialisés de renseignement peuvent recourir aux techniques de renseignement pour le recueil des renseignements relatifs à l'indépendance nationale, l'intégrité du territoire et la défense nationale ; les intérêts majeurs de la politique étrangère ; les intérêts économiques, industriels et scientifiques majeurs ; la prévention du terrorisme ; la prévention des atteintes à la forme républicaine des institutions ; les actions tendant au maintien ou à la reconstitution de groupements dissous en application de CSI, art. L. 212-1 (v. n° 23.31) ; des violences collectives de nature à porter gravement atteinte à la paix publique ; de la prévention de la criminalité et de la délinquance organisées ; de la prolifération des armes de destruction massive (CSI, art. L. 811-3).

Cette mise en œuvre est préalablement autorisée par le **Premier ministre**, et soumise à l'avis consultatif de la **Commission nationale de contrôle des techniques de renseignement** (CSI, art. L. 821-1 et L. 821-3), qui succède à la Commission nationale de contrôle des interceptions de sécurité (L. n° 2015-912, 24 juill. 2015, art. 21 IV et 26 III). L'autorisation est valable 4 mois, renouvelable dans les mêmes formes (CSI, art. L. 831-4). Des délais plus courts encadrent les mesures plus particulièrement intrusives. En cas d'urgence absolue, l'autorisation du Premier ministre peut être donnée sans avis préalable de la Commission (CSI, art. L. 821-5).

Les mesures prises par les pouvoirs publics pour assurer, aux seules fins de défense des intérêts nationaux, la surveillance et le contrôle des transmissions hertziennes sont soumises à un régime distinct (CSI, art. L. 855-1 A s.).

Un parlementaire, magistrat, avocat ou journaliste ne peut être l'objet, sur le territoire national, d'une technique de recueil de renseignement à raison de l'exercice de son mandat ou de sa profession. Si une telle demande concerne l'une de ces personnes ou ses véhicules, ses bureaux ou ses domiciles, l'avis de la Commission nationale de contrôle des techniques de renseignement est examiné en formation plénière. Les renseignements collectés sont transmis à la commission, qui veille au caractère nécessaire et proportionné des atteintes le cas échéant portées aux garanties attachées à l'exercice des activités concernées (CSI, art. L. 821-7).

Sous le contrôle de la **Commission nationale de contrôle des techniques de renseignement**, les renseignements ne peuvent être collectés, transcrits, extraits ou transmis pour d'autres finalités, sous les réserves introduites par L. n° 2021-998, 30 juill. 2021 permettant sous certaines conditions la transmission de renseignements collectés (CSI, art. L. 822-3). La commission jouit d'un accès permanent, direct et complet aux relevés, registres, renseignements, transcriptions et extractions (CSI, art. L. 833-2). Les opérateurs de communications électroniques, les fournisseurs d'accès et hébergeurs, sont tenus d'autoriser les membres de la Commision à entrer dans leurs locaux où sont mis en œuvre des techniques de renseignement et de lui communiquer toutes les informations sollicitées (CSI, art. L. 871-4).

Elle peut procéder aux vérifications utiles, de sa propre initiative ou lorsqu'elle est saisie d'une réclamation par une personne (CSI, art. L. 833-4) et peut adresser une recommandation au Premier ministre en vue d'interruption de la mesure et de destruction des renseignements collectés (CSI, art. L. 833-6). L'obstacle à l'exercice de ses prérogatives est passible d'un an d'emprisonnement et de 15 000 € d'amende (CSI, art. L. 833-3 ; *N* ***31410.co***).

Le **Conseil d'État** est compétent, dans une formation spécialisée dont les membres sont habilités au secret de la défense nationale (CJA, art. L. 773-2), pour connaître des requêtes de toute personne souhaitant vérifier qu'aucune technique de renseignement n'est irrégulièrement mise en œuvre à son égard, si cette personne a préalablement saisi la Commission nationale de contrôle des techniques de renseignement d'une réclamation, et pour connaître des requêtes de la Commission lorsqu'elle estime que le Premier ministre ne donne pas une suite suffisante à ses recommandations (CSI, art. L. 841-1, CJA, art. L. 773-1).

Le Conseil d'État peut annuler l'autorisation du Premier ministre, ordonner la destruction des renseignements collectés, condamner l'État à indemniser le préjudice subi, et aviser le procureur de la République si elle constate que l'illégalité constatée constitue une infraction (CJA, art. L. 773-7).

2. Les techniques de renseignement soumises à autorisation administrative

• **Données de trafic des opérateurs de communication.** Recueil, auprès des opérateurs de communications électroniques, fournisseurs d'accès et hébergeurs, des informations ou documents traités ou conservés par leurs réseaux ou services de communications électroniques, y compris les données d'identification des numéros d'abonnement ou de connexion à des services de communications électroniques, de localisation des équipements terminaux utilisés, la liste des numéros appelés et appelants, la durée et la date des communications (CSI, art. L. 851-1).

• **Recueil en temps réel de données de trafic des opérateurs de communication.** Pour les seuls besoins de la prévention du terrorisme, le recueil en temps réel, sur les réseaux des opérateurs, fournisseurs d'accès et hébergeurs, de ces mêmes données si elles sont relatives à une personne préalablement identifiée comme présentant une menace (CSI, art. L. 851-2).

• **Traitement automatisé des données de réseau.** Pour les seuls besoins de la prévention du terrorisme, il peut être imposé aux opérateurs de communications électroniques, fournisseurs d'accès et hébergeurs, la mise en œuvre de traitements automatisés destinés à détecter sur leurs réseaux des connexions susceptibles de révéler une menace terroriste (CSI, L. 851-3).

• **Géolocalisation en temps réel à partir du terminal téléphonique.** Des données techniques relatives à la localisation des équipements terminaux utilisés peuvent être recueillies sur sollicitation du réseau et transmis en temps réel (géolocalisation à partir du terminal téléphonique) par les opérateurs (CSI, art. 851-4) (sur la géolocalisation judiciaire, v. n°s 11.46 s.).

• **Géolocalisation au moyen d'une balise.** Utilisation d'un dispositif technique permettant la localisation en temps réel d'une personne, d'un véhicule ou d'un objet (balise) (CSI, L. 851-5). L'introduction dans un véhicule ou dans un lieu privé peut être autorisée pour la mise en œuvre du dispositif, après avis exprès de la Commission (CSI, L. 851-5 et L. 853-3) (sur la géolocalisation judiciaire, v. n°s 11.46 s.).

• **Recueil de données de connexion.** Recueil, au moyen d'un appareil ou d'un dispositif technique permettant la captation de données informatiques, des données techniques de connexion permettant l'identification d'un équipement terminal ou du numéro d'abonnement de son utilisateur ainsi que les données relatives à la localisation des équipements terminaux utilisés (*IMSI-Catcher*) (CSI, L. 851-6) (sur la mise en œuvre de cet équipement dans l'enquête judiciaire, v. n° 11.38).

• **Interceptions de correspondances.** Interceptions de correspondances émises par la voie des communications électroniques susceptibles de révéler des renseignements. L'autorisation peut être étendue à l'entourage de la personne concernée par l'autorisation s'il est susceptible de fournir des informations (CSI, art. L. 852-1)) (sur les interceptions judiciaires télécommunications, v. n°s 11.36 s.).

• **Interceptions à distance de correspondance.** Pour la défense nationale, la prévention du terrorisme et des atteintes à la forme républicaine des institutions, l'utilisation d'un appareil permettant d'intercepter à distance des correspondances émises ou reçues par un équipement terminal, pour une durée de quarante-huit heures renouvelable (CSI, art. L. 852-1).

• **Dispositif de sonorisation ou de captation d'images dans les lieux privés ou véhicules.** Lorsque les renseignements ne peuvent être recueillis par un autre moyen légalement autorisé, l'utilisation de dispositifs techniques permettant la captation, la fixation, la transmission et l'enregistrement de paroles prononcées à titre privé ou confidentiel, ou d'images dans un lieu privé (CSI, art. L. 853-1). L'introduction dans un véhicule ou dans un lieu privé peut être autorisée pour la mise en œuvre du dispositif, après avis exprès de la Commission (CSI, art. L. 853-1 et L. 853-3)) (sur la sonorisation judiciaire, C. pr. pén., art. 706-96, v. n°s 11.39).

• **Captation ou interception de données informatiques.** Lorsque les renseignements ne peuvent être recueillis par un autre moyen légalement autorisé, l'utilisation de dispositifs techniques permettant d'accéder à des données informatiques stockées dans un système informatique, de les enregistrer, de les conserver et de les transmettre ; ou en accédant à ces données telles qu'elles s'affichent sur un écran pour l'utilisateur d'un système de traitement automatisé de données, telles qu'il les y introduit par saisie de caractères ou telles qu'elles sont reçues et émises par des périphériques audiovisuels. L'introduction dans un véhicule ou dans un lieu privé peut être autorisée pour la mise en œuvre du dispositif, après avis exprès de la Commission (CSI, art. L. 853-2 et L. 853-3) (sur la captation judiciaire de données informatiques, v. n°s 11.40).

3. Les techniques de renseignement non soumises à autorisation administrative

Infiltration électronique (cyber infiltration). Dans l'accomplissement de leurs missions et pour les finalités précisées ci-dessus, les agents individuellement désignés et habilités des services spécialisés peuvent, sans en être pénalement responsables et sans autorisation préalable : être en contact, par le moyen d'échanges électroniques avec des personnes susceptibles de porter atteinte aux intérêts fondamentaux de la Nation ; extraire, acquérir ou conserver par ce moyen des données sur ces personnes ; extraire, transmettre en réponse à une demande expresse, acquérir ou conserver des contenus provoquant directement à la commission d'actes de terrorisme ou en faisant l'apologie. Ces actes ne peuvent constituer une incitation à commettre des infractions, sous peine d'un an d'emprisonnement et de 30 000 € d'amende (CSI, art. L. 863-1 ; *N* ***31415.co***) (sur l'infiltration électronique judiciaire, v. n°s 11.35 s.).

C. Les interceptions dans le cadre des établissements pénitentiaires (C. pénit., art. L. 223-1, anc^{t} C. pr. pén., art. 727-1)

Les dispositions relatives aux interceptions administratives effectuées en établissement pénitentiaire d'abord précisées au C. pr. pén., art. L. 727-1, issu de L. n° 2007-297, 5 mars 2007, mod. par L. n° 2017-258, 28 févr. 2017, auquel renvoyait L. n° 2009-1436, art. 39, dite pénitentiaire, et au C. pr. pén., art. R. 57-8-24 s, figurent désormais au C. pénit., art. L. 223-1 s. et R. 223-1 s.

Aux fins de prévenir les évasions et d'assurer la sécurité et le bon ordre au sein des établissements pénitentiaires ou des établissements de santé destinés à recevoir des personnes détenues, le ministre de la Justice peut autoriser, pour une durée d'un an renouvelable, les agents individuellement désignés et habilités de l'administration pénitentiaire à :

— 1° Intercepter, enregistrer, transcrire ou interrompre les correspondances de personnes détenues émises par la voie des communications électroniques et autorisées en détention, à l'exception de celles avec leur avocat, et conserver les données de connexion y afférentes ;

— 2° Accéder aux données stockées dans un équipement terminal ou un système informatique qu'utilise une personne détenue et dont l'utilisation est autorisée en détention, les enregistrer, les conserver et les transmettre.

Les personnes détenues ainsi que leurs correspondants sont informés au préalable de ces dispositions.

Ces opérations de recueil de renseignement donnent lieu à l'établissement de relevés.

Les enregistrements qui ne sont suivis d'aucune transmission à l'autorité judiciaire en application de C. pr. pén., art. 40, ne peuvent être conservés au-delà d'un délai de 90 jours.

Le procureur de la République est immédiatement avisé de la découverte de tout équipement terminal, système informatique ou support de données informatiques dont la détention est illicite. Il peut accéder à tout instant aux données, enregistrements, transcriptions et procès-verbaux issus du recueil de renseignement.

35.56 Violation de correspondance ou de télécommunication – Par une personne exerçant une fonction publique ou un agent de télécommunication

■ **PEINES**

PERSONNE PHYSIQUE

PP Délit. 3 ans d'emprisonnement, 45 000 € (C. pén., art. 432-9).

PC 1. Interdiction droits civiques civils et de famille ⩽ 5 ans (vote, éligibilité, fonction juridictionnelle, expert, témoin, tuteur, curateur) (C. pén., art. 432-17 et 131-26) ;

2. Interdiction définitive ou ⩽ 5 ans activité professionnelle ou sociale (en relation avec l'infraction), ou fonction publique, (sauf mandat électif ou syndical) (C. pén., art. 432-17, 131-27 et 131-28) ;

3. Confiscation (réelle ou en valeur) sommes ou objets irrégulièrement reçus par l'auteur (obligatoire pour objets qualifiés dangereux ou nuisibles par loi ou règlement ou dont la détention est illicite) (C. pén., art. 432-17 et 131-21).

PERSONNE MORALE

PP Délit. 225 000 € (C. pén., art. 432-9 ; 131-38).

PC Néant.

▪ ORIENTEUR

AUTRE QUALIFICATION

▪ **Violation de correspondance ou de communication.** V. nº 35.54 (Par une personne privée).

▪ **Commercialisation ou détention illicite d'appareils conçus pour intercepter les communications électroniques, conversations ou données informatiques.** V. nº 35.52.

TEXTE DE RÉFÉRENCE

▪ **Régime des appareils conçus pour intercepter les télécommunications ou conversations.** V. orienteur nº 35.52.

▪ **Régime des interceptions de correspondance et des techniques de recueil du renseignement.** V. nº 35.55.

ÉLÉMENT INTENTIONNEL

▪ **Dol général – Indifférence de l'intention de nuire.** L'élément intentionnel de l'infraction n'exige que « *l'intention de porter atteinte au contenu de correspondances protégées* », et non « *l'intention de nuire* » (Crim. 27 févr. 2018, nº 17-81.850, P nº 36).

▪ ÉLÉMENTS CONSTITUTIFS – QUALIFICATION

✧ Pour avoir à .... [¤ lieu], le .... [¤ date], étant [⇨A ou B :]

A. **VIOLATION DE CORRESPONDANCE**

[⇨A1 ou A2 :]

A1. dépositaire de l'autorité publique, en l'espèce .... [¤ fonction exercée], (A1 : *N 12267.co*)...

A2. chargé d'une mission de service public, en l'espèce .... [¤ fonction exercée], (A2 : *N 12268.co*)...

... hors les cas prévus par la loi, dans l'exercice ou à l'occasion de l'exercice de ses fonctions ou de sa mission, détourné, supprimé, ouvert des correspondances, ou révélé leur contenu, ou ordonné ou facilité de tels faits, au préjudice de .... [¤ nom de la victime].

B. **VIOLATION DE TÉLÉCOMMUNICATIONS**

[⇨B1 à B4 :]

B1. dépositaire de l'autorité publique, en l'espèce .... [¤ fonction exercée], (B1 : *N 30839.co*)...

B2. chargé d'une mission de service public, en l'espèce .... [¤ fonction exercée], (B2 : *N 30840.co*)...

B3. agent d'un exploitant de réseaux ouverts au public de communications électroniques, (B3 : *N #.co*)...

B4. agent d'un fournisseur de télécommunications, (B4 : *N #.co*)...

... hors les cas prévus par la loi, dans l'exercice de ses fonctions ou de sa mission, intercepté ou détourné des correspondances émises, transmises ou reçues par voie de télécommunications, ou utilisé ou divulgué leur contenu, ou ordonné ou facilité de tels faits, au préjudice de .... [¤ nom de la victime].

Faits prévus et réprimés par les articles 432-9 et 432-17 du code pénal. ✧

35.57 Traitement des données personnelles – Le cadre normatif général – Le RGPD

A. Les normes supranationales et principes directeurs

« *Protection des données à caractère personnel*

1. Toute personne a droit à la protection des données à caractère personnel la concernant.

2. Ces données doivent être traitées loyalement, à des fins déterminées et sur la base du consentement de la personne concernée ou en vertu d'un autre fondement légitime prévu par la loi. Toute personne a le droit d'accéder aux données collectées la concernant et d'en obtenir la rectification.

3. Le respect de ces règles est soumis au contrôle d'une autorité indépendante » (CDFU, art. 8).

« *1. Toute personne a droit à la protection des données à caractère personnel la concernant.*

2. Le Parlement européen et le Conseil, statuant conformément à la procédure législative ordinaire, fixent les règles relatives à la protection des personnes physiques à l'égard du traitement des données à caractère personnel par les institutions, organes et organismes de l'Union, ainsi que par les États membres dans l'exercice d'activités qui relèvent du champ d'application du droit de l'Union, et à la libre circulation de ces données. Le respect de ces règles est soumis au contrôle d'autorités indépendantes » (Traité sur le fonctionnement de l'Union européenne, art. 16).

« *L'informatique doit être au service de chaque citoyen. Son développement doit s'opérer dans le cadre de la coopération internationale. Elle ne doit porter atteinte ni à l'identité humaine, ni aux droits de l'homme, ni à la vie privée, ni aux libertés individuelles et politiques* » L. n° 78-17 ; 6 janv. 1978, art. 1er.

B. Définitions et domaine de la règlementation

Le champ d'application de la règlementation résulte notamment des définitions figurant dans le règlement (UE) 2016/679 du Parlement européen et du Conseil du 27 avril 2016 (dit **RGPD**) relatif à la protection des personnes physiques à l'égard du traitement des données à caractère personnel et à la libre circulation de ces données, auxquelles renvoie la L. n° 78-17 ; 6 janv. 1978, art. 2, dite « loi informatique et libertés » ou « LIL », successivement adaptée au RGPD par L. n° 2018-493, 20 juin 2018 et par Ord. n° 2018-1125, 12 déc. 2018.

• Données à caractère personnel. « *toute information se rapportant à une personne physique identifiée ou identifiable (ci-après dénommée "personne concernée") ; est réputée être une "personne physique identifiable" une personne physique qui peut être identifiée, directement ou indirectement, notamment par référence à un identifiant, tel qu'un nom, un numéro d'identification, des données de localisation, un identifiant en ligne, ou à un ou plusieurs éléments spécifiques propres à son identité physique, physiologique, génétique, psychique, économique, culturelle ou sociale* » (RGPD, art. 4.1).

• Traitement de données à caractère personnel. « *toute opération ou tout ensemble d'opérations effectuées ou non à l'aide de procédés automatisés et appliquées à des données à caractère personnel ou des ensembles de données à caractère personnel, telles que la collecte, l'enregistrement, l'organisation, la structuration, la conservation, l'adaptation ou la modification, l'extraction, la consultation, l'utilisation, la communication par transmission, la diffusion ou toute autre forme de mise à disposition, le rapprochement ou l'interconnexion, la limitation, l'effacement ou la destruction* » (RGPD, art. 4.2).

• Fichier de données à caractère personnel. « *tout ensemble structuré de données à caractère personnel accessibles selon des critères déterminés, que cet ensemble soit centralisé, décentralisé ou réparti de manière fonctionnelle ou géographique* » (RGPD, art. 4.6 et L. n° 78-17, 6 janv. 1978, art. 2).

Les « *système de vidéoprotection [...] sont des traitements de données à caractère personnel* » régis par le RGPD et par la L. n° 78-17, 6 janv. 1978,relative à l'informatique, aux fichiers et aux libertés (CSI, art. L. 251-1, anct. L. n° 95-73, 21 janv. 1995, art. 10-I, éd. issue L. n° 2023-380, 19 mai 2023).

La règlementation n'est pas applicable « *aux traitements mis en œuvre par des personnes physiques pour l'exercice d'activités strictement personnelles ou domestiques* » (L. n° 78-17, 6 janv. 1978, art. 2).

C. Les conditions préalables d'exploitation d'un fichier de données personnelles

1. Les principes issus du Règlement général sur la protection des données (RGPD)

La L. n° 2018-493, 20 juin 2018 et l'Ord. n° 2018-1125, 12 déc. 2018, ont adapté le droit français, notamment la L. n° 78-17, 6 janv. 1978, à deux dispositions européennes :

– le règlement (UE) 2016/679 du Parlement européen et du Conseil du 27 avril 2016 (dit **RGPD**) relatif à la protection des personnes physiques à l'égard du traitement des données à caractère personnel et à la libre circulation de ces données ;

– la directive (UE) 2016/680 du parlement européen et du conseil du 27 avr. 2016, relative à la protection des personnes physiques à l'égard du traitement des données à caractère personnel par les autorités compétentes à des fins de **prévention et de détection des infractions pénales,** d'enquêtes et de poursuites en la matière ou d'exécution des sanctions pénales, et à la libre circulation de ces données (dite **directive prévention et détection des infractions pénales**). Sur l'application de cette directive aux fichiers de rapprochement judiciaire, v. n° 13.11D2 et C2 ci-dessous.

Au dispositif de principe de la déclaration ou de l'autorisation préalable auprès de la Cnil institué par L. n° 78-17, 6 janv. 1978, la loi de transposition a substitué un régime de conformité globale et permanente auquel doivent se soumettre les entreprises et organismes traitant des données personnelles, fondé sur des mesures techniques et organisationnelles appropriées, la **protection des données dès la conception**, la tenue d'un **registre des activités de traitement**, l'**analyse d'impact**, des **codes de conduites et la certification**, l'obligation de **notifier la violation des données personnelles** à l'autorité de contrôle ainsi qu'à la personne concernée, la désignation d'un délégué à la protection des données, ceci sous le contrôle de la Commission nationale de l'informatique et des libertés (Cnil), désignée comme l'autorité de contrôle nationale et indépendante au sens des articles 51 et 52 du RGPD, dotée de pouvoirs d'enquête et de sanction administrative pouvant s'élever jusqu'à 10 000 000 € ou 2 % du chiffre d'affaires (RGPD, art. 58 et 83 4, L. n° 78-17, 6 janv. 1978, art. 20). Les régimes de l'autorisation préalable (art. 25 ancien) et de la déclaration préalable (art. 22 et 23 anciens) de la L. n° 78-17, 6 janv. 1978 ont ainsi été supprimés.

2. Les fichiers administratifs régaliens : la disposition législative ou réglementaire préalable

Les traitements de données à caractère personnel mis en œuvre à des fins de prévention et de détection des infractions pénales, d'enquêtes et de poursuites en la matière ou d'exécution de sanctions pénales, y compris la protection contre les menaces pour la sécurité publique et la prévention de telles menaces, par toute autorité publique compétente ou tout autre organisme ou entité à qui a été confié, à ces mêmes fins, des prérogatives de puissance publique (L. n° 78-17, 6 janv. 1978, art. 87), doivent être prévus par une disposition législative ou règlementaire pris après avis de la Cnil (L. n° 78-17, 6 janv. 1978, art. 88). Sur les fichiers relatifs à la prévention et à la détection des infractions (directive (UE) 2016/680 du parlement européen et du conseil du 27 avr. 2016), v. n° 13.11D2.

Les traitements de données à caractère personnel mis en œuvre pour le compte de l'État qui intéressent la sûreté de l'État, la défense ou la sécurité publique, ou qui ont pour objet la prévention, la recherche, la constatation ou la poursuite des infractions pénales ou l'exécution des condamnations pénales ou des mesures de sûreté, sont autorisés par arrêté du ou des ministres compétents, pris après avis motivé et publié de la Cnil (L. n° 78-17, 6 janv. 1978, art. 31).

3. Les fichiers soumis à l'autorisation préalable de la Cnil

Les fichiers dont l'objet était précisé à l'article 25 ancien étaient soumis au régime de **l'autorisation préalable** accordée par la Cnil (L. n° 78-17, 6 janv. 1978, art. 25), cette disposition a été supprimée par L. n° 2018.493, 20 juin 2018.

4. Le régime de droit commun : la suppression de la déclaration préalable

Les fichiers non soumis au régime de l'autorisation préalable devaient, dans le régime antérieur au RGPD, faire l'objet d'une **déclaration préalable** auprès de la Cnil. La mise en œuvre du traitement n'était autorisée qu'après réception du récépissé délivré par cet organisme (L. n° 78-17, 6 janv. 1978, art. 22 et 23 anciens). Ce régime a été supprimé par L. n° 2018.493, 20 juin 2018.

5. Les fichiers des données de santé, l'attestation de conformité préalable

Le régime antérieur prévoyait l'autorisation préalable de la Cnil après avis du comité consultatif sur le traitement de l'information en matière de recherche dans le domaine de la santé. Les fichiers n'ayant pour objet que le suivi thérapeutique ou médical individuel des patients, et leur traitement par leur personnel soignant, restaient soumis au régime de droit commun (L. n° 78-17, 6 janv. 1978, art. 53 et 54 anciens). Désormais, les traitements concernant la santé des personnes doivent obéir aux règles de conformité du RGPD et aux référentiels et règlements types établis par la Cnil (art. 65 et 66), et ne peuvent être mis en œuvre qu'après remise préalable d'une attestation de conformité aux référentiels établis par la Cnil (art. 66 II) ou après son autorisation si les traitements ne sont pas conformes à un référentiel (art. 66 III).

35.58 Les conditions de la collecte et de la conservation des données personnelles

A. L'interdiction de la collecte frauduleuse et du détournement de finalité des données

Les données à caractère personnel doivent être « *traitées de manière licite, loyale* », elles sont « *collectées pour des finalités déterminées, explicites et légitimes et ne pas être traitées ultérieurement de manière incompatible avec ces finalités* » (L. n° 78-17, 6 janv. 1978, art. 4 et RGPD, art. 5).

Aucune information concernant personnellement un salarié ou un candidat à un emploi ne peut être collectée par un dispositif qui n'a pas été porté préalablement à la connaissance du salarié ou du candidat à un emploi (C. trav., art. L. 1221-9 et L. 1222-4).

B. Le traitement des données intéressant la sécurité publique et des données nominatives sensibles

1. Les données intéressant la sécurité publique

Les juridictions, les autorités publiques et les personnes morales gérant un service public, agissant dans le cadre de leurs attributions légales, peuvent seules procéder au traitement de données nominatives concernant les **infractions, condamnations** ou mesures de sûreté, ainsi que les auxiliaires de justice, pour les stricts besoins des missions confiées par la loi ; les personnes physiques ou morales, aux fins de préparer, exercer ou suivre une action en justice en tant que victime ou mise en cause ; les sociétés de perception et de répartition des droits d'auteurs, pour la défense de leurs droits ; ainsi que les réutilisateurs des informations publiques figurant dans les jugements, sous réserve d'anonymisation (L. n° 78-17, 6 janv. 1978, art. 46). Le traitement des données à caractère personnel relatives aux condamnations pénales et aux infractions et aux mesures de sûreté connexes ne peut être effectué que sous le contrôle de l'autorité publique (RGPD, art. 10).

Les traitements de données intéressant la sûreté de l'État, la défense ou la sécurité publique ou qui ont pour objet la prévention, la recherche, la constatation ou la poursuite des infractions pénales ou l'exécution des condamnations pénales ou des mesures de sûreté doivent être mis en œuvre sur le fondement d'une disposition législative ou règlementaire prise après avis de la Cnil (L. n° 78-17, 6 janv. 1978, art. 31, 87 à 89).

2. Les données nominatives sensibles

Sauf finalités spécifiques énumérées au RGPD, art. 9.2, répondant à des motifs d'intérêt sanitaire ou statistique ou d'intérêt public, « *Il est interdit de traiter des données à caractère personnel qui révèlent la prétendue origine raciale ou l'origine ethnique, les opinions politiques, les convictions religieuses ou philosophiques ou l'appartenance syndicale d'une personne physique ou de traiter des données génétiques, des données biométriques aux fins d'identifier une personne physique de manière unique, des données concernant la santé ou des données concernant la vie sexuelle ou l'orientation sexuelle d'une personne physique* » (L. n° 78-17, 6 janv. 1978, art. 6, RGPD, art. 9.1) (V. infraction n° 35.62).

Les données décrites ci-dessus peuvent cependant faire l'objet d'un traitement si elles ont été manifestement rendues publiques par la personne concernée (L. n° 78-17, 6 janv. 1978, art. 6 II, RGPD, art. 9.2e).

En outre, les associations ou tout autre organisme à but non lucratif et à caractère religieux, philosophique, politique ou syndical peuvent traiter ces données, sous réserve qu'elles ne concernent que leurs membres ou les personnes qui entretiennent avec l'association ou l'organisme des contacts réguliers dans le cadre de son activité (L. n° 78-17, 6 janv. 1978, art. 6 II et RGPD, art. 9.2d).

Enfin, le traitement automatisé des données sensibles est autorisé aux seules fins d'expression universitaire, artistique ou littéraire ou pour l'exercice, à titre professionnel, de l'activité de journaliste, dans le respect des règles déontologiques de cette profession (L. n° 78-17, 6 janv. 1978, art. 80).

C. L'obligation de sécurisation des données

Les données doivent être « *Traitées de façon à garantir une sécurité appropriée des données à caractère personnel, y compris la protection contre le traitement non autorisé ou illicite et contre la perte, la destruction ou les dégâts d'origine accidentelle, ou l'accès par des personnes non autorisées, à l'aide de mesures techniques ou organisationnelles appropriées.* » (L. n° 78-17, 6 janv. 1978, art. 4 6° et RGPD, art. 5.1f), selon des modalités précisées à L. n° 78-17, 6 janv. 1978, art. 99 à 101 et RGPD, art. 24, 25, 30 et 32).

Ces modalités consistent en diverses mesures de sécurisation, prises à la suite d'une évaluation des risques, notamment contre l'accès, la copie ou l'introduction non autorisés de données, garantissant l'accès aux seules personnes autorisées ainsi que la traçabilité des opérations (L. n° 78-17, 6 janv. 1978, art. 99 et RGPD, art. 25 et 32). Le responsable de traitement tient **un registre des activités de traitement** contenant la description des mesures visant à garantir un niveau de sécurité adapté au risque (L. n° 78-17, 6 janv. 1978, art. 100 et RGPD, art. 30) ainsi qu'un **journal des opérations** de collecte, de modification, de consultation et de communication des données (L. n° 78-17, 6 janv. 1978, art. 101).

Sur l'infraction de défaut de sécurisation des données personnelles, C pén., art. 226-17, v. n° 35.61.

D. L'obligation de notifier à la Cnil et à l'intéressé les violations de données

« *En cas de violation de données à caractère personnel, le fournisseur de services de communications électroniques accessibles au public avertit, sans délai, la Cnil* » (L. n° 78-17, 6 janv. 1978, art. 83 II), « *dans les meilleurs délais et si possible 72 H 00 au plus tard* » (RGPD, art. 33.1) à moins que « *la violation en question ne soit pas susceptible d'engendrer un risque pour les droits et libertés des personnes* » (RGPD, art. 33.1).

Lorsque la violation « *est susceptible d'engendrer un risque élevé pour les droits et libertés d'une personne physique* » (RGPD, art. 34.1) ou « *Lorsque cette violation peut porter atteinte aux données à caractère personnel ou à la vie privée d'un abonné ou d'une autre personne physique, le fournisseur avertit également, sans délai, l'intéressé* » (L. n° 78-17, 6 janv. 1978, art. 83 II). La notification d'une violation des données à l'intéressé n'est toutefois pas nécessaire si la Cnil a constaté que les données concernées étaient cryptées (L. n° 78-17, 6 janv. 1978, art. 83 II, RGPD, art. 34.3a).

« *on entend par violation de données à caractère personnel toute violation de la sécurité entraînant accidentellement ou de manière illicite la destruction, la perte, l'altération, la divulgation ou l'accès non autorisé à des données à caractère personnel faisant l'objet d'un traitement dans le cadre de la fourniture au public de services de communications électroniques* » (L. n° 78-17, 6 janv. 1978, art. 83 I, RGPD, art. 4.12) « *Chaque fournisseur de services de communications électroniques tient à jour un inventaire des violations de données à caractère personnel, notamment de leurs modalités, de leur effet et des mesures prises pour y remédier et le conserve à la disposition de la commission* » (L. n° 78-17, 6 janv. 1978, art. 83 III) et « *documente toute violation de données à caractère personnel, en indiquant les faits concernant la violation des données à caractère personnel, ses effets et les mesures prises pour y remédier* » (RGPD, art. 33.5).

Des dispositions comparables s'appliquent en cas de violation de données traitées par les autorités publiques pour la prévention ou la détection des infractions pénales (L. n° 78-17, 6 janv. 1978, art. 102).

Sur l'infraction de défaut de notification d'une violation de données personnelles, C pén., art. 226-17-1, v. n° 35.61.

E. La durée limitée de conservation des données

Les données sont « *Conservées sous une forme permettant l'identification des personnes concernées pendant une durée n'excédant pas celle nécessaire au regard des finalités pour lesquelles elles sont traitées* ». Au-delà de cette durée, elles ne peuvent être conservées qu'en vue d'être traitées à des fins historiques, statistiques ou scientifiques, dans les conditions prévues à l'article L. 212-3 du code du patrimoine (L. n° 78-17, 6 janv. 1978, art. 4 6°, RGPD, art. 5.1e)

Sur l'infraction de conservation des donnés au-delà de la durée nécessaire, C. pén., art. 226-20, v. n° 35.64.

35.59 Traitement de données personnelles – Les droits de la personne concernée

A. Le droit à l'information

Sous réserve des restrictions prévues par l'acte instaurant le traitement pour les informations nécessaires à la prévention, la recherche et la constatation des infractions (L. n° 78-17, 6 janv. 1978, art. 107), le responsable de traitement met à la disposition de la personne concernée les informations suivantes :

1° L'identité et les coordonnées du responsable de traitement et, le cas échéant, celles de son représentant ;

2° Le cas échéant, les coordonnées du délégué à la protection des données ;

3° Les finalités poursuivies par le traitement auquel les données sont destinées ;

4° Le droit d'introduire une réclamation auprès de la Cnil et les coordonnées de la commission ;

5° Le droit de demander au responsable de traitement l'accès aux données à caractère personnel, leur rectification ou leur effacement, et de demander une limitation du traitement des données à caractère personnel relatives à une personne concernée (L. n° 78-17, 6 janv. 1978, art. 104 I) (**Contrav.** 5e cl. incriminées par C. pén., art. R. 625-10 dernier al., v. n° 35.63).

Ces informations sont complétées, « *dans des cas particuliers* », par celles énumérées par L. n° 78-17, 6 janv. 1978, art. 104 II).

Aucun paiement ne peut être exigé au titre de l'exercice du droit à l'information (L. n° 78-17, 6 janv. 1978, art. 109).

B. Le droit d'opposition

Sauf pour les traitements répondant à une obligation légale ou lorsque le droit d'opposition a été écarté par une disposition expresse de l'acte instaurant le traitement, « *Toute personne physique a le droit de s'opposer, pour des motifs légitimes, à ce que des données à caractère personnel la concernant fassent l'objet d'un traitement* » (L. n° 78-17, 6 janv. 1978, art. 110, RGPD, art. 21). Le traitement des données malgré opposition est incriminé par C. pén., art. 226-18-1, v. n° 35.62.

S'agissant des données de santé (L. n° 78-17, 6 janv. 1978, art. 65), la personne a le **droit de s'opposer** à ce que des données nominatives la concernant fassent l'objet d'un traitement rendant nécessaire la levée du secret professionnel (L. n° 78-17, 6 janv. 1978, art. 74). Si elle a exprimé son refus par écrit avant son décès, les informations la concernant ne peuvent faire l'objet d'un traitement (L. n° 78-17, 6 janv. 1978, art. 86) (Faits incriminés par C. pén., art. 226-19-1 2°, v. n° 35.62).

Aucun paiement ne peut être exigé au titre de l'exercice du droit d'opposition (L. n° 78-17, 6 janv. 1978, art. 109).

C. Le droit d'accès et de rectification

1. Le droit d'accès (L. n° 78-17, 6 janv. 1978, art. 105)

Sous réserve des restrictions prévues par l'acte instaurant le traitement pour les informations nécessaires à la prévention, la recherche et la constatation des infractions (L. n° 78-17, 6 janv. 1978, art. 107), la personne concernée a le droit d'obtenir du responsable de traitement la confirmation que des données à caractère personnel la concernant sont ou ne sont pas traitées et, lorsqu'elles le sont, le droit d'accéder auxdites données ainsi qu'aux informations suivantes :

1° Les finalités du traitement ainsi que sa base juridique ;

2° Les catégories de données à caractère personnel concernées ;

3° Les destinataires ou catégories de destinataires auxquels les données à caractère personnel ont été communiquées ;

4° Lorsque cela est possible, la durée de conservation des données à caractère personnel envisagée ou, à défaut lorsque ce n'est pas possible, les critères utilisés pour déterminer cette durée ;

5° L'existence du droit de demander au responsable de traitement la rectification ou l'effacement des données à caractère personnel, et l'existence du droit de demander une limitation du traitement de ces données ;

6° Le droit d'introduire une réclamation auprès de la Cnil ;

7° La communication des données à caractère personnel en cours de traitement ainsi que toute information disponible quant à leur source (L. n° 78-17, 6 janv. 1978, art. 105, RGPD, art. 15). (**Contrav.** 5e cl. incriminées par C. pén., art. R. 625-11 dernier al., v. n° 35.63).

Dans le domaine de la santé, ces informations peuvent ne pas être délivrées si la personne concernée a entendu faire usage du droit d'être laissée dans l'ignorance d'un diagnostic ou d'un pronostic (qui lui est reconnu par CSP, art. L. 1111-2) (L. n° 78-17, 6 janv. 1978, art. 69).

Aucun paiement ne peut être exigé au titre de l'exercice du droit d'accès (L. n° 78-17, 6 janv. 1978, art. 109).

2. Le droit de rectification (L. n° 78-17, 6 janv. 1978, art. 106)
Sous réserve des restrictions prévues par l'acte instaurant le traitement pour les informations nécessaires à la prévention, la recherche et la constatation des infractions (L. n° 78-17, 6 janv. 1978, art. 107), la personne concernée a le droit d'obtenir du responsable de traitement :

1° Que soient rectifiées dans les meilleurs délais des données à caractère personnel la concernant qui sont inexactes ;

2° Que soient complétées des données à caractère personnel la concernant incomplètes, y compris en fournissant à cet effet une déclaration complémentaire ;

3° Que soient effacées dans les meilleurs délais des données à caractère personnel la concernant lorsque le traitement est réalisé en violation des dispositions de la L. n° 78-17, 6 janv. 1978 ou lorsque ces données doivent être effacées pour respecter une obligation légale à laquelle est soumis le responsable de traitement (L. n° 78-17, 6 janv. 1978, art. 106, RGPD, art. 16 et 17) **(Contrav. 5e cl. incriminées par C. pén., art. R. 625-12, v. n° 35.63)**.

Aucun paiement ne peut être exigé au titre de l'exercice du droit de rectification (L. n° 78-17, 6 janv. 1978, art. 109).

35.60 Traitement de données personnelles – Mise en œuvre sans respect des formalités préalables

■ PEINES

PERSONNE PHYSIQUE

PP Délit. 5 ans d'emprisonnement, 300 000 € (auparavant 3 ans, 45 000 € [L. n° 2004-801, 6 août 2004]) (C. pén., art. 226-16).

PC 1. Interdiction droits civiques civils et de famille 5 ans (vote, éligibilité, fonction juridictionnelle, expert, témoin, tuteur, curateur) (C. pén., art. 226-31 et 131-26) ;

2. Interdiction, définitive ou ⩽ 5 ans activité professionnelle ou sociale en relation avec l'infraction (sauf mandat électif ou syndical) (C. pén., art. 226-31 et 131-27) ;

3. Interdiction ⩽ 5 ans détention, port arme soumise à autorisation (C. pén., art. 226-31) ;

4. Affichage, ⩽ 2 mois, *et/ou* (L. n° 2011-525, 17 mai 2011) diffusion de la décision ou d'extraits aux frais (⩽ amende encourue) du condamné (C. pén., art. 226-31 et 131-35).

PERSONNE MORALE

PP Délit. 1 500 000 € (auparavant 225 000 € [L. n° 2004-801, 6 août 2004]) (C. pén., art. 226-24 et 131-38).

PC 1. Interdiction, définitive ou ⩽ 5 ans, une ou plusieurs activités professionnelles ou sociales en relation avec l'infraction (C. pén., art. 226-24 et 131-39 2°) ;

2. Surveillance judiciaire ⩽ 5 ans, sauf personnes morales de droit public (C. pén., art. 226-24, 131-39 3° et 131-46) ;

3. Fermeture, définitive ou ⩽ 5 ans, d'un ou plusieurs établissements en relation avec l'infraction (C. pén., art. 226-24 et 131-39 4°) ;

4. Exclusion, définitive ou ⩽ 5 ans marchés publics (C. pén., art. 226-24 et 131-39 5°) ;

5. Interdiction ⩽ 5 ans cartes de paiement ou émission chèques autres que de retrait ou certifiés (C. pén., art. 226-24 et 131-39 7°) ;

6. Confiscation de la chose ayant servi à l'infraction ou destinée à la commettre, ou son produit (obligatoire pour objets qualifiés dangereux ou nuisibles par loi ou règlement ou dont la détention est illicite) (C. pén., art. 226-24, 131-39 8° et 131-21) ;

7. Affichage, ⩽ 2 mois, *et/ou* (L. n° 2011-525, 17 mai 2011) diffusion de la décision ou d'extraits aux frais (⩽ amende encourue) du condamné (C. pén., art. 226-24, 131-39 9°, 131-48 et 131-35).

■ ORIENTEUR

ÉLÉMENT LÉGAL

▪ **Application de la loi pénale dans le temps. Cas F** : issu de la L. n° 2016-731, 3 juin 2016, infraction modifiée et transférée au C. défense, art. L. 4123-9-1 par L. n° 2018.493, 20 juin 2018, art. 18.

▪ **Application de la loi pénale dans le temps.** C. pén., art. 226-16, incrimine le « *traitement de données à caractère personnel sans qu'aient été respectées les formalités préalables à leur mise en œuvre prévues par la loi* ». Dans le droit antérieur, étaient ainsi réprimées l'absence de déclaration ou d'autorisation préalable du fichier, sur le fondement de la L. n° 78-17, 6 janv. 1978 (V. cas C et D). La L. n° 2018.493, 20 juin 2018 relative à la protection des données personnelles a toutefois profondément remanié le droit applicable en supprimant notamment le dispositif de la déclaration et de l'autorisation préalable (v. n° 35.57C). Il reste à déterminer quelles prescriptions du RGPD incorporées dans L. n° 78-17, 6 janv. 1978 par L. n° 2018.493, 20 juin 2018 et par Ord. n° 2018-1125, 12 déc. 2018, telles l'obligation de réaliser une étude d'impact, de tenir un registre ou de désigner un délégué à la protection des données, peuvent être considérées, au sens de C. pén., art. 226-16, comme « *des formalités préalables* » à la mise en œuvre du traitement de données personnelles.

TEXTE DE RÉFÉRENCE

▪ **Traitement des données personnelles – Le cadre normatif général.** V. n° 35.57.

▪ **Les conditions de la collecte et de la conservation des données personnelles.** V. n° 35.58.

▪ **Traitement de données personnelles – Les droits de la personne concernée.** V. n° 35.59.

▪ ÉLÉMENTS CONSTITUTIFS – QUALIFICATION

✧ Pour avoir à .... [¤ lieu], le .... [¤ date], y compris par négligence, procédé ou fait procéder à des traitements de données à caractère personnel [⇨A à F :]

A. **TRAITEMENT DE DONNÉES PERSONNELLES SANS RESPECT DES FORMALITÉS PRÉALABLES**

sans qu'aient été respectées les formalités préalables à leur mise en œuvre prévues par la loi, en l'espèce [préciser et viser la formalité omise et son fondement légal] (A : *N #.co*) ;

B. **FICHIER ADMINISTRATIF NON AUTORISÉ PAR UN ACTE RÉGLEMENTAIRE**

intéressant la sûreté de l'État, la défense ou la sécurité publique ou qui ont pour objet la prévention, la recherche, la constatation ou la poursuite des infractions pénales ou l'exécution des condamnations pénales ou des mesures de sûreté, sans que ces traitements soient prévus par une disposition législative ou par un arrêté ou un décret en Conseil d'État pris après avis de la Commission nationale de l'informatique et de libertés (L. n° 78-17, 6 janv. 1978, art. 31 et 87 à 89, réd. issue Ord. n° 2018-1125, 12 déc. 2018) (B : *N 3260.co*) ;

C. **FICHIER SOUMIS À AUTORISATION PRÉALABLE**

~~sans autorisation préalable de la Cnil, dans les cas prévus à l'article 25 de la loi n° 78-17 du 6 janvier 1978 (L. n° 78-17, 6 janv. 1978, art. 25)~~ (C : *N #.co*) (dispositif abrogé par L. n° 2018.493, 20 juin 2018) ;

D. **FICHIER SOUMIS À DÉCLARATION PRÉALABLE**

~~sans déclaration préalable auprès de la Cnil (L. n° 78-17, 6 janv. 1978, art. 22 et 23)~~ (D : *N 3271.co*) (dispositif abrogé par L. n° 2018.493, 20 juin 2018) ;

E. **FICHIER DESTINÉ À LA RECHERCHE MÉDICALE**

ayant pour fin la recherche dans le domaine de la santé, ~~sans autorisation préalable de la Cnil après avis du comité consultatif sur le traitement de l'information en matière de recherche dans le domaine de la santé~~ sans adresser préalablement à la Cnil une déclaration attestant de la conformité du traitement aux référentiels et règlements types établis par la Cnil ou sans autorisation préalable de la Cnil lorsque le traitement n'est pas conforme aux référentiels (L. n° 78-17, 6 janv. 1978, art. 66 et 67, réd. issue Ord. n° 2018-1125, 12 déc. 2018) (E : *N 13083.co*) ;

F. **FICHIER FONDÉ SUR LA QUALITÉ DE MILITAIRE (L. N° 2016-731, 3 JUIN 2016)**

~~Pour avoir à .... [¤ lieu], le .... [¤ date], permis l'accès aux données contenues dans un traitement automatisé ou non mentionné à l'article L. 4123-9-1 du code de la défense, dont la finalité est fondée sur la qualité de militaire, sans avoir recueilli l'avis favorable de l'autorité administrative relatif aux personnes autorisées à accéder au fichier~~ (infraction modifiée et transférée au C. défense, art. L. 4123-9-1 par L. n° 2018.493, 20 juin 2018, art. 18).

Faits prévus et réprimés par les articles : **PERSONNES PHYSIQUES.** 226-16 et 226-31 du code pénal, 40 de la loi n° 78-17 du 6 janvier 1978 + articles [• du cas sélectionné]. **PERSONNES MORALES.** 226-16 et 226-24 du code pénal, 40 de la loi n° 78-17 du 6 janvier 1978 + articles [• du cas sélectionné]. ✧

35.61 Traitement de données personnelles – Défaut de sécurisation des données – Défaut de notification d'une violation des données

■ PEINES

PERSONNE PHYSIQUE

PP Délit. 5 ans d'emprisonnement, 300 000 € (Cas A : C. pén., art. 226-17 ; Cas B : C. pén., art. 226-17-1).

PC *Idem* nº 35.60.

PERSONNE MORALE

PP Délit. 1 500 000 € (Cas A : C. pén., art. 226-17 ; Cas B : C. pén., art. 226-17-1 ; C. pén., art. 226-24 et 131-38).

PC *Idem* nº 35.60.

■ ORIENTEUR

ÉLÉMENT LÉGAL

▪ **Application de la loi pénale dans le temps.** Cas A : les dispositions de L. nº 78-17, 6 janv. 1978, art. 34, qui servaient de base à l'incrimination, déjà conformes au RGPD, art. 5.1f et 25, n'ont pas été modifiées par L. nº 2018.493, 20 juin 2018 (V. nº 35.58C). Il en était de même pour le cas B (L. nº 78-17, 6 janv. 1978, art. 34 *bis*, RGPD, art. 4, 33 et 34) (V. nº 35.58D). Ces dispositions ont été modifiées par Ord. nº 2018-1125, 12 déc. 2018, laquelle a refondu la L. nº 78-17, 6 janv. 1978, et adapté en conséquence C. pén., art. 226-17 et 226-17-1 en visant à la fois les dispositions servant de base aux poursuites prévues par le RGPD ainsi que celles, nouvelles, de la L. nº 78-17, 6 janv. 1978.

▪ **Domaine d'application.** Cas B : ces dispositions sont également applicables au défaut de notification d'une violation de données par un sous-traitant au responsable de traitement (C. pén., art. 226-17-1, Ord. nº 2018-1125, 12 déc. 2018).

■ ÉLÉMENTS CONSTITUTIFS – QUALIFICATION

✧ Pour avoir à .... [¤ lieu], le .... [¤ date], [⇨A ou B :]

A. **Défaut de sécurisation des données personnelles**

procédé ou fait procéder à un traitement de données à caractère personnel sans prendre toutes les précautions utiles pour préserver la sécurité de ces informations et notamment empêcher qu'elles ne soient déformées, endommagées ou communiquées à des personnes non autorisées.

PERSONNES PHYSIQUES. C. pén., art. 226-17 et 226-31, L. nº 78-17, 6 janv. 1978, art. 4 6°, 40, 99 à 101, règlement (UE 2016/679, 24 avr. 2016, art. 24, 25, 30 et 32 (A : *N 10483*.co). **PERSONNES MORALES.** C. pén., art. 226-17, 226-23 et 226-24, L. nº 78-17, 6 janv. 1978, art. 4 6°, 40, 99 à 101, règlement (UE 2016/679, 24 avr. 2016, art. 24, 25, 30 et 32 (*N #.co*).

B. **Défaut de notification à la Cnil ou à l'intéressé d'une violation de données personnelles**

étant fournisseur de services de communications électroniques « ou responsable de traitement » (Ord. nº 2018-1125, 12 déc. 2018), omis de procéder sans délai à la notification à [⇨B1 ou B2 :]

B1. la Cnil de violations de données à caractère personnel ;

B2. l'intéressé de violations de données à caractère personnel pouvant porter atteinte à ces données ou à sa vie privée ou à celle d'une autre personne physique ;

PERSONNES PHYSIQUES. C. pén., art. 226-17-1 et 226-31, L. nº 78-17, 6 janv. 1978, art. 40 et 102, règlement (UE 2016/679, 24 avr. 2016, art. 33 et 34 (B : *N 30096*.co). **PERSONNES MORALES.** C. pén., art. 226-17-1 et 226-24, L. nº 78-17, 6 janv. 1978, art. 40 et 102, règlement (UE 2016/679, 24 avr. 2016, art. 33 et 34 (*N #.co*)).

Faits prévus et réprimés par les articles [• du cas sélectionné] ✧

35.62 Traitement de données personnelles – Collecte et traitement illicites de données

▪ PEINES

PERSONNE PHYSIQUE

PP Délit. 5 ans d'emprisonnement, 300 000 € (Cas A et F : C. pén., art. 226-18 ; Cas B et C : 226-18-1 ; Cas D : 226-19 ; Cas E : 226-19-1).

PC Cas A à E : *idem* n° 35.60.

Cas F : néant.

PERSONNE MORALE

PP Délit. 1 500 000 € (Cas A et F : C. pén., art. 226-18 ; Cas B et C : 226-18-1 ; Cas D : 226-19 ; Cas E : 226-19-1 ; C. pén., art. 226-24 et 131-38).

PC Cas A à E : *Idem* n° 35.60.

Cas F : néant.

▪ ORIENTEUR

ÉLÉMENT LÉGAL

▪ Domaine d'application. Cas D : l'interdiction du traitement de données personnelles sensibles est également applicable au traitement non automatisé, lorsque sa mise en œuvre dépasse l'exercice d'activités exclusivement personnelles (C. pén., art. 226-23 anc[t] devenu 226-19 dernier al., Ord. n° 2018-1125, 12 déc. 2018).

TEXTE DE RÉFÉRENCE

▪ RGPD. Cas A : v. n° 35.58A ; cas B et C : v. n° 35.59B ; cas D : v. n° 35.58B.

RÉGIME PROCÉDURAL

▪ Prescription de l'action publique. Cas D : infraction occulte par nature. Selon la jurisprudence (Crim. 4 mars 1997, n° 96-84.773, P n° 83 [affaire dite des écoutes de l'Élysée]), consacrée par L. n° 2017-242, 27 févr. 2017 créant C. pr. pén., art. 9-1, l'infraction de mise en mémoire de données nominatives sensibles est une infraction occulte par nature. Le point de départ de la prescription est « *le jour où l'infraction est apparue et a pu être constatée dans des conditions permettant la mise en mouvement ou l'exercice de l'action publique, sans toutefois que le délai de prescription puisse dépasser 12 années révolues à compter du jour où l'infraction a été commise* » (C. pr. pén., art. 9-1, L. n° 2017-242, 27 févr. 2017). Sur les causes d'allongement de la prescription de l'action publique, v. n° 17.20 s.

▪ ÉLÉMENTS CONSTITUTIFS – QUALIFICATION

✧ Pour avoir à .... [¤ lieu], le .... [¤ date], [⇨A à F :]

A. collecté des données à caractère personnel par un moyen frauduleux, déloyal ou illicite (C. pén., art. 226-18) (A : *N 10480.co*) ;

B. procédé à un traitement de données à caractère personnel malgré l'opposition, fondée sur des raisons légitimes, de la personne concernée (C. pén., art. 226-18-1) (B : *N 10481.co*) ;

C. à des fins de prospection commerciale, procédé à un traitement de données à caractère personnel malgré l'opposition de la personne concernée (C. pén., art. 226-18-1) (C : *N #.co*) ;

D. hors les cas prévus par la loi, mis ou conservé en mémoire informatisée, ou en ficher non automatisé, des données à caractère personnel (C. pén., art. 226-19 et 226-23) [⇨D1 ou D2 :]

D1. faisant apparaître directement ou non, sans l'accord exprès de l'intéressé, ses origines raciales ou ethniques, ses opinions politiques, philosophiques ou religieuses, ses appartenances syndicales, ou relatives à sa santé ou à son orientation « sexuelle ou identité de genre » (L. n° 2017-86, 27 janv. 2017) (au lieu de « l'orientation « ou identité » (L. n° 2012-954, 6 août 2012) sexuelle ») (D1 : *N 10485.co*) ;

D2. concernant des infractions, des condamnations ou des mesures de sûreté (D2 : *N 10484.co*).

E. procédé à un traitement de données à caractère personnel destiné à la recherche dans le domaine de la santé (pour les autres fichiers v. n° 35.63) (C. pén., art. 226-19-1) [⇨E1 à E4 :]

E1. sans avoir informé individuellement les personnes concernées de leur droit d'accès, de rectification et d'opposition, de la nature des informations transmises et des destinataires des données (E1 : *N 13084.co*) ;

E2. malgré l'opposition de la personne concernée (E2 : *N 13085.co*) ;

E3. en l'absence du consentement éclairé et exprès de la (E3 : *N 13086.co*) ;

E4. portant sur une personne décédée, malgré le refus exprimé par celle-ci de son vivant (E4 : *N #.co*).

F. sans être la Banque de France, un établissement de crédit ou une société de financement, un établissement de monnaie électronique ou un établissement de paiement, collecté des informations contenues dans le fichier national des incidents de paiement (C. consom., art. L. 751-1, L. 751-2, L. 762-2 ; C. pén., art. L. 226-18) (F : *N 31647.co*).

Faits prévus et réprimés par les articles : **PERSONNES PHYSIQUES.** [• du cas sélectionné] et 226-31 (sauf Cas F) du code pénal. **PERSONNES MORALES.** [• du cas sélectionné] et 226-24 (sauf Cas F) du code pénal. ✧

35.63 Traitement de données personnelles – Défaut d'information – Opposition au droit d'accès ou de rectification – Contraventions

▪ PEINES

PERSONNE PHYSIQUE

PP Contrav. 5ᵉ cl. 1 500 € (C. pén., art. R. 625-10 à R. 625-12 ; C. pén., art. 131-13). **Récidive :** 3 000 € (C. pén., art. R. 625-13, 132-11).

PC Néant.

PERSONNE MORALE

PP Contrav. 5ᵉ cl. 7 500 € (C. pén., art. R. 625-13 et 131-38). **Récidive :** 15 000 € (C. pén., art. R. 625-13, 132-15).

PC Néant.

▪ ORIENTEUR

ÉLÉMENT LÉGAL

▪ Domaine d'application. Cas D. Les contraventions ne sont pas constituées si le refus de réponse est autorisé par la loi soit afin de ne pas porter atteinte au droit d'auteur, soit parce qu'il s'agit de demandes manifestement abusives, par leur nombre ou leur caractère répétitif ou systématique, soit parce que les données sont conservées sous une forme excluant manifestement tout risque d'atteinte à la vie privée et pendant une durée n'excédant pas celle nécessaire aux seules finalités d'établissement de statistiques ou de recherche scientifique ou historique (C. pén., art. R. 625-11).

TEXTE DE RÉFÉRENCE

▪Renvoi. V. nº 35.60.

▪ ÉLÉMENTS CONSTITUTIFS – QUALIFICATION

✧ Pour, à .... [¤ lieu], le .... [¤ date], étant responsable d'un traitement automatisé de données à caractère personnel, [⇨A à E :]

A. **DÉFAUT D'INFORMATION (C. PÉN., ART. R. 625-10)**

[⇨a ou b puis A1 à A7 :] (A : *N 3266.c5*)

a. omis d'informer la personne auprès de laquelle sont recueillies des données à caractère personnel la concernant [⇨A1 à A7 :]

b. lorsque les données à caractère personnel n'ont pas été recueillies auprès d'elle, omis, dès l'enregistrement des données ou, si une communication des données à des tiers est envisagée, au plus tard lors de la première communication des données, d'informer la personne concernée, [⇨A1 à A7 :]

A1. de l'identité du responsable du traitement et, le cas échéant, de celle de son représentant ;

A2. de la finalité poursuivie par le traitement auquel les données sont destinées ;

A3. du caractère obligatoire ou facultatif des réponses ;

A4. des conséquences éventuelles, à son égard, d'un défaut de réponse ;

A5. des destinataires ou catégories de destinataires des données ;

A6. de ses droits d'opposition, d'interrogation, d'accès et de rectification ;

A7. des transferts de données à caractère personnel envisagés à destination d'un État non-membre de l'Union européenne ;

B. **Défaut d'information, recueil des données par questionnaire (C. pén., art. R. 625-10)**

omis, en recueillant les données par voie de questionnaire, d'y porter les informations relatives (B : *N 27003.c5*) [⇨B1 à B4 :]

B1. à l'identité du responsable du traitement et, le cas échéant, à celle de son représentant ;

B2. à la finalité poursuivie par le traitement auquel les données sont destinées ;

B3. au caractère obligatoire ou facultatif des réponses ;

B4. aux droits d'opposition, d'interrogation, d'accès et de rectification des personnes auprès desquelles sont recueillies les données ;

C. **Défaut d'information, recueil des données sur un réseau de communication électronique (C. pén., art. R. 625-10)**

omis d'informer de manière claire et précise toute personne utilisatrice des réseaux de communications électroniques (C : *N 27004.c5*) [⇨C1 ou C2 :]

C1. de la finalité de toute action tendant à accéder, par voie de transmission électronique, à des informations stockées dans son équipement terminal de connexion ou à y inscrire des informations ;

C2. des moyens dont elle dispose pour s'opposer à tout accès à des informations stockées dans son équipement terminal de connexion ou à l'inscription d'informations dans son équipement terminal de connexion.

D. **Opposition au droit d'accès ou de copie des données (C. pén., art. R. 625-11)**

omis de répondre à la demande d'une personne physique justifiant de son identité qui a pour objet (D : *N 3267.c5*) [⇨D1 à D6 :]

D1. la confirmation que des données à caractère personnel la concernant font ou ne font pas l'objet de ce traitement ;

D2. les informations relatives aux finalités du traitement, aux catégories de données à caractère personnel traitées et aux destinataires ou aux catégories de destinataires auxquels les données sont communiquées ;

D3. le cas échéant, les informations relatives aux transferts de données à caractère personnel envisagés à destination d'un État non-membre de l'Union européenne ;

D4. la communication, sous une forme accessible, des données à caractère personnel qui la concernent ainsi que de toute information disponible quant à leur origine ;

D5. les informations permettant de connaître et de contester la logique qui sous-tend le traitement automatisé, en cas de décision prise sur le fondement de celui-ci et produisant des effets juridiques à l'égard de l'intéressé ;

D6. la délivrance d'une copie des données à caractère personnel la concernant, le cas échéant, contre paiement d'une somme qui ne peut excéder le coût de la reproduction (D6 : *N 27006.c5*).

E. **Opposition au droit de rectification (C. pén., art. R. 625-12)**

omis de procéder, sans frais pour le demandeur, aux opérations demandées par une personne physique justifiant de son identité et qui exige que soient rectifiées, complétées, mises à jour, verrouillées ou effacées les données à caractère personnel la concernant ou concernant la personne décédée dont elle est l'héritière, lorsque ces données sont inexactes, incomplètes, équivoques, périmées, ou lorsque leur collecte, leur utilisation, leur communication ou leur conservation est interdite (E : *N 3268.c5*).

Faits prévus et réprimés par les articles : **PERSONNES PHYSIQUES.** [• du cas sélectionné]. **PERSONNES MORALES.** [• du cas sélectionné] et R. 625-13 du code pénal. ✧

35.64 Traitement de données personnelles – Conservation de données au-delà de la durée autorisée

■ PEINES

PERSONNE PHYSIQUE

PP Délit. 5 ans d'emprisonnement, 300 000 € (auparavant 3 ans, 45 000 € [L. n° 2004-801, 6 août 2004]) (C. pén., art. 226-20).

PC *Idem* n° 35.60.

PERSONNE MORALE

PP Délit. 1 500 000 € (auparavant 225 000 € [L. n° 2004-801, 6 août 2004]) (C. pén., art. 226-24, 131-38).

PC *Idem* n° 35.60.

▪ ORIENTEUR

ÉLÉMENT LÉGAL

▪ **Application de la loi pénale dans le temps.** La L. n° 2018.493, 20 juin 2018, d'application du RGPD, relative à la protection des données personnelles, ainsi que Ord. n° 2018-1125, 12 déc. 2018, ont profondément remanié le droit applicable (L. 78-17, 6 janv. 1978) en supprimant notamment le dispositif de la déclaration et de l'autorisation préalable de la Cnil (v. n° 35.57) et 35.58E). Il reste qu'au sens de C. pén., art. 226-20, un texte de loi prévoit bien que les données « *Conservées sous une forme permettant l'identification des personnes concernées pendant une durée n'excédant pas celle nécessaire au regard des finalités pour lesquelles elles sont traitées* » (L. n° 78-17, 6 janv. 1978, art. 36, devenu 4 6° (Ord. n° 2018-1125, 12 déc. 2018) RGPD, art. 5.1e) (sur la durée de conservation des données, v. n° 35.58E).

TEXTE DE RÉFÉRENCE

▪ RGPD. V. n° 35.58E.

▪ ÉLÉMENTS CONSTITUTIFS – QUALIFICATION

✧ Pour avoir à .... [¤ lieu], le .... [¤ date], en dehors des conditions prévues par la loi, [⇨A ou B :]

A. conservé des données à caractère personnel au-delà de la durée prévue par la loi ou le règlement, la demande d'avis ou d'autorisation ou la déclaration préalable adressée à la Cnil (A : *N 10482.co*) ;

B. traité à des fins autres qu'historiques, statistiques ou scientifiques des données à caractère personnel conservées au-delà de la durée prévue par la loi ou le règlement, la demande d'avis ou d'autorisation ou la déclaration préalable adressée à la Cnil (B : *N 23113.co*).

Faits prévus et réprimés par les articles : **PERSONNES PHYSIQUES.** 226-20 et 226-31 du code pénal. **PERSONNES MORALES.** 226-20 et 226-24 du code pénal (*N #.co*). ✧

35.65 Traitement de données personnelles – Détournement de finalité de données

▪ PEINES

PERSONNE PHYSIQUE

PP Délit. 5 ans d'emprisonnement, 300 000 € (C. pén., art. 226-21).

PC *Idem* n° 35.60.

PERSONNE MORALE

PP Délit. 1 500 000 € (C. pén., art. 226-24, 131-38).

PC *Idem* n° 35.60.

▪ ORIENTEUR

AUTRE QUALIFICATION

▪ Traitement de données personnelles – Divulgation intentionnelle ou par imprudence de données confidentielles. V. n° 35.66.

▪ Usage de l'identité ou de données d'identification d'autrui (identité numérique) en vue de porter atteinte à sa tranquillité ou à son honneur (L. n° 2011-267, 14 mars 2011). V. n° 35.49.

▪ Divulgation d'informations personnelles pour exposer une personne ou son entourage à un risque d'atteinte aux personnes ou aux biens (L. n° 2021-1109, 24 août 2021). C. pén., art. 223-1-1, v. n° 35.50.

ÉLÉMENT LÉGAL

▪ **Application de la loi pénale dans le temps.** La L. n° 2018.493, 20 juin 2018, d'application du RGPD, relative à la protection des données personnelles, ainsi que Ord. n° 2018-1125, 12 déc. 2018, ont profondément remanié le droit applicable (L. n° 78-17, 6 janv. 1978) en supprimant notamment le dispositif de la déclaration et de l'autorisation préalable (v. n° 35.57 et 35.58A).

POLITIQUE PUBLIQUE

▪ **Obligations des fournisseurs d'accès à internet et hébergeurs.** Les fournisseurs d'accès à internet et hébergeurs « *doivent concourir à la lutte contre la diffusion des infractions visées* » au C. pén., art. 226-21 (L. n° 2004-575, 21 juin 2004, dite LCEN, art. 6, mod. par L. n° 2023-566, 7 juill. 2023, entrée en vigueur différée), v. n° 35.22.

▪ ÉLÉMENTS CONSTITUTIFS – QUALIFICATION

✧ Pour avoir à .... [¤ lieu], le .... [¤ date], étant détenteur de données à caractère personnel à l'occasion de leur enregistrement, classement, transmission ou de tout autre forme traitement, détourné celles-ci de leur finalité telle que définie par la disposition législative, l'acte réglementaire ou la décision de la Cnil autorisant le traitement, ou par la déclaration préalable à la mise en œuvre du traitement.

Faits prévus et réprimés par les articles : **PERSONNES PHYSIQUES.** 226-21 et 226-31 du code pénal (*N 3264.co*). **PERSONNES MORALES.** 226-21 et 226-24 du code pénal (*N #.co*). ✧

35.66 Traitement de données personnelles – Divulgation intentionnelle ou par imprudence de données confidentielles

▪ PEINES

PERSONNE PHYSIQUE

PP Délit. Cas A : 5 ans d'emprisonnement, 300 000 € (auparavant 1 an, 15 000 € [L. n° 2004-801, 6 août 2004]) (C. pén., art. 226-22) ;

Cas B : 3 ans d'emprisonnement, 100 000 € (auparavant 7 500 € [L. n° 2004-801, 6 août 2004]) (C. pén., art. 226-22).

PC *Idem* n° 35.60.

PERSONNE MORALE

PP Délit. Cas A : 1 500 000 € (auparavant 75 000 € [L. n° 2004-801, 6 août 2004]) (C. pén., art. 226-24, 131-38) ;

Cas B : 500 000 € (C. pén., art. 226-24 ; 131-38).

PC *Idem* n° 35.60.

▪ ORIENTEUR

AUTRE QUALIFICATION

▪ **Détention, diffusion de paroles ou d'images portant atteinte à l'intimité de la vie privée.** V. n° 35.48.

▪ **Usage de l'identité ou de données d'identification d'autrui (identité numérique) en vue de porter atteinte à sa tranquillité ou à son honneur (L. n° 2011-267, 14 mars 2011).** V. n° 35.49.

▪ **Divulgation d'informations personnelles pour exposer une personne ou son entourage à un risque d'atteinte aux personnes ou aux biens (L. n° 2021-1109, 24 août 2021).** C. pén., art. 223-1-1, v. n° 35.50.

▪ **Traitement de données personnelles – Détournement de finalité de données.** V. n° 35.65.

TEXTE DE RÉFÉRENCE

▪**Renvoi.** V. n° 35.60.

RÉGIME PROCÉDURAL

▪ **Plainte préalable de la victime.** Les poursuites ne peuvent être exercées que sur plainte de la victime, de son représentant légal ou de ses ayants droit (C. pén., art. 226-22).

POLITIQUE PUBLIQUE

▪ **Obligations des fournisseurs d'accès à internet et hébergeurs.** Les fournisseurs d'accès à internet et hébergeurs « *doivent concourir à la lutte contre la diffusion des infractions visées* » au C. pén., art. 226-22 (L. nº 2004-575, 21 juin 2004, dite LCEN, art. 6, mod. par L. nº 2023-566, 7 juill. 2023, entrée en vigueur différée), v. nº 35.22.

▪ ÉLÉMENTS CONSTITUTIFS – QUALIFICATION

✧ Pour avoir à .... [¤ lieu], le .... [¤ date], ayant recueilli, à l'occasion de leur enregistrement, classement, transmission ou d'une autre forme de traitement, des données à caractère personnel dont la divulgation aurait pour effet de porter atteinte à la considération de l'intéressé ou à l'intimité de sa vie privée, sans son autorisation, [⇨A ou B :]

A. porté ces données à la connaissance d'un tiers qui n'a pas qualité pour les recevoir (A : *N 3262.co*).

B. par imprudence ou négligence, porté ces données à la connaissance d'un tiers qui n'a pas qualité pour les recevoir (B : *N 3263.co*).

Faits prévus et réprimés par les articles : **PERSONNES PHYSIQUES.** 226-22 et 226-31 du code pénal. **PERSONNES MORALES.** 226-22 et 226-24 du code pénal (*N #.co*). ✧

35.67 Utilisation illicite du répertoire national d'identification des personnes physiques

▪ PEINES

PERSONNE PHYSIQUE

PP Délit. 5 ans d'emprisonnement, 300 000 € (C. pén., art. 226-16-1).

PC *Idem* nº 35.60.

PERSONNE MORALE

PP 1 500 000 € (C. pén., art. 226-16-1 ; 131-38).

PC *Idem* nº 35.60.

▪ ORIENTEUR

ÉLÉMENT LÉGAL

▪ **Codification.** Infraction initialement prévue à l'article 42 de la loi nº 78-17 du 6 janvier 1978 et codifiée à l'article 226-16-1 du code pénal.

TEXTE DE RÉFÉRENCE

▪ **Conditions d'emploi du Répertoire national.** La L. nº 78-17, 6 janv. 1978, art. 30 et 67, telle que modifiée par Ord. nº 2018-1125, 12 déc. 2018 et notamment complétée par D. nº 2019-536, 29 mai 2019, art. 86, définit les conditions d'emploi dans les traitements de données du numéro d'inscription des personnes au répertoire national d'identification des personnes physiques. Notons que le répertoire national commun aux organismes chargés de prestations sociales relatif aux bénéficiaires des prestations et avantages de toute nature qu'ils servent utilise comme identifiant le numéro d'inscription au répertoire national d'identification des personnes physiques (CSS, art. L. 114-12-1). Sont notamment autorisés à utiliser le Répertoire national d'identification des personnes physiques et à le consulter les organismes et administrations chargés de la gestion d'un régime obligatoire de sécurité sociale ou à participer à cette gestion, les mutuelles, les entreprises d'assurance, les professionnels, institutions ou établissements dispensant des actes ou prestations pris en charge par l'assurance maladie, les collectivités publiques servant des prestations d'aide sociale (CSS, art. R. 115-1 et R. 115-2).

▪ ÉLÉMENTS CONSTITUTIFS – QUALIFICATION

✧ Pour avoir à .... [¤ lieu], le .... [¤ date], hors les cas où le traitement a été autorisé dans les conditions prévues par la loi nº 78-17 du 6 janvier 1978, procédé ou fait procéder à un traitement de données à caractère personnel incluant le numéro d'inscription des personnes au répertoire national d'identification des personnes physiques.

Faits prévus et réprimés par les articles : **PERSONNES PHYSIQUES.** 226-16-1 et 226-31 du code pénal (*N 27000.co*). **PERSONNES MORALES.** 226-16-1 et 226-24 du code pénal (*N #.co*). ✧

35.68 Traitement illégal de données personnelles relatives à des fonctionnaires ou personnes chargées d'une mission de service public (L. nº 2021-646, 25 mai 2021)

■ PEINES

PERSONNE PHYSIQUE

PP Délit. 5 ans d'emprisonnement, 300 000 € (C. pén., art. 226-16-2 issu L. nº 2021-646, 25 mai 2021).

PC *Idem* nº 35.60.

PERSONNE MORALE

PP 1 500 000 € (C. pén., art. 226-16-2 ; 131-38).

PC *Idem* nº 35.60.

■ ORIENTEUR

ÉLÉMENT LÉGAL

▪ **Application de la loi pénale dans le temps.** Incrimination créée par L. nº 2021-646, 25 mai 2021, pour une sécurité globale préservant les libertés.

■ ÉLÉMENTS CONSTITUTIFS – QUALIFICATION

✧ Pour avoir à .... [¤ lieu], le .... [¤ date], procédé ou fait procéder à un traitement de données à caractère personnel relatives à des fonctionnaires ou à des personnes chargées d'une mission de service public en raison de leur qualité hors des finalités prévues par le règlement (UE) 2016/679 du Parlement européen et du Conseil du 27 avril 2016 ou par la loi nº 78-17 du 6 janvier 1978.
Faits prévus et réprimés par les articles : **PERSONNES PHYSIQUES.** 226-16-2 et 226-31 du code pénal (*N 34000.co*). **PERSONNES MORALES.** 226-16-2 et 226-24 du code pénal (*N #.co*). ✧

35.69 Entrave à l'action de la Cnil

■ PEINES

PERSONNE PHYSIQUE

PP Délit. 1 an d'emprisonnement, 15 000 € (C. pén., art. 226-22-2 depuis Ord. nº 2018-1125, 12 déc. 2018, en vigueur le 1er juin 2019, auparavant L. nº 78-17, 6 janv. 1978, art. 51).

PC *Idem* nº 35.60 depuis Ord. nº 2018-1125, 12 déc. 2018, en vigueur le 1er juin 2019.

PERSONNE MORALE

PP 75 000 € (C. pén., art. 131-38).

PC *Idem* nº 35.60 depuis Ord. nº 2018-1125, 12 déc. 2018, en vigueur le 1er juin 2019.

■ ORIENTEUR

TEXTE DE RÉFÉRENCE

▪ **Pouvoir de contrôle de la Cnil.** Les droits d'accès et de communication des membres de la Cnil et de ses agents habilités, qui peuvent être assistés d'experts, sont précisés dans L. nº 78-17, 6 janv. 1978, art. 19 et 25. Le droit de visite ne peut s'exercer dans un domicile privé qu'avec l'autorisation du JLD prise par ordonnance exécutoire sur minute. Il en est de même lorsque le responsable fait usage de son droit d'opposition à la visite dont il est informé lors du contrôle. Compte tenu du droit reconnu à la personne de s'opposer à cette dernière, n'est donc incriminée que l'opposition à l'exercice d'une visite autorisée par un magistrat. Les membres du gouvernement, autorités publiques, dirigeants d'entreprises, publiques ou privées, responsables de groupements divers et plus généralement les détenteurs ou utilisateurs de traitements ou de fichiers de données à caractère personnel ne peuvent s'opposer à l'action de la commission ou de ses membres pour quelque motif que ce soit et doivent au contraire prendre toutes mesures utiles afin de faciliter sa tâche (L. nº 78-17, 6 janv. 1978, art. 18).

ÉLÉMENT LÉGAL

▪ **Application de la loi dans le temps.** L'Ord. nº 2018-1125, 12 déc. 2018, en vigueur le 1er juin 2019, modifiant la L. nº 78-17, 6 janv. 1978, a déplacé l'incrimination, en l'adaptant au RGPD et en la reformulant, de l'article 51 de la loi précitée au C. pén., art. 226-22-2.

■ **ÉLÉMENTS CONSTITUTIFS – QUALIFICATION**

✧ Pour avoir à .... [¤ lieu], le .... [¤ date], entravé l'action de la Cnil en [⇨A à C :]

A. s'opposant à l'exercice des missions confiées à ses membres ou à ses agents habilités, lorsque la visite a été autorisée par le juge ;

B. refusant de communiquer à ses membres ou à ses agents habilités, ou aux agents d'une autorité de contrôle d'un État membre de l'Union européenne en application de l'article 62 du règlement (UE) 2016/679 du 27 avril 2016 précité, les renseignements et documents utiles à leur mission, ou en dissimulant lesdits documents ou renseignements, ou en les faisant disparaître ;

C. communiquant des informations non-conformes au contenu des enregistrements tel qu'il était au moment où la demande a été formulée ou qui ne présentent pas ce contenu sous une forme directement accessible.

Faits prévus et réprimés par l'article 226-22-2 du code pénal (*N* ***10486.co***). ✧

35.70 Accès frauduleux à un système informatique

■ **PEINES**

PERSONNE PHYSIQUE

PP Délit. Cas A et B : 3 ans d'emprisonnement, 100 000 € (depuis L. n° 2023-22, 24 janv. 2023, auparavant 2 ans, 60 000 €, auparavant 30 000 € [L. n° 2015-912, 24 juill. 2015], auparavant 1 an, 15 000 € [L. n° 2004-575, 21 juin 2004]) (C. pén., art. 323-1). Cas C : 5 ans, 150 000 € (depuis L. n° 2023-22, 24 janv. 2023, auparavant 3 ans, 100 000 €, auparavant 45 000 € [L. n° 2015-912, 24 juill. 2015]) (C. pén., art. 323-1). Cas D : 7 ans, 300 000 € (auparavant 5 ans, 150 000 €, auparavant 75 000 € [L. n° 2015-912, 24 juill. 2015], Circ. aggrav. créée par L. n° 2012-410, 27 mars 2012) (C. pén., art. 323-1). Cas E : 10 ans, 300 000 € (auparavant 150 000 € [L. n° 2015-912, 24 juill. 2015], Circ. aggrav. créée par L. n° 2014-1353, 13 nov. 2014) (C. pén., art. 323-4-1). Cas F : 10 ans, 300 000 € (Circ. aggrav. créée par L. n° 2023-22, 24 janv. 2023) (C. pén., art. 323-4-2).

PC 1. Interdiction droits civiques civils et de famille ⩽ 5 ans (vote, éligibilité, fonction juridictionnelle, expert, témoin, tuteur, curateur) (C. pén., art. 323-5 et 131-26) ;

2. Interdiction ⩽ 5 ans activité professionnelle ou sociale (en relation avec l'infraction), ou fonction publique, (sauf mandat électif ou syndical) (C. pén., art. 323-5, 131-27 et 131-28) ;

3. Confiscation (réelle ou en valeur) chose ayant servi à l'infraction ou destinée à la commettre ou son produit (obligatoire pour objets qualifiés dangereux ou nuisibles par loi ou règlement ou dont la détention est illicite) (C. pén., art. 323-5 et 131-21) ;

4. Fermeture ⩽ 5 ans établissement en relation avec l'infraction (C. pén., art. 323-5 et 131-33) ;

5. Exclusion, définitive ou ⩽ 5 ans marchés publics (C. pén., art. 323-5 et 131-34) ;

6. Interdiction ⩽ 5 ans émission chèques autres que de retraits ou certifiés (C. pén., art. 323-5 et 131-19) ;

7. Affichage, ⩽ 2 mois, *et/ou* (L. n° 2011-525, 17 mai 2011) diffusion de la décision ou d'extraits aux frais (⩽ amende encourue) du condamné (C. pén., art. 323-5 et 131-35).

PERSONNE MORALE

PP Délit. Cas A et B : 500 000 € (depuis L. n° 2023-22, 24 janv. 2023, auparavant 500 000 €, auparavant 150 000 € [L. n° 2015-912, 24 juill. 2015], auparavant 75 000 € [L. n° 2004-575, 21 juin 2004]) (C. pén., art. 323-1). Cas C : 750 000 € (depuis L. n° 2023-22, 24 janv. 2023, auparavant 500 000 €, auparavant 225 000 € [L. n° 2015-912, 24 juill. 2015], auparavant 150 000 € [L. n° 2004-575, 21 juin 2004]) (C. pén., art. 323-1). Cas D : 1 500 000 € (depuis L. n° 2023-22, 24 janv. 2023, auparavant 750 000 €, auparavant 375 000 € [L. n° 2015-912, 24 juill. 2015], Circ. aggrav. créée par L. n° 2012-410, 27 mars 2012) (C. pén., art. 323-1 et 323-6 ; art. 131-38). Cas E : 1 500 000 € (auparavant 750 000 € [L. n° 2015-912, 24 juill. 2015], Circ. aggrav. créée par L. n° 2014-1353, 13 nov. 2014) (C. pén., art. 323-4-1 ; art. 131-38). Cas F : 1 500 000 € (Circ. aggrav. créée par L. n° 2023-22, 24 janv. 2023) (C. pén., art. 323-4-2 ; art. 131-38).

PC 1. Dissolution (sauf personnes morales de droit public, partis, groupements politiques, syndicats, institutions représentatives du personnel) si personne morale créée pour commettre l'infraction (C. pén., art. 323-6, 131-39, 1º et 131-45) ;

2. Interdiction, définitive ou ⩽ 5 ans, une ou plusieurs activités professionnelles ou sociales en relation avec l'infraction (C. pén., art. 323-6 et 131-39, 2º) ;

3. Surveillance judiciaire ⩽ 5 ans, sauf personnes morales de droit public, partis, groupements politiques, syndicats (C. pén., art. 323-6, 131-39, 3º et 131-46) ;

4. Fermeture, définitive ou ⩽ 5 ans, d'un ou plusieurs établissements en relation avec l'infraction (C. pén., art. 323-6 et 131-39, 4º) ;

5. Exclusion, définitive ou ⩽ 5 ans marchés publics (C. pén., art. 323-6 et 131-39, 5º) ;

6. Interdiction, définitive ou ⩽ 5 ans appel public à l'épargne (C. pén., art. 323-6 et 131-39, 6º) ;

7. Interdiction ⩽ 5 ans cartes de paiement ou émission chèques autres que de retrait ou certifiés (C. pén., art. 323-6 et 131-39, 7º) ;

8. Confiscation (réelle ou en valeur) chose ayant servi à l'infraction ou destinée à la commettre, ou son produit (obligatoire pour objets qualifiés dangereux ou nuisibles par loi ou règlement ou dont la détention est illicite) (C. pén., art. 323-6, 131-39, 8º et 131-21) ;

9. Affichage, ⩽ 2 mois, *et/ou* (L. nº 2011-525, 17 mai 2011) diffusion de la décision ou d'extraits aux frais (⩽ amende encourue) du condamné (C. pén., art. 323-6, 131-39, 9º, 131-48 et 131-35).

■ ORIENTEUR

AUTRE QUALIFICATION

▪ **Sabotage de système d'information portant atteinte aux intérêts fondamentaux de la Nation.** « *le fait de détruire, détériorer ou détourner tout [...] système de traitement automatisé d'informations ou d'y apporter des malfaçons, lorsque ce fait est de nature à porter atteinte aux intérêts fondamentaux de la nation* » est incriminé par C. pén., art. 411-9 (15 ans de réclusion criminelle, 225 000 € (*N 11772.cr ; N 11773.cr ; N 11774 cr*) ; 20 ans de réclusion criminelle, 300 000 €, lorsque les faits sont commis pour servir les intérêts d'une puissance étrangère ou d'une entreprise ou organisation sous contrôle étranger (*N 11775.cr ; N 11776.cr ; N 11777.cr*)).

▪ **Entrave au fonctionnement d'un système informatique – Modification ou extraction frauduleuse de données.** C. pén., art. 323-2, v. nº **35.71**.

▪ **Association de malfaiteurs en vue d'atteinte à un système informatique.** C. pén., art. 323-4, v. nº **35.72**.

▪ **Importation, détention, offre, cession, promotion, de matériel ou programme conçu pour commettre des atteintes informatiques.** C. pén., art. 323-3-1, v. nº **35.73**.

▪ **Administration de plateforme en ligne pour permettre la cession de produits, contenus ou services illicites (L. nº 2023-22, 24 janv. 2023).** C. pén., art. 323-3-2, v. nº **35.74**.

ÉLÉMENT LÉGAL

▪ **Application de la loi pénale dans le temps. • Circonstance aggravante de bande organisée.** La L. nº 2014-1353, 13 nov. 2014 a introduit la circonstance aggravante de bande organisée pour les seuls faits (**cas** D) commis « *à l'encontre d'un système de traitement automatisée de données à caractère personnel mis en œuvre par l'État* » (C. pén., art. 323-4-1). La L. nº 2023-22, 24 janv. 2023, a supprimé cette restriction et cette circonstance (**cas** E) est donc désormais applicable dans tous les cas. « *En étendant le champ d'application de ces dispositions aux atteintes aux systèmes de traitement automatisé de données commises en bande organisée à l'encontre d'autres systèmes que ceux mis en œuvre par l'État, le législateur n'a pas institué des peines manifestement disproportionnées au regard de la nature des comportements réprimés* » (§ 29) (Cons. const. 19 janv. 2023, nº 2022-846 DC). **• Circonstance aggravante de mise en danger de la vie d'autrui. Cas** F : circonstance aggravante introduite par L. nº 2023-22, 24 janv. 2023. Les peines prévues ne méconnaissent par le principe de proportionnalité des peines (§ 26) (Cons. const. 19 janv. 2023, nº 2022-846 DC, § 25 et 26). **• Aggravation des peines.** La L. nº 2023-22, 24 janv. 2023, a aggravé les peines prévues dans les **cas** A à D (v. peines principales ci-dessus) ; « *Au regard de la nature des comportements réprimés, le législateur n'a pas institué des peines manifestement disproportionnées. Le grief tiré de la méconnaissance du principe de proportionnalité des peines doit donc être écarté* » (§ 26) (Cons. const. 19 janv. 2023, nº 2022-846 DC).

▪ **Application de la loi dans l'espace.** « *Tout crime ou tout délit réalisé au moyen d'un réseau de communication électronique, lorsqu'il est tenté ou commis au préjudice d'une personne physique résidant sur le territoire de la République ou d'une personne morale dont le siège se situe sur le territoire de la République, est réputé commis sur le territoire de la République.* » (C. pén., art. 113-2-1, réd. L. n° 2016-731, 3 juin 2016), v. n° **10.5C**).

▪ **Définitions. • Système informatique et données informatiques.** Au sens de la Convention sur la cybercriminalité signée à Budapest le 23 nov. 2011 (dite convention de Budapest) entre les États membres du Conseil de l'Europe et d'autres États, engageant notamment les états signataires à ériger en infractions pénales passibles de sanctions effectives, proportionnées et dissuasives, comprenant des peines privatives de liberté, les atteintes à la confidentialité, l'intégrité et la disponibilité des données et systèmes informatiques (titre 2 : infractions informatiques), les infractions se rapportant au contenu (titre 3 : pornographie enfantine et actes de nature raciste ou xénophobe commis par le biais de systèmes informatiques visés par le protocole additionnel du 28 janv. 2003), les atteintes à la propriété intellectuelle (titre 4), « *l'expression « système informatique » désigne tout dispositif isolé ou ensemble de dispositifs interconnectés ou apparentés, qui assure ou dont un ou plusieurs éléments assurent, en exécution d'un programme, un traitement automatisé de données* » et « *l'expression « données informatiques » désigne toute représentation de faits, d'informations ou de concepts sous une forme qui se prête à un traitement informatique, y compris un programme de nature à faire en sorte qu'un système informatique exécute une fonction* » (art. 1). Ratifiée avec son protocole additionnel du 28 janv. 2003 par la L. n° 2005-493, 19 mai 2005, cette convention est entrée en vigueur le 1er janv. 2007. **• Bande organisée. Cas E** : v. n° **11.20** (C. pén., art. 132-71).

ÉLÉMENT MATÉRIEL

▪ **Tentative. Punissable** (C. pén., art. 323-7).

▪ **Faits incriminés. Emploi d'un logiciel espion.** Outre la violation du secret des correspondances émises par voie électronique (C. pén., art. 226-15, v. n° **35.54**), ou la détention illicite d'équipement permettant d'accéder frauduleusement à un système informatique (C. pén., art. 323-1, v. n° **35.73**), constitue un maintien frauduleux dans un STAD le fait pour un administrateur réseau (époux de la victime exerçant avec lui une profession libérale), à des fins étrangères au bon fonctionnement du cabinet, d'installer sur un ordinateur, à l'insu de son utilisateur, un logiciel dit « **keyboard** » « *permettant d'envoyer sur un serveur extérieur les données saisies sur le clavier de cet ordinateur* » (Crim. 10 mai 2017, n° 16-81.822, NP). Matérialise l'accès frauduleux dans un STAD l'installation sur un ordinateur, à l'insu de son utilisateur, d'un « **keylogger** » permettant d'intercepter et de récupérer les frappes réalisées sur les touches de son clavier (Crim. 16 janv. 2018, n° 16-87.168, P n° 12).

RÉGIME PROCÉDURAL

▪ **Régime complet de la criminalité organisée.** Applicable au **Cas E**, à l'exception de la garde à vue qui est limitée à 48 h 00 (C. pr. pén., art. **706-73-1 1°** (réd. issue L. n° 2016-731, 3 juin 2016) v. n° **11.21C**). Ces dispositions sont à relier à C. pr. pén., art. 706-72 (réd. issue L. n° 2016-731, 3 juin 2016) qui semble exclure, non seulement la garde à vue de 96 H 00, mais aussi le régime dérogatoire de perquisition prévu au C. pr. pén., art. 706-89 à 706-94).

▪ **Compétence territoriale. • Compétence du lieu de résidence ou siège de la victime.** La compétence territoriale du procureur de la République (C. pr. pén., art. 43), du juge d'instruction (C. pr. pén., art. 52) ou du tribunal correctionnel (C. pr. pén., art. 382) est celle du **lieu de résidence ou du siège** des personnes physiques ou morales victimes d'un crime ou d'un délit réalisé par voie électronique au sens de C. pén., art. 113-2-1 (v. n° **10.5A2**) (L. n° 2016-731, 3 juin 2016). **• Compétence du procureur de la République et du juge d'instruction de Paris.** Pour les incriminations prévues par C. pén., art. 323-1 à 323-4-1 et 411-9, lorsquelles sont « *commises sur un système de traitement automatisé d'informations* », leur blanchiment ainsi que pour l'association de malfaiteurs ayant pour objet ces délits, le procureur de la République, le juge d'instruction, le tribunal correctionnel et la cour d'assises de **Paris** ont une compétence concurrente à celle des juridictions locales (C. pr. pén., art. 706-72 et 706-72-1, L. n° 2016-731, 3 juin 2016, v. n° **17.16F**). **• Compétence de la JIRS ECOFI.** Peut aussi être compétente la **JIRS** économique et financière (C. pr. pén., art. 704, L. n° 2014-1353, 13 nov. 2014).

▪ **Communication aux services en charge de la lutte contre les attaques informatiques.** Le procureur de la République de Paris ou, s'il est saisi, le juge d'instruction de Paris, peut communiquer d'initiative ou à leur demande, aux services de l'État en charge de la lutte contre les attaques informatiques affectant la sécurité nationale mentionnés au C. défense, art. L. 2321-2, al. 2 « *des éléments de toute nature figurant dans ces procédures et nécessaires à l'exercice de leur mission en matière de sécurité et de défense des systèmes d'information* » (C. pr. pén., art. 706-105-1 I, issu L. n° 2021-998, 30 juill. 2021) (sur cette disposition dérogatoire au C. pr. pén., art. 11 relatif au secret de l'enquête, v. également n° 35.2A8).

▪ **Compétence juridictionnelle. Juge unique** dans les **cas** A et B depuis L. n° 2023-22, 24 janv. 2023 (C. pr. pén., art. 398-1 1°, al. 16, v. n° 17.15D2).

▪ **Ordonnance pénale. Possible** dans les **cas** A et B depuis L. n° 2023-22, 24 janv. 2023 (C. pr. pén., art. 495-II, v. n° 15.48B1 et tableau n° 17.15D2). Ces dispositions qui permettent de juger selon la procédure de l'ordonnance pénale les délits prévus au C. pén., art 323-1 al. 1 « *ne méconnaissent pas le droit à un procès équitable* » (§ 35) (Cons. const. 19 janv. 2023, n° 2022-846 DC).

MESURE CIVILE

▪ **Assurance.** • **Assurance des risques de cyberattaque.** « *Le versement d'une somme en application de la clause d'un contrat d'assurance visant à indemniser un assuré des pertes et dommages causés par une atteinte à un système de traitement automatisé de données mentionnée au C pén., art. 323-1 à 323-3-1 est subordonné au dépôt d'une plainte de la victime auprès des autorités compétentes au plus tard 72 H 00 après la connaissance de l'atteinte par la victime* » ; ces dispositions s'appliquent « *uniquement aux personnes morales et aux personnes physiques dans le cadre de leur activité professionnelle* » (C. assur., art. L. 12-10-1, issu L. n° 2023-22, 24 janv. 2023).

▪ ÉLÉMENTS CONSTITUTIFS – QUALIFICATION

✧ Pour avoir ou d'être à .... [¤ lieu], le .... [¤ date] [⇨A ou B puis le cas échéant C puis D, E ou F]

A. accédé frauduleusement à tout ou partie d'un système de traitement automatisé de données (A : *N* ***1619.co***) ;

B. maintenu frauduleusement dans tout ou partie d'un système de traitement automatisé de données (B : *N* ***1637.co***) ;

C. [• Préciser le cas échéant dans le **cas** A ou B :] avec cette circonstance qu'il en est résulté [⇨C1 à C3 :]

C1. la suppression de données (AC1 : *N* ***1657.co*** ; BC1 : *N* ***1659.co***) ;

C2. la modification de données (AC2 : *N* ***1658.co*** ; BC2 : *N* ***1664.co***) ;

C3. une altération du système (AC3 : *N* ***1665.co*** ; BC3 : *N* ***1666.co***) ;

D. [• Préciser le cas échéant dans les **cas** A, B ou C :] avec cette circonstance que les faits ont été commis à l'encontre d'un système de traitement automatisé de données à caractère personnel mis en œuvre par l'État (L. n° 2012-410, 27 mars 2012) (AD : *N* ***30814.co*** ; BD : *N* ***30815.co*** ; C1D : *N* ***30816.co*** ; C2D : *N* ***30817.co*** ; C3D : *N* ***30818.co***) ;

E. [• Préciser le cas échéant dans les **cas** A à D depuis L. n° 2023-22, 24 janv. 2023, dans le seul **cas** D avant son entrée en vigueur :] avec cette circonstance que les faits ont été commis en bande organisée (C. pén., art. 323-4-1, L. n° 2014-1353, 13 nov. 2014) (E : *N* ***30832.co***) ;

F. [• Préciser le cas échéant dans les **cas** A à D :] avec cette circonstance que les faits ont eu pour effet d'exposer autrui à un risque immédiat de mort ou de blessures de nature à entraîner une mutilation ou une infirmité permanente (F1 : *N* ***34953.co***) ou de faire obstacle aux secours destinés à faire échapper une personne à un péril imminent ou à combattre un sinistre présentant un danger pour la sécurité des personnes (F2 : *N* ***34954.co***) (C. pén., art. 323-4-2, L. n° 2023-22, 24 janv. 2023).

Faits prévus et réprimés par les articles : **PERSONNES PHYSIQUES.** 323-1, [+ article de la formule sélectionnée], 323-5, 323-7 du code pénal. **PERSONNES MORALES.** 323-1 [+ article de la formule sélectionnée], 323-6, 323-7 du code pénal. ✧

35.71 Entrave au fonctionnement d'un système informatique – Modification ou extraction frauduleuse de données

■ PEINES

PERSONNE PHYSIQUE

PP Délit. Cas A et B : 5 ans d'emprisonnement, 150 000 € (auparavant 75 000 € [L. nº 2015-912, 24 juill. 2015], auparavant 3 ans, 45 000 € [L. nº 2004-575, 21 juin 2004]) (C. pén., art. 323-2, 323-3). Cas C : 7 ans, 300 000 € (auparavant 100 000 € [L. nº 2015-912, 24 juill. 2015], Circ. aggrav. créée par L. nº 2012-410, 27 mars 2012) (C. pén., art. 323-2, 323-3). Cas D : 10 ans, 300 000 € (auparavant 150 000 € [L. nº 2015-912, 24 juill. 2015], Circ. aggrav. créée par L. nº 2014-1353, 13 nov. 2014) (C. pén., art. 323-4-1). Cas E : 10 ans, 300 000 € (Circ. aggrav. créée par L. nº 2023-22, 24 janv. 2023) (C. pén., art. 323-4-2).

PC *Idem* nº 35.70.

PERSONNE MORALE

PP Délit. Cas A et B : 750 000 € (auparavant 375 000 € [L. nº 2015-912, 24 juill. 2015], auparavant 225 000 € [L. nº 2004-575, 21 juin 2004]) (C. pén., art. 323-2, 323-3, 131-38). Cas C : 1 500 000 € (auparavant 500 000 € [L. nº 2015-912, 24 juill. 2015], Circ. aggrav. créée par L. nº 2012-410, 27 mars 2012) (C. pén., art. 323-2, 323-3, 323-6, 131-38). Cas D : 1 500 000 € (auparavant 750 000 € [L. nº 2015-912, 24 juill. 2015], Circ. aggrav. créée par L. nº 2014-1353, 13 nov. 2014) (C. pén., art. 323-4-1).). Cas E : 1 500 000 € (Circ. aggrav. créée par L. nº 2023-22, 24 janv. 2023) (C. pén., art. 323-4-2 ; art. 131-38).

PC *Idem* nº 35.70. La dissolution est dans ce cas également encourue si la personne morale a été *détournée de son objet* pour commettre l'infraction (C. pén., art. 323-6, 131-39, 1º et 131-45).

■ ORIENTEUR

AUTRE QUALIFICATION

- **Sabotage de système d'information portant atteinte aux intérêts fondamentaux de la Nation.** C. pén., art. 411-9., v. orienteur nº 35.70.
- **Accès frauduleux à un système informatique**. C. pén., art. 323-1, v. nº 35.70.
- **Association de malfaiteurs en vue d'atteinte à un système informatique**. C. pén., art. 323-4, v. nº 35.72.
- **Importation, détention, offre, cession, promotion, de matériel ou programme conçu pour commettre des atteintes informatiques.** C. pén., art. 323-3-1, v. nº 35.73.
- **Administration de plateforme en ligne pour permettre la cession de produits, contenus ou services illicites (L. nº 2023-22, 24 janv. 2023).** C. pén., art. 323-3-2, v. nº 35.74.

ÉLÉMENT LÉGAL

- **Application de la loi pénale dans le temps. • Circonstance de bande organisée.** La L. nº 2014-1353, 13 nov. 2014 a introduit la circonstance aggravante de **bande organisée** pour les faits commis « *à l'encontre d'un système de traitement automatisée de données à caractère personnel mis en œuvre par l'État* » (C. pén., art. 323-4-1) et la L. nº 2023-22, 24 janv. 2023, a supprimé cette restriction et cette circonstance (cas D) est donc désormais applicable dans tous les cas et les peines prévues ne sont pas manifestement disproportionnées (Cons. const. 19 janv. 2023, nº 2022-846 DC, § 29). **• Circonstance aggravante de mise en danger de la vie d'autrui.** Cas E : circonstance aggravante introduite par L. nº 2023-22, 24 janv. 2023. Les peines prévues ne méconnaissent par le principe de proportionnalité des peines (§ 26) (Cons. const. 19 janv. 2023, nº 2022-846 DC, § 25 et 26).**• Extension de l'incrimination.** La L. nº 2014-1353, 13 nov. 2014 a étendu l'incrimination au fait de frauduleusement **extraire, détenir, reproduire, transmettre** des données contenues dans un système de traitement automatisé. « *Cette modification .../...vise à remédier aux limitations du droit français qui ne sanctionnait pas le vol de données mais uniquement l'effraction [nda : d'un STAD], sans se soucier de ses suites dont notamment la captation des éléments accessibles, leur recel ou leur détention frauduleuse* » (Circ. Crim. 2014-23/G1, 5 déc. 2014, NOR : JUSD1429083C, Chap. 2, section 4). Les qualifications d'extraction, de reproduction, de détention, et de transmission frauduleuse de données permettent donc d'appréhender spécialement les faits de vol, d'abus de confiance et de recel portant sur les données informatiques.
- **Application de la loi dans l'espace.** *Idem* nº 35.70.

▪ **Constitutionnalité.** La Ch. crim., saisie d'une QPC invoquant le caractère trop général de l'**incrimination** réprimant « *le fait d'introduire frauduleusement des données dans un système de traitement automatisé ou de supprimer ou de modifier frauduleusement les données qu'il contient* » a estimé qu'elle était établie en termes assez précis « *pour que son interprétation et sa sanction, qui entrent dans l'office du juge pénal, puissent se faire sans risque d'arbitraire* » (Crim. 10 avr. 2013, n° 12-85.618, NP).

▪ **Définitions. • Système informatique et données informatiques.** Définitions issues de la convention de Budapest, 23 nov. 2001, v. n° 35.70.

ÉLÉMENT MATÉRIEL

▪ **Tentative. Punissable** (C. pén., art. 323-7).

RÉGIME PROCÉDURAL

▪ **Régime complet de la criminalité organisée.** Applicable au **Cas D**, à l'exception de la garde à vue qui est limitée à 48 h 00 (C. pr. pén., art. **706-73-1 1°** (réd. issue L. n° 2016-731, 3 juin 2016, v. n° **11.21C**), v. orienteur n° **35.70**).

▪ **Compétence territoriale.** *Idem* n° **35.70** (C. pr. pén., art. 706-72-1).

▪ **Communication aux services en charge de la lutte contre les attaques informatiques.** *Idem* n° **35.70** (C. pr. pén., art. 706-105-1 I, issu L. n° 2021-998, 30 juill. 2021).

MESURE CIVILE

▪ **Assurance. • Assurance des risques de cyberattaque.** *Idem* n° **35.70** (C. assur., art. L. 12-10-1, issu L. n° 2023-22, 24 janv. 2023).

▪ ÉLÉMENTS CONSTITUTIFS – QUALIFICATION

✧ Pour avoir à .... [¤ lieu], le .... [¤ date], [⇨A ou B puis le cas échéant C, puis le cas échéant D et E]

A. entravé (A1 : *N 1667.co*) ou faussé (A2 : *N 1669.co*) le fonctionnement d'un système de traitement automatisé de données (C. pén., art. 323-2) ;

B. frauduleusement introduit (B1 : *N 1671.co*), « extrait » (L. n° 2014-1353, 13 nov. 2014) (B2 : *N 30804.co*), « détenu » (L. n° 2014-1353, 13 nov. 2014) (B3 : *N 30805.co*), « reproduit » (L. n° 2014-1353, 13 nov. 2014) (B4 : *N 30806.co*), « transmis » (L. n° 2014-1353, 13 nov. 2014) (B5 : *N 30807.co*), supprimé (B6 : *N 1673.co*) ou modifié (B7 : *N 1675.co*) des données d'un système de traitement automatisé (C. pén., art. 323-3).

C. [• Préciser le cas échéant dans le cas A ou B :] avec cette circonstance que les faits ont été commis à l'encontre d'un système de traitement automatisé de données à caractère personnel mis en œuvre par l'État (L. n° 2012-410, 27 mars 2012) (A1C : *N 30819.co* ; A2C : *N 30820.co* ; B1C : *N 30821.co* ; B2C : *N 30824.co* ; B3C : *N 30825.co* ; B4C : *N 30826.co* ; B5C : *N 30827.co* ; B6C : *N 30822.co* ; B7C : *N 30823.co*). [⇨le cas échéant D :].

D. [• Préciser le cas échéant échéant dans les **cas** A à C depuis L. n° 2023-22, 24 janv. 2023, dans le seul **cas** C avant son entrée en vigueur :] avec cette circonstance que les faits ont été commis en bande organisée (C. pén., art. 323-4-1, L. n° 2014-1353, 13 nov. 2014) (D : *N 30832.co*) ;

E. [• Préciser le cas échéant dans les **cas** A à C :] avec cette circonstance que les faits ont eu pour effet d'exposer autrui à un risque immédiat de mort ou de blessures de nature à entraîner une mutilation ou une infirmité permanente (E1 : *N 34953.co*) ou de faire obstacle aux secours destinés à faire échapper une personne à un péril imminent ou à combattre un sinistre présentant un danger pour la sécurité des personnes (E2 : *N 34954.co*) (C. pén., art. 323-4-2, L. n° 2023-22, 24 janv. 2023).

Faits prévus et réprimés par les articles [• du cas sélectionné] **PERSONNES PHYSIQUES.** + 323-5, 323-7 du code pénal. **PERSONNES MORALES.** + 323-6, 323-7 du code pénal. ✧

35.72 Association de malfaiteurs en vue d'atteinte à un système informatique

▪ PEINES

PERSONNE PHYSIQUE

PP Délit. Cas A : 2 ans d'emprisonnement, 30 000 € (auparavant 1 an, 15 000 € [L. n° 2004-575, 21 juin 2004]). Cas B : 3 ans, 45 000 € (auparavant 2 ans, 30 000 € [L. 21 juin 2004]). Cas

C, D et E1 : 5 ans d'emprisonnement, 75 000 € (auparavant 3 ans, 45 000 € [L. n° 2004-575, 21 juin 2004]). Cas E2 et E3 : 7 ans d'emprisonnement, 100 000 € (C. pén., art. 323-4).

PC *Idem* n° 35.70.

PERSONNE MORALE

PP Délit. Cas A : 150 000 € (auparavant 75 000 € [L. n° 2004-575, 21 juin 2004]). Cas B : 225 000 € (auparavant 150 000 € [L. n° 2004-575, 21 juin 2004]). Cas C, D et E1 : 375 000 € (auparavant 225 000 € [L. n° 2004-575, 21 juin 2004]). Cas E2 et E3 : 500 000 €. (C. pén., art. 323-6 ; art. 131-38).

PC *Idem* n° 35.70. Dans les cas C à E la dissolution est également encourue si la personne morale a été *détournée de son objet* pour commettre l'infraction (C. pén., art. 323-6, 131-39, 1° et 131-45).

▪ ORIENTEUR

AUTRE QUALIFICATION

▪ **Association de malfaiteurs.** L'infraction décrite au C. pén., art. 323-4 recouvre celle d'association de malfaiteurs prévue au C. pén., art. 450-1 (v. n° 23.58) mais permet également d'incriminer une association de malfaiteurs constituée en vue de commettre une atteinte informatique passible d'une peine < 5 ans (cas A et B).

▪ **Sabotage de système d'information portant atteinte aux intérêts fondamentaux de la Nation.** C. pén., art. 411-9., v. orienteur n° 35.70.

▪ **Accès frauduleux à un système informatique.** C. pén., art. 323-1, v. n° 35.70.

▪ **Entrave au fonctionnement d'un système informatique – Modification ou extraction frauduleuse de données.** C. pén., art. 323-2, v. n° 35.71.

▪ **Importation, détention, offre, cession, promotion, de matériel ou programme conçu pour commettre des atteintes informatiques.** C. pén., art. 323-3-1, v. n° 35.73.

▪ **Administration de plateforme en ligne pour permettre la cession de produits, contenus ou services illicites (L. n° 2023-22, 24 janv. 2023).** C. pén., art. 323-3-2, v. n° 35.74.

ÉLÉMENT LÉGAL

▪ **Application de la loi dans l'espace.** V. n° 35.70.

▪ **Définition. • Système informatique et données informatiques.** Définitions issues de la convention de Budapest, 23 nov. 2001, v. n° 35.70.

ÉLÉMENT MATÉRIEL

▪ **Champ d'application. • Association de malfaiteurs et atteintes aux STAD en bande organisée.** « *A la différence du délit d'atteinte aux systèmes de traitement automatisé de données en bande organisée, prévu à l'article 323-4-1 du code pénal, qui suppose que de tels faits aient été commis ou tentés, le délit d'association de malfaiteurs en vue de la commission d'atteintes aux systèmes de traitement automatisé de données, prévu à l'article 323-4 du code pénal, réprime uniquement les actes préparatoires à ces infractions* » (§ 30) (Cons. const. 19 janv. 2023, n° 2022-846 DC).

RÉGIME PROCÉDURAL

▪ **Régime complet de la criminalité organisée.** Applicable au Cas E, à l'exception de la garde à vue qui est limitée à 48 h 00 (C. pr. pén., art. 706-73-1 1° (réd. issue L. n° 2016-731, 3 juin 2016, v. n° 11.21C), v. orienteur n° 35.70).

▪ **Compétence territoriale.** *Idem* n° 35.70 (C. pr. pén., art. 706-72-1).

▪ **Communication aux services en charge de la lutte contre les attaques informatiques.** *Idem* n° 35.70 (C. pr. pén., art. 706-105-1 I, issu L. n° 2021-998, 30 juill. 2021).

▪ ÉLÉMENTS CONSTITUTIFS – QUALIFICATION

✧ Pour avoir à .... [¤ lieu], le .... [¤ date], participé à un groupement ou à une entente établie en vue de la préparation, caractérisée par un ou plusieurs faits matériels d'une ou plusieurs infractions [⇨A à E :]

A. d'accès ou de maintien frauduleux dans un système informatique (C. pén., art. 323-1) (A : *N 1636.co*) ;

B. d'accès ou de maintien frauduleux dans un système informatique, causant la suppression ou la modification de données (C. pén., art. 323-1) (B : *N #.co*) ;

C. d'entrave (C1 : *N 1668.co*) ou d'altération (C2 : *N 1670.co*) du fonctionnement d'un système informatique (C. pén., art. 323-2) ;

D. d'introduction, d'extraction (L. nº 2014-1353, 13 nov. 2014), de détention (L. nº 2014-1353, 13 nov. 2014), de reproduction (L. nº 2014-1353, 13 nov. 2014), de transmission (L. nº 2014-1353, 13 nov. 2014), de suppression ou de modification des données d'un système de traitement automatisé (C. pén., art. 323-3) (D : *N 30828.co*).

E. [⇨E1 à E3 :]

E1. d'accès ou de maintien frauduleux dans un système de traitement automatisé de données à caractère personnel mis en œuvre par l'État (C. pén., art. 323-1) (E1 : *N 30829.co*) ;

E2. d'entrave ou d'altération du fonctionnement d'un système de traitement automatisé de données à caractère personnel mis en œuvre par l'État (C. pén., art. 323-2) (E2 : *N 30830.co*) ;

E3. d'introduction, d'extraction (L. nº 2014-1353, 13 nov. 2014), de détention (L. nº 2014-1353, 13 nov. 2014), de reproduction (L. nº 2014-1353, 13 nov. 2014), de transmission (L. nº 2014-1353, 13 nov. 2014), de suppression ou de modification des données d'un système de traitement automatisé de données à caractère personnel mis en œuvre par l'État (C. pén., art. 323-3) (E3 : *N 30831.co*) ;

Faits prévus et réprimés par les articles [• du cas sélectionné] **PERSONNES PHYSIQUES.** + 323-4, 323-5 du code pénal. **PERSONNES MORALES.** + 323-4, 323-6 du code pénal. ✧

35.73 Importation, détention, offre, cession, promotion, de matériel ou programme conçu pour commettre des atteintes informatiques

■ PEINES

PERSONNE PHYSIQUE

PP Délit. Cas 1 : 2 ans d'emprisonnement, 30 000 € (C. pén., art. 323-1, 323-3-1). Cas 2 : 3 ans, 45 000 € (C. pén., art. 323-1, 323-3-1). Cas 3 : 5 ans d'emprisonnement, 75 000 € (C. pén., art. 323-2 et 323-3-1). Cas 4 : 5 ans d'emprisonnement, 75 000 € (C. pén., art. 323-3 et 323-3-1).

PC *Idem* nº 35.70.

PERSONNE MORALE

PP Délit. Cas 1 : 150 000 € (C. pén., art. 323-1, 323-3-1, 131-38). Cas 2 : 225 000 € (C. pén., art. 323-1, 323-3-1, 131-38). Cas 3 : 375 000 € (C. pén., art. 323-2, 323-3-1, 131-38). Cas 4 : 375 000 € (C. pén., art. 323-3, 323-3-1, 131-38).

PC *Idem* nº 35.70. Dans les cas 3 et 4, la dissolution est également encourue si la personne morale a été *détournée de son objet* pour commettre l'infraction (C. pén., art. 323-6, 131-39, 1º et 131-45).

■ ORIENTEUR

AUTRE QUALIFICATION

▪ **Commercialisation ou détention illicite d'appareils conçus pour intercepter les communications électroniques, conversations ou données informatiques.** C. pén., art. 226-3, v. nº 35.52.

▪ **Sabotage de système d'information portant atteinte aux intérêts fondamentaux de la Nation.** C. pén., art. 411-9., v. orienteur nº 35.70.

▪ **Accès frauduleux à un système informatique.** C. pén., art. 323-1, v. nº 35.70.

▪ **Entrave au fonctionnement d'un système informatique – Modification ou extraction frauduleuse de données.** C. pén., art. 323-2, v. nº 35.71.

▪ **Association de malfaiteurs en vue d'atteinte à un système informatique.** C. pén., art. 323-4, v. nº 35.72.

▪ **Administration de plateforme en ligne pour permettre la cession de produits, contenus ou services illicites** (L. nº 2023-22, 24 janv. 2023). C. pén., art. 323-3-2, v. nº 35.74.

ÉLÉMENT LÉGAL

▪ **Définitions. • Système informatique et données informatiques.** Définitions issues de la convention de Budapest, 23 nov. 2001, v. nº 35.70.

ÉLÉMENT MATÉRIEL

▪ **Action frauduleuse.** Est confirmée la décision de non-lieu rendue dans une information ouverte sur le fondement de C. pén., art. 323-3-1 contre une société commercialisant un logiciel de gestion permettant de faire disparaître des lignes d'écriture enregistrant les transactions en espèces avant leur enregistrement comptable en ce que « *les atteintes aux systèmes de traitement automatisé de données prévues aux articles 323-1 à 323-3 du code pénal ne sauraient être reprochées à la personne qui, bénéficiant des droits d'accès et de modification des données, procède à des suppressions de données, sans les dissimuler à d'éventuels autres utilisateurs du système* » (Crim. 7 janv. 2020, nº 18-84.755, P). « *Des modifications ou suppressions de données sont nécessairement frauduleuses dès lors qu'elles ont été sciemment dissimulées à au moins un autre utilisateur d'un tel système [système de traitement automatisé de données (STAD)], même s'il n'est pas titulaire de droits de modification* » (§ 10) (Crim. 8 juin 2021, nº 20-85.853, P ; supression d'un jugement dans l'historique informatique du greffe du tribunal de commerce). « *le seul fait de modifier ou supprimer, en violation de la règlementation en vigueur, de telles données caractérise le délit [...], sans qu'il soit nécessaire que ces modifications ou suppressions émanent d'une personne n'ayant pas un droit d'accès au système, ni que leur auteur soit animé de la volonté de nuire* » (Crim. 8 déc. 1999, nº 98-84.752, P nº 296, ainsi cité par Crim. 8 juin 2021, nº 20-85.853, P (§ 8)). Est censurée la relaxe rendue à l'égard d'un prestataire de services informatiques qui, malgré l'interdiction de se connecter à son ordinateur a, pour en extraire des données depuis son domicile, « *créé un compte au nom d'un tiers pour réactiver le sien, dissimulant ainsi sciemment son action aux autres utilisateurs du STAD, dans le contexte de rupture brutale de relations professionnelles* » (§ 15), sans que les faits n'aient par ailleurs été justifiés par l'exercice des droits de la défense (§ 16) (Crim. 5 avr. 2022, nº 21-83.590, D ; sur l'infraction justifiée par l'exercice des droits de la défense, v. nº **10.13E3**).

RÉGIME PROCÉDURAL

▪ **Compétence territoriale.** *Idem* nº **35.70** (C. pr. pén., art. 706-72-1).

▪ **Communication aux services en charge de la lutte contre les attaques informatiques.** *Idem* nº **35.70** (C. pr. pén., art. 706-105-1 I, issu L. nº 2021-998, 30 juill. 2021).

▪ ÉLÉMENTS CONSTITUTIFS – QUALIFICATION

✧ Pour avoir à .... [¤ lieu], le .... [¤ date], sans motif légitime, notamment de recherche ou de sécurité informatique, [⇨A à C puis 1 à 4 :]

A. importé.../...

B. détenu .../...

C. offert, cédé ou mis à disposition .../...

.../... un équipement, un programme informatique ou toute donnée, en l'espèce .../... [moyen importé, détenu ou offert], conçu ou spécialement adapté pour commettre une infraction [⇨1 à 4 :]

1. d'accès ou de maintien frauduleux dans un système informatique (C. pén., art. 323-1) (A1 : *N* ***27152.co*** ; B1 : *N* ***27149.co*** ; C1 : *N* ***26095.co***) ;

2. d'accès ou de maintien frauduleux dans un système informatique, causant la suppression ou la modification de données (C. pén., art. 323-1) (A2 : *N #.co* ; B2 : *N #.co* ; C2 : *N #.co*) ;

3. d'entrave ou d'altération du fonctionnement d'un système informatique (C. pén., art. 323-2) (A3 : *N* ***27153.co*** ; B3 : *N* ***27150.co*** ; C3 : *N* ***26096.co***) ;

4. d'introduction, d'extraction (L. nº 2014-1353, 13 nov. 2014), de détention (L. nº 2014-1353, 13 nov. 2014), de reproduction (L. nº 2014-1353, 13 nov. 2014), de transmission (L. nº 2014-1353, 13 nov. 2014), de suppression ou de modification des données d'un système de traitement automatisé (C. pén., art. 323-3) (A4 : *N* ***27154.co*** ; B4 : *N* ***27151.co*** ; C4 : *N* ***26097.co***).

Faits prévus et réprimés par les articles [• du cas sélectionné] **PERSONNES PHYSIQUES.** + 323-3-1, 323-5 du code pénal. **PERSONNES MORALES.** + 323-3-1, 323-6 du code pénal. ✧

35.74 Administration de plateforme en ligne pour permettre la cession de produits, contenus ou services illicites (L. nº 2023-22, 24 janv. 2023)

■ **PEINES**

PERSONNE PHYSIQUE

PP Délit. Cas A : 5 ans d'emprisonnement, 150 000 € (C. pén., art. 323-3-2 I ; L. nº 2023-22, 24 janv. 2023) ;

Cas B : 5 ans d'emprisonnement, 150 000 € (C. pén., art. 323-3-2 II ; L. nº 2023-22, 24 janv. 2023) ;

Cas C : 10 ans d'emprisonnement, 500 000 € (C. pén., art. 323-3-2 III ; L. nº 2023-22, 24 janv. 2023).

PC *Idem* nº 35.70 (C. pén., art. 323-6).

PERSONNE MORALE

PP Délit. Cas A : 750 000 € (C. pén., art. 323-3-2 I et 131-38 ; L. nº 2023-22, 24 janv. 2023) ;

Cas B : 750 000 € (C. pén., art. 323-3-2 II et 131-38 ; L. nº 2023-22, 24 janv. 2023) ;

Cas C : 2 500 000 € (C. pén., art. 323-3-2 III et 131-38 ; L. nº 2023-22, 24 janv. 2023).

PC *Idem* nº 35.70. Dans les **cas** 3 et 4, la dissolution est également encourue si la personne morale a été *détournée de son objet* pour commettre l'infraction (C. pén., art. 323-6, 131-39, 1º et 131-45).

■ **ORIENTEUR**

AUTRE QUALIFICATION

▪ Sabotage de système d'information portant atteinte aux intérêts fondamentaux de la Nation. C. pén., art. 411-9., v. orienteur nº 35.70.

▪ Accès frauduleux à un système informatique. C. pén., art. 323-1, v. nº 35.70.

▪ Entrave au fonctionnement d'un système informatique – Modification ou extraction frauduleuse de données. C. pén., art. 323-2, v. nº 35.71.

▪ Association de malfaiteurs en vue d'atteinte à un système informatique. C. pén., art. 323-4, v. nº 35.72.

▪ Importation, détention, offre, cession, promotion, de matériel ou programme conçu pour commettre des atteintes informatiques. C. pén., art. 323-3-1, v. nº 35.73.

ÉLÉMENT LÉGAL

▪ **Application de la loi pénale dans le temps.** Infractions créées par L. nº 2023-22, 24 janv. 2023, d'orientation et de programmation du ministère de l'intérieur.

▪ **Constitutionnalité.** Les délits prévus par C. pén., art. 323-3-2, dans sa rédaction issue de L. nº 2023-22, 24 janv. 2023, « *sont définis, tant dans leur élément matériel que dans leur élément moral, en termes suffisamment clairs et précis pour ne pas méconnaître le principe de légalité des délits et des peines* » (§ 10), et « *ne méconnaissent pas non plus l'objectif de valeur constitutionnelle d'accessibilité et d'intelligibilité de la loi ni aucune autre exigence constitutionnelle* » (§ 11) (Cons. const. 19 janv. 2023, nº 2022-846 DC).

ÉLÉMENT MATÉRIEL

▪ **Tentative.** Punissable (C. pén., art. 323-3-2 IV).

▪ **Champ d'application. • Notion d'opérateur de plateforme en ligne.** L'incrimination renvoie à la définition de l'opérateur de plateforme en ligne donnée par C. consom., art. L. 111-7 : « *est qualifiée d'opérateur de plateforme en ligne toute personne physique ou morale proposant, à titre professionnel, de manière rémunérée ou non, un service de communication au public en ligne reposant sur : 1° Le classement ou le référencement, au moyen d'algorithmes informatiques, de contenus, de biens ou de services proposés ou mis en ligne par des tiers ; 2° Ou la mise en relation de plusieurs parties en vue de la vente d'un bien, de la fourniture d'un service ou de l'échange ou du partage d'un contenu, d'un bien ou d'un service* » (C. consom., art. L. 111-7). Au sens du Règlement (UE) nº 2022/2065 du parlement européen et du conseil, 19 oct. 2022, relatif à un marché unique des services numériques et modifiant la directive 2000/31/CE, dit « *règlement sur les services numériques* » (RSN) ou « *Digital Services Act* » (DSA), applicable au 17 févr. 2024 (art. 93), constitue une « *"plateforme en ligne": un service d'hébergement qui, à la demande d'un destinataire du service, stocke et diffuse au public des informations, à moins que cette activité ne soit une caractéristique mineure et* *purement accessoire d'un autre service ou une fonctionnalité mineure du service principal qui, pour des raisons objectives et techniques, ne peut être utilisée sans cet autre service, et pour autant que l'intégration de cette caractéristique ou de cette fonctionnalité à l'autre service ne soit pas un moyen de contourner l'applicabilité du présent règlement* » (art. 3 i). • **Notion d'intermédiation en ligne.** Les services d'intermédiation en ligne sont définis à l'art. 2 2) du Règlement (UE) n° 2019/1150 du Parlement européen et du Conseil, 20 juin 2019, promouvant l'équité et la transparence pour les entreprises utilisatrices de services d'intermédiation en ligne, définition à laquelle renvoie l'art. 2 5) du Règlement (UE) n° 2022/1925 du parlement européen et du conseil, 14 sept. 2022, relatif aux marchés contestables et équitables dans le secteur numérique (dit Règlement sur les marchés numériques ou RMN, ou Digital Market Act ou DMA). • **Obligations prévues par la LCEN. Cas** A : l'incrimination est applicable à l'opérateur de plateforme en ligne qui ne respecte pas certaines obligations de la LCEN dont le non respect constitue l'infraction prévue par l'art. 6 VI, en particulier l'obligation de détenir et de conserver « *les données de nature à permettre l'identification de quiconque a contribué à la création du contenu ou de l'un des contenus des services dont elles sont prestataires* » (L. n° 2004-575, art. 6 VI, renvoyant à 6-II).

ÉLÉMENT INTENTIONNEL

▪ **Infraction intentionnelle. Cas** A : « *Il résulte des termes mêmes de ces dispositions, et en particulier du terme « sciemment », que l'opérateur doit avoir agi intentionnellement* » (§ 8) ; **Cas** B : « *Il appartient au juge d'apprécier les éléments constitutifs de l'infraction dans le respect de l'exigence d'interprétation stricte de la loi pénale et de faire application des dispositions générales de l'article 121-3 du code pénal aux termes desquelles « Il n'y a point de crime ou de délit sans intention de le commettre* » (§ 9) (Cons. const. 19 janv. 2023, n° 2022-846 DC).

RÉGIME PROCÉDURAL

▪ **Régime complet de la criminalité organisée.** Applicable, à l'exception de la garde à vue qui est limitée à 48 h 00 (C. pr. pén., art. 706-73-1 12° (réd. issue L. n° 2023-22, 24 janv. 2023, v. n° 11.21C), v. orienteur n° 35.70).

▪ **Compétence territoriale.** *Idem* n° 35.70 (C. pr. pén., art. 706-72-1).

▪ **Communication aux services en charge de la lutte contre les attaques informatiques.** *Idem* n° 35.70 (C. pr. pén., art. 706-105-1 I).

▪ ÉLÉMENTS CONSTITUTIFS – QUALIFICATION

✧ Pour avoir à .... [¤ lieu], le .... [¤ date], [⇨A ou B puis le cas échéant C :]

A. étant opérateur de plateforme en ligne mentionné à l'article L. 111-7 du code de la consommation, restreint l'accès à cette dernière aux personnes utilisant des techniques d'anonymisation des connexions ou omis de respecter les obligations mentionnées au VI de l'article 6 de la loi n° 2004-575 du 21 juin 2004 pour la confiance dans l'économie numérique, et permis sciemment la cession de produits, de contenus ou de services dont la cession, l'offre, l'acquisition ou la détention sont manifestement illicites (A : *N 34992.co*) ;

B. par l'intermédiaire de plateformes en ligne mentionnées à l'article L. 111-7 du code de la consommation, ou au soutien de transactions qu'elles permettent, proposé des prestations d'intermédiation ou de séquestre ayant pour objet unique ou principal de mettre en œuvre, de dissimuler ou de faciliter la cession de produits, de contenus ou de services dont la cession, l'offre, l'acquisition ou la détention sont manifestement illicites (B : *N 34993.co*) ;

C. [préciser le cas échéant dans les cas A ou B :] avec cette circonstance que les faits ont été commis en bande organisée (AC : *N 34994.co* ; BC : *N 34995.co*).

Faits prévus et réprimés par les articles **PERSONNES PHYSIQUES.** 323-3-2 et 323-5 du code pénal. **PERSONNES MORALES.** 323-3-2 et 323-6 du code pénal. ✧

35.75 Fabrication, importation, offre, détention, cession, promotion, de matériel de captation frauduleuse de programmes télédiffusés (décodeur)

■ **PEINES**

PERSONNE PHYSIQUE

PP Délit. Cas A à E : 2 ans d'emprisonnement, 30 000 €. Cas F : 1 an, 15 000 € (L. n° 86-1067, 30 sept. 1986, art. 79-1, 79-2).

PC Confiscation (réelle ou en valeur) équipements, matériels, dispositifs et instruments et documents publicitaires (L. n° 86-1067, 30 sept. 1986, art. 79-5 ; C. pén., art. 131-21).

PERSONNE MORALE

PP Délit. Cas A à E : 150 000 €. Cas F : 75 000 € (L. n° 86-1067, 30 sept. 1986, art. 79-1, 79-2 ; C. pén., art. 131-38).

PC Néant.

■ **ÉLÉMENTS CONSTITUTIFS – QUALIFICATION**

✧ Pour avoir à .... [¤ lieu], le .... [¤ date], [⇨A à F :]

A. fabriqué un (L. n° 86-1067, 30 sept. 1986, art. 79-1) (A : *N* ***7101.co***)...

B. importé en vue de la vente ou de la location un (L. n° 86-1067, 30 sept. 1986, art. 79-1) (B : *N* ***7102.co***)...

C. offert à la vente ou vendu (L. n° 86-1067, 30 sept. 1986, art. 79-1) (C : *N* ***7103.co***)...

D. détenu en vue de la vente (L. n° 86-1067, 30 sept. 1986, art. 79-1) (D : *N* ***7104.co***)...

E. installé (L. n° 86-1067, 30 sept. 1986, art. 79-1) (E : *N* ***7105.co***)...

F. commandé, conçu, organisé ou diffusé une publicité faisant directement ou indirectement la promotion d'un (L. n° 86-1067, 30 sept. 1986, art. 79-2) (F : *N* ***7106.co***)...

... équipement, matériel, dispositif ou instrument conçu pour capter frauduleusement des programmes télédiffusés réservés à un public déterminé moyennant rémunération versée à l'exploitant.

[• Préciser le cas échéant] et ce au préjudice de .... [¤ exploitant victime].

Faits prévus et réprimés par les articles [• du cas sélectionné] + 79-5 de la loi n° 86-1067 du 30 septembre 1986. ✧

35.76 Organisation de la captation frauduleuse de programmes télédiffusés

■ **PEINES**

PERSONNE PHYSIQUE

PP Délit. 6 mois d'emprisonnement, 7 500 € (L. n° 86-1067, 30 sept. 1986, art. 79-3).

PC *Idem* n° 35.75.

PERSONNE MORALE

PP Délit. 37 500 € (L. n° 86-1067, 30 sept. 1986, art. 79-3 ; C. pén., art. 131-38).

PC Néant.

■ **ÉLÉMENTS CONSTITUTIFS – QUALIFICATION**

✧ Pour avoir à .... [¤ lieu], le .... [¤ date], en vue de frauder les droits de .... [¤ exploitant victime], organisé la réception frauduleuse par des tiers de programmes télédiffusés réservés à un public déterminé moyennant rémunération versée à l'exploitant.

Faits prévus et réprimés par les articles 79-1, 79-3 et 79-5 de la loi n° 86-1067 du 30 septembre 1986 (*N* ***7107.co***). ✧

35.77 Acquisition ou détention, en vue de l'usage, de matériel de captation frauduleuse de programmes télédiffusés (décodeur)

■ PEINES

PERSONNE PHYSIQUE

PP Délit. 7 500 € (L. n° 86-1067, 30 sept. 1986, art. 79-4).

PC *Idem* n° 35.75.

PERSONNE MORALE

PP Délit. 37 500 € (L. n° 86-1067, 30 sept. 1986, art. 79-4 ; C. pén., art. 131-38).

PC Néant.

■ ORIENTEUR

RÉGIME PROCÉDURAL

- Compétence juridictionnelle. Juge unique (C. pr. pén., art. 398-1, v. n° 17.15D2).
- Ordonnance pénale. Possible (C. pr. pén., art. 495-II, v. n° 15.48B1 et tableau n° 17.15D2).

■ ÉLÉMENTS CONSTITUTIFS – QUALIFICATION

✧ Pour avoir à .... [¤ lieu], le .... [¤ date], [⇨A ou B :]

A. acquis (A : *N 7108.ju*)...

B. détenu (B : *N 7109.ju*)...

... en vue de son utilisation, un équipement, matériel, dispositif ou instrument conçu pour capter frauduleusement des programmes télédiffusés réservés à un public déterminé moyennant rémunération versée à l'exploitant.

[• Préciser le cas échéant] et ce au préjudice de .... [¤ exploitant victime].

Faits prévus et réprimés par les articles 79-1, 79-4 et 79-5 de la loi n° 86-1067 du 30 septembre 1986. ✧

36. La circulation routière

36.1 Le principe de la responsabilité pénale du conducteur du véhicule et son élargissement

A. La responsabilité pénale de principe du conducteur et la redevabilité pécuniaire du titulaire de l'immatriculation

1. Le principe de la responsabilité pénale du conducteur (C. route, art. L. 121-1)

« *Le conducteur d'un véhicule est responsable pénalement des infractions commises par lui dans la conduite dudit véhicule* » (C. route, art. L. 121-1).

L'identification du conducteur ne pose pas de difficultés lorsque l'infraction est constatée par les agents de contrôle lors de l'**interception du conducteur**, soit par un procès-verbal, soit par la remise d'un avis de contravention forfaitaire (sur les procès-verbaux simplifiés et notamment le procès-verbal écrit de contravention forfaitisée, v. n° 11.5). Leurs constatations font alors la preuve non seulement de l'infraction mais aussi de l'identification du conducteur. Notons que si le conducteur est par principe responsable des infractions commises à l'occasion de la conduite, « *la retenue sur salaire pour le remboursement des contraventions afférentes à un véhicule professionnel mis au service du salarié est illégale, fût-elle prévue par un contrat de travail* » (Soc., 11 janv. 2006, n° 03-43.587, P n° 7).

Lorsque l'infraction est constatée **sans interception du conducteur**, le procès-verbal apporte la preuve de l'infraction (ex : excès de vitesse, franchissement de feu rouge) et de la plaque d'immatriculation du véhicule, mais non celle de l'identification du conducteur. Si elle n'a pas été interceptée, il n'incombe en effet pas à la personne poursuivie de démontrer qu'elle n'était pas conductrice mais au ministère public d'apporter cette preuve (v. n° 36.4A)

Le titulaire de l'immatriculation du véhicule est toutefois soumis à plusieurs contraintes tendant à empêcher que l'auteur véritable de l'infraction n'échappe à sa responsabilité pénale.

Pour certaines infractions, représentant la part majeure des infractions constatées en matière routière, issues notamment du dispositif de **contrôle automatisé** mis en œuvre par le CACIR (v. n° 11.5C2), le recours du titulaire de l'immatriculation contre l'amende forfaitaire émise à son encontre ne sera en effet recevable que s'il désigne le véritable conducteur du véhicule en précisant son identité, son adresse, ainsi que la référence de son permis de conduire, ou justifie d'un récépissé du dépôt de plainte pour vol ou destruction du véhicule ou pour usurpation de plaque d'immatriculation, ou d'une copie de la déclaration de destruction de véhicule, ou de la déclaration de cession du véhicule et de son accusé d'enregistrement dans le SIV (C. pr. pén., art. 529-10, V. n° 15.46C).

À défaut de désignation du conducteur ou de transmission de justificatifs montrant qu'il ne peut être l'auteur de l'infraction, le titulaire de l'immatriculation n'est recevable dans son recours contre l'amende forfaitaire qu'en payant une **consignation** équivalant au montant de l'amende forfaitaire (C. pr. pén., art. 529-10, v. n° 15.46C).

C. route, art. L. 121-3 institue en effet à son encontre une présomption simple de **redevabilité pécuniaire** de l'amende encourue (examinée au n°s 37.2 s.), qui ne pèse en définitive que sur les seules personnes physiques, fondée sur l'idée que le titulaire de l'immatriculation est l'auteur de deux fautes alternatives : soit celle de « *refuser de contribuer à la manifestation de la vérité* » en ne désignant pas le véritable conducteur du véhicule, soit celle d'« *un défaut de vigilance dans la garde du véhicule* » s'il n'est pas en capacité de le faire (V. décision Cons. const. 16 juin 1999, déc. n° 99-411 DC, § 7, détaillée au n°s 36.2B).

Ainsi, dans le cas où, poursuivi devant le tribunal, le titulaire de l'immatriculation ou le représentant légal de la personne morale titulaire de l'immatriculation n'aura pu renverser cette présomption, il sera au moins déclaré pécuniairement redevable de l'amende et la consignation sera conservée à hauteur de sa condamnation (C. route, art. 530-1 et R. 49-18, v. n° 36.6D).

Plusieurs **incriminations** renforcent en outre les exigences pesant sur le titulaire de l'immatriculation. Il encourt ainsi une sanction pénale s'il donne des informations inexactes ou erronées relatives au véritable conducteur (Contrav. 5e classe, C. pénal, art. R. 49-19, v. n° 36.31) ou s'il a recours, contre rémunération, à une personne qui accepte d'être désignée conducteur à sa place pour une contravention entraînant perte de points (Délit, C. route, art. L. 223-9, v. nº 36.32).

Au surplus, lorsque le titulaire de l'immatriculation est une personne morale, son représentant légal, à peine de sanctions pénales également applicables à la personne morale (Contrav. 4e classe, C. route, art. L. 121-6 et L. 130-9, v. nº 36.31), a l'obligation de notifier à l'autorité à l'origine de l'avis de contravention l'identité et l'adresse de la personne physique qui conduisait le véhicule lors d'une infraction relevée par contrôle automatisé, ou de justifier du vol du véhicule, d'une usurpation de sa plaque d'immatriculation ou de tout autre évènement de force majeure. En conséquence, lorsqu'il exerce un recours contre une amende forfaitaire, le représentant légal de la personne morale est certes recevable dans son recours s'il se borne à payer la consignation sans donner à ce stade de justificatifs sur l'auteur véritable, mais il reste, ainsi que la personne morale pour le compte de laquelle il agit, sanctionné pénalement s'il ne transmet pas ces mêmes éléments.

2. Le cas particulier du dispositif expérimental du véhicule autonome ou véhicule à délégation de conduite

Dans le cadre du dispositif expérimental d'autorisation de conduite d'un véhicule à délégation partielle ou totale de conduite (véhicule autonome à conduite automatisée), si le conducteur n'était pas pénalement responsable des infractions commises lorsque le système était activé et qu'il était ainsi dérogé au C. route, art. L. 121-1, le titulaire de l'autorisation de conduite automatisée restait néanmoins « *pécuniairement responsable du paiement des amendes* » en cas de contravention, et pénalement responsable des délits d'atteinte involontaire à la vie où à l'intégrité de la personne lorsqu'il avait commis, « *dans la mise en œuvre du système de délégation de conduite* », une faute d'imprudence, de négligence ou de manquement à une obligation de prudence ou de sécurité prévue par la loi ou le règlement, (Ord. nº 2016-1057, 3 août 2016, art. 2-1 et 2-2, mod. par. L. nº 2019-486, 22 mai 2019).

Tirant les conséquences du règlement (UE) 2018/858 du Parlement européen et du Conseil, 30 mai 2018, l'ord. nº 2021-443, 14 avr. 2021, créant C. route, art. L. 123-1 à L. 123-4 et L. 319-1 à L. 319-4, et le D. nº 2021-873, 29 juin. 2021, prévoient désormais que le conducteur est responsable dès l'instant où il exerce le contrôle dynamique du véhicule (C. route, art. L. 123-1), que lorsque le système de conduite automatisée exerce le contrôle dynamique du véhicule le constructeur du véhicule ou son mandataire est pénalement responsable des atteintes involontaires à la vie en cas de faute prouvée, et pécuniairement redevable des amendes contraventionnelles (C. route, art. L. 123-2).

B. L'élargissement de la responsabilité pénale du conducteur aux autres acteurs

La responsabilité pénale de principe du conducteur, qui est une personne physique, ne paraît pas exclure la responsabilité pénale concurrente de la **personne morale**, si les conditions de mise en œuvre de cette responsabilité sont réunies (sur la responsabilité pénale des personnes morales, v. nº 10.10). Par hypothèse, la responsabilité pénale d'une personne morale tire en effet son fondement d'une infraction commise par une personne physique.

Toutefois, s'il est vrai qu'une infraction de conduite peut être accomplie par un chauffeur agissant « *pour le compte* » d'une personne morale, le conducteur n'en est communément pas l'« *organe* » ou le « *représentant* » au sens de C. pén., art. 121-2. Des hypothèses courantes susceptibles de répondre aux exigences de cet article peuvent néanmoins être relevées. Ainsi celle d'un excès de vitesse ou d'un stationnement gênant commis par le gérant d'une société avec le véhicule de cette dernière pour les besoins d'un rendez-vous professionnel, d'une livraison ou d'une visite de chantier.

Les règles de la **complicité**, en particulier celles de la complicité des contraventions, laquelle peut être mise en œuvre par application combinée de C. pén., art. 121-7, al. 2 et R. 610-2, al. 2 à l'encontre de la personne physique qui « *par don, promesse, menace, ordre, abus d'autorité ou de pouvoir aura provoqué à une infraction ou donné des instructions pour la commettre* », peuvent permettre d'élargir la responsabilité pénale au-delà de la personne du conducteur (sur la complicité, v. nº 10.9B), et par voie de conséquence à la personne morale, car de tels actes de complicité sont plus communément imputables à ses organes ou représentants agissant pour son compte au sens de C. pén., art. 121-2.

Par ailleurs, d'autres dispositions permettent de responsabiliser **l'employeur du conducteur**.

Ainsi, « *lorsque le conducteur a agi en qualité de préposé, le tribunal pourra, compte tenu des circonstances de fait et des conditions de travail de l'intéressé, décider que le paiement des amendes de police prononcées en vertu du [code de la route] sera, en totalité ou en partie, à la charge du commettant si celui-ci a été cité à l'audience* »

(C. route, art. L. 121-1, al. 2). Cette disposition est applicable à l'**employeur** personne physique ou morale, le texte n'établissant pas de distinction.

L'employeur qui donne à ses salariés conducteurs de véhicules de **transport routier** de personnes ou de marchandises des instructions incompatibles avec le respect de la vitesse, des temps de conduite ou du poids maximal des véhicules est également incriminé (C. route, art. R. 121-1, R. 121-2 et R. 121-3, v. n° 37.18). Il en est de même pour les **donneurs d'ordre** en matière de transport de marchandises (C. route, art. R. 121-5, v. n° 37.19).

La règlementation particulière des **temps de conduite** dans les transports responsabilise aussi **l'entreprise** (C. transp., art. R. 3315-9, R. 3315-10 et R. 3315-11, règl. CE 561/2006, 15 mars 2006 et l'accord européen AETR du 1er juill. 1970) (v. n° 37.6 et 37.9). Il en est de même pour la règlementation relative au transport de **marchandises dangereuses** (C. transp., art. L. 1252-7, v. n° 37.11 et 37.12).

36.2 Le principe de la redevabilité pécuniaire du titulaire de l'immatriculation du véhicule pour certaines infractions (C. route, art. L. 121-3)

A. L'économie générale du dispositif de redevabilité pécuniaire

Par dérogation au C. route, art. L. 121-1 qui prévoit que « *Le conducteur d'un véhicule est responsable pénalement des infractions commises par lui dans la conduite dudit véhicule* » (V. ce principe au n° 36.1A), le titulaire du certificat d'immatriculation du véhicule est « *redevable pécuniairement de l'amende encourue* » pour une liste limitative d'infractions (V. n° 36.3A) (C. route, art. L. 121-3).

« *Lorsque le certificat d'immatriculation du véhicule est établi au nom d'une personne morale, cette responsabilité pécuniaire incombe.../... au représentant légal de cette personne morale* », « *au locataire* » « *Lorsque le véhicule était loué à un tiers* », ou « *à l'acquéreur du véhicule* » « *dans le cas où le véhicule a été cédé* » (C. route, art. L. 121 3).

Cette redevabilité pécuniaire est fondée sur la présomption simple que le titulaire de l'immatriculation conduisait le véhicule au moment de l'infraction. Elle pourra être renversée par la preuve d'éléments de fait limitativement énumérés par la loi (v. n° 36.5).

Alternative possible à la condamnation pénale du titulaire de l'immatriculation lorsqu'il n'est pas démontré que celui-ci conduisait le véhicule (v. n° 36.4B), cette redevabilité pécuniaire n'est pas de nature pénale car la personne déclarée redevable pécuniairement de l'amende « *n'est pas responsable pénalement de l'infraction* » et la « *décision ne donne pas lieu à inscription au casier judiciaire, ne peut être prise en compte pour la récidive et n'entraîne pas retrait des points affectés au permis de conduire. Les règles sur la contrainte judiciaire ne sont pas applicables au paiement de l'amende* » (C. route, art. L. 121-3).

Elle tire néanmoins son fondement de la commission d'une infraction dont la consistance pourra être débattue devant le tribunal répressif, selon des règles similaires à celles applicables pour l'accusation en matière pénale (v. n° 36.6).

B. La constitutionnalité du dispositif de redevabilité pécuniaire

Le Cons. const. a consacré la constitutionnalité de ces dispositions (C. route, art. L. 21-2 depuis codifié au L. 121-3), dans leur rédaction issue de L. n° 99-505, 18 juin 1999, en considérant, en **premier lieu**, au visa de DDHC, art. 9, garantissant la présomption d'innocence « *que le titulaire du certificat d'immatriculation du véhicule est tenu au paiement d'une somme équivalant au montant de l'amende encourue pour des contraventions au code de la route en raison d'une présomption simple, qui repose sur une vraisemblance raisonnable d'imputabilité des faits incriminés ; que le législateur permet à l'intéressé de renverser la présomption de faute par la preuve de la force majeure ou en apportant tous éléments justificatifs de nature à établir qu'il n'est pas l'auteur de l'infraction ; qu'en outre, le titulaire du certificat d'immatriculation ne peut être déclaré redevable pécuniairement de l'amende que par une décision juridictionnelle prenant en considération les faits de l'espèce et les facultés contributives de la personne intéressée ; que, sous réserve que le titulaire du certificat d'immatriculation puisse utilement faire valoir ses moyens de défense à tout stade de la procédure, est dès lors assuré le respect des droits de la défense* » (§ 6) ; en **deuxième lieu**, au visa de DDHC, art. 8 et 9, selon lesquels nul n'est punissable que de son propre fait, « *qu'en l'absence d'événement de force majeure tel que le vol de véhicule, le refus du titulaire du certificat d'immatriculation d'admettre sa responsabilité personnelle dans la commission des faits, s'il en est l'auteur, ou, dans le cas contraire, son refus ou son incapacité* *d'apporter tous éléments justificatifs utiles seraient constitutifs d'une faute personnelle ; que celle-ci s'analyserait, en particulier, en un refus de contribuer à la manifestation de la vérité ou en un défaut de vigilance dans la garde du véhicule* » (§ 7) ; en **troisième lieu**, que la sanction ne peut être considérée comme manifestement disproportionnée par rapport à la faute sanctionnée en ce que « *le paiement de l'amende encourue, dont le montant maximal est celui prévu pour les contraventions correspondantes, ne donne pas lieu à inscription au casier judiciaire, n'est pas pris en compte au titre de la récidive et n'entraîne pas de retrait de points affectés au permis de conduire ; qu'au surplus, les règles de la contrainte par corps ne sont pas applicables audit paiement* » (§ 8) (Cons. const. 16 juin 1999, déc. n° 99-411 DC).

S'agissant de la constitutionnalité de l'alinéa 3, issu de L. n° 2009-526, 12 mai 2009, étendant la redevabilité pécuniaire au représentant légal de la personne morale au nom de laquelle le véhicule est immatriculé, la C. cass. a rejeté dans des termes comparables la QPC au motif que cette disposition « *qui a pour but de lutter contre les atteintes à l'intégrité physique des personnes en matière de sécurité routière, ne méconnaît ni le principe de nécessité des peines posé par l'article 8 de la Déclaration des droits de l'homme et du citoyen ni les principes de personnalité des peines et de responsabilité personnelle ; que, d'une part, le fait de ne pas fournir les renseignements permettant d'identifier l'auteur de l'infraction s'analyse en un refus de contribuer à la manifestation de la vérité ou en un manque de vigilance dans la garde du véhicule, caractérisant une faute personnelle ; que, d'autre part, la sanction instituée par l'article L. 121-3 du code de la route ne saurait être considérée comme disproportionnée, dès lors qu'elle n'a pas pour effet d'engager la responsabilité pénale de la personne morale titulaire du certificat d'immatriculation ni celle de son représentant, que le paiement de l'amende encourue ne donne pas lieu à inscription au casier judiciaire, qu'il n'est pas pris en compte pour la récidive et n'entraîne pas de retrait des points affectés au permis de conduire, et qu'enfin, les règles de la contrainte judiciaire ne sont pas applicables* » (Crim. 26 févr. 2014, n° 13-88.468, dans le même sens, 16 avr. 2013, n° 13-90.002).

Saisie d'une QPC fondée sur d'autres griefs, la Ch. crim. a également considéré que la disposition critiquée « *qui a pour but d'assurer la sécurité routière et l'intégrité physique des personnes, ne porte atteinte ni au principe selon lequel nul n'est punissable que de son propre fait ni au principe de l'égalité de tous devant la loi ; que, d'une part, la personne morale ne peut agir que par l'intermédiaire de ses organes ou représentants et la sanction instituée par l'article L. 121-3, alinéa 3, du code de la route n'a pas pour effet d'engager sa responsabilité pénale ou celle de son représentant légal ; que, d'autre part, tous les représentants légaux de personnes morales titulaires de certificats d'immatriculation de véhicules se trouvent placés dans la même situation et disposent de la faculté d'éviter d'être déclarés redevables de l'amende prononcée en instaurant, au sein de leur entreprise, un dispositif destiné à permettre l'identification des employés ayant commis des infractions au code de la route* » (Crim. 23 juill. 2014, n° 14-90.027). D'autres QPC sont régulièrement déposées et rejetées (ex. Crim. 3 oct. 2018, n° 18-90.020 ; 19 mars 2019, n° 19-90.005 à 19-90.006). Il est également jugé que C. route, art. L. 121-3, al. 3« *ne porte pas atteinte au principe de l'égalité devant la loi, dès lors que si elle institué des règles de procédure différentes selon que le certificat d'immatriculation du véhicule est établi au nom d'une personne morale ou d'une personne physique, celles-ci ne procèdent pas de distinctions injustifiées et des garanties égales sont assurées aux justiciables, et, d'autre part, ne méconnaît pas le principe de la présomption d'innocence, dès lors que des présomptions de culpabilité peuvent être établies, notamment en matière contraventionnelle, lorsqu'elles ne revêtent pas de caractère irréfragable et qu'est assuré le respect des droits de la défense* » (Crim. 22 juin 2011, n° 11-90.053, D).

36.3 Le domaine de la redevabilité pécuniaire du titulaire de l'immatriculation

A. Les infractions relevant de la redevabilité pécuniaire

1. Les modalités de fixation de la liste des infractions relevant de la redevabilité pécuniaire (C. route, art. L. 121-3)

Depuis L. n° 2016-1547, 18 nov. 2016, modifiant C. route, art. L. 121-3, le domaine de la redevabilité pécuniaire n'est plus limité à certaines contraventions déterminées par le législateur mais est désormais constitué d'une liste d'« *infractions* » fixée par décret en Conseil d'État (en l'occurrence C. route, art. R. 121-6). Le législateur a donc délégué à l'autorité règlementaire le soin de fixer le domaine de la redevabilité pécuniaire sans le restreindre aux contraventions. C'est ainsi que figure désormais dans cette liste l'infraction délictuelle de défaut d'assurance d'un véhicule automobile (C. route, art. R. 121-6 12°).

La redevabilité pécuniaire ne peut être étendue en dehors des cas prévus par ces dispositions car elles « *énumèrent limitativement les infractions pour lesquelles.../...la responsabilité pécuniaire du titulaire du certificat d'immatriculation est encourue* » (Crim. 28 sept. 2005, n° 05-80.347, P n° 242 et dans le même sens, pour une infraction de stationnement dangereux qui n'entrait pas alors dans les prévisions de L. 121-2 et L. 121-3 : Crim. 2 nov. 2016, n° 15-87.166).

Les infractions énumérées par C. route, art. R. 121-6 sont pour leur majeure partie celles qui peuvent être relevées par un appareil de **contrôle automatisé**, dont la liste est également fixée par l'autorité règlementaire (C. route, art. R. 130-11 pris en application de L. 130-9). Par hypothèse, la responsabilité du responsable pécuniaire n'est en effet recherchée que dans les cas où le conducteur effectif, auquel incombe la responsabilité pénale de l'infraction (C. route, art. L. 121-1), n'a pas été intercepté et verbalisé, situation qui coïncide en pratique avec celle de la verbalisation par contrôle automatisé sans interception du conducteur.

Pour autant, une contravention dont le titulaire de l'immatriculation est redevable pécuniairement peut être également relevée par procès-verbal par un agent de constatation sans interception du conducteur ni contrôle automatisé (ex : cas d'un véhicule laissé en stationnement irrégulier sur une bande d'arrêt d'urgence ou muni d'une plaque d'immatriculation irrégulière). La constatation de l'infraction par contrôle automatisé n'est en effet pas une condition de la mise en œuvre de la redevabilité pécuniaire.

2. La liste des infractions relevant de la redevabilité pécuniaire (C. route, art. R. 121-6) et du contrôle automatisé (C. route, art. R. 130-11)

Si les listes d'infractions établies par C. route, art. R. 121-6 (domaine de la redevabilité pécuniaire) et R. 130-11 (domaine du contrôle automatisé) sont comparables, elles ne sont pas strictement identiques. En effet, si **toutes les infractions relevant du contrôle automatisé relèvent en pratique de la redevabilité pécuniaire**, certaines infractions relevant de ce dernier régime ne peuvent être constatées par contrôle automatisé (V. 4°, 6°, 7°, 8°, 10° *bis*, et 13° du C. route, art. R. 121-6 ci-après). Les infractions relevant de la redevabilité pécuniaire qui peuvent être constatées par contrôle automatisé sont donc identifiées ci-après par la mention « **CA** », suivie de la disposition de C. route, art. R. 130-11 concernée.

1° Port d'une **ceinture de sécurité** homologuée, dès lors que le siège occupé en est équipé, C. route, art. R. 412-1 (V. n° **36.92**, cas **A** et **B**) (**CA** : C. route, art. R. 130-11 1°) ;

2° Usage du **téléphone** tenu en main ou le port à l'oreille de tout dispositif susceptible d'émettre du son, C. route, art. R. 412-6-1 (V. n° **36.51**) (**CA** : C. route, art. R. 130-11 2°) ;

3° Usage de **voies et chaussées réservées** à certaines catégories de véhicules, de voies vertes et d'aires piétonnes, C. route, art. R. 412-7 II et III (V. n° **36.47**, cas **A** et **B**) (**CA** : C. route, art. R. 130-11 3°) ;

4° Arrêt, stationnement ou circulation sur les **bandes d'arrêt d'urgence** : C. route, art. R. 412-8 (V. n° **36.47**, cas **C**) (**CA** : C. route, art. R. 130-11 4°) ; C. route, art. R. 417-10 II 9° (V. n° **36.95**, cas **B6**, stationnement gênant sur la BAU) ; C. route, art. R. 421-7 (V. n° **36.56**, cas **D2**, défaut de présignalisation en cas de stationnement sur la BAU) ;

5° Respect des **distances de sécurité** entre les véhicules, C. route, art. R. 412-12 (V. n° **36.52**) (**CA** : C. route, art. R. 130-11 5°) ;

6° Franchissement et chevauchement des **lignes continues** : C. route, art. R. 412-19 (V. n° **36.68**) (**CA** : C. route, art. R. 130-11 6°) et R. 412-22 (V. n° **36.47**, cas **D**) ;

6° *bis* **Sens de la circulation** ou manœuvres interdites : C. route, art. R. 412-28 (V. n° **36.57**) et R. 421-6 (V. n° **36.58**) (**CA** : C. route, art. R. 130-11 6°*bis*) ;

7° Signalisations imposant **l'arrêt des véhicules** : C. route, art. R. 412-30 (V. n° **36.54** cas **A**) (**CA** : C. route, art. R. 130-11 7°) ; R. 412-31 (V. n° **36.54** cas **B**) et R. 415-6 (V. n° **36.55**) (**CA** : C. route, art. R. 130-11 7°) ;

8° **Vitesses maximales** autorisées : C. route, art. R. 413-14 (V. n° **36.75**) et R. 413-14-1 (grand excès de vitesse, V. n° **36.76**) (**CA** : C. route, art. R. 130-11 8°) ; C. route, art. R. 413-17 (défaut de maîtrise ou de réduction de la vitesse du véhicule, v. n° **36.50**) ;

9° **Dépassement irrégulier** : C. route, art. R. 414-4 (V. n° **36.69**, cas **A** à **E**) ; R. 414-6 (V. n° **36.70**) et R. 414-16 (V. n° **36.69**, cas **K** et **L**) ; (**CA** : C. route, art. R. 130-11 9°) ;

10° Engagement dans une **intersection** ou dans l'espace compris entre deux lignes d'arrêt : C. route, art. R. 415-2 (V. nº **36.62**) (CA : C. route, art. R. 130-11 10°) ;

10° *bis* Priorité de passage à l'égard du **piéton** : C. route, art. R. 415-11 (V. nº **36.67**, **cas** A) ;

11° Obligation du port d'un **casque** homologué d'une motocyclette, d'un tricycle à moteur, d'un quadricycle à moteur ou d'un cyclomoteur : C. route, art. R. 431-1 (V. nº **36.94**) (CA : C. route, art. R. 130-11 11°) ;

12° Obligation d'être couvert par une **assurance** garantissant la responsabilité civile pour faire circuler un véhicule terrestre à moteur : C. assur., art. L. 211-1 et L. 211-2 et C. route, art. L. 324-2 (V. nº **36.42**) (CA : C. route, art. R. 130-11 12°) ;

13° Port de **plaques d'immatriculation** : C. route, art. R. 317-8 (V. nº **36.26**, **cas** C et D).

Mentionnons que si les infractions aux restrictions imposées aux véhicules dans une **zone à circulation restreinte** (devenue « zone à faible émissions mobilité » ou ZFE), prévues par C. route, art. R. 411-19-1 (v. nº **36.87**), peuvent faire l'objet d'un contrôle automatisé dans les conditions restrictives prévues par CGTC, art. L. 2213-4-2, elles ne relèvent néanmoins pas de la redevabilité pécuniaire du titulaire de l'immatriculation.

B. Les personnes redevables pécuniairement de l'amende

1. La personne physique propriétaire ou locataire du véhicule

Lorsque le véhicule est immatriculé au nom d'une personne physique, seule la personne physique titulaire du permis de conduire est appelée à encourir la redevabilité pécuniaire de l'amende par l'effet des dispositions régissant l'immatriculation des véhicules.

En effet, lorsque la personne physique propriétaire du véhicule n'est pas titulaire du permis de conduire, « *le certificat d'immatriculation est établi au nom d'une personne titulaire du permis de conduire .../...désignée par le propriétaire ou, si celui-ci est mineur, par son représentant légal* ». La personne ainsi désignée « *est inscrite en tant que titulaire du certificat d'immatriculation au sens* » de C. route, art. L. 121-3, le propriétaire est également inscrit sur le certificat d'immatriculation (C. route, art. L. 322-1-1).

Quand bien même elle n'est pas titulaire du certificat d'immatriculation, la personne physique locataire ou acquéreur du véhicule est également redevable pécuniairement (C. route, art. L. 121-3, al. 4 et 5).

2. Le représentant légal de la personne morale propriétaire ou locataire du véhicule

« *lorsque le certificat d'immatriculation est établi au nom d'une personne morale, la responsabilité pécuniaire .../...incombe.../...au représentant légal de cette personne morale* » (C. route, art. L. 121-3, al. 3).

« *seul le représentant légal de [la personne morale] peut être déclaré redevable pécuniairement de l'amende encourue* » et cette responsabilité d'interprétation stricte ne peut donc être étendue à la personne « *titulaire d'une délégation de pouvoirs à la date de l'infraction* » (Crim. 13 oct. 2010, nº 10-81.575, P nº 159) ni à la personne morale titulaire du certificat d'immatriculation (Crim. 13 janv. 2010, nº 09-82.964 ; dans le même sens : Crim. 30 sept. 2009, nº 09-80.17).

Comblant l'imprécision de C. route, art. L. 121-3 qui ne vise explicitement que le représentant légal de la personne morale titulaire de l'immatriculation ou le « *locataire* » du véhicule, la Ch. crim. étend la redevabilité pécuniaire au représentant légal de la personne morale « *locataire du véhicule* » (Crim. 17 avr. 2013, nº 12-87.490, P nº 90 et 25 nov. 2009, nº 09-82.373), « *peu important que le certificat d'immatriculation soit ou non établi au nom de la personne morale* » (Crim. 15 oct. 2019, nº 18-86.644, P). Les dispositions particulières des statuts ne peuvent être opposées pour éluder la redevabilité pécuniaire du responsable légal. Ainsi « *aux termes de l'article L. 227-6 du code de commerce, la société par actions simplifiée est représentée à l'égard des tiers par son président et [...] les dispositions statutaires limitant les pouvoirs de ce dernier sont inopposables aux tiers.../...* » (Crim. 2 mars 2011, nº 10-87.729).

Dans le cas où le représentant légal de la personne morale titulaire de l'immatriculation est également une personne morale, le dirigeant de cette dernière est redevable pécuniairement car il « *encourt, aux termes de l'article L. 227-7 du code de commerce, les mêmes responsabilités civile et pénale que s'il était président ou dirigeant en son nom propre de la société* » titulaire de l'immatriculation (Crim. 7 mai 2018, nº 17-83.733). Cette solution qui concernait une SAS relevant de C. com., art. L. 227-7 est transposable, par application des dispositions de même nature qui leur sont respectivement applicables, aux sociétés en nom collectif (C. com., art. L. 221-3), aux personnes morales administrateurs des sociétés anonymes (C. com., art. L. 225-20) ou membres du conseil de surveillance (C. com., art. L. 225-76), ainsi qu'aux GIE (C. com., art. L. 251-11 et L. 252-6). Mentionnons que « *La société à responsabilité limitée est gérée par une ou plusieurs personnes physiques* » (C. com., art. L. 223-18) et ne peut donc être gérée par une personne morale.

Malgré les difficultés que peut éprouver la personne qui a perdu la qualité de dirigeant légal à la date de la mise en jeu de sa redevabilité pécuniaire pour « *faire effectuer des recherches visant à identifier le conducteur et donc de pouvoir utilement faire valoir la plénitude de ses moyens de défense dans le cadre de la procédure judiciaire* », reste seul responsable « *le représentant légal de la personne morale locataire du véhicule à la date de la commission des faits, peu important les circonstances postérieures* » (Crim. 2 sept. 2010, n° 10-82.393, P n° 129 (série d'arrêts n° 10-82.393 à 10-82.410).

Précisons que la responsabilité pénale du représentant légal de la personne morale au titre de son obligation de désigner la personne physique qui conduisait le véhicule au moment de l'infraction (sur cette contravention prévue par C. route, art. L. 121-6, v. n° 36.31, cas B), se cumule avec sa redevabilité pécuniaire pour cette même infraction (Crim. 24 janv. 2023, n° 22-83.011, D).

36.4 L'articulation entre la responsabilité pénale et la redevabilité pécuniaire

A. La redevabilité pécuniaire n'emporte aucune présomption de responsabilité pénale pour le titulaire de l'immatriculation

Lorsque le conducteur titulaire du certificat d'immatriculation est poursuivi pénalement pour l'infraction concernée, C. route, art. L. 121-3 n'induit en ce qui le concerne aucune présomption de ce qu'il conduisait le véhicule.

En effet « *le code de la route n'a institué à l'égard des propriétaires de véhicules, [...], aucune présomption légale de culpabilité mais seulement une responsabilité pécuniaire* » (Crim. 18 sept. 2012, n° 10-88.027, P n° 187).

Ainsi la preuve doit-elle être faite par le ministère public, et le tribunal ou la cour d'appel doit à cet égard se prononcer par des motifs suffisants, que le prévenu conduisait le véhicule. Dans le cadre d'une poursuite pénale, il n'incombe pas en effet au propriétaire du véhicule de démontrer qu'il n'était pas le conducteur ni de prouver l'existence d'un vol ou de tout autre évènement de force majeure.

Il convient en effet de souligner que si les procès-verbaux sont de nature à rapporter la preuve de l'infraction commise (ex. excès de vitesse), ils ne rapportent pas nécessairement la preuve de l'identification du conducteur.

Sont ainsi censurées les décisions de condamnation pénale fondées sur « *des motifs inversant la charge de la preuve* » (Crim. 2 mars 2016, n° 15-82.190), en ce qu'elles retiennent notamment « *que le prévenu ne rapporte pas la preuve qu'il ne conduisait pas son véhicule* » (Crim. 17 janv. 2017, n° 16-83.570), « *qu'il existe à la charge de M. X, propriétaire dudit véhicule, une présomption qu'il en était le conducteur* » et qu'il « *ne démontre nullement que tel n'était pas le cas et qu'il ne fournit aucun élément probant à l'appui de ses dénégations* » alors que la photographie ne permettait pas l'identification du conducteur (Crim. 22 nov. 2011, n° 11-81.500), ou par des « *motifs qui impliquent une présomption de culpabilité* » en ce qu'ils énoncent « *que la prévenue, qui n'allègue même pas qu'un tiers conduisait son véhicule, n'a pas rapporté la preuve contraire aux énonciations du procès-verbal par écrit ou par témoins, comme le prévoit l'article 537 du code de procédure pénale* » (Crim. 12 nov. 2009, n° 09-84.133) ; ou statuant « *par des motifs d'où il se déduit une présomption de responsabilité pénale* » en ce qu'ils indiquent « *que la prévenue, qui ne justifie pas s'être trouvée dans l'impossibilité de conduire le véhicule au moment des faits, n'apporte aucune preuve susceptible de remettre en cause la valeur probante du procès-verbal établi à son encontre conformément aux dispositions de l'article 537 du code de procédure pénale* » « *alors que, si le procès-verbal constate que le véhicule circulait à vitesse excessive, il n'établit nullement que la prévenue en fût la conductrice* » Crim. 18 déc. 2012, n° 12-83.222, (dans le même sens : Crim. 18 sept. 2012, n° 0-88.027, P n° 187, relevant que le code de la route n'institue pas de « *présomption légale de culpabilité* ») ; se bornant « *à énoncer qu'il résulte des débats de l'audience et des pièces versées à la procédure que le prévenu a bien commis les faits qui lui sont reprochés* », « *motifs impropres à caractériser le fait que le prévenu, qui le niait, était le conducteur du véhicule* » (Crim. 4 déc. 2013, n° 13-82.652), ou constatant que « *si la photographie jointe au dossier ne permet pas d'identifier le conducteur, M. X n'établit ni l'existence d'un vol de son véhicule ou de tout autre événement de force majeure et n'apporte aucun élément permettant d'établir qu'il n'est pas l'auteur véritable de l'infraction* » « *alors qu'il n'était pas établi que le prévenu conduisait le véhicule* » (Crim. 27 oct. 2009, nº 09-84.804), ou alors que l'identité du conducteur du véhicule demeurait incertaine (Crim. 10 mai 2022, nº 21-85.978, D ; dans le même sens : Crim. 15 juin 2021, nº 20-86.385, D).

B. La responsabilité pécuniaire est alternative à la responsabilité pénale du conducteur

À défaut d'éléments démontrant que le prévenu conduisait le véhicule, s'il s'impose bien à la juridiction d'entrer en voie de relaxe, il lui incombe toutefois de le déclarer éventuellement pécuniairement responsable de l'amende encourue s'il est titulaire de l'immatriculation.

Dans les espèces citées au A ci-dessus, et plus généralement, la Ch. crim. juge en effet qu'il appartient à la juridiction, s'il n'est pas établi que le prévenu était le conducteur du véhicule, de le relaxer et de le déclarer « *éventuellement redevable pécuniairement de l'amende encourue* » (ex. Crim. 11 déc. 2018, nº 18-81.263 ; Crim. 20 mars 2018, nº 17-84.520 ; Crim. 27 févr. 2018, nº 17-83.753 ; Crim. 9 juin 2010, nº 10-80.188), ou censure le juge qui se détermine par des motifs insuffisants pour retenir la culpabilité du prévenu et « *sans rechercher si ce dernier ne pouvait, ainsi qu'il le demandait, être déclaré pécuniairement redevable de l'amende encourue* » (Crim. 22 juin 2016, nº 15-86.871).

Ce n'est qu'au titre de cette responsabilité pécuniaire que le tribunal aura à apprécier les moyens de défense éventuellement soulevés par le prévenu pour combattre la présomption de responsabilité qui pèse sur lui (à cet égard v. nº **36.5**).

Le fondement d'une relaxe de la personne poursuivie pénalement puis d'une condamnation au titre de la responsabilité pécuniaire paraît être celui du pouvoir et du devoir de requalification qui incombent à la juridiction (sur la requalification, v. nº **17.32B1**). Sous cet aspect, la personne doit donc être mise en mesure de se défendre sur la nouvelle qualification envisagée par le juge, exigence qui est vérifiée par la Ch. crim. Il n'est en effet pas porté atteinte au droit à un procès équitable lorsque « *pour déclarer .../...la prévenue, pécuniairement redevable de l'amende, le jugement, après avoir retenu que la responsabilité pénale de Mme X n'était pas établie, relève que celle-ci n'apporte ni la preuve du vol de son véhicule ou de tout événement de force majeure, ni les éléments permettant d'établir qu'elle n'est pas l'auteur véritable de l'infraction.../... dès lors que la prévenue a été mise en mesure de se défendre d'une déclaration comme pécuniairement redevable, qui n'est pas une condamnation pénale* » (Crim. 25 janv. 2011, nº 10-85.626, P nº 13) ou « *dès lors que la prévenue, représentée par un avocat, a été mise en mesure de se défendre d'une déclaration de redevabilité pécuniaire, laquelle n'est pas une condamnation pénale* » (Crim. 13 nov. 2014, nº 13-87.812, nº 13-87.813 et nº 13-87.814).

Si la juridiction peut relaxer la personne pénalement poursuivie et la déclarer pécuniairement redevable de l'amende, la démarche inverse est prohibée. En effet la juridiction ne peut « *requalifier les faits et déclarer coupable de l'infraction d'excès de vitesse le titulaire du certificat d'immatriculation cité devant elle en qualité de pécuniairement redevable* » car « *l'action publique n'est pas mise en œuvre par sa citation devant la juridiction en application de* » C. route, art. L. 121-3 » (Crim. 27 nov. 2018, nº 18-81.622) (V. dans le même sens, sans référence à l'action publique, mais au motif que la personne poursuivie en qualité de redevable n'est pas responsable pénalement de l'infraction : Crim. 8 nov. 2011, nº 11-81.753, Crim. 12 mars 2014, nº 12-87.556).

36.5 La portée de la présomption de responsabilité pécuniaire

A. La présomption de responsabilité pécuniaire est une présomption simple

Au visa de DDHC, art. 9 relatif à la présomption d'innocence, le Cons. const. juge « *qu'en principe le législateur ne saurait instituer de présomption de culpabilité en matière répressive ; que, toutefois, à titre exceptionnel, de telles présomptions peuvent être établies, notamment en matière contraventionnelle, dès lors qu'elles ne revêtent pas de caractère irréfragable, qu'est assuré le respect des droits de la défense et que les faits induisent raisonnablement la vraisemblance de l'imputabilité* » (Cons. const. 16 juin 1999, déc. nº 99-411 DC, § 5, précitée au nº **36.2B**).

Pour consacrer la validité de la présomption de responsabilité pécuniaire instituée par C. route, art. L. 121-3, le Cons. const., relève que « *le titulaire du certificat d'immatriculation est tenu.../... en raison d'une présomption simple.../...le législateur permet à l'intéressé de renverser la présomption de faute par la preuve de la force majeure ou en apportant tous éléments justificatifs de nature à établir qu'il n'est pas l'auteur de l'infraction* », qu'il « *ne peut être déclaré redevable pécuniairement de l'amende que par une décision juridictionnelle prenant en considération les faits de l'espèce* », sous réserve qu'il « *puisse utilement faire valoir ses moyens de défense à tout stade de la procédure* » (Cons. const. 16 juin 1999, déc. n° 99-411 DC, § 6, précitée au n° 36.2B).

B. La présomption de responsabilité pécuniaire ne peut être écartée que par une motivation circonstanciée

S'agissant d'une présomption de responsabilité instituée par la loi, la Ch. crim., au visa de C. pr. pén., art. 593 qui prévoit que les arrêts ou jugements de dernier ressort sont nuls « *s'ils ne contiennent pas de motifs ou si leurs motifs sont insuffisants et ne permettent pas à la C. cass. d'exercer son contrôle* », apprécie de manière rigoureuse les motifs par lesquels le juge du fond décharge le mise en cause de sa responsabilité pécuniaire.

Les seules allégations du prévenu, non corroborées par des éléments de preuve, sont à cet égard insuffisantes pour justifier la décision écartant la présomption.

Elle censure ainsi le jugement qui écarte la responsabilité pécuniaire en énonçant que le prévenu a, « *dans sa requête en exonération de l'amende forfaitaire, fourni l'identité, l'adresse ainsi que la référence du permis de conduire de la personne désignée comme étant le conducteur au moment des faits, permettant ainsi l'identification du véritable conducteur* », car ces motifs « *se bornent à reproduire les seules allégations du prévenu, que ne corroborait aucun élément de preuve* » (Crim. 30 mai 2017, n° 16-86.308), ou encore celui qui énonce que le prévenu « *a dénoncé l'identité et l'adresse de la personne qu'il désignait comme étant le conducteur de son véhicule au moment des faits et qu'il a ainsi satisfait aux prescriptions de l'article L. 121-3 du code de la route* », « *motifs qui se bornent à reproduire les seules allégations du prévenu, que ne corroborait aucun élément de preuve* » (Crim. 7 déc. 2011, n° 11-85.020, P n° 250, dans le même sens : Crim. 4 avr. 2013, n° 12-86.943), ou la décision qui se borne à relever « *que l'intéressé a apporté des éléments qui démontrent suffisamment qu'il ne peut être l'auteur de la contravention* », « *sans constater que la personne poursuivie justifiait d'un événement de force majeure ou fournissait des éléments permettant d'identifier l'auteur de l'infraction* » (Crim. 8 avr. 2010, n° 09-87.567).

Elle impose au juge de se prononcer sur les preuves produites par la défense et censure ainsi la décision qui « *énonce que le prévenu n'apporte pas des éléments suffisants permettant d'établir qu'il n'est pas l'auteur véritable de l'infraction* », « *sans se prononcer sur la valeur des attestations produites par le prévenu* » (Crim. 11 janv. 2017, deux décisions n° 16-81.794 et 16-81.795), ou sans avoir « *recherché, ainsi qu'il y était invité, si les pièces produites permettaient d'identifier l'auteur véritable de l'infraction* » (Crim. 7 févr. 2023, P n° 22-82.551, D).

Elle valide en revanche la décision qui écarte « *l'attestation d'un ami et un bulletin de situation d'hospitalisation de son fils* » produits par la prévenue, au motif qu'il ne s'agit « *pas d'éléments suffisants permettant d'établir qu'elle n'est pas l'auteur véritable de l'infraction, l'attestation figurant au dossier étant par ailleurs une copie et non un document original* », « *énonciations desquelles il résulte que les pièces produites n'ont pas été considérées comme suffisamment probantes* » (Crim. 11 mai 2017, n° 16-81.810).

C. Les conditions de renversement de la présomption de responsabilité pécuniaire

Outre la discussion qu'il peut engager sur la réalité de l'infraction ou la validité de la procédure qui la constate (V. n° 36.6C), le redevable ne peut s'exonérer que par la preuve de faits limitativement prévus par la loi.

Les circonstances du vol du véhicule ou de l'événement de force majeure (C. route, art. L. 121-3), qui peuvent être soulevées par le titulaire de l'immatriculation pour s'exonérer de la responsabilité pécuniaire, ne donnent pas lieu à un contentieux significatif.

Il en est autrement de la preuve de ce que le mis en cause n'était pas le conducteur du véhicule, dont le régime varie selon que le redevable pécuniairement est une personne physique ou morale.

1. La personne physique titulaire de l'immatriculation peut s'exonérer en montrant qu'elle n'est pas « l'auteur véritable de l'infraction »

À la différence du représentant légal de la personne morale titulaire de l'immatriculation, il n'est pas imparti à la personne physique de fournir « *des renseignements permettant d'identifier l'auteur véritable de l'infraction* » (v. C2 ci-dessous).

Le titulaire de l'immatriculation personne physique échappe en effet à la présomption de responsabilité pécuniaire s'il « *apporte tous éléments permettant d'établir qu'il n'est pas l'auteur véritable de l'infraction* » (C. route, art. L. 121-3).

Ainsi, « *il n'incombe pas au prévenu recherché en qualité de redevable pécuniaire, pour établir qu'il n'est pas l'auteur de l'infraction, de fournir des renseignements permettant d'identifier celui-ci* » (Crim. 4 sept. 2018, n° 17-87.546).

Ces deux modalités de preuve sont bien distinctes, et la première n'est pas une modalité de la seconde.

Sont ainsi censurées les décisions qui, mêlant ces deux conditions, énoncent que la personne « *n'apporte pas tous les éléments permettant d'établir qu'elle n'est pas l'auteur véritable de l'infraction, notamment en ne fournissant pas de renseignements de nature à identifier le conducteur du véhicule qui en est l'auteur* » (Crim. 6 mai 2014, n° 13-83.588, dans le même sens, Crim. 25 sept. 2012, n° 12-80.791).

Si une photographie suffisamment précise du conducteur est prise lors du relevé de l'infraction, elle pourra ainsi lui permettre d'établir qu'il n'était pas le conducteur, par exemple si le conducteur est un homme alors que le titulaire de l'immatriculation est une femme, peu importe que le conducteur ne soit pas identifié (Crim. 6 mai 2014, n° 13-83.588 ; dans le même sens : Crim. 1er avr. 2008, n° 07-86.275, D).

Dès lors que le procès-verbal ne fait pas la preuve de l'identité du conducteur, cette preuve peut s'effectuer par tous moyens, et non pas dans les conditions restrictives de C. pr. pén., art. 537 (sur les modalités de preuve contraire aux énonciations du procès-verbal en matière contraventionnelle, v. n° **17.28D**).

Est ainsi censurée la décision qui rejette l'offre de preuve ne répondant pas aux exigences de C. pr. pén., art. 537, au motif « *d'une part que, si le procès-verbal, qui fait foi jusqu'à preuve contraire dans les conditions prévues par l'article 537 du code de procédure pénale, constatait que le véhicule dont le prévenu est propriétaire circulait à une vitesse excessive, il n'établissait pas que celui-ci en fût le conducteur, et d'autre part que le prévenu pouvait présenter tous éléments permettant d'établir qu'il n'était pas l'auteur véritable de l'infraction* » (Crim. 29 mai 2013, n° 12-85.303, P n° 120).

Toutefois, selon la lecture combinée de C. route, art. L. 121-2, al. 1 et L. 121-3, al. 4, adoptée par la Ch. crim., le locataire personne physique est soumis au régime plus exigeant appliqué au représentant légal de la personne morale. Ainsi, dans des espèces impliquant des personnes physiques locataires de véhicules, la Ch. crim. juge que « *le locataire d'un véhicule est redevable pécuniairement de l'amende encourue.../... à moins .../... qu'il fournisse des renseignements permettant d'identifier l'auteur véritable de l'infraction* » (Crim. 17 oct. 2012, n° 12-82.231 et Crim. 30 oct. 2018, n° 18-81.568).

2. Le dirigeant de la personne morale titulaire de l'immatriculation ne peut s'exonérer qu'en identifiant avec certitude le conducteur

Rappelons que dans le cadre de la procédure d'amende forfaitaire, le titulaire de l'immatriculation personne morale est soumis à l'obligation, pénalement sanctionnée, de révéler l'identité du conducteur ou de justifier du vol du véhicule ou d'une autre circonstance justificative (V. n° **36.1A** et **36.31**, cas **B**). Cette responsabilité pénale se cumule avec la redevabilité pécuniaire au titre de l'infraction routière commise par le conducteur (Crim. 24 janv. 2023, n° 22-83.011, D).

Pour l'appréciation de la responsabilité pécuniaire du représentant légal de la personne morale titulaire de l'immatriculation, C. route, art. L. 121-3, al. 4 renvoie au C. route, art. L. 121-2, al. 1 qui dispose que la personne responsable pécuniairement peut s'exonérer si elle fournit « *des renseignements permettant d'identifier l'auteur véritable de l'infraction* ».

La Ch. crim. juge en conséquence « *qu'il résulte de la combinaison des articles L. 121-2 et L. 121-3 du code de la route que le représentant légal d'une personne morale est redevable pécuniairement de l'amende encourue pour les contraventions .../... commises avec un véhicule immatriculé au nom de cette personne morale, à moins qu'il n'établisse l'existence d'un événement de force majeure ou qu'il ne fournisse des renseignements permettant d'identifier l'auteur véritable de l'infraction* » ; Crim. 2 sept. 2009, n° 08-86.705 (plusieurs arrêts du même jour n° 08-86.706 à n° 08-86.713 et n° 09-81.289 avec le même attendu de principe, v. aussi Crim. 26 nov. 2008, n° 08-83.003, P n° 240, précédant la L. n° 2009-526, 12 mai 2009, consacrant cette jurisprudence en clarifiant C. route, art. L. 121-3).

Elle applique cette exigence non seulement au représentant légal de la personne morale titulaire de l'immatriculation mais aussi au représentant légal de la personne morale locataire du véhicule, considérant qu'il « *se déduit des alinéas 3 et 4 de ce texte [C. route, art. L. 121-3] qu'en l'absence d'identification de l'auteur d'une contravention .../..., le représentant de la personne morale locataire du véhicule doit être déclaré pécuniairement redevable de l'amende encourue* » (Crim. 17 mars 2015, n° 14-82.982).

En cohérence avec sa doctrine selon laquelle C. route, art. L. 121-3 impose aux représentants légaux d'instaurer « *au sein de leur entreprise, un dispositif destiné à permettre l'identification des employés ayant commis des infractions au code de la route* » (Crim. 23 juill. 2014, n° 14-90.027), la Ch. crim. semble faire peser sur le représentant légal une obligation de résultat en ce que les renseignements fournis doivent permettre d'identifier le conducteur de manière effective. Tel n'est pas le cas lorsque le conducteur désigné par le représentant légal de la personne morale conteste sa responsabilité et qu'aucun élément de preuve n'établit qu'il était le conducteur.

Ainsi, dans une espèce où le conducteur désigné explique que le jour des faits il a conduit le véhicule en compagnie de deux passagers qui ont également conduit le véhicule, le juge « *qui a souverainement apprécié les éléments de preuve qui lui étaient soumis* » est fondé à retenir la redevabilité pécuniaire de représentant légal au motif que les termes de l'attestation fournie « *ne permettent cependant pas d'affirmer que M. X était le conducteur du véhicule au moment des faits ; que les renseignements fournis par les prévenus n'ont donc pas permis d'identifier l'auteur véritable de l'infraction* » (Crim. 2 mars 2016, n° 15-81.910).

Dans une autre espèce où le conducteur désigné contestait l'infraction reprochée en expliquant que « *ce véhicule pouvait être conduit par tout employé de la société et qu'aucune photographie ne permettait de l'identifier* », le juge est fondé à condamner pécuniairement le représentant légal en ce que « *les renseignements fournis par le représentant de la personne morale ne permettaient pas d'identifier avec certitude le conducteur du véhicule en cause, au sens des articles L. 121-2 et L. 121-3 du code de la route* » (Crim. 21 juin 2016, n° 15-84.928).

Le juge ne peut ainsi décharger le représentant légal de sa redevabilité pécuniaire en retenant « *que l'intéressé a apporté des éléments démontrant qu'il n'est pas l'auteur de l'infraction* », faculté qui n'est en effet offerte qu'au titulaire de l'immatriculation personne physique (v. C1 ci-dessus), car il lui revient de fournir des « *éléments permettant d'identifier l'auteur de l'infraction* » (Crim. 12 oct. 2011, n° 11-81.572), ou au motif que « *les photographies versées aux débats ne permettent pas d'identifier le conducteur du véhicule, qui est utilisé par plusieurs personnes* » (Crim. 17 mars 2015, n° 14-82.982).

Il ne peut davantage se retrancher derrière des motifs généraux en indiquant que le représentant légal « *a apporté la preuve du vol du véhicule ou de tout autre événement de force majeure, ou a fourni des éléments permettant d'établir qu'il n'était pas l'auteur véritable de l'infraction* », « *sans s'expliquer sur l'existence d'un vol de véhicule ou préciser si le représentant légal de la société avait permis d'identifier l'auteur véritable de l'infraction* » (Crim. 23 mai 2012, n° 11-87.237).

36.6 La mise en œuvre de la redevabilité pécuniaire

A. La nature répressive de l'action contre la personne pécuniairement redevable

Si la condamnation à l'amende du redevable pécuniairement ne constitue pas une condamnation pénale (C. route, art. L. 121-3), le Cons. const., considère, au visa de DDHC, art. 9 relatif à la présomption d'innocence, que la redevabilité pécuniaire est fondée sur une « *présomption de culpabilité en matière répressive* » (Cons. const. 16 juin 1999, déc. n° 99-411 DC, (§ 5). Les poursuites de ce chef semblent donc constituer « *une accusation en matière pénale* » au sens de Conv. EDH, art. 6.

L'action est en effet réservée au ministère public qui saisit le tribunal de police par voie de citation ou par la procédure d'ordonnance pénale (C. route, art. L. 121-3, sur l'ordonnance pénale contraventionnelle, v. n° 15.52).

La redevabilité pécuniaire tire en outre son fondement d'une infraction pénale dont tant la matérialité, les modalités de constatation que la prescription pourront être discutées devant le juge répressif par le redevable pécuniairement, selon les règles, précisées par la jurisprudence de la Ch. crim., empruntées à la matière pénale (v. C ci-dessous). Enfin, le quantum de l'amende applicable au redevable est celui sanctionnant l'infraction pénale reprochée.

Il est toutefois jugé que « *l'action publique n'est pas mise en œuvre par [la] citation devant la juridiction en application de* » C. route, art. L. 121-3 » (Crim. 27 nov. 2018, n° 18-81.622). Il faut donc en déduire que la poursuite contre le redevable pécuniairement n'a pas pour effet d'interrompre la prescription de l'action publique à l'égard du conducteur. S'il est exonéré de sa redevabilité pécuniaire en apportant les « *renseignements permettant d'identifier l'auteur véritable de l'infraction* », il apparaît qu'au sens combiné de C. pr. pén., art. 9-2 et 531, les poursuites engagées contre le premier n'auront donc pas interrompu à l'encontre du second la prescription de l'action publique, courte en matière contraventionnelle (sur les causes d'interruption de l'action publique, v. nº **17.23A**).

La Ch. crim., qui semble faire usage du principe **d'interprétation stricte** de la loi pénale, réserve la redevabilité pécuniaire aux seules **personnes** (Crim. 13 oct. 2010, nº 10-81.575, P nº 159 et Crim. 13 janv. 2010, nº 09-82.964, précitées au nº **36.3B2**) et aux seules **infractions** (Crim. 28 sept. 2005, nº 05-80.347, P nº 242 ; Crim. 2 nov. 2016, nº 15-87.166, précitées au nº **36.3A2**) visées par les textes.

S'agissant du principe de **non-rétroactivité de la loi pénale**, mentionnons que la Ch. crim. a jugé (Crim. 26 nov. 2008, nº 08-83.003, P nº 240), que « *l'amende encourue par la personne redevable pécuniairement au sens de l'article L. 121-3 du code de la route ne constitue pas une peine et que les dispositions nouvelles modifiant ledit article et prévoyant un régime différent d'exonération des redevables de cette amende ayant la qualité de représentants légaux d'une personne morale sont applicables même aux infractions commises antérieurement* » (Crim. 15 sept. 2010, nº 09-87.326, P nº 135). La portée de cette décision semble pouvoir être relativisée car elle fût rendue dans un contexte normatif en définitive constant puisqu'était discutée l'application immédiate de L. nº 2009-526, 12 mai 2009, laquelle ne faisait que clarifier la rédaction de C. route, art. L. 121-3 en consacrant l'interprétation jurisprudentielle qui en était faite par Ch. crim.

B. Les modalités de poursuite du redevable pécuniairement

1. La compétence matérielle et territoriale du tribunal de police

Selon C. route, art. L. 121-3, le tribunal de police est compétent pour statuer sur l'action contre le redevable pécuniairement.

Les règles de compétence matérielle et territoriale du tribunal de police s'appliquent donc, sauf à observer que les poursuites contre le redevable au titre d'un délit de défaut d'assurance de véhicule (V. nº **36.3A**) semblent relever de cette même compétence par dérogation aux attributions du tribunal correctionnel définies par C. pr. pén., art. 381.

Par application de C. pr. pén., art. 522 « *la juridiction compétente pour connaître de la redevabilité pécuniaire du représentant légal d'une personne morale est, soit celle du lieu de commission ou de constatation de l'infraction, soit la juridiction du lieu du siège social de cette personne morale à la date de la contravention* » (Crim. 4 juin 2014, nº 13-87.278, P nº 145).

2. Les modalités de saisine de la juridiction

La poursuite contre le redevable est l'issue d'une contestation d'une amende forfaitaire dirigée contre le titulaire de l'immatriculation, par hypothèse, elle n'est donc pas engagée par la voie de l'amende forfaitaire et les textes ne prévoient pas en effet une telle modalité.

La poursuite peut être engagée par ordonnance pénale (C. route, art. L. 121-3). Il est donc ici renvoyé aux règles relatives à l'ordonnance pénale contraventionnelle (v. nº **15.52**), où à celle de l'ordonnance pénale délictuelle dans le cas de défaut d'assurance (v. nº **15.47** s.), ce qui renvoie, en cas d'opposition du prévenu ou du ministère public, aux difficultés d'interprétation de C. route, art. L. 121-3 (V. **B1** ci-dessus) qui prévoit la compétence du tribunal de police pour statuer sur la redevabilité pécuniaire.

S'agissant de poursuites vouées à une condamnation pécuniaire dont le quantum encouru sera celui d'une infraction, les textes d'incrimination et de répression de cette dernière, ainsi que C. route, art. L. 121-3 qui est le fondement de la redevabilité pécuniaire, devront figurer dans l'acte de poursuite, conformément aux développements figurant aux nºs **15.5** à **15.7** (C. pr. pén., art. 551).

Toutefois, lorsque la personne a été poursuivie comme auteur de la contravention et que le tribunal la relaxe en la déclarant toutefois redevable pécuniairement de l'amende, il n'est pas nécessaire que C. route, art. L. 121-3 ait été visé dans les poursuites initiales car cette disposition « *n'est pas un texte d'incrimination* » (Crim. 1 oct. 2003, nº 02-87.349, P nº 179), sous réserve qu'elle ait été mise en mesure de se défendre sur cette responsabilité (v. la jurisprudence citée au nº **36.4B**).

« *pour l'application de l'article L. 121-3, alinéa 3, du code de la route, la citation doit être délivrée à la seule personne physique qui était, au moment des faits, le représentant légal de la personne morale titulaire du certificat d'immatriculation et qui, à ce titre, est pécuniairement redevable de l'amende encourue* » (Crim. 22 janv. 2013, deux décisions nº 12-81.605 et 12-81.606 ; Crim. 15 janv. 2013, nº 12-80.862 ; Crim. 19 déc. 2012, nº 12-80.861, P nº 284, et nº 12-81.607, P nº 284), « *à laquelle incombe uniquement la responsabilité pécuniaire des infractions* » (Crim. 19 déc. 2012, nº 12-81.984 et nº 12-81.313).

Est ainsi nulle la citation délivrée à « *la société X, prise en la personne de son représentant légal* », puisque la personne morale titulaire de l'immatriculation n'est pas redevable pécuniairement (Crim. 19 déc. 2012, n° 12-81.311).

« *le ministère public peut poursuivre directement, en tant que pécuniairement redevable de l'amende encourue .../..., le locataire mentionné sur le certificat d'immatriculation du véhicule contrôlé, dont les informations sont reprises officiellement par le service d'immatriculation des véhicules* », sans qu'il soit nécessaire de mettre en cause préalablement la personne morale titulaire de l'immatriculation (Crim. 31 mars 2016, n° 15-83.269 et Crim. 27 oct. 2015, n° 14-87.307, P n° 233).

C. Les modalités d'exercice de la défense du redevable pécuniairement

Selon les diverses décisions ayant eu à statuer sur le régime procédural de l'action contre le redevable pécuniairement, les règles applicables sont empruntées à celles du procès pénal.

Ainsi, la personne poursuivie, appelée « *prévenue* », peut en application de C. pr. pén., art. 544, « *se faire représenter, devant le tribunal de police.../..., par un avocat ou par un fondé de procuration spéciale* » (Crim. 24 mai 2011, n° 10-88.783). Elle « *ne saurait se faire un grief d'une insuffisance ou d'un défaut de réponse à conclusions, dès lors que les écrits qu'elle a adressés à la juridiction ne valent pas conclusions régulièrement déposées au sens de l'article 459 du code de procédure pénale, faute pour elle d'avoir comparu à l'audience ou d'y avoir été représentée* » (Crim. 28 févr. 2012, n° 11-85.945).

La défense du redevable n'est pas réduite aux seuls moyens de renversement de la présomption de redevabilité pécuniaire sur le fondement de C. route, art. L. 121-3 (v. n° **36.5C**) mais s'étend à la discussion de la réalité de l'infraction et de la régularité de la procédure. Le juge est ainsi tenu de répondre à ses conclusions « *fussent-elles fondées sur un moyen de défense autre que ceux énumérés* » au C. route, art. L. 121-3, al. 1, car elles « *revêtaient en effet un caractère péremptoire en ce qu'elles contestaient l'existence même de l'infraction* » (Crim. 17 mars 2020, n° 19-84.399, P).

Est ainsi censurée, à titre d'exemple, la décision qui se prononce « *sans répondre aux conclusions du prévenu, qui faisait notamment valoir que la dernière vérification du cinémomètre était irrégulière* » (Crim. 29 sept. 2010, n° 10-82.890, Crim. 25 mai 2011, n° 10-85.418) ou que la limitation de vitesse ne résultait pas d'un arrêté publié ni signé par l'autorité compétente (Crim. 17 mars 2020, n° 19-84.399, P). Est également confirmée la décision renvoyant le redevable des fins de la poursuite, démonstration étant faite par expertise que le véhicule concerné ne pouvait atteindre la vitesse relevée par cinémomètre (Crim. 8 mars 2016, n° 15-83.019, P n° 68).

Le redevable peut également soulever la **prescription de l'action publique** de la contravention (Crim. 12 mai 2010, n° 09-88.085).

C. pr. pén., art. 513 qui prévoit que le prévenu ou son avocat auront toujours la parole les derniers « *s'applique également à la personne redevable pécuniairement d'une amende* » (Crim. 7 nov. 2017, n° 17-80.831, P n° 245).

S'agissant des voies de recours, les règles de qualification du jugement rendu par le tribunal de police, en dernier ou premier ressort, sont celles applicables en cas de condamnation pénale (sur l'appel ou le pourvoi en cassation contre le jugement du tribunal de police, v. n° **19.11A1**). En vertu des dispositions de « *l'article 546 du code de procédure pénale, qui sont applicables à la personne déclarée redevable pécuniairement d'une amende* » il en résulte qu'une condamnation à une peine d'amende supérieure à 150 € pour une contravention de 3e ou 4e classe n'est susceptible que d'un appel et que le pourvoi en cassation est donc irrecevable (Crim. 31 janv. 2012, n° 11-86.178, P n° 26).

D. La peine applicable au redevable pécuniairement

« *le titulaire du certificat d'immatriculation ne peut être déclaré redevable pécuniairement de l'amende que par une décision juridictionnelle prenant en considération .../... les facultés contributives de la personne intéressée* » (Cons. const. 16 juin 1999, déc. n° 99-411 DC, (§ 6), décision précitée au n° **36.2B**). Le prononcé de l'amende obéit donc aux exigences de motivation de la peine contraventionnelle (V. n° **18.6A2**) et plus particulièrement de la peine d'amende (V. n° **18.16A1**). S'il « *se déduit de C. route, art. L. 121-3 que les juges qui déclarent le titulaire du certificat d'immatriculation du véhicule redevable pécuniairement de l'amende encourue pour les infractions visées par ce texte doivent motiver leur décision au regard des ressources et charges de l'intéressé* » (§ 11), le juge n'a toutefois pas à recherche d'autres éléments que ceux qui lui sont produits (§ 12) (Crim. 31 mai 2023, n° 22-87.124, P).

La condamnation du titulaire de l'immatriculation au paiement de l'amende au titre de sa redevabilité pécuniaire n'emporte pas déclaration de culpabilité ni condamnation pénale (C. route, art. L. 121-3,

v. n° 36.2A). Ainsi, « *seul un prévenu déclaré coupable de contraventions [...] peut se voir appliquer une dispense de peine* » sur le fondement de C. pén., art. 132-58, il en résulte donc qu'une personne déclarée pécuniairement redevable ne peut faire l'objet d'une telle mesure (Crim. 8 mars 2016, n° 15-83.561).

Lorsque le prévenu est déclaré redevable de l'amende, la juridiction de jugement précise dans sa décision le montant de l'amende restant dû après déduction du montant de la **consignation** (C. pr. pén., art. R. 49-18). S'il n'est pas déclaré redevable, la juridiction ordonne le remboursement de la consignation au prévenu (C. pr. pén., art. 530-1 et R. 49-18).

Il résulte de la combinaison de C. pr. pén., art. 529-10 et 530-1 qu'en « *cas de recours de la personne titulaire du certificat d'immatriculation poursuivie sur le fondement de l'article 121-3 du code de la route, contre l'application d'une amende forfaitaire, l'amende prononcée ne peut être inférieure au montant de l'amende qui aurait été due si l'intéressé n'avait pas présenté une réclamation, augmentée d'une somme de 10 %* » (Crim. 29 mai 2013, n° 12-86.815 ; Crim. 8 déc. 2010, n° 10-83.413). Cette majoration n'est applicable qu'au redevable pécuniairement et non à la personne pénalement responsable (Crim. 24 mars 2010, n° 09-86.375, P n° 56).

Dans le cas où les poursuites sont exercées contre le représentant légal de la personne morale titulaire de l'immatriculation, sont seuls applicables les quantum d'amende prévus pour les personnes physiques par C. pén., art. 131-13, et non leur quintuple réservé aux personnes morales en application de C. pén., art. 131-41. Sont donc censurées les décisions « *condamnant une personne physique déclarée pécuniairement redevable, à une amende applicable aux seules personnes morales déclarées coupables d'une contravention* » (Crim. 12 mai 2010, n° 10-80.031, P n° 83, et arrêts du même jour en ce sens : n°s 10-80.032, 10-80.034 et 10-80.035).

36.7 Conduite en état alcoolique ou d'ivresse – Délit

■ PEINES

PERSONNE PHYSIQUE

PP Délit. 2 ans d'emprisonnement, 4 500 € (C. route, art. L. 234-1).

PC 1. Tig 20 à 400 h (depuis L. n° 2019-222, 23 mars 2019, auparavant **280 h** depuis L. n° 2014-896, 15 août 2014, auparavant 210 h) (C. route, art. L. 234-2 3° ; C. pén., art. 131-8) ;

2. Jours-amende (⩽ 360 jours x ⩽ 1 000 € (depuis L. n° 2004-204, 9 mars 2004, art. 173-1 [auparavant 300 €]) (C. route, art. L. 234-2 4° ; C. pén., art. 131-5 et 131-25) ;

3. Confiscation du véhicule utilisé pour commettre l'infraction, si le condamné en est propriétaire (C. route, art. L. 234-2 8°, depuis L. n° 2019-1428, 24 déc. 2019) ;

4. **Récidive.** Confiscation *obligatoire, sauf motivation spéciale* (L. n° 2011-267, 14 mars 2011) ou immobilisation ⩽ 1 an véhicule utilisé pour l'infraction, si le prévenu en est propriétaire (C. route, art. L. 234-12 I) ;

5. Suspension (sans sursis ni aménagement) ou interdiction délivrance (obligatoire si **récidive**) PC ⩽ 3 ans, exécution provisoire possible (C. route, art. L. 224-12, L. 224-13, L. 234-2 et L. 234-13) ;

6. Annulation ⩽ 3 ans du PC **sauf récidive**, exécution provisoire possible (C. route, art. L. 224-13 et L. 234-2) ;

7. Annulation **obligatoire** du PC **en cas de récidive**, avec interdiction ⩽ 3 ans de conduire un véhicule non équipé d'un éthylotest électronique anti-démarrage (EAD), exécution provisoire possible (C. route, art. L. 224-13, L. 234-2 et L. 234-13 réd. issue L. n° 2019-1428, 24 déc. 2019) ;

8. Interdiction, ⩽ 5 ans, de conduire certains véhicules terrestres à moteur, y compris ceux pour lesquels le permis n'est pas exigé (C. route, art. L. 234-2) ;

9. Obligation d'accomplir un stage de sensibilisation à la sécurité routière aux frais du condamné (C. pén., art. 131-35-1, C. route, art. L. 234-2, 6°) (pour les faits commis avant le 24 mars 2020 et jugés après cette date, L. n° 2019-222, 23 mars 2019, en vigueur le 24 mars 2020. Pour les faits commis à partir du 24 mars 2020, v. nouvelle réd. C. pén., art. 131-5-1 et n° 18.33) ;

10. Interdiction, ⩽ 5 ans, de conduire un véhicule qui ne soit pas équipé par un professionnel agréé ou par construction d'un dispositif homologué d'anti-démarrage par éthylotest électronique. L'interdiction s'applique à l'issue de la peine d'annulation ou de suspension du PC éventuellement

prononcée (C. route, art. L. 234-2, 7° ; L. n° 2011-267, 14 mars 2011), sanctions du non-respect de l'interdiction, v. n° 36.33.

PERSONNE MORALE

PP Délit. 22 500 € (C. route, art. L. 234-1 ; C. pén., art. 131-38).

PC Néant.

■ ORIENTEUR

AUTRE QUALIFICATION

▪ **Refus de vérification de l'état alcoolique – code de la route.** V. n° 36.17.

▪ **Conduite après usage de stupéfiants.** V. n° 36.9 en cas de consommation simultanée de stupéfiants.

RÉGIME PROCÉDURAL

▪ **Compétence juridictionnelle. Juge unique** (C. pr. pén., art. 398-1 2°, v. n° 17.15D2).

▪ **Ordonnance pénale. Possible** (C. pr. pén., art. 495-II, v. n° 15.48B1 et tableau n° 17.15D2).

▪ **Mesure provisoire. Immobilisation judiciaire et mise en fourrière du véhicule.** L'immobilisation du véhicule peut être prescrite par le maire ou l'OPJ territorialement compétent pour faire cesser l'infraction (C. route, art. L. 325-1, R. 325-3 et R. 325-4). En cas de récidive, en vue du prononcé de la peine de confiscation obligatoire, l'OPJ peut, avec l'autorisation préalable du procureur de la République donnée par tout moyen, faire procéder à l'immobilisation et à la mise en fourrière du véhicule (C. route, art. L. 325-1-1).

▪ **Régime de la preuve. • Preuve de l'alcoolémie et modalités de dépistage.** V. n°s 13.2 s. **• Preuve de l'état d'ivresse manifeste.** « *la preuve du délit de conduite en état d'ivresse manifeste peut être établie par tous moyens* » et se prononce par des motifs contradictoires la cour qui relaxe le prévenu « *nonobstant le procès-verbal constatant qu'il présentait tous les signes de l'ivresse, tenait des propos incohérents et avait une haleine sentant fortement l'alcool* » (Crim. 21 juin 2006, n° 05-85.196). Si les dispositions du C. route proscrivent « *que les épreuves de dépistage ainsi que les vérifications médicales, cliniques et biologiques ou ces dernières vérifications seulement, seront utilisées à l'égard de l'auteur présumé de l'infraction de conduite en état d'ivresse manifeste, l'inobservation de ces dispositions légales n'interdit nullement aux juges de recourir comme ils l'ont fait à tout autre moyen de preuve pour déterminer d'après leur intime conviction, si le prévenu s'est rendu coupable de ce délit* » (Crim. 24 janv. 1973, n° 72-90.691, P n° 33 ; dans le même sens : Crim. 12 avr. 1995, n° 94-84.888, P n° 156). **• Refus de signature du procès-verbal.** « *le refus de signer le procès-verbal n'affecte en rien sa validité* » dès lors qu'y figure la mention que la personne a refusé de signer (Crim. 2 sept. 2020, n° 19-84.665, D ; dans le même sens : Crim. 9 févr. 2000, n° 99-80.371, P).

MESURE ADMINISTRATIVE

▪ **Mesure conservatoire. Rétention provisoire du permis de conduire.** La rétention du permis de conduire peut être mise en œuvre pour une durée maximale de 72 h, ou de 120 h depuis L. n° 2019-1428, 24 déc. 2019 si des vérifications biologiques sont effectuées, par l'OPJ ou APJ, dans l'attente de la suspension du permis par le préfet (C. route, art. L. 224-1 et L. 224-2, v. n° 11.70A). Pendant la durée de la rétention, ainsi que dans le cas où le conducteur n'est pas titulaire de ce titre, il peut être procédé d'office à l'immobilisation du véhicule jusqu'à ce qu'un conducteur qualifié, proposé par le conducteur ou le propriétaire du véhicule, en assure la conduite (C. route, art. L. 224-4).

▪ **Mesure provisoire. Restriction administrative du droit de conduire.** La suspension administrative du permis de conduire, ou l'interdiction de conduire un véhicule non équipé d'un éthylotest d'anti-démarrage, peut être prononcée par arrêté par le préfet (C. route, art. L. 224-2, L. 224-7 et R. 224-6, v. n°s 11.69A à 11.69C).

▪ **Mesure provisoire. Immobilisation et mise en fourrière.** En cas de conduite en état alcoolique établi par un éthylomètre ou de conduite en état d'ivresse manifeste, avec l'autorisation préalable du préfet, l'OPJ ou l'APJ peut faire procéder à l'immobilisation du véhicule et à sa mise en fourrière provisoire durant 7 jours jusqu'à la décision d'immobilisation judiciaire prise par le parquet (C. route, art. L. 325-1-2, v°n° 11.69C). La L. n° 2019-1428, 24 déc. 2019, a supprimé la condition de récidive auparavant exigée.

▪ **Perte de points du permis de conduire.** 6 points (C. route, art. L. 234-1, L. 223-2 et R. 223-1).

RÉGIME DES PEINES

▪ **Constitutionnalité. Annulation obligatoire du permis de conduire en cas de récidive** (C. route, art. L. 234-13). S'il est tenu de prononcer l'annulation du permis de conduire, le juge peut, outre la mise en œuvre des dispositions du code pénal relatives aux dispenses et relevé de peines, fixer la durée de l'interdiction dans la limite de 3 ans. En conséquence, C. route, art. L. 224-13 (dans sa rédaction antérieure à L. nº 2019-1428, 24 déc. 2019) ne porte pas atteinte au principe d'individualisation des peines découlant de DDHC de 1789, art. 8 (Cons. const. 29 sept. 2010, nº 2010-40 QPC, § 5).

▪ **Effets de la récidive. • Délits assimilés – Récidive spéciale et temporaire.** Les délits prévus par C. route, art. L. 221-2 (conduite sans permis), L. 234-1 (conduite en état alcoolique ou d'ivresse), L. 235-1 (conduite après usage de stupéfiants), L. 413-1 (grand excès de vitesse) et, depuis L. nº 2022-52, 24 janv. 2022, L. 233-1 (refus d'obtempérer simple) et L. 233-1-1 (refus d'obtempérer aggravé), sont considérés comme une même infraction au regard de la **récidive** (C. pén., art. 132-16-2). Ces délits routiers sont également assimilés aux délits, commis lors de la conduite d'un véhicule terrestre à moteur, d'homicide (C. pén., art. 221-6-1), de blessures involontaires avec ITT ⩾ 3 mois (C. pén., art. 222-19-1) ou avec ITT < 3 mois (C. pén., art. 222-19-1) lorsqu'ils constituent le second terme de la récidive (C. pén., art. 132-16-2 ; Crim. 31 mai 2016, nº 15-84.329, P nº 167). **• Premier terme de la récidive – Récidive générale et temporaire.** Les peines obligatoires de confiscation du véhicule (C. route, art. L. 234-12) ou d'annulation du permis de conduire (C. route, art. L. 234-13) ne sont prévues qu'en cas de récidive du même délit ou de délit assimilé au regard de la récidive au sens de C. pén., art. 132-10 (récidive spéciale et temporaire). Elles ne sont donc pas applicables en cas de récidive lorsque le premier terme est une condamnation criminelle ou une condamnation pour délit passible de 10 ans au sens de C. pén., art. 132-9 (récidive générale et temporaire) (sur la récidive, v. nº **18.5B**). **• Annulation obligatoire du permis de conduire en cas de récidive – application de la loi dans le temps.** Dans le cas de récidive, la L. nº 2019-1428, 24 déc. 2019 a substitué à la peine d'annulation obligatoire du permis de conduire ⩽ 3 ans celle d'annulation obligatoire du permis de conduire avec interdiction ⩽ 3 ans de conduire un véhicule non équipé d'un éthylotest électronique anti-démarrage (EAD) (C. route, art. L. 234-13 réd. issue L. nº 2019-1428, 24 déc. 2019). Désormais, il n'appartient plus au juge de moduler la durée de l'annulation mais seulement la durée de l'interdiction de conduire un véhicule dépourvu d'EAD. Sous réserve du contrôle médical et de l'examen psychotechnique d'aptitude prévus au C. route, art. L. 224-14, la personne condamnée peut donc se présenter immédiatement aux épreuves du permis de conduire après la décision d'annulation. Cette pénalité plus douce est dès lors applicable aux faits commis avant le 27 déc. 2020, date d'entrée en vigueur de L. nº 2019-1428, 24 déc. 2019 (Crim. 12 oct. 2021, nº 21-80.370, P). Le point de départ de l'interdiction de conduire un véhicule sans EAD est celui de la date d'obtention du permis de conduire et le titre valant justification du droit de conduire limité aux véhicules munis d'un EAD est délivré par le greffe de la juridiction conformément à C. pén., art. R. 131-4 et R. 131-4-1.

▪ **Confiscation du véhicule.** Le véhicule conduit en état d'ivresse ne constitue « *pas l'objet de l'infraction mais le bien ayant servi à commettre cette dernière* » (§ 20) (Crim. 8 nov. 2022, nº 21-86.096, D) (sur la confiscation de l'instrument de l'infraction, v. nº **18.35B2**).

▪ ÉLÉMENTS CONSTITUTIFS – QUALIFICATION

✧ Pour avoir à .... [¤ lieu], le .... [¤ date], conduit un véhicule – ou accompagné un élève conducteur – en se trouvant sous l'empire d'un état [⇨A ou B :]

A. alcoolique caractérisé par la présence (A : *N* ***1247.ju*** *;* récidive : *N* ***8544.ju***) [⇨1 ou 2] ;

1. dans son sang d'un taux d'alcool pur égal ou supérieur à 0,80 g par litre, en l'espèce .... [taux] ;

2. dans l'air expiré d'un taux d'alcool égal ou supérieur à 0,40 mg par litre, en l'espèce .... [taux].

B. d'ivresse manifeste (B : *N* ***41.ju*** *;* récidive : *N* ***9009.ju***).

Faits prévus et réprimés par les articles L. 234-1, L. 234-2, L. 224-12, L. 234-12 et L. 234-13 du code de la route. ✧

36.8 Conduite en état alcoolique – Contraventions

■ PEINES

PERSONNE PHYSIQUE

PP Contrav. 4e cl. 750 € (C. route, art. R. 234-1 ; C. pén., art. 131-13).

PC 1. Suspension ou interdiction de délivrance, ⩽ 3 ans, du PC ; exécution provisoire possible (C. route, art. L. 224-12, L. 224-13, R. 234-1) ;

2. Interdiction, ⩽ 3 ans, de conduire un véhicule qui ne soit pas équipé par un professionnel agréé ou par construction d'un dispositif homologué d'anti-démarrage par éthylotest électronique. (C. route, art. L. 234-17 et R. 234-1, depuis D. nº 2018-795, 17 sept. 2018), sanction du non-respect de l'interdiction, v. nº 36.33.

PERSONNE MORALE

PP Contrav. 4e cl. 3 750 € (C. route, art. R. 234-1 ; C. pén., art. 131-41).

PC Néant.

■ ORIENTEUR

AUTRE QUALIFICATION

▪Renvoi. *Idem* nº 36.7.

▪ **Conduite malgré interdiction judiciaire d'un véhicule non équipé d'un dispositif d'anti-démarrage par éthylotest électronique (EAD) (L. nº 2011-267, 14 mars 2011).** V. nº 36.33.

▪ **Conduite non conforme d'un véhicule équipé d'un dispositif d'antidémarrage par éthylotest électronique (EAD).** V. nº 36.34.

ÉLÉMENT LÉGAL

▪ **Application de la loi dans le temps. Cas E** : incrimination issue du D. nº 2019-871, 21 août 2019, en vigueur à compter du 1er octobre 2019.

TEXTE DE RÉFÉRENCE

▪ **Permis probatoire. Cas B** : sur le délai probatoire de 2 ou 3 ans du permis de conduire, v. nº 36.30, Orienteur/Texte de référence (C. route, art. L. 223-1, R. 223-1).

▪ **Éthylotest anti-démarrage. Cas E** : sur la soumission du conducteur à l'utilisation d'un EAD en exécution d'une décision judiciaire, v. nº 36.33., d'une décision administrative, v. nº 36.34.

▪ **Modalités de mesure de l'alcoolémie.** V. nos 13.2 s.

RÉGIME PROCÉDURAL

▪ **Mesure provisoire.** L'immobilisation du véhicule peut être prescrite par le maire ou l'OPJ territorialement compétent pour faire cesser l'infraction (C. route, art. R. 234-1, R. 325-3 et R. 325-4).

MESURE ADMINISTRATIVE

▪ **Mesure provisoire. Restriction administrative du droit de conduire.** La suspension administrative du permis de conduire, ou l'interdiction de conduire un véhicule non équipé d'un éthylotest d'anti-démarrage, peut être prononcée par arrêté par le préfet (C. route, art. L. 224-2, L. 224-7 et R. 224-6, v. nos 11.69A à 11.69C).

▪ **Mesure provisoire. Immobilisation et mise en fourrière.** En cas de conduite en état alcoolique établi par un éthylomètre, avec l'autorisation préalable du préfet, l'OPJ ou l'APJ peut faire procéder à l'immobilisation du véhicule et à sa mise en fourrière provisoire durant 7 jours jusqu'à la décision d'immobilisation judiciaire prise par le parquet (C. route, art. L. 325-1-2, v°nº 11.69C).

▪ **Perte de points du permis de conduire.** 6 points (C. route, art. R. 234-1).

■ ÉLÉMENTS CONSTITUTIFS – QUALIFICATION

✧ Pour avoir à .... [¤ lieu], le .... [¤ date], [⇨A à F :]

A. Véhicule de transport en commun

conduit un véhicule de transport en commun en se trouvant sous l'empire d'un état alcoolique caractérisé par la présence (A : *N* ***25434.c4***) [⇨A1 ou A2 :]

A1. dans son sang d'un taux d'alcool pur égal ou supérieur à 0,20 g par litre mais inférieur à 0,80 g, en l'espèce .... [¤ taux] ;

A2. dans l'air expiré d'un taux d'alcool égal ou supérieur à 0,10 mg par litre mais inférieur à 0,40 mg/l, en l'espèce .... [¤ taux].

B. Conducteur titulaire d'un permis probatoire

étant titulaire d'un permis de conduire soumis au délai probatoire défini à l'article L. 223-1 du code de la route, conduit un véhicule sous l'empire d'un état alcoolique caractérisé par la présence (B : *N 31060.c4*) [⇨B1 ou B2 :]

B1. dans son sang d'un taux d'alcool pur égal ou supérieur à 0,20 g par litre mais inférieur à 0,80 g, en l'espèce .... [¤ taux] ;

B2. dans l'air expiré d'un taux d'alcool égal ou supérieur à 0,10 mg par litre mais inférieur à 0,40 mg/l, en l'espèce .... [¤ taux].

C. Élève conducteur

étant élève conducteur, en situation d'apprentissage de la conduite au sens de l'article R. 211-3 du code de la route, conduit un véhicule sous l'empire d'un état alcoolique caractérisé par la présence (C : *N 31061.c4*) [⇨C1 ou C2 :]

C1. dans son sang d'un taux d'alcool pur égal ou supérieur à 0,20 g par litre mais inférieur à 0,80 g, en l'espèce .... [¤ taux] ;

C2. dans l'air expiré d'un taux d'alcool égal ou supérieur à 0,10 mg par litre mais inférieur à 0,40 mg/l, en l'espèce .... [¤ taux].

D. Accompagnateur d'un élève conducteur

accompagné un élève conducteur, en situation d'apprentissage de la conduite au sens de l'article R. 211-3 du code de la route, sous l'empire d'un état alcoolique caractérisé par la présence (D : *N 31062.c4*) [⇨D1 ou D2 :]

D1. dans son sang d'un taux d'alcool pur égal ou supérieur à 0,50 g par litre mais inférieur à 0,80 g, en l'espèce .... [¤ taux] ;

D2. dans l'air expiré d'un taux d'alcool égal ou supérieur à 0,25 mg par litre mais inférieur à 0,40 mg/l, en l'espèce .... [¤ taux].

E. Conducteur soumis à l'utilisation d'un éthylotest anti-démarrage (EAD)

alors qu'il était soumis à l'obligation d'utiliser un éthylotest anti-démarrage, conduit un véhicule en se trouvant sous l'empire d'un état alcoolique caractérisé par la présence (E : *N 33329.c4*) [⇨E1 ou E2 :]

E1. dans son sang d'un taux d'alcool pur égal ou supérieur à 0,20 g par litre mais inférieur à 0,80 g, en l'espèce .... [¤ taux] ;

E2. dans l'air expiré d'un taux d'alcool égal ou supérieur à 0,10 mg par litre mais inférieur à 0,40 mg/l, en l'espèce .... [¤ taux].

F. Autre catégorie de véhicule ou de conducteur

conduit un véhicule en se trouvant sous l'empire d'un état alcoolique caractérisé par la présence (F : *N 13322.c4*) [⇨F1 ou F2 :]

F1. dans son sang d'un taux d'alcool pur égal ou supérieur à 0,50 g par litre mais inférieur à 0,80 g, en l'espèce .... [¤ taux] ;

F2. dans l'air expiré d'un taux d'alcool égal ou supérieur à 0,25 mg par litre mais inférieur à 0,40 mg/l, en l'espèce .... [¤ taux].

Faits prévus et réprimés par l'article R. 234-1 du code de la route. ✧

36.9 Conduite après usage de stupéfiants

■ PEINES

PERSONNE PHYSIQUE

PP Délit. Cas A : 2 ans d'emprisonnement, 4 500 €. Cas B : 3 ans, 9 000 € (C. route, art. L. 235-1).

PC 1. Tig 20 à 400 h (depuis L. nº 2019-222, 23 mars 2019, auparavant 280 h depuis L. nº 2014-896, 15 août 2014, auparavant 210 h) (C. route, art. L. 235-1 ; C. pén., art. 131-8) ;

2. Jours-amende (⩽ 360 jours x ⩽ 1 000 € (depuis L. n° 2004-204, 9 mars 2004, art. 173-1 [auparavant 300 €]) (C. route, art. L. 235-1 ; C. pén., art. 131-5 et 131-25) ;

3. Confiscation du véhicule utilisé pour commettre l'infraction, si le condamné en est propriétaire (C. route, art. L. 235-1 8°, depuis L. n° 2019-1428, 24 déc. 2019) ;

4. Récidive. confiscation *obligatoire, sauf motivation spéciale* (L. n° 2011-267, 14 mars 2011) ou immobilisation ⩽ 1 an véhicule utilisé pour l'infraction, si le prévenu en est propriétaire (C. route, art. L. 235-4) ;

5. Suspension (sans sursis ni aménagement) ou interdiction de délivrance (obligatoire si **récidive**), ⩽ 3 ans, du PC ; exécution provisoire possible (C. route, art. L. 224-12, L. 224-13, L. 235-1 et L. 235-4) ;

6. Annulation (obligatoire si **récidive**), ⩽ 3 ans, du PC ; exécution provisoire possible (C. route, art. L. 224-13, L. 235-1 et L. 235-4).

7. Interdiction ⩽ 5 ans de conduire certains véhicules terrestres à moteur, y compris ceux pour lesquels le permis n'est pas exigé (C. route, art. L. 235-1) ;

8. Obligation d'accomplir un stage de sensibilisation à la sécurité routière aux frais du condamné (C. pén., art. 131-35-1, C. route, art. L. 235-1) (pour les faits commis avant le 24 mars 2020 et jugés après cette date, L. n° 2019-222, 23 mars 2019, en vigueur le 24 mars 2020. Pour les faits commis à partir du 24 mars 2020, v. nouvelle réd. C. pén., art. 131-5-1 et n° 18.33) ;

9. Stage de sensibilisation aux dangers de l'usage de produits stupéfiants aux frais du condamné (C. pén., art. 131-35-1 et C. route, art. L. 235-1 [L. n° 2007-297, 5 mars 2007]) (pour les faits commis avant le 24 mars 2020 et jugés après cette date, L. n° 2019-222, 23 mars 2019, en vigueur le 24 mars 2020. Pour les faits commis à partir du 24 mars 2020, v. nouvelle réd. C. pén., art. 131-5-1 et n° 18.33).

PERSONNE MORALE

PP Délit. Cas A : **22 500 €**. Cas B : **45 000 €** (C. route, art. L. 235-1 ; C. pén., art. 131-38).

PC Néant.

▪ ORIENTEUR

AUTRE QUALIFICATION

▪ **Refus des analyses ou examens par un conducteur de véhicule – Recherche de stupéfiants.** V. n° 36.19.

ÉLÉMENT LÉGAL

▪ **Constitutionnalité. L'incrimination de conduite après usage de stupéfiants** a été validée par le Cons. const., au motif qu'il « *était loisible au législateur d'instituer une qualification pénale particulière pour réprimer la conduite lorsque le conducteur a fait usage de stupéfiants ; qu'à cette fin, il a précisé que l'infraction est constituée dès lors que l'usage de produits ou de plantes classés comme stupéfiants est établi par une analyse sanguine ; que, d'autre part, il appartient au pouvoir réglementaire, sous le contrôle du juge compétent, de fixer, en l'état des connaissances scientifiques, médicales et techniques, les seuils minima de détection témoignant de l'usage de stupéfiants ; que, par suite, le moyen tiré de ce que le législateur aurait méconnu le principe de légalité des délits en omettant de préciser la quantité de produits stupéfiants présents dans le sang pour que l'infraction soit constituée doit être écarté* » (Cons. const. 9 déc. 2011, n° 2011-204 QPC).

TEXTE DE RÉFÉRENCE

▪ **Modalités de dépistage et de mesure de la consommation de stupéfiants.** V. n° 13.9.

ÉLÉMENT MATÉRIEL

▪ **Consommation simultanée d'alcool.** L'aggravation est constituée dès l'atteinte du taux d'alcool contraventionnel, lequel dépend de la catégorie du véhicule et du conducteur (v. n° 36.8), il n'y a pas d'aggravation supplémentaire lorsque le seuil délictuel de taux d'alcool (v. n° 36.7) est atteint. La preuve de la consommation d'alcool est exclusivement rapportée par la prise de sang ou l'air expiré et ne peut résulter de l'ivresse manifeste (C. route, art. L. 235-1).

▪ **Consommation remontant à plusieurs heures.** La C. cass. précise que le texte incrimine le seul fait de conduire un véhicule après avoir fait usage de stupéfiants dès lors que cet usage résulte d'une analyse sanguine. Est donc condamnée la personne qui n'est plus sous l'influence de ces stupéfiants du fait d'une consommation qui, selon l'expert, remontait à de nombreuses heures (Crim. 12 mars 2008, n° 07-83.476, P n° 61).

▪ **Concentration de THC.** « *Ce texte incrimine le seul fait de conduire un véhicule après avoir fait usage de stupéfiants dès lors que cet usage résulte d'une analyse sanguine* ». Méconnaît donc ce principe la juridiction qui énonce que le prévenu présentait dans le sang un taux d'acide tétrahydorcannabinol-carboxylique < 20 nanogrammes par millilitre, en l'espèce 3,2 ng/ml et qu'elle n'était donc plus sous l'influence du cannabis au moment du contrôle (Crim. 7 mai 2018, n° 17-84.744, D ; dans le même sens : Crim. 3 oct. 2012, n° 12-82.498, P n° 207, Crim. 8 juin 2011, n° 11-81.218, D). Cette jurisprudence s'en tient donc aux termes de la loi, qui réprime la conduite après avoir consommé des stupéfiants, pourvu que soit dépassé le seuil de détection de la substance fixé par arrêté (AM 5 sept. 2001 (NOR : MESP0123164A, *JO* 18 sept.), modifié par l'AM 24 juill. 2008 (NOR : SJSP0817087A, *JO* 30 juill.), abrogé et remplacé par arr. 13 déc. 2016, (NOR : AFSP1636875A, *JO* 15 déc.)) sans qu'il y ait lieu de se référer au seuil d'influence de la substance estimé à 20 ng par millilitre de sang par la Société française de toxicologie. Le D. n° 2016-1152, 24 août 2016 a supprimé la référence au « *dosage de stupéfiants* » dans les analyses, qui figurait auparavant au C. route, art. R. 235-5.

▪ **Consommation de CBD.** « *l'autorisation de commercialiser certains dérivés du cannabis, dont la teneur en delta 9 tétrahydrocannabinol, substance elle-même classée comme stupéfiant par l'arrêté susvisé, n'est pas supérieure à 0,30 %, est sans incidence sur l'incrimination de conduite après usage de stupéfiants, cette infraction étant constituée s'il est établi que le prévenu a conduit un véhicule après avoir fait usage d'une substance classée comme stupéfiant, peu important la dose absorbée* » (§ 10) (Crim. 21 juin 2023, n° 22-85.530, P). Sur le régime du CBD, v. n° **13.7B3**).

RÉGIME PROCÉDURAL

▪ **Compétence juridictionnelle. Juge unique** (C. pr. pén., art. 398-1 2°, v. n° **17.15D2**).

▪ **Ordonnance pénale. Possible** (C. pr. pén., art. 495-II, v. n° **15.48B1** et tableau n° **17.15D2**).

▪ **Mesure provisoire. Immobilisation judiciaire et mise en fourrière du véhicule.** L'immobilisation du véhicule peut être prescrite par le maire ou l'OPJ territorialement compétent pour faire cesser l'infraction (C. route, art. L. 235-1, L. 325-1, R. 325-3 et R. 325-4). En cas de récidive, en vue du prononcé de la peine de confiscation obligatoire, l'OPJ peut, avec l'autorisation préalable du procureur de la République donnée par tout moyen, faire procéder à l'immobilisation et à la mise en fourrière du véhicule (C. route, art. L. 325-1-1).

▪ **Preuve. Analyse sanguine ou salivaire.** Aux termes de l'article L. 235-1 du code de la route, la preuve de la consommation de stupéfiants ne peut être rapportée que par le résultat d'une **analyse sanguine** « ou **salivaire** » (L. n° 2016-41, 26 janv. 2016) (v. n° **13.9**). Tous autres éléments (examen clinique, aveux de consommation de stupéfiants) sont donc inopérants.

MESURE ADMINISTRATIVE

▪ **Mesure conservatoire. Rétention provisoire du permis de conduire.** La rétention du permis de conduire peut être mise en œuvre par l'OPJ ou l'APJ pour une durée maximale de 72 h, ou de 120 h depuis L. n° 2019-1428, 24 déc. 2019 si des vérifications biologiques sont effectuées, dans l'attente de la suspension du permis par le préfet (C. route, art. L. 224-1 et L. 224-2, v. n° **11.70A**). Pendant la durée de la rétention, ainsi que dans le cas où le conducteur n'est pas titulaire de ce titre, il peut être **procédé** d'office à l'immobilisation du véhicule jusqu'à ce qu'un conducteur qualifié, proposé par le conducteur ou le propriétaire du véhicule, en assure la conduite (C. route, art. L. 224-4).

▪ **Mesure provisoire. Immobilisation et mise en fourrière.** Si le dépistage est positif, avec l'autorisation préalable du préfet, l'OPJ ou l'APJ peut faire procéder à l'immobilisation du véhicule et à sa mise en fourrière provisoire durant 7 jours jusqu'à la décision d'immobilisation judiciaire prise par le parquet (C. route, art. L. 325-1-2, v°n° **11.69C**). La L. n° 2019-1428, 24 déc. 2019, a supprimé la condition de récidive auparavant exigée. Si l'analyse biologique ne permet pas d'établir l'usage de stupéfiants, la mesure est immédiatement levée (C. route, art. L. 325-1-2, réd. issue L. n° 2019-1428, 24 déc. 2019).

▪ **Perte de points du permis de conduire.** **6 points** (C. route, art. L. 223-1, L. 235-1 et R. 223-1).

RÉGIME DES PEINES

▪**Récidive.** • **Délits assimilés – Récidive spéciale et temporaire.** Les délits prévus par C. route, art. L. 221-2 (conduite sans permis), L. 234-1 (conduite en état alcoolique ou d'ivresse), L. 235-1 (conduite après usage de stupéfiants), L. 413-1 (grand excès de vitesse) et, depuis L. n° 2022-52, 24 janv. 2022, L. 233-1 (refus d'obtempérer simple) et L. 233-1-1 (refus d'obtempérer aggravé), sont considérés comme une même infraction au regard de la **récidive** (C. pén., art. 132-16-2).

Ces délits routiers sont également assimilés aux délits, commis lors de la conduite d'un véhicule terrestre à moteur, d'homicide (C. pén., art. 221-6-1), de blessures involontaires avec ITT ⩾ 3 mois (C. pén., art. 222-19-1) ou avec ITT < 3 mois (C. pén., art. 222-19-1) lorsqu'ils constituent le second terme de la récidive (C. pén., art. 132-16-2 ; Crim. 31 mai 2016, n° 15-84.329, P n° 167) (sur la récidive, v. n° **18.5**). • **Premier terme de la récidive : récidive générale et temporaire.** Les peines obligatoires de confiscation du véhicule ou d'annulation du permis de conduire (C. route, art. L. 235-4) ne sont prévues qu'en cas de récidive du même délit ou de délit assimilé au regard de la récidive au sens de C. pén., art. 132-10 (récidive spéciale et temporaire). Elles ne sont donc pas applicables en cas de récidive lorsque le premier terme est une condamnation criminelle ou une condamnation pour délit passible de 10 ans au sens de C. pén., art. 132-9 (récidive générale et temporaire) (sur la récidive, v. n° **18.5B**).

▪ **Majoration du droit fixe de procédure.** Le droit fixe de procédure prévu à l'article 1018 A du code général des impôts (v. n° **18.16C**) est majoré, à l'encontre de la personne condamnée pour conduite après usage de stupéfiants, de 210 € pour tenir compte du coût des analyses toxicologiques (L. n° 2011-267, 14 mars 2011, CGI, art. 1018 A, C. pr. pén., art. A. 38-6, Arr. 29 févr. 2012, NOR : JUSD1205700A, *JO* 8 mars, p. 4320).

▪ ÉLÉMENTS CONSTITUTIFS – QUALIFICATION

✧ Pour avoir à .... [¤ lieu], le .... [¤ date], conduit un véhicule – ou accompagné un élève conducteur – [⇨A puis le cas échéant B :] ...

A. alors qu'il résulte d'une analyse sanguine « ou salivaire » (L. n° 2016-41, 26 janv. 2016) qu'il avait fait usage de substances ou plantes classées comme stupéfiants (A : *N* ***23761.ju*** *;* récidive : *N* ***29256.ju***) ;

B. [⇨ préciser le cas échéant dans le cas A :] avec cette circonstance qu'il se trouvait également sous l'empire d'un état alcoolique caractérisé par la présence (B : *N* ***23762.ju*** *;* récidive : *N* ***29259.ju***) [⇨B1 ou B2 :] ;

B1. dans son sang d'un taux d'alcool pur égal ou supérieur à 0,50 g par litre, en l'espèce .... [¤ taux] ;

B2. dans l'air expiré d'un taux d'alcool égal ou supérieur à 0,25 mg par litre, en l'espèce .... [¤ taux].

Faits prévus et réprimés par les articles L. 235-1, L. 235-4, L. 224-12 et L. 224-13 du code de la route. ✧

36.10 Homicide involontaire – Conduite d'un véhicule

▪ PEINES

PERSONNE PHYSIQUE

PP Délit. Cas A : **5 ans** d'emprisonnement, **75 000 €**. Cas B à J : **7 ans**, **100 000 €**. Cas K : deux circonstances aggravantes : **10 ans**, **150 000 €** (C. pén., art. 221-6-1).

PC 1. Interdiction, définitive ou ⩽ 5 ans activité professionnelle ou sociale en relation avec l'infraction (C. pén., art. 221-8 et 131-27) ;

2. Interdiction ⩽ 5 ans détention, port arme soumise à autorisation (catégorie B) (C. pén., art. 221-8) ;

3. Suspension, annulation, ou interdiction de délivrance, ⩽ 5 ans du **PC** ; exécution provisoire possible (C. pén., art. 221-8 ; C. route, art. L. 224-12 et L. 224-13) ;

4. Cas B à K : annulation de plein droit PC ⩽ 10 ans (si **récidive**, annulation = 10 ans), ou interdiction délivrance PC ⩽ 10 ans, exécution provisoire possible (C. pén., art. 221-8 ; C. route, art. L. 224-12 et L. 224-13) ;

4 *bis*. Stage de sensibilisation aux dangers de l'usage de produits stupéfiants. La juridiction précise si le stage est exécuté aux frais du condamné (C. pén., art. 131-35-1 et 221-8 [L. n° 2007-297, 5 mars 2007]) (pour les faits commis avant le 24 mars 2020 et jugés après cette date, L. n° 2019-222, 23 mars 2019, en vigueur le 24 mars 2020. Pour les faits commis à partir du 24 mars 2020, v. nouvelle réd. C. pén., art. 131-5-1 et n° **18.33**) ;

5. Confiscation arme(s) (C. pén., art. 221-8) ;

6. Retrait permis de chasser ⩽ 5 ans (C. pén., art. 221-8) ;

7. Affichage, ⩽ 2 mois, *et/ou* (L. n° 2011-525, 17 mai 2011) diffusion de la décision ou d'extraits aux frais (⩽ amende encourue) du condamné (C. pén., art. 221-10 et 131-35) ;

8. Interdiction ⩽ 5 ans de conduire certains véhicules terrestres à moteur, y compris ceux pour lesquels le permis n'est pas exigé (C. pén., art. 221-8) ;

9. Obligation d'accomplir un stage de sensibilisation à la sécurité routière aux frais du condamné (C. pén., art. 131-35-1, 221-8) (pour les faits commis avant le 24 mars 2020 et jugés après cette date, L. n° 2019-222, 23 mars 2019, en vigueur le 24 mars 2020. Pour les faits commis à partir du 24 mars 2020, v. nouvelle réd. C. pén., art. 131-5-1 et n° **18.33**) ;

10. Immobilisation ⩽ 1 an véhicule dont le condamné s'est servi, s'il en est propriétaire (C. pén., art. 221-8) ;

11. Confiscation du véhicule dont le condamné s'est servi pour commettre l'infraction, s'il en est propriétaire (C. pén., art. 221-8 et 131-21). Sauf décision spécialement motivée, la confiscation est obligatoire dans le **cas** H ou si deux circonstances aggravantes sont en concours (**cas** K). La confiscation est aussi obligatoire dans les cas C à G et I, si la personne est en état de récidive ou si elle a déjà été condamnée pour les mêmes faits (C. pén., art. 221-8, mod. par L. n° 2011-267, 14 mars 2011).

12. Cas C à E ou si deux circonstances aggravantes sont en concours (**cas** K) : interdiction, ⩽ 5 ans, de conduire un véhicule qui ne soit pas équipé par un professionnel agréé ou par construction d'un dispositif homologué d'anti-démarrage par éthylotest électronique. L'interdiction s'applique à l'issue de la peine d'annulation ou de suspension du PC éventuellement prononcée (C. pén., art. 221-8, mod. par L. n° 2011-267, 14 mars 2011). Sanctions du non-respect de l'interdiction, v. n° **36.33**.

PERSONNE MORALE (C. PÉN., ART. 221-7)

PP PC Délit. *Idem* n° **20.60**.

▪ ORIENTEUR

AUTRE QUALIFICATION

▪ **Homicide involontaire.** Hors conduite d'un véhicule, v. n° **20.60**.

ÉLÉMENT MATÉRIEL

▪ **Médecine légale. • Notion de mort.** Sur la notion de mort en médecine légale, v. n° **14.3**.

ÉLÉMENT INTENTIONNEL

▪ **Dol spécial. Auteur indirect.** Distinction de la faute qualifiée de la personne physique et de la faute simple de la personne morale en cas de causalité indirecte (C. pén., art. 121-3). *Idem* n° **20.60**.

RÉGIME PROCÉDURAL

▪ **Composition pénale. Exclue** (C. pr. pén., art. 41-2).

▪ **CRPC. Exclue** (C. pr. pén., art. 495-16). Sur le domaine de la CRPC, v. n° **15.53A**.

▪ **Modalités de dépistage et de mesure de l'alcoolémie.** V. n^os^ **13.2** s.

▪ **Modalités de dépistage et de mesure de l'usage de stupéfiants.** V. n° **13.9**.

MESURE ADMINISTRATIVE

▪ **Mesure provisoire. Immobilisation et mise en fourrière.** Dans les cas où la confiscation du véhicule est obligatoire (voir **PC**, peine de confiscation du véhicule), le préfet peut faire procéder à l'immobilisation du véhicule et à sa mise en fourrière provisoire durant 7 jours jusqu'à la décision d'immobilisation judiciaire prise par le parquet (C. route, art. L. 325-1-2, v°n° **11.69C**).

▪ **Perte de points du permis de conduire. 6 points** (C. route, art. L. 232-3 et R. 223-1).

MESURE CIVILE

▪ **Intérêts civils.** En cas de relaxe, sur poursuite du parquet ou après instruction, le tribunal reste compétent pour condamner civilement le prévenu ; toutefois, si des tiers responsables doivent être mis en cause, le tribunal renvoie l'affaire devant la juridiction civile compétente (C. pr. pén., art. 470-1, R. 41-2 ; sur ce point v. n° **16.13A5**). Il revient alors au greffe de la juridiction civile de renvoi de convoquer les parties dans les 2 mois en joignant la décision de renvoi, ce qui vaut citation (C. pr. civ., art. 826-1).

▪ **Inopposabilité de la nullité du contrat d'assurance automobile. La nullité d'un contrat d'assurance automobile** n'est pas opposable aux victimes ou ayants droit des victimes des dommages nés d'un accident de la circulation dans lequel est impliqué un véhicule terrestre à moteur ainsi que ses remorques ou semi-remorques. L'assureur, qui est ainsi tenu d'indemniser les victimes ou ayants droit, est subrogé dans leurs droits contre la personne responsable de l'accident (C. ass., art. L. 211-7-1, issu de L. n° 2019-486, 22 mai 2019).

RÉGIME DES PEINES

▪ **Récidive. Délits assimilés.** Les délits d'homicide involontaire ou d'atteinte à l'intégrité de la personne commis à l'occasion de la conduite d'un véhicule terrestre à moteur prévus par les articles 221-6-1 (homicide involontaire), 222-19-1 (blessures involontaires ITT > 3 mois) et 222-20-1 (blessures involontaires ITT ⩽ 3 mois) sont considérés, au regard de la récidive, comme une même infraction (C. pén., art. 132-16-2) (sur les conditions et les effets de la récidive, v. n° 18.5).

▪ **Majoration du droit fixe de procédure.** Applicable au **Cas F**. (V. orienteur n° 36.9, régime des peines, et n° 18.16C).

▪ ÉLÉMENTS CONSTITUTIFS – QUALIFICATION

✧ Pour avoir à .... [¤ lieu], le .... [¤ date], [⇨A puis le cas échéant B à J, ou K pour deux circonstances aggravantes ou plus :]

A. **HOMICIDE INVOLONTAIRE PAR CONDUCTEUR D'UN VÉHICULE TERRESTRE À MOTEUR**

étant conducteur d'un véhicule terrestre à moteur, par maladresse, imprudence, inattention, négligence ou manquement à une obligation de prudence ou de sécurité imposée par la loi ou le règlement, involontairement causé la mort de .... [¤ nom de la victime] (A : *N 224.co*) ;

[• Préciser le cas échéant dans le **cas** A :] avec cette circonstance qu'il [⇨B à J ou K :]

B. **HOMICIDE INVOLONTAIRE PAR MANQUEMENT DÉLIBÉRÉ**

a commis une violation manifestement délibérée d'une obligation particulière de prudence ou de sécurité imposée par la loi ou le règlement, en l'espèce en .... [¤ matérialiser la faute] (B : *N 12314.co*) ;

C. **HOMICIDE INVOLONTAIRE ET ÉTAT D'IVRESSE MANIFESTE**

se trouvait sous l'empire d'un état d'ivresse manifeste (C : *N 259.co*) ;

D. **HOMICIDE INVOLONTAIRE ET CONDUITE EN ÉTAT ALCOOLIQUE**

se trouvait sous l'empire d'un état alcoolique caractérisé par la présence (D : *N 64.co*) [⇨D1 à D5 :]

D1. dans son sang d'un taux d'alcool pur égal ou supérieur à 0,80 g par litre, en l'espèce .... [¤ taux] ;

D2. dans l'air expiré d'un taux d'alcool égal ou supérieur à 0,40 mg par litre, en l'espèce .... [¤ taux] ;

D3. dans son sang d'un taux d'alcool pur égal ou supérieur à 0,50 g par litre mais inférieur à 0,80 g, en l'espèce .... [¤ taux] ;

D4. dans l'air expiré d'un taux d'alcool égal ou supérieur à 0,25 mg par litre mais inférieur à 0,40 mg/l, en l'espèce .... [¤ taux] ;

D5., étant titulaire d'un permis de conduire probatoire, [⇨D5a ou D5b :]

D5a. dans son sang d'un taux d'alcool pur égal ou supérieur à 0,20 g par litre mais inférieur à 0,80 g, en l'espèce .... [¤ taux] ;

D5b. dans l'air expiré d'un taux d'alcool égal ou supérieur à 0,10 mg par litre mais inférieur à 0,40 mg/l, en l'espèce .... [¤ taux] ;

E. **HOMICIDE INVOLONTAIRE ET REFUS DE SE SOUMETTRE AUX VÉRIFICATIONS DE L'ÉTAT ALCOOLIQUE**

a refusé de se soumettre aux vérifications destinées à établir la preuve de l'état alcoolique (E : *N 6222.co*) ;

F. **HOMICIDE INVOLONTAIRE ET CONDUITE APRÈS USAGE DE STUPÉFIANTS**

résulte d'une analyse sanguine « ou salivaire » (L. n° 2016-41, 26 janv. 2016) qu'il avait fait usage de substances ou plantes classées comme stupéfiants (F : *N 23760.co*) ;

G. **HOMICIDE INVOLONTAIRE ET REFUS DE SE SOUMETTRE AUX CONTRÔLES DES STUPÉFIANTS**

a refusé de se soumettre aux vérifications destinées à établir s'il conduisait après usage de stupéfiants (G : *N 23991.co*) ;

H. **Homicide involontaire et absence de permis de conduire**

conduisait [⇨H1 à H5 :]

H1. **sans être titulaire** du permis de conduire correspondant à la catégorie du véhicule considéré (H1 : *N 24006.co*) ;

H2. malgré **l'annulation** de son permis de conduire (H2 : *N 24009.co*) ;

H3. malgré **la suspension** de son permis de conduire (H3 : *N 24012.co*) ;

H4. malgré **l'invalidation** de son permis de conduire par perte totale des points (H4 : *N 24015.co*) ;

H5. malgré la **retenue** de son permis de conduire (H5 : *N 24018.co*) ;

I. **Homicide involontaire et grand excès de vitesse**

a commis un dépassement de la vitesse maximale autorisée égal ou supérieur à 50 km/h (I : *N 24003.co*) ;

J. **Homicide involontaire et délit de fuite**

venait de causer ou d'occasionner un accident, omis de s'arrêter et ainsi tenté d'échapper à la responsabilité pénale ou civile qu'il pouvait avoir encourue (J : *N 35.co*).

K. **Homicide involontaire avec deux circonstances aggravantes**

[• Préciser le cas échéant dans le cas A] les faits ayant été commis avec les circonstances aggravantes suivantes [⇨énoncer au moins deux des circonstances aggravantes B à J] (K : *N 24021.co*).

Faits prévus et réprimés par les articles 221-6, 221-6-1, 221-8, 221-10 du code pénal et L. 224-12 du code de la route. ✧

36.11 Blessures involontaires – ITT > 3 mois – Conduite d'un véhicule

■ PEINES

PERSONNE PHYSIQUE

PP Délit. Cas A : 3 ans d'emprisonnement, 45 000 €. Cas B à J : 5 ans, 75 000 €. Cas K : deux circonstances aggravantes : 7 ans, 100 000 € (C. pén., art. 222-19-1).

PC 1. Interdiction, définitive ou ⩽ 5 ans activité professionnelle ou sociale en relation avec l'infraction (sauf mandat électif ou syndical) (C. pén., art. 222-44 et 131-27) ;

2. Interdiction ⩽ 5 ans détention, port arme soumise à autorisation (C. pén., art. 222-44) ;

3. Suspension (sans sursis ni aménagement), annulation, ou interdiction de délivrance, ⩽ 5 ans ; exécution provisoire possible (C. pén., art. 222-44 ; C. route, art. L. 224-12 et L. 224-13) ;

4. Cas B à K : annulation de plein droit, ou interdiction de délivrance, ⩽ 10 ans, du PC ; exécution provisoire possible (C. pén., art. 222-44, dernier al. ; C. route, art. L. 224-12 et L. 224-13) ;

5. Confiscation un ou plusieurs véhicules appartenant au condamné (C. pén., art. 222-44) ;

6. Confiscation arme(s) (C. pén., art. 222-44) ;

7. Confiscation de la chose ayant servi à l'infraction ou destinée à la commettre, ou son produit (obligatoire pour objets qualifiés dangereux ou nuisibles par loi ou règlement ou dont la détention est illicite) (C. pén., art. 222-44 et 131-21) ;

8. Stage de sensibilisation aux dangers de l'usage de produits stupéfiants. La juridiction précise si le stage est exécuté aux frais du condamné (C. pén., art. 131-35-1 et 222-44 [L. n° 2007-297, 5 mars 2007]) (pour les faits commis avant le 24 mars 2020 et jugés après cette date, L. n° 2019-222, 23 mars 2019, en vigueur le 24 mars 2020. Pour les faits commis à partir du 24 mars 2020, v. nouvelle réd. C. pén., art. 131-5-1 et n° 18.33) ;

9. Confiscation de l'animal utilisé pour commettre l'infraction ou de la chose ayant servi à l'infraction, la juridiction prévoit que l'animal sera remis à une fondation ou une association de protection animale reconnue d'utilité publique ou déclarée. Lorsqu'il s'agit d'un animal dangereux, la juridiction peut ordonner qu'il soit procédé à son euthanasie, le cas échéant aux frais du condamné (C. pén., art. 222-44, 131-21-1 [L. n° 2007-297, 5 mars 2007]). Sur la peine de confiscation d'un animal (C. pén., art. 131-21-1), v. n° 18.36 ;

10. Interdiction, définitive ou ⩽ 5 ans de détenir certains animaux ou certaines catégories d'animaux (C. pén., art. 222-44, 131-21-2 [L. n° 2007-297, 5 mars 2007]) ;

11. Stage, aux frais du condamné, de responsabilisation pour la prévention et la lutte contre les violences au sein du couple et sexistes (C. pén., art. 222-44 15°, L. n° 2014-873, 4 août 2014) ;

12. Affichage, ⩽ 2 mois, *et/ou* (L. n° 2011-525, 17 mai 2011) diffusion de la décision ou d'extraits aux frais (⩽ amende encourue) du condamné (C. pén., art. 222-46 et 131-35) ;

13. Interdiction ⩽ 5 ans de conduire certains véhicules terrestres à moteur, y compris ceux pour lesquels le permis n'est pas exigé (C. pén., art. 222-44) ;

14. Obligation d'accomplir un stage de sensibilisation à la sécurité routière aux frais du condamné (C. pén., art. 131-35-1, 222-44) (pour les faits commis avant le 24 mars 2020 et jugés après cette date, L. n° 2019-222, 23 mars 2019, en vigueur le 24 mars 2020. Pour les faits commis à partir du 24 mars 2020, v. nouvelle réd. C. pén., art. 131-5-1 et n° 18.33) ;

15. Immobilisation ⩽ 1 an véhicule dont le condamné s'est servi, s'il en est propriétaire (C. pén., art. 222-44).

16. Confiscation du véhicule dont le condamné s'est servi pour commettre l'infraction, s'il en est propriétaire (C. pén., art. 222-44 et 131-21). Sauf décision spécialement motivée, la confiscation est obligatoire dans le **cas** H ou K. La confiscation est aussi obligatoire dans les cas C à G et I, si la personne est en état de récidive ou si elle a déjà été condamnée pour les mêmes faits (C. pén., art. 222-44, mod. par L. n° 2011-267, 14 mars 2011).

17. Cas C à E **ou cas** K : interdiction, ⩽ 5 ans, de conduire un véhicule qui ne soit pas équipé par un professionnel agréé ou par construction d'un dispositif homologué d'anti-démarrage par éthylotest électronique. L'interdiction s'applique à l'issue de la peine d'annulation ou de suspension du PC éventuellement prononcée (C. pén., art. 222-44, mod. par L. n° 2011-267, 14 mars 2011). Sanctions du non-respect de l'interdiction, v. n° 36.33.

PERSONNE MORALE (C. PÉN., ART. 222-21)

PP Délit. *Idem*, n° 20.64.

▪ ORIENTEUR

AUTRE QUALIFICATION

▪ **Blessures involontaires – ITT > 3** . Hors conduite d'un véhicule, v. n° 20.64.

ÉLÉMENT MATÉRIEL

▪ **Médecine légale. • Notion d'incapacité totale de travail.** Sur la notion d'ITT en médecine légale, v. n° 14.2C.

ÉLÉMENT INTENTIONNEL

▪ **Dol spécial. Auteur indirect.** C. pén., art. 121-3, *Idem* n° 36.10.

RÉGIME PROCÉDURAL

▪ **Compétence juridictionnelle. Juge unique**, sauf cas K (peine d'emprisonnement encourue > 5 ans) (C. pr. pén., art. 398-1 1°, v. n° 17.15D2).

▪ **Ordonnance pénale. Exclue** (C. pr. pén., art. 495-II, v. n° 15.48B1 et tableau n° 17.15D2).

▪ **CRPC. Exclue** dans le **Cas** K (deux circonstances aggravantes ou plus) (C. pr. pén., art. 495-7). Sur le domaine de la CRPC, v. n° 15.53A.

▪ **Modalités de dépistage et de mesure de l'alcoolémie.** V. nos 13.2 s.

▪ **Modalités de dépistage et de mesure de l'usage de stupéfiants.** V. n° 13.9.

MESURE ADMINISTRATIVE

▪ **Mesure provisoire. Immobilisation et mise en fourrière.** Dans les cas où la confiscation du véhicule est obligatoire (voir **PC**, peine de confiscation du véhicule), le préfet peut faire procéder à l'immobilisation du véhicule et à sa mise en fourrière provisoire durant 7 jours jusqu'à la décision d'immobilisation judiciaire prise par le parquet (C. route, art. L. 325-1-2, v°n° 11.69C).

▪ **Perte de points du permis de conduire.** 6 points (C. route, art. L. 232-3 et R. 223-1).

MESURE CIVILE

▪ **Intérêts civils.** *Idem* n° 36.10.

▪ **Inopposabilité de la nullité du contrat d'assurance automobile.** *Idem* n° 36.10.

RÉGIME DES PEINES

▪ **Récidive.** *Idem* n° **36.10** (sur les conditions et les effets de la récidive, v. n° **18.5**).

▪ **Majoration du droit fixe de procédure.** Applicable au Cas **F** (v. orienteur n° **36.9**, régime des peines, et n° **18.16C**).

▪ ÉLÉMENTS CONSTITUTIFS – QUALIFICATION

✧ Pour avoir à .... [¤ lieu], le .... [¤ date], [⇨A puis le cas échéant **B** à **J**, ou **K** pour deux circonstances aggravantes ou plus :]

A. **BLESSURES INVOLONTAIRES PAR IMPRUDENCE**

étant conducteur d'un véhicule terrestre à moteur, par maladresse, imprudence, inattention, négligence ou manquement à une obligation de prudence ou de sécurité imposée par la loi ou le règlement, involontairement causé une incapacité totale de travail supérieure à trois mois sur la personne de .... [¤ nom de la victime] (A : *N 222.ju*).

[• Préciser le cas échéant dans le cas **A** :] avec cette circonstance qu'il [⇨**B** à **K** :]

B. **BLESSURES INVOLONTAIRES PAR MANQUEMENT DÉLIBÉRÉ**

a commis une violation manifestement délibérée d'une obligation particulière de prudence ou de sécurité imposée par la loi ou le règlement, en l'espèce en .... [¤ matérialiser la faute] (**B** : *N 12315.ju*) ;

C. **BLESSURES INVOLONTAIRES ET ÉTAT D'IVRESSE MANIFESTE**

se trouvait sous l'empire d'un état d'ivresse manifeste (**C** : *N 26.ju*) ;

D. **BLESSURES INVOLONTAIRES ET CONDUITE EN ÉTAT ALCOOLIQUE**

se trouvait sous l'empire d'un état alcoolique caractérisé par la présence (**D** : *N 258.ju*) [⇨**D1** à **D5** :]

D1. dans son sang d'un taux d'alcool pur égal ou supérieur à 0,80 g par litre, en l'espèce .... [¤ taux] ;

D2. dans l'air expiré d'un taux d'alcool égal ou supérieur à 0,40 mg par litre, en l'espèce .... [¤ taux] ;

D3. dans son sang d'un taux d'alcool pur égal ou supérieur à 0,50 g par litre mais inférieur à 0,80 g, en l'espèce .... [¤ taux] ;

D4. dans l'air expiré d'un taux d'alcool égal ou supérieur à 0,25 mg par litre mais inférieur à 0,40 mg/l, en l'espèce .... [¤ taux] ;

D5. étant titulaire d'un permis de conduire probatoire, [⇨**D5a** ou **D5Bb** :]

D5a. dans son sang d'un taux d'alcool pur égal ou supérieur à 0,20 g par litre mais inférieur à 0,80 g, en l'espèce .... [¤ taux] ;

D5b. dans l'air expiré d'un taux d'alcool égal ou supérieur à 0,10 mg par litre mais inférieur à 0,40 mg/l, en l'espèce .... [¤ taux] ;

E. **BLESSURES INVOLONTAIRES ET REFUS DE SE SOUMETTRE AUX VÉRIFICATIONS DE L'ÉTAT ALCOOLIQUE**

a refusé de se soumettre aux vérifications destinées à établir la preuve de l'état alcoolique (**E** : *N 1241.ju*) ;

F. **BLESSURES INVOLONTAIRES ET CONDUITE APRÈS USAGE DE STUPÉFIANTS**

résulte d'une analyse sanguine « ou salivaire » (L. n° 2016-41, 26 janv. 2016) qu'il avait fait usage de substances ou plantes classées comme stupéfiants (**F** : *N 23759.ju*) ;

G. **BLESSURES INVOLONTAIRES ET REFUS DE SE SOUMETTRE AU CONTRÔLE DES STUPÉFIANTS**

a refusé de se soumettre aux vérifications destinées à établir s'il conduisait après usage de stupéfiants (**G** : *N 23990.ju*) ;

H. **BLESSURES INVOLONTAIRES ET ABSENCE DE PERMIS DE CONDUIRE**

conduisait [⇨**H1** à **H5** :]

H1. **sans être titulaire** du permis de conduire correspondant à la catégorie du véhicule considéré (**H1** : *N 24005.ju*) ;

H2. malgré l'**annulation** de son permis de conduire (**H2** : *N 24008.ju*) ;

H3. malgré la **suspension** de son permis de conduire (**H3** : *N 24011.ju*) ;

H4. malgré l'**invalidation** de son permis de conduire par perte totale des points (**H4** : *N 24014.ju*) ;

H5. malgré la **retenue** de son permis de conduire (H5 : *N* ***24017.ju***) ;

I. **Blessures involontaires et grand excès de vitesse**

a commis un dépassement de la vitesse maximale autorisée égal ou supérieur à 50 km/h (I : *N* ***24002.ju***) ;

J. **Blessures involontaires et délit de fuite**

venait de causer ou d'occasionner un accident, omis de s'arrêter et ainsi tenté d'échapper à la responsabilité pénale ou civile qu'il pouvait avoir encourue (J : *N* ***34.ju***) ;

K. **Blessures involontaires avec au moins deux circonstances aggravantes**

[• Préciser le cas échéant dans le cas A] : les faits ayant été commis avec les circonstances aggravantes suivantes [⇨énoncer au moins deux des circonstances aggravantes B à J] (K : *N* ***24020.co***).

Faits prévus et réprimés par les articles 222-19, 222-19-1, 222-44 et 222-46 du code pénal et L. 224-12 du code de la route. ✧

36.12 Blessures involontaires – ITT ⩽ 3 mois – Conduite de véhicule

■ PEINES

PERSONNE PHYSIQUE

PP Délit. Cas A : 2 ans d'emprisonnement, 30 000 €. Cas B à J : 3 ans, 45 000 €. Cas K : deux circonstances aggravantes : 5 ans, 75 000 € (C. pén., art. 222-20-1, dernier al.).

PC 1. Interdiction, définitive ou ⩽ 5 ans activité professionnelle ou sociale en relation avec l'infraction (sauf mandat électif ou syndical) (C. pén., art. 222-44 et 131-27) ;

2. Interdiction ⩽ 5 ans détention, port arme soumise à autorisation (C. pén., art. 222-44) ;

3. Suspension (sans sursis ni aménagement), annulation, ou interdiction délivrance PC ⩽ 5 ans, exécution provisoire possible (C. pén., art. 222-44 3° et 4° ; C. route, art. L. 224-12 et L. 224-13) ;

4. Cas B à K : suspension (sans sursis ni aménagement) PC ⩽ 10 ans, exécution provisoire possible (C. pén., art. 222-44 3° ; C. route, art. L. 224-12 et L. 224-13) ;

5. Confiscation un ou plusieurs véhicules appartenant au condamné (C. pén., art. 222-44) ;

6. Confiscation arme(s) (C. pén., art. 222-44) ;

7. Confiscation de la chose ayant servi à l'infraction ou destinée à la commettre, ou son produit (obligatoire pour objets qualifiés dangereux ou nuisibles par loi ou règlement ou dont la détention est illicite) (C. pén., art. 222-44 et 131-21) ;

8. Stage de sensibilisation aux dangers de l'usage de produits stupéfiants. La juridiction précise si le stage est exécuté aux frais du condamné (C. pén., art. 131-35-1 et 222-44 [L. n° 2007-297, 5 mars 2007]) (pour les faits commis avant le 24 mars 2020 et jugés après cette date, L. n° 2019-222, 23 mars 2019, en vigueur le 24 mars 2020. Pour les faits commis à partir du 24 mars 2020, v. nouvelle réd. C. pén., art. 131-5-1 et n° 18.33) ;

9. Confiscation de l'animal utilisé pour commettre l'infraction ou de la chose ayant servi à l'infraction, la juridiction prévoit que l'animal sera remis à une fondation ou une association de protection animale reconnue d'utilité publique ou déclarée. Lorsqu'il s'agit d'un animal dangereux, la juridiction peut ordonner qu'il soit procédé à son euthanasie, le cas échéant aux frais du condamné (C. pén., art. 222-44, 131-21-1 [L. n° 2007-297, 5 mars 2007]). Sur la peine de confiscation d'un animal (C. pén., art. 131-21-1), v. n° 18.36 ;

10. Interdiction, définitive ou ⩽ 5 ans de détenir certains animaux ou certaines catégories d'animaux (C. pén., art. 222-44, 131-21-2 [L. n° 2007-297, 5 mars 2007]) ;

11. Stage, aux frais du condamné, de responsabilisation pour la prévention et la lutte contre les violences au sein du couple et sexistes (C. pén., art. 222-44 15°, L. n° 2014-873, 4 août 2014) ;

12. Affichage, ⩽ 2 mois, *et/ou* (L. n° 2011-525, 17 mai 2011) diffusion de la décision ou d'extraits aux frais (⩽ amende encourue) du condamné (C. pén., art. 222-46 et 131-35) ;

13. Interdiction ⩽ 5 ans de conduire certains véhicules terrestres à moteur, y compris ceux pour lesquels le permis n'est pas exigé (C. pén., art. 222-44) ;

14. Obligation d'accomplir un stage de sensibilisation à la sécurité routière aux frais du condamné (C. pén., art. 131-35-1, 222-44) (pour les faits commis avant le 24 mars 2020 et jugés après cette

date, L. nº 2019-222, 23 mars 2019, en vigueur le 24 mars 2020. Pour les faits commis à partir du 24 mars 2020, v. nouvelle réd. C. pén., art. 131-5-1 et nº 18.33) ;

15. Immobilisation ⩽ 1 an véhicule dont le condamné s'est servi, s'il en est propriétaire (C. pén., art. 222-44) ;

16. Confiscation du véhicule dont le condamné s'est servi pour commettre l'infraction, s'il en est propriétaire (C. pén., art. 222-44 et 131-21). Sauf décision spécialement motivée, la confiscation est obligatoire dans le **cas** H ou K. La confiscation est aussi obligatoire dans les **cas** C à G et I, si la personne est en état de récidive ou si elle a déjà été condamnée pour les mêmes faits (C. pén., art. 222-44, mod. par L. nº 2011-267, 14 mars 2011).

17. Cas C à E ou K : interdiction, ⩽ 5 ans, de conduire un véhicule qui ne soit pas équipé par un professionnel agréé ou par construction d'un dispositif homologué d'anti-démarrage par éthylotest électronique. L'interdiction s'applique à l'issue de la peine d'annulation ou de suspension du PC éventuellement prononcée (C. pén., art. 222-44, mod. par L. nº 2011-267, 14 mars 2011). Sanctions du non-respect de l'interdiction, v. nº 36.33.

PERSONNE MORALE

PP Délit. Cas A : 150 000 €. Cas B à J : 225 000 €. Cas K : 375 000 € (C. pén., art. 131-38).

PC Néant.

■ ORIENTEUR

AUTRE QUALIFICATION

- **Blessures involontaires – ITT ⩽ 3 mois.** Hors conduite d'un véhicule, v. nº 20.66.

ÉLÉMENT MATÉRIEL

- **Médecine légale. • Notion d'incapacité totale de travail.** *Idem* nº 36.11.

ÉLÉMENT INTENTIONNEL

- **Dol spécial. Auteur indirect.** C. pén., art. 121-3, *Idem* nº 36.10.

RÉGIME PROCÉDURAL

- **Compétence juridictionnelle. Juge unique** (C. pr. pén., art. 398-1 1º, v. nº 17.15D2).
- **Ordonnance pénale. Exclue** (C. pr. pén., art. 495-II, v. nº 15.48B1 et tableau nº 17.15D2).
- **Modalités de dépistage et de mesure de l'alcoolémie.** V. nºs 13.2 s.
- **Modalités de dépistage et de mesure de l'usage de stupéfiants.** V. nº 13.9.

MESURE ADMINISTRATIVE

- **Perte de points du permis de conduire.** 6 points (C. route, art. L. 232-3, L. 232-1 et R. 223-1).

MESURE CIVILE

- **Intérêts civils.** *Idem* nº 36.10.
- **Inopposabilité de la nullité du contrat d'assurance automobile.** *Idem* nº 36.10.

RÉGIME DES PEINES

- **Récidive.** *Idem* nº 36.10 (sur les conditions et les effets de la récidive, v. nº 18.5).
- **Majoration du droit fixe de procédure.** Applicable au **Cas** F (v. orienteur nº 36.9, régime des peines, et nº 18.16C).

■ ÉLÉMENTS CONSTITUTIFS – QUALIFICATION

✧ Pour avoir à .... [¤ lieu], le .... [¤ date], [⇨A puis le cas échéant B à J, ou K pour deux circonstances aggravantes ou plus :]

A. étant conducteur d'un véhicule terrestre à moteur, par maladresse, imprudence, inattention, négligence ou manquement à une obligation de prudence ou de sécurité imposée par la loi ou le règlement, involontairement causé une incapacité totale de travail d'une durée inférieure à trois mois sur la personne de .... [¤ nom de la victime] (A : *N 223.ju*) ;

[• Préciser le cas échéant] avec cette circonstance qu'il [⇨B à J :]

B. **BLESSURES INVOLONTAIRES PAR MANQUEMENT DÉLIBÉRÉ**

... a commis une violation manifestement délibérée d'une obligation particulière de prudence ou de sécurité imposée par la loi ou le règlement, en l'espèce en .... [¤ matérialiser la faute] (B : *N 12323.ju*) ;

C. **BLESSURES INVOLONTAIRES ET ÉTAT D'IVRESSE MANIFESTE**

se trouvait sous l'empire d'un état d'ivresse manifeste (C : *N 25.ju*) ;

D. **BLESSURES INVOLONTAIRES ET CONDUITE EN ÉTAT ALCOOLIQUE**

... se trouvait sous l'empire d'un état alcoolique caractérisé par la présence (D : *N 257.ju*) [⇨D1 à D5 :]

D1. dans son sang d'un taux d'alcool pur égal ou supérieur à 0,80 g par litre, en l'espèce .... [¤ taux] ;

D2. dans l'air expiré d'un taux d'alcool égal ou supérieur à 0,40 mg par litre, en l'espèce .... [¤ taux] ;

D3. dans son sang d'un taux d'alcool pur égal ou supérieur à 0,50 g par litre mais inférieur à 0,80 g, en l'espèce .... [¤ taux] ;

D4. dans l'air expiré d'un taux d'alcool égal ou supérieur à 0,25 mg par litre mais inférieur à 0,40 mg/l, en l'espèce .... [¤ taux] ;

D5., étant titulaire d'un permis de conduire probatoire, [⇨D5a ou D5b :]

D5a. dans son sang d'un taux d'alcool pur égal ou supérieur à 0,20 g par litre mais inférieur à 0,80 g, en l'espèce .... [¤ taux] ;

D5b. dans l'air expiré d'un taux d'alcool égal ou supérieur à 0,10 mg par litre mais inférieur à 0,40 mg/l, en l'espèce .... [¤ taux] ;

E. **BLESSURES INVOLONTAIRES ET REFUS DE SE SOUMETTRE AUX VÉRIFICATIONS DE L'ÉTAT ALCOOLIQUE**

a refusé de se soumettre aux vérifications destinées à établir la preuve de l'état alcoolique (E : *N 6221.ju*) ;

F. **BLESSURES INVOLONTAIRES ET CONDUITE APRÈS USAGE DE STUPÉFIANTS**

résulte d'une analyse sanguine « ou salivaire » (L. n° 2016-41, 26 janv. 2016) qu'il avait fait usage de substances ou plantes classées comme stupéfiants (F : *N 23758.ju*) ;

G. **BLESSURES INVOLONTAIRES ET REFUS DE SE SOUMETTRE AU CONTRÔLE DES STUPÉFIANTS**

a refusé de se soumettre aux vérifications destinées à établir s'il conduisait après usage de stupéfiants (G : *N 23989.ju*) ;

H. **BLESSURES INVOLONTAIRES ET ABSENCE DE PERMIS DE CONDUIRE**

conduisait [⇨H1 à H5 :]

H1. **sans être titulaire** du permis de conduire correspondant à la catégorie du véhicule considéré (H1 : *N 24004.ju*) ;

H2. malgré **l'annulation** de son permis de conduire (H2 : *N 24007.ju*) ;

H3. malgré **la suspension** de son permis de conduire (H3 : *N 24010.ju*) ;

H4. malgré **l'invalidation** de son permis de conduire par perte totale des points (H4 : *N 24013.ju*) ;

H5. malgré la **retenue** de son permis de conduire (H5 : *N 24016.ju*) ;

I. **BLESSURES INVOLONTAIRES ET GRAND EXCÈS DE VITESSE**

a commis un dépassement de la vitesse maximale autorisée égal ou supérieur à 50 km/h (I : *N 24001.ju*) ;

J. **BLESSURES INVOLONTAIRES ET DÉLIT DE FUITE**

venait de causer ou d'occasionner un accident, omis de s'arrêter et ainsi tenté d'échapper à la responsabilité pénale ou civile qu'il pouvait avoir encourue (J : *N 24000.ju*) ;

K. **BLESSURES INVOLONTAIRES AVEC DEUX CIRCONSTANCES AGGRAVANTES**

[• Préciser le cas échéant dans le cas A] les faits ayant été commis avec les circonstances aggravantes suivantes [⇨énoncer au moins deux des circonstances aggravantes B à J] (K : *N 24019.ju*).

Faits prévus et réprimés par les articles 222-19, 222-20-1, 222-44 et 222-46 du code pénal, L. 224-12 du code de la route. ✧

36.13 Délit de fuite

■ PEINES

PERSONNE PHYSIQUE

PP Délit. 3 ans d'emprisonnement, 75 000 € (depuis L. n° 2011-267, 14 mars 2011 [auparavant 2 ans, 30 000 €]) (C. pén., art. 434-10 ; C. route, art. L. 231-1).

PC 1. Suspension (sans aménagement) PC ⩽ 5 ans, exécution provisoire possible (C. pén., art. 434-45 ; C. route, art. L. 224-12, L. 224-13) ;

2. Annulation ou interdiction délivrance PC ⩽ 3 ans, exécution provisoire possible (C. route, art. L. 224-12, L. 224-13, L. 231-2) ;

3. Tig **20** à **400 h** (depuis L. n° 2019-222, 23 mars 2019, auparavant **280 h** depuis L. n° 2014-896, 15 août 2014, auparavant 210 h) (C. route, art. L. 231-2 2° ; C. pén., art. 131-8) ;

4. Jours-amende (⩽ 360 jours x ⩽ 1 000 € (depuis L. n° 2004-204, 9 mars 2004, art. 173-1 [auparavant 300 €]) (C. route, art. L. 231-2 3° ; C. pén., art. 131-5 et 131-25) ;

5. Interdiction ⩽ 5 ans de conduire certains véhicules terrestres à moteur, y compris ceux pour lesquels le permis n'est pas exigé (C. route, art. L. 231-2) ;

6. Obligation d'accomplir un stage de sensibilisation à la sécurité routière aux frais du condamné (C. pén., art. 131-35-1, C. route, art. L. 231-2) (pour les faits commis avant le 24 mars 2020 et jugés après cette date, L. n° 2019-222, 23 mars 2019, en vigueur le 24 mars 2020. Pour les faits commis à partir du 24 mars 2020, v. nouvelle réd. C. pén., art. 131-5-1 et n° 18.33) ;

7. Confiscation du véhicule dont le condamné s'est servi pour commettre l'infraction, s'il en est propriétaire (C. route, art. L. 231-2 ; C. pén., art. 131-21) ;

8. Confiscation (réelle ou en valeur) chose ayant servi à l'infraction ou destinée à la commettre (obligatoire pour objets qualifiés dangereux ou nuisibles par loi ou règlement ou dont la détention est illicite) (C. pén., art. 434-44, al. 4 et 131-21).

PERSONNE MORALE

PP Délit. 375 000 € (depuis L. n° 2011-267, 14 mars 2011 [auparavant 150 000 €]) (C. pén., art. 131-38).

PC Néant.

■ ORIENTEUR

AUTRE QUALIFICATION

▪ **Destruction ou modification des preuves d'un crime ou d'un délit.** V. n° 25.37.

▪ **Circonstance aggravante des atteintes involontaires à l'intégrité de la personne.** Le délit de fuite constitue une circonstance aggravante de l'homicide (v. n° 36.10) ou des blessures involontaires 36.11 et 36.12).

ÉLÉMENT LÉGAL

▪ **Champ d'application.** L'incrimination de délit de fuite concerne tout véhicule ou engin terrestre, fluvial ou maritime (C. pén., art. 434-10). Mais les peines complémentaires 2 à 7 et la perte de points du permis de conduire (v. mesure administrative) sont réservées aux infractions commises « *à l'occasion de la conduite d'un véhicule* » (C. route, art. L. 231-2). S'agissant du délit de fuite commis par le capitaine d'un engin fluvial ou maritime, v. *N* ***2277.ju***. « *En cas d'accident causé par un aéronef aux personnes situées à la surface, l'article 434-10 du code pénal, prévoyant et réprimant le délit de fuite, est applicable, sauf lorsqu'il est établi que l'arrêt de l'aéronef aurait compromis la sécurité des passagers* » (C. transp., art. L. 6142-9) (*N* ***4256.ju***).

TEXTE DE RÉFÉRENCE

▪ **Obligations du conducteur.** Tout conducteur ou tout usager de la route impliqué dans un accident de la circulation doit s'arrêter au plus tôt, sans créer un danger pour la circulation ; si l'accident n'a provoqué que des dégâts matériels, communiquer son identité et son adresse à toute personne impliquée dans l'accident ; si une ou plusieurs personnes ont été blessées ou tuées dans l'accident : avertir ou faire avertir les services de police ou de gendarmerie, communiquer à ceux-ci et à toute personne impliquée dans l'accident son identité et son adresse ; éviter, dans toute la mesure compatible avec la sécurité de la circulation, la modification de l'état de lieux et la disparition des traces susceptibles d'être utilisées pour établir les responsabilités (C. route, art. R. 231-1).

RÉGIME PROCÉDURAL

- **Compétence juridictionnelle. Juge unique** (C. pr. pén., art. 398-1 1°, v. n° 17.15D2).
- **Ordonnance pénale. Possible** (C. pr. pén., art. 495-II, v. n° 15.48B1 et tableau n° 17.15D2).

MESURE ADMINISTRATIVE

- **Perte de points du permis de conduire.** 6 points si l'infraction est commise à l'occasion de la conduite d'un véhicule (C. route, art. L. 223-2 et L. 231-3).

ÉLÉMENTS CONSTITUTIFS – QUALIFICATION

✧ Pour avoir à .... [¤ lieu], le .... [¤ date], sachant que le véhicule ou engin qu'il conduisait venait de causer ou d'occasionner un accident, omis de s'arrêter et ainsi tenté d'échapper à la responsabilité pénale ou civile qu'il pouvait avoir encouru.
Faits prévus et réprimés par les articles 434-10, 434-44, al. 4 et 434-45 du code pénal, L. 231-1, L. 231-2, L. 224-12 et L. 224-13 du code de la route (*N 42.ju*). ✧

36.14 Obstacle à l'immobilisation administrative du véhicule – Refus d'obtempérer – Refus de vérification du véhicule et du conducteur

PEINES

PERSONNE PHYSIQUE

PP Délit. Cas A : 3 mois d'emprisonnement, 3 750 € (C. route, art. L. 325-3-1) ;

Cas B : 2 ans d'emprisonnement, 15 000 € (C. route, art. L. 233-1, depuis L. n° 2022-52, 24 janv. 2022, auparavant 1 an, 7 500 € depuis L. n° 2017-258, 28 févr. 2017, auparavant 3 mois, 3 750 €) ;

Cas C : 3 mois d'emprisonnement, 3 750 € (C. route, art. L. 233-2).

PC 1. Suspension ou interdiction délivrance PC ⩽ 3 ans (⩽ 6 ans si commis simultanément avec conduite en état alcoolique ou délit de fuite), exécution provisoire possible (C. route, art. L 224-12, L. 224-13 ; **cas** A : art. L. 325-3-1 ; **cas** B : art. L. 233-1 ; **cas** C : art. L. 233-2). **Cas** B : depuis L. n° 2022-52, 24 janv. 2022, la suspension ne peut être assortie du sursis ni limitée à la conduite en dehors de l'activité professionnelle (prohibition du permis blanc) (C. route, art. L. 233-1 III 1°) ;
2. Tig **20** à **400 h** (depuis L. n° 2019-222, 23 mars 2019, auparavant **280 h** depuis L. n° 2014-896, 15 août 2014, auparavant 210 h) (**cas** A : C. route, art. L. 325-3-1 ; **cas** B : C. route, art. L. 233-1 ; **cas** C : C. route, art. L. 233-2 ; C. pén., art. 131-8) ;

3. Jours-amende ⩽ 360 jours x ⩽ 300 € (**cas** A : C. route, art. L. 325-3-1 ; **cas** B : C. route, art. L. 233-1 ; **cas** C : C. route, art. L. 233-2 ; C. pén., art. 131-5 et 131-25) ;

4. Cas B : annulation ou interdiction délivrance PC ⩽ 3 ans, exécution provisoire possible (depuis L. n° 2017-258, 28 févr. 2017, C. route, art. L. 224-12, L. 224-13 et L. 233-1). Durée maximale ⩽ 5 ans en cas de **récidive**, depuis L. n° 2017-258, 28 févr. 2017 (C. route, art. L. 233-1-2), réduite à 3 ans par L. n° 2022-52, 24 janv. 2022, mais annulation désormais « *de plein droit* » (C. route, art. L. 233-1-2 II, réd. issue L. n° 2022-52, 24 janv. 2022) ;

5. Cas B : confiscation d'un ou de plusieurs véhicules appartenant au condamné (depuis L. n° 2017-258, 28 févr. 2017, C. route L. 233-1 ; C. pén., art. 131-21). Depuis L. n° 2022-52, 24 janv. 2022, la confiscation est étendue au **véhicule dont le condamné s'est servi** pour commettre l'infraction, qu'il en soit propriétaire ou qu'il en ait la libre disposition, sous réserve dans ce dernier cas des droits du propriétaire de bonne foi qui doit être mis en mesure de présenter ses observations (exigences déjà intégrées, pour toute confiscation, au C. pén., art. 131-21 par L. n° 2021-1729, 22 déc. 2021, v. n° 18.35C2). Depuis L. n° 2022-52, 24 janv. 2022, en cas de **récidive, confiscation obligatoire,** sauf dispense motivée, du véhicule dont le condamné s'est servi pour commettre l'infraction, sous réserve du droit du tiers de bonne foi propriétaire du véhicule selon les conditions qui précédent (C. route, art. L. 233-1-2, réd. issue L. n° 2022-52, 24 janv. 2022) ;

6. Cas B : obligation d'accomplir un stage de sensibilisation à la sécurité routière aux frais du condamné (depuis L. n° 2017-258, 28 févr. 2017, C. route, art. L. 233-1, C. pén., art. 131-35-1) (pour les faits commis avant le 24 mars 2020 et jugés après cette date, L. n° 2019-222, 23 mars 2019, en vigueur le 24 mars 2020. Pour les faits commis à partir du 24 mars 2020, v. nouvelle réd. C. pén., art. 131-5-1 et n° 18.33).

PERSONNE MORALE

PP Délit. Cas A : 18 750 € (C. route, art. L. 325-3-1, C. pén., art. 131-38) ;

Cas B : 75 000 € (C. route, art. L. 233-1, depuis L. n° 2022-52, 24 janv. 2022, auparavant 37 500 € depuis L. n° 2017-258, 28 févr. 2017, auparavant 3 mois, 18 750 € ; C. pén., art. 131-38) ;

Cas C : 18 750 € (C. route, art. L. 233-2, C. pén., art. 131-38).

PC Néant.

■ ORIENTEUR

AUTRE QUALIFICATION

▪ **Immobilisation administrative du véhicule – Non-respect.** V. n° 36.90 (dans le Cas A).

▪ **Refus d'obtempérer aggravé par la mise en danger d'autrui.** V. n° 36.16 (dans le Cas B).

▪ **Non-présentation immédiate ou non-justification dans les 5 jours des documents afférents au véhicule ou au conducteur.** V. n° 36.15 (dans le Cas C).

TEXTE DE RÉFÉRENCE

▪ **Conditions de l'immobilisation conservatoire. Cas A** : immobilisation judiciaire à la demande du procureur de la République, C. route, art. L. 325-1-1 ; immobilisation administrative à la demande de l'OPJ, C. route, art. L. 325-1, v. n° 11.68.

▪ **Conditions d'emploi de la force en cas de refus d'obtempérer. Cas B** : sur les prérogatives d'emploi des armes et des moyens d'immobilisation des véhicules par les forces de sécurité en cas de refus d'obtempérer par un conducteur de moyen de transport (CSI, art. L. 214-2 et L. 435-1), v. n° 10.14E.

▪ **Conditions du contrôle du véhicule ou du conducteur. Cas C.** C. route, art. L. 233-1 et L. 311-2, V. n° 11.26.

RÉGIME PROCÉDURAL

▪ **Compétence juridictionnelle. Juge unique** (C. pr. pén., art. 398-1 2°, v. n° 17.15D2).

▪ **Ordonnance pénale. Possible** (C. pr. pén., art. 495-II, v. n° 15.48B1 et tableau n° 17.15D2).

RÉGIME PROCÉDURAL

▪ **Mesure provisoire. Cas B : immobilisation judiciaire et mise en fourrière du véhicule.** Depuis L. n° 2022-52, 24 janv. 2022, l'OPJ ou l'APJ peut, avec l'autorisation préalable du procureur de la République donnée par tout moyen, faire procéder à l'immobilisation et à la mise en fourrière du véhicule en vue de la confiscation (C. route, art. L. 325-1-1, L. 233-1 IV (mod. issue L. n° 2022-52, 24 janv. 2022).

MESURE ADMINISTRATIVE

▪ **Mesure conservatoire. • Rétention provisoire du permis de conduire. Cas B** : depuis L. n° 2022-52, 24 janv. 2022, la rétention du permis de conduire peut être mise en œuvre pour une durée maximale de 72 h (C. route, art. L. 224-1 et L. 224-2, v. n° 11.70A). Pendant la durée de la rétention, ainsi que dans le cas où le conducteur n'est pas titulaire de ce titre, il peut être procédé d'office à l'immobilisation du véhicule jusqu'à ce qu'un conducteur qualifié, proposé par le conducteur ou le propriétaire du véhicule, en assure la conduite (C. route, art. L. 224-4). **• Restriction administrative du droit de conduire. Cas B** : depuis L. n° 2022-52, 24 janv. 2022, la suspension administrative du permis de conduire, peut être prononcée par arrêté du préfet pour une durée ⩽ **6 mois** (C. route, art. L. 224-2, L. 224-7, L. 224-8 et R. 224-6, v. n°s 11.69A à 11.69C). **• Immobilisation et mise en fourrière. Cas B** : depuis L. n° 2022-52, 24 janv. 2022, avec l'autorisation préalable du préfet, l'OPJ ou l'APJ peut faire procéder à l'immobilisation du véhicule et à sa mise en fourrière provisoire durant 7 jours jusqu'à la décision d'immobilisation judiciaire prise par le parquet (C. route, art. L. 233-1-2 IV et L. 325-1-2, v°n° 11.69C).

▪ **Perte de points du permis de conduire.** 6 points, **cas A** : C. route, art. L. 325-3-1 ; **cas B** : C. route, art. L. 233-1 ; **cas C** : C. route, art. L. 233-2 et R. 223-1.

RÉGIME DES PEINES

▪ **Effets de la récidive. • Délits assimilés – Récidive spéciale et temporaire.** Les délits prévus par C. route, art. L. 221-2 (conduite sans permis), L. 234-1 (conduite en état alcoolique ou d'ivresse), L. 235-1 (conduite après usage de stupéfiants), L. 413-1 (grand excès de vitesse) et, depuis L. n° 2022-52, 24 janv. 2022, L. 233-1 (refus d'obtempérer simple) et L. 233-1-1 (refus d'obtempérer aggravé), sont considérés comme une même infraction au regard de la **récidive** (C. pén., art. 132-16-2). Ces délits routiers sont également assimilés aux délits, commis lors de la conduite d'un véhicule terrestre à moteur, d'homicide (C. pén., art. 221-6-1), de blessures involontaires avec ITT ⩾ 3 mois (C. pén., art. 222-19-1) ou avec ITT < 3 mois (C. pén., art. 222-19-1) lorsqu'ils constituent le second terme de la récidive (C. pén., art. 132-16-2 ; Crim. 31 mai 2016, n° 15-84.329, P n° 167) (sur la récidive, v. n° **18.5**).

▪ **Cumul des peines.** • **Cas** B. Depuis L. n° 2022-52, 24 janv. 2022, par dérogation au C. pén., art. 132-2 à 132-5, les peines prononcées pour **refus d'obtempérer** se cumulent, sans possibilité de confusion, avec celles « *prononcées pour les autres infractions commises à l'occasion de la conduite du véhicule* » (C. route, art. L. 233-1 II) (sur le principe de confusion de plein droit des peines en cas d'infractions multiples poursuivies ensemble, C. pén, art. 132-3, v. n° **18.2** ; ou de confusion facultative en cas d'infraction poursuivies séparément, C. pén, art. 132-4, v. n° **18.4C**, sur les exceptions légales au principe de confusion, v. n° **18.3**).

▪ ÉLÉMENTS CONSTITUTIFS – QUALIFICATION

✧ Pour avoir à .... [¤ lieu], le .... [¤ date], étant conducteur d'un véhicule, [⇨A à C :]

A. fait obstacle à son immobilisation conservatoire ou administrative (C. route, art. L. 325-3-1) (A : *N 6245.ju*) ;

B. omis sciemment d'obtempérer à une sommation de s'arrêter émanant d'un fonctionnaire ou agent chargé de constater les infractions et muni des insignes extérieurs et apparents de sa qualité (C. route, art. L. 233-1) (B : *N 50.ju*) ;

C. refusé de se soumettre aux vérifications prescrites concernant son véhicule ou sa personne (C. route, art. L. 233-2) (C : *N 179.ju*).

Faits prévus et réprimés par les articles L. 224-12, L. 224-13, et [• du cas sélectionné] du code de la route. ✧

36.15 Non-présentation immédiate ou non-justification dans les 5 jours des documents afférents au véhicule ou au conducteur

▪ PEINES

PERSONNE PHYSIQUE

PP Cas A : Contrav. 1re cl. **38 €** (C. route, art. R. 233-1, III ; C. pén., art. 131-13).

Cas B : Contrav. 4e cl. **750 €** (C. route, art. R. 233-1, V ; C. pén., art. 131-13).

PC Néant.

PERSONNE MORALE

PP Cas A : Contrav. 1re cl. **190 €** (C. route, art. R. 233-1, III, 131-41).

Cas B : Contrav. 4e cl. **3 750 €** (C. route, art. R. 233-1, V ; C. pén., art. 131-41).

▪ ORIENTEUR

AUTRE QUALIFICATION

▪ **Non-justification de l'attestation d'assurance du véhicule, non-apposition du certificat ou vignette d'assurance.** V. n° **36.43**.

▪ **Obstacle à l'immobilisation administrative du véhicule – Refus d'obtempérer – Refus de vérification du véhicule et du conducteur.** V. n° **36.14**.

TEXTE DE RÉFÉRENCE

▪ **Contrôle du véhicule et du conducteur.** C. route, art. L. 233-2, R. 233-1 et R. 233-3, v. n° **11.26C**.

▪ ÉLÉMENTS CONSTITUTIFS – QUALIFICATION

✧ Pour avoir à .... [¤ lieu], le .... [¤ date], étant conducteur d'un véhicule, omis de [⇨A ou B :]

A. présenter immédiatement à toute réquisition des agents de l'autorité compétente [⇨A1 ou A1 :]

A1. le titre justifiant de son autorisation de conduire ou le récépissé de perte ou de vol en tenant lieu (A1 : *N 6227.c1*) ;

A2. le certificat d'immatriculation du véhicule ou de la remorque ou semi-remorque, ou le récépissé provisoire ou la photocopie (A2 : *N 6204.c1*) ;

B. justifier dans les cinq jours, après y avoir été invité par les agents de l'autorité compétente, de la possession [⇨B1 ou B2 :]

B1. du titre justifiant de son autorisation de conduire ou du récépissé de perte ou de vol en tenant lieu (B1 : *N 7553.c4*) ;

B2. du certificat d'immatriculation du véhicule ou de la remorque ou semi-remorque, ou du récépissé provisoire ou de la photocopie (B2 : *N 7554.c4*).

Faits prévus et réprimés par l'article R. 233-1 du code de la route. ✧

36.16 Refus d'obtempérer aggravé par la mise en danger d'autrui

■ Peines

PERSONNE PHYSIQUE

PP Délit. Cas A : 5 ans d'emprisonnement, 75 000 € (C. route, art. L. 233-1, L. 233-1-1).

Cas B : 7 ans d'emprisonnement, 100 000 € (C. route, art. L. 233-1, L. 233-1-1) (aggravation issue L. n° 2022-52, 24 janv. 2022).

PC 1. Suspension (sans sursis ni aménagement professionnel (prohibition du permis blanc)) ou interdiction délivrance PC ⩽ 5 ans, exécution provisoire possible (C. route, art. L. 224-12, L. 224-13 et L. 233-1-1) ;

2. annulation ou interdiction délivrance PC ⩽ 5 ans, exécution provisoire possible (C. route, art. L. 224-12, L. 224-13 et L. 233-1-1). Depuis L. n° 2022-52, 24 janv. 2022, l'annulation du PC est de « **plein droit** », avec interdiction de solliciter un nouveau permis ⩽ 5 ans (C. route, art. L. 233-1-1 III). La durée d'interdiction est ⩽ 10 ans en cas de **récidive** (C. route, art. L. 233-1-2 III, réd. issue L. n° 2022-52, 24 janv. 2022) ;

3. Tig **20 à 400 h** (depuis L. n° 2019-222, 23 mars 2019, auparavant **280 h** depuis L. n° 2014-896, 15 août 2014, auparavant 210 h) (C. route, art. L. 233-1 et L. 233-1-1 ; C. pén., art. 131-8) ;

4. Jours-amende ⩽ 360 jours x ⩽ 1 000 € (depuis L. n° 2004-204, 9 mars 2004, art. 173-1 [auparavant, 300 €]) (C. route, art. L. 233-1 et L. 233-1-1 ; C. pén., art. 131-5 et 131-25) ;

5. Confiscation d'un ou de plusieurs véhicules appartenant au condamné (C. route, art. L. 233-1 et L. 233-1-1 ; C. pén., art. 131-21). Depuis L. n° 2022-52, 24 janv. 2022, la confiscation du **véhicule dont le condamné s'est servi** pour commettre l'infraction est **obligatoire**, sauf dispense motivée, qu'il en soit propriétaire ou qu'il en ait la libre disposition, sous réserve dans ce dernier cas des droits du propriétaire de bonne foi qui doit être mis en mesure de présenter ses observations (réd. issue L. n° 2022-52, 24 janv. 2022, exigences déjà intégrées, pour toute confiscation, au C. pén., art. 131-21 par L. n° 2021-1729, 22 déc. 2021, v. n° 18.35C2) (C. route, art. L. 233-1-1 ; C. pén., art. 131-21) ;

6. Confiscation d'une ou plusieurs armes dont le condamné est propriétaire ou dont il a la libre disposition, sous réserve dans ce dernier cas des droits du propriétaire de bonne foi qui doit être mis en mesure de présenter ses observations (réd. issue L. n° 2022-52, 24 janv. 2022, exigences déjà intégrées, pour toute confiscation, au C. pén., art. 131-21 par L. n° 2021-1729, 22 déc. 2021, v. n° 18.35C2) (C. route, art. L. 233-1-1 ; C. pén., art. 131-21) ;

7. Interdiction ⩽ 5 ans détention, port arme soumise à autorisation (C. route, art. L. 233-1-1) ;

8. Obligation d'accomplir un stage de sensibilisation à la sécurité routière aux frais du condamné (depuis L. n° 2017-258, 28 févr. 2017, C. route, art. L. 233-1-1, C. pén., art. 131-35-1) (pour les faits commis avant le 24 mars 2020 et jugés après cette date, L. n° 2019-222, 23 mars 2019, en vigueur le 24 mars 2020. Pour les faits commis à partir du 24 mars 2020, v. nouvelle réd. C. pén., art. 131-5-1 et n° 18.33).

PERSONNE MORALE

PP Délit. 375 000 € (C. pén., art. 131-38).

PC Néant.

■ ORIENTEUR

AUTRE QUALIFICATION

▪ **Obstacle à l'immobilisation administrative du véhicule – Refus d'obtempérer – Refus de vérification du véhicule et du conducteur.** V. nº **36.14**.

ÉLÉMENT LÉGAL

▪ **Application de la loi pénale dans le temps. Cas A** : aggravation créée par L. nº 2004-204, 9 mars 2004, art. 58. **Cas B** : aggravation créée par L. nº 2022-52, 24 janv. 2022 relative à la responsabilité pénale et à la sécurité intérieure.

RÉGIME PROCÉDURAL

▪ **Compétence juridictionnelle. Cas A : juge unique** (C. pr. pén., art. 398-1 2°, v. nº **17.15D2**).

▪ **Ordonnance pénale. Possible** dans le **Cas A** (C. pr. pén., art. 495-II, v. nº **15.48B1** et tableau nº **17.15D2**).

▪ **Mesure provisoire. Immobilisation judiciaire et mise en fourrière du véhicule.** Depuis L. nº 2022-52, 24 janv. 2022, l'OPJ ou l'APJ peut, avec l'autorisation préalable du procureur de la République donnée par tout moyen, faire procéder à l'immobilisation et à la mise en fourrière du véhicule en vue de la confiscation (C. route, art. L. 325-1-1, L. 233-1 IV (mod. issue L. nº 2022-52, 24 janv. 2022).

MESURE ADMINISTRATIVE

▪ **Mesure conservatoire. Rétention provisoire du permis de conduire.** Depuis L. nº 2022-52, 24 janv. 2022, la rétention du permis de conduire peut être mise en œuvre pour une durée maximale de 72 h (C. route, art. L. 224-1 et L. 224-2, v. nº **11.70A**). Pendant la durée de la rétention, ainsi que dans le cas où le conducteur n'est pas titulaire de ce titre, il peut être **procédé** d'office à l'immobilisation du véhicule jusqu'à ce qu'un conducteur qualifié, proposé par le conducteur ou le propriétaire du véhicule, en assure la conduite (C. route, art. L. 224-4).

▪ **Mesure provisoire. • Restriction administrative du droit de conduire.** Depuis L. nº 2022-52, 24 janv. 2022, la suspension administrative du permis de conduire peut être prononcée par arrêté par le préfet pour une durée ⩽ **1 an** (au lieu du délai de droit commun maximal de 6 mois) (C. route, art. L. 224-2, L. 224-7, L. 224-8 et R. 224-6, v. nºs **11.69A** à **11.69C**). **• Immobilisation et mise en fourrière.** Depuis L. nº 2022-52, 24 janv. 2022, avec l'autorisation préalable du préfet, l'OPJ ou l'APJ peut faire procéder à l'immobilisation du véhicule et à sa mise en fourrière provisoire durant 7 jours jusqu'à la décision d'immobilisation judiciaire prise par le parquet (C. route, art. L. 233-1-2 IV et L. 325-1-2, vºnº **11.69C**).

▪ **Perte de points du permis de conduire. 6 points** (C. route, art. L. 233-1-1 IV (réd. issue L. nº 2022-52, 24 janv. 2022) L. 223-2, R. 223-1).

RÉGIME DES PEINES

▪ **Effets de la récidive. • Délits assimilés – Récidive spéciale et temporaire.** Les délits prévus par C. route, art. L. 221-2 (conduite sans permis), L. 234-1 (conduite en état alcoolique ou d'ivresse), L. 235-1 (conduite après usage de stupéfiants), L. 413-1 (grand excès de vitesse) et, depuis L. nº 2022-52, 24 janv. 2022, L. 233-1 (refus d'obtempérer simple) et L. 233-1-1 (refus d'obtempérer aggravé), sont considérés comme une même infraction au regard de la **récidive** (C. pén., art. 132-16-2). Ces délits routiers sont également assimilés aux délits, commis lors de la conduite d'un véhicule terrestre à moteur, d'homicide (C. pén., art. 221-6-1), de blessures involontaires avec ITT ⩾ 3 mois (C. pén., art. 222-19-1) ou avec ITT < 3 mois (C. pén., art. 222-19-1) lorsqu'ils constituent le second terme de la récidive (C. pén., art. 132-16-2 ; Crim. 31 mai 2016, nº 15-84.329, P nº 167) (sur la récidive, v. nº **18.5**).

▪ **Cumul des peines.** • Depuis L. nº 2022-52, 24 janv. 2022, par dérogation au C. pén., art. 132-2 à 132-5, les peines prononcées pour **refus d'obtempérer** se cumulent, sans possibilité de confusion, avec celles « *prononcées pour les autres infractions commises à l'occasion de la conduite du véhicule* » (C. route, art. L. 233-1 II) (sur le principe de confusion de plein droit des peines en cas d'infractions multiples poursuivies ensemble, C. pén, art. 132-3, v. nº **18.2** ; ou de confusion facultative en cas d'infraction poursuivies séparément, C. pén, art. 132-4, v. nº **18.4C**, sur les exceptions légales au principe de confusion, v. nº **18.3**).

■ ÉLÉMENTS CONSTITUTIFS – QUALIFICATION

✧ Pour avoir à .... [¤ lieu], le .... [¤ date], [⇨A puis le cas échéant B :]

A. étant conducteur d'un véhicule, omis sciemment d'obtempérer à une sommation de s'arrêter émanant d'un fonctionnaire ou agent chargé de constater les infractions et muni des insignes extérieurs et apparents de sa qualité, avec cette circonstance que les faits ont été commis dans des circonstances exposant directement autrui à un risque de mort ou de blessures de nature à entraîner une mutilation ou une infirmité permanente (A : *N 25124.ju*) ;

B. [préciser le cas échéant dans le cas A :] avec cette circonstance que les faits ont été commis dans des circonstances exposant directement ces fonctionnaires ou agents à un risque de mort ou de blessures de nature à entraîner une mutilation ou une infirmité permanente (aggravation issue L. n° 2022-52, 24 janv. 2022) (B : *N 34489.co*).

Faits prévus et réprimés par les articles L. 224-12, L. 224-13, L. 233-1 et L. 233-1-1 du code de la route ✧

36.17 Refus de vérification de l'état alcoolique – code de la route

■ PEINES

PERSONNE PHYSIQUE

PP Délit. 2 ans d'emprisonnement, 4 500 € (C. route, art. L. 234-8).

PC 1. Suspension (sans sursis ni aménagement), annulation ou interdiction délivrance PC ⩽ 3 ans, **sauf récidive**, exécution provisoire possible (C. route, art. L. 224-12, L. 224-13 et L. 234-8) ;

2. Annulation **obligatoire** du PC **en cas de récidive**, avec interdiction ⩽ 3 ans de conduire un véhicule non équipé d'un éthylotest électronique anti-démarrage (EAD), exécution provisoire possible (C. route, art. L. 224-13, L. 234-2 et L. 234-13 réd. issue L. n° 2019-1428, 24 déc. 2019) ;

3. Confiscation du véhicule utilisé pour commettre l'infraction, si le condamné en est propriétaire (C. route, art. L. 234-8 7°, depuis L. n° 2019-1428, 24 déc. 2019) ;

4. **Récidive.** Confiscation *obligatoire, sauf motivation spéciale* (L. n° 2011-267, 14 mars 2011) ou immobilisation ⩽ 1 an véhicule utilisé pour l'infraction, si le prévenu en est propriétaire (C. route, art. L. 234-12 I) ;

5. Tig **20** à **400 h** (depuis L. n° 2019-222, 23 mars 2019, auparavant **280 h** depuis L. n° 2014-896, 15 août 2014, auparavant 210 h) (C. route, art. L. 234-8 ; C. pén., art. 131-8) ;

6. Jours-amende ⩽ 360 jours x ⩽ 1 000 € (depuis L. n° 2004-204, 9 mars 2004, art. 173-1 [auparavant, 300 €]) (C. route, art. L. 234-8 ; C. pén., art. 131-5 et 131-25) ;

7. Interdiction ⩽ 5 ans de conduire certains véhicules terrestres à moteur, y compris ceux pour lesquels le permis n'est pas exigé (C. route, art. L. 234-8) ;

8. Interdiction ⩽ 5 ans de conduire un véhicule non équipé d'un anti-démarrage par éthylotest électronique. Cette interdiction s'exécute à l'issue de la peine d'annulation ou de suspension du PC éventuellement prononcée (C. route, art. L. 234-8 8°°, depuis L. n° 2019-1428, 24 déc. 2019) ;

9. Obligation d'accomplir un stage de sensibilisation à la sécurité routière aux frais du condamné (C. pén., art. 131-35-1, C. route, art. L. 234-8) (pour les faits commis avant le 24 mars 2020 et jugés après cette date, L. n° 2019-222, 23 mars 2019, en vigueur le 24 mars 2020. Pour les faits commis à partir du 24 mars 2020, v. nouvelle réd. C. pén., art. 131-5-1 et n° 18.33).

PERSONNE MORALE

PP Délit. 22 500 € (C. route, art. L. 234-8 ; C. pén., art. 131-38).

PC Néant.

■ ORIENTEUR

AUTRE QUALIFICATION

▪ **Refus de vérification de l'état alcoolique – code de la santé publique : crime, délit, accident.** V. n° 36.18 (par une personne autre que le conducteur d'un véhicule automobile en cas de crime, délit ou accident).

TEXTE DE RÉFÉRENCE

▪ **Les conditions de recherche et de mesure de l'imprégnation alcoolique.** V. n°s 13.3 s.

RÉGIME PROCÉDURAL

▪ **Compétence juridictionnelle. Juge unique** (C. pr. pén., art. 398-1 2°, v. n° **17.15D2**).

▪ **Ordonnance pénale. Possible** (C. pr. pén., art. 495-II, v. n° **15.48B1** et tableau n° **17.15D2**).

MESURE ADMINISTRATIVE

▪ **Mesure conservatoire. Rétention provisoire du permis de conduire.** La rétention du permis de conduire peut être mise en œuvre par l'OPJ ou l'APJ, pour une durée maximale de 72 h, ou de 120 h depuis L. n° 2019-1428, 24 déc. 2019 si des vérifications biologiques sont effectuées, dans l'attente de la suspension du permis par le préfet (C. route, art. L. 224-1 et L. 224-2, v. n° **11.70A**). Pendant la durée de la rétention, ainsi que dans le cas où le conducteur n'est pas titulaire de ce titre, il peut être **procédé** d'office à l'immobilisation du véhicule jusqu'à ce qu'un conducteur qualifié, proposé par le conducteur ou le propriétaire du véhicule, en assure la conduite (C. route, art. L. 224-4).

▪ **Mesure provisoire. Restriction administrative du droit de conduire.** La suspension administrative du permis de conduire, ou l'interdiction de conduire un véhicule non équipé d'un éthylotest d'anti-démarrage, peut être prononcée par arrêté par le préfet (C. route, art. L. 224-2, L. 224-7 et R. 224-6, v. n^{os} **11.69A** à **11.69C**).

▪ **Mesure provisoire. Immobilisation et mise en fourrière.** Avec l'autorisation préalable du préfet, l'OPJ ou l'APJ peut faire procéder à l'immobilisation du véhicule et à sa mise en fourrière provisoire durant 7 jours jusqu'à la décision d'immobilisation judiciaire prise par le parquet (C. route, art. L. 325-1-2, v°n° **11.69C**). La L. n° 2019-1428, 24 déc. 2019, a supprimé la condition de récidive auparavant exigée.

▪ **Perte de points du permis de conduire. 6 points** (C. route, art. L. 223-2 et L. 234-8).

RÉGIME DES PEINES

▪ **Constitutionnalité. Annulation obligatoire du permis de conduire en cas de récidive** (C. route, art. L. 234-13), v. n° **36.7**, régime des peines/constitutionnalité (Cons. const. 29 sept. 2010, n° 2010-40 QPC, § 5).

▪ **Effets de la récidive. • Annulation obligatoire du permis de conduire – application de la loi dans le temps.** Sur l'application de la L. n° 2019-1428, 24 déc. 2019 modifiant C. route, art. L. 234-13, v. même rubrique de l'orienteur n° **36.7**.

▪ ÉLÉMENTS CONSTITUTIFS – QUALIFICATION

✧ Pour avoir à .... [¤ lieu], le .... [¤ date], étant [⇨A ou B :]

A. conducteur .... [¤ indiquer le véhicule utilisé] ...

B. accompagnateur d'un élève conducteur...

... refusé de se soumettre aux vérifications destinées à établir la preuve de l'état alcoolique.

Faits prévus et réprimés par les articles L. 224-12, L. 224-13, L. 234-8 et L. 234-13 du code de la route (*N 51.ju ;* Récidive *9164.ju*). ✧

36.18 Refus de vérification de l'état alcoolique – code de la santé publique : crime, délit, accident

▪ PEINES

PERSONNE PHYSIQUE

PP Délit. 1 an d'emprisonnement, 3 750 € (CSP, art. L. 3354-2).

PC 1. Interdiction, définitive ou < 5 ans d'exercice de la profession de débitant de boissons, le tribunal fixe la durée pendant laquelle le condamné devra continuer à payer son personnel (CSP, art. L. 3355-6 ; C. pén., art. 131-27 et 131-28) ;

2. Fermeture, définitive ou temporaire du débit de boissons (CSP, art. L. 3355-4 et L. 3355-5, C. pén., art. 131-33°).

PERSONNE MORALE

PP Délit. 18 750 € (CSP, art. L. 3354-2 ; C. pén., art. 131-38).

PC Néant.

■ **ORIENTEUR**

AUTRE QUALIFICATION

▪ **Refus de vérification de l'état alcoolique – code de la route.** V. nº 36.17 (par le conducteur d'un véhicule automobile).

TEXTE DE RÉFÉRENCE

▪ **Les conditions de recherche et de mesure de l'imprégnation alcoolique.** V. nºs 13.3 s.

RÉGIME PROCÉDURAL

▪ **Compétence juridictionnelle. Collégiale** : cette incrimination ne figure pas dans le code de la route et n'est pas comprise dans les dispositions du C. pr. pén., art. 398-1 v. nº 17.15D2) fixant les compétences du juge unique correctionnel.

■ **ÉLÉMENTS CONSTITUTIFS – QUALIFICATION**

✧ Pour avoir à ……… [¤ lieu], le ……… [¤ date], refusé de se soumettre aux vérifications destinées à établir la preuve de la présence d'alcool dans son organisme alors qu'il était [⇨A ou B :]

A. l'auteur présumé d'un crime, d'un délit ou d'un accident de la circulation et que les faits semblaient avoir été commis ou causés sous l'empire d'un état alcoolique ;

B. la victime d'un crime, d'un délit ou d'un accident de la circulation, que ces vérifications pouvaient être utiles et que les faits semblaient avoir été commis ou causés sous l'empire d'un état alcoolique. Faits prévus et réprimés par les articles L. 3354-1, L. 3354-2, L. 3355-4 et L. 3355-6 du code de la santé publique (*N **2000.co***). ✧

36.19 Refus des analyses ou examens par un conducteur de véhicule – Recherche de stupéfiants

■ **PEINES**

PERSONNE PHYSIQUE

PP Délit. 2 ans d'emprisonnement, 4 500 € (C. route, art. L. 235-3).

PC 1. Tig **20** à **400 h** (depuis L. nº 2019-222, 23 mars 2019, auparavant **280 h** depuis L. nº 2014-896, 15 août 2014, auparavant 210 h) (C. route, art. L. 235-3 ; C. pén., art. 131-8) ;

2. Jours-amende (⩽ 360 jours x ⩽ 1 000 € (depuis L. nº 2004-204, 9 mars 2004, art. 173-1 [auparavant, 300 €]), C. route, art. L. 235-3 ; C. pén., art. 131-5 et 131-25) ;

3. Confiscation du véhicule utilisé pour commettre l'infraction, si le condamné en est propriétaire (C. route, art. L. 235-3 8°, depuis L. nº 2019-1428, 24 déc. 2019) ;

4. **Récidive.** Confiscation *obligatoire, sauf motivation spéciale* (L. nº 2011-267, 14 mars 2011) ou immobilisation ⩽ 1 an véhicule utilisé pour l'infraction, si le prévenu en est propriétaire (C. route, art. L. 235-4) ;

5. Suspension (sans sursis ni aménagement) ou interdiction délivrance (obligatoire si **récidive**) PC ⩽ 3 ans, exécution provisoire possible (C. route, art. L. 224-12, L. 224-13, L. 235-3 et L. 235-4) ;

6. Annulation (obligatoire si **récidive**) PC ⩽ 3 ans, exécution provisoire possible (C. route, art. L. 224-13, L. 235-3 et L. 235-4) ;

7. Interdiction ⩽ 5 ans de conduire certains véhicules terrestres à moteur, y compris ceux pour lesquels le permis n'est pas exigé (C. route, art. L. 235-3) ;

8. Obligation d'accomplir un stage de sensibilisation à la sécurité routière aux frais du condamné (C. pén., art. 131-35-1, C. route, art. L. 235-3) (pour les faits commis avant le 24 mars 2020 et jugés après cette date, L. nº 2019-222, 23 mars 2019, en vigueur le 24 mars 2020. Pour les faits commis à partir du 24 mars 2020, v. nouvelle réd. C. pén., art. 131-5-1 et nº 18.33) ;

9. Stage de sensibilisation aux dangers de l'usage de produits stupéfiants aux frais du condamné (C. pén., art. 131-35-1, C. route, art. L. 235-3 [L. nº 2007-297, 5 mars 2007]) (pour les faits commis avant le 24 mars 2020 et jugés après cette date, L. nº 2019-222, 23 mars 2019, en vigueur le 24 mars 2020. Pour les faits commis à partir du 24 mars 2020, v. nouvelle réd. C. pén., art. 131-5-1 et nº 18.33).

PERSONNE MORALE

PP Délit. 22 500 € (C. route, art. L. 235-3 ; C. pén., art. 131-38).

PC Néant.

■ ORIENTEUR

TEXTE DE RÉFÉRENCE

▪ **Le dépistage et la preuve de l'usage de stupéfiants chez le conducteur de véhicule.** V. n° 13.9.

ÉLÉMENT MATÉRIEL

▪ **Caractérisation de l'infraction.** L'infraction est caractérisée par le refus des « *vérifications* » (la loi ne vise pas l'opération de dépistage proprement dite, mais les « *vérifications* ») qui doivent succéder au dépistage positif ou au refus de dépistage. Le seul refus du dépistage, s'il n'est suivi du refus de se soumettre aux prélèvements biologiques (prélèvement sanguin ou prélèvement salivaire) auquel doit faire procéder l'OPJ et l'APJ, ne suffit pas à matérialiser le délit.

RÉGIME PROCÉDURAL

▪ **Compétence juridictionnelle. Juge unique** (C. pr. pén., art. 398-1 2°, v. n° 17.15D2).

▪ **Ordonnance pénale. Possible** (C. pr. pén., art. 495-II, v. n° 15.48B1 et tableau n° 17.15D2).

MESURE ADMINISTRATIVE

▪ **Mesure conservatoire. Rétention provisoire du permis de conduire.** La rétention du permis de conduire peut être mise en œuvre par l'OPJ ou l'APJ, pour une durée maximale de 72 h, ou de 120 h depuis L. n° 2019-1428, 24 déc. 2019 si des vérifications biologiques sont effectuées, dans l'attente de la suspension du permis par le préfet (C. route, art. L. 224-1 et L. 224-2, v. n° 11.70A). Pendant la durée de la rétention, ainsi que dans le cas où le conducteur n'est pas titulaire de ce titre, il peut être **procédé** d'office à l'immobilisation du véhicule jusqu'à ce qu'un conducteur qualifié, proposé par le conducteur ou le propriétaire du véhicule, en assure la conduite (C. route, art. L. 224-4).

▪ **Mesure provisoire. Immobilisation et mise en fourrière.** Avec l'autorisation préalable du préfet, l'OPJ ou l'APJ peut faire procéder à l'immobilisation du véhicule et à sa mise en fourrière provisoire durant 7 jours jusqu'à la décision d'immobilisation judiciaire prise par le parquet (C. route, art. L. 325-1-2, v°n° 11.69C). La L. n° 2019-1428, 24 déc. 2019, a supprimé la condition de récidive auparavant exigée.

▪ **Perte de points du permis de conduire.** 6 points (C. route, art. L. 223-1, L. 235-3 et R. 223-1).

■ ÉLÉMENTS CONSTITUTIFS – QUALIFICATION

✧ Pour avoir à .... [¤ lieu], le .... [¤ date], étant conducteur d'un véhicule – ou accompagnateur d'un élève conducteur –, refusé de se soumettre aux vérifications consistant en des analyses ou examens médicaux, cliniques ou biologiques tendant à établir s'il conduisait après usage de substances ou plantes classées comme stupéfiants.

Faits prévus et réprimés par les articles L. 235-2, L. 235-3 et L. 235-4 du code de la route (*N 22988.ju*). ✧

36.20 Refus des vérifications portant sur l'usage de produits stupéfiants par le personnel d'une entreprise de transport exerçant des fonctions touchant à la sécurité du transport (L. n° 2007-297, 5 mars 2007)

■ PEINES

PERSONNE PHYSIQUE

PP Délit. 2 ans d'emprisonnement, 30 000 € (CSP, art. L. 3421-6).

PC 1. Suspension (sans sursis ni aménagement) ⩽ 3 ans, du PC ou du titre de conduite de bateaux de plaisance français à moteur en mer et en eaux intérieures (CSP, art. L. 3421-7[L. n° 2007-297, 5 mars 2007]) ;

2. Annulation, ⩽ 3 ans, du PC ou du titre de conduite de bateaux de plaisance français à moteur en mer et en eaux intérieures (CSP, art. L. 3421-7 [L. n° 2007-297, 5 mars 2007]) ;

3. Tig **20** à **400 h** (depuis L. nº 2019-222, 23 mars 2019, auparavant **280 h** depuis L. nº 2014-896, 15 août 2014, auparavant 210 h) (CSP, art. L. 3421-7 [L. nº 2007-297, 5 mars 2007] ; C. pén., art. 131-8, 131-22 à 131-24) ;

4. Jours-amende ⩽ 360 jours x ⩽ 1 000 € (CSP, art. L. 3421-7 [L. nº 2007-297, 5 mars 2007] ; C. pén., art. 131-5 et 131-25) ;

5. Interdiction, définitive ou < 5 ans d'exercer une profession ayant trait au transport (CSP, art. L. 3421-7 [L. nº 2007-297, 5 mars 2007] ; C. pén., art. 131-27 et 131-28) ;

6. Interdiction ⩽ 5 ans de conduire certains véhicules terrestres à moteur, y compris ceux pour lesquels le permis n'est pas exigé (CSP, art. L. 3421-7 [L. nº 2007-297, 5 mars 2007]) ;

7. Stage de sensibilisation à la sécurité routière aux frais du condamné (C. pén., art. 131-35-1, CSP, art. L. 3421-7 [L. nº 2007-297, 5 mars 2007]) (pour les faits commis avant le 24 mars 2020 et jugés après cette date, L. nº 2019-222, 23 mars 2019, en vigueur le 24 mars 2020. Pour les faits commis à partir du 24 mars 2020, v. nouvelle réd. C. pén., art. 131-5-1 et nº 18.33) ;

8. Stage de sensibilisation aux dangers de l'usage de produits stupéfiants, aux frais du condamné (CSP, art. L. 3421-7 [L. nº 2007-297, 5 mars 2007] ; C. pén., art. 131-35-1) (pour les faits commis avant le 24 mars 2020 et jugés après cette date, L. nº 2019-222, 23 mars 2019, en vigueur le 24 mars 2020. Pour les faits commis à partir du 24 mars 2020, v. nouvelle réd. C. pén., art. 131-5-1 et nº 18.33).

PERSONNE MORALE

PP Délit. 150 000 € (CSP, art. L. 3421-6 ; C. pén., art. 131-38).

PC Néant.

▪ ORIENTEUR

AUTRE QUALIFICATION

▪ **Stupéfiants – Usage illicite.** V. nº 28.11 (Usage de stupéfiants par le personnel d'une entreprise de transports exerçant des fonctions mettant en cause la sécurité du transport).

▪ **Refus des analyses ou examens par un conducteur de véhicule – Recherche de stupéfiants.** V. nº 36.19.

ÉLÉMENT LÉGAL

▪ **Application de la loi pénale dans le temps.** Cette incrimination, créée par L. nº 2007-297, 5 mars 2007, est entrée en vigueur à la parution du D. nº 2007-935, 15 mai 2007 (CSP, art. R. 3421-1 à R. 3421-3) fixant la liste des personnels exerçant des fonctions mettant en cause la sécurité du transport.

TEXTE DE RÉFÉRENCE

▪ **Le dépistage des stupéfiants chez le personnel des entreprises de transport – CSP, art. L. 3421-5, L. nº 2007-297, 5 mars 2007.** V. nº 13.10.

ÉLÉMENT MATÉRIEL

▪ **Caractérisation de l'infraction.** L'infraction est caractérisée par le refus de se soumettre aux « *vérifications* ». Le texte ne vise pas l'opération de contrôle d'identité et le dépistage proprement dit, mais les « vérifications » qui doivent succéder au dépistage positif ou au refus de dépistage. Le seul refus du dépistage, s'il n'est suivi du refus de se soumettre aux analyses et examen médicaux cliniques et biologiques auquel doit faire procéder l'OPJ et l'APJ, ne suffit donc pas à matérialiser le délit.

RÉGIME PROCÉDURAL

▪ **Compétence juridictionnelle. Juge unique** (C. pr. pén., art. 398-1 4°, v. nº 17.15D2).

▪ ÉLÉMENTS CONSTITUTIFS – QUALIFICATION

✧ Pour avoir à .... [¤ lieu], le .... [¤ date], refusé de se soumettre aux vérifications requises par le procureur de la République à l'effet de rechercher et de constater des faits d'usage de stupéfiants par le personnel d'une entreprise de transport terrestre, maritime ou aérien, de marchandises ou de voyageurs, exerçant des fonctions mettant en cause la sécurité du transport dont la liste est fixée par décret en Conseil d'État.

Faits prévus et réprimés par les articles L. 3421-5, L. 3421-6, R. 3421-1 à R. 3421-3 et L. 3421-7 du code de la santé publique (*N 26531.ju*). ✧

36.21 Entrave à la circulation – Délit

■ PEINES

PERSONNE PHYSIQUE

PP Délit. 2 ans d'emprisonnement, 4 500 € (C. route, art. L. 412-1).

PC Suspension ou interdiction délivrance PC ⩽ 3 ans, exécution provisoire possible (C. route, art. L. 412-1, L. 224-12, L. 224-13).

PERSONNE MORALE

PP Délit. 22 500 € (C. route, art. L. 412-1 ; C. pén., art. 131-38).

PC Néant.

■ ORIENTEUR

AUTRE QUALIFICATION

▪ **Protection du domaine public routier.** V. n° 31.58 (occupation irrégulière du domaine public routier).

▪ **Manifestation illicite – Participation délictueuse à une manifestation ou réunion.** C. pén., art. 431-9, v. n° 23.13.

▪ **Participation illicite à une manifestation, contraventions : dissimulation du visage – Manifestation interdite.** C. pén., art. R. 645-14, R. 644-4, v. n° 23.14.

▪ **Entrave à la circulation – Contravention.** C. route, art. R. 644-2, v. n° 36.22.

▪ **Trouble à la circulation.** C. route, art. R. 412-51, v. n° 36.23.

▪ **Entrave ou trouble à la circulation ferroviaire ou guidée.** C. transp., art. L. 2242-4, v. n° 36.24.

▪ **Sécurité des installations aéroportuaires – Actes de malveillance – Pénétration non autorisée sur les pistes.** C. transp., art. L. 6372-4 (v. n° 37.20).

ÉLÉMENT MATÉRIEL

▪ **Tentative. Punissable** (C. route, art. L. 412-1).

▪ **Illustration. • Manifestation sur la voie publique.** « *la commission d'une infraction pénale ne saurait être justifiée, notamment, par la participation à une manifestation sur la voie publique* », commettent ainsi le délit des chauffeurs routiers qui, à l'appel de leurs organisations syndicales, « *en immobilisant à plusieurs reprises leurs véhicules [...] ont provoqué l'arrêt complet de la circulation* » et ont ainsi « *délibérément fait obstacle au passage des véhicules dans le dessein d'entraver leur progression* » (Crim. 8 mars 2005, n° 04-83.979, P n° 77). De même, « *la sanction prévue par C. route, art. L. 412-1 ne constitue pas [...] une atteinte disproportionnée à l'exercice du droit à la liberté de réunion garanti par l'article 11 de la Convention européenne des droits de l'homme au regard des restrictions prévues par l'alinéa 2 de ce texte* » (Crim. 15 juin 2010, n° 09-87.191, D).

RÉGIME PROCÉDURAL

▪ **Compétence juridictionnelle. Juge unique** (C. pr. pén., art. 398-1 2°, v. n° 17.15D2).

▪ **Ordonnance pénale. Possible** (C. pr. pén., art. 495-II, v. n° 15.48B1 et tableau n° 17.15D2).

▪ **Amende forfaitaire délictuelle. Possible** depuis L. n° 2023-22, 24 janv.2023, **y compris en cas de récidive**, si l'infraction est relevée par **procès-verbal électronique** (C. route, art. **L. 412-1**, C. pr. pén., art. 495-17 s. et **D. 45-3**). Amende minorée : 640 € ; forfaitaire : 800 € ; majorée : 1 600 € ; C. pr. pén., art. 495-20 et 495-21 relatifs à l'exigence d'une consignation préalable à la contestation ne sont pas applicables. Sur la procédure d'amende forfaitaire délictuelle, v. n° 15.47.

▪ **Mesure conservatoire.** L'immobilisation du véhicule servant à l'infraction peut être prescrite par le maire ou l'OPJ territorialement compétent pour faire cesser l'infraction (C. route, art. L. 412-1, L. 325-1, R. 325-2).

MESURE ADMINISTRATIVE

▪ **Mesure provisoire. Immobilisation et mise en fourrière.** Depuis L. n° 2019-1428, 24 déc. 2019, lorsqu'un véhicule a été utilisé pour commettre les faits, l'OPJ ou l'APJ peut avec l'autorisation préalable du préfet faire procéder à son immobilisation et à sa mise en fourrière provisoire durant 7 jours jusqu'à la décision d'immobilisation judiciaire prise par le parquet (C. route, art. L. 325-1-2, v°n° 11.69C).

▪ **Perte de points du permis de conduire.** 6 points (C. route, art. L. 412-1).

■ ÉLÉMENTS CONSTITUTIFS – QUALIFICATION

✧ Pour avoir à .... [¤ lieu], le .... [¤ date], en vue d'entraver la circulation, placé ou tenté de placer sur une voie ouverte à la circulation publique un objet faisant obstacle au passage des véhicules, ou employé ou tenté d'employer un moyen quelconque pour y mettre obstacle, en l'espèce en .... [¤ matérialiser l'infraction].
Faits prévus et réprimés par les articles L. 412-1, L. 224-12, L. 224-13 du code de la route (*N 2271.ju*). ✧

36.22 Entrave à la circulation – Contravention

■ PEINES

PERSONNE PHYSIQUE

PP Cas A : contrav. 4e cl. 750 € (C. pén., art. R. 644-2 ; 131-13).

Cas B : contrav. 4e cl. 750 € (C. pén., art. R. 644-2-1 (issu D. nº 2022-185, 15 févr. 2022) ; 131-13).

PC Cas A : confiscation (réelle ou en valeur) chose ayant servi à l'infraction ou destinée à la commettre ou son produit (obligatoire pour objets qualifiés dangereux ou nuisibles par loi ou règlement ou dont la détention est illicite) (C. pén., art. R. 644-2 et 131-21).

PERSONNE MORALE

PP Cas A : Contrav. 4e cl. 3 750 € (C. pén., art. R. 644-2 ; 131-41).

Cas B : contrav. 4e cl. 3 750 € (C. pén., art. R. 644-2-1 (issu D. nº 2022-185, 15 févr. 2022) ; 131-41).

PC Néant.

■ ORIENTEUR

AUTRE QUALIFICATION

▪ **Non-respect de la règlementation en matière de collecte d'ordure.** Dépôt d'ordures, déchets, matériaux en dehors des emplacements désignés, C. pén., art. R. 632-1 et R. 633-6, v. nº 31.27.

▪ **Protection du domaine public routier.** V. nº 31.58 (occupation irrégulière du domaine public routier).

▪ **Entrave à la circulation – Délit.** C. route, art. L. 412-1, v. nº 36.21.

▪ **Trouble à la circulation.** C. route, art. R. 412-51, v. nº 36.23.

▪ **Sécurité des installations aéroportuaires – Actes de malveillance – Pénétration non autorisée sur les pistes.** C. transp., art. L. 6372-4 (v. nº 37.20).

ÉLÉMENT LÉGAL

▪ **Application de la loi pénale dans le temps. Cas B** : infraction issue D. nº 2022-185, 15 févr. 2022).

MESURE ADMINISTRATIVE

▪ **Mesure provisoire. Immobilisation et mise en fourrière.** Depuis L. nº 2019-1428, 24 déc. 2019, lorsqu'un véhicule a été utilisé pour commettre les faits, l'OPJ ou l'APJ peut avec l'autorisation préalable du préfet faire procéder à son immobilisation et à sa mise en fourrière provisoire durant 7 jours jusqu'à la décision d'immobilisation judiciaire prise par le parquet (C. route, art. L. 325-1-2, vºnº 11.69C).

RÉGIME PROCÉDURAL

▪ **Agents de constatation de l'infraction.** Les agents de police municipale, les gardes champêtres, les agents de surveillance de Paris ainsi que les agents de la ville de Paris chargés d'un service de police sont compétents pour constater par procès-verbal cette contravention lorsqu'elle est commise sur le territoire communal ou sur le territoire d'assermentation et qu'elle ne nécessite pas de leur part d'actes d'enquête (C. pr. pén., art. R. 15-33-29-3).

■ **ÉLÉMENTS CONSTITUTIFS – QUALIFICATION**

✧ Pour avoir à .... [¤ lieu], le .... [¤ date], [⇨A ou B :]

A. embarrassé la voie publique en y déposant ou y laissant sans nécessité des matériaux ou objets quelconques qui entravent ou diminuent la liberté ou la sûreté du passage (C. pén., art. R. 644-2) (A : *N 6069.c4*) ;

B. étant titulaire d'une autorisation d'occupation du domaine public, porté atteinte à la libre circulation sur la voie publique en omettant de respecter les prescriptions de l'arrêté d'autorisation relatives à l'espace occupé ou aux périodes d'occupation (C. pén., art. R. 644-2-1 issu D. nº 2022-185, 15 févr. 2022) (B : *N 34557.c4*).

Faits prévus et réprimés par l'article R. 644-2 du code pénal (*N 6069.c4*). ✧

36.23 Trouble à la circulation

■ **PEINES**

PERSONNE PHYSIQUE

PP Contrav. 4e cl. 750 € (C. route, art. R. 412-51 ; C. pén., art. 131-13).

PC Néant.

PERSONNE MORALE

PP Contrav. 4e cl. 3 750 € (C. route, art. R. 412-51 ; C. pén., art. 131-41).

PC Néant.

■ **ORIENTEUR**

AUTRE QUALIFICATION

▪ **Protection du domaine public routier.** V. nº 31.58 (occupation irrégulière du domaine public routier).

▪ **Entrave à la circulation – Délit.** C. route, art. L. 412-1, v. nº 36.21.

▪ **Entrave à la circulation – Contravention.** C. route, art. R. 644-2, v. nº 36.22.

▪ **Entrave ou trouble à la circulation ferroviaire ou guidée.** V. nº 36.24.

▪ **Sécurité des installations aéroportuaires – Actes de malveillance – Pénétration non autorisée sur les pistes.** C. transp., art. L. 6372-4 (v. nº 37.20).

RÉGIME PROCÉDURAL

▪ **Mesure provisoire.** La mise en fourrière du véhicule servant à l'infraction peut être prescrite par l'OPJ territorialement compétent (C. route, art. R. 412-51, L. 325-1, R. 325-16).

MESURE ADMINISTRATIVE

▪ **Mesure provisoire. Immobilisation et mise en fourrière.** Depuis L. nº 2019-1428, 24 déc. 2019, lorsqu'un véhicule a été utilisé pour commettre les faits, l'OPJ ou l'APJ peut avec l'autorisation préalable du préfet faire procéder à son immobilisation et à sa mise en fourrière provisoire durant 7 jours jusqu'à la décision d'immobilisation judiciaire prise par le parquet (C. route, art. L. 325-1-2, vºnº 11.69C).

■ **ÉLÉMENTS CONSTITUTIFS – QUALIFICATION**

✧ Pour avoir à .... [¤ lieu], le .... [¤ date], ayant placé sur une voie ouverte à la circulation publique ou à ses abords immédiats un objet ou un dispositif de nature à apporter un trouble à la circulation, en l'espèce en .... [¤ matérialiser le trouble à la circulation], omis d'obtempérer aux injonctions adressées, en vue de l'enlèvement dudit objet ou dispositif, par un des agents habilités à constater les contraventions en matière de circulation routière.

Faits prévus et réprimés par l'article R. 412-51 du code de la route (*N 6196.c4*). ✧

36.24 Entrave ou trouble à la circulation ferroviaire ou guidée

■ **PEINES**

PERSONNE PHYSIQUE

PP Délit. Cas A : 10 ans d'emprisonnement (C. transp., art. L. 2242-1) ;

Cas B : 6 mois d'emprisonnement, 3 750 € (C. transp., art. L. 2242-4).

PC Néant.

PERSONNE MORALE

PP Délit. Cas A : néant (C. transp., art. L. 2242-1 ; C. pén., art. 131-38) ;

Cas B : 18 750 € (C. transp., art. L. 2242-4 ; C. pén., art. 131-38).

PC Néant.

■ ORIENTEUR

AUTRE QUALIFICATION

- **Homicide et blessures involontaires résultant d'une atteinte volontaire à la sécurité ferroviaire ou d'une imprudence.** L'incrimination délictuelle ici prévue par C. transp., art. L. 2242-1 (v. **cas** A) constitue, lorsqu'il en résulte des blessures ou la mort, l'élément matériel des crimes d'atteintes involontaires aux personnes prévus par le même article (v. n° 20.62).
- **Destruction ou détérioration grave.** V. n° 22.61 (destructions ou dégradations de biens destinés à l'utilité publique).
- **Protection du domaine public routier.** V. n° 31.58 (occupation irrégulière du domaine public routier).
- **Exercice non autorisé du commerce dans une gare ou dans un train.** V. n° 30.38.
- **Entrave à la circulation – Délit.** V. n° 36.21,
- **Entrave à la circulation – Contravention.** V. n° 36.22.
- **Trouble à la circulation.** V. n° 36.23.
- **Sécurité des installations aéroportuaires – Actes de malveillance – Pénétration non autorisée sur les pistes.** C. transp., art. L. 6372-4 (v. n° 37.20).

ÉLÉMENT LÉGAL

- **Application de la loi pénale dans le temps. Cas** L : incrimination créée par L. n° 2011-267, 14 mars 2011.
- **Domaine d'application. Dispositions applicables** à tous les transports publics ferroviaires ou guidés (ancienne rédaction : « *à tous les transports publics de personnes ou de marchandises guidés le long de leur parcours en site propre* ») et, pour les cas B et E à H, aux services de transports public routier de personnes réguliers et à la demande (C. transp., art. L. 2240-1 et L. 3114-3).

RÉGIME PROCÉDURAL

- **Vérification d'identité et retenue par les agents de l'exploitant.** C. pr. pén., art. 78-6 et 529-4, C. transp., art. L. 2241-2, v. n° 11.23J.
- **Compétence juridictionnelle. Juge unique** (C. pr. pén., art. 398-1 4°, v. n° 17.15D2).
- **Ordonnance pénale. Possible** (C. pr. pén., art. 495-II, v. n° 15.48B1 et tableau n° 17.15D2).
- **Amende forfaitaire délictuelle. Cas** B **: possible** depuis L. n° 2023-22, 24 janv.2023, **y compris en cas de récidive**, si l'infraction est relevée par **procès-verbal électronique** (C. transp., art. **L. 2242-4**, C. pr. pén., art. 495-17 s. et **D. 45-3**). Amende minorée : 250 € ; forfaitaire : 300 € ; majorée : 600 € ; C. pr. pén., art. 495-20 et 495-21 relatifs à l'exigence d'une consignation préalable à la contestation ne sont pas applicables. Sur la procédure d'amende forfaitaire délictuelle, v. n° 15.47.

MESURE ADMINISTRATIVE

- **Mesure conservatoire. Expulsion du contrevenant.** Toute personne qui contrevient à des dispositions dont l'inobservation est susceptible de compromettre la sécurité des personnes, la régularité de la circulation ou de troubler l'ordre public, peut se voir enjoindre, par les agents habilités à constater les infractions, de descendre « *du véhicule de transport ferroviaire ou routier au premier point d'arrêt* » (L. n° 2003-239, 18 mars 2003, art. 116) « *ou de quitter sans délai les espaces, gares ou stations gérés par l'exploitant du réseau de transport public* » (L. n° 2011-267, 14 mars 2011). En cas de refus d'obtempérer, les agents spécialement désignés par l'exploitant peuvent « *contraindre l'intéressé à descendre du véhicule* » (L. n° 2007-297, 5 mars 2007) ou « *à quitter sans délai les espaces, gares ou stations* » (L. n° 2011-267, 14 mars 2011) et, en tant que de besoin, requérir l'assistance de la force publique. Ils informent de cette mesure, sans délai et par tout moyen, un OPJ territorialement compétent. Ces mesures ne sont pas applicables à l'encontre d'une personne vulnérable à raison notamment de son âge ou de son état de santé (C. transp., art. L. 2241-6 ; L. n° 2001-1042, 15 nov. 2001, art. 49).

■ **ÉLÉMENTS CONSTITUTIFS – QUALIFICATION**

✧ Pour avoir à .... [¤ lieu], le .... [¤ date], [⇨A ou B :]

A. employé volontairement un moyen quelconque aux fins de faire dérailler un véhicule de transport ferroviaire ou guidé ou de provoquer sa collision (C. transp., art. L. 2242-1) (A : *N* ***12557.co***) ;

B. (C. transp., art. L. 2242-4) [⇨B1 à B12 :]

B1. modifié ou déplacé sans autorisation, dégradé ou dérangé la voie ferrée, les talus, clôtures, barrières, bâtiments et ouvrages d'art, les installations de production, de transport et de distribution d'énergie ou les appareils et le matériel de toute nature servant à l'exploitation (B1 : *N* ***2233.ju***) ;

B2. jeté ou déposé un matériau ou un objet quelconque sur les lignes de transport ou de distribution d'énergie ou dans les parties de la voie ferrée ou de ses dépendances qui ne sont pas affectés à la circulation publique (B2 : *N* ***2234.ju***) ;

B3. empêché le fonctionnement des signaux ou appareils quelconques ou de manœuvrer, sans en avoir mission, ceux qui ne sont pas à la disposition du public (B3 : *N* ***2235.ju***) ;

B4. troublé ou entravé, par des signaux faits en dehors du service ou de toute autre façon, la mise en marche ou la circulation des trains (B4 : *N* ***4063.ju***) ;

B5. pénétré, circulé ou stationné sans autorisation régulière dans les parties de la voie ferrée ou de ses dépendances qui ne sont pas affectées à la circulation publique, d'y faire circuler ou stationner un véhicule étranger au service (B5 : *N* ***4076.ju***) ;

B6. introduit des animaux ou laissé introduire ceux dont elle est responsable dans les parties de la voie ferrée ou de ses dépendances qui ne sont pas affectées à la circulation publique (B6 : *N* ***4073.ju***) ;

B7. jeté ou déposé un matériau ou un objet quelconque dans l'enceinte du chemin de fer (B7 : *N* ***4065.ju***) ;

B8. entré dans l'enceinte du chemin de fer ou en être sorti par d'autres issues que celles affectées à cet usage (B8 : *N* ***4078.ju***) ;

B9. laissé stationner sur les parties d'une voie publique suivie ou traversée à niveau par une voie ferrée, des voitures ou des animaux, d'y jeter ou déposer un matériau ou un objet quelconque, de faire suivre les rails de la voie ferrée par des véhicules étrangers au service (B9 : *N* ***2237.ju***) ;

B10. laissé subsister, après une mise en demeure de la supprimer faite par le représentant de l'État, une installation lumineuse et notamment une publicité lumineuse au moyen d'affiche, enseigne ou panneau lumineux ou réfléchissant, de nature à créer un danger pour la circulation des convois en raison de la gêne apportée pour l'observation des signaux par les agents du chemin de fer (B10 : *N* ***2238.ju***) ;

B11. fait usage du signal d'alarme ou d'arrêt mis à la disposition des voyageurs de manière illégitime et dans l'intention de troubler ou d'entraver la mise en marche ou la circulation des trains (B11 : *N* ***27979.ju***) ;

B12. pénétré sans autorisation dans un espace affecté à la conduite des trains (B12 : *N* ***28137.ju***).

Faits prévus et réprimés par l'article [• du cas sélectionné] du code des transports. ✧

36.25 Usage de fausse plaque ou inscription sur un véhicule

■ **PEINES**

PERSONNE PHYSIQUE

PP Délit. Cas A à C : 5 ans d'emprisonnement, 3 750 €. Cas D : 7 ans, 30 000 € (L. nº 2004-204, 9 mars 2004, art. 61-I).

PC 1. Confiscation véhicule (cas A : C. route, art. L. 317-2 ; cas B : art. L. 317-3 ; cas C : art. L. 317-4 ; Cas D : L. 317-4-1) ;

2. Suspension ou interdiction délivrance PC ⩽ 3 ans, exécution provisoire possible (C. route, art. L. 224-12, L. 224-13 ; cas A : C. route, art. L. 317-2 ; cas B : C. route, art. L. 317-3 ; cas C : C. route, art. L. 317-4 ; cas D : C. route, art. L. 317-4-1).

3. Cas D. Annulation ou interdiction délivrance PC ⩽ 5 ans, exécution provisoire possible (C. route, art. L. 224-12, L. 224-13 et L. 317-4-1) ;

PERSONNE MORALE

PP Délit. Cas A à C : 18 750 €. Cas D : 150 000 € (C. pén., art. 131-38).

PC Néant.

■ ORIENTEUR

AUTRE QUALIFICATION

▪ **Absence de plaque ou inscription obligatoires sur un véhicule, commercialisation de plaque non conforme.** V. nº 36.26.

▪ **Usurpation d'identité – Prise du nom d'un tiers dans des conditions pouvant déterminer contre lui des poursuites ou une décision.** C. pén., art. 434-23, v. nº 25.55.

ÉLÉMENT LÉGAL

▪ **Application de la loi pénale dans le temps.** Cas D : incrimination créée par L. nº 2004-204, 9 mars 2004, art. 61-I.

ÉLÉMENT MATÉRIEL

▪ **Champ d'application.** Cas D : les circonstances qui ont déterminé ou auraient pu déterminer des poursuites pénales contre un tiers ne se limitent pas aux infractions, comme celles prévues par le C. route, constatées à partir du seul numéro d'immatriculation du véhicule. Ainsi, justifie sa décision la cour d'appel qui énonce que l'auteur « *a commis des vols aggravés en utilisant des véhicules sur lesquels il avait apposé des numéros d'immatriculation correspondant à ceux d'autres véhicules, mais de même modèle* », les véhicules ayant ainsi, selon les prévisions du texte d'incrimination, « *été utilisés pour commettre des infractions au cours des périodes visées par la prévention* » (Crim. 30 juin 2021, nº 20-84.946, D).

RÉGIME PROCÉDURAL

▪ **Compétence juridictionnelle. Juge unique** sauf cas D (peine encourue > 5 ans) (C. pr. pén., art. 398-1 2°, v. nº 17.15D2).

▪ **Ordonnance pénale. Possible** sauf cas D (peine encourue > 5 ans) (C. pr. pén., art. 495-II, v. nº 15.48B1 et tableau nº 17.15D2).

MESURE ADMINISTRATIVE

▪ **Perte de points du permis de conduire.** 6 points (C. route, art. L. 223-2, R. 223-1 et cas A : C. route, art. L. 317-2 ; cas B : C. route, art. L. 317-3 ; cas C : C. route, art. L. 317-4. Cas D : C. route, art. L. 317-4-1).

■ ÉLÉMENTS CONSTITUTIFS – QUALIFICATION

✧ Pour avoir à .... [¤ lieu], le .... [¤ date], [⇨A à D :]

A. **Fausse plaque ou inscription**

fait usage d'une plaque ou d'une inscription, exigée par les règlements en vigueur et apposée sur un véhicule à moteur ou une remorque, portant un numéro, un nom ou un domicile faux ou supposé, en l'espèce en .... [¤ matérialiser l'infraction] (C. route, art. L. 317-2) (A : *N* ***48.ju***) ;

B. **Fausse déclaration sur le propriétaire du véhicule**

fait circuler, sur une voie ouverte à la circulation publique, un véhicule à moteur ou une remorque dépourvu des plaques ou inscriptions exigées par les règlements et, en outre, déclaré un nom ou un domicile autre que le sien ou que celui du propriétaire, en l'espèce en .... [¤ matérialiser l'infraction] (C. route, art. L. 317-3) (B : *N* ***49.ju***) ;

C. **Plaque ou inscription inexacte**

mis en circulation un véhicule à moteur ou une remorque muni d'une plaque ou d'une inscription ne correspondant pas à la qualité de ce véhicule ou à celle de l'utilisateur, en l'espèce en .... [¤ matérialiser l'infraction] (C. route, art. L. 317-4) (C : *N* ***45.ju***) ;

D. **Usurpation de plaque d'immatriculation attribuée à un autre véhicule – Risque de condamnation d'un tiers**

mis en circulation ou fait circuler un véhicule à moteur ou une remorque muni d'une plaque portant un numéro d'immatriculation attribué à un autre véhicule dans des circonstances qui ont déterminé ou auraient pu déterminer des poursuites pénales contre un tiers, en l'espèce......... [¤ nom de la personne concernée] (C. route, art. L. 317-4-1) (D : *N* ***25123.co***).

Faits prévus et réprimés par les articles L. 224-12, L. 224-13 et [• du cas sélectionné] du code de la route. ✧

36.26 Absence de plaque ou inscription obligatoires sur un véhicule, commercialisation de plaque non conforme

■ **PEINES**

PERSONNE PHYSIQUE

PP Contrav. 4e cl. 750 € (C. route, art. R. 317-8, R. 317-9 ; C. pén., art. 131-13).

PC Néant.

PERSONNE MORALE

PP Contrav. 4e cl. 3 750 € (C. route, art. R. 317-8, R. 317-9 ; C. pén., art. 131-41).

PC Néant.

■ **ORIENTEUR**

AUTRE QUALIFICATION

▪ Usage de fausse plaque ou inscription sur un véhicule. V. no 36.24.

RÉGIME DES PEINES

▪ Redevabilité pécuniaire de l'amende. Cas C et D : le titulaire de l'immatriculation est redevable pécuniairement de l'amende (C. route, art. L. 121-3 et R. 121-6 13°). Sur le régime de la redevabilité pécuniaire de l'amende, v. no 36.2 s.

■ **ÉLÉMENTS CONSTITUTIFS – QUALIFICATION**

✧ Pour avoir à .... [¤ lieu], le .... [¤ date], [⇨A à E :]

A. **PLAQUE CONSTRUCTEUR**

fait circuler un véhicule à moteur ou une remorque non muni d'une plaque du constructeur portant de manière apparente le nom, la marque ou le symbole du constructeur, le type et le numéro d'identification (C. route, art. R. 317-9) (A : *N 22628.c4*) ;

B. **NUMÉRO D'IDENTIFICATION FRAPPÉ À FROID SUR LE CHÂSSIS**

fait circuler un véhicule à moteur ou une remorque non muni du type et numéro d'ordre dans la série du type ou numéro d'identification frappés à froid dans la moitié droite du véhicule de façon à être facilement lisibles, à un endroit accessible du châssis ou sur un élément essentiel et indémontable du véhicule (C. route, art. R. 317-9) (B : *N 22628.c4*) ;

C. **PLAQUE D'IMMATRICULATION ABSENTE**

fait circuler un véhicule à moteur ou une remorque non muni de plaques d'immatriculation à l'avant et à l'arrière du véhicule (C. route, art. R. 317-8 V) (C : *N 7542.c4* ; redevable pécuniairement : *N 32974.c4*) ;

D. **PLAQUE D'IMMATRICULATION NON CONFORME**

fait circuler un véhicule à moteur ou une remorque muni d'une plaque d'immatriculation (C. route, art. R. 317-8 VI) (D : redevable pécuniairement : *N 32974.c4*) [⇨D1 à D3 :]

D1. illisible (D1 : *N 24028.c4*)...

D2. amovible (D2 : *N 24029.c4*)...

D3. non-conforme (D3 : *N 24030.c4*).

E. **COMMERCIALISATION DE PLAQUE D'IMMATRICULATION NON CONFORME [⇨E1 À E3 :]**

E1. vendu ou mise en vente (E1 : *N 25827.c4*)...

E2. exposé ou offert (E2 : *N 25828.c4*)...

E3. incité à l'achat ou à l'utilisation d'(E3 : *N 25829.c4*)...

... une plaque d'immatriculation non-conforme (C. route, art. R. 317-8 VIII).

Faits prévus et réprimés par les articles [• du cas sélectionné]. ✧

36.27 Destruction ou détournement de véhicule confisqué ou immobilisé à titre de peine complémentaire (C. route)

■ **PEINES**

PERSONNE PHYSIQUE

PP Délit. 2 ans d'emprisonnement, 30 000 € (C. route, art. L. 234-12 ; C. pén., art. 434-41, al. 2).

PC Néant.

PERSONNE MORALE

PP Délit. 150 000 € (C. route, art. L. 234-12 ; C. pén., art. 434-41, al. 2 ; 131-38).

PC Néant.

■ **ORIENTEUR**

AUTRE QUALIFICATION

▪ **Destruction ou détournement d'un objet confisqué ou immobilisé.** V. n° 25.74 (Si la confiscation ou l'immobilisation n'a pas été prononcée en application du code de la route).

▪ **Immobilisation administrative du véhicule – Non-respect.** V. n° 36.90 (Si l'immobilisation est administrative).

ÉLÉMENT MATÉRIEL

▪ **Tentative. Punissable** (C. route, art. L. 234-12).

RÉGIME PROCÉDURAL

▪ **Compétence juridictionnelle. Juge unique**. Même si les pénalités sont empruntées au code pénal, l'incrimination figure dans le code de la route et relève donc de la compétence du juge unique (C. pr. pén., art. 398-1 2°, v. n° 17.15D2).

▪ **Ordonnance pénale. Possible** (C. pr. pén., art. 495-II, v. n° 15.48B1 et tableau n° 17.15D2).

■ **ÉLÉMENTS CONSTITUTIFS – QUALIFICATION**

✧ Pour avoir à .... [¤ lieu], le .... [¤ date], [⇨A ou B puis 1 ou 2 :]

A. **détruit** ou tenté de détruire [⇨1 ou 2] ;
B. **détourné** ou tenté de détourner [⇨1 ou 2 :]

1. un véhicule, en l'espèce .... [¤ véhicule concerné], **immobilisé** à titre de peine complémentaire, (A1 : *N 12226.ju* ; B1 : *N 7955.ju*)...

2. un véhicule, en l'espèce .... [¤ véhicule concerné], **confisqué** à titre de peine complémentaire (A2 : *N 10460.ju* ; B2 : *N 10459.ju*)...

... en vertu d'une décision de condamnation prononcée le .... [¤ date du jugement] en application de l'article L. 234-12 du code de la route.
Faits prévus et réprimés par les articles L. 234-12 du code de la route, 131-10 et 434-41, al. 2 du code pénal. ✧

36.28 Conduite malgré suspension, annulation ou interdiction du permis de conduire

■ **PEINES**

PERSONNE PHYSIQUE

PP Délit. 2 ans d'emprisonnement, 4 500 € (C. route, art. L. 224-16).

PC 1. Suspension (sans aménagement), annulation (dans les cas A, B et E) ou interdiction délivrance PC ⩽ 3 ans, exécution provisoire possible (C. route, art. L. 224-12, L. 224-13 et L. 224-16) ;

2. Tig **20** à **400 h** (depuis L. n° 2019-222, 23 mars 2019, auparavant **280 h** depuis L. n° 2014-896, 15 août 2014, auparavant 210 h) (C. route, art. L. 224-16 ; C. pén., art. 131-8) ;

3. Jours-amende ⩽ 360 jours x ⩽ 1 000 € (depuis L. n° 2004-204, 9 mars 2004, art. 173-1 [auparavant, 300 €]), C. route, art. L. 224-16 ; C. pén., art. 131-5 et 131-25) ;

4. Interdiction ⩽ 5 ans de conduire certains véhicules terrestres à moteur, y compris ceux pour lesquels le permis n'est pas exigé (C. route, art. L. 224-16) ;

5. Obligation d'accomplir un stage de sensibilisation à la sécurité routière aux frais du condamné (C. pén., art. 131-35-1, C. route, art. L. 224-16) (pour les faits commis avant le 24 mars 2020 et jugés après cette date, L. n° 2019-222, 23 mars 2019, en vigueur le 24 mars 2020. Pour les faits commis à partir du 24 mars 2020, v. nouvelle réd. C. pén., art. 131-5-1 et n° 18.33) ;

6. Confiscation « **obligatoire** », sauf « *décision spécialement motivée* » (L. n° 2011-267, 14 mars 2011) du véhicule dont le condamné s'est servi pour commettre l'infraction, s'il en est propriétaire. La confiscation n'est toutefois pas obligatoire lorsque la suspension est administrative. (C. route, art. L. 224-16 ; C. pén., art. 131-21).

PERSONNE MORALE

PP Délit. 22 500 € (C. route, art. L. 224-16 ; C. pén., art. 131-38).

PC Néant.

■ **ORIENTEUR**

AUTRE QUALIFICATION

▪ **Violation d'une peine complémentaire ou alternative.** V. nº 25.73 (Si la mesure n'a pas été prononcée en application du code de la route).

▪ **Refus de restitution d'un permis invalidé par perte totale de points – Conduite malgré perte totale de points.** V. nº 36.30.

TEXTE DE RÉFÉRENCE

▪ **Régime de l'annulation du permis de conduire.** « *L'annulation du permis de conduire prononcée entraîne nécessairement l'interdiction du droit de conduire sur le territoire national, même si le prévenu est titulaire d'un permis étranger délivré par un autre État* » (Crim. 8 janv. 2013, nº 12-80.501, P nº 3). Dans le même sens pour la conduite d'un véhicule malgré injonction de restituer le permis de conduire après perte totale des points : Crim. 17 mai 2022, nº 21-85.611, P, v. nº 36.30). « *L'annulation par la juridiction administrative d'un acte administratif implique que cet acte est réputé n'avoir jamais existé et prive de base légale la poursuite engagée pour violation de cet acte* », il s'ensuit que l'annulation, par une décision d'une juridiction administrative, de l'arrêté préfectoral enjoignant au titulaire de restituer son permis de conduite en raison de son invalidation par perte totale de points « *a pour conséquence d'enlever toute base légale à la poursuite et à la condamnation qui est intervenue* » (Crim. 12 déc. 2012, nº 12-82.919, P nº 277). Un tel raisonnement vaut également lorsque l'illégalité de l'acte administratif individuel est soulevée devant le juge judiciaire répressif, par application de C. pén., art. 111-5.

▪ **Régime de la suspension du permis de conduire. • Effet territorial au sein de l'Union.** « *Les dispositions combinées de l'article 11, § 2, et § 4, 2ème al., de la directive 2006/126/CE du Parlement européen et du Conseil, 20 déc. 2006, relative au permis de conduire, doivent être interprétées en ce sens que : elles autorisent l'État membre de résidence normale du titulaire d'un permis de conduire, délivré par cet État membre, à ne pas reconnaître et exécuter sur son territoire une décision de suspension du droit de conduire un véhicule à moteur adoptée à l'égard de ce titulaire par un autre État membre en raison d'une infraction routière commise sur le territoire de celui-ci, y compris lorsque ce permis de conduire a été délivré en échange d'un permis de conduire précédemment délivré par l'État membre où cette infraction routière a été commise* » (§ 37) (CJUE, 6 oct. 2022, aff. C-266/21).

▪ **Rétention et suspension administrative du permis de conduire.** Sur la rétention et la suspension administrative du permis de conduire, C. route, art. L.224-1 s, v. nº 11.70.

ÉLÉMENT INTENTIONNEL

▪ **Notification de la décision judiciaire. Nécessité et forme de la notification.** Il résulte de C. route, art. L. 224-16 « *que l'exécution d'une mesure d'annulation du permis de conduire ne prend effet qu'à compter du jour de la notification de la mesure par l'agent de l'autorité chargé de l'exécution* » (Crim. 26 avr. 2017, nº 16-84.539, P nº 125). Dès lors, les faits de conduite malgré annulation ou suspension du permis de conduire ne sont pas punissables, même lorsque le jugement est contradictoire, tant que cette notification n'a pas été effectuée. Selon les dispositions générales de C. pr. pén., art. 550, al. 2, « *les notifications sont faites par voie administrative* ». Les formes de cette notification ne sont pas précisées par C. route mais sont mises en œuvre par le parquet au moyen d'un formulaire dit « *réf. 7* » intitulé « *communication d'une décision judiciaire relative au permis de conduire* ».

▪ **Notification de la décision administrative. Nécessité et forme de la notification.** La mesure de suspension administrative du permis de conduire « *est notifiée à l'intéressé soit directement s'il se présente au service indiqué dans l'avis de rétention, soit par lettre recommandée avec accusé de réception* » (C. route, art. R. 224-4). Cette condition est satisfaire « *par la présentation de la lettre recommandée avec accusé de réception [...] au domicile de l'intéressé* », quand bien même n'aurait-elle pas été retirée (Crim. 4 juin 2013, nº 12-86.877, P nº 126).

RÉGIME PROCÉDURAL

▪ **Compétence juridictionnelle. Juge unique** (C. pr. pén., art. 398-1 2°, v. nº 17.15D2).

▪ **Ordonnance pénale. Possible** (C. pr. pén., art. 495-II, v. nº 15.48B1 et tableau nº 17.15D2).

MESURE ADMINISTRATIVE

▪ **Mesure provisoire.** • **L'immobilisation du véhicule** peut être prescrite par le maire ou l'OPJ territorialement compétent pour faire cesser l'infraction (C. route, art. L. 325-1, L. 224-16 et R. 325-2). • **Immobilisation et mise en fourrière.** Le préfet peut faire procéder à l'immobilisation du véhicule et à sa mise en fourrière provisoire durant 7 jours jusqu'à la décision d'immobilisation judiciaire prise par le parquet (C. route, art. L. 325-1-2, v° n° 11.69C).

▪ **Perte de points du permis de conduire.** 6 points dans les seuls cas A, B et E (C. route, art. L. 224-16).

▪ ÉLÉMENTS CONSTITUTIFS – QUALIFICATION

✧ Pour avoir à .... [¤ lieu], le .... [¤ date], malgré la notification qui lui avait été faite le .... [¤ date de la notification] d'une mesure [⇨A à E :]

A. **SUSPENSION ADMINISTRATIVE OU JUDICIAIRE**

de suspension administrative ou judiciaire de son permis de conduire, conduit un véhicule à moteur pour la conduite duquel une telle pièce est nécessaire (A : *N 5707.ju*) ;

B. **SUSPENSION JUDICIAIRE AMÉNAGÉE, PERMIS DIT « BLANC »**

de suspension judiciaire de son permis de conduire limitée à la conduite en dehors de l'activité professionnelle, conduit un véhicule à moteur pour la conduite duquel une telle pièce est nécessaire en dehors des conditions de lieu et de temps fixées par la juridiction, ou conduit un véhicule d'une catégorie autre que celle autorisée par elle (C. pén., art. 131-6, R. 131-1 et R. 131-2) (B : *N 5707.ju*) ;

C. **ANNULATION JUDICIAIRE**

d'annulation judiciaire de son permis de conduire, conduit un véhicule à moteur pour la conduite duquel une telle pièce est nécessaire (C : *N 5708.ju*) ;

D. **INTERDICTION JUDICIAIRE D'OBTENIR UN PERMIS DE CONDUIRE**

d'interdiction judiciaire d'obtenir la délivrance d'un permis de conduire, conduit un véhicule à moteur pour la conduite duquel une telle pièce est nécessaire (D : *N 5709.ju*) ;

E. **RÉTENTION ADMINISTRATIVE**

de rétention conservatoire de son permis de conduire, conduit un véhicule à moteur pour la conduite duquel une telle pièce est nécessaire (E : *N 6246.ju*).
Faits prévus et réprimés par les articles L. 224-12 et L. 224-16 du code de la route. ✧

36.29 Refus de restitution d'un permis suspendu ou annulé (C. route)

▪ PEINES

PERSONNE PHYSIQUE

PP Délit. 2 ans d'emprisonnement, 4 500 € (C. route, art. L. 224-17).

PC 1. Suspension, annulation (dans les cas A et C) ou interdiction délivrance PC ⩽ 3 ans, exécution provisoire possible (C. route, art. L. 224-12 ; L. 224-13 et L. 224-17) ;
2. Tig **20** à **400 h** (depuis L. n° 2019-222, 23 mars 2019, auparavant **280 h** depuis L. n° 2014-896, 15 août 2014, auparavant 210 h) (C. route, art. L. 224-17 ; C. pén., art. 131-8) ;
3. Jours-amende ⩽ 360 jours x ⩽ 1 000 € (depuis L. n° 2004-204, 9 mars 2004, art. 173-1 [auparavant, 300 €]) (C. route, art. L. 224-17 ; C. pén., art. 131-5 et 131-25).

PERSONNE MORALE

PP Délit. 22 500 € (C. route, art. L. 224-17 ; C. pén., art. 131-38).

PC Néant.

▪ ORIENTEUR

AUTRE QUALIFICATION

▪ **Refus de remise d'un permis suspendu ou annulé ou d'un objet confisqué.** V. n° 25.75 (Si la mesure n'a pas été prononcée en application du code de la route).

▪ **Refus de restitution d'un permis invalidé par perte totale de points – Conduite malgré perte totale de points.** V. n° 36.30.

RÉGIME PROCÉDURAL

- **Compétence juridictionnelle. Juge unique** (C. pr. pén., art. 398-1 2°, v. nº 17.15D2).
- **Ordonnance pénale. Possible** (C. pr. pén., art. 495-II, v. nº 15.48B1 et tableau nº 17.15D2).

MESURE ADMINISTRATIVE

- **Perte de points du permis de conduire.** 6 points dans les seuls cas A et C (C. route, art. L. 224-17).

■ ÉLÉMENTS CONSTITUTIFS – QUALIFICATION

✧ Pour avoir à .... [¤ lieu], le .... [¤ date], malgré la notification qui lui avait été faite le .... [¤ date de la notification] d'une mesure [⇨A à C :]

A. **Suspension administrative ou judiciaire**

de suspension administrative ou judiciaire de son permis de conduire, refusé de le restituer à l'agent de l'autorité chargé de son exécution (A : *N 20504.ju*) ;

B. **Annulation judiciaire**

d'annulation judiciaire de son permis de conduire, refusé de le restituer à l'agent de l'autorité chargé de son exécution (B : *N 20505.ju*) ;

C. **Rétention administrative**

de rétention conservatoire de son permis de conduire, refusé de le restituer à l'agent de l'autorité chargé de son exécution (C : *N 6247.ju*).

Faits prévus et réprimés par les articles L. 224-12, L. 224-13 et L. 224-17 du code de la route. ✧

36.30 Refus de restitution d'un permis invalidé par perte totale de points – Conduite malgré perte totale de points

■ PEINES

PERSONNE PHYSIQUE

PP Délit. 2 ans d'emprisonnement, 4 500 € (C. route, art. L. 223-5).

PC 1. Suspension ou interdiction délivrance PC ⩽ 3 ans, exécution provisoire possible (C. route, art. L. 224-12, L. 224-13 et L. 223-5) ;

2. Tig **20** à **400 h** (depuis L. nº 2019-222, 23 mars 2019, auparavant **280 h** depuis L. nº 2014-896, 15 août 2014, auparavant 210 h) (C. route, art. L. 223-5 ; C. pén., art. 131-8) ;

3. Jours-amende ⩽ 360 jours x ⩽ 1 000 € (depuis L. nº 2004-204, 9 mars 2004, art. 173-1 [auparavant, 300 €]) (C. route, art. L. 223-5 ; C. pén., art. 131-5 et 131-25) ;

4. Interdiction ⩽ 5 ans de conduire certains véhicules terrestres à moteur, y compris ceux pour lesquels le permis n'est pas exigé (C. route, art. L. 223-5) ;

5. Obligation d'accomplir un stage de sensibilisation à la sécurité routière aux frais du condamné (C. pén., art. 131-35-1, C. route, art. L. 223-5) (pour les faits commis avant le 24 mars 2020 et jugés après cette date, L. nº 2019-222, 23 mars 2019, en vigueur le 24 mars 2020. Pour les faits commis à partir du 24 mars 2020, v. nouvelle réd. C. pén., art. 131-5-1 et nº 18.33) ;

6. Confiscation du véhicule dont le condamné s'est servi pour commettre l'infraction, s'il en est propriétaire (C. route, art. L. 223-5 ; C. pén., art. 131-21).

PERSONNE MORALE

PP Délit. 22 500 € (C. route, art. L. 223-5 ; C. pén., art. 131-38).

PC Néant.

■ ORIENTEUR

AUTRE QUALIFICATION

- **Conduite malgré suspension, annulation ou interdiction du permis de conduire.** V. nº 36.28.

ÉLÉMENT LÉGAL

▪ **Constitutionnalité. Dispositif de perte de point par paiement de l'amende forfaitaire.** Est rejeté la QPC déposée contre C. route, art. L. 223-1, al. 4 en ce qu'il serait contraire au droit à un recours juridictionnel effectif garanti par l'article 16 de la déclaration de 1789, au motif que « *la perte de points, directement liée à un comportement délictuel ou contraventionnel portant atteinte aux règles de la circulation routière, ne peut intervenir qu'en cas de reconnaissance de responsabilité pénale, après appréciation éventuelle de la réalité de l'infraction et de son imputabilité par le juge judiciaire, à la demande de la personne intéressée ; qu'en outre, la régularité de la procédure de retrait de points peut être contestée devant la juridiction administrative* » (Crim. 18 déc. 2012, nº 12-83.421, NP).

▪ **Annulation de la décision administrative. • Rétroactivité de l'annulation de la décision administrative.** « *l'annulation par la juridiction administrative d'un acte administratif implique que cet acte est réputé n'avoir jamais existé et prive de base légale la poursuite engagée pour violation de cet acte* », ainsi, l'annulation de l'arrêté préfectoral d'invalidation du permis de conduire, même postérieur à l'arrêt de condamnation de la cour d'appel, « *a pour conséquence d'enlever toute base légale à la poursuite et à la condamnation qui est intervenue* » (Crim. 23 juin 2015, nº 14-84.885, D). « *L'annulation par la juridiction administrative d'un acte administratif prive de base légale la poursuite engagée pour violation de cet acte* », est en conséquence censurée la décision qui retient, pour entrer en voie de condamnation, « *qu'au moment des contrôles routiers la décision ministérielle était en vigueur* » alors que le tribunal administratif avait depuis annulé la décision du ministre de l'intérieur portant retrait de points et constatant la perte de validité du permis de conduire ainsi que l'arrêté préfectoral enjoignant à l'intéressé de restituer son permis de conduire (Crim. 21 nov. 2007, nº 07-81.659, P nº 290 ; dans le même sens : Crim. 12 mars 2008, nº 07-84.104, P nº 63 ; Crim. 15 oct. 2008, nº 08-81.369, D). **• Rétroactivité du retrait de la décision administrative.** « *le retrait d'un acte administratif implique que cet acte est réputé n'avoir jamais existé et prive de base légale la poursuite engagée pour violation de cet acte* », et ce à tous les stades de la procédure, ainsi, en raison de « *la production d'un courrier du ministre de l'intérieur* [...] *l'informant de ce que les mentions relatives à plusieurs infractions commises* [...] *ont été rectifiées et qu'ainsi, son permis de conduire initial a recouvré sa validité* », « *cette pièce, postérieure à l'arrêt attaqué, est de nature à enlever leur base légale à la poursuite et à la condamnation* » (Crim. 4 mars 2014, nº 13-82.078, P nº 64). **• Absence de rétroactivité de la récupération de points consécutive à un stage.** En revanche, « *la notification administrative de la reconstitution de points grâce au suivi, par le prévenu, de stages de sensibilisation à la sécurité routière* [...] *n'a aucun effet rétroactif, de sorte que l'infraction qui consiste à avoir conduit entre-temps sans être détenteur d'un permis de conduire n'a pas perdu son fondement légal* » (Crim. 7 déc. 2021, nº 21-82.729, D). Cette jurisprudence est en cohérence avec celle du Conseil d'État : « *le préfet est tenu de rejeter toute demande de reconstitution de points acquis à la suite d'un stage de sensibilisation lorsque le conducteur a reçu, avant le dernier jour du stage, régulièrement notification d'une décision du ministre de l'intérieur l'informant que son permis de conduire a perdu sa validité par suite de l'épuisement de son capital de points* » (CE 22 févr. 2008, nº 310394, *Lebon*). Les dispositions de C. route, art. L. 223-6 « *n'ont ni pour objet ni pour effet de permettre au conducteur auquel une décision constatant la perte de validité de son permis de conduire pour solde de points nul a été notifiée de récupérer des points en accomplissant, postérieurement à cette notification, un stage de sensibilisation à la sécurité routière* » (§ 4) (CE 21 oct. 2013, nº 370324, *Lebon*) ;

TEXTE DE RÉFÉRENCE

▪ **Nombre de points du permis de conduire.** Le permis de conduire est affecté d'un nombre de 12 points (C. route, art. L. 223-2 et R. 223-1) qui est réduit de plein droit en cas d'infraction pour laquelle cette réduction est prévue. Toutefois, à sa date d'obtention, le permis n'est affecté que d'un nombre initial de 6 points durant un délai probatoire de 3 ans, réduit à 2 ans si le titulaire a suivi un apprentissage anticipé de la conduite (C. route, art. L. 223-1 et R. 222-1). Au terme de chaque année de ce délai probatoire, le **permis probatoire** est majoré d'un sixième du nombre maximal de points (soit 2 points, ou 3 points en cas d'apprentissage anticipé de la conduite) si aucune infraction ayant donné lieu à un retrait de points n'a été commise depuis le début du délai probatoire (C. route, art. L. 223-1 [L. nº 2007-297, 5 mars 2007, entrée en vigueur le 31 déc. 2007, R. 223-1 mod. D. nº 2007-753, 9 mai 2007]). En cas de commission d'une infraction ayant donné lieu à retrait de points, l'affectation du nombre total de points n'intervient qu'à l'issue d'un délai de 2 ans (depuis L. nº 2011-267, 14 mars 2011 [auparavant 3 ans]), sauf nouvelle infraction, ou récupération de points en contrepartie d'un stage de sensibilisation à la sécurité routière (dans la limite d'un stage par an, L. nº 2011-267, 14 mars 2011) (C. route, art. L. 223-6 et R. 223-1). Toutefois, ce délai de récupération des points est porté à 3 ans si l'une des infractions ayant entraîné un retrait de points est un délit ou une contravention de la 4° ou 5° classe (L. n° 2011-267, 14 mars 2011). Pour le titulaire d'un permis probatoire, ce stage est obligatoire en cas de perte ⩾ 3 points pour une infraction (C. route, art. L. 223-6 et R. 223-4, v. n° 36.35). En cas d'infraction entraînant un retrait d'un point, ce dernier est réattribué au terme d'un délai de 6 mois (depuis L. n° 2011-267, 14 mars 2011 [auparavant un an]) si aucun autre point n'est retiré durant ce délai (C. route, art. L. 223-6 [L. n° 2007-297, 5 mars 2007]).

▪ **Nombre de points du permis de conduire étranger.** Tout conducteur titulaire d'un permis de conduire délivré par une autorité étrangère circulant sur le territoire national se voit affecter un nombre de points, qui est réduit de plein droit s'il commet sur le territoire national une infraction pour laquelle cette réduction est prévue. Le retrait de points est réalisé dans les mêmes conditions que celles prévues pour les permis français. L'intéressé se voit notifier l'interdiction de circuler sur le territoire durant un an en cas de retrait de la totalité de ses points. Au terme de cette durée, il se voit affecter un nombre de points (C. route, art. L. 223-10, L. n° 2016-1547, 18 nov. 2016, art. 37, entrée en vigueur au 18 nov. 2017 subordonnée à un décret d'application).

▪ **Effets de la perte totale de points.** Lorsque le nombre de points est nul, le permis perd sa validité (C. route, art. L. 223-1). L'intéressé reçoit de l'autorité administrative l'injonction de remettre son permis de conduire au préfet et perd le droit de conduire un véhicule. Il ne peut obtenir un nouveau permis de conduire avant l'expiration d'un délai de six mois à compter de la remise de son permis au préfet et sous réserve d'aptitude médicale (C. route, art. L. 223-5). « *L'invalidation du permis de conduite français entraîne nécessairement l'interdiction du droit de conduire sur le territoire national, quand bien même le prévenu serait titulaire d'un permis délivré par un autre État ou d'un permis international* » (Crim. 17 mai 2022, n° 21-85.611, P ; dans le même sens pour la conduite d'un véhicule malgré annulation judiciaire : Crim. 8 janv. 2013, n° 12-80.501, P n° 3, v. n° 36.28).

▪ **Légalité des retraits administratifs de points.** Lorsque la constatation d'une infraction entraîne retrait de points, l'auteur de celle-ci est informé qu'il encourt un retrait de point si la réalité de l'infraction est établie par le paiement d'une amende forfaitaire, l'émission du titre exécutoire de l'amende forfaitaire majorée, l'exécution d'une composition pénale ou par une condamnation définitive (C. route, art. L. 223-1 ; R. 223-3). Cette information est une formalité substantielle qui conditionne la validité de chaque retrait administratif de points du permis de conduire (Cass. Avis n° 0080011P, 8 oct. 2008).

▪ **Inscription au fichier des personnes recherchées.** La personne qui n'a pas restitué au préfet son permis de conduire invalidé pour solde de points nul au terme du délai fixé par C. route, art. R. 233-3 est inscrite au FPR (D. n° 2010-569, 28 mai 2010, art. 2 IV 3°, C. route, art. L. 233-5 et R. 223-3) (sur le FPR, v. n° 13.17D4).

RÉGIME PROCÉDURAL

▪ **Compétence juridictionnelle. Juge unique** (C. pr. pén., art. 398-1 2°, v. n° 17.15D2).

▪ **Ordonnance pénale. Possible** (C. pr. pén., art. 495-II, v. n° 15.48B1 et tableau n° 17.15D2).

RÉGIME DES PEINES

▪ **Confiscation du véhicule.** Cas **B** : le véhicule conduit après perte totale de points du permis de conduire constitue l'instrument de l'infraction au sens de C. pén., art. 131-21 al. 2 (Crim. 17 mai 2022, n° 21-85.611, P) (sur la confiscation de l'instrument de l'infraction, v. n° 18.35B2).

▪ ÉLÉMENTS CONSTITUTIFS – QUALIFICATION

✧ Pour avoir à .... [¤ lieu], le .... [¤ date], malgré la notification qui lui avait été faite le .... par l'autorité administrative, en cas de retrait de la totalité des points, de l'injonction de remettre son permis de conduire au préfet de son département de résidence, [⇨A ou B :]

A. refusé de remettre son permis de conduire (A : *N 11049.ju*) ;

B. conduit un véhicule à moteur pour la conduite duquel une telle pièce est nécessaire (B : *N 22873.ju*).

Faits prévus et réprimés par les articles L. 224-12, L. 224-13 et L. 223-5 du code de la route. ✧

36.31 Désignation inexacte ou erronée d'un autre conducteur en cas d'infraction routière relevée sans interception – Non désignation du conducteur par une personne morale titulaire de l'immatriculation

▪ PEINES

PERSONNE PHYSIQUE

PP Contrav. 5e cl. Cas A : 1 500 € (C. pén., art. R. 49-19 ; 131-13).
Contrav. 4e cl. Cas B : 750 € (C. route, art. L. 121-6 (L. no 2016-1547, 18 nov. 2016) ; C. pén., art. 131-13).

PC Néant.

PERSONNE MORALE

PP Contrav. 5e cl. Cas A : 7 500 € (C. pén., art. R. 49-19 ; 131-41).
Contrav. 4e cl. Cas B : 3 750 € (C. route, art. L. 121-6 (L. no 2016-1547, 18 nov. 2016) ; C. pén., art. 131-41).

PC Néant.

▪ ORIENTEUR

AUTRE QUALIFICATION

▪ Dénonciation calomnieuse. V. no 25.29.

▪ Trafic de points de permis de conduire. V. no 36.32.

▪ **Usurpation d'identité – Prise du nom d'un tiers dans des conditions pouvant déterminer contre lui des poursuites ou une décision.** Notamment prise du nom d'un tiers pouvant entraîner une inscription au système national des permis de conduire, C. route, art. L. 225-7. V. no 25.55.

ÉLÉMENT LÉGAL

▪ **Application de la loi pénale dans le temps.** Cas B : incrimination créée par L. no 2016-1547, 18 nov. 2016, entrée en vigueur le 1er janv. 2017, date d'entrée en vigueur de l'AM du 15 déc. 2016 instituant les modalités de désignation du conducteur par voie dématérialisée (C. route, art. L. 121-6 et A. 121-1 s.).

▪ **Constitutionnalité.** Cas B : le Cons. const., saisi de diverses dispositions de la L. no 2016-1547, 18 nov. 2016, n'a toutefois pas été saisi de ces dispositions (C. route, art. L. 121-6) ni statué d'office à leur sujet (Cons. const. 17 nov. 2016, no 2016-739 DC, § 100). La Ch. crim., pour rejeter la QPC formée contre cette disposition, énonce qu'« *en faisant obligation au représentant légal d'une personne morale qui détient un ou plusieurs véhicules d'indiquer aux autorités compétentes, en cas de constatation d'une infraction au code de la route, l'identité du conducteur, le cas échéant lui-même, et en sanctionnant de la peine prévue pour les contraventions de la quatrième classe le refus de satisfaire à cette obligation, l'article L. 121-6 du code de la route, dont les dispositions sont dépourvues d'ambiguïté, assure un juste équilibre entre les nécessités de la lutte contre l'insécurité routière et le droit de ne pas s'auto-incriminer, ne méconnaît pas les droits de la défense et ne porte aucune atteinte au principe d'égalité entre les justiciables* » (Crim. 7 févr. 2018, no 17-90.023 ; dans le même sens : Crim. 26 juin 2018, no 18-90.011). La Ch. crim. adopte la même position pour une QPC soulevée au visa de DDHC, art. 10, relatif à la liberté de conscience et d'opinion (Crim. 2 mai 2018, no 18-90.003, NP), ou en soulignant que le texte « *ne met pas à la charge du représentant légal de la personne morale une mission relevant d'un service de police dans la mesure où il doit seulement communiquer un renseignement relatif à la gestion de l'entreprise et non pas procéder à une enquête* » (Crim. 27 juin 2018, no 18-90.013, NP).

▪ **Conventionnalité.** Cas B : Est également confirmé le rejet de « *l'exception de nullité tirée de l'inconventionnalité* » de C. route, art. L. 121-6, au regard de Conv., EDH, art. 6 qui garantit le droit « *de ne pas contribuer à sa propre incrimination* », au motif que, en premier lieu, « *les dispositions de ce texte sont destinées à améliorer la répression d'infractions routières et, ainsi, à protéger l'ensemble des usagers de la route, en évitant l'impunité d'un conducteur dont le comportement dangereux est avéré, notamment en matière de perte de points* » (§ 11), en deuxième lieu, l'obligation de fournir les renseignements sur l'identité et l'adresse du conducteur « *constitue une simple information qui n'est pas en soi incriminante* » (§ 12), en troisième lieu, « *la peine encourue est une amende contraventionnelle, d'un montant modéré, de sorte qu'elle est strictement proportionnée à l'objectif poursuivi de prévention des infractions* » (§ 13), enfin, « *le représentant de la personne morale peut s'exonérer de sa responsabilité en établissant que le véhicule a été volé ou qu'il y a eu* *usurpation des plaques d'immatriculation ou tout autre cas de force majeure* » (§ 14) (Crim. 15 déc. 2020, nº 20-82.503, P).

TEXTE DE RÉFÉRENCE

▪ **Modalités de désignation du responsable par le titulaire de l'immatriculation. Cas A** : le titulaire de l'immatriculation, auquel l'avis d'amende forfaitaire minorée (C. pr. pén., art. 529-10 et R. 49-10) ou majorée (C. pr. pén., art. 530) est expédié, peut effectuer, par lettre recommandée avec accusé de réception, une requête en exonération ou une réclamation en l'accompagnant d'une lettre signée « *précisant l'identité, l'adresse, ainsi que la référence du permis de conduire de la personne qui était présumée conduire le véhicule lorsque la contravention a été constatée* » (C. pr. pén., art. 529-10). Sur l'amende forfaitaire contraventionnelle et délictuelle, v. nºˢ **15.46** et **15.47**.

▪ **Obligation de désignation du conducteur par la personne morale. • Cas général du véhicule appartenant à une personne morale. Cas B** : en cas d'infraction routière constatée par contrôle automatisé (C. route, art. L. 130-9 et R. 130-11), la personne morale titulaire du certificat d'immatriculation doit notifier par LRAR ou par voie dématérialisée dans un délai de 45 jours l'identité et l'adresse de la personne physique qui conduisait le véhicule. Pour s'exonérer de cette obligation, la personne morale doit établir l'existence d'un vol, d'une usurpation de plaque d'immatriculation ou de tout autre évènement de force majeure (C. route, art. L. 121-6, L. nº 2016-1547, 18 nov. 2016). Pour répondre aux exigences posées par C. route, art. L. 121-6, précisées par son arrêté d'application, le représentant légal de la personne morale doit donc, alternativement, préciser l'identité et l'adresse de la personne physique qui conduisait le véhicule (C. route, art. A.121-1) ainsi que la référence de son permis de conduire (C. route, art. A.121-2), ou joindre la copie du récépissé de plainte pour vol, destruction ou usurpation de plaque d'immatriculation du véhicule, de la déclaration de destruction du véhicule ou de sa déclaration de cession et de son accusé d'enregistrement dans le SIV, ou une déclaration motivée expliquant tout autre évènement de force majeure, accompagnée le cas échéant de documents justificatifs (C. route, art. A.121-2). **• Cas particulier du véhicule immatriculé au nom d'une personne physique « en tant que personne morale ». Cas B** : Ces mêmes obligations sont applicables « *lorsque l'infraction a été commise avec véhicule dont le titulaire du certificat d'immatriculation ou le détenteur est une personne physique ayant immatriculé le véhicule en tant que personne morale* » ; dans un tel cas, « *le titulaire du certificat d'immatriculation ou le détenteur du véhicule* » doit justifier selon les mêmes modalités « *que le véhicule est immatriculé à son nom* » (C. route, art. L. 121-6, mod. par L. nº 2021-401 ; 8 avr. 2021). **• Cas particulier du véhicule appartenant à une personne morale et loué à une autre personne morale. Cas B** : lorsque l'infraction « *a été commise avec un véhicule dont le titulaire du certificat d'immatriculation est une personne morale ayant donné en location ledit véhicule à une autre personne morale, il appartient au représentant légal de la première d'indiquer, dans le délai de 45 jours à compter de l'envoi ou de la remise de l'avis de contravention, l'identité et l'adresse de la personne physique qui conduisait ce véhicule* » (§ 7) ; « *Dans le cas où ledit représentant ne connaît pas l'identité du conducteur, il ne peut s'exonérer de sa responsabilité pénale qu'en indiquant, dans les mêmes conditions, l'identité et l'adresse de la personne morale ayant pris ledit véhicule en location* » (§ 8) ; « *Cette interprétation des textes est la seule à même de permettre à l'autorité de poursuite d'avoir connaissance de l'identité du conducteur du véhicule, et de respecter ainsi l'intention du législateur comme l'intérêt des usagers de la route* » (§ 9) (Crim. 1ᵉʳ sept. 2020, nº 19-85.465, P, et deux autres arrêts du même jour nº 19-85.466 et nº 19-85.467).

ÉLÉMENT MATÉRIEL

▪ **Faits incriminés. • Cas A** : l'infraction concerne la déclaration par laquelle le titulaire de la carte grise désigne le conducteur de son véhicule en cas de relevé, sans interception du conducteur (cas du contrôle automatisé), d'une des infractions pour lesquelles le titulaire de l'immatriculation est redevable pécuniairement (sur ces infractions, v. nº **36.3A**) (C. route, art. **L. 121-3**, L. 322-1-1 (L nº 2016-1547, 18 nov. 2016), R. 121-6, R. 130-11). **• Calcul du délai de 45 jours. Cas B** : le contrôle de l'écoulement du délai de 45 jours laissé au représentant de la personne morale pour déclarer l'identité et l'adresse du conducteur nécessite la preuve de l'envoi ou de la remise de l'avis de contravention, la date d'édition de l'avis ne constitue pas sa date d'envoi (Crim. 9 nov. 2021, nº 20-85.020, P). « *il appartient au ministère public de rapporter la preuve de l'envoi* » (§ 9) (Crim. 16 févr. 2021, nº 20-84.324, D ; dans le même sens : Crim. 7 mars 2017, nº 16-84.199, D). « *en l'absence de mention sur le procès-verbal de la date d'envoi de l'avis de la contravention initiale, les juges pouvaient, sans méconnaître les dispositions de C. pr. pén., art. 537* [relatif à la force probante des procès-verbaux en matière de contraventions], *apprécier souverainement la portée du document intitulé « information sur* *l'infraction initiale », généré automatiquement à titre de fiche de renseignement [...], versé par le ministère public aux débats et portant mention de la date à laquelle l'avis de contravention initiale avait été envoyé, point de départ du délai de 45 jours* » (Crim. 7 févr. 2023, nº 22-83.986, P). En l'absence de toute contestation du prévenu, la mention qu'un avis de contravention a été édité et envoyé à telle date suffisent à établir la date d'envoi de l'avis (Crim. 7 janv. 2020, nº 19-83.179, D, et d'autres arrêts du même jour). « *Il résulte de plusieurs arrêts de la chambre criminelle que l'infraction de non-dénonciation du conducteur du véhicule est caractérisée par les énonciations du procès-verbal la constatant, qui suffisent à établir l'envoi de l'avis de contravention initial à la date mentionnée, en l'absence de contestation de l'envoi de cet avis (Crim. 07 janv. 2020, nos 19-83.179, 19-83.180, 19-83.181, 19-83.182, 19-83.198, 19-83.204, 19-83.219 et 19-83.220)* » (§ 2) (Avis Crim. 16 juin 2020, nº 20-96.003, D) (v. aussi nº **15.46C4** sur les modalités de justification de l'envoi de l'avis pour l'instruction des requêtes en exonération ou réclamations contre l'amende forfaitaire contraventionnelle).

▪ **Qualifications en concours – Non bis in idem. Cas B** : la redevabilité pécuniaire du représentant légal de la personne morale pour la contravention d'origine (C. route, art. **L. 121-3**, sur la redevabilité pécuniaire, v. nº **36.2** s.) se cumule avec la responsabilité pénale encourue au titre de C. route, art. **L. 121-6**, car « *En premier lieu, la règle non bis idem ne saurait s'appliquer dès lors que les faits de non-transmission de l'identité et de l'adresse du conducteur sont distincts des faits d'excès de vitesse ayant donné naissance à l'obligation de dénonciation* » (§ 14), « *En second lieu, cette règle ne saurait non plus s'appliquer dès lors que la mise à la charge du représentant légal d'une personne morale d'une amende ne met pas en jeu la responsabilité pénale de celui-ci et ne constitue pas, non plus, une sanction ayant le caractère d'une punition* » (§ 15) (Crim. 24 janv. 2023, nº 22-83.011, D). • **Renvoi.** Sur l'application de la règle *non bis in idem* en cas de concours d'infraction, v. nº **17.32B2**.

▪ **Imputabilité. • Responsabilité pénale de la personne morale. Cas A** : le D. nº 2010-671, 18 juin 2010, a supprimé la mention selon laquelle l'infraction prévue par C. pr. pén., art. **R. 49-19** était imputable aux personnes morales, tirant ainsi les conséquences de la généralisation de la responsabilité pénale des personnes morales à l'ensemble des infractions, prévue par l'article 121-2 du code pénal depuis le 31 déc. 2005 (v. nº **10.10**). Il n'était en effet plus nécessaire de conserver cette mention expresse mais l'infraction reste bien imputable aux personnes morales dans les conditions de droit commun. • **Responsabilité pénale de la personne morale. Cas B** : la poursuite du représentant légal de la personne morale « *n'exclut pas qu'en application* [de C. pén., art. 121-2], *la responsabilité pénale de la personne morale soit aussi recherchée pour cette infraction, commise pour son compte, par ce représentant* » (Crim. 11 déc. 2018, nº 18-82.628 et nº 18-82.631). L'infraction est constituée à l'encontre de la société qui n'a pas procédé à la désignation de la personne physique qui conduisait le véhicule « *fût-elle son gérant* » (Crim. 15 janv. 2019, nº 18-82.380, P nº 10), et quand bien même l'amende forfaitaire a été par ailleurs payée et a donné lieu à un retrait de points (Crim. 19 nov. 2019, nº 19-82.352, D). • **Absence de personnalité morale. Cas B** : l'infraction n'est pas constituée lorsque le véhicule appartient à un entrepreneur individuel, faute en effet de personnalité morale, laquelle ne résulte pas de l'attribution d'un numéro SIRET (système d'identification du répertoire des entreprises, qui s'applique à toute entreprise quelle que soit sa forme) (Crim. 21 avr. 2020, nº 19-86.467, P).

▪ **Causes d'exonération. • Événement de force majeure. Cas B** : si l'auteur peut s'exonérer en établissant un « *évènement de force majeure* » (C. route, art. L. 121-6), « *l'obligation réglementaire, en matière de transports sanitaires, de tenue d'une feuille de route ne comportant aucune rubrique dédiée à l'identification, à tout moment, du conducteur effectif du véhicule, ne constitue pas un cas de force majeure pour la personne morale poursuivie, dès lors que cette dernière conserve la faculté d'organiser, par ailleurs, un recensement des chauffeurs qui lui permette de satisfaire aux exigences du texte susvisé* » (Crim. 2 mars 2021, nº 20-85.359, D ; dans le même sens, rejetant le même argument soulevé par des entreprises de transport sanitaire, la force majeure alléguée n'étant pas irrésistible, dès lors que la société « *pouvait, dans le cadre du pouvoir de direction et de contrôle dévolu à ses organes, [...] instaurer les procédures internes lui permettant de connaître les horaires de conduite individualisés des conducteurs de ses véhicules* » (Crim. 26 janv. 2021, nº 20-83.913, D ; Crim. 26 janv 2021, nº 20-83.917, D ; Crim. 26 janv. 2021, nº 20-83.918, D ; Crim. 17 nov. 2020, nº 20-81.249, D). • **Indifférence du lien entre la personne morale et le conducteur. Cas B** : « *le fait que le conducteur désigné ne soit pas un employé de la personne morale poursuivie n'est pas une cause d'exonération* » (§ 15) (Crim. 17 nov. 2020, nº 20-81.241, D). • **Désignation inopérante de deux conducteurs.** La personne morale « *ne peut s'exonérer de sa responsabilité pénale en désignant deux conducteurs comme également susceptibles d'avoir commis l'infraction initiale* » (§ 14)

(Crim. 17 nov. 2020, nº 20-81.241, D ; dans le même sens : Crim. 16 mars 2021, nº 20-83.911).
• **Désignation non probante du conducteur.** L'obligation de désigner le conducteur « *n'est remplie que si la désignation de la personne physique qui conduisait effectivement le véhicule au moment des faits repose sur des éléments probants* » (§ 14), « *en l'absence de tout élément probant de nature à corroborer l'identification du contrevenant* » (§ 19), l'infraction est alors constituée lorsque la personne désignée conteste avoir conduit le véhicule (Crim. 6 juin 2023, nº 22-87.212, P).• **Absence d'envoi de l'avis initial.** Dans le cas où l'avis est envoyé à l'établissement local, dépourvu de personnalité juridique, d'une société, la personne morale et son représentant « *n'ayant pas été destinataires de l'avis initial, n'ont pas été mises en mesure de remplir leurs obligations légales et ne pouvaient de ce fait être poursuivies du chef de non-transmission de l'identité et de l'adresse du conducteur* » (§ 19) (Crim. 4 mai 2021, nº 20-83.566, D).

RÉGIME PROCÉDURAL

▪ **Amende forfaitaire. Cas B** : procédure de l'amende forfaitaire applicable (C. pr. pén., art. R. 48-1 1°) (sur l'amende forfaitaire contraventionnelle, v. nº **15.46**).

▪ **Compétence territoriale. Cas B** : il résulte de C. route, art. L. 121-6 que l'infraction « *est réputée commise, soit au lieu du siège social de l'entreprise dont le représentant légal a failli à son obligation, soit au lieu d'implantation de l'autorité mentionnée sur l'avis de contravention comme devant être destinataire de cette transmission* » (Crim. 18 juin 2019, nº 19-80.295, P). « *Les agents du CACIR sont compétents pour constater cette infraction sur le fondement des dispositions communes à toutes les contraventions éligibles à l'amende forfaitaire de l'article 530-6 du code de procédure pénale* » (Circ. Crim. 2019-01/E1, 29 janv. 2019, NOR : JUSD1903115C, nº 1.2) (sur le CACIR, v. nº **11.5C2**).

▪ **Exception de nullité de la procédure initiale. Cas B** : « *la caractérisation de la contravention de non-transmission, par le représentant légal d'une personne morale, de l'identité et de l'adresse du conducteur du véhicule [...] n'est pas conditionnée par la validité de la procédure relative à [la] contravention initiale* » ainsi, « *il n'appartient pas au juge, saisi de poursuites contre une personne morale pour non-désignation du conducteur du véhicule au moment de la contravention initiale, de se prononcer sur la validité de la procédure relative à cette contravention* » (Crim. 17 nov. 2020, nº 20-81.244, D).

POLITIQUE PUBLIQUE

▪ **Politique pénale. Cas B** : la circ. Crim. 2019-01/E1, 29 janv. 2019, NOR : JUSD1903115C, recommande notamment la poursuite devant le tribunal de police des personnes morales qui ont pour pratique de refuser délibérément de désigner le conducteur de leurs véhicules et qui paient les amendes tant pour l'infraction initiale que pour la contravention de non-désignation (nº 2.3). Elle souligne en outre que l'infraction de non-désignation pourra être classée sans suite comme insuffisamment caractérisée lorsqu'une incertitude a pu naître chez le représentant légal de bonne foi du fait de son homonymie avec la raison sociale de sa société individuelle en nom personnel et qui a pu être sanctionné en tant que conducteur (nº 2.1).

RÉGIME DES PEINES

▪ **Dispense de peine. Cas B** : ne satisfait aux exigences imposées par C. pén., art. 132-59 le prononcé d'une dispense de peine (sur les conditions de la dispense de peine, v. nº **18.6C**) à l'égard de la société qui a omis de désigner le conducteur au seul motif que le dommage est réparé car le représentant légal s'est désigné à l'audience comme étant le conducteur du véhicule (Crim. 7 mai 2019, nº 18-85.729, P nº 86).

▪ ÉLÉMENTS CONSTITUTIFS – QUALIFICATION

✧ Pour avoir à .... [¤ lieu], le .... [¤ date], [⇨A ou B :]

A. étant l'auteur d'une requête en exonération ou d'une réclamation formée à la suite de l'envoi d'un avis d'amende forfaitaire concernant une infraction dont le titulaire du certificat d'immatriculation est redevable pécuniairement, donné des renseignements inexacts ou erronés concernant l'identité, l'adresse, ou la référence du permis de conduire de la personne qui était présumée conduire le véhicule lorsque la contravention a été constatée (C. pr. pén., art. R. 49-19) (A : *N* ***25841.c5***) ;

B. étant le représentant légal d'une personne morale titulaire du certificat d'immatriculation ou détentrice d'un véhicule ayant fait l'objet de la constatation d'une infraction par un appareil de contrôle automatique, omis d'indiquer à l'autorité mentionnée sur l'avis, par lettre recommandée avec avis de réception ou par voie dématérialisée, dans un délai de 45 jours après l'envoi ou la remise de l'avis de contravention, l'identité et l'adresse de la personne physique qui conduisait le véhicule (C. route, art. L. 121-6, L. 130-9, R. 130-11 et A. 121-1) (B : *N 32055.c4* ; par personne morale : *N #.c4*).

Faits prévus et réprimés par les articles [• du cas sélectionné]. ✧

36.32 Trafic de points de permis de conduire (L. nº 2011-267, 14 mars 2011)

▪ PEINES

PERSONNE PHYSIQUE

PP Délit. Cas A et B : 6 mois d'emprisonnement, 15 000 € (C. route, art. L. 223-9). Cas C : 1 an d'emprisonnement, 30 000 € (C. route, art. L. 223-9).

PC 1. Suspension (sans aménagement possible) ou interdiction délivrance PC ⩽ 3 ans, exécution provisoire possible (C. route, art. L. 223-9 IV 1°, L. 224-12 et L. 224-13) ;

2. Tig **20** à **400 h** (depuis L. nº 2019-222, 23 mars 2019, auparavant **280 h** depuis L. nº 2014-896, 15 août 2014, auparavant 210 h) (C. route, art. L. 223-9 IV 2° ; C. pén., art. 131-8) ;

3. Jours-amende ⩽ 360 jours x ⩽ 300 € (C. route, art. L. 223-9 IV 3° ; C. pén., art. 131-5 et 131-25) ;

4. Interdiction ⩽ 5 ans de conduire certains véhicules terrestres à moteur, y compris ceux pour lesquels le permis n'est pas exigé (C. route, art. L. 223-9 IV 4°) ;

5. Obligation d'accomplir un stage de sensibilisation à la sécurité routière aux frais du condamné (C. pén., art. 131-35-1, C. route, art. L. 223-9 IV 5) (pour les faits commis avant le 24 mars 2020 et jugés après cette date, L. nº 2019-222, 23 mars 2019, en vigueur le 24 mars 2020. Pour les faits commis à partir du 24 mars 2020, v. nouvelle réd. C. pén., art. 131-5-1 et nº 18.33) ;

PERSONNE MORALE

PP Délit. Cas A et B : 75 000 € (C. route, art. L. 223-9). Cas C : 150 000 € (C. route, art. L. 223-9) (C. pén., art. 131-38).

PC Néant.

▪ ORIENTEUR

AUTRE QUALIFICATION

▪ **Désignation inexacte ou erronée d'un autre conducteur en cas d'infraction routière relevée sans interception – Non désignation du conducteur par une personne morale titulaire de l'immatriculation.** V. nº 36.31.

ÉLÉMENT LÉGAL

▪ **Application de la loi pénale dans le temps.** Incrimination créée par L. nº 2011-267, 14 mars 2011.

▪ **Nécessité d'une rémunération.** Seul le trafic onéreux est réprimé. « *En l'absence de rémunération (par exemple le conjoint qui désigne sa femme comme conductrice), seule demeure, sans préjudice de l'application éventuelle des articles 226-10 du code pénal, relatif à la dénonciation calomnieuse, ou 441-1 dudit code, relatif au faux, la contravention prévue par C. pr. pén., art. R. 49-19* (v. nº 36.31), *qui réprime la fourniture de renseignements inexacts ou erronés portés par l'auteur d'une requête en exonération* » (Circ. Crim. 2011-18/E8, 6 juill. 2011, NOR : JUSD1118695C, nº 2.1).

TEXTE DE RÉFÉRENCE

▪ **Nombre de points du permis de conduire.** V. orienteur nº 36.30.

▪ **Modalités de désignation du conducteur.** Le titulaire de l'immatriculation, auquel l'avis d'amende forfaitaire minorée (C. pr. pén., art. 529-10 et R. 49-10) ou majorée (C. pr. pén., art. 530) est expédié, peut effectuer, par lettre recommandée avec accusé de réception, une requête en exonération ou une réclamation en l'accompagnant d'une lettre signée « *précisant l'identité, l'adresse, ainsi que la référence du permis de conduire de la personne qui était présumée conduire le véhicule lorsque la contravention a été constatée* » (C. pr. pén., art. 529-10). Sur l'amende forfaitaire contraventionnelle v. nº 15.46.

ÉLÉMENT MATÉRIEL

▪ **Faits incriminés. Domaine d'application.** L'infraction concerne la déclaration par laquelle le titulaire de l'immatriculation désigne le conducteur de son véhicule en cas de relevé, sans interception du conducteur (cas du contrôle automatisé), d'une **contravention entraînant perte de point du permis de conduire dont le titulaire de l'immatriculation est redevable pécuniairement** (sur ces infractions, v. n° 36.3A) (C. route, art. L. 121-3, L. 322-1-1 (L. n° 2016-1547, 18 nov. 2016), R. 121-6, R. 130-11). Les infractions ci-dessous ne sont donc pas applicables aux déclarations faites en cas de constatation automatisée de l'infraction de défaut d'assurance (v. n° 36.42). Il s'agit en effet d'un délit et celui-ci n'entraîne pas de perte de points du permis de conduire.

RÉGIME PROCÉDURAL

▪ **Compétence juridictionnelle. Juge unique** (C. pr. pén., art. 398-1 2°, v. n° 17.15D2).

▪ **Ordonnance pénale. Possible** (C. pr. pén., art. 495-II, v. n° 15.48B1 et tableau n° 17.15D2).

▪ ÉLÉMENTS CONSTITUTIFS – QUALIFICATION

✧ Pour avoir à .... [¤ lieu], le .... [¤ date], [⇨A ou B puis le cas échéant C dans le cas B :]

A. étant l'auteur d'une contravention entraînant retrait de point du permis de conduire dont le titulaire du certificat d'immatriculation est redevable pécuniairement, proposé ou donné une rémunération à une personne pour qu'elle accepte d'être désignée, comme conducteur du véhicule dans la requête en exonération d'une amende forfaitaire ou la réclamation présentée en cas d'amende forfaitaire majorée (A : *N 28715.ju*) ;

B. proposé ou accepté contre rémunération d'être désigné, par l'auteur d'une contravention entraînant retrait de point du permis de conduire dont le titulaire du certificat d'immatriculation est redevable pécuniairement, comme conducteur du véhicule dans la requête en exonération d'une amende forfaitaire ou la réclamation présentée en cas d'amende forfaitaire majorée (B : *N 28717.ju*) ;

C. [préciser le cas échéant dans le cas B :] avec cette circonstance que les faits ont été commis de façon habituelle ou par la diffusion, par tout moyen, d'un message à destination du public (C : *N 28718.ju*).

Faits prévus et réprimés par les articles L. 223-9, L. 224-12 et L. 224-13 du code de la route. ✧

36.33 Conduite malgré interdiction judiciaire d'un véhicule non équipé d'un dispositif d'anti-démarrage par éthylotest électronique (EAD) (L. n° 2011-267, 14 mars 2011)

▪ PEINES

PERSONNE PHYSIQUE

PP Délit. 2 ans d'emprisonnement, 4 500 € (C. route, art. L. 234-16, L. n° 2011-267, 14 mars 2011).

PC 1. Interdiction ⩽ 5 ans de conduire certains véhicules terrestres à moteur, y compris ceux pour lesquels le permis n'est pas exigé (C. route, art. L. 234-16, 1°) ;

2. Annulation PC avec interdiction délivrance ⩽ 3 ans, exécution provisoire possible (C. route, art. L. 224-12, L. 224-13 et L. 234-16, 2°) ;

3. Tig **20** à **400 h** (depuis L. n° 2019-222, 23 mars 2019, auparavant **280 h** depuis L. n° 2014-896, 15 août 2014, auparavant 210 h) (C. route, art. L. 234-16, 3° ; C. pén., art. 131-8) ;

4. **En cas de récidive** : confiscation « **obligatoire** », sauf « décision spécialement motivée » (L. n° 2011-267, 14 mars 2011), du véhicule dont le condamné s'est servi pour commettre l'infraction, s'il en est propriétaire (C. route, art. L. 234-16 III, C. pén., art. 131-21).

PERSONNE MORALE

PP Délit. 22 500 € (C. route, art. L. 234-16 ; C. pén., art. 131-38).

PC Néant.

■ ORIENTEUR

AUTRE QUALIFICATION

▪ **Conduite non conforme d'un véhicule équipé d'un dispositif d'antidémarrage par éthylotest électronique (EAD).** C. route, art. R. 224-6 ; R. 234-5 ; R. 234-6, v. n° 36.34.

▪ **Conduite non conforme d'un véhicule équipé d'un dispositif d'antidémarrage par éthylotest électronique (EAD).** V. n° 36.34, v. aussi taux le d'alcoolémie réduit imposé au conducteur soumis à l'utilisation d'un EAD, n° 36.8.

TEXTE DE RÉFÉRENCE

▪ **Dispositif de l'éthylotest anti-démarrage.** Les conditions d'homologation des éthylotests anti-démarrage dits EAD ainsi que les modalités d'agrément des professionnels chargés de les installer sont fixés par voie réglementaire (C. route, art. L. 234-17). Le D. n° 2011-1048, 5 sept. 2011, précise les modalités pratiques de mise en œuvre de l'interdiction de conduire un véhicule ne comportant pas un dispositif d'anti-démarrage par éthylotest électronique (C. pén., art. R. 131-4-1 ; C. pr. pén., art. R. 15-33-41-1 ; C. route, art. R. 234-5). L'arrêté du 13 juillet 2012 fixe les règles applicables à l'homologation nationale des dispositifs EAD et les conditions de leur installation sur les véhicules à moteur. Les dispositifs ne peuvent être installés que par des installateurs agréés par les services préfectoraux après obtention d'une qualification auprès de l'Union technique de l'automobile, du motocycle et du cycle (UTAC). La circulaire intérieure INSTS1227566C, 6 sept. 2012 précise les conditions d'agrément par les préfets des professionnels chargés d'installer les dispositifs EAD.

RÉGIME PROCÉDURAL

▪ **Compétence juridictionnelle. Juge unique** (C. pr. pén., art. 398-1 2°, v. n° 17.15D2).

▪ **Ordonnance pénale. Possible** (C. pr. pén., art. 495-II, v. n° 15.48B1 et tableau n° 17.15D2).

MESURE ADMINISTRATIVE

▪ **Mesure provisoire. Immobilisation et mise en fourrière.** Le préfet peut faire procéder à l'immobilisation du véhicule et à sa mise en fourrière provisoire durant 7 jours jusqu'à la décision d'immobilisation judiciaire prise par le parquet (C. route, art. L. 325-1-2, v°n° 11.69C).

▪ **Perte de points du permis de conduire.** 6 points (C. route, art. L. 223-2 et R. 223-1).

■ ÉLÉMENTS CONSTITUTIFS – QUALIFICATION

✧ Pour avoir à .... [¤ lieu], le .... [¤ date], malgré l'interdiction prononcée le .... par [juridiction concernée] conduit un véhicule non équipé par un professionnel agréé ou par construction d'un dispositif homologué d'anti-démarrage par éthylotest électronique.
Faits prévus et réprimés par les articles L. 234-2 et L. 234-16 du code de la route (*N 29130.ju*). ✧

36.34 Conduite non conforme d'un véhicule équipé d'un dispositif d'antidémarrage par éthylotest électronique (EAD)

■ PEINES

PERSONNE PHYSIQUE

PP Cas A et B : Contrav. 5e cl. 1 500 € (cas A : C. route, art. R. 234-5 ; cas B : C. route, art. R. 224-6 ; C. pén., art. 131-13. **Récidive** : 3 000 € (cas A : C. route, art. R. 234-5 V ; cas B : C. route, art. R. 224-6 VI ; C. pén., art. 132-11).

Cas C : Contrav. 4e cl. 750 € (C. route, art. R. 234-6 ; C. pén., art. 131-13).

Cas D1 : Contrav. 1re cl. 38 € (C. route, art. R. 233-1 III ; C. pén., art. 131-13).

Cas D2 : Contrav. 4e cl. 750 € (C. route, art. R. 233-1 III ; C. pén., art. 131-13).

PC 1. Cas A et B : suspension, ⩽ 3 ans, du PC (sans sursis ni aménagement) ; exécution provisoire possible (Cas A : C. route, art. R. 234-5 III ; cas B : C. route, art. R. 224-6 IV ; C. route, art. L. 224-13) ;

2. Cas A et B : interdiction ⩽ 3 ans de conduire certains véhicules terrestres à moteur, y compris ceux pour lesquels le permis n'est pas exigé (Cas A : C. route, art. R. 234-5 III ; cas B : C. route, art. R. 224-6 IV) ;

3. Cas A et B : obligation d'accomplir un stage de sensibilisation à la sécurité routière aux frais du condamné (**Cas** A : C. route, art. R. 234-5 III ; **cas** B : C. route, art. R. 224-6 IV ; C. pén., art. 131-35-1, 131-16) ;

4. Cas A et B : confiscation du véhicule dont le prévenu s'est servi pour commettre l'infraction, s'il en est propriétaire (**Cas** A : C. route, art. R. 234-5 III ; **cas** B : C. route, art. R. 224-6 IV ; C. pén., art. 131-21).

PERSONNE MORALE

PP Cas A et B : **Contrav. 5e cl. 7 500 €** (cas A : C. route, art. **R. 234-5** ; cas B : C. route, art. **R. 224-6** ; C. pén., art. 131-41). **Récidive** : **15 000 €** (**cas** A : C. route, art. R. 234-5 V ; **cas** B : C. route, art. R. 224-6 VI) ;

Cas C : **Contrav. 4e cl. 3 750 €** (C. route, art. **R. 234-6** ; C. pén., art. 131-41).

Cas D1 : **Contrav. 1re cl. 190 €** (C. route, art. **R. 233-1 III** ; C. pén., art. 131-41).

Cas D2 : **Contrav. 4e cl. 3 750 €** (C. route, art. **R. 233-1 III** ; C. pén., art. 131-41).

PC Néant.

■ ORIENTEUR

AUTRE QUALIFICATION

▪ **Conduite malgré interdiction judiciaire d'un véhicule non équipé d'un dispositif d'anti-démarrage par éthylotest électronique (EAD) (L. no 2011-267, 14 mars 2011).** V. no **36.33**, v. aussi le taux réduit d'alcoolémie réduit imposé au conducteur soumis à l'utilisation d'un EAD, no **36.8**.

ÉLÉMENT LÉGAL

▪ **Application de la loi pénale dans le temps. Cas** A : incrimination créée par le D. no 2011-1048, 5 sept. 2011, étendue aux décisions judiciaires autres que les condamnations par D. no 2017-198, 16 févr. 2017. **Cas** B : incrimination créée par le D. no 2018-795, 17 sept. 2018. **Cas** C : incrimination créée par le D. no 2012-3, 3 janv. 2012.

TEXTE DE RÉFÉRENCE

▪ **Dispositif de l'éthylotest antidémarrage.** V. Orienteur/texte de référence, no **36.33**.

▪ **Mesure judiciaire de restriction du droit de conduire. Cas** A : l'incrimination est applicable en cas de mesure judiciaire imposant la conduite d'un véhicule muni d'un EAD dans le cadre d'un contrôle judiciaire (V. no **12.48E3**), d'une composition pénale (V. no **15.44B**), d'un sursis probatoire (V. no **18.25C**), d'une condamnation assortie de cette obligation prononcée à titre de peine complémentaire ou principale, d'un aménagement de peine, d'une libération conditionnelle ou d'une surveillance judiciaire ou de sûreté (C. route, art. R. 234-5 I). Dans le cas où le conducteur conduit un véhicule dépourvu de dispositif EAD alors que cette obligation lui a été imposée dans le cadre d'une condamnation, l'incrimination délictuelle prévue par C. route, art. L. 234-16 est applicable (V. no **36.33**). Dans cette même hypothèse, lorsque l'obligation résulte d'un contrôle judiciaire ou d'une composition pénale, le conducteur relève, dans le premier cas, de la procédure de révocation du contrôle judiciaire, dans le second cas, de poursuites pour l'infraction ayant donné lieu à la composition pénale dont les termes n'ont ainsi pas été respectés.

▪ **Mesure administrative de restriction du droit de conduire. Cas** B : **conditions et modalités de l'arrêté préfectoral.** V. no **11.70C**.

▪ **Véhicules obligatoirement équipés d'un EAD. • Autocars. Cas** C : « *tout autocar est équipé de dispositifs permettant d'en prévenir la conduite sous l'empire d'un état alcoolique* » (C. route, art. L. 317-9 issu L. no 2015-990, 6 août 2015). L'autocar est un autobus, c'est-à-dire un « ***véhicule de transport en commun qui, par sa construction et son aménagement, est affecté au transport en commun de personnes et de leurs bagages*** » (C. route, art. R. 311-1, § 1.6), « ***répondant à des caractéristiques définies par arrêté du ministre chargé des transports, affecté au transport de personnes sur de longues distances et permettant le transport des occupants du véhicule principalement en places assises*** » (C. route, art. R. 311-1, § 1.7). Tout autocar affecté au transport en commun d'enfants mis en circulation à partir du 1er janvier 2010 (art. 75 *bis*), et, depuis le 1er sept. 2015, tout autocar affecté au transport en commun de personnes (art. 70 *bis*), est équipé d'un dispositif éthylotest antidémarrage (Arr. 2 juill. 1982 mod., *JO* 5 sept. 1982).

ÉLÉMENT MATÉRIEL

▪ **Complicité. Punissable par aide ou assistance** (Cas A2, B2 et C2).

RÉGIME PROCÉDURAL

▪ **Mesure provisoire. Cas A et B : immobilisation judiciaire et mise en fourrière du véhicule.** L'OPJ ou l'APJ peut, avec l'autorisation préalable du procureur de la République donnée par tout moyen, faire procéder à l'immobilisation et à la mise en fourrière du véhicule en vue de la confiscation (C. route, art. L. 325-1-1, **R. 234-5** (Cas A) et **R. 224-6 VII** (Cas B)).

MESURE ADMINISTRATIVE

▪ **Perte de points du permis de conduire. Cas A** (C. route, art. R. 234-5 V) et **B** (C. route, art. R. 224-6 VI) : **6 points.**

▪ ÉLÉMENTS CONSTITUTIFS – QUALIFICATION

✧ Pour avoir à .... [¤ lieu], le .... [¤ date], [⇨A à **D** :]

A. **UTILISATION IRRÉGULIÈRE D'UN DISPOSITIF ANTIDÉMARRAGE IMPOSÉ PAR DÉCISION JUDICIAIRE ET COMPLICITÉ D'UTILISATION IRRÉGULIÈRE (C. ROUTE, ART. R. 234-5)**

(C. route, art. R. 234-5) [⇨A1 ou A2 :]

A1. malgré la décision judiciaire du... [date de la décision de condamnation, de composition pénale, de contrôle judiciaire, de suivi socio-judiciaire, de sursis probatoire, d'aménagement de peine] notifiée le...[date de la notification], restreignant son droit de conduire aux seuls véhicules équipés d'un dispositif équipés d'un dispositif homologué d'antidémarrage par éthylotest électronique, installé par un professionnel agréé ou par construction, conduit un véhicule équipé d'un tel dispositif après [⇨A1a à A1c :]

A1a. que celui-ci a été utilisé par un tiers pour permettre le démarrage (A1a : *N* ***29131.c5***) ;

A1b. l'avoir neutralisé ou détérioré (A1b : *N* ***29132.c5***) ;

A1c. l'avoir utilisé dans des conditions empêchant la mesure exacte de son état d'imprégnation alcoolique (A1c : *N* ***29633.c5***) ;

A2. facilité sciemment, par aide ou assistance, la préparation ou la consommation de la contravention de conduite non-conforme d'un véhicule muni d'un dispositif homologué d'anti-démarrage par éthylotest électronique par...[nom de la personne assujettie au respect de la décision judiciaire], en l'espèce en utilisant ce dispositif à la place de ce dernier pour permettre le démarrage ou en le neutralisant ou en le détériorant ou en empêchant la mesure exacte de son imprégnation alcoolique (C. route, art. R. 234-5) (A2 : *N* ***29133.c5***).

B. **UTILISATION IRRÉGULIÈRE D'UN DISPOSITIF ANTIDÉMARRAGE IMPOSÉ PAR ARRÊTÉ PRÉFECTORAL ET COMPLICITÉ D'UTILISATION IRRÉGULIÈRE (C. ROUTE, ART. R. 224-6)**

(C. route, art. R. 224-6) [⇨B1 ou B2 :]

B1. malgré l'arrêté préfectoral du ... [date de l'arrêté] notifié le ... [date de la notification], restreignant son droit de conduire aux seuls véhicules équipés d'un dispositif équipés d'un dispositif homologué d'anti-démarrage par éthylotest électronique, installé par un professionnel agréé ou par construction, conduit un véhicule [⇨B1a à B1d :]

B1a. non équipé d'un tel dispositif (B1a : *N* ***32935.c5***) ;

B1b. équipé d'un tel dispositif après que celui-ci a été utilisé par un tiers pour permettre le démarrage (B1b : *N* ***32936.c5***) ;

B1c. équipé d'un tel dispositif après l'avoir neutralisé ou détérioré (B1c : *N* ***32937.c5***) ;

B1d. équipé d'un tel dispositif après l'avoir utilisé dans des conditions empêchant la mesure exacte de son état d'imprégnation alcoolique (B1d : *N* ***32938.c5***) ;

B2. facilité sciemment, par aide ou assistance, la préparation ou la consommation de la contravention de conduite non-conforme d'un véhicule muni d'un dispositif homologué d'anti-démarrage par éthylotest électronique par...[nom de la personne assujettie au respect de l'arrêté préfectoral], en l'espèce en utilisant ce dispositif à la place de ce dernier pour permettre le démarrage ou en le neutralisant ou en le détériorant ou en empêchant la mesure exacte de son imprégnation alcoolique (B2 : *N* ***32939.c5***).

C. **UTILISATION IRRÉGULIÈRE D'UN DISPOSITIF ANTIDÉMARRAGE ÉQUIPANT OBLIGATOIREMENT UN VÉHICULE ET COMPLICITÉ D'UTILISATION IRRÉGULIÈRE (C. ROUTE, ART. R. 234-6)**

(C. route, art. R. 234-6) [⇨C1 ou C2 :]

C1. conduit un véhicule obligatoirement équipé d'un éthylotest antidémarrage, en l'espèce ... [type de véhicule soumis à l'équipement obligatoire d'un EAD], après [⇨C1a à C1c :]

C1a. que celui-ci a été utilisé par un tiers pour permettre le démarrage (C1a : *N 28670.c4*) ;

C1b. l'avoir neutralisé ou détérioré (C1b : *N 28671.c4*) ;

C1c. l'avoir utilisé dans des conditions empêchant la mesure exacte de son état d'imprégnation alcoolique (C1c : *N 28672.c4*) ;

C2. facilité sciemment, par aide ou assistance, la préparation ou la consommation de la contravention d'utilisation irrégulière d'un éthylotest antidémarrage équipant obligatoirement un véhicule, en l'espèce en utilisant ce dispositif à la place de... [nom du conducteur] pour permettre le démarrage ou en le neutralisant ou en le détériorant ou en empêchant la mesure exacte de son imprégnation alcoolique (C2 : *N 28673.c4*).

D. **DÉFAUT DE JUSTIFICATION DE DOCUMENTS ATTESTANT DE L'ÉQUIPEMENT D'UN DISPOSITIF ANTIDÉMARRAGE (C. ROUTE, ART. R. 233-1)**

étant conducteur soumis par une décision judiciaire ou administrative du ... [date de la décision de condamnation, de composition pénale, de contrôle judiciaire, de suivi socio-judiciaire, de sursis probatoire, d'aménagement de peine, ou de l'arrêté préfectoral] notifiée le ... [date de la notification], restreignant son droit de conduire aux seuls véhicules équipés d'un dispositif homologué d'antidémarrage par éthylotest électronique, omis de [⇨D1 ou D2 :]

D1. présenter immédiatement à toute réquisition des agents de l'autorité compétente les documents attestant de l'équipement du véhicule par un tel dispositif et de la vérification de son fonctionnement (C. route, art. R. 233-1 I 5° et R. 233-1 III) (D1 : *N 32023.c1*) ;

D2. justifier avant l'expiration d'un délai de 5 jours de la possession des documents attestant de l'équipement du véhicule par un tel dispositif et de la vérification de son fonctionnement (C. route, art. R. 233-1 I 5° et R. 233-1 V) (D2 : *N 32024.c4*).

Faits prévus et réprimés par les articles [¤ de l'infraction sélectionnée]. ✧

36.35 Inexécution d'un stage de sensibilisation à la sécurité routière par le titulaire d'un permis probatoire

■ PEINES

PERSONNE PHYSIQUE

PP Contrav. 4e cl. 750 € (C. route, art. R. 223-4 ; C. pén., art. 131-13).

PC Suspension, ⩽ 3 ans, du PC (aménageable pour l'exercice de l'activité professionnelle) ; exécution provisoire possible (C. route, art. R. 223-4).

PERSONNE MORALE

PP Contrav. 4e cl. 3 750 € (C. route, art. R. 223-4 ; C. pén., art. 131-41).

PC Néant.

■ ORIENTEUR

TEXTE DE RÉFÉRENCE

▪ **Régime du stage de sensibilisation à la sécurité routière.** Lorsque le titulaire d'un permis probatoire (permis obtenu depuis moins de 3 ans, ou 2 ans en cas d'apprentissage anticipé de la conduite) a commis une infraction ayant donné lieu au retrait d'au moins trois points, il est informé par lettre recommandée avec avis de réception qu'il a l'obligation de se soumettre à un stage de sensibilisation à la sécurité routière dans un délai de quatre mois (C. route, art. L. 223-6, R. 223-4). Cette formation spécifique se substitue à l'amende sanctionnant l'infraction (C. route, art. L. 223-6).

■ ÉLÉMENTS CONSTITUTIFS – QUALIFICATION

✧ Pour avoir à .... [¤ lieu], le .... [¤ date], étant titulaire d'un permis probatoire et ayant commis une infraction ayant donné lieu au retrait d'au moins trois points, omis de se soumettre à un stage de sensibilisation à la sécurité routière dans un délai de quatre mois.

Faits prévus et réprimés par les articles L. 223-6 et R. 223-4 du code de la route (*N 22766.c4*) ✧

36.36 Obtention frauduleuse d'un permis

■ **PEINES**

PERSONNE PHYSIQUE

PP Délit. 2 ans d'emprisonnement, 4 500 € (C. route, art. L. 224-18).

PC 1. Suspension, annulation ou interdiction délivrance PC ⩽ 3 ans, exécution provisoire possible (C. route, art. L. 224-12, L. 224-13 et L. 224-18) ;

2. Tig 20 à 400 h (depuis L. n° 2019-222, 23 mars 2019, auparavant 280 h depuis L. n° 2014-896, 15 août 2014, auparavant 210 h) (C. route, art. L. 224-18 ; C. pén., art. 131-8) ;

3. Jours-amende ⩽ 360 jours x ⩽ 1 000 € (depuis L. n° 2004-204, 9 mars 2004, art. 173-1 [auparavant, 300 €]) (C. route, art. L. 224-18 ; C. pén., art. 131-5 et 131-25).

PERSONNE MORALE

PP Délit. 22 500 € (C. route, art. L. 224-18 ; C. pén., art. 131-38).

PC Néant.

■ **ORIENTEUR**

AUTRE QUALIFICATION

- Document administratif – Obtention indue. V. n° 24.8.

ÉLÉMENT MATÉRIEL

- Tentative. Punissable (C. route, art. L. 412-1).

RÉGIME PROCÉDURAL

- Compétence juridictionnelle. Juge unique (C. pr. pén., art. 398-1 2°, v. n° 17.15D2).
- Ordonnance pénale. Possible (C. pr. pén., art. 495-II, v. n° 15.48B1 et tableau n° 17.15D2).

MESURE ADMINISTRATIVE

- Perte de points du permis de conduire. 6 points (C. route, art. L. 224-18).

■ **ÉLÉMENTS CONSTITUTIFS – QUALIFICATION**

✧ Pour avoir à .... [¤ lieu], le .... [¤ date], par une fausse déclaration, en l'espèce en .... [¤ matérialiser l'infraction], [⇨A ou B :]

A. obtenu (A : *N 2273.ju*)...

B. tenté d'obtenir (B : *N 11051.ju*)...

... un permis de conduire.

Faits prévus et réprimés par les articles L. 224-12, L. 224-13 et L. 224-18 du code de la route. ✧

36.37 Conduite sans permis de conduire

■ **PEINES**

PERSONNE PHYSIQUE

PP Délit. 1 an d'emprisonnement, 15 000 € (C. route, art. L. 221-2).

PC 1. Tig 20 à 400 h (depuis L. n° 2019-222, 23 mars 2019, auparavant 280 h depuis L. n° 2014-896, 15 août 2014, auparavant 210 h) (C. route, art. L. 221-2 ; C. pén., art. 131-8).

2. Jours-amende ⩽ 360 jours x ⩽ 1 000 € (depuis L. n° 2004-204, 9 mars 2004, art. 173-1 [auparavant 300 €]), C. route, art. L. 221-2 ; C. pén., art. 131-5 et 131-25) ;

3. Interdiction ⩽ 5 ans de conduire certains véhicules terrestres à moteur, y compris ceux pour lesquels le permis n'est pas exigé (C. route, art. L. 221-2) ;

4. Obligation d'accomplir un stage de sensibilisation à la sécurité routière aux frais du condamné (C. pén., art. 131-35-1, C. route, art. L. 221-2) (pour les faits commis avant le 24 mars 2020 et jugés après cette date, L. n° 2019-222, 23 mars 2019, en vigueur le 24 mars 2020. Pour les faits commis à partir du 24 mars 2020, v. nouvelle réd. C. pén., art. 131-5-1 et n° 18.33) ;

5. Confiscation ~~« obligatoire », sauf « décision spécialement motivée » (L. n° 2011-267, 14 mars 2011)~~ (dispositions abrogées par L. n° 2016-1547, 18 nov. 2016) du véhicule dont le condamné s'est servi pour commettre l'infraction, s'il en est propriétaire (C. route, art. L. 221-2, II, 1°, C. pén., art. 131-21).

PERSONNE MORALE

PP Délit. 75 000 € (C. route, art. L. 221-2 ; C. pén., art. 131-38).

PC Néant.

■ ORIENTEUR

AUTRE QUALIFICATION

▪ **Conduite malgré suspension, annulation ou interdiction du permis de conduire.** V. n° 36.28.

▪ **Refus de restitution d'un permis invalidé par perte totale de points – Conduite malgré perte totale de points.** V. n° 36.30.

▪ **Permis communautaire non échangé.** V. n° 36.41.

▪ **Non-respect des conditions de validité ou des restrictions d'usage d'un permis de conduire.** V. n° 36.39.

▪ **Conduite sans permis de conduire en faisant usage d'un faux permis de conduire.** V. n° 36.38.

ÉLÉMENT LÉGAL

▪ **Application de la loi pénale dans le temps.** La loi n° 2004-204 du 9 mars 2004, article 57, a correctionnalisé l'infraction de conduite sans permis, qui constituait une contravention de 5e classe (C. route, art. R. 221-1 anc.) depuis le 1er oct. 1986, date avant laquelle elle constituait un délit (3 mois d'emprisonnement, 3 000 frs d'amende, C. route, art. L. 12 anc.).

TEXTE DE RÉFÉRENCE

▪ **La validité des permis étrangers.** V. n° 36.40

RÉGIME PROCÉDURAL

▪ **Compétence juridictionnelle. Juge unique** (C. pr. pén., art. 398-1 2°, v. n° 17.15D2).

▪ **Ordonnance pénale. Possible** (C. pr. pén., art. 495-II, v. n° 15.48B1 et tableau n° 17.15D2).

▪ **Amende forfaitaire délictuelle. Possible sauf récidive** et si l'infraction est relevée par **procès-verbal électronique** (C. route, art. L. 221-2, C. pr. pén., art. 495-17 et D. 45-3, applicable depuis le 1er nov. 2018, date d'entrée en vigueur de l'AM du 14 oct. 2018 relatif aux conditions de contestation dématérialisée des amendes forfaitaires délictuelles (C. pr. pén., art. A. 36-14 à A. 36-18)). Amende minorée : 640 € ; forfaitaire : 800 € ; majorée : 1 600 € (C. route, art. L. 221-2). Sur la procédure d'amende forfaitaire délictuelle, v. n° 15.47. Sur la politique pénale en matière de forfaitisation du délit de conduite sans permis, v. Circ. Crim. 2018-13/H2, 16 nov. 2018, NOR : JUSD1831247C.

▪ **Mesure provisoire. L'immobilisation du véhicule** peut être prescrite par le maire ou l'OPJ territorialement compétent jusqu'à sa prise en charge par un conducteur qualifié (C. route, art. L. 221-2 III et R. 325-4).

MESURE ADMINISTRATIVE

▪ **Mesure provisoire. Immobilisation et mise en fourrière.** Depuis L. n° 2019-1428, 24 déc. 2019, avec l'autorisation préalable du préfet, l'OPJ ou l'APJ peut faire procéder à l'immobilisation du véhicule et à sa mise en fourrière provisoire durant 7 jours jusqu'à la décision d'immobilisation judiciaire prise par le parquet (C. route, art. L. 325-1-2, v°n° 11.69C).

MESURE CIVILE

▪ **Autorité de la chose jugée au pénal sur le civil.** Dès lors qu'une personne a été relaxée, fût-ce au bénéfice du doute, du chef du délit de conduite sans permis de conduire, le principe de l'autorité au civil de la chose jugée au pénal interdit au juge civil de décider que cette personne n'était pas titulaire d'un permis de conduire valable et de la condamner en conséquence à rembourser à son assureur l'indemnité versée à la suite d'un accident (1re Civ., 30 oct. 1985, n° 84-13.271, P n° 280).

RÉGIME DES PEINES

▪ **Effets de la récidive. • Délits assimilés – Récidive spéciale et temporaire.** Les délits prévus par C. route, art. L. 221-2 (conduite sans permis), L. 234-1 (conduite en état alcoolique ou d'ivresse), L. 235-1 (conduite après usage de stupéfiants), L. 413-1 (grand excès de vitesse) et, depuis L. n° 2022-52, 24 janv. 2022, L. 233-1 (refus d'obtempérer simple) et L. 233-1-1 (refus d'obtempérer aggravé), sont considérés comme une même infraction au regard de la **récidive** (C. pén., art. 132-16-2). Ces délits routiers sont également assimilés aux délits, commis lors de la conduite d'un véhicule terrestre à moteur, d'homicide (C. pén., art. 221-6-1), de blessures involontaires avec ITT ⩾ 3 mois (C. pén., art. 222-19-1) ou avec ITT < 3 mois (C. pén., art. 222-19-1) lorsqu'ils constituent le second terme de la récidive (C. pén., art. 132-16-2 ; Crim. 31 mai 2016, nº 15-84.329, P nº 167) (sur la récidive, v. nº 18.5).

■ ÉLÉMENTS CONSTITUTIFS – QUALIFICATION

✧ Pour avoir à .... [¤ lieu], le .... [¤ date], conduit un véhicule, en l'espèce .... [¤ véhicule concerné], sans être titulaire, [⇨A ou B :]

A. du permis de conduire (A : *N 7536.ju*) ;

B. du permis de conduire correspondant à la catégorie du véhicule considéré (B : *N 22872.ju*).

Faits prévus et réprimés par les articles L. 221-2 et R. 221-1 du code de la route. ✧

36.38 Conduite sans permis de conduire en faisant usage d'un faux permis de conduire (L. nº 2016-1547, 18 nov. 2016)

■ PEINES

PERSONNE PHYSIQUE

PP Délit. 5 ans d'emprisonnement, 75 000 € (C. route, art. L. 221-2-1), L. nº 2016-1547, 18 nov. 2016).

PC 1. Confiscation **obligatoire**, sauf décision spécialement motivée, du véhicule dont le condamné s'est servi pour commettre l'infraction, s'il en est propriétaire (C. route, art. L. 221-2-1, C. pén., art. 131-21) ;

2. Tig **20 à 400 h** (depuis L. nº 2019-222, 23 mars 2019, auparavant **280 h** depuis L. nº 2014-896, 15 août 2014) (C. route, art. L. 221-2-1 ; C. pén., art. 131-8) ;

3. Jours-amende ⩽ 360 jours x ⩽ 1 000 € (C. route, art. L. 221-2-1 ; C. pén., art. 131-5 et 131-25) ;

4. Interdiction ⩽ 5 ans de conduire certains véhicules terrestres à moteur, y compris ceux pour lesquels le permis n'est pas exigé (C. route, art. L. 221-2-1) ;

5. Obligation d'accomplir un stage de sensibilisation à la sécurité routière aux frais du condamné (C. route, art. L. 221-2-1, C. pén., art. 131-35-1) (pour les faits commis avant le 24 mars 2020 et jugés après cette date, L. nº 2019-222, 23 mars 2019, en vigueur le 24 mars 2020. Pour les faits commis à partir du 24 mars 2020, v. nouvelle réd. C. pén., art. 131-5-1 et nº 18.33) ;

6. Peines complémentaires prévues en matière de faux au C. pén., art. 441-10 et 441-11 (v. nº 24.1) (C. route, art. L. 221-2-1).

PERSONNE MORALE

PP Délit. 375 000 € (C. route, art. L. 221-2-1 ; C. pén., art. 131-38).

PC V. **PC** nº 24.1).

■ ORIENTEUR

AUTRE QUALIFICATION

- Faux en écriture administrative – Usage de faux. V. nº 24.2.
- Conduite malgré suspension, annulation ou interdiction du permis de conduire. V. nº 36.28.
- Conduite sans permis de conduire. V. nº 36.37.
- Refus de restitution d'un permis invalidé par perte totale de points – Conduite malgré perte totale de points. V. nº 36.30.
- Permis communautaire non échangé. V. nº 36.41.
- Non-respect des conditions de validité ou des restrictions d'usage d'un permis de conduire. V. nº 36.39.

ÉLÉMENT LÉGAL

- **Application de la loi pénale dans le temps.** Incrimination créée par L. nº 2016-1547, 18 nov. 2016.

RÉGIME PROCÉDURAL

▪ **Compétence juridictionnelle. Juge unique** (C. pr. pén., art. 398-1 2°, v. n° 17.15D2).

▪ **Ordonnance pénale. Possible** (C. pr. pén., art. 495-II, v. n° 15.48B1 et tableau n° 17.15D2).

▪ **Mesure provisoire. L'immobilisation du véhicule** peut être prescrite par le maire ou l'OPJ territorialement compétent jusqu'à sa prise en charge par un conducteur qualifié (C. route, art. L. 221-2-1 III, L. 325-1 à L. 325-3 et R. 325-4).

MESURE ADMINISTRATIVE

▪ **Mesure provisoire. Immobilisation et mise en fourrière.** *Idem* n° 36.37 (C. route, art. L. 325-1-2, v°n° 11.69C).

▪ ÉLÉMENTS CONSTITUTIFS – QUALIFICATION

✧ Pour avoir à .... [¤ lieu], le .... [¤ date], conduit un véhicule, en l'espèce .... [¤ véhicule concerné], sans être titulaire du permis de conduire correspondant à la catégorie du véhicule considéré tout en faisant usage d'un permis de conduire faux ou falsifié.
Faits prévus et réprimés par les articles L. 221-2-1 du code de la route et 441-10 et 441-11 du code pénal (*N 32042.ju*). ✧

36.39 Non-respect des conditions de validité ou des restrictions d'usage d'un permis de conduire

▪ PEINES

PERSONNE PHYSIQUE

PP Contrav. 4e cl. 750 € (auparavant 3e cl. [D. n° 2005-320, 30 mars 2005]) (C. route, art. R. 221-1 et selon cas ; C. pén., art. 131-13).

PC 1. Suspension (depuis D. n° 2005-320, 30 mars 2005) PC ⩽ 3 ans (aménageable pour l'exercice de l'activité professionnelle) ; exécution provisoire possible (C. route, art. L. 224-13 et R. 221-1) ;
2. Interdiction (depuis D. n° 2005-320, 30 mars 2005) ⩽ 3 ans de conduire certains véhicules terrestres à moteur, y compris ceux pour lesquels le permis n'est pas exigé (C. route, art. R. 221-1) ;
3. Obligation (depuis D. n° 2005-320, 30 mars 2005) d'accomplir un stage de sensibilisation à la sécurité routière aux frais du condamné (C. pén., art. 131-35-1 et 131-16, C. route, art. R. 221-1).

PERSONNE MORALE

PP Contrav. 4e cl. 3 750 € (C. route, art. R. 221-1 ; C. pén., art. 131-41).

PC Néant.

▪ ORIENTEUR

MESURE ADMINISTRATIVE

▪ **Mesure provisoire. L'immobilisation du véhicule** peut être prescrite par le maire ou l'OPJ territorialement compétent jusqu'à sa prise en charge par un conducteur qualifié (C. route, art. L. 325-1, R. 221-1 et R. 325-4).

▪ **Perte de points du permis de conduire.** 3 points (depuis D. n° 2005-320, 30 mars 2005, C. route, art. R. 221-1).

▪ ÉLÉMENTS CONSTITUTIFS – QUALIFICATION

✧ Pour avoir à .... [¤ lieu], le .... [¤ date], conduit un véhicule [⇨A à C :]

A. **DÉFAUT D'ATTESTATION D'APTITUDE PHYSIQUE : TAXI OU VTC, AMBULANCE, RAMASSAGE SCOLAIRE, TRANSPORT EN COMMUN**

sans être en possession d'une attestation délivrée par le préfet après vérification médicale de son aptitude physique alors qu'il conduisait (C. route, art. R. 221-10) [⇨A1 à A4 :]

A1. un taxi ou une voiture de transport avec chauffeur (A1 : *N 22874.c4*) ;
A2. une ambulance (A2 : *N 22875.c4*) ;
A3. un véhicule affecté au ramassage scolaire (A3 : *N 22876.c4*) ;
A4. un véhicule affecté au transport public de personnes (A4 : *N 22877.c4*).

B. **Défaut de prorogation de validité**
sans avoir déposé une demande de prorogation de la validité de son permis de conduire, subordonnée à la délivrance périodique d'un certificat médical favorable, ou sans avoir obtenu cette prorogation (C. route, art. R. 221-11) (B : *N 7538.c4*) ;
C. **Défaut de respect des restrictions d'usage**
sans respecter les restrictions d'usage mentionnées sur son permis de conduire (C. route, art. R. 221-1) (C : *N 25611.c4*).
Faits prévus et réprimés par l'article R. 221-1 et [• du cas sélectionné] du code de la route. ✧

36.40 La validité des permis étrangers

A. Le permis communautaire ou de l'Espace économique européen

1. La reconnaissance mutuelle des permis de conduire délivrés par les États membres

« *Les permis de conduire délivrés par les États membres sont mutuellement reconnus* » (Directive 2006/126/CE du Parlement européen et du Conseil du 20 décembre 2006 relative au permis de conduire, art. 2.1).

Tout permis délivré par un État membre de l'Union européenne ou partie à l'Espace économique européen, « *ou par un État qui était membre de l'Union européenne ou partie à l'accord sur l'Espace économique européen à la date de sa délivrance* » (D. n° 2021-1064, 9 août 2021), est considéré comme valable sur le territoire national (C. route, art. R. 222-1 ; Arr. 8 févr. 1999, art. 1), si ses restrictions de validité sont respectées, si son titulaire ne fait pas l'objet sur le territoire de délivrance d'une mesure de restriction du droit de conduire et s'il n'a pas été obtenu alors que l'intéressé faisait l'objet en France d'une telle mesure (Arr. 8 févr. 1999, art. 2). Les titulaires résidant normalement en France (au moins 185 jours par an, en raison d'attaches personnelles ou professionnelles) peuvent demander leur échange contre un permis français équivalent (C. route, art. R. 222-2, Arr. 8 févr. 1999, art. 4). L'échange est obligatoire lorsque le titulaire a commis sur le territoire une infraction au code de la route ayant entraîné une restriction du droit de conduire ou un retrait de points (C. route, art. R. 222-2 ; Arr. 8 févr. 1999, art. 4 ; sanctions, v. n° 36.41).

Est valable le permis obtenu dans un autre pays membre de l'UE « *après que la période d'interdiction de solliciter ou d'obtenir un permis de conduire avait expiré* » (§ 12) (Crim. 9 mars 2022, n° 21-84.021, P).

2. L'effet des mesures affectant le permis de conduire prises par un autre État membre

« *l'État membre où est située la résidence normale peut appliquer au titulaire d'un permis de conduire délivré par un autre État membre ses dispositions nationales concernant la restriction, la suspension, le retrait ou l'annulation du droit de conduire et, si nécessaire, procéder à ces fins à l'échange de ce permis* » (Directive 2006/126/CE du Parlement européen et du Conseil, 20 déc. 2006, relative au permis de conduire, art. 11.2). Est donc incriminée la circulation avec un permis délivré par un autre État membre de l'Union d'un conducteur dont le permis a été annulé en France car « *l'annulation du permis de conduire délivré en France entraîne nécessairement l'interdiction du droit de conduire sur le territoire national* » (Crim. 31 mars 2020, n° 19-85.131, D).

« *Un État membre refuse de délivrer un permis de conduire à un demandeur dont le permis de conduire fait l'objet d'une restriction, d'une suspension ou d'un retrait dans un autre État membre. – Un État membre refuse de reconnaître, à une personne dont le permis de conduire fait l'objet, sur son territoire, d'une restriction, d'une suspension ou d'un retrait, la validité de tout permis de conduire délivré par un autre État membre. – Un État membre peut également refuser de délivrer un permis de conduire à un demandeur dont le permis a fait l'objet d'une annulation dans un autre État membre* » (Directive 2006/126/CE du Parlement européen et du Conseil, 20 déc. 2006, relative au permis de conduire, art. 11.4).

« *imposer à un État membre de reconnaître la validité du permis de conduire délivré à une personne par un autre État membre, alors qu'une mesure d'interdiction d'obtenir un permis de conduire dans le premier État a été prononcée à l'encontre de cette personne par celui-ci, pour des faits antérieurs à la délivrance par le second État dudit permis, conduirait à inciter les auteurs d'infractions sur le territoire d'un État membre, passibles d'une telle mesure, à se rendre dans un autre État membre afin d'obtenir un nouveau permis et ainsi d'échapper aux conséquences administratives ou pénales desdites infractions, et ruinerait, en définitive, la confiance sur laquelle repose le système de reconnaissance mutuelle des permis de conduire (voir, en ce sens, arrêt Weber, aff. C-1/07, EU :C :2008 :640, § 39)* » (CJUE, 21 mai 2015, aff. C-339/14, § 30).

B. Les autres permis étrangers

Tout permis de conduire délivré par un État ni membre de l'Union européenne, ni partie à l'Espace économique européen est reconnu comme valable en France (Arr. 12 janv. 2012, NOR : IOCS1132147A, *JO* 20 janv., p. 1112, art. 1) s'il a été obtenu avant la date d'établissement du titre de séjour ou de résident, si ses restrictions de validité sont respectées, si son titulaire ne fait pas l'objet sur le territoire de délivrance d'une mesure de restriction du droit de conduire et s'il n'a pas été obtenu alors que l'intéressé avait auparavant fait l'objet en France d'une mesure d'annulation (Arr. 12 janv. 2012, art. 3). Le permis est reconnu valable jusqu'à l'expiration du délai d'un an suivant la date d'acquisition de la résidence normale en France. « *On entend par résidence normale le lieu où une personne demeure habituellement, c'est-à-dire pendant au moins 185 jours par année civile, en raison d'attaches personnelles ou d'attaches professionnelles* » (C. route, art. R. 222-1 ; Arr. 12 janv. 2012, art. 1 et 2). Le délai « *a pour point de départ la date d'établissement effectif résultant du premier titre de séjour délivré à l'intéressé, et non la délivrance à ce dernier d'une autorisation provisoire de séjour, renouvelable tous les six mois, attestant du dépôt d'une demande d'asile* » (Crim. 11 mars 2020, nº 19-80.465, P). Il en résulte que la situation de demandeur d'asile, tant que l'asile n'a pas été accordé, ne fait pas courir le délai.

Durant ce délai, le titulaire doit obligatoirement l'échanger contre un permis français (C. route, art. R. 222-3 ; Arr. 12 janv. 2012, art. 4 à 8). Au terme de ce délai, ce permis n'est plus reconnu et son titulaire perd tout droit de conduire un véhicule pour la conduite duquel le permis est exigé (v. dans ce cas le délit de conduite sans permis, nº 36.37) (C. route, art. R. 222-3, mod. par D. nº 2005-320, 30 mars 2005, art. 3).

C. Le permis étranger est affecté d'un nombre de points (C. route, art. L. 223-10, L. nº 2016-1547, 18 nov. 2016).

Voir orienteur nº 36.30.

36.41 Permis communautaire non échangé

■ PEINES

PERSONNE PHYSIQUE

PP Contrav. 4e cl. 750 € (C. route, art. R. 222-2 ; C. pén., art. 131-13).

PC Néant.

PERSONNE MORALE

PP Contrav. 4e cl. 3 750 € (C. route, art. R. 222-2 ; C. pén., art. 131-41).

PC Néant.

■ ORIENTEUR

TEXTE DE RÉFÉRENCE

▪ La validité des permis étrangers. V. nº 36.40.

AUTRE QUALIFICATION

▪ Conduite sans permis de conduire. V. nº 36.37. Matérialise également l'infraction de conduite sans permis « *le fait, par une personne titulaire d'un permis de conduire délivré par un État membre de l'Union européenne, de conduire un véhicule alors que le relevé d'information intégral du système national des permis de conduire fait apparaître que, d'une part elle a commis des infractions rendant obligatoire l'échange de son permis de conduire en vertu des dispositions de C. route, art. R. 222-2, et d'autre part, elle n'est plus titulaire d'aucun droit à ce titre, en raison de la perte des points résultant de ces infractions* » (Crim. 12 mars 2019, nº 18-84.914, P nº 54). Cette décision est en cohérence avec la position du Conseil d'État qui considère que faute pour l'intéressé d'avoir procédé à l'échange de son permis délivré par un État membre de l'UE ou par un autre État partie à l'espace économique européen, « *l'administration est fondée à le regarder comme étant exclusivement titulaire d'un permis français et à appliquer sur ce permis, le cas échéant, les mesures qu'appelle l'infraction commise* » (CE ; 30 déc. 2016, nº 397638).

■ ÉLÉMENTS CONSTITUTIFS – QUALIFICATION

✧ Pour avoir à .... [¤ lieu], le .... [¤ date], ayant sa résidence normale en France et commis sur le territoire français une infraction au code de la route ayant entraîné une mesure de restriction, de suspension, de retrait du droit de conduire ou de retrait de points, omis de procéder à l'échange contre un permis français de son permis délivré par un État membre de l'Union européenne ou partie à l'Espace économique européen.

Faits prévus et réprimés par l'article R. 222-2 du code de la route (*N 21944.c4*). ✧

36.42 Défaut d'assurance de véhicule terrestre à moteur

■ PEINES

PERSONNE PHYSIQUE

PP Délit. 3 750 € (C. route, art. L. 324-2).

PC 1. Tig **20 à 400 h** (depuis L. nº 2019-222, 23 mars 2019, auparavant **280 h** depuis L. nº 2014-896, 15 août 2014, auparavant 210 h) (C. route, art. L. 324-2 ; C. pén., art. 131-8) ;

2. Jours-amende ⩽ 360 jours x ⩽ 1 000 € (depuis L. nº 2004-204, 9 mars 2004, art. 173-1 [auparavant 300 €]) (C. route, art. L. 324-2 ; C. pén., art. 131-5 et 131-25).

3. Suspension (sans aménagement possible), annulation, ou interdiction délivrance PC ⩽ 3 ans, exécution provisoire possible (C. route, art. L. 324-2, L. 224-12, L. 224-13) ;

4. Interdiction ⩽ 5 ans de conduire certains véhicules terrestres à moteur, y compris ceux pour lesquels le permis n'est pas exigé (C. route, art. L. 324-2) ;

5. Obligation d'accomplir un stage de sensibilisation à la sécurité routière aux frais du condamné (C. pén., art. 131-35-1, C. route, art. L. 324-2) (pour les faits commis avant le 24 mars 2020 et jugés après cette date, L. nº 2019-222, 23 mars 2019, en vigueur le 24 mars 2020. Pour les faits commis à partir du 24 mars 2020, v. nouvelle réd. C. pén., art. 131-5-1 et nº 18.33) ;

6. Confiscation du véhicule utilisé pour commettre l'infraction si le condamné en est propriétaire (C. route, art. L. 324-2, C. pén., art. 131-21).

PERSONNE MORALE

PP Délit. 187 500 € (C. route, art. L. 324-2 ; C. pén., art. 131-38).

PC Néant.

■ ORIENTEUR

AUTRE QUALIFICATION

▪ **Non-justification de l'attestation d'assurance du véhicule, non-apposition du certificat ou vignette d'assurance.** V. nº 36.43.

ÉLÉMENT LÉGAL

▪ **Application de la loi pénale dans le temps.** La loi nº 2004-204 du 9 mars 2004, article 59 II, a correctionnalisé l'infraction de conduite sans assurance, qui constituait auparavant une contravention de 5e classe (C. assur., art. R. 211-45, C. route, art. R. 324-1).

▪ **définition.** • **Véhicule terrestre à moteur.** On entend par véhicule terrestre à moteur « *tout véhicule automoteur destiné à circuler sur le sol et qui peut être actionné par une force mécanique sans être lié à une voie ferrée, ainsi que toute remorque, même non attelée* » (C. ass., art. L. 211-1), la loi n'établit pas de distinction entre la nature thermique ou électrique du moteur, ni la vitesse par construction du véhicule ou sa puissance en kW. • **Remorque et semi-remorque.** On entend par remorque un « *véhicule non automoteur sur roues, destiné à être tracté par un autre véhicule* » (C. route, art. R. 311-1 § 3.5), par semi-remorque une « *remorque dont une partie appréciable de son poids et du poids de son chargement est supportée par le véhicule tracteur* » (C. route, art. R. 311-1 § 3.6).

RÉGIME PROCÉDURAL

▪ **Mesure provisoire. Immobilisation judiciaire et mise en fourrière du véhicule.** L'OPJ ou l'APJ peut, avec l'autorisation préalable du procureur de la République donnée par tout moyen, faire procéder à l'immobilisation et à la mise en fourrière du véhicule en vue de la confiscation (C. route, art. L. 325-1-1).

▪ **Preuve. La preuve du défaut d'assurance** résulte notamment de l'absence de certificat ou d'attestation d'assurance (v. nº 36.43). À défaut de l'un de ces documents, la justification de l'assurance est fournie aux autorités judiciaires par tous moyens (C. assur., art. R. 211-14).

▪ **Compétence juridictionnelle. Juge unique** (C. pr. pén., art. 398-1 2°, v. nº 17.15D2).

▪ **Ordonnance pénale. Possible** (C. pr. pén., art. 495-II, v. nº 15.48B1 et tableau nº 17.15D2).

▪ **Amende forfaitaire délictuelle. Possible sauf récidive** et si l'infraction est relevée par **procès-verbal électronique** (C. route, art. L. 324-2, C. pr. pén., art. 495-17 et D. 45-3, applicable depuis le 1er nov. 2018, date d'entrée en vigueur de l'AM du 14 oct. 2018 relatif aux conditions de contestation dématérialisée des amendes forfaitaires délictuelles (C. pr. pén., art. A. 36-14 à A. 36-18)). Amende minorée : **400 €** ; forfaitaire : **500 €** ; majorée : **1 000 €** (C. route, art. L. 324-2). Sur la procédure d'amende forfaitaire délictuelle, v. n° 15.47. Sur la politique pénale en matière de forfaitisation du délit de défaut d'assurance, v. Circ. Crim. 2018-13/H2, 16 nov. 2018, NOR : JUSD1831247C.

RÉGIME PROCÉDURAL

▪ **Constatation par contrôle automatisé.** L'infraction peut être constatée sans interception du véhicule par « *contrôle automatique* » (CA) (C. route, art. L. 130-9 et R. 130-11 12°). Sur le dispositif du contrôle automatisé, v. n° 11.5C2.

MESURE ADMINISTRATIVE

▪ **Mesure provisoire. Immobilisation judiciaire et mise en fourrière du véhicule.** L'immobilisation du véhicule peut être prescrite par le maire ou l'OPJ territorialement compétent pour faire cesser l'infraction (C. route, art. L. 324-2, R. 223-1 et R. 325-2). L'OPJ ou l'APJ peut, avec l'autorisation préalable du procureur de la République donnée par tout moyen, faire procéder à l'immobilisation et à la mise en fourrière du véhicule en vue de la confiscation (C. route, art. L. 325-1-1).

POLITIQUE PUBLIQUE

▪ **Fichier des véhicules assurés.** Un **fichier des véhicules terrestres à moteur assurés** et un fichier des véhicules susceptibles de ne pas satisfaire à l'obligation d'assurance, alimenté par les entreprises d'assurance, est mis en place et communiqué à l'État dans le cadre de sa mission de contrôle de l'obligation d'assurance (C. assur., art. L. 451-1 s., L. n° 2016-1547, 18 nov. 2016, art. 35, dispositions applicables au plus tard le 31 déc. 2018).

▪ **Contrôle automatisé.** Les services de police ou de gendarmerie peuvent mettre en place des **dispositifs fixes ou mobiles de contrôle automatisé** des données signalétiques des véhicules prenant la photographie de leurs occupants, en tous points appropriés du territoire (CSI, art. L. 233-1-1, L. n° 2016-1547, 18 nov. 2016). Les traitements mis en œuvre comportent la consultation du fichier des immatriculations et du fichier relatif à l'assurance des véhicules (CSI, art. L. 233-2, L. n° 2016-1547, 18 nov. 2016, art. 35, dispositions applicables au plus tard le 31 déc. 2018).

MESURE CIVILE

▪ **Mise en cause du fonds de garantie.** En cas de sinistre avec un véhicule non assuré, le **fonds de garantie contre les accidents de la circulation** doit être mis en cause par lettre recommandée (v. n° 16.12C).

▪ **Inopposabilité de la nullité du contrat d'assurance automobile.** La **nullité d'un contrat d'assurance automobile** n'est pas opposable aux victimes ou ayants droit des victimes des dommages nés d'un accident de la circulation dans lequel est impliqué un véhicule terrestre à moteur ainsi que ses remorques ou semi-remorques. L'assureur, qui est ainsi tenu d'indemniser les victimes ou ayants droit, est subrogé dans leurs droits contre la personne responsable de l'accident (C. ass., art. L. 211-7-1, issu de L. n° 2019-486, 22 mai 2019). Ces nouvelles dispositions tirent les conséquences de CJUE, 20 juill. 2017, aff. C-287/16, repris par la Ch. crim, énonçant que « *L'article 3, paragraphe 1, de la directive 72/166/CEE du Conseil, du 24 avril 1972, concernant le rapprochement des législations des états membres relatives à l'assurance de la responsabilité civile résultant de la circulation de véhicules automoteurs, et au contrôle de l'obligation d'assurer cette responsabilité, et l'article 2, paragraphe 1, de la deuxième directive 84/5/CEE du Conseil, du 30 décembre 1983, concernant le rapprochement des législations des états membres relatives à l'assurance de la responsabilité civile résultant de la circulation des véhicules automoteurs, doivent être interprétés en ce sens qu'ils s'opposent à une règlementation nationale qui aurait pour effet que soit opposable aux tiers victimes, dans des circonstances telles que celles de l'affaire au principal, la nullité d'un contrat d'assurance de responsabilité civile automobile résultant de fausses déclarations initiales du preneur d'assurance en ce qui concerne l'identité du propriétaire et du conducteur habituel du véhicule concerné ou de la circonstance que la personne pour laquelle ou au nom de laquelle ce contrat d'assurance est conclu n'avait pas d'intérêt économique a la conclusion dudit contrat* » (§ 7). Ces « *directives visent à assurer une indemnisation rapide des victimes d'accidents corporels par l'assureur du responsable, sans que puissent leur être opposées les nullités fondées sur les rapports existant entre l'assureur et l'assuré susceptibles de retarder leur indemnisation et qu'au regard de l'arrêt du 20 juillet 2017 de la Cour de justice de l'Union européenne, le droit communautaire prime sur le droit national telles les dispositions de l'article R. 211-3 du code des assurances* » (§ 8) (Crim. 8 sept. 2020, n° 19-84.983, P).

RÉGIME DES PEINES

▪ **Majoration de plein droit de l'amende.** L'amende prononcée est de plein droit affectée d'une majoration de 50 % de son montant perçue au profit du fonds de garantie automobile lors de son recouvrement (C. assur., art. **L. 211-27** (anc[t] L. 211-26))). La diminution de 20 %, prévue en cas de paiement volontaire de l'amende dans le mois, est applicable à cette majoration (C. pr. pén., art. R. 55-3). La majoration de 50 % au profit du fonds de garantie est étendue à l'amende forfaitaire et à l'amende de composition (C. assur., art. L. 211-27, mod. par L. n° 2016-1547, 18 nov. 2016), et encaissée par un comptable de la direction générale des finances publiques dans les mêmes conditions que les amendes (C. ass., art. R. 421-37, réd. issue D. n° 2017-153, 3 nov. 2017). En cas de condamnation à l'amende pour plusieurs délits en concours, il convient d'appliquer C. pén., art. 132-3 selon lequel « *chaque peine prononcée est réputée commune aux infractions en concours dans la limite du maximum applicable à chacune d'elles. En conséquence, le montant de la majoration est calculé à partir du montant de l'amende prononcée par le juge, quand bien même cette amende viendrait réprimer plusieurs faits délictueux visés dans la prévention ; toutefois, si le montant de l'amende prononcée par le juge est supérieur au montant de l'amende encourue pour le défaut d'assurance.../..., la majoration se calcule sur.../...[le] montant maximum de l'amende encourue pour le délit de défaut d'assurance* » (Circ. Crim. 2004-08 E1, 28 juill. 2004, NOR : JUSD043144C, Annexe 2, n° 2.2.3).

▪ **Majoration facultative de l'amende.** La majoration facultative de droit commun de 10 % du montant de l'amende (v. n° 18.16A) n'est pas applicable en cas de défaut d'assurance (C. pén., art. 131-20 et C. pr. pén., art. 707-6, issus de L. n° 2016-731, 3 juin 2016).

▪ **Redevabilité pécuniaire de l'amende.** Le titulaire de l'immatriculation est redevable pécuniairement de l'amende (C. route, art. L. 121-3 et R. 121-6 12°). Sur le régime de la redevabilité pécuniaire de l'amende, v. n° **36.2** s.

▪ ÉLÉMENTS CONSTITUTIFS – QUALIFICATION

✧ Pour avoir à .... [¤ lieu], le .... [¤ date], y compris par négligence, mis ou maintenu en circulation un véhicule terrestre à moteur ainsi que ses remorques ou semi-remorques sans être couvert par une assurance garantissant sa responsabilité civile.
Faits prévus et réprimés par les articles L. 211-1, L. 211-26, L. 322-2 du code des assurances ; L. 324-2, L. 224-12 et L. 224-13 du code de la route (*N **6163**.ju* ; redevable pécuniairement : *N #.ju*). ✧

36.43 Non-justification de l'attestation d'assurance du véhicule, non-apposition du certificat ou vignette d'assurance

▪ PEINES

PERSONNE PHYSIQUE

PP Cas A : Contrav. 4e cl. **750 €** (C. assur., art. **R. 211-14** ; C. pén., art. 131-13).
Cas B : Contrav. 2e cl. **150 €** (C. assur., art. **R. 211-21-5** ; C. pén., art. 131-13).
PC Néant.

PERSONNE MORALE

PP Cas A : Contrav. 4e cl. **3 750 €** (C. assur., art. **R. 211-14** ; C. pén., art. 131-41).
Cas B : Contrav. 2e cl. **750 €** (C. assur., art. **R. 211-21-5** ; C. pén., art. 131-41).
PC Néant.

▪ ORIENTEUR

AUTRE QUALIFICATION

▪ **Défaut d'assurance de véhicule terrestre à moteur.** V. n° **36.42**.

TEXTE DE RÉFÉRENCE

▪ **Régime de l'attestation d'assurance.** Tout conducteur soumis à l'obligation d'assurance (véhicule terrestre à moteur et remorque même non attelée ; C. assur., art. L. 211-1) doit être en mesure de présenter un titre faisant présumer que l'obligation d'assurance a été satisfaite (C. assur., art. R. 211-14). Cette présomption résulte de la production, aux fonctionnaires ou agents chargés de constater les infractions à la police de la circulation, d'une **attestation d'assurance, ou d'une attestation provisoire d'assurance**, délivrée par l'entreprise d'assurance, ou d'une carte internationale d'assurance, dite carte verte (C. assur., art. R. 211-14, R. 211-15 et R. 211-17). La présomption d'assurance subsiste un mois à compter de l'expiration de la validité de l'attestation d'assurance, sauf pour l'attestation provisoire (C. assur., art. R. 211-16 et R. 211-17). L'absence de justification, dans les 5 jours du contrôle, d'une attestation d'assurance, constitue une contravention de 4e classe (C. assur., art. R. 211-14).

▪ **Régime du certificat ou vignette d'assurance.** Tout souscripteur d'un contrat d'assurance obligatoire doit apposer sur le véhicule automoteur un certificat d'assurance, ou un certificat provisoire d'assurance, délivré par l'entreprise d'assurance (C. assur., art. R. 211-21-1, R. 211-21-3). La présomption d'assurance subsiste jusqu'à un mois après la date de validité du certificat, sauf pour le certificat provisoire (C. assur., art. R. 211-21-4).

▪ ÉLÉMENTS CONSTITUTIFS – QUALIFICATION

✧ Pour avoir à .... [¤ lieu], le .... [¤ date], étant conducteur d'un véhicule soumis à l'obligation d'assurance [⇨A à C :]

A. omis, ayant été invité à justifier dans un délai de cinq jours de la possession d'une attestation d'assurance, d'une attestation provisoire d'assurance, ou d'une carte internationale d'assurance dite, carte verte, de présenter ce document dans le délai imparti (C. assur., art. L. 211-1 et R. 211-14) (A : *N 6164.c4*) ;

B. omis d'apposer sur le véhicule un certificat d'assurance, ou apposé un certificat non valide (C. assur., art. L. 211-1, R. 211-21-1 et R. 211-21-5) (B : *N 6166.c2*).

C. omis de présenter un document justificatif de l'assurance du véhicule (C. assur., art. L. 211-1, R. 211-14, R. 211-15, R. 211-16, R. 211-17) (C : *N 6168.c2*).

Faits prévus et réprimés par l'article R. 233-3 du code de la route. ✧

36.44 Certificat d'immatriculation (carte grise), mise en circulation, cession, acquisition, destruction de véhicule. Obligations de l'acquéreur et du vendeur

▪ PEINES

PERSONNE PHYSIQUE

PP Contrav. 4e cl. 750 € (C. pén., art. 131-13).

PC Néant.

PERSONNE MORALE

PP Contrav. 4e cl. 3 750 € (C. pén., art. 131-38).

PC Néant.

▪ ORIENTEUR

TEXTE DE RÉFÉRENCE

▪ **Régime de l'immatriculation.** Sont soumis à immatriculation les véhicules à moteur, les remorques d'un poids total en charge excédant 500 kg et les semi-remorques. Les cyclomoteurs à trois roues non munis d'une carrosserie et les cyclomoteurs à deux roues n'y sont pas soumis (C. route, art. R. 322-1).

▪ **Désignation de la personne pécuniairement responsable des amendes.** Depuis L. no 2016-1547, 18 nov. 2016, le propriétaire doit être titulaire du permis de conduire correspondant au véhicule considéré. À défaut, le véhicule ne peut être immatriculé qu'au nom du propriétaire et d'une personne titulaire d'un tel titre, désigné par le propriétaire ou par le représentant légal du mineur propriétaire. La personne ainsi désignée est responsable pécuniairement des amendes (C. route, art. L. 322-1-1) encourues au titre de la règlementation du stationnement et des péages (C. route, art. L. 121-2) et des infractions énumérées au C. route, art. R. 121-6 (C. route, art. L. 121-3), toutes susceptibles de contrôle automatisé (C. route, art. L. 130-9, R. 130-11).

RÉGIME PROCÉDURAL

▪ **Prescription de l'action publique.** Cas A3 : en raison de son caractère continu, cette contravention se poursuit jusqu'au jour de sa constatation (Crim. 9 mai 2018, no 16-86.629, NP).

■ ÉLÉMENTS CONSTITUTIFS – QUALIFICATION

✧ Pour avoir à .... [¤ lieu], le .... [¤ date], [⇨A à F :]

A. **DÉFAUT DE CARTE GRISE, DÉFAUT DE MUTATION OU DE DÉCLARATION DE CHANGEMENT DE DOMICILE** mis en circulation un véhicule soumis à immatriculation, en l'espèce .... [¤ véhicule concerné], sans [⇨A1 à A3 :]

A1. **Défaut de carte grise** : avoir obtenu un certificat d'immatriculation (C. route, art. R. 322-1) (A1 : *N 7543.c4*) ;

A2. **Défaut de mutation de carte grise** : faire établir, en cas de changement de propriétaire d'un véhicule déjà immatriculé, un certificat d'immatriculation à son nom dans le délai d'un mois à compter de la date de mutation portée sur la carte grise (C. route, art. R. 322-5) (A2 : *N 7544.c4*) ;

A3. **Défaut de déclaration en cas de changement de domicile** : demander au préfet du département de son nouveau domicile un nouveau certificat d'immatriculation dans le mois suivant son changement de domicile (C. route, art. R. 322-7) (A3 : *N 6224.c4*) ;

B. **DÉFAUT DE DÉCLARATION DE CESSION**

étant ancien propriétaire d'un véhicule soumis à immatriculation et déjà immatriculé, omis d'adresser au préfet du département du lieu d'immatriculation, dans les quinze jours suivant la mutation, une déclaration l'informant de celle-ci et indiquant l'identité et le domicile déclarés par le nouveau propriétaire (C. route, art. R. 322-4) (B : *N 6237.c4*) ;

C. **DÉFAUT DE DÉCLARATION DE RETRAIT DE CIRCULATION**

étant nouveau propriétaire d'un véhicule déjà immatriculé et ne désirant pas le maintenir en circulation, omis de renvoyer au préfet du département du lieu d'immatriculation, dans les quinze jours suivant la mutation, une déclaration l'informant du retrait de la circulation (C. route, art. R. 322-6) (C : *N 7549.c4*) ;

D. **DÉFAUT DE DÉCLARATION DE CESSION EN VUE DE LA DESTRUCTION**

étant ancien propriétaire d'un véhicule immatriculé, omis d'adresser au préfet du département du lieu d'immatriculation, dans les quinze jours suivant la transaction, une déclaration l'informant de sa vente en vue de sa destruction et indiquant l'identité et le domicile déclarés par l'acquéreur (C. route, art. R. 322-9) (D : *N 6242.c4*) ;

E. **DÉFAUT DE DÉCLARATION DE DESTRUCTION**

étant propriétaire d'un véhicule immatriculé, omis d'adresser au préfet du département du lieu d'immatriculation une déclaration de destruction dans les quinze jours suivant celle-ci (C. route, art. R. 322-9) (E : *N 6243.c4*) ;

F. **DÉFAUT DE DÉCLARATION D'ACQUISITION PAR UN PROFESSIONNEL**

étant professionnel n'agissant qu'en tant d'intermédiaire, acquis un véhicule soumis à immatriculation et déjà immatriculé sans remettre, dans les quinze jours de la transaction au préfet du département de son domicile, la carte grise et une déclaration d'achat de véhicule d'occasion (C. route, art. R. 322-4) (F : *N 6238.c4*) ;

G. **MISE EN CIRCULATION NON CONFORME D'UN VÉHICULE MUNI D'UN TITRE PROVISOIRE DE CIRCULATION**

mis en circulation un véhicule sans respecter les conditions d'utilisation d'un certificat provisoire d'immatriculation ou d'un titre provisoire de circulation (C. route, art. R. 322-3) (G : *N 6234.c4*).

Faits prévus et réprimés par l'article [• du cas sélectionné], du code de la route. ✧

36.45 Défaut de contrôle technique

■ PEINES

PERSONNE PHYSIQUE

PP Contrav. 4e cl. 750 € (C. route, art. R. 323-1 ; C. pén., art. 131-13).

PC Néant.

PERSONNE MORALE

PP Contrav. 4e cl. 3 750 € (C. route, art. R. 323-1 ; C. pén., art. 131-41).

PC Néant.

■ **ORIENTEUR**

TEXTE DE RÉFÉRENCE

▪ **Régime des taxis et voitures avec chauffeur.** Cas H et I. Les taxis et voitures de transport avec chauffeur sont soumis à un contrôle périodique dans les conditions fixées par arrêté préfectoral (D. nº 73-225, 2 mars 1973, art. 14).

MESURE ADMINISTRATIVE

▪ **Mesure provisoire.** L'immobilisation du véhicule peut être prescrite par le maire ou l'OPJ territorialement compétent pour faire cesser l'infraction. La décision d'immobilisation doit prescrire la présentation au contrôle technique, une fiche de circulation provisoire valable 7 jours est à cette fin établie (C. route, art. R. 323-1, L. 325-1, R. 325-3 et R. 325-6).

■ **ÉLÉMENTS CONSTITUTIFS – QUALIFICATION**

✧ Pour avoir à .... [¤ lieu], le .... [¤ date], [⇨A à I :]

A. **VOITURE PARTICULIÈRE OU CAMIONNETTE**

mis ou maintenu en circulation **une voiture particulière** (Aa : *N* ***12522.c4***) **ou une camionnette** (Ab : *N* ***12523.c4***) sans la soumettre à un contrôle technique [⇨A1 ou A2 :]

A1. **Premier contrôle (véhicule < 4 ans)** : dans les six mois précédant l'expiration d'un délai de quatre ans à compter de la date de sa première mise en circulation (C. route, art. R. 323-22) ;

A2. **Contrôle biennal (véhicule > 4 ans)** : tous les deux ans après le premier contrôle intervenu dans les quatre ans de la première mise en circulation (C. route, art. R. 323-22) ;

B. **CONTRÔLE AVANT MUTATION (VÉHICULE > 4 ANS)**

étant propriétaire d'une voiture particulière (B1 : *N* ***12522.c4***) ou d'une camionnette (B2 : *N* ***12523.c4***) mise en circulation depuis plus de quatre ans, omis de la soumettre à un contrôle technique avant sa mutation (C. route, art. R. 323-22) ;

C. **VÉHICULE DE TRANSPORT EN COMMUN** ⩾ 10 PLACES

mis ou maintenu en circulation un véhicule d'au moins dix places destiné normalement ou employé exceptionnellement au transport en commun de personnes sans [⇨C1 ou C2 :]

C1. **contrôle technique initial** (C. route, art. R. 323-23) (C1 : *N* ***12520.c4***) ;

C2. **contrôle technique semestriel** (C. route, art. R. 323-23) (C2 : *N* ***12524.c4***) ;

D. **VÉHICULE DE TRANSPORT EN COMMUN < 10 PLACES**

mis ou maintenu en circulation un véhicule de moins de dix places, conducteur compris, affecté au transport public de personnes, sans [⇨D1 ou D2 :]

D1. **contrôle technique initial** (C. route, art. R. 323-24) (D1 : *N* ***13197.c4***) ;

D2. **contrôle technique annuel** (C. route, art. R. 323-24) (D2 : *N* ***13198.c4***) ;

E. **VÉHICULE PTAC > 3,5 T.**

mis ou maintenu en circulation un véhicule affecté au transport de marchandises, ou sa remorque, dont le poids total autorisé en charge est supérieur à 3,5 tonnes, sans [⇨E1 ou E2 :]

E1. **contrôle technique initial** (C. route, art. R. 323-25) (E1 : *N* ***12521.c4***) ;

E2. **contrôle technique annuel** (C. route, art. R. 323-25) (E2 : *N* ***12525.c4***) ;

F. **VÉHICULE DE TRANSPORT SANITAIRE**

mis ou maintenu en circulation un véhicule utilisé pour les transports sanitaires terrestres sans [⇨F1 ou F2 :]

F1. **contrôle technique initial** (C. route, art. R. 323-26, 11 D. nº 87-965, 30 nov. 1987) (F1 : *N* ***22733.c4***) ;

F2. **contrôle technique annuel** (C. route, art. R. 323-26, 11 D. nº 87-965, 30 nov. 1987) (F2 : *N* ***22734.c4***) ;

G. **VÉHICULE D'ENSEIGNEMENT**

mis ou maintenu en circulation un véhicule utilisé pour l'enseignement de la conduite des véhicules à moteur sans [⇨G1 ou G2 :]

G1. **autorisation préalable de mise en circulation** (C. route, art. R. 323-26, 6 ; Arr. 8 janv. 2001, NOR : EQUS0100027A, *JO* 26 janv., p. 1379) (G1 : *N* ***22739.c4***) ;

G2. **renouvellement périodique de l'autorisation de mise en circulation** (C. route, art. R. 323-26, 6 ; Arr. 8 janv. 2001) (G2 : *N* ***22739.c4***) ;

H. **TAXI**

mis ou maintenu en circulation un taxi sans [⇨H1 ou H2 :]

H1. **contrôle technique initial** effectué au plus tard un an après sa première mise en circulation ou préalablement à son changement d'affectation s'il s'agit d'un véhicule affecté à l'usage de taxi plus d'un an après la date de sa première mise en circulation (C. route, art. R. 323-26, 14 ; D. n° 73-225, 2 mars 1973) (H1 : *N* ***22735.c4***) ;

H2. **contrôle technique annuel** (C. route, art. R. 323-26, 14 ; D. n° 73-225, 2 mars 1973) (H2 : *N* ***22736.c4***) ;

I. **VOITURE DE TRANSPORT AVEC CHAUFFEUR**

mis ou maintenu en circulation une voiture de transport avec chauffeur sans [⇨I1 ou I2 :]

I1. **contrôle technique initial** effectué au plus tard un an après sa première mise en circulation ou préalablement à son changement d'affectation s'il s'agit d'un véhicule affecté à l'usage de voiture de transport avec chauffeur plus d'un an après la date de sa première mise en circulation (C. route, art. R. 323-26, 14 ; D. n° 73-225, 2 mars 1973) (I1 : *N* ***22737.c4***) ;

I2. **contrôle technique annuel** (C. route, art. R. 323-26, 14 ; D. n° 73-225, 2 mars 1973) (I2 : *N* ***22738.c4***).

Faits prévus et réprimés par les articles [• du cas sélectionné], et R. 323-1 du code de la route. ✧

36.46 Circulation éloignée du bord droit de la chaussée

▪ PEINES

PERSONNE PHYSIQUE

PP Cas A : Contrav. 2e cl. 150 €. Cas B : Contrav. 4e cl. 750 € (C. route, art. R. 412-9 ; C. pén., art. 131-13).

PC Cas B : suspension, ⩽ 3 ans, du PC (aménageable pour l'exercice de l'activité professionnelle) ; exécution provisoire possible (C. route, art. R. 412-9) ;

PERSONNE MORALE

PP Cas A : Contrav. 2e cl. 750 €. Cas B : Contrav. 4e cl. 3 750 € (C. route, art. R. 412-9 ; C. pén., art. 131-41).

PC Néant.

▪ ORIENTEUR

MESURE ADMINISTRATIVE

▪ **Perte de points du permis de conduire.** Cas B : 3 points (C. route, art. R. 412-9).

▪ **Mesure conservatoire et provisoire. Rétention provisoire et suspension administrative du permis de conduire.** Dans le cas où l'infraction est commise simultanément avec celle d'**usage du téléphone en main** (C. route, art. L. 224-1 et R. 224-19-1, v. n° 36.51), la rétention du permis de conduire puis la suspension administrative du permis sont applicables (C. route, art. L. 224-1 et L. 224-2, v. n° 11.70A).

▪ ÉLÉMENTS CONSTITUTIFS – QUALIFICATION

✧ Pour avoir à .... [¤ lieu], le .... [¤ date], étant conducteur, [⇨A ou B :]

A. omis en marche normale de maintenir son véhicule près du bord droit de la chaussée (A : *N* ***6092.c2***).

B. fait circuler, en marche normale, son véhicule sur la partie gauche d'une chaussée à double sens de circulation (B : *N* ***6093.c4*** ; redevable pécuniairement : *N* ***35124.c4***).

Faits prévus et réprimés par l'article R. 412-9 du code de la route. ✧

36.47 Circulation sur une chaussée réservée à d'autres usagers ou bande d'arrêt d'urgence

■ PEINES

PERSONNE PHYSIQUE

PP Cas A et B : Contrav. 4e cl. **750 €** (C. route, art. R. 412-7 ; C. pén., art. 131-13). Cas C et D : Contrav. 4e cl. **750 €** (depuis D. no 2012-3, 3 janv. 2012, auparavant : Contrav. 2e cl. **150 €** (Cas C : C. route, art. R. 412-8 ; Cas D : C. route, art. R. 412-22 ; C. pén., art. 131-13).

PC Cas C et D : suspension, ⩽ 3 ans, du PC (aménageable pour l'exercice de l'activité professionnelle) ; exécution provisoire possible (C. route, art. L. 224-13 et Cas C : R. 412-8 ; cas D : R. 412-22) ;

PERSONNE MORALE

PP Cas A à D : **3 750 €** (C. pén., art. 131-41).

PC Néant.

■ ORIENTEUR

ÉLÉMENT LÉGAL

▪ **définition. Chaussée.** On entend par « *chaussée* » la partie de la route normalement utilisée pour la circulation des véhicules, et par « *bande d'arrêt d'urgence* » la partie d'un accotement située en bordure de la chaussée et spécialement réalisée pour permettre, en cas de nécessité absolue, l'arrêt ou le stationnement des véhicules (C. route, art. R. 110-2).

TEXTE DE RÉFÉRENCE

▪ **Régime de l'utilisation de la bande d'arrêt d'urgence.** « *Les véhicules doivent, sauf en cas de nécessité absolue, circuler sur la chaussée.* » (C. route, art. R. 412-7). Les lignes longitudinales délimitant les bandes d'arrêt d'urgence sont continues ou discontinues. Elles ne peuvent être chevauchées ou franchies qu'en cas de nécessité absolue (C. route, art. R. 412-22).

RÉGIME PROCÉDURAL

▪ **Constatation par contrôle automatisé.** Cas C : cette infraction peut être constatée sans interception du véhicule par « *contrôle automatique* » (CA) (C. route, art. L. 130-9 et R. 130-11 4°). Sur le dispositif du contrôle automatisé, v. no **11.5C2**.

MESURE ADMINISTRATIVE

▪ **Perte de points du permis de conduire.** Cas C : **3 points** (C. route, art. R. 412-8). Cas D : **1 point** (C. route, art. R. 412-22).

▪ **Mesure conservatoire et provisoire. Rétention provisoire et suspension administrative du permis de conduire.** Dans le cas D, si l'infraction est simultanément commise avec celle d'**usage du téléphone en main** (C. route, art. L. 224-1 et R. 224-19-1, v. no **36.51**), la rétention du permis de conduire puis la suspension administrative du permis sont applicables (C. route, art. L. 224-1 et L. 224-2, v. no **11.70A**).

RÉGIME DES PEINES

▪ **Redevabilité pécuniaire de l'amende.** Cas A à D : le titulaire de l'immatriculation est redevable pécuniairement de l'amende (C. route, art. L. 121-3 et R. 121-6 3°, 4° et 6°). Sur le régime de la redevabilité pécuniaire de l'amende, v. no **36.2** s.

■ ÉLÉMENTS CONSTITUTIFS – QUALIFICATION

✧ Pour avoir à .... [¤ lieu], le .... [¤ date], étant conducteur, [⇨A à D :]

A. fait circuler son véhicule en dehors de la chaussée (C. route, art. R. 412-7 I) (A : *N **24088.c4*** ; redevable pécuniairement : *N **#.c4***).

B. fait circuler son véhicule sur une (C. route, art. R. 412-7 II) (B : redevable pécuniairement *N **24087.c4***) [⇨B1 à B4 :]

B1. voie de circulation réservée aux cycles à deux ou trois roues (B1 : *N **32512.c4***) ;

B2. voie de circulation réservée aux véhicules de transport public de voyageurs (B2 : *N **24090.c4***) ;

B3. voie de circulation réservée aux véhicules d'intérêt général prioritaires (B3 : *N **24091.c4***) ;

B4. aire piétonne ou une voie verte (C. route, art. R. 411-3 et R. 411-3-2) (B4 : *N **24089.c4***) ;

C. circulé sur une bande d'arrêt d'urgence (C. route, art. R. 412-8) (C : *N **629.c4*** ; redevable pécuniairement : *N **32125.c4***) ;

D. chevauché ou franchi une ligne délimitant une bande d'arrêt d'urgence, sans nécessité absolue (C. route, art. R. 412-22) (D : *N 28649.c4* ; redevable pécuniairement : *N #.c4*).
Faits prévus et réprimés par l'article [• du cas sélectionné] du code de la route. ✧

36.48 Changement de direction sans avertissement préalable

■ **PEINES**

PERSONNE PHYSIQUE

PP Contrav. 2e cl. 150 € (C. route, art. R. 412-10 ; C. pén., art. 131-13).

PC Suspension, ⩽ 3 ans, du PC (aménageable pour l'exercice de l'activité professionnelle), exécution provisoire possible (C. route, art. L. 224-13 et R. 412-10).

PERSONNE MORALE

PP Contrav. 2e cl. 750 € (C. route, art. R. 412-10 ; C. pén., art. 131-41).

PC Néant.

■ **ORIENTEUR**

TEXTE DE RÉFÉRENCE

▪ **Usage des feux indicateurs de direction.** Le conducteur doit notamment avertir les autres usagers de son intention lorsqu'il va se porter à gauche, traverser la chaussée ou reprendre sa place dans le courant de la circulation après un arrêt ou un stationnement (C. route, art. R. 412-10).

▪ **Équipement des feux indicateurs de direction.** Tout véhicule à moteur ou toute remorque d'un PTAC > 0,5 t. doit être pourvu de feux indicateurs de direction à position fixe et à lumière clignotante (C. route, art. R. 313-14).

RÉGIME PROCÉDURAL

▪ **Modalités de constatation de l'infraction. • Constatation par procès-verbal.** Bien que « *le procès-verbal relevant le "changement de direction d'un véhicule effectué sans avertissement préalable" ne comporte pas de précisions sur les circonstances dans lesquelles les faits ainsi reprochés ont été commis* », « *les constatations de l'agent verbalisateur, selon lesquelles le véhicule conduit par [le prévenu] a opéré, au lieu indiqué, un changement de direction sans avertissement préalable, suffisent à établir la matérialité de l'infraction relevée* », conformément au C. pr. pén., art. 537 (Crim. 20 sept. 2016, no 16-80.148, P no 240).

MESURE ADMINISTRATIVE

▪ **Perte de points du permis de conduire.** 3 points (C. route, art. R. 412-10).

▪ **Mesure conservatoire et provisoire. Rétention provisoire et suspension administrative du permis de conduire.** Dans le cas où l'infraction est simultanément commise avec celle d'**usage du téléphone en main** (C. route, art. L. 224-1 et R. 224-19-1, v. no 36.51), la rétention du permis de conduire puis la suspension administrative du permis sont applicables (C. route, art. L. 224-1 et L. 224-2, v. no 11.70A).

■ **ÉLÉMENTS CONSTITUTIFS – QUALIFICATION**

✧ Pour avoir à .... [¤ lieu], le .... [¤ date], apporté un changement dans la direction de son véhicule sans avertir de son intention les autres usagers.
Faits prévus et réprimés par l'article R. 412-10 du code de la route (*N 217.c2*). ✧

36.49 Croisement – Refus de serrer à droite

■ **PEINES**

PERSONNE PHYSIQUE

PP Contrav. 4e cl. 750 € (C. route, art. R. 414-1 ; C. pén., art. 131-13).

PC Néant.

PERSONNE MORALE

PP Contrav. 4e cl. 3 750 € (C. route, art. R. 414-1 ; C. pén., art. 131-41).

PC Néant.

■ ÉLÉMENTS CONSTITUTIFS – QUALIFICATION

✧ Pour avoir à .... [¤ lieu], le .... [¤ date], [⇨A ou B :]

A. omis de croiser un véhicule par la droite (A : *N* ***22910.c4***).

B. omis, en cas de croisement, de serrer sur sa droite autant que le lui permettait la présence d'autres usagers (B : *N* ***11066.c4***).

Faits prévus et réprimés par l'article R. 414-1 du code de la route. ✧

36.50 Défaut de maîtrise ou de réduction de la vitesse du véhicule

■ PEINES

PERSONNE PHYSIQUE

PP Contrav. 4e cl. **750 €** (C. route, art. R. 413-17 ; C. pén., art. 131-13).

PC Néant.

PERSONNE MORALE

PP Contrav. 4e cl. **3 750 €** (C. route, art. R. 413-17 ; C. pén., art. 131-41).

PC Néant.

■ ORIENTEUR

AUTRE QUALIFICATION

▪ Usage d'un téléphone portable par le conducteur d'un véhicule en circulation. V. nº 36.51.

▪ Non-respect des distances de sécurité. V. nº 36.52.

▪ Non-respect des manœuvres de sécurité à l'approche d'un véhicule de service ou en difficulté. V. nº 36.53.

TEXTE DE RÉFÉRENCE

▪ **Obligation de maîtrise constante du conducteur.** « *Tout conducteur de véhicule doit se tenir constamment en état et en position d'exécuter commodément et sans délai toutes les manœuvres qui lui incombent.* » (Contrav. 2e cl., C. route, art. R. 412-6, *N* ***6090.c2***).

▪ **Caractère indicatif des vitesses maximales.** Les vitesses maximales autorisées ne s'entendent que dans des conditions optimales de circulation (bonnes conditions atmosphériques, trafic fluide, véhicule en bon état) et ne dispensent en aucun cas le conducteur de rester constamment maître de sa vitesse et de régler cette dernière en fonction de l'état de la chaussée, des difficultés de la circulation et des obstacles prévisibles (C. route, art. R. 413-17).

MESURE ADMINISTRATIVE

▪ **Mesure conservatoire et provisoire. Rétention provisoire et suspension administrative du permis de conduire.** Dans le cas où l'infraction est simultanément commise avec celle d'**usage du téléphone en main** (C. route, art. L. 224-1 et R. 224-19-1, v. nº 36.51), la rétention du permis de conduire puis la suspension administrative du permis sont applicables (C. route, art. L. 224-1 et L. 224-2, v. nº 11.70A).

RÉGIME DES PEINES

▪ **Redevabilité pécuniaire de l'amende.** Le titulaire de l'immatriculation est redevable pécuniairement de l'amende (C. route, art. L. 121-3 et R. 121-6 8°). Sur le régime de la redevabilité pécuniaire de l'amende, v. nº 36.2 s.

■ ÉLÉMENTS CONSTITUTIFS – QUALIFICATION

✧ Pour avoir à .... [¤ lieu], le .... [¤ date], [⇨A ou B :]

A. omis de rester maître de sa vitesse ou de la régler en fonction de l'état de la chaussée, des difficultés de la circulation ou des obstacles prévisibles ;

B. omis de réduire sa vitesse [⇨B1 à B12 :]

B1. lors du croisement ou du dépassement de piétons « y compris ceux ayant quitté un véhicule » (D. nº 2018-795, 17 sept. 2018) ou de cyclistes isolés ou en groupe ;

B2. « lors du croisement ou du dépassement de tout véhicule, immobilisé ou circulant à faible allure sur un accotement, une bande d'arrêt d'urgence ou une chaussée, équipé de feux spéciaux de véhicule d'intérêt général ou de véhicule lent ou encombrant, ou dont le conducteur fait usage de ses feux de détresse » (D. n° 2018-795, 17 sept. 2018) ;

B3. lors du dépassement de convois à l'arrêt ;

B4. lors du croisement ou du dépassement de véhicules de transport en commun ou de véhicules affectés au transport d'enfants et faisant l'objet d'une signalisation spéciale, au moment de la descente et de la montée des voyageurs ;

B5. dans tous les cas où la route ne lui apparaît pas entièrement dégagée, ou risque d'être glissante ;

B6. lorsque les conditions de visibilité sont insuffisantes (temps de pluie et autres précipitations, brouillard...) ;

B7. dans les virages ;

B8. dans les descentes rapides ;

B9. dans les sections de routes étroites ou encombrées ou bordées d'habitations ;

B10. à l'approche des sommets de côtes et des intersections où la visibilité n'est pas assurée ;

B11. lorsqu'il fait usage de dispositifs spéciaux d'éclairage et en particulier de ses feux de croisement ;

B12. lors du croisement ou du dépassement d'animaux.

Faits prévus et réprimés par l'article R. 413-17 du code de la route (*N* ***213.c4*** ; redevable pécuniairement : *N* ***32994.c4***). ✧

36.51 Usage d'un téléphone portable par le conducteur d'un véhicule en circulation

▪ PEINES

PERSONNE PHYSIQUE

PP Contrav. 4e cl. 750 € (pénalités aggravées par D. n° 2012-3, 3 janv. 2012, auparavant : 2e cl. 150 €) (C. route, art. R. 412-6-1 ; C. pén., art. 131-13).

PC Suspension, ⩽ 3 ans, du PC (aménageable pour l'exercice de l'activité professionnelle), exécution provisoire possible (C. route, art. L. 224-13 et R. 412-6-1) (depuis D. n° 2020-605, 18 mai 2020).

PERSONNE MORALE

PP Contrav. 4e cl. 3 750 € (pénalités aggravées par D. n° 2012-3, 3 janv. 2012, auparavant : 2e cl. 750 €) (C. pén., art. 131-41).

PC Néant.

▪ ORIENTEUR

AUTRE QUALIFICATION

▪ **Défaut de maîtrise ou de réduction de la vitesse.** V. n° 36.51.

▪ **Usage d'appareil doté d'un écran.** Placé dans le champ de vision du conducteur, ne constituant pas une aide à la conduite ou à la navigation, C. route, art. R. 412-6-2, **Contrav. 5e cl.** 1 500 €, 3 points PC, confiscation de plein droit de l'appareil (*N* ***26963.c5***).

ÉLÉMENT LÉGAL

▪ **Application de la loi pénale dans le temps. Cas. B.** Contravention créée par D. n° 2015-743, 24 juin 2015.

▪ **Domaine d'application. Cas. B.** Sont exclus de l'incrimination les « *appareils électroniques correcteurs de surdité* » (C. route, art. R. 412-6-1).

ÉLÉMENT MATÉRIEL

▪ **Illustrations. • Notion de véhicule en circulation.** Un véhicule en stationnement n'est pas en circulation au sens de C. route, art. R. 412-6-1 (Crim. 13 mars 2007, n° 06-88.537, P n° 77). Mais « *doit être regardé comme étant toujours en circulation, au sens et pour l'application de C. route, art. R. 412-6-1, le véhicule momentanément arrêté sur une voie de circulation pour une cause autre qu'un évènement de force majeure* » (Crim. 23 janv. 2018, n° 17-83.077, P). **• Notion d'usage du téléphone.** « *l'usage d'un téléphone, au sens de C. route, art. R. 412-6-1, s'entend de l'activation de toute fonction par le conducteur sur l'appareil qu'il tient en main* », en l'espèce la vérification de la réception de SMS (Crim. 13 sept. 2011, n° 11-80.432, P n° 175), ou « *de l'activation par le conducteur d'un véhicule en circulation de toute fonction* *de l'appareil, même pour s'assurer de l'état de sa connexion* » bluetooth (Crim. 23 nov. 2011, n° 11-84.757, D).

RÉGIME PROCÉDURAL

▪ **Constatation par contrôle automatisé.** Ces infractions peuvent être constatées sans interception du véhicule par « *contrôle automatique* » (CA) (C. route, art. L. 130-9 et R. 130-11 2°). Sur le dispositif du contrôle automatisé, v. n° 11.5C2.

MESURE ADMINISTRATIVE

▪ **Perte de points du permis de conduire.** 3 points (depuis D. n° 2012-3, 3 janv. 2012, auparavant : 2 points) (C. route, art. R. 412-6-1).

▪ **Mesure conservatoire et provisoire. • Rétention provisoire et suspension administrative du permis de conduire.** La rétention du permis de conduire puis la suspension administrative du permis sont applicables (C. route, art. L. 224-1 et L. 224-2, v. n° 11.70A) dans les hypothèses suivantes : • **Accident corporel.** En cas d'accident mortel ou corporel, lorsqu'il existe une ou plusieurs raisons plausibles de soupçonner que le conducteur a commis une infraction en matière d'usage du téléphone en main. • **Concours avec une autre contravention au code de la route.** Lorsque le conducteur est intercepté et que l'infraction d'usage du téléphone en main est simultanément commise avec l'une des infractions suivantes, dont la liste figure au C. route, art. L. 224-1 et R. 224-19-1 (issu D. n° 2020-605, 18 mai 2020) : • circulation éloignée du bord droit (C. route, art. R. 412-9, v. n° 36.46) ; • changement de direction sans avertissement préalable (C. route, art. R. 412-10, v. n° 36.48) ; • distance de sécurité entre véhicules (C. route, art. R. 412-12, v. n° 36.52) ; • franchissement ou chevauchement de ligne continue (C. route, art. R. 412-19, v. n° 36.68) ou d'une bande d'arrêt d'urgence (C. route, art. R. 412-22, v. n° 36.47, cas D) ; • feux de signalisation lumineux imposant l'arrêt des véhicules (C. route, art. R. 412-30 et R. 412-31, v. n° 36.54) ; • vitesses autorisées (C. route, art. R. 413-14, v. n° 36.75) ; grand excès de vitesse (C. route, art. R. 413-14-1, v. n° 36.76) ; défaut de maîtrise ou de réduction de la vitesse du véhicule (C. route, art. R. 413-17, v. n° 36.50) ; • dépassements irréguliers (C. route, art. R. 414-4, R. 414-6, R. 414-7, R. 414-11 et R. 414-16, v. n°s 36.69, sauf cas H à J, 36.70 et 36.71) ; • priorité de passage au piéton (C. route, art. R. 415-11, v. n° 36.67, cas A) ; • signalisations imposant l'arrêt (C. route, art. R. 415-6, v. n° 36.55) ou le céder le passage (C. route, art. R. 415-7, v. n° 36.60).

RÉGIME DES PEINES

▪ **Redevabilité pécuniaire de l'amende.** Le titulaire de l'immatriculation est redevable pécuniairement de l'amende (C. route, art. L. 121-3 et R. 121-6 2°). Sur le régime de la redevabilité pécuniaire de l'amende, v. n° 36.2 s.

▪ ÉLÉMENTS CONSTITUTIFS – QUALIFICATION

✧ Pour avoir à .... [¤ lieu], le .... [¤ date], étant conducteur d'un véhicule en circulation [⇨A ou B :]

A. fait usage d'un téléphone tenu en main (A : *N 23800.c4* ; redevable pécuniairement : *N 32124.c4*) ;

B. porté à l'oreille un dispositif susceptible d'émettre du son (D. n° 2015-743, 24 juin 2015) (B : *N 31063.c4* ; redevable pécuniairement : *N 32970.c4*).

Faits prévus et réprimés par l'article R. 412-6-1 du code de la route. ✧

36.52 Non-respect des distances de sécurité

▪ PEINES

PERSONNE PHYSIQUE

PP Contrav. 4e cl. 750 € (C. route, art. R. 412-12 ; C. pén., art. 131-13).

PC Suspension, ⩽ 3 ans, du PC (aménageable pour l'exercice de l'activité professionnelle), exécution provisoire possible (C. route, art. L. 224-13 et R. 412-12).

PERSONNE MORALE

PP Contrav. 4e cl. 3 750 € (C. route, art. R. 412-12 ; C. pén., art. 131-41).

PC Néant.

▪ ORIENTEUR

AUTRE QUALIFICATION

▪ **Défaut de maîtrise ou de réduction de la vitesse du véhicule.** V. n° 36.50.

▪ **Non-respect des manœuvres de sécurité à l'approche d'un véhicule de service ou en difficulté.** V. n° 36.53.

TEXTE DE RÉFÉRENCE

▪ **Régime de la distance de sécurité.** Le conducteur doit maintenir une distance de sécurité suffisante pour pouvoir éviter une collision en cas de ralentissement brusque ou d'arrêt subit du véhicule qui le précède. Cette distance est d'autant plus grande que la vitesse est plus élevée. Elle correspond à la distance parcourue par le véhicule pendant un délai d'au moins deux secondes (C. route, art. R. 412-12 I).

Hors agglomération, lorsque des véhicules ou des ensembles de véhicules, de PTAC > 3,5 t. ou de longueur > 7 mètres se suivent à la même vitesse, une distance de sécurité d'au moins 50 mètres doit être maintenue entre chacun d'eux et celui qui le précède (C. route, art. R. 412-12 III).

Pour les ouvrages routiers dont l'exploitation ou l'utilisation présente des risques particuliers, l'autorité investie du pouvoir de police peut imposer des distances de sécurité plus grandes (C. route, art. R. 412-12 IV).

RÉGIME PROCÉDURAL

▪ **Modalités de constatation de l'infraction.** • **Constatation par contrôle automatisé.** Ces infractions peuvent être constatées sans interception du véhicule par « *contrôle automatique* » (CA) (C. route, art. L. 130-9 et R. 130-11 5°). Sur le dispositif du contrôle automatisé, v. n° 11.5C2.• **Constatation par procès-verbal.** Au visa de C. pr. pén., art. 537, est censurée la condamnation « ***alors que le procès-verbal de contravention, qui ne précisait pas les circonstances concrètes dans lesquelles l'infraction avait été relevée, de nature à établir que la distance de sécurité avec le véhicule qui le précédait n'avait pas été respectée par [le conducteur], ne comportait pas de constatations au sens de C. pr. pén., art. 537*** » (Crim. 27 janv. 2016, n° 15-80.581, P n° 21).

MESURE ADMINISTRATIVE

▪ **Perte de points du permis de conduire.** 3 points (C. route, art. R. 412-12).

▪ **Mesure conservatoire et provisoire. Rétention provisoire et suspension administrative du permis de conduire.** Dans le cas où l'infraction est simultanément commise avec celle d'**usage du téléphone en main** (C. route, art. L. 224-1 et R. 224-19-1, v. n° 36.51), la rétention du permis de conduire puis la suspension administrative du permis sont applicables (C. route, art. L. 224-1 et L. 224-2, v. n° 11.70A).

RÉGIME DES PEINES

▪ **Redevabilité pécuniaire de l'amende.** Le titulaire de l'immatriculation est redevable pécuniairement de l'amende (C. route, art. L. 121-3 et R. 121-6 5°). Sur le régime de la redevabilité pécuniaire de l'amende, v. n° 36.2 s.

▪ ÉLÉMENTS CONSTITUTIFS – QUALIFICATION

✧ Pour avoir à .... [¤ lieu], le .... [¤ date], [⇨A ou B :]

A. omis de maintenir devant son véhicule une distance de sécurité suffisante pour pouvoir éviter une collision en cas de ralentissement brusque ou d'arrêt du véhicule le précédant (A : *N* ***6096.c4*** ; redevable pécuniairement : *N* ***24086.c4***) ;

B. dans un ouvrage routier présentant des risques particuliers, omis de respecter entre son véhicule et celui qui le précédait les distances de sécurité fixées par l'autorité investie du pouvoir de police (B : *N* ***23082.c4*** ; redevable pécuniairement : *N* ***24086.c4***).

Faits prévus et réprimés par l'article R. 412-12 du code de la route. ✧

36.53 Non-respect des manœuvres de sécurité à l'approche d'un véhicule de service ou en difficulté

■ **PEINES**

PERSONNE PHYSIQUE

PP Contrav. 4e cl. 750 € (C. route, art. R. 412-11-1 (D. no 2018-795, 17 sept. 2018) ; C. pén., art. 131-13).

PC Néant.

PERSONNE MORALE

PP Contrav. 4e cl. 3 750 € (C. route, art. R. 412-11-1 (D. no 2018-795, 17 sept. 2018) ; C. pén., art. 131-41).

PC Néant.

■ **ORIENTEUR**

AUTRE QUALIFICATION

▪ **Défaut de maîtrise ou de réduction de la vitesse du véhicule.** V. no 36.50.

▪ **Non-respect des distances de sécurité.** V. no 36.52.

ÉLÉMENT LÉGAL

▪ **Application de la loi pénale dans le temps.** Incrimination créée par D. no 2018-795, 17 sept. 2018.

■ **ÉLÉMENTS CONSTITUTIFS – QUALIFICATION**

✧ Pour avoir à .... [¤ lieu], le .... [¤ date], étant conducteur circulant sur le bord droit de la chaussée, omis de réduire sa vitesse et de changer de voie de circulation à l'approche d'un véhicule équipé de feux spéciaux de véhicule d'intérêt général ou de véhicule lent ou encombrant ou à l'approche d'un véhicule faisant usage de ses feux de détresse immobilisé ou circulant à faible allure sur un accotement ou une bande d'arrêt d'urgence, ou omis de s'éloigner le plus possible du véhicule si le changement de voie n'est pas réalisable.
Faits prévus et réprimés par l'article R. 412-11-1 du code de la route (*N 32934.c4*). ✧

36.54 Non-respect d'un feu de signalisation rouge ou jaune fixe ou clignotant

■ **PEINES**

PERSONNE PHYSIQUE

PP Cas A : Contrav. 4e cl. 750 € (C. route, art. R. 412-30 ; C. pén., art. 131-13). Cas B : Contrav. 2e cl. 150 € (C. route, art. R. 412-31 ; C. pén., art. 131-13).

PC Cas A : suspension, ⩽ 3 ans, du PC ; exécution provisoire possible (C. route, art. L. 224-13 et R. 412-30).

PERSONNE MORALE

PP Cas A : Contrav. 4e cl. 3 750 € (C. route, art. R. 412-30 ; C. pén., art. 131-41). Cas B : Contrav. 2e cl. 750 € (C. route, art. R. 412-31 ; C. pén., art. 131-41).

PC Néant.

■ **ORIENTEUR**

TEXTE DE RÉFÉRENCE

▪ **Feux jaunes clignotants.** Les feux de signalisation jaunes clignotants ont pour objet d'attirer l'attention du conducteur sur un danger particulier. Ils autorisent le passage des véhicules sous réserve du respect des règles de priorité (C. route, art. R. 412-32).

▪ **Concours entre feux lumineux et panneaux routiers.** Les indications des feux de signalisation lumineux prévalent sur celles qui sont données par les signaux routiers réglementant la priorité (C. route, art. R. 411-25).

RÉGIME PROCÉDURAL

▪ **Constatation par contrôle automatisé. Cas A** : l'infraction peut être constatée sans interception du véhicule par « *contrôle automatique* » (CA) (C. route, art. L. 130-9 et R. 130-11 7°). Sur le dispositif du contrôle automatisé, v. n° 11.5C2.

▪ **Fondement de la signalisation. Cas A** : lorsqu'une poursuite est fondée sur la méconnaissance de C. route, art. R. 412-30, « *cette disposition n'impose pas que soit produit, à peine de nullité de ladite poursuite, d'arrêté municipal désignant l'intersection, lieu de l'infraction, équipée d'un feu tricolore* » (Crim. 11 déc. 2018, n° 18-82.493).

MESURE ADMINISTRATIVE

▪ **Perte de points du permis de conduire. Cas A** : 4 points (C. route, art. R. 412-30).

▪ **Mesure conservatoire et provisoire. Rétention provisoire et suspension administrative du permis de conduire.** Dans le cas où l'infraction est simultanément commise avec celle d'**usage du téléphone en main** (C. route, art. L. 224-1 et R. 224-19-1, v. n° 36.51), la rétention du permis de conduire puis la suspension administrative du permis sont applicables (C. route, art. L. 224-1 et L. 224-2, v. n° 11.70A).

RÉGIME DES PEINES

▪ **Redevabilité pécuniaire de l'amende. Cas A et B** : le titulaire de l'immatriculation est redevable pécuniairement de l'amende (C. route, art. L. 121-3 et R. 121-6 7°). Sur le régime de la redevabilité pécuniaire de l'amende, v. n° 36.2 s.

▪ ÉLÉMENTS CONSTITUTIFS – QUALIFICATION

✧ Pour avoir à .... [¤ lieu], le .... [¤ date], [⇨A ou B :]

A. **Feu rouge fixe ou clignotant**

omis de marquer l'arrêt absolu devant un feu de signalisation rouge, fixe ou clignotant (C. route, art. R. 412-30) (A : *N* ***210.c4*** ; redevable pécuniairement : *N* ***22053.c4***) ;

B. **Feu jaune fixe**

omis de marquer l'arrêt devant un feu de signalisation jaune fixe alors qu'il pouvait arrêter son véhicule dans des conditions de sécurité suffisantes lors de l'allumage dudit feu (C. route, art. R. 412-31) (B : *N* ***6118.c2*** ; redevable pécuniairement : *N #.c2*).

Faits prévus et réprimés par les articles [• du cas sélectionné]. ✧

36.55 Non-respect du panneau Stop

▪ PEINES

PERSONNE PHYSIQUE

PP Contrav. 4e cl. 750 € (C. route, art. R. 415-6 ; C. pén., art. 131-13).

PC Suspension, ⩽ 3 ans, du PC ; exécution provisoire possible (C. route, art. L. 224-13, R. 415-6).

PERSONNE MORALE

PP Contrav. 4e cl. 3 750 € (C. route, art. R. 415-6 ; C. pén., art. 131-41).

PC Néant.

▪ ORIENTEUR

RÉGIME PROCÉDURAL

▪ **Constatation par contrôle automatisé.** L'infraction peut être constatée sans interception du véhicule par « *contrôle automatique* » (CA) (C. route, art. L. 130-9 et R. 130-11 7°). Sur le dispositif du contrôle automatisé, v. n° 11.5C2.

RÉGIME PROCÉDURAL

▪ **Modalités de constatation de l'infraction. • Constatation par procès-verbal.** Au visa de C. pr. pén., art. 537, est censuré le jugement qui énonce, « *sans constater que la preuve contraire aux énonciations du procès-verbal avait été rapportée dans les conditions prévues par la loi* », « *qu'en relevant, dans un procès-verbal, uniquement la qualification légale de la contravention "sans circonstancier les faits", l'agent verbalisateur n'a pas matérialisé l'infraction poursuivie* » (Crim. 3 mars 2004, n° 03-85.556, D).

MESURE ADMINISTRATIVE

▪ **Perte de points du permis de conduire.** 4 points (C. route, art. R. 415-6).

▪ **Mesure conservatoire et provisoire. Rétention provisoire et suspension administrative du permis de conduire.** Dans le cas où l'infraction est simultanément commise avec celle d'**usage du téléphone en main** (C. route, art. L. 224-1 et R. 224-19-1, v. n° 36.51), la rétention du permis de conduire puis la suspension administrative du permis sont applicables (C. route, art. L. 224-1 et L. 224-2, v. n° 11.70A).

RÉGIME DES PEINES

▪ **Redevabilité pécuniaire de l'amende.** Le titulaire de l'immatriculation est redevable pécuniairement de l'amende (C. route, art. L. 121-3 et R. 121-6 7°). Sur le régime de la redevabilité pécuniaire de l'amende, v. n° 36.2 s.

▪ **ÉLÉMENTS CONSTITUTIFS – QUALIFICATION**

✧ Pour avoir à .... [¤ lieu], le .... [¤ date], à une intersection indiquée par un signal « Stop », omis [⇨A à C :]

A. de marquer un temps d'arrêt à la limite de la chaussée abordée (A : *N 203.c4* ; redevable pécuniairement : *N 22053.c4*) ;

B. de céder le passage à un véhicule circulant sur l'autre ou les autres routes (B : *N 6112.c4* ; redevable pécuniairement : *N 22053.c4*) ;

C. de s'y engager qu'après s'être assuré qu'il pouvait le faire sans danger (C : *N 6112.c4* ; redevable pécuniairement : *N 22053.c4*).

Faits prévus et réprimés par l'article R. 415-6 du code de la route. ✧

36.56 Éclairage et signalisation du véhicule – Non-respect des règles d'utilisation

▪ **PEINES**

PERSONNE PHYSIQUE

PP Cas A, B, C, D1, E, et F : Contrav. 4e cl. 750 €. Cas D2, D3 et G : Contrav. 2e cl. 150 €. Cas H : Contrav. 1re cl. 38 € (C. pén., art. 131-13).

PC Cas A : suspension, ⩽ 3 ans, du PC ; exécution provisoire possible (C. route, art. L. 224-13 et R. 416-11).

PERSONNE MORALE

PP Cas A, B, C, D1, E, et F : Contrav. 4e cl. 3 750 €. Cas D2, D3 et G : Contrav. 2e cl. 750 €. Cas H : Contrav. 2e cl. 190 € (C. pén., art. 131-41).

PC Néant.

▪ **ORIENTEUR**

ÉLÉMENT LÉGAL

▪ **Domaine d'application.** Cas G. Ne concerne pas les motocyclettes légères (C. route, art. R. 416-17).

TEXTE DE RÉFÉRENCE

▪ **Feux clignotants.** V. n° 36.48.

▪ **Feux de brouillard.** Cas C. Les feux avant de brouillard constituent un équipement facultatif (C. route, art. R. 313-8) ; les feux arrière de brouillard sont obligatoires sauf motocyclettes, cyclomoteurs, véhicules et matériels agricoles ou de travaux publics (C. route, art. R. 313-9).

▪ **Feux d'encombrement.** Cas E3. Les feux d'encombrement sont obligatoires pour les véhicules à moteur ou remorques excédant une largeur de 2,10 m, chargement compris, sauf véhicules agricoles ou de travaux publics (C. route, art. R. 313-1).

▪ **Cas des motocyclettes.** Cas G. La circulation des motocyclettes avec à l'avant le ou leurs seuls feux de position allumés est interdite (C. route, art. R. 416-8).

MESURE ADMINISTRATIVE

▪ **Perte de points du permis de conduire.** Cas A : 4 points (C. route, art. R. 416-11).

RÉGIME DES PEINES

▪ **Redevabilité pécuniaire de l'amende.** Cas D2 : le titulaire de l'immatriculation est redevable pécuniairement de l'amende (C. route, art. L. 121-3 et R. 121-6 4°). Sur le régime de la redevabilité pécuniaire de l'amende, v. nº 36.2 s.

▪ ÉLÉMENTS CONSTITUTIFS – QUALIFICATION

✧ Pour avoir à .... [¤ lieu], le .... [¤ date], [⇨A à H :]

A. **DÉFAUT D'ÉCLAIRAGE OU SIGNALISATION, VÉHICULE À MOTEUR**

de nuit ou de jour alors que la visibilité était insuffisante, conduit un véhicule à moteur sans éclairage ou signalisation dans un lieu dépourvu d'éclairage public (C. route, art. R. 416-11) (A : *N 11052.c4*) ;

B. **FEUX DE ROUTE, VÉHICULE À MOTEUR**

de nuit ou de jour alors que la visibilité était insuffisante, circulé avec un véhicule à moteur en [⇨B1 ou B4 :]

B1. omettant de faire usage de ses feux de route (C. route, art. R. 416-5) (B1 : *N 22885.c4*) ;

B2. maintenant ses feux de route au lieu de ses feux de croisement alors qu'il s'apprêtait à croiser un autre véhicule (C. route, art. R. 416-6) (B2 : *N 6114.c4*) ;

B3. maintenant ses feux de route au lieu de ses feux de croisement alors qu'il suivait un autre véhicule à une faible distance (C. route, art. R. 416-6) (B3 : *N 22897.c4*) ;

B4. maintenant ses feux de route alors qu'il circulait en agglomération sur une route suffisamment éclairée ou hors agglomération sur une route comportant un éclairage en continu permettant de voir distinctement à une distance suffisante (C. route, art. R. 416-6) (B4 : *N 22888.c4*) ;

C. **FEUX DE BROUILLARD**

étant conducteur, fait usage de ses [⇨C1 à C3 :]

C1. **feux avant** de brouillard en dehors des cas de brouillard, de chute de neige, de forte pluie ou de route étroite et sinueuse (C. route, art. R. 416-7) (C1 : *N 22890.c4*) ;

C2. **feux avant** de brouillard sur une route étroite et sinueuse dans un cas ou, pour ne pas éblouir les autres usagers, il devait faire usage de ses feux de croisement (C. route, art. R. 416-7) (C2 : *N 22890.c4*) ;

C3. **feux arrière** de brouillard en dehors des cas de brouillard ou de chute de neige (C. route, art. R. 416-7) (C3 : *N 22890.c4*) ;

D. **FEUX DE DÉTRESSE, PRÉSIGNALISATION**

[⇨D1 à D3 :]

D1. **Véhicule immobilisé** : alors que son véhicule était immobilisé sur la chaussée et constituait un danger pour la circulation ou que tout ou partie de son chargement y était tombé sans pouvoir être immédiatement relevé, omis d'assurer la présignalisation de l'obstacle en faisant usage de ses feux de détresse ou d'un triangle de présignalisation ou de ces deux dispositifs (C. route, art. R. 416-19) (D1 : *N 22799.c4*) ;

D2. **Véhicule immobilisé sur l'autoroute** : alors qu'il se trouvait dans la nécessité absolue d'immobiliser son véhicule sur la chaussée, l'accotement ou la bande d'arrêt d'urgence d'une autoroute, omis d'assurer sa présignalisation (C. route, art. R. 421-7) (D2 : *N 7574.c2 ;* redevable pécuniairement : *N #.c2*) ;

D3. **Allure fortement réduite** (v. aussi nº 36.73) : étant contraint de circuler momentanément à une allure fortement réduite, omis d'avertir, en faisant usage de ses feux de détresse, les autres usagers qu'il risquait de surprendre (C. route, art. R. 416-18) (D3 : *N 6290.c2*) ;

E. **AUTRES FEUX, VÉHICULES À MOTEUR**

de nuit ou de jour alors que la visibilité était insuffisante, circulé avec un véhicule à moteur en omettant d'allumer [⇨E1 à E4 :]

E1. les **feux rouges arrière** (C. route, art. R. 416-9) (E1 : *N 22892.c4*) ;

E2. le ou les feux d'**éclairage de plaque d'immatriculation** arrière (C. route, art. R. 416-9) (E2 : *N 22893.c4*) ;

E3. les **feux d'encombrement** (C. route, art. R. 416-9) (E3 : *N 22894.c4*) ;

E4. les feux de position de remorque (C. route, art. R. 416-9) (E4 : *N 22895.c4*) ;

F. **Cyclomoteurs ou quadricycles légers à moteur, feux de croisement**

de nuit ou de jour alors que la visibilité était insuffisante, circulé avec un cyclomoteur ou un quadricycle léger à moteur sans allumer ses feux de croisement (C. route, art. R. 416-6) (F : *N 22887.c4*) ;

G. **Motocyclettes, circulation de jour, feux de croisement**

étant conducteur d'une motocyclette, circulé de jour sans allumer son ou ses feux de croisement (C. route, art. R. 416-17) (G : *N 238.c2*) ;

H. **Cycles, défaut d'éclairage**

de nuit ou de jour alors que la visibilité était insuffisante, circulé avec un cycle ou une remorque de cycle sans allumer le feu de position ou le feu rouge arrière (C. route, art. R. 416-10) (H : *N 22796.c1*).

Faits prévus et réprimés par les articles [• du cas sélectionné] ✧

36.57 Non-respect d'un sens interdit

■ PEINES

PERSONNE PHYSIQUE

PP Contrav. 4e cl. 750 € (C. route, art. R. 412-28 ; C. pén., art. 131-13).

PC suspension, ⩽ 3 ans, du PC ; exécution provisoire possible (C. route, art. L. 224-13 et R. 412-28).

PERSONNE MORALE

PP Contrav. 4e cl. 3 750 € (C. route, art. R. 412-28 ; C. pén., art. 131-41).

PC Néant.

■ ORIENTEUR

ÉLÉMENT LÉGAL

▪ **Champ d'application.** Sauf décision contraire de l'autorité investie du pouvoir de police, lorsque la vitesse maximale autorisée est ⩽ 30 km/h, la chaussée est à double sens pour les conducteurs d'engins de déplacement personnel motorisés (D. no 2019-1082, 23 oct. 2019) et les cyclistes, ce qui les exonère donc de la contravention de circulation en sens interdit (C. route art. R. 412-8-1).

MESURE ADMINISTRATIVE

▪ **Perte de points du permis de conduire.** 4 points (C. route, art. R. 412-28).

RÉGIME PROCÉDURAL

▪ **Constatation par contrôle automatisé.** L'infraction peut être constatée sans interception du véhicule par « *contrôle automatique* » (CA) (C. route, art. L. 130-9 et R. 130-11 6°*bis*). Sur le dispositif du contrôle automatisé, v. no 11.5C2.

RÉGIME DES PEINES

▪ **Redevabilité pécuniaire de l'amende.** Le titulaire de l'immatriculation est redevable pécuniairement de l'amende (C. route, art. L. 121-3 et R. 121-6 6°*bis*). Sur le régime de la redevabilité pécuniaire de l'amende, v. no 36.2 s.

■ ÉLÉMENTS CONSTITUTIFS – QUALIFICATION

✧ Pour avoir à .... [¤ lieu], le .... [¤ date], circulé en sens interdit.

Faits prévus et réprimés par l'article R. 412-28 du code de la route (*N 256.c4* ; redevable pécuniairement : *N 32971.c4*). ✧

36.58 Autoroute – Demi-tour ou marche arrière

■ PEINES

PERSONNE PHYSIQUE

PP Contrav. 4e cl. 750 € (C. route, art. R. 421-6 ; C. pén., art. 131-13).

PC suspension, ⩽ 3 ans, du PC ; exécution provisoire possible (C. route, art. L. 224-13 et R. 421-6).

PERSONNE MORALE

PP Contrav. 4e cl. 3 750 € (C. route, art. R. 421-6 ; C. pén., art. 131-41).

PC Néant.

■ **ORIENTEUR**

MESURE ADMINISTRATIVE

▪ **Perte de points du permis de conduire.** 4 points (C. route, art. R. 421-6).

RÉGIME PROCÉDURAL

▪ **Constatation par contrôle automatisé.** L'infraction peut être constatée sans interception du véhicule par « *contrôle automatique* » (CA) (C. route, art. L. 130-9 et R. 130-11 6°*bis*). Sur le dispositif du contrôle automatisé, v. no 11.5C2.

RÉGIME DES PEINES

▪ **Redevabilité pécuniaire de l'amende.** Le titulaire de l'immatriculation est redevable pécuniairement de l'amende (C. route, art. L. 121-3 et R. 121-6 6°*bis*). Sur le régime de la redevabilité pécuniaire de l'amende, v. no 36.2 s.

■ **ÉLÉMENTS CONSTITUTIFS – QUALIFICATION**

✧ Pour avoir à .... [¤ lieu], le .... [¤ date], effectué un demi-tour ou une marche arrière sur une autoroute.

Faits prévus et réprimés par l'article R. 421-6 du code de la route (*N* ***6212.c4*** ; redevable pécuniairement : *N* ***32972.c4***). ✧

36.59 Non-respect de la priorité à droite

■ **PEINES**

PERSONNE PHYSIQUE

PP Contrav. 4e cl. 750 € (C. route, art. R. 415-5 ; C. pén., art. 131-13).

PC suspension, ⩽ 3 ans, du PC ; exécution provisoire possible (C. route, art. L. 224-13 et R. 415-5).

PERSONNE MORALE

PP Contrav. 4e cl. 3 750 € (C. route, art. R. 415-5 ; C. pén., art. 131-41).

PC Néant.

■ **ORIENTEUR**

MESURE ADMINISTRATIVE

▪ **Perte de points du permis de conduire.** 4 points (C. route, art. R. 415-5).

■ **ÉLÉMENTS CONSTITUTIFS – QUALIFICATION**

✧ Pour avoir à .... [¤ lieu], le .... [¤ date], en abordant une intersection, omis de céder le passage à un usager venant à sa droite.

Faits prévus et réprimés par l'article R. 415-5 du code de la route (*N* ***207.c4***). ✧

36.60 Non-respect du céder le passage

■ **PEINES**

PERSONNE PHYSIQUE

PP Contrav. 4e cl. 750 € (C. route, art. R. 415-7 ; C. pén., art. 131-13).

PC Suspension, ⩽ 3 ans, du PC ; exécution provisoire possible (C. route, art. L. 224-13 et R. 415-7).

PERSONNE MORALE

PP Contrav. 4e cl. 3 750 € (C. route, art. R. 415-7 ; C. pén., art. 131-41).

PC Néant.

■ ORIENTEUR

MESURE ADMINISTRATIVE

▪ **Perte de points du permis de conduire.** 4 points (C. route, art. R. 415-7).

▪ **Mesure conservatoire et provisoire. Rétention provisoire et suspension administrative du permis de conduire.** Dans le cas où l'infraction est simultanément commise avec celle d'**usage du téléphone en main** (C. route, art. L. 224-1 et R. 224-19-1, v. n° 36.51), la rétention du permis de conduire puis la suspension administrative du permis sont applicables (C. route, art. L. 224-1 et L. 224-2, v. n° 11.70A).

■ ÉLÉMENTS CONSTITUTIFS – QUALIFICATION

✧ Pour avoir à .... [¤ lieu], le .... [¤ date], à une intersection indiquée par une signalisation « céder le passage », omis de céder le passage aux véhicules circulant sur l'une ou les autres routes ou de s'y engager qu'après s'être assuré qu'il pouvait le faire sans danger.
Faits prévus et réprimés par l'article R. 415-7 du code de la route (*N 6111.c4*). ✧

36.61 Non-respect de la priorité – Accès secondaire, stationnement

■ PEINES

PERSONNE PHYSIQUE

PP Contrav. 4e cl. 750 € (C. route, art. R. 415-9 ; C. pén., art. 131-13).

PC suspension, ⩽ 3 ans, du PC ; exécution provisoire possible (C. route, art. L. 224-13 et R. 415-9).

PERSONNE MORALE

PP Contrav. 4e cl. 3 750 € (C. route, art. R. 415-9 ; C. pén., art. 131-41).

PC Néant.

■ ORIENTEUR

MESURE ADMINISTRATIVE

▪ **Perte de points du permis de conduire.** 4 points (C. route, art. R. 415-9).

■ ÉLÉMENTS CONSTITUTIFS – QUALIFICATION

✧ Pour avoir à .... [¤ lieu], le .... [¤ date], débouché sur une route à partir d'un accès non ouvert à la circulation publique, d'un chemin de terre ou d'une aire de stationnement en bordure de la route en omettant de céder le passage à tout autre véhicule.
Faits prévus et réprimés par l'article R. 415-9 du code de la route (*N 221.c4*). ✧

36.62 Engagement dans une intersection ou entre deux lignes d'arrêt risquant d'immobiliser les autres véhicules

■ PEINES

PERSONNE PHYSIQUE

PP Cas A : Contrav. 4e cl. 750 € (C. route, art. R. 415-2 al 1 et 4 ; C. pén., art. 131-13) ;
Cas B : Contrav. 2e cl. 150 € (C. route, art. R. 415-2, al. 2 et 5, C. pén., art. 131-13).

PC Néant.

PERSONNE MORALE

PP Cas A : Contrav. 4e cl. 3 750 € (C. route, art. R. 415-2 al 1 et 4, C. pén., art. 131-41) ;
Cas B : Contrav. 2e cl. 750 € (C. route, art. R. 415-2, al. 2 et 5, C. pén., art. 131-41).

PC Néant.

■ ORIENTEUR

RÉGIME PROCÉDURAL

▪ **Constatation par contrôle automatisé.** L'infraction peut être constatée sans interception du véhicule par « *contrôle automatique* » (CA) (C. route, art. L. 130-9 et R. 130-11 10°). Sur le dispositif du contrôle automatisé, v. n° 11.5C2.

RÉGIME DES PEINES

▪ **Redevabilité pécuniaire de l'amende.** Le titulaire de l'immatriculation est redevable pécuniairement de l'amende (C. route, art. L. 121-3 et R. 121-6 10°). Sur le régime de la redevabilité pécuniaire de l'amende, v. n° 36.2 s.

▪ ÉLÉMENTS CONSTITUTIFS – QUALIFICATION

✧ Pour avoir à .... [¤ lieu], le .... [¤ date] [⇨A ou B :],

A. engagé son véhicule dans une intersection alors qu'il risquait d'y être immobilisé et d'empêcher le passage des véhicules circulant sur les autres voies (C. route, art. R. 415-2, al. 1 et 4) (A : *N 10093.c4 ;* redevable pécuniairement : *N 32992.c4*) ;

B. engagé un véhicule autre qu'un cycle dans l'espace compris entre deux lignes d'arrêt distinctes, l'une réservée au cycles, l'autre aux autres catégories de véhicules, alors que son véhicule risquait d'y être immobilisé (C. route, art. R. 415-2, al. 2 et 5) (B : *N 22795.c2 ;* redevable pécuniairement : *N 32128.c2*).

Faits prévus et réprimés par l'article [• du cas sélectionné] du code de la route. ✧

36.63 Véhicule tournant à gauche – Non-respect de la priorité : empiétement, manœuvre irrégulière

▪ PEINES

PERSONNE PHYSIQUE

PP Cas A à C : Contrav. 2e cl. 150 €. Cas D : Contrav. 4e cl. 750 € (C. route, art. R. 415-4 ; C. pén., art. 131-13).

PC Cas D : suspension, ⩽ 3 ans, du PC ; exécution provisoire possible (C. route, art. L. 224-13 et R. 415-4).

PERSONNE MORALE

PP Cas A à C : Contrav. 2e cl. 750 €. Cas D : Contrav. 4e cl. 3 750 € (C. route, art. R. 415-4 ; C. pén., art. 131-41).

PC Néant.

▪ ORIENTEUR

MESURE ADMINISTRATIVE

▪ Perte de points du permis de conduire. Cas D : 4 points (C. route, art. R. 415-4).

▪ ÉLÉMENTS CONSTITUTIFS – QUALIFICATION

✧ Pour avoir à .... [¤ lieu], le .... [¤ date], en s'apprêtant à quitter une route sur sa gauche [⇨A à D :]

A. omis de serrer à gauche (A : *N 22916.c2*) ;

B. dépassé l'axe médian de la chaussée alors qu'elle était à double de sens de circulation (B : *N 22916.c2*) ;

C. omis d'emprunter la voie médiane alors que la chaussée, à double sens de circulation, comportait un nombre impair de voies matérialisées (C : *N 22916.c2*) ;

D. omis de céder le passage aux véhicules venant en sens inverse ou aux cycles ou cyclomoteurs circulant sur les pistes cyclables traversant la chaussée sur laquelle il s'engageait (D : *N 6223.c4*).

Faits prévus et réprimés par l'article R. 415-4 du code de la route. ✧

36.64 Véhicule tournant à droite – Manœuvre irrégulière

▪ PEINES

PERSONNE PHYSIQUE

PP Contrav. 4e cl. 750 € (C. route, art. R. 415-3 ; C. pén., art. 131-13).

PC Néant.

PERSONNE MORALE

PP Contrav. 4e cl. 3 750 € (C. route, art. R. 415-3 ; C. pén., art. 131-41).

PC Néant.

■ ÉLÉMENTS CONSTITUTIFS – QUALIFICATION

✧ Pour avoir à .... [¤ lieu], le .... [¤ date], en s'apprêtant à quitter une route sur sa droite, [⇨A ou B :]

A. omis de serrer sur le bord droit de la chaussée ;

B. alors que le tracé du virage ou les dimensions du véhicule le mettaient dans l'impossibilité de tenir sa droite, emprunté la partie gauche de la chaussée sans manœuvrer à allure modérée ou sans s'être préalablement assuré qu'il pouvait le faire sans danger pour autrui.

Faits prévus et réprimés par l'article R. 415-3 du code de la route (*N* ***22916.c4***). ✧

36.65 Non-respect de la priorité – Route à grande circulation ou autoroute

■ PEINES

PERSONNE PHYSIQUE

PP Contrav. 4e cl. 750 € (cas A : C. route, art. R. 415-8 ; cas B : C. route, R. 421-3 ; C. pén., art. 131-13).

PC suspension, ⩽ 3 ans, du PC ; exécution provisoire possible (C. route, art. L. 224-13 et cas A : R. 415-8. cas B : R. 421-3).

PERSONNE MORALE

PP Contrav. 4e cl. 3 750 € (cas A : C. route, art. R. 415-8 ; cas B : C. route, R. 421-3 ; C. pén., art. 131-41).

PC Néant.

■ ORIENTEUR

TEXTE DE RÉFÉRENCE

▪ Céder le passage. L'obligation de céder le passage du cas A s'impose hors agglomération. En agglomération, cette obligation peut aussi être imposée par arrêté du préfet pris après consultation du maire (C. route, art. R. 415-8).

MESURE ADMINISTRATIVE

▪ **Perte de points du permis de conduire.** 4 points (cas A : C. route, art. R. 415-8 ; cas B : C. route, R. 421-3).

■ ÉLÉMENTS CONSTITUTIFS – QUALIFICATION

✧ Pour avoir à .... [¤ lieu], le .... [¤ date], en [⇨A ou B :]

A. abordant une **route à grande circulation** et ne se trouvant pas lui-même sur une route de cette catégorie, omis de céder le passage aux véhicules y circulant (C. route, art. R. 415-8) (A : *N* ***22917.c4***) ;

B. empruntant une bretelle de raccordement autoroutière, omis de céder le passage aux véhicules circulant sur l'**autoroute** (C. route, art. R. 421-3) (B : *N* ***22918.c4***).

Faits prévus et réprimés par l'article [• du cas sélectionné] du code de la route. ✧

36.66 Non-respect de la priorité – Carrefour giratoire

■ PEINES

PERSONNE PHYSIQUE

PP Contrav. 4e cl. 750 € (C. route, art. R. 415-10 ; C. pén., art. 131-13).

PC suspension, ⩽ 3 ans, du PC ; exécution provisoire possible (C. route, art. L. 224-13 et R. 415-10).

PERSONNE MORALE

PP Contrav. 4e cl. 3 750 € (C. route, art. R. 415-10 ; C. pén., art. 131-41).

PC Néant.

■ ORIENTEUR

MESURE ADMINISTRATIVE

▪ **Perte de points du permis de conduire.** 4 points (C. route, art. R. 415-10).

■ ÉLÉMENTS CONSTITUTIFS – QUALIFICATION

✧ Pour avoir à .... [¤ lieu], le .... [¤ date], abordant un carrefour à sens giratoire, omis de céder le passage aux usagers circulant sur la chaussée le ceinturant.

Faits prévus et réprimés par l'article R. 415-10 du code de la route (*N 6091.c4*). ✧

36.67 Non-respect de la priorité – Piéton

■ PEINES

PERSONNE PHYSIQUE

PP Contrav. 4e cl. 750 € (C. route, art. R. 415-11, R. 414-5 ; C. pén., art. 131-13).

PC Cas A : suspension, ⩽ 3 ans, du PC ; exécution provisoire possible (C. route, art. L. 224-13 et R. 415-11).

PERSONNE MORALE

PP Contrav. 4e cl. 3 750 € (C. route, art. R. 415-11, R. 414-5 ; C. pén., art. 131-41).

PC Néant.

■ ORIENTEUR

TEXTE DE RÉFÉRENCE

▪ **Obligations des piétons.** Les piétons doivent traverser la chaussée en tenant compte de la visibilité ainsi que de la distance et de la vitesse des véhicules. Ils sont tenus d'utiliser, lorsqu'il en existe un à moins de 50 mètres, les passages prévus à leur intention (C. route, art. R. 412-37).

MESURE ADMINISTRATIVE

▪ **Perte de points du permis de conduire. Cas A : 6 points** (depuis D. no 2018-795, 17 sept. 2018, auparavant 4 points) C. route, art. R. 415-11).

▪ **Mesure conservatoire et provisoire. Rétention provisoire et suspension administrative du permis de conduire.** Dans le cas A, lorsque l'infraction est simultanément commise avec celle d'**usage du téléphone en main** (C. route, art. L. 224-1 et R. 224-19-1, v. no 36.51), la rétention du permis de conduire puis la suspension administrative du permis sont applicables (C. route, art. L. 224-1 et L. 224-2, v. no 11.70A).

RÉGIME DES PEINES

▪ **Redevabilité pécuniaire de l'amende. Cas A** : le titulaire de l'immatriculation est redevable pécuniairement de l'amende (C. route, art. L. 121-3 et R. 121-6 10°*bis*). Sur le régime de la redevabilité pécuniaire de l'amende, v. no 36.2 s.

■ ÉLÉMENTS CONSTITUTIFS – QUALIFICATION

✧ Pour avoir à .... [¤ lieu], le .... [¤ date], étant conducteur d'un véhicule, [⇨A ou B :]

A. omis de céder le passage à un piéton régulièrement engagé dans la traversée d'une chaussée (C. route, art. R. 415-11) (A : *N 202.c4 ;* redevable pécuniairement : *N 32973.c4*) ;

B. effectué un dépassement à l'approche d'un passage prévu à l'intention des piétons sans s'assurer qu'aucun piéton n'y était engagé (C. route, art. R. 414-5) (B : *N 10096.c4*).

Faits prévus et réprimés par l'article [• du cas sélectionné] du code de la route. ✧

36.68 Franchissement ou chevauchement d'une ligne continue

■ PEINES

PERSONNE PHYSIQUE

PP Contrav. 4e cl. 750 € (C. route, art. R. 412-19 ; C. pén., art. 131-13).

PC suspension, ⩽ 3 ans, du PC (aménageable pour l'exercice de l'activité professionnelle) ; exécution provisoire possible (C. route, art. L. 224-13 et R. 412-19).

PERSONNE MORALE

PP Contrav. 4e cl. 3 750 € (C. route, art. R. 412-19 ; C. pén., art. 131-41).

PC Néant.

■ ORIENTEUR

TEXTE DE RÉFÉRENCE

▪ **Régime des lignes continues.** Lorsque des lignes longitudinales continues axiales ou séparatives de voies de circulation sont apposées sur la chaussée, elles interdisent aux conducteurs leur franchissement ou leur chevauchement (C. route, art. R. 412-19). Lorsqu'une ligne longitudinale discontinue est accolée à la ligne longitudinale continue, tout conducteur peut franchir ou chevaucher cette dernière si la ligne discontinue se trouve la plus proche de son véhicule au début de la manœuvre et à condition que cette manœuvre soit terminée avant la fin de la ligne discontinue (C. route, art. R. 412-20).

RÉGIME PROCÉDURAL

▪ **Constatation par contrôle automatisé.** L'infraction peut être constatée sans interception du véhicule par « *contrôle automatique* » (CA) (C. route, art. L. 130-9 et R. 130-11 6°). Sur le dispositif du contrôle automatisé, v. n° **11.5C2**.

MESURE ADMINISTRATIVE

▪ **Perte de points du permis de conduire. Cas A : 3 points, Cas B : 1 point** (C. route, art. R. 412-19).

▪ **Mesure conservatoire et provisoire. Rétention provisoire et suspension administrative du permis de conduire.** Dans le cas où l'infraction est simultanément commise avec celle d'**usage du téléphone en main** (C. route, art. L. 224-1 et R. 224-19-1, v. n° **36.51**), la rétention du permis de conduire puis la suspension administrative du permis sont applicables (C. route, art. L. 224-1 et L. 224-2, v. n° **11.70A**).

RÉGIME DES PEINES

▪ **Redevabilité pécuniaire de l'amende.** Le titulaire de l'immatriculation est redevable pécuniairement de l'amende (C. route, art. L. 121-3 et R. 121-6 6°). Sur le régime de la redevabilité pécuniaire de l'amende, v. n° **36.2** s.

■ ÉLÉMENTS CONSTITUTIFS – QUALIFICATION

✧ Pour avoir à .... [¤ lieu], le .... [¤ date], étant conducteur, [⇨A ou B :]

A. franchi (A : *N 11325.c4 ; redevable pécuniairement : N 32126.c4*)...

B. chevauché (B : *N 32126.c4 ; redevable pécuniairement : N 32126.c4*)...

... une ligne continue axiale ou séparative de voie de circulation.

Faits prévus et réprimés par l'article **R. 412-19** du code de la route. ✧

36.69 Dépassement irrégulier – Obstacle à dépassement

■ PEINES

PERSONNE PHYSIQUE

PP Contrav. 4e cl. **750 €** (C. pén., art. 131-13).

PC Cas A à I et L : suspension, ⩽ 3 ans, du PC (aménageable pour l'exercice de l'activité professionnelle) ; exécution provisoire possible (cas A à E : C. route, art. R. 414-4 ; cas F : C. route, art. R. 414-6 ; cas G : C. route, art. R. 414-7 ; cas H : C. route, art. R. 414-8 ; cas I : C. route, art. R. 414-10 ; cas L : C. route, art. R. 414-16).

PERSONNE MORALE

PP Contrav. 4e cl. **3 750 €** (C. pén., art. 131-41).

PC Néant.

■ ORIENTEUR

TEXTE DE RÉFÉRENCE

▪ **Obligation du conducteur.** Avant de dépasser, tout conducteur doit s'assurer qu'il peut le faire sans danger (C. route, art. R. 414-4).

▪ **Distance de sécurité. Cas E.** Pour effectuer un dépassement, le conducteur ne doit pas en tout cas s'approcher latéralement à moins d'un mètre en agglomération et d'un mètre et demi hors agglomération, d'un véhicule à traction animale, d'un engin à deux ou trois roues, d'un piéton, d'un cavalier ou d'un animal (C. route, art. R. 414-4).

RÉGIME PROCÉDURAL

▪ **Constatation par contrôle automatisé.** Cas A à E et K à L : l'infraction peut être constatée sans interception du véhicule par « *contrôle automatique* » (CA) (C. route, art. L. 130-9 et R. 130-11 9°). Sur le dispositif du contrôle automatisé, v. n° **11.5C2**.

MESURE ADMINISTRATIVE

▪ **Perte de points du permis de conduire.** **3 points** dans les cas A à E (C. route, art. R. 414-4), F (art. R. 414-6), G (art. R. 414-7), H (art. R. 414-8) et I (art. R. 414-10). **2 points** dans le cas L (art. R. 414-16).

▪ **Mesure conservatoire et provisoire. Rétention provisoire et suspension administrative du permis de conduire.** À l'exception des cas H à J, lorsque l'infraction est simultanément commise avec celle d'**usage du téléphone en main** (C. route, art. L. 224-1 et R. 224-19-1, v. n° **36.51**), la rétention du permis de conduire puis la suspension administrative du permis sont applicables (C. route, art. L. 224-1 et L. 224-2, v. n° **11.70A**).

RÉGIME DES PEINES

▪ **Redevabilité pécuniaire de l'amende.** Cas A à E et K à L : le titulaire de l'immatriculation est redevable pécuniairement de l'amende (C. route, art. L. 121-3 et R. 121-6 9°). Sur le régime de la redevabilité pécuniaire de l'amende, v. n° **36.2** s.

▪ ÉLÉMENTS CONSTITUTIFS – QUALIFICATION

✧ Pour avoir à .... [¤ lieu], le .... [¤ date], étant conducteur, [⇨A à L :]

A. entrepris un dépassement alors qu'il n'avait pas la possibilité de reprendre sa place dans la circulation sans gêner celle-ci (C. route, art. R. 414-4) (A : *N* ***22060.c4*** *;* redevable pécuniairement : *N* ***32127.c4***) ;

B. entrepris un dépassement alors que la vitesse relative des deux véhicules ne permettait pas d'effectuer le dépassement dans un temps suffisamment bref (C. route, art. R. 414-4) (B : *N* ***22060.c4*** *;* redevable pécuniairement : *N* ***32127.c4***) ;

C. entrepris un dépassement alors qu'il était lui-même sur le point d'être dépassé (C. route, art. R. 414-4) (C : *N* ***22900.c4*** *;* redevable pécuniairement : *N* ***32127.c4***) ;

D. entrepris un dépassement sans avertir de son intention l'usager qu'il voulait dépasser (C. route, art. R. 414-4) (D : *N* ***11054.c4*** *;* redevable pécuniairement : *N* ***32127.c4***) ;

E. entrepris un dépassement sans se déporter suffisamment pour ne pas risquer de heurter l'usager qu'il voulait dépasser (C. route, art. R. 414-4) (E : *N* ***11055.c4*** *;* redevable pécuniairement : *N* ***32127.c4***) ;

F. dépassé par la gauche un véhicule dont le conducteur avait signalé qu'il se disposait à changer de direction vers la gauche (C. route, art. R. 414-6) (F : *N* ***11067.c4***) ;

G. effectué un dépassement par la gauche en empruntant la moitié gauche de la chaussée alors qu'il gênait la circulation en sens inverse (C. route, art. R. 414-7) (G : *N* ***11056.c4***) ;

H. alors qu'il circulait sur une chaussée à double sens de circulation comportant plus de deux voies, effectué un dépassement en empruntant la voie située pour lui le plus à gauche (C. route, art. R. 414-8) (H : *N* ***6108.c4***) ;

I. provoqué le ralentissement du véhicule dépassé en revenant sur sa droite après un dépassement à gauche (C. route, art. R. 414-10) (I : *N* ***11058.c4***) ;

J. effectué un dépassement malgré interdiction décidée par l'autorité investie du pouvoir de police (C. route, art. R. 414-14) (J : *N* ***10097.c4***) ;

K. omis de serrer immédiatement sur sa droite alors qu'il était sur le point d'être dépassé (C. route, art. R. 414-16) (K : *N* ***6110.c4*** *;* redevable pécuniairement : *N* ***32127.c4***) ;

L. accéléré l'allure alors qu'il était sur le point d'être dépassé (C. route, art. R. 414-16) (L : *N* ***6109.c4*** *;* redevable pécuniairement : *N* ***32127.c4***).

Faits prévus et réprimés par les articles [• du cas sélectionné]. ✧

36.70 Dépassement à droite interdit

▪ PEINES

PERSONNE PHYSIQUE

PP Contrav. 4e cl. 750 € (C. route, art. R. 414-6 ; C. pén., art. 131-13).

PC suspension, ⩽ 3 ans, du PC (aménageable pour l'exercice de l'activité professionnelle) ; exécution provisoire possible (C. route, art. R. 414-6).

PERSONNE MORALE

PP Contrav. 4e cl. 3 750 € (C. route, art. R. 414-6 ; C. pén., art. 131-41).

PC Néant.

▪ ORIENTEUR

AUTRE QUALIFICATION

▪ **Dépassement irrégulier – Obstacle à dépassement.** V. no 36.69 (C. route, art. R. 414-6).

TEXTE DE RÉFÉRENCE

▪ **Dépassement.** Les dépassements s'effectuent à gauche, mais par exception, tout conducteur doit dépasser par la droite un véhicule dont le conducteur a signalé qu'il se disposait à changer de direction vers la gauche (C. route, art. R. 414-6).

RÉGIME PROCÉDURAL

▪ **Constatation par contrôle automatisé.** L'infraction peut être constatée sans interception du véhicule par « *contrôle automatique* » (CA) (C. route, art. L. 130-9 et R. 130-11 9°). Sur le dispositif du contrôle automatisé, v. no 11.5C2.

MESURE ADMINISTRATIVE

▪ **Perte de points du permis de conduire.** 3 points (C. route, art. R. 414-6).

▪ **Mesure conservatoire et provisoire. Rétention provisoire et suspension administrative du permis de conduire.** Dans le cas où l'infraction est simultanément commise avec celle d'**usage du téléphone en main** (C. route, art. L. 224-1 et R. 224-19-1, v. no 36.51), la rétention du permis de conduire puis la suspension administrative du permis sont applicables (C. route, art. L. 224-1 et L. 224-2, v. no 11.70A).

RÉGIME DES PEINES

▪ **Redevabilité pécuniaire de l'amende.** Le titulaire de l'immatriculation est redevable pécuniairement de l'amende (C. route, art. L. 121-3 et R. 121-6 9°). Sur le régime de la redevabilité pécuniaire de l'amende, v. no 36.2 s.

▪ ÉLÉMENTS CONSTITUTIFS – QUALIFICATION

✧ Pour avoir à .... [¤ lieu], le .... [¤ date], effectué un dépassement par la droite en dehors des cas autorisés.

Faits prévus et réprimés par l'article R. 414-6 du code de la route (*N* ***6102.c4*** ; redevable pécuniairement : *N* ***32127.c4***). ✧

36.71 Dépassement dangereux – Défaut de visibilité, intersection

▪ PEINES

PERSONNE PHYSIQUE

PP Contrav. 4e cl. 750 € (C. route, art. R. 414-11 ; C. pén., art. 131-13).

PC suspension, ⩽ 3 ans, du PC (aménageable pour l'exercice de l'activité professionnelle) ; exécution provisoire possible (C. route, art. R. 414-11).

PERSONNE MORALE

PP Contrav. 4e cl. 3 750 € (C. route, art. R. 414-11 ; C. pén., art. 131-41).

PC Néant.

■ **ORIENTEUR**

TEXTE DE RÉFÉRENCE

▪ **Dépassement sans visibilité suffisante. Cas A**. Tout dépassement est interdit sur les chaussées à double sens de circulation, lorsque la visibilité vers l'avant n'est pas suffisante, ce qui peut être notamment le cas dans un virage ou au sommet d'une côte, sauf si cette manœuvre laisse libre la partie de la chaussée située à gauche d'une ligne continue ou si, s'agissant de dépasser un véhicule à deux roues, cette manœuvre laisse libre la moitié gauche de la chaussée (C. route, art. R. 414-11).

▪ **Dépassement en intersection. Cas B**. Les dépassements en intersection sont autorisés pour les conducteurs circulant sur une route prioritaire ou lorsque le franchissement de l'intersection est réglé par des feux de signalisation ou un agent de circulation (C. route, art. R. 414-11).

MESURE ADMINISTRATIVE

▪ **Perte de points du permis de conduire.** 3 points (C. route, art. R. 414-11).

▪ **Mesure conservatoire et provisoire. Rétention provisoire et suspension administrative du permis de conduire.** Dans le cas où l'infraction est simultanément commise avec celle d'**usage du téléphone en main** (C. route, art. L. 224-1 et R. 224-19-1, v. n° 36.51), la rétention du permis de conduire puis la suspension administrative du permis sont applicables (C. route, art. L. 224-1 et L. 224-2, v. n° 11.70A).

■ **ÉLÉMENTS CONSTITUTIFS – QUALIFICATION**

✧ Pour avoir à .... [¤ lieu], le .... [¤ date], [⇨A ou B :]

A. effectué un dépassement sur une chaussée à double sens de circulation alors que la visibilité vers l'avant n'était pas suffisante (A : *N **11057.c4***) ;

B. circulant sur une voie non prioritaire, dépassé un véhicule autre qu'un véhicule à deux roues dans une intersection dont le franchissement n'était pas réglé par des feux de signalisation ou par un agent de la circulation (B : *N **6105.c4***).

Faits prévus et réprimés par l'article R. 414-11 du code de la route. ✧

36.72 Bruit irrégulier de véhicule automobile, avertisseur sonore, dispositif d'échappement, moteur

■ **PEINES**

PERSONNE PHYSIQUE

PP Cas A : Contrav. 4e cl. **750 €** (C. route, art. R. 313-35 ; C. pén., art. 131-13).

Cas B : Contrav. 4e cl. **750 €** (C. route, art. R. 318-3 ; C. pén., art. 131-13).

Cas C : Contrav. 2e cl. **150 €** (C. route, art. R. 416-1, R. 416-2, R. 416-3 ; C. pén., art. 131-13).

PC Cas A : Confiscation du dispositif (C. route, art. R. 313-35).

PERSONNE MORALE

PP Cas A : Contrav. 4e cl. **3 750 €** (C. route, art. R. 313-35 ; C. pén., art. 131-13, 131-41).

Cas B : Contrav. 4e cl. **3 750 €** (C. route, art. R. 318-3 ; C. pén., art. 131-13, 131-41).

Cas C : Contrav. 2e cl. **750 €** (C. route, art. R. 416-1, R. 416-2, R. 416-3 ; C. pén., art. 131-13, 131-41).

PC Cas A. Confiscation du dispositif (C. route, art. R. 313-35).

■ **ORIENTEUR**

AUTRE QUALIFICATION

▪ **Harcèlement téléphonique ou électronique (cyberharcèlement) – Agression sonore.** V. n° 20.47.

▪ **Tapage injurieux ou nocturne.** V. n° 20.48.

▪ **Lutte contre le bruit – Non-respect des dispositions relatives au contrôle de conformité des objets bruyants ou des dispositifs d'insonorisation.** V. n° 31.5.

▪ **Lutte contre le bruit – Bruits de voisinage – code de la santé publique.** V. n° 31.6.

TEXTE DE RÉFÉRENCE

▪ **Avertisseurs sonores réservés aux véhicules d'intérêt général. Cas A.** Les véhicules des services de police, de gendarmerie, de lutte contre l'incendie, les véhicules d'intervention des unités hospitalières agissant dans le cadre d'un Samu ou d'un Smur, et, sur autorisation administrative matérialisée sur la carte grise par la mention « *Feu spécial bleu, catégorie B* » (Arr. 30 oct. 1987, NOR : EQUS8700991A, *JO* 20 nov., p. 13534, art. 5 et 6), les ambulances de transports sanitaires, les véhicules d'intervention d'Électricité de France et de Gaz de France, les véhicules des douanes, les véhicules des associations médicales concourant à la permanence des soins ou les véhicules des médecins lorsqu'ils participent à la garde départementale, peuvent être équipés de dispositifs lumineux et sonores (Arr. 30 oct. 1987, art. 1). Il ne doit être fait usage de ces dispositifs qu'à l'occasion d'interventions urgences et nécessaires (Arr. 30 oct. 1987, art. 1).

▪ **Bruits émis par les moteurs. Cas B.** Les véhicules automobiles ne doivent pas émettre de bruits susceptibles de causer une gêne aux usagers de la route et aux riverains (C. route, art. R. 318-3). Cette disposition est complétée par l'Arr. 13 avr. 1972, *JO* 9 juin, p. 5806 qui prévoit notamment que le système d'échappement doit être maintenu en bon état de fonctionnement, qui interdit toute modification susceptible d'accroître le bruit le bruit par le véhicule (art. 9), et, dans les agglomérations, l'utilisation du moteur à des régimes excessifs, que ce soit au démarrage, au point fixe ou en circulation (art. 10). Le D. n° 2022-1, 3 janv. 2022 complète C. route, art. R. 318-3 en incriminant, en agglomération et sur les routes où la vitesse est limitée à 50 km/h, le dépassement d'un niveau d'émissions sonores supérieur à celui fixé par arrêté. Il institue en outre un dispositif expérimental de constatation automatisée des niveaux d'émissions sonores des véhicules en circulation.

RÉGIME PROCÉDURAL

Saisie. Cas A. La saisie du dispositif peut être effectuée en vue de la confiscation (C. route, art. R. 313-35).

MESURE ADMINISTRATIVE

▪ **Mesure provisoire. Cas B. L'immobilisation du véhicule** peut être prescrite, pour faire cesser l'infraction, par le maire ou l'OPJ territorialement compétent ou l'agent habilité à constater l'infraction (C. route, art. L. 325-1, R. 325-3, R. 318-3).

▪ ÉLÉMENTS CONSTITUTIFS – QUALIFICATION

✧ Pour avoir à .... [¤ lieu], le .... [¤ date], [⇨A à C :],

A. USAGE OU INSTALLATION IRRÉGULIÈRE D'AVERTISSEURS SONORES RÉSERVÉS AUX VÉHICULES D'INTÉRÊT GÉNÉRAL

[⇨A1 à A3 :],

A1. détenu ou transporté (A1 : *N 22822.c4*)...

A2. adapté, placé, appliqué (A2 : *N 13110.c4*)...

A3. utilisé (A3 : *N 13108.c4*)...

...un timbre ou un avertisseur sonore spécial réservé aux véhicules d'intérêt général.

Faits prévus et réprimés par l'article R. 313-35 du code de la route. ✧

B. BRUITS ÉMIS PAR LE MOTEUR DES VÉHICULES

circulé avec un véhicule à moteur [⇨B1 à B6 :],

B1. émettant des bruits susceptibles de causer une gêne aux usagers de la route ou aux riverains (B1 : *N 6126.c4*) ;

B2. non muni d'un dispositif d'échappement (B2 : *N 22656.c4*) ;

B3. non muni d'un dispositif d'échappement silencieux maintenu en bon état de fonctionnement (B3 : *N 22658.c4*) ;

B4. muni d'un dispositif d'échappement susceptible d'être interrompu par le conducteur (B4 : *N 22657.c4*) ;

B5. ~~muni d'un dispositif d'échappement modifié susceptible d'accroître le bruit émis par le véhicule (Arr. 13 avr. 1972, art. 9) (B5 : *N 22658.c4*)~~ (abrogé par Arr. 12 mai 2021, NOR : TRER2115109A, abrogeant Arr. 13 avr. 1972, art. 9) ;

B6. ~~en utilisant, en agglomération, le moteur à des régimes excessifs, que ce soit au démarrage, au point fixe ou en circulation (Arr. 13 avr. 1972, art. 10) (B6 : *N 22655.c4*)~~ (abrogé par Arr. 12 mai 2021, NOR : TRER2115109A, abrogeant Arr. 13 avr. 1972, art. 9) ;

B7. sur une voie située à l'intérieur d'une agglomération et où la vitesse maximale autorisée des véhicules n'excède pas 50 km/h, en dépassant le niveau d'émissions sonores fixé par arrêté, compte tenu de la catégorie de son véhicule, de sa date de première mise en circulation et des vitesses maximales autorisées sur les voies de circulation (incrimination créée par D. n° 2022-1, 3 janv. 2022) (B7 : *N #*).

Faits prévus et réprimés par l'article R. 318-3 du code de la route + [• du cas sélectionné]. ✧

C. **Usage irrégulier de l'avertisseur sonore**

étant conducteur, [⇨C1 à C5 :],

C1. de jour, hors agglomération, fait usage de son avertisseur en dehors des avertissements nécessaires aux autres usagers de la route (C. route, art. R. 416-1) (C1 : *N 22882.c2*) ;

C2. de jour, en agglomération, fait usage de son avertisseur en l'absence de danger immédiat (C. route, art. R. 416-1) (C2 : *N 22882.c2*) ;

C3. prolongé les signaux émis par son avertisseur plus qu'il n'est nécessaire (C. route, art. R. 416-1) (C3 : *N 22882.c2*) ;

C4. de nuit, utilisé ses signaux sonores sans absolue nécessité (C. route, art. R. 416-2) (C4 : *N 22883.c2*) ;

C5. fait usage de trompes à sons multiples, de sirènes et de sifflets (C. route, art. R. 416-3) (C6 : *N 22884.c2*).

Faits prévus et réprimés par l'article [• du cas sélectionné]. ✧

36.73 Vitesse anormalement réduite

■ PEINES

PERSONNE PHYSIQUE

PP Contrav. 2e cl. 150 € (C. route, art. R. 413-19 ; C. pén., art. 131-13).

PC Néant.

PERSONNE MORALE

PP Contrav. 2e cl. 750 € (C. route, art. R. 413-19 ; C. pén., art. 131-41).

PC Néant.

■ ORIENTEUR

TEXTE DE RÉFÉRENCE

▪ **Vitesse minimale sur autoroute.** Sur autoroute, lorsque la circulation est fluide et que les conditions atmosphériques permettent une visibilité et une adhérence suffisantes, les conducteurs utilisant la voie la plus à gauche ne peuvent circuler à une vitesse inférieure à 80 km/h (C. route, art. R. 413-19).

▪ **Vitesse anormalement réduite.** Tout conducteur contraint de circuler momentanément à une allure fortement réduite est tenu de faire usage de ses feux de détresse pour avertir les autres usagers (C. route, art. R. 416-18) (v. n° 36.56, Cas D3).

■ ÉLÉMENTS CONSTITUTIFS – QUALIFICATION

✧ Pour avoir à .... [¤ lieu], le .... [¤ date], étant conducteur, gêné la marche normale des autres véhicules en circulant sans raison valable à une vitesse anormalement réduite.

Faits prévus et réprimés par l'article R. 413-19 du code de la route (*N 6289.c2*). ✧

36.74 Les vitesses autorisées et la mesure de la vitesse

A. Les règles communes à tous les véhicules

Lorsqu'elles sont plus restrictives, les vitesses maximales édictées par l'autorité investie du pouvoir de police prévalent sur celles visées ci-dessous (C. route, art. R. 413-1).

En agglomération, la vitesse des véhicules est limitée à 50 km/h, à 70 km/h sur le boulevard périphérique parisien (depuis D. n° 2014-3, 3 janv. 2014, auparavant 80 km/h), ou à 70 km/h sur les sections de route où les accès des riverains et les traversées des piétons sont en nombre limité et sont protégés par des dispositifs appropriés, sur arrêté du préfet ou du maire (C. route, art. R. 413-3).

Lorsque la visibilité est < 50 m, la vitesse maximale est de 50 km/h sur l'ensemble du réseau (C. route, art. R. 413-4).

B. Les vitesses autorisées des véhicules de PTAC ⩽ 3,5 T (C. route, art. R. 413-2)

Autoroutes : 130 km/h, 110 km/h par temps de pluie (ou 100 km/h sur les sections d'autoroute où la vitesse maximale est < 130 km/h) ;

Routes à deux chaussées séparées par un terre-plein central : 110 km/ h, 100 km/h par temps de pluie ;

Autres routes : 80 km/h depuis D. n° 2018-487, 15 juin 2018 (auparavant 90 km/h et 80 km/h par temps de pluie). Toutefois, sur les sections de ces routes comportant au moins deux voies affectées à un même sens de circulation, la vitesse maximale est relevée à 90 km/ h sur ces seules voies, et de 80 km/h par temps de pluie. De plus, « *Le président du conseil départemental ou, lorsqu'il est l'autorité détentrice du pouvoir de police de la circulation, le maire ou le président de l'établissement public de coopération intercommunale peut fixer, pour les sections de routes hors agglomération relevant de sa compétence et ne comportant pas au moins deux voies affectées à un même sens de circulation, une vitesse maximale autorisée supérieure de 10 km/ h à celle prévue par le code de la route. Cette décision prend la forme d'un arrêté motivé, pris après avis de la commission départementale de la sécurité routière, sur la base d'une étude d'accidentalité portant sur chacune des sections de route concernées* » (CGTC, art. L. 3221-4-1, issu L. n° 2019-1428, 24 déc. 2019).

C. Les vitesses autorisées des véhicules ou des ensembles de PTAC > 3,5 T (C. route, art. R. 413-8)

Autoroutes : 90 km/h ;

Routes à caractère prioritaire et signalées comme telles : 80 km/h (90 km/h sur routes à deux chaussées séparées par un terre-plein central si ⩽ 12 t.) ;

Autres routes : 80 km/h (60 km/h pour les véhicules articulés ou avec remorque dont le PTAC > 12 t.) ;

D. Les vitesses autorisées des véhicules de PTAC > 12 T transportant des matières dangereuses ou des véhicules de transport exceptionnel (C. route, art. R. 413-9)

Autoroutes : 80 km/h ;

Autres routes : 60 km/h, ou 70 km/h sur routes prioritaires signalées comme telles si le véhicule répond à des caractéristiques techniques particulières ;

E. Les vitesses autorisées des véhicules de transport de personnes (C. route, art. R. 413-10 et R. 413-8-1)

Pour les véhicules de **transport de personnes**, si le PTAC est > 3,5 t et ⩽ 12 t. = 110 km/h sur autoroute ; 100 km/h sur les routes à deux chaussées séparées par un terre-plein central lorsqu'elles sont à caractère prioritaire ou signalées comme tallus ; 80 km/h sur les autres routes (C. route, art. R. 413-8-1).

Pour les véhicules de **transport en commun** : 90 km/h hors agglomération, ou 100 km/h sur autoroute si le véhicule de PTAC > 10 t. répond à des caractéristiques techniques particulières (C. route, art. R. 413-10), ou 100 km/h sur les autoroutes et les routes à chaussées séparées par un terre-plein central pour les véhicules ⩽ 10 t.

F. Les vitesses autorisées des conducteurs titulaires du permis probatoire ou des élèves conducteurs (C. route, art. R. 413-5)

Autoroutes : 110 km/h ;

Section d'autoroute où la limite est < 130 et routes à deux chaussées séparées par un terre-plein central : 100 km/h.

Sur le délai probatoire de 2 ou 3 ans du permis de conduire (permis probatoire), v. n° **36.30**, Orienteur/Texte de référence (C. route, art. L. 223-1, R. 223-1).

G. LA MESURE DE LA VITESSE : LE CINÉMOMÈTRE

Sans préjudice des autres moyens de preuve de l'infraction (ex. chronotachygraphe), la mesure de la vitesse est opérée par le cinémomètre, appareil « *permettant de mesurer soit à partir d'un poste fixe déplaçable ou non, soit à partir d'un véhicule en mouvement la vitesse de véhicules* » régis par le C. route, soumis, avec les dispositifs complémentaires destinés à imprimer ou enregistrer les résultats des mesures effectuées, aux prescriptions du D. n° 2001-387, 3 mai 2001, relatif au contrôle des instruments de mesure et à l'AM, 4 juin 2009, NOR : ECEI0912713A, *JO* 23 juin 2009 qui définit notamment les marges d'erreur maximales tolérées (art. 5 et 6) ainsi que les conditions de mise en œuvre.

Ces appareils, à l'instar des éthylomètres également soumis D. n° 2001-387, 3 mai 2001, (v. n° 13.5), relèvent d'opérations de contrôle comparables : examen de type, vérification primitive des instruments neufs et réparés, vérification de l'installation pour les instruments installés à poste fixe non déplaçables, contrôle en service.

36.75 Excès de vitesse

▪ PEINES

PERSONNE PHYSIQUE

PP Cas A à D : Contrav. 4e cl. 750 €. Cas E : Contrav. 3e cl. 450 € (depuis D. n° 2004-1330, 6 déc. 2004, art. 1) (C. route, art. R. 413-14 ; C. pén., art. 131-13).

PC Cas A et B : 1. Suspension, ⩽ 3 ans, du PC (aménageable pour l'exercice de l'activité professionnelle) ; exécution provisoire possible (C. route, art. L. 224-13 et R. 413-14) ;

2. Interdiction ⩽ 3 ans de conduire certains véhicules terrestres à moteur, y compris ceux pour lesquels le permis n'est pas exigé (C. route, art. R. 413-14) ;

3. Obligation d'accomplir un stage de sensibilisation à la sécurité routière aux frais du condamné (C. pén., art. 131-35-1 et 131-16, C. route, art. R. 413-14) ;

PERSONNE MORALE

PP Cas A à D : Contrav. 4e cl. 3 750 €. Cas E : Contrav. 3e cl. 2 250 € (C. route, art. R. 413-14 ; C. pén., art. 131-41).

PC Néant.

▪ ORIENTEUR

AUTRE QUALIFICATION

▪ **Dispositif de limitation de vitesse : débridage par exploitant d'un véhicule de transport, engin de déplacement personnel, cycle à pédalage assisté.** V. n° 37.15.

▪ **Incitation par l'employeur à commettre des excès de vitesse, à dépasser le temps de conduite ou le poids maximal.** V. n° 37.18

▪ **Incitation par un donneur d'ordre à commettre des excès de vitesse, à dépasser le temps de conduite ou le poids maximal.** V. n° 37.19.

TEXTE DE RÉFÉRENCE

▪ **Vitesses autorisées.** V. n° 36.74

RÉGIME PROCÉDURAL

▪ **Compétence territoriale. • Lieu de l'infraction : contrôle automatisé.** Pour l'application des dispositions relatives à l'amende forfaitaire, le lieu de traitement des informations nominatives concernant les constatations effectuées par les appareils de contrôle automatisé est considéré comme le lieu de constatation de l'infraction (C. route., art. L. 130-9). **• Lieu de l'infraction : mesure de la vitesse moyenne entre deux points.** Lorsque l'excès de vitesse est constaté par le relevé d'une vitesse moyenne, entre deux points d'une voie de circulation, supérieure à la vitesse maximale autorisée entre ces deux points, le lieu de commission de l'infraction est celui où a été réalisée la deuxième constatation (C. route, art. L. 130-9, L. n° 2011-267, 14 mars 2011), sans préjudice de la compétence générale de l'OMP de Rennes, lieu où se trouve le centre de traitement automatisé des amendes forfaitaires en matière de circulation, conformément aux dispositions générale de l'avant dernier alinéa de C. route, art. L. 130-9. (Circ. Crim. 2011-18/E8, 6 juill. 2011, NOR : JUSD1118695C, n° 2.3).

▪ **Régime de la preuve. • Liberté de la preuve.** « *le recours au cinémomètre pour la mesure de la vitesse, conseillé par l'Administration qui en a réglementé l'emploi, n'est pas exclusif et ne constitue pas une dérogation au principe de la liberté de la preuve en matière pénale, les constatations faites demeurant soumises à la discussion des parties et à l'appréciation souveraine du juge répressif* » (Crim. 30 oct. 1995, nº 95-83.056, NP). • **Preuve contraire par chronotachygraphe.** La décision de relaxe fondée sur la mesure d'une vitesse inférieure enregistrée par le chronotachygraphe dont était équipé le véhicule est justifiée en ce que « *l'enregistrement d'un chronotachygraphe constitue un écrit au sens de l'article 537 du code de procédure pénale permettant d'apporter la preuve contraire au procès-verbal, base des poursuites, d'autre part, le juge, qui n'était pas saisi d'une contestation du ministère public sur la fiabilité des données y figurant relatives à la vitesse du véhicule en cause, en a apprécié souverainement la force probante* » (Crim. 30 oct. 2018, nº 18-81.318, P nº 180). • **Preuve contraire par expertise.** Est également justifiée la relaxe fondée sur une mesure d'expertise ordonnée par le tribunal concluant à l'impossibilité pour le type de véhicule d'atteindre la vitesse relevée (Crim. 8 mars 2016, nº 15-83.019, P nº 68) (sur les modalités de la preuve contraire aux énonciations du procès-verbal en matière contraventionnelle, v. nº **17.28D**). • **Signature du procès-verbal.** « *participent personnellement à la constatation d'une contravention d'excès de vitesse, et doivent être considérés comme les rédacteurs communs du procès-verbal, même si un seul d'entre eux en est le signataire, aussi bien l'agent qui met en œuvre le cinémomètre que celui qui, placé à une certaine distance, reçoit et consigne les indications du premier* » (Crim. 8 juin 2006, nº 06-81.293, P nº 168).

▪ **Constatation par contrôle automatisé.** L'infraction peut être constatée sans interception du véhicule par « *contrôle automatique* » (CA) (C. route, art. L. 130-9 et R. 130-11 8°). Sur le dispositif du contrôle automatisé, v. nº **11.5C2**.

MESURE ADMINISTRATIVE

▪ **Mesure conservatoire. • Rétention provisoire du permis de conduire.** Dans le **cas A**, si l'excès de vitesse est établi avec un appareil homologué et que le véhicule est intercepté, **la rétention provisoire du permis de conduire** pour une durée de 72 h au plus est effectuée par l'OPJ ou l'APJ dans l'attente de la suspension du permis par le préfet (C. route, art. L. 224-1 et L. 224-2, v. nº **11.70A**). • **Immobilisation du véhicule.** Pendant la durée de la rétention provisoire du permis de conduire, ainsi que dans le cas où le conducteur n'est pas titulaire de ce titre, il peut être **procédé d'office à l'immobilisation du véhicule** jusqu'à ce qu'un conducteur qualifié, proposé par le conducteur ou le propriétaire du véhicule, en assure la conduite (C. route, art. L. 224-4).

▪ **Perte de points du permis de conduire.** Cas A : 4 points ; cas B : 3 points ; cas C : 2 points ; cas D et E : 1 point (C. route, art. R. 413-14).

RÉGIME DES PEINES

▪ **Redevabilité pécuniaire de l'amende.** Le titulaire de l'immatriculation est redevable pécuniairement de l'amende (C. route, art. L. 121-3 et R. 121-6 8°). Sur le régime de la redevabilité pécuniaire de l'amende, v. nº **36.2** s.

▪ ÉLÉMENTS CONSTITUTIFS – QUALIFICATION

✧ Pour avoir à .... [¤ lieu], le .... [¤ date], étant conducteur d'un véhicule, circulé à une vitesse de .... [¤ vitesse relevée], [⇨A à E :]

A. **EXCÈS ⩾ 40 KM/H ET < 50 KM/H (C4)**

dépassement compris entre 40 km/h et moins de 50 km/h de la vitesse maximale autorisée, en l'espèce .... [¤ vitesse autorisée] (A : *N* ***21527.c4*** ; redevable pécuniairement : *N* ***25388.c4***) ;

B. **EXCÈS ⩾ 30 KM/H ET < 40 KM/H (C4)**

dépassement compris entre 30 km/h et moins de 40 km/h de la vitesse maximale autorisée, en l'espèce .... [¤ vitesse autorisée] (B : *N* ***11301.c4*** ; redevable pécuniairement : *N* ***25388.c4***) ;

C. **EXCÈS ⩾ 20 KM/H ET < 30 KM/H (C4)**

dépassement compris entre 20 km/h et moins de 30 km/h de la vitesse maximale autorisée, en l'espèce .... [¤ vitesse autorisée] (C : *N* ***11302.c4*** ; redevable pécuniairement : *N* ***25388.c4***) ;

D. **EXCÈS < 20 KM/H POUR UNE VITESSE MAXIMALE AUTORISÉE ⩽ 50 KM/H (C4)**

dépassement de moins de 20 km/h de la vitesse maximale autorisée, alors que la vitesse maximale autorisée était inférieure ou égale à 50 km/h, en l'espèce .... [¤ vitesse autorisée] (D : *N* ***25386.c4*** ; redevable pécuniairement : *N* ***25389.c4***) ;

E. **Excès < 20 km/h pour une vitesse maximale autorisée > 50 km/h (C3)**
dépassement de moins de 20 km/h de la vitesse maximale autorisée, alors que la vitesse maximale autorisée était supérieure à 50 km/h, en l'espèce .... [¤ vitesse autorisée] (E : *N 25387.c3* ; redevable pécuniairement : *N 25390.c3*).
Faits prévus et réprimés par les articles R. 413-1 à R. 413-12, et R. 413-14 du code de la route. ✧

36.76 Grand excès de vitesse (> 50 km/h) (Contravention)

■ PEINES

PERSONNE PHYSIQUE

PP Contrav. 5e cl. 1 500 € (C. route, art. R. 413-14-1 ; C. pén., art. 131-13).

PC 1. Suspension, ⩽ 3 ans, du PC (sans sursis ni aménagement depuis D. no 2004-1330, 6 déc. 2004, art. 2) ; exécution provisoire possible (C. route, art. L. 224-13 et R. 413-14-1) ;
2. Interdiction, ⩽ 3 ans, de conduire certains véhicules terrestres à moteur, y compris ceux pour lesquels le permis n'est pas exigé (C. route, art. R. 413-14-1) ;
3. Obligation d'accomplir un stage de sensibilisation à la sécurité routière aux frais du condamné (C. pén., art. 131-35-1 et 131-16, C. route, art. R. 413-14-1) ;
4. Confiscation du véhicule (depuis D. no 2004-1330, 6 déc. 2004, art. 2) dont le prévenu s'est servi pour commettre l'infraction, s'il en est propriétaire (C. route, art. R. 413-14-1, C. pén., art. 131-21).

PERSONNE MORALE

PP Contrav. 5e cl. 7 500 € (C. route, art. R. 413-14-1 ; C. pén., art. 131-41).
PC Néant.

■ ORIENTEUR

AUTRE QUALIFICATION

▪ Renvoi. *Idem* no 36.75.
▪ Grand excès de vitesse (> 50 km/h) en récidive (Délit). V. no 36.77.

TEXTE DE RÉFÉRENCE

▪ Vitesses autorisées. V. no 36.74.

RÉGIME PROCÉDURAL

▪ Renvoi. *Idem* no 36.75.

MESURE ADMINISTRATIVE

▪ **Mesure conservatoire. Rétention du permis de conduire et immobilisation du véhicule.** *Idem* no 36.75.

▪ **Mesure provisoire. Immobilisation et mise en fourrière.** Avec l'autorisation préalable du préfet, l'OPJ ou l'APJ peut faire procéder à l'immobilisation du véhicule et à sa mise en fourrière provisoire durant 7 jours jusqu'à la décision d'immobilisation judiciaire prise par le parquet (C. route, art. L. 325-1-2, v° no 11.69C). La L. no 2019-1428, 24 déc. 2019, a supprimé la condition de récidive auparavant exigée.

▪ **Perte de points du permis de conduire.** 6 points (auparavant 4 [D. no 2004-1330, 6 déc. 2004, art. 2]) (C. route, art. R. 413-14-1).

RÉGIME DES PEINES

▪ **Récidive.** V. no 36.77 (sur les conditions et les effets de la récidive, v. no 18.5).

RÉGIME DES PEINES

▪ **Redevabilité pécuniaire de l'amende.** *Idem* no 36.75.

■ ÉLÉMENTS CONSTITUTIFS – QUALIFICATION

✧ Pour avoir à .... [¤ lieu], le .... [¤ date], circulé à une vitesse de .... [¤ vitesse relevée], dépassement d'au moins 50 km/h de la vitesse maximale autorisée, en l'espèce .... [¤ vitesse autorisée].
Faits prévus et réprimés par l'article R. 413-14-1 du code de la route (*N 21526.c5* ; redevable pécuniairement : *N 22052.c5*). ✧

36.77 Grand excès de vitesse (> 50 km/h) en récidive (Délit)

■ PEINES

PERSONNE PHYSIQUE

PP Délit. 3 mois d'emprisonnement, 3 750 € (C. route, art. L. 413-1).

PC 1. Suspension (sans aménagement) ou interdiction délivrance PC ⩽ 3 ans ; exécution provisoire possible (C. route, art. L. 224-12, L. 224-13 et L. 413-1) ;

2. Interdiction, ⩽ 5 ans, de conduire certains véhicules terrestres à moteur, y compris ceux pour lesquels le permis n'est pas exigé (C. route, art. L. 413-1) ;

3. Obligation d'accomplir un stage de sensibilisation à la sécurité routière aux frais du condamné (C. pén., art. 131-35-1, C. route, art. L. 413-1) (pour les faits commis avant le 24 mars 2020 et jugés après cette date, L. n° 2019-222, 23 mars 2019, en vigueur le 24 mars 2020. Pour les faits commis à partir du 24 mars 2020, v. nouvelle réd. C. pén., art. 131-5-1 et n° 18.33) ;

4. Confiscation *obligatoire, sauf motivation spéciale* (L. n° 2011-267, 14 mars 2011) du véhicule dont le prévenu s'est servi pour commettre l'infraction, s'il en est propriétaire (C. route, art. L. 413-1, C. pén., art. 131-21).

PERSONNE MORALE

PP Délit. 18 750 € (C. route, art. L. 413-1 ; C. pén., art. 131-38).

PC Néant.

■ ORIENTEUR

AUTRE QUALIFICATION

▪ **Grand excès de vitesse (> 50 km/h). Hors récidive.** V. n° 36.76.

RÉGIME PROCÉDURAL

▪ **Compétence juridictionnelle. Juge unique** (C. pr. pén., art. 398-1 2°, v. n° 17.15D2).

▪ **Ordonnance pénale. Possible** (C. pr. pén., art. 495-II, v. n° 15.48B1 et tableau n° 17.15D2).

MESURE ADMINISTRATIVE

▪ **Mesure provisoire. Rétention du permis de conduire.** *Idem* n° 36.75.

▪ **Mesure provisoire. Immobilisation et mise en fourrière.** *Idem* n° 36.76 (C. route, art. L. 325-1-2, v°n° 11.69C).

▪ **Perte de points du permis de conduire.** 6 points (C. route, art. L. 223-2, L. 413-1 et R. 223-1).

RÉGIME DES PEINES

▪**Récidive. • Récidive de la contravention de grand excès de vitesse.** La récidive de l'infraction de grand excès de vitesse, qui matérialise non plus une contravention de 5e classe mais un délit, est caractérisée par la commission de la « *même infraction* » dans le délai de trois ans « *à compter de l'expiration ou de la prescription de la précédente peine* » (C. pén., art. 132-11). Le paiement de l'amende forfaitaire ou le titre exécutoire de l'amende forfaitaire majorée non susceptible de réclamation ne sont plus, depuis L. n° 2019-22, 23 mars 2019 abrogeant C. pr. pén., art. 530-7, assimilés à une condamnation définitive pour la récidive des contraventions de 5e classe (sur l'amende forfaitaire contraventionnelle, v. n° 15.46). **• Récidive du délit de grand excès de vitesse.** Le délit de récidive de grand excès de vitesse peut lui-même être commis en récidive, dans ce cas, les pénalités applicables sont celles encourues au titre de la récidive de délit (doublement du maximum encouru pour l'emprisonnement et l'amende, C. pén., art. 132-10) (sur les conditions et les effets de la récidive, v. n° 18.5). **• Délits assimilés – Récidive spéciale et temporaire.** Les délits prévus par C. route, art. L. 221-2 (conduite sans permis), L. 234-1 (conduite en état alcoolique ou d'ivresse), L. 235-1 (conduite après usage de stupéfiants), L. 413-1 (grand excès de vitesse) et, depuis L. n° 2022-52, 24 janv. 2022, L. 233-1 (refus d'obtempérer simple) et L. 233-1-1 (refus d'obtempérer aggravé), sont considérés comme une même infraction au regard de la **récidive** (C. pén., art. 132-16-2). Ces délits routiers sont également assimilés aux délits, commis lors de la conduite d'un véhicule terrestre à moteur, d'homicide (C. pén., art. 221-6-1), de blessures involontaires avec ITT ⩾ 3 mois (C. pén., art. 222-19-1) ou avec ITT < 3 mois (C. pén., art. 222-19-1) lorsqu'ils constituent le second terme de la récidive (C. pén., art. 132-16-2 ; Crim. 31 mai 2016, n° 15-84.329, P n° 167) (sur la récidive, v. n° 18.5).

■ **ÉLÉMENTS CONSTITUTIFS – QUALIFICATION**

✧ Pour avoir à .... [¤ lieu], le .... [¤ date], étant conducteur d'un véhicule à moteur, circulé à une vitesse de .... [¤ vitesse relevée], dépassement d'au moins 50 km/h de la vitesse maximale autorisée, en l'espèce .... [¤ vitesse autorisée], alors qu'il avait déjà été condamné définitivement pour la même infraction le .... [¤ date du jugement] par .... [¤ juridiction concernée]. Faits prévus et réprimés par l'article L. 413-1 du code de la route (*N 22037.ju*). ✧

36.78 Rodéo motorisé : comportement compromettant délibérément la sécurité ou la tranquillité des usagers de la route – Incitation, organisation ou promotion de rodéo motorisé (L. nº 2018-701, 3 août 2018)

■ **PEINES**

PERSONNE PHYSIQUE

PP Délit. Cas A : 1 an d'emprisonnement, 15 000 € (C. route, art. L. 236-1 I) ;

Cas A1 : 2 ans, 30 000 € (C. route, art. L. 236-1 II) ;

Cas A2 à A6 : 3 ans, 45 000 € (C. route, art. L. 236-1 III) ;

Cas A7 : 5 ans, 75 000 € (C. route, art. L. 236-1 IV) ;

Cas B : 2 ans, 30 000 € (C. route, art. L. 236-2).

PC 1. Confiscation **obligatoire**, sauf dispense par décision spécialement motivée, du véhicule ayant servi à commettre l'infraction si la personne en est le propriétaire ou, sous réserve des droits du propriétaire de bonne foi, si elle en a la libre disposition, à condition que ce dernier ait été mis en mesure de présenter ses observations ; la bonne foi est appréciée notamment au regard d'éléments géographiques et matériels objectifs (C. route, art. L. 236-3, mod. par L. nº 2022-52, 24 janv. 2022 ; v. aussi, sur les droits du propriétaire de bonne foi, les dispositions générales de C. pén., art. 131-21, mod. par L. nº 2021-1729, 22 déc. 2021) ;

2. Suspension ou interdiction délivrance PC ⩽ 3 ans, exécution provisoire possible (C. route, art. L. 236-3, L. 224-12 et L. 224-13) ;

3. Annulation PC avec interdiction de solliciter la délivrance d'un nouveau permis ⩽ 3 ans, exécution provisoire possible (C. route, art. L. 224-13, L. 236-3) ;

4. TIG 20 à **400 h** (depuis L. nº 2019-222, 23 mars 2019, auparavant **280 h**) (C. route, art. L. 236-3, C. pén., art. 131-8, 131-22 à 131-24, Ord. nº 45-174, 2 févr. 1945, art. 20-5, devenu CJPM, art. L. 122-1) ;

5. jours-amende (⩽ 360 jours x ⩽ 1 000 €) (C. route, art. L. 236-3, C. pén., art. 131-5 et 131-25) ;

6. Interdiction ⩽ 5 ans de conduire certains véhicules terrestres à moteur, y compris ceux pour la conduite desquels le permis de conduire n'est pas exigé (C. route, art. L. 236-3) ;

7. Obligation d'accomplir, aux frais du condamné, un stage de sensibilisation à la sécurité routière (C. route, art. L. 236-3, C. pén., art. 131-36-1) (pour les faits commis avant le 24 mars 2020 et jugés après cette date, L. nº 2019-222, 23 mars 2019, en vigueur le 24 mars 2020. Pour les faits commis à partir du 24 mars 2020, v. nouvelle réd. C. pén., art. 131-5-1 et nº 18.33).

PERSONNE MORALE

PP Délit. Cas A : 75 000 € (C. route, art. L. 236-1 I, C. pén., art. 131-38) ;

Cas A1 : 150 000 € (C. route, art. L. 236-1 II, C. pén., art. 131-38) ;

Cas A2 à A6 : 225 000 € (C. route, art. L. 236-1 III, C. pén., art. 131-38) ;

Cas A7 : 375 000 € (C. route, art. L. 236-1 IV, C. pén., art. 131-38) ;

Cas B : 150 000 € (C. route, art. L. 236-2, C. pén., art. 131-38).

PC Néant.

■ ORIENTEUR

AUTRE QUALIFICATION

▪ **Mise en danger de la personne,** v. n °20.59.

▪ **Infractions en matière de cycle à moteur non soumis à réception (cyclomoteur, motocyclette ou quadricycle à moteur, mini-moto, quad).** C. route, art. L. 321-1-1 ; D. n° 2010-44, 12 janv. 2010, art. 3 ; D. n° 2008-1455, 30 déc. 2008, art. 5 ; v. n° 36.81.

ÉLÉMENT LÉGAL

▪ **Application de la loi pénale dans le temps.** Incriminations créees par L. n° 2018-701, 3 août 2018.

ÉLÉMENT MATÉRIEL

▪ **Circonstance aggravante. Cas** A : la circonstance de réunion (**Cas** A1) ne se cumule pas avec les autres circonstances aggravantes pour atteindre le seuil de deux circonstances incriminé au **cas** A7.

RÉGIME PROCÉDURAL

▪ **Compétence juridictionnelle. Juge unique** (C. pr. pén., art. 398-1 2°, v. n° 17.15D2).

▪ **Ordonnance pénale. Possible** (C. pr. pén., art. 495-II, v. n° 15.48B1 et tableau n° 17.15D2).

▪ **Amende forfaitaire délictuelle. Cas** A : **possible** à titre expérimental depuis L. n° 2023-22, 24 janv.2023, **sauf en cas récidive**, si l'infraction est relevée par **procès-verbal électronique** (L. n° 2023-22, 24 janv.2023, art. 25 XI, C. route, art. L. 236-1 I, C. pén., art. **431-22**, C. pr. pén., art. 495-17 s. et **D. 45-3**). Amende minorée : **400 €** ; forfaitaire : **500 €** ; majorée : **1000 €**. Sur la procédure d'amende forfaitaire délictuelle, v. n° **15.47**.

▪ **Mesure provisoire. Immobilisation judiciaire et mise en fourrière du véhicule.** L'immobilisation du véhicule peut être prescrite par le maire ou l'OPJ territorialement compétent pour faire cesser l'infraction (C. route, art. L. 236-3, L. 325-1, R. 325-3 et R. 325-4). En vue du prononcé de la peine de confiscation obligatoire, l'OPJ peut, avec l'autorisation préalable du procureur de la République donnée par tout moyen, faire procéder à l'immobilisation et à la mise en fourrière du véhicule (C. route, art. L. 236-3 et L. 325-1-1).

▪ **Régime probatoire. Cas** A2 : la preuve de l'usage de stupéfiants doit résulter d'une analyse sanguine ou salivaire (C. route, art. L. 236-1 III).

POLITIQUE PUBLIQUE

▪ **Politique pénale.** Ces incriminations ont été introduites dans le C. route par L. n° 2018-701, 3 août 2018, afin de renforcer « la lutte contre les rodéos motorisés ».

MESURE ADMINISTRATIVE

▪ **Mesure conservatoire. • Rétention provisoire du permis de conduire.** « *Lorsque le dépassement de 40 km/ h ou plus de la vitesse maximale autorisée est établi au moyen d'un appareil homologué et lorsque le véhicule est intercepté* », **la rétention provisoire du permis de conduire** pour une durée de 72 h au plus est effectuée par l'OPJ ou l'APJ dans l'attente de la suspension du permis par le préfet (C. route, art. L. 224-1 et L. 224-2, v. n° **11.70A**). **• Immobilisation et mise en fourrière du véhicule.** Le préfet peut faire procéder à l'immobilisation du véhicule et à sa mise en fourrière provisoire durant 7 jours jusqu'à la décision d'immobilisation judiciaire prise par le parquet (C. route, art. L. 325-1-2, v°n° **11.69C**). **• Présomption d'abandon du véhicule mis en fourrière.** Le véhicule ayant servi à commettre l'infraction prévue par C. route, art. L. 236-1 est réputé abandonné à l'expiration d'un délai de 7 jours (au lieu du délai de droit commun de 15 jours) à compter de la mise en demeure faite au propriétaire d'avoir à retirer son véhicule gardé en fourrière ; le véhicule est livré à la destruction à l'expiration de ce délai de 7 jours (C. route, art. L. 325-7, mod. par L. n° 2022-52, 24 janv. 2022). **• Destruction du véhicule non immatriculé au nom de son propriétaire.** Le véhicule ayant servi à commettre l'infraction prévue par C. route, art. L. 236-1 dont les obligations relatives à l'immatriculation ou à l'identification n'ont pas été satisfaites au moment de sa mise en fourrière est considéré comme abandonné dès son entrée en fourrière et livré à la destruction, sauf réclamation du propriétaire ou revendication de cette qualité au cours de la procédure (C. route, art. L. 325-7, mod. par L. n° 2022-52, 24 janv. 2022).

■ ÉLÉMENTS CONSTITUTIFS – QUALIFICATION

✧ Pour avoir à .... [¤ lieu], le .... [¤ date], [⇨A ou B :]

A. Participation à un rodéo motorisé

[⇨ A puis le cas échéant A1 à A7 :]

A. adopté, au moyen d'un véhicule terrestre à moteur, une conduite répétant de façon intentionnelle des manœuvres constituant des violations d'obligations particulières de sécurité ou de prudence prévues par les dispositions législatives et réglementaires du code de la route, dans des conditions compromettant la sécurité des usagers de la route ou troublant la tranquillité publique, en l'espèce en... [matérialiser l'infraction en énonçant les infractions au C. route commises de façon répétée et intentionnelle] (C. route, art. L. 236-1) (A : *N 32805.ju*) [préciser le cas échéant dans le **Cas** A : avec cette circonstance que les faits ont été commis ⇨ A1 à A7 :]

A1. en réunion (C. route, art. L. 236-1 II) (A1 : *N 32806.ju*) ;

A2. en ayant fait usage de substances ou plantes classées comme stupéfiants (C. route, art. L. 236-1 III) (A2 : *N 32807.ju*) ;

A3. en ayant refusé de se soumettre aux vérifications prévues par le code de la route destinées à établir s'il conduisait en ayant fait usage de stupéfiants (C. route, art. L. 236-1 III) (A3 : *N 32808.ju*) ;

A4. alors qu'il se trouvait sous l'empire d'un état alcoolique caractérisé par une concentration d'alcool dans le sang ou dans l'air expiré égale ou supérieure aux taux fixés par les dispositions législatives ou réglementaires du code de la route, en l'espèce... [taux d'alcoolémie relevée par litre de sang ou d'air expiré] (C. route, art. L. 236-1 III) (A4 : *N 32809.ju*) ;

A5. en ayant refusé de se soumettre aux vérifications prévues par le présent code et destinées à établir l'existence d'un état alcoolique (C. route, art. L. 236-1 III) (A5 : *N 32810.ju*) ;

A6. alors qu'il n'était pas titulaire du permis de conduire exigé par la loi ou le règlement (A6a : *N 32811.ju*) ou alors que son permis avait été annulé (A6b : *N 32812.ju*), invalidé (A6c : *N 32814.ju*), suspendu (A6d : *N 32813.ju*) ou retenu (A6e : *N 32815.ju*) (C. route, art. L. 236-1 III) ;

A7. avec deux circonstances aggravantes, en l'espèce [matérialiser au moins deux des 5 circonstances aggravantes visées aux **cas** A2 à A6] (C. route, art. L. 236-1 IV) (A7 : *N 32816.ju*).

B. Incitation, organisation ou promotion de rodéo motorisé

[⇨B1 à B3 :]

B1. incité directement autrui à conduire un véhicule terrestre à moteur en violant de manière répétée et intentionnelle, dans des conditions compromettant la sécurité des usagers de la route ou troublant la tranquillité publique, des obligations particulières de sécurité ou de prudence prévues par le code de la route, en l'espèce en... [matérialiser les faits d'incitation au rodéo terrestre] (C. route, art. L. 236-2 1°) (B1 : *N 32817.ju*) ;

B2. organisé un rassemblement destiné à permettre la conduite en réunion de véhicules terrestres à moteur en violant de manière répétée et intentionnelle, dans des conditions compromettant la sécurité des usagers de la route ou troublant la tranquillité publique, des obligations particulières de sécurité ou de prudence prévues par le code de la route, en l'espèce en... [matérialiser les éléments caractérisant les faits d'organisation du rodéo terrestre] (C. route, art. L. 236-2 2°) (B2 : *N 32818.ju*) ;

B3. par tout moyen, en l'espèce en... [matérialiser les éléments caractérisant la promotion du rodéo terrestre ou du rassemblement aux fins de rodéo terrestre], fait la promotion [⇨ B3a ou B3b :]

B3a. de faits de conduite de véhicule terrestre à moteur en violant de manière répétée et intentionnelle, dans des conditions compromettant la sécurité des usagers de la route ou troublant la tranquillité publique, des obligations particulières de sécurité ou de prudence prévues par le code de la route (C. route, art. L. 236-2 3°) (B3a : *N 32819.ju*) ;

B3b. d'un rassemblement destiné à permettre la conduite en réunion de véhicules terrestres à moteur en violant de manière répétée et intentionnelle, dans des conditions compromettant la sécurité des usagers de la route ou troublant la tranquillité publique, des obligations particulières de sécurité ou de prudence prévues par le code de la route (C. route, art. L. 236-2 3°) (B3b : *N 32819.ju*).

Faits prévus et réprimés par les articles [• du cas sélectionné] + L. 236-2 du code de la route. ✧

36.79 Commercialisation de dispositif permettant de dépasser les vitesses autorisées d'un cycle à moteur (débridage du moteur)

■ PEINES

PERSONNE PHYSIQUE

PP Délit. 2 ans d'emprisonnement, 30 000 € (C. route, art. L. 317-5).

PC 1. Suspension, ⩽ 3 ans, du PC, exécution provisoire possible (C. route, art. L. 224-13 et L. 317-7) ;

2. Confiscation du véhicule, lorsque le dispositif qui a servi ou était destiné à commettre l'infraction est placé, adapté ou appliqué sur le véhicule (C. route, art. L. 317-7) ;

3. Confiscation de plein droit du dispositif qui a servi ou était destiné à commettre l'infraction (C. route, art. L. 317-7) ;

4. Interdiction ⩽ 5 ans d'exercer l'activité professionnelle ou sociale en relation avec l'infraction (sauf mandat électif ou syndical) (C. route, art. L. 317-7).

PERSONNE MORALE

PP Délit. 150 000 € (C. route, art. L. 317-5 ; C. pén., art. 131-38).

PC 1. Fermeture, définitive ou ⩽ 5 ans, d'un ou plusieurs établissements en relation avec l'infraction (C. route, art. L. 317-8 ; C. pén., art. 131-39 4°) ;

2. Exclusion, définitive ou ⩽ 5 ans marchés publics (C. route, art. L. 317-8 ; C. pén., art. 131-39 5°) ;

3. Interdiction, définitive ou ⩽ 5 ans, de *faire appel public à l'épargne* (procéder à une offre au public de titres financiers ou de les faire admettre aux négociations sur un marché réglementé, selon L. n° 2009-80, 22 janv. 2009) (C. route, art. L. 317-8 ; C. pén., art. 131-39 6°) ;

4. Confiscation de la chose ayant servi à l'infraction ou destinée à la commettre, ou son produit (obligatoire pour objets qualifiés dangereux ou nuisibles par loi ou règlement ou dont la détention est illicite) (C. route, art. L. 317-8 ; C. pén., art. 131-39 8°, 131-21) ;

5. Affichage, ⩽ 2 mois, *et/ou* (L. n° 2011-525, 17 mai 2011) diffusion de la décision ou d'extraits aux frais (⩽ amende encourue) du condamné (C. route, art. L. 317-8 ; C. pén., art. 131-39 9°, 131-35).

■ ORIENTEUR

AUTRE QUALIFICATION

- **Défaut de réception (homologation) ou débridage de cycle à moteur (cyclomoteur, motocyclette ou quadricycle à moteur).** C. route, art. L. 321-1, v. n° 36.80.
- **Infractions en matière de cycle à moteur non soumis à réception (cyclomoteur, motocyclette ou quadricycle à moteur, mini-moto, quad).** C. route, art. L. 321-1-1 ; D. n° 2010-44, 12 janv. 2010, art. 3 ; D. n° 2008-1455, 30 déc. 2008, art. 5 ; v. n° 36.81.
- **Infractions en matière d'engins de déplacement personnel motorisés.** Infractions en matière de limitation de vitesse par construction commises par le conducteur d'un engin de déplacement personnel motorisé (C. route, art. R. 317-23-1 et R. 321-4-2), v. n° 36.82.
- **Dispositif de limitation de vitesse : débridage par exploitant d'un véhicule de transport, engin de déplacement personnel, cycle à pédalage assisté.** C. route, art. L. 317-1, v. n° 37.15.

ÉLÉMENT MATÉRIEL

- **Tentative. Punissable** (C. route, art. 317-6).

RÉGIME PROCÉDURAL

- **Compétence juridictionnelle. Juge unique** (C. pr. pén., art. 398-1 2°).
- **Ordonnance pénale. Possible** (C. pr. pén., art. 495 II), sur la procédure d'ordonnance pénale délictuelle, v. n° 15.48.
- **Mesure conservatoire. La saisie du dispositif** est obligatoire. Lorsqu'il est placé, adapté ou appliqué sur un **véhicule,** ce dernier peut également être saisi (C. route, art. L. 317-5).

■ ÉLÉMENTS CONSTITUTIFS – QUALIFICATION

✧ Pour avoir à .... [¤ lieu], le .... [¤ date], étant professionnel, [⇨A ou B :]

A. fabriqué (A1 : *N 11270.ju ;* par personne morale : *N 25660.ju*), importé (A2 : *N 11272.ju ;* par personne morale : *N 25661.ju*), exporté (A3 : *N #.ju*), exposé ou offert (A4 : *N 11276.ju ;* par personne morale : *N 25663.ju*), mis en vente ou vendu (A5 : *N 11274.ju ;* par personne morale : *N 25662.ju*), proposé à la location (A6 : *N 25816.ju*), incité à acheter ou à utiliser (A7 : *N 25817.ju*) un dispositif ayant pour objet de dépasser les limites réglementaires fixées en matière de vitesse, de cylindrée ou de puissance maximale du moteur d'un cyclomoteur, d'une motocyclette, « *d'un engin de déplacement personnel à moteur, d'un cycle à pédalage assisté* » (L nº 2019-1428, 24 déc. 2019) ou d'un quadricycle à moteur (C. route, art. L. 317-5 I) ;

B. réalisé, sur un cyclomoteur, une motocyclette, « *un engin de déplacement personnel à moteur, un cycle à pédalage assisté* » (L nº 2019-1428, 24 déc. 2019) ou un quadricycle à moteur, des transformations ayant pour objet de dépasser les limites réglementaires en matière de vitesse, de cylindrée ou de puissance maximale du moteur (C. route, art. L. 317-5 II) (B : *N 11278.ju ;* par personne morale : *N 25664.ju*).

Faits prévus et réprimés par les articles [• du cas sélectionné] **PERSONNES PHYSIQUES.** + L. 317-6 et L. 317-7 du code de la route. **PERSONNES MORALES.** + L. 317-6 et L. 317-8 du code de la route. ✧

36.80 Défaut de réception (homologation) ou débridage de cycle à moteur (cyclomoteur, motocyclette ou quadricycle à moteur)

■ PEINES

PERSONNE PHYSIQUE

PP Délit. Cas A : 6 mois d'emprisonnement, 7 500 €. Cas B : 2 ans, 30 000 € (C. route, art. L. 321-1).

PC 1. Suspension ou interdiction délivrance PC ⩽ 3 ans, exécution provisoire possible (C. route, art. L. 321-3, 1°, L. 224-12, L. 224-13) ;

2. Confiscation de la chose qui a servi ou était destinée à commettre l'infraction ou de son produit (C. route, art. L. 321-3, 2°, C. pén., art. 131-21) ;

3. Interdiction, définitive ou ⩽ 5 ans, d'exercer l'activité professionnelle ou sociale en relation avec l'infraction (C. route, art. L. 321-3, 3°, C. pén., art. 221-8, 221-9 et 131-27) ;

PERSONNE MORALE

PP Délit. Cas A : 37 500 €. Cas B : 150 000 € (C. route, art. L. 321-1 ; C. pén., art. 131-38).

PC 1. Fermeture, définitive ou ⩽ 5 ans, d'un ou plusieurs établissements en relation avec l'infraction (C. route, art. L. 321-4, C. pén., art. 131-39 4º) ;

2. Exclusion, définitive ou ⩽ 5 ans marchés publics (C. route, art. L. 321-4, C. pén., art. 131-39 5º) ;

3. Interdiction, définitive ou ⩽ 5 ans, de *faire appel public à l'épargne* (procéder à une offre au public de titres financiers ou de les faire admettre aux négociations sur un marché réglementé, selon L. nº 2009-80, 22 janv. 2009) (C. route, art. L. 321-4, C. pén., art. 131-39 6º) ;

4. Interdiction, ⩽ 5 ans, d'utiliser des cartes de paiement ou d'émettre des chèques autres que de retrait ou certifiés (C. route, art. L. 321-4, C. pén., art. 131-39 7º) ;

5. Confiscation de la chose ayant servi à l'infraction ou destinée à la commettre, de l'objet de l'infraction ou de son produit direct ou indirect (obligatoire pour objets qualifiés dangereux ou nuisibles par loi ou règlement ou dont la détention est illicite) (C. route, art. L. 321-4, C. pén., art. 131-39 8º, 131-48 et 131-21) ;

6. Affichage, ⩽ 2 mois, *et/ou* (L. nº 2011-525, 17 mai 2011) diffusion de la décision ou d'extraits aux frais (⩽ amende encourue) du condamné (C. route, art. L. 321-4, C. pén., art. 131-39 9º, 131-48 et 131-35).

■ ORIENTEUR

AUTRE QUALIFICATION

▪ Commercialisation de dispositif permettant de dépasser les vitesses autorisées d'un cycle à moteur (débridage du moteur). C. route, art. L. 317-5, v. nº 36.79.

- **Infractions en matière de cycle à moteur non soumis à réception (cyclomoteur, motocyclette ou quadricycle à moteur, mini-moto, quad).** C. route, art. L. 321-1-1 ; D. n° 2010-44, 12 janv. 2010, art. 3 ; D. n° 2008-1455, 30 déc. 2008, art. 5 ; v. n° 36.81.
- **Infractions en matière d'engins de déplacement personnel motorisés.** Infractions en matière de limitation de vitesse par construction commises par le conducteur d'un engin de déplacement personnel motorisé (C. route, art. R. 317-23-1 et R. 321-4-2), v. n° 36.82.
- **Dispositif de limitation de vitesse : débridage par exploitant d'un véhicule de transport, engin de déplacement personnel, cycle à pédalage assisté.** C. route, art. L. 317-1, v. n° 37.15.

ÉLÉMENT LÉGAL

- **Application de la loi pénale dans le temps.** Incrimination créée par L. n° 2006-10, 5 janv. 2006, modifiée par L. n° 2007-297, 5 mars 2007.

ÉLÉMENT MATÉRIEL

- **Tentative. Punissable** (C. route, art. L. 321-2).
- **Champ d'application.** L'incrimination s'applique aussi en cas de « *débridage* » du véhicule en ce que ce dernier n'est « *plus conforme* » à sa réception au sens de C. route, art. L. 321-1.

RÉGIME PROCÉDURAL

- **Compétence juridictionnelle. Juge unique** (C. pr. pén., art. 398-1 2°, v. n° 17.15D2).
- **Ordonnance pénale. Possible** (C. pr. pén., art. 495-II, v. n° 15.48B1 et tableau n° 17.15D2).
- **Mesure provisoire. Le véhicule peut être saisi** (C. route, art. L. 321-1).

■ ÉLÉMENTS CONSTITUTIFS – QUALIFICATION

✧ Pour avoir à .... [¤ lieu], le .... [¤ date], [⇨A ou B :]

A. **DÉFAUT DE RÉCEPTION PAR UN NON PROFESSIONNEL**

[⇨A1 à A5 :]

A1. importé ... (A1 : *N 25819.ju*) ;

A2. exposé ou offert ... (A2 : *N 25821.ju*) ;

A3. vendu ou mis en vente ... (A3 : *N 25820.ju*) ;

A4. proposé à la location ... (A4 : *N 25822.ju*) ;

A5. incité à acheter ou à utiliser ... (A5 : *N 25823.ju*) ;

... un cyclomoteur, une motocyclette ou un quadricycle à moteur qui n'a pas fait l'objet d'une réception ou qui n'est plus conforme à celle-ci.

B. **DÉFAUT DE RÉCEPTION PAR UN PROFESSIONNEL**

étant professionnel, [⇨B1 à B5 :]

B1. importé ... (B1 : *N 26180.ju ;* par personne morale : *N 25825.ju*) ;

B2. exposé ou offert ... (B2 : *N 26181.ju*) ;

B3. vendu ou mis en vente ... (B3 : *N 26182.ju ;* par personne morale : *N 25824.ju*) ;

B4. proposé à la location ... (B4 : *N 26183.ju ;* par personne morale : *N 25826.ju*) ;

B5. incité à acheter ou à utiliser ... (B5 : *N 26184.ju*) ;

... un cyclomoteur, une motocyclette ou un quadricycle à moteur qui n'a pas fait l'objet d'une réception ou qui n'est plus conforme à celle-ci.

Faits prévus et réprimés par les articles L. 321-1, L. 321-2, L. 321-3 et L. 321-4 du code de la route. ✧

36.81 Infractions en matière de cycle à moteur non soumis à réception (cyclomoteur, motocyclette ou quadricycle à moteur, mini-moto, quad)

■ PEINES

PERSONNE PHYSIQUE

PP Cas A à C : Contrav. 5e cl. 1 500 € (C. route, art. L. 321-1-1 ; C. pén., art. 131-13). Récidive : 3 000 € (C. route, art. L. 321-1-1 ; C. pén., art. 132-11).

Cas D : Contrav. 5e cl. 1 500 € (D. n° 2010-44, 12 janv. 2010, art. 3 ; C. pén., art. 131-13). Récidive : 3 000 € (D. n° 2010-44, 12 janv. 2010, art. 3 ; C. pén., art. 132-11).

Cas E1 à E4 : Contrav. 4e cl. 750 € (D. n° 2008-1455, 30 déc. 2008, art. 5 ; C. pén., art. 131-13).

Cas E5 : Contrav. 3e cl. 450 € (D. n° 2008-1455, 30 déc. 2008, art. 5 ; C. pén., art. 131-13).

PC Cas A à C : confiscation du véhicule qui a servi ou était destiné à commettre l'infraction (C. route, art. L. 321-5). Confiscation de plein droit en cas de récidive, sauf décision spécialement motivée, (C. route, art. L. 321-1-1).

PERSONNE MORALE

PP Cas A à C : Contrav. 5e cl. 7 500 € (C. route, art. L. 321-1-1 ; C. pén., art. 131-41). **Récidive** : 15 000 € (C. route, art. L. 321-1-1 ; C. pén., art. 132-15).

Cas D : Contrav. 5e cl. 7 500 € (D. n° 2010-44, 12 janv. 2010, art. 3 ; C. pén., art. 131-41). Récidive : 15 000 € (D. n° 2010-44, 12 janv. 2010, art. 3 ; C. pén., art. 132-15).

Cas E1 à E4 : Contrav. 4e cl. 3 750 € (D. n° 2008-1455, 30 déc. 2008, art. 5 ; C. pén., art. 131-41).

Cas E5 : Contrav. 3e cl. 2 250 € (D. n° 2008-1455, 30 déc. 2008, art. 5 ; C. pén., art. 131-41).

PC Cas A à C : confiscation de la chose ayant servi à l'infraction ou destinée à la commettre ou de son produit (C. route, art. L. 321-6 ; C. pén., art. 131-16 5°).

■ ORIENTEUR

AUTRE QUALIFICATION

- **Commercialisation de dispositif permettant de dépasser les vitesses autorisées d'un cycle à moteur (débridage du moteur).** C. route, art. L. 317-5, v. n° 36.79.
- **Défaut de réception (homologation) ou débridage de cycle à moteur (cyclomoteur, motocyclette ou quadricycle à moteur).** C. route, art. L. 321-1, v. n° 36.80.
- **Infractions en matière d'engins de déplacement personnel motorisés.** Infractions en matière de limitation de vitesse par construction commises par le conducteur d'un engin de déplacement personnel motorisé (C. route, art. R. 317-23-1 et R. 321-4-2), v. n° 36.82.
- **Dispositif de limitation de vitesse : débridage par exploitant d'un véhicule de transport, engin de déplacement personnel, cycle à pédalage assisté.** C. route, art. L. 317-1, v. n° 37.15.

MESURE ADMINISTRATIVE

- **Mesure provisoire. L'immobilisation** du véhicule peut être prescrite par le maire ou l'OPJ territorialement compétent pour faire cesser l'infraction (C. route, art. L. 321-1-1, L. 325-1 et R. 325-3).

■ ÉLÉMENTS CONSTITUTIFS – QUALIFICATION

✧ Pour avoir à .... [¤ lieu], le .... [¤ date], [⇨A à E :]

A. Circulation sur la voie publique d'un cycle à moteur non soumis à réception

circulé sur les voies ouvertes à la circulation publique ou les lieux ouverts à la circulation publique ou au public avec un véhicule de deux roues à moteur, un tricycle à moteur ou un quadricycle à moteur non soumis à réception (C. route, art. L. 321-1-1, L. 321-5, L. 321-6) (A : *N 26767.c5*) ;

B. Remise à un mineur d'un cycle à moteur non soumis à réception excédant 25 km/h par construction

vendu ou cédé à un mineur, ou, en dehors du cadre d'une association sportive agréée, loué ou mis à disposition d'un mineur de 14 ans, un véhicule de deux roues à moteur, un tricycle à moteur ou un quadricycle à moteur non soumis à réception dont la vitesse, par construction, peut excéder 25 km/h (C. route, art. L. 321-1-1, L. 321-5, L. 321-6) (B : *N #.c5*) ;

C. Utilisation sur un terrain non adapté d'un cycle à moteur non soumis à réception excédant 25 km/h par construction

utilisé ou favorisé l'utilisation, sur un terrain non adapté à sa pratique et sans respecter les conditions fixées par le décret n° 2009-719 du 7 juin 2009, d'un véhicule de deux roues à moteur, d'un tricycle à moteur ou d'un quadricycle à moteur non soumis à réception dont la vitesse, par construction, peut excéder 25 km/h (C. route, art. L. 321-1-1, L. 321-5, L. 321-6, D. n° 2009-719, 17 juin 2009, C. sport, art. R. 331-18) (C : *N #.c5*) ;

D. **DÉFAUT D'INFORMATION SUR L'INTERDICTION DE CIRCULATION SUR LA VOIE PUBLIQUE D'UN CYCLE À MOTEUR NON SOUMIS À RÉCEPTION EXCÉDANT 25 KM/H PAR CONSTRUCTION**

exposé (D1 : *N* ***27650.c5***), distribué à titre gratuit (D2 : *N* ***27653.c5***), mis en vente ou vendu (D3 : *N* ***27651.c5***), mis à disposition (D4 : *N* ***27652.c5***) un véhicule de deux roues à moteur, un tricycle à moteur ou un quadricycle à moteur non soumis à réception dont la vitesse, par construction, peut excéder 25 km/h sans faire figurer, sur l'engin, son emballage, sa notice d'emploi ou sur toute publicité, quel qu'en soit le support, relative à cet engin, la mention visible et indélébile « interdiction de circulation sur les voies ouvertes au public » (C. route, art. L. 321-1-1, al. 2, D. n° 2010-44, 12 janv. 2010, art. 1, 2 et 3).

E. **DÉFAUT DE DÉCLARATION OU D'IDENTIFICATION D'UN CYCLE À MOTEUR NON SOUMIS À RÉCEPTION EXCÉDANT 25 KM/H PAR CONSTRUCTION**

E1. étant propriétaire d'un véhicule de deux roues à moteur (E1a : *N* ***27450.c4***), d'un tricycle à moteur ou d'un quadricycle à moteur (E1b : *N* ***27451.c4***) non soumis à réception dont la vitesse, par construction, peut excéder 25 km/h, omis de le **déclarer dans les 15 jours** de son acquisition auprès du ministère de l'intérieur (C. route, art. L. 321-1-1, al. 2, D. n° 2008-1455, 30 déc. 2008, art. 1, 2 et 5) ;

E2. étant propriétaire d'un véhicule de deux roues à moteur, d'un tricycle à moteur ou d'un quadricycle à moteur non soumis à réception dont la vitesse, par construction, peut excéder 25 km/h, omis de **déclarer dans les ~~15 jours~~ 48h00** (mod. issue D. n° 2022-1040, 22 juill. 2022) auprès du ministère de l'intérieur : son changement d'état civil ou d'adresse (E2a : *N* ***27452.c4***) ; la cession ou la vente du véhicule (E2b : *N* ***27462.c4***) ; la destruction du véhicule (E2c : *N* ***27464.c4***) (C. route, art. L. 321-1-1, al. 2, D. n° 2008-1455, 30 déc. 2008, art. 1, 2 et 5) ;

E3. fait circuler, y compris sur les voies non ouvertes à la circulation publique, un véhicule de deux roues à moteur (E3a : *N* ***27453.c4***), un tricycle à moteur ou un quadricycle à moteur (E3b : *N* ***27463.c4***) non soumis à réception dont la vitesse, par construction, peut excéder 25 km/h, sans **plaque d'identification** fixée à l'arrière du véhicule (C. route, art. L. 321-1-1, al. 2, D. n° 2008-1455, 30 déc. 2008, art. 3 et 5) ;

E4. fait circuler, y compris sur les voies non ouvertes à la circulation publique, un véhicule de deux roues à moteur, un tricycle à moteur ou un quadricycle à moteur non soumis à réception dont la vitesse, par construction, peut excéder 25 km/h, sans **numéro d'identification gravé** sur une partie inamovible du véhicule (C. route, art. L. 321-1-1, al. 2, D. n° 2008-1455, 30 déc. 2008, art. 3 et 5) (E4 : *N* ***27454.c4***) ;

E5. fait circuler, y compris sur les voies non ouvertes à la circulation publique, un véhicule de deux roues à moteur, un tricycle à moteur ou un quadricycle à moteur non soumis à réception dont la vitesse, par construction, peut excéder 25 km/h, muni d'une plaque d'identification non-conforme (C. route, art. L. 321-1-1, al. 2, D. n° 2008-1455, 30 déc. 2008, art. 3 et 5 ; Arr. 15 mai 2009, NOR : IOCA0911673A) (E5 : *N* ***27449.c3***).

Faits prévus et réprimés par les articles [¤ de l'infraction sélectionnée]. ✧

36.82 Infractions en matière d'engins de déplacement personnel motorisés

■ **PEINES**

PERSONNE PHYSIQUE

PP Cas A1 : Contrav. 5e cl. 1 500 € (C. route, art. R. 321-4-2 ; C. pén., art. 131-13).

Cas A2, B1, D1, E1 et E2a : Contrav. 4e cl. 750 € (C. route, art. R. 317-23-1 (Cas A2) ; R. 412-43-3 (Cas B1) ; R. 314-1 (Cas D1) ; R. 412-43-1 (Cas E1 et E2a) ; C. pén., art. 131-13).

Cas A3, A4, B2 à B4, C1 à C6, D3, E2b à E2c : Contrav. 2e cl. 150 € (C. route, art. R. 412-43-1 (Cas A3, A4, C1 à C6, E2b à E2c) ; R. 412-43-3 (Cas B2, B3 et D3) ; R. 412-43-2 (Cas B4) ; C. pén., art. 131-13).

Cas D2, D4 à D11 : Contrav. 1re cl. 38 € (C. route, art. R. 313-1 (Cas D2) ; R. 313-4 (Cas D4) ; R. 313-5 (Cas D5) ; R. 313-18 (Cas D6) ; R. 313-19 (Cas D7) ; R. 313-20 (Cas D8) ; R. 313-33 (Cas D9 et D10) ; R. 315-7 (Cas D11) ; C. pén., art. 131-13).

PC Cas A1 et A2 : confiscation de l'engin de déplacement personnel (Cas A1 : C. route, art. R. 321-4-2 ; Cas A2 : C. route, art. R. 317-23-1).

PERSONNE MORALE

PP Cas A1 : Contrav. 5e cl. 7 500 € (C. route, art. R. 321-4-2 ; C. pén., art. 131-41).

Cas A2, B1, D1, E1 et E2a : Contrav. 4e cl. 3 750 € (C. route, art. R. 317-23-1 (Cas A2) ; R. 412-43-3 (Cas B1) ; R. 314-1 (Cas D1) ; R. 412-43-1 (Cas E1 et E2a) ; C. pén., art. 131-41).

Cas A3, A4, B2 à B4, C1 à C6, D3, E2b à E2c : Contrav. 2e cl. 750 € (C. route, art. R. 412-43-1 (Cas A3, A4, C1 à C6, E2b à E2c) ; R. 412-43-3 (Cas B2, B3 et D3) ; R. 412-43-2 (Cas B4) ; C. pén., art. 131-41).

Cas D2, D4 à D11 : Contrav. 1re cl. 190 € (C. route, art. R. 313-1 (Cas D2) ; R. 313-4 (Cas D4) ; R. 313-5 (Cas D5) ; R. 313-18 (Cas D6) ; R. 313-19 (Cas D7) ; R. 313-20 (Cas D8) ; R. 313-33 (Cas D9 et D10) ; R. 315-7 (Cas D11) ; C. pén., art. 131-41).

PC Cas A1 et A2 : confiscation de l'engin de déplacement personnel (Cas A1 : C. route, art. R. 321-4-2 ; Cas A2 : C. route, art. R. 317-23-1).

■ ORIENTEUR

AUTRE QUALIFICATION

▪ **Commercialisation de dispositif permettant de dépasser les vitesses autorisées d'un cycle à moteur (débridage du moteur).** C. route, art. L. 317-5, v. nº 36.79.

▪ **Défaut de réception (homologation) ou débridage de cycle à moteur (cyclomoteur, motocyclette ou quadricycle à moteur).** C. route, art. L. 321-1, v. nº 36.80.

▪ **Infractions en matière de cycle à moteur non soumis à réception (cyclomoteur, motocyclette ou quadricycle à moteur, mini-moto, quad).** C. route, art. L. 321-1-1 ; D. nº 2010-44, 12 janv. 2010, art. 3 ; D. nº 2008-1455, 30 déc. 2008, art. 5 ; v. nº 36.81.

▪ **Dispositif de limitation de vitesse : débridage par exploitant d'un véhicule de transport, engin de déplacement personnel, cycle à pédalage assisté.** C. route, art. L. 317-1, v. nº 37.15.

ÉLÉMENT LÉGAL

▪ **Application de la loi pénale dans le temps.** Infractions créées par D. nº 2019-1082, 23 oct. 2019 relatif à la règlementation des engins de déplacement personnel.

▪ **Définition.** Constitue un engin de déplacement personnel motorisé, un « *véhicule sans place assise, conçu et construit pour le déplacement d'une seule personne et dépourvu de tout aménagement destiné au transport de marchandises, équipé d'un moteur non thermique ou d'une assistance non thermique et dont la vitesse maximale par construction est supérieure à 6 km/h et ne dépasse pas 25 km/h. Il peut comporter des accessoires, comme un panier ou une sacoche de petite taille. Un gyropode,* [tel que défini par le règlement (UE) nº 168/2013 du Parlement européen et du Conseil du 15 janv. 2013, art. 3, § 71], *peut être équipé d'une selle. Les engins exclusivement destinés aux personnes à mobilité réduite sont exclus de cette catégorie* » (C. route, art. R. 311-1, § 6.15 issu D. nº 2019-1082, 23 oct. 2019).

MESURE ADMINISTRATIVE

▪ **Mesure provisoire. L'immobilisation** de l'engin peut être prescrite par le maire ou l'OPJ territorialement compétent pour faire cesser l'infraction dans les conditions prévues par C. route, art. L. 325-1 s. dans les cas A1 (C. route, art. R. 321-4-2), A2 (C. route, art. R. 317-23-1), D2 (C. route, art. R. 313-1), D4 et D5 en cas de nuit ou lorsque la visibilité est insuffisante (C. route, art. R. 313-4 § XII et R. 313-5 § X).

■ ÉLÉMENTS CONSTITUTIFS – QUALIFICATION

✧ Pour avoir à .... [¤ lieu], le .... [¤ date], [⇨A à E :]

A. **INFRACTIONS EN MATIÈRE DE VITESSE OU D'ALLURE DE L'ENGIN**

A1. circulé sur la voie publique avec un engin de déplacement personnel motorisé dont la **vitesse maximale par construction** est **supérieure à 25 km/h** (C. route, art. R. 311-1 § 6.15, R. 321-4-2) (A1 : *N 33351.c5*) ;

A2. utilisé un engin de déplacement personnel motorisé muni d'un **dispositif** ayant pour effet de permettre à celui-ci de **dépasser la vitesse maximale par construction** limitée à 25 km/h (C. route, art. R. 311-1 § 6.15, R. 317-23-1) (A2 : *N 33350.c4*) ;

A3. circulé **au-delà de l'allure du pas** avec un engin de déplacement personnel motorisé sur un **trottoir** où la circulation d'un tel engin est autorisée par l'autorité investie du pouvoir de police (C. route, art. R. 311-1 § 6.15, R. 412-43-1 § III 2° et § V) (A3 : *N 33355.c2*) ;

A4. circulé **au-delà de l'allure du pas** avec un engin de déplacement personnel motorisé sur une **aire piétonne** où la circulation d'un tel engin est autorisée en l'absence de bande ou de piste cyclable (C. route, art. R. 311-1 § 6.15, R. 431-9, al. 4, R. 412-43-1 § I 2° et § V) (A4 : *N 33354.c2*) ;

B. **Infractions en matière de modalités d'utilisation de l'engin**

B1. étant âgé d'au moins 18 ans, accompagné un conducteur d'engin de déplacement personnel motorisé âgé de **moins de 12 ans** sur lequel il exerce une autorité de droit ou de fait (C. route, art. R. 311-1 § 6.15, R. 412-43-3 § I et § IV) (B1 : *N 33360.c4*) ;

B2. étant conducteur d'un engin de déplacement personnel motorisé, transporté un **passager** (C. route, art. R. 311-1 § 6.15, R. 412-43-3 § III et § IV) (B2 : *N 33362.c2*) ;

B3. étant conducteur d'un engin de déplacement personnel motorisé, **poussé** (B3a : *N 33358.c2*) ou **tracté** (B3b : *N 33357.c2*) une charge ou un véhicule (C. route, art. R. 311-1 § 6.15, R. 412-43-2) ;

B4. étant conducteur d'un engin de déplacement personnel motorisé, s'être fait **remorquer** par un véhicule (C. route, art. R. 311-1 § 6.15, R. 412-43-2) (B4 : *N 33359.c2*) ;

C. **Circulation gênante ou sur une voie interdite aux engins de déplacement personnel**

circulé avec un engin de déplacement personnel motorisé [⇨C1 à C6 :]

C1. **hors agglomération** et en dehors d'une voie verte ou d'une piste cyclable (C. route, art. R. 311-1 § 6.15, R. 412-43-1 § II et § V) (C1 : *N 33354.c2*) ;

C2. en agglomération, **en dehors d'une bande ou piste cyclable** malgré la présence d'une telle voie (C. route, art. R. 311-1 § 6.15, R. 412-43-1 § I et § V) (C2 : *N 33353.c2*) ;

C3. en agglomération, en l'absence d'une bande ou piste cyclable, sur **une route dont la vitesse maximale autorisée est supérieure à 50 km/h** sur laquelle la circulation d'un tel engin n'a pas été autorisée par l'autorité investie du pouvoir de police (C. route, art. R. 311-1 § 6.15, R. 412-43-1 § I et § V) (C3 : *N 33354.c2*) ;

C4. en agglomération, en l'absence d'une bande ou piste cyclable, en **circulant de front** sur une route dont la vitesse maximale autorisée est supérieure à 50 km/h (C. route, art. R. 311-1 § 6.15, R. 412-43-1 §I 1° et § V) (C4 : *N 33352.c2*) ;

C5. en agglomération, en l'absence d'une bande ou piste cyclable, sur une **aire piétonne** en occasionnant une **gêne aux piétons** (C. route, art. R. 311-1 § 6.15, R. 431-9, al. 4, R. 412-43-1 § I et § V) (C5 : *N 33354.c2*) ;

C6. en agglomération, sur un **trottoir** où la circulation d'un tel engin est autorisée par l'autorité investie du pouvoir de police, en occasionnant une **gêne aux piétons** (C. route, art. R. 311-1 § 6.15, R. 412-43-1 §III 2° et § V) (C6 : *N 33356.c2*) ;

D. **Infractions en matière d'équipement du véhicule ou du conducteur**

circulé avec un engin de déplacement personnel motorisé [⇨D1 à D11 :]

D1. dont un ou plusieurs **pneumatiques** faisaient apparaître la toile en surface ou au fond des sculptures ou comportaient sur leur flanc une déchirure profonde (C. route, art. R. 311-1 § 6.15, R. 314-1) (D1 : *N 33349.c4*) ;

D2. dépourvu de dispositifs d'**éclairage ou de signalisation** conformes (C. route, art. R. 311-1 § 6.15, R. 313-1, Arr. 30 août 1982, *JO* 12 oct. 1982, mod. par Arr. 30 juin 2021, NOR : TRER2121013A) (D2 : *N 33348.c1*) ;

D3. la nuit ou le jour lorsque la visibilité est insuffisante, sans porter un **gilet de haute visibilité** ou un **équipement rétro-réfléchissant** conforme (C. route, art. R. 311-1 § 6.15, R. 412-43-3 § II, Arr. 24 juin 2020, NOR : INTS1931141A) (D3 : *N 33361.c2*) ;

D4. la nuit ou le jour lorsque la visibilité est insuffisante, sans que l'engin soit muni d'un **feu de position avant** émettant vers l'avant une lumière non éblouissante, jaune ou blanche (C. route, art. R. 311-1 § 6.15, R. 313-4 § X et § XIII, Arr. 30 août 1982, *JO* 12 oct. 1982, mod. par Arr. 30 juin 2021, NOR : TRER2121013A) (D4 : *N 33552.c1*) ;

D5. la nuit ou le jour lorsque la visibilité est insuffisante, sans que l'engin soit muni d'un **feu de position arrière** nettement visible de l'arrière lorsque le véhicule est monté (C. route, art. R. 311-1 § 6.15, R. 313-5 § V et § XI, Arr. 30 août 1982, *JO* 12 oct. 1982, mod. par Arr. 30 juin 2021, NOR : TRER2121013A) (D5 : *N 33553.c1*) ;

D6. démuni d'un **catadioptre arrière** rouge (C. route, art. R. 311-1 § 6.15, R. 313-18 § V et § XI) (D6 : *N 33554.c1*) ;

D7. démuni de **catadioptres latéraux** orange (C. route, art. R. 311-1 § 6.15, R. 313-19 § III et § V) (D7 : *N 33555.c1*) ;

D8. démuni d'un **catadioptre avant** blanc (C. route, art. R. 311-1 § 6.15, R. 313-20 § IV et § VIII) (D8 : *N 33556.c1*) ;

D9. démuni d'un appareil **avertisseur** constitué par un timbre ou un grelot dont le son peut être entendu à 50 mètres au moins (C. route, art. R. 311-1 § 6.15, R. 313-33, Arr. 22 juill. 2020, NOR : TRER2015690A) (D9 : *N 33557.c1*) ;

D10. en employant comme appareil avertisseur un **signal sonore autre** qu'un timbre ou un grelot (C. route, art. R. 311-1 § 6.15, R. 313-33, Arr. 22 juill. 2020, NOR : TRER2015690A) (D10 : *N 33558.c1*) ;

D11. non muni d'un **dispositif de freinage** efficace (C. route, art. R. 311-1 § 6.15, R. 315-7, Arr. 21 juill. 2020, NOR : TRER2015693A) (D11 : *N 33582.c1*).

E. Infractions en matière d'équipement spécial du véhicule pour la circulation sur les routes dont la vitesse autorisée est ⩽ 80 km/h

E1. étant âgé d'au moins 18 ans, accompagné sur une route dont la vitesse maximale autorisée est inférieure ou égale à 80 km/h, sur laquelle la circulation d'un tel engin a été autorisée par l'autorité investie du pouvoir de police, un conducteur d'engin de déplacement personnel motorisé **mineur** sur lequel il exerce une autorité de droit ou de fait sans s'assurer qu'il est coiffé d'un **casque conforme** à la règlementation relative aux équipements de protection individuelle ou sans s'assurer que son casque est **attaché** (C. route, art. R. 311-1 § 6.15, R. 412-43-1 § III, § IV 2° et § V, Arr. 21 déc. 2016, NOR : INTS1634098A) (E1 : *N 33584.c4*) ;

E2. circulé avec un engin de déplacement personnel motorisé sur une route, dont la vitesse maximale autorisée est inférieure ou égale à 80 km/h, sur laquelle la circulation d'un tel engin a été autorisée par l'autorité investie du pouvoir de police, [⇨E2a à E2d :]

E2a. sans être coiffé d'un **casque conforme** à la règlementation relative aux équipements de protection individuelle ou en étant coiffé d'un **casque non attaché** (C. route, art. R. 311-1 § 6.15, R. 412-43-1 § IV 1° a) et § V, Arr. 21 déc. 2016, NOR : INTS1634098A) (E2a : *N 33583.c4*) ;

E2b. sans porter un **gilet de haute visibilité** ou un équipement rétro-réfléchissant conforme (C. route, art. R. 311-1 § 6.15, R. 412-43-1 § IV 1° b) et § V, Arr. 24 juin 2020, NOR : INTS1931141A) (E2b : *N 33586.c2*) ;

E2c. sans porter sur lui un **dispositif d'éclairage complémentaire** non éblouissant et non clignotant conforme (C. route, art. R. 311-1 § 6.15, R. 412-43-1 § IV 1° c) et § V, Arr. 24 juin 2020, NOR : INTS1931141A) (E2c : *N 33587.c2*) ;

E2d. sans allumer les **feux de position** de son engin, de jour comme de nuit (C. route, art. R. 311-1 § 6.15, R. 412-43-1 § IV 1° d) et § V, Arr. 24 juin 2020, NOR : INTS1931141A) (E2d : *N 33585.c2*).

Faits prévus et réprimés par les articles [¤ de l'infraction sélectionnée]. ✧

36.83 Détecteur ou brouilleur de radar – Commercialisation

■ PEINES

PERSONNE PHYSIQUE

PP Délit. 2 ans d'emprisonnement, 30 000 € (C. route, art. L. 413-2).

PC 1. Suspension ou interdiction délivrance, ⩽ 3 ans, du PC ; exécution provisoire possible (C. route, art. L. 224-12, L. 224-13 et L. 413-4) ;

2. Confiscation obligatoire appareil (C. route, art. L. 413-4) ;

3. Confiscation facultative véhicule si l'appareil est placé, adapté ou appliqué sur celui-ci (C. route, art. L. 413-4).

PERSONNE MORALE

PP Délit. 150 000 € (C. route, art. L. 413-5 ; C. pén., art. 131-38).

PC 1. Fermeture, définitive ou ⩽ 5 ans, d'un ou plusieurs établissements en relation avec l'infraction (C. route, art. L. 413-5 ; C. pén., art. 131-39 4°) ;

2. Exclusion, définitive ou ⩽ 5 ans marchés publics (C. route, art. L. 413-5 ; C. pén., art. 131-39 5°) ;

3. Interdiction, définitive ou ⩽ 5 ans appel public à l'épargne (C. route, art. L. 413-5 ; C. pén., art. 131-39 6°) ;

4. Confiscation de la chose ayant servi à l'infraction ou destinée à la commettre, ou son produit (obligatoire pour objets qualifiés dangereux ou nuisibles par loi ou règlement ou dont la détention est illicite) (C. route, art. L. 413-5 ; C. pén., art. 131-39 8° et 131-21) ;

5. Affichage, ⩽ 2 mois, *et/ou* (L. n° 2011-525, 17 mai 2011) diffusion de la décision ou d'extraits aux frais (⩽ amende encourue) du condamné (C. route, art. L. 413-5 ; C. pén., art. 131-39 9°, 131-48 et 131-35).

■ ORIENTEUR

AUTRE QUALIFICATION

▪ **Détecteur ou brouilleur de radar – Détention – Usage.** C. route, art. R. 413-5, v. n° 36.84.

ÉLÉMENT MATÉRIEL

▪ **Tentative. Punissable** (C. route, art. L. 413-3).

RÉGIME PROCÉDURAL

▪ **Compétence juridictionnelle. Juge unique** (C. pr. pén., art. 398-1 2°, v. n° 17.15D2).

▪ **Ordonnance pénale. Possible** (C. pr. pén., art. 495-II, v. n° 15.48B1 et tableau n° 17.15D2).

▪ **Mesure conservatoire.** La saisie de **l'appareil** en vue de la confiscation est obligatoire, celle du **véhicule** facultative (C. route, art. L. 413-2).

■ ÉLÉMENTS CONSTITUTIFS – QUALIFICATION

✧ Pour avoir à .... [¤ lieu], le .... [¤ date], [⇨A à F :]

A. fabriqué...

B. importé ou exporté...

C. exposé ou offert...

D. mis en vente ou vendu...

E. proposé à la location...

F. incité à acheter ou à utiliser...

... un appareil, dispositif ou produit de nature ou présenté comme étant de nature à déceler la présence ou perturber le fonctionnement d'appareils, instruments ou systèmes servant à la constatation des infractions à la législation ou à la règlementation de la circulation routière ou de permettre de se soustraire à la constatation desdites infractions.

Faits prévus et réprimés par les articles : **PERSONNE PHYSIQUE** ; L. 413-2, L. 413-3 et L. 413-4 du code de la route (*N 22908.ju*) ; **PERSONNE MORALE** ; L. 413-2, L. 413-3 et L. 413-5 du code de la route. ✧

36.84 Détecteur ou brouilleur de radar – Détention – Usage

■ PEINES

PERSONNE PHYSIQUE

PP Contrav. 5e cl. 1 500 € (C. route, art. R. 413-15 ; C. pén., art. 131-13).

PC 1. Suspension, ⩽ 3 ans, du PC ; exécution provisoire possible (C. route, art. L. 224-13 et R. 413-15) ;

2. Confiscation obligatoire appareil (C. route, art. R. 413-15) ;

3. Confiscation facultative véhicule si l'appareil est placé, adapté ou appliqué sur celui-ci (C. route, art. R. 413-15).

PERSONNE MORALE

PP 7 500 € (C. pén., art. 131-41).

PC Néant.

■ ORIENTEUR

AUTRE QUALIFICATION

▪ **Détecteur ou brouilleur de radar – Commercialisation.** C. route, art. L. 413-2, v. n° 36.83.

ÉLÉMENT LÉGAL

▪ **Domaine d'application. Extension aux dispositifs d'information sur la localisation des instruments de constatation d'infractions.** L'incrimination a été étendue aux dispositifs ou produits visant à avertir ou informer de la **localisation d'appareils**, instruments ou systèmes servant à la constatation des infractions à la législation ou à la règlementation de la circulation routière (Cas C, C. route, art. R. 413-15 IV, réd. issue D. n° 2012-3, 3 janv. 2012). Selon la Ch. crim. « *les dispositions de l'article R. 413-15 I du code de la route ne prohibent pas le fait d'avertir ou d'informer de la localisation d'appareils, instruments ou systèmes servant à la constatation des infractions à la législation ou à la règlementation de la circulation routière, mais uniquement la détention, le transport et l'usage des dispositifs ou produits de nature ou présentés comme étant de nature à déceler la présence ou perturber le fonctionnement d'appareils, instruments ou systèmes servant à la constatation des infractions à la législation ou à la règlementation de la circulation routière* ». Il en résulte que l'échange d'informations sur la localisation de contrôles de vitesse par l'intermédiaire d'un réseau social de type « Facebook » n'est pas punissable (Crim. 13 déc. 2016, n° 16-81.144, NP ; Crim. 6 sept. 2016, n° 15-86.412, NP).

RÉGIME PROCÉDURAL

▪ **Mesure conservatoire. Saisie et confiscation.** La saisie, en vue de la confiscation, de l'appareil est obligatoire, celle du véhicule facultative (C. route, art. R. 413-15).

MESURE ADMINISTRATIVE

▪ **Perte de points du permis de conduire.** 6 points (depuis D. n° 2012-3, 3 janv. 2012, auparavant 2) (C. route, art. R. 413-15).

▪ ÉLÉMENTS CONSTITUTIFS – QUALIFICATION

✧ Pour avoir à .... [¤ lieu], le .... [¤ date], [⇨A à C :]

A. détenu ou transporté (A1 : *N* ***22909.c5***) ou utilisé (A2 : *N* ***7557.c5***) un appareil, dispositif ou produit de nature ou présenté comme étant de nature à **déceler la présence ou perturber** le fonctionnement d'appareils, instruments ou systèmes servant à la constatation des infractions à la législation ou à la règlementation de la circulation routière ;

B. détenu ou transporté (B1 : *N* ***#.c5***) ou utilisé (B2 : *N* ***26263.c5***) un appareil, dispositif ou produit de nature ou présenté comme étant de nature à permettre de se **soustraire à la constatation** des infractions à la législation ou à la règlementation de la circulation routière ;

C. détenu ou transporté (C1 : *N* ***28651.c5***) ou utilisé (C2 : *N* ***28650.c5***) un dispositif ou produit de nature ou présenté comme étant de nature à avertir ou **informer de la localisation** d'appareils, instruments ou systèmes servant à la constatation des infractions à la législation ou à la règlementation de la circulation routière.

Faits prévus et réprimés par les articles R. 413-15 du code de la route. ✧

36.85 Barrière de dégel – Non-respect

▪ PEINES

PERSONNE PHYSIQUE

PP Contrav. 5e cl. 1 500 € (C. route, art. R. 411-21 ; C. pén., art. 131-13). **Récidive.** 3 000 € (C. route, art. R. 411-21 ; C. pén., art. 132-11).

PC Suspension ⩽ 3 ans, du PC ; exécution provisoire possible (C. route, art. L. 224-13 et R. 411-21).

PERSONNE MORALE

PP Contrav. 5e cl. 7 500 € (C. pén., art. 131-41). **Récidive.** 15 000 € (C. route, art. R. 411-21 ; C. pén., art. 132-15).

PC Néant.

▪ ORIENTEUR

MESURE ADMINISTRATIVE

▪ **Mesure provisoire.** L'immobilisation du véhicule peut être prescrite par le maire ou l'OPJ territorialement compétent pour faire cesser l'infraction (C. route, art. R. 411-21, L. 325-1 et R. 325-3).

■ ÉLÉMENTS CONSTITUTIFS – QUALIFICATION

✧ Pour avoir à .... [¤ lieu], le .... [¤ date], étant conducteur, contrevenu aux dispositions portant établissement d'une barrière de dégel.

Faits prévus et réprimés par les articles R. 411-20 et R. 411-21 du code de la route (*N **11397.c5*** ; récidive : *N **11398.c5***). ✧

36.86 Pollution atmosphérique – Altération du dispositif de maîtrise de la pollution du véhicule

■ PEINES

PERSONNE PHYSIQUE

PP Délit. 7 500 € (C. route, art. L. 318-3).

PC Interdiction ⩽ 1 an, d'exercer l'activité professionnelle ou sociale en relation avec l'infraction (C. route, art. L. 318-3, C. pén., art. 131-27) ;

PERSONNE MORALE

PP Délit. 37 500 € (C. route, art. L. 318-3 ; C. pén., art. 131-38).

PC 1. Fermeture, définitive ou ⩽ 5 ans, d'un ou plusieurs établissements en relation avec l'infraction (C. route, art. L. 318-3 ; C. pén., art. 131-39 4°) ;

2. Exclusion, définitive ou ⩽ 5 ans marchés publics (C. route, art. L. 318-3 ; C. pén., art. 131-39 5°) ;

3. Confiscation de la chose ayant servi à l'infraction ou destinée à la commettre, ou son produit (obligatoire pour objets qualifiés dangereux ou nuisibles par loi ou règlement ou dont la détention est illicite) (C. route, art. L. 318-3 ; C. pén., art. 131-39 8° et 131-21) ;

4. Affichage, ⩽ 2 mois, *et/ou* diffusion de la décision ou d'extraits aux frais (⩽ amende encourue) du condamné (C. route, art. L. 318-3 ; C. pén., art. 131-39 9°, 131-48 et 131-35).

■ ORIENTEUR

AUTRE QUALIFICATION

▪ **Pollution atmosphérique – Non-respect des restrictions provisoires ou permanentes (ZFE) de circulation ou non identification du véhicule par vignette « crit'air ».** C. route, art. R. 318-2, v. n° 36.87.

▪ **Pollution atmosphérique – émission de fumées ou gaz incommodants par un véhicule terrestre à moteur.** C. route, art. R. 318-1, v. n° 36.88.

RÉGIME PROCÉDURAL

▪ **Mesure provisoire. • Immobilisation du véhicule.** L'immobilisation du véhicule peut être prescrite par le maire ou l'OPJ territorialement compétent pour faire cesser l'infraction (C. route, art. L. 318-4, L. 325-1 s., R. 314-1, R. 325-3 et R. 325-5). **• Retenue du véhicule.** Retenue du véhicule pour garantir la consignation de l'amende si le conducteur ne réside pas sur le territoire national (C. route, art. L. 318-4 et L. 121-4, v. n° 11.69E).

▪ **Compétence juridictionnelle. Juge unique** (C. pr. pén., art. 398-1 2°, v. n° 17.15D2).

▪ **Ordonnance pénale. Possible** (C. pr. pén., art. 495-II, v. n° 15.48B1 et tableau n° 17.15D2).

▪ **Amende forfaitaire délictuelle. Possible** depuis L. n° 2023-22, 24 janv.2023, **sauf en cas de récidive**, si l'infraction est relevée par **procès-verbal électronique** (C. route, art. 318-3 IV, C. pr. pén., art. 495-17 s. et D. 45-3). Amende minorée : 150 € ; forfaitaire : 200 € ; majorée : 450 €. Sur la procédure d'amende forfaitaire délictuelle, v. n° 15.47.

■ ÉLÉMENTS CONSTITUTIFS – QUALIFICATION

✧ Pour avoir ou s'être à .... [¤ lieu], le .... [¤ date], [⇨A ou B :]

A. réalisé ou fait réaliser sur un véhicule des transformations ayant pour effet de supprimer un dispositif de maîtrise de la pollution, d'en dégrader la performance ou de masquer son dysfonctionnement (A : *N **31139.ju*** ; par personne morale : *N **31141.ju***) ;

B. livré à la propagande ou à la publicité, quel qu'en soit le mode, en faveur de transformations de véhicules ayant pour effet de supprimer un dispositif de maîtrise de la pollution, d'en dégrader

la performance ou de masquer son dysfonctionnement , en l'espèce en .... [¤ matérialiser la propagande ou publicité] (A : *N 31140.ju* ; par personne morale : *N 31142.ju*).
Faits prévus et réprimés par l'article L. 318-3 du code de la Route. ✧

36.87 Pollution atmosphérique – Non-respect des restrictions provisoires ou permanentes (ZFE) de circulation ou non identification du véhicule par vignette « crit'air »

■ PEINES

PERSONNE PHYSIQUE

PP Cas A2, A3, B2, B3, C2, C3, D2, D3, E2, E3 et F : Contrav. 4e cl. 750 €. Cas A1, B1, C1, D1, E1 : Contrav. 3e cl. 450 € (Cas A et B : C. route, art. R. 411-19 ; cas C, D et E : C. route, art. R. 411-19-1 ; cas F : C. route, art. R. 318-2 ; C. pén., art. 131-13).

PC Néant.

PERSONNE MORALE

PP Cas A2, A3, B2, B3, C2, C3, D2, D3, E2, E3 et F : Contrav. 4e cl. 3 750 €. Cas A1, B1, C1, D1, E1 : Contrav. 3e cl. 2 250 € (Cas A et B : C. route, art. R. 411-19 ; cas C, D et E : C. route, art. R. 411-19-1 ; cas F : C. route, art. R. 318-2 ; C. pén., art. 131-13 ; C. pén., art. 131-41).

PC Néant.

■ ORIENTEUR

AUTRE QUALIFICATION

▪ **Pollution atmosphérique – Altération du dispositif de maîtrise de la pollution du véhicule.** C. route, art. L. 318-3, v. no 36.86.

▪ **Pollution atmosphérique – émission de fumées ou gaz incommodants par un véhicule terrestre à moteur.** C. route, art. R. 318-1, v. no 36.88.

ÉLÉMENT LÉGAL

▪ **Application de la loi pénale dans le temps.** Le fait « *de contrevenir aux mesures de suspension ou de restriction de la circulation* » imposées par arrêté préfectoral en cas de pointe de pollution constituait une contrav. 2e cl. jusqu'au D. no 2017-782, 5 mai 2017, modifiant C. route, art. R. 411-19, aggravant les pénalités en instituant, en fonction de la catégorie du véhicule, des contraventions de 3e ou 4e classe.

TEXTE DE RÉFÉRENCE

▪ **Mesures d'urgence pour préserver la qualité de l'air. • Les mesures de restriction de circulation prises par arrêté du préfet.** « *En cas d'épisode de pollution, lorsque les normes de qualité de l'air [...]ne sont pas respectées ou risquent de ne pas l'être, le préfet [...] prend des mesures propres à limiter l'ampleur et les effets de la pointe de pollution sur la population. Ces mesures, prises en application du plan de protection de l'atmosphère lorsqu'il existe et après information des maires intéressés, comportent un dispositif de [...] de restriction ou de suspension de la circulation des véhicules notamment par la réduction des vitesses maximales autorisées, et de réduction des émissions des sources fixes et mobiles* » (C. envir., art. L. 223-1). « *Pour les mesures propres à limiter l'ampleur et les effets des pointes de pollution sur la population, le préfet définit le périmètre des zones concernées, les mesures de suspension ou de restriction de la circulation, notamment par la réduction des vitesses maximales autorisées* » ; ces mesures « *peuvent comporter l'interdiction de circulation des véhicules certains jours en fonction de leur numéro d'immatriculation ou de leur identification* » (C. route, art. R. 411-19) au regard de « *leur contribution à la limitation de la pollution atmosphérique* » (C. route, art. L. 318-1). • **Modalités d'information préalable du public.** À dix-neuf heures au plus tard la veille de la mise en œuvre des mesures de restriction de la circulation, le préfet doit au minimum informer les maires concernés et transmettre un communiqué d'information à deux journaux quotidiens et à deux stations de radio ou de télévision (C. route, art. R. 411-19). L'information est toutefois réduite à celle des maires concernées lorsque les mesures du préfet se limitent à la réduction des vitesses maximales autorisées ou à la déviation de circulation et font l'objet d'une signalisation routière (C. route, art. R. 411-19, R. 411-25).

▪ **Mesures permanentes pour préserver la qualité de l'air. • Création de zones à faibles émissions ou ZFE.** « *Pour lutter contre la pollution atmosphérique, des zones à faibles émissions mobilité* [nouvelle appellation des « *zones à circulation restreinte* » depuis L no 2019-1428, 24 déc. 2019] *peuvent être créées dans les agglomérations et dans les zones pour lesquelles un plan de protection de l'atmosphère est adopté, en cours d'élaboration ou en cours de révision [...] par le maire ou par le président d'un établissement public de coopération intercommunale à fiscalité propre lorsque celui-ci dispose du pouvoir de police de la circulation, sur tout ou partie du territoire de la commune ou de l'établissement public de coopération intercommunale* » (CGTC, art. L. 2213-4-1 I). « *Les zones à faibles émissions mobilité sont délimitées par un arrêté qui fixe les mesures de restriction de circulation applicables et détermine les catégories de véhicules concernés. L'inclusion de voies du domaine public routier national ou de voies du domaine public routier départemental situées hors agglomération dans les zones à faibles émissions mobilité est subordonnée à l'accord, respectivement, du représentant de l'État dans le département et du président du conseil départemental sur les mesures de restriction qu'il est prévu d'y appliquer. Les véhicules circulant dans une zone à faibles émissions mobilité font l'objet de l'identification fondée sur leur contribution à la limitation de la pollution atmosphérique prévue à l'article L. 318-1 du code de la route* [vignette dite « Crit'air »]. *L'arrêté précise la durée pour laquelle les zones à faibles émissions mobilité sont créées* » (CGTC, art. L. 2213-4-1 II). Mentionnons que l'instauration de ZFE est obligatoire avant le 31 déc. 2024 dans toutes les agglomérations de plus de 150 000 habitants du territoire métropolitain (CGTC, art. L. 2213-4-1 mod. par L. nº 2021-1104, 22 août 2021, portant lutte contre le dérèglement climatique). • **Modalités d'information préalable du public.** « *La création d'une zone à faibles émissions mobilité est accompagnée d'une campagne d'information locale, d'une durée minimale de trois mois. Cette campagne porte à la connaissance du public le périmètre contrôlé ainsi que les restrictions de circulation mises en œuvre* » (CGTC, art. L. 2213-4-1 III).

▪ **Identification par vignette du niveau d'émissions polluantes du véhicule. • La vignette « Crit'air ».** L'identification du niveau d'émission de polluants atmosphériques du véhicule visée par C. route, art. R. 411-19, R. 411-19-1 et L. 318-1 prend la forme « *d'une vignette sécurisée appelée "certificat qualité de l'air"* » (vignette dite « **Crit'air** », qui « *atteste de la conformité des véhicules à différentes classes établies en tenant compte du niveau d'émission de polluants atmosphériques et de leur sobriété énergétique* » (C. route, art. R. 318-2). Arr. 21 juin 2016, NOR : DEVR1612572A, établit la nomenclature des véhicules en 6 classes (Crit'Air 0 à 5) au regard des normes européennes applicables. « *Le certificat qualité de l'air est apposé à l'avant du véhicule de manière à être lisible par les agents de contrôle* » (Arr. 29 juin 2016, NOR : DEVR1617281A, art. 3). Précisons toutefois que l'apposition de la vignette « Crit'Air » sur le véhicule n'est pas obligatoire en toutes circonstances mais uniquement « *lorsque les conditions de leur utilisation le nécessite* » (C. route, art. R. 318-2), c'est-à-dire en cas d'arrêté préfectoral pris en application de C. route, art. R. 411-19 comportant l'interdiction de circulation de véhicules en fonction de la catégorie de leur vignette, ou lorsque le véhicule circule en zone à circulation restreinte (devenue « zone à faibles émissions » ou ZFE).

RÉGIME PROCÉDURAL

▪ **Constatation par contrôle automatisé.** Cas C à E : « *Afin de faciliter la constatation des infractions aux règles de circulation arrêtées* » dans le cadre d'une zone à faibles émissions mobilité « et *de permettre le rassemblement des preuves de ces infractions ainsi que la recherche de leurs auteurs, des dispositifs fixes ou mobiles de contrôle automatisé des données signalétiques des véhicules peuvent être mis en œuvre par les services de police et de gendarmerie nationales ou par les services de police municipale des communes sur le territoire desquelles a été instituée une zone à faibles émissions mobilité ou, pour la zone instaurée à Paris, par le service dont relèvent les agents de surveillance de Paris* » (CGTC, art. L. 2213-4-2 I). « *La mise en œuvre des dispositifs de contrôle est autorisée par arrêté* » du préfet, selon des conditions restrictives visant à réduire dans certaines limites le nombre de véhicules contrôlés et à empêcher un contrôle systématique de l'ensemble des véhicules entrant dans la zone (CGTC, art. L. 2213-4-2 II). Sur le dispositif du contrôle automatisé, v. nº **11.5C2**, sur les infractions relevant de ce contrôle, v. nº **36.3A2** Mentionnons que si ces infractions peuvent faire l'objet d'un contrôle automatisé, elles ne relèvent toutefois pas de la redevabilité pécuniaire du titulaire de l'immatriculation dont le domaine est fixé par C. route, art. R. 121-6 (Sur ce point, v. nº **36.3A2**).

MESURE ADMINISTRATIVE

▪ **Mesure provisoire.** Cas A à E : l'immobilisation du véhicule peut être prescrite par le maire ou l'OPJ territorialement compétent pour faire cesser l'infraction (C. route, art. R. 411-19, R. 411-19-1, L. 325-1 et R. 325-3).

▪ ÉLÉMENTS CONSTITUTIFS – QUALIFICATION

✧ Pour avoir à .... [¤ lieu], le .... [¤ date], [⇨A à F :]

A. CIRCULATION NON CONFORME AUX MESURES DE RESTRICTION PRISES PAR LE PRÉFET EN CAS DE PIC DE POLLUTION (C. ROUTE, ART. R. 411-19)

contrevenu aux mesures de suspension ou de restriction de circulation définies par arrêté préfectoral du ... [date de l'arrêté préfectoral] en cas de pointe de pollution, en étant conducteur (C. envir., art. L. 223-1 ; C. route, art. R. 311-1, **R. 411-19**) [⇨**A1** à **A3** :]

A1. d'un **véhicule à moteur** (A1 : *N 32379.c3*) [⇨**A1a** à **A1c** :]

A1a. ayant au moins quatre roues construit et conçu pour le transport de personnes et n'excédant pas 8 places assises (catégorie M1) ;

A1b. ayant au moins quatre roues construit et conçu pour le transport de marchandises et n'excédant pas un poids maximal de 3,5 tonnes (catégorie N1) ;

A1c. à deux ou trois roues ou un quadricycle à moteur (catégorie L) ;

A2. d'un véhicule à moteur ayant au moins quatre roues conçu et construit pour le **transport de personnes** et comportant, outre le siège du conducteur, plus de huit places assises et ayant un poids maximal (A2 : *N 32380.c4*) [⇨**A2a** ou **A2b** :]

A2a. inférieur ou égal à 5 tonnes (catégorie M2) ;

A2b. supérieur à 5 tonnes (catégorie M3) ;

A3. d'un véhicule à moteur ayant au moins quatre roues conçu et construit pour le **transport de marchandises** et ayant un poids maximal supérieur à (A3 : *N 32381.c4*) [⇨**A3a** ou **A3b** :]

A3a. 3,5 tonnes et inférieur ou égal à 12 tonnes (catégorie N2) ;

A3b. 12 tonnes (catégorie N3).

B. CIRCULATION SANS VIGNETTE CRIT'AIR DANS UN PÉRIMÈTRE DE RESTRICTION DÉFINI PAR LE PRÉFET EN CAS DE PIC DE POLLUTION (C. ROUTE, ART. R. 411-19)

dans un périmètre de restrictions de circulation instauré par arrêté préfectoral du ... [date de l'arrêté préfectoral] en cas de pointe de pollution, circulé sans identifier son véhicule en apposant sur sa face avant une vignette « certificat qualité de l'air » dite « Crit'air », en étant conducteur (C. envir., art. L. 223-1 ; C. route, art. R. 311-1, L. 318-1, R. 318-2, **R. 411-19**, Arr. 29 juin 2016, NOR : DEVR1617281A, art. 3) [⇨**B1** à **B3** :]

B1. d'un **véhicule à moteur** (B1 : *N 32382.c3*) [⇨**B1a** à **B1c** :]

B1a. ayant au moins quatre roues construit et conçu pour le transport de personnes et n'excédant pas 8 places assises (catégorie M1) ;

B1b. ayant au moins quatre roues construit et conçu pour le transport de marchandises et n'excédant pas un poids maximal de 3,5 tonnes (catégorie N1) ;

B1c. à deux ou trois roues ou un quadricycle à moteur (catégorie L) ;

B2. d'un véhicule à moteur ayant au moins quatre roues conçu et construit pour le **transport de personnes** et comportant, outre le siège du conducteur, plus de huit places assises et ayant un poids maximal (B2 : *N 32383.c4*) [⇨**B2a** ou **B2b** :]

B2a. inférieur ou égal à 5 tonnes (catégorie M2) ;

B2b. supérieur à 5 tonnes (catégorie M3) ;

B3. d'un véhicule à moteur ayant au moins quatre roues conçu et construit pour le **transport de marchandises** et ayant un poids maximal supérieur à (B3 : *N 32384.c4*) [⇨**B3a** ou **B3b** :]

B3a. 3,5 tonnes et inférieur ou égal à 12 tonnes (catégorie N2) ;

B3b. 12 tonnes (catégorie N3).

C. CIRCULATION NON CONFORME AUX MESURES DE RESTRICTION DANS LE PÉRIMÈTRE D'UNE ZONE À CIRCULATION RESTREINTE (C. ROUTE, ART. R. 411-19-1)

en violation des restrictions édictées par arrêté du ... [date de l'arrêté du maire ou du le président de l'établissement public de coopération intercommunale], **circulé dans le périmètre** d'une zone à circulation restreinte [devenue « zone à faible émission mobilité »], en étant conducteur (CGTC, art. L. 2213-4 ; C. route, art. R. 311-1, **R. 411-19-1**) [⇨**C1** à **C3** :]

C1. d'un **véhicule à moteur** (C1 : *N 31897.c3*) [⇨**C1a** à **C1c** :]

C1a. ayant au moins quatre roues construit et conçu pour le transport de personnes et n'excédant pas 8 places assises (catégorie M1) ;

C1b. ayant au moins quatre roues construit et conçu pour le transport de marchandises et n'excédant pas un poids maximal de 3,5 tonnes (catégorie N1) ;

C1c. à deux ou trois roues ou un quadricycle à moteur (catégorie L) ;

C2. d'un véhicule à moteur ayant au moins quatre roues conçu et construit pour le **transport de personnes** et comportant, outre le siège du conducteur, plus de huit places assises et ayant un poids maximal (C2 : *N 31898.c4*) [⇨C2a ou C2b :]

C2a. inférieur ou égal à 5 tonnes (catégorie M2) ;

C2b. supérieur à 5 tonnes (catégorie M3) ;

C3. d'un véhicule à moteur ayant au moins quatre roues conçu et construit pour le **transport de marchandises** et ayant un poids maximal supérieur à (C3 : *N 31899.c4*) [⇨C3a ou C3b :]

C3a. 3,5 tonnes et inférieur ou égal à 12 tonnes (catégorie N2) ;

C3b. 12 tonnes (catégorie N3).

D. STATIONNEMENT SANS VIGNETTE CRIT'AIR OU INTERDIT DANS LE PÉRIMÈTRE D'UNE ZONE À CIRCULATION RESTREINTE (C. ROUTE, ART. R. 411-19-1)

en violation des restrictions édictées par arrêté du ... [date de l'arrêté du maire ou du le président de l'établissement public de coopération intercommunale], **stationné dans le périmètre** d'une zone à circulation restreinte [devenue « zone à faible émission mobilité »] alors que le véhicule ne comportait pas sur sa face avant une vignette « certificat qualité de l'air » ou que l'accès du véhicule y était interdit en permanence, en étant conducteur (CGTC, art. L. 2213-4 ; C. route, art. R. 311-1, L. 318-1, R. 318-2, R. 411-19-1, Arr. 29 juin 2016, NOR : DEVR1617281A, art. 3) [⇨D1 à D3 :]

D1. d'un **véhicule à moteur** (D1 : *N 31901.c3*) [⇨D1a à D1c :]

D1a. ayant au moins quatre roues construit et conçu pour le transport de personnes et n'excédant pas 8 places assises (catégorie M1) ;

D1b. ayant au moins quatre roues construit et conçu pour le transport de marchandises et n'excédant pas un poids maximal de 3,5 tonnes (catégorie N1) ;

D1c. à deux ou trois roues ou un quadricycle à moteur (catégorie L) ;

D2. d'un véhicule à moteur ayant au moins quatre roues conçu et construit pour le **transport de personnes** et comportant, outre le siège du conducteur, plus de huit places assises et ayant un poids maximal (D2 : *N 31902.c4*) [⇨D2a ou D2b :]

D2a. inférieur ou égal à 5 tonnes (catégorie M2) ;

D2b. supérieur à 5 tonnes (catégorie M3) ;

D3. d'un véhicule à moteur ayant au moins quatre roues conçu et construit pour le **transport de marchandises** et ayant un poids maximal supérieur à (D3 : *N 31903.c4*) [⇨D3a ou D3b :]

D3a. 3,5 tonnes et inférieur ou égal à 12 tonnes (catégorie N2) ;

D3b. 12 tonnes (catégorie N3).

E. CIRCULATION SANS VIGNETTE CRIT'AIR DANS LE PÉRIMÈTRE D'UNE ZONE À CIRCULATION RESTREINTE (C. ROUTE, ART. R. 411-19-1)

en violation des restrictions édictées par arrêté du ... [date de l'arrêté du maire ou du le président de l'établissement public de coopération intercommunale], **circulé dans le périmètre** d'une zone à circulation restreinte [devenue « zone à faible émission mobilité »] alors que le véhicule ne comportait pas sur sa face avant une vignette « certificat qualité de l'air », en étant conducteur (CGTC, art. L. 2213-4 ; C. route, art. R. 311-1, L. 318-1, R. 318-2, R. 411-19-1, Arr. 29 juin 2016, NOR : DEVR1617281A, art. 3) [⇨E1 à E3 :]

E1. d'un **véhicule à moteur** (E1 : *N 32385.c3*) [⇨E1a à E1c :]

E1a. ayant au moins quatre roues construit et conçu pour le transport de personnes et n'excédant pas 8 places assises (catégorie M1) ;

E1b. ayant au moins quatre roues construit et conçu pour le transport de marchandises et n'excédant pas un poids maximal de 3,5 tonnes (catégorie N1) ;

E1c. à deux ou trois roues ou un quadricycle à moteur (catégorie L) ;

E2. d'un véhicule à moteur ayant au moins quatre roues conçu et construit pour le **transport de personnes** et comportant, outre le siège du conducteur, plus de huit places assises et ayant un poids maximal (E2 : *N 32386.c4*) [⇨E2a ou E2b :]

E2a. inférieur ou égal à 5 tonnes (catégorie M2) ;

E2b. supérieur à 5 tonnes (catégorie M3) ;

E3. d'un véhicule à moteur ayant au moins quatre roues conçu et construit pour le **transport de marchandises** et ayant un poids maximal supérieur à (E3 : *N 32387.c4*) [⇨E3a ou E3b :]

E3a. 3,5 tonnes et inférieur ou égal à 12 tonnes (catégorie N2) ;

E3b. 12 tonnes (catégorie N3).

F. **Apposition d'une vignette crit'air ne correspondant pas aux caractéristiques du véhicule (C. route, art. R. 318-2)**

étant propriétaire ou locataire d'un véhicule dans le cadre d'un contrat d'une durée supérieure ou égale à deux ans ou dans le cadre d'un crédit-bail, apposé sur son véhicule un certificat qualité de l'air ne correspondant pas aux caractéristiques de ce véhicule (C. route, art. L. 318-1, R. 318-2, R. 318-2, Arr. 29 juin 2016, NOR : DEVR1617281A, art. 3) (F : *N 31900.c4*).

Faits prévus et réprimés par les articles [de la formule sélectionnée]. ✧

36.88 Pollution atmosphérique – émission de fumées ou gaz incommodants par un véhicule terrestre à moteur (gaz d'échappement)

■ PEINES

PERSONNE PHYSIQUE

PP Contrav. 4e cl. 750 € (C. route, art. R. 318-1 ; C. pén., art. 131-13).

PC Néant.

PERSONNE MORALE

PP Contrav. 4e cl. 3 750 € (C. route, art. R. 318-1 ; C. pén., art. 131-41).

PC Néant.

■ ORIENTEUR

AUTRE QUALIFICATION

▪ Pollution atmosphérique – Altération du dispositif de maîtrise de la pollution du véhicule. C. route, art. L. 318-3, v. nº 36.86.

▪ Pollution atmosphérique – Non-respect des restrictions provisoires ou permanentes (ZFE) de circulation ou non identification du véhicule par vignette « crit'air ». C. route, art. R. 411-19, R. 411-19-1 et R. 318-2, v. nº 36.87.

ÉLÉMENT LÉGAL

▪ Émissions de fumées ou gaz incommodants par le véhicule terrestre à moteur. « *Les véhicules à moteur ne doivent pas émettre de fumées, de gaz toxiques, corrosifs ou odorants, dans des conditions susceptibles d'incommoder la population ou de compromettre la santé et la sécurité publiques. [...] Le fait de contrevenir aux dispositions du présent article ou à celles prises pour son application est puni de l'amende prévue pour les contraventions de la quatrième classe* » (C. route, art. R. 318-1). « *Les moteurs des véhicules automobiles doivent être conçus, construits, réglés, entretenus, alimentés et conduits de façon à ne pas provoquer d'émissions de fumées nuisibles ou incommodantes* » (AM 12 nov. 1963 relatif aux fumées produites par les véhicules automobiles, *JO* 19 nov. 1963, art. 1). « *Les véhicules en stationnement doivent avoir leur moteur arrêté, sauf en cas de nécessité, notamment lors des mises en route à froid* » (AM 12 nov. 1963, art. 2). « *Aucun véhicule en service ne doit émettre pendant la marche ou à l'arrêt de fumées nettement teintées ou opaques. Il est toutefois admis des émissions fugitives au moment des changements de régime du moteur* » (AM 12 nov. 1963, art. 2).

▪ Légalité de l'incrimination. Est écarté le moyen soutenant que nul ne peut être « *puni pour une contravention dont les éléments ne sont pas définis par le règlement, les constatations de l'infraction contenues dans le procès-verbal ne correspondent pas à l'élément matériel de l'infraction poursuivie dès lors que le procès-verbal se borne à reprocher un "stationnement d'un véhicule dont le moteur n'est pas arrêté" quand le texte visé réprime l'émission de fumée par un véhicule* » (§ 3), « *dès lors que l'article 2 de l'arrêté du 12 novembre 1963 relatif aux fumées produites par les véhicules automobiles pris pour application de l'article R. 69 ancien du code de la route, dont les dispositions sont reprises par l'article R. 318-1 dudit code, prescrit que les véhicules en stationnement doivent avoir leur moteur arrêté* » (Crim. 22 mars 2022, nº 21-85.693, D).

RÉGIME PROCÉDURAL

▪ Régime probatoire. « *Ni C. route, art. R. 318-1 ni aucune disposition réglementaire n'impose l'emploi d'un dispositif technique particulier pour caractériser cette contravention* » Crim. 17 sept. 2003, nº 02-87.450, D) (sur la liberté probatoire en matière de transparence suffisante des vitres du véhicule, C. route, art. R. 316-3-1, v. nº 36.91.

MESURE ADMINISTRATIVE.

▪ **Mesure provisoire.** L'immobilisation du véhicule peut être prescrite par le maire ou l'OPJ territorialement compétent pour faire cesser l'infraction (C. route, art. R. 314-1, L. 325-1, R. 325-3 et R. 325-5).

▪ ÉLÉMENTS CONSTITUTIFS – QUALIFICATION

✧ Pour avoir à ……… [¤ lieu], le ……… [¤ date], [⇨A ou B :]

A. contrevenu aux dispositions interdisant l'émission par les véhicules à moteur, de fumées, de gaz toxiques, corrosifs ou odorants dans des conditions susceptibles d'incommoder la population ou de compromettre la santé ou la sécurité publics (A : *N* ***9920.c4***) ;

B. omis d'arrêter le moteur d'un véhicule en stationnement (AM 12 nov. 1963, art. 2) (B : *N* ***21939.c4***).

C. émis des fumées nettement teintées ou opaques pendant la marche ou l'arrêt d'un véhicule en service (AM 12 nov. 1963, art. 3) (C : *N* ***#.c4***)

Faits prévus et réprimés par l'article R. 318-1 du code de la route (+ dispositions concernées de l'AM 12 nov. 1963). ✧

36.89 Pneus lisses ou défectueux

▪ PEINES

PERSONNE PHYSIQUE

PP Contrav. 4e cl. 750 € (C. route, art. R. 314-1 ; C. pén., art. 131-13).

PC Néant.

PERSONNE MORALE

PP Contrav. 4e cl. 3 750 € (C. route, art. R. 314-1 ; C. pén., art. 131-41).

PC Néant.

▪ ORIENTEUR

TEXTE DE RÉFÉRENCE

▪ **Caractérisation de l'usure des pneumatiques.** Les pneumatiques des voitures particulières, camionnettes, et remorques ⩽ 3,5 tonnes doivent présenter une profondeur d'au moins 1,6 mm dans les rainures principales de la bande de roulement. Pour les autres véhicules, la profondeur mesurée en quatre points répartis uniformément sur la circonférence du pneu ne doit pas être < 1 mm pour plus d'un point sur quatre. Pour tout véhicule, la différence de profondeur des rainures principales de deux pneumatiques montés sur un même essieu ne doit pas excéder 5 millimètres (Arr. 29 juill. 1970, *JO* 2 sept., p. 8202 art. 9).

▪ **Champ d'application.** Les dispositions relatives à l'usure des pneumatiques sont applicables aux « *engins de déplacement personnel motorisés* » pour les cas B2 et B3 (D. nº 2019-1082, 23 oct. 2019 modifiant C. route, art. R. 314-1 ; v. nº 36.82).

MESURE ADMINISTRATIVE

▪ **Mesure provisoire.** L'immobilisation du véhicule peut être prescrite par le maire ou l'OPJ territorialement compétent pour faire cesser l'infraction (C. route, art. R. 314-1, L. 325-1, R. 325-3 et R. 325-5).

RÉGIME DES PEINES

▪ **Cumul des peines.** « *si la règle du non-cumul des peines n'est pas applicable en matière de contraventions, encore faut-il, pour que des condamnations cumulatives puissent être prononcées, que le prévenu ait commis plusieurs fautes distinctes, punissables séparément* », tel n'est pas le cas de « *l'inobservation des prescriptions réglementaires sur l'état des pneumatiques […] constitutive d'une faute unique* », il en résulte qu'une seule amende doit être prononcée lorsque plusieurs pneumatiques d'un même véhicule sont lisses (Crim. 25 mai 1994, nº 94-80.325, P nº 200).

■ ÉLÉMENTS CONSTITUTIFS – QUALIFICATION

✧ Pour avoir à .... [¤ lieu], le .... [¤ date], fait circuler un véhicule à moteur ou une remorque [⇨A ou B :]

A. sans pneumatiques (A : *N 22621.c4*) ;

B. dont un ou plusieurs pneumatiques (B : *N 6124.c4*) [⇨B1 à B3 :]

B1. ne présentaient pas de sculptures apparentes sur toute leur surface de roulement ;

B2. faisaient apparaître la toile en surface ou au fond des sculptures ;

B3. comportaient sur leur flanc une déchirure profonde.

Faits prévus et réprimés par l'article R. 314-1 du code de la route. ✧

36.90 Immobilisation administrative du véhicule – Non-respect

■ PEINES

PERSONNE PHYSIQUE

PP Cas A : Contrav. 4e cl. 750 €. Cas B et C : Contrav. 5e cl. 1 500 € (C. route, art. R. 325-2 ; C. pén., art. 131-13).

PC Néant.

PERSONNE MORALE

PP Cas A : Contrav. 4e cl. 3 750 €. Cas B et C : Contrav. 5e cl. 7 500 € (C. route, art. R. 325-2 ; C. pén., art. 131-41).

PC Néant.

■ ORIENTEUR

AUTRE QUALIFICATION

▪ **Destruction ou détournement d'un objet confisqué ou immobilisé.** V. nos 25.74, si l'immobilisation résulte d'une condamnation.

▪ **Obstacle à l'immobilisation administrative du véhicule – Refus d'obtempérer – Refus de vérification du véhicule et du conducteur.** V. no 36.16, en cas d'obstacle volontaire à l'immobilisation.

▪ **Destruction ou détournement de véhicule confisqué ou immobilisé à titre de peine complémentaire (C. route).** V. no 36.27.

■ ÉLÉMENTS CONSTITUTIFS – QUALIFICATION

✧ Pour avoir à .... [¤ lieu], le .... [¤ date], étant conducteur ou propriétaire d'un véhicule [⇨A à C :]

A. d'un PTAC inférieur à 3,5 tonnes (A : *N 697.c4*)...

B. de transport de marchandises d'un PTAC supérieur à 3,5 tonnes (B : *N 21925.c5*) ...

C. de transport en commun de personnes (C : *N 21926.c5*)...

... ayant fait l'objet d'une mesure d'immobilisation prescrite par un agent verbalisateur en cas d'infraction aux dispositions du code de la route ou aux règlements de police ou à la réglementation relative à l'assurance obligatoire des véhicules à moteur, omis de maintenir son véhicule sur place ou à proximité du lieu de constatation de l'infraction en se conformant aux règles relatives au stationnement.

Faits prévus et réprimés par les articles L. 325-1, L. 325-3 et R. 325-2 du code de la route. ✧

36.91 Équipements de vision et de direction du véhicule – vitres, essuie-glace, marche arrière, rétroviseurs, organes de direction

■ PEINES

PERSONNE PHYSIQUE

PP Cas A : Contrav. 4e cl. 750 €. (C. route, art. R. 316-3-1 ; C. pén., art. 131-13). Cas B à G : Contrav. 3e cl. 450 € (Cas B : C. route, art. R. 316-3 ; cas C : art. R. 316-4 ; cas D : art. R. 316-5 ; cas E : art. R. 316-6 ; cas F : art. R. 316-7 ; cas G : art. R. 316-8 ; C. pén., art. 131-13).

PC Néant.

PERSONNE MORALE

PP Cas A : Contrav. 4e cl. **3 750 €**. (C. route, art. **R. 316-3-1** ; C. pén., art. 131-41). Cas B à G : Contrav. 3e cl. **1 350 €** (Cas B : C. route, art. **R. 316-3** ; cas C : art. **R. 316-4** ; cas D : art. **R. 316-5** ; cas E : art. **R. 316-6** ; cas F : art. **R. 316-7** ; cas G : art. **R. 316-8** ; C. pén., art. 131-41).

PC Néant.

▪ ORIENTEUR

ÉLÉMENT LÉGAL

▪ **Application de la loi pénale dans le temps.** Cas A : incrimination créée par D. no 2016-448, 13 avr. 2016, en vigueur le 1er janv. 2017.

TEXTE DE RÉFÉRENCE

▪ **Conditions de transparence des vitres de véhicule.** Cas A : les vitres du pare-brise et les vitres latérales avant côté conducteur et côté passager doivent avoir une transparence suffisante, tant de l'intérieur que de l'extérieur du véhicule, et ne provoquer aucune déformation notable des objets vus par transparence ni aucune modification notable de leurs couleurs. La transparence de ces vitres est considérée comme suffisante si le facteur de transmission régulière de la lumière est d'au moins 70 %. Toute opération susceptible de réduire les caractéristiques de sécurité ou les conditions de transparence des vitres est interdite (C. route, art. R. 316-3).

▪ **Conditions d'homologation des vitres de véhicule.** Cas B : toutes les vitres doivent être en substance transparente telle que le danger d'accidents corporels soit, en cas de bris, réduit dans toute la mesure du possible. Elles doivent être suffisamment résistantes aux incidents prévisibles d'une circulation normale et aux facteurs atmosphériques et thermiques, aux agents chimiques et à l'abrasion. Elles doivent également présenter une faible vitesse de combustion. Le ministre chargé des transports fixe par arrêté les conditions d'homologation, y compris de transparence, des différentes catégories de vitres équipant les véhicules et, le cas échéant, les dérogations que justifieraient des raisons médicales ou des conditions d'aménagement de véhicules blindés (C. route, art. R. 316-3, AM 18 oct. 2016, NOR : DEVR1630947A, *JO* 3 nov. 2019).

RÉGIME PROCÉDURAL

▪ **Régime probatoire.** Cas B : « *la preuve de l'infraction à la règlementation sur la transparence des vitres de véhicule est établie par la constatation, par l'agent verbalisateur, de ce que celle-ci n'est pas suffisante* » et « *il est permis au contrevenant de rapporter la preuve contraire conformément à l'article 537 du code de procédure pénale, notamment en établissant que le facteur de transmission régulière de la lumière est d'au moins 70 %* » (Crim. 19 juin 2018, no 17-85.046, P no 112) (sur les modalités de la preuve contraire aux énonciations du procès-verbal en matière contraventionnelle, v. no **17.28D** ; (sur la liberté probatoire en matière de fumées d'échappement incommodantes, C. route, art. **R. 318-1**, v. no **36.91**. En l'absence de preuve contraire apportée par le prévenu, est mal fondée la décision de relaxe prononcée alors que « *le procès-verbal de contravention précisait quelles vitres étaient concernées et en quoi leur transparence était insuffisante, en constatant expressément l'apposition de films teintés à l'avant rendant l'habitacle et les occupants non visibles* » (Crim. 23 oct. 2018, no 18-80.854). En effet les dispositions « *n'exigent pas la mesure du coefficient de pénétration de la lumière pour caractériser l'infraction à la règlementation sur la transparence des vitres de véhicule* » (Crim. 27 nov. 2018, no 18-80.513). L'infraction est ainsi caractérisée si « *l'agent verbalisateur a relevé que la transparence des vitres n'était pas suffisante dès lors qu'il n'était pas parvenu à distinguer le conducteur dans son habitacle lors du contrôle routier dont le prévenu a été l'objet par l'effet de la pose d'un film noir à l'intérieur des vitres latérales avant lesquelles étaient sur-teintées* » (Crim. 13 nov. 2018, no 18-80.944), mais elle ne l'est pas lorsque le procès-verbal ne comporte « *aucune appréciation personnelle de l'agent lui ayant permis de constater que le pourcentage de transparence desdites vitres était inférieur à celui exigé par la règlementation applicable* » (Crim. 28 nov. 2018, no 18-80.941).

MESURE ADMINISTRATIVE

▪ **Mesure provisoire.** Le véhicule en infraction peut être immobilisé dans les conditions prévues par C. route, art. L. 325-1 à L. 325-3 dans les **cas A** (C. route, art. R. 316-3-1) et **C** (C. route, art. R. 316-4).

▪ **Perte de points du permis de conduire.** Cas A : **3 points** (C. route, art. R. 316-3-1).

▪ ÉLÉMENTS CONSTITUTIFS – QUALIFICATION

✧ Pour avoir à .... [¤ lieu], le .... [¤ date], [⇨A à G :]

A. étant conducteur d'un véhicule, omis de respecter les conditions de **transparence suffisante des vitres** du pare-brise ou des vitres avant côté conducteur et côté passager (C. route, art. R. 316-3 et R. 316-3-1) (A : *N 32050.c4*) ;

B. mis en circulation un véhicule équipé de **vitrages** ne répondant pas aux conditions d'homologation (C. route, art. R. 316-3 et R. 316-3-1 et AM 18 oct. 2016, NOR : DEVR1630947A, *JO* 3 nov. 2019) (B : *N 31941.c3*) ;

C. mis en circulation un véhicule dont le pare-brise n'était pas muni (C. route, art. R. 316-4) [⇨C1 ou C2 :]

C1. d'au moins un **essuie-glace** ayant une surface d'action, une puissance et une fréquence suffisantes pour que le conducteur puisse, de son siège, voir distinctement la route (C1 : *N 22626.c3*) ;

C2. d'un dispositif **lave-glace** (C2 : *N #.c3*) ;

D. mis en circulation un véhicule à moteur dont le poids à vide excède 350 kg démuni d'un **dispositif de marche arrière** (C. route, art. R. 316-5) (D : *N 32047.c3*) ;

E. mis en circulation un véhicule à moteur muni d'une cabine fermée démuni d'un ou plusieurs **systèmes de vision indirecte** disposés, dans les conditions fixées par arrêté du ministre des transports, de façon à permettre au conducteur de surveiller de son siège la route vers l'arrière du véhicule quel que soit le chargement normal de celui-ci et dont le champ de visibilité ne comporte pas d'angle mort notable susceptible de masquer un véhicule s'apprêtant à dépasser (C. route, art. R. 316-6 ; Arr. 20 nov. 1969 relatif aux rétroviseurs des véhicules) (E : *N 22627.c3*) ;

F. mis en circulation un véhicule dont les **organes de direction** ne présentaient pas de garanties suffisantes de solidité (C. route, art. R. 316-7) (F : *N 32048.c3*) ;

G. mis en circulation un véhicule dont les divers **organes** susceptibles d'être utilisés durant la marche n'étaient **pas facilement accessibles** par le conducteur en position normale de conduite (C. route, art. R. 316-8) (G : *N #.c3*).

Faits prévus et réprimés par les articles [• du cas sélectionné] du code de la route). ✧

36.92 Port de la ceinture de sécurité

■ PEINES

PERSONNE PHYSIQUE

PP Contrav. 4e cl. 750 € (C. pén., art. 131-13).

PC Néant.

PERSONNE MORALE

PP Contrav. 4e cl. 3 750 € (C. pén., art. 131-41).

PC Néant.

■ ORIENTEUR

AUTRE QUALIFICATION

▪ **Transport en surnombre de passagers d'un véhicule à moteur.** V. no 36.93.

TEXTE DE RÉFÉRENCE

▪ **Cas d'exonération du port de la ceinture. Le port de la ceinture n'est pas obligatoire** pour toute personne dont la morphologie y est manifestement inadaptée, pour toute personne munie d'un certificat médical d'exemption délivré par un médecin agréé ou par les autorités compétentes de l'Union européenne ou de l'Espace économique européen, pour les conducteurs de taxi en service, les conducteurs ou passagers d'un véhicule prioritaire ou d'une ambulance, en intervention d'urgence, et, en agglomération, pour les conducteurs ou passagers de véhicules de service public à arrêts fréquents ou de véhicules de livraison de porte à porte (C. route, art. R. 412-1).

RÉGIME PROCÉDURAL

▪ **Constatation par contrôle automatisé.** Cas A et B : ces infractions peuvent être constatées sans interception du véhicule par « *contrôle automatique* » (CA) (C. route, art. L. 130-9 et R. 130-11 1°). Sur le dispositif du contrôle automatisé, v. no 11.5C2.

MESURE ADMINISTRATIVE

▪ **Perte de points du permis de conduire.** Cas A : 3 points (C. route, art. R. 412-1).

RÉGIME DES PEINES

▪ **Redevabilité pécuniaire de l'amende.** Cas A et B : le titulaire de l'immatriculation est redevable pécuniairement de l'amende (C. route, art. L. 121-3 et R. 121-6 1°). Sur le régime de la redevabilité pécuniaire de l'amende, v. n° 36.2 s.

▪ ÉLÉMENTS CONSTITUTIFS – QUALIFICATION

✧ Pour avoir à .... [¤ lieu], le .... [¤ date], étant [⇨A à E :]

A. **CONDUCTEUR**

conducteur d'un véhicule à moteur en circulation, omis de porter sa ceinture de sécurité alors que son siège en était équipé (C. route, art. R. 412-1) (A : *N 12929.c4* ; redevable pécuniairement : *N 32123.c4*) ;

B. **PASSAGER**

passager d'un véhicule à moteur en circulation, omis de porter sa ceinture de sécurité alors que son siège en était équipé (C. route, art. R. 412-1) (B : *N 12930.c4* ; redevable pécuniairement : *N 32123.c4*) ;

C. **ENFANT < 10 ANS SANS RETENUE HOMOLOGUÉE**

conducteur d'un véhicule à moteur en circulation, transporté un enfant de moins de 10 ans en place avant sans système de retenue homologué permettant de le transporter face à l'arrière (C. route, art. R. 412-3) (C : *N 237.c4*) ;

D. **ENFANT < 13 ANS SANS RETENUE HOMOLOGUÉE OU SANS CEINTURE**

conducteur d'un véhicule à moteur en circulation, transporté un enfant de moins de 13 ans sans s'assurer de sa retenue par un système pour enfants homologué ou par une ceinture de sécurité (C. route, art. R. 412-2) (D : *N 11065.c4*) ;

E. **PASSAGER < 18 ANS SANS CEINTURE**

conducteur d'un véhicule à moteur en circulation, transporté un passager de moins de 18 ans sans s'assurer de sa retenue par une ceinture de sécurité (C. route, art. R. 412-2, D. n° 2005-277, 25 mars 2005, art. 1) (E : *N 11065.c4*).

Faits prévus et réprimés par les articles [• du cas sélectionné] du code de la route). ✧

36.93 Transport en surnombre de passagers d'un véhicule à moteur

▪ PEINES

PERSONNE PHYSIQUE

PP Contrav. 4e cl. **750 €** (C. route, art. R. 412-1-1 (D. n° 2018-795, 17 sept. 2018), C. pén., art. 131-13).

PC Néant.

PERSONNE MORALE

PP Contrav. 4e cl. **3 750 €** (C. route, art. R. 412-1-1 (D. n° 2018-795, 17 sept. 2018), C. pén., art. 131-41).

PC Néant.

▪ ORIENTEUR

AUTRE QUALIFICATION

▪ **Port de la ceinture de sécurité.** V. n° 36.92.

ÉLÉMENT LÉGAL

▪ **Application de la loi pénale dans le temps.** Incrimination créée par D. n° 2018-795, 17 sept. 2018.

ÉLÉMENT MATÉRIEL

▪ **Faits incriminés.** La contravention est imputable au conducteur ainsi qu'au passager en surnombre. Toutefois seul le conducteur encourt la perte de points de son permis de conduire.

MESURE ADMINISTRATIVE

▪ **Perte de points du permis de conduire.** Cas A : 3 points lorsque la contravention est commise par le conducteur (C. route, art. R. 412-1-1).

▪ **ÉLÉMENTS CONSTITUTIFS – QUALIFICATION**

✧ Pour avoir à .... [¤ lieu], le .... [¤ date], étant [⇨A ou B :]

A. **conducteur** d'un véhicule à moteur, transporté des passagers au-delà de la limite du nombre de places assises mentionné sur le certificat d'immatriculation ou fait occuper un même siège par plus d'une personne (A : *N* ***32933.c4***) ;

B. **passager** d'un véhicule à moteur, été transporté au-delà de la limite du nombre de places assises mentionné sur le certificat d'immatriculation ou occupé un même siège avec une autre personne (B : *N* ***26813.c4***).

Faits prévus et réprimés par l'article R. 412-1-1 du code de la route). ✧

36.94 Équipements de protection du conducteur ou passager – moto, cyclo, cycle – Casque, gants

▪ **PEINES**

PERSONNE PHYSIQUE

PP Contrav. 4e cl. 750 € (C. route, art. R. 431-1 ; C. pén., art. 131-13).

PC Néant.

PERSONNE MORALE

PP Contrav. 4e cl. 3 750 € (C. route, art. R. 431-1 ; C. pén., art. 131-41).

PC Néant.

▪ **ORIENTEUR**

AUTRE QUALIFICATION

▪ **Casque. Cycles – port obligatoire du casque pour les mineurs de moins de 12 ans.** Le conducteur et le passager d'un cycle doivent être munis d'un casque homologué et attaché s'ils sont âgés de moins de 12 ans (*N* ***32253.c4***). Le conducteur majeur doit s'assurer que le passager de moins de 12 ans qu'il transporte est muni d'un casque (*N* ***32254.c4***). La personne âgée d'au moins 18 ans, si elle exerce une autorité de droit ou de fait sur le mineur âgé de moins de 12 ans qu'elle accompagne, doit s'assurer qu'il est muni d'un casque (C. route, art. R. 431-1-3, D. n° 2016-1800, 21 déc. 2016 ; arr. 21 déc. 2016, *JO* 22 déc, NOR : INTS1634098A).

▪ **Gants. Cycles à moteur.** Tout conducteur ou passager (*N* ***32032.c3***) d'une motocyclette (*N* ***32034.c3***), d'un tricycle ou quadricycle à moteur (*N* ***32035.c3***) ou d'un cyclomoteur (*N* ***32033.c3***) en circulation doit porter des gants conformes à la règlementation, sauf si le véhicule est équipé de portières et que le conducteur et le passager portent la ceinture de sécurité (C. route, art. R. 431-1-2, D. n° 2016-1232, 19 sept. 2016, arr. 19 sept. 2016, *JO* 19 sept. NOR : INTS1623507A, perte 1 point du PC si le conducteur est tenu de détenir un PC pour le véhicule concerné).

RÉGIME PROCÉDURAL

▪ **Constatation par contrôle automatisé.** L'infraction peut être constatée sans interception du véhicule par « *contrôle automatique* » (CA) (C. route, art. L. 130-9 et R. 130-11 11°). Sur le dispositif du contrôle automatisé, v. n° 11.5C2.

MESURE ADMINISTRATIVE

▪ **Mesure provisoire. Cas A à C.** L'immobilisation du véhicule peut être prescrite par le maire ou l'OPJ territorialement compétent pour faire cesser l'infraction (C. route, art. L. 431-1, R. 431-1, R. 325-2 et R. 325-3).

▪ **Perte de points du permis de conduire. Cas A à C : 3 points** (C. route, art. R. 431-1).

RÉGIME DES PEINES

▪ **Redevabilité pécuniaire de l'amende.** Le titulaire de l'immatriculation est redevable pécuniairement de l'amende (C. route, art. L. 121-3 et R. 121-6 11°). Sur le régime de la redevabilité pécuniaire de l'amende, v. n° 36.2 s.

■ ÉLÉMENTS CONSTITUTIFS – QUALIFICATION

✧ Pour avoir à .... [¤ lieu], le .... [¤ date], circulé sans casque de protection homologué ou avec un casque non attaché (D. nº 2006-46, 13 janv. 2006, art. 4) (Redevable pécuniairement : *N 32129.c4*) [⇨A à E :]

A. sur une motocyclette (A : *N* ***12931.c4***) ;

B. sur un cyclomoteur (B : *N* ***12932.c4***) ;

C. sur un tricycle ou quadricycle à moteur (C : *N* ***22921.c4***) ;

D. en qualité de passager sur un cyclomoteur ou une motocyclette (D : *N* ***12933.c4***) ;

E. en qualité de passager sur un tricycle ou quadricycle à moteur (E : *N* ***22922.c4***).

Faits prévus et réprimés par l'article R. 431-1 du code de la route.✧

36.95 Stationnement dangereux, gênant, très gênant ou abusif

■ PEINES

PERSONNE PHYSIQUE

PP Cas A : Contrav. 4e cl. 750 € (C. route, art. R. 417-9, C. pén., art. 131-13) ;

Cas B : Contrav. 2e cl. 150 € (C. route, art. R. 417-10, C. pén., art. 131-13) ;

Cas C : Contrav. 4e cl. 750 € (C. route, art. R. 417-11, C. pén., art. 131-13) ;

Cas D1 : Contrav. 2e cl. 150 € (C. route, art. R. 417-12, C. pén., art. 131-13) ;

Cas D2 : Contrav. 4e cl. 750 € (C. route, art. R. 417-13, C. pén., art. 131-13).

PC Cas A : suspension ⩽ 3 ans du PC, exécution provisoire possible (C. route, art. L. 224-13 et R. 417-9).

PERSONNE MORALE

PP Cas A, C et D2 : Contrav. 4e cl. 3 750 € (C. route, art. R. 417-9, R. 417-11, ou R. 417-13, C. pén., art. 131-41) ;

Cas B et D1 : Contrav. 2e cl. 750 € (C. route, art. R. 417-10 ou R. 417-13, C. pén., art. 131-41).

PC Néant.

■ ORIENTEUR

AUTRE QUALIFICATION

▪ Bande d'arrêt d'urgence. En complément du cas B6 (arrêt ou stationnement sur une bande d'arrêt d'urgence), V. nº **36.47**, **cas C**, circulation sur une bande d'arrêt d'urgence (C. route, art. R. 412-8), ou **cas D**, chevauchement ou franchissement d'une ligne délimitant une bande d'arrêt d'urgence (C. route, art. R. 412-22) et nº **36.56**, **cas D2**, défaut de présignalisation en cas de stationnement sur la bande d'arrêt d'urgence.

ÉLÉMENT LÉGAL

▪ Définition. Trottoir. Au sens de C. route, art. R. 412-7 et R. 412-34, puis R. 417-1 à R. 417-7, « *constitue un trottoir [...], la partie d'une voie urbaine qui longe la chaussée et qui, surélevée ou non, mais distinguée de celle-ci par une bordure ou tout autre marquage ou dispositif, est réservée à la circulation des piétons* » (Crim. 8 mars 2022, nº 21-84.723, P).

ÉLÉMENT MATÉRIEL

▪ Signalisation. En application de C. route, art. R. 411-25, « *les dispositions réglementaires prises par les autorités compétentes en vue de compléter les dispositions du code de la route et qui doivent faire l'objet de mesures de signalisation, ne sont opposables aux usagers que si lesdites mesures ont été prises* » (§ 9), est censuré le juge qui s'abstient, malgré l'irrégularité alléguée, de « *rechercher si l'interdiction [de stationner] en cause avait fait l'objet d'une signalisation, le cas échéant au moyen de panneaux installés aux entrées de l'agglomération* » (§ 15) (Crim. 28 mars 2023, nº 21-85.115, D).

▪ Indifférence du caractère effectivement gênant. « *est considéré comme gênant pour la circulation publique le stationnement d'un véhicule, sur le domaine public, devant l'entrée carrossable d'un immeuble riverain, même lorsqu'il est le fait de l'occupant de cet immeuble* » (Crim. 20 juin 2017, nº 16-86.838, P nº 166). Est aussi censuré le juge qui retient « *que ledit stationnement ne gêne ni la circulation des autres véhicules ni celle des piétons* » (Crim. 29 nov. 2006, nº 06-84.786).

MESURE ADMINISTRATIVE

▪ **Mesure provisoire.** Cas A à C : lorsque le conducteur ou le propriétaire du véhicule (Cas B) ou le titulaire du certificat d'immatriculation (Cas A, C et D) est absent ou refuse, malgré l'injonction des agents, de faire cesser le stationnement irrégulier, l'immobilisation et la mise en fourrière peuvent être prescrites dans les conditions prévues par C. route, art. L. 325-1 à L. 325-3 (Cas A : C. route, art. R. 417-9, Cas B : C. route, art. R. 417-10, Cas C : C. route, art. R. 417-11, Cas D1 : C. route, art. R. 417-12, Cas D2 : C. route, art. R. 417-13).

▪ **Perte de points du permis de conduire.** Cas A : 3 points (C. route, art. R. 417-9).

RÉGIME DES PEINES

▪ **Redevabilité pécuniaire de l'amende.** Cas B6 : le titulaire de l'immatriculation est redevable pécuniairement de l'amende (C. route, art. L. 121-3 et R. 121-6 4°). Sur le régime de la redevabilité pécuniaire de l'amende, v. n° 36.2 s.

▪ ÉLÉMENTS CONSTITUTIFS – QUALIFICATION

✧ Pour avoir à .... [¤ lieu], le .... [¤ date], [⇨A à C :]

A. **ARRÊT OU STATIONNEMENT DANGEREUX DE VÉHICULE (C. ROUTE, ART. R. 417-9)**

Arrêté ou stationné un véhicule de manière à constituer un danger pour les usagers, notamment, alors que la visibilité était insuffisante, à proximité d'une intersection de routes, d'un virage, d'un sommet de côte ou d'un passage à niveau (C. route, art. R. 417-9) (A : *N 201.c4*).

B. **ARRÊT OU STATIONNEMENT GÊNANT DE VÉHICULE (C. ROUTE, ART. R. 417-10)**

Arrêté ou stationné un véhicule de manière gênante pour la circulation publique, en l'espèce [⇨B1 à B15 :]

B1. sur un trottoir s'agissant d'une motocyclette (B1a : *N 31085.c2*), d'un tricycle à moteur (B1b : *N 31086.c2*) ou d'un cyclomoteur (B1c : *N 31087.c2*) (C. route, art. R. 417-10 II 1°) ;

B2. sur un emplacement réservé à l'arrêt ou au stationnement des véhicules de transport public de voyageurs (B2a : *N 22811.c2*), des taxis (B2b : *N 21201.c2*), des véhicules titulaires du label « autopartage », (B2c : *N 29370.c2*) des véhicules affectés à un service public (B2d : *N 21199.c2*) (C. route, art. R. 417-10 II 2°) ;

B3. entre le bord de la chaussée et une ligne continue alors que la largeur de la voie restant libre entre cette ligne et le véhicule ne permettait pas à un autre véhicule de circuler sans franchir ou chevaucher la ligne (C. route, art. R. 417-10 II 3°) (B3 : *N 7581.c2*) ;

B4. sur un emplacement où le véhicule empêchait soit l'accès à un autre véhicule à l'arrêt ou en stationnement, soit le dégagement de ce dernier (C. route, art. R. 417-10 II 5°) (B4 : *N 7583.c2*) ;

B5. sur un pont (B5a : *N 21202.c2*), dans un passage souterrain ou un tunnel (B5b : *N 21203.c2*) ou sous un passage supérieur (B5c : *N 21204.c2*) (C. route, art. R. 417-10 II 6°) ;

B6. sur une bande d'arrêt d'urgence, sans nécessité absolue (C. route, art. R. 417-10 II 9°) (B6 : *N 22802.c2* ; redevable pécuniairement : *N #.c2*) ;

B7. sur une voie publique spécialement désignée par arrêté de l'autorité investie du pouvoir de police municipale (C. route, art. R. 417-10 II 10°) (B7 : *N 7588.c2*) ;

B9. devant l'entrée carrossable d'un immeuble riverain (C. route, art. R. 417-10 III 1°) (B9 : *N 7586.c2*) ;

B10. en double file [inapplicable aux engins de déplacement personnel, cycles à deux roues, cyclomoteurs à deux roues et motocyclettes sans side-car] (C. route, art. R. 417-10 III 2°) (B10 : *N 7587.c2*) ;

B11. devant un dispositif destiné à la recharge en énergie des véhicules électriques (C. route, art. R. 417-10 III 3°) (B11 : *N 22812.c2*) ;

B12. sur un emplacement réservé à l'arrêt ou au stationnement des véhicules de livraison (C. route, art. R. 417-10 III 4°) (B12 : *N 21290.c2*) ;

B13. dans une zone de rencontre, en dehors des emplacements aménagés à cet effet (C. route, art. R. 417-10 III 5°) (B13 : *N 26961.c2*) ;

B14. dans une aire piétonne [inapplicable aux cycles sur les emplacements aménagés à cet effet] (C. route, art. R. 417-10 III 6°) (B14 : *N 26962.c2*) ;

B15. au-dessus d'un accès signalé à des installations souterraines (C. route, art. **R. 417-10 III 7°**) (**B15** : *N 21206.c2*) ;

C. **ARRÊT OU STATIONNEMENT TRÈS GÊNANT DE VÉHICULE (C. ROUTE, ART. R. 417-11)**

arrêté (**C** : *N 31096.c4*) ou stationné un véhicule de manière très gênante pour la circulation publique, en l'espèce [⇨**C1** à **C8** :]

C1. sur une chaussée ou une voie réservée à la circulation des véhicules de transport public de voyageurs ou des taxis (**C1a** : *N 6215.c4*) ou des véhicules d'intérêt général prioritaires (**C1b** : *N 22813.c4*) (C. route, art. **R. 417-11 I 1°**) ;

C2. en stationnant un véhicule ou un ensemble de véhicules de plus de 20 mètres carrés de surface maximale dans une zone touristique délimitée par l'autorité investie du pouvoir de police (C. route, art. **R. 417-11 I 2°**) (**C2** : *N 20586.c4*) ;

C3. sur un emplacement réservé aux véhicules portant une carte mobilité inclusion comportant la mention "stationnement pour personnes handicapées" ou une carte de stationnement pour personnes handicapées (C. route, art. **R. 417-11 I 3°**) (**C3** : *N 21200.c4*) ;

C4. sur un emplacement réservé aux véhicules de transport de fonds ou de métaux précieux (C. route, art. **R. 417-11 I 4°**) (**C4** : *N 29402.c4*) ;

C5. sur un passage réservé à la circulation des piétons en traversée de chaussée (C. route, art. **R. 417-11 I 5°**) (**C5** : *N 31088.c4*) ;

C6. au droit d'une bande d'éveil de vigilance [inapplicable aux bandes d'éveil qui signalent le quai d'un arrêt de transport public] (C. route, art. **R. 417-11 I 6°**) (**C6** : *N 31094.c4*) ;

C7. à proximité d'un signal lumineux de circulation ou d'un panneau de signalisation alors que le gabarit du véhicule était susceptible de masquer cette signalisation à la vue des usagers de la voie (C. route, art. **R. 417-11 I 7°**) (**C7** : *N 31095.c4*) ;

C8.°en stationnant un véhicule motorisé [inapplicable aux engins de déplacement personnel motorisés et cycles à pédalage assisté] (C. route, art. **R. 417-11 I 8°**) : [⇨**C8a** à **C8d**]

C8a. sur un trottoir [inapplicable aux motocyclettes, tricycles à moteur ou cyclomoteurs] (**C8a** : *N 31089.c4*) ;

C8b. sur une voie verte (*N 31090.c4*), une bande ou une piste cyclable (**C8b** : *N 31091.c4*) ;

C8c. sur une distance de cinq mètres en amont d'un passage piéton dans le sens de la circulation, en dehors d'un emplacement matérialisé à cet effet [également applicable aux motocyclettes, tricycles ou cyclomoteurs depuis D. n° 2020-605, 18 mai 2020] (**C8c** : *N 31092.c4*) ;

C8d. au droit d'une bouche d'incendie (**C8d** : *N 31093.c4*).

D. **STATIONNEMENT ABUSIF**

[⇨**D1** ou **D2**]

D1. stationné sans interruption un véhicule en un même point de la voie publique ou de ses dépendances pendant une durée excédant (C. route, art. **R. 417-12**) **(C2)** [⇨**D1a** ou **D1b**]

D1a. sept jours (**D1a** : *N 7560.c2*) ;

D1b. celle fixée par arrêté de l'autorité investie du pouvoir de police (**D1b** : *N 7575.c2*).

D2. dans une zone touristique délimitée par l'autorité investie du pouvoir de police, poursuivi le stationnement gênant d'un véhicule ou d'un ensemble de véhicules de plus de 20 mètres carrés de surface maximale pendant plus de deux heures après l'établissement du procès-verbal constatant l'infraction pour stationnement gênant (C. route, art. **R. 417-13**) (**D2** : *N 21198.c4*).

Faits prévus et réprimés par l'article [• du cas sélectionné] du code de la route). ✧

37. Les transports

37.1 Transport routier – Falsification, détérioration, emploi irrégulier, défaut d'installation des documents ou dispositifs de contrôle – Fausse déclaration

■ PEINES

PERSONNE PHYSIQUE

PP Délit. 1 an d'emprisonnement, 30 000 € (C. transp., art. L. 3315-4).

PC Néant.

PERSONNE MORALE

PP Délit. 150 000 € (C. transp., art. L. 3315-4 ; C. pén., art. 131-38).

PC Néant.

■ ORIENTEUR

AUTRE QUALIFICATION

■ Transport routier communautaire ou AETR – Appareil de contrôle – Absence d'utilisation ou utilisation non conforme. V. nº 37.9.

■ Transports routiers – Chronotachygraphe – Défaut de conformité ou de contrôle technique. C. route, art. R. 317-3, v. nº 37.10.

ÉLÉMENT MATÉRIEL

■ Imputabilité de l'infraction. Est pénalement responsable toute personne chargée de la direction ou de l'administration d'une entreprise laissant ses préposés, en ne prenant pas les dispositions nécessaires, contrevenir aux obligations relatives aux moyens de contrôle, documents et dispositifs devant être utilisés. Le préposé est pénalement responsable lorsque l'infraction résulte de son fait personnel (C. transp., art. L. 3315-6). Ainsi, alors que « *le ministère public a rapporté la preuve dont il avait la charge de l'existence des infractions à la règlementation des transports ; que [...] la prévenue n'a pu établir qu'elle s'était conformée à son obligation d'assurer l'information de ses chauffeurs, ni qu'elle leur avait enjoint de respecter la règlementation* », est justifiée la décision de condamnation « *dès lors qu'il incombait au chef d'entreprise, pour s'exonérer de sa responsabilité pénale, d'établir qu'il s'était acquitté des obligations prescrites par les textes* » (Crim. 22 sept. 2015, nº 14-83.202). Est approuvée la condamnation du directeur général d'une société de location de véhicules qui organise le retour de ces derniers sur un ensemble routier dépourvu de chronotachygraphe, s'agissant d'un transport de marchandises organisé par le prévenu à des fins commerciales, dont le coût est répercuté sur le prix de location des véhicules facturé aux clients (Crim. 24 mai 2016, nº 15-80.897, D). Imputabilité. Est approuvée la condamnation d'une personne morale et de son président poursuivis pour défaut d'insertion de la carte de conducteur dans le chronotachygraphe, au motif que « *la fréquence et l'importance des manquements constatés, à l'époque des faits poursuivis, révélaient un mode de gestion de l'entreprise* » (§ 13) et que « *les prévenus ne justifient nullement avoir, au moment des faits, pris les mesures nécessaires pour faire cesser l'infraction* » (§ 14), ce dont « *il se déduit que les prévenus ne rapportent pas la preuve qu'ils satisfaisaient à leurs obligations d'information, de contrôle et de sanction des employés, à la date des faits, alors qu'ils étaient en capacité de le faire* » (§ 15) (Crim. 24 janv. 2023, nº 21-86.947, D).

■ Faits incriminés. Paramétrage défectueux du chronotachygraphe. Cas C : le paramétrage du chronotachygraphe pour des pneus de dimensions différentes rendent inopérantes les mesures effectuées par l'appareil et matérialise l'infraction d'emploi irrégulier. Il est « *de la responsabilité de l'entreprise, qui met en circulation des véhicules de transport routier, de s'assurer que le chronotachygraphe est correctement paramétré et en mesure d'enregistrer des données exploitables* ». La personne morale est déclarée coupable de l'infraction en ce que « *le représentant légal de la société prévenue, agissant pour son compte, s'est abstenu volontairement de s'acquitter de son devoir de vigilance qui lui imposait de se conformer aux obligations prescrites par les textes* » (Crim. 8 janv. 2019, nº 18-80.746, NP).

RÉGIME PROCÉDURAL

▪ **Compétence juridictionnelle. Juge unique** (C. pr. pén., art. 398-1 4°, v. nº **17.15D2**).

▪ **Ordonnance pénale.** Possible (C. pr. pén., art. 495-II, v. nº **15.48B1** et tableau nº **17.15D2**).

▪ **Amende forfaitaire délictuelle. Possible** depuis L. nº 2023-22, 24 janv.2023, **sauf en cas de récidive**, si l'infraction est relevée par **procès-verbal électronique** (C. transp., art. L. 3315-4, C. pr. pén., art. 495-17 s. et D. 45-3). Amende minorée : **400 €** ; forfaitaire : **500 €** ; majorée : **1000 €**. Sur la procédure d'amende forfaitaire délictuelle, v. nº **15.47**.

▪ **Pouvoirs des agents de contrôle.** « *Le conducteur d'un véhicule est tenu de présenter ou de remettre, à toutes réquisitions des agents ayant qualité pour constater les délits ou les contraventions en matière de circulation routière, les feuilles d'enregistrement de l'appareil de contrôle. Ces feuilles doivent être conservées pendant un an au moins et tenues à la disposition des agents de constatation* » (C. route, art. R. 317-2 II).

MESURE ADMINISTRATIVE

▪ **Mesure provisoire.** Lorsque l'appareil de contrôle permettant l'enregistrement de la vitesse a fait l'objet d'une modification affectant son fonctionnement normal, le véhicule peut être immobilisé et retiré de la circulation jusqu'à mise en conformité ou réparation (C. route, art. R. 317-4, R. 325-3 et R. 325-7). Le véhicule sur lequel l'infraction a été commise est immobilisé et retiré de la circulation jusqu'à ce qu'il ait été mis en conformité ou réparé C. transp., art. L. 3315-4).

▪ ÉLÉMENTS CONSTITUTIFS – QUALIFICATION

✧ Pour avoir à .... [¤ lieu], le .... [¤ date], conduit ou exploité un véhicule de transport routier de voyageurs ou de marchandises en [⇨A à F :]

A. falsifiant ou laissant falsifier des documents ou des données électroniques .... [¤ document ou données falsifiés], destinés au contrôle des conditions de travail (A : *N* ***7679.ju***) ;

B. détériorant ou laissant détériorer un dispositif destiné au contrôle des conditions de travail (B : *N* ***4678.ju***) ;

C. employant ou laissant employer irrégulièrement un dispositif destiné au contrôle des conditions de travail (C : *N* ***7680.ju***) ;

D. modifiant un dispositif destiné au contrôle des conditions de travail (D : *N* ***25814.ju***) ;

E. omettant d'installer un dispositif destiné au contrôle des conditions de travail (E : *N* ***22114.ju***) ;

F. fournissant ou en laissant fournir de faux renseignements concernant la durée du travail, les conditions de travail, les moyens de contrôle, documents ou dispositifs devant être utilisés, ou la formation professionnelle initiale ou continue des conducteurs (F : *N* ***22113.ju***).

Faits prévus et réprimés par les articles L. 3315-4, L. 3315-6 et L. 3311-1 2° du code des transports. ✧

37.2 Transport routier – Obstacle à contrôle – Carte conducteur non valide ou absente

▪ PEINES

PERSONNE PHYSIQUE

PP Délit. 6 mois d'emprisonnement, 3 750 € (cas A et C : C. transp., art. L. 3315-5 ; cas B : C. transp., art. L. 3452-10).

PC Néant.

PERSONNE MORALE

PP Délit. 18 750 € (cas A et C : C. transp., art. L. 3315-5 ; cas B : C. transp., art. L. 3452-10 ; C. pén., art. 131-38).

PC Néant.

▪ ORIENTEUR

TEXTE DE RÉFÉRENCE

▪ **Pouvoir des agents de contrôle. • Cas A. Constatation des infractions.** Les agents de contrôle ont accès à l'appareil de contrôle (chronotachygraphe) et à toutes ses composantes afin d'en vérifier l'intégrité (C. transp., art. L. 3315-2 ; C. route, art. L. 130-6). Le conducteur du véhicule est tenu de présenter ou de remettre, à toutes réquisitions des agents ayant qualité pour constater les délits ou les contraventions en matière de circulation routière, les feuilles d'enregistrement de l'appareil de contrôle (C. route, art. R. 317-2). • Cas B. **Constatation des infractions. La liste des agents de contrôle et leurs prérogatives** sont énoncées au C. transp., art. L. 1451-1, L. 1451-2 et L. 1451-3.

▪ **Carte de conducteur.** • **Cas C** : « *Aucun conducteur salarié ne peut être affecté à la conduite d'un véhicule soumis aux dispositions du règlement (CE) n° 561/2006 du Parlement européen et du Conseil du 15 mars 2006 relatif à l'harmonisation de certaines dispositions en matière sociale dans le domaine des transports par route, équipé d'un appareil de contrôle conforme au règlement (UE) n° 165/2014 du Parlement européen et du Conseil du 4 février 2014 relatif aux tachygraphes dans les transports routiers, s'il n'est détenteur d'une carte de conducteur en cours de validité* » (C. transp., art. R. 3313-19). La carte de conducteur est délivrée à la demande de l'employeur ou du salarié par l'organisme chargé de la délivrance des cartes contre une redevance qui est à la charge de l'employeur (C. transp., art. R. 3313-19). Elle doit être présentée lors des contrôles (C. transp., art. R. 3315-11 § g)) et doit faire l'objet d'une demande de remplacement dans les 7 jours calendaires de sa perte, de son vol ou de son endommagement (C. transp., art. R. 3315-11 § d)).

ÉLÉMENT MATÉRIEL

▪ **Imputabilité de l'infraction.** C. transp., art. L. 3315-6, *idem* n° 37.2.

RÉGIME PROCÉDURAL

▪ **Compétence juridictionnelle. Juge unique** (C. pr. pén., art. 398-1 4°, v. n° 17.15D2).

▪ **Ordonnance pénale. Possible** (C. pr. pén., art. 495-II, v. n° 15.48B1 et tableau n° 17.15D2).

▪ **Amende forfaitaire délictuelle. Possible dans le cas C** depuis L. n° 2019-222, 23 mars 2019, **y compris en cas de récidive**, si l'infraction est relevée par **procès-verbal électronique** (C. transp., art. **L. 3315-5** ; C. pr. pén., art. 495-17 et D. 45-3 dans sa rédaction issue de D. n° 2019-507, 24 mai 2019, applicable au lendemain de la publication de l'arrêté modifiant C. pr. pén., art. A. 36-14 à A. 36-16, art. 11 D. n° 2019-507). **Montant de l'amende forfaitaire : minorée : 640 € ; non minorée : 800 € ; majorée : 1 600 €.** Sur la procédure d'amende forfaitaire délictuelle, v. n° 15.47.

▪ **Territorialité des poursuites.** La CJUE (arrêt, 9 sept. 2021, n° C-906/19) énonce que le règl[t] n° 561/2006, art. 19 § 2, « *doit être interprété en ce sens qu'il s'oppose à ce que les autorités compétentes d'un État membre puissent imposer une sanction au conducteur d'un véhicule ou à une entreprise de transport, pour une infraction au règlement n° 3821/85, tel que modifié par le règlement n° 561/2006, commise sur le territoire d'un autre État membre ou d'un pays tiers, mais constatée sur son territoire et n'ayant pas déjà donné lieu à sanction* » (§ 12), « *Il en résulte que les infractions poursuivies, qui ont pour fondement l'article 15 § 2, du règl[t] n° 3821/85, pour l'application duquel C. transp., art. L. 3315-5, al. 1er, a été promulgué, ne relèvent pas du champ d'application de C. pr. pén., art. 689-12 et ne peuvent être poursuivies lorsque les faits ont été commis à l'étranger par une personne de nationalité étrangère* » (§ 13) (Crim. 1er févr. 2022, n° 18-83.384, P).

▪ ÉLÉMENTS CONSTITUTIFS – QUALIFICATION

✧ Pour avoir ou s'être à .... [¤ lieu], le .... [¤ date], [⇨A à C :]

A. **CONTRÔLE DES CONDITIONS DE TRAVAIL**

fait obstacle au contrôle des conditions de travail dans les transports routiers en refusant de présenter les documents ou les données électroniques signées, de communiquer les renseignements, ou de laisser effectuer les contrôles ou investigations nécessaires, en l'espèce en .... [¤ matérialiser l'infraction] (C. transp., art. L. 3315-5, L. 3315-6 et L. 3315-2, C. route, art. L. 130-6) (A : *N 7512.ju*) ;

B. **CONTRÔLE DE LA RÈGLEMENTATION DES TRANSPORTS**

fait obstacle au contrôle de la règlementation des transports routiers de marchandises ou de personnes en refusant de présenter aux agents de contrôle les documents, de communiquer les renseignements, ou de laisser effectuer les contrôles ou investigations prévus par les règlements, en l'espèce en .... [¤ matérialiser l'infraction] (C. transp., art. L. 3452-10, L. 3451-1 et L. 1451-1) (B : *N 7610.ju*) ;

C. **ABSENCE DE CARTE DE CONDUCTEUR VALIDE OU ABSENTE (CONTRÔLE DES CONDITIONS DE TRAVAIL AU MOYEN DU CHRONOTACHYGRAPHE)**

livré à un transport routier (C. transp., art. L. 3315-5, L. 3315-6 et L. 3315-2, C. route, art. L. 130-6) [⇨C1 à C3 :]

C1. avec une carte de conducteur non-conforme insérée dans le chronotachygraphe du véhicule (C1 : *N 25811.ju*) ;

C2. avec une carte de conducteur insérée dans le chronotachygraphe du véhicule n'appartenant pas au conducteur l'utilisant (C2 : *N 25812.ju*) ;

C3. sans carte de conducteur insérée dans le chronotachygraphe du véhicule (C3 : *N 25813.ju*).

Faits prévus et réprimés par les articles [• du cas sélectionné]. ✧

37.3 Transport routier de marchandise – Défaut d'inscription au registre des transporteurs – Délits

▪ PEINES

PERSONNE PHYSIQUE

PP Délit. 1 an d'emprisonnement, 15 000 € (cas A et B : C. transp., art. L. 3452-6 ; cas C : C. transp., art. L. 1452-3).

PC Cas A et B : Interdiction ⩽ 1 an d'effectuer des opérations de transport sur le territoire national (C. transp., art. L. 3452-6).

PERSONNE MORALE

PP Délit. 75 000 € (cas A et B : C. transp., art. L. 3452-6 ; cas C : C. transp., art. L. 1452-3 ; C. pén., art. 131-38).

PC Néant.

▪ ORIENTEUR

ÉLÉMENT LÉGAL

▪ **Domaine d'application.** Cas A et B : ces dispositions sont applicables « *aux entreprises de transport public routier de marchandises, de déménagement et de location de véhicules industriels avec conducteur destinés au transport de marchandises, utilisant des véhicules motorisés, y compris ceux dont la vitesse maximale autorisée ne dépasse pas 40 km/h* » (C. transp., art. R. 3211-1). Elles ne sont notamment pas applicables aux transports exécutés à titre accessoire sur des marchandises ne leur appartenant pas par des entreprises dont le transport n'est pas l'activité principale (C. transp., art. R. 3211-2), aux transports de nature agricole dans un rayon de 100 km (C. transp., art. R. 3211-3), aux transports de marchandises accessoires aux transports de personnes effectués avec les mêmes véhicules, aux transports de véhicules accidentés entre le lieu de la panne et celui de la réparation, aux transports exécutés par « La Poste » (C. transp., art. R. 3211-5) (anc[t] D. n° 99-752, 30 août 1999, art. 17).

TEXTE DE RÉFÉRENCE

▪ **Règlementation des transports de marchandises.** L'exercice des professions de transporteur public routier de marchandises, y compris de déménagement, ou de loueur de véhicules industriels avec conducteur peut être subordonné, selon des modalités fixées par décret en Conseil d'État, à des conditions d'établissement, d'honorabilité professionnelle, de capacité financière et de capacité professionnelle ainsi qu'à l'inscription à un registre tenu par les autorités de l'État (C. transp., art. L. 3211-1).

ÉLÉMENT MATÉRIEL

▪ **Cabotage fictif.** Dans une affaire où une société installée dans un autre pays de l'Union exerçait en réalité en France une activité de transport intérieur de façon habituelle, continuelle ou régulière et ce exclusivement ou presque pour le compte d'une société française agissant en tant que donneur d'ordre, dans le cadre d'une stratégie planifiée au sein du groupe, il est jugé que le délit d'exercice de l'activité de transporteur sans autorisation reproché au transporteur non-résident et de complicité de ces faits reproché au donneur d'ordre français « *est constitué indépendamment du caractère éventuellement régulier de chacun des actes de cabotage participant de l'activité de l'entreprise, pris individuellement* » (§ 13) et que les dispositions du C. transp. « *n'exigent [pas] que l'entreprise en cause exerce cette activité de manière exclusive sur le territoire national* » (§ 15) (Crim. 11 janv. 2022, n° 21-82.075, P ; dans le même sens : Crim. 2 déc. 2014, n° 14-81.738, P n° 253, rappelant l'interdiction « *de faire réaliser par une entreprise de transport routier de marchandises non-résidente plus de trois prestations de cabotage par un même véhicule sur une période de sept jours* », prévue par C. transp., art. L. 3421-3 et L. 3421-4 renvoyant au règl. (CE) n° 1072/2009 du Parlement européen et du Conseil, 21 oct. 2009 établissant des règles communes pour l'accès au marché du transport international de marchandises par route).

RÉGIME PROCÉDURAL

▪ **Compétence juridictionnelle. Juge unique** (C. pr. pén., art. 398-1 4°, v. nº **17.15D2**).

▪ **Ordonnance pénale. Possible** (C. pr. pén., art. 495-II, v. nº **15.48B1** et tableau nº **17.15D2**).

▪ **Amende forfaitaire délictuelle. Cas A et B : possible** depuis L. nº 2023-22, 24 janv.2023, **sauf en cas de récidive**, si l'infraction est relevée par **procès-verbal électronique** (C. transp., art. **L. 3452-11**, C. pr. pén., art. 495-17 s. et **D. 45-3**). Amende minorée : **400 €** ; forfaitaire : **500 €** ; majorée : **1000 €**. Sur la procédure d'amende forfaitaire délictuelle, v. nº **15.47**.

▪ **Pouvoirs des agents de contrôle.** Les agents de contrôle ont le droit de visiter la cargaison et ont accès aux lieux de chargement et de déchargement des véhicules tant ferroviaires que routiers (C. transp., art. L. 1451-1).

MESURE ADMINISTRATIVE

▪ **Mesure provisoire.** Le véhicule de transport routier en infraction est immobilisé dans les conditions prévues aux articles L. 325-1 à L. 325-3 du code de la route par les agents compétents pour constater l'infraction (C. transp., art. L. 3451-2).

▪ ÉLÉMENTS CONSTITUTIFS – QUALIFICATION

✧ Pour avoir à .... [¤ lieu], le .... [¤ date], exercé une activité de [⇨A à C :]

A. transporteur public routier de marchandises sans inscription au registre des transporteurs (C. transp., art. L. 3211-1 et **L. 3452-6**, **R. 3211-7**, R. 3211-12 (anc^{t} D. nº 99-752, 30 août 1999, art. 1, 5, 6, 8 et 9)) (A : *N 401.ju*) ;

B. loueur de véhicules industriels avec conducteur sans inscription au registre des loueurs (C. transp., art. L. 3211-1 et **L. 3452-6**, **R. 3211-7**, R. 3211-12 (anc^{t} D. nº 99-752, 30 août 1999, art. 1, 5, 6, 8 et 9)) (B : *N 402.ju*) ;

C. commissionnaire de transport sans inscription au registre des commissionnaires de transport (C. transp., art. L. 1422-1, L. 1422-3, **L. 1452-3**, L. 3411-1, **R. 1422-1**, R. 1422-24, R. 1422-25 (anc^{t} D. nº 90-200, 5 mars 1990, art. 1, 2, 19, 20)) (C : *N 403.ju*).

Faits prévus et réprimés par les articles [• du cas sélectionné] ✧

37.4 Transport routier de personnes – Défaut d'inscription au registre des transporteurs

▪ PEINES

PERSONNE PHYSIQUE

PP Délit. **1 an** d'emprisonnement, **15 000 €** (C. transp., art. **L. 3452-6**).

PC Interdiction ⩽ 1 an d'effectuer des opérations de transport sur le territoire national (C. transp., art. L. 3452-6).

PERSONNE MORALE

PP Délit. **75 000 €** (C. transp., art. **L. 3452-6** ; C. pén., art. 131-38).

PC Néant.

▪ ORIENTEUR

ÉLÉMENT LÉGAL

▪ **Domaine d'application.** Dispositions non applicables aux taxis, voitures transport avec chauffeur, ambulances et voitures de pompes funèbres, soumis à des règlementations particulières (C. transp., art. R. 3113-1 ; anc^{t} D. nº 85-891, 16 août 1985, art. 1), v. nº^{os} **37.13** et **37.14**.

TEXTE DE RÉFÉRENCE

▪ **Règlementation des transports publics de personnes.** Les entreprises de transport public de personnes établies sur le territoire national doivent être inscrites à un registre tenu par les autorités de l'État dans les conditions prévues par l'article L. 1421-1. L'inscription à ce registre peut être subordonnée à des conditions d'établissement, d'honorabilité professionnelle, de capacité financière et de capacité professionnelle selon des modalités fixées par décret en Conseil d'État (C. transp., art. L. 3113-1, R. 3113-1 s., anc^{t} D. nº 85-891, 16 août 1985, art. 2 à 9).

RÉGIME PROCÉDURAL

- **Compétence juridictionnelle. Juge unique** (C. pr. pén., art. 398-1 4°, v. n° 17.15D2).
- **Ordonnance pénale. Possible** (C. pr. pén., art. 495-II, v. n° 15.48B1 et tableau n° 17.15D2).

MESURE ADMINISTRATIVE

- **Mesure provisoire.** *Idem* n° 37.3.

■ ÉLÉMENTS CONSTITUTIFS – QUALIFICATION

✧ Pour avoir à .... [¤ lieu], le .... [¤ date], exercé une activité de transport public routier de personnes sans [⇨A ou B :]

A. NON-INSCRIPTION AU REGISTRE DES TRANSPORTEURS DE PERSONNES

inscription au registre des transporteurs (C. transp., art. L. 3113-1 et L. 3452-6 ; R. 3113-2, R. 3113-4 (anc^{t} D. n° 85-891, 16 août 1985, art. 2, 3 et 9) (A : *N **11991.ju***) ;

B. DÉFAUT D'ASSURANCE DES VOYAGEURS TRANSPORTÉS

(incrimination spéciale (1 an d'emprisonnement, 15 000 €) abrogée par Ord. n° 2010-1307, 28 oct. 2010, auparavant prévue par L. n° 54-401, 14 avr. 1952, art. 25-II et le D. n° 49-1473, 14 nov. 1949, art. 47, les faits relèvent désormais de l'incrimination générale de défaut d'assurance obligatoire de véhicule terrestre à moteur réprimée par C. assur., art. L. 211-1 et C. route, art. L. 324-2, v. n° 36.42).

Faits prévus et réprimés par les articles [• du cas sélectionné]. ✧

37.5 Transport routier de marchandise – Défaut de licence valable

■ PEINES

PERSONNE PHYSIQUE

PP Contrav. 5e cl. 1 500 € (C. transp., art. R. 3452-44, anc^{t} D. n° 99-752, 30 août 1999, art. 19 ; C. pén., art. 131-13).

PC Néant.

PERSONNE MORALE

PP Contrav. 5e cl. 7 500 € (C. transp., art. R. 3452-44, anc^{t} D. n° 99-752, 30 août 1999, art. 19 ; C. pén., art. 131-41).

PC Néant.

■ ORIENTEUR

AUTRE QUALIFICATION

- **Transport routier de marchandise – Défaut d'inscription au registre des transporteurs – Délits.** V. n° 37.3.

TEXTE DE RÉFÉRENCE

- **Règlementation des transports routiers de marchandises.** L'inscription au registre des transporteurs ou des loueurs donne lieu à délivrance d'une **licence communautaire** pour les véhicules dont le poids maximum autorisé (PMA = PTAC du véhicule seul ou somme des PTAC d'un ensemble routier) > 6 tonnes, d'une **licence de transport intérieur** lorsque l'entreprise utilise exclusivement des véhicules dont le PMA ⩽ 3,5 tonnes (R. 3211-12, anc^{t} D. n° 99-752, 30 août 1999, art. 10). La licence est accompagnée d'autant de copies conformes numérotées que l'entreprise dispose de véhicules (D. 30 août 1999, art. 11). Une copie de la licence doit accompagner le véhicule (C. transp., art. R. 3411-13, anc^{t} D. 30 août 1999, art. 12) et être présentée à toute réquisition (Arr. 16 nov. 1999, NOR : EQUT9901624A, *JO* 30 nov., p. 17807, art. 6).

RÉGIME PROCÉDURAL

- **Compétence juridictionnelle.** Est également compétent le tribunal de police du siège de l'entreprise détentrice du véhicule (C. pr. pén., art. 522).

■ ÉLÉMENTS CONSTITUTIFS – QUALIFICATION

✧ Pour avoir à .... [¤ lieu], le .... [¤ date], effectué en France un transport routier de marchandise sans copie conforme à bord de la copie de la licence de transport intérieur ou de la licence communautaire.

Faits prévus et réprimés par les articles R. 3211-12, R. 3411-13 et R. 3452-44 (anc[t] 12 et 19 du décret n° 99-752 du 30 août 1999 (*N 399.c5*). ✧

37.6 Transport routier communautaire ou AETR – Dépassement du temps de conduite – Non-respect des périodes d'interruption ou de repos

■ PEINES

PERSONNE PHYSIQUE

PP Contrav. 5e cl. 1 500 € (Cas « C5 ») C. transp., art. R. 3315-10, anc[t] D. n° 86-1130, 17 oct. 1986, art. 3 ; C. pén., art. 131-13) ou Contrav. 4e cl. 750 € (Cas « C4 ») (C. transp., art. R. 3315-11, anc[t] D. n° 86-1130, 17 oct. 1986, art. 3 ; C. pén., art. 131-13).

PC Néant.

PERSONNE MORALE

PP Cas « C5 » : Contrav. 5e cl. 7 500 €. Cas « C4 » : Contrav. 4e cl. 3 750 € (v. art. ci-dessus + C. pén., art. 131-41).

PC Néant.

■ ORIENTEUR

AUTRE QUALIFICATION

▪ **Transport routier – Falsification, détérioration, emploi irrégulier, défaut d'installation des documents ou dispositifs de contrôle – Fausse déclaration.** V. n° 37.1.

▪ **Transport routier communautaire ou AETR – Appareil de contrôle – Absence d'utilisation ou utilisation non conforme.** V. n° 37.9.

▪ **Transports routiers – Chronotachygraphe – Défaut de conformité ou de contrôle technique.** C. route, art. R. 317-3, v. n° 37.10.

▪ **Incitation par l'employeur à commettre des excès de vitesse, à dépasser le temps de conduite ou le poids maximal.** V. n° 37.18.

▪ **Incitation par un donneur d'ordre à commettre des excès de vitesse, à dépasser le temps de conduite ou le poids maximal.** V. n° 37.18.

ÉLÉMENT LÉGAL

▪ **Régime du temps de travail dans les transports. Renvoi à la règlementation européenne.** Le temps de conduite et de repos des conducteurs est régi par le règlement CE 561/2006 du 15 mars 2006, et par l'accord européen relatif au travail des équipages des véhicules effectuant des transports internationaux par route (AETR) du 1er juillet 1970 modifié (C. transp., art. L. 3313-1).

▪ **Texte d'incrimination.** C. transp., art. R. 3315-10 et R. 3315-11 (anc[t] D. n° 86-1130, 17 oct. 1986, répriment le non-respect des obligations imposées par le règl. CE 561/2006 du 15 mars 2006 et l'Accord européen relatif au travail des équipages des véhicules effectuant des transports internationaux par route (AETR) (1er juill. 1970), relatif à durée du temps de conduite et de repos dans les transports routiers, ainsi que les obligations imposées par le règl. UE 4 févr. 2014, n° 165/2014 (abrogeant et remplaçant le règl. CE 20 déc. 1985, req. n° 3821/85), concernant les conditions d'homologation et d'emploi de l'appareil de contrôle des temps de conduite et de repos. Les textes CE et AETR ont le même objet mais comportent des différences sensibles, notamment sur la durée des périodes de conduite et de repos. L'harmonisation est assurée sur le territoire national par D. n° 86-1130, 17 oct. 1986, devenu C. transp., art. R. 3315-10 et R. 3315-11, puisque les incriminations sont, autant que possible, communes aux deux sources normatives.

▪ **Domaine d'application. • Règlementation sociale européenne dans les transports routiers** (règl. CE 561/2006, 15 mars 2006). La règlementation s'applique à la conduite de véhicules dont la masse maximale autorisée est > 3,5 tonnes ou de plus de 9 places conducteur compris. Exceptions : transport voyageurs sur ligne régulière < 50 km, véhicules dont la vitesse autorisée est inférieure à 40 km/h, transports non commerciaux de biens dans un but privé, véhicules médicaux, services publics (armées, pompiers, police) (art. 1 et 3). Elle s'applique, quel que soit le pays d'immatriculation du véhicule, aux transports routiers effectués exclusivement dans l'Union européenne, ou entre l'Union européenne, la Suisse et les pays parties à l'accord sur l'Espace économique européen (art. 2). • **Accord européen relatif au travail des équipages des véhicules effectuant des transports internationaux par route (AETR)** (1er juillet 1970). Cet accord a le même objet que le règl. CE 561/2006 du 15 mars 2006 qui précise ainsi son champ d'application (art. 2.3) : l'AETR couvre les opérations de transports routiers de personnes ou de marchandises effectués en partie en dehors de l'Union européenne, de la Suisse ou des pays parties à l'accord sur l'Espace économique européen, pour l'ensemble du trajet pour les véhicules immatriculés dans l'Union européenne ou dans les pays signataires de l'AETR, seulement pour la partie du trajet située sur le territoire de l'Union européenne ou du pays partie à l'AETR pour les véhicules immatriculés dans un pays non-signataire de l'AETR.

TEXTE DE RÉFÉRENCE

▪ **Transport routier – Temps de conduite et de repos – règl. CE 561/2006, 15 mars 2006.** V. no 37.7.

▪ **Transport routier – Tableau des temps de conduite et de repos – Accord (AETR)1er juill. 1970.** V. no 37.7.

▪ **Caractère impératif de la règlementation des conditions de travail.** Les opérations de transport ne doivent en aucun cas être conduites dans des conditions incompatibles avec la règlementation des conditions de travail et de sécurité (C. transp., art. L. 1311-3).

ÉLÉMENT MATÉRIEL

▪ **Caractérisation de l'infraction. Calcul du temps de conduite, trajet à l'étranger.** En cas de délit ou de contravention concernant les conditions de travail dans les transports routiers, constaté sur le territoire national, le dépassement des temps de conduite et la réduction du temps de repos sont calculés, pour la période de temps considérée, en incluant les périodes de temps de conduite et de repos effectuées à l'étranger (C. transp., art. L. 3315-3).

▪ **Responsabilité de l'employeur. • Règlementation « CE ».** L'entreprise organise le travail des conducteurs de telle manière qu'ils puissent se conformer à la règlementation. Elle donne des instructions appropriées et effectue des contrôles réguliers. Elle est tenue pour responsable des infractions commises par ses conducteurs, même si l'infraction a été commise sur le territoire d'un autre État membre ou d'un pays tiers (règl. CE 561/2006, 15 mars 2006, art. 10). • **Règlementation « AETR ».** L'entreprise doit organiser service de transport routier de telle façon que les membres de l'équipage soient en mesure d'observer les dispositions de l'AETR. Elle doit surveiller régulièrement les périodes de conduite et des autres travaux, ainsi que les heures de repos, en se servant de tous les documents dont elle dispose, par exemple les livrets individuels de contrôle. Si elle constate des infractions à l'AETR, elle doit y mettre fin sans délai et prendre des mesures pour éviter qu'elles ne se reproduisent, par exemple en modifiant les horaires et les itinéraires (AETR, 1er juill. 1970, art. 13). • **Jurisprudence.** « *les juges, après avoir caractérisé autant de dépassements de la durée journalière de travail effectif commis par trois conducteurs de l'entreprise qu'il dirige, relèvent qu'en sa qualité de chef d'entreprise, ce dernier ne rapporte pas la preuve d'avoir informé ses salariés du contenu de la règlementation, de leur avoir donné les instructions nécessaires aux fins de la respecter et de s'être assuré de sa constante application* » sont fondés à entrer en voie de condamnation contre l'employeur (Crim. 8 févr. 2000, no 99-81.218, P no 57). En revanche, n'est pas justifée la décision de condamnation qui ne répond « *pas aux conclusions du prévenu faisant valoir qu'il s'était acquitté de ses obligations, en informant les salariés du contenu de la règlementation, en donnant instruction de la respecter, en organisant le travail en conséquence et en s'assurant du respect effectif de la règlementation* » (Crim. 19 juin 2001, no 00-83.171, P no 145).

RÉGIME PROCÉDURAL

▪ **Compétence juridictionnelle.** Est également compétent le tribunal de police du siège de l'entreprise détentrice du véhicule (C. pr. pén., art. 522).

▪ **Territorialité des poursuites.** *Idem* no 37.2 (Crim. 1er févr. 2022, no 18-83.384, P, interprétant C. pr. pén., art. 689-12 après question préjudicielle (CJUE, 9 sept. 2021, no C-906/19).

▪ **Notification du procès-verbal.** En matière d'infraction au temps de travail, avant de transmettre la procédure au procureur de la République, l'agent de contrôle informe la personne visée au procès-verbal des faits susceptibles de constituer une infraction et des sanctions encourues (C. trav., art. L. 8113-7). L'absence de notification ne fait pas grief dès lors que, préalablement à l'engagement des poursuites, le parquet a fait procéder à l'audition de l'intéressé par les enquêteurs qui lui ont donné connaissance des faits et des sanctions encourues (Crim. 13 déc. 2016, n° 16-80.219, P n° 341).

MESURE ADMINISTRATIVE

▪ **Mesure provisoire. L'immobilisation** du véhicule peut être prescrite par le maire ou l'OPJ territorialement compétent pour faire cesser l'infraction. (C. route, art. R. 317-4, R. 325-3 et R. 325-4).

▪ **Sanction administrative.** Copie du procès-verbal est transmise au préfet de la région dans laquelle l'entreprise a son siège (C. transp., art. R. 3116-12), lequel peut prononcer, après avis de la commission territoriale des sanctions administratives mentionnée au C. transp., art. L. 3452-3 et R. 3452-1 s, le retrait temporaire ⩽ 1 an ou le retrait définitif des **titres administratifs de transport** détenus par l'entreprise (C. transp., art. R. 3116-15) (anc^{t} D. n° 99-752, 30 août 1999, art. 18).

MESURE CIVILE

Prohibition de certaines clauses contractuelles. Les clauses de rémunération de nature à compromettre la sécurité, notamment par l'incitation directe ou indirecte au dépassement de la durée du travail et des temps de conduite autorisés, sont nulles de plein droit (C. transp., art. L. 1311-4).

▪ ÉLÉMENTS CONSTITUTIFS – QUALIFICATION

✧ Pour avoir à .... [¤ lieu], le .... [¤ date], effectué un transport routier de marchandise ou de personnes en [⇨A à L :]

A. **CONDUITE JOURNALIÈRE MAXIMALE, DÉPASSEMENT < 2 H (C4)**

A1. dépassant ou en laissant dépasser de moins de 2 h la durée maximale de **conduite journalière de 9 h** (A1 (CE) : *N 27790.c4*) ;

A2. dépassant ou en laissant dépasser de moins de 2 h la durée maximale de **conduite journalière prolongée à 10 h** (A2 (CE) : *N 27791.c4*) ;

A3. dépassant ou en laissant dépasser de moins de 2 h la durée maximale de **conduite journalière** (A3 (AETR) : *N 28377.c4*) ;

B. **CONDUITE JOURNALIÈRE MAXIMALE, DÉPASSEMENT ⩾ 2 H (C5)**

B1. dépassant ou en laissant dépasser d'au moins 2 h la durée maximale de **conduite journalière de 9 h** (B1 (CE) : *N 27801.c5*) ;

B2. dépassant ou en laissant dépasser d'au moins 2 h la durée maximale de **conduite journalière prolongée à 10 h** (B2 (CE) : *N 27802.c5*) ;

B3. dépassant ou en laissant dépasser d'au moins 2 h la durée maximale de **conduite journalière** (B3 (AETR) : *N 28385.c5*) ;

C. **CONDUITE HEBDOMADAIRE MAXIMALE, DÉPASSEMENT < 14 H (C4)**

C1. dépassant ou en laissant dépasser de moins de 14 h la durée de **conduite hebdomadaire maximale de 56 h** (C1 (CE) : *N 27792.c4*) ;

C2. dépassant ou en laissant dépasser de moins de 14 h la durée de **conduite hebdomadaire maximale de 48 h** (C2 (AETR) : *N #.c4*) ;

D. **CONDUITE HEBDOMADAIRE MAXIMALE, DÉPASSEMENT ⩾ 14 H (C5)**

D1. dépassant ou en laissant dépasser d'au moins 14 h la durée de **conduite hebdomadaire maximale de 56 h** (D1 (CE) : *N 27803.c5*) ;

D2. dépassant ou en laissant dépasser d'au moins 14 h la durée de **conduite hebdomadaire maximale de 48 h** (D2 (AETR) : *N #.c5*) ;

E. **CONDUITE SUR DEUX SEMAINES CONSÉCUTIVES, DÉPASSEMENT < 22 H 30 (C4)**

E1. dépassant ou en laissant dépasser de moins de 22 h 30 la **durée maximale de 90 h de conduite totale** accumulée au cours de deux semaines consécutives (E1 (CE) : *N 27793.c4*) ;

E2. dépassant ou en laissant dépasser de moins de 22 h 30 la **durée maximale de 92 h de conduite totale** accumulée au cours de deux semaines consécutives (E2 (AETR) : *N 28378.c4*) ;

F. **Conduite sur deux semaines consécutives, dépassement ⩾ 22 h 30 (C5)**

F1. dépassant ou en laissant dépasser d'au moins 22 h 30 la **durée maximale de 90 h de conduite totale** accumulée au cours de deux semaines consécutives (F1 (CE) : *N 27804.c5*) ;

F2. dépassant ou en laissant dépasser d'au moins 22 h 30 la **durée maximale de 92 h de conduite totale** accumulée au cours de deux semaines consécutives (F2 (AETR) : *N 28386.c5*) ;

G. **Conduite ininterrompue, dépassement < 1 h 30 (C4)**

dépassant ou en laissant dépasser de moins de 1 h 30 la **durée maximale de 4 h 30 de conduite ininterrompue** (G (CE) : *N 27794.c4* ; G (AETR) : *N 28379.c4*) ;

H. **Conduite ininterrompue, dépassement ⩾ 1 h 30 (C5)**

dépassant ou en laissant dépasser d'au moins 1 h 30 la **durée maximale de 4 h 30 de conduite ininterrompue** (H (CE) : *N 27805.c4* ; H (AETR) : *N 28387.c4*) ;

I. **Insuffisance du temps de repos journalier < 2 h 30 ou < 2 h (C4)**

I1. prenant ou en laissant prendre un **repos journalier** inférieur de **moins de 2 h 30 au temps de repos journalier normal de 11 h** (I1 (CE) : *N 27795.c4* ; I1 (AETR) : *N 28380.c4*) ;

I2. prenant ou en laissant prendre un **repos journalier** inférieur de **moins de 2 h au temps de repos journalier réduit de 9 h** (I2 (CE) : *N 27796.c4* ; I2 (AETR) : *N 28381.c4*) ;

I3. prenant ou en laissant prendre un **repos journalier** inférieur de **moins de 2 h au temps de repos journalier de 9 h en cas de conduite en équipage** (I3 (CE) : *N 27798.c4* ; I3 (AETR) : *N 31327.c4*) ;

I4. prenant ou en laissant prendre un **repos journalier** inférieur de **moins de 2 h au temps de repos journalier normal de 9 h lorsqu'il est pris en deux tranches** (I4 (CE) : *N 27797.c4* ; I4 (AETR) : *N 28382.c4*) ;

J. **Insuffisance du temps de repos journalier ⩾ 2 h 30 ou ⩾ 2 h (C5)**

J1. prenant ou en laissant prendre un **repos journalier inférieur, pour au moins 2 h 30, au temps de repos journalier normal de 11 h** (J1 (CE) : *N 27806.c5* ; J1 (AETR) : *N 28388.c5*) ;

J2. prenant ou en laissant prendre un **repos journalier inférieur, pour au moins 2 h, au temps de repos journalier réduit de 9 h** (J2 (CE) : *N 27807.c5* ; J2 (AETR) : *N 28389.c5*) ;

J3. prenant ou en laissant prendre un **repos journalier inférieur, pour au moins 2 h, au temps de repos journalier de 9 h en cas de conduite en équipage** (J3 (CE) : *N 27798.c5* ; J3 (AETR) : *N 31328.c5*) ;

J4. prenant ou en laissant prendre un **repos journalier inférieur, pour au moins 2 h, au temps de repos journalier normal de 9 h lorsqu'il est pris en deux tranches** (J4 (CE) : *N 27808.c5* ; J4 (AETR) : *N 28390.c5*) ;

K. **Insuffisance du temps de repos hebdomadaire < 9 h ou < 4 h (C4)**

K1. prenant ou en laissant prendre un **repos hebdomadaire** inférieur de **moins de 9 h au temps de repos hebdomadaire normal** (K1 (CE) : *N 27799.c4* ; K1 (AETR) : *N 28383.c4*) ;

K2. prenant ou en laissant prendre un **repos hebdomadaire** inférieur de **moins de 4 h au temps de repos hebdomadaire réduit** (K2 (CE) : *N 27800.c4* ; K2 (AETR) : *N 28384.c4*) ;

L. **Insuffisance du temps de repos hebdomadaire ⩾ 9 h ou ⩾ 4 h (C5)**

L1. prenant ou en laissant prendre un **repos hebdomadaire** inférieur pour au **moins 9 h au temps de repos hebdomadaire normal** (L1 (CE) : *N 27810.c5* ; L1 (AETR) : *N 28391.c5*) ;

L2. prenant ou en laissant prendre un **repos hebdomadaire** inférieur pour au **moins 4 h au temps de repos hebdomadaire réduit** (L2 (CE) : *N 27811.c5* ; L2 (AETR) : *N 28392.c5*) ;

Faits prévus et réprimés par les articles **R. 3315-10** (C4) ou **R. 3315-11** (C5) (anc[t] 1 et 3 du décret n° 86-1130 du 17 octobre 1986) du code des transports et :

Transports communautaires (CE) : 6 à 10 du règlement CE 561/2006 du 15 mars 2006 ;

Transports AETR : 6 à 9 de l'accord européen relatif au travail des équipages des véhicules effectuant des transports internationaux par route (AETR) du 1er juillet 1970. ✧

37.7 Transport routier – Temps de conduite et de repos – règl. CE 561/2006, 15 mars 2006

Tableau 53 : Transport routier – Tableau des temps de conduite et de repos – règl. CE 561/2006, 15 mars 2006

Périodes de conduite	Périodes de repos
Conduite continue a) 4 h 30 maximum ou b) durée inférieure (art. 7)	**Pauses** • 45 min. en une seule fois (art. 7) • ou interruptions d'au moins 15 min., suivie d'une pause d'au moins 30 min. par période de 4 h 30 de conduite (art. 7)
Conduite journalière • 9 h maximum (2 journées de 10 h possibles sur une semaine de 6 jours) (art. 6.1)	**Périodes de repos journalier** • Principe : 11 h consécutives dans chaque période de 24 h écoulée depuis la fin du précédent repos journalier ou hebdomadaire (art. 8.2) • Réduction à 9 h possible dans la limite de 3 repos journaliers réduits entre 2 repos hebdomadaires (art. 8.4)
Conduite hebdomadaire • Durée de conduite hebdomadaire ⩽ 56 h (art. 6.2) • Durée totale de conduite sur deux semaines consécutives doit être ⩽ 90 h (art. 6.3)	**Repos hebdomadaire** • 45 h consécutives de repos hebdomadaire au plus tard à l'issue de la période de 6 jours écoulée depuis la fin du précédent repos hebdomadaire. • Réduction possible à 24 h une fois au cours de 2 semaines consécutives, à condition de reporter 21 h de repos en bloc avant la fin de la 3e semaine (art. 8.6)

V. infractions n° 37.6.

37.8 Transport routier – Tableau des temps de conduite et de repos – Accord (AETR)1er juill. 1970

Tableau 54 : Transport routier – Tableau des temps de conduite et de repos – Accord (AETR) 1er juill. 1970

Périodes de conduite	Périodes de repos
Conduite continue 4 h 30 maximum (art. 8.1.a)	**Pauses** 1 h pour les ensembles routiers relevant de l'art. 10 (art. 8.2.a) 30 mn dans les autres cas (8.3.a)
Conduite journalière • 8 h maximum (2 journées de 9 h pour les véhicules autres que les ensembles routiers relevant de l'art. 10 (art. 7.1 et 7.2).	**Périodes de repos journalier** **Marchandises** • Principe : 11 h consécutives dans chaque période de 24 h précédant son activité professionnelle (art. 6.1.a) • Réduction à 9 h ou 8 h possible dans la limite de 2 repos réduits par semaine (art. 6.1.b) **Transport de personnes** • Principe : 10 h consécutives dans chaque période de 24 h précédant son activité professionnelle (art. 6.2.a) • ou 11 h, avec possibilité de 2 repos de 10 h et de 2 repos de 9 h par semaine (art. 6.1.a)
Conduite hebdomadaire • Durée de conduite hebdomadaire ⩽ 48 h (art. 7.3)	**Repos hebdomadaire** • 24 h consécutives de repos hebdomadaire, précédées ou suivies d'une période de repos journalier (art. 9)

• Durée totale de conduite sur deux semaines consécutives doit être ⩽ 92 h (art. 7.3)

V. infractions n° 37.6.

37.9 Transport routier communautaire ou AETR – Appareil de contrôle – Absence d'utilisation ou utilisation non conforme

■ PEINES

PERSONNE PHYSIQUE

PP Cas « C5 » : Contrav. 5e cl. 1 500 € (C. transp., art. R. 3315-11, anct D. n° 86-1130, 17 oct. 1986, art. 3 ; C. pén., art. 131-13).

Cas « C4 » : Contrav. 4e cl. 750 € (C. transp., art. R. 3315-10, anct D. n° 86-1130, 17 oct. 1986, art. 3 ; C. pén., art. 131-13).

Cas « C3 » : Contrav. 3e cl. 450 € (C. transp., art. R. 3315-9, anct D. n° 86-1130, 17 oct. 1986, art. 3 ; C. pén., art. 131-13).

PC Néant.

PERSONNE MORALE

PP Cas « C5 » : Contrav. 5e cl. 7 500 €. Cas « C4 » : Contrav. 4e cl. 3 750 €. Cas « C3 » : Contrav. 3e cl. 2 250 € (v. art. ci-dessus + C. pén., art. 131-41).

PC Néant.

■ ORIENTEUR

AUTRE QUALIFICATION

▪ **Transport routier – Falsification, détérioration, emploi irrégulier, défaut d'installation des documents ou dispositifs de contrôle – Fausse déclaration.** V. n° 37.1.

▪ **Transports routiers – Chronotachygraphe – Défaut de conformité ou de contrôle technique.** C. route, art. R. 317-3, v. n° 37.10.

ÉLÉMENT LÉGAL

▪**Renvoi.** *Idem* n° 37.6.

ÉLÉMENT MATÉRIEL

▪ **Responsabilités de l'employeur et du préposé.** L'entreprise organise le travail des conducteurs de telle manière qu'ils puissent se conformer à la règlementation. Si des infractions sont constatées, elle prend les mesures nécessaires pour éviter qu'elles se reproduisent (règl. CE 20 déc. 1985, req. n° 3820/85, art. 15).

Règl. CE 20 déc. 1985, req. n° 3821-85, art. 13 : « *L'employeur et les conducteurs veillent au bon fonctionnement et à la bonne utilisation de l'appareil.* » Est pénalement responsable toute personne chargée de la direction ou de l'administration d'une entreprise laissant ses préposés, en ne prenant pas les dispositions de nature à en assurer le respect, contrevenir aux obligations relatives au droit d'accès des agents chargés du contrôle, à l'emploi des moyens de contrôles, documents et dispositifs qui doivent être utilisés. Le préposé est pénalement responsable lorsque l'infraction résulte de son fait personnel (C. transp., art. L. 3315-6 ; D. n° 86-1130, 17 oct. 1986, art. 1er). L'employeur et les conducteurs veillent au bon fonctionnement et utilisation de l'appareil, l'employeur délivre aux conducteurs un nombre suffisant de feuilles d'enregistrement, d'un modèle homologué approprié à l'appareil concerné. L'entreprise conserve en bon ordre les feuilles d'enregistrement pendant au moins un an (règl. CE 20 déc. 1985, req. n° 3821-85, art. 13 et 14).

RÉGIME PROCÉDURAL

▪ **Compétence juridictionnelle.** Est également compétent le tribunal de police du siège de l'entreprise détentrice du véhicule (C. pr. pén., art. 522).

▪ **Pouvoirs des agents de contrôle.** « *Le conducteur d'un véhicule est tenu de présenter ou de remettre, à toutes réquisitions des agents ayant qualité pour constater les délits ou les contraventions en matière de circulation routière, les feuilles d'enregistrement de l'appareil de contrôle. Ces feuilles doivent être conservées pendant un an au moins et tenues à la disposition des agents de constatation* » (C. route, art. R. 317-2 II).

MESURE ADMINISTRATIVE

▪ **Mesure provisoire. L'immobilisation** du véhicule peut être prescrite par l'agent de contrôle lorsque l'appareil permettant l'enregistrement de la vitesse a été l'objet d'une modification affectant son fonctionnement normal ou lorsque le conducteur est en infraction aux règles relatives aux conditions de travail dans les transports routiers, publics ou privés (C. route, art. R. 317-4, R. 325-3 et R. 325-7).

▪ **Sanction administrative.** *Idem* orienteur n° 37.6.

▪ **ÉLÉMENTS CONSTITUTIFS – QUALIFICATION**

✧ Pour avoir à .... [¤ lieu], le .... [¤ date], effectué un transport routier de marchandise ou de personnes [⇨A à U :]

A. **Quantité insuffisante de papier d'impression (C3)**
sans prévoir à bord de quantité suffisante de **papier nécessaire aux sorties imprimées** (A : *N 27812.c3*) ;

B. **Utilisation de cartes ou feuilles souillées ou endommagées mais lisibles (C3)**
en utilisant une feuille d'enregistrement ou une carte conducteur souillées ou endommagée mais comportant des données lisibles (B (CE) : *N 7697.c3* ; B (AETR) : *N 20515.c3*) ;

C. **Absence à bord d'un nombre suffisant de feuilles d'enregistrement (C4)**
en remettant ou en laissant remettre au conducteur un nombre insuffisant de feuilles d'enregistrement (C (CE) : *N 7694.c4* ; C (AETR) : *N 20513.c4*) ;

D. **Feuilles d'enregistrement non homologuées (C4)**
en remettant ou laissant remettre au conducteur des feuilles d'enregistrement non homologuées (D (CE) : *N 7695.c4* ; D (AETR) : *N 20514.c4*) ;

E. **Retrait anticipé des feuilles d'enregistrement (C4)**
en retirant ou en laissant retirer avant la fin de la période de travail journalière la feuille d'enregistrement ou la carte de conducteur, sans effet sur les données enregistrées (E (CE) : *N 7698.c4* ; E (AETR) : *N 20517.c4*) ;

F. **Utilisation d'une feuille d'enregistrement pour couvrir une période trop longue (C4)**
en utilisant ou en laissant utiliser une feuille d'enregistrement pour couvrir une période plus longue que celle pour laquelle est conçue, sans perte de données (F (CE) : *N 27813.c4* ; F (AETR) : *N 20519.c4*) ;

G. **Utilisation d'une carte de conducteur pour couvrir une période trop longue (C4)**
en utilisant ou en laissant utiliser une carte de conducteur pour couvrir une période plus longue que celle pour laquelle est conçue, sans perte de données (G (CE) : *N 27814.c4* ; G (AETR) : *N #.c4*) ;

H. **Absence de saisie du symbole du pays dans l'appareil de contrôle (C4)**
en omettant de saisir ou de faire saisir le symbole du pays dans l'appareil de contrôle (H (CE) : *N 26355.c4* ; H (AETR) : *N 26355.c4*) ;

I. **Marquage d'un horaire ne correspondant pas à l'heure légale (C4)**
en omettant de marquer ou de faire marquer un horaire correspondant à l'heure légale du pays d'immatriculation du véhicule (I (CE) : *N 7702.c4* ; I (AETR) : *N #.c4*) ;

J. **Absence de mentions obligatoires sur la feuille d'enregistrement (C4)**
en omettant de porter ou de faire porter sur la feuille d'enregistrement la date et lieu du début d'utilisation, le numéro d'immatriculation, le relevé du compteur kilométrique au début et à la fin de l'utilisation, ou l'heure de changement de véhicule (J (CE) : *N 7704.c4* ; J (AETR) : *N 20518.c4*) ;

K. **Absence de signature sur la feuille provisoire (C4)**
en omettant de porter ou de faire porter la signature sur la feuille provisoire (K (CE) : *N 27815.c4* ; K (AETR) : *N #.c4*) ;

L. **Utilisation de plusieurs feuilles pour un même conducteur (C5)**
en utilisant ou en laissant utiliser, sans motif légitime, plusieurs feuilles d'enregistrement par un même conducteur pour une même journée (L (CE) : *N 20379.c5*, récidive : *N 20383.c5* ; L (AETR) : *N 20521.c5*, récidive : *N 20524.c5*) ;

M. **Établissement d'un lien entre rémunération du conducteur et distance parcourue ou volume des marchandises (C5)**

en établissant un lien entre la rémunération du conducteur et la distance parcourue ou le volume des marchandises transportées (M (CE) : *N 7682.c5* ; M (AETR) : *N 20507.c5*) ;

N. **Non-conservation des enregistrements (C5)**

en omettant de conserver, pendant le délai d'au moins un an après leur utilisation :

N1. les feuilles d'enregistrement, les sorties imprimées (N1 (CE) : *N 7696.c5* ; N1 (AETR) : *N 7728.c5*) ;

N2. les données téléchargées.

O. **Non-remplacement de la carte de conducteur perdue ou endommagée (C5)**

en omettant de demander le remplacement, dans un délai de sept jours calendaires, d'une carte de conducteur perdue, volée ou endommagée (O (CE-AETR) : *N 27816.c5*) ;

P. **Mauvaise utilisation du dispositif de commutation (C5)**

en procédant à une mauvaise utilisation du dispositif de commutation (P (CE) : *N 27817.c5* ; P (AETR) : *N #.c5*) ;

Q. **Non-présentation des informations de la journée en cours (C5)**

sans être en capacité de présenter les informations relatives à la journée en cours (Q (CE) : *N 20378.c5* ; récidive : *N 20382.c5* ; Q (AETR) : *N 20520.c5* ; récidive : *N 20523.c5*) ;

R. **Non-présentation des informations des 28 jours précédents (C5)**

sans être en capacité de présenter les informations à l'un des 28 jours précédents (R (CE) : *N 20380.c5* ; R (AETR) : *N 7727.c5*) ;

S. **Non-présentation de la carte de conducteur (C5)**

sans être en capacité de présenter la carte de conducteur (S (CE) : *N 20351.c5* ; S (AETR) : *N #.c5*) ;

T. **Non-réparation de l'appareil de contrôle (C5)**

omis de réparer une panne de l'appareil de contrôle par un organisme agréé (T (CE) : *N 7706.c5* ; T (AETR) : *N 20512.c5*) ;

U. **Absence d'indication relative au conducteur sur la feuille provisoire (C5)**

omis de porter ou de faire porter le numéro de la carte de conducteur ou de permis de conduire du conducteur sur la feuille provisoire (U (CE) : *N 27818.c5* ; U (AETR) : *N 20512.c5*) ;

Faits prévus et réprimés par les articles R. 3315-9 (C3), R. 3315-10 (C4) ou R. 3315-11 (C5) (anc^{t} 1 et 3 du décret n° 86-1130 du 17 octobre 1986) du code des transports, le règlement CE du 20 décembre 1985, req. n° 3821-85 et :

Transports communautaires (CE) : 6 à 10 du règlement CE 561/2006, du 15 mars 2006 ;

Transports AETR : 6 à 9 de l'accord européen relatif au travail des équipages des véhicules effectuant des transports internationaux par route (AETR) du 1er juillet 1970. ✧

37.10 Transports routiers – Chronotachygraphe – Défaut de conformité ou de contrôle technique

■ **PEINES**

PERSONNE PHYSIQUE

PP Contrav. 4e cl. 750 € (C. route, art. R. 317-3 ; C. pén., art. 131-13).

PC Néant.

PERSONNE MORALE

PP Contrav. 4e cl. 3 750 € (C. route, art. R. 317-3 ; C. pén., art. 131-41).

PC Néant.

■ ORIENTEUR

AUTRE QUALIFICATION

■ **Transport routier – Falsification, détérioration, emploi irrégulier, défaut d'installation des documents ou dispositifs de contrôle – Fausse déclaration.** V. nº 37.1.

■ **Transport routier communautaire ou AETR – Appareil de contrôle – Absence d'utilisation ou utilisation non conforme.** V. nº 37.9.

TEXTE DE RÉFÉRENCE

■ **Chronotachygraphe. • Finalités de l'appareil de contrôle dénommé chronotachygraphe.** « *Le ministre chargé des transports définit les véhicules qui doivent être équipés d'un appareil de contrôle permettant l'enregistrement de la vitesse du véhicule* » (C. route, art. R. 317-2 I). « *Pour l'application de la règlementation concernant les conditions de travail dans les transports routiers publics et privés, l'appareil de contrôle [...] devra permettre également l'enregistrement de tout ou partie des éléments suivants : – distance parcourue par le véhicule – temps de conduite ou autre temps de travail effectif en dehors de la conduite – autre temps de présence au travail – interruption de travail et temps de repos journaliers – ouverture du boîtier contenant la feuille d'enregistrement* » (C. route, art. R. 317-2 III). **• Caractéristiques techniques, homologation et contrôle périodique du chronotachygraphe.** « *Le ministre chargé de la métrologie légale définit, en accord avec le ministre chargé des transports, les exigences réglementaires applicables à cet appareil ainsi que les conditions de son installation, de sa réparation et de sa vérification* » (C. route, art. R. 317-2 I). « *Ces appareils sont soumis aux dispositions techniques du règlement (UE) nº 165/2014 du Parlement européen et du Conseil du 4 févr. 2014 relatif aux tachygraphes dans les transports routiers* » (C. transp., art. R. 3313-9). Ils sont assujettis au contrôle de l'État (C. transp., art. R. 3313-9). Ce contrôle comporte l'homologation CE de modèle prononcée par le ministre chargé de la métrologie légale ; la vérification primitive des instruments neufs ou réparés, avant installation ; la vérification des instruments après installation ; ainsi que des vérifications périodiques (C. transp., art. R. 3313-10). Ces dernières ont lieu au moins tous les 2 ans par un centre de contrôle agréé (C. transp., art. R. 3313-16 et C. route, art. R. 317-3).

MESURE ADMINISTRATIVE

■ **Immobilisation du véhicule. L'immobilisation du véhicule** devant être équipé d'un appareil de contrôle permettant l'enregistrement de la vitesse peut être prescrite par le maire ou l'OPJ territorialement compétent pour faire cesser l'infraction (C. route, art. L. 325-1, L. 325-2, L. 325-3, R. 325-3 et R. 325-4) dans les cas suivants : « *1° Lorsque le conducteur est en infraction aux règles relatives aux conditions de travail dans les transports routiers, publics ou privés ; 2° Lorsque le conducteur ne peut présenter les documents dûment renseignés concernant les conditions de travail dans les transports publics et privés ; 3° En l'absence d'appareil de contrôle permettant l'enregistrement de la vitesse ou lorsque celui-ci a fait l'objet d'une modification ou d'une détérioration affectant son fonctionnement normal ; 4° Lorsque le chronotachygraphe n'a pas fait l'objet du contrôle en service* » (C. route, art. R. 317-4).

■ ÉLÉMENTS CONSTITUTIFS – QUALIFICATION

✧ Pour avoir à .... [¤ lieu], le .... [¤ date], circulé avec un véhicule de transport routier devant être équipé d'un appareil de contrôle dénommé chronotachygraphe sans [⇨A ou B :]

A. le maintenir constamment en état de bon fonctionnement (A : *N* ***22827.c4***) ;

B. l'avoir soumis, tous les deux ans, à un contrôle en service par un centre de contrôle agréé (B : *N* ***7691.c4***) ;

C. que le véhicule soit muni d'une plaquette d'installation périodique certifiant de la conformité de l'appareil de contrôle aux prescriptions réglementaires et mentionnant la date limite avant laquelle le contrôle en service suivant devra être effectué (C : *N* ***31474.c4***).

Faits prévus et réprimés par les articles R. 3313-9, R. 3313-10 et R. 3313-16 du code des transports, R. 317-2 et R. 317-3 du code de la route. ✧

37.11 Transport de matière dangereuse – Délits

■ PEINES

PERSONNE PHYSIQUE

PP Délit. Cas A à E : **1 an** d'emprisonnement, **30 000 €** (C. transp., art. L. 1252-5).

Cas F : **3 ans** d'emprisonnement, **250 000 €** ou **⩽ triple** de l'avantage tiré de la commission de l'infraction (C. transp., art. L. 1252-5 II issu L. nº 2021-1104, 22 août 2021).

PC Néant.

PERSONNE MORALE

PP Délit. Cas A à E : 150 000 € (C. transp., art. L. 1252-5 ; C. pén., art. 131-38) ;
Cas F : 1 250 000 € ou ⩽ triple de l'avantage tiré de la commission de l'infraction (C. transp., art. L. 1252-5 II issu L. n° 2021-1104, 22 août 2021 ; C. pén., art. 131-38).

PC Néant.

■ ORIENTEUR

ÉLÉMENT LÉGAL

▪ **Régime du transport des marchandises dangereuses.** Un arrêté du ministre chargé des transports établit la nomenclature des marchandises dangereuses pour le transport ferroviaire ou guidé, routier ou fluvial. Il fixe les conditions d'emballage, de chargement, de déchargement, de manutention et de garde de ces marchandises, définit les conditions de visites et d'épreuves des matériels et dresse la liste des matières exclues du transport (C. transp., art. **L. 1252-1**). « *Les prescriptions réglementaires relatives au transport ferroviaire ou guidé, routier ou fluvial des marchandises dangereuses sont fixées, respectivement par le règlement concernant le transport international ferroviaire des marchandises dangereuses dit RID* [3 juin 1999], *l'accord européen relatif au transport international des marchandises dangereuses par route dit ADR* [30 sept. 1957] et *l'accord européen relatif au transport international des marchandises dangereuses par voies de navigation intérieures dit ADN* [26 mai 2000], *ainsi que, après consultation du Conseil supérieur de la prévention des risques technologiques, par arrêté du ministre chargé du transport des matières dangereuses, en application de l'article L. 1252-1* [Arr. 29 mai 2009, dit arrêté TMD, NOR : DEVP0911622A] ».

ÉLÉMENT LÉGAL

▪ **Application de la loi pénale dans le temps. Cas F** : circonstance aggravante créée par L. n° 2021-1104, 22 août 2021 portant lutte contre le dérèglement climatique et renforcement de la résilience face à ses effets (C. transp., art. L. 1252-5 II).

▪ **définition. Cas F** : au sens de C. transp., art. L. 1252-5 II, sont « *considérées comme durables, [...], les atteintes susceptibles de durer au moins sept ans* » (C. transp., art. L. 1252-5 II).

ÉLÉMENT MATÉRIEL

▪ **Responsabilités de l'employeur et du préposé.** Est pénalement responsable des infractions prévues par C. transp., art. L. 1252-5 toute personne qui, « *chargée à un titre quelconque de la direction ou de l'administration de toute entreprise ou établissement* », a soit contrevenu « *par un acte personnel* », soit en tant que commettant, laissé contrevenir, par toute personne relevant de son autorité ou de son contrôle, aux prescriptions relatives au transport de matières dangereuses « *en ne prenant pas les dispositions de nature à en assurer le respect* ». Le préposé est pénalement responsable lorsque « *l'infraction résulte de son fait personnel* » (C. transp., art. L. 1252-7).

RÉGIME PROCÉDURAL

▪ **Compétence juridictionnelle. Juge unique** (C. pr. pén., art. 398-1 4°, v. n° 17.15D2).

▪ **Ordonnance pénale. Possible** (C. pr. pén., art. 495-II, v. n° 15.48B1 et tableau n° 17.15D2).

MESURE ADMINISTRATIVE

▪ **Mesure provisoire.** Le véhicule de transport routier en infraction est immobilisé dans les conditions prévues aux articles L. 325-1 à L. 325-3 du code de la route par les agents compétents pour constater l'infraction (C. transp., art. L. 1252-8).

■ ÉLÉMENTS CONSTITUTIFS – QUALIFICATION

✧ Pour avoir à .... [¤ lieu], le .... [¤ date], [⇨A à D :]

A. **TRANSPORT DE MATIÈRE INTERDITE AU TRANSPORT**

transporté ou fait transporter par voie ferroviaire (A1 : *N* ***30120.ju***) routière (A2 : *N* ***4675.ju***) ou fluviale (A3 : *N* ***30833.ju***) des matières dangereuses dont le transport n'est pas autorisé en l'espèce .... [¤ matière dangereuse concernée] (C. transp., art. **L. 1252-5 1°** + dispositions de la règlementation applicable).

B. **Matériel de transport non agréé ou non inspecté**

utilisé ou mis en circulation par voie ferroviaire (B1 : *N 30121.ju*) routière (B2 : *N 4677.ju*) ou fluviale (B3 : *N 30675.ju*) des matériels aménagés pour le transport de matières dangereuses n'ayant pas satisfait aux visites ou épreuves auxquelles ils étaient soumis, en l'espèce dépourvus de certificat d'agrément individuel, de procès-verbal ou de rapport d'inspection périodique (C. transp., art. L. 1252-5 2 + dispositions de la règlementation applicable).

C. **Circulation ou stationnement sur une voie interdite au transport de matières dangereuses**

[⇨C1 ou C2 :]

C1. fait circuler ...

C2. laissé stationner ...

...des matériels transportant des matières dangereuses sur une voie ou un ouvrage dont l'utilisation est interdite en permanence au transport par voie ferroviaire (C1a : *N #.ju* ; C2a : *N #.ju*), routière (C1b : *N 13294.ju* ; C2b : *N 13295.ju*) ou fluviale (C1c : *N 31056.ju* ; C2c : *N 31057.ju*) de ces matières (C. transp., art. L. 1252-5 3° + dispositions de la règlementation applicable).

D. **Transport de matières dangereuses sans signalement sur documents de transport ou contenants**

D1. fait transporter par voie ferroviaire (D1a : *N #.ju*) routière (D1b : *N 23126.ju*) ou fluviale (D1c : *N 30834.ju*) des marchandises dangereuses sans l'avoir signalé, soit dans le document de transport, soit sur les emballages, récipients ou contenants, lorsque ceci est requis (C. transp., art. L. 1252-5 4° + dispositions de la règlementation applicable) ;

D2. transporté par voie ferroviaire (D2a : *N 30122.ju*) routière (D2b : *N 23127.ju*) ou fluviale (D2c : *N 30618.ju*) des marchandises dangereuses sans aucune signalisation extérieure, lorsque celle-ci est requise (C. transp., art. L. 1252-5 5° + dispositions de la règlementation applicable) ;

E. **Défaut de désignation de conseiller à la sécurité**

étant responsable de l'entreprise, omis de désigner un conseiller à la sécurité alors que l'entreprise était soumise à cette obligation (C. transp., art. L. 1252-5 et L. 1252-6 + dispositions de la règlementation applicable) (E : *N 22744.ju*) ;

F. **Circonstance aggravante de risque d'atteinte durable à l'environnement**

[préciser le cas échéant dans le cas A à E :] avec cette circonstance que les faits ont exposé directement la faune, la flore ou la qualité de l'eau à un risque immédiat d'atteinte grave et durable (C. transp., art. L. 1252-5 II, circonstance aggravante créée par L. n° 2021-1104, 22 août 2021) (F : *N #.ju*, par personne morale : *N #.ju*).

Faits prévus et réprimés par les articles [• du cas sélectionné]. ✧

37.12 Transport de matière dangereuse – Contraventions

■ PEINES

PERSONNE PHYSIQUE

PP Contrav. 5e cl. 1 500 € (C. transp., art. R. 1252-9, D. n° 77-1331, 30 nov. 1977, art. 1 *bis*). Récidive. 3 000 € (C. pén., art. 131-13, 132-11).

PERSONNE MORALE

PP Contrav. 5e cl. 7 500 € (C. transp., art. R. 1252-9, C. pén., art. 131-41). Récidive. 15 000 €.
PC Néant.

■ ORIENTEUR

ÉLÉMENT LÉGAL

▪ **Régime du transport des marchandises dangereuses.** *Idem* n° 37.11 (C. transp., art. L. 1252-1).

ÉLÉMENT MATÉRIEL

▪ **Responsabilités de l'employeur et du préposé.** *Idem* n° 37.11 (C. transp., art. L. 1252-7).

RÉGIME PROCÉDURAL

▪ **Compétence juridictionnelle.** Est également compétent le tribunal de police du siège de l'entreprise détentrice du véhicule (C. pr. pén., art. 522).

MESURE ADMINISTRATIVE

▪ **Mesure provisoire. Immobilisation du véhicule.** Le véhicule de transport routier en infraction est immobilisé dans les conditions prévues au C. route, art. L. 325-1 à L. 325-3 (D. nº 77-1331, 30 nov. 77, art. 1 *bis*).

▪ ÉLÉMENTS CONSTITUTIFS – QUALIFICATION

✧ Pour avoir à .... [¤ lieu], le .... [¤ date], transporté ou fait transporter, par chemin de fer, route ou voie de navigation intérieure des matières dangereuses sans satisfaire aux prescriptions des règlements édictés pour leur transport, en l'espèce [⇨A à L :]

A. **Document d'accompagnement. Obligations administratives**

[⇨A1 à A9 :]

A1. sans établissement de documents de transport (A1 : *N 11200.c5*) ;

A2. sans présence à bord de documents de transport (A2 : *N 11229.c5*) ;

A3. sans établissement de l'attestation de conformité du chargeur (A3 : *N 11433.c5*) ;

A4. sans présence à bord du certificat de qualité (A4 : *N 11492.c5*) ;

A5. sans présence à bord d'un certificat d'agrément (A5 : *N 11231.c5*) ;

A6. en transportant des matières radioactives sans avis préalable d'expédition conforme (A6 : *N 20819.c5*) ;

A7. en réalisant un transport routier intérieur de marchandises dangereuses par une entreprise non certifiée (A7 : *N 20845.c5*) ;

A8. sans conserver, étant commissionnaire de transport, les éléments d'identification de matières dangereuses transportées par route (A8 : *N 20847.c5*) ;

A9. en ne procédant pas à une déclaration d'incident concernant une matière dangereuse (A9 : *N 20838.c5*).

B. **Équipage, qualification, composition**

[⇨B1 à B3 :]

B1. sans certificat de formation valable (B1 : *N 11220.c5*) ;

B2. sans présence à bord du certificat de formation du conducteur (B2 : *N 11232.c5*) ;

B3. en transportant des matières dangereuses de classe I sans convoyeur à bord du véhicule (B3 : *N 10394.c5*).

C. **Consigne de sécurité**

[⇨C1 à C4 :]

C1. sans avoir établi de consignes écrites de sécurité (C1 : *N 11235.c5*) ;

C2. sans présence à bord de consignes écrites de sécurité (C2 : *N 11233.c5*) ;

C3. avec des consignes écrites de sécurité non-conformes ou inadaptées (C3 : *N 11236.c5*) ;

C4. sans consigne précisant les numéros d'appel d'urgence pour un véhicule immatriculé en France (C4 : *N 20840.c5*) ;

D. **Stationnement**

en stationnant un véhicule de transport routier [⇨D1 à D11 :]

D1. de nuit ou par mauvaise visibilité sans signalisation (D1 : *N 11053.c5*) ;

D2. sans surveillance constante (D2 : *N 13320.c5*) ;

D3. de manière prolongée, aux fins de stockage, hors d'un chantier ou d'une installation classée (D3 : *N 20814.c5*) ;

D4. au-delà du délai nécessaire à l'activité (D4 : *N 20813.c5*) ;

D5. dans des conditions ne permettant pas une évacuation sans manœuvre (D5 : *N 20815.c5*) ;

D6. plus de 12 h sans respecter les distances minimales en véhicules (D6 : *N 20816.c5*) ;

D7. sans actionner le coupe-circuit de batterie (D7 : *N 20817.c5*) ;

D8. sans vérification de la fermeture des dispositifs d'obturation (D8 : *N 20818.c5*) ;

D9. sans frein de stationnement serré (D9 : *N 11251.c5*) ;

D10. en un lieu inapproprié (D10 : *N 11490.c5*) ;

D11. sans pancarte permettant d'alerter le conducteur (D11 : *N 11491.c5*) ;

E. **Étiquette de danger. Panneaux de signalisation**
[⇨E1 à E9 :]

E1. en les transportant dans un emballage dépourvu d'étiquette de danger conforme (E1 : *N 10388.c5*) ;

E2. en les transportant en conteneur, vrac ou citerne avec des étiquettes de danger erronées (E2 : *N 10390.c5*) ;

E3. en les transportant en conteneur, vrac ou citerne sans étiquettes de danger (E3 : *N 11250.c5*) ;

E4. en effectuant dans un véhicule immatriculé en France un transport routier intérieur de plus de 3 tonnes de matières dangereuses en colis sans étiquette de danger (E4 : *N 20848.c5*) ;

E5. en les transportant en vrac ou citerne avec des panneaux de signalisation dépourvus de numéro d'identification conforme (E5 : *N 11248.c5*) ;

E6. en les transportant avec un véhicule dépourvu de panneaux de signalisation (E6 : *N 11246.c5*) ;

E7. en les transportant avec un véhicule dépourvu de panneaux de signalisation conformes (E7 : *N 11247.c5*) ;

E8. en omettant d'ôter ou de recouvrir des panneaux de signalisation sans rapport avec la marchandise transportée (E8 : *N 11249.c5*) ;

E9. en les transportant dans un emballage dépourvu d'inscription obligatoire conforme (E9 : *N 13329.c5*) ;

F. **Équipement du véhicule**
avec un véhicule [⇨F1 à F11 :]

F1. dépourvu de coupe-circuit de batterie conforme (F1 : *N 10393.c5*) ;

F2. non couvert ou bâché, s'agissant de matières craignant l'eau ou nécessitant une protection (F2 : *N 11209.c5*) ;

F3. sans extincteur d'incendie de moteur ou de cabine (F3 : *N 11211.c5*) ;

F4. sans extincteur d'incendie des pneus, freins, ou du chargement conforme (F4 : *N 11212.c5*) ;

F5. pourvu d'un appareil d'éclairage prohibé (F5 : *N 11225.c5*) ;

F6. dépourvu d'équipement de sécurité obligatoire conforme (F6 : *N 13150.c5*) ;

F7. sans dispositif de limitation de vitesse conforme (F7 : *N 13296.c5*) ;

F8. immatriculé en France muni d'un flexible de chargement ou déchargement de matière dangereuse liquide non agréé ou périmé (F8 : *N 13321.c5*) ;

F9. immatriculé en France muni d'un flexible de chargement ou déchargement de matière dangereuse liquide non protégé (F9 : *N 20844.c5*) ;

F10. équipé d'un appareil de chauffage à combustion non-conforme, interdit ou irrégulièrement installé (F10 : *N 20824.c5*) ;

F11. immatriculé en France dépourvu de moyen de télécommunication conforme (F11 : *N 20839.c5*) ;

G. **Emballage ou conditionnement. Nettoyage des contenants. Mode de transport**
En utilisant [⇨G1 à G10 :]

G1. un emballage non-conforme ou non agréé (G1 : *N 10395.c5*) ;

G2. un emballage ne présentant plus les garanties de sécurité (G2 : *N 10396.c5*) ;

G3. en omettant de nettoyer le véhicule de transport routier ou un conteneur souillé après déchargement (G3 : *N 11243.c5*) ;

G4. une citerne ou conteneur-citerne vide non nettoyé ou mal fermé (G4 : *N 11228.c5*) ;

G5. une citerne ou conteneur-citerne mal fermé (G5 : *N 20836.c5*) ;

G6. une citerne non nettoyée ayant contenu des matières dangereuses et non remplie de substances neutres (G6 : *N 20837.c5*) ;

G7. une citerne ou conteneur-citerne ayant transporté des matières radioactives (G7 : *N 20833.c5*) ;

G8. un grand conteneur structuralement impropre à l'emploi (G8 : *N 20823.c5*) ;

G9. un véhicule comportant plus d'une remorque ou semi-remorque (G9 : *N 11208.c5*) ;

G10. un matériel ou un mode de transport interdit (G10 : *N 20822.c5*) ;

H. **Composition, température, quantité, arrimage des charges**

[⇨H1 à H7 :]

H1. en transportant des matières dangereuses irrégulièrement chargées en commun dans un véhicule ou conteneur (H1 : *N 10391.c5*) ;

H2. en transportant des matières dangereuses irrégulièrement emballées en commun (H2 : *N 13327.c5*) ;

H3. en transportant des matières dangereuses risquant de réagir entre elles dans des compartiments contigus de citerne ou conteneur citerne (H3 : *N 20835.c5*) ;

H4. en transportant des quantités de matières dangereuses excédant les quantités maximales autorisées (H4 : *N 11238.c5*) ;

H5. en chargeant des matières dangereuses en citerne ou véhicule citerne avec un pourcentage de remplissage irrégulier (H5 : *N 20832.c5*) ;

H6. en chargeant des matières dangereuses dans un véhicule de transport routier à une température non autorisée (H6 : *N 20831.c5*) ;

H7. en transportant des matières dangereuses non correctement arrimées ou calées (H7 : *N 11239.c5*).

I. **Transport et chargement mixte**

[⇨I1 à I5 :]

I1. en transportant des voyageurs dans un véhicule transportant des matières dangereuses (I1 : *N 11223.c5*) ;

I2. en transportant des matières dangereuses dans un véhicule de transport en commun de personnes (I2 : *N 13195.c5*) ;

I3. en transportant des matières dangereuses en colis non séparés de denrées alimentaires ou objets de consommation (I3 : *N 11241.c5*) ;

I4. en transportant de manière alternée ou simultanée des matières dangereuses et des denrées alimentaires dans une même citerne (I4 : *N 11489.c5*) ;

I5. en transportant des denrées alimentaires ou objets de consommation en citerne ou conteneur-citerne agréé pour le transport de matières dangereuses (I5 : *N 20834.c5*) ;

J. **Lieux de chargement**

[⇨J1 à J5 :]

J1. en chargeant ou déchargeant sur un emplacement public en agglomération un véhicule routier transportant des matières dangereuses de classe 6 ou 9 sans autorisation (J1 : *N 13300.c5*) ;

J2. en chargeant ou déchargeant sur un emplacement public en agglomération un véhicule routier transportant des matières dangereuses de classe I (J2 : *N 20825.c5*) ;

J3. en chargeant ou déchargeant sur un emplacement public un véhicule routier transportant des matières dangereuses de classe I à moins de 50 mètres d'un véhicule en stationnement (J3 : *N 20826.c5*) ;

J4. en chargeant ou déchargeant sur un emplacement public hors agglomération un véhicule routier transportant des matières dangereuses sans information des autorités (J4 : *N 13301.c5*) ;

J5. en chargeant ou déchargeant sur la voie publique un véhicule transportant des matières dangereuses en colis ou citerne (J5 : *N 13302.c5*) ;

K. **Sécurité des opérations de chargement ou de manutention**

[⇨K1 à K5 :]

K1. en ne respectant pas l'interdiction de fumer dans ou à proximité du véhicule lors de la manutention de matières dangereuses (K1 : *N 11227.c5*) ;

K2. en mettant en service un appareil de chauffage à combustion sur un véhicule de type FL lors du chargement ou déchargement de matières dangereuses (K2 : *N 22095.c5*) ;

K3. en chargeant ou déchargeant des matières dangereuses dans un véhicule dont le moteur fonctionne sans nécessité (K3 : *N 11245.c5*) ;

K4. en manutentionnant des matières dangereuses sur un emplacement public sans séparation des matières ou objets de nature différente (K4 : *N 20829.c5*) ;

K5. en ouvrant ou laissant ouvrir les colis de matières dangereuses par le personnel de conduite ou d'accompagnement (K5 : *N 11242.c5*) ;

L. **Sécurité des opérations de chargement de matière liquide ou gazeuse**
[⇨L1 à L5 :]

L1. en chargeant ou déchargeant des matières dangereuses en citerne par un personnel sans formation appropriée (L1 : *N 22094.c5*) ;

L2. en chargeant ou déchargeant des matières dangereuses en citerne ou véhicule citerne sans consignes affichées dans l'établissement (L2 : *N 20827.c5*) ;

L3. en chargeant ou déchargeant des matières dangereuses par pression sans respect des prescriptions de sécurité (L3 : *N 20828.c5*) ;

L4. en chargeant ou déchargeant de manière irrégulière d'un véhicule routier immatriculé en France des matières dangereuses liquides avec un flexible (L4 : *N 20843.c5*) ;

L5. en prélevant sur la voie publique un échantillon dans une citerne de transport routier de matière dangereuse (L5 : *N 20830.c5*).

Faits prévus et réprimés par les articles R. 1252-9, du code des transports et 1 *bis* du décret n° 77-1331 du 30 novembre 1977, + arrêté [• ....] ou marginal concerné. ✧

37.13 Exercice illégal de l'activité de taxi

■ PEINES

PERSONNE PHYSIQUE

PP Cas A : Délit. 1 an d'emprisonnement, 15 000 € (C. transp., art. L. 3124-4) ;

Cas B1d et B2 : Contrav. 5e cl. 1 500 € (C. transp., art. R. 3124-12 ; C. pén., art. 131-38) ;

Cas B1c : Contrav. 4e cl. 750 € (C. transp., art. R. 3124-12 ; C. pén., art. 131-13) ;

Cas B1b : Contrav. 2e cl. 150 € (C. transp., art. R. 3124-12 ; C. pén., art. 131-13) ;

Cas B1a : Contrav. 1re cl. 38 € (C. transp., art. R. 3124-12 ; C. pén., art. 131-13).

PC 1. Cas A : suspension du PC ⩽ 5 ans (C. transp., art. L. 3124-4) ;

2. Cas A : immobilisation 1 an véhicule qui a servi à commettre l'infraction (C. transp., art. L. 3124-4) ;

3. Cas A : confiscation véhicule ayant servi à commettre l'infraction (C. transp., art. L. 3124-4).

PERSONNE MORALE

PP Cas A : Délit. 75 000 € (C. transp., art. L. 3124-5 ; C. pén., art. 131-38) ;

Cas B1d et B2 : Contrav. 5e cl. 7 500 € (C. transp., art. R. 3124-12 ; C. pén., art. 131-38) ;

Cas B1c : Contrav. 4e cl. 3 750 € (C. transp., art. R. 3124-12 ; C. pén., art. 131-38) ;

Cas B1b : Contrav. 2e cl. 750 € (C. transp., art. R. 3124-12 ; C. pén., art. 131-38) ;

Cas B1a : Contrav. 1re cl. 190 € (C. transp., art. R. 3124-12 ; C. pén., art. 131-38).

PC 1. Cas A : confiscation de la chose ayant servi à l'infraction ou destinée à la commettre, ou son produit (obligatoire pour objets qualifiés dangereux ou nuisibles par loi ou règlement ou dont la détention est illicite) (C. transp., art. L. 3124-5 ; C. pén., art. 131-39 8°, 131-48 et 131-21) ;

2. Cas A : affichage, ⩽ 2 mois, ou diffusion de la décision ou d'extraits aux frais (⩽ amende encourue) du condamné (C. transp., art. L. 3124-5 ; C. pén., art. 131-39 9°, 131-48 et 131-35).

■ ORIENTEUR

AUTRE QUALIFICATION

- **Travail dissimulé – Dissimulation d'activité.** V. n° 32.11 (L'autorisation administrative ne dispense pas de l'inscription au RCS ou au répertoire des métiers).
- **Non-respect des conditions de validité ou des restrictions d'usage d'un permis de conduire.** V. n° 36.39 (défaut d'attestation d'aptitude physique : taxi ou VTC).
- **Défaut de contrôle technique.** V. n° 36.45 (contrôle technique du véhicule taxi).
- **Exercice illégal de l'activité de véhicule de transport avec chauffeur (VTC).** V. n° 37.14.

ÉLÉMENT LÉGAL

▪ **Application de la loi pénale dans le temps.** Dispositions réécrites par L. n° 2014-1104, 1er oct. 2014.

▪ **définition.** Les taxis sont des véhicules automobiles comportant, outre le siège du conducteur, huit places assises au maximum (9 au total), munis d'équipements spéciaux et d'un terminal de paiement électronique, et dont le propriétaire ou l'exploitant est titulaire d'une **autorisation de stationnement** sur la voie publique, en attente de la clientèle, afin d'effectuer, à la demande de celle-ci et à titre onéreux, le transport particulier des personnes et de leurs bagages (C. transp., art. L. 3121-1).

TEXTE DE RÉFÉRENCE

▪ **Autorisation de stationnement du taxi. L'autorisation de stationnement** (v. définition ci-dessus) permet aux conducteurs de taxis d'arrêter leur véhicule, de le stationner ou de le faire circuler sur la voie ouverte à la circulation publique en quête de clientèle dans leur commune de rattachement, dans une commune faisant partie d'un service commun de taxis comprenant leur commune de rattachement ou dans le ressort de l'autorisation de stationnement. En dehors de ces zones, le taxi ne peut s'arrêter, stationner ou circuler sur la voie ouverte à la circulation publique en quête de clients ni, sauf s'il justifie d'une **réservation préalable**, prendre en charge un client sur la voie ouverte à la circulation publique, ou stationner sur la voie ouverte à la circulation publique, à l'abord des gares et des aérogares ou dans leur enceinte, au-delà d'une durée, fixée par décret, précédant la prise en charge de clients (C. transp., art. L. 3121-11 renvoyant à L. 3120-2). Ce délai est fixé à « *une heure précédant l'horaire de prise en charge souhaité par le client* » (C. transp., art. D. 3120-3, D. n° 2014-1725, 30 déc. 2014).

▪ **Réservation préalable du taxi.** Dans le cas où, en dehors de sa zone d'autorisation de stationnement, le taxi prend en charge un client, stationne sur une voie ouverte à la circulation publique ou à l'abord d'une gare ou aérogare, il doit justifier d'une réservation préalable (C. transp., art. L. 3120-2) à toute demande des agents de contrôles (C. transp., art. R. 3120-2). La preuve de la réservation préalable, comme en matière de VTC, « *peut être apportée au moyen d'un document écrit sur un support papier ou électronique* » (C. transp., art. R. 3120-2).

▪ **Carte professionnelle du taxi.** L'exercice de l'activité de conducteur de taxi est subordonné à la délivrance d'une carte professionnelle (C. transp., art. L. 3120-2-2 et L. 3121-5). L'incompatibilité entre l'activité de taxi et celle de conducteur de voiture de transport avec chauffeur (VTC), auparavant prévue par C. transp., art. L. 3121-10, a été abrogée par L. n° 2016-1920, 29 déc. 2016, laquelle tirait les conséquences de la décision Cons. const. 15 janv. 2016, n° 2015-516 QPC, prise au motif qu'en « *instituant l'incompatibilité prévue par les dispositions contestées, le législateur a porté à la liberté d'entreprendre une atteinte qui n'est justifiée ni par les objectifs qu'il s'est assignés ni par aucun autre motif d'intérêt général* » (§ 7).

▪ **Obligation d'assurance du taxi.** Le taxi est tenu de justifier à tout moment de l'existence d'un contrat d'assurance couvrant sa responsabilité civile professionnelle (C. transp., art. L. 3120-4). Il doit être en mesure de présenter à toute demande des agents de contrôle le justificatif d'assurance attestant que le « *contrat couvre le transport de personnes effectué à titre onéreux* » (contrav. 5e cl., C. ass., art. R. 211-15, C. transp., art. **R. 3120-4** et **R. 3124-11**, *N 31058.c5*). Cette incrimination s'applique aux conducteurs d'un véhicule de transport public particulier de personnes, catégorie comprenant les taxis, les VTC et les véhicules motorisés à 2 ou 3 roues (C. transp., art. R. 3120-1). L'absence d'assurance couvrant le risque propre à son activité professionnelle de transport caractérise le délit de défaut d'assurance incriminé par C. route, art. L. 324-2 (v. n° **36.42**).

RÉGIME PROCÉDURAL

▪ **Compétence juridictionnelle. Juge unique** dans le **cas A** (C. pr. pén., art. 398-1 4°, v. n° **17.15D2**).

▪ **Ordonnance pénale. Possible** (C. pr. pén., art. 495-II, v. n° **15.48B1** et tableau n° **17.15D2**).

▪ **Amende forfaitaire délictuelle. Cas A : possible** depuis L. n° 2023-22, 24 janv.2023, **sauf en cas récidive**, si l'infraction est relevée par **procès-verbal électronique** (C. transp., art. **L. 3124-4**, C. pr. pén., art. 495-17 s. et **D. 45-3**). Amende minorée : **400 €** ; forfaitaire : **500 €** ; majorée : **1000 €**. Sur la procédure d'amende forfaitaire délictuelle, v. n° **15.47**.

MESURE ADMINISTRATIVE

▪ **Sanction administrative.** En cas de violation par un conducteur de taxi de la règlementation applicable à la profession, le préfet peut lui donner un avertissement ou procéder au retrait temporaire ou définitif de sa carte professionnelle (C. transp., art. L. 3124-11 et R. 3124-1 s.).

▪ ÉLÉMENTS CONSTITUTIFS – QUALIFICATION

✧ Pour avoir à .... [¤ lieu], le .... [¤ date],

A. **DÉLIT D'EXERCICE ILLÉGAL DE LA PROFESSION DE TAXI**

exercé illégalement l'activité d'exploitant taxi, en l'espèce en effectuant, à la demande de la clientèle, le transport particulier des personnes et de leurs bagages à titre onéreux, ou en attendant à cette fin la clientèle sur la voie publique, sans être titulaire de l'autorisation de stationnement délivrée par l'administration compétente (C. transp., art. L. 3121-1, L. 3121-11 et L. 3124-4) (A : *N 25354.ju*).

B. **CONTRAVENTIONS RELATIVES À LA CARTE PROFESSIONNELLE DE TAXI**

B1. étant conducteur d'un taxi, (C. transp., art. L. 3120-1, L. 3120-2 et R. 3124-12) [⇨B1a à B1d :]

B1a. omis d'apposer sa carte professionnelle sur le pare-brise ou, à défaut, sur le véhicule de telle façon que la photographie soit facilement visible de l'extérieur (C. transp., art. R. 3120-6) (B1a : *N 30760.c1*) ;

B1b. omis de présenter immédiatement sa carte professionnelle à toute demande des services chargés des contrôles (B1b : *N 30763.c2*) ;

B1c. omis de justifier de la possession d'une carte professionnelle dans les 5 jours de la demande des services chargés des contrôles (B1c : *N 30764.c4*) ;

B1d. exercé son activité avec une carte professionnelle qui n'est plus en cours de validité (B1d : *N 30761.c5*) ;

B2. exercé l'activité d'exploitant de taxi en recourant à un conducteur qui n'est pas titulaire d'une carte professionnelle valable pour le transport effectué (C. transp., art. L. 3120-1, L. 3120-2 et R. 3124-12 § IV) (B2 : *N 30762.c5*).

Faits prévus et réprimés par les articles [• du cas sélectionné]. ✧

37.14 Exercice illégal de l'activité de véhicule de transport avec chauffeur (VTC)

▪ PEINES

PERSONNE PHYSIQUE

PP Cas A1 et A2 : Délit. 1 an d'emprisonnement, 15 000 € (Cas A1 : C. transp., art. L. 3124-7 ; Cas A2 : C. transp., art. L. 3124-12).

Cas B, C1d et C2 : Contrav. 5e cl. 1 500 € (Cas B : C. transp., art. R. 3124-11 ; Cas C1d et C2 : C. transp., art. R. 3124-12 ; C. pén., art. 131-38).

Cas C1c : Contrav. 4e cl. 750 € (C. transp., art. R. 3124-12 ; C. pén., art. 131-13).

Cas C1b : Contrav. 2e cl. 150 € (C. transp., art. R. 3124-12 ; C. pén., art. 131-13).

Cas C1a : Contrav. 1re cl. 38 € (C. transp., art. R. 3124-12 ; C. pén., art. 131-13).

PC 1. Cas A1 et A2 : suspension du PC ⩽ 5 ans (cas A1 : C. transp., art. L. 3124-7 ; cas A2 : C. transp., art. L. 3124-12) ;

2. Cas A1 et A2 : immobilisation 1 an véhicule qui a servi à commettre l'infraction (cas A1 : C. transp., art. L. 3124-7 ; cas A2 : C. transp., art. L. 3124-12) ;

3. Cas A1 et A2 : confiscation véhicule ayant servi à commettre l'infraction (cas A1 : C. transp., art. L. 3124-7 ; cas A2 : C. transp., art. L. 3124-12).

PERSONNE MORALE

PP Cas A1 et A2 : Délit. 75 000 € (Cas A1 : C. transp., art. L. 3124-7 ; Cas A2 : C. transp., art. L. 3124-12 ; C. pén., art. 131-38).

Cas B, C1d et C2 : Contrav. 5e cl. 7 500 € (Cas B : C. transp., art. R. 3124-11 ; Cas C1d et C2 : C. transp., art. R. 3124-12 ; C. pén., art. 131-41).

Cas C1c : Contrav. 4e cl. 3 750 € (C. transp., art. R. 3124-12 ; C. pén., art. 131-41).

Cas C1b : Contrav. 2e cl. 750 € (C. transp., art. R. 3124-12 ; C. pén., art. 131-41).

Cas C1a : Contrav. 1re cl. 190 € (C. transp., art. R. 3124-12 ; C. pén., art. 131-41).

PC 1. Cas A1 et A2 : confiscation de la chose ayant servi à l'infraction ou destinée à la commettre, ou son produit (obligatoire pour objets qualifiés dangereux ou nuisibles par loi ou règlement ou dont la détention est illicite) (cas A1 : C. transp., art. L. 3124-7 ; cas A2 : C. transp., art. L. 3124-12 ; C. pén., art. 131-39 8°, 131-48 et 131-21) ;

2. Cas A1 et A2 : affichage, ⩽ 2 mois, ou diffusion de la décision ou d'extraits aux frais (⩽ amende encourue) du condamné (cas A1 : C. transp., art. L. 3124-7 ; cas A2 : C. transp., art. L. 3124-12 ; C. pén., art. 131-39 9°, 131-48 et 131-35).

■ ORIENTEUR

AUTRE QUALIFICATION

▪ **Travail dissimulé – Dissimulation d'activité.** V. n° 32.11 (L'autorisation administrative ne dispense pas de l'inscription au RCS ou au répertoire des métiers).

▪ **Non-respect des conditions de validité ou des restrictions d'usage d'un permis de conduire.** V. n° 36.39, (Défaut d'attestation d'aptitude physique : taxi ou VTC).

▪ **Défaut de contrôle technique.** V. n° 36.45 (contrôle technique du VTC).

▪ **Exercice illégal de l'activité de taxi.** V. n° 37.13.

ÉLÉMENT LÉGAL

▪ **Application de la loi pénale dans le temps.** Dispositions réécrites par L. n° 2014-1104, 1er oct. 2014.

▪ **définition. • Activité de VTC.** L'activité de voiture de transport avec chauffeur (VTC) consiste à « *mettre à la disposition de la clientèle une ou plusieurs voitures de transport routier de personnes avec chauffeur, dans des conditions fixées à l'avance entre les parties* » (C. transp., art. L. 3122-1) et à titre onéreux (C. transp., art. L. 3120-1). Les VTC comportent au moins 4 et au plus 9 places y compris celle du conducteur, soit les véhicules de moins 10 places (C. transp., art. R. 3122-6). Ils sont munis d'une signalétique distinctive (C. transp., art. R. 3122-8) et ne peuvent être munis des équipements spéciaux des taxis de nature à créer une confusion avec ces derniers (C. transp., art. R. 3122-7). **• Activité de VTC et covoiturage.** L'activité de VTC est une opération de transport de personnes à titre onéreux (C. transp., art. L. 3120-2 et L. 3122-1). Quant à lui, « *le covoiturage se définit comme l'utilisation en commun d'un véhicule terrestre à moteur par un conducteur et un ou plusieurs passagers, effectuée à titre non onéreux, excepté le partage des frais, dans le cadre d'un déplacement que le conducteur effectue pour son propre compte* » (C. transp., art. L. 3132-1). Leur mise en relation, à cette fin, peut être effectuée à titre onéreux (C. transp., art. L. 3132-1). **• Location à la place.** Le transport à la place incriminé par C. transp., art. L. 3120-2 désigne le service de transport « *dont chaque place est vendue séparément* » (C. transp., art. R. 3113-10 3°).

TEXTE DE RÉFÉRENCE

▪ **Conditions administratives du VTC. • Obligations pesant sur l'exploitant.** Les exploitants de VTC disposent d'une ou de plusieurs voitures de transport avec chauffeur répondant à des conditions techniques et de confort définies par voie réglementaire et emploient un ou plusieurs conducteurs disposant d'une carte professionnelle. Ils justifient de capacités financières définies par décret en Conseil d'État. (C. transp., art. L. 3122-4, L. 3122-7, L. 3122-8). L'exploitant doit être inscrit au registre des voitures de transport avec chauffeur (C. transp., art. R. 3122-1). Cette inscription n'est effective que s'il remplit les conditions précitées (C. transp., art. L. 3122-3). **• Obligations pesant sur le conducteur : la carte professionnelle.** La carte professionnelle du conducteur de VTC est délivrée par l'autorité administrative au vu de conditions d'aptitude et d'honorabilité professionnelles fixées au C. transp., art. R. 3120-6 s., selon des règles communes aux taxis. Elle est apposée sur le véhicule (C. transp., art. R. 3120-6) et doit être présentée à toute demande des agents de contrôle (C. transp., art. R. 3124-12).

▪ **Conditions d'exploitation du VTC. • Prohibition du « maraudage ».** À la différence du taxi pour sa zone de rattachement, le VTC ne peut arrêter son véhicule, le stationner ou le faire circuler sur la voie ouverte à la circulation publique en quête de clientèle (action dite de « maraudage »). Il ne peut stationner sur la voie ouverte à la circulation publique, à l'abord des gares et des aérogares ou dans leur enceinte, au-delà d'une durée, fixée par décret, précédant leur prise en charge, que pour les clients pour lesquels il justifie d'une **réservation préalable ou d'un contrat** (C. transp., art. L. 3121-11 renvoyant à L. 3120-2). Ce délai de stationnement est fixé à « *une heure précédant* *l'horaire de prise en charge souhaitée par le client* » (C. transp., art. D. 3120-3, D. n° 2014-1725, 30 déc. 2014). Dès l'achèvement de la prestation, le conducteur d'une voiture de transport avec chauffeur est tenu de retourner au lieu d'établissement de l'exploitant de cette voiture ou dans un lieu, hors de la chaussée, où le stationnement est autorisé, sauf s'il justifie d'une réservation préalable ou d'un contrat avec le client final (C. transp., art. L. 3122-9). Est interdit le fait « *d'informer un client, avant la réservation [...], à la fois de la localisation et de la disponibilité* » du VTC « *quand il est situé sur la voie ouverte à la circulation publique* » (C. transp., art. L. 3120-2 III 1°) ou de démarcher un client en vue de sa prise en charge sur la voie publique sans réservation préalable (C. transp., art. L. 3120-2 III 2°). • **Preuve de la réservation préalable du VTC.** Dans tous les cas où il prend en charge un client, le VTC doit justifier d'une réservation préalable ou d'un contrat avec le client final. Les modalités de justification de cette réservation préalable sont prévues dans les mêmes termes et par les mêmes textes que pour les taxis (v. orienteur n° 37.13). • **Obligation d'assurance du VTC.** Les obligations d'assurance du taxi et du VTC sont prévues et incriminées dans les mêmes termes par les mêmes textes (v. orienteur n° 37.13).

RÉGIME PROCÉDURAL

▪ **Compétence juridictionnelle. Juge unique** (C. pr. pén., art. 398-1 3°).

▪ **Ordonnance pénale. Possible** (C. pr. pén., art. 495 II), sur la procédure d'ordonnance pénale délictuelle, v. n° 15.47.

▪ **Amende forfaitaire délictuelle. Cas A1 et A2 : possible** depuis L. n° 2023-22, 24 janv.2023, **sauf en cas de récidive**, si l'infraction est relevée par **procès-verbal électronique** (C. transp., art. **L. 3124-7** (cas A1), **L. 3124-12** (cas A2), C. pr. pén., art. 495-17 s. et **D. 45-3**). Amende minorée : **400 €** ; forfaitaire : **500 €** ; majorée : **1000 €**. Sur la procédure d'amende forfaitaire délictuelle, v. n° 15.47.

MESURE ADMINISTRATIVE

▪ **Sanction administrative.** En cas de violation par un conducteur de voiture de transport de la règlementation applicable à la profession, le préfet peut lui donner un avertissement ou procéder au retrait temporaire ou définitif de sa carte professionnelle (C. transp., art. L. 3124-11 et R. 3124-4).

▪ ÉLÉMENTS CONSTITUTIFS – QUALIFICATION

✧ Pour avoir à .... [¤ lieu], le .... [¤ date], [⇨A à D :]

A. **DÉLITS D'EXERCICE ILLÉGAL DE L'ACTIVITÉ DE VTC**

A1. mis à disposition de la clientèle une ou plusieurs voitures de transport routier de personnes à titre onéreux avec chauffeur, sans être inscrit au registre des exploitants de voitures de transport avec chauffeur (L. 3120-1, L. 3122-1, **L. 3122-3** et **L. 3124-7** du code des transports) (A1 : *N 30756.ju* ; par personne morale : *N 30757.ju*) ;

A2. étant conducteur d'une voiture de transport avec chauffeur dont l'exploitant est inscrit au registre des exploitants de voitures de transport avec chauffeur, pris en charge à titre onéreux un client sur une voie ouverte à la circulation publique sans pouvoir justifier d'une réservation préalable du client (L. 3120-1, **L. 3120-2 II 1°** et **L. 3124-12** du code des transports) (A2 : *N 30635.ju*).

B. **CONTRAVENTIONS DE MARAUDAGE PAR UN VTC**

étant conducteur d'une voiture de transport avec chauffeur dont l'exploitant est inscrit au registre des exploitants de voitures de transport avec chauffeur, (C. transp., art. L. 3120-1, **L. 3120-2** et **R. 3124-11**) [⇨B1 ou B2 :]

B1. arrêté ou stationné son véhicule (B1a : *N 30766.c5*), ou circulé (B1b : *N 30765.c5*) sur la voie ouverte à la circulation publique en quête de clients ;

B2. stationné son véhicule sur la voie ouverte à la circulation publique à l'abord d'une gare (B2a : *N 30767.c5*) ou d'une aérogare (B2b : *N 30768.c5*), ou dans son enceinte, au-delà de la durée d'une heure précédant la prise en charge du client qui a effectué une réservation préalable.

C. **CONTRAVENTIONS RELATIVES À LA CARTE DE CONDUCTEUR DE VTC**

C1. étant conducteur d'une voiture de transport avec chauffeur dont l'exploitant est inscrit au registre des exploitants de voitures de transport avec chauffeur, (C. transp., art. L. 3120-1, **L. 3120-2** et **R. 3124-12**) [⇨C1a à C1d :]

C1a. omis d'apposer sa carte professionnelle sur le pare-brise ou, à défaut, sur le véhicule de telle façon que la photographie soit facilement visible de l'extérieur (C. transp., art. R. 3120-6) (C1a : *N 30760.c1*) ;

C1b. omis de présenter immédiatement sa carte professionnelle à toute demande des services chargés des contrôles (C1b : *N 27949.c2*) ;

C1c. omis de justifier de la possession d'une carte professionnelle dans les 5 jours de la demande des services chargés des contrôles (C1c : *N 27950.c4*) ;

C1d. exercé son activité avec une carte professionnelle qui n'est plus en cours de validité (C1d : *N 27711.c5*) ;

C2. exercé l'activité d'exploitant de voiture de transport avec chauffeur en recourant à un conducteur qui n'est pas titulaire d'une carte professionnelle valable pour le transport effectué (C. transp., art. L. 3120-1, L. 3120-2 et R. 3124-12 § IV) (C2 : *N 30762.c5*).

Faits prévus et réprimés par les articles [• du cas sélectionné]. ✧

37.15 Dispositif de limitation de vitesse : débridage par exploitant d'un véhicule de transport, engin de déplacement personnel, cycle à pédalage assisté

■ PEINES

PERSONNE PHYSIQUE

PP Délit. 1 an d'emprisonnement, 30 000 € (C. route, art. L. 317-1).

PC Suspension ou interdiction délivrance PC, ⩽ 3 ans, exécution provisoire possible (C. route, art. L. 224-12, L. 224-13 et L. 317-1).

PERSONNE MORALE

PP Délit. 150 000 € (C. route, art. L. 317-1 ; C. pén., art. 131-38).

PC Néant.

■ ORIENTEUR

AUTRE QUALIFICATION

▪ **Commercialisation de dispositif permettant de dépasser les vitesses autorisées d'un cycle à moteur (débridage du moteur).** C. route, art. L. 317-5, v. n° 36.79.

▪ **Défaut de réception (homologation) ou débridage de cycle à moteur (cyclomoteur, motocyclette ou quadricycle à moteur).** C. route, art. L. 321-1, v. n° 36.80.

▪ **Infractions en matière d'engins de déplacement personnel motorisés.** Infractions en matière de limitation de vitesse par construction commises par le conducteur d'un engin de déplacement personnel motorisé (C. route, art. R. 317-23-1 et R. 321-4-2), v. n° 36.82.

RÉGIME PROCÉDURAL

▪ **Compétence juridictionnelle. Juge unique** (C. pr. pén., art. 398-1 4°, v. n° 17.15D2).

▪ **Ordonnance pénale. Possible** (C. pr. pén., art. 495-II, v. n° 15.48B1 et tableau n° 17.15D2).

MESURE ADMINISTRATIVE

▪ **Mesure conservatoire.** Le véhicule concerné est immobilisé et retiré de la circulation jusqu'à réparation ou mise en conformité (C. route, art. L. 317-1 et R. 325-7).

■ ÉLÉMENTS CONSTITUTIFS – QUALIFICATION

✧ Pour avoir à .... [¤ lieu], le .... [¤ date], [⇨A à C :]

A. ABSENCE DE DISPOSITIF DE LIMITATION DE VITESSE SUR LE VÉHICULE EXPLOITÉ

étant responsable de l'exploitation d'un [⇨A1 à A4 :]

A1. véhicule de transport routier de **marchandises d'un PTAC supérieur à 12 tonnes**, mis celui-ci en circulation sans qu'il soit construit ou équipé de manière à ne pas dépasser 85 km/h (A1 : *N 20756.ju*) ;

A2. véhicule de transport routier de **personnes d'un PTAC supérieur à 10 tonnes**, mis celui-ci en circulation sans qu'il soit construit ou équipé de manière à ne pas dépasser 100 km/h (A2 : *N 20757.ju*) ;

PERSONNE MORALE

PP Contrav. 5e cl. 7 500 € (C. route, art. R. 121-4 ; C. pén., art. 131-41).

PC Néant.

■ ÉLÉMENTS CONSTITUTIFS – QUALIFICATION

✧ Pour avoir à .... [¤ lieu], le .... [¤ date], étant expéditeur, commissionnaire, affréteur, mandataire, destinataire ou tout autre donneur d'ordres à un transporteur routier de marchandises, directement ou par l'intermédiaire d'un mandataire ou d'un préposé, provoqué, par une fausse déclaration du poids d'un chargement placé à bord d'un véhicule, un dépassement des limites de poids fixées par les articles R. 312-2, R. 312-4 et R. 312-6 du code de la route.
Faits prévus et réprimés par l'article R. 121-4 du code de la route (*N 11841.c5*). ✧

37.18 Incitation par l'employeur à commettre des excès de vitesse, à dépasser le temps de conduite ou le poids maximal

■ PEINES

PERSONNE PHYSIQUE

PP Contrav. 5e cl. 1 500 € (C. route, art. R. 121-1 (Cas A) ; R. 121-2 (Cas B) ; R. 121-3 (Cas C) ; C. pén., art. 131-13).

PC Néant.

PERSONNE MORALE

PP Contrav. 5e cl. 7 500 € (C. route, art. R. 121-1 (Cas A) ; R. 121-2 (Cas B) ; R. 121-3 (Cas C) ; C. pén., art. 131-41).

PC Néant.

■ ORIENTEUR

TEXTE DE RÉFÉRENCE

▪ **Les vitesses autorisées.** V. no 36.74.

▪ **Transport routier communautaire ou AETR – Dépassement du temps de conduite – Non-respect des périodes d'interruption ou de repos. Renvoi à la règlementation européenne.** Règlement CE 561/2006 du 15 mars 2006 relatif à la législation sociale dans le domaine des transports par route, V. no 37.6.

▪ **Surcharge de véhicule.** Régime du poids des véhicules. V. no 37.16.

RÉGIME PROCÉDURAL

▪ **Compétence juridictionnelle.** Est également compétent le tribunal de police du siège de l'entreprise détentrice du véhicule (C. pr. pén., art. 522).

■ ÉLÉMENTS CONSTITUTIFS – QUALIFICATION

✧ Pour avoir à .... [¤ lieu], le .... [¤ date], étant employeur, [⇨A à C :]

A. DÉPASSEMENT DES VITESSES MAXIMALES

directement ou indirectement, donné à un de ses salariés chargé de la conduite d'un véhicule de transport routier de personnes ou de marchandises, des instructions incompatibles avec le respect des dispositions relatives aux limitations de vitesse des véhicules de transport routier de [⇨A1 ou A3 :]

A1. marchandises (C. route, art. R. 121-1 et R. 413-8) (A1 : *N 11830.c5*) ;

A2. personnes (C. route, art. R. 121-1, R. 413-7 et R. 413-10) (A2 : *N 11834.c5*) ;

A3. matières dangereuses (C. route, art. R. 121-1 et R. 413-9) (A3 : *N 11832.c5*) ;

B. DÉPASSEMENT DU TEMPS DE CONDUITE AUTORISÉ

auquel s'applique la règlementation relative au transport routier de personnes ou de marchandises, directement ou indirectement, donné à un de ses salariés chargé de la conduite d'un véhicule de transport routier des instructions incompatibles avec le respect des dispositions relatives [⇨B1 à B5 :]

B1. à la durée maximale de conduite journalière des véhicules de transport routier (C. route, art. R. 121-2 ; règl. CE 561/2006, 15 mars 2006, art. 6) (B1 : *N 11842.c5*) ;

B2. à la durée minimale du repos journalier dans la conduite des véhicules de transport routier (C. route, art. R. 121-2 ; règl. CE 561/2006, 15 mars 2006, art. 8) (B2 : *N 11844.c5*) ;

B3. à la durée minimale du repos hebdomadaire dans la conduite des véhicules de transport routier (C. route, art. R. 121-2 ; règl. CE 561/2006, 15 mars 2006, art. 8) (B3 : *N 11845.c5*) ;

B4. à la durée quotidienne maximale de travail dans les entreprises de transport routier (C. route, art. R. 121-2 ; C. transp., art. R. 3312-51 à R. 3312-64 (anc^t^ D. nº 83-40, 26 janv. 1983, art. 7)) (B4 : *N 11846.c5*) ;

B5. à la durée hebdomadaire maximale de travail (C. route, art. R. 121-2 ; C. trav., art. L. 3121-20 à L. 3121-26) (B5 : *N 11848.c5*) ;

C. **DÉPASSEMENT DU POIDS MAXIMAL**

directement ou indirectement, donné à un salarié des instructions incompatibles avec le respect des dispositions relatives [⇨C1 à C3 :]

C1. au poids total maximal autorisé en charge des véhicules de transport routier de personnes ou de marchandises (C. route, art. R. 121-3 et R. 312-2) (C1 : *N 11835.c5*) ;

C2. au poids maximal par essieu des véhicules de transport routier de personnes ou de marchandises (C. route, art. R. 121-3 et R. 312-2) (C2 : *N 11837.c5*) ;

C3. au poids total réel des véhicules de transport routier (C. route, art. R. 121-3 et R. 312-2) (C3 : *N 11839.c5*).

Faits prévus et réprimés par les articles [• du cas sélectionné]. ✧

37.19 Incitation par un donneur d'ordre à commettre des excès de vitesse, à dépasser le temps de conduite ou le poids maximal

■ PEINES

PERSONNE PHYSIQUE

PP Contrav. 5e cl. 1 500 € (C. route, art. R. 121-5 ; C. pén., art. 131-13).

PC Néant.

PERSONNE MORALE

PP Contrav. 5e cl. 7 500 € (C. route, art. R. 121-5 ; C. pén., art. 131-41).

PC Néant.

■ ORIENTEUR

TEXTE DE RÉFÉRENCE

▪ **Les vitesses autorisées.** V. nº 36.74.

▪ **Transport routier communautaire ou AETR – Dépassement du temps de conduite – Non-respect des périodes d'interruption ou de repos. Renvoi à la règlementation européenne.** Règlement CE 561/2006, 15 mars 2006 relatif à la législation sociale dans le domaine des transports par route, V. nº 37.6.

▪ **Surcharge de véhicule.** Régime du poids des véhicules. V. nº 37.16.

■ ÉLÉMENTS CONSTITUTIFS – QUALIFICATION

✧ Pour avoir à .... [¤ lieu], le .... [¤ date], étant expéditeur, commissionnaire, affréteur, mandataire, destinataire ou tout autre donneur d'ordres, donné en connaissance de cause à tout transporteur routier de marchandises ou à tout préposé de celui-ci, des instructions incompatibles avec le respect des dispositions relatives [⇨A à G :]

A. aux limitations de vitesse des véhicules de transport routier de marchandises (C. route, art. R. 413-8) (A : *N 11831.c5*) ;

B. aux limitations de vitesse des véhicules de transport routier de marchandises dangereuses (C. route, art. R. 413-9) (B : *N 11833.c5*) ;

C. à la conduite maximale de conduite journalière des véhicules de transport routier (règl. CE 561/2006, 15 mars 2006, art. 6) (C : *N 11843.c5*) ;

D. aux règles sur la durée quotidienne maximale de travail effectif dans les transports routiers (C. transp., art. R. 3312-51 (anc^t^ D. nº 83-40, 26 janv. 1983, art. 7)) (D : *N 11847.c5*) ;

E. au poids total maximal autorisé en charge des véhicules de transport routier (C. route, art. R. 312-2) (E : *N 11836.c5*) ;

F. au poids maximal par essieu des véhicules de transport routier (C. route, art. R. 312-2) (F : *N 11838.c5*) ;

G. au poids total réel des véhicules de transport routier (C. route, art. R. 312-2) (G : *N 11840.c5*). Faits prévus et réprimés par les articles R. 121-5 du code de la route et [• du cas sélectionné]. ✧

37.20 Sécurité des installations aéroportuaires – Actes de malveillance – Pénétration non autorisée sur les pistes

■ PEINES

PERSONNE PHYSIQUE

PP Délit. Cas A : 5 ans d'emprisonnement, 18 000 € (C. transp., art. L. 6372-4) ;

Cas B : 6 mois d'emprisonnement, 7 500 € (C. transp., art. L. 6372-11) ;

Cas C et D : 1 an d'emprisonnement, 15 000 € (C. transp., art. L. 6372-11).

PC Néant.

PERSONNE MORALE

PP Délit. Cas A : 90 000 € (C. transp., art. L. 6372-4 ; C. pén., art. 131-38) ;

Cas B : 37 500 € (C. transp., art. L. 6372-11 ; C. pén., art. 131-38) ;

Cas C et D : 75 000 € (C. transp., art. L. 6372-11 ; C. pén., art. 131-38).

PC Néant.

■ ORIENTEUR

AUTRE QUALIFICATION

▪ **Détournement de moyen de transport.** Cas A4 : ces dispositions sont applicables sans préjudice de celles prévues par C. pén., art. 224-6 et 224-7 (v. n° 20.104) incriminant le détournement de moyens de transport (C. transp., art. L. 6372-4 4°).

▪ **Homicide et blessures involontaires résultant d'une atteinte à la sécurité des installations aéroportuaires.** Les incriminations délictuelles prévues par C. transp., art. L. 6372-4 (v. cas A) constituent, lorsqu'il en résulte des blessures ou la mort, l'élément matériel des crimes d'atteintes involontaires aux personnes prévus par C. transp., art. L. 6372-6 (v. n° 20.63).

▪ **Destruction ou détérioration grave.** C. pén., art. 322-1, 322-1 et 322-3 (v. n° 22.61).

▪ **Fausse alerte compromettant la sécurité d'un avion ou navire.** C. pén., art. 224-8, v. n° 25.32.

▪ **Entrave à la circulation – Délit.** C. route, art. L. 412-1, v. n° 36.21.

▪ **Entrave à la circulation – Contravention.** C. route, art. R. 644-2, v. n° 36.22.

▪ **Trouble à la circulation.** C. route, art. R. 412-51, v. n° 36.23.

▪ **Entrave ou trouble à la circulation ferroviaire ou guidée.** C. transp., art. L. 2242-4, v. n° 36.24.

ÉLÉMENT MATÉRIEL

▪ **Tentative.** Punissable (Cas A : C. transp., art. L. 6372-4 ; Cas B à D : C. transp., art. L. 6372-11).

RÉGIME PROCÉDURAL

▪ **Pouvoirs des agents de contrôle.** Sans préjudice de la compétence des OPJ et APJ ou d'autres agents spécialisés, les infractions aux dispositions prévues par C. transp., art. L. 6372-4 et L. 6372-11 peuvent être constatées par des procès-verbaux dressés par tous agents civils et militaires habilités à cet effet et assermentés (C. transp., art. L. 6372-1).

▪ **Avis et intervention à l'audience des autorités spécialisées.** Les représentants locaux de la direction de la sécurité de l'aviation civile ainsi que les commandants de base aérienne militaire, pour l'aérodrome ou la zone relevant de leur autorité, « *peuvent adresser au ministère public leur avis sur la gravité des faits relevés et présenter des observations devant la juridiction saisie des poursuites* » (C. transp., art. L. 6372-2).

■ ÉLÉMENTS CONSTITUTIFS – QUALIFICATION

✧ Pour avoir ou s'être à .... [¤ lieu], le .... [¤ date], [⇨A ou B :]

A. **Sécurité des installations aéroportuaires** (C. transp., art. L. 6372-4) volontairement... [⇨A1 à A5 :]

A1. ...détruit ou endommagé les immeubles ou installations destinés à assurer le contrôle de la circulation des aéronefs, les télécommunications aéronautiques, l'aide à la navigation aérienne ou l'assistance météorologique (A1 : *N 4332.co*) ;

A2. ...troublé, par quelque moyen que ce soit, le fonctionnement des installations destinées à assurer le contrôle de la circulation des aéronefs, les télécommunications aéronautiques, l'aide à la navigation aérienne ou l'assistance météorologique (A2 : *N 4333.co*) ;

A3. ...détruit ou endommagé un aéronef dans l'emprise d'un aérodrome (A3 : *N 4334.co*) ;

A4. entravé, de quelque manière que ce soit, la navigation ou la circulation des aéronefs (A4 : *N 4335.co*) ;

A5. ...interrompu à l'aide d'un dispositif matériel, d'une substance ou d'une arme, le fonctionnement des services d'un aérodrome, alors que cet acte a porté atteinte ou était de nature à porter atteinte à la sécurité à l'intérieur de cet aérodrome (A5 : *N 10382.co*).

B. **Pénétration non autorisée sur les pistes.** introduit sans autorisation dans la zone côté piste d'un aéroport (Règlt (CE) 11 mars 2008, nº 300/2008, art. 3, C. transp., art. L. 6342-2 et L. 6372-11) (B : *N 34290.co*) [préciser le cas échéant dans le **cas** B :] avec cette circonstance que les faits ont été [⇨C ou D :]

C. commis en réunion (C : *N 34291.co*) ;

D. précédés, accompagnés ou suivis d'un acte de destruction, de dégradation ou de détérioration (D : *N 34292.co*).

Faits prévus et réprimés par les articles [• du cas sélectionné] ✧

37.21 Drones – Les règles communes aux aéronefs applicables au drone ou aéromodèle

A. Le drone est un aéronef

1. La définition du drone et du télépilote

Est dénommé aéronef « *tout appareil capable de s'élever ou de circuler dans les airs* » (C. transp., art. L. 6100-1). Le drone et les modèles réduits volants relèvent de cette catégorie sous l'appellation « *d'aéronef circulant sans personne à bord* ». Il est à noter que l'expression « drone » n'est pas employée dans la règlementation ou le code des transports ou de l'aviation civile, mais elle figure dans l'intitulé de la L. nº 2016-1428, 24 oct. 2016, relative au renforcement de la sécurité de l'usage des drones civils.

L'appareil est opéré par un pilote désigné comme le « *télépilote* » (C. transp., art. L. 6232-12), défini comme « *la personne qui contrôle manuellement les évolutions d'un aéronef circulant sans personne à bord ou, dans le cas d'un vol automatique, la personne qui est en mesure à tout moment d'intervenir sur sa trajectoire ou, dans le cas d'un vol autonome, la personne qui détermine directement la trajectoire ou les points de passage de cet aéronef* » (C. transp., art. L. 6214-1).

« *Tout aéronef peut circuler librement au-dessus du territoire français* » (C. transp., art. L. 6211-1), mais doit respecter les conditions de survol du territoire (C. transp., art. L. 6211-4) et les règles édictées en vue d'assurer la sécurité de la circulation aérienne (C. transp., art. L. 6232-4).

En raison de son appartenance à la catégorie des aéronefs, le drone ou le modèle réduit volant obéit aux prescriptions générales applicables aux aéronefs, sous réserve des aménagements particuliers définis par la loi ou le règlement.

2. La responsabilité civile de plein droit du propriétaire d'aéronef

L'exploitant d'un aéronef est responsable de plein droit des dommages causés par les évolutions de l'aéronef ou les objets qui s'en détachent aux personnes et aux biens à la surface. La responsabilité de l'exploitant ne peut être atténuée ou écartée que par la preuve de la faute de la victime (C. transp., art. L. 6131-2).

Les pilotes sont tenus, au cours de la circulation aérienne, de se conformer aux règlements relatifs à la police de la circulation, à la route, aux feux et aux signaux, et de prendre toutes les précautions nécessaires pour éviter les dommages (C. av. civ., art. R. 141-1).

Mentionnons qu'en cas d'accident causé par un aéronef aux personnes situées à la surface, C. pén., art. 434-10 prévoyant et réprimant le délit de fuite, est applicable (C. transp., art. L. 6142-9, v. nº 36.13).

B. Les infractions communes aux aéronefs et aux drones

Les restrictions qui suivent concernent tous les aéronefs et sont donc applicables aux drones. Elles sont imposées à la fois par le code des transports et le code de l'aviation civile.

1. L'interdiction de franchir les frontières terrestres ou maritimes sans plan de vol

Tout pilote d'aéronef ne peut effectuer, selon les règles de vol à vue, un vol comportant le franchissement, dans l'un ou l'autre sens, des **frontières terrestres ou maritimes** de la France métropolitaine que s'il a, au préalable, déposé un plan de vol (C. av. civ., art. R. 131-5 ; contrav. 5e classe réprimée par C. av. civ., art. R. 151-1 5°) (v. infraction au nº 37.23).

2. L'interdiction de la prise de vue d'une zone interdite

Sauf dérogation accordée dans des conditions prévues par décret, « *sont interdits la captation, l'enregistrement, la transmission, la conservation, l'utilisation ou la diffusion de données recueillies, depuis un aéronef, par un appareil photographique ou cinématographique ou par tout autre capteur de télédétection, dans les zones, définies au regard des besoins de l'ordre public, de la défense et de la sécurité nationales ou du service public pénitentiaire, dont la liste est fixée par voie réglementaire* » (C. transp., art. L. **6224-1**, issu L. nº 2022-52, 24 janv. 2022 relative à la responsabilité pénale et à la sécurité intérieure). Ces prescriptions nouvelles sont pénalement sanctionnées par C. transp., art. L. 6232-8 3° (réd. issue L. nº 2022-52, 24 janv. 2022) lors de l'entrée en vigueur des règlements d'application, au plus tard le 1er janv. 2023 (L. nº 2022-52, 24 janv. 2022, art. 18 II).

Jusqu'à cette date, la liste des zones dans lesquelles la prise de vue aérienne par appareil photographique, cinématographique ou par tout autre capteur est fixée par l'AM, 12 oct. 2018, NOR : PRMD1824595A, *JO* 14 oct. 2018. La liste de ces zones interdites est déposée dans les préfectures, les directions régionales de l'aviation civile ou les districts aéronautiques. Il appartient au pilote et à son employeur éventuel de s'assurer auprès de ces autorités de la possibilité d'effectuer librement des prises de vues aériennes (C. av. civ., art. D. 133-10). Ces prescriptions sont réprimées par C. transp. qui interdit de faire usage, sans autorisation spéciale, d'appareils photographiques au-dessus des zones interdites (1 an d'emprisonnement, 75 000 €, C. transp., art. L. 6232-8 3° renvoyant aux pénalités de L. 6232-4) (v. infraction au nº 37.23, **cas** B). Ces prescriptions sont complétées, pour les drones et modèles réduits volants, par celles qui incriminent spécialement le survol par ces derniers, y compris par négligence, des zones interdites (C. transp., art. L. 6232-12, v. nº 37.22C).

3. L'autorisation préalable pour la prise de vue en zone autorisée dans le spectre non visible

Les personnes utilisant un appareil d'enregistrement d'images ou de données en dehors du spectre visible tel que thermographe, radar, etc. doivent disposer d'une autorisation délivrée par le représentant de l'État dans le département ou le délégué du Gouvernement dans le territoire où l'utilisateur est domicilié après avis conforme du commandant de groupement de gendarmerie du département, du territoire ou de Paris et du directeur régional chef de secteur de la police de l'air et des frontières (C. av. civ., art. D. 133-10). L'utilisation non autorisée de ces appareils entre dans le champ du C. transp., art. L. 6232-8 2°, qui incrimine l'usage dans un aéronef d'objets ou d'appareils dont le transport et l'usage sont interdits par les autorités administratives compétentes (1 an d'emprisonnement, 75 000 €, C. transp., art. L. 6232-8 2°, renvoyant aux pénalités de L. 6232-4) (v. infraction au nº 37.23).

4. La déclaration préalable pour la prise de vue en zone autorisée dans le spectre visible

Les enregistrements d'images ou de données dans le champ du spectre visible au-dessus du territoire national sont soumis à une déclaration préalable effectuée au plus tard quinze jours avant auprès du chef du service territorial de l'aviation civile dont relève son domicile. (C. av. civ., art. D. 133-10 ; contrav. 5e classe réprimée par C. av. civ., art. R. 151-1 6°) (v. infraction au nº 37.23). Est toutefois dispensée de la déclaration la prise de vue photographique ou cinématographique effectuée à titre occasionnel et à finalité de loisirs par un passager, au cours d'un vol dont l'objet n'est pas la prise de vues (C. av. civ., art. D. 133-10).

5. L'interdiction de transporter certains objets

Il est interdit de transporter par aéronef sans autorisation spéciale ~~des explosifs, des armes et munitions de guerre, des pigeons voyageurs~~ (ces prohibitions sont supprimées à compter de l'entrée en vigueur de règlements d'application, au plus tard le 1er janv. 2023 (L. nº 2022-52, 24 janv. 2022, art. 18 II)) des objets de correspondance compris dans le monopole postal (1 an d'emprisonnement, 75 000 €, C. transp., art. L. 6232-8 1° renvoyant aux pénalités de L. 6232-4, prohibition reprise par C. av. civ., art. R. 133-6) (v. infraction au nº 37.23). Le transport par aéronef d'explosifs et d'armes reste prohibé au titre de C. transp., art. L. 6232-8 2° (transport d'objets dont le transport et l'usage sont interdits) et de la législation relative aux armes (C. pén., art. 222-54, v. nº 26.25).

Il est également interdit à un aéronef de transporter, ~~utiliser des appareils photographiques~~ (cette prohibition est supprimée à compter de l'entrée en vigueur de règlements d'application, au plus tard le 1er janv. 2023 (L. nº 2022-52, 24 janv. 2022, art. 18 II)) ou faire usage d'objets ou d'appareils dont le transport et l'usage sont interdits par les autorités administratives compétentes (1 an d'emprisonnement, 75 000 €, C. transp., art. L. 6232-8 2° renvoyant aux pénalités de L. 6232-4) (v. infraction au nº 37.23). Concernant les appareils photographiques, cette prohibition est aménagée pour les drones (v. ci-dessous).

C. La constatation des infractions

Outre les OPJ, sont chargés de la constatation des infractions du C. transp. relatives aux aéronefs (Livre I du titre VI du C. transp. Relatif à l'aviation civile) et la circulation aérienne (Livre II du même titre VI), les fonctionnaires et agents de l'État, et les militaires, marins et agents de l'autorité militaire ou maritime, commissionnés à cet effet et assermentés dans des conditions fixées par décret en Conseil d'État (C. transp., art. L. 6142-1 et L. 6232-1).

Les procès-verbaux constatant les infractions sont transmis sans délai au procureur de la République (C. transp., art. L. 6142-2 et L. 6232-1).

37.22 Drones – Les incriminations propres aux drones et aéromodèles télépilotés

A. Le fondement normatif des incriminations délictuelles

1. Les normes internes

Est passible d'un an d'emprisonnement et de 75 000 € d'amende l'exploitant technique, le propriétaire ou l'exploitant commercial d'un aéronef qui le fait ou le laisse circuler dans de **conditions d'utilisation non-conformes aux règles** édictées en vue d'assurer la sécurité par les **dispositions du code des transports** relatives à la circulation aérienne ou par les **textes pris en application de ces dispositions** par le ministre chargé de l'aviation civile et relatifs à l'équipement des aéronefs, aux **modalités de leur utilisation**, à la composition des équipages et à leurs conditions d'emploi (C. transp., art. L. 6232-4 4°).

Deux arrêtés, pris sur le fondement de ces dispositions, régissent les drones et aéromodèles :

- Arr. 3 déc. 2020, NOR : TREA2025061A, relatif à la définition des scénarios standard nationaux et fixant les conditions applicables aux missions d'aéronefs civils sans équipage à bord exclues du champ d'application du règlement (UE) 2018/1139, abrogeant et remplaçant AM 17 déc. 2015, NOR : DEVA1528542A, *JO* 24 déc., relatif à leur conception, leurs conditions d'emploi et aux capacités de leurs télépilotes ;

- Arr. 3 déc. 2020, NOR : TREA2017575A, relatif à l'utilisation de l'espace aérien par les aéronefs sans équipage à bord, abrogeant et remplaçant AM 17 déc. 2015, NOR : DEVA1528469A, *JO* 24 déc., relatif à l'utilisation de l'espace aérien par ces appareils.

La violation des diverses prescriptions figurant dans ces deux arrêtés est incriminée par C. transp., art. L. 6232-4 4°, dont ils constituent une mesure d'application.

2. Les normes européennes

Les deux arrêtés qui précèdent assurent la mise en conformité du droit national aux deux règlements européens qui régissent désormais l'équipement et l'exploitation de ce type d'appareils, directement applicables dans l'ordre interne en application de TFUE, art. 288 :

• **Règlement délégué (UE) n° 2019/945 de la commission, 12 mars 2019, relatif aux systèmes d'aéronefs sans équipage à bord et aux exploitants.** Ce règlement fixe les exigences relatives à la conception et à la fabrication des systèmes d'aéronefs sans équipage à bord (« *unnamed aircraft sytems* » dits « UAS ») destinés à être exploités selon les règles et conditions définies dans le règlement d'exécution (UE) 2019/947 et des dispositifs complémentaires d'identification à distance. Il définit également le type d'UAS dont la conception, la fabrication et la maintenance sont soumises à certification (art. 1 § 1). Il définit 5 classe d'UAS, répondant chacune à une étiquette de conformité apposée, outre le marquage CE, de manière visible sur l'appareil par les fabricants et importateurs, en fonction notamment de leur masse maximale au décollage (MTOM) (y compris la charge utile et le carburant), de leur vitesse, de leur hauteur maximale de vol, de leur mode de propulsion et de leur électronique embarquée :

Classe « C0 » : MTOM < 250 g, altitude maximale 120 m, propulsion électrique. Ce type d'UAS est considéré comme un jouet au sens de la directive 2009/48/CE (Règl. (UE) 2019/947, 24 mai 2019, art. 9 § 2a)).

Classe « C1 » : MTOM < 900 gr, altitude maximale 120 m ; propulsion électrique ; numéro de série physique unique et système d'identification directe à distance du numéro de série physique, du numéro d'enregistrement de l'exploitant, de la position de l'appareil et du télépilote ; système de géovogilance délivrant des signaux d'alerte durant la navigation ; feux de signalisation ;

Classe « C2 » : MTOM < 4kg, altitude maximale 120 m, propulsion électrique ; numéro de série physique unique et système d'identification directe à distance du numéro de série physique, du numéro d'enregistrement de l'exploitant, de la position de l'appareil et du télépilote ; système de géovogilance délivrant des signaux d'alerte durant la navigation ; feux de signalisation ;

Classe « C3 » : MTOM < 25kg, altitude maximale 120 m, propulsion électrique ; numéro de série physique unique et système d'identification directe à distance du numéro de série physique, du numéro d'enregistrement de l'exploitant, de la position de l'appareil et du télépilote ; système de géovogilance délivrant des signaux d'alerte durant la navigation, feux de signalisation ;

Classe « C4 » : MTOM < 25kg, non doté de modes de contrôle automatique et ne répondant à aucune des autres exigences qui précèdent (propulsion électrique, système d'identification directe à distance, système de géovogilance délivrant des signaux d'alerte durant la navigation, feux de signalisation).

• **Règlement d'exécution (UE) 2019/947 de la commission, 24 mai 2019, concernant les règles et procédures applicables à l'exploitation d'aéronefs sans équipage à bord.** Ce règlement établit des dispositions détaillées applicables à l'exploitation (l'utilisation) de systèmes d'aéronefs sans équipage à bord ainsi qu'au personnel, y compris les pilotes à distance et les organismes prenant part à ces activités. Il prévoit, en fonction des caractéristiques de l'engin et des paramètres du vol, trois modes d'exploitation, la catégorie « *ouverte* » (vols à faible risque), « *spécifique* » (vols à risque modéré) ou « *certifiée* » (vols à risque élevé). Notons que la catégorie « *ouverte* » n'est soumise à aucune autorisation ou déclaration préalable (art. 3 §b), si les conditions propres à cette catégorie de vol (art. 4) sont remplies.

Des dispositions transitoires régissent pour une période de deux ans l'utilisation des appareils anciens qui ne satisfont pas aux exigences techniques du règl. (UE) n° 2019/945, 12 mars 2019, (Règl. (UE) 2019/947, 24 mai 2019, art. 22).

B. Les conditions relatives à la formation du télépilote et à l'enregistrement de l'appareil

1. La formation du télépilote

Tout télépilote d'un aéronef circulant sans personne à bord à des fins de loisir dont la masse est ⩽ 150 kg doit avoir suivi une formation visant à permettre le contrôle de l'évolution des aéronefs circulant sans personne à bord, en sécurité et dans le respect des règles et des conditions d'emploi relatives à la navigation aérienne. Cette obligation n'est toutefois pas applicable à l'utilisation de loisir d'un aéronef circulant sans personne à bord, lorsque sa masse est inférieure à 800 gr. (C. transp., art. L. 6214-2, issu L. n° 2016-1428, 24 oct. 2016, C. av. civ., art. **D. 136-7** issu D. n° 2018-375, 18 mai 2018, AM 12 oct. 2018, NOR : TRAA1813931A, *JO* 26 oct. 2018).

Notons qu'au regard du Règlement (UE) n° 2019/947, 24 mai 2019, encadrant l'utilisation des drones, les télépilotes utilisant un drone de catégorie C1 à C4 (soit un appareil d'un poids ⩾ 250 gr) en catégorie de vol « *ouverte* » doivent avoir subi une formation en ligne ayant débouché sur la réussite d'un examen théorique en ligne organisé par l'autorité compétente (v. Annexe, partie A).

2. L'immatriculation du drone

Un aéronef ne peut circuler que s'il est immatriculé (C. transp., art. L. 6111-1 I, délit réprimé par L. 6142-4) (*N* ***4285.co***). Mais sont exonérés de cette obligation d'immatriculation les aéronefs télépilotés dont la masse n'excède pas 25 kg (C. transp., art. L. 6111-1 II). Toutefois les drones d'un poids ⩾ 800 gr. et ⩽ 25 kg restent soumis à un régime d'enregistrement par voie électronique (C. transp., art. L. 6111-1 II et C. av. civ., art. D. 124-1), dans les conditions fixées par l'AM, 19 oct. 2018, NOR : TRAA1800537A, *JO* 26 oct. 2018).

Notons qu'au regard du Règlement (UE) n° 2019/945, 12 mars 2019, imposant la classification et le marquage des drones, les appareils d'un poids ⩾ 250 gr doivent comporter un numéro de série physique unique et un système d'identification directe à distance du numéro de série physique et du numéro d'enregistrement de l'exploitant.

C. Les conditions d'utilisations des drones ou aéromodèles.

Mentionnons qu'à peine de contravention de 3e classe, la vente ou la mise en vente d'un aéronef civil circulant sans personne à bord ou de certaines pièces détachées doit s'accompagner de la **notice d'information** prévue par C. consom., art. L. 425-1, indiquant « *les conditions d'utilisation des aéronefs circulant sans personne à bord, les règles d'utilisation de l'espace aérien et de sécurité ainsi que les règles et principes de respect de la vie privée* », dont le « *contenu est déterminé, dans des termes facilement compréhensibles par le consommateur* », par arrêté ministériel (D. n° 2019-348, 19 avr. 2019, art. 1 et 4 ; Arr. 19 avr. 2019, NOR : TRAA1906015A) (*N* ***33301.c3*** et *N* ***33302.c3***).

1. L'obligation de tenir une distance de sécurité et de prévenir les dommages aux personnes et aux biens

L'aéronef est télépiloté à distance des rassemblements de personnes ou des personnes selon les indications figurant dans le Règl. (UE) 2019/947, 24 mai 2019, lesquelles varient en fonction de la catégorie de vol (annexe partie A, sous-catégories A1, A2 et A3 du vol en catégorie « ouverte »). Ces éléments sont complétés en droit interne par la définition de « zones peuplées » (art. 2 6°) et de « zones minimales d'exclusion » (Annexe, n° 3.6), dont le périmètre varie en fonction de trois scénarios standards nationaux de vol (S1, S2 et S3, définis par Annexe, n° 1.1), prévues par l'Arr. 3 déc. 2020, NOR : TREA2017575A.

2. La prohibition du vol au-dessus de l'espace public en agglomération

L'aéronef télépiloté n'évolue pas au-dessus de l'espace public en agglomération, sauf dans des lieux autorisés par le préfet (AM 3 déc. 2020, NOR : TREA2017575A, art. 4 1°), délit réprimé par C. transp., art. L. 6232-4 4° (v. infraction au n° 37.23). Selon la DGAC, les limites des agglomérations sont celles des parcelles cadastrales desservies par une voie de circulation en agglomération au sens du C. route, art. R. 110-2.

3. L'altitude maximale de vol et l'obligation de vol en vue directe

• **L'altitude maximale.** Les aéronefs sans personne à bord sont soumis, par construction selon leur catégorie dans la classification européenne (Règl. (UE) n° 2019/945, 12 mars 2019), ou au titre de leur mission de vol dans l'une des catégories « *ouverte* », « *spécifique* » ou « *certifiée* », à une altitude maximale de vol (Règl. (UE) 2019/947, 24 mai 2019).

Pour le vol en catégorie « *ouverte* », l'**altitude maximale est de 120 m** entre l'appareil et le point le plus proche de la terre (Règl. (UE) 2019/947, 24 mai 2019, art. 4, § 1.e et Annexe, partie A, dispositions générales).

• **Le vol à vue directe du télépilote.** Pour la catégorie « *ouverte* », « *le pilote à distance conserve à tout moment une vue directe sur l'aéronef [...], sauf lorsqu'il vole en mode suivez-moi ou lorsqu'il utilise un observateur* » dans le cadre du scénario de vol A3 (Règl. (UE) 2019/947, 24 mai 2019, art. 4, § 1.d et Annexe, partie A).

En cas d'altitude supérieure ou de vol sans vue directe, le vol correspond à la catégorie « *spécifique* » et l'exploitant doit obtenir une autorisation de l'autorité compétente (Règl. (UE) 2019/947, 24 mai 2019, art. 5).

Le non-respect des contraintes de vol qui précèdent matérialise le délit réprimé par C. transp., art. L. 6232-4 4° (v. infraction au n° 37.23).

4. La prohibition du vol de nuit

L'aéronef télépiloté, quelle que soit sa catégorie, n'évolue pas la nuit, sauf dans les portions d'espace assurant une ségrégation d'activité avec les autres usages aériens ou dans des espaces localisés ayant fait l'objet d'une publication à l'information aéronautique (AM 3 déc. 2020, NOR : TREA2017575A, art. 3 3°), ou selon des conditions restrictives énoncées au même article ; délit réprimé par C. transp., art. L. 6232-4 4° (v. infraction au n° 37.23).

La nuit, au sens du règlement d'exécution (UE) 923/2012 établissant les règles de l'air communes, est définie comme « *la période comprise entre la fin du crépuscule civil et le début de l'aube civile. Le crépuscule civil se termine lorsque le centre du disque solaire se trouve à 6 degrés en dessous de l'horizon et l'aube civile commence lorsque le centre du disque solaire se trouve à 6 degrés en dessous de l'horizon* » (définition n° 97).

5. Les restrictions et interdictions de survol

Sauf accord préalable ou respect des conditions de pénétration dans l'espace qui peuvent être imposées, l'aéronef n'évolue pas à l'intérieur des zones réglementées ou interdites suivantes (lesquelles sont publiées dans « l'information aéronautique » publiée par le Service de l'information aéronautique (SIA) accessible sur « sia.aviation-civile.gouv.fr ») (AM 3 déc. 2020, NOR : TREA2017575A, art. 4) :

• **Zones interdites** au sens du règlement d'exécution (UE) 923/2012 établissant les règles de l'air communes. Une « zone interdite » est définie comme « un espace aérien, de dimensions définies, au-dessus du territoire ou des eaux territoriales d'un État, dans les limites duquel le vol des aéronefs est interdit » (définition n° 103). Il s'agit principalement des sites suivants : centrales nucléaires, zones militaires, hôpitaux, prisons, monuments historiques, réserves naturelles ou parc nationaux. L'emplacement et l'étendue des zones dont le survol est interdit pour des raisons d'ordre militaire ou de sécurité sont définis par l'autorité administrative (C. transp., art. L. 6211-4). Cette prescription est sanctionnée, en termes identiques, pour les aéronefs, par C. transp., art. L. 6232-2, et pour les aéronefs télépilotés, par art. L. 6232-12, selon que les faits sont intentionnels ou dus à la négligence (v. infraction au n° 37.23).

• **Zones réglementées ou dangereuses**, délit réprimé par C. transp., art. L. 6232-4 4° (v. infraction au n° 37.23) ;

• **Voisinage des aérodromes**, selon les règles de distance fixées à l'annexe I de l'AM 3 déc. 2020, NOR : TREA2017575A, délit réprimé par C. transp., art. L. 6232-4 4° (v. infraction au n° 37.23).

6. La protection des droits des tiers et la prise de vue

« *Le droit pour un aéronef de survoler les propriétés privées ne peut s'exercer dans des conditions telles qu'il entraverait l'exercice du droit du propriétaire* » (C. transp., art. L. 6211-4).

« *Toute personne qui souhaite réaliser des enregistrements d'images ou de données dans le champ du spectre visible au-dessus du territoire national est tenue de souscrire une déclaration au plus tard quinze jours avant la date ou le début de période prévue pour l'opération envisagée auprès du chef du service territorial de l'aviation civile dont relève son domicile* ». Cette autorisation est délivrée selon les conditions fixées par l'Arr. 27 juill. 2005, NOR : EQUA0401384A. Est dispensée de cette déclaration « *la prise de vues photographiques ou cinématographiques effectuée à titre occasionnel et à finalité de loisirs par un passager, au cours d'un vol dont l'objet n'est pas la prise de vues* » (C. av. civ., art. D. 133-10).

Si les conditions qui précèdent ne sont pas remplies, les faits sont réprimés par C. av. civ., art. R. 151-1 6°, contrav. 5e classe (v. infraction au n° 37.23). Notons que l'Arr. 3 déc. 2020, NOR : TREA2025061A abrogeant et remplaçant l'Arr. 17 déc. 2015, NOR : DEVA1528542A, n'a pas repris les dispositions de ce dernier (art. 3) qui prévoyaient que l'aéromodèle, par dérogation à l'obligation de déclaration préalable instituée par C. av. civ., art. D. 133-10, pouvait réaliser sans déclaration des prises de vues aériennes si l'objectif du vol restait le loisir et la compétition et si les vues n'étaient pas exploitées à titre commercial.

O. **Télépilotage d'un aéronef ⩾ 800 gr non enregistré** (CONTRAVENTIONS)

O1. fait circulé un aéronef civil sans personne à bord d'une masse supérieure ou égale à 800 gr. sans qu'il ait été procédé à l'enregistrement de cet aéronef (C. transp., art. L. 6111-1 ; C. av. civ., art. **D. 124-1**, **R. 124-1**, R. 124-2, **R. 151-3 I**) (**O1** : *N* ***33379.c4***) ;

O2. étant propriétaire ou copropriétaire ou leur représentant légal ayant réalisé l'enregistrement par voie électronique d'un aéronef civil sans personne à bord d'une masse supérieure ou égale à 800 gr., fourni des informations erronées sur son identité ou sur son adresse ou sur l'identifiant du dispositif de signalement électronique ou numérique lorsqu'un tel dispositif est obligatoire ou sur les caractéristiques principales de l'aéronef (**O2a** : *N* ***33380.c4***), ou de ne pas mettre à jour ces informations (**O2b** : *N* ***33381.c4***) (C. transp., art. L. 6111-1 ; C. av. civ., art. R. 124-1, **R. 124-2**, R. 124-3, **R. 151-3 II**) ;

O3. fait circuler un aéronef civil sans personne à bord d'une masse supérieure ou égale à 800 gr. soumis à enregistrement sans que son numéro d'enregistrement ait été apposé sur l'aéronef (C. transp., art. L. 6111-1 ; C. av. civ., art. R. 124-2, R. 124-4, **R. 151-3 IV** ; Arr. 19 oct. 2018, NOR : TRAA1800537A) (**O3** : *N* ***33383.c4***) ;

O4. étant télépilote faisant circuler un aéronef civil sans personne à bord d'une masse supérieure ou égale à 800 gr., omis de présenter immédiatement aux fonctionnaires et agents compétents pour la constatation des infractions aux règles relatives à la circulation des aéronefs, l'extrait à jour, sous forme numérique ou papier, du registre des aéronefs civils circulant sans personne à bord attestant de l'enregistrement de cet aéronef (C. transp., art. L. 6111-1 ; C. av. civ., art. R. 124-1, **R. 124-2**, R. 124-3, **R. 151-3 III**) (**O4** : *N* ***33382.c1***).

P. **Télépilotage d'un aéronef ⩾ 800 gr dépourvu de signal lumineux ou électronique ou utilisation irrégulière du signal électronique** (CONTRAVENTIONS)

P1. fait circuler un aéronef circulant sans personne à bord d'une masse supérieure ou égale à 800 gr. en l'absence de dispositif de (CPCE, art. **L. 34-9-2**, R. 20-29-7, **R. 20-29-7**, R. 20-29-9, D. 103 ; Arr. 27 déc. 2019, NOR : ECOI1934044A) [⇨**P1a** ou **P1b** ·]

P1a. signalement électronique ou numérique ou en l'absence de dispositif de signalement électronique ou numérique en état de fonctionnement (**P1a** : *N* ***33670.c4***) ;

P1b. dispositif de **signalement lumineux** ou en l'absence de dispositif de signalement lumineux en état de fonctionnement (**P1b** : *N* ***33671.c4***).

P2. émis volontairement un signalement électronique ou numérique d'un aéronef circulant sans personne à bord d'une masse supérieure ou égale à 800 gr n'émanant pas d'un aéronef enregistré sur le registre applicable (**P2a** : *N* ***33672.c5***) ou ne correspondant pas à un vol effectif, en cours au moment de l'émission de ce signalement électronique ou numérique (**P2b** : *N* ***33673.c5***) (C. av. civ., art. L. 6111-1, R. 124-2 ; CPCE, art. L. 34-9-2, **R. 20-29-8**, R. 20-29-9, D. 103 ; Arr. 27 déc. 2019, NOR : ECOI1934044A).

Faits prévus et réprimés par les articles [• du cas sélectionné]. ✧

Principales abréviations utilisées

ACCA Association communale de chasse agréée
ADOC Fichier d'Accès aux dossiers de contraventions
AETR Accord européen relatif au travail des équipages des véhicules effectuant des transports internationaux par route
AFA Agence française anticorruption
AFLD Agence française de lutte contre le dopage
Agrasc Agence de gestion et de recouvrement des avoirs saisis et confisqués
AHFJ Avocat honoraire exerçant des fonctions juridictionnelles
al. Alinéa
Arr. arrêté ministériel
Anaem Agence nationale de l'accueil des étrangers et des migrations (ex-Omi)
ann. Annexe
anc[t] Anciennement
art. Article
AMA Arrêt de mise en accusation
AMF Autorité des marchés financiers
AMM autorisation de mise sur le marché
ANJ Autorité nationale des jeux
ANTAI Agence nationale de traitement automatisé des infractions
ANTENJ Agence nationale des techniques d'enquêtes numériques judiciaires
APJ agent de police judiciaire
ARS Agence régionale de santé
ASE Aide sociale à l'enfance
Ass. plén. Assemblée plénière de la Cour de cassation
ARSE Assignation à résidence avec surveillance électronique
ARSEM Assignation à résidence avec surveillance électronique mobile

BAU Bande d'arrêt d'urgence
BAV Bureau d'aide aux victimes
BRC Bordereau récapitulatif de cotisations
BTP Bâtiment et travaux publics
Bull. avis Bulletin des arrêts de la Cour de cassation (avis)

c. Contre
CARPA Caisse autonome des règlements pécuniaires des avocats
C. assur. Code des assurances
C. av. civ. Code de l'aviation civile
C. cass. Cour de cassation
C. civ. Code civil
C. com. Code de commerce
C. consom. Code de la consommation
C. constr. Code de la construction et de l'habitation
C. défense Code de la défense
CDFU Charte des droits fondamentaux de l'Union européenne
C. éduc. Code de l'éducation
C. envir. Code de l'environnement
C. fam. Code de la famille et de l'aide sociale (ancien)
C. for. Code forestier
C. patr. Code du patrimoine
C. pén. Code pénal
C. pénit. Code pénitentiaire
C. pr. civ. Code de procédure civile

C. pr. exéc. Code des procédures civiles d'exécution
C. pr. pén. Code de procédure pénale
C. route Code de la route
C. rur. Code rural et de la pêche maritime
C. transp. Code des transports
C. trav. Code du travail
C. urb. Code de l'urbanisme
CACIR Centre de traitement automatisé de constatation des infractions routières
Cap Commission de l'application des peines
CASF Code de l'action sociale et des familles
Cass., ass. plén. Cour de cassation, assemblée plénière
CCP Code de la commande publique
CCPPRB Comité consultatif de protection des personnes dans la recherche bio-médicale
CE Conseil d'État
CEA Conduite en état alcoolique
CEDH Cour européenne des droits de l'Homme
CEIM Conduite en état d'ivresse manifeste
Ceseda Code de l'entrée et du séjour des étrangers et du droit d'asile
CFE Centre de formalités des entreprises
CGI Code général des impôts
CGCT Code général des collectivités territoriales
CGLPL Contrôleur général des lieux de privation de liberté
CGPP Circulaire générale de politique pénale
CGPPP Code général de la propriété des personnes publiques
CHAP Chambre de l'application des peines de la cour d'appel
CHINS Chambre de l'instruction
CI Comparution immédiate
CIF Commission des infractions fiscales
CIO Comité international olympique
Circ. crim Circulaire émanant de la Direction des affaires criminelles et des grâces (DACG) du ministère de la justice
CITES Convention de Washington du 3 mars 1973, dite CITES pour *Convention on international trade in endangered species or wild fauna and flora*
Civ. 1re Cour de cassation, 1re chambre civile
Civ. 2e Cour de cassation, 2e chambre civile
Civi Commission d'indemnisation des victimes d'infractions
CJA Code de justice administrative
CJF Code des juridictions financières
CJIP Convention judiciaire d'intérêt public
CJM Code de justice militaire
CJPM Code de la justice pénale des mineurs (en vigueur le 30 sept. 2021, v. présentation n° **15.17**
CJUE Cour de justice de l'Union européenne
Cl Classe – classification des contraventions
CMF Code monétaire et financier
CNB Conseil national des barreaux
Cnil Commission nationale de l'informatique et des libertés
CNIS Commission nationale des interceptions de sécurité
CNRD Commission nationale de réparation des détentions
COFRAC Comité français d'accréditation
COJ Code de l'organisation judiciaire
Cons. const. Conseil constitutionnel
Const. Constitution
Conv. EDH. Convention européenne des droits de l'Homme (également Convention de sauvegarde des droits de l'Homme et des libertés fondamentales)
CPCE Code des postes et communications électroniques
CPI Code de la propriété intellectuelle
CPPV Convocation par procès-verbal (notifié par le procureur de la République)

CPPVCJ Convocation par procès-verbal (notifié par le procureur de la République) assorti d'un contrôle judiciaire
CRE Compte rendu d'enquête
Cri Compte rendu d'infraction
Crim. Cour de cassation, chambre criminelle
CRIP Cellule de recueil des informations préoccupantes
CRPA Code des relations entre le public et l'administration
CRP Crédit de réduction de peine
CRPC Comparution sur reconnaissance préalable de culpabilité
CSE Comité social et économique
CSI code de la sécurité intérieure
CSM Conseil supérieur de la magistrature
CSP Code de la santé publique
CSS Code de la sécurité sociale
CTA Centre technique d'assistance

D. Décret
DACG Direction des affaires criminelles et des grâces (ministère de la justice)
DACS Direction des affaires civiles et du sceau (ministère de la justice)
DADS Déclaration annuelle des salaires
DDSE Détention à domicile sous surveillance électronique
DDTE Direction départementale du travail et de l'emploi
DDHC Déclaration des droits de l'Homme et du citoyen du 26 août 1789
DEPAR Dispositif anti-rapprochement
DFP Droit fixe de procédure
DGCCRF Direction générale de la concurrence, de la consommation et de la répression des fraudes
Direccte Direction régionale des entreprises, de la concurrence, de la consommation, du travail et de l'emploi
DLC Date limite de consommation
DNS Déclaration nominative des salaires
DUDH Déclaration universelle des droits de l'homme

EAD Éthylotest anti-démarrage (véhicule équipé d'un dispositif homologué d'anti-démarrage par éthylotest électronique)
EPID Établissement public d'insertion de la défense
ERP Établissement recevant du public
ESS European Standard Set (identification génétique)

FAED Fichier automatisé des empreintes digitales
FGTI ou FGVTI Fonds de garantie des victimes des actes de terrorisme et d'autres infractions
Fijais Fichier judiciaire national automatisé des auteurs d'infractions sexuelles ou violentes
Fijait Fichier judiciaire national automatisé des auteurs d'infractions terroristes
Finiada Fichier national des interdits d'acquisition et de détention d'arme
Fnaeg Fichier national automatisé des empreintes génétiques
Fnig Fichier national automatisé des interdits de gérer
Fnos Fichier national des objectifs en matière de stupéfiants
FNPI Fichier national des personnes incarcérées
Foves Fichier des objets et véhicules volés
FPR Fichier des personnes recherchées

GA Grands arrêts du droit pénal général ou de la procédure pénale, J. Pradel – A. Varinard. Dalloz
GAV Garde à vue
Gr. Ch. Arrêt rendu en grande chambre par la CJUE ou la CEDH

Hadopi Haute autorité pour la diffusion des œuvres et la protection des droits sur internet
HATVP Haute autorité pour la transparence de la vie publique

ICPE Installations classées pour la protection de l'environnement
Inpi Institut national de la propriété industrielle
IOE Mesure d'investigation et d'orientation éducative
IOTA Installation, ouvrage, travaux, activité (protection de l'eau et des milieux aquatiques)
IRCGN Institut de recherche criminelle de la gendarmerie nationale
IRPP (ou IR) Impôt sur le revenu des personnes physiques
IS Impôt sur les sociétés
IST Interdiction de sortie du territoire
ITT Incapacité totale de travail
IVG Interruption volontaire de grossesse

Jaf Juge aux affaires familiales
Jap Juge d'application des peines
JE Juge des enfants
JIRS Juridiction interrégionale spécialisée
JO *Journal officiel de la République française*
Judevi Juge délégué aux victimes
JULIS Juridiction du littoral spécialisée
Junalco Juridiction nationale chargée de la lutte contre la criminalité organisée

L. Loi
LAPI Fichier de Lecture automatisée des plaques d'immatriculation des véhicules
LC Libération conditionnelle
LCEN Loi pour la confiance dans l'économie numérique (L. n° 2004-575, 21 juin 2004, dite LCEN)
LO Loi organique

MAE Mandat d'arrêt européen
MJIE Mesure judiciaire d'investigation éducative

N xxxx Abréviation de « Natinf » (base de données des infractions tenue par le ministère de la justice), suivie du numéro de l'infraction dans la base Natinf
N # Numéro Natinf non identifié ou non créé dans la base de données Natinf des infractions
NOR Référence normative
n$^{o(s)}$ Numéro (s)
NP Non publié au *Bulletin des arrêts de la Cour de cassation* ou au *Recueil Lebon*

OFB Office français de la biodiversité
OIML Organisation internationale de métrologie légale
OMA Ordonnance de mise en accusation
Omi Office des migrations internationales (devenu Anaem)
OMP Officier du ministère public
OP Ordonnance pénale
OPJ Officier de police judiciaire
OQTF Obligation de quitter le territoire français
Ord. Ordonnance
OST Opposition à sortie du territoire
OVC Objectif de valeur constitutionnelle

P Arrêt publié au *Bulletin des arrêts de la Cour de cassation*
p. Pages
Pacs Pacte civil de solidarité
pc Peines complémentaires
PC Permis de conduire
PLU Plan local d'urbanisme

PMI Protection maternelle et infantile
PNAT Parquet national antiterroriste
PNF Parquet national financier
PNIJ Plate-forme nationale des interceptions judiciaires
POP Polluants organiques persistants
POS Plan d'occupation des sols
pp Peines principales
PPN Procédure pénale numérique
PRE Pôle régional environnement
PTAC Poids total autorisé en charge

QPC Question prioritaire de constitutionnalité

RCS Registre du commerce et des sociétés
RCP Relevé de condamnation pénale
Redex Répertoire des expertises
RFR Revenu fiscal de référence
RGPD Règlement général sur la protection des données (Règl. (UE) 2016/679)
RIN Règlement intérieur national de la profession d'avocat
RM Répertoire des métiers
RMI Revenu minimum d'insertion
RRSE Recueil de renseignements socio-éducatifs
RSA Revenu de solidarité active
RSP Réduction supplémentaire de peine
RUP Registre unique du personnel

s. et suivants
SA Société anonyme
SARL Société à responsabilité limitée
Sarvi Service d'aide au recouvrement des victimes d'infractions
SAS Société par actions simplifiée
SCPPB Service central de préservation des prélèvements biologiques
SME Sursis avec mise à l'épreuve
SNPS Service national de police scientifique
Shob Surface hors d'œuvre brute
Shon Surface hors d'œuvre nette
Sirene Système informatique pour le répertoire des entreprises et des établissements
SIV Système d'immatriculation des véhicules
Soc. Cour de cassation, chambre sociale
Spip Service pénitentiaire d'insertion et de probation
Stad Système de traitement automatisé de données
Stic Système de traitement des infractions constatées
Stij Système de traitement d'interceptions judiciaires
s^{s} Sous

TAJ Traitement d'antécédents judiciaires (fichier de —)
Tap Tribunal de l'application des peines
TASS Tribunal des affaires de sécurité sociale
TEG Taux effectif global
TGI Tribunal de grande instance (devenu Tribunal judiciaire depuis le 1er janv. 2020)
TI Tribunal d'instance (devenu chambre détachée du Tribunal judiciaire depuis le 1er janv. 2020)
Tig Travail d'intérêt général
TJ Tribunal judiciaire (appellation se substituant à celle de tribunal de grande instance depuis le 1er janv. 2020)
Tracfin Traitement du renseignement et action contre les circuits financiers clandestins
TUE Traité sur l'Union européenne

UE Union européenne

VRP Voyageur représentant placier

ZFE Zone à faibles émissions

Liste des tableaux de synthèse

Programme de l'examen d'OPJ (Orienteur)

La trame du programme ci-dessous résulte du C. pr. pén., art. A. 5 (OPJ de la gendarmerie) et du C. pr. pén., art. A. 16 (OPJ de la police nationale). Les détails renvoyant aux numéros de l'ouvrage sont rédigés par l'auteur. Les infractions figurant dans la partie droit pénal spécial sont celles figurant sous le même titre du code pénal.

1. Procédure pénale

1A. L'action publique et l'action civile : notions générales

L'exercice de l'action publique par le procureur de la République et son pouvoir d'appréciation : l'opportunité des poursuites, panorama de la réponse pénale (n° **15.1**)
L'action civile, l'engagement des poursuites par la partie civile (n° **16.10**) et la demande de dommages-intérêts devant la juridiction répressive (n° **16.12**)

1B. Les autorités investies par la loi de missions de police judiciaire

• la police judiciaire
OPJ, APJ, APJ adjoint : qualité, compétence matérielle et territoriale (n° **11.9** à **11.14**)
• le ministère public
Direction de l'enquête (n° **11.8**), contrôle de la garde à vue (n° **12.11**)
• le magistrat instructeur
Saisine du juge d'instruction, compétence, spécialisation et désignation (n° **15.32**)

1C. Les enquêtes, les contrôles d'identité

• les cadres juridiques
Enquête de flagrance et enquête préliminaire (n° **11.15**)
Ouverture d'office de l'enquête, (n° **11.16**)
Enquête sur commission rogatoire (n^os **11.17** à **11.19**)
• les contrôles, les vérifications et les relevés d'identité
Le contrôle d'identité (n° **11.24**), la rétention pour vérification d'identité (n° **11.25**)

1D. L'instruction

• du premier et du second degré
• le contrôle judiciaire et la détention provisoire
Détention provisoire : conditions (n^os **12.35** à **12.37**) ; prononcé (n^os **12.38** à **12.40**), régime d'exécution (n^os **12.41** et **12.42**), durée et prolongation (n° **12.43** à **12.45**), demande de mise en liberté (n^os **12.58** et **12.59**)
Contrôle judiciaire : conditions (n° **12.47**), obligations (n^os **12.48** et **12.49**), prononcé (n° **12.52**), déroulement et révocation (n° **12.53**), demande de mainlevée (n° **12.60**)
• la commission rogatoire
Enquête sur commission rogatoire (n° **11.17** à **11.19**)

1e. Les procédures particulières

• l'entraide judiciaire internationale
Mandat d'arrêt européen et procédure d'extradition (n° **12.8**)
• la procédure applicable à la criminalité et la délinquance organisées
Distinction entre criminalité de droit commun et criminalité organisée et régime procédural de l'enquête en matière de criminalité organisée (n° **11.20** à **11.22**)

1F. La procédure pénale applicable aux mineurs

Tableau comparatif audition libre et garde à vue du mineur suspect (n° **11.76**)
Audition libre du mineur suspect (n° **11.74B**) ; droit à l'accompagnement du mineur suspect (n° **11.75**)
Garde à vue du mineur : conditions de fond (n° **12.9A2**), notifications complémentaires (n° **12.13D**), avis à famille (n° **12.17D**), examen médical (n° **12.18C**), assistance par un avocat (n° **12.21B3**), durée de la garde à vue (n° **12.29E**)

Détention provisoire du mineur : conditions (n° **12.36E**), compétence du JLD (n° **12.38**), régime d'exécution (n° **12.41B**), durée (n° **12.43F**)
Contrôle judiciaire du mineur : conditions et obligations (n° **12.50**), compétence (n° **12.52A**), révocation (n° **12.53E**)
Poursuite et jugement du mineur (nos **15.17** à **15.23**)

1G. Le contrôle de la mission de police judiciaire
Direction et contrôle de l'enquête judiciaire et surveillance de l'activité de police judiciaire par l'autorité judiciaire (n° **11.8**)
Contrôle de la garde à vue (nos **12.10** et **12.11**)

1H. Les mandats de justice
Mandat de recherche (n° **12.3**)
Mandat de comparution (n° **12.4**)
Mandat d'amener (n° **12.5**)
Mandat d'arrêt du juge d'instruction (n° **12.6**)
Mandat d'arrêt européen (n° **12.8**)

1I. Les juridictions de jugement
Juridictions pénales de droit commun, **17.15**
Juridictions pénales spécialisées, **17.16**

1J. L'exécution des décisions de justice
• la contrainte judiciaire
Contrainte judiciaire (n° **18.17**)
• les juridictions de l'application des peines
réductions de peine (nos **18.10C** et **D**), libération conditionnelle (n° **18.10H**), libération sous contrainte (n° **18.10I**), sursis probatoire (anct sursis avec mise à l'épreuve) (nos **18.24** s.), conversion de peines (n° **18.29**), suivi socio-judiciaire (n° **18.31**)

2. Droit pénal général

2A. La loi pénale
• les principes généraux
Principe de légalité (n° **10.2**), interprétation stricte (n° **10.3**)
• l'application de la loi pénale dans le temps et dans l'espace
Non-rétroactivité de la loi pénale (n° **10.4**), application dans l'espace (n° **10.5**)

2B. L'infraction pénale
• la classification des infractions
Crimes, délits et contraventions (n° **10.6**), infractions instantanées, continues, simples, complexes, d'habitude (n° **10.8**)
• les éléments constitutifs de l'infraction
Définition de l'infraction (n° **10.1**), élément moral (n° **10.12**)
• les circonstances aggravantes
Circonstances aggravantes générales, **18.9**

2C. La responsabilité pénale
• les dispositions générales : la tentative, la coaction et la complicité
Tentative, coaction et complicité (n° **10.9**)
• la responsabilité pénale des personnes morales
Infraction commise par une personne morale (n° **10.10**)
• les causes d'irresponsabilité ou d'atténuation de la responsabilité
Abolition et altération du discernement (nos **14.28** et **14.29**), discernement du mineur (n° **14.30**), autres causes d'irresponsabilité (n° **10.13**), légitime défense (n° **10.14**)

2D. Les peines
• la classification légale

Demande de fonds sous contrainte sur la voie publique, **22.16**
• l'escroquerie et les infractions voisines *(C. pén., art. 313-1 à 313-9)*
Escroquerie et escroqueries aggravées, **22.18** ; filouteries, **22.31** s. ; entrave aux enchères, **22.36** ; escroquerie au logement, **22.60** ; vente habituelle de billets de spectacle sans autorisation du producteur ou exploitant, **34.13**
• les détournements *(C. pén., art. 314-1 à 314-13)*
Abus de confiance et abus de confiance aggravés, **22.37** ; détournement de gage ou d'objet saisi, **22.41** s. ; organisation frauduleuse d'insolvabilité, **22.44**
• le recel et les infractions assimilées ou voisines *(C. pén., art. 321-1 à 321-12)*
Recel et recels aggravés, **22.45** s. ; non-justification de ressources, **22.48** ; non tenue du registre de police des objets d'occasion, **22.50** s.
• les destructions, dégradations et détériorations *(C. pén., art. 322-1 à 322-18)*
Destruction ou détérioration grave, **22.61** ; destruction ou détérioration grave d'un bien culturel, **22.62** ; inscription, signe ou dessin (TAG), **22.63** ; destruction involontaire par explosion ou incendie **22.66** s. ; destruction volontaire par incendie ou moyen dangereux, **22.68** s. ; menaces de destruction, **20.55** s. ; fausse alerte, **25.31**
• les atteintes aux systèmes de traitement automatisé de données *(C. pén., art. 323-1 à 323-8)*
Accès frauduleux ou entrave à un STAD, **35.70** s.

3C. Les crimes et délits contre la Nation, l'État et la paix publique
• les atteintes à l'administration publique commises par des personnes exerçant une fonction publique *(C. pén., art. 432-1 à 432-17)*
Abus d'autorité dirigés contre l'administration **23.32** ; abus d'autorité commis contre les particuliers, **23.34** ; écrou illégal par un agent de l'administration pénitentiaire, **23.35**
• les atteintes à l'administration publique commises par des particuliers *(C. pén., art. 433-1 à 433-26)*
Corruption active ou trafic d'influence commis par un particulier, **23.41** et **23.42**
Menaces et actes d'intimidation commis contre les personnes exerçant une fonction publique **25.1**
Soustraction ou détournement de biens contenus dans un dépôt public, **23.56**
Outrage, **25.6** et **25.8**
Rébellion, **25.12**, provocation à la rébellion, **25.14**
Opposition à l'exécution de travaux publics, **25.15**
Usurpation de fonctions, immixtion dans une fonction publique, **25.16**, **25.17**
Usurpation de signes réservés à l'autorité publique, **25.18**, **25.19**
Usurpation de titres, **25.21**
Usage irrégulier de qualité, **25.22**
Atteintes à l'état civil des personnes, non-déclaration d'enfant, **25.56** ; modification illicite du nom, **25.56** ; bigamie, **21.1** ; célébration de mariage religieux sans mariage civil préalable, **21.2** ; atteinte à la liberté des funérailles, **20.125**
• les atteintes à l'action de la justice *(C. pén., art. 434-1 à 434-48)*
– Entraves à la saisine de la justice : non-dénonciation de crime, **25.27** ; non-dénonciation de mauvais traitements ou d'atteintes sexuelles sur mineur ou personne vulnérable, **25.28** ; destruction ou modification des preuves d'un crime ou d'un délit, **25.37** ; non-signalement de la disparition d'un mineur de 15 ans, **25.38** ; menace ou acte d'intimidation visant une victime, **20.52** ; recel de malfaiteur, **25.41** ; recel de cadavre d'une victime d'homicide ou de violences, **25.42**
– Entraves à l'exercice de la justice : déni de justice, **23.33** ; violation du secret de l'enquête et de l'instruction, **35.12** ; menace ou acte d'intimidation sur un membre d'une juridiction ou un auxiliaire de justice, **25.3** ; corruption des autorités judiciaire, **23.38** ; trafic d'influence des autorités judiciaires **23.39** ; omission de témoigner en faveur d'un innocent, **25.43** ; refus de déposer par une personne déclarant publiquement connaître l'auteur, **25.44** ; faux témoignage, **25.50** ; subornation de témoin, d'interprète ou d'expert, **25.51** ; refus de déposer et de prêter serment par un témoin, **25.44** ; publication de commentaires en vue d'influencer les témoins ou la juridiction, **35.37** ; dénaturation de propos ou document par un interprète, **25.53** ; falsification d'expertise par un expert, **25.54** ; usurpation d'identité ou prise du nom d'un tiers, **25.55**
– Atteintes à l'autorité de la justice : outrage à un membre d'une juridiction, **25.4** ; discrédit sur une décision juridictionnelle, **35.38** ; dénonciation d'un crime ou d'un délit imaginaire, **25.30** ; évasion **25.59** s. ; connivence à l'évasion, **25.61** s. ; remise illicite d'objet ou correspondance à un détenu ou communication illicite, **25.63** ; pénétration sans autorisation dans une enceinte pénitentiaire, **25.64** ; violations de mesures imposées à titre de peine (interdiction de séjour, interdiction de manifester, affichage, interdiction professionnelle, peine complémentaire ou alternative, confiscation ou immobilisation, suspension ou annulation de permis, travail d'intérêt général, etc.), **25.67** à **25.80**
• les atteintes à la confiance publique *(C. pén., art. 441-1 à 446-4)*

– Faux : en écritures privées, faux administratif, usage de ces faux, détention de faux administratif, **24.1** s. ; déclarations mensongères, allocation, paiement, avantage, **24.9** ; attestation ou certificat faux ou inexact, **24.12**
– Fausse monnaie : contrefaçon, transport, mise en circulation, détention et infractions associées, **24.15** s.
– Falsification des titres ou autres valeurs émises par l'autorité publique : titres émis par le trésor, timbres-poste ou timbre fiscal, titres fiduciaires publics, **24.27** à **24.32**
Falsification des marques de l'autorité : sceau de l'État, timbre ou marque publics, imprimés officiels **24.33** s.
– Corruption des personnes n'exerçant pas une fonction publique : **23.43** et **23.44**
– Violation des dispositions règlementant les professions exercées dans les lieux publics : vente à la sauvette, **30.35**
• la participation à une association de malfaiteurs *(C. pén., art. 450-1 à 450-5)*
Association de malfaiteurs, **23.58**

3D. La falsification de moyens de paiement
Contrefaçon, falsification et usage de chèque contrefait ou falsifié, **22.25**
Contrefaçon, falsification et usage de carte de paiement contrefaite ou falsifiée, **22.26**
Fabrication, détention offre de moyens de contrefaçon ou falsification de chèque ou carte de paiement, **22.27**

3e. Les infractions au régime des matériels de guerre, des armes et des munitions
Classification des armes, **26.6**
Régime de détention, de transport ou de port par les particuliers ou professionnels en fonction catégories, infractions délictuelles ou contraventionnelles, régime administratif en cas de comportement violent, dispositions du code de la sécurité intérieure, du code de la défense et du code pénal, **26.7** à **26.38**

3F. Les infractions délictuelles à la circulation routière
Conduite en état alcoolique ou d'ivresse, **36.7**
Conduite après usage de stupéfiants, **36.9**
Délit de fuite, **36.13**
Refus d'obtempérer, obstacle à l'immobilisation administrative, refus de vérification du véhicule ou du conducteur, **36.14**, refus d'obtempérer aggravé **36.16**
Refus de vérification de l'état alcoolique ou de la consommation de stupéfiants, **36.17** à **36.19**
Entrave à la circulation, **36.21**
Usage de fausse plaque ou inscription, **36.25**
Destruction ou détournement de véhicule immobilisé ou confisqué, **36.27**
Conduite malgré suspension, annulation ou interdiction du permis de conduite, **36.28**
Refus de restitution du permis suspendu ou annulé, **36.29**
Refus de restitution du permis invalidé par perte totale de points, **36.30**
Conduite malgré invalidation du permis par perte totale de points, **36.30**
Trafic de points du permis de conduire, **36.32**
Conduite malgré interdiction judiciaire d'un véhicule dépourvu d'EAD, **36.33**
Obtention frauduleuse du permis, **36.36**
Conduite sans permis de conduire, **36.37**
Conduite sans permis de conduire en faisant usage d'un faux permis, **36.38**
Défaut d'assurance d'un véhicule terrestre à moteur, **36.42**
Grand excès de vitesse en récidive, **36.77**
Rodéo motorisé, **36.78**
Commercialisation de dispositif de débridage de moteur, **36.79**
Débridage de moteur sans homologation, **36.80**
Commercialisation de détecteur ou brouilleur de radar, **36.83**

4. Libertés publiques

NB. Ces points du programme d'examen sont rappelés ici pour mémoire mais ils ne sont abordés que de manière incidente dans le présent ouvrage.

4A. Introduction générale aux libertés publiques

4B. Les libertés individuelles et la vie privée
• la sûreté

- la liberté d'aller et venir
- le respect de la vie privée, du domicile et des correspondances
- le respect de la personne et les lois anti-discriminatoires
- la Cnil

4C. Les libertés d'expression collectives
- le régime des manifestations
- le régime des attroupements
- la liberté de la presse

Programme de l'examen d'accès au CRFPA en matière pénale

Le programme de l'examen d'accès au CRFPA est fixé par l'annexe de l'AM, 17 oct. 2016, NOR : MENS1629317A. En matière pénale, il n'est pas davantage détaillé :

« *Droit pénal*

I. – Droit pénal général (y compris le régime de l'enfance délinquante).

II. – Droit pénal spécial : infractions contre les personnes, contre les biens, contre la Nation, l'État et la paix publique.

III. – Droit pénal des affaires : abus de bien sociaux, banqueroute, délit d'initié et pratiques commerciales trompeuses ».

« *Procédure pénale*

I. – Procédure pénale.

II. – Droit de l'exécution des peines ».

Les dispositions de droit pénal général et de procédure pénale, sont exposées dans la première partie de l'ouvrage intitulée « Le guide pénal ». Le droit de l'exécution et de l'application des peines est exposé dans le chapitre **18** (Le choix de la sanction pénale et son parcours d'exécution).

Le régime de l'enfance délinquante est décrit dans le chapitre **12** au titre des mesures de sûreté (garde à vue, détention provisoire et contrôle judiciaire). Les régimes de poursuite, de jugement et de sanction des mineurs sont exposés dans les chapitres **15**, relatif aux modes de poursuites et aux alternatives pénales, **17** relatif au procès pénal, et **18** portant sur le choix de la sanction. À cet égard, l'utilisateur se reportera utilement aux renvois détaillés figurant dans la partie **1F** du programme de l'examen d'OPJ.

Les dispositions de droit pénal spécial du programme se trouvent dans les chapitres correspondants de la deuxième partie de l'ouvrage, « Le guide des infractions », consacrée au droit pénal spécial.

Actualité législative et jurisprudentielle pénale 2021/2023

Avertissement : les développements qui suivent portent sur les éléments essentiels de l'activité législative et jurisprudentielle en matière pénale intervenus sur les deux années qui précèdent, soit entre la 23ème édition 2022 et la 25ème édition 2024, et renvoient aux passages actualisés de l'ouvrage. La présentation est antéchronologique.

A. Loi n° 2023-668, 27 juill. 2023, visant à protéger les logements contre l'occupation illicite

• Contrôle de constitutionnalité *a priori*

Avant sa promulgation, cette loi a été déférée au Cons. const., par 60 députés (Const., art. 61). Le Cons. const. a limité son examen aux dispositions critiquées par les députés requérants, et ne s'est pas prononcé d'office sur la constitutionnalité des autres articles de cette loi (Cons. const. 16 juill. 2023, n° 2023-853, § 92).

• **La création de trois incriminations protégeant les locaux non domiciliaires contre l'occupation illicite.**

La L. n° 2023-668, 27 juill. 2023 créée trois nouveux délits (v. n° 22.55), celui d'occupation frauduleuse d'un local à usage d'habitation, commercial, agricole ou professionnel (C. pén., art. 315-1), celui de maintien dans un local d'habitation en violation d'une décision de justice (C. pén., art. 315-1), et celui de propagande ou de publicité en faveur de l'occupation illicite de logements ou locaux (C. pén., art. 226-4-1).

• Si l'infraction d'**occupation frauduleuse d'un local** (C. pén., art. 315-1, v. n° 22.55) est susceptible d'entrer dans le champ d'application du délit réprimant la violation de domicile (C. pén., art. 315-1, v. n° 22.54), elle s'en différencie néanmoins en ce qu'un local à usage d'habitation, commercial, agricole ou professionnel n'est pas nécessairement un domicile, et que la première infraction réprime une atteinte aux biens, tandis que la seconde réprime une atteinte aux personnes. Ces dispositions sont jugées conformes à la Constitution au regard du principe de légalité, de nécessité et de proportionnalité des délits et des peines, d'égalité devant la loi, d'accessibilité et d'intelligibilité de la loi (§§ 9, 14 et 15) (Cons. const. 26 juill. 2023, n° 2023-853 DC).

• L'infraction de **maintien dans un local d'habitation en violation d'une décision de justice** (C. pén., art. 315-1) n'a pas été soumise à la censure du Cons. const. Cette incrimination n'est pas applicable (C. pén., art. 315-2) lorsque l'occupant bénéficie, en application de C. pr. exéc., L. 412-6, de la trêve hivernale qui suspend l'exécution des mesures d'expulsion. Toutefois « *ce sursis ne s'applique pas lorsque la mesure d'expulsion a été prononcée en raison d'une introduction sans droit ni titre dans le domicile d'autrui à l'aide de manœuvres, de menaces, de voies de fait ou de contrainte* » (C. pr. exéc., L. 412-6, al. 2). En outre, le juge ne peut accorder de délai « *lorsque les occupants dont l'expulsion a été ordonnée sont entrés dans les locaux à l'aide de manœuvres, de menaces, de voies de fait ou de contrainte* » (C. pr. exéc., L. 412-3, al. 4, issu L. n° 2023-668, 27 juill. 2023, jugé conforme à la Constitution (Cons. const. 26 juill. 2023, n° 2023-853 DC, § 27)).

• L'infraction de **propagande ou de publicité en faveur de l'occupation illicite de logements ou locaux** (C. pén., art. 226-4-1, v. n° 22.55) entend prévenir la commission de délits de violation de domicile et d'occupation frauduleuse des locaux à usage d'habitation, commercial, agricole ou professionnel et éviter la promotion de méthodes visant à faciliter ou inciter à leur commission, ce faisant, elle cherche « *à protéger le principe de l'inviolabilité du domicile, le droit au respect de la vie privée et le droit de propriété* » (§ 40) ; ces dispositions sont ainsi jugées conformes à la Constitution au regard du principe de liberté d'expression et de communication et du principe de fraternité (§§ 42 et 43) (Cons. const. 26 juill. 2023, n° 2023-853 DC).

• **La définition du domicile et l'aggravation de l'infraction de violation de domicile**

La loi précise qu'au sens de C. pén., art. 226-4 incriminant la violation de domicile, « *constitue notamment le domicile d'une personne [...] tout local d'habitation contenant des biens meubles lui appartenant, que cette personne y habite ou non et qu'il s'agisse de sa résidence principale ou non* ». Le Cons. const., se fondant sur la jurisprudence judiciaire constante selon laquelle « *constitue un domicile, au sens de cet article, le lieu où une personne, qu'elle y habite ou non, a le droit de se dire chez elle, quels que soient le titre juridique de son occupation et l'affectation donnée aux locaux* » (§ 47), encadre l'interprétation de ce texte en précisant que « *la présence de tels meubles ne saurait, sans méconnaître le principe de nécessité des délits et des peines, permettre, à elle seule, de caractériser le délit de violation de domicile. Il appartiendra dès lors au juge d'apprécier si la présence de ces meubles permet de considérer que cette personne a le droit de s'y dire chez elle* » (§ 49) (Cons. const. 26 juill. 2023, n° 2023-853 DC).

La loi aggrave en outre les peines sanctionnant l'infraction de violation de domicile, qu'elle porte de 1 an à 3 ans d'emprisonnement et de 15 000 € à 40 000 € d'amende. Cette aggravation est jugée conforme à la Constitution (§ 31) (Cons. const. 26 juill. 2023, n° 2023-853 DC).

Notons que le texte aggrave dans la même mesure l'infraction de mise à disposition lucrative d'un tiers, en vue de l'habitation, du bien immobilier d'autrui sans son autorisation (C. pén., art. 313-6-1, v. n° **22.60**).

B. Loi n° 2023-610, 18 juill. 2023, visant à donner à la douane les moyens de faire face aux nouvelles menaces

• Contrôle de constitutionnalité *a priori*

Cette loi, qui tirait notamment les conséquences de l'invalidation par le juge constitutionnel de C. douanes, art. 60, relatif au droit de visite douanière des marchandises, des moyens de transport et des personnes (Cons. const. 22 sept. 2022, n° 2022-1010 QPC, v. n° **11.59A**), n'a pas été déférée au Cons. const. après son adoption par le parlement (Const., art. 61) et n'a donc pas fait l'objet d'un contrôle de constitutionnalité avant sa promulgation.

• La limitation du droit de contrôle douanier d'office des personnes, des véhicules et des marchandises (C. douanes, art. 60 s.)

Aux dispositions censurées par le Cons. const., qui permettaient auparavant en toutes circonstances à tout agent des douanes de procéder à des opérations de visite des personnes, des véhicules et des marchandises, le législateur a substitué un droit de visite dont les conditions sont graduées en fonction du lieu de contrôle et des infractions recherchées.

En premier lieu, les agents des douanes, sans avoir à relever l'indice préalable d'une infraction, peuvent d'office et à toute heure exercer leur droit de visite dans la zone, dite « *rayon des douanes* », d'une profondeur de 40 km depuis la frontière terrestre ou le littoral, dans les portions de voies autoroutières ou ferroviaires contiguës, ainsi que dans les lieux de circulation internationale comme les aéroports (C. douanes, art. 60-1, v. n° **11.59B2**).

En deuxième lieu, en dehors de ces zones de contrôle douanier d'office, les agents des douanes peuvent exercer à toute heure leur droit de visite dans les lieux ouverts à la circulation du public ou accessibles au public « *en cas de raisons plausibles de soupçonner la commission ou la tentative de commission* » (C. douanes, art. 60-2, v. n° **11.59B3**.

En troisième lieu, par dérogation au principe qui précède, un droit de visite d'office des agents des douanes est maintenu pour les infractions douanières les plus sensibles (stupéfiants et psychotropes, marchandises dangereuses, contrefaçons, marchandises qui font l'objet d'un courant de fraude internationale, blanchiment de ces infraction et obligations déclaratives en matière d'argent liquide), ceci à toute heure et dans les lieux ouverts à la circulation du public ou accessibles au public (C. douanes, art. 60-3, issu L. n° 2023-610, 18 juill. 2023, v. n° **11.59B4**). Les agents des douanes n'ont pas à qualifier l'indice préalable d'une infraction pour mettre en œuvre un tel contrôle mais ils ne peuvent toutefois y procéder qu'après information préalable du procureur de la République qui peut s'y opposer.

En quatrième lieu, le législateur a instauré un droit de visite d'office des locaux et des lieux dans lesquels sont susceptibles d'être détenues des marchandises placées sous surveillance douanière au sens du code des douanes de l'Union, c'est-à-dire des marchandises introduites sur le territoire douanier de l'Union et dont le statut douanier n'est pas encore déterminé (C. douanes, art. 60-4 v. n° **11.60B**). Ce contrôle n'est pas subordonné au constat d'un indice préalable d'infraction, ni à l'information préalable du procureur de la République.

• Le renforcement des garanties des personnes contrôlées

Le législateur a entouré l'exercice du droit de visite, quel que soit son fondement, de garanties nouvelles au profit des personnes contrôlées.

Sont désormais prohibés les contrôles systématiques et permanents (C. douanes, art. 60-5, v. n° **11.59C1**). La durée de maintien à disposition des personnes et d'immobilisation des marchandises et véhicules est maintenant encadrée et l'information du procureur de la République est requise lorsqu'elle dépasse 4 heures (C. douanes, art. 60-7, v. n° 11.59C2. Le caractère contradictoire des opérations de visite est affirmé et organisé (C. douanes, art. 60-8, v. n° 11.59C3). Enfin, le recueil des déclarations de la personne contrôlée est encadré et limité à la reconnaissance des objets découverts lors de la visite (C. douanes, art. 60-9, v. n° 11.59C4).

• L'encadrement des premiers actes d'enquête en cas d'infraction flagrante non douanière (C. douanes, art. 67-0 *quater*)

Lorsqu'ils constatent une infraction non douanière punie d'emprisonnement, les agents des douanes « *peuvent procéder à l'interpellation de son auteur présumé en vue de sa remise à un OPJ* » (pouvoirs qu'ils tenaient déjà de C. pr. pén., art. 73) ou à un agent des douanes judiciaires, « *appréhender matériellement les indices recueillis* », et, sous le contrôle du procureur de la République, « *immobiliser les moyens de transport et les marchandises, maintenir contre son gré la personne interpellée le temps strictement nécessaire à la consignation des opérations de contrôle par procès-verbal et à leur remise à l'OPJ* » ou à l'agent des douanes judiciaire (C. douanes, art. 67-0 *quater*, v. n° 12.1A1).

• L'incrimination de l'emploi des produits non classifiés précurseurs de stupéfiants ou psychotropes

La loi organise le régime du contrôle douanier des substances chimiques non classifiées, produits précurseurs pouvant entrer dans la fabrication des produits stupéfiants (L. n° 96-542, 19 juin 1996, art. 19-1 à 19-6 nouveaux). « *L'utilisation de substances non classifiées aux fins de fabrication illicite de stupéfiants ou de substances psychotropes* » est désormais puni des peines prévues pour la contrebande aggravée par C. douanier, art. 414 (L. n° 96-542, 19 juin 1996, art. 19-5, sur le régime des produits classifiés ou non classifiés, précurseurs de stupéfiants et psychotropes, v. n° 13.7B7).

• La prévention de la contrebande de marchandise prohibée ou de tabac commise par internet : demande de déréférencement des prestataires de services en ligne par les agents des douanes

Dans les conditions prévues par C. douanes, art. 67 D-5 s, issus L. n° 2023-610, 18 juill. 2023, les agents des douanes habilités « *peuvent demander à tout opérateur de registre, tout bureau d'enregistrement de domaines ou tout exploitant de moteur de recherche, d'annuaire ou de service de référencement de prendre toutes mesures utiles destinées à faire cesser leur référencement ou de procéder à la suspension du nom de domaine pour une durée de quatre mois renouvelable une fois* » (C. douanes, art. 67 D-7) à l'encontre des prestataires de service en ligne dont les prestations « *ont constitué le moyen de commettre l'infraction* » de contrebande de marchandise prohibée ou de tabac (C. douanes, art. 67 D-6) lorsque « *les contenus qui ont constitué le moyen de commettre les infractions* » n'ont pas été « *rendus inaccessibles* » par eux malgré la demande de l'administration des douanes (C. douanes, art. 67 D-6) (v. n° 33.36).

C. Loi n° 2023-566, 7 juill. 2023, visant à instaurer une majorité numétique et à lutter contre la haine en ligne

• Contrôle de constitutionnalité *a priori*

Issu d'une proposition de loi émanant de députés de l'Assemblée nationale, ce texte n'a pas été déféré au Cons. const. après son adoption par le parlement (Const., art. 61) et n'a donc pas fait l'objet d'un contrôle de constitutionnalité avant sa promulgation.

L'entrée en vigueur de ce texte sera déterminée par un décret subordonné à l'avis de conformité au droit de l'Union préalablement donné par la Commission européenne.

• L'introduction d'une majorité numérique fixée à 15 ans pour les réseaux sociaux

La loi modifie la L. n° 2004-575, 21 juin 2004, pour la confiance dans l'économie numérique, dite LCEN, en y introduisant une majorité numérique fixée à 15 ans pour l'inscription auprès d'un « *service de réseaux sociaux en ligne* » qu'elle définit comme « *toute plateforme permettant aux utilisateurs finaux de se connecter et de communiquer entre eux, de partager des contenus et de découvrir d'autres utilisateurs et d'autres contenus, sur plusieurs appareils* », conformément à la définitition donnée par le règlement européen n° 2022/1825, 14 sept. 2022, relatif aux marchés contestables et équitables dans le secteur numérique (règlement sur les marchés numériques dit digital market act ou DMA), art. 2 7). Sous peine d'une amende $\leqslant$ 1 % du chiffre d'affaires mondial, les fournisseurs de service de « *réseaux sociaux en ligne* » exerçant leur activité en France sont tenus de refuser l'inscription à leurs services des mineurs de 15 ans, sauf autorisation d'un des titulaires de l'autorité parentale, et doivent mettre en place des solutions techniques afin de vérifier l'âge de l'utilisateur et l'autorisation parentale (L. n° 2004-575, 21 juin 2004, dite LCEN, art. 6-7).

• **L'extension du devoir des opérateurs de concourir à la lutte contre certaines atteintes aux personnes et à leur vie privée**

Le devoir des fournisseurs d'accès et des hébergeurs de concourir à la lutte contre certaines infractions prévu par L. n° 2004-575, 21 juin 2004, dite LCEN, art. 6-7, est en outre étendu aux atteintes « *à la représentation, à la vie privée et à la sécurité des personnes et à la lutte contre toutes les formes de chantage et de harcèlement* », matérialisées par les infractions suivantes : injure publique envers un particulier ou un corps constitué ou une administration (L. 29 juill. 1881, art. 33, v. n^os^ **35.15**, **35.16** et **35.21**) ; harcèlement moral sur conjoint (C. pén. art. 222-33-2-1, v. n° **20.91**) et harcèlement moral générique (C. pén. art. 222-33-2-2, v. n° **20.92**) ; divulgation d'informations personnelles pour exposer une personne ou son entourage à un risque d'atteinte aux personnes ou aux biens (C. pén. art. 223-1-1, v. n° **35.50**) ; atteinte à l'intimité de la vie privée (C. pén. art. 226-1 et 226-2-1, v. n° **35.46**) et détention ou diffusion de paroles ou d'images portant atteinte à l'intimité de la vie privée (C. pén. art. 226-2, v. n° **35.48**) ; publication de montage portant atteinte à la représentation de la personne (C. pén. art. 226-8, v. n° **35.51**) ; détournement de finalité de données personnelles (C. pén. art. 226-21, v. n° **35.65**) ; divulgation intentionnelle ou par imprudence de données personnelles confidentielles (C. pén. art. 226-22, v. n° **35.66**) ; chantage (C. pén. art. 312-10, 312-11 et 312-12, v. n° **22.17**)

Enfin, à l'entrée en vigueur de L. n° 2023-566, 7 juill. 2023, et du décret d'application de ce dispositif, les prestataires « *rendent visibles à leurs utilisateurs des messages de prévention contre le harcèlement défini au C. pén., art. 222-33-2-2 et indiquent aux personnes auteurs de signalement les structures d'accompagnement face au harcèlement en ligne* » (L. n° 2004-575, 21 juin 2004, dite LCEN, art. 6 I § 7).

D. Loi n° 2023-451, 9 juin 2023, visant à encadrer l'influence commerciale et à lutter contre les dérives des influenceurs sur les réseaux sociaux

• **Contrôle de constitutionnalité *a priori***

Issu d'une proposition de loi émanant de députés de l'Assemblée nationale, ce texte n'a pas été codifiée au C. consom. comme le proposaient ses auteurs. Il n'a pas été déféré au Cons. const. après son adoption par le parlement (Const., art. 61) et n'a donc pas fait l'objet d'un contrôle de constitutionnalité avant sa promulgation.

• **La définition de l'influenceur**

« *les personnes physiques ou morales qui, à titre onéreux, mobilisent leur notoriété auprès de leur audience pour communiquer au public, par voie électronique, des contenus visant à faire la promotion, directement ou indirectement, de biens, de services ou d'une cause quelconque exercent l'activité d'influence commerciale par voie électronique* » (L. n° 2023-451, 9 juin 2023, art. 1er). Cette définition cantonne donc aux activités exercées **à titre onéreux** l'encadrement de l'activité d'influenceur institué par la loi et les incriminations associées, qui s'appliquent aussi bien aux personnes physiques qu'aux personnes morales.

• **Les interdictions de promotion portant sur certains biens ou services**

Par diverses prescriptions sanctionnées par des peines identiques à celles prévues par le C. consom. en matière de pratiques commerciales trompeuses (2 ans d'emprisonnement, 300 000 €, v. C. consom., art. **L. 132-2**, n° **30.6**) ou renvoyant, en fonction de l'objet de la promotion, à des peines prévues par des règlementations plus spécifiques, la L. n° 2023-451, 9 juin 2023, art. **4** (v. n° **30.7**) :

– prohibe l'exercice de l'activité d'influenceur pour certains produits ou méthodes à visée esthétique susceptibles de présenter un risque pour la santé des personnes, pour les interventions de chirurgie esthétique, ou pour des produits ou méthodes présentés comme substituables aux indications thérapeutiques ;

– interdit l'emploi à des fins promotionnelles des animaux non domestiques dont la détention n'est pas autorisée comme animal de compagnie ;

– encadre l'activité en matière de promotion de produits financiers, de jeux d'argent et de formation professionnelle.

• **Les obligations d'information pesant sur l'influenceur**

L. n° 2023-451, 9 juin 2023, art. **5** (v. n° **30.7**) impose aux influenceurs, dans des conditions définies par décret en Conseil d'État, des obligations de transparence consistant à indiquer clairement la véritable intention commerciale de leur communication, et à mentionner explicitement les images retouchées ou virtuelles relatives au visage et à la silhouette.

• **Le renforcement de la responsabilité civile**

de la victime, notamment au moyen d'un formulaire simplifié de demande transmis à l'organisme débiteur des prestations familiales (CASF, art. L. 214-9).

L'OPJ ou l'APJ qui reçoit la plainte du conjoint victime l'informe de l'existence de ce dispositif d'aide d'urgence (C. pr. pén., art. 15-3-2-1 issu L. n° 2023-140, 28 févr. 2023, v. n° 16.1B4).

S'il est déclaré coupable et dans les cas précisés au fil de cet ouvrage, l'auteur des violences est obligatoirement condamné par la juridiction au remboursement du prêt versé à la victime, dans la limite de 5 000 euros (C. pén., art. 222-44-1, issu L. n° 2023-140, 28 févr. 2023).

G. Loi n° 2023-22, 24 janv. 2023, d'orientation et de programmation du ministère de l'intérieur (dite LOPMI)

• **Contrôle de constitutionnalité *a priori***

Avant sa promulgation, cette loi a été déférée au Cons. const., par 60 députés (Const., art. 61). Le Cons. const. a limité son examen aux dispositions critiquées par les députés requérants, exposées ci-dessous, et ne s'est pas prononcé d'office sur la constitutionnalité des autres articles de cette loi (Cons. const. 19 janv. 2023, n° 2022-846, § 161).

• **La lutte contre la cybercriminalité**

▪ **La création de nouvelles infractions.** La loi institue une **nouveau délit d'administration d'une plateforme en ligne** pour permettre, par des dispositifs d'anonymisation, la cession de produits illicites, et incrimine également les prestations d'intermédiation et de séquestre destinée à titre principal à faciliter ces opérations (C. pén., art. 323-3-2, v. n° 35.74). Ces dispositions ont été jugées conformes à la Constitution (Cons. const. 19 janv. 2023, n° 2022-846 DC, § 11).

Ces infractions relèvent de la criminalité organisée et bénéficient donc des techniques spéciales d'enquête propres à ces infractions, à l'exception de la garde à vue de 96 h 00 (C. pr. pén., art. 706-73-1, v. n° 11.21C).

▪ **L'adaptation du droit des assurances.** Afin de renforcer l'information des autorités compétentes et d'accroître leur capacité d'action, une nouvelle disposition du **code des assurances** (C. assur., art. L. 12-10-1) subordonne l'indemnisation des atteintes à un STAD au dépôt d'une plainte de la victime personne morale ou professionnel dans les 72 h 00 de la connaissance de l'atteinte (v. orienteur/mesure civile n° 35.70).

▪ **L'aggravation des peines et la création de nouvelles circonstances aggravantes.** Les peines d'emprisonnement et d'amende en matière d'atteintes à un STAD sont aggravées (C pén., art. 323-1, v. n° 35.70). Ces aggravations ont été jugées conformes à la Constitution (Cons. const. 19 janv. 2023, n° 2022-846 DC, § 27).

L'incrimination est en outre réécrite afin d'étendre la circonstance aggravante de bande organisée à toutes données à caractère personnel, auparavant limitée à celles mises en œuvre par l'État (C. pén., art. 323-4-1) v. n°s 35.70 et 35.71). Cette extension du champ d'application de cette incrimination aggravée, qui relève de la criminalité organisée (C. pr. pén., art. 706-73-1, v. n° 11.21C), est jugée conforme au principe de proportionnalité des peines (Cons. const. 19 janv. 2023, n° 2022-846 DC, § 29 et 32).

Enfin, la loi aggrave les atteintes à un STAD par une nouvelle circonstance de mise en danger de la vie d'autrui (C. pén., art. 323-4-2, v. n°s 35.70 et 35.71). Cette aggravation est également jugée conforme à la Constitution (Cons. const. 19 janv. 2023, n° 2022-846 DC, § 27).

▪ **Les adaptations procédurales.** Les faits d'accès et de maintien frauduleux dans un STAD relèvent désormais de la compétence du **juge unique correctionnel**, et par voie de conséquence de l'ordonnance pénale (C. pén., art. 398-1, v. n° 17.15D2). « *Cette extension, qui recouvre notamment les situations de piratage d'un compte de messagerie électronique ou d'un réseau social, offrira ainsi la possibilité d'un traitement simplifié de ce type d'infractions lorsque la personnalité de l'auteur, l'ampleur du préjudice ou la qualité de la victime le justifieront* » (Circ. CRIM-2023-02/H2, 3 févr. 2023, n° 2.3.7, NOR : JUSD2303546C). Par ailleurs, les actes de mise à disposition de moyens juridiques et financiers, de transport, de dépôt ou d'hébergement, de conservation et de télécommunications, sont désormais possibles, sur autorisation du procureur de la République ou du juge d'instruction saisi, dans les opérations d'enquête sous pseudonyme (infiltration électronique) pour les faits commis par la voie des communications électroniques (C. pr. pén., art. 230-46, v. n° 11.35B1). Cette disposition est jugée conforme à la Constitution (Cons. const. 19 janv. 2023, n° 2022-846 DC, § 44).

• **L'amélioration de la situation de la victime**

▪ **La plainte par un moyen de communication audiovisuelle.** En complément du dispositif de plainte en ligne et de pré-plainte en ligne (C. pr. pén., art. 15-3-1, v. n° 11.3C1, la victime sera en mesure de déposer plainte par un moyen de communication audiovisuelle pour les infractions dont la liste sera déterminée par décret, lequel déterminera également les modalités de traitement des données à caractère personnel qui résulteront de la mise en œuvre de ce mode de communication (C. pr. pén., art. 15-3-1-1, v. n° **11.3C2**). La victime sera également avisée de ses droits par ce canal, et le procès-verbal de plainte et le récépissé de plainte lui seront adressés. Ces dispositions ont été jugées conformes à la Constitution (Cons. const. 19 janv. 2023, n° 2022-846 DC, § 53).

▪ **La détermination du rôle de l'avocat assistant la victime lors de son audition.** C. pr. pén., art. 10-4 détermine le contenu du droit à l'assistance de la victime par un avocat lors de son audition, comparable à celui de l'avocat qui assiste le suspect lors des interrogatoires. A l'issue de chaque audition, l'avocat a désormais la possibilité de poser des questions et de faire des observations écrites jointes à la procédure (v. n° **16.6A2**).

▪ **La prise en compte des intérêts de la victime dans la procédure d'amende forfaitaire délictuelle.** Tenant compte de l'expansion de l'amende forfaitaire délictuelle dont la loi élargit par ailleurs le domaine, C. pr. pén., art. 495-24-2 règle désormais, à l'image de la procédure instaurée en matière de composition pénale (C. pr. pén., art. 41-2, v. n° **16.11C**) et d'ordonnance pénale délictuelle (C. pr. pén., art. 495-5-1, v. n° **16.11E**) les conséquences de l'absence de possibilité de constitution de partie civile qui résulte de cette procédure. La victime peut désormais, lorsque l'action publique est éteinte par la procédure d'amende forfaitaire délictuelle, demander au procureur de la République de citer l'auteur devant le tribunal correctionnel statuant en juge unique qui statuera sur les seuls intérêts civils (v. n° **15.47E**).

• **Le renforcement de la répression de l'outrage sexiste et sexuel**

Dans sa forme aggravée par l'une des circonstances énoncées dans le texte initial (anc^{t} C. pén., art. 621-1 III, v n° **20.89**), l'outrage sexiste qui constituait un contravention de 5ème cl. a été érigé à compter du 1er avr. 2023 en délit, désormais incriminé par C. pén., art. 222-33-1-1 (v n° **20.88**). Les faits d'outrage sexiste non aggravés, qui constituaient auparavant une contravention de 4ème cl. réprimé par un texte législatif (anc^{t} C. pén., art. 621-1 II, v n° **20.89**), constituent désormais une contravention de 5e cl. maintenant incriminée par C. pén., art. R. 625-8-3 (v n° **20.88**), texte règlementaire issu du D. n° 2023-227, 30 mars 2023, en vigueur le 1er avr. 2023. A l'exception de quelques modifications touchant aux circonstances aggravantes et à la correctionnalisation de la récidive de contravention, l'élément matériel de l'infraction est resté constant.

Ces dispositions ont été jugées conformes à la Constitution (Cons. const. 19 janv. 2023, n° 2022-846 DC, § 62).

• **Le renforcement de la lutte contre la criminalité organisée**

▪ **L'extension de la liste des infractions relevant du régime de la criminalité organisée.** Le crime de meurtre commis en concours avec un autre meurtre ainsi que le crime de viol commis en concours avec un autre viol, qui relèvent de la compétence concurrente du pôle national de lutte contre les crimes sériels (v. n° **17.16B**), ainsi que les faits d'abus des faiblesses en bande organisée commis par les membres d'un groupement sectaire, circonstance aggravante ajoutée par le même texte au C. pr. pén., art. 223-15-2, relèvent désormais du régime d'enquête de la criminalité organisée, y compris de la garde à vue de 96 h 00 (C. pr. pén., art. 706-13, v. **11.21A**). Ces dispositions ont été jugées conformes à la Constitution (Cons. const. 19 janv. 2023, n° 2022-846 DC, § 75).

▪ **L'application des techniques spéciales d'enquête aux personnes recherchées pour des faits de criminalité organisée.** Les fugitifs faisant l'objet d'un mandat d'arrêt du juge d'instruction ou de la juridiction de jugement ou d'une peine ou d'un reliquat de peine ⩾ 1 an pour des faits relevant de la criminalité organisée peuvent désormais, pour les nécessités de leur arrestation, faire l'objet des techniques spéciales d'enquête exposées au n° **11.21B19** (C. pr. pén., art. 74-2).

• **Le renforcement de la capacité opérationnelle des services d'enquête**

▪ **La réduction de la condition d'ancienneté pour accéder aux fonctions d'OPJ.** « *Poursuivant l'objectif de renforcer la filière investigation et de former tous les nouveaux policiers et gendarmes aux fonctions d'OPJ dès la formation initiale* » (Circ. CRIM-2023-02/H2, 3 févr. 2023, n° 1.2.3, NOR : JUSD2303546C), la loi supprime la condition d'ancienneté de 3 ans des fonctionnaires de police et de gendarmerie pour accéder aux fonctions d'OPJ, au profit d'une ancienneté de 30 mois à compter du début de leur formation initiale, dont 6 mois au moins dans des fonctions comportant l'exercice des attributions de l'APJ (C. pr. pén., art. 16, v. n° **11.9A**). Ainsi, « *la formation des OPJ est désormais intégrée à la formation initiale de 24 mois des gardiens de la paix stagiaires et des élèves sous-officiers* et L. 5242-6-6), les infractions en matière de chiens dangereux (C. rur., art. L. 215-2 et L. 215-2-1, v. n°s 31.21 et 31.23) et de dressage au mordant (C. rur., art. L. 215-3, v. n° 31.22), certains délits de chasse non aggravés (C. envir., art. L. 428-5, v. n° 31.44), le port d'arme blanche (CSI, art. L 317-8, v. n° 26.29), l'introduction illicite de boissons alcooliques dans un stade (C. sport, art. L. 332-3, v. n° 28.16), la pénétration illicite sur l'aire de compétition d'une enceinte sportive (C. sport, art. L. 332-10, v. n° 23.16), les liquidations, soldes, vente au déballage illicites (C. com., art. L. 310-5, v. n° 30.33), la vente à la sauvette aggravée (C. pén. art. 446-2, v. n° 30.35).

H. Loi n° 2022-401, 21 mars 2022 visant à améliorer la protection des lanceurs d'alerte

La L. n° 2022-401, 21 mars 2022, visant à améliorer la protection des lanceurs d'alerte, est entrée en vigueur le 1er sept. 2022 (art. 18), elle complète la L. n° 2016-1691, 9 déc. 2016 en transposant notamment la directive européenne Dir. (UE), 2019/1937, du Parlement européen et du Conseil, 23 oct. 2019, sur la protection des personnes qui signalent des violations du droit de l'Union. Le régime du lanceur d'alerte est exposé aux n°s 10.13D et 16.2D.

- **Contrôle de constitutionnalité *a priori***

Avant sa promulgation, cette loi a été déférée au Cons. const., par le Premier ministre (Const., art. 61), lequel n'a toutefois invoqué aucun grief particulier à l'encontre de la loi déférée (saisine dite « blanche »). Le Cons. const., s'est borné à censurer une disposition introduite par amendement qui n'avait pas de lien, même indirect, avec la proposition de loi initiale (« cavalier législatif »). Il n'a soulevé d'office aucune autre question de conformité à la Constitution et ne s'est par conséquent pas prononcé sur la constitutionnalité des autres dispositions de la loi déférée (Cons. const. 17 mars 2022, n° 2022-839 DC).

- **L'extension du périmètre de l'irresponsabilité pénale du lanceur d'alerte**

La loi étend l'irresponsabilité pénale du lanceur d'alerte du chef de violation d'un secret protégé par la loi à celui qui « *soustrait, détourne ou recèle les documents ou tout autre support contenant les informations dont il a eu connaissance de manière licite et qu'il signale ou divulgue* » (C. pén., art. 122-9, mod. par L. n° 2022-401, 21 mars 2022). En outre, elle étend le bénéfice de la protection non seulement aux complices (C. pén., art. 122-9, mod. par L. n° 2022-401, 21 mars 2022) mais aussi aux « *facilitateurs* », aux « *personnes physiques en lien avec un lanceur d'alerte* » ainsi qu'aux « *entités juridiques contrôlées* » par le lanceur d'alerte, pour lesquelles il travaille ou avec lesquelles il est en lien dans un contexte professionnel (L. n° 2016-1691, 9 déc. 2016, art. 6-1, issu L. n° 2022-401, 21 mars 2022).

En revanche, elle exclue le droit d'alerte lorsque la divulgation des informations concernées est interdite par les dispositions relatives « *au secret des délibérations judiciaires, au secret de l'enquête ou de l'instruction judiciaires* », ajoutant donc le secret judiciaire au secret-défense, au secret médical et au secret de l'avocat déjà exceptés du régime du lanceur d'alerte (L. n° 2016-1691, 9 déc. 2016, art. 6 II, mod. L. n° 2022-401, 21 mars 2022).

- **L'extension de la protection du lanceur d'alerte à la responsabilité civile**

Désormais, les lanceurs d'alerte dont les informations sont régulièrement divulguées « *ne sont pas civilement responsables des dommages causés du fait de leur signalement ou de leur divulgation publique dès lors qu'elles avaient des motifs raisonnables de croire, lorsqu'elles y ont procédé, que le signalement ou la divulgation publique de l'intégralité de ces informations était nécessaire à la sauvegarde des intérêts en cause* » (L. n° 2016-1691, 9 déc. 2016, art. 10-1 I, issu L. n° 2022-401, 21 mars 2022).

- **L'élargissement de la procédure de signalement**

La procédure de signalement, dont le respect conditionne le bénéfice de la protection pénale et civile du lanceur d'alerte, reste organisée autour de trois options : le signalement interne, externe, et la divulgation publique.

Alors que le **signalement interne** était un préalable obligatoire avant L. n° 2022-401, 21 mars 2022, sauf en cas de danger grave ou imminent, il est désormais laissé à la discrétion du lanceur d'alerte qui peut l'emprunter s'il estime « *qu'il est possible de remédier efficacement à la violation par cette voie* » et qu'il « *ne s'expos[e] pas à un risque de représailles* ».

Le **signalement externe** aux autorités désignées par la loi est donc désormais ouvert au lanceur d'alerte « *après avoir adressé un signalement interne ou directement* » (L. n° 2016-1691, 9 déc. 2016, art. 7-1, issu L. n° 2022-401, 21 mars 2022).

En outre, les conditions de la **divulgation publique** sont précisées et élargies. Cette voie qui n'était auparavant utilisable qu'« *en dernier ressort* », à défaut de traitement du signalement dans le délai de trois mois ou « *cas de danger grave et imminent ou en présence d'un risque de dommages irréversibles* », est désormais ouverte lorsqu'un signalement externe n'a donné lieu à « *aucune mesure appropriée* » dans le délai de « *retour d'information* » à l'auteur du signalement, ou en « *cas de danger grave et imminent* », ou en cas de « *danger imminent ou manifeste pour l'intérêt général* », notamment lorsqu'il existe une situation d'urgence ou un risque de préjudice irréversible, ou lorsque le signalement aux autorités compétentes pour recevoir un signalement externe ferait encourir un risque de représailles, ou ne permettrait pas, en raison des circonstances de l'affaire, de remédier efficacement à l'objet de la divulgation.

• Le renforcement du rôle du défenseur des droits pour la protection des lanceurs d'alerte

Le Défenseur des droits, qui figure désormais parmi les autorités compétentes pour recevoir un signalement externe, est à ce titre chargé de traiter les alertes relevant de sa compétence ou d'orienter l'auteur de l'alerte pour les autres (LO n° 2011-333, 29 mars 2011, art. 35, mod. par LO n° 2022-400, 21 mars 2022, visant à renforcer le rôle du Défenseur des droits en matière de signalement d'alerte).

Il est également chargé « *de défendre les droits et libertés des lanceurs d'alerte ainsi que des personnes protégées dans le cadre d'une procédure d'alerte* » (LO n° 2011-333, 29 mars 2011, art. 4, mod. par LO n° 2022-400, 21 mars 2022). Enfin, il « *peut être saisi par toute personne pour rendre un avis sur sa qualité de lanceur d'alerte au regard des conditions fixées* » par la loi (LO n° 2011-333, 29 mars 2011, art. 35, mod. par LO n° 2022-400, 21 mars 2022).

• Le renforcement de la protection du lanceur d'alerte contre les discriminations ou les actions abusives

Depuis L. n° 2022-401, 21 mars 2022, la qualité de lanceur d'alerte, de facilitateur ou de personne en lien avec un lanceur d'alerte, est protégée au regard de l'infraction de discrimination prévue par C. pén., art. 225-1 et 225-2 (v. n° **23.2**, cas **8 *bis***).

En outre, sans préjudice de l'octroi de dommages et intérêts, les auteurs d'une procédure civile ou d'une plainte avec constitution de partie civile ou d'une citation directe abusive ou dilatoire dirigée contre un lanceur d'alerte « *en raison des informations signalées ou divulguées* » sont passibles d'une amende civile aggravée (60 000 € au lieu de 15 000 €) (L. n° 2016-1691, 9 déc. 2016, art. 13 II issu L. n° 2022-401, 21 mars 2022).

I. Loi n° 2022-299, 2 mars 2022 visant à combattre le harcèlement scolaire

• Contrôle de constitutionnalité *a priori*

Cette loi n'a pas été déférée au Cons. const. après son adoption (Const., art. 61) et n'a donc pas fait l'objet d'un contrôle de constitutionnalité avant sa promulgation.

• La création d'une infraction spécifique de harcèlement scolaire (C. pén., art. 222-33-2-3)

Le législateur crée une nouvelle qualification de harcèlement scolaire intégrée à la section du C. pén. consacrée au harcèlement moral (v. n° **20.93**). Cette nouvelle infraction, dont les peines sont plus sévères et graduées en fonction de ses conséquences sur la santé de la victime, emprunte l'élément matériel du harcèlement moral à l'infraction de droit commun définie par C. pén., art. 222-33-2-2 (v. n° **20.92**). Elle se distingue néanmoins par deux composantes : d'une part, la qualité de la victime, qui doit être un « *élève* », d'autre part, la qualité de l'auteur, qui doit être « *toute personne étudiant ou exerçant une activité professionnelle au sein du même établissement d'enseignement* », ce qui désigne l'élève, l'enseignant et le personnel de l'établissement (C. pén., art. 222-33-2-3). Si la victime et l'auteur doivent appartenir au même établissement d'enseignement, les faits peuvent néanmoins être commis en dehors de l'enceinte de ce dernier. Enfin, l'infraction reste caractérisée lorsqu'elle « *se poursuit alors que l'auteur ou la victime n'étudie plus ou n'exerce plus au sein de l'établissement* » (C. pén., art. 222-33-2-3).

Sans préjudice des autres cas de harcèlement, notamment celui de droit commun prévu par C. pén., art. 222-33-2-2 (v. n° **20.92**), de harcèlement dans le cadre du travail prévu par C. pén., art. 222-33-2 (v. n° **20.90**) ou de cyberharcèlement prévu par C. pén., art. 222-16 (v. n° **20.47**), les faits de harcèlement commis par un élève sur un enseignant ou ceux commis par un enseignant sur un autre enseignant échappent donc à l'incrimination de harcèlement scolaire. En relèvent en revanche les faits commis par un élève sur un autre élève ou ceux commis par un enseignant sur un élève.

Diverses dispositions intégrées au C. éduc. déterminent la politique publique en matière de prévention des faits de harcèlement scolaire et de prise en charge des victimes (v. n° **20.93**).

L'audition de la victime peut faire l'objet d'un enregistrement audiovisuel (C. pr. pén., art. 706-52, v. n° 16.8C1). Un volet de sensibilisation aux risques liés au harcèlement scolaire peut être intégré dans les stages effectués par le mineur auteur d'une infraction au titre du classement sous condition (CJPM, art. L. 422-1, v. n° 15.40A), de la composition pénale (CJPM, art. L. 422-3, v. n° 15.45), du stage de formation civique imposé dans le cadre d'une mesure éducative judiciaire (CJPM, art. L. 112-2 9°), ou d'une peine de stage de citoyenneté (CJPM, art. L. 122-5, v. n° 18.33B1).

• L'encadrement des réquisitions aux fins d'accès aux données de connexion conservées par les opérateurs de communications électroniques (Fadettes)

Tirant les conséquences de la jurisprudence de la CJUE limitant à la « *lutte contre la criminalité grave* » l'**accès** aux données de connexion conservées par les opérateurs de communications électroniques (CJUE, Gr. Ch., 2 mars 2021, aff. C-746/18, *Prokuratuur*, v. n° 11.44A1) et de la décision du Cons. const., censurant C. pr. pén., art. 77-1-1 au motif qu'il n'entourait pas de garanties suffisantes les réquisitions de données de connexion dans le cadre de l'enquête préliminaire (Cons. const. 3 déc. 2021, n° 2021-952 QPC, v. n° 11.44A3), le législateur encadre et restreint l'accès des enquêteurs et des autorités judiciaires aux données de connexion des communications électroniques.

Les réquisitions de données de connexion font désormais l'objet de dispositions spéciales (C. pr. pén., art. 60-1-2) auxquelles renvoient les dispositions générales concernant les réquisitions de données applicables dans l'enquête de flagrance (C. pr. pén., art. 60-1), l'enquête préliminaire (C. pr. pén., art. 77-1-1) et l'instruction (C. pr. pén., art. 99-3) ou relatives aux données de connexion d'un avocat (C. pr. pén., art. 60-1-1, issu L. n° 2020-1729, 22 déc. 2021, sur ce point, v. l'exposé de cette loi ci-dessous).

Le domaine de ces réquisitions est limité aux infractions punies d'au moins 3 ans d'emprisonnement et à d'autres cas particuliers, selon les précisions apportées au n° 11.44B1.

Ces nouvelles dispositions prolongent celles issues de L. n° 2021-998, 30 juill. 2021, relative à la prévention d'actes de terrorisme et au renseignement, qui modifiaient CPCE, art. L. 34-1 (v. n° 11.43C), portant sur les obligations de **conservation** des données pesant sur les opérateurs de communications électroniques, en tirant les conséquences de la jurisprudence antérieure ou attendue de la CJUE (CJUE, 8 avr. 2014, *Digital Rights Ireland Ltd,* aff. C-293/12 et C-594/12 ; CJUE, Gr. Ch., 21 déc. 2016, *Tele2 Sverige AB et Watson*, aff. C-203/15 et C-698/15 ; CJUE, Gr. Ch., 6 oct. 2020, trois décisions, *La quadrature du Net,* C-511/18 ; *French Data Network,* C-512/18 et *Ordre des barreaux francophones et germanophones,* C-520/18 ; CJUE, Gr. Ch., 5 avr. 2022, *Commissioner of An Garda Síochána*, aff. C-140/20 ; v. n° 11.43B1) et du Cons. const., (Cons. const. 25 févr. 2022, n° 2021-976/977 QPC ; v. n° 11.43B2) en matière de conservation des données de connexion.

La mise en cohérence du droit interne et de la jurisprudence de la CJUE reste toutefois inachevée tant sur la question de la conservation des données de connexion que sur celle de l'accès à ces données, selon les enseignements de quatre décisions de principe exposées au n° 11.45, rendues par la Ch. Crim. (Crim. 12 juill. 2022, n° 21-83.710, P, n° 21-83.820, P, n° 21-84.096, P et n° 20-86.652, P.

J. Loi n° 2022-295, 2 mars 2022 visant à renforcer le droit à l'avortement

Cette loi n'a pas été déférée au Cons. const. après son adoption (Const., art. 61) et n'a donc pas fait l'objet d'un contrôle de constitutionnalité avant sa promulgation.

Tirant les conséquences d'une enquête révélant « *des difficultés d'accès voire des refus ponctuels de prise en charge des IVG tardives, c'est-à-dire au-delà de dix semaines de grossesse* » et rappelant « *que de nombreux pays européens autorisent l'IVG jusqu'à la quatorzième semaine – c'est le cas de l'Espagne, et l'Autriche – et au-delà – c'est le cas du Royaume-Uni (24 semaines), des Pays-Bas (22 semaines) ou encore de la Suède (18 semaines)* » (exposé des motifs, rapport AN n° 3292, 25 août 2020), le législateur, à l'initiative des parlementaires, étend de 12 à 14 semaines le délai pour pratiquer une interruption volontaire de grossesse sans motif médical (CSP, art. L. 2212-1, v. n° 29.9A et 29.11).

La compétence des sages-femmes en la matière, jusqu'alors limitée à l'IVG par voie médicamenteuse, est étendue à l'IVG par voie chirurgicale, dans les conditions d'organisation et de formation fixées par décret (CSP, art. L. 2212-2, v. n° 29.9A et 29.11).

K. Loi n° 2022-92, 31 janv. 2022 interdisant les pratiques visant à modifier l'orientation sexuelle ou l'identité de genre d'une personne (thérapies de conversion)

• Contrôle de constitutionnalité *a priori*

Cette loi n'a pas été déférée au Cons. const., après son adoption (Const., art. 61) et n'a donc pas fait l'objet d'un contrôle de constitutionnalité avant sa promulgation.

• **L'incrimination des thérapies de conversion visant à modifier l'orientation sexuelle ou l'identité de genre (C. pén., art. 225-4-13 et CSP, art. L. 4163-11)**

Le législateur inscrit dans le chapitre du code pénal relatif aux atteintes à la dignité de la personne un nouveau délit prévu par C. pén., art. 226-4-13 (v. n° 20.120) incriminant les pratiques, comportements ou propos répétés visant à modifier l'orientation sexuelle ou l'identité de genre, communément appelées « thérapies de conversion ». L'infraction, qui comporte plusieurs cas d'aggravation, n'est punissable que si elle a eu pour effet une altération de la santé physique ou mentale de la victime. Elle n'incrimine pas les propos répétés pour inviter la personne à la prudence ou à la réflexion dans son parcours tendant au changement de son sexe.

CSP, art. L. 4163-11, également issu de L. n° 2022-92, 31 janv. 2022, réprime de peines semblables les professionnels de santé qui donnent des consultations ou qui prescrivent des traitements pour modifier l'orientation sexuelle ou l'identité de genre, sans que l'altération de la santé physique ou mentale de la personne concernée ne constitue dans ce cas une condition de l'incrimination (v. n° 20.120). Là encore, l'incrimination écarte de son champ les conseils de réflexion et de prudence prodigués par le professionnel de santé à la personne qui envisage un parcours médical tendant au changement de sexe.

L. Loi n° 2022-52, 24 janv. 2022 relative à la responsabilité pénale et à la sécurité intérieure

• **Contrôle de constitutionnalité *a priori***

Avant sa promulgation, cette loi a été déférée au Cons. const., par 60 députés et 60 sénateurs (Const., art. 61). Les dispositions relatives à l'emploi de caméras aéroportées dans le cadre des investigations judiciaires (C. pr. pén., art. 230-47 à 230-53, v. n° 11.31D) ont été jugées conformes à la constitution (Cons. const. 20 janv. 2022, n° 2021-834 DC, § 47), ainsi que le dispositif de vidéosurveillance des cellules de garde à vue et de retenue douanière (CSI, art. L. 256-1 s., v. n° 12.10C) (*ibid.* § 15). Sous deux réserves d'interprétation (§§ 54 et 62), les dispositions relatives à l'utilisation de caméras embarquées sur les véhicules en intervention de la police et de la gendarmerie nationale et des sapeurs-pompiers (CSI, art. L. 243-1 s., v. n° 11.32E) ont également été jugées conformes à la constitution (*ibid.* § 64). Il en est de même pour celles portant sur l'emploi de caméras aéroportées pour les opérations de police administrative ou de secours, sous une réserve comparable (§ 30), avec une déclaration d'inconstitutionnalité partielle portant sur le recours en urgence au dispositif (§ 31), et une censure concernant l'extension expérimentale du dispositif aux polices municipales (§ 38 et 39) (CSI, art. L. 242-1 s., v. n° 11.32G) (*ibid.* § 32). Le Cons. const. a limité son examen aux dispositions critiquées par les députés et sénateurs requérants et ne s'est pas prononcé d'office sur la constitutionnalité des autres articles de cette loi (*ibid.* § 65).

• **Les dispositions limitant l'irresponsabilité pénale ou l'atténuation de responsabilité en cas de trouble mental résultant de la consommation de substances psychoactives**

Tirant les conséquences de la décision Crim. 14 avr. 2021, n° 20-80.135, P (affaire dite *Sarah Halimi*) concluant que **l'abolition du discernement** prévue par C. pén., art. 122-1, al. 1, s'applique même lorsqu'elle résulte d'une consommation volontaire et régulière de cannabis, la L. n° 2022-52, 24 janv. 2022, prévoit désormais que l'abolition du discernement ne peut être retenue lorsque « *la personne a volontairement consommé des substances psychoactives dans le dessein de commettre l'infraction ou une infraction de même nature ou d'en faciliter la commission* » (dol spécial) (C. pén., art. 122-1-1) (v. n° 14.28C).

Afin de pallier les difficultés de démonstration d'un tel dol spécial et d'assurer néanmoins la répression des atteintes aux personnes commises par un auteur dont le discernement a été aboli par la consommation illicite ou abusive de substances psychoactives, le législateur a institué de nouvelles infractions autonomes d'atteinte à la vie ou à l'intégrité des personnes « *résultant d'une intoxication volontaire* » (v. n° 14.28D), prévues par C. pén., art. 221-5-6 en cas d'homicide volontaire (v. n° 20.5), C. pén., art. 222-18-4 en cas de tortures, d'actes de barbarie ou de violences avec ITT > 8 jours (v. n° 20.14) et C. pén., art. 222-26-2 en cas de viol (v. n° 20.78). Ces incriminations délictuelles, qui donnent lieu à inscription au Fnaeg (C. pr. pén., art. 706-55, 13.25), sont **alternatives** aux infractions d'origine car elles ne peuvent être reprochées qu'à l'encontre de l'auteur préalablement déclaré irresponsable de ces dernières. Lorsque la question de l'abolition du discernement est soulevée devant la juridiction de jugement saisie des infractions d'origine, elle est tenue d'envisager ces incriminations alternatives (C. pr. pén., art. 706-139-2, v. n° 14.28D3).

Dans la continuité de ces dispositions, la diminution de peine prévue par C. pén., art. 122-1, al. 2, en cas **d'altération du discernement** n'est plus applicable lorsqu'elle résulte « *d'une consommation volontaire, de façon illicite* [ex. stupéfiants] *ou manifestement excessive* [ex. alcool], *de substances psychoactives* », la loi n'exigeant pas dans ce cas que cette consommation soit faite dans le dessein de commettre ou de faciliter l'infraction (C. pén., art. 122-1-2) (v. n° 14.29A). Cette exclusion renforce l'effet de la circonstance aggravante de commission des faits « *en état d'ivresse manifeste ou sous l'emprise manifeste de produits stupéfiants* », déjà prévue par L. n° 2007-297, 5 mars 2007, relative à la prévention de la délinquance, pour les violences volontaires et les atteintes et agressions sexuelles, et désormais étendue par L. n° 2022-52, 24 janv. 2022, aux infractions d'homicide volontaire, de tortures ou d'actes de barbarie, de coups mortels et de violences volontaires ayant entraîné une mutilation ou une infirmité.

Enfin, dans le cas particulier où le juge d'instruction estime que l'abolition du discernement de l'auteur résulte même partiellement de sa faute et qu'une ou plusieurs expertises concluent en faveur d'une altération plutôt qu'une abolition du discernement (comportement de l'auteur et **divergence d'experts** faisant écho à l'affaire *Sarah Halimi* précitée), il ne peut désormais trancher lui-même en faveur de l'abolition et rendre une ordonnance d'irresponsabilité pénale comme C. pr. pén., art. 706-120 (v. n° 14.28B2) lui en offrait la faculté, mais il est tenu de renvoyer l'auteur devant la juridiction de jugement afin qu'elle statue préalablement, selon une procédure particulière, sur la seule question du discernement (C. pr. pén., art. 706-120). Les modalités de tenue de cette audience ont été définies par le D. n° 2022-657, 25 avr. 2022 (C. pr. pén., art. D. 47-37-3 à D. 47-37-8, v. n° 14.28E).

Les dispositions portant sur l'irresponsabilité pénale issuées de la loi L. n° 2022-52, 24 janv. 2022, ont été présentées dans la circulaire Circ. Crim. 2022-13/H2, 12 mai 2022, NOR : JUSD2214206C.

• Les dispositions renforçant la répression des atteintes commises contre les forces de sécurité intérieure (C. pén., art. 222-14-5)

La L. n° 2022-52, 24 janv. 2022, tout en aggravant les peines encourues, a érigé les violences commises contre les forces de sécurité intérieure, à savoir les militaires de la gendarmerie nationale, les militaires déployés sur le territoire national dans le cadre des réquisitions prévues au C. défense, art. L. 1321-1, les fonctionnaires de la police nationale, les agents de police municipale et gardes champêtres, les agents des douanes, les sapeur-pompiers professionnels ou volontaires ainsi que les agents de l'administration pénitentiaire, en **délit autonome** prévu par le nouvel article C. pén., art. 222-14-5 I (v. n° 20.27). Ces fonctions constituaient auparavant des circonstances aggravantes des violences incriminées par C. pén., art. 222-12 (ITT > 8 jours, v. n° 20.25) ou par C. pén., art. 222-13 (absence d'ITT ou ITT ⩽ 8 jours, v. n° 20.29). Les circonstances aggravantes prévues par ces derniers articles, en ce qu'elles continuent à protéger de façon générique les autres personnes dépositaires de l'autorité publique (C. pén., art. 222-12 4° et 222-132 4°, mod. par L. n° 2022-52, 24 janv. 2022), ne concernent plus les forces de sécurité intérieure précitées, désormais spécialement protégées par C. pén., art. 222-14-5 II. La L. n° 2022-52, 24 janv. 2022, tout en aggravant les peines encourues, a également érigé les violences commises contre l'entourage des membres des forces de sécurité intérieure précitées en délit autonome prévu par le nouvel article C. pén., art. 222-14-5 II (v. n° 20.28).

• L'aggravation de la répression du délit routier de refus d'obtempérer (C. route, art. L. 233-1 et L. 233-1-1)

Les peines principales réprimant le délit routier de refus d'obtempérer (C. route, art. L. 233-1, v. n° 36.14) sont aggravées (2 ans et 15 000 € au lieu de 1 an et 7 500 €) et la mise en danger des agents de contrôle constitue désormais une circonstance aggravante spécifique (C. route, art. L. 233-1-1, 7 ans, 100 000 €, v. n° 36.16).

Le régime répressif de cette infraction est plus largement renforcé : l'incrimination entre dans la liste des délits routiers dont la récidive est assimilée (C. pén., art. 132-16-2, v. n° 18.5B3) ; par dérogation au principe de confusion de plein droit (C. pén., art. 132-3, v. n° 18.2) les peines se cumulent, sans possibilité de confusion, avec celles prononcées pour les autres infractions commises à l'occasion de la conduite du véhicule (C. route, art. L. 233-1 II, v. n° 18.3B), l'infraction peut donner lieu à la rétention administrative du permis de conduire (C. route, art. L. 224-1, v. n° 11.70A) et la suspension administrative peut aller jusqu'à un an en cas de refus d'obtempérer aggravé

(C. route, art. L. 224-2 6° et L. 224-8, v. n° **11.70A**) ; la suspension du permis ne peut être assortie du sursis ni limitée à la conduite en dehors de l'activité professionnelle (prohibition du permis blanc, C. route, art. L. 233-1 III 1°) ; la confiscation du véhicule peut désormais porter sur celui dont le conducteur a la libre disposition, sauf droits du propriétaire de bonne foi (C. route, art. L. 233-1 III 5°) et elle est désormais obligatoire, comme l'annulation du permis, en cas de refus d'obtempérer aggravé (C. route, art. L. 233-1-1) ou en cas de refus d'obtempérer en récidive (C. route, art. L. 233-1-2).

• L'emploi de caméras embarquées dans les véhicules des forces de sécurité intérieure ou civile en intervention (CSI, art. L. 243-1)

Les forces de sécurité intérieure et de sécurité civile peuvent désormais procéder, au moyen de caméras embarquées dans leurs véhicules à un enregistrement de leurs interventions dans des lieux publics (CSI, art. L. 243-1 s., v. n° **11.32F**). Ces dispositions font suite à celles de L. n° 2021-646, 25 mai 2021, pour une sécurité globale préservant les libertés censurées par Cons. const. 20 mai 2021, n° 2021-817 DC, § 129 à 148. Elles ont été jugées conformes à la constitution (Cons. const. 20 janv. 2022, n° 2021-834 DC, § 64).

Ces caméras ne peuvent comporter de dispositif automatisé de reconnaissance faciale ou de rapprochement avec d'autres traitements de données personnelles (CSI, art. L. 243-3). Des dispositifs techniques garantissent l'intégrité des enregistrements et la traçabilité de leurs consultations (CSI, art. L. 243-3). Les enregistrements sont détruits au terme d'un délai de 7 jours sauf s'ils sont utilisés pour les besoins d'une procédure judiciaire, administrative ou disciplinaire (CSI, art. L. 243-4).

• La vidéosurveillance administrative aéroportée mise en œuvre par les forces de sécurité intérieure pour leurs missions administratives (CSI, art. L. 242-1 s.)

Dans la continuité des dispositions de la L. n° 2021-646, 25 mai 2021, pour une sécurité globale préservant les libertés, censurées par Cons. const. 20 mai 2021, n° 2021-817 DC (§ 129 à 148), la L. n° 2022-52, 24 janv. 2022, encadre désormais au CSI, art. L. 242-1 s. le dispositif de vidéosurveillance aéroportée mis en œuvre par les forces de sécurité intérieure pour les missions de police administrative ou de secours (v. n° **11.32G**). Ces dispositions tiennent compte du cadre, exposé au n° **11.31D2**, fixé par la directive (UE) 2016/680 du parlement européen et du conseil, 27 avr. 2016 (directive dite police-justice), du titre 3 de L. n° 78-17, 6 janv. 1978, relative à l'informatique, aux fichiers et aux libertés, par les jurisprudences de la CJUE (CJUE, 11 déc. 2014, aff. C-212/13, *Rynes*) et du Conseil d'État (CE 10e et 9e ch. réunies, 22 déc. 2020, n° 446155) et par l'avis de la Cnil (Cnil, délib. 12 janv. 2021, n° SAN-2021-003). Elles ont été jugées conformes à la constitution (Cons. const. 20 janv. 2022, n° 2021-834 DC, § 32).

Le régime de cette vidéosurveillance aéroportée, qui concerne aussi bien les aéronefs disposant d'un pilote à bord que les drones (aéronefs sans pilote à bord), s'applique aux « *traitements d'images aux moyens de dispositifs de captation installés sur des aéronefs* » réalisés par les services de la police nationale et de la gendarmerie nationale, les militaires déployés au titre de C. défense, art. L. 1321-1, les services des douanes, ainsi que les sapeurs-pompiers et personnels de l'État ou d'associations agréés investis à titre permanent de missions de sécurité civile (CSI, art. L. 242-1). Deux régimes distincts coexistent, d'une part, celui des opérations menées par la police, la gendarmerie nationale ou les douanes (CSI, art. L. 242-5), qui repose sur une autorisation temporaire écrite et motivée donnée par le préfet pour un périmètre déterminé, d'autre part, celui des opérations de secours (CSI, art. L. 242-6), réalisé sans autorisation et pour les besoins temporaires de la prévention et des secours. Des dispositions communes (CSI, art. L. 242-1 à L. 252-4) interdisent la captation du son, la mise en œuvre de logiciels de reconnaissance faciale ainsi que l'interconnexion avec des fichiers. Elles encadrent également la traçabilité des enregistrements et des consultations ainsi que l'effacement des données enregistrées.

• La vidéosurveillance judiciaire aéroportée mise en œuvre par les services d'enquête sur autorisation de l'autorité judiciaire (C. pr. pén., art. 230-47 s.)

La mesure auparavant prétorienne de surveillance par caméra aéroportée dans le cadre de l'enquête et de l'instruction judiciaire a été encadrée par L. n° 2022-52, 24 janv. 2022. Ces nouvelles dispositions prévues par C. pr. pén., art. 230-47 s. ont été jugées conformes à la constitution (Cons. const. 20 janv. 2022, n° 2021-834 DC, § 47).

Cet acte d'investigation judiciaire, qui est une mesure de surveillance secrète, s'entend « *d'un dispositif technique ayant pour objet* », au moyen de « *caméras aéroportées* », « *la captation, la fixation, la transmission et l'enregistrement sans leur consentement de l'image d'une ou de plusieurs personnes se trouvant dans un lieu public* » (C. pr. pén., art. 230-47).

Il est autorisé par le magistrat qui dirige l'enquête, procureur de la République ou juge d'instruction, pour les infractions d'une certaine gravité ou pour les investigations aux fins de recherche des causes de la mort ou d'une disparition, ou pour la recherche d'une personne en fuite, pour une durée limitée et pour des lieux déterminés.

Soulignons que, selon les précisions apportées au n° **11.31D2**, le visage d'une personne est une donnée personnelle et sa captation, sa transmission et son enregistrement constituent un traitement de données personnelles au sens de la directive (UE) 2016/680 du parlement européen et du conseil, 27 avr. 2016 (directive dite police-justice) et de la L. n° 78-17, 6 janv. 1978.

• La vidéosurveillance administrative des cellules de garde à vue et de retenue douanière (CSI, art. L. 256-1 s.)

La L. n° 2022-52, 24 janv. 2022, a institué la faculté de placer sous vidéosurveillance la personne en garde à vue ou en retenue douanière afin de prévenir les risques d'évasion de la personne ou les menaces pour elle-même ou pour autrui (v. n° **12.10C**). Ce dispositif de nature administrative régi par CSI, art. L. 256-1 à L. 256-5 est décidé par le chef du service responsable de la sécurité des lieux et placé sous le contrôle de l'autorité judiciaire qui peut décider d'y mettre fin à tout moment ou autoriser sa prolongation au-delà de 24 H 00. Il a été jugé conforme à la constitution (Cons. const. 20 janv. 2022, n° 2021-834 DC, § 15).

• Le renforcement du contrôle des armes

Les cas d'interdiction de plein droit d'acquisition et de détention d'arme en cas de condamnation sont étendus à de nouvelles infractions (CSI, art. L. 312-3).

En outre, l'interdiction de détenir ou de porter un matériel de guerre, une arme, des munitions et leurs éléments soumis à autorisation ou à déclaration prononcée dans le cadre d'un contrôle judiciaire (v. n° **12.48E4**), y compris si cette mesure est imposée dans le cadre d'une ARSE, emporte interdiction de plein droit d'acquisition et de détention d'armes, de munitions et de leurs éléments des catégories A, B et C (CSI, art. L. 312-3 2°). De même, les personnes faisant l'objet d'une telle interdiction prononcée dans le cadre d'une ordonnance de protection « *sont interdites d'acquisition et de détention d'armes de toutes catégories* » (CSI, art. L. 312-3-2, v. n° **16.4A2**). Enfin, pour le recensement des personnes dans le fichier national des interdits d'acquisition et de détention d'armes dit FINIADA (CSI, art. L. 312-16), ce dernier, par dérogation au C. pr.pén., art. 777-3, est désormais interconnecté avec le casier judiciaire national pour les interdictions résultant de plein droit des condamnations prononcées pour l'une des infractions dont la liste est prévue par CSI, art. L. 312-3 1° (CSI, art. L. 312-16-1).

• La répression par amende forfaitaire du vol simple dont le préjudice est ⩽ 300 € (C. pén., art. 311-3-1)

La loi prévoit que le vol simple portant sur une chose d'une valeur ⩽ 300 € peut faire l'objet, y compris en cas de récidive, d'une amende forfaitaire si la chose a été restituée ou si le préjudice a été indemnisé (C. pén., art. 311-3-1, v. orienteur n° **22.1**). Rappelons que la procédure d'amende forfaitaire délictuelle n'est possible que si l'infraction a été relevée par procès-verbal électronique (C. pr. pén., art. D. 45-3, sur la procédure d'amende forfaitaire délictuelle, v. n° **15.47**). Soulignons que le vol dont le préjudice est ⩽ 300 € entrait dans le champ d'application de la transaction par OPJ instituée par L. n° 2014-896, 15 août 2014, créant C. pr. pén., art. 41-1-1, modifié par L. n° 2017-258, 28 févr. 2017, dispositif abrogé par L. n° 2019-222, 23 mars 2019, selon les précisions apportées au n° **15.43**.

• Le renvoi au procureur de la République et le maintien en détention lorsque la personne apparaît mineure ou majeure devant la juridiction saisie (C. pr. pén., art. 397-2-1 et CJPM, art. L. 423-14)

Le législateur institue une procédure particulière de maintien en détention pour une durée de 24 H 00 ou 48 H 00 dans les cas où la minorité ou la majorité du prévenu est révélée devant le juge saisi, remédiant ainsi au fait que la juridiction ne pouvait jusqu'à présent que constater son incompétence, « *sans que le procureur de la République ne puisse la maintenir à sa disposition pour la présenter devant la juridiction pénale compétente en raison de son âge* » (Circ. CRIM-2022-11/H2, 28 mars 2022, NOR : JUSD2209905C, n° II).

Ces dispositions (v. n° **17.15E2**) sont applicables devant le tribunal correctionnel saisi de la comparution immédiate d'une personne initialement réputée majeure ou devant le JLD saisi lorsque la réunion du tribunal n'est pas possible le jour même (C. pr. pén., art. 397-2-1). Elles le sont également lorsque la personne d'abord réputée mineure apparaît majeure devant la juridiction pour mineurs (CJPM, art. L. 423-14).

• Le recours à la contrainte pour établir les relevés signalétiques du suspect majeur ou mineur (C. pr. pén., art. 55-1 et 76-2 ; CJPM, art. L. 413-16 et L. 413-17)

Dans la continuité des dispositions nouvelles qui précèdent (C. pr. pén., art. 397-2-1 et CJPM, art. L. 423-14), qui traduisent les difficultés d'établir l'âge de certains mineurs ou jeunes majeurs auteurs d'infractions, et « *face aux difficultés d'identification de personnes mises en cause dépourvues de titre d'identité, qui refusent de s'identifier ou qui usent de noms ou d'alias différents, il est apparu nécessaire de prévoir un dispositif autorisant l'usage d'une contrainte strictement encadrée pour obtenir leurs empreintes digitales, palmaires ainsi que leurs photographies* » (Circ. CRIM-2022-11/H2, 28 mars 2022, NOR : JUSD2209905C, n° I). En effet, ces relevés signalétiques alimentent le fichier automatisé des empreintes digitales (Faed) décrit au n° 13.31 et la photographie du visage du suspect est aussi enregistrée au fichier TAJ dans un format compatible avec un dispositif de reconnaissance faciale (C. pr. pén., art. R. 40-26, sur les données enregistrées au TAJ, v. n° 13.13A).

« *pour améliorer la réponse pénale à l'égard des personnes mineures refusant de se soumettre aux opérations de relevés signalétiques* », en particulier les personnes se présentant comme des mineurs non accompagnés (Circ. Crim. 2022-14/E1, 12 juill. 2022, NOR : JUSD2220718C), le législateur a donc institué la possibilité, sans préjudice des sanctions prévues par C. pr. pén., art. 55-1 en cas de refus (v. n° 25.35), de contraindre le suspect à subir les relevés signalétiques auxquels il se refuse (C. pr. pén., art. 55-1 et 76-2, v. n° 13.29). Compte tenu de sa situation particulière, un régime distinct de relevé sans consentement a été institué pour le mineur suspect (CJPM, art. L. 413-16 et L. 413-17).

Notons que le relevé signalétique sous contrainte n'est applicable qu'au suspect majeur ou mineur et « *est inapplicable aux contrôles d'identité et à la retenue pour vérification de l'identité prévue par C. pr. pén., art. 78-3 ainsi qu'aux témoins, victimes ou tiers* » (sur le relevé signalétique opéré sur la personne faisant l'objet d'une retenue aux fins de contrôle d'identité, v. n° 11.25) (Circ. CRIM-2022-11/H2, 28 mars 2022, NOR : JUSD2209905C, n° IA1).

M. Loi n° 2021-1729, 22 déc. 2021 pour la confiance dans l'institution judiciaire

• Contrôle de constitutionnalité *a priori*

Avant sa promulgation, cette loi a été déférée au Cons. const., par le Premier ministre (Const., art. 61), lequel n'a toutefois invoqué aucun grief particulier à l'encontre de la loi déférée (saisine dite « blanche »). Le Cons. const., s'est borné à constater que cette loi a été adoptée selon une procédure conforme à la Constitution mais n'a soulevé d'office aucune autre question de conformité à la Constitution et ne s'est par conséquent pas prononcé sur la constitutionnalité des dispositions de la loi déférée (Cons. const. 17 déc. 2021, n° 2021-830 DC).

• L'enregistrement et la diffusion des audiences (L. 29 juill. 1881, nouvel art. 38 *quater*)

Par dérogation au principe de prohibition de l'enregistrement audiovisuel des débats juridictionnels, qui reste maintenu et pénalement sanctionné (L. 29 juill. 1881, art. 38 *ter*, C. pr. pén., art. 308, v. n° 35.41), la loi sur la presse du 29 juill. 1881 est modifiée (nouvel art. 38 *quater*) pour permettre, après avis du ministre de la justice et l'autorisation, pour la justice judiciaire, du premier président de la cour d'appel, l'enregistrement sonore ou audiovisuel de l'audience pour un motif d'intérêt public pédagogique. Le D. n° 2022-462, 31 mars 2022, définit les modalités d'application de ces dispositions. Des garanties entourent la prise de vue et la diffusion ne peut intervenir que lorsque la décision est définitive. Sauf occultation, la diffusion des images des personnes ou de leurs éléments d'identification ne peut intervenir qu'avec leur accord donné par écrit avant l'audience et la rémunération d'un tel accord est prohibée (sur l'enregistrement et la diffusion des débats aux fins d'information du public, v. n° 17.14).

• La limitation de la durée de l'enquête préliminaire (C. pr. pén., art. 75-3)

La durée de l'enquête préliminaire est désormais limitée à 2 ans, prolongeable jusqu'à 3 ans par le procureur de la République, ou de 3 ans prolongeable jusqu'à 5 ans en matière de criminalité organisée et de terrorisme. À l'expiration du délai, les actes postérieurs sont nuls et le procureur de la République est tenu d'apporter une réponse pénale, de classer sans suite ou d'ouvrir une information. Ces dispositions sont applicables aux enquêtes commencées à compter de la publication de la loi, intervenue le 23 déc. 2021 (sur la durée de l'enquête préliminaire, v. n° 11.15C3).

• L'accès au dossier durant l'enquête préliminaire (C. pr. pén., art. 77-2)

Le suspect d'une infraction punie de prison, lorsqu'il a été entendu ou perquisitionné depuis au moins un an, ou à tout moment lorsqu'il a été porté atteinte à sa présomption d'innocence dans les médias (sauf, dans ce dernier cas, criminalité organisée ou terrorisme), peut désormais solliciter l'accès au dossier d'enquête préliminaire. Dans l'intérêt des investigations, le procureur, dont les décisions peuvent faire l'objet d'un recours devant le procureur général, peut refuser cet accès pour une durée maximale de 6 mois, ou d'un an en matière de criminalité organisée. Il peut écarter certaines pièces pour éviter les risques de pression ou autoriser l'accès au dossier à tout moment de l'enquête. L'enquête ne peut se poursuivre sans que le suspect ne puisse accéder au dossier lorsqu'il a été entendu ou perquisitionné depuis au moins deux ans. Les droits d'accès au dossier sont également ouverts au plaignant dès lors que le suspect a demandé la communication de l'enquête. Après la consultation de la procédure, le suspect comme la victime peuvent formuler des observations. Le D. nº 2022-546, 13 avr. 2022, définit les modalités d'application de ces dispositions (sur l'accès au dossier durant l'enquête préliminaire, v. nº **15.2**).

• **Le renforcement de la protection du secret professionnel de l'avocat dans le cadre de l'enquête ou de l'instruction**

a). Désormais, la **perquisition** au sein du cabinet d'un avocat ou à son domicile relève de la **compétence exclusive du JLD**, y compris dans le cadre de l'instruction, sous réserve de proportionnalité de la mesure au regard de la nature et de la gravité des faits (**C. pr. pén., art. 56-1**). Si la perquisition est justifiée par la mise en cause de l'avocat, elle ne peut être autorisée que s'il existe des **raisons plausibles de le soupçonner** d'avoir commis ou tenté de commettre l'infraction en tant qu'auteur ou complice (C. pr. pén., art. 56-1) (sur la perquisition dans le cabinet ou au domicile de l'avocat, v. nº **11.65A**).

b). S'agissant des **saisies** consécutives à une telle perquisition, le législateur réaffirme, par référence à L. nº 71-1130, 31 déc. 1971, art. 66-5 et dans des conditions qu'explicite la Circ. DACG, 28 févr. 2022, NOR : JUSD2206745C, que la protection du secret professionnel de l'avocat dans le cadre de la procédure pénale comprend non seulement **l'activité de défense mais aussi celle de conseil (C. pr. pén., art. préliminaire)**, écartant toutefois l'inopposabilité du secret du conseil pour certaines infractions de fraude fiscale, de financement de terrorisme, de corruption et de trafic d'influence (C. pr. pén., art. 56-1-2). Le législateur a également étendu cette protection aux documents couverts par le secret professionnel de l'avocat saisis chez un tiers en instituant un régime de contestation de cette saisie devant le JLD (C. pr. pén., art. 56-1-1) (sur la protection contre la saisie des documents se rapportant à l'activité de défense et de conseil, v. nº **11.66A**). La circulaire précitée rappelle qu'au terme d'une jurisprudence constante, que le législateur n'a pas estimé utile de consacrer, le secret de l'avocat n'est pas opposable lorsqu'il est sorti de son rôle de défenseur en étant l'auteur ou le complice d'une infraction et que la saisie permet d'établir sa participation.

c). Les réquisitions portant sur les **données de connexion** d'un avocat (fadettes), qu'il s'agisse des données de trafic ou de localisation, ne peuvent désormais être autorisées que par le JLD, y compris dans le cadre de l'instruction, sous réserve de proportionnalité de la mesure et à condition que l'avocat soit suspecté d'avoir commis l'infraction qui fait l'objet de la procédure et que le bâtonnier soit avisé de cette mesure d'investigation (**C. pr. pén., art. 60-1-1 et 99-3**) (sur les réquisitions de données de connexion d'un avocat, v. nº **11.44B2**).

d). Enfin, si les **interceptions de correspondance** (écoutes) peuvent être mise en œuvre à l'égard de toute personne selon les nécessités de l'enquête ou de l'instruction, celles concernant la ligne dépendant du cabinet d'un avocat ou de son domicile ne peuvent désormais être mises en œuvre que s'il existe à son encontre des indices de participation à l'infraction. En outre, la décision d'interception ne peut plus être prise par le juge d'instruction mais par le seul JLD, et sous réserve d'être proportionnée au regard de la nature et de la gravité des faits (**C. pr. pén., art. 100**) (sur l'interception de correspondance d'un avocat, v. nº **11.36B3**).

• **La création d'une infraction spécifique de violation du secret de l'enquête et de l'instruction et l'aggravation des peines (C. pén., art. 434-7-2)**

La violation du secret de l'enquête et de l'instruction était jusqu'à présent réprimée par les dispositions générales de C. pén., art. 226-13 sanctionnant la violation du secret professionnel auxquelles renvoyaient C. pr. pén., art. 11 (v. nº **35.10**). Le législateur défini désormais au C. pén., art. 434-7-2 une **infraction spécifique** de violation du secret de l'enquête ou de l'instruction et aggrave les peines encourues (v. nº **35.12**).

• L'amélioration de la procédure de jugement des affaires criminelles

a). Tirant les conséquences de la jurisprudence du Cons. const., **C. pr. pén., art. 269-1**, ouvre désormais à l'accusé qui n'a pas eu communication de l'acte d'accusation au stade de la clôture de l'instruction, la possibilité de saisir le président de la CHINS d'une **requête en nullité** de la procédure, neutralisant ainsi au bénéfice de **l'accusé qui fait défaut**, sauf fuite ou négligence de sa part, le mécanisme de purge des nullités propre à l'instruction préparatoire (v. nº **17.27B3**).

b). Pour **l'audiencement des affaires criminelles, C. pr. pén., art. 276-1** institue, selon les modalités d'application fixées par D. nº 2022-546, 13 avr. 2022, et les recommandations de la Circ. crim. 2022/06/H2, 28 févr. 2022, NOR : JUSD2206736C, une « *réunion préparatoire criminelle* » rassemblant le président, les avocats des parties et le ministère public, pour l'établissement de la liste des témoins et des experts et la fixation de la durée prévisionnelle de l'audience de la juridiction criminelle (v. nº **17.31A2**).

c). La règle de la **minorité de faveur** est rétablie devant la cour d'assises pour le jugement des affaires criminelles en première instance tandis que sont assouplies les conditions de fixation du quantum de la peine lorsque le maximum encouru est de 30 ans de réclusion criminelle (**C. pr. pén., art. 362**, v. nº **18.7B2**).

d). Enfin, sous le bénéfice des précisions apportées par D. nº 2022-246, 25 févr. 2022, sont modifiées les conditions dans lesquelles, lorsque l'accusé comparaît libre, l'arrêt de condamnation de juridiction criminelle vaut de plein droit **titre de détention** et celles imposant à la cour de prononcer spécialement un **mandat de dépôt**, le cas échéant différé (**C. pr. pén., art. 367** et **D. 45-2-1** ***bis***, v. nº **18.11A**).

• La poursuite de l'expérimentation de la cour criminelle départementale et sa généralisation à compter du 1er janv. 2023 (C. pr. pén., art. 380-16 s.)

Les dispositions expérimentales relatives à la cour criminelle départementale instituées par L. nº 2019-222, 23 mars 2019 sont pérennisées par L. nº 2021-1729, 22 déc. 2021 et leur application est généralisée à compter du 1er janv. 2023 aux départements dans lesquels l'expérimentation n'était pas en cours (C. pr. pén., art. 380-16).

Désormais, sauf si elles sont en état de récidive légale, les personnes majeures accusées d'un crime puni de 15 ans ou de 20 ans de réclusion criminelle, ce qui correspond aux deux premiers niveaux de l'échelle des peines criminelles prévue par C. pén., art. 131-1, sont jugées en premier ressort par la cour criminelle départementale (C. pr. pén., art. 380-16).

Cette cour est composée d'un président et de quatre assesseurs, magistrats professionnels, dont deux au plus peuvent être désignés parmi les magistrats à titre temporaire ou les magistrats honoraires exerçant des fonctions juridictionnelles (C. pr. pén., art. 380-17), ou parmi les avocats honoraires exerçant des fonctions juridictionnelles, nommés pour leur part dans les conditions expérimentales fixées par la loi organique nº 2021-1728, 22 déc. 2021 et le D. nº 2022-792, 6 mai 2022 (sur la cour criminelle départementale, v. nº **17.15B2**).

La cour criminelle départementale applique les dispositions relatives à la cour d'assises mais statue en revanche sans jury et délibère à la majorité de 3 voix sur 5 (v. nº **18.7B2**) en possession de l'entier dossier de la procédure (C. pr. pén., art. 380-19, v. nº **17.13A2**).

Le délai d'audiencement des affaires devant la cour criminelle départementale, au lieu du délai de principe d'un an renouvelable jusqu'à deux ans prévu en matière criminelle, est réduit à 6 mois renouvelable une fois (C. pr. pén., art. 181-1, v. nº **12.46D2**).

• L'extension de la compétence des juridictions non-pôle pour l'instruction des affaires criminelles (C. pr. pén., art. 52-1 et 80)

La loi adapte les dispositions relatives aux pôles de l'instruction, lesquels ont en principe compétence exclusive en matière de crime, pour attribuer aux juges d'instruction des juridictions non-pôle la possibilité d'instruire sur réquisitions du parquet les crimes relevant de la cour criminelle départementale, lorsque la gravité des faits ou leur complexité ne justifie pas la saisine du pôle de l'instruction (C. pr. pén., art. 52-1 et 80, D. 31-4 et D. 32-2-3, issus D. nº 2022-546, 13 avr. 2022) (sur les pôles de l'instruction, v. nº **15.32A2**). En outre, le dessaisissement du juge d'instruction de la juridiction non-pôle au profit du pôle est désormais facultatif lorsque les faits initialement qualifiés délits sont qualifiés crime mais ne présentent pas de complexité, qu'ils relèvent ou non de la cour criminelle départementale (C. pr. pén., art. 118).

• La création d'une juridiction spécialisée (Nanterre) pour le traitement de certains crimes sériels ou non élucidés et d'une nouvelle enquête de « parcours criminel » (C. pr. pén., art. 706-106-1)

C. pr. pén., art. 706-106-1 et C. pr. pén., art. D. 47-12-8 issu du décret d'application D. n° 2022-67, 20 janv. 2022, instituent la compétence concurrente spécialisée du tribunal judiciaire de Nanterre, et de la cour d'assises des Hauts-de-Seine, pour l'enquête, la poursuite, l'instruction et le jugement de certains crimes d'atteintes aux personnes (meurtre, assassinat, empoisonnement, actes de torture ou de barbarie, viol, enlèvement et séquestration) et de leurs délits connexes, lorsque les faits sont susceptibles d'avoir été commis de manière sérielle ou qu'ils sont non élucidés (sur cette juridiction spécialisée, v. n° **17.16B**).

La loi et son décret d'application instituent en outre un nouveau type d'enquête et d'instruction, ouvertes par le parquet spécialisé de Nanterre et empruntant aux règles de l'enquête préliminaire ou de l'instruction, pour « *retracer l'éventuel parcours criminel* » d'une personne condamnée ou soupçonnée pour un des faits relevant de la compétence spécialisée du tribunal judiciaire de Nanterre (C. pr. pén., art. 706-106-4 et D. 47-12-9).

• La suppression du dispositif de crédit de réduction de peine et des réductions supplémentaires de peine au profit d'un régime unifié de réduction de peine

La loi supprime, d'une part, le dispositif du crédit de réduction de peine (CRP) *ab initio* décrit au n° **18.10C**, aussi appelé « réduction de peine automatique » (de plein droit 3 mois pour la 1re année et 2 mois pour chaque année au-delà de la première année, C. pr. pén., art. 721, sur la durée prévisionnelle de la peine résultant du CRP, v. n° **18.10J**), d'autre part, le régime des réductions supplémentaires de peines (RSP) décrit au n° **18.10D** (au plus 3 mois par an sur décision du JAP, C. pr. pén., art. 721-1), au profit d'un dispositif unifié de réduction de peine d'au plus 6 mois par an sur décision annuelle du JAP prise après avis de la CAP au vu « *des preuves suffisantes de bonne conduite* » et « *des efforts sérieux de réinsertion* » (**C. pr. pén., art. 721**, dans sa nouvelle rédaction, v. n° **18.10E**).

Ces nouvelles dispositions sont applicables « *aux personnes placées sous écrou à compter du 1er janv. 2023, quelle que soit la date de la commission de l'infraction* ». À titre transitoire, les régimes du crédit de réduction de peine et des réductions supplémentaires de peine restent applicables dans les termes de la législation antérieure aux personnes placées sous écrou avant le 1er janv. 2023.

Dans la continuité de **C. pr. pén., art. 721-1-2** issu L. n° 2021-646, 25 mai 2021, le quantum maximal des réductions de peine est réduit pour certaines atteintes aux personnes dépositaires de l'autorité publique, la L. n° 2021-1729, 22 déc. 2021, depuis complétée par L. n° 2022-52, 24 janv. 2022, a étendu ces restrictions à de nouvelles infractions (sur la limitation des réductions de peines pour certaines infractions, v. n° **18.10E4** et **18.10E5**).

La loi crée enfin un nouveau cas de réduction exceptionnelle de peine pouvant aller jusqu'à son tiers au bénéfice du détenu qui est intervenu en faveur de la sécurité de l'établissement pénitentiaire, du personnel pénitentiaire ou des détenus alors qu'elle était menacée par une action individuelle ou collective (**C. pr. pén., art. 721-4**, v. n° **18.10F2**).

• L'abrogation du rappel à la loi au profit de l'avertissement pénal probatoire (C. pr. pén., art. 41-1 1°)

La loi substitue à compter du 1er janv. 2023, à la mesure de « rappel à la loi » qu'elle supprime, celle de « *l'avertissement pénal probatoire* », en renforçant le régime de cette mesure alternative aux poursuites et en l'excluant pour certaines infractions ou dans l'hypothèse d'une précédente condamnation (C. pr. pén., art. 41-1 1°, sur l'avertissement pénal probatoire, v. n° **15.39B1**). L'avertissement pénal probatoire ne peut concerner qu'une personne qui reconnaît sa responsabilité. Il est nécessairement notifié par le procureur ou son délégué, à l'exclusion de l'enquêteur. La décision d'avertissement est revue lorsque la personne commet une nouvelle infraction dans le délai probatoire de 2 ans en matière de délit, ou d'un an en matière de contravention. Sous réserve de la jurisprudence ou d'un éventuel décret ou circulaire d'application, l'avertissement semble irrévocable et la procédure ne pouvoir donner lieu à poursuites lorsque le délai de probation s'est écoulé sans incident, ce qui constitue en conséquence une nouvelle modalité d'extinction de l'action publique.

Sans réserve relative à l'ancienneté ou à l'objet de la condamnation, l'avertissement pénal probatoire est exclu « *à l'égard d'une personne qui a déjà été condamnée*, ainsi que pour tout « *délit de violences contre les personnes ou [tout] délit commis contre une personne dépositaire de l'autorité publique ou investie d'un mandat électif public* ».

• L'extension du recours à la CRPC

La loi, selon les précisions apportées par C. pr. pén., art. D. 45-2-11 à D. 45-2-12 issues D. n° 2022-546, 13 avr. 2022, favorise le recours à la CRPC en permettant désormais au prévenu renvoyé devant le tribunal par ordonnance du juge d'instruction de solliciter le bénéfice de la CRPC, avec l'accord de la partie civile si celle-ci est à l'origine de la saisine du juge d'instruction (C. pr. pén., art. 495-15, sur l'initiative de la CRPC, v. n° **15.54A**).

En outre, le prévenu peut désormais solliciter le bénéfice de la CRPC au stade de l'appel lorsqu'il a limité son appel aux peines prononcées (C. pr. pén., art. 495-15 et D. 45-28 et D. 45-29 issus D. n° 2022-546, 13 avr. 2022, sur la limitation de la portée de l'appel, C. pr. pén., art. 502, v. n° **19.3B**).

N. Loi n° 2021-1539, 30 nov. 2021 visant à lutter contre la maltraitance animale et conforter le lien entre les animaux et les hommes

• Contrôle de constitutionnalité *a priori*

Cette loi n'a pas été déférée au Cons. const., après son adoption (Const., art. 61) et n'a donc pas fait l'objet d'un contrôle de constitutionnalité avant sa promulgation.

• L'aggravation des peines prévues en matière de sévices sur un animal et d'abandon (C. pén., art. 521-1)

Les peines principales prévues par C. pén., art. **521-1** réprimant les sévices graves et les actes de cruauté envers un animal ainsi que l'abandon d'un animal sont aggravées (3 ans au lieu de 2 ans ; 45 000 € au lieu de 30 000 €). De nouvelles circonstances aggravantes aggravent distinctement ces infractions de sévices et d'abandon (v. n° **31.8**). Les sévices de nature sexuelle ne constituent plus une des composantes de l'infraction de sévices sur animal mais une infraction distincte d'atteinte sexuelle sur animal désormais incriminée par C. pén., art. 521-1-1 (v. ci-après).

• L'incrimination autonome des atteintes sexuelles sur un animal (C. pén., art. 521-1-1)

Le législateur crée dans le chapitre du C. pén. réservé aux sévices envers les animaux une nouvelle infraction réprimant « *les atteintes sexuelles sur un animal domestique, apprivoisé ou tenu en captivité* » (C. pén., art. **521-1-1**, v. n° **31.9**), laquelle relève du régime procédural des infractions sexuelles (C. pr. pén., art. 706-47, v. n° **11.23**). Ces faits étaient auparavant incriminés par C. pén., art. 521-1 au titre des sévices ou actes de cruauté sur animal. L'infraction est aggravée si les faits sont commis en réunion, en présence d'un mineur, ou par le propriétaire ou gardien de l'animal. Dans le prolongement de cette incrimination, est maintenant réprimé le fait, « *par quelque moyen que ce soit* », « *de proposer ou de solliciter des actes constitutifs d'atteintes sexuelles sur un animal* » (C. pén., art. **521-1-3**, v. n° **31.9**). Enfin, les images pornographiques impliquant un ou plusieurs animaux sont désormais de celles dont la diffusion auprès des mineurs est pénalement sanctionnée (C. pén., art. **227-24**, v. n° **21.33**).

• L'enregistrement des images de maltraitance animale est assimilé à la complicité de cette maltraitance (C. pén., art. 521-1-2)

Comme en matière de violences volontaires sur les personnes (phénomène dit du « happy slapping », C. pén., art. **222-33-3**, v. n° **35.33**), le législateur incrimine désormais comme des actes de complicité le fait d'enregistrer par tout moyen des images de sévices graves, d'actes de cruauté ou d'atteintes sexuelles sur animal (C. pén., art. **521-1-2**, v. n° **31.10**). L'auteur de l'enregistrement est donc passible des peines prévues pour l'auteur principal, en tenant compte des circonstances aggravantes dont il aura eu connaissance. Le fait de filmer des faits de « *mauvais traitements* » (incrimination moins sévèrement punie que celle de sévices graves) est également qualifié de complicité, mais le législateur limite la répression aux peines prévues pour les contraventions de 4e classe. La diffusion des images ne constitue pas quant à elle un acte assimilé à la complicité de l'infraction principale mais un délit autonome puni de 2 ans d'emprisonnement.

Qu'il s'agisse d'enregistrement ou de diffusion, il n'y a pas d'infraction lorsque les faits visent à apporter une contribution à un débat public d'intérêt général ou à servir de preuve en justice.

• La correctionnalisation des faits d'atteinte volontaire à la vie d'un animal (C. pén., art. 522-1)

Le législateur érige en délit le fait de donner la mort à un animal sans nécessité (C. pén., art. 522-1, v. n° **31.11**), qui constituait auparavant une contrav. 5e cl., incriminée par C. pén., art. R. 655-1 (v. n° **31.12**). Comme dans le droit antérieur, cette incrimination n'est pas applicable aux courses de taureaux et combats de coqs lorsqu'une tradition locale ininterrompue peut être invoquée (v. orienteur n° 31.8). En outre, le texte réserve désormais le fait de donner la mort à un animal dans le « *cadre d'activités légales* » (C. pén., art. 522-1).

• La définition du secret professionnel du vétérinaire et l'affirmation de son droit de révéler des faits de maltraitance animale

Le secret professionnel du vétérinaire est inscrit dans la loi et son champ précisé par C. rur., art. L. 241-5 (v. n° 35.7G1).

L'incrimination de violation du secret professionnel prévue par C. pén., art. 226-13 n'est pas opposable au vétérinaire qui révèle au procureur de la République toute information relative à des sévices graves, des actes de cruauté, des atteintes sexuelle ou des mauvais traitements sur un animal (C. pén., art. 226-14 5°, v. n° 35.7G2).

• La prise en compte de la maltraitance animale pour le repérage de l'enfance en danger

La mise en cause d'un mineur ou de ses responsables pour des faits de maltraitance animale, qu'il s'agisse de sévices graves ou d'actes de cruauté ou d'atteintes sexuelles sur animal, constitue désormais de façon explicite une information préoccupante traitée au titre de l'enfance en danger par le service de l'aide sociale à l'enfance et la cellule de recueil des informations préoccupantes (CASF, art. L. 221-1 et L. 226-3, v. n°s 31.8 et 31.9).

• Les dispositions diverses

Le législateur prohibe désormais les **manèges à poney** (C. rur., art. L. 214-10-1) et leur exploitation est réprimée comme les mauvais traitements envers un animal commis par un professionnel (C. rur., art. L. 215-11, v. n° 31.13).

Les activités de sécurité privée employant des **agents cynophiles** sont désormais considérées comme des professionnels de l'animal au regard de l'incrimination de mauvais traitements (C. rur., art. L. 215-11, v. n° 31.13).

Le vol « *destiné à alimenter le commerce illégal d'animaux* » constitue un **vol aggravé** (C. pén., art. 311-4 11°, v. n° 22.3).

Les conditions de **gestion des animaux saisis** sont améliorées pour prendre en compte la satisfaction de leurs besoins physiologiques et le coût de leur entretien (C. pr. pén., art. 99-1, v. n° 11.61H).

Les interdictions de détenir un animal prononcées à titre de peine sont désormais inscrites au FPR (13.17B6).

La peine de « *stage de sensibilisation à la prévention et à la lutte contre la maltraitance animale* » vient compléter la liste des peines de stage figurant au C. pén., art. 131-5-1 8° (v. n° 18.33B8), lesquelles peuvent dans tous les cas être prononcées lorsque l'infraction est passible d'emprisonnement, en alternative à cette peine ou à titre de peine complémentaire.

O. Décisions jurisprudentielles

1. Le délai déraisonnable peut être pris en compte par le juge mais reste sans incidence sur la régularité de la procédure (Crim. 9 nov. 2022)

V. 17.39B.

Saisie par le parquet d'un pourvoi contre un arrêt ayant « *annulé les poursuites* » en raison de la durée de procédure ayant porté atteinte au droit à un procès équitable, au principe du contradictoire et à l'équilibre des droits des parties ainsi qu'aux droits de la défense, la Ch. crim., tout en énonçant les conditions de prise en compte du délai déraisonnable par le juge (§ 23) (v. B2 ci-dessous), a réaffirmé sa jurisprudence en jugeant que le droit à être jugé dans un délai raisonnable « *ne constitue pas [...] la violation d'une règle de forme prescrite par la loi à peine de nullité, ni l'inobservation d'une formalité substantielle au sens de l'article 802 du code de procédure pénale. En effet, elle ne compromet pas en elle-même les droits de la défense* » (§ 12) et que « *la durée excessive d'une procédure ne peut aboutir à son invalidation complète, alors que chacun des actes qui la constitue est intrinsèquement régulier* » (§ 14) (Crim. 9 nov. 2022, n° 21-85.655, P).

Notons que « *le droit à être jugé dans un délai raisonnable protège les seuls intérêts des personnes concernées par la procédure en cours. La méconnaissance de ce droit ne constitue donc pas la violation d'une règle d'ordre public* » (§ 12) (Crim. 9 nov. 2022, n° 21-85.655, P) ; le moyen ne peut donc être soulevé d'office par le juge.

2. La consolidation de la jurisprudence relative au délit de non communication du code de déverrouillage du téléphone portable (Ass. plén., 7 nov. 2022)

La C. cass. réunie en assemblée plénière a précisé que pour l'application combinée de C. pén., art. 434-15-2 et L. n° 2004-575, 21 juin 2004, dite LCEN, art. 29, une « *convention de déchiffrement s'entend de tout moyen logiciel ou de toute autre information permettant la mise au clair d'une donnée transformée par un moyen de cryptologie, que ce soit à l'occasion de son stockage ou de sa transmission. Il en résulte que le code de déverrouillage d'un téléphone mobile peut constituer une clé de déchiffrement si ce téléphone est équipé d'un moyen de cryptologie* » (§ 12) « *dès lors, il incombe au juge de rechercher si le téléphone en cause est équipé d'un tel moyen et si son code de déverrouillage permet de mettre au clair tout ou partie des données cryptées qu'il contient ou auxquelles il donne accès* » (§ 13). (Ass. plén., 7 nov. 2022, n° 21-83.146, P) (v. n° **25.46**).

3. C. douanes, art. 60, Cons. const. 22 sept. 2022

Dans la décision Cons. const. 22 sept. 2022, n° 2022-1010 QPC, prenant effet au 1er sept. 2023, C. douanes, art. 60, a été déclaré inconstitutionnel au motif qu'en « *ne précisant pas suffisamment le cadre applicable à la conduite de ces opérations, tenant compte par exemple des lieux où elles sont réalisées ou de l'existence de raisons plausibles de soupçonner la commission d'une infraction, le législateur n'a pas assuré une conciliation équilibrée entre, d'une part, la recherche des auteurs d'infractions et, d'autre part, la liberté d'aller et de venir et le droit au respect de la vie privée* » (§ 9).

La L. n° 2023-610, 18 juill. 2023, visant à donner à la douane les moyens de faire face aux nouvelles menaces, a tiré les conséquences de cette décision et a rénové au C. douanes, art. 60, 60-1 à 60-4 le cadre d'exercice du droit de visite des personnes, des moyens de transport et des marchandises en matière douanière (v. n° **11.59**).

4. La conciliation du droit interne et de la jurisprudence de la CJUE en matière de conservation et d'accès aux données de connexion (CJUE, 12 juill. 2022, 4 arrêts)

Par quatre arrêts du 12 juill. 2022, principalement l'arrêt pilote Crim. 12 juill. 2022, n° 21-83.710, P, la Ch. crim. a précisé dans quelles conditions les actes d'investigation accomplis sous l'empire du droit interne pouvaient être tenus pour réguliers au regard de la jurisprudence de la CJUE relative à la conservation et à l'accès aux données de connexion des opérateurs de télécommunications.

La conciliation du droit interne et de la jurisprudence de la CJUE (encore réaffirmée par la décision CJUE, 20 sept. 2022, *Bundesrepublik Deutschland c/ SpaceNet AG* (C-793/19) et *Telekom Deutschland GmbH* (C-794/19), exposée au n° **11.45**), s'inscrit dans un contexte juridique complexe et encore en construction dont les derniers développements législatifs, décrits au n° **11.44B**, ont été la loi n° 2022-299, 2 mars 2022, modifiant le dispositif des réquisitions aux opérateurs téléphoniques et la loi n° 2021-1729, 22 déc. 2021, précisant le régime des réquisitions de données de connexion des avocats, outre la loi n° 2021-998, 30 juill. 2021, modifiaient le code des postes et communications électroniques, exposée au n° **11.43C**.

5. La consolidation de la jurisprudence permettant de justifier l'infraction au nom de la liberté d'expression (Crim. 18 mai 2022, 3 arrêts)

Dans trois arrêts du 18 mai 2022 rendus dans les affaires de décrochage et de vol de portraits du président de la République jugées par les cours d'appel de Paris (faits du 21 et 28 févr. 2019), de Grenoble (faits du 13 avr. 2019) et de Colmar (faits du 29 juill. 2019), dans la continuité de la jurisprudence de la CEDH et de ses précédentes décisions (Crim. 26 oct. 2016, n° 15-83.774, P n° 278 ; Crim. 26 févr. 2020, n° 19-81.827, P ; Crim. 22 sept. 2021, n° 20-85.434, P), la Ch. crim. rappelle, selon son attendu de principe, que « *l'incrimination d'un comportement constitutif d'une infraction pénale peut, dans certaines circonstances, constituer une ingérence disproportionnée dans l'exercice de la liberté d'expression, compte tenu de la nature et du contexte de l'agissement en cause* » (§ 11) (Crim. 18 mai 2022, n° 21-86.685, P).

Au-delà de l'extension à l'infraction de vol du fait justificatif de la liberté d'expression, ajoutant ainsi à la liste des incriminations pour lesquelles ce moyen de défense a déjà été retenu (v. sur ce point n° **10.13E**), la Ch. crim., définit la méthode de contrôle de proportionnalité que doit suivre le juge lorsqu'il est saisi par la personne poursuivie d'une exception d'atteinte à sa liberté d'expression garantie par Conv. EDH, art. 10. Ainsi, « *lorsque le prévenu invoque une atteinte disproportionnée à sa liberté d'expression, il appartient au juge, après s'être assuré, dans l'affaire qui lui est soumise, du lien direct entre le comportement incriminé et la liberté d'expression sur un sujet d'intérêt général, de vérifier le caractère proportionné de la condamnation. Ce contrôle de proportionnalité requiert un examen d'ensemble, qui doit prendre* *en compte, concrètement, entre autres éléments, les circonstances des faits, la gravité du dommage ou du trouble éventuellement causé* » (§ 12) (Crim. 18 mai 2022, n° 21-86.685, P). Elle définit en outre les modalités de ce contrôle pour l'infraction de vol, en énonçant que « *doivent être notamment prises en compte la valeur matérielle du bien, mais également, le cas échéant, sa valeur symbolique, ainsi que la réversibilité ou l'irréversibilité du dommage causé à la victime* » (§ 13).

Le contrôle de proportionnalité peut également se traduire par une approbation par la C. cass. du *quantum* de la condamnation prononcée lorsqu'elle est en mesure de s'assurer, à la lumière des circonstances de l'espèce rapportées dans la motivation de l'arrêt, que « *bien que l'action menée par les prévenus se soit inscrite dans le cadre d'une démarche militante et puisse être considérée comme une expression* [de la liberté d'expression], *la condamnation prononcée n'est pas disproportionnée* » (§ 20) (Crim. 18 mai 2022, n° 21-86.685, P).

6. L'harmonisation de deux nouveaux postes extra-patrimoniaux du préjudice corporel (Ch. mixte, 25 mars 2022, deux arrêts)

Par deux arrêts de chambre mixte du 25 mars 2022, la C. cass. harmonise les jurisprudences de la chambre criminelle et de la 2e chambre civile relatives, d'une part, au **préjudice d'angoisse de mort imminente** de la victime directe (sur ce préjudice, v. n° **16.17B2**), lequel résulte de « *la conscience de sa mort imminente, du fait de la dégradation progressive et inéluctable de ses fonctions vitales* » (§ 9) (Ch. mixte, 25 mars 2022, n° 20-15.624, P), d'autre part, au « **préjudice d'attente et d'inquiétude** » (sur ce préjudice, qui n'est pas limité au terrorisme même si l'affaire tire sa source de l'attentat de Nice du 14 juill. 2016, v. n° **16.17C**), que subissent les proches de la victime (victimes par ricochet) (Ch. mixte, 25 mars 2022, n° 20-17.072, P). Dans les deux cas, et c'est l'objet de cette harmonisation, ces préjudices sont jugés distincts, pour le premier, des souffrances endurées (*pretium doloris*), pour le second, du préjudice d'affection, et sont donc indemnisés de manière autonome. Ils complètent donc, sans pouvoir se confondre avec les postes de préjudice existants, la nomenclature dite « Dintilhac » des préjudices corporels (sur la portée normative de cette nomenclature, v. n° **16.17A**).

7. La juridictionnalisation de la décision de mise à exécution d'office de la peine aménageable par le parquet (Crim. 23 mars 2022)

S'il est de principe que le ministère public, qui a en charge l'exécution des peines, doit saisir la JAP pour la mise à exécution d'une peine d'emprisonnement aménageable (C. pr. pén., art. 723-15, v. n° **18.12D**), il peut toutefois, en cas de « *risque de danger pour les personnes ou les biens établi par la survenance d'un fait nouveau* », d'« *incarcération de la personne dans le cadre d'une autre procédure* » ou de « *risque avéré de fuite du condamné* », mettre à exécution d'office une peine aménageable sans en saisir le JAP (C. pr. pén., art. 723-16).

S'il n'est pas prévu de voie de recours spécifique contre cette décision, il est désormais jugé que la personne ayant fait l'objet de la mise à exécution d'une peine par le parquet sur le fondement de C. pr. pén., art. 723-16 peut contester le bien-fondé de cette décision en saisissant le tribunal correctionnel d'un incident contentieux sur le fondement de C. pr. pén., art. 710 (Crim. 23 mars 2022, n° 21-83.549, P ; v. n° **18.12E**).

8. L'élargissement de la constitution de partie civile aux personnes « exposées » à l'action criminelle terroriste (Crim. 15 févr. 2022, 3 arrêts)

Dans trois arrêts du 15 févr. 2022, la Ch. Crim. juge à l'occasion de l'attentat de Nice du 14 juill. 2016 et des assassinats de la gare Saint-Charles à Marseille du 1er oct. 2017, en premier lieu, recevable la constitution de partie civile du demandeur qui n'était ni visé par l'auteur des faits terroristes ni placé dans son champ de tir ou sa trajectoire meurtrière, car l'action dans laquelle il « *s'est engagé pour interrompre la commission ou empêcher le renouvellement d'atteintes intentionnelles graves aux personnes, auxquelles il s'est ainsi lui-même exposé, est indissociable de ces infractions, de sorte que le préjudice pouvant en résulter pour lui peut être en relation directe avec ces dernières* » (§ 16) (Crim. 15 févr. 2022, n° 21-80.264, P et Crim. 15 févr. 2022, n° 21-80.670, § 13, P). Il en est de même, en second lieu, lorsque les circonstances montrent que la victime, qui n'était pas directement exposée au danger, « *s'est blessée en tentant de fuir le lieu d'une action criminelle ayant pour objet de tuer indistinctement un grand nombre de personnes, à laquelle, du fait de sa proximité, elle a pu légitimement se croire exposée, initiative indissociable de l'action criminelle qui l'a déterminée, suffisent à caractériser la possibilité du préjudice allégué et de la relation directe de celui-ci avec les assassinats et tentatives, objet de l'information* » (§ 13) (Crim. 15 févr. 2022, n° 21-80.265, P) (sur la spécificité des dommages nés d'une action terroriste, v. n° **16.16D**).

La Ch. Crim. tenant compte de la particularité de l'action terroriste qui vise indistinctement le plus grand nombre de personnes, estime donc que les victimes « **exposées** » à une telle action souffrent d'un préjudice direct lorsqu'elles subissent un dommage à l'occasion de leur fuite ou de leur intervention pour interrompre les faits, même si leur vie n'a pas été directement menacée par l'auteur.

Ces décisions fondées sur la notion d'exposition à l'action criminelle sont à rapprocher de celle ci-dessus exposée qui, certes non limitée aux faits de terrorisme mais prenant sa source dans l'attentat de Nice, reconnaît la spécificité du **préjudice d'attente et d'inquiétude** subi par « *les proches d'une personne, qui apprennent que celle-ci se trouve ou s'est trouvée exposée, à l'occasion d'un événement, individuel ou collectif, à un péril de nature à porter atteinte à son intégrité corporelle* » (§ 4) (Ch. mixte, 25 mars 2022, n° 20-17.072, P ; sur le préjudice d'attente et d'inquiétude des victimes par ricochet, v. n° **16.17C**).

9. L'infléchissement de l'application du principe non bis in idem en cas de poursuites concomitantes (Crim. 15 déc. 2021)

Au visa du principe *non bis in idem*, la Ch. crim. énonçait depuis 2016 que « *des faits qui procèdent de manière indissociable d'une action unique caractérisée par une seule intention coupable ne peuvent donner lieu, contre le même prévenu, à deux déclarations de culpabilité de nature pénale, fussent-elles concomitantes* » (Crim. 26 oct. 2016, n° 15-84.552, P n° 276 ; sur cette jurisprudence et sa portée, v. n° **17.32B2**).

Depuis cette date furent alors censurées de nombreuses décisions qui continuaient à appréhender le concours de qualifications pénales pour des faits poursuivis dans une même procédure selon les termes prévus par C. pén., art. 132-3 qui détermine quelles peines le juge peut prononcer lorsqu'il déclare une personne « *coupable de plusieurs infractions en concours* » (v. n° **18.2**). En cas d'action unique révélant plusieurs qualifications possibles en concours, la qualification traduisant les finalités poursuivies par l'auteur devait en effet être privilégiée et les qualifications répondant aux actes préparatoires ou consécutifs écartées.

Critiquée par une partie de la doctrine, cette jurisprudence a nourri un contentieux abondant et renvoyait les praticiens à une casuistique incertaine.

Ainsi, l'infraction de recel d'une somme d'argent ensuite utilisée dans une opération de blanchiment s'effaçait devant cette dernière qualification (Crim. 26 oct. 2016, n° 15-84.552, P n° 276, v. n° **22.49**). Des faits d'abus de biens sociaux non distincts des opérations consécutives de blanchiment écartaient cette dernière qualification (Crim. 7 déc. 2016, n° 15-87.335, P n° 327, v. n° **22.49**). L'infraction de port ou de transport d'une grenade, « *préalable nécessaire* », s'effaçait au profit des infractions d'assassinat et de dégradations volontaires aggravées qui constituaient le but poursuivi par l'auteur d'un attentat (Crim. 14 nov. 2019, n° 18-83.122, P). Était aussi écartée l'association de malfaiteur préparatoire à l'infraction de complicité de tentative d'évasion au motif qu'« *en cas de concours entre une infraction dont la raison d'être est de faire obstacle à la commission d'une autre infraction et une infraction qui sanctionne une action parvenue à son terme ou dont la tentative est consommée, l'infraction pour laquelle la peine privative de liberté la plus longue est prévue doit être retenue. Lorsque cette peine est identique pour ces deux infractions, la seconde doit être préférée* » (§ 23) (Crim. 12 mai 2021, n° 20-81.014, P : dans le même sens, pour une association de malfaiteur qui constituait le « *préalable nécessaire* » de faits de complicité de violences aggravées (Crim. 11 sept. 2019, n° 18-82.684, D)). Au même motif, était écartées les faits de faux qui étaient le préalable nécessaire d'une opération de blanchiment (Crim. 27 mai 2021, n° 20-80.931, D).

Au terme d'un processus d'instruction approfondi, la Ch. crim. a décidé (Crim. 15 déc. 2021, n° 21-81.864, P) d'infléchir cette jurisprudence en tenant compte du fait qu'elle ne permettait pas « *de toujours réprimer l'action délictueuse de la façon la plus adaptée aux faits de l'espèce et à la situation personnelle de l'auteur des faits* » (§ 19) ni « *d'appréhender l'action délictueuse dans toutes ses dimensions. En effet, l'abandon de l'une des qualifications en présence peut avoir pour conséquence d'occulter un intérêt auquel l'action délictueuse a porté atteinte ou une circonstance de cette action, alors que la volonté de protéger cet intérêt ou de réprimer cette circonstance a déterminé le législateur à incriminer le comportement considéré* » (§ 20), alors qu'« *en prévoyant plusieurs qualifications susceptibles de s'appliquer à un même fait, le législateur entend réprimer différents aspects de l'action délictuelle, de telle sorte que, sauf exception, leur cumul au cours d'une même procédure permet d'appréhender cette action dans toutes ses dimensions* » (§ 23), C. pén., art. 132-3 réglant en outre le cas où la personne est reconnue coupable de plusieurs infractions en concours en prévoyant que « *lorsque plusieurs peines de même nature sont encourues, il ne peut être prononcé qu'une seule peine de cette nature dans la limite du maximum légal le plus élevé* » (§ 24).

Désormais, « *l'interdiction de cumuler les qualifications lors de la déclaration de culpabilité doit être réservée, outre à la situation dans laquelle la caractérisation des éléments constitutifs de l'une des infractions exclut nécessairement la caractérisation des éléments constitutifs de l'autre* [la notice explicative de l'arrêt donne l'exemple de l'homicide involontaire et du meurtre], *aux cas où un fait ou des faits identiques sont en cause et où l'on se trouve dans l'une des deux hypothèses suivantes* » (§ 28) ; « *Dans la première, l'une des qualifications, telles qu'elles résultent des textes d'incrimination, correspond à un élément constitutif ou une circonstance aggravante de l'autre, qui seule doit alors être retenue* » (§ 29) (la notice cite l'exemple du viol, qui lorsqu'il est commis par violence, ne peut être retenu concomitamment au délit de violence, de même pour le vol avec violence) ; « *Dans la seconde, l'une des qualifications retenues, dite spéciale, incrimine une modalité particulière de l'action répréhensible sanctionnée par l'autre infraction, dite générale* » (§ 30) (la notice précise ainsi que ne peuvent être retenus concomitamment les crimes d'assassinat et d'empoisonnement) (Crim. 15 déc. 2021, n° 21-81.864, P).

Dans cet arrêt de principe, après une abondante jurisprudence contraire exposée au n° 22.18, est ainsi admise la condamnation des chefs de faux, usage de faux et escroquerie d'une personne qui avait établi une fausse attestation notariale et en avait fait usage pour en déterminer d'autres à lui vendre des parts sociales, cet usage caractérisant à la fois l'usage de faux et les manœuvres de l'escroquerie, car, d'une part, « *la caractérisation des éléments constitutifs de l'une des infractions n'exclut pas la caractérisation des éléments constitutifs de l'autre* » (§ 33), d'autre part, C. pén., art. 313-1 « *qui incrimine l'escroquerie, vise les manœuvres frauduleuses et non spécifiquement le faux ou l'usage de faux comme élément constitutif de ce délit* » (§ 34).

Index des codes informatiques des infractions (codes Natinf)

Avertissement. La définition et la portée pratique de la codification numérique des infractions dans la base de données dite « Natinf » tenue par le ministère de la justice sont expliquées au n° 15.6B8. En application de la directive dite « open data » et du code des relations entre le public et l'administration, cette table est accessible en ligne sur le site internet du ministère de la justice (www.justice.gouv.fr.) ainsi que sur la plateforme ouverte des données publiques françaises (www.data.gouv.fr.).

Les suffixes alphabétiques qui suivent, précédés d'un point et accolés au numéro Natinf, désignent la nature de l'infraction et le cas échéant, la formation de jugement dont elle relève. Ces suffixes sont ajoutés par l'auteur pour la commodité de l'utilisateur mais ne font pas partie intégrante du code numérique Natinf qui se suffit à lui-même.

.cr : **cr**ime relevant de la cour d'assises (sur la compétence de la cour d'assises, v. n° 17.15B1) ;

.cc : crime relevant de la **c**our **c**riminelle départementale (sur la compétence de cette juridiction, C. pr. pén., art. 380-16, v. n° 17.15B2) ;

.co : délit relevant du tribunal correctionnel statuant en formation **co**llégiale ;

.ju : délit relevant du tribunal correctionnel statuant en **ju**ge unique (sur la compétence du juge unique correctionnel, C. pr. pén., art. 398-1, v. n° 17.15D) ;

.c5 : **c**ontravention de **5**e classe (sur la compétence du tribunal de police pour les contraventions, v. n° 17.15F) ;

.c4 : **c**ontravention de **4**e classe ;

.c3 : **c**ontravention de **3**e classe ;

.c2 : **c**ontravention de **2**e classe ;

.c1 : **c**ontravention de **1**re classe ;

.cd : **c**ontravention **d**ouanière (C. douanes, art. 356) ;

.ia : **i**nfraction **a**dministrative ;

.if : **i**nfraction **f**iscale.

.ic : **i**nfraction **c**ivile.

Le signe * indique un numéro Natinf intégré dans un texte barré de l'ouvrage (infraction abrogée ou reformulée).

11521.cr : 20.104 AE2
11522.cr : 20.104 BE2
11523.cr : 20.104 CE2
11524.cr : 20.104 DE2
11525.co : 25.32 B
11526.cc : 20.95 A
11527.cr : 20.98 A1
11528.cr : 20.98 C
11529.cr : 20.96 A
11530.cr : 20.95 C
11532.co : 20.97 B
11533.cr : 20.100 A1
11534.cr : 20.100 A2
11535.cr : 20.100 A3
11536.co : 20.100 B1
11537.co : 20.100 B2
11538.co : 20.100 B3
11539.cr : 20.95 B
11540.cr : 20.98 A2
11541.cr : 20.96 B
11542.cr : 20.102 A1
11543.cr : 20.102 A2
11544.cr : 20.102 A3
11545.ju : 22.61 R 1R
11546.ju : 22.61 S 2S
11547.ju : 21.9 A
11548.ju : 21.12 A
11549.ju : 21.9 B
11550.ju : 21.12 B A
11551.co : 22.62 A 1A
11552.co : 22.62 A 2A
11553.co : 22.62 C 1C
11554.co : 22.62 C 2C
11559.ju : 22.61 A 1A
11560.ju : 22.61 A 2A
11561.ju : 22.61 B 1B
11562.ju : 22.61 B 2B
11563.ju : 22.61 E 1e
11564.ju : 22.61 E 2e
11565.ju : 22.61 F 1F
11566.ju : 22.61 F 2F
11567.ju : 22.61 H 1H
11568.ju : 22.61 H 2H
11569.ju : 22.61 I 1I
11570.ju : 22.61 I 2I
11571.ju : 22.61 J 1J
11572.ju : 22.61 J 2J
11573.ju : 22.61 K 1K
11574.ju : 22.61 K 2K
11575.ju : 22.61 M 1M
11576.ju : 22.61 M 2M
11577.ju : 22.66 A 1A
11578.ju : 22.66 A 2A
11579.ju : 22.67 A 1A
11580.ju : 22.67 A 2A
11581.co : 22.68 A 1A
11582.co : 22.68 A 2A
11583.cc : 22.69 A 1A
11584.cc : 22.69 A 2A
11585.cc : 22.69 B 1B
11586.cc : 22.69 B 2B
11587.cc : 22.69 C 1C
11588.cc : 22.69 C 2C
11589.cr : 22.69 E 1e
11590.cr : 22.69 E 2e
11591.cr : 22.69 F 1F
11592.cr : 22.69 F 2F
11593.cr : 20.95 D
11594.co : 23.2 A3
11595.co : 23.2 A6
11596.co : 23.2 A7
11597.co : 23.2 B3
11598.co : 23.2 B4
11599.co : 23.2 B6
11600.co : 23.2 B7
11601.co : 23.2 C6
11602.co : 23.2 C7
11603.co : 23.2 C3
11604.co : 23.2 C4
11605.co : 23.2 C1
11606.co : 23.2 C2
11607.co : 23.2 F1
11608.co : 23.2 F2
11609.co : 23.2 F3
11610.co : 23.2 F4
11611.co : 23.2 F6
11612.co : 23.2 F7
11613.co : 23.2 D8
11614.co : 23.2 D1
11615.co : 23.2 D2
11616.co : 23.2 D3
11617.co : 23.2 D4
11618.co : 23.2 D5
11619.co : 23.2 D6
11620.co : 23.2 D7
11621.co : 23.2 D9
11622.co : 23.2 10 D10
11623.co : 23.2 E1
11624.co : 23.2 E2
11625.co : 23.2 E3
11626.co : 23.2 E4
11627.co : 23.2 E6
11628.co : 23.2 E7
11629.ju : 20.29 K 1K1
11630.ju : 20.29 K 1K2
11631.co : 24.2 AD1, CD1
11632.co : 24.2 AD2, CD2
11633.co : 24.2 BD1, CD1
11634.co : 24.2 BD2, CD2
11635.co : 24.2 AD3, CD3
11636.co : 24.2 BD3, CD3
11637.co : 24.2 AD4, CD4
11638.co : 24.2 AD5, CD5
11639.co : 24.2 BD4, CD4
11640.co : 24.2 BD5, CD5
11641.ju : 24.5 A
11642.ju : 24.5 B
11643.co : 24.6 A, C
11644.co : 24.6 B, C
11645.cc : 24.6 AD1, CD1
11646.cc : 24.6 AD2, CD2
11647.cc : 24.6 BD1, CD1
11648.cc : 24.6 BD2, CD2
11649.ju : 24.7 A
11650.co : 24.7 B1
11651.co : 24.7 B2
11652.co : 24.7 B3
11653.co : 24.7 B4
11654.co : 24.7 B5
11655.ju : 24.8
11656.ju : 24.9 A
11657.ju : 24.12 AD1
11658.ju : 24.12 AD2
11659.ju : 24.12 BD1
11660.ju : 24.12 BD2
11661.ju : 24.12 CD1
11663.ju : 24.12 CD2
11665.cr : 24.15 A
11666.co : 24.16 A1
11667.co : 24.16 B1
11668.co : 24.16 C1
11669.cr : 24.16 D A1D
11670.cr : 24.16 D B1D
11671.cr : 24.16 D C1D
11672.co : 24.17
11673.co : 24.20 B
11674.co : 24.20 C
11675.co : 24.21 A
11676.co : 24.21 B
11677.co : 24.21 C
11678.co : 24.27 A
11679.co : 24.27 B
11680.co : 24.27 C
11681.co : 24.28 A2
11682.co : 24.28 a B1a
11683.co : 24.28 b B1b
11684.co : 24.28 a B2a
11685.co : 24.28 b B2b
11686.co : 24.28 b B3b
11687.co : 24.28 a B3a
11688.co : 24.28 b B4b
11689.co : 24.31 B
11690.co : 24.31 C
11691.co : 24.31 D
11692.co : 24.32 B1
11693.co : 24.32 B2
11694.co : 24.32 B3
11695.co : 24.32 B4
11696.co : 24.31 A

Index thématique alphabétique

> Les chiffres renvoient aux numéros des fiches.
> La plupart des contraventions routières sont regroupées à la rubrique « Circulation routière »

A

H

PEFC

PEFC/18-31-280

Certifié PEFC

Ce produit est issu de forêts gérées durablement, de sources recyclées et contrôlées

www.pefc-france.org

Formaté typographiquement sous système compo Web par Publilog
722477 (I) OSB-P 31 g SCM (CDR)
Achevé d'imprimer en Italie par L.E.G.O. S.p.A.
Dépôt légal : Novembre 2023